Rudolf Weyand
Praxiskommentar Vergaberecht

Praxiskommentar Vergaberecht

zu GWB, VgV, VOB/A,
VOL/A, VOF, SektVO
mit sozialrechtlichen Vorschriften

von

Rudolf Weyand

Leitender Regierungsdirektor, Saarbrücken

3. Auflage

Verlag C. H. Beck München 2011

Zitiervorschlag: Weyand § … (Norm) Rn. …

Verlag C. H. Beck im Internet:
beck.de

ISBN 978 3 406 57874 8

© 2011 Verlag C. H. Beck oHG
Wilhelmstraße 9, 80801 München
Satz und Druck: Druckerei C. H. Beck Nördlingen
(Adresse wie Verlag)

Gedruckt auf säurefreiem, alterungsbeständigem Papier
(hergestellt aus chlorfrei gebleichtem Zellstoff)

Vorwort zur dritten Auflage

Ein innovatives Konzept mit der Verbindung von Buch und Internet zur Kommentierung eines inzwischen zum festen Bestandteil der Rechtsordnung gewordenen und weiterhin ständig in der Entwicklung befindlichen Rechtsgebiets hat sich etabliert und Nachahmer gefunden. Trotzdem war auch die Zweitauflage des Praxiskommentars Vergaberecht sehr rasch vergriffen; gleichzeitig gab und gibt es einen ständig steigenden Zugriff auf die fast tagesaktuelle Internetfassung.

Das neue Vergaberecht 2009/2010 mit seiner Reform insbesondere der VOB/A 2009 und der VOL/A 2009 und den darin enthaltenen Ansätzen zur Bestandserhaltung von Angeboten sowie der teilweisen Aufgabe des Kaskadenprinzips für die Sektorenauftraggeber machten inhaltlich eine vollständige Neufassung erforderlich. Die Neufassung enthält auf vielfältigen Wunsch hin eine vollständige und eigenständige Kommentierung der VOL/A 2009 und der VOF 2009. Basis der Kommentierung ist weiterhin und ganz überwiegend die Rechtsprechung des Europäischen Gerichtshofs, des Bundesgerichtshofs, der Vergabesenate und der Vergabekammern; inzwischen sind mehr als 8.500 Urteile und Beschlüsse verarbeitet.

Die grundsätzliche Zielrichtung des Kommentars, aus einer Hand in einem Werk zu einem wirtschaftlichen Preis eine möglichst umfassende und aktuelle Kommentierung für den Praktiker – sei es bei der öffentlichen Verwaltung, den Rechtsprechungsinstitutionen oder den Rechtsanwälten – anzubieten, wurde konsequent beibehalten.

Ich bedanke mich auch für die Neuauflage
- bei allen Mitarbeitern des id-Verlages und des Verlages C.H. Beck – stellvertretend Herrn Dr. Alfons Schulze-Hagen und Herrn Gerald Fischer – für ihre Geduld und eine immer tatkräftige und professionelle inhaltliche sowie technische Unterstützung,
- bei allen Mitarbeitern der Vergabekammern und Vergabesenate für die regelmäßige und schnelle Information über die Vergabeentscheidungen
- bei allen Lesern und Verwendern des Kommentars für zahlreiche Anregungen und Hinweise.

Last but not least und ganz besonders bedanke ich mich auch bei dieser Auflage bei – um mit Ephraim Kishon zu sprechen – der besten aller Ehefrauen, die mit Geduld und Verständnis viele „durchschriebene" Abende und Wochenenden mannigfaltig unterstützt hat.

Im März 2011   Rudolf Weyand

Vorwort des Herausgebers

Dieser Praxiskommentar beruht auf einem neuartigen Konzept. Möglicherweise scheint er sogar überflüssig, denn die Leserinnen und Leser können den gesamten Inhalt auch über die Datenbank www.ibr-online.de abrufen. Gleichwohl haben der Autor, der Herausgeber und die Verlage sich entschieden, den Praxiskommentar Vergaberecht auch als Buch herauszugeben, und zwar aus folgenden Gründen:

1. Das Medium Buch wird neben dem Medium Internet Bestand haben. Viele Menschen wollen eben auf das gut gebundene Buch, das sich griffig und kompakt in der Hand halten lässt und in dem man blättern kann, nicht verzichten. 100-seitige Ausdrucke oder zahllose Downloads werden das Buch und auch diesen Praxiskommentar nicht ersetzen.

2. Die Verzahnung von Online und Print ist das Kennzeichen dieses Praxiskommentars. Der Online-Bereich ist gleichsam die Werkstatt. Dort wurde er entwickelt, ständig aktualisiert und überarbeitet.

3. Das Print-Produkt steht in seiner zitierfähigen Fassung weiterhin in der Datenbank www.ibr-online.de. Dort wird es schon wieder aktualisiert, neuere Entscheidungen werden eingearbeitet. Der Leser des Buches und Nutzer von ibr-online hat also nicht nur die solide zitierfähige Fassung in den Händen, ihm wird gleichzeitig eine **Aktualität** geboten, die das Medium Buch alleine nicht leisten kann. Gerade im Vergaberecht als einem sehr jungen Rechtsgebiet, das durch die Rechtsprechung fortlaufend geprägt wird, ist das von sehr großer Bedeutung.

4. Neben der Aktualität liegt der weitere entscheidende Vorteil des Mediums Internet in der **Vernetzung** der Informationen. Alle zitierten Normen und Entscheidungen können Sie unter www.ibr-online.de über eine Linkverbindung aufrufen und parallel zum Text des Praxiskommentars lesen. Weder eine Gesetzes- noch eine Entscheidungssammlung kann so aktuell und vollständig wie eine Online-Datenbank sein, die tagesaktuell gepflegt wird.

5. Kritiker werden einwenden, durch die parallele Veröffentlichung als Print- und Onlinewerk soll am selben Text zweimal verdient werden. Das trifft nicht zu. Denn der Praxiskommentar Vergaberecht ist auch ohne Verbindung mit der Datenbank www.ibr-online.de ein volltaugliches Werk, wie alle bisher erschienenen Kommentare in Buchform. Und auch in seiner Online-Fassung ist er ohne Verbindung mit dem Buch ebenso wertvoll, wobei jedoch die typischen Online-Vorteile Aktualität und Vernetzung hinzukommen. Durch die parallele Veröffentlichung summieren sich lediglich die Vorteile.

Bereits die erste Auflage des Praxiskommentars ist gerade wegen der Verzahnung von Online und Print sehr gut aufgenommen worden. Wir sind sicher, dass sich unser neuartiges Konzept auch mit der dritten Auflage durchsetzen wird.

Ich danke dem Autor, Herrn Rudolf Weyand, Leitender Regierungsdirektor, für seine unermüdliche Arbeit an diesem Kommentar sowie für seine Innovations- und Experimentierfreude. Ich danke meinem Kollegen, Herrn Oliver Garcia, nicht nur für die technische Realisierung dieses Projekts im Online-Bereich, sondern auch für maßgebliche Mitgestaltung dieses Konzepts. Ein großer Dank gilt auch dem Verlag C.H.Beck für das Vertrauen in die Kooperation mit dem id Verlag sowie für den Mut, sich auf dieses Experiment einer Parallelveröffentlichung einzulassen. Allen Leserinnen und Lesern wünsche ich, dass dieser Kommentar die Bedürfnisse der Praktiker im Vergaberecht erfüllt und sich so weiter zu einem Standardwerk entwickelt.

Mannheim, im März 2011   Rechtsanwalt Dr. A. Schulze-Hagen

Herausgeber

Inhaltsübersicht

	Seite
Teil 1 Gesetz gegen Wettbewerbsbeschränkungen (GWB) – Vierter Teil	1
Teil 2 Vergabeverordnung (VgV)	1155
Teil 3 Vergabe- und Vertragsordnung für Bauleistungen Teil A (VOB/A)	1209
Teil 4 Vergabe- und Vertragsordnung für Leistungen Teil A (VOL/A)	1769
Teil 5 Vergabeordnung für freiberufliche Leistungen (VOF)	2381
Teil 6 Sozialgerichtsgesetz (SGG)	2581
Teil 7 Sektorenverordnung (SektVO)	2599
Sachverzeichnisse	2683
– GWB	2683
– VgV	2685
– VOB/A	2689
– VOL/A	2703
– VOF	2717
– SGG	2723
– SektVO	2725

**Teil 1
Gesetz gegen Wettbewerbsbeschränkungen
(GWB) – Vierter Teil**

Inhaltsverzeichnis

1.	Vorbemerkung	25
2.	Wirtschaftliche Bedeutung des Vergaberechts	25
2.1	Europäische Gemeinschaften	25
2.2	Bundesrepublik Deutschland	26
2.2.1	Allgemeines	26
2.2.2	Literatur	26
2.3	Fazit	26
3.	Entwicklung des Vergaberechts	26
3.1	Europäisches Recht	26
3.1.1	Bedeutung des Beschaffungsmarktes	26
3.1.2	Europäische Richtlinien	26
3.1.3	Umsetzung der Richtlinien in Deutschland über das Haushaltsrecht	27
3.1.4	Umsetzung der Richtlinien in Deutschland über das Vergaberechtsänderungsgesetz	27
3.2	Gesetz zur Modernisierung des Vergaberechts	28
3.2.1	Allgemeines	28
3.2.2	Begrenzung des Primärrechtsschutzes auf Vergaben ab den Schwellenwerten	29
3.3	Literatur	29
4.	Aufbau des Vergaberechts	30
4.1	Vergaberecht ab den Schwellenwerten	30
4.1.1	Schwellenwerte	30
4.1.2	Anzuwendende Vorschriften	31
4.2	Vergaberecht unterhalb der Schwellenwerte	31
4.2.1	Allgemeines	31
4.2.2	Geltung des primären Europarechts	32
4.2.3	Mitteilung der Kommission zu Auslegungsfragen in Bezug auf das Gemeinschaftsrecht, das für die Vergabe öffentlicher Aufträge gilt, die nicht oder nur teilweise unter die Vergaberichtlinien fallen	32
4.3	Die grundsätzliche Auffassung des EuGH zur Anwendung des europäischen Vergaberechts	33
5.	Literatur	33
6.	§ 97 GWB – Allgemeine Grundsätze	35
6.1	Änderungen durch das Vergaberechtsmodernisierungsgesetz 2009	35
6.2	Einleitung	35
6.2.1	Beschaffungsgrundsätze	35
6.2.2	Subjektives Recht auf Einhaltung der Vergabebestimmungen	36
6.2.3	Ermessen des Auftraggebers bei der allgemeinen Ausgestaltung des Vergabeverfahrens	36
6.2.4	Rechtfertigung von Beschränkungen des Berufsausübungsrechts (Art. 12 GG)	36
6.3	Wettbewerbsprinzip (§ 97 Abs. 1)	37
6.3.1	Inhalt und Reichweite	37
6.3.2	Konkrete Ausformung in VOB/VOL/VOF	37
6.3.3	Unzulässigkeit wettbewerbsbeschränkender und unlauterer Verhaltensweisen	37
6.3.4	Wichtige Ausprägungen des Wettbewerbsprinzips in der Rechtsprechung	43
6.3.5	Literatur	73
6.4	Transparenzgebot (§ 97 Abs. 1)	73
6.4.1	Spielraum des nationalen Gesetzgebers bei der inhaltlichen Ausgestaltung	73
6.4.2	Inhalt und Reichweite	73
6.4.3	Ausformung in VOB/VOL/VOF	74
6.4.4	Wichtige Ausprägungen des Transparenzgebots in VOB/A 2009, VOL/A 2009, VOF 2009 und in der Rechtsprechung	74
6.5	Gleichbehandlungsgebot (§ 97 Abs. 2)	95
6.5.1	Spielraum des nationalen Gesetzgebers bei der inhaltlichen Ausgestaltung	95
6.5.2	Inhalt und Reichweite	96
6.5.3	Ausformung in VOB/VOL/VOF	97

Teil 1 Inhaltsverzeichnis   Gesetz gegen Wettbewerbsbeschränkungen

6.5.4	Wichtige Ausprägungen des Gleichbehandlungsgebots in der Rechtsprechung	97
6.5.5	Weitere Beispiele aus der Rechtsprechung	98
6.5.6	Literatur	101
6.6	**Vertraulichkeitsgebot**	101
6.6.1	Allgemeines	101
6.6.2	Ausformung in VOB/VOL/VOF	101
6.6.3	Verwertung von Preisangaben aus abgeschlossenen Ausschreibungen für die Wertung einer laufenden Ausschreibung	102
6.6.4	Rechtsnatur einer geforderten Vertraulichkeitserklärung	102
6.6.5	Weitere Beispiele aus der Rechtsprechung	102
6.6.6	Literatur	102
6.7	**Grundsatz von Treu und Glauben**	102
6.7.1	Treu und Glauben im Vergaberecht	102
6.7.2	Beispiele aus der Rechtsprechung	103
6.7.3	Literatur	104
6.8	**Gebot der Berücksichtigung mittelständischer Interessen (§ 97 Abs. 3)**	104
6.8.1	Änderungen durch das Vergaberechtsmodernisierungsgesetz 2009	104
6.8.2	Bieterschützende Vorschrift	105
6.8.3	Inhalt des § 97 Abs. 3	105
6.8.4	Sinn und Zweck der Losvergabe	106
6.8.5	Vorrang der Losvergabe	107
6.8.6	Kein Verstoß gegen europäisches Recht	121
6.8.7	Begriff des Teilloses und des Fachloses	122
6.8.8	Zahl und Größe der Lose	127
6.8.9	Kein Zwang zu gleichen Rahmenbedingungen für alle Lose	127
6.8.10	Eindeutige Bezeichnung der vorgesehenen Lose	127
6.8.11	Bekanntgabe der Absicht der losweisen Vergabe	128
6.8.12	Mittelständische Interessen	128
6.8.13	Sonstige Unternehmereinsatzformen	134
6.8.14	Konkrete Ausformung in VOB/A, VOL/A, VOF	154
6.8.15	Weitere Beispiele aus der Rechtsprechung	154
6.8.16	Praxishinweis	156
6.8.17	Losweise Vergabe im Nachprüfungsverfahren	156
6.8.18	Literatur	156
6.9	**Eignungskriterien und Eignungsprüfung (§ 97 Abs. 4)**	157
6.9.1	Sinn und Zweck der Eignungsprüfung	157
6.9.2	Kein Zwang zur Festlegung von Eignungskriterien in der Bekanntmachung	157
6.9.3	Festlegung der Eignungskriterien	158
6.9.4	Die Eignungskriterien „Fachkunde, Leistungsfähigkeit, Gesetzestreue, Zuverlässigkeit" (§ 97 Abs. 4 Satz 1)	159
6.9.5	Angabe der Gewichtung der Eignungskriterien	180
6.9.6	Feststellung der Eignung	182
6.9.7	Zusätzliche Anforderungen an Auftragnehmer für die Auftragsdurchführung (§ 97 Abs. 4 Satz 2)	217
6.9.8	Andere oder weitergehende Anforderungen (§ 97 Abs. 4 Satz 3)	222
6.10	**Einrichtung oder Zulassung von Präqualifikationssystemen (§ 97 Abs. 4 a)**	231
6.10.1	Gesetzesbegründung	231
6.10.2	Präqualifikation nach der VOB/A 2006	231
6.11	**Zuschlag auf das wirtschaftlichste Angebot (§ 97 Abs. 5)**	231
6.11.1	Inhalt	231
6.11.2	Konkrete Ausformung in VOB/A, VOL/A, VOF und SektVO	233
6.11.3	Prüfung des wirtschaftlichsten Angebots als eigene (4.) Wertungsstufe	233
6.11.4	Zuschlagskriterien	233
6.11.5	Wertung der Zuschlagskriterien	282
6.11.6	Zuschlag auf Nachfolgemodelle	306
6.11.7	Wertung und kommunales Selbstverwaltungsrecht	306
6.11.8	Richtlinie des VHB 2008	306
6.11.9	Regelung des HVA B-StB 03/2006 zur technischen und wirtschaftlichen Prüfung und Wertung der Angebote	307
6.11.10	Nachträgliche Beseitigung von Wertungsfehlern des Auftraggebers	307
6.11.11	Ausschließliche Verantwortung des Auftraggebers für das Vergabeverfahren	310
6.11.12	Nachholung einzelner Stufen der Wertung im Nachprüfungsverfahren	310
6.11.13	Literatur	310

6.12	**Ermächtigungsgrundlage zum Erlass der Vergabeverordnung (§ 97 Abs. 6)**	310
6.12.1	Fehlende Ermächtigungsgrundlage für § 4 Abs. 3 VgV?	310
6.13	**Ermächtigungsgrundlage zum Erlass der Sektorenverordnung (§ 97 Abs. 6)**	311
6.14	**Anspruch der Unternehmen auf Einhaltung der Bestimmungen über das Vergabeverfahren (§ 97 Abs. 7)**	311
6.14.1	Sinn und Zweck der Regelung	311
6.14.2	Bestimmungen über das Vergabeverfahren	311
6.14.3	Schutznormlehre	312
6.14.4	Bieterschützende Regelungen und Vorschriften im Rahmen von Schadenersatzansprüchen nach § 126	312
6.14.5	Bieterschützende Regelungen und Vorschriften (von der Rechtsprechung anerkannt)	312
6.14.6	Bieterschützende Vorschriften (in der Rechtsprechung umstritten)	317
6.14.7	Bieterschützende Vorschriften (von der Rechtsprechung abgelehnt)	319
6.15	**Eventuelle künftige Verstöße des Auftragnehmers gegen die Auftragsbedingungen**	319
6.16	**Pilotprojekt „Gläserne Vergabe"**	319
7.	**§ 98 GWB – Öffentliche Auftraggeber**	320
7.1	**Änderungen durch das Vergaberechtsmodernisierungsgesetz 2009**	320
7.2	**Abschließende Aufzählung der öffentlichen Auftraggeber**	320
7.3	**Funktionaler Auftraggeberbegriff des EuGH**	321
7.3.1	Rechtsprechung des EuGH	321
7.3.2	Literatur	321
7.4	**Verzeichnis der öffentlichen Einrichtungen im Anhang III der Vergabekoordinierungsrichtlinie**	322
7.5	**Auftraggeber gemäß § 98 Nr. 1**	322
7.5.1	Gebietskörperschaften	322
7.5.2	Sondervermögen	323
7.6	**Auftraggeber gemäß § 98 Nr. 2**	323
7.6.1	Grundsatz	323
7.6.2	Juristische Personen des öffentlichen Rechts	324
7.6.3	Juristische Personen des privaten Rechts	325
7.6.4	Personengesellschaften	326
7.6.5	Einrichtungen des öffentlichen Rechts als Auftraggeber nach der Vergabekoordinierungsrichtlinie	326
7.7	**Auftraggeber gemäß § 98 Nr. 3**	350
7.8	**Auftraggeber gemäß § 98 Nr. 4**	350
7.8.1	Änderungen durch das Vergaberechtsmodernisierungsgesetz 2009	350
7.8.2	Bestimmung der Sektorenauftraggeber	351
7.8.3	Beispiele aus der Rechtsprechung	352
7.8.4	Rangverhältnis zwischen § 98 Nr. 2 und § 98 Nr. 4	353
7.9	**Auftraggeber gemäß § 98 Nr. 5**	353
7.9.1	Änderungen durch das Vergaberechtsmodernisierungsgesetz 2009	353
7.9.2	Sinn und Zweck der Regelung	353
7.9.3	Abschließende Auflistung der Baumaßnahmen, Dienstleistungen und Auslobungsverfahren	353
7.9.4	Erweiternde Auslegung von einzelnen Tatbestandsmerkmalen des § 98 Nr. 5	354
7.9.5	Begriff der Tiefbaumaßnahmen	354
7.9.6	Begriff der Schulgebäude	355
7.9.7	Begriff der Hochschulgebäude	355
7.9.8	Begriff des Vorhabens	355
7.9.9	Begriff der Finanzierung	356
7.9.10	Berechnung der 50%-Grenze	356
7.9.11	Herkunft der Mittel	356
7.10	**Auftraggeber gemäß § 98 Nr. 6**	356
7.10.1	Allgemeines	356
7.10.2	Änderungen durch das Vergaberechtsmodernisierungsgesetz 2009	357
7.10.3	Hinweise	357
7.10.4	Verhältnis zwischen § 98 Nr. 5 und § 98 Nr. 6	357
7.11	**Auftraggeber kraft einer mittelbaren Stellvertretung**	357
7.11.1	Allgemeines	357
7.11.2	Weitere Beispiele aus der Rechtsprechung	357

Teil 1 Inhaltsverzeichnis
Gesetz gegen Wettbewerbsbeschränkungen

7.12	Zusammenfassung: Beispiele, bei denen die Rechtsprechung die Eigenschaft als öffentlicher Auftraggeber bejaht hat	357
7.13	Zusammenfassung: Beispiele, bei denen die Rechtsprechung die Eigenschaft als öffentlicher Auftraggeber verneint hat	359
7.14	Sonstige Indizien für die Eigenschaft als öffentlicher Auftraggeber	359
7.15	Ausschreibungen von Nachunternehmerleistungen privater Hauptunternehmer im Rahmen eines öffentlichen Auftrages	359
7.16	Gemeinsame Ausschreibungen von öffentlichen und privaten Auftraggebern	359
7.17	Zentrale Beschaffungsstellen im Sinn von Art. 1 Abs. 10 VKR	359
7.18	Bestimmung des Auftraggebers im Sinn des Vergaberechts	359
7.19	Literatur	360
8.	§ 99 GWB – Öffentliche Aufträge	360
8.1	Änderungen durch das Vergaberechtsmodernisierungsgesetz 2009	361
8.2	Sachlicher Anwendungsbereich	361
8.3	Funktionaler Auftragsbegriff	362
8.4	Verträge	362
8.4.1	Allgemeines	362
8.4.2	Gegenseitige vertragliche Bindung – Andienungsverfahren	362
8.4.3	Teilnahme des öffentlichen Auftraggebers am Markt	363
8.4.4	Trägerschaft eines Ambulanten-Hilfen-Zentrums (AHZ) und Übertragung der damit in Zusammenhang stehenden flächendeckenden Grundversorgung mit ambulanten Hilfen	363
8.4.5	Öffentlich-rechtliche Verträge	363
8.4.6	Verträge aufgrund einer gesetzlichen Verpflichtung	365
8.4.7	Erlass eines Bebauungsplans	366
8.4.8	Abgrenzung zu Zuwendungsverhältnissen	366
8.5	Entgeltlichkeit	366
8.5.1	Rechtsprechung	366
8.6	Eigener Beschaffungsbezug des Auftraggebers	371
8.6.1	Regelung des Vergaberechtsmodernisierungsgesetzes 2009	371
8.6.2	Rechtsprechung bis zum Inkrafttreten des Vergaberechtsmodernisierungsgesetzes 2009	371
8.6.3	Leistungsaustauschvertrag bei der Erbringung von Sozialpädagogischer Familienhilfe gegenüber Dritten	373
8.7	Verträge zwischen Unternehmen	375
8.7.1	Begriff des Unternehmens	375
8.7.2	Vorgabe einer bestimmten Gruppe von Unternehmen durch den Auftraggeber als Vertragspartner	376
8.8	Lieferaufträge (§ 99 Abs. 2)	377
8.8.1	Allgemeines	377
8.8.2	Abgrenzung zum Bauauftrag	377
8.9	Bauaufträge (§ 99 Abs. 3)	378
8.9.1	Typen von Bauaufträgen	378
8.9.2	Notwendigkeit einer einheitlichen Auslegung	378
8.9.3	Notwendiger Inhalt eines Bauauftrags	378
8.9.4	Verknüpfung zur Vergabekoordinierungsrichtlinie	380
8.9.5	Gleichzeitige Planung und Ausführung eines Bauvorhabens oder eines Bauwerks	380
8.9.6	Begriffe des Bauvorhabens und des Bauwerks	380
8.9.7	Begriff der baulichen Anlage	384
8.9.8	Bauleistungen	384
8.9.9	Dem Auftraggeber unmittelbar zugute kommende Bauleistung durch Dritte gemäß den vom Auftraggeber genannten Erfordernissen	390
8.9.10	Zweistufiges Vergabeverfahren als Bauauftrag	398
8.9.11	Literatur	399
8.9.12	Hinweis	400
8.9.13	Abgrenzung des Bauauftrags zum Lieferauftrag mit baulichen Nebenleistungen	401
8.9.14	Abgrenzung zwischen Bau- und Dienstleistungsverträgen	401
8.9.15	Abgrenzung zwischen Bau- und Lieferaufträgen	402
8.9.16	Sonstige Formen von Bauaufträgen	402
8.9.17	Beispiele aus der Rechtsprechung (Bauauftrag/Bauleistung bejaht)	402
8.9.18	Beispiele aus der Rechtsprechung (Bauauftrag/Bauleistung abgelehnt)	403

8.10	**Dienstleistungsaufträge (§ 99 Abs. 4)**	403
8.10.1	Änderung durch das Vergaberechtsmodernisierungsgesetz 2009	403
8.10.2	Begriff der Dienstleistung (Auffangtatbestand)	403
8.10.3	Dienstleistungsaufträge im Abfallbereich	404
8.10.4	Dienstleistungsaufträge im Krankenkassenbereich (Versorgung mit wieder verwendbaren Hilfsmitteln)	404
8.10.5	Rettungsdienstleistungen	405
8.10.6	Reine ÖPNV- bzw. SPNV-Finanzierungsverträge	410
8.10.7	Dauer von Dienstleistungsverträgen	410
8.10.8	Weitere Beispiele aus der Rechtsprechung	410
8.10.9	Dienstleistungskonzessionen	412
8.10.10	Literatur	427
8.11	**Auslobungsverfahren (§ 99 Abs. 5)**	428
8.11.1	Änderungen durch das Vergaberechtsmodernisierungsgesetz 2009	428
8.11.2	Allgemeines	428
8.11.3	Kooperative Workshopverfahren	428
8.12	**Baukonzessionen (§ 99 Abs. 6)**	428
8.12.1	Änderungen durch das Vergaberechtsmodernisierungsgesetz 2009	428
8.12.2	Begriff der Baukonzession	429
8.12.3	Einbeziehung in das Vergaberecht	429
8.12.4	Rechtsprechung bis zur Änderung durch das Vergaberechtsmodernisierungsgesetz 2009	429
8.12.5	Mitteilung der Kommission zu Auslegungsfragen im Bereich Konzessionen im Gemeinschaftsrecht	431
8.12.6	Ausschreibung und Vergabe von Baukonzessionen	431
8.12.7	Literatur	431
8.13	**Sonderfälle öffentlicher Aufträge**	431
8.13.1	Vergabe von Nachunternehmeraufträgen durch einen öffentlichen Auftraggeber als erfolgreicher Bieter eines anderen Vergabeverfahrens	431
8.13.2	(Kooperations-)Vereinbarungen zwischen Verwaltungen (interkommunale Zusammenarbeit)	431
8.13.3	Rekommunalisierung	435
8.13.4	Beauftragung von Prüfingenieuren nach der jeweiligen Landesbauordnung	436
8.13.5	Inhouse-Geschäfte	436
8.13.6	Laufende Verträge, Vertragsänderungen und Optionen	449
8.13.7	Vergleichsverträge	458
8.13.8	Verhandlungen während eines Insolvenzverfahrens	458
8.13.9	Auswirkungen eines Rücktritts vom Vertrag	458
8.13.10	Verträge über Waren mit einer Preisbindung (Schulbücher)	459
8.13.11	Zulässigkeit unbefristeter Verträge oder von Verträgen mit nicht absehbarer Vertragsdauer	459
8.13.12	Verträge zugunsten Dritter	460
8.13.13	Beleihung	460
8.13.14	Arzneimittel-Rabattverträge gemäß § 130 a Abs. 8 SGB V	460
8.13.15	Rabattverträge gemäß § 130 a Abs. 8 SGB V über die Lieferung von ableitenden Inkontinenzartikeln und Erbringung bestimmter Dienstleistungen	467
8.13.16	Abgabe von Röntgenkontrastmitteln	467
8.13.17	Verträge gemäß § 127 SGB V über Hilfsmittel	467
8.13.18	Verträge zur Durchführung einer hausarztzentrierten Versorgung gemäß § 73 b Abs. 4 Satz 1 SGB V	469
8.13.19	Ausschreibungen gemäß § 129 Abs. 5 Satz 3 SGB V	470
8.13.20	Anzuwendende Vorschriften bei sozialrechtlichen Beschaffungen	471
8.13.21	Vertragsübernahme	472
8.13.22	Veräußerung von Gesellschaftsanteilen bzw. Gesellschaftsgründung	472
8.13.23	Verwertung von Altpapier (PPK-Fraktion)	474
8.13.24	Handelspartnerverträge	475
8.13.25	Rahmenvereinbarungen	475
8.13.26	Öffentlich-Private-Partnerschaften (ÖPP)/Public-Private-Partnerships (PPP)	476
8.14	**Literatur zu bisher in der Rechtsprechung noch nicht thematisierten Formen von öffentlichen Aufträgen**	479
8.15	**Gemischte Verträge nach § 99 Abs. 7**	479
8.15.1	Änderungen durch das Vergaberechtsmodernisierungsgesetz 2009	479
8.15.2	Verknüpfung des § 99 Abs. 7 mit § 99 Abs. 8	480
8.15.3	Grundsatz	480
8.15.4	Die Rechtsprechung des EuGH	480

Teil 1 Inhaltsverzeichnis
Gesetz gegen Wettbewerbsbeschränkungen

8.15.5	Nationale Rechtsprechung	480
8.15.6	Konsequenzen der einheitlichen Einordnung	481
8.15.7	Über § 99 Abs. 7 hinausgehende gemischte Verträge	481
8.15.8	Weitere Beispiele aus der Rechtsprechung für die Einordnung gemischter Verträge	484
8.15.9	Literatur	484
8.16	**Vertragsgegenstände, die sowohl der Vergabekoordinierungsrichtlinie als auch der Sektorenrichtlinie unterfallen (§ 99 Abs. 8)**	**485**
8.16.1	Änderungen durch das Vergaberechtsmodernisierungsgesetz 2009	485
8.16.2	Rechtsprechung vor dem Vergaberechtsmodernisierungsgesetz 2009	485
8.16.3	Literatur	485
8.16.4	Abgrenzung der Sektorentätigkeiten	486
8.17	**Verbindung von öffentlichen Aufträgen nach § 99 GWB mit sonstigen vergaberechtsfreien Aufträgen**	**486**
8.17.1	Gesetzliche Regelungen	486
8.17.2	Rechtsprechung nach dem Vergaberechtsmodernisierungsgesetz 2009	486
8.17.3	Rechtsprechung bis zum Vergaberechtsmodernisierungsgesetz 2009	486
8.17.4	Literatur	487
8.18	**Vergabe eines Standplatzes nach § 70 GewO**	**487**
8.18.1	Abgrenzung zum Vergaberecht	487
8.18.2	Vergabekriterien nach der Rechtsprechung	487
8.19	**Festsetzung eines Marktes nach § 69 GewO**	**488**
8.19.1	Verpflichtung zur Ausschreibung	488
9.	**§ 100 GWB – Anwendungsbereich**	**488**
9.1	Änderungen durch das Vergaberechtsmodernisierungsgesetz 2009	490
9.2	Sachlicher Anwendungsbereich des Vergaberechts	491
9.2.1	Allgemeines	491
9.2.2	Schwellenwert	491
9.2.3	Grundsätzliche Anwendbarkeit des GWB bei öffentlichen Aufträgen unterhalb der Schwellenwerte?	491
9.2.4	Anwendbarkeit des GWB bei einer europaweiten Ausschreibung einer vergaberechtsfreien Beschaffung	501
9.2.5	Anwendbarkeit des GWB bei Erreichen des Schwellenwerts und fehlender europaweiter Ausschreibung	501
9.2.6	Europaweite Ausschreibung eines Loses, das im Rahmen der Bagatellklausel des § 2 Nr. 6 VgV nicht europaweit ausgeschrieben werden müsste	502
9.2.7	Nachprüfungsverfahren hinsichtlich Dienstleistungen des Anhangs I B der VOL/A und der VOF	502
9.2.8	Anwendbarkeit der VOF im Sektorenbereich aufgrund einer ausdrücklichen freiwilligen Selbstbindung	505
9.2.9	Umgehung des Vergaberechts durch Reaktion auf geänderte Rechtsprechung zur Anwendung des Vergaberechts auf Grundstückskaufverträge?	506
9.2.10	Anwendung des GWB für Aufträge, die nur von nationalen Bietern erfüllt werden können	506
9.2.11	Verzicht des Bieters auf den Primärrechtsschutz durch Bedingungen in den Vergabeunterlagen	506
9.3	**Der Ausnahmenkatalog des § 100 Abs. 2**	**506**
9.3.1	Prüfung der Voraussetzungen von Amts wegen	506
9.3.2	Abschließende Aufzählung der Ausnahmen und enge Auslegung	506
9.3.3	Arbeitsverträge (§ 100 Abs. 2)	507
9.3.4	Beschaffungen für ausländische Truppen (§ 100 Abs. 2 Buchstabe a))	507
9.3.5	Geltendmachung besonderer Sicherheitsinteressen (§ 100 Abs. 2 Buchstabe d))	507
9.3.6	Auftraggeber, die auf dem Gebiet der Trinkwasser- oder Energieversorgung tätig sind (§ 100 Abs. 2 Buchstabe f))	517
9.3.7	Auf Gesetz oder Verordnung beruhendes ausschließliches Recht zur Erbringung der Leistung (§ 100 Abs. 2 Buchstabe g))	518
9.3.8	Immobilienbedarfsgeschäfte (§ 100 Abs. 2 Buchstabe h))	519
9.3.9	Tätigkeiten von Sektorenauftraggebern außerhalb der Sektorentätigkeit (§ 100 Abs. 2 Buchstabe i))	521
9.3.10	Programmbeschaffung oder Ausstrahlung von Sendungen durch Rundfunk- oder Fernsehanstalten (§ 100 Abs. 2 Buchstabe j))	521
9.3.11	Telekommunikationsdienstleistungen (§ 100 Abs. 2 Buchstabe k))	522
9.3.12	Finanzielle Dienstleistungen (§ 100 Abs. 2 Buchstabe m))	522

9.3.13	Forschungs- und Entwicklungsdienstleistungen (§ 100 Abs. 2 Buchstabe n))	523
9.3.14	Ausnahmen des § 100 Abs. 2 Buchstaben o)–s))	524
9.3.15	Sektorenaufträge, die unmittelbar dem Wettbewerb ausgesetzt sind (§ 100 Abs. 2 Buchstabe t))	524
9.3.16	Rechtsfolge des Vorliegens eines Ausnahmetatbestands nach § 100 Abs. 2 GWB	524
9.4	**Rangverhältnis zwischen GWB und Allgemeinem Eisenbahngesetz (AEG)**	**525**
9.4.1	Gesetzliche Regelung	525
9.4.2	Rechtsprechung	525
9.4.3	Regelung in der Vergabeverordnung	528
9.4.4	Literatur	529
9.5	**Verordnung (EG) Nr. 1370/2007 des Europäischen Parlaments und des Rates vom 23. Oktober 2007 über öffentliche Personenverkehrsdienste auf Schiene und Straße und zur Aufhebung der Verordnungen (EWG) Nr. 1191/69 und (EWG) Nr. 1107/70 des Rates vom 23. 10. 2007**	**531**
9.5.1	Umsetzungsstand und Inhalt	531
9.5.2	Rechtsprechung	531
9.5.3	Literatur	532
9.6	**Freiberufliche Aufträge von Sektorenauftraggebern**	**532**
9.7	**Bereichsausnahmen nach Art. 51 AEUV (ehemals Art. 45 EGV)**	**532**
9.7.1	Grundsätze	532
9.7.2	Notfallrettung und Krankentransporte	534
9.7.3	Arzneimittellieferungen	537
9.7.4	Vergabevorgänge in Durchführung eines Tarifvertrags	537
9.7.5	Literatur	537
10.	**§ 101 GWB – Arten der Vergabe**	**538**
10.1	**Rahmen des Art. 28 VKR**	**538**
10.2	**Änderungen durch das Vergaberechtsmodernisierungsgesetz 2009**	**538**
10.3	**Bieterschützende Vorschrift**	**539**
10.4	**Offenes Verfahren (§ 101 Abs. 2)**	**539**
10.4.1	Allgemeines	539
10.4.2	Beginn des Offenen Verfahrens	540
10.4.3	Unzulässigkeit eines wechselseitigen Ausschlusses in verschiedenen Offenen Verfahren	540
10.4.4	Keine Entbehrlichkeit eines Offenen Verfahrens wegen einer am Ort der Leistungserbringung notwendigen Betriebsstätte	540
10.5	**Nichtoffenes Verfahren (§ 101 Abs. 3)**	**540**
10.5.1	Allgemeine Zulässigkeitsvoraussetzungen für das Nichtoffene Verfahren	540
10.5.2	Zulässigkeitsvoraussetzung für das Nichtoffene Verfahren beim Vergleich der jeweiligen Verfahrensfristen	540
10.5.3	Teilnahmewettbewerb	540
10.6	**Wettbewerblicher Dialog (§ 101 Abs. 4)**	**550**
10.6.1	Änderung des Aufbaus der Vorschrift des § 101 durch das Vergaberechtsmodernisierungsgesetz 2009	550
10.6.2	Gesetzliche Regelung	550
10.6.3	Inhalt	551
10.6.4	Besonders komplexe Aufträge	551
10.6.5	Persönlicher Anwendungsbereich	551
10.6.6	Erläuterungen der EU-Kommission	552
10.6.7	Prüfungskompetenz der Vergabekammer	552
10.6.8	Grundgestaltungen des wettbewerblichen Dialogs	552
10.6.9	Ablauf des Dialoges	552
10.6.10	Nachteilsausgleich zugunsten der Bieter, deren Lösung ausgeschieden wird, die aber noch im Dialog verbleiben?	554
10.6.11	Bedeutung in der Vergabepraxis und Rechtsprechung	554
10.6.12	Literatur	554
10.7	**Verhandlungsverfahren (§ 101 Abs. 5)**	**554**
10.7.1	Teilnehmer des Verhandlungsverfahrens	554
10.7.2	Inhalt und Ablauf	556
10.7.3	Geltung der wesentlichen Prinzipien des Vergaberechts	560
10.7.4	Unzulässigkeit „vorsorglicher" Verhandlungen nach einem Bieterausschluss	568
10.7.5	Verpflichtung zur Aufhebung eines Verhandlungsverfahrens bei Mangelhaftigkeit aller Angebote?	568

Teil 1   Inhaltsverzeichnis   Gesetz gegen Wettbewerbsbeschränkungen

10.7.6	Verpflichtung zur Abgabe eines schriftlichen Angebots im verschlossenen Umschlag	569
10.7.7	Bieteröffentliche Angebotseröffnung?	569
10.7.8	Beachtung der Zuschlagskriterien eines unmittelbar vorher aufgehobenen Offenen Verfahrens	569
10.7.9	Geltung des § 16 Abs. 1 Nr. 1–3 VOB/A	570
10.7.10	Geltung des § 15 Abs. 2 VOB/A bzw. § 24 Nr. 1 Abs. 2 VOL/A	570
10.7.11	Zulässigkeit von Verhandlungen mit einem „preferred bidder"?	571
10.7.12	Anwendung der Grundsätze über den Ausschluss von Angeboten mit einer Mischkalkulation	571
10.7.13	Aufhebung eines Verhandlungsverfahrens	571
10.7.14	Literatur	571
10.8	**Elektronische Auktion und dynamisches elektronisches Verfahren (§ 101 Abs. 6)**	572
10.8.1	Vergaberechtsmodernisierungsgesetz 2009	572
10.8.2	Elektronische Auktion	572
10.8.3	Dynamisches elektronisches Verfahren	572
10.9	**Vorrang des Offenen Verfahrens und Ausnahmen (§ 101 Abs. 7)**	572
10.9.1	Vorrang des Offenen Verfahrens (§ 101 Abs. 7 Satz 1)	572
10.9.2	Arten der Vergabe für Sektorenauftraggeber (§ 101 Abs. 7 Satz 2)	574
10.10	**Rechtliche Folgen der Wahl einer falschen Vergabeart**	575
10.10.1	Vergaberecht	575
10.10.2	Zuschuss- bzw. Zuwendungsrecht	575
10.10.3	Beitragsrecht	577
11.	**§ 101 a GWB – Informations- und Wartepflicht**	577
11.1	**Vergaberechtsmodernisierungsgesetz 2009**	577
11.2	**Verknüpfung zwischen § 101 a GWB, § 101 b GWB und § 13 VgV (alt)**	578
11.3	**Eigenständige Informationspflicht**	578
11.4	**Sinn und Zweck der Informations- und Wartepflicht**	579
11.5	**Persönliche Reichweite der Informationspflicht**	579
11.5.1	Bieter	579
11.5.2	Bieter, denen der Zuschlag erteilt werden soll?	580
11.5.3	Anonyme Rügeführer	581
11.5.4	Bewerber	581
11.6	**Verfahrensmäßige Reichweite der Informationspflicht**	582
11.6.1	Informationspflicht beim Verhandlungsverfahren	582
11.6.2	Informationspflicht beim Verhandlungsverfahren mit Teilnahmewettbewerb (z. B. nach VOF)	584
11.6.3	Informationspflicht beim Wettbewerbsverfahren nach §§ 20, 25 VOF	584
11.6.4	Informationspflicht nach Verpflichtung des Auftraggebers zur erneuten Wertung der Angebote	585
11.6.5	Informationspflicht bei de-facto-Vergaben	586
11.6.6	Informationspflicht im Rahmen der Vergabeverfahren von Auftraggebern nach dem Bundesberggesetz	587
11.6.7	Informationspflicht bei Nachlieferungen im Sinne des § 3 EG Abs. 4 lit. e) VOL/A	587
11.6.8	Informationspflicht nach einer Entscheidung der Vergabestelle zugunsten eines Bewerbers	588
11.6.9	Informationspflicht bei entsprechender Kenntnis eines Bieters und Einleitung eines Nachprüfungsverfahrens vor der Information	588
11.6.10	Informationspflicht bei Vergabeverfahren unterhalb der Schwellenwerte	588
11.6.11	Informationspflicht bei einer Aufhebungsentscheidung	588
11.6.12	Informationspflicht bei Zuschlag auf ein erloschenes Angebot	588
11.7	**Inhalt der Information**	589
11.7.1	Änderung durch das Vergaberechtsmodernisierungsgesetz 2009	589
11.7.2	Rechtsprechung des EuGH	589
11.7.3	Nationale Rechtsprechung	589
11.7.4	Rechtsprechung zu § 13 VgV	590
11.7.5	Heilung von inhaltlichen Mängeln	593
11.7.6	Heilung von formalen Mängeln	594
11.8	**Adressat der Information**	594
11.8.1	Bieter und Bewerber	594
11.8.2	Bevollmächtigte	594
11.8.3	Verbreitung über das Internet	594
11.9	**Form der Information**	594
11.9.1	Verwendung der Textform	594

11.9.2	Verwendung von Formblättern	595
11.9.3	Beispiele aus der Rechtsprechung	595
11.10	**Frist für die Information**	**596**
11.10.1	Änderung durch das Vergaberechtsmodernisierungsgesetz	596
11.11	**Wartepflicht und Wartefrist**	**596**
11.11.1	Änderung durch das Vergaberechtsmodernisierungsgesetz	596
11.11.2	Geltung der mitteleuropäischen Zeit	596
11.11.3	Rechtsprechung zu § 13 VgV	597
11.12	**Absendung erst nach Entscheidung des zuständigen Gremiums über den Zuschlag**	**600**
11.13	**Rechtsfolge des Ablaufs der Frist**	**600**
11.14	**§ 101a GWB als „Entäußerungsverbot"**	**600**
11.15	**Angemessenheit der Frist des § 101a GWB**	**600**
11.16	**Kausalität zwischen mangelhafter Information und (drohendem) Schaden**	**600**
11.16.1	Grundsätze	600
11.16.2	Zusätzlicher Vergabeverstoß	601
11.16.3	Unwirksamkeit bei präkludierten Vergaberechtsverstößen	601
11.17	**Entfall der Informationspflicht (§ 101a Abs. 2)**	**601**
11.17.1	Änderung durch das Vergaberechtsmodernisierungsgesetz	601
11.17.2	Rechtsprechung	602
11.18	**Verhältnis zwischen § 101a und §§ 22 EG VOL/A, 19, 19a VOB/A, 14 Abs. 5 VOF**	**602**
11.18.1	Praktische Bedeutung der §§ 22 EG VOL/A, 19, 19a VOB/A, 14 Abs. 5 VOF	602
11.18.2	Abgrenzung durch Auslegung	602
11.18.3	Bedeutung der §§ 19, 19a VOB/A, 22 EG VOL/A, 14 Abs. 5 VOF für die Auslegung des § 101a GWB	602
11.18.4	Verhältnis zu §§ 19, 19a VOB/A bzw. 22 EG VOL/A	602
11.19	**Literatur**	**603**
12.	**§ 101b GWB – Unwirksamkeit**	**603**
12.1	Vergaberechtsmodernisierungsgesetz 2009	603
12.2	Persönlicher Anwendungsbereich	604
12.3	Rechtsfolge eines Verstoßes gegen die Informationspflicht	604
12.4	Rückwirkende Anwendung	604
12.5	Voraussetzungen der Unwirksamkeit	605
12.5.1	Verstoß gegen § 101a GWB (§ 101b Abs. 1 Nr. 1)	605
12.5.2	Vornahme einer unzulässigen de-facto-Vergabe (§ 101b Abs. 1 Nr. 2)	605
12.5.3	Feststellung des Vergaberechtsverstoßes in einem Nachprüfungsverfahren nach § 101b Abs. 2	606
12.6	Auswirkungen einer fehlenden Information auf das Vergabeverfahren	607
12.7	Auswirkungen der Frist des § 101b Abs. 2 GWB auf den Rügeumfang	608
12.8	Literatur	608
13.	**§ 102 GWB – Grundsatz**	**608**
13.1	Vergaberechtsmodernisierungsgesetz 2009	608
13.2	Inhalt	608
13.3	Vergabekammern	608
13.3.1	Rechtsstellung der Vergabekammern	608
13.3.2	Aufgabenabgrenzung, rechtliche Stellung und Organisation der Vergabekammern	609
13.4	Nachprüfungsverfahren für die Vergabe öffentlicher Aufträge	609
13.4.1	Rechtsnatur	609
13.4.2	Primärrechtsschutz als entscheidender Faktor	609
13.5	Anspruchskonkurrenz zwischen kartellvergaberechtlichen und lauterkeitsrechtlichen Ansprüchen	629
13.5.1	Grundsätze	629
13.5.2	Haftung nach den §§ 3, 4 Nr. 11 UWG	630
13.6	Sekundärrechtsschutz	630
13.7	Literatur	631

Teil 1 Inhaltsverzeichnis Gesetz gegen Wettbewerbsbeschränkungen

13.8	Weitere Möglichkeiten für die Überprüfung der Vergabe öffentlicher Aufträge ...	631
13.8.1	Vergabeprüfstellen und Vergaberechtsmodernisierungsgesetz 2009	631
13.8.2	Überprüfung durch Aufsichtsbehörden	631
13.8.3	Überprüfung der Vergabe öffentlicher Aufträge durch ordentliche Gerichte	632
13.8.4	Überprüfung der Vergabe öffentlicher Aufträge durch die Verwaltungsgerichte	639
13.8.5	Literatur	642
13.8.6	Prüfung der Frage, ob für eine ausgeschriebene Leistung eine immissionsschutzrechtliche Genehmigung erforderlich ist	643
13.8.7	Prüfung der Frage der Angemessenheit der Kostenerstattung nach § 6a Abs. 7 VgV	644
14.	§ 104 GWB – Vergabekammern	644
14.1	Vergaberechtsmodernisierungsgesetz 2009	644
14.2	Inhalt der Vorschrift	644
14.3	Vergabekammern des Bundes und der Länder	644
14.3.1	Organisation der Vergabekammern des Bundes und der Länder	644
14.4	Rechtsschutz im Vergabenachprüfungsverfahren nach den §§ 97 ff.	646
14.5	Zuständigkeit der ordentlichen Gerichte für die Geltendmachung von Schadensersatzansprüchen	646
14.6	Befugnisse der Kartellbehörden	646
14.6.1	Allgemeines	646
14.6.2	Bedeutung für das Vergabenachprüfungsverfahren	647
15.	§ 105 GWB – Besetzung, Unabhängigkeit	647
15.1	Vergaberechtsmodernisierungsgesetz 2009	648
15.2	Allgemeiner Inhalt	648
15.3	Sachliche und persönliche Unabhängigkeit (§ 105 Abs. 1, Abs. 4)	648
15.4	Pflicht zur Neutralität	648
15.5	Ausschluss von Mitgliedern der Vergabekammer wegen des Verdachtes der Befangenheit	648
15.5.1	Allgemeines	648
15.5.2	Beispiele aus der Rechtsprechung	649
15.6	Verfahrensrechtliche Konsequenzen eines Befangenheitsantrags	650
15.7	Entscheidung als Spruchkörper auch bei Kostengrundentscheidungen (§ 105 Abs. 2 Satz 1)	650
15.8	Amtszeit (§ 105 Abs. 4 Satz 1)	650
15.9	Widerruf der Bestellung	650
15.9.1	Anwendung des Verwaltungsverfahrensgesetzes	650
15.9.2	Beispiele aus der Rechtsprechung	651
16.	§ 106 GWB – Einrichtung, Organisation	651
16.1	Vergaberechtsmodernisierungsgesetz 2009	652
16.2	Allgemeiner Inhalt	652
16.3	Vergabekammern des Bundes	652
16.4	Vergabekammern der Länder	652
16.5	Gemeinsame Nachprüfungsbehörden	652
16.6	Literatur	652
17.	§ 106 a GWB – Abgrenzung der Zuständigkeit der Vergabekammern	652
17.1	Vergaberechtsmodernisierungsgesetz 2009	653
17.2	Grundsätze	653
17.3	Nachprüfung der Vergabeverfahren von Auftraggebern im Sinne des § 98 Nr. 2 GWB, die dem Bund zuzurechnen sind (§ 106a Abs. 1 Nr. 2)	653
17.3.1	Ausschreibungen von gesetzlichen Krankenkassen	653
17.3.2	Weitere Beispiele aus der Rechtsprechung	655
17.4	Alleinige oder überwiegende Mittelbewilligung durch den Bund bei Auftraggebern nach § 98 Nr. 5 GWB (§ 106a Abs. 1 Nr. 4)	655
17.5	Vergabeverfahren im Rahmen einer Organleihe für den Bund (§ 106 a Abs. 1 Nr. 5)	656
17.6	Vergabeverfahren im Rahmen einer Auftragsverwaltung für den Bund (§ 106a Abs. 2 Satz 1)	656

17.7	**Vergabeverfahren einer zentralen Beschaffungsstelle mehrerer Bundesländer (§ 106 a Abs. 3 Satz 2)**	658
17.7.1	Vergaberechtsmodernisierungsgesetz 2009	658
17.7.2	Rechtsprechung zu § 18 VgV a. F.	658
17.8	**Sonstige Festlegung der Zuständigkeit bei mehreren Auftraggebern**	658
17.8.1	Vergaberechtsmodernisierungsgesetz 2009	658
17.8.2	Rechtsprechung zu § 18 VgV	658
17.9	**Geltendmachung der örtlichen oder sachlichen Unzuständigkeit**	662
18.	**§ 107 GWB – Einleitung, Antrag**	662
18.1	Vergaberechtsmodernisierungsgesetz 2009	662
18.2	Bedeutung der Vorschrift für das Vergabenachprüfungsverfahren	663
18.3	**Antrag (§ 107 Abs. 1)**	663
18.3.1	Form- und Inhaltserfordernisse	663
18.3.2	Antragstellung nicht durch „Verweisung" eines anderen Gerichtes möglich	663
18.3.3	Rechtsfolge des Antrags: Beginn des Nachprüfungsverfahrens (Rechtshängigkeit)	663
18.3.4	Zeitliche Bedingungen für den Nachprüfungsantrag	665
18.3.5	Antragsänderung	668
18.3.6	Rücknahme des Nachprüfungsantrags	668
18.3.7	Stufennachprüfungsverfahren	670
18.4	**Antragsbefugnis (§ 107 Abs. 2)**	670
18.4.1	Grundsätze	670
18.4.2	Voraussetzungen der Antragsbefugnis (Überblick)	671
18.4.3	Antragsbefugtes Unternehmen	671
18.4.4	Interesse am Auftrag	676
18.4.5	Geltendmachung der Verletzung in Rechten nach § 97 Abs. 7 GWB durch Nichtbeachtung von Vergabevorschriften	680
18.4.6	Drohender Schaden	681
18.4.7	Rechtsschutzinteresse	719
18.4.8	Erledigung der Antragsbefugnis	725
18.4.9	Rechtsmissbrauch der Antragsbefugnis	725
18.4.10	Antragsbefugnis auch bereits vor Erhalt der Information nach § 101 a GWB	725
18.4.11	Antragsbefugnis bei mangelhafter Information nach § 101 a GWB eines anderen Bieters?	726
18.4.12	Antragsbefugnis bei Zusage der Vergabestelle, den Zuschlag erst ab einem bestimmten Datum zu erteilen?	726
18.4.13	Antragsbefugnis bei dem Rechtsschutzziel, eine Marktansprache vollständig zu verhindern?	727
18.4.14	Literatur	727
18.5	**Rüge (§ 107 Abs. 3)**	727
18.5.1	Vergaberechtsmodernisierungsgesetz 2009	727
18.5.2	Sinn und Zweck der Rüge	727
18.5.3	Inhalt der Rügepflicht	728
18.5.4	Rechtsnatur der Rüge	728
18.5.5	Beachtung von Amts wegen	729
18.5.6	Isolierte Zulässigkeitsprüfung für jeden gerügten Vergaberechtsverstoß	729
18.5.7	Keine Pflicht zu mehrfachen Rügen	730
18.5.8	Konsequenzen einer Rügepräklusion	730
18.5.9	Vereinbarkeit einer Präklusionsregel mit dem EU-Recht	730
18.5.10	Unzulässigkeit von „vorsorglichen" Rügen	731
18.5.11	Verdachtsrüge	733
18.5.12	Rüge gegen eigene Rechtsverletzung	733
18.5.13	Entbehrlichkeit der Rüge	733
18.5.14	Zeitliche Abhängigkeiten zwischen der Erklärung der Rüge und der Einreichung des Nachprüfungsantrags	743
18.5.15	Form der Rüge	744
18.5.16	Unterschriftserfordernis	745
18.5.17	Wahl des Versandweges der Rüge	745
18.5.18	Rüge durch Übersendung eines Nachprüfungsantrags an den Auftraggeber	746
18.5.19	Anforderungen an die Person des Rügenden (Antragstellers)	746
18.5.20	Adressat der Rüge	748
18.5.21	Notwendigkeit des Zugangs der Rüge	750
18.5.22	Notwendiger Inhalt der Rüge (Verstoß gegen Vergabebestimmungen)	571

Teil 1 Inhaltsverzeichnis Gesetz gegen Wettbewerbsbeschränkungen

18.5.23	Positive Kenntnis des Antragstellers von einem Verstoß gegen Vergabebestimmungen und fehlende unverzügliche Rüge gegenüber dem Auftraggeber (§ 107 Abs. 3 Satz 1 Nr. 1)	759
18.5.24	Aufgrund der Bekanntmachung erkennbare Verstöße gegen Vergabebestimmungen und fehlende Rüge spätestens bis Ablauf der in der Bekanntmachung benannten Frist zur Angebotsabgabe oder zur Bewerbung gegenüber dem Auftraggeber (§ 107 Abs. 3 Satz 1 Nr. 2)	793
18.5.25	Verstöße gegen Vergabebestimmungen, die erst in den Vergabeunterlagen erkennbar sind und fehlende Rüge spätestens bis Ablauf der in der Bekanntmachung benannten Frist zur Angebotsabgabe oder zur Bewerbung (§ 107 Abs. 3 Satz 1 Nr. 3)	807
18.5.26	Darlegungs- und Beweislast für die Erfüllung der Rügeobliegenheit	812
18.5.27	Mitteilung des Auftraggebers, einer Rüge nicht abhelfen zu wollen und zeitliche Präklusion eines Nachprüfungsantrags (§ 107 Abs. 3 Satz 1 Nr. 4)	812
18.5.28	Wiedereinsetzung in den vorigen Stand	816
18.5.29	Rücknahme der Rüge	816
18.5.30	Literatur	816
19.	**§ 108 GWB – Form**	**816**
19.1	Vergaberechtsmodernisierungsgesetz 2009	816
19.2	**Abgrenzung eines Antrags auf Einleitung eines Nachprüfungsverfahrens von dem Verlangen nach einer internen Überprüfung**	817
19.3	**Schriftform (§ 108 Abs. 1 Satz 1)**	817
19.4	**Unterschriftserfordernis**	817
19.5	**Unverzügliche Begründung (§ 108 Abs. 1 Satz 1)**	817
19.6	**Bestimmtes Begehren (§ 108 Abs. 1 Satz 2)**	817
19.7	**Bezeichnung des Antragsgegners (§ 108 Abs. 2)**	817
19.7.1	Bestimmung des Antragsgegners bei formalem Auseinanderfallen von Auftraggeber und Vergabestelle	817
19.7.2	Ungenaue Bezeichnung des Antragsgegners	818
19.7.3	Berichtigung der Bezeichnung des Antragsgegners	818
19.7.4	Änderung des Antragsgegners	818
19.8	**Beschreibung der behaupteten Rechtsverletzung mit Sachverhaltsdarstellung (§ 108 Abs. 2)**	819
19.8.1	Allgemeines	819
19.8.2	Beispiele aus der Rechtsprechung	820
19.8.3	Beschreibung der behaupteten Rechtsverletzung mit Sachverhaltsdarstellung in einem VOL-Verfahren	821
19.9	**Darlegung der erfolgten Rüge (§ 108 Abs. 2)**	822
19.10	**Darlegung des Schadens und der Kausalität**	822
19.11	**Erfüllung der Formvorschriften durch Bezugnahme auf einen zeitlich vorhergehenden Antrag**	822
19.12	**Weitere Konkretisierung der Darlegungen in späteren Schriftsätzen**	822
19.13	**Rechtsfolge einer unzureichenden Begründung**	822
19.14	**Verbindung von Nachprüfungsverfahren**	823
19.14.1	Allgemeines	823
19.14.2	Ermessen der Vergabekammer	823
19.14.3	Trennung von Vergabeverfahren	823
19.14.4	Kostenentscheidung	824
19.15	**Objektive Antragshäufung**	824
19.16	**Subjektive Antragshäufung**	824
19.17	**Zahlung eines Kostenvorschusses**	825
20.	**§ 109 GWB – Verfahrensbeteiligte, Beiladung**	**826**
20.1	Vergaberechtsmodernisierungsgesetz 2009	826
20.2	Verfahrensbeteiligte	826
20.3	**Beiladung**	826
20.3.1	Sinn und Zweck der Beiladung	826
20.3.2	Beiladung von Amts wegen und auf Antrag	826
20.3.3	Kriterien des § 107 Abs. 2 GWB als zusätzliche Beiladungsvoraussetzung	826
20.3.4	Abgabe eines ausschreibungskonformen Angebotes als zusätzliche Beiladungsvoraussetzung	826

20.3.5	Beiladung bei einer Parallelausschreibung	827
20.3.6	Zeitpunkt der Beiladung	827
20.3.7	Rechtshängigkeitssperre zu Lasten eines Beigeladenen	827
20.3.8	Entscheidung über die Beiladung	827
20.3.9	Unanfechtbarkeit der Entscheidung über die Beiladung	828
20.3.10	Beigeladene als notwendige Streitgenossen?	829
21.	**§ 110 GWB – Untersuchungsgrundsatz**	**829**
21.1	**Vergaberechtsmodernisierungsgesetz 2009**	**829**
21.2	**Inhalt und Einschränkungen des Untersuchungsgrundsatzes (§ 110 Abs. 1)**	**829**
21.2.1	Vergaberechtsmodernisierungsgesetz 2009	829
21.2.2	Sinn und Zweck des Untersuchungsgrundsatzes	830
21.2.3	Allgemeiner Inhalt des Untersuchungsgrundsatzes	830
21.2.4	Einschränkungen des Untersuchungsgrundsatzes	830
21.2.5	Weitere Beispiele aus der Rechtsprechung	834
21.2.6	Schwellenwert	835
21.3	**Prüfung der offensichtlichen Unzulässigkeit oder Unbegründetheit des Nachprüfungsantrags (§ 110 Abs. 2 Satz 1)**	**835**
21.3.1	Offensichtliche Unzulässigkeit (§ 110 Abs. 2 Satz 1)	835
21.3.2	Offensichtliche Unbegründetheit (§ 110 Abs. 2 Satz 1)	836
21.3.3	Offensichtliche Unzulässigkeit bzw. Unbegründetheit und evtl. Verlust des Primärrechtsschutzes	836
21.3.4	Weitere Beispiele aus der Rechtsprechung	836
21.4	**Berücksichtigung einer Schutzschrift des Auftraggebers (§ 110 Abs. 2 Satz 2)**	**837**
21.4.1	Vergaberechtsmodernisierungsgesetz 2009	837
21.4.2	Bisherige praktische Bedeutung	837
21.5	**Nichtzustellung und Rechtsschutz**	**838**
21.6	**Zustellung**	**838**
21.6.1	Zustellung des Nachprüfungsantrages nach dem Verwaltungszustellungsgesetz	838
21.6.2	Zustellung des Nachprüfungsantrages an den Auftraggeber per Fax	838
21.6.3	Zustellung eines Nachprüfungsantrages durch das Beschwerdegericht	840
21.6.4	Zustellung eines Nachprüfungsantrages an den Auftraggeber auch durch eine unzuständige Vergabekammer	841
21.6.5	Zustellung an Vertreter des Auftraggebers	841
21.6.6	„Sich-Verschließen" vor der Zustellung	841
21.6.7	Teilweise Zustellung des Nachprüfungsantrags	842
21.6.8	Rechtsschutz gegen die Zustellung	842
21.7	**Verpflichtung der Vergabekammer zur telefonischen Information über den Eingang eines Nachprüfungsantrages?**	**842**
21.8	**Entscheidung über einen unzulässigen oder unbegründeten Nachprüfungsantrag auch ohne dessen – wirksame – Zustellung an den Auftraggeber**	**842**
21.9	**Pflicht der Vergabekammer zur Anforderung der Vergabeakten (§ 110 Abs. 2 Satz 3)**	**842**
21.10	**Pflicht des Auftraggebers zur Vorlage der Vergabeakten (§ 110 Abs. 2 Satz 4)**	**843**
21.10.1	Pflicht des Auftraggebers zur Vorlage der Original-Vergabeakten	843
21.10.2	Verzögerte Vorlage der Vergabeakten	843
21.10.3	Vorlage der Vergabeakten im Fall des Streites über die Anwendbarkeit des GWB	843
21.11	**Rückgabe der Vergabeakten**	**843**
22.	**§ 111 GWB – Akteneinsicht**	**843**
22.1	**Vergaberechtsmodernisierungsgesetz 2009**	**844**
22.2	**Allgemeines**	**844**
22.3	**Allgemeine Voraussetzungen der Akteneinsicht (§ 111 Abs. 1)**	**844**
22.3.1	Abwägung der gegenseitigen Interessen	844
22.3.2	Erforderlichkeit zur Durchsetzung der subjektiven Rechte des betroffenen Verfahrensbeteiligten	844
22.3.3	Zulässiges Vergabenachprüfungsverfahren	845
22.3.4	Begrenzung durch den Verfahrensgegenstand des Vergabenachprüfungsverfahrens	846
22.3.5	Weitere Beispiele aus der Rechtsprechung	846
22.4	**Umfassendes Einsichtsrecht**	**847**
22.5	**Vergabeakten (§ 111 Abs. 1)**	**848**
22.5.1	Begriff	848
22.5.2	Antrag auf Vervollständigung der Vergabeakten	848

Teil 1 Inhaltsverzeichnis
Gesetz gegen Wettbewerbsbeschränkungen

22.6	Einsichtnahme bzw. Aktenversendung (§ 111 Abs. 1)	848
22.7	**Versagung der Akteneinsicht aus wichtigem Grund (§ 111 Abs. 2)**	848
22.7.1	Rechtsprechung des EuGH	848
22.7.2	Wichtige Gründe	849
22.7.3	Wahrung von Fabrikations-, Betriebs- oder Geschäftsgeheimnissen	849
22.7.4	Inhaber solcher Geheimnisse	850
22.7.5	Darlegungslast und -umfang	850
22.7.6	Abwägungsvorgang, Prüfungsmaßstäbe und Prüfungsumfang – Grundsätze	850
22.7.7	Keine Ermessensentscheidung	851
22.7.8	Umfang der Versagung der Akteneinsicht	851
22.7.9	Umfang der Akteneinsicht bei Dienstleistungsaufträgen	852
22.7.10	Umfang der Akteneinsicht bei Ausschreibungen nach der VOL/A	852
22.7.11	Unzulässigkeit von „in camera"-Verfahren	852
22.7.12	Weitere Beispiele aus der Rechtsprechung	852
22.8	**Versagung der Akteneinsicht aus sonstigen Gründen**	854
22.8.1	Kein Akteneinsichtsrecht bei offensichtlicher Unzulässigkeit	854
22.8.2	Kein Akteneinsichtsrecht bei offensichtlicher Unbegründetheit	854
22.8.3	Kein Akteneinsichtsrecht bei Ausforschungsabsicht	854
22.9	**Kennzeichnungspflicht der Beteiligten (§ 111 Abs. 3)**	855
22.10	**Rechtsschutz gegen die Versagung der Akteneinsicht (§ 111 Abs. 4)**	855
22.11	**Literatur**	855
23.	**§ 112 GWB – Mündliche Verhandlung**	855
23.1	**Vergaberechtsmodernisierungsgesetz 2009**	855
23.2	**Grundsätze**	855
23.3	**Entscheidung aufgrund einer mündlichen Verhandlung (§ 112 Abs. 1 Satz 1)**	856
23.3.1	Besetzung der Vergabekammer bei der Entscheidung	856
23.3.2	Belehrungspflicht der Vergabekammer gegenüber einem Beigeladenen	856
23.3.3	Pflicht der Vergabekammer zur Berücksichtigung eines Beweisantritts	856
23.4	**Grundsatz des rechtlichen Gehörs (§ 112 Abs. 1 Satz 2)**	856
23.4.1	Allgemeines	856
23.4.2	Auswirkungen	857
23.4.3	Folgen der Verletzung des Gebots des rechtlichen Gehörs	857
23.4.4	Beispiele aus der Rechtsprechung	857
23.4.5	Literatur	857
23.5	**Entscheidung nach Lage der Akten**	857
23.5.1	Ermessensentscheidung	857
23.5.2	Voraussetzungen	858
23.5.3	Weitere Beispiele aus der Rechtsprechung	859
24.	**§ 113 GWB – Beschleunigung**	859
24.1	**Vergaberechtsmodernisierungsgesetz 2009**	859
24.2	**Allgemeines**	859
24.3	**Verpflichtung zur Entscheidung innerhalb von fünf Wochen (§ 113 Abs. 1 Satz 1)**	860
24.3.1	Ordnungsgemäße Entscheidung der Vergabekammer	860
24.3.2	Schriftform der Entscheidung	860
24.3.3	Keine Zustellung der Entscheidung innerhalb der Frist	860
24.3.4	Verpflichtung zur Entscheidung innerhalb von fünf Wochen für Feststellungsanträge	860
24.4	**Möglichkeit der Verlängerung der Frist (§ 113 Abs. 1 Satz 2)**	860
24.4.1	Grundsätze	860
24.4.2	Ablehnungsfiktion des § 116 Abs. 2	861
24.4.3	Beschleunigungsgebot auch bei Verlängerung (§ 113 Abs. 1 Satz 3)	861
24.4.4	Rechtsschutz gegen die Verlängerung der Frist	861
24.5	**Mitwirkungspflicht der Beteiligten (§ 113 Abs. 2 Satz 1)**	862
24.5.1	Allgemeines	862
24.5.2	Weitere Beispiele aus der Rechtsprechung	862
24.5.3	Verhältnis zwischen der Mitwirkungspflicht und dem Untersuchungsgrundsatz	863
24.6	**Möglichkeit von Ausschlussfristen (§ 113 Abs. 2 Satz 2)**	864
24.7	**Literatur**	864

25.	**§ 114 GWB – Entscheidung der Vergabekammer**	865
25.1	Vergaberechtsmodernisierungsgesetz 2009	865
25.2	Grundsätze (§ 114 Abs. 1 Satz 1)	865
25.3	Rechtsverletzung und Schaden	865
25.4	Arten der Entscheidung	866
25.4.1	Verfahrensentscheidungen	866
25.4.2	Materielle Entscheidungen	869
25.4.3	Sonstige Entscheidungen	890
25.4.4	Weitere Beispiele aus der Rechtsprechung	891
25.5	**Keine Bindung an die Anträge (§ 114 Abs. 1 Satz 2)**	892
25.5.1	Grundsatz	892
25.5.2	Prüfung nur solcher Verstöße, die den Antragsteller in subjektiven Rechten verletzen	892
25.5.3	Prüfung nur solcher Verstöße, die nicht präkludiert sind	892
25.5.4	Prüfung von Verstößen bei einem unzulässigen Nachprüfungsantrag	892
25.5.5	Berücksichtigung anderer bestandskräftiger vergaberechtlicher Entscheidungen	892
25.5.6	Berücksichtigung des Hilfsantrags bei der Beurteilung des Hauptantrages	893
25.5.7	Bindung an die Anträge im Beschwerdeverfahren?	893
25.6	**Keine Aufhebung eines wirksam erteilten Zuschlages (§ 114 Abs. 2 Satz 1)**	893
25.6.1	Vergaberechtsmodernisierungsgesetz 2009	893
25.6.2	Grundsatz	893
25.6.3	Wirksamer Zuschlag	893
25.7	**Feststellungsverfahren (§ 114 Abs. 2 Satz 2)**	900
25.7.1	Sinn und Zweck des Feststellungsverfahrens	900
25.7.2	Voraussetzungen	901
25.7.3	Unzulässigkeit eines Antrages auf Feststellung, dass die Durchführung des Verhandlungsverfahrens rechtmäßig war	910
25.7.4	Unzulässigkeit eines Antrages auf Feststellung einer eventuellen Vertragsnichtigkeit	910
25.7.5	Unzulässigkeit eines Antrages auf Feststellung einer bereits erfolgten Beauftragung	910
25.7.6	Statthaftigkeit eines Antrages auf Feststellung, dass kein Zuschlagsverbot besteht	911
25.7.7	Zeitliche Befristung eines Feststellungsantrags?	911
25.7.8	Inhalt des Feststellungsantrags	911
25.7.9	Zwischenentscheidung über die Erledigung infolge Zuschlagserteilung bei einem Antrag auf Primärrechtsschutz	911
25.7.10	Bindungswirkung	912
25.7.11	Literatur	912
25.7.12	Ablehnungsfiktion des § 116 Abs. 2 im Feststellungsverfahren (§ 114 Abs. 2 Satz 3)	912
25.7.13	Feststellung eines Verstoßes gegen den Vertrag über die Arbeitsweise der Europäischen Union (vormals EG-Vertrag) bei Feststellungsverfahren vor dem EuGH	912
25.7.14	Fortbestehen eines Verstoßes gegen das Ausschreibungsrecht bei Feststellungsverfahren vor dem EuGH	912
25.7.15	Subjektiver Anspruch auf Einleitung eines Vertragsverletzungsverfahrens vor dem EuGH	913
25.8	**Entscheidung der Vergabekammer durch Verwaltungsakt (§ 114 Abs. 3 Satz 1)**	913
25.8.1	Widerruf der Entscheidung der Vergabekammer	914
25.8.2	Auswirkungen der Rücknahme eines Nachprüfungsantrages nach einer Entscheidung der Vergabekammer	914
25.8.3	Unterschriftserfordernis	915
25.8.4	Rechtsschutz gegen die Entscheidung der Vergabekammer	916
25.9	**Vollstreckung der Entscheidung der Vergabekammer (§ 114 Abs. 3 Satz 2)**	916
25.9.1	Allgemeines	916
25.9.2	Voraussetzungen der Vollstreckung	916
25.9.3	Vollstreckung nur auf Antrag	917
25.9.4	Verwirkung der Vollstreckung	918
25.9.5	Antrag auf Verlängerung der aufschiebenden Wirkung einer Beschwerde nach dem Vollstreckungsrecht	918
25.9.6	Mögliche Zwangsmittel	918
25.9.7	Höhe des Zwangsgeldes (§ 114 Abs. 3 Satz 3)	918
25.10	**Zustellung der Entscheidung der Vergabekammer (§ 114 Abs. 3 Satz 3)**	919
25.11	**Rechtskraft der Entscheidung der Vergabekammer**	919
25.11.1	Grundsatz	919
25.11.2	Vereinbarkeit der Rechtskraftwirkung mit europäischem bzw. deutschem Recht	919
25.11.3	Rechtskraftwirkung bei identischem Streitgegenstand	919
25.11.4	Rechtskraftwirkung bei Erledigung des Nachprüfungsverfahrens	920

Teil 1 Inhaltsverzeichnis Gesetz gegen Wettbewerbsbeschränkungen

25.11.5	Rechtskraftwirkung einer Kostenentscheidung	920
25.11.6	Relative Rechtskraftwirkung	920
25.12	**Berichtigung des Rubrums der Entscheidung nach § 42 VwVfG**	**921**
25.13	**Literatur**	**921**
26.	**§ 115 GWB – Aussetzung des Vergabeverfahrens**	**921**
26.1	**Vergaberechtsmodernisierungsgesetz 2009**	**922**
26.2	**Zuschlagsverbot (§ 115 Abs. 1)**	**922**
26.2.1	Grundsatz	922
26.2.2	Information des Auftraggebers über den Antrag auf Nachprüfung	922
26.2.3	Sonstige Wirkung des Zuschlagsverbots	924
26.2.4	Beseitigung des Zuschlagsverbots	924
26.2.5	Literatur	925
26.3	**Vorzeitige Gestattung des Zuschlags (§ 115 Abs. 2)**	**925**
26.3.1	Vergaberechtsmodernisierungsgesetz 2009	925
26.3.2	Grundsätze der Rechtsprechung zur alten Fassung des § 115 GWB	925
26.3.3	Ermessensentscheidung	926
26.3.4	Rechtsprechung zur neuen Fassung	927
26.3.5	Antrag des Auftraggebers oder des für den Zuschlag vorgesehenen Unternehmens	927
26.3.6	Antrag auf Gestattung des Zuschlags für einen Teil der Leistung	928
26.3.7	Inhaltliche Voraussetzungen (§ 115 Abs. 2 Satz 1–4)	928
26.3.8	Weitere Beispiele aus der Rechtsprechung	935
26.3.9	Darlegungs- und Beweislast	936
26.3.10	Auswirkung einer Mitteilung des Auftraggebers, den Zuschlag nicht vor Abschluss anhängiger Nachprüfungsverfahren zu erteilen	936
26.3.11	Kosten des Verfahrens auf Gestattung des Zuschlags	936
26.3.12	Rechtsschutz gegen Entscheidungen nach § 115 Abs. 2	936
26.3.13	Entscheidung über den Vorabgestattungsantrag bei Erlass einer Hauptsacheentscheidung	936
26.3.14	Literatur	936
26.4	**Weitere vorläufige Maßnahmen (§ 115 Abs. 3)**	**936**
26.4.1	Grundsätze	936
26.4.2	Voraussetzungen	937
26.4.3	Entscheidungsmaßstab des § 115 Abs. 2 Satz 1	937
26.4.4	Keine Anhörungspflicht	937
26.4.5	Maßnahmen auch gegen ein (unwirksam) von der Vergabestelle beauftragtes Unternehmen	638
26.4.6	Erlass so genannter Zwischenverfügungen („Hängebeschlüsse")	638
26.4.7	Weitere Beispiele aus der Rechtsprechung	638
26.4.8	Vollstreckung weiterer vorläufiger Maßnahmen (§ 115 Abs. 3 Satz 4)	639
26.5	**Ausnahme des Suspensiveffekts für sicherheitsrelevante Beschaffungen (§ 115 Abs. 4)**	**940**
26.5.1	Vergaberechtsmodernisierungsgesetz 2009	940
26.5.2	Rechtsprechung	940
27.	**§ 115 a GWB – Ausschluss von abweichendem Landesrecht**	**941**
27.1	**Vergaberechtsmodernisierungsgesetz 2009**	**941**
28.	**§ 116 GWB – Zulässigkeit, Zuständigkeit**	**941**
28.1	**Vergaberechtsmodernisierungsgesetz 2009**	**942**
28.2	**GKV-OrgWG**	**942**
28.3	**Entscheidungen der Vergabekammer (§ 116 Abs. 1 Satz 1)**	**942**
28.3.1	Endentscheidungen	942
28.3.2	Verfahrensleitende Zwischenentscheidungen	945
28.3.3	Vollstreckungsentscheidungen	950
28.3.4	Unselbständige Anschlussbeschwerde	950
28.3.5	Untätigkeitsbeschwerde	952
28.3.6	Statthaftigkeit einer sofortigen Beschwerde wegen einer falschen Rechtsbehelfsbelehrung?	953
28.4	**Am Verfahren vor der Vergabekammer Beteiligte (§ 116 Abs. 1 Satz 2)**	**953**
28.5	**Zulässigkeitsvoraussetzungen**	**953**
28.5.1	Beschwerdebefugnis	953
28.5.2	Sonstige Zulässigkeitsvoraussetzungen	955
28.6	**Ablehnungsfiktion (§ 116 Abs. 2)**	**956**
28.6.1	Allgemeines	956

28.6.2	Bestehen einer nach den gesetzlichen Vorschriften eingerichteten Vergabekammer	956
28.6.3	Unzulässigkeit in Kostensachen	956
28.6.4	Zeitpunkt der Entscheidung	957
28.6.5	Ablehnungsfiktion im Feststellungsverfahren	957
28.6.6	Fortsetzung des Vergabekammerverfahrens nach einer „Nichtentscheidung" der Vergabekammer?	957
28.6.7	Rechtsschutz gegen eine trotz der Ablehnungsfiktion ergangene Entscheidung der Vergabekammer	958
28.6.8	Zulässigkeit der sofortigen Beschwerde bei Nichtentscheidung der Vergabekammer infolge Aufhebung der Ausschreibung	959
28.6.9	Neues Nachprüfungsverfahren nach Eintritt der Ablehnungsfiktion	959
28.6.10	Rücknahme der sofortigen Beschwerde	959
28.7	**Wiedereinsetzung in den vorigen Stand**	**961**
28.7.1	Grundsatz	961
28.7.2	Unanfechtbarkeit der Entscheidung über die Wiedereinsetzung	961
28.7.3	Frist für den Antrag auf Verlängerung der aufschiebenden Wirkung einer sofortigen Beschwerde	961
28.7.4	Beispiele aus der Rechtsprechung	961
28.8	**Zuständiges Oberlandesgericht und zuständiges Landessozialgericht (§ 116 Abs. 3 Satz 1)**	**963**
28.8.1	Allgemeines	963
28.8.2	Die gesetzlichen Regelungen	964
28.8.3	Literatur	965
28.9	**Allgemeine Literatur**	**966**
29.	**§ 117 GWB – Frist, Form**	**966**
29.1	**Vergaberechtsmodernisierungsgesetz 2009**	**966**
29.2	**Beschwerdefrist (§ 117 Abs. 1)**	**966**
29.2.1	Notfrist	966
29.2.2	Zustellung des Beschlusses der Vergabekammer	967
29.2.3	Fehlende Zustellung des Beschlusses der Vergabekammer	967
29.2.4	Beschwerdefrist im Fall der Untätigkeit	967
29.2.5	Beginn der Frist	968
29.2.6	Berechnung der Frist	968
29.2.7	Schriftlichkeit der sofortigen Beschwerde	968
29.3	**Begründung (§ 117 Abs. 2)**	**968**
29.3.1	Allgemeines	968
29.3.2	Erklärung über die Reichweite der Anfechtung und Beantragung einer abweichenden Entscheidung (§ 117 Abs. 2 Satz 2 Nr. 1)	969
29.3.3	Angabe der Tatsachen und Beweismittel, auf die sich die Beschwerde stützt (§ 117 Abs. 2 Satz 2 Nr. 2)	969
29.3.4	Konsequenz einer formal unzureichenden Begründung	970
29.3.5	Abschrift des angefochtenen Vergabekammerbeschlusses?	970
29.3.6	Vorlage aller Schriftstücke des Vergabekammerverfahrens?	970
29.3.7	Nachreichung der Beschwerdebegründung	971
29.4	**Unterzeichnung der Beschwerdeschrift (§ 117 Abs. 3)**	**971**
29.5	**Unterrichtungspflicht (§ 117 Abs. 4)**	**971**
29.5.1	Sinn und Zweck	971
29.5.2	Rechtsfolgen einer unterlassenen Unterrichtung	971
29.6	**Verpflichtung der Vergabestelle zur Informationseinholung über eventuell eingelegte Rechtsmittel?**	**972**
30.	**§ 118 GWB – Wirkung**	**972**
30.1	**Vergaberechtsmodernisierungsgesetz 2009**	**972**
30.2	**Inhalt der Regelung**	**972**
30.3	**Zuschlagsverbot durch Wiedereinsetzung in den vorigen Stand**	**973**
30.4	**Dauer der aufschiebenden Wirkung der Beschwerde (§ 118 Abs. 1 Satz 2)**	**973**
30.5	**Antrag auf Verlängerung der aufschiebenden Wirkung (§ 118 Abs. 1 Satz 3)**	**973**
30.5.1	Ablehnung des Nachprüfungsantrags als Voraussetzung	973
30.5.2	Verpflichtung des Auftraggebers zur erneuten Wertung als Ablehnung des Nachprüfungsantrags?	974
30.5.3	Fehlendes Rechtsschutzbedürfnis	975

Teil 1 Inhaltsverzeichnis Gesetz gegen Wettbewerbsbeschränkungen

30.5.4	Statthaftigkeit eines entsprechenden Antrags	975
30.5.5	Zulässigkeitsvoraussetzungen	976
30.5.6	Formale Antragsberechtigung	978
30.5.7	Analoge Anwendung von § 118 Abs. 1 Satz 3 für den Fall der Verpflichtung des Auftraggebers zur Aufhebung	979
30.5.8	Erneuter Antrag auf Verlängerung der aufschiebenden Wirkung der Beschwerde als Antrag auf Wiederherstellung der aufschiebenden Wirkung der sofortigen Beschwerde?	979
30.5.9	Entscheidung ohne mündliche Verhandlung	979
30.5.10	Feststellung der Wirkungslosigkeit einer nach § 118 Abs. 1 Satz 3 getroffenen Entscheidung	979
30.5.11	Rücknahme des Antrags	980
30.5.12	Verhältnis von § 118 Abs. 1 Satz 3 zu § 101a GWB	980
30.5.13	Weitere Beispiele aus der Rechtsprechung	980
30.6	**Entscheidungskriterien (§ 118 Abs. 2)**	**980**
30.6.1	Vergaberechtsmodernisierungsgesetz 2009	980
30.6.2	Abwägungsentscheidung (§ 118 Abs. 2)	981
30.7	**Wirkung der sofortigen Beschwerde bei Untersagung des sofortigen Zuschlags durch die Vergabekammer (§ 118 Abs. 3)**	**985**
30.7.1	Schutz des Zuschlagsverbots	985
30.7.2	Schutz vergleichbarer Rechtspositionen des Bieters	985
30.7.3	Schutz des Zuschlagsverbots bei nur teilweiser Untersagung des Zuschlags	985
30.8	**Zulässigkeit einer unselbständigen Anschlussbeschwerde bei fehlender Freigabe des Zuschlags**	**986**
30.9	**Anordnung weiterer vorläufiger Maßnahmen im Sinn von § 115 Abs. 3 Satz 1 GWB im Beschwerdeverfahren**	**986**
30.10	**Rechtliches Gehör im vorläufigen Verfahren**	**987**
30.11	**Kosten des Verfahrens nach § 118 Abs. 1 Satz 3**	**987**
30.11.1	Grundsatz	987
30.11.2	Einzelheiten	988
30.12	**Untersagung der Gestattung des Zuschlags nach § 940 ZPO?**	**988**
30.13	**Auswirkungen eines abschließenden Beschlusses in der Hauptsache**	**988**
30.14	**Antrag, unter Aufhebung eines ablehnenden Beschlusses des Oberlandesgericht die aufschiebende Wirkung der sofortigen Beschwerde zu verlängern**	**988**
30.15	**Literatur**	**989**
31.	**§ 119 GWB – Beteiligte am Beschwerdeverfahren**	**989**
31.1	**Vergaberechtsmodernisierungsgesetz 2009**	**989**
31.2	**Allgemeines**	**990**
31.3	**Beiladung im Beschwerdeverfahren vor dem OLG**	**990**
31.4	**Beiladung im Beschwerdeverfahren vor dem LSG**	**991**
31.5	**Erneute förmliche Beiladung bei Verbindung von Beschwerdeverfahren**	**991**
31.6	**Antragstellung durch einen Beigeladenen im Beschwerdeverfahren**	**991**
32.	**§ 120 GWB – Verfahrensvorschriften**	**992**
32.1	**Vergaberechtsmodernisierungsgesetz 2009**	**992**
32.2	**Bestimmung des Rechtsmittelführers**	**992**
32.3	**Anwaltszwang (§ 120 Abs. 1)**	**992**
32.3.1	Grundsatz	992
32.3.2	Ausnahme	992
32.4	**Verweisung auf die Vorschriften des GWB (§ 120 Abs. 2)**	**992**
32.4.1	Notwendigkeit einer mündlichen Verhandlung und Ausnahmen (§§ 120 Abs. 2, 69)	992
32.4.2	Verhandlung und Entscheidung trotz nicht ordnungsgemäßer Vertretung des Antragstellers	994
32.4.3	Wiederaufnahme der mündlichen Verhandlung	994
32.4.4	Reichweite des Untersuchungsgrundsatzes	994
32.4.5	Rechtsmittelbelehrung	995
32.4.6	Verbindung von Nachprüfungsverfahren	995
32.4.7	Kostentragung und Kostenfestsetzung	995
32.5	**Verweisung auf die Vorschriften der ZPO**	**995**
32.5.1	Grundsatz	995
32.5.2	Analoge Anwendbarkeit von § 240 ZPO	996

32.6	Unselbständige Anschlussbeschwerde	997
32.7	Wiedereinsetzung in den vorigen Stand	997
32.8	Grundsatz des rechtlichen Gehörs	997
32.9	Zulässigkeit einer Anhörungsrüge	997
32.10	Verschlechterungsverbot	998
32.11	Zustellung	998
33.	§ 121 GWB – Vorabentscheidung über den Zuschlag	999
33.1	Vergaberechtsmodernisierungsgesetz 2009	999
33.2	Vorläufiger Rechtsschutz des Auftraggebers in Sozialrechtsstreitigkeiten	999
33.3	Rechtmäßigkeit der Vorschrift	999
33.4	Zulässigkeitsvoraussetzungen eines Antrags auf Vorabentscheidung	1000
33.4.1	Ablehnung des Nachprüfungsantrages	1000
33.4.2	Antrag	1000
33.5	Entscheidungskriterien (§ 121 Abs. 1 Satz 1–3)	1002
33.5.1	Vergaberechtsmodernisierungsgesetz 2009	1002
33.5.2	Abwägungsentscheidung (§ 121 Abs. 1 Satz 1–3)	1002
33.6	Inhalt der Entscheidung (§ 121 Abs. 3 Satz 1)	1004
33.7	Mündliche Verhandlung (§ 121 Abs. 3 Satz 2)	1004
33.8	Kosten der Entscheidung nach § 121 Abs. 1	1004
33.9	Rechtsmittel gegen eine Entscheidung nach § 121	1004
33.10	Einseitige Erledigung des Antrags	1004
33.11	Literatur	1004
34.	§ 122 GWB – Ende des Vergabeverfahrens nach Entscheidung des Beschwerdegerichts	1005
34.1	Vergaberechtsmodernisierungsgesetz 2009	1005
34.2	Allgemeines	1005
34.3	Beendigungsfiktion	1005
35.	§ 123 GWB – Beschwerdeentscheidung	1005
35.1	Vergaberechtsmodernisierungsgesetz 2009	1005
35.2	Streitgegenstand	1005
35.3	Keine Bindung an die Anträge	1006
35.3.1	Grundsätze	1006
35.3.2	Ausnahme	1007
35.4	Prüfung der Zuständigkeit der Vergabekammer	1007
35.4.1	Allgemeines	1007
35.4.2	Möglichkeit der Zulassung der Rechtsbeschwerde in Fragen der Zuständigkeit nach § 17a GVG	1007
35.5	Aufhebung der Entscheidung der Vergabekammer bei Begründetheit der Beschwerde (§ 123 Satz 1)	1008
35.6	Entscheidung des Beschwerdegerichts (§ 123 Satz 2)	1008
35.6.1	Grundsätze	1008
35.6.2	Entscheidung in der Sache selbst	1008
35.6.3	Zurückverweisung	1010
35.6.4	Vorabentscheidung über den zulässigen Rechtsweg	1011
35.6.5	Entscheidung bei übereinstimmenden Erledigungserklärung in der Beschwerdeinstanz	1011
35.6.6	Entscheidung bei Rücknahme des Nachprüfungsantrags	1011
35.6.7	Entscheidung auch bei einem unwirksamen Vergabekammerbeschluss	1012
35.7	Feststellung der Rechtswidrigkeit (§ 123 Satz 3)	1012
35.7.1	Zulässigkeitsvoraussetzungen	1012
35.8	Zwischenentscheidungen	1014
35.8.1	Aussetzung und Vorlage an den Europäischen Gerichtshof	1014
35.8.2	Aussetzung bis zu einer Entscheidung des BGH	1015
35.9	Auswirkungen eines abschließenden Beschlusses in der Hauptsache auf eine Entscheidung nach § 118	1015
35.10	Literatur	1016

Teil 1 Inhaltsverzeichnis Gesetz gegen Wettbewerbsbeschränkungen

36.	§ 124 GWB – Bindungswirkung und Vorlagepflicht	1016
36.1	Vergaberechtsmodernisierungsgesetz 2009	1016
36.2	Änderung durch das GKV-OrgWG	1016
36.3	Bindungswirkung (§ 124 Abs. 1)	1016
36.3.1	Allgemeines	1016
36.3.2	Gegenstand der Bindungswirkung	1017
36.3.3	Zulässigkeit zweier Entscheidungsträger	1017
36.3.4	Bindungswirkung der Entscheidung von Vergabeprüfstellen bzw. eines Vergabeüberwachungsausschusses bzw. der Aufsichtsbehörde des öffentlichen Auftraggebers	1017
36.3.5	Mittelbare Bindungswirkung	1018
36.3.6	Bindungswirkung rechtskräftiger Entscheidungen von Verwaltungsgerichten	1018
36.4	Vorlagepflicht (§ 124 Abs. 2)	1018
36.4.1	Allgemeines	1018
36.4.2	Konkretisierungen der Vorlagepflicht	1019
36.4.3	Umfang der Vorlagepflicht und Vorlage einer konkret formulierten Rechtsfrage	1022
36.4.4	Vorlage erst nach Gewährung rechtlichen Gehörs	1022
36.4.5	Vorlage bei streitigen Rechtsfragen, die vom EuGH bereits entschieden sind	1022
36.4.6	Analoge Anwendung des § 124 Abs. 2 GWB auf beabsichtigte Abweichungen von Entscheidungen in anderen Gerichtszweigen	1022
36.4.7	Keine Vorlage nach § 124 Abs. 2 an den EuGH	1023
36.4.8	Entscheidung des Bundesgerichtshofs (§ 124 Abs. 2 Satz 2–3)	1023
36.5	Möglichkeit der Gegenvorstellung	1024
36.6	Literatur	1025
37.	§ 125 GWB – Schadensersatz bei Rechtsmissbrauch	1025
37.1	Vergaberechtsmodernisierungsgesetz 2009	1025
37.2	Allgemeines	1025
37.3	Missbrauch	1025
37.4	Versagung des Primärrechtsschutzes als Missbrauchsfolge	1026
37.5	Literatur	1026
38.	§ 126 GWB – Anspruch auf Ersatz des Vertrauensschadens	1026
38.1	Vergaberechtsmodernisierungsgesetz 2009	1027
38.2	Allgemeines	1027
38.3	§ 126 als Anspruchsgrundlage	1027
38.4	Anspruchsvoraussetzungen	1027
38.4.1	Allgemeine Voraussetzungen für die Anwendbarkeit von § 126	1027
38.4.2	Verstoß gegen eine bieterschützende Vorschrift	1027
38.4.3	Anwendbarkeit des § 126 GWB bei Aufhebung eines Vergabeverfahrens und Nichterreichung der Wertungsphase	1028
38.4.4	Echte Chance auf Erhalt des Zuschlags	1029
38.4.5	Kausalität	1031
38.4.6	Verschulden	1031
38.4.7	Mitglieder einer Bietergemeinschaft als Anspruchsinhaber	1032
38.5	Umfang des Ersatzanspruchs	1032
38.6	Weitergehende Ansprüche auf Schadenersatz (§ 126 Satz 2)	1032
38.6.1	§ 311 Abs. 2 BGB als Anspruchsgrundlage	1032
38.6.2	Keine Anspruchsgrundlage für Mehrvergütungsansprüche	1041
38.6.3	§ 823 Abs. 2 BGB als Anspruchsgrundlage	1041
38.7	Schadensersatzanspruch auch bei Nichtanwendbarkeit des Vergaberechts (z. B. bei Vermietung)	1041
38.8	Schadensersatzanspruch gegen eine Stadtwerke-GmbH	1041
38.9	Schadensersatzanspruch des Auftraggebers bei Manipulationen	1041
38.10	Vertragsverletzungsverfahren der EU-Kommission und daraus resultierende mögliche Zahlungsverpflichtungen	1041
38.11	Weitere Beispiele aus der Rechtsprechung	1043
38.12	Schadensersatzansprüche wegen Verletzung der Pflicht zur öffentlichen Ausschreibung	1043
38.13	Literatur	1043

Gesetz gegen Wettbewerbsbeschränkungen Inhaltsverzeichnis **Teil 1**

39.	§ 127 GWB – Ermächtigungen	1044
39.1	Vergaberechtsmodernisierungsgesetz 2009	1044
39.2	Umsetzung der vergaberechtlichen Schwellenwerte (§ 127 Nr. 1)	1044
39.2.1	Vergaberechtsmodernisierungsgesetz 2009	1044
39.3	Ermächtigung zum Erlass der Sektorenverordnung und zum Erlass der Vergabeverordnung (§ 127 Nr. 2)	1045
39.3.1	Ermächtigung zum Erlass der Sektorenverordnung	1045
39.3.2	Ermächtigung zum Erlass der Vergabeverordnung (VgV)	1045
39.3.3	Reichweite der Verordnungsermächtigung des § 127 Nr. 2	1045
39.4	Streichung der Verordnungsermächtigungen nach § 127 Nr. 3, 4, 5 GWB a. F.	1045
39.4.1	Vergaberechtsmodernisierungsgesetz 2009	1045
39.5	Streichung der Verordnungsermächtigung nach § 127 Nr. 7 GWB a. F. hinsichtlich eines Korrekturmechanismus	1046
39.5.1	Vergaberechtsmodernisierungsgesetz 2009	1046
39.6	Aufnahme der Ermächtigung zur Regelung der Voraussetzungen für eine Befreiung von der Anwendungsverpflichtung der Vergaberegeln für die Sektorenauftraggeber (§ 127 Nr. 9 GWB)	1046
39.6.1	Vergaberechtsmodernisierungsgesetz 2009	1046
40.	§ 128 GWB – Kosten des Verfahrens vor der Vergabekammer	1046
40.1	Vergaberechtsmodernisierungsgesetz 2009	1047
40.2	Grundsätzlicher Aufbau der Vorschrift des § 128 GWB	1047
40.3	Erhebung von Kosten für Amtshandlungen der Vergabekammer (§ 128 Abs. 1 Satz 1)	1047
40.3.1	Grundsatz	1047
40.3.2	Kostenfreiheit des Rügeverfahrens	1047
40.3.3	Umfang des Auslagenersatzes	1047
40.3.4	Anwendung des Verwaltungskostengesetzes (§ 128 Abs. 1 Satz 2)	1048
40.3.5	Höhe der Gebühren für Amtshandlungen der Vergabekammer (§ 128 Abs. 2)	1048
40.3.6	Kostentragungspflicht des unterliegenden Beteiligten im Verfahren (§ 128 Abs. 3 Satz 1)	1054
40.3.7	Gesamtschuldnerische Haftung mehrerer Kostenschuldner (§ 128 Abs. 3 Satz 2)	1059
40.3.8	Berücksichtigung eines schuldhaften Verhaltens eines Beteiligten (§ 128 Abs. 3 Satz 3)	1060
40.3.9	Unterliegender Beteiligter bei Rücknahme oder anderweitiger Erledigung (§ 128 Abs. 3 Satz 4)	1062
40.3.10	Berücksichtigung von Billigkeitsüberlegungen (§ 128 Abs. 3 Satz 5)	1064
40.3.11	Absehen von der Erhebung von Gebühren (§ 128 Abs. 3 Satz 6)	1067
40.3.12	Gebührenbefreiung nach dem Verwaltungskostengesetz?	1068
40.3.13	Verjährung	1069
40.4	Tragung der zweckentsprechenden und notwendigen Aufwendungen (§ 128 Abs. 4)	1069
40.4.1	Abdingbarkeit der Regelung des § 128 Abs. 4	1069
40.4.2	Tragung der zweckentsprechenden und notwendigen Aufwendungen des Antragsgegners durch den unterliegenden Beteiligten (§ 128 Abs. 4 Satz 1)	1069
40.4.3	Erstattung der notwendigen Aufwendungen eines Beigeladenen (§ 128 Abs. 4 Satz 2)	1094
40.4.4	Erstattung außergerichtlicher Aufwendungen für den Fall der Rücknahme des Nachprüfungsantrags (§ 128 Abs. 4 Satz 3 und 4 GWB)	1101
40.4.5	Erstattung außergerichtlicher Aufwendungen für den Fall der anderweitigen Erledigung des Nachprüfungsantrags	1105
40.4.6	Kostenfestsetzungsverfahren (§ 128 Abs. 4 Satz 5)	1109
40.5	Kosten im Beschwerdeverfahren	1137
40.5.1	Rechtsgrundlage	1137
40.5.2	Zuständigkeit für die Kostenfestsetzung im Beschwerdeverfahren	1137
40.5.3	Kostenverteilung nach dem Verhältnis des Obsiegens bzw. Unterliegens der Verfahrensbeteiligten	1139
40.5.4	Streitwert für das Beschwerdeverfahren	1139
40.5.5	Kosten bei Zurücknahme der sofortigen Beschwerde	1139
40.5.6	Kosten bei Zurücknahme des Nachprüfungsantrags	1140
40.5.7	Kosten bei Zurücknahme der sofortigen Beschwerde und Rücknahme des Nachprüfungsantrags	1140
40.5.8	Kosten bei Abschluss eines Vergleichs	1141
40.5.9	Erstattung der außergerichtlichen Auslagen eines Beigeladenen	1141
40.5.10	Kostentragungspflicht eines Beigeladenen	1142

Teil 1 Inhaltsverzeichnis Gesetz gegen Wettbewerbsbeschränkungen

40.5.11	Haftung nach Kopfteilen	1142
40.5.12	Kosten des Kostenfestsetzungsverfahrens	1142
40.5.13	Erinnerung gegen die Kostenfestsetzung	1143
40.5.14	Kosten des Verfahrens nach § 118 Abs. 1 Satz 3	1143
40.5.15	Kosten des Verfahrens nach § 121 Abs. 1	1145
40.5.16	Kosten des Verfahrens nach § 115 Abs. 2 Satz 2	1145
40.5.17	Erstattungsfähigkeit der Kosten so genannter Schutzschriften	1145
40.5.18	Anrechnung der für das Verfahren vor der Vergabekammer entstandenen Geschäftsgebühr auf die Verfahrensgebühr nach Nr. 3200 VV RVG	1145
40.5.19	Kosten des Beschwerdeverfahren über die Bewilligung von Prozesskostenhilfe	1145
40.6	**Kosten des Vollstreckungsverfahrens**	**1145**
40.6.1	Grundsatz	1145
40.6.2	Kostentragungspflicht	1146
40.6.3	Gegenstandswert des Vollstreckungsverfahrens	1146
40.7	**Zulässigkeit einer Vereinbarung über die Stellung von Kostenanträgen**	**1146**
40.8	**Literatur**	**1146**
41.	**§ 129 – Korrekturmechanismus der Kommission**	**1147**
41.1	**Vergaberechtsmodernisierungsgesetz 2009**	**1147**
41.2	**Bedeutung**	**1147**
42.	**§ 129 a – Unterrichtspflichten der Nachprüfungsinstanzen**	**1147**
42.1	**Vergaberechtsmodernisierungsgesetz 2009**	**1147**
43.	**§ 129 b – Regelung für Auftraggeber nach dem Bundesberggesetz**	**1147**
43.1	**Vergaberechtsmodernisierungsgesetz 2009**	**1148**
43.2	**Rechtsprechung**	**1148**
43.2.1	Allgemeines	1148
43.2.2	Verpflichtung, die Bestimmungen des GWB und der VgV einzuhalten	1148
43.2.3	Anwendbarkeit des § 101 a GWB	1149
44.	**§ 130 – Unternehmen der öffentlichen Hand, Geltungsbereich**	**1149**
44.1	**Vergaberechtsmodernisierungsgesetz 2009**	**1150**
45.	**§ 131 – Übergangsbestimmungen**	**1150**
45.1	**Vergaberechtsmodernisierungsgesetz 2009**	**1150**
45.2	**§ 131 Abs. 8**	**1151**
45.2.1	Vergleichbare Vorschrift	1151
45.2.2	Rechtsprechung	1152
46.	**Anlage (zu § 98 Nr. 4)**	**1153**
46.1	**Vergaberechtsmodernisierungsgesetz 2009**	**1154**

1. Vorbemerkung zum Vergaberecht

Als **Vergaberecht wird die Gesamtheit der Normen bezeichnet, die ein Träger öffentlicher Verwaltung bei der Beschaffung von sachlichen Mitteln und Leistungen, die er zur Erfüllung von Verwaltungsaufgaben benötigt, zu beachten** hat (BVerfG, Urteil v. 13. 6. 2006 – Az.: 1 BvR 1160/03). 1

Das Vergaberecht ist immer noch **ein noch relativ junges Rechtsgebiet**. Aufgrund europarechtlicher Vorgaben wurden spezielle vergabegesetzliche Regelungen in der Bundesrepublik Deutschland erstmals mit dem Vierten Teil (§§ 97 ff.) des Gesetzes gegen Wettbewerbsbeschränkungen **(GWB)** sowie der Vergabeverordnung **(VgV)** geschaffen. **Wesentliche Neuerung dieses Vergaberechts war die Verpflichtung der öffentlichen Auftraggeber, die Bestimmungen über das Vergabeverfahren einzuhalten** und – damit korrespondierend – **die Möglichkeit für Bieter, im Wege des Primärrechtsschutzes in ein laufendes Vergabeverfahren einzugreifen.** 2

In den folgenden Jahren wurde das Vergaberecht neben einer dogmatischen Weiterentwicklung im Wesentlichen durch die Rechtsprechung des Europäischen Gerichtshofes, des Bundesgerichtshofs sowie – besonders – der Vergabesenate bei den jeweiligen Oberlandesgerichten und die Entscheidungen der Vergabekammern geprägt. 3

Ziel dieses Kommentars ist es daher einmal, in knapper und prägnanter, aber umfassender Darstellung die wesentlichen Entscheidungen zum Vergaberecht und ihre Auswirkung auf die Praxis der öffentlichen Auftragsvergabe deutlich zu machen. 4

Weiteres Ziel ist es, Zusammenhänge und Abgrenzungen zwischen VOB/A, VOL/A und VOF deutlich zu machen. Im Wesentlichen erfolgt dies durch eine zusammenfassende Kommentierung – im Rahmen des GWB – zusammengehörender Aspekte etwa bei der Eignungsprüfung. 5

In der 3. Auflage wurde die wesentliche vergaberechtliche Begleitliteratur ab dem Jahr 2003 eingearbeitet. 6

Der Kommentar zum Vergaberecht wird weiterhin ständig ergänzt und überarbeitet, um eine möglichst hohe Aktualität zu bieten. 7

2. Wirtschaftliche Bedeutung des Vergaberechts

2.1 Europäische Gemeinschaften

Nach Schätzungen der Kommission der Europäischen Union (Generaldirektion Binnenmarkt) liegt das Geschäftsvolumen der öffentlichen Aufträge in den Europäischen Gemeinschaften bei einem **Wert von jährlich 1 500 Milliarden €; das sind 16% des gesamten Bruttoinlandsprodukts der EU.** Damit hat sich der Umsatz im Vergleich zur Veröffentlichung der Kommission vom 11. 3. 1998 (Das Öffentliche Auftragswesen in der Europäischen Union – KOM (98) 143), die von ca. 720 Milliarden € ausging, mehr als verdoppelt. Der Umfang der grenzüberschreitenden Vergaben hat sich von 6% in 1987 auf 10% in 1998 gesteigert. 8

Die Kommission geht – an Hand statistischer Untersuchungen – auch davon aus, dass die derzeit geltenden EU-Vergaberichtlinien den grenzüberschreitenden Wettbewerb auf den Beschaffungsmärkten verstärkt und die **Preise, die öffentliche Auftraggeber für Waren und Dienstleistungen zu zahlen haben, um etwa 30% gesenkt haben.** 9

Von 1995 bis 2002 hat sich die Zahl der veröffentlichten Ausschreibungen fast verdoppelt, von weniger als 55 000 auf über 106 000. Die Zahl der veröffentlichten Bekanntmachungen über vergebene Aufträge stieg von etwa 28 500 pro Jahr auf etwa 58 500. 10

Zwar bleibt das **Ausmaß der direkten grenzüberschreitenden Beschaffung** mit nur knapp 3% aller Angebote **bescheiden**, die indirekte grenzüberschreitende Beschaffung – z. B. Aufträge an ausländische Firmen über deren Niederlassungen vor Ort – ist mit 30% aller Angebote – bezogen jeweils auf eine Stichprobe – aber deutlich höher. 11

2.2 Bundesrepublik Deutschland

2.2.1 Allgemeines

12 Belastbare statistische Zahlen für die Bundesrepublik Deutschland, die den Gesamtbereich der öffentlichen Aufträge widerspiegeln, liegen nicht vor.

13 Nach einer vom Bundesministerium für Bildung und Forschung geförderten Studie „Einkäufer Staat als Innovationstreiber" aus dem Jahr 2009 (erstellt u. a. vom Veranstalter der Beschaffungskonferenz) ergab sich **unter Einbezug öffentlicher Fonds, Einrichtungen und Unternehmen, den Sozialversicherungen und den Beschaffungen von Bund, Ländern und Kommunen für das Jahr 2006 ein geschätztes Beschaffungsvolumen von 247 Mrd. EUR.** Gemäß der Studie haben **Bund und Länder etwa einen Anteil von einem Viertel**, die Kommunen verausgaben nahezu die Hälfte des gesamten Beschaffungsvolumens.

14 Nach älteren Schätzungen des Bundesministeriums für Wirtschaft und Technologie beträgt der Anteil der Vergabestellen des Bundes am gesamten Vergabevolumen 19%, der Anteil der Kommunen 50%, der Anteil der Länder 26% und der Anteil der Sozialversicherungsträger 5%. Der Anteil der so genannten Sektorenauftraggeber ist hierbei nicht berücksichtigt.

2.2.2 Literatur

15 – Ruh, Erik, Begrenzter Absatzradius – Kleine und mittlere Unternehmen als Adressaten kommunaler Auftragsvergabe, Behörden Spiegel November 2005, S. 20

2.3 Fazit

16 Insgesamt handelt es sich bei dem Markt für öffentliche Aufträge um einen wirtschaftlich außerordentlich bedeutsamen Markt.

3. Entwicklung des Vergaberechts

3.1 Europäisches Recht

3.1.1 Bedeutung des Beschaffungsmarktes

17 Die Europäische Gemeinschaft betrachtet angesichts der wirtschaftlichen Bedeutung den Beschaffungsmarkt als für den Erfolg des Binnenmarktes insgesamt von grundlegender Bedeutung. Im **Cecchini-Bericht** über die Kosten des Nicht-Europa werden die Einsparungen, mit denen bei größerer Transparenz und verstärkter Öffnung der Beschaffungsmärkte zu rechnen sei, auf circa 22 Milliarden ECU beziffert. Es ist allerdings bis zum heutigen Zeitpunkt nicht nachweisbar, dass im Zuge der Liberalisierung des Binnenmarktes tatsächlich Einspareffekte dieses Umfangs eingetreten sind.

18 Die **Grundlagen für die Vergabevorschriften der Gemeinschaft** finden sich im **EG-Vertrag (Vertrag über die Arbeitsweise der Europäischen Union** – Fassung aufgrund des am 1. 12. 2009 in Kraft getretenen Vertrages von Lissabon - Konsolidierte Fassung bekannt gemacht im ABl. EG Nr. C 115 vom 9. 5. 2008, S. 47), namentlich in den Bestimmungen, die den freien Waren-, Dienstleistungs- und Kapitalverkehr garantieren, bestimmte Grundsätze festschreiben (Gleichbehandlung, Transparenz und gegenseitige Anerkennung) und jegliche Diskriminierung aus Gründen der Staatsangehörigkeit für unzulässig erklären. Um diese grundlegenden Vertragsbestimmungen zur Wirkung zu bringen, ist ein **detailliertes Sekundärrecht (in Form von Richtlinien)** erforderlich. Diese Rechtsvorschriften regeln nicht nur die Vergabe von Bau-, Liefer- und Dienstleistungsaufträgen durch die öffentliche Hand (herkömmliche Sektoren) und die Auftraggeber in den Sektoren Wasser, Energie, Verkehr und Telekommunikation (besondere Sektoren), sondern sehen auch Rechtsmittel für die Unternehmen vor.

3.1.2 Europäische Richtlinien

19 Im Einzelnen handelt es sich um die

– **Richtlinie 2004/18/EG** des Europäischen Parlaments und des Rates vom 31. 3. 2004 über die Koordinierung der Verfahren zur Vergabe öffentlicher Bauaufträge, Lieferaufträge und Dienst-

Gesetz gegen Wettbewerbsbeschränkungen GWB **Teil 1**

leistungsaufträge, ABl. L 134 vom 30. 4. 2004 S. 114, berichtigt durch ABl. L 351 S. 44 vom 26. 11. 2004, **zuletzt geändert** durch Verordnung (EG) Nr. 1177/2009 der Kommission vom 30. 11. 2009 zur Änderung der Richtlinien 2004/17/EG, 2004/18/EG und 2009/81/EG des Europäischen Parlaments und des Rates im Hinblick auf die Schwellenwerte für Auftragsvergabeverfahren, ABl. L 314 vom 1. 12. 2009, 64 **(Vergabekoordinierungsrichtlinie)**

– **Richtlinie 2004/17/EG** des Europäischen Parlaments und des Rates vom 31. 3. 2004 zur Koordinierung der Zuschlagserteilung durch Auftraggeber im Bereich der Wasser-, Energie- und Verkehrsversorgung sowie der Postdienste, ABl. L 134 vom 30. 4. 2004, S. 1, berichtigt durch ABl. L 358 vom 3. 12. 2004, **zuletzt geändert** durch Verordnung (EG) Nr. 1177/ 2009 der Kommission vom 30. 11. 2009 zur Änderung der Richtlinien 2004/17/EG, 2004/ 18/EG und 2009/81/EG des Europäischen Parlaments und des Rates im Hinblick auf die Schwellenwerte für Auftragsvergabeverfahren, ABl. L 314 vom 1. 12. 2009, 64 **(Sektorenrichtlinie)**

– **Richtlinie 2007/66/EG** des Europäischen Parlaments und des Rates vom 11. Dezember 2007 zur Änderung der Richtlinien 89/665/EWG und 92/13/EWG des Rates im Hinblick auf die Verbesserung der Wirksamkeit der Nachprüfungsverfahren bezüglich der Vergabe öffentlicher Aufträge, ABl. L 335 vom 20. 12. 2007, S. 31

– **Richtlinie 89/665/EWG** des Rates vom 21. Dezember 1989 zur Koordinierung der Rechts- und Verwaltungsvorschriften für die Anwendung der Nachprüfungsverfahren im Rahmen der Vergabe öffentlicher Liefer- und Bauaufträge, ABl. L 395 vom 30. 12. 1989, S. 33, **zuletzt geändert** durch Richtlinie 2007/66/EG des Europäischen Parlaments und des Rates vom 11. 12. 2007 zur Änderung der Richtlinien 89/665/EWG und 92/13/EWG des Rates im Hinblick auf die Verbesserung der Wirksamkeit der Nachprüfungsverfahren bezüglich der Vergabe öffentlicher Aufträge, ABl. L 335 vom 20. 12. 2007, S. 31 **(Rechtsmittelkoordinierungsrichtlinie)**

– **Richtlinie 92/13/EWG** des Rates vom 25. Februar 1992 zur Koordinierung der Rechts- und Verwaltungsvorschriften für die Anwendung der Gemeinschaftsvorschriften über die Auftragsvergabe durch Auftraggeber im Bereich der Wasser-, Energie- und Verkehrsversorgung sowie im Telekommunikationssektor, ABl. L 076 vom 23. 3. 1992 S. 14, **zuletzt geändert** durch Richtlinie 2007/66/EG des Europäischen Parlaments und des Rates vom 11. 12. 2007 zur Änderung der Richtlinien 89/665/EWG und 92/13/EWG des Rates im Hinblick auf die Verbesserung der Wirksamkeit der Nachprüfungsverfahren bezüglich der Vergabe öffentlicher Aufträge, ABl. L 335 vom 20. 12. 2007, S. 31 **(Sektorenrechtsmittelkoordinierungsrichtlinie).**

3.1.3 Umsetzung der Richtlinien in Deutschland über das Haushaltsrecht

Zur Umsetzung dieser Richtlinien hatte der deutsche Gesetzgeber den Weg über das Haushaltsrecht – die klassische Heimat des Vergaberechts – gewählt. Das **Zweite Gesetz zur Änderung des Haushaltsgrundsätzegesetzes** (HGrG) vom 26. 11. 1993 (BGBl. I S. 1928) und zwei darauf basierenden Rechtsverordnungen, nämlich die **Vergabeverordnung (VgV)** vom 22. 2. 1994 (BGBl. I S. 321) und die **Nachprüfungsverordnung (NpV)** vom 22. 2. 1994 (BGBl. I S. 324), führten ein einheitliches Nachprüfungsverfahren für alle öffentlichen Auftraggeber und alle öffentlichen Aufträge ab den Schwellenwerten ein. Diese haushaltsrechtliche Lösung hatte ausdrücklich zum Ziel, individuelle, einklagbare Rechtsansprüche der Bieter nicht entstehen zu lassen.

Es zeigte sich aber schon bald, dass dieser **haushaltsrechtliche Ansatz keinen Bestand** haben konnte. Die **EG-Kommission** rügte regelmäßig den Grundgedanken der Umsetzung, einklagbare Rechtsansprüche der Bieter nicht entstehen zu lassen. Auch der Europäische Gerichtshof brachte in einem Urteil vom 11. 8. 1995 (Az.: C-433/93) gegen die Bundesrepublik Deutschland zum Ausdruck, dass die europäischen Richtlinien Bewerbern und Bietern Rechtspositionen einräumen, die sich bei korrekter Umsetzung in deutsches Recht als subjektive Ansprüche darstellen würden. Diese Rechtsprechung wiederum führte zu mehreren Vertragsverletzungsverfahren gegen die Bundesrepublik.

3.1.4 Umsetzung der Richtlinien in Deutschland über das Vergaberechtsänderungsgesetz

Die Bundesregierung brachte dann den Entwurf eines Gesetzes zur Änderung der Rechtsgrundlagen für die Vergabe öffentlicher Aufträge (Vergaberechtsänderungsgesetz – VgRÄG)

Teil 1 GWB   Gesetz gegen Wettbewerbsbeschränkungen

(Drucksache 646/97 vom 5. 9. 1997) ein. Die **wesentlichen Grundzüge** des Vergaberechtsänderungsgesetzes bestanden in

- der gesetzessystematischen **Verankerung** des Vergaberechtsänderungsgesetzes **im Gesetz gegen Wettbewerbsbeschränkungen (GWB)**,
- der **Einräumung eines subjektiven Rechtes** von Bewerbern und Bietern auf Einhaltung der bieterschützenden Bestimmungen über das Vergabeverfahren durch die öffentlichen Auftraggeber (§ 97 Abs. 7, § 107 Abs. 2 GWB),
- der **Einrichtung eines Nachprüfungsverfahrens** in erster Instanz durch verwaltungsinterne Vergabekammern und in zweiter Instanz durch Vergabesenate bei den Oberlandesgerichten (**Primärrechtsschutz**) und
- der **Begrenzung des Bieterschutzes** auf öffentliche Aufträge ab einem bestimmten Schwellenwert (§ 100 Abs. 1 GWB in Verbindung mit § 2 VgV).

23   Nachdem der Gesetzentwurf im parlamentarischen Verfahren in einigen Punkten geändert wurde, ist das Vergaberechtsänderungsgesetz als Vierter Teil des Gesetzes gegen Wettbeschränkungen (BGBl. I S. 2546) am 1. 1. 1999 in Kraft getreten.

3.2   Gesetz zur Modernisierung des Vergaberechts

3.2.1   Allgemeines

24   Durch **Artikel 1 des Gesetzes zur Modernisierung des Vergaberechts vom 20. April 2009** (BGBl. I S. 790), zuletzt geändert durch Berichtigung vom 9. 7. 2009, BGBl. I S. 1795, ist der **Vierte Teil des Gesetzes gegen Wettbewerbsbeschränkungen** novelliert worden. Damit ist ein **sechsjähriger Prozess der Modernisierung des GWB-Vergaberechts** beendet worden.

25   Die **Änderungen des GWB** sind in erster Linie Klarstellungen zum Anwendungsbereich sowie die **Einführung einer Sanktionierung der bislang folgenlosen rechtswidrigen so genannten de-facto-Vergaben**. An der **Grundstruktur des Nachprüfungsverfahrens wird festgehalten**: Die vorgeschlagenen Straffungen im Rechtsschutz sollen zu noch mehr Effizienz und Beschleunigung des Nachprüfungsverfahrens führen. **Einige Vorschriften, die sich bislang in der Vergabeverordnung befanden** (z. B. Zuständigkeit der Vergabekammern, Statistikpflichten), **werden in das GWB aufgenommen**. Dadurch wird erreicht, dass sich die Vergabeverordnung auf die Verweisung auf die Verdingungsordnungen konzentriert.

26   Inzwischen ist auch die **Vergabeverordnung – VgV –** (Verordnung über die Vergabe öffentlicher Aufträge) in der Fassung der Bekanntmachung vom 11. 2. 2003, BGBl. I S. 169, zuletzt geändert durch Gesetz vom 7. 6. 2010, BGBl. I S. 724, mit **Wirkung vom 11. 6. 2010** in Kraft getreten.

27   Die **Verordnung zur Neuregelung der für die Vergabe von Aufträgen im Bereich des Verkehrs, der Trinkwasserversorgung und der Energieversorgung anzuwendenden Regeln vom 23. September 2009 (SektVO)** ist im Bundesgesetzblatt 2009 Teil I Nr. 62 vom 28. 9. 2009, S. 3110, bekannt gemacht worden. Die Verordnung ist am Tag nach der Verkündung, also am 29. 9. 2009, in Kraft getreten.

28   In der **SektVO** sind **alle Vergaberegelungen für die Sektorenauftraggeber** aufgenommen worden; konsequenterweise **entfallen in der VOB/A 2009 und der VOL/A 2009 die bisherigen Abschnitte 3 und 4**.

29   Die **Novellierung der VOB/A, der VOL/A und der VOF** ist **inzwischen ebenfalls abgeschlossen**; mit dem Inkrafttreten der VgV 2010 sind am 11. 6. 2010 die VOB/A 2009, die VOL/A 2009 (jeweils der 2. Abschnitt) und die VOF 2009 in Kraft getreten.

30   **Für die weitere Gesetzgebung** ist es **auch nach der neuen Vergabekoordinierungsrichtlinie** dem **nationalen Gesetzgeber nicht untersagt, die Vergabe öffentlicher Aufträge in verschiedenen Verdingungsordnungen zu regeln,** solange **diese im Einklang mit den Grundsätzen der Richtlinie stehen**. Es mag **wünschenswert** sein und der Vermeidung von Missverständnissen und Abgrenzungsproblemen dienen, wenn der Gesetzgeber – wie zeitweise beabsichtigt – eine einheitliche Verdingungsordnung für die Vergabe aller Arten von Leistungen schaffen würde. **Vergaberechtlich zwingend ist dies allerdings nicht.** Die maßgeblichen Kriterien zur Abgrenzung einer Ausschreibung z. B. nach der VOF und der VOL/A entsprechen den Vorgaben der bisherigen und der neuen Richtlinie und sind in den

wesentlichen Grundsätzen durch die Richtlinien vorgegeben (OLG München, B. v. 28. 4. 2006 – Az.: Verg 6/06).

3.2.2 Begrenzung des Primärrechtsschutzes auf Vergaben ab den Schwellenwerten

Wirtschaftspolitisch umstritten ist die Begrenzung des Primärrechtsschutzes über das GWB auf öffentliche Aufträge erst ab den Schwellenwerten (§ 100 Abs. 1 GWB in Verbindung mit § 2 VgV). Insbesondere die Verbandsvertretungen des Handwerks und der Verbände der Bauwirtschaft fordern grundsätzlich auch einen Primärrechtsschutz – eventuell etwas vereinfacht im Vergleich zum Rechtsschutz des GWB – bei öffentlichen Aufträgen auch unter den Schwellenwerten. 31

Zu den Einzelheiten der Diskussion über die Verfassungsgemäßheit der Beschränkung des Primärrechtsschutzes auf Vergaben ab den Schwellenwerten vgl. die Kommentierung zu → § 100 GWB Rdn. 9. 32

3.3 Literatur

– Arlt, Annett, Die Umsetzung der Vergabekoordinierungsrichtlinien in Deutschland, VergabeR 2007, 280 33
– Ax, Thomas/Telian, Guido/Terschüren, Kai, Welche Folgen drohen bei einer nicht rechtzeitigen Umsetzung der das deutsche Vergaberecht neu regelnden Richtlinie 2004/18/EG (KoordRL)?, ZfBR 2/2006, S. 123
– Bischof, Elke, Vergaberecht 2008 – Auswirkungen der neuen EU-Rechtsmittel-Richtlinie und der Vergaberechtsreform 2008 auf die Vergabe von IT-Leistungen, ITRB 9/2008, 204
– Costa-Zahn, Karen/Lutz, Martin, Die Reform der Rechtsmittelrichtlinien, NZBau 2008, 22
– Drey, Franz, Stimmt die Richtung noch? – Die EU will an Beschaffungsstellschrauben drehen, Behörden Spiegel August 2010, 21
– Düsterdiek, Bernd, Nur wenn unbedingt und bestimmt – Hinweise zur unmittelbaren Wirkung von EG-Richtlinien, Behörden Spiegel September 2005, S. 21
– Egger, Alexander, Europäisches Vergaberecht, Nomos Verlag, 2007
– Frenz, Walter, Rechtsmitteländerungsrichtlinie und Folgen einer Vergaberechtswidrigkeit, VergabeR 2009, 1
– Gabriel, Marc, Die Vergaberechtsreform 2009 und die Neufassung des vierten Teils des GWB, NJW 2009, 2011
– Gaedtke, Jens-Christian, Politische Auftragsvergabe und Welthandelsrecht, Duncker & Humblot, 2006
– Haak, Max, Generalnorm nicht berücksichtigt – Umwelt- und sozialpolitische Aspekte im neuen Vergaberecht, Behörden Spiegel April 2005, S. 21
– Knauff, Matthias, Neues europäisches Vergabeverfahrensrecht: Dynamische Beschaffungssysteme (Dynamische elektronische Verfahren)
– Köster, Bernd, Die Modernisierung des Vergaberechts – was übrig blieb, BauR 2009, 1069
– Kullack, Andrea/Terner, Ralf, EU-Legislativpaket: Die neue „klassische" Vergabekoordinierungsrichtlinie – 1. Teil, ZfBR 2004, 244
– Kullack, Andrea/Terner, Ralf, EU-Legislativpaket: Die neue „klassische" Vergabekoordinierungsrichtlinie – 2. Teil, ZfBR 2004, 346
– Ohrtmann, Nicola, Vom Vergaberecht befreit – Private Energieerzeuger sind keine Sektorenauftraggeber mehr, VergabeR 2007, 565
– Rechten, Stephan, Die Novelle des EU-Vergaberechts, NZBau 2004, 366
– Rechten, Stephan/Junker, Maike, Das Gesetz zur Modernisierung des Vergaberechts – oder: Nach der Reform ist vor der Reform, NZBau 2009, 490
– Recker, Engelbert, Unwirksamkeit freihändiger Vergaben – Europäischer Vergaberechtsschutz wird verbessert, Behörden Spiegel Oktober 2007, 26

Teil 1 GWB Gesetz gegen Wettbewerbsbeschränkungen

- Ruthig, Josef, Vergaberechtsnovelle ohne Gesetzgeber – Zum GWB-Vergaberecht nach Ablauf der Umsetzungsfrist – Teil I, NZBau 2006, 137
- Ruthig, Josef, Vergaberechtsnovelle ohne Gesetzgeber – Zum deutschen Vergaberecht nach Ablauf der Umsetzungsfrist – Teil II, NZBau 2006, 208
- Scheid, Axel, Ist die Umsetzung der EG-Richtlinien in Deutschland defizitär?, VergabeR 2007, 410
- Scherer-Leydecker, Christian, Das gilt jetzt direkt – Unmittelbar anzuwendende EU-Vorschriften, Behörden Spiegel Februar 2006, 21
- Steinberg, Philipp, Die Entwicklung des Europäischen Vergaberechts seit 2004 – Teil 2, NZBau 2007, 225
- Steinberg, Philipp, Die Flexibilisierung des neuen europäischen Vergaberechts, NZBau 2005, 85
- Waldmann, Bettina, Zwischenbilanz: Stand der Reform des Vergaberechts am Ende der 16. Wahlperiode, VergabeR 2010, 298
- Wanninger, Rainer/Stolze, Simon-Finn/Kratzenberg, Rüdiger, Auswirkungen von Vergabenachprüfungsverfahren auf die Kosten öffentlicher Baumaßnahmen, NZBau 2006, 481

4. Aufbau des Vergaberechts

34   Welche Rechtsvorschriften bei der Vergabe öffentlicher Aufträge anzuwenden sind, bestimmt sich **einmal** danach, ob die nach europäischen Vorgaben bestimmten so genannten **Schwellenwerte erreicht** sind oder nicht und zum andern nach dem **Gegenstand, der beschafft** werden soll.

4.1 Vergaberecht ab den Schwellenwerten

4.1.1 Schwellenwerte

35   Die **Schwellenwerte** ergeben sich ab dem 1. 1. 2010 aus der **VERORDNUNG (EG) Nr. 1177/2009 DER KOMMISSION** vom 30. November 2009 zur Änderung der Richtlinien 2004/17/EG, 2004/18/EG und 2009/81/EG des Europäischen Parlaments und des Rates im Hinblick auf die Schwellenwerte für Auftragsvergabeverfahren (Amtsblatt der Europäischen Union L 314/64 vom 1. 12. 2009). Sie betragen – etwas vereinfacht dargestellt – für:

Liefer- und Dienstleistungsaufträge im **Bereich der Trinkwasser- oder Energieversorgung oder im Verkehrsbereich**	387 000 Euro
für Liefer- und Dienstleistungsaufträge der **obersten oder oberen Bundesbehörden sowie vergleichbare Bundeseinrichtungen** außer Forschungs- und Entwicklungs- sowie Fernmeldedienstleistungen und Dienstleistungen des Anhangs II Teil B der Richtlinie 2004/18/EG; im Verteidigungsbereich gilt dies bei Lieferaufträgen nur für Waren, die im Anhang V der Richtlinie aufgeführt sind:	125 000 Euro
für **alle anderen Liefer- und Dienstleistungsaufträge**	193 000 Euro
für **Bauaufträge**	4 845 000 Euro
für **Auslobungsverfahren**, die zu einem Dienstleistungsauftrag führen sollen	dessen Schwellenwert
für **die übrigen Auslobungsverfahren**	der Wert, der bei Dienstleistungsaufträgen gilt

Gesetz gegen Wettbewerbsbeschränkungen GWB **Teil 1**

4.1.2 Anzuwendende Vorschriften

Die **wichtigsten (nationalen) Rechtsquellen** des Rechts der öffentlichen Aufträge für 36
Aufträge ab den Schwellenwerten sind

- das **Gesetz gegen Wettbewerbsbeschränkungen (GWB)**, in der Fassung der Bekanntmachung vom 15. 7. 2005, BGBl. I S. 2114, zuletzt geändert durch Berichtigung vom 9. 7. 2009, BGBl. I S. 1795, und zwar die §§ 97 ff.
- **Vergabeverordnung – VgV –** (Verordnung über die Vergabe öffentlicher Aufträge) in der Fassung der Bekanntmachung vom 11. 2. 2003, BGBl. I S. 169, zuletzt geändert durch Gesetz vom 7. 6. 2010, BGBl. I S. 724
- **Sektorenverordnung – SektVO –** (Verordnung über die Vergabe von Aufträgen im Bereich des Verkehrs, der Trinkwasserversorgung und der Energieversorgung) vom 23. September 2009, BGBl. I 2009, S. 3110, zuletzt geändert durch die Verordnung zur Anpassung der Verordnung über die Vergabe öffentlicher Aufträge (Vergabeverordnung – VgV) sowie der Verordnung über die Vergabe von Aufträgen im Bereich des Verkehrs, der Trinkwasserversorgung und der Energieversorgung (Sektorenverordnung – SektVO) vom 7. Juni 2010, BGBl. I 2010, S. 724
- **die Vergabe- und Vertragsordnungen:**
  - **die Vergabe- und Vertragsordnung für Bauleistungen (VOB),** in der Fassung der Bekanntmachung vom 31. 7. 2009, Bundesanzeiger Nr. 115 vom 15. 10. 2006, berichtigt durch Bekanntmachung vom 19. 2. 2010, Bundesanzeiger Nr. 36 vom 5. 3. 2010
  - **die Vergabe- und Vertragsordnung für Leistungen (VOL),** in der Fassung der Bekanntmachung vom 20. 9. 2009, Bundesanzeiger Nr. 196a vom 29. 12. 2009, berichtigt durch Bekanntmachung vom 19. 2. 2010, Bundesanzeiger Nr. 36 vom 26. 2. 2010

  und zwar jeweils die Abschnitte 2
  - **die Vergabeordnung für freiberufliche Leistungen (VOF),** in der Fassung der Bekanntmachung vom 18. 11. 2009, Bundesanzeiger Nr. 185a vom 8. 12. 2009.

Das **GWB ist die gesetzliche Basis für die VgV und die SektVO** (§ 97 Abs. 6, § 127 37
GWB). Die VgV wiederum verweist auf die Anwendbarkeit der Vergabe- und Vertragsordnungen (§§ 4–6 VgV). Deshalb werden diese aufeinander aufbauenden Rechtsquellen auch die „**Kaskade**" des Vergaberechts genannt.

Weitere Rechtsquellen, die aber in aller Regel nicht für alle öffentlichen Aufträge gelten, sind 38
vor allem Gesetze, Verordnungen, Erlasse u. ä. des Bundes und der Bundesländer.

4.2 Vergaberecht unterhalb der Schwellenwerte

4.2.1 Allgemeines

Die wichtigsten Rechtsquellen **des Rechts der öffentlichen Aufträge für Aufträge** un- 39
terhalb der Schwellenwerte **sind**

- haushaltsrechtliche Regelungen des Bundes, der Länder und der Kommunen;
- **die Vergabe- und Vertragsordnungen:**
  - **die Vergabe- und Vertragsordnung für Bauleistungen (VOB),** in der Fassung der Bekanntmachung vom 31. 7. 2009, Bundesanzeiger Nr. 115 vom 15. 10. 2006, berichtigt durch Bekanntmachung vom 19. 2. 2010, Bundesanzeiger Nr. 36 vom 5. 3. 2010
  - **die Vergabe- und Vertragsordnung für Leistungen (VOL),** in der Fassung der Bekanntmachung vom 20. 9. 2009, Bundesanzeiger Nr. 196a vom 29. 12. 2009, berichtigt durch Bekanntmachung vom 19. 2. 2010, Bundesanzeiger Nr. 36 vom 26. 2. 2010

und zwar jeweils die Vorschriften des ersten Abschnittes, die so genannten Basisparagrafen.

Inwieweit VOB und VOL angewendet werden müssen, obliegt der Entscheidung des öf- 40
fentlichen Auftraggebers selbst. Man kann – vereinfachend ausgedrückt – sagen, dass die VOB für den Bund, die Länder und die Kommunen verpflichtend eingeführt ist; demgegenüber ist die VOL nur für den Bund, jedoch nicht für alle Bundesländer und alle Kommunen in allen Bundesländern verpflichtend eingeführt; sie hat insoweit nur den Charakter einer Empfehlung.

Teil 1 GWB   Gesetz gegen Wettbewerbsbeschränkungen

41 Die Verdingungsordnung für freiberufliche Leistungen (VOF) gilt nur für Aufträge über freiberufliche Leistungen ab den Schwellenwerten!

42 Weitere Rechtsquellen sind vor allem Gesetze, Verordnungen, Erlasse u. ä. des Bundes, der Bundesländer (z. B. spezielle Vergabegesetze) und der Kommunen (z. B. kommunale Vergabeordnungen).

4.2.2 Geltung des primären Europarechts

43 Vergabestellen müssen **auch bei Vergaben unterhalb der Schwellenwerte und bei Verträgen, die vom Anwendungsbereich der Gemeinschaftsrichtlinien auf dem Gebiet des öffentlichen Auftragswesens ausgenommen** sind, **das primäre Europarecht**, insbesondere die Gebote wie Gleichbehandlungs- und Transparenzgebot sowie auch das Diskriminierungsverbot, ebenfalls **beachten** (EuGH, Urteil v. 23. 12. 2009 – Az.: C-376/08; EuG, Urteil v. 20. 5. 2010 – Az.: T-258/06; OLG Düsseldorf, B. v. 21. 4. 2010 – Az.: VII-Verg 55/09).

44 Die Anwendung der grundlegenden Vorschriften und der allgemeinen Grundsätze des Vertrags auf die Verfahren zur Vergabe von Aufträgen, deren Wert unter dem Schwellenwert für die Anwendung der Gemeinschaftsrichtlinien liegt, **setzt jedoch gemäß der Rechtsprechung des Gerichtshofs voraus, dass an diesen Aufträgen ein eindeutiges grenzüberschreitendes Interesse besteht**. Grundsätzlich ist es **Sache des öffentlichen Auftraggebers**, vor der Festlegung der Bedingungen der Vergabebekanntmachung ein **etwaiges grenzüberschreitendes Interesse an einem Auftrag zu prüfen**, dessen geschätzter Wert unter dem in den Gemeinschaftsvorschriften vorgesehenen Schwellenwert liegt, wobei diese **Prüfung der gerichtlichen Kontrolle unterliegt**. Es ist jedoch **zulässig**, in einer **nationalen oder örtlichen Regelung objektive Kriterien aufzustellen, die für ein eindeutiges grenzüberschreitendes Interesse sprechen**. Als ein solches Kriterium kommt insbesondere ein **Auftragswert von gewisser Bedeutung in Verbindung mit dem Ort der Ausführung der Arbeiten** in Betracht. Auch wäre es möglich, ein solches Interesse auszuschließen, wenn der fragliche **Auftrag z. B. eine sehr geringe wirtschaftliche Bedeutung hat**. Allerdings ist zu berücksichtigen, dass die **Grenzen manchmal durch Ballungsräume verlaufen, die sich über das Gebiet verschiedener Mitgliedstaaten erstrecken, so dass unter solchen Umständen selbst an Aufträgen mit einem niedrigen Auftragswert ein eindeutiges grenzüberschreitendes Interesse bestehen kann** (EuGH, Urteil v. 15. 5. 2008 – Az.: C-147/06, C-148/06).

4.2.3 Mitteilung der Kommission zu Auslegungsfragen in Bezug auf das Gemeinschaftsrecht, das für die Vergabe öffentlicher Aufträge gilt, die nicht oder nur teilweise unter die Vergaberichtlinien fallen

4.2.3.1 Allgemeines

45 In einer **Mitteilung der Kommission zu Auslegungsfragen in Bezug auf das Gemeinschaftsrecht, das für die Vergabe öffentlicher Aufträge gilt, die nicht oder nur teilweise unter die Vergaberichtlinien fallen** (23. 6. 2006) **erläutert die Kommission ihr Verständnis der Rechtsprechung des EuGH und stellt bewährte Verfahren vor**, um die Mitgliedstaaten darin zu unterstützen, die Möglichkeiten des Binnenmarkts voll ausschöpfen zu können. Diese **Mitteilung führt keine neuen rechtlichen Regeln ein**. Es ist jedoch zu beachten, dass die Auslegung des Gemeinschaftsrechts letztendlich in jedem Fall Sache des EuGH ist.

46 **Hintergrund der Mitteilung** ist, dass diese Aufträge beachtliche Geschäftsmöglichkeiten bieten, vor allem für KMU und Firmenneugründungen im Binnenmarkt. Auch können die öffentlichen Verwaltungen mit offenen, wettbewerbsorientierten Vergabeverfahren eine größere Zahl potenzieller Bieter ansprechen und damit interessantere Angebote erzielen. Angesichts der Haushaltsprobleme vieler Mitgliedstaaten kommt dem effizienten Einsatz öffentlicher Gelder eine ganz besondere Bedeutung zu. Ferner gilt es im Blick zu behalten, dass sich transparente Vergabeverfahren zur Abwehr von Korruption und Günstlingswirtschaft bewährt haben. **Solche Aufträge werden jedoch nach wie vor vielfach direkt an lokale Anbieter ohne jede Ausschreibung vergeben**.

47 Die **Bundesregierung hat am 14. 9. 2006 Klage beim EuG erhoben gegen die Mitteilung der Europäischen Kommission zu Auftragsvergaben**, die nicht von den euro-

päischen Vergaberichtlinien erfasst werden. Mit der Mitteilung errichtet die Europäische Kommission nach Auffassung der Bundesregierung faktisch ein eigenes Vergaberegime insbesondere für die Vielzahl von Aufträgen unterhalb der Schwellenwerte der Vergaberichtlinien.

Das **EuG** hat die **Klage** der Bundesrepubli9k Deutschland **in vollem Umfang abgewiesen.** 48

4.2.3.2 Literatur

– Köster, Bernd, Gesetzgebung ohne den Gesetzgeber? Zur „Regulierung" der Auftragsvergabe im Unterschwellenbereich durch die EU-Kommissionsmitteilung vom 24. Juli 2006, ZfBR 2007, 127   49
– Lutz, Martin, Die Mitteilung der Europäischen Kommission zur Vergabe von Aufträgen, die nicht unter die europäischen Vergaberichtlinien fallen, VergabeR 2007, 372

4.3 Die grundsätzliche Auffassung des EuGH zur Anwendung des europäischen Vergaberechts

Der **Europäische Gerichtshof** wendet das europäische Vergaberecht – z.B. die Frage des Auftraggeberbegriffs oder des Auftragsbegriffs – **eher extensiv** an. Einzelheiten sind insoweit bei den einzelnen Vorschriften erläutert. Dazu gehört auch die Aussage, dass **jede Ausnahme von den Vorschriften, die die Wirksamkeit der im Vertrag über die Arbeitsweise der Europäischen Union (AEUV) niedergelegten Rechte im Bereich der öffentlichen Aufträge gewährleisten sollen, eng auszulegen ist**; die **Beweislast** für das tatsächliche Vorliegen der eine Ausnahme rechtfertigenden außergewöhnlichen Umstände trägt **derjenige, der sich auf diese Ausnahme berufen** will (EuGH, Urteil v. 2. 10. 2008 – Az.: C-157/06).   50

5. Literatur zum Vergaberecht

– Buhr, Barbara, Die Richtlinie 2004/18/EG und das deutsche Vergaberecht: ausgewählte Problembereiche unter besonderer Berücksichtigung der Bedürfnisse der Praxis, Duncker & Humblot, Berlin 2009   51
– Burgi, Martin/Gölnitz, Hinnerk, Die Modernisierung des Vergaberechts als Daueraufgabe – Lessons from the US –, DÖV 2009, 829
– Burgi, Martin, Die Zukunft des Vergaberechts, NZBau 2009, 609
– Byok, Jan, Die Entwicklung des Vergaberechts seit 2009, NJW 2010, 817
– Diehr, Matthias, „Vergabeprimärrecht" nach der An-Post-Rechtsprechung des EuGH, VergabeR 2009, 719
– Drey, Franz, Systematik sichtbar machen – Die drei Zwecke des Vergaberechts, Behörden Spiegel September 2009, 26
– Egidy, Stefanie, Das GWB-Vergaberecht nach der Novelle 2009: Flexibel, europarechtskonform und endlich von Dauer?, DÖV 2009, 835
– Erdmann, Joachim, Beschleunigung von Vergabeverfahren in Zeiten des Konjunkturpakets II, VergabeR 2009, 844
– Franßen, Gregor, Das Gesetz zur Modernisierung des Vergaberechts 2009, NWVBl. 2010, 41
– Hök, Götz, Zum Vergabeverfahren im Lichte des Internationalen Privatrechts, ZfBR 2010, 440
– Frenz, Walter, Grundrechte und Vergaberecht, EuZW 2006, 748
– Knauff, Matthias, Das System des Vergaberechts zwischen Verfassungs-, Wirtschafts- und Haushaltsrecht, VergabeR 2008, 312
– Polenz, Sven, Informationsfreiheit und Vergaberecht, NVwZ 2009, 883
– Prieß, Hans-Joachim, Vergaberechtliche Deregulierung und (Re-)Regulierung in der Wirtschaftskrise, WiVer 2010, 24

Teil 1 GWB

- Stoye, Jörg/von Münchhausen, Moritz, Primärrechtsschutz in der GWB-Novelle – Kleine Vergaberechtsreform mit großen Einschnitten im Rechtsschutz, VergabeR 2008, 871
- Wagner, Volkmar/Steinkemper, Ursula, Zum Zusammenspiel von Kartellvergaberecht und Haushaltsvergaberecht, NZBau 2006, 550
- Ziekow, Jan/Siegel, Thorsten, Das Vergabeverfahren als Verwaltungsverfahren, ZfBR 2004, 30

Gesetz gegen Wettbewerbsbeschränkungen GWB § 97 **Teil 1**

6. § 97 GWB – Allgemeine Grundsätze

(1) Öffentliche Auftraggeber beschaffen Waren, Bau- und Dienstleistungen nach Maßgabe der folgenden Vorschriften im Wettbewerb und im Wege transparenter Vergabeverfahren.

(2) Die Teilnehmer an einem Vergabeverfahren sind gleich zu behandeln, es sei denn, eine Benachteiligung ist auf Grund dieses Gesetzes ausdrücklich geboten oder gestattet.

(3) Mittelständische Interessen sind bei der Vergabe öffentlicher Aufträge vornehmlich zu berücksichtigen. Leistungen sind in der Menge aufgeteilt (Teillose) und getrennt nach Art oder Fachgebiet (Fachlose) zu vergeben. Mehrere Teil- oder Fachlose dürfen zusammen vergeben werden, wenn wirtschaftliche oder technische Gründe dies erfordern. Wird ein Unternehmen, das nicht öffentlicher Auftraggeber ist, mit der Wahrnehmung oder Durchführung einer öffentlichen Aufgabe betraut, verpflichtet der Auftraggeber das Unternehmen, sofern es Unteraufträge an Dritte vergibt, nach den Sätzen 1 bis 3 zu verfahren.

(4) Aufträge werden an fachkundige, leistungsfähige sowie gesetzestreue und zuverlässige Unternehmen vergeben. Für die Auftragsausführung können zusätzliche Anforderungen an Auftragnehmer gestellt werden, die insbesondere soziale, umweltbezogene oder innovative Aspekte betreffen, wenn sie im sachlichen Zusammenhang mit dem Auftragsgegenstand stehen und sich aus der Leistungsbeschreibung ergeben. Andere oder weitergehende Anforderungen dürfen an Auftragnehmer nur gestellt werden, wenn dies durch Bundes- oder Landesgesetz vorgesehen ist.

(4a) Auftraggeber können Präqualifikationssysteme einrichten oder zulassen, mit denen die Eignung von Unternehmen nachgewiesen werden kann.

(5) Der Zuschlag wird auf das wirtschaftlichste Angebot erteilt.

(6) Die Bundesregierung wird ermächtigt, durch Rechtsverordnung mit Zustimmung des Bundesrates nähere Bestimmungen über das bei der Vergabe einzuhaltende Verfahren zu treffen, insbesondere über die Bekanntmachung, den Ablauf und die Arten der Vergabe, über die Auswahl und Prüfung der Unternehmen und Angebote, über den Abschluss des Vertrages und sonstige Fragen des Vergabeverfahrens.

(7) Die Unternehmen haben Anspruch darauf, dass der Auftraggeber die Bestimmungen über das Vergabeverfahren einhält.

6.1 Änderungen durch das Vergaberechtsmodernisierungsgesetz 2009

§ 97 Abs. 3 ist mit dem Ziel einer **Verstärkung der Mittelstandsklausel** neu gefasst worden. In § 97 Abs. 4 ist das **neue Eignungsmerkmal der „Gesetzestreuheit"** aufgenommen worden. § 97 Abs. 4 **öffnet** außerdem das **Vergaberecht für auftragsbezogene soziale, umweltbezogene oder innovative Aspekte**. § 97 ist weiterhin **um einen Abs. 4a ergänzt** worden, der für alle Arten von Aufträgen **Präqualifikationssysteme zulässt**. 52

6.2 Einleitung

6.2.1 Beschaffungsgrundsätze

§ 97 GWB bringt in den Abs. 1 bis 5 die grundlegenden Prinzipien, nach denen eine Beschaffung öffentlicher Auftraggeber erfolgen muss, zum Ausdruck. Es handelt sich um 53

– das Wettbewerbsgebot (§ 97 Abs. 1),
– das Transparenzgebot (§ 97 Abs. 1),
– das Gleichbehandlungsgebot (§ 97 Abs. 2),
– das Gebot der Berücksichtigung mittelständischer Interessen (§ 97 Abs. 3),

- das Gebot der Vergabe aufgrund leistungsbezogener Eignungskriterien (§ 97 Abs. 4 und Abs. 4a),
- das Gebot der Vergabe auf das wirtschaftlichste Angebot (§ 97 Abs. 5).

54 Diese Prinzipien erfahren im Wesentlichen ihre konkrete Ausformung in einzelnen Regelungen der VOB, der VOL und der VOF.

6.2.2 Subjektives Recht auf Einhaltung der Vergabebestimmungen

55 Mit der Einführung eines subjektiven Rechtes der Bewerber und Bieter auf Einhaltung der Vergabebestimmungen hat der Gesetzgeber die notwendige Konsequenz aus der Rechtsprechung des Europäischen Gerichtshofes (grundlegend EuGH, Urteil v. 11. 8. 1995, Rechtssache C-433/93) und der Kritik der Kommission der Europäischen Gemeinschaften gezogen (vgl. im Einzelnen → Einleitung – Entwicklung des Vergaberechts Rdn. 4). Bewerber und Bieter haben damit die Möglichkeit, im Wege des Primärrechtsschutzes unmittelbar auf ein laufendes Vergabeverfahren einzuwirken; sie sind nicht mehr nur auf Schadenersatzansprüche (= Sekundärrechtsschutz) verwiesen.

6.2.3 Ermessen des Auftraggebers bei der allgemeinen Ausgestaltung des Vergabeverfahrens

56 Die Bieter haben einen **Anspruch nach § 97 Abs. 7 GWB darauf, dass auch die Ausgestaltung des Verfahrens als solchem in Einklang steht mit den allgemeinen Grundsätzen des Vergaberechts**, insbesondere dem Diskriminierungsverbot sowie dem Transparenzgrundsatz. Wird der vergaberechtlich vorgegebene Auswahlprozess seitens des öffentlichen Auftraggebers in einer Weise organisiert, die gleichsam systemimmanent die Gefahr von Ungleichbehandlung oder Undurchschaubarkeit in sich birgt, so würde bereits das Verfahren als solches als Vergaberechtsverstoß zu qualifizieren sein. Allerdings gibt es nicht nur ein Verfahren, das vergaberechtskonform sein kann, sondern **dem öffentlichen Auftraggeber stehen hier vielfältige Varianten und Entscheidungsmöglichkeiten offen**. Nicht nur bei der Wertung im engeren Sinne, also bei der Auswertung der konkreten Angebotsinhalte anhand der vorgegebenen Wertungskriterien, sondern **auch bei der Festlegung des Procedere besteht damit ein Ermessensspielraum** des Auftraggebers. Der grundsätzliche Anspruch des Bieter auf ein ordnungsgemäßes Verfahren beinhaltet daher nicht, dass er dem Auftraggeber das aus seiner Sicht optimale Verfahren diktieren darf; der **Anspruch geht nur dahin, dass die geschilderten Grenzen des Ausgestaltungsermessens nicht überschritten werden dürfen**. Die Ausübung dieses Spielraums lässt innerhalb einer bestimmten Bandbreite mehrere vertretbare und daher hinzunehmende Entscheidungsergebnisse zu. Vor diesem Hintergrund ist die Vergabekammer lediglich befugt, die Einhaltung der Grenzen dieses Beurteilungsspielraums zu überprüfen. Die Nachprüfungsinstanzen dürfen ihre Vorstellungen von der Organisation des Wertungsvorgangs jedoch nicht an die Stelle der Vergabestelle setzen (3. VK Bund, B. v. 7. 9. 2005 – Az.: VK 3–115/05; B. v. 7. 9. 2005 – Az.: VK 3–112/05; B. v. 6. 9. 2005 – Az.: VK 3–109/05; B. v. 31. 8. 2005 – Az.: VK 3–106/05; B. v. 31. 8. 2005 – Az.: VK 3–103/05; B. v. 31. 8. 2005 – Az.: VK 3–100/05; B. v. 31. 8. 2005 – Az.: VK 3–97/05). Vgl. dazu **im Einzelnen** die Kommentierung → Rdn. 1193 ff.

57 Auch nach der **Rechtsprechung des EuGH** müssen die **Mitgliedstaaten für den Erlass von Maßnahmen, die dazu bestimmt sind, die Grundsätze der Gleichbehandlung der Bieter und der Transparenz zu gewährleisten**, die die Grundlage der Gemeinschaftsrichtlinien auf dem Gebiet der Vergabe öffentlicher Aufträge bilden, über ein **bestimmtes Ermessen** verfügen. Jeder Mitgliedstaat ist nämlich am besten in der Lage, im Licht seiner spezifischen historischen, rechtlichen, wirtschaftlichen oder sozialen Erwägungen zu bestimmen, durch welche Situationen Verhaltensweisen begünstigt werden, die zu Missständen bei der Beachtung dieser Grundsätze führen könnten (EuGH, Urteil v. 16. 12. 2008 – Az.: C-213/07).

6.2.4 Rechtfertigung von Beschränkungen des Berufsausübungsrechts (Art. 12 GG)

58 Gemessen am Zweck der Wahrung der tragenden Vergaberechtsgrundsätze (Wettbewerbsprinzip, Gleichbehandlung, Transparenz) sind die mit einem Angebotsausschluss wegen eines unvollständigen Angebots verbundenen Beschränkungen des Berufsausübungsrechts (Art. 12 GG) nicht unverhältnismäßig. Die Wertung von z. B. unvollständigen Angeboten würde zu einer ungerechtfertigten Ungleichbehandlung anderer Bieter führen. Alle Unternehmen haben die Angebotsabgabefrist strikt zu beachten und bis dahin ihre Entscheidungen zu treffen, auch im Hinblick auf mögliche anderweitige Dispositionen. Bis zu diesem Zeitpunkt haben sie ein in jeder Hinsicht annehmbares und sie bindendes Angebot vorzulegen. Das sich hieraus ergebende **Zeitfenster wird bei einer Wertung verspäteter oder unvollständiger Angebote einseitig zu Gunsten eines Bieters verschoben.** Es ist denkbar, dass Mitbewerber gerade mit Blick auf den Abgabeendtermin geforderte Nachweise nicht vorlegen können oder sich sonst aus terminlichen Gründen gegen eine Bewerbung entscheiden. Der Grundsatz der Gleichbehandlung der Bieter bedeutet indessen auch, dass die Bieter schon zu dem Zeitpunkt, zu dem sie ihre Angebote vorbereiten, gleich behandelt werden müssen. Auch **eine allein der Sphäre eines Bieters zuzurechnende „Unternehmensumstrukturierung" kann es somit nicht rechtfertigen, ihr unter Verstoß gegen tragende Prinzipien des Vergaberechts eine Sonderbehandlung zuteil werden zu lassen.** Bei einer anderen Sicht der Dinge sind kaum zu verhindernde Missbräuche eröffnet. Konzernunternehmen oder befreundete (Gesellschafter-) Unternehmen können sich dann spekulativ an mehreren Ausschreibungen beteiligen und sich nach Lukrativität des Auftrags ihre Bieterposition notfalls im Wege „kurzfristiger Umstrukturierungen" bestimmten anderen Unternehmen zuspielen. Ferner ist es Unternehmen noch bis in ein spätes Stadium des Vergabeverfahrens möglich, in nicht hinnehmbarer Weise in den Vergabewettbewerb einzugreifen (OLG Düsseldorf, B. v. 16. 11. 2005 – Az.: VII – Verg 56/05; B. v. 6. 10. 2005 – Az.: VII – Verg 56/05).

6.3 Wettbewerbsprinzip (§ 97 Abs. 1)

6.3.1 Inhalt und Reichweite

Die wettbewerbliche Vergabe ist **das tragende Prinzip und das zentrale Element bei der Beschaffungstätigkeit der öffentlichen Hand.** Der Schutz der wettbewerblichen Vergabe ist denkbar weit und umfassend zu verstehen. Diese umfassend zu verstehende Durchsetzung des wettbewerblichen Prinzips bei der Bedarfsdeckung der öffentlichen Hand liegt nicht nur im Interesse des jeweiligen öffentlichen Auftraggebers, sondern auch des potentiellen Auftragnehmers (OLG Düsseldorf, B. v. 17. 6. 2002 – Az.: Verg 18/02; 1. VK Sachsen, B. v. 22. 7. 2010 – Az.: 1/SVK/022-10). 59

§ 97 Abs. 1 als Ausprägung des Wettbewerbsprinzips hat **bieterschützende Wirkung** (BGH, B. v. 1. 2. 2005 – Az.: X ZB 27/04; OLG Düsseldorf, B. v. 7. 7. 2004 – Az.: VII – Verg 15/04; 1. VK Sachsen, B. v. 22. 7. 2010 – Az.: 1/SVK/022-10). 60

6.3.2 Konkrete Ausformung in VOB/VOL/VOF

Das Wettbewerbsprinzip ist auch konkreter Bestandteil von VOB/VOL/VOF: 61

	Wettbewerbsprinzip
VOB	§ 2 Abs. 1 Nr. 2
VOL	§ 2 Abs. 1 Satz 1

Eine **vergleichbare ausdrückliche Regelung fehlt** – im Gegensatz zur VOF 2006 – **in der VOF 2009.**

6.3.3 Unzulässigkeit wettbewerbsbeschränkender und unlauterer Verhaltensweisen

6.3.3.1 Allgemeines

Unter **„wettbewerbsbeschränkenden Verhaltensweisen"** sind keineswegs nur die sowohl in VOL wie auch VOB an anderer Stelle behandelten und schon nach dem GWB (§§ 1, 14) unzulässigen wettbewerbsbeschränkenden Absprachen oder gar der Ausschreibungsbetrug (§ 298 StGB) zu verstehen, sondern **ganz allgemein Verhaltensweisen der Bieter, aber auch der Auftraggeber, die den Wettbewerb beeinträchtigen** (OLG Düsseldorf, B. v. 27. 7. 2006 – Az.: VII – Verg 23/06; B. v. 22. 6. 2006 – Az.: VII – Verg 2/06; B. v. 27. 7. 2005 – Az.: VII 62

Teil 1 GWB § 97 Gesetz gegen Wettbewerbsbeschränkungen

Verg 108/04; B. v. 16. 9. 2003 – Az.: VII – Verg 52/03; VK Arnsberg, B. v. 2. 2. 2006 – Az.: VK 30/05; VK Baden-Württemberg, B. v. 12. 7. 2004, Az.: 1 VK 38/04, B. v. 3. 6. 2004 – Az.: 1 VK 29/04; 1. VK Brandenburg, B. v. 11. 9. 2006 – Az.: 2 VK 34/06, 1 VK 35/06; B. v. 25. 4. 2005 – Az.: VK 13/05; 2. VK Brandenburg, B. v. 19. 1. 2006 – Az.: 2 VK 76/05; VK Lüneburg, B. v. 7. 10. 2003 – Az.: 203-VgK-19/2003; VK Münster, B. v. 10. 2. 2005 – Az.: VK 35/04; B. v. 21. 7. 2004 – Az.: VK 17/04; VK Nordbayern, B. v. 14. 10. 2009 – Az.: 21.VK – 3194 - 45/09; 1. VK Sachsen, B. v. 19. 5. 2009 – Az.: 1/SVK/008–09; B. v. 19. 7. 2006 – Az.: 1/SVK/060-06; B. v. 19. 7. 2006 – Az.: 1/SVK/059-06; B. v. 23. 6. 2005 – Az.: 1/SVK/068-05, 068-05G; VK Schleswig-Holstein, B. v. 26. 10. 2004 – Az.: VK-SH 26/04; VK Südbayern, B. v. 11. 2. 2009 – Az.: Z3-3-3194-1-01-01/09; B. v. 8. 7. 2008 – Az.: Z3-3-3194-1-20–06/08; B. v. 11. 8. 2005 – Az.: 35-07/05). Der Begriff ist **weit auszulegen** (OLG Düsseldorf, B. v. 27. 7. 2006 – Az.: VII – Verg 23/06; B. v. 22. 6. 2006 – Az.: VII – Verg 2/06; B. v. 27. 7. 2005 – Az.: VII – Verg 108/04; B. v. 23. 3. 2005 – Az.: VII – Verg 68/04; B. v. 16. 9. 2003 – Az.: VII – Verg 52/03; OLG München, B. v. 11. 8. 2008 – Az.: Verg 16/08; VK Baden-Württemberg, B. v. 12. 7. 2004, Az.: 1 VK 38/04, B. v. 3. 6. 2004 – Az.: 1 VK 29/04; 1. VK Brandenburg, B. v. 11. 9. 2006 – Az.: 2 VK 34/06, 1 VK 35/06; B. v. 25. 4. 2005 – Az.: VK 13/05; 2. VK Brandenburg, B. v. 19. 1. 2006 – Az.: 2 VK 76/05; 1. VK Bund, B. v. 20. 4. 2006 – Az.: VK 1–19/06; 2. VK Bund, B. v. 24. 8. 2004 – Az.: VK 2–115/04; 3. VK Bund, B. v. 4. 7. 2006 – Az.: VK 3–60/06; VK Münster, B. v. 10. 2. 2005 – Az.: VK 35/04; B. v. 21. 7. 2004 – Az.: VK 17/04; VK Nordbayern, B. v. 14. 10. 2009 – Az.: 21.VK – 3194 - 45/09; VK Rheinland-Pfalz, B. v. 14. 6. 2005 – Az.: VK 16/05; 1. VK Saarland, B. v. 22. 12. 2003 – Az.: 1 VK 08/2003; 1. VK Sachsen, B. v. 19. 5. 2009 – Az.: 1/SVK/008–09; B. v. 19. 7. 2006 – Az.: 1/SVK/060-06; B. v. 19. 7. 2006 – Az.: 1/SVK/059-06; VK Schleswig-Holstein, B. v. 13. 7. 2006 – Az.: VK-SH 15/06; B. v. 2. 2. 2005 – Az.: VK-SH 01/05; VK Südbayern, B. v. 11. 2. 2009 – Az.: Z3-3-3194-1-01-01/09; B. v. 8. 7. 2008 – Az.: Z3-3-3194-1-20–06/08).

63 Das OLG Koblenz sieht noch weitergehend ein unzulässiges wettbewerbsbeschränkendes Verhalten darin, wenn die **beteiligten Unternehmen einen gemeinsamen Zweck verfolgen und ihr abgestimmtes Verhalten geeignet ist, die Marktverhältnisse durch Beschränkung des Wettbewerbs zu beeinflussen** (OLG Koblenz, B. v. 26. 10. 2005 – Az.: 1 Verg 4/05; 1. VK Sachsen, B. v. 19. 7. 2006 – Az.: 1/SVK/060-06; B. v. 19. 7. 2006 – Az.: 1/SVK/059-06).

64 Unter „**unlauteren Verhaltensweisen**" im Sinne dieser Vorschrift sind zu verstehen unlautere Handlungsweisen im engeren Sinne, die gegen die guten Sitten verstoßen und deshalb § 1 UWG verletzen, Wettbewerbshandlungen, die gegen Sondervorschriften des UWG verstoßen, Wettbewerbshandlungen, die nicht gegen UWG-Vorschriften, wohl aber gegen Vorschriften anderer Gesetze verstoßen (z. B. – seinerzeit – Verstöße gegen das Rabattgesetz) sowie Verhaltensweisen, die den ordentlichen Gepflogenheiten in Industrie, Handel und Handwerk zuwiderlaufen (1. VK Sachsen, B. v. 19. 5. 2009 – Az.: 1/SVK/008–09; VK Südbayern, B. v. 11. 8. 2005 – Az.: 35-07/05) wie z. B. irreführende Angaben gegenüber der Einkaufsdienststelle. Auf Seiten des Auftraggebers fällt z. B. eine Scheinausschreibung unter den Begriff der unlauteren Verhaltensweisen (VK Lüneburg, B. v. 7. 10. 2003 – Az.: 203-VgK-19/2003).

65 Ein Verhalten stellt auch **erst dann eine unlautere Begleiterscheinung** dar, wenn die **Mitbewerber** durch die Vereinbarung von Ausschließlichkeitsrechten und darauf begründeter Monopolstellung **um ihre Chance gebracht werden**, im Leistungswettbewerb um den Auftrag zu kämpfen. Dazu gehören etwa unwahre, kreditschädigende Äußerungen über einen Mitbewerber ebenso wie herabsetzende Werturteile oder die Behinderung von Konkurrenten oder die Abwerbung von Arbeitskräften (1. VK Sachsen, B. v. 23. 6. 2005 – Az.: 1/SVK/068-05, 068-05G; B. v. 8. 7. 2004 – Az.: 1/SVK/044-04; B. v. 12. 3. 2003 – Az.: 1/SVK/010-03) oder – **isoliert betrachtet legale** – **Verhaltensweisen, die den Wettbewerb beeinträchtigen**, wie etwa die Abwerbung von Arbeitnehmern zu dem Zweck, im Hinblick auf eine bestimmte Ausschreibung die Leistungsfähigkeit eines Konkurrenten zu beeinträchtigen (OLG Koblenz, B. v. 26. 10. 2005 – Az.: 1 Verg 4/05).

66 **Die gemeinsame Stellung eines Nachprüfungsantrags durch mehrere Bieter stellt kein wettbewerbsbeschränkendes Verhalten dar**. Der Wettbewerb findet im Vergabeverfahren, nicht im Nachprüfungsverfahren statt (3. VK Bund, B. v. 19. 7. 2005 – Az.: VK 3–58/05).

67 Der **Begriff der wettbewerbsbeschränkenden Abrede umfasst auch die Verletzung des Gebots des Geheimwettbewerbs** (OLG Dresden, B. v. 28. 3. 2006 – Az.: WVerg 0004/06; OLG Düsseldorf, B. v. 27. 7. 2006 – Az.: VII – Verg 23/06; B. v. 22. 6. 2006 – Az.: VII – Verg 2/06; OLG München, B. v. 11. 8. 2008 – Az.: Verg 16/08; VK Arnsberg, B. v. 2. 2.

2006 – Az.: VK 30/05; 1. VK Brandenburg, B. v. 25. 4. 2005 – Az.: VK 13/05; 2. VK Brandenburg, B. v. 19. 1. 2006 – Az.: 2 VK 76/05; 1. VK Bund, .B. v. 20. 4. 2006 – Az.: VK 1–19/06 – instruktiver Fall –; 2. VK Bund, B. v. 6. 10. 2010 – Az.: VK 2–89/10; 3. VK Bund, B. v. 27. 8. 2010 – Az.: VK 3–84/10; VK Nordbayern, B. v. 14. 10. 2009 – Az.: 21.VK – 3194 - 45/09; 1. VK Sachsen, B. v. 19. 7. 2006 – Az.: 1/SVK/060-06; B. v. 19. 7. 2006 – Az.: 1/SVK/059-06; VK Südbayern, B. v. 11. 2. 2009 – Az.: Z3-3-3194-1-01-01/09; B. v. 8. 7. 2008 – Az.: Z3-3-3194-1-20–06/08; VK Thüringen, B. v. 18. 12. 2008 – Az.: 250–4003.20–5944/2008-030-J). Vgl. zum Gebot des Geheimwettbewerbs **im Einzelnen** die Kommentierung zu → Rdn. 40 ff.

Unlauter ist es auch, wenn ein Antragsteller ihm zugespielte Teile des Angebots anderer Bieter in das Nachprüfungsverfahren einführt. Damit nutzt er im Wettbewerb bewusst fremdes – möglicherweise sogar strafrechtlich relevantes – Fehlverhalten aus; er verwendet Unterlagen, die nicht für ihn, sondern ausschließlich für den Auftraggeber bestimmt und von diesem geheim zu halten sind; ferner muss der Antragsteller damit rechnen, dass ihm die Unterlagen entweder von einem Mitarbeiter des anderen Bieters unter Verstoß gegen § 17 Abs. 1 UWG oder von einem Mitarbeiter des Auftraggebers unter Verstoß gegen § 17 Abs. 2 Nr. 1 und 2 UWG zugespielt worden sind. Diese Ausnutzung fremden Fehlverhaltens kann der Antragsteller auch nicht damit rechtfertigen, dass er mit ihm lediglich die ihm im Vergabeverfahren rechtmäßig zustehende, ihm vom Auftraggeber aber unter Verstoß gegen Vergaberegeln aberkannte Position wiederherstellen will. Aus diesem Grund **dürfen auch objektive Vergabefehler, die auf diesem Wege bekannt werden, nicht berücksichtigt werden** (OLG Brandenburg, B. v. 6. 10. 2005 – Az.: Verg W 7/05; 1. VK Brandenburg, B. v. 25. 4. 2005 – Az.: VK 13/05; 2. VK Bund, B. v. 29. 12. 2006 – Az.: VK 2–131/06; B. v. 29. 12. 2006 – Az.: VK 2–128/06; B. v. 29. 12. 2006 – Az.: VK 2–125/06; im Ergebnis ebenso 2. VK Mecklenburg-Vorpommern, B. v. 7. 1. 2008 – Az.: 2 VK 5/07). Eine darin liegende Verfehlung eines Antragstellers muss jedoch, soll sie einen Ausschlussgrund bilden, **erhebliches Gewicht** haben (2. VK Bund, B. v. 29. 12. 2006 – Az.: VK 2–131/06; B. v. 29. 12. 2006 – Az.: VK 2–128/06; B. v. 29. 12. 2006 – Az.: VK 2–125/06). 68

Zu den **unlauteren Verhaltensweisen** zählen auch Wettbewerbshandlungen, die nicht gegen UWG-Vorschriften, wohl aber gegen Vorschriften anderer Gesetze verstoßen. Das **Einräumen von Zahlungszielen ist mit dem Buchpreisbindungsgesetz nicht vereinbar**. Dies verbietet sich im Hinblick auf den Charakter fester Buchpreise als Barzahlungspreise. Dies stellt die Gewährung eines verbotenen Barzahlungsnachlasses dar. Auf ein entsprechendes Angebot darf kein Zuschlag erteilt werden (VK Baden-Württemberg, B. v. 22. 7. 2004, Az.: 1 VK 49/04). 69

6.3.3.2 Konkrete Nachweispflicht

6.3.3.2.1 **Die Rechtsprechung des EuGH.** Nach der **Rechtsprechung des EuGH** schließen die europäischen Vergaberichtlinien die Befugnis der Mitgliedstaaten nicht aus, über die in den Richtlinien enthaltenen Ausschlussgründe hinaus **materiell-rechtliche Vorschriften aufrechtzuerhalten oder einzuführen, durch die u. a. gewährleistet werden soll, dass auf dem Gebiet der öffentlichen Aufträge der Grundsatz der Gleichbehandlung aller Bieter und der Grundsatz der Transparenz, die die Grundlage der Gemeinschaftsrichtlinien über die Verfahren zur Vergabe öffentlicher Aufträge bilden, beachtet werden**; dies gilt allerdings nur unter der Voraussetzung, dass der Grundsatz der Verhältnismäßigkeit gewahrt ist. Eine **Regelung, soweit sie das Verbot der Teilnahme an ein und demselben Vergabeverfahren auf Sachverhalte erstreckt, in denen sich das Abhängigkeitsverhältnis zwischen den betroffenen Unternehmen nicht auf deren Verhalten im Rahmen solcher Verfahren auswirkt, geht über das hinaus, was zur Erreichung des Ziels, die Anwendung der Grundsätze der Gleichbehandlung und der Transparenz sicherzustellen, erforderlich ist**. Eine solche Regelung, die **auf einer unwiderlegbaren Vermutung beruht, dass Angebote verbundener Unternehmen für denselben Auftrag stets voneinander beeinflusst worden seien, verstößt gegen den Grundsatz der Verhältnismäßigkeit**, da diesen Unternehmen damit keine Möglichkeit gegeben wird, nachzuweisen, dass in ihrem Fall keine tatsächliche Gefahr besteht, dass es zu einer Praxis kommt, die geeignet ist, die Transparenz zu beeinträchtigen und den Wettbewerb zwischen den Bietern zu verfälschen. Insoweit ist hervorzuheben, dass Unternehmensgruppen unterschiedliche Formen und Zielsetzungen haben können und dass es bei ihnen nicht zwangsläufig ausgeschlossen ist, dass die abhängigen Unternehmen bei der Gestaltung ihrer Geschäftspolitik und ihrer wirtschaftlichen Tätigkeit, insbesondere auf dem Gebiet der Teilnahme an öffentlichen Ausschrei- 70 bungen, über eine gewisse Eigenständigkeit verfügen. Im Übrigen können die Beziehungen zwischen Unternehmen derselben Gruppe, wie die Kommission in ihren schriftlichen Erklärungen ausgeführt hat, besonderen Regelungen etwa vertraglicher Art unterliegen, die geeignet sind, bei der Ausarbeitung von Angeboten, die die fraglichen Unternehmen im Rahmen ein und derselben Ausschreibung gleichzeitig abgeben, sowohl die Unabhängigkeit als auch die Vertraulichkeit zu gewährleisten. In diesem Kontext **bedarf die Frage, ob der jeweilige Inhalt der von den betreffenden Unternehmen im Rahmen eines öffentlichen Ausschreibungsverfahrens abgegebenen Angebote durch das fragliche Abhängigkeitsverhältnis beeinflusst worden ist, einer Prüfung und tatsächlichen Würdigung, deren Vornahme Sache der Vergabestellen** ist. Die Feststellung eines solchen wie auch immer gearteten Einflusses genügt für den Ausschluss dieser Unternehmen von dem fraglichen Verfahren. Dagegen berechtigt die bloße Feststellung, dass zwischen den betroffenen Unternehmen durch Eigentum oder die Anzahl der Stimmrechte, die in der ordentlichen Gesellschafterversammlung ausgeübt werden können, ein Abhängigkeitsverhältnis besteht, die Vergabestelle noch nicht dazu, diese Unternehmen automatisch von dem Vergabeverfahren auszuschließen, ohne zu prüfen, ob sich ein solches Verhältnis auf das Verhalten der Unternehmen im Rahmen dieses Verfahrens ausgewirkt hat. (EuGH, Urteil v. 19. 5. 2009 – Az.: C-538/07; 2. VK Bund, B. v. 6. 10. 2010 – Az.: VK 2–89/10).

71   6.3.3.2.2 Nationale Rechtsprechung. Voraussetzung für einen Angebotsausschluss als Folge einer unzulässigen Wettbewerbsbeschränkung ist der **konkrete Nachweis, dass eine derartige Abrede** in Bezug auf die konkrete Vergabe im Sinne und mit dem Zweck einer unzulässigen Wettbewerbsbeschränkung **getroffen worden** ist. Reine Vermutungen auf getroffene Abreden erfüllen diesen Tatbestand keinesfalls. Die Anforderungen sind anerkanntermaßen hoch (OLG Celle, B. v. 13. 12. 2007 – Az.: 13 Verg 10/07; OLG Frankfurt am Main, B. v. 30. 3. 2004 – Az.: 11 Verg 4/04, 5/04; OLG Naumburg, B. v. 2. 7. 2009 – Az.: 1 Verg 2/09; Urteil v. 2. 7. 2009 – Az.: 1 U 5/09; Saarländisches OLG, B. v. 5. 7. 2006 – Az.: 1 Verg 1/06; VK Arnsberg, B. v. 6. 7. 2010 – Az.: VK 07/10; B. v. 28. 6. 2005 – Az.: VK 8/2005; 1. VK Bund, B. v. 20. 8. 2008 – Az.: VK 1–108/08; 2. VK Bund, B. v. 6. 10. 2010 – Az.: VK 2–89/10; B. v. 20. 5. 2005 – Az.: VK 2–30/05; B. v. 24. 8. 2004 – Az.: VK 2–115/04; 3. VK Bund, B. v. 27. 8. 2010 – Az.: VK 3–84/10; B. v. 3. 7. 2007 – Az.: VK 3–64/07; B. v. 4. 5. 2005 – Az.: VK 3–22/05; 2. VK Mecklenburg-Vorpommern, B. v. 7. 1. 2008 – Az.: 2 VK 5/07; VK Nordbayern, B. v. 3. 5. 2007 – Az.: 21.VK – 3194 - 19/07; 1. VK Sachsen, B. v. 23. 6. 2005 – Az.: 1/SVK/068-05, 068-05G; B. v. 20. 1. 2005 – Az.: 1/SVK/127-04; B. v. 8. 7. 2004 – Az.: 1/SVK/044-04; B. v. 12. 3. 2003 – Az.: 1/SVK/010-03; VK Schleswig-Holstein, B. v. 13. 7. 2006 – Az.: VK-SH 15/06; B. v. 2. 2. 2005 – Az.: VK-SH 01/05; B. v. 26. 10. 2004 – Az.: VK-SH 26/04; VK Südbayern, B. v. 11. 8. 2005 – Az.: 35-07/05).

72   **Auch für eine Beweiserleichterung im Hinblick auf eine bloße Vermutung eines Verstoßes gegen den Geheimwettbewerb ist kein Raum.** Es ist vielmehr eine rechtliche Selbstverständlichkeit, dass der öffentliche Auftraggeber nur feststehende Wettbewerbsverstöße zum Anlass nehmen darf, Angebote von der Wertung auszuschließen (2. VK Bund, B. v. 6. 10. 2010 – Az.: VK 2–89/10; 3. VK Bund, B. v. 27. 8. 2010 – Az.: VK 3–84/10).

73   **Ausnahmsweise** kann nach Auswertung aller Unterlagen aber auch davon ausgegangen werden, dass es sich z. B. bei Firmen, die Angebote abgegeben haben, nicht um selbstständig am Markt auftretende Unternehmen handelt, sondern um **Scheinfirmen**, die allein zu dem Zwecke gegründet oder z. B. für Schulbuchaufträge reaktiviert wurden, um bei der Vergabe im Wege einer Auslosung gegenüber den Mitkonkurrenten bessere Chancen zu haben (VK Baden-Württemberg, B. v. 12. 7. 2004, Az.: 1 VK 38/04; B. v. 3. 6. 2004 – Az.: 1 VK 29/04; VK Düsseldorf, B. v. 29. 6. 2004 – Az.: VK – 21/2004-L; VK Münster, B. v. 21. 7. 2004 – Az.: VK 17/04); zu einem **gegenteiligen Ergebnis für Schulbuchaufträge** vgl. VK Arnsberg, B. v. 28. 6. 2005 – Az.: VK 8/2005.

74   Auch die VK Schleswig-Holstein stellt unter Berücksichtigung von Art. 12 GG hohe **Anforderungen an Indizien**. Lässt man z. B. **Umstände wie Wohnsitz und Verwandtschaft** als Indizien oder gar Beweise für wettbewerbswidriges Verhalten gelten, ist dies mit höherrangigem Recht, insbesondere dem Grundrecht auf freie Berufswahl und freie Berufsausübung nach **Artikel 12 GG nicht vereinbar** (VK Schleswig-Holstein, B. v. 13. 7. 2006 – Az.: VK-SH 15/06 – **Schulbuchbereich**).

75   Ein wettbewerbsbeschränkendes Verhalten kann sich auch aus einer **Häufung von Indizien ergeben, die vom Bieter nicht schlüssig widerlegt werden können** (VK Rheinland-Pfalz, B. v. 14. 6. 2005 – Az.: VK 16/05 – instruktiver Fall).

Im Hinblick auf die Beweislastverteilung ist zuzugestehen, dass **in den Fällen des § 16** 76 **Abs. 3 lit. f) VOL/A** die Umstände, die einem Angebotsausschluss entgegenstehen können, aus dem alleinigen Verantwortungs- und Einflussbereich des betroffenen Bieters stammen. Diesem ist es daher **relativ leicht möglich, diejenigen Umstände nachvollziehbar darzulegen, welche die durch sein Verhalten zu erwartende Wettbewerbsbeeinträchtigung ausnahmsweise entfallen lassen** (2. VK Bund, B. v. 6. 10. 2010 – Az.: VK 2–89/10; 3. VK Bund, B. v. 27. 8. 2010 – Az.: VK 3–84/10 – instruktiver Fall).

Drängt sich ein wettbewerbsbeschränkendes Verhalten auf, obliegt es dem Bieter, 77 **nachvollziehbar darzulegen und nachzuweisen, dass und aufgrund welcher besonderen Vorkehrungen der Geheimwettbewerb bei der Angebotserstellung ausnahmsweise gewährleistet** war. Sprechen die äußeren Umstände dafür, dass ein Geheimwettbewerb nicht stattgefunden hat, sind die Bedenken vom Bieter unaufgefordert lückenlos auszuräumen. Kommt der Bieter dieser Obliegenheit nicht nach, sind die betroffenen Angebote ohne weiteres auszuschließen. Der **Auftraggeber ist bei dieser Sachlage zu Aufklärungsmaßnahmen zwar berechtigt, aber nicht verpflichtet**. Er hat deshalb vor einem Angebotsauschluss nicht von sich aus durch Nachforschungen darüber aufzuklären, ob trotz der Parallelangebote der Geheimwettbewerb durch besondere Maßnahmen sichergestellt worden ist. Vielmehr **obliegt es allein dem Bieter**, der durch Abgabe seines Parallelangebots die Wahrung des Geheimwettbewerbs selbst nachhaltig in Zweifel gezogen hat, **bereits mit seinem Angebot diejenigen besonderen Umstände und Vorkehrungen bei der Angebotserstellung und -abgabe aufzuzeigen und nachzuweisen, die ausnahmsweise einem Angebotsausschluss entgegen stehen** (OLG Düsseldorf, B. v. 27. 7. 2006 – Az.: VII – Verg 23/06; 3. VK Bund, B. v. 27. 8. 2010 – Az.: VK 3–84/10; 2. VK Mecklenburg-Vorpommern, B. v. 7. 1. 2008 – Az.: 2 VK 5/07).

Ähnlich bejaht die 2. VK Brandenburg (B. v. 2. 10. 2006 – Az.: 2 VK 38/06) eine **Ver-** 78 **pflichtung des Auftraggebers zur Verhinderung von potenziellen Wettbewerbsverzerrungen durch die Auswahl der Bieter im Verhandlungsverfahren**; vgl. im Einzelnen die Kommentierung zu → § 101 GWB Rdn. 44 ff.

Die 2. VK Mecklenburg-Vorpommern bejaht **starke Hinweise darauf, dass eine unzu-** 79 **lässige Wettbewerbsbeschränkung vorliegt mit der Folge eines Angebotsausschlusses** für die **Fallkonstellation**, dass **enge Beziehungen zwischen den Unternehmen** auf der **gesellschaftsrechtlichen und Geschäftsführungsebene** vorliegen und die Angebote bestimmte **Eigentümlichkeiten** (inhaltliche Übereinstimmungen) aufweisen (2. VK Mecklenburg-Vorpommern, B. v. 7. 1. 2008 – Az.: 2 VK 5/07 – instruktive Entscheidung).

Eine **schwer wiegende Verfälschung des Wettbewerbes droht, wenn das Unterneh-** 80 **men, das auf der vorgelagerten Marktstufe mit der Versorgung der Baustellen mit Asphaltmischgut als alleiniger Lieferant beauftragt worden ist, auch als Bieter für die nachgelagerten Bauleistungen aufgefordert wird**, bei denen der Auftraggeber den Bietern und damit dem zukünftigen Auftragnehmer eine Bezugsverpflichtung zu festgelegten Konditionen bei dem Mischgutlieferanten auferlegt hat. Der Mischgut liefernde Bieter hat einen eindeutigen, rechtlich nicht zu beanstandenden Wettbewerbsvorsprung, weil er bei der Kalkulation seines Bauangebotes, anders als die übrigen Bieter, die Erlöse des abgesicherten Asphaltverkaufs zur Reduzierung der Baukosten einsetzen kann (2. VK Brandenburg, B. v. 2. 10. 2006 – Az.: 2 VK 38/06).

Ist der **Geschäftsführer eines Bieters zugleich der Leiter der Vergabestelle**, muss zu- 81 mindest eine **entsprechende Abschottung des Vergabeverfahrens** von dem Leiter der Vergabestelle erfolgen und eine **diesbezügliche Dokumentation** vorliegen (VK Thüringen, B. v. 18. 12. 2008 – Az.: 250–4003.20–5944/2008-030-J).

Zwei Angebote stammen in wesentlichen Zügen aus derselben Feder, wenn für 82 **beide** Angebote ausweislich der Unterschrift **dieselbe Person verantwortlich zeichnet**, im Adressfeld des Absenders diese Person in seiner jeweiligen Eigenschaft als verantwortlich benannt ist, seine jeweilige e-mail-Adresse bezeichnet ist und identische Telefonnummern angegeben werden. Es ist schlechthin nicht nachvollziehbar, dass ein Verwaltungsdirektor einer Klinik, bestätigt durch seine Unterschrift, ein Angebot überreicht, das Umsatz in Millionenhöhe nach sich ziehen könnte, gleichzeitig aber für sich reklamiert, mit dem Angebot inhaltlich nichts zu tun haben zu wollen. Unabhängig davon sprechen **viele Anhaltspunkte dafür, dass beide Angebote in Kenntnis des jeweiligen Konkurrenzangebots abgegeben worden sind, dass nämlich u. a. identische Schreibfehler vorhanden sind** (LSG Brandenburg, B. v. 6. 3. 2009 – Az.: L 9 KR 72/09 ER).

6.3.3.3 Pflicht der Vergabestelle zur Bekämpfung wettbewerbsbeschränkender Verhaltensweisen

83 Der **Vergabestelle steht hinsichtlich des „ob" der Prüfung des Vorliegens unlauterer Handlungsweisen kein Ermessens- oder Gestaltungsspielraum zu**. Die drittschützende Wirkung des Gebotes, unlautere Wettbewerbshandlungen zu bekämpfen, ist offensichtlich. Die Bekämpfung der Erlangung eines ungehörigen Wettbewerbsvorsprunges, z. B. durch „Schmieren", ist eine Hauptaufgabe des Wettbewerbsrechts (VK Düsseldorf, B. v. 6. 3. 2001 – Az.: VK – 4/2001 – L).

84 Die **Pflicht zur Bekämpfung wettbewerbswidriger Verhaltensweisen** begründet nicht nur eine Verpflichtung der öffentlichen Auftraggeber, sich selbst wettbewerbskonform zu verhalten, sondern **enthält auch den Auftrag, aktiv gegen wettbewerbswidriges Verhalten anderer einzuschreiten. In welcher Art und Weise er tätig wird, ist dem Auftraggeber überlassen**, der hierbei über einen **Ermessensspielraum** verfügt. Ist ein fairer Wettbewerb auf andere Weise nicht (wieder-)herzustellen, kann er das Angebot eines sich grob wettbewerbswidrig verhaltenden Unternehmens in entsprechender Anwendung der §§ 16 Abs. 3 lit. f) VOL/A, 16 Abs. 1 Nr. 1 lit. d) VOB/A ausschließen oder – als ultima ratio – die **Ausschreibung aufheben** (OLG Koblenz, B. v. 26. 10. 2005 – Az.: 1 Verg 4/05).

85 Ob **ein Auftraggeber möglicherweise Urheberrechte von Bietern verletzt oder gegen Vorschriften des UWG verstößt**, kann für die von der Vergabekammer nur zu prüfende Rechtmäßigkeit des Vergabeverfahrens des Auftraggebers dahingestellt bleiben, wenn dadurch nicht gleichzeitig gegen Vergaberecht verstoßen wird (1. VK Bund, B. v. 5. 3. 2007 – Az.: VK 1–139/06; im Ergebnis ebenso VK Nordbayern, B. v. 4. 10. 2007 – Az.: 21.VK – 3194 – 41/07).

6.3.3.4 Pflicht der Vergabestelle zu kartellrechtlichen Prüfungen

86 Einem öffentlichen Auftraggeber kann nicht vorgeworfen werden, von eigenen kartellrechtlichen Prüfungen abzusehen, wenn die **zuständige Kartellbehörde nach expliziter Prüfung** (wenn auch unter Bedingungen) das mit dem Zuschlag verbundene Zusammenschlussvorhaben **als kartellrechtlich unbedenklich angesehen** hat (OLG Düsseldorf, B. v. 9. 4. 2003 – Az.: Verg 43/02).

6.3.3.5 Zeitpunkt der Wettbewerbsbeschränkung

87 Die Ausschlussbestimmung des § 16 Abs. 3 lit. f) VOL/A erfasst nur den Fall von Angeboten, die in einer Ausschreibung abgegeben worden sind und deren Urheber – konkret auf die Vergabe bezogen – eine unzulässige wettbewerbsbeschränkende Abrede getroffen haben. Ist es **zu einer wettbewerbsbeschränkenden Vereinbarung vor Abgabe der Angebote gar nicht gekommen, kann die Vorschrift nicht angewendet** werden (2. VK Bund, B. v. 29. 3. 2006 – Az.: VK 2–11/06).

6.3.3.6 Rechtsfolge eines wettbewerbsbeschränkenden Verhaltens

88 Ein **Verstoß gegen das Verbot des wettbewerbsbeschränkenden Verhaltens**, z. B. ein Verstoß gegen die Grundsätze des Geheimwettbewerbes führt **zwingend zum Ausschluss aller an dem Verstoß beteiligten Angebote**, da es mit dem vergaberechtlichen Wettbewerbsprinzip schlechterdings unvereinbar ist, dass ein Bieter, dem das Angebot oder zumindest die Angebotsgrundlagen eines Mitbewerbers um den Zuschlag bekannt sind, am Bieterwettbewerb teilnimmt. Es ist dabei **nicht Voraussetzung, dass der Bieter das gesamte Angebot des Mitbieters kennt**. Maßgeblich ist, dass durch den Verstoß gegen die Grundsätze des Geheimwettbewerbs ein echter Bieterwettbewerb verhindert wird. Dies ist **bereits bei Kenntnis von wesentlichen Teilen des Angebots des Mitbieters der Fall, wobei eine Kenntnis von über 50% mehr als ausreichend** ist (OLG München, B. v. 11. 8. 2008 – Az.: Verg 16/08; VK Südbayern, B. v. 8. 7. 2008 – Az.: Z3-3-3194-1-20–06/08; im Ergebnis ebenso LSG Brandenburg, B. v. 6. 3. 2009 – Az.: L 9 KR 72/09 ER).

6.3.3.7 Literatur

89 – Alexander, Christian, Öffentliche Auftragsvergabe und unlauterer Wettbewerb – Zum Rechtsschutz des Bieters im fehlerhaften Vergabeverfahren nach Vergaberecht und UWG, WRP 2004, 700

– Byok, Jan/Dissmann, Richard/Müller-Kabisch, Susanne, Wettbewerbsrechtliche Rechtsschutzmöglichkeiten des Bieters bei Auftragsvergaben der öffentlichen Hand, WuW 2009, 269

– Hölzl, Franz Josef, „Assitur": Die Wahrheit ist konkret!, NZBau 2009, 751
– Jansen, Nicola, Wettbewerbsbeschränkende Abreden im Vergabeverfahren, WuW 2005, 502

6.3.4 Wichtige Ausprägungen des Wettbewerbsprinzips in der Rechtsprechung

6.3.4.1 Durchführung von Ausschreibungsverfahren

Nach Auffassung der VK Baden-Württemberg ist davon auszugehen, dass **allein die Tatsache, dass eine Ausschreibung erfolgt und ein Bieter sich in Konkurrenz zu anderen Bietern sieht, dazu führt, dass die Preise gegenüber der in der Vergangenheit praktizierten freihändigen Vergabe deutlich fallen** (VK Baden-Württemberg, B. v. 21. 10. 2009 – Az.: 1 VK 51/09 – instruktives Beispiel mit einer Halbierung der Preise). 90

6.3.4.2 Verstoß gegen das Gebot des Geheimwettbewerbs

6.3.4.2.1 Rechtsprechung.
Der **Begriff der wettbewerbsbeschränkenden Abrede umfasst auch die Verletzung des Gebots des Geheimwettbewerbs**. 91

Wesentliches und unverzichtbares Kennzeichen einer Auftragsvergabe im Wettbewerb ist die **Gewährleistung eines Geheimwettbewerbs** zwischen den an der Ausschreibung teilnehmenden Bietern. Nur dann, wenn jeder Bieter die ausgeschriebene Leistung in Unkenntnis der Angebote, Angebotsgrundlagen und Angebotskalkulation seiner Mitbewerber um den Zuschlag anbietet, ist ein echter Bieterwettbewerb möglich (OLG Celle, B. v. 13. 12. 2007 – Az.: 13 Verg 10/07; OLG Düsseldorf, B. v. 27. 7. 2006 – Az.: VII – Verg 23/06; B. v. 22. 6. 2006 – Az.: VII – Verg 2/06; OLG Thüringen, B. v. 29. 8. 2008 – Az.: 9 Verg 5/08; B. v. 19. 4. 2004 – Az.: 6 Verg 3/04; LSG Brandenburg, B. v. 6. 3. 2009 – Az.: L 9 KR 72/09 ER; VK Arnsberg, B. v. 2. 2. 2006 – Az.: VK 30/05; VK Brandenburg, B. v. 9. 2. 2009 – Az. VK 5/09; B. v. 9. 2. 2009 – Az.: VK 4/09; B. v. 19. 1. 2006 – Az.: 2 VK 76/05; B. v. 25. 4. 2005 – Az.: VK 13/05; 2. VK Bund, B. v. 6. 10. 2010 – Az.: VK 2–89/10; 3. VK Bund, B. v. 27. 8. 2010 – Az.: VK 3–84/10; B. v. 18. 12. 2008 – Az.: VK 3–164/08; VK Hamburg (FB), B. v. 17. 8. 2005 – Az.: VgK FB 6/05; B. v. 17. 8. 2005 – Az.: VgK FB 5/05; VK Lüneburg, B. v. 5. 3. 2008 – Az.: VgK-03/2008; VK Münster, B. v. 5. 4. 2006 – Az.: VK 5/06; VK Nordbayern, B. v. 14. 10. 2009 – Az.: 21.VK – 3194 - 45/09; B. v. 1. 10. 2009 – Az.: 21.VK – 3194 - 28/09; 1. VK Sachsen, B. v. 28. 10. 2008 – Az.: 1/SVK/054-08; B. v. 19. 7. 2006 – Az.: 1/SVK/060-06; B. v. 19. 7. 2006 – Az.: 1/SVK/059-06; 1. VK Sachsen-Anhalt, B. v. 7. 3. 2006 – Az: 1 VK LVwA 01/06; VK Schleswig-Holstein, B. v. 17. 9. 2008 – Az.: VK-SH 10/08; B. v. 26. 10. 2004 – Az.: VK-SH 26/04; VK Südbayern, B. v. 11. 2. 2009 – Az.: Z3-3-3194-1-01-01/09; B. v. 8. 7. 2008 – Az.: Z3-3-3194-1-20–06/08). 92

Die strenge Ausprägung, die der **Vertraulichkeitsgrundsatz** in den geltenden Vergaberechtsbestimmungen erfahren hat, **dient einerseits dem Schutz der Bieter** insoweit, als die Kenntnis der Angebotskalkulation eines Unternehmens einen Einblick in sein Betriebs- und Wirtschaftskonzept ermöglicht. Über diese individualschützende Zielrichtung hinaus, **bietet der Vertraulichkeitsgrundsatz jedoch auch die Gewähr dafür, dass der öffentliche Auftraggeber seiner gesetzlichen Pflicht zur wirtschaftlichen Beschaffung gerecht werden kann. Gerade weil der einzelne Bieter nicht weiß, welche Konditionen der Konkurrent seiner Offerte zu Grunde legt, wird er, um seine Aussicht auf den Erhalt des Zuschlags zu steigern, bis an die Rentabilitätsgrenze seiner individuell berechneten Gewinnzone kalkulieren**. Kennt ein Bieter Leistungsumfang und Preise seines Konkurrenten, muss er nicht mehr potentiell preisgünstigere Angebote unterbieten, sondern braucht sein Angebot nur noch an den ihm bekannten Bedingungen auszurichten. Das **Zustandekommen einer wettbewerbsbeschränkenden Absprache erfordert nicht eine ausdrückliche Verständigung zwischen zwei Unternehmen** darüber, wer welche Leistung zu welchem Preis anbietet. Sie ist vielmehr **in aller Regel schon dann verwirklicht, wenn ein Angebot in Kenntnis der Bedingungen des Konkurrenzangebots erstellt** wird (OLG Düsseldorf, B. v. 27. 7. 2006 – Az.: VII – Verg 23/06; LSG Brandenburg, B. v. 6. 3. 2009 – Az.: L 9 KR 72/09 ER). 93

Auf diesem natürlichen Preis- und Wettbewerbsdruck beruht die in den Haushaltsordnungen des Bundes und der Länder verankerte Maxime wirtschaftlichen Handelns; **sozialrechtlich entspricht dem das Wirtschaftlichkeitsgebot aus § 12 Abs. 1 SGB V** (LSG Brandenburg, B. v. 6. 3. 2009 – Az.: L 9 KR 72/09 ER). 94

Der Geheimwettbewerb ist dadurch geprägt, **dass bei öffentlichen Ausschreibungen bzw. im Offenen Verfahren der Wettbewerb nicht an den Verhandlungstischen der** 95

Teil 1 GWB § 97 Gesetz gegen Wettbewerbsbeschränkungen

Mitbewerber vorweggenommen wird und auch nicht über „vermittelnde Subunternehmer" verfälscht werden darf, sondern durch die Abgabe verschlossener Umschläge mit allen Beteiligten geheimem Inhalt stattfindet. Dass durch den Grundsatz des geheimen Wettbewerbs die Möglichkeit von Vorabsprachen zwischen den beteiligten Kreisen limitiert ist, mag aus unternehmerischer Sicht bisweilen als störend empfunden werden, liegt aber bei einem geheimen Wettbewerb in der Natur der Sache. Unmöglich gemacht werden solche Gespräche durch eine ausnahmslose Geltung des Verbots des Austauschs von Kalkulationsgrundlagen aber keineswegs, sondern ihnen werden **im Sinne eines vom Gesetzgeber so gewollten Geheimhaltungsgebots Grenzen gezogen**. Die Teilnehmer solcher Gespräche sind für das Vergabeverfahren dann insoweit durch die Vorabgespräche „verbrannt", als sie sich im Verlauf des Vergabeverfahrens nicht mehr als Mitbieter gegenüberstehen oder im Lager eines anderen Mitbieters stehen dürfen, sofern zuvor Angebotsgrundlagen, Kalkulationen oder Angebote für die in Frage stehende Auftragsvergabe besprochen oder gar ausgetauscht wurden (VK Rheinland-Pfalz, B. v. 14. 6. 2005 – Az.: VK 16/05).

96 Wollen Bieter einen „gemeinschaftlichen" Zuschlag erhalten und die Belieferung intern nach dem Aspekt der regionalen Versorgungsnähe aufteilen, wobei keiner der Bieter für den gesamten Leistungsumfang eintreten will, kann der für alle Bieter angestrebte Zuschlag nur erreicht werden, indem man identische und damit in der Wertung gleich zu beurteilende Angebote abgibt. Nicht in Einklang bringen lässt sich diese Vorstellung aber insoweit mit den Verdingungsunterlagen, als dort der Abschluss eines Rahmenvertrags mit nur einem Wirtschaftsteilnehmer vorgesehen ist; Zuschläge auf mehrere Angebote sind hiermit nicht vereinbar. Die Tatsache, dass insoweit eine **Abstimmung der Angebotsinhalte, insbesondere der Preise erfolgt und aus der Interessenlage heraus ganz bewusst identische Angebote abgegeben werden, ist ein Verstoß gegen den Geheimwettbewerb**; dies insbesondere, wenn die Preise ganz bewusst miteinander abgesprochen werden. Auch wenn die **Bieter nicht in betrügerischer Absicht** handeln, sondern **ein grundsätzlich legitimes Ziel verfolgen**, nämlich auch als kleinere Bieter an der Ausschreibung partizipieren zu können, nimmt die **Tatsache der Offenlegung der Absprache** dieser jedoch weder den wettbewerbsbeschränkenden Charakter noch räumt sie die **Verletzung des Geheimwettbewerbs** aus. Sie ist **auch nicht im Sinne eines Notwehrgedankens gerechtfertigt**, da grundsätzlich **auch andere, legitime Vorgehensweisen offen gestanden hätten, um eine Teilnahme am Wettbewerb mit überschaubaren Haftungsrisiken möglich zu machen**. So hätte man eine Bietergemeinschaft bilden können mit einer internen Haftungsbeschränkung oder aber als ein Haupt- und verschiedene Subunternehmer ujftreten können. Ebenfalls möglich wäre es gewesen, zu beanstanden, dass der Abschluss des Rahmenvertrags mit nur einem Bieter vorgesehen war oder aber den Loszuschnitt vor dem Hintergrund der Mittelstandsförderung als zu groß zu rügen (3. VK Bund, B. v. 18. 12. 2008 – Az.: VK 3–164/08).

97 Das **Prinzip des Geheimwettbewerbs als tragendes Ordnungsprinzip der Wirtschaftsverfassung** (vgl. nur § 1 GWB) **sowie des Vergaberechts** (vgl. § 97 Abs. 1 GWB) **wird nicht durch mögliche Besonderheiten des Sozialrechts verdrängt**. Auch das Sozialrecht erlaubt nicht die Bildung von Kartellen. So lässt sich z. B. eine wohnortnahe Versorgung als mögliches Prinzip des Sozialrechts auch auf rechtskonforme Weise herbeiführen (3. VK Bund, B. v. 18. 12. 2008 – Az.: VK 3–164/08).

98 Ein **Vergabeverfahren ist dann als eingeleitet zu betrachten – mit der Folge, dass der Schutz des Geheimwettbewerbs eingreift –, wenn sich der öffentliche Auftraggeber zur Deckung eines akuten Bedarfs**, als zur Beschaffung von Waren, Bau- oder Dienstleistungen **entschlossen hat und mit organisatorischen und/oder planerischen Schritten** – insbesondere (aber nicht nur) mit Kontakten zu potentiellen Anbietern – **beginnt zu regeln**, auf welche Weise (insbesondere mit welcher Vergabeart) und mit welchen gegenständlichen Leistungsanforderungen das Beschaffungsvorhaben eingeleitet und durchgeführt und wie die Person oder der Personenkreis des oder der Leistenden ermittelt und dann mit dem Endziel eines verbindlichen Vertragsschlusses ausgewählt werden soll. Notwendig und ausreichend für ein wettbewerbswidriges Verhalten ist demnach ein vorwerfbares Verhalten im Bezug auf eine konkrete Ausschreibung bzw. Vergabe. Der Schutz der Rechte der anderen Bieter würde grundlos eingeschränkt, dürften sich konkurrierende Bieter im Hinblick auf eine z. B. durch Presseberichte oder politische Bekundungen absehbare und in engem zeitlichem Zusammenhang stehende Ausschreibung hin vor der Vergabebekanntmachung zusammen setzen und ohne jede Einschränkung eigene Kalkulationsgrundlagen, Angebotskalkulationen oder Angebote austauschen (VK Rheinland-Pfalz, B. v. 14. 6. 2005 – Az.: VK 16/05).

6.3.4.2.2 Literatur

– Ax, Thomas/Schneider, Matthias, Gefährdeter Geheimwettbewerb und seine Auswirkungen oder: Geheimhaltung tut Not, VR 2010, 84

6.3.4.3 Parallele Beteiligung als Einzelbieter und Mitglied einer Bietergemeinschaft

6.3.4.3.1 Die Rechtsprechung des EuGH.
Eine Vorschrift, die in den Fällen, in denen ein Konsortium und eines oder mehrere ihm angehörende Unternehmen in demselben Ausschreibungsverfahren konkurrierende Angebote eingereicht haben, eine **unwiderlegliche Vermutung einer gegenseitigen Einflussnahme mit der Folge eines automatischen Ausschlusses** selbst dann enthält, wenn das fragliche Konsortium sich an dem fraglichen Verfahren nicht für Rechnung und im Interesse dieser Unternehmen beteiligt hat, ohne dass es dem Konsortium oder den betroffenen Unternehmen ermöglicht würde, nachzuweisen, dass ihre Angebote völlig unabhängig voneinander formuliert worden sind und folglich eine Gefahr einer Beeinflussung des Wettbewerbs unter Bietern nicht besteht. **ist unverhältnismäßig**. Eine solche Vorschrift über einen systematischen Ausschluss, die für die öffentlichen Auftraggeber auch eine uneingeschränkte Verpflichtung zum Ausschluss der betroffenen Einheiten selbst in den Fällen enthält, in denen die Beziehungen zwischen diesen sich nicht auf ihr Gebaren im Rahmen der Verfahren auswirken, an denen sie sich beteiligt haben, läuft dem Gemeinschaftsinteresse daran zuwider, dass die Beteiligung möglichst vieler Bieter an einer Ausschreibung sichergestellt wird, und geht über das hinaus, was zur Erreichung des Ziels erforderlich ist, die Anwendung der Grundsätze der Gleichbehandlung und der Transparenz zu gewährleisten (EuGH, Urteil v. 23. 12. 2009 – Az.: C-376/08).

Eine nationale **Vorschrift, die einen automatischen Ausschluss zum Nachteil der festen Konsortien und der ihnen angehörenden Unternehmen vorsieht, ist geeignet, auf die Wirtschaftsteilnehmer mit Sitz in anderen Mitgliedstaaten eine abschreckende Wirkung auszuüben**, d.h. zum einen auf die Wirtschaftsteilnehmer, die sich in dem betreffenden Mitgliedstaat durch die Gründung eines festen Konsortiums, das möglicherweise aus nationalen und ausländischen Unternehmen gebildet wird, niederlassen wollen, und zum anderen auf diejenigen, die solchen bereits bestehenden Konsortien beitreten wollen, um sich leichter an Ausschreibungen öffentlicher Aufträge der öffentlichen Auftraggeber dieses Mitgliedstaats beteiligen zu können und um so ihre Dienstleistungen leichter anbieten zu können. Eine solche nationale Vorschrift, die auf Wirtschaftsteilnehmer mit Sitz in anderen Mitgliedstaaten abschreckend wirken kann, **stellt eine Beschränkung im Sinne der Art. 43 EG und 49 EG (jetzt Art. 49 und Art. 56 AEUV) dar, zumal wenn diese abschreckende Wirkung durch die Androhung einer strafrechtlichen Sanktionen verstärkt** wird (EuGH, Urteil v. 23. 12. 2009 – Az.: C-376/08).

Mit Blick auf diese Rechtsprechung kann der **absolute Ausschluss einer parallelen Beteiligung eines Unternehmens als Einzelbieter und als Mitglied einer Bietergemeinschaft** (vgl. die Kommentierung zu → Rdn. 54) voraussichtlich nicht aufrechterhalten werden. In diesen Fällen **spricht zwar sehr viel für eine grundsätzliche Wettbewerbsbeeinflussung**; den jeweiligen Bietern muss aber die **Möglichkeit eingeräumt werden, eine Nichtbeeinflussung des Wettbewerbsprinzips nachzuweisen**.

Eine Vermutung, dass Angebote verbundener Unternehmen für denselben Auftrag stets voneinander beeinflusst worden seien, verstieße gegen den Grundsatz der Verhältnismäßigkeit. Diesen **Unternehmen muss eine Möglichkeit gegeben werden, nachzuweisen, dass in ihrem Fall keine tatsächliche Gefahr besteht, dass es zu einer Praxis kommt, die geeignet ist, die Transparenz zu beeinträchtigen und den Wettbewerb zwischen den Bietern zu verfälschen** (2. VK Bund, B. v. 6. 10. 2010 – Az.: VK 2–89/10; 3. VK Bund, B. v. 27. 8. 2010 – Az.: VK 3–84/10).

Nach der Rechtsprechung des EuGH **können interne Verhaltensregeln („besondere Regelungen etwa vertraglicher Art") geeignet sein, sowohl die Unabhängigkeit als auch die Vertraulichkeit zu gewährleisten**, wenn sich Konzern-Unternehmen gleichzeitig im Rahmen derselben Ausschreibung um einen Auftrag bewerben (2. VK Bund, B. v. 6. 10. 2010 – Az.: VK 2–89/10; 3. VK Bund, B. v. 27. 8. 2010 – Az.: VK 3–84/10).

6.3.4.3.2 Die (bisherige) nationale Rechtsprechung. 6.3.4.3.2.1 Grundsatz.
Eine **parallele Beteiligung** eines Unternehmens **als Einzelbieter und als Mitglied einer Bietergemeinschaft ist nicht zulässig**. Wesentliches und unverzichtbares Kennzeichen einer Auf-

tragsvergabe im Wettbewerb ist nämlich die **Gewährleistung eines Geheimwettbewerbs** zwischen den an der Ausschreibung teilnehmenden Bietern. Nur dann, wenn jeder Bieter die ausgeschriebene Leistung in Unkenntnis der Angebote, Angebotsgrundlagen und Angebotskalkulation seiner Mitbewerber um den Zuschlag anbietet, ist ein echter Bieterwettbewerb möglich; vgl. → Rdn. 75. Gibt ein Bieter für die ausgeschriebene Leistung nicht nur ein eigenes Angebot ab, sondern bewirbt er sich daneben auch als Mitglied einer Bietergemeinschaft um den Zuschlag derselben Leistung, ist in aller Regel der Geheimwettbewerb in Bezug auf beide Angebote nicht mehr gewahrt. Denn im Allgemeinen wird sowohl das Einzelangebot wie auch das Angebot der Bietergemeinschaft in Kenntnis eines konkurrierenden Angebots abgegeben (OLG Düsseldorf, B. v. 16. 9. 2003 – Az.: VII – Verg 52/03; OLG Naumburg, B. v. 30. 7. 2004 – Az.: 1 Verg 10/04; VK Lüneburg, B. v. 5. 3. 2008 – Az.: VgK-03/2008; VK Arnsberg, B. v. 2. 2. 2006 – Az.: VK 30/05; VK Hamburg (FB), B. v. 17. 8. 2005 – Az.: VgK FB 5/05; 1. VK Bund, B. v. 19. 8. 2003 – Az.: VK 1–69/03; VK Nordbayern, B. v. 5. 6. 2003 – Az.: 320.VK-3194-16/03). **Zulässig** ist hingegen, dass ein **Bieter ein Einzelangebot bezüglich eines Loses** abgibt und sich **parallel an einem Angebot einer Bietergemeinschaft über die Summe aller Lose** beteiligt. Denn dann liegt **keine Identität des Auftragsgegenstandes** vor (VK Lüneburg, B. v. 5. 3. 2008 – Az.: VgK-03/2008; VK Thüringen, B. v. 11. 6. 2009 – Az.: 250–4002.20–2532/2009-002-SOK).

106 Die Gewährleistung eines Geheimwettbewerbs zwingt aus den gleichen Überlegungen heraus zum **Ausschluss von Angeboten von Bietern, die nach den Umständen die gegenseitige Kenntnis voraussetzen, ohne dass der Fall einer Bietergemeinschaft gegeben ist** (OLG Thüringen, B. v. 19. 4. 2004 – Az.: 6 Verg 3/04; VK Brandenburg, B. v. 9. 2. 2009 – Az. VK 5/09; B. v. 9. 2. 2009 – Az.: VK 4/09; VK Nordbayern, B. v. 14. 10. 2009 – Az.: 21.VK – 3194 - 45/09; VK Südbayern, B. v. 11. 2. 2009 – Az.: Z3-3-3194-1-01-01/09; B. v. 8. 7. 2008 – Az.: Z3-3-3194-1-20–06/08).

107 Die Gewährleistung eines Geheimwettbewerbs zwingt aus den gleichen Überlegungen heraus auch zum **Ausschluss von Angeboten von Bietern, die nach den Umständen eine verdeckte Bietergemeinschaft eingegangen sind** (VK Rheinland-Pfalz, B. v. 14. 6. 2005 – Az.: VK 16/05; VK Schleswig-Holstein, B. v. 17. 9. 2008 – Az.: VK-SH 10/08).

108 Das Gebot des Geheimwettbewerbs lässt es wegen der Publizitätspflichten des Postgesetzes auch nicht zu, bei der **Ausschreibung von Zustellungsleistungen, für die eine Entgeltgenehmigung nach dem PostG erforderlich ist**, zu verlangen, dass die Bieter eine behördliche **Entgeltgenehmigung vor dem Zeitpunkt des Zuschlags vorlegen müssen** (OLG Schleswig-Holstein, B. v. 8. 9. 2006 – Az.: 1 Verg 6/06); vgl. dazu die Kommentierung zu → § 7 VOL/A Rdn. 413.

6.3.4.4 Parallele Beteiligung als Einzelbewerber und Mitglied einer Bewerbergemeinschaft

109 **6.3.4.4.1 Rechtsprechung für den VOF-Bereich.** Während sich im Bereich der VOL/A oder der VOB/A wegen der Gefahr der unzulässigen Abstimmung von Angeboten, die im Sinne des Wettbewerbs konkurrieren sollen, die Abgabe von Angeboten sowohl als Einzelbieter als auch innerhalb einer Bietergemeinschaft grundsätzlich verbietet, **bestehen bei VOF-Verfahren grundsätzlich keine durchgreifenden Bedenken gegen die Zulassung einer „Doppelbewerbung".** Zum einen **geht es nicht um einen Vergleich verschiedener Angebote zu einer bereits festgelegten, ausgeschriebenen Leistung, sondern um die Auswahl von Teilnehmern, mit denen in einem zweiten Schritt die Auftragsbedingungen verhandelt werden.** Dies insbesondere, wenn z.B. der Einzelbewerber in keiner echten Konkurrenz mit seiner eigenen Bewerbergemeinschaft steht, weil zwischen ihm und den übrigen Mitgliedern der Beratergemeinschaft eine klare Aufgabentrennung besteht. Die Gefahr einer vergaberechtlich unzulässigen Wettbewerbsverzerrung ist bei dieser Konstellation nicht gegeben (OLG München, B. v. 28. 4. 2006 – Az.: Verg 6/06).

110 **6.3.4.4.2 Regelung in den RPW 2008.** Führt der öffentliche Auftraggeber an Stelle des Bewerbungsverfahrens im Rahmen eines VOF-Verfahrens einen **Planungswettbewerb im Sinne der §§ 15 ff. VOF** durch und sind die Grundsätze und Richtlinien für Wettbewerbe auf den Gebieten der Raumplanung, des Städtebaues und des Bauwesens – GRW 1995 – Basis dieses Planungswettbewerbes, **durften** nach Ziffer 3.2.3 – Teilnahmehindernisse – der GRW 1995 **Mitglieder von Arbeitsgemeinschaften nicht selbständig am Wettbewerb teilnehmen.** Diese Regelung ist in den RPW 2008 – die die GRW 95 abgelöst haben, aber nicht bundesweit angewendet werden – nicht mehr enthalten.

6.3.4.4.3 Bereich der VOL/A und der VOB/A. Die Rechtsprechung des OLG München für den VOF-Bereich ist dann **analog anwendbar, wenn sich im VOL-Bereich bzw. im VOB-Bereich eine dem VOF-Verfahren vergleichbare Situation ergibt**, also ein Verhandlungsverfahren mit vorhergehendem Teilnahmewettbewerb ansteht. 111

6.3.4.5 Parallele Beteiligung zweier Unternehmen mit identischer Geschäftsführung bzw. konzernverbundene bzw. über eine Holding verbundene Unternehmen am Wettbewerb

Die **Rechtsprechung** ist insoweit **nicht einheitlich**. 112

Nach einer Auffassung muss eine **Beteiligung von konzernverbundenen oder personell verbundenen Bewerberfirmen an ein und demselben Vergabeverfahren möglich sein**, solange es sich um rechtlich selbständige juristische Personen handelt und **konkrete Anhaltspunkte für wettbewerbsbeschränkende oder unlautere Verhaltensweisen nicht ersichtlich** sind. Eine Ausweitung der Rechtsprechung des Oberlandesgerichts Düsseldorf (vgl. → Rdn. 54) über die dort zugrunde liegende Konstellation (Parallelbeteiligung als Einzelfirma und im Rahmen einer Bietergemeinschaft) auf alle nur denkbaren, zivilrechtlich im Übrigen ja zulässigen Organisationsverbindungen von Bieterunternehmen würde faktisch zu einer Beschränkung des Wettbewerberkreises führen, die mit dem Ziel des Vergaberechtes nicht in Einklang zu bringen ist (1. VK Brandenburg, B. v. 3. 4. 2007 – Az.: 1 VK 9/07; 2. VK Brandenburg, B. v. 2. 10. 2006 – Az.: 2 VK 38/06; 2. VK Bund, B. v. 6. 10. 2010 – Az.: VK 2–89/10; B. v. 29. 12. 2006 – Az.: VK 2–131/06; B. v. 29. 12. 2006 – Az.: VK 2–128/06; B. v. 29. 12. 2006 – Az.: VK 2–125/06; 3. VK Bund, B. v. 27. 8. 2010 – Az.: VK 3–84/10; B. v. 4. 7. 2006 – Az.: VK 3–60/06; VK Lüneburg, B. v. 5. 3. 2008 – Az.: VgK-03/2008; B. v. 8. 5. 2006 – Az.: VgK-07/2006; B. v. 7. 11. 2003 – Az.: 203-VgK-32/2003; 2. VK Mecklenburg-Vorpommern, B. v. 7. 1. 2008 – Az.: 2 VK 5/07; VK Nordbayern, B. v. 3. 5. 2007 – Az.: 21.VK – 3194 - 19/07; 3. VK Saarland, B. v. 12. 12. 2005 – Az.: 3 VK 03/2005 und 3 VK 04/2005; VK Sachsen, B. v. 28. 10. 2008 – Az.: 1/SVK/054-08; VK Schleswig-Holstein, B. v. 2. 2. 2005 – Az.: VK-SH 01/05). 113

Soweit es um die Beteiligung am Wettbewerb selbst geht, hat der Auftraggeber lediglich Vorteile davon, wenn sich möglichst viele Unternehmen bewerben. Werden dabei konzernverbundene Unternehmen weitgehend ausgeschaltet, lässt dies sowohl außer Acht, dass **auch konzernverbundene Unternehmen sich überwiegend wirtschaftlich eigenständig bewegen und sogar in einem gewissen internen Konkurrenzkampf miteinander stehen** als auch zu einem **vom Vergaberecht nicht beabsichtigten pauschalen Schutz anderer Unternehmen vor Konkurrenz** führen (3. VK Bund, B. v. 4. 7. 2006 – Az.: VK 3–60/06; VK Düsseldorf, B. v. 21. 11. 2003 – Az.: VK – 33/2003 – L; VK Lüneburg, B. v. 5. 3. 2008 – Az.: VgK-03/2008; 2. VK Mecklenburg-Vorpommern, B. v. 7. 1. 2008 – Az.: 2 VK 5/07; 3. VK Saarland, B. v. 12. 12. 2005 – Az.: 3 VK 03/2005 und 3 VK 04/2005; VK Schleswig-Holstein, B. v. 2. 2. 2005 – Az.: VK-SH 01/05). 114

Die **Grundsätze der Fusionskontrolle**, die verbundene Unternehmen als nicht miteinander im Wettbewerb stehend ansieht, **sind auf das Vergabeverfahren nicht ohne weiteres zu übertragen**. Die **Beurteilung im Rahmen der Zusammenschlusskontrolle ist strukturbezogen**; nach einer Freigabeentscheidung besteht keine Möglichkeit mehr, den Zusammenschluss zu untersagen. Soweit tatsächlich konzerninterner Wettbewerb herrschen sollte, ist dieser nicht strukturell gesichert und kann daher im Rahmen der fusionskontrollrechtlichen Bewertung kein entscheidendes Gewicht beanspruchen. Bei der **Beteiligung an einem Vergabeverfahren handelt es sich dagegen um ein punktuelles Verhalten**, das einer Überprüfung danach zugänglich ist, ob die Mitglieder des Unternehmensverbundes einander mit ihren Angeboten als Wettbewerber gegenüberstehen. Daher können bei Angeboten mehrerer konzernangehöriger Unternehmen nicht ohne weiteres wettbewerbsbeschränkende Absprachen angenommen werden, sondern es sind diesbezüglich zusätzliche Anhaltspunkte erforderlich (2. VK Bund, B. v. 29. 12. 2006 – Az.: VK 2–131/06; B. v. 29. 12. 2006 – Az.: VK 2–125/06; 2. VK Mecklenburg-Vorpommern, B. v. 7. 1. 2008 – Az.: 2 VK 5/07). Eine **Einschaltung von z. T. gleichen Nachunternehmern genügt nicht** (VK Nordbayern, B. v. 3. 5. 2007 – Az.: 21.VK – 3194 - 19/07). 115

Eine **Vermutung für eine wettbewerbsbeschränkende Abrede** ist **nicht gerechtfertigt**, wenn **zwei bei Angebotsabgabe gesellschaftsrechtlich noch nicht wirksam über eine Holdinggesellschaft verbundene Bieter an der Ausschreibung teilnehmen**. In einem solchen Falle liegt eine wechselseitige oder einseitige Kenntnis vom Angebot des künftigen 116

„Schwesterunternehmens" nicht auf der Hand, sondern **bedarf es des konkreten Nachweises** wettbewerbsbeschränkender Absprachen (OLG Celle, B. v. 13. 12. 2007 – Az.: 13 Verg 10/07; OLG Dresden, B. v. 28. 3. 2006 – Az.: WVerg 0004/06).

117 Das **VG Potsdam** wählt für eine vergleichbare Konstellation einen **anderen Ansatz**. Angebote eines ersten Bieters und eines weiteren Bieters, der alleiniger Gesellschafter des ersten Bieters ist und die jeweils von denselben Mitarbeitern erarbeitet worden sind, sodass Funktionsträger beider Bieter das Angebot des jeweils anderen kannten, schmälern die Chancen anderer Bieter nicht. Insbesondere hat sich der zweite Bieter dadurch nicht in die Lage versetzt, mit seinem Angebot gezielt alle übrigen Bewerber unterbieten zu können und die eigene Kalkulation nicht „ausreizen" zu müssen. Das wäre nur möglich gewesen, wenn ihm auch alle übrigen Angebote bekannt gewesen wären. Hier **diente die gegenseitige Kenntnis zweier Bewerber über das jeweilige Angebot von vornherein nicht dazu, wettbewerbswidrig die Kalkulationen zu beeinflussen.** Es handelte sich offenbar lediglich um die **unternehmerische Entscheidung eines Bieters, anhand zweier Tarifverträge zwei getrennte Kalkulationen zu entwerfen und auf dieser Basis zwei getrennte Angebote zu unterbreiten**. Eines dieser Angebote sollte von einem rechtlich selbständigen Unternehmen abgegeben werden, das aber personell und wirtschaftlich nicht von dem anderen Bieter unabhängig ist. Wirtschaftlich gesehen handelt es sich damit nicht um zwei konkurrierende Bewerber, sondern um **zwei gesonderte Angebote in lediglich rechtlich aufgespaltener Form. Die Abgabe mehrerer (Eventual-) Angebote** ist aber **grundsätzlich nicht verfahrensfehlerhaft**, sondern nur, wenn der Auftraggeber dies bewusst ausgeschlossen hat (VG Potsdam, B. v. 14. 8. 2008 – Az.: 10 L 342/08).

118 Die **Kenntnis des gemeinsamen Einkaufspreises begründet für sich noch keinen Nachweis einer Wettbewerbsbeschränkung,** wenn die parallel anbietenden Firmen trotz ihres gemeinsamen Einkaufs bei der Angebotserstellung dennoch **ihre individuellen Overheads/Margen autonom kalkulieren müssen.** Dann ist die für einen Ausschluss erforderliche wechselseitige Kenntnis der Kalkulationsgrundlagen über die gemeinsame Ausgangsbasis hinaus nicht nachgewiesen worden (2. VK Bund, B. v. 6. 10. 2010 – Az.: VK 2–89/10).

119 Nach einer anderen Auffassung ist zumindest dann, wenn **eindeutige Indizien** vorliegen, dass **formal selbständige Firmen** von einer Person oder einer Personengruppe **nur gegründet worden sind, um die Chancen in einem Vergabeverfahren** (z. B. Verlosung von Aufträgen über preisgebundene Bücher) **zu erhöhen, von einer Wettbewerbsbeschränkung auszugehen** (VK Baden-Württemberg, B. v. 3. 6. 2004 – Az.: 1 VK 29/04).

6.3.4.6 Parallele Beteiligung als Einzelbieter und Nachunternehmer eines anderen Bieters

120 Der **bloße Umstand, dass ein Bieter ein eigenes Angebot zum Vergabeverfahren einreicht und daneben gemäß einem anderen Angebot als Nachunternehmer eingesetzt werden soll, genügt nicht, die für einen Angebotsausschluss erforderliche Kenntnis beider Angebote und damit einen Verstoß gegen den Geheimwettbewerb festzustellen.** Dazu müssen weitere Tatsachen hinzukommen, die nach Art und Umfang des Nachunternehmereinsatzes sowie mit Rücksicht auf die Begleitumstände eine Kenntnis von dem zu derselben Ausschreibung abgegebenen Konkurrenzangebot annehmen lassen (KG Berlin, B. v. 13. 3. 2008 – Az.: 2 VERG 18/07; OLG Düsseldorf, B. v. 9. 4. 2008 – Az.: VII-Verg 2/08; B. v. 28. 6. 2006 – Az.: VII – Verg 18/06; B. v. 13. 4. 2006 – Az.: VII – Verg 10/06; Thüringer OLG, B. v. 29. 8. 2008 – Az.: 9 Verg 5/08; 3. VK Bund, B. v. 20. 6. 2007 – Az.: VK 3–52/07; VK Schleswig-Holstein, B. v. 17. 9. 2008 – Az.: VK-SH 10/08; anderer Auffassung anscheinend 1. VK Sachsen-Anhalt, B. v. 7. 3. 2006 – Az: 1 VK LVwA 01/06).

121 **Bieter und Nachunternehmer, die ihrerseits als Bieter auftreten**, können dann nicht ausgeschlossen werden können, wenn beiden Bietern – dem jeweils anderen Bieter in ihrer Ausgestaltung unbekannt bleibende – **nennenswerte Gestaltungsfreiräume bei der Kalkulation des jeweils eigenen Angebots verbleiben**; hier wäre – neben den individuellen Gewinnaufschlägen jedes Bieters – insbesondere zu fragen, inwieweit dem jeweiligen Bieter Spielräume verbleiben, seine **originär eigene Leistung in dem Angebot gegenüber der Vergabestelle anders auszugestalten als im Nachunternehmerangebot** gegenüber dem anderen Bieter (OLG Düsseldorf, B. v. 9. 4. 2008 – Az.: VII-Verg 2/08).

122 Allein die Tatsache, dass ein **Bewerber im Verfahren, der sich zunächst am Teilnahmewettbewerb beteiligt hat, aber letztlich kein eigenes Angebot eingereicht hat, als Subunternehmer eines weiteren Bieters auftritt**, lässt nicht bereits den zwingenden

Schluss auf eine wettbewerbsbeschränkende Verhaltensweise desjenigen Bieters zu, der sein Angebot im Wettbewerb unter Einsatz dieses Subunternehmers abgegeben hat. Hierfür müssten noch weitere Umstände hinzu treten. Insbesondere wäre nachzuweisen, dass eine wettbewerbsbeschränkende Abrede mit dem Sinn und Zweck einer unzulässigen Wettbewerbsbeschränkung zwischen den beteiligten Unternehmen getroffen wurde. Dass ein **Unternehmer sich nach Sichtung der Unterlagen entschließt, kein eigenes Angebot abzugeben, aber dennoch als Subunternehmer eines anderen Bewerbers aufzutreten, ist jedoch Teil der unternehmerischen Freiheit** und per se noch nicht als **wettbewerbsbeschränkendes Verhalten zu bewerten** (VK Düsseldorf, B. v. 2. 3. 2007 – Az.: VK – 05/2007 – L).

Bei einer **gegenseitigen Bestellung zweier Bieter als Nachunternehmer** ist jedenfalls dann von einer **unzulässigen wettbewerbswidrigen Abrede** gemäß § 16 Abs. 3 lit. f) VOL/A auszugehen, wenn die jeweiligen Verpflichtungserklärungen von einer Person für beide Bieter ausgefüllt werden, der Firmenstempel eines Bieters auf der Verpflichtungserklärung des anderen erscheint und ein Bieter die Preise bei einem Zulieferers aushandelt, die dieser dann auch dem zweiten Bieter „in etwa" zugesteht. Hier ist **eher von einer „verdeckten Bietergemeinschaft"** als von zwei Bietern mit jeweils einem Nachunternehmer auszugehen (VK Schleswig-Holstein, B. v. 17. 9. 2008 – Az.: VK-SH 10/08). 123

6.3.4.7 Parallele Beteiligung als Einzelbieter und Kooperationspartner eines anderen Bieters

Bei der Frage, ob die Zulassung der Angebote eines Einzelbieters und eines Bieters, der gleichzeitig Kooperationspartner des Einzelbieters ist, wettbewerbsbeschränkend ist, sind die **Umstände des Einzelfalls zu werten**. Sind die beiden Angebote **von unterschiedlichen Personen unterschrieben und weder inhaltlich noch formal identisch**, benennen die Bieter **Gründe für die Kooperationsvereinbarung**, die **im Rahmen ihres unternehmerischen Entscheidungsspielraums liegen und objektiv nachvollziehbar** sind (Pflege einer langjährigen Partnerschaft, die die Integration der Systeme als Ziel hat, Bündelung gemeinsamer Interessen, um somit die im Pflichtenheft benannten Funktionalitäten zu erfüllen), stellt der **Kooperationsvereinbarung auch keinen Verstoß gegen den Geheimwettbewerb** dar. Beträgt außerdem der **Wertanteil der Kooperation 10% der ausgeschriebenen Leistungen**, ist bei einer solchen Konstellation **nicht die Gefahr begründet, dass Angebotspreise abgesprochen oder aufeinander abgestimmt** werden (1. VK Brandenburg, B. v. 3. 4. 2007 – Az.: 1 VK 9/07). 124

6.3.4.8 Parallele Beteiligung als Einzelbieter und Lieferant eines anderen Bieters

Beliefert ein Bieter einen anderen Bieter mit Produkten, die Gegenstand einer Ausschreibung sind, sind dem liefernden Bieter lediglich die Einkaufspreise der Produkte bekannt, die der belieferte Bieter seinem Angebot zugrunde legt. **Unbekannt bleibt dem liefernden Bieter damit, welchen Preis der belieferte Bieter für die Produkte verlangt und wie die Kalkulation z. B. hinsichtlich von Nebenkosten oder Wagnis und Gewinn aussieht. Das Gebot des Geheimwettbewerbs** ist durch eine solche Situation **nicht verletzt** (LSG Nordrhein-Westfalen, B. v. 10. 3. 2010 – Az.: L 21 SF 41/10 Verg; 1. VK Bund, B. v. 3. 2. 2010 – Az.: VK 1–236/09). Eine **andere Beurteilung** liefe darauf hinaus, einem **Hersteller von Fertigprodukten von vornherein die Teilnahme an einem Vergabeverfahren zu versagen**, wenn sich hieran auch nur einer seiner Abnehmer beteiligt (LSG Nordrhein-Westfalen, B. v. 10. 3. 2010 – Az.: L 21 SF 41/10; Verg; 1. VK Bund, B. v. 3. 2. 2010 – Az.: VK 1–236/09). 125

6.3.4.9 Austausch von wesentlichen Teilen des jeweiligen Angebots durch Mitglieder zweier konkurrierender Bietergemeinschaften

Wesentliches und unverzichtbares Kennzeichen einer Auftragsvergabe im Wettbewerb ist die **Gewährleistung eines Geheimwettbewerbs** zwischen den an der Ausschreibung teilnehmenden Bietern. Nur dann, wenn jeder Bieter die ausgeschriebene Leistung in Unkenntnis der Angebote, Angebotsgrundlagen und Angebotskalkulation seiner Mitbewerber um den Zuschlag anbietet, ist ein echter Bieterwettbewerb möglich. Ein **Verstoß gegen die Gewährleistung eines Geheimwettbewerbs** liegt vor, wenn **ein Bieter als Mitglied einer Bietergemeinschaft mit einem Mitglied einer anderen konkurrierenden Bietergemeinschaft kurz vor Submissionsschluss wesentliche Teile der Angebote austauscht und beide Bieter** 126 die jeweils erhaltenen Informationen in ihr Angebot einarbeiten (OLG München, B. v. 11. 8. 2008 – Az.: Verg 16/08; VK Südbayern, B. v. 8. 7. 2008 – Az.: Z3-3-3194-1-20–06/08).

6.3.4.10 Literatur

127 – Dirksen, Christoph/Schellenberg, Martin, Mehrfachbeteiligung auf Nachunternehmerebene, VergabeR 2010, 17

– Ehrig, Jan, Die Doppelbeteiligung im Vergabeverfahren, VergabeR 2010, 11

– Gabriel, Marc, Neues zum Ausschluss von Bietern und Bietergemeinschaften wegen Mehrfachbeteiligungen: Einzelfallprüfung statt Automatismus, NZBau 2010, 225

– Kayser, Karsten, Die Mehrfachbeteiligung von Unternehmen in Vergabeverfahren – Mögliche Fallkonstellationen und deren Folgen, BB 2006, 283

6.3.4.11 Ausschluss des Angebots einer Bietergemeinschaft wegen Wettbewerbsbeschränkung?

128 **6.3.4.11.1 Grundsatz.** Eine Vereinbarung über die **Bildung einer Bietergemeinschaft ist nur ausnahmsweise unzulässig**, wenn sie eine **wettbewerbsbeschränkende Abrede im Sinne von § 1 GWB darstellt**. Gemäß § 1 GWB ist eine Vereinbarung zwischen konkurrierenden Unternehmen einer Branche verboten, wenn sie geeignet ist, die Marktverhältnisse durch Beschränkung des Wettbewerbs spürbar einzuschränken (KG Berlin, B. v. 21. 12. 2009 – Az.: 2 Verg 11/09; OLG Frankfurt am Main, B. v. 27. 6. 2003 – Az.: 11 Verg. 2/03; 2. VK Bund, B. v. 29. 12. 2006 – Az.: VK 2–128/06; 3. VK Bund, B. v. 3. 7. 2007 – Az.: VK 3–64/07; VK Münster, B. v. 10. 2. 2005 – Az.: VK 35/04; 1. VK Sachsen, B. v. 28. 12. 2009 – Az.: 1/SVK/060-09; B. v. 19. 7. 2006 – Az.: 1/SVK/060-06; B. v. 19. 7. 2006 – Az.: 1/SVK/059-06; B. v. 20. 1. 2005 – Az.: 1/SVK/127-04).

129 Die Frage stellt sich im Zusammenhang mit der Bildung von Bietergemeinschaften **vor allem dann, wenn sich Unternehmen zusammenschließen, die als Einzelunternehmen den Auftrag allein hätten ausführen können**, weil sie über die geforderten Kapazitäten, technischen Ausrüstungen und fachlichen Kenntnisse verfügen. Durch derartige Bietergemeinschaften kann es zu einer Einschränkung des Wettbewerbs durch eine Verringerung der Bewerberzahl und damit zu einer Einschränkung der Konkurrenz kommen. Ob die beteiligten Unternehmen **objektiv wirtschaftlich in der Lage wären, den Auftrag allein durchzuführen, ist allerdings nicht entscheidend.** Maßgeblich ist, ob ein Unternehmen bereit ist, sich allein um die Auftragsvergabe zu bewerben oder ob dem – selbst bei genereller Markteintrittsfähigkeit – Gründe entgegenstehen, etwa, dass seine „freien" Kapazitäten weit geringer sind und er nicht bereit ist, die durch andere Aufträge gebundenen Kapazitäten für den ausgeschriebenen Auftrag einzusetzen, dass er ein wettbewerbsgerechtes Angebot nur in Kooperation mit anderen Partnern abzugeben vermag oder aus Gründen der Risikostreuung nur zu einer Kooperation mit anderen Branchenunternehmen bereit ist. Dabei orientiert sich die Frage, was wirtschaftlich und kaufmännisch vernünftig ist, an objektiven Kriterien, ohne den in diesem Rahmen notwendigen unternehmerischen Beurteilungsspielraum der Beteiligten zu beschränken. Erweist sich **die unternehmerische Entscheidung gegen die Alleinbewerbung** nach diesem Maßstab **als nachvollziehbar, so ist von der Zulässigkeit einer Bewerbergemeinschaft auszugehen**. Dabei darf die Entscheidung angesichts des Regel-Ausnahme-Verhältnisses hinsichtlich der Zulässigkeit von Vereinbarungen über die Bildung von Bietergemeinschaften nicht über Gebühr mit dem Risiko anderweitiger Beurteilung im Vergabe- bzw. Vergabenachprüfungsverfahren belastet werden (OLG Frankfurt am Main, B. v. 27. 6. 2003 – Az.: 11 Verg. 2/03; OLG Koblenz, B. v. 29. 12. 2004 – Az.: 1 Verg 6/04; OLG Naumburg, Urteil v. 2. 7. 2009 – Az.: 1 U 5/09; 1. VK Bund, B. v. 20. 8. 2008 – Az.: VK 1–111/08; 2. VK Bund, B. v. 29. 12. 2006 – Az.: VK 2–128/06; VK Lüneburg, B. v. 14. 5. 2004 – Az.: 203-VgK-13/2004; B. v. 12. 11. 2001 – Az.: 203-VgK-19/2001; 1. VK Sachsen, B. v. 28. 12. 2009 – Az.: 1/SVK/060-09; B. v. 19. 7. 2006 – Az.: 1/SVK/060-06; B. v. 19. 7. 2006 – Az.: 1/SVK/059-06; B. v. 20. 1. 2005 – Az.: 1/SVK/127-04; VK Schleswig-Holstein, B. v. 26. 10. 2004 – Az.: VK-SH 26/04; im Ergebnis ebenso OLG Karlsruhe, B. v. 8. 1. 2010 – Az.: 15 Verg 1/10).

130 Kann **erst durch die Kooperation mehrerer selbständiger Unternehmen und durch die Bündelung ihrer Leistungskraft bei gleichzeitiger Koordinierung ihres Auftretens gegenüber der anderen Seite eine am Markt nachgefragte Leistung erbracht werden, so ist § 1 GWB nicht betroffen.** Eine Kooperationsabsprache, die sich z.B. darauf erstreckt, sich an gemeinsamen Bildungsprojekten zu beteiligen und gemeinsame Ressourcen (Dozenten,

Gesetz gegen Wettbewerbsbeschränkungen GWB § 97 **Teil 1**

Curricula und Räumlichkeiten, etc.) zu nutzen, ist kartellrechtlich unter dem Gesichtspunkt der Arbeitsgemeinschaft nach § 1 GWB dann unbedenklich, wenn es ansonsten jedem Mitglied der Arbeitsgemeinschaft aus tatsächlichen oder wirtschaftlichen Gründen unmöglich oder jedenfalls kaufmännisch unvernünftig ist, sich als selbständiger Anbieter dem Wettbewerb zu stellen, während bei einem gemeinsamen Auftreten am Markt diese Hinderungsgründe entfallen. Dieser für eine Bietergemeinschaft aus mehreren Bauunternehmen entwickelte Gedanke **kann allgemein gelten, wenn erst durch eine Kooperation mehrerer selbständiger Unternehmen und eine Bündelung ihrer Leistungskraft unter gleichzeitiger Koordinierung ihres Auftretens gegenüber Nachfragern die Möglichkeit geschaffen wird, eine bestimmte am Markt nachgefragte Leistung zu erbringen.** Für eine solche Bietergemeinschaft ist es nicht erforderlich, dass jedes Mitglied unterschiedliche „Kompetenzen" in die Bietergemeinschaft einbringt (OLG Düsseldorf, B. v. 23. 3. 2005 – Az.: VII – Verg 68/04; 3. VK Bund, B. v. 3. 7. 2007 – Az.: VK 3–64/07).

Anlass für eine kritische Prüfung besteht insbesondere dann, wenn wegen der Natur des **131** ausgeschriebenen Auftrags von vornherein **nur wenige (Spezial-)Unternehmen als geeignete Bieter in Frage kommen** und sich **ausgerechnet diejenigen zusammenschließen, denen prima facie das größte Leistungspotential zuzutrauen** ist (OLG Koblenz, B. v. 29. 12. 2004 – Az.: 1 Verg 6/04; VK Lüneburg, B. v. 23. 2. 2007 – Az.: VgK-06/2007).

Voraussetzung für einen Ausschluss solcher Bietergemeinschaften ist, dass der **konkrete** **132** **Nachweis** erbracht werden kann, dass eine wettbewerbsbeschränkende Absprache im Sinne und mit dem Zweck einer unzulässigen Wettbewerbsbeschränkung getroffen worden ist (VK Baden-Württemberg, B. v. 24. 11. 2003 – Az.: 1 VK 66/03, 1 VK 67/03; VK Nordbayern, B. v. 28. 7. 2003 – Az.: 320.VK-3194-26/03; ähnlich 1. VK Bund, B. v. 10. 9. 2003, Az.: VK 1–71/03; VK Lüneburg, B. v. 14. 5. 2004 – Az.: 203-VgK-13/2004, B. v. 10. 2. 2004 – Az.: 203-VgK-43/2003, B. v. 12. 11. 2001 – Az.: 203-VgK-19/2001; **eher zweifelnd** 2. VK Bund, B. v. 11. 11. 2002 – Az.: VK 2–82/02).

Eine **sehr viel restriktivere Auffassung** vertritt das **Kammergericht Berlin**. Angebote **133** von **Bietergemeinschaften** sind gemäß § 16 Abs. 1 Nr. 1 lit. d) VOB/A vom Vergabeverfahren **im Regelfall auszuschließen**. Eine **Ausnahme** kommt in Betracht, wenn die **Mitglieder der Bietergemeinschaft zusammen einen nur unerheblichen Marktanteil** haben oder wenn sie **erst durch das Eingehen der Gemeinschaft in die Lage versetzt** werden, ein **Angebot abzugeben** (KG Berlin, B. v. 21. 12. 2009 – Az.: 2 Verg 11/09).

6.3.4.11.2 Anmelde- und Anzeigepflicht beim Bundeskartellamt. Eine **Anmelde-** **134** **und Anzeigepflicht besteht beim Bundeskartellamt** gem. § 39 GWB nur für Zusammenschlüsse im Sinne des § 36 GWB. Dieser wiederum betrifft nur Zusammenschlüsse, von denen zu erwarten ist, dass sie eine **marktbeherrschende Stellung** begründen oder verstärken. Davon kann bei einer Bietergemeinschaft, die sich zur Beteiligung an einem Vergabeverfahren zusammenschließt und ggf. nach Zuschlagserteilung eine Arbeitsgemeinschaft bildet, zur Abwicklung eines einzelnen Auftrages, nicht ausgegangen werden. Bisweilen wird von Bietergemeinschaften unter **Berufung auf § 16 Abs. 3 lit. f) VOL/A der Landeskartellbehörde eine Unbedenklichkeitsbescheinigung zur Vorlage bei der Vergabestelle beantragt.** Eine solche ist indessen weder zwingend erforderlich noch allein ausreichend. Will eine Vergabestelle das Angebot einer Bietergemeinschaft von der weiteren Wertung ausschließen, so hat sie das Vorliegen der gesetzlichen Voraussetzungen für die kartellrechtliche Unzulässigkeit einer Vereinbarung zur Bildung einer Bietergemeinschaft konkret nachzuweisen (VK Lüneburg, B. v. 12. 11. 2001 – Az.: 203-VgK-19/2001).

6.3.4.12 Konzernzugehörigkeit bzw. gesellschaftsrechtliche Verbundenheit eines Bieters bzw. einer Bietergemeinschaft mit dem Auftraggeber

Eine **Konzernzugehörigkeit bzw. gesellschaftsrechtliche Verbundenheit eines Bieters** **135** **bzw. einer Bietergemeinschaft mit dem Auftraggeber impliziert noch nicht zwangsläufig wettbewerbsbeschränkende Verhaltensweisen**; dies insbesondere dann nicht, wenn nur ein Mitglied der Bietergemeinschaft mit dem Auftraggeber verbunden ist, während das andere Mitglied kein Konzernunternehmen des Auftraggebers ist. Die Beteiligung von mit dem Auftraggeber verbundenen Unternehmen an einem Vergabeverfahren und auch deren Bezuschlagung ist **grundsätzlich zulässig; dies ergibt sich schon aus der Rechtsprechung des Europäischen Gerichtshofs zur Inhouse-Vergabe.** Danach ist ein Auftraggeber nicht berechtigt, ohne Ausschreibung einen öffentlichen Auftrag an ein rechtlich von ihm zu unterscheidendes Unternehmen zu erteilen, an dem er mehrheitlich beteiligt ist. Das Verbot der „in-

Teil 1 GWB § 97 Gesetz gegen Wettbewerbsbeschränkungen

ternen Vergabe" (ohne Anwendung des Vergaberechts) kann nicht zur Folge haben, dass der Auftraggeber nunmehr gar nicht das verbundene Unternehmen bezuschlagen darf, sondern einem externen Bieter den Auftrag erteilen muss. Folge ist lediglich die Zuschlagserteilung in einem ordnungsgemäßen Vergabeverfahren (1. VK Bund, B. v. 20. 8. 2008 – Az.: VK 1–108/ 08).

6.3.4.13 Ausschluss eines Angebots wegen konkreter Anzeichen einer Wettbewerbsbeschränkung?

136   Besteht die **konkrete Möglichkeit für eine Manipulation des Wettbewerbs und gibt es darüber hinaus weitere Aspekte, die das vergaberechtliche Wettbewerbsgebot gefährdet erscheinen lassen, kann ein Angebot ausgeschlossen werden**. Konkrete Anzeichen sind z. B. Personenidentitäten auf der Geschäftsführerebene, das steuernde Nachreichen von Unterlagen u. a. (1. VK Bund, B. v. 20. 4. 2006 – Az.: VK 1–19/06; 1. VK Saarland, B. v. 22. 12. 2003 – Az.: 1 VK 08/2003; im Ergebnis ebenso VK Hamburg (FB), B. v. 17. 8. 2005 – Az.: VgK FB 6/05; B. v. 17. 8. 2005 – Az.: VgK FB 5/05 – **instruktive Fälle**).

137   Eine wettbewerbsbeschränkende Abrede liegt nach den Gesamtumständen auch dann vor, wenn im Rahmen der **Ausschreibung der Lieferung von Abfallbehältern** der **Patentinhaber** für den nachgefragten Lieferungsgegenstand und der **einzige Lizenznehmer** für den Lieferungsgegenstand eine **Bietergemeinschaft bilden** und **andere Unternehmen nicht mit dem Ausschreibungsgegenstand beliefern wollen** (VK Lüneburg, B. v. 23. 2. 2007 – Az.: VgK-06/2007).

6.3.4.14 (Gebietsüberschreitende) Beteiligung eines kommunalen Unternehmens oder einer Kommune an einem Vergabeverfahren

138   **6.3.4.14.1 Grundsatz.** Die **Rechtsprechung** ist insoweit **nicht einheitlich**.

139   Die **Benachteiligung von Kommunalunternehmen allein aufgrund ihrer Rechtsform z. B. als Anstalt des öffentlichen Rechts stellt eine grundsätzlich nicht mit § 97 Abs. 2 GWB zu vereinbarende Ungleichbehandlung** durch die Vergabestelle dar. Hätte der europäische Gesetzgeber die öffentlich-rechtliche Organisationsform als rechtfertigendes Kriterium für eine Ungleichbehandlung angesehen, so hätte er dies explizit normieren können. Zu einer solchen Regelung sah sich der Gemeinschaftsgesetzgeber bislang nicht veranlasst. Die Teilnahme eines Kommunalunternehmens an einem Vergabeverfahren steht § 97 Abs. 2 GWB somit generell nicht entgegen (VK Brandenburg, B. v. 8. 12. 2003 – Az.: VK 75/03).

140   Nach einer anderen Auffassung enthält z. B. die **kommunalwirtschaftsrechtliche Norm des § 107 GO NRW keine Bestimmungen über das Vergabeverfahren**. Gegenstand eines Vergabenachprüfungsverfahrens können zulässigerweise nur solche Beanstandungen sein, mit denen der Antragsteller behauptet, der öffentliche Auftraggeber habe „in einem Vergabeverfahren" (§ 104 Abs. 2 S. 1 GWB) gegen „Bestimmungen über das Vergabeverfahren" (§ 97 Abs. 7 GWB) verstoßen und ihn, den Antragsteller, „durch Nichtbeachtung von Vergabevorschriften" in Rechten verletzt (§ 107 Abs. 2 S. 1 GWB). **Außerhalb des Vergabeverfahrens und des Anwendungsbereichs vergaberechtlicher Vorschriften liegende Rechtsverstöße sind im Vergabenachprüfungsverfahren grundsätzlich nicht zu überprüfen** (OLG Düsseldorf, B. v. 13. 8. 2008 – Az.: VII-Verg 43/07; B. v. 13. 8. 2008 – Az.: VII – Verg 42/07). Steht die **Prüfung des § 107 GO NW jedoch im Kontext mit § 2 Abs. 1 VOL/A**, ist dies eindeutig eine unter § 104 Abs. 2 GWB fallende Vergabevorschrift, die **von den Vergabekammern zu prüfen** ist (OLG Düsseldorf, B. v. 4. 5. 2009 – Az.: VII-Verg 68/08; VK Münster, B. v. 9. 10. 2009 – Az.: VK 19/09; B. v. 15. 9. 2009 – Az.: VK 15/09; B. v. 15. 9. 2009 – Az.: VK 14/09).

141   Gemäß § 97 Abs. 1 GWB müssen sich aber öffentliche Auftraggeber Lieferungen und Leistungen, sofern die Schwellenwerte erreicht sind (§ 100 Abs. 1 GWB), „im Wettbewerb" beschaffen.

142   Dieser positiven Aussage des Gesetzes entspricht die mit einer Negation arbeitende Formulierung, dass **öffentliche Auftraggeber Wettbewerbsverfälschungen oder „wettbewerbswidrige Vergabepraktiken" nicht zulassen und erst recht nicht ihnen Vorschub leisten dürfen**. Eine **Wettbewerbsverfälschung kann auch darin bestehen, dass ein Unternehmen der öffentlichen Hand** kraft gesetzlicher Anordnung **eine wirtschaftliche oder – mit anderen Worten – eine für den Wettbewerb relevante Tätigkeit auf einem bestimmten Markt gar nicht aufnehmen darf, es aber dennoch tut** und von einem anderen Unter-

Gesetz gegen Wettbewerbsbeschränkungen GWB § 97 **Teil 1**

nehmen der öffentlichen Hand, dem Auftraggeber, darin durch die Auftragsvergabe noch unterstützt wird. Gewiss stellt es auch eine Wettbewerbswidrigkeit dar, wenn sich das öffentliche Unternehmen bei der Art und Weise der Durchführung eines ihm übertragenen Auftrags unlauter im Sinne des § 1 UWG verhält. Diese Erkenntnis hindert aber nicht, die Aufnahme der Tätigkeit am Markt selbst, also den Marktzutritt des öffentlichen Unternehmens, falls dieser dem öffentlichen Unternehmen durch eine Gesetzesvorschrift untersagt ist, ebenfalls als eine Wettbewerbswidrigkeit, wenn nicht sogar als die primär zu unterbindende Wettbewerbsverfälschung anzusehen. Denn ein (öffentliches) Unternehmen, das kraft gesetzlicher Anordnung gar nicht in den Wettbewerb eingreifen darf, stört oder (mit anderen Worten) verfälscht ganz massiv den Wettbewerb, wenn es dennoch in den Wettbewerb mit den anderen (zugelassenen) Wettbewerbsteilnehmern eintritt und diesen dann auch noch das konkrete Objekt des Wettbewerbs, den Auftrag des öffentlichen Auftraggebers, durch Auftragsübernahme entzieht.

Die schon aus § 97 Abs. 1 GWB abzuleitende Pflicht des öffentlichen Auftraggebers, derartige Wettbewerbsverfälschungen zu unterbinden, **ergibt sich auch aus den „Grundsätzen der Vergabe" in § 2 Abs. 1 VOL/A**, die für Aufträge oberhalb der Schwellenwerte (§ 100 Abs. 1 GWB) gemäß den §§ 1, 4 Abs. 1 VgV Rechtsnormqualität haben. Abs. 1 des § 2 VOL/A entspricht § 97 Abs. 1 GWB: Leistungen sind in der Regel „im Wettbewerb" zu vergeben (OLG Düsseldorf, B. v. 4. 5. 2009 – Az.: VII-Verg 68/08; B. v. 17. 6. 2002 – Az.: Verg 18/02; VK Münster, B. v. 9. 10. 2009 – Az.: VK 19/09; B. v. 15. 9. 2009 – Az.: VK 15/09; B. v. 15. 9. 2009 – Az.: VK 14/09; B. v. 10. 2. 2005 – Az.: VK 35/04; 3. VK Saarland, B. v. 12. 12. 2005 – Az.: 3 VK 03/2005 und 3 VK 04/2005). 143

Die genannten Vorschriften geben – und zwar eine jede für sich – **nicht nur einen Programmsatz und ein Grundprinzip des Vergaberechts** wider, sondern sie enthalten auch den **konkreten, an den öffentlichen Auftraggeber gerichteten Normanwendungsbefehl**, bei der Vergabe eines öffentlichen Auftrags jede nur denkbare Wettbewerbsbeschränkung zu unterbinden. Dieses **Verständnis entspricht auch der Forderung des höherrangigen europäischen Rechts**, wonach die Mitgliedstaaten im Sinn einer höchstmöglichen Wirksamkeit der EG-Vergaberechtsvorschriften (effet utile) das öffentliche Beschaffungswesen für den Wettbewerb zu öffnen haben – vgl. den Erwägungsgrund 2 der einschlägigen Richtlinie 2004/18/EG. Dass sich bei EG-rechtskonformer Auslegung auch die allgemeinen vergaberechtlichen Prinzipien dazu eignen, konkrete, an den öffentlichen Auftraggeber gerichtete Verhaltenspflichten hervorzubringen, **ergibt sich aus den Entscheidungen des Gerichtshofs der Europäischen Gemeinschaften** (OLG Düsseldorf, B. v. 4. 5. 2009 – Az.: VII-Verg 68/08; B. v. 13. 8. 2008 – Az.: VII-Verg 43/07; B. v. 13. 8. 2008 – Az.: VII – Verg 42/07). 144

6.3.4.14.2 Niedersachsen. 6.3.4.14.2.1 Grundsätze. In Niedersachsen müssen sich Art, Umfang und Grenzen einer wirtschaftlichen Betätigung der Kommunen an **§ 108 Niedersächsische Gemeindeordnung (NGO)**, der gemäß § 65 Niedersächsische Landkreisordnung (NLO) auch für eine entsprechende wirtschaftliche Betätigung der Landkreise gilt, messen lassen. Soweit die wirtschaftliche Betätigung einer Kommune gegen § 108 NGO verstößt, sind auch die Interessen privatwirtschaftlicher Unternehmen in den Schutzbereich dieser Vorschrift mit einbezogen. § 108 NGO gehört damit zu den Vorschriften im Sinne des § 97 Abs. 7 GWB, die im Vergabeverfahren einzuhalten sind. Dabei macht es keinen Unterschied, ob eine Gemeinde oder ein Landkreis sich unmittelbar mit einem Eigenbetrieb oder über eine von ihr gegründete, mehrheitlich oder völlig beherrschte GmbH am Wirtschaftsleben beteiligt (VK Lüneburg, B. v. 10. 2. 2004 – Az.: 203-VgK-43/2003, B. v. 7. 10. 2003 – Az.: 203-VgK-19/2003). 145

Die privatwirtschaftliche Betätigung z. B. eines Landkreises außerhalb seiner eigenen Kreisgrenzen ist eine **gewinnorientierte Annextätigkeit**, die eine – dem Landkreis dienende – öffentlich-rechtliche Zwecksetzung nicht ausschließt. So kann z. B. auch eine gegenwärtige Überkapazität von kommunalen Einrichtungen privatwirtschaftliche Betätigung rechtfertigen (OLG Celle, B. v. 12. 2. 2001 – Az.: 13 Verg 2/01; VK Lüneburg, B. v. 10. 2. 2004 – Az.: 203-VgK-43/2003). 146

Die **Niedersächsische Gemeindeordnung enthält keine Regelung, auf welche Weise zu prüfen ist, ob der öffentliche Zweck nicht ebenso wirtschaftlich durch einen privaten Dritten erfüllt werden kann**. Insbesondere ist eine Marktanalyse nicht vorgeschrieben. Die **Prüfung im Vergabeverfahren, welches Angebot das wirtschaftlichste ist**, ermöglicht eine zutreffende Beurteilung in der Regel jedenfalls nicht weniger gut als eine **Marktanalyse durch die Gemeinde**. Dies gilt auch bei einem Verhandlungsverfahren nach öffentlichem Teilnehmerwettbewerb. Ob Private die für den öffentlichen Zweck notwendigen 147

Teil 1 GWB § 97   Gesetz gegen Wettbewerbsbeschränkungen

Leistungen wirtschaftlicher erfüllen können, ist zwar nach Kommunalrecht **grundsätzlich zu prüfen, bevor die Gemeinde die Errichtung, Übernahme oder Erweiterung des fraglichen Unternehmens beschließt**. Auch im Vergaberecht ist grundsätzlich zunächst die Frage nach der Eignung des Bieters zu beantworten, bevor die Angebote gewertet werden. Wenn **ausnahmsweise abweichend verfahren wird, werden die konkurrierenden Bieter aber in ihren Rechten nicht verletzt**. Denn das – gewissermaßen vorläufig zur Wertung zugelassene – öffentliche Unternehmen kann den Zuschlag nur erhalten, wenn es ein wirtschaftlicheres Angebot als alle anderen in Betracht kommenden interessierten Unternehmen macht (OLG Celle, B. v. 9. 4. 2009 – Az.: 13 Verg 7/08).

148   **6.3.4.14.2.2 Weitere Beispiele aus der Rechtsprechung**

– der **öffentliche Zweck des Betriebs der Straßenbeleuchtung rechtfertigt** die Gründung eines Unternehmens einer Gemeinde im Sinn von § 108 Abs. 1 Satz 2 Nr. 1 NGO (OLG Celle, B. v. 9. 4. 2009 – Az.: 13 Verg 7/08 – instruktive Entscheidung)

– die **Straßenbeleuchtung** gehört **weder zu den in § 108 Abs. 3 Nr. 2 NGO explizit genannten Aufgabenfeldern, noch** ist sie als **Aufgabe ähnlicher Art** anzusehen (OLG Celle, B. v. 9. 4. 2009 – Az.: 13 Verg 7/08)

– die Gemeinden sind als Straßenwegebaulastträger verpflichtet, jedenfalls für ein Mindestmaß an Beleuchtung der öffentlichen Straßen zu sorgen. Die **Gemeinden sind aber nicht gesetzlich verpflichtet, für die Straßenbeleuchtung besondere Einrichtungen vorzuhalten**. Das Gesetz enthält keine Definition des Begriffs der Einrichtung. Regelmäßig ist darunter aber eine Organisationseinheit der Verwaltung zu verstehen, die Aufgaben der Daseinsvorsorge auf den in § 108 Abs. 3 NGO genannten Aufgabenfeldern erfüllt. Die Gemeinde muss indes für die Straßenbeleuchtung ebenso wenig eine besondere Organisationseinheit vorhalten wie für die Erledigung anderer Aufgaben der Verkehrssicherungspflicht. Zum Beispiel **kann die Gemeinde die Errichtung und Unterhaltung der Straßenbeleuchtung auch durch das Bauamt mit erledigen** lassen (OLG Celle, B. v. 9. 4. 2009 – Az.: 13 Verg 7/08)

149   **6.3.4.14.3 Nordrhein-Westfalen. 6.3.4.14.3.1 Allgemeines.** Die **Rechtsprechung** hierzu ist **nicht einheitlich**.

150   **§ 107 GO NRW hat** (insgesamt) in der Gemengelage kommunalwirtschaftlicher und privatwirtschaftlicher Betätigung – nach dem Willen des Landesgesetzgebers – (auch) **eine den Wettbewerb regelnde Funktion**. Richtig und dem Sinn und Zweck des gesamten § 107 GO NRW entsprechend ist es auch, positiv zu verlangen, dass auch mit grenzüberschreitenden, nach § 107 Abs. 2 GO NRW privilegierten Tätigkeiten **der öffentliche Zweck der handelnden kommunalen „Einrichtung" erfüllt werden muss oder zumindest zur Erfüllung ihres öffentlichen Zwecks beigetragen werden muss**. Denn bei der gesamten Regelung des § 107 GO NRW geht es, was den Zweck der wirtschaftlichen und der so genannten nicht wirtschaftlichen Betätigung der jeweiligen Gemeinde anbelangt, um die „Erfüllung ihrer Aufgaben". Das ist in der Normtext des § 107 Abs. 1 GO NRW ausdrücklich aufgenommen worden und versteht sich in Anbetracht der Art der in § 107 Abs. 2 GO NRW aufgezählten „nicht wirtschaftlichen" Betätigungen für diese von selbst (OLG Düsseldorf, B. v. 13. 8. 2008 – Az.: VII-Verg 43/07; B. v. 13. 8. 2008 – Az.: VII – Verg 42/07; B. v. 29. 3. 2006 – Az.: VII – Verg 77/05). Demzufolge ist eine **die Grenzen des eigenen Gemeinde- oder Verbandsgebiets überschreitende Abfallentsorgungstätigkeit nur dann zulässig, wenn diese mit der gebietsbezogenen Erfüllung des öffentlichen Zwecks, zu dem die handelnde „Einrichtung" gegründet worden ist, zumindest in einem fördernden Zusammenhang steht**. Hinsichtlich des mindestens notwendigen fördernden Zusammenhangs zwischen der das eigene Gemeinde- oder Verbandsgebiet überschreitenden Tätigkeit und der gebietsbezogenen Erfüllung des originären öffentlichen Zwecks mag eine Einschätzungsprärogative der handelnden Gemeinde oder des handelnden Gemeindeverbands anzuerkennen sein. Wenn aber ein solcher fördernder Zusammenhang nicht ansatzweise dargelegt oder klar zu verneinen ist, ist die grenzüberschreitende Tätigkeit jedenfalls als unzulässig zu beurteilen (OLG Düsseldorf, B. v. 17. 6. 2002 – Az.: Verg 18/02; VK Münster, B. v. 31. 10. 2007 – Az.: VK 23/07; B. v. 31. 10. 2007 – Az.: VK 22/07; B. v. 29. 12. 2004 – VK 31/04).

151   Eine Wettbewerbsbeschränkung durch **Aufnahme einer nach § 107 GO NRW an sich untersagten Tätigkeit lässt sich nicht mit dem Hinweis auf eine vom Markzutritt der öffentlichen Hand tatsächlich ausgehende und vom Gesetz sogar erwünschte Belebung des Wettbewerbs verneinen**. Denn der Begriff der Wettbewerbsbeschränkung umfasst

Gesetz gegen Wettbewerbsbeschränkungen GWB § 97 **Teil 1**

im nationalen wie im EG-Recht in einem denkbar weit zu verstehenden Sinn jede Verhinderung, Einschränkung oder Verfälschung des Wettbewerbs (vgl. den Wortlaut von Art. 81 Abs. 1 EG und § 1 GWB, auch wenn diese Normen andere Ziele als die vergaberechtlichen Vorschriften verfolgen). Der Wettbewerb als ein zentrales Element der Beschaffungstätigkeit der öffentlichen Hand soll gegen jegliche, von welcher Seite auch immer drohende Beeinträchtigung geschützt werden. Demzufolge ist der öffentliche Auftraggeber im Vergabeverfahren verpflichtet, einen echten, unverfälschten Wettbewerb herzustellen und bis zur Zuschlagserteilung aufrechtzuerhalten. Der **Wettbewerb ist umfassend zu schützen** (OLG Düsseldorf, B. v. 13. 8. 2008 – Az.: VII-Verg 43/07; B. v. 13. 8. 2008 – Az.: VII – Verg 42/07).

Eine in diesem Sinn gegen das Vergaberecht verstoßende **Wettbewerbsverfälschung und - 152 verzerrung stellt es dar, wenn ein Unternehmen der öffentlichen Hand kraft eines gesetzlichen Verbots (hier § 107 GW NRW) eine für den Wettbewerb relevante Tätigkeit auf einem bestimmten Markt gar nicht aufnehmen darf, dies aber dennoch unternimmt und darin vom öffentlichen Auftraggeber durch die Auftragsvergabe auch noch unterstützt** wird. Als Wettbewerbsverstoß ist in solchen Fällen die Verletzung des gesetzlichen Marktzutrittsverbots durch das Unternehmen anzusehen. Denn ein Unternehmen, das sich kraft einer gesetzlichen Anordnung nicht auf dem betreffenden Markt betätigen darf, stört und verfälscht massiv den Wettbewerb, wenn es gleichwohl in eine Konkurrenz zu anderen Wirtschaftsteilnehmern tritt und ihnen durch den Zuschlag der Auftrag sogar entzogen zu werden droht. Diesem **wettbewerbswidrigen Zustand kann vom öffentlichen Auftraggeber – ohne dass ihm dabei ein Ermessen zuzuerkennen ist – nur durch einen Ausschluss des betreffenden Unternehmens vom Vergabeverfahren abgeholfen werden**. Umgekehrt können – was unmittelbar schon aus dem Wettbewerbsprinzip abzuleiten ist – **am Auftrag interessierte Wirtschaftsteilnehmer vom öffentlichen Auftraggeber die Beachtung des Markteintrittsverbots verlangen**. § 107 GO NRW ist (insbesondere hinsichtlich der Voraussetzung, dass ein dringender öffentlicher Zweck die wirtschaftliche oder nichtwirtschaftliche Betätigung erfordert) ein drittschützender, m. a. W. ein **bieter- und bewerberschützender Charakter zuzumessen** (OLG Düsseldorf, B. v. 13. 8. 2008 – Az.: VII-Verg 43/07; B. v. 13. 8. 2008 – Az.: VII – Verg 42/07; VK Münster, B. v. 9. 10. 2009 – Az.: VK 19/09; B. v. 15. 9. 2009 – Az.: VK 15/09; B. v. 15. 9. 2009 – Az.: VK 14/09).

Nach einer anderen Meinung geben für eine solche Interpretation der Wortlaut des 153 Gesetzes und sein erkennbarer Zweck nichts her. Der Wortlaut des Gesetzes nimmt die Abfallentsorgung eindeutig vom Begriff der wirtschaftlichen Betätigung aus und unterwirft sie daher auch nicht deren Schranken, insbesondere nicht der Voraussetzung, dass ein öffentlicher Zweck die Betätigung erfordern muss. Der Zweck des Ausnahmekatalogs des § 107 Abs. 2 GO NRW besteht gerade darin, die dort genannten Tätigkeiten von den Bindungen des § 107 Abs. 1 GO NRW auszunehmen. Das ist schon seit der erstmaligen Einführung von Schranken wirtschaftlicher Betätigung durch § 67 Abs. 1 der Deutschen Gemeindeordnung vom 30. Januar 1935 so, der in Absatz 2 ebenfalls einen Negativkatalog von Betätigungen enthielt, die nicht als wirtschaftliche Unternehmen gelten sollten. Der Sinn des Ausnahmekataloges ist gerade die Freistellung der dort genannten Tätigkeiten von Beschränkungen, so dass in die Vorschrift keine – auch nur reduzierten – Schranken hineingelesen werden können (OVG Nordrhein-Westfalen, B. v. 12. 10. 2004 – Az: 15 B 1889/04; B. v. 12. 10. 2004 – Az: 15 B 1873/04).

Diesem **Beschluss des OVG NRW kann wegen der Ausführungen im Referenten- 154 entwurf und dem eindeutigen Wortlaut des § 107 Abs. 4 GO NW (n. F.) nicht mehr gefolgt werden**. Die Entscheidungen des OVG NRW waren offensichtlich Anlass für die Änderungen in § 107 Abs. 4 GO NW. Der unternehmensbezogene Begriff der nichtwirtschaftlichen Betätigung – so wie vom OVG NRW vertreten- findet sich in der Gemeindeordnung nicht wieder. **Vielmehr wurde der bisherige § 107 Abs. 4 GO NW, der sich bislang lediglich auf die Aufnahme von wirtschaftlichen und nichtwirtschaftlichen Betätigungen auf ausländischen Märkten bezog, ausdrücklich um das Tatbestandsmerkmal „außerhalb des Gemeindegebiets" und den Hinweis auf den dringenden öffentlichen Zweck ergänzt**. Dem steht auch nicht die Übergangsregelung in Artikel XI § 1 entgegen, weil die dort verwandten Begriffe der wirtschaftlichen und nicht wirtschaftlichen Betätigungen nicht anders interpretiert werden können als in § 107 GO NW. Nach Auffassung der Kammer war aber vor und nach der Neuregelung in § 107 GO NW ein **öffentlicher Zweck für die nichtwirtschaftliche Betätigung außerhalb des Gemeindegebietes erforderlich, der jedenfalls nicht in der Auslastung von sonst brachliegenden Kapazitäten liegen kann** (VK Münster, B. v. 31. 10. 2007 – Az.: VK 23/07; B. v. 31. 10. 2007 – Az.: VK 22/07).

155 Nach einer weiteren Auffassung darf außerdem ein **öffentlicher Zweck** im Sinne von § 107 Abs. 1 GO NW **nicht in der Absicht der Gewinnerzielung liegen** und es darf auch nicht darauf hinauslaufen, dass eine kommunale Einrichtung mit ihrer Teilnahme am Vergabeverfahren die Absicht verfolgt, ihre Unternehmenstätigkeit außerhalb des eigenen Gemeindegebietes räumlich auszuweiten, **um sich neue Geschäftsfelder zu erschließen, die dann zu einer bislang offensichtlich nicht vorhandenen Auslastung ihrer Kapazitäten führen sollen**. Dies ist mit dem öffentlichen Zweck im Sinne des § 107 Abs. 1 GO NW nicht vereinbar, der auf die unmittelbare oder mittelbare Förderung von der im öffentlichen Interesse gebotenen Versorgung der Bevölkerung zielt. Öffentlicher Zweck in diesem Sinne ist somit jede gemeinwohlorientierte, im öffentlichen Interesse der Einwohner liegende Zielsetzung, also die Wahrnehmung einer sozial-, gemeinwohl- und damit einer im Interesse der Bevölkerung liegenden Aufgabe. Der Begriff des öffentlichen Zweckes bringt insofern die Gemeinnützigkeit zum Ausdruck, der die Einrichtung dienen muss. Es ist ein Teil der Daseinsvorsorge für die Versorgung der Bevölkerung. Darüber hinaus hat der Gesetzgeber bei der Neufassung der Gemeindeordnung genau diese Voraussetzung nicht gestrichen und damit zum Ausdruck gebracht, dass die kommunalwirtschaftliche Betätigung grundsätzlich subsidiär bleiben soll (VK Münster, B. v. 4. 10. 2004 – Az.: VK 21/04).

156 Für den **Bereich des Schienenpersonennahverkehrs** bemisst sich die Zulässigkeit nach § 107 Abs. 3 GO NRW in Verbindung mit § 107 Abs. 1 Satz 1 Nr. 3 GO NRW, der für bestimmte dort genannte Versorgungsdienstleistungen, u. a. den Schienenpersonennahverkehr, eine **Ausnahme von der grundsätzlichen Subsidiarität kommunaler wirtschaftlicher Betätigung** macht. Liegt auch ein öffentlicher Zweck vor, ist eine Betätigung über das eigene kommunale Gebiet zulässig (VK Münster, B. v. 10. 2. 2005 – Az.: VK 35/04).

157 **Ob die bloße Mitgliedschaft von Kommunen in einem wirtschaftlichen Verein dem Begriff der wirtschaftlichen Betätigung der GO NRW unterfällt, ist von den Umständen des Einzelfalls abhängig zu machen**. Dieses Verständnis ergibt sich nicht nur aus die die wirtschaftlichen Beteiligungen der Kommunen betreffenden Vorschriften der §§ 107, 108 GO NRW, sondern auch aus dem Wesen der Mitgliedschaft in einem auf Gegenseitigkeit angelegten Versicherungsverein. Die Verweisung in § 108 Abs. 1 S. 1 Nr. 1 GO NRW auf § 107 Abs. 1 des Gesetzes macht deutlich, dass von der Beteiligung einer Kommune an einem Unternehmen nur gesprochen werden kann, sofern diese im Sinne der Legaldefinition in § 107 Abs. 1 S. 3 GO NRW bei wertungsmäßiger und funktionaler Betrachtung als eine wirtschaftliche Betätigung beim Betrieb des Unternehmens als Hersteller, Anbieter oder Verteiler von Waren und/oder Dienstleistungen erscheint. Davon kann im Verhältnis des Beigeladenen zu 1. und **allgemein eines Versicherungsvereins auf Gegenseitigkeit zu seinen (kommunalen) Mitgliedern nicht gesprochen werden** (OLG Düsseldorf, B. v. 29. 3. 2006 – Az.: VII – Verg 77/05).

158 Für einen eventuellen Verstoß gegen § 107 GO NRW durch Beteiligung an einem Wettbewerbsverfahren **kann das Agieren der Kommune durch eine Beteiligungsgesellschaft ausreichen**, wenn dies bei funktionaler Betrachtung als wirtschaftliche Betätigung beim Betrieb des Unternehmens als Hersteller, Anbieter oder Verteiler von Waren und/oder Dienstleistungen erscheint (VK Düsseldorf, B. v. 24. 8. 2007 – Az.: VK – 24/2007 – L).

159 Ist ein Unternehmen **im Bereich des öffentlichen Verkehrs** tätig, gehört dazu u. a. das **Betreiben von Hafenanlagen. Diese wirtschaftliche Betätigung steht nicht unter dem Vorbehalt der besseren Aufgabenerfüllung durch Private, § 107 Abs. 1 Nr. 3 GO NRW**. Sie wird weiter **regelmäßig durch einen öffentlichen Zweck erfordert**, weil durch das Betreiben von Hafenanlagen einer Vielzahl von Unternehmen Zugang zu dieser Transport- und Umschlagmöglichkeit eröffnet wird, ohne dass diese betriebseigene Anlagen schaffen müssten. Fraglich ist, ob darüber hinaus ein (zusätzlicher) öffentlicher Zweck gerade das Tätigwerden außerhalb des eigenen Gemeindegebietes erfordern muss. Der **Wortlaut der Bestimmung aus § 107 Abs. 3 Satz 1 GO NRW deutet dies nicht an, da er als weitere Voraussetzung gegenüber Absatz 1 ausdrücklich nur die Wahrung der berechtigten Interessen der betroffenen Kommune nennt**. Ebenfalls ist für die sogenannten privilegierten Betätigungen aus § 107 Abs. 2 Nr. 4 GO NRW ausgeführt, dass selbst bei Annahme der Anforderung eines grundsätzlich ortsbezogenen Zwecks als Ausfluss der ortsbezogenen Verbandskompetenz dieser Genüge getan sei, wenn die „annehmende" Kommune selbst die Betätigung wünsche und am „territorialen Ursprung" festgehalten werde. **Für die privilegierten wirtschaftlichen Betätigungen dürfte dann grundsätzlich nichts anderes gelten, da es der Kommune ohne Rücksicht auf vorhandene private Anbieter gestattet ist, diese Tätigkeiten auf-**

Gesetz gegen Wettbewerbsbeschränkungen GWB § 97 **Teil 1**

zunehmen und weitere **Einschränkungen aus § 107 Abs. 3 Satz 1 GO NRW, wie ausgeführt, nicht ersichtlich sind.** Insbesondere in dem Fall des Hafenbetriebs, bei dem private Hafenbetreiber als Anbieter praktisch nicht vorhanden waren, sind keine Gründe erkennbar, bezüglich des öffentlichen Zwecks höhere Anforderungen zu stellen als bezüglich der als „nichtwirtschaftlich" geltenden Betätigung in der Abfallentsorgung, zu der ein entwickelter privater Markt durchaus existiert. Da die Antragstellerin ihren territorialen Bezug auch durch die angestrebte Kooperation nicht verlieren, sondern im Gegenteil eher stärken will, kann **im Ergebnis kein Verstoß gegen ein kommunalwirtschaftliches Verbot erkannt** werden (VK Düsseldorf, B. v. 24. 8. 2007 – Az.: VK – 24/2007 – L).

Bei der **Abfallentsorgung** handelt es sich um **eine nach § 107 Abs. 2 Nr. 4 GO NRW** 160 **privilegierte**, m. a. W. um eine **prinzipiell zugelassene nichtwirtschaftliche Betätigung**, die § 107 Abs. 4 S. 1 GO NRW nur dann namentlich den in § 107 Abs. 1 S. 1 Nr. 1 und Nr. 2 GO NRW normierten Beschränkungen unterwirft, sofern sie außerhalb des Gemeindegebiets erfolgen soll. Der **Begriff der „Betätigung außerhalb des Gemeindegebiets"** im Sinne des § 107 Abs. 4 GO NRW **knüpft nach seinem Wortlaut und Sinn an den Ort des Tätigwerdens an.** Soll eine im Zusammenhang mit dem Auftrag anfallende Tätigkeit innerhalb des Gemeindegebiets verrichtet werden, ist der Anwendungsbereich der Norm von vorneherein nicht eröffnet. Das **Auswirkungsprinzip kommt nicht zum Tragen** (OLG Düsseldorf, B. v. 13. 8. 2008 – Az.: VII-Verg 43/07; B. v. 13. 8. 2008 – Az.: VII – Verg 42/07).

Eine **Betätigung nichtwirtschaftlicher Natur außerhalb des Gemeindegebiets** (§ 107 161 Abs. 2 S. 1 Nr. 4 GO NRW) unterliegt den **neu gefassten Schranken des § 107 Abs. 4 GO NRW**, wonach ein **dringender** (nicht lediglich ein einfacher) **öffentlicher Zweck** die nichtwirtschaftliche Betätigung erfordern (vgl. die Verweisung in § 107 Abs. 4 S. 1 auf § 107 Abs. 1 S. 1 Nr. 1 GO NRW), die **Betätigung nach Art und Umfang in einem angemessenen Verhältnis zur Leistungsfähigkeit der Gemeinde** stehen muss (§ 107 Abs. 1 S. 1 Nr. 2 GO NRW), und die **berechtigten Interessen der betroffenen kommunalen Gebietskörperschaft gewahrt** sein müssen (§ 107 Abs. 4 S. 1 GO NRW) (OLG Düsseldorf, B. v. 13. 8. 2008 – Az.: VII-Verg 43/07; B. v. 13. 8. 2008 – Az.: VII – Verg 42/07 – **instruktive Entscheidung**).

Die **Beförderung von Schülern erfüllt einen öffentlichen Zweck** im Sinne des § 107 162 Abs. 1 Nr. 1 GO NRW. Das Merkmal des öffentlichen Zwecks ist ein unbestimmter Rechtsbegriff, dessen Vorliegen von den Gerichten in vollem Umfang zu überprüfen ist. Die (mittelbare) wirtschaftliche Betätigung der Antragsgegnerin zu 1 ist auch erforderlich im Sinne des § 107 Abs. 1 Nr. 1 GO NRW. Bezüglich der Frage, ob ein dringende öffentliche Zweck eine gemeindewirtschaftliche Betätigung erfordert, steht der Stadt oder Gemeinde eine Einschätzungsprärogative zu. Insoweit kann nur eine eingeschränkte Kontrolle durch die Gerichte erfolgen. Der **Schülerspezialverkehr wird auch von der Subsidiaritätsklausel (§ 107 Abs. 1 Nr. 3 GO NRW) erfasst**, denn es handelt sich dabei nicht um öffentlichen Verkehr, weil er nicht für jedermann frei zugänglich ist. Dafür, dass der Schülerspezialverkehr durch ein anderes Unternehmen ebenso gut und wirtschaftlich erfüllt werden kann, liegen keine Anzeichen vor (OLG Düsseldorf, B. v. 4. 5. 2009 – Az.: VII-Verg 68/08).

6.3.4.14.3.2 Verhältnis des vergaberechtlichen Rechtsschutzes zum verwaltungsge- 163 **richtlichen Rechtsschutz für die Frage der Unzulässigkeit gemeindlicher wirtschaftlicher oder nichtwirtschaftlicher Betätigungen nach § 107 GO NRW.** Nach einer Auffassung ist der **vergaberechtliche Rechtsschutz** vor der Vergabekammer und dem Vergabesenat des Oberlandesgerichts ist **kein einfacheres gerichtliches Verfahren** zur Durchsetzung von durch § 107 GO vermittelten Ansprüchen eines Unternehmens gegen Mitbewerber in einem Vergabeverfahren. Der **umfassende, effektive Schutz der durch § 107 GO gewährten Rechte der Wirtschaftsteilnehmer** gegen wirtschaftliche oder nichtwirtschaftliche Betätigungen der Gemeinden fällt vielmehr gemäß § 40 Abs. 1 VwGO **primär in die Zuständigkeit der Verwaltungsgerichtsbarkeit**. Der vergaberechtliche Rechtsschutz beschränkt sich demgegenüber insoweit auf die **Prüfung offenkundiger Rechtsverstöße**. Die **divergierende Prüfungsdichte ist Konsequenz jeweils unterschiedlicher Prüfungsmaßstäbe**: Den Vorschriften der §§ 97 ff. GWB ist keine ausdrückliche Aussage zu der Frage zu entnehmen, inwieweit die Beachtung von Normen des Gemeindewirtschaftsrechts im vergaberechtlichen Rechtsschutzverfahren überhaupt zu überprüfen ist. Der vergaberechtliche Rechtsschutz setzt vielmehr voraus, dass der dortige Antragsteller durch die Nichtbeachtung einer Bestimmung „über das Vergabeverfahren" in seinen Rechten verletzt ist, §§ 97 Abs. 7, 107 Abs. 2 GWB. Die **kommunalwirtschaftsrechtliche Norm des § 107 Abs. 1 Satz 1 GO ist keine**

Teil 1 GWB § 97 Gesetz gegen Wettbewerbsbeschränkungen

Bestimmung über das Vergabeverfahren. Sie ist eine dem materiellen Recht zuzuordnende Vorschrift, welche die Zulässigkeit wirtschaftlicher – oder aufgrund der Bezugnahme in § 107 Abs. 4 GO auch nichtwirtschaftlicher – Betätigungen der Gemeinden betrifft. § 107 GO regelt damit das Stadium des Marktzutritts unabhängig von der Teilnahme an etwaigen Vergabeverfahren. Ein **Verstoß gegen § 107 Abs. 1 Satz 1 GO wird grundsätzlich auch nicht mittelbar im Rahmen einer Bestimmung über das Vergabeverfahren zum Prüfungsgegenstand vergaberechtlicher Rechtsschutzverfahren.** Soweit § 97 Abs. 1 GWB inhaltsgleich mit § 2 Nr. 1 Abs. 1 VOL/A verlangt, dass öffentliche Auftraggeber sich u. a. Dienstleistungen „im Wettbewerb" zu beschaffen haben, und § 2 Nr. 1 Abs. 2 VOL/A anordnet, dass wettbewerbsbeschränkende und unlautere Verhaltensweisen zu bekämpfen sind, erfordern diese Vergabegrundsätze nicht etwa eine Prüfung auch des § 107 Abs. 1 Nr. 1 GO. Dies gilt unabhängig davon, ob unmittelbar aus Vergabegrundsätzen überhaupt konkrete Rechtsregeln abgeleitet werden können (OVG Nordrhein-Westfalen, B. v. 1. 4. 2008 – Az.: 15 B 122/08).

164 Jedenfalls ist **unter dem Gesichtspunkt des Wettbewerbsrechts**, zu dessen Zielen der Schutz der Freiheit des Wettbewerbs gehört, **jede Belebung des Wettbewerbs, wie sie unter Umständen auch vom Marktzutritt der öffentlichen Hand ausgehen kann, ausdrücklich erwünscht.** Deshalb beschränkt sich das wettbewerbliche Prinzip im Kern auf die Forderung, bei den Beschaffungen zur Bedarfsdeckung der öffentlichen Hand die Kräfte des Marktes zum Einsatz zu bringen und bei der Vergabe öffentlicher Aufträge grundsätzlich mehrere, konkurrierende Bieter zu beteiligen. Eine **Beteiligung eines öffentlichen Unternehmens an einem Vergabeverfahren wird durch den Wettbewerbsgrundsatz dagegen nicht etwa ausgeschlossen**, weil dem Unternehmen aufgrund gemeindewirtschaftlicher Beschränkungen der Zutritt zu dem in Rede stehenden Markt untersagt ist. Für eine extensive teleologische Interpretation des Wettbewerbsgrundsatzes in einem die Prüfung gemeindewirtschaftrechtlicher Tätigkeitsgrenzen einschließenden Sinne ist kein Raum. Gegen sie sprechen vielmehr durchgreifende gesetzessystematische Gründe (OVG Nordrhein-Westfalen, B. v. 1. 4. 2008 – Az.: 15 B 122/08).

165 Die **Art des Rechtsschutzes hängt danach davon ab, mit welcher Begründung die Tätigkeit eines kommunalen Unternehmens oder einer kommunalen Einrichtung für unzulässig gehalten** wird. Richtet sich der **Angriff bereits gegen den öffentlichrechtlich geregelten Marktzutritt, so ist gemäß § 40 VwGO der Verwaltungsrechtsweg** gegeben. Gilt der **Angriff dagegen der Art und Weise der wettbewerblichen Tätigkeit, so ist Rechtsschutz nach Maßgabe des Wettbewerbsrechts** zu suchen. Die Erstreckung des vergaberechtlichen Verfahrens auf die Überprüfung gemeindewirtschaftrechtlicher Betätigungsgrenzen ist dabei auch nicht etwa zur Schließung von Rechtsschutzlücken erforderlich. § 107 Abs. 1 Satz 1 GO hat nach ständiger Rechtsprechung für konkurrierende Wirtschaftsunternehmen drittschützenden Charakter. Letztere können deshalb vor den Verwaltungsgerichten effektiven Rechtsschutz gegen eine mit § 107 Abs. 1 Nr. 1 GO unvereinbare Betätigung der Gemeinden erlangen (OVG Nordrhein-Westfalen, B. v. 1. 4. 2008 – Az.: 15 B 122/08).

166 Eine **Notwendigkeit, die Einhaltung der durch § 107 GO gezogenen Grenzen im vergaberechtlichen Nachprüfungsverfahren zu überprüfen, ergibt sich schließlich nicht etwa aus § 97 Abs. 4 GWB**, wonach Aufträge an leistungsfähige und zuverlässige Unternehmen vergeben werden. Der **Auffassung, die Eignungsprüfung habe sich auch darauf zu beziehen, ob ein Bieter rechtlich in der Lage** sei, die ausgeschriebene Leistung zu erbringen, ist jedenfalls für öffentlich-rechtliche Leistungshindernisse **lediglich unter der Voraussetzung** zuzustimmen, dass das **Leistungshindernis offensichtlich ist.** Ebenso hinsichtlich einer möglichen vergaberechtlichen Unzulässigkeit: Ist die öffentlich-rechtliche **Unzulässigkeit einer Betätigung nämlich offensichtlich und erfordert die dahingehende Feststellung deshalb keine besondere rechtliche Klärung**, dient es der Konzentration und Beschleunigung des Rechtsschutzes, wenn dem im vergaberechtlichen Nachprüfungsverfahren Rechnung getragen wird (OVG Nordrhein-Westfalen, B. v. 1. 4. 2008 – Az.: 15 B 122/08; VG Köln, B. v. 29. 8. 2008 – Az.: 7 L 1205/08).

167 Nach einer anderen Auffassung **obliegt die wettbewerbsrechtliche Beurteilung sowohl nach der Systematik als auch nach dem Wortlaut und Zweck des GWB den Vergabenachprüfungsinstanzen.** Sofern sich dabei die Vorfrage stellt, ob die Bietertätigkeit der öffentlichen Hand die durch § 107 GO NRW errichteten gesetzlichen Schranken überschreitet, und sie deshalb wettbewerbswidrig sei, **ist in einem Nachprüfungsverfahren darüber zu entscheiden, wobei sich diese Prüfung nicht lediglich auf offensichtliche Rechtsverstöße beschränken darf.** Es ist darauf hinzuweisen, dass die Vergabenachprüfungsinstanzen auf

Gesetz gegen Wettbewerbsbeschränkungen GWB § 97 **Teil 1**

dahingehende Beanstandungen im Rahmen ihrer Prüfungskompetenz typischerweise auch sonst über die Zulässigkeit einer Beteiligung am Wettbewerb zu befinden haben. Dies betrifft zum Beispiel die Zulässigkeit einer Teilnahme sog. öffentlicher Einrichtungen im Sinne des § 6 Abs. 1 Nr. 3 VOB/A am Vergabeverfahren sowie die Beteiligung von Unternehmen, die im Verdacht stehen, das Gebot des Geheimwettbewerbs verletzt oder unerlaubte Beihilfen empfangen zu haben (vgl. § 19 EG Abs. 7 VOL/A, § 16 a Abs. 2 VOB/A). Der **Hinweis auf das Gebot einer Konzentration und Beschleunigung der Vergabenachprüfungsverfahren** ist – zumal sich in vergleichbaren Fällen nach den Beobachtungen des Senats die Verfahrensdauer noch nie als ein ernsthaftes Problem dargestellt hat – **ungeeignet**, die Prüfungsbefugnis der Vergabenachprüfungsinstanzen konstitutiv zu begrenzen. Als genauso wenig überzeugend erweist sich das Gegenargument, die öffentlichen Auftraggeber und die **Vergabenachprüfungsinstanzen würden unter Zugrundelegung der Rechtsauffassung des Senats einer uferlosen und nicht mehr beherrschbaren Prüfung kommunalwirtschaftsrechtlicher Beschränkungen ausgesetzt**, weil sie dann gegebenenfalls auch „spanisches Gemeinderecht" zu überprüfen hätten. Indes können **in anderen Mitgliedstaaten ansässige Wirtschaftsteilnehmer von einem Vergabeverfahren auch dann nicht ausgeschlossen werden, wenn ihnen das jeweilige nationale Recht eine Teilnahme daran untersagt. Wirtschaftsteilnehmer aus anderen Mitgliedstaaten unterliegen hinsichtlich ihrer Beteiligung an Vergabeverfahren nur den in den Vergaberichtlinien vorgesehenen Beschränkungen**. Die Vergaberichtlinien enthalten jedoch keine § 107 GO NRW vergleichbaren Restriktionen. Infolgedessen werden deutsche kommunale Unternehmen gegenüber ausländischen Unternehmen zwar schlechter behandelt. Die **Inländerdiskriminierung ist unter den rechtlichen Gesichtspunkten der Berufsausübungsfreiheit (Art. 12 GG) und der Gleichbehandlung (Art. 3 Abs. 1 GG) derzeit jedoch hinzunehmen** (OLG Düsseldorf, B. v. 13. 8. 2008 – Az.: VII-Verg 43/07; B. v. 13. 8. 2008 – Az.: VII – Verg 42/07).

Eine die **Kompetenz der Vergabenachprüfungsinstanzen auf eine Prüfung offensichtlicher Rechtsverstöße zurücksetzende Ansicht** ist bei dem gebotenen EG-rechtskonformen Verständnis der nationalen Vergaberechtsnormen überdies **mit Art. 1 Abs. 1 der Rechtsmittelrichtlinie 89/665/EWG** (ABl. EG Nr. L 395 v. 30. 12. 1989, 33, geändert durch die Richtlinie 92/50/EWG, ABl. EG Nr. L 209 v. 24. 7. 1992, 1) und **Art. 1 Abs. 1 der neuen Rechtsmittelrichtlinie nicht zu vereinbaren**. Danach haben die Mitgliedstaaten sicherzustellen, dass die Entscheidungen der Vergabebehörden bei Auftragsvergaben „oberhalb" der Schwellenwerte von den am Auftrag interessierten Unternehmen wirksam und möglichst rasch nachgeprüft werden können. Dies ist, hätten die betroffenen Unternehmen gegen eine Wettbewerbsteilnahme des öffentlichen Unternehmens lediglich einen Einwirkungsanspruch gegen den Gewährsträger, der vor den Verwaltungsgerichten geltend zu machen ist, indes nicht sicherzustellen. Denn mit einem solchen Rechtsbehelf können die betroffenen Unternehmen – anders als im Vergabenachprüfungsverfahren – nicht unmittelbar in das Vergabeverfahren eingreifen und es anhalten. Infolgedessen besteht die Gefahr, dass die Entscheidung des Verwaltungsgerichts oder die Einwirkung zu spät erfolgen, der Zuschlag unwiderruflich bereits erteilt worden ist und der Rechtsschutz deswegen leerläuft. Die **Verwaltungsgerichte – und noch viel weniger die Kommunalaufsicht, auf deren Einschreiten ein Rechtsanspruch nicht besteht – sind mithin nicht in der Lage, den EG-rechtlich gebotenen Rechtsschutz zu gewährleisten** (OLG Düsseldorf, B. v. 13. 8. 2008 – Az.: VII-Verg 43/07; B. v. 13. 8. 2008 – Az.: VII – Verg 42/07).

Nicht anders verhält es sich, als die **rechtliche Leistungsfähigkeit eines Bieters oder Bewerbers nach § 97 Abs. 4 GWB, § 19 EG Abs. 5 VOL/A durch ein kommunalwirtschaftsrechtliches Betätigungsverbot in Frage gestellt** sein kann. Auch in solchen Fällen sind die Vergabenachprüfungsinstanzen keinesfalls auf eine Überprüfung offensichtlicher Leistungshindernisse beschränkt, sondern ist die **Rechtslage von ihnen vollumfänglich zu überprüfen**. Dies hat auch in einem Fall zu gelten, in dem das Leistungshindernis einer Rechtssphäre angehört, die nicht der primären Zuständigkeit der ordentlichen Gerichtsbarkeit unterliegt (OLG Düsseldorf, B. v. 13. 8. 2008 – Az.: VII-Verg 43/07; B. v. 13. 8. 2008 – Az.: VII – Verg 42/07).

6.3.4.14.4 Bayern. Definiert die Satzung eines öffentlichen Unternehmens den Gegenstand des Unternehmens im Hinblick auf die Vorschriften der Bayerischen Gemeindeordnung **als solche zur Erfüllung öffentlicher Zwecke** im Sinne des Art. 87 Abs. 1 Satz 1 Nr. 1 BayGO, **ist das Unternehmen** im Rahmen des Art. 92 Abs. 2 BayGO **u. a. berechtigt, sämtliche Geschäfte und Maßnahmen zu betreiben, die zur Erreichung des Gesellschaftszwecks notwendig oder nützlich erscheinen** (VK Thüringen, B. v. 14. 4. 2005 – Az.: 360–4003.20-017/05-G-S).

168

169

170

Teil 1 GWB § 97   Gesetz gegen Wettbewerbsbeschränkungen

171   **6.3.4.14.5 Mecklenburg-Vorpommern.** Die **Vergabenachprüfungsinstanzen haben in geeigneten Fällen die Einhaltung der Bestimmungen der §§ 68 ff. KV MV zu prüfen.** Dies ergibt sich aus § 2 Nr. 1 Abs. 2 VOL/A, wonach unlautere Verhaltensweisen „zu bekämpfen" sind. Die §§ 68 ff. KV MV beschränken die wirtschaftliche Betätigung der Gemeinden. Eine **Wettbewerbsbeeinträchtigung im Sinne einer Verfälschung des Wettbewerbs kann auch darin begründet liegen, dass eine Gemeinde eine ihr rechtlich untersagte, für den Wettbewerb jedoch relevante Tätigkeit auf einem bestimmten Gebiet aufnimmt, und darin von einem öffentlichen Auftraggeber auch noch gefördert wird, indem ihr der Auftrag erteilt werden soll. In diesem Fall ist der rechtlich unzulässige Marktzutritt der Gemeinde wettbewerbswidrig**, mit der Folge, dass das Angebot der Gemeinde aus dem Vergabeverfahren auszuschließen ist. Eine unmittelbare wirtschaftliche Betätigung ist Gemeinden nur unter den in § 68 Abs. 1 KV MV genannten Voraussetzungen erlaubt. Als **wirtschaftliche Betätigung ist in der Regel die Errichtung und/oder der Betrieb eines Unternehmens oder eine Beteiligung hieran zu verstehen, das als Hersteller, Anbieter oder Verteiler von Gütern oder Dienstleistungen am Markt tätig wird,** sofern ihre Leistung nach auch von einem Privaten mit der Absicht der Gewinnerzielung erbracht werden könnte. Die **Mitgliedschaft von kommunalen Gebietskörperschaften bei einem privatrechtlichen Verein stellt keine wirtschaftliche Betätigung im Sinne der genannten Vorschriften dar.** Die Mitgliedschaft löst als solche in der Regel nur die Verpflichtung der kommunalen Körperschaft zur Zahlung finanzieller Beiträge aus; ferner verschafft sie dem Mitglied Stimmrechte, aktives und passives Wahlrecht (Organschaftsrechte) sowie Benutzungsrechte an den Einrichtungen des Vereins (Wertrechte). Sie ist aber keine wirtschaftliche Tätigkeit, denn seine Mitglieder treten nicht selbst oder vertreten durch ihren Verein (§ 164 BGB) am Markt der von der Antragsgegnerin nachgefragten Bildungsmaßnahmen als Anbieter auf. Wirtschaftlich – und zwar im eigenen Namen – Handelnder ist allein der rechtsfähige Verein. Ungeachtet dessen führt die bloße Mitgliedschaft von – im vorliegenden Fall vergleichsweise wenigen – Gemeinden nicht dazu, dass der Verein selbst im Rechtssinn zu einem kommunalen Unternehmen wird oder als solches zu behandeln ist, mit der Folge, dass für sein Handeln dieselben rechtlichen Maßstäbe gelten wie für die Gemeinden selbst. Die Mitgliedschaft einzelner Gemeinden bei einem privatrechtlichen Verein verstößt unter dem Gesichtspunkt einer Beteiligung an wirtschaftlichen Unternehmen **ebenso wenig gegen § 69 Abs. 1 KV MV**. Die Mitgliedschaft einer Gemeinde bei einem privatrechtlichen Verein ist im Rechtssinn nicht als eine „Beteiligung" nach § 69 Abs. 1 KV MV zu qualifizieren. Eine Beteiligung ist begrifflich in aller Regel mit einem Erwerb von Geschäftsanteilen und entsprechend gewichteten Stimmrechten in einer Gesellschafterversammlung verbunden. Hingegen verschafft die Vereinsmitgliedschaft einer Gemeinde weder eine Beteiligung am Vermögen des Vereins noch ein besonders zu wertendes Stimmrecht. Die kommunalen Mitglieder üben durch das Stimmrecht in der Mitgliederversammlung (§ 32 BGB) oder bei einer Satzungsänderung (§ 33 BGB) auf den Verein keinen beherrschenden Einfluss aus. Damit fehlt es an jeder Voraussetzung, den Beigeladenen den für gemeindliche Tochter- oder Enkel-Unternehmen geltenden Beschränkungen zu unterwerfen (OLG Düsseldorf, B. v. 23. 3. 2005 – Az.: VII – Verg 68/04).

172   **6.3.4.14.6 Hessen.** Hessen hat sowohl seine Gemeinde- als auch seine Landkreisordnung novelliert (Gesetz- und Verordnungsblatt für das Land Hessen vom 17. 3. 2005, S. 142 und S. 183). **In der Gemeindeordnung findet sich in § 121 Abs. 1 und Abs. 8 eine echte Subsidiaritätsklausel für die wirtschaftliche Betätigung der öffentlichen Hand.** Aus der Begründung zu dieser Vorschrift geht weiterhin hervor, dass private Dritte dann, wenn sie sich durch eine für rechtswidrig gehaltene wirtschaftliche Betätigung von Kommunen beeinträchtigt fühlen, die Verletzung eigener Rechte gegenüber der Gemeinde gerichtlich geltend machen können (VK Hessen, B. v. 30. 5. 2005 – Az.: 69 d VK – 10/2005). Hiermit bekommen private Firmen also zum ersten Mal einen effektiven Rechtsschutz gegen solche Kommunen, die mit ihren wirtschaftlichen Betätigungen die Grenzen des Gemeindewirtschaftsrechts überschreiten.

173   **6.3.4.14.7 Saarland.** Die Unternehmen, insbesondere die Mitbieter haben nach § 97 Abs. 7 GWB einen Anspruch darauf, dass der öffentliche Auftraggeber die Bestimmungen über das Vergabeverfahren einhält. Nach § 2 EG Abs. 1 VOL/A sind Leistungen in der Regel im Wettbewerb zu vergeben. Öffentliche Auftraggeber beschaffen Waren –, Bau- und Dienstleistungen im Wettbewerb und im Wege transparenter Vergabeverfahren (§ 97 Abs. 1 GWB). Die Teilnehmer an einem Vergabeverfahren sind gem. § 97 Abs. 2 GWB gleich zu behandeln, es sei denn, eine Benachteiligung ist aufgrund des Gesetzes ausdrücklich geboten oder gestattet. Die **Betei-**

ligung eines kommunalen Unternehmens ist insbesondere dann unlauter im Sinne der vorerwähnten Vorschrift, wenn die Teilnahme am Wettbewerb nicht durch die jeweilige Gemeindeordnung (§ 108 KSVG) gedeckt ist.

Ein **öffentlicher Zweck im Sinne von § 108 Abs. 1 KSVG darf nicht in der Absicht der Gewinnerzielung liegen** und es darf auch nicht darauf hinaus laufen, dass eine kommunale Einrichtung mit ihrer Teilnahme am Vergabeverfahren die Absicht verfolgt, ihre Unternehmenstätigkeit außerhalb des eigenen Gemeindegebietes räumlich auszuweiten, um sich neue Geschäftsfelder zu erschließen, die dann zu einer bislang offensichtlich nicht vorhandenen Auslastung ihrer Kapazitäten führen sollen; das ist **mit dem öffentlichen Zweck im Sinne des § 108 Abs. 1 KSVG, der auf die unmittelbare oder mittelbare Förderung von der im öffentlichen Interesse gebotenen Versorgung der Bevölkerung zielt, nicht nur nicht vereinbar, sondern sogar kontraproduktiv**. Öffentlicher Zweck in diesem Sinne ist **vielmehr jede Gemeinwohl orientierte, im öffentlichen Interesse der Einwohner liegende Zielsetzung**; diese liegt immer dann vor, wenn sich die Aktivitäten des kommunalen Unternehmens auf die Verpflichtung der Gemeinde zurückführen lassen, das gemeinsame Wohl ihrer Einwohnerschaft zu fördern. Das ist der Fall, wenn die **Lieferungen und Leistungen sachlich und räumlich grundsätzlich im gemeindlichen Wirkungskreis liegen** und dazu dienen, Bedürfnisse der Gemeindeeinwohner zu befriedigen. Die Ausdehnung der Abfallentsorgungsleistungen außerhalb des Gemeindegebietes eines Bieters dient weder den öffentlichen Interessen der Einwohner der an ihr beteiligten Kommunen, denn diese werden von den Abfallentsorgungsleistungen erfasst und ist **folglich nach § 108 Abs. 4 i. V. m. Abs. 1 Nr. 1 KSVG nicht zulässig**. Unter Gemeinwohl orientierten Gesichtspunkten hat die Bevölkerung dieser Kommunen; die **Abfallentsorgung kann ohne Weiteres auch von einem privaten Unternehmer durchgeführt** werden (3. VK Saarland, B. v 12. 12. 2005 – Az.: 3 VK 03/2005 und 3 VK 04/2005). 174

6.3.4.14.8 Thüringen. 6.3.4.14.8.1 Allgemeines. Im Hinblick auf eine erlaubte wirtschaftliche Tätigkeit der Gemeinden außerhalb ihres Gemeindegebietes **normiert das kommunale Wirtschaftsrecht des Freistaates Thüringen in § 71 ThürKO die gesetzlichen Voraussetzungen**. Dagegen macht das **Vergaberecht, als in erster Linie gesetzlich normiertes Verfahrensrecht, keine inhaltlichen Vorgaben** und enthält insoweit auch keine Beschränkungen für ein Tätigwerden der Gemeinde. Für ein Tätigwerden kommunaler Unternehmen außerhalb des eigenen Gemeindegebietes **verschärft § 71 Abs. 4 Satz 1 ThürKO das an sich schon bestehende Regel-Ausnahme-Verhältnis nach § 71 Abs. 1 und 2 ThürKO** (VK Thüringen, B. v. 7. 5. 2009 – Az.: 250–4003.20–2304/2009-007-SHK). 175

Mit der Teilnahme am allgemeinen Wettbewerb steht nicht mehr die organisatorische und rechtliche Form und Ausgestaltung einer öffentlichen Aufgabe der Daseinsvorsorge, wie es den Landkreisen und kreisfreien Städten, als den öffentlich-rechtlichen Entsorgungsträgern im Sinne des § 13 Abs. 1 KrW-/AbfG, zusteht (vgl. dazu auch § 71 Abs. 1 Nr. 3 ThürKO), im Vordergrund der Betrachtung, sondern die Aufgabe eines reinen Dienstleistungserbringers. Die Dienstleistungserbringung selbst ist damit nicht mehr mit dem durch verfolgten „öffentlichen Zweck" begründet. Unternehmenszweck und Unternehmensziel ist allein das allgemein eine Unternehmertätigkeit prägende Merkmal und der mit einer solchen Betätigung verfolgten Absicht, das der Gewinnerzielung (VK Thüringen, B. v. 7. 5. 2009 – Az.: 250–4003.20–2304/2009-007-SHK) 176

6.3.4.14.8.2 Weitere Beispiele aus der Rechtsprechung 177

– der „öffentliche Zweck" erfordert im vorliegenden Falle also gerade kein Tätigwerden der Stadt außerhalb ihres Gemeindegebietes. Soweit die VST wie die BEI vortragen lassen, dass hinsichtlich des Loses 3 diese Tätigkeit allein in der weiteren Auslastung der schon vorhandenen Betriebskapazitäten bestehen und Synergieeffekte damit ausgenutzt werden sollen, ist daran zu erinnern, dass die BEI nicht nur ein Angebot für das Los 3, sondern Angebote für alle fünf ausgeschriebenen Lose abgegeben hat. Der damit ausgeschriebene Leistungsumfang stellt auch offenkundig keine – bloß Synergieeffekte nutzende – „geringe Leistung" der BEI mehr dar (vgl. dazu auch § 71 Abs. 1 Nr. 3 ThürKO). Schließlich hätte – nach den Feststellungen der Vergabekammer – die BEI mit einer erfolgreichen Bewerbung um die ausgeschriebenen fünf Lose, ca. 36% des Wertes ihres bisherigen Jahresumsatzes mit dem Gesamtauftrag vertraglich gesichert (VK Thüringen, B. v. 7. 5. 2009 – Az.: 250–4003.20–2304/2009-007-SHK).

178   **6.3.4.14.9 Literatur**

– Ennuschat, Jörg, Kommunalwirtschaftsrecht – Prüfungsmaßstab im Vergaberechtsschutz?, NVwZ 2008, 966

– Hertwig, Stefan, Uneingeschränkte Relevanz des Gemeindewirtschaftsrechts im Vergabenachprüfungsverfahren, NZBau 2009, 355

– Hertwig, Stefan, Der Staat als Bieter, NZBau 2008, 355

– Klein, Alexander, Die organisationsrechtlichen und materiellrechtlichen Grenzen und Vorgaben für eine konkurrenzwirtschaftliche Betätigung am Beispielsfall „Gelsengrün", Dissertation, München, 2005

– Ortner, Roderic, Wirtschaftliche Betätigung des Staates und Vergaberecht, VergabeR 2009, 850

– Schneider, Otmar, Öffentlich-rechtliche Marktzutrittsverbote im Vergaberecht, NZBau 2009, 352

6.3.4.15 Einkaufskooperationen öffentlicher Auftraggeber

179   **6.3.4.15.1 Allgemeine Rechtsprechung.** Auch öffentliche Auftraggeber gehen immer mehr dazu über, ihren Beschaffungsbedarf zu bündeln. Eine solche **Bündelung unterfällt nach der Rechtsprechung des Bundesgerichtshofes zwar dem Kartellverbot des § 1 GWB**, weil das Nachfrageverhalten abgestimmt und in einer (juristischen) Person gebündelt wird. Dies führt dann jedoch nicht zur Unzulässigkeit dieses Verhaltens, wenn die öffentlichen Auftraggeber **eine erlaubte Einkaufskooperation (§ 4 Abs. 2 GWB)** gebildet haben. Diese Vorschrift erlaubt kleinen und mittleren Unternehmen die Zusammenarbeit in solchen Einkaufskooperationen, damit sie vergleichbare Einkaufskonditionen wie Großunternehmen erzielen können. **Diese Bestimmung findet auch zugunsten kleiner und mittlerer Gemeinden Anwendung**, jedenfalls soweit sie als Nachfrager für bestimmte Geräte, z.B. Feuerwehrfahrzeuge, am Markt auftreten. Allerdings darf die Einkaufskooperation nicht ihrerseits eine so erhebliche Nachfragemacht entwickeln, dass der Wettbewerb wesentlich beeinträchtigt wird (BGH, Urteil v. 12. 11. 2002 – Az.: KZR 11/01).

180   Gemäß der Bekanntmachung der Neufassung des Gesetzes gegen Wettbewerbsbeschränkungen vom 15. Juli 2005 (BGBl. I Nr. 44 vom 20. 7. 2005, S. 2114) ist die **Vorschrift des § 4 entfallen.** Der – unveränderte – Maßstab findet sich jetzt in § 3 Abs. 1 Nr. 2 GWB.

181   **6.3.4.15.2 Rechtsprechung für gemeinsame Rabattverträge nach § 130a Abs. 8 SGB V der Allgemeinen Ortskrankenkassen.** Die **Bildung einer Beschaffungsgemeinschaft durch die Allgemeinen Ortskrankenkassen verstößt weder gegen europäisches noch gegen nationales Kartellrecht, wenn diese Form der Zusammenarbeit nur dem Abschluss und der Ausschreibung von Rabattverträgen nach § 130a Abs. 8 SGB V dient. Die Allgemeinen Ortskrankenkassen handeln beim Abschluss von Rabattverträgen nach § 130a Abs. 8 SGB V nicht als Unternehmen im Sinn der Art. 81 und 82 des EGV (jetzt Art. 101 und Art. 102 AEUV).** Nach diesen Bestimmungen sind u.a. Vereinbarungen zwischen Unternehmen und aufeinander abgestimmte Verhaltensweisen, welche den Handel zwischen den Mitgliedstaaten zu beeinträchtigen geeignet sind und eine Verhinderung, Einschränkung oder Verfälschung des Wettbewerbs innerhalb des Gemeinsamen Marktes bezwecken oder bewirken, ebenso verboten (Verbot wettbewerbshindernder Vereinbarungen nach Art. 81 EGV) wie die missbräuchliche Ausnutzung einer beherrschenden Stellung auf dem Gemeinsamen Markt oder auf einem wesentlichen Teil desselben durch ein oder mehrere Unternehmen (Verbot des Missbrauchs einer den Markt beherrschenden Stellung nach Art. 82 EGV – jetzt Art. 102 AEUV). Im **Bereich der sozialen Sicherheit hat der EuGH entschieden, dass bestimmte Einrichtungen, die mit der Verwaltung gesetzlicher Kranken- und Rentenversicherungssysteme betraut sind, einen rein sozialen Zweck verfolgen und keine wirtschaftliche Tätigkeit ausüben.** Dies ist der Fall bei Krankenkassen, die nur die Gesetze anwenden und keine Möglichkeit haben, auf die Höhe der Beiträge, die Verwendung der Mittel und die Bestimmung des Leistungsumfangs Einfluss zu nehmen. Denn ihre auf dem Grundsatz der nationalen Solidarität beruhende Tätigkeit wird ohne Gewinnerzielungsabsicht ausgeübt und die Leistungen werden von Gesetzes wegen und unabhängig von der Höhe der Beiträge erbracht. **Speziell in Bezug auf das Krankenkassen der gesetzlichen Krankenversicherung in Deutschland hat der EuGH im Urteil vom 16. März 2004 (C-264/01) ausgeführt, dass diese vom Begriff des Unternehmens im Rahmen des**

Gesetz gegen Wettbewerbsbeschränkungen　　　　　　　　　　　　　　GWB § 97　**Teil 1**

gemeinschaftlichen Wettbewerbsrechts nicht erfasst werden. Begründet hat er dies u. a. damit, dass die Krankenkassen gesetzlich verpflichtet seien, ihren Mitgliedern im Wesentlichen gleiche Pflichtleistungen anzubieten, die unabhängig von der Beitragshöhe sind. Die Krankenkassen hätten somit keine Möglichkeit, auf diese Leistungen Einfluss zu nehmen. Sie seien überdies zu einer Art Solidargemeinschaft zusammengeschlossen, die es ihnen ermögliche, untereinander einen Kosten- und Risikoausgleich vorzunehmen. So erfolge nach den §§ 265 ff. SGB V (in der damals geltenden Fassung) ein Ausgleich zwischen den Krankenkassen mit den niedrigsten Gesundheitsausgaben und den Krankenkassen, die kostenträchtige Risiken versicherten und deren Ausgaben im Zusammenhang mit diesen Risiken am höchsten seien. Die Krankenkassen konkurrierten somit weder miteinander noch mit den privaten Einrichtungen hinsichtlich der Erbringung der im Bereich der Behandlung oder der Arzneimittel gesetzlich vorgeschriebenen Leistungen, die ihre Hauptaufgabe darstellten. **Diese Ausführungen des EuGH haben auch für die heute geltende Rechtslage Gültigkeit.** Zwar können die Krankenkassen nach § 53 SGB V in der ab 1. April 2007 geltenden Fassung des Gesetzes zur Stärkung des Wettbewerbs in der gesetzlichen Krankenversicherung (GKV-Wettbewerbsstärkungsgesetz – GKV-WSG) vom 26. März 2007 (BGBl I S. 378) ihren Versicherten in größerem Umfang als bisher sog. Wahltarife mit Selbstbehalt und Beitragsrückzahlung anbieten. Da die Versicherten aber nicht gezwungen sind, hiervon Gebrauch zu machen, ändert dies nichts an der Tatsache, dass die Krankenkassen ihren gesetzlich Pflichtversicherten im Wesentlichen gleiche Leistungen anbieten müssen, die unabhängig von der Beitragshöhe sind. Ferner ist auch nach den ab 1. Januar 2009 geltenden Regelungen in den §§ 266 ff. SGB V ein Risikostrukturausgleich vorgesehen, der die gesetzlichen Krankenkassen weiterhin zu einer Art Solidargemeinschaft zusammenschließt. So erhalten sie als Zuweisungen aus dem neu eingeführten Gesundheitsfonds nicht nur eine Grundpauschale, sondern auch alters-, geschlechts-, und risikoadjustierte Zu- und Abschläge zum Ausgleich unterschiedlicher Risikostrukturen. Der Spielraum, über den die Krankenkassen mit der Möglichkeit verfügen, einen Zusatzbeitrag zu erheben (§ 242 Abs. 1 SGB V) oder eine Prämienzahlung (§ 242 Abs. 2 SGB V) vorzusehen, und dadurch einander einen gewissen Wettbewerb um Mitglieder zu liefern, führt nicht zu einer anderen Betrachtung. Der **Gesetzgeber hat diese Möglichkeit eingeführt, um die Krankenkassen zu veranlassen, im Interesse des ordnungsgemäßen Funktionierens des Krankenversicherungssystems ihre Tätigkeit nach den Grundsätzen der Wirtschaftlichkeit auszuüben, d. h. so effizient und kostengünstig wie möglich. Die Verfolgung dieses Zieles ändert nichts an der Natur der Tätigkeit der Krankenkassen. Die Tätigkeit der Krankenkassen ist deshalb nichtgewerblicher Art** (LSG Baden-Württemberg, B. v. 17. 2. 2009 – Az.: L 11 WB 381/09; B. v. 23. 1. 2009 – Az.: L 11 WB 5971/08; im Ergebnis ebenso LSG Nordrhein-Westfalen, B. v. 8. 10. 2009 – Az.: L 21 KR 44/09 SFB; B. v. 8. 10. 2009 – Az.: L 21 KR 39/09 SFB; B. v. 8. 10. 2009 – Az.: L 21 KR 36/09 SFB; B. v. 28. 4. 2009 – Az.: L 21 KR 40/09 SFB; B. v. 23. 4. 2009 – Az.: L 21 KR 36/09 SFB; B. v. 8. 4. 2009 – Az.: L 21 KR 27/09 SFB; B. v. 2. 4. 2009 – Az.: L 21 KR 35/09 SFB; B. v. 26. 3. 2009 – Az.: L 21 KR 26/09 SFB; ; 1. VK Bund, B. v. 17. 4. 2009 – Az.: VK 1–35/09; 3. VK Bund, B. v. 20. 3. 2009 – Az.: VK 3–34/09; B. v. 20. 3. 2009 – Az.: VK 3–22/09; B. v. 16. 3. 2009 – Az.: VK 3–37/09).

　　Beim Abschluss von Rabattverträgen nach § 130 a Abs. 8 SGB V liegt auch deshalb kein unternehmerisches Handeln der Allgemeinen Ortskrankenkassen vor, weil die Allgemeinen Ortskrankenkassen auf die Nachfrage nach verschreibungspflichtigen Arzneimitteln so gut wie keinen Einfluss haben. Denn die Nachfrage nach Arzneimitteln wird – abgesehen von den Versicherten – durch den die Arzneimittelverordnung ausstellenden Vertragsarzt bestimmt. Dieser entscheidet auch darüber, ob die Ersetzung des verordneten Arzneimittels durch ein wirkungsgleiches ausgeschlossen wird. Die Krankenkassen haben auch keine Möglichkeit, Umfang und Zeitpunkt der Beschaffung von Arzneimitteln festzulegen. So können sie z. B. die Beschaffung von Arzneimitteln nicht aufschieben, um die Arzneimittelhersteller zu einem Preisnachlass zu bewegen, sondern müssen ihren Versicherten die Leistungen sofort zur Verfügung stellen. Dies **schränkt nicht nur die Nachfragemacht der Auftraggeber ein, sondern mildert auch den Wettbewerbsdruck der Arzneimittelhersteller untereinander ab.** Die pharmazeutischen Unternehmer bieten Waren (Arzneimittel) zu einem von ihnen festgelegten Preis an, der letztlich von den Krankenkassen bezahlt werden muss, wenn Dritte (Vertragsärzte) die Versorgung der Versicherten mit diesen Waren für notwendig erachten. Damit **unterscheidet sich die vergaberechtliche Ausgangssituation bei der Ausschreibung von Rabattverträgen nach § 130 a Abs. 8 SGB V von anderen Beschaffungsvorgängen öffentlicher Auftraggeber.** Während bei anderen Aufträgen der öffentlichen Hand Leistungen von Unternehmen nur erbracht und vergütet werden können, wenn ein Auftrag　　182 erteilt wird, können die Arzneimittelhersteller auch ohne dass sie in einem Vergabeverfahren einen Zuschlag erhalten haben, ihre Waren veräußern. Ihr wirtschaftliches Interesse an der Durchführung (und Teilnahme an) einer Ausschreibung (von Rabattverträgen) dürfte erheblich geringer sein als dies bei Unternehmen der Fall ist, die u. U. existenziell darauf angewiesen sind, öffentliche Aufträge zu erhalten. Dies **erklärt auch, weshalb der Gesetzgeber in den vergangenen Jahren versucht hat, den Abschluss von Rabattverträgen für Arzneimittel zu fördern, obwohl es den Krankenkassen schon immer gestattet war, mit den pharmazeutischen Unternehmern Rabattverträge auszuhandeln.** Mit der Einführung von § 130a Abs. 8 SGB V durch Art. 1 Nr. 8 Beitragssatzsicherungsgesetz vom 23. Dezember 2002 (BGBl I S. 4637) zum 1. Januar 2003 wurde diese Möglichkeit nicht erst geschaffen, sondern nur bestätigt. Der Gesetzgeber hat die mit dem GKV-WSG in § 129 Abs. 1 Satz 3 SGB V zum 1. April 2007 eingeführte Verpflichtung der Apotheker, die vorgeschriebene Ersetzung eines Arzneimittels durch ein wirkstoffgleiches mit solchen Arzneimitteln vorzunehmen, für die ein Rabattvertrag besteht, ausdrücklich damit begründet, dass der Wettbewerb um günstige Preise der pharmazeutischen Unternehmer gestärkt werden solle (BT-Drs 16/3100 S. 135). Dadurch sind die **Krankenkassen – in Verbindung mit der Möglichkeit, einzelnen Arzneimittelherstellern vertraglich Exklusivität zuzusichern – in die Lage versetzt worden, spürbare Preisnachlässe zu erreichen. Dies führt aber nicht dazu, dass die Krankenkassen nunmehr unternehmerisch tätig werden.** An ihrer Verpflichtung, die Versicherten mit Arzneimitteln zu versorgen, sobald diese einen Anspruch darauf haben, hat sich nichts geändert. Die vertraglich ausgehandelten Rabatte dienen lediglich dazu, die Wirtschaftlichkeit der Arzneimittelversorgung in der gesetzlichen Krankenversicherung zu verbessern. Das GKV-WSG hat über die Regelung in § 129 Abs. 1 Satz 3 SGB V einen Wettbewerbsdruck unter den pharmazeutischen Unternehmern erzeugt und die Verhandlungsposition der Krankenkassen gestärkt. **Wollen die Krankenkassen diese Verhandlungsposition ausnutzen, indem sie Rabattverträge nur mit einem oder einigen wenigen Arzneimittelherstellern schließen, führt dies dazu, dass der Abschluss eines Rabattvertrages in diesem Fall als öffentlicher Lieferauftrag i. S. von § 3 EG VOL/A anzusehen ist. Dem Interesse an einem funktionierenden Wettbewerb wird dann dadurch Rechnung getragen, dass die Krankenkassen solche Rabattverträge, mit denen sie einzelnen Herstellern Exklusivität zusichern, ausschreiben müssen** (LSG Baden-Württemberg, B. v. 17. 2. 2009 – Az.: L 11 WB 381/09; B. v. 23. 1. 2009 – Az.: L 11 WB 5971/08).

183 Ein **eventueller Verstoß gegen die §§ 19, 20 GWB kann im Vergaberechtsverfahren nicht gerügt werden. Ein Antragsteller kann im Verfahren vor der Vergabekammer und dem Vergabesenat (nur) den Anspruch geltend machen, dass der Auftraggeber die Bestimmungen über das Vergabeverfahren einhält (§ 97 Abs. 7 GWB). Dazu gehören die §§ 19 und 20 GWB nicht. Diese Normen sind außerhalb des Vergaberechts angesiedelt.** Die Verletzung eigener Rechte durch einen Verstoß des Auftraggebers gegen diese Bestimmungen muss ein **Antragsteller vor den Kartellgerichten geltend machen** (1. VK Bund, B. v. 26. 11. 2009 – Az.: VK 1–197/09; 2. VK Bund, B. v. 29. 4. 2010 – Az.: VK 2–20/10). Im Übrigen ist zu berücksichtigen, dass dem Missbrauch einer marktbeherrschenden Stellung bei einer Auftragsvergabe durch einen öffentlichen Auftraggeber gerade durch das Vergabeverfahren vorgebeugt werden soll. Der Missbrauch einer marktbeherrschenden Stellung kann zwar vorliegen, wenn eine marktbeherrschende Nachfragemacht besteht, dies aber nur, wenn gleichwohl keine Ausschreibung der nachgefragten Leistungen erfolgt. Die Ausschreibung der nachgefragten Leistungen stellt, sofern sie ohne Rechtsverstoß erfolgt – einen Ausgleich für eine ggf. vorhandene wettbewerbsbeschränkende Nachfragemacht dar und beugt dem Missbrauch vor. Auch der 5. Senat des LSG Baden-Württemberg hat in seinem Beschluss vom 27. Februar 2008 (L 5 KR 507/08 ER-B) mit seinen Ausführungen zu § 19 GWB nicht die Bildung einer Beschaffungsgemeinschaft mit mehreren Krankenkassen in Frage gestellt, sondern für diesen Fall die Notwendigkeit einer Ausschreibung und die hieran zu stellenden Anforderungen (Aufteilung nicht nur in Fachlose, sondern auch in Gebietslose) abgeleitet. Eine unbillige Behinderung (§ 20 GWB) oder ein sonstiges den Wettbewerb beschränkendes Verhalten der Allgemeinen Ortskrankenkassen (§ 21 GWB) könnte zwar darin gesehen werden, dass sie sich in den Rabattverträgen verpflichten, für die Laufzeit dieser Verträge keine weiteren Rabattverträge über denselben Wirkstoff mit anderen pharmazeutischen Unternehmern abzuschließen. Auch diesem Gesichtspunkt wird jedoch mit einer Ausschreibung Rechnung getragen. Nach der vom Senat vertretenen Auffassung zwingt ohnedies nur und gerade die Zusicherung von Exklusivität an einzelne Anbieter zu einer Ausschreibung. Die von den Allgemeinen Ortskrankenkassen durchgeführte Ausschreibung stellt demzufolge keinen Verstoß gegen die nach § 69 Abs. 2 Satz 1

Gesetz gegen Wettbewerbsbeschränkungen GWB § 97 **Teil 1**

SGB V für entsprechend anwendbar erklärten Bestimmungen in den §§ 20 bis 21 GWB dar, sondern dient umgekehrt dazu, einen solchen zu vermeiden (LSG Baden-Württemberg, B. v. 23. 1. 2009 – Az.: L 11 WB 5971/08; LSG Nordrhein-Westfalen, B. v. 8. 10. 2009 – Az.: L 21 KR 44/09 SFB; B. v. 8. 10. 2009 – Az.: L 21 KR 39/09 SFB; B. v. 28. 4. 2009 – Az.: L 21 KR 40/09 SFB; 2. VK Bund, B. v. 29. 4. 2010 – Az.: VK 2–20/10; 3. VK Bund, B. v. 20. 3. 2009 – Az.: VK 3–34/09; B. v. 20. 3. 2009 – Az.: VK 3–22/09; B. v. 16. 3. 2009 – Az.: VK 3–37/09).

Es kann auch nicht davon ausgegangen werden, dass der Gesetzgeber in § 104 Abs. 2 GWB **184** ein vor dem Hintergrund rechtsstaatlicher Erwägungen höchst angreifbares Verfahren einführen wollte, indem er den Vergabekammern binnen einer Entscheidungsfrist von fünf Wochen ab Antragseingang auferlegt hätte, in Amtsermittlung (§ 110 Abs. 1 S. 1 GWB) ein kartell-rechtliches Missbrauchsverfahren durchzuführen. **§ 104 Abs. 2 GWB ist im Lichte des Beschleunigungsgrundsatzes dahin auszulegen, dass für kartellrechtliche Missbrauchsprüfungen gegenüber gesetzlichen Krankenkassen über § 69 SGB V i. V. m. § 51 Abs. 1, 2 Nr. 2 SGG die Zuständigkeit der Sozialgerichte** eröffnet ist (3. VK Bund, B. v. 20. 3. 2009 – Az.: VK 3–34/09; B. v. 20. 3. 2009 – Az.: VK 3–22/09; B. v. 16. 3. 2009 – Az.: VK 3–37/09).

Unter Heranziehung der Rechtsprechung des Bundesgerichtshofs zur Nachfragemacht der **185** öffentlichen Hand würde es zur **Verneinung der Ausnutzung einer marktbeherrschenden Stellung bereits ausreichen, dass überhaupt ausgeschrieben** wird. Selbst wenn man aber noch eine Stufe weitergeht und auch die konkrete Ausgestaltung der Vorgaben an diesem Maßstab misst, ergibt sich nichts anderes. Auch den Krankenkassen steht es zu, im Rahmen der Ausschreibung ihre eigenen, durch den Gesetzgeber vorgegebenen und damit legitimen Ziele zu verfolgen und diese nicht vorrangig an den Vorstellungen der Wirtschaftsteilnehmer ausrichten zu müssen. Auch unter dem Eindruck von §§ 19, 20 GWB ist es eine Fehlvorstellung, anzunehmen, die Bieter könnten den Krankenkassen diktieren, wie das Verfahren bzw. der Vertrag auszugestalten ist. Der **Ermessensspielraum des Auftraggebers bleibt auch bei hohem Nachfragepotential grundsätzlich bestehen**. Es ist den **Krankenkassen nicht zuzumuten, den mit der Ausschreibung von Rabattverträgen verbundenen Verwaltungs- und Kostenaufwand in kürzeren Abständen als von zwei Jahren durchzuführen**, ebenso wenig sich der Problematik zu stellen, in welcher Weise bei einem Rahmenvertrag mit mehreren Vertragspartnern die Auswahl konkret im Einzelfall erfolgen soll, zumal der Apotheker die letztendliche Auswahlentscheidung trifft (3. VK Bund, B. v. 20. 3. 2009 – Az.: VK 3–34/09; B. v. 16. 3. 2009 – Az.: VK 3–37/09; B. v. 30. 1. 2009 – Az.: VK 3–221/08; B. v. 29. 1. 2009 – Az.: VK 3–200/08; B. v. 29. 1. 2009 – Az.: VK 3–197/08; B. v. 23. 1. 2009 – Az.: VK 3–194/08).

In der Durchführung eines grundsätzlich rechtskonformen, europaweiten Vergabe- **186** verfahrens kann kein Missbrauch einer marktbeherrschenden Stellung liegen. Es verhält sich vielmehr andersherum: Die Durchführung eines Vergabeverfahrens soll gerade dem Missbrauch von Marktmacht entgegenwirken. Diese Ausgangsüberlegung ist Hintergrund und ratio legis des gesamten modernen Vergaberechts, denn: Öffentlichen Auftraggebern kommt im Regelfall eine starke Nachfrageposition zu; es gibt Bereiche, in denen sich ein öffentlicher Auftraggeber als Nachfrager auf bestimmten Märkten sogar in einer Quasi-Monopolsituation befinden kann, z.B. Gleisbauarbeiten für die Bahn oder Autobahnbau. Die Vereinigung eines hohen Nachfragepotentials – dieses unterstellt – ist damit keineswegs eine Spezialität der Krankenkassen. Um genau diesem hohen Nachfragepotential zu begegnen, ist das Vergaberechtssystem in seiner heutigen Form etabliert worden, das gekennzeichnet ist durch die Schaffung subjektiver Bieterrechte, § 97 Abs. 7 GWB, und durch die Einführung eines effektiven Rechtsschutzes, §§ 104 ff. GWB. Es ist vor diesem Hintergrund schwer vorstellbar, dass die Wertungen, die Vergaberecht und Kartellrecht treffen, hier auseinanderfallen. **Auch bei einem marktbeherrschenden Nachfrager kann die Durchführung eines in sich grundsätzlich rechtmäßigen, europaweiten Vergabeverfahrens nicht die Ausnutzung einer marktbeherrschenden Stellung darstellen** (3. VK Bund, B. v. 20. 3. 2009 – Az.: VK 3–34/09; B. v. 20. 3. 2009 – Az.: VK 3–22/09; B. v. 16. 3. 2009 – Az.: VK 3–37/09).

Die **gemeinsame Ausschreibung und der gemeinsame Abschluss von Rabattverträ- 187 gen nach § 130 a Abs. 8 SGB V sind den Allgemeinen Ortskrankenkassen auch nicht durch Vorschriften des SGB V verwehrt**. Soweit darauf hingewiesen wird, dass der Gesetzgeber ganz bewusst davon abgesehen habe, die gesetzlichen Krankenkassen zu einem gemeinsamen und einheitlichen Aushandeln und Abschließen von Rabattverträgen zu ermächtigen, ist dem zunächst entgegen zu halten, dass ein vom Gesetz vorgeschriebenes gemeinsames und ein-

Teil 1 GWB § 97   Gesetz gegen Wettbewerbsbeschränkungen

heitliches Handeln der Krankenkassen diese nicht nur hierzu ermächtigt, sondern verpflichtet. In diesem Fall hätten sich die Landesverbände der Krankenkassen und die Ersatzkassen über die Ausschreibung und den Abschluss von Rabattverträgen einigen sollen und wären für den Fall, dass ein Konsens nicht erzielt werden kann, sogar verpflichtet, eine Mehrheitsentscheidung über das gemeinsame Handeln herbeizuführen (vgl. § 211 a SGB V). **Aus der Tatsache, dass ein gemeinsames und einheitliches Handeln der Krankenkassen beim Abschluss von Rabattverträgen nicht vorgeschrieben ist, kann nicht gefolgert werden, dass ein solches nicht gestattet ist.** Es gibt keine Vorschrift und keinen Grundsatz, dass Krankenkassen nur in den Fällen gemeinsam handeln dürfen, in denen ihnen dies ausdrücklich vorgeschrieben wird. Vorschriften, die es den Allgemeinen Ortskrankenkassen verbieten, Rabattverträge nach § 130 a Abs. 8 SGB V gemeinsam abzuschließen, enthält das SGB V nicht (LSG Baden-Württemberg, B. v. 23. 1. 2009 – Az.: L 11 WB 5971/08).

188   Außerdem kann der **„Zusammenschluss" von Auftraggebern zu einer „Einkaufsgemeinschaft" schon deshalb nicht in dem Vergabeverfahren unter dem Gesichtspunkt des Missbrauchs einer marktbeherrschenden Stellung gerügt werden, weil dieses Verhalten der Auftraggeber zeitlich und sachlich vor dem Beginn des Vergabeverfahrens liegt.** Die Bildung eines „Einkaufskonsortiums" liegt zeitlich vor dem Beginn des eigentlichen Vergabeverfahrens und stellt sich mithin lediglich als eine vorbereitende Handlung, jedoch **nicht als Verfahrenshandlung im Vergabeverfahren** dar. Abgesehen davon ist zu berücksichtigen, dass missbräuchlichen Verhaltensweisen gerade durch das Vergabeverfahren vorgebeugt werden soll und sich dieses als Ausgleich für die gebündelte öffentliche Nachfragemacht der Krankenkassen darstellt (LSG Nordrhein-Westfalen, B. v. 28. 4. 2009 – Az.: L 21 KR 40/09 SFB; B. v. 23. 4. 2009 – Az.: L 21 KR 36/09 SFB; B. v. 8. 4. 2009 – Az.: L 21 KR 27/09 SFB; B. v. 2. 4. 2009 – Az.: L 21 KR 35/09 SFB; B. v. 26. 3. 2009 – Az.: L 21 KR 26/09 SFB).

189   Im Übrigen verstoßen die Krankenkassen mit gemeinsamen Rabattausschreibungen auch nicht gegen § 3 a Nr. 4 Abs. 2 VOL/A 2006 (eine **ausdrückliche vergleichbare Vorschrift kennt die VOL/A 2009 nicht**). Die Krankenkassen kommen mit solchen Ausschreibungen ihrer Pflicht nach, Rabattverträge, also öffentliche Aufträge in Gestalt von Rahmenvereinbarungen, nach Vergaberecht zu vergeben. **Selbst wenn es sich bei den Krankenkassen um marktmächtige oder sogar marktbeherrschende Nachfrager handeln sollte, führt allein dies nicht dazu, dass deren Vergabe von Rahmenvereinbarungen per se missbräuchlich oder wettbewerbsbeschränkend i. S. d. § 3 a Nr. 4 Abs. 2 VOL/A wäre, es ist im Vergaberecht nämlich durchaus nicht ungewöhnlich und wäre also keine spezifische Besonderheit der gesetzlichen Krankenversicherungen, dass ein öffentlicher Auftraggeber marktbeherrschend sein könnte**, dies könnte ohne Weiteres gleichermaßen auch auf weitere Auftraggeber zutreffen - siehe z. B. die Deutsche Bahn AG – (1. VK Bund, B. v. 26. 11. 2009 – Az.: VK 1–197/09).

190   **6.3.4.15.3 Weitere Beispiele aus der Rechtsprechung**
– **Nachfragebündelung öffentlicher Auftraggeber im Wege von Einkaufskooperationen** (BGH, Urteil vom 12. 11. 2002 – Az.: KZR 11/01)
– **Nachfragebündelung öffentlicher Auftraggeber im Wege von Einkaufskooperationen** (VK Baden-Württemberg, B. v. 7. 1. 2003 – Az.: 1 VK 68/02)
– **marktbeherrschende Stellung einer Bietergemeinschaft** (VK Lüneburg, B. v. 12. 11. 2001 – Az.: 203-VgK-19/2001)

191   **6.3.4.15.4 Literatur**
– Drey, Franz, Wie ein Privater aufgetreten – Öffentliche Datenzentralen nicht in Frage gestellt, Behörden Spiegel 2007, 16
– Kämper, Norbert/Heßhaus, Matthias, Möglichkeiten und Grenzen von Auftraggebergemeinschaften, NZBau 2003, 303

6.3.4.16 Verbot der Beteiligung nicht erwerbswirtschaftlich orientierter Institutionen am Wettbewerb

192   **6.3.4.16.1 VOB/A 2009, VOL/A 2009, VOF 2009.** § 6 Abs. 1 Nr. 3 VOB/A 2009 enthält **im Gegensatz zur VOL/A 2009 und VOF 2009** ein **Verbot der Beteiligung nicht erwerbswirtschaftlich orientierter Institutionen** (Justizvollzugsanstalten, Einrichtungen der Jugendhilfe, Aus- und Fortbildungsstätten oder ähnliche Einrichtungen sowie Betriebe der öffentlichen Hand und Verwaltungen) am Wettbewerb. Die Regelung des § 7 Nr. 6 VOL/A 2006

Gesetz gegen Wettbewerbsbeschränkungen GWB § 97 **Teil 1**

wurde dahingehnd geändert, dass nach **§ 6 Abs. 7 VOL/A 2009** nur noch eine Zulassung von Justizvollzugsanstalten zum Wettbewerb mit gewerblichen Unternehmen nicht zulässig ist. Da diese Fallkonstellation **in der Praxis keine Rolle** spielt, erfolgt eine **Kommentierung im Rahmen von § 6 VOB/A**.

6.3.4.17 Wettbewerbsabrede als Wettbewerbsbeschränkung

Als wettbewerbsbeschränkende Verhaltensweisen im Sinne von § 16 Abs. 1 Nr. 1 lit. d) VOB/A und § 16 Abs. 3 lit. f) VOL/A sind **insbesondere auch kartellrechtswidrige Vereinbarungen, wie ein gegen das Gesetz gegen Wettbewerbsbeschränkungen (GWB) verstoßendes Wettbewerbsverbot,** erfasst. Diese Regelung des § 16 VOB/A bzw. § 16 VOL/A verlangt einen engen sachlichen Zusammenhang zwischen der wettbewerbsbeschränkenden Vereinbarung und dem konkreten Vergabeverfahren, **beschränkt jedoch die Pflichten der Vergabestelle zur Bekämpfung wettbewerbsbeschränkender Verhaltensweisen keineswegs auf solche, die ausdrücklich aus konkretem Anlass der jeweiligen Vergabe unternommen werden.** Es wird zu Recht darauf hingewiesen, dass nach dem Sinn und Zweck dieser Vorschrift, der Förderung und Gewährleistung eines freien Wettbewerbs, **eine generell vereinbarte Wettbewerbsbeschränkung für das öffentliche Vergabewesen insgesamt wesentlich schädlicher – und daher bekämpfenswerter – ist als eine solche auf ein einzelnes Vergabeverfahren gerichtete Abrede** (OLG Naumburg, B. v. 15. 3. 2001 – Az.: 1 Verg 11/00).

193

6.3.4.18 Selektive Vertriebswege

Kartellrechtlich ist anerkannt, dass es auch einem marktbeherrschenden Unternehmen nicht verwehrt ist, sein Vertriebssystem entsprechend seinen kaufmännischen Vorstellungen auszugestalten, also etwa ein selektives Vertriebssystem aufzubauen, bei dem unter Umgehung u. a. des Großhandels die Endabnehmer direkt beliefert werden, solange dies nur diskriminierungsfrei durchgehalten wird (2. VK Bund, B. v. 8. 12. 2009 – Az.: VK 2–219/09 – betreffend Rabattvertragsausschreibung über Kontrastmittel).

194

6.3.4.19 Berücksichtigung von staatlichen Beihilfen

6.3.4.19.1 Rechtsprechung.
Der Wettbewerbsgrundsatz verpflichtet den öffentlichen Auftraggeber, bei seiner Vergabeentscheidung die Grundsätze des fairen Wettbewerbs zu beachten und Bieter, die sich im Vergabeverfahren wettbewerbswidrig verhalten oder die sich aufgrund wettbewerbswidriger Praktiken Vorteile im Vergabeverfahren verschaffen, auszuschließen. Er **umfasst aber nicht die Pflicht der Vergabestelle, ohne Rücksicht auf eine Wettbewerbswidrigkeit die Gewährung staatlicher Fördermittel auf ihre (formelle oder materielle) Europarechtskonformität zu überprüfen und im Falle der Europarechtswidrigkeit das Angebot von der Wertung auszuschließen oder die Beihilfegewährung durch eine Erhöhung des Angebotspreises zu korrigieren**. Für eine derart weitgehende Prüfungspflicht der Vergabestelle enthalten weder die Bestimmungen des Kartellvergaberechts (§§ 97 ff. GWB) noch die VOB bzw. die VOL irgendwelche Anhaltspunkt. Die bestehende Normlage, welche das Problem der nicht notifizierten Beihilfen ausschließlich im Zusammenhang mit der Befugnis des Auftraggebers erwähnt, Angebote mit einem ungewöhnlich niedrigen Preis auszuschließen, spricht vielmehr eindeutig für das Gegenteil. Es bestehen überdies auch grundsätzliche Bedenken gegen die Annahme, der Auftraggeber müsse nicht notifizierte Beihilfen durch eine Anhebung des Angebotspreises neutralisieren. Denn damit würde das Grundprinzip des Vergaberechts, dass der Bieter sein Angebot unterbreitet und der öffentliche Auftraggeber dieses Angebot ablehnen oder durch Zuschlag annehmen – es aber nicht inhaltlich verändern – kann, verlassen. Eine **derart gravierende Abweichung vom normierten Vergaberecht bedarf der ausdrücklichen Regelung und lässt sich nicht alleine daraus ableiten, dass der ausgeschriebene Auftrag gemäß § 97 Abs. 1 GWB im Wettbewerb der Bieter zu vergeben ist** (OLG Düsseldorf, B. v. 26. 7. 2002 – Az.: Verg 22/02; 1. VK Bund, B. v. 20. 8. 2008 – Az.: VK 1–111/08; 2. VK Bund, B. v. 6. 6. 2007 – Az.: VK 2–38/06).

195

Die Pflicht der Vergabestelle, nicht notifizierte Beihilfen durch eine Erhöhung des Angebotspreises zu neutralisieren, **kann ebenso wenig europarechtlichen Vorschriften entnommen werden**. Der Gerichtshof der Europäischen Gemeinschaften hat bereits entschieden, dass es nicht gegen den Grundsatz der Gleichbehandlung der Bieter verstößt, wenn ein öffentlicher Auftraggeber zu einem Vergabeverfahren Einrichtungen zulässt, die entweder von ihm selbst

196

67

oder von anderen öffentlichen Auftraggebern Zuwendungen gleich welcher Art erhalten, die es ihnen ermöglichen, zu Preisen anzubieten, die erheblich unter denen ihrer Mitbewerber liegen, die solche Zuwendungen nicht erhalten. Zur Begründung hat er ausgeführt: Der Gemeinschaftsgesetzgeber habe in den Artikeln 23 und 29 bis 37 der „Richtlinie 92/50 EWG des Rates vom 18. Juni 1992 über die Koordinierung der Verfahren zur Vergabe öffentlicher Dienstleistungsaufträge" eingehend die Bedingungen für die Auswahl der zur Abgabe eines Angebots zugelassenen Dienstleistungserbringer und die Zuschlagsvoraussetzungen geregelt. In keiner dieser Bestimmungen sei vorgesehen; dass ein Bieter deshalb vom Vergabeverfahren auszuschließen sei, weil er öffentliche Mittel erhalte. Hätte der Gemeinschaftsgesetzgeber die öffentlichen Auftraggeber dazu verpflichten wollen, solche Bieter auszuschließen, so hätte er dies ausdrücklich angeordnet. Mit derselben Erwägung muss auch die Verpflichtung der Vergabestelle verneint werden, einen Bieter, der nicht notifizierte Beihilfen erhalten hat, von der Angebotswertung auszuschließen, oder die nicht notifizierte Beihilfe durch eine Anhebung des Angebotspreises zu neutralisieren. Das **Fehlen einer entsprechenden Regelung in der Dienstleistungsrichtlinie zwingt auch insoweit zu der Annahme, dass nach dem Willen des Gemeinschaftsgesetzgebers eine Verpflichtung des öffentlichen Auftraggebers zur Neutralisierung rechtswidriger Beihilfen nicht besteht.**

197 Auch aus dem im europäischen Beihilfenrecht normierten Durchführungsverbot ergibt sich nichts Gegenteiliges (OLG Düsseldorf, B. v. 26. 7. 2002 – Az.: Verg 22/02; 1. VK Bund, B. v. 20. 8. 2008 – Az.: VK 1–111/08).

198 **6.3.4.19.2 Literatur**

- Bultmann, Peter, Beihilfenrecht und Vergaberecht: Beihilfen und öffentliche Aufträge als funktional äqivalente Instrumente der Wirtschaftslenkung; ein Leistungsvergleich, Habilitationsschrift, Tübingen, 2004
- Eilmansberger, Thomas, Überlegungen zum Zusammenspiel von Vergaberecht und Beihilferecht: kann die Vergabe aufgrund beschaffungsfremder Kriterien wirklich beihilferechtlich problematisch sein?, WuW 2005, 384
- Fischer, Hans-Georg: Öffentliche Aufträge im Spannungsfeld zwischen Vergaberecht und europäischem Beihilferecht, VergabeR 2004, 1
- Hertwig, Stefan, Öffentliche Unternehmen und Einrichtungen im europäischen Beihilfe- und Vergaberecht, VergabeR 2008, 589
- Hertwig, Stefan, Der Staat als Bieter, NZBau 2008, 355
- Jellinghaus, Lorenz, Zum Verhältnis von Vergabe- und Beihilfenrecht bei ÖPP-Projekten, VergabeR 2010, 574
- Koenig, Christian, Beihilfenempfänger als Bieter im Vergabeverfahren, Tagungsband 7. Düsseldorfer Vergaberechtstag 2006, 77
- Koenig, Christian/Hentschel, Kristin, Beihilfenempfänger als Bieter im Vergabeverfahren, NZBau 2006, 289
- Lipka, Ron, Beihilfrechtliche Anforderungen an Vergabeverfahren: zur Einordnung staatlicher Aufträge als Beihilfen und zu den Rechtsschutzmöglichkeiten der Konkurrenten, Dissertation, Baden-Baden, 2005
- Middelschulte, Dirk, Öffentliche Aufträge als Gegenstand des EG-Beihilferechts: Voraussetzungen und Folgen der subventionsrechtlichen Kontrolle von vergaben und öffentlichen Aufträgen, Dissertation, Frankfurt am Main, 2004
- Tietjen, Maik, Die europäische Beihilfekontrolle im Vergaberecht und bei der Privatisierung, Dissertation, Bern, 2004

6.3.4.20 Ausnutzung von Vorkenntnissen und Erfahrungen aus einem früheren oder bestehenden Auftrag

199 **6.3.4.20.1 Grundsatz.** Eine **Wettbewerbsverfälschung kann auch darin bestehen, dass ein Bieter auf Vorkenntnissen und Erfahrungen aus einem früheren oder bestehenden Auftrag aufbauend ein den anderen Mitbewerbern nicht mögliches Angebot machen kann**. Dieser Bieter besitzt dann für den ausgeschriebenen Auftrag einen ungerechtfertigten Wettbewerbsvorsprung gegenüber seinen Mitbietern (1. VK Brandenburg, B. v. 11. 9. 2006 – Az.: 2 VK 34/06, 1 VK 35/06).

Diese Rechtsprechung basiert auf einem **Sonderfall**. Ansonsten ist es **herrschende Meinung und Rechtsprechung**, dass eine **Vergabestelle nicht verpflichtet** ist, **rechtmäßig erworbene Wettbewerbsvorteile eines Bieters auszugleichen**; vgl. insoweit im Einzelnen die Kommentierung zu → § 7 VOB/A Rdn. 32 ff und → § 7 VOL/A Rdn. 32 ff.

6.3.4.20.2 Beispiele aus der Rechtsprechung

– die **Ausnutzung einer Funktion als Generalplaner bei der Kalkulation des Angebotes für die Bauoberleitung** stellt sich als erheblicher Wettbewerbsvorteil gegenüber anderen Bietern dar. Hat der Auftraggeber diese wettbewerbswidrige Verhaltensweise trotz umfassender schriftlicher Information nicht zur Kenntnis genommen und in die Wertung der Angebote einfließen lassen, ist in einem derart krassen Fall der Wettbewerbsverfälschung der Auftraggeber zu verpflichten, das **Angebot des Generalplaners vom Wettbewerb auszuschließen** (1. VK Brandenburg, B. v. 11. 9. 2006 – Az.: 2 VK 34/06, 1 VK 35/06)

6.3.4.21 Einheitliche Ausschreibung mehrerer trennbarer Leistungen, von denen eine nur von einem einzigen Unternehmen erbracht werden kann

Ausfluss des Wettbewerbsprinzips ist, dass die Ausschreibung eines öffentlichen Auftraggebers, die geeignet ist, den Wettbewerb zu umgehen, einzuschränken oder auszuschalten, unzulässig ist. Bei einer **Ausschreibung, die mehrere, nicht losweise ausgeschriebene Leistungen zum Gegenstand hat, ist Voraussetzung für einen echten Wettbewerb i. S. von § 97 Abs. 1 GWB zumindest, dass die Ausschreibung so gestaltet ist, dass nicht eine oder mehrere der in ihr erforderten Leistungen nur von einem Bieter erbracht werden können. Ist nämlich eine losweise Vergabe ausgeschlossen, kann auch in den Bereichen kein Wettbewerb stattfinden, in dem ein solcher an und für sich möglich wäre.** Von einem echten, fairen Wettbewerb kann auch dann nicht die Rede sein, wenn es neben dem Alleinanbieter des ausgeschriebenen Produkts nur Mitbewerber gibt, die im Zeitpunkt der Ausschreibung erst damit beginnen müssten, das Produkt unter Inanspruchnahme einer längeren Zeitdauer zu entwickeln (OLG Celle, B. v. 24. 5. 2007 – Az.: 13 Verg 4/07).

6.3.4.22 Ausschließliche Verantwortung des Auftraggebers für das Vergabeverfahren

Es gehört zu den **Grundsätzen der Vergabe, dass Leistungen „unter ausschließlicher Verantwortung der Vergabestellen" zu vergeben** sind (OLG Celle, B. v. 7. 6. 2007 – Az.: 13 Verg 5/07; OLG Düsseldorf, B. v. 18. 10. 2000 – Az.: Verg 3/00; OLG Karlsruhe, B. v. 16. 6. 2010 – Az.: 15 Verg 4/10; OLG München, B. v. 29. 9. 2009 – Az.: Verg 12/09; B. v. 21. 8. 2008 – Az.: Verg 13/08; OLG Naumburg, B. v. 26. 2. 2004 – 1 Verg 17/03; VK Arnsberg, B. v. 3. 9. 2009 – Az.: VK 19/09; B. v. 28. 1. 2004 – Az.: VK 1–30/2003; 1. VK Brandenburg, B. v. 14. 6. 2007 – Az.: 1 VK 17/07; 2. VK Brandenburg, B. v. 20. 10. 2006 – Az.: 2 VK 42/06; B. v. 7. 4. 2006 – Az.: 2 VK 10/06; VK Bremen, B. v. 18. 4. 2007 – Az.: VK 2/07; 1. VK Bund, B. v. 7. 4. 2009 – Az.: VK 1–32/09; 3. VK Bund, B. v. 20. 3. 2009 – Az.: VK 3–34/09; B. v. 20. 3. 2009 – Az.: VK 3–22/09; B. v. 29. 1. 2009 – Az.: VK 3–200/08; B. v. 29. 1. 2009 – Az.: VK 3–197/08; B. v. 19. 7. 2005 – Az.: VK 3–58/05; VK Düsseldorf, B. v. 29. 4. 2008 – Az.: VK – 06/2008 – B; VK Lüneburg, B. v. 12. 6. 2007 – Az.: VgK-23/2007; B. v. 26. 1. 2005 – Az.: 203-VgK-56/2004; B. v. 11. 1. 2005 – Az.: 203-VgK-55/2004; B. v. 29. 4. 2004 – Az.: 203-VgK-11/2004, B. v. 26. 4. 2004 – Az.: 203-VgK-10/2004; VK Münster, B. v. 15. 9. 2009 – Az.: VK 15/09; B. v. 15. 9. 2009 – Az.: VK 14/09; VK Nordbayern, B. v. 28. 1. 2009 – Az.: 21.VK – 3194 - 55/08; 1. VK Sachsen, B. v. 1. 4. 2010 – Az.: 1/SVK/007–10; B. v. 11. 12. 2009 – Az.: 1/SVK/054-09; B. v. 15. 5. 2007 – Az.: 1/SVK/028-07; B. v. 7. 5. 2007 – Az.: 1/SVK/027-07; B. v. 5. 2. 2007 – Az.: 1/SVK/125-06; VK Schleswig-Holstein, B. v. 17. 8. 2004 – Az.: VK-SH 20/04; VK Südbayern, B. v. 29. 4. 2009 – Az.: Z3-3-3194-1-11–03/09; B. v. 21. 7. 2005 – Az.: 30-06/05; VK Thüringen, B. v. 7. 7. 2010 – Az.: 250–4003.20–2249/2010-007-SLF). Es handelt sich dabei um eine **(zwingende) Mussvorschrift für die Vergabestellen**. Das bedeutet, dass die **Vergabestelle die ausschließliche und unteilbare Verantwortung dafür trägt, dass die Grundsätze der Vergabe (z. B. in Bezug auf die Einhaltung der Einzelvorschriften der VOF) gewahrt werden** (VK Bremen, B. v. 18. 4. 2007 – Az.: VK 2/07). Eine lediglich formale Befassung z. B. mit dem Auswertungsergebnis ohne eine zumindest ansatzweise erkennbare Auseinandersetzung mit dem Wertungsvorgang wird beispielsweise den Anforderungen des § 2 VOF nicht gerecht (VK Hessen, B. v. 29. 5. 2002 – Az. 69d VK – 15/2002).

Die **Vergabestelle** kann sich zwar von Dritten Informationen zur Bewertung der Angebote verschaffen, die sie in die Lage versetzen, die Angebote zu beurteilen. Dieser Aufgabe kann sie

Teil 1 GWB § 97 Gesetz gegen Wettbewerbsbeschränkungen

sich jedoch nicht entziehen (VK Arnsberg, B. v. 3. 9. 2009 – Az.: VK 19/09; VK Düsseldorf, B. v. 7. 6. 2001 – Az.: VK – 13/2001 – B; 1. VK Sachsen, B. v. 1. 4. 2010 – Az.: 1/SVK/007–10; B. v. 24. 7. 2002 – Az.: 1/SVK/063-02; VK Südbayern, B. v. 29. 4. 2009 – Az.: Z3-3-3194-1-11–03/09; VK Thüringen, B. v. 7. 7. 2010 – Az.: 250–4003.20–2249/2010-007-SLF). Eine Vergabestelle, die mit der Vorbereitung und Durchführung eines Vergabeverfahrens ganz oder teilweise eine dritte Stelle betraut, bleibt dennoch weiter in vollem Umfang für die Rechtmäßigkeit des Verfahrens verantwortlich. Sie **hat insofern das Handeln der eingeschalteten Stelle zu begleiten, zu überwachen und gegebenenfalls zu korrigieren** (OLG Celle, B. v. 7. 6. 2007 – Az.: 13 Verg 5/07; OLG Frankfurt, B. v. 9. 7. 2010 – Az.: 11 Verg 5/10; OLG München, B. v. 21. 8. 2008 – Az.: Verg 13/08; VK Arnsberg, B. v. 3. 9. 2009 – Az.: VK 19/09; 3. VK Bund, B. v. 29. 1. 2009 – Az.: VK 3–200/08; B. v. 29. 1. 2009 – Az.: VK 3–197/08; VK Düsseldorf, B. v. 29. 4. 2008 – Az.: VK – 06/2008 – B; B. v. 23. 1. 2001 – Az.: VK – 1/2001 – B; VK Münster, B. v. 15. 9. 2009 – Az.: VK 15/09; B. v. 15. 9. 2009 – Az.: VK 14/09; VK Nordbayern, B. v. 28. 1. 2009 – Az.: 21.VK – 3194 – 55/08; 1. VK Sachsen, B. v. 1. 4. 2010 – Az.: 1/SVK/007–10; B. v. 11. 12. 2009 – Az.: 1/SVK/054-09; B. v. 14. 4. 2008 – Az.: 1/SVK/013-08; VK Thüringen, B. v. 7. 7. 2010 – Az.: 250–4003.20–2249/2010-007-SLF). Die Vergabestelle **darf ihre Mitwirkung an dem Vergabeverfahren nicht auf das „Abnicken" beschränken**. Sie muss eigenverantwortlich das Vergabeverfahren durchführen, also auch die Angebote prüfen und eigenverantwortlich über mögliche Ausschlussgründe und den Zuschlag entscheiden (OLG Frankfurt, B. v. 9. 7. 2010 – Az.: 11 Verg 5/10; OLG München, B. v. 29. 9. 2009 – Az.: Verg 12/09; 1. VK Bund, B. v. 7. 4. 2009 – Az.: VK 1–32/09; 2. VK Brandenburg, B. v. 7. 4. 2006 – Az.: 2 VK 10/06; 1. VK Sachsen, B. v. 1. 4. 2010 – Az.: 1/SVK/007–10; B. v. 11. 12. 2009 – Az.: 1/SVK/054-09; B. v. 14. 4. 2008 – Az.: 1/SVK/013-08; B. v. 15. 5. 2007 – Az.: 1/SVK/028-07; B. v. 5. 2. 2007 – Az.: 1/SVK/125-06; VK Thüringen, B. v. 7. 7. 2010 – Az.: 250–4003.20–2249/2010-007-SLF). Insbesondere diejenigen **Entscheidungen, bei denen die Ausfüllung eines Beurteilungsspielraumes bzw. eine Ermessenausübung notwendig** ist, sind **von der Vergabestelle selbst** zu treffen (OLG Celle, B. v. 7. 6. 2007 – Az.: 13 Verg 5/07; OLG Karlsruhe, B. v. 16. 6. 2010 – Az.: 15 Verg 4/10;OLG München, B. v. 21. 8. 2008 – Az.: Verg 13/08; 1. VK Sachsen, B. v. 1. 4. 2010 – Az.: 1/SVK/007–10; B. v. 14. 4. 2008 – Az.: 1/SVK/013-08). Diese **Kernkompetenz** der Entscheidung muss **beim Auftraggeber** verbleiben (OLG München, B. v. 21. 8. 2008 – Az.: Verg 13/08; VK Thüringen, B. v. 7. 7. 2010 – Az.: 250–4003.20–2249/2010-007-SLF). Es **genügt** insoweit z. B. die **Genehmigung der Wertung durch das Projektsteuerungsbüro** und dessen Zuschlagsvorschlag, welche **zumindest durch einen billigenden Prüfungsvermerk mit verantwortlicher Unterschrift** zum Ausdruck kommen muss (OLG München, B. v. 29. 9. 2009 – Az.: Verg 12/09). Auch die **Unterschrift eines Vertreters des Auftraggebers auf dem Vergabevermerk mit dem Zusatz „inhaltlich richtig"** ist insoweit **ausreichend** (OLG Frankfurt, B. v. 9. 7. 2010 – Az.: 11 Verg 5/10).

205   Will sich z. B. der **Auftraggeber den Inhalt der gutachterlichen Äußerungen** eines besonderen Sachverständigen bei einer Entscheidung **zu eigen machen, so ist er verpflichtet, sich zuvor inhaltlich nochmals damit auseinander zu setzen**. Die Aufbereitung eines Sachverhalts durch einen Sachverständigen kann die Wertung des Auftraggebers nicht ersetzen. Aufgabe des Sachverständigen ist es (nur), durch schriftliche oder mündliche Äußerungen die Prüfung und Auswertung vorgegebener Tatsachen zu unterstützen, indem er auf Grund seines Fachwissens subjektive Wertungen, Schlussfolgerungen und Hypothesen bekundet (OLG München, B. v. 29. 9. 2009 – Az.: Verg 12/09; B. v. 15. 7. 2005 – Az.: Verg 014/05; 3. VK Bund, B. v. 20. 3. 2009 – Az.: VK 3–34/09; B. v. 20. 3. 2009 – Az.: VK 3–22/09; B. v. 29. 1. 2009 – Az.: VK 3–200/08; B. v. 29. 1. 2009 – Az.: VK 3–197/08; VK Lüneburg, B. v. 26. 1. 2005 – Az.: 203-VgK-56/2004; B. v. 11. 1. 2005 – Az.: 203-VgK-55/2004; B. v. 23. 2. 2004 – Az.: 203-VgK-01/2004; B. v. 15. 9. 2003 – Az.: 203-VgK-22/2003; VK Schleswig-Holstein, B. v. 17. 8. 2004 – Az.: VK-SH 20/04; VK Südbayern, B. v. 21. 7. 2005 – Az.: 30-06/05).

206   Unter diesen Prämissen bestehen ebenso **gegen den beratenden Einbezug einer auch extern besetzten Jury keine vergaberechtlichen Bedenken** (VK Arnsberg, B. v. 3. 9. 2009 – Az.: VK 19/09; 3. VK Bund, B. v. 19. 7. 2005 – Az.: VK 3–58/05).

207   **Allein die Anwesenheit eines Beraters bei einem Aufklärungsgespräch bietet keinen Anfangsverdacht und kein Indiz dafür, dass der Auftraggeber nicht die Verantwortung für den Beschaffungsvorgang getragen hat** und die Entscheidungen, insbesondere solche, in denen ein Beurteilungsspielraum ausgefüllt bzw. ein Ermessen ausgeübt werden muss, nicht selbst getroffen hat bzw. treffen wird. Die Mitwirkung von Beratern/Sachverständigen am Vergabeverfahren wird nicht verboten. „Nur" die Verantwortung für die Vergabe darf nicht an

den Sachverständigen übertragen werden (OLG Karlsruhe, B. v. 16. 6. 2010 – Az.: 15 Verg 4/10).

Dies gilt auch, wenn beispielsweise eine **Vergabeprüfstelle gutachterlich tätig wird** oder der Auftraggeber zumindest indirekt eine seine eigene Rechtsauffassung stützende Entscheidung der VK anstrebt (VK Schleswig-Holstein, B. v. 17. 8. 2004 – Az.: VK-SH 20/04). 208

Dies gilt ebenso dann, wenn eine **Vergabestelle sich als Auftraggeber benennt, aber tatsächlich für einen Dritten handelt;** die reine Übernahme einer Weisung genügt insoweit nicht (VK Bremen, B. v. 18. 4. 2007 – Az.: VK 2/07). 209

Wenn es denn **praktisch nicht möglich** und aus Gründen der Geheimhaltungspflicht **nicht opportun** ist, z.B. den Stadtrat im Ganzen beraten und entscheiden zu lassen, wird der **Auftraggeber entscheiden müssen, in welcher Form die Entscheidungskompetenz auf einen kleineren Kreis Ratsmitglieder kommunalrechtlich zulässig übertragen** wird. Dieser muss dann so gestaltet sein, dass **nicht nur die kommunalrechtliche Entscheidungskompetenz gesichert**, sondern **auch die Anwendung des Vergaberechts gewährleistet** ist (VK Arnsberg, B. v. 3. 9. 2009 – Az.: VK 19/09). 210

Handelt ein Dritter für die Vergabestelle und holt er z.B. **von der Vergabestelle nicht autorisiert** Eignungsauskünfte ein, ergibt sich daraus ein **Konflikt zwischen dem Grundsatz, dass allein die Vergabestelle eine Vergabeentscheidung zu treffen hat** und dies keinem dritten Berater überlassen werden darf und dem **Grundsatz der Transparenz des Vergabeverfahrens**. Die Transparenz des Verfahrens wird beeinträchtigt, wenn Handlungen eines eingeschalteten Beraters und darauf erfolgte Reaktionen der Bieter später unbeachtet bleiben, weil die Vergabestelle selbst von dieser Handhabung Abstand nehmen will. **In der Regel dürften deshalb die Handlungen eines beauftragten Beraters und die darauf erfolgten Reaktionen der Bieter bereits deshalb für das Wertungsergebnis beachtlich bleiben, da das Vergabeverfahren ansonsten willkürlich und intransparent** erscheint. Wenn aber **keine Anzeichen für eine willkürliche Manipulation eines unerwünschten Ergebnisses durch einen vorgeschobenen Dissens zwischen der Vergabestelle und ihrem Berater zu erkennen** sind, **kann der Grundsatz der freien Vergabeentscheidung der Vergabestelle Vorrang beanspruchen**. Die Vergabestelle braucht sich dann auch nicht in negativer Hinsicht durch Handlungen eines eingeschalteten Dritten binden zu lassen, indem sie eine von ihr beabsichtigte Vergabeentscheidung nicht treffen darf aufgrund von Handlungen, die ihr Berater vorgenommen hat (VK Düsseldorf, B. v. 29. 4. 2008 – Az.: VK – 06/2008 – B – als **Einzelfallentscheidung**). 211

Auch wenn dies weder in der VOL/A noch in der VOB/A nicht speziell geregelt ist, handelt es sich hierbei um einen **tragenden Grundsatz, der bei der Vergabe von Bauleistungen zu beachten ist** (OLG München, B. v. 29. 9. 2009 – Az.: Verg 12/09; B. v. 21. 8. 2008 – Az.: Verg 13/08; B. v. 15. 7. 2005 – Az.: Verg 014/05; VK Baden-Württemberg, B. v. 21. 5. 2001 – Az.: 1 VK 7/01; VK Düsseldorf, B. v. 29. 4. 2008 – Az.: VK – 06/2008 – B; VK Lüneburg, B. v. 12. 6. 2007 – Az.: VgK-23/2007; B. v. 26. 1. 2005 – Az.: 203-VgK-56/2004; B. v. 11. 1. 2005 – Az.: 203-VgK-55/2004; B. v. 23. 2. 2004 – Az.: 203-VgK-01/2004; VK Sachsen, B. v. 7. 5. 2007 – Az.: 1/SVK/027-07; im Ergebnis ebenso VK Nordbayern, B. v. 17. 11. 2009 – Az.: 21.VK – 3194 - 50/09) und **ebenso bei Liefer- und Dienstleistungen**. 212

Die Vergabestelle ist berechtigt, sich zur Klärung rein fachlicher Fragen eines Sachverständigen zu bedienen. Hat sie hierfür **einen öffentlich bestellten und vereidigten sachverständigen Gutachter des Gebäudereinigungshandwerks gewählt, ist dies sachbezogen und nicht zu beanstanden** (VK Nordbayern, B. v. 26. 8. 2009 – Az.: 21.VK – 3194 - 30/09). 213

6.3.4.23 Fairer Wettbewerb

Beginnt ein öffentlicher Auftraggeber ein Vergabeverfahren nach bestimmten Regeln, z.B. der VOL/A, kann er an diesem mit der eigenen Ausschreibung geschaffenen Rechtsrahmen nichts dadurch ändern, dass er später in den Verdingungsunterlagen verlautbart, die Bieter hätten umgekehrt keinen Anspruch auf Einhaltung der Bestimmungen z.B. der VOL/A durch den Auftraggeber. Eine solche **Bestimmung ist auch inhaltlich nicht wirksam: Ein Auftraggeber kann nicht die Bieter auf die Beachtung dieser Vorschriften verpflichten und sie diesen gegenüber auch anwenden, sich selber davon aber in einer Weise frei zeichnen, die es ihm erlauben würde, zu jedem ihm geeignet erscheinenden Zeitpunkt aus dem Vergabeverfahren „auszusteigen"**. Das ist mit den Grundsätzen eines fairen Wettbewerbs, dem sich der Auftraggeber (und sei es im Ansatz „freiwillig") einmal unterworfen hat, nicht vereinbar (OLG Dresden, Urteil v. 9. 3. 2004 – Az.: 20 U 1544/03). 214

6.3.4.24 Wettbewerbsbeeinflussende Stellung eines Vorlieferanten, gegebenenfalls auch mit Bieterstatus

215 Hat ein Unternehmen allein es in der Hand, einen Wettbewerb zuzulassen oder von vornherein auszuschließen bzw. durch Ausbedingung unterschiedlicher Konditionen unmittelbar Einfluss auf die Auftragsvergabe auszuüben, ist Herr des Vergabeverfahrens nicht mehr der Auftraggeber, sondern dieses Unternehmen. In einer solchen Konstellation – insbesondere vor dem Hintergrund, dass dieses Unternehmen ggf. selbst als Bieter auftritt und damit ein Interesse daran hat, etwaige Konkurrenten auszuschließen – muss davon ausgegangen werden, dass **ein Wettbewerb von vornherein nicht eröffnet** ist. Darin liegt ein **Verstoß gegen § 97 Abs. 1 GWB** (VK Schleswig-Holstein, B. v. 23. 10. 2009 – Az.: VK-SH 14/09).

6.3.4.25 Weitere Beispiele aus der Rechtsprechung

216 Weitere praktische Ausprägungen des Wettbewerbsprinzips sind:

– bewirkt die Ausschreibung praktisch eine vergaberechtlich grundsätzlich nicht zulässige Monopolstellung eines Bieters, bewirkt sie eine Wettbewerbsverengung oder verhindert sogar die Entstehung eines Wettbewerbs. Sie macht den potenziellen Bietern einen Marktzutritt praktisch unmöglich. Ein solcher Mangel der Ausschreibung, der das dem Vergabeverfahren innewohnende Wettbewerbsprinzip, den Grundsatz der Diskriminierungsfreiheit und den Grundsatz der Transparenz verletzt, ist als schwerwiegend zu bezeichnen (OLG Schleswig-Holstein, B. v. 9. 3. 2010 – Az.: 1 Verg 4/09)

– sind die **Verdingungsunterlagen** so gefasst, dass **keine vergleichbaren Preise ermittelt werden können**, sind das Wettbewerbsgebot und das Gleichheitsgebot verletzt (VK Schleswig-Holstein, B. v. 26. 11. 2009 – Az.: VK-SH 22/09)

– **Unbedenklichkeit von auf eine verbotene Submissionsabsprache abzielende Verhandlungen im Falle ihres Scheiterns** (OLG Koblenz, B. v. 26. 10. 2005 – Az.: 1 Verg 4/05)

– **Unbedenklichkeit von ergebnislosen Bewerbergesprächen im Vorfeld der Angebotsabgabe über eine Zusammenarbeit** (in Form einer Bietergemeinschaft oder im Verhältnis Hauptunternehmer – Nachunternehmer) mit einem Unternehmen, das sich dann unmittelbar als Konkurrent oder mittelbar als Nachunternehmer eines Konkurrenten am Wettbewerb beteiligt (OLG Koblenz, B. v. 26. 10. 2005 – Az.: 1 Verg 4/05)

– **beabsichtigt der Auftraggeber entweder, einen Bieter zu beauftragen und hierbei in nicht unerheblichem Umfang vom Ursprungsangebot abzuweichen oder will er zunächst den Zuschlag auf das Ursprungsangebot erteilen mit der Absicht, den Leistungsumfang anschließend entsprechend der mit der Beigeladenen getroffenen Absprache zu den ausgehandelten Konditionen wieder einzuschränken**, verstößt diese Vorgehensweise gegen der Wettbewerbsgrundsatz des § 97 Abs. 1 GWB (VK Baden-Württemberg, B. v. 15. 8. 2005 – Az.: 1 VK 47/05)

– **Bindung der Bieter und der Vergabestelle im Verhandlungsverfahren an die letzten Angebote und Unzulässigkeit der Änderung dieser Angebote nach Beginn der Wertung** (OLG Düsseldorf, B. v. 25. 7. 2002 – Az.: Verg 33/02)

– **ein Markteintrittsverbot kommunaler Gesellschaften** (OLG Düsseldorf, B. v. 17. 6. 2002 – Az.: Verg 18/02)

– **Zulässigkeit der exterritorialen Betätigung kommunaler Gesellschaften** (VK Lüneburg, B. v. 7. 10. 2003 – Az.: 203-VgK-19/2003)

– **das Verbot von Umgehungsgeschäften bzw. Umgehungsgesellschaften** (OLG Düsseldorf, B. v. 17. 6. 2002 – Az.: Verg 18/02)

– **das Verbot, einen im Wettbewerb unterlegenen Bieter im Wege der Beleihung zu beauftragen** (OLG Naumburg, B. v. 13. 5. 2003 – Az.: 1 Verg 2/03)

– **ein Preisnachlass für den Fall des nicht wirtschaftlichsten Angebots** (BayObLG, B. v. 21. 8. 2002 – Az.: Verg 21/02)

– **die Pflicht der Vergabestelle zur Festlegung von strategischen Zielen und Leistungsanforderungen im Leistungsverzeichnis (Notwendigkeit der Ausschreibungsreife)** (OLG Naumburg, B. v. 16. 9. 2002 – Az.: 1 Verg 02/02)

Gesetz gegen Wettbewerbsbeschränkungen GWB § 97 **Teil 1**

- die Geltung des Wettbewerbsprinzips auch im Verhandlungsverfahren (OLG Frankfurt am Main, B. v. 10. 4. 2001 – Az.: 11 Verg. 1/01; 2. VK Bund, B. v. 20. 5. 2005 – Az.: VK 2–30/05)
- das Verbot der Überwälzung von Zahlungspflichten, die von einem Dritten zu erfüllen sind, auf den Bieter (OLG Celle, B. v. 1. 3. 2001 – Az.: 13 Verg 1/01)
- die grundsätzliche Unzulässigkeit von fehlenden Angaben in Angeboten (1. VK Bund, B. v. 27. 9. 2002 – VK 1–63/02)
- kein uneingeschränktes Verbot der Berücksichtigung des Wertungskriteriums „Ortsnähe" (VK Baden-Württemberg, B. v. 30. 8. 2002 – Az.: 1 VK 41/02); **streitig –** zumindest im Rahmen eines VOF-Verfahrens ist Ortsansässigkeit ein vergabefremdes Kriterium (2. VK Brandenburg, B. v. 17. 7. 2001 – Az.: 2 VK 56/01)
- die Pflicht der Vergabestelle zur Aufhebung einer Ausschreibung (VK Hamburg, B. v. 25. 7. 2002 – Az.: VgK FB 1/02)
- die Pflicht zur Beachtung bei der Entscheidung, ob nur ein Bieter zu einer Teststellung eingeladen wird (2. VK Bund, B. v. 10. 7. 2002 – Az.: VK 2–34/02)
- das Verbot von Änderungen an den Verdingungsunterlagen durch die Bieter (VK Nordbayern, B. v. 15. 2. 2002 – Az.: 320.VK-3194-02/02; ebenso 2. VK Bund, B. v. 17. 1. 2002 – Az.: VK 2–46/01)
- das Verbot der Wertung von bedingten Preisnachlässen, wenn die Erfüllung der gestellten Bedingung vom Bieter selbst mit abhängt (VK Nordbayern, B. v. 25. 4. 2001 – Az.: 320.VK-3194-05/01)
- die Grenzen des Gestaltungsspielraumes von Vergabestellen (VK Detmold, B. v. 5. 4. 2001 – Az.: VK.31-10/01)
- die Beachtung des Wettbewerbsprinzips bei der Auswahl von Bewerbern im Rahmen eines Teilnahmewettbewerbes (1. VK Bund, B. v. 25. 6. 2003 – VK 1–45/03)
- Beteiligungsverbot als Bieter oder Bewerber desjenigen, der den öffentlichen Auftraggeber sachverständig beraten und unterstützt hat, im nachfolgenden Vergabeverfahren (OLG Düsseldorf, B. v. 16. 10. 2003 – Az.: VII – Verg 57/03)

6.3.5 Literatur
- Burgi, Martin, Die Bedeutung der allgemeinen Vergabegrundsätze Wettbewerb, Transparenz und Gleichbehandlung, NZBau 2008, 29

217

6.4 Transparenzgebot (§ 97 Abs. 1)
6.4.1 Spielraum des nationalen Gesetzgebers bei der inhaltlichen Ausgestaltung

Was die Grundsätze der Gleichbehandlung und der Transparenz betrifft, ist den **Mitgliedstaaten ein gewisses Ermessen zuzuerkennen, um zur Einhaltung dieser Grundsätze bestimmte Maßnahmen zu erlassen, die öffentliche Auftraggeber bei jedem Verfahren zur Vergabe eines Auftrags zu beachten haben.** Jeder Mitgliedstaat ist nämlich am besten in der Lage, im Licht seiner spezifischen historischen, rechtlichen, wirtschaftlichen oder sozialen Erwägungen zu bestimmen, durch welche Situationen Verhaltensweisen begünstigt werden, die zu Missständen bei der Beachtung dieser Grundsätze führen könnten. Solche **Maßnahmen dürfen jedoch nach dem Grundsatz der Verhältnismäßigkeit, der ein allgemeiner Grundsatz des Gemeinschaftsrechts ist, nicht über das hinausgehen, was zur Erreichung dieses Ziels erforderlich** ist (EuGH, Urteil v. 23. 12. 2009 – Az.: C-376/08).

218

6.4.2 Inhalt und Reichweite

Der **Begriff der Transparenz ist ein tragender Grundsatz des Vergaberechts.** Neben der Verpflichtung, die Ausschreibung öffentlich bekannt zu machen und die wesentlichen Entscheidungen des Vergabeverfahrens (Vorbereitung, Durchführung und Wertung, Erwägungen bei der Ermessensausübung sowie die abschließende Entscheidung) **zu dokumentieren, begründet das Transparenzgebot auch die Pflicht der Vergabestelle, sich an alle Bedingungen, die sie selbst zuvor in den Verdingungsunterlagen aufgestellt hat, zu halten.**

219

Teil 1 GWB § 97 Gesetz gegen Wettbewerbsbeschränkungen

Dies beinhaltet die Verpflichtung, von dort getroffenen (grundsätzlichen) Entscheidungen nicht an anderer Stelle in den Verdingungsunterlagen – jedenfalls nicht ohne ausdrücklichen Hinweis und dokumentierte Begründung – abzuweichen (LSG Nordrhein-Westfalen, B. v. 28. 1. 2010 – Az.: L 21 KR 68/09 SFB).

220 Vergleichbar mit dem Wettbewerbsprinzip ist das Transparenzgebot ein weiteres tragendes Prinzip bei der Beschaffungstätigkeit der öffentlichen Hand. Eine **besondere Ausprägung findet das Transparenzgebot bei allen Verfahrensprozessen, in denen Bewerber bzw. Bieter eingebunden sind und – besonders – bei der Dokumentation aller wesentlichen Entscheidungen des Ausschreibungs- und Vergabeprozesses.** Hierzu hat sich eine Rechtsprechung entwickelt, die weit über den Wortlaut der entsprechenden Regelungen (§ 20 VOB/A, § 20 VOL/A, § 24 EG VOL/A und § 12 VOF) hinausgeht.

6.4.3 Ausformung in VOB/VOL/VOF

221 Auch das Transparenzgebot ist **inzwischen in § 2 Abs. 1 Nr. 1 VOB/A 2009, § 2 Abs. 1 Satz 1 und § 2 EG Abs. 1 Satz 1 VOL/A 2009 ausdrücklich verankert.** Lediglich **in der VOF 2009 ist es nicht erwähnt**, dort aber jedenfalls über § 97 Abs. 1 GWB bei allen Beschaffungen zu beachten.

6.4.4 Wichtige Ausprägungen des Transparenzgebots in VOB/A 2009, VOL/A 2009, VOF 2009 und in der Rechtsprechung

6.4.4.1 Dokumentationspflicht als Konkretisierung des Transparenzgebots

222 **6.4.4.1.1 Sinn und Zweck.** Es ist ein **Gebot der Transparenz des Vergabeverfahrens** (§ 97 Abs. 1 GWB), dass der öffentliche Auftraggeber die **wesentlichen Entscheidungen des Vergabeverfahrens – und damit namentlich auch die Angebotswertung – in den Vergabeakten dokumentiert.** Die Dokumentation dient dem Ziel, die Entscheidungen der Vergabestelle transparent und sowohl für die Überprüfungsinstanzen (Vergabekammer und Vergabesenat) als auch für die Bieter überprüfbar zu machen (OLG Celle, B. v. 12. 5. 2010 – Az.: 13 Verg 3/10; B. v. 11. 2. 2010 – Az.: 13 Verg 16/09; OLG Düsseldorf, B. v. 11. 7. 2007 – Az.: VII – Verg 10/07; B. v. 14. 8. 2003 – Az.: VII – Verg 46/03; B. v. 26. 7. 2002 – Az.: Verg 28/02; OLG Frankfurt, B. v. 28. 11. 2006 – Az.: 11 Verg 4/06; B. v. 16. 8. 2006 – Az.: 11 Verg 3/06; OLG Karlsruhe, B. v. 21. 7. 2010 – Az.: 15 Verg 6/10; OLG München, B. v. 17. 1. 2008 – Az.: Verg 15/07; B. v. 19. 12. 2007 – Az.: Verg 12/07; B. v. 28. 4. 2006 – Az.: Verg 6/06; OLG Naumburg, B. v. 5. 12. 2008 – Az.: 1 Verg 9/08; Thüringer OLG, B. v. 21. 9. 2009 – Az.: 9 Verg 7/09; VK Arnsberg, B. v. 25. 11. 2009 – Az.: VK 29/09; B. v. 25. 5. 2009 – VK 08/09; B. v. 22. 4. 2009 – Az.: VK 06/09; B. v. 8. 8. 2006 – Az.: VK 21/06; B. v. 13. 6. 2006 – Az.: VK 15/06; B. v. 16. 8. 2005 – Az.: VK 13/2005; B. v. 16. 8. 2005 – Az.: VK 14/2005; VK Brandenburg, B. v. 12. 11. 2008 – Az.: VK 35/08; B. v. 14. 9. 2006 – Az.: 2 VK 36/06; 1. VK Bund, B. v. 6. 6. 2007 – Az.: VK 1–38/07; B. v. 9. 5. 2007 – Az.: VK 1–26/07; B. v. 18. 8. 2006 – Az.: VK 1–82/06; 2. VK Bund, B. v. 21. 9. 2009 – Az.: VK 2–126/09; B. v. 20. 5. 2005 – Az.: VK 2–30/05; B. v. 15. 2. 2005 – Az.: VK 2–06/05; 3. VK Bund, B. v. 14. 11. 2007 – Az.: VK 3–124/07; B. v. 2. 11. 2006 – Az.: VK 3–117/06; B. v. 9. 6. 2005 – Az.: VK 3–49/05; B. v. 28. 9. 2004 – Az.: VK 3–107/04; VK Düsseldorf, B. v. 13. 3. 2006 – Az.: VK – 08/2006 – L; VK Hamburg, B. v. 30. 7. 2007 – Az.: VgK FB 6/07; VK Hessen, B. v. 12. 2. 2008 – Az.: 69 d VK – 01/2008; VK Lüneburg, B. v. 8. 5. 2006 – Az.: VgK-07/2006; B. v. 22. 3. 2006 – Az.: VgK-05/2006; B. v. 20. 3. 2006 – Az.: VgK-04/2006; B. v. 15. 11. 2005 – Az.: VgK-48/2005; B. v. 5. 7. 2005 – Az.: VgK-26/2005; B. v. 3. 5. 2005 – Az.: VgK-14/2005; B. v. 5. 11. 2004 – Az.: 203-VgK-48/2004; VK Münster, B. v. 28. 11. 2008 – Az.: VK 19/08; B. v. 30. 3. 2007 – Az.: VK 04/07; VK Niedersachsen, B. v. 22. 10. 2009 – Az.: VgK-49/2009; B. v. 4. 9. 2009 – Az.: VgK-37/2009; B. v. 11. 2. 2009 – Az.: VgK-56/2008; VK Nordbayern, B. v. 21. 7. 2008 – Az.: 21.VK – 3194 - 27/08; B. v. 26. 2. 2008 – Az.: 21.VK – 3194 - 02/08; B. v. 9. 8. 2007 – Az.: 21.VK – 3194 - 32/07; VK Rheinland-Pfalz, B. v. 4. 5. 2005 – Az.: VK 20/05; VK Saarland, B. v. 23. 1. 2006 – Az.: 1 VK 06/2005; VK Sachsen, B. v. 22. 7. 2010 – Az.: 1/SVK/022-10; B. v. 1. 4. 2010 – Az.: 1/SVK/007–10; B. v. 8. 1. 2010 – Az.: 1/SVK/ 059-09; B. v. 25. 9. 2009 – Az.: 1/SVK/038-09; B. v. 24. 9. 2009 – Az.: 1/SVK/040-09; B. v. 26. 6. 2009 – Az.: 1/SVK/024-09; B. v. 6. 4. 2009 – Az.: 1/SVK/005–09; B. v. 10. 10. 2008 – Az.: 1/SVK/051-08; B. v. 10. 6. 2008 – Az.: 1/SVK/026-08; B. v. 14. 4. 2008 – Az.: 1/SVK/ 013-08; B. v. 25. 1. 2008 – Az.: 1/SVK/088-07; B. v. 28. 12. 2005 – Az.: 1/SVK/147-05; B. v.

24. 2. 2005 – Az.: 1/SVK/005-05; B. v. 24. 2. 2005 – Az.: 1/SVK/004–05; 1. VK Sachsen-Anhalt, B. v. 29. 1. 2009 – AZ: 1 VK LVwA 31/08; B. v. 25. 4. 2006 – Az.: 1 VK LVwA 08/06; B. v. 22. 2. 2005 – Az.: 1 VK LVwA 03/05; B. v. 16. 2. 2005 – Az: 1 VK LVwA 01/05; VK Schleswig-Holstein, B. v. 9. 7. 2010 – Az.: VK-SH 11/10; B. v. 22. 7. 2009 – Az.: VK-SH 06/09; B. v. 20. 1. 2009 – Az.: VK-SH 17/08; B. v. 7. 5. 2008 – Az.: VK-SH 05/08; VK Südbayern, B. v. 29. 4. 2009 – Az.: Z3-3-3194-1-11–03/09; B. v. 19. 1. 2009 – Az.: Z3-3-3194-1-41–11-08; B. v. 19. 1. 2009 – Az.: Z3-3-3194-1-39–11-08; B. v. 29. 7. 2008 – Az.: Z3-3-3194-1-18-05/08; B. v. 26. 6. 2008 – Az.: Z3-3-3194-1-16-04/08; B. v. 9. 5. 2008 – Az.: Z3-3-3194-1-13–04/08; B. v. 7. 12. 2007 – Az.: Z3-3-3194-1-49–10/07; B. v. 6. 6. 2007 – Az.: Z3-3-3194-1-19-05/07; B. v. 21. 7. 2005 – Az.: 30-06/05; B. v. 19. 5. 2005 – Az.: 18-04/05; VK Thüringen, B. v. 7. 7. 2010 – Az.: 250–4003.20–2249/2010-007-SLF).

Dementsprechend umfasst das Transparenzgebot nicht nur die vergaberechtlichen Vorgaben 223 bezüglich der Bekanntmachungspflichten der öffentlichen Auftraggeber hinsichtlich ihrer Vorhaben, Bedingungen und den nachfolgenden Leistungen, sondern **auch die vergaberechtlichen Vorschriften, die in erster Linie der Ex-Post-Transparenz dienen**, wie z.B. § 12 VOF, § 20 VOB/A oder §§ 20, 24 EG VOL/A (VK Arnsberg, B. v. 8. 8. 2006 – Az.: VK 21/06; B. v. 13. 6. 2006 – Az.: VK 15/06; VK Niedersachsen, B. v. 4. 9. 2009 – Az.: VgK-37/2009; B. v. 11. 2. 2009 – Az.: VgK-56/2008; VK Südbayern, B. v. 19. 5. 2005 – Az.: 18-04/05). Dementsprechend stellt die **Nichterfüllung** der in § 12 VOF, § 20 VOB/A oder §§ 20, 24 EG VOL/A für die jeweiligen Vergabeverfahren konkretisierten Dokumentationspflicht durch die Vergabestelle **eine besonders schwerwiegende Verletzung des Transparenzgrundsatzes** dar (VK Hamburg, B. v. 30. 7. 2007 – Az.: VgK FB 6/07; 3. VK Saarland, B. v. 9. 3. 2007 – Az.: 3 VK 01/2007; 1. VK Sachsen, B. v. 8. 1. 2010 – Az.: 1/SVK/059-09; B. v. 24. 9. 2009 – Az.: 1/SVK/040-09; B. v. 14. 4. 2008 – Az.: 1/SVK/013-08; B. v. 25. 1. 2008 – Az.: 1/SVK/088-07; VK Südbayern, B. v. 29. 4. 2009 – Az.: Z3-3-3194-1-11–03/09; B. v. 19. 1. 2009 – Az.: Z3-3-3194-1-41–11-08; B. v. 19. 1. 2009 – Az.: Z3-3-3194-1-39–11-08; B. v. 26. 6. 2008 – Az.: Z3-3-3194-1-16-04/08; B. v. 9. 5. 2008 – Az.: Z3-3-3194-1-13–04/08; B. v. 7. 12. 2007 – Az.: Z3-3-3194-1-49–10/07). Kommt der öffentliche Auftraggeber seiner Dokumentationspflicht nicht oder nicht ordnungsgemäß nach, **kann darauf mit Erfolg ein Vergabenachprüfungsantrag gestützt werden**. Dokumentationsmängel führen im Ergebnis dazu, dass das Vergabeverfahren ab dem Zeitpunkt, in dem die Dokumentation unzureichend ist, fehlerbehaftet und es in diesem Umfang zu wiederholen ist (OLG Celle, B. v. 12. 5. 2010 – Az.: 13 Verg 3/10; B. v. 11. 2. 2010 – Az.: 13 Verg 16/09; OLG Frankfurt, B. v. 28. 11. 2006 – Az.: 1 Verg 4/06; OLG Hamburg, B. v. 24. 9. 2010 – Az.: 1 Verg 2/10; VK Hessen, B. v. 12. 2. 2008 – Az.: 69 d VK – 01/2008; VK Rheinland-Pfalz, B. v. 4. 5. 2005 – Az.: VK 20/05; 3. VK Saarland, B. v. 9. 3. 2007 – Az.: 3 VK 01/2007; 1. VK Sachsen, B. v. 8. 1. 2010 – Az.: 1/SVK/059-09; B. v. 25. 9. 2009 – Az.: 1/SVK/038-09; B. v. 26. 6. 2009 – Az.: 1/SVK/024-09; B. v. 6. 4. 2009 – Az.: 1/SVK/005–09; B. v. 14. 4. 2008 – Az.: 1/SVK/013-08; VK Schleswig-Holstein, B. v. 9. 7. 2010 – Az.: VK-SH 11/10; VK Südbayern, B. v. 26. 6. 2008 – Az.: Z3-3-3194-1-16-04/08; B. v. 9. 5. 2008 – Az.: Z3-3-3194-1-13–04/08; B. v. 7. 12. 2007 – Az.: Z3-3-3194-1-49–10/07; VK Thüringen, B. v. 7. 7. 2010 – Az.: 250–4003.20–2249/2010-007-SLF).

6.4.4.1.2 Dokumentationspflicht für alle Verfahrensarten. Die Verpflichtung zur Er- 224 stellung eines Vergabevermerks **gilt für alle Verfahrensarten und zwar von Anfang des Verfahrens an** (VK Arnsberg, B. v. 29. 11. 2002 – Az.: VK 1–25/02; 3. VK Saarland, B. v. 9. 3. 2007 – Az.: 3 VK 01/2007; VK Südbayern, B. v. 26. 6. 2008 – Az.: Z3-3-3194-1-16-04/08; B. v. 9. 5. 2008 – Az.: Z3-3-3194-1-13–04/08; B. v. 7. 12. 2007 – Az.: Z3-3-3194-1-49–10/07), also auch für das **Nichtoffene Verfahren** (VK Hessen, B. v. 29. 5. 2002 – Az.: 69 d VK – 15/2002) und das **Verhandlungsverfahren mit vorgeschaltetem Teilnahmewettbewerb** (VK Brandenburg, B. v. 30. 7. 2002 – Az.: VK 38/02) sowie für Beschaffungen, die dem Anhang I B der VOL/A unterliegen (1. VK Bund, B. v. 9. 5. 2007 – Az.: VK 1–26/07).

Gerade **im Rahmen eines Verhandlungsverfahrens**, in welchem nicht nur weniger for- 225 male Vorgaben bestehen sondern auch Inhalte verändert und verhandelt werden können, ist die **Dokumentation als Basisnachweis für die Einhaltung des Transparenzgebotes von außerordentlicher Bedeutung**. Nur auf dieser Grundlage kann der Bieter die Wertung seines Angebotes nachvollziehen und mögliche Rechtsverletzungen erkennen und nur auf dieser Basis ist ein rechtssicheres Nachprüfungsverfahren durchführbar. Mängel in der Dokumentation gehen grundsätzlich zu Lasten des Auftraggebers. Aus diesem Grund ist **auf die Erstellung von Gesprächsprotokollen großer Wert zu legen**; sie sind den Beteiligten zur Kenntnis zu geben, damit sie die Möglichkeit haben die Dokumentation zu korrigieren oder zu ergänzen mit eigener Darstellung. Es ist auch zu empfehlen, – wenn irgend möglich – einheitliche Frage-

Teil 1 GWB § 97 Gesetz gegen Wettbewerbsbeschränkungen

schemata vorzubereiten, um die Vergleichbarkeit der Erörterungen von Angeboten zu unterstützen (VK Arnsberg, B. v. 1. 9. 2004 – Az.: VK 2–16/2004; 3. VK Saarland, B. v. 9. 3. 2007 – Az.: 3 VK 01/2007).

226   Zwar **gilt § 12 VOF nicht unmittelbar**, wenn es um die Auswahl für die Teilnahme an einem Wettbewerb nach §§ 15 ff. VOF, nicht um ein Vergabeverfahren geht. Die **Pflicht, eine zeitnahe Dokumentation** der wesentlichen Verfahrensschritte und Entscheidungen einschließlich deren Begründungen in einem fortlaufend zu führenden Vermerk festzuhalten, ist jedoch **als eine Ausprägung des allgemeinen Transparenzgrundsatzes** anzusehen. Dieser **Grundsatz einschließlich der sich daraus ergebenden Dokumentationspflicht gilt auch für die Auswahl von Wettbewerbsteilnehmern nach §§ 15 ff. VOF**, die ebenso wie Bewerber oder Bieter in einem Vergabeverfahren einen Anspruch darauf haben, die Gründe für ihre Nichtberücksichtigung zu erfahren und gegebenenfalls zur Überprüfung zu stellen. Ohne entsprechende Dokumentation ist es nicht möglich, zu kontrollieren, ob der Beurteilungsspielraum, der zweifelsohne auch bei der Bewerberauswahl nach §§ 15 ff. VOF gegeben ist, fehlerfrei ausgeübt wurde (3. VK Bund, B. v. 26. 1. 2005 – Az.: VK 3–224/04).

227   **6.4.4.1.3 Dokumentation nach § 20 VOB/A.** In die **Neufassung des § 20 VOB/A 2009 ist die Rechtsprechung zur Dokumentationspflicht eingeflossen**. Gemäß § 20 Abs. 1 Satz 1 VOB/A ist das Vergabeverfahren zeitnah so zu dokumentieren, dass die einzelnen Stufen des Verfahrens, die einzelnen Maßnahmen, die maßgebenden Feststellungen sowie die Begründungen der einzelnen Entscheidungen in Textform festgehalten werden.

228   Zu den Dokumentationsinhalten **zählen mindestens**:

– Name und Anschrift des Auftraggebers

– Art und Umfang der Leistung

– Wert des Auftrags

– Namen der berücksichtigten Bewerber oder Bieter und Gründe für ihre Auswahl

– Namen der nicht berücksichtigten Bewerber oder Bieter und die Gründe für die Ablehnung

– Gründe für die Ablehnung von ungewöhnlich niedrigen Angeboten

– Name des Auftragnehmers und Günde für die Erteilung des Zuschlags auf sein Angebot

– Anteil der beabsichtigten Weitergabe an Nachunternehmen, soweit bekannt

– bei Beschränkter Ausschreibung, Freihändiger Vergabe Gründe für die Wahl des jeweiligen Verfahrens

– gegebenenfalls die Gründe, aus denen der Auftraggeber auf die Vergabe eines Auftrags verzichtet hat.

229   **Ebenfalls zum Mindestinhalt der Dokumentation** zählen die Gründe, aus denen heraus auf die Vorlage zusätzlich zum Angebot verlangter Unterlagen und Nachweise verzichtet wird (§ 20 Abs. 3).

230   Der Auftraggeber muss auch **geeignete Maßnahmen treffen, um den Ablauf der mit elektronischen Mitteln durchgeführten Vergabeverfahren zu dokumentieren** (§ 20 Abs. 2).

231   **Über den Mindestinhalt hinaus** besteht insbesondere dann **Begründungsbedarf, wenn im Verfahren von einer Regel abgewichen** werden soll oder tatsächliche **oder rechtliche Besonderheiten auftreten** oder es um **Beurteilungen oder Bewertungen durch die Vergabestelle** geht. Bei der Beurteilung ist auch im Blick zu behalten, dass eine mangelhafte Dokumentation nur dann von Bedeutung ist, wenn sie sich auf die Rechtsstellung des Bieters beeinträchtigend auswirkt (OLG München, B. v. 2. 8. 2007 – Az.: Verg 07/07).

232   **6.4.4.1.4 Dokumentation nach § 24 EG VOL/A.** In die **Neufassung des § 24 EG VOL/A 2009 ist die Rechtsprechung zur Dokumentationspflicht eingeflossen**. Das Vergabeverfahren ist von Anbeginn fortlaufend zu dokumentieren, so dass die einzelnen Stufen des Verfahrens, die einzelnen Maßnahmen sowie die Begründung der einzenen Entscheidungen festgehalten werden (§ 24 EG Abs. 1).

233   Zu den Dokumentationsinhalten **zählen nach § 24 EG Abs. 2 mindestens**:

– Name und Anschrift des Auftraggebers, Gegenstand und Wert des Auftrags, der Rahmenvereinbarung oder des dynamischen Beschaffungssystems

– die Namen der berücksichtigten Bewerber oder Bieter und die Gründe für ihre Auswahl

Gesetz gegen Wettbewerbsbeschränkungen　　　　　　　　　　GWB § 97　**Teil 1**

– die Namen der nicht berücksichtigten Bewerber oder Bieter und die Gründe für ihre Ablehnung
– die Gründe für die Ablehnung von ungewöhnlich niedrigen Angeboten
– den Namen des erfolgreichen Bieters und die Günde für die Auswahl seines Angebots sowie – falls bekannt – den Anteil am Auftrag oder an der Rahmenvereinbarung, den der Zuschlagsempfänger an Dritte weiterzugeben beabsichtigt
– bei nicht offenen Verfahren, Verhandlungsverfahren und wettbewerblichen Dialogen die Gründe, die die Anwendung dieser Verfahren rechtfertigen
– gegebenenfalls die Gründe, aus denen der Auftraggeber auf die Vergabe eines Auftrags, den Abschluss einer Rahmenvereinbaung oder die Einrichtung eines dynamischen Beschaffungssystems verzichtet haben
– die Gründe, aufgrund derer mehrere Teil- oder Fachlose zusammen vergeben werden sollen
– die Gründe, warum der Gegenstand des Auftrags die Vorlage von Eignungsnachweisen erfordert und gegebenenfalls warum in diesen Fällen Nachweise verlangt werden müssen, die über Eigenerklärungen hinausgehen
– die Gründe der Nichtangabe der Gewichtung der Zuschlagskriterien.

6.4.4.1.5 Dokumentation nach § 12 VOF. In die **Neufassung des § 12 VOF 2009 ist** 234 **die Rechtsprechung zur Dokumentationspflicht eingeflossen.** Das Vergabeverfahren ist von Anbeginn fortlaufend zu dokumentieren, so dass die einzelnen Stufen des Verfahrens, die einzelnen Maßnahmen sowie die Begründung der einzenen Entscheidungen festgehalten werden (§ 12 Abs. 1).

Zu den Dokumentationsinhalten **zählen nach § 12 Abs. 2 mindestens**: 235
– den Namen und die Anschrift des Auftraggebers, Gegenstand und Wert des Auftrags
– die Namen der berücksichtigten Bewerber oder Bieter und die Gründe für ihre Auswahl
– die Namen der nicht berücksichtigten Bewerber oder Bieter und die Gründe für ihre Ablehnung
– die Gründe für die Ablehnung von ungewöhnlich niedrigen Angeboten
– den Namen des erfolgreichen Bieters und die Günde für die Auswahl seines Angebots sowie – falls bekannt – den Anteil am Auftrag, den der Zuschlagsempfänger an Dritte weiterzugeben beabsichtigt
– die Gründe für einen Verzicht auf die Vergabe eines bekannt gemachten Auftrags.

Der Regelinhalt des Vergabevermerks nach § 12 VOF ist daher umfassend angelegt. Im **Ver-** 236 **gabevermerk muss das gesamte Verfahren auch in den Einzelheiten dokumentiert** sein, so dass der Vergabevermerk einen **erheblichen Detaillierungsgrad** aufzuweisen hat (2. VK Bund, B. v. 13. 7. 2005 – Az.: VK 2–75/05). Aufgrund dieser hohen inhaltlichen Anforderungen an die Dokumentation reichen insbesondere formelhafte Begründungen für die Entscheidungen des Auftraggebers nicht aus (1. VK Hessen, B. v. 12. 2. 2008 – Az.: 69 d VK – 01/2008; B. v. 25. 8. 2006 – Az.: 69d VK 37/2006; VK Rheinland-Pfalz, B. v. 4. 5. 2005 – Az.: VK 20/05; VK Schleswig-Holstein, B. v. 20. 1. 2009 – Az.: VK-SH 17/08; B. v. 11. 1. 2006 – Az.: VK-SH 28/05; VK Südbayern, B. v. 17. 6. 2009 – Az.: Z3-3-3194-1-22–05/09; B. v. 17. 6. 2009 – Az.: Z3-3-3194-1-21–05/09).

6.4.4.1.6 Pflicht zur verfahrensbegleitenden Dokumentation. 6.4.4.1.6.1 Regelung 237 **in VOB/A 2009, VOL/A 2009 und VOF 2009.** Die **VOB/A 2009** erfasst die Pflicht zur verfahrensbegleitenden Dokumentation über den Begriff der **zeitnahen Dokumemtation**, die **VOL/A 2009** und die **VOF 2009** über den Begriff der **fortlaufenden Dokumentation**.

6.4.4.1.6.2 Rechtsprechung. Die **Rechtsprechung** zu VOBA 2006, VOL/A 2006 und 238 VOF 2006 kann **weiterhin verwendet** werden.

Es genügt nicht, dass der Vergabevermerk erst nach Abschluss des Vergabeverfahrens, und Zu- 239 schlagserteilung vorliegt. Vielmehr **muss die Dokumentation aus Gründen der Transparenz und Überprüfbarkeit laufend fortgeschrieben werden** (OLG Celle, B. v. 12. 5. 2010 – Az.: 13 Verg 3/10; B. v. 11. 2. 2010 – Az.: 13 Verg 16/09; OLG Düsseldorf, B. v. 17. 3. 2004 – Az.: VII – Verg 1/04, B. v. 14. 8. 2003 – Az.: VII – Verg 46/03, B. v. 26. 7. 2002 – Az.: Verg 28/02; OLG Karlsruhe, B. v. 21. 7. 2010 – Az.: 15 Verg 6/10; OLG Koblenz, B. v. 15. 10. 2009 – Az.: 1 Verg 9/09; OLG München, B. v. 17. 1. 2008 – Az.: Verg 15/07; B. v. 19. 12. 2007 –

Teil 1 GWB § 97   Gesetz gegen Wettbewerbsbeschränkungen

Az.: Verg 12/07; Thüringer OLG, B. v. 21. 9. 2009 – Az.: 9 Verg 7/09; VK Arnsberg, B. v. 25. 11. 2009 – Az.: VK 29/09; B. v. 8. 8. 2006 – Az.: VK 21/06; B. v. 13. 6. 2006 – Az.: VK 15/06; 1. VK Bund, B. v. 6. 6. 2007 – Az.: VK 1–38/07; B. v. 9. 5. 2007 – Az.: VK 1–26/07; 2. VK Bund, B. v. 20. 5. 2005 – Az.: VK 2–30/05; B. v. 15. 2. 2005 – Az.: VK 2–06/05; 3. VK Bund, B. v. 9. 6. 2005 – Az.: VK 3–49/05; VK Düsseldorf, B. v. 19. 3. 2007 – Az.: VK – 07/2007 – B; VK Hamburg, B. v. 30. 7. 2007 – Az.: VgK FB 6/07; 1. VK Hessen, B. v. 10. 9. 2007 – Az.: 69 d VK – 37/2007; B. v. 10. 9. 2007 – Az.: 69 d VK – 29/2007; B. v. 11. 12. 2006 – Az.: 69 d VK 60/2006; VK Münster, B. v. 30. 3. 2007 – Az.: VK 04/07; B. v. 24. 9. 2004 – Az.: VK 24/04; VK Niedersachsen, B. v. 4. 9. 2009 – Az.: VgK-37/2009; B. v. 11. 2. 2009 – Az.: VgK-56/2008; VK Nordbayern, B. v. 26. 2. 2008 – Az.: 21.VK – 3194 - 02/08; 1. VK Saarland, B. v. 23. 1. 2006 – Az.: 1 VK 06/2005; 3. VK Saarland, B. v. 9. 3. 2007 – Az.: 3 VK 01/2007; 1. VK Sachsen, B. v. 1. 4. 2010 – Az.: 1/SVK/007–10; B. v. 24. 9. 2009 – Az.: 1/SVK/040-09; B. v. 21. 7. 2005 – Az.: 1/SVK/076–05; B. v. 31. 5. 2005 – Az.: 1/SVK/046–05; B. v. 24. 2. 2005 – Az.: 1/SVK/005–05; B. v. 24. 2. 2005 – Az.: 1/SVK/004–05; 1. VK Sachsen-Anhalt, B. v. 22. 2. 2005 – Az.: 1 VK LVwA 03/05; B. v. 16. 2. 2005 – Az: 1 VK LVwA 01/05; VK Schleswig-Holstein, B. v. 9. 7. 2010 – Az.: VK-SH 11/10; B. v. 22. 7. 2009 – Az.: VK-SH 06/09; B. v. 7. 5. 2008 – Az.: VK-SH 05/08; B. v. 13. 12. 2004 – Az.: VK-SH-33/04; VK Südbayern, B. v. 17. 6. 2009 – Az.: Z3-3-3194-1-22–05/09; B. v. 17. 6. 2009 – Az.: Z3-3-3194-1-21–05/09; B. v. 29. 4. 2009 – Az.: Z3-3-3194-1-11–03/09; B. v. 19. 1. 2009 – Az.: Z3-3-3194-1-41–11-08; B. v. 19. 1. 2009 – Az.: Z3-3-3194-1-39–11-08; B. v. 29. 7. 2008 – Az.: Z3-3-3194-1-18-05/08; B. v. 26. 6. 2008 – Az.: Z3-3-3194-1-16-04/08; B. v. 9. 5. 2008 – Az.: Z3-3-3194-1-13–04/08; B. v. 7. 12. 2007 – Az.: Z3-3-3194-1-49–10/07; B. v. 6. 6. 2007 – Az.: Z3-3-3194-1-19-05/07; B. v. 29. 1. 2007 – Az.: Z3-3-3194-1-37–11/06; VK Thüringen, B. v. 7. 7. 2010 – Az.: 250–4003.20–2249/2010-007-SLF). Sie muss also **zeitnah zu den einzelnen Phasen eines Vergabeverfahrens** erfolgen (OLG Karlsruhe, B. v. 21. 7. 2010 – Az.: 15 Verg 6/10; OLG Koblenz, B. v. 15. 10. 2009 – Az.: 1 Verg 9/09; OLG München, B. v. 17. 1. 2008 – Az.: Verg 15/07; B. v. 19. 12. 2007 – Az.: Verg 12/07; OLG Rostock, B. v. 20. 8. 2003 – Az.: 17 Verg 9/03; Thüringer OLG, B. v. 21. 9. 2009 – Az.: 9 Verg 7/09; VK Arnsberg, B. v. 25. 5. 2009 – VK 08/09; B. v. 8. 8. 2006 – Az.: VK 21/06; B. v. 13. 6. 2006 – Az.: VK 15/06; B. v. 16. 8. 2005 – Az.: VK 13/2005; B. v. 16. 8. 2005 – Az.: VK 14/2005; B. v. 29. 11. 2002 – Az.: VK 1–25/02; 2. VK Brandenburg, B. v. 21. 2. 2007 – Az.: VK 2 58/06; B. v. 14. 9. 2006 – Az.: 2 VK 36/06; 1. VK Bund, B. v. 6. 6. 2007 – Az.: VK 1–38/07; B. v. 9. 5. 2007 – Az.: VK 1–26/07; B. v. 26. 10. 2004 – Az.: VK 1–177/04; 3. VK Bund, B. v. 3. 5. 2007 – Az.: VK 3–31/07; B. v. 9. 6. 2005 – Az.: VK 3–49/05; VK Düsseldorf, B. v. 19. 3. 2007 – Az.: VK – 07/2007 – B; B. v. 9. 4. 2003 – Az.: VK – 8/2003-B; VK Münster, B. v. 30. 3. 2007 – Az.: VK 04/07; VK Nordbayern, B. v. 26. 2. 2008 – Az.: 21.VK – 3194 - 02/08; 1. VK Saarland, B. v. 23. 1. 2006 – Az.: 1 VK 06/2005; 3. VK Saarland, B. v. 9. 3. 2007 – Az.: 3 VK 01/2007; 1. VK Sachsen, B. v. 1. 4. 2010 – Az.: 1/SVK/007–10; B. v. 24. 9. 2009 – Az.: 1/SVK/040-09; B. v. 24. 2. 2005 – Az.: 1/SVK/004–05; 1. VK Sachsen-Anhalt, B. v. 22. 2. 2005 – Az.: 1 VK LVwA 03/05; B. v. 16. 2. 2005 – Az: 1 VK LVwA 01/05; VK Schleswig-Holstein, B. v. 9. 7. 2010 – Az.: VK-SH 11/10; B. v. 22. 7. 2009 – Az.: VK-SH 06/09; VK Südbayern, B. v. 17. 6. 2009 – Az.: Z3-3-3194-1-22–05/09; B. v. 17. 6. 2009 – Az.: Z3-3-3194-1-21–05/09; B. v. 29. 4. 2009 – Az.: Z3-3-3194-1-11–03/09; B. v. 29. 7. 2008 – Az.: Z3-3-3194-1-18-05/08; B. v. 26. 6. 2008 – Az.: Z3-3-3194-1-16-04/08; B. v. 9. 5. 2008 – Az.: Z3-3-3194-1-13–04/08; B. v. 7. 12. 2007 – Az.: Z3-3-3194-1-49–10/07; B. v. 6. 6. 2007 – Az.: Z3-3-3194-1-19-05/07; B. v. 19. 5. 2005 – Az.: 18-04/05; VK Thüringen, B. v. 7. 7. 2010 – Az.: 250–4003.20–2249/2010-007-SLF). Die Pflicht zur zeitnahen Erstellung des Vermerks ist **jedoch nicht gleichbedeutend mit „unverzüglich"** (OLG München, B. v. 28. 4. 2006 – Az.: Verg 6/06; 3. VK Saarland, B. v. 9. 3. 2007 – Az.: 3 VK 01/2007).

240   Für das **Verhandlungsverfahren nach VOF** bedeutet dies, dass **alle wesentlichen Zwischenentscheidungen** innerhalb des Vergabeverfahrens, die zum Ausscheiden oder zur Präqualifikation oder zur Aufnahme von Vertragsverhandlungen mit zunächst einem der im weiteren Vergabeverfahren noch befindlichen Bieter führten, zu dokumentieren sind (VK Lüneburg, B. v. 7. 6. 2004 – Az.: 203-VgK-16/2004; 3. VK Saarland, B. v. 9. 3. 2007 – Az.: 3 VK 01/2007; VK Südbayern, B. v. 31. 10. 2002 – Az.: 42-10/02).

241   **6.4.4.1.7 Anforderungen an den Inhalt der Dokumentation. 6.4.4.1.7.1 Grundsätze.** Eine ausreichende Dokumentation setzt voraus, dass **alle wesentlichen Verfahrensschritte mit ihrem entscheidungserheblichen Inhalten zeitnah dargestellt** werden (OLG Celle, B. v. 12. 5. 2010 – Az.: 13 Verg 3/10; B. v. 11. 2. 2010 – Az.: 13 Verg 16/09; OLG Karlsruhe, B. v. 21. 7. 2010 – Az.: 15 Verg 6/10; OLG Koblenz, B. v. 15. 10. 2009 – Az.: 1 Verg 9/09;

Gesetz gegen Wettbewerbsbeschränkungen GWB § 97 **Teil 1**

Thüringer OLG, B. v. 21. 9. 2009 – Az.: 9 Verg 7/09; VK Arnsberg, B. v. 25. 5. 2009 – VK 08/09; 2. VK Brandenburg, B. v. 21. 2. 2007 – Az.: 2 VK 58/06; B. v. 14. 9. 2006 – Az.: 2 VK 36/06; 1. VK Bund, B. v. 9. 5. 2007 – Az.: VK 1–26/07; VK Düsseldorf, B. v. 9. 4. 2003 – Az.: VK – 8/2003 – B; VK Hamburg, B. v. 30. 7. 2007 – Az.: VgK FB 6/07; VK Hessen, B. v. 10. 9. 2007 – Az.: 69 d VK – 37/2007; B. v. 10. 9. 2007 – Az.: 69 d VK – 29/2007; VK Lüneburg, B. v. 8. 5. 2006 – Az.: VgK-07/2006; B. v. 22. 3. 2006 – Az.: VgK-05/2006; B. v. 20. 3. 2006 – Az.: VgK-04/2006; B. v. 15. 11. 2005 – Az.: VgK-48/2005; B. v. 5. 7. 2005 – Az.: VgK-26/2005; B. v. 3. 5. 2005 – Az.: VgK-14/2005; B. v. 24. 9. 2004 – Az.: VK 24/04; B. v. 23. 2. 2004 – Az.: 203-VgK-01/2004; VK Niedersachsen, B. v. 11. 2. 2009 – Az.: VgK-56/2008; 1. VK Saarland, B. v. 23. 1. 2006 – Az.: 1 VK 06/2005; 3. VK Saarland, B. v. 9. 3. 2007 – Az.: 3 VK 01/2007; 1. VK Sachsen, B. v. 1. 4. 2010 – Az.: 1/SVK/007–10; B. v. 25. 9. 2009 – Az.: 1/SVK/038–09; B. v. 24. 9. 2009 – Az.: 1/SVK/040-09; B. v. 26. 6. 2009 – Az.: 1/SVK/024–09; B. v. 6. 4. 2009 – Az.: 1/SVK/005–09; B. v. 21. 7. 2005 – Az.: 1/SVK/076-05; B. v. 31. 5. 2005 – Az.: 1/SVK/046–05; B. v. 24. 2. 2005 – Az.: 1/SVK/004–05; 1. VK Sachsen-Anhalt, B. v. 22. 2. 2005 – Az.: 1 VK LVwA 03/05; B. v. 16. 2. 2005 – Az: 1 VK LVwA 01/05; VK Schleswig-Holstein, B. v. 9. 7. 2010 – Az.: VK-SH 11/10; B. v. 7. 5. 2008 – Az.: VK-SH 05/08; VK Südbayern, B. v. 19. 1. 2009 – Az.: Z3-3-3194-1-41–11–08; B. v. 19. 1. 2009 – Az.: Z3-3-3194-1-39–11–08; B. v. 29. 7. 2008 – Az.: Z3-3-3194-1-18-05/08; VK Thüringen, B. v. 7. 7. 2010 – Az.: 250–4003.20–2249/2010-007-SLF).

Die im Vergabevermerk enthaltenen Angaben und die in ihm mitgeteilten Gründe für getroffenen Entscheidungen müssen **so detailliert** sein, dass sie **für einen mit der Sachlage des jeweiligen Vergabeverfahrens vertrauten Leser nachvollziehbar** sind (OLG Celle, B. v. 12. 5. 2010 – Az.: 13 Verg 3/10; B. v. 11. 2. 2010 – Az.: 13 Verg 16/09; OLG Düsseldorf, B. v. 11. 7. 2007 – Az.: VII – Verg 10/07; OLG Karlsruhe, B. v. 21. 7. 2010 – Az.: 15 Verg 6/10; OLG Koblenz, B. v. 15. 10. 2009 – Az.: 1 Verg 9/09; Thüringer OLG, B. v. 21. 9. 2009 – Az.: 9 Verg 7/09; VK Arnsberg, B. v. 22. 4. 2009 – Az.: VK 06/09; 2. VK Brandenburg, B. v. 21. 2. 2007 – Az.: 2 VK 58/06; B. v. 14. 9. 2006 – Az.: 2 VK 36/06; 1. VK Bund, B. v. 6. 6. 2007 – Az.: VK 1–38/07; B. v. 9. 5. 2007 – Az.: VK 1–26/07; 3. VK Bund, B. v. 14. 11. 2007 – Az.: VK 3–124/07; B. v. 2. 11. 2006 – Az.: VK 3–117/06; VK Düsseldorf, B. v. 13. 3. 2006 – Az.: VK – 08/2006 – L; VK Hamburg, B. v. 30. 7. 2007 – Az.: VgK FB 6/07; 3. VK Saarland, B. v. 23. 4. 2007 – Az.: 3 VK 02/2007, 3 VK 03/2007; B. v. 9. 3. 2007 – Az.: 3 VK 01/2007; 1. VK Sachsen, B. v. 1. 4. 2010 – Az.: 1/SVK/007–10; B. v. 25. 9. 2009 – Az.: 1/SVK/038-09; B. v. 26. 6. 2009 – Az.: 1/SVK/024-09; B. v. 14. 4. 2008 – Az.: 1/SVK/013-08; 1. VK Sachsen-Anhalt, B. v. 29. 1. 2009 – AZ: 1 VK LVwA 31/08; VK Schleswig-Holstein, B. v. 9. 7. 2010 – Az.: VK-SH 11/10; B. v. 22. 7. 2009 – Az.: VK-SH 06/09; B. v. 7. 5. 2008 – Az.: VK-SH 05/08; VK Südbayern, B. v. 19. 1. 2009 – Az Z3-3-3194-1-41–11–08; B. v. 19. 1. 2009 – Az.: Z3-3-3194-1-39–11–08; B. v. 6. 6. 2007 – Az.: Z3-3-3194-1-19-05/07; VK Thüringen, B. v. 7. 7. 2010 – Az.: 250–4003.20–2249/2010-007-SLF). Das gilt insbesondere für die Darlegungen, mit denen die Auswahl des für den Zuschlag vorgesehenen Bieters gerechtfertigt wird. Hierzu müssen die Tatsachenumstände und Überlegungen, welche die in Aussicht genommene Zuschlagsentscheidung tragen, **vollständig, wahrheitsgemäß und verständlich** mitgeteilt werden (OLG Düsseldorf, B. v. 17. 3. 2004 – Az.: VII – Verg 1/04, B. v. 14. 8. 2003 – Az.: VII – Verg 46/03; 2. VK Bund, B. v. 20. 5. 2005 – Az.: VK 2–30/05; 3. VK Bund, B. v. 28. 9. 2004 – Az.: VK 3–107/04).

Die **Detailliertheit der Entscheidungsbegründung** richtet sich nach dem konkreten **Sachverhalt.** Eine ausführlichere Begründung ist immer dann notwendig, wenn **mehrere Gesichtspunkte**, z. B. bei der Wertung im Rahmen der Auftragserteilung, **gegeneinander abgewogen werden müssen** (OLG Frankfurt, B. v. 28. 11. 2006 – Az.: 11 Verg 4/06 – instruktiver Fall; B. v. 16. 8. 2006 – Az.: 11 Verg 3/06; VK Hessen, B. v. 12. 2. 2008 – Az.: 69 d VK – 01/2008).

Das bedeutet auch, dass – außer beim offenen Verfahren – die **Wahl der Verfahrensart begründet** werden muss, dass die **gesamte Behandlung der Bieter** (Gespräche, Auskünfte, Aufklärungen) **und der Angebote** (alle Wertungsschritte mit ihren Ergebnissen) nachvollziehbar dargestellt werden müssen. Dazu bedarf es **keiner umfassenden Ausführlichkeit**, es muss jedoch ohne weitere Erläuterung nachvollziehbar sein, aus welchen Gründen der Auftraggeber sich für ein bestimmtes Angebot entschieden oder einen bestimmten Bieter für ungeeignet gehalten hat (VK Baden-Württemberg, B. v. 26. 9. 2008 – Az.: 1 VK 33/08; 2. VK Brandenburg, B. v. 21. 2. 2007 – Az.: 2 VK 58/06; VK Düsseldorf, B. v. 9. 4. 2003 – Az.: VK – 8/2003 – B; VK Lüneburg, B. v. 8. 5. 2006 – Az.: VgK-07/2006; B. v. 5. 7. 2005 – Az.: VgK-26/2005; B. v. 23. 2. 2004 – Az.: 203-VgK-01/2004, B. v. 10. 3. 2003 – Az.: 203-VgK-01/2003; 3. VK

Saarland, B. v. 23. 4. 2007 – Az.: 3 VK 02/2007, 3 VK 03/2007; B. v. 9. 3. 2007 – Az.: 3 VK 01/2007; 1. VK Sachsen, B. v. 24. 2. 2005 – Az.: 1/SVK/004–05). Es ist davon auszugehen, dass Prüfungsvorgänge, über die kein Vermerk gefertigt wurde, nicht stattgefunden haben – **negative Beweiswirkung** – (VK Südbayern, B. v. 19. 1. 2009 – Az.: Z3-3-3194-1-41–11-08; B. v. 19. 1. 2009 – Az.: Z3-3-3194-1-39–11-08).

245 Dies bedeutet weiterhin, dass der **Auftraggeber die Prüfung und Wertung aller veröffentlichten Wertungskriterien ausreichend dokumentieren** muss (2. VK Brandenburg, B. v. 14. 9. 2006 – Az.: 2 VK 36/06; 1. VK Bund, B. v. 24. 3. 2005 – Az.: VK 1–14/05; VK Sachsen, B. v. 28. 12. 2005 – Az.: 1/SVK/147-05; 3. VK Bund, B. v. 19. 7. 2005 – Az.: VK 3–58/ 05; VK Lüneburg B. v. 8. 5. 2006 – Az.: VgK-07/2006; B. v. 15. 11. 2005 – Az.: VgK-48/ 2005; B. v. 5. 7. 2005 – Az.: VgK-26/2005; B. v. 3. 5. 2005 – Az.: VgK-14/2005; B. v. 26. 1. 2005 – Az.: 203-VgK-56/20 041. VK Sachsen-Anhalt, B. v. 25. 4. 2006 – Az.: 1 VK LVwA 08/06). Dies beinhaltet auch eine **Darstellung, mit welchem Anteil die genannten Zuschlagskriterien Berücksichtigung finden sollen** (1. VK Sachsen, B. v. 28. 12. 2005 – Az.: 1/SVK/147-05).

246 Dies bedeutet weiterhin, dass der Auftraggeber **auch die Eignungsprüfung entsprechend zu dokumentieren hat, und zwar auch in den so genannten „Normalfällen"** (OLG Düsseldorf, B. v. 31. 7. 2007 – Az.: VII – Verg 25/07; OLG Koblenz, B. v. 15. 10. 2009 – Az.: 1 Verg 9/09; 3. VK Bund, B. v. 3. 5. 2007 – Az.: VK 3–31/07).

247 Dies bedeutet weiterhin, dass ein **Auftraggeber im Vergabevermerk darlegen muss, warum sich im konkreten Fall das wirtschaftlichste Angebot letztlich ausschließlich über den Preis ermitteln lässt**, weil die Angebote hinsichtlich der übrigen Zuschlagskriterien möglicherweise keine Unterschiede aufwiesen oder keine entsprechenden Rückschlüsse zuließen (VK Lüneburg, B. v. 3. 2. 2004 – Az.: 203-VgK-41/2003).

248 Der Vergabevermerk ist **chronologisch zu fassen** (3. VK Bund, B. v. 2. 11. 2006 – Az.: VK 3–117/06; 1. VK Sachsen, B. v. 3. 3. 2008 – Az.: 1/SVK/002–08) und muss sich **dabei an der in der VOB, VOL bzw. VOF vorgeschriebenen Reihenfolge orientieren** (VK Arnsberg, B. v. 25. 11. 2009 – Az.: VK 29/09; VK Düsseldorf, B. v. 16. 2. 2006 – Az.: VK – 02/2006 – L; VK Lüneburg, B. v. 8. 5. 2006 – Az.: VgK-07/2006; B. v. 22. 3. 2006 – Az.: VgK-05/2006; B. v. 20. 3. 2006 – Az.: VgK-04/2006; B. v. 15. 11. 2005 – Az.: VgK-48/2005; B. v. 3. 5. 2005 – Az.: VgK-14/2005; B. v. 26. 1. 2005 – Az.: 203-VgK-56/2004; B. v. 11. 1. 2005 – Az.: 203-VgK-55/2004; B. v. 3. 2. 2004 – Az.: 203-VgK-41/2003; B. v. 10. 3. 2003 – Az.: 203-VgK-01/2003, B. v. 15. 9. 2003 – Az.: 203-VgK-22/2003; 1. VK Sachsen, B. v. 3. 3. 2008 – Az.: 1/ SVK/002–08; B. v. 24. 2. 2005 – Az.: 1/SVK/004–05;.

249 Die Rechtsprechung verkennt zwar nicht, dass die Durchführung von Architektenwettbewerben mit in der Regel mehreren Hundert Bewerbungen de facto noch handhabbar und damit in der Praxis durchführbar bleiben muss. Um diesem Gesichtspunkt Rechnung zu tragen, **darf die Anforderung an die Dokumentationspflicht nicht überspannt** werden. Auf der anderen Seite kann aber der legitime Anspruch der Bewerber darauf, zu erfahren, warum ihre Bewerbung nicht erfolgreich war, ebenso wenig negiert werden und nicht zur Gänze hinter die praktischen Probleme zurücktreten. In Anlehnung an § 101a GWB ist vermittelnd zwischen den genannten Interessen davon auszugehen, dass die Akte **schlagwortartig die tragenden Gründe für die Nichtberücksichtigung wiedergeben** müssen (3. VK Bund, B. v. 26. 1. 2005 – Az.: VK 3–224/04).

250 Sind **in den Vergabeunterlagen die einzelnen Verfahrensschritte, die Wertung und die getroffene Vergabeentscheidung ausführlich dokumentiert**, sodass der Verfahrensablauf bei objektiver Betrachtungsweise nachvollzogen werden kann, können aus Sicht des Transparenzgebotes **weitergehende Anforderungen – z.B. die Erstellung eines gesonderten Vergabevermerks – nicht gestellt werden** (VK Nordbayern, B. v. 24. 10. 2007 – Az.: 21.VK – 3194 – 38/07).

251 Ein **Vergabevermerk kann knapp formuliert** sein. Er ist jedoch nicht zu beanstanden, wenn die grundlegenden Entscheidungen im Vergabevermerk so weit festgehalten sind, dass die Überprüfungsinstanz einen ordnungsgemäßen Verlauf der Vergabeentscheidung feststellen kann (VK Nordbayern, B. v. 18. 9. 2008 – Az.: 21.VK – 3194 – 43/08).

252 Dem **Auftraggeber kann jedoch nicht angesonnen** werden, **jeden möglichen Einwand**, den ein Bieter im Rahmen eines Nachprüfungsverfahrens gegen die Angebotswertung erheben könnte, **zu antizipieren und ihn bereits im Vergabevermerk zu widerlegen**. Hieraus einen Dokumentationsmangel zu folgern, würde eine Überspannung der Anforderun-

Gesetz gegen Wettbewerbsbeschränkungen GWB § 97 **Teil 1**

gen an die Detaillierung des Vergabevermerks bedeuten (2. VK Bund, B. v. 21. 9. 2009 – Az.: VK 2–126/09).

6.4.4.1.7.2 Dokumentation des Beschaffungsbedarfs. Entgegen der bisherigen Rechtsprechung ist der Gegenstand des Auftrags zu dokumentieren (§§ 20 Abs. 1 Satz 2 Nr. 2 VOB/A, 24 EG Abs. 2 lit. a) VOL/A, 12 Abs. 2 lit. a) VOF). 253

6.4.4.1.7.3 Dokumentation der Auswahl von Bewerbern im Rahmen von Teilnahmeverfahren. 6.4.4.1.7.3.1 VOB/A 2009, VOL/A 2009, VOF 2009. Gemäß §§ 20 Abs. 1 Satz 2 Nr. 4, Nr. 5 VOB/A, 24 EG Abs. 2 lit. b), lit. c) VOL/A, 12 Abs. 2 lit. b), lit. c) VOF ist die Auswahl von Bewerbern im Rahmen von Teilnahmeverfahren zu dokumentieren. Die **Dokumentation umfasst die positive Auswahl und die negative Auswahl.** 254

6.4.4.1.7.3.2 Rechtsprechung. Die Vergabeunterlagen müssen nachvollziehbar erkennen lassen, auf der **Grundlage welcher wesentlichen Erwägungen** die Vergabestelle bzw. ein von ihr beauftragter Freischaffender **zu der Bewertung und Einstufung der Bewerbungsinhalte** im Rahmen von Teilnahmeverfahren insbesondere in Bezug zu Kriterien und Unterkriterien und damit zu der Punkteverteilung gelangte, die dann für die Angebotsaufforderung entscheidend war (VK Hessen, B. v. 25. 8. 2006 – Az.: 69 d VK 37/2006; B. v. 29. 5. 2002 – Az.: 69 d VK – 15/2002; VK Schleswig-Holstein, B. v. 11. 1. 2006 – Az.: VK-SH 28/05; im Ergebnis ebenso VK Rheinland-Pfalz, B. v. 4. 5. 2005 – Az.: VK 20/05). **Allgemeine und nicht nachvollziehbare Ausführungen** (z. B. die Aussage, die Projektleiterin wirke für die Aufgabe nicht geeignet), sind **nicht ausreichend** (1. VK Hessen, B. v. 25. 8. 2006 – Az.: 69 d VK 37/2006). 255

6.4.4.1.7.4 Dokumentation des Ausschlusses von Bietern. 6.4.4.1.7.4.1 VOB/A 2009, VOL/A 2009, VOF 2009. Gemäß §§ 20 Abs. 1 Satz 2 Nr. 5 VOB/A, 24 EG Abs. 2 lit. c) VOL/A, 12 Abs. 2 lit. c) VOF sind die **Namen der nicht berücksichtigten Bieter und die Gründe für ihre Ablehnung zu dokumentieren.** 256

6.4.4.1.7.4.2 Rechtsprechung. Sowohl der **Ausschluss eines Bieters vom Bieterverfahren nach §§ 16 VOB/A bzw. 19 EG VOL/A** als auch ein **Ausschluss eines Bieters vom Bieterverfahren nach § 15 Abs. 2 VOB/A** sind wesentliche Entscheidungen, die in den Vergabeakten nicht nur als solche dokumentiert, sondern auch begründet werden müssen. Bei einer Entscheidung nach § 15 Abs. 2 VOB/A trifft die Vergabestelle zudem eine gesteigerte Begründungspflicht, da es sich hier um eine Ermessensvorschrift handelt. Denn anhand der Vergabeakte muss sich nachvollziehen lassen, ob die Vergabestelle ihr Ermessen überhaupt ausgeübt hat und welche Erwägungen der Entscheidung zugrunde gelegen haben (VK A des Bundes beim Bundeskartellamt, B. v. 22. 11. 2002 – Az.: VK A – 02/01). 257

§ 24 EG VOL/A schreibt insoweit vor, dass eine Entscheidung auch eine Begründung enthalten muss, die **so detailliert zu sein hat, dass sie für einen mit der Sachlage des jeweiligen Vergabeverfahrens vertrauten Leser nachvollziehbar** ist. Andernfalls sind die Entscheidungen der Vergabestelle nicht transparent und somit weder für die Nachprüfungsinstanzen noch für die Bieter überprüfbar (1. VK Bund, B. v. 26. 1. 2005 – Az.: VK 1–219/04). 258

6.4.4.1.7.5 Dokumentation der Prüfungsschritte bei einem Über- bzw. Unterkostenangebot. 6.4.4.1.7.5.1 VOB/A 2009, VOL/A 2009, VOF 2009. Gemäß §§ 20 Abs. 1 Satz 2 Nr. 6 VOB/A, 24 EG Abs. 2 lit. d) VOL/A, 12 Abs. 2 lit. d) VOF sind die **Gründe für die Ablehnung von ungewöhnlich niedrigen Angeboten zu dokumentieren.** 259

6.4.4.1.7.5.2 Rechtsprechung. Es muss dokumentiert werden, **in wie weit die große Differenz zwischen der Kostenschätzung und dem Angebot eines Antragstellers hinterfragt** wurde. So kann die Differenz insbesondere Anlass dazu geben, zu **hinterfragen, ob etwa die Diskrepanzen der Kostenschätzung auf die Besonderheiten der Baustelle und die besonderen Kalkulationsrisiken zurückzuführen** ist. Auch muss **dokumentiert werden, ob und ggf. wie die Unangemessenheit der Preise hinterfragt** worden ist. Dies ist Voraussetzung für die Feststellung der Unangemessenheit des Preises eines Angebots und den daraus folgenden möglichen Ausschluss (VK Südbayern, B. v. 6. 6. 2007 – Az.: Z3-3-3194-1-19-05/07). 260

6.4.4.1.7.6 Dokumentation der Wertungsentscheidung. 6.4.4.1.7.6.1 VOB/A 2009, VOL/A 2009, VOF 2009. Gemäß §§ 20 Abs. 1 Satz 2 Nr. 7 VOB/A, 24 EG Abs. 2 lit. e) VOL/A, 12 Abs. 2 lit. e) VOF sind der **Namen des erfolgreichen Bieters und die Gründe für die Auswahl seines Angebots zu dokumentieren.** 261

6.4.4.1.7.6.2 Rechtsprechung. 6.4.4.1.7.6.2.1 Grundsätze. Die im Vergabevermerk enthaltenen Angaben und die in ihm mitgeteilten Gründe für getroffene Entscheidungen müs- 262 sen so detailliert sein, dass sie für einen mit der Sachlage des jeweiligen Vergabeverfahrens vertrauten Leser nachvollziehbar sind. Das gilt **insbesondere für die Darlegungen, mit denen die Auswahl des für den Zuschlag vorgesehenen Bieters gerechtfertigt wird**. Hierzu müssen die Tatsachenumstände und Überlegungen, welche die in Aussicht genommene Zuschlagsentscheidung tragen, **vollständig, wahrheitsgemäß und verständlich** mitgeteilt werden (OLG Düsseldorf, B. v. 14. 8. 2003 – Az.: VII – Verg 46/03; 3. VK Bund, B. v. 2. 11. 2006 – Az.: VK 3–117/06; 2. VK Brandenburg, B. v. 14. 9. 2006 – Az.: 2 VK 36/06). Dies **gilt auch** für die zur Vergabeentscheidung führende **technische Prüfung und Wertung der Angebote** (VK Brandenburg, B. v. 14. 9. 2006 – Az.: 2 VK 36/06; B. v. 26. 2. 2003 – Az.: VK 77/02; 3. VK Bund, B. v. 14. 4. 2004 – Az.: VK 3–41/04; VK Nordbayern, B. v. 3. 5. 2004 – Az.: 320.VK – 3194 – 11/04).

263   **6.4.4.1.7.6.2.2 Dokumentation der Überprüfung von Referenzen.** Wie und in welchem Umfang der öffentliche Auftraggeber Referenzen prüft und wann er glaubt, ausreichende Erkenntnisse zur Beurteilung der Eignung zu haben, liegt in seiner Entscheidung. Insofern sind z.B. telefonische Nachfragen in Nachbargemeinden nicht zu beanstanden. Die Transparenz des Verfahrens erfordert jedoch die **Nachvollziehbarkeit solcher Prüfungsschritte aus der Vergabeakte**. Hierzu **reichen formlose Telefonvermerke**, aus denen Gesprächszeitpunkt, Gesprächspartner, stichwortartig der Gesprächsgegenstand und vor allem das Ergebnis der Nachfrage hervorgehen (VK Düsseldorf, B. v. 22. 7. 2002 – Az.: VK – 19/2002 – L).

264   Der Auftraggeber muss also dokumentieren, **welche Referenzen er in welcher Art und Weise überprüft hat** (VK Lüneburg, B. v. 5. 7. 2005 – Az.: VgK-26/2005).

265   **6.4.4.1.7.6.2.3 Dokumentation der Gleichwertigkeit.** Nach § 97 Abs. 1 GWB i.V.m. § 24 EG VOL/A obliegt dem Auftraggeber die Verpflichtung, die einzelnen Stufen des Vergabeverfahrens einschließlich der Begründung der einzelnen Entscheidungen in den Vergabeakten zu dokumentieren. **Finden sich in der Verfahrensakte an keiner Stelle Ausführungen zur Frage der Gleichwertigkeit der angebotenen Leistungen**, erscheint das Ergebnis der Prüfung und Wertung daher **willkürlich**, da sachlich nicht nachvollziehbar (3. VK Bund, B. v. 2. 11. 2006 – Az.: VK 3–117/06; VK Lüneburg, B. v. 3. 2. 2004 – Az.: 203-VgK-41/2003; VK Nordbayern, B. v. 3. 5. 2004 – Az.: 320.VK – 3194 - 11/04; 1. VK Sachsen, B. v. 16. 12. 2003 – Az.: 1/SVK/146-03).

266   Das bedeutet, dass es für eine ordnungsgemäße Dokumentation in der Vergabeakte nicht genügt, **irgendeinen Nachweis als fehlend zu benennen**. Es muss vielmehr **anhand des genannten Maßstabes dargelegt werden, aus welchen Gründen ein Nachweis erforderlich war**. Unter Umständen ist der Nachweis konkret zu benennen. Es ist zu berücksichtigen, dass die Forderung von Gleichwertigkeitsnachweisen nicht dazu führen darf, dass es dem Bieter faktisch unmöglich gemacht wird, ein Nebenangebot abzugeben (3. VK Bund, B. v. 2. 11. 2006 – Az.: VK 3–117/06).

267   **6.4.4.1.7.6.2.4 Dokumentation der Ergebnisse des Preisspiegels.** Die Ergebnisse des Preisspiegels müssen sich im Vergabevermerk wieder finden (VK Lüneburg, B. v. 31. 5. 2002 – Az.: 203-VgK-09/2002).

268   **6.4.4.1.7.7 Dokumentation der Gründe für bzw. gegen eine losweise Ausschreibung. 6.4.4.1.7.7.1 VOB/A 2009, VOL/A 2009, VOF 2009.** Gemäß **§ 24 EG Abs. 2 lit. h) VOL/A** sind die Gründe, aufgrund derer mehrere Teil- oder Fachlose zusammen vergeben werden sollen, zu dokumentieren. **§§ 20 VOB/A, 12 VOF enthalten keine entsprechenden Regelungen.**

269   **6.4.4.1.7.7.2 Rechtsprechung.** Dass der Vergabevermerk und die Vergabeakten **keine Begründung für die Aufteilung der Leistung in Lose enthielt, führt nicht zu der Verletzung des Transparenzgebotes**. Denn die Aufteilung der Leistung in Lose stellt eine Pflicht des Auftraggebers dar, die nicht nur auf Verordnungsebene, sondern durch § 97 Abs. 3 GWB auf Gesetzesebene geregelt ist. Aus dem Wortlaut des § 97 Abs. 3 GWB ergibt sich, dass die Aufteilung in Lose erfolgen muss; diesbezüglich gibt es keinen Ermessensspielraum des Auftraggebers. Gemäß § 97 Abs. 3 Satz 3 GWB bildet insofern eine Einschränkung, als dass bei Unzweckmäßigkeit der Losbildung und unwirtschaftlicher Zersplitterung eine Ausnahme von dem Grundsatz möglich ist. Damit gehen die gesetzlichen Grundlagen von einem **Regel-Ausnahme-Verhältnis aus, was zur Folge hat, dass lediglich die Ausnahme einer besonderen Begründung in den Vergabeakten, insbesondere in dem Vergabevermerk, bedarf** (VK Arnsberg, B. v. 25. 11. 2009 – Az.: VK 29/09; B. v. 26. 5. 2009 – VK 14/09; B. v. 25. 5. 2009 – VK 08/09; VK Hessen, B. v. 12. 9. 2001 – Az.: 69 d VK – 30/2001; VK Nordbayern, B. v.

Gesetz gegen Wettbewerbsbeschränkungen GWB § 97 **Teil 1**

19. 5. 2009 – Az.: 21.VK – 3194 – 14/09; B. v. 19. 5. 2009 – Az.: 21.VK – 3194 – 13/09; B. v. 16. 4. 2008 – Az.: 21.VK – 3194 – 14/08; 1. VK Sachsen, B. v. 25. 9. 2009 – Az.: 1/SVK/038-09; B. v. 30. 4. 2008 – Az.: 1/SVK/020-08).

Dies gilt allerdings **nur dann**, wenn der **Auftraggeber von der größtmöglichen Anzahl der Lose abweicht** (OLG Düsseldorf, B. v. 17. 3. 2004 – Az.: VII – Verg 1/04; 1. VK Bund, B. v. 9. 5. 2007 – Az.: VK 1–26/07; B. v. 24. 3. 2004 – Az.: VK 1–135/03). 270

Der Auftraggeber muss also z. B. **bei einer bundesweiten Ausschreibung dokumentieren, warum er nur Losgrößen über jeweils ein Bundesland zulässt** (1. VK Bund, B. v. 9. 5. 2007 – Az.: VK 1–26/07). 271

Ein wichtiger zu dokumentierender Verfahrensschritt ist die **Entscheidung für die konkrete Losaufteilung bzw. der Verzicht auf eine Losaufteilung trotz umfangreichen Auftragsvolumens** und obwohl der Umfang des Auftragsvolumens eine solche Unterteilung des zu vergebenden Auftrags nahe legt. Dies kann sich z. B. insbesondere aus der **Vielzahl der möglichen Teilnehmerländer** (bis zu 80), in denen z. B. Deutschunterricht angeboten werden soll ergeben; dies insbesondere dann, wenn gemäß den Verdingungsunterlagen die Möglichkeit, Unterricht vor Ort anzubieten, ein Zuschlagskriterium darstellt (1. VK Bund, B. v. 6. 6. 2007 – Az.: VK 1–38/07). 272

Bei der Entscheidung über die Losaufteilung kommt es im Rahmen der Dokumentationspflicht vor allem darauf an, dass **ersichtlich wird, dass die Vergabestelle das Interesse an einem breiteren Wettbewerb um den zu vergebenden Auftrag berücksichtigt und gegen wirtschaftliche und technische Belange abgewogen** hat. Insbesondere sind unwirtschaftliche Kostennachteile bei einer losweisen Vergabe konkret zu prüfen und durchzurechnen. Ist der öffentliche Auftraggeber der Auffassung, dass eine **Gesamtvergabe nicht nur finanzielle, sondern auch qualitative Vorteile mit sich bringt, die es rechtfertigen, von einer Losaufteilung abzusehen, so hat er auch dies nachvollziehbar zu begründen und zu dokumentieren**. Auch in diesem Fall hat er bei seiner Ermessensentscheidung das im Vergaberecht geltende Wettbewerbsprinzip angemessen zu berücksichtigen (1. VK Bund, B. v. 6. 6. 2007 – Az.: VK 1–38/07). 273

Sollen ausnahmsweise mehrere Fachlose (Generalunternehmer (GU)-Ausschreibung) zusammen vergeben werden, sind nach der **Richtlinie des VHB 2008** die **Gründe dieser Abweichung im Vergabevermerk nachvollziehbar darzulegen**. Sollen bei der Zusammenfassung von Teil- und Fachlosen in EG-Verfahren ausnahmsweise mehrere Lose zusammen vergeben werden, sind die **technischen oder wirtschaftlichen Gründe, die diese Abweichung erforderlich machen, im Vergabevermerk nachvollziehbar darzulegen** (Richtlinien zu 111 – Vergabevermerk: Wahl der Vergabeart – Ziffer 2.3, Ziffer 2.4). 274

6.4.4.1.7.8 Dokumentation der Gründe für die Angabe der absteigenden Reihenfolge der Zuschlagskriterien. 6.4.4.1.7.8.1 VOB/A 2009, VOL/A 2009, VOF 2009. Gemäß **§ 24 EG Abs. 2 lit. j) VOL/A** sind die Gründe der Nichtangabe der Gewichtung der Zuschlagskriterien zu dokumentieren. **§§ 20 VOB/A, 12 VOF** enthalten keine entsprechenden Regelungen. 275

6.4.4.1.7.8.2 Rechtsprechung. Kann nach Ansicht des Auftraggebers die Gewichtung aus nachvollziehbaren Gründen nicht angegeben werden, so gibt der Auftraggeber **die Kriterien in der absteigenden Reihenfolge ihrer Bedeutung an**. Unabhängig davon, ob die nachvollziehbaren Gründe den Bietern mitzuteilen sind oder nicht, **haben die Vergabestellen diese Gründe zu dokumentieren** (VK Nordbayern, B. v. 16. 4. 2008 – Az.: 21.VK – 3194 – 14/08; 1. VK Sachsen-Anhalt, B. v. 22. 11. 2007 – Az: 1 VK LVwA 24/07). Da es sich um einen Ausnahmefall handelt, muss diese Entscheidung **entweder im Vergabevorgang oder im Vergabevermerk** dokumentiert sein (VK Münster, B. v. 30. 3. 2007 – Az.: VK 04/07; VK Nordbayern, B. v. 16. 4. 2008 – Az.: 21.VK – 3194 – 14/08; VK Thüringen, B. v. 12. 1. 2009 – Az.: 250–4003.20–6372/2008-007-IK). 276

6.4.4.1.7.9 **Weitere notwendige Bestandteile der Dokumentation.** 6.4.4.1.7.9.1 **Dokumentation der Fragen und Antworten von Bewerbern.** Bei der Durchführung eines Verhandlungsverfahrens ist darauf zu achten, dass die **Fragen und Antworten der Bewerber festgehalten werden** und die Wertung nachvollziehbar dokumentiert wird (VK Nordbayern, B. v. 7. 6. 2002 – Az.: 320.VK-3194-15/02). 277

6.4.4.1.7.9.2 **Dokumentation von Ausschlussfristen.** Es unterliegt wegen der einschneidenden Folgen der Versäumnis gesetzter Ausschlussfristen keinem Zweifel, dass sich die vergabe- 278 rechtliche Dokumentationspflicht auch hierauf bezieht. **Im Zweifel** ist daher **davon auszugehen**, dass **eine nicht in den Vergabeakten dokumentierte Ausschlussfrist auch nicht gesetzt** wurde (OLG Thüringen, B. v. 14. 11. 2002 – Az.: 6 Verg 7/02).

279 **6.4.4.1.7.10 Ergänzung der Dokumentation durch handschriftliche Notizen.** Eine Ergänzung der Vergabeakte durch eventuelle handschriftliche Notizen bedarf es nur, wenn aus der Dokumentation nicht hervorgeht, weshalb ein Antragsteller als bevorzugter Bewerber den Auftrag erhalten soll und weshalb die anderen Teilnehmer an dem Verhandlungsverfahren im Vergleich zu ihm bei der Bewertung ein schlechteres Ergebnis erzielt haben (VK Hessen, B. v. 1. 9. 2003 – Az.: 69 d VK – 44/2003, im Ergebnis ebenso VK Brandenburg, B. v. 12. 11. 2008 – Az.: VK 35/08).

280 **6.4.4.1.7.11 Verbalisierung einer Wertungsentscheidung bei Anwendung eines Punktsystems? 6.4.4.1.7.11.1 Grundsatz.** Wird in der Vergabeakte nur die Bewertungsmatrix festgehalten, aus der sich ausschließlich die Punktzahlen ergeben, die das jeweilige Angebot bei den einzelnen Vorgaben erzielt hat und fehlen zusätzliche verbale Erklärungen, warum eine bestimmte Punktzahl erteilt wurde, ist **§ 24 EG VOL/A zu beachten, der nicht nur das Festhalten von Ergebnissen, z. B. der Zuschlagsentscheidung, sondern auch deren Begründung** verlangt. Die Nachvollziehbarkeit der Begründung ist insbesondere hinsichtlich der Wertung, bei der in der Regel ein Beurteilungsspielraum zugunsten des Auftraggebers besteht, von großer Wichtigkeit, um diese auch für den Bieter transparent zu machen. Diese Nachvollziehbarkeit muss unabhängig von der Präsenz der die Wertung durchführenden Person bzw. des Entscheidungsgremiums gewährleistet sein, wofür eine schriftliche Begründung der Entscheidungen ebenfalls von Bedeutung ist. Die Möglichkeit, den Anspruch auf fehlerfreie Wertung im Nachprüfungsverfahren auch tatsächlich durchsetzen zu können, hängt ebenfalls von der Nachvollziehbarkeit der Begründung ab. **Praktische Probleme** bestehen für einen Bieter jedoch insoweit, als die **Aufgabenbeschreibung und die sich darauf beziehende Wertung sehr komplex ist**; sollte der **gesamte Wertungsvorgang in Bezug auf mehrere Bieter zusätzlich zu der Bepunktung in verbalisierter Form festgehalten werden, so müsste zwangsläufig ein sehr umfangreicher Vergabevermerk** entstehen. Es könnte sich aufgrund dieser Zusammenhänge möglicherweise anbieten, die Aufgabenbeschreibung insgesamt zu vereinfachen und für alle Beteiligten praktikabler zu gestalten, was auch positiv auf den Wertungsvorgang und die praktische Möglichkeit der Dokumentation durchschlagen würde (1. VK Bund, B. v. 19. 9. 2003 – Az.: VK 1–77/03; 2. VK Bund, B. v. 24. 9. 2003 – Az.: VK 2–76/03).

281 **Es kann also erforderlich sein**, die **Wertungsentscheidung auch in verbalisierter Form darzustellen** (1. VK Brandenburg, B. v. 12. 4. 2007 – Az.: 1 VK 11/07; 1. VK Bund, B. v. 14. 10. 2003 – Az.: VK 1–95/03; VK Münster, B. v. 28. 11. 2008 – Az.: VK 19/08; 1. VK Sachsen, B. v. 8. 1. 2010 – Az.: 1/SVK/059-09; B. v. 10. 6. 2008 – Az.: 1/SVK/026-08; B. v. 25. 1. 2008 – Az.: 1/SVK/088-07; für den **Fall einer Bewertungsmatrix** im Ergebnis ebenso VK Lüneburg, B. v. 18. 11. 2004 – Az.: 203-VgK-49/2004; B. v. 5. 11. 2004 – Az.: 203-VgK-48/2004; B. v. 30. 9. 2004 – Az.: 203-VgK-44/2004 – für den Bereich der VOL/A; B. v. 7. 6. 2004 – Az.: 203-VgK-16/2004 – für den Bereich der VOF, B. v. 14. 1. 2002 – Az.: 203-VgK-22/2001; 1. VK Sachsen, B. v. 25. 1. 2008 – Az.: 1/SVK/088-07; VK Schleswig-Holstein, B. v. 11. 1. 2006 – Az.: VK-SH 28/05). Entscheidend sind die **Umstände des Einzelfalls**.

282 Eine **Intransparenz** kann sich in solchen Fällen daraus ergeben, dass die **Vergabestelle ausweislich des Vergabevermerks bestimmte Punktzahlen einem bestimmten Tatbestand zuordnet und dieser Tatbestand aber weder objektiv noch messbar noch ohne weitere Hilfsmittel nachvollziehbar ist**, weil die Voraussetzungen für das Vorliegen des Tatbestands immer auslegbar sind. Heißt es beispielsweise in dem Wertungsschema, dass die Punktzahl 1 bei der Präsentation nur sehr weniger interessanter Ideen vergeben wurde, die Punktzahl 5 dagegen, wenn sehr viele interessante Ideen präsentiert wurden, sind die Begrifflichkeiten „sehr wenige" bzw. „sehr viele" auslegbar. Sie sind nicht mit einer konkret messbaren Größe, also einer Anzahl, konkretisiert. Der dadurch vorgegebene Wertungsspielraum hätte unbedingt durch eine auf die jeweiligen Angebote bezogene, individuelle Stellungnahme ergänzt werden müssen, aus der hervorgegangen wäre, warum bestimmte Punktzahlen vergeben wurden. Beispielsweise hätte ausgeführt werden müssen, warum das Wertungsgremium davon ausging, dass sehr viele interessante Ideen präsentiert wurden. Es hätte darüber hinaus klar dargelegt werden müssen, dass ein Bieter, dessen Angebot eine höhere Punktzahl bezüglich eines Zuschlagskriteriums erhalten hatte, auch mehr bzw. bessere wertungsspezifische Inhalte aufwies, als das des Konkurrenten, das weniger Punkte erhalten hatte. Fehlen diese Schritte aber völlig in

dem Vergabevermerk, weil die Vergabestelle es unterlassen hat, den Inhalt der jeweiligen individuellen Präsentationen zu protokollieren oder zumindest deren wichtigste Gesichtspunkte zu wiederzugeben, geht aus dem Vergabevermerk nicht hervor, ob und inwieweit der jeweilige Sachverhalt – der Inhalt die Präsentation – den abstrakten Vorgaben, die die Vergabestelle für die Wertung vorgegeben hatte, entsprach (VK Hessen, B. v. 12. 2. 2008 – Az.: 69 d VK – 01/2008; im Ergebnis ebenso VK Münster, B. v. 28. 11. 2008 – Az.: VK 19/08).

Allerdings kann die **Dokumentationspflicht nicht so weit ausgedehnt** werden, dass der Auftraggeber **verbale Begründungen auch dann** machen muss, wenn das **Konzept eines Bieters zu einzelnen Wertungskriterien „den Anforderungen entspricht"** und somit entsprechend der Festlegung in den Vergabeunterlagen z. B. mit zwei Punkten bewertet wird. In einem solchen Fall wäre es **reine Förmelei und brächte keinen zusätzlichen Erkenntniswert**, eine Begründung in Form einer Wiederholung der Vorgaben der Vergabeunterlagen zu verlangen (1. VK Bund, B. v. 18. 8. 2006 – Az.: VK 1–82/06; 3. VK Bund, B. v. 30. 3. 2010 – VK 3–24/10; B. v. 12. 8. 2008 – Az.: VK 3–110/08; B. v. 20. 11. 2007 – Az.: VK 3–127/07). Wenn ein Bieter meint, in einzelnen Punkten bei einer Bewertung mit 2 zu schlecht abgeschnitten zu haben, so **muss er sich gegen diese inhaltliche Bewertung wenden, indem er im Einzelfall anhand seines Angebotkonzepts begründet, warum seines Erachtens eine bessere Bepunktung gerechtfertigt** wäre. Dies ist auch auf der Basis einer nicht begründeten Punktevergabe von 2 durchaus möglich (3. VK Bund, B. v. 12. 8. 2008 – Az.: VK 3–110/08). Was die **schlechteren Resultate** anbelangt, **dient es allerdings der Transparenz, diese einer zusätzlichen Begründung zuzuführen, und zwar zu den einzelnen Wertungspunkten**. Durch eine solche Dokumentation werden die Bieter in die Lage versetzt, nachzuvollziehen, aufgrund welcher Erwägungen die Vergabestelle zu der Bewertung und Einstufung der Bewertungsinhalte und damit zu der Punkteverteilung gelangt ist. Hierbei genügt eine kurze, zusammenfassende Stellungnahme (3. VK Bund, B. v. 30. 3. 2010 – VK 3–24/10).

283

Etwas weiter ging die 3. VK des Bundes in einer älteren Entscheidung: der **Vergabeakte müssen zumindest in Kurzform die Gründe dafür zu entnehmen sein, warum ein Bieter eine bestimmte Punktzahl erhalten hat** (3. VK Bund, B. v. 19. 7. 2005 – Az.: VK 3–58/05; ebenso 2. VK Bund, B. v. 13. 7. 2005 – Az.: VK 2–75/05). **Ähnlich argumentiert die VK Brandenburg.** Im Interesse einer Transparenz muss in der Vergabeakte **kurz erklärt werden, warum welcher Bieter für welches Kriterium welche Punkte erzielt** hat. Die Dokumentation muss nachvollziehbar erkennen lassen, aufgrund welcher Erwägungen die Vergabestelle zu der Bewertung und Einstufung der Bewertungsinhalte und damit zu der Punkteverteilung gelangt ist. Die **kriterienbezogene Angabe erzielter Punkte und ihre Addition allein sind nicht ausreichend** (VK Brandenburg, B. v. 12. 4. 2007 – Az.: 1 VK 11/07; B. v. 1. 2. 2007 – Az.: 2 VK 56/06; VK Schleswig-Holstein, B. v. 20. 1. 2009 – Az.: VK-SH 17/08).

284

6.4.4.1.7.11.2 Begründung von Höchstpunktzahlen? Die Dokumentationspflicht kann in bestimmten Fällen nicht so weit ausgedehnt werden, dass die Vergabestelle Verbalausführungen zu ihrer Wertungsentscheidung auch dann machen muss, wenn sich aus der erzielten Punktzahl schon für sich genommen ergibt, dass das Angebot gut bewertet wurde. Es würde **zu weit gehen, auch bei einer guten Note bzw. einer Bestnote stets begründen zu müssen, warum diese Punktzahl erreicht** werden konnte. Ebenso kann von dem Auftraggeber auch nicht verlangt werden zu begründen, **warum andere Angebote ebenfalls die Höchstpunktzahl erreicht** haben (1. VK Bund, B. v. 14. 10. 2003 – Az.: VK 1–95/03).

285

6.4.4.1.7.11.3 Ausweisung der Punktzahlen. Die Bieterreihenfolge im Vergabevermerk muss **bei einer Punktebewertung am Ende eine Punktzahl für die bewerteten Angebote ausweisen, nicht lediglich eine Wertungssumme** in Gestalt eines Bruttoangebotspreises, um den Anschein zu vermeiden, dass die Bewertung allein nach dem Preis und damit nach den hier bekannt gemachten Zuschlagskriterien vergaberechtswidrig erfolgt sei (OLG Naumburg, B. v. 4. 9. 2008 – Az.: 1 Verg 4/08).

286

6.4.4.1.7.12 Inhalt der Dokumentation bei Gremiumsentscheidungen. Befinden sich in der Vergabeakte die Bewertungsbögen, aus denen sich ergibt, mit welcher Punktzahl jedes einzelne Leistungsmerkmal bewertet worden ist, ist dies als ausreichend anzusehen. **Nicht erforderlich** erscheint es, **zu der Vergabeakte** auch die **Handzettel** zu nehmen, auf denen sich **die einzelnen an der Wertung beteiligten Personen** ihre jeweiligen Ergebnisse notieren. Damit würde die Dokumentationspflicht überspannt werden (VK Brandenburg, B. v. 12. 11. 2008 – Az.: VK 35/08; 3. VK Bund, B. v. 16. 12. 2004 – Az.: VK 3–212/04). Für die Wertung sind diese Einzelergebnisse auch ohne unmittelbare Bedeutung. Ausschlaggebend ist vielmehr

287

Teil 1 GWB § 97 Gesetz gegen Wettbewerbsbeschränkungen

der Mittelwert, d.h. zu welchem Ergebnis das mit der Wertung beauftragte Gremium gekommen ist (2. VK Bund, B. v. 5. 9. 2002 – Az.: VK 2–68/02).

288 Unterlässt jedoch eine Vergabestelle es, Vorsorge dahingehend zu treffen, dass die **Entscheidungsfindung der einzelnen Gremiumsmitglieder – notwendig und auch wenigstens stichwortartig – in jedem Falle aber mit einer Begründung der Wertungsentscheidung versehen ist, und fehlt eine solche Begründung für eine Bewertungsentscheidung bei einzelnen Gremiumsmitgliedern überhaupt oder unterbleibt sie als solche teilweise, verletzt bereits eine ohne Begründung getroffene Wertungsentscheidung eines Gremiumsmitglieds das Gebot der Vergabestelle, ein transparentes Vergabeverfahren durchzuführen.** Die Verpflichtung der Vergabestelle, alle Bieter gleich zu behandeln, ist in einem solchen Falle jedenfalls dann schon nicht mehr gegeben, wenn der Nachweis der Gleichbehandlung der Bewerber, in Ermangelung der entsprechend angelegten und ausgeführten Dokumentation, gerade nicht geführt werden kann. Das durchgeführte Verhandlungsverfahren und mit ihm die Bewertung der Teilnehmerbeiträge durch das Bewertungsgremium verletzt einen Antragsteller in seinem Anspruch auf Einhaltung der Vergabevorschriften (VK Thüringen, B. v. 19. 9. 2008 – Az.: 250–4003.20–2110/2008-008-SHK).

289 Dass ein **Bewertungsgremium lediglich auf die Punkte eingegangen ist, in denen es Unterschiede zwischen den einzelnen Bietern festgestellt hat, ist vergaberechtlich nicht zu beanstanden.** Die Dokumentationspflicht kann nicht so weit ausgedehnt werden, dass der Auftraggeber verbale Begründungen auch dann machen muss, wenn die Bieter in bestimmten Punkten übereinstimmend den Anforderungen des Auftraggebers gerecht werden (VK Brandenburg, B. v. 12. 11. 2008 – Az.: VK 35/08).

290 6.4.4.1.7.13 Dokumentation der Gründe für die Auswahl des Leistungsortes.
Grundsätzlich gilt für die Frage, welche Feststellungen bzw. Entscheidungen im Vergabeverfahren unter die Dokumentationspflicht fallen: je mehr von den Grundsätzen des Vergabeverfahrens abgewichen wird, desto eher ist eine explizite Begründung erforderlich. **Die Bedarfsermittlung und damit auch die Frage des Leistungsortes ist der eigentlichen Vergabe aber vorgelagert. Sie stellt die Grundlage für die Entscheidung der Vergabestelle dar, welche Leistung sie nachfragen will. Die Feststellung des Bedarfs unterfällt keinen besonderen Vorgaben durch die Verdingungsordnungen oder die VgV.** Der Auftraggeber ist daher nicht verpflichtet, seine Bedarfsermittlung in den Vergabevermerk einzubringen und zu dokumentieren. Es ist ausreichend, wenn der Auftraggeber erst im Nachprüfungsverfahren entsprechende Unterlagen, die den Streitgegenstand „Maßnahmeort" betreffen, einreicht (2. VK Bund, B. v. 6. 9. 2005 – Az.: VK 2–105/05).

291 6.4.4.1.7.14 Dokumentation der Gründe für die Nichtzulassung von Nebenangeboten und der Gründe für die Festlegung von Mindestanforderungen. Es ist **weder eine Dokumentation der Gründe erforderlich, warum Nebenangebote nicht zugelassen werden,** noch **derjenigen Gründe, warum welche Mindestanforderungen gestellt werden.** Die Dokumentation dient nicht der Einschränkung der Entscheidungsfreiheit des Auftraggebers. Dieser **kann bestimmen, welche Leistung er in Auftrag geben will. Für diese Wahl ist er keine Begründung schuldig.** Dies gilt zunächst für die Anforderungen an die Eigenschaften der ausgeschriebenen Leistung. Ob der Auftraggeber z.B. Nadelmatrixdrucker oder Laserdrucker anschaffen will, die auch DIN A 4 Papier bedrucken können, steht in seinem Belieben. **Sinn des Vergaberechts ist es nicht, dem Auftraggeber eine Begründung für jede Festlegung in den Verdingungsunterlagen abzuverlangen. Würde man dies fordern, wäre eine Ausschreibung in Anbetracht der Vielzahl von Einzelheiten, welche der Auftraggeber festzulegen hat, nicht mehr durchführbar.** Aber auch **die Entscheidung gegen die Zulassung von Varianten ist aus diesem Grund nicht begründungspflichtig.** Denn ob der Auftraggeber Angebote prüfen möchte, welche in einzelnen Punkten vom Leistungsverzeichnis abweichen, muss gleichfalls ihm als demjenigen überlassen werden, welcher die Leistung in Auftrag gibt. Dies gilt auch für den Fall, dass die Ausschreibung eines Leitfabrikats erfolgt. Ein etwaiger Vergabeverstoß würde in der Ausschreibung eines Leitfabrikates und nicht in der fehlenden Zulassung von Nebenangeboten liegen, so dass allein die Ausschreibung des Leitfabrikates zu begründen ist (OLG München, B. v. 2. 8. 2007 – Az.: Verg 07/07).

292 6.4.4.1.7.15 Dokumentation der Gründe für eine produkt- oder verfahrensgebundene Ausschreibung. Nach den Grundsätzen einer sparsamen und wirtschaftlichen Haushaltsführung sowie den Vorgaben des Wettbewerbsprinzips ist der **Auftraggeber gehalten, vor Festlegung der Ausschreibungsbedingungen sich einen möglichst breiten Überblick**

Gesetz gegen Wettbewerbsbeschränkungen GWB § 97 **Teil 1**

über die in Betracht kommenden Lösungsvarianten zu verschaffen und diese nicht gleichsam schon ex ante auszublenden. Nur so ist gewährleistet, dass die Beschaffung tatsächlich in der technisch und wirtschaftlich effizientesten Weise erfolgt. Schließt daher die Vergabestelle kraft der Definition ihrer Ausschreibungsbedingungen ausdrücklich oder inzident – durch Vorgabe bestimmter Parameter – **ein Verfahren aus**, hat sie nicht nur zu prüfen, ob die zugelassene Lösung den Ausschreibungszweck erfüllt, sondern darüber **hinaus zu prüfen und positiv festzustellen, dass und aus welchen Gründen ein hiernach ausgeschlossenes Verfahren nicht geeignet erscheint**. Zwar wird man der Vergabestelle im Rahmen einer solchen Prüfung eine **gewisse Einschätzungsprärogative** zubilligen müssen, da sie die Schwerpunkte und Nuancen ihrer Wünsche und Vorstellungen bezogen auf die Leistungsanforderungen am besten kennt. Das **entbindet sie aber nicht, ihren zur Verfügung stehenden Beurteilungsspielraum auch auszuschöpfen und in eigener Verantwortung eine substantiierte Einschätzung zu treffen**. Enthalten die Dokumentationsunterlagen keine derartige – für die Festlegung der Leistungsbeschreibung maßgebende und daher gem. § 20 VOB/A zu dokumentierende – Entscheidungsvorgänge, **kommt dem Vergabevermerk negative Beweiswirkung zu**, die **nicht ohne weiteres durch Zeugenbeweis entkräftet** werden kann. **Andernfalls bestünde die Möglichkeit, z. B. § 20 VOB/A zu unterlaufen.** Denn dann wäre es aus Sicht einer Vergabestelle sogar vorteilhaft, von einer Dokumentation abzusehen, um ggf. später im Bedarfsfall die an der Ausschreibung beteiligten Mitarbeiter als Zeugen für das im Nachhinein (etwa aus Sicht eines Vergabenachprüfungsverfahrens) als opportun erkannte Ergebnis zu benennen, ohne sich am früheren Vergabevermerk festhalten lassen zu müssen. Insoweit läge die Gefahr von Manipulationen auf der Hand. **Sinn und Zweck des Vergabevermerks ist gerade, den Willensbildungs- und Entscheidungsstand bezogen auf einen bestimmten Zeitpunkt** (vgl. § 20: „... die einzelnen Stufen des Verfahrens") **beweiskundig zu machen.** Mit der Zulassung des nachträglichen Zeugenbeweises oder auch der Rekonstruktion eines Vergabevermerks ex post würde diese Beweisfunktion ausgehebelt. **Enthalten die Vergabeakten keinen Vermerk über einen Prüfungsvorgang, ist daher davon auszugehen, dass er nicht stattgefunden hat.** Die **Nichtbefassung mit weiteren technischen Lösungen führt dazu, dass eine „objektive" Prüfung der Anforderungen z. B. des § 7 Abs. 8 VOB/A im Stadium des Nachprüfungsverfahrens nicht möglich ist**. In welcher Weise die Vergabestelle im Rahmen der Erarbeitung der Leistungsbeschreibung ihr Planungs- und Entscheidungsermessen ausgeübt hätte, ist zu diesem Zeitpunkt nicht mehr zu entscheiden. Die Vergabestelle kann dieses Versäumnis nicht nachträglich beseitigen, indem sie im laufenden Nachprüfungsverfahren substantiierte technische Gründe hierfür angibt und erklärt, dass sie auch bei damaliger Kenntnis zum gleichen Ergebnis gelangt wäre und die Ausschreibung auf das gewählte technische Verfahren beschränkt hätte. Denn insoweit kann schon nicht ausgeschlossen werden, dass eine solche Aussage nicht der im Zeitpunkt der Ausschreibungsvorbereitung von äußeren Sachzwängen befreiten Entscheidungsposition entspricht, sondern dem verständlichen Wunsch geschuldet sein kann, auf eine möglichst zügige Beendigung des Nachprüfungsverfahrens hinzuwirken. **Eine von solchen Erwägungen unbeeinflusste Prüfung seitens der Vergabestelle ist allenfalls im Rahmen einer erneuten Ausschreibung möglich** (VK Südbayern, B. v. 21. 7. 2008 – Az.: Z3-3-3194-1-23–06/08; B. v. 29. 1. 2007 – Az.: 39-12/06; im Ergebnis ebenso VK Arnsberg, B. v. 25. 5. 2009 – VK 08/09; VK Hessen, B. v. 10. 9. 2007 – Az.: 69 d VK – 37/2007; B. v. 10. 9. 2007 – Az.: 69 d VK – 29/ 2007).

6.4.4.1.7.16 Dokumentation der Gründe für marktverengende technische Spezifikationen. Der **Kreis der Anbieter von elektronischen Gesundheitskarten** ist wegen der hohen technischen und organisatorischen Anforderungen bei einer vergleichsweise geringen Größe des Marktes **eng begrenzt. Spezifische Anforderungen an die Chipgröße bzw. den Speicherplatz**, die deutlich über das hinausgehen, was zur Erfüllung der von der gematik festgelegten Mindestanforderungen erforderlich ist, **bergen die Gefahr einer weiteren Verengung des Kreises potentieller Bieter**, weil diese angesichts der erforderlichen Entwicklungsarbeiten nicht ohne größeren Vorlauf einen Speicherchip durch einen größeren ersetzen können. **Entsprechende Anforderungen des Auftraggebers an die Chipgröße bzw. den freien Rest-Nettospeicherplatz bedürfen daher einer sachlichen Rechtfertigung, die wiederum zeitnah zu dokumentieren** ist (2. VK Bund, B. v. 31. 8. 2009 – Az.: VK 2–108/ 09). 292/1

6.4.4.1.7.17 Dokumentation der Notwendigkeit einer Fristsetzung für die Aufforderung zum Arbeitsbeginn. § 9 Abs. 1 Nr. 3 VOB/A kann entnommen werden, dass der **unverzügliche Beginn der Arbeiten nach Erteilung des Zuschlages ohne besondere** 293

Teil 1 GWB § 97   Gesetz gegen Wettbewerbsbeschränkungen

Aufforderung durch den Auftraggeber der Regelfall ist. Daher muss **für einen von diesem Regelfall abweichenden Ausnahmefall bereits die Notwendigkeit einer Fristsetzung**, innerhalb der der Auftraggeber zum Arbeitsbeginn auffordert, je nach Lage des Einzelfalles beurteilt werden. **Im Vergabevermerk** hat der Auftraggeber diese **Notwendigkeit unter Berücksichtigung der Gründe des Einzelfalles zu dokumentieren** (VK Brandenburg, B. v. 30. 9. 2008 – Az.: VK 30/08).

294   **6.4.4.1.7.18 Dokumentation der Schätzung der Auftragswerte.** Die **ordnungsgemäße Schätzung der Auftragswerte und ihre nachvollziehbare Dokumentation** sind Verpflichtungen des Auftraggeber mit bieterschützenden Charakter (VK Arnsberg, B. v. 4. 11. 2008 – Az.: VK 23/08; VK Brandenburg, B. v. 3. 11. 2008 – Az.: VK 33/08). Angesichts der Wichtigkeit der Festlegung des Auftragswertes für die Eröffnung des Primärrechtsschutzes unterliegen die **Angaben zum Auftragswert der aus dem Transparenzgebot folgenden Dokumentationspflicht** und müssen daher notwendiger Bestandteil des Vergabevermerks sein (Hanseatisches OLG Bremen, B. v. 26. 6. 2009 – Az.: Verg 3/2005).

294/1   **6.4.4.1.7.19 Dokumentation der Gründe für eine über § 11 EG VOL/A bzw. § 9 VOB/A hinausgehende Vertragsstrafenregelung.** § 11 EG VOL/A erlaubt eine Vertragsstrafe grundsätzlich nur im Fall der Überschreitung von Ausführungsfristen. Erfasst hingegen der Auftraggeber im Wege einer Generalklausel „mehrfache oder besonders schwerwiegende Verstöße" als eine Vertragsstrafe auslösende Tatbestände und werden Lieferengpässe – und damit in der Sache die von § 11 EG VOL/A genannte Überschreitung von Ausführungsfristen – nur beispielhaft genannt, geht diese Regelung über die Vorgaben von § 11 EG VOL/A hinaus. **Auch wenn § 11 EG VOL/A als Soll-Vorschrift formuliert ist**, also grundsätzlich auch in anderen Fällen als dem in der Vorschrift genannten Vertragsstrafen vergaberechtskonform sein können, **muss der Auftraggeber dokumentieren, aus welchem Grund er eine über § 11 EG VOL/A hinausgehende Vertragsstrafenregelung für erforderlich hält. Macht er dies nicht, kann die Regelung keinen Bestand haben** (3. VK Bund, B. v. 3. 8. 2009 – VK 3–145/09).

295   **6.4.4.1.7.20 Beifügung der Umschläge der Angebote zur Dokumentation.** Die **Briefumschläge mit den Eingangsvermerken** sind **Teil der Ausschreibungsunterlagen.** Sie **müssen sich zwingend in den Ausschreibungsunterlagen befinden** und mit einem Eingangsvermerk versehen sein (VK Münster, B. v. 13. 2. 2008 – Az.: VK 29/07).

296   **6.4.4.1.7.21 Dokumentation der Gründe für die Auswahl des Preises als einziges Zuschlagskriterium.** Eine **Dokumentation der Gründe des Auftraggebers für die Auswahl des Minimalprinzips** ist vergaberechtlich jedenfalls dann **nicht erforderlich**, wenn nach der konkreten Definition des Leistungs-Solls des Beschaffungsvorgangs sehr homogene, **sich nur im Angebotspreis unterscheidende Angebote zu erwarten sind** (OLG Naumburg, B. v. 5. 12. 2008 – Az.: 1 Verg 9/08).

297   **6.4.4.1.7.22 Dokumentation der Voraussetzungen eines Verhandlungsverfahrens.** Es ist zu **Lasten des öffentlichen Auftraggebers davon auszugehen, dass die Voraussetzungen z. B. des § 3 EG Abs. 4 VOL/A nicht vorliegen, wenn der Auftraggeber es unterlassen hat, die Gründe für die Einleitung eines Verhandlungsverfahrens ohne Vergabebekanntmachung hinreichend zu dokumentieren.** Die Pflicht, die Gründe für die Wahl des Verhandlungsverfahrens ohne Bekanntmachung nachvollziehbar zu dokumentieren, folgt aus § 24 EG VOL/A. Sinn und Zweck des Vergabevermerks nach § 24 EG VOL/A ist es, das Vergabeverfahren und die wesentlichen Entscheidungen nachvollziehbar zu machen (VK Baden-Württemberg, B. v. 26. 9. 2008 – Az.: 1 VK 33/08).

297/1   **6.4.4.1.7.23 Dokumentation der Erwägungen mit Blick auf Sicherheitsbelange.** Grundsätzlich **soll der öffentliche Auftraggeber**, dem insoweit die Darlegungs- und Beweislast obliegt, **die tatsächlichen Gründe**, die **im Interesse der staatlichen Sicherheitsbelange eine Einschränkung der Bieterrechte erfordern**, in einem Vergabevermerk **dokumentieren.** Hieraus muss hervorgehen, dass **gerade die Anwendung vergaberechtlicher Bestimmungen der Durchführung und Beachtung notwendiger Sicherheitsmaßnahmen entgegenstehen oder diese beeinträchtigen könnte.** Insbesondere muss ersichtlich sein, dass eine gegebenenfalls erforderliche Sicherheitsüberprüfung der Mitarbeiter des Auftragsnehmers nach dem SÜG durch die Anwendung vergaberechtlicher Vorschriften und insbesondere durch die Durchführung eines Nachprüfungsverfahrens überhaupt tangiert wird (OLG Düsseldorf, B. v. 16. 12. 2009 – Az.: VII-Verg 32/09).

298   **6.4.4.1.7.24 Datum und Unterschrift.** Der Vergabevermerk muss die Anforderungen erfüllen, die im Rechtsverkehr an einen Aktenvermerk gestellt werden. **Dazu gehören Datum**

Gesetz gegen Wettbewerbsbeschränkungen GWB § 97 **Teil 1**

und Unterschrift des Ausstellers. Ohne diesen Inhalt entbehrt der Vergabevermerk seiner Verbindlichkeit als Urkunde, die Beweisfunktion haben soll. Der Vergabevermerk dient als Nachweis gegenüber Bewerbern, Aufsichtsinstanzen, Rechnungsprüfungsbehörden und der Europäischen Kommission gegebenenfalls zur Übermittlung bestimmter Angaben (OLG Celle, B. v. 11. 2. 2010 – Az.: 13 Verg 16/09; 1. VK Brandenburg, B. v. 19. 9. 2001 – Az.: 1 VK 85/ 01; VK Münster, B. v. 10. 7. 2001 – Az.: VK 15/01; 3. VK Saarland, B. v. 23. 4. 2007 – Az.: 3 VK 02/2007, 3 VK 03/2007; VK Südbayern, B. v. 19. 1. 2009 – Az.: Z3-3-3194-1-41–11-08; B. v. 19. 1. 2009 – Az.: Z3-3-3194-1-39–11-08).

6.4.4.1.7.25 Weitere Beispiele aus der älteren Rechtsprechung 299

– der **Vergabevermerk ist chronologisch zu fassen** und muss sich dabei an der in der VOL/A vorgeschriebenen Reihenfolge orientieren. Zu den **materiellen Entscheidungen zählen insbesondere die Entscheidungen, bei denen die Vergabestelle eine Ermessensentscheidung zu treffen** hat, die **Prüfung der Angebote, Angaben über Verhandlungen mit Bietern und deren Ergebnis** sowie das **Ergebnis der Wertung der Angebote**. Ebenso sind später im Vergabevermerk die Gründe für die Erteilung des Zuschlags auf das betreffende Angebot anzugeben. Es ist eine nach § 30 VOL/A zwingende Pflicht des Auftraggebers, die Auswahlentscheidung als wesentliche Entscheidung in nachvollziehbarer Weise zu dokumentieren, um für den Bieter die erforderliche Überprüfbarkeit zu gewährleisten (VK Arnsberg, B. v. 25. 11. 2009 – Az.: VK 29/09)

– da im Nebenangebot etwas anderes angeboten wird als ausgeschrieben, muss der öffentliche Auftraggeber prüfen, ob die alternativ angebotene Leistung den Vertragszweck unter allen technischen und wirtschaftlichen Gesichtspunkten ebenso erfüllt und dementsprechend für seinen Bedarf ebenso geeignet ist. Bei der Beurteilung der Gleichwertigkeit steht dem öffentlichen Auftraggeber ein weiter Beurteilungs- und Ermessensspielraum zu. **Über den Wertungsvorgang** muss die für die Wertung zuständige Stelle der Auftraggeberin einen **Vermerk fertigen**, bei dem den vorstehenden Grundsätzen Rechnung getragen wird (OLG Brandenburg, B. v. 29. 7. 2008 – Az.: Verg W 10/08)

– nach § 30 Nr. 1 VOB/A ist über die Vergabe ein Vermerk zu fertigen, der die einzelnen Stufen des Verfahrens, die maßgebenden Feststellungen sowie die Begründung der einzelnen Entscheidungen enthält. Dazu **gehört auch die Prüfung von Nebenangeboten** (VK Schleswig-Holstein, B. v. 7. 5. 2008 – Az.: VK-SH 05/08)

– die **Anforderungen an die Begründungspflicht dürfen nicht zu Lasten der Vergabestelle überspannt** werden. Die Begründung muss den Nachprüfungsinstanzen und den Bietern die Kontrolle der Entscheidung ermöglichen (VK Baden-Württemberg, B. v. 4. 4. 2007 – Az.: 1 VK 11/07)

– eine **Vergabestelle ist nicht verpflichtet, über ihre Verhandlungsgespräche Gesprächsprotokolle zu fertigen**. Sie kann diese führen, wenn sie sich dadurch sicherer fühlt. Es muss sich aber eine nachvollziehbare Bewertung aus dem Vergabevermerk ergeben, wobei die Vergabestellen einen weiten Beurteilungsspielraum haben. Die Kammer verkennt nicht, dass gerade aus Gründen der Transparenz Gesprächsprotokolle sachdienlich sein können. Allerdings handelt es sich um eine Prüfsituation, die eine einzigartige und besondere Situation darstellt und in der sich ein Gesamtbild ergibt, das nicht allein aus dem gesprochenen Wort rekonstruiert wird. Aus gutem Grund sind deshalb nur Formfehler im Zusammenhang mit Prüfsituationen gerichtlich überprüfbar, weil die Besonderheit der Prüfsituation im Nachhinein nicht einer gerichtlichen Überprüfung unterzogen werden kann. **Wenn eine Prüfkommission tätig wird, ist es deshalb nicht zu beanstanden, wenn die Auffassungen der Teilnehmer in dem Vergabevermerk zusammengetragen werden**. Aus dem Vergabevermerk sollten sich dann der Ablauf und die Beurteilung der Prüfkommission ergeben. Die im Vergabevermerk (§ 18 VOF) enthaltenen Angaben und die in ihm mitgeteilten Gründe für die getroffenen Entscheidungen müssen so detailliert sein, dass sie für einen mit der Sachlage des jeweiligen Vergabeverfahrens vertrauten Leser nachvollziehbar sind. Das gilt insbesondere für die Darlegungen, mit denen die Auswahl des für den Zuschlag vorgesehenen Bieters gerechtfertigt wird (VK Münster, B. v. 30. 3. 2007 – Az.: VK 04/07)

– nach § 18 VOF ist über die Vergabe ein Vermerk zu fertigen, der die einzelnen Stufen des Verfahrens, die Maßnahmen, die Feststellung sowie die Begründung der einzelnen Entscheidungen enthält. Hinsichtlich der **Frage der Entscheidung für den Verzicht auf eine losweise Vergabe (im Rahmen eines komplexen ÖPP-Projektes)** hat die VST ihre Entscheidungsfindung auch hinreichend in der sog. „Aktennotiz" mit Datum vom

Teil 1 GWB § 97 Gesetz gegen Wettbewerbsbeschränkungen

21. 8. 2006 dokumentiert (VK Thüringen, B. v. 16. 2. 2007 – Az.: 360–4003.20–402/2007-001-UH)

– eine **Dokumentation muss insbesondere die zur Ausschöpfung des in § 9 Nr. 5 VOB/A erforderlichen Entscheidungen**, also auch **Begründungen für die beanstandete produktbezogene Ausschreibung**, die Auswahl der einzelnen Produkte, die Nichtzulassung von Nebenangeboten und das angestrebte Zusammenwirken mit den anderen ausgeschriebenen Gewerken enthalten. Darüber hinaus ist auch die Wertung der einzelnen Angebote anhand der in der Bekanntmachung genannten Wertungskriterien unerlässlicher Bestandteil eines Vergabevermerks (1. VK Hessen, B. v. 11. 12. 2006 – Az.: 69 d VK 60/2006)

300 **6.4.4.1.8 Anforderungen an die Form der Dokumentation. 6.4.4.1.8.1 Dokumentation durch separate Schriftstücke. Durch eine kontinuierliche Fortschreibung der Vergabeunterlagen erfüllt die Vergabestelle ihre Dokumentationspflicht.** Anhand der Unterlagen müssen die einzelnen Schritte, insbesondere die Entwicklungen im Laufe des Verfahrens, ersichtlich sein. Es ist darüber hinaus notwendig, zu erkennen, auf welcher Grundlage die Vergabestelle ihre wesentlichen Entscheidungen getroffen hat. In diesem Zusammenhang ist entscheidend, dass sie die Wertungsmatrix entsprechend dem Verhandlungsfortschritt weiterführt und alle Angebote auf der Grundlage derselben Kriterien bewertet. Dass der Vergabevermerk selbst nicht die einzelnen Stufen des Verfahrens enthält, ist nicht relevant. Die Pflicht, einen Vermerk zu fertigen, der die einzelnen Stufen des Verfahrens, die maßgebenden Feststellungen sowie die Begründung der einzelnen Entscheidungen enthält, ist nämlich dahingehend auszulegen, dass das Vergabeverfahren und alle maßgeblichen Entscheidungen laufend und in nachvollziehbarer Weise zu dokumentieren sind. Es muss nicht nur ein Vermerk vorliegen, sondern es **ist ausreichend – und entspricht auch der Praxis – wenn eine durchgängige Dokumentation durch separate Schriftstücke** erfolgt (OLG Karlsruhe, B. v. 16. 6. 2010 – Az.: 15 Verg 4/10; OLG Koblenz, B. v. 6. 11. 2008 – Az.: 1 Verg 3/08; 2. VK Bund, B. v. 21. 9. 2009 – Az.: VK 2–126/09; VK Hessen, B. v. 25. 7. 2003 – Az.: 69 d – VK – 31/2003; VK Niedersachsen, B. v. 11. 2. 2009 – Az.: VgK-56/2008; 1. VK Sachsen, B. v. 21. 7. 2005 – Az.: 1/SVK/076-05; offen gelassen VK Thüringen, B. v. 10. 12. 2001 – Az.: 216–402.20–081/01-GTH).

301 Die Ansicht, dass **ein körperlich einheitliches, als Vergabevermerk betiteltes Schriftstück selbst sämtliche relevanten Vorgänge und Entscheidungen des Vergabeverfahrens ausführlich dokumentieren müsse, geht also fehl.** Ausreichend ist vielmehr, wenn eine durchgängige Dokumentation in Form separater Schriftstücke die einzelnen Stufen des Verfahrens, die maßgeblichen Feststellungen sowie die Begründungen für die getroffenen Entscheidungen nachvollziehbar wiedergibt (OLG Koblenz, B. v. 6. 11. 2008 – Az.: 1 Verg 3/08; 2. VK Bund, B. v. 21. 9. 2009 – Az.: VK 2–126/09; B. v. 26. 2. 2007 – Az.: VK 2–09/07).

302 Ein **Vergabevermerk braucht nicht ausdrücklich als solcher bezeichnet** zu sein. Wesentlich ist, dass er inhaltlich das Vergabeverfahren dokumentiert. Deshalb ist es dem **Auftraggeber auch unbenommen**, die Wertung der Angebote und die Grundlagen der Entscheidung **in einer Beschlussvorlage** z. B. für einen Gemeinderat **zusammenzufassen** (OLG Karlsruhe, B. v. 16. 6. 2010 – Az.: 15 Verg 4/10).

303 **6.4.4.1.9 Eigene Dokumentation des Auftraggebers.** Eine **Vergabestelle kann sich** bei der Fertigung des Vergabevermerks **der Hilfe eines Dritten bedienen**. Es muss jedoch **deutlich werden, inwieweit die Vergabestelle dem Vergabevorschlag eines Dritten folgt** und in welchem Umfang sie sich diesen zu eigen macht. Der nachvollziehbaren Dokumentation des Wertungsvorgangs kommt im Blick auf das Transparenzgebot nach § 97 Abs. 7 GWB ein hoher Stellenwert zu. Wenn sich die Vergabestelle den Vergabevorschlag eines Dritten zu eigen macht, **muss ein entsprechender schriftlicher Zustimmungsvermerk der Vergabestelle selbst ergehen**, aus dem die Zustimmung, die Zuständigkeit und Verantwortlichkeit der Vergabestelle deutlich wird (OLG München, B. v. 21. 8. 2008 – Az.: Verg 13/08; VK Arnsberg, B. v. 28. 1. 2004 – Az.: VK 1–30/2003; VK Baden-Württemberg, B. v. 31. 10. 2001 – Az.: 1 VK 36/01; VK Nordbayern, B. v. 18. 9. 2008 – Az.: 21.VK – 3194 – 43/08; 3. VK Saarland, B. v. 23. 4. 2007 – Az.: 3 VK 02/2007, 3 VK 03/2007; 1. VK Sachsen, B. v. 21. 7. 2005 – Az.: 1/SVK/076-05; B. v. 29. 5. 2002 – Az.: 1/SVK/044-02; VK Schleswig-Holstein, B. v. 13. 12. 2004 – Az.: VK-SH-33/04; VK Südbayern, B. v. 19. 1. 2009 – Az.: Z3-3-3194-1-41-11-08; B. v. 19. 1. 2009 – Az.: Z3-3-3194-1-39–11-08).

304 Gerade wenn ein **Planungsbüro die Entscheidung des Auftraggebers vorbereitet**, ist der **Vergabevermerk ein unverzichtbarer Garant dafür**, dass der **Auftraggeber eine eigenverantwortliche Entscheidung in einem Vergabeverfahren überhaupt treffen kann** (VK Südbayern, B. v. 29. 7. 2008 – Az.: Z3-3-3194-1-18-05/08).

Gesetz gegen Wettbewerbsbeschränkungen GWB § 97 **Teil 1**

Auch sind Protokolle über die Sitzung eines Bauausschusses oder Kreistags/Stadtrats nicht geeignet, den Vergabevermerk zu ersetzen (VK Nordbayern, B. v. 10. 10. 2002 – Az.: 320.VK-3194-28/02). 305

6.4.4.1.10 Zeitpunkt der endgültigen Dokumentation. Ist das **Vergabeverfahren noch nicht abgeschlossen, muss sich der Vergabevermerk noch nicht in den Akten befinden.** Die Vergabeakten müssen aber so geführt sein, dass sich – insbesondere auf Grund der Bewertungen der Angebote – der Entscheidungsfindungsprozess des Auftraggebers nachvollziehen lässt (VK Südbayern, B. v. 13. 9. 2002 – Az.: 37-08/02). 306

Sobald die **Vergabestelle gemäß § 101 a GWB über den Namen des Bieters informiert**, dessen Angebot angenommen werden soll, und die Bieter, deren Angebote nicht berücksichtigt werden sollen, über den Grund der vorgesehenen Nichtberücksichtigung ihres Angebotes informiert, ist der **Zeitpunkt der endgültigen Dokumentation erreicht** (3. VK Saarland, B. v. 23. 4. 2007 – Az.: 3 VK 02/2007, 3 VK 03/2007; VK Südbayern, B. v. 19. 1. 2009 – Az.: Z3-3-3194-1-41–11-08; B. v. 19. 1. 2009 – Az.: Z3-3-3194-1-39–11-08; B. v. 29. 7. 2008 – Az.: Z3-3-3194-1-18-05/08). 307

6.4.4.1.11 Nachbesserung einer mangelhaften Dokumentation im Laufe des Nachprüfungsverfahrens. Die **Rechtsprechung** hierzu ist **nicht einheitlich**. 308

Nach einer Auffassung **bestehen gegen eine Nachholung der Dokumentation im Nachprüfungsverfahren**, die eigentlich während des Vergabeverfahrens hätte stattfinden müssen, **aus vergaberechtlicher Sicht keine Einwände**. Das Unterlassen einer Dokumentation macht nicht die Wertung als solche falsch, sondern hat zur Folge, dass sie nicht nachvollzogen werden kann und damit intransparent bleibt. Wird die Dokumentation jedoch nachgeholt, so ist diese Intransparenz beseitigt, der Wertungsvorgang wird der Überprüfung zugänglich. **Wollte man die Nachholung** im Nachprüfungsverfahren **nicht zulassen**, so könnte die Vergabekammer allenfalls anordnen, dass die Dokumentation – aus den genannten Gründen nicht jedoch die Wertung selbst – nachzuholen ist. Da auch eine außerhalb des Nachprüfungsverfahrens nachgeholte, auf einer entsprechenden Anordnung der Vergabekammer beruhende Dokumentation einer früheren Wertung nicht zu einem anderen Ergebnis führen kann als die Dokumentation während des Nachprüfungsverfahrens, wäre dies **ein sehr formalistischer Ansatz**, der zudem **in Gegensatz zu der Beschleunigungsmaxime** stünde: Die Nachholung der Dokumentation im Nachprüfungsverfahren ermöglicht es dem Antragsteller, inhaltliche Einwendungen gegen seine Bewertung noch in diesem Nachprüfungsverfahren vorzubringen und – so Einwendungen inhaltlicher Art bestehen – nicht etwa ein zweites Verfahren anstrengen zu müssen. Damit ist ein verfahrensmäßiger Konzentrationseffekt erreicht, der einem raschen Abschluss des gesamten Nachprüfungs- und damit letztendlich des Vergabevorgangs dient (OLG Koblenz, B. v. 15. 10. 2009 – Az.: 1 Verg 9/09; 1. VK Bund, B. v. 11. 11. 2003 – Az.: VK 1–101/03; 2. VK Bund, B. v. 24. 9. 2003 – Az.: VK 2–76/03; im Ergebnis ebenso 1. VK Sachsen, B. v. 14. 4. 2008 – Az.: 1/SVK/013-08). 309

Das **Zulassen des Nachschiebens von Gründen wird auch in Zukunft nicht die Fertigung eines Vergabevermerkes durch die Vergabestellen** obsolet machen. Die Vergabestellen werden **mindestens immer das Risiko tragen**, bei fehlender Transparenz **sich in einem Nachprüfungsverfahren rechtfertigen zu müssen**. Auch aus **Gründen der Kostentragungspflicht** dürften die Vergabestellen im eigenen Interesse bei der Fertigung des Vergabevermerks ihrer Dokumentationspflicht nachkommen (2. VK Bund, B. v. 10. 12. 2003 – Az.: VK 1–116/03). 310

Demgegenüber vertreten andere Vergabekammern und Vergabesenate die Meinung, dass ein **Dokumentationsmangel nicht dadurch behoben werden kann**, dass **mittels einer Stellungnahme im Rahmen eines Nachprüfungsverfahrens eine Begründung gegeben und damit gleichsam eine fehlende Dokumentation der Begründung eines Verfahrensschrittes gleichsam „nachgeholt" wird**. Das Vergabeverfahren stellt kein Verfahren zum Erlass eines Verwaltungsaktes dar, dessen Begründungsmängel nachträglich behoben werden könnten (OLG Celle, B. v. 12. 5. 2010 – Az.: 13 Verg 3/10; B. v. 11. 2. 2010 – Az.: 13 Verg 16/09; OLG Frankfurt, B. v. 28. 11. 2006 – Az.: 11 Verg 4/06; OLG Karlsruhe, B. v. 21. 7. 2010 – Az.: 15 Verg 6/10; VK Arnsberg, B. v. 10. 8. 2009 – Az.: VK 17/09; B. v. 26. 5. 2009 – VK 14/09; 2. VK Brandenburg, B. v. 21. 2. 2007 – Az.: 2 VK 58/06; VK Düsseldorf, B. v. 19. 3. 2007 – Az.: VK – 07/2007 – B; VK Münster, B. v. 28. 11. 2008 – Az.: VK 19/08; B. v. 30. 3. 2007 – Az.: VK 04/07; B. v. 19. 5. 2009 – Az.: 21.VK – 3194 – 14/09; VK Nordbayern, B. v. 9. 7. 2009 – Az.: 21.VK – 3194 – 15/09; B. v. 19. 5. 2009 – Az.: 21.VK – 3194 – 13/09; 1. VK Sachsen, B. v. 22. 7. 2010 – Az.: 1/SVK/022-10; 1. VK Sachsen-Anhalt, B. v. 29. 1. 311

Teil 1 GWB § 97 Gesetz gegen Wettbewerbsbeschränkungen

2009 – AZ: 1 VK LVwA 31/08; VK Südbayern, B. v. 29. 4. 2009 – Az.: Z3-3-3194-1-11–03/09; B. v. 19. 1. 2009 – Az.: Z3-3-3194-1-41–11-08; B. v. 19. 1. 2009 – Az.: Z3-3-3194-1-39–11-08; B. v. 29. 7. 2008 – Az.: Z3-3-3194-1-18-05/08; VK Thüringen, B. v. 10. 10. 2002 – Az.: 216–404.20–042/02-J-S; im Ergebnis ebenso OLG Frankfurt, B. v. 16. 8. 2006 – Az.: 11 Verg 3/06; 1. VK Bund, B. v. 6. 6. 2007 – Az.: VK 1–38/07; 2. VK Bund, B. v. 13. 7. 2005 – Az.: VK 2–75/05; 3. VK Bund, B. v. 26. 1. 2005 – Az.: VK 3–224/04; VK Hessen, B. v. 29. 5. 2002 – Az.: 69 d VK – 15/2002).

312 Außerdem vermögen **nachgeschobene Erwägungen**, mit denen eine in den Vergabeakten getroffene Entscheidung nachträglich begründet werden soll, die im Vergabeverfahren notwendigerweise situationsbezogen zu treffenden Entscheidungen im Nachhinein nicht zu begründen, **da sie die aus der Situation gewonnene Einschätzung für die weitere Vorgehensweise im Hinblick auf ein ausgeschriebenes Vergabe- oder Verhandlungsverfahren nicht mehr dokumentieren können**. Ansonsten besteht die **Gefahr**, dass die **Dokumentationspflicht des Auftraggebers nur auf eine bloße Formalie reduziert** wird, deren materielle Einhaltung im Belieben des Auftraggebers steht. Denn er hat es dann in der Hand, ob und wann er unvollständige Vergabeakten in Schriftsätzen des Nachprüfungsverfahrens ergänzt oder nicht (VK Brandenburg, B. v. 21. 2. 2007 – Az.: 2 VK 58/06; B. v. 30. 7. 2002 – Az.: VK 38/02; VK Münster, B. v. 28. 11. 2008 – Az.: VK 19/08; B. v. 30. 3. 2007 – Az.: VK 04/07).

313 Das **OLG Düsseldorf** (B. v. 17. 3. 2004 – Az.: VII – Verg 1/04) schließt sich im Grundsatz der Meinung an, dass eine **Heilung von Dokumentationsmängeln nicht zulässig** ist. Eine **Ausnahme** ist nur für solche **Umstände** möglich, die dem Auftraggeber **erst im Laufe des Nachprüfungsverfahrens bekannt** werden (ebenso OLG Frankfurt, B. v. 28. 11. 2006 – Az.: 11 Verg 4/06; B. v. 16. 8. 2006 – Az.: 11 Verg 3/06; Thüringer OLG, B. v. 26. 6. 2006 – Az.: 9 Verg 2/06).

314 In einer neueren Entscheidung rückt das **OLG Düsseldorf davon ab**. Zwar sind die Erwägungen, die einen Auftraggeber zum Absehen einer – an sich naheliegenden – Losbildung bewogen haben, zu dokumentieren. **Dennoch können die im Vergabenachprüfungsverfahren nachgeschobenen Gründe berücksichtigt werden**. Nach der Rechtsprechung des Senats ist es entsprechend § 114 VwGO möglich, die tragenden Erwägungen im laufenden Nachprüfungsverfahren nachzuholen, **wenn es auf den Zeitpunkt der Dokumentation nicht ankommt**. Es wäre unsinnig, ein Vergabeverfahren wegen mangelnder Dokumentation einer Entscheidung aufzuheben, wenn der Auftraggeber Gründe im Nachprüfungsverfahren dartut, die er nach Aufhebung des Vergabeverfahrens in einem wiederholten Vergabeverfahren ohne Weiteres seiner Entscheidung zugrunde legen kann. Die Nachholung kann auch im Rahmen eines Schriftsatzes im Vergabenachprüfungsverfahren erfolgen. Ebenso wie in einem bürgerlichen Rechtsstreit der Prozessbevollmächtigte anerkanntermaßen auch Willenserklärungen für die vertretene Partei abgeben darf, kann auch der Verfahrensbevollmächtigte für den Auftraggeber der diesen treffenden Dokumentationspflicht Genüge tun (OLG Düsseldorf, B. v. 21. 7. 2010 – Az.: VII-Verg 19/10).

315 **Bedeutung und Funktion des Vergabevermerks würden entwertet**, wenn man den **Einwand** des öffentlichen Auftraggebers **zuließe, der Vermerk sei inhaltlich nicht zutreffend** und tatsächlich beruhe die Zuschlagsentscheidung auf anderen als den niedergelegten Erwägungen. Dadurch würde nicht nur in eklatanter Weise gegen das Gebot eines transparenten Vergabeverfahrens verstoßen, sondern auch die **Möglichkeit einer Manipulation des Wertungsvorgangs eröffnet**. Um ein **in jeder Hinsicht transparentes Vergabeverfahren** zu gewährleisten und zugleich etwaigen Manipulationsmöglichkeiten so weit wie möglich vorzubeugen, ist es deshalb geboten, den **öffentlichen Auftraggeber am Inhalt seines Vergabevermerks festzuhalten** und ihm den Einwand zu verwehren, tatsächlich beruhe die Zuschlagsentscheidung auf anderen (oder zusätzlichen) als den dokumentierten Erwägungen (OLG Düsseldorf, B. v. 14. 8. 2003 – Az.: VII – Verg 46/03; OLG Karlsruhe, B. v. 21. 7. 2010 – Az.: 15 Verg 6/10).

316 Im Ergebnis schließt sich das **OLG München** dieser Auffassung **ebenfalls** an. Sinn und Zweck der Dokumentationspflichten des Auftraggebers ist es, das Verfahren objektiv transparent und überprüfbar zu machen. **Bedeutung und Funktion des Vergabevermerks werden entwertet, wenn man dem Auftraggeber gestattet, den Nachweis für ein Vorgehen, das hätte dokumentiert werden müssen, nachträglich durch Zeugenbestätigung seiner Mitarbeiter zu führen** (OLG München, B. v. 21. 8. 2008 – Az.: Verg 13/08).

317 **6.4.4.1.12 Rechtsfolge einer mangelhaften oder fehlenden Dokumentation.** Vgl. dazu die Kommentierung zu → § 107 GWB Rdn. 237.

Gesetz gegen Wettbewerbsbeschränkungen GWB § 97 **Teil 1**

6.4.4.2 Pflicht zur gleichen Informationsverschaffung für alle Bieter

Der Grundsatz der Transparenz **soll im Wesentlichen die Gefahr von Günstlingswirt-** 318
schaft oder von willkürlichen Entscheidungen des öffentlichen Auftraggebers ausschließen. Er verlangt, dass alle Bedingungen und Modalitäten des Vergabeverfahrens in der Bekanntmachung oder in den Verdingungsunterlagen klar, genau und eindeutig formuliert sind. Der Grundsatz der Transparenz bedeutet daher, dass **alle für das richtige Verständnis der Ausschreibung oder der Verdingungsunterlagen maßgeblichen technischen Informationen allen an einer öffentlichen Ausschreibung beteiligten Unternehmen so bald wie möglich zur Verfügung gestellt** werden, so dass zum einen alle gebührend informierten und mit der üblichen Sorgfalt handelnden Bieter die genaue Bedeutung dieser Informationen verstehen und sie in gleicher Weise auslegen können und zum anderen der Auftraggeber überprüfen kann, ob die Angebote der Bieter tatsächlich die für den betreffenden Auftrag geltenden Kriterien erfüllen (EuG, Urteil v. 19. 3. 2010 – Az.: T-50/05).

Bei der Frage, ob alle Bieter die gleichen Informationen hatten und ob sich aus einem un- 319
terschiedlichen Informationsstand Konsequenzen für das Vergabeverfahren ergeben, ist **als Erstes zu prüfen, ob ein unterschiedlicher Informationsstand in dem Sinne vorlag**, dass bestimmte Bieter im Rahmen der Ausschreibung über Informationen verfügten, die ein anderer Bieter nach seinem Vortrag nicht hatte. Wird ein solcher Unterschied festgestellt, ist **als Zweites zu prüfen, ob die betreffende Information für die Abfassung der Angebote nützlich** war. Nur unter diesen Umständen hatte der Bieter, der Zugang zu dieser Information hatte, einen Vorteil auf Kosten der übrigen Bieter. Als **Drittes ist zu prüfen, ob der angeblich unterschiedliche Informationsstand auf einen Verfahrensverstoß des Auftraggebers zurückzuführen** ist. Liegt ein solcher vor, ist **als Viertes zu prüfen, ob das Ausschreibungsverfahren ohne einen solchen Verfahrensstoß zu einem anderen Ergebnis hätte führen können**. Ein Verfahrensverstoß könnte die Chancengleichheit der Bieter nur dann verletzen, wenn der Bieter plausibel und hinreichend detailliert darlegt, dass er in dem Verfahren ein anderes Ergebnis hätte erzielen können (EuG, Urteil v. 19. 3. 2010 – Az.: T-50/05).

6.4.4.3 Bindung an den Ausschreibungsgegenstand prägende rechtliche und tatsächliche Umstände

Das Transparenzgebot erfordert, dass die **Ausschreibungsbedingungen dem Umstand** 320
Rechnung tragen, dass es für den Bieter entscheidend ist, dass ihm als Zuschlagsempfänger die gesetzlichen Regelungen des § 129 Abs. 1 Satz 3 SGB V zugutekommen, die im Zusammenhang mit der ihm eingeräumten exklusiven Stellung als Rabattvertragspartner der Auftraggeber eine Umsatzsteigerung bewirken (1. VK Bund, B. v. 16. 7. 2010 – Az.: VK 1–58/10).

Schneidet der Auftraggeber die Ausschreibung (in den Verdingungsunterlagen und dem 321
Rabattvertragsentwurf) **darauf zu, dass als Anreiz für die Einräumung von Rabatten auf Seiten der Bieter die Erwartung einer Umsatzsteigerung durch die Ersetzung wirkstoffgleicher Arzneimittel dient, ist er aufgrund des Transparenzgebots verpflichtet, bei der Ausgestaltung der Ausschreibung im Übrigen die die Substitution von Medikamenten regelnden Vorschriften zu beachten oder jedenfalls deutlich darauf hinzuweisen, inwiefern und aus welchen Gründen er ggfs. davon abzuweichen gedenkt**. Es stellt sich deshalb als vergaberechtswidrig dar, dass der Auftraggeber im Falle des Wirkstoffs Betamethason die Preisvergleichsgruppen nicht ausgehend von den jeweiligen Darreichungsformen der betreffenden Arzneimittel gebildet hat. Die Bildung der Preisvergleichsgruppen dient der Ermittlung der WMZ, aus denen durch Addition die GWMZ gebildet wird, die das maßgebliche Zuschlagskriterium darstellt. Jedes Arzneimittel des Wirkstoffs Betamethason wird einer Preisvergleichsgruppe zugeordnet. Für jede Preisvergleichsgruppe gibt der Auftraggeber die zu seinen Lasten abgegebene Wirkstoffmenge bezogen auf den Referenzzeitraum an. Dies verdeutlicht, dass der Frage, nach welchen Kriterien die Preisvergleichsgruppen gebildet werden, eine entscheidende Bedeutung sowohl für die Kalkulation der Bieter, aber auch im Rahmen der Angebotswertung zukommt. Dies wiederum bedingt, dass die gesetzlichen Voraussetzungen, unter denen eine Substitution von Arzneimitteln nach § 129 Abs. 1 SGB V erfolgen darf, grundsätzlich auch hier zu beachten sind. Sofern der Auftraggeber in diesem Rahmen davon abweichen will, hat er darauf ausdrücklich hinzuweisen und diese Abweichung zu begründen (LSG Nordrhein-Westfalen, B. v. 28. 1. 2010 – Az.: L 21 KR 68/09 SFB).

6.4.4.4 Weitere Beispiele aus der älteren Rechtsprechung

322 Ausdruck des Transparenzgebotes ist u. a.

- hat ein **Bieter als Vorauftragnehmer Kenntnisse des Auftragsgegenstands,** kann dies naturgemäß zu Vorteilen im Rahmen der Angebotskalkulation führen. Der Auftraggeber hat insoweit gemäß § 97 Abs. 2 GWB ein **faires und transparentes Verfahren zugunsten aller übrigen Bieter zu gewährleisten,** indem er **alle für die Kalkulation notwendigen Informationen mitteilt** (3. VK Bund, B. v. 4. 11. 2009 – Az.: VK 3–190/09)

- **beabsichtigt der Auftraggeber entweder, einen Bieter zu beauftragen und hierbei in nicht unerheblichem Umfang vom Ursprungsangebot abzuweichen oder will er zunächst den Zuschlag auf das Ursprungsangebot erteilen mit der Absicht, den Leistungsumfang anschließend entsprechend der mit der Beigeladenen getroffenen Absprache zu den ausgehandelten Konditionen wieder einzuschränken,** verstößt diese Vorgehensweise gegen der Wettbewerbsgrundsatz des § 97 Abs. 1 GWB (VK Baden-Württemberg, B. v. 15. 8. 2005 – Az.: 1 VK 47/05)

- **die Pflicht der Vergabestelle zur Angabe der Vergabekriterien und zur Angabe der Gewichtung der Vergabekriterien, wenn eine Gewichtung vorgenommen wurde** (EuGH, Urteil vom 12. 12. 2002 – Az.: C-470/99)

- **die Pflicht der Vergabestelle zur Bekanntgabe der Wertungskriterien** (EuGH, Urteil vom 18. 10. 2001 – Az.: C-19/00)

- **die Pflicht der Vergabestelle zur Angabe der unterschiedlichen Gewichtung der Zuschlagskriterien** (EuGH, Urteil vom 12. 12. 2002 – Az.: C-470/99)

- **die Bindung der Vergabestelle an die bekannt gemachten Vergabekriterien** (BGH, Urteil vom 17. 2. 1999 – Az: X ZR 101/97)

- **die Bindung der Vergabestelle an die bekannt gemachten Eignungskriterien** (OLG Düsseldorf, B. v. 25. 11. 2002 – Az.: Verg 56/02; ebenso OLG Düsseldorf, B. v. 24. 6. 2002 – Az.: Verg 26/02)

- **ein fehlender Vertrauensschutz bei rechtswidrigem Handeln der Vergabestelle** (OLG Dresden, B. v. 8. 11. 2002 – Az.: WVerg 0018/02)

- **die besondere Geltung des Transparenzprinzips bei einer funktionalen Leistungsbeschreibung im Rahmen eines Verhandlungsverfahrens** (OLG Naumburg, B. v. 16. 9. 2002 – Az.: 1 Verg 02/02)

- **die Pflicht der Vergabestelle zur Durchführung konkreter, eigener Wertungsüberlegungen** (OLG Dresden, B. v. 6. 6. 2002 – Az.: WVerg 0004/02)

- **die Geltung des Transparenzprinzips auch im Verhandlungsverfahren** (OLG Frankfurt am Main, B. v. 10. 4. 2001 – Az.: 11 Verg. 1/01)

- **die Geltung des Transparenzprinzips bei der Aufhebung eines Verhandlungsverfahrens** (1. VK Bund, B. v. 28. 4. 2003 – Az.: VK 1–19/03)

- **die Pflicht der Vergabestelle zur klaren und eindeutigen Angabe der Wertungskriterien auch im Verhandlungsverfahren und bei einer funktionalen Ausschreibung** (OLG Frankfurt am Main, B. v. 10. 4. 2001 – Az.: 11 Verg. 1/01)

- **„vorsorgliche" Verhandlungen des Auftraggebers nach Ausschluss eines Bieters** stellen einen Verstoß gegen das Transparenzgebot und das Gleichbehandlungsgebot dar (VK Schleswig-Holstein, B. v. 17. 8. 2004 – Az.: VK-SH 20/04)

- **die Pflicht der Vergabestelle zur Bekanntgabe der Auftragskriterien nach § 16 Abs. 3 VOF** (VK Brandenburg, B. v. 25. 10. 2002 – Az.: VK 51/02)

- **die Möglichkeit zur Nachprüfung einer Aufhebungsentscheidung** (VK Brandenburg, B. v. 17. 9. 2002 – Az.: VK 50/02)

- **die Pflicht der Vergabestelle zur möglichst frühzeitigen Angabe von Auftragskriterien in einem VOF-Verfahren** (2. VK Bund, B. v. 8. 8. 2002 – Az.: VK 2–54/02)

- **die Pflicht der Vergabestelle zur Angabe einer einheitlichen Zuschlagsfrist** (2. VK Bund, B. v. 16. 7. 2002 – Az.: VK 2–50/02)

- **die Bindung der Vergabestelle an die veröffentlichten Eignungskriterien auch bei ortsansässigen Bietern** (VK Düsseldorf, B. v. 22. 7. 2002 – Az.: VK – 19/2002 – L)

Gesetz gegen Wettbewerbsbeschränkungen　　　　　　　　　　GWB § 97　**Teil 1**

- das Verbot, eine Erklärung über Art und Umfang des Einsatzes von Nachunternehmern, die erst nach Abgabe des Angebots erfolgt, bei der Wertung der Angebote zu berücksichtigen (VK Nordbayern, B. v. 7. 6. 2002 – Az.: 320.VK-3194-17/02)
- die Pflicht der Bieter zur Erbringung des Nachweises der Gleichwertigkeit eines Nebenangebotes bei Angebotsabgabe (VK Rheinland-Pfalz, B. v. 8. 5. 2002 – Az.: VK 8/02)
- die Pflicht zur Erstellung einer vollständigen Dokumentation des Vergabeverfahrens (1. VK Sachsen, B. v. 10. 4. 2002 – Az.: 1/SVK/23-02, 1/SVK/23-02G; ebenso VK Lüneburg, B. v. 14. 1. 2002 – Az.: 203-VgK-22/2001; VK Bremen, B. v. 18. 6. 2003, Az.: VK 08/03)
- die Pflicht der Vergabestelle zur Einhaltung der Vorschriften über die Vergabebekanntmachung (VK Südbayern, B. v. 18. 3. 2002 – Az.: 04-02/02)
- die Pflicht der Vergabestelle zur Durchführung eines Eröffnungstermins und Verlesung der Angebotssummen sowie anderer Angaben (1. VK Sachsen, B. v. 13. 2. 2002 – Az.: 1/SVK/002-02)
- das Verbot von Änderungen an den Verdingungsunterlagen durch die Bieter (VK Nordbayern, B. v. 15. 2. 2002 – Az.: 320.VK-3194-02/02; ebenso 2. VK Bund, B. v. 17. 1. 2002 – Az.: VK 2–46/01)
- die Unzulässigkeit der allgemeine Angaben „Qualität" als Wertungskriterium (VK Baden-Württemberg, B. v. 21. 11. 2001 – Az.: 1 VK 37/01)
- die Pflicht der Vergabestelle zur nur ausnahmsweisen Aufnahme von Bedarfspositionen in eine Leistungsbeschreibung (VK Lüneburg, B. v. 17. 9. 2001 – Az.: 203-VgK-18/2001)
- die Pflicht der Vergabestelle zur Beachtung und Benutzung der jeweils zutreffenden Begriffe des Vergaberechts (1. VK Sachsen, B. v. 26. 7. 2001 – Az.: 1/SVK/73-01)
- das Verbot der gemeinsamen Ausschreibung von hoheitlichen und nicht-hoheitlichen Aufgaben ohne Losbildung (1. VK Sachsen, B. v. 13. 6. 2001 – Az.: 1/SVK/44-01)
- die Pflicht der Vergabestelle zur grundsätzlichen Trennung der Wertungsstufen (VK Magdeburg, B. v. 7. 6. 2001 – Az.: 33–32571/07 VK 06/01 MD)
- die Bindung der Vergabestelle an die einmal getroffene Entscheidung über die Inanspruchnahme der 20%-Klausel des § 1a VOB/A (VK Hessen, B. v. Juni 2001 – Az.: 69 d VK – 17/2001)
- das Verbot, versehentlich in eine Ausschreibung nicht aufgenommene Positionen mit fiktiven Preisen im Rahmen der Prüfung und Wertung zu berücksichtigen (VK Detmold, B. v. 16. 1. 2001 – Az.: VK.11–31/00)
- die Pflicht der Vergabestelle zur Beachtung des Transparenzgebotes bei der Auswahl von Bewerbern im Rahmen eines Teilnahmewettbewerbes (1. VK Bund, B. v. 25. 6. 2003 – Az.: VK 1–45/03)
- die Pflicht der Vergabestelle zur Beachtung des Transparenzgebotes bei der Aufhebung eines VOF-Verfahrens (VK Brandenburg, B. v. 16. 6. 2003 – Az.: VK 20/03)

6.4.4.5 Literatur

- Burgi, Martin, Die Bedeutung der allgemeinen Vergabegrundsätze Wettbewerb, Transparenz 　323
und Gleichbehandlung, NZBau 2008, 29
- Höfler, Heiko, Transparenz bei der Vergabe öffentlicher Aufträge, NZBau 2010, 73
- Schaller, Hans, Dokumentations-, Informations-, Mitteilungs-, Melde- und Berichtspflichten im öffentlichen Auftragswesen, VergabeR 2007, 394

6.5 Gleichbehandlungsgebot (§ 97 Abs. 2)

6.5.1 Spielraum des nationalen Gesetzgebers bei der inhaltlichen Ausgestaltung

Was die Grundsätze der Gleichbehandlung und der Transparenz betrifft, ist den **Mitglied-**　324
staaten ein gewisses Ermessen zuzuerkennen, um zur Einhaltung dieser Grundsätze bestimmte Maßnahmen zu erlassen, die öffentliche Auftraggeber bei jedem Verfah-

ren zur Vergabe eines Auftrags zu beachten haben. Jeder Mitgliedstaat ist nämlich am besten in der Lage, im Licht seiner spezifischen historischen, rechtlichen, wirtschaftlichen oder sozialen Erwägungen zu bestimmen, durch welche Situationen Verhaltensweisen begünstigt werden, die zu Missständen bei der Beachtung dieser Grundsätze führen könnten. Solche **Maßnahmen dürfen jedoch nach dem Grundsatz der Verhältnismäßigkeit, der ein allgemeiner Grundsatz des Gemeinschaftsrechts ist, nicht über das hinausgehen, was zur Erreichung dieses Ziels erforderlich** ist (EuGH, Urteil v. 23. 12. 2009 – Az.: C-376/08).

6.5.2 Inhalt und Reichweite

325 Der Grundsatz der Gleichbehandlung der Bieter, der die Entwicklung eines gesunden und effektiven Wettbewerbs zwischen den sich um einen öffentlichen Auftrag bewerbenden Unternehmen fördern soll, gebietet, dass die **Bieter bei der Abfassung ihrer Angebote die gleichen Chancen haben, was voraussetzt, dass die Angebote aller Bieter den gleichen Bedingungen unterworfen** sind (EuG, Urteil v. 19. 3. 2010 – Az.: T-50/05).

326 **Welche Gesichtspunkte der Auftraggeber** im Vergabeverfahren im Hinblick auf das Gleichbehandlungsgebot **beachten muss**, richtet sich nach der Vergabeverfahrensart und nach den **Umständen des Einzelfalles** (OLG Brandenburg, B. v. 7. 5. 2009 – Az.: Verg W 6/09).

327 Der verfassungsrechtlich verankerte (Art. 3 GG) **Gleichheitsgrundsatz** gehört seit jeher zu den **elementaren Prinzipien des deutschen Vergaberechts** und hat in § 97 Abs. 2 GWB, § 2 Abs. 3 VOB/A eine spezifische gesetzliche und verdingungsrechtliche Normierung erfahren. Er ist in allen Phasen des Vergabeverfahrens zu beachten und dient dazu, die Vergabeentscheidung im Interesse eines funktionierenden Wettbewerbs auf willkürfreie, sachliche Erwägungen zu stützen (OLG Saarbrücken, B. v. 29. 5. 2002 – Az.: 5 Verg 1/01; VK Baden-Württemberg, B. v. 30. 12. 2008 – Az.: 1 VK 51/08; VK Brandenburg, B. v. 19. 3. 2004 – Az.: VK 86/03, B. v. 8. 12. 2003 – Az.: VK 75/03).

328 Wird vom Auftraggeber der Versuch unternommen, den Wettbewerb aufgrund von unsachlichen, nicht plausiblen oder subjektiven Momenten bzw. Kriterien zu verfälschen, kann **keine marktorientierte Konkurrenzsituation** entstehen, die **das wirtschaftlichste Angebot im Sinn von § 97 Abs. 5 GWB herausfiltert**. Das Diskriminierungsverbot gilt dabei für sämtliche Abschnitte des Vergabeverfahrens, also von dessen Vorbereitung bis zu dessen Beendigung (VK Baden-Württemberg, B. v. 30. 12. 2008 – Az.: 1 VK 51/08; VK Brandenburg, B. v. 23. 11. 2004 – Az.: VK 58/04).

329 Das Gleichbehandlungsgebot führt aber nicht zur Pflicht der Vergabestelle, **bestehende Wettbewerbsvorteile und -nachteile potentieller Bieter durch die Gestaltung der Vergabeunterlagen „auszugleichen"** (BayObLG, B. v. 5. 11. 2002 – Az.: Verg 22/02). Vgl. dazu im Einzelnen die Kommentierung z. B. zu → § 7 VOB/A Rdn. 32 ff.

330 **Nicht in jeder Vorgabe eines öffentlichen Auftraggebers, die eine Ausschlusswirkung für manche Marktteilnehmer oder Produkte bewirkt, liegt gleichzeitig eine Diskriminierung.** Es gibt im Gegenteil sogar **häufig Anknüpfungen mit Ausschlusswirkung, die vollkommen legal** sind. Beispielhaft kann das Erfordernis einer Zertifizierung nach der DIN-Norm ISO 9001 herangezogen werden, das der öffentliche Auftraggeber gemäß § 7 EG Abs. 10 VOL/A grundsätzlich aufstellen darf; ein Unternehmen, das daraufhin nicht am Wettbewerb teilnehmen kann, ist hiervon ausgeschlossen, ohne dass dies diskriminierend wäre (3. VK Bund, B. v. 20. 3. 2009 – Az.: VK 3–40/09; B. v. 20. 3. 2009 – Az.: VK 3–34/09; B. v. 20. 3. 2009 – Az.: VK 3–22/09).

331 Nach ständiger Rechtsprechung des Europäischen Gerichtshofs **schließt der Grundsatz der Gleichbehandlung den Grundsatz der Transparenz mit ein**. Diese Grundsätze, die die Grundlage der Gemeinschaftsrichtlinien im Bereich der öffentlichen Aufträge bilden, **bedeuten u. a., dass die Bieter, auch potenzielle, allgemein gleichbehandelt werden und über die gleichen Chancen bei der Abfassung ihrer Teilnahmeanträge oder Angebote verfügen müssen**. Die potenziell Interessierten müssen sich insbesondere in Bezug auf den Umfang der in einer Vergabebekanntmachung enthaltenen Informationen in der gleichen Situation befinden. Es würde diesen Grundsätzen nicht entsprechen, wenn eine Gruppe dieser Interessierten sich an den betreffenden Auftraggeber wenden müsste, um Klarstellungen und ergänzende Informationen über die tatsächliche Bedeutung des Inhalts einer Vergabebekanntmachung zu erhalten, da der Wortlaut der Mitteilung für einen verständigen und sorgfältigen Interessierten keinen Raum für Zweifel lässt (EuG, Urteil v. 19. 3. 2010 – Az.: T-50/05; EuGH, Urteil v. 12. 11. 2009 – Az.: C-199/07).

Nach § 97 Abs. 2 GWB sind die Teilnehmer an einem Vergabeverfahren gleich zu behandeln. 332
Dies erfordert, dass für alle Bieter dieselben Vorgaben und Regeln im Vergabeverfahren gelten.
Dies **bedeutet jedoch nicht, dass die Bieter den Anspruch haben, mit ihren angebotenen Leistungen nur im Wettbewerb und Vergleich mit aus ihrer Sicht identischen Leistungen anderer Bieter zu stehen.** Wie unter anderem aus § 7 Abs. 1 VOL/A folgt, ergibt sich das Wettbewerbsumfeld für das jeweilige Vergabeverfahren vielmehr aus der Sicht des nachfragenden Auftraggebers, der umgekehrt verpflichtet ist, die von ihm nachgefragte Leistung eindeutig und so erschöpfend zu beschreiben, dass alle Bieter die Beschreibung im gleichen Sinne verstehen müssen. Der **Anspruch der Bieter auf Gleichbehandlung besteht insoweit allein darin, dass ihre Angebote an denselben Kriterien gemessen werden und dieselben Anforderungen erfüllen müssen** (1. VK Bund, B. v. 27. 11. 2009 – Az.: VK 1–200/09).

6.5.3 Ausformung in VOB/VOL/VOF

333

	Gleichbehandlungsgebot
VOB	§ 2 Abs. 2
VOL	§ 2 EG Abs. 1
VOF	§ 2 Abs. 1

6.5.4 Wichtige Ausprägungen des Gleichbehandlungsgebots in der Rechtsprechung

6.5.4.1 Unzulässigkeit der ausschließlichen Berücksichtigung örtlicher Unternehmen

Die **gemeinschaftliche Koordinierung der Verfahren zur Vergabe öffentlicher Aufträge soll u. a. die Gefahr einer Bevorzugung einheimischer Bieter** bei einer Auftragsvergabe und zugleich die Möglichkeit ausschließen, dass ein öffentlicher Auftraggeber sich von Überlegungen leiten lässt, die mit dem in Rede stehenden Markt nichts zu tun haben (EuGH, Urteil v. 16. 12. 2008 – Az.: C-213/07). Die **ausschließliche Berücksichtigung örtlicher Unternehmen ist daher ein vergabefremdes Auswahlkriterium**, das rechtlich unbeachtlich ist (OLG Düsseldorf, B. v. 26. 7. 2002 – Az.: Verg 28/02; 3. VK Bund, B. v. 12. 11. 2009 – Az.: VK 3–208/09). 334

Nicht mit dem Gleichbehandlungsgebot nach § 97 Abs. 2 GWB vereinbar ist die **Diskriminierung von Marktteilnehmern wegen ihrer Herkunft oder Staatsangehörigkeit** (EuGH, Urteil v. 16. 12. 2008 – Az.: C-213/07; Urteil vom 20. 10. 2005 – Az.: C-264/03). **Gleiches gilt auch etwa für lokale oder regionale Hemmnisse bei Beteiligung inländischer Wettbewerber.** Die durch das Wettbewerbsprinzip zwingend geforderte Gleichheit der Chancen für alle Wettbewerbsteilnehmer wird deshalb verletzt, wenn von Bietern regionale Nachweise gefordert werden, die von der zuständigen Behörde nicht erteilt werden, ohne dass die Gründe dafür in der Person des Antragstellers liegen, und wenn in diesem Fall keine vergleichbaren vorhandenen Nachweise von dem Auftraggeber zugelassen und berücksichtigt werden. Ansonsten können sich Unternehmen, die bislang noch über keine entsprechende Bestätigung im jeweiligen Bundesland verfügen, nicht Erfolg versprechend am Verfahren beteiligen (VK Brandenburg, B. v. 23. 11. 2004 – Az.: VK 58/04; im Ergebnis ebenso 1. VK Sachsen, B. v 3. 12. 2004 – Az.: 1/SVK/104-04, 1/SVK/104-04G). 335

Auch zur **Feststellung der Eignung der Bieter auf der zweiten Wertungsstufe** darf der Auftraggeber allein auf Fachkunde, Leistungsfähigkeit und Zuverlässigkeit abstellen, § 97 Abs. 4 GWB. Die **Berücksichtigung der Nationalität als weiteres Eignungskriterium wäre wegen Verstoßes gegen den Gleichbehandlungsgrundsatz von vornherein unzulässig und stünde in diametralem Gegensatz zum Grundanliegen des europäischen Vergaberechts**, nämlich der Herstellung des Binnenmarkts auch für den Sektor des öffentlichen Auftragswesens. Der Auftraggeber darf als öffentlicher Auftraggeber vielmehr zur Vermeidung unzulässiger Diskriminierungen i. S. d. § 97 Abs. 2 GWB bei der Prüfung der Eignung gerade nicht auf die Herkunft der Bieter abstellen (3. VK Bund, B. v. 12. 11. 2009 – Az.: VK 3–208/09). 336

337 Aus vergaberechtlicher Sicht ist es auch **irrelevant, wenn die zu verwendenden Haushaltmittel einem nationalen Konjunkturförderprogramm entstammen** und der **Förderzweck auf nationaler Ebene durch eine Auftragsvergabe an einen ausländischen Bieter möglicherweise nicht erfüllt** wird (3. VK Bund, B. v. 12. 11. 2009 – Az.: VK 3–208/09).

6.5.4.2 Literatur

338 – Müller-Wrede, Malte, Örtliche Präsenz, Ortsnähe und Ortsansässigkeit als Wertungskriterien – eine Verletzung des Diskriminierungsverbots?, VergabeR 2005, 32

6.5.4.3 Zulässigkeit eines Ortstermins mit nur einem Bieter

339 Eine § 97 Abs. 2 GWB **verletzende Ungleichbehandlung vergleichbarer Sachverhalte** liegt grundsätzlich **nicht** vor, **wenn der Auftraggeber nur mit demjenigen Bieter, der darum nachgesucht hat, innerhalb der Angebotsfrist eine Ortsbesichtigung durchführt**. Das Ersuchen um einen Ortstermin stellt nicht nur ein formales Unterscheidungskriterium der Sachverhalte dar, sondern rechtfertigt auch bei wertender Betrachtung grundsätzlich die unterschiedlichen Verhaltensweisen. Denn der **Wunsch (nur) eines Bieters nach einer Ortsbegehung kann vielfältige Ursachen haben**, die bei den anderen Bietern nicht zutreffen und muss den Auftraggeber daher nicht notwendig zu der Annahme veranlassen, dass allen Bietern nur nach einer Ortsbesichtigung eine sachgerechte Angebotserstellung möglich sei. So ist **denkbar, dass bei gleichem Angebotsinhalt einige Bieter eine Besichtigung für sinnvoll halten, während andere sich in der Lage sehen, die Machbarkeit des Projekts oder zumindest ihr (Kalkulations-)Risiko allein anhand der vorliegenden Angaben hinreichend zu beurteilen**. Ferner können die Angebotsinhalte im Einzelnen differieren, mit der Folge, dass nur für manche Ausführungsarten die Kenntnis der Örtlichkeit objektiv erheblich ist, während dies bei Anderen nicht der Fall ist. Schließlich **kann das Verlangen nach einem Ortstermin dazu dienen, lediglich ein Alternativangebot vorzubereiten, so dass er für andere Bieter von vornherein keinen relevanten Informationsgewinn brächte**, jedoch wohl aus Gründen des Geheimwettbewerbs die Möglichkeit der Durchführung nur eines Ortstermins ausgeschlossen wäre, was zu einem erheblichen organisatorischen Mehraufwand auf Seite des Auftraggebers führen würde. Danach ist es grundsätzlich Sache jedes Bieters, sein Bedürfnis nach weiteren Informationen selbst zu verfolgen und um einen Ortstermin zu bitten, der freilich **zwecks Gleichbehandlung nach § 97 Abs. 2 GWB gewährt werden muss, wenn auch anderen Bietern eine solche Gelegenheit gegeben wird**. Ausnahmsweise dürfte eine Ungleichbehandlung durch Nichteinladung auch der übrigen Bieter zur Ortsbesichtigung dann anzunehmen sein, wenn der **Auftraggeber aus der Anfrage eines Bieters erkennen muss, dass eine sachgerechte Angebotsabgabe überhaupt nur nach einer Ortsbesichtigung möglich** ist (KG Berlin, B. v. 13. 3. 2008 – Az.: 2 VERG 18/07).

6.5.5 Weitere Beispiele aus der Rechtsprechung

340 – sind die **Verdingungsunterlagen** so gefasst, dass **keine vergleichbaren Preise ermittelt werden können**, sind das Wettbewerbsgebot und das Gleichheitsgebot verletzt (VK Schleswig-Holstein, B. v. 26. 11. 2009 – Az.: VK-SH 22/09)

– die **Beantwortung einer wesentlichen Bieteranfrage nur fünf Tage vor Ablauf der Angebotsfrist** – wodurch dieser Bieter insoweit in denselben Kenntnisstand wie ein anderer Bieter versetzt wird –, ist in Anbetracht dieses kurzen Zeitraums **nicht geeignet, den Kenntnisvorsprung des einen Bieters gegenüber dem anderen Bieter und damit die Benachteiligung des einen Bieters auszugleichen** und eine Verletzung des Gleichbehandlungsgebots zu vermeiden (1. VK Bund, B. v. 21. 8. 2009 – Az.: VK 1–146/09)

– der öffentliche Auftraggeber hat auch und vor allem die **Entscheidung, wem er den Auftrag erteilt, und die hierzu nötigen Wertungen selbst nach einheitlichem Maßstab zu treffen** (BGH, B. v. 26. 9. 2006 – Az.: X ZB 14/06)

– **Verbot der Forderung nach Vorlage einer Sanierungsträgerbestätigung nach §§ 157 Abs. 1, 158 BauGB a. F. des Bundeslandes der Kommune für den Fall, dass diese aus objektiven Gründen nicht vorgelegt werden kann**; dann ist eine gleichwertige Bestätigung eines anderen Landes oder EU-Mitgliedstaates vom Auftraggeber zuzulassen, um Bewerbungen von Sanierungsträgern außerhalb des Bundeslandes der Kommune zu ermöglichen (VK Brandenburg, B. v. 23. 11. 2004 – Az.: VK 58/04)

Gesetz gegen Wettbewerbsbeschränkungen GWB § 97 **Teil 1**

- die Pflicht der Vergabestelle zur Angabe der Vergabekriterien und zur Angabe der Gewichtung der Vergabekriterien, wenn eine Gewichtung vorgenommen wurde (EuGH, Urteil vom 12. 12. 2002 – Az.: C-470/99)
- kein Verbot für die Vergabestelle, ein Vergabekriterium zu benennen, das nur von einer kleinen Zahl von Bietern erfüllt werden kann (EuGH, Urteil vom 17. 9. 2002 – Az.: C-513/99)
- die Bindung der Vergabestelle an die bekannt gemachten Eignungskriterien (OLG Düsseldorf, B. v. 25. 11. 2002 – Az.: Verg 56/02; ebenso OLG Düsseldorf, B. v. 24. 6. 2002 – Az.: Verg 26/02)
- ein fehlender Vertrauensschutz bei rechtswidrigem Handeln der Vergabestelle (OLG Dresden, B. v. 8. 11. 2002 – Az.: WVerg 0018/02)
- das Verbot des Verlangens eines tariflichen Mindestlohns (Hanseatisches OLG Hamburg, B. v. 4. 11. 2002 – Az.: 1 Verg 3/02)
- die Pflicht der Vergabestelle zur „ausschreibungsreifen" Definition von Zielen und Leistungsanforderungen einer Leistungsbeschreibung (OLG Naumburg, B. v. 16. 9. 2002 – Az.: 1 Verg 02/02)
- keine Pflicht der Vergabestelle, bestehende Wettbewerbsvorteile und -nachteile potentieller Bieter durch die Gestaltung der Vergabeunterlagen „auszugleichen" (ererbte Vor- und Nachteile) (OLG Koblenz, B. v. 5. 9. 2002 – Az.: 1 Verg 2/02)
- Bindung der Bieter und der Vergabestelle im Verhandlungsverfahren an die letzten Angebote und Unzulässigkeit der Änderung dieser Angebote nach Beginn der Wertung (OLG Düsseldorf, B. v. 25. 7. 2002 – Az.: Verg 33/02)
- „vorsorgliche" Verhandlungen des Auftraggebers nach Ausschluss eines Bieters stellen einen Verstoß gegen das Transparenzgebot und das Gleichbehandlungsgebot dar (VK Schleswig-Holstein, B. v. 17. 8. 2004 – Az.: VK-SH 20/04)
- Pflicht der Vergabestelle zur Ermittlung des wirtschaftlichsten Angebotes durch ein Losverfahren bei gleichem Preis-Leistungs-Verhältnis aller Angebote (VK Nordbayern, B. v. 27. 6. 2003 – Az.: 320.VK-3194-20/03)
- Bindung der Vergabestelle an selbst gesetzte Angebotsausschlussfristen im Verhandlungsverfahren (VK Halle, B. v. 9. 1. 2003 – Az.: VK Hal 27/02)
- das Verbot von unzulässigen Nachverhandlungen (OLG Saarbrücken, B. v. 29. 5. 2002 – Az.: 5 Verg 1/01)
- der Gleichbehandlungsgrundsatz kann es in engen Ausnahmefällen gebieten, Ausnahmen vom grundsätzlich beim Bieter liegenden Übermittlungsrisiko hinsichtlich der Rechtzeitigkeit des Angebotes zuzulassen (OLG Düsseldorf, B. v. 7. 1. 2002 – Az.: Verg 36/01)
- die Pflicht der Vergabestelle zur Erteilung sachdienlicher Auskünfte während des Laufes der Angebotsfrist (OLG Naumburg, B. v. 23. 7. 2001 – Az.: 1 Verg. 2/01)
- die Geltung des Diskriminierungsverbots auch im Verhandlungsverfahren (OLG Frankfurt am Main, B. v. 10. 4. 2001 – Az.: 11 Verg. 1/01)
- die Geltung des Diskriminierungsverbots bei der Aufhebung eines Verhandlungsverfahrens (1. VK Bund, B. v. 28. 4. 2003 – Az.: VK 1–19/03)
- die grundsätzliche Unzulässigkeit von fehlenden Angaben in Angeboten (1. VK Bund, B. v. 27. 9. 2002 – Az.: VK 1–63/02)
- die Möglichkeit zur Nachprüfung einer Aufhebungsentscheidung (VK Brandenburg, B. v. 17. 9. 2002 – Az.: VK 50/02)
- das Verbot, nach Ablauf einer für die Einreichung von Unterlagen bestimmten Frist diese Unterlagen noch zur Wertung zuzulassen (VK Südbayern, B. v. 14. 2. 2003 – Az.: 02-01/03)
- die Pflicht der Vergabestelle zur Bekanntgabe der Auftragskriterien nach § 16 Abs. 3 VOF (VK Brandenburg, B. v. 25. 10. 2002 – Az.: VK 51/02)
- die Pflicht der Vergabestelle zur organisatorischen und personellen Trennung zwischen dem Ersteller der Leistungsbeschreibung und den Bietern (2. VK Bund, B. v. 11. 9. 2002 – Az.: VK 2–42/02)

- die Pflicht der Vergabestelle, wettbewerbsrelevante Fragen und Antworten im Rahmen eines Ausschreibungsverfahrens auch den übrigen Bietern zukommen zu lassen (2. VK Bund, B. v. 11. 9. 2002 – Az.: VK 2–42/02)
- kein uneingeschränktes Verbot der Berücksichtigung des Wertungskriteriums „Ortsnähe" (VK Baden-Württemberg, B. v. 30. 8. 2002 – Az.: 1 VK 41/02); streitig – zumindest im Rahmen eines VOF-Verfahrens ist Ortsansässigkeit ein vergabefremdes Kriterium (2. VK Brandenburg, B. v. 17. 7. 2001 – Az.: 2 VK 56/01)
- die Bindung der Vergabestelle an die veröffentlichten Eignungskriterien auch bei ortsansässigen Bietern (VK Düsseldorf, B. v. 22. 7. 2002 – Az.: VK – 19/2002 – L)
- die Möglichkeit für die Vergabestelle, die Überprüfung von Referenzen auf ortsfremde Bieter zu beschränken (VK Düsseldorf, B. v. 22. 7. 2002 – Az.: VK – 19/2002 – L)
- die Pflicht zur Beachtung bei der Entscheidung, ob nur ein Bieter zu einer Teststellung eingeladen wird (2. VK Bund, B. v. 10. 7. 2002 – Az.: VK 2–34/02)
- Verbot der Forderung nach einem „RAL-Gütezeichen" ohne den Zusatz „oder gleichwertig" (VK Thüringen, B. v. 7. 2. 2006 – Az.: 360–4002.20–063/05-EF-S; VK Köln, B. v. 3. 7. 2002 – Az.: VK VOL 4/2002)
- die Pflicht der Vergabestelle auf Gleichbehandlung der Bieter im Rahmen von Aufklärungsgesprächen (2. VK Bund, B. v. 20. 6. 2002 – Az.: VK 2–28/02)
- das Verbot, eine Erklärung über Art und Umfang des Einsatzes von Nachunternehmern, die erst nach Abgabe des Angebots erfolgt, bei der Wertung der Angebote zu berücksichtigen (VK Nordbayern, B. v. 7. 6. 2002 – Az.: 320.VK-3194-17/02)
- die Pflicht zur Berücksichtigung bei der Auswahl von Unternehmen bei einem Teilnahmewettbewerb (1. VK Sachsen, B. v. 29. 5. 2002 – Az.: 1/SVK/044-02; 1. VK Bund, B. v. 25. 6. 2003 – Az.: VK 1–45/03)
- die Pflicht zur Auswahl der Bewerber für das Verhandlungsverfahren gemäß der VOF nach objektiven, transparenten Kriterien, die einer Abstufung zugänglich sind (VK Baden-Württemberg, B. v. 23. 1. 2003 – Az.: 1 VK 70/02)
- die Pflicht der Vergabestelle dazu, im Verhandlungsverfahren mit mehreren Bietern allen Bietern die gleichen Informationen zukommen zu lassen und ihnen die Chance zu geben, innerhalb gleicher Fristen und zu gleichen Anforderungen Angebote abzugeben (1. VK Sachsen, B. v. 13. 5. 2002 – Az.: 1/SVK/029-02)
- das Verbot, nicht gleichwertige Angebote zur Vergabe zuzulassen (1. VK Bund, B. v. 26. 3. 2002 – Az.: VK 1–07/02)
- die Pflicht der Vergabestelle zum zeitgleichen Einholen des letzten Angebotes im Verhandlungsverfahren mit mehreren Bewerbern (VK Südbayern, B. v. 8. 2. 2002 – Az.: 41-11/01)
- das Verbot, Angebote von Bietergemeinschaften auszuschließen (VK Brandenburg, B. v. 1. 2. 2002 – Az.: 2 VK 119/01)
- das Verbot von Änderungen an den Verdingungsunterlagen durch die Bieter (VK Nordbayern, B. v. 15. 2. 2002 – Az.: 320.VK-3194-02/02; ebenso 2. VK Bund, B. v. 17. 1. 2002 – Az.: VK 2–46/01)
- die Pflicht der Vergabestelle zur einheitlichen Interpretation der Vergabeunterlagen (2. VK Bund, B. v. 17. 1. 2002 – Az.: VK 2–46/01)
- die Pflicht zur besonderen Beachtung bei Beteiligung von Projektanten auf Bieterseite (VK Lüneburg, B. v. 14. 1. 2002 – Az.: 203-VgK-22/2001)
- die Pflicht der Vergabestelle, nach Ablauf der Zuschlags- und Bindefrist allen für die Vergabe noch in Betracht kommenden Bietern die Möglichkeit zu geben, am Vergabeverfahren teilzunehmen (VK Hamburg, B. v. 18. 12. 2001 – Az.: VgK FB 8/01)
- die Unzulässigkeit der Anwendung eines Mittelwertverfahrens im Rahmen der Prüfung und Wertung der Angebote (VK Berlin, B. v. 2. 6. 2009 – Az.: VK B 2–12/09; 1. VK Sachsen, B. v. 29. 11. 2001 – Az.: 1/SVK/110-01)
- das Verbot einer Forderung nach örtlicher Präsenz (1. VK Sachsen, B. v. 19. 11. 2001 – Az.: 1/SVK/119-01)

Gesetz gegen Wettbewerbsbeschränkungen GWB § 97 **Teil 1**

- **kein Zwang zu gleichen Rahmenbedingungen für alle Lose** (VK Baden-Württemberg, B. v. 16. 11. 2001 – Az.: 1 VK 39/01)
- **kein Verbot der Wiederaufnahme eines bereits ausgeschiedenen Bewerbers in das Verhandlungsverfahren nach VOF** (VK Baden-Württemberg, B. v. 24. 8. 2001 – Az.: 1 VK 20/01)
- **das Verbot der gemeinsamen Ausschreibung von hoheitlichen und nicht-hoheitlichen Aufgaben ohne Losbildung** (1. VK Sachsen, B. v. 13. 6. 2001 – Az.: 1/SVK/44-01)
- **die Pflicht der Vergabestelle zum Ausschluss derjenigen Bewerbungen in einem VOF-Verfahren, bei denen die geforderten Eignungsnachweise nicht beigefügt waren** (1. VK Bund, B. v. 10. 5. 2001 – Az.: VK 1–11/01)
- **das Verbot der Wertung von bedingten Preisnachlässen, wenn die Erfüllung der gestellten Bedingung vom Bieter selbst mit abhängt** (VK Nordbayern, B. v. 25. 4. 2001 – Az.: 320.VK-3194-05/01)
- **das Verbot, versehentlich in eine Ausschreibung nicht aufgenommene Positionen mit fiktiven Preisen im Rahmen der Prüfung und Wertung zu berücksichtigen** (VK Detmold, B. v. 16. 1. 2001 – Az.: VK 11–31/00)
- **die Pflicht der Vergabestelle zur Beachtung des Transparenzgebotes bei der Aufhebung eines VOF-Verfahrens** (VK Brandenburg, B. v. 16. 6. 2003 – Az.: VK 20/03)

6.5.6 Literatur
- Burgi, Martin, Die Bedeutung der allgemeinen Vergabegrundsätze Wettbewerb, Transparenz und Gleichbehandlung, NZBau 2008, 29   341

6.6 Vertraulichkeitsgebot

6.6.1 Allgemeines

Hauptziel der Gemeinschaftsvorschriften über das öffentliche Auftragswesen ist der **freie** 342 **Dienstleistungsverkehr und die Öffnung für einen unverfälschten Wettbewerb in allen Mitgliedstaaten**. Um dieses Ziel zu erreichen, dürfen die öffentlichen **Auftraggeber keine das Vergabeverfahren betreffenden Informationen preisgeben**, deren Inhalt dazu verwendet werden könnte, den Wettbewerb entweder in einem laufenden Vergabeverfahren oder in späteren Vergabeverfahren zu verfälschen. Überdies **beruhen die Vergabeverfahren** sowohl ihrer Natur nach als auch gemäß dem gemeinschaftsrechtlichen Regelungssystem in diesem Bereich **auf einem Vertrauensverhältnis zwischen den öffentlichen Auftraggebern und den an diesen Verfahren teilnehmenden Wirtschaftsteilnehmern**. Letztere müssen den öffentlichen Auftraggebern alle im Rahmen des Vergabeverfahrens zweckdienlichen Informationen mitteilen können, ohne befürchten zu müssen, dass die öffentlichen Auftraggeber Informationen, deren Preisgabe den Wirtschaftsteilnehmern schaden könnte, an Dritte weitergeben. Aus diesen Gründen bestimmt z.B. Art. 15 Abs. 2 der Richtlinie 93/36, dass der öffentliche Auftraggeber den vertraulichen Charakter aller von den Lieferanten gemachten Angaben wahren muss (EuGH, Urteil v. 14. 2. 2008 – Az.: C-450/06).

Im Ausschreibungs- und Vergabeverfahren gilt also für Auftraggeber und Bieter bzw. Bewerber ein – **im GWB nicht ausdrücklich aufgeführtes** – **Vertraulichkeitsgebot hinsichtlich aller im Rahmen des Ausschreibungs- und Vergabeverfahrens erhaltenen Informationen**.   343

Die Vergabestelle ist daher schon im Rahmen eines nur angebahnten Vertragsverhältnisses 344 ganz besonders verpflichtet, die insoweit angezeigte Verschwiegenheit und Vertraulichkeit zu wahren (VK Arnsberg, B. v. 3. 9. 2009 – Az.: VK 19/09 – instruktives Beispiel aus der Kommunalpolitik; VK Rheinland-Pfalz, B. v. 5. 8. 2002 – Az.: VK 20/02).

Welche Informationen von Auftraggeber und Bieter bzw. Bewerber der Vertraulichkeit unterworfen werden und auf welche Art und Weise die Vertraulichkeit gesichert wird, liegt im pflichtgemäß auszuübenden **Ermessen der Beteiligten eines Ausschreibungs- und Vergabeverfahrens** (VK Hessen, B. v. 7. 8. 2003 – Az.: 69 d VK – 26/2003).   345

6.6.2 Ausformung in VOB/VOL/VOF

Ausdrückliche Regelungen über das Vertraulichkeitsgebot enthalten die **§§ 14 Abs. 8** 346 **VOB/A, 17 EG Abs. 3 VOL/A**. In der **VOF** fehlt eine entsprechende Vorschrift.

6.6.3 Verwertung von Preisangaben aus abgeschlossenen Ausschreibungen für die Wertung einer laufenden Ausschreibung

347 Nach § 14 Abs. 8 VOB/A und § 17 EG Abs. 3 VOL/A sind Angebotspreise vertraulich zu behandeln. Der Schutzzweck dieser Vorschriften bezieht sich aber auf das jeweils laufende Vergabeverfahren, um einen fairen Wettbewerb zu gewährleisten und einer nachträglichen Veränderung der Angebote vorzubeugen. Wenn die **Preise von Angeboten, auf die der Zuschlag bereits erteilt worden ist, später bekannt werden, besteht nach dem Normzweck dieser Regelungen keine Veranlassung mehr, einen besonderen Schutz in Form eines Verwertungsverbotes zu gewährleisten.** Dies gilt insbesondere dann, wenn die Preise nur mittelbar als Faktor eine Rolle spielen, um Rückschlüsse auf die Eignung des Bieters gezogen werden. Ein Verwertungsverbot würde im Ergebnis dazu führen, dass selektiv bestimmte Erkenntnisse aus vorangegangenen Verfahren für die Eignungsprüfung ausscheiden würden. Dies wäre jedoch nicht vereinbar mit dem Grundsatz, dass der Auftraggeber – solange er sich in rechtmäßigen Grenzen hält – völlig frei ist, ob, in welcher Weise und mit Hilfe welcher Auskunftsmittel er sich die Kenntnis von der Eignung des Bieters verschafft (VK Hessen, B. v. 16. 1. 2004 – Az.: 69 d VK – 72/2003).

6.6.4 Rechtsnatur einer geforderten Vertraulichkeitserklärung

348 Eine mit einer Vertragsstrafe verbundene Vertraulichkeitserklärung stellt eine **Vertragsstrafe im Sinne der §§ 339 ff. BGB** im Sinne eines unselbständigen an eine auf ein Tun oder Unterlassen gerichtete Hauptverbindlichkeit angelehntes vertraglich determiniertes Strafversprechen dar, **welches die Erfüllung der Hauptverbindlichkeit im Sinne eines Druckmittels sichern und den Gläubiger den Schadensbeweis ersparen soll.** Die durch den Bieter bzw. den Auftraggeber als Erklärenden zu sichernde Hauptverbindlichkeit besteht z. B. in dem Unterlassen der Aufzeichnung, Weitergabe und Verwertung der aus den Angebotsunterlagen erlangten Informationen und der Sicherstellung dieser Unterlassung durch Beschäftigte und Beauftragte des Erklärenden. Das an diese Hauptverbindlichkeit angelehnte Strafversprechen besteht in der Erklärung, im Falle der Zuwiderhandlung gegen die vom Bieter übernommenen Verpflichtungen der Hauptverbindlichkeit eine der Höhe nach festgelegte bestimmte Geldstrafe zu zahlen. Ob diese unter Berücksichtigung der §§ 307 ff. BGB unwirksam sein können, ist – unbeschadet der Frage, ob es sich um Allgemeine Geschäftsbedingungen im Sinne des § 305 BGB handelt – nicht im Hinblick auf § 97 Abs. 7 GWB, also vergaberechtlich, sondern ausschließlich vertragsrechtlich von Bedeutung. Sollten die Bestimmungen materiell-rechtlich unwirksam sein, kann eine vergaberechtliche Einschränkung und damit Rechtsverletzung bereits deshalb nicht bestehen, weil in diesem Falle eine Verwirkung der Vertragsstrafe nicht eintreten kann (VK Hessen, B. v. 7. 8. 2003 – Az.: 69 d VK – 26/2003).

6.6.5 Weitere Beispiele aus der Rechtsprechung

349 – Bieter bzw. Bewerber können z. B. vom Auftraggeber eine Vertraulichkeitserklärung verlangen, wenn es sich bei vom Auftraggeber verlangten Unterlagen um **Betriebsgeheimnisse** handelt (OLG Düsseldorf, B. v. 15. 8. 2003 – Az.: Verg 38/03; 2. VK Bund, B. v. 6. 6. 2003 – Az.: VK 2–36/03)

– auch der **Auftraggeber kann von den Bietern bzw. Bewerbern eine Vertraulichkeitserklärung verlangen** (VK Baden-Württemberg, B. v. 12. 7. 2001 – Az.: 1 VK 12/01)

– der Auftraggeber kann die **Übersendung von Vergabeunterlagen von der vorherigen Unterzeichnung einer Vertraulichkeitserklärung abhängig** machen (VK Hessen, B. v. 7. 8. 2003 – Az.: 69 d VK – 26/2003).

6.6.6 Literatur

350 – Burgi, Martin, Die Bedeutung der allgemeinen Vergabegrundsätze Wettbewerb, Transparenz und Gleichbehandlung, NZBau 2008, 29

– Just, Christoph/Sailer, Daniel, Informationsfreiheit und Vergaberecht, DVBl. 2010, 418

6.7 Grundsatz von Treu und Glauben

6.7.1 Treu und Glauben im Vergaberecht

351 Der **Grundsatz von Treu und Glauben (§ 242 BGB) gilt auch im Vergaberecht** (OLG Düsseldorf, B. v. 15. 3. 2010 – Az.: VII-Verg 12/10; B. v. 28. 5. 2003 – Az.: Verg 9/03;

Gesetz gegen Wettbewerbsbeschränkungen GWB § 97 **Teil 1**

B. v. 20. 3. 2003 – Az.: Verg 08/03; B. v. 8. 5. 2002 – Az.: Verg 8–15/01; 1. VK Sachsen, B. v. 10. 9. 2009 – Az.: 1/SVK/035-09). Methodisch ist er den allgemeinen Grundsätzen des Vergaberechts, die in § 97 GWB ihren Niederschlag gefunden haben, zuzuordnen.

6.7.2 Beispiele aus der Rechtsprechung

– **es besteht nur dann ein schutzwürdiges Vertrauen eines Bieters, dass sein Angebot nicht wegen Unvollständigkeit ausgeschlossen wird, wenn eine entsprechende, gegenüber dem als Auftragnehmer in Frage kommenden Bieterkreis ausgeübte ständige Verfahrenspraxis besteht.** Nach dem auch im Vergaberecht zu beachtenden Grundsatz von Treu und Glauben ist es dem Auftraggeber verwehrt, eine bekannte, ständige und damit seine Selbstbindung auslösende Verfahrenspraxis ohne entsprechende Ankündigung und Information aufzugeben und die Angebote der mit dieser Praxis vertrauten Bieter am Wortlaut der Vergabeunterlagen zu messen (OLG Düsseldorf, B. v. 15. 3. 2010 – Az.: VII-Verg 12/10) 352

– die **Bindung eines Auftraggebers an von ihm begründete Vertrauenstatbestände** kann so weit gehen, dass er **objektiv vorliegende Ausschlussgründe nicht beachten darf**, wenn er sich damit in Widerspruch zu seiner ständigen Vergabepraxis setzt. Hat z. B. ein Auftraggeber in seiner bisherigen Ausschreibungspraxis nicht die Angabe der anerkannten Prüfstelle als Nachunternehmen verlangt, darf er dies auch nicht plötzlich und unterwartet machen (2. VK Bund, B. v. 26. 5. 2008 – Az.: VK 2–49/08)

– es stellt einen **offenen Widerspruch** dar, wenn der an einem Auftrag Interessierte auf der einen Seite einen – hier im Unterlassen eines öffentlichen Aufrufs zum Wettbewerb gesehenen – **Vergaberechtsverstoß des öffentlichen Auftraggebers rügt** und zum Gegenstand eines Nachprüfungsantrages macht, auf der anderen Seite jedoch gleichzeitig **diesen behaupteten Fehler selbst dadurch ausnutzt**, indem er in der durch den behaupteten Vergaberechtsfehler hervorgerufenen Lage für das eigene Unternehmen, und zwar zusammen mit dem öffentlichen Auftraggeber, an einer dem Vergaberecht unterfallenden vertraglichen Abrede, jedenfalls aber an hierauf gerichteten Verhandlungen, mitwirkt, die zu einem vergaberechtswidrigen Abschluss führen sollten (OLG Düsseldorf, B. v. 8. 5. 2002 – Az.: Verg 8–15/01)

– berechtigtes Vertrauen kann dazu führen, dass ein Bieter, der das **Nachunternehmerverzeichnis** – wie immer – mit dem Stempel „wird nachgereicht" versehen hat, nicht vom Vergabeverfahren auszuschließen ist (OLG Düsseldorf, B. v. 20. 3. 2003 – Az.: Verg 08/03; OLG Düsseldorf, B. v. 28. 5. 2003 – Az.: Verg 9/03; OLG Düsseldorf, B. v. 23. 7. 2003 – Az.: Verg 24/03)

– die als Präklusionsregel ausgestattete **Rügevorschrift des § 107 Abs. 3 Satz 1 GWB** soll nach den Vorstellungen des Gesetzgebers unter dem Gesichtspunkt von Treu und Glauben der Einleitung unnötiger Nachprüfungsverfahren durch Spekulation mit Vergabefehlern entgegenwirken (BayObLG, B. v. 22. 1. 2002 – Az.: Verg 18/01)

– eine **Rüge ist entbehrlich**, wenn die VK zu erkennen gibt, dass sie von vornherein und unumstößlich an ihrer Entscheidung festhalten wird. In einer solchen Situation wäre ein Festhalten an der Rügepflicht eine von vornherein aussichtslose und **mit den Geboten von Treu und Glauben unvereinbare Förmelei** (OLG Saarbrücken, B. v. 29. 5. 2002 – Az.: 5 Verg 1/01)

– Es wäre allerdings zu überlegen, ob nicht die Unverzüglichkeitsregelung des **§ 107 Abs. 3 Satz 1 oder zumindest der Grundsatz von Treu und Glauben** mit der möglichen Folge der Präkludierung bzw. Verwirkung des Rügerechts greift, wenn der Bieter die aus der Bekanntmachung erkennbaren Verstöße nachweislich zu einem schon möglicherweise frühen Zeitpunkt positiv erkannt hat (VK Hessen, B. v. 2. 1. 2003 – Az.: 69 d VK – 55/2002)

– bei dem Angebot eines Bieters handelt es sich um eine bürgerlich-rechtliche empfangsbedürftige Willenserklärung, die nach den §§ 133, 157 BGB unter Berücksichtigung der von der Rechtsprechung entwickelten Grundsätze auszulegen ist. Danach sind **empfangsbedürftige Willenserklärungen so auszulegen, wie sie der Erklärungsempfänger nach Treu und Glauben unter Berücksichtigung der Verkehrssitte verstehen musste** (BayObLG, B. v. 16. 9. 2002 – Az.: Verg 19/02)

– nach dem Grundsatz von Treu und Glauben (§ 242 BGB) kann die Vergabestelle ihre **in der dritten Wertungsstufe** des § 10 Abs. 1 VOF (Prüfung der fachlichen Eignung der Bieter) **zu Gunsten der Antragstellerin getroffene Entscheidung nicht in der vierten Wer-

Teil 1 GWB § 97 Gesetz gegen Wettbewerbsbeschränkungen

tungsstufe bei der Auswahl desjenigen Bieters, der die bestmögliche Leistung erwarten lässt (§ 16 Abs. 1 und 2 VOF), **wieder rückgängig machen** (OLG Düsseldorf, B. v. 7. 11. 2001 – Az.: Verg 23/01)

– zwar existieren für die Beantragung eines Nachprüfungsverfahrens keine Fristen. Dennoch gilt auch für das Nachprüfungsverfahren, dass **eine späte Klageerhebung gegen Treu und Glauben verstoßen kann**, wenn der Rechtschutz Begehrende erst dann Rechtmittel einlegt, wenn der Gegner und die sonstigen Beteiligten **nicht mehr mit einem Verfahren rechnen** (2. VK Bund, B. v. 13. 11. 2002 – Az.: VK 2–78/02)

– hat sich ein Antragsteller bereits mehrfach an Ausschreibungsverfahren der Vergabestelle beteiligt, davon einige Male mit Erfolg und **hat der Antragsteller die Vorgaben aus dem VergabeG LSA stets eingehalten**, handelt der Antragsteller widersprüchlich, wenn er sich erst auf die **angebliche Rechtswidrigkeit des VergabeG LSA beruft**, nachdem die Vergabestelle die entsprechenden fremdsprachigen Unterlagen nicht anerkennt (VK Magdeburg, B. v. 4. 10. 2002 – Az.: 33–32571/07 VK 07/02 MD)

– verhindert eine Vergabestelle durch ihr Verhalten den Primärrechtsschutz eines Bieters, ist der **Vertrag** mit einem anderen Bieter wegen Verstoßes gegen den Grundsatz von Treu und Glauben **nichtig** (VK Hessen, B. v. 27. 2. 2003 – Az.: 69 d VK – 70/2002).

6.7.3 Literatur

353 – Burgi, Martin, Die Bedeutung der allgemeinen Vergabegrundsätze Wettbewerb, Transparenz und Gleichbehandlung, NZBau 2008, 29

6.8 Gebot der Berücksichtigung mittelständischer Interessen (§ 97 Abs. 3)

6.8.1 Änderungen durch das Vergaberechtsmodernisierungsgesetz 2009

6.8.1.1 Stärkung der Mittelstandsklausel

354   Der **bisherige § 97 Abs. 3** verpflichtete jeden Auftraggeber bei der Vergabe eines Auftrages oberhalb der EG-Schwellenwerte mittelständische Interessen angemessen zu berücksichtigen. Dies soll bislang vornehmlich durch Teilung der Aufträge in Fach- und Teillose geschehen. Trotz dieser Regelung beklagen mittelständische Unternehmen die vielfach wenig mittelstandsgerechte Ausgestaltung der Auftragsvergaben. Bündelung von Nachfragemacht und Zusammenfassung teilbarer Leistungen seien zunehmende Praxis. Auch scheint die Zunahme elektronischer Beschaffungsformen diese Tendenz zu befördern. **Gerade bei der öffentlichen Auftragsvergabe, die vielfach mit einer marktstarken Stellung eines Auftraggebers einhergeht, ist es im Interesse der vorwiegend mittelständisch strukturierten Wirtschaft geboten, auf mittelständische Interessen bei der Ausgestaltung der Vergabeverfahren besonders zu achten**, um so die Nachteile der mittelständischen Wirtschaft gerade bei der Vergabe großer Aufträge mit einem Volumen, das die Kapazitäten mittelständischer Unternehmen überfordern könnte, auszugleichen. Die **Mittelstandsklausel des § 97 Abs. 3 wird daher nach der Gesetzesbegründung in ihrer Wirkung verstärkt**. Dies soll **dadurch verwirklicht** werden, dass eine **Losvergabe stattzufinden hat. Nur in begründeten Ausnahmefällen kann davon abgewichen werden, wenn wirtschaftliche oder technische Gründe dies erfordern**. Verfahren öffentlicher Auftraggeber nach dieser Vorschrift, so haben sie **aktenkundig zu begründen, dass die gesetzlichen Voraussetzungen erfüllt** sind (OLG Celle, B. v. 26. 4. 2010 – Az.: 13 Verg 4/10). Für die Vergaben der Aufträge unterhalb der EG-Schwellenwerte erwartet die Bundesregierung mit der Verstärkung des § 97 Abs. 3 eine Vorbildwirkung für die Erarbeitung der Regelungen in den Verdingungsausschüssen bzw. des Vergabe- und Vertragsausschusses.

355   **Inhaltlich erfährt der Vorrang der Losvergabe also eine deutliche Aufwertung**, wobei gerade die Rechtsprechung auch bisher diesen Vorrang betont hat.

6.8.1.2 Sicherstellung einer mittelstandsfreundlichen Auftragsvergabe auch im Rahmen einer Öffentlich-Privaten-Partnerschaft

356   Um eine **mittelstandsfreundliche Auftragsvergabe auch im Rahmen einer Öffentlich-Privaten-Partnerschaft sicher zu stellen**, wurde nach der Gesetzesbegründung in **§ 97 Abs. 3 Satz 4 GWB 2009** die Regelung aufgenommen, dass der **öffentliche Auftraggeber**

Gesetz gegen Wettbewerbsbeschränkungen   GWB § 97 **Teil 1**

ein im Rahmen einer ÖPP beauftragtes Unternehmen – sofern dieses Unternehmen Unteraufträge vergibt – **verpflichten muss, die Unteraufträge ebenfalls mittelstandsfreundlich zu vergeben.**

Da die **Gesetzesbegründung** hinsichtlich der Öffentlich-Privaten-Partnerschaft **keinen Ausdruck im Gesetzestext gefunden hat, gilt die Regelung des § 97 Abs. 3 Satz 4 GWB 2009 für jede Unterauftragsvergabe.**   357

6.8.2 Bieterschützende Vorschrift

Die Vorschrift des § 97 Abs. 3 GWB hat nicht nur den Charakter eines Programmsatzes, sondern gehört zu den **Vorschriften, auf deren Beachtung der Bieter nach § 97 Abs. 7 GWB infolge der Prinzipien der Gleichbehandlung und des Wettbewerbs einen Anspruch hat.** Daraus folgt, dass ein mittelständischer Bieter subjektive Rechte auf Beachtung der Losvergabe gegenüber dem Auftraggeber geltend machen kann (OLG Düsseldorf, B. v. 25. 11. 2009 – Az.: VII-Verg 27/09; OLG Thüringen, B. v. 6. 6. 2007 – Az.: 9 Verg 3/07; VK Arnsberg, B. v. 31. 1. 2001 – Az.: VK 2-01/2001; 1. VK Bund, B. v. 14. 9. 2007 – Az.: VK 1-101/07; B. v. 31. 8. 2007 – Az.: VK 1–92/07; B. v. 1. 2. 2001 – Az.: VK 1 - 1/01; 2. VK Bund, B. v. 6. 10. 2009 – Az.: VK 2–165/09; B. v. 29. 9. 2009 – Az.: VK 2–162/09; B. v. 20. 4. 2009 – Az.: VK 1–13/09; B. v. 16. 9. 2008 – Az.: VK 2–97/08; B. v. 15. 9. 2008 – Az.: VK 2–94/08; VK Düsseldorf, B. v. 19. 3. 2007 – Az.: VK – 07/2007 – B; VK Hessen, B. v. 19. 2. 2009 – Az.: 69d VK – 01/2009; B. v. 27. 2. 2003 – Az.: 69d VK – 70/2002; VK Magdeburg, B. v. 6. 6. 2002 – Az.: 33–32571/07 VK 05/02 MD; VK Münster, B. v. 7. 10. 2009 – Az.: VK 18/09; VK Niedersachsen, B. v. 25. 3. 2010 – Az.: VgK-07/2010; VK Nordbayern, B. v. 16. 4. 2008 – Az.: 21.VK – 3194 – 14/08; 1. VK Sachsen, B. v. 26. 6. 2009 – Az.: 1/SVK/024-09; B. v. 6. 4. 2009 – Az.: 1/SVK/005–09; VK Südbayern, B. v. 21. 7. 2008 – Az.: Z3-3-3194-1-23–06/08).   358

Die **Möglichkeit des Auftraggebers, unter der Voraussetzung der Unwirtschaftlichkeit auf eine losweise Vergabe zu verzichten und eine Gesamtvergabe anzustreben, dient allein der Berücksichtigung haushaltsrechtlicher Aspekte, die ausschließlich im Interesse des Auftraggebers liegen.** Ein Bieter kann sich daher nicht zur Herleitung eines Anspruchs auf Gesamtvergabe hierauf berufen. Denn unwirtschaftlich kann die Zersplitterung der Leistung – unter der Voraussetzung kostendeckender Angebote – nur für den Auftraggeber sein. Die Möglichkeit, auf eine losweise Vergabe zu verzichten, hat also allein das Ziel, die ökonomische Verwendung der Haushaltmittel zu sichern. Damit handelt es sich hier um eine der Sphäre des Haushaltsrechts zuzuordnende Einschränkungsmöglichkeit der losweisen Vergabe. **Das Haushaltsrecht stellt jedoch ein rein staatliches Innenrecht dar, aus dem Privatpersonen keine subjektiven Rechte für sich herleiten können.** Folglich kommt dem **Petitum, eine Gesamtvergabe muss erfolgen, keine bieterschützende Wirkung** zu (3. VK Bund, B. v. 29. 9. 2005 – Az.: VK 3–121/05).   359

6.8.3 Inhalt des § 97 Abs. 3

Das Prinzip der losweisen Vergabe als wichtigstes Instrument zur Förderung des Mittelstandes ist in § 97 Abs. 3 GWB besonders hervorgehoben. Die **Bestimmung stellt den mittelstandsfördernden Aspekt der Verdingungsordnungen auf eine gesetzliche Grundlage, wodurch dieser eine Aufwertung erfährt** (1. VK Sachsen, B. v. 25. 9. 2009 – Az.: 1/SVK/038-09; B. v. 30. 4. 2008 – Az.: 1/SVK/020-08).   360

Es handelt sich **also jetzt – entgegen der bisherigen Rechtsprechung** (VK Schleswig-Holstein, B. v. 5. 10. 2005 – Az.: VK-SH 23/05) - durchaus **um eine „Allgemeine Klausel zum Schutz des Mittelstands" mit dem Ziel einer generellen Bevorzugung mittelständischer Unternehmen bei der Auftragsvergabe.**   361

§ 97 Abs. 3 GWB (in der ab 24. 4. 2009 gültigen Fassung) soll durch seine Neuformulierung grundsätzlich den Mittelstand stärken, **bedarf aber der Auslegung und einer praktischen Anwendung bezogen auf das konkrete Ausschreibungsprojekt: Der in § 97 Abs. 3 Satz 2 GWB vorgesehene Zwang zur losweisen Vergabe kollidiert mit § 97 Abs. 5 GWB.** Primäres Ziel der öffentlichen Beschaffung ist der wirtschaftliche Einkauf der öffentlichen Hand und die sparsame Verwendung von Steuergeldern. Die Aufteilung in Fachlose braucht von vornherein nur zu erfolgen, wenn dies marktüblich ist. Die **Gesamtvergabe kann von Anfang an ins Auge gefasst werden, wenn berechtigte wirtschaftliche und technische Gründe dafür sprechen.** Der Grundsatz des Mittelstandschutzes und der   362

Chancengleichheit kleinerer Unternehmen stößt da an seine Grenzen, wo der öffentliche Auftraggeber zumindest solche eigenen Interessen nicht zu opfern braucht, die er nur in Gestalt einer Gesamtvergabe zu erreichen vermag. Der Auftraggeber hat dabei die Interessen des Mittelstands mit seinem eigenen Interesse an einer wirtschaftlichen Vergabe abzuwägen (3. VK Bund, B. v. 4. 11. 2009 – Az.: VK 3–190/09; 3. VK Saarland, B. v. 7. 9. 2009 – Az.: 3 VK 01/2009 – umfangreiche Auseinandersetzung mit der Entstehungsgeschichte des neuen § 97 Abs. 3 GWB).

363 Ungeachtet der mit dem Baubereich zusammenhängenden Begrifflichkeit des Teil- und Fachloses ist zu beachten, dass sich **§ 97 Abs. 3 GWB auf das Gebot der losweisen Vergabe seinem Wortlaut nach gerade nicht auf Bauvergaben beschränkt** hat. Damit **unterliegt grundsätzlich auch die Vergabe von Dienstleistungen und damit auch die Vergabe von freiberuflichen Dienstleistungen der Regelung des § 97 Abs. 4 GWB**. Dies gilt ungeachtet der Tatsache, dass die Regelung des § 97 Abs. 3 GWB in der VOF im Gegensatz zur VOB/A keine unmittelbare Wiederholung findet. Dort ist lediglich in § 4 Abs. 5 VOF geregelt, dass kleinere Büroorganisationen und Berufsanfänger angemessen beteiligt werden sollen. Auf Grund des nicht nach Vergabebereichen differenzierenden Wortlauts des § 97 Abs. 3 GWB ist jedoch davon auszugehen, dass der nunmehr geregelte grundsätzliche Vorrang der Losvorgabe für alle Auftragsvergaben oberhalb der Schwellenwerte gilt und die öffentlichen Auftraggeber das diesbezügliche Regel-Ausnahme-Verhältnis zu beachten haben (VK Niedersachsen, B. v. 25. 3. 2010 – Az.: VgK-07/2010).

6.8.4 Sinn und Zweck der Losvergabe

364 Das **Gebot der losweisen Aufteilung eines Auftrages soll kleine und mittelständische Unternehmen befähigen, Angebote abzugeben, zu deren Durchführung ihr Unternehmen – noch – in der Lage ist**. Es soll jedoch **nicht durch Vermehrung der abzuschließenden Verträge allen Unternehmen**, auch solchen, die auf den gesamten Leistungsumfang ohne Schwierigkeiten bieten können, **generell eine Erhöhung der Zuschlagschancen erbringen** (1. VK Bund, B. v. 8. 1. 2004 – Az.: VK 1–117/03; VK Düsseldorf, B. v. 22. 10. 2003 – Az.: VK – 29/2003 – L).

365 Das Recht auf einen für die eigene Situation optimalen Loszuschnitt wird weder von § 97 Abs. 3 GWB und § 2 EG Abs. 2 VOL/A noch von anderen vergaberechtlichen Normen oder Grundsätzen geschützt. Das **Gebot der Losaufteilung besteht nicht deswegen, um Bietern zu ermöglichen, möglichst passgenaue Angebote zu unterbreiten**, sondern deswegen, um vor dem Hintergrund der übergeordneten Ziele der Wettbewerbsförderung, der Gleichbehandlung und der Erhaltung eines breit gestreuten Marktes einer möglichst großen Zahl von – insbesondere auch kleineren und mittelgroßen – Unternehmen grundsätzlich die Chance zu geben, sich um den Auftrag zu bemühen (2. VK Bund, B. v. 16. 9. 2008 – Az.: VK 2–97/08).

366 Die **Verfolgung allgemeiner wirtschaftspolitischer Ziele** wie etwa die Förderung kleiner und mittlerer Unternehmen gehört **ebenso wenig** wie die Unterstützung ortsansässiger Unternehmen **zu den Kriterien, auf die eine Vergabeentscheidung nach öffentlicher Ausschreibung gestützt werden kann**. Seiner Funktion entsprechend, die Chancengleichheit unter den Bewerbern zu sichern, lässt das Vergaberecht nur die Berücksichtigung solcher Umstände bei der Entscheidung über den Zuschlag zu, die den durch die Vergabe bezeichneten Bedarf und den Inhalt der zur Deckung dieses Bedarfs abgegebenen Gebote betreffen. Damit sollte es zugleich dem von der Ausschreibung weiter geschützten öffentlichen Interesse an einer auch im Hinblick auf die anfallenden Kosten optimalen Deckung dieses Bedarfs der öffentlichen Hände dienen. Die Einbeziehung weiterer, insbesondere allgemeiner wirtschaftspolitischer Erwägungen ist mit diesem System nicht zu vereinbaren (BGH, Urteil v. 17. 2. 1999 – Az: X ZR 101/97; 2. VK Bund, B. v. 20. 4. 2009 – Az.: VK 1–13/09).

367 Geht es z. B. um einen **Großauftrag in zweistelliger Millionenhöhe**, der nicht zuletzt hohe Anforderungen an Organisationsvermögen, bundesweite Verfügbarkeit von Spezialkräften und auch an die Liquidität und Kapitalkraft des Bieters stellt, etwa wenn sich die für den Auftrag erforderlichen Zulieferer als unzuverlässig oder vertragsbrüchig erweisen und der Bieter für kurzfristigen Ersatz sorgen und langwierige Rechtsstreitigkeiten überstehen muss, könnte sich in solchen Situationen schnell herausstellen, dass sich ein **kleines Unternehmen an diesem Großauftrag verhoben hat, was für die Vergabestelle fatale Konsequenzen hätte**. Denn ihre Mängelansprüche würden mit einer Insolvenz des Auftragnehmers gleichfalls verloren ge-

Gesetz gegen Wettbewerbsbeschränkungen GWB § 97 **Teil 1**

hen. Auch aus diesen Gründen kann eine **Bevorzugung von kleinen Unternehmen bei der Vergabe ausscheiden** (2. VK Bund, B. v. 10. 7. 2002 – Az.: VK 2–34/02).

Im Baubereich sind nach § 5 Abs. 2 VOB/A 2006 Bauleistungen verschiedener Handwerks- oder Gewerbezweige in der Regel nach Fachgebieten oder Gewerbezweigen (Fachlose) getrennt zu vergeben. Durch diese Vorgabe **berücksichtigt die VOB die besondere Struktur der deutschen Bauwirtschaft** und die Vorstellung der Bundesregierung zur Förderung der mittelständischen Unternehmen. Durch die **Fachlosvergaben werden diese mittelständischen Unternehmen direkt Vertragspartner des öffentlichen Auftraggebers**, während diese bei Paket- bzw. Generalunternehmer-Vergaben nur als Nachunternehmer tätig werden können und in keinem direkten Vertragsverhältnis zum öffentlichen Auftraggeber stehen. Hinzu kommt, dass die **Generalunternehmer in ihren Nachunternehmerverträgen häufig ungünstigere Bedingungen aufnehmen als der öffentliche Auftraggeber**. Angesichts dieser Zielsetzungen (Marktpflege) haben die Vergabestellen mehraufwendungen durch Fachlosvergaben in ihrem Verwaltungsbereich, z. B. aus Koordinierung, Bauausführung und Gewerbeleistung hinzunehmen (VK Halle, B. v. 6. 6. 2000 – Az: VK Hal 09/00 – unter Bezug auf ein Urteil des LG Hannover, B. v. 21. 12. 2000 – Az: VK Hal 22/00). 368

Das Argument, **kleine und mittlere Unternehmen hätten die Möglichkeit, sich zu Bietergemeinschaften zusammenzuschließen**, wird dem **Schutzzweck des § 97 Abs. 3 GWB nicht gerecht**, wonach mittelständischen Unternehmen grundsätzlich die Möglichkeit zur eigenständigen Beteiligung am Bieterwettbewerb einzuräumen ist (OLG Düsseldorf, B. v. 8. 9. 2004 – Az.: VII – Verg 38/04; B. v. 4. 3. 2004 – Az.: VII – Verg 8/04; VK Nordbayern, B. v. 19. 5. 2009 – Az.: 21.VK – 3194 – 14/09; B. v. 19. 5. 2009 – Az.: 21.VK – 3194 – 13/09; 1. VK Sachsen, B. v. 30. 4. 2008 – Az.: 1/SVK/020-08). Auch die **Möglichkeit einer Beteiligung von Nachunternehmern** ist insoweit **kein tragfähiges Argument** (VK Nordbayern, B. v. 19. 5. 2009 – Az.: 21.VK – 3194 – 14/09; B. v. 19. 5. 2009 – Az.: 21.VK – 3194 – 13/09; 1. VK Sachsen, B. v. 30. 4. 2008 – Az.: 1/SVK/020-08). 369

6.8.5 Vorrang der Losvergabe

6.8.5.1 Allgemeines

Der Vorrang der Losvergabe ist eine **Ausprägung der prononcierten Mittelstandsfreundlichkeit des deutschen Vergaberechts**. Rechtspolitische Intention der Vorschriften über die Losvergabe ist die **Förderung des Mittelstandes** (1. VK Sachsen, B. v. 30. 4. 2008 – Az.: 1/SVK/020-08; B. v. 7. 2. 2003 – Az.: 1/SVK/007-03), **ohne dass dies einen Anspruch auf Bevorzugung** beinhaltet (1. VK Sachsen, B. v. 30. 4. 2008 – Az.: 1/SVK/020-08). Ein Anspruch auf Losaufteilung besteht nicht bereits dann, wenn sie technisch möglich ist. Die Bestimmung sieht vielmehr lediglich die Recht auf eine angemessene Berücksichtigung mittelständischer Interessen vor und zwar vornehmlich durch Aufteilung in Lose (VK Baden-Württemberg, B. v. 18. 7. 2003 – Az.: 1 VK 30/03; VK Brandenburg, B. v. 22. 9. 2008 – Az.: VK 27/08; 2. VK Bund, B. v. 15. 9. 2008 – Az.: VK 2–94/08; B. v. 29. 7. 2004 – Az.: VK 2–85/04; VK Nordbayern, B. v. 9. 7. 2009 – Az.: 21.VK – 3194 - 15/09). Die **Gesamtzielsetzung des Vergaberechts**, eine **an Wirtschaftlichkeitsgesichtspunkten orientierte Beschaffung** zu erreichen, gebietet dann eine **Abweichung von der Losvergabe**, wenn diese im konkreten Fall **in hohem Maße unwirtschaftlich** ist (1. VK Bund, B. v. 1. 2. 2001 – Az.: VK 1 - 1/01; 2. VK Bund, B. v. 4. 3. 2009 – Az.: VK 2–202/08, VK 2–205/08). 370

6.8.5.2 Vorrang der Losvergabe im Baubereich

Das **Bundesministerium für Verkehr, Bau und Stadtentwicklung** hat in Abstimmung mit dem **Bundesministerium für Wirtschaft und Technologie** und dem **Bundesministerium der Finanzen** in einem Schreiben an das Ministerium für Bauen und Wohnen des Landes Nordrhein-Westfalen seine **Haltung zur Vergabe von Bauleistungen an Generalunternehmer (GU) bzw. zur Bevorzugung von Fach- und Teillosvergabe** verdeutlicht: 371

– ein genereller Mittelstandsschutz verstößt nicht gegen Art. 49 EG

– es ist keine Grundlage dafür gegeben, das Gebot des Vorrangs der Fach- und Teillosvergabe eng auszulegen

– Art. 30 Baukoordinierungsrichtlinie enthält keine Umkehrung des Regel/Ausnahmeverhältnisses zwischen Fach- und Teillosvergabe und GU-Vergabe

– bei der Generalunternehmervergabe ist eine generelle Berücksichtigung des Verwaltungsaufwandes nicht möglich.

6.8.5.3 Ausnahmen von der Losvergabe

372 **6.8.5.3.1 Allgemeines.** Nach § 97 Abs. 3 Satz 3 dürfen mehrere Teil- oder Fachlose zusammen vergeben werden, wenn **wirtschaftliche oder technische Gründe dies erfordern**.

373 Demgemäß hat der Auftraggeber bei der Prüfung, ob er eine Los- oder Gesamtvergabe ausschreibt, zu erwägen, **ob der Fach- oder Teillosvergabe keine ernsthaften wirtschaftlichen oder technischen Belange entgegenstehen** (OLG Düsseldorf, B. v. 11. 7. 2007 – Az.: VII – Verg 10/07; B. v. 8. 9. 2004 – Az.: VII – Verg 38/04; OLG Naumburg, B. v. 24. 6. 2010 – Az.: 1 Verg 4/10; OLG Thüringen, B. v. 6. 6. 2007 – Az.: 9 Verg 3/07; 1. VK Bund, B. v. 14. 9. 2007 – Az.: VK 1–101/07; B. v. 31. 8. 2007 – Az.: VK 1–92/07; B. v. 1. 2. 2001 – Az.: VK 1 – 1/01; 2. VK Bund, B. v. 4. 3. 2009 – Az.: VK 2–202/08, VK 2–205/08; 3. VK Bund, B. v. 4. 11. 2009 – Az.: VK 3–190/09; B. v. 9. 1. 2008 – Az.: VK 3–145/07; VK Hessen, B. v. 19. 2. 2009 – Az.: 69 d VK – 01/2009; VK Münster, B. v. 7. 10. 2009 – Az.: VK 18/09; VK Niedersachsen, B. v. 25. 3. 2010 – Az.: VgK-07/2010; VK Nordbayern, B. v. 9. 7. 2009 – Az.: 21.VK – 3194 - 15/09; B. v. 19. 5. 2009 – Az.: 21.VK – 3194 – 14/09; B. v. 19. 5. 2009 – Az.: 21.VK – 3194 – 13/09; B. v. 16. 4. 2008 – Az.: 21.VK – 3194 – 14/08; 3. VK Saarland, B. v. 7. 9. 2009 – Az.: 3 VK 01/2009; 1. VK Sachsen, B. v. 22. 7. 2010 – Az.: 1/SVK/022-10; B. v. 25. 9. 2009 – Az.: 1/SVK/038-09; B. v. 30. 4. 2008 – Az.: 1/SVK/020-08; VK Südbayern, B. v. 21. 7. 2008 – Az.: Z3-3-3194-1-23–06/08; VK Thüringen, B. v. 16. 2. 2007 – Az.: 360-4003.20–402/2007-001-UH). Der Zuschlag hat also nicht – ungeachtet der Wirtschaftlichkeit eines Angebotes – zwingend auf die losweise abgegebenen Angebote zu erfolgen (VK Hessen, B. v. 27. 2. 2003 – Az.: 69d VK – 70/2002).

374 An ihre **Grenzen stoßen der Mittelstandsschutz und der Grundsatz der Chancengleichheit kleinerer Unternehmen jedoch insofern, als der öffentliche Auftraggeber zumindest solche eigenen Interessen nicht zu opfern braucht, die er nur in Gestalt einer Gesamtvergabe zu erreichen vermag.** Den Gegenstand der Leistung bestimmt, wie gesagt, ausschließlich die Vergabestelle. Eine Zerlegung in einzelne Teil- oder Fachlose kommt somit nicht in Betracht, wenn diese in ihrer Summe den mit dem Beschaffungsprojekt verfolgten (übergeordneten) Zwecken nicht mehr entsprechen. Insoweit bedarf es allerdings einer **sorgfältigen Interessenabwägung hinsichtlich der mit einer Losvergabe einhergehenden Nachteile gegenüber dem Schutz kleinerer Unternehmen** (OLG Düsseldorf, B. v. 30. 11. 2009 – Az.: VII-Verg 43/09; OLG Thüringen, B. v. 6. 6. 2007 – Az.: 9 Verg 3/07; VK Brandenburg, B. v. 22. 9. 2008 – Az.: VK 27/08 – instruktive Entscheidung; 1. VK Bund, B. v. 14. 9. 2007 – Az.: VK 1–101/07; B. v. 31. 8. 2007 – Az.: VK 1–92/07; VK Hessen, B. v. 19. 2. 2009 – Az.: 69 d VK – 01/2009; VK Münster, B. v. 7. 10. 2009 – Az.: VK 18/09; VK Nordbayern, B. v. 9. 7. 2009 – Az.: 21.VK – 3194 - 15/09; B. v. 19. 5. 2009 – Az.: 21.VK – 3194 – 14/09; B. v. 19. 5. 2009 – Az.: 21.VK – 3194 – 13/09; 3. VK Saarland, B. v. 7. 9. 2009 – Az.: 3 VK 01/2009; 1. VK Sachsen, B. v. 30. 4. 2008 – Az.: 1/SVK/020-08).

375 **Auch nach der Neufassung des § 97 Abs. 3 GWB gibt es keinen Anspruch eines mittelständischen Auftragnehmers auf eine zwingende Losaufteilung**, sondern ihm steht lediglich ein subjektives Recht auf angemessene Berücksichtigung seiner mittelständischen Interessen bzw. auf Beachtung des Grundsatzes der Losvergabe zu (3. VK Bund, B. v. 4. 11. 2009 – Az.: VK 3–190/09; VK Münster, B. v. 7. 10. 2009 – Az.: VK 18/09; VK Niedersachsen, B. v. 25. 3. 2010 – Az.: VgK-07/2010; 3. VK Saarland, B. v. 7. 9. 2009 – Az.: 3 VK 01/2009).

376 Zwar schreibt die Neuregelung vor, dass die Gesamtvergabe nur möglich ist, wenn wirtschaftliche und technische Gründe dies erfordern. Aber auch **dieses „Erfordern" kann nicht das Regel-Ausnahme-Verhältnis zwischen § 97 Abs. 5 GWB und § 97 Abs. 3 GWB auf den Kopf stellen. Vielmehr bedeutet „erfordern", dass die Vergabestellen ihre Vergaben intensiver an den Interessen des Mittelstandes ausrichten müssen** und sich bereits vor der Bekanntmachung genau überlegen sollen, ob eine Aufteilung in Lose erfolgen kann, was insbesondere sinnvoll erscheint, wenn sich die Ausschreibung an den Mittelstand „richtet". Das ist ein Programmsatz, dessen Adressat die Vergabestellen sind, die dadurch die Interessen des Mittelstandes mehr berücksichtigen sollen. Das ist aber kein „Anspruch", den ein Bieter einfach geltend machen kann (VK Münster, B. v. 7. 10. 2009 – Az.: VK 18/09).

377 Für die den Vergabeprüfungsinstanzen zugewiesene rechtliche Überprüfung resultiert daraus das **Erfordernis einer zweistufigen Prüfung**. Zunächst ist **danach abzugrenzen, ob das der Ausschreibung zugrunde gelegte Leistungsprofil der Gestaltungsfreiheit der Ver-

Gesetz gegen Wettbewerbsbeschränkungen GWB § 97 **Teil 1**

gabestelle unterfällt oder ob innerhalb dieses Dispositionsrahmens eine weitere (von der Vergabestelle unterlassene) Zerlegung in Teil- bzw. Fachlose möglich wäre und damit die mittelstandsschützenden Anforderungen des § 97 Abs. 3, Abs. 2 GWB bzw. der Gleichbehandlungsgedanke zum Tragen kommen. **Maßgebend für diese Abgrenzung sind die mit dem Beschaffungsprojekt verfolgten Ziele und Zwecke im Rahmen einer funktionalen Betrachtung.** Ergibt sie, dass die benötigte Leistung auch in Form einer Losvergabe erbracht werden könnte, so ist **auf der Stufe der dann erforderlich werdenden Einzelfallabwägung zu untersuchen, ob die Vergabestelle sich ggf. auf besondere** – namentlich wirtschaftliche oder technische – **Gründe stützen kann, wonach sie zur Vermeidung erheblicher Nachteile dennoch von einer losweisen Vergabe absehen** durfte (OLG Celle, B. v. 26. 4. 2010 – Az.: 13 Verg 4/10; OLG Thüringen, B. v. 6. 6. 2007 – Az.: 9 Verg 3/07; VK Brandenburg, B. v. 22. 9. 2008 – Az.: VK 27/08; VK Niedersachsen, B. v. 25. 3. 2010 – Az.: VgK-07/2010; im Ergebnis ebenso 2. VK Bund, B. v. 15. 9. 2008 – Az.: VK 2–94/08; 1. VK Sachsen, B. v. 22. 7. 2010 – Az.: 1/SVK/022-10).

6.8.5.3.2 Unterschiedliche Formulierung des Ermessensspielraums in GWB, 378
VOB/A und VOL/A. Der Ermessensspielraum des Auftraggebers hinsichtlich der Entscheidung über eine losweise Ausschreibung und Vergabe ist **vom Grundsatz her in GWB, VOB/A und VOL/A unterschiedlich formuliert** („dürfen", „kann"). Diese **unterschiedliche Formulierung beinhaltet jedoch keinen inhaltlichen Unterschied.**

6.8.5.3.3 Wirtschaftliche Gründe. Die **Zweckmäßigkeit** der Losaufteilung ist immer **auf** 379
Grund des Einzelfalls zu beurteilen. Dabei spielen der **Umfang des Auftrags,** die **Gewährleistung** in Bezug auf die Durchführung des Auftrags und die **Wirtschaftlichkeit** eine Rolle. Eine **unwirtschaftliche Zersplitterung** wäre gegeben, wenn die Vertragsgemäßheit, insbesondere die Einheitlichkeit der Leistungen, nicht oder nur mit unverhältnismäßigem Aufwand gesichert werden kann oder die Überwachung und Verfolgung von Gewährleistungsansprüchen **ungewöhnlich erschwert** wird (VK Hessen, B. v. 10. 9. 2007 – Az.: 69 d VK – 37/2007; B. v. 10. 9. 2007 – Az.: 69 d VK – 29/2007; B. v. 12. 9. 2001 – Az.: 69 d VK – 30/2001; 1. VK Sachsen, B. v. 25. 9. 2009 – Az.: 1/SVK/038-09; im Ergebnis ebenso 1. VK Bund, B. v. 14. 9. 2007 – Az.: VK 1–101/07; B. v. 31. 8. 2007 – Az.: VK 1–92/07; B. v. 8. 1. 2004 – Az.: VK 1–117/03). Eine solche Zweckmäßigkeit ist in der Regel **nur bei umfangreicheren Aufträgen** zu bejahen und/oder **bei solchen, in denen Leistungen sinnvoll zu teilen sind** (VK Hessen, B. v. 10. 9. 2007 – Az.: 69 d VK – 37/2007; B. v. 10. 9. 2007 – Az.: 69 d VK – 29/2007). Eine solche Sachlage kann auch vorliegen, wenn die **Aufteilung unverhältnismäßige Kostennachteile mit sich bringen oder zu einer starken Verzögerung des Vorhabens** führen würde (OLG Düsseldorf, B. v. 11. 7. 2007 – Az.: VII – Verg 10/07; 1. VK Sachsen, B. v. 30. 4. 2008 – Az.: 1/SVK/020-08).

Das **Vorliegen einer „unwirtschaftlichen Zersplitterung" bedarf mehr als nur ge-** 380
wisser, nach der Erfahrung zu erwartender Kostennachteile. Dass eine **Mehrzahl von Auftraggebern** auch eine Mehrzahl von Gewährleistungsgegnern bedeutet, entspricht dem Wesen einer losweisen Vergabe und **wird vom Gesetz hingenommen.** Gleiches gilt für den Umstand, dass eine losweise Vergabe ein **kostenaufwändigeres Vergabeverfahren** verursachen würde (OLG Düsseldorf, B. v. 11. 7. 2007 – Az.: VII – Verg 10/07; B. v. 8. 9. 2004 – Az.: VII – Verg 38/04; 1. VK Sachsen, B. v. 22. 7. 2010 – Az.: 1/SVK/022-10; B. v. 25. 9. 2009 – Az.: 1/SVK/038-09; eher entgegengesetzt 1. VK Bund, B. v. 14. 9. 2007 – Az.: VK 1–101/07; B. v. 31. 8. 2007 – Az.: VK 1–92/07). **An sich plausible Gründe,** wie etwa die Entlastung des Auftraggebers von der Koordinierung, der Vorzug, nur einen Vertragspartner zu haben und damit eine Gewährleistung aus einer Hand verbunden mit einer einfacheren Durchsetzung von Gewährleistungsansprüchen sind damit **nicht geeignet, einen Ausnahmefall zu begründen. Die Regelungen zur losweisen Ausschreibung und Vergabe würden leer laufen,** wenn zur Begründung einer Gesamtvergabe die Benennung solcher Schwierigkeiten ausreichte, die typischerweise mit jeder losweisen Ausschreibung verbunden sind (OLG Düsseldorf, B. v. 11. 7. 2007 – Az.: VII – Verg 10/07; VK Arnsberg, B. v. 31. 1. 2001 – Az.: VK 2-01/2001; VK Niedersachsen, B. v. 25. 3. 2010 – Az.: VgK-07/2010; 1. VK Sachsen, B. v. 22. 7. 2010 – Az.: 1/SVK/022-10; B. v. 30. 4. 2008 – Az.: 1/SVK/020-08).

Nach Auffassung der VK Münster **kann das „Argument – kleinere Mengen – höhere** 381
Preise –" zunächst nicht als sachwidrig angesehen werden. Ein öffentlicher Auftraggeber kann zu Recht unterstellen, dass die Preise bei kleineren Abnahmemengen höher sein werden, was für ihn unwirtschaftlicher wäre. Das ist im Falle von „Massenlieferungen" ein Erfahrungssatz, der nicht abwegig oder sachfremd ist, sondern der Realität entspricht. Er müsste somit

Preisnachteile in Kauf nehmen, wenn er die Losaufteilung vornehmen würde. Eine Vergabestelle kann bei einer solchen Sachlage nicht verpflichtet werden, die Interessen des Mittelstandes vor die eigenen Interessen zu setzen und sie handelt auch nicht ermessensfehlerhaft, wenn sie sich mit guten Gründen gegen eine Losaufteilung entscheidet. Auch die **Tatsache, dass bei einem Rahmenvertrag sukzessive lediglich Einzelkomponenten abgerufen werden, bedeutet nicht, dass dieser wirtschaftliche Vorteil nicht existiert.** Entscheidend ist, dass das Gesamtbudget innerhalb eines bestimmten Zeitraums verausgabt werden soll. Bei einer solchen Konstellation bestehen keine Zweifel daran, dass auch dann die Einzelkomponenten günstiger kalkuliert werden können (VK Münster, B. v. 7. 10. 2009 – Az.: VK 18/09).

382   6.8.5.3.4 **Technische Gründe.** Als **technisch anerkennungswürdige Gründe** kommen unter anderem **bautechnische Kopplungen benachbarter Baukörper** in Betracht, wobei als entscheidende Parameter die Plausibilität der von der Vergabestelle vorgetragenen technischen Besonderheiten, die einheitliche Betrachtungsweise dieser Besonderheiten insbesondere im Vorfeld der geplanten Ausschreibung, die Übereinstimmung der dargelegten Fakten mit den aktenkundig dokumentierten geotechnischen und geologischen Gutachten und den vorgelegten Bauwerksentwürfen anzusehen sind (2. VK Bund, B. v. 8. 10. 2003 – Az.: VK 2–78/03).

383   6.8.5.3.5 **Maß des „Erforderns".** Für § 97 Abs. 3 a. F. hat sich das OLG Düsseldorf sehr intensiv mit den Voraussetzungen eines Absehens von der losweisen Ausschreibung und Vergabe befasst. Es bedarf insoweit einer **umfassenden Abwägung der widerstreitenden Belange, als deren Ergebnis die für eine zusammenfassende Vergabe sprechenden Gründe nicht nur anerkennenswert sein, sondern überwiegen müssen.** Für das **Maß eines Überwiegens lassen sich keine allgemeinen Regeln, sondern allenfalls Orientierungshilfen aufstellen.** So können der mit einer Fachlos- oder gewerkeweisen Vergabe **allgemein verbundene Ausschreibungs-, Prüfungs- und Koordinierungsmehraufwand sowie ein höherer Aufwand bei Gewährleistungen eine Gesamtvergabe für sich allein nicht rechtfertigen.** Dabei handelt es sich um einen Fachlosvergaben immanenten und damit typischerweise verbundenen Mehraufwand, der nach dem Zweck des Gesetzes in Kauf zu nehmen ist und bei der Abwägung grundsätzlich unberücksichtigt zu bleiben hat. **Anders kann es sich freilich bei Synergieeffekten verhalten, die aus prognostischer Sicht durch eine zusammenfassende Vergabe zu erwarten sind.** Umgekehrt ist indes genauso wenig zu fordern, eine Fachlosausschreibung müsse, um davon ermessensfehlerfrei absehen zu dürfen, generell unverhältnismäßige Kostennachteile mit sich bringen und/oder zu einer starken Verzögerung des Beschaffungsvorhabens führen. Danach können auch einfache, jedenfalls nicht vernachlässigbare, Kostennachteile oder Verzögerungen genügen. Tendenziell wird ein Überhang aber umso geringer sein dürfen, desto mehr die Bauaufgabe als solche, und zwar hinsichtlich ihres Umfangs oder ihrer Komplexität, ohnehin schon besonderen, insbesondere erschwerenden Anforderungen unterliegt (OLG Düsseldorf, B. v. 25. 11. 2009 – Az.: VII-Verg 27/09; 1. VK Sachsen, B. v. 22. 7. 2010 – Az.: 1/SVK/022-10). Diese dargestellten **Erwägungen sind mit dem Begriff des „Erforderns" eher noch verstärkt** worden.

384   6.8.5.3.6 **Beurteilungs- und Ermessensspielraum sowie Überprüfungsmaßstab.** Der Auftraggeber hat die Interessen des Mittelstands mit seinem eigenen Interesse an einer wirtschaftlichen Vergabe abzuwägen. Dabei steht ihm bei seiner **Entscheidung über die Losaufteilung im Einzelfall ein Beurteilungs- bzw. Ermessensspielraum bzw. eine „Einschätzungsprärogative"** zu. Die **Überprüfung** durch die Vergabekammer kann mithin nur dahingehend stattfinden, ob der **Auftraggeber bei seiner Einschätzung, dass die Gründe für den gewählten Loszuschnitt überwiegen, die rechtlichen Grenzen des ihm insofern zustehenden Spielraums überschritten hat.** Dies wäre dann der Fall, wenn der Auftraggeber bei seiner Entscheidung **mittelständische Interessen gänzlich unberücksichtigt** gelassen, ihr einen **unzutreffenden Sachverhalt** zugrunde gelegt oder **sachwidrige Erwägungen hätte einfließen** lassen. Eine Überschreitung des Beurteilungs- bzw. Ermessensspielraums müsste aber **auch dann** angenommen werden, wenn die von ihm angeführten **Gründe für die Bildung eines bestimmten Loses nicht geeignet** wären, die **Gründe für die Beibehaltung der bisherigen Losaufteilung zu überwiegen** (OLG Düsseldorf, B. v. 25. 11. 2009 – Az.: VII-Verg 27/09 – sehr umfassende und instruktive Entscheidung; B. v. 8. 9. 2004 – Az.: VII – Verg 38/04; 2. VK Bund, B. v. 15. 9. 2008 – Az.: VK 2–94/08 – instruktive Entscheidung; B. v. 8. 10. 2003 – Az.: VK 2–78/03; 3. VK Bund, B. v. 4. 11. 2009 – Az.: VK 3–190/09; VK Hessen, B. v. 25. 3. 2010 – Az.: 69 d VK – 01/2009; VK Münster, B. v. 7. 10. 2009 – Az.: VK 18/09; VK Niedersachsen, B. v. 25. 3. 2010 – Az.: VgK-07/2010; VK Nordbayern, B. v. 9. 7. 2009 – Az.: 21.VK – 3194 – 15/09; B. v. 19. 5. 2009 – Az.: 21.VK – 3194 – 14/09; B. v. 19. 5. 2009 – Az.: 21.VK – 3194 – 13/09; 3. VK Saarland, B.

Gesetz gegen Wettbewerbsbeschränkungen GWB § 97 **Teil 1**

v. 7. 9. 2009 – Az.: 3 VK 01/2009; 1. VK Sachsen, B. v. 22. 7. 2010 – Az.: 1/SVK/022-10; B. v. 26. 6. 2009 – Az.: 1/SVK/024-09; B. v. 6. 4. 2009 – Az.: 1/SVK/005–09).

Hierbei hat der **Auftraggeber eine Einschätzungsprärogative** (OLG Düsseldorf, B. v. 11. 7. 2007 – Az.: VII – Verg 10/07; VK Niedersachsen, B. v. 25. 3. 2010 – Az.: VgK-07/2010; 1. VK Sachsen, B. v. 30. 4. 2008 – Az.: 1/SVK/020-08). 385

Macht sich der **Auftraggeber keine Gedanken über eine mögliche losweise Ausschreibung und Vergabe**, kommt dies einem **Ermessensausfall** gleich (1. VK Sachsen, B. v. 30. 4. 2008 – Az.: 1/SVK/020-08). Für alle Überlegungen und Abwägungsgesichtspunkte, die eine Abweichung vom Vorrang der losweisen Vergabe begründen, sind also **konkrete Nachweise erforderlich** (OLG Düsseldorf, B. v. 8. 9. 2004 – Az.: VII – Verg 38/04). 386

6.8.5.3.7 Verkürzte Fachlosbildung. Ist der Auftraggeber **ausnahmsweise berechtigt, aus technischen oder wirtschaftlichen Gründen von einer Fachlosvergabe abzusehen, ist er auch unter Berücksichtigung der ratio der Vorschrift nicht gezwungen, die das Fachlos bildenden Einzelleistungen komplett und vollständig in der Gesamtvergabe aufgehen** zu lassen. Unter Berücksichtigung der grundsätzlich schützenswerten Interessen der Anbieter der unter das Fachlos fallenden Leistungen ist vielmehr die **Bildung eines verkürzten Fachloses das mildere Mittel gegenüber der vollständigen Vereinigung des Fachloses mit anderen Fachlosen zu einer Gesamtvergabe.** Das gilt jedenfalls dann, wenn ein Angebot auf die verbleibenden Arbeiten technisch und wirtschaftlich möglich sowie die restliche Leistung hinreichend beschrieben ist (OLG Düsseldorf, B. v. 11. 7. 2007 – Az.: VII – Verg 10/07). 387

6.8.5.3.8 Richtlinie des VHB 2008. Sollen ausnahmsweise mehrere Fachlose zusammen vergeben werden, sind die Gründe dieser Abweichung im Vergabevermerk nachvollziehbar darzulegen (Richtlinien zu 111 – Vergabevermerk: Wahl der Vergabeart – Ziffer 2.3). Sollen bei der Zusammenfassung von Teil- und Fachlosen in EG-Verfahren ausnahmsweise mehrere Lose zusammen vergeben werden, sind die **technischen oder wirtschaftlichen Gründe, die diese Abweichung erforderlich machen, im Vergabevermerk nachvollziehbar darzulegen** (Richtlinien zu 111 – Vergabevermerk: Wahl der Vergabeart – Ziffer 2.3, Ziffer 2.4). 388

6.8.5.3.9 Positionspapier des DVA zu Fach- und Teillosen. Der **Deutsche Vergabe- und Vertragsausschuss für Bauleistungen (DVA)** – zuständig für die Fortentwicklung der VOB – hat ein **Positionspapier zu Fach- und Teillosen** veröffentlicht (30. 8. 2000). Danach bestimmt sich nach den gewerberechtlichen Vorschriften und der allgemein oder regional üblichen Abgrenzung, welche Leistungen zu einem Fachlos gehören. In einem **Fachlos werden jene Bauarbeiten zusammengefasst, die von einem baugewerblichen bzw. einem maschinen- oder elektrotechnischen Zweig ausgeführt werden**, unabhängig davon, in welchen Allgemeinen Technischen Vertragsbedingungen (ATV) des Teils C der VOB diese Arbeiten behandelt werden. Fachlose können regional verschieden sein. Allgemein ist es z. B. üblich, Erd-, Maurer-, Beton- und Stahlbetonarbeiten zusammen als ein Fachlos zu vergeben, obgleich sie verschiedenen ATV'en angehören. Die **Fachlosvergabe entspricht damit der Struktur der mit der Erbringung von Bauleistungen befassten Unternehmen.** 389

Durch die **Bündelung von Fachlosen** in einem Leistungspaket wird es **ermöglicht**, 390

– fachübergreifend anzubieten,

– den Koordinierungsaufwand zu minimieren und

– Synergieeffekte zu nutzen,

so dass dies zu einem wirtschaftlichen Ergebnis führen kann.

Die Vergabe nach Leistungspaketen kann eine bessere Anpassung an die Anforderungen im Einzelfall ermöglichen und somit aus technischen oder wirtschaftlichen Gründen in Betracht kommen. Kostengünstige Lösungen können im Einzelfall bei Vergabe nach Leistungspaketen, in Verbindung mit Nebenangeboten sowie mit einer Leistungsbeschreibung mit Leistungsprogramm, erreicht werden. 391

Eine **Vergabe in Leistungspaketen kann** 392

– eine einheitliche Gewährleistung für voneinander abhängige Fachlose ermöglichen,

– die Kosten- und Terminsicherheit erhöhen,

– den Koordinierungsaufwand reduzieren.

Die Vergabe in Leistungspaketen kann aber auch den Wettbewerb beschränken. Es gibt allerdings auch Möglichkeiten, dem durch den Vorbehalt einer losweisen Vergabe entgegenzuwirken. 393

6.8.5.4 Losvergabe und Vergabe komplexer Projektmanagementleistungen im Rahmen eines ÖPP-Projektes

394 **6.8.5.4.1 Rechtsprechung.** Will eine **Vergabestelle ein sog. PPP-Projekt (Public-Private-Partnership) initiieren, planen und umsetzen** und geht es in der Vorplanungsphase primär darum, die geeignete Form des späteren PPP-Projekts zu entwickeln und hat die Vergabestelle bislang über Inhalt und Organisationsform des künftigen PPP-Projekts noch keine nähere Vorstellungen, besteht jedenfalls noch keine Gewissheit hierüber, **benötigt sie im derzeitigen Stadium Sachverstand, wie ihn ein modernes Projekt-Management erfordert.** Namentlich wird sie zu prüfen haben, ob bzw. welche Vorgaben inhaltlicher Art (etwa im Sinne der o. g. Betreibermodelle) an die Bewerber des künftigen PPP-Projekts bereits in die Ausschreibung aufgenommen werden sollen oder ob stattdessen die Rahmenbedingungen zunächst offen gehalten und die Bewerber zur Einreichung eigener Vorschläge angehalten werden sollen. Entscheidet sich die Vergabestelle für die zweite Variante, benötigt sie in einer späteren Phase Sachverstand zur qualitativen Bewertung der eingereichten Bewerbungen und der darin angebotenen Betreiberlösungen. Diesen (externen) Sachverstand möchte die Vergabestelle in Form einer Dienstleistung am Markt beschaffen, die auf einer umfassenden Beratung in rechtlicher, wirtschaftlicher und technischer Hinsicht gründet. **Dabei dient die mit der Ausschreibung gewünschte Leistung dem eigentlichen Zweck, einen Experten ausfindig zu machen, der die wesentlichen „Schnittstellen" des Projekts aufzeigt und die unterschiedlichen rechtlichen, wirtschaftlichen und technischen Optionen (etwa von Betreibermodellen) gerade in ihrer gegenseitigen Abhängigkeit bewertet und analysiert.** Insoweit **erschöpft sich die Gesamtleistung nicht darin, die einzelnen Beratungsleistungen additiv, d. h. isoliert nach Sparten nebeneinander abzufordern. Vielmehr benötigt die Vergabestelle den fachübergreifenden Blickwinkel, um die geeignete PPP-Projektform wählen zu können.** Eben diesen ihr zu verschaffen, ist die spezifische Aufgabe eines „Projektmanagers", der Detailkenntnisse oder Erfahrungen bezüglich der einzelnen Sparten des Projekts nicht zwingend in eigener Person vereinigen muss, sondern im Bedarfsfall seinerseits versierte Spezialisten hinzuziehen kann, sofern er nur seine eigentliche Integrationsaufgabe wahrnimmt. **Der Vergabestelle wäre folglich nicht damit gedient, einzelne Beratungsdienstleistungen losweise auszuschreiben und (beispielsweise) einen Rechtsanwalt, einen Bauingenieur und einen Wirtschaftsprüfer nebeneinander zu beauftragen.** Zwangsläufig müsste sie dann einen eigenen Projektleiter stellen, der den angesprochenen interdisziplinären Managementaufwand leistet (OLG Thüringen, B. v. 6. 6. 2007 – Az.: 9 Verg 3/07).

395 Besteht der vom Auftraggeber mit der Ausschreibung begehrte Sachverstand gerade darin, dem Auftraggeber die wesentlichen Schnittstellen des Projektes aufzuzeigen und die unterschiedlichen rechtlichen, wirtschaftlichen und technischen Optionen in ihrer Abhängigkeit zu bewerten und zu analysieren und **geht es ihm gerade um den interdisziplinären „Managementaufwand", setzt dem gegenüber eine in Lose unterteilte Vergabe bereits voraus, dass er sich für ein bestimmtes ÖPP-Modell entschieden hätte, weil er nur in diesem Fall einzelne Beratungsleistungen den verschiedenen „Gewerken" zuordnen könnte. Ist eine solche Festlegung noch nicht erfolgt, würde das bei funktionaler Betrachtung der Antragsgegner daher bei der getrennten Vergabe von wirtschaftlichen, technischen und rechtlichen Fachlosen eine andere Leistung vergeben, als er ausgeschrieben hätte.** Er erhielte kein Gesamtkonzept, sondern lediglich Teilleistungen, ohne dass gewährleistet sei, dass diese inhaltlich mit den anderen Teilleistungen zu einem Gesamtkonzept zusammen gefügt werden könnten. Daran würde auch die Vergabe eines weiteren, die Koordinierung betreffenden Facloses nichts ändern (OLG Celle, B. v. 26. 4. 2010 – Az.: 13 Verg 4/10; VK Niedersachsen, B. v. 25. 3. 2010 – Az.: VgK-07/2010).

396 Der mit der Realisierung eines Projektes in öffentlich-privater Partnerschaft verbundene **interdisziplinäre Managementaufwand geht weit über den gewöhnlichen erhöhten Koordinierungsaufwand hinaus, der einem öffentlichen Auftraggeber, etwa im Zusammenhang mit der losweisen Vergabe eines gewöhnlichen Bauauftrages, erwächst** und den er auf Grund der mittelstandsfördernden Entscheidung des Gesetzgebers zu Gunsten der Losvergabe des § 97 Abs. 3 Satz 1 GWB **regelmäßig ausdrücklich hinzunehmen hat**. Die **Vorbereitung und Durchführung von Vergabeverfahren im Zusammenhang mit einer angestrebten öffentlich privaten Partnerschaft gehören regelmäßig zu den anspruchsvollsten und vielschichtigsten Vergabeverfahren**. Dies gilt insbesondere, wenn es dem Auftraggeber darum geht, die geeignete Form des späteren PPP-Projektes zu entwickeln und wenn grundsätzlich unterschiedliche Realisierungs- und Betreibermodelle in Betracht kommen, an die jeweils besondere rechtliche, finanzielle und betriebswirtschaftliche Folgen geknüpft sind. Der Beratungs- und Koordinierungsbedarf beschränkt sich dann nicht nur auf die technische Beratung und Koordinierung eines Bauvorhabens. Vielmehr ist die effektive und reibungslose laufende Abstimmung der technischen, kaufmännischen und rechtlichen Beratung zu gewährleisten. **Vor diesem Hintergrund ist es nachvollziehbar und auch durch das Vergaberecht gedeckt, dass der Auftraggeber den auftragsgegenständlichen Sachverstand gerade darin sieht, dass dem Auftraggeber gerade von einem Ansprechpartner die wesentlichen Schnittstellen des Projektes aufgezeigt werden und die technischen Optionen gerade in ihrer Abhängigkeit bewertet und analysiert** werden. Gerade diesen interdisziplinären Managementaufwand kann die Vergabe an eine Bewerbergemeinschaft, die alle benötigten Fakultäten abdeckt, im besonderen Maße leisten (VK Niedersachsen, B. v. 25. 3. 2010 – Az.: VgK-07/2010).

6.8.5.4.2 Literatur 397

– Schweer, Carl-Stephan/Tugendreich, Bettina, Vergabe der ÖPP-Ausschreibungsleistungen, NZBau 2007, 769

6.8.5.5 Losweise bundesweite Ausschreibungen verbunden mit Rabatten für Kombinationen von einzelnen Losen im Gesundheitsbereich

Würde man die gesetzlichen Krankenkassen bei der Anwendung des Vergaberechts vordringlich zur Förderung des Mittelstands verpflichten, so könnte dies die gesetzgeberischen Intentionen und Vorgaben aus dem Sozialrecht in gewissem Umfang konterkarieren. Erforderlich ist hier die **Herstellung einer „praktischen Konkordanz"**, welche es ermöglicht, beide Vorgaben in ein vernünftiges Verhältnis zueinander zu setzen und damit praktikabel zur Geltung zu bringen. Die Intention der Krankenkassen, einen möglichst wirtschaftlichen Einkauf zu gewährleisten, kann **durch einen entsprechenden Zuschnitt der Einzellose** berücksichtigt werden. Die **darüber hinausgehende Möglichkeit, Rabatte für Kombinationen von bis zu 5 Losen anzubieten, ist vor dem Hintergrund des Mittelstandsschutzes jedoch bedenklich**. Bei der Erteilung des Zuschlags auf nur eine einzige solche Loskombination ist bereits ein Großteil des Gesamtauftrags vergeben. Es ist davon auszugehen, dass mittelständische Unternehmen sich nicht mehr auf Loskombinationen in diesem Umfang bewerben können. Selbst **wenn man aber die Möglichkeit der Berücksichtigung von Loskombinationen für zulässig erachtet, so muss jedenfalls im Rahmen der Angebotswertung den einschlägigen mittelständischen Interessen durch eine ausschließlich losweise Wertung Rechnung getragen werden**. Das bedeutet, dass der Wettbewerb nur zwischen den Bietern eines Loses stattfinden darf. Der Zuschlag darf nur auf das in einem Los wirtschaftlichste Angebot erteilt werden. Die Berücksichtigung von Loskombinationen und hierauf angebotenen Rabatten dergestalt, dass das günstigste Angebot des Bieters X in einem Los durch den günstigen Rabatt des Bieters Y in einem oder mehreren anderen Losen ausgeglichen wird, ist nicht zulässig (3. VK Bund, B. v. 7. 2. 2008 – Az.: VK 3–169/07; B. v. 6. 2. 2008 – Az.: VK 3–11/08; B. v. 5. 2. 2008 – Az.: VK 3–23/08; B. v. 5. 2. 2008 – Az.: VK 3–08/08). Diese Rechtsprechung **hat über den entschiedenen Fall hinaus Bedeutung für alle bundesweiten losweisen Ausschreibungen**.

398

Die **Vorgaben der beiden Normenkomplexe Vergaberecht und Sozialrecht einschließlich der in § 69 Abs. 2 SGB V mit dem Verweis auf §§ 19, 20 GWB getroffenen Wertung** – vorbehaltlich einer konkreten Feststellung im Einzelfall – **sind also auch hinsichtlich der Frage einer Gebietslosaufteilung miteinander in Einklang zu bringen**, und zwar auf eine europarechtskonforme Art und Weise. Andernfalls liefe die aus der Eigenschaft als öffentlicher Auftraggeber resultierende Bindung an das Vergaberecht Gefahr, jedenfalls in Teilen ins Leere zu laufen. Eine Vereinbarkeit mit den Vorgaben der europäischen Vergabekoordinierungsrichtlinie wäre fraglich, zumal die für den Bereich der Beschaffung von Lieferungen im Gesundheitswesen – anders als bei der Beschaffung diesbezüglicher Dienstleistungen, vgl. Art. 21 VKR i.V.m. Anhang II Teil B, Ziffer 25 – keinen Ausnahmebereich eröffnet. Zwar gibt die Richtlinie anders als das nationale Recht keine Losaufteilung vor und beinhaltet ebenso wenig explizit einen Mittelstandsschutz; allerdings ist es eine grundlegende Vorgabe, dass alle Wirtschaftsteilnehmer gleich zu behandeln sind, Art. 2 VKR, so dass im Einzelfall auch aus diesem grundlegenden Programmsatz konkrete Pflichten z.B. zur Losaufteilung erwachsen können, **um auch kleinen und mittelständischen Unternehmen die Möglichkeit einer Teilhabe an öffentlichen Aufträgen zu eröffnen** (3. VK Bund, B. v. 20. 3. 2009 – Az.. VK 3–34/09; B. v. 20. 3. 2009 – Az.: VK 3–22/09; B. v. 30. 1. 2009 – Az.: VK 3–221/08; B. v. 29. 1.

399

2009 – Az.: VK 3–200/08; B. v. 29. 1. 2009 – Az.: VK 3–197/08; B. v. 23. 1. 2009 – Az.: VK 3–194/08).

400 Nach Auffassung des OLG Düsseldorf hingegen sind, was einen **Mittelstandsschutz** bei der Ausschreibung von Hilfsmittellieferungen durch gesetzliche Krankenkassen betrifft, die diesbezüglichen **§§ 97 Abs. 3 GWB und 2 EG Abs. 2 VOL/A 2006 im Übrigen auch nicht ohne weiteres anzuwenden.** § 127 SGB V stellt andere und spezielle Vergabegrundsätze für die Beschaffung von Hilfsmitteln durch gesetzliche Krankenkassen auf. So werden **Zusammenschlüsse auf Nachfrager- wie auf Bieterseite, mithin Konzentrationen, ausdrücklich zugelassen.** Die Auftragsvergabe selbst soll unter den Gesichtspunkten der Qualität der Hilfsmittel und der Beratung der Versicherten erfolgen; sie soll für eine wohnortnahe Versorgung der Versicherten sorgen. **Auf spezifische Belange des Mittelstandsschutzes ist danach keine Rücksicht zu nehmen.** Dass in diesem Punkt zwischen den Vorgaben des Vergaberechts und des Sozialrechts eine „praktische Konkordanz" herzustellen sei, ist so aus dem Gesetz nicht abzulesen (OLG Düsseldorf, B. v. 17. 4. 2008 – Az.: VII – Verg 15/08).

401 Das **Vergaberechtsmodernisierungsgesetz** 2009 lässt diese **Frage offen**.

402 Eine **Ausschreibung, die untergliedert wäre in einzelne Packungsgrößen bzw. einzelne Darreichungsformen, führt zu einer nicht mehr überschaubaren und damit nicht mehr praktikablen Losaufteilung.** Nicht nur die technische Abwicklung der Ausschreibung, sondern auch die spätere Umsetzung bei den Leistungserbringern führt dann zu einem nicht mehr vertretbaren Aufwand. Auch das Ziel, den Versicherten eine Heilmittelversorgung zu gewähren, die von Kontinuität geprägt ist, wird verfehlt. Es ist dem Versicherten nicht zu vermitteln, dass er unter Umständen ein anderes Medikament erhält, wenn er beispielsweise eine andere Packungsgröße oder das gleiche Präparat mit einer stärkeren Dosierung benötigt (VK Baden-Württemberg, B. v. 30. 12. 2008 – Az.: 1 VK 51/08).

6.8.5.6 Losweise bundesweite Ausschreibungen von sechzehn AOK-Landesverbänden

403 Vor dem **Hintergrund**, wenn die **sechzehn AOK-Landesverbände bundesweit gemeinsam**, und nicht jeder Landesverband z. B. auf sein Gebiet/Bundesland beschränkt, ausschreiben und unter Berücksichtigung des weiteren Umstandes, dass **alle AOK-Landesverbände gemeinsam ca. 40% der Nachfrage auf dem Markt der Arzneimittel ausmachen** (siehe § 19 Abs. 3 GWB, wonach ab mindestens einem Drittel Marktanteil eine Marktbeherrschung vermutet wird bzw. im europäischen Recht schon ab 15%; siehe Stn. des Bundeskartellamtes vom 22. November 2006), könnte sich die Frage der Marktbeherrschung durch einzelne Bieter stellen. **Durch die bundesweite Ausschreibung erwartet die AOK deutlich günstigere Preise als bei einer Ausschreibung in Regionallosen.** Sie erstrebt damit deutlich bessere Preise als sie sie üblicherweise hätte erzielen können und **nimmt damit in Kauf, dass – auf Grund ihrer marktbeherrschenden Stellung – zahlreiche Firmen in Schwierigkeiten geraten.** Die Praxis hat gezeigt, dass als Folge von Rabattverträgen mittelständische Firmen in große Schwierigkeiten kommen können. Aber selbst wenn eine **Firma den Zuschlag erhalten hat, hat sie enorme Probleme. Sie muss ihre Kapazitäten extrem stark erhöhen** (z. B. um das Vierzigfache) und diese **Kapazitäten auf praktisch Null zurückfahren, wenn sie bei der Anschlussausschreibung leer ausgeht.** Es liegt auf der Hand, dass damit die **Rabattverträge die bisherigen Wettbewerbs- und Marktverhältnisse ändern.** Dies hat der Bundesgesetzgeber so gewollt und ist im Grundsatz verfassungsrechtlich nicht zu beanstanden. Ob es genügt, wenn die Krankenkassen wirkstoffbezogen ausschreiben und damit insgesamt 83 (bundesweite) Fachlose bilden, ist **offen gelassen** worden (LSG Baden-Württemberg, Urteil v. 27. 2. 2008 – Az.: L 5 KR 507/08 ER-B; Urteil vom 27. 2. 2008 – Az.: L 5 KR 6123/07 ER-B).

404 Diese **Rechtsprechung** dürfte nach dem Vergaberechtsmodernisierungsgesetz 2009, das in Kenntnis der Problematik beschlossen wurde, **kaum haltbar** sein.

405 Eine **wirkstoffbezogene Ausschreibung von Arzneimitteln** führt dazu, dass sich **sämtliche pharmazeutischen Unternehmen mit ihren jeweiligen Produkten beteiligen können**, ohne ihr Produktportfolio um weitere Wirkstoffe erweitern zu müssen. Deshalb ist die von den Allgemeinen Ortskrankenkassen vorgenommene **Aufteilung in fünf Gebietslose nicht zu beanstanden** (LSG Baden-Württemberg, B. v. 23. 1. 2009 – Az.: L 11 WB 5971/08; 3. VK Bund, B. v. 30. 1. 2009 – Az.: VK 3–221/08; B. v. 29. 1. 2009 – Az.: VK 3–200/08; B. v. 29. 1. 2009 – Az.: VK 3–197/08; B. v. 23. 1. 2009 – Az.: VK 3–194/08).

Erfolgt eine **Ausschreibung wirkstoff-, nicht sortimentsbezogen, wird damit also** 406 **kleinen und mittleren Unternehmen, die nicht über ein großes Produktportfolio verfügen, von vornherein die Möglichkeit eröffnet, auch nur auf einen einzelnen Wirkstoff zu bieten.** Diesen Aspekt miteinbeziehend, mag sich die Aufteilung auf fünf Gebietslose an der unteren Grenze dessen bewegen, was unter wettbewerblichen Gesichtspunkten als wünschenswert erscheinen könnte; vergaberechtlich relevant ist jedoch nicht das, was wünschenswert wäre, sondern lediglich eine Überschreitung des einem Auftraggeber bei der Losbildung zustehenden Ermessens. Es **gibt nicht „eine" richtige, naturgemäß oder rechtlich vorgegebene Losgröße, hier greift vielmehr in den Grenzen der rechtlichen Vorgaben der Ermessensspielraum des Auftraggebers** (3. VK Bund, B. v. 20. 3. 2009 – Az.. VK 3–34/09; B. v. 20. 3. 2009 – Az.: VK 3–22/09; B. v. 30. 1. 2009 – Az.: VK 3–221/08; B. v. 29. 1. 2009 – Az.: VK 3–200/08; B. v. 29. 1. 2009 – Az.: VK 3–197/08; B. v. 23. 1. 2009 – Az.: VK 3–194/08 – **sehr ausführlich begründete und instruktive Entscheidung**).

Eine **Aufsplitterung von Losen auf eine Größe kleiner als das Gebiet eines Kran-** 407 **kenkassenlandesverbandes ist nicht erforderlich.** Dafür ist ein nachvollziehbares Argument ausschlaggebend, nämlich die praktische Handhabbarkeit auch unter Berücksichtigung des mit dem Abschluss derartiger Vereinbarungen verbundenen Verwaltungsaufwands, wenn z. B. das **komplette Abrechnungssystem umgestellt werden müsste, was mit beträchtlichem Investitionsaufwand verbunden** wäre. **Sind außerdem die Landesverbände in ihrer Mitgliederzahl sehr unterschiedlich,** so dass bei entsprechender Anknüpfung für die Losbildung die Losgrößen in diesem Fall ebenfalls völlig unterschiedlich ausgefallen wären, ist es **nachvollziehbar und legitim,** dass die Krankenkassen als ein einheitliches Gebilde, dessen einzelne Landesverbände schon aufgrund des Regionalprinzips nicht im Wettbewerb um Versicherte stehen, allen ihren Versicherten u. a. auch vor dem Hintergrund etwaiger Zuzahlungspflichten bundesweit weitestgehend einheitliche Konditionen bieten wollen und daher auf vergleichbare Rabattkonditionen Wert legen. In der Folge war es **nahe liegend, auf das Gebiet des größten Landesverbandes als Referenzgröße abzustellen** und dessen Größe bei Bildung der weiteren Lose als Maßstab zugrunde zu legen (3. VK Bund, B. v. 20. 3. 2009 – Az. VK 3–34/09; B. v. 20. 3. 2009 – Az.: VK 3–22/09; B. v. 30. 1. 2009 – Az.: VK 3–221/08; B. v. 29. 1. 2009 – Az.: VK 3–200/08; B. v. 29. 1. 2009 – Az.: VK 3–197/08; B. v. 23. 1. 2009 – Az.: VK 3–194/08).

Hinzu kommt die Überlegung, dass dem hinter § 130a SGB V stehenden gesetzgeberischen 408 Auftrag, nämlich im Interesse der Versichertengemeinschaft Kosteneinsparungen zu realisieren, nur entsprochen werden kann, wenn auch wirklich nennenswerte Rabatte erzielt werden können. Die finanzielle Stabilität der gesetzlichen Krankenversicherung als Grundlage für den Systemerhalt stellt nach der ständigen Rechtsprechung des Bundesverfassungsgerichts eine Gemeinwohlaufgabe von hohem Rang dar. Ein **nennenswerter Rabatt wird aber seitens der pharmazeutischen Industrie nur dann angeboten werden können, wenn sich daraus auch ein gewisses Nachfragevolumen ergibt** (3. VK Bund, B. v. 20. 3. 2009 – Az. VK 3–34/09; B. v. 20. 3. 2009 – Az.: VK 3–22/09; B. v. 30. 1. 2009 – Az.: VK 3–221/08; B. v. 29. 1. 2009 – Az.: VK 3–200/08; B. v. 29. 1. 2009 – Az.: VK 3–197/08; B. v. 23. 1. 2009 – Az.: VK 3–194/08).

§ 97 Abs. 3 GWB erfordert auch – ebenso wie § 2 EG Abs. 2 VOL/A – (jedenfalls) 409 **keine Aufteilung in mehr als 5 Gebietslose, wenn** z. B. **die Krankenkassen neben den 5 Gebietslosen 63 Fachlose gebildet haben, sodass insgesamt 315 Lose zu vergeben** waren. Theoretisch hätten somit ebenso viele verschiedene Bieter den Zuschlag erhalten können. Diese Vorgehensweise eröffnet einer erheblichen Anzahl von verschiedenen pharmazeutischen Unternehmern die Möglichkeit, zumindest für ein oder mehrere Fachlose innerhalb eines Gebietsloses den Zuschlag zu erhalten (LSG Nordrhein-Westfalen, B. v. 8. 4. 2009 – Az.: L 21 KR 27/09 SFB; B. v. 2. 4. 2009 – Az.: L 21 KR 35/09 SFB; B. v. 26. 3. 2009 – Az.: L 21 KR 26/09 SFB).

Bei der Aufteilung und Bildung der Gebietslose sind die Krankenkassen zunächst **von der** 410 **AOK Bayern als versichertenstärkster AOK ausgegangen. Die weiteren AOK-en sind derart auf weitere Gebietslose verteilt worden, dass zum einen vergleichbare Gebietslosgrößen erreicht und zum anderen den Interessen mittelständischer Unternehmer dadurch Rechnung getragen werden sollte, dass jeweils nur zusammenhängende bzw. benachbarte AOK-en zu Gebietslosen zusammengefasst** worden sind. Darüber hinaus haben die Krankenkassen die Zahl der Gebietslose aus dem Gesichtspunkt heraus erklärt, dass bei einem disproportionalen Loszuschnitt die Gefahr bestanden hätte, dass mitgliederschwachen

AOK-en möglicherweise wesentlich ungünstigere Rabattkonditionen eingeräumt werden könnten und die Aufteilung der Gebiete einzelner AOK-en zu einer unwirtschaftlichen Zersplitterung der Auftrags führen könnte. Die **Krankenkassen haben damit sachliche Gründe für die vorgenommen Aufteilung der Gebietslose aufgezeigt**. Es entspricht einem legitimen Interesse, dass die nach dem Regionalprinzip (§ 143 Abs. 1 SGB V) nicht miteinander im Wettbewerb stehenden Krankenkassen (im Hinblick auf Mitglieder ergibt sich dies aus § 173 Abs. 2 Satz 1 Nr. 1 SGB V) vergleichbare und optimale Rabattkonditionen anstreben, zumal die Erzielung von Arzneimittelrabatten der Finanzierbarkeit der GKV – einem überragenden Gemeinwohlinteresse – dient (LSG Nordrhein-Westfalen, B. v. 8. 10. 2009 – Az.: L 21 KR 44/09 SFB; B. v. 8. 10. 2009 – Az.: L 21 KR 39/09 SFB; B. v. 28. 4. 2009 – Az.: L 21 KR 40/09 SFB; B. v. 8. 4. 2009 – Az.: L 21 KR 27/09 SFB; B. v. 2. 4. 2009 – Az.: L 21 KR 35/09 SFB; B. v. 26. 3. 2009 – Az.: L 21 KR 26/09 SFB).

6.8.5.7 Berücksichtigung der Sortimentsbreite der Hersteller bei Rabattausschreibungen

411   Hat nach den Vergabebedingungen jeder Bieter pro angebotenem Fachlos (Wirkstoff) und Gebietslos einen Rabatt für alle PZN anzubieten, die er für den angebotenen Wirkstoff gemäß der Lauer-Taxe, Stand 1. September 2008, im Sortiment hat, stellt die damit gegebene Berücksichtigung der Sortimentsbreite bei der Wertung der Angebote keinen Vergabefehler dar. Soweit diese Vergabebedingung zur Folge hat, dass Anbieter mit großer Sortimentsbreite gegenüber Herstellern, die nicht alle zu einem Wirkstoff nachgefragten Medikamente produzieren, einen Vorteil haben, liegt darin **kein Verstoß gegen das Gebot der Berücksichtigung mittelständischer Interessen** (§ 97 Abs. 3 GWB). Diesbezüglich ist zunächst darauf hinzuweisen, dass **Anbieter mit geringerer Produktbreite die Möglichkeit haben, mit anderen Bietern eine Bietergemeinschaft zu bilden**. Darüber hinaus ist die Berücksichtigung der Sortimentsbreite eine Folge der Bezugnahme auf die Lauer-Taxe. Diejenigen Folgen für einzelne Unternehmen, die sich daraus ergeben, dass die AG den Umfang ihres Beschaffungsvorhabens durch eine Bezugnahme auf die Lauer-Taxe festlegen, führen jedoch grundsätzlich zu keinem Verstoß gegen das Vergaberecht. Da die Lauer-Taxe den Datenbestand aller bei der Informationsstelle für Arzneispezialitäten (IFA GmbH) gemeldeten Fertigarzneimittel und apothekenüblichen Waren, die in Deutschland für den Handel zugelassen sind, enthält, spiegelt sie auch das Ergebnis der von den Arzneimittelherstellern verfolgten unternehmerischen Strategien und Konzepte wieder. So mag es Unternehmen geben, die möglichst viele Wirkstoffe anbieten wollen, dafür aber eine geringere Produktpalette pro Wirkstoff im Sortiment haben, während andere darauf setzen, nur wenige Wirkstoffe auf den Markt zu bringen, dafür aber zu einem Wirkstoff ein möglichst großes Sortiment anbieten wollen. Die Auftraggeber legen ihrer Ausschreibung durch die Bezugnahme auf die Lauer-Taxe nur die von den Arzneimittelherstellern selbst getroffenen Produktionsentscheidungen zugrunde. Dazu sind sie, wenn nicht verpflichtet, so auf jeden Fall berechtigt. Ein **Bieter hat keinen Anspruch darauf, dass eine Ausschreibung so durchgeführt wird, dass dadurch die von ihr getroffenen Produktionsentscheidungen möglichst optimal berücksichtigt werden**, womit wiederum zwingend eine Verschlechterung für andere Anbieter verbunden wäre, die sich für ein anders gestaltetes Produktangebot entschieden haben (LSG Baden-Württemberg, B. v. 23. 1. 2009 – Az.: L 11 WB 5971/08).

6.8.5.8 Einschränkung in Bezug auf die Bildung von Bietergemeinschaften durch die Vorgabe, dass Arzneimittel der gleichen Preisvergleichsgruppe jeweils nur durch ein Mitglied einer Bietergemeinschaft angeboten werden dürfen

412   Dürfen nach den Vergabebedingungen **Arzneimittel der gleichen Preisvergleichsgruppe jeweils nur durch ein Mitglied einer Bietergemeinschaft angeboten werden**, müssen sich die Mitglieder einer Bietergemeinschaft also innerhalb eines Wirkstoffs entscheiden, welches Mitglied für die Preisvergleichsgruppe das Rabattangebot für die Bietergemeinschaft abgibt. Diese **Einschränkung in Bezug auf die Bildung von Bietergemeinschaften verstößt weder gegen das Gleichbehandlungsgebot des § 97 Abs. 2 GWB noch gegen die Pflicht gemäß § 97 Abs. 3 GWB zur Berücksichtigung mittelständischer Interessen**. Sie beruht auf der von den Auftraggebern zulässigerweise vorgesehenen Bewertung der Angebote auf der Grundlage von Preisvergleichsgruppen (PVG). Da sich der Rabattvertrag auf alle Produkte der PVG erstreckt und die Produkte ein und derselben PVG grundsätzlich untereinander austauschbar sind, bestünde für den Apotheker ein Wahlrecht, welches Produkt er abgibt. Den Auftraggebern ist es nicht verwehrt, durch eine Vorgabe in den Verdingungsunterlagen ein

Gesetz gegen Wettbewerbsbeschränkungen GWB § 97 **Teil 1**

solches Wahlrecht mit der Begründung auszuschließen, es solle verhindert werden, dass die Versicherten einer AOK innerhalb ein und derselben PVG ständig wechselnde Medikamente erhielten. Im Übrigen wird, da sich die **Vorgabe nicht auf den Wirkstoff bezieht, sondern auf das Arzneimittel (PZN), auf diese Weise kleineren und mittleren Firmen die Möglichkeit eingeräumt, im Rahmen einer Bietergemeinschaft ihr Sortiment (PZN pro Wirkstoff) zu vergrößern** (LSG Baden-Württemberg, B. v. 23. 1. 2009 – Az.: L 11 WB 5971/08).

6.8.5.9 Berücksichtigung der Substituierbarkeit nach den Voraussetzungen des § 129 Abs. 1 SGB V bei Rabattausschreibungen

Indem die **Leistungsbeschreibung Ausgangspunkt der Angebotsvergleichbarkeit** und 413 ihre Erstellung Sache des öffentlichen Auftraggebers ist, **obliegt es zunächst allein ihm festzulegen, welche Leistungseigenschaften und -inhalte der Auftragsgegenstand seiner Auffassung nach haben soll**, und umgekehrt, welche weiteren Kriterien für ihn möglicherweise nicht relevant sind, soweit dies nur für alle Bieter hinreichend deutlich und transparent wird. Ein **Auftraggeber ist nicht gehalten, im Rahmen des Loszuschnitts eine Vergleichbarkeit im Sinne einer Substituierbarkeit nach den Voraussetzungen des § 129 Abs. 1 SGB V zu berücksichtigen**. Anderenfalls könnten gegebenenfalls nicht einmal Arzneimittel eines Wirkstoffs und einer Darreichungsform, aber mit unterschiedlicher Wirkstärke oder Packungsgröße gemeinsam ausgeschrieben werden. Es ist dem **Auftraggeber schon rein praktisch gar nicht möglich, aber auch vergaberechtlich nicht geboten, etwaige im Einzelfall bestehende therapeutische Besonderheiten bereits beim Loszuschnitt zu berücksichtigen oder gar auf die Ausschreibung enteral anwendbarer Darreichungsformen ganz zu verzichten**. Dem stünde zudem § 130a Abs. 8 SGB V und das den gesetzlichen Krankenkassen obliegende Wirtschaftlichkeitsgebot der §§ 4 Abs. 4, 70 Abs. 1, 71 SGB V entgegen (1. VK Bund, B. v. 4. 12. 2009 – Az.: VK 1–203/09; B. v. 26. 11. 2009 – Az.: VK 1–197/09).

Auch **wenn man für die Losbildung auf die therapeutische Äquivalenz** der jeweils in 414 einem Los ausgeschriebenen Arzneimittel **abstellt**, ist diese **Voraussetzung erfüllt, wenn alle Arzneimittel mit diesem Wirkstoff vom zuständigen Gemeinsamen Bundesausschuss einheitlich und unterschiedslos derselben Festbetragsgruppe X, Stufe X zugeordnet** wurden. Denn die Zusammenfassung in dieser Stufe einer Festbetragsgruppe setzt gemäß § 35 Abs. 1 Satz 2 SGB V voraus, dass zwischen den betreffenden Arzneimitteln Wirkstoffidentität besteht und dass unterschiedliche Bioverfügbarkeiten wirkstoffgleicher Arzneimittel berücksichtigt werden, sofern sie für die Therapie bedeutsam sind (1. VK Bund, B. v. 26. 11. 2009 – Az.: VK 1–197/09).

Dem steht nicht entgegen, dass aus medizinisch-therapeutischen Gründen im 415 **konkreten Einzelfall für einen Patienten/Versicherten der Krankenkassen möglicherweise nur ein ganz bestimmtes Arzneimittel indiziert sein könnte. Dies hat vielmehr der Arzt bei seiner Verordnung zu berücksichtigen. Das ist auch deshalb sachgerecht, weil allein der Arzt über die erforderlichen fachlichen, aber auch persönlichen Kenntnisse (über Krankheitsbild, Konstitution etc.) des betreffenden Patienten verfügt**, um im konkreten Fall die „richtige", also medizinisch angezeigte, Therapie verordnen zu können. Vor diesem Hintergrund ist es deshalb den Krankenkassen schon rein praktisch gar nicht möglich, aber auch nicht erforderlich, etwaige im Einzelfall bestehende therapeutische Besonderheiten bereits beim Loszuschnitt zu berücksichtigen oder sogar auf die Ausschreibung bestimmter Arzneimittel ganz zu verzichten. Dem stünde zudem § 130a Abs. 8 SGB V und das den gesetzlichen Krankenkassen obliegende Wirtschaftlichkeitsgebot der §§ 4 Abs. 4, 70 Abs. 1, 71 SGB V entgegen (1. VK Bund, B. v. 26. 11. 2009 – Az.: VK 1–197/09).

6.8.5.10 Wirkstoffbezogene Losbildungen bei Rabattausschreibungen

Rein wirkstoffbezogene Losbildungen sind in der Vergaberechtsprechung anerkannt. Insbesondere ist es im Bereich der Arzneimittelrabattverträge nicht erforderlich, zur Gewährleistung der Vergleichbarkeit der Rabattangebote auf die Substituierbarkeit der jeweils in einem Los ausgeschriebenen Arzneimittel i. S. d. § 129 Abs. 1 SGB V abzustellen, denn anderenfalls könnten ggf. nicht einmal Arzneimittel eines Wirkstoffs mit unterschiedlicher Wirkstärke oder Packungsgröße gemeinsam ausgeschrieben werden. **Die weitere Untergliederung eines wirkstoffbezogenen Loses in Preisvergleichsgruppen**, wobei die Zuordnung eines Arzneimittels zu einer bestimmten Preisvergleichsgruppe vom Wirkstoff, der Anwendungsweise 416

(Darreichungsform, Applikationsweg, ggf. Wirkstofffreisetzung), der Wirkstoffmenge (Abweichungen < 10% ausgehend vom geringstdosierten Arzneimittel) und der Normpackungsgröße i. S. d. Packungsgrößenverordnung abhängig ist, ist **ebenfalls zulässig**. Bei diesen **Zuordnungskriterien greifen die Auftraggeber nicht auf von ihnen selbst erstellte Unterscheidungsmerkmale zurück, sondern auf solche, die auf die tatsächlichen Marktgegebenheiten und letztlich auf die Entscheidung der pharmazeutischen Unternehmer selbst zurückgehen**, wie sie ihre Präparate (bzgl. Darreichungsform, Wirkstoffmenge, Packungsgröße) auf den Markt bringen. Darüber hinaus sind die Kriterien Wirkstoff/Anwendungsweise/Wirkstoffmenge/Normpackungsgröße objektiv geeignet, einzelne Arzneimittel gleichen Wirkstoffs entsprechend deren tatsächlich praktizierter Abgabe in der Apotheke an Versicherte aufgrund einer ärztlichen Verordnung in vergleichbare Gruppen zusammenzufassen (1. VK Bund, B. v. 26. 11. 2009 – Az.: VK 1–197/09).

6.8.5.11 Verpflichtung zur losweisen Ausschreibung

417 Zur **Verpflichtung zur losweisen Ausschreibung** bei einem Verstoß gegen das Wettbewerbsgebot vgl. die Kommentierung → Rdn. 151.

6.8.5.12 Losweise Ausschreibungen bei Postdienstleistungen

418 **6.8.5.12.1 Beachtung des Wettbewerbsgebots und Diskriminierungsverbots.** Unstreitig ist, dass **kein Postdienstleister in Deutschland einen flächendecken Zustelldienst gewährleisten** kann, ohne auf die Leistungen der Deutschen Post AG zurückgreifen zu müssen (OLG Naumburg, B. v. 24. 6. 2010 – Az.: 1 Verg 4/10; 1. VK Sachsen, B. v. 22. 7. 2010 – Az.: 1/SVK/022-10).

419 Ein **Auftraggeber muss sich von einem Bieter nicht gegen seinen Willen in ein Vertragsverhältnis mit einem Dritten (Deutsche Post AG durch die AGB's der Deutschen Post AG) drängen** lassen. Dies kann aber nur dann gelten, wenn auch bei Beachtung dieses Verbots, andere Anbieter als die Deutsche Post AG ein grundsätzlich zuschlagsfähiges Angebot abgeben können. Wird durch die Gestaltung der Vergabeunterlagen die Beteiligung der Deutschen Post AG für einen Bieter unmöglich, müssen die Vergabebedingungen im Übrigen so gestaltet sein, dass ein Angebot noch möglich ist (OLG Naumburg, B. v. 24. 6. 2010 – Az.: 1 Verg 4/10).

420 Bei der **Abwägung der für und gegen eine Losvergabe sprechenden Gesichtspunkte** darf sich der Auftraggeber für eine Gesamtvergabe entscheiden, wenn dafür anerkennenswerte, und überwiegende Gründe festzustellen sind. Solche Gründe können vielgestaltiger, insbesondere wirtschaftlicher und technischer Natur sein. Sie rechtfertigen einen Verzicht auf eine Losaufteilung, wenn die damit für den Auftraggeber verbundenen Nachteile bei vertretbarer prognostischer, d. h. auf den Zeitraum der Auftragserfüllung bezogener Sicht, überwiegen. Demgegenüber dient eine Losvergabe nicht dem Zweck einen bestimmten Markt, erst recht bestimmte Anbieter, zu bedienen. Vorderstes Ziel des Vergaberechts ist, dem öffentlichen Auftraggeber zur Deckung seines Bedarfs einen wirtschaftlichen und rationalen Einkauf zu ermöglichen. **Unterbleibt eine Aufteilung in Regionallose bewusst,** weil sich dies in der Vergangenheit nicht bewährt hat und bedingte die Sortierung der Post sowie die Kontrolle der Rechnungslegung verschiedener Anbieter in der Vergangenheit einen erheblichen und nun nicht mehr leistbaren Mehraufwand für den Auftraggeber und geht es dem Auftraggeber auch darum, nur einen Ansprechpartner zu haben, sich bei Problemen mit einzelnen Postsendungen nur mit dem Auftragnehmer, nicht aber auch noch mit einem Dritten (= Deutsche Post AG) auseinandersetzen zu müssen, sind diese **Gründe zwar grundsätzlich nachvollziehbar, aber nicht ausreichend, um Wettbewerb völlig auszuschließen, weil nur die Deutsche Post AG die Leistung erbringen kann** (OLG Naumburg, B. v. 24. 6. 2010 – Az.: 1 Verg 4/10).

421 **Sowohl der Gesetzgeber als auch die Kartellbehörden haben der marktbeherrschenden Stellung der DPAG Rechnung getragen, indem sich andere Postdienstleister der Infrastruktur der DPAG bedienen dürfen.** So sieht die Postdienstleistungsverordnung in § 2 vor, dass marktbeherrschende Anbieter von Postdienstleistungen die Leistungen auf diesem Markt jedermann zu gleichen Bedingungen zur Verfügung zu stellen haben, es sei denn, dass unterschiedliche Bedingungen sachlich gerechtfertigt sind. In § 3 ist ein Kontrahierungszwang für Universaldienstleistungen vorgesehen. § 28 PostG sieht vor, dass sofern ein Lizenznehmer auf einem Markt für lizenzpflichtige Postdienstleistungen marktbeherrschend ist, er, soweit dies nachgefragt wird, auf diesem Markt Teile der von ihm erbrachten Beförderungsleis-

Gesetz gegen Wettbewerbsbeschränkungen   GWB § 97 **Teil 1**

tungen gesondert anzubieten hat, sofern ihm dies wirtschaftlich zumutbar ist (1. VK Sachsen, B. v. 22. 7. 2010 – Az.: 1/SVK/022-10).

Soweit der Auftraggeber von einer Losaufteilung absieht, hat er Regelungen zu 422 **schaffen, die einen Wettbewerb überhaupt ermöglichen.** Aufgrund der derzeitigen Marktsituation dürfte dies nur möglich sein, wenn der Auftraggeber die Einbeziehung von Leistungen der DPAG zulässt. Mit der Anforderung nach Eignungsnachweisen der DPAG, die der Auftraggeber ggf. fälschlicherweise als Nachunternehmer betrachtet, würde der Wettbewerb sogar noch erschwert. Inwieweit sich die Marktsituation ändern wird und ggf. einmal eine Einbeziehung der DPAG zur Erhaltung des Wettbewerbs entbehrlich sein kann, ist derzeit nicht abschätzbar. **Im Ergebnis ist somit deutlich herauszustellen, dass entweder eine Losaufteilung vorzunehmen ist, die es Bewerbern als regionale Postdienstleister ermöglicht, Angebote abzugeben oder die Beteiligung der DPAG für das übrige Bundesgebiet zuzulassen ist** (1. VK Sachsen, B. v. 22. 7. 2010 – Az.: 1/SVK/022-10).

6.8.5.12.2 Sonstige Rechtsprechung. Die Versendung von förmlicher Postzustellung be- 423 dingt in jedem Fall einen Aussortiervorgang dadurch, dass die förmlich zuzustellenden Postbriefe mit einer (äußerlich aufzubringenden) getrennten Postzustellurkunde versehen werden müssen, die nach erfolgter Zustellung an den Kunden zurückgeführt wird. Die **Versendung von förmlicher Postzustellung bedarf also ohnedies eines gesonderten Arbeitsvorganges des Aussonderns. Insofern lassen sich, zumindest bezogen auf diese Versendungsart keine zusätzlichen Koordinationsprobleme bzw. kein unverhältnismäßiger, zusätzlicher Arbeitsaufwand darlegen**, der in diesem Punkt eine Losaufteilung unzweckmäßig erscheinen ließe (1. VK Sachsen, B. v. 30. 4. 2008 – Az.: 1/SVK/020-08).

Die **Entscheidung eines Auftraggebers, im Zusammenhang mit der Beförderung** 424 **von Wahlsendungen die erforderlichen Teilleistungen „Beförderung und Zustellung von Wahlbenachrichtigungen, Briefwahlunterlagen und Wahlbriefen" nicht in Lose aufzuteilen, sondern als einheitliche Leistung im Wettbewerb zu unterstellen, ist im Hinblick auf die verfassungsrechtliche Bedeutung der Durchführung von Wahlen und zur Vermeidung möglicher Wahlanfechtungsgründe nicht ermessensfehlerhaft.** Kann die Gesamtleistung zurzeit nur durch einen Bewerber/Bieter erbracht werden, weil nur dieser die für die Rücksendung der Wahlbriefe erforderliche bundesweite Einlieferungsmöglichkeit bereitzustellen in der Lage ist, verstößt dies auch dies nicht gegen den Gleichbehandlungsgrundsatz (VK Hessen, B. v. 19. 2. 2009 – Az.: 69d VK – 01/2009).

6.8.5.13 Losweise Ausschreibung und Zulassung von Pauschalpreisnebenangeboten

Trifft ein Auftraggeber die **Entscheidung für eine Ausschreibung nach einzelnen Fach-** 425 **losen**, ist für die Bieter ein **Vertrauenstatbestand dahin geschaffen**, dass die Arbeiten auch getrennt nach der gewählten fachlichen Aufteilung vergeben würden. Will der **Auftraggeber davon abweichen, ist er deshalb verpflichtet, in die Ausschreibung den Hinweis aufzunehmen, dass er auch ein Nebenangebot über eine Pauschalsumme, in der z. B. alle 28 Einzellose zusammengefasst sind, entgegennehmen und in die Prüfung für den Zuschlag aufnehmen werde.** Nur so kann er sich ohne Verletzung schutzwürdiger Interessen der Bieter die Möglichkeit erhalten, den Auftrag an einen einzigen Bieter zum Gesamtpauschalpreis zu vergeben (OLG Zweibrücken, Urteil v. 24. 1. 2008 – Az.: 6 U 25/06).

6.8.5.14 Losweise Ausschreibungen im Sektorenbereich

In der SektVO finden sich keine Bestimmungen zu der Frage, ob und unter welchen Voraus- 426 setzungen eine Vergabe nach Fach- oder Teillosen zu erfolgen hat. Dies **rechtfertigt jedoch nicht die Annahme, dass Auftraggeber, die die SektVO anzuwenden haben, mittelständische Interessen in jeglicher Hinsicht unberücksichtigt lassen dürfen.** Sie haben jedenfalls das Gebot der Berücksichtigung mittelständischer Interessen nach § 97 Abs. 3 GWB zu beachten (VK Brandenburg, B. v. 22. 9. 2008 – Az.: VK 27/08).

6.8.5.15 Losweise Ausschreibungen im IT-Bereich

Sieht der **Auftraggeber die Gefahr verlängerter Entwicklungszyklen für Software-** 427 **Komponenten bei einer Entkopplung von technischen Leistungen und Verteilung auf mehrere Dienstleister**, das **Erfordernis kurzer Prozessketten im Zusammenspiel zwischen Technik, Konzeption und Redaktion** und sieht er in wirtschaftlicher Hinsicht die **Verteilung von Verantwortlichkeiten als nachteilig** an, **schätzt er außerdem im Haftungsfall den Nachweis der Verursachung aufgrund der Eigenart der elektronischen Dienstleistung als schwierig bis unmöglich** ein, **verursacht weiterhin die Verlängerung** der Prozessketten einen erhöhten Aufwand bei den Dienstleistern und damit wirtschaftliche Nachteile, entsteht außerdem ein Koordinierungsaufwand zwischen ihm und den verschiedenen Dienstleistern, wobei aber zur Betreuung des Internetangebotes nur eine Mitarbeiterin zur Verfügung steht, die daneben zahlreiche weitere Aufgaben wahrnehme, lassen diese **Gründe gegen eine Losaufteilung im Ergebnis sachwidrige Erwägungen nicht erkennen.** Zwar können aus wirtschaftlichen oder technischen Gründen bestehende Schwierigkeiten, die nach Art und Ausmaß typischerweise, also nicht bezogen auf das konkrete Projekt, mit der Vergabe von Fachlosen verbunden sind, eine Gesamtvergabe nicht rechtfertigen. An sich plausible Gründe, wie etwa die **reine Entlastung des Auftraggebers von der Koordinierung, der Vorzug nur einen Vertragspartner zu haben oder die einfachere Durchsetzung von Gewährleistungsansprüchen sind nicht geeignet, einen Ausnahmefall zu begründen.** Bestehen die zu vergebenden Dienstleistungen jedoch aus technischen und redaktionellen Bestandteilen, die in permanent andauernden Abläufen miteinander verknüpft sind und kommt es über die gesamte Vertragslaufzeit zu Prozessketten, die aufeinander aufbauen und voneinander abhängig sind, ist das Bedürfnis des Auftraggebers, hier möglichst wenige Reibungsverluste zu haben, insoweit nachvollziehbar. Diese Überlegungen gehen daher über die typischerweise mit einer Losvergabe verbundenen Schwierigkeiten hinaus (3. VK Bund, B. v. 4. 11. 2009 – Az.: VK 3–190/09).

6.8.5.16 Aufteilung nicht in Lose, sondern in mehrere Vergabeverfahren

428   Eine **Berücksichtigung mittelständischer Interessen durch eine Aufteilung in mehrere Vergabeverfahren wird dem Gebot der Losaufteilung grundsätzlich ebenso gerecht wie eine losweise Vergabe im engeren Sinne.** § 97 Abs. 3 GWB spricht bereits nur davon, dass eine Losaufteilung das vornehmliche Instrument zur Berücksichtigung mittelständischer Interessen sei. Außerdem **stellt die Losaufteilung im Verhältnis zur Aufteilung in mehrere Vergabeverfahren gerade eine Erleichterung für den Auftraggeber dar, auf die dieser auch verzichten kann.** Etwaigen Mehraufwand, der ihm durch diese Form der Ausgestaltung eines Beschaffungsvorgangs entsteht und der nicht durch korrespondierende Aufwandsvorteile ausgeglichen wird, kann der Auftraggeber bei der Bemessung der Grenze für eine unwirtschaftliche Zersplitterung dann jedoch nicht in Ansatz bringen. Außerdem **kann sich der Auftraggeber bei einer Aufteilung in mehrere separate Vergabeverfahren nicht darauf berufen, dass hinsichtlich eines, mehrerer oder gar aller entsprechend separierten Auftragsteile die einschlägigen Schwellenwerte unter Umständen nicht mehr erreicht werden.** Insofern ist vielmehr – wie üblich – die Gesamtbetrachtung des Beschaffungsvorgangs maßgeblich. Nachteile für die an den zu vergebenden Aufträgen interessierten Unternehmenskreise sind vor diesem Hintergrund grundsätzlich nicht erkennbar. Durch die **Forderung nach einer Losaufteilung im engeren Sinne würde ein Auftraggeber vielmehr zu einer reinen Förmelei** gezwungen (2. VK Bund, B. v. 4. 3. 2009 – Az.: VK 2–202/08, VK 2–205/08).

6.8.5.17 Losweise Ausschreibung für Leistungen des Schienenpersonennahverkehrs

429   § 97 Abs. 3 GWB sieht zugunsten des Mittelstandes eine Losaufteilung des Gesamtauftrages vor. Bei dieser **Prüfung ist auf die Besonderheiten des Schienenpersonennahverkehrs Rücksicht zu nehmen. Schienenpersonennahverkehr erfordert erhebliche Investitionen und Finanzmittel, so dass die üblichen Definitionen für ein mittelständisches Unternehmen in diesem Bereich nicht passen.** Im Allgemeinen dürften gegenüber der DB Regio **sämtliche privaten Konkurrenten als Mittelständler anzusehen** sein. Auch vor dem Hintergrund der Grundsatzvorschrift des § 97 Abs. 1 GWB ist **Abs. 3 in diesem Fall weit auszulegen.** Nach dieser Vorschrift sind Aufträge im Wettbewerb zu vergeben. Ohne eine streckenbezogene Vergabe ist Wettbewerb im Schienenpersonennahverkehr gegenwärtig nicht möglich. Allein die DB Regio ist in der Lage, Gesamtnetze zu betreiben. Um eine Überführung des SPNV in den Wettbewerb überhaupt zu ermöglichen, legt daher bereits die Begründung zu § 4 Abs. 3 VgV großen Wert auf eine streckenbezogene Ausschreibung (vgl. BR-Drs. 727/02). Auch die Monopolkommission betont in ihrem Sondergutachten 55 „Bahn 2009: Wettbewerb erfordert Weichenstellung" unter Rdnr. 58 die Notwendigkeit einer Bildung von Losen, um überhaupt Wettbewerb im Schienenpersonennahverkehr zu eröffnen (OLG Düsseldorf, B. v. 21. 7. 2010 – Az.: VII-Verg 19/10).

6.8.5.18 Losweise Vergabe von Architekten- und Ingenieurleistungen

430   Vgl. dazu die **Kommentierung zu** → **§ 3 VgV** Rdn. 119 ff.

Gesetz gegen Wettbewerbsbeschränkungen GWB § 97 **Teil 1**

6.8.5.19 Weitere Beispiele aus der Rechtsprechung

– **ob technische Gründe die Unterlassung der Bildung von Teillosen erfordern**, ist 431 anhand des von dem öffentlichen Auftraggeber definierten Bedarfs zu prüfen. Es ist **grundsätzlich allein seine Sache zu bestimmen, ob, wann und mit welchen Eigenschaften er etwas beschaffen will**. Nur auf Willkür kann der Senat daher überprüfen, ob die Entscheidung der Antragsgegnerin, einen automatischen Frequenzwechsel zu fordern, gerechtfertigt war oder nicht. Derartige Bedenken sind nicht ersichtlich; es ist offensichtlich, dass dies die Arbeit der Lehrer mit den Schülern bei Klassenraumwechseln erleichtert. Die **Ziele, die von der Antragsgegnerin mit der Anschaffung eines einheitlichen System in allen Schulen auch erreicht werden sollen (Ermöglichung eines Erfahrungsaustauschs zwischen den einzelnen Schulen sowie einheitliche Schulung, leichterer Schulwechsel für Lehrer und Schüler, Möglichkeit des Austauschs von Anlagen oder Anlagenteilen zwischen den Schulen), sind vor dem Hintergrund des grundsätzlichen Bestimmungsrechts des öffentlichen Auftraggebers nicht zu beanstanden. Dies machte eine Gesamtvergabe notwendig**. Die Auffassung der Antragsgegnerin, die Interessen des Mittelstandes, die durch die Neuformulierung des § 97 Abs. 3 GWB noch stärker hervorgehoben worden sind, überwögen in diesem Falle die öffentlichen Interessen nicht, hält sich im Rahmen ihres Beurteilungsspielraums (OLG Düsseldorf, B. v. 30. 11. 2009 – Az.: VII-Verg 43/09)

– dem subjektiven Recht der Antragstellerin und aller anderen (mittelständischen) Bieter auf angemessene Berücksichtigung mittelständischer Interessen bzw. auf Beachtung der losweisen Vergabe **wird bereits dadurch Rechnung getragen, dass der Auftraggeber parallel zu dem streitgegenständlichen Ausschreibungsverfahren eine (in Gebietslose) aufgeteilte Ausschreibung der Abfallsammlung betreibt und darüber hinaus weiter parallel zu den erwähnten Ausschreibungsmaßnahmen die EDV-Beschaffung, die im Rahmen der Realisierung des neuen Abfallkonzeptes erforderlich ist, ausgeschrieben wird**. Der streitgegenständliche Auftrag „Gestellung und Erstverteilung der Müllgefäße" ist **lediglich ein Teil des größeren dahinterstehenden Gesamtauftrags** „Umsetzung des neuen Abfallkonzepts: Müllverwiegung kombiniert mit neuem Gebührenkonzept". Das **Gesamtkonzept**, das hinter diesem Gesamtauftrag steht – und nur dieses zählt bei der gebotenen funktionalen Betrachtungsweise –, **sieht bereits eine ausreichende Fach- und Gebietslosunterteilung des gesamten, zur Realisierung des neuen Abfallkonzeptes der Antragsgegnerin anfallenden Auftragsvolumens** vor (3. VK Saarland, B. v. 7. 9. 2009 – Az.: 3 VK 01/2009)

6.8.6 Kein Verstoß gegen europäisches Recht

In den **nationalen Bestimmungen des § 97 Abs. 3 GWB und des § 2 Abs. 2 EG** 432 **VOL/A 2006 liegt keine Verletzung des Europarechts**.

Ein **Verstoß gegen das Diskriminierungsverbot** des Art. 3 Abs. 2 der Richtlinie 92/50/ 433 EWG ist **nicht ersichtlich**. Es ist nicht zu erkennen, weshalb mit der losweisen Vergabe eine Diskriminierung großer Unternehmen einhergehen soll. Der **Wettbewerb wird hierdurch lediglich erweitert**, wobei alle Wettbewerber die gleichen Bedingungen vorfinden. Den großen Unternehmen bleibt der Vorteil, sich auf mehre Lose bewerben zu können. Das Argument, der Auftraggeber werde durch § 2 Abs. 2 EG VOL/A und § 97 Abs. 3 GWB gezwungen, ausschließlich die Interessen kleinerer und mittlerer Unternehmen zu berücksichtigen, trifft nicht zu. Der öffentliche Auftraggeber hat im Rahmen der nach § 97 Abs. 3 GWB gebotenen **Abwägung die Interessen aller Bieter zu berücksichtigen**. In Rahmen seiner ihm belassenen Gestaltungsfreiheit verstößt der nationale Gesetzgeber nicht gegen EU-Vergaberecht, wenn er eine mittelstands- und zugleich wettbewerbsfreundliche Regelung in Bezug auf die Losaufteilung trifft.

Ebenso wenig ist ein Verstoß gegen das Beihilfeverbot nach Art. 87 Abs. 1 EG 434 **(jetzt Art. 107 AEUV) gegeben**. Nach dieser Bestimmung sind staatliche oder aus staatlichen Mitteln gewährte Beihilfen mit dem gemeinsamen Markt unvereinbar, wenn sie durch die Begünstigung bestimmter Unternehmen oder Produktionszweige den Wettbewerb verfälschen oder zu verfälschen drohen. Eine **drohende Verfälschung des Wettbewerbs kann insoweit nicht festgestellt werden**. Der **Wettbewerb wird durch eine Losaufteilung lediglich erweitert**, wobei alle Teilnehmer die gleichen Verhältnisse vorfinden. Auch hier gilt, dass den großen Unternehmen kein Auftrag schon deshalb verloren geht, weil sich kleinere Unternehmen am Wettbewerb beteiligen. Es besteht die Möglichkeit der Bewerbung um mehrere Lose und die Vergabe im Falle des Obsiegens. Die **mittelstandsfördernde Wirkung ist auch nicht geeignet, den Handel zwischen den Mitgliedsstaaten zu beeinträchtigen**, wie es Art. 87 Abs. 1 EG (jetzt Art. 107 AEUV) erfordert. Das Fördern der Gelegenheit für den Mittelstand, sich ansonsten unter gleichen Bedingungen wie Großunternehmen an öffentlichen Ausschreibungen zu beteiligen, stellt auch keine „Beihilfe" dar (OLG Düsseldorf, B. v. 8. 9. 2004 – Az.: VII – Verg 38/04).

435   Da die **Gesetzgebungskompetenz für die mittelstandsgerechte Auftragsvergabe oberhalb der Schwellenwerte beim Bund** liegt (Art. 74 Abs. 1 Nr. 1, 11, 16 und Art. 109 Abs. 3 GG), gelten die **zusätzlich zum GWB erlassenen Mittelstandsförderungsgesetze** (z. B. das Brandenburgische Mittelstandsförderungsgesetz (BbgMFG)) **nur für Vergaben unterhalb der Schwellenwerte** (VK Brandenburg, B. v. 22. 9. 2008 – Az.: VK 27/08).

6.8.7 Begriff des Teilloses und des Fachloses

6.8.7.1 Terminologie der VOB/A

436   **6.8.7.1.1 Allgemeines.** Nach der Terminologie der VOB/A bildet ein „**Teillos**" (Zerlegung eines Bauvorhabens in quantitativ abgrenzbare Teilleistungen) einen bloßen Unterfall des Oberbegriffs „**Los**" und dient lediglich der rechtstechnischen Abgrenzung zum sog. „**Fachlos**" (Zerlegung eines Bauvorhabens in qualitativ abgrenzbare Fachgebiete/Gewerbezweige) im Sinne des § 5 Abs. 2 VOB/A. Somit bezeichnet der **Begriff „Teillos"** den Leistungsumfang eines kohärenten, nicht weiter zerlegbaren Loses (OLG Thüringen, B. v. 15. 7. 2003 – Az.: 6 Verg 7/03).

437   Eine **Aufteilung in Teillose bedeutet eine mengenmäßige oder räumliche Unterteilung der Gesamtleistung.** Im Grundsatz wird hier eine zu einem bestimmten Handwerks- oder Gewerbezweig gehörende Gesamtleistung in sich und nach äußeren Gesichtspunkten, wie z. B. Einzelhäuser, Einzelbauten sonstiger Art, abgeschlossenen Teilen am gleichen Objekt, aufgeteilt und zum Gegenstand besonderer Vertragsverhandlungen und regelmäßig voneinander getrennten Bauverträgen gemacht (VK Halle, B. v. 24. 2. 2000 – Az: VK Hal 02/00; VK Niedersachsen, B. v. 25. 3. 2010 – Az.: VgK-07/2010).

438   **Regelfall der Aufteilung in Teillose** werden **nur größere Einzel- oder Gesamtprojekte** sein können. Eine Teilung kann aber nur in Erwägung gezogen werden, wenn die räumliche Teilung in der Weise möglich ist, dass eine klare Trennung der einzelnen Aufgabengebiete sowohl in der Auftragsvergabe als insbesondere in der praktischen Bauausführung eindeutig möglich ist. Gerade die **Möglichkeit der eindeutigen Abgrenzung der Teilleistungen voneinander ist wesentliche Voraussetzung für Klarheit, Vollständigkeit und alle wichtigen Gesichtspunkte umfassende Vertragsverhandlungen.** Eine Missachtung dieses Gebotes würde den Keim späterer Streitigkeiten in sich tragen, da Meinungsverschiedenheiten im Bauvertragswesen in großem Maße dort zu finden sind, wo es um Umfang und Grenzen von Vertragspflichten geht (VK Halle, B. v. 24. 2. 2000 – Az: VK Hal 02/00).

439   Unter dem **Begriff des Fachloses** versteht man **solche Bauleistungen, die von einem bestimmten Handwerks- oder Gewerbezweig ausgeführt** werden, d. h. einem bestimmten Fachgebiet zuzuordnen sind. Welche Leistungen zu einem Fachlos gehören, **bestimmt sich nach den gewerberechtlichen Vorschriften und der allgemein oder regional üblichen Abgrenzung** (VK Niedersachsen, B. v. 25. 3. 2010 – Az.: VgK-07/2010; 1. VK Sachsen, B. v. 25. 9. 2009 – Az.: 1/SVK/038-09). Dabei ist stets auch zu untersuchen, ob sich für spezielle Arbeiten **mittlerweile ein eigener Markt herausgebildet** hat (VK Niedersachsen, B. v. 25. 3. 2010 – Az.: VgK-07/2010).

440   **Noch weiter** geht das **OLG Düsseldorf**. Der Begriff des Fachloses **knüpft nicht nur an einschlägige Handwerksleistungen, sondern auch an die bei der Auftragsausführung anfallenden Gewerke an**, sofern diese **sachlich abgrenzbar** sind (OLG Düsseldorf, B. v. 25. 11. 2009 – Az.: VII-Verg 27/09).

441   **6.8.7.1.2 Bauleistungen verschiedener Handwerks- oder Gewerbezweige.** **6.8.7.1.2.1 Richtlinie des VHB 2008.** Welche Leistungen zu einem Fachlos gehören, bestimmt sich nach den gewerberechtlichen Vorschriften und der allgemein oder regional üblichen Abgrenzung – Richtlinien zu 111 – Vergabevermerk: Wahl der Vergabeart – Ziffer 2.2 (VK Düsseldorf, B. v. 19. 3. 2007 – Az.: VK – 07/2007 – B).

Gesetz gegen Wettbewerbsbeschränkungen GWB § 97 **Teil 1**

6.8.7.1.2.2 VOB/C. Fachlose können auch unter Anwendung der Systematik der VOB/C 442
gebildet werden.

6.8.7.1.2.3 Positionspapier des DVA zu Fach- und Teillosen. Vgl. die Kommentierung 443
→ Rdn. 341.

6.8.7.1.2.4 Beispiele aus der Rechtsprechung 444

– **Lärmschutzwandarbeiten bilden bei Straßenbauarbeiten der hier zu beurteilenden Art ein abgrenzbares Gewerk.** Bei Lärmschutzwandarbeiten hat sich ein sachlich eigenständiger und nach den Umständen bundesweit abzugrenzender Angebotsmarkt entwickelt. Die Richtigkeit dieser Annahme wird durch die von der Forschungsgesellschaft für Straßen- und Verkehrswesen e. V. in Köln herausgegebenen „Zusätzlichen Technischen Vertragsbedingungen und Richtlinien für die Ausführung von Lärmschutzwänden an Straßen – ZTV-Lsw 06" und durch das allgemeine Rundschreiben Straßenbau Nr. 25/2006 des Bundesministeriums für Verkehr, Bau und Stadtentwicklung vom 22. 9. 2006 bestätigt, wonach jene Vertragsbedingungen und Richtlinien in öffentliche Bauverträge aufzunehmen und demnach – selbstverständlich – auch bei Ausschreibungen zu beachten sind. Vergaberechtlich gesehen hätten Lärmschutzwandarbeiten demnach als Fachlos ausgeschrieben werden können, wobei Einiges dafür spricht, dass dazu auch die Gründungsarbeiten zählen, jedenfalls soweit Lärmschutzwände auf Betonbohrpfählen oder Rammpfählen errichtet werden (vgl. dazu auch Nr. 4.1, 6.1 ZTV-Lsw 06) (OLG Düsseldorf, B. v. 25. 11. 2009 – Az.: VII-Verg 27/09)

– **für Lärmschutzarbeiten hat sich ein eigener Markt herausgebildet**, auf dem spezialisierte Unternehmen Lärmschutz als Systemlösung inklusive aller anfallenden Arbeiten anbieten, weshalb hier durchaus von einem baugewerblichen Fachzweig ausgegangen werden kann (1. VK Sachsen, B. v. 25. 9. 2009 – Az.: 1/SVK/038-09)

– die Erschwernis hohen Verkehrsaufkommens, örtlicher Enge und hohe Anforderungen an den Lärmschutz in bewohntem Umfeld wegen des Lärmpegels stellen Schwierigkeiten dar, die sich bei nahezu jedem Autobahnbau in NRW ergeben, ganz sicher aber auf den folgenden Abschnitten der A 40 ebenfalls begründbar wären ebenso wie auch anderen vielbefahrenen Autobahnen. Die (erneute) **Anerkennung allein dieser Parameter als Rechtfertigung einer aus technischen Gründen zulässigen Abweichung vom Gebot der Fachlosvergabe würde aus der Ausnahme den Regelfall machen** und dazu führen, dass mit höchster Wahrscheinlichkeit die Antragstellerin – und andere Unternehmen – keine Chance mehr auf eigenständige Beteiligung an dem Ausbau der A 40 und anderer Autobahnabschnitte hätten, sondern dauerhaft darauf angewiesen wären, dass sie ein Generalunternehmer als Subunternehmer auswählt. Die ohnehin – offensichtlich durch die restriktive Politik der Fachlosvergabe im Bereich Lärmschutz der marktbeherrschenden Antragsgegnerin verursachte **negative Marktentwicklung würde mit einer hier nicht auf das nötigste begrenzte Rechtsprechung weiter verstärkt**. Es ist davon auszugehen, dass sich generell „erhöhter Koordinierungsaufwand" auf nahezu jeder Autobahnstrecke nachweisen lässt, die in den nächsten Jahren zum Ausbau kommt. Das gilt im Ergebnis auch für jede größere Bundesstraßen. Damit ist es mangels abgrenzbarer Kriterien, ab wann ein Verkehrsaufkommen, eine technische Besonderheit oder auch nur ab welcher Anzahl von beispielsweise Stützwänden ein erhöhter rechtfertigender Aufwand herrscht, ins Belieben der Antragsgegnerin gestellt, ob und wann sie den Markt für diese Fachlose je öffnet (VK Arnsberg, B. v. 26. 5. 2009 – VK 14/09)

– **gegen die Einordnung der Errichtung eines Lärmschutzwalls (einschließlich Fundament) als Fachlos streiten jedenfalls keine zwingenden Gründe.** Unter dem Begriff „Fachlos" sind Bauleistungen zu verstehen die von einem bestimmten Handwerks- oder Gewerbezweig ausgeführt werden, d. h. einem bestimmten Fachgebiet zuzuordnen sind. **Welche Leistungen zu einem Fachlos gehören, bestimmt sich nach den gewerberechtlichen Vorschriften und der allgemein oder regional üblichen Abgrenzung.** Bei dem gebotenen wirtschaftlichen Verständnis spricht für die Einordnung der Gründungs- und Errichtungsarbeiten von Lärmschutzwänden als zu einem Fachlos gehörende Leistungen insbesondere, dass **sich für Lärmschutzarbeiten ein eigener Markt herausgebildet hat, auf dem spezialisierte Unternehmen Lärmschutz als Systemlösung inklusive aller anfallenden Arbeiten anbieten.** Somit **kann durchaus von einem baugewerblichen Fachzweig ausgegangen** werden. Für diese Bewertung spricht darüber hinaus auch der Inhalt der „Zusätzlichen Technischen Vertragsbedingungen und Richtlinien für die Ausführung von Lärmschutzwänden". Soweit es dort heißt, dass „Lärmschutzwände in Abhängigkeit von den Baugrundeigenschaften ... gegründet" werden, wird zwar in erster Linie ein technischer Zusammenhang beschrieben. Dass technisch solcherart zusammenhängende Vorgänge auch von einem baugewerblichen Fachzweig angeboten und ausgeführt werden, ist zwar nicht zwingend, aber naheliegend. **Gegen die Auffassung, die Gründungsarbeiten – ohne die Erstellung der eigentlichen Lärmschutzwand – seien als ein eigenständiges Fachlos zu begreifen, spricht zum einen der technische Zusammenhang zwischen Gründungs- und Errichtungsarbeiten, zum anderen der sich für Lärmschutzarbeiten gebildete Anbietermarkt**, auf dem die Wettbewerber „Komplettlösungen" anbieten. Dass sie sich für die Gründungsarbeiten regelmäßig der Hilfe von Subunternehmen bedienen, steht dieser Bewertung nicht von vornherein entgegen. **Für das Bestehen eines Fachloses spielt es keine Rolle, ob das betreffende Fachunternehmen die Leistungen – ganz oder teilweise – selbst ausführt oder durch einen Nachunternehmer erbringen lässt.** Werden bestimmte Teilleistungen regelmäßig einem Nachunternehmer überlassen, kann dies jedoch ein Argument dafür sein, die Vergabe gesplitterter Fachlose ausnahmsweise zuzulassen (OLG Düsseldorf, B. v. 11. 7. 2007 – Az.: VII – Verg 10/07; im Ergebnis ebenso VK Arnsberg, B. v. 26. 5. 2009 – VK 14/09).

– für die Existenz eines **eigenen Fachloses „Lärmschutz"** spricht zum einen, dass Lärmschutzarbeiten zumeist von darauf spezialisierten Unternehmen erbracht werden. **Aus den ZTV-LSW 88/06 ergibt sich weiter, dass die Gründungsarbeiten für Lärmschutzmaßnahmen mit den sonstigen Lärmschutzarbeiten auch schon als fachlich zusammenhängende Leistung angesehen** werden können. Zudem werden in der Regel die Gründungsarbeiten zusammen mit den weiteren Lärmschutzarbeiten ausgeschrieben. **Gegen einen unbedingte Zugehörigkeit der Gründungsarbeiten zu den übrigen Lärmschutzmaßnahmen, d. h. gegen ein unbedingtes Fachlos spricht jedoch, dass trotz einheitlicher Auftragsvergabe die Gründungsarbeiten für Lärmschutzwände in den meisten Fällen an einen Nachunternehmer vergeben werden.** Auch ist eine einheitliche Vergabe in der Praxis nicht die Regel, sondern orientiert sich an den Besonderheiten des Einzelfalls. Außerdem wäre es möglich, die Gründungsarbeiten selbst als ein Fachlos anzusehen, da die Unternehmen, welche sich mit den Gründungsarbeiten beschäftigen, speziell ausgebildet sind und über eine besondere Geräteausstattung verfügen. Gründungsarbeiten könnten von der Sachnähe ebenfalls auch einem anderen Fachbereich, wie z. B. des Erdbauarbeiten zugeordnet werden. Außerdem gibt es auch keine Fachberufbezeichnung und damit verbundene Ausbildung, welche sich ausschließlich mit Lärmschutzarbeiten befasst. Auch wenn sich aus den ZTV-LSW 88/06 ein technischer Zusammenhang ergibt, so ist dieser genannte Zusammenhang noch nicht rechtlich zwingend. **Ein Fachlos Lärmschutz muss daher nicht zwingend aus Gründungsarbeiten nebst weiteren Lärmschutzmaßnahmen bestehen** (VK Düsseldorf, B. v. 19. 3. 2007 – Az.: VK – 07/2007 – B)

– die Vergabestelle hat hier – wie sich aus dem Vergabevermerk ergibt – die Frage der Vergabe für ein einheitliches Fachlos Lärmschutz geprüft und letztlich mit einer überzeugenden Begründung die wirtschaftlichen und technischen Vorteile des Einschlusses der Gründungsarbeiten in die Gesamtmaßnahme dargelegt. Diese **Vorteile liegen hier in technischen und zeitlichen Aspekten, unter besonderer Berücksichtigung der konkreten topographischen Lage und der schwierigen Verkehrsführung an Ort und Stelle**. Die Abspaltung der Gründungsarbeiten von den übrigen Lärmschutzmaßnahmen erfolgte hier, um die gesamte Koordinierung zu optimieren. Durch die Integration der Gründungsarbeiten für die Lärmschutzwand in die gesamte Ausschreibung entfiel eine Koordinationsebene zum Lärmschutzbauer. Diese Planung ermöglichte es, die Erdbauarbeiten zeitnah abzuschließen. Die alles musste vor dem Hintergrund der schwierigen örtlichen Gegebenheiten an der Baustelle gesehen werden. Die Baustelle muss vor Ort auf teilweise unterschiedlichen Seiten der Fahrbahn verlegt werden, eine Zufahrt zur Baustelle musste aus Sicherheitsgründen ab Baubeginn sichergestellt werden. Eine präzise Zeitablaufsbestimmung schien daher auch schwierig. Dies alles geschah auch unter dem Aspekt, dass es auf eine Minimierung der Bauzeit ankam, da die betreffende Verkehrsstrecke wegen hoher Verkehrsbelastung sehr stauanfällig ist. **Grundsätzlich ist das Argument eines erweiterten Koordinierungsaufwands bei einem durchschnittlichen Bauprojekt wohl nicht ausreichend, um eine Gesamtvergabe zu rechtfertigen. Jedoch ist hier im besonderen Fall zu berücksichtigen**, dass es sich um ein sehr umfangreiches Gesamtprojekt handelt, wie sich schon am vorab geschätzten Auftragswert erkennen lässt. Zudem herrschen an Ort und Stelle der Baumaßnahme tatsächlich äußerst schwierige topographische Verhältnisse und sehr schwierige Verkehrsführungsverhältnisse vor. In Anbetracht dieser schwierigen Gesamtumstände scheint es nicht ermessensfehlerhaft, wenn die Vergabestelle die Gründungsarbeiten noch in die Gesamtvergabe integriert. Dabei ist insbesondere auch zu berücksichtigen, dass die **Gründungsarbeiten nicht zwingend einem Fachlos „Lärmschutz" zugeordnet werden müssen**, sondern fachlich auch anderen Baumaßnahmen zugerechnet werden können. Die Antragstellerin als Unternehmen für Lärmschutzarbeiten wird durch diese Aufteilung des Fachloses in ihren Interessen auch nicht stark beeinträchtigt, da die Gründungsarbeiten nur ca. $^1/_5$ der Lärmschutzmaßahmen ausmachen, ca. $^4/_5$ der Lärmschutzarbeiten aber gesondert im Nachgang ausgeschrieben werden. Der wesentlich überwiegende Teil der Lärmschutzarbeiten ist damit dem Wettbewerb der Fachunternehmen verblieben. Um diese Aufträge kann die Antragstellerin sich auch bemühen. In Anbetracht dessen ist schließlich auch noch der **Gesamtauftragswert von 50 Mio Euro im Verhältnis zu den vorgezogenen Gründungsarbeiten zu betrachten, welche weniger als 0,5% des Gesamtauftragswerts betragen** (VK Düsseldorf, B. v. 19. 3. 2007 – Az.: VK – 07/2007 – B)

– unter Berücksichtigung der voranstehenden Grundsätze rechtfertigen die dargelegten Gründe das Absehen von der Fachlosvergabe. Zwischen den Parteien ist nunmehr unstreitig, dass im Bereich des Brückenbauwerks Wolfhagen keine Bohrpfahlgründung erfolgt und die **Fundamente für die Lärmschutzwände somit auch von einem Straßenbauunternehmen eingebaut werden können**. Im Hinblick auf diesen Bauabschnitt sprechen somit **schon organisatorische und technische Gründe** dafür, dem zu beauftragenden Straßenbauunternehmer auch die Gründungsarbeiten zu übertragen. Die **sich durch eine gemeinsame Vergabe ergebenen Synergieeffekte sind offensichtlich**: Ohne jedes – auch in zeitlicher Hinsicht aufwändige – Koordinierungserfordernis kann der Straßenbauunternehmer zeitgleich das Straßenfundament und die Gründungsfundamente erstellen. Würden dagegen auf dem relativ kleinen Bauabschnitt zwei Unternehmen Fundamentarbeiten ausführen müssen, wäre das **Risiko von Zeitverlusten durch notwendige Abstimmungen und Koordination der Leistungen relativ hoch** (OLG Düsseldorf, B. v. 11. 7. 2007 – Az.: VII – Verg 10/07)

6.8.7.2 Terminologie der VOL/A

6.8.7.2.1 Allgemeines. Auch in die **VOL/A 2009 wurden die Begriffe des Fach- und Teiloses eingeführt (§ 2 EG Abs. 2).** Insoweit sind also auch hier Fälle denkbar, in denen eine als Gesamtleistung zu betrachtende Leistung an einzelne Auftraggeber in Fachlosen vergeben werden können und sollen (VK Baden-Württemberg, B. v. 17. 7. 2001 – Az.: 1 VK 13/01).

6.8.7.2.2 Beispiele aus der Rechtsprechung

– ein öffentlicher Auftraggeber hat die Möglichkeit, von einer Losaufteilung abzusehen, wenn überwiegende Gründe für eine einheitliche Auftragsvergabe sprechen. Eine solche Sachlage kann gegeben sein, wenn die Aufteilung unverhältnismäßige Kostennachteile bringen oder zu einer starken Verzögerung des Vorhabens bzw. einer „unwirtschaftlichen Zersplitterung" führen würde, einer losweisen Vergabe im Ergebnis also ernsthafte wirtschaftliche oder technische Belange entgegenstehen. Diese **ernsthaften wirtschaftlichen oder technischen Belange sind hier in dem erhöhten Fehlerrisiko bei der Datenübermittlung und Zusammenführung von verschiedensten Leistungserbringern zu sehen und damit vom Beurteilungsspielraum des Auftraggebers gedeckt** (1. VK Sachsen, B. v. 26. 6. 2009 – Az.: 1/SVK/024-09)

– § 5 Nr. 1 Satz 1 VOL/A unterstellt die losweise Vergabe trotz des in § 97 Abs. 3 GWB (a.F.) errichteten grundsätzlichen Gebots zu einer Losaufteilung dem (durch das Erfordernis des Mittelstandsschutzes geleiteten) Ermessen des öffentlichen Auftraggebers („zweckmäßig"). **Bei der Abwägung der für und gegen eine Losvergabe sprechenden Gesichtspunkte darf sich der Auftraggeber für eine Gesamtvergabe entscheiden, wenn dafür anerkennenswerte, und überwiegende Gründe festzustellen** sind. Solche Gründe können vielgestaltiger, insbesondere wirtschaftlicher oder technischer Natur sein. Sie rechtfertigen einen Verzicht auf eine Losaufteilung, wenn die damit **für den Auftraggeber verbundenen Nachteile bei vertretbarer prognostischer, d. h. auf den Zeitraum der Auftragsausführung bezogener, Sicht überwiegen.** Demgegenüber dient eine Losvergabe nicht dem Zweck, mit der Ausschreibung einen bestimmten Markt, erst recht bestimmte Anbieter, zu bedienen. Vorderstes Ziel des Vergaberechts ist, dem öffentlichen Auftraggeber zur Deckung seines Bedarfs einen wirtschaftlichen und rationellen Einkauf zu ermöglichen. Denn abgesehen davon, dass die **Beschaffungsvorgänge dann ein jeder für sich koordiniert, abgewickelt und abgerechnet werden müssen, was zusätzliche Fehlerquellen erzeugt, bringt eine auf zahlreiche Lose aufgeteilte Vergabe darüber hinaus erfahrungsgemäß vom Auftraggeber kaum beherrschbare Verzögerungen bei der Auftragsausführung, namentlich bei den einzelnen Lieferungen und Installationen, mit sich, die durch eine Gesamtvergabe eher abgewendet werden können. Hinzu kommt, dass bei einer Gesamtvergabe im Streitfall mit einer Lieferung der medizinischen Geräte durch einen einzigen Hersteller gerechnet werden konnte, was bei vorausschauender Sicht geeignet war, den **Antragsgegner treffende Erschwernisse bei den Installationen, bei der räumlichen Aufstellung sowie beim Raumbedarf und bei der Wartung sowie bei Schulungen von Ärzten und Pflegepersonal auszuräumen. Bei alledem handelt es sich um beachtliche, vertretbare und genügende Gründe,** welche die für eine Losvergabe sprechenden Gesichtspunkte überwiegen (OLG Düsseldorf, B. v. 22. 10. 2009 – Az.: VII-Verg 25/09)

- schreibt die Vergabestelle einen sogenannten **Pay-Per-Page-Vertrag** aus, fragt sie die Leistung für ein bestimmtes Seitenzahlaufkommen pro Jahr ab und bezahlt hierfür einen einheitlichen Preis pro Seite, unabhängig davon, auf welchem Gerät die Seite entstanden ist. Aufgrund dieser Gestaltung des Vertrages ist für die Vergabekammer **nachvollziehbar, dass die Ausschreibung nicht in Losen erfolgen kann, da sonst eine einheitliche Verrechnung über einen Seitenpreis bei Faxen, Druckern und Multifunktionsgeräten nicht stattfinden** könnte (VK Nordbayern, B. v. 9. 7. 2009 – Az.: 21.VK – 3194 – 15/09)

- die **Vergabestelle hat nicht plausibel dargelegt, wodurch bei kleineren Losen Kostennachteile entstehen sollen. Kostennachteile verursacht durch eine Losteilung können nicht mit einer allgemeinen Erfahrung begründet werden**, sondern sind konkret zu prüfen und vom Auftraggeber durchzurechnen. Die Vergabekammer geht davon aus, dass bei kleineren Losen mehr Bieter angesprochen werden und deshalb mehr Wettbewerb stattfindet, weshalb u. U. günstigere Preise erwartet werden können. Zudem bleibt es großen Unternehmen unbenommen, sich auf mehrere Teillose gleichzeitig zu bewerben (VK Nordbayern, B. v. 19. 5. 2009 – Az.: 21.VK – 3194 – 14/09; B. v. 19. 5. 2009 – Az.: 21.VK – 3194 – 13/09)

- es **liegt in der Natur der Sache und ist deshalb von Auftraggeberseite hinzunehmen, dass die Ausschreibung von kleiner geteilten Leistungen andere (logistische) Anforderungen beim Auftraggeber als „Großlose" erforderlich machen.** Es ist schon zweifelhaft, ob verwaltungsökonomische Gründe für die Festlegung der Lose nach § 5 Nr. 1 VOL/A überhaupt herangezogen werden dürfen. Jedenfalls kann die Vergabestelle die Forderung nach einer Aufteilung in Lose nicht mit der Begründung ablehnen, dass dies einen zusätzlichen Schulungs- und Zeitaufwand ihrer Mitarbeiter erforderlich machen würde, die Angebotswertung für die Vergabestelle zeitintensiver und die Betreuung kleinerer Einzelverträge mit unterschiedlichen Konditionen und Vertragspartnern bei der Vertragsabwicklung für sie zu aufwändig sei (VK Nordbayern, B. v. 19. 5. 2009 – Az.: 21.VK – 3194 – 14/09; B. v. 19. 5. 2009 – Az.: 21.VK – 3194 – 13/09)

- auch der **Einwand der Vergabestelle, das Beschwerdemanagement wäre im Falle weiterer Vertragspartner nicht mit dem vorhandenen Personal zu bewältigen, greift unter diesem Aspekt nicht durch.** Die Vergabestelle hat zudem trotz Nachfrage der Vergabekammer den geschätzten Zeitaufwand für die Bearbeitung von Beschwerden nicht beziffern können. Die reine Vermutung, mit der Zahl der Vertragspartner werde auch der Verwaltungsaufwand steigen, kann die Unwirtschaftlichkeit kleinerer Teillose nicht begründen (VK Nordbayern, B. v. 19. 5. 2009 – Az.: 21.VK – 3194 – 14/09; B. v. 19. 5. 2009 – Az.: 21.VK – 3194 – 13/09)

- der Einwand der Vergabestelle ist **nicht nachvollziehbar, dass eine effiziente Rechnungs- und Ausgabenkontrolle und eine Vergleichbarkeit innerhalb der … Behörden nur mit einer einheitlichen Bepreisung der Angebote möglich sei**, wenn die Vergabestelle hierzu einen konkreten Nachweis schuldig bleibt. Nicht eine einheitliche Bepreisung der Briefdienstleistungen muss Ziel der Ausschreibung sein, sondern die **Lose sind im Interesse einer möglichst ökonomischen Verwendung von Haushaltsmitteln an diejenigen Bieter zu vergeben, die jeweils das wirtschaftlichste Angebot abgegeben haben** (VK Nordbayern, B. v. 19. 5. 2009 – Az.: 21.VK – 3194 – 14/09; B. v. 19. 5. 2009 – Az.: 21.VK – 3194 – 13/09)

- wenn die **Erbringung der Leistung unstreitig mit lediglich 25 Mitarbeitern auch bei der von der Ag gewählten Losgröße möglich** bleibt, so ist damit **mittelständischen Interessen hinreichend Genüge getan** (3. VK Bund, B. v. 9. 1. 2008 – Az.: VK 3–145/07)

Gesetz gegen Wettbewerbsbeschränkungen GWB § 97 **Teil 1**

– es ist nachvollziehbar, dass insbesondere die **in sich geschlossene, ständig gepflegte Verlinkung der juristischen Inhalte der Rechtsprechungsdatenbank untereinander und mit einer umfassenden Normensammlung einen bedeutenden juristischen Mehrwert darstellt**, der durch rein technische Verlinkungslösungen oder durch manuelles Bearbeiten an den Schnittstellen zweier fremder Datenbanken sicherlich in dieser Qualität nicht realisierbar ist (VK Hessen, B. v. 10. 9. 2007 – Az.: 69 d VK – 37/2007; B. v. 10. 9. 2007 – Az.: 69 d VK – 29/2007)

– übertragen auf den streitgegenständlichen Fall bedeutet dies, dass es dem Auftraggeber aufgrund des damit verbundenen Mehraufwandes nicht zumuten ist, die von ihm bereits vorgenommene **regionale Losaufteilung, die sich an den Bundesländern orientiert**, in noch kleinere Gebiete aufzuteilen. Aufgrund der im konkreten Fall vorgenommenen **Losaufteilung (2 Fachlose und 16 Gebietslose, also insgesamt 32 Lose, wobei pro Los zwei Verträge vorgesehen sind)** ist der **Abschluss von insgesamt 64 Rahmenverträgen** beabsichtigt. Hierzu führt der Auftraggeber in seinem Vergabevermerk aus, dass **bei noch kleineren Losen eine verfahrensmäßige Abdeckung mit dem vorhandenen Personal nicht mehr gewährleistet sei und die Verwaltung des Pools aufgrund der vielen Vertragspartner dauerhaft unmöglich** würde. Diese Erwägungen sind sachgerecht, da die einzelnen Rahmenverträge von dem Auftraggeber abzuwickeln sind sowie von ihm verwaltet werden müssen und damit **in nicht unerheblichem Maße Ressourcen in Anspruch nehmen** (VK Bund, B. v. 14. 9. 2007 – Az.: VK 1–101/07; B. v. 31. 8. 2007 – Az.: VK 1–92/07)

6.8.8 Zahl und Größe der Lose

So lange ein **effektiver Wettbewerb und die Auftragsbewerbung kleiner und mittlerer Unternehmen möglich** bleibt, ist der Auftraggeber bei der Entscheidung, ob und nach welchen Kriterien er eine Losaufteilung vornimmt, **grundsätzlich frei** (Schleswig-Holsteinisches OLG, B. v. 4. 5. 2001 – Az.: 6 Verg 2/2001). 447

Die Zahl und Größe der Lose muss sich daran orientieren, dass sich **tatsächlich kleine und mittlere Unternehmen um Teilaufträge bewerben können**. Allerdings muss man dabei nicht so weit gehen, dass alle potentiellen Bewerber sich an dem Wettbewerb beteiligen können ohne gezwungen zu sein, Bietergemeinschaften zu bilden. Dies schränkt den Wettbewerb in unzulässiger Weise ein (VK Baden-Württemberg, B. v. 16. 11. 2001 – Az.: 1 VK 39/01). 448

Eine Losbildung verfehlt also ihr Ziel, wenn im Ergebnis kleine und mittlere Unternehmen keine praktische Möglichkeit der Beteiligung haben. Eine solche Losbildung ist fehlerhaft. Dies ist dann der Fall, wenn die **Einzellose so groß sind, dass diese für einen Mittelständler nach wie vor zu groß sind oder wenn die Losbildung durch die Zusammenfassung ganz unterschiedlicher Leistungen so ungünstig ist, dass ein mittelständischer Betrieb diese Leistungen mit eigenem Know-how überhaupt nicht erbringen kann** und sich nach Partnern (Unterauftragnehmer) umsehen müsste (1. VK Sachsen, B. v. 7. 2. 2003 – Az.: 1/SVK/007-03). 449

6.8.9 Kein Zwang zu gleichen Rahmenbedingungen für alle Lose

Lose sind immer unterschiedlich bezüglich Größe, Umfang und der zu erzielenden Umsätze. **Wesentlich** ist nur, dass **alle Bieter gleiche Chancen** in Bezug auf ein Los haben (VK Baden-Württemberg, B. v. 16. 11. 2001 – Az.: 1 VK 39/01). 450

6.8.10 Eindeutige Bezeichnung der vorgesehenen Lose

Bereits in der Bekanntmachung muss der Auftraggeber angeben, „ob der Dienstleistungserbringer Bewerbungen für einen Teil der betreffenden Leistung abgeben kann". Dann muss er diese **„Teilleistungen" auch eindeutig benennen**. Bei der Aufgabenbeschreibung muss also der Auftraggeber auch unter Berücksichtigung der EU-weiten Bekanntmachung sich so klar ausdrücken, dass die an dem Verfahren beteiligten Bewerber unter Zugrundelegung der bei ihnen vorauszusetzenden Fachkenntnisse sie objektiv im gleichen Sinne verstehen müssen (VK Baden-Württemberg, B. v. 14. 9. 2001 – Az.: 1 VK 24/01). Enthält z. B. eine Beschreibung der freiberuflichen Ingenieurleistung für die „Technische Gebäudeausrüstung" hinsichtlich der Losaufteilung in die beiden Lose GWA/WBR-Technik und Elektrotechnik keine eindeutigen Festlegungen, entspricht die von der Vergabestelle vorgenommene Losaufteilung damit nicht dem in 451

§ 9 Abs. 4 bzw. § 6 Abs. 1 VOF verankerten Transparenzgebot (VK Südbayern, B. v. 25. 7. 2000 – Az.: 120.3–3194.1–13–06/00).

452 Eine **Vergabe nach Losen verlangt gegenüber den potentiellen Bietern** also nicht nur die Mitteilung des entsprechenden Vorbehalts in der Bekanntmachung oder den Vergabeunterlagen, sondern **auch die verbindliche und konkrete inhaltliche Festlegung der einzelnen Lose**. Diese vorherige Festlegung und Kenntnis ist nicht nur kalkulationsrelevant für die potentiellen Bieter, sondern auch ein Gebot der Transparenz (§ 97 Abs. 1 GWB) und kann daher vom Auftraggeber nicht bis nach Eingang und Auswertung der Angebote hinausgeschoben werden. Eine „evtl. getrennte Vergabe der Aufträge nach den genannten Positionen oder Teilbereichen" genügt von der Formulierung her nicht (VK Hessen, B. v. 24. 3. 2004 – Az.: 69 d – VK – 09/2004).

6.8.11 Bekanntgabe der Absicht der losweisen Vergabe

453 Schon aus dem **Transparenzgrundsatz des § 97 Abs. 1 GWB folgt, dass der Auftraggeber in der Bekanntmachung oder in den Vergabeunterlagen deutlich machen muss**, ob eine losweise Wertung bzw. Vergabe erfolgen soll oder eine Gesamtvergabe beabsichtigt ist. Denn die Festlegung einer losweisen Vergabe bzw. Gesamtvergabe kann für den Bieter von wesentlicher wirtschaftlicher Bedeutung sein (3. VK Bund, B. v. 21. 9. 2004 – Az.: VK 3–110/04; B. v. 16. 9. 2004 – Az.: VK 3–104/04).

454 Aus der in der Aufforderung zur Angebotsabgabe enthaltenen Formulierung: „**Losweise Vergabe bleibt vorbehalten**" ergibt sich, dass sowohl **eine Gesamtvergabe** möglich bleiben soll **als auch eine losweise Vergabe** als zusätzliche Möglichkeit eingeführt werden soll (3. VK Bund, B. v. 21. 9. 2004 – Az.: VK 3–110/04; B. v. 16. 9. 2004 – Az.: VK 3–104/04).

455 Lässt der **Auftraggeber in der Bekanntmachung die Abgabe von losweisen Angeboten zu, verlangt aber darüber hinaus von allen Bietern Komplettangebote für alle drei Lose**, kann daraus nicht zwingend der Schluss gezogen werden, dass er die Lose nur insgesamt vergeben will. Dem steht der Umstand entgegen, dass der Gesamtauftrag überhaupt in Lose unterteilt worden ist. Insofern **sind die Vergabebedingungen in sich widersprüchlich**. Bei einer derartigen Sachlage müssen die Vergabebedingungen **vom Bieterhorizont aus ausgelegt** werden. Wegen der Aufteilung in Lose **muss ein Bieter davon ausgehen, dass die Auftraggeberin gerade nicht zwingend eine Gesamtvergabe vornehmen, sondern sich die Option offen halten will, die Lose an verschiedene Bieter zu vergeben.** Dass diese Auslegung zutreffend ist, ergibt sich schon aus dem Umstand, dass mehrere Bieter, darunter auch die Beigeladene, Preisnachlässe für den Fall angeboten haben, dass ihnen mehr als ein Los zugeschlagen wird. **Solche Preisnachlässe machen keinen Sinn, wenn die Bieter davon ausgegangen wären, dass die Auftraggeberin den Auftrag ohnehin nur insgesamt vergeben will** (OLG Brandenburg, B. v. 20. 3. 2007 – Az.: Verg W 12/06; VK Südbayern, B. v. 21. 4. 2009 – Az.: Z3-3-3194-1-09-02/09).

456 **Bei der getrennten Ausschreibung und Vergabe eines einzelnen Loses ist den Bietern nicht bekannt zu geben, dass der Gesamtbedarf ein weiteres, getrennt ausgeschriebenes und zu vergebendes Los umfasst**. Dies kann zwar kalkulationsrelevant sein, weil bei der Preisermittlung für das erste Angebot die reelle Chance auf die Erteilung des Zuschlags für den nachfolgenden Leistungszeitraum mit berücksichtigt werden kann. Im Ergebnis wird damit aber die Eröffnung einer Spekulationsmöglichkeit begehrt, denn es ist völlig unsicher, wer den Zuschlag für den Zweitauftrag erhält. Dies ist **vom Schutzzweck des Transparenzgebots jedoch nicht umfasst**. Die Eröffnung solcher Spekulationsmöglichkeiten steht der Vergleichbarkeit der Angebote der beteiligten Bieter und damit den Grundsätzen der Gleichbehandlung und Transparenz geradezu entgegen: Um eine möglichst weitgehende Vergleichbarkeit der abgegebenen Angebote zu erreichen, sind durch das Vergaberecht nicht nur Pflichten für den Auftraggeber, z.B. bei der Gestaltung der Leistungsbeschreibung, festgelegt. Vielmehr ist auch der Bieter gehalten, seine Preise seriös und auskömmlich zu kalkulieren (3. VK Bund, B. v. 29. 9. 2005 – Az.: VK 3–121/05).

6.8.12 Mittelständische Interessen

6.8.12.1 Begriffe

457 § 97 Abs. 3 GWB und § 2 EG Abs. 2 VOL/A sprechen inzwischen übereinstimmend von mittelständischen Interessen. Die VOB/A 2006 grenzt den Adressatenkreis in der Vorschrift

Gesetz gegen Wettbewerbsbeschränkungen GWB § 97 **Teil 1**

selbst nicht ein. § 2 Abs. 4 VOF spricht von kleineren Büroorganisationen und Berufsanfängern.

6.8.12.2 Kleine und mittlere Unternehmen

6.8.12.2.1 Nationale rechtliche Definition. Eine natione rechtliche **Definition des Mit- 458 telstandsbegriffs und/oder der kleinen und mittleren Unternehmen fehlt bisher** (OLG Düsseldorf, B. v. 8. 9. 2004 – Az.: VII – Verg 38/04; 3. VK Bund, B. v. 9. 1. 2008 – Az.: VK 3–145/07; VK Düsseldorf, B. v. 19. 3. 2007 – Az.: VK – 07/2007 – B).

6.8.12.2.2 Begriffsdefinition der Europäischen Kommission. Die Kommission der Eu- 459 ropäischen Gemeinschaften hat mittels einer **Empfehlung vom 6. 5. 2003 die Definition der Kleinstunternehmen sowie der kleinen und mittleren Unternehmen** im Amtsblatt der Europäischen Union (L 124/36 vom 20. 5. 2003) bekannt gegeben (2003/362/EG):

– **die Größenklasse der Kleinstunternehmen sowie der kleinen und mittleren Unternehmen (KMU)** setzt sich aus Unternehmen zusammen, die weniger als 250 Personen beschäftigen und die entweder einen Jahresumsatz von höchstens 50 Mio. € erzielen oder deren Jahresbilanzsumme sich auf höchstens 43 Mio. € beläuft.

– Innerhalb der Kategorie der KMU wird ein kleines Unternehmen als ein Unternehmen definiert, das weniger als 50 Personen beschäftigt und dessen Jahresumsatz bzw. Jahresbilanz 10 Mio. € nicht übersteigt.

– Innerhalb der Kategorie der KMU wird ein Kleinstunternehmen als ein Unternehmen definiert, das weniger als 10 Personen beschäftigt und dessen Jahresumsatz bzw. Jahresbilanz 2 Mio. € nicht überschreitet.

Die Empfehlung ersetzt die Empfehlung 96/280/EG ab dem 1. Januar 2005. 460

Die Empfehlungen der Kommission **haben keine Rechtssatzqualität**, sondern sind im 461 Wortsinne nur „Empfehlungen" an die Mitgliedsstaaten, die Europäische Investitionsbank und den Europäischen Investitionsfonds, mit dem Ziel, die Bewilligungskriterien in europäischen Förderprogrammen zu vereinheitlichen. Allerdings geben sie erste **Anhaltspunkte für die Einordnung als kleines oder mittleres Unternehmen** (OLG Düsseldorf, B. v. 8. 9. 2004 – Az.: VII – Verg 38/04; 3. VK Bund, B. v. 9. 1. 2008 – Az.: VK 3–145/07; VK Düsseldorf, B. v. 19. 3. 2007 – Az.: VK – 07/2007 – B).

Für die Beantwortung der Frage, wann mittelständische Interessen betroffen sind bzw. wann 462 es sich um ein kleines oder mittleres Unternehmen handelt, können also nicht einfach die abstrakten Zahlen aus der Empfehlung der EU-Kommission vom 6. Mai 2003 (2003/361/EG) herangezogen, sondern **müssen die konkreten Branchenverhältnisse ermittelt werden** (2. VK Bund, B. v. 4. 3. 2009 – Az.: VK 2–202/08, VK 2–205/08).

6.8.12.2.3 Sonstige Begriffsdefinitionen. Verschiedene **Bundesländer** haben – insbe- 463 sondere in den Mittelstandsförderungsgesetzen bzw. -richtlinien – ebenfalls Begriffsdefinitionen erlassen; vgl. z. B. § 4 des Gesetzes zur Mittelstandsförderung des Landes Baden-Württemberg vom 19. 12. 2000 (Gesetzblatt für Baden-Württemberg vom 28. 12. 2000, 745 ff).

6.8.12.2.4 Rechtsprechung. 6.8.12.2.4.1 Allgemeines. Nach der Rechtsprechung ist der 464 Begriff „kleine und mittlere Unternehmen" für eine zu vergebende Leistung **nicht anhand absoluter, zahlenmäßiger Grenzen bestimmbar**. Entscheidend ist vielmehr die **relative Größe der Marktteilnehmer, wobei auf die vorhandenen Marktstrukturen abzustellen** ist. Unter diesem Gesichtspunkt hat die Vergabestelle im Voraus, vor Durchführung des Vergabeverfahrens, zu prüfen, ob es solche Unternehmen auf dem relevanten Markt gibt und danach zu entscheiden, ob eine Aufteilung der Leistung in Lose erfolgt (VK Düsseldorf, B. v. 19. 3. 2007 – Az.: VK – 07/2007 – B; VK Magdeburg, B. v. 6. 6. 2002 – Az.: 33–32571/07 VK 05/02 MD). Für die Beantwortung der Frage, wann mittelständische Interessen betroffen sind bzw. wann es sich um ein kleines oder mittleres Unternehmen handelt, können also nicht einfach die abstrakten Zahlen aus der Empfehlung der EU-Kommission vom 6. Mai 2003 (2003/361/EG) herangezogen, sondern **müssen die konkreten Branchenverhältnisse ermittelt werden** (2. VK Bund, B. v. 4. 3. 2009 – Az.: VK 2–202/08, VK 2–205/08).

Dies kann im Ergebnis bedeuten, dass auch **Unternehmen mit einem Umsatz von meh-** 465 **reren hundert Millionen Euro** im Sinn der Rechtsprechung **mittelständische Unternehmen** sein können (2. VK Bund, B. v. 16. 9. 2008 – Az.: VK 2–97/08; vgl. zu einem instruktiven Beispiel 2. VK Bund, B. v. 18. 11. 2003 – Az.: VK 2–110/03).

466 **6.8.12.2.4.2 Gebäudereinigungsbranche.** In der **Gebäudereinigungsbranche können als mittelständische Unternehmen i. S. v. § 97 Abs. 3 GWB bzw. § 2 EG Abs. 2 1 VOL/A solche angesehen werden, die einen Umsatz von weniger als 5 Millionen Euro jährlich erwirtschaften.** Ausweislich der vom Bundesinnungsverband ermittelten Zahlen konnten bereits vor der Liberalisierung der Handwerksordnung nur etwa 2% der Unternehmen einen Umsatz von mehr als 5 Millionen Euro jährlich erzielen, auch wenn sie immerhin 46% des Branchenumsatzes erwirtschafteten. Wenn man Kleinstunternehmen als vom Schutzbereich dieser Normen nicht mehr erfasst ansehen wollte, wäre zwar auch eine Untergrenze – die in der Gebäudereinigungsbranche bei 100 000 Euro angesetzt werden kann – zu ermitteln, die Obergrenze bliebe mit 5 Millionen Euro jedoch gleich. Etwa 50% der Unternehmen erreichten im Jahr 2003 nicht einmal die Marke von 100 000 Euro jährlich und erwirtschafteten selbst unter Einbeziehung von Unternehmen, die immerhin einen jährlichen Umsatz von bis zu 500 000 Euro erzielten, nur einen Anteil von 15% des Branchenumsatzes. Diese **Verhältnisse dürften sich angesichts des drastischen Anstiegs der Zahl von Unternehmen in der Gebäudereinigungsbranche von 6.874 im Jahr 2003 auf 28.024 im Jahr 2007 weiter deutlich in Richtung „wenige extrem große Marktteilnehmer, viele atomisiert kleine Marktteilnehmer" verschoben haben.** Vor diesem Hintergrund **erscheint es sachgerecht, jedenfalls die Gruppe derjenigen Unternehmen, die sich mit einem Umsatz von 100 000 bis 5 Millionen Euro zwischen diesen beiden Extremen bewegt, als „Mittelstand" bzw. als „kleine und mittlere" Unternehmen der Gebäudereinigungsbranche anzusehen** (2. VK Bund, B. v. 4. 3. 2009 – Az.: VK 2–202/08, VK 2–205/08).

467 Ein **Entgelt von etwa 10 Euro pro Quadratmeter jährlich für Unterhaltsreinigungsleistungen ist branchentypisch** und die **Bewältigung eines Auftrags, dessen jährliches finanzielles Volumen 60% des eigenen Jahresumsatzes übersteigt, ist aufgrund der erforderlichen Vorleistungen als „finanztechnisches Harakiri"** zu betrachten (2. VK Bund, B. v. 4. 3. 2009 – Az.: VK 2–202/08, VK 2–205/08).

468 **6.8.12.2.4.3 Weitere Beispiele aus der Rechtsprechung**

– gehört ein Bieter zu einem **Konzern mit einem Umsatz von ca. 610 Mio. € (2007) und 2000 Mitarbeitern weltweit, zählt dieser Bieter, unabhängig davon, wie man den „Mittelstand" definiert, nicht mehr zu dem von § 97 Abs. 3 GWB geschützten Bieterkreis.** Hierbei ist auf den Gesamtkonzern und nicht auf die Verhältnisse in der jeweiligen Ausschreibung abzustellen. Denn schließlich ist es grundsätzlich ein Unternehmen einschließlich der hinter ihm stehenden Konzernstärke, das sich an einer Ausschreibung beteiligt. Eines speziellen Schutzes, wie in § 97 Abs. 3 GWB vorgesehen, bedarf ein solches Unternehmen daher im Regelfall nicht (1. VK Bund, B. v. 3. 2. 2010 – Az.: VK 1–236/09)

– die **Antragstellerin** ist kein kleines oder mittelständisches Unternehmen, sondern **deutsche Niederlassung eines weltweit operierenden Konzerns**. Sie stuft sich infolgedessen selbst nicht als ein kleines oder mittleres Unternehmen ein und ist bei dem von ihr vorgetragenen **unternehmensbezogenen Jahresumsatz von etwa 130 Millionen Euro auch als solches nicht anzusehen.** Die Antragstellerin ist demzufolge von dem in § 97 Abs. 3 GWB (a.F.) normierten rechtlichen Verpflichtung des öffentlichen Auftraggebers zur Losvergabe sowie von der konkretisierenden Bestimmung in § 5 Nr. 1 Satz 1 VOL/A **nicht geschützt** (OLG Düsseldorf, B. v. 22. 10. 2009 – Az.: VII-Verg 25/09)

– allerdings ist die **Reichweite dieses Bieterschutzes im Fall des § 97 Absatz 3 GWB durch die ausdrücklich mittelstandsschützende Zweckbestimmung dieser Vorschrift begrenzt. Daran hat sich durch die Neufassung der Bestimmung durch die jüngste Vergaberechtsnovelle nichts geändert.** Daher ist es im vorliegenden Fall ausgeschlossen, dass sich die ASt auf § 97 Absatz 3 GWB berufen kann; denn **als Großunternehmen unterfällt sie nicht dem Schutzbereich dieser Vorschrift.** Ihr Einwand, sie sei als rechtlich selbständige Einheit im Konzern einem mittelständischen Unternehmen gleichzusetzen bzw. wie ein solches zu behandeln, greift nicht. Ein konzernverbundenes Unternehmen hat gegenüber einem mittelständischen Unternehmen zahlreiche Wettbewerbsvorteile, die ihm bei der Vergabe von Aufträgen zugute kommen. Konzernen zu gestatten, den mittelstandsschützenden Anspruch auf (Teil-)Losvergabe durch Tochtergesellschaften durchzusetzen, würde dem Zweck der Losvergabe, kleinen und mittleren Unternehmen die Möglichkeit zu geben, sich um bestimmte Aufträge zu bewerben, widersprechen. **Konzernverbundene Unternehmen bedürfen nicht des Schutzes einer Teillosbildung, da sie auf die Ressourcen des Konzerns zurückgreifen können.** Daher **unterfallen sie zu Recht auch nicht dem Schutzbereich des § 97 Absatz 3 GWB** (2. VK Bund, B. v. 6. 10. 2009 – Az.: VK 2–165/09)

Gesetz gegen Wettbewerbsbeschränkungen GWB § 97 **Teil 1**

– die **Größe der Lose ist so bemessen, dass sich auch kleine und mittlere Unternehmen als solche** – und nicht nur als Teil einer Bietergemeinschaft – an der Ausschreibung **beteiligen können**. Das ergibt sich schon aus dem Vortrag der ASt selbst, wonach eine **Betriebsgröße von 20 bis 25 Mitarbeitern erforderlich ist, um die Leistung erbringen zu können. Bei einer solchen Betriebsgröße ist durchaus von einem mittelständischen Unternehmen auszugehen**. Zwar gibt es keine allgemeingültige und abschließende Definition des Begriffs „Mittelstand". Nach der Empfehlung der Europäischen Kommission betreffend die Definition von kleinen und mittleren Unternehmen vom 3. 4. 1996 (in: Amtsblatt der Europäischen Gemeinschaften, L 107 vom 30. 4. 1996) gelten aber als „klein" solche Unternehmen, die nicht mehr als 49 Beschäftigte und nicht mehr als 7 Mio. € Jahresumsatz haben. Der Begriff des wirtschaftlichen Mittelstands wird sogar wesentlich weiter gefasst. Wenn die **Erbringung der Leistung unstreitig mit lediglich 25 Mitarbeitern auch bei der von der Ag gewählten Losgröße möglich bleibt, so ist damit mittelständischen Interessen hinreichend Genüge getan** (3. VK Bund, B. v. 9. 1. 2008 – Az.: VK 3–145/07)

– vergleicht man die Antragstellerin, welche eine **konzernverbundene Aktiengesellschaft im Baubereich** ist, mit anderen Unternehmen am Markt, hier anderen Bauunternehmen oder sogar auch auf Lärmschutz spezialisierten Unternehmen, wird man sie **auch nicht mehr als Mittelstand ansehen können**. Dem Einwand der Antragstellerin, sie sei mittelständisch, da sie den **Nachprüfungsantrag als selbständiges Profitcenter gestellt habe, welches auf Lärmschutzarbeiten spezialisiert sei und bloß einen Jahresumsatz zwischen 13–14 Mio. Euro habe, ist nicht zu folgen**. Es ist **nämlich auf das Unternehmen als solches abzustellen**. Als Unternehmen im Sinne von § 94 Abs. 4 GWB kommen nur natürliche oder juristische Personen in Betracht. Eine rechtlich unselbständige Einheit ist dies nicht. Außerdem hat die Antragstellerin den Nachprüfungsantrag als juristische Person („AG") gestellt. Sie wäre insoweit auch Vertragspartner hinsichtlich einer Vergabe, und nicht das rechtlich unselbständige Profit-Center. Auch ein **funktionales Verständnis von § 97 Abs. 3 GWB** dergestalt, dass sich rechtlich unselbständige Einheiten auf den Schutz ihrer – weil sie als Einheit nur als mittelständisch anzusehen seien- mittelständischen Interessen berufen könnten, ist **abzulehnen**. Ein Großunternehmen bzw. ein konzernverbundenes Unternehmen hat gegenüber einem mittelständischen Unternehmen zahlreiche Wettbewerbsvorteile, die ihm bei der Vergabe von öffentlichen Aufträgen zugute kommen. **Wäre es für Großunternehmen grundsätzlich möglich, einen Anspruch auf Losvergabe durchzusetzen, so liefe der Zweck der Losvergabe, nämlich kleinen und mittleren Unternehmen erst die Möglichkeit zu geben, sich um bestimmte Aufträge zu bewerben, leer**. Großunternehmen können sich ohnehin um eine Vielzahl mehr an Aufträgen bewerben. Sie bedürfen der Hilfe durch die Stückelung von Aufträgen nicht (VK Düsseldorf, B. v. 19. 3. 2007 – Az.: VK – 07/2007 – B)

– beträgt der **Jahresumsatz eines Bieters rund 2,3 Mio. €** in den Jahren 2003 und 2004 und gibt es in der **Verwaltung des Unternehmens 10 Volltagskräfte**, im **Reinigungsdienst 55–65 Volltagskräfte sowie 300 Kräfte, die 7–8 Stunden pro Woche arbeiten**, gibt es außerdem **keine irgendwie gearteten rechtlichen oder sonstigen Verbindungen mit weiteren Unternehmen**, ist der **Bieter als mittleres Unternehmen einzuordnen** (OLG Düsseldorf, B. v. 8. 9. 2004 – Az.: VII – Verg 38/04).

6.8.12.3 Anspruch auch großer Unternehmen auf Einhaltung der Losvergabe

Eine Verpflichtung zur Aufteilung in Lose ist **nicht ausschließlich in den Kontext der Förderung kleinerer und mittlerer Unternehmen** zu stellen. Auch aus **allgemeinen vergaberechtlichen Grundsätzen** wie der Verpflichtung zu einer möglichst wirtschaftlichen Vergabe im Wettbewerb (§ 97 Abs. 1 und 5 GWB) ebenso wie aus dem Gleichbehandlungsgebot (§ 97 Abs. 2 GWB) ergibt sich eine generelle Verpflichtung für die ausschreibende Stelle, in jedem Einzelfall die Möglichkeit und Zweckmäßigkeit einer losweisen Aufteilung mit zu bedenken und diese gegebenenfalls umzusetzen. Aus diesen Grundsätzen resultieren unzweifelhaft **Rechte auch großer Unternehmen** im Sinne von § 97 Abs. 7 GWB, die losgelöst sind von ihrer Eigenschaft als mittelständisches Unternehmen (1. VK Bund, B. v. 21. 9. 2001 – Az.: VK 1–33/01; 2. VK Bund, B. v. 15. 9. 2008 – Az.: VK 2–94/08; zweifelnd VK Hessen, B. v. 27. 2. 2003 – Az.: 69d VK – 70/2002; ablehnend VK Düsseldorf, B. v. 19. 3. 2007 – Az.: VK – 07/2007 – B. 469

Das **OLG Düsseldorf** lässt die **Frage im Ergebnis offen, tendiert** jedoch eher dazu, **auch nicht mittelständische Unternehmen** zum durch § 97 Abs. 3 GWB geschützten Bieter- 470 kreis zu zählen. **Für diese Annahme spricht**, dass die **losweise Vergabe von Aufträgen der Wettbewerbsförderung, der Gleichbehandlung sowie der Erhaltung eines breit gestreuten Marktes dient, der die Möglichkeit wirtschaftlicher Beschaffungsmöglichkeiten langfristig sichert.** Hinter § 5 Abs. 2 VOB/A steht zudem die aus Erfahrungen gewonnene Überlegung, dass ein auf der Grundlage der wirtschaftlichsten Angebote für einzelne Fachlose hergestelltes Bauvorhaben in der Regel insgesamt nach Preis, Qualität und Lebensdauer von höherer Wirtschaftlichkeit ist. Sind die Grundsätze über die Losvergabe aber auch als Ausprägungen des Wettbewerbs – und Wirtschaftlichkeitsgebots (§ 97 Abs. 1 und Abs. 5 GWB) anzusehen, **dienen sie nicht ausschließlich dem in § 97 Abs. 3 GWB formulierten Ziel des Gesetzgebers, mittelständische Interessen durch die losweise Vergabe zu fördern** (OLG Düsseldorf, B. v. 11. 7. 2007 – Az.: VII – Verg 10/07; im Ergebnis ebenso 2. VK Bund, B. v. 15. 9. 2008 – Az.: VK 2–94/08).

471 Die **2. VK Bund differenziert insoweit zwischen Fach- und Teillosvergabe**. Die **Reichweite des Bieterschutzes im Fall des § 97 Absatz 3 GWB ist durch die ausdrücklich mittelstandsschützende Zweckbestimmung dieser Vorschrift begrenzt.** Daran hat sich durch die Neufassung der Bestimmung durch die jüngste Vergaberechtsnovelle nichts geändert. **Daher unterfällt ein Großunternehmen nicht dem Schutzbereich dieser Vorschrift**. Auch der Einwand, eine rechtlich selbständige Einheit im Konzern sei einem mittelständischen Unternehmen gleichzusetzen bzw. wie ein solches zu behandeln, greift nicht. Ein konzernverbundenes Unternehmen hat gegenüber einem mittelständischen Unternehmen zahlreiche Wettbewerbsvorteile, die ihm bei der Vergabe von Aufträgen zugute kommen. Konzernen zu gestatten, den mittelstandsschützenden Anspruch auf (Teil-)Losvergabe durch Tochtergesellschaften durchzusetzen, würde dem Zweck der Losvergabe, kleinen und mittleren Unternehmen die Möglichkeit zu geben, sich um bestimmte Aufträge zu bewerben, widersprechen. **Konzernverbundene Unternehmen bedürfen nicht des Schutzes durch eine Teillosbildung, da sie auf die Ressourcen des Konzerns zurückgreifen können. Daher unterfallen sie zu Recht auch nicht dem Schutzbereich des § 97 Absatz 3 GWB** (2. VK Bund, B. v. 6. 10. 2009 – Az.: VK 2–165/09; B. v. 29. 9. 2009 – Az.: VK 2–162/09).

472 Da der Gesetzgeber mit der Änderung der Vorschrift des § 97 Abs. 3 GWB erklärtermaßen die Verstärkung gerade des Mittelstandschutzes beabsichtigte, spricht eben diese Gesetzesänderung jedenfalls nicht dafür, sondern sogar eher dagegen, dass nunmehr abweichend von der alten Rechtslage auch Großunternehmen dem Schutzbereich der Norm unterfallen sollen. Die „Verschärfung" des Wortlauts des § 97 Abs. 3 GWB, vornehmlich in dessen neuem Satz 2 [„Leistungen sind in der Menge aufgeteilt (Teillose) und getrennt nach Art oder Fachgebiet (Fachlose) zu vergeben.] könnte zwar für sich genommen im Sinne einer generellen Losaufteilungspflicht des öffentlichen Auftraggebers verstanden werden. Indes steht dieser Satz 2 trotz seiner Verselbständigung gegenüber Satz 1 weiterhin unter der in Satz 1 normierten Prämisse des Schutzes mittelständischer Interessen. Die Gesetzesbegründung zur Neufassung des § 97 Absatz 3 GWB (BR-Drs. 349/08 vom 23. Mai 2008, S. 8) geht davon aus, dass **durch die „verschärfte" Pflicht zur Losaufteilung gerade mittelständische Unternehmen die Chance erhalten sollen, sich selbständig auch für sie der Größe nach handhabbare Aufträge zu bewerben.** Dieses Abstellen auf die „Handhabbarkeit" von Aufträgen unter dem Gesichtspunkt ihres Volumens macht auch die in der Rechtsprechung teilweise feststellbaren Tendenzen erklärlich, bei der Frage, ob nicht nur mittelständische, sondern auch Großunternehmen sich auf das Losbildungsgebot berufen können, **zwischen Teil- und Fachlose zu unterscheiden und nur für letztere auch Großunternehmen den Bieterschutz zuzubilligen**. Ein Großunternehmen kann nämlich im Einzelfall hinsichtlich eines vom ihm mangels entsprechender fachlicher Spezialisierung nicht ausführbaren Auftrags wirtschaftlich durchaus mit einem Mittelständler vergleichbar sein, da auch das Großunternehmen, beispielsweise wegen eines im Gesamtauftrag enthaltenen speziellen Gewerks, gehindert sein kann, ein Angebot für den nicht in Fachlose unterteilten Gesamtauftrag abzugeben. Soweit es dagegen um die rein mengenbezogene Frage der Teillosbildung geht, ist ein Großunternehmen in der Regel grundsätzlich zu einer Angebotsabgabe in der Lage und hinsichtlich der ihm zur Verfügung stehenden Kapazitäten und Ressourcen einem kleinen oder mittleren Unternehmen regelmäßig sogar überlegen. Damit **verbietet sich eine Übertragung der zu Fachlosen ergangenen Rechtsprechung auf die Situation der unterlassenen Teillosbildung** (2. VK Bund, B. v. 6. 10. 2009 – Az.: VK 2–165/09; B. v. 29. 9. 2009 – Az.: VK 2–162/09).

Gesetz gegen Wettbewerbsbeschränkungen GWB § 97 **Teil 1**

6.8.12.4 Anspruch auch von Kleinstunternehmen auf Einhaltung der Losvergabe?
Der **Wortlaut der Vorschriften des § 97 Abs. 3 GWB bzw. § 2 EG Abs. 2 VOL/A** 473
enthält keinerlei Anhaltspunkt dafür, dass es eine Kategorie von Kleinstunternehmen
gibt, die vom Gebot der Losvergabe von vornherein nicht geschützt werden. **Zielrichtung und Systematik der Vorschriften lassen vielmehr erkennen**, dass allenfalls
Großunternehmen als nicht geschützt anzusehen sind. Dem Interesse des Auftraggebers, eine
unwirtschaftlichen Zersplitterung zu vermeiden, ist nicht durch eine Versagung des Schutzes
von § 2 EG Abs. 2 Satz 1 VOL/A für sehr kleine Unternehmen Rechnung zu tragen, **ihm
dient vielmehr das Korrektiv des § 2 EG Abs. 2 Satz 3 VOL/A** (2. VK Bund, B. v. 4. 3.
2009 – Az.: VK 2–202/08, VK 2–205/08).

6.8.12.5 Zulässigkeit einer Forderung, dass die Bieter nur Angebote auf alle Lose abgeben dürfen, eine losweise Vergabe jedoch vorbehalten bleibt
Die **Forderung, dass die Bieter nur Angebote auf alle Lose abgeben dürfen, eine** 474
losweise Vergabe jedoch vorbehalten bleibt, stellt keinen Widerspruch dar. In dieser
Konstellation entscheidet vielmehr der Wettbewerb, ob es zu Einzelvergaben der Lose oder zur
Paketvergabe kommt. So kann sich eine Vergabestelle z.B. bewusst die Möglichkeit der „losweisen" Vergabe vorbehalten, um die Bieter von Mischkalkulationen abzuhalten und vernünftige
Preise für die einzelnen Leistungen angeboten zu bekommen (VK Nordbayern, B. v. 12. 10.
2006 – Az.: 21.VK – 3194 - 25/06).

6.8.12.6 Zulässigkeit einer Loslimitierung
6.8.12.6.1 Begriff der Loslimitierung. Eine **Loslimitierung bedeutet**, dass der Auftrag- 475
geber zwar losweise ausschreibt, die Bieter aber nicht die Möglichkeit haben, auf alle Lose
ein Angebot abzugeben (LSG Baden-Württemberg, B. v. 23. 1. 2009 – Az.: L 11 WB 5971/08;
LSG Nordrhein-Westfalen, B. v. 8. 10. 2009 – Az.: L 21 KR 44/09 SFB; B. v. 8. 10. 2009 –
Az.: L 21 KR 39/09 SFB; B. v. 8. 4. 2009 – Az.: L 21 KR 27/09 SFB; B. v. 26. 3. 2009 – Az.:
L 21 KR 26/09 SFB; B. v. 30. 1. 2009 – Az.: L 21 KR 1/08 SFB). In Betracht kommt außerdem eine **Zuschlagslimitierung** (OLG Düsseldorf, B. v. 27. 10. 2010 – Az.: VII-Verg 47/10;
LSG Nordrhein-Westfalen, B. v. 8. 4. 2009 – Az.: L 21 KR 27/09 SFB; B. v. 26. 3. 2009 – Az.:
L 21 KR 26/09 SFB).

6.8.12.6.2 Zulässigkeit einer Loslimitierung. Eine Loslimitierung hat den **Zweck, der** 476
Konzentration der Vergabe eines in Lose aufgeteilten Auftrags auf einen oder auf sehr wenige Bieter **vorzubeugen**. Dies kann vergaberechtlich durchaus zulässig sein. So kann z.B. eine
Loslimitierung im Entsorgungsbereich den Zweck haben, die **Entsorgungssicherheit zu**
gewährleisten und das wirtschaftliche und das technische Risiko zu streuen. Diese
Erwägungen sind nachvollziehbare sachgerechte und vergaberechtskonforme Gründe dar. Geht
es z.B. um einen Entsorgungsbereich, dessen ordnungsgemäße Erledigung im Interesse der Allgemeinheit liegt, ist ist es nachvollziehbares Anliegen des Auftraggebers, für den Fall des Ausfalls
eines Auftragnehmers weitere Kapazitäten verfügbar machen zu können und **nicht in Abhängigkeit**
zu einem Vertragspartner zu stehen. Es soll die Abhängigkeit der Auftraggeberin von
einem bestimmten Vertragspartner in diesem höchst bedeutsamen Bereich der Daseinsvorsorge- vermieden werden; es soll auch die Dienstleistung aus verschiedenen, individuell leistungsfähigen
Quellen sichergestellt werden (1. VK Sachsen, B. v. 26. 3. 2008 – Az.: 1/SVK/005–08; B. v.
14. 3. 2007 – Az.: 1/SVK/006–07).

Die **Loslimitierung dient** also sowohl der **mittel- und langfristigen Sicherstellung ei-** 477
ner wirtschaftlichen Beschaffung im Wettbewerb als auch der **Minimierung des Ausfallrisikos des Auftraggebers**. Zu berücksichtigen ist ferner, dass ein vollständiger **Verzicht**
auf eine Limitierung große Lieferanten bevorteilen und sich damit auf den sachlich und
räumlich relevanten Märkten z.B. für Inkontinenzprodukte konzentrationsfördernd und wettbewerbshindernd auswirken könnte. Nicht zuletzt **berücksichtigt die Aufteilung in Gebietslose und die Loslimitierung die Interessen mittelständischer Anbieter** (LSG Nordrhein-Westfalen, B. v. 30. 1. 2009 – Az.: L 21 KR 1/08 SFB).

Es gilt außerdem, auch den **Wettbewerb** für künftige Beschaffungsvorhaben der öffentlichen 478
Hand in dem Sinne **zu schützen**, dass eine **möglichst breite Beteiligung der anbietenden**
Wirtschaft an den Ausschreibungen öffentlicher Auftraggeber verwirklicht wird und erhalten
bleibt. In die gleiche Richtung weist eine einzelne Vergabebedingung wie die Loslimitierung,
die dazu dienen soll, auf einem ganz bestimmten Markt die **Abhängigkeit des öffentlichen**
Auftraggebers von einem Dienstleister zu vermeiden und stattdessen eine Vielfalt

Teil 1 GWB § 97 Gesetz gegen Wettbewerbsbeschränkungen

von Anbietern, die im Wettbewerb zueinander stehen, zu erhalten (1. VK Sachsen, B. v. 26. 3. 2008 – Az.: 1/SVK/005–08; B. v. 14. 3. 2007 – Az.: 1/SVK/006–07).

479 Auch die 2. VK Mecklenburg-Vorpommern sieht eine **Loslimitierung als zulässig** an (2. VK Mecklenburg-Vorpommern, B. v. 7. 1. 2008 – Az.: 2 VK 5/07; ebenso 3. VK Bund, B. v. 29. 1. 2009 – Az.: VK 3–200/08; B. v. 29. 1. 2009 – Az.: VK 3–197/08; B. v. 23. 1. 2009 – Az.: VK 3–194/08).

480 Wenn sich der Auftraggeber entschließt, einen ausgeschriebenen Auftrag in Lose zu teilen, **schreiben die Bestimmungen des Vergaberechts ihm jedenfalls eine Loslimitierung für die Auftragsvergabe nicht vor; sie gestatten ihm allenfalls eine Selbstbindung** dergestalt, dass er außer der Teilung des Auftrags in Lose von vornherein auch eine Loslimitierung pro Bieter vorgibt. Es gibt **bei der Ausschreibung von z. B. Rabattverträgen nach dem SGB auch keine Besonderheit, die den Auftraggeber zu einer Loslimitierung verpflichten könnte.** Der Nachfragemacht z. B. der Allgemeinen Ortskrankenkassen wird bereits durch eine Einteilung des Auftrags in Fach- und Gebietslose hinreichend Rechnung getragen. Unter dieser Voraussetzung halten sich die Allgemeinen Ortskrankenkassen mit ihrer Entscheidung, keine Loslimitierung vorzunehmen, innerhalb des ihnen zustehenden Gestaltungsspielraums (LSG Baden-Württemberg, B. v. 23. 1. 2009 – Az.: L 11 WB 5971/08; LSG Nordrhein-Westfalen, B. v. 8. 10. 2009 – Az.: L 21 KR 44/09 SFB; B. v. 8. 10. 2009 – Az.: L 21 KR 39/09 SFB; B. v. 28. 4. 2009 – Az.: L 21 KR 40/09 SFB; B. v. 8. 4. 2009 – Az.: L 21 KR 27/09 SFB; B. v. 2. 4. 2009 – Az.: L 21 KR 35/09 SFB; B. v. 26. 3. 2009 – Az.: L 21 KR 26/09 SFB; 3. VK Bund, B. v. 20. 3. 2009 – Az. VK 3–34/09; B. v. 20. 3. 2009 – Az.: VK 3–22/09; B. v. 29. 1. 2009 – Az.: VK 3–200/08; B. v. 29. 1. 2009 – Az.: VK 3–197/08; B. v. 23. 1. 2009 – Az.: VK 3–194/08).

481 Eine **Loslimitierung dergestalt, dass der Zuschlag auf die in der Kombination preisgünstigsten Angebote dreier verschiedener Bieter zu erteilen ist, verstößt nicht gegen Vergaberecht** (OLG Düsseldorf, B. v. 27. 10. 2010 – Az.: VII-Verg 47/10).

482 **6.8.12.6.3 Literatur**

– Otting, Olaf/Tressel, Wieland, Grenzen der Loslimitierung, VergabeR 2009, 585

6.8.13 Sonstige Unternehmereinsatzformen

483 Über die Fach- und Teillosvergabe hinaus gibt es weitere Unternehmereinsatzformen.

6.8.13.1 Generalunternehmer

484 **6.8.13.1.1 Begriff.** Der **Begriff des Generalunternehmers** ist (im Unterschied zu dem des so genannten Bauunternehmers, der alle ihm übertragenen Bauleistungen in seinem eigenen Betrieb erbringt – Fachunternehmer) **dadurch gekennzeichnet**, dass er jedenfalls **wesentliche Teile der von ihm übernommenen Bau- oder anderen Leistungen selbst ausführt**, wobei eine **teilweise Vergabe an Nachunternehmer nicht ausgeschlossen** ist (OLG Düsseldorf, B. v. 19. 7. 2000 – Az.: Verg 10/00; B. v. 5. 7. 2000 – Az.: Verg 5/99).

485 Die **Position eines General- bzw. Hauptunternehmers** zeichnet sich weiterhin dadurch aus, dass **nur dieser gegenüber dem Auftraggeber vertraglich gebunden und zur Erbringung der vereinbarten Leistung verpflichtet** ist. Vor allem **haftet der Hauptunternehmer dem Auftraggeber allein** für die fristgerechte und mangelfreie Ausführung des gesamten Auftrags, also auch für den auf einen Subunternehmer übertragenen Teil. Demgegenüber ist der vom Generalunternehmer eingesetzte **Subunternehmer nur an den Hauptunternehmer vertraglich gebunden**, er ist sein Erfüllungsgehilfe. Unmittelbare vertragliche Rechte und Pflichten zwischen Auftraggeber (Vergabestelle) und Subunternehmer bestehen grundsätzlich nicht (3. VK Bund, B. v. 4. 10. 2004 – Az.: VK 3–152/04).

486 **6.8.13.1.2 Grundsätzliche Zulässigkeit der Vergabe von Aufträgen an Generalunternehmer. 6.8.13.1.2.1 ÖPP-Beschleunigungsgesetz.** Durch das **Gesetz zur Beschleunigung der Umsetzung von Öffentlich Privaten Partnerschaften und zur Verbesserung gesetzlicher Rahmenbedingungen für Öffentlich Private Partnerschaften vom 1. 9. 2005** (BGBl. I S. 2676) wurde § 4 VgV a. F. um einen Absatz 4 dahingehend ergänzt worden, dass bei der Anwendung des Absatzes 1 des § 4 VgV a. F. § 7 Nr. 2 Abs. 1 des Abschnittes 2 des Teiles A der Verdingungsordnung für Leistungen (VOL/A) 2006 mit der Maßgabe anzuwenden ist, dass der **Auftragnehmer sich bei der Erfüllung der Leistung der Fähigkeiten anderer Unternehmen bedienen kann.** Außerdem finden nach § 6 Abs. 2 Nr. 2 VgV a. F.

Gesetz gegen Wettbewerbsbeschränkungen GWB § 97 **Teil 1**

§ 8 Nr. 2 Abs. 1 und § 25 Nr. 6 VOB/A 2006 mit der Maßgabe Anwendung, dass der **Auftragnehmer sich bei der Erfüllung der Leistung der Fähigkeiten anderer Unternehmen bedienen kann** Damit wird **auf die gesetzliche Vorgabe eines Eigenleistungserfordernisses verzichtet** (KG Berlin, B. v. 20. 8. 2009 – Az.: 2 Verg 4/09; B. v. 13. 3. 2008 – Az.: 2 VERG 18/07; OLG Brandenburg, B. v. 9. 2. 2010 – Az.: Verg W 9/09; OLG Düsseldorf, B. v. 2. 12. 2009 – Az.: VII-Verg 39/09; B. v. 10. 12. 2008 – Az.: VII-Verg 51/08; B. v. 22. 10. 2008 – Az.: VII-Verg 48/08; VK Arnsberg, B. v. 25. 11. 2009 – Az.: VK 29/09; 1. VK Bund, B. v. 13. 2. 2007 – Az.: VK 1–160/06; B. v. 13. 2. 2007 – Az.: VK 1–157/06; B. v. 1. 2. 2007 – Az.: VK 1–154/06; B. v. 22. 9. 2006 – Az.: VK 1–103/06; B. v. 21. 9. 2006 – Az.: VK 1–100/06; 2. VK Bund, B. v. 29. 12. 2006 – Az.: VK 2–131/06; B. v. 29. 12. 2006 – Az.: VK 2–128/06; B. v. 29. 12. 2006 – Az.: VK 2–125/06; 3. VK Bund, B. v. 12. 5. 2009 – VK 3–109/09; 1. VK Sachsen, B. v. 10. 10. 2008 – Az.: 1/SVK/051-08). Die **Rechtsprechung vor Inkrafttreten des ÖPP-Beschleunigungsgestzes ist also überholt, soweit sie im Ergebnis zu einer grundsätzlichen Einschränkung der Auftragsvergabe an Generalunternehmer bei Vergaben ab den Schwellenwerten kommt.** Der Auftraggeber ist aber selbstverständlich weiterhin verpflichtet, die Eignung des Generalunternehmers zu prüfen.

Die **Vorschriften, die einen Generalunternehmereinsatz erlauben, können nicht nur auf die Zurechnung der Leistungsfähigkeit des Dritten bezogen werden, sondern auch auf die Möglichkeiten, den Auftrag ganz oder teilweise dem Dritten weiterzureichen.** Ohne die Möglichkeit, dem Dritten zumindest teilweise die Ausführung des Auftrags zu überlassen, wäre die Zurechnung beispielsweise seiner technischen und personellen Leistungsfähigkeit auf den Bieter unsinnig, da er bei der Durchführung des Auftrages dann doch nicht auf die Kapazitäten des Dritten zurückgreifen dürfte. Die gegenteilige Auffassung würde dazu führen, dass ein Bieter zwar hinsichtlich der Überprüfung auf seine Eignung infolge der Zurechnung der Leistungsfähigkeit des Dritten als geeignet angesehen würde, dieser aber in Wirklichkeit ungeeignet wäre, weil er bei einem Verbot des Einsatzes von Nachunternehmen den Auftrag ohne die Hilfe dieses Dritten gar nicht durchführen könnte. Ein derartiges **widersprüchliches und unsinniges Regelungskonzept kann dem Gesetzgeber der VKR und des nationalen Vergaberechts nicht unterstellt werden.** Auch die **Rechtsprechung des Europäischen Gerichtshofs geht als selbstverständlich davon aus, dass mit der Möglichkeit einer Zurechnung der Leistungsfähigkeit eines Dritten auch die Übertragung der Durchführung auf diesen Dritten verbunden ist.** Hintergrund der Rechtsprechung des EuGH ist zudem die Stärkung der Waren- und Dienstleistungsfreiheit innerhalb der EU; durch die Möglichkeit, Nachunternehmer einzuschalten, sollte es nicht ortsansässigen Unternehmen ermöglicht werden, auf bestimmten regionalen Märkten Fuß zu fassen, was bei einer Auslegung im Sinne der Antragsgegnerin unmöglich wäre. Dass der Einsatz von Nachunternehmern auch tatsächlich möglich sein muss, ergibt sich auch aus Art. 25 VKR (OLG Düsseldorf, B. v. 22. 10. 2008 – Az.: VII-Verg 48/08). 487

Der Inhalt des ÖPP-Beschleunigungsgesetzes gilt nur für Vergaben ab den Schwellenwerten. Inwieweit **Rechtsprechung zur Einschränkung der Zulässigkeit der Vergabe von Aufträgen an Generalunternehmer für Vergaben unterhalb der Schwellenwerte herangezogen** werden kann, hat die **Rechtsprechung noch nicht entschieden.** Allerdings ist angesichts der Tendenz in der Rechtsprechung des EuGH, die Grundsätze des EG-Vertrages (jetzt Vertrag über die Arbeitsweise der Europäischen Union) auch auf Vergaben unterhalb der Schwellenwerte anzuwenden, **eher damit zu rechnen, dass Generalunternehmer unter Bezug insbesondere auf das Diskriminierungsverbot mit Erfolg gegen einen grundsätzlichen Ausschluss von Ausschreibungen vorgehen können.** 488

Da sich § 4 Abs. 4 VgV a. F. ausdrücklich auf den Basisparagraphen § 7 Nr. 2 Abs. 1 VOL/A 2006 – 2. Abschnitt – bezieht, besteht auch kein Zweifel daran, dass die **Unzulässigkeit des Subunternehmerverbots auch bei Auftragsvergaben von Dienstleistungen nach Anhang I B der VOL/A – 2. Abschnitt – Anwendung findet.** Die VgV insgesamt ist auf solche Aufträge anwendbar, da § 1 VgV lediglich auf die Schwellenwerte abstellt, nicht aber die nicht-prioritären Dienstleistungen vom Anwendungsbereich ausnimmt (3. VK Bund, B. v. 12. 5. 2009 – VK 3–109/09). 489

6.8.13.1.2.2 VOB/A 2009, VOL/A 2009, VOF. Gemäß §§ 6a Abs. 10 VOB/A, 7 EG Abs. 9 VOL/A, 5 Abs. 6 VOF kann sich ein Bewerber oder Bieter der Kapazitäten anderer Unternehmen bedienen; **auch nach der VOB/A 2009, VOL/A 2009 und VOF 2009 ist also der Generalunternehmereinsatz zulässig.** 490

135

Teil 1 GWB § 97 Gesetz gegen Wettbewerbsbeschränkungen

491 **6.8.13.1.2.3 Anforderungen an die Eignung eines Generalunternehmers.** Ein **„Kern"** **an eigener Leistungsfähigkeit des Generalunternehmers darf nicht gefordert** werden (OLG Düsseldorf, B. v. 22. 10. 2008 – Az.: VII-Verg 48/08; B. v. 28. 6. 2006 – Az.: VII – Verg 18/06; 1. VK Bund, B. v. 13. 2. 2007 – Az.: VK 1–160/06; B. v. 13. 2. 2007 – Az.: VK 1– 157/06; B. v. 1. 2. 2007 – Az.: VK 1–154/06; B. v. 21. 9. 2006 – Az.: VK 1–100/06; 2. VK Bund, B. v. 29. 12. 2006 – Az.: VK 2–131/06; B. v. 29. 12. 2006 – Az.: VK 2–128/06; B. v. 29. 12. 2006 – Az.: VK 2–125/06; 3. VK Bund, B. v. 12. 5. 2009 – VK 3–109/09; B. v. 15. 7. 2008 – Az.: VK 3–89/08; 1. VK Sachsen, B. v. 10. 10. 2008 – Az.: 1/SVK/051-08).

492 Die Forderung, dass ein „Generalunternehmer"/„Generalübernehmer" mindestens die erfolgreiche Tätigkeit in dem Geschäftsbereich, für den er ein Angebot abgibt, nachweisen muss, auch wenn er, was fachliche Leistungsfähigkeit angeht, durchaus auf die (speziellen) Umsätze, Referenzen, Ausstattungen eines anderen Unternehmens verweisen könnte, ist nicht zulässig. Dies gilt auch für **ein Unternehmen, welches lediglich „auf dem Papier" existiert. Unternehmen, die ohne tatsächliche eigene Markttätigkeit lediglich als Handelsgesellschaft rechtlich existieren, müssen von vorne herein als Bieter bei reglementierten Vergaben akzeptiert werden.**

493 Will ein Bewerber sich zum Zwecke des Eignungsnachweises z. B. auf die Leistungsfähigkeit dritter Unternehmen berufen, **muss er** – sofern der Auftraggeber daran keine Einschränkungen angebracht hat – die **geforderten Erklärungen und Nachweise (auch) in der Person des Dritten vorlegen.** Der Auftraggeber muss sich insoweit keine Abstriche gefallen lassen – aus Gründen der Gleichbehandlung darf er dies sogar nicht (OLG Brandenburg, B. v. 9. 2. 2010 – Az.: Verg W 9/09; OLG Düsseldorf, B. v. 28. 6. 2006 – Az.: VII – Verg 18/06; B. v. 22. 12. 2004 – Az.: VII – Verg 81/04; VK Arnsberg, B. v. 11. 9. 2008 – Az.: VK 19/08; VK Lüneburg, B. v. 4. 6. 2007 – Az.: VgK-22/2007). **Anderer Auffassung** sind insoweit die VK Düsseldorf und die 1. VK Sachsen. Eine **ungeschriebene Pflicht, für jeden Nachunternehmer jeden vom Vertragspartner geforderten Eignungsnachweis zu erbringen, kann nicht angenommen werden.** Der Wortlaut der Vorschrift aus § 6 Ab. 3 VOB/A bzw. § 7 VOL/A 2006 benennt eindeutig den Bewerber oder Bieter als Adressat der Anforderungen von Eignungsnachweisen (VK Düsseldorf, B. v. 23. 4. 2007 – Az.: VK – 09/2007 – B; 1. VK Sachsen, B. v. 22. 7. 2010 – Az.: 1/SVK/022-10). Da **§ 7 EG Abs. 1 VOL/A 2009** hinsichtlich der Adressaten von Eignungsnachweisen inzwischen von Unternehmen" spricht, ist diese **Argumentation für die VOL/A 2009 nicht mehr haltbar. § 6 Abs. 3 VOB/A 2009** hingegen arbeitet noch mit dem **Begriff der Bewerber oder Bieter**.

494 Damit korrespondiert die **Verpflichtung des Auftraggebers**, die Eignungsprüfung nicht nur auf die sogenannten Nachunternehmer der ersten Reihe beschränken, sondern sie muss sich auch auf die Nachunternehmer der zweiten Stufe erstrecken. **Auf die Zuverlässigkeit und Leistungsfähigkeit der anderen Nachunternehmer (der ersten und zweiten Stufe) kommt es im Rahmen der (materiellen) Eignungsprüfung entscheidend an, denn diese führen die Leistung tatsächlich aus** (OLG Düsseldorf, B. v. 28. 4. 2008 – Az.: VII – Verg 1/08).

495 **Übersteigt der Nachunternehmeranteil die 50-Prozent-Grenze**, müssen dem Auftraggeber **Zweifel an der Leistungsfähigkeit/Eignung** des Bieters kommen, die er jedenfalls **vor Auftragsvergabe aufklären und im Vergabevermerk entsprechend dokumentieren** muss (1. VK Saarland, B. v. 12. 1. 2009 – Az.: 1 VK 07/2008).

496 **6.8.13.1.2.4 Kein Austausch des Vertragspartners.** Grundsätzlich ist es zulässig, dass nicht der Vertragspartner selbst, sondern ein Dritter die Leistung ausführt. Maßgeblich ist allein, dass der Auftragnehmer, der die Leistung nicht selbst ausführt, sich der Mittel der von ihm eingesetzten Unternehmen für die Ausführung tatsächlich versichert hat. Darüber muss sich der Auftraggeber Gewissheit verschaffen. Allerdings ist eine **Verstärkung bzw. Herstellung der Leistungsfähigkeit durch die Hinzuziehung weiterer Unternehmen vergaberechtswidrig, wenn eine vertragliche Konstruktion gewählt wird, bei der eine Auswechslung des Vertragspartners nach Zuschlag stattfindet bzw. diese einer solchen Auswechslung gleichkommt.** Auch wenn vergaberechtlich zulässig ist, dass der Auftragnehmer die Leistungen nicht selbst ausführt, so **muss doch sichergestellt sein, dass seine inhaltlichen und materiellen Befugnisse im Hinblick auf die Leistungserbringung seinem rechtlichen Status als Vertragspartner entsprechen.** Eine hinreichende materielle und inhaltliche Ausfüllung der Position als Vertragspartner durch den Auftragnehmer ist **nicht nur dann anzunehmen, wenn zwischen diesem und dem zur Leistungserbringung eingesetzten Unternehmen ein „typisches" Subunternehmerverhältnis besteht,** sondern **kann auch zu**

bejahen sein, wenn eine **Projektgemeinschaft tätig werden soll**. Maßgeblich ist insoweit nicht, ob der Auftragnehmer seine Bestimmungs- und Einflussmöglichkeiten auf die von ihm geschuldete und nicht von ihm selbst zu erbringende Leistung dadurch sicherstellt, dass er als Besteller eines Werkvertrages mit einem Subauftragnehmer das ihm zustehende Direktionsrecht ausübt, sondern ob die konkrete Vertragsgestaltung die Einflussmöglichkeiten des Auftragnehmers in vergleichbarer Weise gewährleistet (OLG Düsseldorf, B. v. 2. 12. 2009 – Az.: VII-Verg 39/09 – instruktive Entscheidung).

6.8.13.1.3 Begriff des Nachunternehmers und der Nachunternehmerleistungen. 497
6.8.13.1.3.1 Die Regelung in der Vergabekoordinierungsrichtlinie. Art. 48 Abs. 3 Satz 2 RL 2004/18/EG, der durch §§ 6a Abs. 10 Satz 2 VOB/A, 7 EG Abs. 9 Satz VOL/A umgesetzt worden ist, bestimmt, dass der **Bieter einen Verfügbarkeitsnachweis „anderer Unternehmen"**, auf deren Kapazitäten der Bieter sich stützt, vorzulegen hat. Die Vorschrift verwendet in Abgrenzung zum bietenden Unternehmen den Begriff des „anderen Unternehmen", wobei der **Begriff autonom auszulegen** ist. Die Rechtsprechung des EuGH **unterscheidet „die (anderen) Unternehmen"** nicht danach, ob sie mit dem bietenden Unternehmen gesellschaftsrechtlich verbunden sind. Sie verlangt bezüglich beider Arten von Unternehmen die Vorlage von Verfügbarkeitsnachweisen. „Die Unternehmen" im Sinne der eingangs zitierten Forderung sind damit **„alle" (anderen) Unternehmen, die der Auftragnehmer arbeitsteilig in der Phase der Erfüllung des Auftrags einzusetzen beabsichtigt**, gleichgültig welcher Art die Verbindung zum Bieterunternehmen ist (OLG Düsseldorf, B. v. 20. 10. 2008 – Az.: VII – Verg 41/08). Unterauftragnehmer sind auch diejenigen Unternehmen, die der Nachauftragnehmer bei der Ausführung ihm übertragener Teilleistungen seinerseits tätig werden lassen will (**Nachunternehmer zweiter Stufe**). Andere Unternehmen (Nachunternehmer) können **sowohl selbständige als auch konzernangehörige Unternehmen** (OLG Düsseldorf, B. v. 30. 6. 2010 – Az.: VII-Verg 13/10; B. v. 23. 6. 2010 – Az.: VII-Verg 18/10) sein. Auf die Art der Verbindung zum Bieterunternehmen kommt es nicht an (OLG Düsseldorf, B. v. 20. 10. 2008 – Az.: VII – Verg 41/08; B. v. 28. 4. 2008 – Az.: VII – Verg 1/08).

In **Art. 48 Abs. 3 VKR/§ 7 EG Abs. 9 VOL/A wird auf „Kapazitäten anderer Un- 498 ternehmen" Bezug genommen, die dem Bieter „für die Ausführung des Auftrages die erforderlichen Mittel zur Verfügung" stellen. Diese Unternehmen unterscheiden sich von den in Art. 25 VKR gemeinten Unternehmen, auch wenn sie in der Praxis vielfach identisch sind.** Die letztgenannte Vorschrift spricht von „Unterauftragnehmern", denen ein „Teil des Auftrages ... im Wege von Unteraufträgen ... vergeben" wird. Dies ist auch in der englischsprachigen Fassung der VKR der Fall („any share of the contract, he may intend to subcontract to J. subcontractors" in Art. 25 VKR, „the capacities of other entities" und „... will have at its disposal the resources necessary for the execution of the contract" in Art. 48 Abs. 3 VKR). Die angesprochenen „Mittel" („resources") müssen nicht unbedingt in der Übernahme (eines Teils) des Auftrages bestehen. Dass nicht nur Unterauftragnehmer im Sinne der Art. 25 VKR gemeint sein können, ergibt sich auch aus Art. 47 Abs. 2 VKR, wonach auch hinsichtlich der finanziellen und wirtschaftlichen Leistungsfähigkeit auf Dritte verwiesen werden kann, obwohl insoweit eine Stärkung der Position des Bieters dort anderweit (z. B. durch Bürgschaftsübernahme, Patronatserklärung) näher liegt. **Dritte können z. B. dem Bieter auch dadurch Mittel zur Verfügung stellen, dass sie ihm die notwendigen Geräte vermieten; diese Dritten werden dadurch nicht Unterauftragnehmer im Sinne des Art. 25 VKR.** Allerdings müssen auch ohne Unterauftragsvergabe diese „Mittel" derart sein, dass sie die Eignung des Bieters zur Durchführung des Auftrages begründen oder sichern können. Das ist z. B. ersichtlich bei der Geräte- oder Fachpersonalausleihe der Fall, aber auch bei einer Hilfeleistung durch Beratung und Unterstützung (OLG Düsseldorf, B. v. 30. 6. 2010 – Az.: VII-Verg 13/10).

6.8.13.1.3.2 Weitere Rechtsprechung. Jede juristische **Person mit völliger rechtlicher 499 Selbständigkeit** ist als Nachunternehmer einzustufen. Dem steht nicht entgegen, wenn der Bieter selbst 98% der Anteile der juristischen Person (GmbH) hält (VK Lüneburg, B. v. 7. 10. 2003 – Az.: 203-VgK-19/2003).

Nachunternehmerleistungen sind also **rechtlich Tätigkeiten Dritter im Auftrag und auf 500 Rechnung des Auftragnehmers**, also **ohne unmittelbares Vertragsverhältnis zum Auftraggeber** (OLG Celle, B. v. 5. 7. 2007 – Az.: 13 Verg 8/07; OLG München, B. v. 10. 9. 2009 – Az.: Verg 10/09; B. v. 23. 11. 2006 – Az.: Verg 16/06; OLG Naumburg, B. v. 26. 1. 2005 – Az.: 1 Verg 21/04; B. v. 9. 12. 2004 – Az.: 1 Verg 21/04; 2. VK Bund, B. v. 26. 5. 2008 – Az.:

Teil 1 GWB § 97 Gesetz gegen Wettbewerbsbeschränkungen

VK 2–49/08; VK Lüneburg, B. v. 20. 5. 2005 – Az.: VgK-18/2005; B. v. 8. 4. 2005 – Az.: VgK-10/2005; VK Rheinland-Pfalz, B. v. 7. 12. 2007 – Az.: VK 39/07; 2. VK Sachsen-Anhalt, B. v. 23. 7. 2008 – Az.: VK 2 LVwA LSA – 07/08).

501   **Auch freiberuflich Tätige**, die ein Bieter zur Auftragserfüllung einsetzen will (wenn es sich dabei nicht um verschleierte Arbeitsverhältnisse handelt), **sind als Nachunternehmer anzusehen** und damit gegebenenfalls bereits im Teilnahmeantrag oder im Angebot zu benennen (OLG Düsseldorf, B. v. 22. 10. 2008 – Az.: VII-Verg 48/08).

502   Dass der **Hauptauftragnehmer in der Lage sein muss, dem Nachunternehmer im einzelnen vorzuschreiben, wie dieser seine Aufgabe zu erfüllen hat, lässt sich dem Begriff des Nachunternehmers nicht entnehmen.** Die nachgeordnete Stellung, auf die der Begriff des Nachunternehmers hinweist, resultiert daraus, dass der Nachunternehmer nicht in unmittelbarer Vertragsbeziehung zum Auftraggeber steht, sondern nur kraft Vertrages mit dem Auftragnehmer in die Leistungserbringung einbezogen ist. Bereits aus der Stellung des (Haupt-)Auftragnehmers als Unterauftraggeber folgt, dass ihm der Nachunternehmer zur Erbringung einer Leistung verpflichtet und insoweit untergeordnet ist. **Weitergehende Direktionsrechte des Auftragnehmers gegenüber seinem Unterauftragnehmer sind nicht erforderlich, um von einer Nachunternehmerschaft sprechen zu können** (2. VK Bund, B. v. 26. 5. 2008 – Az.: VK 2–49/08). **Auch qualifizierte Leistungen können also Nachunternehmerleistungen sein.**

503   **Ebensowenig ist der Begriff des (Nach-) Unternehmers im Sinne z. B. des Formblatts 317 EG auf solche Unternehmen zu beschränken, die Leistungen erbringen, zu deren Ausführung ansonsten der (Haupt-) Auftragnehmer verpflichtet wäre.** Entscheidend ist vielmehr, dass der **Nachunternehmer im Pflichtenkreis des Auftragnehmers tätig wird.** Denn der Auftraggeber hat grundsätzlich ein legitimes Interesse daran, festzustellen, auf welche Weise – sei es durch eigene Leistungen, sei es durch die Beauftragung von Drittunternehmen – der Auftragnehmer für die Erfüllung sämtlicher Verpflichtungen sorgen will, die ihm mit dem Auftrag auferlegt werden. **Der Pflichtenkreis des Auftragnehmers wird folglich durch den Gegenstand des Auftrages und damit insbesondere durch die Leistungsbeschreibung definiert.** Wenn diese Teilleistungen enthält, bei denen von vornherein feststeht, dass der Auftragnehmer sie nicht selbst erbringen kann, so bedeutet dies nicht, dass kein Interesse des Auftraggebers daran bestehen kann, zu erfahren, welches Unternehmen diejenigen Teile des Auftrags ausführen wird, deren Erbringung durch den Auftragnehmer selbst aus Rechts- oder sonstigen zwingenden Gründen ausgeschlossen ist (2. VK Bund, B. v. 26. 5. 2008 – Az.: VK 2–49/08).

504   **Nachunternehmer ist nur derjenige, der in einem direkten vertraglichen Verhältnis zum Auftragnehmer steht und für diesen Teilleistungen aus dem Vertrag erbringt.** Im Falle einer Einlieferung von Postsendungen bei der D. P. AG kommt nach deren AGB der konkrete Postlieferungsvertrag durch sog. Realofferte zwischen dem Absender (nicht dem Einlieferer) und der D. P. AG zustande. Die Antragstellerin fungiert in solchen Fällen also als Bote, Vermittler oder als Vertreter des Absenders, nicht als (Nach-)Auftraggeber der D. P. AG (OLG Naumburg, B. v. 2. 7. 2009 – Az.: 1 Verg 2/09; 1. VK Sachsen, B. v. 22. 7. 2010 – Az.: 1/SVK/022-10).

505   Bei den **von den Bietern anzugebenden Servicewerkstätten im Rahmen der Lieferung von Fahrzeugen handelt es sich nicht um reine Erfüllungsgehilfen oder sonstige Erbringer von im Verhältnis zur Hauptleistung des ausgeschriebenen Vertrags unbedeutenden Nebenleistungen**, wenn Vertragsinhalt nicht nur die Lieferung bestimmter Fahrzeuge, sondern ebenso die Übernahme einer Gewährleistung über 24 Monate bzw. 2.500 km sowie die Benennung von Servicewerkstätten in der Nähe des Einsatzortes der Fahrzeuge sind und darüber hinaus die Servicewerkstätten sogar Wertungskriteriumn sind, indem nach der Bewertungsmatrix deren Anzahl neben dem Preis in die Ermittlung des wirtschaftlichsten Angebots einfließt (1. VK Bund, B. v. 28. 10. 2009 – Az.: VK 1–182/09).

506   6.8.13.1.3.3 **Betriebsüberlassung.** Hat ein Bieter mit einem anderen Unternehmen einen **Betriebsüberlassungsvertrag** gemäß § 292 Abs. 1 und 3, 2. Alternative AktG abgeschlossen, und stellt dieses Unternehmen dem Bieter die erforderlichen „Ressourcen" zur Verfügung, wird die Leistung „im eigenen Betrieb" erbracht. Ein **Erbringen einer Fremdleistung** durch den Bieter **liegt nicht vor** (VK Magdeburg, B. v. 8. 5. 2003 – Az.: 33–32571/07 VK 04/03 MD).

507   6.8.13.1.3.4 **Unterscheidung zum Zulieferer.** Die **Rechtsprechung** ist insoweit **nicht einheitlich.**

Gesetz gegen Wettbewerbsbeschränkungen GWB § 97 **Teil 1**

Wird für einen Teil der originär geschuldeten Leistung ein Fremdunternehmen be- 508
schäftigt, so ist die Grenze zum bloßen Zulieferer überschritten. Es liegt in diesem Fall
vielmehr ein typisches Nachunternehmerverhältnis vor, in welchem ein Teil der geschuldeten
Leistung durch ein Subunternehmen des Auftraggebers erbracht werden soll. Bestätigt wird
diese Auslegung durch die Interessenlage. Der Auftraggeber hat ein legitimes Interesse daran zu
erfahren, wer die geschuldete Leistung tatsächlich erbringen wird: sein Vertragspartner oder ein
Dritter. Diese Information braucht er des Weiteren auch deswegen, um überhaupt eine Grundlage für die Eignungsprüfung zu haben, zu deren Durchführung er vergaberechtlich sogar verpflichtet ist. **Bei bloßen Zuarbeiten, auf deren Basis der Auftragnehmer selbst dann
die geschuldete Leistung erbringt, ist die Interessenlage anders** (3. VK Bund, B. v.
13. 10. 2004 – Az.: VK 3–194/04; im Ergebnis ebenso OLG München, B. v. 10. 9. 2009 – Az.:
Verg 10/09; OLG Naumburg, B. v. 26. 1. 2005 – Az.: 1 Verg 21/04; B. v. 9. 12. 2004 – Az.: 1
Verg 21/04; 1. VK Bund, B. v. 14. 2. 2008 – Az.: VK 1–12/08; B. v. 14. 2. 2008 – Az.: VK 1–
9/08).

Lediglich solche Teilleistungen sind **nicht als Nachunternehmerleistungen zu quali-** 509
fizieren, die sich auf **reine Hilfsfunktionen beschränkten,** wie Speditionsleistungen, Gerätemiete, Baustoff- und Bauteillieferanten (OLG Dresden, B. v. 25. 4. 2006 – Az.: 20 U 467/06;
OLG München, B. v. 10. 9. 2009 – Az.: Verg 10/09; OLG Naumburg, B. v. 4. 9. 2008 – Az.: 1
Verg 4/08; B. v. 26. 1. 2005 – Az.: 1 Verg 21/04; B. v. 9. 12. 2004 – Az.: 1 Verg 21/04; VK
Arnsberg, B. v. 25. 3. 2009 – Az.: VK 04/09; 1. VK Bund, B. v. 14. 2. 2008 – Az.: VK 1–12/
08; B. v. 14. 2. 2008 – Az.: VK 1–9/08; 1. VK Sachsen, B. v. 20. 4. 2006 – Az.: 1/SVK/029-
06; B. v. 3. 4. 2002 – Az.: 1/SVK/020-02; 2. VK Sachsen-Anhalt, B. v. 23. 7. 2008 – Az.: VK 2
LVwA LSA – 07/08). Dazu zählen grundsätzlich auch **Lieferanten von standardisierten
Bauelementen**; denn das Gesamtbild der zu erbringenden Leistung wird dann wesentlich nicht
von der Beschaffenheit der Zulieferteile, sondern von deren Verwendung im Rahmen der Bauausführung geprägt (OLG Dresden, B. v. 25. 4. 2006 – Az.: 20 U 467/06). **Ausnahmen** hiervon können u. U. in **Abhängigkeit von der Abgeschlossenheit und Eigenständigkeit der
Teilleistungen**, vom **Maß der erforderlichen fachlichen Qualifikation des Dritten** bzw.
u. U. auch von der **Verfügbarkeit der zu liefernden Stoffe** in Betracht kommen (OLG
Naumburg, B. v. 4. 9. 2008 – Az.: 1 Verg 4/08).

Ebenso ist die **Entsorgung und Verwertung von Kehrgut** (aus der Straßenreinigung) in 510
einer entsprechenden Anlage **nicht als Nachunternehmerleistung** anzusehen (2. VK Sachsen-Anhalt, B. v. 23. 7. 2008 – Az.: VK 2 LVwA LSA – 07/08).

Nach Auffassung des OLG Düsseldorf sind hingegen **Nachunternehmerleistungen auch** 511
die bei der Ausführung des Auftrags benötigten Hilfsmittel, ohne deren Verfügbarkeit und Einsatz die Bauleistungen nicht erbracht werden können, z. B. Kräne (OLG
Düsseldorf, B. v. 22. 8. 2007 – Az.: VII – Verg 20/07).

In einer späteren Entscheidung **relativiert das OLG Düsseldorf** diese Auffassung. **Bei den** 512
Lieferanten von Papier, Farbe u. ä. für eine ausgeschriebene Druckmaßnahme handelt es sich nicht um Unterauftragnehmer. Unterauftragnehmer übernehmen nach Art. 25
der Richtlinie 2004/18/EG den Auftrag ganz oder teilweise. Dazu **gehören Lieferanten von
Zutaten für vom Bieter herzustellende und zu liefernde Erzeugnisse nicht.** Es ist zwar
unmittelbar einsichtig, dass die Qualität von Farbe, Papier u. ä. einen wesentlichen Einfluss auf
die Qualität der vom Bieter herzustellenden und zu liefernden Banknoten haben. Dies führt
aber – jedenfalls nicht ohne Weiteres – nicht zu einer Erweiterung des Begriffs des „Nachunternehmers". Wünscht der Auftraggeber Angaben auch darüber, muss er dies unzweideutig offen
legen (OLG Düsseldorf, B. v. 27. 10. 2010 – Az.: VII-Verg 47/10).

Nach Meinung der 2. VK Bund hingegen **begründet die bloße Anmietung eines Lager-** 513
raums noch keine Nachunternehmerstellung. Maßgeblich ist insoweit die Formulierung in den Vergabeunterlagen. Wird in den Vergabeunterlagen gefordert, dass der Bieter
müsse, wenn er sich der Mittel anderer Unternehmen zu bedienen beabsichtige, dem Auftraggeber nachweisen, dass ihm diese Mittel zur Verfügung stehen und mit dem Angebot entsprechende Verfügbarkeitsnachweise vorlegen, ist dies eine **weitergehende Formulierung,** als
wenn in den Verdingungsunterlagen nicht auf den Einsatz von Mitteln anderer Unternehmen
abgestellt, sondern nur die **Benennung von Nachunternehmen** gefordert wird. Als solche
bezeichnet man indes **herkömmlicherweise nur solche Unternehmen, die selbst Teilleistungen des Auftrags durchführen** (2. VK Bund, B. v. 6. 6. 2008 – Az.: VK 2–46/08).

Sind sowohl **Abbrucharbeiten** als auch **die Entsorgung** des im Zuge dieser Arbeiten an- 514
fallenden Abfalls **im Leistungsverzeichnis explizit als Leistungspositionen aufgeführt**

und **fallen diese Leistungen auch in größerem Umfang an**, ändert lediglich der Umstand, dass im Leistungsverzeichnis keine Preise anzugeben waren, an der **Qualifizierung als Nachunternehmerleistungen** nichts, da die für Abbruch und Entsorgung anfallenden Kosten in die jeweiligen Einzelpositionen des Leistungsverzeichnisses einzukalkulieren waren (1. VK Bund, B. v. 14. 2. 2008 – Az.: VK 1–12/08; B. v. 14. 2. 2008 – Az.: VK 1–9/08).

515   Fordert der Auftraggeber **im Zuge einer Baumaßnahme die Durchführung eines Belastungsversuchs, handelt es sich um eine im Rahmen der Auftragsdurchführung wesentliche Ingenieurleistung.** Zwar fällt diese Leistung im Verhältnis zum Gesamtauftragswert nicht übermäßig ins Gewicht, dennoch ist sie aber für die Beurteilung der Statik des Bauvorhabens offensichtlich bedeutsam, wenn der Auftraggeber im Leistungsverzeichnis fordert, dass das mit der Durchführung des Belastungsversuch beauftragte Prüfinstitut seine Fachkunde, Qualifikation sowie Erfahrung mit Abgabe des Angebots nachzuweisen hat. Es handelt sich hier mithin um einen zumindest in qualitativer Hinsicht nicht unwesentlichen Leistungsteil, der mit einer eigenen LV-Position versehen wurde und **für den der Auftraggeber offensichtlich davon ausgeht, dass die Bieter diese Leistung nicht als Eigenleistung erbringen können, sondern hierfür einen Dritten beauftragen müssen**. Aufgrund seiner qualitativen Bedeutung kann dieser Leistungsteil auch **nicht als reine Hilfsfunktion** qualifiziert werden (1. VK Bund, B. v. 14. 2. 2008 – Az.: VK 1–12/08; B. v. 14. 2. 2008 – Az.: VK 1–9/08; vgl. zur Diskussion auch VK Schleswig-Holstein, B. v. 7. 7. 2009 – Az.: VK-SH 05/09).

516   Auch die **VK Hessen** qualifiziert **Vermessungsleistungen und den Bereich der „Technischen Ausrüstung"** – auch wenn diese Leistungen lediglich als „Nebenleistungen" beurteilt werden, für die keine besondere Fachkunde nachgewiesen werden müsse – **als Nachunternehmerleistungen** (VK Hessen, B. v. 17. 10. 2007 – Az.: 69 d VK – 43/2007).

517   **Besteht zwischen der für das streitbefangene Vergabeverfahren charakteristischen eigentlichen Bauleistung und einer Hilfsleistung** (Wäsche von auf neben den Baugrundstücken abgestellten Fahrzeugen, die durch eine Baumaßnahme verschmutzt werden) **kein fachlicher Bezug und kommt der Hilfsleistung auch materiell kaum eine Bedeutung zu, handelt es sich nicht um eine Nachunternehmerleistung**. Dies trotz der Ursachenkette zwischen der Durchführung der Bauleistung bis hin zur Verschmutzung der sich auf den benachbarten Grundstücken befindenden und zum Verkauf angebotenen Fahrzeuge. Die **bloße Kausalität reicht jedoch nicht aus, um das Vorliegen einer Nachunternehmerleistung zu bejahen**. Die Gesamtschau der Umstände führt demnach dazu, die Leistungsposition „Autowäsche" als eine sog. **Hilfsleistung** zu qualifizieren. Eine solche **bedarf jedoch weder der Nennung im Verzeichnis der Leistungen anderer Unternehmen noch der Vorlage entsprechender Verpflichtungserklärung** der diese Hilfsleistung tatsächlich ausführenden Dritten (OLG Naumburg, B. v. 4. 9. 2008 – Az.: 1 Verg 4/08; VK Sachsen-Anhalt, B. v. 6. 6. 2008 – Az.: 1 VK LVwA 07/08).

518   Eine **andere Sicht der Dinge folgt auch nicht aus Art 47. Abs. 2 der Richtlinie 2004/18/EG**. Zwar trifft die entsprechende **Regelung keine ausdrückliche Differenzierung zwischen Nachunternehmerleistungen und reinen Hilfsleistungen**, aus dem **Gesamtzusammenhang der Regelung geht jedoch hervor, dass die Intention des Richtliniengebers nicht darin bestand, die an einen Auftragnehmer zu stellenden formellen Anforderungen unnötig auszuweiten**. Vielmehr sollte sichergestellt werden, dass dem Interesse des Auftraggebers an der Zugänglichkeit der zur Absicherung einer ordnungsgemäßen Leistungserbringung notwendigen Informationen ausreichend Rechnung getragen wird. Dazu gehören sicherlich die Informationen über den Hauptauftragnehmer und eventuell zum Einsatz kommende Nachunternehmer. Von dieser Interessenlage nicht umfasst sind jedoch Informationen über Dritte, deren Leistung in keinem fachlichen Bezug zur Hauptleistung steht und materiell kaum Bedeutung erlangt (VK Sachsen-Anhalt, B. v. 6. 6. 2008 – Az.: 1 VK LVwA 07/08).

519   Nach Auffassung des **OLG München** ist **bei Streitfällen darüber, welche Leistung der Bieter ausweislich der Bekanntmachung bzw. den Verdingungsunterlagen zu erbringen hat und in welchem Umfang der Auftraggeber erkennbar Angaben zur Einschaltung weiterer Unternehmer in die Vertragsabwicklung verlangt, ausschlaggebend** wie auch bei den ansonsten geforderten Erklärungen und Nachweisen, **wie ein Bieter bei objektiver Betrachtungsweise die Vorgaben in den Vergabeunterlagen verstehen konnte und durfte**. Der Ausschluss eines Bieters ist nicht gerechtfertigt, wenn der öffentlich-rechtliche Auftraggeber keine klaren und unmissverständlichen Regelungen getroffen hat und der Bieter sich im Rahmen einer objektiv vertretbaren Auslegung der Bedingungen gehalten hat (OLG München, B. v. 10. 9. 2009 – Az.: Verg 10/09 – instruktive Entscheidung).

6.8.13.1.3.5 Einbeziehung von Vorlieferanten. Auch Vorlieferanten können Nachun- 520 ternehmer sein. Angesichts der durch die Regelung des § 7 EG Abs. 9 Satz 1 VOL/A in nationales Recht umgesetzten Vorgaben des Art. 48 Abs. 3 der Europäischen Richtlinie 2004/18/EG, wonach sich ein Unternehmen zum Nachweis der Leistungsfähigkeit und Fachkunde der Fähigkeiten anderer Unternehmen bedienen kann, ungeachtet des rechtlichen Charakters der zwischen ihm und diesem Unternehmen bestehenden Verbindungen, ist der vom Auftraggeber bei der Bestimmung der Anforderungen an die Eignung gewählte **Begriff des „Nachunternehmers" nicht in einem rein national geprägten, zivilrechtlichen Sinne zu verstehen.** Nach dem **durch Auslegung zu ermittelnden wirklichen und dem erkennbaren Willen des Auftraggebers sollten darunter auch Vorlieferanten fallen.** Angesichts der allen Beteiligten bekannten Marktverhältnisse war offensichtlich, dass die zu beschaffenden Geräte nicht nur von – wenigen – Herstellern, sondern auch von reinen Vertriebsunternehmen angeboten werden, die ihrerseits von Vorlieferanten beziehen müssen. Für den Auftraggeber stand erkennbar nicht die Ausgestaltung der zivilrechtlichen Vertragsbeziehungen zwischen den nicht zu den Herstellern gehörenden Bietern und ihren Vorlieferanten im Vordergrund. **Für die von ihm zu treffende Prognoseentscheidung, ob ein Bieter in der Lage sein würde, den ausgeschriebenen Auftrag ordnungsgemäß zu erfüllen, war vielmehr von ausschlaggebendem Interesse, dass der Bieter selbst bzw. der Vorlieferant, bei dem der Bieter die Geräte bezieht, bereits ein größeres Auftragsvolumen bewältigt hatte. Dabei kam es für die Beurteilung der Leistungsfähigkeit nicht darauf an, ob der Bieter selbst, der Vorlieferant oder aber ein drittes Unternehmen, das seinerseits die Geräte von dem Vorlieferanten bezogen hatte, Vertragspartner des Referenzauftraggebers geworden war. Sämtliche Konstellationen sind in gleicher Weise geeignet, als Indikator für die Prognose der Leistungsfähigkeit des Bieters herangezogen zu werden.** Die Erwartung, dass ein Bieter zur Lieferung von Stückzahlen in der vorgesehenen Größenordnung in der Lage sein wird, ist nicht nur dann berechtigt, wenn er die zu beschaffenden Geräte selbst herstellt bzw. als Vertriebspartner eines Herstellerunternehmens bereits einen Auftrag vergleichbaren Umfangs erfüllt hat, sondern auch dann, wenn durch das in Bezug genommene Referenzprojekt nachgewiesen ist, dass das herstellende Unternehmen, auf dessen Kapazitäten der Bieter zugreifen kann, Stückzahlen in der geforderten Größenordnung produziert und – wenn auch über einen anderen Vertriebspartner – geliefert hat (OLG Düsseldorf, B. v. 16. 12. 2009 – Az.: VII-Verg 32/09).

6.8.13.1.3.6 Montagearbeiten von Fenstern oder Türen. Bei der Vergabe von Fenster- 521 arbeiten (Herstellung und Montage) stellt die **Herstellung nach Maß zu produzierender Fenster den wesentlichen Teil der ausgeschriebenen Bauleistung** dar. **Bieter, die lediglich die Montagearbeiten im eigenen Betrieb ausführen, erbringen den wesentlichen Teil der Leistung (Produktion) durch Nachunternehmer.** Bei dem Fensterhersteller handelt es sich – soweit es sich um nach Maß herzustellende Fenster handelt – nicht um einen Bauteilelieferanten, sondern um einen Nachunternehmer im vergaberechtlichen Sinne. Die Vergabestelle hat Bieter, die den wesentlichen Teil der ausgeschriebenen Bauleistung nicht im eigenen Betrieb erbringen, mangels Eignung nach § 25 Nr. 2 Abs. 1 VOB/A vom Verfahren auszuschließen (LG Kiel, Urteil v. 17. 4. 2003 – Az.: 4 O 304/02).

Das OLG Schleswig (Urteil v. 5. 2. 2004 – Az.: 6 U 23/03) hat die **Entscheidung des LG** 522 **Kiel aufgehoben.** Gibt die Vergabestelle in der Ausschreibung ein Fensterfabrikat vor, wird daraus **deutlich, dass bei der Festlegung der Ausschreibungsbedingungen der Fall einer Vorfertigung der Fenster einbezogen** wurde, so dass es dazu – aus der Sicht der Vergabestelle wie auch aus dem (maßgeblichen) Empfängerhorizont der Bieter nicht auch noch einer Nachunternehmerangabe bedarf. Es **handelt sich insoweit auch nicht um einen Nachunternehmer, sondern um einen Lieferanten.**

6.8.13.1.3.7 In einen Konzernverbund eingebundene hundertprozentige Tochter- 523 **und Enkelgesellschaften. In einen Konzernverbund eingebundene hundertprozentige Tochter- und Enkelgesellschaften** muss ein Auftraggeber **nicht als „Einsatz von anderen (Subunternehmern)" auffassen,** wenn es dem Auftraggeber darauf ankommt, ob die Leistung mit „firmeneigenem Personal" erfolgt. Darunter sind auch die Mitarbeiter von Konzernunternehmen zu zählen (OLG München, B. v. 29. 11. 2007 – Az.: Verg 13/07; B. v. 29. 3. 2007 – Az.: Verg 02/07 – für den VOL-Bereich). **Anderer Auffassung** ist das **OLG Düsseldorf.** Drittunternehmen im Sinne der Art. 25, 45 ff. Richtlinie 2004/18/EG sind auch konzernangehörige Unternehmen. Die **Gegenmeinung ignoriert die Rechtsprechung des EuGH** über den Verweis auf Drittunternehmen, die gerade „Konzernfälle" betrafen und dennoch Art. 48 Abs. 3 VKR (bzw. die Vorgängervorschrift) angewandt haben (OLG Düsseldorf, B. v. 30. 6. 2010 – Az.: VII-Verg 13/10; B. v. 23. 6. 2010 – Az.: VII-Verg 18/10).

Teil 1 GWB § 97 Gesetz gegen Wettbewerbsbeschränkungen

524 **Allerdings unterstehen auch die in einen Konzernverbund eingebundenen hundertprozentige Tochter- und Enkelgesellschaften** der Bestimmung des § 6a Abs. 10 VOB/A bzw. des § 7 EG Abs. 9 VOL/A und es müssen für sie Verpflichtungserklärungen abgegeben werden (OLG München, B. v. 29. 11. 2007 – Az.: Verg 13/07).

525 **6.8.13.1.3.8 Unterschied zu einer Prüfinstitution.** Die **Rechtsprechung** ist insoweit **nicht einheitlich**.

526 Ist in der Leistungsbeschreibung die Abnahme einer Anlage (z. B. eine Erdungsanlage durch einen zugelassenen Prüfer der DB AG) gefordert, ist **zunächst davon auszugehen, dass nur die mit der Abnahme verbundene Kostentragungspflicht eine Leistung des Bieters ist**. Entsprechende Prüfer werden als sogenannte Verwaltungshelfer tätig und unterliegen z. B. gegenüber dem Eisenbahn-Bundesamt im Besonderen wie auch gegenüber der DB AG einem besonderen Rechte- und Pflichtenverhältnis. Selbstverständlich **üben diese Prüfer ihre Tätigkeit gegenüber Dritten entgeltlich auf der Grundlage eines Auftragsverhältnisses aus. Sie werden damit aber nicht zu Nachunternehmern im Sinne der Vergabevorschriften**, zumal sie mit ihrer Tätigkeit nicht Leistungen oder Nebenleistungen erbringen, die der Auftraggeber selbst als Bauleistungen oder als Nebenleistungen zu solchen Bauleistungen ausgeschrieben hatte. Vielmehr dient ihre schließlich – im Rahmen der Zwischen- und Endabnahmen – ausgeübte Tätigkeit allein der Feststellung der ordnungsgemäß ausgeführten Leistungen im Rahmen der z. B. gegenüber der DB-AG als Betreiber der Schienenanlagen und des Eisenbahn-Bundesamtes als Verwalter der bundeseigenen Schienennetzes obliegenden Sorgfalts- und Schutzpflichten bei Bauarbeiten an, nahebei, über und unter Eisenbahnanlagen. Die **Abnahme z. B. durch zugelassene Prüfer des Eisenbahn-Bundesamtes (!) erfüllt damit keine Leistungsverpflichtung des Bieters** (VK Thüringen, B. v. 23. 3. 2007 – Az.: 360–4002.20–874/2007 - 002–SÖM).

527 Nach der Auffassung der 2. VK Bund ist eine **anerkannte Prüfstelle nach DIN 1045-3 ein Nachunternehmer**, der vom Bieter im Nachunternehmerverzeichnis angegeben werden muss. Der unternehmerische Charakter der Fremdüberwachung gemäß DIN 1045-3 ist zu bejahen, denn die **anerkannten Prüfstellen werden kraft des vom Bauunternehmen erteilten Auftrags gegen Entgelt und nicht etwa hoheitlich** als Beliehene der Bauordnungsbehörden **tätig**. Auch dass der **Auftragnehmer selbst** von vornherein **nicht die Fremdüberwachung vornehmen kann, schließt es** daher **nicht aus**, die anerkannte Prüfstelle als Nachunternehmer anzusehen. Eine Einordnung der anerkannten Prüfstellen in den Kreis der im Formblatt 317 EG anzugebenden Unternehmen scheitert zudem nicht von vornherein daran, dass die **anerkannten Prüfstellen keine Bauleistungen erbrächten**. Denn unabhängig davon, dass nicht einzusehen ist, weshalb die Einordnung einer Teilleistung als Bau- oder Dienstleistung in den häufigen Fällen von Aufträgen gemischten Charakters den Ausschlag dafür geben sollte, ob sie im Unternehmerverzeichnis aufzuführen ist, **stellt die Überwachung durch die anerkannte Prüfstelle nach DIN 1045-3 durchaus eine Bauleistung dar**. Dies ergibt sich ohne weiteres daraus, dass gemäß Ziff. 3.1 der DIN 1045-3 die Überwachung eine Tätigkeit zur Herstellung des Betonbauwerks und Teil der Bauausführung ist. Auch **nach Sinn und Zweck des Formblattes 317 EG müssen die anerkannten Prüfstellen dort benannt werden**. Zwar kommt wesentlichen Gesichtspunkten, die typischerweise für die Notwendigkeit zur Angabe einer Nachunternehmerleistung sprechen, im vorliegenden Fall keine Bedeutung zu. Während in der Regel erst die Nachunternehmerbenennung deutlich macht, dass der Bieter eine Teilleistung nicht selbst auszuführen gedenkt, **steht bei der Fremdüberwachung bereits fest, dass es hierfür eines dritten Unternehmens bedarf**. Anders als üblicherweise besteht zudem **von vornherein Klarheit** darüber, dass eine anerkannte Prüfstelle ausweislich der erteilten Anerkennung durch das Deutsche Institut für Bautechnik (DIBT), eine Einrichtung des Bundes und der Länder, oder durch die zuständigen Behörden der Länder die **erforderliche Eignung aufweist**. Die Zurückweisung einer anerkannten Prüfstelle mit der Begründung, sie führe ihre Prüfungen zu großzügig durch, dürfte daher ausscheiden. Die Nennung der vorgesehenen anerkannten Prüfstelle eröffnet insoweit lediglich die Möglichkeit, festzustellen, ob die Stelle tatsächlich über die geforderte Anerkennung verfügt oder der Bieter von Verdingungsunterlagen abgewichen ist, indem er eine nicht anerkannte Prüfstelle mit der Prüfung benannt hat. **Kein Unterschied zu dem typischen Fall der Nachunternehmerschaft besteht nur insoweit, als der Auftraggeber auch bei der anerkannten Prüfstelle ein Interesse an deren Verfügbarkeit hat**. Die Vergabekammer teilt jedoch nicht die Auffassung, dass die festgestellten Abweichungen von der Interessenlage beim typischen Fall der Nachunternehmerschaft es schlechterdings sinnlos erscheinen ließen, die anerkannte Prüfstelle im Formblatt 317 EG zu benennen und einen Verfügbarkeitsnachweis vorzulegen. Vielmehr **können auch die in

diesem untypischen Fall konstatierten Gesichtspunkte – das Interesse, Klarheit über die Anerkennung der Prüfstelle und deren Verfügbarkeit zu gewinnen – eine Forderung nach der Benennung des Fremdüberwachers unter Beifügung eines Verfügbarkeitsnachweises rechtfertigen (2. VK Bund, B. v. 26. 5. 2008 – Az.: VK 2–49/08).

Das **OLG Düsseldorf** teilt im Grundsatz diese Auffassung. Hinsichtlich der **daraus entstehenden Konsequenzen für die Angabe dieser Leistungen im Nachunternehmerverzeichnis und der Vorlage entsprechender Verpflichtungserklärungen** stellt das OLG Düsseldorf aber darauf ab, ob die verständigen Bieter durch eine entsprechende **Forderung in den Verdingungsunterlagen in Verbindung mit den Umständen des Falles** erkennen können, **dass es sich bei der Überwachungsstelle um ein zu benennendes Unternehmen (als Nachunternehmer) handeln sollte**. Denn es entsprach der vor Inkrafttreten der VOB/C 2006 geübten Praxis der Vergabestelle, eine unterlassene Benennung der Überwachungsinstitute in der Liste der Nachunternehmer nicht zum Anlass für einen Ausschluss von Angeboten zu nehmen. Schließlich musste ein verständiger Bieter ein Prüfinstitut auch nicht als drittes Unternehmen ansehen, das einen Teil des Bauauftrags ausführen sollte, sondern als eine unabhängige staatlich anerkannte Kontrollinstanz, die Überwachungstätigkeiten im Rahmen einer baubegleitenden Abnahme übernimmt. Dieses Verständnis beruht insbesondere darauf, dass nach den einschlägigen DIN-Normen auch der öffentliche Auftraggeber selbst einer zugelassenen Überwachungsstelle einen Auftrag zur Fremdüberwachung erteilen kann und die Fremdüberwachung nicht notwendigerweise eine vom Bieter geschuldete (erst seit 2006 gesondert zu bepreisende) Nebenleistung des Betoneinbaus ist. Da es auch hinsichtlich der Forderung nach Angabe der Nachunternehmer Sache des Auftraggebers ist, auf eine eindeutige und transparente Formulierung der Forderungen zu achten, darf bei entsprechender Unklarheit der Verdingungsunterlagen in Verbindung mit den Umständen des Einzelfalls – wobei dies der Auftraggeber zu verantworten haben muss –, ein **Ausschluss des Angebots wegen Unvollständigkeit der Nachunternehmerliste auf eine entsprechende Bewerbungsbedingung nicht gestützt werden** (OLG Düsseldorf, B. v. 20. 10. 2008 – Az.: VII – Verg 41/08).

Vgl. insoweit auch die Kommentierung zu → § 16 VOB/A Rdn. 347 ff.

6.8.13.1.3.9 Erst einzuschaltende Nachunternehmen. Bereits nach einem allgemeinen Verständnis ist es **fraglich, ob Nachunternehmer auch eine staatliche Einrichtung sein kann, die aufgrund eines mehrere Jahre vor dem in Rede stehenden Beschaffungsvorhaben abgeschlossenen Kooperationsvertrags fortlaufend bestimmte Leistungen an den Bieter erbringt**. Heißt es z. B. in den Verdingungsunterlagen, es sei zulässig, dass der Auftragnehmer Subunternehmen „einschalte", legt dies **nahe, dass es sich bei dem Subunternehmen um ein Unternehmen handelt, das im Hinblick auf die ausgeschriebenen Leistung erst noch eingeschaltet, also beauftragt werden soll**. Schon aus diesen Gründen kann z. B. eine zwischen einem Bieter und der Bundesrepublik Deutschland seit Jahren bestehende Kooperationsvereinbarung nicht im Hinblick auf die vorliegende Ausschreibung als Subunternehmervertrag angesehen werden. Aus der maßgeblichen Sicht eines Bieters kommt ein solches Verständnis auch deshalb nicht in Betracht, weil nach Ziffer 2.15.2 der Verdingungsunterlagen im Fall der Einschaltung eines Subunternehmens auch für dieses Unternehmen der Jahresumsatz der letzten drei Jahre und die Zahl der Mitarbeiter angegeben werden muss und Referenzen vorzulegen sind. Diese Vorgaben lassen sich hinsichtlich des Bundesamts für Justiz nicht sinnvoll erfüllen (OLG Celle, B. v. 5. 7. 2007 – Az.: 13 Verg 8/07).

6.8.13.1.3.10 Finanzielle Dienstleistungen. Ist eine **Leistungsposition eines Bauauftrages objektiv auf eine finanzielle Leistung gerichtet**, z. B. Übernahme der Kosten von Autowäschen, so **besteht für den Auftraggeber kein Anlass, an der Angabe eines Bieters, diese Leistung als Eigenleistung zu erbringen, zu zweifeln**. Auch wenn ein Positionstext im Leistungsverzeichnis aus Empfängersicht mehrdeutig ist und nach einer von mehreren Auslegungsmöglichkeiten in Betracht kommt, dass der Einsatz von anderen Unternehmen unumgänglich ist, ist das **Angebot eines Bieters vollständig, der die Leistung – „zufällig zutreffend" – als Eigenleistung anbietet und daher keine Verpflichtungserklärungen anderer Unternehmen vorlegt** (OLG Naumburg, B. v. 4. 9. 2008 – Az.: 1 Verg 4/08).

6.8.13.1.3.11 Einsatz von industriellen Herstellbetrieben als Nachunternehmer gemäß § 129 Absatz 5 Satz 3 SGB V. § 129 Absatz 5 Satz 3 SGB V selbst steht einem Einsatz von industriellen Herstellbetrieben als Nachunternehmer nicht im Wege. Zwar ist nach dem Wortlaut der Norm ihr Anwendungsbereich nur für „in Apotheken hergestellte" parenterale Zubereitungen eröffnet. Dieses **Tatbestandsmerkmal ist jedoch auch dann erfüllt, wenn sich der Bieter im Herstellungsprozess eines industriellen Her-

Teil 1 GWB § 97   Gesetz gegen Wettbewerbsbeschränkungen

stellbetriebes bedient. Dahinstehen bleiben kann dabei, ob sich dieses Ergebnis allein schon durch die Parallelwertung aus den arzneimittelrechtlichen Normen (§ 4 Absatz 4 und 18 Satz 2 AMG), die von einem weiten Herstellungsbegriff ausgehen, ergibt. Ein rein „lokales" Verständnis der Formulierung „in Apotheken" in § 129 Absatz 5 Satz 3 SGB V würde jedenfalls dem gesetzgeberischen Willen zuwiderlaufen. Der **Einsatz industrieller Herstellbetriebe entspricht der gelebten Praxis auch schon vor Einführung des § 129 Absatz 5 Satz 3 SGB V.** Es ist nicht davon auszugehen, dass der Gesetzgeber in Kenntnis dieser Marktsituation in einem Gesetz, dessen Bezeichnung immerhin eine Wettbewerbsstärkung intendiert, eine nicht unerhebliche Anzahl von Marktteilnehmern mit entsprechendem Marktanteil vom Wettbewerb durch die Einführung eines engen Apothekenbegriff ausschließen wollte. Der Gesetzgeber hätte sich dadurch in einen Widerspruch zu seiner eigenen Zielsetzung, Wirtschaftlichkeitspotentiale zu heben, gebracht (2. VK Bund, B. v. 29. 4. 2010 – Az.: VK 2–20/10).

533   **6.8.13.1.3.12 Weitere Beispiele aus der Rechtsprechung**

– übernimmt der Auftragnehmer nach dem Vertragsentwurf die „Durchführung der förmlichen Zustellungsaufträge" und „Neben der Durchführung der förmlichen Zustellungsaufträge ist die werktägliche elektronische Rücklieferung der Zustellungsdaten in einer einheitlichen Datei nach den Vorgaben der Verdingungsunterlagen, Teil B, zu leisten." und finden sich inhaltsgleiche Regelungen im Pflichtenheft, ist die **elektronische Rücklieferung der Zustellungsdaten als Leistungsbestandteil anzusehen. Schaltet der Bieter hierfür einen Nachunternehmer ein, liegt ein echtes Nachunternehmerverhältnis** vor (VK Rheinland-Pfalz, B. v. 7. 12. 2007 – Az.: VK 39/07)

– werden bei der Abwicklung der für die Auftragsausführung (Lieferung von Formularen) erforderlichen Leistungen keine Verpflichtungen eines anderen Unternehmens zur Erbringung von Leistungen oder Teilleistungen begründet, sondern **werden nur Maschinenstunden einer Maschine, die sich möglicherweise im Vermögen einer anderen Gesellschaft befindet oder Arbeitsleistung von Mitarbeitern, die einen Arbeitsvertrag mit einer anderen Gesellschaft unterhalten, in Anspruch genommen,** ist die **Situation letztlich nicht anders als der Einsatz einer gemieteten Maschine, oder von Personal, das bei einem Personalleasingunternehmen angestellt** ist. Weder das eine Maschine vermietende noch das einen Mitarbeiter überlassende Unternehmen ist zur Erbringung von Leistungen oder Teilleistungen für den Antragstellerin erteilten Auftrag verpflichtet oder verantwortlich. Jedes der am Firmensitz der Antragstellerin tätige Unternehmen in dem dortigen Betrieb kann unmittelbar Zugriff auf Maschinen und sonstige Anlagen nehmen und mit diesen eigenverantwortlich unter Einsatz des dortigen Personals die Leistungen für den ausgeschriebenen Auftrag erbringen (OLG München, B. v. 23. 11. 2006 – Az.: Verg 16/06)

– die **Herstellung/Lieferung der Verkehrszeichen** einerseits und deren **Anbringung im Zuge der Baumaßnahme** andererseits wenigstens **gleichwertige Elemente der zu vergebenden Leistung.** Ein Bieter, der einen dieser wesentlichen Teilbereiche von vornherein weder abdecken will noch nach den Möglichkeiten seines Betriebs abdecken kann, zieht insoweit nicht einen Dritten für die Erfüllung untergeordneter Hilfsfunktionen heran, sondern verstößt im Ansatz gegen den Grundsatz der Selbstausführung und muss dies auf Verlangen des Auftraggebers mit dem Angebot jedenfalls offen legen; umgekehrt **wäre ja auch nicht zweifelhaft, dass ein Schilderhersteller, der sich um den Auftrag bewirbt und zur Montage der Verkehrszeichen ein Drittunternehmen einschaltet, damit einen Nachunternehmer einsetzt** (OLG Dresden, B. v. 25. 4. 2006 – Az.: 20 U 467/06)

– **bei der Untervergabe von ingenieurtechnischen Leistungen** (Vermessungsleistungen, Bearbeitung der Ausführungsplanungen, Erstellung prüffähiger statischer Berechnungen und Nachweise für alle tragenden Konstruktionen des gesamten Bauwerks einschließlich Gründungen und alle Baubehelfe sowie Bestandszeichnungen unter Einbeziehung unmittelbar abgrenzender Bauwerke) **handelt es sich um Nachunternehmerleistungen.** Es ist offensichtlich, dass die Planungsleistungen spezifische Bauleistungen sind und im Wege eines Unterauftrags vergeben werden können, was sich u. a. dadurch zeigt, wenn diese als gesonderter Titel des Auftrags verzeichnet sind (1. VK Sachsen, B. v. 20. 4. 2006 – Az.: 1/SVK/029-06; B. v. 8. 6. 2005 – Az.: 1/SVK/051-05)

– begrifflich nicht den Nachunternehmern zuzurechnen sind solche Unternehmer, die selbst keine Teile der in Auftrag gegebenen Bauleistung erbringen, sondern **in Hilfsfunktionen tätig** sind. Dazu gehören **beispielsweise** regelmäßig **Fuhrunternehmer sowie Baumaschinen- und Geräteverleiher** (VK Lüneburg, B. v. 20. 5. 2005 – Az.: VgK-18/2005; B. v. 8. 4. 2005 – Az.: VgK-10/2005)

6.8.13.1.3.13 Berechnung des Nachunternehmeranteils. 6.8.13.1.3.13.1 Allgemeines. Eine Nachunternehmerleistung im Sinne der VOB ist eine **ausgekoppelte Bauleistung, die eigentlich der Bieter zu erbringen hat,** diese aber an einen Dritten überträgt (VG Neustadt an der Weinstraße, B. v. 20. 2. 2006 – Az.: 4 L 210/06; 1. VK Sachsen, B. v. 3. 4. 2002 – Az.: 1/SVK/020-02).

Bei der Ermittlung des Selbstausführungs- bzw. Nachunternehmeranteils ist darauf abzustellen, welcher **Leistungsanteil für die geschuldete Gesamtleistung prägend** ist. Beim **Einbau vorgefertigter Bauteile ist dies regelmäßig die Einbauleistung** (VK Nordbayern, B. v. 1. 2. 2005 – Az.: 320.VK – 3194 - 56/04).

6.8.13.1.3.13.2 Zurechnung von Baustoffen, Bauteilen und Geräten. Bei der Ermittlung des Leistungsanteils des Nachunternehmers sind die **Baustoffe, Bauteile und Geräte mit ihren Kosten den Unternehmen zuzurechnen, deren Personal die Leistung erbringt** (VK Nordbayern, B. v. 12. 2. 2004 – Az.: 320.VK-3194-01/04, B. v. 13. 11. 2003 – Az.: 320.VK-3194-40/03). Dies bedeutet, dass der **Positionspreis des Leistungsverzeichnisses in Gänze dem Fremdleistungsanteil zuzuordnen** ist, wenn die Position von einem Nachunternehmer ausgeführt wird (VK Nordbayern, B. v. 7. 6. 2002 – Az.: 320.VK-3194-17/02).

6.8.13.1.3.13.3 Zurechnung von Baustoffen, Bauteilen und Geräten bei Überwachungstätigkeiten. Bei der Ermittlung des Nachunternehmeranteils sind **bei reinen Überwachungstätigkeiten die Materialkosten nicht dem überwachenden Unternehmen zuzurechnen** (1. VK Sachsen, B. v. 4. 10. 2002 – Az.: 1/SVK/085-02).

6.8.13.1.4 Forderung nach Nennung der Namen von Nachunternehmern. Grundsätzlich hat der öffentliche Auftraggeber die Möglichkeit, von den Bietern die Nennung der Namen der Nachunternehmer zu verlangen. Der Bieter ist dann verpflichtet, die Namen zu nennen. Vgl. dazu **im Einzelnen** z. B. die Kommentierung zu → § 16 VOB/A Rdn. 371 ff.

6.8.13.1.5 Austausch von Nachunternehmern. 6.8.13.1.5.1 Rechtsprechung. Sind für einen Auftraggeber **nur Art und Umfang, nicht aber die namentliche Benennung** (etwa zu Zwecken der Eignungsprüfung des Nachunternehmers) **wesentlich**, ist der **Austausch** eines Nachunternehmers nicht von vergaberechtlicher Relevanz und damit einseitig **möglich** (1. VK Sachsen, B. v. 13. 5. 2002 – Az.: 1/SVK/043-02). In der **umgekehrten Konstellation** ist ein Austausch von Nachunternehmern einseitig **nicht zulässig**. Vgl. dazu ausführlich die Kommentierung zu → § 16 VOB/A Rdn. 129 ff.

6.8.13.1.5.2 Literatur

– Roth, Frank, Änderung der Zusammensetzung von Bietergemeinschaften und Austausch von Nachunternehmern im laufenden Vergabeverfahren, NZBau 2005, 316

6.8.13.1.6 Beschränkung des Bieterkreises auf Generalunternehmer. Ein öffentlicher Auftraggeber kann unter den Prämissen der § 97 Abs. 3 GWB, § 5 VOB/A und § 2 VOL/A den Kreis möglicher Bewerber nach deutschem Recht zulässig auf „Generalunternehmung(en)" beschränken (OLG Düsseldorf, B. v. 5. 7. 2000 – Az.: Verg 5/99).

Nach der Verstärkung des Mittelstandsschutzes durch das Vergaberechtsmodernisierungsgesetz 2009 sind die **Anforderung**en an eine Beschränkung des Bieterkreises auf Generalunternehmer **höher** geworden.

6.8.13.1.7 Zustimmung zum Einsatz von Nachunternehmern durch die Abfrage nach dem Einsatz von Nachunternehmern? Nach § 4 Abs. 8 Nr. 1 Satz 2 und 3 VOB/B darf der Auftragnehmer Leistungen, auf die er eingerichtet ist, nur mit schriftlicher Zustimmung des Auftraggebers an Nachunternehmer übertragen. Dies **bedeutet jedoch nicht, dass der Auftraggeber die Zustimmung erteilt hat, wenn er in den Vergabeunterlagen den Einsatz von Nachunternehmen abgefragt hat.** Von einer Zustimmung wäre nur dann auszugehen, wenn ein Auftragnehmer in seinem Angebot die Weitervergabe von Leistungen an Nachunternehmen angekündigt hätte und ihm hierauf der Zuschlag erteilt worden wäre (VK Nordbayern, B. v. 21. 5. 2002 – Az.: 320.VK-3194-13/02, B. v. 7. 6. 2002 – Az.: 320.VK-3194-17/02).

6.8.13.1.8 Ersetzung des Nachunternehmeranteils durch Eigenleistung. Die Benennung von Nachunternehmern schließt grundsätzlich nicht aus, dass der Auftragnehmer nach Erhalt des Auftrages die Leistung selbst erbringt. Dies ergibt sich aus § 4 Nr. 4 Satz 1 VOL/B bzw. § 4 Abs. 8 VOB/B. Nach diesen Vorschriften darf der Auftragnehmer die Ausführung der

Teil 1 GWB § 97   Gesetz gegen Wettbewerbsbeschränkungen

Leistung oder Teile hiervon nur mit vorheriger Zustimmung des Auftraggebers an andere übertragen. **Aus dem Wortlaut „darf" folgt bereits, dass es ihm zwar gestattet ist, die Leistung zu übertragen, er sie aber auch selbst ausführen kann.** Auch wenn er also im Nachunternehmerverzeichnis für bestimmte Teilleistungen Unternehmen bezeichnet hat, **bleibt es dem Auftragnehmer nach Erhalt des Auftrags unbenommen, den Auftrag selbst auszuführen** (OLG München, B. v. 12. 9. 2005 – Az.: Verg 020/05; VK Südbayern, B. v. 10. 2. 2005 – Az.: 81-12/04).

545   **6.8.13.1.9 Einsatz von Leiharbeitern.** Ein Bieter, insbesondere ein Generalunternehmer, ist **nicht verpflichtet, im Angebot anzugeben, dass er den Einsatz von Leiharbeitnehmern beabsichtigt.** § 6 a Abs. 10 VOB/A ist insoweit nicht anwendbar. Danach muss der Bieter, der sich bei der Erfüllung eines Auftrags der Fähigkeiten anderer Unternehmen bedienen will, dem Auftraggeber gegenüber nachweisen, dass ihm die erforderlichen Mittel zur Verfügung stehen. Der Leiharbeitnehmer ist aber nicht Unternehmen im Sinne des § 6 a Abs. 10 VOB/A. Der **Leiharbeitnehmer wird im Gegensatz zum Nachunternehmer während der Zeit seiner Arbeitsleistung bei einem Entleiher in dessen Betrieb integriert.** In dieser Zeit ist er **vergaberechtlich eine „interne Ressource"** und kein Unternehmen im Sinne des § 6 a Abs. 10 VOB/A (2. VK Bund, B. v. 3. 5. 2007 – Az.: VK 2–33/07).

546   **6.8.13.1.10 Weitere Beispiele aus der Rechtsprechung**

– Lieferung, Bau und Inbetriebnahme eines **regionalen rechnergestützten Betriebsleitsystems** für den öffentlichen Personennahverkehr **durch mehrere kommunale Unternehmen** nach der VOL/A (VK Brandenburg, B. v. 28. 1. 2003 – Az.: VK 71/02)

– sachgerechter **Transport von Abfällen** (BayObLG, B. v. 12. 4. 2000 – Az.: Verg 1/00)

547   **6.8.13.1.11 Literatur**

– Burgi, Martin, Nachunternehmerschaft und wettbewerbliche Untervergabe, NZBau 2010, 593

– Diemon-Wies, Ingeborg/Viegener, Gerd, Die Beteiligung von Drittunternehmen bei der Vergabe öffentlicher Bauaufträge, VergabeR 2007, 576

– Fastabend, Michael/Dageförde, Angela, Die Beauftragung von Subunternehmern durch kommunale Vertragspartner in der Abfallentsorgung, AbfallR 2004, 166

– Greve, Gina, Illegale Beschäftigungsformen und Umgang mit Nachunternehmern – Erforderlichkeit eines Risikomanagements bei Einsatz von Nachunternehmern, NZBau 2010, 215

– Kullack, Andrea/Terner, Ralf, Die vergaberechtliche Behandlung des Nachunternehmer-Einsatzes gemäß VOB/A – insbesondere im Bietergespräch, ZfBR 2003, 234

– Losch, Alexandra, Einbeziehung Dritter in Angebote von Bietern, insbesondere von Leihunternehmen, VergabeR 2007, 582

6.8.13.2 Generalübernehmer

548   **6.8.13.2.1 Begriff.** Der Generalübernehmer legt die Ausführung von Bau- oder Lieferleistungen vollständig in die Hände von Nachunternehmern. Der **Generalübernehmer beschränkt sich auf die Vermittlung, Koordination und Überwachung von Bau- oder Lieferleistungen** (OLG Düsseldorf, B. v. 5. 7. 2000 – Az.: Verg 5/99; OLG Frankfurt, B. v. 16. 5. 2000 – Az.: 11 Verg 1/99; Saarländisches OLG, B. v. 21. 4. 2004 – Az.: 1 Verg 1/04; 1. VK Saarland, B. v. 22. 12. 2003 – Az.: 1 VK 10/2003; VK Schleswig-Holstein, B. v. 31. 1. 2006 – Az.: VK-SH 33/05).

549   **6.8.13.2.2 Grundsätzliche Zulässigkeit der Vergabe von Aufträgen an Generalübernehmer. 6.8.13.2.2.1 ÖPP-Beschleunigungsgesetz.** Durch das **Gesetz zur Beschleunigung der Umsetzung von Öffentlich Privaten Partnerschaften und zur Verbesserung gesetzlicher Rahmenbedingungen für Öffentlich Private Partnerschaften vom 1. 9. 2005** (BGBl. I S. 2676) ist § 4 VgV a. F. um einen Absatz 4 dahingehend ergänzt worden, dass bei der Anwendung des Absatzes 1 des § 4 VgV a. F. § 7 Nr. 2 Abs. 1 des Abschnittes 2 des Teiles A der Verdingungsordnung für Leistungen (VOL/A) 2006 mit der Maßgabe anzuwenden ist, dass der **Auftragnehmer sich bei der Erfüllung der Leistung der Fähigkeiten anderer Unternehmen bedienen kann.** Außerdem finden sich dem neu eingefügten § 6 Abs. 2 Nr. 2 VgV a. F. § 8 Nr. 2 Abs. 1 und § 25 Nr. 6 VOB/A 2006 mit der Maßgabe Anwendung, dass der **Auftragnehmer sich bei der Erfüllung der Leistung der Fähigkeiten anderer Unternehmen bedienen kann** Damit wird **auf die gesetzliche Vorgabe eines Eigenleistungs-**

Gesetz gegen Wettbewerbsbeschränkungen GWB § 97 **Teil 1**

erfordernisses verzichtet (KG Berlin, B. v. 13. 3. 2008 – Az.: 2 VERG 18/07; OLG Brandenburg, B. v. 9. 2. 2010 – Az.: Verg W 9/09; OLG Düsseldorf, B. v. 2. 12. 2009 – Az.: VII-Verg 39/09; B. v. 10. 12. 2008 – Az.: VII-Verg 51/08; B. v. 22. 10. 2008 – Az.: VII-Verg 48/08; VK Arnsberg, B. v. 25. 11. 2009 – Az.: VK 29/09; 1. VK Bund, B. v. 13. 2. 2007 – Az.: VK 1–160/06; B. v. 13. 2. 2007 – Az.: VK 1–157/06; B. v. 1. 2. 2007 – Az.: VK 1–154/06; B. v. 22. 9. 2006 – Az.: VK 1–103/06; B. v. 21. 9. 2006 – Az.: VK 1–100/06; 2. VK Bund, B. v. 29. 12. 2006 – Az.: VK 2–131/06; B. v. 29. 12. 2006 – Az.: VK 2–128/06; B. v. 29. 12. 2006 – Az.: VK 2–125/06; 1. VK Sachsen, B. v. 10. 10. 2008 – Az.: 1/SVK/051-08). Die **Rechtsprechung vor Inkrafttreten des ÖPP-Beschleunigungsgesetzes ist also überholt, soweit sie im Ergebnis zu einer grundsätzlichen Einschränkung der Auftragsvergabe an Generalunternehmer bei Vergaben ab den Schwellenwerten kommt**. Der **Auftraggeber ist aber selbstverständlich weiterhin verpflichtet, die Eignung des Generalunternehmers zu prüfen**.

Dass die **Möglichkeit, sich der Fähigkeiten anderer Unternehmen zu bedienen, sich nach dem Willen des Gesetzgebers auf Offene Verfahren beschränken soll**, lässt sich der in § 4 Abs. 4 VgV A: f: ausgesprochenen Verweisung auf § 7 Nr. 2 Abs. 1 VOL/A 2006 **nicht entnehmen**. Diese Bestimmung wird man richtigerweise dahin verstehen müssen, dass die hier entscheidende Voraussetzung, wonach die Bewerber sich gewerbsmäßig mit der Ausführung von Leistungen der ausgeschriebenen Art befassen müssen, sich **auch auf Nichtoffene und Verhandlungsverfahren bezieht**. Wollte man dies anders sehen, müsste man § 4 Abs. 4 VgV a. F. i. V. m. § 7 Nr. 2 Abs. 1 VOL/A 2006 z. B. für das Nichtoffene Verfahren analog anwenden; eine Beschränkung der in § 4 Abs. 4 VgV 2006 getroffenen Regelung auf Offene Verfahren liefe dem erkennbaren Regelungszweck zuwider, den Grundsätzen des europäischen Vergaberechts Rechnung zu tragen. Diese aber beanspruchen Geltung nicht allein für das Offene Verfahren, sondern sind bei Nichtoffenen Verfahren gleichermaßen zu beachten. Wer sich auch an einer solchen Analogie gehindert sieht, müsste deshalb jedenfalls durch richtlinienkonforme Auslegung von VgV und VOL/A zum selben Ergebnis gelangen (2. VK Bund, B. v. 29. 12. 2006 – Az.: VK 2–131/06; B. v. 29. 12. 2006 – Az.: VK 2–128/06; B. v. 29. 12. 2006 – Az.: VK 2–125/06). 550

Der Inhalt des ÖPP-Beschleunigungsgesetzes gilt nur für Vergaben ab den Schwellenwerten. Inwieweit die nachfolgend dargestellte **Rechtsprechung zur Einschränkung der Zulässigkeit der Vergabe von Aufträgen an Generalübernehmer für Vergaben unterhalb der Schwellenwerte herangezogen** werden kann, hat die **Rechtsprechung noch nicht entschieden**. Allerdings ist angesichts der Tendenz in der Rechtsprechung des EuGH, die Grundsätze des EG-Vertrages (jetzt Vertrag über die Arbeitsweise der Europäischen Union) auch auf Vergaben unterhalb der Schwellenwerte anzuwenden, **eher damit zu rechnen, dass Generalübernehmer unter Bezug insbesondere auf das Diskriminierungsverbot mit Erfolg gegen einen grundsätzlichen Ausschluss von Ausschreibungen vorgehen können**. 551

Die **neuere Vergaberechtsprechung** geht ganz überwiegend ebenfalls von der **Zulässigkeit einer Generalübernehmervergabe** aus (EuGH, Urteil v. 18. 1. 2007 – Az.: C-220/05; 22. 6. 2007 – Az.: VK 20/07; KG Berlin, B. v. 13. 3. 2008 – Az.: 2 VERG 18/07; OLG Düsseldorf, B. v. 2. 12. 2009 – Az.: VII-Verg 39/09; B. v. 10. 12. 2008 – Az.: VII-Verg 51/08; B. v. 7. 1. 2004 – Az.: VII – Verg 55/02; Saarländisches OLG, B. v. 21. 4. 2004 – Az.: 1 Verg 1/04; VK Baden-Württemberg, B. v. 19. 4. 2005 – Az.: 1 VK 11/05; VK Berlin, B. v. 14. 9. 2005 – Az.: VK – B 1–43/05; 1. VK Bund, B. v. 13. 2. 2007 – Az.: VK 1–160/06; B. v. 13. 2. 2007 – Az.: VK 1–157/06; B. v. 1. 2. 2007 – Az.: VK 1–154/06; B. v. 24. 3. 2005 – Az.: VK 1–14/05; 2. VK Bund, B. v. 29. 12. 2006 – Az.: VK 2–131/06; B. v. 29. 12. 2006 – Az.: VK 2–128/06; B. v. 29. 12. 2006 – Az.: VK 2–125/06; VK Düsseldorf, B. v. 12. 8. 2003 – Az.: VK – 22/2003 – B; VK Hessen, B. v. 25. 8. 2004 – Az.: 69 d – VK – 52/2004; VK Münster, B. v. 21. 11. 2007 – Az.: VK 24/07; 1. VK Sachsen, B. v. 25. 4. 2006 – Az.: 1/SVK/031-06; 1. VK Saarland, B. v. 22. 12. 2003 – Az.: 1 VK 10/2003; VK Südbayern, B. v. 15. 12. 2006 – Az.: 34-11/06). 552

Das **OLG München hingegen verneint auch weiterhin die Zulässigkeit eines Generalübernehmereinsatzes für den Bereich der VOL/A**, ohne sich allerdings mit dem ÖPP-Beschleunigungsgesetz und der Rechtsprechung des EuGH auseinanderzusetzen (OLG München, B. v. 29. 11. 2007 – Az.: Verg 13/07). 553

Gemäß §§ 6a Abs. 10 VOB/A, 7 EG Abs. 9 VOL/A, 5 Abs. 6 VOF kann sich ein Bewerber oder Bieter der Kapazitäten anderer Unternehmen bedienen; **auch nach der VOB/A 2009, VOL/A 2009 und VOF 2009 ist also der Generalübernehmereinsatz zulässig**. 554

555 **6.8.13.2.2.2 Anforderungen an die Eignung eines Generalübernehmers. Werden Art und Umfang des Nachunternehmereinsatzes vor der Angebotsöffnung nicht vollständig und eindeutig angegeben, kann das Angebot nicht so gewertet werden, wie es nach der Ausschreibung geschehen soll und von allen Bietern im Gleichbehandlungsinteresse (§ 97 Abs. 2 GWB) auch erwartet werden kann.** Angaben zum Umfang des Nachunternehmereinsatzes sind – sofern sie bei der Angebotsabgabe abgefragt werden – vom Bieter zwingend zu machen. Um Bieter im Vergabeverfahren mit Erklärungspflichten zu belasten, muss der Auftraggeber diese Erklärungen daher zwar grundsätzlich „fordern", das heißt für das konkrete Vergabeverfahren ausdrücklich verlangen und eindeutig bestimmen, dass und zu welchem Zeitpunkt sie beizubringen sind. Unterlässt er dies, erwächst den Bietern im Vergabeverfahren grundsätzlich keine Erklärungspflicht. Daher gehen Unklarheiten und Widersprüchlichkeiten in den Anforderungen bezüglich der Eignungsnachweise zwar grundsätzlich zu Lasten der Vergabestelle; dabei ist jedoch auf den objektiven Empfängerhorizont abzustellen. Ein **fachkundiges und im Umgang mit öffentlichen Aufträgen bewandertes Unternehmen muss daher eingedenk der im Vergaberecht allseits bekannten Rechtsprechung zum Thema „Generalübernehmer" davon ausgehen, dass im Rahmen einer Generalübernahme mit Angebotsabgabe die Nachunternehmen zu benennen waren und der Nachweis zu führen war, dass der Bieter auf die Nachunternehmen so zugreifen kann, dass sie tatsächlich über die Einrichtungen dieser Unternehmen im Sinne einer Leistungserbringung „wie im eigenen Betrieb" verfügen kann** (2. VK Bund, B. v. 29. 12. 2006 – Az.: VK 2–131/06; B. v. 29. 12. 2006 – Az.: VK 2–128/06; B. v. 29. 12. 2006 – Az.: VK 2–125/06; 1. VK Sachsen, B. v. 21. 3. 2006 – Az.: 1/SVK/012-06; VK Schleswig-Holstein, B. v. 31. 1. 2006 – Az.: VK-SH 33/05; im Ergebnis ebenso VK Lüneburg, B. v. 4. 6. 2007 – Az.: VgK-22/2007; VK Südbayern, B. v. 15. 12. 2006 – Az.: 34-11/06).

556 Nach einer anderen Auffassung ist diese **Position zwar zutreffend, wenn es um eine Auftragsvergabe an Generalunternehmer oder Generalübernehmer geht**. Um eine Markterweiterung auf diese zu ermöglichen bzw. um zu verhindern, dass die Vergabestellen durch Aufstellung von bestimmten Eignungsanforderungen solche Angebote von vorne herein unmöglich machen, wurde zugelassen, dass Eignungsnachweise in Verbindung mit einem Verfügbarkeitsnachweis auch durch Verweis auf ein drittes Unternehmen erbracht werden dürfen. Die **Verknüpfung mit einer ungeschriebenen Obliegenheit des Bieters zur Vorlage des Verfügbarkeitsnachweises erscheint unter dieser Voraussetzung als gerechtfertigt**, da er andererseits den Vorteil genießt, eine Eignungsanforderung nicht durch sein eigenes Unternehmen erfüllen zu müssen. Die **Ausweitung der ungeschriebenen Obliegenheit auf sämtliche oder – wie auch immer definierte – wesentliche Leistungsbestandteile, die durch Nachunternehmer erfüllt werden sollen, ergibt jedoch einen Vorteil allein für den Auftraggeber**, der ein aus seiner Sicht sicherlich gewünschtes Mehr an Sicherheit für den Nachunternehmereinsatz erhält, ohne dies überhaupt deutlich gefordert zu haben. Eine **derartige Ausweitung ist deshalb abzulehnen** (VK Düsseldorf, B. v. 23. 4. 2007 – Az.: VK – 09/2007 – B).

557 Die **Auffassung der VK Düsseldorf überzeugt nicht**. Erstens ist eine **Abgrenzung** zwischen Generalunternehmern, Generalübernehmern und anderen Auftragnehmern, die Nachunternehmer einsetzen, **in der Praxis nicht möglich**. Zum andern **kann der Auftraggeber** im Sinne der Rechtsprechung des EuGH **keine vollständige Eignungsprüfung** vornehmen. Lässt er außerdem – als Konsequenz – die **Nachforderung von Verfügbarkeitserklärungen** zu, ist dies mit einem transparenten und wettbewerbskonformen Verfahren kaum vereinbar.

558 Ein **„Kern" an eigener Leistungsfähigkeit des Generalübernehmers darf nicht gefordert** werden (OLG Düsseldorf, B. v. 22. 10. 2008 – Az.: VII-Verg 48/08; B. v. 28. 6. 2006 – Az.: VII – Verg 18/06; 1. VK Bund, B. v. 13. 2. 2007 – Az.: VK 1–160/06; B. v. 13. 2. 2007 – Az.: VK 1–157/06; B. v. 1. 2. 2007 – Az.: VK 1–154/06; B. v. 21. 9. 2006 – Az.: VK 1–100/06; 2. VK Bund, B. v. 29. 12. 2006 – Az.: VK 2–131/06; B. v. 29. 12. 2006 – Az.: VK 2–128/06; B. v. 29. 12. 2006 – Az.: VK 2–125/06; 3. VK Bund, B. v. 15. 7. 2008 – Az.: VK 3–89/08; 1. VK Sachsen, B. v. 10. 10. 2008 – Az.: 1/SVK/051-08).

559 Die Forderung, dass ein „Generalunternehmer"/"Generalübernehmer" mindestens die erfolgreiche Tätigkeit in dem Geschäftsbereich, für den er ein Angebot abgibt, nachweisen muss, auch wenn er, was fachliche Leistungsfähigkeit angeht, durchaus auf die (speziellen) Umsätze, Referenzen, Ausstattungen eines anderen Unternehmens verweisen könnte, ist unzulässig. Dies gilt auch für **ein Unternehmen, welches lediglich „auf dem Papier" existiert**. Un-

Gesetz gegen Wettbewerbsbeschränkungen GWB § 97 **Teil 1**

ternehmen, die ohne tatsächliche eigene Markttätigkeit lediglich als **Handelsgesellschaft rechtlich existieren**, müssen von vorne herein als Bieter bei reglementierten Vergaben akzeptiert werden.

Will ein Bewerber sich zum Zwecke des Eignungsnachweises z. B. auf die Leistungsfähigkeit dritter Unternehmen berufen, **muss er** – sofern der Auftraggeber daran keine Einschränkungen angebracht hat – die **geforderten Erklärungen und Nachweise (auch) in der Person des Dritten vorlegen**. Der Auftraggeber muss sich insoweit keine Abstriche gefallen lassen – aus Gründen der Gleichbehandlung darf er dies sogar nicht (OLG Brandenburg, B. v. 9. 2. 2010 – Az.: Verg W 9/09; OLG Düsseldorf, B. v. 28. 6. 2006 – Az.: VII – Verg 18/06; B. v. 22. 12. 2004 – Az.: VII – Verg 81/04; VK Arnsberg, B. v. 11. 9. 2008 – Az.: VK 19/08; VK Lüneburg, B. v. 4. 6. 2007 – Az.: VgK-22/2007). **Anderer Auffassung** ist insoweit die VK Düsseldorf. Eine **ungeschriebene Pflicht, für jeden Nachunternehmer jeden vom Vertragspartner geforderten Eignungsnachweis zu erbringen, kann nicht angenommen werden**. Der Wortlaut der Vorschrift aus § 6 Abs. 3 Nr. 1 VOB/A benennt eindeutig den Bewerber oder Bieter als Adressat der Anforderungen von Eignungsnachweisen (VK Düsseldorf, B. v. 23. 4. 2007 – Az.: VK – 09/2007 – B). 560

Damit korrespondiert die **Verpflichtung des Auftraggebers**, die Eignungsprüfung nicht nur auf die sogenannten Nachunternehmer der ersten Reihe beschränken, sondern sie muss sich auch auf die Nachunternehmer der zweiten Stufe erstrecken. **Auf die Zuverlässigkeit und Leistungsfähigkeit der anderen Nachunternehmer (der ersten und zweiten Stufe) kommt es im Rahmen der (materiellen) Eignungsprüfung entscheidend an, denn diese führen die Leistung tatsächlich aus** (OLG Düsseldorf, B. v. 28. 4. 2008 – Az.: VII – Verg 1/08). Über den **Zuschlag darf daher grundsätzlich nicht entschieden werden, ohne dass die Verfügbarkeit der von einem Bieter vorgesehenen „anderen Unternehmen" z. B. i. S. d. § 7 EG Abs. 9 Satz 2 VOL/A vom öffentlichen Auftraggeber geprüft** worden wäre (1. VK Bund, B. v. 28. 10. 2009 – Az.: VK 1–182/09). 561

Die **Rechtsgrundlage für die Forderung nach einer Verfügbarkeitserklärung** ergibt sich aus Art. 47 Abs. 2 und Art. 48 Abs. 3 der Richtlinie 2004/18/EG vom 31. März 2004. Danach kann sich ein Wirtschaftsteilnehmer gegebenenfalls für einen bestimmten Auftrag auf die Kapazitäten anderer Unternehmen stützen. Er muss in diesem Fall jedoch dem öffentlichen Auftraggeber gegenüber nachweisen, dass ihm die erforderlichen Mittel zur Verfügung stehen, indem er beispielsweise die diesbezüglichen Zusagen dieser Unternehmen vorlegt (VK Nordbayern, B. v. 8. 3. 2007 – Az.: 21.VK – 3194 - 05/07). 562

Die **Verpflichtung zur Vorlage einer Verfügbarkeitserklärung hat den Zweck**, dass der Auftraggeber in die Lage versetzt wird, u. a. die **Leistungsfähigkeit des betreffenden Bieters zu überprüfen**. Diese Prüfung ist aber **keineswegs darauf beschränkt**, ob der Bieter aus prognostischer Sicht **die in einem engeren Sinn zu verstehenden Bauleistungen ordnungsgemäß erbringen** kann. Sie **hat sich vielmehr auch auf die bei der Ausführung des Auftrags benötigten Hilfsmittel zu erstrecken, ohne deren Verfügbarkeit und Einsatz die Bauleistungen nicht erbracht werden können**. In diesem weit aufzufassenden Sinn geben die Bewerbungsbedingungen Bietern die Beibringung eines **Verfügbarkeitsnachweises** auf, sofern sie sich „bei der Erfüllung des Auftrags" der Fähigkeiten anderer Unternehmen bedienen wollen (OLG Düsseldorf, B. v. 22. 8. 2007 – Az.: VII – Verg 20/07). 563

6.8.13.2.2.3 Rechtsprechung des Europäischen Gerichtshofs. Eine **Holdinggesellschaft, die selbst keine Arbeiten ausführt**, darf nicht deswegen von den **Verfahren zur Teilnahme an öffentlichen Bauaufträgen** und damit von der Aufnahme in eine offizielle Liste der zugelassenen Unternehmer ausgeschlossen werden, wenn sie **nachweist, dass sie tatsächlich über die zur Ausführung der Aufträge erforderlichen Mittel ihrer Tochtergesellschaft verfügt**, es sei denn, dass die Nachweise dieser Tochtergesellschaften selbst den geforderten qualitativen Auswahlkriterien nicht entsprechen (EuGH, Urteil v. 14. 4. 1994 – Az.: C-389/92; Urteil v. 18. 12. 1997 – Az.: C-5/97; 1. VK Sachsen, B. v. 28. 1. 2004 – Az.: 1/SVK/158-03). 564

Weiter hat der Europäische Gerichtshof entschieden, dass es einem Dienstleistungserbringer gestattet ist, für den **Nachweis, dass er die wirtschaftlichen, finanziellen und technischen Voraussetzungen für die Teilnahme an einem Verfahren zur Vergabe eines öffentlichen Dienstleistungsauftrages erfüllt, auf die Leistungsfähigkeit anderer Einrichtungen zu verweisen**, welcher Rechtsnatur seine Verbindungen zu ihnen auch sein mögen, sofern er beweisen kann, dass er tatsächlich über die Mittel dieser Einrichtungen, die zur Aus- 565 führung des Auftrags erforderlich sind, verfügt (EuGH, Urteil v. 2. 12. 1999 – Az.: C-176/98; 2. VK Bund, B. v. 29. 12. 2006 – Az.: VK 2–131/06; B. v. 29. 12. 2006 – Az.: VK 2–128/06; B. v. 29. 12. 2006 – Az.: VK 2–125/06).

566   Dieser Rechtsprechung ist zu entnehmen, dass es sich bei einem konzerneingebundenen Bieter **nicht zwingend um ein beherrschendes Konzernunternehmen** handeln muss, sofern ihm „die zur Erbringung der Leistung erforderlichen Mittel zur Verfügung stehen" (OLG Frankfurt am Main, B. v. 10. 4. 2001 – Az.: 11 Verg. 1/01; ähnlich 2. VK Bund, B. v. 30. 4. 2002 – Az.: VK 2–10/02).

567   Bei der grundsätzlich vergaberechtlich bestehenden Möglichkeit des **Rückgriffs auf konzernverbundene Unternehmen** ist zu unterscheiden, in welchem Verhältnis das Bieterunternehmen zum entsprechenden Konzernunternehmen steht. Bietet z. B. eine **Holding mit ihrem Tochterunternehmen** an und kann die Holding jederzeit auf die Tochterunternehmen zurückgreifen, so sind deren Leistungen **ohne Weiteres Eigenleistungen** des Bieters. Bietet ein **Tochterunternehmen mit einem übergeordneten Konzernunternehmen** an, wäre bereits eine verbindliche Absichtserklärung des beherrschenden Unternehmens mit Angebotsabgabe erforderlich. Ebenso, wie ein **Tochterunternehmen nicht ohne weiteres für die Konzernmutter anbieten** kann, kann aber auch **ein Schwesterunternehmen nicht weitere Schwestern ohne weiteres verbindlich als eigene Leistungserbringer verpflichten**. Will ein Bieter Leistungen eines Schwesterunternehmens als Eigenleistungen anbieten, so muss er in jedem Fall mit dem Angebot eindeutig den Nachweis erbringen, dass das Schwesterunternehmen so in die Leistungserbringung eingebunden werden soll, als wenn die Leistung durch ihn selbst erbracht werden würde (2. VK Bund, B. v. 29. 12. 2006 – Az.: VK 2–131/06; B. v. 29. 12. 2006 – Az.: VK 2–128/06; B. v. 29. 12. 2006 – Az.: VK 2–125/06; VK Lüneburg, B. v. 8. 4. 2005 – Az.: VgK-10/2005; VK Südbayern, B. v. 25. 7. 2007 – Az.: Z3-3-3194-1-30–06/07).

568   Dieser Rechtsprechung ist außerdem zu entnehmen, dass ein Generalübernehmer **nicht nur auf konzernverbundene Unternehmen, sondern auf alle „technische Stellen**, über die (der Auftragnehmer) zur Ausführung des Auftrages verfügt, unabhängig davon, ob sie dem (Auftragnehmer) eingeschlossen sind oder nicht, oder aber durch Angabe eines Teils des Auftrages, den der Bieter ggf. im Wege von Unteraufträgen an Dritte zu vergeben gedenkt", zu erstrecken sein. Davon werden **auch Nachunternehmer erfasst** (OLG Düsseldorf, B. v. 28. 6. 2006 – Az.: VII – Verg 18/06; VK Hessen, B. v. 5. 10. 2004 – Az.: 69 d – VK – 56/2004; B. v. 25. 8. 2004 – Az.: 69 d – VK – 52/2004).

569   **Ob dieser Nachweis erbracht worden ist**, hat das mit dem Vergabeverfahren befasste nationale Gericht zu prüfen (OLG Düsseldorf, B. v. 7. 1. 2004 – Az.: VII – Verg 55/02). Diese Überprüfung hat dahin zu erfolgen, ob das andere Unternehmen, auf welches ein Bieter verweist und von dem er innerhalb der Bewerbungsfrist nachzuweisen hat, dass es seiner Verfügungsgewalt unterliegt, seinerseits geeignet und mit seinen betrieblichen Mitteln in der Lage ist, den Auftrag im Falle eines Zuschlags zuverlässig auszuführen. Ein **Bewerber**, der nicht selbst über die zur Ausführung eines Bauauftrags erforderlichen technischen Mittel verfügt, **muss** ungeachtet der Bestimmung in Art. 27 II. BKR in seiner Bewerbung **von sich aus darlegen und den Nachweis dafür antreten**, welcher ihm unmittelbar oder mittelbar verbundenen Unternehmen, die solche technischen Mittel besitzen, **er sich bei der Ausführung des Auftrags in der Weise bedienen wird**, dass diese Mittel als ihm tatsächlich zu Gebote stehend anzusehen sind. Diese Darlegung ist eine **selbstverständliche Obliegenheit des Bewerbers**, die auf der Tatsache beruht, dass er zur Erfüllung des Bauauftrags über keine oder nicht ausreichende eigene technische Mittel verfügt. Dieses Ergebnis wird auch belegt durch den Zweck, den das Erfordernis einer Angabe der bei der Ausführung des Auftrags tatsächlich verfügbaren technischen Mittel und Unternehmen verfolgt. Denn **es soll dem Auftraggeber hierdurch ermöglicht werden, mit Blick auf seine technische Leistungsfähigkeit die Eignung eines Bewerbers zu überprüfen**. Dazu muss dem Auftraggeber Klarheit darüber verschafft werden, mit welchen Personen und/oder Unternehmen er es in den verschiedenen Leistungsstufen der Ausführung des Bauvorhabens, zu tun haben wird. Eine solche Einschätzung ist der Vergabestelle nicht möglich, wenn die Bewerbung keinen Hinweis darauf enthält, durch wen die Bauleistungen bzw. Dienstleistungen ausgeführt werden sollen (OLG Frankfurt, B. v. 30. 5. 2003 – Az.: 11 Verg 3/03; VK Brandenburg, B. v. 30. 5. 2005 – Az.: VK 27/05; B. v. 30. 5. 2005 – Az.: VK 21/05; B. v. 24. 2. 2005 – VK 01/05; 2. VK Bund, B. v. 29. 12. 2006 – Az.: VK 2–131/06; B. v. 29. 12. 2006 – Az.: VK 2–128/06; B. v. 29. 12. 2006 – Az.: VK 2–125/06; VK Hessen, B. v. 5. 10. 2004 – Az.: 69 d – VK – 56/2004; B. v. 25. 8. 2004 – Az.: 69 d – VK –

52/2004; 1. VK Sachsen, B. v. 21. 3. 2006 – Az.: 1/SVK/012-06; B. v. 28. 1. 2004 – Az.: 1/SVK/158-03VK Schleswig-Holstein, B. v. 31. 1. 2006 – Az.: VK-SH 33/05; VK Südbayern, B. v. 15. 12. 2006 – Az.: 34-11/06; B. v. 23. 10. 2006 – Az.: 30-09/06).

Hierbei verbleibende Zweifel gehen zu Lasten des Bieters (OLG Düsseldorf, B. v. 570 16. 5. 2001 – Az.: Verg 10/00; VK Brandenburg, B. v. 24. 2. 2005 – VK 01/05; VK Magdeburg, B. v. 24. 3. 2003 – Az.: 33–32571/07 VK 03/03 MD; VK Nordbayern, B. v. 8. 7. 2003 - 320.VK-3194-21/03; 1. VK Sachsen, B. v. 28. 1. 2004 – Az.: 1/SVK/158-03).

6.8.13.2.2.4 Nationale Rechtsprechung. Eine schlichte Benennung von **Nachunter-** 571 **nehmern** ist bei einem Generalübernehmer ohne vorgelegte aussagekräftige Unterlagen, insbesondere ohne Hinweis auf den für den konkreten Ausführungszeitraum vorhandene Vertragsgestaltungen, auf die die Antragstellerin verbindlich zurückgreifen könnte, **nicht ausreichend** (VK Hessen, B. v. 5. 10. 2004 – Az.: 69 d – VK – 56/2004; B. v. 25. 8. 2004 – Az.: 69 d – VK – 52/2004; **im Ergebnis ebenso** VK Schleswig-Holstein, B. v. 28. 4. 2006 – Az.: VK-SH 05/06; VK Südbayern, B. v. 23. 10. 2006 – Az.: 30-09/06).

Entscheidend sind nur die **tatsächlichen Dispositionsmöglichkeiten** des Bieters im Inte- 572 resse einer nachhaltigen und effektiven Auftragserfüllung, nicht aber die rechtliche Ausgestaltung seines Zugriffs auf die Mittel Dritter (OLG Dresden, B. v. 17. 8. 2001 – Az.: WVerg 0005/01).

Die **Vergabestelle** ist **nicht verpflichtet, auf das Erfordernis des Nachweises** des Zu- 573 griffs auf die Ressourcen Dritter im Vergabeverfahren **hinzuweisen** (1. VK Saarland, B. v. 22. 12. 2003 – Az.: 1 VK 10/2003). Ein **Bewerber, der nicht selbst über die zur Auffürung eines Auftrags erforderlichen technischen Mittel verfügt, muss demzufolge in seiner Bewerbung (auch) von sich aus darlegen und den Nachweis dafür antreten, welcher Unternehmen, die solche technischen Mittel besitzen, er sich bei der Ausführung des Auftrages in der Weise bedienen wird, dass diese Mittel als ihm tatsächlich zu Gebote stehend anzusehen sind.** Diese Darlegung ist eine selbstverständliche Obliegenheit des Bewerbers, die auf der Tatsache beruht, dass er zur Erfüllung des Auftrags über keine oder nicht ausreichende eigene technische Mittel verfügt (2. VK Bund, B. v. 29. 12. 2006 – Az.: VK 2–131/06; B. v. 29. 12. 2006 – Az.: VK 2–128/06; B. v. 29. 12. 2006 – Az.: VK 2– 125/06; VK Düsseldorf, B. v. 26. 6. 2007 – Az.: VK – 18/2007 – B; VK Schleswig-Holstein, B. v. 31. 1. 2006 – Az.: VK-SH 33/05; VK Südbayern, B. v. 23. 10. 2006 – Az.: 30-09/06).

Die **VK Lüneburg schwächt diese Rechtsprechung etwas ab.** Dann, wenn der Auftrag- 574 geber Eignungsnachweise von Nachunternehmern weder in der Bekanntmachung noch in den Verdingungsunterlagen noch im Verfahren eingefordert hat, aber die Eignung des Bieters, der selbst insoweit keine Referenzen vorgelegt hat, für den streitbefangenen Auftrag z.B. der Projektplanung und des Projektmanagements für die Errichtung eines Gesundheitszentrums maßgeblich und nicht nur untergeordnet auf den Einsatz des von ihm benannten Nachunternehmers beruht, ist es in einer solchen Konstellation, **wenn die Eignung des Unternehmens mit dem Einsatz von Nachunternehmern „steht und fällt", – unabhängig von einer Forderung des Auftraggebers – unabdingbar, dass nachgewiesen wird, dass die erforderlichen Mittel zur Verfügung stehen.** Hat der Auftraggeber z.B. im Rahmen der Projektleistungen ausdrücklich erwartet, dass die Bewerber z.B. Kriterien für die Auswahl von zukünftigen Mietern des Gesundheitszentrums erstellen und geeignete Mieter akquirieren und hat er von den Bewerbern verlangt, ihre diesbezüglichen Erfahrungen durch Vorlage geeigneter Unterlagen nachzuweisen, reicht es zum Nachweis der Eignung keinesfalls aus, lediglich einen Nachunternehmer zu benennen (VK Lüneburg, B. v. 4. 6. 2007 – Az.: VgK-22/2007).

Mithin **können vor dem Hintergrund der Rechtsprechung des EuGH aus dem Ein-** 575 **satz des Nachunternehmers nur dann Rückschlüsse auf die fehlende Eignung des Bieters gezogen werden**, wenn entweder der **beauftragte Nachunternehmer selbst ungeeignet erscheint** oder – beispielsweise aufgrund der großen Zahl der eingesetzten Nachunternehmer – **Bedenken bestehen, dass der Bieter dem erhöhten Koordinierungsaufwand nicht gerecht werden kann** (Saarländisches OLG, B. v. 8. 7. 2003 – Az.: 5 Verg 5/02).

6.8.13.2.2.5 Kein Austausch des Vertragspartners. Vgl. insoweit die Kommentierung 576 → Rdn. 448.

6.8.13.2.2.6 Weitere Beispiele aus der Rechtsprechung zur Zulässigkeit eines Gene- 577 **ralübernehmereinsatzes**
– die **Vorgabe, dass der Auftragnehmer mindestens 70% der Fahraufträge selbst durchzuführen hat, lediglich maximal 30% solle an Nachunternehmer vergeben werden dürfen ist vergaberechtswidrig.** Sie widerspricht § 4 Abs. 4 VgV, wonach sich der Auftrag-

Teil 1 GWB § 97   Gesetz gegen Wettbewerbsbeschränkungen

nehmer bei der Erfüllung der Leistung der Fähigkeiten anderer Unternehmen bedienen kann (vgl. auch § 7a Nr. 3 Abs. 6 VOL/A). Ein öffentlicher Auftraggeber darf hiernach von seinem Auftragnehmer nicht einmal einen „Kern" eigener Leistungsfähigkeit und damit auch keinen Eigenleistungsanteil fordern (3. VK Bund, B. v. 15. 7. 2008 – Az.: VK 3–89/08)

– der **Einsatz von Nachunternehmern ist gegenwärtig auch zu 100% zulässig**. Es ist nicht mehr zulässig einen wie auch immer gearteten Eigenleistungsanteil zu fordern oder dies von der Zustimmung der Vergabestelle abhängig zu machen (VK Münster, B. v. 21. 11. 2007 – Az.: VK 24/07)

– zum Zwecke des **Nachweises der finanziellen, wirtschaftlichen und technischen Leistungsfähigkeit kann sich ein Bieter auf die im geforderten Zeitraum erzielten Umsätze von Konzernunternehmen berufen**. Gemäß § 4 Abs. 4 VgV (in der durch Gesetz zur Beschleunigung der Umsetzung von Öffentlich Privaten Partnerschaften und zur Verbesserung gesetzlicher Rahmenbedingungen für Öffentlich Private Partnerschaften vom 1. 9. 2005, BGBl. I S. 2676 geänderten Fassung) kann sich ein Auftragnehmer bei der Erfüllung der Leistung der Fähigkeiten anderer Unternehmen bedienen. Für die Zeit vor Geltung der Richtlinie 2004/18/EG ist die Vorschrift im Lichte der zur Richtlinie 92/50/EG ergangenen EuGH-Rechtsprechung dahin auszulegen, dass ein Bieter wegen der technischen und wirtschaftlichen Leistungsfähigkeit auf verbundene Unternehmen verweisen kann. Ein **„Kern" an eigener Leistungsfähigkeit darf nicht gefordert werden** (OLG Düsseldorf, B. v. 28. 6. 2006 – Az.: VII – Verg 18/06)

– bei einem **Eigenleistungsanteil in Höhe von 18,52% ist ein Bieter als Generalübernehmer zu qualifizieren**. Zwar wird – begrifflich – in erster Linie derjenige Unternehmer als Generalübernehmer qualifiziert, welcher nicht die Absicht hat, eine Bauleistung selbst durchzuführen. Aber auch derjenige Auftragnehmer, welcher einen Teil der Leistungen in Eigenleistung erbringt, ist deshalb nicht zwangsläufig als Generalunternehmer zu qualifizieren. Eine solche Schlussfolgerung verkennt, dass ein Generalunternehmer wesentliche Teile der Bauleistung im eigenen Betrieb auszuführen hat. Ein solchermaßen wesentlicher Bauleistungsanteil liegt aber bei 33,33%, also einem Drittel der Bauleistungen. Ein „Generalunternehmer", der keinen solchen wesentlichen Teil der Bauleistungen in diesem Umfang selbst erbringt, ist aber – quasi – als Generalübernehmer zu qualifizieren (VK Hessen, B. v. 25. 8. 2004 – Az.: 69d – VK – 52/2004)

– es ist einer **Holding gestattet Leistungsteile von Tochterunternehmen anzubieten, auf die sie nach entsprechender konzernrechtlicher Verflechtung jederzeit zugreifen kann**. Im umgekehrten Fall gilt dieses nicht ohne Einschränkung, da eine Tochter, also ein konzernrechtlich nachgeordnetes Unternehmen ein übergeordnetes Unternehmen nicht zur Leistung verpflichten kann (VK Thüringen, B. v. 1. 11. 2004 – Az.: 360–4002.20–033/04-MGN; B. v. 27. 10. 2004 – Az.: 360–4002.20–016/04-SON)

– aus der neueren, auf den Koordinierungsrichtlinien basierenden Rechtsprechung des EuGH ergibt sich ein weniger restriktiver Eignungsbegriff. Nach den hierzu ergangenen Entscheidungen **dürfen auch Generalübernehmer**, also solche Unternehmen, die nicht die Absicht oder die Mittel haben, Bauarbeiten selbst auszuführen, **nach europäischem Gemeinschaftsrecht** dann bei einer Ausschreibung von öffentlichen Bauaufträgen **nicht unberücksichtigt bleiben**, wenn sie nachweisen, dass sie unabhängig von der Art der rechtlichen Beziehung zu den ihnen verbundenen Unternehmen tatsächlich über die diesen Unternehmen zustehenden Mittel verfügen können, die zur Ausführung eines Auftrags erforderlich sind (Saarländisches OLG, B. v. 21. 4. 2004 – Az.: 1 Verg 1/04)

– bei gebotener richtlinienkonformer Auslegung der vorgenannten nationalen Bestimmungen zur Eignung von Bietern/Bewerbern im Bereich der Bauvergaben stellt eine **starre, an Prozentsätzen orientierte Bestimmung eines wesentlichen Eigenanteils eine nicht gerechtfertigte Einengung des Zuganges zu dem jeweiligen Auftrag dar. Nach der Baukoordinierungsrichtlinie besteht kein Selbstausführungsgebot**. Es besteht auch keine Beschränkung, die Eignung allein anhand der sächlichen und personellen Ausstattung des eigenen Betriebes nachweisen zu müssen (VK Düsseldorf, B. v. 12. 8. 2003 – Az.: VK – 22/2003 – B)

– ebenso, wie ein **Tochterunternehmen nicht ohne Weiteres für die Konzernmutter anbieten kann**, kann ein **Schwesterunternehmen verbindlich seine weiteren Schwestern als eigene Leistungserbringer verpflichten**. Die Antragstellerin hat nicht dargelegt, wie sie ihre Schwesterunternehmen so in die Leistungserbringung einbinden will, dass der Auftraggeber auf diese wie auf die eigentlich anbietende Antragstellerin zugreifen kann, um deren Anteil an der Leistungserbringung zu sichern (1. VK Sachsen, B. v. 28. 1. 2004 – Az.: 1/SVK/158-03)

– Unternehmen können selbst dann als geeignet angesehen werden, wenn sie keinen Leistungsbestandteil selbst erbringen, sondern deren gewerbsmäßige Eigenleistung darin besteht, die Tätigkeit von Subunternehmen zu organisieren und zu koordinieren. Hier liegt die **Eigenleistung bereits darin, dass die Muttergesellschaft der Beigeladenen Hersteller der Wassernebel-Löschanlage ist und der Nachunternehmer die Auftragsabwicklung durchführt**. Da der **Geschäftsführer des Nachunternehmers zugleich Präsident der Muttergesellschaft** ist, hat die VK keine Zweifel an der Einflussnahmemöglichkeit hinsichtlich der Ausführung des Auftrags. Insbesondere stand keine Entscheidung der Muttergesellschaft aus, die es dem Nachunternehmer unmöglich macht, die Abwicklung des Auftrags vorzunehmen. Der Nachunternehmer ist direkt vom Hersteller autorisiert, seine Produkte einzubauen (VK Brandenburg, B. v. 26. 2. 2003 – Az.: VK 77/02)

– das Tochterunternehmen eines im Großanlagenbau tätigen Unternehmens, das selbst **nur eine Beteiligungsgesellschaft mit geringem kaufmännischem Personal** ist, kann die für den Bau einer Müllverbrennungsanlage erforderliche **Konzernentscheidung regelmäßig nicht beeinflussen**. Steht diese Entscheidung folglich noch aus, kann das Tochterunternehmen zur Erbringung der Leistung nicht als geeignet eingestuft werden (1. VK Sachsen, B. v. 13. 5. 2002 – Az.: 1/SVK/027-02)

– hat ein Bieter mit einem anderen Unternehmen einen **Betriebsüberlassungsvertrag** gemäß § 292 Abs. 1 und 3, 2. Alternative Aktiengesetz (AktG) abgeschlossen, und stellt dieses Unternehmen dem Bieter die erforderlichen „Ressourcen" im Rahmen des berufsrechtlichen Zulässigen zur Verfügung, um die Mandantenaufträge erfüllen zu können, wird die **Leistung „im eigenen Betrieb" erbracht**. Ein Erbringen einer Fremdleistung durch den Bieter liegt nicht vor (VK Magdeburg, B. v. 8. 5. 2003 – Az.: 33–32571/07 VK 04/03 MD)

6.8.13.2.2.7 Notwendigkeit der Angabe der Nachunternehmer „der zweiten Reihe". 578
Verlangt der öffentliche Auftraggeber eine „ausführliche Übersicht der Nachunternehmer", ist dieser Passus so zu verstehen, dass auch die in der zweiten Linie stehenden selbständigen Unterbeauftragten eines Nachunternehmers, die bei der Auftragsausführung dienstbar gemacht werden sollten, **vom Bieter namentlich aufzuführen sind**. In diesem Sinn muss die an die Bieter gerichtete Aufforderung des Auftraggebers von einem verständigen Bieter ausgelegt werden, auch wenn dahingehende Angaben vom Auftraggeber nicht ausdrücklich verlangt werden. Diese Forderung ergibt sich aufgrund keineswegs schwieriger Überlegungen aus einer Gesamtschau der einen Nachunternehmereinsatz betreffenden Bestimmungen in den Vergabeunterlagen. **Nur wenn ein Bieter dahingehende vollständige Angaben macht, ist der Auftraggeber in der Lage, die Eignung des Bieters und – im Umfang einer geplanten Unterbeauftragung – die Eignung der an seine Stelle tretenden Ausführungsgehilfen zu prüfen** und im Sinn einer prognostischen Beurteilung der Sachlage verantwortbar darüber zu befinden, ob in der Person des Bieters und der Nachunternehmer insbesondere jene erforderliche Fachkunde und Leistungsfähigkeit vorhanden ist, die eine vertragsgerechte Erfüllung der zu übertragenden Verpflichtungen erwarten lässt. Ein insoweit unvollständiges Angebot entzieht dem Auftraggeber die Möglichkeit zu einer erschöpfenden Eignungsprüfung (OLG Düsseldorf, B. v. 13. 4. 2006 – Az.: VII – Verg 10/06).

Die **VK Sachsen geht noch etwas weiter**. Sie ist der Auffassung, dass nicht erst dann, wenn 579
der öffentliche Auftraggeber eine „ausführliche Übersicht der Nachunternehmer" verlangt, auch die in der zweiten Linie stehenden selbständigen Unterbeauftragten eines Nachunternehmers, die bei der Auftragsausführung dienstbar gemacht werden sollten, vom Bieter namentlich aufzuführen sind, sondern **immer alle Nachunternehmer, die bekanntermaßen in die Leistungserbringung mit eingebunden werden** (1. VK Sachsen, B. v. 15. 3. 2007 – Az.: 1/SVK/007-07).

6.8.13.2.3 Literatur 580

– Bartl, Harald, Angebote von Generalübernehmern in Vergabeverfahren – EU-rechtswidrige nationale Praxis, NZBau 2005, 195
– Boesen, Arnold/Upleger, Martin, Das Gebot der Selbstausführung und das Recht zur Unterbeauftragung, NvWZ 2004, 919
– Diemon-Wies, Ingeborg/Viegener, Gerd, Die Beteiligung von Drittunternehmen bei der Vergabe öffentlicher Bauaufträge, VergabeR 2007, 576

Teil 1 GWB § 97 Gesetz gegen Wettbewerbsbeschränkungen

- Fietz, Eike, Die Auftragsvergabe an Generalübernehmer – ein Tabu? NZBau 2003, 426
- Hausmann, Ludwig/Wendenburg, Albrecht, Vergabeausschluss von Generalübernehmern rechtswidrig, NZBau 2004, 315
- Kullack, Andrea/Terner, Ralf, Zur Berücksichtigung von Generalübernehmern bei der Vergabe von Bauleistungen, ZfBR 2003, 443
- Losch, Alexandra, Einbeziehung Dritter in Angebote von Bietern, insbesondere von Leihunternehmen, VergabeR 2007, 582
- Schneevogl, Kai-Uwe, Generalübernehmervergabe – Paradigmenwechsel im Vergaberecht, NZBau 2004, 41
- Stoye, Jörg, Generalübernehmervergabe – nötig ist ein Paradigmenwechsel bei den Vergaberechtlern!, NZBau 2004, 648

581 **6.8.13.3 Übertragung der Eignungsanforderungen an Generalübernehmer auf Nachunternehmer.** Es ist **grundsätzlich zulässig, die Rechtsprechung des EuGH zur sogenannten Generalübernehmervergabe auf einen Einsatz von Nachunternehmern zu übertragen.** Der Auftraggeber kann also verlangen, dass der Unternehmer, der Leistungen untervergeben will, nachzuweisen hat, dass er tatsächlich über die Einrichtungen und Mittel (des Nachunternehmers) verfügt, die für die Ausführung des Auftrags von Bedeutung sind. Damit der Auftraggeber bereits in der Prüfungsphase die Leistungsfähigkeit und Qualität der Einrichtungen und Mittel des Nachunternehmers prüfen kann, hat der Bieter, dem im eigenen Unternehmen nicht die Mittel zur Ausführung des Auftrags zu Gebote stehen oder der sich ihrer nicht bedienen will, (in einem Offenen Verfahren) selbstverständlich bereits mit dem Angebot von sich aus darzulegen und den Nachweis zu führen, welcher anderen Unternehmen, die die Einrichtungen und Mittel im Umfang des geplanten Nachunternehmereinsatzes besitzen, er sich zur Ausführung des Auftrags bedienen wird, und dass die Einrichtungen und Mittel des anderen Unternehmens als ihm tatsächlich zur Verfügung stehend anzusehen sind (OLG Düsseldorf, B. v. 23. 3. 2005 – Az.: VII – Verg 76/04; B. v. 22. 12. 2004 – Az.: VII – Verg 81/04).

582 In einer anderen **Entscheidung geht das OLG Düsseldorf noch ein Stück weiter und verzichtet darauf, dass der Auftraggeber die in → Rdn. 533 genannten Eignungsanforderungen ausdrücklich fordert.** Damit der Auftraggeber bereits in der Prüfungsphase die Leistungsfähigkeit und Qualität der Einrichtungen und Mittel des Nachunternehmers prüfen kann, hat der Bieter, dem im eigenen Unternehmen nicht die Mittel zur Ausführung des Auftrags zu Gebote stehen oder der sich ihrer nicht bedienen will, bereits mit dem Angebot von sich aus darzulegen und den Nachweis zu führen, welcher anderen Unternehmen, die die Einrichtungen und Mittel im Umfang des geplanten Nachunternehmereinsatzes besitzen, er sich zur Ausführung des Auftrags bedienen wird, und dass die Einrichtungen und Mittel des anderen Unternehmens als ihm tatsächlich zur Verfügung stehend anzusehen sind (OLG Düsseldorf, B. v. 23. 3. 2005 – Az.: VII – Verg 76/04). Damit **wird der Einsatz von Nachunternehmern in der Praxis erheblich erschwert.**

583 Hierbei ist zu beachten, dass der öffentliche **Auftraggeber immer Angaben über den Nachunternehmereinsatz verlangen kann. Die Rechtsprechung des EuGH zur Zulässigkeit des Nachunternehmereinsatzes steht dem nicht entgegen** (OLG Düsseldorf, B. v. 21. 12. 2005 – Az.: VII – Verg 69/05).

6.8.14 Konkrete Ausformung in VOB/A, VOL/A, VOF

584

	Berücksichtigung mittelständischer Interessen
VOB	§ 5 Abs. 2, § 5a
VOL	§ 2 Abs. 2, § 2 EG Abs. 2
VOF	§ 2 Abs. 4

6.8.15 Weitere Beispiele aus der Rechtsprechung

585 – eine **Verletzung des Gleichbehandlungsgebotes** bei der Ausschreibung von Teilleistungen verschiedener Fachbereiche als eine im Gesamten zu bringende Leistung **scheidet dann aus, wenn diese Entscheidung nicht von dem Willen getragen ist, gleichsam willkürlich,**

Gesetz gegen Wettbewerbsbeschränkungen GWB § 97 **Teil 1**

Marktbeteiligte von der Teilnahme am Wettbewerb damit von vornherein ausschließen zu wollen. Eine **losweise Vergabe widerspricht grundsätzlich dem projektorientierten Lebenszyklusansatz von PPP-Modellen**. Dem PPP-Modell ist deshalb die Gesamtvergabe inhärent. Eine Aufteilung des Gesamtauftrags in Fachlose entsprechend den einzelnen Leistungsbestandteilen sollte daher nicht vorgesehen werden. (VK Thüringen, B. v. 16. 2. 2007 – Az.: 360–4003.20–402/2007-001-UH)

– es ist **nichts daran auszusetzen, dass die Lieferung von Access-Netzen (Hardware) und eines Netzwerkmanagementsystems (Software) im Verbund ausgeschrieben** worden ist. Darin ist kein Vergaberechtsverstoß zu sehen. Denn es sprechen sachliche Gründe dafür, die Hard- und die Software aus einer Hand zu beschaffen. Dazu genügt es darauf hinzuweisen, dass bei derartigem Vorgehen Fehlerquellen, die später zu Funktionsbeeinträchtigungen führen, vermieden werden können (OLG Düsseldorf, B. v. 6. 9. 2006 – Az.: VII – Verg 40/06)

– so lange ein **effektiver Wettbewerb** und die Auftragsbewerbung kleiner und mittlerer Unternehmen möglich bleibt, ist der Auftraggeber bei der Entscheidung, ob und nach welchen Kriterien er eine Losaufteilung vornimmt, **grundsätzlich frei** (Schleswig-Holsteinisches OLG, B. v. 4. 5. 2001 – Az.: 6 Verg 2/2001)

– bezeichnet der Auftraggeber die **tragenden Gründe für die Gesamtvergabe** dahin, dass gerade **aufgrund der Verschiedenheit der vernetzten Computer ein hoher Aufwand an Gewährleistung und dem sog. Support erforderlich** ist, um die Datensicherung zu gewährleisten. Seine Forderung, die Leistung im Paket an ein in jedem Fall kompetentes Unternehmen zu vergeben, ist dann nicht grundlos aufgestellt (1. VK Sachsen, B. v. 27. 6. 2003 – Az.: 1/SVK/063-03)

– das Kriterium „mittelständisches Unternehmen" ist **sachlich ein vergabefremdes Kriterium**, das nicht im Zusammenhang steht mit der Wirtschaftlichkeit eines Angebots. Es darf **nur bei entsprechender gesetzlicher Verankerung (§ 97 Abs. 4) Berücksichtigung finden**. Ansonsten ist die Tatsache, dass das Angebot allein aufgrund der Eigenschaft als mittelständisches Unternehmen einen Vorsprung von sieben Punkten erhielt, vergaberechtswidrig (1. VK Bund, B. v. 30. 1. 2003 – Az.: VK 1 - 01/03)

– die **Zahl und Größe der Lose muss sich daran orientieren, dass sich tatsächlich kleine und mittlere Unternehmen um Teilaufträge bewerben können**. Allerdings ist die Kammer nicht der Ansicht, dass man dabei so weit zu gehen hat, dass alle potentiellen Bewerber sich an dem Wettbewerb beteiligen können, **ohne gezwungen zu sein, Bietergemeinschaften zu bilden**. Dies würde nach Ansicht der Kammer den Wettbewerb in unzulässiger Weise einschränken (VK Baden-Württemberg, B. v. 16. 11. 2001 – Az.: 1 VK 39/01)

– es verstößt aber gegen § 5 VOL/A, wenn eine Losaufteilung dazu führt, dass **lediglich 29,8% der Gesamtleistung kleinen und mittleren Betrieben** zugänglich ist. Nach Ansicht der Kammer ist hierbei der Forderung nach angemessener Beteiligung mittelständischer Unternehmen nicht Genüge getan. Nach Ansicht der Kammer kann von der **Rechtmäßigkeit einer Entscheidung** ausgegangen werden, wenn der **Anteil der Leistung, der den Antragstellerinnen und sonstigen kleineren Unternehmen zugänglich gemacht wird bei ca.1/2 bis 2/3 der zu vergebenden Gesamtleistung liegt** (VK Baden-Württemberg, B. v. 16. 11. 2001 – Az.: 1 VK 39/01)

– **kein Vergabeverstoß** ist hingegen darin zu sehen, dass **Lose unterschiedliche Rahmenbedingungen** aufweisen. So vermag der Umstand, dass in den verschiedenen Gebieten voraussichtlich ein unterschiedlicher Umsatz pro Fahrzeug erzielt wird, eine Diskriminierung der mittelständischen Unternehmen nicht zu begründen. Lose sind immer unterschiedlich bezüglich Größe, Umfang und der zu erzielenden Umsätze (VK Baden-Württemberg, B. v. 16. 11. 2001 – Az.: 1 VK 39/01)

– eine **unwirtschaftliche Zersplitterung** im Sinne von § 5 Nr. 1 VOL/A wäre gegeben, wenn die Vertragsgemäßheit, insbesondere die Einheitlichkeit der Leistungen, nicht oder nur mit unverhältnismäßigem Aufwand gesichert werden kann oder die Überwachung und Verfolgung von Gewährleistungsansprüchen ungewöhnlich erschwert wird (VK Hessen, B. v. 12. 9. 2001 – Az.: 69 d VK- 30/2001)

– der Auftraggeber hat die Möglichkeit, von der Aufteilung in Lose abzusehen, wenn überwiegende Gründe für eine einheitliche Auftragsvergabe sprechen. Eine solche Sachlage ist z.B. gegeben, **wenn die Aufteilung unverhältnismäßige Kostennachteile mit sich bringen**

Teil 1 GWB § 97   Gesetz gegen Wettbewerbsbeschränkungen

würde oder wenn die Aufteilung zu einer starken **Verzögerung des Vorhabens führen würde**, die der besonderen Interessenlage des Auftraggebers widerspreche (VK Arnsberg, B. v. 31. 1. 2001 – Az.: VK 2-01/2001)

– nach § 5 Abs. 1 VOL/A hat der Auftraggeber in jedem Falle, in dem dies nach Art und Umfang der Leistung zweckmäßig ist, den Auftrag in Lose zu zerlegen. Wenngleich er zweifellos einen breiten Beurteilungsspielraum hinsichtlich des Begriffs der Zweckmäßigkeit hat, hat er jedoch **keinerlei Ermessen hinsichtlich der Rechtsfolge, wenn eine Zweckmäßigkeit nicht mehr erkennbar ist.** Mit anderen Worten: wenn Zweckmäßigkeitsgesichtspunkte für die Bündelung nicht mehr erkennbar sind, hat der Auftraggeber der gesetzgeberischen Vorgabe zur Losaufteilung zwecks Förderung des Mittelstandes nachzukommen (VK Arnsberg, B. v. 31. 1. 2001 – Az.: VK 2-01/2001)

– das Ziel einer Gewährleistung aus einer Hand kann allein kein Grund für die Zusammenlegung von Leistung bilden, weil dieses Anliegen in jedem Fall eine Umgehung des § 5 Abs. 1 VOL/A ermöglichen würde (VK Arnsberg, B. v. 31. 1. 2001 – Az.: VK 2-01/2001)

– die **technische Notwendigkeit**, auf einem höchst belasteten Autobahnabschnitt einen bestimmten Straßenbelag noch vor Winterbeginn verarbeiten zu müssen, um eine **Verlängerung der Bauzeit bis April zu vermeiden**, war hier im Einzelfall als zwingender Grund für eine Fach-Los-Zusammenfassung anzuerkennen (VK Arnsberg, B. v. 13. 8. 1999 – Az.: VK 11/99)

– der Leistungsumfang (Sammlung und Verwertung von Altpapier) erscheint auch als **offensichtlich ungeeignet zur Aufteilung in Lose**. Die Auslastung der einzusetzenden Fahrzeuge, des Personals, der Sortieranlagen wäre bei einer regionalen Aufteilung angesichts des entstehenden Volumens noch weniger gegeben; gesonderte Containergestellung würde absehbar Streitigkeiten der beteiligten Unternehmen über Beschädigungen nach sich ziehen und die kontinuierliche Erfassung gefährden (VK Düsseldorf, B. v. 22. 10. 2003 – Az.: VK – 29/2003 – L)

6.8.16 Praxishinweis

586   Der **Deutsche Vergabe- und Vertragsausschuss für Bauleistungen (DVA)** – zuständig für die Fortentwicklung der VOB – hat ein **Positionspapier zu Fach- und Teillosen** veröffentlicht (30. 8. 2000). Er geht in diesem Papier mit vielen anschaulichen Beispielen u. a. auf die Kriterien zur Zulässigkeit der Zusammenfassung von Fachlosen ein.

587   Vgl. insoweit im Einzelnen die Kommentierung → Rdn. 341.

6.8.17 Losweise Vergabe im Nachprüfungsverfahren

6.8.17.1 Nachprüfbarkeit der Gründe für eine zusammengefasste Ausschreibung mehrerer Fachlose

588   Ob wirtschaftliche oder technische Gründe eine Ausnahme vom Vorrang der Losvergabe rechtfertigen, **richtet sich nach den Besonderheiten des Einzelfalles**, was **durch die Vergabekammer rechtlich vollständig überprüfbar** ist. Die **Gründe sind in jedem Fall in den Vergabeakten zu dokumentieren**, um die Nachvollziehbarkeit der Erwägungen zu gewährleisten (VK Schleswig-Holstein, B. v. 31. 1. 2006 – Az.: VK-SH 33/05; 2. VK Bund, B. v. 8. 10. 2003 – Az.: VK 2–78/03).

6.8.17.2 Antrag auf Teilzuschlag bei fehlender losweiser Ausschreibung

589   Die Verdingungsordnungen gehen sämtlich von dem Prinzip aus, dass die **ausgeschriebene Leistung als Ganzes oder in Losen beauftragt** wird. Rein begrifflich kann ein Teilzuschlag nur auf ein einzelnes Los erfolgen. Ist **dies bei der Ausschreibung jedoch ausgeschlossen, darf der Auftraggeber von dieser Festlegung nicht nachträglich abrücken.** Der Auftraggeber hat sich gegenüber den Bietern entsprechend gebunden und darf auf ein nachträglich (!) gebildetes Teillos den Zuschlag nicht erteilen (1. VK Sachsen, B. v. 6. 11. 2001 – Az.: 1/SVK/115-01g).

6.8.18 Literatur

590   – Antweiler, Clemens, Die Berücksichtigung von Mittelstandsinteressen im Vergabeverfahren – Rechtliche Rahmenbedingungen, VergabeR 2006, 637

Gesetz gegen Wettbewerbsbeschränkungen GWB § 97 **Teil 1**

- Burgi, Martin, Mittelstandsfreundliche Vergabe – Möglichkeiten und Grenzen (Teil 1), NZBau 2006, 606
- Dreher, Meinrad, Die Berücksichtigung mittelständischer Interessen bei der Vergabe öffentlicher Aufträge, NZBau 2005, 427
- Faßbender, Kurt, Die neuen Regelungen für eine mittelstandsgerechte Auftragsvergabe, NZBau 2010, 529
- Golmbiewski, Wojciech/Migalk, Frank, Praxis der Vergabe öffentlicher Bauaufträge unter besonderer Berücksichtigung mittelstandspolitischer Zielsetzungen, Mannheim, 2005
- Kus, Alexander, Losvergabe und Ausführungskriterien, NZBau 2009, 21
- Migalk, Frank, Praxis der Vergabe öffentlicher Bauaufträge unter besonderer Berücksichtigung mittelstandspolitischer Zielsetzungen, VergabeR 2006, 251
- Müller-Wrede, Malte, Grundsätze der Losvergabe unter dem Einfluss mittelständischer Interessen, NZBau 2004, 643
- Ruth, Erik, Mittelstandsbeteiligung an öffentlichen Aufträgen, VergabeR 2005, 718
- Schaller, Hans, Ein wichtiges Instrument der Mittelstandsförderung: Die Losteilung bei öffentlichen Aufträgen, ZfBR 2008, 142
- Schwarz, Daniela/Hillebrand, Christina, Es muss in der Akte stehen – Verzicht auf Lose trotz Gebot der Mittelstandsförderung, Behörden Spiegel 2005, 17

6.9 Eignungskriterien und Eignungsprüfung (§ 97 Abs. 4)

6.9.1 Sinn und Zweck der Eignungsprüfung

Die **Eignungsprüfung dient** im System der VOB/A und der VOL/A bei öffentlicher Ausschreibung bzw. beim offenen Verfahren dazu, **die Unternehmen zu ermitteln, die zur Erbringung der konkret nachgefragten Leistung nach Fachkunde, Leistungsfähigkeit und Zuverlässigkeit generell in Betracht kommen und die unzureichend qualifizierten Bieter auszusondern.** Sie **dient** dabei **nicht der Ermittlung qualitativer Unterschiede zwischen den einzelnen Bewerbern** (BGH, Urteil v. 15. 4. 2008 – Az.: X ZR 129/06; 2. VK Bund, B. v. 9. 9. 2009 – Az.: VK 2–111/09; 3. VK Bund, B. v. 12. 5. 2009 – VK 3–109/09; VK Düsseldorf, B. v. 21. 1. 2009 – Az.: VK – 43/2008 – L). 591

Die **Eignungsprüfung ist im Zuge der Angebotswertung als zweite Wertungsstufe abschließend durchzuführen und kann nur mit einem positiven oder negativen Ergebnis abschließen.** Die Eignung eines Bieters kann also nur abschließend bejaht oder abschließend verneint werden, eine Zwischenstufe gibt es nicht. **Insbesondere kann die Eignung nicht unter eine Bedingung gestellt werden**, etwa dergestalt, dass die Eignung zu bejahen wäre, wenn man z. B. ungenehmigte Unterbringungsorte für kontaminiertes Baggergut wieder aus dem Konzept streicht (3. VK Bund, B. v. 9. 9. 2010 – Az.: VK 3–87/10). 592

Der **Auftraggeber muss sich bei der Frage der Eignungsfeststellung nicht auf die Möglichkeit des Schadensersatzes verweisen lassen. Denn dieser Anspruch ersetzt nicht das ursprüngliche Ziel des Vergabeverfahrens, einen Vertragsabschluss mit einem fachkundigen, leistungsfähigen und zuverlässigen Unternehmen (§ 97 Absatz 4 GWB) zu erzielen.** Dieser Abschluss setzt zumindest die Prognose voraus, dass der Bieter geeignet in diesem Sinne ist. Diese Prognose kann nicht durch die Erwartung substituiert werden, dass der Bieter etwaige im Vertrag vorgesehene Schadensersatzansprüche gegen sich gelten lassen wird. Primäres Ziel ist gerade nicht der Sekundäranspruch gegen den Vertragspartner, sondern die Beschaffung des Auftraggegenstands. Jedes andere Verständnis würde die Eignungsprüfung bei Geltung einer Vertragsstrafen- oder Schadensersatzklausel obsolet erscheinen lassen. Dies stünde im Widerspruch zu den genannten Grundprinzipien in § 97 Absatz 4 GWB (2. VK Bund, B. v. 8. 12. 2009 – Az.: VK 2–219/09). 593

6.9.2 Kein Zwang zur Festlegung von Eignungskriterien in der Bekanntmachung

Z. B. sind nach § 7 EG Abs. 5 VOL/A die **geforderten Nachweise zur finanziellen und wirtschaftlichen sowie zur fachlichen und technischen Eignung bereits in der Bekanntmachung anzugeben.** Enthält die Bekanntmachung keine Forderung solcher Nachwei- 594

Teil 1 GWB § 97 Gesetz gegen Wettbewerbsbeschränkungen

se, so kann ein Bieter nicht nach §§ 19 EG Abs. 2 VOL/A wegen Unvollständigkeit des Angebots – trotz einer eventuellen Nachforderung – ausgeschlossen werden. Eine **Eignungsprüfung nach § 19 EG Abs. 5 VOL/A ist aber anhand der gleichwohl bekannten Umstände möglich und auch zwingend** (Thüringer OLG, B. v. 18. 5. 2009 – Az: 9 Verg 4/09).

595 Hat der **Auftraggeber von der Bekanntmachung geforderter Eignungsnachweise** und damit auch von der indirekten Bekanntgabe eines Mindestanforderungsprofils für die Eignung im Sinne des § 97 Abs. 4 Satz 1 GWB **abgesehen, darf er die Eignung eines Bieters nicht allein nicht mit der Begründung verneinen, dieser habe noch keine Erfahrungen mit Leistungen der ausgeschriebenen Art** (OLG Koblenz, B. v. 10. 6. 2010 – Az.: 1 Verg 3/10).

6.9.3 Festlegung der Eignungskriterien

596 Es steht einem öffentlichen **Auftraggeber grundsätzlich frei, die von ihm für erforderlich gehaltenen Eignungsvorgaben selbst zu definieren und die von den Bietern zu erfüllenden Anforderungen festzulegen** (OLG Düsseldorf, B. v. 27. 10. 2010 – Az.: VII-Verg 47/10; OLG Koblenz, B. v. 3. 9. 2010 – Az.: VK 2–28/10; OLG München, B. v. 31. 8. 2010 – Az.: Verg 12/10; B. v. 10. 9. 2009 – Az.: Verg 10/09; Thüringer OLG, B. v. 18. 5. 2009 – Az: 9 Verg 4/09; VK Baden-Württemberg, B. v. 10. 9. 2009 – Az.: 1 VK 41/09; B. v. 11. 8. 2009 – Az.: 1 VK 36/09; VK Brandenburg, B. v. 17. 9. 2009 – Az.: VK 21/08; B. v. 22. 9. 2008 – Az.: VK 27/08; 1. VK Bund, B. v. 26. 11. 2009 – Az.: VK 1–197/09; 2. VK Bund, B. v. 1. 8. 2008 – Az.: VK 2–88/08; 3. VK Bund, B. v. 24. 7. 2008 – Az.: VK 3–95/08; VK Düsseldorf, B. v. 21. 1. 2009 – Az.: VK – 43/2008 – L).

597 Es ist allein Sache des Auftraggebers zu entscheiden, welche Eignungsnachweise er für notwendig hält. Ein **Auftraggeber kann dann, wenn er Eignungsnachweise in der Bekanntmachung vergessen hat, das Vergabeverfahren aufheben** und die Mindesteignungsanforderungen diesmal wirksam, d. h. durch deren Angabe bereits in der Vergabebekanntmachung stellen. Der **Auftraggeber kann aber auch das Vergabeverfahren weiter führen, wenn er sämtliche Teilnehmer in materieller Hinsicht für geeignet** hält (OLG Düsseldorf, B. v. 27. 10. 2010 – Az.: VII-Verg 47/10).

598 Ein Auftraggeber ist hinsichtlich der Aufstellung von Eignungskriterien **jedoch nicht völlig frei**. Vielmehr müssen die **aufgestellten Erfordernisse durch den Gegenstand des Auftrags gerechtfertigt** sein (§§ 7 EG Abs. 1 Satz 1, 6a Abs. 7 Nr. 1 VOB/A) und zudem die **allgemeinen vergaberechtlichen Anforderungen** – insbesondere auch den Wettbewerbsgrundsatz und das Diskriminierungsverbot – **berücksichtigen** (Thüringer OLG, B. v. 18. 5. 2009 – Az: 9 Verg 4/09; VK Brandenburg, B. v. 22. 9. 2008 – Az.: VK 27/08; 1. VK Bund, B. v. 26. 11. 2009 – Az.: VK 1–197/09; 2. VK Bund, B. v. 1. 8. 2008 – Az.: VK 2–88/08; VK Düsseldorf, B. v. 21. 1. 2009 – Az.: VK – 43/2008 – L).

599 Es ist dem **Auftraggeber auch unbenommen, an die Eignung der Bewerber insgesamt hohe oder niedrigere Anforderungen zu stellen**. Besonders hohe Anforderungen sind bei einem geringen Auftragswert oder z. B. bei einer Standard-Baumaßnahme, die von einer Vielzahl von Unternehmen erledigt werden kann, grundsätzlich nicht möglich. **Bedarf es aufgrund des Umfanges der Maßnahme besonderer Qualifikationen, dürfen die Anforderungen höher ausfallen** (Thüringer OLG, B. v. 18. 5. 2009 – Az: 9 Verg 4/09). Bei schwierigen Leistungen ist darüber hinaus zu fordern, dass der Bieter bereits nach Art und Umfang vergleichbare Leistungen ausgeführt hat (VK Brandenburg, B. v. 22. 9. 2008 – Az.: VK 27/08).

600 Bei der **Ausfüllung der Eignungskriterien steht dem öffentlichen Auftraggeber auch ein Beurteilungsspielraum** zu, in welcher Weise er sich Kenntnis von der Eignung des Bewerbers verschafft. Seine **Entscheidung ist einer Kontrolle im Nachprüfungsverfahren nur daraufhin zugänglich**, ob die Grenzen des Beurteilungsspielraumes überschritten sind, d. h. der öffentliche Auftraggeber das vorgeschriebene Verfahren eingehalten hat, er von einem zutreffend und vollständig ermittelten Sachverhalt ausgegangen ist, er sachwidrige Erwägungen in die Wertung einbezogen hat oder er den sich im Rahmen der Beurteilungsermächtigung haltenden Beurteilungsmaßstab zutreffend angewendet hat (Thüringer OLG, B. v. 18. 5. 2009 – Az: 9 Verg 4/09; VK Baden-Württemberg, B. v. 11. 8. 2009 – Az.: 1 VK 36/09; VK Brandenburg, B. v. 22. 9. 2008 – Az.: VK 27/08; 3. VK Bund, B. v. 10. 6. 2010 – Az.: VK 3–51/10; B. v. 4. 6. 2010 – Az.: VK 3–48/10).

601 **Vergabekammern und -senate** sind **nicht befugt**, die Entscheidung des Auftraggebers, einen bestimmten Nachweis für erforderlich zu halten, durch eine eigene zu ersetzen oder Zweckmäßigkeitserwägungen anzustellen. Sie **dürfen nur eingreifen**, wenn eine Forderung

Gesetz gegen Wettbewerbsbeschränkungen GWB § 97 **Teil 1**

unzumutbar ist oder nicht mehr der Befriedigung eines mit Blick auf das konkrete Beschaffungsvorhaben berechtigten Informationsbedürfnisses des Auftraggebers dient, sondern **ohne jeden sachlichen Grund ausgrenzend und damit wettbewerbsbeschränkend wirkt** (OLG Koblenz, B. v. 3. 9. 2010 – Az.: VK 2–28/10).

6.9.4 Die Eignungskriterien „Fachkunde, Leistungsfähigkeit, Gesetzestreue, Zuverlässigkeit" (§ 97 Abs. 4 Satz 1)

Die Kommentierung zu den Grundsatzfragen der Eignungskriterien erfolgt **einheitlich bei** 602 § 97 Abs. 4 GWB. Lediglich soweit in der VOB/A (§§ 6, 6 a) bzw. in der VOL/A (§§ 6, 6 EG, 7 EG) einige Präzisierungen und Besonderheiten enthalten sind, werden diese bei der Kommentierung zu §§ 6, 6 a VOB/A bzw. § 6, 6 EG, 7 EG VOL/A dargestellt.

6.9.4.1 Inhalt der Eignungskriterien

Die Eignungskriterien legen grundsätzlich fest, welche Anforderungen öffentliche Auftragge- 603 ber an die Bieter und Bewerber stellen, damit diese sich an einem Wettbewerb um öffentliche Aufträge überhaupt beteiligen können. Die Eignungskriterien sind damit strikt von den Auftrags- oder Zuschlagskriterien (§ 97 Abs. 5) zu trennen; die jeweiligen Kriterien dürfen nicht miteinander vermischt werden. **Eignung und Wertung sind also zwei unterschiedliche Vorgänge, die unterschiedlichen Regeln unterliegen.** Vgl. dazu im Einzelnen die Kommentierung → Rdn. 635.

Eignungskriterien sind nach dem Wortlaut von § 97 Abs. 4 zunächst Fachkunde, Leistungsfä- 604 higkeit, Gesetzestreue und Zuverlässigkeit.

6.9.4.2 Rechtliche Bedeutung und Nachprüfbarkeit

Bei den Begriffen Fachkunde, Leistungsfähigkeit, Gesetzestreue und Zuverlässigkeit handelt es 605 sich um **unbestimmte Rechtsbegriffe** (OLG Brandenburg, B. v. 14. 9. 2010 – Az.: Verg W 8/10; OLG Düsseldorf, B. v. 9. 6. 2010 – Az.: VII-Verg 14/10; B. v. 23. 12. 2009 – Az.: VII-Verg 30/09; B. v. 4. 2. 2009 – Az.: VII-Verg 65/08; BayObLG, B. v. 3. 7. 2002 – Az.: Verg 13/02; Thüringer OLG, B. v. 18. 5. 2009 – Az: 9 Verg 4/09; VK Arnsberg, B. v. 8. 8. 2006 – Az.: VK 21/06; VK Brandenburg, B. v. 26. 8. 2005 – Az.: 1 VK 49/05; B. v. 24. 2. 2005 – VK 01/05; 3. VK Bund, B. v. 26. 6. 2008 – Az.: VK 3–71/08; VK Hessen, B. v. 16. 1. 2004 – Az.: 69 d VK – 72/2003; VK Lüneburg, B. v. 18. 10. 2006 – Az.: VgK-47/2005; VK Niedersachsen, B. v. 10. 6. 2010 – Az.: VgK-17/2010; B. v. 4. 9. 2009 – Az.: VgK-37/2009; B. v. 7. 8. 2009 – Az.: VgK – 32/2009; B. v. 11. 2. 2009 – Az.: VgK-56/2008; 1. VK Saarland, B. v. 20. 8. 2007 – Az.: 1 VK 01/2007; 1. VK Sachsen, B. v. 23. 4. 2010 – Az.: 1/SVK/008–10; B. v. 17. 7. 2007 – Az.: 1/SVK/046-07; B. v. 3. 11. 2005 – Az.: 1/SVK/125-05; B. v. 21. 7. 2005 – Az.: 1/SVK/076-05). Da die Prüfung der Eignung eines Unternehmens ein wertender Vorgang ist, in den zahlreiche Einzelumstände einfließen, ist davon auszugehen, dass **diese Begriffe den Auftraggebern einen Beurteilungsspielraum einräumen, der nur einer eingeschränkten Kontrolle durch die Nachprüfungsinstanzen zugänglich ist** (KG Berlin, B. v. 27. 11. 2008 – Az.: 2 Verg 4/08; OLG Brandenburg, B. v. 14. 9. 2010 – Az.: Verg W 8/10; OLG Düsseldorf, B. v. 9. 6. 2010 – Az.: VII-Verg 14/10; B. v. 23. 12. 2009 – Az.: VII-Verg 30/09; B. v. 29. 4. 2009 – Az.: VII-Verg 76/08; B. v. 4. 2. 2009 – Az.: VII-Verg 65/08; B. v. 5. 10. 2005 – Az.: VII – Verg 55/05; B. v. 22. 9. 2005 – Az.: Verg 48/05, Verg 50/05; OLG Frankfurt, B. v. 24. 2. 2009 – Az.: Verg 19/08; OLG Koblenz, B. v. 15. 10. 2009 – Az.: Verg 9/09; OLG München, B. v. 31. 8. 2010 – Az.: Verg 12/10; B. v. 21. 4. 2006 – Az.: Verg 8/06; Thüringer OLG, B. v. 21. 9. 2009 – Az.: 9 Verg 7/09; VK Arnsberg, B. v. 8. 8. 2006 – Az.: VK 21/06; VK Baden-Württemberg, B. v. 29. 6. 2009 – Az.: 1 VK 27/09; 1. VK Brandenburg, B. v. 11. 9. 2006 – Az.: 2 VK 34/06, 1 VK 35/06; B. v. 11. 7. 2006 – Az.: 1 VK 25/06; B. v. 26. 8. 2005 – Az.: 1 VK 49/05; B. v. 24. 2. 2005 – VK 01/05; 1. VK Bund, B. v. 11. 8. 2009 – Az.: VK 1–131/09; B. v. 20. 12. 2007 – Az.: VK 1–143/07; B. v. 29. 10. 2007 – Az.: VK 1–110/07; B. v. 31. 8. 2007 – Az.: VK 1–92/07; B. v. 21. 9. 2006 – Az.: VK 1–100/06; B. v. 18. 8. 2006 – Az.: VK 1–82/06; B. v. 15. 8. 2006 – Az.: VK 1–79/06; B. v. 15. 8. 2006 – Az.: VK 1–76/06; B. v. 8. 8. 2006 – Az.: VK 1–67/06; 2. VK Bund, B. v. 29. 2. 2008 – Az.: VK 2–16/08; B. v. 3. 5. 2007 – Az.: VK 2–33/07; B. v. 8. 6. 2006 – Az.: VK 2–114/05; B. v. 20. 7. 2005 – Az.: VK 2–72/05; B. v. 11. 1. 2005 – Az.: VK 2–220/04; B. v. 11. 11. 2004 – Az.: VK 2–196/04; B. v. 11. 11. 2002 – Az.: VK 2–82/02; 3. VK Bund, B. v. 10. 6. 2010 – Az.: VK 3–51/10; B. v. 4. 6. 2010 – Az.: VK 3–48/10; B. v. 28. 9. 2009 – Az.: VK 3–169/09; B. v. 26. 6. 2008 – Az.: VK 3–71/08; B. v. 9. 1. 2008 – Az.: VK 3–145/07; VK Düsseldorf, B. v. 29. 3. 2007 – Az.: VK – 08/2007 –

Teil 1 GWB § 97 Gesetz gegen Wettbewerbsbeschränkungen

B; B. v. 13. 3. 2006 – Az.: VK – 08/2006 – L; VK Hessen, B. v. 28. 6. 2005 – Az.: 69 d VK – 07/2005; VK Lüneburg, B. v. 18. 10. 2005 – Az.: VgK-47/2005; VK Münster, B. v. 26. 8. 2009 – Az.: VK 11/09; B. v. 4. 12. 2003 – Az.: VK 21/03; VK Niedersachsen, B. v. 10. 6. 2010 – Az.: VgK-17/2010; B. v. 4. 9. 2009 – Az.: VgK-37/2009; B. v. 7. 8. 2009 – Az.: VgK – 32/2009; B. v. 11. 2. 2009 – Az.: VgK-56/2008; VK Nordbayern, B. v. 28. 1. 2009 – Az.: 21.VK – 3194 - 55/08; B. v. 18. 9. 2008 – Az.: 21.VK – 3194 - 43/08; B. v. 6. 8. 2007 – Az.: 21.VK – 3194 - 31/07; B. v. 14. 3. 2006 – Az.: 21.VK – 3194 - 07/06; B. v. 17. 3. 2003 – Az.: 320.VK-3194-06/03, B. v. 14. 2. 2003 – Az.: 320.VK-3194-02/03; VK Rheinland-Pfalz, B. v. 2. 4. 2009 – Az.: VK 9/09; 1. VK Saarland, B. v. 20. 8. 2007 – Az.: 1 VK 01/2007; 1. VK Sachsen, B. v. 23. 4. 2010 – Az.: 1/SVK/008–10; B. v. 9. 2. 2009 – Az.: 1/SVK/071-08; B. v. 17. 7. 2007 – Az.: 1/SVK/046-07; B. v. 3. 11. 2005 – Az.: 1/SVK/125-05; B. v. 21. 7. 2005 – Az.: 1/SVK/076-05; VK Schleswig-Holstein, B. v. 27. 1. 2009 – Az.: VK-SH 19/08; B. v. 28. 3. 2007 – Az.: VK-SH 04/07; B. v. 28. 11. 2006 – Az.: VK-SH 25/06; B. v. 15. 5. 2006 – Az.: VK-SH 10/06; B. v. 16. 9. 2005 – Az.: VK-SH 22/05; B. v. 26. 10. 2004 – Az.: VK-SH 26/04; VK Südbayern, B. v. 25. 7. 2007 – Az.: Z3-3-3194-1-30–06/07; B. v. 19. 12. 2006 – Az.: Z3-3-3194-1-35–11/06; B. v. 18. 3. 2002 – Az.: 04-02/02).

606 Die Feststellung, dass ein Bieter die erforderliche Fachkunde, Leistungsfähigkeit, Gesetzestreue und Zuverlässigkeit besitzt, um einen Auftrag zufriedenstellend auszuführen, ist **Ergebnis einer fachlich-tatsächlichen Prognose** (OLG Koblenz, B. v. 15. 10. 2009 – Az.: 1 Verg 9/09; Thüringer OLG, B. v. 18. 5. 2009 – Az: 9 Verg 4/09; 1. VK Bund, B. v. 11. 8. 2009 – Az.: VK 1–131/09; 2. VK Bund, B. v. 30. 10. 2009 – Az.: VK 2–180/09; 3. VK Bund, B. v. 9. 9. 2009 – Az.: VK 3–163/09; VK Münster, B. v. 14. 1. 2010 – Az.: VK 24/09; VK Nordbayern, B. v. 14. 1. 2010 – Az.: 21.VK – 3194 – 64/09; 1. VK Sachsen, B. v. 23. 4. 2010 – Az.: 1/SVK/008–10; VK Schleswig-Holstein, B. v. 12. 2. 2010 – Az.: VK-SH 27/09), die zum einen – ähnlich einer Bewertungsentscheidung in Prüfungsverfahren – auf einer **Vielzahl von Detailerwägungen beruht**, für welche die **Verwaltungsbehörde in aller Regel fachlich besser geeignet und erfahrener ist als die Nachprüfungsinstanz** (OLG Koblenz, B. v. 15. 10. 2009 – Az.: 1 Verg 9/09; 2. VK Bund, B. v. 30. 10. 2009 – Az.: VK 2–180/09; 1. VK Sachsen, B. v. 23. 4. 2010 – Az.: 1/SVK/008–10). Zum anderen geht im Geschäftsverkehr **jeder Auftragserteilung die subjektive Einschätzung des Auftraggebers voraus, Vertrauen in die künftige gute Zusammenarbeit mit dem ausgewählten Auftragnehmer haben zu können**. Es ist nicht das Regelungsanliegen der Vorschriften über die Eignungsprüfung, dieses allgemein sinnvolle Auswahlkriterium im Falle öffentlicher Auftragsvergaben auszuschließen (KG Berlin, B. v. 27. 11. 2008 – Az.: 2 Verg 4/08; 1. VK Sachsen, B. v. 23. 4. 2010 – Az.: 1/SVK/008–10; VK Schleswig-Holstein, B. v. 27. 1. 2009 – Az.: VK-SH 19/08).

607 Der **Beurteilungsspielraum beinhaltet objektiv** die Feststellung, dass der Bewerber aus der Sicht eines dritten fachkundigen und an der Vergabe nicht interessierten Bauherrn die Eignungsanforderungen für das konkrete Projekt erfüllt und nachgewiesen hat. **Subjektiv ist zu berücksichtigen**, was der Auftraggeber in seiner Lage als für seine Ziele und Bestrebungen richtig ansieht (1. VK Sachsen, B. v. 23. 4. 2010 – Az.: 1/SVK/008–10; VK Südbayern, B. v. 17. 7. 2001 – Az.: 23-06/01). So kommt es z. B. bei der Beurteilung der Zuverlässigkeit nicht darauf an, ob sämtliche Beanstandungen eines Auftraggebers berechtigt waren, sondern **ob bei einer Gesamtabwägung den positiven oder den negativen Erfahrungen objektiv ein größeres Gewicht** zukommt. Von daher ist es auch nicht erforderlich, dass die Vergabekammer Ausführungen zu einzelnen Beanstandungen im Detail nachgeht. Entscheidend ist letztlich, dass die **subjektive Bewertung des Auftraggebers** (OLG Frankfurt am Main, B. v. 30. 3. 2004 – Az.: 11 Verg 4/04, 5/04; 1. VK Sachsen, B. v. 23. 4. 2010 – Az.: 1/SVK/008–10) **vertretbar und nicht völlig haltlos** ist (VK Baden-Württemberg, B. v. 31. 10. 2003 – Az.: 1 VK 63/03, B. v. 13. 8. 2003 – Az.: 1 VK 39/03; VK Brandenburg, B. v. 24. 2. 2005 – VK 01/05; VK Hannover, B. v. 30. 10. 2002 – Az.: 26 045 – VgK – 12/2002; VK Sachsen, B. v. 23. 4. 2010 – Az.: 1/SVK/008–10; B. v. 3. 11. 2005 – Az.: 1/SVK/125-05; VK Schleswig-Holstein, B. v. 12. 2. 2010 – Az.: VK-SH 27/09; B. v. 28. 3. 2007 – Az.: VK-SH 04/07).

608 Die Vergabekammern und Vergabesenate können die Entscheidung einer Vergabestelle über die Eignung eines Unternehmens folglich nur daraufhin prüfen, ob die **rechtlichen Grenzen des Beurteilungsspielraumes überschritten** sind. Die Vergabeüberwachungsausschüsse haben in Anlehnung an die Beurteilungsfehlerlehre des Verwaltungsrechtes Fallgruppen entwickelt, in denen die rechtlichen Grenzen des Beurteilungsspielraumes überschritten sind. Danach ist eine **Überschreitung des Beurteilungsspielraumes anzunehmen**,

– wenn das vorgeschriebene Verfahren nicht eingehalten wird,

Gesetz gegen Wettbewerbsbeschränkungen GWB § 97 **Teil 1**

– wenn nicht von einem zutreffenden und vollständig ermittelten Sachverhalt ausgegangen wird,

– wenn sachwidrige Erwägungen in die Wertung einbezogen werden oder

– wenn der sich im Rahmen der Beurteilungsermächtigung haltende Beurteilungsmaßstab nicht zutreffend angewendet wird

(KG Berlin, B. v. 27. 11. 2008 – Az.: 2 Verg 4/08; OLG Celle, B. v. 11. 3. 2004 – Az.: 13 Verg 3/04; OLG Düsseldorf, B. v. 9. 6. 2010 – Az.: VII-Verg 14/10; B. v. 23. 12. 2009 – Az.: VII-Verg 30/09; B. v. 29. 4. 2009 – Az.: VII-Verg 76/08; B. v. 4. 2. 2009 – Az.: VII-Verg 65/08; B. v. 5. 10. 2005 – Az.: VII – Verg 55/05; B. v. 22. 9. 2005 – Az.: Verg 48/05, Verg 50/05; B. v. 19. 1. 2005 – Az.: VII – Verg 58/04; B. v. 4. 9. 2002 – Az.: Verg 37/02; OLG Frankfurt am Main, B. v. 24. 2. 2009 – Az.: 11 Verg 19/08; B. v. 30. 3. 2004 – Az.: 11 Verg 4/04, 5/04; OLG Koblenz, B. v. 15. 10. 2009 – Az.: 1 Verg 9/09; OLG München, B. v. 31. 8. 2010 – Az.: Verg 12/10; B. v. 21. 4. 2006 – Az.: Verg 8/06; Thüringer OLG, B. v. 18. 5. 2009 – Az: 9 Verg 4/09; VK Arnsberg, B. v. 8. 8. 2006 – Az.: VK 21/06; B. v. 26. 2. 2003 – Az.: VK 1–03/2003; VK Baden-Württemberg, B. v. 29. 6. 2009 – Az.: 1 VK 27/09; B. v. 31. 10. 2003 – Az.: 1 VK 63/03, B. v. 13. 8. 2003 – Az.: 1 VK 39/03; VK Brandenburg, B. v. 11. 9. 2006 – Az.: 2 VK 34/06, 1 VK 35/06; B. v. 11. 7. 2006 – Az.: 1 VK 25/06; B. v. 24. 2. 2005 – VK 01/05; B. v. 30. 9. 2004 – Az.: VK 44/04; 1. VK Bund, B. v. 11. 8. 2009 – Az.: VK 1–131/09; B. v. 20. 12. 2007 – Az.: VK 1–143/07; B. v. 29. 10. 2007 – Az.: VK 1–110/07; B. v. 31. 8. 2007 – Az.: VK 1–92/07; B. v. 21. 9. 2006 – Az.: VK 1–100/06; B. v. 18. 8. 2006 – Az.: VK 1–82/06; B. v. 15. 8. 2006 – Az.: VK 1–79/06; B. v. 15. 8. 2006 – Az.: VK 1–76/06; B. v. 8. 8. 2006 – Az.: VK 1–67/06; B. v. 15. 5. 2003 – Az.: VK 1–27/03; 2. VK Bund, B. v. 30. 10. 2009 – Az.: VK 2–180/09; B. v. 3. 5. 2007 – Az.: VK 2–33/07; B. v. 8. 6. 2006 – Az.: VK 2–114/05; B. v. 20. 7. 2005 – Az.: VK 2–72/05; B. v. 11. 1. 2005 – Az.: VK 2–220/04; B. v. 11. 11. 2004 – Az.: VK 2–196/04; B. v. 10. 2. 2004 – Az.: VK 2–150/03, B. v. 10. 12. 2003 – Az.: VK 1–116/03, B. v. 11. 11. 2002 – Az.: VK 2–82/02; 3. VK Bund, B. v. 10. 6. 2010 – Az.: VK 3–51/10; B. v. 4. 6. 2010 – Az.: VK 3–48/10; B. v. 28. 9. 2009 – Az.: VK 3–169/09; VK Düsseldorf, B. v. 29. 3. 2007 – Az.: VK – 08/2007 – B; B. v. 13. 3. 2006 – Az.: VK – 08/2006 – L; VK Hessen, B. v. 31. 3. 2008 – Az.: 69 d VK – 9/2008; B. v. 28. 6. 2005 – Az.: 69 d VK – 07/2005; B. v. 16. 1. 2004 – Az.: 69 d VK – 72/2003, B. v. 9. 2. 2004 – Az.: 69 d – VK – 79/2003 + 80/2003; VK Lüneburg, B. v. 18. 10. 2005 – Az.: VgK-47/2005; VK Münster, B. v. 26. 8. 2009 – Az.: VK 11/09; B. v. 4. 12. 2003 – Az.: VK 21/03; VK Niedersachsen, B. v. 10. 6. 2010 – Az.: VgK-17/2010; B. v. 4. 9. 2009 – Az.: VgK-37/2009; B. v. 3. 8. 2009 – Az.: VgK – 32/2009; B. v. 11. 2. 2009 – Az.: VgK-56/2008; VK Nordbayern, B. v. 28. 1. 2009 – Az.: 21.VK – 3194 - 55/08; B. v. 18. 9. 2008 – Az.: 21.VK – 3194 – 43/08; B. v. 6. 8. 2007 – Az.: 21.VK – 3194 - 31/07; B. v. 14. 3. 2006 – Az.: 21.VK – 3194 – 07/06; B. v. 15. 1. 2004 – Az.: 320.VK-3194-46/03, B. v. 16. 11. 2001 – Az.: 320.VK-3194-38/01; 1. VK Saarland, B. v. 20. 8. 2007 – Az.: 1 VK 01/2007; 1. VK Sachsen, B. v. 23. 4. 2010 – Az.: 1/SVK/008–10; B. v. 9. 2. 2009 – Az.: 1/SVK/071-08; B. v. 17. 7. 2007 – Az.: 1/SVK/046-07; B. v. 3. 11. 2005 – Az.: 1/SVK/125-05; B. v. 21. 7. 2005 – Az.: 1/SVK/076-05; B. v. 30. 10. 2001 – Az.: 1/SVK/102-01; VK Schleswig-Holstein, B. v. 12. 2. 2010 – Az.: VK-SH 27/09; B. v. 27. 1. 2009 – Az.: VK-SH 19/08; B. v. 28. 3. 2007 – Az.: VK-SH 04/07; B. v. 28. 11. 2006 – Az.: VK-SH 25/06; B. v. 15. 5. 2006 – Az.: VK-SH 10/06; B. v. 16. 9. 2005 – Az.: VK-SH 22/05; VK Südbayern, B. v. 25. 7. 2007 – Az.: Z3-3-3194-1-30–06/07; B. v. 19. 12. 2006 – Az.: Z3-3-3194-1-35–11/06).

Ein **Beurteilungsfehler liegt** in Anlehnung an die im Verwaltungsrecht zu unbestimmten 609 Rechtsbegriffen mit Beurteilungsspielräumen entwickelten Grundsätze unter anderem auch dann **vor, wenn der Auftraggeber von dem ihm eingeräumten Beurteilungsspielraum gar keinen Gebrauch macht**, weil er diesen nicht mit einer eigenen Abwägungsentscheidung ausfüllt (VK Brandenburg, B. v. 25. 8. 2002 – Az.: VK 45/02; VK Lüneburg, B. v. 18. 10. 2005 – Az.: VgK-47/2005; VK Niedersachsen, B. v. 4. 9. 2009 – Az.: VgK-37/2009; B. v. 11. 2. 2009 – Az.: VgK-56/2008; 1. VK Sachsen, B. v. 23. 4. 2010 – Az.: 1/SVK/008–10; VK Schleswig-Holstein, B. v. 12. 2. 2010 – Az.: VK-SH 27/09; B. v. 28. 11. 2006 – Az.: VK-SH 25/06).

Prüfungsgrundlage ist **einzig und allein der Vergabevermerk**, nicht das Vorbringen des 609/1 (Verfahrensbevollmächtigten des) Auftraggebers im Nachprüfungsverfahren (OLG Koblenz, B. v. 15. 10. 2009 – Az.: 1 Verg 9/09).

6.9.4.3 Konkrete Ausformung der Eignungskriterien in VOB/A, VOL/A und VOF

610

	Eignungskriterien
VOB	§ 2 Abs. 1 Nr. 1, § 6 Abs. 3, § 6a
VOL	§ 2 Abs. 1, § 6, § 2 EG Abs. 1, § 6 EG, § 7 EG
VOF	§ 2 Abs. 1, § 4, § 5

6.9.4.4 Eignungskriterium „Fachkunde"

611 **6.9.4.4.1 Begriffsinhalt.** Als fachkundig ist nur der Bewerber anzusehen, der über die **speziellen objektbezogenen Sachkenntnisse** verfügt, die erforderlich sind, um eine Leistung fachgerecht vorbereiten und ausführen zu können (VK Baden-Württemberg, B. v. 10. 9. 2009 – Az.: 1 VK 41/09; 2. VK Bund, B. v. 10. 12. 2003 – Az.: VK 1–116/03; VK Düsseldorf, B. v. 21. 1. 2009 – Az.: VK – 43/2008 – L; VK Halle, B. v. 12. 7. 2001 – AZ: VK Hal 09/01; VK Lüneburg, B. v. 8. 4. 2005 – Az.: VgK-10/2005; 1. VK Sachsen, B. v. 3. 11. 2005 – Az.: 1/SVK/125-05; B. v. 21. 7. 2005 – Az.: 1/SVK/076-05; VK Schleswig-Holstein, B. v. 28. 11. 2006 – Az.: VK-SH 25/06; B. v. 15. 5. 2006 – Az.: VK-SH 10/06; B. v. 24. 10. 2003 – Az.: VK-SH 24/03; VK Südbayern, B. v. 25. 7. 2007 – Az.: Z3-3-3194-1-30–06/07; B. v. 13. 9. 2002 – Az.: 37-08/02).

612 Grundsätzlich wird die **Fachkunde eines Unternehmens durch die personelle Ausstattung geprägt** und beruht auf den **Erfahrungen und Kenntnissen der Mitarbeiter. Woher diese Kenntnisse stammen, ist unerheblich**; deshalb können Mitarbeiter ihre Kenntnisse und Erfahrungen auch bei anderen Unternehmen erworben haben (Thüringer OLG, B. v. 21. 9. 2009 – Az.: 9 Verg 7/09).

613 **6.9.4.4.2 „Teil-Fachkunde".** Es ist nicht erforderlich, dass die Fachkunde bzw. Leistungsfähigkeit vollständig versagt werden muss, bevor ein Ausschluss greifen kann. Ausreichend ist vielmehr, dass eine wesentliche Leistung nach Ansicht des Auftraggebers nicht erbracht werden kann. Fehlt nach Ansicht des Auftraggebers die Fachkunde für eine von ihm als wesentlich erachtete Leistung, verbietet sich auch die Frage nach der wirtschaftlichen Bedeutung der Teilleistung für die Leistung insgesamt (2. VK Bund, B. v. 11. 1. 2005 – Az.: VK 2–220/04; 1. VK Sachsen, B. v. 21. 7. 2005 – Az.: 1/SVK/076-05).

614 **6.9.4.4.3 Beispiele aus der Rechtsprechung**

– Nach der Rechtsprechung des Senats ist **bei der Eignungsprüfung anhand von Referenzen in zwei Stufen vorzugehen**:
 – Formale Prüfung: genügen die vorgelegten Referenzen formell den Anforderungen?
 – Materielle Prüfung: Lassen die vorgelegten Referenzen eine einwandfreie Ausführung des Auftrages erwarten?

Dabei **gehört die Frage, ob die in den Referenzen aufgeführten Arbeiten „gleichwertig" sind** (sofern in den Anforderungen an die Referenzen auch „gleichwertige" Arbeiten zugelassen sind) **zur materiellen Prüfung**. Das gilt auch in diesem Fall, in dem die Referenzen eine „gleichwertige Größenordnung" erreichen sollten (OLG Düsseldorf, B. v. 2. 6. 2010 – Az.: VII-Verg 7/10)

– das **erfolgreiche Absolvieren eines Vorstellungsgespräches ist ein zulässiges Eignungskriterium** (2. VK Bund, B. v. 19. 4. 2010 – Az.: VK 2–23/10)

– auch im Rahmen eines Prüfungsgespräches, das lediglich über die Vergabe eines Auftrages entscheidet, wird **man den im Recht der akademischen Prüfungen geltenden Grundsatz anwenden müssen, dass zutreffende oder zumindest vertretbare Antworten nicht als falsch gewertet werden dürfen**. Anderenfalls wäre eine den Anforderungen der Transparenz und Diskriminierungsfreiheit genügende Auftragsvergabe nicht zu gewährleisten (2. VK Bund, B. v. 19. 4. 2010 – Az.: VK 2–23/10)

– **vergleichbare Leistungen zu den ausgeschriebenen Leistungen sind die Ausführung von Lieferaufträgen und nicht die Herstellung der Ohrmarken, wenn eindeutig ein Lieferauftrag ausgeschrieben worden ist und es offensichtlich gleichgültig ist, von welchem Hersteller die Ohrmarken stammen.** Insofern war es für den Nachweis von Referenzaufträgen ausreichend, wenn der Bieter die Lieferung von Ohrmarken in vergleich-

Gesetz gegen Wettbewerbsbeschränkungen GWB § 97 **Teil 1**

baren Größenordnungen nachweisen konnte. Bei Prüfung der formellen Eignung kommt es nicht darauf an, von welchem Hersteller diese Ohrmarken stammen, die von der Beigeladenen vertrieben wurden. Es konnte sich somit um Ohrmarken handeln, die von der Antragstellerin produziert wurden, aber auch um Ohrmarken anderer Hersteller (VK Münster, B. v. 14. 1. 2010 – Az.: VK 24/09)

– der **Nachweis „prüfbares Referenzobjekt mit höchstmöglicher Kompatibilität zu … Lysimetern", ist typischerweise bei der Eignungsprüfung und auch nur dort zu berücksichtigen.** Es handelt sich um eine Angabe gemäß § 7 a Nr. 3 Absatz 2 VOL/A, die dem Nachweis der Eignung eines Bieters dient. Aufgrund dieser Angabe soll der Auftraggeber überprüfen können, ob der jeweilige Bieter über die generell hinreichende Erfahrung zur Erfüllung des Auftrags verfügt (2. VK Bund, B. v. 22. 4. 2009 – Az.: VK 2–24/09)

– **bestätigt ein Antragsteller in der mündlichen Verhandlung, dass er eine Lasermikrobearbeitungsanlage mit diesem Spezifikum bisher noch nicht gebaut hat und überwiegen aufgrund von in einem Ortstermin gewonnenen Eindrücke bei den Mitarbeitern des Auftraggebers die Zweifel**, ob die ausgeschriebene Lasermikrobearbeitungsanlage mit einem bestimmten Parameter von dem Antragsteller realisiert werden kann und angesichts der Tatsache, dass eine einzige Laserquelle für drei Wellenlängen von zentraler Bedeutung ist, ist es **nicht beurteilungsfehlerhaft, bei der Vergleichbarkeit der Referenzen auch auf diesen zentralen Aspekt der Laserquelle abzustellen.** Der Auftraggeber bewegt sich insoweit im Rahmen des ihm zustehenden Beurteilungsspielraums, wenn er Zweifel hat, dass der Antragsteller „einen technischen Hintergrund für das praktische Erreichen" der ausgeschriebenen Parameter der Anlage hat. Dem **Auftraggeber steht es insoweit selbstverständlich zu, eine Prognose anzustellen über die Realisierbarkeit der gewünschten Leistung durch die verschiedenen – in die engere Wahl gelangten – Bieter**. Die Auffassung des Auftraggebers, dass der Antragsteller letztendlich keine hinreichende Gewähr für die zuverlässige Ausführung und Funktionsbereitschaft der Leistung bot und deshalb die Eignung des Antragstellers zu verneinen war, ist vergaberechtlich nicht zu beanstanden (3. VK Bund, B. v. 28. 9. 2009 – Az.: VK 3–169/09)

– die **Qualifikation als Medizinprodukteberater dient dem Nachweis der persönlichen Befähigung zum Umgang mit einzelnen Medizinprodukten**. Beide Nachweise betreffen damit in der Sache den Bereich der Medizinprodukte und damit auch den Bereich der ausgeschriebenen Leistung. Die Auswahl der geforderten Eignungsnachweise obliegt im Übrigen dem Auftraggeber. Die **Vorlage dieses Nachweises ist den Bietern auch zuzumuten.** Zwar erfordert der Erwerb der Qualifikation als Medizinprodukteberater einen gewissen zeitlichen, sächlichen und personellen Aufwand für den Bieter. Die Forderung nach fachlichen Qualifikationen ist jedoch durchaus üblich (VK Baden-Württemberg, B. v. 6. 11. 2008 – Az.: 1 VK 44/08)

– die **Forderung einer Zertifizierung nach DIN EN ISO 13 485/13 288 oder gleichwertig zum Nachweis der Eignung der Bieter begründet keinen Verstoß gegen Vergaberecht.** Entscheidet sich der Auftraggeber dafür, zusätzliche Eignungsanforderungen aufzustellen, ist dies nicht zu beanstanden, solange es sich nicht um sachfremde oder willkürliche Forderungen handelt. Die **Zertifizierung nach DIN EN ISO 13 485/13 288 dient dem Nachweis, dass der Bieter über ein funktionierendes Qualitätsmanagement im Medizinproduktebereich verfügt.** Auch die für gleichwertig anerkannte Zertifizierung nach DIN EN ISO 9001 gibt dem Auftraggeber Aufschluss über das Qualitätsmanagement im Bereich Logistik und Verwaltung eines Unternehmens. Es handelt sich dabei weder um eine willkürliche noch um eine sachfremde Forderung mit Blick auf ein Hilfsmittel-Logistik-Centrum. Im Übrigen war die Vorlage des geforderten Nachweises den Bietern trotz des zeitlichen und finanziellen Aufwands zum Erwerb einer Zertifizierung auch nicht unzumutbar. Die Forderung von Zertifizierungen ist durchaus üblich (VK Baden-Württemberg, B. v. 6. 11. 2008 – Az.: 1 VK 44/08; B. v. 5. 11. 2008 – Az.: 1 VK 42/08)

– gegen die **Verwendung des Begriffs der „überdurchschnittlich hohen Anforderungen" ist nichts einzuwenden, wenn er hinreichend klar und bestimmt ist.** Dies ist dann der Fall, wenn Fachkunde, Erfahrung und Zuverlässigkeit des Auftragnehmers über dem bei einschlägig tätigen Bauunternehmen vorhandenen Normalmaß liegen und dass dies im Rahmen der Eignungsbewertung überprüft werden soll und wenn angegeben wird, **welche konkreten Eignungsmerkmale (Fachkunde, Erfahrung und Zuverlässigkeit) der angekündigten strengen Prüfung unterliegen sollen**. Wenn die Vergabebekanntmachung überdies die Gründe mitteilt, die für die anzulegenden hohen Anforderungen an die Eignung maßgebend sind (17 m tiefer Geländeeinschnitt und verformungsrelevante Bebauung), ist für einen verständigen Bieter auch zu erkennen, worauf sich die Eignungsprüfung in besonderer Weise erstrecken wird und wie, d. h. durch Vorlage welcher Nachweise, den Anforderungen entsprochen werden kann. Es waren Fachkunde, Erfahrung und Zuverlässigkeit bei Bauleistungen an tiefen Geländeeinschnitten und bei Gefährdungslagen für benachbarte Bauten zu belegen (OLG Düsseldorf, B. v. 5. 10. 2005 – Az.: VII – Verg 55/05)

– ist die **Ausführung des Auftrags unstreitig von erschwerenden Begleitumständen**, nämlich von hohen und steilen Böschungen, die das auszubauende Teilstück des Teltowkanals säumen, **sowie damit belastet, dass angrenzende Bauten durch Setzungen von den Bauarbeiten in Mitleidenschaft gezogen** werden können und weisen die anstehenden Leistungen deswegen in mehrfacher Hinsicht Besonderheiten auf, ist **bei dieser Sachlage nichts dagegen einzuwenden**, dass die Vergabestelle **überdurchschnittlich hohe Anforderungen an die Fachkunde, Erfahrung und Zuverlässigkeit eines Auftragnehmers richtet** und darauf einen Schwerpunkt der Eignungsprüfung setzt. Dies ist nach den Umständen nicht ungerechtfertigt, sondern hat in den topographischen und baulichen Verhältnissen liegende Gründe (OLG Düsseldorf, B. v. 5. 10. 2005 – Az.: VII – Verg 55/05)

– ist ein Bieter wegen seiner **fehlenden Eintragung in der Handwerksrolle** zur Ausführung der ausgeschriebenen Handwerksleistungen nicht fähig, ist sein Angebot wegen fehlender Eignung auszuschließen (BayObLG, B. v. 24. 1. 2003 – Az.: Verg 30/02)

– der Auftraggeber ist im Rahmen der Fachkundeprüfung zur Prüfung verpflichtet, ob eine entsprechende **Eintragung des Bieters in der Handwerksrolle** vorliegt (1. VK Sachsen, B. v. 4. 10. 2002 – Az.: 1/SVK/085-02)

– auch wenn es der Üblichkeit entspreche, dass neue Unternehmen in einer Arbeitsgemeinschaft mitarbeiteten und so praktische Erfahrungen sammelten, sei dies jedoch nicht Voraussetzung für die Feststellung der fachlichen Eignung für die Herstellung von Spannbeton-Bauwerken. Vielmehr sei es ebenso gut, **wenn ein Unternehmen fachliche Kompetenz hinzu kaufe**, wie es bei der Antragstellerin durch den geschäftsführenden Gesellschafter geschehen sei und wie es üblicherweise durch die Beauftragung von Subunternehmen geschehe (OLG Celle, B. v. 8. 5. 2002 – Az.: 13 Verg 5/02)

– die Fachkunde braucht naturgemäß **nicht notwendig in der Person der Firmeninhaber bzw. der Geschäftsführer gegeben** zu sein. Die Prüfung der Fachkunde bezieht sich vielmehr auf alle Personen, die maßgeblich an der Bauausführung mitwirken und deshalb für das Gelingen des Bauvorhabens mitverantwortlich sein sollen. Eine übernehmende Firma darf daher auf **Referenzanlagen des von ihr übernommenen Fertigungsbereiches** der übernommenen Firma zum Nachweis ihrer Fachkunde zurückgreifen bzw. verweisen. Voraussetzung hierfür ist nach Ansicht der Kammer jedoch, dass der für die Ausführung dieser Referenzanlagen maßgeblich verantwortliche Personenkreis auch seitdem bei ihr beschäftigt ist (VK Südbayern, B. v. 27. 4. 2001 – Az.: 08-04/01)

– die Forderung nach einer **Zertifizierung nach der Entsorgungsfachbetriebsverordnung** ist zulässig (OLG Saarbrücken, B. v. 13. 11. 2002 – Az.: 5 Verg 1/02; 1 VK Sachsen-Anhalt, B. v. 7. 7. 2006 – Az.: 1 VK LVwA 11/06)

– als Nachweis für die **erforderliche Fachkunde bei Entsorgungsdienstleistungen gilt der Nachweis der Zertifizierung als Entsorgungsfachbetrieb** (VK Schleswig-Holstein, B. v. 24. 10. 2003 – Az.: VK-SH 24/03)

– in europarechtskonformer Auslegung der Vorschrift des § 8 Nr. 3 Abs. 1g VOB/A ist es **nicht zulässig**, zum Nachweis der Fachkunde eine **Zertifizierung nach DIN EN ISO 9001** zu verlangen; die Baukoordinierungsrichtlinie sieht – anders als die Dienstleistungskoordinierungsrichtlinie und die Sektorenrichtlinie – eine solche Nachweismöglichkeit gerade nicht vor (OLG Thüringen, B. v. 5. 12. 2001 – Az.: 6 Verg 3/01)

– die Formulierung in Ausschreibungsbedingungen „**vergleichbare ausgeführte Leistungen**" bedeutet nicht „gleich" oder gar identisch. Vergleichbar ist eine Leistung bereits dann, wenn sie der ausgeschriebenen Leistung ähnelt. Diese Auslegung wird auch regelmäßig dem Sinn des Vergabeverfahrens und dem Wettbewerb gerecht, da sonst alle Bewerber, die die ausgeschriebene Leistung bisher nicht in ihrem Programm hatten, von vornherein von der Vergabeverhandlung ausgeschlossen wären und der Bewerberkreis statisch wäre (BayObLG, B. v. 24. 9. 2002 – Az.: Verg 16/02; 3. VK Bund, B. v. 25. 6. 2008 – Az.: VK 3–68/08)

Gesetz gegen Wettbewerbsbeschränkungen GWB § 97 **Teil 1**

– die Formulierung in VOF-Ausschreibungsbedingungen „**vergleichbare erbrachte Leistungen**" setzen bei VOF-Verfahren ein bereits weitgehend abgeschlossenes Bauvorhaben voraus (BayObLG, B. v. 24. 9. 2002 – Az.: Verg 16/02)

6.9.4.5 Eignungskriterium „Leistungsfähigkeit"

6.9.4.5.1 Begriffsinhalt. Die **Leistungsfähigkeit ist** im Unterschied zu den Merkmalen der 615 Fachkunde und der Zuverlässigkeit, die maßgeblich auf die Umstände in der Person des Bewerbers abstellen, **ein sach- bzw. betriebsbezogenes Eignungskriterium**. Leistungsfähig ist, wer als Unternehmer über die personellen, kaufmännischen, technischen und finanziellen Mittel verfügt, um den Auftrag fachlich einwandfrei und fristgerecht ausführen zu können (LG Leipzig, Urteil v. 24. 1. 2007 – Az.: 06HK O 1866/06; VK Baden-Württemberg, B. v. 10. 9. 2009 – Az.: 1 VK 41/09; 2. VK Bund, B. v. 7. 7. 2005 – Az.: VK 2–66/05; B. v. 10. 2. 2004 – Az.: VK 2–150/03; B. v. 10. 12. 2003 – Az.: VK 1–116/03; VK Düsseldorf, B. v. 21. 1. 2009 – Az.: VK – 43/2008 – L; 1. VK Saarland, B. v. 12. 1. 2009 – Az.: 1 VK 07/2008; B. v. 12. 7. 2007 – Az.: 1 VK 04/2007; VK Sachsen, B. v. 3. 11. 2005 – Az.: 1/SVK/125-05; B. v. 11. 2. 2005 – Az.: 1/SVK/128-04; VK Südbayern, B. v. 25. 7. 2007 – Az.: Z3-3-3194-1-30–06/07; B. v. 12. 5. 2001 – Az.: 20–06/01, B. v. 13. 9. 2002 – Az.: 37-08/02) und **in der Lage ist, seine Verbindlichkeiten zu erfüllen** (Saarländisches OLG, B. v. 28. 4. 2004 – Az.: 1 Verg 4/04; VK Arnsberg, B. v. 26. 2. 2003 – Az.: VK 2–3/2003; 1. VK Bund, B. v. 20. 4. 2005 – Az.: VK 1–23/05; VK Lüneburg, B. v. 8. 4. 2005 – Az.: VgK-10/2005; B. v. 15. 9. 2003 – Az.: 203-VgK-13/2003; 1. VK Saarland, B. v. 12. 7. 2007 – Az.: 1 VK 04/2007; VK Sachsen, B. v. 3. 11. 2005 – Az.: 1/SVK/125-05; VK Schleswig-Holstein, B. v. 27. 1. 2009 – Az.: VK-SH 19/08; B. v. 28. 11. 2006 – Az.: VK-SH 25/06; B. v. 15. 5. 2006 – Az.: VK-SH 10/06; VK Südbayern, B. v. 25. 7. 2007 – Az.: Z3-3-3194-1-30–06/07).

Der **finanzielle Aspekt der Leistungsfähigkeit** verlangt, dass das Unternehmen über aus- 616 reichend finanzielle Mittel verfügt, die es ihm ermöglichen, seinen laufenden Verpflichtungen gegenüber seinem Personal, dem Staat und sonstigen Gläubigern nachzukommen (OLG Düsseldorf, B. v. 9. 6. 2004 – Az.: VII – Verg 11/04; 1. VK Bund, B. v. 20. 4. 2005 – Az.: VK 1–23/05; VK Hessen, B. v. 20. 1. 2006 – 69 d VK – 92/2005; VK Sachsen, B. v. 3. 11. 2005 – Az.: 1/SVK/125-05; VK Schleswig-Holstein, B. v. 28. 1. 2008 – Az.: VK-SH 27/07). Dabei ist auf die finanzielle Leistungsfähigkeit im **Einzelfall abzustellen** (2. VK Bund, B. v. 10. 2. 2004 – Az.: VK 2–150/03; VK Sachsen, B. v. 3. 11. 2005 – Az.: 1/SVK/125-05).

Insoweit geben **Unbedenklichkeitsbescheinigungen** des zuständigen Finanzamtes, der Kran- 617 kenkasse sowie der Berufsgenossenschaft Aufschluss darüber, ob der Bieter jeweils seiner Verpflichtung zur Entrichtung von Steuern, Krankenkassen- und Berufsgenossenschaftbeiträgen nachgekommen ist. Sie **lassen daher erkennen, ob er über die erforderlichen finanziellen Mittel verfügt und seinen Verpflichtungen regelmäßig nachkommt**, denn die Nichtzahlung oder die säumige Zahlung von Steuern mit einem Auflaufenlassen von Steuerrückständen ist ein **Indiz für das Fehlen genügender wirtschaftlicher Leistungsfähigkeit** (VK Schleswig-Holstein, B. v. 28. 1. 2008 – Az.: VK-SH 27/07).

Ein öffentlicher **Auftraggeber kann nicht verpflichtet sein, „sehenden Auges" einen** 618 **Auftrag an einen Bewerber vergeben zu müssen, der aus finanziellen Gründen nicht mehr in der Lage ist, einen solchen Auftrag abzuwickeln.** Die **Tatsache allein**, dass ein Antragsteller **Prozesskostenhilfeanträge im Nachprüfungsverfahren stellt,** lässt zwar Zweifel an seiner momentanen finanziellen Leistungsfähigkeit aufkommen. Legt jedoch der Antragsteller in der mündlichen Verhandlung nachvollziehbar dar, dass er damit die Verjährung der von ihm geltend gemachten Ansprüche verhindern kann (§ 204 Abs. 1 Ziffer 14 BGB), ohne die erforderlichen Gerichtskostenvorschüsse an die Gerichtskasse zahlen und so in Vorlage treten zu müssen, ist dieses **Verhalten zwar ungewöhnlich, angesichts der vom ihm in der mündlichen Verhandlung gegebenen Erläuterungen zu den Außenständen gegen die öffentliche Hand jedoch nachvollziehbar und führt nicht dazu, die Leistungsfähigkeit zu verneinen** (VK Hessen, B. v. 23. 1. 2006 – Az.: 69 d VK – 93/2005).

Hinsichtlich der **Wertung der finanziellen Leistungsfähigkeit** ist einem **Auftraggeber** 619 **ein Beurteilungsspielraum eingeräumt**, den er nur im Fall ungewöhnlich niedriger Preise nach VOB/A und VOL/A prüfen muss. Dieser **Spielraum ist durch die Vergabekammer nur begrenzt nachprüfbar**. Eine Überschreitung kann nur angenommen werden, wenn das vorgeschriebene Verfahren nicht eingehalten wird, nicht von einem zutreffend oder vollständig ermittelten Sachverhalt ausgegangen wird, sachwidrige Erwägungen in die Wertung einbezogen werden oder der sich im Rahmen der Beurteilungsermächtigung haltende Beurteilungsmaßstab nicht zutreffend angewandt wird (VK Arnsberg, B. v. 9. 4. 2009 – Az.: VK 05/09).

Teil 1 GWB § 97 Gesetz gegen Wettbewerbsbeschränkungen

620 Die **unterlassene Gestellung einer Vertragserfüllungsbürgschaft** ist grundsätzlich geeignet, berechtigte Zweifel an der Leistungsfähigkeit des Vertragspartners zu begründen (OLG Brandenburg, B. v. 14. 9. 2010 – Az.: Verg W 8/10 – **einzelfallbezogene Entscheidung**, die die unterschiedlichen Möglichkeiten einer Sicherheit nicht berücksichtigt).

621 **6.9.4.5.2 „Verbrauch" der Leistungsfähigkeit durch Beteiligung an mehreren Ausschreibungen?** Die generelle Berücksichtigung des Aspektes der verbrauchten Leistungsfähigkeit durch Beteiligung an mehreren, parallel laufenden Vergabeverfahren ist bereits zweifelhaft. Folgt man dieser Argumentation, so müsste jeder Auftraggeber die parallele Beteiligung eines Bieters an anderen Vergabeverfahren zum Anlass für Zweifel an der Leistungsfähigkeit des Bieters nehmen mit der Folge, dass der besagte Bieter in keinem der zeitlich parallel laufenden Vergabeverfahren den Zuschlag erhalten dürfte. Auch wäre eine Berücksichtigung des Engagements von Bietern in mehreren Vergabeverfahren rein spekulativ. Eine **Berücksichtigung von rein spekulativen Auslastungen des Bieters durch noch nicht erteilte Aufträge anderer Auftraggeber** wäre durch das dem Auftraggeber bei der Eignungsüberprüfung eingeräumte Ermessen nicht gedeckt und **verstieße im Übrigen auch gegen das Transparenzgebot gemäß § 97 Abs. 1 GWB und das Diskriminierungsverbot gemäß § 97 Abs. 2 GWB** (VK Lüneburg, B. v. 14. 5. 2004 – Az.: 203-VgK-13/2004; 1. VK Sachsen, B. v. 27. 3. 2006 – Az.: 1/SVK/021-06; B. v. 9. 12. 2005 – Az.: 1/SVK/141-05).

622 Dieser **Aspekt kommt überhaupt nur in Betracht**, soweit z. B. ausgeschriebene **Dienstleistungen durch das Vorhalten technischer oder personeller Kapazitäten geprägt sind, die für den Bieter im Zeitraum zwischen Zuschlagserteilung und Beginn des Vertragszeitraums nicht ohne weiteres zu beschaffen sind**. Im Bereich der **Entsorgungsdienstleistungen** kann dies z. B. der Fall sein, wenn der Bieter Deponiekapazitäten einbringen muss, die er weder unmittelbar selbst noch über Verträge mit Deponiebetreibern nachweisen kann. Da **Deponiekapazitäten** nicht ohne weiteres beliebig oder kurzfristig erweiterbar sind, kann dies dazu führen, dass ein Bieter sich mit zu vielen Aufträgen übernimmt und dass die Eignung eines Bieters trotz offensichtlich vorhandener Fachkunde und Zuverlässigkeit am Kriterium der Leistungsfähigkeit scheitert, weil ein wesentlicher Kapazitätsnachweis nicht erbracht werden kann (VK Lüneburg, B. v. 8. 5. 2006 – Az.: VgK-07/2006).

623 **6.9.4.5.3 Rechtliche Leistungsfähigkeit. 6.9.4.5.3.1 Rechtsprechung.** Die Eignungsprüfung des öffentlichen Auftraggebers hat sich ebenfalls darauf zu erstrecken, **ob ein Bieter auch rechtlich in der Lage ist, die ausgeschriebene Leistung zu erbringen**, dies jedenfalls in solchen Fällen, in denen für den öffentlichen Auftraggeber zureichende Anhaltspunkte hervortreten, die Leistungsfähigkeit eines Bieters in dieser Hinsicht anzuzweifeln und dies ihn veranlassen kann, solchen Zweifeln nachzugehen. Zur Begründung ist zunächst auf den Wortlaut von z. B. § 19 EG Abs. 5 VOL/A hinzuweisen, der dem Auftraggeber gebietet, nur solche Bieter in die engere Wahl zu nehmen, die „für die Erfüllung der (noch einzugehenden) vertraglichen Verpflichtungen" fachkundig, leistungsfähig und zuverlässig sind. Der Wortlaut der Norm schränkt die Prüfungsmöglichkeiten und -obliegenheiten des Auftraggebers im Hinblick auf die genannten Merkmale nicht ein. Insbesondere ist auch **nach dem Normzweck der Begriff der Leistungsfähigkeit in einem umfassenden Sinn zu verstehen**. Er erstreckt sich auf sämtliche Umstände, die Aufschluss darüber geben, ob ein Bieter bei vorausschauender Betrachtungsweise in der Lage sein wird, die ihm durch einen Zuschlag und entsprechenden Vertragsabschluss erwachsenden Verbindlichkeiten zu erfüllen. Demgegenüber wäre es **geradezu widersinnig, eine Zuschlagserteilung gutzuheißen, obwohl der Auftraggeber weiß, damit rechnet oder es aufgrund ihm erkennbarer Anhaltspunkte für möglich hält, ein Bieter werde aufgrund rechtlicher Hindernisse nicht vertragsgemäß leisten können.** Die am Vergabeverfahren beteiligten Unternehmen haben Anspruch darauf, dass der Auftraggeber die Leistungsfähigkeit konkurrierender Bieter namentlich dann, wenn sich hierzu ein besonderer Anlass bietet, im Rahmen z. B. des § 19 EG Abs. 5 VOL/A auch im Rechtssinn überprüft (OLG Düsseldorf, B. v. 21. 2. 2005 – Az.: VII – Verg 91/04; VK Baden-Württemberg, B. v. 10. 9. 2009 – Az.: 1 VK 41/09; VK Düsseldorf, B. v. 2. 5. 2006 – Az.: VK – 17/2006 – B; VK Sachsen, B. v. 3. 11. 2005 – Az.: 1/SVK/125-05; VK Münster, B. v. 14. 1. 2010 – Az.: VK 26/09; B. v. 14. 1. 2010 – Az.: VK 24/09; VK Schleswig-Holstein, B. v. 12. 2. 2010 – Az.: VK-SH 27/09).

624 Diese Verpflichtung zur rechtlichen Prüfung der Leistungsfähigkeit **gilt auch, wenn** die vom Auftraggeber im Rahmen einer Prüfung der Leistungsfähigkeit eines Bieters anzustellenden **rechtlichen Überlegungen patentrechtlicher Art sind**. Es ist hierbei zwar zu bedenken, dass die dadurch aufgeworfenen Rechtsfragen wegen ihrer Herkunft aus einer sehr speziellen

Gesetz gegen Wettbewerbsbeschränkungen	GWB § 97 **Teil 1**

Rechtsmaterie in der Regel schwierig zu beantworten sind. Dies kann freilich auch in anderen Vergabeverfahren vorkommen, z. B. bei einer Vergabe von Entsorgungsdienstleistungen, bei der sich nicht einfach zu beantwortende Fragen des Abfallwirtschaftsrechts oder des Kommunalwirtschaftsrechts stellen können. Dass solche schwierigen Rechtsfragen auftreten können, bildet – genauso wenig wie der Umstand, dass für Rechtsstreitigkeiten aus Gebrauchsmustern und Patenten besondere gerichtliche Zuständigkeiten gegeben sind (vgl. § 27 GebrMG, § 143 PatG) – für sich allein genommen jedoch keinen überzeugenden oder auch nur hinreichenden Grund, die Vergabestellen insbesondere bei patentrechtlichen Fragestellungen, die mit einer Anwendung von Vergabevorschriften einhergehen und in diesem Sinn Vorfragen der rein vergaberechtlichen Beurteilung sind, von eigenen Prüfungsobliegenheiten freizustellen, die diesbezüglichen Entscheidungen von einer Nachprüfung auszunehmen oder die Prüfungskompetenz der Nachprüfungsinstanzen zu beschneiden (OLG Düsseldorf, B. v. 21. 2. 2005 – Az.: VII – Verg 91/04; 2. VK Bund, B. v. 15. 9. 2008 – Az.: VK 2–91/08).

Anderer Auffassung ist für patentrechtliche Fragen die VK Südbayern. Für die **Verletzung** 625 **patentrechtlicher Vorschriften ist der Rechtsweg in das Nachprüfungsverfahren vor den Vergabekammern und dem Oberlandesgericht als Beschwerdegericht nicht eröffnet**. Gemäß der den Rechtsweg in Vergabesachen begründenden Bestimmung des § 104 Abs. 2 Satz 1 GWB können Rechte aus § 97 Abs. 7 GWB sowie sonstige Ansprüche gegen öffentliche Auftraggeber, die auf die Vornahme oder das Unterlassen einer Handlung in einem Vergabeverfahren gerichtet sind, außer vor den Vergabeprüfstellen nur vor den Vergabekammern und dem Beschwerdegericht geltend gemacht werden. Der Rechtsweg nach § 104 Abs. 2 S. 1 GWB ist vorliegend nicht gegeben, weil die auf die patentrechtlichen Vorschriften gestützten „sonstigen Ansprüche" der Antragstellerin nicht gegen eine Handlung in einem Vergabeverfahren gerichtet sind. **Ein Verstoß gegen patentrechtliche Vorschriften kann sich in sachlicher und zeitlicher Hinsicht nur nach Vertragsschluss und somit nach Beendigung des Vergabeverfahrens auswirken**. Die patentrechtlichen Vorschriften – vorausgesetzt, diese seien anwendbar – würden es ermöglichen, die Lieferung der geforderten Leistung durch die Beigeladene zu untersagen. Dies setzt aber einen bereits geschlossenen Vertrag voraus. **Die durch die patentrechtlichen Normen hervorgerufenen Rechtsfolgen liegen somit jenseits des eigentlichen Vergabeverfahrens**. Sie finden erst nach dessen Abschluss statt. Deswegen können eventuelle Ansprüche daraus nicht auf Handlungen im Vergabeverfahren abzielen. Die Verletzung patentrechtlicher Vorschriften ist vor den ordentlichen Gerichten zu rügen und gegebenenfalls festzustellen. Mit einer dahingehenden rechtlichen Überprüfung wären die nicht fachgerichtlich ausgebildeten Vergabekammern auch überfordert (VK Südbayern, B. v. 19. 10. 2004, Az.: 120.3–3194.1–60-08/04).

Eine **Prüfungspflicht des Auftraggebers gilt auch, soweit der Auftraggeber vorträgt,** 626 **dass ein Vertragsschluss mit einem Bieter voraussichtlich deshalb nicht in Betracht kommt, weil der Bieter mit „gebrauchten" Lizenzen handelt und der Auftraggeber eine Rechtsunsicherheit sowie eine begrenzte Ausnutzbarkeit der Lizenzen befürchtet**. Darin liegen keine Gründe für eine offensichtliche Chancenlosigkeit des Bieters auch in künftigen Wettbewerbsverfahren, wenn das Vorliegen eines eingeschränkten Leistungsumfanges bestritten wird und vom Auftraggeber nicht durch Hinweis auf rechtliche Normen oder gerichtliche Entscheidungen eindeutig belegt werden kann. Erst wenn „mit der erforderlichen Gewissheit" feststeht, dass der Bieter durch die Art und Weise seines Angebotes gegen Schutzrechte Dritter verstößt und er deshalb mit Aussicht auf Erfolg auf Unterlassen in Anspruch genommen werden könnte, kann der Bieter als nicht leistungsfähig angesehen werden. Die Schwierigkeit der dabei anzustellenden rechtlichen Betrachtung berechtigt die Vergabestelle nicht, diese zu unterlassen, ebenso wie sie im Hinblick auf Rechtsfragen grundsätzlich keinen überprüfungsfreien Beurteilungsspielraum geltend machen kann (VK Düsseldorf, B. v. 23. 5. 2008 – Az.: VK – 7/2008 – L).

Der **Auftraggeber** ist jedoch dann, wenn die Rechtsbeständigkeit eines Schutzrechtes von 627 ihm bezweifelt wird, **berechtigt, die Klärung durch die Fachbehörden und -gerichte abzuwarten**, ehe er eine Zuschlagsentscheidung trifft; deshalb ist es **auch gerechtfertigt, die Ausschreibung aufzuheben**, wenn diese fachrechtliche Klärung voraussichtlich nicht einmal binnen Jahresfrist erfolgt sein wird. Dem Auftraggeber diese Möglichkeit zu verwehren und ihn stets zum „Durchentscheiden" einer umstrittenen schutzrechtlichen Fragestellung zu verpflichten, wäre weder mit dem Beurteilungsspielraum zu vereinbaren, der dem Auftraggeber grundsätzlich hinsichtlich der Zweckmäßigkeit seines vergaberechtlichen Vorgehens zusteht, noch ließe sich ein solcher Zwang zum Abschluss eines einmal eingeleiteten Vergabeverfahrens durch Zuschlag damit vereinbaren, dass der Auftraggeber grundsätzlich keinem Kontrahierungszwang unterliegt. **Zu prüfen ist in solchen Fallgestaltungen daher lediglich, ob die schutzrechtliche Streitigkeit vom Auftraggeber aus vertretbaren Gründen als so gewichtig eingestuft wurde, dass er von der Auftragsvergabe im laufenden Vergabeverfahren abgesehen und zum Mittel der Aufhebung gegriffen** hat (2. VK Bund, B. v. 15. 9. 2008 – Az.: VK 2–91/08).

628 Es bestehen **erhebliche Zweifel, ob der Vergabestelle im Vergabeverfahren** im Interesse eines möglichst uneingeschränkten Wettbewerbs die **Verpflichtung obliegt, von einzelnen Bietern in Anspruch genommene eingetragene gewerbliche Schutzrechte auf ihren Bestand hin zu überprüfen.** Das gilt auch, wenn es sich bei dem Gebrauchsmuster um solche Schutzrechte handelt, deren Eintragung nach § 8 Abs. 1 Satz 2 GebrMG ohne Prüfung auf Neuheit, erfinderischen Schritt und gewerbliche Anwendbarkeit stattfindet. **Gegen eine solche Prüfungspflicht spricht vor allem, dass Vergabeverfahren in der Regel unter erheblichem Zeitdruck stehen.** Handelt es sich z.B. um technisch einigermaßen anspruchsvolle Verfahren, ist die Prüfung der Voraussetzungen des § 1 GebrMG, ob also eine Erfindung vorliegt und ob die betreffende Lösung neu und gewerblich anwendbar ist, in der Regel nicht ohne Weiteres und nicht ohne sachverständige Hilfe möglich. Dem gegenüber könnte die Vergabestelle in dem unter Zeitdruck stehenden Vergabeverfahren regelmäßig allenfalls eine summarische Prüfung der Schutzfähigkeit vornehmen. Es erscheint aus diesem Grund für die Vergabestelle kaum zumutbar zu sein, sich dem erheblichen Risiko von Unterlassungs- und Schadensersatzansprüchen des Inhabers des eingetragenen Schutzrechts auszusetzen, die bis hin zu einem Benutzungsverbot (vgl. § 11 GebrMG) gehen können. Diese Argumente sprechen dafür, eine **Prüfungspflicht der Vergabestelle bei eingetragenen Schutzrechten allenfalls in ganz offensichtlichen Fällen anzunehmen** (OLG Thüringen, B. v. 22. 8. 2002 – Az.: 6 Verg 5/01).

629 Diese **Rechtsprechung gilt** vom Normzweck des § 16 VOB/A auch **für Verfahren nach der VOB/A**.

630 Sofern jedoch **keine Anhaltspunkte** vorliegen, die **Anlass geben, an der rechtlichen Leistungsfähigkeit eines Bieters zu zweifeln**, kann es auch **nicht grundsätzlich Aufgabe der Vergabestelle** sein, die generelle Einhaltung öffentlich-rechtlicher Bestimmungen zu überprüfen. Diese **Aufgabe obliegt generell den jeweils zuständigen behördlichen Überwachungsorganen** (VK Baden-Württemberg, B. v. 10. 9. 2009 – Az.: 1 VK 41/09). Daher ist auch nicht zu beanstanden, wenn ein Auftraggeber die Frage der Eintragung in die Handwerksrolle im Rahmen der Eignungsprüfung zunächst nicht ausdrücklich überprüft (OLG Düsseldorf, B. v. 23. 12. 2009 – Az.: VII-Verg 30/09; VK Düsseldorf, B. v. 2. 5. 2006 – Az.: VK – 17/2006 – B).

631 Bedarf ein Bieter zur Durchführung der ausgeschriebenen Leistungen einer behördlichen Erlaubnis, **hat über deren Erteilung oder Versagung ausschließlich die dazu berufene Fachbehörde zu entscheiden. An deren Entscheidung ist auch der öffentliche Auftraggeber in einem Vergabeverfahren gebunden.** Erteilt oder versagt die Fachbehörde die benötigte Erlaubnis, hat die Vergabestelle dies im Vergabeverfahren hinzunehmen. Sie ist weder verpflichtet, die Rechtmäßigkeit jener Verwaltungsentscheidung zu überprüfen, noch ist sie befugt, die Genehmigungslage abweichend zu beurteilen. Ihr ist es deshalb auch verwehrt, einem Bieter, dem die zur Auftragsdurchführung benötigte Erlaubnis erteilt worden ist, gleichwohl die Leistungsfähigkeit in diesem Punkt abzusprechen, oder umgekehrt einen Bieter, dem die erforderliche Erlaubnis versagt worden ist, als leistungsfähig einzustufen. Eine **Ausnahme ist nur für den Fall** zuzulassen, **dass die Erlaubnisentscheidung der Fachbehörde offensichtlich rechtswidrig** ist.

632 Diese Grundsätze gelten in gleicher Weise, wenn im Vergabeverfahren **eine erst zukünftig anstehende Erlaubniserteilung zu prognostizieren ist**. In diesen Fällen hat der öffentliche Auftraggeber die Erlaubnislage aufgrund der bestehenden Verwaltungspraxis der zuständigen Fachbehörde zu beurteilen. Ist danach mit einer Erteilung der Erlaubnis zu rechnen, darf (und muss) er dies seiner Vergabeentscheidung zugrunde legen. Eine abweichende Beurteilung der Erlaubnislage ist ihm nur ausnahmsweise gestattet, wenn die Verwaltungspraxis der zuständigen Fachbehörde evident rechtswidrig ist (OLG Düsseldorf, B. v. 7. 7. 2003 – Az.: Verg 34/03).

633 Es ist als **unproblematisch, wenn im Rahmen eines Ausschreibungsverfahrens die derzeitige Genehmigung eines Bieters nach dem PBefG noch auf ihn als (früheren) Subunternehmer zugeschnitten** ist. Es ist vernünftig, wenn nicht gar zwingend, dass die Genehmigung erst nach Abschluss des Vergabeverfahrens insoweit angepasst wird. Erst wenn das Vergabeverfahren abgeschlossen ist und feststeht, wer den Auftrag erhält, kann eine Anpassung der Genehmigung beantragt werden (OLG München, B. v. 20. 5. 2010 – Az.: Verg 04/10).

Gesetz gegen Wettbewerbsbeschränkungen GWB § 97 **Teil 1**

Fordert der Auftraggeber eine Erklärung, dass für die angebotene Leistung **kein Patent-** 634
rechtsstreit anhängig ist und erklärt der Bieter, dass ein Einspruch gegen das Europäische
Patent beim Europäischen Patentamt eingereicht wurde, ist dies unschädlich. Das **Einspruchs-**
verfahren beim Europäischen Patentamt ist nicht als patentrechtlicher Rechtsstreit,
sondern als ein behördeninternes Verwaltungsverfahren zu qualifizieren (VK Schleswig-
Holstein, B. v. 12. 2. 2010 – Az.: VK-SH 27/09).

6.9.4.5.3.2 Literatur 635

– Müller-Stoy, Tilman, Patent- und Gebrauchsmusterschutz in Vergabesachen, GRUR 2006,
184
– Scharen, Uwe, Patentschutz und öffentliche Vergabe, GRUR 2009, 345

6.9.4.5.4 Relation zwischen Jahresumsatz eines Bieters und vorgesehenem Auf- 636
tragsvolumen? Eine **bestimmte Relation zwischen Auftragsvolumen und bisherigem**
Jahresumsatz des Bieters reicht grundsätzlich nicht aus, den Schluss auf mangelnde
Leistungsfähigkeit des Bieters zu rechtfertigen, weil sich aus der Art der Leistung unterschiedliche Anforderungen an Fähigkeiten und Kapazitäten des Bieters ergeben können (z. B.
durch einen hohen Materialkostenanteil des Angebotsvolumens). Der Auftraggeber muss insoweit konkrete Umstände vortragen, die Zweifel an der Leistungsfähigkeit des Bieters begründen
können (BGH, Urteil v. 24. 5. 2005 – Az.: X ZR 243/02).

6.9.4.5.5 Leistungsfähigkeit durch übernommenes Personal. Die **früheren Leistun-** 637
gen einer anderen Firma können nur dann die Leistungsfähigkeit eines Unterneh-
mens für den konkreten Auftrag belegen, wenn sichergestellt ist, dass diese den aus-
geschriebenen Auftrag vollständig oder zumindest zu einem ganz überwiegenden
Teil durch das Personal der früheren Firma durchführen wird (OLG Frankfurt, B. v.
9. 7. 2010 – Az.: 11 Verg 5/10). Dabei ist zu berücksichtigen, dass an einer Unternehmensleis-
tung sowohl die Unternehmensleitung, die gesamte Betriebsorganisation und die Struktur des
Unternehmens an sich maßgeblichen Anteil haben. Die Eignung des Bieters bestimmt sich
grundsätzlich nicht allein aus der Person seines Inhabers oder organschaftlichen Vertreters, sondern aus der Unternehmensorganisation als Ganzes, also durch die Gesamtheit der das Unternehmen prägenden Leistungsträger, welche die zu vergebende Leistung zu erbringen haben,
d. h. letztlich über die Summe der in der betrieblichen Tätigkeit angesammelten Erfahrungen
und Qualifikationen. Vor diesem Hintergrund reicht allein der Verweis auf die Referenz z. B. für
den Geschäftsführer und der Hinweis auf die übernommenen Mitarbeiter mit bestimmten Erfahrungen ohne weitere Nachweise nicht aus (1. VK Brandenburg, B. v. 30. 5. 2005 – Az.: VK
21/05; im Ergebnis ebenso VK Berlin, B. v. 6. 3. 2009 – Az.: VK – B 2–32/08; 1. VK Brandenburg, B. v. 1. 2. 2006 – Az.: 1 VK 81/05).

6.9.4.5.6 Leistungsfähigkeit (Verfügbarkeit) im Fall der Rechtsnachfolge. Für den 638
Nachweis der Verfügbarkeit im Rahmen der Eignungsprüfung bei Rechtsnachfolge
z. B. eines für die Auftragsdurchführung notwendigen Betriebsteils reicht es aus, dass der **Rechts-**
nachfolger erklärt, dem Mitglied der Bietergemeinschaft die von ihm übernomme-
nen sachlichen Gerätschaften und personellen Ressourcen für das konkrete ausge-
schriebene Bauvorhaben zur Verfügung zu stellen. In einer solchen Situation darf es
einem Bieter ebenso wenig durch erhöhte Anforderungen unangemessen erschwert werden, den
Nachweis seiner Leistungsfähigkeit und den Nachweis der (Wieder-)Verfügbarkeit von Mitteln
(Gerät und Personal) zu führen, wie es einem Bieter generell untersagt werden kann, das Unternehmen oder Teile davon während eines Vergabeverfahrens zu veräußern (OLG Düsseldorf, B.
v. 26. 1. 2005 – Az.: VII – Verg 45/04).

6.9.4.5.7 Zeitpunkt der Leistungsfähigkeit. Die **Rechtsprechung** ist insoweit **nicht** 639
einheitlich.

Nach einer Auffassung muss die **Leistungsfähigkeit bereits zum Zeitpunkt der Aus-** 640
wahlentscheidung bestehen (OLG Düsseldorf, B. v. 19. 9. 2002 – Az.: Verg 41/02; OLG
Dresden, B. v. 23. 7. 2002 – Az.: WVerg 0007/02; VK Baden-Württemberg, B. v. 16. 11. 2004
– Az.: 1 VK 69/04). Das OLG Düsseldorf schwächt in einer späteren Entscheidung diese Aussage dahingehend ab, dass dem **Auftraggeber ein Beurteilungsspielraum** bei der Frage zusteht, **ob im Zeitpunkt der Auftragsdurchführung ein Bieter über ausreichende per-**
sonelle Kapazitäten verfügen wird, um den Auftrag rechtzeitig und ordnungsgemäß
auszuführen (OLG Düsseldorf, B. v. 20. 10. 2008 – Az.: VII – Verg 41/08).

Nach einer **anderen Auffassung** ist es z. B. den sich um öffentliche Aufträge bewerbenden 641
Entsorgungsfachbetrieben weder zumutbar, noch ist es objektiv erforderlich, dass sie

bereits im Stadium der Angebotsabgabe stets eine den ausgeschriebenen Auftrag abdeckende logistische Reserve vorweisen können. Vielmehr ist unstreitig, dass die Entsorgungsfachbetriebe üblicherweise für derartige Aufträge die erforderlichen Fahrzeuge erst dann beschaffen und das erforderliche Personal erst dann einstellen, wenn sie einen Zuschlag auch tatsächlich erhalten haben. Üblich ist ebenfalls, dass nach Möglichkeit zum Zeitpunkt des Beginns des ausgeschriebenen Vertragszeitraums **sowohl Personal als auch im Einzelfall Fahrzeuge und andere für die Logistik notwendige Ausstattung vom bisherigen Inhaber des Entsorgungsauftrags übernommen werden**. In jedem Fall aber wird **durch einen ausreichend bemessenen Zeitrahmen zwischen Ablauf der Binde- und Zuschlagsfrist und dem Beginn des Auftragszeitraums** gewährleistet, dass sich ein Bieter im Zuschlagsfall die erforderlichen sächlichen Mittel und das erforderliche weitere Personal rechtzeitig zum Leistungsbeginn beschafft (Brandenburgisches OLG, B. v. 5. 1. 2006 – Az.: Verg W 12/05; VK Lüneburg, B. v. 8. 5. 2006 – Az.: VgK-07/2006; im Ergebnis ebenso OLG Schleswig-Holstein, B. v. 8. 5. 2007 – Az.: 1 Verg 2/07; VK Nordbayern, B. v. 18. 9. 2008 – Az.: 21.VK – 3194 - 43/08; VK Schleswig-Holstein, B. v. 28. 3. 2007 – Az.: VK-SH 04/07). Entscheidend ist also, dass **zum Zeitpunkt der Leistungserbringung alle Voraussetzungen erfüllt** sind (VK Münster, B. v. 10. 7. 2001 – Az.: VK 15/01).

642   Wird in der Baubeschreibung ausdrücklich vorgegeben, dass das **Unterbringungskonzept für kontaminiertes Baggergut** Teil des Angebots ist, ist diese Vorgabe weder für sich genommen noch in einem größeren Gesamtkontext auslegungsbedürftig, da sie klar ist. Der **Auftraggeber hat sich damit klar erkennbar dafür entschieden, den Bietern eine verbindliche Festlegung hinsichtlich der Unterbringung abzuverlangen**. Die angebotenen Unterbringungsorte wären bei Erteilung des Zuschlags auf das entsprechende Angebot Vertragsinhalt geworden. Eine Folge ist, dass der spätere Auftragnehmer nicht berechtigt wäre, die Unterbringung an einem anderen Ort vorzunehmen. Auf der anderen Seite – und dies ist entscheidend – wäre der Bieter jedenfalls auf der vertraglichen Ebene aber auch berechtigt, die Unterbringung bei den genannten Unterbringungsorten vorzunehmen. Bei Nennung mehrerer Orte wäre der Bieter danach laut Vertrag berechtigt, das kontaminierte Baggergut bei allen Deponien oder bei einer davon unterzubringen. **Es versteht sich bei dieser Sachlage von selbst, dass es sich bei den im Konzept genannten Orten um solche handeln musste, die auch die Genehmigung für die entsprechende Schadstoffklasse haben. Andernfalls würde der Auftraggeber mit Zuschlag sein vertragliches Einverständnis mit der Unterbringung auf einer nicht entsprechend genehmigten Deponie erteilen, was schlechterdings nicht vorstellbar** ist. Ob ein Auftragnehmer bei Durchführung dann tatsächlich auf die ihm benannte, aber nicht genehmigte Unterbringung zurückgreifen würde oder bei fehlender Genehmigung ausschließlich auf die genehmigte und ebenfalls benannte Alternativmöglichkeit zurückgreifen würde, wäre der Einflussmöglichkeit des Auftraggebers entzogen. Einer ausdrücklichen Verbalisierung, wonach alle Orte bereits bei Angebotsabgabe über eine Genehmigung für die jeweilige Schadstoffklasse verfügen müssen, bedurfte es nicht. Ein Verständnis dahingehend, das Unterbringungskonzept könne im bloßen Vertrauen darauf von dem Auftraggeber akzeptiert werden, dass im Zeitpunkt der Leistungserbringung die Genehmigung vorliegen werde, kommt nicht in Betracht. Die **Fallgestaltung ist nicht mit Sachverhalten zu vergleichen, bei denen es um den Zeitpunkt der Verfügbarkeit von Personal oder von Räumlichkeiten geht, die zur Auftragsdurchführung erforderlich** sind (3. VK Bund, B. v. 9. 9. 2010 – Az.: VK 3–87/10; im Ergebnis ebenso OLG Düsseldorf, B. v. 6. 10. 2010 – Az.: VII-Verg 44/10).

643   Nach Auffassung des Oberlandesgerichts München **muss ein Bieter bei Angebotsabgabe nicht unbedingt über alle technischen und personellen Kräfte verfügen, die er für die Ausführung des Auftrages benötigt**. Es genügt, dass er in der Lage ist, sich **bis zur Auftragserteilung die erforderlichen Mittel zu beschaffen**. Ansonsten wären die Bieter in Unkenntnis darüber, ob sie den Auftrag erhalten oder nicht, zu Investitionen gezwungen, die sich für den Fall, dass sie den Auftrag nicht erhalten, als wirtschaftlich unsinnig erweisen (OLG München, B. v. 12. 9. 2005 – Az.: Verg 020/05; ebenso für Aufträge der europäischen Kommission EuG, Urteil v. 6. 7. 2005 – Az.: T-148/04; im Ergebnis ebenso VK Baden-Württemberg, B. v. 10. 9. 2009 – Az.: 1 VK 41/09).

644   Allein die Tatsache, dass ein Bieter zum Zeitpunkt seiner Angebotsunterbreitung alle ihm zur Verfügung stehenden Großkehrmaschinen an anderen Orten eingesetzt hat, weist nicht zwingend darauf hin, dass er nicht in der Lage wäre, einen weiteren Auftrag zur Straßenreinigung auszuführen. **Vielmehr ist es ihm möglich, nach Erteilung des Zuschlages die entsprechende Technik zu beschaffen** (2. VK Sachsen-Anhalt, B. v. 23. 7. 2008 – Az.: VK 2 LVwA LSA – 07/08).

Gesetz gegen Wettbewerbsbeschränkungen GWB § 97 **Teil 1**

Die **Forderung**, dass die **Bieter bereits bei Angebotsabgabe über das gesamte erfor- 645 derliche Personal und sämtliche benötigten Räumlichkeiten für die Durchführung von Unterrichtsdienstleistungen verfügen müssen**, zwingt vor allem ortsfremde Bieter zu erheblichen Investitionen, ohne zu wissen, ob er überhaupt den Zuschlag erhält und sich so seine Aufwendungen amortisieren. Eine solche Vorgabe **bürdet** den Bietern daher ein **unzulässiges ungewöhnliches Wagnis** i. S. d. § 8 Nr. 1 Abs. 3 VOL/A (Fassung 2006; die Fassung 2009 enthält keine entsprechende Formulierung) **über** oder ist **diskriminierend** (2. VK Bund, B. v. 15. 5. 2009 – Az.: VK 2–21/09; 3. VK Bund, B. v. 24. 7. 2008 – Az.: VK 3–95/08; im Ergebnis ebenso VK Baden-Württemberg, B. v. 29. 6. 2009 – Az.: 1 VK 27/09).

Nicht ganz so weit geht die 2. **VK Bund** in einer weiteren Entscheidung und löst das 646 Problem anders. Es **erscheint nicht generell vergaberechtswidrig, wenn es in einem ersten Schritt als ausreichend angesehen wird, dass nicht bereits die Leistungsfähigkeit, sondern lediglich die Herstellung der Leistungsfähigkeit bis zum Zeitpunkt der Auftragsdurchführung verbindlich erklärt wird**. Ohne davon ausgehen zu können, den Zuschlag zu erhalten, wäre es vielfach unzumutbar, den Bietern aufzuerlegen, bereits vor Angebotsabgabe ggf. erhebliche Ressourcen aufzubauen, wobei es in der Natur der Sache läge, dass sich entsprechende Investitionen – zumindest grundsätzlich – nur bei dem letztlich bezuschlagten Unternehmen rechnen (2. VK Bund, B. v. 16. 9. 2008 – Az.: VK 2–97/08).

In einem **Vergabeverfahren über Notfallrettung und qualifizierten Krankentransport** 647 kann **nicht gefordert** werden, dass der **Bieter bereits zum Zeitpunkt der Abgabe des Angebotes über das nötige Personal, Material etc. verfügt**; vielmehr kann vom Bieter nur die Darlegung verlangt werden, dass er sich für den Fall der Beauftragung die nötigen Mittel verschaffen kann (OVG Sachsen-Anhalt, B. v. 2. 2. 2009 – Az.: 3 M 555/08).

Hat der Auftraggeber weder in der Bekanntmachung noch in den Vergabeunterlagen festge- 648 legt, dass ein **Bieter bei Angebotsabgabe in der Handwerksrolle eingetragen und über einen Schweißnachweis DIN 18800-7, Klasse B verfügen muss**, rechtfertigt die **kurzfristige Beschaffung und Vorlage der Nachweise nach Angebotsabgabe und vor einer ordnungsgemäßen Angebotswertung nicht ohne weiteres den Ausschluss** des Angebots des Bieters (OLG München, B. v. 21. 8. 2008 – Az.: Verg 13/08).

6.9.4.5.8 Bedeutung von Liquiditätsproblemen. Die **Rechtsprechung** hierzu ist **nicht** 649 **einheitlich**.

Nach einer Auffassung **genügt** es für die Bejahung der finanziellen Leistungsfähigkeit **nicht**, 650 wenn der **Bewerber seine Leistungsfähigkeit erst durch die Zahlung des Entgeltes** für die ausgeschriebene Maßnahme (möglicherweise) **erlangt** (OLG Düsseldorf, B. v. 19. 9. 2002 – Az.: Verg 41/02).

Nach einer anderen Meinung **rechtfertigen bloße Liquiditätsprobleme in der Regel** 651 **einen Ausschluss nicht** (Thüringer OLG, Urteil v. 27. 2. 2002 – Az.: 6 U 360/01; LG Leipzig, Urteil v. 24. 1. 2007 – Az.: 06HK O 1866/06).

6.9.4.5.9 Mangelnde Leistungsfähigkeit wegen einer vom Bieter gewünschten Bau- 652 **zeitanpassung wegen einer erwarteten Verzögerung des Baubeginns infolge einer Verlängerung der Zuschlags- und Bindefrist.** Soweit ein **Auftraggeber den Ausschluss eines Angebots auf eine von einem Bieter begehrte Bauzeitanpassung stützen** möchte, ist zu **berücksichtigen, dass zwischen der von den Bietern zugesagten Einhaltung des Fertigstellungstermins und dem in den Ausschreibungsunterlagen genannten Zeitpunkt für den Baubeginn eine Wechselwirkung besteht**, zumal dieser für die Bieter regelmäßig ein wesentlicher Parameter bei der Angebotskalkulation ist. Ebenso, wie sie die Einhaltung des Fertigstellungstermins zusagen, muss der Auftraggeber die Aufnahme der Arbeiten zu dem bekannt gemachten Termin ermöglichen. **Gibt ein Bieter zu erkennen, dass er eine Verlängerung der Bauzeit in Anspruch nehmen will, die proportional zur erwarteten Verzögerung des Baubeginns infolge der Verlängerung der Zuschlags- und Bindefrist bemessen ist, berechtigt das den Auftraggeber nicht ohne Weiteres, diesen Bieter – wegen Unzuverlässigkeit oder mangelnder Leistungsfähigkeit – auszuschließen**. Der Ausschluss wäre vielmehr allenfalls **dann gerechtfertigt, wenn der Auftraggeber berechtigterweise erwarten konnte, dass der ursprüngliche Fertigstellungstermin trotz des verzögerten Baubeginns eingehalten wird** und der Bieter gleichwohl auf der Bauzeitanpassung beharrt und deshalb zu befürchten ist, dass der anfängliche Termin nicht eingehalten würde. Ob der Auftraggeber zu Recht trotz Verschiebung des Baubeginns auf der Einhaltung der anfangs vorgesehenen Bauzeit bestehen darf, **hängt im Wesentlichen von den Umständen**

des Einzelfalls ab. Bei der dafür vorzunehmenden **Abwägung aller Aspekte** einschließlich der beiderseitigen Interessen wird **insbesondere in Erwägung zu ziehen** sein, ob die **vorgesehene Bauzeit für das Vorhaben eher großzügig oder knapp bemessen** war, ferner, ob die **ursprünglich vorgesehene Zuschlags- und Bindefrist eher kurz bemessen** war; schließlich und vor allem wird zu berücksichtigen sein, ob der Bieter bei seiner weiteren Planung ersichtlich mit einer vollen Ausschöpfung der verlängerten Zuschlagsfrist gerechnet hat. Aufgrund des durch die Ausschreibungsteilnahme begründeten vorvertraglichen Vertrauensverhältnisses ist der **Auftraggeber verpflichtet, sich mit dem Bieter über die Bauzeit ins Benehmen zu setzen**, bevor er ihn wegen der kalkulierten Bauzeitenanpassung ausschließt (BGH, Urteil v. 15. 4. 2008 – Az.: X ZR 129/06).

653   6.9.4.5.10 Verlangen von Angaben zur Produktionskapazität. Ein öffentlicher **Auftraggeber darf von den Bietern Angaben zur Produktkapazität zur Beurteilung ihrer Leistungsfähigkeit verlangen**. Dieses Eignungskriterium ist nicht vergaberechtswidrig, insbesondere ist es „durch den Gegenstand des Auftrags gerechtfertigt" (§ 7 EG Abs. 1 VOL/A) und verstößt auch sonst nicht gegen allgemeine vergaberechtliche Grundsätze. Wie für die Zulässigkeit von Eignungskriterien zum Nachweis der Leistungsfähigkeit eines Bieters erforderlich, **dient auch die Gewährleistung bestimmter Lieferkapazitäten der Beurteilung, ob der Bieter die hinreichenden Mittel besitzt, um eine ordnungsgemäße Ausführung des Auftrags zu gewährleisten.** Die Prüfung der Lieferfähigkeit eines potentiellen Auftragnehmers vor Abschluss z. B. eines Rabattvertrages ist wenn nicht sogar erforderlich, aber mindestens sachgerecht, **um die ausreichende und sichere Versorgung der Versicherten (§§ 1, 12 SGB V) zu gewährleisten.** Dies insbesondere dann, wenn die Erfahrungen der Krankenkassen aus vorangegangenen Rabattvertragsrunden zeigen, dass eine derartige Prüfung geboten ist, weil es sich dort gezeigt hatte, dass einige Auftragnehmer eben gerade nicht in der Lage gewesen waren, das geforderte Volumen zu bedienen. **Kleine und mittlere Unternehmen werden hierdurch nicht unangemessen benachteiligt**, da es ihnen zum Einen freisteht, **Bietergemeinschaften zu bilden**, und sie zweitens zum **Nachweis der erforderlichen Produktionskapazitäten** nicht nur eigene Produktionsstätten angeben konnten, sondern **auch solche von Auftragsherstellern, also Nachunternehmern** (LSG Nordrhein-Westfalen, B. v. 8. 10. 2009 – Az.: L 21 KR 39/09 SFB; B. v. 28. 4. 2009 – Az.: L 21 KR 40/09 SFB; 1. VK Bund, B. v. 26. 11. 2009 – Az.: VK 1–197/09; B. v. 10. 11. 2009 – Az.: VK 1–191/09; 3. VK Bund, B. v. 26. 3. 2009 – Az.: VK 3–43/09; B. v. 20. 3. 2009 – Az.: VK 3–34/09; B. v. 20. 3. 2009 – Az.: VK 3–22/09; B. v. 30. 1. 2009 – Az.: VK 3–221/08; B. v. 29. 1. 2009 – Az.: VK 3–200/08; B. v. 29. 1. 2009 – Az.: VK 3–197/08; B. v. 23. 1. 2009 – Az.: VK 3–194/08).

654   **Orientieren sich die Auftraggeber** bei der Vorgabe einer nachzuweisenden Produktionskapazität hinsichtlich des nach wie vor aussagekräftigen Gesamtverordnungsvolumens **an den historischen Zahlen und legen bei den nachzuweisenden Produktionskapazitäten eine Durchsetzungsquote der Rabattpräparate von 70% zugrunde**, ist dies **nicht fehlerhaft**, sondern basiert auf realistischen Annahmen (3. VK Bund, B. v. 20. 3. 2009 – Az.: VK 3–40/09).

655   6.9.4.5.11 Weitere Beispiele aus der Rechtsprechung

– bei **Nachweisen über die Verfügbarkeit von Fahrzeugen zum Transport von Klärschlamm** handelt es sich nicht um Erklärungen, die unmittelbar Inhalt der Angebotserklärung sind, sondern um **Eignungsnachweise** (OLG München, B. v. 31. 8. 2010 – Az.: Verg 12/10)

– **allein aus der Zahl der Mitarbeiter kann der Auftraggeber nicht zwingend auf die mangelnde Eignung für die Ausführung der Leistung schließen**, da bei keinem Bieter auf die tatsächlich auf der Baustelle tätigen Personen geschlossen werden kann. **Entscheidend kommt es darauf an, ob der betreffende Bieter die Fähigkeit besitzt, Personal einzustellen**, um dann bei Leistungsbeginn die erforderliche Anzahl an qualifiziertem Personal bieten zu können. Die Anzahl der Mitarbeiter ist daher kein taugliches Argument für die fehlende Eignung (VK Baden-Württemberg, B. v. 29. 6. 2009 – Az.: 1 VK 27/09)

– **es ist für den Auftraggeber grundsätzlich unerheblich, wo sich der Auftragnehmer zu welchen Konditionen Einzelteile, die er für die Erfüllung des Auftrags benötigt, beschafft.** Wenn sich ein Bieter zur Lieferung eines bestimmten Produkts verpflichtet, erwirbt der Auftraggeber bei Vertragsschluss einen Erfüllungsanspruch, aus dem sich im Falle der Nicht- oder Schlechterfüllung ein Schadensersatzanspruch ergeben könnte. Dies sind aber **Fragen der späteren Vertragsabwicklung, die im vergaberechtlichen Verfahren solange keine Rolle spielen, wie der Auftraggeber von der Leistungsfähigkeit des Bieters ausgehen darf.** Anders wäre die Sachlage nach Auffassung der Kammer nur dann zu

Gesetz gegen Wettbewerbsbeschränkungen GWB § 97 **Teil 1**

beurteilen, wenn von Anfang an nahezu feststünde, dass die Lieferung für die Beigeladene objektiv unmöglich wäre (VK Baden-Württemberg, B. v. 10. 9. 2009 – Az.: 1 VK 41/09)

– hinsichtlich der **Umstände der Eillieferung von 3 Stunden** bewegte sich die Ag im Rahmen des ihr auf der zweiten Wertungsstufe, der Eignungsprüfung gemäß § 25 Nr. 2 Abs. 1 VOL/A, zustehenden Beurteilungsspielraums. **Ob dem Bieter die Belieferung in der vorgeschriebenen 3-Stunden-Frist tatsächlich im Regelfall gelingen wird, war von der Ag im Rahmen der Prüfung der technischen Leistungsfähigkeit der ASt zu berücksichtigen.** Bei der Beurteilung der unbestimmten Rechtsbegriffe Fachkunde, Leistungsfähigkeit und Zuverlässigkeit handelt es sich um eine **Prognoseentscheidung, ob vom zukünftigen Auftragnehmer die ordnungsgemäße Erfüllung der vertraglichen Verpflichtungen erwartet werden kann.** Die Ag hat insoweit nachvollziehbar dargelegt, dass bei der von der ASt gewählten Variante der Belieferung von ihrem Hauptsitz in B nach A sich das Risiko einer Nichteinhaltung der 3-Stunden-Frist schon bei kleinen Störungen des Verkehrs erheblich erhöht. Schon die reine Fahrzeit von 2 bis 2 ½ Stunden ohne eine Bearbeitung der Bestellung inklusive Verpackung und Verladung führt im Regelfall zu einer äußerst knappen Einhaltung der vorgegebenen Frist. **Die Ag durfte dies im Rahmen der Prüfung der technischen Leistungsfähigkeit des Angebots der ASt berücksichtigen.** Sie hat sich im Rahmen der von ihr vorgegebenen Bewertungsvorgaben gehalten und insoweit keine sachwidrigen Erwägungen bezüglich der Erfüllbarkeit angestellt (2. VK Bund, B. v. 6. 6. 2008 – Az.: VK 2–46/08; B. v. 29. 2. 2008 – Az.: VK 2–16/08)

– es ist fraglich, ob sich allein aus der Zahl von Mitarbeitern zwingend die mangelnde Eignung für die Ausführung ausgeschriebene Leistung ergibt, **da aus der bloßen Angabe der Mitarbeiterzahl letztlich bei keinem der Bieter auf die tatsächlich auf der Baustelle tätigen Personen bzw. die Leistungsfähigkeit geschlossen werden kann.** Allein aus der Tatsache, dass ein Bieter über einen größeren Mitarbeiterstamm verfügt, stellt nicht gleichsam sicher, dass der Bieter mit mehr Personal an der Baustelle vertreten sein wird. Die **pauschale Wertung**, dass ein **Bieter mit nur einer bestimmten Mitarbeiterzahl zu klein für die Ausführung der ausgeschriebenen Leistung sei**, ohne im Rahmen der Abwägung die Mitarbeiterzahl ins Verhältnis zu der geplanten Ausführungsdauer zu setzen, wäre jedenfalls auch dann nicht geeignet, die negative Feststellung der Leistungsfähigkeit zu tragen. Die **Begründung, dass damit zu rechnen sei, dass ein Bieter bei Unterbrechungen der Ausführung weitere Aufträge annehmen werde und der Mitarbeiterstamm dann nicht ausreiche, ist ebenfalls nicht geeignet**, die Nichteignung der Antragstellerin aufgrund ihrer Mitarbeiterzahl zu verneinen, da sich diese Problematik auch bei Firmen mit größerem Mitarbeiterstamm stellt (VK Düsseldorf, B. v. 29. 3. 2007 – Az.: VK – 08/2007 – B)

– **die (personelle) Leistungsfähigkeit** darf auch im Hinblick **auf noch zusätzlich einzustellendes Personal bejaht** werde; entscheidend ist danach, ob **bei Auftragsdurchführung** die erforderliche Anzahl qualifizierter Mitarbeiter zur Verfügung steht (OLG Schleswig-Holstein, B. v. 8. 5. 2007 – Az.: 1 Verg 2/07)

– verfehlt ist der Ansatz, für die Frage der (personellen) Leistungsfähigkeit auf die Anzahl der Mitarbeiter bei Angebotsabgabe abzustellen; **entscheidend kommt es darauf an, ob der betreffende Bieter die Fähigkeit besitzt, Personal einzustellen, um dann bei Leistungsbeginn die erforderliche Anzahl an qualifiziertem Personal bieten zu können** (VK Schleswig-Holstein, B. v. 28. 3. 2007 – Az.: VK-SH 04/07)

– ist als „**Art des Auftrags**" (durch Ankreuzen) „**Lieferung**" bzw. „**Kauf**" des Alarmierungsnetzes angegeben, sind **nur solche Bieter leistungsfähig, die einen Verkauf der nachgefragten Leistung anbieten.** Wer demgegenüber nach dem Erkenntnisstand der Vergabestelle im maßgeblichen Zeitpunkt der Auswahlentscheidung **nur Miet- oder Leasingangebote** unterbreitet hat, ist aus dem Kreis der geeigneten Bieter auszuschließen mit der **Folge der Ablehnung seines Teilnahmeantrages** (OLG Schleswig-Holstein, B. v. 19. 1. 2007 – Az.: 1 Verg 14/06)

– unter „**Verfügbarkeit**" ist lediglich zu verstehen, dass derjenige oder diejenige, der oder die den Auftrag erhält, in der Lage sein muss, während des Jahres die genannten Geräte zur Erfüllung des erteilten Auftrages einzusetzen. Damit ist jedoch **nicht zugleich verlangt**, dass der Auftragnehmer schon im Zeitpunkt der Abgabe des Angebots entweder **Eigentümer dieser Maschinen sein müsse** oder kraft eines bereits zu diesem Zeitpunkt – unter Umständen aufschiebend bedingt – bestehenden schuldrechtlichen Verhältnisses die (**rechtliche**) **Sicherheit haben müsse**, diese Gerätschaften im Zeitraum

Teil 1 GWB § 97 Gesetz gegen Wettbewerbsbeschränkungen

auch tatsächlich nutzen zu können (Hanseatisches OLG Bremen, B. v. 24. 5. 2006 – Az.: Verg 1/2006)

– **vorherige Insolvenzen** des Geschäftsführers eines Bieters könnten zwar ein **Indiz für die Prognose**, dass Aufträge möglicherweise nicht vertragsgerecht ausgeführt werden können oder Gewährleistungsfristen nicht eingehalten werden können, sein. Der **Auftraggeber muss jedoch substantiiert vorgetragen, dass konkrete Anhaltspunkte dafür bestehen, dass wiederum eine Insolvenz des Bieters zu befürchten ist** (2. VK Brandenburg, B. v. 9. 8. 2005 – Az.: 2 VK 38/05)

– bei einer Ausschreibung über die Durchführung der Restabfallentsorgung (Verwertung/Beseitigung) hängt die **Leistungsfähigkeit des Bieters von dem gesicherten Vorhandensein der erforderlichen Kapazitäten der angebotenen Anlage**(n) ab; fehlen bei dem Angebot geforderte Kapazitäten, ist es zwingend auszuschließen (OLG Rostock, B. v. 30. 5. 2005 – Az.: 17 Verg 4/05)

– die **Leistungsfähigkeit fehlt**, wenn ein **Mitglied einer Bietergemeinschaft** das für die Erbringung der Leistung **notwendige Personal und die notwendigen Geräte** auf eine nicht an der Bietergemeinschaft beteiligte Firma **überträgt** (OLG Düsseldorf, B. v. 15. 12. 2004 – Az.: VII – Verg 48/04)

– an der Leistung und Leistungsfähigkeit eines Unternehmens haben dessen Leitung, die gesamte Betriebsorganisation und die Struktur des Unternehmens maßgeblichen Anteil, und zwar in der **Gesamtheit aller Beteiligten, die dies personell verkörpern** (OLG Dresden, B. v. 23. 7. 2002 – Az.: WVerg 0007/02; VK Hessen, B. v. 11. 4. 2007 – Az.: 69 d VK – 07/2007; 1. VK Brandenburg, B. v. 30. 5. 2005 – Az.: VK 21/05)

– der öffentliche Auftraggeber hat Umstände, welche die Leistungsfähigkeit des Bieters betreffen, **bis zum Abschluss des Vergabeverfahrens, d. h. bis zur (rechtswirksamen) Zuschlagserteilung**, zu berücksichtigen (OLG Düsseldorf, B. v. 21. 1. 2002 – Az.: Verg 45/01)

– nach §§ 25 Nr. 1 Abs. 2, 8 Nr. 5 VOB/A sind selbst insolvente Bieter nicht zwingend auszuschließen, sondern der Auftraggeber hat eine Ermessensentscheidung zu treffen. **Bloße Liquiditätsprobleme dürften daher in der Regel einen Ausschluss nicht rechtfertigen** (OLG Thüringen, Urteil vom 27. 2. 2002 – Az.: 6 U 360/01)

– verfehlt ist schon der Ansatz, für die Frage der personellen Leistungsfähigkeit auf die Anzahl der Mitarbeiter bei Angebotsabgabe abzustellen. Entscheidend ist vielmehr, ob die Antragstellerin die Fähigkeit besitzt, Personal einzustellen, **um dann bei Leistungsbeginn die erforderliche Anzahl an qualifiziertem Personal bieten zu können** (1. VK Bund, B. v. 5. 9. 2001 – Az.: VK 1–23/01)

– selbst wenn zur Ausführung einer ausgeschriebenen Leistung **noch zusätzliches Personal eingestellt werden muss und dies bei der Beschäftigungslage keinen Schwierigkeiten begegnet**, könnte deswegen die Leistungsfähigkeit nicht abgesprochen werden (VK Nordbayern, B. v. 17. 3. 2003 – Az.: 320.VK-3194-06/03)

– ein schwacher **Bonitätsindex bei Auskunfteien** (z. B. Creditreform) bedeutet grundsätzlich nicht, dass der Bieter den Vertrag nicht erfüllen und den Auftrag nicht einwandfrei ausführen wird (1. VK Bund, B. v. 27. 9. 2002 – Az.: VK 1–63/02)

– das Erfordernis eines **bestimmten Jahresumsatzes** kann im Einzelfall bedenklich sein (1. VK Bund, B. v. 21. 9. 2001 – Az.: VK 1–33/01)

6.9.4.6 Eignungskriterium „Zuverlässigkeit"

656 **6.9.4.6.1 Begriffsinhalt.** Für die Bewertung der Zuverlässigkeit eines Bieters oder Verhandlungspartners im Vergabeverfahren ist maßgebend, inwieweit die Umstände des einzelnen Falles die Aussage rechtfertigen, er werde gerade die von ihm angebotenen Leistungen, die Gegenstand des Vergabeverfahrens sind, **vertragsgerecht erbringen können** (OLG Brandenburg, B. v. 14. 9. 2010 – Az.: Verg W 8/10; OLG Celle, B. v. 13. 12. 2007 – Az.: 13 Verg 10/07; OLG Düsseldorf, B. v. 8. 5. 2002 – Az.: Verg 8–15/01; 1. VK Brandenburg, B. v. 11. 7. 2007 – Az.: 1 VK 23/07; B. v. 11. 9. 2006 – Az.: 2 VK 34/06, 1 VK 35/06; B. v. 11. 7. 2006 – Az.: 1 VK 25/06; VK Nordbayern, B. v. 18. 12. 2007 – Az.: 21.VK – 3194 - 47/07; 1. VK Saarland, B. v. 20. 8. 2007 – Az.: 1 VK 01/2007; VK Sachsen, B. v. 17. 7. 2007 – Az.: 1/SVK/046-07; B. v. 3. 11. 2005 – Az.: 1/SVK/125-05).

657 Ein Bieter ist demnach zuverlässig, wenn er seinen **gesetzlichen Verpflichtungen nachgekommen ist** (OLG Rostock, B. v. 6. 3. 2009 – Az.: 17 Verg 1/09; 3. VK Bund, B. v. 28. 9.

Gesetz gegen Wettbewerbsbeschränkungen GWB § 97 **Teil 1**

2005 – VK 1–133/05; VK Schleswig-Holstein, B. v. 27. 1. 2009 – Az.: VK-SH 19/08; VK Südbayern, B. v. 25. 7. 2007 – Az.: Z3-3-3194-1-30–06/07) - **zu denen vor allem die Entrichtung von Steuern und sonstigen Abgaben gehören** (1. VK Bund, B. v. 20. 4. 2005 – Az.: VK 1–23/05; VK Schleswig-Holstein, B. v. 28. 1. 2008 – Az.: VK-SH 27/07; B. v. 15. 5. 2006 – Az.: VK-SH 10/06), aber auch die **Verpflichtungen nach dem Medizin-Produkte-Gesetz – MPG** -(3. VK Bund, B. v. 28. 9. 2005 – VK 1–133/05) – **und aufgrund der Erfüllung früherer Verträge eine einwandfreie Ausführung erwarten lässt** (OLG Düsseldorf, B. v. 4. 2. 2009 – Az.: VII-Verg 70/08; B. v. 4. 2. 2009 – Az.: VII-Verg 65/08; B. v. 15. 12. 2004 – Az.: VII – Verg 48/04; OLG Rostock, B. v. 6. 3. 2009 – Az.: 17 Verg 1/09; Saarländisches OLG, B. v. 28. 4. 2004 – Az.: 1 Verg 4/04; 2. VK Bund, B. v. 10. 12. 2003 – Az.: VK 1–116/03; VK Lüneburg, B. v. 8. 4. 2005 – Az.: VgK-10/2005; VK Schleswig-Holstein, B. v. 27. 1. 2009 – Az.: VK-SH 19/08; B. v. 28. 11. 2006 – Az.: VK-SH 25/06; B. v. 15. 5. 2006 – Az.: VK-SH 10/06; VK Südbayern, B. v. 25. 7. 2007 – Az.: Z3-3-3194-1-30–06/07; B. v. 13. 9. 2002 – Az.: 37-08/02). Die Prüfung der Zuverlässigkeit erfolgt im Wesentlichen **auf der Grundlage einer Analyse des in der Vergangenheit liegenden Geschäftsgebarens des Bieters** (OLG Brandenburg, B. v. 14. 9. 2010 – Az.: Verg W 8/10; OLG Düsseldorf, B. v. 4. 2. 2009 – Az.: VII-Verg 65/08; 1. VK Brandenburg, B. v. 11. 7. 2007 – Az.: 1 VK 23/07; VK Lüneburg, B. v. 15. 9. 2003 – Az.: 203-VgK-13/2003; VK Nordbayern, B. v. 18. 12. 2007 – Az.: 21.VK – 3194 – 47/07; 1. VK Saarland, B. v. 20. 8. 2007 – Az.: 1 VK 01/2007; VK Sachsen, B. v. 17. 7. 2007 – Az.: 1/SVK/046-07; B. v. 3. 11. 2005 – Az.: 1/SVK/125-05), aber auch unter **Berücksichtigung von Vorkommnissen im laufenden oder in einem früheren Vergabeverfahren** (OLG Düsseldorf, B. v. 4. 2. 2009 – Az.: VII-Verg 65/08).

Hierbei ist es **nicht ermessensfehlerhaft**, bei sensiblen Leistungen (z. B. BSE-Pflichttests) **658** einen **sehr strengen, jegliche Risiken im Zusammenhang mit der ausgeschriebenen Tätigkeit ausschließenden Maßstab anzulegen** (OLG München, B. v. 21. 4. 2006 – Az.: Verg 8/06).

Von fehlender Eignung – **Zuverlässigkeit** – eines Bewerbers **kann auch dann gesprochen** **659** **werden, wenn er bestimmte zusätzliche Anforderungen nicht erfüllt**, die der **Auftraggeber** aus Gründen, die in der Natur der ausgeschriebenen Aufgabe und der mit ihr verfolgten Zwecke liegen, **mit Recht zur Voraussetzung für die Auftragsvergabe machen will** (1. VK Brandenburg, B. v. 26. 8. 2005 – Az.: 1 VK 49/05).

6.9.4.6.2 Änderung durch das Vergaberechtsmodernisierungsgesetz 2009. **660**
6.9.4.6.2.1 Zusätzliches Eignungsmerkmal „Gesetzestreue"? Mit dem Vergaberechtsmodernisierungsgesetz 2009 ist in § 97 Abs. 4 Satz 1 das Merkmal der Gesetzestreue eingefügt worden. **Nach dem Wortlaut des § 97 Abs. 4 Satz 1 handelt es sich um ein zusätzliches Eignungsmerkmal.** Auf der anderen Seite hat die Rechtsprechung zu dem Eignungsmerkmal der Zuverlässigkeit herausgearbeitet, dass die Gesetzestreue ein Bestandteil der Zuverlässigkeit ist, sodass es sich **nicht um ein zusätzliches Eignungsmerkmal handelt**, sondern eine **besondere Betonung eines Bestandteiles der Zuverlässigkeit** ist.

6.9.4.6.2.2 Inhalt des Merkmals der Gesetzestreue. Das **Merkmal der Gesetzestreue** **661** ist **im Lauf der parlamentarischen Beratung** in das Vergaberechtsmodernisierungsgesetz 2009 **eingefügt** worden. **Nach den Materialien** soll nur das Unternehmen, das die deutschen Gesetze einhält, zum Wettbewerb um öffentliche Aufträge zugelassen werden. Die **Aufzählung der Gesamtheit der einzuhaltenden Regeln im Gesetz ist weder möglich noch nötig**. Es geht um **alle Regeln**, an die sich alle Unternehmen, die eine entsprechende Tätigkeit ausüben, halten müssen. Dies gilt selbstverständlich auch und gerade für so **wichtige Grundregeln wie die Kernarbeitsnormen der Internationalen Arbeitsorganisation**. Sie sind zwingender Bestandteil unserer Rechtsordnung. Zu den von allen Unternehmen einzuhaltenden Regeln gehören **auch für allgemeinverbindlich erklärte Tarifverträge**. Auch wenn dies keine formellen Gesetze sind, so sind es doch allgemeinverbindliche gesetzesähnliche Rechtsakte, denen sich kein Unternehmen entziehen darf.

6.9.4.6.2.3 Bindung an für allgemein verbindlich erklärte Tarifverträge. **662**
6.9.4.6.2.3.1 Grundsätze. Die Verpflichtung zur Einhaltung der gesetzlichen Vorschriften ist durch das Merkmal der Gesetzestreue nunmehr durch den Gesetzgeber ausdrücklich herausgestellt worden. Zuverlässig ist daher nur ein Bieter, der seinen gesetzlichen Verpflichtungen nachkommt (und auch zukünftig nachkommen wird). So **wollte der Gesetzgeber mit der aktuellen Vergaberechtsnovelle klarstellen, dass eine Bindung an für allgemein verbindlich erklärte Tarifverträge im Anwendungsbereich der Entsenderichtlinie im Einklang mit der Rechtsprechung des EuGH zur Tariftreue steht und im Vergabeverfahren beacht-

lich ist. Damit ist es **zur Erfüllung des Tatbestandmerkmals „gesetzestreu" ausreichend, dass ein Mindestlohn nach dem im AEntG vorgesehenen Verfahren bundesweit für verbindlich erklärt** wurde. Es ist insoweit nicht notwendig, dass der Mindestlohn durch ein formelles Gesetz vorgesehen wird (OLG Düsseldorf, B. v. 20. 1. 2010 – Az.: VII-Verg 1/10; 3. VK Bund, B. v. 9. 9. 2009 – Az.: VK 3–163/09).

663 Dies **steht auch im Einklang mit dem europäischen Vergaberecht**: Nach Erwägungsgrund 34 der Richtlinie 2004/18/EG über die Koordinierung der Verfahren zur Vergabe öffentlicher Bauaufträge, Lieferaufträge und Dienstleistungsaufträge sind die im Bereich der Arbeitsbedingungen und der Sicherheit am Arbeitsplatz geltenden nationalen und gemeinschaftlichen Gesetze, Regelungen und Tarifverträge während der Ausführung eines öffentlichen Auftrags anwendbar, sofern derartige Vorschriften mit dem Gemeinschaftsrecht vereinbar sind. Die **Entsenderichtlinie ist in nationales Recht mit dem Gesetz über zwingende Arbeitsbedingungen für grenzüberschreitend entsandte und für regelmäßig im Inland beschäftigte Arbeitnehmer und Arbeitnehmerinnen (Arbeitnehmer-Entsendegesetz vom 20. April 2009, BGBl. I S. 799) für verschiedene Branchen (siehe § 4 AEntG) umgesetzt** worden. So finden für diese Branchen nach § 3 i.V.m. § 4 AEntG die Rechtsnormen eines bundesweiten Tarifvertrags zwischen einem Arbeitgeber mit Sitz im Ausland und seinen im räumlichen Geltungsbereich des Tarifvertrags beschäftigten Arbeitnehmern zwingend Anwendung, wenn der Tarifvertrag für allgemeinverbindlich erklärt ist oder eine Rechtsverordnung nach § 7 AEntG vorliegt. Sie finden daher auch Anwendung in einem Auftragsverhältnis mit einem öffentlichen Auftraggeber. **Die Bindung an zwingende Regelungen auf der Grundlage des AEntG ist daher im Vergabeverfahren über eine Verpflichtungserklärung im Rahmen der Eignungsprüfung abfragbar und darf somit der Eignungsprüfung zu Grunde gelegt werden** (3. VK Bund, B. v. 9. 9. 2009 – Az.: VK 3–163/09).

664 **6.9.4.6.2.3.2 Beispiele aus der Rechtsprechung**

– seit dem 1. 10. 2009 gibt es **keinen Mindestlohn im Gebäudereiniger-Handwerk (mehr). Ob bereits zum 1. 1. 2010 ein Mindestlohn festgesetzt wird, ist derzeit ungewiss. Die Bieter sind, solange es keinen verbindlichen Mindestlohn gibt, nicht verpflichtet, sich an die Mindestentgelt-Vorgaben des Tarifvertrags zu halten.** Dieser Situation hat die Ag in ihrer Klausel durch den Hinweis auf die „geltenden Mindestentgeltsätze" Rechnung getragen. Es **bleibt grundsätzlich dem Bieter bei der Kalkulation der Lohnkosten überlassen, ob er im Hinblick auf eine mögliche Allgemeinverbindlicherklärung des Mindestlohns eine entsprechende Entlohnung seiner Mitarbeiter auf dem Mindestniveau einkalkuliert oder sich preisliche Vorteile gegenüber Mitbietern verschafft**, indem er den Mindestlohn für einen kürzeren Zeitraum als den Vertragszeitraum der vorliegenden Vergabe einkalkuliert. Dieser betriebswirtschaftliche Spielraum ist legitim und begründet im Übrigen auch keine Ungewissheit i. S. v. § 8 Nr. 1 Abs. 3 VOL/A, zumal der Vertragsentwurf in § 13 Abs. 1 eine Preisanpassungsregelung enthält (3. VK Bund, B. v. 10. 12. 2009 – Az.: VK 3–211/09).

– die von der vorliegenden Ausschreibung erfassten **Aus- und Weiterbildungsdienstleistungen nach dem Zweiten oder Dritten Buch des Sozialgesetzbuchs sind gemäß § 4 Nr. 8 AEntG in den Geltungsbereich des AEntG einbezogene Branchen**. Damit ist eine **Mindestlohn-Erklärung gesetzeskonform**, sofern die Voraussetzungen des § 3 AEntG vorliegen, nämlich ein für allgemeinverbindlich erklärter Tarifvertrag oder eine Rechtsverordnung nach § 7 AEntG. Sie darf unter diesen Voraussetzungen vom Auftraggeber zur Beurteilung der Zuverlässigkeit bzw. Gesetzestreue der Bieter herangezogen werden (3. VK Bund, B. v. 9. 9. 2009 – Az.: VK 3–163/09)

665 **6.9.4.6.2.4 Literatur**

– Kus, Alexander, Inhalt und Reichweite des Begriffs der Gesetzestreue in § 97 Abs. 4 GWB 2009, VergabeR 2010, 321

666 **6.9.4.6.3 Unzuverlässigkeit wegen Nichteinhaltung zwingender tarifvertraglicher Vorgaben in der Kalkulation.** Existiert ein Tarifvertrag (z. B. für das Wach- und Sicherheitsgewerbe in Nordrhein-Westfalen), der auch gemäß § 5 TVG für allgemein verbindlich erklärt wurde, so dass die Bieter ihre Arbeitskräfte zumindest nach den darin vorgesehenen Sätzen für die entsprechende Tarifgruppe entlohnen müssen, sind diese **tariflichen Vorgaben nicht bereits dann erfüllt, wenn ein Bieter seinen Beschäftigten irgend einen Tariflohn zahlt. Vielmehr ist der betreffende Beschäftigte nach der Tarifgruppe zu entlohnen, die gerade für die von diesem erbrachte Tätigkeit einschlägig ist**. Macht der Bieter dies

nicht, zeigt er damit, dass er im Fall der Auftragserteilung gegen Vorschriften zum Schutz der Arbeitnehmer verstoßen würde, indem er seine Beschäftigten nicht tarifgerecht entlohnt, und/ oder dass er die ausgeschriebenen Leistungen nicht erbringen würde, soweit diese Tätigkeiten einer höheren Tarifgruppe zuzuordnen und nicht der von ihm kalkulierten Tarifgruppe abgedeckt sind. Hinzu kommt, dass die vom Bieter abgegebene Erklärung, den Tariflohn zu zahlen, vor diesem Hintergrund falsch ist. Der Bieter ist daher als unzuverlässig und damit ungeeignet i. S. d. § 25 Nr. 2 Abs. 1 VOL/A anzusehen und von der Wertung auszuschließen (3. VK Bund, B. v. 8. 1. 2008 – Az.: VK 3–148/07).

6.9.4.6.4 DIN 77200. Bei der DIN 77 200 handelt es sich nicht um ein in sich vergaberechtskonformes Regelwerk, da Tz. 4.11.3 der DIN 77 200, wonach die Einhaltung des für den Erfüllungsort geltenden Mantel-, Lohn- und Gehaltstarifvertrags nach dem **Günstigkeitsprinzip** sichergestellt werden muss, gegen Vergaberecht verstößt. Die **Bindung an nicht allgemeinverbindliche Tarifverträge stellt Bieter aus dem europäischen Ausland schlechter, da sie Gefahr laufen, mit günstigeren Personalkosten einen wichtigen Wettbewerbsfaktor zu verlieren.** Die Tatsache, dass es sich um eine nicht-prioritäre Dienstleistung handelt, ändert an dieser Betrachtung nichts, da der 4. Teil des GWB vollumfänglich auch für diese Dienstleistungen gilt. Die mit der Festlegung auf die Zahlung von Tariflohn erfolgende Diskriminierung ausländischer Anbieter steht auch nicht in Einklang mit den Vorgaben des europäischen Primärrechts, das nach der Rechtsprechung des EuGH bei jeder Vergabe eines öffentlichen Auftrags Geltung beansprucht. Die **DIN 77200** (vgl. dort Tz. 1, Abs. 5 und 6) **sollte für die Wertung dann nicht herangezogen werden, wenn bei der Wertung der Preis wichtiger als die Qualität** ist (3. VK Bund, B. v. 27. 4. 2010 – Az.: VK 3–33/10). 667

6.9.4.6.5 Zuverlässigkeit und subjektiver Willen des Bieters, Vorgaben des Leistungsverzeichnisses nicht einzuhalten. Ist ein Bieter zu einer mit dem Leistungsverzeichnis vollständig konformen Leistung nicht willens, ist der Ausschluss seines Angebotes z. B. nach § 16 Abs. 2 VOB/A wegen fehlender Eignung rechtmäßig. Ein Ausschluss wegen Abweichens vom Leistungsverzeichnis ist nicht möglich, wenn das Angebot des Bieters objektiv dem Leistungsverzeichnis entspricht. Hat der Bieter aber subjektiv die Absicht, die Ausführung ihrer Leistung abweichend durchzuführen, fehlt ihm damit die notwendige Zuverlässigkeit für den Auftrag: Zwar enthält § 16 Abs. 2 VOB/A lediglich einen fakultativen Ausschlussgrund, weil der Vergabestelle bei der Prüfung der Eignung der Bieter ein Ermessensspielraum zuzubilligen ist. Doch liegt im konkreten Fall eine Ermessensreduzierung auf Null vor, weil die Beauftragung des Bieters eine nicht gewünschte Leistungsausführung zur Folge hat. Im Verhältnis zu den anderen Bietern, welche eine beschreibungskonforme Leistung angeboten haben, würde dies zu einer Verletzung des Transparenzgebotes und des Gleichbehandlungsgrundsatzes führen, da diese bei einem nicht konformen Angebot möglicherweise ebenfalls ein preisgünstigeres Angebot hätten unterbreiten können. Insofern unterscheidet sich die fehlende Zuverlässigkeit im konkreten Fall von anderen Eignungsmängeln, die nicht zwangsläufig zu einer Veränderung der Leistung führen (OLG München, B. v. 15. 11. 2007 – Az.: Verg 10/07; B. v. 17. 9. 2007 – Az.: Verg 10/07). 668

6.9.4.6.6 Regelung des HVA B–StB 04/2010 zu Rechenfehlern. Fällt ein Bieter wiederholt durch nicht zweifelsfreie Preiseintragungen oder erhebliche Rechenfehler in seinen Angeboten auf oder legt ein Bieter mit einem preislich günstigen Angebot in Kenntnis des Wettbewerbsergebnisses die nach Angebotsabgabe angeforderten Erklärungen oder Nachweise nicht fristgemäß vor, so dass das Angebot aus dem Wettbewerb ausgeschlossen werden muss, ist dieser Bieter abzumahnen und darüber zu informieren, dass er im Wiederholungsfalle wegen fehlender Zuverlässigkeit nach § 16 Abs. 2 Nr. 1 VOB/A von der Wertung ausgeschlossen werden kann (Nr 2.4 Abs. 25). 669

6.9.4.6.7 Weitere Beispiele aus der Rechtsprechung 670

– die Tatsache, dass es einen **Gerichtsstreit gibt oder gab**, ist **für sich genommen auch nicht geeignet**, eine fehlende Eignung zu belegen (VK Baden-Württemberg, B. v. 29. 6. 2009 – Az.: 1 VK 27/09)

– ein **Unternehmen, das an einem Freitag Nachmittag vor Feiertagen telefonisch nicht zu erreichen ist, gibt nicht automatisch Anlass für die Vermutung der Unzuverlässigkeit.** Dafür, dass Telefonanrufe nicht beantwortet werden, sind im Übrigen verschiedene Ursachen denkbar, die keine zwingenden Rückschlüsse auf die Frage der Zuverlässigkeit eines Unternehmens zulassen. Dass auch andere Firmen an diesem Freitagnachmittag nicht erreichbar waren zeigt, dass ein Auftraggeber sich nicht darauf verlassen kann, Freitag nach 15.30 Uhr auf ein besetztes Sekretariat bei den Bietern zu treffen. Es ist **nach Auffassung** der Kammer auch nicht unüblich, dass die Geschäftsstunden eines Unternehmens bereits am Freitagnachmittag beendet sind. Aus den Umständen einer einmaligen telefonischen Nichterreichbarkeit auf eine mangelnde Eignung zu schließen, hält die Kammer im vorliegenden Fall jedenfalls für sachfremd (VK Baden-Württemberg, B. v. 29. 6. 2009 – Az.: 1 VK 27/09)

– aus einem **bloßen Aufrechnungsvorgang statt einer Bezahlung** kann in der Regel **nicht auf eine Unzuverlässigkeit** eines Bieters geschlossen werden (OLG Düsseldorf, B. v. 4. 2. 2009 – Az.: VII-Verg 70/08)

– ein Unternehmen ist **als unzuverlässig anzusehen**, wenn es unter Berücksichtigung aller insoweit maßgebenden Umstände eine vertragsgerechte Ausführung der zu vergebenden Leistungen einschließlich der Gewährleistung nicht erwarten lässt. Die danach erforderliche **Gesamtbewertung aller in Betracht zu ziehenden Umstände ist dann nicht angestellt worden, wenn der Auftraggeber seine nachteilige Bewertung auf einen einzelnen Vorgang (oder einen eng abzugrenzenden Sachverhaltskomplex) stützt, nämlich auf das Geschehen um die Versäumung einer Bindefristverlängerung**, der für sich allein genommen nicht geeignet ist, Aufschluss darüber zu geben, ob von dem Bieter eine ordnungsgemäße Ausführung des ausgeschriebenen Auftrags insgesamt nicht erwartet werden kann (OLG Düsseldorf, B. v. 4. 2. 2009 – Az.: VII-Verg 70/08)

– ein **Unternehmen ist unzuverlässig**, wenn es bei der Ausführung des gekündigten Auftrags entgegen den vertraglichen Vereinbarungen die bei den Abbrucharbeiten anfallenden Stoffe nicht getrennt hat, die danach nur noch mit erheblichem (und weitgehend zusätzlichem) Kostenaufwand separiert werden konnten, es bei der Beauftragung der beim Transport und der Entsorgung von Stoffen eingesetzten Nachunternehmer zuvor nicht die notwendige Zustimmung der Antragsgegnerin eingeholt hat, es außerdem angefallene Mehrmengen beim Transport und der Entsorgung von Eisen und (Bau-) Stahl (EAK 170 405) nicht gehörig angezeigt hat und es den Auftraggeber bei einer vergütungsrelevanten Position im Angebot über den gekündigten Auftrag bewusst hintergangen hat (OLG Düsseldorf, B. v. 4. 2. 2009 – Az.: VII-Verg 65/08)

– **typische Fälle von Unzuverlässigkeit eines Bewerbers/Bieters sind**: Mangelnde Sorgfalt bei der Ausführung früherer Arbeiten, schwere Verfehlungen wie Bestechung, Urkunden- oder Vermögensdelikte, Verstöße gegen Bestimmungen des GWB oder das Gesetz zur Bekämpfung der Schwarzarbeit, Nichtabführung von Steuern und Sozialversicherungsbeiträgen oder Nichtbeachtung von anerkannten Berufspflichten (VK Nordbayern, B. v. 18. 12. 2007 – Az.: 21.VK – 3194 - 47/07; 1. VK Brandenburg, B. v. 11. 7. 2007 – Az.: 1 VK 23/07; 2. VK Brandenburg, B. v. 11. 9. 2006 – Az.: 2 VK 34/06, 1 VK 35/06; B. v. 26. 8. 2005 – Az.: 1 VK 49/05)

– die Vergabestelle kann ermessensfehlerfrei zu dem Ergebnis kommen, dass **jemand, der intensiv, über lange Zeit hinweg mit erheblichem kriminellen Antrieb Manipulationen entwickelt, aufrechterhält und diese entsprechend an sich wandelnde Modalitäten anpasst**, nicht die Voraussetzungen erfüllt, die an einen Auftragnehmer im sensiblen Bereich der BSE-Pflichttests hinsichtlich der Anforderungen an die Zuverlässigkeit gestellt werden. Dabei spielt es **auch keine Rolle, dass die Verfehlung neun Jahre zurückliegt** (OLG München, B. v. 21. 4. 2006 – Az.: Verg 8/06; VK Nordbayern, B. v. 14. 3. 2006 – Az.: 21.VK – 3194 - 07/06)

– ein Bieter, der **ohne Zustimmung bei der Auftragsausführung eine Arbeitsgemeinschaft eingeht bzw. unzutreffende Angaben über den Personalbestand macht, ist unzuverlässig** und kann in einem späteren Vergabeverfahren ausgeschlossen werden (OLG Celle, B. v. 8. 12. 2005 – Az.: 13 Verg 2/05)

– ein Bieter, der **durch sein Angebot gegen zwingende gesetzliche Vorschriften verstößt**, darf vom Auftraggeber **im einzelnen Fall als unzuverlässig angesehen** werden (OLG Düsseldorf, B. v. 26. 7. 2005 – Az.: VII – Verg 71/04)

– unabhängig von der in Rechtsprechung und Literatur heftig umstrittenen Frage, ob öffentliche Auftraggeber die Bauauftragsvergabe von der Zusicherung der Bezahlung der ortsüblichen Tariflöhne abhängig machen und damit auch von tarifungebundenen Unternehmen die Unterordnung unter einen Gehaltstarifvertrag fordern dürfen, ist **anerkannt, dass die Annahme der gemäß § 25 Ziffer 2 Abs. 1 VOB/A erforderlichen Zuverlässigkeit des Bieters von der Einhaltung der für allgemeinverbindlich erklärten, also gemäß § 5 Abs. 4 TVG auch für nicht gebundene Arbeitgeber und Arbeitnehmer geltenden**

Gesetz gegen Wettbewerbsbeschränkungen GWB § 97 **Teil 1**

Mindestlohntarifverträge abhängig gemacht werden kann. Eine Bezahlung unter einem für allgemeinverbindlich erklärten tariflichen Mindestlohn ist rechtswidrig. **Ein Unternehmer, der seinen Arbeitskräften bewusst und planmäßig weniger als den Lohn zahlt, den ein für allgemeinverbindlich erklärter Tarifvertrag vorsieht, verschafft sich zudem im Kampf gegen seine Wettbewerber einen sachlich nicht gerechtfertigten Vorsprung und verstößt damit gegen § 1 UWG** (OLG Hamburg, Urteil vom 22. 5. 2003 – Az.: 3 U 122/01)

– **unterbietet** ein Unternehmen im Rahmen eines Dauerschuldverhältnisses seinen **bisherigen Preis um mehr als 30%, reicht** dies **noch nicht** ohne weiteres aus, um bereits die **Unzuverlässigkeit** und damit einen Ausschluss des Unternehmens **annehmen zu können** (OLG Frankfurt, B. v. 7. 9. 2004 – Az.: 11 Verg 11/04 und 12/04)

– **Manipulationsversuche eines Bieters in einem Aufklärungsgespräch** gemäß § 24 Nr. 1 VOB/A reichen aus, um seine Unzuverlässigkeit zu begründen. Ob nämlich während des Vergabeverfahrens ein Unternehmen einer Bietergemeinschaft insolvent geworden ist und einen Antrag auf Eröffnung eines Insolvenzverfahrens gestellt hat, ist für die Vergabestelle von wesentlicher Bedeutung und hat Einfluss auf die Angebotswertung. Werden solche Umstände von dem Bieter nicht offenbart und Nachfragen in diesem Zusammenhang – hier möglicherweise mangels ausreichender Rückfragen bei dem betreffenden Unternehmen der Bietergemeinschaft – nicht richtig beantwortet, besteht der begründete Verdacht, dass sich der Bieter auch bei Ausführung des Bauauftrages ähnlich nachlässig verhalten wird (OLG Düsseldorf, B. v. 15. 12. 2004 – Az.: VII – Verg 48/04);

– zuverlässig ist, wer die **Gewähr für eine ordnungsgemäße Vertragserfüllung und für eine ordnungsgemäße Betriebsführung** bietet. Hierzu gehört, dass er **bisher seinen gesetzlichen Verpflichtungen nachgekommen** ist, zu denen vor allem die Entrichtung von Steuern und sonstigen Abgaben gehören (OLG Düsseldorf, B. v. 9. 6. 2004 – Az.: VII – Verg 11/04)

– **Rechenfehler** sind nur dann ein Zeichen für mangelnde Zuverlässigkeit, wenn sie bewusst von einem Bieter in ein Vergabeverfahren eingeschmuggelt werden (BGH, Urteil vom 6. 2. 2002 – Az.: X ZR 185/99; VK Baden-Württemberg, B. v. 29. 6. 2009 – Az.: 1 VK 27/09)

– ein Ausschluss wegen mangelnder Zuverlässigkeit kann dann vorgenommen werden, wenn ein **Bieter wahrheitswidrige Angaben gegenüber dem Auftraggeber macht** und diesen über den Inhalt des Angebots oder die geplante Leistungsausführung täuscht. **Täuscht ein Bieter bei einem früheren Auftrag über einen Nachunternehmereinsatz**, kann ein Ausschluss wegen Unzuverlässigkeit bei einem neuen Auftrag erfolgen (BayObLG, B. v. 27. 7. 2004 – Verg 014/04)

– ein **Rechenfehler begründet keine Unzuverlässigkeit, wenn er offensichtlich ist und kein Fall einer Option auf einen trickhaft erworbenen Gewinn vorliegt**, weil bei rechnerischer Prüfung des Angebots durch den Auftraggeber der Rechenfehler schon aufgrund seiner auffälligen Größenordnung sofort ins Auge fallen musste, der Fehler weder geschickt versteckt war noch sonstige Anzeichen dafür erkennbar waren, dass der Bieter auf ein Übersehen des Fehlers spekuliert hat. In einem solchen Fall ist es nicht gerechtfertigt, allein aufgrund der notwendigen Korrektur eines Rechenfehlers bei der Prüfung nach § 23 VOB/A ein Angebot von der Wertung auszuschließen (VK Brandenburg, B. v. 7. 7. 2003 – Az.: VK 35/03)

– der **Einbau vorsätzlicher Rechenfehler** kann bei der Wertung nach § 25 Nr. 5 zur Nichtberücksichtigung wegen Unzuverlässigkeit führen. **Ungewöhnlich zahlreiche und typisch gleiche Additionsfehler deuten auf vorsätzliche Rechenfehler hin** (VK Arnsberg, B. v. 31. 8. 2001 – Az.: VK 1–12/2001)

– **kritische Presseäußerungen** eines Bieters über ein Vergabeverfahren, die nach Inhalt und Stil nicht unsachlich ausfallen, führen nicht zur Verneinung der Zuverlässigkeit des Bieters (OLG Düsseldorf, B. v. 8. 5. 2002 – Az.: Verg 8–15/01)

– die Nichtberücksichtigung von **schweren Verfehlungen** bei einem formal neuen Bieter, aber wesentlicher Personenidentität ist ermessensfehlerhaft (OLG Düsseldorf, B. v. 18. 7. 2001 – Az.: Verg 16/01)

– das Vorliegen eines der in **§ 7 Nr. 5 VOL/A genannten Tatbestände** lässt grundsätzlich auf einen solch gravierenden Mangel an Eignung schließen, dass ein **Ausschluss** zwar **regelmäßig gerechtfertigt nicht aber zwingend geboten** ist (1. VK Bund, B. v. 11. 10. 2002 – Az.: VK 1–75/02)

Teil 1 GWB § 97 Gesetz gegen Wettbewerbsbeschränkungen

- in diesem Zusammenhang ist bei der Vergabe öffentlicher Aufträge auch zu berücksichtigen, dass eine **längerfristige Nichtberücksichtigung eines Unternehmens wegen Unzuverlässigkeit (schwere Verfehlungen)** gravierende Folgen für das betroffene Unternehmen haben kann, so dass ein Ausschluss über längere Zeit ohnehin nur bei besonders schwerwiegenden Verstößen gerechtfertigt sein dürfte. Im Umkehrschluss hierzu muss eine **Wiederzulassung** des Unternehmens dann möglich sein, wenn es zum Beispiel **bestimmte Vorsorgemaßnahmen im organisatorischen und personellen Bereich** getroffen hat (1. VK Bund, B. v. 11. 10. 2002 – Az.: VK 1–75/02)

- die Wiederzulassung von Unternehmen bei mehr als einjähriger Trennung eines Unternehmens von den Personen, die für **schwere Verfehlungen** verantwortlich waren, ist unbedenklich (1. VK Bund, B. v. 11. 10. 2002 – Az.: VK 1–75/02)

- es erscheint fraglich, ob nach einem Zeitraum von ca. 4 Jahren nach einer **strafrechtlichen Verurteilung** diese Verfehlungen überhaupt noch eine Unzuverlässigkeit im vergaberechtlichen Sinne rechtfertigen können (1. VK Bund, B. v. 11. 10. 2002 – Az.: VK 1–75/02)

- eine **juristische Person** muss sich regelmäßig das **Verschulden (und natürlich auch den Vorsatz) ihrer Mitglieder hinsichtlich falscher Angaben anrechnen** lassen. Das Ergebnis, dass auf diesem Wege an sich weitgehend unabhängige Niederlassungen durch das Fehlverhalten ihrer Mitarbeiter in Zentralen und anderen Niederlassungen betroffen sein können, muss hingenommen werden, da anderenfalls jede Zentrale jede Niederlassung jederzeit exkulpieren könnte und eine Zurechenbarkeit im Sinne der Regelung und letztlich auch im Sinne der zugrunde liegenden europäischen Richtlinie regelmäßig unterlaufen werden könnte (VK Arnsberg, B. v. 22. 10. 2001 – Az.: VK 2–13/2001)

- die Vergabestelle war (zwar nicht gezwungen, aber) befugt, bereits in der Bekanntmachung der Ausschreibung von den Bietern die Vorlage einer „gültigen Freistellungsbescheinigung" oder – mit anderen Worten – einer gültigen **Unbedenklichkeitsbescheinigung des zuständigen Finanzamts** zu verlangen, um sich auf diese Weise rasch und verhältnismäßig sicher über einen wichtigen Aspekt der Zuverlässigkeit des jeweiligen Bieters vergewissern zu können (OLG Koblenz, B. v. 4. 7. 2007 – Az.: 1 Verg 3/07; OLG Düsseldorf, B. v. 24. 6. 2002 – Az.: Verg 26/02)

- weiterhin dient der **Gewerbezentralregisterauszug** zur Prüfung der Zuverlässigkeit und damit der Eignung eines Bieters. Es handelt sich um eine bieterbezogene Erklärung (3. VK Bund, B. v. 24. 1. 2008 – Az.: VK 3–151/07; B. v. 18. 1. 2007 – Az.: VK 3–153/06; VK Südbayern, B. v. 7. 4. 2006 – Az.: 07-03/06; VK Lüneburg, B. v. 27. 10. 2006 – Az.: VgK-26/2006; 1. VK Bund, B. v. 27. 9. 2002 – Az.: VK 1–63/02; anders 2. VK Brandenburg, B. v. 20. 2. 2007 – Az.: 2 VK 2/07)

- die Vorlage **veralteter Gewerbezentralregisterauszüge** führt zum Ausschluss des Angebotes, wenn in den aktuellen Auszügen Eintragungen über Bußgelder für Preisabsprachen enthalten sind (VK Arnsberg, B. v. 22. 10. 2001 – Az.: VK 2–13/2001)

- wird eine Firma mit nachweislich fehlender Zuverlässigkeit von einer Firma, bei der von der Zuverlässigkeit auszugehen ist, übernommen, **kann die fehlende Zuverlässigkeit nicht ohne weiteres auf die übernehmende Firma übertragen** werden (VK Südbayern, B. v. 27. 4. 2001 – Az.: 08-04/01)

- bei einer **Arbeitsgemeinschaft** kann die Zuverlässigkeit nicht differenziert – entsprechend der von den an der Arbeitsgemeinschaft beteiligten Firmen geplanten prozentualen Arbeitsaufteilung – betrachtet werden. Die Arbeitsaufteilung zwischen den beiden Unternehmen ist hinsichtlich der Haftung der Beteiligten im Innenverhältnis der Bietergemeinschaft maßgebend. Eine solche Regelung schafft im Außenverhältnis zum Auftraggeber keine Bindung. Hier besteht im Auftragsfall die erklärte gesamtschuldnerische Haftung eines jeden Mitglieds der Arbeitsgemeinschaft im vollen Umfang für alle eingegangenen Verpflichtungen und Verbindlichkeiten. Aufgrund dieser gesamtschuldnerischen Haftung muss auch die **volle Zuverlässigkeit beider Unternehmen** gegeben sein (1. VK Sachsen, B. v. 24. 5. 2007 – Az.: 1/SVK/029-07; VK Hannover, B. v. 12. 3. 2001 – Az.: 26 045 – VgK – 1/2001)

6.9.5 Angabe der Gewichtung der Eignungskriterien

6.9.5.1 Begriff und Inhalt

671 Die **Gewichtungsregeln bestimmen, wie die Angaben der Bieter zu den einzelnen Kriterien und Unterkriterien zu bewerten sind** und beispielsweise eine Umrechnung in

Gesetz gegen Wettbewerbsbeschränkungen GWB § 97 **Teil 1**

Wertungspunkte erfolgt (OLG Düsseldorf, B. v. 30. 7. 2009 – Az.: VII-Verg 10/09). Diese Umrechung kann auch in Form einer umfangreichen Wertungsmatrix erfolgen. Unter Wertungsmatrix ist die Darstellung der Methode zu verstehen, wie die einzelnen Noten bzw. Bewertungen in Punktwerte umgerechnet werden (OLG München, B. v. 19. 3. 2009 – Az.: Verg 2/09).

Wichtungen geben also den Grad der Bedeutung, d. h. **die Maßzahl an**, die das Zuschlagskriterium im Rahmen der Angebotsbewertung zur Ermittlung des für den Zuschlag vorgesehenen Angebotes hat. **Unterschiedliche Wichtungen führen bei der Vergabeentscheidung zur verstärkten Berücksichtigung des Kriteriums mit dem Wichtungsschwerpunkt** (VK Thüringen, B. v. 17. 3. 2009 – Az.: 250–4003.20–650/2009-003-EF). 672

6.9.5.2 Rechtsprechung des Europäischen Gerichtshofes

Ein öffentlicher Auftraggeber, der im Rahmen eines nicht offenen Verfahrens **im Voraus Regeln für die Gewichtung der Kriterien für die Auswahl der Bewerber**, die zur Abgabe eines Angebots aufgefordert werden, **aufgestellt hat, ist verpflichtet, diese Regeln in der Auftragsbekanntmachung oder in den Ausschreibungsunterlagen anzugeben** (EuGH, Urteil v. 12. 12. 2002 – Az.: C-470/99; OLG München, B. v. 28. 4. 2006 – Az.: Verg 6/06). 673

Daraus ergibt sich, dass der öffentliche Auftraggeber nicht verpflichtet ist, im Voraus **Regeln für die Gewichtung der Kriterien für die Auswahl der Bewerber**, die zur Abgabe eines Angebots aufgefordert werden, **aufzustellen**. 674

6.9.5.3 Nationale Rechtsprechung

Ab dem 1. 2. 2006 gilt die **Richtlinie 2004/18/EG** des Europäischen Parlaments und des Rates vom 31. März 2004 über die Koordinierung der Verfahren zur Vergabe öffentlicher Bauaufträge, Lieferaufträge und Dienstleistungsaufträge **unmittelbar**. Aus der Richtlinie ergibt sich **nur eine Pflicht zur Gewichtung der Zuschlagskriterien, nicht aber eine Pflicht zur Gewichtung der Eignungskriterien** (OLG München, B. v. 28. 4. 2006 – Az.: Verg 6/06; VK Niedersachsen, B. v. 11. 2. 2009 – Az.: VgK-56/2008). 675

Die nationalen **vergaberechtlichen Bestimmungen zwingen den öffentlichen Auftraggeber nicht dazu, vor der Vergabebekanntmachung Regeln über die Bewertung der Auswahlkriterien und deren jeweilige Gewichtung aufzustellen und diese den Bewerbern mitzuteilen** (etwa, indem er für jeden Fall einer Auftragsvergabe oder für alle Auftragsvergaben generell eine Bewertungsmatrix entwickelt, in der die Auswahlgesichtspunkte ihrer Bedeutung entsprechend zur Geltung kommen, und indem er diese den Bewerbern mit der Bekanntmachung zugänglich macht). Die vergaberechtlichen Gebote der Gleichbehandlung der Bewerber und der Transparenz des Vergabeverfahrens verlangen vom Auftraggeber nur, dass er die Bewerber über die von ihm tatsächlich bereits aufgestellten Regeln für eine Gewichtung der Auswahlkriterien nicht in Unkenntnis lässt. Dem öffentlichen Auftraggeber obliegt eine Bekanntgabe der Bedeutung von Wertungskriterien – und zwar auch von Eignungskriterien – nur, sofern er deren Gewicht und Bedeutung für die Wertung vorher bereits festgelegt hat (OLG Düsseldorf, B. v. 29. 10. 2003 – Az.: Verg 43/03; VK Niedersachsen, B. v. 11. 2. 2009 – Az.: VgK-56/2008; VK Südbayern, B. v. 25. 10. 2004 – Az.: 35-05/04). 676

Eine **vorherige Bekanntgabe der Reihenfolge und Gewichtung der Eignungskriterien** wird auch **von der Vorschrift des § 10 Abs. 2 VOF ausdrücklich nicht gefordert** (VK Baden-Württemberg, B. v. 28. 10. 2004 – Az.: 1 VK 67/04; VK Niedersachsen, B. v. 11. 2. 2009 – Az.: VgK-56/2008). Von den Auftrags- oder Zuschlagskriterien sind die der Eignungsbewertung zugrunde liegenden Kriterien und deren Bekanntmachung für die Bewerber zu unterscheiden. In der diese Bekanntmachung betreffenden **Vorschrift des § 10 Abs. 2 VOF fehlt eine der Regelung in § 11 Abs. 4 entsprechende Bestimmung**. Die der Vorbereitung der Zuschlagswertung geltende Regelung in § 11 Abs. 4 VOF ist **auf die rechtsähnliche Vorschritt des § 10 Abs. 2 VOF nicht zu übertragen**. Dies ist nach den allgemeinen vergaberechtlichen Prinzipien, und zwar namentlich gemäß den in § 97 Abs. 1 und Abs. 2 GWB normierten Grundsätzen des Wettbewerbs, der Transparenz und der Gleichbehandlung in Vergabeverfahren, nicht geboten. Denn jene Grundsätze verlangen nicht ohne weiteres, der öffentliche Auftraggeber habe die Reihenfolge der Kriterien, die er an die Prüfung der Eignung von Bewerbern anzulegen gedenkt, und deren Gewichtung schon bei der Bekanntmachung der Wertungskriterien anzugeben. Mögliche Bewerber können vielmehr allein der Bekanntmachung der Eignungskriterien entnehmen, dass der Auftraggeber den genannten Gesichtspunkten maß- 677 gebende Bedeutung dafür beizulegen beabsichtigt, welche Bewerber er als geeignet für eine Durchführung des Auftrags zu Verhandlungen auffordert. Die Bewerber sind ebenfalls in der Lage zu prüfen, ob ihr Unternehmen, Büro oder die durch den projektbezogenen Zusammenschluss gebildete Einheit den bekannt gegebenen Kriterien gerecht werden kann. Damit ist dem Gebot der Transparenz genügt. Die Bewerber haben daher Gelegenheit, in ihrer Bewerbung aussagekräftige und wertungsfähige Angaben hinsichtlich der bekannt gegebenen Eignungsgesichtspunkte zu machen; sie können diese in einen Wettbewerb mit den Mitbewerbern einstellen. Der Wettbewerbsgrundsatz bleibt dadurch gewahrt. Behält sich der Auftraggeber die Gewichtung der bei der Eignungsprüfung heranzuziehenden Merkmale vor, sind – speziell hiervon ausgehend – auch benachteiligende Auswirkungen für einzelne Bewerber nicht zu befürchten (OLG Düsseldorf, B. v. 29. 10. 2003 – Az.: Verg 43/03; im Ergebnis ebenso 3. VK Bremen, B. v. 16. 12. 2004 – Az.: VK 4/04; VK Niedersachsen, B. v. 11. 2. 2009 – Az.: VgK-56/2008).

678 Eine Vergabestelle ist **nicht verpflichtet, die Gewichtung der Eignungsnachweise in der Bekanntmachung anzugeben**. Die Bekanntmachung soll Angaben darüber enthalten, welche Nachweise für die Beurteilung der Eignung des Bewerbers verlangt werden. Weitere Angaben, insbesondere mit welcher Gewichtung diese Nachweise in die Entscheidung des Auftraggebers eingehen, müssen in der Bekanntmachung nicht aufgeführt werden (VK Nordbayern, B. v. 27. 10. 2000 – Az.: 320.VK-3194-26/00).

6.9.5.4 Rechtsprechung für den Fall, dass eine Verpflichtung zur Angabe der Gewichtung der Eignungskriterien besteht

679 Nach der **Rechtsprechung des EuGH** kann sich der öffentliche Auftraggeber, **wenn** er **eine Gewichtung der zur Anwendung vorgesehenen Eignungskriterien vorgenommen hat**, nicht darauf beschränken, diese Kriterien lediglich in den Verdingungsunterlagen oder in der Bekanntmachung zu benennen, sondern er **muss den Bietern außerdem die vorgesehene Gewichtung mitteilen**. Die dem öffentlichen Auftraggeber dadurch auferlegte **Verpflichtung bezweckt** gerade, den potenziellen Bietern vor der Vorbereitung ihrer Angebote die Zuschlagskriterien, denen diese Angebote entsprechen müssen, und die relative Bedeutung dieser Kriterien bekannt zu machen, um so die **Beachtung der Grundsätze der Gleichbehandlung der Bieter und der Transparenz zu gewährleisten** (OLG Düsseldorf, B. v. 29. 10. 2003 – Az.: Verg 43/03; OLG München, B. v. 28. 4. 2006 – Az.: Verg 6/06; 1. VK Sachsen, B. v. 14. 4. 2008 – Az.: 1/SVK/013-08; VK Thüringen, B. v. 2. 3. 2009 – Az.: 250-4004.20–584/2009-002-EF).

6.9.6 Feststellung der Eignung

6.9.6.1 Eignungsprüfung als eigene Wertungsstufe im Rahmen der Wertung

680 Bei der Eignungsprüfung handelt es sich um eine **eigene Wertungsstufe** im Rahmen der Prüfung und Wertung von Angeboten, die mit der Feststellung der Eignung oder Nichteignung der Bieter endet. In die engere Wahl, d. h. auf die nächsten Wertungsstufen, kommen nur Bieter, deren generelle Eignung bejaht wird (VK Münster, B. v. 11. 2. 2010 – Az.: VK 29/09).

681 Liegt die Eignung nicht vor, weil z. B. die Bieter nicht die erforderliche Zuverlässigkeit und Fachkunde besitzen oder die zur Erbringung der ausgeschriebenen Leistungen (ganz oder teilweise) außer Stande sind, handelt es sich um einen **zwingenden Ausschlussgrund, der vom öffentlichen Auftraggeber bis zum Abschluss des Vergabeverfahrens** – d.h. bis zur rechtswirksamen Zuschlagserteilung und gegebenenfalls im Nachprüfungsverfahren – **zu beachten ist** (OLG Düsseldorf, B. v. 5. 5. 2004 – Az.: VII – Verg 10/04; 3. VK Bund, B. v. 4. 11. 2009 – Az.: VK 3-190/09).

6.9.6.2 Eignungsprüfung auf den nachfolgenden Wertungsstufen

682 **6.9.6.2.1 Grundsatz der Trennung von Eignungs- und Zuschlagskriterien.** Nach § 97 Abs. 4 GWB sind Aufträge an fachkundige, leistungsfähige und zuverlässige Unternehmen zu vergeben. In einem **gesonderten Prüfungsschritt** hat der Auftraggeber somit festzustellen, ob die Unternehmen oder Einzelpersonen, die sich durch Angebotsabgabe an seinem Vergabeverfahren beteiligt haben, diese **Eigenschaften erfüllen**. Nur die Angebote derjenigen Unternehmen oder Einzelpersonen, bei denen der Auftraggeber das Vorliegen von Fachkunde, Leistungsfähigkeit und Zuverlässigkeit bejaht hat, sind dann **in einem weiteren Wertungsschritt miteinander zu vergleichen** (BGH, Urteil v. 15. 4. 2008 – Az.: X ZR 129/06; LG Leipzig, Urteil v. 24. 1. 2007 – Az.: 06HK O 1866/06; VK Baden-Württemberg, B. v. 28. 5. 2009 –

Gesetz gegen Wettbewerbsbeschränkungen GWB § 97 **Teil 1**

Az.: 1 VK 21/09; 2. VK Bund, B. v. 9. 9. 2009 – Az.: VK 2–111/09; B. v. 22. 4. 2009 – Az.: VK 2–24/09; 3. VK Bund, B. v. 16. 7. 2010 – Az.: VK 3–66/10). Bei diesem Angebotsvergleich wiederum wendet der Auftraggeber die von ihm anfänglich festgelegten Zuschlagskriterien an. Er **darf grundsätzlich nicht**, wie der systematische Aufbau der Vorschriften aus § 97 Abs. 4 und 5 GWB zeigt, **bei der Angebotsbewertung nochmals einfließen lassen, von welchem der Unternehmen ein Angebot stammt, ob es also von einem aus seiner Sicht besonders leistungsfähigen oder besonders erfahrenen Unternehmen abgegeben wurde** (BGH, Urteil v. 15. 4. 2008 – Az.: X ZR 129/06; OLG Düsseldorf, B. v. 24. 3. 2010 – Az.: VII-Verg 58/09; B. v. 10. 9. 2009 – Az.: VII-Verg 12/09; B. v. 14. 1. 2009 – Az.: VII-Verg 59/08; B. v. 21. 5. 2008 – Az.: VII – Verg 19/08; B. v. 5. 5. 2008 – Az.: VII – Verg 5/08; B. v. 28. 4. 2008 – Az.: VII – Verg 1/08; B. v. 14. 4. 2008 – Az.: VII-Verg 19/08; OLG Naumburg, B. v. 3. 9. 2009 – 1 Verg 4/09; VK Baden-Württemberg, B. v. 28. 5. 2009 – Az.: 1 VK 21/09; B. v. 7. 11. 2007 – Az.: 1 VK 43/07; B. v. 7. 10. 2005 – Az.: 1 VK 56/05; VK Brandenburg, B. v. 19. 12. 2008 – Az.: VK 40/08; B. v. 14. 5. 2007 – Az.: 2 VK 14/07; 1. VK Bund, B. v. 31. 8. 2009 – Az.: VK 1–152/09; B. v. 9. 10. 2008 – VK 1–123/08; 2. VK Bund, B. v. 9. 9. 2009 – Az.: VK 2–111/09; B. v. 30. 4. 2008 – Az.: VK 2–43/08; B. v. 10. 12. 2003 – Az.: VK 1–116/03; 3. VK Bund, B. v. 4. 11. 2009 – Az.: VK 3–190/09; B. v. 12. 5. 2009 – VK 3–109/09; B. v. 30. 1. 2009 – Az.: VK 3–221/08; B. v. 29. 1. 2009 – Az.: VK 3–200/08; B. v. 29. 1. 2009 – Az.: VK 3–197/08; B. v. 23. 1. 2009 – Az.: VK 3–194/08; VK Magdeburg, B. v. 8. 5. 2003 – Az.: 33–32571/07 VK 04/03 MD; VK Münster, B. v. 22. 9. 2009 – Az.: VK 13/09). Deshalb sind Zuschlagskriterien „Erfahrung auf dem Gebiet der Lieferung von Lernmitteln", „Zuverlässigkeit" und „Serviceleistungen" nicht zulässig (VK Düsseldorf, B. v. 14. 7. 2003 – Az.: VK 19/2003 – L; VK Nordbayern, B. v. 27. 6. 2003 – Az.: 320.VK-3194-20/03; VK Münster, B. v. 21. 8. 2003 – Az.: VK 18/03; **anderer Auffassung** ist inzwischen hinsichtlich der „Serviceleistungen" die VK Münster im B. v. 15. 5. 2007 – Az.: VK 11/07).

Dass Eignung und Wirtschaftlichkeit nach § 97 GWB bzw. § 16 VOB/A und § 19 EG VOL/A unabhängig voneinander zu prüfen sind, hat Gründe, die in der Natur der Sache liegen. Die **Eignungsprüfung ist eine unternehmensbezogene Untersuchung**, mit der prognostiziert werden soll, ob ein Unternehmen nach seiner personellen, sachlichen und finanziellen Ausstattung zur Ausführung des Auftrags in der Lage sein wird. Die **Wirtschaftlichkeitsprüfung bezieht sich dagegen nicht auf die konkurrierenden Unternehmen, sondern auf ihre Angebote. Bewertet werden mit Gesichtspunkten wie dem Preis, der Ausführungsfrist, Betriebs- und Folgekosten, der Gestaltung, Rentabilität oder dem technischem Wert Eigenschaften der angebotenen Leistung, nicht aber des Anbieters** (2. VK Bund, B. v. 22. 4. 2009 – Az.: VK 2–24/09; 3. VK Bund, B. v. 16. 7. 2010 – Az.: VK 3–66/10; B. v. 10. 6. 2010 – Az.: VK 3–51/10; B. v. 4. 6. 2010 – Az.: VK 3–48/10). Dem Anliegen öffentlicher Auftraggeber, eine besondere Eignung der Bewerber zu berücksichtigen, kann nach dem System der VOB/A und der VOL/A durch Wahl der Vergabeart Rechnung getragen werden, also insbesondere durch Durchführung einer beschränkten Ausschreibung bzw. eines nicht offenen Verfahrens nach öffentlichem Teilnahmewettbewerb (z.B. nach § 3a Abs. 3 VOB/A, § 101 Abs. 3 GWB), sofern die Voraussetzungen dafür vorliegen (BGH, Urteil v. 15. 4. 2008 – Az.: X ZR 129/06; 1. VK Bund, B. v. 27. 11. 2009 – Az.: VK 1–194/09; 3. VK Bund, B. v. 4. 11. 2009 – Az.: VK 3–190/09). 683

Eignung und Wertung sind also zwei unterschiedliche Vorgänge, die unterschiedlichen Regeln unterliegen (EuGH, Urteil v. 12. 11. 2009 – Az.: C-199/07; Urteil v. 24. 1. 2008 – Az.: C-532/06; Urteil v. 19. 6. 2003 – Az.: C-315/01; BGH, Urteil v. 15. 4. 2008 – Az.: X ZR 129/06; OLG Brandenburg, B. v. 22. 5. 2007 – Az.: Verg W 13/06; OLG Düsseldorf, B. v. 10. 9. 2009 – Az.: VII-Verg 12/09; B. v. 14. 1. 2009 – Az.: VII-Verg 59/08; B. v. 21. 5. 2008 – Az.: VII – Verg 19/08; B. v. 5. 5. 2008 – Az.: VII – Verg 5/08; B. v. 2. 5. 2008 – Az.: VII-Verg 26/08; B. v. 28. 4. 2008 – Az.: VII – Verg 1/08; B. v. 14. 4. 2008 – Az.: VII-Verg 19/08; OLG Karlsruhe, B. v. 24. 7. 2007 – Az.: 17 Verg 6/07; OLG München, B. v. 29. 7. 2010 – Az.: Verg 09/10; B. v. 30. 4. 2010 – Az.: Verg 05/10; VK Baden-Württemberg, B. v. 28. 5. 2009 – Az.: 1 VK 21/09; B. v. 7. 11. 2007 – Az.: 1 VK 43/07; 1. VK Bund, B. v. 27. 11. 2009 – Az.: VK 1–194/09; B. v. 9. 10. 2008 – VK 1–123/08; 2. VK Bund, B. v. 9. 9. 2009 – Az.: VK 2–111/09; B. v. 22. 4. 2009 – Az.: VK 2–24/09; B. v. 30. 4. 2008 – Az.: VK 2–43/08; B. v. 29. 3. 2006 – Az.: VK 2–11/06; VK Düsseldorf, B. v. 11. 1. 2006 – Az.: VK – 50/2005 – L; B. v. 14. 7. 2003 – Az.: VK – 19/2003 – L; VK Münster, B. v. 22. 9. 2009 – Az.: VK 13/09; B. v. 21. 8. 2003 – Az.: VK 18/03; VK Nordbayern, B. v. 18. 3. 2008 – Az.: 21.VK – 3194 – 08/08; B. v. 1. 2. 2008 – Az.: 21.VK – 3194 – 53/07B. v. 27. 6. 2003 – Az.: 320.VK-3194-20/03; 1. VK Saarland, B. v. 12. 1. 2009 – Az.: 1 VK 07/2008; 1. VK Sachsen, B. v. 22. 7. 2010 – Az.: 1/SVK/ 684

022-10; B. v. 8. 1. 2010 – Az.: 1/SVK/059-09; B. v. 6. 3. 2009 – Az.: 1/SVK/001–09; B. v. 30. 4. 2008 – Az.: 1/SVK/020-08). Es **verstößt daher auch gegen europäisches Richtlinienrecht**, wenn im Rahmen eines Verfahrens zur Vergabe eines öffentlichen Auftrags der Auftraggeber die **Zahl der Referenzen über die von den Bietern anderen Kunden angebotenen Produkte** nicht als Kriterium für die Prüfung der fachlichen Eignung der Bieter zur Durchführung des betreffenden Auftrags, sondern **als Zuschlagskriterium** berücksichtigt (EuGH, Urteil v. 19. 6. 2003 – Az.: C-315/01; 1. VK Sachsen, 30. 4. 2008 – Az.: 1/SVK/020-08).

685   Ein „**Mehr an Eignung**" ist daher grundsätzlich kein zulässiges Wertungskriterium (BGH, Urteil v. 15. 4. 2008 – Az.: X ZR 129/06; Urteil v. 16. 10. 2001 – Az.: X ZR 100/99; OLG Düsseldorf, B. v. 24. 3. 2010 – Az.: VII-Verg 58/09; B. v. 17. 2. 2010 – Az.: VII-Verg 42/09; B. v. 2. 11. 2009 – Az.: VII-Verg 12/09; B. v. 10. 9. 2009 – Az.: VII-Verg 12/09; B. v. 21. 5. 2008 – Az.: VII – Verg 19/08; B. v. 5. 5. 2008 – Az.: VII – Verg 5/08; B. v. 28. 4. 2008 – Az.: VII – Verg 1/08; BayObLG, B. v. 3. 7. 2002 – Az.: Verg 13/02; OLG München, B. v. 29. 7. 2010 – Az.: Verg 09/10; OLG Naumburg, B. v. 3. 9. 2009 – 1 Verg 4/09; VK Baden-Württemberg, B. v. 19. 2. 2009 – Az.: 1 VK 4/09; B. v. 7. 11. 2007 – Az.: 1 VK 43/07; B. v. 7. 10. 2005 – Az.: 1 VK 56/05; VK Brandenburg, B. v. 19. 12. 2008 – Az.: VK 40/08; B. v. 14. 5. 2007 – Az.: 2 VK 14/07; B. v. 29. 5. 2006 – Az.: 2 VK 16/06; 1. VK Bund, B. v. 27. 11. 2009 – Az.: VK 1–194/09; B. v. 31. 8. 2009 – Az.: VK 1–152/09; B. v. 9. 10. 2008 – VK 1–123/08; 2. VK Bund, B. v. 22. 4. 2009 – Az.: VK 2–24/09; B. v. 24. 10. 2008 – Az.: VK 2–109/08; B. v. 30. 4. 2008 – Az.: VK 2–43/08; B. v. 29. 3. 2006 – Az.: VK 2–11/06; B. v. 10. 2. 2004 – Az.: VK 2–150/03; 3. VK Bund, B. v. 16. 7. 2010 – Az.: VK 3–66/10; B. v. 10. 6. 2010 – Az.: VK 3–51/10; B. v. 4. 6. 2010 – Az.: VK 3–48/10; B. v. 4. 11. 2009 – Az.: VK 3–190/09; B. v. 12. 5. 2009 – VK 3–109/09; B. v. 29. 1. 2009 – Az.: VK 3–200/08; B. v. 29. 1. 2009 – Az.: VK 3–197/08; B. v. 23. 1. 2009 – Az.: VK 3–194/08; VK Düsseldorf, B. v. 23. 5. 2008 – Az.: VK – 7/2008 – L; B. v. 11. 1. 2006 – Az.: VK – 50/2005 – L; VK Nordbayern, B. v. 10. 2. 2010 – Az.: 21.VK – 3194 – 01/10; B. v. 27. 6. 2003 – Az.: 320.VK-3194-20/03; 1. VK Sachsen, B. v. 22. 7. 2010 – Az.: 1/SVK/022-10; B. v. 6. 3. 2009 – Az.: 1/SVK/001–09; B. v. 30. 4. 2008 – Az.: 1/SVK/020-08; B. v. 4. 4. 2005 – Az.: 1/SVK/025-05; VK Südbayern, B. v. 26. 3. 2009 – Az.: Z3-3-3194-1-03-01/09; B. v. 21. 9. 2004, – Az.: 120.3–3194.1–54-08/04; B. v. 21. 7. 2003 – Az.: 26-06/03; VK Thüringen, B. v. 14. 8. 2008 – Az.: 250–4002.20–1923/2008-014-GRZ). Der Auftraggeber ist nach **Treu und Glauben im allgemeinen gehindert**, im weiteren Verlauf des Vergabeverfahrens von seiner ursprünglichen Beurteilung abzurücken und bei unveränderter Sachlage die Zuverlässigkeit, fachliche Eignung oder Leistungsfähigkeit des Bieters nunmehr zu verneinen (OLG Düsseldorf, B. v. 4. 12. 2002 – Az.: Verg 45/01; 1. VK Sachsen, 30. 4. 2008 – Az.: 1/SVK/020-08).

686   So wenig im Rahmen der Angebotswertung ein „Mehr an Eignung" im Bietervergleich berücksichtigt werden darf, so wenig geht es an, dass ein Auftraggeber aus seiner Sicht **bestehende fachliche Mängel in einzelnen Angebotsaspekten zum Anlass nimmt, dem Bieter generell mangelnde Fachkunde vorzuhalten** und diesen **Eignungsaspekt dann in die Angebotswertung einfließen** zu lassen (OLG Dresden, B. v. 9. 1. 2004 – Az.: WVerg 16/03).

687   Ein öffentlicher Auftraggeber von Bauleistungen macht daher von seinem ihm durch VOB/A § 16 Abs. 6 eingeräumten Ermessen fehlerhaften Gebrauch, wenn er einen Bieter gegenüber einem ebenfalls geeigneten und preislich günstigeren anderen Bieter **nach dem Prinzip „bekannt und bewährt" bevorzugt**. Bei inhaltlich und qualitativ gleichen Angeboten ist unter den in die engere Auswahl gekommenen Angeboten stets das Angebot mit dem niedrigsten Preis das annehmbarste. Hier bleibt dem Auftraggeber kein Ermessens- und Beurteilungsspielraum (BGH, Urteil vom 16. 10. 2001 – Az.: X ZR 100/99).

688   Der **Grundsatz der Trennung von Eignungs- und Zuschlagskriterien gilt auch für Aufträge im Sektorenbereich**. Art. 51 Richtlinie 2004/17/EG regelt das Verfahren dahingehend, dass zunächst die Eignung geprüft (Abs. 1 und 2 in Verbindung mit Art. 52 bis 54) und sodann über den Zuschlag entschieden wird (Abs. 3 in Verbindung mit Art. 55 bis 57). Art. 55 Abs. 1 Richtlinie 2004/17/EG, der die zulässigen Zuschlagskriterien aufzählt, entspricht in seinem Wortlaut vollständig Art. 53 Abs. 1 Richtlinie 2004/18/EG, so dass die Rechtsprechung des EuGH auf Aufträge im Sektorenbereich übertragen werden kann). Danach sind „Zuschlagskriterien ausgeschlossen, die nicht der Ermittlung des wirtschaftlich günstigsten Angebots dienen, sondern die im Wesentlichen mit der Beurteilung der fachlichen Eignung der Bieter für die Ausführung des betreffenden Auftrags zusammenhängen." Dazu zählen z. B. auch die Unterkriterien der Qualifikation und der Erfahrungen des zur Auftragsdurchführung herangezogenen Schlüsselpersonals (OLG Düsseldorf, B. v. 30. 11. 2009 – Az.: VII-Verg 41/09).

Gesetz gegen Wettbewerbsbeschränkungen   GWB § 97   **Teil 1**

6.9.6.2.2 Ausnahmen. 6.9.6.2.2.1 VOF-Verfahren. Hiervon hat die Rechtsprechung **bei** 689
VOF-Verfahren in der Vergangenheit eine Ausnahme zugelassen. Die vollständige Trennung der beiden Stufen im Bereich der nicht beschreibbaren freiberuflichen Dienstleistungen gilt als schwierig und im Regelfall nicht möglich, soweit die Auftragsvergabe nicht auf einem konkreten Leistungsangebot, sondern weitgehend auf einer Prognoseentscheidung beruht, die lediglich die personellen Qualifikationen, Kapazitäten und Referenzen über früher erbrachte Planungsleistungen des Bieters berücksichtigen kann. Dies ist Verfahren nach VOF der Fall, sodass eine Berücksichtigung von Qualifikationskriterien auch bei der Bewertung der bestmöglichen Leistung gemäß § 11 Abs. 1 VOF zuzulassen ist (OLG Brandenburg, B. v. 22. 5. 2007 – Az.: Verg W 13/06; OLG Rostock, B. v. 16. 5. 2001 – Az.: 17 W 1/01, 17 W 2/01; ähnlich VK Brandenburg, B. v. 12. 5. 2004 – Az.: VK 8/04; 1. VK Sachsen, B. v. 14. 4. 2008 – Az.: 1/SVK/013-08; B. v. 2. 12. 2005 – Az.: 1/SVK/138-05).

Mit **Urteil vom 24. 1. 2008 hat der EuGH für einen Dienstleistungsauftrag und** 690
damit auch für den Bereich der VOF entschieden, dass es **nicht zulässig** ist, wenn der öffentliche Auftraggeber im Rahmen eines Vergabeverfahrens die Erfahrung der Bieter, deren Personalbestand und deren Ausrüstung sowie deren Fähigkeit, den Auftrag zum vorgesehenen Zeitpunkt zu erfüllen, nicht als „Eignungskriterien", sondern **als „Zuschlagskriterien"** berücksichtigt (EuGH, Urteil v. 24. 1. 2008 – Az.: C-532/06; ebenso OLG Düsseldorf, Urteil v. 15. 12. 2008 – Az.: I-27 U 1/07; B. v. 2. 5. 2008 – Az.: VII-Verg 26/08; 3. VK Bund, B. v. 16. 7. 2010 – Az.: VK 3–66/10; VK Nordbayern, B. v. 1. 2. 2008 – Az.: 21.VK – 3194 – 53/07). Es **gilt also auch bei VOF-Verfahren das Verbot**, ein „Mehr an Eignung" auf der zweiten Stufe eines VOF-Verfahrens zu berücksichtigen (3. VK Bund, B. v. 16. 7. 2010 – Az.: VK 3–66/10).

Dieser Rechtsprechung folgend wurde in § 11 Abs. 5 Satz 2 VOF 2009 die Regelung ein- 691
gefügt, dass bei der Festlegung der Zuschlagskriterien auf eine klare und nachvollziehbare Abgrenzung zu den Eignungskriterien bei der Auswahl der Bewerber zu achten ist.

6.9.6.2.2.2 Nachträgliche Feststellungen zur Eignung. Eine **Ausnahme** ist möglich, 692
wenn die Vergabestelle von schweren Verfehlungen **erst nachträglich** – also zu einem Zeitpunkt, in dem z.B. ein neu gegründetes Unternehmen nach dem Teilnahmewettbewerb bei Beschränkter Ausschreibung bereits zum weiteren Angebotswettbewerb zugelassen worden ist – **erfährt**; dann ist der Auftraggeber nicht gehindert und sogar verpflichtet, die Zuverlässigkeits- und Zulassungsprüfung nochmals aufzugreifen (OLG Düsseldorf, B. v. 9. 6. 2010 – Az.: VII-Verg 14/10; B. v. 5. 7. 2006 – Az.: VII – Verg 21/06; B. v. 18. 7. 2001 – Az.: Verg 16/01; im Ergebnis – und zwar ganz allgemein für neue Erkenntnisse – ebenso BGH, Urteil v. 15. 4. 2008 – Az.: X ZR 129/06; OLG Düsseldorf, Urteil v. 15. 12. 2008 – Az.: I-27 U 1/07; OLG München, B. v. 29. 7. 2010 – Az.: Verg 09/10; B. v. 15. 11. 2007 – Az.: Verg 10/07; 1. VK Brandenburg, B. v. 26. 8. 2005 – Az.: 1 VK 49/05; 1. VK Bund, B. v. 23. 4. 2009 – Az.: VK 1–62/09; VK Hessen, B. v. 9. 2. 2004 – Az.: 69 d – VK – 79/2003 + 80/2003, B. v. 18. 4. 2002 – Az.: 69 d VK – 12/2002; VK Lüneburg, B. v. 2. 4. 2003 – Az.: 203-VgK-08/2003; VK Münster, B. v. 14. 1. 2010 – Az.: VK 26/09; B. v. 14. 1. 2010 – Az.: VK 24/09; B. v. 4. 12. 2003 – Az.: VK 21/03).

Ist erst **im Rahmen eines Nachprüfungsverfahrens** bei der Prüfung der unangemessen 693
niedrigen Preise anlässlich des Aufklärungsgespräches die **konkrete Gefahr für den Auftraggeber** deutlich geworden, dass ein Bieter die ausgeschriebene Leistung nicht ordnungsgemäß erbringen wird, **kann die fehlende Eignung auch noch zu diesem Zeitpunkt berücksichtigt werden** (BayObLG, B. v. 18. 9. 2003 – Az.: Verg 12/03; VK Münster, B. v. 14. 1. 2010 – Az.: VK 26/09).

Wenn die Vergabestelle erst **nachträglich** – also nach Angebotsabgabe – **erfährt**, dass 694
über das **Vermögen eines Bieters das Insolvenzverfahren eröffnet** oder die Eröffnung beantragt worden ist, ist sie **nicht gehindert und sogar verpflichtet, die Prüfung der Leistungsfähigkeit nochmals aufzugreifen** (1. VK Brandenburg, B. v. 30. 6. 2005 – Az.: VK 29/05). Sie muss dann allerdings dem **Bieter hinreichend Gelegenheit geben, sich hierzu zu äußern** und Unterlagen vorzulegen, die mögliche Zweifel beseitigen (OLG München, B. v. 21. 8. 2008 – Az.: Verg 13/08).

Die Vergabestelle ist auch verpflichtet, **erneut in die Prüfung der Eignung** des für den 695
Zuschlag vorgesehenen Bieters **einzutreten**, wenn sich an der **Eignung durch neue Tatsachen Zweifel** – z.B. wegen Vorbefasstheit eines Bieters – ergeben (OLG Düsseldorf, B. v. 5. 7. 2006 – Az.: VII – Verg 21/06; 1. VK Bund, B. v. 2. 10. 2007 – Az.: VK 1–104/07; B. v. 12. 9. 2007 – Az.: VK 1–95/07; B. v. 5. 3. 2007 – Az.: VK 1–139/06).

Teil 1 GWB § 97 Gesetz gegen Wettbewerbsbeschränkungen

696 Sind **nach der erstmaligen Eignungsprüfung an dem Fortbestehen z. B. der technischen Leistungsfähigkeit** etwa infolge der Veräußerung von Maschinen **objektive Zweifel begründet**, ist es **Sache des Bieters, diese Zweifel auszuräumen**. Zu dieser Darlegung gegenüber der Vergabestelle ist ein Bieter **aufgrund seiner im Vergabeverfahren bestehenden Pflicht bzw. Obliegenheit, seine technische Leistungsfähigkeit durch Angabe der eigenen technischen Mittel nachzuweisen, unaufgefordert und unverzüglich** nach dem Wirksamwerden der Veräußerung z. B. der Maschinen **gehalten**. Dies folgt aus dem Zweck, den das Erfordernis der Angabe der bei der Ausführung des Auftrags tatsächlich verfügbaren eigenen sachlichen Mittel verfolgt. Ein Bewerber, der nicht selbst über die erforderlichen Mittel verfügt, muss von sich aus darlegen und den Nachweis dafür antreten, welcher ihm unmittelbar oder mittelbar verbundenen Unternehmen, die solche technische Mittel besitzen, er sich bei der Ausführung des Auftrags in der Weise bedienen wird, dass diese Mittel als ihm tatsächlich zu Gebote stehend anzusehen sind. Diese Darlegung ist eine selbstverständliche Obliegenheit des Bewerbers, die auf der Tatsache beruht, dass er zur Erfüllung selbst über keine oder nicht ausreichende eigene technische Mittel verfügt. Die gleiche Obliegenheit trifft denjenigen, der zwar ursprünglich bei Angebotsabgabe über die erforderlichen technischen und/oder personellen Mittel verfügt hat, diese Verfügungsbefugnis durch den Eintritt neuer Umstände aber verliert (OLG Düsseldorf, B. v. 26. 1. 2005 – Az.: VII – Verg 45/04), z. B. durch die **Eröffnung eines Insolvenzverfahrens** (1. VK Brandenburg, B. v. 30. 6. 2005 – Az.: VK 29/05).

697 **Aufgrund der Einführung des gesetzlichen Mindestlohns für Briefzusteller** ist Ende 2007 eine **neue Situation** eingetreten, durch die sich der **Auftraggeber veranlasst sehen konnte, erneut die Leistungsfähigkeit** des Bieters zu überprüfen. Auch diese **wiederaufgenommene Eignungsprüfung kann seitens der Vergabekammer nur dahingehend überprüft werden, ob die oben genannten Grenzen des dem Auftraggeber zustehenden Beurteilungsspielraums verletzt wurden**. Zu einer Wiederaufnahme der Eignungsprüfung sah sich der Auftraggeber lediglich veranlasst, weil in der öffentlich geführten Diskussion um die Einführung des gesetzlichen Mindestlohns für Briefzusteller auch das **unternehmerische Schicksal des Mutterkonzerns eines Bieters, der Postdienstleistungen anbietet, öffentlich thematisiert** wurde. Im Kern ging es dabei vor allem um die offene Frage, wie sich das Engagement des Hauptanteilseigners des Mutterkonzerns des Bieters gestalten wird und welche Folgen sich hieraus für den Mutterkonzern des Bieters ergeben. Diese **Folgen können sich zwar auf die Leistungsfähigkeit des Bieters auswirken, müssen es aber nicht**. Vor diesem Hintergrund wäre es spekulativ, wenn der Auftraggeber dem Bieter deswegen die Leistungsfähigkeit absprechen würde. Der Auftraggeber hat sich insoweit auf Aufklärungsmaßnahmen und Einschätzungen beschränkt, die konkret das Angebot des Bieters betrafen und dem Zweck dienten, sich der weiteren Leistungsfähigkeit und -bereitschaft ders Bieters zu versichern. Die insoweit **durchgeführten Maßnahmen zur Überprüfung der weiterhin bestehenden Eignung und die daraus abgeleitete Prognose sind vergaberechtlich nicht zu beanstanden, sie verletzen die Grenzen des dem Auftraggeber zustehenden Beurteilungsspielraums nicht**. Der Auftraggeber hat sich nämlich von dem Bieter nochmals ausdrücklich dessen Leistungsfähigkeit und -bereitschaft bestätigen lassen und ist aufgrund seiner eigenen Einschätzung zu dem in einem Vermerk niedergelegten Ergebnis gelangt, dass das **Hinzutreten weiterer Personalkosten durch den Mindestlohn nicht zwingend die wirtschaftliche und finanzielle Unmöglichkeit der Leistungserbringung mit sich bringt**. Dies begründete der Auftraggeber zum einen mit dem vergleichsweise kurzen Vertragszeitraum und der nicht extrem niedrigen Preise des Bieters. Weiterhin führt er in seinem Vermerk aus, dass auch die infolge der Mindestlohn-Vorgaben in Presseberichten erwähnte Entlassung von 1000 von insgesamt 9000 Mitarbeitern nach seiner Einschätzung nicht zum objektiv belegbaren Fall der Leistungsunfähigkeit des Bieters führt. Diese Prognoseentscheidung nachvollziehbar. **Weitere Aufklärungsmaßnahmen, deren Unterlassen andere Bieter in ihren Rechten verletzen würden, konnten dem Auftraggeber nicht abverlangt** werden (1. VK Bund, B. v. 20. 12. 2007 – Az.: VK 1–143/07).

698 Ein **Nachschieben einer Eignungsbegründung** im Rahmen der Wertung oder ein Nachschieben im Zusammenhang mit der abschließenden Zuschlagsentscheidung muss als **treuwidrig und damit willkürlich** angesehen werden, wenn dieses Verhalten dem eines Bieters gleicht, der einen Rügetatbestand zurückhält. Dieses Verhalten ist dem Bieter durch den Gesetzgeber untersagt. Der Bieter ist durch die Regelungen des GWB gezwungen, sein Wissen unverzüglich der Vergabestelle zur Kenntnis zu geben. Ein Zurückhalten seiner Rügemöglichkeiten hat der Gesetzgeber bewusst ausschließen wollen. **Entsprechend kann es der Vergabestelle nicht erlaubt sein, begründete Zweifel an der Eignung eines Bewerbers sozu-

Gesetz gegen Wettbewerbsbeschränkungen GWB § 97 **Teil 1**

sagen in der Hinterhand zu behalten, um sie im Bedarfsfall – wenn die Wertung einen sicheren Ausschluss nicht zulässt – wieder hervorzuholen. Ein solches Verhalten wäre als treuwidrig anzusehen. Ein Nachschieben solcher Eignungsmängel kann daher nur dann zulässig sein, wenn eine Vergabestelle erst in einem späteren Stadium des Verfahrens von den tatsächlichen Voraussetzungen erfährt. Hat die Vergabestelle die möglichen Bedenken gegen die Eignung der Antragstellerin jedoch hinreichend und lange gekannt, kann sie mit diesem Einwand nicht mehr gehört werden (VK Arnsberg, B. v. 20. 11. 2001 – Az.: VK 2–14/2001).

6.9.6.2.2.3 Künftig zu erstellendes Forschungsvorhaben. Bei einem erst zukünftig zu   699
erstellenden Forschungsvorhaben muss es einer Vergabestelle möglich sein, die Qualifikation des Bieters selbst als Grundlage der Vergabeentscheidung heranzuziehen. **Nur so kann sie prognostizieren, welcher der Bieter voraussichtlich die in qualitativer Hinsicht besten Forschungsergebnisse liefern wird** (2. VK Bund, B. v. 26. 9. 2003 – Az.: VK 2–66/03).

6.9.6.2.2.4 Besondere Erfahrungen eines Bieters, die sich leistungsbezogen auswir-   700
ken. 6.9.6.2.2.4.1 Rechtsprechung des EuGH. Der **EuGH** betont ausdrücklich, dass eine Vermischung von Eignungs- und Zuschlagskriterien in jedem Fall unzulässig ist (EuGH, Urteil v. 12. 11. 2009 – Az.: C-199/07); vgl. die Kommentierung → Rdn. 643.

6.9.6.2.2.4.2 Nationale Rechtsprechung. Statthaft ist, **besondere Erfahrungen eines**   701
Bieters dann in die letzte Wertungsstufe einzustellen, **wenn sie sich leistungsbezogen auswirken,** sie namentlich die Gewähr für eine bessere Leistung bieten (OLG Düsseldorf, B. v. 21. 5. 2008 – Az.: VII – Verg 19/08; B. v. 5. 5. 2008 – Az.: VII – Verg 5/08; B. v. 5. 2. 2003 – Az.: Verg 58/02; 2. VK Brandenburg, B. v. 7. 9. 2006 – Az.: 2 VK 28/06; 2. VK Bund, B. v. 30. 4. 2008 – Az.: VK 2–43/08; B. v. 29. 3. 2006 – Az.: VK 2–11/06; VK Südbayern, B. v. 21. 9. 2004, Az.: 120.3–3194.1–54-08/04) und dies den Bietern schon mit der Ausschreibung bekannt gemacht wurde (OLG Düsseldorf, B. v. 21. 5. 2008 – Az.: VII – Verg 19/08; B. v. 5. 5. 2008 – Az.: VII – Verg 5/08; 2. VK Bund, B. v. 29. 3. 2006 – Az.: VK 2–11/06; VK Lüneburg, B. v. 15. 11. 2005 – Az.: VgK-48/2005; VK Südbayern, B. v. 21. 9. 2004, Az.: 120.3–3194.1–54-08/04). Ausnahmsweise kann es also im Hinblick auf die **speziellen Anforderungen eines Bauvorhabens** im Einzelfall gerechtfertigt sein, einen Bieter den anderen, weniger leistungsfähigen, zuverlässigen und fachkundigen Bietern vorzuziehen (2. VK Bund, B. v. 10. 12. 2003 – Az.: VK 1–116/03).

Die Rechtsprechung erkennt insoweit die **Erkenntnis der Vergabepraxis** an, dass sich an   702
Vergabeverfahren **Unternehmen beteiligen,** die, was die Gewissheit für eine ordnungsgemäße Ausführung des Auftrags anbelangt, **durchaus unterschiedliche Eignungsgrade aufweisen,** die mehr oder weniger eine problemfreie Ausführung erwarten lassen. Zu dem durch die Ausschreibung sowie durch die EG-rechtlichen und nationalen Bestimmungen über das Vergabeverfahren angestrebten Ergebnis verhielte es sich aber geradezu kontrapunktiv, müssten solche graduellen Eignungsunterschiede bei der Bestimmung des wirtschaftlichsten Angebots vom Auftraggeber in jedem Fall unberücksichtigt bleiben. Solches ist **auch von den EG-Vergaberichtlinien nicht gefordert.** Weder die in Art. 53 Abs. 1a der Richtlinie 2004/18/EG noch die in den nationalen Verdingungsordnungen genannten Zuschlagskriterien sind insofern in einem abschließenden Sinn zu verstehen. Sie **lassen bei einer an der Wirtschaftlichkeit ausgerichteten Angebotswertung Abstufungen nach dem Grad der unternehmensindividuellen Eignung zu.** An der damit übereinstimmenden nationalen Vorschrift des § 16 Abs. 6 Nr. 3 VOB/A wird dies besonders deutlich. Danach sollen nur solche Angebote in die engere Wahl gelangen, die eine einwandfreie Ausführung erwarten lassen. Erst danach ist unter den Angeboten dasjenige zu bestimmen, das nach den festgelegten Zuschlagskriterien als das wirtschaftlichste erscheint. Unter den Vergabeordnungen sind insofern keine Unterschiede vorzunehmen. So weist die VOL/A 2006 in § 25 Nr. 3 zwar keine mit der VOB/A 2006 wortlautidentische Vorschrift auf. Doch lässt Absatz 2 der Erläuterungen zu § 25 Nr. 3 VOL/A 2006 im Sinn einer beim Normverständnis zu berücksichtigenden authentischen Interpretation des Verdingungsausschusses erkennen, dass die Bestimmung des wirtschaftlichsten Angebots mit jedem auftragsbezogenen Umstand verknüpft werden darf. Die Festlegung der auftragsbezogenen Kriterien für die Bestimmung des wirtschaftlichsten Angebots unterliegt einem weiten Spielraum des Auftraggebers. Bei der Bestimmung der Kriterien für das wirtschaftlichste Angebot ist er weitgehend ungebunden, bestimmten Faktoren eine Bedeutung zuzumessen. Die Kontrolle der Vergabenachprüfungsinstanzen hat sich dabei auf die Frage zu beschränken, ob ein Ermessensmissbrauch oder ein sonstiger Ermessensfehler zu beanstanden ist. Anders gewendet sollte daraus zu folgern sein, dass **eine graduell verschiedene Eignung der Bieter bei der Ermittlung des wirtschaftlichsten Angebots vom öffentlichen Auftraggeber berücksichtigt wer-**

den darf, sofern es um die auftragsbezogene Umsetzung bestimmter Eignungsmerkmale geht, die im Angebot selbst dokumentiert werden soll. Der Auftraggeber darf bei der Ermittlung des wirtschaftlichsten Angebots danach auch solche, an und für sich als Eignungsmerkmale einzustufende Faktoren berücksichtigen, die nach den von ihm ermessensfehlerfrei aufgestellten Prüfungsmaßstäben einen **spezifischen Bezug zur Auftragsausführung aufweisen, eine ordnungsgemäße Erfüllung der gestellten Anforderungen erwarten lassen und die sich nach seinem Verlangen im Angebot ausdrücklich niederschlagen sollen.** Unter solchen Voraussetzungen darf der Auftraggeber Eignungsmerkmale auch als Kriterien zur Bestimmung des wirtschaftlichsten Angebots formulieren. Aus **Gründen der Gleichbehandlung und der Transparenz sind die insoweit bei der Vergabeentscheidung für maßgebend erachteten Kriterien vom Auftraggeber freilich in der Vergabebekanntmachung oder in den Verdingungsunterlagen klar und unmissverständlich zu benennen** (OLG Düsseldorf, B. v. 21. 5. 2008 – Az.: VII – Verg 19/08; B. v. 5. 5. 2008 – Az.: VII – Verg 5/08).

703 Etwas **restriktiver ist die Rechtsprechung der VK Baden-Württemberg. Allenfalls in Ausnahmefällen**, wenn an die Durchführung der Leistung eine besondere, außergewöhnliche Eignung erfordert und die Leistung mit dieser steht und fällt, **können Eignungskriterien bei der Prüfung der Wirtschaftlichkeit berücksichtigt werden.** Ein so gelagerter Fall ist bei der Erneuerung eines Verkehrsrechners allerdings nicht anzunehmen. Es mag für einen Auftraggeber unbefriedigend und mit einem höheren Risiko behaftet sein, gegebenenfalls einem Bieter einen Zuschlag erteilen zu müssen, der eine geringere Gewähr für die Ausführung des Auftrags bietet, dies **nehmen die Regelungen der VOL/A allerdings in Kauf** (VK Baden-Württemberg, B. v. 28. 5. 2009 – Az.: 1 VK 21/09).

704 Auch das **OLG Düsseldorf schränkt seine ältere Rechtsprechung mit Blick auf die Rechtsprechung des EuGH ein.** Der Senat sieht **auch weiterhin ein Bedürfnis für den Auftraggeber, in gewissen Fallgestaltungen die Erfahrungen des Bieters, der sich mutmaßlich in einem unkomplizierterem Baugeschehen niederschlägt, auch im Rahmen des technischen Wertes zu berücksichtigen.** Es ist jedoch **zweifelhaft, ob diese Erwägungen mit der Rechtsprechung des EuGH in Einklang zu bringen** ist. Hinzuweisen ist darauf, dass die Urteile des EuGH Fallgestaltungen betreffen, in denen die bessere Erfahrung des Bieters auch bessere Ergebnisse seiner Tätigkeit erwarten ließ. In jedem Falle bedürfte eine Entscheidung, wonach das Unterkriterium für die Zuschlagsentscheidung zulässig wäre, einer Vorlage an den EuGH (OLG Düsseldorf, B. v. 30. 11. 2009 – Az.: VII-Verg 41/09; im Ergebnis ebenso 2. VK Bund, B. v. 9. 9. 2009 – Az.: VK 2–111/09).

705 Auch das **OLG München** vertritt die Auffassung, dass mit Blick auf die ältere nationale Rechtsprechung demgegenüber **der Rechtsprechung des EuGH zu folgen** ist (OLG München, B. v. 29. 7. 2010 – Az.: Verg 09/10).

706 **6.9.6.2.2.5 Nicht gerügte Eignungskriterien.** Etwas anderes gilt auch, wenn fälschlicherweise ein **Eignungskriterium** – z. B. die Fachkunde – **als Zuschlagskriterium verlautbart** wurde und **dies vom Bieter nicht bis zur Angebotsabgabe gegenüber dem Auftraggeber gerügt worden** ist. Denn dann kann auch die Vergabekammer dem Auftraggeber nicht verpflichten, verbindliche „Zuschlagskriterien", auf die sich sämtliche Bieter vor Angebotsabgabe eingestellt haben und dies auch durften, nunmehr bei der entscheidenden Auswahl unbeabsichtigt zu lassen (1. VK Sachsen, B. v. 4. 4. 2005 – Az.: 1/SVK/025-05; VK Thüringen, B. v. 14. 8. 2008 – Az.: 250–4002.20–1923/2008-014-GRZ).

707 **6.9.6.2.3 Folgen einer Vermischung von Eignungs- und Zuschlagskriterien.** Die **fehlerhafte Auswahl der Zuschlagskriterien verletzt die Bieter in Bieterrechten.** Das fehlerhafte Aufstellen von Zuschlagskriterien hat Einfluss auf die Vorbereitung und den Inhalt der Angebote. Das **Aufstellen unzulässiger Zuschlagskriterien ist seiner Art nach geeignet, die Leistungs- und Angebotsmöglichkeiten der Bieter nachteilig zu beeinflussen.** Sie werden den vom Auftraggeber sicherzustellenden Gleichbehandlung dadurch behindert, ein unter allen Umständen vergleichbares und das annehmbarste Angebot abzugeben. Darüber hinaus werden die Bieter – möglicherweise – auch insoweit in Rechten verletzt, als **ungeeignete Mitbieter infolge der nicht eingehaltenen Trennung der Wertungsstufen nicht schon auf der zweiten Wertungsstufe ausgeschlossen werden.** Deren Angebote gelangen in die Wirtschaftlichkeitsprüfung, obgleich sie bereits in der zweiten Wertungsstufe hätten ausgeschlossen werden müssen. Wenn daher die Auswahl der Zuschlagskriterien fehlerhaft erfolgt ist, ist dem **Auftraggeber die Erteilung des Zuschlags zu untersagen** (OLG Düsseldorf, B. v. 28. 4. 2008 – Az.: VII – Verg 1/08).

Etwas **weniger restriktiv** sieht dies die **2. VK Bund**. Bedenken mit Blick auf eine Vermischung zwischen Eignungs- und Zuschlagskriterien kann das Unterkriterium zum Hauptkriterium „Technischer Wert", nämlich „Projektspezifischer Personaleinsatz" hervorrufen. **Macht dieses Unterkriterium indes nur** 10% des insgesamt mit 10% gewichteten Kriteriums „Technischer Wert", d. h. lediglich **1% der zu vergebenden Gesamtpunktzahl, aus, kann ausgeschlossen werden, dass dieses Unterkriterium einen solchen Einfluss auf die konkrete Gestalt der Angebote gehabt haben könnte, dass deren Wertung sich objektiv verböte** (2. VK Bund, B. v. 21. 9. 2009 – Az.: VK 2–126/09).

6.9.6.2.4 Literatur

– Freise, Harald, Berücksichtigung von Eignungsmerkmalen bei der Ermittlung des wirtschaftlichsten Angebots?, NZBau 2009, 225

– Hölzl, Franz Josef/Friton, Pascal, Entweder – Oder: Eignungs- sind keine Zuschlagskriterien, NZBau 2008, 307

6.9.6.3 Unmöglich zu erfüllende Eignungsanforderungen

Ein Unternehmen kann seine Eignung auch dann nachweisen, wenn die **Abgabe einzelner Erklärungen/Nachweise unmöglich oder unzumutbar** ist und sich daraus nicht die Ungeeignetheit des Unternehmens ableiten lässt. So erscheint z.B. die Unmöglichkeit, mangels Eintragung einen Handelsregisterauszug vorzulegen, nicht als Eignungshindernis, da – im Normalfall – die Eignung materiell nicht daran festgemacht wird, ob eine natürliche oder juristische Person anbietet, die im Handelsregister geführt wird. Der Auftraggeber kann jedoch die bloße Erklärung eines Bieters, z.B. keine Mitgliedschaft im Handelsregister aufzuweisen bzw. aufweisen zu müssen, nicht als richtig unterstellen, wenn entgegenstehende Anhaltspunkte vorhanden sind (VK Düsseldorf, B. v. 2. 6. 2008 – Az.: VK – 15/2008 – L).

Vgl. zu den **Rechtsfolgen einer unmöglichen Forderung in der Leistungsbeschreibung** die Kommentierung zu → § 7 VOB/A Rdn. 95 ff. Diese Rechtsprechung kann grundsätzlich auch auf eine unmögliche Eignungsanforderung angewendet werden.

6.9.6.4 Nachträgliche Beseitigung von Wertungsfehlern bei der Eignungsprüfung

Vgl. dazu die Kommentierung → Rdn. 1327.

6.9.6.5 Allgemeiner Ablauf der Eignungsprüfung

6.9.6.5.1 Allgemeines. Bei der Eignungsprüfung handelt es sich nicht um ein streng schematisiertes und objektiviertes Verfahren, in dem nur offizielle Bescheinigungen und Nachweise zählen. Vielmehr handelt es sich um **ein weitgehend formloses Verfahren** (VK Lüneburg, B. v. 14. 1. 2002 – Az.: 203-VgK-22/2001; VK Sachsen, B. v. 3. 11. 2005 – Az.: 1/SVK/125-05), in dessen Rahmen der Auftraggeber bei seiner Entscheidungsfindung weitgehend frei ist (OLG Frankfurt, B. v. 24. 2. 2009 – Az.: 11 Verg 19/08; VK Baden-Württemberg, B. v. 14. 1. 2005 – Az.: 1 VK 87/04; VK Hessen, B. v. 16. 1. 2004 – Az.: 69 d VK – 72/2003; VK Sachsen, B. v. 3. 11. 2005 – Az.: 1/SVK/125-05).

Die **Eignungsprüfung ist in zwei Stufen durchzuführen**, und zwar zum einen, ob das Angebot sämtliche geforderten Eignungsnachweise bzw. -angaben enthält (formale Eignungsprüfung) und zum anderen, ob der **Bieter geeignet** ist (materielle Eignungsprüfung) (OLG Düsseldorf, B. v. 2. 6. 2010 – Az.: VII-Verg 7/10; B. v. 26. 11. 2008 – Az.: VII-Verg 54/08; OLG München, B. v. 31. 8. 2010 – Az.: Verg 12/10; LSG Nordrhein-Westfalen, B. v. 28. 4. 2009 – Az.: L 21 KR 40/09 SFB; VK Münster, B. v. 11. 2. 2010 – Az.: VK 29/09; B. v. 14. 1. 2010 – Az.: VK 24/09).

Zwar wird dem öffentlichen Auftraggeber **in der zweiten Wertungsphase einhellig ein Wertungsspielraum** zugebilligt (vgl. die Kommentierung → Rdn. 557). Dies bezieht sich aber **nur auf die materielle Eignungsprüfung**, nicht auf die formelle Eignungsprüfung. Ein Wertungsspielraum kommt nur insoweit in Betracht, als es um die Bewertung der materiellen Eignung eines Bieters geht (OLG Düsseldorf, B. v. 26. 11. 2008 – Az.: VII-Verg 54/08; OLG München, B. v. 31. 8. 2010 – Az.: Verg 12/10; 2. VK Bund, B. v. 13. 6. 2007 – Az.: VK 2–51/07; 3. VK Bund, B. v. 26. 6. 2008 – Az.: VK 3–71/08; VK Münster, B. v. 11. 2. 2010 – Az.: VK 29/09; B. v. 14. 1. 2010 – Az.: VK 24/09; VK Schleswig-Holstein, B. v. 18. 12. 2007 – Az.: VK-SH 25/07).

6.9.6.5.2 Eignungsprüfung in „Normalfällen". Zwar muss die Vergabestelle auch bei der Eignungsprüfung von einem zutreffenden und vollständig ermittelten Sachverhalt ausgehen.

Allerdings **darf sie darauf vertrauen, dass die Angaben im Angebot generell, also auch in Bezug auf die für die Eignungsprüfung relevanten Angaben, richtig und vollständig sind.** Eine **vertiefte Auseinandersetzung** mit der Eignung eines Bieters und die Dokumentation dieser Auseinandersetzung muss **nur dann stattfinden, wenn sich aus den Angaben im Angebot oder sonstigen Umständen**, beispielsweise einer Mitteilung aus dem Hause des Auftraggebers oder Erkenntnissen aus der Vergangenheit, ergibt, dass **Anlass besteht, die Eignung des Bieters in Frage zu stellen** (3. VK Bund, B. v. 3. 7. 2007 – Az.: VK 3–64/07; VK Münster, B. v. 14. 1. 2010 – Az.: VK 26/09; im Ergebnis ebenso OLG Celle, B. v. 13. 12. 2007 – Az.: 13 Verg 10/07). **Zur notwendigen Dokumentation** vgl. die Kommentierung → Rdn. 195.

717   **6.9.6.5.3 Maßstab der Eignungsprüfung.** Die **Ansicht**, die konkreten Bedingungen, unter denen der Auftrag auszuführen ist, dürfen bei der vom öffentlichen Auftraggeber anzustellenden Eignungsprüfung nicht berücksichtigt werden (mit anderen Worten: **Eignungskriterien dürften in jedem Fall nur abstrakt aufgestellt und angewandt werden**), **ist nicht haltbar**. Die am einzelnen Auftrag auftretenden Besonderheiten (namentlich die Erschwernisse bei der Ausführung) sind bei der Eignungsprüfung vom Auftraggeber selbstverständlich in Rechnung zu stellen. Die dem **öffentlichen Auftraggeber obliegende Eignungsbewertung hat unternehmensbezogen und auftragsbezogen zu erfolgen.** Gegenstand einer auftragsbezogenen Eignungsprüfung sind insbesondere die bei der Leistung auftretenden Erschwerungen (OLG Düsseldorf, B. v. 5. 10. 2005 – Az.: VII – Verg 55/05).

6.9.6.6   Ablauf der Eignungsprüfung für ausländische Unternehmen

718   **6.9.6.6.1 Zulässigkeit der Prüfung der Eignungsvoraussetzungen für ausländische Bieter im Land, in dem der öffentliche Auftrag ausgeführt wird.** Der Umstand, dass ein Unternehmer, der in einem anderen Mitgliedstaat niedergelassen ist, Bescheinigungen der zuständigen Behörden dieses Staates vorlegt, genügt nicht, um die Erfüllung seiner einschlägigen Verpflichtungen schlüssig nachzuweisen. Zum einen sieht nämlich Art. 24 Abs. 1 Buchst. e und f der Richtlinie 93/37 Verpflichtungen im Bereich der Sozialabgaben und Steuern auch im Mitgliedstaat des öffentlichen Auftraggebers vor. Zum anderen **erlaubt Art. 24 Abs. 2 zweiter Gedankenstrich durch die Erwähnung der von der zuständigen Behörde des betreffenden Mitgliedstaats ausgestellten Bescheinigungen eine gesonderte Prüfung eines solchen Unternehmers in dem Mitgliedstaat, in dem die fragliche Vergabe eines öffentlichen Auftrags stattfindet.** Es ist nämlich denkbar, dass der betreffende Unternehmer im Mitgliedstaat des öffentlichen Auftraggebers einer wirtschaftlichen Betätigung nachgehen konnte, die Schulden im Steuer- und Sozialabgabenbereich in diesem Mitgliedstaat entstehen lassen konnte. Solche Schulden könnten sich nicht nur aus wirtschaftlichen Betätigungen ergeben, die in Ausführung öffentlicher Aufträge ausgeübt wurden, sondern auch aus außerhalb dieses Rahmens entfalteten Tätigkeiten. Zudem ist auch dann, wenn dieser Unternehmer im Mitgliedstaat des öffentlichen Auftraggebers keine wirtschaftliche Tätigkeit entfaltet hat, der Wunsch der Behörden dieses Staates legitim, sich dessen vergewissern zu können. Daher kann eine nationale Regelung nicht schon deshalb als dem Unionsrecht zuwiderlaufend angesehen werden, weil sie eine Verpflichtung zur Registrierung für die Zwecke einer solchen Nachprüfung auch für Unternehmer vorsieht, die in einem anderen Mitgliedstaat als demjenigen niedergelassen sind, in dem das öffentliche Vergabeverfahren stattfindet (EuGH, Urteil v. 15. 7. 2010 – Az.: C-74/09).

719   Art. 24 Abs. 1 der Richtlinie 93/37 zählt die Gründe erschöpfend auf, die den Ausschluss eines Unternehmers von der Beteiligung an einem Vergabeverfahren rechtfertigen, und diese Gründe beziehen sich ausschließlich auf die berufliche Eignung dieses Unternehmers. Zudem sind die Mitgliedstaaten auch befugt, über die in der erwähnten Bestimmung ausdrücklich aufgeführten Ausschlussgründe hinaus solche vorzusehen, mit denen gewährleistet werden soll, dass die Grundsätze der Gleichbehandlung und der Transparenz beachtet werden. Eine **Registrierungspflicht kann nicht als zusätzlicher Ausschlussgrund zu den in Art. 24 Abs. 1 der Richtlinie 93/37 ausdrücklich aufgeführten betrachtet werden, wenn sie als Modalität der Durchführung dieser Bestimmung konzipiert ist, die nur der Prüfung des Nachweises dient, dass ein Unternehmer, der sich an einem öffentlichen Vergabeverfahren beteiligen möchte, nicht unter einen dieser Ausschlussgründe insbesondere in Bezug auf die Entrichtung von Beiträgen zur sozialen Sicherheit sowie von Steuern und Abgaben fällt** (EuGH, Urteil v. 15. 7. 2010 – Az.: C-74/09).

720   Das Unionsrecht ist dahin auszulegen, dass es einer nationalen Regelung nicht entgegensteht, die einen Unternehmer, der in einem anderen Mitgliedstaat niedergelassen ist, verpflichtet, für

die Erteilung eines öffentlichen Auftrags im Mitgliedstaat des öffentlichen Auftraggebers im letztgenannten Mitgliedstaat Inhaber einer Registrierung in Bezug auf das Nichtvorliegen der in Art. 24 Abs. 1 der Richtlinie 93/37 aufgeführten Ausschlussgründe zu sein, sofern eine **solche Verpflichtung die Beteiligung des Unternehmers an dem betreffenden Vergabeverfahren weder erschwert noch verzögert** und **keine übermäßigen Verwaltungskosten verursacht** und sie **ferner allein der Überprüfung der beruflichen Eignung des Betroffenen im Sinne dieser Bestimmung dient** (EuGH, Urteil v. 15. 7. 2010 – Az.: C-74/09).

6.9.6.6.2 Zulässigkeit der Schaffung einer vom Auftraggeber unterschiedlichen Überprüfungsstelle. Die Bestimmungen der Richtlinie 93/37 **stehen dem nicht entgegen, dass das nationale Recht die Prüfung des Fehlens von Ausschlussgründen im Sinne von Art. 24 Abs. 1 dieser Richtlinie einer anderen Stelle als dem öffentlichen Auftraggeber überträgt**. Angesichts möglicherweise unzulänglicher technischer Kenntnisse und begrenzter organisatorischer Kapazitäten bestimmter öffentlicher Auftraggeber wie etwa einer kleinen Gemeinde oder einer Einrichtung mit geringer Personalausstattung könnte es sich als zweckmäßig erweisen, die administrative Behandlung und die Prüfung der Nachweise über die berufliche Eignung der Bewerber in den verschiedenen öffentlichen Vergabeverfahren zentralisiert einer spezialisierten Stelle zu übertragen, die auf nationaler oder örtlicher Ebene zuständig ist (EuGH, Urteil v. 15. 7. 2010 – Az.: C-74/09).

6.9.6.6.3 Anforderungen an die Besetzung dieser Überprüfungsstelle. Ist diese **Überprüfungsstelle mehrheitlich aus Personen zusammengesetzt, die private Interessen vertreten, und ist die Beteiligung dieser Personen im Rahmen dieser Stelle nicht nur rein beratend, kann eine solche Stelle in Anbetracht ihrer Zusammensetzung nicht als unparteiisch und neutral betrachtet werden**. Die mehrheitliche Beteiligung von Vertretern privater Interessen könnte dazu veranlassen, den Zugang anderer Wirtschaftsteilnehmer zu dem betreffenden Vergabeverfahren zu behindern, und auf jeden Fall besteht bei dieser Stelle wegen des Umstands, dass diese Wirtschaftsteilnehmer verpflichtet sind, sich in Bezug auf ihre persönliche und berufliche Eignung der Beurteilung ihrer möglichen Mitbewerber zu unterziehen, eine Situation der Ungleichheit der Wettbewerbsbedingungen sowie fehlender Objektivität und Unparteilichkeit, was im Gegensatz zu einer Regelung des unverfälschten Wettbewerbs steht, wie sie im Unionsrecht vorgesehen ist (EuGH, Urteil v. 15. 7. 2010 – Az.: C-74/09).

6.9.6.6.4 Keine Inhaltskontrolle von ausländischen Bescheinigungen durch die Überprüfungsstelle. Die **Ausübung einer inhaltlichen Kontrolle der Voraussetzungen, die der Ausstellung der Bescheinigungen durch die zuständigen Behörden der betroffenen Mitgliedstaaten zugrunde liegen, durch die Überprüfungsstelle ist offensichtlich unvereinbar mit Art. 24 Abs. 1 der Richtlinie 93/37**, der einen solchen Ausschlussgrund nicht vorsieht, und mit Art. 24 Abs. 2 zweiter Gedankenstrich, der eindeutig vorschreibt, dass diese Bescheinigungen als ausreichender Nachweis der Erfüllung der Verpflichtungen der Unternehmer im sozialen und steuerrechtlichen Bereich zu akzeptieren sind. Daher **hat die für die Prüfung dieser Bescheinigungen zuständige Stelle keinen eigenen inhaltlichen Wertungsspielraum und muss sich auf eine summarische Prüfung förmlicher Einzelheiten beschränken**. Sie kann daher nur prüfen, ob die Bescheinigungen echt sind, ob sie zu einem nicht zu lange zurückliegenden Zeitpunkt ausgestellt worden sind und ob die Behörde, die sie ausgestellt hat, nicht offensichtlich unzuständig war (EuGH, Urteil v. 15. 7. 2010 – Az.: C-74/09).

6.9.6.7 Möglichkeiten der Feststellung der Eignung

6.9.6.7.1 Hinweis. Da sich die **Möglichkeiten der Feststellung der Eignung in der VOB/A 2009 und der VOL/A 2009 teilweise erheblich unterscheiden**, erfolgt eine über die nachfolgenden Ausführungen hinausgehende Kommentierung im Rahmen der VOB/A 2009 und der VOL/A 2009.

6.9.6.8 Abfrage von Referenzen

6.9.6.8.1 Sinn und Zweck von Referenzen. Die Angabe von Referenzen **soll den Auftraggeber in die Lage versetzen, die Einschätzungen der in der Referenzliste genannten Auftraggeber in Erfahrung zu bringen** (OLG Düsseldorf, B. v. 5. 7. 2007 – Az.: VII – Verg 12/07; B. v. 24. 5. 2007 – Az.: VII – Verg 12/07; VK Rheinland-Pfalz, B. v. 2. 4. 2009 – Az.: VK 9/09; VK Schleswig-Holstein, B. v. 27. 1. 2009 – Az.: VK-SH 19/08).

Referenzen dienen zum Beleg dafür, dass **der Bieter dem ausgeschriebenen Auftrag vergleichbare Leistungen schon erfolgreich erbracht hat und damit die Gewähr dafür** bietet, auch den zu vergebenden Auftrag zufrieden stellend zu erledigen (VK Düsseldorf, B. v. 11. 1. 2006 – Az.: VK – 50/2005 – L; VK Hessen, B. v. 11. 4. 2007 – Az.: 69 d VK – 07/2007; VK Münster, B. v. 28. 8. 2007 – Az.: VK 14/07, VK 15/07; VK Rheinland-Pfalz, B. v. 2. 4. 2009 – Az.: VK 9/09).

726 Bei einer Referenz geht es **inhaltlich allgemein um den Nachweis konkreter praktischer Erfahrungen eines Bewerbers**, die sich nur über die Durchführung entsprechender Vorhaben oder ihrer weitergehenden Durchführung gewinnen lassen (VK Lüneburg, B. v. 14. 2. 2003 – Az.: 203-VgK-35/2002; VK Münster, B. v. 28. 8. 2007 – Az.: VK 14/07, VK 15/07; B. v. 9. 3. 2004 – Az.: VK 02/04; VK Schleswig-Holstein, B. v. 27. 1. 2009 – Az.: VK-SH 19/08).

727 Dazu **kann der Nachweis genügen**, dass der **Bieter** in dem genannten Zeitraum **einen Auftrag für nur einen Auftraggeber durchgeführt** hat, sofern dieser Auftrag nach Gegenstand und Umfang im Hinblick auf vorliegende Vergabe aussagekräftig ist (OLG Celle, B. v. 11. 3. 2004 – Az.: 13 Verg 03/4; VK Düsseldorf, B. v. 24. 11. 2009 – Az.: VK – 26/2009 – L; B. v. 11. 1. 2006 – Az.: VK – 50/2005 – L).

728 Der **Auftraggeber kann aufgrund des Nachweises eines einzelnen Referenzauftrages vergleichbarer Größenordnung eine positive Prognose treffen**, nämlich **die einer ausreichenden Kapazität und Organisation eines Unternehmens**. Ein Unternehmen, welches sich mit allen Ressourcen einem Auftrag widmen muss, den es in dieser Größenordnung bisher nicht ausgeführt hat, kann andere Aufträge jedenfalls nicht übergangslos in dem gewohnten Umfang parallel ausführen und kann deshalb in wirtschaftliche Schwierigkeiten gelangen. Ein Unternehmen, welches in der Vergangenheit bereits Großaufträge durchgeführt hat, hat mit dem Ressourceneinsatz Erfahrungen gewonnen und gerät nicht in die Gefahr, weiteren notwendigen Umsatz mit anderen Kunden einzubüßen (VK Düsseldorf, B. v. 24. 11. 2009 – Az.: VK – 26/2009 – L).

729 Der **Bieter hat es in seiner Hand**, sich durch die Benennung von ausgewählten Referenzobjekten **in ein „gutes Licht" zu setzen** (VK Rheinland-Pfalz, B. v. 2. 4. 2009 – Az.: VK 9/09).

730 **6.9.6.8.2 Eine mögliche Alternative zur Prüfung der Eignung.** Die **Abforderung von Referenzen ist nur eine von mehreren Möglichkeiten des Auftraggebers**, sich einen Überblick über die fachliche Eignung und die Zuverlässigkeit eines Bieters zu verschaffen (2. VK Bund, B. v. 30. 11. 2009 – Az.: VK 2–195/09). Fehlen die Referenzen, etwa weil es sich noch um ein junges Unternehmen handelt, ist der Auftraggeber grundsätzlich verpflichtet, zu erkunden, ob andere Anhaltspunkte für die Zuverlässigkeit und Leistungsfähigkeit dieses Bieters vorliegen (1. VK Sachsen, B. v. 25. 6. 2001 – Az.: 1/SVK/48-01).

731 **6.9.6.8.3 Bedeutung der Referenzen für die Prüfung der Eignung.** Es ist **nicht zu beanstanden**, wenn ein Auftraggeber bei der Eignung und Zuverlässigkeit der Bieter **maßgeblich auf die Einholung und Auswertung von Referenzen abstellt**. Die Einholung von Referenzen stellt eine geeignete, vergaberechtskonforme Maßnahme dar, die es dem Auftraggeber erleichtert, die Eignungsprüfung im Rahmen der Angebotswertung durchzuführen (OLG Koblenz, B. v. 4. 10. 2010 – Az.: 1 Verg 9/10; VK Düsseldorf, B. v. 29. 3. 2007 – Az.: VK – 08/2007 – B; VK Lüneburg, B. v. 5. 1. 2004 – Az.: 203-VgK-37/2003; VK Niedersachsen, B. v. 10. 6. 2010 – Az.: VgK-17/2010; B. v. 15. 12. 2009 – Az.: VgK-63/2009; B. v. 7. 8. 2009 – Az.: VgK – 32/2009).

732 Die **Forderung in den Bewerbungsbedingungen** für einen Dienstleistungsauftrag, dass mit dem Angebot **bestimmte Referenzen vorzulegen** sind, stellt **regelmäßig keine Mindestanforderung** in dem Sinne dar, dass sämtliche Angebote, mit denen die geforderten Referenzen nicht vorgelegt werden, zwangsläufig auszuschließen sind. Will der Auftraggeber der **Forderung die weitergehende Bedeutung einer Mindestanforderung geben, so muss er dies eindeutig zum Ausdruck** bringen (OLG Celle, B. v. 11. 3. 2004 – Az.: 13 Verg 3/04; OLG Düsseldorf, B. v. 27. 7. 2005 – Az.: VII – Verg 108/04).

733 **6.9.6.8.4 Umfang der Prüfungspflicht des Auftraggebers.** Fordert der öffentliche Auftraggeber von den Bietern die Angabe von Referenzen, ist er **grundsätzlich nicht verpflichtet, die Referenzen zu überprüfen** (KG Berlin, B. v. 27. 11. 2008 – Az.: 2 Verg 4/08).

734 Der **Auftraggeber** ist auch **nicht verpflichtet, durch eigene Ermittlungen die Einschätzungen der anderen Auftraggeber auf ihren objektiven Gehalt hin zu überprüfen** oder vor Verwertung der Informationen sogar z. B. eine gerichtliche Klärung der Bemängelungen, die ein früherer Auftraggeber erhebt, abzuwarten. Schon der **Umstand, dass ein als Referenz angegebener Auftraggeber aus bestimmten Gründen unzufrieden** ist und dass

Gesetz gegen Wettbewerbsbeschränkungen GWB § 97 **Teil 1**

seine Zusammenarbeit mit dem Unternehmen zu einem Gerichtsverfahren geführt hat, **darf der zu treffenden Prognoseentscheidung zugrunde gelegt** werden (OLG Düsseldorf, B. v. 5. 7. 2007 – Az.: VII – Verg 12/07; B. v. 24. 5. 2007 – Az.: VII – Verg 12/07; VK Rheinland-Pfalz, B. v. 2. 4. 2009 – Az.: VK 9/09).

Eine **allgemeine Pflicht zur Aufklärung des sachlichen Gehalts der Einschätzungen als Referenz angegebener Auftraggeber** entspricht nicht dem Sinn und Zweck der Angabe von Referenzen. Vielmehr darf der Antragsgegner den Umstand, dass ein früherer Auftraggeber mit der Termintreue des Antragstellers unzufrieden war, in seine Prognoseentscheidung miteinbeziehen (OLG Düsseldorf, B. v. 5. 7. 2007 – Az.: VII – Verg 12/07; B. v. 24. 5. 2007 – Az.: VII – Verg 12/07; VK Rheinland-Pfalz, B. v. 2. 4. 2009 – Az.: VK 9/09). 735

Anderer Auffassung ist – allerdings eher in einem **Sonderfall** – die VK Baden-Württemberg. Der **Auftraggeber muss seiner Abwägung zumindest die Hintergründe, die die ehemaligen Auftraggeber der Referenzobjekte zu ihrer Einschätzung bewogen haben, erfragen, bevor er sich auf die mangelnde Eignung eines Bieters beruft**. Dies gilt insbesondere dann, wenn der Auftraggeber erst durch einen Konkurrenten des Bieters Informationen zugeleitet bekommt. Er hat dann besonders sorgfältig zu ermitteln, vor allem vor dem Hintergrund, wenn Informationen mitgeteilt wurden, die den kurz zuvor eingeholten Auskünften vollkommen widersprechen (VK Baden-Württemberg, B. v. 29. 6. 2009 – Az.: 1 VK 27/09). 736

6.9.6.8.5 Zulässige Art der Referenzen. 6.9.6.8.5.1 Allgemeines. Erforderlich, aber auch ausreichend, ist die **Vorlage solcher Referenzen, die den hinreichend sicheren Schluss zulassen, dass der betreffende Bieter über die für eine ordnungsgemäße Durchführung des ausgeschriebenen Auftrags erforderliche Fachkunde und Leistungsfähigkeit verfügt**. Alle Referenzen, die diese Anforderung erfüllen, sind Referenzen zu vergleichbaren Aufträgen im Sinne der Referenzanforderung (OLG Düsseldorf, B. v. 5. 2. 2003 – Az.: Verg 58/02; 1. VK Sachsen, B. v. 14. 4. 2008 – Az.: 1/SVK/013-08; VK Südbayern, B. v. 21. 4. 2009 – Az.: Z3-3-3194-1-09-02/09). 737

6.9.6.8.5.2 Referenzen über durchgeführte vergleichbare Leistungen. Von der **erfolgreichen Verwirklichung vergleichbarer Baumaßnahmen** kann eine Vergabestelle **Schlüsse auf die erfolgreiche Realisierung des eigenen Vorhabens ziehen**, da die nachgewiesene vorhandene Erfahrung aus bereits ausgeführten Vorhaben die Vermutung einer weiteren erfolgreichen Vorhabensrealisierung gerechtfertigt erscheinen lässt (VK Thüringen, B. v. 18. 3. 2003 – Az.: 216–4002.20-001/03-MHL). 738

Dies gilt **auch für Planungsleistungen nach der VOF** (VK Lüneburg, B. v. 25. 9. 2006 – Az.: VgK-19/2006). 739

Fordert der Auftraggeber Referenzen über durchgeführte vergleichbare Leistungen, genügt die Angabe von Rahmenverträgen als Referenz nicht. Allein der Abschluss von Rahmenverträgen belegt nicht, dass ein Bieter über die notwendige Fachkunde, Erfahrung und Zuverlässigkeit zur Ausführung von konkreten ausgeschriebenen Aufträgen verfügt (OLG Düsseldorf, B. v. 2. 1. 2006 – Az.: VII – Verg 93/05). 740

Die Anforderungen an quantitativ und qualitativ vergleichbare oder gleichartige Leistungen ist durch **Auslegung des Wortlauts der Vergabeunterlagen unter Berücksichtigung von Sinn und Zweck der geforderten Angaben sowie unter Berücksichtigung des Wettbewerbs- und Gleichbehandlungsgrundsatzes des Vergabeverfahrens** (vgl. § 97 Abs. 1 und 2 GWB) zu bestimmen. Die vorgelegten Referenzen müssen danach den Schluss zulassen, dass der Bieter in der Lage sein wird, die ausgeschriebene Maßnahme vertragsgemäß durchzuführen (OLG Frankfurt, B. v. 24. 10. 2006 – Az.: 11 Verg 008/06, 11 Verg 009/06; 2. VK Bund, B. v. 30. 4. 2010 – Az.: VK 2–29/10; 3. VK Bund, B. v. 12. 8. 2005 – Az.: VK 3–94/05; B. v. 12. 8. 2005 – Az.: VK 3–88/05; B. v. 11. 8. 2005 – Az.: VK 3–85/05). 741

Die Formulierung in Ausschreibungsbedingungen „**vergleichbar**" bedeutet nicht „gleich" oder gar identisch, sondern dass Leistungen im technischen und organisatorischen Bereich ausgeführt wurden, die einen **gleich hohen oder höheren Schwierigkeitsgrad** hatten (OLG Düsseldorf, B. v. 26. 11. 2008 – Az.: VII-Verg 54/08; B. v. 6. 3. 2008 – Az.: VII – Verg 53/07; OLG Frankfurt, B. v. 24. 10. 2006 – Az.: 11 Verg 008/06, 11 Verg 009/06; VK Berlin, B. v. 18. 3. 2009 – Az.: VK B 2 30/08; VK Brandenburg, B. v. 25. 8. 2002 – Az.: VK 45/02; 3. VK Bund, B. v. 21. 8. 2008 – Az.: VK 3–113/08; B. v. 25. 6. 2008 – Az.: VK 3–68/08; B. v. 12. 8. 2005 – Az.: VK 3–94/05; B. v. 12. 8. 2005 – Az.: VK 3–88/05; B. v. 11. 8. 2005 – Az.: VK 3–85/05; VK Düsseldorf, B. v. 19. 3. 2007 – Az.: VK – 03/2007 – B; VK Niedersachsen, B. v. 742

4. 9. 2009 – Az.: VgK-37/2009; B. v. 7. 8. 2009 – Az.: VgK – 32/2009; 1. VK Sachsen, B. v. 8. 1. 2010 – Az.: 1/SVK/059-09; B. v. 31. 1. 2007 – Az.: 1/SVK/124-06; B. v. 21. 7. 2005 – Az.: 1/SVK/076-05; VK Schleswig-Holstein, B. v. 24. 10. 2003 – Az.: VK-SH 24/03; VK Südbayern, B. v. 21. 4. 2009 – Az.: Z3-3-3194-1-09-02/09; B. v. 5. 3. 2001 – Az.: 02-02/01). Vergleichbar oder gleichartig ist eine **Leistung bereits dann, wenn sie der ausgeschriebenen Leistung nahe kommt und entsprechend ähnelt** (3. VK Bund, B. v. 21. 8. 2008 – Az.: VK 3–113/08). Ein Auftraggeber kann nicht verlangen, dass ein Bewerber **in jedem Fall bereits gleichartige Bauwerke errichtet bzw. Baumaßnahmen ausgeführt haben muss**, denn dadurch würde der **Marktzutritt** für neue Marktteilnehmer unter Verletzung des Wettbewerbsgrundsatzes in § 2 Abs. 1 Nr. 2 VOB/A und § 97 Abs. 1 GWB **unzumutbar erschwert oder unmöglich gemacht** (2. VK Bund, B. v. 10. 12. 2003 – Az.: VK 1–116/03; VK Brandenburg, B. v. 25. 8. 2002 – Az.: VK 45/02). Die Anforderung „vergleichbare Leistungen" ist **nicht unklar** z. B. im Sinne des § 8 EG VOL/A. Es handelt sich vielmehr um einen **unbestimmten Rechtsbegriff, der der Auslegung fähig** ist (OLG Düsseldorf, B. v. 6. 3. 2008 – Az.: VII – Verg 53/07; 2. VK Bund, B. v. 30. 4. 2010 – Az.: VK 2–29/10). **Erst bei der Prognoseentscheidung, die der Auftraggeber aufgrund der Referenzen über die Eignung des Bieters trifft, ist ihm ein Beurteilungsspielraum zuzubilligen.** Dies schließt es allerdings nicht aus, dass der Auftraggeber – gleichsam unter Vorwegnahme eines Teils der materiellen Eignungsprüfung – hinsichtlich der Vergleichbarkeit Mindestbedingungen aufstellt. Diese sind bereits auf der formellen Ebene der Eignungsprüfung, d. h. bei der Frage zu beachten, ob der Bieter die geforderten Eignungsnachweise –auch der Höhe nach – vorgelegt hat, die alsdann die Grundlage der materiellen Bewertung der Eignung bilden sollen (OLG Düsseldorf, B. v. 2. 6. 2010 – Az.: VII-Verg 7/10; B. v. 16. 2. 2010 – Az.: VII-Verg 7/10; OLG Koblenz, B. v. 4. 10. 2010 – Az.: 1 Verg 9/10; 2. VK Bund, B. v. 30. 4. 2010 – Az.: VK 2–29/10).

743   Der **Begriff der vergleichbaren Leistungen ist vor dem Hintergrund auszulegen**, dass nach § 101 Abs. 6 GWB eine **möglichst hohe Wettbewerbsintensität** erreicht werden soll. Bei einer **zu engen Auslegung** besteht bei bestimmten Märkten die **Gefahr, dass nur sehr wenige Unternehmen als geeignet angesehen werden können und Newcomer praktisch keinen Zutritt zum Markt** erhalten können. Zu berücksichtigen ist auch, dass die **VKR den Begriff der vergleichbaren Leistung nicht kennt**, sondern in Art. 48 Abs. 2 lit. a) i) pauschal auf Bauleistungen verweist (OLG Düsseldorf, B. v. 16. 2. 2010 – Az.: VII-Verg 7/10; B. v. 26. 11. 2008 – Az.: VII-Verg 54/08; Thüringer OLG, B. v. 21. 9. 2009 – Az.: 9 Verg 7/09).

744   Bei dem Begriff der vergleichbaren Leistungen erscheint es bereits dem Wortsinn nach nicht ausgeschlossen, die **Vergleichbarkeit nicht an einem bestimmten prozentualen Verhältnis der Auftragsvolumina zueinander festzumachen. In Betracht kommt vielmehr auch die Kategorisierung von Aufträgen nach Größenklassen** (z. B. klein/mittel/groß). Vergleichbar wären danach z. B. Großaufträge auch dann miteinander, wenn das konkrete Auftragsvolumen um deutlich mehr als 20% divergierte. Dass bei einem um 50% geringeren Auftragsvolumen die Vergleichbarkeit auch bei fehlender ausdrücklicher Eingrenzung auf Aufträge mit einem Volumen von beispielsweise mindestens 80% des ausgeschriebenen Auftragsvolumens schon dem Wortsinn nach ausscheiden soll, ist daher keineswegs zwingend. **Vielmehr ist dem Bieter mangels eindeutiger quantitativer Vorgaben ein erheblicher Antwortspielraum zuzubilligen** (2. VK Bund, B. v. 30. 4. 2010 – Az.: VK 2–29/10).

745   **Handelt es sich bei den ausgeschriebenen Leistungen um eine völlig neue Maßnahme** und verlangt der Auftraggeber für die Eignungsprüfung von den Bietern, dass sie **vergleichbare Leistungen bereits ausgeführt** haben, ist es **erforderlich, schon in den Verdingungsunterlagen eindeutige Aussagen dazu zu machen, welche abstrakten Gesichtspunkte Maßstab für die Vergleichbarkeit sein sollen**. Es ist ohnehin ein grundlegendes Prinzip des Vergaberechts, das über den Transparenzgrundsatz auch im Rahmen der Basisvorschriften gilt, dass die Bieter von Anfang an die Möglichkeit haben müssen, zu erkennen, welche Eignungsanforderungen gestellt werden, um frustrierten Aufwendungen für ein nutzloses – da von einem von vornherein ungeeigneten Bieter eingereichtes – Angebot vorzubeugen. Dies gilt insbesondere bei der erstmaligen Ausschreibung einer neuen gesetzlichen Maßnahme, bei der klar ist, dass es für den Fachkundenachweis noch keine identischen Leistungen aus der Vergangenheit geben kann und dass bei den potentiellen Bietern noch Unsicherheit besteht, was der Auftraggeber als vergleichbar ansieht (3. VK Bund, B. v. 29. 4. 2009 – Az.: VK 3–61/09).

746   Geforderte **Referenzen für gleichartige Leistungen aus dem Denkmalbereich** aus den letzten drei Jahren müssen bei den Referenzobjekten Informationen zur Beurteilung der Gleichartigkeit der Leistung im Denkmalbereich enthalten. Werden **zwar die Objekte der Bauaus-**

Gesetz gegen Wettbewerbsbeschränkungen GWB § 97 **Teil 1**

führung bezeichnet, nicht jedoch die dort erbrachten Leistungen spezifiziert, kann es sich sowohl um Leistungen im Denkmalbereich handeln, die nicht vergleichbar sind, als auch um allgemeine Neubauleistungen (1. VK Sachsen-Anhalt, B. v. 31. 7. 2008 – Az.: 1 VK LVwA 04/08).

Ist **Gegenstand der Ausschreibung die Lagerung und der Transport von Kunstexponaten** und fordert der Auftraggeber vergleichbare Referenzleistungen, muss er eine **Referenz bezüglich des Umzugs und der Lagerung historischer Bücher auf eine Vergleichbarkeit hin überprüfen.** Ähneln die dort vorgegebenen Klimatisierungsbedingungen sehr denen der ausgeschriebenen Leistung, ist eine pauschale Nichtberücksichtigung dieser Referenz aufgrund des Gegenstands „Bücher" nicht durch den Beurteilungsspielraum des Auftraggebers gedeckt (1. VK Bund, B. v. 30. 4. 2009 – Az.: VK 1–56/09). 747

Die Wertung der Referenzen hat durchgängig auf die Gleichwertigkeit bezüglich gleicher Aufgabenstellung und Größe zu erfolgen. Wenn die **Projektsumme der gewerteten Referenzen der vorgezogenen Bieter um ein vielfaches unter der voraussichtlichen Auftragssumme für vorliegendes Projekt liegen, entbehrt dies jeglicher Vergleichbarkeit,** da für die Einhaltung von Terminen und Kosten bei niedrigen Auftragssummen im Vergleich mit Großprojekten, die sich über längere Zeiträume erstrecken und komplexere Aufgabenstellungen enthalten, nicht der gleiche Maßstab angesetzt werden kann (VK Südbayern, B. v. 17. 6. 2009 – Az.: Z3-3-3194-1-22–05/09; B. v. 17. 6. 2009 – Az.: Z3-3-3194-1-21–05/09). 748

Die **fehlende Vergleichbarkeit einer Referenz** kann **nicht dadurch kompensiert** werden, dass **eine andere Referenz besonders gut** mit der ausgeschriebenen Leistung **vergleichbar** ist (2. VK Bund, B. v. 30. 4. 2010 – Az.: VK 2–29/10). 749

6.9.6.8.5.3 Forderung nach inländischen Referenzen. Fordert der Auftraggeber Referenzanlagen, die gemäß einer deutschen DIN-Norm ausgeführt sein müssen, ist er **bei ausländischen Bietern verpflichtet, zu prüfen, inwieweit in den entsprechenden Ländern identische oder ähnliche Fachnormen gelten bzw. ob die genannten Referenzen den technischen Anforderungen der deutschen DIN entsprechen. Ein Verständnis** dahingehend, dass **ausländische Bieter die geforderten Nachweise nicht erbringen können, da nur in Deutschland die in der Bekanntmachung genannte DIN gelte, engt die Anforderungen an den Nachweis der Eignung in vergaberechtlich nicht mehr zulässiger Weise ein.** Gerade der Sinn und Zweck des Eignungsnachweises rechtfertigt ein derart eingeschränktes Verständnis nicht. Im Übrigen würde eine solche Festlegung nur noch nationalen Bietern eine Chance auf den Zuschlag eröffnen, da nur sie über Referenzprojekte im Inland verfügen. Ein Bieter aus dem europäischen Ausland hätte von vorneherein keine Chance, den Auftrag zu erhalten und zwar nicht einmal dann, wenn in seinem Land identische oder vergleichbare technische Normen gelten würden. Für eine solche Beschränkung des Nachweises der Eignung gibt es keine sachliche Rechtfertigung und auch keinen Bedarf. So kann auch eine im Ausland installierte Zellenrufanlage die zentralen Anforderungen der DIN VDE 0834 erfüllen, nämlich den besonderen Gefahren der Haft- bzw. Krankenhaussituation durch hohe Sicherheitsstandards vorzubeugen. Sowohl das nationale Recht (vgl. z. B. § 6 Abs. 1 Nr. 1 VOB/A) als auch das Europarecht (Art. 2 Richtlinie 2004/18/EG) verbieten ausdrücklich eine Bevorzugung inländischer Firmen gegenüber ausländischen Bietern. Eine ausdrückliche oder faktische Beschränkung auf deutsche Referenzobjekte wäre demnach ein eindeutiger Verstoß gegen das Gleichbehandlungsgebot, einem der elementaren Grundprinzipien des öffentlichen Vergaberechts. Da der Ausschluss eines Bieters wegen Nichterbringung von Nachweisen ein rechtmäßiges Verlangen des Auftraggebers voraussetzt, wäre der Auftraggeber nicht berechtigt, einen Bieter allein deshalb auszuschließen, weil er keine Referenzobjekte in Deutschland aufweisen kann (OLG München, B. v. 8. 6. 2010 – Az.: Verg 08/10). 750

6.9.6.8.5.4 Weitere Beispiele aus der Rechtsprechung 751
– es bestehen **keine rechtlichen Bedenken gegen die Forderung zweier eigener Referenzen über die Montage, Installation und Programmierung einer ZKA/Schwesternrufanlage mit mindestens 250 Terminals/Teilnehmern zum Nachweis der Eignung eines Bieters**, wenn Gegenstand des Auftrags eine komplexe und technisch anspruchsvolle Leistung ist, bei der Störungen oder Mängel der Anlage erhebliche Sicherheitsrisiken hervorrufen können. Der Auftraggeber hat ein legitimes Interesse daran, dass sein Vertragspartner über entsprechende Erfahrungen mit der Montage und Installation einer entsprechenden ZKA/Rufanlage verfügt und dabei auch die vollständige eigene Verantwortung gegenüber dem Bauherrn getragen hat (OLG München, B. v. 8. 6. 2010 – Az.: Verg 08/10).

Teil 1 GWB § 97 Gesetz gegen Wettbewerbsbeschränkungen

– ist der **Druckluftvortrieb für die nachgefragte Leistung in einem Maße prägend, dass eine „Vergleichbarkeit" nicht anzunehmen ist**, wenn eine Leistung dieses Element überhaupt nicht aufweist, **muss der Bieter bereits Druckluftvortriebsarbeiten ausgeführt** haben. Da bereits der Anteil des Druckluftvortriebes gegenüber dem flüssigkeitsgestützten Vortrieb (gemäß Bekanntmachung 1.694 m gegenüber 591 m) deutlich überwiegt, kann er **nicht als von vorne herein unwesentlich angesehen** werden (VK Düsseldorf, B. v. 19. 3. 2007 – Az.: VK – 03/2007 – B)

– ist eine von einem Bieter angeführte Baumaßnahme **zum Zeitpunkt der Beurteilung** durch die Vergabestelle **noch nicht fertig gestellt**, kann sie **auch nicht als Ausgangspunkt für eine erfolgreiche Ausführung** und daraus resultierende Schlussfolgerungen **für die Vergabestelle** herangezogen werden (VK Thüringen, B. v. 18. 3. 2003 – Az.: 216-4002.20-001/03-MHL).

752 6.9.6.8.6 Anforderungen an die Wertung von Referenzen. Bei der Eignungsprognose und der zuvor durchzuführenden Auswertung hat der Auftraggeber den **Gleichheitsgrundsatz zu beachten**. Dieser **verbietet es grundsätzlich, eine Referenzabfrage nur bei einem Bieter** und nicht etwa bei allen Bietern durchzuführen (VK Münster, B. v. 21. 8. 2003 – Az.: VK 18/03). Im Einzelfall kann der Auftraggeber bei **Bewerbern, die ihm bekannt sind**, von der Einreichung von Eignungsnachweisen gänzlich absehen (VK Lüneburg, B. v. 14. 1. 2002 – Az.: 203-VgK-22/2001; **anderer Auffassung** VK Düsseldorf, B. v. 29. 3. 2007 – Az.: VK – 08/2007 – B; B. v. 7. 10. 2005 – VK – 22/2005 – B; 3. VK Bund, B. v. 7. 2. 2007 – Az.: VK 3-07/07).

753 Gibt der Auftraggeber einem Bieter keine Möglichkeit, die Zweifel an der Leistungsfähigkeit zu entkräften, stellt dieser Umstand in Anbetracht der Tatsache, dass **er einem anderen Bieter seine Zweifel an dessen Leistungsfähigkeit zur Kenntnis gegeben hat und ihm die Möglichkeit eröffnet hat, die Zweifel auszuräumen, eine Verletzung des Gleichbehandlungsgebots** (§ 97 Abs. 2 GWB, § 2 EG Abs. 1 Satz 2 VOL/A) dar. Hat der Auftraggeber hinsichtlich anderer Bieter eine weitergehende Aufklärung der Eignungsvoraussetzungen durchgeführt, ist er **insoweit auch gegenüber anderen Bietern zu entsprechenden Aufklärungen verpflichtet** (1. VK Bund, B. v. 30. 4. 2009 – Az.: VK 1–56/09).

754 Die **Ersetzung von** durch die Vergabestelle geforderten **Eignungsnachweisen durch** – lediglich – **Eignungserklärungen** eines Bieters ist nicht zulässig (OLG Naumburg, B. v. 26. 2. 2004 – Az.: 1 Verg 17/03; VK Münster, B. v. 27. 4. 2007 – Az.: VK 06/07; VK Nordbayern, B. v. 19. 7. 2002 – Az.: 320.VK-3194-20/02; VK Schleswig-Holstein, B. v. 28. 1. 2008 – Az.: VK-SH 27/07).

755 Nach anderer Auffassung ist **gegen die Zulassung von Eigenerklärungen anstelle geforderter Nachweise oder in Verbindung mit diesen nichts einzuwenden, solange ein faires und transparentes Verfahren gewahrt bleibt**. Denn das weite Ermessen, das z. B. § 10 VOF der Vergabestelle lässt, erlaubt es ihr auch, auf Nachweise zu verzichten, soweit sie die Erfüllung der Anforderungen auf andere Weise als sichergestellt ansieht. Die Kriterien hierfür müssen nur für Außenstehende nachvollziehbar und so gestaltet sein, dass kein Bewerber benachteiligt wird (VK Berlin, B. v. 1. 11. 2004 – Az.: VK – B 2–52/04).

756 Das **Wort „Nachweis" ist im Sinne von „Beleg" zu verstehen**. Ist die Art der Belege in der Bekanntmachung nicht definiert, sind **Fremd- und Eigenbelege zulässig**. Bei der Wahl von Eigenbelegen sind mangels näherer Bestimmung selbst hergestellte Urkunden und Eigenerklärungen zugelassen. **Eigenerklärungen müssen** die Voraussetzungen eines „Nachweises" erfüllen, d. h. richtig, **vollständig und aus sich heraus verständlich sein** (OLG Düsseldorf, B. v. 6. 7. 2005 – Az.: VII – Verg 22/05). **Anderer Auffassung** ist insoweit die **VK Baden-Württemberg**. Danach bedeutet der Begriff „Nachweis" **eine Bestätigung von dritter Stelle** und nicht eine eigene Erklärung (VK Baden-Württemberg, B. v. 23. 3. 2006 – Az.: 1 VK 6/06; im Ergebnis ebenso VK Münster, B. v. 27. 4. 2007 – Az.: VK 06/07).

757 Referenzen sind in erster Linie personengebunden. Ein Bieter kann daher auch auf die für ein **Tochter- oder Schwesterunternehmen ausgestellten Referenzen** zurückgreifen, sofern dieses mit ihm personell weitgehend identisch ist (OLG Koblenz, B. v. 4. 10. 2010 – Az.: 1 Verg 9/10; VK Lüneburg, B. v. 14. 2. 2003 – Az.: 203-VgK-35/2002; 1. VK Sachsen, B. v. 14. 4. 2008 – Az.: 1/SVK/013-08; VK Schleswig-Holstein, B. v. 23. 10. 2009 – Az.: VK-SH 14/09; im Ergebnis ebenso OLG Frankfurt, B. v. 9. 7. 2010 – Az.: 11 Verg 5/10).

758 Es bestehen auch **keine Bedenken gegen die Verwertung von Referenzen, die von Schwestergesellschaften erteilt** worden sind. Es handelt sich ausdrücklich um andere juristi-

sche Personen und eigenständige Rechtsträger, die möglicherweise einem Konzern angehören, aber ansonsten selbständig agieren (VK Münster, B. v. 28. 8. 2007 – Az.: VK 14/07, VK 15/07).

Die Berufung auf **Referenzen eines insolventen, vom Bieter übernommenen Unternehmens** ist **vergaberechtlich nicht zu beanstanden** (2. VK Bund, B. v. 27. 8. 2002 – Az.: VK 2–60/02), wenn **sichergestellt** ist, dass der Bieter den ausgeschriebenen Auftrag vollständig oder zumindest zu einem ganz überwiegenden Teil durch das **Personal der früheren Firma durchführen** wird (OLG Frankfurt, B. v. 9. 7. 2010 – Az.: 11 Verg 5/10; VK Hessen, B. v. 11. 4. 2007 – Az.: 69 d VK – 07/2007; VK Münster, B. v. 9. 3. 2004 – Az.: VK 02/04; 1. VK Sachsen, B. v. 19. 5. 2010 – Az.: 1/SVK/011-10; B. v. 14. 4. 2008 – Az.: 1/SVK/013-08; VK Südbayern, B. v. 27. 4. 2001 – Az.: 08-04/01). Dies hat **im Besonderen für das VOF-Verfahren** zu gelten, bei dem die Leistungen einen ganz persönlichen Charakter aufweisen (1. VK Sachsen, B. v. 14. 4. 2008 – Az.: 1/SVK/013-08). 759

Ein Bieter, der durch **Neugründung** aus einem Unternehmen hervorgegangen ist, die **gleichen Personen beschäftigt, über das bisher vorhandene Know-how verfügt und mit im Wesentlichen denselben Anlagen und Werkzeugen arbeitet**, kann auf Nachfrage des Auftraggebers **auch auf Arbeiten als Referenz verweisen, die dieselben Mitarbeiter in der früheren Firma erbracht** haben (2. VK Brandenburg, B. v. 15. 11. 2005 – Az.: 2 VK 64/05; VK Hessen, B. v. 11. 4. 2007 – Az.: 69 d VK – 07/2007; 1. VK Sachsen, B. v. 19. 5. 2010 – Az.: 1/SVK/011-10; B. v. 14. 4. 2008 – Az.: 1/SVK/013-08). 760

Allerdings ist es **nicht möglich, sich als neu gegründetes Unternehmen auf die Umsatzzahlen oder die früheren Mitarbeiterzahlen eines insolventen Unternehmens zu berufen**. Als Grund dafür ist anzuführen, dass es sich bei dem insolventen Unternehmen und dem neu gegründeten Unternehmen um zwei rechtlich selbständige Firmen handelt. Bei Umsatzzahlen handelt es sich um ein zentrales Element der unternehmensbezogen Eignungsprüfung. Umsatzzahlen sind ein wichtiger Indikator der wirtschaftlichen Entwicklung des Unternehmens einerseits, als auch ein Nachweis der finanziellen und wirtschaftlichen Leistungsfähigkeit des Unternehmens andererseits. Insoweit macht die Vorlage von Umsatzzahlen nur dann Sinn, wenn sie die wirtschaftliche Situation des sich bewerbenden Unternehmens abbilden. Die **Berufung auf Umsatzzahlen eines anderen, sogar insolventen Unternehmens lässt gerade keine Rückschlüsse auf die finanzielle oder wirtschaftliche Leistungsfähigkeit des zu beurteilenden Unternehmens zu** (1. VK Sachsen, B. v. 19. 5. 2010 – Az.: 1/SVK/011-10). 761

Persönliche Referenzen können mit Firmenreferenzen jedenfalls in den Fällen nicht gleichgesetzt werden und diese gleichsam ersetzen, wo **komplexe Bau- und Verfahrensabläufe die Tätigkeit vieler und damit die Fachkunde eines ganzen Unternehmens und seiner Mitarbeiter bedingen**. Allein die Eignung des Unternehmens/des Bieters lässt es daher begründet erscheinen, das ausgeschriebene Projekt/die ausgeschriebene Leistung planmäßig und erfolgreich realisieren zu können (VK Thüringen, B. v. 24. 6. 2009 – Az.: 250–4002.20–3114/2009-005-SOK). 762

Grundsätzlich kann sich zwar ein Unternehmen im Vergabeverfahren **auf Eignungsnachweise eines mit ihm verbundenen Unternehmens** beziehen. Es ist dabei allerdings zu belegen, dass dieses über die zur Ausführung des Auftrages erforderlichen **Mittel des anderen Unternehmens verfügen kann**. Allein ein pauschaler Hinweis, dass ein Unternehmen eine 100%-ige Tochter ist, reicht nicht aus (VK Magdeburg, B. v. 24. 3. 2003 – Az.: 33–32571/07 VK 03/03 MD). 763

Besteht ausweislich der Bewerbungsunterlagen eine **weitgehende Identität zwischen den Personen, die bisher für das Schwesterunternehmen eines Bewerbers gearbeitet** haben, **und dem Management-Team** für den von der Vergabestelle **ausgeschriebenen Auftrag**, kann der Bewerber genau auf diejenigen Erfahrungen zurückgreifen, die die Referenz nachweist. Den **Anforderungen** der Rechtsprechung des EuGH **an die zulässige Berufung eines Bewerbers auf die Ressourcen Dritter** ist damit **entsprochen** (1. VK Bund, B. v. 5. 9. 2001 – Az.: VK 1–23/01; im Ergebnis ebenso VK Lüneburg, B. v. 14. 2. 2003 – Az.: 203-VgK-35/2002). 764

Nennt ein Bieter zwei Referenzkunden, die keine Referenz abgeben können und benennt der Bieter daraufhin als Referenz einen weiteren Kunden, ist der Auftraggeber nicht verpflichtet, diese Referenz zu überprüfen. Der **Auftraggeber muss nicht weitergehende Ermittlungsbemühungen durchführen, wenn sich die ursprünglich benannten Referenzen für ihn als untauglich erweisen** (2. VK Bund, B. v. 4. 3. 2004 – Az.: VK 2–134/03). 765

766 Fordert der Auftraggeber von den Bietern die Benennung inhaltlich vergleichbarer Referenzobjekte, kann eine **Aufstellung über alle Aufträge eines Bieters z. B. seit dem Jahre 2000 nicht als taugliche Referenzliste** anerkannt werden, wenn weder nähere Angaben zum Umfang des Auftrags noch zu den Auftraggebern enthalten sind und eine Verifizierung bzw. Nachfrage bei nahezu bei allen „Referenz"-Objekten ausgeschlossen ist. Es ist einer **Vergabestelle weder zumutbar noch möglich, unter diesen Umständen aus einer Vielzahl von Objekten selbst diejenigen auszuwählen, die eventuell eine Vergleichbarkeit zum ausgeschriebenen Auftrag aufweisen** (OLG Naumburg, B. v. 11. 10. 2005 – Az.: 1 Verg 10/05).

767 Fordert der Auftraggeber eine **Referenzliste für vergleichbare Leistungen sowohl in Zusammenarbeit mit dem Auftraggeber als auch Dritten, ist eine solche Formulierung nicht dahingehend zu verstehen, dass ein Bieter, der in der Vergangenheit ausschließlich für den Auftraggeber tätig gewesen ist, für den zu vergebenden Auftrag ungeeignet** ist. Vielmehr ist die Vorschrift so zu verstehen, dass die Liste vollständig alle vom Bieter erbrachten Leistungen enthalten muss und zwar sowohl solche, die für den Auftraggeber erbracht worden sind als auch ggf. solche, die für andere Auftraggeber erfolgt sind (1.VK Bund, B. v. 28. 9. 2005 – VK 1–119/05).

768 Bezieht sich die materielle Eignungsprüfung u. a. auf die Frage, **ob die in den Referenzen genannten Objekte tatsächlich „vergleichbare Leistungen"** zum ausgeschriebenen Projekt sind, **hat der Auftraggeber hierbei einen Beurteilungsspielraum**, der im Vergabenachprüfungsverfahren nur beschränkt, aber unter anderem darauf zu kontrollieren ist, ob der der Eignungsprüfung zugrunde zu legende Sachverhalt vollständig und zutreffend ermittelt und bei der Eignungsbewertung berücksichtigt worden ist, allgemeine Bewertungsmaßstäbe eingehalten worden sind und sachwidrige Erwägungen dabei keine Rolle gespielt haben (VK Münster, B. v. 11. 2. 2010 – Az.: VK 29/09).

769 Ein **Bieter muss bei geforderten Referenzen, die ihn betreffend in einer früheren Auftragserledigung für den ausschreibenden Auftraggeber liegen, in seinem Angebot zumindest auf den früheren Auftrag hinweisen**. Ohne einen solchen Hinweis kann der Auftraggeber nicht erkennen, ob sich der Bieter überhaupt auf diesen früheren Auftrag berufen will; es ist allein Sache des Bieters, bei Referenzen aus der Vielzahl der denkbaren Referenzaufträge sich diejenigen herauszusuchen, auf die er sich berufen will. Im Übrigen kann sich ein Bieter nicht darauf verlassen, dass dem Auftraggeber in jedem Falle die früheren Aufträge bekannt sind; das kann insbesondere bei größeren Auftraggebern fraglich sein. Auch wenn man es als bloße überflüssige Förmelei ansähe, eine Referenz einzuholen und vorzulegen, so ist es aus diesen Gründen jedenfalls erforderlich, dass sich der Bieter auf den konkret bezeichneten Auftrag beruft; ohne eine derartige Angabe wird der Zweck der Referenz (schnelle Überprüfbarkeit der Referenz) nicht erreicht (OLG Düsseldorf, B. v. 30. 6. 2010 – Az.: VII-Verg 13/10).

770 6.9.6.8.7 Ersetzung von Referenzen durch einen Präqualifikationsnachweis. **Prinzipiell ist eine Substitution auch von Referenzen durch eine Präqualifikation möglich**. Denn die Abforderung von Referenzen ist – wie die anderer Eignungsnachweise – nur eine von mehreren Möglichkeiten des Auftraggebers, sich einen Überblick über die fachliche Eignung und die Zuverlässigkeit eines Bieters zu verschaffen. Er **kann diese Möglichkeit des Einzelnachweises grundsätzlich dadurch ersetzen, dass er Präqualifikationsverzeichnisse einsieht oder sich Präqualifikationsurkunden vorlegen lässt**. Eine solche Substitutionsmöglichkeit kann der Auftraggeber gerade für die geforderten Referenzen durch den systematischen Aufbau seiner Bekanntmachung ausschließen, wenn sich die Referenzenanforderung erst in Ziffer VI.3 des Bekanntmachungsformulars findet und damit von der davor in Ziffer III.2 a.E. geregelten Zulässigkeit der Substitution durch den Nachweis einer Präqualifikation ausgenommen sein kann. Diese bezieht sich vielmehr eindeutig nur auf die davor in Ziffer III.2.2 und III.2.3 genannten Angaben und Nachweise z. B. zu Umsätzen, Arbeitskräften und Qualitätsmanagement. Nur diese waren folglich auch durch Präqualifikationsurkunden nachweis- bzw. erbringbar. Daher wies Ziffer III.2 im letzten Satz – und damit nach dem Hinweis auf die Ersetzungsmöglichkeit – auch ausdrücklich auf weitere angeforderte (Einzel-) Nachweise in Ziffer VI.3 hin (2. VK Bund, B. v. 30. 11. 2009 – Az.: VK 2–195/09).

771 Eine **Präqualifikationsurkunde belegt allerdings nur die Eignung bezogen auf die präqualifizierten Leistungsbereiche** (2. VK Bund, B. v. 30. 11. 2009 – Az.: VK 2–195/09).

772 6.9.6.8.8 Verwertung der Ergebnisse zeitnaher Ausschreibungen. Um Prognosefehler zu vermeiden, ist der öffentliche Auftraggeber gehalten, seine Entscheidung auf einer möglichst breiten Tatsachengrundlage zu treffen. Deshalb ist es für ihn **geboten, auch die ihm bekannt gewordenen Informationen aus zeitnahen vorangegangenen Ausschreibun-

Gesetz gegen Wettbewerbsbeschränkungen GWB § 97 **Teil 1**

gen zu verwerten, weil diese Tatsachen offenbaren, die für die Eignungsprüfung der Bieter von Bedeutung waren. Dass es sich nicht um eigene Vergabeverfahren handelte, spielt dabei keine Rolle (OLG Frankfurt am Main, B. v. 30. 3. 2004 – Az.: 11 Verg 4/04, 5/04).

6.9.6.8.9 Bereits erbrachte Leistungen. Die für die fachliche und technische Eignung 773 vorzulegende **Liste der wesentlichen in den letzten Jahren erbrachten Leistungen** mit Angabe des Rechnungswertes, der Leistungszeit (sog. Referenzliste) darf in relevanter Weise nur schon vollständig abgeschlossene Leistungen beinhalten. **Lediglich noch in Vollzug befindliche Referenzen scheiden wegen des klaren Wortlauts („erbrachten Leistungen") aus** (1. VK Sachsen, B. v. 17. 6. 2004 – Az.: 1/SVK/038-04, 1/SVK/038-04G; VK Schleswig-Holstein, B. v. 27. 1. 2009 – Az.: VK-SH 19/08).

Von der **erfolgreichen Verwirklichung abgeschlossener Projekte** kann nämlich der Auf- 774 traggeber **Schlüsse auf die erfolgreiche Realisierung des eigenen Vorhabens** ziehen, da die nachgewiesene vorhandene Erfahrung aus bereits ausgeführten Vorhaben die Vermutung einer weiteren erfolgreichen Vorhabensrealisierung gerechtfertigt erscheinen lässt. Ist ein **Projekt zum Zeitpunkt der Beurteilung** durch die Vergabestelle **noch nicht fertig gestellt**, kann es demzufolge **auch nicht als Ausgangspunkt für eine erfolgreiche Ausführung und daraus resultierende Schlussfolgerungen für die Vergabestelle** herangezogen werden (1. VK Sachsen, B. v. 21. 7. 2005 – Az.: 1/SVK/076-05; VK Thüringen, B. v. 18. 3. 2003 – Az.: 216–4002.20-001/03-MHL).

6.9.6.8.10 Verfügbarkeitsnachweise als Eignungsnachweise? § 7 EG Abs. 9 VOL/A er- 775 fasst nicht die Eignungsnachweise, sondern fordert lediglich einen „Nachweis" vom Bieter. Dabei ist die Formulierung in Satz 1 nicht so zu verstehen, dass es auf den Nachweis der Eignung (Leistungsfähigkeit und Fachkunde des Nachunternehmers) ankommt, sondern diese **Vorschrift soll lediglich ermöglichen, dass ein Bieter die geforderte Leistung auch mit dem Einsatz und den Mitteln eines Dritten, beispielsweise eines Nachunternehmers erbringen kann und darf.** Er bedient sich bei der Durchführung des Auftrages der Fähigkeiten anderer Unternehmen. Das Gebot der Selbstausführung im eigenen Betrieb ist damit gemeint gewesen. Folgerichtig bestimmte § 4 Abs. 4 VgV a. F., dass es um die Erfüllung des Auftrages geht und nicht um die Eignung des Bieters oder Erfüllungsgehilfen (Nachunternehmers). **Somit beziehen die sich in § 7 EG Abs. 9 VOL/A genannten „Nachweise" weder auf die Eignung des Bieters noch auf die Eignung des Nachunternehmers** und müssen folglich auch nicht gemäß § 7 EG Abs. 5 VOL/A 2006 in der europaweiten Bekanntmachung genannt werden (VK Münster, B. v. 28. 8. 2007 – Az.: VK 14/07, VK 15/07; im Ergebnis ebenso VK Düsseldorf, B. v. 26. 6. 2007 – Az.: VK – 18/2007 – B; offen gelassen: 2. VK Bund, B. v. 3. 7. 2007 – Az.: VK 2–45/07, VK 2–57/07).

Anderer Auffassung ist **anscheinend das OLG Düsseldorf**, wenn es ein **Angebot, dem** 776 **die geforderten Verpflichtungserklärungen nicht beigefügt** waren, mangels Eignung des Bieters ausschließt (OLG Düsseldorf, B. v. 22. 8. 2007 – Az.: VII – Verg 20/07; ebenso 1. VK Bund, B. v. 9. 7. 2010 – Az.: VK 1–55/10; B. v. 14. 2. 2008 – Az.: VK 1–12/08; B. v. 14. 2. 2008 – Az.: VK 1–9/08).

Nach **Auffassung des OLG Naumburg** stellt eine **Verpflichtungserklärung** eines ande- 777 ren Unternehmens bei systematischer Betrachtung einen **Eignungsnachweis** dar, nämlich die Erklärung eines Dritten darüber, dass zumindest die personelle und technische Leistungsfähigkeit, ggfs. auch die Fachkunde des Bieters durch die vom anderen Unternehmen zur Verfügung gestellten Ressourcen erweitert werden. Eignungsnachweise sind grundsätzlich bereits in der Vergabebekanntmachung zu benennen und dürfen in den Verdingungsunterlagen regelmäßig nur ergänzt werden. Das **Erfordernis einer solchen Verpflichtungserklärung muss jedoch ausnahmsweise nicht bereits in der Vergabebekanntmachung veröffentlicht werden**, weil für die Interessenbekundung potenzieller Bieter eine entsprechende Information nicht maßgeblich ist und ein **fachkundiger Bieter**, an den sich die Vergabebekanntmachung wendet und wenden darf, **mit einer solchen Forderung ohnehin rechnen muss**. Schließlich handelt es sich auch um einen **Eignungsnachweis, der nicht zwingend vorzulegen** ist, sondern nur dann, wenn sich der Bieter zuvor entschließt, die ausgeschriebenen Leistungen gar nicht oder zumindest nicht vollständig im eigenen Betrieb zu erbringen. Es **genügt daher, dass die Vorlage einer solchen Verpflichtungserklärung in den Verdingungsunterlagen gefordert** wird (OLG Naumburg, B. v. 4. 9. 2008 – Az.: 1 Verg 4/08; 1. VK Bund, B. v. 9. 7. 2010 – Az.: VK 1–55/10).

6.9.6.8.11 Angabe der Nachunternehmerleistungen als Eignungsnachweise? Die 778 Angabe, ob und wenn ja, in welchen Positionen der Bieter die Ausführung der Leistung anderen Unternehmen überlassen werde, ist kein Eignungsnachweis. Art. 37 S. 1 Richtlinie 2004/17/EG (entsprechend Art. 25 S. 1 Richtlinie 2004/18/EG) sieht ausdrücklich vor, dass der Auftraggeber in den Verdingungsunterlagen von den Bietern eine derartige Erklärung verlangen kann. Eine Rolle bei der Eignungsüberprüfung spielen Drittunternehmen nur dann, wenn sich der Bieter auf deren Kapazitäten beruft (Art. 54 Abs. Richtlinie 2004/17/EG; vgl. auch Art. 47 Abs. 2, Art. 48 Abs. 3 Richtlinie 2004/18/EG); auch in diesem Falle sind nur die Mindestanforderungen an die geforderte Eignung und deren Nachweise als solche bekanntzugeben (OLG Düsseldorf, B. v. 30. 11. 2009 – Az.: VII-Verg 41/09).

779   6.9.6.8.12 Mitgliedschaft in Verbänden als Eignungsnachweise? Die **Forderung nach einer Mitgliedschaft des Bieters z. B. im Bundesverband Deutscher Wach- und Sicherheitsunternehmen (BDWS) ist sachlich nicht gerechtfertigt und verstößt gegen höherrangiges Recht**. Auch wenn der Auftraggeber mit der Mitgliedschaft die Erwartung eines hohen Grades an Zuverlässigkeit und Seriosität verbindet, da der BDWS darauf achte, nur zuverlässige Unternehmen aufzunehmen und keine „schwarzen Schafe" in seinen Reihen zu haben, lässt eine solche Forderung außer acht, dass das **Ausschlusskriterium der BDWS-Mitgliedschaft die durch Art. 9 Abs. 3 GG geschützte negative Koalitionsfreiheit der Bieter beeinträchtigt**, da an die Weigerung, dem tarifschließenden Verband BDWS beizutreten, die negative Folge geknüpft wird, dass der Bieter keine Möglichkeit hat, den Auftrag zu erhalten. Dies stellt die **Ausübung eines erheblichen Drucks dar, dem Verband beizutreten**. Eine **sachliche Rechtfertigung für diesen Eingriff besteht nicht, da die Zuverlässigkeit eines Bieters ohne weiteres auch anderweitig überprüft werden kann**. Der Auftraggeber selbst belegt dies nicht zuletzt dadurch, wenn er in den Verdingungsunterlagen zahlreiche Angaben und Nachweise fordert, die ihm eine entsprechende Einschätzung ermöglichen. Die Forderung nach der Mitgliedschaft im BDWS **bewirkt** zudem eine **nicht gerechtfertige Einschränkung des Bieterkreises** und **verstößt damit auch gegen den Wettbewerbsgrundsatz und das Diskriminierungsverbot, § 97 Abs. 1, 2 GWB**. Darüber hinaus **bewirkt** die geforderte Mitgliedschaft im BDWS eine **umfassende Tarifbindung des Bieters**, die weit über das mit dem Verlangen nach Tariftreueerklärungen angestrebte Maß hinausgeht. Die **europarechtliche Unzulässigkeit solcher Tariftreueforderungen**, die sich auf nicht für allgemeinverbindlich erklärte Tarifverträge beziehen, **gilt daher erst recht auch für das weitergehende Verlangen nach einem Verbandseintritt**. Auch bei einer Allgemeinverbindlicherklärung wäre die Forderung nach einer Tariftreueerklärung und erst recht nach einer Mitgliedschaft in einem Arbeitgeberverband indes vergaberechtlich nicht ohne weiteres zulässig (2. VK Bund, B. v. 29. 5. 2008 – Az.: VK 2–58/08).

6.9.6.9 Verwertung nur von gesicherten Erkenntnissen

780   Die Eignung eines Bieters kann nur **im Rahmen einer Prognoseentscheidung** beurteilt werden, für die der Vergabestelle ein Beurteilungsspielraum zuzubilligen ist, der von den Nachprüfungsinstanzen nur begrenzt überprüft werden kann. Hierbei **folgt bereits aus dem Charakter der Prognose, dass die Umstände, die auf eine fehlende persönliche und fachliche Eignung schließen lassen, nicht mit einer prozessualen Tatsachenfeststellungen Genüge leistenden Gewissheit feststehen müssen**. Vielmehr reicht es aus, wenn die **Umstände auf einer gesicherten Erkenntnis der Vergabestelle beruhen**. Auch **Verdachtsmomente**, die für eine Unzuverlässigkeit des Bieters sprechen, können den Ausschluss tragen, wenn **die den Verdacht begründenden Informationen aus einer sicheren Quelle stammen und eine gewisse Erhärtung erfahren** haben. Demgemäß ist die Grenze erst dann überschritten, wenn sich die Vergabestelle auf ungeprüfte Gerüchte verlässt und eventuelle Informationen von Seiten Dritter nicht selbst verifiziert (KG Berlin, B. v. 27. 11. 2008 – Az.: 2 Verg 4/08; OLG Frankfurt, B. v. 30. 3. 2004 – Az.: 11 Verg 4/04, 5/04; OLG Rostock, B. v. 6. 3. 2009 – Az.: 17 Verg 1/09; Saarländisches OLG, B. v. 8. 7. 2003 – Az.: 5 Verg 5/02; VK Baden-Württemberg, B. v. 14. 1. 2005 – Az.: 1 VK 87/04; 1. VK Bund, B. v. 5. 9. 2001 – Az.: VK 1–23/01; VK Hessen, B. v. 16. 1. 2004 – Az.: 69d VK – 72/2003; VK Münster, B. v. 14. 1. 2010 – Az.: VK 24/09; 1. VK Sachsen, B. v. 10. 8. 2005 – Az.: 1/SVK/088-05; VK Schleswig-Holstein, B. v. 27. 1. 2009 – Az.: VK-SH 19/08; B. v. 28. 11. 2006 – Az.: VK-SH 25/06; VK Südbayern, B. v. 12. 3. 2002 – Az.: 03-02/02).

781   Die Vergabestelle hat also im Rahmen ihrer Prognose **kein gerichtsähnliches Verfahren** zur Feststellung bestimmten Fehlverhaltens einzelner Bewerber durchzuführen. Ein solches Verfahren würde in aller Regel nicht nur die Vergabestellen personell überfordern, sondern das **Vergabeverfahren in einem Maße verzögern, welches die berechtigten Interessen der Vergabestelle an der zügigen Auftragsvergabe verletzt und nicht mehr vom Schutz-

Gesetz gegen Wettbewerbsbeschränkungen GWB § 97 **Teil 1**

zweck des Vergaberechts gedeckt ist. Ausreichend ist es daher, dass die von der Vergabestelle eingeholte Referenz auf seriöse Quellen zurückgeht und keine bloßen Gerüchte wiedergibt, sondern eine gewisse Erhärtung des Verdachts der Ungeeignetheit zulässt (KG Berlin, B. v. 27. 11. 2008 – Az.: 2 Verg 4/08; VK Münster, B. v. 14. 1. 2010 – Az.: VK 24/09).

Die Vergabestelle muss also über die Eigenschaften der Fachkunde, Zuverlässigkeit und Leistungsfähigkeit der Bieter nach der einer gebotenen Sorgfalt entsprechenden Prüfung entscheiden und ist bei der Wahl ihrer Informationsquellen nicht frei, sondern hat sich nur auf **gesicherte eigene Erkenntnisse** zu stützen (VK Brandenburg, B. v. 25. 8. 2002 – Az.: VK 45/02; VK Düsseldorf, B. v. 29. 3. 2007 – Az.: VK – 08/2007 – B; VK Hamburg, B. v. 19. 12. 2002 – Az.: VgK FB 4/02). 782

Erkundigungen der Vergabestelle bei anderen Auftraggebern und Verwertung der Ergebnisse sind unter den o. a. Prämissen aber zulässig (2. VK Bund, B. v. 15. 10. 2001 – Az.: VK 2–36/01). Eine Dokumentation z. B. mittels formloser Telefonvermerke, aus denen Gesprächszeitpunkt, Gesprächspartner, stichwortartig der Gesprächsgegenstand und vor allem das Ergebnis der Nachfrage hervorgehen, ist notwendig (VK Düsseldorf, B. v. 22. 7. 2002 – Az.: VK – 19/2002 – L; VK Rheinland-Pfalz, B. v. 2. 4. 2009 – Az.: VK 9/09; 1. VK Sachsen, B. v. 10. 8. 2005 – Az.: 1/SVK/088-05). 783

Kann zu dem jeweiligen **Zeitpunkt die Leistungsfähigkeit eines Bieters bejaht** werden, und **fehlt es an greifbaren Hinweisen darauf, dass diese zu einem späteren Zeitpunkt im Laufe der Auftragsausführung wegfallen** könnte, so besteht **kein Grund, dem Bieter die Eignung abzusprechen**. Nach Erhalt des Zuschlags hat ein Bieter den Vertrag so zu erfüllen wie vereinbart. Dies hat er bei seiner Geschäftspolitik zu berücksichtigen, um sich bei der Abwicklung nicht Gewährleistungs- und Ersatzansprüchen auszusetzen. Mögliche Umstrukturierungen sind Teil der unternehmerischen Freiheit und liegen insoweit im Verantwortungsbereich des Unternehmens. Solange für die Vergabestelle keine derartigen Veränderungen, die zugleich auch von Bedeutung für die jeweilige Leistungserbringung sein müssen, konkret bekannt sind, besteht kein Grund, an der Eignung des Bieters zu zweifeln (VK Baden-Württemberg, B. v. 16. 11. 2004 – Az.: 1 VK 69/04; im Ergebnis ebenso KG Berlin, B. v. 21. 12. 2009 – Az.: 2 Verg 11/09). 784

Ein grundsätzliches, aus der Natur der geschuldeten Leistung herrührendes Misstrauen allen Bietern gegenüber hätte Anlass geben können, die ausgeschriebene Leistung oder die Qualität der geforderten Referenzen und Nachweise dementsprechend zu bestimmen. **Zweifel an der Zuverlässigkeit der Bieter durch das Verlangen der Einstellung einer konkurrierenden Geschäftstätigkeit zu beseitigen, ist**, mag solches im Einzelfall zivilrechtlich zulässig sein, **mit den Bieterrechten aus § 97 Abs. 4 GWB nicht vereinbar** (OLG Rostock, B. v. 6. 3. 2009 – Az.: 17 Verg 1/09). 785

Sofern der öffentliche **Auftraggeber hinreichende objektive Anhaltspunkte hat, die gegen die Eignung des Bieters** sprechen, **obliegt dem jeweiligen Bieter die Darlegungs- und Beweislast dafür, dass er dennoch geeignet** ist; er ist insbesondere gehalten, unaufgefordert und unverzüglich darzulegen, warum er dennoch von seiner Eignung ausgeht (Thüringer OLG, B. v. 18. 5. 2009 – Az: 9 Verg 4/09). 786

6.9.6.10 Zeitpunkt der Prüfung der Eignung

6.9.6.10.1 Zeitpunkt der Prüfung der Eignung bei Offenen Verfahren und Öffentlichen Ausschreibungen. Die **Prüfung,** ob ein Bieter fachkundig, leistungsstark und zuverlässig ist, findet **bei öffentlichen Ausschreibungen und Offenen Verfahren bei der Wertung der Angebote** statt (OLG Brandenburg, B. v. 14. 12. 2007 – Az.: Verg W 21/07; OLG München, B. v. 21. 8. 2008 – Az.: Verg 13/08; VK Berlin, B. v. 18. 3. 2009 – Az.: VK B 2 30/08; 2. VK Bund, B. v. 8. 12. 2009 – Az.: VK 2–219/09; VK Münster, B. v. 4. 12. 2003 – Az.: VK 21/03; VK Südbayern, B. v. 12. 5. 2001 – Az.: 20-06/01). Eine **Auftragserteilung** an einen Bieter, **der aufgrund gesicherter Erkenntnisse nicht fachkundig** und/oder **nicht leistungsfähig** oder aus rechtlichen Gründen gehindert ist, die vertraglichen Verpflichtungen zu erfüllen, ist **vergaberechtlich nicht zulässig** (OLG München, B. v. 21. 8. 2008 – Az.: Verg 13/08; 2. VK Bund, B. v. 8. 12. 2009 – Az.: VK 2–219/09). 787

Würde man **bei der Prüfung auf den Zeitpunkt der Angebotsabgabe** allein abstellen, **könnte nicht berücksichtigt** werden, dass die Eignung zu diesem Zeitpunkt vorliegen, durch die **weitere Entwicklung des Vergabeverfahrens jedoch entfallen** sein kann. Der Auftraggeber kann jedoch nach dem gesamten Sinn und Zweck des Vergabeverfahrens – nämlich das 788

Teil 1 GWB § 97 Gesetz gegen Wettbewerbsbeschränkungen

wirtschaftlichste Angebot zu ermitteln – nicht dazu gezwungen werden, einem bei Angebotsabgabe zunächst geeigneten Bieter einen Auftrag zu erteilen, dessen Eignung und Zuverlässigkeit nach während des Vergabeverfahrens gewonnenen Erkenntnissen im Zeitpunkt der Wertung oder des Zuschlags nicht mehr gegeben ist (2. VK Bund, B. v. 8. 12. 2009 – Az.: VK 2–219/09). Im Umkehrschluss ergibt sich hieraus, dass **der Auftraggeber, auch wenn die Eignung im Zeitpunkt der Angebotsabgabe zweifelhaft oder nicht vorhanden ist, bei der Wertung berücksichtigen kann, dass die Eignung durch während des Vergabeverfahrens eingetretene Umstände hergestellt worden ist.** Das muss auch dann gelten, wenn die Eignung eines Bieters wegen schwerer Verfehlungen zunächst zweifelhaft, wegen ergriffener „Selbstreinigungsmaßnahmen" aber als wiederhergestellt angesehen werden muss. Dieser **Auffassung steht § 16 Abs. 2 Nr. 2 VOB/A nicht entgegen.** Vielmehr findet sie in Gegenteil in der genannten Vorschrift, nach der bei beschränkter Ausschreibung und bei freihändiger Vergabe nur Umstände zu berücksichtigen sind, die nach Aufforderung zur Angebotsabgabe Zweifel an der Eignung des Bieters begründen, eine zusätzliche Stütze, weil sie ausdrücklich die „Wiederaufnahme" der durch die Vorauswahl der Bieter zunächst abgeschlossenen Eignungswertung ermöglicht, wenn nachträglich Tatsachen entstanden sind oder bekannt werden, die Zweifel an der Eignung begründen (OLG Brandenburg, B. v. 14. 12. 2007 – Az.: Verg W 21/07; im Ergebnis ebenso OLG München, B. v. 21. 8. 2008 – Az.: Verg 13/08; VK Berlin, B. v. 18. 3. 2009 – Az.: VK B 2 30/08).

789   Grundsätzlich bestimmt § 6 Abs. 2 Nr. 1 VOB/A, dass bei Offenem Verfahren/Öffentlicher Ausschreibung die Unterlagen an alle Bewerber abzugeben sind, die sich gewerbsmäßig mit der Ausführung der Leistungen der ausgeschriebenen Art befassen. Dabei liegt es im Wesen des Offenen Verfahrens/Öffentlichen Ausschreibung – im Gegensatz zum Nichtoffenen Verfahren/Beschränkten Ausschreibung und zum Verhandlungsverfahren – dass **gerade keine vorgezogene Eignungsprüfung in diesem Stadium stattfindet**, sondern diese erst als zweite Wertungsstufe nach Abgabe der Angebote bzw. in der ersten Wertungsstufe als fakultativer Ausschlussgrund stattfindet. Demgemäß ist ein Auftraggeber **auch nicht berechtigt, einem Unternehmen, das die Voraussetzungen des Abs. 2 Nr. 1 erfüllt, die Vergabeunterlagen zu verweigern und damit faktisch eine Angebotsabgabe von vorn herein unmöglich zu machen** (1. VK Sachsen, B. v. 25. 6. 2003 – Az.: 1/SVK/051-03).

790   Die **VOL/A 2009 ist von dieser Anforderung abgerückt** und verpflichtet den Auftraggeber, im offenen Verfahren die Vergabeunterlagen **an alle anfordernden Unternehmen abzugeben** (§§ 12 Abs. 3, 15 EG Abs. 11 VOL/A).

791   Zur **Berücksichtigung nachträglich bekannt werdender Tatsachen** vgl. die Kommentierung → Rdn. 645.

792   **6.9.6.10.2 Zeitpunkt der Prüfung der Eignung bei einem Nichtoffenen Verfahren.** Im Rahmen eines Nichtoffenen Verfahrens wählt der Auftraggeber anhand der mit dem Teilnahmeantrag vorgelegten Nachweise unter den Bewerbern, die seinen Anforderungen bezüglich der Eignung entsprechen, diejenigen aus, die er zur Abgabe eines Angebotes auffordern will. Ein solches **Verfahren besteht also aus zwei Stufen.** Die erste Stufe, der so genannte öffentliche Teilnahmewettbewerb, an dem sich jeder nach Veröffentlichung im Europäischen Amtsblatt als Bewerber beteiligen kann, legt den Kreis derjenigen Bieter fest, die vom Auftraggeber zur Angebotsabgabe aufgefordert werden. Durch den Teilnahmewettbewerb wird dem Auftraggeber die Möglichkeit einer Vorklärung gegeben, welche Bieter für die konkrete Vergabe in Betracht kommen. Die **Eignung der für das Nichtoffene Verfahren aufzufordernden Bieter ist anhand der im Teilnahmewettbewerb vorzulegenden Nachweise und Angaben zu prüfen** (OLG Düsseldorf, B. v. 10. 9. 2009 – Az.: VII-Verg 12/09; 2. VK Bund, B. v. 6. 5. 2003 – Az.: VK 2–28/03; VK Lüneburg, B. v. 25. 8. 2003 – Az.: 203-VgK-18/2003; VK Schleswig-Holstein, B. v. 28. 11. 2006 – Az.: VK-SH 25/06; VK Südbayern, B. v. 12. 5. 2001 – Az.: 20-06/01). Bei der Eignungsprüfung ist der Beurteilungsspielraum des Auftraggebers schon bei einem Offenen Verfahren sehr weit. Bei einem Nichtoffenen Verfahren mit vorgeschaltetem Teilnahmewettbewerb kommt dazu jedoch noch die Ermächtigung aus – grundsätzlich – geeigneten Unternehmen solche auszuwählen, die man zur Angebotabgabe auffordern will. Die **Vorschrift lässt dem Auftraggeber Raum zur Ausübung pflichtgemäßen Ermessens bei dieser weiteren Auswahlentscheidung** (VK Südbayern, B. v. 29. 6. 2001 – Az.: 16-05/01).

793   **6.9.6.10.3 Zeitpunkt der Prüfung der Eignung beim Verhandlungsverfahren mit Teilnahmewettbewerb.** Bei einem **Verhandlungsverfahren** mit Öffentlichem Teilnahmewettbewerb wird die Eignung der Bewerber **bereits nach Eingang des Teilnahmeantrages** (VK Lüneburg, B. v. 14. 1. 2002 – Az.: 203-VgK-22/2001) bzw. **vor Aufforderung zur An-**

gebotsabgabe überprüft (VK Hessen, B. v. 18. 4. 2002 – Az.: 69d VK – 12/2002; VK Lüneburg, B. v. 14. 1. 2002 – Az.: 203-VgK-22/2001; VK Südbayern, B. v. 12. 5. 2001 – Az.: 20-06/01).

6.9.6.10.4 Verspätete Eignungsprüfung. Eine **verspätete Eignungsprüfung kann allein den hiervon betroffenen Bieter in seinen Rechten berühren**, wenn nach Angebotsaufforderung und Abgabe eines Angebots sein Angebot ausgeschlossen wird, weil er die für die Erfüllung der vertraglichen Verpflichtungen erforderliche Eignung nicht besitzt – und sich in Folge dessen nach den Grundsätzen der culpa in contrahendo die Frage einer Schadensersatzverpflichtung des Auftraggebers stellt (OLG Düsseldorf, B. v. 4. 9. 2002 – Az.: Verg 37/02). 794

6.9.6.11 Feststellung der Eignung im Nachprüfungsverfahren

Die **Rechtsprechung** hierzu ist **nicht einheitlich**. 795

Umstände, welche die Leistungsfähigkeit des Bieters betreffen, hat der öffentliche Auftraggeber bis zum Abschluss des Vergabeverfahrens, also bis zur rechtswirksamen Zuschlagserteilung, zu berücksichtigen (OLG Düsseldorf, B. v. 19. 9. 2002 – Az.: Verg 41/02; VK Berlin, B. v. 18. 3. 2009 – Az.: VK B 2 30/08). Das **Nachschieben von Eignungsfeststellungen im Rahmen des Nachprüfungsverfahrens ist also möglich** (VK Detmold, B. v. 13. 9. 2001 – Az.: VK.11–28/01). 796

Die von dem Gesetzgeber vorgenommenen Wertungen sprechen für eine **Nachholbarkeit fehlerfreier Erwägungen der Vergabestelle im laufenden Vergabenachprüfungsverfahren**. Die **VwGO** sieht in **§ 114 Satz 2** vor, dass unterlassene oder fehlerbehaftete Ermessenserwägungen noch in einem laufenden Prozess dadurch geheilt werden können, dass die Behörde fehlerfreie Erwägungsgründe nachschiebt. Dies gilt nicht nur für Ermessensentscheidungen, sondern auch im Falle von nur beschränkt überprüfbaren Wertungsentscheidungen. Der Gesetzgeber wollte damit verhindern, dass ein auf Ermessensüberlegungen beruhender Verwaltungsakt allein deshalb aufgehoben wird, weil die Begründung ursprünglich fehlerhaft war. In diesem Falle sollte die Behörde fehlerfreie Erwägungen noch im laufenden Anfechtungsverfahren nachschieben können, ohne darauf angewiesen zu sein, erst nach rechtskräftigem Abschluss des Verfahrens nochmals einen Verwaltungsakt – diesmal mit fehlerfreier Begründung – zu erlassen. Die **Gefahr, dass die Behörde in Kenntnis der Einwände des Anfechtungsklägers Erwägungen nachschiebt, sowie die möglichen Probleme des Anfechtungsklägers, auf das Nachschieben von Erwägungen prozessual zu reagieren, hat der Gesetzgeber zurückgestellt**. Diese Überlegungen gelten auch im Vergabenachprüfungsverfahren. Das Vergabenachprüfungsverfahren bildet ein **austariertes System zwischen einer Rechtsschutzgewährung für unterlegene Bieter einerseits und andererseits bestimmten Instrumentarien, die dem Interesse des öffentlichen Auftraggebers an einer ordnungsgemäßen Erledigung seiner Aufgaben und den zu diesem Zweck durchzuführenden Beschaffungen Rechnung tragen sollen**. Gerade dann wäre es eine bloße Förmelei und führte nur zu unnötigen Verzögerungen bei der Auftragsvergabe, wenn die Vergabenachprüfungsinstanz den Wertungsspielraum überschreitende Entscheidungen aufhöbe, obwohl die Vergabestelle inzwischen eine nicht zu beanstandende Entscheidung getroffen hat und nach der Entscheidung der Nachprüfungsinstanz ohne Weiteres nochmals treffen könnte. Hinzu kommt, dass es zu weiteren Verzögerungen führte, würde der Antragsteller die auch aufgrund weiterer Erwägungen getroffene neue Entscheidung erneut anfechten. Stattdessen können die neuen Gründe im laufenden Nachprüfungsverfahren überprüft werden (OLG Düsseldorf, B. v. 26. 11. 2008 – Az.: VII-Verg 54/08; VK Berlin, B. v. 18. 3. 2009 – Az.: VK B 2 30/08). 797

Nach einer anderen Auffassung **prüft die Vergabekammer, ob die Bewertung der Eignung eines Bieters in einem rechtmäßigen Verfahren zustande gekommen ist**. Dafür versetzt sie sich in dasjenige Verfahrensstadium zurück, in dem über die Eignung der Antragstellerin entschieden wurde (1. VK Sachsen, B. v. 30. 10. 2001 – Az.: 1/SVK/102-01). Diese Ansicht ist vom Grundsatz her zutreffend; mit Blick auf den **Beschleunigungsgrundsatz** des Vergabenachprüfungsverfahrens sollte die Feststellung der Eignung im Nachprüfungsverfahren jedoch zugelassen werden. 798

Ein **Nachprüfungsverfahren und die hiermit verbundene zeitliche Verzögerung der Vergabe darf einem Bieter nicht die Möglichkeit verschaffen, nachträglich in die Eignung „hineinzuwachsen"**. Umgekehrt heißt dies aber auch, dass **allein ein Nachprüfungsverfahren nicht zu Nachteilen für einen der Bieter führen darf, der ohne eigenes Zutun mit einem Nachprüfungsverfahren und den hiermit verbundenen Verzögerungen konfrontiert** wird; dieser Bieter darf wegen eines Nachprüfungsverfahrens daher 799

Teil 1 GWB § 97 Gesetz gegen Wettbewerbsbeschränkungen

nicht einer strengeren Prüfung seiner Eignung unterzogen werden als die anderen Bieter (1. VK Bund, B. v. 11. 8. 2009 – Az.: VK 1–131/09).

6.9.6.12 Feststellung der Eignung durch die Vergabekammer bzw. den Vergabesenat

800 Die Feststellung der Eignung kann auch durch die Vergabekammer und den Vergabesenat getroffen werden, um **überflüssige Förmlichkeiten** („Rückgabe" des Vergabeverfahrens an die Vergabestelle zur Nachholung der Prüfung usw.) **zu vermeiden**; vgl. im Einzelnen die Kommentierung zu → § 114 GWB Rdn. 106.

6.9.6.13 Tatbestandswirkung von Eignungsnachweisen

801 Der Vergabekammer sowie dem Vergabesenat obliegt es nicht, im Rahmen eines Vergabenachprüfungsverfahrens die Rechtmäßigkeit einer Plangenehmigung zu prüfen bzw. ihre Rechtswidrigkeit festzustellen. **Öffentlich rechtliche Genehmigungen für eine Anlage entfalten Tatbestandswirkung mit der Folge, dass die Anlagen- und Betriebszulassung weiteren Entscheidungen unbesehen zugrunde gelegt werden darf. Dieses gilt auch für die Eignungsprüfung** im Rahmen einer Vergabeentscheidung (OLG Rostock, B. v. 30. 5. 2005 – Az.: 17 Verg 4/05).

6.9.6.14 Berücksichtigung eines früheren vertragswidrigen oder positiven Verhaltens des Bieters

802 6.9.6.14.1 Allgemeines. Es ist **grundsätzlich nicht zu beanstanden**, wenn ein Auftraggeber bei der Prüfung der Fachkunde, Leistungsfähigkeit und Zuverlässigkeit eines Bieters **auch auf eigene Erfahrungen aus früheren, abgeschlossenen Vertragsverhältnissen zurückgreift** (KG Berlin, B. v. 27. 11. 2008 – Az.: 2 Verg 4/08; OLG Brandenburg, B. v. 14. 9. 2010 – Az.: Verg W 8/10; OLG Düsseldorf, B. v. 4. 2. 2009 – Az.: VII-Verg 65/08; OLG Frankfurt, B. v. 24. 2. 2009 – Az.: 11 Verg 19/08; Thüringer OLG, B. v. 18. 5. 2009 – Az: 9 Verg 4/09; VK Baden-Württemberg, B. v. 4. 4. 2002 – Az.: 1 VK 8/02; 1. VK Brandenburg, B. v. 11. 7. 2007 – Az.: 1 VK 23/07; 1. VK Bund, B. v. 30. 4. 2009 – Az.: VK 1–56/09; B. v. 2. 10. 2007 – Az.: VK 1–104/07; B. v. 12. 9. 2007 – Az.: VK 1–95/07; VK Düsseldorf, B. v. 11. 1. 2006 – Az.: VK – 50/2005 – L; VK Lüneburg, B. v. 14. 10. 2002 – Az.: 22/02; VK Niedersachsen, B. v. 4. 9. 2009 – Az.: VgK-37/2009; B. v. 7. 8. 2009 – Az.: VgK – 32/2009; B. v. 11. 2. 2009 – Az.: VgK-56/2008; 1. VK Saarland, B. v. 20. 8. 2007 – Az.: 1 VK 01/2007; 3. VK Saarland, B. v. 16. 3. 2004 – Az.: 3 VK 09/2003; 1. VK Sachsen, B. v. 10. 8. 2005 – Az.: 1/SVK/088–05; VK Schleswig-Holstein, B. v. 27. 1. 2009 – Az.: VK-SH 19/08). Dabei kann es sich namentlich auch um ein in der Vergangenheit liegendes vertragswidriges Verhalten oder eine Schlechterfüllung des betreffenden Bieters bei der Ausführung von früheren Verträgen handeln (KG Berlin, B. v. 27. 11. 2008 – Az.: 2 Verg 4/08; OLG Düsseldorf, B. v. 4. 2. 2009 – Az.: VII-Verg 65/08; B. v. 16. 3. 2005 – Az.: VII – Verg 05/05; B. v. 8. 5. 2002 – Az.: Verg 8–15/01; OLG Frankfurt, B. v. 24. 2. 2009 – Az.: 11 Verg 19/08; 1. VK Bund, B. v. 30. 4. 2009 – Az.: VK 1–56/09; B. v. 2. 10. 2007 – Az.: VK 1–104/07; B. v. 12. 9. 2007 – Az.: VK 1–95/07; VK Niedersachsen, B. v. 4. 9. 2009 – Az.: VgK-37/2009; B. v. 7. 8. 2009 – Az.: VgK – 32/2009; B. v. 11. 2. 2009 – Az.: VgK-56/2008; 1. VK Sachsen, B. v. 16. 7. 2007 – Az.: 1/SVK/046-07; B. v. 10. 8. 2005 – Az.: 1/SVK/088-05). Es können aber auch positive Erfahrungen berücksichtigt werden (VK Düsseldorf, B. v. 11. 1. 2006 – Az.: VK – 50/2005 – L).

803 Erforderlich ist eine **umfassende Abwägung aller in Betracht kommenden Gesichtspunkte** unter angemessener Berücksichtigung des Umfangs, der Intensität, des Ausmaßes und des Grads der Vorwerfbarkeit der Vertragsverletzungen (1. VK Bund, B. v. 30. 4. 2009 – Az.: VK 1–56/09; VK Niedersachsen, B. v. 4. 9. 2009 – Az.: VgK-37/2009; B. v. 7. 8. 2009 – Az.: VgK – 32/2009; B. v. 11. 2. 2009 – Az.: VgK-56/2008; VK Nordbayern, B. v. 18. 12. 2007 – Az.: 21.VK – 3194 – 47/07; VK Schleswig-Holstein, B. v. 27. 1. 2009 – Az.: VK-SH 19/08). Richtschnur für die Beurteilung der Zuverlässigkeit eines Bieters ist dabei stets die Frage, inwieweit die zur Beurteilung stehenden Gesichtspunkte geeignet sind, eine ordnungsgemäße und vertragsgerechte Erbringung **gerade der ausgeschriebenen und vom Antragsteller angebotenen Leistung** in Frage zu stellen (1. VK Bund, B. v. 30. 4. 2009 – Az.: VK 1–56/09; VK Niedersachsen, B. v. 4. 9. 2009 – Az.: VgK-37/2009; B. v. 7. 8. 2009 – Az.: VgK – 32/2009; B. v. 11. 2. 2009 – Az.: VgK-56/2008; 1. VK Saarland, B. v. 20. 8. 2007 – Az.: 1 VK 01/2007; VK Schleswig-Holstein, B. v. 27. 1. 2009 – Az.: VK-SH 19/08). Demzufolge ist auch die Ursache für die nicht vertragsgerechte Durchführung eines früheren Auftrags in die Betrachtung einzubeziehen. Ist beispielsweise ein Lieferverzug durch besondere Umstände verursacht wor-

Gesetz gegen Wettbewerbsbeschränkungen GWB § 97 **Teil 1**

den, die in Bezug auf die ausgeschriebene Leistung nicht ernsthaft zu befürchten sind oder die sich sogar ausschließen lassen, kann aus der Überschreitung der vereinbarten Liefertermine bei einem früheren Auftrag (ausnahmsweise) nicht darauf geschlossen werden, dass auch die ordnungsgemäße Vertragsabwicklung des anstehenden Auftrags in Frage gestellt ist (OLG Düsseldorf, B. v. 28. 8. 2001 – Az.: Verg 27/01; 1. VK Brandenburg, B. v. 11. 7. 2007 – Az.: 1 VK 23/07; 1. VK Bund, B. v. 2. 10. 2007 – Az.: VK 1–104/07; B. v. 12. 9. 2007 – Az.: VK 1–95/07; 1. VK Sachsen, B. v. 17. 7. 2007 – Az.: 1/SVK/046-07).

Vorangegangene schlechte Erfahrungen mit einem sich erneut beteiligenden Bieter berechtigen **keinesfalls zu einer stereotypen, nicht substantiell begründeten Ablehnung**. Vielmehr ist **immer eine Einzelfallprüfung vorzunehmen**, weil der Unternehmer Anspruch auf eine ordnungsgemäße Prüfung seiner Eignung hat (OLG Brandenburg, B. v. 14. 9. 2010 – Az.: Verg W 8/10; OLG Frankfurt, B. v. 24. 2. 2009 – Az.: 11 Verg 19/08; 1. VK Sachsen, B. v. 26. 6. 2009 – Az.: 1/SVK/024-09). 804

Eine **verzögerte oder ausbleibende Lieferung des zu verarbeitenden Materials** bei einem früher ausgeführten Auftrag kann nur dann **dem Verantwortungsbereich des Bieters zugerechnet werden, wenn dieser die Lieferverzögerung durch verspätete Bestellung selbst verschuldet** hat (VK Nordbayern, B. v. 18. 12. 2007 – Az.: 21.VK – 3194 – 47/07). 805

Wenn ein öffentlicher Auftraggeber bei eigenen Bauvorhaben **mehrfach** die Erfahrung gemacht hat, dass ein Auftragnehmer bei der Ausführung eines Auftrags **vertragliche Pflichten verletzt oder sonstige Obliegenheiten außer Acht lässt**, rechtfertigt dies nach allgemeinen Rechtsgrundsätzen und der Lebenserfahrung, einen solchen Auftragnehmer im Rahmen der Wertung des Angebots von einer weiteren Beauftragung auszuschließen (VK Niedersachsen, B. v. 4. 9. 2009 – Az.: VgK-37/2009). Der Bieter kann jedoch durch sein Handeln und durch Referenzen den öffentlichen Auftraggeber überzeugen, dass sich sein Verhalten zwischenzeitlich geändert hat (VK Baden-Württemberg, B. v. 21. 9. 2001 – Az.: 1 VK 28/01). 806

Es ist auch nicht ermessensfehlerhaft, **aus der mangelhaften Durchführung eines kleineren Auftrags auf eine mangelnde Eignung für die Durchführung eines größeren Auftrags** zu schließen (OLG Düsseldorf, B. v. 16. 3. 2005 – Az.: VII – Verg 05/05; VK Niedersachsen, B. v. 4. 9. 2009 – Az.: VgK-37/2009; B. v. 11. 2. 2009 – Az.: VgK-56/2008). 807

Arbeitet jedoch **ein Bieter gemeinsam mit der Vergabestelle** z. B. **an der Nachbesserung mangelhafter Produkte**, kann der **Bieter** wegen mangelnder Eignung **nicht ausgeschlossen** werden (3. VK Saarland, B. v. 16. 3. 2004 – Az.: 3 VK 09/2003). 808

Aus der **Tatsache einer mangelhaften Leistung** kann nur dann der **Rückschluss auf eine Unzuverlässigkeit des Unternehmers gezogen** werden, wenn der **Mangel gravierend ist, d. h.** der Auftraggeber in tatsächlicher oder finanzieller Hinsicht deutlich belastet wird und Gewährleistungs- und Schadenersatzansprüche geltend macht (VK Nordbayern, B. v. 18. 12. 2007 – Az.: 21.VK – 3194 – 47/07; VK Schleswig-Holstein, B. v. 27. 1. 2009 – Az.: VK-SH 19/08). In diesem Zusammenhang ist **auch zu berücksichtigen, dass ein Ausschluss eines Unternehmens von der Vergabe öffentlicher Aufträge wegen Unzuverlässigkeit schwerwiegende Folgen für das Unternehmen** haben kann (VK Nordbayern, B. v. 18. 12. 2007 – Az.: 21.VK – 3194 – 47/07). Normale Beanstandungen im Rahmen einer Leistungserbringung stellen z. B. keine schweren Verfehlungen i. S. d. § 6 Abs. 3 Nr. 2 lit. g) VOB/A dar. Bei der Beurteilung der Zuverlässigkeit kommt es auch darauf an, ob bei einer **Gesamtabwägung die positiven oder die negativen Erfahrungen mit einem Bieter objektiv größeres Gewicht** haben (1. VK Brandenburg, B. v. 11. 7. 2007 – Az.: 1 VK 23/07; VK Nordbayern, B. v. 18. 12. 2007 – Az.: 21.VK – 3194 – 47/07). Bei der Abwägung kann auch berücksichtigt werden, ob der Bieter bei der verzögerten Abwicklung eines früheren Auftrags dem Auftraggeber **keine Mehrkosten in Rechnung gestellt** hat, obwohl sich der **Auftraggeber z. B. über Monate in Annahmeverzug befand** (VK Nordbayern, B. v. 18. 12. 2007 – Az.: 21.VK – 3194 – 47/07). 809

Kommt es zwischen Auftraggeber und Auftragnehmer bei der Abwicklung eines öffentlichen Auftrags zu Streitigkeiten und gegenseitigen Schuldzuweisungen hinsichtlich Termin- und Kostenüberschreitungen, ist die **Klärung dieser Differenzen nicht Aufgabe der Vergabekammer im Rahmen der Ausschreibung eines anderen öffentlichen Auftrags**. Bloße **Meinungsverschiedenheiten**, die hinsichtlich einer ordnungsgemäßen Vertragserfüllung bestehen, sind **nicht geeignet, einen Ausschluss wegen Unzuverlässigkeit zu begründen** (OLG Brandenburg, B. v. 14. 9. 2010 – Az.: Verg W 8/10; 1. VK Bund, B. v. 2. 10. 2007 – Az.: VK 1–104/07; B. v. 12. 9. 2007 – Az.: VK 1–95/07; 1. VK Sachsen, B. v. 26. 6. 2009 – Az.: 1/SVK/024-09). 810

Teil 1 GWB § 97 Gesetz gegen Wettbewerbsbeschränkungen

811 Die **Eignung** eines Bewerbers ist **rein objektiv zu bestimmen**. Auf irgendein **Verschulden kommt es** bei der Anwendung der Vorschrift **nicht an**; insbesondere ist die Eignung nicht erst dann zu verneinen, wenn der **Bewerber seinen vertraglichen Pflichten vorsätzlich nicht nachkommt**. Daher kann im Rahmen der Prognose, die die Vergabestelle zur Feststellung der Eignung anzustellen hat, ohne weiteres **auch auf Fehlleistungen** des Bewerbers abgestellt werden, die dieser **nicht gewollt oder ohne Rechtsverletzungsbewußtsein** begangen hat. Auch solche Fehlleistungen lassen mit gewisser Wahrscheinlichkeit darauf schließen, dass dem Bewerber ähnliche Fehlleistungen wieder unterlaufen werden (KG Berlin, B. v. 27. 11. 2008 – Az.: 2 Verg 4/08).

812 **6.9.6.14.2 Zeitliche Berücksichtigung.** Die Verwertbarkeit früherer eigener Erfahrungen mit einem Unternehmer **unterliegt zeitlichen Grenzen**. Einen Anhaltspunkt für diese Grenzen bietet etwa der in § 6 Abs. 3 Nr. 2 lit. a), b) und c) VOB/A indirekt geregelte **Dreijahreszeitraum**, der nach dem Schrifttum sogar für die Ausschlussdauer bei schweren Verfehlungen im Sinne des § 6 Abs. 3 Nr. 2 VOB/A Anwendung finden soll. Dieser Rechtsgedanke lässt sich auch auf den VOL-Bereich übertragen. **Länger als 3 Jahre dürften einem Bieter damit etwaige negative Erfahrungen aus früheren Vertragsverhältnissen nicht entgegengehalten** werden (VK Lüneburg, B. v. 14. 10. 2002 – Az.: 22/02).

813 **Anderer Auffassung** ist die **VK Nordbayern**. Eine Vergabestelle kann ermessensfehlerfrei zu dem Ergebnis kommen, dass **jemand, der intensiv, über lange Zeit hinweg mit erheblichem kriminellen Antrieb Manipulationen entwickelt, aufrechterhält und diese entsprechend an sich wandelnde Modalitäten anpasst**, nicht die Voraussetzungen erfüllt, die an einen Auftragnehmer im sensiblen Bereich der BSE-Pflichttests hinsichtlich der Anforderungen an die Zuverlässigkeit gestellt werden. Dabei spielt es **auch keine Rolle, dass die Verfehlung neun Jahre zurückliegt** (VK Nordbayern, B. v. 14. 3. 2006 – Az.: 21.VK – 3194 – 07/06).

814 **6.9.6.14.3 Beweislast und Amtsermittlungsgrundsatz.** Der **Auftraggeber ist für eine frühere Schlechtleistung beweispflichtig**, also z. B. dafür, dass der Bieter bei Durchführung des Auftrags tatsächlich in einer Weise schuldhafte Schlechtleistungen erbracht und Gesetzesverstöße begangen hat und dass auch im vorliegenden Fall damit zu rechnen ist, dass er den Auftrag erneut ebenso unzuverlässig ausführen wird. Wird ein entsprechender Vortrag von dem Bieter bestritten, steht **Aussage gegen Aussage**. Es ist **auch nicht die Aufgabe der Vergabekammer, im Wege der Amtsermittlung die zivilrechtlichen Streitigkeiten aufzuklären**. Nur ein substantiierter Vortrag kann im Nachprüfungsverfahren die Amtsermittlungspflicht auslösen (1. VK Bund, B. v. 2. 10. 2007 – Az.: VK 1–104/07; B. v. 12. 9. 2007 – Az.: VK 1–95/07).

815 **6.9.6.14.4 Weitere Beispiele aus der Rechtsprechung**

– unzweifelhaft werden die Grenzen des Beurteilungsspielraums nicht überschritten, wenn der Auftraggeber den Antragsteller des Nachprüfungsverfahrens für unzuverlässig hält, weil er **ihm gegenüber den erteilten und nunmehr erneut zu vergebenden Auftrag fristlos gekündigt hat und für die außerordentliche Kündigung ein wichtiger Grund bestanden** hat. Jedoch muss im Nachprüfungsverfahren von den Nachprüfungsinstanzen in einem solchen Fall **nicht abschließend festgestellt werden, ob eine außerordentliche Vertragskündigung des Auftraggebers gerechtfertigt war oder nicht**. Denn § 97 Abs. 7 GWB gewährt dem Bewerbern um einen öffentlichen Auftrag allein einen Rechtsanspruch auf Einhaltung der Vergabebestimmungen. In einer Vertragskündigung kann jedoch kein Verstoß gegen vergaberechtliche Vorschriften liegen. Vergaberechtlich nachprüfbar ist allein die Frage, ob der Auftraggeber zu Recht oder Unrecht einen Bieter als unzuverlässig und damit als nicht geeignet i. S. von § 97 Abs. 4 GWB angesehen hat oder nicht. Die Nachprüfbarkeit insoweit ist wegen des dem Auftraggeber zustehenden Beurteilungsspielraums stark eingeschränkt (OLG Brandenburg, B. v. 14. 9. 2010 – Az.: Verg W 8/10)

– die **tatsächliche Bewirtschaftung der Outputsysteme eines Auftraggebers durch die Antragstellerin zog – unabhängig von der Frage eines gültigen Vertrages – damit für die Antragstellerin die Pflicht nach sich, auf einen Abbruch ihrer Tätigkeit mit einer ausreichenden Vorlauffrist hinzuweisen und ansonsten den Betrieb so aufrecht zu erhalten, wie es die Betriebsabläufe eines Klinikums erfordern**. Denn wie auch für die Antragstellerin ohne weiteres ersichtlich war, ist die Auftraggeberin auf die ordnungsgemäße, zuverlässige und ständige Verfügbarkeit von Druckdienstleistungen angewiesen. Im medizinischen Bereich ist es schon im Interesse der Patientengesundheit unbedingt erforderlich, dass gewisse medizinische Informationen (bspw. Etiketten, Begleitschreiben, Datenblätter) sofort schriftlich fixiert und deshalb ausgedruckt werden. Die Antragstellerin hat daher durch ihr

Verhalten die Interessen der Auftraggeberin an einer zuverlässigen und reibungslosen Versorgung des Klinikums mit Druckdienstleistungen beeinträchtigt. Gerade diese zuverlässige Bewirtschaftung des Outputsystems der Auftraggeberin ist Auftragsgegenstand im streitbefangenen Vergabeverfahren. Zugleich liegt der Vorfall noch nicht weit in der Vergangenheit. Die Auftraggeberin hat nicht etwa erklärt, sie werde die Antragstellerin pauschal von allen weiteren Vergabeverfahren ausschließen, sondern sie hat sich spezifisch auf das vorliegende, streitbefangene Verfahren bezogen. **Der Berücksichtigung der im Rahmen des Vorfalls gemachten Negativerfahrungen im jetzigen Verfahren steht damit nichts entgegen** (VK Niedersachsen, B. v. 7. 8. 2009 – Az.: VgK – 32/2009)

– treten bereits im Vorfeld einer Landesgartenschau und **bei kleineren Aufträgen Unzuträglichkeiten** auf, besteht **begründeter Anlass für die Annahme, der Bieter werde seine Leistungen in einer Zeit nicht ordnungsgemäß erbringen**, in der wegen der Zugänglichkeit des Parks für die Öffentlichkeit besonderer Wert auf die Pünktlichkeit und Ordnungsgemäßheit von Pflegeleistungen zu legen ist. Das gilt umso mehr, wenn auch andere Auftraggeber eine fehlende Verfügbarkeit qualifizierten Personals moniert haben. Dass der Auftraggeber dem Bieter Aufträge erteilt (und sie damit als leistungsfähig eingestuft) hat, bedeutet gerade dann keine „Selbstbindung", wenn gerade diese Aufträge nicht ordnungsgemäß erledigt werden (OLG Düsseldorf, B. v. 28. 4. 2008 – Az.: VII-Verg 30/08)

– die Entscheidung der Vergabestelle lässt eine derart umfassende Ermittlung und vor allen Dingen Würdigung der ermittelten Gesichtspunkte vermissen. Sie hat auf eine Grundsatzentscheidung aus dem November 2006 zurückgegriffen. **Ohne die neuerlichen Entwicklungen im Zusammenhang mit den von der Antragstellerin durchgeführten Selbstreinigungsmaßnahmen zu berücksichtigen, hat sie an der alten Entscheidung festgehalten und hat vor allen Dingen überhaupt keine Zuverlässigkeitsprüfung bezogen auf die konkret anstehende Auftragsvergabe durchgeführt** (1. VK Saarland, B. v. 20. 8. 2007 – Az.: 1 VK 01/2007)

– die Vergabestelle durfte auch die von ihr bei einer Baumaßnahme gemachten **Erfahrungen in der Bauabwicklung** durch die Antragstellerin bei der Beurteilung der Unzuverlässigkeit berücksichtigen. Dabei hat die Antragstellerin ihre **Organisationspflichten bei der Abwicklung und der Beaufsichtigung der Baustelle nicht wahrgenommen**. Unerheblich ist es dabei, dass die Antragstellerin auf entsprechende Hinweise der Bauleitung der Vergabestelle die Mängel beseitigte. Maßgeblich ist, dass die abnahmefähige Herstellung des Bauwerks nur durch die intensive Begleitung der Vergabestelle und entsprechende Hinweise der Vergabestelle erfolgte. Es kann aber erwartet werden, dass gerade solche einfacheren Aufträge ohne Begleitung und Beanstandung in Eigenregie des Auftragnehmers durchgeführt werden (VK Münster, B. v. 21. 3. 2002 – Az.: VK 10/01)

– ein bloß **hohes Nachtragsangebot** ist als solches noch kein Indiz für die Unzuverlässigkeit eines Auftragnehmers (2. VK Bund, B. v. 2. 11. 2001 – Az.: VK 2–38/01)

– die **Behauptung der Notwendigkeit eines Nachtrags, obwohl diese objektiv nicht gegeben war**, ist ein Indiz für die Unzuverlässigkeit (2. VK Bund, B. v. 2. 11. 2001 – Az.: VK 2–38/01)

– wenn es sich aufgrund besonderer Anhaltspunkte aufdrängt, dass ein Bieter ganz bewusst einen schon als **wucherisch zu bezeichnenden Phantasiepreis nennt** und er darauf **spekuliert**, die Vergabestelle werde diesen aus Nachlässigkeit nicht erkennen oder zur Kenntnis nehmen wollen, ist dies ein Indiz für die Unzuverlässigkeit (2. VK Bund, B. v. 2. 11. 2001 – Az.: VK 2–38/01; VK Baden-Württemberg, B. v. 21. 11. 2001 – Az.: 1 VK 37/01)

– die **konsequente Verfolgung der eigenen Rechtsinteressen** wäre, auch wenn dies für die Vergabestelle unbequem und vielleicht auch ungewohnt ist, kein Grund, an der Zuverlässigkeit eines Auftragnehmers zu zweifeln (2. VK Bund, B. v. 15. 10. 2001 – Az.: VK 2–36/01)

– für die Eignung eines Bieters ist entscheidend, inwieweit die umfassend zu prüfenden und abzuwägenden Umstände des Einzelfalls, zu denen vor allem **auch ein früheres (vertragswidriges) Verhalten des Bieters gehören kann, die Prognose erlauben, dass der Bieter gerade die ausgeschriebenen und von ihm angebotenen Leistungen vertragsgerecht erbringen kann**. Alleine auf Mutmaßungen darf sich der Auftraggeber allerdings nicht stützen. Aufgrund des dem Vergabeverfahren innewohnenden Beschleunigungsgrundsatzes ist es andersrum grundsätzlich nicht angezeigt, im Einzelnen Beweis darüber zu erheben, ob ein durch bestimmte Tatsachen belegter Vorwurf gegen einen Bieter und dessen dagegen erhobene Einwendung zutreffen (VK Südbayern, B. v. 12. 3. 2002 – Az.: 03-02/02)

6.9.6.15 Eignung eines Generalübernehmers

816   Vgl. dazu im Einzelnen die Kommentierung → Rdn. 507.

6.9.6.16 Sonderfall: Eignung von „Newcomern"

817   Streitig ist, inwieweit „Newcomer" über das Erfordernis der Eignung von öffentlichen Aufträgen ausgeschlossen werden können.

818   **6.9.6.16.1 Problematik.** Die **Kriterien der Fachkunde und Erfahrung enthalten eine immanente Bevorzugung des erfahrenen Bieters gegenüber dem unerfahreneren Markteinsteiger.** Daher befindet sich **jeder öffentliche Auftraggeber im Spannungsverhältnis zwischen dem Bestreben der Erweiterung der Anbieterstruktur und der Beauftragung des fachlich besonders qualifizierten Bieters**. Wettbewerbspolitisch wird dabei von den Vergabestellen erwartet, die Problematik dahingehend zu lösen, dass sie die Möglichkeit der Erarbeitung der geforderten Fachkunde auch für „Newcomer" eröffnen (1. VK Sachsen, B. v. 21. 7. 2005 – Az.: 1/SVK/076-05; B. v. 19. 7. 2006 – Az.: 1/SVK/060-06; B. v. 19. 7. 2006 – Az.: 1/SVK/059-06). Dies kann allerdings nur dann erreicht werden, wenn keine überzogenen Anforderungen an die Eignung einzelner Bieter gestellt werden. Eine zu enge Definition des Begriffes der Eignung bzw. Fachkunde würde dazu führen, dass ein Auftraggeber aus Vorsicht nur einen Bewerberkreis berücksichtigt, der ihm im Einzelfall über jeden Zweifel erhaben erscheint und demzufolge auch zahlenmäßig sehr beschränkt wäre. Diese Vorgehensweise würde gerade einem der grundlegenden Ziele des Vergaberechts, nämlich der Vergabe öffentlicher Aufträge im Wettbewerb widersprechen, da somit der freie Zugang zu den öffentlichen Aufträgen für viele Bewerber verhindert würde. Je geringer die Auftraggeber die Anforderungen an die Eignung der Bieter für einen konkreten Auftrag setzt, desto höher wird allerdings das Risiko für die Auftraggeber, den Auftrag an einen Bieter zu vergeben, der sich später als nicht geeignet erweist. Der **Auftraggeber hat demnach die Abwägung zwischen einer möglichst großen Auswahl von Angeboten, verbunden mit einer höheren Wahrscheinlichkeit für ein günstiges wirtschaftliches Angebot, und der Gefahr der nicht ordnungsgemäßen Ausführung des Auftrages vorzunehmen. Diese Abwägung unterliegt seiner originären Beurteilung** (2. VK Bund, B. v. 10. 6. 2005 – Az.: VK 2–36/05; B. v. 11. 1. 2005 – Az.: VK 2–220/04; B. v. 10. 12. 2003 – Az.: VK 1–116/03; 1. VK Sachsen, B. v. 21. 7. 2005 – Az.: 1/SVK/076-05).

819   **6.9.6.16.2 Rechtsprechung. 6.9.6.16.2.1 Allgemeines.** Nach Auffassung des Oberlandesgerichts Düsseldorf nehmen bereits die **europarechtlichen Bestimmungen der Lieferkoordinierungsrichtlinie** (Art. 22 Abs. 1 Buchstabe c) und Abs. 2, Art. 23 Abs. 1 Buchstabe a) und Abs. 2) **ersichtlich in Kauf, dass sie den Marktzutritt für „Newcomer" erschweren**, wenn der Auftraggeber von den Bestimmungen zulässigerweise, soweit es durch das Gegenstand des Auftrags gerechtfertigt ist (wie z.B. in Anbetracht des komplexen Vertragswerks und sensiblen Vertragszwecks), Gebrauch macht (OLG Düsseldorf, B. v. 2. 1. 2006 – Az.: VII – Verg 93/05 – für den Teilnahmewettbewerb –; B. v. 22. 9. 2005 – Az.: Verg 48/05, Verg 50/05; B. v. 18. 7. 2001 – Az.: Verg 16/01; OLG Frankfurt, B. v. 19. 12. 2006 – Az.: 11 Verg 7/06; 1. VK Bund, B. v. 22. 9. 2006 – Az.: VK 1–103/06; B. v. 30. 3. 2006 – Az.: VK 1–13/06; B. v. 30. 1. 2002 – Az.: VK 01 – 01/02; VK Düsseldorf, B. v. 24. 4. 2007 – Az.: VK – 11/2007 – L; B. v. 9. 3. 2006 – Az.: VK – 07/2006 – L; VK Münster, B. v. 20. 7. 2004 – Az.: VK 19/04). Das **Gleiche gilt für die Dienstleistungsrichtlinie**, zumindest bei **komplexen oder länger dauernden Leistungen, wie z.B. der Restmüllabfuhr** als Teil der Daseins- und Gesundheitsvorsorge (1. VK Brandenburg, B. v. 30. 5. 2005 – Az.: VK 27/05; B. v. 30. 5. 2005 – Az.: VK 21/05; im Ergebnis ebenso OLG Düsseldorf, B. v. 1. 2. 2006 – Az.: VII – Verg 83/05).

820   Die entsprechenden Bestimmungen der Liefer- und Dienstleistungskoordinierungsrichtlinie sind **im Wesentlichen unverändert in Art. 47 der Richtlinie 2004/18/EG (Vergabekoordinierungsrichtlinie) übernommen** worden, sodass die **bisherige Rechtsprechung weiterhin Gültigkeit** hat (OLG Koblenz, B. v. 7. 11. 2007 – Az.: 1 Verg 6/07; VK Düsseldorf, B. v. 24. 4. 2007 – Az.: VK – 11/2007 – L).

821   Ein **hoher Maßstab in Bezug auf die Eignung kann z.B. durch die besondere Situation einer Bauumgebung und damit durch gewichtige Gründe gerechtfertigt** sein. Außerdem kann ein **Auftraggeber** bei der Aufstellung dieses Maßstabs im Hinblick auf das Erfordernis der Gewährleistung von Wettbewerb **annehmen, dass sich mehrere Bieter zu Bietergemeinschaften zusammenschließen werden oder aber Nachunternehmer einsetzen**, die über die notwendige Erfahrung für einzelne Gewerke verfügen, so dass er nicht

Gesetz gegen Wettbewerbsbeschränkungen   GWB § 97 **Teil 1**

davon ausgehen muss, dass nur ein Bieter die jeweils notwendigen Erfahrungen besitzt. Damit muss auch nicht jedes an der Auftragsvergabe interessierte Unternehmen für sich allein genommen über die vorausgesetzten überdurchschnittlichen Erfahrungen für die wesentlichen Gewerke verfügen und diese nachweisen (OLG Düsseldorf, B. v. 22. 9. 2005 – Az.: Verg 48/05, Verg 50/05).

Die Entscheidung der Vergabestelle, hohe Anforderungen an die Eignung der Bieter zu richten, **kann je nach Situation auch im Interesse der Gefahrenabwehr für die Allgemeinheit** und die Eigentümer von betroffenen Grundstücken nicht als ermessensfehlerhaft zu beanstanden ist Die Vergabestelle darf diesem Interesse im Rahmen ihrer Ermessensausübung den Vorrang vor den wirtschaftlichen Interessen potentieller Bieter einräumen. Daran ist **selbst dann nichts auszusetzen, wenn sie damit rechnen muss, dass nur ein Bieter die strengen Eignungsanforderungen erfüllen** kann (OLG Düsseldorf, B. v. 22. 9. 2005 – Az.: Verg 48/05, Verg 50/05). 822

Dass **im Bereich von Schulbuchvergaben**, zumindest oberhalb der EU-Schwellenwerte, in der Regel **das Losglück über die Zuschlagserteilung und damit auch über den Erwerb von Referenzen entscheidet**, lässt **keine andere Beurteilung** zu (VK Düsseldorf, B. v. 24. 4. 2007 – Az.: VK – 11/2007 – L). 823

Die reglementierte Vergabe soll den freien Dienstleistungs- und Warenverkehr absichern, wobei der **Auftraggeber als Nachfrager bis zur Grenze der ungerechtfertigten Diskriminierung von Unternehmen selbst bestimmen kann, welchen Grad an Sicherheit er mit Hilfe der Eignungsprüfung erlangen will und wie die von ihm nachgefragte Leistung beschaffen sein soll**. Weder die Eignungsanforderungen noch die Leistungsbeschaffenheit müssen so offen gehalten werden, dass jedem interessierten Unternehmen eine aussichtsreiche Angebotsabgabe ermöglicht wird. Die **Annahme einer über die Reglementierung hinausgehenden diesbezüglichen Bindung des Auftraggebers ist abzulehnen; der Auftraggeber braucht sich in seiner Vertragsabschlussfreiheit nicht weiter beschränken zu lassen, als dies normiert ist** (VK Düsseldorf, B. v. 9. 3. 2006 – Az.: VK – 07/2006 – L). 824

In die gleiche Richtung geht die Auffassung, dass das Kriterium der Fachkunde immanent eine Bevorzugung des erfahrenen Bieters gegenüber dem „Newcomer" darstellt. Dem aufgezeigten **Widerspruch zwischen** dem Bestreben, einerseits eine **Öffnung und Erweiterung der Anbieterstruktur** zu erreichen und andererseits, **besonders fachkundige Bieter zu beauftragen,** kann die Vergabestelle nur dadurch Rechnung tragen, dass sie „Newcomern" die Möglichkeit gibt und ihnen auch aktiv Möglichkeiten aufzeigt, sich Schritt für Schritt die geforderte Fachkunde zu erarbeiten (2. VK Bund, B. v. 11. 1. 2005 – Az.: VK 2–220/04; B. v. 11. 11. 2002 – Az.: VK 2–82/02; VK Hamburg, B. v. 19. 12. 2002 – Az.: VgK FB 4/02). 825

Es ist **auch nicht ermessensfehlerhaft, Unternehmen mit einem größeren Umsatz** bzw. Unternehmen, die den Nachweis größerer Referenzprojekte erbracht haben, **eine geringfügig bessere Bepunktung zuteil werden zu lassen**. Bei der Eignungsprüfung soll herausgefunden werden, welche Unternehmen die Gewähr dafür bieten, dass der Auftrag auch wirklich vertragsgemäß ausgeführt werden kann; es ist nicht falsch, aus der Tatsache, dass in der Vergangenheit bereits größere Projekte abgewickelt wurden und ein größerer Umsatz erzielt wurde, den a majore ad minus-Schluss zu ziehen, dass ein kleinerer Auftrag dann erst recht erfüllt werden kann (1. VK Bund, B. v. 25. 6. 2003 – Az.: VK 1–45/03). Mangels Ermessensfehlgebrauch kann dem Auftraggeber folglich **nicht vorgeschrieben** werden, bei den Referenzprojekten sollte im Rahmen des Umsatz **vorrangig auf die Vergleichbarkeit mit dem geplanten Vorhaben abzustellen** (3. VK Bremen, B. v. 16. 12. 2004 – Az.: VK 4/04; 1. VK Bund, B. v. 25. 6. 2003 – VK 1–45/03). 826

Die Gegenmeinung argumentiert, dass die Fachkunde bezogen auf den zu vergebenden Auftrag zu überprüfen und festzustellen ist; sie muss für diesen Zweck ausreichen, **ohne dass der Bieter bereits Leistungen gleicher Art und gleichen Umfangs schon einmal konkret ausgeführt haben muss** (VK Brandenburg, B. v. 25. 8. 2002 – Az.: VK 45/02; ähnlich 1. VK Sachsen, B. v. 19. 7. 2006 – Az.: 1/SVK/060-06; B. v. 19. 7. 2006 – Az.: 1/SVK/059-06). 827

Außerdem darf im Rahmen der Eignungsprüfung auch die **Vergabe einer anspruchsvollen Leistung** nicht dazu führen, dass an den Nachweis der Leistungsfähigkeit so hohe Ansprüche gestellt werden, dass **dadurch der Wettbewerb unter den Bietern praktisch ausgeschlossen** wird. Insbesondere könnten „Newcomer" über entsprechend hohe Anforderungen auf Dauer von der Durchführung bestimmter Aufträge ausgeschlossen sein. (2. VK Bund, B. v. 6. 8. 2004 – Az.: VK 2–94/04). Bei der Prüfung der persönlichen und sachlichen Eignung der Bieter 828

Teil 1 GWB § 97   Gesetz gegen Wettbewerbsbeschränkungen

kommt es daher auf eine besondere Erfahrung in Bezug auf die konkrete Leistung nicht an (VK Hamburg, B. v. 19. 12. 2002 – Az.: VgK FB 4/02).

829   **Umsatz- und Verlustzahlen eines Existenzgründers** rechtfertigen nicht zwingend für sich genommen den Schluss auf eine mangelnde Leistungsfähigkeit (1. VK Bund, B. v. 5. 9. 2001 – Az.: VK 1–23/01).

830   Gegebenenfalls ist zu beachten, dass eine **Einarbeitungszeit notwendige Voraussetzung** ist, um auch „Newcomern" nach dem Grundsatz des freien Wettbewerbs eine Chance auf den Zuschlag der ausgeschriebenen Leistung einzuräumen. Sofern tatsächlich besondere Kenntnisse geboten sind, hat der **öffentliche Auftraggeber durch geeignete Rahmenbedingungen selbst dafür Sorge zu tragen, dass bisher nicht beauftragte Bieter nach einer angemessenen Einarbeitungszeit die geforderten Leistungen auch erbringen können** (VK Hamburg, B. v. 19. 12. 2002 – Az.: VgK FB 4/02; ähnlich 2. VK Bund, B. v. 11. 11. 2002 – Az.: VK 2–82/02).

831   **Sehr weit** geht die 2. VK Bund bei der Auffassung, ob durch Eignungsnachweise, die bereits bei Angebotsabgabe eine Investition des Bieters erfordern, der Wettbewerb nicht unbillig behindert wird. **Um den Wettbewerb nicht von vornherein auf ortsansässige Bieter unzulässigerweise zu verengen, muss eine Vergabestelle die Vorlage von z. B. Ausbildungsberechtigungen, die erkennbar mit Investitionen verbunden ist, auf einen Zeitpunkt nach der Erteilung des Zuschlags verschieben**. Zudem muss der Zeitraum, der dem Bieter für die Vornahme der Investitionen, d. h. zwischen Erteilung des Zuschlags und Beginn der Maßnahme einzuräumen ist, angemessen sein. Ansonsten entspricht die Vorgabe eines fixen Termins für die Vorlage des Eignungsnachweises, der nicht ortsansässige Bewerber diskriminiert, nicht dem Vergaberecht und beinhaltet einen Verstoß gegen das Gleichbehandlungsgebot nach § 97 Abs. 2 GWB (2. VK Bund, B. v. 2. 12. 2004 – Az.: VK 2–181/04).

832   Auf der anderen Seite **kann es ein berechtigtes Anliegen eines öffentlichen Auftraggebers sein, den Wettbewerb z. B. auf dem sich erst seit den Jahren 2001/2002 verstärkt wettbewerblich entwickelnden Postmärkten zu fördern**. Will der Auftraggeber einen breiten Wettbewerb eröffnen und **insbesondere Newcomern, die nicht über eine geschlossene Infrastruktur bei Zustellungen und Niederlegungen verfügen, auf dem sachlichen Markt der bundesweit zu erbringenden Postzustellungsleistungen die Möglichkeit eröffnen, sich um den Auftrag mit Erfolg zu bewerben, kann er die Eignungsanforderungen an die Bieter herabsetzen**. Er kann insoweit von den Bietern nur die Vorlage einer nachvollziehbaren und schlüssigen Planung für ein flächendeckendes Zustellungssystem und ein Niederlegungskonzept verlangen und nicht den Nachweis, dass die Bieter über flächendeckende Systeme tatsächlich bereits verfügen. Diese Maßgabe ist nicht als sachlich ungerechtfertigt oder willkürlich zu beanstanden. Anderenfalls wäre eine solchermaßen gestaltete Eignungsprüfung auf das Unternehmen zugeschnitten gewesen, die als langjähriges Monopolunternehmen ein bundesweites Zustell- und Niederlegungssystem unterhält. Die **Errichtung und Vorhaltung eines bundesweiten Zustell- und Niederlegungssystems vor Zuschlagserteilung ist den Bietern allein zum Zweck einer Beteiligung am Vergabeverfahren zudem nicht zumutbar**. Dies hätte von ihnen erhebliche finanzielle Aufwendungen und sachliche Vorhaltungen (Fahrzeugpark, Personal) verlangt. Insbesondere wären bundesweit Verträge mit privaten Betreibern von Niederlegungsstellen (sog. Post-Agenturen) zu schließen gewesen, ohne dass eine berechtigte Hoffnung bestanden hätte, die Aufwendungen durch eine Zuschlagserteilung amortisieren zu können (OLG Düsseldorf, B. v. 2. 5. 2007 – Az.: VII – Verg 1/07).

833   Der öffentliche **Auftraggeber** kann also durch die **Gestaltung und Formulierung der Vergabeunterlagen Newcomer** ausdrücklich oder inzidenter **zulassen** (3. VK Bund, B. v. 3. 7. 2007 – Az.: VK 3–64/07).

834   **6.9.6.16.2.2 Weitere Beispiele aus der Rechtsprechung**

– gegen eine **faktische Vorauswahl**, die das zwangsläufige Ergebnis der Forderung nach bestimmten Eignungsnachweisen und hier entgegen der Auffassung der Vergabekammer „nur" die Folge subjektiver Unmöglichkeit der Vorlage einer geforderten Urkunde ist, **bestehen keine durchgreifenden Bedenken**. Zwar wird damit Newcomern der Zutritt zu dem Teilmarkt „Abfallentsorgung im Auftrag von Kommunen" unmöglich gemacht. Dies ist aber eine vergaberechtskonforme Konsequenz aus § 7a Nr. 3 VOL/A und Artikel 47, 48 VKR. Diese Normen geben dem öffentlichen Auftraggeber ausdrücklich auch das Recht, bereits durch die Forderung nach bestimmten Referenzen von vorn herein Unternehmen vom Wettbewerb

Gesetz gegen Wettbewerbsbeschränkungen	GWB § 97 **Teil 1**

auszuschließen, die noch nie eine Referenzleistung erbracht haben. **Auch in der Sache ist es nicht zu beanstanden, wenn ein entsorgungspflichtiger Landkreis sich bei der Erfüllung einer wichtigen öffentlichen Aufgabe nur eines Unternehmens bedienen will, das eine entsprechende Leistung zumindest schon einmal zur Zufriedenheit einer Gebietskörperschaft erbracht hat** (OLG Koblenz, B. v. 7. 11. 2007 – Az.: 1 Verg 6/07)

### 6.9.6.16.3 Literatur	835

– Dreher, Meinrad/Hoffmann, Jens, Der Marktzugang von Newcomern als Herausforderung für das Kartellvergaberecht, NZBau 2008, 545

– Terwiesche, Michael, Ausschluss und Marktzutritt des Newcomers, VergabeR 2009, 26

6.9.6.17 Eignung einer Bietergemeinschaft

6.9.6.17.1 Allgemeines. Da **sowohl die Mitglieder einer Bietergemeinschaft als auch** 836 **vom Bieter eingesetzte Nachunternehmer letztlich die durch den Auftrag geschuldete Leistung erfüllen, hat der Auftraggeber regelmäßig ein berechtigtes Interesse daran, dass auch diese Unternehmen die für die Erfüllung des Auftrags erforderliche Eignung aufweisen.** Dabei steht es grundsätzlich **im Ermessen des Auftraggebers, welche Eignungsnachweise von den Bietern konkret verlangt werden.** Die Entscheidung des Auftraggebers über die von ihm für maßgeblich erachteten Eignungsmerkmale unterliegt somit einem Beurteilungsspielraum, der von den Nachprüfungsinstanzen eingeschränkt nur dahingehend überprüft werden kann, ob vorgeschriebene Verfahren nicht eingehalten wurden, ein unzutreffender Sachverhalt oder sachwidrige Erwägungen zugrunde gelegt wurden oder aber gegen allgemeine Bewertungsgrundsätze verstoßen wurde (1. VK Bund, B. v. 31. 8. 2007 – Az.: VK 1–92/07).

6.9.6.17.2 Inhaltliche Anforderungen. Die **Rechtsprechung** ist insoweit **nicht einheitlich.**	837

In aller Regel ist ein besonderes Anforderungsprofil für Bietergemeinschaften nicht aufgeführt. Das wäre im Übrigen auch unüblich. Für die Frage, ob die in der Vergabebekanntmachung **geforderten Eignungsnachweise** in Form von Fremd- und Eigenerklärungen **bei einer Bietergemeinschaft für jedes Mitglied einzeln oder für die Bietergemeinschaft als Gesamtheit vorgelegt** werden müssen, ist das **Verlangen** des Auftraggebers in der EU-weiten Vergabebekanntmachung **auszulegen.** Die Auslegung, d. h. die Ermittlung des Bedeutungsgehalts der Vergabebekanntmachung, ist aus der Sicht eines fachkundigen Bieters vorzunehmen (OLG Naumburg, B. v. 30. 4. 2007 – Az.: 1 Verg 1/07).	838

Nach einer Auffassung gilt hinsichtlich der Eignung der Bewerber bzw. Bieter, dass **jedes Mitglied der Bietergemeinschaft die geforderten Voraussetzungen erfüllen muss** (VK Südbayern, B. v. 13. 9. 2002 – Az.: 37-08/02).	839

Nach einer anderen Meinung kommt es hinsichtlich der **Fachkunde und der Leistungsfähigkeit auf die der Bietergemeinschaft insgesamt** zur Verfügung stehende Kapazität an; **hinsichtlich der Zuverlässigkeit** müssen die geforderten **Voraussetzungen bei jedem Mitglied der Bietergemeinschaft** vorliegen (OLG Düsseldorf, B. v. 31. 7. 2007 – Az.: VII – Verg 25/07; B. v. 6. 6. 2007 – Az.: VII – Verg 8/07; B. v. 15. 12. 2004 – Az.: VII – Verg 48/04; OLG Naumburg, B. v. 30. 4. 2007 – Az.: 1 Verg 1/07; VK Arnsberg, B. v. 29. 12. 2006 – Az.: VK 31/06; VK Brandenburg, B. v. 16. 10. 2007 – Az.: VK 38/07; 2. VK Bund, B. v. 28. 5. 2010 – Az.: VK 2–47/10; 1. VK Sachsen, B. v. 24. 5. 2007 – Az.: 1/SVK/029-07; 1. VK Sachsen-Anhalt, B. v. 22. 2. 2005 – Az.: 1 VK LVwA 03/05).	840

Dieser Grundsatz ergibt sich auch aus dem **Zweck der Bietergemeinschaft.** Die **Bildung von Bietergemeinschaften hat u. a. gerade den Sinn, eigene unzureichende Kapazitäten,** sei es im Bereich der Fachkunde oder in den Bereichen der personellen, sachlichen bzw. finanziellen Leistungsfähigkeit, **zu ergänzen, um gemeinsam dem inhaltlichen Eignungsprofil zu entsprechen.** Die gleichberechtigte Zulassung von Bietergemeinschaften neben den Einzelbietern soll einen **erweiterten Zugang von kleinen und mittelständischen Unternehmen zu öffentlichen Aufträgen eröffnen** und damit **mehr Wettbewerb organisieren.** Dieses Ziel würde verfehlt, wenn es für das Vorliegen von Fachkunde oder einer besonderen Leistungsfähigkeit einer Bietergemeinschaft nicht zumindest grundsätzlich genügte, dass die entsprechende Fachkunde bzw. Leistungsfähigkeit von einem ihrer Mitglieder in die Bietergemeinschaft „eingebracht" und dieser vollständig zugerechnet wird (OLG Naumburg, B. v. 30. 4.	841

Teil 1 GWB § 97   Gesetz gegen Wettbewerbsbeschränkungen

2007 – Az.: 1 Verg 1/07; im Ergebnis ebenso OLG Düsseldorf, B. v. 31. 7. 2007 – Az.: VII – Verg 25/07; B. v. 6. 6. 2007 – Az.: VII – Verg 8/07; 2. VK Bund, B. v. 28. 5. 2010 – Az.: VK 2–47/10).

842   Allein die Tatsache der vorläufigen Insolvenz oder der Eröffnung des Insolvenzverfahrens über das Vermögen eines Mitglieds einer anbietenden Bietergemeinschaft führt **nicht zur zwingenden Nichtberücksichtigung** des Bieters wegen mangelnder Eignung, sondern **ermöglicht lediglich einen ermessensgebundenen Ausschlussgrund** (VK Münster, B. v. 22. 8. 2002 – Az.: VK 07/02; 1. VK Sachsen, B. v. 1. 10. 2002 – Az.: 1/SVK/084-02).

843   Allerdings muss aufgrund der gesamtschuldnerischen Haftung der Mitglieder einer Bietergemeinschaft **jedes Mitglied die finanzielle Leistungsfähigkeit** aufweisen. Auf die Mehrheitsverhältnisse innerhalb der Bietergemeinschaft kommt es in diesem Zusammenhang nicht an. Etwaige Absprachen zwischen den Bietern wirken nicht im Außenverhältnis zum Auftraggeber. Des Weiteren löst sich die Bietergemeinschaft als Gesellschaft des bürgerlichen Rechts gemäß § 728 Abs. 2 Satz 1 BGB durch die Eröffnung des Insolvenzverfahrens über das Vermögen eines Gesellschafters auf. Die **rechtliche Ungewissheit über das Fortbestehen der Geschäftsführungsbefugnis und die Befugnis zur Eingehung neuer Geschäfte (§§ 730 ff. BGB) muss der Auftraggeber nicht in Kauf nehmen** (VK Münster, B. v. 22. 8. 2002 – Az.: VK 07/02; VK Nordbayern, B. v. 18. 9. 2003 – Az.: 320.VK-3194-31/03).

844   Die gleiche Überlegung gilt für die **Zuverlässigkeit bei einer Arbeitsgemeinschaft**. Sie kann nicht differenziert – entsprechend der von den an der Arbeitsgemeinschaft beteiligten Firmen geplanten prozentualen Arbeitsaufteilung – betrachtet werden. Die Arbeitsaufteilung zwischen den beiden Unternehmen ist hinsichtlich der **Haftung der Beteiligten im Innenverhältnis der Bietergemeinschaft maßgebend**. Eine solche **Regelung schafft im Außenverhältnis zum Auftraggeber keine Bindung**. Hier besteht im Auftragsfall die erklärte gesamtschuldnerische Haftung eines jeden Mitglieds der Arbeitsgemeinschaft im vollen Umfang für alle eingegangenen Verpflichtungen und Verbindlichkeiten. Aufgrund dieser gesamtschuldnerischen Haftung muss auch die volle Zuverlässigkeit beider Unternehmen gegeben sein (VK Hannover, B. v. 12. 3. 2001 – Az.: 26 045 – VgK – 1/2001; 1. VK Sachsen, B. v. 24. 5. 2007 – Az.: 1/SVK/029-07).

845   Fordert der Auftraggeber die **Bilanzen für je drei aufeinander folgende Geschäftsjahre, so ist die Bietergemeinschaft verpflichtet, für alle Mitglieder der Bietergemeinschaft die entsprechenden Bilanzen vorzulegen** (VK Lüneburg, B. v. 6. 9. 2004 – Az.: 203-VgK-39/2004).

6.9.6.18 Mangelnde Eignung wegen der Einschaltung von Nachunternehmern

846   Hinsichtlich der Eignungsanforderungen an Generalunternehmer und Generalübernehmer beim **Einsatz von Nachunternehmern** vgl. die Kommentierung → Rdn. 443 bzw. Rdn. 507.

6.9.6.19 Zertifizierung

847   **6.9.6.19.1 Inhalt der Zertifizierung.** Bei der Forderung, dass der Auftragnehmer nach DIN ISO 9001 bzw. EN 29 001 zertifiziert ist, handelt es sich um ein Kriterium, das die Fachkunde, Leistungsfähigkeit und Zuverlässigkeit betrifft.

848   Einem nach DIN ISO 9001 bzw. EN 29 001 zertifizierten Unternehmen **wird bescheinigt, dass es ein funktionierendes Qualitätsmanagement sowohl in der Fertigung von Produkten, in deren Entwicklungsprozessen als auch in den gesamten Managementprozessen aufgebaut hat und dieses auch praktiziert.** Hierbei wird insbesondere festgestellt, dass das Unternehmen einen „prozessorientierten Ansatz" für die Entwicklung, Verwirklichung und Verbesserung der Wirksamkeit eines Qualitätsmanagements gewählt hat, der den in DIN ISO 9001 bzw. EN 29 001 formulierten Standards entspricht. Auch in der Einleitung zur DIN ISO 9001 wird beschrieben, dass die Zertifizierung darüber Auskunft geben soll, dass das betreffende Unternehmen die Fähigkeit zur Erfüllung der Anforderungen der Kunden besitzt, d. h. durch interne Organisation muss die Überwachung der Kundenzufriedenheit gewährleistet sein. Der Nachweis zur Erfüllung der Forderungen vorgegebener Qualitätsmanagementstandards muss hierbei jedes Jahr gegenüber einer neutralen Zertifizierungsstelle erbracht werden. Damit beziehen sich diese Anforderungen auf eine Eigenschaft des Unternehmens selbst. Soweit in der ISO-Norm an einzelnen Punkten Bezug auf die Produktrealisierung genommen wird (z. B. Ziffer 7.1 Qualitätsziele; Ziffer 8.2.4 Überwachung und Messung des Produkts; Ziffer 8.3 Len-

Gesetz gegen Wettbewerbsbeschränkungen   GWB § 97 **Teil 1**

kung fehlerhafter Produkte), handelt es sich nur um aus der internen Organisation hervorgehende Reflexe, die sich mittelbar in irgendeiner Wiese auf das Produkt auswirken können. Für die Überprüfung durch die Zertifizierungsstelle ist letztlich nur entscheidend, ob das Unternehmen Vorkehrungen getroffen hat, die ein Qualitätsmanagementsystem ermöglichen und aufrechterhalten. Diese Anforderungen sind von den Eigenschaften der angebotenen Leistung bzw. deren Qualität zu trennen (OLG Thüringen, B. v. 5. 12. 2001 – Az.: 6 Verg 3/01; 1. VK Bund, B. v. 4. 2. 2004 – Az.: VK 1–143/03; 2. VK Bund, B. v. 6. 5. 2003 – Az.: VK 2–28/03; VK Hessen, B. v. 19. 2. 2009 – Az.: 69 d VK – 01/2009).

6.9.6.19.2 Zulässigkeit der Forderung nach einer Zertifizierung. 6.9.6.19.2.1 Leis- 849
tungen nach der VOB. 6.9.6.19.2.1.1 Aufträge unterhalb der Schwellenwerte. Fraglich ist, ob eine Vergabestelle die Zertifizierung nach DIN EN ISO 9001 überhaupt als Eignungsnachweis für die Fachkunde fordern darf. Allerdings spricht die **Vorschrift des § 6 Abs. 3 Nrf. 3 VOB/A,** wonach andere, insbesondere für die Prüfung der Fachkunde geeignete Nachweise gefordert werden dürfen, auf den ersten Blick für diese Auffassung (OLG Thüringen, B. v. 5. 12. 2001 – Az.: 6 Verg 3/01).

6.9.6.19.2.1.2 Aufträge ab den Schwellenwerten. In Art. 52 der Richtlinie 2004/18/ 850
EG ist vorgesehen, dass auch für die Vergabe von Bauaufträgen eine Zertifizierung verlangt werden kann.

6.9.6.19.2.2 Leistungen nach der VOL. Der öffentliche Auftraggeber kann nach §§ 6 851
Abs. 3, 7 EG Abs. 1 VOL/A von den Bewerbern zum Nachweis ihrer Fachkunde, Leistungsfähigkeit und Zuverlässigkeit entsprechende Angaben fordern, soweit es durch den Gegenstand des Auftrags gerechtfertigt ist und soweit Eigenerklärungen nicht genügen. Die **Forderung des Nachweises einer zum Zeitpunkt der Bewerbung gültigen ISO-9001-Zertifizierung durch die Bewerber ist daher grundsätzlich zulässig** (2. VK Bund, B. v. 5. 11. 2003 – Az.: VK 2–106/03). **Entsprechende Angaben sind sowohl bei Dienstleistungen als auch bei Lieferleistungen zulässig** (VK Hessen, B. v. 19. 2. 2009 – Az.: 69 d VK – 01/2009).

Wird als Eignungsnachweis die Vorlage der Zertifizierungsurkunden oder der Kon- 852
formitätserklärung verlangt, genügt eine Eigenerklärung – überschrieben mit „Qualitätssicherung/Konformitätserklärung" – des Inhaltes, dass der Bieter frühzeitig ein entsprechendes Procedere nach DIN ISO 9002ff. eingerichtet hat, **nicht.** Die Eigenerklärung stellt keine Konformitätserklärung im Sinne des im europäischen Rechtsrahmen feststehenden Begriffs dar. Artikel 33 der Richtlinie des Rates vom 18. Juni 1992 über die Koordinierung der Verfahren zur Vergabe öffentlicher Dienstleistungsaufträge (92/50 EWG) – **nicht mehr gültige** Dienstleistungskoordinierungsrichtlinie – trifft dazu die Aussage, dass in dem Fall, dass der Auftraggeber zum Nachweis dafür, dass die Dienstleistungserbringer bestimmte Qualitätsanforderungen erfüllt, die **Vorlage von Bescheinigungen von unabhängigen Qualitätsstellen verlangt, diese auf Qualitätsnachweisverfahren auf der Grundlage der einschlägigen Normen aus der Serie EN 29 000 und auf Bescheinigungen durch Stellen Bezug nehmen müssen,** die nach der Normserie EN 45 000 zertifiziert sind. Um „Konformitätserklärungen" im Sinne dieser Vorschrift handelt es sich dabei allein bei dem Fall, dass nach seinem Satz 2 „gleichwertige Bescheinigungen von Stellen aus anderen Mitgliedstaaten (...) anerkannt werden müssen)". Eine „Eigenerklärung" erfüllt diese Voraussetzungen nicht und stellt daher auch keinen Nachweis der Erfüllung dieser Forderung durch den Bieter dar (VK Thüringen, B. v. 16. 1. 2006 – Az.: 360–4004.20–025/05-ARN).

Art. 49 der Richtlinie 2004/18/EG spricht zwar nicht mehr von entsprechenden Normen 853
aus der Serie EN 29 000 o. ä., **fordert aber weiterhin die Vorlage von Bescheinigungen unabhängiger Stellen, sodass auch nach neuem Recht „Eigenerklärungen" nicht zulässig** sind.

Die Forderung einer Zertifizierung zum Nachweis der Eignung der Bieter begründet keinen 854
Verstoß gegen Vergaberecht. **§ 7 EG Abs. 10 VOL/A sieht das Verlangen von Zertifizierungsnachweisen ausdrücklich** vor (VK Baden-Württemberg, B. v. 5. 11. 2008 – Az.: 1 VK 42/08; 3. VK Bund, B. v. 9. 1. 2008 – Az.: VK 3–145/07).

Ob der Auftraggeber Qualitätsmanagementzertifikate fordert, steht grundsätzlich 855
in seinem Ermessen. Ausgeschlossen werden muss, dass durch die Forderung nach einem Qualitätsmanagementzertifikat eine Wettbewerbsbeschränkung eintritt, weil ein wesentlicher Teil von Unternehmen ausgeschlossen wird. Der Auftraggeber sollte sich vor einer Ausschreibung vergewissern, ob die Unternehmen, die für die Leistungserbringung in

Betracht kommen, an Qualitätsmanagementsystemen teilnehmen. Anderenfalls kann durch die Forderung eines Zertifikates der Wettbewerb erheblich eingeschränkt werden. Der Nachweis der Leistungsfähigkeit durch ein Qualitätsmanagementzertifikat muss sich auf die Ausführung des Auftrags unter Einsatz bestimmter Qualitätssicherungsnormen beziehen. Eine **allgemeine nicht auftragsbezogene Teilnahme des Bieters an bestimmten Qualitätssicherungsmaßnahmen kann nicht verlangt werden** (1. VK Sachsen, B. v. 22. 7. 2010 – Az.: 1/SVK/ 022-10).

856 **6.9.6.19.2.3 Leistungen nach der VOF.** Es ist **nicht zu beanstanden, wenn ein Auftraggeber eine Zertifizierung fordert. Objektive Zertifikate als Resultat der Investition eines Unternehmens in seine Qualitätssicherung und die daraus gewonnenen Erkenntnisse verringern das Risiko von Fehleinschätzungen durch den Auftraggeber bei der Ermittlung der fachlichen Eignung.** Die Forderung bzw. Berücksichtigung von Zertifikaten hinsichtlich eines Qualitätsmanagements sind daher als Auswahlkriterium im Rahmen von baulich, finanziell und sicherheitstechnisch anspruchsvollen und im öffentlichen Interesse stehenden Projekten wie z.B. Krankenhausbauvorhaben nicht sachfremd, sondern zweckmäßig (VK Lüneburg, B. v. 25. 9. 2006 – Az.: VgK-19/2006)

6.9.6.20 Eignung für Abschleppdienstleistungen

857 Der öffentliche Auftraggeber kann zum Nachweis der Eignung solche Berufsabschlusszeugnisse, Lehrgangsbescheinigungen, Nachweise über den Besuch von Seminaren und Kursen oder ähnliche Unterlagen verlangen, die hinreichenden Aufschluss darüber geben, ob das einzusetzende Personal die zum Abschleppen von Kraftfahrzeugen erforderlichen fachlichen Kenntnisse und Fähigkeiten besitzt. Als **in diesem Sinne aussagekräftige Berufsausbildung kommt insbesondere diejenige zum Kraftfahrzeugmechaniker in Betracht**. Denn das Abschleppen von Kraftfahrzeugen erfordert fundierte Kenntnisse über die Fahrzeugtechnik, namentlich die Antriebstechnik. So spielt für das Abschleppen eine Rolle, ob das Fahrzeug über Front- oder Heckantrieb verfügt und wie der Abschleppvorgang bei dem betreffenden Fahrzeug durchzuführen ist, um Schäden zu vermeiden; zu beurteilen ist überdies, ob das abzuschleppende Fahrzeug beispielsweise eine Wegfahrsperre aufweist oder ein sonstiges fahrzeugbedingtes Abschlepphindernis besteht und auf welche Weise es überwunden werden kann. Für sämtliche dieser Frage vermittelt der Beruf des Kraftfahrzeugmechanikers die erforderlichen fachlichen Kenntnisse (OLG Düsseldorf, B. v. 30. 7. 2003 – Az.: Verg 20/03).

858 Ein **öffentlicher Auftraggeber darf zur Eignungsprüfung auch das Vorliegen einer Erlaubnis nach § 3 GüKG in einem Vergabeverfahren für das Abschleppen und Verwahren ordnungswidrig abgestellter Fahrzeuge und Anhänger grundsätzlich fordern**. Eine solche Forderung ist weder willkürlich, sachfremd, diskriminierend noch unzumutbar. Ob ein Abschleppunternehmer bei der Verrichtung seiner Tätigkeit tatsächlich über eine Erlaubnis nach § 3 GüKG nach Sinn und Zweck dieses Gesetzes verfügen muss, ist damit nicht entschieden. Eine Vergabestelle kann grundsätzlich Eignungsnachweise, die im Zusammenhang mit der ausgeschriebenen Leistung stehen, verlangen. Dass bei dem Erfordernis einer Erlaubnis nach § 3 GüKG (ohne bestimmte Mindestlaufzeit) die Grenze der Unzumutbarkeit überschritten ist, ist nicht ersichtlich. Eine **Erlaubnis nach § 3 GüKG erscheint für einen Abschleppauftrag nicht fern liegend** (VK Düsseldorf, B. v. 16. 2. 2006 – Az.: VK – 02/ 2006 – L).

859 Die **Bekundung, zwei Fahrgestelle zu Spezial-Bergungsfahrzeugen umbauen zu lassen, genügt nicht als Nachweis, dass diese Fahrzeuge zur Verfügung stehen**. Der Auftraggeber muss sich nicht darauf einlassen, sich mit dieser Erklärung zufrieden zu geben, wenn ausweislich der Verdingungsunterlagen der Nachweis zu erbringen ist, dass ausreichend Fahrzeuge vorhanden sind. Bloße Absichtserklärungen genügen dazu nicht. Gleiches gilt auch für die Erklärung, der Bieter werde zwei weitere Spezial-Bergungsfahrzeuge erwerben, sofern er den Zuschlag erhält. Der **Auftraggeber hat keinerlei Handhabe, um zu beurteilen, ob der Bieter tatsächlich jemals über diese Fahrzeuge verfügen wird**. Darüber hinaus widerspricht die von dem Bieter aufgestellte Bedingung (Erhalt des Zuschlages) dem Willen des Auftraggebers. Dieser wollte ausweislich der Verdingungsunterlagen bereits vor Zuschlagserteilung den Nachweis erhalten, dass die nötigen Fahrzeuge vorhanden sind. **Ob dies zulässig ist, und ob den Bietern tatsächlich zugemutet werden kann, ggf. erhebliche Investitionen zu tätigen, ohne zu wissen ob sie den Zuschlag erhalten werden, ist nicht zu klären, wenn der Bieter keinen Vergaberechtsverstoß geltend gemacht** hat (VK Baden-Württemberg, B. v. 9. 1. 2009 – Az.: 1 VK 62/08).

Gesetz gegen Wettbewerbsbeschränkungen GWB § 97 **Teil 1**

6.9.6.21 Eignung für ÖPNV-Dienstleistungen

ÖPNV-Dienstleistungen setzen eine **sehr hohe Zuverlässigkeit des Auftragnehmers** 860
voraus. Sie sind von Konzessionen, also öffentlich-rechtlichen Genehmigungen abhängig und werden im öffentlichen Interesse ausgeführt. **Abwicklungs- bzw. Leistungsstörungen haben größere und intensivere Auswirkungen als bei üblichen Dienstleistungen,** insbesondere weil nicht nur der jeweilige Auftraggeber, sondern auch die Allgemeinheit betroffen ist. Denn zum einen muss der fahrplanmäßige und sichere Verkehr stets gewährleistet sein, wobei (längere) Ausfallzeiten schlichtweg nicht möglich sind, zum anderen müssen Störungen unverzüglich beseitigt werden. Aus diesen Gründen – insbesondere der Art und der Dauer – kann ein Auftrag zur Durchführung von ÖPNV-Dienstleistungen nicht ohne weiteres mit anderen Dienstleistungsaufträgen verglichen werden. Ein **Auftraggeber kann daher nach pflichtgemäßem Ermessen diese Besonderheiten bei der Eignungsprüfung berücksichtigen und einen strengen Maßstab setzen** (OLG Frankfurt am Main, B. v. 30. 3. 2004 – Az.: 11 Verg 4/04, 5/04; VK Hessen, B. v. 16. 1. 2004 – Az.: 69 d VK – 72/2003).

6.9.6.22 Eignung und Spekulationsangebote

Zur fehlenden Zuverlässigkeit wegen der Abgabe eines Spekulationsangebotes vgl. die Kom- 861
mentierung zu → § 16 VOB/A Rdn. 649.

6.9.6.23 Besondere zwingende Ausschlussgründe der VOB/A, VOL/A und VOF wegen mangelnder Eignung

Aufgrund der **Vorgaben der Vergabekoordinierungsrichtlinie** (Art. 45) bzw. der **Sekto-** 862
renrichtlinie (Art. 54 Abs. 4 Unterabsatz 1 bzw. 2) **sind Vorkehrungen zu treffen,** um der Vergabe öffentlicher Aufträge an Wirtschaftsteilnehmer, die sich an einer kriminellen Vereinigung beteiligt oder der Bestechung oder des Betrugs zu Lasten der finanziellen Interessen der Europäischen Gemeinschaften oder der Geldwäsche schuldig gemacht haben, vorzubeugen.

Diese **zwingenden Vorgaben sind in §§ 6a Abs. 1 VOB/A, 6 EG Abs. 4 VOL/A, 4** 863
Abs. 6 VOF aufgenommen worden.

6.9.6.24 Besondere fakultative Ausschlussgründe der VOB/A, VOL/A und VOF wegen mangelnder Eignung

VOB/A, VOL/A und VOF nennen besondere Gründe, bei deren Vorliegen Bieter bzw. Be- 864
werber wegen fehlender Eignung ausgeschlossen werden können. Da diese Ausschlusskriterien nicht deckungsgleich sind, werden sie **im Rahmen von § 6 Abs. 3 VOB/A, § 6 Abs. 5 VOL/A und § 4 Abs. 9 VOF** erläutert.

6.9.6.25 Bindung des Auftraggebers an von ihm selbst aufgestellte Eignungskriterien

Die **Rechtsprechung** hierzu ist **nicht einheitlich.** 865

Wenn ein öffentlicher Auftraggeber als Hilfsmittel zur Prüfung und Beurteilung der Eignung 866
von Bietern in den Ausschreibungsbedingungen von den Bietern zu erfüllende **Mindestanforderungen aufstellt, ist er auch selbst daran gebunden, auf die Einhaltung dieser Mindestanforderung zu achten,** und darf nicht zu Gunsten eines Bieters auf die Erfüllung der Mindestanforderung verzichten. Ein solcher Verzicht wäre gegenüber anderen Bietern, die ihrerseits die Mindestanforderung erfüllen, ein Vergaberechtsverstoß, den sie gemäß den § 97 Abs. 7, § 107 ff. GWB mit einem Nachprüfungsantrag geltend machen könnten (KG Berlin, B. v. 21. 12. 2009 – Az.: 2 Verg 11/09; OLG Celle, B. v. 12. 5. 2005 – Az.: 13 Verg 5/05; OLG Düsseldorf, B. v. 21. 12. 2005 – Az.: VII – Verg 69/05; B. v. 14. 10. 2005 – Az.: VII – Verg 40/ 05; B. v. 24. 6. 2002 – Az.: Verg 26/02; VK Brandenburg, B. v. 17. 9. 2009 – Az.: VK 21/08; 2. VK Bund, B. v. 13. 6. 2007 – Az.: VK 2–51/07; B. v. 10. 7. 2002 – Az.: VK 2–34/02; 3. VK Bund, B. v. 26. 6. 2008 – Az.: VK 3–71/08; VK Düsseldorf, B. v. 2. 6. 2008 – Az.: VK – 15/ 2008 – L; VK Lüneburg, B. v. 14. 2. 2003 – Az.: 203-VgK-35/2002, B. v. 24. 2. 2003 – Az.: 203-VgK-36/2002 – hinsichtlich Referenzen; VK Münster, B. v. 27. 4. 2007 – Az.: VK 06/07; 1. VK Sachsen, B. v. 19. 5. 2009 – Az.: 1/SVK/008–09; B. v. 25. 4. 2006 – Az.: 1/SVK/031- 06; B. v. 21. 2. 2005 – Az.: 1/SVK/008-05; B. v. 6. 5. 2002 – Az.: 1/SVK/034-02, B. v. 27. 9. 2001 – Az.: 1/SVK/85-01, 1/SVK/85-01G; 1. VK Sachsen-Anhalt, B. v. 9. 2. 2007 – Az.: 1 VK LVwA 43/06; VK Schleswig-Holstein, B. v. 28. 1. 2008 – Az.: VK-SH 27/07; VK Südbayern, B. v. 21. 4. 2009 – Az.: Z3-3-3194-1-09-02/09). Der Rechtssatz, dass der Auftraggeber von aufgestellten Mindestanforderungen nicht abweichen darf, **ergibt sich aus dem Transpa-**

renzgebot und dem Gleichbehandlungsgrundsatz (KG Berlin, B. v. 21. 12. 2009 – Az.: 2 Verg 11/09; OLG Düsseldorf, B. v. 26. 1. 2005 – Az.: VII – Verg 45/04). Diese Mindestbedingungen **avancieren dann zu sog. K. o.-Kriterien, soweit sie als solche erkennbar** sind. Legt der Auftraggeber sich **nicht im Sinne von Mindestbedingungen** fest, so **können im Einzelfall** z.B. auch Bieter bezuschlagt werden, deren Jahresumsatz kleiner als das ausgeschriebene Auftragsvolumen ist (1. VK Sachsen, B. v. 19. 5. 2009 – Az.: 1/SVK/008–09).

867 Dies gilt **auch, wenn der öffentliche Auftraggeber die Bewerber bzw. Bieter aus früheren Geschäftsbeziehungen kennt** (KG Berlin, B. v. 21. 12. 2009 – Az.: 2 Verg 11/09; OLG Düsseldorf, B. v. 14. 10. 2005 – Az.: VII – Verg 40/05; 3. VK Bund, B. v. 26. 6. 2008 – Az.: VK 3–71/08; 2. VK Bund, B. v. 13. 6. 2007 – Az.: VK 2–51/07; 1. VK Sachsen, B. v. 25. 4. 2006 – Az.: 1/SVK/031-06; VK Hessen, B. v. 27. 3. 2006 – Az.: 69 d VK – 10/2006; VK Schleswig-Holstein, B. v. 17. 1. 2006 – Az.: VK-SH 32/05; B. v. 16. 9. 2005 – Az.: VK-SH 22/05; VK Düsseldorf, B. v. 11. 1. 2006 – Az.: VK – 50/2005 – L; B. v. 7. 10. 2005 – VK – 22/2005 – B; B. v. 14. 7. 2003 – Az.: VK – 19/2003 – L), es sich um **ortsansässige Firmen** handelt (VK Düsseldorf, B. v. 22. 7. 2002 – Az.: VK – 19/2002 – L) und es sich bei ihnen um **kleine und kleinste Unternehmen** handelt, die **wenig Erfahrungen mit einem förmlichen Vergabeverfahren** haben (2. VK Bund, B. v. 13. 2. 2003 – Az.: VK 2–98/02) oder es sich um **zu einem großen Konzern gehörende Firmen** handelt (3. VK Bund, B. v. 26. 6. 2008 – Az.: VK 3–71/08).

868 Dem öffentlichen Auftraggeber ist es **auch verwehrt, die Eignung eines Unternehmens alleine mit Blick auf die bisherige beanstandungsfreie Zusammenarbeit zu bejahen**. Grundlage für die entsprechende Beurteilung dürfen vielmehr ausschließlich die mit dem Angebot vorgelegten Nachweise sein (OLG Düsseldorf, B. v. 14. 10. 2005 – Az.: VII – Verg 40/05; B. v. 30. 7. 2003 – Az.: Verg 20/03; VK Hessen, B. v. 27. 3. 2006 – Az.: 69 d VK – 10/2006).

869 Dem öffentlichen Auftraggeber ist es **ebenfalls verwehrt, Nachforschungen darüber anzustellen, ob z. B. eine Zertifizierung besteht oder nicht, wenn ein entsprechender Nachweis mit dem Angebot vorzulegen war, aber fehlt** (KG Berlin, B. v. 21. 12. 2009 – Az.: 2 Verg 11/09).

870 In der Regel **kennt der Auftraggeber zudem nicht den Grund, warum ein Bieter von einer geforderten Angabe oder Erklärung abgesehen hat**. Das Unterbleiben kann auch auf einem Versehen des Bieters beruhen (OLG Düsseldorf, B. v. 21. 12. 2005 – Az.: VII – Verg 69/05).

871 Diese **Bindung gilt auch in einem VOF-Verfahren** (1. VK Sachsen, B. v 3. 12. 2004 – Az.: 1/SVK/104-04, 1/SVK/104-04G).

872 Demgegenüber können nach Auffassung der Vergabekammer Brandenburg beim Teilnahmewettbewerb **fehlende Unterlagen über die Eignung durch die Kenntnis des Auftraggebers über die Eignung ersetzt werden** (VK Brandenburg, B. v. 17. 9. 2002 – Az.: VK 50/02).

6.9.6.26 Pflicht der Vergabestelle zur Anhörung der Bieter, die ausgeschlossen werden sollen

873 Die Entscheidung eines Auftraggebers, ein Angebot wegen Mängeln der Eignung aus der Wertung auszuschließen, ist **beurteilungsfehlerhaft**, wenn der **Auftraggeber dem Bieter vor seiner Entscheidung nicht das Ergebnis seiner Eignungsprüfung mitteilt und ihm abschließend die Möglichkeit gibt, zu den negativen Aussagen bzw. Referenzen Stellung zu nehmen**. Der Auftraggeber verstößt damit gegen seine Verpflichtung, den der Entscheidung zugrunde liegenden Sachverhalt zutreffend und vollständig zu ermitteln. Eine Stellungnahme des Bieters zu den behaupteten bzw. festgestellten Mängeln hinsichtlich seiner Eignung ist für die umfassende Sachverhaltsermittlung und die daraus resultierende Entscheidung des Auftraggebers unumgänglich (VK Südbayern, B. v. 17. 7. 2001 – Az.: 23-06/01).

6.9.6.27 Pflicht der Vergabestelle zur Benachrichtigung der Bieter über die Eignungsentscheidung

874 Der Auftraggeber ist verpflichtet, **dem Bieter die Gründe für seine fehlende Eignung und die Tatsachen, aus denen sich dies ergibt, mitzuteilen**. Dies ergibt sich schon aus dem Erfordernis, den Bieter in die Lage zu versetzen, über die Inanspruchnahme des Vergaberechtsschutzes zu entscheiden und es den Nachprüfungsinstanzen zu ermöglichen, die Entscheidung des Auftraggebers zu bewerten (VK Südbayern, B. v. 17. 7. 2001 – Az.: 23-06/01, B. v. 15. 3. 2001 – Az.: 04-02/01).

Gesetz gegen Wettbewerbsbeschränkungen GWB § 97 **Teil 1**

6.9.6.28 Eignungsprüfung im Teilnahmewettbewerb

Vgl. dazu die Kommentierung zu → § 101 GWB Rdn. 22. 875

6.9.6.29 Missverständliche Eignungskriterien

Sind Eignungskriterien **missverständlich formuliert und daher nicht ausreichend be-** 876
kannt gemacht, dürfen sie bei der **Beurteilung der Angebote nicht berücksichtigt** werden
(1. VK Bund, B. v. 30. 3. 2006 – Az.: VK 1–13/06).

6.9.6.30 Inländerdiskriminierung durch vereinfachte Nachweisregelungen für ausländische Bieter?

Die **Forderung eines Gewerbezentralregisterauszuges oder eines anderen amtlichen** 877
Nachweises stellt keine unzulässige Inländerdiskriminierung dar. Eine Ungleichbehandlung, die darin liegen soll, dass einem ausländischen Bieter unter Umständen die Möglichkeit eröffnet wird, eine **entsprechende Eigenerklärung abzugeben**, besteht nicht. Die Einholung z. B. einer Auskunft aus dem Gewerbezentralregister ist für den inländischen Bieter **eine mit wenig Aufwand und Kosten verbundene Formalität**. Der **ausländische Bieter hat gemäß § 7 EG Abs. 6 VOL/A** ebenfalls Formalitäten einzuhalten, nämlich **Registereintragungen oder Bescheinigungen eines Gerichts oder einer Verwaltungsbehörde seines Heimatlands** einzuholen oder eine eidesstattliche Erklärung vor einem Notar, einer Gerichts- oder Verwaltungsbehörde abzugeben. Auch bei einer im Ausnahmefall zulässigen feierlichen Eigenerklärung muss eine Bescheinigung über die Echtheit dieser Erklärung ausgestellt werden. Es trifft demnach nicht zu, dass bei den ausländischen Bietern im Ergebnis geringere Nachweisanforderungen gelten als bei den inländischen Bietern. Darüber hinaus bedeutet die gegenteilige Auffassung, dass in jedem Fall, in dem eine Bescheinigung von einem ausländischen Bieter nicht erbracht werden kann, eine Eigenerklärung des ausländischen Bieters und – zur Vermeidung einer Inländerdiskriminierung – auch des inländischen Bieters genügen müsste. Dies würde **im Ergebnis dazu führen, dass letztlich bei jedem europaweiten Vergabeverfahren von keinem Bieter irgendwelche formalisierten Nachweise verlangt werden könnten**. Diese Konsequenz zieht aber das Europarecht gerade nicht, wie Art 45 und 46 Richtlinie 2004/18/EG vom 31 März 2004 über die Koordinierung der Verfahren zur Vergabe öffentlicher Bauaufträge, Lieferaufträge und Dienstleistungsaufträge zeigen (3. VK Bund, B. v. 18. 1. 2007 – Az.: VK 3–153/06; 1. VK Sachsen, B. v. 28. 7. 2008 – Az.: 1/SVK/037-08).

6.9.6.31 Literatur

– Dreher, Meinrad/Hoffmann, Jens, Der Marktzugang von Newcomern als Herausforderung 878
  für das Kartellvergaberecht, NZBau 2008, 545

– Gröning, Jochem, Referenzen und andere Eignungsnachweise, VergabeR 2008, 721

– Hölzl, Franz Josef, K. O. in der zweiten Runde? – Zur Eignungsprüfung im Vergabeverfahren,
  Behörden Spiegel Mai 2006, 22

– Kühn, Burkhard, Das Prinzip Hoffnung – Keine totale Sicherheit bei der Eignungsprüfung,
  Behörden Spiegel Oktober 2006, 19

– Noch, Rainer, Wann beginnt die „Förmelei"? – Formale Angebotsprüfung: Auch Vergabestelle sind gefordert, Behörden Spiegel Oktober 2007, 28

– Noch, Rainer, Das Nadelöhr Eignung – Lieber einmal mehr als zu wenig fragen, Behörden
  Spiegel 2007, 21

– Terwiesche, Michael, Ausschluss und Marktzutritt des Newcomers, VergabeR 2009, 26

– Wirner, Helmut, Die Eignung von Bewerbern und Bietern bei der Vergabe öffentlicher Bauaufträge, ZfBR 2003, 545

6.9.7 Zusätzliche Anforderungen an Auftragnehmer für die Auftragsdurchführung (§ 97 Abs. 4 Satz 2)

Mit dem Vergaberechtsmodernisierungsgesetz 2009 wurde § 97 Abs. 4 Satz 2 neu eingefügt. 879
Nach dieser Regelung können für die Auftragsdurchführung **zusätzliche Anforderungen an Auftragnehmer gestellt werden, die insbesondere soziale, umweltbezogene oder innovative Aspekte betreffen**, wenn sie **im sachlichen Zusammenhang mit dem Auftragsgegenstand stehen und sich aus der Leistungsbeschreibung ergeben**.

Teil 1 GWB § 97   Gesetz gegen Wettbewerbsbeschränkungen

6.9.7.1 Gesetzesbegründung zur Aufnahme dieser zusätzlichen Anforderungen an Auftragnehmer für die Auftragsdurchführung

880   Mit der Neufassung des § 97 Abs. 4 GWB wird zusätzlich eine **weitere Kategorie von Anforderungen aufgenommen, die an die Ausführung des Auftrages geknüpft sind und zugleich konkrete Verhaltensanweisungen an das ausführende Unternehmen für die Ausführung des Auftrages darstellen.** Damit wird an die Formulierung der Artikel 26 der Richtlinie 2004/18/EG und Artikel 38 der Richtlinie 2004/17/EG angeknüpft und klargestellt, dass die öffentlichen Auftraggeber vom Unternehmen ein bestimmtes Verhalten während der Ausführung des Auftrages verlangen können, auch wenn das Unternehmen sich ansonsten am Markt anders verhält.

881   **Diese zusätzlichen Anforderungen an Auftragnehmer für die Ausführung des Auftrags stellen somit Leistungsanforderungen dar und sind daher Gegenstand der Leistungsbeschreibung. Sie müssen allen Wettbewerbern zu Beginn des Vergabeverfahrens bekannt gemacht werden.** In der Leistungsbeschreibung kann der öffentliche Auftraggeber durch Spezifizierung des Auftragsgegenstandes beispielsweise Innovations- oder Umweltschutzaspekte berücksichtigen wie die Begrenzung des Schadstoffausstoßes von Dienstkraftfahrzeugen oder die Brennstoffzellentechnologie. Durch die Beschreibung der Leistung als „Strom aus erneuerbaren Energiequellen" oder „Recycling-Papier" können dem Auftragnehmer auch mittelbar bestimmte Produktionsverfahren bei der Ausführung des Auftrags vorgegeben werden. Bei der Beschaffung von Gütern und Dienstleistungen kann die **Berücksichtigung innovativer Verfahren oder Produkte** im Stadium der Bedarfsanalyse nicht nur bessere Lösungen bringen, sondern auch ein Signal für die Innovationsbereitschaft öffentlicher Auftraggeber sein. In vielen Fällen kann es aber auch schon darauf ankommen, durch eine funktionale Leistungsbeschreibung oder die ausdrückliche Zulassung von Nebenangeboten Angebote über innovative Lösungen zu erhalten.

882   Die Anforderungen des öffentlichen Auftraggebers können zum Beispiel die **Beschäftigung von Auszubildenden oder Langzeitarbeitslosen bezogen auf den konkreten Auftrag** betreffen. Sie können eine angemessene Bezahlung zur Sicherstellung der Qualifikation von Wachpersonal fordern. Ebenso steht es einem öffentlichen Auftraggeber frei, die **Pflasterung öffentlicher Plätze aus Steinen zu verlangen, die im Ausland unter Einhaltung der Kernarbeitsnormen der Internationalen Arbeitsorganisation hergestellt wurden.** Damit kann der öffentliche Auftraggeber die Vorgabe der Einhaltung der ILO-Kernarbeitsnormen bei Importen für die gesamte Lieferkette bis ins Ursprungsland erstrecken.

883   Zu den Anforderungen, die insbesondere soziale Aspekte betreffen können, sind auch **Maßnahmen zur gleichberechtigten Teilhabe von Frauen und Männern im Erwerbsleben** zu rechnen. Das betrifft insbesondere die Sicherstellung der Entgeltgleichheit von Frauen und Männern bei der konkreten Ausführung eines Auftrages. Entsprechende Anforderungen können in der Leistungsbeschreibung und bei der Auftragsvergabe gestellt werden. Im Übrigen gehört die Entgeltgleichheit von Frauen und Männern zu den international über das EG-Recht vereinbarten Grundprinzipien, deren Beachtung zu der erforderlichen Zuverlässigkeit gehört.

884   Die neue Fassung des § 97 Abs. 4 Satz 1 Hs. 2 GWB setzt wie die Regelungen der betreffenden EG-Richtlinien voraus, dass die **zusätzlichen Anforderungen für die Auftragsausführung im sachlichen Zusammenhang mit dem Auftragsgegenstand stehen.** Mit diesem Erfordernis wird sichergestellt, dass **allgemeine Anforderungen an die Unternehmens- oder Geschäftspolitik ohne konkreten Bezug zum Auftrag (z. B. allgemeine Ausbildungsquoten, Quotierungen von Führungspositionen zugunsten der Frauenförderung, generelle Beschäftigung von Langzeitarbeitslosen) nach wie vor dem Landes- oder Bundesgesetzgeber vorbehalten** bleiben.

6.9.7.2 Qualität dieser zusätzlichen Anforderungen an Auftragnehmer für die Auftragsdurchführung

885   Die zusätzlichen Anforderungen sind **weder Eignungs- noch Zuschlagskriterien**, sondern **Bestandteile der jeweiligen Leistungsbeschreibung**. Dies hat die Rechtsprechung bereits für die „anderen oder weitergehenden Anforderungen" im Sinn von § 97 Abs. 4 Satz 3 GWB entschieden (vgl. die Kommentierung → Rdn. 859). Diese **Rechtsprechung kann auf die Anforderungen nach § 97 Abs. 4 Satz 2 übertragen** werden.

Gesetz gegen Wettbewerbsbeschränkungen   GWB § 97 **Teil 1**

6.9.7.3 Zulässigkeit von nicht rein wirtschaftlichen Kriterien bei Aufträgen, deren Nachprüfung dem Europäischen Gericht unterliegt

Nicht jedes Vergabekriterium, das der Auftraggeber festgelegt hat, um das wirtschaftlich günstigste Angebot zu ermitteln, muss zwangsläufig rein wirtschaftlicher Art sein, da nicht ausgeschlossen werden kann, dass Faktoren, die nicht rein wirtschaftlich sind, sich auf den Wert eines Angebots für diesen Auftraggeber auswirken können (EuG 1. Instanz, Urteil v. 6. 7. 2005 – Az.: T-148/04). 886

6.9.7.4 Berücksichtigung von Umweltschutzkriterien

6.9.7.4.1 Die Rechtsprechung des Europäischen Gerichtshofes. 6.9.7.4.1.1 Allgemeines. Der öffentliche Auftraggeber darf, wenn er beschließt, einen Auftrag an den Bieter zu vergeben, der das wirtschaftlich günstigste Angebot abgegeben hat, **Umweltschutzkriterien berücksichtigen, sofern diese Kriterien mit dem Gegenstand des Auftrags zusammenhängen, diesem Auftraggeber keine uneingeschränkte Entscheidungsfreiheit einräumen, im Leistungsverzeichnis oder in der Bekanntmachung des Auftrags ausdrücklich genannt sind und bei ihnen alle wesentlichen Grundsätze des Gemeinschaftsrechts, vor allem das Diskriminierungsverbot, beachtet werden** (EuGH, Urteil v. 17. 9. 2002 – Az.: C-513/99, Urteil v. 4. 12. 2003 – Az.: C-448/01; OLG Rostock, B. v. 30. 5. 2005 – Az.: 17 Verg 4/05). 887

6.9.7.4.1.2 Das Leistungskriterium „Lieferung von Strom aus erneuerbaren Energieträgern". Die für die Vergabe öffentlicher Aufträge geltenden Vorschriften des Gemeinschaftsrechts **verwehren es einem öffentlichen Auftraggeber nicht**, im Rahmen der Beurteilung des wirtschaftlich günstigsten Angebots für die Vergabe eines Auftrags über die Lieferung von Strom ein Kriterium festzulegen, **das die Lieferung von Strom aus erneuerbaren Energieträgern verlangt**, sofern dieses Kriterium mit dem Gegenstand des Auftrags zusammenhängt, dem Auftraggeber keine unbeschränkte Entscheidungsfreiheit einräumt, ausdrücklich im Leistungsverzeichnis oder in der Bekanntmachung des Auftrags genannt ist und alle wesentlichen Grundsätze des Gemeinschaftsrechts, insbesondere das Diskriminierungsverbot, beachtet. Dieses Kriterium kann eine **Wichtigkeit von 45%** haben (EuGH, Urteil v. 4. 12. 2003 – Az.: C-448/01). 888

6.9.7.4.1.3 Mitteilung der Europäischen Kommission. Die Europäische Kommission hat in einer **interpretierenden Mitteilung** vom 4. 7. 2001 (KOM(2001) 274 endgültig) dargestellt, inwieweit nach Auffassung der Kommission öffentliche Auftraggeber bei der Vergabe von öffentlichen Aufträgen Umweltbelange berücksichtigen können. 889

6.9.7.4.1.4 Beispiele aus der nationalen Rechtsprechung 890

– ein Auftraggeber darf die **Transportentfernung** als sog. „vergabefremden" Gesichtspunkt zum Wertungskriterium machen. Dass Umweltschutzgesichtspunkte Vergabekriterien darstellen können, ist grundsätzlich unstreitig. Der **Transportaufwand zur Abfallbeseitigungsanlage stellt im Hinblick auf die erheblichen Immissionen der Transportfahrzeuge kein ausschreibungsfernes Kriterium** dar (OLG Rostock, B. v. 30. 5. 2005 – Az.: 17 Verg 4/05)

– das Kriterium Ökologie kann in die Wertung einbezogen werden; hat sich eine Vergabestelle **für ihre Einschätzung der Umweltverträglichkeit auf die erhöhten Energieaufwendungen bei der Herstellung** von GFK-Rohren und deren **ungesicherte Recyclingfähigkeit** – auch die Wiederverwertbarkeit ist ein in der Leistungsbeschreibung hervorgehobener Punkt – gestützt, liegt ein Beurteilungsfehler, der zur Anordnung einer erneuten Wertung zwingt, nicht vor (2. VK Bund, B. v. 30. 4. 2002 – Az.: VK 2–10/02)

– Kriterien, die das umweltpolitische Ziel zum Gegenstand haben, Unternehmen zum Zuschlag zu verhelfen, die umweltgerechte Leistungen anbieten, sind grundsätzlich unzulässig. Es handelt sich nicht um auftragsbezogene Kriterien, sie fallen unter die Gruppe der vergabefremden Kriterien. Umweltkriterien können ausnahmsweise nur dann als Kriterien zur Angebotswertung herangezogen werden, wenn sie direkt mit dem Leistungsprodukt zusammenhängen, sich auf den Wert der Leistung auswirken und die Werterhöhung unmittelbar dem Auftraggeber zugute kommt. Von einem solchen **unmittelbaren Vorteil zugunsten der Vergabestelle** kann jedoch nicht ausgegangen werden, wenn **Emissionen lediglich auf der An- bzw. Abfahrtstrecke verhindert werden** (BayObLG, B. v. 3. 7. 2002 – Az.: Verg 13/02; VK Baden-Württemberg, B. v. 18. 6. 2003 – Az.: 1 VK 25/03; im Ergebnis ebenso VK Schleswig-Holstein, B. v. 22. 4. 2008 – Az.: VK-SH 03/08)

Teil 1 GWB § 97 Gesetz gegen Wettbewerbsbeschränkungen

891 **6.9.7.4.1.5 § 4 Abs. 6 Nr. 1 VgV. § 4 Abs. 6 Nr. 1 VgV enthält** eine Vorgabe für das Leistungsverzeichnis, also eine **leistungsbezogene Vorgabe**. Beim Kauf technischer Geräte und Ausrüstungen oder bei Ersetzung oder Nachrüstung vorhandener technischer Geräte und Ausrüstungen findet § 8 EG VOL/A mit der Maßgabe Anwendung, dass mit der Leistungsbeschreibung im Rahmen der technischen Anforderungen von den Bietern Angaben zum Energieverbrauch von technischen Geräten und Ausrüstungen zu fordern sind; dabei ist in geeigneten Fällen eine Analyse minimierter Lebenszykluskosten oder eine vergleichbare Methode zur Gewährleistung der Wirtschaftlichkeit vom Bieter zu fordern.

892 Zu den **Einzelheiten** vgl. die Kommentierung zu → § 8 EG Rdn. 25 ff.

893 **6.9.7.4.1.6 § 6 Abs. 2 Nr. 1 VgV.** Auch **§ 6 Abs. 2 Nr. 1 VgV enthält** eine Vorgabe für das Leistungsverzeichnis, also eine **leistungsbezogene Vorgabe**. Bei der Herstellung, Instandsetzung, Instandhaltung oder Änderung von Gebäuden oder Gebäudeteilen findet § 7 VOB/A mit der Maßgabe Anwendung, dass mit der Leistungsbeschreibung im Rahmen der technischen Spezifikationen von den Bietern Angaben zum Energieverbrauch der technischen Geräte und Ausrüstungen, deren Lieferung Bestandteil einer Bauleistung ist, zu fordern sind, es sei denn, die auf dem Markt angebotenen Geräte und Ausrüstungen unterscheiden sich im rechtlich zulässigen Energieverbrauch nur geringfügig; dabei ist in geeigneten Fällen eine Analyse minimierter Lebenszykluskosten oder eine vergleichbare Methode zur Gewährleistung der Wirtschaftlichkeit vom Bieter zu fordern.

894 Zu den **Einzelheiten** vgl. die Kommentierung zu → § 7 VOB/A Rdn. 312 ff.

895 **6.9.7.4.1.7 § 7 Abs. 4 SektVO.** In sachlicher Übereinstimmung mit §§ 4 Abs. 6 Nr. 1, 6 Abs. 2 Nr. 1 VgV enthält **auch § 7 Abs. 4 SektVO** eine Vorgabe für das Leistungsverzeichnis, also eine **leistungsbezogene Vorgabe**. Im Rahmen der technischen Anforderungen sind Angaben zum Energieverbrauch von technischen Geräten und Ausrüstungen zu machen. Bei Bauleistungen sind diese Angaben dann zu machen, wenn die Lieferung von technischen Geräten und Ausrüstungen Bestandteil dieser Bauleistungen sind. Dabei ist in geeigneten Fällen eine Analyse minimierter Lebenszykluskosten oder eine vergleichbare Methode zur Gewährleistung der Wirtschaftlichkeit vom Bieter zu fordern.

896 Zu den **Einzelheiten** vgl. die Kommentierung zu § 7 SektVO.

897 **6.9.7.4.1.8 VOB/A, VOL/A und VOF.** Nach dem **Erwägungsgrund 33 der Vergabekoordinierungsrichtlinie (Richtlinie 2004/18/EG)** sowie dem **Erwägungsgrund 12 der Sektorenrichtlinie (Richtlinie 2004/17/EG)** sind **Bedingungen für die Ausführung eines Auftrages, die dem Umweltschutz dienen, zulässig**, sofern sie nicht unmittelbar oder mittelbar zu einer Diskriminierung führen und in der Bekanntmachung oder in den Verdingungsunterlagen angegeben sind. Dementsprechend ist das **Zuschlagskriterium „Umwelteigenschaften" in die §§ 16 VOB/A, 16 Abs. 8, 19 Abs. 9 VOL/A, 11 Abs. 5 VOF aufgenommen** worden.

898 **6.9.7.4.1.9 Literatur**

– Barth, Regine, Umweltfreundliche öffentliche Beschaffung: Innovationspotenziale, Hemmnisse, Strategien, Heidelberg, 2005

– Beckmann, Martin, Die Verfolgung ökologischer Zwecke bei der Vergabe öffentlicher Aufträge, NZBau 2004, 600

– Bultmann, Friedrich, Beschaffungsfremde Kriterien: Zur „neuen Formel" des Europäischen Gerichtshofes, ZfBR 2004, 134

– Burgi, Martin, Energierecht und Vergaberecht, Recht der Energiewirtschaft 6/2007, 145

– Dageförde, Angela/Dross, Miriam, Reform des europäischen Vergaberechts, Umweltkriterien in den neuen Vergaberichtlinien, NvWZ 2005, 19

– Dageförde, Angela, Die Ausschreibung von Strom aus erneuerbaren Energiequellen – Umweltanforderungen als Zuschlagskriterium ohne Überprüfungsmöglichkeit, AbfallR 2004, 36

– Dageförde-Reuter, Angela, Umweltschutz durch öffentliche Auftragsvergabe – die rechtliche Zulässigkeit der Einbeziehung von Umweltschutzkriterien in das Vergabeverfahren, insbesondere der Bevorzugung von Unternehmen mit zertifiziertem Umweltmanagementsystem, Dissertation, Berlin, 2004

– Diemon-Wies, Ingeborg, Soziale und ökologische Kriterien in der Vergabepraxis, VergabeR 2010, 317

- Grolimund, Pascal, Ökologische Aspekte im öffentlichen Beschaffungswesen – eine Analyse der Vorschriften des WTO-, des EG- und des Schweizer Rechts, Basel, 2004
- Huber, Peter/Wollenschläger, Ferdinand, EMAS und Vergaberecht – Berücksichtigung ökologischer Belange bei öffentlichen Aufträgen, WiVerw 2005, 212
- Huerkamp, Florian, Technische Spezifikationen und die Grenzen des § 97 IV 2 GWB, NZBau 2009, 755
- Krohn, Wolfram, Umweltschutz als Zuschlagskriterium: Grünes Licht für „Ökostrom", NZBau 2004, 92
- Kühling, Jürgen/Huerkamp, Florian, Vergaberechtsnovelle 2010/2011: Reformbedarf bei den vergabefremden Ausführungsbedingungen nach § 97 Abs. 4 Satz 2 GWB?, VergabeR 2010, 545
- Kühling, Jürgen, Rechtliche Grenzen der „Ökologisierung" des öffentlichen Beschaffungswesens, Transparenz- und Gleichbehandlungsgebote als Leitplanken bei der Beachtung von Umweltschutzbelangen, VerwArch 2004, 337
- Kühn, Burkhard, Der Einkauf ist überfordert – Umweltschutz und öffentliche Auftragsvergabe, Behörden Spiegel, Mai 2007, 25
- Leifer, Christoph/Mißling, Sven, Die Berücksichtigung von Umweltschutzkriterien im bestehenden und zukünftigen Vergaberecht am Beispiel des europäischen Umweltmanagementsystems EMAS, ZUR 2004, 266
- Mechel, Friederike, Die Förderung des Umweltschutzes bei der Vergabe öffentlicher Aufträge – Völkerrechtliche, europarechtliche und nationalrechtliche Aspekte, Nomos Verlag 2007
- Schneider, Jens-Peter, Umweltschutz im Vergaberecht, NVwZ 2009, 1057

6.9.7.4.2 Berücksichtigung von sozialen Kriterien. 6.9.7.4.2.1 Rechtsprechung des 899
Europäischen Gerichtshofes. Eine der Rechtsprechung zur Zulässigkeit von umweltschutzbezogenen Kriterien im Rahmen des wirtschaftlichsten Angebotes vergleichbare **aktuelle Rechtsprechung des Europäischen Gerichtshofes gibt es nicht.** Da die beiden Sachverhalte im Grundsatz aber vergleichbar sind, dürften auch die Zulässigkeitsvoraussetzungen vergleichbar sein.

6.9.7.4.2.2 Mitteilung der Europäischen Kommission. Die Europäische Kommission 900
hat in einer **interpretierenden Mitteilung** vom 15. 10. 2001 (KOM(2001) 566 endgültig) dargestellt, inwieweit nach Auffassung der Kommission öffentliche Auftraggeber bei der Vergabe von öffentlichen Aufträgen soziale Belange berücksichtigen können.

6.9.7.4.2.3 Das seit dem 1. 2. 2006 geltende EU-Vergaberecht. Nach dem **Erwä-** 901
gungsgrund 33 der Vergabekoordinierungsrichtlinie (Richtlinie 2004/18/EG) sowie den **Erwägungsgründen 39 und 44 der Sektorenrichtlinie (Richtlinie 2004/17/EG)** sind **Bedingungen für die Ausführung eines Auftrages, die der Sozialpolitik dienen, zulässig,** sofern sie nicht unmittelbar oder mittelbar zu einer Diskriminierung führen und in der Bekanntmachung oder in den Verdingungsunterlagen angegeben sind.

Diese Zuschlagskriterien können insbesondere dem **Ziel** dienen, die **berufliche Ausbildung** 902
auf den Baustellen sowie die **Beschäftigung von Personen zu fördern, deren Eingliederung besondere Schwierigkeiten bereitet,** die **Arbeitslosigkeit zu bekämpfen.** So können unter anderem z. B. die – während der Ausführung des Auftrags geltenden – Verpflichtungen genannt werden, **Langzeitarbeitslose einzustellen** oder **Ausbildungsmaßnahmen für Arbeitnehmer oder Jugendliche durchzuführen,** oder die **Bestimmungen der** grundlegenden Übereinkommen der Internationalen Arbeitsorganisation (**IAO**), für den Fall, dass diese nicht in innerstaatliches Recht umgesetzt worden sind, im **Wesentlichen einzuhalten,** oder ein **Kontingent von behinderten Personen einzustellen,** das über dem nach innerstaatlichem Recht vorgeschriebenen Kontingent liegt.

Eine **ausdrückliche Umsetzung sozialpolitischer Zuschlagskriterien ist weder in der** 903
VOB/A noch in der VOL/A noch in der VOF erfolgt.

6.9.7.4.2.4 Literatur 904

- Basteck, Vincent, Sozialrecht und Vergaberecht – Die Schöne und das Biest? – Fachtagung „Vergaberechtliche Strukturen im Sozialwesen" am 27. 4. 2006, NZBau 2006, 497
- Baumeister, Hubertus/Struß, Jantje, Hippokrates als Dienstleister gemäß den Vorgaben des Europäischen Gerichtshofes – Die Vergabe von integrierten Versorgungsverträgen im Lichte des EuGH-Urteils vom 11. 6. 2009, Rs. C-30/07 –, NZS 2010, 247

Teil 1 GWB § 97   Gesetz gegen Wettbewerbsbeschränkungen

- Beck, Josef/Wagner, Stephan, Die Vermeidung des Erwerbs von Produkten aus ausbeuterischer Kinderarbeit – Zur Bekanntmachung der Bayerischen Staatsregierung vom 29. 4. 2008, VergabeR 2008, 601
- Bieback, Karl-Jürgen, Leistungserbringungsrecht im SGB II sowie SGB III und XII – Insbesondere die Verpflichtung zum Einsatz des Vergaberechts, NZS 2007, 505
- Dabringshausen, Gerhard, Vergaberechtliche Probleme bei Ausschreibungsbedingungen, die die Einstellung von Sozialhilfeempfängern fordern, der Gemeindehaushalt 2004, 133
- Drey, Franz/Köstler-Messaoudi, „Keine Alibifunktion!" – Die richtigen Maßnahmen gegen Kinderarbeit, Behörden Spiegel August 2010, 22
- Frenz, Walter, Soziale Vergabekriterien, NZBau 2007, 17
- Gabriel, Marc, Vergaberechtliche Vorgaben beim Abschluss von Verträgen zur integrierten Versorgung (§§ 140a ff. SGB V), NZS 2007, 344
- Hermanns, Caspar/Messow, Ansgar, Vergaberechtliche Strukturen im Sozialwesen (Bericht), NZS 2007, 24
- Huerkamp, Florian, Technische Spezifikationen und die Grenzen des § 97 IV 2 GWB, NZBau 2009, 755
- Kessler, Jürgen/Ölcüm, Ipek, Die Berücksichtigung sozialer Belange im Recht der öffentlichen Auftragsvergabe, EWS 2005, 337
- Kessler, Jürgen/Ölcüm, Ipek, Soziale Aspekte im Vergaberecht – Die Europäische Vergaberichtlinie und ihre Umsetzung in die nationale Rechtsordnung, Behindertenrecht 2004, 157
- Krohn, Wolfram, Vergaberecht und Sozialrecht – Unvereinbarkeit oder Konkordanz?, ArchsozArb 2005, 90
- Mohr, Jochen, Ein soziales Vergaberecht? – Soziale Zwecke im Recht der öffentlichen Auftragsvergabe zwischen freiem Wettbewerb im Binnenmarkt und Schutz inländischer Arbeitsplätze –, VergabeR 2009, 543
- Schabel, Thomas, Vergaberecht und Vertragsgeflecht – Heftige Anstöße innerhalb der Gesundheitsreform, Behörden Spiegel Januar 2008, 19
- Schröder, Holger, Ausschreibungen bei der Grundsicherung für Arbeitsuchende (SGB II), VergabeR 2007, 418
- Varga, Zsofia, Berücksichtigung sozialpolitischer Anforderungen nach dem neuen § 97 Abs. 4 S. 2 GWB-europarechtskonform?, VergabeR 2009, 535
- Willenbruch, Klaus, Das Vergaberecht im Bereich sozialer Dienstleistungen, dargestellt am Beispiel der Schuldnerberatung, VergabeR 2010, 395

6.9.8 Andere oder weitergehende Anforderungen (§ 97 Abs. 4 Satz 3)

6.9.8.1 Allgemeines

905   § 97 Abs. 4 Satz 3 gibt den öffentlichen Auftraggebern eine weitere Möglichkeit, im Wege von Bundes- oder Landesgesetzen **andere als nur leistungsbezogene Bieter- bzw. Bewerberkriterien** anzuwenden. Diese so genannten „vergabefremden" Kriterien müssen sich inhaltlich am Europäischen Recht und höherrangigem deutschen Recht (dem Grundgesetz), sowie im Falle von Landesregelungen auch an sonstigen Bundesgesetzen messen lassen.

906   **Beispiele für aktuelle andere oder weitergehende Anforderungen** sind insbesondere die Verpflichtung zur Frauenförderung, die Scientology-Schutzklausel oder die Verpflichtung zur Zahlung des am Ort der Leistungserbringung gültigen Tariflohns (VK Düsseldorf, B. v. 26. 8. 2004 – Az.: VK – 30/2004 – L.). Diese Anforderungen finden sich entweder in speziellen Vergabegesetzen der Länder oder anderen Ländergesetzen wie etwa Tariftreuegesetzen oder Gleichstellungsgesetzen. Inhaltlich werden diese Regelungen oftmals nicht auf alle öffentlichen Aufträge angewendet, sondern **gelten nur für Teilbereiche**, z. B. Bauaufträge oder die Beförderung von Personen mit Verkehrsmitteln im Linienverkehr.

6.9.8.2 Zulässigkeit von Vergabe- bzw. Tariftreuegesetzen

907   **6.9.8.2.1 Rechtsprechung des EuGH.** Mit Urteil vom 3. 4. 2008 hat der EuGH entschieden, dass eine **Gesetzesnorm wie das Niedersächsische Landesvergabegesetz**, die **selbst**

keinen Mindestlohnsatz festlegt, nicht als Rechtsvorschrift im Sinne von Art. 3 Abs. 1 Unterabs. 1 erster Gedankenstrich der Richtlinie 96/71 (Entsenderichtlinie), mit der ein Mindestlohnsatz wie der in Buchst. c dieses Unterabsatzes vorgesehene festgelegt worden ist, angesehen werden kann. Dann ist es **auch nicht zulässig, über ein Landesvergabegesetz oder Tariftreuegesetz die Einhaltung eines Mindestlohns durchzusetzen** (EuGH, Urteil v. 3. 4. 2008 – Az.: C-346/06).

Das **Arbeitnehmer-Entsendegesetz**, das die Umsetzung der Richtlinie 96/71 (Entsende- **908** richtlinie) bezweckt, erweitert die Anwendung der Bestimmungen über Mindestlohnsätze in Tarifverträgen, die in Deutschland für allgemein verbindlich erklärt wurden, auf in einem anderen Mitgliedstaat ansässige Arbeitgeber, die ihre Arbeitnehmer nach Deutschland entsenden. **In Verbindung mit einem für allgemein verbindlich erklärten Tarifvertrag kann die Anwendung eines Mindestlohns erzwungen** werden. Allerdings liegt **ein solcher allgemein verbindlich erklärter Tarifvertrag nicht** vor, wenn sich die **Bindungswirkung eines Tarifvertrags nur auf einen Teil der in den geografischen Bereich des Tarifvertrags fallenden Bautätigkeit**, da zum einen die Rechtsvorschriften, die diese Bindungswirkung herbeiführen, **nur auf die Vergabe öffentlicher Aufträge anwendbar sind** und nicht für die Vergabe privater Aufträge gelten und zum anderen dieser **Tarifvertrag nicht für allgemein verbindlich erklärt worden** ist (EuGH, Urteil v. 3. 4. 2008 – Az.: C-346/06).

Gilt ein **Lohnsatz aufgrund von Rechtsvorschriften wie dem Landesvergabegesetz** **909** **nur für einen Teil der Bautätigkeit**, da zum einen diese Rechtsvorschriften nur auf die Vergabe öffentlicher Aufträge anwendbar sind und nicht für die Vergabe privater Aufträge gelten und zum anderen dieser Tarifvertrag nicht für allgemein verbindlich erklärt worden ist, **gibt es keinen Hinweis darauf, dass ein im Bausektor tätiger Arbeitnehmer nur bei seiner Beschäftigung im Rahmen eines öffentlichen Auftrags für Bauleistungen und nicht bei seiner Tätigkeit im Rahmen eines privaten Auftrags des Schutzes bedarf**, der sich aus einem solchen Lohnsatz ergibt, der im Übrigen über den Lohnsatz nach dem Arbeitnehmer-Entsendegesetz hinausgeht, kann die **Beschränkung der Freizügigkeit auch nicht als durch den Zweck gerechtfertigt angesehen werden, den Schutz der autonomen Ordnung des Arbeitslebens durch Koalitionen zu gewährleisten**. Was schließlich den **Zweck der finanziellen Stabilität der sozialen Versicherungssysteme** angeht, wobei die Ansicht vertreten wird, dass die **Leistungsfähigkeit des Sozialversicherungssystems vom Lohnniveau für die Arbeitnehmer abhängt**, so ging aus den dem EuGH übersandten Akten nicht hervor, dass eine **Maßnahme**, wie sie im Tariftreuegesetz in Rede steht, **erforderlich wäre**, um den – vom Gerichtshof als möglichen zwingenden Grund des Allgemeininteresses anerkannten – Zweck zu erreichen, eine erhebliche Gefährdung des finanziellen Gleichgewichts des Systems der sozialen Sicherheit zu verhindern (EuGH, Urteil v. 3. 4. 2008 – Az.: C-346/06).

Damit gibt es **zumindest in der Argumentation zur Gefährdung des finanziellen** **910** **Gleichgewichts des Systems der sozialen Sicherheit** unterschiedliche Entscheidungen des BVerfG und des EuGH. Das BVerfG ist jedoch in seiner Entscheidung (B. v. 11. 7. 2006 – Az.: 1 BvL 4/00) davon ausgegangen, dass die **Europarechtswidrigkeit der vorgelegten Tariftreueregelung nicht feststeht** und hat deshalb die Verfassungsmäßigkeit des Berliner Tariftreuegesetzes geprüft. Hätte zum Zeitpunkt der Entscheidungsfindung des BVerfG schon festgestanden, dass das **Niedersächsische – und damit auch das Berliner – Tariftreuegesetz dem europäischen Gemeinschaftsrecht widerspricht und deshalb wegen des Anwendungsvorrangs des Gemeinschaftsrechts nicht angewandt werden darf**, wäre wahrscheinlich das Berliner Tariftreuegesetz nicht mehr entscheidungserheblich im Sinne von Art. 100 Abs. 1 Satz 1 GG gewesen.

Im Ergebnis wird also die Festschreibung eines am Ort der Erbringung der Leistung gelten- **911** den Tariflohns für Ausschreibungen und Vergaben öffentlicher Aufträge über **Tariftreue- bzw. Landesvergabegesetze nicht mehr zulässig** sein.

6.9.8.2.2 Nationale Rechtsprechung nach der Entscheidung des EuGH. 6.9.8.2.2.1 **912** **Europarechtswidrigkeit des Vergabegesetzes für das Land Bremen.** Die den Bietern mit den Vergabeunterlagen auferlegte **Tariftreuebindung an den Tarifvertrag für die Bediensteten der nichtbundeseigenen Eisenbahnen und Kraftverkehrsbetriebe (ETV) auf der Grundlage des Vergabegesetzes für das Land Bremen vom 17. 12. 2002 (GVBl. S. 594) ist vergaberechtswidrig.** Zwar ist die Tariftreueverpflichtung formalrechtlich wirksam auf der Grundlage eines gültigen Landesgesetzes i. S. d. § 97 Abs. 4 GWB festgelegt worden. Denn nach dieser Vorschrift können andere oder weitergehende Anforderungen an Auftrag-

Teil 1 GWB § 97   Gesetz gegen Wettbewerbsbeschränkungen

nehmer als Fachkunde, Leistungsfähigkeit und Zuverlässigkeit nur gestellt werden, wenn dies durch Bundes- oder Landesgesetz vorgesehen ist. Um ein eben solches Gesetz handelt es sich bei dem Vergabegesetz für das Land Bremen. Die **Tariftreueregelungen dieses Vergabegesetzes verstoßen jedoch unter Berücksichtigung der aktuellen Rechtsprechung des EuGH materiellrechtlich gegen Gemeinschaftsrecht**. Die Entscheidung des EuGH vom 3. 4. 2008 und die dort festgestellte Gemeinschaftsrechtswidrigkeit von diesen den gemeinschaftrechtlichen Vorgaben nicht entsprechenden, gesetzlich geregelten Tariftreuepflichten beschränkt sich nicht auf das der Entscheidung zu Grunde liegende niedersächsische LVergabeG. Es hat Auswirkungen auf alle gleich oder ähnlich lautenden Regelungen, die nach wie vor in den Vergabegesetzen mehrerer Bundesländer enthalten sind. Ohne Einschränkung gilt dies insbesondere auch für das den streitbefangenen Tariftreueregelungen im vorliegenden Fall zu Grunde liegende Vergabegesetz für das Land Bremen vom 17. 12. 2002 (GVBl. S. 594). Denn die dort maßgeblichen Vorschriften zur Durchsetzung der Tariftreue entsprechen exakt den Regelungen des niedersächsischen LVergabeG in der ursprünglichen Fassung vom 2. 9. 2002, das der Entscheidung des EuGH zu Grunde lag und seinerzeit im Übrigen ebenfalls noch die Tariftreue ausdrücklich gemäß § 3 Abs. 1 Satz 3 LVergabeG auch auf die Vergabe von Verkehrsleistungen im öffentlichen Personennahverkehr ausdehnte (VK Lüneburg, B. v. 15. 5. 2008 – Az.: VgK-12/2008).

913   6.9.8.2.2.2 Tarifbindung außerhalb des Baubereichs. Die vom EuGH in seiner Entscheidung zu Grunde gelegte **Entsenderichtlinie 96/71/EG beschränkt sich nicht auf Tätigkeiten im Baubereich, sondern gilt für alle Dienstleistungen**. Da der durch Art. 3 Abs. 1 in Bezug genommene Anhang zur Entsenderichtlinie ausschließlich Tätigkeiten im Zusammenhang mit Bauarbeiten auflistet, die der Errichtung, der Instandsetzung, der Instandhaltung, dem Umbau oder dem Abriss von Bauwerken dienen, folgt daraus **für alle übrigen Arten von Dienstleistungen und damit auch für die im vorliegenden Fall streitbefangenen Verkehrsdienstleistungen im Bereich des SPNV, dass nach der Richtlinie 96/71/EG unter Berücksichtigung des Urteils des EuGH vom 3. 4. 2008 ausdrücklich nur eine gesetzliche Verpflichtung zur Einhaltung von solchen Mindestlohnsätzen europarechtskonform wäre, die durch Rechts- oder Verwaltungsvorschriften festgelegt** sind. Eine Bezugnahme auf für allgemein verbindlich erklärte Tarifverträge ist danach nur für Vergaben im Baubereich denkbar. Konkret bedeutet dies für die Bundesrepublik Deutschland, dass **außerhalb des Baubereiches eine Bindung von Bieterunternehmen an Mindestlohnsätze im Rahmen von Vergabeverfahren überhaupt nur in Betracht kommt, wenn es sich um einen vom Bundesgesetzgeber durch Rechts- oder Verwaltungsvorschriften flächendeckend festgelegten – z.B. branchenspezifischen – Mindestlohn handelt**. Der Bundesgesetzgeber hat z. B. die Möglichkeit, das zur Umsetzung der EU-Entsenderichtlinie verabschiedete Arbeitnehmerentsendegesetz (AEntG) um entsprechende branchenspezifische Mindestlöhne zu erweitern (VK Lüneburg, B. v. 15. 5. 2008 – Az.: VgK-12/2008).

914   6.9.8.2.2.3 Geltung der Entsenderichtlinie auch für inländische Unternehmen. Einer Berufung auf die Vergaberechtswidrigkeit der Tariftreueverpflichtung und die tragenden Gründe des Urteils des EuGH vom 3. 4. 2008 steht nicht entgegen, dass die vom EuGH herangezogene Entsenderichtlinie 96/71/EG nach ihrem Art. 1 Abs. 1 ausdrücklich für Unternehmen mit Sitz in einem Mitgliedstaat gilt, die im Rahmen der länderübergreifenden Erbringung von Dienstleistungen Arbeitnehmer in das Hoheitsgebiet eines (anderen) Mitgliedstaates entsenden. Der **EuGH hat in mehreren Entscheidungen deutlich gemacht, dass sich auch inländische Bieterunternehmen auf die Einhaltung der Dienstleistungsfreiheit gem. Art. 49 EG-Vertrag (jetzt Art. 56 AEUV) berufen können**. Das Urteil des EuGH vom 3. 4. 2008 kann daher als dahin gehend interpretiert werden, dass die **Tariftreueregelungen der Landesvergabegesetze nur dann gemeinschaftsrechtswidrig sind, wenn und soweit sich tatsächlich auch Unternehmen aus anderen Mitgliedstaaten direkt oder indirekt an einem Vergabeverfahren beteiligen** (VK Lüneburg, B. v. 15. 5. 2008 – Az.: VgK-12/2008).

915   6.9.8.2.2.4 Geltung der Entsenderichtlinie auch für Verkehrsdienstleistungen. Einer Berufung auf eine Verletzung des Art. 49 EGV (jetzt Art. 56 AEUV) steht auch nicht entgegen, dass der **EG-Vertrag (jetzt AEUV) für Verkehrsdienstleistungen besondere Regelungen** enthält. Gemäß Art. 51 Abs. 1 EGV (jetzt Art. 58 AEUV) gelten für den freien Dienstleistungsverkehr auf dem Gebiet des Verkehrs die Bestimmungen des Titels V (jetzt Titel VI) für den Verkehr (Art. 70 ff. – jetzt Art. 90 ff.). Diese legen fest, dass auf dem in diesem Titel geregelten Sachgebiet die Mitgliedstaaten die Ziele dieses Vertrages im Rahmen einer gemeinsamen Ver-

Gesetz gegen Wettbewerbsbeschränkungen GWB § 97 **Teil 1**

kehrspolitik verfolgen. Art. 80 Abs. 1 (jetzt Art. 100) regelt schließlich, dass der Titel für die Beförderungen im Eisenbahn-, Straßen- und Binnenschiffsverkehr gilt. Die **Bestimmungen des Titels V (jetzt Art. VI) konkretisieren daher für den Verkehrsbereich die Gewährleistung des freien Dienstleistungsverkehrs**. Sie führen aber nicht dazu, dass der Grundsatz des gemeinschaftsrechtlich geschützten freien Dienstleistungsverkehrs und die diesen Primärzielen dienenden EG-Richtlinien wie eben die Entsenderichtlinie 96/71/EG für Dienstleistungen im Verkehrsbereich von vornherein keine Anwendung finden (VK Lüneburg, B. v. 15. 5. 2008 – Az.: VgK-12/2008).

6.9.8.2.2.5 Europarechtswidrigkeit des Bayerischen Bauaufträge-Vergabegesetzes – BayBauVG. In der Entscheidung über eine Popularklage gegen das Bayerische Baufträge-Vergabegesetz-BayBauVG lässt der **Bayerische Verfassungsgerichtshof im Ergebnis die Vereinbarkeit des BayBauVG mit europäischem Recht offen**. Nach dem vom Verfassungsgerichtshof anzulegenden Prüfungsmaßstab könnte ein Widerspruch des Art. 3 Abs. 1 BayBauVG zum Europäischen Gemeinschaftsrecht **allenfalls dann verfassungsrechtliche Relevanz erlangen, wenn dieser Widerspruch nach Inhalt und Gewicht schwerwiegend und besonders krass** wäre. Das ist jedoch nicht der Fall. Die gemeinschaftsrechtliche Zulässigkeit derartiger Tariftreueregelungen war vor der Entscheidung des Europäischen Gerichtshofs umstritten und noch vor kurzem vom Generalanwalt beim Europäischen Gerichtshof bejaht worden. Bei dieser Sachlage kann von einem schwerwiegenden, besonders krassen Verstoß keine Rede sein (Bayerischer Verfassungsgerichtshof, Entscheidung v. 20. 6. 2008 – Az.: Vf. 14-VII-00).

6.9.8.2.3 Nationale Rechtsprechung vor der Entscheidung des EuGH. Das **BVerfG** (B. v. 11. 7. 2006 – Az.: 1 BvL 4/00) **hatte Tariftreueregelungen am Maßstab des deutschen Verfassungsrechts und anderen Rechts gemessen und für zulässig erklärt**. Das BVerfG hatte aber ausdrücklich die Vereinbarkeit mit dem europäischen Recht offen gelassen. Nach der Entscheidung des EuGH (→ Rdn. 861) ist damit die **Rechtsprechung des BVerfG gegenstandslos**.

916

917

6.9.8.3 Verordnung über zwingende Arbeitsbedingungen für die Branche Briefdienstleistungen (BriefArbbV)

Das **Bundesverwaltungsgericht hat entschieden, dass die am 1. Januar 2008 in Kraft getretene Verordnung des Bundesministeriums für Arbeit und Soziales über zwingende Arbeitsbedingungen für die Branche Briefdienstleistungen (Postmindestlohnverordnung) unwirksam** ist. Bei Erlass der Postmindestlohnverordnung ist das gesetzlich in § 1 Abs. 3a Satz 2 Arbeitnehmer-Entsendegesetz a. F. **vorgeschriebene Beteiligungsverfahren nicht eingehalten** worden. Danach hat das Bundesministerium für Arbeit und Soziales vor Erlass der Rechtsverordnung den in deren Geltungsbereich fallenden Arbeitgebern und Arbeitnehmern sowie den Parteien des Tarifvertrages Gelegenheit zur schriftlichen Stellungnahme zu geben. Dies sei nicht in dem vom Gesetz vorgeschriebenen Maße geschehen. Damit seien Beteiligungsrechte verletzt worden (BVerwG, Urteil v. 28. 1. 2010 – Az.: 8 C 19.09).

918

6.9.8.4 Mindestlohngesetze der Bundesländer

Der **Bund hat von seiner konkurrierenden Gesetzgebungskompetenz gemäß Art. 74 Abs. 1 Nr. 12 GG zur Festsetzung von Mindestlöhnen erschöpfend Gebrauch gemacht**. Eine Gesamtwürdigung der im Gesetz über die Festsetzung von Mindestarbeitsbedingungen und im Arbeitnehmer-Entsendegesetz enthaltenen Bestimmungen ergibt, dass Art. 72 Abs. 1 GG **keinen Raum für landesrechtliche Regelungen** lässt. Deshalb ist z. B. ein Volksbegehren über den Entwurf eines Bayerischen Mindestlohngesetzes unzulässig (Bayerischer Verfassungsgerichtshof, Entscheidung v. 3. 2. 2009 – Az.: Vf. 111-IX-08).

919

6.9.8.5 Ausschreibungsbezogene Tariftreueforderungen

§ 97 Abs. 4 Satz 1 GWB n. F. kann nunmehr die Grundlage von Tariftreueforderungen bilden, deren rechtlicher Bestand nach der alten Fassung des GWB zu verneinen oder zumindest ausgesprochen zweifelhaft war. **Nach neuem Recht ist davon auszugehen, dass Tariftreueforderungen auch dann erhoben werden dürfen, wenn die Geltung des Tarifvertrags nicht unmittelbar durch ein formelles Bundes- oder Landesgesetz angeordnet** wird. Aus den Materialien zur Neufassung des § 97 Abs. 4 GWB ergibt sich mit hinreichender Deutlichkeit der Wille des Gesetzgebers, klarzustellen, dass eine Bindung an für allgemein verbindlich erklärte Tarifverträge im Anwendungsbereich der Entsenderichtlinie im Einklang mit der Rechtsprechung des EuGH zur Tariftreue steht und im Vergabeverfahren be-

920

225

Teil 1 GWB § 97 Gesetz gegen Wettbewerbsbeschränkungen

achtlich ist. Durch die Einfügung des Begriffs der Gesetzestreue in § 97 Abs. 4 S. 1 GWB n. F. sollte dies besonders hervorgehoben werden. Soweit das OLG Düsseldorf zum alten Recht festgestellt hat, die Motive des Gesetzgebers widersprächen nicht der Annahme, die Tarifregelung müsse unmittelbar in einem formellen Bundes- oder Landesgesetz getroffen worden sein, kann diese Einschätzung für das neue Recht somit nicht aufrecht erhalten werden (2. VK Bund, B. v. 29. 12. 2009 – Az.: VK 2–207/09; 1. VK Bund, B. v. 29. 9. 2009 – Az.: VK 1–167/09).

921   Wie sich aus Erwägungsgrund 34 der Richtlinie 2004/18/EG über die Koordinierung der Verfahren zur Vergabe öffentlicher Bauaufträge, Lieferaufträge und Dienstleistungsaufträge (Vergabekoordinierungsrichtlinie – VKR) ergibt, **sind die im Bereich der Arbeitsbedingungen und der Sicherheit am Arbeitsplatz geltenden nationalen und gemeinschaftlichen Gesetze, Regelungen und Tarifverträge während der Ausführung eines öffentliche Auftrags anwendbar, sofern derartige Vorschriften mit dem Gemeinschaftsrecht vereinbar** sind. Für Dienstleistungen enthält insoweit die Entsenderichtlinie 96/71/EG die Mindestbedingungen, die im Aufnahmeland in Bezug auf die entsandten Arbeitnehmer einzuhalten sind. **Enthält das nationale Recht entsprechende Bestimmungen, so kann die Nichteinhaltung dieser Verpflichtungen als eine schwere Verfehlung oder als ein Delikt betrachtet werden, das die berufliche Zuverlässigkeit des Wirtschaftsteilnehmers in Frage stellt und dessen Ausschluss vom Verfahren zur Vergabe eines öffentlichen Auftrags zur Folge haben kann.** Das Urteil des Europäischen Gerichtshofs im Fall „Rüffert" (vgl. EuGH, Urt. v. 3. April 2008 – Rs. C-346/06) stellt diesbezüglich klar, dass die entsprechende Regelung allgemein wirksam sein muss. Ein für allgemeinverbindlich erklärter Tarifvertrag ist nach dieser Rechtsprechung durchaus mit der Entsenderichtlinie vereinbar. Eine auf ihn bezogene Tariftreueforderung läuft dem europäischen Recht insoweit nicht zuwider (1. VK Bund, B. v. 29. 9. 2009 – Az.: VK 1–167/09; 2. VK Bund, B. v. 29. 12. 2009 – Az.: VK 2–207/09).

922   Ein Auftraggeber darf allerdings das Angebot eines Bieters nicht allein deswegen ausschließen, weil er seiner Kalkulation nicht den möglicherweise erst zum Vertragsbeginn geltenden gesetzlichen Mindestlohn zugrunde gelegt hat. Auch für die Auskömmlichkeitsprüfung ist diese **mögliche Änderung der Rechtslage ohne Belang, soweit ein gesetzlicher Mindestlohn in der betreffenden Branche weder zum Zeitpunkt der Ausschreibung noch zum Zeitpunkt der Angebotsabgabe noch bei Wertung der Angebote bestand** (1. VK Sachsen, B. v. 25. 11. 2009 – Az.: 1/SVK/051-09).

923   Zu beachten ist, dass der **Auftraggeber** nach der Vorschrift des § 97 Abs. 4 S. 1 GWB n. F. eine Bindung an Mindestlöhne **nicht konstitutiv, also allein durch eine von ihm entsprechend aufgestellte Vergabebedingung, herbeiführen darf; er darf nur die Beachtung gültiger und anwendbarer Mindestlohnregelungen verlangen** (2. VK Bund, B. v. 29. 12. 2009 – Az.: VK 2–207/09).

6.9.8.6 Verpflichtung zur Aufgabe eines schon ausgeübten und lukrativen Geschäftsfeldes

924   Ein **vergabefremder Aspekt**, der dem Wettbewerbsgrundsatz gemäß § 97 Abs. 1 und 4 GWB i. V. m. § 2 EG Abs. 1 VOL/A zuwiderläuft, **liegt vor**, wenn **von dem erfolgreichen Bieter neben der Erbringung der ausgeschriebenen Leistung die Einstellung eines bisher schon ausgeübten und lukrativen Geschäftsfeldes verlangt wird**. Ist Gegenstand der Ausschreibung nicht allein die Erbringung der Dienstleistung „Einsammeln, Befördern und Verwerten von Papier, Pappe, Karton (PPK-Abfälle)", sondern ein zusätzliches Verhalten, das mit der Erbringung der Dienstleistung in keinem Zusammenhang steht und damit vergabefremd ist, stellt die Unterlassung der Durchführung eigener gewerblicher Sammlungen weder einen Umstand dar, der die Art und Weise der Erbringung der Dienstleistung „Einsammeln, Befördern und Verwerten von Papier, Pappe, Karton, PPK-Abfälle" genauer bestimmt noch stellt das geforderte Unterlassen eine zwingende Voraussetzung für die Erbringung der Leistung dar. Es handelt sich vielmehr bei wertender Betrachtung um eine zweite Leistung, die für einen Teil der möglichen Bieter mit erheblichem wirtschaftlichem Aufwand verbunden ist, für die jedoch ein Entgelt nicht verlangt werden darf (OLG Rostock, B. v. 6. 3. 2009 – Az.: 17 Verg 1/09).

6.9.8.7 Weitere Beispiele aus der Rechtsprechung

925   – weist der Auftraggeber in § 20 des den Verdingungsunterlagen beigefügten Vertragsentwurfs darauf hin, dass er es **als einen wichtigen Kündigungsgrund ansieht, wenn das beauftragte Unternehmen seinen Mitarbeitern nicht die tariflichen oder gesetzlich vorgeschriebenen Leistungen zahlt, ist ein solcher Hinweis keine Vergaberegel**, weil da-

Gesetz gegen Wettbewerbsbeschränkungen GWB § 97 **Teil 1**

von nicht die Entscheidung über den Zuschlag abhängig gemacht wird. Vielmehr handelt es sich nur um einen Hinweis auf die allgemein gültige Arbeitsrechtsordnung, die von allen Gewerbetreibenden einzuhalten ist (VK Münster, B. v. 26. 8. 2009 – Az.: VK 11/09)

– zur Beurteilung, ob Bieter als geeignet (auch als zuverlässig) anzusehen sind, hat der Auftraggeber den ihm bekannt gewordenen (und ggf. auch erforschten) Sachverhalt umfassend zu ermitteln und der von ihm zu treffenden Prognoseentscheidung zugrunde zu legen. Dabei wird zu bedenken sein, dass – auch wenn die Revisionsentscheidung darüber noch aussteht – die Antragstellerin in der Frage der Zulässigkeit der geforderten Tarifbindung eine Rechtsmeinung vertritt, die nicht nur vom Verwaltungsgericht Berlin, sondern inzwischen, und zwar im Berufungsurteil vom 18. 12. 2008 (1 B 13.08), auch vom Oberverwaltungsgericht Berlin-Brandenburg geteilt wird. Von daher wird sich der **Umstand, dass die Antragstellerin die Abgabe der verlangten Verpflichtungserklärung verweigert hat, kaum dazu eignen, ihre Zuverlässigkeit (oder Rechtstreue, die als eine Mindestvoraussetzung im Übrigen nicht bekannt gegeben worden ist) anzuzweifeln**, zumal davon auszugehen ist, dass sie, die Antragstellerin, ihre ablehnende Haltung aufgeben wird, wenn das Urteil des Oberverwaltungsgerichts Berlin-Brandenburg in der Revisionsinstanz abgeändert oder aufgehoben werden sollte (OLG Düsseldorf, B. v. 29. 4. 2009 – Az.: VII-Verg 76/08)

– **fehlt es zum Zeitpunkt der Angebotsabgabe an einer Sach- und Rechtslage, die es für die Bieter erforderlich gemacht hätte, bei der Kalkulation der Personalkosten einen gesetzlichen Mindestlohn – an sich** – und einen Mindestlohn von 8,02 € – im Besonderen – **zu beachten** und ist schließlich dazu – abschließend – anzumerken, dass **selbst zum Zeitpunkt der Entscheidung der Vergabekammer ein gesetzlich geregelter Mindestlohn für die Entsorgungsbranche fehlt, stellt sich die Frage der Zahlung eines gesetzlichen Mindestlohns und seine kalkulatorische Berücksichtigung bei der Preisbildung durch die Bieter nicht**. Die Angebote sind vielmehr von der Vergabestelle allein daraufhin zu überprüfen, ob die Auskömmlichkeit des Preises für die ausgeschriebenen und angebotenen Leistungen gegeben ist (VK Thüringen, B. v. 12. 5. 2009 – Az.: 250–4003.20–1925/2009-005-SHK)

– die **Anforderung einer wie auch immer gearteten Tarifvertragsbindung stellt eine Umgehung des Verbots von Tariftreueforderungen dar**. Damit hat die Antragsgegnerin genauso in den Schutzbereich tariffreier Anbieter eingegriffen wie das mit der Festlegung auf einen speziellen Tarifvertrag der Fall gewesen wäre. Diese Vorgabe war damit vergaberechtswidrig. Genauso wenig wie sie einen allgemeinverbindlich erklärten Tarifvertrag nicht hätte fordern dürfen, **durfte sie irgendeinen anderen Tarifvertrag fordern oder verlangen, dass sich ein Bieter unmittel- oder mittelbar irgendeinem Tarifvertrag anschließt** (VK Arnsberg, B. v. 21. 8. 2008 – Az.: VK 16/08)

6.9.8.8 Vergabegesetze der Bundesländer (Übersicht)

6.9.8.8.1 Neuere Vergabegesetze. 6.9.8.8.1.1 Berliner Ausschreibungs- und Vergabegesetz. Berliner Ausschreibungs- und Vergabegesetz vom 8. 7. 2010: Im Gesetz- und Verordnungsblatt für Berlin Nr. 17 vom 22. 7. 2010, S. 399 ist das **neue Berliner Ausschreibungs- und Vergabegesetz** bekannt gemacht worden. 926

6.9.8.8.1.2 Bremisches Gesetz zur Sicherung von Tariftreue, Sozialstandards und Wettbewerb bei öffentlicher Auftragsvergabe (Tariftreue- und Vergabegesetz). Bremisches Gesetz zur Sicherung von Tariftreue, Sozialstandards und Wettbewerb bei öffentlicher Auftragsvergabe (Tariftreue- und Vergabegesetz) vom 24. November 2009: Im Gesetzblatt der Freien Hansestadt Bremen vom 1. 12. 2009, S. 476, ist das **neue Tariftreue- und Vergabegesetz** bekannt gemacht worden. Das Gesetz soll auf der Basis der Rechtsprechung des Europäischen Gerichtshofs die Umsetzung von Tariftreue- und anderen Regelungen ermöglichen. 927

6.9.8.8.1.3 Saarland. Gesetz über die Vergabe öffentlicher Aufträge und zur Sicherung von Sozialstandards und Tariftreue im Saarland (Saarländisches Vergabe- und Tariftreuegesetz) vom 15. 9. 2010: Im Amtsblatt des Saarlandes vom 4. 11. 2010 Nr. 30, S. 1378 ist das Vergabe- und Tariftreuegesetz bekannt gemacht worden; es ist am 5. 11. 2010 in Kraft getreten. Das Gesetz soll auf der Basis der Rechtsprechung des Europäischen Gerichtshofs die Umsetzung von Tariftreue- und anderen Regelungen ermöglichen. 928

6.9.8.8.2 Ältere Vergabegesetze. Nach der **Rechtsprechung des EuGH zur Europarechtswidrigkeit des Niedersächsischen Landesvergabegesetzes** sind die älteren Vergabegesetze der Bundesländer überholt, sofern sie Tariftreueregelungen enthalten. 929

Teil 1 GWB § 97   Gesetz gegen Wettbewerbsbeschränkungen

930   **Gesetz über die Vergabe von Bauaufträgen im Freistaat Bayern** (Bayerisches Bauaufträge-Vergabegesetz – BayBauVG) vom 28. Juni 2000: Die Oberste Baubehörde im Innenministerium hat daher die staatlichen Baubehörden mit Schreiben vom 22. 4. 2008 aufgefordert, die **Tariftreueerklärung ab sofort für Bauaufträge des Freistaates Bayern nicht mehr zu verlangen.** Die Kommunen wurden gebeten von der Ermächtigung des BayBauVG, auch für ihre Bauaufträge eine Tariftreueerklärung zu verlangen, bis auf Weiteres keinen Gebrauch zu machen.

931   **Berliner Vergabegesetz (VgG Bln)** vom 9. Juli 1999 (Gesetz- und Verordnungsblatt für Berlin Nr. 28 vom 16. Juli 1999), geändert durch das Erste Gesetz zur Änderung des Berliner Vergabegesetzes vom 19. März 2008 (GVBl. S. 80): Die Senatsverwaltung für Wirtschaft, Technologie und Frauen sowie die Senatsverwaltung für Stadtentwicklung Berlin haben mit einem **gemeinsamen Rundschreiben vom 24. 4. 2008** in Konsequenz der Entscheidung des EuGH zum Niedersächsischen Landesvergabegesetz entschieden, dass die **Regelungen in § 1 Abs. 1 Sätze 2 und 3 des Berliner Vergabegesetzes** nach dem aktuellen Urteil des Europäischen Gerichtshofs in der Rechtssache C – 346/06 vom 3. April 2008 dem Gemeinschaftsrecht entgegen stehen, so dass eine Anwendung dieser Regelungen in Vergabeverfahren nicht mehr in Betracht kommt, dass nach dem Urteil – und ihm folgend – der Entscheidung des Senats von Berlin in seiner Sitzung vom 15. April 2008 **bei öffentlichen Aufträgen auf örtliche Tarife und Mindestlohnverpflichtung als Teil der Vergaberegelungen nicht mehr abgehoben werden darf** und dass die der EU-Entsende-Richtlinie folgenden **Bestimmungen über den Mindestlohn nach dem Arbeitnehmer-Entsendegesetz (AEntG) unberührt** bleiben. Dessen Regelungen unterscheiden nicht nach öffentlichem oder privatem Auftraggeber und sind nach der Entscheidung insoweit EU-konform.

932   **Vergabegesetz für das Land Bremen** vom 17. 12. 2002 (Gesetzblatt der Freien Hansestadt Bremen vom 19. 12. 2002, Nr. 66, S. 594 f): Mit **Rundschreiben 01/2008 vom 7. 4. 2008** hat der Senator für Wirtschaft und Häfen der Freien Hansestadt Bremen veranlasst, dass eine **Tariftreueerklärung für die Vergabe öffentlicher Aufträge in Bremen von den Bietern nicht mehr eingefordert werden darf** und die §§ 1 und 4 des Vergabegesetzes wegen **Verstoßes gegen das Gemeinschaftsrecht nicht mehr anzuwenden** sind.

933   **Hamburgisches Vergabegesetz** vom 13. Februar 2006 (Hamburgisches Gesetz- und Verordnungsblatt 2006, S. 57), zuletzt geändert durch Artikel 2 des Gesetzes vom 16. Dezember 2008 (HmbGVBl. S. 436): Nach **§ 3 des Vergabegesetzes** dürfen **Aufträge für Bauleistungen und andere Dienstleistungen, die das Arbeitnehmer-Entsendegesetz vom 26. Februar 1996 (BGBl. I S. 227),** zuletzt geändert am 21. Dezember 2007 (BGBl. I S. 3140), in der jeweils geltenden Fassung **erfasst, nur an solche Unternehmen vergeben werden, die sich bei der Angebotsabgabe schriftlich verpflichtet haben, ihren Arbeitnehmerinnen und Arbeitnehmern bei der Ausführung dieser Leistungen ein Entgelt zu zahlen, das in Höhe und Modalitäten mindestens den Vorgaben desjenigen Tarifvertrages entspricht, an den das Unternehmen aufgrund des Arbeitnehmer-Entsendegesetzes gebunden ist.** Satz 1 gilt entsprechend für andere gesetzliche Bestimmungen über Mindestentgelte.

934   **Hessisches Gesetz über die Vergabe öffentlicher Aufträge (Hessisches Vergabegesetz – HVgG)** vom 17. Dezember 2007 (Gesetz- und Verordnungsblatt für das Land Hessen (Teil I) Nr. 28 vom 21. 12. 2007): Das **hessische Vergabegesetz,** das **ebenfalls Tariftreueregelungen vorsieht, hat bislang überhaupt noch keine Wirkung entfalten können.** Es ist zwar zum 1. Januar 2008 rechtswirksam veröffentlicht worden, **kann jedoch noch nicht angewendet werden, weil die dazu erforderliche Bekanntmachung der örtlichen Tarifverträge noch aussteht.**

935   **Landesvergabegesetz Niedersachsen** vom 15. 12. 2008 (Nds. GVBl. S. 411): Das **novellierte Niedersächsische Vergabegesetz** vom 15. 12. 2008 ist im Niedersächsischen Gesetz- und Verordnungsblatt vom 22. 12. 2008, S. 411, verkündet worden. Es ist **am 1. 1. 2009 in Kraft getreten.** Nach § 3 des Vergabegesetzes müssen Unternehmen, die sich um einen Bauauftrag bewerben, **sich bei der Angebotsabgabe schriftlich verpflichten, ihren Arbeitnehmerinnen und Arbeitnehmern bei der Ausführung der Leistung mindestens das in für allgemeinverbindlich erklärten Tarifverträgen vorgesehene Entgelt zum tarifvertraglich vorgesehenen Zeitpunkt zu zahlen.** Fehlt die Tariftreueerklärung bei Angebotsabgabe, so ist das Angebot von der Wertung auszuschließen. Der öffentliche Auftraggeber bestimmt in der Bekanntmachung der Ausschreibung und in den Vergabeunterlagen den oder die einschlägigen **Tarifverträge nach Absatz 1. Diese müssen den Anforderungen der**

Gesetz gegen Wettbewerbsbeschränkungen   GWB § 97   **Teil 1**

Richtlinie 96/71/EG des Europäischen Parlaments und des Rates vom 16. Dezember 1996 über die Entsendung von Arbeitnehmern im Rahmen der Erbringung von Dienstleistungen (ABl. EU 1997, Nr. L 18 S. 1) entsprechen.

Gesetz Nr. 1450 über die Vergabe von Bauaufträgen im Saarland (Saarländisches   936
Bauaufträge-Vergabegesetz – SaarBauVG) vom 23. August 2000 (Amtsblatt des Saarlandes vom 3. November 2000): Durch **Erlass der Landesregierung** zu den Auswirkungen des Urteils des EuGH vom 3. 4. 2008, Rechtssache C-346/06, **vom 23. 8. 2008 wurde festgelegt, dass eine Tariftreueerklärung für die Vergabe öffentlicher Aufträge von den Bietern nicht mehr gefordert** wird.

Gesetz über die Vergabe öffentlicher Aufträge im Freistaat Sachsen (Sächsisches Ver-   937
gabegesetz – SächsVergabeG) vom 8. Juli 2002 (Sächsisches Gesetz- und Verordnungsblatt vom 26. Juli 2002 (Nr. 10/2002): Das **Gesetz enthält keine Regelungen zur Tariftreue**.

Gesetz zur tariflichen Entlohnung bei öffentlichen Aufträgen in Schleswig-Holstein   938
(Tariftreuegesetz) Sächsisches Vergabegesetz – SächsVergabeG) vom 7. März 2003 (Gesetz- und Verordnungsblatt für Schleswig-Holstein 2003 Nr. 4, S. 136): Durch Erlass des Ministeriums für Wissenschaft, Wirtschaft und Verkehr vom 26. 5. 08 –VII 635 – 611.804-5 wurden **Handlungsempfehlungen** zur Anwendung des Gesetzes zur tariflichen Entlohnung bei öffentlichen Aufträgen (Tariftreuegesetz) vom 07. März 2003 nach der Entscheidung des Europäischen Gerichtshofs vom 3. 4. 2008 bekannt gemacht. **Nach diesen Empfehlungen ist bei allen neuen Vergabeverfahren eine Tariftreueerklärung nicht mehr einzufordern.**

6.9.8.9 Vergabegesetz Sachsen-Anhalt

Das Land Sachsen-Anhalt hatte ebenfalls ein Gesetz über die Vergabe öffentlicher Bauaufträ-   939
ge im Land Sachsen-Anhalt (Vergabegesetz Sachsen-Anhalt – VergabeG LSA) vom 29. 6. 2001 (GVBl. S. 234) erlassen. Mit dem Ersten Investitionserleichterungsgesetz vom 13. 8. 2002 (GVBl. vom 16. 8. 2002) wurde dieses Gesetz aufgehoben.

6.9.8.10 Tariftreuegesetz Nordrhein-Westfalen

Das **Land Nordrhein-Westfalen** hatte im Wege des **Gesetzes zur tariflichen Entloh-**   940
nung bei öffentlichen Aufträgen im Land Nordrhein-Westfalen (Tariftreuegesetz Nordrhein-Westfalen – TariftG NRW) vom 17. 12. 2002 besondere Eignungskriterien aufgestellt. Das **Gesetz ist aufgehoben** und **seit dem 21. 11. 2006 nicht mehr anzuwenden**.

6.9.8.11 Tariftreuegesetz Schleswig-Holstein

Gesetz zur tariflichen Entlohnung bei öffentlichen Aufträgen (Tariftreuegesetz) des Landes   941
Schleswig-Holstein vom 7. 3. 2003.

6.9.8.12 Diskussion in Mecklenburg-Vorpommern

Das Land Mecklenburg-Vorpommern hat – in der **Diskussion über die Einführung eines**   942
Landes-Tariftreuegesetzes – ein Gutachten über die Folgeabschätzungen eines Landes-Tariftreuegesetzes für Mecklenburg-Vorpommern erstellen lassen. Im Ergebnis kommt es zu dem Schluss, dass die Einführung eines Landestariftreuegesetzes in Mecklenburg-Vorpommern nicht zu empfehlen ist. Folgende Gründe werden genannt:

Aus volkswirtschaftlicher Sicht ist unbestritten, dass es **bei der Einführung von Min-**   943
destlöhnen, die **oberhalb der Marktlöhne** liegen, **zu Beschäftigungseinbußen kommen muss**. Ein Tariftreue-Gesetz wirkt in der gleichen Weise, wie Mindestlöhne auf eine Volkswirtschaft wirken. Mit Hilfe einer hypothetischen Überschlagsrechnung ermittelt das IWH, dass sich **Beschäftigungseinbußen für das Bauhauptgewerbe** einstellen könnten, die **zwischen -1 und -2% des jetzigen Beschäftigungsniveaus** liegen.

Eine **Kontrolle der Einhaltung des Gesetzes erscheint schwer möglich** und ist **mit**   944
einem zusätzlichen Aufwand an Kosten und Bürokratie verbunden. Durch die notwendigen Prüfungen vor der Auftragsvergabe dürfte es zu nicht unerheblichen Verzögerungen kommen.

Die **geltenden Rechtsvorschriften ermöglichen bereits eine Eindämmung der Wett-**   945
bewerbsverzerrungen in der Bauwirtschaft, soweit ihre Einhaltung garantiert wird. Das IWH sieht eine Ursache des Preisverfalls und der Billigangebote in der Bauwirtschaft daher in der mangelhaften Durchsetzung dieser geltenden Gesetze und empfiehlt eine konsequentere

Teil 1 GWB § 97 Gesetz gegen Wettbewerbsbeschränkungen

Anwendung derselben. Zudem gibt das IWH zu bedenken, dass beim BVerfG in Karlsruhe ein Rechtsverfahren gegen Tariftreuegesetze anhängig ist, das die Frage nach der Verfassungskonformität solcher Gesetze deutlich macht.

6.9.8.13 Verwerfungskompetenz der Vergabekammern

946 Sowohl die öffentlichen Auftraggeber als auch die Vergabekammern sind an die rechtswirksamen Regelungen eines Landesvergabegesetzes gebunden; eine **Verwerfungskompetenz** hat **nur das BVerfG** (VK Lüneburg, B. v. 18. 6. 2004 – Az.: 203-VgK-29/2004).

6.9.8.14 Auswahl eines Tariftreue- bzw. Vergabegesetzes bei mehreren Möglichkeiten

947 Nach der Rechtsprechung ist es sachgerecht, wenn ein öffentlicher Auftraggeber **bei einer Ausschreibung über Landesgrenzen hinweg den Schwerpunkt der Leistungserbringung als Anhaltspunkt für die Anwendung des örtlich anzuwendenden Tariftreuegesetzes nimmt** und dieses Gesetz der Ausschreibung zugrunde legt (VK Münster, B. v. 24. 9. 2004 – Az.: VK 24/04).

6.9.8.15 Literatur

948 – Arnold, Hans, Die europarechtliche Dimension der konstitutiven Tariftreueerklärungen im deutschen Vergaberecht, Dissertation, Frankfurt am Main, 2004
– Bayreuther, Frank, Inländerdiskriminierung bei Tariftreueerklärungen im Vergaberecht, EuZW 2009, 102
– Beuttenmüller, Ingo, Vergabefremde Kriterien im Öffentlichen Auftragswesen – Vereinbarkeit mit dem europäischen Sekundärrecht und den Grundfreiheiten, Nomos Verlag 2007
– Diemon-Wies, Ingeborg/Graiche, Stefan, Vergabefremde Aspekte – Handhabung bei der Ausschreibung gem. § 97 IV GWB, NZBau 2009, 409
– Dobmann, Volker, Die Tariftreueerklärung bei der Vergabe öffentlicher Aufträge, Nomos Verlag 2007
– Dobmann, Volker, Perspektiven für die Tariftreuegesetze nach der Entscheidung des Bundesverfassungsgerichts, VergabeR 2007, 167
– Dornbusch, Tessa, Die Berücksichtigung vergabefremder Zwecke bei der öffentlichen Auftragsvergabe und ihre Verknüpfung mit dem Arbeitsrecht – insbesondere die Tariftreueerklärung auf der Grundlage des § 97 IV Halbs. 2 GWB, Dissertation, Berlin, 2004
– Frankenstein, Vergabe – Tariftreuegesetze: Quo vaditis?, ibr-online (www.ibr-online.de/2007-1)
– Frenz, Walter, Die Tariftreueentscheidung im europäischen Rechtssystem, VergabeR 2009, 563
– Gesterkamp, Stefan/Laumann, Daniel, Die Berücksichtigung allgemeinverbindlicher Tarifverträge bei der Vergabe öffentlicher Aufträge, VergabeR 2007, 477
– Klumpp, Steffen, Dienstleistungsfreiheit versus Tariftreue, NJW 2008, 3473
– v. Loewenich, Gerhard, Überlegungen zur Vereinbarkeit der Landesvergabegesetze von Niedersachsen und Bremen mit dem Grundgesetz, ZfBR 2004, 23
– Löwisch, Manfred, Landesrechtliche Tariftreue als Voraussetzung der Vergabe von Bau- und Verkehrsleistungen, Der Betrieb 2004, 814
– Pietzcker, Jost, Gerichtsschutz im Unterschwellenbereich und Tariftreueklauseln – zwei klärende Entscheidungen des Bundesverfassungsgerichts, ZfBR 2007, 131
– Rindtorff, Ermbrecht/Henkel, Alexandra, Nicht flächendeckend – Tariftreue in öffentlichen Ausschreibungen, Behörden Spiegel, Juni 2007, 24
– Seifert, Achim, Die vergaberechtliche Tariftreuepflicht vor dem Europäischen Gerichtshof, EuZA 2008, 526
– Steiff, Jakob/André, Tobias, Konsequenzen aus dem EuGH-Urteil zur Tariftreue, NZBau 2008, 364
– Steiff, Jakob, Weitreichende Konsequenzen – Das Luxemburger Urteil zur Tariftreue hinterlässt Spuren, Behörden Spiegel Mai 2008, 27

Gesetz gegen Wettbewerbsbeschränkungen GWB § 97 **Teil 1**

– Tietje, Teemu, Die Verfassungsmäßigkeit eines Tariftreueverlangens bei Bauauftragsvergabe, NZBau 2007, 23
– Thüsing, Gregor/Granetzny, Thomas, Noch einmal: Was folgt aus Rüffert?, NZA 2009, 181
– Wittjen, Martin, Tariftreue am Ende?, ZfBR 2009, 30

6.9.8.16 Richtlinien des Bundes für die Berücksichtigung von Werkstätten für Behinderte und Blindenwerkstätten bei der Vergabe öffentlicher Aufträge (Richtlinien Bevorzugte Bewerber)

Auf Grund der §§ 56 und 58 Schwerbehindertengesetz (SchwbG) sind Aufträge der öffentlichen Hand, die von **Werkstätten für Behinderte und Blindenwerkstätten** ausgeführt werden können, diesen bevorzugt anzubieten. Um diesem Anliegen Rechnung zu tragen, hat die Bundesregierung **Richtlinien für die Berücksichtigung von Werkstätten für Behinderte und Blindenwerkstätten bei der Vergabe öffentlicher Aufträge (Richtlinien Bevorzugte Bewerber vom 10. 5. 2001)** erlassen (Bundesanzeiger Nr. 109, Seiten 11773 bis 11774). Die Richtlinie ist allerdings **nur bei allen Beschränkten Ausschreibungen und Freihändigen Vergaben nach Abschnitt 1 der VOL/A bzw. VOB/A zu beachten** (VK Köln, B. v. 10. 5. 2010 – Az.: VK VOL 10/2010).

949

6.10 Einrichtung oder Zulassung von Präqualifikationssystemen (§ 97 Abs. 4 a)

Nach § 97 Abs. 4a können Auftraggeber Präqualifikationssysteme einrichten oder zulassen, mit denen die Eignung von Unternehmen nachgewiesen werden kann. Die Vorschrift ist mit dem Vergaberechtsmodernisierungsgesetz 2009 **neu in das GWB aufgenommen** worden.

950

6.10.1 Gesetzesbegründung

Die Aufnahme der Möglichkeit für Öffentliche Auftraggeber, Präqualifikationssysteme einzurichten oder zuzulassen, **dient der Verfahrensvereinfachung und -beschleunigung beim Nachweis der Eignung** nach § 97 Abs. 4 Satz 1 GWB. Selbstverständlich ist in allen Fällen immer die Möglichkeit zu lassen, die Eignung durch Einzelnachweis zu erbringen.

951

6.10.2 Präqualifikation nach der VOB/A 2006

Im Rahmen der VOB/A 2006 ist nach § 6 Abs. 3 Nr. 2 VOB/A als Nachweis der Eignung (Fachkunde, Leistungsfähigkeit und Zuverlässigkeit) **insbesondere auch die vom Auftraggeber direkt abrufbare Eintragung in die allgemein zugängliche Liste des Vereins für die Präqualifikation von Bauunternehmen e.V. (Präqualifikationsverzeichnis)** zulässig. Auf den konkreten Auftrag bezogene zusätzliche Nachweise können verlangt werden.

952

Vgl. **im Einzelnen** die Kommentierung zu → § 6 VOB/A Rdn. 88 ff.

953

6.11 Zuschlag auf das wirtschaftlichste Angebot (§ 97 Abs. 5)

Der **Zuschlag wird auf das wirtschaftlichste Angebot** erteilt.

954

6.11.1 Inhalt

Die **Vergabekoordinierungsrichtlinie** legt – ebenso wie die alten Koordinierungsrichtlinien – fest, dass für die Auftragsvergabe **grundsätzlich zwei Kriterien** maßgebend sein dürfen. Der öffentliche Auftraggeber darf **entweder den Anbieter auswählen, der den niedrigsten Preis anbietet**, oder **denjenigen Anbieter, der das wirtschaftlich günstigste Angebot** abgegeben hat – vgl. Art. 53 der Richtlinie 2004/18/EG – (OLG Düsseldorf, B. v. 9. 2. 2009 – Az.: VII-Verg 66/08; B. v. 14. 1. 2009 – Az.: VII-Verg 59/08; B. v. 28. 4. 2008 – Az.: VII – Verg 1/08; 1. VK Brandenburg, B. v. 14. 6. 2007 – Az.: 1 VK 17/07; VK Lüneburg, B. v. 8. 5. 2006 – Az.: VgK-07/2006; B. v. 15. 11. 2005 – Az.: VgK-48/2005; B. v. 3. 5. 2005 – Az.: VgK-14/2005; B. v. 26. 1. 2005 – Az.: 203-VgK-56/2004; B. v. 5. 11. 2004 – Az.: 203-VgK-48/2004; B. v. 12. 4. 2002 – Az.: 203-VgK-05/2002 – jeweils für die alten Koordinierungsrichtlinien; VK Niedersachsen, B. v. 16. 4. 2010 – Az.: VgK-10/2010; B. v. 22. 10. 2009 –

955

Az.: VgK-49/2009; B. v. 11. 11. 2008 – Az.: VgK-39/2008; VK Sachsen-Anhalt, B. v. 6. 3. 2009 – Az: 1 VK LVwA 32/08; VK Südbayern, B. v. 26. 3. 2009 – Az.: Z3-3-3194-1-03-01/09).

956 Das **OLG Naumburg** umschreibt dies plastisch so, dass die **vergaberechtliche Wirtschaftlichkeitsprüfung** darauf gerichtet ist, eine an objektiven, willkürfreien, (möglichst) nicht manipulierbaren Kriterien orientierte Auswahl des Vertragspartners zu organisieren. Sie hat einen **einzelwirtschaftlichen Maßstab**, d. h. es geht stets um die Wirtschaftlichkeit des konkreten Beschaffungsvorgangs für den Auftraggeber, nicht um gesamtwirtschaftliche Erwägungen. Nach diesem Begriffsverständnis kann **Einzelwirtschaftlichkeit grundsätzlich in zwei Alternativen** definiert werden: Einzelwirtschaftlichkeit kann erreicht werden, wenn **für eine genau definierte Leistung die Gegenleistung in Form von Entgelt möglichst gering** ist, d. h. wenn der vom Auftraggeber zu leistende Aufwand so gering, so minimal, wie möglich, ist (daher auch: **Minimalprinzip**). Einzelwirtschaftlichkeit kann **auch dadurch verwirklicht** werden, dass **mit den für die Beschaffungsmaßnahme zur Verfügung stehenden finanziellen Mitteln als fixe Größe eine möglichst hochwertige Leistung erworben** werden soll, d. h., dass mit einem relativ feststehenden Aufwand das bestmögliche, maximale Ergebnis erzielt werden soll (daher auch: **Maximalprinzip**). Die **Auswahl**, nach welchem der beiden vorgenannten Prinzipien die Einzelwirtschaftlichkeit gewährleistet werden soll, ist letztlich schon **keine vergaberechtliche Frage** mehr. Für das Erreichen der vergaberechtlichen Zielstellungen der Organisation einer wirklich vergaberechtlichen Beschaffung ist es bereits, dass die Auswahl des Vertragspartners nach einem der beiden Prinzipien erfolgt. Diese Erwägungen haben im Übrigen ausdrücklichen Niederschlag in Art. 53 Abs. 1 der Richtlinie 2004/18/EG gefunden, der beide Alternativen der Definition von Einzelwirtschaftlichkeit für ein konkretes Vergabeverfahren als gleichwertig aufführt (OLG Naumburg, B. v. 5. 12. 2008 – Az.: 1 Verg 9/08).

957 Artikel 30 Absatz 1 der Baukoordinierungsrichtlinie – **jetzt Art. 53 der Richtlinie 2004/18/EG** – ist dahin auszulegen, dass er einer **nationalen Regelung entgegensteht**, die den öffentlichen Auftraggebern für die Vergabe von öffentlichen Bauaufträgen im Anschluss an ein offenes oder nicht offenes Ausschreibungsverfahren abstrakt und allgemein vorschreibt, **nur das Kriterium des niedrigsten Preises anzuwenden** (EuGH, Urteil v. 7. 10. 2004 – Az.: C-249/02).

958 **Der deutsche Gesetzgeber** hat sich in § 97 Abs. 5 GWB ausdrücklich dafür entschieden, dem Kriterium **„wirtschaftlichstes Angebot"** den Vorzug vor dem ebenfalls zulässige Kriterium „niedrigster Preis" zu geben (1. VK Brandenburg, B. v. 14. 6. 2007 – Az.: 1 VK 17/07; VK Niedersachsen, B. v. 16. 4. 2010 – Az.: VgK-10/2010; B. v. 22. 10. 2009 – Az.: VgK-49/2009; B. v. 11. 11. 2008 – Az.: VgK-39/2008). Neben dem Angebotspreis können daher andere – betriebswirtschaftliche – Wirtschaftlichkeitskriterien wie beispielsweise Service, Garantiezeiten, Lieferzeit, Ausführungsdauer, Betriebskosten, Rentabilität, Qualität, Zweckmäßigkeit, technischer Wert, Kundendienst und technische Hilfe, die Verpflichtung hinsichtlich der Ersatzteile, die Versorgungssicherheit, Reparaturzeiten und -kosten oder Anwenderfreundlichkeit, Zuverlässigkeit, Standfestigkeit etc. berücksichtigt werden. Das deutsche Recht schließt damit nicht aus, dass die preisliche Beurteilung des Angebots im Rahmen der Prüfung des wirtschaftlich günstigsten Angebots eine, wenn nicht die maßgebliche Rolle spielt. **Der Preis ist nach dem deutschen Vergaberecht vielmehr zwar regelmäßig das wichtigste, aber nicht das allein entscheidende Kriterium** (OLG Düsseldorf, B. v. 28. 4. 2008 – Az.: VII – Verg 1/08; OLG Naumburg, B. v. 5. 12. 2008 – Az.: 1 Verg 9/08; VK Lüneburg, B. v. 8. 5. 2006 – Az.: VgK-07/2006; B. v. 22. 3. 2006 – Az.: VgK-05/2006; B. v. 20. 3. 2006 – Az.: VgK-04/2006; B. v. 15. 11. 2005 – Az.: VgK-48/2005; B. v. 5. 2005 – Az.: VgK-14/2005; B. v. 26. 1. 2005 – Az.: 203-VgK-56/2004; B. v. 5. 11. 2004 – Az.: 203-VgK-48/2004; B. v. 12. 4. 2002 – Az.: 203-VgK-05/2002; VK Niedersachsen, B. v. 16. 4. 2010 – Az.: VgK-10/2010; B. v. 22. 10. 2009 – Az.: VgK-49/2009; B. v. 11. 11. 2008 – Az.: VgK-39/2008; VK Südbayern, B. v. 21. 4. 2009 – Az.: Z3-3-3194-1-09-02/09; B. v. 26. 3. 2009 – Az.: Z3-3-3194-1-03-01/09).

959 Nach **Erwägungsgrund 46 der Richtlinie 2004/18/EG müssen es**, soweit sich der Auftraggeber für das Kriterium des wirtschaftlich günstigsten Angebotes entscheidet, die zu diesem Zweck aufgestellten wirtschaftlichen und qualitativen **Kriterien ermöglichen, das Leistungsniveau jedes einzelnen Angebotes im Verhältnis zu dem in den technischen Spezifikationen beschriebenen Auftragsgegenstand zu bewerten sowie das Preis-Leistungsverhältnis jedes Angebotes zu bestimmen** (1. VK Brandenburg, B. v. 14. 6. 2007 – Az.: 1 VK 17/07).

Dies bedeutet, dass der Auftraggeber **Preis und Leistung eines Angebotes im Wege einer Abwägung in ein angemessenes Verhältnis zueinander zu bringen hat**, und dass der Angebotspreis hierbei in einer angemessenen Weise in die Wertung einzubeziehen ist. Hierbei kommt dem Auftraggeber – gerade weil aufgrund der Betonung der Wirtschaftlichkeit weitere Kriterien der Angebote relevant sind und im Einzelfall beispielsweise ein Mehr an Qualität einen höheren Preis rechtfertigen kann – ein erheblicher Beurteilungs- und Ermessensspielraum zu. Um den Anforderungen auf nationaler Ebene (§ 97 Abs. 5 GWB, § 21 EG VOL/A bzw. § 16 Abs. 6 VOB/A) als auch den europarechtlichen Vorgaben (Art. 53 der Richtlinie 2004/18/EG des Europäischen Parlaments und des Rates vom 31. März 2004 unter Berücksichtigung des 46. Erwägungsgrundes) gerecht zu werden, ist der **Auftraggeber damit nicht nur berechtigt, sondern auch verpflichtet, aus seinem Blickwinkel im Augenblick des Zuschlages zu beurteilen, welches Angebot seinen Zielen am ehesten entspricht** und damit das ihm eingeräumte Ermessen (ordnungsgemäß) auszuüben (1. VK Brandenburg, B. v. 14. 6. 2007 – Az.: 1 VK 17/07).

6.11.2 Konkrete Ausformung in VOB/A, VOL/A, VOF und SektVO

	Wirtschaftlichstes Angebot
VOB	§ 16 Abs. 6
VOL	§ 21 EG Abs. 1
VOF	§ 11 Abs. 6
SektVO	§ 29 Abs. 1 SektVO

6.11.3 Prüfung des wirtschaftlichsten Angebots als eigene (4.) Wertungsstufe

Im Rahmen der Wertungsstufen von VOB/A, VOL/A und VOF ist die Ermittlung des wirtschaftlichsten Angebotes (bzw. des Angebotes mit der bestmöglichen Leistung, § 11 VOF) **im Rahmen einer eigenen Wertungsstufe** zu ermitteln (OLG Thüringen, Urteil v. 27. 2. 2002 – Az.: 6 U 360/01).

In der folgenden Kommentierung ist die Prüfung des wirtschaftlichsten Angebots nach § 16 Abs. 6 VOB/A und §§ 19 EG, 21 EG Abs. 1 VOL/A zusammengefasst erläutert.

6.11.4 Zuschlagskriterien

6.11.4.1 Begriff und Inhalt

Die **Kriterien, nach denen das wirtschaftlichste Angebot ermittelt** wird, bezeichnet man ganz überwiegend als **Zuschlagskriterien**.

Zuschlagskriterien stellen sich inhaltlich als **aggregierte Begriffe dar, die jeweils in Form eines Stichwortes oder einer Wortverbindung die unter ihnen subsumierten sachlichen Grundlagen für deren Bewertung benennen**. Zuschlagskriterien können in weitere, diesen zuordenbare Unterkriterien usw. aufgegliedert werden. Als Grundlage der Angebotsbewertung gelten die von der Vergabestelle abgeforderten und von den Bewerbern/Bietern mit dem Angebot abzugebenden Angaben, Sachverhalte, Konzepte und deren Inhalte, die unter den Kriterien bzw. den Unterkriterien zu subsumieren sind (VK Thüringen, B. v. 17. 3. 2009 – Az.: 250–4003.20–650/2009-003-EF).

6.11.4.2 Keine abschließende Aufzählung

§ 16 Abs. 6 Nr. 3 VOB/A und § 19 EG Abs. 9 VOL/A nennen verschiedene Zuschlagskriterien. Diese Kriterien sind – sowohl für die Wertung nach VOB/A als auch VOL/A – nicht abschließend (OLG Düsseldorf, B. v. 14. 1. 2009 – Az.: VII-Verg 59/08; 2. VK Bund, B. v. 22. 4. 2009 – Az.: VK 2–24/09). Mit der Novellierung der VOB/A 2006 und der VOL/A 2006 aufgrund der Vorgaben der neuen EU-Vergabekoordinierungsrichtlinie und der neuen EU-Sektorenrichtlinie sind diese **beispielhaft aufgeführten Zuschlagskriterien modifiziert** worden (**VOB/A:** Qualität, Preis, technischer Wert, Ästhetik, Zweckmäßigkeit, Umwelteigenschaften, Betriebs- und Folgekosten, Rentabilität, Kundendienst und technische Hilfe oder Aus-

Teil 1 GWB § 97 Gesetz gegen Wettbewerbsbeschränkungen

führungsfrist; **VOL/A:** Qualität, Preis, technischer Wert, Ästhetik, Zweckmäßigkeit, Umwelteigenschaften, Betriebskosten, Rentabilität, Kundendienst und technische Hilfe, Lieferzeitpunkt und Lieferungs- oder Ausführungsfrist).

967 Im Rahmen der Novellierung der VOL/A 2009 wurde **in die VOL/A – wie in die VOF 2009 – das Zuschlagskriterium der Lebenszykluskosten als neues ausdrücklich genanntes Zuschlagskriterium eingefügt.** In der **VOB/A 2009 fehlt dieses Zuschlagskriterium.**

968 Der **Auftraggeber kann sich der Kriterien des § 11 Abs. 5 VOF bedienen, kann sie aber auch** nach Art des Auftrags und im Hinblick auf den für die Auftragserfüllung zu fordernden Standard der Auftragsausführung **um weitere Kriterien erweitern oder auch einschränken.** Dabei kann er sich im Rahmen des Kriterienkatalogs halten, aber auch andere Gesichtspunkte auswählen, die für die Vergabeentscheidung bedeutsam sind (BayObLG, B. v. 20. 8. 2001 – Az.: Verg 9/01).

969 **Auch § 29 Abs. 2 SektVO** beinhaltet nach seinem Wortlaut **keine abschließende Aufzählung.**

6.11.4.3 Allgemeine Anforderungen an Zuschlagskriterien

970 Der Auftraggeber hat die **Zuschlagskriterien unmissverständlich so zu formulieren, dass die fachkundigen Bieter keine Verständnisschwierigkeiten haben.** Denn alle Interessenten sollen bei der Abfassung ihrer Angebote die gleichen Chancen erhalten. Dies bedeutet konkret, dass die Zuschlagskriterien in den Verdingungsunterlagen oder in der Bekanntmachung so gefasst werden müssen, dass alle durchschnittlich fachkundigen Bieter sie bei Anwendung der üblichen Sorgfalt in der gleichen Weise auslegen können. Dabei hat die **Auslegung der Zuschlagskriterien aus der objektiven Sicht eines verständigen und mit Leistungen der ausgeschriebenen Art vertrauten Bieters zu erfolgen** (LSG Baden-Württemberg, B. v. 17. 2. 2009 – Az.: L 11 WB 381/09; LSG Nordrhein-Westfalen, B. v. 28. 4. 2009 – Az.: L 21 KR 40/09 SFB; VK Brandenburg, B. v. 12. 11. 2008 – Az.: VK 35/08; 3. VK Bund, B. v. 30. 1. 2009 – Az.: VK 3–221/08; B. v. 29. 1. 2009 – Az.: VK 3–200/08; B. v. 29. 1. 2009 – Az.: VK 3–197/08; B. v. 23. 1. 2009 – Az.: VK 3–194/08; VK Münster, B. v. 12. 5. 2009 – Az.: VK 5/09; B. v. 21. 11. 2007 – Az.: VK 24/07; B. v. 31. 10. 2007 – Az.: VK 23/07; im Ergebnis ebenso VK Nordbayern, B. v. 30. 10. 2009 – Az.: 21.VK – 3194 – 32/09). Danach kommt es **in erster Linie auf den Wortlaut**, daneben **aber auch auf die konkreten Verhältnisse der Leistung** an, wie sie in den Vergabeunterlagen ihren Ausdruck gefunden haben (VK Brandenburg, B. v. 12. 11. 2008 – Az.: VK 35/08). Ein **missverständlich formuliertes Kriterium ist nicht hinreichend bekannt gemacht** und **darf** deshalb bei der Wertung der Angebote **nicht berücksichtigt werden** (VK Münster, B. v. 12. 5. 2009 – Az.: VK 5/09).

971 Die vom Auftraggeber als Zuschlagskriterien für die Ermittlung des wirtschaftlich günstigsten Angebots **festgelegten Kriterien müssen** insbesondere **mit dem Gegenstand des Auftrags zusammenhängen** (LSG Baden-Württemberg, B. v. 17. 2. 2009 – Az.: L 11 WB 381/09; 3. VK Bund, B. v. 26. 3. 2009 – Az.: VK 3–43/09; B. v. 20. 3. 2009 – Az.: VK 3–34/09; B. v. 20. 3. 2009 – Az.: VK 3–22/09; B. v. 30. 1. 2009 – Az.: VK 3–221/08; B. v. 29. 1. 2009 – Az.: VK 3–200/08; B. v. 29. 1. 2009 – Az.: VK 3–197/08; B. v. 23. 1. 2009 – Az.: VK 3–194/08; VK Südbayern, B. v. 26. 3. 2009 – Az.: Z3-3-3194-1-03-01/09). Führt **ein nicht auftragsbezogenes Kriterium zu einer ungerechtfertigten Diskriminierung von Bietern**, deren Angebot die mit dem Gegenstand des Auftrags zusammenhängenden Voraussetzungen möglicherweise uneingeschränkt erfüllt, so würde eine Beschränkung des Kreises der Wirtschaftsteilnehmer, die in der Lage sind, ein Angebot abzugeben, das **mit den Richtlinien über die Koordinierung der Verfahren zur Vergabe öffentlicher Aufträge verfolgte Ziel einer Öffnung für den Wettbewerb vereiteln** (EuGH, Urteil v. 4. 12. 2003 – Az.: C-448/01; 1. VK Sachsen, B. v. 30. 4. 2008 – Az.: 1/SVK/020-08).

972 Verfolgt der Auftraggeber mit Zuschlagskriterien bestimmte Zwecke, z. B. Förderung des Umweltschutzes oder sozialpolitische Zwecke, ist dies im Grundsatz zulässig. Es **schadet auch nichts, wenn sich möglicherweise das mittels des Zuschlagskriteriums angestrebte Ziel mit ihm nicht erreichen lässt** (EuGH, Urteil v. 4. 12. 2003 – Az.: C-448/01).

973 Die **Eignung von Wertungskriterien richtet sich nach dem Inhalt und der Komplexität der in den Verdingungsunterlagen aufgestellten Anforderungen.** Es ist grundsätzlich davon auszugehen, dass nicht alle Kriterien geeignet sind, mit einer ausdifferenzierten Wertungsskala bewertet zu werden. Denkbar sind beispielsweise einfachere Anforderungen, deren

Gesetz gegen Wettbewerbsbeschränkungen GWB § 97 **Teil 1**

Vorliegen allein mit „erfüllt" oder „nicht erfüllt" bewertet werden kann. Bei komplexeren Anforderungen ist hingegen eine Bewertung nach dem Erfüllungsgrad sachgerechter und, dem Gleichbehandlungsgebot gemäß § 97 Abs. 2 GWB nachkommend, auch genauer. **Eine Vermischung verschiedener Anforderungskategorien in ein und derselben Wertungsmatrix ist zulässig.** Eine Vergleichbarkeit sämtlicher Wertungspunkte wird dadurch gewährleistet, dass bei einer Ja/Nein-Anforderung die Bewertung mit der Höchst- bzw. der Niedrigstpunktzahl bewertet und in der Gesamtwertung entsprechend berücksichtigt wird. **Problematisch kann die vielfache Verwendung von Ja/Nein-Kriterien innerhalb einer Wertung aber dann werden, wenn hierdurch alle Bieter gleich hohe Wertungspunkte erhalten und hierdurch letztendlich nur nach dem Preis entschieden wird** (2. VK Bund, B. v. 17. 3. 2005 – Az.: VK 2–09/05).

Es ist **zulässig, auch auf der vierten Wertungsstufe ein Ausschlusskriterium als Zuschlagskriterium** – besser: eben gerade als dem Zuschlag absolut entgegenstehendes Kriterium – **vorzusehen**, z. B. um einen Mindeststandard von Angeboten in allen Bereichen zu gewährleisten (3. VK Bund, B. v. 29. 1. 2009 – Az.: VK 3–200/08; B. v. 29. 1. 2009 – Az.: VK 3–197/08). 974

6.11.4.4 Nicht-monetäre Zuschlagskriterien

Die **Zuschlagskriterien**, die der öffentliche Auftraggeber zur Ermittlung des wirtschaftlich günstigsten Angebots wählt, **müssen nicht notwendigerweise quantitativer Art oder ausschließlich auf die Preise ausgerichtet** sein. Selbst wenn die Verdingungsunterlagen Zuschlagskriterien enthalten, die nicht quantitativ ausgedrückt sind, **können diese Kriterien objektiv und einheitlich zum Vergleich der Angebote angewandt werden und sind eindeutig relevant für die Ermittlung des wirtschaftlich günstigsten Angebots** (EuG, Urteil v. 19. 3. 2010 – Az.: T-50/05). 975

6.11.4.5 Verbot von nicht überprüfbaren Zuschlagskriterien

Legt ein öffentlicher Auftraggeber ein Zuschlagskriterium fest und gibt dabei an, dass er **weder bereit noch in der Lage ist, die Richtigkeit der Angaben der Bieter zu prüfen**, so verstößt er gegen den Grundsatz der Gleichbehandlung, denn ein solches Kriterium gewährleistet nicht die Transparenz und die Objektivität des Vergabeverfahrens. Somit ist festzustellen, dass ein **Zuschlagskriterium, das nicht mit Anforderungen verbunden ist, die eine effektive Kontrolle der Richtigkeit der Angaben der Bieter ermöglichen, gegen die für die Vergabe öffentlicher Aufträge geltenden Grundsätze des Gemeinschaftsrechts verstößt** (EuGH, Urteil v. 4. 12. 2003 – Az.: C-448/01; 2. VK Bund, B. v. 14. 9. 2009 – Az.: VK 2–153/09; ähnlich VK Hessen, B. v. 21. 3. 2003 – Az.: 69 d VK – 11/2003). 976

6.11.4.6 Grundsatz der Trennung von Eignungs- und Zuschlagskriterien

Nach § 97 Abs. 4 GWB sind Aufträge an fachkundige, leistungsfähige und zuverlässige Unternehmen zu vergeben. In einem **gesonderten Prüfungsschritt** hat der Auftraggeber somit festzustellen, ob die Unternehmen oder Einzelpersonen, die sich durch Angebotsabgabe an seinem Vergabeverfahren beteiligt haben, diese **Eigenschaften erfüllen**. Nur die Angebote derjenigen Unternehmen oder Einzelpersonen, bei denen der Auftraggeber das Vorliegen von Fachkunde, Leistungsfähigkeit und Zuverlässigkeit bejaht hat, sind dann **in einem weiteren Wertungsschritt miteinander zu vergleichen**. Bei diesem Angebotsvergleich wiederum wendet der Auftraggeber die von ihm anfänglich festgelegten Zuschlagskriterien an. Er **darf grundsätzlich nicht**, wie der systematische Aufbau der Vorschriften aus § 97 Abs. 4 und 5 GWB zeigt, **bei der Angebotsbewertung nochmals einfließen lassen, von welchem der Unternehmen ein Angebot stammt, ob es also von einem aus seiner Sicht besonders leistungsfähigen oder besonders erfahrenen Unternehmen abgegeben wurde.** Vgl. im Einzelnen die Kommentierung → Rdn. 635. 977

6.11.4.7 Angabe der Gewichtung der Zuschlagskriterien

6.11.4.7.1 Begriff und Inhalt. Die **Gewichtungsregeln bestimmen, wie die Angaben der Bieter zu den einzelnen Kriterien und Unterkriterien zu bewerten sind und beispielsweise eine Umrechnung in Wertungspunkte erfolgt** (OLG Düsseldorf, B. v. 30. 7. 2009 – Az.: VII-Verg 10/09). Diese Umrechung kann auch in Form einer umfangreichen Wertungsmatrix erfolgen. Unter Wertungsmatrix ist die Darstellung der Methode zu verstehen, wie die einzelnen Noten bzw. Bewertungen in Punktwerte umgerechnet werden (OLG München, B. v. 19. 3. 2009 – Az.: Verg 2/09). 978

979 **Wichtungen geben** also den Grad der Bedeutung, d. h. **die Maßzahl an**, die das Zuschlagskriterium im Rahmen der Angebotsbewertung zur Ermittlung des für den Zuschlag vorgesehenen Angebotes hat. **Unterschiedliche Wichtungen führen bei der Vergabeentscheidung zur verstärkten Berücksichtigung des Kriteriums mit dem Wichtungsschwerpunkt** (VK Thüringen, B. v. 17. 3. 2009 – Az.: 250–4003.20–650/2009-003-EF).

980 **6.11.4.7.2 Seit dem 1. 2. 2006 geltendes Recht für die Angabe der Gewichtung der Zuschlagskriterien. Seit dem 1. 2. 2006** gelten die **Richtlinien 2004/17/EG** des Europäischen Parlaments und des Rates vom 31. März 2004 zur Koordinierung der Zuschlagserteilung durch Auftraggeber im Bereich der Wasser-, Energie- und Verkehrsversorgung sowie der Postdienste **und 2004/18/EG** des Europäischen Parlaments und des Rates vom 31. März 2004 über die Koordinierung der Verfahren zur Vergabe öffentlicher Bauaufträge, Lieferaufträge und Dienstleistungsaufträge **unmittelbar. Nach diesen Richtlinien** (Art. 55 Abs. 2 bzw. Art. 53 Abs. 2) gibt der **öffentliche Auftraggeber in der Bekanntmachung** oder den Verdingungsunterlagen oder – beim wettbewerblichen Dialog – in der Beschreibung an, **wie er die einzelnen Kriterien gewichtet, um das wirtschaftlich günstigste Angebot zu ermitteln.** Diese **Gewichtung kann mittels einer Marge angegeben** werden, deren größte Bandbreite angemessen sein muss. Kann nach Ansicht des öffentlichen Auftraggebers die **Gewichtung aus nachvollziehbaren Gründen nicht angegeben** werden, so gibt der öffentliche Auftraggeber **in der Bekanntmachung** oder in den Verdingungsunterlagen oder – beim wettbewerblichen Dialog – in der Beschreibung die **Kriterien in der absteigenden Reihenfolge ihrer Bedeutung** an. Der Auftraggeber ist verpflichtet, ein sachgerechtes und plausibles **Wertungssystem bereits vor der Bekanntmachung zu entwickeln**.

981 Diese **Regelungen der Richtlinien sind unverändert in §§ 16a VOB/A, 9 EG Abs. 2 VOL/A, § 11 Abs. 4 VOF und § 29 Abs. 4 SektVO übernommen** worden.

982 Die in die VOB/A 2009, VOL/A 2009, VOF 2009 und SektVO aufgenommenen **Bestimmungen tragen der Rechtsprechung des EuGH zum hohen Stellenwert der Gewichtung der Zuschlagskriterien und ihrer möglichst weitgehenden Objektivierung und Präzisierung Rechnung**. Nur dann ist dem Transparenzgebot des § 97 Abs. 1 GWB und dem Gleichbehandlungsgrundsatz des § 97 Abs. 2 GWB Genüge getan (OLG Düsseldorf, B. v. 14. 4. 2008 – Az.: VII-Verg 19/08; OLG Koblenz, B. v. 5. 12. 2007 – Az.: 1 Verg 7/07; VK Thüringen, B. v. 12. 1. 2009 – Az.: 250–4003.20–6372/2008-007-IK; im Ergebnis ebenso OLG München, B. v. 17. 1. 2008 – Az.: Verg 15/07 für den Bereich der VOF; VK Nordbayern, B. v. 16. 4. 2008 – Az.: 21.VK – 3194 – 14/08). Außerdem muss der **Bieter bei der Abgabe seines Angebots wissen, auf welche Gesichtspunkte mit welcher Gewichtung es dem Auftraggeber ankommt**. Erst dann kann er sein Angebot entsprechend den Bedürfnissen des Auftraggebers gestalten (OLG München, B. v. 17. 1. 2008 – Az.: Verg 15/07).

983 Die **Regelungen der Richtlinien sind nicht in die Basisparagraphen der VOB/A und VOL/A übernommen** worden. Bei diesen Vergaben ist der Auftraggeber also nach dem Wortlaut nicht verpflichtet, die Gewichtung der Zuschlagskriterien in der Bekanntmachung oder in den Verdingungsunterlagen anzugeben.

984 Ob sich diese **Differenzierung** aufrechterhalten lässt, ist **eher zweifelhaft** und kann z. B. für Schadenersatzprozesse eine beträchtliche Bedeutung erhalten. Der EuGH leitet nämlich die Verpflichtung zur Angabe der Gewichtung der Zuschlagskriterien aus den **Grundsätzen der Gleichbehandlung der Bieter und der Transparenz her und damit – wie in anderen Fällen auch – unmittelbar aus den Grundprinzipien des EG-Vertrags – jetzt des Vertrags über die Arbeitsweise der Europäischen Union** (EuGH, Urteil v. 12. 12. 2002 – Az.: C-470/99).

985 Die **1. VK Sachsen ist im Gegensatz dazu der Auffassung**, dass sich **auch aus der Rechtsprechung des EuGH keine Begründung dafür ableiten lässt**, über die Grundsätze der Transparenz und Gleichbehandlung all diejenigen Bestimmungen, von denen die Vergaben unterhalb der Schwellenwerte bzw. die privilegierten Dienstleistungen nach Anhang I B VOL/A gerade ausgenommen sein sollten, **vollumfänglich wieder im nationalen Vergabeverfahren zu implementieren** (1. VK Sachsen, B. v. 10. 11. 2006 – Az.: 1/SVK/096-06).

986 **6.11.4.7.3 Verzicht auf eine Angabe der Gewichtung der Zuschlagskriterien.** Der Auftraggeber kann nur dann auf die Angabe der Gewichtung verzichten, wenn er aus nachvollziehbaren Gründen dazu nicht in der Lage ist. Dieses **Anforderungsprofil impliziert, dass die den Auftraggeber bewegenden Umstände einer rechtlichen Prüfung unterzogen werden können** und **nicht jeder Gesichtspunkt für einen gerechtfertigten Verzicht auf**

Transparenz herhalten kann (1. VK Sachsen-Anhalt, B. v. 22. 11. 2007 – Az: 1 VK LVwA 24/07).

Nach Art. 53 Abs. 2 Unterabsatz 3 der Richtlinie 2004/18/EG und Erwägungsgrund 46 Abs. 2 darf der **Auftraggeber nur in begründeten Ausnahmefällen von einer Bekanntgabe der Gewichtung in der Bekanntmachung und den Verdingungsunterlagen absehen**, wenn die Angabe der Gewichtung der Zuschlagskriterien ihm aus nachvollziehbaren Gründen nicht möglich ist, insbesondere wenn die Gewichtung aufgrund der Komplexität des Auftrags nicht im Vorhinein (vor Versendung der Angebotsaufforderung und der Verdingungsunterlagen) vorgenommen werden kann. In diesen Fällen soll (muss) der öffentliche Auftraggeber die Zuschlagskriterien (und ihre Unterkriterien) in der absteigenden Reihenfolge ihrer Bedeutung entweder in der Bekanntmachung oder in den Verdingungsunterlagen bekanntgeben. Das heißt, **auf eine Angabe der Zuschlagskriterien in absteigender Reihenfolge kann vom öffentlichen Auftraggeber nur zurückgegriffen werden, wenn eine Gewichtung aus nachvollziehbaren Gründen nicht möglich** ist. Dabei muss es sich um **vernünftige, objektiv mit dem Auftragsgegenstand zusammenhängende Gründe** handeln. **Subjektives Unvermögen oder bloße Zeitnot**, in die sich der Auftraggeber selbst gebracht hat, **genügen** für die Annahme einer Befreiung von der Bekanntmachungspflicht **nicht** (OLG Düsseldorf, B. v. 23. 1. 2008 – Az.: VII – Verg 31/07). 987

Der **Verzicht auf eine Gewichtung der Wertungskriterien** stellt also den **Ausnahmefall** dar. **Für die üblichen Ausschreibungen scheidet sie damit aus.** Diese Alternative der Gewichtung kommt nur in Betracht, wenn der **Auftraggeber bei Ausschreibung noch nicht vorhersehen kann, wie die von ihm gewünschte Leistung im einzelnen aussehen und zu bewerten sein wird** (VK Nordbayern, B. v. 16. 4. 2008 – Az.: 21.VK – 3194 – 14/08; VK Südbayern, B. v. 29. 4. 2009 – Az.: Z3-3-3194-1-11–03/09). 988

Erfolgt die Wertung der Angebote anhand einer umfangreicheren Rechenformel, ist es in einem solchen Fall – anders als sonst bei der Verwendung mehrerer Wertungskriterien, die zunächst für sich gewichtet und dann zu einer Gesamtpunktzahl addiert werden – **von vornherein nicht möglich**, die **relative Bedeutung der einzelnen Kriterien** z.B. durch eine Prozentzahl oder einen bestimmten Multiplikator **anzugeben**. Der **Schutzzweck des § 9 EG Abs. 2 VOL/A** erfordert, dass die Bieter bereits bei der Gestaltung ihrer Angebote nicht nur wissen, auf welche Kriterien es dem öffentlichen Auftraggeber ankommt, sondern auch, welches Gewicht die einzelnen Kriterien untereinander haben, damit sie ihr Angebot dementsprechend ausrichten können, ist **bei der Anwendung von Rechenformeln auch dann gewahrt, wenn die Bieter anhand der Erläuterung der Rechenschritte im Einzelnen abschätzen können, wie z.B. eine hohe oder niedrige Produktbreite die Zuschlagschancen ihres Angebots beeinflusst** (3. VK Bund, B. v. 20. 3. 2009 – Az.: VK 3–34/09; B. v. 20. 3. 2009 – Az.: VK 3–22/09; B. v. 23. 1. 2009 – Az.: VK 3–194/08). 989

6.11.4.7.4 **Zwingende Bekanntgabe der Gründe, die eine Gewichtung ausschließen, an die Bewerber/Bieter.** Aus §§ 16a VOB/A 2006, 9 EG Abs. 2 VOL/A, § 11 Abs. 4 VOF und § 29 Abs. 4 SektVO ergibt sich, dass die **Angabe der absteigenden Reihenfolge im Verhältnis zur Angabe der Gewichtung der Auftragskriterien die Ausnahme** ist, die eigentlich nur in Betracht kommt, wenn der öffentliche Auftraggeber die Gewichtung aus nachvollziehbaren Gründen nicht angeben kann. **Beruft sich ein Auftraggeber auf diese Ausnahme, so muss er das den Bietern auch mitteilen**; allein ein interner Vermerk in den Akten reicht dafür nicht (VK Münster, B. v. 30. 3. 2007 – Az.: VK 04/07). 990

Der **Zeitpunkt der Bekanntgabe der nachvollziehbaren Gründe**, die eine Gewichtung ausschließen, richtet sich **nach den Zeitpunkten, an denen der Auftraggeber normalerweise die Bekanntgabe der Auftragskriterien und deren Gewichtung vornimmt** (VK Münster, B. v. 30. 3. 2007 – Az.: VK 04/07). 991

Der **Auftraggeber ist verpflichtet, im Vergabevermerk die Gründe zu dokumentieren**, weshalb eine Gewichtung nicht angegeben werden kann (VK Südbayern, B. v. 29. 4. 2009 – Az.: Z3-3-3194-1-11–03/09). Diese **Verpflichtung enthält inzwischen auch ausdrücklich** § 24 EG Abs. 2 lit. j) VOL/A 2009; eine entsprechende **Regelung fehlt in der VOB/A 2009 und der VOF 2009**. 992

6.11.4.7.5 **Rechtsfolge der fehlenden Angabe der Gewichtung der Zuschlagskriterien.** Weder das europäische noch das nationale Vergaberecht enthalten eine Regelung über die Rechtsfolge der fehlenden Angabe der Gewichtung der Zuschlagskriterien. Angesichts der Bedeutung, die insbesondere der Europäische Gerichtshof der Angabe der 993

Gewichtung der Zuschlagskriterien für die Transparenz des Verfahrens und die Chancengleichheit der Bieter zumisst, führt die **fehlende Angabe der Gewichtung der Zuschlagskriterien zur Unmöglichkeit einer Wertung** (2. VK Bund, B. v. 15. 9. 2008 – Az.: VK 2–91/08) und damit zur **zwingenden Aufhebung des Vergabeverfahrens**.

994 **Anderer Auffassung** ist die 3. VK Bund. Hat ein öffentlicher Auftraggeber bei mehreren Zuschlagskriterien **weder eine Gewichtung noch einen erläuternden Zusatz hinsichtlich der absteigenden Reihenfolge bekannt gemacht**, sind die Vorgaben so zu verstehen, dass eben gerade keine Gewichtung erfolgt, sondern dass sich z. B. die beiden Kriteriengruppen Leistungsfähigkeit und Preis **gleichrangig gegenüberstehen**. Etwas anderes folgt auch nicht daraus, dass die **Kriterien untereinander aufgezählt** sind. Genauso könnte man vertreten, dass in einer Aufzählung hintereinander implizit die Reihenfolge „vom wichtigsten zum weniger wichtigen" enthalten ist – da die Kriterien drucktechnisch selbstverständlich entweder neben- oder untereinander geschrieben werden müssen, sind aus der Art der Schreibweise also überhaupt keine gesicherten Erkenntnisse für deren Rangverhältnis zu gewinnen, sofern weitere Anhaltspunkte fehlen, ob und inwieweit den Kriterien eine bestimmte Rangfolge zukommt. Es **kann von einem Bieter auch nicht verlangt werden, zu wissen, dass wegen § 9 EG Abs. 2 Satz 3 VOL/A angeblich immer dann, wenn konkrete Angaben zur Gewichtung fehlen, die Kriterien in der absteigenden Reihenfolge ihrer Bedeutung genannt worden sein sollen**. Adressat von § 9 EG VOL/A ist wie das gesamte Vergaberecht der öffentliche Auftraggeber. § 9 EG VOLA enthält für ihn die Handlungsanweisung, transparent vorzugeben, welche Bedeutung den verschiedenen Bewertungskriterien zukommt. Eine solche transparente Vorgabe fehlt aber gerade, wenn nicht explizit verlautbart wird, dass die Wertigkeiten unterschiedlich sein sollen. Wird gerade nicht in der Bekanntmachung, der Angebotsaufforderung oder in den Verdingungsunterlagen hierauf hingewiesen, so stellt die Wertung unter Heranziehung einer Gewichtung einen Vergabefehler dar. Der Auftraggeber wird bei einer neu durchzuführenden Wertung die Gleichrangigkeit z. B. der Komplexe Leistungsfähigkeit und Preis zugrunde zu legen haben (3. VK Bund, B. v. 20. 6. 2007 – Az.: VK 3–52/07, im Ergebnis ebenso LSG Nordrhein-Westfalen, B. v. 19. 11. 2009 – Az.: L 21 KR 55/09 SFB; 1. VK Bund, B. v. 21. 8. 2009 – Az.: VK 1–146/09; 1. VK Sachsen-Anhalt, B. v. 22. 11. 2007 – Az: 1 VK LVwA 24/07).

995 **6.11.4.7.6 Weitere Beispiele aus der Rechtsprechung.**

– der Auftraggeber hat grundsätzlich auch die Gewichtung der (Unter-)Kriterien mitzuteilen. **Im Wege der Auslegung kann sich allerdings ergeben, dass den Unterkriterien jeweils ein gleiches Gewicht zukommen soll** und diese nicht etwa in Anlehnung an § 25a Abs. 1 S. 3 VOL/A (= Art. 53 Abs. 2 UA 3 Richtlinie) in absteigender Reihenfolge ihrer Wichtigkeit aufgeführt sind (OLG Düsseldorf, B. v. 3. 3. 2010 – Az.: VII-Verg 48/09)

– ein Auftraggeber verstößt gegen §§ 9 Nr. 3 Buchst. c ii, 7 Nr. 2 Abs. 2 Buchst. i und 11 Nr. 1 Abs. 2 VOL/A-SKR, wenn er die der Angebotswertung zugrunde gelegte Matrix und damit die in ihr festgelegten **Abweichungen von den bekannt gemachten Wertungskriterien und Gewichtungen sowie die in der Matrix enthaltenen Unter- und Unter-Unterkriterien einschließlich deren Gewichtung nicht bekannt** gegeben hat (2. VK Bund, B. v. 22. 6. 2010 – Az.: VK 2–44/10)

– mit einer **Mitteilung hinsichtlich der Gewichtung der Zuschlagskriterien allein gegenüber einem Bieter verstößt der Auftraggeber gegen das Transparenzgebot** gemäß § 97 Abs. 1 GWB **und den Gleichbehandlungsgrundsatz** gemäß § 97 Abs. 2 GWB (1. VK Bund, B. v. 21. 8. 2009 – Az.: VK 1–146/09)

– werden **zwei Unterkriterien** nach dem den Bewerbern mitgeteilten Wertungskonzept **mit jeweils 5% von 30% (Hauptkriterium) in die Wertung** eingehen und werden die Lösungen nicht als befriedigend angesehen, **erscheint es nicht als angemessen, darin einen Ablehnungsgrund für das gesamte Angebot zu sehen**. Dies hätte den Bietern durch eine andere Gewichtung oder eine Mindestanforderung vorab deutlich gemacht werden müssen (VK Düsseldorf, B. v. 28. 1. 2010 – Az.: VK – 37/2009 – B)

6.11.4.8 Angabe der Tragweite der Zuschlagskriterien

996 Die **potenziellen Bieter müssen in die Lage versetzt werden, bei der Vorbereitung ihrer Angebote nicht nur vom Bestehen, sondern auch von der Tragweite der Zuschlagskriterien Kenntnis zu nehmen**. Zur Tragweite der Zuschlagskriterien gehört nicht nur die Gewichtung selbst, sondern auch die jeweilige Umrechnungsformel bei

der Wertung. Die inhaltliche Gestaltung der von dem Auftraggeber zur Umrechnung der Angebotspreise in Punkte angewendeten Formel ermöglicht eine eindeutige Einflussnahme auf die über den Preis erzielbare Punkteverteilung. So bestimmt sich nach der Formel, in welches Verhältnis die Bieter zueinander gesetzt werden, wie und in welchem Maße die Punktabstände der Bieter zueinander beeinflusst werden können und bis zu welchem Preis überhaupt noch Punkte verteilt werden. Damit erlangt die konkret angewendete Umrechnungsformel eine Bedeutung für die Tragweite der Zuschlagskriterien, insbesondere in Bezug auf deren Verhältnis zueinander. Beschränkt sich der Auftraggeber bei der Wertung nicht nur auf das Zuschlagskriterium Preis, sondern wählt er neben diesem monetären auch nichtmonetäre Zuschlagskriterien, hat er den potenziellen Bietern die Möglichkeit gewährt, Nachteile beim Zuschlagskriterium Preis durch Vorteile bei den nichtmonetären Zuschlagskriterien (z. B. Qualität des Konzeptes und Präsentation/Verhandlungsgespräch) auszugleichen und umgekehrt. Demzufolge ist es möglich, über die nichtmonetären Zuschlagskriterien die Bieterrangfolge zu beeinflussen. **Ohne Bekanntgabe der Umrechnungsformel für den Preis fehlt den potenziellen Bietern die Kenntnis dahingehend, wie sie ihre Angebote optimal kalkulieren und insbesondere auch, wie viel Aufwand sie in die Erlangung der Erstplatzierung beim Zuschlagskriterium Preis investieren wollen.** So können die potenziellen Bieter nur durch Kenntnis von der Umrechnungsformel abwägen, ob es sich beispielsweise lohnen könnte, im Zuschlagskriterium Konzept einen höheren oder besser qualifizierten und damit teureren Personalstock anzubieten und dafür einen höheren Angebotspreis und damit ggf. den Verzicht auf den ersten Rang im Kriterium Preis in Kauf zu nehmen (VK Schleswig-Holstein, B. v. 9. 7. 2010 – Az.: VK-SH 11/10; B. v. 22. 1. 2010 – Az.: VK-SH 26/09).

6.11.4.9 Pflicht zur Bekanntmachung der Zuschlagskriterien

6.11.4.9.1 Grundlagen. Nach § 16a Abs. 1 VOB/A sind die **relevanten Kriterien für die Auftragserteilung und die Gewichtung der einzelnen Kriterien in der Bekanntmachung oder in den Vergabeunterlagen aufzuführen** (1. VK Bund, B. v. 10. 8. 2006 – Az.: VK 1–55/06; 2. VK Bund, B. v. 22. 6. 2010 – Az.: VK 2–44/10;VK Nordbayern, B. v. 14. 2. 2003 – Az.: 320.VK-3194-02/03; VK Rheinland-Pfalz, B. v. 20. 4. 2010 – Az.: VK 2–7/10). Diese Pflicht gilt **nicht nur für die Hauptkriterien**, sondern **grundsätzlich auch für Unterkriterien und Gewichtungsregeln** (OLG Düsseldorf, B. v. 3. 3. 2010 – Az.: VII-Verg 48/09; B. v. 10. 9. 2009 – Az.: VII-Verg 12/09; OLG München, B. v. 29. 7. 2010 – Az.: Verg 09/10; B. v. 19. 3. 2009 – Az.: Verg 2/09; LSG Nordrhein-Westfalen, B. v. 19. 11. 2009 – Az.: L 21 KR 55/09 SFB; VK Brandenburg, B. v. 19. 1. 2010 – Az.: VK 47/09; 2. VK Bund, B. v. 22. 6. 2010 – Az.: VK 2–44/10; VK Rheinland-Pfalz, B. v. 20. 4. 2010 – Az.: VK 2–7/10).

997

Nach **§§ 9 EG Abs. 1 Satz 2, 10 EG Abs. 2 Satz 1 lit. c) VOL/A** sind die relevanten Kriterien für die Auftragserteilung in der Bekanntmachung oder in den Vergabeunterlagen oder in der Aufforderung zur Angebotsabgabe aufzuführen (OLG Düsseldorf, B. v. 16. 12. 2009 – Az.: VII-Verg 32/09; B. v. 13. 8. 2008 – Az.: VII-Verg 43/07; OLG Karlsruhe, B. v. 9. 3. 2007 – Az.: 17 Verg 3/07; OLG München, B. v. 29. 7. 2010 – Az.: Verg 09/10; VK Nordbayern, B. v. 14. 2. 2003 – Az.: 320.VK-3194-02/03; VK Sachsen, B. v. 7. 1. 2008 – Az.: 1/SVK/077-07; VK Thüringen, B. v. 12. 1. 2009 – Az.: 250–4003.20–6372/2008-007-IK).

998

Nach **§ 29 Abs. 4 SektVO** geben die Auftraggeber die Zuschlagskriterien in den Bekanntmachung oder den Vergabeunterlagen an.

999

6.11.4.9.2 Sinn und Zweck der Bekanntmachung der Zuschlagskriterien. Die Verpflichtung, die Bieter vorab über die Zuschlagskriterien und, soweit möglich, über deren relative Gewichtung zu informieren, **soll die Beachtung der Grundsätze der Gleichbehandlung und der Transparenz sicherstellen** (EuGH, Urteil v. 18. 11. 2010 – Az.: C-226/09).

999/1

Die **Pflicht zur Bekanntmachung der Zuschlagskriterien** und die **Beschränkung der Auswahlentscheidung auf diese Kriterien** aus §§ 16a Abs. 1 VOB/A, 19 EG Abs. 8 VOL/A hat den Sinn, die Erwartungshaltung des Auftraggebers zu konkretisieren. Der **Bewerberkreis soll vorhersehen können, worauf es dem Auftraggeber in besonderem Maße ankommt** und dies bei der Angebotserstellung berücksichtigen können (OLG Düsseldorf, B. v. 3. 3. 2010 – Az.: VII-Verg 48/09; OLG München, B. v. 19. 3. 2009 – Az.: Verg 2/09; LSG Nordrhein-Westfalen, B. v. 19. 11. 2009 – Az.: L 21 KR 55/09 SFB; 3. VK Bund, B. v. 20. 6. 2007 – Az.: VK 3–52/07; VK Düsseldorf, B. v. 22. 7. 2002 – Az.: VK – 19/2002 – L). Dies gilt **insbesondere in Vergabeverfahren, bei denen den Leistungsinhalten eines Angebots im Verhältnis zum Angebotspreis die überwiegende Bedeutung** zukommt (1. VK Bund,

1000

B. v. 5. 6. 2003 – Az.: VK 1–41/03). Der Auftraggeber soll einerseits auf seinen Bedarf besonders ausgerichtete Angebote erhalten, andererseits bei der Auswahl nicht manipulieren können. Die Manipulationsmöglichkeit läge jedoch auf der Hand, wenn der Auftraggeber die Auswahl nach Gutdünken treffen könnte und sich entweder an seine Wertungskriterien nicht halten müsste oder sie nach Öffnen der Angebote und Kenntnisnahme von deren Inhalt ändern dürfte. Um dies auszuschließen, umfasst die Pflicht, nur die bekannt gemachten Wertungskriterien zu berücksichtigen, zugleich die Pflicht, die Angebote aber auch an den bekannt gemachten Kriterien zu messen. Der Auftraggeber darf nicht nach Belieben von den veröffentlichten Kriterien abrücken, da dies ebenso zu Manipulationsmöglichkeiten führt. Lässt der Auftraggeber die von ihm bekannt gemachten Wertungskriterien außer Acht, liegt ein Wertungsausfall vor, der den Wettbewerb verzerrt (OLG München, B. v. 19. 3. 2009 – Az.: Verg 2/09; VK Düsseldorf, B. v. 9. 4. 2003 – Az.: VK – 8/2003 – B).

1001 Auch § 9 EG VOL/A dient der Gewährleistung der Transparenz des Vergabeverfahrens und der Gleichbehandlung der Bieter, damit alle Bieter bereits bei der Abfassung ihrer Angebote gleichermaßen wissen, welche Kriterien für den Auftraggeber relevant sind und wie sie ihre Angebote dementsprechend „zuschlagsfähig" gestalten können. Auf diese Weise ist gleichermaßen gewährleistet, dass die Angebotswertung in einem transparenten, da gemäß § 19 EG Abs. 8 VOL/A anhand der vorab festgelegten Kriterien durchzuführenden Verfahren willkürfrei stattfinden kann. Seit der Neufassung der VOL/A 2006, die am 1. November 2006 in Kraft getreten ist, gilt die **Pflicht, die wertungsrelevanten Aspekte den Bietern mitzuteilen, ausdrücklich nicht nur für die Zuschlagskriterien selbst, sondern auch für deren Gewichtung bzw. Reihenfolge der ihnen zuerkannten Bedeutung**. Denn auch die vorherige Kenntnis der Rangfolge oder Gewichtung der Zuschlagskriterien ist für einen Bieter grundsätzlich von erheblichem Interesse, damit er seinerseits das konkrete Angebot (z.B. bei entsprechenden Spielräumen bei Qualität und Preis) entsprechend gestalten kann (3. VK Bund, B. v. 20. 6. 2007 – Az.: VK 3–52/07; VK Sachsen, B. v. 30. 4. 2008 – Az.: 1/SVK/020-08; B. v. 7. 1. 2008 – Az.: 1/SVK/077-07).

1002 Der Auftraggeber kann in den Verdingungsunterlagen die von ihm in der Vergabebekanntmachung verlangten Eignungsnachweise im weiteren Sinne nur konkretisieren. Eine **derartige Konkretisierung der in ihrer Vergabebekanntmachung gestellten Anforderungen stellt es jedoch nicht mehr dar, wenn der Auftraggeber in den Teilnahmebedingungen einen Fremdnachweis verlangt, und zwar auch noch in deutscher Sprache**. Dabei kann offen bleiben, ob das Verlangen nach Vorlage einer Fremdbescheinigung überhaupt wirksam erst in den Verdingungsunterlagen gestellt werden kann. Wegen des mit der Beschaffung von Fremdbescheinigungen oftmals verbundenen erheblichen zusätzlichen Aufwandes für den Teilnehmer/Bieter ist nicht unzweifelhaft, ob es sich dabei noch um eine zulässige Konkretisierung der sich aus der Vergabebekanntmachung ergebenden Mindestanforderungen handelt. U. a. wegen dieses Mehraufwandes sieht § 7 Abs. 1 S. 2 der VOL/A-EG den Vorrang von Eigenerklärungen vor. Dafür könnte auch der Wortlaut der Art. 47, 48 der Richtlinie 2004/18/EG sprechen, der zwischen Eigenerklärungen und Fremdbescheinigungen unterscheidet und auf den Art. 44 Abs. 2 UA 3 mit der Forderung, dass die Mindestanforderungen bereits in der Vergabebekanntmachung anzugeben sind, verweist. Jedenfalls handelt es sich wegen der Kombination mit dem Verlangen, dass Fremdnachweise in deutscher Sprache einzureichen sind, nicht mehr um eine zulässige Konkretisierung. Die Zertifizierung durch die Europäische Zentralbank erfolgt in englischer Sprache. Dass der Auftraggeber eine Ablichtung des Originalzertifikates nicht ausreichen lassen wollte, obwohl er selbst Teil des Europäischen Zentralbanksystems ist und an dem Zertifizierungsprozess teilnimmt, sowie davon auszugehen ist, dass seine Angehörigen des Englischen hinreichend mächtig sind, war eine derartige Anforderung überraschend. **Mit dadurch verursachtem zeitlichen Mehraufwand und ersichtlich unnötigen Zusatzkosten brauchte ein Teilnehmer aufgrund der Vergabebekanntmachung nicht zu rechnen** (OLG Düsseldorf, B. v. 27. 10. 2010 – Az.: VII-Verg 47/10).

1003 **6.11.4.9.3 Wahlrecht hinsichtlich des Bekanntmachungsmediums.** Die Zuschlagskriterien und, falls möglich, deren Gewichtung sind gemäß **§ 16a VOB/A** in den Vergabeunterlagen oder in der Vergabebekanntmachung anzugeben. Der **Auftraggeber hat die Wahl zwischen diesen beiden Möglichkeiten**. Die Mitteilung der Zuschlagskriterien in der Vergabebekanntmachung ist also nicht mehr erforderlich, wenn sie bereits in den Verdingungsunterlagen aufgeführt werden (OLG Karlsruhe, B. v. 9. 3. 2007 – Az.: 17 Verg 3/07; 3. VK Bund, B. v. 15. 7. 2008 – Az.: VK 3–89/08; VK Baden-Württemberg, B. v. 31. 1. 2007 – Az.: 1 VK 83/06; VK Südbayern, B. v. 18. 3. 2002 – Az.: 04-02/02).

Gesetz gegen Wettbewerbsbeschränkungen GWB § 97 **Teil 1**

Nach **§ 9 EG, 10 EG VOL/A** sind die relevanten Kriterien für die Auftragserteilung in der 1004
Aufforderung zur Angebotsabgabe, in der Bekanntmachung oder in den Verdingungsunterlagen
aufzuführen (OLG Düsseldorf, B. v. 13. 8. 2008 – Az.: VII-Verg 43/07; OLG Karlsruhe, B. v.
9. 3. 2007 – Az.: 17 Verg 3/07; VK Nordbayern, B. v. 14. 2. 2003 – Az.: 320.VK-3194-02/03;
VK Sachsen, B. v. 7. 1. 2008 – Az.: 1/SVK/077-07; VK Thüringen, B. v. 12. 1. 2009 – Az.:
250–4003.20–6372/2008-007-IK).

Es ist also auch **unerheblich**, wenn die Angaben in der Vergabebekanntmachung selber mög- 1005
licherweise noch keine nachvollziehbare Beurteilung ermöglichen, wie z. B. Zusatzkosten – als
ein Zuschlagskriterium – berechnet werden, **wenn die – inhaltlich ausreichenden – Angaben in der Angebotsaufforderung erfolgen** (OLG Düsseldorf, B. v. 13. 8. 2008 – Az.: VII-Verg 43/07).

Die **VK Sachsen lässt dieses Wahlrecht offen**. Der Vergabekammer erscheint es sachge- 1006
rechter die Bestimmung des § 16a VOB/A zu den Zuschlagskriterien **nicht als generelles Wahlrecht des Auftraggebers** (Angabe in den Vergabeunterlagen oder der Bekanntmachung)
zu verstehen, **sondern als Verpflichtungen, die sich danach richten, welches Vergabeverfahren gemäß § 3 EG VOB/A gewählt wurde**. Für ein derartiges Verständnis, das einerseits bei veröffentlichten Bekanntmachungen (im Offenen, Nichtoffenen und Verhandlungsverfahren mit vorheriger Bekanntmachung) eine Angabe der Zuschlagskriterien schon in der
Bekanntmachung erfordert und nur beim Verhandlungsverfahren ohne vorherige Öffentliche
Vergabebekanntmachung gemäß § 3a Abs. 6 VOB/A naturgemäß einzig und allein die Angabe
der Zuschlagskriterien in den Verdingungsunterlagen erlaubt, spricht die Tatsache, dass insbesondere im Nichtoffenen Verfahren die Auswahl und Gewichtung der Zuschlagskriterien für den
Bewerber schon ein wichtiges Indiz sein kann, ob er sich überhaupt am Vergabeverfahren beteiligen will (1. VK Sachsen, B. v. 10. 8. 2005 – Az.: 1/SVK/088-05; B. v. 4. 4. 2005 – Az.: 1/
SVK/025-05; B. v. 29. 11. 2001 – Az.: 1/SVK/110-01).

Findet sich **lediglich im Leistungsverzeichnis ein Hinweis auf ein Wertungskriteri-** 1007
um, kann dieses Kriterium nicht in die Wertung miteinbezogen werden. Dies widerspricht § 16a VOB/A, wonach die Kriterien aus Gründen der Transparenz entweder in der Bekanntmachung oder der Aufforderung zur Abgabe von Angeboten anzugeben sind (VK Baden-Württemberg, B. v. 15. 1. 2003 – Az.: 1 VK 71/02).

Für den Fall, dass eine **Bekanntgabe in mehr als nur einer der möglichen „Bekannt-** 1008
gabestellen" erfolgen soll, ist zu gewährleisten, dass in jeder dieser „Bekanntgabestellen"
identische Inhalte vorliegen (VK Thüringen, B. v. 12. 1. 2009 – Az.: 250–4003.20–6372/
2008-007-IK).

6.11.4.9.4 Pflicht zur Bekanntmachung von Unterkriterien?. 6.11.4.9.4.1 Keine 1009
Pflicht zur Erstellung von Unterkriterien. Es gibt **keine Pflicht zur Aufstellung von
Unterkriterien** (1. VK Bund, B. v. 29. 7. 2008 – Az.: VK 1–81/08).

6.11.4.9.4.2 Begriff des Unterkriteriums. Unter **Unterkriterien** werden **Kriterien** ver- 1010
standen, die die **eigentlichen Zuschlagskriterien genauer ausformen und präziser darstellen**, worauf es dem Auftraggeber im Einzelnen ankommt (OLG Düsseldorf, B. v. 30. 7.
2009 – Az.: VII-Verg 10/09; OLG München, B. v. 19. 3. 2009 – Az.: Verg 2/09).

6.11.4.9.4.3 Nationale Rechtsprechung. Nach einer Auffassung kann man **nicht verlan-** 1011
gen, dass **auch die sog. Unterkriterien in der Vergabebekanntmachung oder in den
Verdingungsunterlagen genannt werden müssen**. Unterkriterien dienen dem Auftraggeber
im Rahmen des Bewertungsverfahrens methodisch dazu, für jedes Zuschlagskriterium zu einem
Ergebnis im Hinblick auf die Wirtschaftlichkeit des abgegebenen Angebotes zu gelangen. Während
die konkrete Wichtung von Zuschlagskriterien für ein solches Verfahren der Entscheidungsfindung maßgebende Bedeutung im Hinblick auf den Inhalt eines durch einen Bieter abzugebenden Angebotes hat, kommt diese Aufgabe und Funktion den sog. Unterkriterien nicht zu. Ihre
Funktion ist es vielmehr, **der Vergabestelle Kriterien an die Hand zu geben, die geeignet und erforderlich sind um zu einer Entscheidung in der Bewertung der einzelnen
Zuschlagskriterien zu gelangen**. Die Vergabestelle ist nicht gehindert die Unterkriterien zur
Ermittlung der Bedeutung gewichteter Zuschlagskriterien auch den Bietern bekannt zu geben;
einer verpflichtenden „Bekanntgabe" dieser Unterkriterien in Form ihrer Bekanntmachung
oder ihrer Kennzeichnung in den Verdingungsunterlagen bedarf es indes nicht (3. VK Bund, B.
v. 7. 6. 2006 – Az.: VK 3–33/06; B. v. 19. 7. 2005 – Az.: VK 3–58/05; VK Thüringen, B. v.
14. 4. 2005 – Az.: 360–4003.20–017/05-G-S; B. v. 30. 8. 2002 – Az.: 216–4003.20–045/02-EF-S).

Teil 1 GWB § 97 Gesetz gegen Wettbewerbsbeschränkungen

1012 Im Ergebnis wäre eine solche **generelle Pflicht zur Bekanntgabe aller von der Vergabestelle verwendeten Unterkriterien auch zu weitgehend**. Bei der Angebotswertung steht der Vergabestelle ein weiter, nur begrenzt überprüfbarer Beurteilungsspielraum zu. Integraler Bestandteil eines jeden Wertungsvorgangs ist die Auslegung und Konkretisierung von Zuschlagskriterien und ihre Anwendung auf den jeweiligen Einzelfall. Würde man der Vergabestelle bei jeder Wertung aufgeben, die Art und Weise der Konkretisierung der Zuschlagskriterien schon vorab bis ins Detail festzulegen, so wäre ihr damit **jegliche Flexibilität im weiteren Verlauf des Vergabeverfahrens genommen**. Sie könnte beispielsweise neue Aspekte besonders innovativer Angebote nicht mehr berücksichtigen, weil sie diesen neuen, ihr bis dahin noch unbekannten Aspekt noch nicht als Unterkriterium angeben konnte. Dem Auftraggeber muss es möglich bleiben, unter Verwendung der angekündigten Wertungskriterien und unter Beschränkung hierauf ein sachgerechtes und plausibles Wertungssystem erst im Laufe des Wertungsprozesses, d. h. auch in Ansehung ihm vorliegender Angebote zu entwickeln (3. VK Bund, B. v. 4. 5. 2005 – Az.: VK 3–25/05).

1013 **Sehr weit** geht das OLG München. Ein **Mangel, der sich auf die Unterkriterien bezieht, kann durch eine entsprechende Wiederholung dieses Verfahrensabschnittes geheilt werden**, und zwar auch in der Form, dass neue Unterkriterien oder Fragenkataloge formuliert werden. Da sich insgesamt das Wertungsgefüge nicht ändert, es also bei der Gewichtung von z. B. 40% für die Qualität bleibt, liegt kein derart schwerwiegender Mangel vor, dass eine Ausschreibung aufgehoben werden müsste (OLG München, B. v. 30. 4. 2010 – Az.: Verg 05/10).

1014 Das Risiko, dass sich im Laufe eines Nachprüfungsverfahrens aufgrund von Heilung von Mängeln die Unterkriterien ändern können, tragen diejenigen Unternehmen, die von Anfang an nicht an der Ausschreibung beteiligt haben. **In der geltenden VOL/A ist nicht vorgeschrieben, dass die Unterkriterien in der Bekanntmachung enthalten sein müssen.** Nach § 19 EG Abs. 8 VOL/A genügt es, dass der öffentliche Auftraggeber diejenigen Kriterien und damit auch diejenigen Unterkriterien anwendet, welche sich aus der Bekanntmachung oder den Vergabeunterlagen ergeben. Es genügt damit die Bekanntgabe der Unterkriterien erst in den Vergabeunterlagen. Das bedeutet, dass **die VOL/A es für vergaberechtskonform ansieht, wenn der Entschluss zur Anforderung der Ausschreibungsunterlagen in Unkenntnis etwaiger Unterkriterien gefasst wird** (OLG München, B. v. 30. 4. 2010 – Az.: Verg 05/10).

1015 Zwar müssen Unterkriterien grundsätzlich vor Angebotsabgabe feststehen und spätestens mit Übersendung der Vergabeunterlagen bekannt gegeben werden, während hier die Unterkriterien erst nach Abschluss eines Nachprüfungsverfahrens formuliert worden sind. **Doch muss grundsätzlich eine Heilung möglich sein; sonst würde jeder Fehler in dieser Richtung zu einer Aufhebung einer Ausschreibung führen. Dies ist von der VOL/A, wie § 20 EG VOL/A zeigt, offensichtlich nicht gewollt.** Zwischen der Forderung nach Transparenz in Form der Festlegung sowie Bekanntgabe von Unterkriterien und der Forderung nach einer zügigen Durchführung von Ausschreibungsverfahren ist abzuwägen: **Vorrang hat nach den Vorschriften der VOL/A der letztere Gesichtspunkt** (OLG München, B. v. 30. 4. 2010 – Az.: Verg 05/10).

1016 Nach der Gegenmeinung fordert die **Vorschrift des § 9 EG VOL/A** in der Auslegung, welche die Richtlinie 93/36 durch das in der Rechtssache „Universale-Bau AG" ergangene Urteil des EuGH vom 12. 12. 2002 erhalten hat, in einem wörtlich zu verstehenden Sinn die **Bekanntgabe aller vorgesehenen Zuschlagskriterien einschließlich sog. Unterkriterien**, die – vor einer Angebotsabgabe – in der Vergabebekanntmachung oder in den Vergabeunterlagen zu erfolgen hat (KG Berlin, B. v. 13. 3. 2008 – Az.: 2 VERG 18/07; OLG Düsseldorf, B. v. 3. 3. 2010 – Az.: VII-Verg 48/09; B. v. 10. 9. 2009 – Az.: VII-Verg 12/09; B. v. 13. 8. 2008 – Az.: VII-Verg 28/08; B. v. 21. 5. 2008 – Az.: VII – Verg 19/08; B. v. 5. 5. 2008 – Az.: VII – Verg 5/08; B. v. 14. 4. 2008 – Az.: VII-Verg 19/08; B. v. 9. 4. 2008 – Az.: VII-Verg 2/08; B. v. 27. 2. 2008 – Az.: VII-Verg 41/07; B. v. 23. 1. 2008 – Az.: VII – Verg 31/07; B. v. 14. 11. 2007 – Az.: VII – Verg 23/07; B. v. 19. 7. 2006 – Az.: VII – Verg 27/06; B. v. 16. 2. 2005 – Az.: VII – Verg 74/04; OLG München, B. v. 29. 7. 2010 – Az.: Verg 09/10; B. v. 19. 3. 2009 – Az.: Verg 2/09; VK Brandenburg, B. v. 19. 1. 2010 – Az.: VK 47/09; B. v. 27. 1. 2005 – VK 79/04; 2. VK Bund, B. v. 22. 6. 2010 – Az.: VK 2–44/10; B. v. 3. 4. 2009 – Az.: VK 2–100/08; B. v. 24. 10. 2008 – Az.: VK 2–109/08; B. v. 30. 4. 2008 – Az.: VK 2–43/08; VK Düsseldorf, B. v. 2. 6. 2008 – Az.: VK – 15/2008 – L; VK Hessen, B. v. 14. 1. 2008 – Az.: 69d VK – 57/2007; VK Münster, B. v. 26. 8. 2009 – Az.: VK 11/09; B. v. 28. 11. 2008 – Az.: VK 19/08; B. v.

Gesetz gegen Wettbewerbsbeschränkungen GWB § 97 **Teil 1**

22. 7. 2005 – VK 16/05; VK Rheinland-Pfalz, B. v. 20. 4. 2010 – Az.: VK 2–7/10; VK Sachsen-Anhalt, B. v. 6. 3. 2009 – Az: 1 VK LVwA 32/08; VK Schleswig-Holstein, B. v. 22. 4. 2008 – Az.: VK-SH 03/08; VK Thüringen, B. v. 12. 1. 2009 – Az.: 250–4003.20–6372/2008-007-IK; B. v. 17. 3. 2009 – Az.: 250–4003.20–650/2009-003-EF; B. v. 16. 1. 2006 – Az.: 360–4004.20–025/05-ARN; VK Südbayern, B. v. 1. 9. 2004, Az.: 120.3–3194.1–53–08/04; im Ergebnis ebenso VK Baden-Württemberg, B. v. 30. 3. 2007 – Az.: 1 VK 06/07; 1. VK Bund, B. v. 10. 4. 2008 – Az.: VK 1–33/08; B. v. 9. 11. 2006 – Az.: VK 1–118/06; 3. VK Bund, B. v. 18. 9. 2008 – Az.: VK 3–119/08; B. v. 26. 5. 2008 – Az.: VK 3–59/08; 1. VK Sachsen, B. v. 8. 8. 2008 – Az.: 1/SVK/039-08; B. v. 30. 4. 2008 – Az.: 1/SVK/020-08). Entsprechend müssen auch §§ 10a, 25a VOB/A (OLG Düsseldorf, B. v. 30. 7. 2009 – Az.: VII-Verg 10/09; 3. VK Bund, B. v. 18. 9. 2008 – Az.: VK 3–119/08) und § 16 Abs. 2 VOF (OLG Düsseldorf, B. v. 13. 8. 2008 – Az.: VII-Verg 28/08; B. v. 2. 5. 2008 – Az.: VII-Verg 26/08; VK Münster, B. v. 28. 11. 2008 – Az.: VK 19/08; VK Schleswig-Holstein, B. v. 20. 1. 2009 – Az.: VK-SH 17/08; VK Thüringen, B. v. 17. 3. 2009 – Az.: 250–4003.20–650/2009-003-EF) interpretiert werden.

Dies gilt **nicht nur für im Voraus, das heißt vor Veröffentlichung der Bekanntmachung und Übersendung der Verdingungsunterlagen aufgestellte Unterkriterien**, sondern auch **für danach (nach Veröffentlichung der Bekanntmachung und Versendung der Verdingungsunterlagen) aufgestellte Unterkriterien und ihre Gewichtung**. Eine Festlegung der Zuschlagskriterien und ihrer Gewichtung sowie der Unterkriterien und ihrer Gewichtung **nach Ablauf der Angebotsfrist und in Kenntnis der eingereichten Angebote ist dem Auftraggeber ohnedies verwehrt**, da dies dem Auftraggeber Raum für Manipulationen eröffnen würde (OLG Düsseldorf, B. v. 30. 7. 2009 – Az.: VII-Verg 10/09; B. v. 21. 5. 2008 – Az.: VII – Verg 19/08; B. v. 5. 5. 2008 – Az.: VII – Verg 5/08; B. v. 9. 4. 2008 – Az.: VII-Verg 2/08; B. v. 27. 2. 2008 – Az.: VII – Verg 41/07; B. v. 23. 1. 2008 – Az.: VII – Verg 31/07; OLG München, B. v. 29. 7. 2010 – Az.: Verg 09/10; B. v. 19. 3. 2009 – Az.: Verg 2/09; VK Brandenburg, B. v. 19. 1. 2010 – Az.: VK 47/09; 1. VK Bund, B. v. 10. 4. 2008 – Az.: VK 1–33/08; 2. VK Bund, B. v. 3. 4. 2009 – Az.: VK 2–100/08; B. v. 30. 4. 2008 – Az.: VK 2–43/08; VK Münster, B. v. 28. 11. 2008 – Az.: VK 19/08; VK Schleswig-Holstein, B. v. 20. 1. 2009 – Az.: VK-SH 17/08; B. v. 22. 4. 2008 – Az.: VK-SH 03/08). 1017

Die zulässige, immer weitere Untergliederung der/des Zuschlagskriteriums in „Unterkriterien" und in der Folge „Unter-Unterkriterien" usw. hat zur Folge, dass die **„eigentliche Angebotsbewertung" tatsächlich bereits in den, der Rangfolge am weitesten „nachgeordneten Kriterien", welchen eine Gewichtung, in bestimmten Wertungsabfolgen auch Punktzahl, zugeordnet ist, erfolgt**. Die danach erfolgende **Zusammenfassung der Ergebnisse der Bewertung dieser „nachgeordneten Kriterien"** (Unterkriterien, Unter-Unterkriterien usw.) zu deren jeweils übergeordneten Kriterien usw. und am Ende zum Endergebnis, stellt für sich betrachtet, **keine Wertung im eigentlichen Sinn mehr dar, ist nur noch das Ergebnis einer Addition**. Gerade daraus ergibt sich, dass im Fall der immer weiteren Untergliederung von Zuschlagskriterien und deren Gewichtung, dieses den Bewerbern zwingend bekanntzugeben ist, da die „eigentliche Bewertung" in einem solchen Fall nicht in dem hochaggregierten Zuschlagskriterium erfolgt, sondern tatsächlich in dessen „nachgeordneten Kriterien" (VK Thüringen, B. v. 17. 3. 2009 – Az.: 250–4003.20–650/2009-003-EF; B. v. 17. 11. 2008 – Az.: 250–4003.20–5125/2008-029-J). 1018

Der Umstand, dass **kein Bieter die Bewertungsmatrix für Unterkriterien kennt, reicht nicht aus, um eine Verletzung des Gleichbehandlungsgrundsatzes auszuschließen**. Ein Bieter, der die speziellen Anforderungen des Auftraggebers kennt und weiß, worauf es diesem in besonderer Weise ankommt, kann – innerhalb gewisser Grenzen – sein Angebot diesen Anforderungen eher anpassen und damit seine Chancen auf einen Zuschlag steigern. Auch sind nur eine möglichst große Zahl von auf den tatsächlichen Bedarf zugeschnittenen Angebote der Bieter dazu geeignet, einen echten Preis- und Qualitätswettbewerb herzustellen und **erlauben es dem öffentlichen Auftraggeber, die Haushaltsmittel effektiv einzusetzen** (OLG Düsseldorf, B. v. 23. 1. 2008 – Az.: VII – Verg 31/07; B. v. 5. 9. 2007 – Az.: VII – Verg 19/07; VK Rheinland-Pfalz, B. v. 20. 4. 2010 – Az.: VK 2–7/10). 1019

Hinsichtlich der **Kausalität zwischen der Bekanntgabe der Wertigkeit der Unterkriterien und dem Inhalt des Angebots reicht es aus, wenn nicht ausgeschlossen werden kann, dass die Bekanntgabe der Wertigkeit der Unterkriterien das Angebot hätte beeinflussen können**. Ein Antragsteller hat mit dem Nachprüfungsantrag nicht darzulegen, welches konkrete, chancenreichere Angebot er eingereicht hätte, wenn ihm die Wertigkeit der Unterkriterien vor Abgabe des Angebots bekannt gewesen wäre. Denn der Auftraggeber hat mit der 1020 unterlassenen Bekanntgabe der Wertigkeit der Unterkriterien ohne ersichtlichen Grund gegen seine Verpflichtungen z. B. aus § 9 EG Abs. 1 lit. b) VOL/A verstoßen. Da die **Bekanntgabe der Wertigkeit der Unterkriterien die sich aus der Verdingungsordnung ergebende Regelverpflichtung** ist und ein Absehen von dieser Bekanntgabe nur ausnahmsweise zulässig sein kann, ist es **sachgerecht, dem Auftraggeber die Darlegungslast** dafür aufzuerlegen, dass und warum die fehlende Kenntnis der Wertigkeit der Unterkriterien sich ausnahmsweise nicht auf die Angebotskalkulation des Antragstellers ausgewirkt haben könnte (OLG München, B. v. 19. 3. 2009 – Az.: Verg 2/09; B. v. 9. 2. 2009 – Az.: Verg 27/08; VK Brandenburg, B. v. 19. 1. 2010 – Az.: VK 47/09; VK Schleswig-Holstein, B. v. 22. 4. 2008 – Az.: VK-SH 03/08).

Auch nach § 11 Abs. 4 VOF sind **alle Unterkriterien einer Bewertungsmatrix, die die genannten Wertungskriterien konkretisieren, den Bewerbern bzw. Bietern bekannt zu geben**. Nur so werden die Grundsätze der Gleichbehandlung und Transparenz gewahrt und gewährleistet, dass die Vergabeentscheidung nach objektiven und nachprüfbaren Kriterien erfolgt (OLG Düsseldorf, B. v. 13. 8. 2008 – Az.: VII-Verg 28/08; B. v. 21. 5. 2008 – Az.: VII – Verg 19/08; OLG Frankfurt, B. v. 28. 2. 2006 – Az.: 11 Verg 15/05 und 16/05; OLG München, B. v. 9. 2. 2009 – Az.: Verg 27/08; VK Baden-Württemberg, B. v. 30. 3. 2007 – Az.: 1 VK 06/07; 1. VK Bund, B. v. 10. 4. 2008 – Az.: VK 1–33/08; 3. VK Bund, B. v. 7. 6. 2006 – Az.: VK 3–33/06; VK Brandenburg, B. v. 27. 1. 2005 – VK 79/04; VK Sachsen-Anhalt, B. v. 6. 3. 2009 – Az: 1 VK LVwA 32/08; im Ergebnis ebenso **auch für „Unterkriterien der Unterkriterien"** 1. VK Sachsen, B. v. 5. 9. 2005 – Az.: 1/SVK/104-05). Außer den Unterkriterien muss auch die **Gewichtung der Unterkriterien bekannt gemacht werden** (VK Münster, B. v. 28. 11. 2008 – Az.: VK 19/08).

1021 Es ist **nicht auszuschließen, dass die Bekanntgabe, jedes einzelne Unterkriterium müsse einen bestimmten Mindesterfüllungsgrad erreichen, Einfluss auf die Gestaltung von Angeboten haben kann**. Gilt ein Mindesterfüllungsgrad nur jeweils für eine Kriteriengruppe, so kann der Bieter davon ausgehen, dass er Defizite bei einem Kriterium durch das Erreichen einer besonders hohen Punktzahl bei einem anderen Kriterium ausgleichen kann. Gilt dagegen **für jedes Kriterium ein Mindesterfüllungsgrad, ist ein solcher Ausgleich nicht möglich** (OLG Düsseldorf, B. v. 10. 9. 2009 – Az.: VII-Verg 12/09).

1022 **Gleiches gilt für die unvollständige Bekanntgabe von Zuschlagskriterien**. Für die Annahme eines Kausalzusammenhanges zwischen der Bekanntgabe und dem Inhalt der Angebote genügt es, wenn nicht auszuschließen ist, dass die Bekanntgabe der Zuschlagskriterien (z. B. der Stundenrichtleistungen) die Angebote hätte beeinflussen können. Hat z. B. ein Bieter mit sehr hohen Richtleistungen je Raumgruppe kalkuliert. und hätte er die Richtleistungen des Auftraggebers gekannt, so hätte er sich bei der Vorbereitung des Angebots darauf einstellen und ein besseres Ergebnis erzielen können. Da wegen des Vergaberechtsverstoßes ein Zuschlag nicht ergehen darf, ist **dem Auftraggeber die Erteilung des Zuschlags zu untersagen** (OLG Düsseldorf, B. v. 27. 2. 2008 – Az.: VII – Verg 41/07; im Ergebnis ebenso 2. VK Bund, B. v. 22. 6. 2010 – Az.: VK 2–44/10).

1023 **6.11.4.9.4.4 Ausnahmen nach der nationalen Rechtsprechung.** Nach Auffassung des OLG München kann es **im Einzelfall bei einer Vielzahl von Unterkriterien jedoch zulässig sein, nicht alle zu veröffentlichen**; aber nur dann, wenn dadurch die Transparenz der Wertungsentscheidung nicht beeinträchtigt wird, weil der Bieter anhand der bekannt gemachten Unterkriterien weiß, worauf es dem Auftraggeber ankommt. Dies **kann gerade im Bereich der VOF zu beachten sein,** weil hier dem Auftraggeber ein weiter und nur eingeschränkt überprüfbarer Beurteilungsspielraum zur Verfügung steht. Es **kann damit ein Restbereich verbleiben, der nicht zwingend zu veröffentlichen ist**. Der **Präzisierungsgrad der Veröffentlichung muss aber auch im Bereich der VOF so hoch sein, dass für den Bewerber aufgrund der Bekanntgabe erkennbar ist, worauf es dem Auftraggeber ankommt**, so dass er sein Angebot entsprechend dieser Vorstellung optimal gestalten kann (OLG München, B. v. 9. 2. 2009 – Az.: Verg 27/08; B. v. 17. 1. 2008 – Az.: Verg 15/07; VK Nordbayern, B. v. 1. 2. 2008 – Az.: 21.VK – 3194 – 53/07). Diese Auffassung ist durch die Rechtsprechung des EuGH **für den Fall überholt, dass die Unterkriterien und ihre Gewichtung erst nach Angebotsabgabe erstellt werden** (vgl. → Rdn. 984 ff.).

1024 Auch nach **Auffassung der VK Münster und der VK Schleswig-Holstein können ausnahmsweise auch eine spätere Festlegung der Unterkriterien und/oder deren Gewichtung möglich** sein. Bei der Prüfung, ob dies zulässig ist, ist ein **strenger Maßstab** anzulegen. Man wird **im Allgemeinen davon ausgehen können, dass die Unterkriterien und deren Gewichtung Auswirkungen auf die Angebotsbearbeitung durch den Bieter ha-

ben werden. Denn der Bieter strebt die Erteilung des Zuschlags an und wird regelmäßig alles unternehmen, um dieses Ziel auch zu erreichen. Je größer die Bedeutung von zusätzlichen Kriterien neben dem Preis ist, desto größer wird das Bedürfnis, zu erfahren, aus welchen Komponenten sich die zusätzlichen Kriterien zusammensetzen und welche Maßnahmen erforderlich sind, um ein bestmögliches Ergebnis in Bezug auf die zusätzlichen Wertungskriterien zu erreichen. **Ohne diese Kenntnis ist eine sachgerechte Angebotskalkulation gar nicht möglich.** Denn welche kalkulatorischen Spielräume für die Preisgestaltung bestehen, kann der Bieter erst dann sachgerecht beurteilen, wenn für ihn transparent ist, wie seine Stellung im Wettbewerb in Bezug auf die übrigen Wertungskriterien ist. Für die Kalkulation des Angebots durch den Bieter ist es deshalb unverzichtbar, sämtliche Parameter, die die spätere Angebotswertung beeinflussen, vor Abgabe des Angebots zu kennen. Ohne Frage stellen die genauen Gewichtungen der einzelnen Unterkriterien Angaben dar, die kalkulationserheblich sein können. Gewichtungen geben den Grad der Bedeutung an, die der öffentliche Auftraggeber dem jeweiligen Unterkriterium beimisst. Unterschiedliche Gewichtungen führen daher zu einer differenzierten Berücksichtigung der jeweiligen Unterkriterien bei der Angebotswertung: Wichtungsschwerpunkte erfahren eine verstärkte Berücksichtigung bei der Angebotswertung; Unterkriterien von geringerer Bedeutung mit geringerer Höchstpunktzahl haben einen untergeordneteren Einfluss auf die Wertungsentscheidung. Daher ist es **grundsätzlich bei unterschiedlichen Gewichtungen der Unterkriterien erforderlich, schon bei Erstellung des Angebots die genauen Wichtungen zu erkennen, um das Angebot darauf ausrichten zu können**. Zur Wahrung der Chancengleichheit im Wettbewerb muss für die Bieter auf der Grundlage der Vorgaben in den Verdingungsunterlagen erkennbar sein, worauf es dem Auftraggeber ankommt, so dass sie ihre Angebote entsprechend den Vorstellungen des Auftraggebers optimal gestalten können. Eine **andere Betrachtungsweise könnte geboten sein, wenn im Rahmen der nachträglichen Gewichtung alle Unterkriterien gleich gewichtet werden und die Bieter diese hätten erkennen können.** Eine **spätere Festlegung von Unterkriterien und/oder Gewichtungskoeffizienten scheidet aus diesen Gründen regelmäßig aus.** Ist der Auftraggeber ausnahmsweise aus nachvollziehbaren Gründen nicht in der Lage, die Unterkriterien und deren Gewichtung bereits mit Versand der Verdingungsunterlagen festzulegen, muss er die **spätere Festlegung den Bietern nachträglich bekannt geben. Den Bietern ist Gelegenheit zu einer Anpassung ihrer Angebote zu geben, notfalls auch mithilfe der Verlängerung der Angebotsfrist** (VK Münster, B. v. 26. 8. 2009 – Az.: VK 11/09; VK Schleswig-Holstein, B. v. 22. 4. 2008 – Az.: VK-SH 03/08).

1025 In eine ähnliche Richtung geht das OLG Düsseldorf. Die **Frage, in welcher Differenziertheit und Tiefe ein öffentlicher Auftraggeber ein Bewertungssystem mit Unter-Unterkriterien und Gewichtungsregeln im Vorhinein aufzustellen hat, lässt sich nur einzelfallbezogen** beantworten. Der **Auftraggeber muss für die Angebotswertung kein bis in letzte Unterkriterien und deren Gewichtung gestaffeltes Wertungssystem aufstellen, das im Übrigen dann auch Gefahr liefe, endlos und unpraktikabel** zu werden. Insoweit ist auch daran zu erinnern, dass der **Auftraggeber auf der letzten Ebene der Angebotswertung einen Wertungsspielraum hat. Dieser darf nicht dadurch eingeschränkt werden, dass er vergaberechtlich in jedem Fall daran gebunden wird, im Voraus in mehrstufige Unterkriterien und entsprechende Gewichtungen aufgegliederte Bewertungsregeln aufzustellen** (und diese den Bietern in der Regel mit der Aufforderung zur Angebotsabgabe bekanntzugeben). Von daher ist **nicht zu beanstanden, wenn sich der Auftraggeber auf der vierten Stufe der Angebotswertung in einem Restbereich eine freie Wertung vorbehält**. Die Grenze, ab der das Offenlassen konkreter Bewertungsmaßstäbe vergaberechtlich unzulässig ist, ist allerdings erreicht, wenn die aufgestellten Wertungsmaßstäbe so unbestimmt sind, dass Bieter nicht mehr angemessen über die Kriterien und Modalitäten informiert werden, anhand deren das wirtschaftlich günstigste Angebot ermittelt wird (vgl. insoweit auch den 46. Erwägungsgrund, 2. Abs., der Vergabekoordinierungsrichtlinie 2004/18/EG), und sie infolgedessen auch vor einer willkürlichen und/oder diskriminierenden, d. h. einer die Gebote der Gleichbehandlung und der Transparenz verletzenden Angebotswertung nicht mehr effektiv zu schützen sind (OLG Düsseldorf, B. v. 30. 7. 2009 – Az.: VII-Verg 10/09; 2. VK Bund, B. v. 22. 12. 2009 – Az.: VK 2–204/09).

1026 Es würde **zu weit führen, in jedem Aspekt, den ein öffentlicher Auftraggeber zur Begründung eines bestimmten Wertungsergebnisses nennt, ein „Zuschlagskriterium" zu sehen**. Würde man den Auftraggeber nämlich verpflichten, **jede Erwägung, die er in die Wertung der abgegebenen Angebote einfließen lassen wird, den Bietern vorab bekannt zu geben**, würde er in seinem ihm bei dieser Wertung zustehenden **Beurteilungsspiel-**

raum unzulässig weit eingeengt werden (1. VK Bund, B. v. 5. 8. 2009 – Az.: VK 1–128/09).

1027 Eine vermittelnde Auffassung vertritt die VK Arnsberg. Danach ist die **Verwendung nicht zuvor bekannt gemachter Unterkriterien zulässig, sofern sie die in den Unterlagen oder in der Bekanntmachung des Auftrags bestimmten Zuschlagskriterien für den Auftrag nicht ändern, nichts enthalten, was, wenn es bei der Vorbereitung der Angebote bekannt gewesen wäre, diese Vorbereitung hätte beeinflussen können und nicht unter Berücksichtigung von Umständen erlassen wurden, die einen der Bieter diskriminieren konnten** (VK Arnsberg, B. v. 1. 2. 2006 – Az.: VK 28/05). Diese Auffassung ist durch die Rechtsprechung des EuGH **für den Fall überholt, dass die Unterkriterien und ihre Gewichtung erst nach Angebotsabgabe erstellt werden** (vgl. → Rdn. 984 ff.).

1028 **In diesem Sinn hatte sich auch der EuGH geäußert.** Artikel 36 der Richtlinie 92/50/EWG des Rates vom 18. Juni 1992 über die Koordinierung der Verfahren zur Vergabe öffentlicher Dienstleistungsaufträge und Artikel 34 der Richtlinie 93/38/EWG des Rates vom 14. Juni 1993 zur Koordinierung der Auftragsvergabe durch Auftraggeber im Bereich der Wasser-, Energie- und Verkehrsversorgung sowie im Telekommunikationssektor sind dahin auszulegen, dass **das Gemeinschaftsrecht es einer Vergabekommission nicht verwehrt, Unterkriterien eines zuvor festgelegten Zuschlagskriteriums** dadurch **besonders zu gewichten**, dass sie die vom öffentlichen Auftraggeber bei der Erstellung der Verdingungsunterlagen oder der Bekanntmachung des Auftrags für dieses Kriterium vorgesehenen Punkte auf die Unterkriterien verteilt, sofern eine solche Entscheidung

– die in den Verdingungsunterlagen oder in der Bekanntmachung des Auftrags bestimmten Zuschlagskriterien für den Auftrag nicht ändert,

– nichts enthält, was, wenn es bei der Vorbereitung der Angebote bekannt gewesen wäre, diese Vorbereitung hätte beeinflussen können, und

– nicht unter Berücksichtigung von Umständen erlassen wurde, die einen der Bieter diskriminieren konnten

(EuGH, Urteil v. 24. 11. 2005 – Az.: C-331/04; ebenso 2. VK Bund, B. v. 3. 4. 2009 – Az.: VK 2–100/08; 1. VK Sachsen, B. v. 10. 6. 2008 – Az.: 1/SVK/026-08; B. v. 13. 6. 2007 – Az.: 1/SVK/039-07; VK Münster, B. v. 30. 5. 2007 – Az.: VK 08/07). Diese Rechtsprechung ist durch die neuere Rechtsprechung des EuGH **für den Fall überholt, dass die Unterkriterien und ihre Gewichtung erst nach Angebotsabgabe erstellt werden** (vgl. → Rdn. 984 ff.).

1029 6.11.4.9.4.5 Rechtsprechung des EuGH. Die **Festlegung von Unterkriterien und ihrer Gewichtung nach Veröffentlichung der Bekanntmachung und Versendung der Verdingungsunterlagen** unterliegt nach der Rechtsprechung des EuGH **drei Beschränkungen**: Der öffentliche Auftraggeber darf keine Unterkriterien aufstellen, welche die bekannt gegebenen Zuschlagskriterien abändern. Die **nachträglich die Unterkriterien betreffende Entscheidung darf keine Gesichtspunkte enthalten, die die Vorbereitung der Angebote hätten beeinflussen können**, wenn sie zum Zeitpunkt der Vorbereitung bekannt gewesen wären. Schließlich darf der **Auftraggeber keine Unterkriterien festlegen, welche geeignet sind, Bieter zu diskriminieren**. Ist nur eine Beschränkung nicht beachtet worden, liegt ein mit dem Gemeinschaftsrecht nicht zu vereinbarender Vergaberechtsverstoß des öffentlichen Auftraggebers vor (OLG Düsseldorf, B. v. 30. 7. 2009 – Az.: VII-Verg 10/09; OLG München, B. v. 29. 7. 2010 – Az.: Verg 09/10; VK Brandenburg, B. v. 19. 1. 2010 – Az.: VK 47/09; 2. VK Bund, B. v. 3. 4. 2009 – Az.: VK 2–100/08; B. v. 30. 4. 2008 – Az.: VK 2–43/08). Aus der zweiten Beschränkung folgt für die nachträgliche Aufstellung von Unterkriterien und deren Gewichtung: Ist der **Auftraggeber aus nachvollziehbaren Gründen** (z. B. aus haushalterischen Gründen oder wegen der Komplexität des Auftragsgegenstandes) **erst kurz vor Ablauf der Frist zur Angebotsabgabe in der Lage, die Zuschlagskriterien und/oder Unterkriterien sowie die Gewichtung festzulegen, muss er die spätere Festlegung den Bietern nachträglich bekannt geben**, sofern die Kenntnis davon die Vorbereitung der Angebote beeinflussen kann. Darüber hinaus hat der **Auftraggeber den Bietern Gelegenheit zu einer Änderung oder Anpassung der Angebote, soweit diese bereits vorbereitet sind, zu geben**. Notfalls hat dies dadurch zu geschehen, indem die Frist zu Angebotsabgabe verlängert wird. Diese Grundsätze gelten auch für den Fall, dass der Auftraggeber zur Ausfüllung bekannt gegebener Unterkriterien nachträglich differenzierende (Unter-) Unterkriterien und Detailforderungen aufstellt und diese gewichtet, sofern nicht auszuschließen ist, dass eine Festlegung weiterer (Unter-) Unterkriterien und Detailforderungen sowie

Gesetz gegen Wettbewerbsbeschränkungen GWB § 97 **Teil 1**

deren Gewichtung objektiv geeignet ist, den Inhalt der Angebote zu beeinflussen. **Differenzierende (Unter-) Unterkriterien und Detailforderungen (Detailkriterien) sind den Bietern genauso wie deren Gewichtung bekannt zu geben** (OLG Düsseldorf, B. v. 30. 7. 2009 – Az.: VII-Verg 10/09; B. v. 21. 5. 2008 – Az.: VII – Verg 19/08; B. v. 5. 5. 2008 – Az.: VII – Verg 5/08; B. v. 9. 4. 2008 – Az.: VII-Verg 2/08; B. v. 27. 2. 2008 – Az.: VII – Verg 41/07; B. v. 23. 1. 2008 – Az.: VII – Verg 31/07; B. v. 14. 11. 2007 – Az.: VII – Verg 23/07; B. v. 5. 9. 2007 – Az.: VII – Verg 19/07; OLG München, B. v. 19. 3. 2009 – Az.: Verg 2/09; VK Brandenburg, B. v. 19. 1. 2010 – Az.: VK 47/09; 2. VK Bund, B. v. 30. 4. 2008 – Az.: VK 2–43/08; VK Düsseldorf, B. v. 2. 6. 2008 – Az.: VK – 15/2008 – L; VK Münster, B. v. 26. 8. 2009 – Az.: VK 11/09; B. v. 28. 11. 2008 – Az.: VK 19/08; im Ergebnis ebenso 1. VK Sachsen, B. v. 8. 8. 2008 – Az.: 1/SVK/039-08; B. v. 10. 6. 2008 – Az.: 1/SVK/026-08; B. v. 30. 4. 2008 – Az.: 1/SVK/020-08; B. v. 14. 4. 2008 – Az.: 1/SVK/013-08; VK Schleswig-Holstein, B. v. 20. 1. 2009 – Az.: VK-SH 17/08; B. v. 22. 4. 2008 – Az.: VK-SH 03/08).

Der **EuGH** hat inzwischen entschieden, dass ein öffentlicher **Auftraggeber keine Gewichtungsregeln oder Unterkriterien für die Zuschlagskriterien anwenden darf, die er den Bietern nicht vorher zur Kenntnis gebracht** hat (EuGH, Urteil v. 24. 1. 2008 – Az.: C-532/06; im Ergebnis ebenso VK Münster, B. v. 28. 11. 2008 – Az.: VK 19/08; 1. VK Sachsen, B. v. 5. 5. 2009 – Az.: 1/SVK/009-09). 1030

Die **einschränkendere Auffassung**, dass die **Möglichkeit einer Auswirkung eines Unterkriteriums auf den Inhalt des Angebots** gegeben sein muss (OLG München, B. v. 29. 7. 2010 – Az.: Verg 09/10; B. v. 19. 3. 2009 – Az.: Verg 2/09; B. v. 9. 2. 2009 – Az.: Verg 27/08; B. v. 17. 1. 2008 – Az.: Verg 15/07; B. v. 19. 12. 2007 – Az.: Verg 12/07; OLG Düsseldorf, B. v. 5. 9. 2007 – Az.: VII – Verg 19/07; B. v. 19. 7. 2006 – Az.: VII – Verg 27/06; VK Nordbayern, B. v. 1. 2. 2008 – Az.: 21.VK – 3194 – 53/07), ist damit **für den Fall überholt, dass die Unterkriterien und ihre Gewichtung erst nach Angebotsabgabe erstellt werden** (KG Berlin, B. v. 13. 3. 2008 – Az.: 2 VERG 18/07). 1031

6.11.4.9.4.6 Weitere Beispiele aus der Rechtsprechung 1032

– auch die Unterkriterien sowie die bei der Gewichtung verwendeten Maßstäbe müssen den Bietern bekannt gegeben werden. So **muss hinsichtlich des Honorars sowohl der Sockelbetrag als auch die Bemessung der Punktzahlen für die Überschreitung des Sockelbetrages als auch die Berechnungsweise als solche den Bietern bekannt gegeben werden**. Ob es sich dabei um „Unterkriterien" handelt, ist unerheblich, das Gebot der Bekanntgabe gilt nämlich auch für die Maßstäbe zur Art und Weise der Berechnung (OLG Düsseldorf, B. v. 13. 8. 2008 – Az.: VII-Verg 28/08)

– für die **Präsentation** ist die Antragsgegnerin dieser Verpflichtung nicht ausreichend nachgekommen. Bis auf die Zeitvorgabe war es den Bewerbern und damit auch der Antragstellerin nicht ersichtlich, worauf es der Antragstellerin bei der Präsentation entscheidend ankommt. Es **kann nicht ausgeschlossen werden, dass sie ihre Präsentation anders gestaltet und insbesondere weitere Mitglieder des Projektteams in ihre Präsentation eingeschlossen hätte, wenn sie die Unterkriterien „Auftritt des Bieters, Darstellung Projektstruktur, Eindruck Projektteam, präsentierte Referenzobjekte, Darstellung fachlicher Kompetenzen" gekannt** hätte (OLG München, B. v. 17. 1. 2008 – Az.: Verg 15/07)

6.11.4.9.5 Bekanntgabe der Umrechnung in Noten. Bei der Festlegung **mehrerer Zuschlagskriterien** kann das wirtschaftlichste Angebot nur dadurch ermittelt werden, dass die **Kriterien durch Noten oder Punkte kompatibel gemacht werden**. Nur auf diese Weise kann eine Reihenfolge festgestellt werden. Dies ist jedem Bieter bekannt und hat auf seine Angebotserstellung keinen Einfluss. Es ist deshalb **unschädlich, wenn der Auftraggeber nicht vorab bekannt gibt, dass die Zuschlagskriterien** (z. B. Preis, Qualität und Vorlaufzeit) **in Noten umgerechnet** werden (OLG München, B. v. 29. 7. 2010 – Az.: Verg 09/10; B. v. 21. 5. 2010 – Az.: Verg 02/10). 1033

6.11.4.9.6 Bekanntgabe der Umrechnungsformel für Preise. Die **Umrechnungsformel für den Preis muss nicht vorab bekannt gegeben werden**. Zwar können sich durch den Faktor, der für die Umrechnung der Preise in Noten verwandt wird, Verschiebungen in der Gesamtwertung ergeben. Hält sich der Auftraggeber jedoch an seine Vorgaben aus der Bekanntmachung und den Verdingungsunterlagen und **verwendet er die Standardumrechnungsformel, wie sie in den einschlägigen Vergabehandbüchern vorgegeben ist, handelt er sachgerecht**. Die Standardumrechnungsformel ist grundsätzlich sachgerecht und geeignet zur Bewertung von Preisdifferenzen (OLG München, B. v. 21. 5. 2010 – Az.: Verg 02/10). 1034

1035 **6.11.4.9.7 Klare und eindeutige „Angabe" der Zuschlagskriterien.** Unter dem „Angeben" von Zuschlagskriterien ist allein deren **ausdrückliche Nennung** zu verstehen; Kriterien, die nicht ausdrücklich genannt sind, sondern die sich möglicherweise konkludent, aus dem Gesamtkontext der konkreten Umstände des Vergabeverfahrens herleiten lassen oder nahe liegen, fallen nicht unter § 16a VOB/A und stellen damit keine relevanten Wertungskriterien dar (1. VK Bund, B. v. 2. 7. 2002 – Az.: VK 1–31/02).

1036 Der **Verpflichtung, die im Voraus aufgestellten Zuschlagskriterien den Bietern bekannt zu geben, ist ein Auftraggeber nicht deshalb enthoben, weil bestimmte Veröffentlichungen über die Zuschlagskriterien existieren.** Es mag zwar sein, dass diese Veröffentlichungen allgemein zugänglich und den Fachunternehmen in der Regel bekannt sind. Dies **entbindet den Auftraggeber jedoch nicht von der aus § 16a VOB/A folgenden Verpflichtung zur Bekanntgabe der Zuschlagskriterien – einschließlich der Unterkriterien – im Vergabeverfahren.** Entscheidend ist allein, ob die Grundsätze der Transparenz und der Gleichbehandlung der Bieter im Vergabeverfahren gewahrt werden. Dies ist nur gewährleistet, wenn der öffentliche Auftraggeber neben den eigentlichen Zuschlagskriterien auch die im Voraus aufgestellten Unterkriterien bekannt gibt. Anderenfalls ist es für die Bieter undurchsichtig, welche Kriterien vom öffentlichen Auftraggeber tatsächlich zu Grunde gelegt werden (OLG Düsseldorf, B. v. 16. 11. 2005 – Az.: VII – Verg 59/05).

1037 Die **Wertungskriterien müssen klar und eindeutig angegeben werden und als solche erkennbar sein**. Die Bestimmung des § 16a VOB/A dient der Transparenz des Vergabeverfahrens und der Wahrung der Chancengleichheit. Die Angabe von Wertungskriterien soll jeden Bieter in die Lage versetzen, die Vergabeunterlagen im gleichen Sinne zu verstehen und vergleichbare Angebote abgeben zu können. Eine **Ausnahme** von dem Erfordernis der Bekanntgabe von Wertungskriterien besteht **auch nicht** deshalb, weil es sich um eine **funktionale Ausschreibung** handelt. Zwar darf der Entwurf zusammen mit der Ausführung (nur) dem Wettbewerb unterstellt werden, wenn die technisch, wirtschaftlich, gestalterisch beste sowie funktionsgerechteste Lösung zu ermitteln ist (§ 7 Abs. 13 VOB/A). Unabhängig davon gehen § 16a VOB/A als speziellere Norm bei der Auftragserteilung für Bauaufträge gem. § 1a VOB/A vor, so dass **auch in Fällen der Funktionalausschreibung ein Wertungskriterienkatalog bekannt zu geben ist**. Wegen des Wortlauts von § 16a VOB/A verbietet es sich, die Berücksichtigung von gestalterischen Elementen in der Wertung als selbstverständlich und ihre ausdrückliche Erwähnung deshalb als nicht notwendig anzusehen. Das wirtschaftlichste Angebot kann aufgrund einer Vielzahl verschiedener Kriterien ermittelt werden. Ihre Berücksichtigung und Gewichtung liegt im Ermessen des Auftraggebers. Es **entspricht deshalb dem Gebot der Klarheit und Transparenz, dass der Auftraggeber die für ihn entscheidenden Gesichtspunkte ausdrücklich angibt** (OLG Frankfurt am Main, B. v. 10. 4. 2001 – Az.: 11 Verg. 1/01).

1038 Gibt der öffentliche Auftraggeber in der Bekanntmachung **als Zuschlagskriterium lediglich § 16 Abs. 6 Nr. 3 VOB/A wieder, so gibt er nur einen generellen Hinweis auf mögliche Zuschlagskriterien**. § 16a VOB/A meint aber Kriterien, auf die der Auftraggeber bei der konkreten Vergabe abstellen will. Werden solche auf die konkrete Vergabe bezogene Kriterien nicht genannt, so genügt ein genereller Hinweis auf die Wertungskriterien nach § 16 Abs. 6 Nr. 3 VOB/A nicht, um andere Kriterien als das des niedrigsten Preises anwendbar zu machen (BayObLG, B. v. 12. 9. 2000 – Az.: Verg 4/00; VK Südbayern, B. v. 7. 6. 2000 – Az.: 120.3–3194.1–08-05/00).

1039 Die Bekanntgabe der Bewertungsmatrix soll den Bietern ermöglichen, ihre Angebote optimal auf die bekannt gegebenen Bedürfnisse des Auftraggebers abzustellen. Aus diesem Grunde ist es nach der Rechtsprechung erforderlich, sämtliche vom Auftraggeber entwickelte Unterkriterien bekannt zu geben. Auch bei nicht hinreichend bestimmten Kriterien fehlt den Bietern eine sichere Leitlinie, anhand derer sie ihre Angebote vorbereiten können. Bei unzureichender Bestimmtheit ist zudem eine Wertung durch den Auftraggeber nicht mehr nachvollziehbar. Allerdings **zwingen weder die Richtlinie 2004/18/EG noch in deren Umsetzung die VOL/A den Auftraggeber zu Unmöglichem oder Unzumutbarem. Gerade in Fragen der Ästhetik wäre eine weitere Beschreibung nur eine Scheinlösung**. Danach ist eine weitere Untergliederung oder Beschreibung z.B. des Kriteriums „Umsetzung des Corporate Design des Internetauftritts in den zu erstellenden Druckunterlagen" nicht erforderlich (OLG Düsseldorf, B. v. 3. 3. 2010 – Az.: VII-Verg 48/09).

1040 **6.11.4.9.8 Folgen von unterschiedlichen Angaben in der Vergabebekanntmachung und in der Aufforderung zur Angebotsabgabe.** Die **Rechtsprechung** hierzu ist **nicht einheitlich**.

Gesetz gegen Wettbewerbsbeschränkungen GWB § 97 **Teil 1**

Ein **unterschiedliches Ankreuzen der Wertungskriterien in der Vergabebekanntma-** 1041
chung und in der Aufforderung zur Angebotsabgabe ist ein Vergabeverstoß, da die
Wertungskriterien in den Verdingungsunterlagen nicht eindeutig benannt sind. Dieser **Vergabeverstoß führt zur Aufhebung der Ausschreibung** (VK Münster, B. v. 4. 10. 2000 – Az.:
VK 10/00).

Nach anderer Auffassung hingegen ist **Entscheidungsgrundlage für einen Bewerber** hin- 1042
sichtlich der Abforderung der Verdingungsunterlagen und damit der voraussichtlichen Teilnahme am Wettbewerb **die Bekanntmachung**. Aus dieser entnimmt der Bewerber die zu erbringende Leistung, aber auch den von der Vergabestelle gesetzten Rahmen, u. a. die Kriterien für
die Zuschlagserteilung. Wenn die Bekanntmachung und deren Inhalt aber die Entscheidungsgrundlage für einen potentiellen Bewerber bezüglich der Teilnahme am Wettbewerb ist, sind
diese von der Vergabestelle gemachten Angaben auch im Vergabeverfahren beizubehalten. Dieses umso mehr, wenn andere Kriterien für die Zuschlagserteilung bei einem mehr in der Aufforderung zur Angebotsabgabe geeignet wären sich beteiligende Bewerber schlechter zu stellen als
im Anwendungsfall der Kriterien aus der Bekanntmachung, bzw. im Umkehrfall bei einem weniger sich u. U. ein größerer Bewerberkreis an der Ausschreibung hätte beteiligen können (Wett-
bewerbseinschränkung durch Abschreckung). Dies bedeutet, **dass in einem Fall der Nicht-
übereinstimmung von Kriterien für die Zuschlagserteilung laut Bekanntmachung
und Aufforderung zur Angebotsabgabe diejenigen der Bekanntmachung zur Anwendung zu kommen haben** (VK Nordbayern, B. v. 14. 10. 2009 – Az.: 21.VK – 3194 – 45/09;
1. VK Sachsen, B. v. 17. 6. 2005 – Az.: 1/SVK/058-05; VK Schleswig-Holstein, B. v. 12. 7. 2005 –
Az.: VK-SH 14/05; VK Thüringen, B. v. 28. 11. 2002 – Az.: 216–4002.20–057/02-EF-S).

Allein die Tatsache, dass die Vergabestelle in den Ausschreibungsunterlagen im Vergleich zur 1043
Bekanntmachung zwei zusätzliche Zuschlagskriterien genannt hat, begründet keinen Vergaberechtsverstoß. Nach § 16a VOB/A sind die **Zuschlagskriterien entweder in den Vergabeunterlagen oder in der Vergabebekanntmachung anzugeben**. Der Sinn dieser Regelung
liegt in dem das Vergabeverfahren beherrschenden Transparenzgebot. Der Bieter soll vor Abgabe
seines Angebots wissen, welche Kriterien im Einzelfall ausschlaggebend sein werden. Dieses
Gebot wird nicht verletzt, wenn die Vergabestelle **in den Verdingungsunterlagen zwei zusätzliche Kriterien nennt, die zu den in der Bekanntmachung angegebenen nicht in
Widerspruch stehen**. Bei den Bietern kann unter diesen Umständen keine Unklarheit entstehen, an welchen Maßstäben ihr Angebot gemessen wird (2. VK Bund, B. v. 5. 9. 2002, Az.: VK
2–68/02).

6.11.4.10 Bindung des Auftraggebers an die veröffentlichten Zuschlagskriterien ein- 1044
schließlich der Gewichtung. 6.11.4.10.1 Grundsatz. Sowohl nach § 16a Abs. 1 VOB/A
2009 als auch nach § 19 EG Abs. 8 VOL/A 2009 als auch nach § 11 Abs. 6 VOF 2009 **dürfen
nur Kriterien und deren Gewichtung berücksichtigt werden, die in der Bekanntmachung oder in den Vergabeunterlagen genannt** sind.

6.11.4.10.2 Sinn und Zweck der Bindung. Der **Bewerberkreis soll vorhersehen** kön- 1045
nen, **worauf es dem Auftraggeber in besonderem Maße ankommt** und dies bei der Angebotserstellung berücksichtigen können (OLG München, B. v. 17. 1. 2008 – Az.: Verg 15/07;
VK Brandenburg, B. v. 14. 9. 2006 – Az.: 2 VK 36/06; VK Nordbayern, B. v. 10. 12. 2009 –
Az.: 21.VK – 3194 – 53/09; 3. VK Saarland, B. v. 9. 3. 2007 – Az.: 3 VK 01/2007; VK Schleswig-Holstein, B. v. 9. 7. 2010 – Az.: VK-SH 11/10; B. v. 22. 1. 2010 – Az.: VK-SH 26/09; VK
Südbayern, B. v. 1. 8. 2001 – Az.: 24-07/01). Der **Auftraggeber** soll einerseits auf seinen Bedarf besonders **ausgerichtete Angebote** erhalten, andererseits bei der Auswahl **nicht manipulieren können** (OLG Frankfurt am Main, B. v. 20. 12. 2000 – Az.: 11 Verg 1/00; VK Schleswig-Holstein, B. v. 22. 1. 2010 – Az.: VK-SH 26/09). Die Manipulationsmöglichkeit läge
jedoch auf der Hand, wenn der Auftraggeber die Auswahl nach Gutdünken treffen könnte und
sich entweder an seine Wertungskriterien nicht halten müsste oder sie nach Öffnen der Angebote und Kenntnisnahme von deren Inhalt ändern dürfte (VK Düsseldorf, B. v. 9. 4. 2003 – Az.:
VK – 8/2003 – B; VK Niedersachsen, B. v. 23. 2. 2009 – Az.: VgK-58/2008; 1. VK Sachsen,
B. v. 8. 2. 2005 – Az.: 1/SVK/003–05; VK Schleswig-Holstein, B. v. 22. 1. 2010 – Az.: VK-SH
26/09).

Eine Vergabestelle ist also **aus Gründen der Rechtsstaatlichkeit, Vorhersehbarkeit und** 1046
Transparenz des Wertungsverfahrens an die Wertungskriterien gebunden, d. h. es dürfen dann
nur Zuschlagskriterien bei der Wertung zur Anwendung gelangen, die zuvor in der Vergabebekanntmachung oder in den Verdingungsunterlagen genannt sind (OLG München, B. v. 29. 7.
2010 – Az.: Verg 09/10; VK Arnsberg, B. v. 22. 1. 2009 – Az.: VK 32/08; VK Brandenburg, B.

Teil 1   GWB § 97   Gesetz gegen Wettbewerbsbeschränkungen

v. 14. 9. 2006 – Az.: 2 VK 36/06; 1. VK Bund, B. v. 11. 10. 2002 – Az.: VK 1–75/02; 2. VK Bund, B. v. 10. 12. 2003 – Az.: VK 1–116/03; VK Münster, B. v. 21. 11. 2007 – Az.: VK 24/07; VK Niedersachsen, B. v. 23. 2. 2009 – Az.: VgK-58/2008; VK Nordbayern, B. v. 23. 5. 2006 – Az.: 21.VK – 3194 – 16/06; 3. VK Saarland, B. v. 9. 3. 2007 – Az.: 3 VK 01/2007; VK Schleswig-Holstein, B. v. 9. 7. 2010 – Az.: VK-SH 11/10; B. v. 22. 1. 2010 – Az.: VK-SH 26/09; VK Thüringen, B. v. 16. 1. 2006 – Az.: 360–4004.20–025/05-ARN).

1047   **6.11.4.10.3 Ausprägungen der Bindung.** Mit **Angabe der Auftragskriterien in der Vergabebekanntmachung tritt eine Selbstbindung des Auftraggebers ein.** Es ist daher vergaberechtswidrig, ein als Auftragskriterium angekündigtes Merkmal wieder fallen zu lassen, oder etwa nach Aufforderung zur Angebotsabgabe neue Kriterien einzuführen. Es ist unzulässig, der Entscheidung gemäß § 11 Abs. 1 VOF andere als die bekannt gemachten Kriterien zugrunde zu legen. Die **Bestimmung des § 11 Abs. 4 VOF ist ohne weiteres der Regelung des § 9 EG VOL/A vergleichbar**, wonach die Auftraggeber in den Vergabeunterlagen oder in der Vergabebekanntmachung alle Zuschlagskriterien angeben, deren Verwendung sie vorsehen, und zwar möglichst in der Reihenfolge der ihnen zuerkannten Bedeutung. Die damit bezweckte Vorhersehbarkeit des Wertungsmaßstabs und der Schutz der Bieter vor Willkür schließen es aus, dass der Auftraggeber nachträglich von den bekannt gegebenen Zuschlagskriterien abweicht, was bedeutet, dass die angegebenen Kriterien berücksichtigt werden müssen. **Auch der nach Sinn und Zweck vergleichbare § 16 a VOB/A** bestimmt, dass bei der Wertung der Angebote nur Kriterien berücksichtigt werden dürfen, die in der Bekanntmachung oder in den Vergabeunterlagen genannt sind. Daher ist der Auftraggeber gehalten, sämtliche der bekannt gegebenen Wertungskriterien auch tatsächlich zu berücksichtigen. Nur dann ist dem Gebot eines transparenten Vergabeverfahrens (§ 97 Abs. 1 GWB) und der Gleichbehandlung aller Bieter (§ 97 Abs. 2 GWB) Genüge getan. Mit der Bekanntmachung der Wertungskriterien reduziert die Vergabestelle ihren eigenen Beurteilungs- und Ermessensspielraum. Der **Bieter wäre der Willkür ausgesetzt, wenn die Vergabestelle nach Abgabe der Angebote im Wertungsverfahren die Zuschlagskriterien beliebig ändern oder anders gewichten oder verschärfen könnte** (KG Berlin, B. v. 28. 9. 2009 – Az.: 2 Verg 8/09; OLG Düsseldorf, B. v. 7. 7. 2003 – Az.: Verg 34/03; OLG Frankfurt, B. v. 28. 2. 2006 – Az.: 11 Verg 15/05 und 16/05; OLG München, B. v. 29. 7. 2010 – Az.: Verg 09/10; VK Arnsberg, B. v. 22. 1. 2009 – Az.: VK 32/08; 2. VK Bund, B. v. 29. 3. 2006 – Az.: VK 2–11/06; VK Düsseldorf, B. v. 9. 4. 2003 – Az.: VK – 8/2003 – B; VK Münster, B. v. 21. 11. 2007 – Az.: VK 24/07; VK Niedersachsen, B. v. 23. 2. 2009 – Az.: VgK-58/2008; VK Nordbayern, B. v. 10. 12. 2009 – Az.: 21.VK – 3194 – 53/09; B. v. 14. 2. 2003 – Az.: 320.VK3194-02/03; 3. VK Saarland, B. v. 9. 3. 2007 – Az.: 3 VK 01/2007; 1. VK Sachsen, B. v. 5. 9. 2005 – Az.: 1/SVK/104-05; B. v. 10. 8. 2005 – Az.: 1/SVK/088-05; B. v. 4. 4. 2005 – Az.: 1/SVK/025-05; B. v. 8. 2. 2005 – Az.: 1/SVK/003–05; B. v. 7. 10. 2003 – Az.: 1/SVK/111-03, B. v. 13. 6. 2002 – Az.: 1/SVK/042-02; VK Schleswig-Holstein, B. v. 9. 7. 2010 – Az.: VK-SH 11/10; B. v. 22. 1. 2010 – Az.: VK-SH 26/09; B. v. 11. 1. 2006 – Az.: VK-SH 28/05; VK Thüringen, B. v. 18. 12. 2008 – Az.: 250–4003.20–5944/2008-030-J).

1048   Der Auftraggeber ist auch **verpflichtet, alle bekannt gemachten Kriterien zu werten** (Kammergericht, B. v. 28. 9. 2009 – Az.: 2 Verg 8/09; OLG Düsseldorf, B. v. 7. 7. 2003 – Az.: Verg 34/03; OLG Frankfurt, B. v. 20. 12. 2000 – Az.: 11 Verg 1/00; OLG München, B. v. 29. 7. 2010 – Az.: Verg 09/10; OLG Naumburg, B. v. 13. 5. 2008 – Az.: 1 Verg 3/08; VK Arnsberg, B. v. 22. 1. 2009 – Az.: VK 32/08; 1. VK Bund, B. v. 29. 10. 2007 – Az.: VK 1–110/07; 2. VK Bund, B. v. 29. 3. 2006 – Az.: VK 2–11/06; VK Düsseldorf, B. v. 9. 4. 2003 – Az.: VK – 8/2003 – B; VK Münster, B. v. 21. 11. 2007 – Az.: VK 24/07; VK Nordbayern, B. v. 10. 12. 2009 – Az.: 21.VK – 3194 – 53/09; B. v. 23. 5. 2006 – Az.: 21.VK – 3194 – 16/06; B. v. 9. 1. 2006 – Az.: 21.VK – 3194 – 42/05; 3. VK Saarland, B. v. 9. 3. 2007 – Az.: 3 VK 01/2007; 1. VK Sachsen, B. v. 15. 5. 2007 – Az.: 1/SVK/028-07; B. v. 7. 5. 2007 – Az.: 1/SVK/027-07; B. v. 17. 6. 2005 – Az.: 1/SVK/058-05; B. v. 4. 4. 2005 – Az.: 1/SVK/025-05; B. v. 9. 4. 2002 – Az.: 1/SVK/021-02, B. v. 8. 4. 2002 – Az.: 1/SVK/022-02, B. v. 3. 4. 2002 – Az.: 1/SVK/020-02; 1. VK Sachsen-Anhalt, B. v. 25. 4. 2006 – Az.: 1 VK LVwA 08/06; 2. VK Sachsen-Anhalt, B. v. 13. 4. 2006 – Az.: VK 2-LVwA LSA 7/06).

1049   Der – fehlerhaft – unterbliebenen Anwendung bekannt gemachter Zuschlagskriterien **gleichzustellen ist dabei auch der Tatbestand des Zusammenführens zweier Zuschlagskriterien zur Verwendung als eigenständiges, neues Zuschlagskriterium** (VK Thüringen, B. v. 16. 1. 2006 – Az.: 360–4004.20–025/05-ARN).

1050   Eine Änderung oder Erweiterung von Zuschlagskriterien ist **auch dann nicht mehr zulässig, wenn bereits Angebote abgegeben** und gewertet wurden, aber das **Vergabeverfahren**

Gesetz gegen Wettbewerbsbeschränkungen GWB § 97 **Teil 1**

– wegen sonstiger Verfahrensverstöße – **ab der zweiten Stufe wiederholt werden muss.** Würde man eine Erweiterung oder Änderung der Vergabekriterien auch noch nach einem ersten Wertungsdurchgang zulassen, so wäre nicht auszuschließen, dass **Bieter ihr (erstes) Angebot auf Kriterien ausgerichtet haben, die im zweiten Verfahrensdurchgang keine oder nur noch eine untergeordnete Rolle spielen,** während der Auftraggeber Kriterien in den Vordergrund rückt, auf die sich die Bieter bislang nicht einstellen konnten (OLG Frankfurt, B. v. 28. 2. 2006 – Az.: 11 Verg 15/05 und 16/05).

Erfolgt eine Änderung der Gewichtung der Zuschlagskriterien erst, nachdem der öffentliche Auftraggeber die relative Gewichtung dieser Kriterien den Mitgliedern des Bewertungssausschusses in Form eines Bewertungsschemas mitgeteilt hatte, um ihnen eine erste Prüfung der eingereichten Angebote zu ermöglichen und hatten die Mitglieder des Bewertungsausschusses nicht nur die Gelegenheit, die Angebote vor der ersten Sitzung des Ausschusses als Kollegialorgan individuell zu prüfen und wurden sie vielmehr zu einer solchen Prüfung ermuntert, um die kollektive Bewertung im Ausschuss zu erleichtern, **bedeuten bei einem solchen Sachverhalt die Grundsätze der Gleichbehandlung und der Transparenz der Vergabeverfahren für die öffentlichen Auftraggeber, dass sie sich während des gesamten Verfahrens an dieselbe Auslegung der Zuschlagskriterien halten müssen.** Für die Zuschlagskriterien selbst gilt erst recht, dass sie während des Vergabeverfahrens nicht geändert werden dürfen. Eine vor der Sitzung des Bewertungsausschusses liegende Phase, in der dessen Mitglieder die eingereichten Angebote individuell prüfen, ist wesentlicher Bestandteil des Verfahrens zur Vergabe des betreffenden Auftrags. Unter diesen Voraussetzungen **liefe eine Änderung der Gewichtung der Zuschlagskriterien nach dieser Phase, in der die Angebote erstmalig geprüft wurden, auf eine Änderung der Kriterien hinaus, die die Grundlage für die erste Prüfung bildeten. Bei einem solchen Vorgehen werden der Gleichbehandlungsgrundsatz und die daraus folgende Transparenzpflicht außer Acht gelassen** (EuGH, Urteil v. 18. 11. 2010 – Az.: C-226/09). 1050/1

6.11.4.10.4 Weitere Beispiele aus der Rechtsprechung 1051

– eine **Änderung von Wertungskriterien** ist **nur dann nicht mehr zulässig,** wenn sie, wären sie im Zeitpunkt der Angebotsvorbereitung bekannt gewesen, diese **Vorbereitung hätten beeinflussen können** (VK Nordbayern, B. v. 10. 2. 2010 – Az.: 21.VK – 3194 – 01/10)

– durch die **Hinzufügung des Wortes „/Referenzbewertung" zum Zuschlagskriterium „Referenzen"** in der Aufforderung zur Angebotsabgabe erfolgt – formal betrachtet – bereits eine **Änderung des Zuschlagskriteriums gegenüber der Bekanntmachung.** Dieses ist **unzulässig** (VK Thüringen, B. v. 18. 12. 2008 – Az.: 250–4003.20–5944/2008-030-J)

– **im Internet abrufbare Eignungsanforderungen können die Bringschuld eines Bieters im Rahmen eines Vergabeverfahrens nicht erfüllen.** Der Auftraggeber ist nicht verpflichtbar und auch nicht berechtigt, sich die Erklärungen, die er wünscht, selbständig und beliebig zusammenzusuchen (VK Arnsberg, B. v. 22. 1. 2009 – Az.: VK 32/08)

– auch wenn die Verfahrensbeteiligten in einem Nachprüfungsverfahren übereinstimmend vortragen, sie hätten **ein Zuschlagskriterium lediglich als Berechnungsparameter für ein anderes Zuschlagskriterium verstanden, führt dies nicht zu einer anderen Beurteilung.** Hat der öffentliche Auftraggeber sein Wahlrecht in § 9a VOL/A hinsichtlich der Zuschlagskriterien ausgeübt, so darf er von seinen Vorgaben nicht wieder abweichen. Er kann die Vorgaben gegebenenfalls konkretisieren, aber grundlegend ändern kann der öffentliche Auftraggeber diese Angaben wegen der Beachtung der Wettbewerbsgrundsätze nicht mehr (VK Münster, B. v. 21. 11. 2007 – Az.: VK 24/07)

– wenn der Auftraggeber in den Vergabeunterlagen **Preise für bestimmte Leistungen abfragt,** hierzu Mengenangaben macht und allgemein der Preis (ohne Beschränkung auf bestimmte Leistungsteile) als ein Zuschlagskriterium nennt, ist er **auch gehalten, sämtliche von ihm abgefragte Preise bei der Angebotswertung zu berücksichtigen.** Andernfalls hätte er die Möglichkeit, – in einem für die Bieter nicht transparenten Verfahren – nach Angebotsabgabe Preise zu selektieren, die für die preisliche Angebotswertung relevant sein sollen (1. VK Bund, B. v. 29. 10. 2007 – Az.: VK 1–110/07)

– die Grundsätze der Transparenz und Gleichbehandlung sind gleichermaßen verletzt, wenn ein öffentlicher Auftraggeber seine **Angebotswertung auf Unter- oder Hilfskriterien, eine Bewertungsmatrix oder einen Wertungsleitfaden stützt, die er den Bietern nicht mitgeteilt hat**: Auch in diesen Fällen sind die bei der Wertung der Angebote angewandten Maßstäbe für die Bieter bei Angebotserstellung nicht transparent und die Gleichbehandlung

Teil 1 GWB § 97 Gesetz gegen Wettbewerbsbeschränkungen

der Bieter ist nicht gewährleistet. Dies gilt unabhängig davon, ob der Auftraggeber diese Maßstäbe bereits bei Übersendung der Verdingungsunterlagen aufgestellt hatte oder erst zu einem späteren Zeitpunkt. § 25 a VOB/A stellt dies nunmehr ausdrücklich klar: Kriterien, die die Bieter bei Angebotserstellung nicht kannten, dürfen bei der Wertung der Angebote nicht angewandt werden (3. VK Bund, B. v. 20. 6. 2007 – Az.: VK 3–52/07)

- **unproblematisch ist die Veränderung des Zuschlagskriteriums „Referenzen" in „Referenzen für vergleichbare Projekte".** Die Veränderung stellt lediglich eine im Kontext der Ausschreibung stehende Konkretisierung nicht aber Veränderung des bereits benannten Zuschlagskriteriums dar (2. VK Bund, B. v. 29. 3. 2006 – Az.: VK 2–11/06)

- gibt der Auftraggeber in der Bekanntmachung als ein **Wertungskriterium „Erfahrung"** an, handelt es sich hierbei um einen **Aspekt der Fachkunde**. Weist hingegen das in der Aufforderung zur Angebotsabgabe nunmehr verwendete **Kriterium „Stamm und Ausstattung des Unternehmens" die Leistungsfähigkeit** des Unternehmens nach, handelt es sich zwar bei beiden Kriterien um Eignungskriterien, allerdings sind sie als **Unterkriterien unterschiedlicher Natur und deshalb nicht austauschbar** (2. VK Bund, B. v. 29. 3. 2006 – Az.: VK 2–11/06)

- **will ein Auftraggeber einen Stundenverrechnungssatz von 65% als Mindestgrenze werten, muss er diesen vorher bekannt machen**, um für alle Interessenten eine chancengleiche und transparente Wettbewerbssituation zu schaffen. Eine solche **Mindestgrenze wirkt sich nämlich faktisch wie ein Ausschlusskriterium aus**, da die Angebote mit einem niedrigeren Stundenverrechnungssatz ohne weitere Prüfung als unauskömmlich ausgeschlossen werden. Damit werden die **Bieter benachteiligt, die sich um eine besonders günstige Kostenstruktur bemühen, dabei aber die Zahlung des Nettotariflohnes sicherstellen können**. Wenn dies ohne Ankündigung geschieht, können Bieter sich nicht darauf einstellen und laufen Gefahr, gerade mit einem besonders engagierten Angebot einen Misserfolg zu erleiden. Die Grenze von 65% für den Stundenverrechnungssatz ist ohne Ankündigung nur verwertbar für die Ermittlung der Angebote, bei denen die Preisgestaltung nach § 25 Nr. 2 Absatz 2 VOL/A überprüft werden kann oder muss (1. VK Sachsen, B. v. 8. 2. 2005 – Az.: 1/SVK/003–05)

- hat der Auftraggeber unmissverständlich und bindend gegenüber allen Bietern erklärt, dass eine Fremdvergabe des Auftragsgegenstandes für ihn nur in Betracht kommt, wenn eine Kostengrenze unterschritten wird, ist der Auftraggeber **schon deswegen daran gebunden, weil andere potentielle Bieter möglicherweise aufgrund dieser knapp kalkulierten Kostenobergrenze von einer Beteiligung am streitbefangenen Vergabeverfahren abgesehen haben**. Ein **nachträglicher Verzicht** des Auftraggebers auf diese selbst gesetzte Grenze würde sowohl **gegen den Transparenzgrundsatz** gemäß § 97 Abs. 1 GWB als auch **gegen den Gleichbehandlungsgrundsatz** gemäß § 97 Abs. 2 GWB verstoßen. Die Alternative, in diesem Vergabeverfahren den Zuschlag auf ein Angebot zu erteilen, dessen Preis die selbst gesetzte Grenze überschreitet, besteht für den Auftraggeber vergaberechtlich daher nicht (VK Lüneburg, B. v. 7. 11. 2003 – Az.: 203-VgK-32/2003).

1052 **6.11.4.10.5 Ausnahmen von der Bindung.** Ein **Ausnahmefall** könnte gegeben sein, wenn der Auftraggeber an ein **zentrales Zuschlagskriterium**, das er in den Verdingungsunterlagen oder in der Vergabebekanntmachung mitgeteilt hat, **nachträglich höhere Anforderungen stellt**, weil er im Verlauf des Vergabeverfahrens nach Abgabe der Angebote erkennt, dass sein Bedarf nur durch eine Leistung mit geringfügigen technischen Änderungen, die die erhöhten Anforderungen erfüllt, gedeckt werden kann. Eine **Aufhebung der Ausschreibung nach z. B. § 17 VOB/A ist nicht zwingend erforderlich.** Die Vergabestelle muss in diesem Fall die Spitzenbewerber, die aufgrund der bisherigen Wertung für einen Zuschlag in die engere Auswahl kommen, gleichermaßen über die höheren Anforderungen an das betreffende Zuschlagskriterium informieren und ihnen Gelegenheit zur Anpassung ihrer Angebote durch eine technische Änderung geringen Umfangs mit einer ebenfalls geringfügigen Preisanpassung geben (in **entsprechender Anwendung des § 15**), um eine Verletzung des vergaberechtlichen Gleichbehandlungs- und Transparenzgebotes (§ 97 Abs. 1 und Abs. 2 GWB) auszuschließen (VK Südbayern, B. v. 18. 3. 2002 – Az.: 04-02/02).

6.11.4.11 Verbot von vergabefremden Zuschlagskriterien

1053 **6.11.4.11.1 Rechtsprechung. 6.11.4.11.1.1 Begriff.** Bei vergabefremden Kriterien handelt es sich um **solche Anforderungen, die weder die fachliche Eignung betreffen noch auf Ermittlung des wirtschaftlichsten Angebots noch auf die Ermittlung des Ange-

Gesetz gegen Wettbewerbsbeschränkungen GWB § 97 **Teil 1**

bots, das die bestmögliche Leistung erwarten lässt, gerichtet sind. Sie stellen vielmehr von den EG-Vergaberichtlinien und den Verdingungsordnung nicht erfasste weitere Kriterien dar, welche eine **allgemeinpolitische Zielsetzung zum Inhalt** haben. Sie sind beschaffungsfremd, weil mit ihnen bestimmte unternehmerische Maßnahmen begünstigt werden sollen, etwa die Förderung der Ausbildung von Lehrlingen oder das Unterschreiten von Tariflöhnen (VK Baden-Württemberg, B. v. 21. 3. 2003 – Az.: 1 VK 10/03; VK Düsseldorf, B. v. 26. 8. 2004 – Az.: VK – 30/2004 – L; 1. VK Sachsen, B. v. 8. 2. 2005 – Az.: 1/SVK/003–05).

6.11.4.11.1.2 Allgemeine volkswirtschaftliche oder betriebswirtschaftliche Vorteile. 1054
Grundsätzlich ist denkbar, dass eine schnellere Bau- oder Leistungsausführung zu volkswirtschaftlichen Vorteilen führen kann. Ein solcher Vorteil kann z. B. im Straßenbau darin bestehen, dass eine Straße früher für den Verkehr bereit steht und etwa durch Stau, Verkehrsbehinderungen oder Umleitungen hervorgerufene, volkswirtschaftliche Schäden verringert werden können. Damit verbundene Vorteile können sich mittelfristig in der allgemeinen wirtschaftlichen Entwicklung einer Region oder eines Landes auswirken. Derartige **volkswirtschaftliche Vorteile lassen sich nicht direkt finanziell für den Auftraggeber berechnen. Diese Umstände stellen in wirtschaftlicher und technischer Hinsicht keinen konkreten Bezug zu dem ausgeschriebenen Bauauftrag her und sind damit als vergabefremd zu charakterisieren**. Bei der Frage nach gesamtwirtschaftlichen Vorteilen durch eine Bauzeitverkürzung handelt es sich um nicht direkt im Zusammenhang mit der konkreten Ausführung der Baumaßnahme stehende Kriterien, die mit der Annehmbarkeit des Angebots untrennbar zusammengehören und somit vergabefremd sind. **Auch betriebswirtschaftliche Gesichtspunkte bzw. Vorteile können nicht den Vergabekriterien zugeordnet werden**. Die Kosten der Bauüberwachung auf Seiten des Bauherrn stehen zwar im Zusammenhang mit der Bauleistung. Es ist nicht erkennbar, inwieweit Kosten der Bauüberwachung auf Seiten des Auftraggebers in die Wirtschaftlichkeit, d. h. das Preis-Leistungsverhältnis des Angebots des Bieters, einbezogen werden könnten. Im Übrigen könnte der betriebswirtschaftliche Wert der Verkürzung der Bauzeitüberwachung nicht bestimmt werden (VK Baden-Württemberg, B. v. 21. 3. 2003 – Az.: 1 VK 10/03).

6.11.4.11.1.3 Abschluss eines Wartungsvertrages. 6.11.4.11.1.3.1 Rechtsprechung. 1055
Die Rechtsprechung hierzu ist nicht einheitlich.

Benennt die Vergabestelle die **Wartung als Zuschlagskriterium, kann sie einen „verga-** 1056
befremden" Aspekt in die Wertung einbringen. Das auszufüllende Muster „Wartung" ist nicht Gegenstand der Verdingungsunterlagen, da **keine einheitliche Vergabe über den Bau (bzw. Lieferung) als auch die Wartung durch die Vergabestelle bei unterschiedlichen Auftraggebern möglich** ist. Auch die Angabe der Vergabestelle, dass der Nutzer ihr gegenüber den Willen zum Abschluss des Wartungsvertrages bekannt gegeben hat, ändert nichts daran, dass die Vergabestelle darüber selbst keine vertragliche Bindung eingehen kann und damit der Wartungsvertrag nicht Gegenstand der Verdingungsunterlagen, auf die der abzuschließende zivilrechtliche Vertrag aufbaut, gemacht werden kann. Damit ist jedoch den Bietern sowohl die Bedeutung als auch der Umfang des Kriteriums „Wartung" im Wesentlichen nicht transparent dargelegt worden und kann daher nicht als sichere Planungs- und Kalkulationsgrundlage der Bieter dienen. **Etwas anderes kann in Betracht kommen, wenn die Vergabestelle den Wartungsvertrag als Bedarfsposition ausschreibt** (VK Hessen, B. v. 22. 4. 2002 – Az.: 69 d VK – 10/2002, B. v. 22. 4. 2002 – Az.: 69 d VK – 11/2002).

Nach Auffassung anderer Vergabekammern hingegen ist die Tatsache, dass der Wartungsver- 1057
trag mit dem Ausfüllen der Verdingungsunterlagen (inklusive Wartungsvertrag) noch nicht zu Stande kommt, **unschädlich für die Verbindlichkeit des Angebots**. Zum einen liegt dies in der betriebs- bzw. funktionsbedingten Tätigkeit des Auftraggebers, der z. B. vielfach Bauleistungen vergibt für Gebäude, die er selbst später nicht bewirtschaftet. Der Wartungsvertrag muss aber mit derjenigen Stelle geschlossen werden, die das Gebäude später bewirtschaftet, damit diese die entsprechenden Rechte hieraus ableiten kann. Dem trägt auch die Formulierung im Vertragsmuster Rechnung. Der Bieter ist daran gebunden, dem späteren Bewirtschafter des Gebäudes ein Angebot zu den in den Verdingungsunterlagen festgelegten Konditionen und den von ihm gebotenen Preisen zu machen. Diese vertragliche Konstellation beeinträchtigt ihn auch nicht in seinen Rechten, etwa, dass die Bindefrist für das Wartungsangebot übermäßig lange bemessen ist (1. VK Sachsen, b. v. 11. 10. 2001 – Az.: 1/SVK/94-0; im Ergebnis ebenso VK Südbayern, B. v. 7. 4. 2006 – Az.: 07-03/06).

6.11.4.11.1.3.2 Richtlinie des VHB 2008 zu wartungsbedürftigen betriebstechni- 1058
schen und Anlagen der technischen Gebäudeausrüstung. Wenn mit dem Angebot für die Herstellung einer wartungs- oder instandhaltungsbedürftigen Anlage auch ein Angebot für die

Wartung/Instandhaltung eingeholt worden ist, sind die Preise beider Leistungen in die Wertung einzubeziehen.

1059 Bei der Wertung sind die in den Wartungs-/Instandhaltungsangeboten angegebenen Ansätze bei einer vorgegebenen Laufzeit bis zu 5 Jahren ohne Anwendung eines Barwertfaktors (statische Berechnung: Wartungskosten/Jahr x Laufzeit) zu berücksichtigen.

1060 Sind darüber hinausgehende Laufzeiten ausgeschrieben, sind die angebotenen Preise bei der Wirtschaftlichkeitsberechnung mit dem Rentenbarwertfaktor (entsprechend der Vervielfältigungstabelle – Anlage zu § 16 Abs. 3 der Verordnung über die Grundsätze für die Ermittlung der Verkehrswerte von Grundstücken (Wertermittlungsverordnung – WertV) vom 6. 12. 1988 (BGBl. I S. 2209 ff., geändert 18. 8. 1997 BGBl. S. 2110) zu multiplizieren. Die im angegebenen Vertragsmuster vorgesehene Preisgleitklausel bleibt hierbei unberücksichtigt.

1061 Sind die Preise für die Wartung/Instandhaltung unangemessen hoch, ist zu prüfen, ob Aufhebung der Ausschreibung in Betracht kommt (Formblatt 242).

1062 6.11.4.11.1.4 Das Zuschlagskriterium „mittelständisches Unternehmen". Vgl. im Einzelnen die Kommentierung → Rdn. 1079.

1063 6.11.4.11.1.5 Zuschlagskriterien auf der Basis des § 97 Abs. 4 Satz 3. Vgl. im Einzelnen die Kommentierung → Rdn. 859.

1064 6.11.4.11.2 Literatur

- Beuttenmüller, Ingo, Vergabefremde Kriterien im Öffentlichen Auftragswesen – Vereinbarkeit mit dem europäischen Sekundärrecht und den Grundfreiheiten, Nomos Verlag 2007
- Bultmann, Friedrich, Beschaffungsfremde Kriterien: Zur „neuen Formel" des Europäischen Gerichtshofes, ZfBR 2004, 134
- Burgi, Martin, Vergabefremde Zwecke und Verfassungsrecht, NZBau 2001, 64
- Diemon-Wies, Ingeborg, Soziale und ökologische Kriterien in der Vergabepraxis, VergabeR 2010, 317
- Dornbusch, Tessa, Die Berücksichtigung vergabefremder Zwecke bei der öffentlichen Auftragsvergabe und ihre Verknüpfung mit dem Arbeitsrecht – insbesondere die Tariftreueerklärung auf der Grundlage des § 97 IV Halbs. 2 GWB, Dissertation, Berlin, 2004
- Fante, Jan, Die Instrumentalisierung des öffentlichen Beschaffungswesens zur Durchsetzung politischer Ziele – Erscheinungsformen und rechtliche Schranken im europäischen und deutschen Recht, Dissertation, Aachen, 2004
- Fischer, Kristian, Vergabefremde Zwecke im öffentlichen Auftragswesen: Zulässigkeit nach Europäischem Gemeinschaftsrecht, EuZW 2004, 492
- Frenz, Walter, Soziale Vergabekriterien, NZBau 2007, 17
- Gurlit, Elke, Vergabe öffentlicher Aufträge als Instrument der Frauenförderung, Recht und Geschlecht, Baden-Baden 2004, 153
- Jennert, Carsten, Vergabefremde Kriterien – keine Beihilfen, sondern gemeinwirtschaftliche Pflichten, NZBau 2003, 417
- Mohr, Jochen, Ein soziales Vergaberecht? – Soziale Zwecke im Recht der öffentlichen Auftragsvergabe zwischen freiem Wettbewerb im Binnenmarkt und Schutz inländischer Arbeitsplätze –, VergabeR 2009, 543
- Recker, Engelbert, Ein Irrweg aus Brüssel – Luftreinhaltung durch Vergabevorschriften?, Behörden Spiegel April 2006, 16
- Varga, Zsofia, Berücksichtigung sozialpolitischer Anforderungen nach dem neuen § 97 Abs. 4 S. 2 GWB-europarechtskonform?, VergabeR 2009, 535

6.11.4.12 Keine Notwendigkeit der Bekanntgabe der Zuschlagskriterien und deren Gewichtung bei der Ausschreibung von Leistungen nach Anhang I B der VOL/A und der VOF

1064/1 Auch wenn jedoch die Verpflichtung, die relative Gewichtung jedes einzelnen Zuschlagskriteriums im Stadium der Veröffentlichung der Bekanntmachung anzugeben, wie dies jetzt Art. 53 Abs. 2 der Richtlinie bestimmt, dem Erfordernis entspricht, die Beachtung des Gleichheitsgrundsatzes und der daraus fließenden Transparenzpflicht sicherzustellen, ist die **Annahme nicht gerechtfertigt, dass die Tragweite dieses Grundsatzes und dieser Verpflichtung**

Gesetz gegen Wettbewerbsbeschränkungen GWB § 97 **Teil 1**

angesichts des Fehlens dahin gehender besonderer Vorschriften in der Richtlinie so weit reicht, dass die relative Gewichtung der vom öffentlichen Auftraggeber angewandten Kriterien im Rahmen von Aufträgen, die nicht in den Anwendungsbereich einer Art. 53 der Richtlinie entsprechenden Vorschrift fallen, vorab zu bestimmen und den potenziellen Bietern bei der Aufforderung, ihre Angebote einzureichen, mitzuteilen ist. Wie nämlich der Gerichtshof durch die Verwendung des Ausdrucks „möglichst" in der oben angeführten Rechtsprechung deutlich macht, stellt die Nennung der Gewichtung der Zuschlagskriterien im Fall eines Auftrags, der nicht in den Anwendungsbereich einer Art. 53 Abs. 2 der Richtlinie entsprechenden Vorschrift fällt, keine Verpflichtung für den öffentlichen Auftraggeber dar (EuGH, Urteil v. 18. 11. 2010 – Az.: C-226/09).

Erfolgt aber in einem solchen Fall eine Änderung der Gewichtung der Zuschlagskriterien erst, nachdem der öffentliche Auftraggeber die relative Gewichtung dieser Kriterien den Mitgliedern des Bewertungssausschusses in Form eines Bewertungsschemas mitgeteilt hatte, um ihnen eine erste Prüfung der eingereichten Angebote zu ermöglichen und hatten die Mitglieder des Bewertungsausschusses nicht nur die Gelegenheit, die Angebote vor der ersten Sitzung des Ausschusses als Kollegialorgan individuell zu prüfen und wurden sie vielmehr zu einer solchen Prüfung ermuntert, um die kollektive Bewertung im Ausschuss zu erleichtern, **bedeuten bei einem solchen Sachverhalt die Grundsätze der Gleichbehandlung und der Transparenz der Vergabeverfahren für die öffentlichen Auftraggeber, dass sie sich während des gesamten Verfahrens an dieselbe Auslegung der Zuschlagskriterien halten müssen**. Für die Zuschlagskriterien selbst gilt erst recht, dass sie während des Vergabeverfahrens nicht geändert werden dürfen. Eine vor der Sitzung des Bewertungsausschusses liegende Phase, in der dessen Mitglieder die eingereichten Angebote individuell prüfen, ist wesentlicher Bestandteil des Verfahrens zur Vergabe des betreffenden Auftrags. Unter diesen Voraussetzungen liefe eine Änderung der Gewichtung der Zuschlagskriterien nach dieser Phase, in der die Angebote erstmalig geprüft wurden, auf eine Änderung der Kriterien hinaus, die die Grundlage für die erste Prüfung bildeten. Bei einem solchen Vorgehen werden der Gleichbehandlungsgrundsatz und die daraus folgende Transparenzpflicht außer Acht gelassen (EuGH, Urteil v. 18. 11. 2010 – Az.: C-226/09).

1064/2

6.11.4.13 Zuschlagskriterien aus der Rechtsprechung

6.11.4.13.1 Das Zuschlagskriterium des „Preises". 6.11.4.13.1.1 Begriff. Als „Preis" können nach allgemeinem Verständnis nur die Beträge gelten, wie sie im Angebot eines Bieters enthalten sind. Kaufmännische Veränderungen der angegebenen Preise, etwa nach der Annuitätsmethode oder durch Einrechnung oder Abzug von weiteren Kosten sind dann möglich, wenn sie den Bietern als Wertungsmethode vorher bekannt gemacht worden sind (VK Düsseldorf, B. v. 29. 4. 2008 – Az.: VK – 06/2008 – B).

1065

6.11.4.13.1.2 Alleiniges Zuschlagskriterium. Bei Ausschreibungen nach VOB/A und VOL/A **genügt das alleinige Zuschlagskriterium „Preis"** (BGH, Urteil v. 15. 4. 2008 – Az.: X ZR 129/06; OLG Düsseldorf, B. v. 9. 12. 2009 – Az.: VII-Verg 37/09; B. v. 9. 2. 2009 – Az.: VII-Verg 66/08; B. v. 14. 1. 2009 – Az.: VII-Verg 59/08; OLG Karlsruhe, B. v. 24. 7. 2007 – Az.: 17 Verg 6/07; OLG Naumburg, B. v. 5. 12. 2008 – Az.: 1 Verg 9/08; BayObLG, B. v. 9. 9. 2004 – Az.: Verg 018/04; LSG Nordrhein-Westfalen, B. v. 30. 1. 2009 – Az.: L 21 KR 1/08 SFB; 1. VK Bund, B. v. 23. 4. 2009 – Az.: VK 1–62/09; B. v. 16. 12. 2008 – Az.: 156/08; 2. VK Bund, B. v. 4. 3. 2008 – Az.: VK 2–19/08; 3. VK Bund, B. v. 20. 3. 2009 – Az.: VK 3–34/09; B. v. 29. 1. 2009 – Az.: VK 3–200/08; B. v. 29. 1. 2009 – Az.: VK 3–197/08; VK Düsseldorf, B. v. 30. 9. 2002 – Az.: VK – 26/2002 – L; 1. VK Hessen, B. v. 31. 3. 2008 – Az.: 69 d VK – 9/2008; VK Lüneburg, B. v. 8. 5. 2006 – Az.: VgK-07/2006; VK Nordbayern, B. v. 10. 2. 2010 – Az.: 21.VK – 3194 – 01/10; B. v. 21. 7. 2008 – Az.: 21.VK – 3194 – 27/08). Dem Auftraggeber ist es dann aber **verboten, weitere Zuschlagskriterien** wie etwa die Wirtschaftlichkeit **zu werten** (BGH, Urteil v. 15. 4. 2008 – Az.: X ZR 129/06; Saarländisches OLG, Urteil v. 24. 6. 2008 – Az.: 4 U 478/07; 1. VK Bund, B. v. 23. 4. 2009 – Az.: VK 1–62/09; VK Hamburg, B. v. 18. 12. 2001 – Az.: VgK FB 8/01; VK Lüneburg, B. v. 8. 5. 2006 – Az.: VgK-07/2006). **Nach EU-Vergaberecht** (siehe Art. 53 Abs. 1 der Richtlinie 2004/18/EG) ist zudem das **Kriterium des niedrigsten Preises als ausschließliches Kriterium ausdrücklich zugelassen** (1. VK Bund, B. v. 16. 12. 2008 – Az.: VK 1–156/08; 3. VK Bund, B. v. 28. 10. 2009 – Az.: VK 3–187/09). Dies **muss erst Recht gelten**, wenn die **Erbringung einer gestalterischen Leistung wesentlicher Bestandteil der zu erbringenden Leistung** ist (3. VK Bund, B. v. 28. 10. 2009 – Az.: VK 3–187/09).

1066

Teil 1 GWB § 97 Gesetz gegen Wettbewerbsbeschränkungen

1067 Das OLG Düsseldorf schränkt dies insoweit etwas ein, als das alleinige Zuschlagskriterium „Preis" **jedenfalls dann hinzunehmen ist, wenn die auszuführenden Leistungen** in allen für die Zuschlagsentscheidung in Betracht kommenden Punkten in der Leistungsbeschreibung und/oder in den übrigen Ausschreibungsunterlagen **vom Auftraggeber hinreichend genau definiert** worden sind (OLG Düsseldorf, B. v. 9. 2. 2009 – Az.: VII-Verg 66/08).

1068 Der **Preis ist auch ein neutraler Gesichtspunkt, der sich in jedem Fall, unabhängig vom Gegenstand des einzelnen Vergabeverfahrens, eignet, um das wirtschaftlichste Angebot zu ermitteln,** und **mit dessen Maßgeblichkeit jeder Bieter immer dann rechnen muss**, wenn keine anderen Kriterien angegeben sind (BGH, Urteil v. 15. 4. 2008 – Az.: X ZR 129/06; 1. VK Bund, B. v. 23. 4. 2009 – Az.: VK 1–62/09; B. v. 16. 12. 2008 – Az.: VK 1–156/08; 3. VK Bund, B. v. 28. 10. 2009 – Az.: VK 3–187/09; B. v. 20. 3. 2009 – Az.: VK 3–34/09; B. v. 29. 1. 2009 – Az.: VK 3–200/08; B. v. 29. 1. 2009 – Az.: VK 3–197/08). Dies gilt **insbesondere bei homogenen Produkten**, deren Vertrieb hierüber hinaus z. B. ohnehin von besonderen (arzneimittelrechtlichen) Zulassungsverfahren abhängig ist, **so dass qualitative Kriterien für eine differenzierende Bewertung der Angebote untereinander von vornherein nicht möglich** sind oder **zumindest nicht sinnvoll** erscheinen (3. VK Bund, B. v. 20. 3. 2009 – Az.: VK 3–34/09; B. v. 29. 1. 2009 – Az.: VK 3–200/08; B. v. 29. 1. 2009 – Az.: VK 3–197/08).

1069 Der **Auftraggeber kann beim Kriterium „Preis" auch die Wartungskosten in die Wertung einbeziehen**. Dies ist ein **übliches Verfahren**, um die Wirtschaftlichkeit eines Angebotes zu ermitteln. Ein niedriges Angebot kann durch hohe Wartungskosten im Ergebnis unwirtschaftlich werden und umgekehrt. Hierbei ist – wenn keine anderen Angaben gemacht werden – davon auszugehen, dass die **Angebotssummen zur Ermittlung des Wertungsergebnisses addiert** werden (VK Nordbayern, B. v. 23. 4. 2008 – Az.: 21.VK – 3194 – 15/08).

1070 Entscheidet sich der Auftraggeber nach Öffnung der Angebote dafür, **3 der 4 abgefragten Preiskomponenten nicht in die Wertung einzubeziehen, verletzt die nachträgliche Festlegung/Änderung der Bewertungsgrundlagen evident das Transparenzgebot** und lässt im Hinblick auf die hiermit verbundenen Manipulationsmöglichkeiten Zweifel an der Einhaltung des Gleichbehandlungsgebotes der Bieter aufkommen (VK Lüneburg, B. v. 4. 9. 2008 – Az.: VgK-29/2008).

1071 Die Wertungsentscheidung nach § 16 Abs. 6 Nr. 3 VOB/A hat sich an festen Kriterien zu orientieren. **Bei nach den sonstigen Wertungskriterien inhaltlich gleichen Angeboten ist der Auftraggeber nicht frei, auch einem nur geringfügig höherem Angebot den Zuschlag zu erteilen** (Saarländisches OLG, Urteil v. 24. 6. 2008 – Az.: 4 U 478/07).

1072 **Wählt der Auftraggeber nur das Zuschlagskriterium des niedrigsten Preises, ist er daran gebunden**. Z.B. die technische Qualität der Ausführung – namentlich der Grad einer Erfüllung der an die Tragfähigkeit und die Setzung gestellten Anforderungen und ein insoweit bestehendes (Rest-) Risiko – darf für die Vergabeentscheidung deshalb nicht herangezogen werden. Dadurch würde die Entscheidung – vergaberechtswidrig – von einem bislang nicht bekannt gegebenen, neuen Zuschlagskriterium abhängig gemacht (OLG Düsseldorf, B. v. 9. 12. 2009 – Az.: VII-Verg 37/09).

1072/1 Im Bereich der SektVO kann der Preis ebenfalls das einzie Zuschlagskriterium sein. Auch wenn § 8 Abs. 1 SektVO die Voraussetzung, dass Zuschlagskriterium die Wirtschaftlichkeit des Angebotes und nicht allein der Preis sein müsse, nicht ausdrücklich nennt (möglicherweise vor dem Hintergrund, dass § 97 Abs. 5 GWB, § 25 Abs. 1 SektVO lediglich die Wirtschaftlichkeit als Zuschlagskriterium kennt, wobei jedoch diese Vorschriften im Sinne einer Zulassung auch des Preises als einzigem Zuschlagskriterium richtlinienkonform auszulegen sind), ist **§ 8 Abs. 1 SektVO in diesem Sinne richtlinienkonform auszulegen** (OLG Düsseldorf, B. v. 18. 10. 2010 – Az.: VII-Verg 39/10).

6.11.4.13.1.3 Wertigkeit des Vergabekriteriums „Preis". 6.11.4.13.1.3.1 Allgemeines. Nicht zu beanstanden ist grundsätzlich, wenn der **Auftraggeber durch die bekannt gemachte Gewichtung den Preis als das maßgebliche Kriterium benennt** (OLG Düsseldorf, B. v. 3. 3. 2010 – Az.: VII-Verg 48/09).

1073 Der Preis ist nach dem deutschen Vergaberecht **zwar regelmäßig das wichtigste, aber nicht das allein entscheidende Kriterium** (VK Brandenburg, B. v. 12. 11. 2008 – Az.: VK 35/08; VK Lüneburg, B. v. 8. 5. 2006 – Az.: VgK-07/2006; B. v. 23. 2. 2004 – Az.: 203-VgK-01/2004, B. v. 12. 4. 2002 – Az.: 203-VgK-05/2002; VK Nordbayern, B. v. 21. 7. 2008 – Az.: 21.VK – 3194 – 27/08).

Der **Preis kann grundsätzlich als Entscheidungskriterium auch eine ausschlagge-** 1074
bende Bedeutung haben. Das folgt aus dem Grundsatz, dass der Ausschreibende bei der Verwendung öffentlicher Mittel die haushaltsrechtliche Pflicht zur höchstmöglich sparsamen und effektiven Verwendung der Gelder zu beachten hat (BayObLG, B. v. 2. 12. 2002 – Az.: Verg 24/02).

6.11.4.13.1.3.2 30%-Wertigkeit. Ob es eine „Mindestwertigkeit" für das Kriterium des 1075
Preises gibt, ist in der Rechtsprechung umstritten:

- der Auftraggeber hat das **Kriterium Preis mindestens zu 30% zu berücksichtigen** (VK Sachsen, B. v. 7. 5. 2007 – Az.: 1/SVK/027-07)
- zwar ist der niedrigste Angebotspreis allein nicht entscheidend. Eine **Gewichtung des Preises mit lediglich 5% lässt die finanzielle Komponente jedoch völlig in den Hintergrund treten.** Der Auftraggeber sollte diesen Wert daher angemessen berücksichtigen (2. VK Bund, B. v. 10. 6. 2005 – Az.: VK 2–36/05)
- dem Preis kommt eine besondere Bedeutung für die Vergabeentscheidung zu. Im Rahmen der Berücksichtigung mehrerer Vergabekriterien **seien insoweit 30% eine Größenordnung, die regelmäßig nicht unterschritten werden sollte.** Dies insbesondere vor dem Hintergrund der sparsamen Haushaltsführung, der bei Bund, Ländern und Kommunen gleichermaßen gilt (OLG Dresden, B. v. 5. 1. 2001 – Az.: WVerg 11/00 und WVerg 12/00)
- es gibt **keinen** das Vergaberecht beherrschenden **Grundsatz, dass der Preis mit wenigstens 30 v. H. (oder einem Drittel oder mit irgend einem anderen, bestimmten Bruchteil) in die Angebotswertung einzufließen** habe. Dem Wortlaut des § 97 Abs. 5 GWB und seinem Sinn ist zu entnehmen, dass der Angebotspreis zwar ein außerordentlich wichtiges Kriterium bei der Angebotswertung und Zuschlagserteilung bildet, dass aber unter den in Betracht zu ziehenden Faktoren **der Preis lediglich e i n Merkmal darstellt**, welches in die mit Blick auf Wirtschaftlichkeit und Mitteleinsatz in jedem einzelnen Fall gebotene Abwägung aller Umstände in die Vergabeentscheidung einzubeziehen ist (VK Lüneburg, B. v. 3. 5. 2005 – Az.: VgK-14/2005). Die Rolle, die der Angebotspreis hierbei spielt, entzieht sich einer im Vorhinein festgelegten und für alle Vergabefälle gleichermaßen geltenden Bewertungsmarge. Es lässt sich – negativ ausgedrückt – lediglich feststellen, dass der Angebotspreis von seinem Gewicht her nicht am Rande einer Bewertung stehen und dass der Zuschlag erst recht nicht losgelöst von preislichen Überlegungen erteilt werden darf. Positiv formuliert ist demgegenüber zu fordern, dass der Auftraggeber/die Vergabestelle **Preis u n d Leistung eines Angebots im Wege einer Abwägung in ein angemessenes Verhältnis zueinander zu bringen** hat, und dass der Angebotspreis hierbei in einer angemessenen Weise, die den vergaberechtlichen Geboten der Gleichbehandlung, der Transparenz und des Wettbewerbs Rechnung trägt (vgl. § 97 Abs. 1 und 2 GWB), in die Wertung einzubeziehen ist. Hierbei kommt dem Auftraggeber/der Vergabestelle – fraglos und der zu treffenden wertenden Entscheidung immanent – ein erheblicher Beurteilungs- und Ermessensspielraum zu. Jede Festsetzung von Mindestquoten, mit denen der Angebotspreis (zwingend) bei dieser Wertung zu berücksichtigen ist, liefe dagegen auf eine zu missbilligende Einführung eines teilweise willkürlichen Bewertungsmaßstabs hinaus (OLG Düsseldorf, B. v. 25. 5. 2005 – Az.: VII – Verg 08/05; B. v. 29. 12. 2001 – Az.: Verg 22/01)

6.11.4.13.1.3.3 Weitere Wertigkeitsannahmen aus der Rechtsprechung. Es ist nicht zu 1076
beanstanden, dass der Auftraggeber dem Kriterium „Angebotspreis" mit 75% nicht das ausschließliche, aber das entscheidende Gewicht zugemisst. Das Vergaberecht **hindert** einen öffentlichen Auftraggeber **nicht, Rücksicht auf seine Haushaltssituation zu nehmen und nicht nur eine preiswerte, sondern auch eine objektiv billige Beschaffung** anzustreben, sofern diese den von ihm in der Leistungsbeschreibung definierten Bedarf deckt (VK Lüneburg, B. v. 13. 5. 2002 – Az.: 203-VgK-07/2002).

Der Vergabestelle kommt ein erheblicher Beurteilungsspielraum zu bei der Frage, inwieweit 1077
sie Preis und Leistung zueinander ins Verhältnis setzt. Den Vorschriften der §§ 21 EG Abs. 1 VOL/A und 97 Abs. 5 GWB ist zu entnehmen, dass der **Angebotspreis zwar ein außerordentlich wichtiges Kriterium** bei der Angebotswertung und Zuschlagserteilung bildet, dass er aber unter den in Betracht zu ziehenden Faktoren **lediglich einer von vielen, einzelfallabhängigen Umständen** ist, die in die Vergabeentscheidung mit einzubeziehen sind. Ein **Verstoß gegen Vergabevorschriften** bei der Zuschlagserteilung ist vor diesem Hintergrund **nur dann anzunehmen**, wenn der Angebotspreis von seinem **Gewicht her am Rande der Bewertung** gestanden hat oder der **Zuschlag losgelöst von preislichen Überlegungen** erteilt

Teil 1 GWB § 97 Gesetz gegen Wettbewerbsbeschränkungen

wurde (VK Brandenburg, B. v. 12. 11. 2008 – Az.: VK 35/08; 3. VK Bund, B. v. 28. 1. 2005 – Az.: VK 3–221/04).

1078 Erfordert das Beschaffungsvorhaben unstreitig eine **hochkomplexe Leistungserbringung**, ist eine **überdurchschnittliche Gewichtung des Leistungsteils mit 70% sachgerecht** und nicht zu beanstanden (2. VK Bund, B. v. 4. 3. 2004 – Az.: VK 2–134/03).

Die Gewichtung des Preises wird dann ein Problem, wenn **die Punkte nicht in Bezug auf die angebotenen Preise, sondern in Bezug auf die Differenz zu einem Mittelwert aus den Preisen vergeben** werden. Denn in diesem Fall gibt es eine erhebliche Verzerrung der Gewichte durch ein höheres Angebot, das völlig aus dem Rahmen fällt und bei dem ein Bezug zur nachgefragten Leistung nicht mehr zu erkennen ist. **Der Gedanke der kritischen Würdigung von „Ausreißern" muss auch zugunsten eines billigeren Bieters gelten, wenn andernfalls sein Angebot erkennbar nicht mehr sachgerecht gewertet werden** kann. Denn sonst würde es ohne weiteres möglich sein, einen günstigen Bieter durch ein überhöhtes Preisangebot, das in die Wertung einfließt, aus dem Wettbewerb zu „schießen". Hier würde der **Gleichbehandlungsgrundsatz verletzt, indem die Einbeziehung des „Ausreißer-Angebotes" das preislich teurere Angebot relativ begünstigt** (2. VK Brandenburg, B. v. 21. 2. 2007 – Az.: 2 VK 58/06).

1079 6.11.4.13.1.3.4 Wertigkeit des Vergabekriteriums „Preis" bei ansonsten inhaltlich gleichen Angeboten. 6.11.4.13.1.3.4.1 Rechtsprechung. Der Ausschreibende hat die Angebote vor seiner Zuschlagsentscheidung zu bewerten; dabei steht ihm ein Beurteilungsspielraum zu. **Der in den Angeboten genannte Preis gewinnt für die Vergabeentscheidung allerdings dann ausschlaggebende Bedeutung, wenn die auf eine öffentliche Ausschreibung eingereichten Angebote hinsichtlich der für die Vergabeentscheidung nach den Vergabebedingungen maßgebenden Kriterien sachlich und im Hinblick auf den Inhalt des Angebots in technischer, gestalterischer und funktionsbedingter Hinsicht gleichwertig sind** (BGH, Urteil v. 11. 3. 2008 – Az.: X ZR 134/05; OLG Stuttgart, Urteil v. 30. 4. 2007 – Az.: 5 U 4/06; VK Lüneburg, B. v. 23. 2. 2004 – Az.: 203-VgK-01/2004; VK Südbayern, B. v. 26. 3. 2009 – Az.: Z3-3-3194-1-03-01/09). Als das wirtschaftlichste Angebot, auf das nach § 16 Abs. 6 Nr. 3 VOB/A bzw. § 21 EG Abs. 1 VOL/A der Zuschlag erteilt werden soll, ist in einem solchen Fall das Gebot mit dem niedrigsten Angebotspreis anzusehen. Zwar ist der Ausschreibende – wie sich aus § 16 Abs. 6 Nr. 3 Satz 3 VOB/A bzw. § 21 EG Abs. 1 Satz 2 VOL/A ergibt – nicht verpflichtet, dem Angebot mit dem niedrigsten Preis in jedem Fall den Vorzug zu geben. Der Zuschlag ist nach § 16 Abs. 6 Nr. 3 Satz 3 VOB/A bzw. § 21 EG Abs. 1 Satz 2 VOL/A auf das unter Berücksichtigung aller technischen, wirtschaftlichen, gegebenenfalls auch gestalterischen und funktionsbedingten Gesichtspunkten annehmbarste Angebot zu erteilen (BGH, Urteil v. 11. 3. 2008 – Az.: X ZR 134/05; Urteil v. 6. 2. 2002 – Az.: X ZR 185/99; OLG Stuttgart, Urteil v. 30. 4. 2007 – Az.: 5 U 4/06; OLG Thüringen, Urteil vom 27. 2. 2002 – Az.: 6 U 360/01; VK Brandenburg, B. v. 20. 10. 2004 – Az.: VK 56/04; VK Nordbayern, B. v. 30. 11. 2001 – Az.: 320.VK-3194-40/01, B. v. 27. 6. 2001 – Az.: 320.VK-3194-16/01).

1080 6.11.4.13.1.3.4.2 Richtlinie des VHB 2008. Sind die angebotenen Leistungen nach Art und Umfang gleich und deren Preise angemessen, ist der Zuschlag auf das Angebot mit dem niedrigsten Preis zu erteilen (Richtlinien zu 321 – Vergabevermerk: Prüfungs- und Wertungsübersicht).

1081 6.11.4.13.1.4 Zuschlagskriterium „Preis/Honorar" (§ 11 Abs. 5 Satz 3 VOF 2009). Vgl. zu diesem praktisch **nur im Rahmen der VOF und der SektVO zur Anwendung kommenden Zuschlagskriterium** die Kommentierung zu → § 11 VOF Rdn. 75 ff.

1082 6.11.4.13.1.5 Preis als nicht zulässiges Zuschlagskriterium. Der Preis allein kann ein zulässiges Wertungskriterium darstellen, wenn es bezüglich der nachgefragten Leistung **einen funktionierenden Preiswettbewerb** gibt. Dies ist bei Schulbüchern aber nicht der Fall, da sich allenfalls hinsichtlich der Weitergabe von Rabatten die Preise unterscheiden könnten, nicht aber bezüglich der Grundleistung. Auch bei der **Weitergabe des gesetzlich nach oben hin begrenzten Rabattes kann sich kein funktionierender Wettbewerb entwickeln, da die Anbieter aus der Erfahrung eines sich durch Konkurrenz belebenden Marktes heraus den höchstmöglichen Rabatt durchweg weitergeben**. In dieser Situation lassen sich die Angebote nicht mehr wertend in eine Reihenfolge bringen, wenn als einziges Wertungskriterium der Preis zur Verfügung steht und den Bietern durch Untersagung von Nebenangeboten und eine in sich geschlossene Festlegung des Leistungsinhaltes die Möglichkeit genommen wird, sich durch den Gehalt der Leistung und damit durch das Preis-Leistungs-

Verhältnis voneinander zu unterscheiden (VK Düsseldorf, B. v. 14. 7. 2003 – Az.: VK – 19/ 2003 – L).

In diesen Fällen ist es **vergaberechtlich zulässig, den Preis als Zuschlagskriterium völlig auszublenden** und z.B. als einziges Zuschlagskriterium die „Umfänglichkeit der Serviceleistungen" zu wählen (VK Münster, B. v. 15. 5. 2007 – Az.: VK 11/07).

6.11.4.13.1.6 Zuschlagskriterium des Preises bei der Vergabe von Paketbeförderungen. Hinsichtlich der **Wertung des Zuschlagskriteriums „Preis" bei der Vergabe von Paketbeförderungen müssen in den Verdingungsunterlagen die auszupreisenden Paketklassen nach Gewicht oder nach Größenausmaß vorgegeben** werden. Ansonsten sind die Angebote nicht miteinander vergleichbar und damit insgesamt nicht wertbar (1. VK Sachsen, B. v. 30. 4. 2008 – Az.: 1/SVK/020-08).

6.11.4.13.1.7 Abstufung des Zuschlagskriterium des Preises bei monetären und nicht-monetären Zuschlagskriterien. Benennt die Vergabestelle als Zuschlagskriterien **sowohl monetäre als auch nicht-monetäre Kriterien**, muss bei dem **Zuschlagskriterium „Preis" die Punktabstufung** von preisgünstigstem Bieter zum zweitgünstigsten Bieterin und von diesem zum drittgünstigsten Bieterin usw. **über die Angebotspreisdifferenzen, also das Verhältnis der Angebotspreise zueinander** erfolgen. Eine **Punktabstufung nur nach dem Rang** ist in solchen Fällen **nicht zulässig**, da ansonsten das **Kriterium „Preis" durch das Kriterium „Platzierung/Rangfolge" geändert** wird (VK Schleswig-Holstein, B. v. 22. 1. 2010 – Az.: VK-SH 26/09; VK Thüringen, B. v. 18. 12. 2008 – Az.: 250–4003.20–5944/ 2008-030-J).

6.11.4.13.1.8 Preis bei Beförderungsleistungen. Bei **Beförderungsleistungen ist der Preis je Besetztkilometer jedenfalls dann ein taugliches Kriterium zur Ermittlung des wirtschaftlichsten Angebots**, wenn die Abrechnung auf der Grundlage von Tourenplänen erfolgen soll, die der Auftragnehmer „unter Beachtung wirtschaftlicher und effizienter Kriterien" (wie kürzeste Wegstrecke) zu erstellen hat und die der Genehmigung des Auftraggebers bedürfen (OLG Koblenz, B. v. 28. 10. 2009 – Az.: 1 Verg 8/09).

6.11.4.13.1.9 Berechnungsformel für den Preis bei mehreren Zuschlagskriterien. Es ist zulässig, bei der Ermittlung der Platzierung auf der Basis des Angebotspreises in der Weise vorzugehen, dass der **Auftraggeber den Abstand der einzelnen Angebotsgesamtpreise ins Verhältnis setzt zu dem Angebotsgesamtpreis des günstigsten Anbieters** (3. VK Bund, B. v. 30. 3. 2010 – VK 3–24/10).

Werden **bei der Wertung mehrere Kriterien anhand unterschiedlicher Methoden** bewertet, muss **sichergestellt** sein, dass **im Ergebnis den einzelnen Kriterien die verlautbarte Gesamtgewichtung** zukommt. Wenn die Qualitätsmerkmale in „Schritten" bewertet und das Ergebnis dann gewichtet wird, bei den Preisen jedoch nur der prozentuale Unterschied als solcher berücksichtigt wird, bildet sich nicht allein durch die Multiplikation mit dem Gewichtungsfaktor ein im obigen Sinne „richtiges" Verhältnis der bekannt gemachten Gewichtungen (VK Düsseldorf, B. v. 10. 2. 2010 – Az.: VK – 44/2009 – B/Z).

6.11.4.13.2 Umweltschutzkriterien als Zuschlagskriterien. 6.11.4.13.2.1 Hinweis. Vgl. zu Umweltschutzkriterien als Leistungsanforderungen die Kommentierung → Rdn. 833ff.

6.11.4.13.2.2 Das Zuschlagskriterium „Energieverbrauch". 6.11.4.13.2.2.1 §§ 4 Abs. 6 Nr. 2 VgV, 6 EG VOL/A, §§ 6 Abs. 2 Nr. 2, 16 VOB/A, § 7 Abs. 4, 29 Abs. 2 Satz 2 SektVO. Nach §§ 4 Abs. 6 Nr. 2 VgV, 6 EG VOL/A, § 6 Abs. 2 Nr. 2, 16 VOB/A **kann der Energieverbrauch von technischen Geräten und Ausrüstungen als Zuschlagskriterium berücksichtigt** werden.

Nach §§ 7 Abs. 4, 29 Abs. 2 Satz 2 SektVO **kann bei technischen Geräten und Ausrüstungen deren Energieverbrauch als Zuschlagskriterium berücksichtigt** werden, bei Bauleistungen jedoch nur dann, wenn die Lieferung der technischen Geräte oder Ausrüstungen ein wesentlicher Bestandteil der Bauleistung ist.

6.11.4.13.2.2.2 Hinweis auf das Zuschlagskriterium der „Betriebskosten". Das Zuschlagskriterium des **Energieverbrauchs deckt sich in weiten Teilen mit dem Zuschlagskriterium der Betriebskosten**. Vgl. insoweit die Kommentierung → Rdn. 1117.

6.11.4.13.2.3 Das Zuschlagskriterium „Umweltmanagement". Das **Kriterium Umweltmanagement ist kein zulässiges Zuschlagskriterium** im Sinne von z.B. § 19 EG Abs. 8 VOL/A. Als Zuschlagskriterium darf ein Aspekt herangezogen werden, der durch den Auftragsgegenstand gerechtfertigt ist, wie etwa Umwelteigenschaften. Denn mit diesem **Begriff**

ist nicht die **Umwelteigenschaft des Bieters, sondern des Produkts** gemeint. Die **strikte Begrenzung von Zuschlagskriterien auf den Auftragsgegenstand** ergibt sich nicht nur z. B. aus § 19 EG Abs. 8 VOL/A, sondern schon **aus Art. 26 VKR** (VK Schleswig-Holstein, B. v. 22. 4. 2008 – Az.: VK-SH 03/08).

1094 **6.11.4.13.2.4 Mitteilung der Europäischen Kommission.** Die Europäische Kommission hat in einer **interpretierenden Mitteilung** vom 4. 7. 2001 (KOM(2001) 274 endgültig) dargestellt, inwieweit nach Auffassung der Kommission öffentliche Auftraggeber bei der Vergabe von öffentlichen Aufträgen Umweltbelange berücksichtigen können.

1095 **6.11.4.13.2.5 Beispiele aus der nationalen Rechtsprechung**

– ein Auftraggeber darf die **Transportentfernung** als sog. „vergabefremden" Gesichtspunkt zum Wertungskriterium machen. Dass Umweltschutzgesichtspunkte Vergabekriterien darstellen können, ist grundsätzlich unstreitig. Der **Transportaufwand zur Abfallbeseitigungsanlage stellt im Hinblick auf die erheblichen Immissionen der Transportfahrzeuge kein ausschreibungsfernes Kriterium** dar (OLG Rostock, B. v. 30. 5. 2005 – Az.: 17 Verg 4/05)

– das Kriterium Ökologie kann in die Wertung einbezogen werden; hat sich eine Vergabestelle **für ihre Einschätzung der Umweltverträglichkeit auf die erhöhten Energieaufwendungen bei der Herstellung** von GFK-Rohren und deren **ungesicherte Recyclingfähigkeit** – auch die Wiederverwertbarkeit ist ein in der Leistungsbeschreibung hervorgehobener Punkt – gestützt, liegt kein Beurteilungsfehler, der zur Anordnung einer erneuten Wertung zwingt, nicht vor (2. VK Bund, B. v. 30. 4. 2002 – Az.: VK 2–10/02)

– Kriterien, die das umweltpolitische Ziel zum Gegenstand haben, Unternehmen zum Zuschlag zu verhelfen, die umweltgerechte Leistungen anbieten, sind grundsätzlich unzulässig. Es handelt sich nicht um auftragsbezogene Kriterien, sie fallen unter die Gruppe der vergabefremden Kriterien. Umweltkriterien können ausnahmsweise nur dann als Kriterien zur Angebotswertung herangezogen werden, wenn sie direkt mit dem Leistungsprodukt zusammenhängen, sich auf den Wert der Leistung auswirken und die Werterhöhung unmittelbar dem Auftraggeber zugute kommt. Von einem solchen **unmittelbaren Vorteil zugunsten der Vergabestelle** kann jedoch nicht ausgegangen werden, wenn **Emissionen lediglich auf der An- bzw. Abfahrtstrecke verhindert werden** (BayObLG, B. v. 3. 7. 2002 – Az.: Verg 13/02; VK Baden-Württemberg, B. v. 18. 6. 2003 – Az.: 1 VK 25/03; im Ergebnis ebenso VK Schleswig-Holstein, B. v. 22. 4. 2008 – Az.: VK-SH 03/08)

1096 **6.11.4.13.2.6 Das seit dem 1. 2. 2006 geltende EU-Vergaberecht.** Nach dem **Erwägungsgrund 33 der Vergabekoordinierungsrichtlinie (Richtlinie 2004/18/EG)** sowie dem **Erwägungsgrund 12 der Sektorenrichtlinie (Richtlinie 2004/17/EG)** sind **Bedingungen für die Ausführung eines Auftrages, die dem Umweltschutz dienen, zulässig**, sofern sie nicht unmittelbar oder mittelbar zu einer Diskriminierung führen und in der Bekanntmachung oder in den Verdingungsunterlagen angegeben sind. Dementsprechend ist das Zuschlagskriterium „**Umwelteigenschaften**" in die §§ **16 Abs. 6 Nr. 3 VOB/A, 19 EG Abs. 9 VOL/A, 11 Abs. 5 VOF, 29 Abs. 2 SektVO aufgenommen** worden.

1097 **6.11.4.13.2.7 Literatur**

– Barth, Regine, Umweltfreundliche öffentliche Beschaffung: Innovationspotenziale, Hemmnisse, Strategien, Heidelberg, 2005

– Beckmann, Martin, Die Verfolgung ökologischer Zwecke bei der Vergabe öffentlicher Aufträge, NZBau 2004, 600

– Bultmann, Friedrich, Beschaffungsfremde Kriterien: Zur „neuen Formel" des Europäischen Gerichtshofes, ZfBR 2004, 134

– Burgi, Martin, Energierecht und Vergaberecht, Recht der Energiewirtschaft 6/2007, 145

– Dageförde, Angela/Dross, Miriam, Reform des europäischen Vergaberechts, Umweltkriterien in den neuen Vergaberichtlinien, NvWZ 2005, 19

– Dageförde, Angela, Die Ausschreibung von Strom aus erneuerbaren Energiequellen – Umweltanforderungen als Zuschlagskriterium ohne Überprüfungsmöglichkeit, AbfallR 2004, 36

– Dageförde-Reuter, Angela, Umweltschutz durch öffentliche Auftragsvergabe – die rechtliche Zulässigkeit der Einbeziehung von Umweltschutzkriterien in das Vergabeverfahren, insbesondere der Bevorzugung von Unternehmen mit zertifiziertem Umweltmanagementsystem, Dissertation, Berlin, 2004

– Grolimund, Pascal, Ökologische Aspekte im öffentlichen Beschaffungswesen – eine Analyse der Vorschriften des WTO-, des EG- und des Schweizer Rechts, Basel, 2004

– Huber, Peter/Wollenschläger, Ferdinand, EMAS und Vergaberecht – Berücksichtigung ökologischer Belange bei öffentlichen Aufträgen, WiVerw 2005, 212

– Krohn, Wolfram, Umweltschutz als Zuschlagskriterium: Grünes Licht für „Ökostrom", NZ-Bau 2004, 92

– Kühling, Jürgen, Rechtliche Grenzen der „Ökologisierung" des öffentlichen Beschaffungswesens, Transparenz- und Gleichbehandlungsgebote als Leitplanken bei der Beachtung von Umweltschutzbelangen, VerwArch 2004, 337

– Kühn, Burkhard, Der Einkauf ist überfordert – Umweltschutz und öffentliche Auftragsvergabe, Behörden Spiegel, Mai 2007, 25

– Leifer, Christoph/Mißling, Sven, Die Berücksichtigung von Umweltschutzkriterien im bestehenden und zukünftigen Vergaberecht am Beispiel des europäischen Umweltmanagementsystems EMAS, ZUR 2004, 266

– Mechel, Friederike, Die Förderung des Umweltschutzes bei der Vergabe öffentlicher Aufträge – Völkerrechtliche, europarechtliche und nationalrechtliche Aspekte, Nomos Verlag 2007

– Shirvani, Fardad, Vergaberechtliche Relevanz von Öffentlich-Privaten Partnerschaften nach der „pressetext Nachrichtenagentur" – Entscheidung des EuGH, VergabeR 2010, 21

– Wegener, Bernhard, Umweltschutz in der öffentlichen Auftragsvergabe, NZBau 2010, 273

6.11.4.13.3 Soziale Kriterien als Zuschlagskriterien. 6.11.4.13.3.1 Hinweis. Vgl. zu sozialen Kriterien als Leistungsanforderungen die Kommentierung → Rdn. 833 ff. **1098**

6.11.4.13.3.2 Rechtsprechung. Eine der Rechtsprechung zur Zulässigkeit von umweltschutzbezogenen Kriterien im Rahmen des wirtschaftlichsten Angebotes vergleichbare aktuelle Rechtsprechung des EuGH gibt es nicht. Da die beiden Sachverhalte im Grundsatz aber vergleichbar sind, dürften auch die Zulässigkeitsvoraussetzungen vergleichbar sein. **1099**

6.11.4.13.3.3 Mitteilung der Europäischen Kommission. Die Europäische Kommission hat in einer **interpretierenden Mitteilung** vom 15. 10. 2001 (KOM(2001) 566 endgültig) dargestellt, inwieweit nach Auffassung der Kommission öffentliche Auftraggeber bei der Vergabe von öffentlichen Aufträgen soziale Belange berücksichtigen können. **1100**

6.11.4.13.3.4 Das seit dem 1. 2. 2006 geltende EU-Vergaberecht. Nach dem **Erwägungsgrund 33 der Vergabekoordinierungsrichtlinie (Richtlinie 2004/18/EG)** sowie den **Erwägungsgründen 39 und 44 der Sektorenrichtlinie (Richtlinie 2004/17/EG)** sind **Bedingungen für die Ausführung eines Auftrages, die der Sozialpolitik dienen, zulässig**, sofern sie nicht unmittelbar oder mittelbar zu einer Diskriminierung führen und in der Bekanntmachung oder in den Verdingungsunterlagen angegeben sind. **1101**

Diese Zuschlagskriterien können insbesondere dem **Ziel** dienen, die **berufliche Ausbildung auf den Baustellen** sowie die **Beschäftigung von Personen zu fördern**, deren Eingliederung besondere Schwierigkeiten bereitet, die **Arbeitslosigkeit zu bekämpfen**. So können unter anderem z. B. die – während der Ausführung des Auftrags geltenden – Verpflichtungen genannt werden, **Langzeitarbeitslose einzustellen** oder **Ausbildungsmaßnahmen für Arbeitnehmer oder Jugendliche durchzuführen**, oder die **Bestimmungen der** grundlegenden Übereinkommen der Internationalen Arbeitsorganisation (**IAO**), für den Fall, dass diese nicht in innerstaatliches Recht umgesetzt worden sind, im **Wesentlichen einzuhalten**, oder ein **Kontingent von behinderten Personen einzustellen**, das über dem nach innerstaatlichem Recht vorgeschriebenen Kontingent liegt. **1102**

Eine **ausdrückliche Umsetzung sozialpolitischer Zuschlagskriterien ist weder in der VOB/A noch in der VOL/A noch in der VOF noch in der SektVO erfolgt.** **1103**

6.11.4.13.3.5 Literatur **1104**

– Basteck, Vincent, Sozialrecht und Vergaberecht – Die Schöne und das Biest? – Fachtagung „Vergaberechtliche Strukturen im Sozialwesen" am 27. 4. 2006, NZBau 2006, 497

– Beck, Josef/Wagner, Stephan, Die Vermeidung des Erwerbs von Produkten aus ausbeuterischer Kinderarbeit – Zur Bekanntmachung der Bayerischen Staatsregierung vom 29. 4. 2008, VergabeR 2008, 601

– Bieback, Karl-Jürgen, Leistungserbringungsrecht im SGB II sowie SGB III und XII – Insbesondere die Verpflichtung zum Einsatz des Vergaberechts, NZS 2007, 505

Teil 1 GWB § 97 Gesetz gegen Wettbewerbsbeschränkungen

- Dabringshausen, Gerhard, Vergaberechtliche Probleme bei Ausschreibungsbedingungen, die die Einstellung von Sozialhilfeempfängern fordern, der Gemeindehaushalt 2004, 133
- Diemon-Wies, Ingeborg, Soziale und ökologische Kriterien in der Vergabepraxis, VergabeR 2010, 317
- Drey, Franz/Köstler-Messaoudi, „Keine Alibifunktion!" – Die richtigen Maßnahmen gegen Kinderarbeit, Behörden Spiegel August 2010, 22
- Frenz, Walter, Soziale Vergabekriterien, NZBau 2007, 17
- Gabriel, Marc, Vergaberechtliche Vorgaben beim Abschluss von Verträgen zur integrierten Versorgung (§§ 140a ff. SGB V), NZS 2007, 344
- Hermanns, Caspar/Messow, Ansgar, Vergaberechtliche Strukturen im Sozialwesen (Bericht), NZS 2007, 24
- Kessler, Jürgen/Ölcüm, Ipek, Die Berücksichtigung sozialer Belange im Recht der öffentlichen Auftragsvergabe, EWS 2005, 337
- Kessler, Jürgen/Ölcüm, Ipek, Soziale Aspekte im Vergaberecht – Die Europäische Vergaberichtlinie und ihre Umsetzung in die nationale Rechtsordnung, Behindertenrecht 2004, 157
- Krohn, Wolfram, Vergaberecht und Sozialrecht – Unvereinbarkeit oder Konkordanz?, ArchsozArb 2005, 90
- Mohr, Jochen, Ein soziales Vergaberecht? – Soziale Zwecke im Recht der öffentlichen Auftragsvergabe zwischen freiem Wettbewerb im Binnenmarkt und Schutz inländischer Arbeitsplätze –, VergabeR 2009, 543
- Schabel, Thomas, Vergaberecht und Vertragsgeflecht – Heftige Anstöße innerhalb der Gesundheitsreform, Behörden Spiegel Januar 2008, 19
- Schröder, Holger, Ausschreibungen bei der Grundsicherung für Arbeitsuchende (SGB II), VergabeR 2007, 418
- Varga, Zsofia, Berücksichtigung sozialpolitischer Anforderungen nach dem neuen § 97 Abs. 4 S. 2 GWB-europarechtskonform?, VergabeR 2009, 535

1105 6.11.4.13.4 Das Zuschlagskriterium „Wirtschaftlichkeit". 6.11.4.13.4.1 Begriff. Der Begriff der „Wirtschaftlichkeit" stellt nach den vergaberechtlichen Regelungen den **Oberbegriff des Maßstabs für die Angebotswertung** dar (VK Lüneburg, B. v. 5. 11. 2004 – Az.: 203-VgK-48/2004; B. v. 17. 12. 2002 – Az.: 203-VgK-32/2002; 1. VK Sachsen, B. v. 7. 10. 2003 – Az.: 1/SVK/111-03). Eine **eigenständige Bedeutung hat dieses Merkmal nicht**; dessen Allgemeinheit soll gerade erst durch Benennung von Kriterien transparent gemacht werden. Das Maß der „Wirtschaftlichkeit" ergibt sich erst unter Abwägung der einzelnen Angebote unter Berücksichtigung der zur Anwendung gelangenden Kriterien (VK Baden-Württemberg, B. v. 21. 11. 2001 – Az.: 1 VK 37/01). Das **Kriterium allein ist ungeeignet, eine dem Gleichbehandlungsgebot** (und zugleich einer Vermeidung von Willkür) **auch nur einigermaßen genügende Angebotswertung sicherzustellen** (OLG Düsseldorf, B. v. 2. 5. 2008 – Az.: VII-Verg 26/08; B. v. 14. 4. 2008 – Az.: VII-Verg 19/08).

1106 Die Wirtschaftlichkeit eines Angebots bestimmt sich nach der **günstigsten Relation zwischen dem verfolgten Zweck und dem einzusetzenden Mittel**, d. h. der zu erbringenden Leistung (OLG Stuttgart, B. v. 12. 4. 2000 – Az.: 2 Verg 3/00; VK Hamburg, B. v. 17. 12. 2002 – Az.: VgK FB 3/02).

1107 6.11.4.13.4.2 Verwendung als Zuschlagskriterium. Die Rechtsprechung ist insoweit nicht einheitlich.

1108 Nach einer Auffassung ist es **mit dem Transparenzgrundsatz zwar nicht vereinbar**, dass ein Auftraggeber den Begriff der „Wirtschaftlichkeit", der nach vergaberechtlichen Regelungen eindeutig den Oberbegriff des Maßstabs für die Angebotswertung darstellt, zusätzlich noch einmal **als nicht näher definiertes Zuschlagskriterium** zugrunde legt und ihm dann auch noch **eine alle anderen Kriterien überragende Bedeutung von 40% zumisst**. Er muss dann aber zumindest in der Vergabeakte dokumentieren, dass er sich über die Bedeutung dieses Zuschlagskriteriums vor Angebotsöffnung, zumindest aber vor Angebotsprüfung im Klaren ist (VK Lüneburg, B. v. 17. 12. 2002 – Az.: 203-VgK-32/2002).

1109 Nach einer weiter gehenden Meinung ist es **grundsätzlich nicht zulässig, wenn der Auftraggeber das Zuschlagskriterium der Wirtschaftlichkeit gewählt hat, dieses aber nicht durch weitere Unterkriterien** (z. B. Qualität, Ausführungsfrist, Betriebskosten, Ästhetik, Zweckmäßigkeit, Kundendienst, Rentabilität, technische Hilfe, technischer Wert) **konkretisiert hat**. Würde der Auftraggeber in einer solchen Situation versuchen, den Begriff der Wirtschaftlichkeit mit erstmals bei der Bewertung benutzen Unterkriterien näher auszugestalten, würde dieser vergaberechtswidrig Kriterien zugrunde legen, die den Bietern nicht in der notwendigen Transparenz vorab bekannt gemacht worden wären. Diese Betrachtungsweise dient der Willkürfreiheit sowie dem Gleichbehandlungsgebot und Diskriminierungsverbot. In **solchen Fällen entscheidet dann nur der Preis** (1. VK Brandenburg, B. v. 6. 12. 2006 – Az.: 1 VK 51/06; 2. VK Brandenburg, B. v. 29. 5. 2006 – Az.: 2 VK 16/06; VK Hamburg, B. v. 17. 12. 2002 – Az.: VgK FB 3/02; VK Lüneburg, B. v. 5. 11. 2004 – Az.: 203-VgK-48/2004).

6.11.4.13.5 Das Zuschlagskriterium „Qualität". 6.11.4.13.5.1 Allgemeines. Unter „Qualität" ist der **Wert des konkret vom Bieter angebotenen Werkes zu verstehen**, also der technische Wert eines angebotenen Produkts. Allerdings stellt die **allgemeine Angabe „Qualität" im Hinblick auf das in § 97 Abs. 1 GWB enthaltene Transparenzgebot kein zulässiges Wertungskriterium** dar (VK Baden-Württemberg, B. v. 21. 11. 2001 – Az.: 1 VK 37/01; VK Südbayern, B. v. 21. 4. 2004 – Az.: 24-04/04). Das **Kriterium muss also durch Unterkriterien spezifiziert** werden.

1110

Aus dem Wettbewerbsgebot folgt, dass die Vergabestelle gehalten ist, **Kriterien** aufzustellen die einen **Vergleich zwischen verschiedenen Angeboten zulassen und insoweit einer hinreichenden Differenzierung zugänglich** sind. Spezifiziert der Auftraggeber das Auftragskriterium „Qualität" durch das **Unterkriterium „Organigramm der handelnden Personen", darf er sich nicht auf die namentliche Nennung** der im Auftragsfall handelnden Personen und Zuordnung zur hier zu erbringenden Aufgabe bzw. zu der durch sie zu erbringenden Teilleistungen **beschränken**, weil hierdurch von vornherein zu erwarten ist, dass nahezu alle Bewerber das Organigramm zutreffend ausfüllen. Vielmehr müssen **anhand des Organigramms qualitative Differenzierungen zwischen den verschiedenen Angeboten vorgenommen werden können**, damit eine qualitative Auswahl zwischen den Bewerbern getroffen werden kann (2. VK Sachsen-Anhalt, B. v. 3. 7. 2008 – VK 2 LVwA LSA – 05/08 – für ein VOF-Verfahren).

1111

6.11.4.13.5.2 Unterkriterium „Mitarbeiter mit besonderen Qualifikationen für hilfsmittelbezogene Folgeberatungen und die weitere Betreuung der Versicherten". Es ist **sachgerecht und nachvollziehbar**, dass der **Auftraggeber eine qualitativ hochwertige Betreuung** seiner Versicherten mit Inkontinenzprodukten auch bei der Folgeversorgung sicherstellen möchte. Er **darf** in diesem Zusammenhang **Bieter, die die Folgeberatung ausschließlich durch besonders qualifizierte Mitarbeiter erbringen lassen, besser bewerten als solche Bieter, die auch weniger qualifizierte Mitarbeiter einsetzen** (3. VK Bund, B. v. 6. 2. 2008 – Az.: VK 3–11/08; B. v. 5. 2. 2008 – Az.: VK 3–23/08).

1112

6.11.4.13.5.3 Unterkriterien bei Lebensmittelausschreibungen. Das Kriterium „Qualität" kann bei der **sensorischen Bewertung von Getränken** in die Unterkriterien „Farbe/Aussehen", „Geruch", „Geschmack" und „Harmonie" unterteilt werden (3. VK Bund, B. v. 26. 5. 2008 – Az.: VK 3–59/08).

1113

6.11.4.13.5.4 Unterkriterium „Anteil an sozialversicherungspflichtigen Mitarbeitern". Ein Kriterium „Anteil an sozialversicherungspflichtigen Mitarbeitern" als Unterkriterium des Zuschlagskriteriums Qualität ist vergaberechtswidrig. Nach dem Erwägungsgrund 33 der Vergabekoordinierungsrichtlinie (Richtlinie 2004/18/EG) sowie den Erwägungsgründen 39 und 44 der Sektorenrichtlinie (Richtlinie 2004/17/EG) sind zwar Bedingungen für die Ausführung eines Auftrages, die der Sozialpolitik dienen, zulässig, sofern sie nicht unmittelbar oder mittelbar zu einer Diskriminierung führen und in der Bekanntmachung oder in den Verdingungsunterlagen angegeben sind. Derartige Kriterien sind aber an § 25 a VOL/A zu messen. Das Argument, wonach dieses Kriterium den Wert der Arbeit positiv beeinflusse („guter Lohn für gute Arbeit"), weswegen ein hinreichender inhaltlicher Zusammenhang zur Auftragsausführung bestehe, überzeugt nicht. Einen sachlichen Zusammenhang zwischen den Auftrag und der sozialversicherungspflichtigen Beschäftigung der Arbeitnehmer kann die Vergabekammer nicht herstellen. **Einen Erfahrungssatz, dass die Qualität der Leistung von dem Anteil sozialversicherungspflichtiger Beschäftigter abhängt, gibt es nicht** (1. VK Sachsen, B. v. 22. 7. 2010 – Az.: 1/SVK/022-10).

1114

6.11.4.13.6 Das Zuschlagskriterium „Einhaltung einer Kostenobergrenze". Die mit der Festsetzung einer **bekannt gemachten Kostengrenze** verbundene Bedingung, von der der Auftraggeber abhängig macht, ob er einen Auftrag mit eigenen Mitteln und Kräften selbst erledigt oder fremd vergibt, ist **grundsätzlich vergabeunschädlich**. Eine transparent gesetzte Kosten-

1115

grenze ist nur dann vergaberechtlich zu beanstanden, wenn sie gegen die in § 2 VOB/A bzw. § 2 EG VOL/A festgelegten Grundsätze der Ausschreibung verstößt, weil sie dazu führt, dass es sich um eine „Scheinausschreibung" handelt. Es ist im übrigen **auch nicht zu beanstanden, wenn ein Auftraggeber sich entschließt, dem ihm für den Auftrag zur Verfügung stehenden Haushaltsrahmen dadurch Rechnung zu tragen, dass er den Bietern von vornherein eine Obergrenze für die Fremdvergabe des Auftrags setzt und z. B. unmissverständlich zum Ausdruck bringt, dass er oberhalb dieser Preisgrenze die Aufgabe mit eigenen Kräften und Mitteln durchführt.** Er **vermeidet** dadurch, dass er gegebenenfalls eine Ausschreibung trotz mehrerer den Bedarf deckender oder sogar überbietender Angebote **aufheben** muss, wenn ihm etwa die erforderlichen Haushaltsmittel nicht zur Verfügung stehen, was wiederum Schadensersatzansprüche nach sich ziehen würde. Vor diesem Hintergrund ist die **Vorgabe der Einhaltung eines Investitionsrahmens oder einer Kostengrenze nicht zu beanstanden** (VK Lüneburg, B. v. 7. 11. 2003 – Az.: 203-VgK-32/2003, B. v. 7. 12. 2001 – Az.: 203-VgK-20/2001; im Ergebnis ebenso 2. VK Bund, B. v. 30. 10. 2009 – Az.: VK 2–180/09).

1116 Die 2. VK Bund sieht in einer solchen Preisobergrenze **kein Zuschlagskriterium, sondern eine allgemeine Anforderung**. Ein Vergabevorbehalt hinsichtlich einer maximalen Höhe der Angebote soll in einem ersten Schritt bei der Auswertung der Angebote die Höhe der Ausgaben begrenzen, indem nur die Bieter in die Wertung gelangen, die dem Vergabevorbehalt genügen und erst in einem zweiten Schritt der Wettbewerb der Bieter untereinander anhand der bekannt gemachten Zuschlagskriterien stattfindet. Die **Festlegung einer solchen Preisobergrenze ist durch den Gestaltungsspielraum des Auftraggebers gedeckt** (2. VK Bund, B. v. 30. 10. 2009 – Az.: VK 2–180/09).

1117 Es ist zulässig, wenn der Auftraggeber die Bieter bereits in der Bekanntmachung auf die Möglichkeit, keinen Vertrag bei Überschreitung z. B. der Eigengestehungskosten abzuschließen, hinweist. **Wollte man dem Transparenzgrundsatz eine Pflicht des Auftraggebers entnehmen, jede bekannte (mathematische oder finanzielle) Größe den Bietern mitzuteilen,** auf die im späteren Verlauf des Vergabeverfahrens u. U. eine Entscheidung des Auftraggebers gestützt werden soll, **würde auch der Aufhebungsgrund z. B. des § 20 EG Abs. 1 lit.c) VOL/A nur dann eingreifen können, wenn der Auftraggeber sein Budget vorab bekannt gegeben hat**. Denn auch das Budget ist eine Größe, die dem Auftraggeber bekannt ist und bei deren Überschreiten er eine Aufhebungsentscheidung auf sie stützt. Eine derartige Sichtweise würde die Anforderungen an ein transparentes Verfahren überspannen. **Bei einem sehr engen Markt mit nur wenigen potentiellen Anbietern wäre es zudem kontraproduktiv, das eigene Budget bekannt zu geben, will man einen tatsächlichen Wettbewerb unter den Bietern auslösen** und keine Orientierung des Wettbewerbs lediglich an dem veranschlagten Budget des Auftraggebers erreichen. Vor dem Hintergrund, dass der Auftraggeber von der Eigenproduktion auf eine Fremdvergabe des Auftrages in den Markt umstellen und daher **erstmalig Marktpreise im Wege die Ausschreibung erhalten möchte,** wäre eine Bekanntgabe der eigenen Kosten für das Verfahren letztlich zumindest nicht ziel-, wenn nicht sogar irreführend. Es ist also **nicht erforderlich, einen festen Betrag anzugeben**, sondern es genügt insoweit auch die Angabe der Eigengestehungskosten (2. VK Bund, B. v. 30. 10. 2009 – Az.: VK 2–180/09).

1118 6.11.4.13.7 Das Zuschlagskriterium „Besichtigungsmöglichkeit des Ausschreibungsgegenstandes innerhalb eines Umkreises von 300 km". Es **verstößt gegen die Richtlinie 93/36 (Lieferkoordinierungsrichtlinie**), wenn im Rahmen der Vergabe eines öffentlichen Auftrags das Erfordernis, dass der Auftraggeber **den Ausschreibungsgegenstand innerhalb eines Umkreises von 300 km von seiner Betriebsstätte besichtigen kann, als Zuschlagskriterium** dient (EuGH, Urteil v. 19. 6. 2003 – Rechtssache C-315/01). Diese **Rechtsprechung dürfte auch für die Vergabekoordinierungsrichtlinie (Richtlinie 2004/18/ EG) gelten**.

1119 6.11.4.13.8 Das Zuschlagskriterium „Zahl der Referenzen über die von den Bietern anderen Kunden angebotenen Produkte". Es **verstößt gegen die Richtlinie 93/36 (Lieferkoordinierungsrichtlinie**), wenn im Rahmen eines Verfahrens zur Vergabe eines öffentlichen Auftrags der Auftraggeber die **Zahl der Referenzen über die von den Bietern anderen Kunden angebotenen Produkte** nicht als Kriterium für die Prüfung der fachlichen Eignung der Bieter zur Durchführung des betreffenden Auftrags, sondern **als Zuschlagskriterium** berücksichtigt (EuGH, Urteil v. 19. 6. 2003 – Rechtssache C-315/01). Diese **Rechtsprechung dürfte auch für die neue Vergabekoordinierungsrichtlinie (Richtlinie 2004/ 18/EG) gelten**.

6.11.4.13.9 Das Zuschlagskriterium „mittelständisches Unternehmen". Ein Verstoß 1120
gegen Vergaberecht liegt darin, das Kriterium „mittelständisches Unternehmen" zur Bewertung
heranzuziehen. Dies ist vergaberechtswidrig deshalb, weil es sich **sachlich um ein vergabefremdes Kriterium handelt, das nicht im Zusammenhang steht mit der Wirtschaftlichkeit eines Angebots**. Derartige Kriterien dürfen nur bei entsprechender gesetzlicher Verankerung Berücksichtigung finden, § 97 Abs. 4 GWB. Die Tatsache, dass ein Angebot allein aufgrund der Eigenschaft des Bieters als mittelständisches Unternehmen einen Vorsprung von sieben Punkten erhält, ist vergaberechtswidrig (1. VK Bund, B. v. 30. 1. 2003 – Az.: VK 1 – 01/ 03).

6.11.4.13.10 Das Zuschlagskriterium „der besten technischen Lösung". Das Verga- 1121
bekriterium der „besten technischen Lösung" ist als entscheidendes Kriterium für das wirtschaftlichste Angebot **zulässig** (2. VK Bund, B. v. 22. 4. 2002 – Az.: VK 2–08/02).

6.11.4.13.11 Das Zuschlagskriterium „gestalterische Zielsetzung". Bei diesem – **zu-** 1122
lässigen – Zuschlagskriterium kommt es nicht auf die objektive Richtigkeit der Auswahlentscheidung des Auftraggebers an, sondern darauf, **welches Angebot dem Auftraggeber aus seiner Sicht aus sachlichen Erwägungen als das annehmbarste erscheint**. Ein Auftraggeber hat insoweit einen **Beurteilungsspielraum** bei der engeren Wahl; dieser wird nicht überschritten, soweit er z. B. ein Angebot nach eingehender Prüfung der vorgelegten Muster im Hinblick z. B. auf die Form von angebotenen First- und Gratziegel ausscheidet, weil er damit seine gestalterische Zielsetzung für nicht umsetzbar erachtet (OLG Naumburg, B. v. 29. 10. 2001 – Az.: 1 Verg 11/01).

Dem **Zuschlagskriterium Gestaltung wohnt also ein ästhetisches Moment inne, das** 1123
sich der exakten Umrechnung in einen finanziellen Maßstab entzieht. Eine Vergabestelle kann daher zu dem Ergebnis kommen, dass ein Angebot, das im Verhältnis zu den Gesamtausgaben nur geringfügig teurer, aber in konstruktiv-gestalterischer Hinsicht der architektonischen Konzeption voll entspricht und einem anderen – billigeren – Angebot insoweit überlegen ist, das „wirtschaftlichste" ist (BayObLG, B. v. 23. 3. 2004 – Az.: Verg 03/04).

6.11.4.13.12 Das Zuschlagskriterium „Wartungskosten". Es ist **gängige Praxis, sich** 1124
Wartungs- und Instandhaltungsverträge zusammen mit der Herstellung und dem Einbau der Anlagen bzw. Produkte anbieten zu lassen, damit die aus der Wartung und Instandsetzung resultierenden künftigen Kosten bei der Wertung der Angebote realistisch mit berücksichtigt werden können. Denn die Wartungs- und Instandsetzungskosten sind ein wirtschaftlicher Gesichtspunkt, der neben dem Angebotspreis für Herstellung und Einbau bzw. Lieferung das annehmbarste Angebot bestimmen kann (VK Nordbayern, B. v. 3. 8. 2001 – Az.: 320.VK-3194-23/01; VK Südbayern, B. v. 7. 4. 2006 – Az.: 07-03/06).

Sind die **Kosten der Wartung** nach den Ausschreibungsunterlagen von den Bietern anzuge- 1125
ben, ist dies ein **zulässiges Zuschlagskriterium**. Dabei ist es **unschädlich, wenn** in der Angebotsaufforderung die in den Allgemeinen Kriterien für die Auftragserteilung vorgesehene **Rubrik „Wartung" nicht angekreuzt** wird, wenn die Kosten der Wartung von den Bietern **im Leistungsverzeichnis als Bedarfspositionen anzugeben waren**, so dass zweifelsfrei zu erkennen war, dass die Wartung bei der Auftragserteilung eine Rolle spielen werde (BGH, Urteil vom 6. 2. 2002 – Az.: X ZR 185/99; 1. VK Sachsen, B. v. 11. 10. 2001 – Az.: 1/SVK/ 94-0).

Der **Auftraggeber kann beim Kriterium „Preis" auch die Wartungskosten in die** 1126
Wertung einbeziehen. Dies ist ein **übliches Verfahren**, um die Wirtschaftlichkeit eines Angebotes zu ermitteln. Ein niedriges Angebot kann durch hohe Wartungskosten im Ergebnis unwirtschaftlich werden und umgekehrt. Hierbei ist – wenn keine anderen Angaben gemacht werden – davon auszugehen, dass die **Angebotssummen zur Ermittlung des Wertungsergebnisses addiert** werden (VK Nordbayern, B. v. 23. 4. 2008 – Az.: 21.VK – 3194 – 15/08).

6.11.4.13.13 Das Zuschlagskriterium „Lagerkapazität". Die **Lagerkapazität** eines 1127
Unternehmens erlaubt eine Prognose zu der Frage, ob das Unternehmen in der Lage sein wird, den Lieferauftrag (z. B. über Schulbücher) vertragsgemäß auszuführen. Sie stellt somit einen **Eignungsgesichtspunkt** dar. Die Lagerkapazität darf also **nicht als Zuschlagskriterium verwendet** werden (VK Münster, B. v. 21. 8. 2003 – Az.: VK 18/03).

6.11.4.13.14 Das Zuschlagskriterium „Ortsnähe" bzw. „Standortnähe". 1128
6.11.4.13.14.1 Rechtsprechung. Die **Rechtsprechung** ist **nicht einheitlich**.

Nach einer Auffassung ist zwar richtig, dass die **„Ortsnähe" wegen des Wettbewerbs-** 1129
und Gleichbehandlungsprinzips ein vergabefremder Aspekt sein kann. Dieser Grund-

Teil 1 GWB § 97 Gesetz gegen Wettbewerbsbeschränkungen

satz gilt jedoch nicht uneingeschränkt. So **darf im Rahmen der Wirtschaftlichkeitsprüfung gerade die durch die Ortsnähe zu erwartenden Einsparungen z. B. bei Wartungs- und Instandsetzungsarbeiten berücksichtigt werden** (VK Baden-Württemberg, B. v. 30. 8. 2002 – Az.: 1 VK 41/02).

1130   Nach einer anderen Meinung ist **für eine Gesamtbetrachtung, welche Auftragsvergabe die öffentlichen Hände oder gar die Allgemeinheit insgesamt billiger kommt, im Rahmen des Ausschreibungsverfahrens ebenso wenig Raum wie für die Berücksichtigung etwa nachteiliger Auswirkungen auf den Verkehr und die Umwelt.** Dass von einem Unternehmen vor Ort die Wartungs- oder Instandhaltungsarbeiten möglicherweise effizienter und schneller durchzuführen sind, kann in dessen Preiskalkulation einfließen, aber nicht bei der Wertung berücksichtigt werden (BayObLG, B. v. 3. 7. 2002 – Az.: Verg 13/02). Die vom Auftraggeber zur Begründung einer beabsichtigten Zuschlagserteilung herangezogene **Standortnähe der Bieter zum Erfüllungsort** ist also kein vergaberechtskonformes **Kriterium**. Die Berücksichtigung der Entfernung stellt eine lokale Beschränkung des Wettbewerbs und somit einen Verstoß gegen das Diskriminierungsverbot (§ 97 Abs. 2 GWB) dar (VK Brandenburg, B. v. 21. 7. 2004 – Az.: VK 35/04, 38/04; 1. VK Sachsen, B. v. 31. 1. 2007 – Az.: 1/SVK/124-06; B. v 3. 12. 2004 – Az.: 1/SVK/104-04, 1/SVK/104-04G).

1131   Das **Auftragskriterium „regionale Betrachtung – Nähe zum Leistungsort"** stellt einen **nicht leistungsbezogenen** und damit auch bei dem im VOF-Verfahren zu unterstellenden größeren Ermessensspielraum des Auftraggebers bei der Vergabeentscheidung **vergabefremden Aspekt** dar, der nicht berücksichtigt werden darf (1. VK Bund, B. v. 10. 5. 2001 – Az.: VK 1–11/01).

1132   Das gleiche Ergebnis gilt für das Auftragskriterium „Arbeitspräsenz durch ortsnahes Büro". Jedenfalls ist der **Grad und Umfang der örtlichen Präsenz an der Erforderlichkeit für die Auftragsausführung zu messen**, so dass der Auftraggeber insoweit nur über einen **erheblich reduzierten Beurteilungsspielraum** verfügt (VK Schleswig-Holstein, B. v. 11. 1. 2006 – Az.: VK-SH 28/05).

1133   Der **Europäische Gerichtshof differenziert** in seiner Rechtsprechung. Danach **kann zwar die Versorgungssicherheit zu den Kriterien gehören**, die bei der Ermittlung des wirtschaftlich günstigsten Angebots im Fall von Dienstleistungen wie denen zu berücksichtigen sind, die das Leben und die Gesundheit von Personen schützen sollen, **indem sie eine diversifizierte eigene Produktion nahe am Verbrauchsort vorsehen** (z. B. bei häuslichen Atemtherapiediensten); diese Kriterien dürfen jedoch mit Blick auf das angestrebte Ziel nicht unangemessen sein (EuGH, Urteil v. 27. 10. 2005 – Az.: C-234/03). Im Ergebnis kann **nur in absoluten Ausnahmefällen ein solches Zuschlagskriterium zulässig** sein.

1134   Nach Auffassung des OLG München ist es **nicht zu beanstanden, wenn der Auftraggeber von den Teilnehmern Angaben über die Erreichbarkeit und Präsenz im Bedarfsfall verlangt** und das **Angebot eines Jour fixe bei der Auswahl positiv bewertet**. Dieses Kriterium **betrifft die Frage von Maßnahmen der Qualitätssicherung** und bewirkt eine Steigerung der Effizienz. Eine ständige Anwesenheit unabhängig von einer sachlichen Notwendigkeit wird nicht verlangt. Das Kriterium ist damit weder sachfremd noch diskriminierend, insbesondere werden **ansässige Bewerber nicht unzulässig bevorzugt** (OLG München, B. v. 28. 4. 2006 – Az.: Verg 6/06; 1. VK Sachsen, B. v. 31. 1. 2007 – Az.: 1/SVK/124-06; im Ergebnis ebenso VK Nordbayern, B. v. 1. 2. 2008 – Az.: 21.VK – 3194 – 53/07; VK Südbayern, B. v. 19. 12. 2006 – Az.: Z3-3-3194-1-35–11/06).

1135   Die **Forderung nach örtlicher Präsenz stellt eine Ungleichbehandlung dar und damit einen Verstoß gegen § 97 Abs. 2 GWB bzw. § 2 Abs. 2 VOF**. Es ist einem Auftraggeber zuzubilligen, dass bei einem bestimmten Projekt ein erhöhter Abstimmungsbedarf zwischen ihm und dem Auftragnehmer besteht. Eine Festlegung, dass die Abstimmung nur mit einem ortsansässigen Bieter schnell und umfassend genug erfolgen kann, darf sie jedoch nicht treffen. Erst recht ist es nicht gerechtfertigt, eine Kilometergrenze zu benennen. **Sachgerechter** wäre es gewesen, **Zugriffs- und Servicefristen klar zu benennen und an sachlich gerechtfertigten Umständen zu bemessen**. Es ist **Sache des Auftragnehmers und sein unternehmerisches Risiko, die Abstimmung zu gewährleisten**. Auf welche Weise er seine Präsenz erforderlichenfalls sicherstellt, darf ihm nicht vorgeschrieben werden. Erfolgt es dennoch, werden alle nicht ortsansässigen Bieter diskriminiert und verlieren alle Chancen, die Leistung zu erbringen. Vor dem Hintergrund eines europaweit ausgelobten Auftrags ist die Forderung nach Ortsansässigkeit denkbar vergaberechtswidrig (1. VK Sachsen, B. v. 19. 11. 2001 – Az.: 1/SVK/119-01).

Bei dem Kriterium „Präsenz vor Ort" ist im Rahmen eines VOF-Verfahrens **für die Wer-** 1136
tung nach Ausführungsphasen zu unterscheiden. Grad und Umfang der örtlichen Präsenz
sind an der Erforderlichkeit für die Auftragsausführung zu messen. **Insbesondere ist darzulegen, warum eine Kommunikation mittels der modernen Medien nicht ausreichend ist und um welchem zeitlichen Rahmen eine Anwesenheit erforderlich ist** (VK Nordbayern, B. v. 1. 2. 2008 – Az.: 21.VK – 3194 – 53/07).

Handelt es sich bei den **ausgeschriebenen Ingenieursleistungen** nicht um Projektsteue- 1137
rung, sondern **um Leistungen als Fachprojektant**, haben die Ingenieure im Gegensatz zu
den bauleitenden Projektleitern (Architekten), welchen die Gesamtüberwachung obliegt, **nicht in hohem Maße Koordinierungsmaßnahmen vor Ort zu treffen, sondern sind lediglich für ihre eigenen Gewerke zuständig**. Das Ermessen der Vergabestelle, inwieweit eine
Präsenz vor Ort notwendig ist, ist hierbei nicht unbeschränkt, es findet seine Beschränkung
bereits in den üblich bekannten HOAI-Vertragsmustern, in welchen es sinngemäß heißt, dass
die Kontrollen zur Bauüberwachung in den zeitlichen Abständen zu erfolgen haben, die zur
Erfüllung der Bauleitungsleistung nach HOAI erforderlich sind. Eine damit **einhergehende Forderung nach nicht nur einer Präsenz, sondern des Unternehmenssitzes am Auftragsort ist daher unzulässig** (VK Südbayern, B. v. 17. 6. 2009 – Az.: Z3-3-3194-1-22-05/09; B. v. 17. 6. 2009 – Az.: Z3-3-3194-1-21-05/09).

Darüber hinaus ist es nach Auffassung der VK Schleswig-Holstein **mehr als fraglich, ob es** 1138
sich bei diesem Kriterium nicht um ein Eignungskriterium handelt, welches im Rahmen
der **Entscheidung über den Auftrag nicht berücksichtigt** werden darf (VK Schleswig-Holstein, B. v. 11. 1. 2006 – Az.: VK-SH 28/05).

6.11.4.13.14.2 Literatur 1139

– Müller-Wrede, Malte, Örtliche Präsenz, Ortsnähe und Ortsansässigkeit als Wertungskriterien
– eine Verletzung des Diskriminierungsverbots?, VergabeR 2005, 32

6.11.4.13.15 Das Zuschlagskriterium „Einbindung der Bieter in den regionalen 1140
Arbeitsmarkt". Es ist grundsätzlich legitim, die Einbindung des Maßnahmeträgers in den regionalen Arbeitsmarkt sowie seine regionalen Verbundsysteme für die Zielgruppe abzufragen. Angesichts des **Ziels der ausbildungsbegleitenden Hilfen, eine Eingliederung von benachteiligten Jugendlichen aus dem Berufsleben zu ermöglichen** bzw.
zu stützen, stellt dies **keinen vergabefremden Aspekt** und damit keine unzulässige mittelbare Diskriminierung von Maßnahmeträgern dar, die bisher nicht in der Region tätig waren. Da
die Maßnahme die Jugendlichen im Ergebnis in ein Arbeitsverhältnis überführen soll, sind die
genannten Einbindungen des Maßnahmeträgers in die regionalen Gegebenheiten als objektiv
zur Zielerreichung nötiges Kriterium grundsätzlich gerechtfertigt (1. VK Bund, B. v. 9. 10.
2002 – VK 1–77/02).

Nach der **neuen Rechtsprechung der VK Bund** zieht hingegen der Auftraggeber **mit** 1141
dem Wertungskriterium der Beschreibung der Verankerung und Vernetzung des Bieters im regionalen Ausbildungs- bzw. Arbeitsmarkt vergaberechtswidrig einen Aspekt der Eignung, der auf der 2. Wertungsstufe zu berücksichtigen ist, zur Ermittlung des wirtschaftlich günstigsten Angebots auf der 4. Wertungsstufe heran. Nach
der Rechtsprechung gilt, dass – über ein Verbot der „Doppelverwertung" von Kriterien sowohl
bei der Eignungs- als auch bei der Angebotsbeurteilung hinaus – solche Kriterien, die dem Bereich der Beurteilung der unternehmensbezogenen Eignung zuzurechnen sind, als Zuschlagskriterien selbst dann nicht herangezogen werden dürfen, wenn insofern ein Auftragsbezug besteht (2. VK Bund, B. v. 14. 8. 2009 – Az.: VK 2–93/09).

6.11.4.13.16 Das Zuschlagskriterium „Servicedienstleistungen". Das von dem Auf- 1142
traggeber bekannt gemachte und bei der Wertung berücksichtigte Zuschlagskriterium „Servicedienstleistungen" ist **zulässig, wenn es entsprechend konkretisiert wird**, z. B. dergestalt,
dass unter Serviceleistungen Leistungen zur Unterstützung der Vertragsverwaltung von Versicherungen sowie Leistungen zur reibungslosen Abwicklung von Schadensfällen verstanden werden
(VK Lüneburg, B. v. 24. 11. 2003 – Az.: 203-VgK-29/2003).

6.11.4.13.17 Das Zuschlagskriterium „Versicherungsumfang". Der **„Versicherungs-** 1143
umfang" stellt bei der Ausschreibung von Versicherungsleistungen ein **generell zulässiges Zuschlagskriterium** dar. Der Auftraggeber kann durch die Möglichkeit zur zulässigen Beschränkung der Angebote gegenüber der Leistungsbeschreibung („nicht zwingende" Leistungspositionen) als auch durch die Alternativpositionen „Laufzeit" und „Selbstbehalt" als auch durch
die Zulassung von Nebenangeboten Unterschiede im Leistungsumfang der Angebote einräu-

men, deren Berücksichtigung im Rahmen der Wirtschaftlichkeitsprüfung nach § 21 EG Abs. 1 VOL/A sogar geboten ist (OLG Naumburg, B. v. 31. 3. 2004 – Az.: 1 Verg 1/04).

1144 **6.11.4.13.18 Das Zuschlagskriterium „Realisierungssicherheit einer noch zu errichtenden Entsorgungsanlage".** Der **Auftraggeber kann ein Kriterium der „Realisierungssicherheit einer noch zu errichtenden Entsorgungsanlage" als Zuschlagskriterium bekannt machen und kann diesem Kriterium entscheidungserhebliche Bedeutung zuerkennen.** Denn Angebotsvorteile bei anderen Wertungskriterien treten in ihrer Bedeutung – auch nach der sachgerechten Einschätzung der beteiligten Bieterkreise – dramatisch zurück, weil sie praktisch nicht realisierbar sind, solange die Anlage, mit der die ausgeschriebene Leistung nach dem Angebotsinhalt erbracht werden soll, tatsächlich nicht zur Verfügung steht (OLG Dresden, B. v. 6. 4. 2004 – Az.: WVerg 1/04).

1145 **6.11.4.13.19 Das Zuschlagskriterium „Nutzwert der Nebenleistungen".** Ist in den Verdingungsunterlagen das **Wertungskriterium „Nutzwert der Nebenleistungen" zwar nicht abstrakt benannt, aber deutlich erkennbar, ist dieses Kriterium zulässig**; jeder Anbieter kann seine Angebotsgestaltung darauf abstellen, dass der Auftraggeber die Nebenleistungen miteinander vergleichen und damit dem Angebot den Vorzug geben wird, welches die meisten bzw. „werthaltigsten" Nebenleistungen aufweisen wird (VK Düsseldorf, B. v. 19. 7. 2004 – Az.: VK – 24/2004-L).

1146 **6.11.4.13.20 Das Zuschlagskriterium „Erklärung zur Gewährleistungsfrist" (treffender: „Mängelanspruchsfrist").** Der öffentliche **Auftraggeber kann von den Bietern zulässig eine Erklärung zur Gewährleistungsfrist (Mängelanspruchsfrist) fordern.** Eine diesbezügliche Angabe ist ein geeignetes Kriterium, das wirtschaftlichste Angebot zu ermitteln, dem der Zuschlag zu erteilen ist. Der niedrigste Angebotspreis ist dafür nicht allein entscheidend. Denn die versprochene Gewährleistungsfrist beeinflusst die Wirtschaftlichkeit eines Gesamtangebots unter dem Gesichtspunkt der Folgekosten (OLG Düsseldorf, B. v. 30. 6. 2004 – Az.: VII – Verg 22/04).

1147 **6.11.4.13.21 Das Zuschlagskriterium „telefonische Erreichbarkeit".** Es ist offensichtlich, dass in einem wettbewerblichen Verfahren, in dem das **wesentlichste Unterscheidungsmerkmal, der Preis, gesetzlich ausgeklammert** wurde (durch die Buchpreisbindung), nur noch die Rahmenbedingungen der Leistung dem Wettbewerb unterstellt werden können und dies faktisch auch nur noch in sehr beschränktem Rahmen. Die verbleibenden Möglichkeiten der Differenzierung, zu denen der Auftraggeber nach wie vor durch den Gesetzgeber aufgerufen ist, sind außerordentlich schmal und so liegt es in der Natur dieses reduzierten Wettbewerbs, dass eine Differenzierung zwischen den Elementen des Angebots in diesem Bereich sehr feinziseliert ausfällt. Der **Aspekt der telefonischen Erreichbarkeit ist als sachgerechte und bewertbare Serviceleistung nicht streitig.** Dabei bedarf es bei dieser Leistung für die Eignung als Wirtschaftlichkeitskriterium einer monetären Bemessbarkeit. Diese birgt im Gegenteil für den Auftraggeber wiederum die Gefahr, nach der Rechtsprechung des BGH unzulässige rabattähnliche Forderungen zu stellen. Eine **Differenzierung** dieses Zuschlagskriteriums **nach Punkten im Halbstundenwert** ist **nachvollziehbar und transparent** (VK Arnsberg, B. v. 5. 7. 2005 – Az.: VK 9/2005 + 11/2005).

1148 **6.11.4.13.22 Das Zuschlagskriterium „Nachlieferfristen".** Bei diesem Zuschlagskriterium **handelt es nicht um ein für die Wirtschaftlichkeitsbetrachtung ungeeignetes Kriterium.** Das Zuschlagskriterium „Nachlieferfristen" **kann Aufschluss über die Wirtschaftlichkeit eines Angebots geben und kann von der Vergabestelle auch kontrolliert werden.** Die von den Bietern dazu gemachten Angaben in den Angeboten können miteinander verglichen und gewertet werden. Der öffentliche Auftraggeber kann **z. B. bei Ausschreibungen von Schulbüchern** auch die Richtigkeit der Angaben tatsächlich anhand von eigenen Erfahrungswerten und Nachfragen bei Buchhandlungen, Grossisten und Verlagen überprüfen. Anhand dieser Fristen kann dann auch die Wirtschaftlichkeit eines Angebotes festgestellt werden. **Dass die öffentlichen Auftraggeber nach Auftragserteilung diese Fristen möglicherweise nicht kontrollieren, führt nicht von vornherein zur Unzulässigkeit dieses Kriteriums.** Vielmehr sind die Angaben der Bieter im Zeitpunkt der Wertung – und das ist der entscheidende Zeitpunkt – miteinander vergleichbar. Die spätere Vertragsabwicklung ist nicht Gegenstand der vergaberechtlichen Nachprüfung (VK Münster, B. v. 22. 7. 2005 – VK 16/05).

1149 **6.11.4.13.23 Das Zuschlagskriterium „Lebenswegkosten".** Die **Vergabekammer des Bundes hat das Zuschlagskriterium „Lebenswegkosten (life cycle coats)" im Grundsatz nicht beanstandet. Sie äußert sich aber sehr zurückhaltend über die Wertungsmöglichkeit**, da sich die Angaben der Bieter nur auf Erfahrungswerte stützen können; welche

Gesetz gegen Wettbewerbsbeschränkungen GWB § 97 **Teil 1**

Lebenswegkosten letztlich anfallen werden, lässt sich im Zeitpunkt der Wertung nicht festmachen (2. VK Bund, B. v. 15. 2. 2005 – Az.: VK 2–06/05).

In die **VOL/A 2009 ist das – vergleichbare – Zuschlagskriterium „Lebenszykluskos- 1150 ten" neu aufgenommen** worden (§ 19 EG Abs. 9 VOL/A).

6.11.4.13.24 Das Zuschlagskriterium „Durchschnittspreis aller im Wettbewerb ab- 1151 gegebenen und wertbaren Angebote". Zulässig ist bei der Wertung eine **Berechnungsmethode, wonach bei der Bepunktung die Relation der Preise zueinander berücksichtigt wird, indem ausgehend vom Durchschnittspreis aller Angebote, dem ein Durchschnittspunktwert zugeordnet ist, zunächst die prozentuale Abweichung der Angebote zum Durchschnittspreis ermittelt und sodann – in Wertungspunkte umgesetzt – auf den Durchschnittspunktwert übertragen** wird. Hierdurch werden die preislichen Differenzen zwischen den Platzierungen in Bewertungspunktdifferenzen abgebildet und fließen damit unmittelbar in die Bewertung ein, wohingegen nach anderen verbreiteten Bewertungsmethoden, die eingegangenen Angebote lediglich nach ihrer preislichen Rangfolge bestimmten Punktewerten auf einer Skala zugeordnet werden, ohne dass die Höhe des Preisunterschiedes zwischen zwei Angeboten hierbei Berücksichtigung findet (1. VK Bund, B. v. 10. 8. 2006 – Az.: VK 1–55/06).

6.11.4.13.25 Das Zuschlagskriterium „Technischer Wert/Qualität". Die **VOL/A, 1152 die VOB/A und die SektVO sowie die Rechtsprechung lassen ein solches Zuschlagskriterium zu** (OLG Düsseldorf, B. v. 19. 7. 2006 – Az.: VII – Verg 27/06; OLG Naumburg, B. v. 13. 5. 2008 – Az.: 1 Verg 3/08). Als – notwendige – **Unterkriterien** z. B. im Rahmen einer IT-Ausschreibung kommen in Betracht:

– Akkutausch ohne Datenverlust

– erweiterbarer Speicher

– Einschätzung Außendienst

– Einschätzung Arbeitssicherheit.

Für eine **Bewertung** des „Technischen Wertes" ist es **erforderlich**, dass der Auftraggeber 1153 bereits während der Angebotsphase für die Bieter erkennbar werden lässt, **auf welche Produkte oder Produktgruppen es ihm insoweit ankommt.** Für die Bewertung können **nur solche Leistungspositionen herangezogen werden, die lediglich Mindestanforderungen an technische Produkteigenschaften enthalten, so dass ein im „Technischen Wert" abweichendes Produkt zulässigerweise angeboten** werden kann und eine vorgegebene **Punktebewertung mit Differenzierungen zwischen Mindestanforderungen, durchschnittlichen Anforderungen und überdurchschnittlichen Eigenschaften** überhaupt anwendbar wird. **Eine Nachholung dieser Produktauswahl während der Angebotswertung kommt nicht mehr in Betracht**, weil diese Informationen für die Angebotserstellung der Bieter von Bedeutung waren und nachträglich nicht mehr ausgeschlossen werden kann, dass ein Bieter in Kenntnis dieser zusätzlichen Informationen über die Grundlagen der Bewertung des „Technischen Wertes" sein Angebot in veränderter Form erstellt hätte (OLG Naumburg, B. v. 13. 5. 2008 – Az.: 1 Verg 3/08).

Als Unterkriterien für das Hauptkriterium „Technischer Wert" kommen **bei Bauleistungen 1154 das Bauverfahren, der Bauablauf und der Geräteeinsatz** in Betracht (3. VK Bund, B. v. 10. 6. 2010 – Az.: VK 3–51/10; B. v. 4. 6. 2010 – Az.: VK 3–48/10).

6.11.4.13.26 Das Zuschlagskriterium „Geräteeinsatz". Wird für das Geräteeinsatzkon- 1155 zept die volle Punktzahl vergeben, wenn u. a. der „vollständige Nachweis über die Eignung, hinsichtlich der Leistungsfähigkeit, des speziellen Einsatzes und der Abstimmung der Geräte untereinander" erbracht wird, hat die **Bezugnahme des Geräteeinsatzkonzepts auf das Bauverfahren einen Bezug zur qualitativen Ausführung der Leistung und ist anders als die reine Geräteliste nicht der generellen Eignung des Bieters**, sondern **der Ausführung des Auftrags zuzurechnen.** Der Auftraggeber bewertet hier nicht das Vorhandensein der Gerätschaft (und damit die Leistungsfähigkeit des Bieters), sondern den vorgesehenen Einsatz der Geräte im Bau- und Zeitablauf und damit einen von der Eignung unabhängigen technischen Wert des Geräteeinsatzes. Damit **handelt es sich um ein zulässiges Zuschlagskriterium** (3. VK Bund, B. v. 10. 6. 2010 – Az.: VK 3–51/10; B. v. 4. 6. 2010 – Az.: VK 3–48/10).

6.11.4.13.27 Das Zuschlagskriterium „Erläuterung des Bauablaufes". Mit dem Zu- 1156 schlagskriterium „Erläuterung des Bauablaufes" **werden nicht Eignungs- und Zuschlagskriterien in unzulässiger Weise vermischt.** Zwar lassen Erläuterungen zum Bauablauf mögli-

Teil 1 GWB § 97 Gesetz gegen Wettbewerbsbeschränkungen

cherweise auch Rückschlüsse auf die Fachkunde eines Bieters und damit auf einen Umstand zu, der im Rahmen der vorgehenden Eignungsprüfung (vgl. z. B. § 16 Abs. 2 VOB/A) Berücksichtigung findet, doch ist weder ersichtlich, dass mit den Angaben zum Bauablauf ein „Mehr an Eignung" ermittelt und berücksichtigt werden soll noch bestehen Anhaltspunkte dafür, dass die Vergabestelle dieses Kriterium im Rahmen der Wirtschaftlichkeitsprüfung nochmals unter dem Aspekt der Eignung berücksichtigt. Vielmehr **geht es um ein auftragsbezogenes, nämlich die technische Abwicklung des Bauvorhabens und um ein die Ermittlung der Frage betreffendes Kriterium, wie sich die Bieter zu dem in den Unterlagen vorgeschlagenen Bauablauf stellen.** Es soll dabei unter anderem die Wertung ermöglicht werden, ob die Bieter die jahreszeitlichen Besonderheiten bei den Angaben zur Bauausführung hinreichend berücksichtigten. Diese Erläuterungen sollen – ähnlich wie der Bauzeitenplan – in der Regel kein Beleg für die Eignung bilden, sondern **als Hilfsmittel der Vergabestelle einen leichteren Überblick über die Phasen der Bauleistung und deren Koordination mit anderen Unternehmern und betroffenen Behörden ermöglichen**. Jedenfalls wird insoweit kein reines Eignungskriterium zum Zuschlagskriterium erhoben (OLG Karlsruhe, B. v. 9. 3. 2007 – Az.: 17 Verg 3/07).

1157 Gibt ein Auftraggeber als **Zuschlagskriterium „Bauablauf"** an, ist es nicht zulässig, ohne Bekanntmachung dazu die Unterkriterien „Vorliegen eines Einsatzplans", „Angaben zur Stärke der Kolonnen", „Bezug zu den Bauphasen", „Spezifische Parameter, aus welchen Rückschlüsse auf die Leistungsfähigkeit möglich sind" sowie „Sind alle wesentlichen Zwischentermine berücksichtigt?" zu **bilden und bei der Wertung zu berücksichtigen** (1. VK Sachsen, B. v. 13. 6. 2007 – Az.: 1/SVK/039-07).

1158 **6.11.4.13.28 Das Zuschlagskriterium „Betriebskosten". Das Zuschlagskriterium der Betriebskosten an sich erscheint sachgerecht, weil es widersinnig ist, z. B. billigere Geräte anzuschaffen, wenn der Preisvorteil durch die Betriebskosten mehr als ausgeglichen wird.** Insoweit stellen die Betriebskosten grundsätzlich, auch wenn sie nicht zwischen Bieter und Auftraggeber verhandelt werden, ein wesentliches Merkmal der Wirtschaftlichkeit dar. **Voraussetzung ist aber, dass eine halbwegs zuverlässige Aussage über zukünftige Betriebskosten gemacht werden kann**, sei es z. B. wegen der Unsicherheit der längerfristigen Stromkosten, sei es wegen des Nutzungsverhaltens. Die **Berücksichtigung dieses Zuschlagskriteriums im Rahmen der Wertung der Angebote muss aber jedenfalls sachgerecht sein, d. h. von richtigen Energieverbrauchsdaten** z. B. für die einzelnen Geräte (beispielsweise Kopierer) und Leistungsklassen und realistischen, für alle gleichen Annahmen z. B. bei der Nutzung der Geräte **ausgehen**. Dabei kann von den allgemein verfügbaren Energieverbrauchsdaten der Gerätehersteller ausgegangen werden, soweit diese – unabhängig von der Wortwahl – gleichartige Verbrauchsmodi beschreiben. Daneben **müssen realitätsnahe Nutzungszyklen der vergleichenden Modellrechnung zugrunde gelegt** werden. Dem Transparenzgebot folgend muss der Auftraggeber in seiner Leistungsbeschreibung nicht nur den erwarteten Betrieb seiner Anlagen mitteilen, sondern die Bieter auch auffordern, die für diesen Betrieb richtigen technischen Kennzahlen mitzuteilen. Auch alle übrigen Annahmen, die in eine erforderliche Modellrechnung einfließen – bei Kopierern z. B. Zahl der Kopien, Art der Nutzung der Geräte im Ruhezustand, im Standby- oder im Arbeitsmodus –, müssen bekannt gemacht werden, um den Bietern unmittelbar die Möglichkeit zu geben, dagegen Bedenken geltend zu machen oder das Verfahren zur Ermittlung des besten Angebotes zu rügen (2. VK Brandenburg, B. v. 28. 6. 2006 – Az.: 2 VK 22/06).

1159 Insoweit ist z. B. ein **Energieverbrauchsvergleich zwischen Kopiergeräten wie folgt zulässig**: neun Stunden Stand-by, eine Stunde Arbeitsmodus; vier Stunden Stand-by, eine Stunde Arbeit, fünf Stunden Ruhe. Ebenfalls unbedenklich ist eine **daraus abgeleitete Betriebskostenberechnung für die Dauer von fünf Jahren** (1. VK Brandenburg, B. v. 31. 8. 2006 – Az.: 1 VK 33/06).

1160 Vgl. insoweit auch die **Kommentierung zu dem Zuschlagskriterium des Energieverbrauchs** → Rdn. 1049.

1161 **6.11.4.13.29 Die Zuschlagskriterien „Jahresarbeitsstunden" und „Quadratmeterleistung" bei der Vergabe von Reinigungsdienstleistungen.** Kann ein Bieter z. B. über Zertifizierungen nachweisen, dass er besonders effizient, d. h. mit einer vergleichsweise geringen Stundenzahl und entsprechend hoher Quadratmeterleistung, aber dennoch mit sehr gutem Ergebnis arbeitet, ist es widersinnig, diese **Qualitätsmerkmale nicht zu berücksichtigen**. Insoweit sind bei der Ausschreibung von Unterhaltsreinigungsleistungen die **Zuschlagskriterien „Jahresarbeitsstunden" mit einer Gewichtung von 14,0 und „Quadratmeterleistung"**

Gesetz gegen Wettbewerbsbeschränkungen GWB § 97 **Teil 1**

mit einer Gewichtung von 14% zulässig (2. VK Brandenburg, B. v. 20. 2. 2007 – Az.: 2 VK 2/07).

6.11.4.13.30 Das Zuschlagskriterium „Reinigungsstunden" und die Unterkriterien 1162 **„nach Raumgruppen aufgestellte Richtleistungsspannen" und „die dazu gebildeten Mittelwerte" bei der Vergabe von Reinigungsdienstleistungen.** Die **Reinigungsstunden** sind ein **Zuschlagskriterium.** Die **Richtleistungen pro Raumgruppe** (und die dazu gebildeten Mittelwerte) sind **Unterkriterien des Zuschlagskriteriums Reinigungsstunden.** Bei den Stundenrichtleistungen bzw. den Standardzeitwerten handelt es sich **nicht um Eignungskriterien** im Sinne des § 19 EG Abs. 5 VOL/A. Als Eignungskriterien sind alle Zuschlagskriterien ausgeschlossen, also auch die **Qualität. Richtleistungen bzw. Richtwerte sind mitbestimmend für die erreichbare Qualität** der Reinigungsdienstleistungen. Je niedriger die Stundenrichtwerte sind, desto höher ist voraussichtlich die Qualität der angebotenen Reinigungsdienstleistungen. Nur insofern kommt den **Richtleistungen eine Doppelqualifikation** zu, als sie einerseits die Qualität der zu erbringenden Reinigungsleistungen mitfestlegen und damit ein Teil der Leistungsbeschreibung sind, andererseits ist die **Qualität der zu erbringenden Leistung auch zweites Zuschlagskriterium neben dem Preis** (OLG Düsseldorf, B. v. 27. 2. 2008 – Az.: VII-Verg 41/07).

6.11.4.13.31 Das Zuschlagskriterium „Qualitätssicherungskonzept" bei der Verga- 1163 **be von Beförderungsleistungen.** Das **Zuschlagskriterium „Qualitätssicherungskonzept" bei der Vergabe von Beförderungsleistungen** ist **zulässig**; es kann z. B. **unterteilt** werden in Fahrdienstorganisation mit 16%, Änderungsdienst mit 8%, Ausfallkonzept mit 8% und Beschwerdemanagement mit 8% (VK Münster, B. v. 30. 5. 2007 – Az.: VK 08/07 – instruktive Entscheidung).

6.11.4.13.32 Das Zuschlagskriterium „Produktbreite" bei der Ausschreibung von 1164 **Arzneimittel-Rabattverträgen gemäß § 130 a Abs. 8 SGB V. Das Kriterium „Produktbreite" ist i. S. d. § 19 EG Abs. 9 VOL/A durch den Auftragsgegenstand gerechtfertigt und sachgerecht.** Den Krankenkassen ist darin zuzustimmen, dass ein **Angebot gegenüber den anderen im Hinblick auf den Zweck von Rabattvereinbarungen nach § 130 a SGB V, ein möglichst hohes Einsparpotential zu erzielen, umso besser ist, je mehr Produkte ein potentieller Rabattvertragspartner zu einem Wirkstoff anbieten kann.** Den Interessen einer wirtschaftlichen und sicheren Versorgung der bei den Krankenkassen Versicherten mit Arzneimitteln wird nämlich gerade dann gedient, wenn für einen Wirkstoff möglichst viele PZN durch den betreffenden Rabattvertrag abgedeckt sind – soweit nämlich Arzneimittel ärztlich verordnet werden, die der Rabattvertragspartner für den jeweiligen Wirkstoff nicht anbietet, greift die Ersetzungspflicht des Apothekers gemäß § 129 Abs. 1 S. 3 SGB V nicht und es werden zu Lasten der Krankenkassen die (im Regelfall teureren) Mittel anderer pharmazeutischer Unternehmer abgegeben (1. VK Bund, B. v. 26. 11. 2009 – Az.: VK 1–197/09). **Kleine und mittlere Unternehmen werden durch die Berücksichtigung der Produktbreite nicht benachteiligt.** Erstens ist bereits nicht gesagt, dass diese Anbieter gerade deshalb relativ „klein" sind, weil sie innerhalb einzelner Wirkstoffe nur über ein geringeres Sortiment verfügen als größere Unternehmen – deren Größe kann ebenso darauf beruhen, dass sie lediglich weniger Wirkstoffe insgesamt führen als größere Unternehmen, innerhalb dieser Wirkstoffe jedoch durchaus viele PZN anbieten. Dieses Zuschlagskriterium muss sich daher nicht von vornherein per se zu Lasten kleiner und mittlerer Unternehmen auswirken. Abgesehen hiervon bleibt es den Bietern unbenommen, ihre **Produktbreite innerhalb eines Wirkstoffs dadurch zu erweitern, dass sie sich zu Bietergemeinschaften zusammenschließen** (LSG Baden-Württemberg, B. v. 17. 2. 2009 – Az.: L 11 WB 381/09; 3. VK Bund, B. v. 26. 3. 2009 – Az.: VK 3–43/09; B. v. 20. 3. 2009 – Az.: VK 3–34/09; B. v. 20. 3. 2009 – Az.: VK 3–22/09; B. v. 30. 1. 2009 – Az.: VK 3–221/08; B. v. 29. 1. 2009 – Az.: VK 3–200/08; B. v. 29. 1. 2009 – Az.: VK 3–197/08; B. v. 23. 1. 2009 – Az.: VK 3–194/08).

Erläutert der Auftraggeber, wie dieses Kriterium in die Berechnung der Gesamt- 1165 **wirtschaftlichkeitsmaßzahl einfließt und wissen die Bieter auch, welches Gewicht diesem Kriterium im Rahmen der Bestimmung der Wirtschaftlichkeit ihres Angebots insgesamt zukommt, ist das Zuschlagskriterium „Produktbreite" zulässig.** Zwar verlangen § 9 EG, 19 EG Abs. 8 VOL/A, dass nicht nur die Zuschlagskriterien selbst, sondern auch deren Gewichtung anzugeben ist; diese Regelungen lassen allerdings Ausnahmen zu, wenn die Gewichtung „nach Ansicht des Auftraggebers ... aus nachvollziehbaren Gründen nicht angegeben werden" kann. Eine solche Ausnahme liegt z. B. dann vor, wenn die Wertung der Angebote anhand einer umfangreicheren Rechenformel erfolgt. In einem solchen Fall ist es – anders

Teil 1 GWB § 97   Gesetz gegen Wettbewerbsbeschränkungen

als sonst bei der Verwendung mehrerer Wertungskriterien, die zunächst für sich gewichtet und dann zu einer Gesamtpunktzahl addiert werden – von vornherein nicht möglich, die relative Bedeutung der einzelnen Kriterien z. B. durch eine Prozentzahl oder einen bestimmten Multiplikator anzugeben. Der **Schutzzweck des § 9 EG VOL/A (ebenso § 19 EG Abs. 8 VOL/A), dass die Bieter bereits bei der Gestaltung ihrer Angebote nicht nur wissen, auf welche Kriterien es dem öffentlichen Auftraggeber ankommt, sondern auch, welches Gewicht die einzelnen Kriterien untereinander haben, damit sie ihr Angebot dementsprechend ausrichten können, ist bei der Anwendung von Rechenformeln auch dann gewahrt, wenn die Bieter anhand der Erläuterung der Rechenschritte im Einzelnen abschätzen können, wie z. B. eine hohe oder niedrige Produktbreite die Zuschlagschancen ihres Angebots beeinflusst.** Positiv zu bewerten ist, wenn es den Bietern mit Hilfe einer von den Auftraggebern überlassenen MS Excel-Datei möglich ist, beim Ausfüllen des Produkt- und Rabattblatts anhand der eigenen Angaben selbst zu ermitteln, wie sich ihre in dieser Datei auf der Grundlage der Lauertaxe hinterlegte Produktbreite im Rahmen ihres Angebots auswirkt und wenn sie mit Hilfe eines von den Auftraggebern zur Verfügung gestellten Korrekturmodus durch die Eingabe unterschiedlicher Daten selbst ausprobieren können, durch welche Rabatthöhe sie angesichts der von ihnen angebotenen Arzneimittel ihre Zuschlagschancen signifikant erhöhen (3. VK Bund, B. v. 20. 3. 2009 – Az.: VK 3–34/09; B. v. 30. 1. 2009 – Az.: VK 3–221/08; B. v. 29. 1. 2009 – Az.: VK 3–200/08; B. v. 29. 1. 2009 – Az.: VK 3–197/08; B. v. 23. 1. 2009 – Az.: VK 3–194/08).

1166 Macht der Auftraggeber im Rahmen des **Zuschlagskriteriums „Produktbreite"** folgende Vorgabe: „Ziel bei der Auswahl von Angeboten ist es, die marktübliche und für die Therapievielfalt erforderlichen Packungsarten mit rabattierten Arzneimitteln zu besetzen. Es müssen daher mindestens 75% der innerhalb des Wirkstoffs 2006 zu Lasten der ... abgerechneten Arzneimittelpackungen über die jeweilige Packungsart von dem Angebot erfasst sein.", ist dies **ein intransparentes Kriterium**. Dies gilt zumindest dann, wenn der Auftraggeber die von ihm zur Berechnung der 75%-Grenze herangezogenen Abrechnungsdaten vorenthält und auch nicht anderweitig das prozentuale Gewicht der einzelnen Verpackungsarten offenlegt. Ein **Bieter, der nicht sämtliche Verpackungsarten herstellt, kann daher nicht erkennen, ob die von ihm produzierten Verpackungsarten das Kriterium insgesamt erfüllen.** Es ist ihm deshalb nicht möglich, sich – etwa durch die Ausweitung seines Produktionsprogramms – auf diese Anforderung einzustellen. Diese Vorgehensweise widerspricht somit jedenfalls der aus § 9 EG VOL/A abzuleitenden Anforderung, alle Wertungskriterien samt ihrer Unterkriterien so bekannt zu machen, dass der Bieter sein Angebot danach ausrichten kann (OLG Düsseldorf, B. v. 19. 3. 2008 – Az.: VII-Verg 13/08; 2. VK Bund, B. v. 15. 11. 2007 – Az.: VK 2–123/07, B. v. 15. 11. 2007 – Az.: VK 2–120/07, B. v. 15. 11. 2007 – Az.: VK 2–117/07, B. v. 15. 11. 2007 – Az.: VK 2–114/07, B. v. 15. 11. 2007 – Az.: VK 2–108/07, B. v. 15. 11. 2007 – Az.: VK 2–105/07; B. v. 15. 11. 2007 – Az.: VK 2–102/07; im Ergebnis ebenso LSG Baden-Württemberg, Urteil v. 27. 2. 2008 – Az.: L 5 KR 507/08 ER-B; Urteil vom 27. 2. 2008 – Az.: L 5 KR 6123/07 ER-B).

1167 Durch das Zuschlagkriterium **„Produktbreite"** wird im Rahmen der vierten Wertungsstufe auch nicht ein weiteres Mal das Eignungskriterium **„Produktkapazität"** berücksichtigt und unzulässigerweise die einzelnen Wertungsstufen miteinander vermischt. Bei **beiden Kriterien handelt es sich um unterschiedliche Aspekte**: Die Produktbreite bestimmt sich nach der Anzahl der vom Bieter je Gebietslos angebotenen Arzneimittel innerhalb der Preisvergleichsgruppe – demgegenüber beurteilen die Auftraggeber anhand der „Eigenerklärung zu Produktionskapazitäten und Produktionsstätten", ob der Bieter leistungsfähig ist, weil er in der Lage ist, eine bestimmte Anzahl an Packungen pro PZN während der Vertragslaufzeit zu liefern (3. VK Bund, B. v. 20. 3. 2009 – Az.: VK 3–34/09; B. v. 20. 3. 2009 – Az.: VK 3–22/09; B. v. 30. 1. 2009 – Az.: VK 3–221/08; B. v. 29. 1. 2009 – Az.: VK 3–200/08; B. v. 29. 1. 2009 – Az.: VK 3–197/08; B. v. 23. 1. 2009 – Az.: VK 3–194/08).

1168 6.11.4.13.33 Das Zuschlagskriterium **„Festlegung der anzubietenden Formen und Größen von Medikamenten"**. Der **Auftraggeber hat seinen Bedarf offen zu legen**, um den Bietern die optimale Angebotsgestaltung zu ermöglichen, § 8 EG VOL/A. Wenn dadurch den Anbietern zwangsläufig strukturelle, organisatorische, planerische Überlegungen und Daten des Auftraggebers bekannt werden, ist dies hinzunehmen. Es ist **bei einer Medikamentenausschreibung nicht zu erkennen, weshalb den Anbietern die gewünschten Darreichungsformen und -größen nicht genannt werden dürften bzw. das Anbieterverhalten durch eine entsprechende Wertungssystematik nicht offen gesteuert werden könnte.** Die **Angabe der prozentualen Anteile einer Darreichungsform und -größe am Ge-

Gesetz gegen Wettbewerbsbeschränkungen GWB § 97 **Teil 1**

samtverkauf in der Vergangenheit ist dabei nicht erforderlich, sondern lediglich die Festlegung der anzubietenden Formen und Größen in einer Art und Weise, die den Bietern eine entsprechende Angebotsgestaltung ermöglicht. Ein personenbezogener Rückschluss auf Sozialdaten (§ 67 SGB X) wäre auf jeden Fall ausgeschlossen; Daten über tatsächliche Verordnungshäufigkeiten könnten aus den nachgefragten Packungsgrößen und/oder einer ggf. gewählten Bewertungssystematik selbst in Zusammenschau mit kumulierten Umsatzzahlen der Vergangenheit allenfalls mittelbar und spekulativ rückgeschlossen, aber nicht einer Region, einem Arzt oder einer Apotheke zugeordnet werden (§ 305a SGB V) (VK Düsseldorf, B. v. 31. 10. 2007 – Az.: VK – 31/2007 – L).

6.11.4.13.34 Das Zuschlagskriterium „Gesamtwirtschaftlichkeitsmaßzahl". Die Wahl 1169 der Kriterien für die Zuschlagserteilung ist grundsätzlich den öffentlichen Auftraggebern überlassen. Nach dem Wirtschaftlichkeitsgebot kommen dabei nur Kriterien in Betracht, die der Ermittlung des wirtschaftlich günstigsten Angebots dienen. **Gegen ein entscheidendes Kriterium für die Bewertung der Wirtschaftlichkeit eines Angebots im Vergleich zu anderen Angeboten durch die Gesamtwirtschaftlichkeitsmaßzahl, die für jedes Angebot – den Ausschreibungsbedingen entsprechend – wirkstoffbezogen errechnet wird (Gesamtwirtschaftlichkeitsmaßzahl je Wirkstoff), bestehen keine Bedenken.** Sie berücksichtigt neben der Unterschreitung der Durchschnitts-ApU je PZN auch die angebotene Produktbreite sowie die abgerechnete Wirkstoffmenge je Gebietslos im Referenzzeitraum (LSG Baden-Württemberg, B. v. 17. 2. 2009 – Az.: L 11 WB 381/09; 3. VK Bund, B. v. 26. 3. 2009 – Az.: VK 3–43/09; B. v. 30. 1. 2009 – Az.: VK 3–221/08; B. v. 29. 1. 2009 – Az.: VK 3–200/08; B. v. 29. 1. 2009 – Az.: VK 3–197/08; B. v. 23. 1. 2009 – Az.: VK 3–194/08).

Die **Angebotswertung kann sich nach den an den Wirtschaftlichkeitsmaßzahlen bzw.** 1170 **deren Summe (der Gesamtwirtschaftlichkeitsmaßzahl) gemessenen Einsparmöglichkeiten richten**, wenn diese anhand der Bedarfsmengen der Vergangenheit (als prognostizierter Beschaffungsbedarf) für die jeweilige Preisvergleichsgruppe bestimmt werden, wobei wird eine auf mg Wirkstoff bezogene Betrachtung herangezogen wird. Dies betrifft sowohl die Errechnung des Bezugswerts (des bereinigten durchschnittlichen Rabatt-ApU pro mg Wirkstoff), an dem die Angebote gemessen werden, als auch den Angebotspreis (den bereinigten Rabatt-ApU pro mg Wirkstoff) selbst. Mit dieser **Vorgehensweise wird sichergestellt, dass Unterschiede im Volumen oder der Wirkstoffkonzentration der Einzelpackungen verschiedener Bieter nicht zu Vor- oder Nachteilen der einzelnen Bieter im Rahmen der Angebotswertung bei Deckung desselben Beschaffungsvolumens** (einer bestimmten Menge des fraglichen Wirkstoffs) **führen.** Dass die einzelnen Packungsinhalte und Wirkstärken verschiedener Anbieter nicht absolut identisch sind, ist – da die Krankenkassen auch nicht bestimmt haben, dass nur ein bestimmtes Inhaltsmaß und eine bestimmte Wirkstärke angeboten werden darf – nicht erforderlich (1. VK Bund, B. v. 27. 11. 2009 – Az.: VK 1–200/09).

Insbesondere liegt weder ein Verstoß gegen das Wirtschaftlichkeitsgebot des § 97 Abs. 5 1171 GWB oder das Wettbewerbsgebot des § 97 Abs. 1 GWB vor, wenn die **Kriterien zur Ermittlung von WMZ und GWMZ ausführlich in den Verdingungsunterlagen beschrieben** werden und darüber hinaus **den Bietern Ausfüllhinweise** für das Produkt- und Rabattblatt und ein Filmbeitrag zur Verfügung gestellt werden, der sich sowohl mit der korrekten Bearbeitung des Produkt- und Rabattblatts als auch mit den maßgeblichen Kriterien zur Bildung der wertungserheblichen GWMZ befasst hat und wenn **die für die Gesamtwirtschaftlichkeitsbewertung erforderlichen Daten einschließlich der verwendeten Formeln jedem Bieter zugänglich** gemacht werden. Mit diesen Unterstützungsleistungen können professionelle Bieter ohne weiteres erkennen, dass ein Angebot umso wirtschaftlicher ist, je höher die GWMZ ausfällt. Anders ausgedrückt: Je geringer der Rabatt-APU, desto kleiner die GWMZ (LSG Nordrhein-Westfalen, B. v. 8. 10. 2009 – Az.: L 21 KR 36/09 SFB; B. v. 28. 4. 2009 – Az.: L 21 KR 40/09 SFB; B. v. 23. 4. 2009 – Az.: L 21 KR 36/09 SFB; 1. VK Bund, B. v. 26. 11. 2009 – Az.: VK 1–197/09; 3. VK Bund, B. v. 20. 3. 2009 – Az.: VK 3–34/09; B. v. 20. 3. 2009 – Az.: VK 3–22/09; B. v. 30. 1. 2009 – Az.: VK 3–221/08; B. v. 29. 1. 2009 – Az.: VK 3–200/08; B. v. 29. 1. 2009 – Az.: VK 3–197/08).

Es ist **auch zulässig, dass der – gegebenenfalls gravierend – unterschiedlich hohe** 1172 **Marktanteil einzelner PZN innerhalb einer Preisvergleichsgruppe bei der Berechnung der Wirtschaftlichkeitsmaßzahl (WMZ) keine Berücksichtigung findet.** Zuzugeben ist, dass bei der Berechnung der WMZ der jeweilige Marktanteil keine Berücksichtigung findet, insbesondere keine Gewichtung der PZN mit einem dem Marktanteil ausdrückenden Faktor erfolgt. Dies hat zur Folge, dass dem Rabatt, der auf eine PZN mit einem hohen Marktanteil gewährt wird, berechnungsmäßig die gleiche Bedeutung zukommt, wie der Rabatt auf eine PZN, die nur einen geringen Marktanteil besitzt. Dies hält sich dennoch im Rahmen des den Auftraggebern eingeräumten Ermessens bei der Beurteilung der Wirtschaftlichkeit der einzelnen Angebote. Zunächst kann unterstellt werden, dass auch bei pharmazeutischen Unternehmern das maßgebliche Bestreben besteht, Produkte und damit PZN am Markt zu haben, deren Herstellung und Vertrieb wirtschaftlich ist. Dies setzt aber einen entsprechenden Marktanteil voraus. Deshalb kann davon ausgegangen werden, dass die Anzahl von PZN mit nur einem (verschwindend) geringen Marktanteil eher gering sein wird. Eine zukunftsbezogene Prognose könnte nur von den in der Vergangenheit erzielten Umsätzen ausgehen. Dies wiederum würde sich bei solchen PZN, die noch nicht lange am Markt befindlich sind, problematisch gestalten. Zum anderen würden bei einer solchen Vorgehensweise durch die Rabattverträge zu erwartende Veränderungen im Verordnungsverhalten der Vertragsärzte gänzlich unberücksichtigt bleiben. Dabei mag es sein, dass durchaus nicht alle PZN in gleichem Ausmaß von diesen Veränderungen betroffen sein werden. Dies ändert aber nichts an der grundsätzlichen Schwierigkeit, den Gewichtungsfaktor zu bestimmen. Bei umfassender Würdigung dieser Gesichtspunkte sowie der Tatsache, dass (auch) der **Arzneimittelmarkt für Generika eine Komplexität aufweist, die es mehr als wahrscheinlich macht, dass sich vermutlich bei jeder Form der Wirtschaftlichkeitsbewertung für einzelne Bieter nachteilige Aspekte aufzeigen ließen, kann keinesfalls davon ausgegangen werden, dass die Krankenkassen den Rahmen des ihnen zustehenden Ermessens bei der Beurteilung der Wirtschaftlichkeit der Angebote überschritten** haben (LSG Nordrhein-Westfalen, B. v. 8. 10. 2009 – Az.: L 21 KR 36/09 SFB; B. v. 23. 4. 2009 – Az.: L 21 KR 36/09 SFB).

1173 6.11.4.13.35 Das Zuschlagskriterium „Technische Ausstattung". Der **Begriff „Technische Ausstattung" könnte unter § 7 EG Abs. 3 lit. b) VOL/A fallen und wäre damit unzulässiges Eignungskriterium.** § 7 EG Abs. 3 lit. b) VOL/A spricht davon, dass die Eignung nachgewiesen werden kann durch die Beschreibung der technischen Ausrüstung, der Maßnahmen des Unternehmens zur Gewährleistung der Qualität sowie der Untersuchungs- und Forschungsmöglichkeiten des Unternehmens. **Andererseits ergibt sich aus § 19 EG Abs. 9 VOL/A, dass der „technische Wert" durchaus als Zuschlagskriterium gewertet** werden kann. Insofern ist das vom Auftraggeber als „Technische Ausstattung" bezeichnete Kriterium daraufhin zu prüfen, ob es ein für die Wirtschaftlichkeitsprüfung unzulässiges bieterbezogenes Eignungskriterium im Sinne der „Technischen Ausrüstung" des 7 EG Abs. 3 lit. b) VOL/A oder ein zulässiges auftragsbezogenes Zuschlagskriterium im Sinne des „Technischen Wertes" gemäß § 19 EG Abs. 9 VOL/A ist. Hierbei ist auch **zu berücksichtigen, dass der öffentliche Auftraggeber bei der Wertung des Kriteriums „Technischer Wert" grundsätzlich über einen weiten Beurteilungsspielraum** verfügt. Eine rechtswidrige Überschreitung liegt nur dann vor, wenn der Auftraggeber von unzutreffenden bzw. unvollständigen Tatsachen ausgegangen ist, er sachwidrige Erwägungen anstellt oder sich an den von ihm aufgestellten Beurteilungsmaßstab nicht hält. Soweit sich der Auftraggeber in den **Verdingungsunterlagen z. B. für Postdienstleistungen** darauf bezieht, dass die Anforderungen: „Angaben zu Abholen, Sortieren, Erfassen, Weiterleiten, Verwahren, Zustellen, Rückleitung von unzustellbaren Sendungen und von Zustellnachweisen einschließlich Angaben zu den Zustellfristen. (Besserleistung zu den Mindestanforderungen nach § 2 Ziff. 3 und § 3 Ziff. 2 PUDLV, Darstellung der EDV-technischen Unterstützung des Betriebsablaufs, insbesondere Standard und technische Möglichkeiten zur Sendungsverfolgung" unter den Begriff „Technische Ausstattung" fielen, bestehen von Seiten der Vergabekammer **keine Bedenken, diesen Anforderungen auftragsbezogenen Charakter zuzuschreiben.** Etwas anderes gilt hinsichtlich der Anforderung „Angaben zu Art und Anzahl der technischen Geräte und Fahrzeuge." Die Anforderung kann ohne weitere Konkretisierung nicht abschließend einer der beiden genannten Alternativen, Eignungskriterium oder Zuschlagskriterium zugeordnet werden. Versteht man die **Anforderung als reine Darstellung des beim Bieter bestehenden Geräte- bzw. Fuhrparks oder gar des Gesamtfuhrparks, so dürfte dies für ein unzulässiges Eignungskriterium sprechen.** Versteht man die Anforderung jedoch als Darstellung eines technischen Einsatzplanes für die konkrete Vertragsdurchführung, so spräche dies **eher für den Charakter eines Zuschlagskriteriums** (1. VK Sachsen, 30. 4. 2008 – Az.: 1/SVK/020-08).

1174 Nach Auffassung des **OLG Düsseldorf** ist die **Wahl des Zuschlagskriteriums „konkret für die Auftragserfüllung vorgesehene technische Ausstattung" vergaberechtswidrig.** Damit nimmt der Auftraggeber eine unzulässige Vermischung von Eignungs- und Zuschlagskriterien vor. Unterschiedliche Eignungsgrade von Bietern dürfen bei der Entscheidung über den Zuschlag im Rahmen der Wirtschaftlichkeitsprüfung nicht in der Weise berücksichtigt werden, dass dem Angebot eines für geeignet befundenen Bieters dasjenige eines Konkurrenten maßgeblich wegen dessen höher eingeschätzter Eignung vorgezogen wird (OLG Düsseldorf, B. v. 24. 3. 2010 – Az.: VII-Verg 58/09).

6.11.4.13.36 Das Zuschlagskriterium „Qualifikation der Mitarbeiter". Will der Auftraggeber bei der Bewertung der Qualifikation der Mitarbeiter das Konzept der Qualifikation der Mitarbeiter bewerten, welchen Abschluss die Mitarbeiter im jeweiligen Unternehmen haben oder wie sie sich auch weiter qualifizieren und wird damit nicht nur auf den Beginn der Auftragsausführung abgestellt, stellt die **genannte Anforderung unzweifelhaft ein bieterbezogenes Kriterium dar, da es ganz eindeutig lediglich um die fachliche Qualifikation und Qualifizierung der Mitarbeiter** geht. **Auftragsbezogene Elemente sind hier nicht einmal im Ansatz zu erkennen** (1. VK Sachsen, 30. 4. 2008 – Az.: 1/SVK/020-08). Es handelt sich also um ein **Eignungskriterium**. 1175

6.11.4.13.37 Das Zuschlagskriterium „Fehler- und Reklamationsquote". Erfolgt die Abfrage der Fehler- und Reklamationsquote im Zusammenhang mit der Abfrage der Referenzen, bezeichnet bereits der Auftraggeber in den Verdingungsunterlagen die **Reklamationsquote als Eignungsnachweis**. Die mit den Referenzen eingeholten **Reklamationsquoten können damit nur als Leistungsfähigkeitsnachweis** im Sinne des § 7 EG Abs. 3 lit. a) VOL/A gesehen werden. Diese **sind nicht auftragsbezogen** und haben nichts mit der Erfüllung der streitgegenständlichen Dienstleistung, sondern mit der Leistungsfähigkeit des Bieters in der Vergangenheit zu tun. Damit handelt es sich um ein **unzulässiges Zuschlagskriterium**. Etwas anderes könnte nur gelten, wenn es um Maßnahmen geht, die Fehler oder Reklamationen vermeiden sollen und damit als für den gegenständlichen Auftrag bezogenes Konzept in das Vergabeverfahren eingeführt wird (1. VK Sachsen, 30. 4. 2008 – Az.: 1/SVK/020-08). 1176

6.11.4.13.38 Das Zuschlagskriterium „Anzahl der Niederlegungsstellen". Der **Nachweis eines bestehenden Filialnetzes fällt eher unter den Begriff der Eignung**. Insoweit ist bei Betrachtung eines Zuschlagskriteriums im Hinblick auf mögliche Niederlegungsstellen auf **konkret auftragsbezogene Aspekte** abzustellen. Darüber hinaus sind bislang **noch keine sachgerechten Erwägungen erkennbar, wie die reine Zahl der Niederlegungsstellen einer vergaberechtskonformen Wertung zugeführt werden können**. Man könnte der Auffassung sein, dass eine höhere Anzahl an Niederlegungsstellen der Bürgerfreundlichkeit diene, da einige Bezirke eine beträchtliche Größe haben. Zunächst **sagt die reine Anzahl der Niederlegungsstellen noch nichts über die regionale Verteilung der Niederlegungsstellen** aus. So ist damit nicht sichergestellt, dass auch bei hoher Anzahl an Niederlegungsstellen ein flächendeckendes dichtes Netz geschaffen wird. So könnten ländliche Bereiche ausgedünnt werden oder gewisse Regionen überproportional ausgestattet sein, ohne dass hierfür sachliche Gründe im Sinne des vom Auftraggeber erwünschten Ziels erkennbar sind. Auch könnte sich ein Bieter veranlasst sehen, an wenigen Orten viele Niederlegungsstellen zu benennen, die letztlich nie in Anspruch genommen werden müssten, um für die Wertung die Zahl der Niederlegungsstellen zu erhöhen. Im Übrigen wird in der Rechtsprechung die Auffassung vertreten, dass der Nachweis auch nach § 181 ZPO keineswegs zwingend ist, dass ein lizenziertes Unternehmen für diesen Zweck eine postgleiche Anzahl eigener Niederlegungsstellen unterhält (1. VK Sachsen, 30. 4. 2008 – Az.: 1/SVK/020-08). 1177

6.11.4.13.39 Die Zuschlagskriterien „Maschinenpark und Logistik". Die **Kriterien „Maschinenpark" und „Logistik" beziehen sich** in erster Linie auf die **Erfahrung, die Qualifikation und die Mittel**, die geeignet sind, eine ordnungsgemäße Ausführung des betreffenden Auftrags zu gewährleisten. Ein **Bezug zum Auftrag**, der die Aufstellung von unternehmensindividuellen Umständen als Zuschlagskriterium als vergaberechtlich beanstandungsfrei erscheinen lässt, muss besonders hergestellt und begründet werden (OLG Düsseldorf, B. v. 28. 4. 2008 – Az.: VII – Verg 1/08). 1178

6.11.4.13.40 Das Zuschlagskriterium „Folgekosten". Für eine Bewertung des Zuschlagskriteriums „Folgekosten" ist eine **Angabe nachvollziehbarer Unterkriterien** sowie u. U. eine **Festlegung eines Zeitraumes**, für den die Prognose der Folgekosten wertungsrelevant sein soll, sowie eine **Aufforderung zur Erklärung über aussagekräftige Umstände** erforderlich (OLG Naumburg, B. v. 13. 5. 2008 – Az.: 1 Verg 3/08). 1179

6.11.4.13.41 Das Zuschlagskriterium „Medizinische Eignung". Das **Zuschlagskriterium „Medizinische Eignung" kann für Spritzenpumpen, Infusionspumpen sowie Dockingstationen mit den Unterkriterien Technik** (mit den Unterpunkten Zuverlässigkeit, Akku, Transport, Tastendruck, Menüführung, Geschwindigkeit, Gesamteindruck, Gewicht- 1180 tung 30%), **Pflege** (mit den Unterpunkten Oberfläche, Rillen, Robustheit, Gewichtung 20%), **Ergonomie** (mit den Unterpunkten Handling, Dauer, Lesbarkeit, Helligkeit, Einstellbarkeit, Gesamteindruck, Gewichtung 40%) und **Service** (mit den Unterpunkten Einweisung, Dauer, Verfügbarkeit, Gesamteindruck, Gewichtung 10%) versehen werden (OLG München, B. v. 19. 3. 2009 – Az.: Verg 2/09).

1181   6.11.4.13.42 **Die Zuschlagskriterien „Zeitplan des Projekts", „Mitwirkungsleistungen des Auftraggebers" sowie „Supportkonzept".** Die Kriterien „Zeitplan des Projekts", „Mitwirkungsleistungen des Auftraggebers" sowie „Supportkonzept" sind Kriterien, die sich nicht auf die fachliche Eignung und Leistungsfähigkeit des Bieters, also auf generelle Eigenschaften des Unternehmens beziehen. Sie sind vielmehr **Eigenschaften der angebotenen Leistung und damit allein in der Wirtschaftlichkeitsprüfung zu berücksichtigen. Alle drei Kriterien beziehen sich nämlich auf die eigentliche Leistungserbringung und sind Bestandteil des Leistungskonzepts.** Damit wird in der Wirtschaftlichkeitsprüfung kein unzulässiges „Mehr an Eignung" berücksichtigt (3. VK Bund, B. v. 4. 11. 2009 – Az.: VK 3–190/09).

1182   6.11.4.13.43 **Die Zuschlagskriterien „Einführungsphase", „Vorgehen Datenmigration", „Redaktions- und Support-Konzept" sowie „Kreativkonzept".** Als **Wertungskriterien kommen die Kriterien „Einführungsphase", „Vorgehen Datenmigration", „Redaktions- und Support-Konzept" sowie „Kreativkonzept" in Betracht.** Gibt die Wertungsmatrix den Bietern insoweit auf, im Rahmen der funktionalen Leistungsbeschreibung Ausführungen zu ihrer beabsichtigten Vorgehensweise zu den genannten Unterkriterien zu machen, sind **weitergehende Vorgaben bei einer eher konzeptionell geprägten Ausschreibung nicht erforderlich.** Von Auftraggeberseite her ist eine weitere Untergliederung schon deshalb nicht sinnvoll, um die Bieter nicht zu sehr in ihrer Konzeption zu beeinflussen (3. VK Bund, B. v. 4. 11. 2009 – Az.: VK 3–190/09).

1183   6.11.4.13.44 **Das Zuschlagskriterium des „Mehrwertkonzeptes". Will der Auftraggeber im hypothetischen Fall des Gleichstandes z. B. der Rabattangebote für den Zuschlag auf die sog. Mehrwertkonzepte der Bieter abstellen, ist dies ist nur dann vergaberechtskonform, wenn die Konzepte inhaltlich und bzgl. des von ihnen generierten Mehrwerts für den Auftraggeber objektiv nachprüfbar** sind. Der Auftraggeber muss daher transparente und wertbare Angaben in den Mehrwertkonzepten von den Bietern verlangen. Hat der Auftraggeber gegenüber den Bietern erklärt, dass er im Fall der Gleichwertigkeit der Rabattangebote den Mehrwert der Konzepte kalkulieren, dabei gegebenenfalls auf den von den Bietern anzugebenden finanziellen Aufwand abstellen und dann auf das so ermittelte wirtschaftlichste Angebot den Zuschlag erteilen werde, **erscheint dies schon aus tatsächlichen Gründen undurchführbar und damit vergaberechtlich unzulässig,** weil unvereinbar mit dem in § 97 GWB normierten Transparenzgebot und damit indirekt letztlich auch dem Wirtschaftlichkeitsgebot. Das gilt erst recht, wenn der Auftraggeber die konzeptbezogenen Aufwandsangaben der Bieter mehr oder weniger ungeprüft, weil letztlich kaum überprüfbar, seiner Zuschlagsentscheidung zugrunde legen sollte (2. VK Bund, B. v. 14. 9. 2009 – Az.: VK 2–153/09).

1184   6.11.4.13.45 **Das Zuschlagskriterium „Fachliche und strukturelle Merkmale".** Gegen die vergaberechtlich vorgesehene Trennung von Eignungskriterien einerseits und Zuschlagskriterien andererseits wird mit der Bestimmung des Zuschlagskriteriums „Fachliche und strukturelle Merkmale" und von dessen Unterkriterien verstoßen. **Das Zuschlagskriterium stellt auf die Zahl und Ausstattung der Standorte des Bieters ab und betrifft damit unternehmensbezogene Strukturmerkmale**, die zwar für die seitens des Auftraggebers anzustellende Prognose, ob das Unternehmen in der Lage ist, einen Auftrag der in Rede stehenden Größenordnung zu erfüllen, von Bedeutung sein mögen, insoweit **jedoch eindeutig der Ebene der Eignung zuzuordnen** sind (2. VK Bund, B. v. 9. 9. 2009 – Az.: VK 2–111/09).

1185   6.11.4.13.46 **Das Zuschlagskriterium „Vorstellungsgespräch".** Was die **Berücksichtigung des Vorstellungsgespräches im Rahmen der Zuschlagskriterien** angeht, so erscheint deren Vereinbarkeit mit dem Vergaberecht zwar nicht von vornherein ausgeschlossen. Sie setzt indes voraus, dass **Gegenstand des Gespräches** und seiner Bewertung nicht die Qualifikation des betreffenden Mitarbeiters schlechthin ist, sondern dass **auftragsbezogenkonzeptionelle Gesichtspunkte** beurteilt werden (2. VK Bund, B. v. 9. 9. 2009 – Az.: VK 2–111/09).

1186   6.11.4.13.47 **Das Zuschlagskriterium „Lebenszykluskosten". 6.11.4.13.47.1 Allgemeines.** In die Auflistung der Zuschlagskriterien ist in § 16 VOL/A 2009 das **Kriterium der „Lebenszykluskosten" neu aufgenommen** worden.

6.11.4.13.47.2 Hinweis. Vgl. insoweit auch die Kommentierung zu dem Zuschlagskriterium „Lebenswegkosten" → Rdn. 1108.   1187

6.11.4.13.47.3 Literatur   1188

– Jasper, Ute/Soudry, Daniel, Lebenszyklusansatz in kommunalen Projekten, Kommunalwirtschaft Sonderausgabe 2010, 84

6.11.4.13.48 Die Zuschlagskriterien „Feinterminplan, Baustelleneinrichtungsplan und Bauablaufplan". Die **Kriterien Feinterminplan, Baustelleneinrichtungsplan und Bauablaufplan** sind **als Zuschlagskriterien geeignet** (VK Düsseldorf, B. v. 10. 2. 2010 – Az.: VK – 44/2009 – B/Z).   1189

6.11.4.13.49 Das Zuschlagskriterium „Größe eines Büros". Die Größe eines Büros kann nur dann negativ bewertet werden, wenn sich **konkrete Anhaltspunkte für hieraus folgende negative Auswirkungen** ergeben (BayObLG, B. v. 24. 9. 2002 – Az.: Verg 16/02).   1190

6.11.4.13.50 Das Zuschlagskriterium „Auftreten eines Bewerbers". Ein **momentanes und einmaliges Auftreten** eines Bewerbers, welches seiner **sonstigen Souveränität widerspricht**, kann wohl **kaum als wesentliches Negativmerkmal angesehen** werden (BayObLG, B. v. 24. 9. 2002 – Az.: Verg 16/02).   1191

6.11.4.13.51 Das Zuschlagskriterium „Verfügbarkeit einer besonderen Software". Ein Auftraggeber **darf Sachverhalte, die für eine reibungslose Auftragsabwicklung sprechen, berücksichtigen**; dies insbesondere dann, wenn er bei der Bewertung dieses Kriteriums nur eine **geringfügige Abstufung** vornimmt, die auch nicht unterschwellig zu einer ungerechtfertigten Bevorzugung von Bietern mit einer bestimmten Software führt. Zudem sollte die **Verfügbarkeit einer bestimmten Software bei der Bewertung kein K. O.-Kriterium** darstellen und ein Punktabzug bei diesem Kriterium durch bessere Punktwerte bei anderen Leistungskriterien ausgleichbar sein (VK Düsseldorf, B. v. 30. 1. 2001 – Az.: VK – 32/2000 – F).   1192

6.11.4.13.52 Das Zuschlagskriterium „Person und Qualifikation des Projektleiters". Nach der älteren Rechtsprechung **zur VOF** durfte der öffentliche Auftraggeber im Rahmen seines Beurteilungsspielraums den **Gesichtspunkt, wer konkret für ihn tätig wird, in die Bewertung einfließen lassen**, da sich mit der Person der Projektleitung auch deren Qualifikation verbindet (VK Düsseldorf, B. v. 30. 1. 2001 – Az.: VK – 32/2000 – F; VK Münster, B. v. 30. 3. 2007 – Az.: VK 04/07; 1. VK Sachsen, B. v. 8. 1. 2010 – Az.: 1/SVK/059-09; VK Schleswig-Holstein, B. v. 11. 1. 2006 – Az.: VK-SH 28/05).   1193

Nach der neueren Rechtsprechung insbesondere des EuGH zur strikten Trennung zwischen Eignungs- und Zuschlagskriterien ist diese **Rechtsprechung nicht mehr haltbar**; vgl. die Kommentierung → Rdn. 643.   1194

6.11.4.13.53 Zuschlagskriterium **„Erfahrungen mit Fördermittelanträgen in Bayern"** bzw. **„Erfahrungen mit der Förderpraxis im Freistaat Sachsen".** Das Zuschlagskriterium „Berücksichtigung der Erfahrung mit Fördermittelanträgen in Bayern" ist **nicht zulässig**. Der Gesichtspunkt ist nicht in die Wertung einzubeziehen, da auf diese Weise eine **Bevorzugung ortsansässiger Bewerber zu befürchten** ist. Nicht sachgerecht ist es, bei der Bewertung positiv zu berücksichtigen, dass ein Bieter die zuständigen Ansprechpartner bei der Regierung kennt (VK Nordbayern, B. v. 14. 8. 2001 – Az.: 320.VK-3194-26/01).   1195

Ebenso ist ein Auswahl- bzw. Zuschlagskriterium **„Erfahrungen mit der Förderpraxis im Freistaat Sachsen"** nicht zulässig (1. VK Sachsen, B. v. 31. 1. 2007 – Az.: 1/SVK/124-06 – mit umfangreicher Begründung).   1196

Bei beiden Zuschlagskriterien dürfte es sich nach der neueren Rechtsprechung insbesondere des EuGH **eher um ein Eignungskriterium** handeln und wegen der strikten Trennung zwischen Eignungs- und Zuschlagskriterien **als Zuschlagskriterium unzulässig** sein; vgl. die Kommentierung → Rdn. 635.   1197

6.11.4.13.54 Zuschlagskriterium **„Erfahrungen mit dem sächsischen Kataster".** Die Bewerber sind gem. § 97 Abs. 2 GWB und § 2 Abs. 2 VOF grundsätzlich gleich zu behandeln. Das **Kriterium „Erfahrungen mit den sächsischen Kataster"** schließt alle Bewerber aus, die noch keine Erfahrungen mit dem sächsischen Kataster hatten. Dies stellt eine **Ungleichbehandlung** dar, die sachlich nicht gerechtfertigt ist (1. VK Sachsen, B. v. 19. 11. 2001 – Az.: 1/SVK/119-01).   1198

Bei diesem Zuschlagskriterium dürfte es sich nach der neueren Rechtsprechung insbesondere des EuGH **eher um ein Eignungskriterium** handeln und wegen der strikten Tren-   1199 nung zwischen Eignungs- und Zuschlagskriterien **als Zuschlagskriterium unzulässig** sein; vgl. die Kommentierung → Rdn. 635.

1200 **6.11.4.13.55 Auftragskriterium „Zugriffsmöglichkeit auf eine Baukostendatenbank".** Es ist zulässig, eine **Baukostendatenbank als zusätzlichen Bestandteil für die Gewährleistung der Begrenzung der Baukosten und Termintreue zu werten**. Wenn eine Vergabestelle dieses zusätzliche Plus innerhalb des Kriteriums, das selbst nur 1/5 der Gesamtwertung ausmacht, mit nur 10% wichtet, hält sich dies auch von der Gewichtung her im Rahmen des Beurteilungsspielraums der Vergabestelle. Dass auch eine geringe Gewichtung im Einzelfall den entscheidungserheblichen Unterschied zwischen den Bewerbern ausmachen kann, kann am Ergebnis nichts ändern (BayObLG, B. v. 10. 9. 2001 – Az.: Verg 14/01).

1201 Der öffentliche Auftraggeber kann also bei der Wertung das **Auftragskriterium** der Rückgriffsmöglichkeit eines Bieters auf eine bei ihm bestehende **Baukostendatenbank mit einem Punktebonus berücksichtigen** (VK Nordbayern, B. v. 14. 8. 2001 – Az.: 320.VK-3194-26/01).

1202 **6.11.4.13.56 Zuschlagskriterium „Generalplanerstruktur".** Bei dem Auftragskriterium „Generalplanerstruktur" ist es **nicht sachgerecht, Bewerber, die mit „verbundenen Büros" arbeiten** – mag die Kooperation mit diesen Büros noch so eng sein –, **wie Bewerber zu bewerten, die „alle Leistungen im eigenen Hause" anbieten** (VK Nordbayern, B. v. 14. 8. 2001 – Az.: 320.VK3194-26/01).

1203 **6.11.4.13.57 Zuschlagskriterium „Erfahrung mit vergleichbaren Projekten im Krankenhausbau".** Nach der älteren Rechtsprechung war ein **hohes Gewicht**, das ein öffentlicher Auftraggeber auf die **Erfahrung mit vergleichbaren Projekten im Krankenhausbau** setzt, **nicht zu beanstanden**. Dabei kann insbesondere zu berücksichtigen sein, dass es sich bei der Realisierung eines Krankenhausbaus um ein Projekt mit herausragender Bedeutung für die Öffentlichkeit im allgemeinen und für die Daseinsvorsorge im besonderen handelt und der öffentliche Auftraggeber mit der Beauftragung der Planungsleistungen bereits die Weichen für die Realisierung dieses Projekts stellt (VK Lüneburg, B. v. 3. 8. 2001 – Az.: 203-VgK-15/2001).

1204 **Bei diesem Zuschlagskriterium** dürfte es sich nach der neueren Rechtsprechung insbesondere des EuGH eher um ein Eignungskriterium handeln und wegen der strikten Trennung zwischen Eignungs- und Zuschlagskriterien **als Zuschlagskriterium unzulässig** sein; vgl. die Kommentierung → Rdn. 635.

1205 **6.11.4.13.58 Zuschlagskriterium „Erfahrung mit anderen Projektbeteiligten".** Die **Bewertung der Erfahrung mit anderen Projektbeteiligten** (z.B. bestimmten Behörden) **begegnet keinen Bedenken**. Durch eine entsprechende Bewertung wird nicht attestiert, dass ein Bieter nicht über Erfahrungen verfügt; vielmehr wird nur festgestellt, dass andere Bieter mehr oder bessere Erfahrungen vorweisen können (2. VK Bund, B. v. 22. 3. 2004 – Az.: VK 2–144/03).

1206 **Bei diesem Zuschlagskriterium** dürfte es sich nach der neueren Rechtsprechung insbesondere des EuGH **eher um ein Eignungskriterium** handeln und wegen der strikten Trennung zwischen Eignungs- und Zuschlagskriterien **als Zuschlagskriterium unzulässig** sein; vgl. die Kommentierung → Rdn. 635.

1207 **6.11.4.13.59 Zuschlagskriterium „Internetplattform/Projektmanagementplattform".** Der öffentliche Auftraggeber kann **Erfahrungen mit oder das Vorhandensein einer internetgestützten Projektmanagementplattform als Auftragskriterium** vorsehen (2. VK Bund, B. v. 22. 3. 2004 – Az.: VK 2–144/03).

1208 **Bei diesem Zuschlagskriterium** dürfte es sich nach der neueren Rechtsprechung insbesondere des EuGH eher um ein Eignungskriterium handeln und wegen der strikten Trennung zwischen Eignungs- und Zuschlagskriterien **als Zuschlagskriterium unzulässig** sein; vgl. die Kommentierung → Rdn. 635.

1209 **6.11.4.13.60 Zuschlagskriterium „Organisation der Planung und Objektüberwachung".** Ein solches Auftragskriterium ist zulässig. Insoweit kann z.B. ein **erhöhtes Schnittstellenrisiko durch die Einschaltung von Nachunternehmern oder bei einer Bewerbergemeinschaft** berücksichtigt werden (2. VK Bund, B. v. 22. 3. 2004 – Az.: VK 2–144/03).

1210 **6.11.4.13.61 Zuschlagskriterium „Ein einziger Ansprechpartner".** Vergaberechtlich **nicht zu beanstanden ist es, wenn der Auftraggeber für sein Vorhaben einen einzigen Ansprechpartner präferiert** und demzufolge an die von einem Bewerber angebotene Doppelspitze einen Punkteabzug knüpft (3. VK Bund, B. v. 4. 5. 2005 – Az.: VK 3–25/05; VK Schleswig-Holstein, B. v. 11. 1. 2006 – Az.: VK-SH 28/05).

6.11.4.13.62 Zuschlagskriterium „Kostenplanung und -kontrolle". Das **Kriterium „Organisation und Durchführung der Kostenplanung und -kontrolle"** ist ein **zulässiges Auftragskriterium**. Das Kriterium stellt **ein wesentliches Qualitätsmerkmal der zu erbringenden Leistung** dar und **darf daher bei der Wertung eine erhebliche Rolle** spielen. Es ist auch nachvollziehbar, wenn der Auftraggeber den Informationsaustausch als reibungsloser und direkter bewertet, wenn die Kostenplanung und -kontrolle voll integriert – durch das vor Ort befindliche Projektteam erfolgt und nicht (auch) durch die Mitarbeiter eines weiteren Unternehmens, die anderswo ihren Sitz haben (1. VK Bund, B. v. 18. 5. 2006 – Az.: VK 1–25/06). 1211

6.11.4.13.63 Zuschlagskriterium „Erfahrungen bei Umbauten mit denkmalgeschützter Bausubstanz". Nach der älteren Rechtsprechung ist ein **Auftragskriterium „Erfahrungen bei Umbauten mit denkmalgeschützter Bausubstanz"** zulässig (VK Münster, B. v. 30. 3. 2007 – Az.: VK 04/07). 1212

Bei diesem Zuschlagskriterium dürfte es sich nach der neueren Rechtsprechung insbesondere des EuGH **eher um ein Eignungskriterium** handeln und wegen der strikten Trennung zwischen Eignungs- und Zuschlagskriterien **als Zuschlagskriterium unzulässig** sein; vgl. die Kommentierung → Rdn. 635. 1213

6.11.4.13.64 Zuschlagskriterium „Projektanalyse". Das **Auftragskriterium „Projektanalyse"** ist in einem **VOF-Verfahren zulässig**. Es kann in folgende Fragen **unterteilt** werden: 1214

– Wo z. B. sieht das Büro die Besonderheiten, Schwierigkeiten der Maßnahme?

– Welche Randbedingungen/Probleme werden durch das Bauen im Bestand gesehen?

– Hält das Büro das Projekt für realisierbar?

– Hält das Büro das Projekt im Zeitrahmen für realisierbar?

Es ist **regelmäßig auch sinnvoll und naheliegend, die Fähigkeiten der Bewerber zur Projektanalyse der Einfachheit halber an dem der Ausschreibung zugrunde liegenden Projekt zu überprüfen**. Dies ist aber **nicht die einzige Möglichkeit**. Der Auftraggeber ist ohne weiteres in der Lage, mit Rücksicht z. B. auf eine Vorbefassung eines Bewerbers die diesbezügliche Leistungsfähigkeit der ausgewählten Bewerber durch eine entsprechende Aufgabenstellung z. B. zu einer anderen Maßnahme abzuprüfen, die nicht Gegenstand des ausgeschriebenen Projekts ist. Dabei kann es sich für die Aufgabenstellung sowohl um ein vom Auftraggeber bereits realisiertes Projekt als auch um das Szenario eines von ihm vorgegebenen fiktiven Projektes handeln. Der Auftraggeber muss lediglich gewährleisten, dass alle Bewerber für die von ihnen zu erarbeitende Projektanalyse den gleichen Informationsstand erhalten (VK Niedersachsen, B. v. 11. 2. 2009 – Az.: VgK-56/2008). 1215

6.11.4.13.65 Prüfkriterien einer Teststellung. Transparente Verfahrensabläufe und Vergabeentscheidungen setzen grundsätzlich eine über die interne Willensbildung und Festlegung des öffentlichen Auftraggebers hinausgehende Bekanntgabe an den Bieter voraus. **Nur die Bekanntgabe sämtlicher für die Vergabeentscheidung maßgeblichen Umstände und Faktoren gewährleistet eine willkür- und diskriminierungsfreie und damit dem Gebot der Gleichbehandlung genügende Entscheidungsfindung. Dies erfordert, dass auch die zu prüfenden Kriterien im Rahmen einer Teststellung bekannt gegeben werden.** Der Auffassung, wonach die Festlegung und Bekanntgabe der zu überprüfenden Ausschlusskriterien einem sachgerechten, sich erst im Rahmen der Teststellung zeigenden individuellen Merkmale und Eigenschaften der Testanlagen berücksichtigenden Vorgehen entgegenstehe und somit dem Sinn der Teststellung zuwider laufe, kann dadurch Rechnung getragen werden, dass der Auftraggeber den Kriterienkatalog verändert, insbesondere erweitert, wenn sich bei der Durchführung das Bedürfnis nach einer Ausweitung der Teststellung ergibt. Er muss diese Veränderung der ursprünglichen Auswahl der Prüfkriterien jedoch rechtzeitig bekannt geben (OLG Düsseldorf, B. v. 16. 12. 2009 – Az.: VII-Verg 32/09). 1216

6.11.4.14 Fehlende Angabe der Zuschlagskriterien

6.11.4.14.1 Allgemeines. Die **Rechtsprechung** ist insoweit **nicht einheitlich**. 1217

Die fehlende Angabe der Zuschlagskriterien führt **nicht automatisch zur Rechtswidrigkeit des Vergabeverfahrens**. Aus der unterbliebenen Angabe von Wertungskriterien folgt nur, 1218 dass die Vergabestelle bei der Entscheidung über die Auftragsvergabe solche Kriterien nicht berücksichtigen darf, sondern **ausschließlich der niedrigste Preis entscheidend** ist (OLG Frankfurt am Main, B. v. 10. 4. 2001 – Az.: 11 Verg. 1/01; OLG München, B. v. 12. 11. 2010 – Az.: Verg 21/10; Thüringer OLG, B. v. 18. 5. 2009 – Az: 9 Verg 4/09; BayObLG, B. v. 3. 7. 2002 – Az.: Verg 13/02, B. v. 12. 9. 2000 – Az.: Verg 4/00; VK Baden-Württemberg, B. v. 14. 8. 2002 – Az.: 1 VK 36/02; 1. VK Brandenburg, B. v. 14. 6. 2007 – Az.: 1 VK 17/07; B. v. 13. 3. 2007 – Az.: 1 VK 7/07; B. v. 27. 10. 2005 – Az.: 1 VK 61/05; 1. VK Bund, B. v. 9. 5. 2007 – Az.: VK 1–26/07; B. v. 13. 11. 2002 – Az.: VK 1–87/02, B. v. 2. 7. 2002 – Az.: VK 1–31/02; VK Hamburg, B. v. 17. 12. 2002 – Az.: VgK FB 3/02; VK Lüneburg, B. v. 4. 9. 2008 – Az.: VgK-29/2008; B. v. 8. 5. 2006 – Az.: VgK-07/2006; B. v. 3. 5. 2005 – Az.: VgK-14/2005; B. v. 12. 10. 2004 – Az.: 203-VgK-45/2004; B. v. 6. 12. 2004 – Az.: 203-VgK-50/2004; VK Magdeburg, B. v. 8. 5. 2003 – Az.: 33–32571/07 VK 04/03 MD; VK Niedersachsen, B. v. 11. 11. 2008 – Az.: VgK-39/2008; VK Nordbayern, B. v. 5. 6. 2003 – Az.: 320.VK-3194-16/03; VK Südbayern, B. v. 21. 4. 2009 – Az.: Z3-3-3194-1-09-02/09; VK Thüringen, B. v. 9. 4. 2002 – Az.: 216–4002.20-009/02-EF-S); der **Angebotspreis ist auch ohne die Bekanntgabe von Wertungskriterien stets wertungsrelevant** (VK Münster, B. v. 4. 4. 2001 – Az.: VK 11/01). Diese **Auffassung ergibt sich aus einem Umkehrschluss aus Art. 53 Abs. 2 der Richtlinie 2004/18/EG** (1. VK Brandenburg, B. v. 14. 6. 2007 – Az.: 1 VK 17/07). Eine Berücksichtigung nachträglich gebildeter, nicht bekannt gemachter Kriterien wäre mit dem Erfordernis der Gleichbehandlung der Bieter und einer Vergabe nach sachlichen Kriterien nicht vereinbar. Könnte der Auftraggeber im Wertungsverfahren die Zuschlagskriterien ändern, wäre der **Bieter der Willkür der Vergabestelle ausgeliefert**. Schon aus Gründen der Rechtsstaatlichkeit, zu denen auch die Vorhersehbarkeit, Messbarkeit und Transparenz staatlichen Handelns gehören, ist es deshalb unabdingbar, dass die Zuschlagskriterien vorher, d. h. bei der Aufforderung zur Angebotsabgabe, bekannt werden, damit sich die interessierten Unternehmen hierauf einstellen können (VK Hamburg, B. v. 17. 12. 2002 – Az.: VgK FB 3/02; VK Nordbayern, B. v. 14. 2. 2003 – Az.: 320.VK-3194-02/03).

1219 Nach einer anderen Auffassung ist es **erforderlich, die Tatsache, dass der Preis das alleinige Kriterium sein soll, den Bietern gegenüber zu kommunizieren**. Dies wird einmal in rechtlicher Hinsicht durch die Vorschriften – z.B. **§§ 9 EG, 19 EG VOL/A** –, die als konkrete Ausprägung des allgemeinen Transparenzgrundsatzes von zentraler Bedeutung sind, verlangt. Eine **entsprechende Bekanntgabe erschöpft sich auch nicht in purer Förmelei**, nur um den Vorschriften Genüge zu tun, sondern ist darüber hinaus auch in der Sache geboten: Selbst wenn man aufgrund eines bestimmten Sachverhalts der Auffassung ist, es sei für die fachkundigen Bieter auf der Basis von bestimmten Zusammenhängen selbsterklärend, dass es ausschließlich der Preis sein könne, der bei der Wertung im engeren Sinne, also auf der vierten Wertungsstufe zählt, ist dies nicht richtig, da **mit der Bekanntgabe eines Wertungskriteriums auch deutlich gemacht wird, dass andere Wertungskriterien eben gerade keine Rolle spielen sollen**. Den bzw. dem bekannt gemachten Kriterium kommt damit eine Art „negative Beweisfunktion" in dem Sinne zu, dass keine anderen Aspekte herangezogen werden (3. VK Bund, B. v. 11. 7. 2008 – VK 3–86/08).

1220 Nach einer weiteren Auffassung **führt die unterbliebene oder fehlerhafte Bekanntmachung der Zuschlagskriterien grundsätzlich dazu, dass – bei Fortdauer der Vergabeabsicht – das Vergabeverfahren ab dem Zeitpunkt zu wiederholen ist, zu dem die Zuschlagskriterien vollständig hätten bekannt gemacht werden müssen**. Das ist beim Offenen Verfahren die Versendung der Vergabeunterlagen (vgl. § 16a VOB/A bzw. 9 EG VOL/A), was zur Folge hat, dass aus diesem Grunde die Bieter etwaige Mängel ihres Angebots bei der gebotenen Wiederholung vermeiden können und dadurch eine zweite Chance erhalten. **Beim Verhandlungsverfahren mit vorgeschaltetem Teilnahmewettbewerb ist damit im Allgemeinen lediglich das Verhandlungsverfahren, nicht das vorgeschaltete Verfahren über den Teilnahmewettbewerb zu wiederholen**. Das bedeutet, dass Bewerber, die bereits im ersten Verfahrensstadium zu Recht ausgeschlossen worden sind, nicht wegen etwaiger Fehler im folgenden Vergabeabschnitt eine zweite Chance erhalten (OLG Düsseldorf, B. v. 5. 5. 2009 – Az.: VII-Verg 14/09).

1221 Es ist **allein Sache des Auftraggebers, die Zuschlagskriterien festzulegen**. Sollten Teile der gewählten Zuschlagskriterien unzulässig sein, steht es ihm frei, ob er neue Zuschlagskriterien entwickelt oder die übrigen Zuschlagskriterien – gegebenenfalls unter abweichender Gewichtung – verwenden will. **In jedem Falle muss den Bietern Gelegenheit gegeben werden, sich auf die geänderte Situation einzustellen und neue Angebote einzureichen**. Es ist nicht auszuschließen sondern der Erfahrung sogar wahrscheinlich, dass ein Bieter sein Angebot

Gesetz gegen Wettbewerbsbeschränkungen GWB § 97 **Teil 1**

auf das – nunmehr als unzulässig erkannte – Zuschlagskriterium zu Lasten des Zuschlagskriteriums „Preis" ausgerichtet hat und bei anderen Zuschlagskriterien oder einem alleinigen Zuschlagskriterium „Preis" ein anderes Angebot eingereicht hätte (OLG Düsseldorf, B. v. 24. 3. 2010 – Az.: VII-Verg 58/09).

6.11.4.14.2 Rechtsprechung für den Bereich der VOF. Im Grundsatz ist man sich **einig**, dass die **Nichtangabe jeglicher Auftragskriterien** bei einem Vergabeverfahren nach der VOF, welches Architekten- und Ingenieurleistungen zum Inhalt hat, **zur Unmöglichkeit der Wertung führt** (VK Nordbayern, B. v. 23. 1. 2003 – Az.: 320.VK-3194-44/02). Die Wertung kann in diesem Fall auch nicht nach den in § 11 Abs. 4 VOF genannten Kriterien erfolgen. 1222

Eine fehlende Angabe von Auftragskriterien **kann auch nicht zur Wertung der Angebote ausschließlich nach dem Kriterium des Preises führen**, denn § 11 Abs. 6 VOF sieht vor, dass der Vertrag mit dem Bewerber geschlossen wird, der aufgrund der ausgehandelten Auftragsbedingungen die bestmögliche Leistung erwarten lässt (VK Südbayern, B. v. 17. 7. 2003 – Az.: 24-06/03). 1223

Der Verordnungsgeber hat sich mit § 11 Abs. 6 VOF dafür entschieden, nicht den niedrigsten Preis eines Angebots zum ausschlaggebenden Zuschlagskriterium zu machen, sondern auf die „bestmögliche" Leistung abzustellen. Zwar entspricht dieses Kriterium im Wesentlichen den Kriterien der VOB/A und VOL/A, wo jeweils vom „wirtschaftlichsten Angebot" die Rede ist, ohne dass der niedrige Preis allein entscheidend wäre. Der abweichende Wortlaut in § 11 Abs. 6 VOF signalisiert indes eine andere Wertung (ohne das Preiskriterium völlig zu meiden) und verdeutlicht damit die Besonderheiten des Gegenstands von VOF-Vergabeverfahren. Anders als bei im Wesentlichen standardisierten Produkten entziehen sich nämlich freiberufliche Leistungen, die nicht vorab eindeutig und erschöpfend beschrieben werden können, weitgehend dem Preiswettbewerb, zumal sie überwiegend geistiger Natur sind. Das Abstellen auf den Preis erscheint dann aber deutlich weniger veranlasst. Dies **rechtfertigt es** hier, angesichts der unterbliebenen Angabe von Auftragskriterien **nicht im Wege des Automatismus auf den niedrigsten Preis abzustellen**, sondern den Vergabefehler auf andere Weise zu eliminieren. Dazu erscheint es dem Senat **erforderlich aber auch ausreichend, das Vergabeverfahren ab dem Stadium der Aufgabenbeschreibung auf der zweiten Wertungsstufe neu zu beginnen**. Dies gibt dem Auftraggeber Gelegenheit, sämtliche Zuschlagskriterien (möglichst in der Reihenfolge der Gewichtung) allen nach der ersten Wertungsstufe im Wettbewerb verbliebenen Bietern bekannt zu geben und so die Transparenz des Verfahrens wiederherzustellen (OLG Düsseldorf, B. v. 27. 11. 2002 – Az.: Verg 45/02; OLG Stuttgart, B. v. 28. 11. 2002 – Az.: 2 Verg 10/02; VK Südbayern, B. v. 31. 10. 2002 – Az.: 42-10/02). 1224

Werden **keine Zuschlagskriterien genannt**, ist das Vergabeverfahren also **mittels weiterer Verhandlungen mit den ausgewählten Bewerbern nach den Vorgaben der VOF zu führen** (VK Detmold, B. v. 22. 10. 2002 – Az.: VK.31–35/02). 1225

Nach einer anderen Auffassung **verbleibt es** dann, **wenn keine Zuschlagskriterien genannt** werden, **auch im VOF-Verfahren allein beim Kriterium des Preises**. Es ist vergaberechtswidrig, bei der abschließenden Auftragsentscheidung Kriterien, die nicht entsprechend den Vorgaben des § 11 Abs. 4 VOF bekannt gemacht worden waren, heranzuziehen (2. VK Bund, B. v. 8. 8. 2002 – Az.: VK 2–54/02 – Beschluss allerdings aufgehoben durch OLG Düsseldorf, B. v. 27. 11. 2002 – Az.: Verg 45/02). 1226

6.11.4.15 Missverständliche Zuschlagskriterien

Ein **missverständliches Zuschlagskriterium darf nicht gewertet** werden. Bei der Wertung dürfen nur solche Kriterien berücksichtigt werden, die in den Vergabeunterlagen angegeben waren. Die Bekanntmachung setzt voraus, dass der Auftraggeber den Bietern die Zuschlagskriterien hinreichend klar und deutlich vor Augen geführt hat. Der Auftraggeber darf zwar bei der Gestaltung seiner Ausschreibung genügenden Sachverstand der Bieter voraussetzen. Er **muss die Ausschreibung und insbesondere die Vergabekriterien jedoch so klar formulieren, dass jedenfalls fachkundige Bieter keine Verständnisschwierigkeiten** haben. Auch ein missverständlich formuliertes Kriterium ist daher nicht hinreichend bekannt gemacht und darf deshalb bei der Wertung der Angebote nicht berücksichtigt werden (VK Baden-Württemberg, B. v. 2. 12. 2004 – Az.: 1 VK 73/04). 1227

6.11.4.16 Zuschlagskriterien bei Einzellos- und Losgruppenvergabe

Schreibt ein Auftraggeber Leistungen dergestalt aus, dass die Bieter **Angebote für einzelne Lose, aber auch für vom Auftraggeber festgelegte Losgruppen abgeben können**, ohne 1228 dass ein gesondertes Angebot auf alle in einer Losgruppe enthaltenen Lose ausgewiesen sein muss, ist er verpflichtet, den **Maßstab, nach dem über eine Einzellosvergabe oder eine Losgruppenvergabe entschieden wird, bekannt zu machen**. Für die Wertung ist es in einem solchen Fall auch notwendig, dass der Auftraggeber eine **belastbare Kalkulation für jedes Einzellos** erstellt (VK Lüneburg, B. v. 11. 10. 2005 – Az.: VgK-45/2005; B. v. 5. 10. 2005 – Az.: VgK-44/2005).

6.11.4.17 Zuschlagsentscheidung bei echten Alternativpositionen

1229 Ergibt sich aus den Verdingungsunterlagen eindeutig, dass – je nach tatsächlichem Bedarf – **entweder nur die Grund- oder nur die Alternativpositionen beauftragt werden und dass die Entscheidung über den tatsächlichen Bedarf vor der Zuschlagserteilung erfolgen** soll, dann stellt es keine – vergaberechtswidrige – Abweichung von den bekannt gemachten Zuschlagskriterien dar, wenn bei der preislichen Bewertung der Angebote **lediglich die Einzelpreise der Alternativ-, nicht diejenigen der Grundpositionen berücksichtigt werden**. Dies gilt jedenfalls für Bauaufträge unterhalb des Schwellenwertes (OLG Naumburg, B. v. 1. 2. 2008 – Az.: 1 U 99/07).

6.11.4.18 Zuschlagskriterien bei Ausschreibungen unterhalb der Schwellenwerte

1230 Die Vergabe- und Vertragsordnung für Bauleistungen, Teil A, verlangt in ihrem ersten Abschnitt, der für die bundesweiten Ausschreibungen gilt, – anders als § 16a VOB/A im zweiten Abschnitt der VOB/A für die EU-weiten Vergabeverfahren – **keine förmliche Angabe der Wertungskriterien im Einzelnen** in der Vergabebekanntmachung bzw. in den Verdingungsunterlagen. Es genügt, wenn das **Anforderungsprofil des Auftraggebers in den an die Bieter übermittelten Verdingungsunterlagen hinreichenden Ausdruck** gefunden hat (OLG Naumburg, Urteil v. 29. 3. 2003 – Az.: 1 U 119/02).

1231 Im **Gegensatz zur VOB/A 2009 wurde in § 16 Abs. 7 VOL/A 2009 – der für die Unterschwellenvergaben gilt – die Verpflichtung des Auftraggebers zur Nennung der Zuschlagskriterien in der Bekanntmachung oder den Vergabeunterlagen aufgenommen**, woraus auch eine entsprechende Bindung resultiert. Vgl. dazu die Kommentierung zu → § 16 VOL/A Rdn. 638 ff.

6.11.5 Wertung der Zuschlagskriterien

6.11.5.1 Gleichbehandlungsgebot

1232 Nach § 97 Abs. 2 GWB gilt der Grundsatz, dass die **Teilnehmer an einem Vergabeverfahren gleich zu behandeln sind**. Dieser Grundsatz bildet zusammen mit den in § 97 Abs. 1 GWB genannten Vorgaben die Grundlage für andere Bestimmungen über das Vergabeverfahren. Außerhalb der in § 97 Abs. 2 GWB genannten Ausnahmen muss deshalb der öffentliche Auftraggeber das Gleichbehandlungsgebot einschränkungslos beachten. Der öffentliche Auftraggeber hat deshalb **auch und vor allem die Entscheidung, wem er den Auftrag erteilt, und die hierzu nötigen Wertungen selbst nach einheitlichem Maßstab zu treffen** (BGH, B. v. 26. 9. 2006 – Az.: X ZB 14/06).

6.11.5.2 Wirtschaftlichstes Angebot

1233 Das Wirtschaftlichkeitsgebot fordert, dass ein **Wertungsverfahren dasjenige Angebot als wirtschaftlichstes ausweist, das sich auch in der Realität wahrscheinlich als das wirtschaftlichste erweisen wird**. Angebote, die **nur unter unwahrscheinlichen Bedingungen anderen überlegen sind**, dürfen nach durchgeführter Wertung nicht als wirtschaftlichstes Angebot erscheinen. Ein Wertungsverfahren, das dies nicht beachtet, verstößt gegen das Wirtschaftlichkeitsgebot (VK Münster, B. v. 21. 12. 2001 – Az.: VK 22/01).

6.11.5.3 Organisation und Strukturierung der Wertung insgesamt

1234 Die **Organisation und Strukturierung des Wertungsvorgangs** unterliegt dem – nur auf eine Einhaltung der rechtlichen Grenzen kontrollierbaren – **Ermessen des öffentlichen Auftraggebers**. Er kann sich z. B. dafür entscheiden, bei einer umfangreichen Ausschreibung Angebote nach Losen, nicht aber gebietsübergreifend zu werten, also dezentral zu arbeiten. Unabhängig hiervon bedeutet es für sich allein betrachtet ebenso wenig eine Rechtsverletzung eines Bieters, sollten die von ihm zu verschiedenen Losen eingereichten und im Wesentlichen inhaltsgleichen Angebote im Detail und im Ergebnis von den eingesetzten Prüfern des Auftragebers unterschiedlich bewertet worden sein. Dem Auftraggeber steht auch bei der individuellen Wertung der Angebote ein Ermessen zu. **Rechtmäßiger Ermessensgebrauch schließt die Möglichkeit ein, dass die Einzelentscheidungen unterschiedlich ausfallen.** Den Fall ausgenommen, dass das Ermessen auf Null reduziert ist, lässt die Ermessensausübung innerhalb bestimmter Bandbreite mehrere vertretbare und daher hinzunehmende Entscheidungen zu, von denen keine allein deswegen zu beanstanden ist, weil sie von einer anderen abweicht (OLG Düsseldorf, B. v. 6. 3. 2008 – Az.: VII – Verg 53/07; B. v. 2. 3. 2005 – Az.: VII – Verg 70/04; 2. VK Bund, B. v. 2. 10. 2008 – Az.: VK 2–106/08; 3. VK Bund, B. v. 24. 7. 2008 – Az.: VK 3–95/08; im Ergebnis ebenso OLG München, B. v. 17. 1. 2008 – Az.: Verg 15/07; VK Baden-Württemberg, B. v. 30. 12. 2008 – Az.: 1 VK 51/08; VK Nordbayern, B. v. 27. 6. 2008 – Az.: 21.VK – 3194 – 10/08).

Der durch den Gleichbehandlungsgrundsatz (§ 97 Abs. 2 GWB) gebotenen gleichförmigen Bewertung der Angebote **wird für den Fall einer losweisen und umfangreichen Ausschreibung durch die Vorgabe eines Wertungsleitfadens sowie dadurch entsprochen, dass die zu einem bestimmten Los eingehenden Bieterangebote von ein und derselben Prüfergruppe bewertet** (OLG Düsseldorf, B. v. 7. 12. 2009 – Az.: VII-Verg 47/09; B. v. 6. 3. 2008 – Az.: VII – Verg 53/07; 1. VK Bund, B. v. 18. 8. 2006 – Az.: VK 1–82/06; 2. VK Bund, B. v. 15. 5. 2009 – Az.: VK 2–21/09; 3. VK Bund, B. v. 8. 9. 2008 – Az.: VK 3–116/08; B. v. 12. 8. 2008 – Az.: VK 3–110/08) **und die zu anderen Losen eingegangenen Angebote von anderen sowie von teilweise anders zusammengesetzten Prüfgruppen gewertet werden**. Diese den Wertungsvorgang betreffende Organisation, die dem Ermessen des Auftragebers unterliegt, ist nicht zu bemängeln. Die Entscheidung, (nur) die zu einem bestimmten Los eingereichten Angebote von derselben Prüfergruppe werten zu lassen, ist weder sachwidrig noch unvertretbar, sondern durch den Umstand sogar nahe gelegt, dass ein Wettbewerb unter verschiedenen Bietern nur bei den zu einem Los abgegebenen Angeboten stattfand, ohne dass die bei jenem Los auftretenden Bieter zu solchen Bietern, die sich bei anderen Losen um einen Zuschlag bewarben, aktuell in einem Wettbewerbsverhältnis stehen. Diese **Organisation der Wertung lässt es zwar zu, dass die zu verschiedenen Losen eingereichten Angebote ein und desselben Bieters auch dann mindestens teilweise unterschiedlich bewertet werden**, wenn sie völlig oder im Wesentlichen inhaltsgleich waren. Da die Angebotswertung einem Beurteilungsspielraum und einem Ermessen der Vergabestelle unterliegt, sind **die dadurch bedingten Wertungsunterschiede jedoch hinzunehmen**. Dies ist zudem deswegen nicht zu beanstanden, weil Beurteilungs- und Ermessensentscheidungen ihrem Wesen nach – auch wenn die zugrunde liegenden Sachverhalte gleich oder ähnlich gelagert sind – im jeweiligen (Teil-) Ergebnis unterschiedlich ausfallen können, ohne dass sie allein deswegen schon als fehlerhaft zu gelten haben. Beurteilungs- und Ermessensspielräume setzten gedanklich und praktisch vielmehr voraus, dass innerhalb einer vertretbaren Bandbreite ermessens- und beurteilungsfehlerfrei entschieden werden kann und auch unterschiedliche Entscheidungen rechtsfehlerfrei ergehen können (OLG Düsseldorf, B. v. 6. 3. 2008 – Az.: VII – Verg 53/07; B. v. 27. 7. 2005 – Az.: VII – Verg 108/04; B. v. 23. 3. 2005 – Az.: VII – Verg 68/04; 1. VK Bund, B. v. 27. 10. 2009 – Az.: VK 1–179/09; 2. VK Bund, B. v. 18. 8. 2005 – Az.: VK 2–93/05; B. v. 18. 8. 2005 – Az.: VK 2–90/05; 3. VK Bund, B. v. 6. 8. 2008 – Az.: VK 3–104/08; B. v. 24. 7. 2008 – Az.: VK 3–95/08).

Ebenso wie bei Prüfungen mündlicher oder schriftlicher Leistungen allgemein ist eine vollständig gleichmäßige Bewertung nicht möglich (OLG Düsseldorf, B. v. 7. 12. 2009 – Az.: VII-Verg 47/09).

Wird aber – aus welchen Gründen auch immer – **innerhalb der derselben Prüfergruppe kein einheitlicher Bewertungsmaßstab angewendet**, besteht die **Gefahr einer fehlerhaften Ausführung eines gleichen Wertungsmaßstabes** (2. VK Bund, B. v. 18. 8. 2005 – Az.: VK 2–93/05). Sind aber **Grundlage der Wertung** durch die Beurteilungsgruppe allein die **letztverbindlichen Angebote** und sind bei dieser Wertung die **Ergebnisse des Vergabeverfahrens bis zur ersten Präsentation irrelevant**, kann der **nach der ersten Präsentation erfolgte Wechsel bei den Beurteilern nicht ursächlich für einen Schaden** sein (2. VK Bund, B. v. 15. 5. 2009 – Az.: VK 2–21/09).

Bei einer bundesweiten Massenausschreibung mit einer großen Anzahl von Losen kann der Gleichheitsgrundsatz nicht beinhalten, dass identische Angebote eines Bieters in verschiedenen Regionen und damit zu verschiedenen Losen auch identisch oder vergleichbar bewertet werden; Besonderheiten können sich schon aufgrund regionaler

Unterschiede ergeben. Im Übrigen ist jedem rechtmäßigen Ermessensgebrauch auch die Möglichkeit unterschiedlicher Entscheidungen innerhalb einer bestimmten Bandbreite wesenseigen. Der Gleichheitsgrundsatz kann außerdem nur soweit reichen, wie auch der Wettbewerb im konkreten Fall reicht. Da aber nur die Angebote der Bieter, die zu einem Los abgegeben wurden, in Konkurrenz zueinander stehen, muss somit lediglich sichergestellt sein, dass in Bezug auf das jeweilige Einzellos eine gleichförmige Behandlung der hierzu abgegebenen Angebote gewährleistet ist (3. VK Bund, B. v. 12. 8. 2008 – Az.: VK 3–110/08; B. v. 6. 8. 2008 – Az.: VK 3–104/08; B. v. 24. 7. 2008 – Az.: VK 3–95/08; im Ergebnis ebenso 1. VK Bund, B. v. 27. 10. 2009 – Az.: VK 1–179/09). **Ein bundesweiter Leitfaden für alle Prüfer wäre sicherlich eine Variante, mit der eine größtmögliche Gewähr für die gleichförmige Behandlung auch innerhalb eines Loses sichergestellt werden könnte**, die Voraussetzungen für ein weitgehend „vereinheitlichtes" Verständnis der Vorgaben der Leistungsbeschreibung bei allen Prüfern wären so geschaffen. **Es gibt jedoch andere, ebenso geeignete Mechanismen, so dass hier das Ermessen des Auftraggebers hinsichtlich der Verfahrensausgestaltung nicht überschritten ist**, wenn sie auf einen Wertungsleitfaden verzichtet (OLG Düsseldorf, B. v. 30. 11. 2005 – Az.: VII – Verg 65/05; B. v. 23. 11. 2005 – Az.: VII – Verg 66/05; 1. VK Bund, B. v. 8. 8. 2006 – Az.: VK 1–67/06; 3. VK Bund, B. v. 7. 9. 2005 – Az.: VK 3–115/05; B. v. 7. 9. 2005 – Az.: VK 3–112/05; B. v. 6. 9. 2005 – Az.: VK 3–109/05; B. v. 31. 8. 2005 – Az.: VK 3–106/05; B. v. 31. 8. 2005 – Az.: VK 3–103/05; B. v. 31. 8. 2005 – Az.: VK 3–100/05; B. v. 31. 8. 2005 – Az.: VK 3–97/05). So besteht etwa bei hinreichend klaren Wertungskriterien und versiertem Wertungspersonal **auch bei Massenausschreibungen keine Pflicht zur Erstellung eines Wertungsleitfadens** (OLG Düsseldorf, B. v. 30. 11. 2005 – Az.: VII – Verg 65/05; B. v. 23. 11. 2005 – Az.: VII – Verg 66/05). Es kommt auch in Betracht, durch einen **Quervergleich der Angebotswertungen innerhalb einer Prüfgruppe** Gleichbehandlung zu gewährleisten (3. VK Bund, B. v. 8. 9. 2008 – Az.: VK 3–116/08).

6.11.5.4 Festlegung der Bewertungsmethodik durch den Auftraggeber

1239 Die **Anforderungen der Leistungsbeschreibung und die dort angegebenen Bewertungsmaßstäbe** bilden zwangsläufig auch den **Rahmen für die Qualitätsbewertung eines Angebots**. Dabei unterfällt es grundsätzlich dem **Beurteilungsspielraum des öffentlichen Auftraggebers**, anhand welcher Bewertungsmethodik er die Angebote der Bieter bewertet (EuG, Urteil v. 19. 3. 2010 – Az.: T-50/05; OLG Düsseldorf, B. v. 3. 3. 2010 – Az.: VII-Verg 48/09; B. v. 14. 1. 2009 – Az.: VII-Verg 59/08; B. v. 18. 10. 2006 – Az.: VII – Verg 37/06; OLG Schleswig-Holstein, B. v. 6. 3. 2008 – Az.: 1 Verg 6/07; LSG Baden-Württemberg, B. v. 17. 2. 2009 – Az.: L 11 WB 381/09; LSG Nordrhein-Westfalen, B. v. 10. 3. 2010 – Az.: L 21 SF 41/10 Verg; B. v. 8. 10. 2009 – Az.: L 21 KR 39/09 SFB; B. v. 28. 4. 2009 – Az.: L 21 KR 40/09 SFB; VK Baden-Württemberg, B. v. 28. 5. 2009 – Az.: 1 VK 21/09; VK Brandenburg, B. v. 12. 11. 2008 – Az.: VK 35/08; 1. VK Bund, B. v. 27. 11. 2009 – Az.: VK 1–200/09; B. v. 10. 11. 2009 – Az.: VK 1–191/09; B. v. 5. 8. 2009 – Az.: VK 1–128/09; 3. VK Bund, B. v. 20. 3. 2009 – Az.: VK 3–40/09; B. v. 16. 3. 2009 – Az.: VK 3–37/09; B. v. 23. 1. 2009 – Az.: VK 3–194/08; B. v. 6. 2. 2008 – Az.: VK 3–11/08; VK Nordbayern, B. v. 27. 6. 2008 – Az.: 21.VK – 3194 – 10/08; B. v. 1. 2. 2008 – Az.: 21.VK – 3194 – 53/07; VK Schleswig-Holstein, B. v. 11. 2. 2010 – Az.: VK-SH 29/09; B. v. 20. 1. 2009 – Az.: VK-SH 17/08; B. v. 22. 4. 2008 – Az.: VK-SH 03/08). Die dabei einzuhaltenden **rechtlichen Grenzen des Beurteilungsspielraums entsprechen den allgemein bei der Angebotswertung zu beachtenden Grundsätzen**, das heißt der Auftraggeber darf insbesondere keine untaugliche Bewertungsmethodik anwenden oder seine Bewertungsmethodik auf sachwidrige Erwägungen stützen (OLG München, B. v. 17. 1. 2008 – Az.: Verg 15/07; OLG Schleswig-Holstein, B. v. 6. 3. 2008 – Az.: 1 Verg 6/07; LSG Nordrhein-Westfalen, B. v. 10. 3. 2010 – Az.: L 21 SF 41/10 Verg; 1. VK Bund, B. v. 14. 10. 2003 – Az.: VK 1–95/03; VK Nordbayern, B. v. 27. 6. 2008 – Az.: 21.VK – 3194 – 10/08; B. v. 1. 2. 2008 – Az.: 21.VK – 3194 – 53/07; 1. VK Sachsen, B. v. 5. 2. 2007 – Az.: 1/SVK/125-06; B. v. 31. 1. 2007 – Az.: 1/SVK/124-06; VK Südbayern, B. v. 26. 3. 2009 – Az.: Z3-3-3194-1-03-01/09) oder **vergabefremde Kriterien verwenden** (OLG Schleswig-Holstein, B. v. 6. 3. 2008 – Az.: 1 Verg 6/07; LSG Nordrhein-Westfalen, B. v. 10. 3. 2010 – Az.: L 21 SF 41/10 Verg; 1. VK Bund, B. v. 28. 12. 2004 – Az.: VK 1–141/04; 1. VK Sachsen, B. v. 31. 1. 2007 – Az.: 1/SVK/124-06).

1240 Dem öffentlichen Auftraggeber steht also bei der **Ausgestaltung des Vergabeverfahrens ein grundsätzlich weiter Beurteilungs- und Ermessensspielraum** zu, der durch die Nachprüfungsinstanzen nur eingeschränkt kontrollierbar ist. Dies gilt auch für die Wahl der Zuschlagskriterien und deren Gewichtung, die grundsätzlich nur gewährleisten müssen, dass das wirtschaft-

Gesetz gegen Wettbewerbsbeschränkungen GWB § 97 **Teil 1**

lichste Angebot den Zuschlag erhält (EuG, Urteil v. 19. 3. 2010 – Az.: T-50/05; OLG Düsseldorf, B. v. 3. 3. 2010 – Az.: VII-Verg 48/09; B. v. 14. 1. 2009 – Az.: VII-Verg 59/08; B. v. 6. 3. 2008 – Az.: VII – Verg 53/07; B. v. 18. 10. 2006 – Az.: VII – Verg 37/06; B. v. 25. 5. 2005 – Az.: VII – Verg 08/05; OLG München, B. v. 17. 1. 2008 – Az.: Verg 15/07; B. v. 19. 12. 2007 – Az.: Verg 12/07; B. v. 27. 1. 2006 – Az.: VII – Verg 1/06; OLG Schleswig-Holstein, B. v. 6. 3. 2008 – Az.: 1 Verg 6/07; LSG Baden-Württemberg, B. v. 17. 2. 2009 – Az.: L 11 WB 381/09; LSG Nordrhein-Westfalen, B. v. 10. 3. 2010 – Az.: L 21 SF 41/10 Verg; B. v. 8. 10. 2009 – Az.: L 21 KR 39/09 SFB; B. v. 8. 10. 2009 – Az.: L 21 KR 36/09 SFB; B. v. 28. 4. 2009 – Az.: L 21 KR 40/09 SFB; B. v. 23. 4. 2009 – Az.: L 21 KR 36/09 SFB; VK Baden-Württemberg, B. v. 28. 5. 2009 – Az.: 1 VK 21/09; B. v. 30. 12. 2008 – Az.: 1 VK 51/08; B. v. 26. 1. 2007 – Az.: 1 VK 78/06; VK Brandenburg, B. v. 12. 11. 2008 – Az.: VK 35/08; 1. VK Bund, B. v. 27. 11. 2009 – Az.: VK 1–200/09; 2. VK Bund, B. v. 6. 10. 2009 – Az.: VK 2–165/09; B. v. 22. 4. 2009 – Az.: VK 2–24/09; 3. VK Bund, B. v. 20. 3. 2009 – Az.: VK 3–40/09; B. v. 16. 3. 2009 – Az.: VK 3–37/09; B. v. 20. 3. 2009 – Az.: VK 3–34/09; B. v. 23. 1. 2009 – Az.: VK 3–194/08; VK Nordbayern, B. v. 10. 2. 2010 – Az.: 21.VK – 3194 – 01/10; B. v. 27. 6. 2008 – Az.: 21.VK – 3194 – 10/08; B. v. 1. 2. 2008 – Az.: 21.VK – 3194 – 53/07; 1. VK Sachsen, B. v. 16. 3. 2010 – Az.: 1/SVK/003–10; B. v. 8. 1. 2010 – Az.: 1/SVK/059-09; B. v. 8. 8. 2008 – Az.: 1/SVK/039-08; B. v. 5. 2. 2007 – Az.: 1/SVK/125-06; B. v. 31. 1. 2007 – Az.: 1/SVK/124-06; B. v. 11. 8. 2006 – Az.: 1/SVK/073-06; VK Schleswig-Holstein, B. v. 22. 1. 2010 – Az.: VK-SH 26/09; B. v. 25. 4. 2008 – Az.: VK-SH 04/08). Vgl. dazu auch die Kommentierung → Rdn. 5.

Für ein Bewertungssystem in komplizierten Zusammenhängen ist es nicht leistbar, alle Aspekte bis ins letzte Detail zu berücksichtigen und abzufangen. Andere Varianten werfen wieder andere Probleme auf. Es würde nicht nur die tatsächlichen, sondern vor dem Hintergrund des legitimen Ermessensspielraums der Auftraggeber sowie des Verhältnismäßigkeitsgrundsatzes, § 114 Abs. 1 S. 1 GWB, auch die rechtlichen Kompetenzen der Vergabekammer als Nachprüfungsinstanz überschreiten, den **Auftraggebern vorgeben zu wollen, welche Wertungssystematik sie zu wählen haben.** Bei aller Verpflichtung eines öffentlichen Auftraggebers zur Gleichbehandlung ist es **auch nicht seine Aufgabe und durch ihn ebenfalls nicht leistbar, unterschiedliche Wettbewerbspositionen zu egalisieren** (3. VK Bund, B. v. 20. 3. 2009 – Az.: VK 3–40/09; B. v. 16. 3. 2009 – Az.: VK 3–37/09). 1241

Ein öffentlicher Auftraggeber ist grundsätzlich frei, welche Zuschlagskriterien er festlegt und wie er diese im Verhältnis zueinander gewichtet. So **erscheint es bei einem Bürodrehstuhl sachgerecht, nicht nur dem Preis, sondern gerade auch der Gestaltung des Stuhls und vor allem der Ergonomie erhebliches Gewicht einzuräumen.** Auch gegen eine Mindestanzahl von Leistungspunkten, die von einem Angebot erreicht werden muss, um überhaupt in die engere Wahl zu gelangen, ist daher nichts einzuwenden (1. VK Bund, B. v. 5. 8. 2009 – Az.: VK 1–128/09). 1242

6.11.5.5 Anforderungen an ein Bewertungssystem (Matrix)

Die Notwendigkeit, ein **Punktsystem** in den angewandten Kriterien und deren relativer Gewichtung zueinander vergaberechtskonform auszugestalten, **erfordert es nicht ohne weiteres, jede denkbare Bewertungsabstufung im vorhinein mit Punkten zu versehen**; zumindest bei der Auswertung eines Teilnahmewettbewerbs im Vorfeld des eigentlichen Vergabeverfahrens ist eine Bewertung anhand von Punkteskalen (Punkte von ... bis) daher unbedenklich, solange die **Spannen die zulässigen und gebotenen Wertungskriterien in ein nach Sachgesichtspunkten sinnvolles Verhältnis zueinander bringen** und eine sachbezogene Ausfüllung zulassen. Ob dies im Einzelfall erfolgt ist, berührt nicht die Zulässigkeit des Bewertungssystems an sich, sondern erweist sich als eine – der Nachprüfung grundsätzlich zugängliche – **Frage seiner vergaberechtskonformen Umsetzung** (OLG Dresden, B. v. 23. 7. 2002 – Az.: WVerg 0007/02). 1243

Eine **Punktbewertung von 1–5 (Wertungsschlüssel) bezüglich der einzelnen Zuschlagskriterien ist vergaberechtlich nicht zu beanstanden, auch wenn die Zahlen 1–5 nicht mit einer Erläuterung des Auftraggebers unterlegt** sind. Sie sind objektiv ohne weiteres dahingehend zu verstehen, dass ein guter Beitrag eines Bieters im Auftragsgespräch mit einer höheren Punktzahl bewertet wird als ein durchschnittlicher oder gar schlechter Vortrag. Das **Punktesystem ist vergleichbar mit einer Notenskala**, die schlüssige und nachvollziehbare Abstufungen enthält und eine differenzierende Beurteilung der Stellungnahmen der Bieter im Verhandlungsgespräch durch die Mitarbeiter der Bewertungskommission zulässt. Einer **wei-** 1244 teren Konkretisierung des Punktesystems bedarf es nicht (VK Brandenburg, B. v. 12. 11. 2008 – Az.: VK 35/08).

1245 Sollen nach der von der Vergabestelle gewählten Vorgehensweise **mehrere Zuschlagskriterien gewichtet** werden, tritt die **gewünschte Gewichtung dann** ein, wenn **bei jedem Kriterium die gleiche Höchstpunktzahl** vergeben und die erlangten **Punktezahlen mit dem gewählten Gewichtungsfaktor multipliziert** werden. Werden bei den jeweiligen Kriterien **unterschiedliche Punktzahlen** vergeben, bewirkt dies eine **Verzerrung, die durch Division mit der Höchstpunktzahl ausgeglichen werden muss**, bevor die Multiplikation mit dem Gewichtungsfaktor erfolgt (VK Münster, B. v. 21. 12. 2001 – Az.: VK 22/01).

1246 Es stellt **keinen Verstoß gegen das Transparenzgebot** dar, wenn ein **Auftraggeber nicht definiert, was er im Rahmen eines Wertungsschemas als „optimal", „ausreichend", „gut" o. ä. bewertet**. Soweit sich die Unterkriterien z. B. auf die Vollständigkeit vom Bieter zu liefernder Angaben beziehen, erschließt sich von selbst, dass 3 Punkte („optimal") nur dann vergeben werden können, wenn sämtliche Angaben gemacht werden. Hinsichtlich der von den Bietern selbst zu erarbeitenden Konzepte war eine genaue Definition dessen, was der Auftraggeber als optimal ansieht, nicht möglich, weil er dann selbst zuvor das jeweils optimale Konzept hätte erarbeiten müssen. Zur **Wahrung der erforderlichen Transparenz reicht es aus, dass der Auftraggeber durch die abgestufte Punkteskala zum Ausdruck bringt, dass die Angaben in dem Angebot bezüglich der Unterkriterien umso besser bewertet werden, je mehr sie die ordnungsgemäße Durchführung des Bauvorhabens oder einer Dienstleistung erwarten lassen**. Eine weitergehende Konkretisierung beschränkt den innovativen Spielraum der Bieter und legt sie von vorneherein auf bestimmte Lösungen fest (1. VK Bund, B. v. 26. 4. 2007 – Az.: VK 1–29/07).

1247 Der **Auftraggeber muss den Bietern bzw. Bewerbern im Vorhinein bekannt geben, wie er die für ein Zuschlagskriterium (z. B. Honorar) erreichbaren Punkte ermittelt**. Sowohl die **Festlegung eines Ausgangswertes, für den z. B. die maximal erreichbaren Punkte vergeben werden, als auch die Festlegung eines Abschlagswertes, also des Betrages, für den z. B. jeweils bestimmte Punkte abgezogen werden, bietet die Möglichkeit, die Angebotswertung zu manipulieren**. So führt ein extrem niedriger Ausgangswert dazu, dass möglicherweise alle Angebote eine niedrige Punktzahl erreichen, weil sie weit über dem Ausgangswert liegen. Ein niedriger Abschlagswert (bei höherem Ausgangswert) hat indes zur Folge, dass auch geringe Preisunterschiede zwischen den Angeboten zu extremen Punktunterschieden führen können. Diese Extremfälle dokumentieren, dass Preisunterschiede zwischen den Bietern je nach Wahl von Ausgangs- bzw. Abschlagswert ein unterschiedliches Gewicht innerhalb des Zuschlagskriteriums (z. B. Honorar) erhalten können. Es ist zwar einem Auftraggeber grundsätzlich nicht verwehrt, eine solche Gewichtung innerhalb eines Zuschlagskriteriums vorzunehmen, er hat dann allerdings diese **Gewichtung, die er durch die von ihm gewählten Unterkriterien in das Vergabeverfahren einführt, gegenüber den Bietern/Bewerbern bekannt zu machen**. Die Bieter/Bewerber haben dann die Möglichkeit, im Rahmen ihrer Angebotskalkulation diese Gewichtung zu berücksichtigen (1. VK Bund, B. v. 10. 4. 2008 – Az.: VK 1–33/08).

1248 Die **Wertungsmethodik** „die Auswertung erfolgt auf einer relativen Skala (im Vergleich zum besten Angebot für jedes Kriterium) mit Ausnahme der benötigten Spezifikationen (alle müssen erfüllt sein, um die Punkte zu erhalten)" beinhaltet, dass eine Bepunktung bei der Erfüllung der technischen Spezifikationen vorgesehen ist und die Nichteinhaltung einer oder mehrerer Spezifikationen lediglich Einfluss auf die zu erreichende Wertungspunktzahl („alle müssen erfüllt sein, um die Punkte zu erreichen") hat. Eine **Qualifizierung der technischen Spezifikationen als zwingende Mindestvoraussetzungen ist damit nicht verbunden** (1. VK Bund, B. v. 29. 7. 2008 – Az.: VK 1–81/08).

1249 Sieht ein **tabellarisch aufgebautes Leistungsverzeichnis** hinsichtlich jeder einzelnen **Spezifikation der ausgeschriebenen Leistung jeweils eine Beschreibung der geforderten Funktionalität(en) sowie eine Beschreibung der Voraussetzungen** vor, unter denen bestimmte (insgesamt drei) Erfüllungsgrade der Anforderungen erreicht werden, die wiederum mit bestimmten Bepunktungsbereichen (0–3 Punkte, 4–7 Punkte und 8–10 Punkte) korrelieren und liegt des Weiteren dem Leistungsverzeichnis eine **Bewertungsmatrix bei, der für jede einzelne Spezifikation die jeweilige Gewichtung innerhalb der Gesamtleistung entnommen** werden kann und hat darüber hinaus der Auftraggeber **erläutert, unter welchen Voraussetzungen die Multiplikation mit welchem Risikofaktor erfolgt, ist es nicht erforderlich, dass der Auftraggeber nicht schon in den Verdingungsunterlagen explizit aufgeführt hat, wie** er innerhalb der **Erfüllungsgrade im Einzelnen die Punkte verteilen** wird (d.h. unter welchen Voraussetzungen der untere, ein mittlerer oder der obere Punktwert innerhalb eines Erfüllungsgrads vergeben wird). Denn mit den einzelnen Spezifikationen werden jeweils weitgehend nur eine bestimmte oder einige wenige Anforderungen an die Leistung abgefragt, so dass dies automatisch zur Folge hat, dass je besser eine Anforderung erfüllt ist, eine höhere Punktzahl erreicht wird. Mit der Beschreibung der einzelnen Erfüllungsgrade wurde darüber hinaus noch einmal verdeutlicht, in welcher Weise das Leistungsangebot verbessert werden musste, um eine höhere Punktzahl zu erreichen (1. VK Bund, B. v. 29. 7. 2008 – Az.: VK 1–78/08).

Ein Bieter hat zwar im Rahmen der **Wirtschaftlichkeitsbewertung nach einem Punktesystem keinen Anspruch auf den richtigen Punktwert,** sondern lediglich auf eine Vergabeentscheidung, die unter Beachtung der rechtlichen Vorgaben und insbesondere der bekannt gemachten Gewichtung der Zuschlagskriterien und frei von Wertungen, die willkürliche Ergebnisse ermöglichen, in einem rechtsförmigen Wertungsprozess ergeht. Er ist **regelmäßig durch eine ihn übergehende Vergabeentscheidung nicht selbst betroffen, wenn die Auswahl des Zuschlagsaspiranten im Ergebnis nicht zu beanstanden** ist, weil der Wertungsvorgang grundsätzlich nur der Auswahl eines Angebotes als wirtschaftlichstes Angebot dient und die nachfolgende Platzierung unerheblich ist. Ist jedoch nicht ersichtlich, wie eine nachvollziehbare Wertung der bekannt gemachten Zuschlagskriterien ohne vorherige Bekanntgabe von Unterkriterien bzw. ohne Verlangen der Abgabe von Erklärungen der Bieter bzw. Fremdnachweisen über aussagekräftige Umstände hätte erfolgen sollen, und kommt deshalb als geeignete und zugleich verhältnismäßige Maßnahme zur Beseitigung der Rechtsverletzung zum Nachteil des Bieters lediglich die Wiederholung des Vergabeverfahrens ab dem Zeitpunkt der Aufforderung zur Angebotsabgabe in Betracht, so ist eine **Verbesserung der Zuschlagschancen des Bieters regelmäßig nicht auszuschließen** (OLG Naumburg, B. v. 13. 5. 2008 – Az.: 1 Verg 3/08).

Wählt der Auftraggeber **mehrere Zuschlagskriterien, denen er unterschiedliche Bewertungsmaßstäbe zur Umrechnung in Punkte** zu Grunde legt, müssen die **unterschiedlichen Maßstäbe dergestalt miteinander kompatibel sein, dass die Zuschlagskriterien in der bekannt gegebenen Gewichtung in die Wertung einfließen** (VK Schleswig-Holstein, B. v. 22. 1. 2010 – Az.: VK-SH 26/09 – instruktives Beispiel).

Entscheidend bei einer **Notenvergabe** ist nicht, welche Notenstaffel angewandt werden, sondern dass **für alle Zuschlagskriterien bei der Notenvergabe in etwa gleiche Abstufungen gelten** (OLG München, B. v. 21. 5. 2010 – Az.: Verg 02/10).

6.11.5.6 Anwendung einer Nutzwert-Matrix

Eine **Nutzwert-Matrix** baut darauf auf, dass ein Auftraggeber in der Bewertungsmatrix jede Leistungsanforderung aus den Verdingungsunterlagen mit einem bestimmten prozentualen Gewicht versieht und sodann die Leistung der einzelnen Bieter zu jeder dieser Anforderungen mit einem Punktwert zwischen 3 und 5 Punkten bewertet. Die sich am Ende ergebende Gesamtpunktzahl jedes Bieters dividiert er anschließend durch den jeweiligen Angebotspreis (in Zehntausend). Der sich daraus errechnende **Quotient (Punkte:Preis) ergibt den Nutzwert der angebotenen Leistung und bestimmt die Rangfolge des Bieters im Vergabewettbewerb** (OLG Düsseldorf, B. v. 15. 8. 2003 – Az.: Verg 38/03). Eine solche Nutzwert-Matrix ist zulässig.

6.11.5.7 Anwendung der UfAB-Formel

6.11.5.7.1 Allgemeines. Die Unterlage für Ausschreibung und Bewertung von IT-Leistungen (UfAB) unterstützt die öffentlichen Einkäufer bei der IT-Beschaffung. Sie soll einen **Standard darstellen, um Angebote über Software, Hardware oder sonstige Leistungen im IT-Bereich einheitlich bewerten** zu können.

Im November 2006 wurde die Unterlage für die Ausschreibung und Bewertung von IT-Leistungen (UfAB IV) in der Version 1.0 erstmals veröffentlicht.

Inzwischen gilt die UfAB V – Version 2.0.

6.11.5.7.2 UfAB-Formel als Zuschlagskriterium? Die UFAB II-Formel stellt **lediglich eine Berechnungsmethode dar, mit der eine (weitgehend) objektivierte Umrechnung von Preis und Leistung eines Angebots in einen Nutzwert erfolgt,** um so die Vergleichbarkeit der Angebote zu ermöglichen. **Keinesfalls ist die UFAB II-Formel ein Zuschlagskriterium** im Sinne des § 9 EG VOL/A. Deshalb ist es auch vergaberechtlich unbedenklich,

Teil 1 GWB § 97 Gesetz gegen Wettbewerbsbeschränkungen

wenn in den Ausschreibungsunterlagen kein Hinweis auf die beabsichtigte Bewertung nach UFAB enthalten ist (1. VK Bund, B. v. 15. 7. 2003 – Az.: VK 1–53/03).

1258 Diese **Rechtsprechung gilt auch für die UFAB III-Formel**.

1259 Die UfAB-Formel kann **auch außerhalb der Vergabe von IT-Leistungen zur Ermittlung des wirtschaftlichsten Angebots** verwendet werden (1. VK Bund, B. v. 7. 4. 2004 – Az.: VK 1–15/04, B. v. 1. 4. 2004 – Az.: VK 1–11/04; 3. VK Bund, B. v. 19. 4. 2004 – Az.: VK 3–44/04).

1260 **6.11.5.7.3 Anwendung der UfAB-Formel bei der Wertung.** Gegen die Anwendung der UFAB II-Formel im Rahmen einer Nutzwertberechnung bestehen **keine vergaberechtlichen Bedenken**. In den meisten Fällen **gewährleistet die UFAB II-Formel eine ausgewogene Angebotswertung, die allenfalls in Einzelfällen**, nämlich unter extremen Bedingungen und in äußerst unwahrscheinlichen Situationen, **zu ungerechten Ergebnissen führen** kann (OLG Düsseldorf, B. v. 29. 12. 2001 – Az.: Verg 22/01; 3. VK Bund, B. v. 19. 4. 2004 – Az.: VK 3–44/04; ebenso 2. VK Bund, B. v. 22. 12. 2009 – Az.: VK 2–204/09 für die UfAB IV). Ein solcher Extremfall ist zum Beispiel dann **gegeben, wenn innerhalb der Formel das Gewicht der Leistung stark zuungunsten des Gewichts der Kosten abweicht**. Demnach kann es auch nicht als grundsätzlich vergaberechtswidrig anzusehen sein, wenn die Vergabestelle nach der UFAB II-Formel verfährt (1. VK Bund, B. v. 15. 7. 2003 – Az.: VK 1–53/03, B. v. 7. 4. 2004 – Az.: VK 1–15/04, B. v. 1. 4. 2004 – Az.: VK 1–11/04).

1261 Auch die **Zugrundelegung der UfAB III-Formel bei der Angebotswertung kann nicht grundsätzlich als vergaberechtswidrig bezeichnet werden**. Schon die Verwendung der UfAB II-Formel ist von der Rechtsprechung akzeptiert worden. Dies trotz der Tatsache, dass das leistungsstärkste und das kostengünstigste Angebot Bestandteil der Formel waren und dass dies unstreitig im Einzelfall unter extremen Bedingungen dazu führen kann, dass ein Angebot mit einem beträchtlich überhöhten Preis die höchste Gesamtpunktzahl erhält. **Demgegenüber ist die UfAB III-Formel sogar weniger bedenklich**, denn hier wird lediglich für jedes einzelne abgegebene Angebot die aus den Leistungspunkten ermittelte Qualität ins Verhältnis zum Preis gesetzt (3. VK Bund, B. v. 4. 7. 2006 – Az.: VK 3–60/06; B. v. 29. 6. 2006 – Az.: VK 3–48/06; B. v. 29. 6. 2006 – Az.: VK 3–39/06).

1262 **Ebenso bestehen gegen die Festlegung eines Kennzahlkorridors als Bestandteil der Angebotswertung nach der UfAB III in der erweiterten Richtwertmethode vergaberechtlich keine Bedenken**. Der Kennzahlkorridor wird anhand des Angebots bestimmt, das nach einem ersten Wertungsergebnis die höchste Kennzahl erreicht. Er dient dazu, bei Angeboten, die im Ergebnis der Wertung sehr nahe beieinander liegen, eine endgültige Abschichtung anhand bestimmter Qualitätsmerkmale vornehmen zu können. Es handelt sich hierbei nicht um einen Ausschlussgrund. Die **Ermittlung des Kennzahlkorridors ist im Ergebnis nichts anderes als die Einfügung eines kleinen Zwischenschrittes innerhalb der Angebotswertung, bevor ein endgültiges Wertungsergebnis erzielt wird** (3. VK Bund, B. v. 4. 7. 2006 – Az.: VK 3–60/06; B. v. 29. 6. 2006 – Az.: VK 3–48/06; B. v. 29. 6. 2006 – Az.: VK 3–39/06).

1263 **Gegen die Anwendung der erweiterten Richtwertmethode nach UfAB IV zur Ermittlung des wirtschaftlichsten Angebotes bestehen grundsätzlich keine Bedenken**. Die erweiterte Richtwertmethode ist **durch folgende Faktoren gekennzeichnet: Kennzahl für Leistung – Preis – Verhältnis, festgelegter Schwankungsbereich als prozentualer Wert, von der Kennzahl des führenden Angebotes ermittelter negativer Schwankungsbereich sowie festgelegtes Entscheidungskriterium für Wirtschaftlichkeit**. Auf den anzuwendenden Schwankungsbereich sowie das Einzelkriterium hat sich der Auftraggeber bereits vorab festzulegen. Soweit sich der **Auftraggeber für eine Methode entscheidet, ist diese Entscheidung bindend** (1. VK Brandenburg, B. v. 14. 5. 2007 – Az.: 2 VK 14/07).

1264 **6.11.5.7.4 Anwendung der UfAB-Formel bei Optionen.** Beträgt der Vertragszeitraum für die zu vergebende Maßnahme zunächst nur ein Jahr und besteht im Übrigen nur die – möglicherweise wegen fehlender Haushaltsmittel gar nicht zum Tragen kommende – **Option, den Vertragszeitraum um jeweils ein Jahr bis zu einer Gesamtlaufzeit von drei Jahren zu verlängern**, muss dieser **Unterschied bei der Wertung der Preise zum Ausdruck gebracht werden**. Der Auftragsgeber kann bei seiner Wertung dann nicht den Durchschnittspreis für alle drei Jahre zu Grunde legen. Eine solche gleichmäßige Gewichtung der Preise ist fehlerhaft (OLG Düsseldorf, B. v. 19. 11. 2003 – Az.: VII – Verg 59/03).

Gesetz gegen Wettbewerbsbeschränkungen　　　　　　　　　　　GWB § 97　**Teil 1**

6.11.5.7.5 Weitere Beispiele aus der Rechtsprechung　　　　　　　　　　　　　　1265

– bei der UfAB IV handelt es sich um einen Leitfaden für die Ausschreibung und Bewertung von IT-Leistungen, der von der Koordinierungs- und Beratungsstelle für Informationstechnik der Bundesregierung herausgegeben wird und für jedermann unter www.kbst.bund.de im Internet abrufbar ist. Dieser **Leitfaden wird regelmäßig für öffentliche Ausschreibungen und insbesondere die Bewertung von IT-Leistungen herangezogen und ist daher regelmäßig sowohl den öffentlichen Auftraggebern wie auch den Fachunternehmen im IT-Bereich bekannt** (VK Niedersachsen, B. v. 8. 7. 2009 – Az.: VgK-29/2009)

– **beschränkt der Auftraggeber** bei Anwendung der erweiterten Richtwertmethode nach UfAB IV **die Zahl der Bieter** z. B. auf drei, nimmt er damit eine **unzulässige Doppelbeschränkung** vor. Eine Beschränkung der Bieter wird **bereits durch den festgelegten Schwankungsbereich erreicht**. Eine nochmalige Beschränkung ist in der UfAB IV nicht vorgesehen (1. VK Brandenburg, B. v. 14. 5. 2007 – Az.: 2 VK 14/07)

– nach der Rechtsprechung des OLG Düsseldorf **fallen unter den Begriff des Zuschlagskriterium im Sinne des § 9a VOL/A auch sog. Unterkriterien**, also Maßstäbe, die festlegen, mit welchem Gewicht bestimmte Merkmale eines Angebots innerhalb eines Zuschlagskriteriums berücksichtigt werden. Diese Unterkriterien sind den Bietern jedenfalls immer dann mit den Vergabeunterlagen bekannt zu geben, wenn diese Unterkriterien vom öffentlichen Auftraggeber im Vorfeld des Vergabeverfahrens aufgestellt worden sind. **Wendet ein Auftraggeber das UfAB-Verfahren** zur Ermittlung des wirtschaftlichsten Angebots an, ist im Sinne der Rechtsprechung des OLG Düsseldorf zu Unterkriterien **auch die Art der Berechnung des der Angebotswertung zugrunde liegenden Angebotspreises ein für die Bieter maßgeblicher Umstand, da sie erst hieraus hätten erkennen können, wie sich die von ihnen angebotenen Preise in der Angebotswertung tatsächlich** – nämlich als in die UFAB-Formel einzustellender Gesamtpreis – **auswirken**. Möglicherweise hätten die Bieter bei Kenntnis der konkreten Berechnungsmethode die von ihnen angegebenen Einzelpreise anders kalkuliert, um einen für sie im Rahmen der Angebotswertung vorteilhaften Preis zu erzielen. Hat der Auftraggeber die Berechnungsmethode bereits vor Beginn des Verhandlungsverfahrens, nämlich bereits im Verlauf des dem Verhandlungsverfahren vorausgehenden offenen Verfahrens, festgelegt, muss er alle Bieter bereits mit Eintritt in das Verhandlungsverfahren über die Maßstäbe, an denen die Angebote gemessen werden sollten, aufklären (1. VK Bund, B. v. 18. 1. 2007 – Az.: VK 1–148/06)

6.11.5.8 Anwendung der Barwertmethode

Die von einem Auftraggeber gewählte Methode, im Wege des finanzmathematisch grundsätz-　1266
lich anerkannten Berechnungsverfahrens der „Barwertmethode" die Hauptangebote und Nebenangebote vergleichbar zu machen, ist **zulässig** (VK Lüneburg, B. v. 8. 3. 2004 – Az.: 203-VgK-03/2004, B. v. 10. 3. 2004 – Az.: 203-VgK-04/2004).

6.11.5.9 Anwendung eines Mittelwertverfahrens

Ein Mittelwertverfahren gründet sich darin, dass die **Punktvergabe zunächst** anhand der　1267
Anzahl der in Betracht genommenen Bieter **als Maximalpunktzahl** ausgerichtet ist und **abgestuft weniger Punkte** vergeben werden. Der Grad dieser Abstufung bei der konkreten Bewertung hängt jedoch davon ab, wie viele Wettbewerber ein (angeblich) gleich hohes Wertungsniveau (sehr gut, gut etc.) beim konkreten Zuschlagskriterium erreichen. Je mehr gleich gute Wettbewerber es auf einer Stufe gibt, um so geringer ist der konkrete Punktwert (aufgrund der vorzunehmenden Teilung der addierten Punktzahl durch die Anzahl der Bewerber) und um so größer wird insbesondere der Punktabstand zu höher bewerteten Unternehmen, zumal wenn diese alleine ohne Teilung der Punkte bewertet werden. Diese **Punktvergabe verzerrt den Wettbewerb** gemäß § 97 Abs. 1 GWB und benachteiligt weniger gute Bewerber unangemessen, da sich die individuellen Punktvergaben überproportional reduzieren und in der Addition z. B. von mehreren Zuschlagskriterien unverhältnismäßig geringe Gesamtpunktzahlen vergeben werden (1. VK Sachsen, B. v. 29. 11. 2001 – Az.: 1/SVK/110-01).

6.11.5.10 Anwendung des Losverfahrens

6.11.5.10.1 Bauausschreibungen. Ob Losverfahren im Vergaberecht in besonders gelager-　1268
ten Ausnahmefällen überhaupt zulässig sind, ist eine Frage, die in der Praxis bei Bauausschreibungen keine Relevanz entfalten wird. Es ist in der **Wettbewerbsrealität nicht zu erwarten, dass es zwei in allen Wertungspunkten identische Angebote gibt**. Ein solcher Fall wür-

289

Teil 1 GWB § 97 Gesetz gegen Wettbewerbsbeschränkungen

de vorrangig die Frage nach unzulässigen Absprachen aufwerfen und eine Überprüfung ganz anderer Art veranlassen müssen (VK Düsseldorf, B. v. 30. 9. 2002 – Az.: VK – 26/2002 – L).

1269   6.11.5.10.2 Sonstige Ausschreibungen. Weisen alle Angebote das gleiche Preis-Leistungs-Verhältnis auf, kann eine Zuschlagsentscheidung mit den bekannt gegebenen Kriterien nicht begründet werden. In einem solchen Fall wird der **Gleichbehandlungsgrundsatz am ehesten gewährleistet, wenn mit einem Losverfahren über den Zuschlag entschieden** wird. Über das Losverfahren und dessen Ausgang sind die Bieter nach § 101a GWB zu informieren (VK Baden-Württemberg, B. v. 18. 7. 2003 – Az.: 1 VK 30/03; VK Nordbayern, B. v. 27. 6. 2003 – Az.: 320.VK-3194-20/03).

1270   Ein **Losverfahren kann jedoch nur als „ultima ratio"** für die Auswahl der Bewerber bzw. der Bieter angesehen werden. Erst wenn eine ordnungsgemäße Prüfung und Wertung erfolgt ist und damit sichergestellt ist, dass eine objektive Auswahl nach objektiven Kriterien unter gleich qualifizierten Bewerbern nicht mehr nachvollziehbar durchführbar ist, kann ein Losverfahren zulässig sein (VK Arnsberg, B. v. 26. 7. 2004 – Az.: VK 2–12/2004; B. v. 26. 7. 2004 – Az.: VK 2–11/2004; B. v. 13. 7. 2004 – Az.: VK 2–09/2004; B. v. 13. 7. 2004 – Az.: VK 2–08/2004; 2. VK Mecklenburg-Vorpommern, B. v. 7. 1. 2008 – Az.: 2 VK 5/07; VK Nordbayern, B. v. 24. 10. 2007 – Az.: 21.VK – 3194 – 38/07; 2. VK Sachsen-Anhalt, B. v. 3. 7. 2008 – VK 2 LVwA LSA – 05/08).

1271   Aus **Gründen der Mittelstandsförderung** ist darauf zu achten, dass ein Bieter, der bereits einen Teilauftrag erhalten hat, **nicht mehr am weiteren Losverfahren beteiligt** wird, um sicherzustellen, dass die Teilaufträge gleichmäßig auf verschiedene Bieter verteilt werden. Denn aus der wirtschaftlichen Gleichstellung der Angebote folgt, dass jedem Bieter hinsichtlich der Lose dieselben Chancen auf einen Auftrag einzuräumen sind. Aus Gründen der Mittelstandsförderung erscheint es sachgerecht, dass eine möglichst breite Streuung der Aufträge erfolgt und eine zufällige Häufung der Teilaufträge auf einen Bieter vermieden wird (VK Baden-Württemberg, B. v. 18. 7. 2003 – Az.: 1 VK 30/03; VK Brandenburg, B. v. 21. 7. 2004 – Az.: VK 35/04, 38/04).

1272   Eine Zuschlagserteilung durch Verlosung beinhaltet aber dann keinen Zuschlag auf das wirtschaftlichste Angebot, wenn die Angebote preisliche Unterschiede aufweisen (VK Düsseldorf, B. v. 22. 7. 2002 – Az.: VK – 19/2002 – L)

1273   Die **Zulässigkeit der Anwendung eines Losverfahrens im Bereich der Eignungsauswahl** ist ausdrücklich in **§ 10 Abs. 3 VOF 2009** aufgenommen worden.

1274   6.11.5.10.3 Beispiele aus der Rechtsprechung

– ein **Losentscheid kann zwar nicht als Kriterium angesehen werden**, anhand dessen die Angebote **vergleichend bewertet** werden. Der **Losentscheid entfaltet für die Bieter jedoch in noch stärkerer Form als ein einzelnes von mehreren Wertungskriterien die Wirkung, dass die Chance zum Vertragsschluss abschließend vom Ausgang dieses Verfahrens abhängt.** Ob ein solches Verfahren gewählt wird oder nicht, hat für den Bieter deshalb ohne den üblichen Vergabekriterien vergleichbare Bedeutung und bestimmt, wie der Antragstellerin auch vorbringt, sein Angebotsverhalten. Unter Berücksichtigung eines möglichen Losentscheides können Überlegungen eine Rolle spielen, sich zur Steigerung der eigenen Chancen nicht zu einer, sondern zu mehreren Bietergemeinschaft(en) zusammenzuschließen oder als Einzelbieter anzubieten (VK Düsseldorf, B. v. 14. 7. 2003 – Az.: VK – 19/2003 – L)

– Lieferung von lernmittelfreien Schulbüchern (VK Südbayern, B. v. 21. 7. 2003, Az.: 26-06/03)

6.11.5.11 Zulässigkeit eines Wertungssystems, das auf die durch einen Rabatt erzielbaren Einsparungen abstellt

1275   Ein **Wertungssystem, das bei der Auswahl des bzw. der Rabattvereinbarungspartner auf die durch den Rabatt erzielbaren Einsparungen abstellt** und hierfür den angebotenen Rabatt-Prozentsatz auf den derzeitigen Jahresumsatz des Bieters mit dem Arzneimittel zu Lasten des Auftraggebers unter Berücksichtigung einer erwarteten Umsatzsteigerung bezieht, **verstößt weder gegen den Wirtschaftlichkeitsgrundsatz noch gegen das Gleichbehandlungsgebot**. Vielmehr sind Ungleichbehandlungen, denen Bieter durch dieses Abstellen auf die umsatzbezogene Rabatthöhe unterliegen mögen, durch sachgerechte wirtschaftliche Erwägungen des Auftraggebers, die den Besonderheiten des jeweiligen Marktes Rechnung tragen, gerechtfertigt (2. VK Bund, B. v. 22. 8. 2008 – Az.: VK 2–73/08 – mit umfangreicher Begründung).

Gesetz gegen Wettbewerbsbeschränkungen GWB § 97 **Teil 1**

6.11.5.12 Wertung aller Zuschlagskriterien

Die Vergabestelle hat die Verpflichtung, die in den Verdingungsunterlagen genannten Zuschlagskriterien auch in die Bewertung einfließen zu lassen (OLG Naumburg, B. v. 13. 5. 2008 – Az.: 1 Verg 3/08; 1. VK Bund, B. v. 11. 10. 2002 – VK 1–75/02).   1276

Dem Auftraggeber ist also im Hinblick auf die von ihm benannten Wertungskriterien in der Vergabebekanntmachung und dem Aufforderungsschreiben ein Wertungsausfall vorzuwerfen, wenn er zu Unrecht für die Ermittlung des wirtschaftlichsten Angebotes **erkennbar ausschließlich auf den Preis abstellt, obwohl er** in der Vergabebekanntmachung und dem Aufforderungsschreiben **eine Reihe weiterer Wertungskriterien aufgestellt** hat, die allesamt gemäß § 16a VOB/A bzw. § 19 EG Abs. 8 VOL/A hätten herangezogen und geprüft werden müssen. Hat der Auftraggeber z.B. neben dem Preis die Kriterien Wirtschaftlichkeit, Qualität und Fristen als Zuschlagskriterien angegeben und begründet er in seinem Vergabevermerk seine Entscheidung ausschließlich mit dem Angebotspreis, hat er die **verbleibenden drei Wertungskriterien demnach nicht nachvollziehbar in seine Entscheidung mit einbezogen** (OLG Naumburg, B. v. 13. 5. 2008 – Az.: 1 Verg 3/08; 1. VK Sachsen, B. v. 8. 4. 2002 – Az.: 1/SVK/022-02).   1277

6.11.5.13 Wertung aller Leistungsanforderungen

Eine ordnungsgemäße Wertung setzt **außerdem eine vollumfängliche Prüfung der Frage voraus, ob die eingereichten Angebote das zu leisten in der Lage sind, was in den Verdingungsunterlagen gefordert wird**. Dazu gehört, dass die Einhaltung der ausgeschriebenen Vorgaben umfassend geprüft wird. Dies ergibt sich schon aus dem Grundsatz der Selbstbindung der Verwaltung sowie den Geboten der Transparenz des Vergabeverfahrens und der Gleichbehandlung der Bieter. Wenn eine Vergabestelle ihre in der Ausschreibung genannten Wertungskriterien im Nachhinein bei der Wertung der abgegebenen Angebote nicht vollumfänglich anwendet, wäre die Vergabeentscheidung nicht nachvollziehbar und diejenigen Bieter, die sich an die Ausschreibungsbedingungen gehalten haben, würden benachteiligt. Eine **Beschränkung in diesem Zusammenhang z.B. auf die Arbeitsproben und die Nachweise greift zu kurz**, insbesondere auch vor dem Hintergrund, dass natürlich jeder Bieter bestrebt sein wird, eine Arbeitsprobe und Nachweise einzureichen, die den vorgegebenen Qualitätsstandards entsprechen (3. VK Bund, B. v. 14. 4. 2004 – Az.: VK 3–41/04).   1278

6.11.5.14 Zulässigkeit einer vergleichenden Wertung

Zuschlagskriterien (z.B. Konstruktion und Gestaltung – nicht anders als das Kriterium des Preises) **sind einer vergleichenden Wertung zugänglich**. Nur wenn sich in der letzten Wertungsstufe die eingereichten Angebote sachlich und im Hinblick auf den Inhalt des Angebots in technischer, gestalterischer und funktionsbedingter Hinsicht nicht unterscheiden oder gleichwertig sind, kommt allein dem Preis ausschlaggebende Bedeutung zu (BayObLG, B. v. 23. 3. 2004 – Az.: Verg 03/04); vgl. dazu die Kommentierung → Rdn. 1038.   1279

6.11.5.15 Konsequenzen aus der fehlenden Ausfüllung von Fragebögen durch den Nutzer

Erfolgt eine Wertung dahingehend, dass der **Auftraggeber von den Nutzern einer Leistung einzelne Wertungspunkte über einen Fragebogen erheben** lässt, ist es **nicht zulässig, dass bei der Wertung die Nichtausfüllung des Fragebogens**, welche aus den unterschiedlichsten Gründen erfolgt sein kann, zu Lasten eines Bieters dahin gewertet wird, dass er die schlechteste Punktzahl erhält, und er sich damit schlechter steht als ein Bieter, dessen Angebot in diesem Unterpunkt mit mangelhaft bewertet wird. Durch eine derartige Wertung werden das Ergebnis und damit der Wettbewerb verzerrt, und zwar jeweils zu Lasten des Bieters, dessen Angebot in dieser Form bewertet wird (OLG München, B. v. 19. 3. 2009 – Az.: Verg 2/09).   1280

6.11.5.16 Wertung einer Bedarfsposition

Die **Rechtsprechung** ist insoweit **nicht eindeutig**.   1281

Nach einer Auffassung ist es nicht nur zulässig, Bedarfspositionen zu werten, sondern deren **Wertung ist aus Gründen der Transparenz und der Wettbewerbsgerechtigkeit zwingend geboten**. Denn ohne deren Berücksichtigung könnten sie von Bietern preislich beliebig hoch angesetzt werden, ohne dass dies Auswirkungen auf die Auftragschancen hätte. Dies könn-   1282

Teil 1 GWB § 97 Gesetz gegen Wettbewerbsbeschränkungen

te in der Kalkulation eine erhebliche Rolle spielen und diejenigen Bieter benachteiligen, die ein realistisches, sorgfältig kalkuliertes Angebot auf die Bedarfspositionen abgeben. Aber auch der Auftraggeber könnte gezwungen sein, den Zuschlag auf das nur ohne Berücksichtigung der Bedarfspositionen wirtschaftlichste Angebot zu erteilen. Sollte es dann zur Ausführung der Leistungen kommen, wäre der Auftraggeber auch an in Bedarfspositionen überteuerte Angebote gebunden. Hier würde der Manipulation Tür und Tor geöffnet. Der Auftraggeber hat allerdings **sorgfältig darauf zu achten, eine transparente Vergabeentscheidung zu ermitteln und den Gefahren von Manipulationen entgegenzutreten** (Saarländisches OLG, Urteil v. 24. 6. 2008 – Az.: 4 U 478/07; VK Nordbayern, B. v. 4. 10. 2005 – Az.: 320.VK – 3194 – 30/05; VK Schleswig-Holstein, B. v. 12. 7. 2005 – Az.: VK-SH 14/05; B. v. 3. 11. 2004 – Az.: VK-SH 28/04; VK Südbayern, B. v. 7. 4. 2006 – Az.: 07-03/06; im Ergebnis ebenso VK Arnsberg, B. v. 29. 10. 2009 – Az.: VK 21/09).

1283   Eine **Ausnahme hiervon ist nur denkbar, wenn sich nach der Angebotsabgabe herausstellt, dass die im Leistungsverzeichnis aufgenommenen Bedarfspositionen mit Sicherheit nicht zur Ausführung gelangen** werden. In einem solchen Fall können diese Bedarfsposition aus der Wertung genommen werden, weil eine Auswirkung auf die Wirtschaftlichkeit eines Angebots auszuschließen ist (VK Nordbayern, B. v. 4. 10. 2005 – Az.: 320.VK – 3194 – 30/05).

1284   Ist die grundsätzliche **Wertung der Bedarfspositionen aus der Angebotsaufforderung ersichtlich**, ist die **Vergabestelle an diese Vorgabe gebunden** (VK Nordbayern, B. v. 11. 10. 2006 – Az.: 21.VK-3194-31/06).

1285   Nach einer anderen Auffassung kommt grundsätzlich eine **Wertung von Bedarfspositionen nur dann in Betracht, wenn sich nach Erstellung des Leistungsverzeichnisses neue Erkenntnisse bezüglich der Realisierung dieser Leistungen ergeben**. Durch die Wertung von Bedarfspositionen besteht nämlich ansonsten die Gefahr, dass die Vergabeentscheidung nicht transparent ist (VK Magdeburg, B. v. 22. 2. 2001 – Az.: 33–32571/07 VK 15/00 MD).

1286   Die **Wertung einer Bedarfsposition kommt nur in dem Umfang in Betracht, wie sie im Leistungsverzeichnis verzeichnet ist**; denn auch insoweit gilt die Vorgabe, dass das Leistungsverzeichnis eindeutig und erschöpfend zu sein hat (VK Münster, B. v. 25. 2. 2003 – Az.: VK 01/03; VK Nordbayern, B. v. 4. 10. 2005 – Az.: 320.VK – 3194 – 30/05).

1287   Dies bedeutet gleichzeitig, dass sie **in vollem Umfang beauftragbar und daher im maximalen Preis in die Wertung einzurechnen** sind (Saarländisches OLG, Urteil v. 24. 6. 2008 – Az.: 4 U 478/07; VK Arnsberg, B. v. 29. 10. 2009 – Az.: VK 21/09; B. v. 28. 1. 2004 – Az.: VK 1–30/2003; VK Nordbayern, B. v. 4. 10. 2005 – Az.: 320,VK – 3194 – 30/05).

1288   Eine **Regelung in den Vergabeunterlagen dergestalt, dass die Optionen keinen Eingang in die Wertung finden, kann durch den Beurteilungsspielraum des Auftraggebers gedeckt sein**. Denn die Einschätzung, ob und in welchem Umfang Optionen in die Angebotswertung einbezogen werden, hat der Auftraggeber zu treffen. **Entscheidet sich der Auftraggeber, da keine hinreichenden Anhaltspunkte für eine erhebliche Inanspruchnahme der Option vorliegen, gegen deren Wertung, ist diese Erwägung sachgerecht und nicht zu beanstanden**. Bedenken könnten sich dann allenfalls unter dem Ge-sichtspunkt ergeben, dass die Abfrage einer Option, für deren Ausübung keine hinreichenden Anhaltspunkte bestehen, möglicherweise in die Nähe einer unzulässigen Markterkundung rückt. Dies würde indes allenfalls für die Unzulässigkeit der betreffenden Preisabfrage sprechen, nicht jedoch dafür, dass der – unterstellt – unzulässig erkundete Preis in die Wertung eingehen muss. Letzteres wäre geradezu sinnwidrig, denn die Unzulässigkeit der Markterkundung folgt gerade daraus, dass keine konkrete Beschaffungsabsicht vorliegt. Die optionalen Produkte sind ohne größeren Aufwand auszuwählen und zu bepreisen; dass während des Auftragszeitraums dieser Preis festliegt, **benachteiligt den Bieter nicht etwa, sondern verschafft ihm die Gelegenheit, bei Ausübung der Option durch den Auftraggeber zu einem – angesichts des Preisverfalls von IT-Produkten – mit fortschreitender Zeit für den Bieter zunehmend attraktiver werdenden Preis mit den optionalen Leistungen beauftragt** zu werden (2. VK Bund, B. v. 22. 12. 2009 – Az.: VK 2–204/09).

6.11.5.17 Wertung einer Wahlposition

1289   **6.11.5.17.1 Wertungsproblematik.** Die Wertung von Wahlpositionen ist bereits im Grundsatz problematisch. Regelmäßig sind die Grundpositionen zur Wertung heranzuziehen. Sie ergeben die Bieterreihenfolge. Der Auftraggeber hat jedoch das Recht die **Wahlposition zu beauftragen**. Damit kann **nicht nur die Auftragssumme wesentlich von der Wertungssumme abweichen**, sondern auch die „**Bieterreihenfolge**" **nunmehr der ursprünglichen Wertungsreihenfolge nicht mehr entsprechen**. Um der damit möglichen Manipulation nicht Tür und Tor zu öffnen, muss die Ausschreibung von Wahlpositionen Ausnahme bleiben oder, wie von der Literatur gefordert, nur untergeordnete Positionen betreffen (VK Hannover, B. v. 5. 7. 2002 – Az.: 26 045 – VgK – 4/2002).

6.11.5.17.2 Grundsatz. Entscheidet sich der öffentliche Auftraggeber für die Inanspruchnahme einer ausgeschriebenen Wahlposition, **muss er deren Angebotspreise auch in die Wertung einstellen**. Nur durch die Einbeziehung der Wahlpositionspreise lässt sich ermitteln, welches Angebot in Bezug auf den konkret zu deckenden Beschaffungsbedarf des öffentlichen Auftraggebers das wirtschaftlichste ist (OLG Düsseldorf, B. v. 14. 8. 2003 – Az.: VII – Verg 46/03). 1290

6.11.5.17.3 Beurteilungsspielraum und Nachprüfung. Die **Entscheidung für eine Wahlposition ist ein wertender Vorgang**. Dem **Auftraggeber** ist dabei ein **Beurteilungsspielraum** einzuräumen, der nur einer eingeschränkten Kontrolle durch die Nachprüfungsinstanzen zugänglich ist. Die Entscheidung der Vergabestelle kann folglich nur darauf überprüft werden, ob die rechtlichen Grenzen des Beurteilungsspielraums überschritten sind. Eine Überschreitung des Beurteilungsspielraums ist anzunehmen, wenn von einem unzutreffenden Sachverhalt ausgegangen wird oder sachwidrige Erwägungen in die Entscheidung einbezogen werden (VK Nordbayern, B. v. 12. 12. 2001 – Az.: 320.VK-3194-41/01). 1291

6.11.5.17.4 Wertung einer vergabeerheblichen Wahlposition nach einem Vergabenachprüfungsverfahren. Die **Rechtsprechung** hierzu ist **nicht einheitlich**. 1292

Aus dem Grundsatz der Bestimmtheit der Leistung folgt, dass bei der Wertung mit Blick auf Alternativ- und Eventualpositionen die Positionen zugrunde zu legen sind, deren Ausführung nach Lage der Dinge als sicher angesehen werden kann. Der **maßgebliche Zeitpunkt hierfür ist der Zeitpunkt der Wertung**. Haben sich aufgrund des Vergabenachprüfungsverfahrens insoweit **neue Erkenntnisse ergeben, so sind diese bei der erneuten Prüfung und Wertung zu berücksichtigen** (2. VK des Bundes, B. v. 4. 5. 2001 – Az.: VK 2–12/01). 1293

Kann ein öffentlicher Auftraggeber vermöge seiner Entscheidung über die Inanspruchnahme der Wahlposition direkten Einfluss auf das Wertungsergebnis nehmen, lässt sich bei dieser Sachlage eine **Beeinflussung des Wertungsergebnisses** in ausreichender Weise **nur dadurch ausschließen**, dass **triftige Gründe zu fordern** sind, wenn der **Auftraggeber von seiner ursprünglichen Entscheidung** für die Grundposition **abrücken** und auf die Wahlposition wechseln will (OLG Düsseldorf, B. v. 14. 8. 2003 – Az.: VII – Verg 46/03). 1294

Bindet sich – nach einer weiteren Meinung – bei der Ermittlung des wirtschaftlichsten Angebotes der **Auftraggeber** insoweit, als er **sich festlegt, welche Grundpositionen bzw. Wahlpositionen gewertet werden**, kann er im Nachgang des Nachprüfungsverfahrens **nicht mehr** bei einer weiteren Wertung **auf die Alternativposition umschwenken** (VK Lüneburg, B. v. 28. 11. 2001 – Az.: 203-VgK-21/2001). 1295

6.11.5.17.5 Regelung des HVA B-StB 04/2010 zu Besonderheiten der Prüfung und Wertung von Grund- und Wahlpositionen. Bei Grund- und Wahlpositionen darf eine teurere Variante (Grund- oder Wahlposition) nur dann beauftragt werden, wenn dies nicht zu einer Änderung der Bieterreihenfolge führt und haushaltsrechtlich begründet werden kann (Nr. 2.4 Abs. 56). 1296

6.11.5.18 Wertung von angehängten Stundenlohnarbeiten

Angehängte Stundenlohnarbeiten dürfen bei der Ermittlung des wirtschaftlichsten Angebotes (§ 16 Abs. 6 VOB/A) – auch und gerade, wenn sie als Bedarfsposition gekennzeichnet sind – **nur dann gewertet** werden, wenn der **Auftraggeber dies vorher in der Bekanntmachung oder den Vergabeunterlagen verlautbart hatte** und ein **Wissenszuwachs** hinsichtlich der Inanspruchnahme dieser Position besteht. **Bloße Vermutungen reichen nicht** (1. VK Sachsen, B. v. 13. 5. 2003 – Az.: 1/SVK/038-03). 1297

Das **Weglassen der Stundenlohnarbeiten bei der Wertung** ist – im Gegensatz zu normalen Leistungspositionen – **zulässig**, wenn es sich **um Bedarfspositionen handelt** und der **Auftraggeber sich nicht dahin gebunden hat, Bedarfspositionen zu werten** (VK Nordbayern, B. v. 11. 10. 2006 – Az.: 21.VK-3194-31/06). 1298

Teil 1 GWB § 97 Gesetz gegen Wettbewerbsbeschränkungen

6.11.5.19 Wertung eines Koppelungsangebotes

1299 **6.11.5.19.1 Begriff.** Es liegt ein so genanntes Koppelungsangebot vor, **wenn ein Angebot unter der Bedingung gelten soll, dass zugleich der Zuschlag für ein im Rahmen einer anderen Ausschreibung abgegebenes Angebot erteilt wird** (1. VK Sachsen, B. v. 23. 5. 2003 – Az.: 1/SVK/030-03) oder dass der Zuschlag **für ein anderes Los oder mehrere Lose derselben Ausschreibung** erteilt wird (LG Bad Kreuznach, B. v. 24. 10. 2008 – Az: 2 O 326/08; VK Nordbayern, B. v. 30. 9. 2010 – Az.: 21.VK – 3194 – 33/10).

1300 Als Hauptanwendungsfall wird dabei das **Angebot eines Preisnachlasses für den Fall** diskutiert, **dass der Zuschlag auch auf ein im Rahmen einer anderen Ausschreibung abgegebenes Angebot erteilt** wird (VK Brandenburg, B. v. 7. 5. 2002 – Az.: VK 14/02).

1301 **6.11.5.19.2 Zulässigkeit.** Derartige Koppelungsangebote sind **grundsätzlich erlaubt, sofern sie mit dem vergaberechtlichen Wettbewerbsgebot nach § 97 Abs. 1 GWB vereinbar sind.** Das Vergaberecht und dessen Anwendung kann und darf nämlich kein Verhalten rechtfertigen, das die Ausschreibung ihrer Funktion als Auswahlverfahren zur Ermittlung des wirtschaftlichsten Angebotes beraubt und die Mitbewerber um die Chance bringt, im Leistungswettbewerb um ihren Auftrag zu kämpfen. Ein solches Verhalten wäre rechtlich als eine ungesunde Begleiterscheinung bzw. wettbewerbsbeschränkende Verhaltensweise zu würdigen, der nach § 2 VOB/A zu begegnen ist. **Koppelungsangebote** sind **dann wettbewerbswidrig, wenn versucht wird, ein vorliegendes Wettbewerbsergebnis zu unterlaufen.** Dies ist z. B. dann der Fall, wenn dem Bieter bei der Angebotsabgabe für die Bauleistung x das Ergebnis der Bauleistung y bereits bekannt ist und er dort nicht Wettbewerbsgewinner ist (Thüringer OLG, B. v. 21. 9. 2009 – Az.: 9 Verg 7/09; VK Nordbayern, B. v. 30. 9. 2010 – Az.: 21.VK – 3194 – 33/10). Unzulässig ist auch eine **gemeinsame Wertung unabhängig voneinander ausgeschriebener Bauleistungen** (VK Brandenburg, B. v. 7. 5. 2002 – Az.: VK 14/02). Dasselbe muss gelten, wenn die Ausschreibung zum Los y aufgehoben wird und ein Bieter aufgrund des Wegfalls der Bindungswirkung für sein Altangebot im nachfolgenden Verhandlungsverfahren die Gelegenheit erhält, durch zielgerichtete Ausgestaltung seines aktuellen Verhandlungsangebotes die Voraussetzungen für die Einbeziehung eines Koppelungsnachlasses zu bewirken und damit – unter Einbeziehung des Koppelungsnachlasses – auch im zweiten Los wirtschaftlichster Bieter zu werden (1. VK Sachsen, B. v. 23. 5. 2003 – Az.: 1/SVK/030-03).

1302 **6.11.5.19.3 Koppelungsangebote zur Lieferung preisgebundener und nicht preisgebundener Schulbücher.** Ein Koppelungsgeschäft liegt vor, wenn ein Gesamtauftrag sowohl preisgebundene als auch nicht preisgebundene Schulbücher umfasst. **Bei solchen Koppelungsgeschäften darf der dem Abnehmer nicht preisgebundener Bücher zu berechnende Preis nicht den Preis unterschreiten, zu dem der Buchhändler sich diese Bücher beschafft hat.** Eine Preisgrenze für nicht preisgebundene Bücher, die die Buchhändler im Rahmen von Koppelungsgeschäften unter preisbindungsrechtlichen Gesichtspunkten einhalten müssten, besteht nicht. Ob generell eine Verletzung der Preisbindung angenommen werden kann, wenn im Rahmen von Koppelungsgeschäften für nicht preisgebundene Bücher ein Nachlass von über 20% eingeräumt wird, weil dann stets ein Gewinn aus dem Gesamtgeschäft nur über die Gewinnspanne bei den preisgebundenen Büchern zu erzielen sein soll, ist eine Frage des Einzelfalls (2. VK Brandenburg, B. v. 3. 8. 2001 – Az.: 2 VK 66/01; 1. VK Sachsen, B. v. 28. 5. 2001 – Az.: 1/SVK/35-01).

1303 **6.11.5.19.4 Weitere Beispiele aus der Rechtsprechung**

– die Kopplung zweier Angebote ist **nicht unzulässig, wenn es einen sachlich rechtfertigenden Grund für die Gewährung eines Preisnachlasses** für den Fall des Zuschlags von zwei oder drei Losen gibt (LG Bad Kreuznach, B. v. 24. 10. 2008 – Az: 2 O 326/08)

6.11.5.20 Wertung einer Parallelausschreibung

1304 **6.11.5.20.1 Hinweis.** Zu den Einzelheiten der Parallelausschreibung vgl. die Kommentierung zu § 2 VOB/A und § 2 VOL/A.

1305 Die **Wertung einer Parallelausschreibung**, in der nicht nur reine Bauleistungen, sondern auch Dienstleistungen wie etwa die Finanzierung einer Bauleistung, gegebenenfalls noch verknüpft mit einem Wirtschaftlichkeitsvergleich zwischen Eigenfinanzierung und Fremdfinanzierung, ist **sehr komplex und erfordert spezifische Kenntnisse**.

1306 Die Rechtsprechung hat sich hiermit im Einzelnen noch nicht beschäftigt. Lediglich zu dem Grundmodell der Parallelausschreibung (Ausschreibung von Losen und der Gesamtvergabe) gibt es Entscheidungen.

Gesetz gegen Wettbewerbsbeschränkungen GWB § 97 **Teil 1**

6.11.5.20.2 Allgemeines. Die Entscheidung über die Zuschlagserteilung entsprechend der Angebotsvarianten (Einzellosvergabe-Gesamtvergabe) ist dem Auftraggeber nicht willkürlich überlassen. Die **Prüfung und Wertung ist entsprechend der Grundsätze des § 16 VOB/A durchzuführen** und zwar **für jedes Einzellos getrennt, die Gesamtangebote getrennt und danach die vergleichende Prüfung und Wertung der Gesamtsumme der wirtschaftlichsten Angebote der einzelnen Lose und dem wirtschaftlichsten Gesamtangebot.** Ein Zwischenschritt bei der Einzellosvergabe wird in dem Fall erforderlich, wenn Bieter für **Loskombinationen** angeboten haben. Ergibt sich, dass die Addition der Angebotssummen der wirtschaftlichsten Angebote der einzelnen Lose, niedriger liegt als die Gesamtangebotssumme des wirtschaftlichsten Gesamtanbieters, ist eine Einzellosvergabe durchzuführen. Im Umkehrfall ist andersherum zu verfahren. Der Vergabebeschluss hat demzufolge auf das insgesamt wirtschaftlichste Angebot zu lauten (VK Thüringen, B. v. 1. 8. 2008 – Az.: 250–4003.20– 1952/2008-015-GRZ; B. v. 6. 7. 2001 – Az.: 216–402.20-020/01-NDH). 1307

6.11.5.20.3 Zusätzliche Leistungen eines Generalunternehmers. Der vorgenommene rein rechnerische Vergleich von Generalunternehmer-Angeboten zu Einzelangeboten wird dem in den Verdingungsbestimmungen genannten Zuschlagskriterium Wirtschaftlichkeit nicht gerecht. Bei einem **Wirtschaftlichkeitsvergleich sind auch die Leistungen zu berücksichtigen, die ein Generalunternehmer zusätzlich zur Summe der gewerkeweisen Bauleistungen erbringt.** Die Vorteile einer Vergabe an einen Generalunternehmers können z.B. sein „größere Terminsicherheit, Folgen von Behinderung der Einzelfirmen untereinander sowie von Insolvenzen der Einzelfirmen können nicht zu Lasten des Auftraggebers gehen, nur ein Ansprechpartner bei Gewährleistungsmängel, geringerer Aufwand der Architektenbauleistung, etc." (2. VK Bremen, B. v. 23. 8. 2001 – Az.: VK 4/01). Bei der **Wertung dieser Leistungen hat der Auftraggeber ein Wertungsermessen z.B. dahingehend, ob diese zusätzlichen Generalunternehmerleistungen vom öffentlichen Auftraggeber überhaupt benötigt werden**, weil er die Planungs- und Projektsteuerungsaufgaben an qualifizierte Fachunternehmen vergeben hat, so dass die mit der Vergabe von Bauleistungen an Generalunternehmer verbundenen Vorteile nur noch von geringerem wirtschaftlichen Gewicht sind. Insbesondere müssen Qualitätsvorteile der vom Generalunternehmer angebotenen technischen Leistungen gegenüber denjenigen der Einzelanbieter dargelegt werden (Hanseatisches OLG Bremen, B. v. 22. 10. 2001 – Az.: Verg 2/2001). 1308

6.11.5.21 Wertung von versehentlich nicht in die Ausschreibung aufgenommenen Leistungen?

Die gesetzlich eingeräumte Möglichkeit, nach der VOB/B notwendige Leistungen, die (versehentlich) nicht im Leistungsverzeichnis aufgeführt worden sind, **nachträglich einzubeziehen und hierüber auch nachträglich eine Vergütung zu vereinbaren**, bedeutet nicht, dass der Auftraggeber **(fiktive) Preise für solche Positionen bereits in die Wertung gemäß § 16 Abs. 6 VOB/A mit einbeziehen kann**. Da diese Positionen nicht im Leistungsverzeichnis aufgeführt sind, vergleichbare Preise aller Bieter für diese Positionen somit nicht vorliegen, verstößt der Antragsgegner mit solch einer Vorgehensweise sowohl gegen den Grundsatz der Gleichbehandlung gemäß § 97 Abs. 2 GWB als auch gegen die Verpflichtung, ein transparentes Verfahren durchzuführen (VK Detmold, B. v. 16. 1. 2001 – Az.: VK.11–31/00). 1309

6.11.5.22 Wertung der ausgeschriebenen Mengen und Massen

Bei der Ermittlung des wirtschaftlichsten Angebotes gem. § 16 Abs. 6 Nr. 3 VOB/A **muss der Auftraggeber stets die Mengen und Massen zugrunde legen, die er im Leistungsverzeichnis vorgegeben** hat. Denn **nur diese Angaben** waren den Bietern bekannt und daher allein **Grundlage für ihre Angebotskalkulation.** Andernfalls könnte ein Auftraggeber durch Veränderung der Massen und Vordersätze Einfluss auf das Wertungsergebnis und die Rangfolge der Bieter nehmen (OLG Naumburg, B. v. 13. 10. 2006 – Az.: 1 Verg 7/06; B. v. 13. 10. 2006 – Az.: 1 Verg 6/06; VK Nordbayern, B. v. 11. 10. 2006 – Az.: 21.VK-3194- 31/06). Dieser Rechtsgedanke liegt auch der Regelung des § 25a VOB/A 2006 zugrunde. Danach dürfen bei der Wertung der Angebote nur Kriterien berücksichtigt werden, die in der Bekanntmachung oder in den Vergabeunterlagen genannt sind. Will der Auftraggeber gleichwohl von den Mengen und Massen abweichen, so kann er dies ggf. nach Zuschlagserteilung tun. Die **Vergütung erfolgt dann gem. § 2 Abs. 2 VOB/B unter Bindung an die vertraglichen Einheitspreise und die Urkalkulation** (VK Lüneburg, B. v. 17. 9. 2001 – Az.: 203-VgK-18/2001). 1310

6.11.5.23 Wertung eines Irrtums

1311 **6.11.5.23.1 Kalkulationsirrtum eines Bieters. 6.11.5.23.1.1 Begriff des Kalkulationsirrtums.** Außer in den in §§ 120, 123 BGB geregelten Fällen kann nach § 119 BGB eine Willenserklärung wegen Inhaltsirrtums (Auseinanderfallen von Wille und Erklärung; § 119 Abs. 1 1. Alternative BGB), wegen Erklärungsirrtums (§ 119 Abs. 1 2. Alternative BGB) oder wegen Irrtums über eine verkehrswesentliche Eigenschaft der Person oder der Sache (§ 119 Abs. 2 BGB) angefochten werden, sofern der Erklärende die Willenserklärung bei Kenntnis der Sachlage und bei verständiger Würdigung des Falles nicht abgegeben haben würde (§ 119 Abs. 1 2. Halbsatz BGB). Bei dem (einseitigen) **Kalkulationsirrtum handelt es sich dagegen um einen schon im Stadium der Willensbildung unterlaufenden Irrtum im Beweggrund (Motivirrtum)**, der von keinem der gesetzlich vorgesehenen Anfechtungsgründe erfasst wird (BGH, Urteil v. 7. 7. 1998 – Az.: X ZR 17/97).

1312 Ein **echter Erklärungsirrtum im Sinn von § 119 Abs. 1 BGB** ist – in Abgrenzung zum internen Kalkulationsirrtum, der sich nur als unbeachtlicher Motivirrtum ausdrückt – bei einem **Beruhen der fehlerhaften Angabe auf einem Übertragungsfehler bei der Überarbeitung der Preisangaben** anzunehmen (Brandenburgisches OLG, Urteil v. 23. 3. 2005 – Az.: 4 U 158/04).

1313 **6.11.5.23.1.2 Anfechtung eines Kalkulationsirrtums.** Ein Kalkulationsirrtum kann durch den Bieter grundsätzlich nicht angefochten werden (OLG Naumburg, Urteil v. 22. 11. 2004 – Az.: 1 U 56/04). Bei dieser Risikoverteilung zu Lasten des Erklärenden verbleibt es regelmäßig auch dann, wenn der **Erklärungsempfänger** (Auftraggeber) den Kalkulationsirrtum des Erklärenden hätte erkennen können, ohne dass er ihn positiv erkannt hat (BGH, Urteil v. 13. 7. 1995 – Az.: VII ZR 142/94). Hat der **Auftraggeber den Kalkulationsirrtum positiv erkannt bzw. die positive Kenntnis treuwidrig vereitelt** – insofern macht es rechtlich keinen Unterschied, ob jemand positive Kenntnis von etwas hat oder sich aus – aus Rechtsgründen – so stellen lassen muss, als ob dies der Fall sei –, ist **ebenfalls eine Irrtumsanfechtung nicht zulässig** (BGH, Urteil v. 7. 7. 1998 – Az.: X ZR 17/97). Der Grund liegt unter anderem darin, dass die Notwendigkeit der Wertung einer Kenntnis des Auftraggebers als Tatbestandsmerkmal für die Anfechtung zu einer erheblichen Rechtsunsicherheit führte (OLG Koblenz, Urteil v. 5. 12. 2001 – Az: 1 U 2046/98).

1314 Zieht ein Bieter nach dem Eröffnungstermin innerhalb der Bindefrist sein Angebot zurück, bleibt es dem Auftraggeber unbenommen, **auf das ohne rechtfertigenden Grund (Kalkulationsirrtum) angefochtene Angebot den Zuschlag zu erteilen.** Erfüllt der Zuschlagsempfänger den Vertrag nicht, ergeben sich die **Schadensersatzansprüche des Auftraggebers** aus §§ 5 Abs. 4, 8 Abs. 3 Nr. 2 und gegebenenfalls auch § 6 Abs. 6 VOB/B (OLG Naumburg, Urteil v. 22. 11. 2004 – Az.: 1 U 56/04).

1315 **6.11.5.23.1.3 Aufklärungspflicht des Auftraggebers.** Der öffentliche **Auftraggeber handelt treuwidrig, wenn er ein Angebot annimmt, obwohl er einen Kalkulationsirrtum des Auftragnehmers positiv kennt und außerdem weiß, dass die Vertragsdurchführung für den Auftragnehmer schlechthin unzumutbar wäre.** Für die Frage der Kenntnis des Auftraggebers ist maßgebend der Zeitpunkt der Zuschlagserteilung. Gleichzustellen ist der positiven Kenntnis, wenn der Auftraggeber sich der Kenntnis treuwidrig entzieht, indem er nahe liegende Rückfragen unterlässt. Dabei ist der Auftraggeber nicht gehalten, von sich aus zu klären, ob ein Kalkulationsfehler vorliegt oder nicht. Eine Pflicht zur Aufklärung kann allenfalls dann bestehen, wenn sich der Tatbestand des Kalkulationsirrtums mit seinen unzumutbaren Folgen für den Bieter aus dem Angebot des Bieters oder aus dem Vergleich zu den weiteren Angeboten oder aus den dem Auftraggeber bekannten sonstigen Umständen geradezu aufdrängt. Nur in einem solchen Ausnahmefall kann es nach den Grundsätzen von Treu und Glauben gerechtfertigt sein, dem Auftraggeber entgegen seinen eigenen Interessen als verpflichtet anzusehen, an der Aufklärung eines Kalkulationsfehlers des Bieters mitzuwirken. Allein die **Differenz eines Angebots zum nächsten Angebot begründet keine Kenntnis von einem Kalkulationsirrtum**, denn in der Praxis kommt es häufig vor, dass mit so genannten Spekulationsangeboten gearbeitet wird (BGH, Urteil v. 7. 7. 1998 – Az.: X ZR 17/97; OLG Koblenz, Urteil v. 5. 12. 2001 – Az: 1 U 2046/98). Auch der Umstand, dass der **Auftraggeber die Auftragssumme selbst deutlich höher als das Angebot geschätzt hat, spielt keine entscheidende Rolle.** Kostenschätzungen öffentlicher Auftraggeber dienen der Bereitstellung ausreichender Mittel im Haushalt, lassen aber keine Rückschlüsse dahin zu, ob ein von der Schätzung abweichendes Angebot fehlerhaft kalkuliert ist (BGH, Urteil v. 7. 7. 1998 – Az.: X ZR 17/97).

6.11.5.23.1.4 Anspruch des Bieters gegen den Auftraggeber. In diesen Fällen kann 1316 man je nach Sachlage auf die allgemeinen Rechtsinstitute der Haftung für Verschulden bei Vertragsverhandlungen und der unzulässigen Rechtsausübung zurückgreifen und dem **Bieter einen Anspruch auf Berücksichtigung des Kalkulationsirrtums gegen den Auftraggeber zubilligen** (BGH, Urteil v. 7. 7. 1998 – Az.: X ZR 17/97; OLG Naumburg, Urteil v. 22. 11. 2004 – Az.: 1 U 56/04; 1. VK Sachsen, B. v. 21. 7. 2004 – Az.: 1/SVK/050-04).

6.11.5.23.2 Erklärungsirrtum eines Bieters. Eine wirksame Anfechtung eines Erklä- 1317 rungsirrtums macht die Erklärung unwirksam. Bei einem Erfolg einer Anfechtung ist nämlich die Willenserklärung – Eintragung von Preisen in den Positionen – nach **§ 142 Abs. 1 BGB als von Anfang an als nichtig anzusehen**. Somit wäre das Angebot unvollständig und gegebenenfalls nach § 16 Abs. 1 Nr. 1 VOB/A auszuschließen (VK Nordbayern, B. v. 12. 12. 2001 – Az.: 320.VK-3194-41/01).

Die **Rechtsfolge einer Irrtumsanfechtung kann also nur sein, dass dann wegen Feh-** 1318 **lens einer Preisangabe kein wertbares Angebot vorliegt**. Der Bieter hat somit in einem solchen Fall nur die **Wahl, entweder sein Angebot durch eine Anfechtung „ungültig" zu machen oder an dem (irrtümlich) eingesetzten Preis festhalten zu lassen** (VK Hessen, B. v. 18. 3. 2002 – Az.: 69 d VK – 03/2002).

Bringt eine Vertragspartei im selben Gespräch zuerst vor, sie könne aufgrund eines Kalkula- 1319 tionsirrtums zu dem im Angebot genannten Preis nicht leisten, bietet im weiteren Gespräch jedoch an, den Auftrag zu einem korrigierten Preis zu erfüllen, ist den **Anforderungen an die notwendige Eindeutigkeit einer Anfechtungserklärung nicht genügt** (Brandenburgisches OLG, Urteil v. 23. 3. 2005 – Az.: 4 U 158/04).

Auch unter Berücksichtigung eines angemessenen Zeitraums zum Überlegen und zum Ein- 1320 holen von Rechtsrat kann die **Abgabe einer Anfechtungserklärung nach Ablauf von acht Wochen auf keinen Fall mehr als unverzüglich** im Sinne des § 121 BGB angesehen werden, wenn es sich beim Anfechtenden um ein in kaufmännischer Rechtsform geführtes Unternehmen handelt (Brandenburgisches OLG, Urteil v. 23. 3. 2005 – Az.: 4 U 158/04).

6.11.5.23.3 Richtlinie des VHB 2008. Beruft sich der Bieter auf einen Irrtum und ent- 1321 scheidet die Fachaufsicht führende Ebene, dass eine Anfechtung wegen Irrtums wirksam ist, ist das Angebot hinfällig. Dem Bieter ist dies mitzuteilen. Eine Änderung des angeblich irrig angegebenen Preises ist nicht zulässig (Richtlinien zu 321 – Vergabevermerk: Prüfungs- und Wertungsübersicht – Ziffer 6).

6.11.5.23.4 Regelung des HVA B-StB 04/2010 zur Wertung eines Irrtums. Beruft 1322 sich ein Bieter auf einen Irrtum bei der Aufstellung und Abgabe seines Angebots, so kann eine derartige Erklärung als Anfechtung der Angebotserklärung betrachtet werden; die Wirksamkeit der Anfechtung und deren Rechtsfolgen richten sich nach den §§ 119 ff. BGB. Beruft sich ein Bieter auf einen Irrtum bei der Kalkulation seines Angebots, so ist diese Erklärung grundsätzlich nicht als Anfechtungsgrund anzuerkennen (Ziffer 2.4 Abs. 4).

6.11.5.24 Wertung einer funktionalen Leistungsbeschreibung

Der **Beurteilungsspielraum** für die Entscheidung, welches Angebot das wirtschaftlichste ist, 1323 ist **bei Angeboten auf der Grundlage einer funktionalen Leistungsbeschreibung größer als bei Ausschreibungen auf der Grundlage eines Leistungsverzeichnisses**. Wenn Angebote auf einer funktionalen Leistungsbeschreibung beruhen, muss der Auftraggeber auch die Variationen der angebotenen Leistungen hinsichtlich ihrer technischen und wirtschaftlichen sowie ggf. auch gestalterischen und funktionsbedingten Merkmale gegeneinander abwägen und mit den dafür geforderten Preisen vergleichen. Ein direkter Vergleich der Angebote untereinander ist dabei nur bedingt möglich. Eine vergleichende Wertung scheitert bei geforderten Lösungskonzepten an den unterschiedlichen Wegen, die zum geforderten Ziel führen. Die **Qualitätsstandards sind bei funktionalen Leistungsbeschreibungen weitgehend offen**, so dass jeder Bieter selbst entscheidet, ob er für seine technische Lösung mit den zur Erfüllung des Zwecks hinreichenden Grundstandards arbeitet oder aber höhere Standards zu höheren Preisen anbietet (VK Magdeburg, B. v. 1. 3. 2001 – Az.: VK-OFD LSA- 02/01).

Auch bei einer **funktionalen Ausschreibung mit Pauschalpreis** kann es geboten sein, 1324 **qualitativ unterschiedliche Angebote auf angemessene Weise vergleichbar zu machen**. Das ist der Fall, wenn der Preis nicht alleiniges Vergabekriterium ist, sondern etwa auch die Qualität der Leistung. Der **Auftraggeber ist dann nicht gehindert, den Zuschlag auf ein ausschreibungskonformes, qualitativ besseres Angebot mit höherem Preis zu erteilen. Um eine objektive Bewertung der Angebote sicher zu stellen, ist es in diesem Fall eine **zulässige Methode, Qualitätsunterschiede in geeigneter Weise zu bepreisen und in Form von Zuschlägen oder Abschlägen auf den Angebotspreis zu berücksichtigen** (BGH, Urteil v. 1. 8. 2006 – Az.: X ZR 115/04).

6.11.5.25 Wertung einer Lohngleitklausel

1325 **6.11.5.25.1 Richtlinie des VHB 2008 zur Wertung einer Lohngleitklausel.** Wird eine Lohngleitklausel nach Formblatt Angebot Lohngleitklausel 224 angeboten, sind die wirtschaftlichen Vorteile gegenüber den Hauptangeboten mit festen Preisen zu berücksichtigen. Um beurteilen zu können, wie sich der Änderungssatz auswirkt, ist unter Berücksichtigung der voraussichtlich während der Laufzeit des Vertrages zu erwartenden Lohnerhöhungen die Summe der Lohnmehrkosten zu ermitteln und der Angebotssumme zuzuschlagen. Die so ermittelte Wertungssumme bei Vereinbarung einer Lohngleitklausel ist der Angebotssumme bei Vereinbarung fester Preise gegenüberzustellen.

1326 Auf ein Angebot mit einem zu hohen Änderungssatz darf der Zuschlag nicht erteilt werden. Dies ist dann der Fall, wenn der angebotene Änderungssatz von den Erfahrungswerten der Bauverwaltung erheblich abweicht und eine Prüfung ergibt, dass in dem Änderungssatz auch andere als lohn- und gehaltsbezogene Preisanteile enthalten sind. Unter diesen Umständen ist immer einem Angebot mit festen Preisen ohne Lohngleitklausel der Vorzug zu geben. Der im Angebot Lohngleitklausel angebotene Änderungssatz ist nur dann wirksam vereinbart, wenn dieser ausschließlich die durch Lohnerhöhungen entstehenden Mehrkosten zum Inhalt hat (Richtlinien zu 321 – Vergabevermerk: Prüfungs- und Wertungsübersicht – Ziffer 4.6.2.2).

6.11.5.26 Wertung von Umsatzsteuersätzen

1327 **6.11.5.26.1 Allgemeines. Eine Vergabestelle darf bei der Bewertung der Preise grundsätzlich auf Bruttopreise abstellen.** Der Zuschlag ist auf das unter Berücksichtigung aller Umstände wirtschaftlichste Angebot zu erteilen. Dies bedeutet, dass der Zuschlag unter den zur Wertung zuzulassenden Angeboten auf das Angebot zu erteilen ist, das unter Berücksichtigung aller im konkreten Fall wesentlichen einzelnen Aspekte das beste Preis-Leistungs-Verhältnis bietet. Für den Auftraggeber ist aus betriebswirtschaftlicher Sicht der Endpreis, d. h. der Bruttopreis, relevant. **Dass ein Bieter durch einen ermäßigten Umsatzsteuersatz eine finanzielle Besserstellung erfährt, bleibt im Vergaberecht unberücksichtigt.** Eine vergaberechtlich relevante Wettbewerbsverzerrung kann in der Wertung von Bruttopreisen dementsprechend nicht gesehen werden (2. VK Bund, B. v. 7. 3. 2008 – Az.: VK 2–13/08; B. v. 11. 11. 2004 – Az.: VK 2–196/04; VK Nordbayern, B. v. 24. 11. 2006 – Az.: 21.VK – 3194 – 38/06).

1328 **Ist der Auftraggeber nicht zum Vorsteuerabzug berechtigt, sind für die Ermittlung des wirtschaftlichsten Angebotes die Brutto-Endpreise relevant**, da eine etwa zu entrichtende Umsatzsteuer deshalb für ihn nicht lediglich einen durchlaufenden Posten darstellt, sondern tatsächlich die Kosten des Auftrags erhöht. Dass eventuell dem Auftraggeber selbst in seiner Eigenschaft als Fiskus Einnahmen aus der Umsatzsteuer zufließen, rechtfertigt keine andere Bewertung. Denn abgesehen davon, dass es bereits grundsätzlich problematisch erscheint, die Eigenschaft des Auftraggebers mit jener des Fiskus zu vermengen, wird die entrichtete Umsatzsteuer für den Auftraggeber jedenfalls deshalb nicht vollständig durch Umsatzsteuereinnahmen neutralisiert, weil das Umsatzsteueraufkommen zu einem erheblichen Teil nicht beim Bund verbleibt, sondern den Ländern zufließt (2. VK Bund, B. v. 9. 7. 2010 – Az.: VK 2–59/10; B. v. 7. 3. 2008 – Az.: VK 2–13/08).

1329 Eine im Rahmen der Angebotswertung vorgenommene **fiktive Erhöhung des Angebotspreises**, die den Steuervorteil eines Bieters gegenüber anderen Bietern kompensiert, stellt eine **Ungleichbehandlung** dar, da hierdurch eine **vergaberechtskonforme Privilegierung wieder genommen** würde (1. VK Bund, B. v. 9. 11. 2006 – Az.: VK 1–118/06).

1330 Ob **Umsatzsteuer in die Preise einkalkuliert wurde, ist für die Wertung irrelevant, wenn** ausweislich der Vergabeunterlagen die Los-Gesamtpreise ausschlaggebend sind, es sich bei diesen gemäß der Bezeichnung des Feldes, in das der Preis auf dem Losblatt einzutragen war, um Bruttopreise handelt und die **Vertragsbedingungen keinen Zweifel daran lassen, dass der Bieter die Beurteilung der Umsatzsteuerpflichtigkeit selbst zu vorzunehmen und eine Fehleinschätzung zu verantworten hat**. Es ist damit klar, dass der angegebene Bruttopreis im Rahmen der Vertragsausführung auch dann keine Anpassung erfahren soll, wenn sich die Annahmen des Bieters bezüglich der (fehlenden) Umsatzsteuerpflichtigkeit der Leistungen

Gesetz gegen Wettbewerbsbeschränkungen GWB § 97 **Teil 1**

als unzutreffend erweisen. Ob der Bieter in den Bruttopreis Umsatzsteuer einkalkuliert hat, ist insoweit ohne Bedeutung. Eine Modifikation der von den Bietern eingetragenen Angebotspreise würde daher den bezüglich des wertungsrelevanten Preises eindeutigen Verdingungsunterlagen zuwiderlaufen (2. VK Bund, B. v. 9. 7. 2010 – Az.: VK 2–59/10).

6.11.5.26.2 Postdienstleistungen. Bei **Postdienstleistungen besteht nicht die Gefahr, dass der Auftraggeber der Deutschen Post aufgrund eines nur vermeintlichen steuerlichen Vorteils den Zuschlag erteilt, nachher aber zusätzlich zur Entrichtung von Mehrwertsteuer gezwungen ist, wenn die Deutsche Post tatsächlich nach europäischem Steuerrecht der Umsatzsteuer unterliegt und § 4 Nr. 11 b UStG daher unanwendbar ist.** Diese Gefahr eines bloßen „Scheinvorteils" wird man zwar nicht bereits mit dem von der Deutschen Post angeführten Argument verneinen können, die unmittelbare Anwendbarkeit der Mehrwertsteuerrichtlinie könne nicht zu einer Belastung der Deutschen Post führen. Daran ist zwar richtig, dass die Direktwirkung von Richtlinien keine Verpflichtungen Privater begründet, sondern ausschließlich zu Lasten des die Richtlinie lücken- oder fehlerhaft umsetzenden Mitgliedstaates geht. Dieser Grundsatz gilt jedoch nicht, zumindest nicht uneingeschränkt, für die richtlinienkonforme Auslegung des nationalen Rechts. Es ist vielmehr grundsätzlich denkbar, dass eine richtlinienkonforme Auslegung – auch rückwirkend – Pflichten des einzelnen begründet. Selbst wenn man unterstellt, es komme eine richtlinienkonforme Auslegung des § 4 Nr. 11 b UStG des Inhalts in Betracht, dass individuell ausgehandelte Vereinbarungen über Postdienstleistungen keine „unmittelbar dem Postwesen dienenden Umsätze" der Deutschen Post seien und hierfür vielmehr die allgemeine Umsatzsteuerpflicht gelte, so kann dies indes **für den Auftraggeber nicht zu einer Mehrbelastung führen, wenn nach den Verdingungsunterlagen der Bieter das Risiko einer unzutreffenden Einschätzung der Steuerpflichtigkeit seiner Leistungen trägt**. Dies folgt daraus, dass der Auftraggeber als Zuschlagskriterium ausdrücklich den Bruttopreis genannt hat. Obwohl auch die Nettopreise abgefragt wurden, ist damit klar, dass der vom Bieter genannte Bruttopreis – und nicht der Nettopreis zuzüglich der objektiv anfallenden Mehrwertsteuer – zu entrichten ist. Auch für die **Begründung zusätzlicher Zahlungspflichten für den Auftraggeber** hinsichtlich einer sich im Nachhinein erweisenden Mehrwertsteuerpflichtigkeit der Leistungen der Deutschen Post **nach den Grundsätzen des Wegfalls der Geschäftsgrundlage ist bei diesem Sachverhalt kein Raum**. Dies gilt um so mehr, wenn die Deutsche Post unter Hinweis auf ihr steuerliches Privileg auf eine Berücksichtigung der Bruttopreise gedrängt und damit auch die Gewähr für die Richtigkeit ihrer Einschätzung übernommen hat (2. VK Bund, B. v. 7. 3. 2008 – Az.: VK 2–13/08). 1331

Der **preislichen Wertung anhand des Maßstabs der Brutto-Angebotssumme steht schließlich auch der in § 97 Abs. 1 GWB und § 2 Abs. 1 VOL/A verankerte Wettbewerbsgrundsatz nicht entgegen. Ebensowenig führt sie zu einer nach §§ 97 Abs. 2 GWB, 2 Abs. 1 VOL/A unzulässigen Diskriminierung**. Weder aus dem Wettbewerbs- noch aus dem Gleichbehandlungsgrundsatz lässt sich eine generelle Verpflichtung des Auftraggebers ableiten, wirtschaftliche Vorteile eines Bieters zu neutralisieren, die außerhalb des Vergaberechts begründet wurden. Hinzuweisen ist zunächst darauf, dass der **Wettbewerbs- und der Wirtschaftlichkeitsgrundsatz grundsätzlich keine Gegensätze bilden**. Der Wettbewerb soll vielmehr dazu dienen, das wirtschaftlichste Ergebnis hervorzubringen. Nur soweit ein besonders günstiges Angebot im Einzelfall den Wettbewerbsmechanismus selbst beeinträchtigt, weil es abgegeben wurde, um die übrigen Wettbewerber vom Markt zu verdrängen, kann das Interesse an der Erhaltung der Integrität des Wettbewerbs dem Interesse des Auftraggebers an einem aus betriebswirtschaftlicher Sicht erstrebenswerten Niedrigpreisangebot vorgehen. Das Gleichbehandlungsgebot und der Wirtschaftlichkeitsgrundsatz konfligieren regelmäßig ebenfalls nicht. Denn die **größere Wirtschaftlichkeit eines Angebots stellt durchweg ein zulässiges – und damit nicht diskriminierendes – Differenzierungskriterium dar**. Soweit die Deutsche Post ein umsatzsteuerrechtliches Privileg genießt, ist der Auftraggeber daher nicht gehalten, dieses durch einen Vergleich allein der Nettopreise auszugleichen. Vielmehr sind die **vom parlamentarischen Gesetzgeber bewusst geschaffene Privilegien wie in allen anderen Rechtsbeziehungen, in denen sie sich auswirken können, so auch im vergaberechtlichen Wettbewerbsverhältnis zwischen den Bietern hinzunehmen** (2. VK Bund, B. v. 7. 3. 2008 – Az.: VK 2–13/08). 1332

Eventuelle künftige Änderungen maßgeblicher Grundlagen für die Preisangaben wie z. B. die Umsatzsteuerpflicht wegen laufender Gesetzesänderungsverfahren sind dabei nicht zu berücksichtigen. Das gilt schon deshalb, weil offen ist, ob solche Gesetzesänderungsverfahren auch tatsächlich mit der geplanten Gesetzesänderung enden und wenn ja, wann (OLG Brandenburg, B. v. 17. 12. 2008 – Az.: Verg W 17/08). 1333

Teil 1 GWB § 97 Gesetz gegen Wettbewerbsbeschränkungen

1334   Nach Auffassung der VK Arnsberg hingegen müssen, um dem Gleichbehandlungsgrundsatz gerecht zu werten, bei der **Ausschreibung von Postdienstleistungen die Nettoanteile auf 19% Umsatzsteuer hochgerechnet werden, um die Vergleichbarkeit herzustellen oder die Angebote auf der Basis der Nettopreise gewertet werden.** Das gilt insbesondere vor dem Hintergrund der anstehenden gesetzlichen Änderungen zur Umsatzsteuerpflicht der Bieter (VK Arnsberg, B. v. 15. 1. 2009 – Az.: VK 31/08; B. v. 15. 1. 2009 – Az.: VK 30/08).

1335   **6.11.5.26.3 Weitere Beispiele aus der Rechtsprechung**

– es kommt es gemäß **§ 12 Abs. 2 Nr. 8 lit. a) UStG** nicht darauf an, ob ein Bieter den in Rede stehenden Auftrag ausschließlich und unmittelbar allein durch eine **Beschäftigung behinderter Arbeitnehmer** ausführen kann. Der Umsatzsteuersatz ist nach dieser Vorschrift vielmehr schon dann ermäßigt, wenn das Unternehmen ausschließlich und unmittelbar gemeinnützige Zwecke verfolgt. Dieses Tatbestandselement ist erfüllt, wenn der Bieter im Sinn des in § 68 Nr. 3 lit. a) AO genannten Beispielfalls Werkstätten für behinderte Menschen unterhält, die nach den Vorschriften des SGB III förderungsfähig sind und Personen Arbeitsplätze bieten, die wegen ihrer Behinderung nicht auf dem allgemeinen Arbeitsmarkt tätig sein können. Für die Umsatzsteuerermäßigung ist nach der Gesetzeslage hingegen nicht darauf abzustellen, ob ein Bieter den Satzungszweck einer Beschäftigung von Behinderten ausschließlich durch eine Übernahme von Leistungen der ausgeschriebenen Art erreichen kann. Ebenso wenig ist entscheidend, dass ein Bieter die geforderten Leistungen nicht ausschließlich von behinderten Arbeitnehmern erbringen lässt (OLG Düsseldorf, B. v. 8. 2. 2005 – Az.: VII – Verg 100/04)

6.11.5.27 Wertung bei ÖPP-Vergaben
1336   **6.11.5.27.1 Literatur**

– Hertwig, Stefan, Zuschlagskriterien und Wertung bei ÖPP-Vergaben, NZBau 2007, 543

6.11.5.28 Wertung bei Rabattverträgen nach § 130 a Abs. 8 SGB V

1337   Eine Wertungssystematik muss die grundsätzliche Eignung aufweisen, das wirtschaftlich günstigste Angebot herauszufiltern. § 21 EG Abs. VOL/A legt als letztendlich entscheidendes Kriterium für die Auftragsvergabe die Wirtschaftlichkeit fest. Der auf der vierten Wertungsebene anzustellende Angebotsquervergleich muss jeweils nach den Maßgaben des Auftraggebers auf diesen Bezugspunkt ausgerichtet sein, mit anderen Worten: Der Quervergleich muss vor dem Hintergrund und mit der Zielrichtung angestellt werden, nicht nur das relativ beste, sondern das relativ beste Angebot in Bezug auf die Wirtschaftlichkeit identifizieren zu können. Und diese Wirtschaftlichkeit hat hierbei in Bezug wiederum in der tatsächlichen Ausführung des Auftrags, hier bei der Umsetzung der Rabattverträge. Die **Wirtschaftlichkeit bemisst sich hierbei nach dem Einsparpotential. Würde die Wertungssystematik die zu erwartenden wirtschaftlichen Gegebenheiten bei Abwicklung des Auftrags, also das realisierbare Einsparpotential völlig unberücksichtigt lassen, so könnte dies vor dem Hintergrund des letztentscheidenden Wirtschaftlichkeitskriteriums wohl kaum als vergaberechtskonform angesehen werden; das System darf nicht dazu führen, dass Produkte den Zuschlag erhalten, die in der Praxis in der Folge kaum oder höchst selten vom Ärzte verordnet werden und auch nicht geeignet sind, in der Apotheke das eigentlich verordnete Präparat nach § 129 Abs. 1 S. 2, 3 SGB V zu ersetzen. Dann würde der Rabattvertrag ins Leere laufen und sich im Ergebnis als unwirtschaftlich darstellen.** Um der Wirtschaftlichkeitsvorgabe zu genügen, ist es erforderlich, dass das **Wertungssystem eine gewisse Rückkopplung in den tatsächlichen wirtschaftlichen Gegebenheiten hat** (3. VK Bund, B. v. 20. 3. 2009 – Az.: VK 3–40/09; B. v. 16. 3. 2009 – Az.: VK 3–37/09).

1338   Die **wirtschaftlichen Realitäten hinsichtlich der Durchsetzungsquote des rabattierten Produkts werden vorrangig durch das ärztliche Verordnungsverhalten determiniert. Die Frage nach der Substitution in der Apotheke stellt sich überhaupt erst, wenn der Arzt kein rabattiertes Arzneimittel verordnet. Aufgrund des sozialrechtlichen Wirtschaftlichkeitsgebots, dem die Ärzte verpflichtet sind und das einen legitimen Rahmen für die ärztliche Therapiefreiheit setzt, wird bereits die Verordnungshäufigkeit der rabattierten Präparate stark zunehmen, und zwar unabhängig davon, ob es sich um eine in der Vergangenheit häufig verordnete Größe handelte oder eher um eine „Exotengröße".** Aus therapeutischer Sicht jedenfalls dürften wohl sehr selten Gesichtspunkte vorliegen, die einer Austauschbarkeit von Packungsgrößen innerhalb einer Normpackungsgröße – z. B. 100 statt 98 Stück – entgegenstehen. Auch konkrete Vorteile für die Ärzte bei der Wirtschaftlichkeitsprüfung werden das Verordnungsverhalten auf die Rabattverträge hin lenken. Es ist kein legitimer Aspekt erkennbar, der die Ärzte im Regelfall (therapeutische Notwendigkeiten ausgeklammert) davon abhalten könnte, Präparate aus dem Rabattvertrag zu verschreiben. Was die konkrete Abgabe der Medikamente an die Patienten in der Apotheke anbelangt, so wird die gesetzliche Substitutionsverpflichtung des Apothekers nach § 129 Abs. 1 S. 2, 3 SGB V greifen, wonach bei Verschreibung eines nicht rabattierten Präparats durch den Arzt dieses grundsätzlich in der Apotheke zu ersetzen ist. Auch wenn die Substitutionspflicht über den Fall des Ausschlusses der aut-idem-Ersetzungsbefugnis hinaus Einschränkungen erfährt, insbesondere für den Fall abweichender Packungsgrößen, wird es eine Vielzahl von Fällen geben, in denen der Apotheker mit dem Rabattprodukt ersetzen darf bzw. muss (3. VK Bund, B. v. 20. 3. 2009 – Az.: VK 3–40/09; B. v. 16. 3. 2009 – Az.: VK 3–37/09).

Indem die **Krankenkassen allen Produkten unabhängig von deren Packungsgröße und unabhängig von Verkaufszahlen aus der Vergangenheit bei der Wirtschaftlichkeitsbetrachtung dieselbe Chance eingeräumt** haben, haben sie auf den zu erwartenden und mit den gesetzlichen Vorgaben intendierten Regelfall abgestellt, nämlich Orientierung hin auf die rabattierten Arzneimittel unabhängig von deren bisheriger Verordnungshäufigkeit. Sie haben damit nicht nur eine hypothetische Wirklichkeit abgebildet, sondern **das Wertungssystem sehr konkret in den zu erwartenden Realitäten verankert** (3. VK Bund, B. v. 20. 3. 2009 – Az.: VK 3–40/09). 1339

Die **Krankenkassen haben außerdem einmal die Preisvergleichsgruppen ermessensfehlerfrei gebildet**, indem sie angeknüpft haben an ein objektives Kriterium, nämlich an die objektiven Vorgaben der Packungsgrößenverordnung, die ihrerseits Packungsgrößen einer gewissen Bandbreite zu Normpackungsgrößen zusammenfasst und diese als miteinander austauschbar ansieht. Wenn dies auch nicht zwingend ist und es ebenso die Verordnung von Packungen mit konkreten Stückzahlen gibt, so **knüpft das ärztliche Verordnungsverhalten jedenfalls in Teilen an diesen Normpackungsgrößen an** (LSG Nordrhein-Westfalen, B. v. 8. 10. 2009 – Az.: L 21 KR 36/09 SFB). **Ebenfalls ermessensfehlerfrei haben die Krankenkassen vorgegeben, dass alle PZN aus der Preisvergleichsgruppe für den Rabatt anzubieten sind**, da der Rabattvertrag seine Ziele am besten erreichen kann, wenn möglichst viele Produkte hiervon erfasst werden. Als letztes Glied in der Kette ist es **vom Ermessensspielraum der Krankenkassen gedeckt, dass die Krankenkassen die Bieter nicht gezwungen haben, für alle PZN in einer Preisvergleichsgruppe einen einheitlichen Rabatt anzubieten**; dann wären „legale Manipulationen" nicht möglich gewesen. Dies hätte stark in die unternehmerische Autonomie der Preisgestaltung eingegriffen und wäre seinerseits schon aus diesem Grunde angreifbar gewesen; des Weiteren stellt sich hier das Thema des Verbots der Mischkalkulation, wonach für jedes Produkt der diesbezüglich wahrheitsgemäß kalkulierte Preis anzugeben ist. Da -sei es aufgrund Packungsgröße, sei es aufgrund unterschiedlicher Markenstrategie- unterschiedliche Produkte bzw. der Rabatt hierauf in der Regel wohl auch unterschiedlich kalkuliert werden dürften, könnte ein einheitlicher Rabatt den Zwang zur Mischkalkulation und damit einen Verstoß gegen eben dieses Verbot implizieren, was die Vergaberechtskonformität wiederum in Frage stellen würde (3. VK Bund, B. v. 20. 3. 2009 – Az.: VK 3–40/09; B. v. 16. 3. 2009 – Az.: VK 3–37/09). 1340

Insoweit stellt sich eine **Angebotswertung über eine Berechnungsformel zur Ermittlung des Zuschlagskriteriums „Wirtschaftlichkeit des Rabatt-APU" nicht als vergaberechtswidrig** dar. Ein Verstoß gegen § 97 Abs. 2, 5 GWB, §§ 2 Abs. 1, 21 EG Abs. 1 VOL/A, liegt nicht vor. Die Berechnungsformel zur Bewertung der Wirtschaftlichkeit der Angebote beinhaltet keine ungerechtfertigte Ungleichbehandlung oder Diskriminierung von Unternehmern, die ihre Arzneimittel über den jeweils geltenden Festbeträgen anbieten (vgl. §§ 35 ff. SGB V) anbieten. Die **gesetzgeberische Intention bei der Schaffung dieser gesetzlichen Regelungen besteht im Erreichen einer qualitativ hochwertigen Arzneimittelversorgung auf einem möglichst günstigen Preisniveau**. Die Einführung eines Erstattungshöchstbetrages (Festbetrag) zielt durch die Anreizung des Wettbewerbs unter den Leistungserbringern letztlich darauf, dass sich Preise auf oder unter der Höhe des Festbetrags am Markt etablieren. Von diesem gesetzlich angestrebten Regelfall geht die Berechnungsformel zur Bewertung der Angebote aus. Die Bedeutung, die der Gesetzgeber dem Steuerungsinstrument der Festbeträge beimisst, verdeutlichen ferner die Regelungen des § 31 Abs. 2 Satz 2 und Satz 3 SGB V. § 31 Abs. 2 Satz 3 normiert ausdrücklich, dass Rabattvereinbarungen nach § 130a Abs. 8 nur zulässig sind, wenn hierdurch die Mehrkosten der Überschreitung des Festbetrages ausgeglichen werden. Satz 2 dieser Vorschrift bestimmt, dass die Krankenkasse im Falle des Bestehens eines Rabattvertrages nach § 130a Abs. 8 den Apothekenverkaufspreis dieses Mittels abzüglich der Zuzahlungen 1341

Teil 1 GWB § 97   Gesetz gegen Wettbewerbsbeschränkungen

und Abschläge nach §§ 130 und 130a Abs. 1, 3a und 3b trägt. Gerade diesen gesetzlichen Regelungen trägt die Berechnungsformel zur Bewertung der Angebote Rechnung. Die **Anknüpfung an die jeweils geltenden Festbeträge für die zu rabattierenden Arzneimittel stellt im Hinblick auf die Gesetzeslage nicht nur ein sachgerechtes und naheliegendes, sondern auch notwendiges (§ 31 Abs. 2 Satz 3 SGB V) Kriterium – gerade auch für die Angebotswertung – dar**. Der Gesetzgeber verfolgt hier erkennbar das Ziel, zu verhindern, dass im Rahmen von Verträgen gemäß § 130a Abs. 8 SGB V erzielte Rabatte durch das Überschreiten von Festbeträgen minimiert oder gar ausgeglichen werden. Bei dieser Sachlage ist es dann auch nur folgerichtig, wenn Krankenkassen als Auftraggeber bestrebt sind, diese gesetzgeberische Absicht bereits im Rahmen der Angebotswertung zu berücksichtigen. Es **musste sich den Krankenkassen als Auftraggeber deshalb keineswegs aufdrängen, zum Zwecke der Wahrung dieser gesetzgeberischen Vorgaben außerhalb des Bewertungsverfahrens durch eine entsprechende Erstattungsverpflichtung der pharmazeutischen Unternehmen die Beachtung dieser gesetzgeberischen Absicht zu gewährleisten**. Eine entsprechende Verpflichtung im Rabattvertrag hätte zudem gegenüber dem praktizierten Bewertungsverfahren für die Krankenkassen als Auftraggeber einen höheren Verwaltungsaufwand wegen der nachträglich durchzuführenden Erstattung, eine Vorleistungspflicht verbunden mit einem Zinsverlust (weil die entsprechenden Beträge zunächst einmal hätten vorfinanziert werden müssen) und außerdem ein erweitertes Insolvenzrisiko bedeutet. Es kann deshalb keine Rede davon sein, dass die Bewertung der Angebote (aufgrund der Berechungsformel der WMZ) auf einem Ermessensfehler beruht (LSG Nordrhein-Westfalen, B. v. 8. 10. 2009 – Az.: L 21 KR 44/09 SFB; im Ergebnis ebenso 1. VK Bund, B. v. 26. 11. 2009 – Az.: VK 1–197/09).

6.11.5.29 Beurteilungs- und Ermessensspielraum bei der Wertung der Zuschlagskriterien

1342   **6.11.5.29.1 Rechtsprechung.** Bei der Beantwortung der Frage, welches Angebot das wirtschaftlichste ist, handelt es sich um eine **Gesamtschau zahlreicher, die Entscheidung beeinflussender Einzelumstände** und somit um eine **Wertung**, die im Gegensatz zur Anwendung bloßer Verfahrensregeln der VOB/A bzw. der VOL/A **einen angemessenen Beurteilungsspielraum voraussetzt** (EuG, Urteil v. 9. 9. 2010 – Az.: T-300/07; Urteil v. 19. 3. 2010 – Az.: T-50/05; OLG Celle, B. v. 10. 1. 2008 – Az.: 13 Verg 11/07; B. v. 7. 6. 2007 – Az.: 13 Verg 5/07; OLG Düsseldorf, B. v. 18. 10. 2006 – Az.: VII – Verg 37/06; B. v. 27. 7. 2005 – Az.: VII – Verg 108/04; B. v. 24. 2. 2005 – Az.: VII – Verg 88/04; B. v. 9. 6. 2004 – Az.: VII – Verg 11/04; OLG München, B. v. 27. 1. 2006 – Az.: VII – Verg 1/06; VK Arnsberg, B. v. 7. 9. 2005 – Az.: VK 16/2005; VK Baden-Württemberg, B. v. 26. 1. 2007 – Az.: 1 VK 78/06; B. v. 8. 1. 2002 – Az.: 1 VK 46/01; VK Brandenburg, B. v. 12. 11. 2008 – Az.: VK 35/08; B. v. 21. 2. 2007 – Az.: 2 VK 58/06; 1. VK Bund, B. v. 9. 11. 2006 – Az.: VK 1–118/06; B. v. 6. 7. 2006 – Az.: VK 1–52/06; B. v. 30. 8. 2005 – Az.: VK 1–95/05; B. v. 30. 8. 2005 – Az.: VK 1–92/05; B. v. 30. 8. 2005 – Az.: VK 1–89/05; B. v. 8. 2005 – Az.: VK 1–83/05; B. v. 26. 7. 2005 – Az.: VK 1–68/05; B. v. 13. 4. 2004 – Az.: VK 1–35/04; 2. VK Bund, B. v. 6. 10. 2009 – Az.: VK 2–165/09; B. v. 16. 9. 2008 – Az.: VK 2–97/08; B. v. 18. 8. 2005 – Az.: VK 2–93/05; B. v. 18. 8. 2005 – Az.: VK 2–90/05; B. v. 15. 2. 2005 – Az.: VK 2–06/05; B. v. 4. 3. 2004 – Az.: VK 2–134/03; 3. VK Bund, B. v. 10. 6. 2010 – Az.: VK 3–51/10; B. v. 4. 6. 2010 – Az.: VK 3–48/10; B. v. 12. 8. 2008 – Az.: VK 3–110/08; B. v. 6. 8. 2008 – Az.: VK 3–104/08; B. v. 24. 7. 2008 – Az.: VK 3–95/08; B. v. 6. 7. 2007 – Az.: VK 3–58/07; B. v. 3. 7. 2007 – Az.: VK 3–64/07; B. v. 20. 6. 2007 – Az.: VK 3–52/07; B. v. 26. 3. 2007 – Az.: VK 3–19/07; B. v. 16. 3. 2007 – Az.: VK 3–13/07; B. v. 7. 8. 2006 – Az.: VK 3–93/06; B. v. 7. 8. 2006 – Az.: VK 3–90/06; B. v. 7. 8. 2006 – Az.: VK 3–87/06; B. v. 7. 8. 2006 – Az.: VK 3–84/06; B. v. 7. 8. 2006 – Az.: VK 3–81/06; B. v. 1. 8. 2006 – Az.: VK 3–72/06; B. v. 7. 6. 2006 – Az.: VK 3–33/06; B. v. 30. 9. 2005 – Az.: VK 3–130/05 – Z; B. v. 31. 8. 2005 – Az.: VK 3–100/05; B. v. 1. 8. 2005 – Az.: VK 3–79/05; B. v. 12. 7. 2005 – Az.: VK 3–67/05; B. v. 12. 7. 2005 – Az.: VK 3–64/05; B. v. 12. 7. 2005 – Az.: VK 3–70/05; B. v. 28. 1. 2005 – Az.: VK 3–221/04; B. v. 12. 1. 2005 – Az.: VK 3–218/04; B. v. 15. 10. 2004 – Az.: VK 3–179/04; B. v. 28. 9. 2004 – Az.: VK 3–107/04; VK Münster, B. v. 30. 5. 2007 – Az.: VK 08/07; B. v. 5. 10. 2005 – Az.: VK 19/05; B. v. 22. 7. 2005 – VK 16/05; VK Nordbayern, B. v. 30. 10. 2009 – Az.: 21.VK – 3194 – 32/09; B. v. 18. 3. 2008 – Az.: 21.VK – 3194 – 08/08; B. v. 24. 11. 2006 – Az.: 21.VK – 3194 – 38/06; B. v. 28. 10. 2002 – Az.: 320.VK-3194-32/02, B. v. 14. 6. 2002 – Az.: 320.VK-3194-16/02; 1. VK Sachsen, B. v. 8. 8. 2008 – Az.: 1/SVK/039-08; B. v. 5. 2. 2007 – Az.: 1/SVK/125-06; B. v. 31. 1. 2007 – Az.: 1/SVK/124-06; B. v. 11. 8. 2006 – Az.: 1/SVK/073-06; B. v. 17. 6. 2005 – Az.: 1/SVK/058-05; VK Schleswig-Holstein, B. v. 22. 1. 2010 – Az.: VK-SH 26/09; B. v. 20. 1. 2009 – Az.: VK-SH 17/08; VK Südbayern, B. v. 12. 1.

Gesetz gegen Wettbewerbsbeschränkungen GWB § 97 **Teil 1**

2004 – Az.: 59-11/03; ebenso für Aufträge der europäischen Kommission Europäisches Gericht 1. Instanz, Urteil vom 6. 7. 2005 – Az.: T-148/04).

Dies gilt **auch für den Bereich der VOF** (OLG München, B. v. 17. 1. 2008 – Az.: Verg 15/07; VK Brandenburg, B. v. 12. 11. 2008 – Az.: VK 35/08; VK Hessen, B. v. 18. 5. 2007 – Az.: 69d VK – 18/2007; 1. VK Sachsen, B. v. 8. 1. 2010 – Az.: 1/SVK/059-09; B. v. 8. 8. 2008 – Az.: 1/SVK/039-08; VK Schleswig-Holstein, B. v. 20. 1. 2009 – Az.: VK-SH 17/08).

1343

6.11.5.29.2 Literatur

1344

– Gröning, Joachim, Spielräume für die Auftraggeber bei der Wertung von Angeboten, NZBau 2003, 86

6.11.5.29.3 Überprüfung des Beurteilungs- und Ermessensspielraumes.

1345

6.11.5.29.3.1 Rechtsprechung. Der Beurteilungsspielraum des öffentlichen Auftraggebers lässt **keine Überprüfung der Vergabeentscheidung** zu, sondern **nur eine Überprüfung des Verfahrens**, in dem die Sachentscheidung getroffen wurde, **sowie der Erwägungen**, die für die Sachentscheidung maßgeblich waren (1. VK Bund, B. v. 10. 9. 2003, Az.: VK 1–71/03).

Zwar gilt grundsätzlich, dass die Auslegung und Anwendung von unbestimmten Rechtsbegriffen einer vollständigen Nachprüfung unterliegt. Sofern aber im Einzelfall bei der Wertung von Angeboten ein **Beurteilungsspielraum bzw. eine Bewertungsprärogative besteht, kann die Vergabekammer nicht ihre Wertung an die Stelle der Wertung der Vergabestelle setzen** (LSG Nordrhein-Westfalen, B. v. 8. 10. 2009 – Az.: L 21 KR 36/09 SFB; VK Baden-Württemberg, B. v. 26. 1. 2007 – Az.: 1 VK 78/06; B. v. 8. 1. 2002 – Az.: 1 VK 46/01; 2. VK Brandenburg, B. v. 21. 2. 2007 – Az.: VK 2 VK 58/06; 1. VK Bund, B. v. 10. 11. 2009 – Az.: VK 1–191/09; B. v. 30. 8. 2005 – Az.: VK 1–95/05; B. v. 30. 8. 2005 – Az.: VK 1–92/05; B. v. 30. 8. 2005 – Az.: VK 1–89/05; B. v. 5. 8. 2005 – Az.: VK 1–83/05; 2. VK Bund, B. v. 18. 8. 2005 – Az.: VK 2–93/05; B. v. 18. 8. 2005 – Az.: VK 2–90/05; 3. VK Bund, B. v. 12. 8. 2008 – Az.: VK 3–110/08; B. v. 6. 8. 2008 – Az.: VK 3–104/08; B. v. 24. 7. 2008 – Az.: VK 3–95/08; B. v. 6. 7. 2007 – Az.: VK 3–58/07; B. v. 20. 6. 2007 – Az.: VK 3–52/07; B. v. 26. 3. 2007 – Az.: VK 3–19/07; B. v. 16. 3. 2007 – Az.: VK 3–13/07; B. v. 7. 9. 2005 – Az.: VK 3–115/05; B. v. 7. 9. 2005 – Az.: VK 3–112/05; B. v. 31. 8. 2005 – Az.: VK 3–100/05; B. v. 1. 8. 2005 – Az.: VK 3–79/05; VK Schleswig-Holstein, B. v. 11. 2. 2010 – Az.: VK-SH 29/09; B. v. 20. 1. 2009 – Az.: VK-SH 17/08; B. v. 25. 4. 2008 – Az.: VK-SH 04/08). **Innerhalb des Beurteilungsspielraums gibt es nämlich nicht nur eine einzig richtige Lösung. Es sind vielmehr unterschiedliche Beurteilungen denkbar und vertretbar** (1. VK Bund, B. v. 5. 8. 2005 – Az.: VK 1–83/05; VK Schleswig-Holstein, B. v. 11. 2. 2010 – Az.: VK-SH 29/09; B. v. 20. 1. 2009 – Az.: VK-SH 17/08; B. v. 25. 4. 2008 – Az.: VK-SH 04/08). Die **Vergabeentscheidung** des Auftraggebers muss insoweit **zumindest vertretbar** sein (VK Münster, B. v. 30. 5. 2007 – Az.: VK 08/07; VK Schleswig-Holstein, B. v. 11. 2. 2010 – Az.: VK-SH 29/09; B. v. 20. 1. 2009 – Az.: VK-SH 17/08).

1346

Da die **Vergabekammer auf eine Rechtmäßigkeitsprüfung** bezüglich der Vergabeentscheidung **beschränkt** ist, darf im Rahmen des Nachprüfungsverfahrens nur geprüft werden, ob die **Vergabestelle bei ihrer Wertung die Grenzen des durch § 16 Abs. 6 Nr. 3 VOB/A bzw. §§ 19 EG, 21 EG Abs. 1 VOL/A eingeräumten Beurteilungsspielraumes überschritten** hat (VK Brandenburg, B. v. 12. 11. 2008 – Az.: VK 35/08; 3. VK Bund, B. v. 12. 8. 2008 – Az.: VK 3–110/08; B. v. 6. 8. 2008 – Az.: VK 3–104/08; B. v. 24. 7. 2008 – Az.: VK 3–95/08; VK Nordbayern, B. v. 28. 10. 2002 – Az.: 320.VK-3194-32/02; 1. VK Sachsen, B. v. 5. 2. 2007 – Az.: 1/SVK/125-06; B. v. 31. 1. 2007 – Az.: 1/SVK/124-06). Dies gilt **auch für die Wertung nach der VOF** (VK Brandenburg, B. v. 12. 11. 2008 – Az.: VK 35/08; VK Hessen, B. v. 18. 5. 2007 – Az.: 69d VK – 18/2007).

1347

Entscheidungen mit Ermessensspielraum sind also **nur dahingehend überprüfbar**, ob die Vergabestelle bei ihrer Wertung

1348

– von falschen Tatsachen ausgegangen ist,

– Verfahrensvorschriften nicht eingehalten hat,

– sich von sachfremden Erwägungen hat leiten lassen

– und/oder allgemein gültige Bewertungsmaßstäbe nicht beachtet hat.

Auf die Entscheidung über die Zuschlagserteilung in einem Vergabeverfahren übertragen bedeutet dies, dass die **Vergabenachprüfungsinstanzen nur überprüfen** können, ob die Vergabestelle für die Wertung

1349

– das **vorgeschriebene Verfahren eingehalten** hat,

303

Teil 1 GWB § 97   Gesetz gegen Wettbewerbsbeschränkungen

– die Vergabestelle von einem **nicht zutreffenden oder nicht vollständig ermittelten Sachverhalt ausgegangen** ist,

– in die Wertung **willkürliche oder sonst unzulässige Erwägungen eingeflossen** sind,

– der **Beurteilungsmaßstab sich nicht im Rahmen der Beurteilungsermächtigung hält**, insbesondere die einzelnen Wertungsgesichtspunkte objektiv fehlgewichtet werden,

– bei der Entscheidung über den Zuschlag **ein sich im Rahmen des Gesetzes und der Beurteilungsermächtigung haltender Beurteilungsmaßstab** nicht zutreffend angewandt wurde

– den **Inhalt der eingereichten Angebote tatsachengetreu verwendet**,

– den **Gleichbehandlungsgrundsatz** und die **Bestimmungen der VOL/A bzw. VOB/A umfassend eingehalten** und

– für die Bieter **erkennbare Kriterien zugrunde gelegt** und damit die **Transparenz des Vergabeverfahrens sichergestellt** hat

(EuG, Urteil v. 19. 3. 2010 – Az.: T-50/05; OLG Celle, B. v. 10. 1. 2008 – Az.: 13 Verg 11/07; B. v. 7. 6. 2007 – Az.: 13 Verg 5/07; OLG Düsseldorf, B. v. 6. 3. 2008 – Az.: VII – Verg 53/07; B. v. 27. 7. 2005 – Az.: VII – Verg 108/04; B. v. 24. 2. 2005 – Az.: VII – Verg 88/04; B. v. 9. 6. 2004 – Az.: VII – Verg 11/04; OLG München, B. v. 17. 1. 2008 – Az.: Verg 15/07; B. v. 27. 1. 2006 – Az.: VII – Verg 1/06; VK Arnsberg, B. v. 7. 9. 2005 – Az.: VK 16/2005; VK Baden-Württemberg, B. v. 26. 1. 2007 – Az.: 1 VK 78/06; VK Brandenburg, B. v. 12. 11. 2008 – Az.: VK 35/08; 1. VK Bund, B. v. 10. 11. 2009 – Az.: VK 1–191/09; B. v. 9. 11. 2006 – Az.: VK 1–118/06; B. v. 6. 7. 2006 – Az.: VK 1–52/06; B. v. 30. 8. 2005 – Az.: VK 1–95/05; B. v. 30. 8. 2005 – Az.: VK 1–92/05; B. v. 30. 8. 2005 – Az.: VK 1–89/05; B. v. 5. 8. 2005 – Az.: VK 1–83/05; B. v. 26. 7. 2005 – Az.: VK 1–68/05; B. v. 13. 4. 2004 – Az.: VK 1–35/04, B. v. 10. 9. 2003 – Az.: VK 1–71/03, B. v. 6. 5. 2003 – Az.: VK 1–23/03; 2. VK Bund, B. v. 2. 10. 2008 – Az.: VK 2–106/08; B. v. 16. 9. 2008 – Az.: VK 2–97/08; B. v. 18. 8. 2005 – Az.: VK 2–93/05; B. v. 18. 8. 2005 – Az.: VK 2–90/05; B. v. 4. 3. 2004 – Az.: VK 2–134/03; 3. VK Bund, B. v. 10. 6. 2010 – Az.: VK 3–51/10; B. v. 4. 6. 2010 – Az.: VK 3–48/10; B. v. 12. 8. 2008 – Az.: VK 3–110/08; B. v. 6. 8. 2008 – Az.: VK 3–104/08; B. v. 24. 7. 2008 – Az.: VK 3–95/08; B. v. 3. 7. 2007 – Az.: VK 3–64/07; B. v. 26. 3. 2007 – Az.: VK 3–19/07; B. v. 16. 3. 2007 – Az.: VK 3–13/07; B. v. 7. 8. 2006 – Az.: VK 3–93/06; B. v. 7. 8. 2006 – Az.: VK 3–87/06; B. v. 7. 8. 2006 – Az.: VK 3–84/06; B. v. 7. 8. 2006 – Az.: VK 3–81/06; B. v. 1. 8. 2006 – Az.: VK 3–72/06; B. v. 7. 6. 2006 – Az.: VK 3–33/06; B. v. 30. 9. 2005 – Az.: VK 3–130/05 – Z; B. v. 7. 9. 2005 – Az.: VK 3–115/05; B. v. 7. 9. 2005 – Az.: VK 3–112/05; B. v. 31. 8. 2005 – Az.: VK 3–100/05; B. v. 1. 8. 2005 – Az.: VK 3–79/05; B. v. 12. 7. 2005 – Az.: VK 3–67/05; B. v. 12. 7. 2005 – Az.: VK 3–64/05; B. v. 12. 7. 2005 – Az.: VK 3–70/05; B. v. 28. 1. 2005 – Az.: VK 3–221/05; B. v. 12. 1. 2005 – Az.: VK 3–218/04; B. v. 5. 10. 2004 – Az.: VK 3–179/04; B. v. 28. 9. 2004 – Az.: VK 3–107/04; VK Hessen, B. v. 12. 7. 2004 – Az.: 69 d – VK – 31/2004; VK Magdeburg, B. v. 1. 3. 2001 – Az.: VK-OFD LSA-02/01; VK Münster, B. v. 30. 5. 2007 – Az.: VK 08/07; B. v. 5. 10. 2005 – Az.: VK 19/05; B. v. 22. 7. 2005 – VK 16/05; B. v. 9. 3. 2004 – Az.: VK 02/04; VK Nordbayern, B. v. 30. 10. 2009 – Az.: 21.VK – 3194 – 32/09; B. v. 18. 3. 2008 – Az.: 21.VK – 3194 – 08/08; B. v. 24. 11. 2006 – Az.: 21.VK – 3194 – 38/06; 1. VK Sachsen, B. v. 8. 8. 2008 – Az.: 1/SVK/039-08; B. v. 31. 1. 2007 – Az.: 1/SVK/124-06; B. v. 11. 8. 2006 – Az.: 1/SVK/073-06; B. v. 17. 6. 2005 – Az.: 1/SVK/058-05; VK Schleswig-Holstein, B. v. 11. 2. 2010 – Az.: VK-SH 29/09; B. v. 22. 1. 2010 – Az.: VK-SH 26/09; B. v. 25. 4. 2008 – Az.: VK-SH 04/08; ebenso für Aufträge der europäischen Kommission Europäisches Gericht 1. Instanz, Urteil vom 6. 7. 2005 – Az.: T-148/04).

1350   Ein diese Grenzen einhaltender Beurteilungsspielraum beinhaltet objektive und subjektive Elemente. **In objektiver Hinsicht** ist maßgeblich, ob im Rahmen der Wertung ein Angebot aus der Sicht eines objektiven, fachkundigen und unabhängigen Leistungsempfängers das für die ausgeschriebene Leistung geeignetste Angebot ist. Auf **subjektiver Seite** ist zu berücksichtigen, was der einzelne Auftraggeber in seiner konkreten Lage für seine Ziele als richtig betrachtet (1. VK Bund, B. v. 10. 9. 2003 – Az.: VK 1–71/03).

1351   So unterliegt auch die **technische Beurteilung eines Angebotes der Bewertung durch die Vergabestelle; diese Beurteilung kann nicht durch die Vergabekammer ersetzt werden.** Insofern hat nicht die Vergabekammer durch die Heranziehung von Sachverständigen diese Wertung vorzunehmen, sondern dies ist Aufgabe der Vergabestelle. Die Vergabestelle kann entsprechende Informationen bei den Herstellern einholen oder auch von dem Bieter, um sich

Gesetz gegen Wettbewerbsbeschränkungen GWB § 97 **Teil 1**

dadurch ein umfassendes Bild über die tatsächliche Realisierbarkeit eines Angebotes zu machen. Die Abgleichung von Schnittstellen ist ebenfalls Sache der Vergabestelle (VK Münster, B. v. 18. 1. 2005 – VK 32/04).

Die **Bewertung komplizierter Produkte im Rahmen eines Vergabeverfahrens** enthält häufig **Prognoseelemente**, da eine Erprobung im Echtbetrieb nicht möglich ist. Um zu wissen, wie lange z. B. ein Bieter zur Datenmigration für den bei dem Auftraggeber gespeicherten Datenbestand braucht, müsste man, um sicher zu gehen, ihn die Datenmigration vollständig durchführen lassen. **Derartige Untersuchungen können weder den Bietern noch der Vergabestelle zugemutet werden. Dann aber müssen sie auch nicht im Beschwerdeverfahren erfolgen** (OLG München, B. v. 11. 5. 2007 – Az.: Verg 04/07). 1352

Es ist **vergaberechtlich zu beanstanden, wenn der Auftraggeber das wirtschaftlichste Angebot ausschließlich anhand von Durchschnittswerten aller eingehenden und wertbaren Angebote ohne die Ausübung des ihm dabei eingeräumten Ermessens ermittelt.** Die Bildung von Durchschnittswerten und damit allein quantitativen Kriterien als Bewertungsmaßstab und die daran formal orientierte Ausrichtung der Angebote **ohne eine weitergehende Prüfung** wird der **Verpflichtung des Auftraggebers, eine Ermessensentscheidung aufgrund qualitativer und quantitativer Kriterien zu treffen, nicht gerecht** (1. VK Brandenburg, B. v. 14. 6. 2007 – Az.: 1 VK 17/07). 1353

Auch wenn es **dem öffentlichen Auftraggeber nicht zumutbar sein kann, sich die Bestandteile einer Antwort aus den eingereichten Unterlagen selbst zusammensuchen zu müssen**, darf diese Überlegung nicht dahin führen, dass Bestandteile nur deshalb nicht gewertet werden, weil der Bieter an einer anderen als vom Auftraggeber erwarteten Stelle auf weitere Unterlagen hinweist. Dann geht der Auftraggeber bei der Wertung von **falschen Tatsachen** aus (OLG München, B. v. 17. 1. 2008 – Az.: Verg 15/07). 1354

Gerade eine **Präsentation** – z.B. im Rahmen eines VOF-Verfahrens oder bei einem Kantinenteam – stellt einen Vorgang dar, welcher einer **Situation in einer mündlichen Prüfung** ähnelt und welcher **wegen seiner Einmaligkeit nicht wiederholt werden kann**, ist schon von daher eine **nur eingeschränkte Überprüfungsmöglichkeit** dieser Situation gegeben (OLG München, B. v. 17. 1. 2008 – Az.: Verg 15/07; VK Schleswig-Holstein, B. v. 11. 2. 2010 – Az.: VK-SH 29/09). 1355

Hat der Auftraggeber z. B. **für Laboreinrichtungen ca.-Flächenmaße in der Ausschreibung vorgegeben**, eröffnet dies einen **Beurteilungsspielraum für die Gleichwertigkeit der Abmessungen** z. B. der angebotenen Abzüge, insbesondere der hierunter zur Verfügung stehenden Arbeitsflächen. Für die **Bewertung der Übereinstimmung** der angebotenen Arbeitsflächen unter dem Abzug mit den Anforderungen des Leistungsverzeichnisses **kommt es vor allem auf die Gesamtarbeitsfläche an** und weniger auf Einzelmaße der Längen und Breiten. Maßgeblich ist die Funktionalität, d. h. die Möglichkeit, unter dem Abzug eine Versuchsanordnung aus einzelnen Laborgeräten, Behältern und beweglichen Verbindungsteilen aufzubauen. Ist insoweit das Flächenangebot der Arbeitsflächen unter den Abzügen in den für den Zuschlag in Betracht kommenden Angeboten nahezu identisch und weichen die Angebote nur sehr geringfügig von den Flächenmaßen ab, die sich aus den Zirka-Angaben des Leistungsverzeichnisses ergeben, überschreitet der Auftraggeber seinen Beurteilungsspielraum nicht, wenn er **bei geringfügigen Abweichungen die Vorgaben des Leistungsverzeichnisses als erfüllt ansieht** (OLG Naumburg, B. v. 13. 5. 2008 – Az.: 1 Verg 3/08). 1356

Es ist **vergaberechtlich nicht zu beanstanden, wenn für die Bewertung der Unterkriterien lediglich zwischen 0, + und ++ differenziert wird und insoweit keine detailliertere Differenzierung erfolgt.** Zwar ist insoweit nur eine grobere Bewertung möglich und eine Binnendifferenzierung im ++-Bereich erfolgt nicht mehr. Unabhängig davon, dass diese Bewertungsmethodik den Beteiligten bekannt war, erscheint diese Vorgehensweise nicht vergaberechtswidrig. Zur Wahrung der erforderlichen Transparenz reicht es aus, dass der Auftraggeber durch die abgestufte Punkteskala zum Ausdruck bringt, dass die Angaben in dem Angebot bezüglich der Unterkriterien umso besser bewertet werden, je mehr sie die ordnungsgemäße Durchführung des Bauvorhabens oder einer Dienstleistung erwarten lassen. Eine **weitergehendere Konkretisierung beschränkt den innovativen Spielraum der Bieter** und legt sie von vorneherein auf bestimmte Lösungen fest (VK Schleswig-Holstein, B. v. 25. 4. 2008 – Az.: VK-SH 04/08). 1357

Bei der **Vergabe von bestimmten Wertungspunkten bei den Unterkriterien z. B. zum technischen Wert** verfügt der öffentliche Auftraggeber über einen Wertungsspiel- 1358

Teil 1 GWB § 97 Gesetz gegen Wettbewerbsbeschränkungen

raum. Nur wenn er von einem unzutreffenden Sachverhalt oder von unvollständigen Tatsachen ausgegangen ist, sachwidrige Erwägungen angestellt oder sich an einen von ihm aufgestellten Wertungsmaßstab nicht gehalten hat, ist eine rechtswidrige Überschreitung des Wertungsspielraums anzunehmen (OLG Düsseldorf, B. v. 30. 7. 2009 – Az.: VII-Verg 10/09).

1359   Hat der Zuschlag nach den Vergabebedingungen anhand der von einer Bewertungskommission zu beurteilenden „Qualität" sowie des „Preises" der angebotenen Leistung zu erfolgen, so liegt ein **Vergaberechtsverstoß** vor, wenn die **Kommissionsmitglieder sich bei ihrer Bewertung zumindest auch von dem Bestreben leiten lassen, einem bestimmten Bieter den Zuschlag unabhängig vom Zuschlagskriterium „Preis" zu sichern**, und ihm deshalb die Bestnote 1,0 und den übrigen Bietern die Schlechtestnote 6,0 geben (KG Berlin, B. v. 18. 3. 2010 – Az: 2 Verg 7/09), ein **typisches Beispiel einer sachfremden Überlegung**.

1360   **6.11.5.29.3.2 Literatur**

– Gröning, Joachim, Spielräume für die Auftraggeber bei der Wertung von Angeboten, NZBau 2003, 86

6.11.5.30 Berücksichtigung von Verwaltungsanweisungen bei der Wertung

1361   Eine **Verwaltungsanweisung** (z. B. Rundschreiben, Handbuch usw.) ist **keine Rechtsnorm mit eigener Rechtsqualität**, sondern **bindet die Verwaltung nur unter dem Gesichtspunkt der Gleichbehandlung** (Art. 3 GG) in dem Sinne, in dem sie mit Billigung und Duldung ihres Urhebers tatsächlich angewandt wurde. Sie enthält lediglich eine von der Behörde im Rahmen ihrer Zuständigkeit im Voraus bekannt gegebene Verwaltungspraxis. Ihre Wirkung beschränkt sich auf eine Selbstbindung der Verwaltung im Rahmen eines ihr eingeräumten Ermessens. Das **schließt eine Abänderung von Rechtssätzen (z. B. der Vergaberechtssätze des GWB) im eigentlichen Sinne** aus (OLG Rostock, B. v. 6. 7. 2005 – Az.: 17 Verg 8/05).

6.11.6 Zuschlag auf Nachfolgemodelle

1362   **Bei Ausschreibungen von vergleichsweise schnelllebigen und raschen Veränderungen unterliegenden Gütern**, wie es auf IT-Hardware, so auch für Drucker, im Allgemeinen zutrifft, **kann es nicht zu vermeiden sein, dass die ausgeschriebenen Geräte im Zeitpunkt der Auftragsvergabe bereits durch Nachfolgemodelle abgelöst worden sind**. Wird gleichwohl ein Zuschlag, und zwar nunmehr zu einer Lieferung der Nachfolgemodelle, erteilt, so ist dies **nicht grundsätzlich zu beanstanden**, sofern sich der Zuschlag nicht auf völlig andere Gegenstände, sondern auf nach Funktion, Preis und Verwendungszweck den ausgeschriebenen Geräten am Nächsten kommende Waren erstreckt (OLG Düsseldorf, B. v. 29. 12. 2001 – Az.: Verg 22/01).

6.11.7 Wertung und kommunales Selbstverwaltungsrecht

1363   Eine Vergabestelle ist zwar berechtigt, aufgrund des kommunalen Selbstverwaltungsrechts den Gegenstand einer Ausschreibung zu bestimmen und die Kriterien und deren Gewichtung festzulegen, soweit sie nicht unverhältnismäßig und diskriminierend sind. Sie ist aber **nicht berechtigt, aufgrund des Selbstverwaltungsrechts, abweichend von den selbst gesetzten Vorgaben, eine ihr zweckmäßig und sinnvoll erscheinende Entscheidung zu treffen. Es ist deshalb vergabefehlerhaft, wenn die Entscheidung auf ein bestehendes Selbstverwaltungsrecht gestützt wird**, soweit damit der bestehende Beurteilungsspielraum überschritten wird. In gleichem Maß kann eine **Bewertung nicht mit dem Argument eines bestehenden politischen Handlungs- und Entscheidungsspielraums gerechtfertigt** werden. Die Aussage z. B. eines Gemeinderats, dass er sich wegen des politischen Handlungsspielraums für einen bestimmten Bieter entscheide, weil er dessen Konzept für die Bürger der Stadt für besser halte, widerspricht den Grundsätzen des Vergaberechts. Die Wertung hat sich ausschließlich an den Kriterien und der vorgegebenen Gewichtung zu orientieren. Wenn ein Auftraggeber glaubt, dass diese Vorgaben nicht dem Wohle der Bürger entsprechen, bleibt ihm allenfalls die **Möglichkeit, das Vergabeverfahren im Rahmen des § 17 VOB/A oder außerhalb dieses Rahmens** (BGH vom 18. 2. 2003, X ZB 43/02) **aufzuheben** (VK Baden-Württemberg, B. v. 26. 1. 2007 – Az.: 1 VK 78/06).

6.11.8 Richtlinie des VHB 2008

1364   Für die Beurteilung sind

– der Preisspiegel

Gesetz gegen Wettbewerbsbeschränkungen GWB § 97 **Teil 1**

– Erfahrungswerte aus anderen Vergaben,

– die Auswertung der Formblätter Preisermittlung 211 und 222 und Aufgliederung der Einheitspreise 223 und

– im Bedarfsfalle die Preisermittlung oder andere Auskünfte des Bieters im Rahmen des § 15 VOB/A heranzuziehen.

Die Angebote sind in den Preisspiegel in der Reihenfolge aufzunehmen, die sich aus der Höhe der nachgerechneten Angebotssummen ergibt. Dabei genügt es in der Regel, die voraussichtlich in die engere Wahl kommenden Angebote sowie einige unmittelbar darüber und darunter liegende Angebote darzustellen. **1365**

Die Vergabestelle hat zu prüfen, ob sich die Angaben in den Formblättern Preisermittlung 211 und 222 und Aufgliederung der Einheitspreise 223 mit dem Angebot decken. Die Formblätter werden nicht Vertragsbestandteil, weil im Vertrag nur die Preise, nicht aber die Art ihres Zustandekommens und insbesondere nicht die einzelnen Preisbestandteile vereinbart werden. Die Kostenansätze z. B. für Eigenleistung und Nachunternehmerleistungen, Verrechnungslohn, Gesamtstundenzahl und Zuschläge sind bei den Angeboten der engeren Wahl einander gegenüberzustellen (Richtlinien zu 321 – Vergabevermerk: Prüfungs- und Wertungsübersicht – Ziffer 4.1.3). **1366**

6.11.9 Regelung des HVA B-StB 03/2006 zur technischen und wirtschaftlichen Prüfung und Wertung der Angebote

Zu prüfen ist, ob nach den Bieterangaben die angebotene mit der geforderten Leistung übereinstimmt (Ziffer 2.4 Abs. 30). Soweit es die Besonderheiten der Leistung erfordern, ist, gegebenenfalls durch Aufklärung nach § 24 VOB/A 2006, zu prüfen, ob das vorgesehene Arbeitsverfahren und der vorgesehene Geräteeinsatz für eine vertragsgemäße Ausführung geeignet erscheinen. Ferner ist festzustellen, welche wirtschaftlichen Auswirkungen (z. B. Nutzungsdauer, Unterhaltungsaufwand) zulässige unterschiedliche Leistungsinhalte der einzelnen Angebote für den Auftraggeber haben können (Ziffer 2.4 Abs. 31). Eine **vergleichbare Regelung enthält das HVA B-StB 04/2010 nicht mehr.** **1367**

6.11.10 Nachträgliche Beseitigung von Wertungsfehlern des Auftraggebers

6.11.10.1 Grundsatz

Der öffentliche **Auftraggeber ist nicht gehindert**, im Zuge einer ihm durch die Nachprüfungsinstanzen aufgegebenen erneuten Angebotswertung **bislang vorhandene Wertungsfehler zu beseitigen.** Das gilt unabhängig davon, ob diese Wertungsfehler Gegenstand der betreffenden Entscheidung der Nachprüfungsinstanz waren oder nicht. Ein **(etwaiges) Vertrauen der Bieter auf Beibehaltung der bisherigen vergaberechtswidrigen Wertung wäre rechtlich nicht schützenswert** und ist deshalb schon aus Rechtsgründen nicht anzuerkennen (BGH, Urteil v. 15. 4. 2008 – Az.: X ZR 129/06; OLG Düsseldorf, B. v. 28. 6. 2006 – Az.: VII – Verg 18/06; B. v. 30. 6. 2004 – Az.: VII – Verg 22/04; B. v. 5. 5. 2004 – Az.: VII – Verg 10/04, B. v. 26. 11. 2003 – Az.: VII – Verg 53/03, B. v. 14. 8. 2003 – Az.: VII – Verg 46/03, B. v. 5. 5. 2003 – Az.: Verg 20/03; OLG Frankfurt, B. v. 9. 7. 2010 – Az.: 11 Verg 5/10; B. v. 24. 2. 2009 – Az.: 11 Verg 19/08; B. v. 10. 2. 2009 – Az.: 11 Verg 16/08; B. v. 24. 6. 2004 – Az.: 11 Verg 6/04; B. v. 16. 9. 2003 – Az.: 11 Verg. 11/03; OLG München, B. v. 28. 7. 2008 – Az.: Verg 10/08; BayObLG, B. v. 29. 7. 2003 – Az.: Verg 8/03, B. v. 16. 9. 2002 – Az.: Verg 19/02; Saarländisches OLG, B. v. 5. 7. 2006 – Az.: 1 Verg 1/06; VK Arnsberg, B. v. 4. 8. 2008 – Az.: VK 15/08; 1. VK Brandenburg, B. v. 27. 3. 2008 – Az.: VK 5/08; B. v. 31. 8. 2006 – Az.: 1 VK 33/06; 2. VK Brandenburg, B. v. 20. 8. 2001 – Az.: 2 VK 80/01; VK Bremen, B. v. 12. 10. 2006 – Az.: VK 4/06; 1. VK Bund, B. v. 9. 10. 2009 – Az.: VK 1–176/09; B. v. 7. 12. 2005 – Az.: VK 1–146/05; 2. VK Bund, B. v. 15. 3. 2007 – Az.: VK 2–12/07; B. v. 20. 4. 2004 – Az.: VK 2–37/04; B. v. 12. 2. 2004 – Az.: VK 2–128/03, B. v. 10. 10. 2002 – Az.: VK 2–76/02; 3. VK Bund, B. v. 4. 11. 2009 – Az.: VK 3–190/09; B. v. 18. 9. 2008 – Az.: VK 3–122/08; B. v. 18. 9. 2008 – Az.: VK 3–119/08; B. v. 26. 6. 2008 – Az.: VK 3–71/08; B. v. 24. 1. 2008 – Az.: VK 3–151/07; B. v. 20. 9. 2006 – Az.: VK 3–108/06; B. v. 6. 7. 2006 – Az.: VK 3–54/06; VK Hamburg, B. v. 6. 10. 2003 – Az.: VKBB-3/03; VK Hessen, B. v. 20. 10. 2004 – Az.: 69 d – VK – 61/2004; VK Lüneburg, B. v. 16. 7. 2007 – Az.: VgK-30/2007; VK Münster, B. v. 27. 1. 2010 – Az.: VK 25/09; B. v. 28. 6. 2007 – Az.: VK 10/07; B. v. 25. 1. 2006 – Az.: VK 23/05; **1368**

Teil 1 GWB § 97 Gesetz gegen Wettbewerbsbeschränkungen

B. v. 10. 3. 2006 – Az.: VK 2/06; B. v. 21. 12. 2005 – Az.: VK 25/05; B. v. 9. 3. 2004 – Az.: VK 2/04; VK Nordbayern, B. v. 22. 1. 2007 – Az.: 21.VK – 3194 – 44/06; 1. VK Saarland, B. v. 31. 1. 2006 – Az.: 1 VK 05/2005; 3. VK Saarland, B. v. 23. 4. 2007 – Az.: 3 VK 02/2007, 3 VK 03/2007; B. v. 15. 3. 2006 – Az.: 3 VK 02/2006; VK Schleswig-Holstein, B. v. 30. 8. 2006 – Az.: VK-SH 20/06; B. v. 15. 5. 2006 – Az.: VK-SH 10/06; B. v. 31. 1. 2006 – Az.: VK-SH 33/05; B. v. 10. 1. 2006 – Az.: VK-SH 30/05; VK Südbayern, B. v. 24. 11. 2005 – Az.: Z3-3-3194-1-42–09/05; B. v. 28. 10. 2005 – Az.: Z3-3-3194-1-44–09/05; B. v. 17. 2. 2004 – Az.: 03-01/04; VK Thüringen, B. v. 10. 4. 2008 – Az.: 360–4002.20–709/2008-003-ABG). Dieser **Grundsatz gilt auch im VOF-Verfahren** (1. VK Bund, B. v. 11. 10. 2004 – Az.: VK 1–174/04).

1369 Es kann nicht zu einem Zeitpunkt des Wertungsvorganges eine willkürliche Zäsur gemacht werden, weil an dieser Stelle ein bestimmtes Angebot als annehmbarstes oder als wertbares Angebot angesehen wurde. In einer **größeren, aufgegliederten Organisation werden wichtige Einkaufsentscheidungen unter technischen, kaufmännischen und rechtlichen Gesichtspunkten gewertet. Unterschiedliche Zwischenergebnisse sind geradezu unumgänglich.** Wenn ein Bieter sich darauf berufen könnte, zu einem bestimmten Zeitpunkt des Wertungsvorganges sei sein Angebot als wertbar/führend betrachtet worden und er müsste deshalb weiter berücksichtigt werden oder sogar den Zuschlag ungeachtet des weiteren Fortganges erhalten, so würde dies zu einem Wettlauf der Bieter um Akteneinsicht und bei der Vergabestelle zum Unterlassen jeglicher Zwischendokumentation führen. Allein diese Überlegung zeigt die Unvereinbarkeit mit dem geordneten Ablauf eines Vergabeverfahrens. Wenn es um die technische und preisliche Wertung der Angebote geht, hat die **Gleichbehandlung aller Bieter und die Einhaltung der vergaberechtlichen Vorgaben Vorrang und ist es gerade Pflicht der Vergabestelle wie der Vergabekammer, alle Erkenntnisse auszuschöpfen, bevor der das Verfahren abschließende Vertragsschluss getätigt wird.** Demnach kann ein Bieter weder aus der Entgegennahme von nachträglichen Informationen zu seinem Angebot (die auch nicht als vorvertragliches Verhandeln anzusehen sind) noch aus der sonstigen Behandlung seines Angebotes durch den Auftraggeber für ihn günstige rechtliche Folgen ableiten (OLG Dresden, B. v. 10. 7. 2003 – Az.: WVerg 0015/02; VK Düsseldorf, B. v. 30. 9. 2003 – Az.: VK – 25/2003 – B).

1370 Dies muss **auch für den Fall** gelten, dass die **Vergabestelle die Ausschlussentscheidung ursprünglich getroffen, sie aber fälschlicherweise zurückgenommen hat.** Der zwingende Ausschlussgrund besteht in einem solchen Fall fort und ist nicht „untergegangen" (2. VK Bund, B. v. 15. 3. 2007 – Az.: VK 2–12/07).

1371 Dies gilt **auch für den Fall**, dass die **Vergabestelle** einen zwingenden Ausschlussgrund **nicht auf der ersten Wertungsstufe**, sondern **erst auf einer späteren Wertungsstufe** erkennt (OLG Celle, B. v. 4. 3. 2010 – Az.: 13 Verg 1/10; OLG Frankfurt, B. v. 9. 7. 2010 – Az.: 11 Verg 5/10; OLG München, B. v. 23. 6. 2009 – Az.: Verg 08/09; B. v. 28. 7. 2008 – Az.: Verg 10/08; VK Arnsberg, B. v. 4. 8. 2008 – Az.: VK 15/08; 3. VK Bund, B. v. 18. 9. 2008 – Az.: VK 3–122/08; B. v. 18. 9. 2008 – Az.: VK 3–119/08; B. v. 26. 6. 2008 – Az.: VK 3–71/08; VK Berlin, B. v. 27. 3. 2007 – Az.: VK B 1–6/07; VK Thüringen, B. v. 10. 4. 2008 – Az.: 360–4002.20–709/2008-003-ABG).

6.11.10.2 Ausnahme für die nachträgliche Beseitigung von Wertungsfehlern bei der Eignungsprüfung

1372 **6.11.10.2.1 Grundsatz.** Steht der Vergabestelle bei der Entscheidung über den Ausschluss des Angebots ein Beurteilungsspielraum zu und **hat sie in Ausübung dieses Spielraums die Zuverlässigkeit, fachliche Eignung oder Leistungsfähigkeit des Bieters bejaht, ist sie daran grundsätzlich gebunden. Sie ist nach Treu und Glauben im allgemeinen gehindert**, im weiteren Verlauf des Vergabeverfahrens von ihrer ursprünglichen Beurteilung abzurücken und bei unveränderter Sachlage die Zuverlässigkeit, fachliche Eignung oder Leistungsfähigkeit des Bieters **nunmehr zu verneinen** (OLG Düsseldorf, B. v. 14. 7. 2003 – Az.: Verg 11/03, B. v. 28. 5. 2003 – Az.: Verg 16/03, B. v. 5. 5. 2003 – Az.: Verg 20/03, B. v. 4. 12. 2002 – Az.: Verg 45/01; OLG Frankfurt, B. v. 24. 2. 2009 – Az.: 11 Verg 19/08; B. v. 10. 2. 2009 – Az.: 11 Verg 16/08; B. v. 24. 6. 2004 – Az.: 11 Verg 6/04; Saarländisches OLG, B. v. 5. 7. 2006 – Az.: 1 Verg 1/06; 1. VK Bund, B. v. 2. 10. 2007 – Az.: VK 1–104/07; B. v. 12. 9. 2007 – Az.: VK 1–95/07; 3. VK Bund, B. v. 4. 11. 2009 – Az.: VK 3–190/09; B. v. 24. 1. 2008 – Az.: VK 3–151/07; VK Münster, B. v. 28. 6. 2007 – Az.: VK 10/07; VK Lüneburg, B. v. 5. 11. 2004 – Az.: 203-VgK-48/2004; 3. VK Saarland, B. v. 23. 4. 2007 – Az.: 3 VK 02/2007, 3 VK 03/

Gesetz gegen Wettbewerbsbeschränkungen GWB § 97 **Teil 1**

2007; VK Schleswig-Holstein, B. v. 30. 8. 2006 – Az.: VK-SH 20/06; B. v. 15. 5. 2006 – Az.: VK-SH 10/06).

Dies kann jedoch **nur für solche Entscheidungen gelten, die die Vergabestelle rechtmäßig innerhalb ihres Beurteilungs-/Ermessensspielraum getroffen** hat. In dem Fall ist es ihr verwehrt, diese Entscheidung gegen eine andere, ebenfalls im Rahmen ihres Beurteilungs-/Ermessensspielraums liegende Entscheidung auszutauschen. Der Vergabestelle muss es jedoch erlaubt sein, **Fehler, die darin bestehen, dass sie ihr Ermessen fehlerhaft oder gar nicht ausgeübt hat, zu korrigieren** (1. VK Bund, B. v. 2. 10. 2007 – Az.: VK 1–104/07; B. v. 12. 9. 2007 – Az.: VK 1–95/07; 3. VK Bund, B. v. 24. 1. 2008 – Az.: VK 3–151/07) 1373

Anderer Auffassung ist insoweit das **OLG Frankfurt.** Die **Bindung** an eine einmal getroffene Ermessensentscheidung **besteht** auch für den Fall, dass der **Auftraggeber sich über die vorgegebene Wertungsreihenfolge** des § 25 VOL/A 2006 **hinweggesetzt** haben und im Rahmen der Eignungsprüfung **verfahrensfehlerhaft nicht alle zu berücksichtigenden Umstände gewürdigt** haben sollte (OLG Frankfurt, B. v. 24. 2. 2009 – Az.: 11 Verg 19/08). 1374

Ein **Ermessens-** bzw. **Beurteilungsspielraum**, der dem Auftraggeber im Zusammenhang mit der Prüfung der Eignung der Bieter zukommt, **besteht nicht auf der rein formalen Ebene, ob ein Angebot sämtliche der geforderten Eignungsnachweise enthält.** Hierbei geht es ausschließlich um eine Feststellung von Tatsachen, die die Nachprüfungsinstanzen vollumfänglich überprüfen dürfen. Erst wenn ein Angebot diese formale Vollständigkeitsprüfung „bestanden" hat, schließt sich hieran die weitere Prüfung an, ob auf der Grundlage dieser (vollständigen) Nachweise die Eignung des betreffenden Bieters zu bejahen ist (3. VK Bund, B. v. 4. 11. 2009 – Az.: VK 3–190/09; B. v. 26. 6. 2008 – Az.: VK 3–71/08). 1375

6.11.10.2.2 Neue Erkenntnisse. Es ist **grundsätzlich unbedenklich und sogar geboten**, eine **Eignungsprüfung nachträglich zu korrigieren**, wenn sich zwischenzeitlich **aufgrund neuer Erkenntnisse** herausgestellt haben sollte, dass die ursprüngliche, auf Basis der schriftlichen Unterlagen erfolgte Eignungsprüfung **letztlich auf falschen Tatsachen** beruhte (OLG Düsseldorf, B. v. 19. 9. 2002 – Az.: Verg 41/02; OLG Frankfurt, B. v. 10. 2. 2009 – Az.: 11 Verg 16/08; 1. VK Bund, B. v. 2. 10. 2007 – Az.: VK 1–104/07; B. v. 12. 9. 2007 – Az.: VK 1–95/07; 2. VK Bund, B. v. 8. 12. 2009 – Az.: VK 2–219/09; B. v. 10. 2. 2004 – Az.: VK 2–150/03, B. v. 4. 7. 2003 – Az.: VK 2–50/03; VK Münster, B. v. 27. 1. 2010 – Az.: VK 25/09; B. v. 28. 6. 2007 – Az.: VK 10/07; VK Schleswig-Holstein, B. v. 30. 8. 2006 – Az.: VK-SH 20/06). Das gilt grundsätzlich **nicht nur für Umstände, die die bereits bejahte Eignung eines Bieters in Frage stellen**, sondern muss umgekehrt **auch Geltung beanspruchen in Fällen, in denen die Eignung eines Bieters aufgrund „falscher Tatsachen"** zunächst **verneint** worden war. Denn der öffentliche Auftraggeber ist nicht gehindert, im Zuge einer ihm durch die Nachprüfungsinstanzen aufgegebenen erneuten Angebotswertung bislang vorhandene Wertungsfehler zu beseitigen. Das gilt unabhängig davon, ob sie Gegenstand der betreffenden Nachprüfungsentscheidung waren oder nicht. Ein Vertrauen der Bieter auf Beibehaltung der bisherigen vergaberechtswidrigen Wertung ist rechtlich nicht schützenswert und deshalb schon aus Rechtsgründen nicht anzuerkennen (OLG Frankfurt, B. v. 10. 2. 2009 – Az.: 11 Verg 16/08). 1376

Sollte z. B. die Vergabestelle **erst nach dem Abschluss eines Teilnahmewettbewerbs** von **schweren Verfehlungen eines – inzwischen bereits zugelassenen – Bewerbers erfahren**, so dass sie ihr Ermessen bis zur Zulassungsentscheidung gar nicht hat ausüben können, würde es dem **Zweck dieser Bestimmungen in unerträglicher Weise widersprechen, wenn die Vergabestelle an ihre Zulassungsentscheidung** in dem Sinne **gebunden wäre**, dass sie die Zuverlässigkeitsprüfung nicht mehr nachholen könnte (OLG Düsseldorf, B. v. 18. Juli 2001 – Az.: Verg 16/01; im Ergebnis ebenso VK Münster, B. v. 27. 1. 2010 – Az.: VK 25/09). 1377

Dem steht nicht entgegen, wenn die Zweifel durch das Vorbringen eines selbst am Zuschlag interessierten Mitbieters ausgelöst werden. Neue, woher auch immer stammende Erkenntnisse, welche die Leistungsfähigkeit des Zuschlagsdestinatärs betreffen, z. B. das selektive Vertriebssystem des Herstellers, muss der Auftraggeber bis zum Abschluss des Vergabeverfahrens, also bis zur rechtswirksamen Zuschlagserteilung, berücksichtigen (2. VK Bund, B. v. 8. 12. 2009 – Az.: VK 2–219/09). 1378

Einem **öffentlichen Auftraggeber ist auch nicht vorzuschreiben, zu welchem Zeitpunkt er Zweifeln an der (materiellen) Eignung eines Bieters nachgeht und wie intensiv er die Umstände aufklärt, und ob er diese Erkenntnisse gleich in die Wertung einfließen lässt.** Denn im Bereich der materiellen Eignungsprüfung steht dem öffentlichen 1379

309

Auftraggeber ein Beurteilungsspielraum zu. Neue Umstände in Bezug auf die Eignung eines Bieters müssen somit nicht zwingend und unmittelbar zu einer anderen Beurteilung führen, sondern hier kommt es auch auf den Umfang sowie die Nachhaltigkeit und Beweisbarkeit dieser neuen Erkenntnisse an. Ein öffentlicher Auftraggeber kann jedenfalls bis zur Zuschlagserteilung solche neuen Erkenntnisse berücksichtigen und diese auch noch in einem Nachprüfungsverfahren vortragen (VK Münster, B. v. 27. 1. 2010 – Az.: VK 25/09).

6.11.10.3 Nebenangebote

1380   Ein Auftraggeber ist auch nicht deshalb gehindert, eine bestehende Abweichung im Nebenangebot eines Bieters zu berücksichtigen, weil er **in Verkennung der Rechtslage das Nebenangebot zunächst gewertet und für den Zuschlag vorgesehen hat**. Denn dadurch kann für den Bieter **ein rechtlich schützenswertes Vertrauen**, sein Nebenangebot werde nicht von der Wertung ausgeschlossen, **nicht entstehen.** Der Auftraggeber ist von Gesetzes wegen zum Angebotsausschluss verpflichtet. Ihm steht keinerlei Entscheidungsspielraum zu, der es nach Treu und Glauben rechtfertigen könnte, ihn an eine einmal getroffene Entscheidung aus Gründen des Vertrauensschutzes festzuhalten (OLG Düsseldorf, B. v. 14. 7. 2003 – Az.: Verg 40/03).

6.11.11 Ausschließliche Verantwortung des Auftraggebers für das Vergabeverfahren

1381   Es gehört zu den Grundsätzen der Vergabe, dass Leistungen „unter ausschließlicher Verantwortung der Vergabestellen" zu vergeben sind. Es handelt sich dabei um eine **(zwingende) Mussvorschrift für die Vergabestellen**. Das bedeutet, dass die **Vergabestelle die ausschließliche und unteilbare Verantwortung dafür trägt, dass die Grundsätze der Vergabe (z. B. in Bezug auf die Einhaltung der Einzelvorschriften der VOB) gewahrt werden.** Eine lediglich formale Befassung z. B. mit dem Auswertungsergebnis ohne eine zumindest ansatzweise erkennbare Auseinandersetzung mit dem Wertungsvorgang wird beispielsweise den Anforderungen des § 16 VOB/A nicht gerecht.

1382   Vgl. im Einzelnen die Kommentierung zu → § 97 GWB Rdn. 152 ff.

6.11.12 Nachholung einzelner Stufen der Wertung im Nachprüfungsverfahren

1383   Eine **noch nicht erfolgte Beurteilungsentscheidung kann im Rahmen eines Nachprüfungsverfahrens nachgeholt werden**, weil es bei dieser Sachlage eine unnötige Förmelei wäre, wenn man die Vergabestelle verpflichten würde, die Wertung zu wiederholen, die dann möglicherweise wiederum zu einem neuen Nachprüfungsantrag in der gleichen Vergabesache führen würde. Vielmehr kann in diesen Fällen **sogleich die von der Vergabestelle im Nachprüfungsverfahren nachgeholte Beurteilung der Vergabestelle einer Überprüfung durch die Vergabenachprüfungsinstanzen unterzogen werden** (VK Münster, B. v. 28. 6. 2007 – Az.: VK 10/07).

6.11.13 Literatur

1384   – Braun, Joachim/Kappenmann, Jürgen, Die Bestimmung des wirtschaftlichsten Bieters nach den Zuschlagskriterien der Richtlinie 2004/18/EG, NZBau 2006, 544
– Hertwig, Stefan, Zuschlagskriterien und Wertung bei ÖPP-Vergaben, NZBau 2007, 543
– Ortner, Roderic, Die Wertungsentscheidung im IT-Vergabeverfahren: Festlegung von Bewertungsmethode und Bewertungsmatrix, ITRB 2009, 114
– Ortner, Roderic, Die Wertungsentscheidung im IT-Vergabeverfahren: Festlegung und Gewichtung von Zuschlagskriterien, ITRB 2009, 91

6.12 Ermächtigungsgrundlage zum Erlass der Vergabeverordnung (§ 97 Abs. 6)

6.12.1 Fehlende Ermächtigungsgrundlage für § 4 Abs. 3 VgV?

1385   Nach Auffassung der Vergabekammer Brandenburg (B. v. 14. 3. 2003 – Az.: VK 14/03) ist **§ 4 Abs. 3 VgV von der Ermächtigungsgrundlage des § 97 Abs. 6 GWB nicht gedeckt**, soweit gemeinwirtschaftliche Leistungen im Sinne von § 15 AEG, § 4 RegG betroffen sind.

Gesetz gegen Wettbewerbsbeschränkungen **GWB § 97 Teil 1**

Denn das Normprogramm des § 97 Abs. 6 GWB ist nur auf die **Ausgestaltung des allgemeinen Vergabeverfahrensrechts** im Sinne des Vierten Teils des GWB der §§ 97 ff., 102 ff. GWB ausgerichtet. § 97 Abs. 6 GWB gilt nicht für die Konkretisierung von nicht dem Anwendungsbereich der §§ 97 ff. GWB unterfallenden spezialgesetzlich geregelten Sachverhalten wie der Vergabe von gemeinwirtschaftlichen Personenverkehrsleistungen nach § 15 Abs. 2 AEG in Verbindung mit § 4 RegG, § 4 Abs. 3 VgV kann als Rechtsverordnung auch nicht die vom Gesetzgeber vorgenommene Zuordnung der Vergabe von gemeinwirtschaftlichen Dienstleistungen im Sinne von § 15 AEG, § 4 RegG zu dem speziellen vergabeverfahrensrechtlichen Gesetz des § 15 Abs. 2 AEG verdrängen (zum Hintergrund vgl. die Kommentierung zu § 100 GWB).

6.13 Ermächtigungsgrundlage zum Erlass der Sektorenverordnung (§ 97 Abs. 6)

§ 97 Abs. 6 in Verbindung mit § 127 Nr. 1, 2, 8 und 9 ist ebenfalls Ermächtigungsgundlage 1386
für die Sektorenverordnung (SektVO).

6.14 Anspruch der Unternehmen auf Einhaltung der Bestimmungen über das Vergabeverfahren (§ 97 Abs. 7)

6.14.1 Sinn und Zweck der Regelung

§ 97 Abs. 7 räumt – als Reaktion insbesondere auf die Rechtsprechung des Europäischen Ge- 1387
richtshofes – erstmals im deutschen Vergaberecht den Unternehmen ein **subjektives Recht auf Einhaltung der Bestimmungen über das Vergabeverfahren** ein. § 97 Abs. 7 ist im **Kontext mit § 107 Abs. 2** zu lesen, der ein Nachprüfungsverfahren an eine Verletzung bieterschützender Vorschriften knüpft. Unternehmen haben also keinen Anspruch z. B. auf Einhaltung von Ordnungsvorschriften, die keine subjektiven Rechte begründen (1. VK Sachsen, B. v. 13. 2. 2002 – Az.: 1/SVK/002-02).

Damit wird der Bieterseite im Vergabeverfahren die Möglichkeit gegeben, die für Beschaf- 1388
fungsvorgänge öffentlicher Auftraggeber vorgesehenen Vergabeverfahren in die rechtlich vorgeschriebenen Bahnen zu lenken. Dagegen eröffnet **§ 97 Abs. 7 GWB nicht die Möglichkeit, die Durchführung eines Vergabeverfahrens mit dem Vorbringen anzugreifen, die Anwendung der Bestimmungen über das Vergabeverfahren sei unzulässig.** Ziel der Nachprüfung im Vergabeverfahren ist die Durchsetzung eines Anspruchs des Unternehmens auf Beachtung der seinen Schutz bezweckenden Vergabevorschriften. Mit dem diesen Anspruch gewährenden § 97 Abs. 7 GWB korrespondiert § 107 Abs. 2 Satz 1 GWB, der die Geltendmachung einer Rechtsverletzung durch Nichtbeachtung von Vergabevorschriften verlangt. Dies steht im Einklang mit dem Wettbewerbsprinzip als Kernprinzip des Vergaberechts und dem Vorrang transparenter Vergabeverfahren (§ 97 Abs. 1 GWB). Dementsprechend ist eine Überprüfung des Vergabeverfahrens unter dem Gesichtspunkt, die Bestimmungen über das Vergabeverfahren seien überhaupt nicht anwendbar gewesen, im Nachprüfungsverfahren nach §§ 102 bis 124 GWB, das die Einhaltung der Vergabevorschriften sichern soll, nicht vorgesehen (BayObLG, B. v. 12. 12. 2001 – Az.: Verg 19/01).

6.14.2 Bestimmungen über das Vergabeverfahren

Bestimmungen über das Vergabeverfahren sind die Vorschriften der Vergabe- und Ver- 1389
tragsordnungen, die durch Verweisung in der Vergabeverordnung auf die §§ 97 Abs. 6 und Abs. 7 und 127 GWB Rechtssatzqualität erlangt haben, ferner die das Verfahren betreffenden Gebote des Wettbewerbs, der Transparenz und der Gleichbehandlung (§ 97 Abs. 1 und Abs. 2 GWB) sowie bestimmte ungeschriebene Vergaberegeln, wie das Gebot der Fairness in Vergabeverfahren (VK Münster, B. v. 7. 9. 2010 – Az.: VK 6/10).

Etwas weiter geht das **OLG Brandenburg. Vergabevorschriften im Sinn von § 107** 1390
Abs. 2 GWB sind die Vorschriften des GWB, der VgV, der Vergabe- und Vertragsordnungen, der Sektorenverordnung und dasjenige europäische Recht, auf dem diese nationalen Regelungen beruhen. Die im vierten Buch des GWB geschaffenen Nachprüfungsinstanzen sollen Gewähr dafür bieten, dass die Vergabevorschriften durch den öffentlichen Auftraggeber eingehalten werden. Hierfür ist das Nachprüfungsverfahren geschaffen worden. Zur Antragsbefugnis gehört deshalb das Vorbringen, dass der Auftraggeber die Vergabevorschrif-

Teil 1 GWB § 97 Gesetz gegen Wettbewerbsbeschränkungen

ten nicht bzw. nicht richtig zur Anwendung gebracht habe (OLG Brandenburg, B. v. 7. 10. 2010 – Az.: Verg W 12/10).

1391   Ist das **Ziel eines Nachprüfungsantrages** nicht etwa, den Auftraggeber dazu zu bringen, das kartellrechtliche Vergaberecht – richtig – zur Anwendung zu bringen, sondern geht es einem Antragsteller im Gegenteil darum, dass der **Auftraggeber Vergabevorschriften nicht anwendet** und von einer Vergabe des Auftrages bzw. der damit zusammen hängenden personenbeförderungsrechtlichen Genehmigung unter Anwendung des Kartellvergaberechts abzusehen, **liegt darin kein im Nachprüfungsverfahren zulässiges Rechtsschutzziel**. Ziel eines Nachprüfungsverfahrens kann es allein sein, das Vergaberecht zu beachten, nicht jedoch, es gerade nicht anzuwenden (OLG Brandenburg, B. v. 7. 10. 2010 – Az.: Verg W 12/10).

6.14.3 Schutznormlehre

1392   Im Blick auf das Gemeinschaftsrecht ist für die bieterschützende Wirkung darauf abzustellen, ob eine staatliche Verpflichtung hinreichend bestimmt ist und ob eine faktische Betroffenheit des Einzelnen besteht. Nach der Gesetzesbegründung zu § 97 GWB kann der subjektive Rechtsschutz nur soweit gehen, als eine bestimmte vergaberechtliche Vorschrift gerade auch den Schutz des potentiellen Auftragnehmers bezweckt. Ziel eines Vergabeverfahrens ist also **lediglich die Durchsetzung eines Anspruchs des antragstellenden Unternehmens auf Beachtung der seinen Schutz betreffenden Vergabevorschriften, nicht aber aller sonstigen Rechtsvorschriften**, z. B. Vorschriften über die Abfallwirtschaft. Streitigkeiten über die Einhaltung abfallwirtschaftlicher Grundsätze sind mit der obersten Abfallwirtschaftsbehörde und gegebenenfalls vor den Verwaltungsgerichten abzuklären (VK Schleswig-Holstein, B. v. 23. 7. 2004 – Az.: VK-SH 21/04). **Ausgangspunkt für die Frage, welche vergaberechtlichen Vorschriften auch subjektiven Bieterschutz vermitteln, ist die Schutznormlehre**. Danach hat eine objektiv-rechtliche Bestimmung, die für das öffentliche Auftragswesen relevant ist, dann Schutzcharakter, wenn sie **zumindest auch den Zweck hat, den Betroffenen zu begünstigen und es ihm ermöglichen soll, sich auf diese Begünstigung zu berufen, um so einen ihm sonst drohenden Schaden oder sonstigen Nachteil zu verhindern**. Notwendig ist ein unmittelbarer Sachzusammenhang zwischen einem Rechtsverstoß gegen die Bestimmung und einem möglichen Nachteil für einzelne Unternehmen. Die zentrale Zielvorgabe für den subjektiven Bieterschutz im Bereich des Vergaberechts ist der Schutz des Bieters vor der Willkür des Auftraggebers. Für eine **weite Auslegung des § 97 VII GWB** spricht die hervorgehobene Bedeutung der allgemeinen Vergabekriterien Gleichbehandlung, Nichtdiskriminierung und Wettbewerb. Eine **einschränkende Auslegung** – etwa im Sinne der verwaltungsrechtlichen Schutznormtheorie – ist abzulehnen (VK Baden-Württemberg, B. v. 11. 9. 2003 – Az.: 1 VK 52/03).

1393   Bei den **§§ 93 ff. BSHG** (jetzt §§ 75 ff. SGB II) **handelt es sich nicht um Bestimmungen über das Vergabeverfahren, die dem Schutz potentieller Auftragnehmer bezwecken**. Die Regelungen der §§ 93 ff. BSHG (jetzt §§ 75 ff. SGB II) dient dem öffentlichen Interesse an einer wirksamen Erfüllung sozialstaatlicher Aufgaben und auch dem Interesse der Träger freier Einrichtungen an einer rechtlichen Verfestigung dieser Zusammenarbeit. Eine Verhaltenspflicht des Sozialhilfeträgers gegenüber einzelnen Mitbewerbern um den Zuschlag in einem Vergabeverfahren bestimmen sie nicht. Eine Überprüfung der Frage, ob die Ausschreibung einer Vereinbarung nach § 93 Abs. 2 BSHG zulässig ist oder gegen die Vorschriften des BSHG verstößt, kann im Vergabenachprüfungsverfahren daher nicht erfolgen und **bleibt den Verwaltungsgerichten vorbehalten** (OLG Düsseldorf, B. v. 8. 9. 2005 – Az.: Verg 35/04).

6.14.4 Bieterschützende Regelungen und Vorschriften im Rahmen von Schadenersatzansprüchen nach § 126

1394   Vgl. zu **bieterschützenden Regelungen und Vorschriften im Rahmen von Schadenersatzansprüchen nach § 126 GWB** die Kommentierung zu § 126.

6.14.5 Bieterschützende Regelungen und Vorschriften (von der Rechtsprechung anerkannt)

1395   – allgemein → **Recht auf Auswahl der zutreffenden Vergabe- und Vertragsordnung** (VK Düsseldorf, B. v. 30. 9. 2002 – Az.: VK – 26/2002 – L)

Gesetz gegen Wettbewerbsbeschränkungen GWB § 97 **Teil 1**

- allgemein → **Recht auf Einleitung eines geregelten Vergabeverfahrens** (BGH, B. v. 1. 2. 2005 – Az.: X ZB 27/04)
- allgemein → **Recht auf Durchführung eines förmlichen Vergabeverfahrens** (1. VK Bund, B. v. 12. 12. 2002 – Az.: VK 1–83/02)
- allgemein → **Recht auf Einhaltung der Pflicht zur Publikation** (1. VK Sachsen, B. v. 10. 4. 2002 – Az.: 1/SVK/23-02, 1/SVK/23-02G)
- allgemein → **Recht auf Einhaltung der vom Auftraggeber aufgestellten Eignungskriterien** (OLG Düsseldorf, B. v. 24. 6. 2002 – Az.: Verg 26/02)
- allgemein → **Recht auf Einhaltung der Bekanntmachungsvorschriften** (VK Münster, B. v. 21. 8. 2003 – Az.: VK 18/03)
- § 97 Abs. 1 GWB → **Recht auf Beachtung des Transparenzgebotes** (BGH, B. v. 1. 2. 2005 – Az.: X ZB 27/04; VK Brandenburg, B. v. 1. 10. 2002 – Az.: VK 53/02; 1. VK Sachsen, B. v. 27. 1. 2003 – Az.: 1/SVK/123-02, 1/SVK/123-02G)
- § 97 Abs. 1 GWB → **Recht auf Beachtung des Wettbewerbsgrundsatzes** (BGH, B. v. 1. 2. 2005 – Az.: X ZB 27/04;OLG Düsseldorf, B. v. 7. 7. 2004 – Az.: VII – Verg 15/04)
- § 97 Abs. 2 GWB → **Gleichbehandlungsgebot** (BGH, B. v. 1. 2. 2005 – Az.: X ZB 27/04; 1. VK Sachsen, B. v. 27. 1. 2003 – Az.: 1/SVK/123-02, 1/SVK/123-02G)
- § 97 Abs. 3 GWB → **Recht auf Berücksichtigung mittelständischer Interessen** (1. VK Bund, B. v. 1. 2. 2001 – Az.: VK 1 – 1/01; 2. VK Bund, B. v. 6. 10. 2009 – Az.: VK 2–165/09; B. v. 16. 9. 2008 – Az.: VK 2–97/08; B. v. 15. 9. 2008 – Az.: VK 2–94/08; VK Düsseldorf, B. v. 19. 3. 2007 – Az.: VK – 07/2007 – B; VK Hessen, B. v. 27. 2. 2003 – Az.: 69 d VK-70/20 021; VK Münster, B. v. 7. 10. 2009 – Az.: VK 18/09)
- § 97 Abs. 4 2. Halbsatz GWB → **Verbot von anderen Eignungsanforderungen, die nicht durch Bundes- oder Landesgesetz vorgesehen sind** (OLG Düsseldorf, B. v. 8. 12. 2008 – Az.: VII-Verg 55/08)
- § 97 Abs. 5 GWB → **Zuschlag auf das wirtschaftlichste Angebot** (1. VK Sachsen, B. v. 27. 1. 2003 – Az.: 1/SVK/123-02, 1/SVK/123-02G; 3. VK Bund, B. v. 14. 4. 2004 – Az.: VK 3–41/04)
- § 101 GWB → **Vergabeverfahrenshierarchie** (VK Brandenburg, B. v. 23. 11. 2004 – Az.: VK 58/04)
- § 101 Abs. 5 Satz 1 GWB → **Vorrang des Offenen Verfahrens** (1. VK Bund, B. v. 20. 7. 2004 – Az.: VK 1–75/04, B. v. 20. 7. 2004 – Az.: VK 1–78/04; 2. VK Bund, B. v. 19. 7. 2004 – Az.: VK 2–79/04; B. v. 19. 7. 2004 – Az.: VK 2–76/04; 3. VK Bund, B. v. 20. 7. 2004 – Az.: VK 3–77/04)
- § 101a GWB → **Recht auf Vorinformation** (OLG Dresden, B. v. 9. 11. 2001 – Az.: WVerg 0009/01)
- § 3 VgV → **Verpflichtung zur ordnungsgemäßen Kostenschätzung** (VK Arnsberg, B. v. 4. 11. 2008 – Az.: VK 23/08)
- § 16 VgV → **Recht auf Beachtung der Vorschriften über auszuschließende Personen** (VK Rheinland-Pfalz, B. v. 30. 4. 2002 – Az.: VK 6/02)
- § 2 Abs. 1 Nr. 2 VOB/A → **Recht auf Einhaltung des wettbewerblichen Prinzips** (OLG Düsseldorf, B. v. 17. 6. 2002 – Az.: Verg 18/02)
- § 2 Abs. 5 VOB/A → **Recht auf Ausschreibung erst bei Ausschreibungsreife** (OLG Düsseldorf, B. v. 8. 9. 2005 – Az.: Verg 35/04)
- §§ 3, 3a VOB/A → **Recht auf Einhaltung der Vergabeverfahrenshierarchie** (VK Brandenburg, B. v. 23. 11. 2004 – Az.: VK 58/04)
- §§ 5, 5a VOB/A → **Recht auf losweise Ausschreibung und Vergabe** (VK Düsseldorf, B. v. 19. 3. 2007 – Az.: VK – 07/2007 – B)
- § 6 Abs. 3 Nr. 3 VOB/A → **Recht auf abschließende Benennung der Eignungsnachweise** (VK Düsseldorf, B. v. 24. 1. 2001 – Az.: VK – 31/2000 – B)
- § 7 VOB/A 2006 → **Recht auf eine entsprechende Leistungsbeschreibung** (Saarländisches OLG, B. v. 23. 11. 2005 – Az.: 1 Verg 3/05)
- § 7 Abs. 1 Nr. 1 VOB/A → **Recht auf eine eindeutige und erschöpfende Leistungsbeschreibung** (VK Südbayern, B. v. 8. 6. 2006 – Az.: 14-05/06; VK Baden-Württemberg, B.

Teil 1 GWB § 97   Gesetz gegen Wettbewerbsbeschränkungen

v. 26. 7. 2005 – Az.: 1 VK 39/05; 1. VK Bund, B. v. 6. 3. 2002 – Az.: VK 1–05/02; VK Lüneburg, B. v. 29. 1. 2004 – Az.: 203-VgK-40/2003, B. v. 30. 10. 2003 – Az.: 203-VgK-21/2003)

- § 7 Abs. 8 VOB/A → **Recht auf produktneutrale Ausschreibung** (BayObLG, B. v. 15. 9. 2004 – Az.: Verg 026/03; VK Südbayern, B. v. 29. 1. 2007 – Az.: 39-12/06)
- § 7 Abs. 1 Nr. 1 VOB/A → **Recht auf ausreichende Bemessung von Ausführungsfristen** (VK Brandenburg, B. v. 30. 9. 2008 – Az.: VK 30/08); **Recht auf Einhaltung der Mindestangebotsfrist** (2. VK Bund, B. v. 28. 9. 2005 – Az.: VK 2–120/05)
- § 8 Abs. 7 VOB/A → **Recht auf Einhaltung der Kostenerstattungsregelungen** (1. VK Sachsen, B. v. 12. 3. 2001 – Az.: 1/SVK/9-01)
- § 9 Abs. 9 VOB/A → **Recht auf Änderung der Vergütung** (2. VK Bund, B. v. 21. 6. 2010 – Az.: VK 2–53/10)
- § 12 Abs. 4 VOB/A → **Recht auf Erhalt der Unterlagen** (VK Magdeburg, B. v. 6. 3. 2000 – Az.: VK-OFD LSA-01/00)
- § 12 a VOB/A → **Recht auf Publizität** (BGH, Urteil v. 27. 11. 2007 – Az.: X ZR 18/07)
- § 13 VOB/A → 1. VK Sachsen, B. v. 5. 9. 2002 – Az.: 1/SVK/073-02
- § 13 Abs. 1 Nr. 2 VOB/A → (VK Düsseldorf, B. v. 14. 8. 2006 – Az.: VK – 32/2006 – B)
- § 14 VOB/A → **Recht auf Verfahrenstransparenz im Rahmen des Eröffnungstermins** (1. VK Sachsen, B. v. 13. 2. 2002 – Az.: 1/SVK/002-02)
- § 15 VOB/A → **Recht auf Einhaltung des Nachverhandlungsverbots** (OLG Düsseldorf, B. v. 14. 3. 2001 – Az.: Verg 30/00; 1. VK Sachsen, B. v. 13. 12. 2002 – Az.: 1/SVK/105-02)
- § 16 Abs. 1 Nr. 1 lit. b) VOB/A → (VK Düsseldorf, B. v. 14. 8. 2006 – Az.: VK – 32/2006 – B)
- § 16 Abs. 6 Nr. 1 VOB/A → **Recht auf Unterbindung nicht ordnungsgemäß kalkulierter Angebote** (Saarländisches OLG, B. v. 29. 10. 2003 – Az.: 1 Verg 2/03; OLG Celle, B. v. 18. 12. 2003 – Az.: 13 Verg 22/03)
- § 16 Abs. 6 Nr. 2 VOB/A → **Recht auf Einhaltung der Verpflichtung zur Aufklärung unangemessen niedriger Angebotspreise** (1. VK Sachsen, B. v. 1. 10. 2002 – Az.: 1/SVK/084-02; OLG Celle, B. v. 18. 12. 2003 – Az.: 13 Verg 22/03)
- § 16 a VOB/A → **Berücksichtigung nur der Kriterien bei der Wertung, die in der Bekanntmachung oder in den Vergabeunterlagen genannt sind** (VK Südbayern, B. v. 26. 1. 2004 – Az.: 64-12/03)
- § 17 Abs. 1 Nr. 1 VOB/A → **vergaberechtliches Gebot, ein Vergabeverfahren nur aus den dort genannten Gründen aufzuheben** (BGH, B. v. 18. 2. 2003 – Az.: X ZB 43/02; VK Baden-Württemberg, B. v. 28. 10. 2008 – Az.: 1 VK 39/08; VK Düsseldorf, B. v. 28. 9. 2007 – Az.: VK – 27/2007 – B; VK Schleswig-Holstein, B. v. 4. 2. 2008 – Az.: VK-SH 28/07; B. v. 26. 7. 2006 – Az.: VK-SH 11/06; B. v. 28. 4. 2006 – Az.: VK-SH 05/06; B. v. 28. 4. 2006 – Az.: VK-SH 04/06; B. v. 28. 4. 2006 – Az.: VK-SH 03/06; B. v. 14. 9. 2005 – Az.: VK-SH 21/05; 2. VK Bund, B. v. 15. 6. 2004 – Az.: VK 2–40/03)
- § 17 Abs. 1 VOB/A 2006 → **vergaberechtliches Gebot, ein Vergabeverfahren nur aus den dort genannten Gründen aufzuheben** (BGH, B. v. 18. 2. 2003 – Az.: X ZB 43/02; VK Düsseldorf, B. v. 28. 9. 2007 – Az.: VK – 27/2007 – B)
- § 20 VOB/A → **Recht auf Dokumentation des Vergabeverfahrens** (OLG Düsseldorf, B. v. 26. 7. 2002 – Az.: Verg 28/02; OLG Rostock, B. v. 20. 8. 2003 – Az.: 17 Verg 9/03; 3. VK Saarland, B. v. 23. 4. 2007 – Az.: 3 VK 02/2007, 3 VK 03/2007; VK Lüneburg, B. v. 11. 1. 2005 – Az.: 203-VgK-55/2004; B. v. 23. 2. 2004 – Az.: 203-VgK-01/2004, B. v. 3. 2. 2004 – Az.: 203-VgK-41/2003; 2. VK Bund, B. v. 10. 12. 2003 – Az.: VK 1–116/03)
- § 2 EG Abs. 1 Satz 1 VOL/A → **Recht auf Einhaltung des wettbewerblichen Prinzips** (OLG Düsseldorf, B. v. 17. 6. 2002 – Az.: Verg 18/02)
- § 2 EG Abs. 1 Satz 1 VOL/A → **Recht auf Einhaltung der Pflicht zur Vergabe nur an geeignete Bewerber** (VK Südbayern, B. v. 6. 5. 2002 – Az.: 12-04/02)
- § 2 EG Abs. 1 Satz 2 VOL/A → **Diskriminierungsverbot** (1. VK Bund, B. v. 20. 7. 2004 – Az.: VK 1–75/04; B. v. 20. 7. 2004 – Az.: VK 1–78/04; 2. VK Bund, B. v. 19. 7.

Gesetz gegen Wettbewerbsbeschränkungen GWB § 97 **Teil 1**

2004 – Az.: VK 2–79/04; B. v. 19. 7. 2004 – Az.: VK 2–76/04; 3. VK Bund, B. v. 20. 7. 2004 – Az.: VK 3–77/04)

- § 2 EG Abs. 2 VOL/A → **Recht auf Beachtung der Vorschriften über die Losbildung** (2. VK Bund, B. v. 6. 10. 2009 – Az.: VK 2–165/09; B. v. 29. 9. 2009 – Az.: VK 2–162/09; B. v. 16. 9. 2008 – Az.: VK 2–97/08; B. v. 15. 9. 2008 – Az.: VK 2–94/08; VK Hessen, B. v. 27. 2. 2003 – Az.: 69 d VK – 70/2002; 1. VK Sachsen, B. v. 26. 6. 2009 – Az.: 1/SVK/024-09)
- §§ 3, 3 EG VOL/A → **Recht auf Einhaltung der Vergabeverfahrenshierarchie** (VK Brandenburg, B. v. 23. 11. 2004 – Az.: VK 58/04)
- § 3 EG VOL/A → **Recht auf europaweite Ausschreibung** (3. VK Saarland, B. v. 24. 10. 2008 – Az.: 3 VK 02/2008; VK Magdeburg, B. v. 6. 6. 2002 – Az.: 33–32571/07 VK 05/02 MD)
- § 3 EG Abs. 1 Satz 1 VOL/A → **Vorrang des Offenen Verfahrens bzw. der Öffentlichen Ausschreibung** (1. VK Bund, B. v. 20. 7. 2004 – Az.: VK 1–75/04, B. v. 20. 7. 2004 – Az.: VK 1–78/04; 2. VK Bund, B. v. 19. 7. 2004 – Az.: VK 2–79/04; B. v. 19. 7. 2004 – Az.: VK 2–76/04; 3. VK Bund, B. v. 20. 7. 2004 – Az.: VK 3–77/04)
- § 4 EG Abs. 1 Satz 2 VOL/A → **Recht darauf, dass bei Rahmenvereinbarungen das in Aussicht genommene Auftragsvolumen so genau wie möglich ermittelt und beschrieben wird** (LSG Berlin-Brandenburg, B. v. 7. 5. 2010 – Az.: L 1 SF 95/10 B Verg)
- § 8 EG Abs. 1 VOL/A → **Recht auf Eindeutigkeit und Vollständigkeit der Leistungsbeschreibung** (1. VK Brandenburg, B. v. 18. 1. 2007 – Az.: 1 VK 41/06; 2. VK Bund, B. v. 16. 2. 2004 – Az.: VK 2–22/04; VK Düsseldorf, B. v. 22. 10. 2003 – Az.: VK – 29/2003 – L)
- § 8 EG Abs. 1 VOL/A → **Recht auf eindeutige Leistungsbeschreibung** (Saarländisches OLG, B. v. 29. 9. 2004 – Az.: 1 Verg 6/04; OLG Düsseldorf, B. v. 5. 12. 2001 – Az.: Verg 32/01; 1. VK Brandenburg, B. v. 18. 1. 2007 – Az.: 1 VK 41/06)
- § 8 EG Abs. 7 VOL/A → **Recht auf produktneutrale Ausschreibung** (VK Hessen, B. v. 19. 10. 2006 – Az.: 69 d VK – 51/2006)
- § 11 EG Abs. 2 VOL/A → **Recht auf Festsetzung einer Vertragsstrafe nur für den Fall, dass mit der Überschreitung einer Ausführungsfrist erhebliche Nachteile verbunden sind** (2. VK Bund, B. v. 8. 2. 2008 – VK 2–156/07; 3. VK Bund, B. v. 7. 2. 2008 – Az.: VK 3–169/07)
- § 12 VOL/A → **Recht auf angemessene Lieferfristen** (OLG Düsseldorf, B. v. 28. 2. 2002 – Az.: Verg 40/01)
- § 12 EG Abs. 1 VOL/A → **Recht auf Einhaltung der Angebotsfrist** (2. VK Bund, B. v. 17. 4. 2003 – Az.: VK 2–16/03; VK Baden-Württemberg, B. v. 27. 6. 2003 – Az.: 1 VK 29/03)
- § 15 EG VOL/A → **Recht auf eine inhaltlich korrekte Bekanntmachung durch den Auftraggeber** (OLG Naumburg, B. v. 16. 9. 2002 – Az.: 1 Verg 02/02)
- § 16 EG Abs. 1 VOL/A → **Recht auf ein unterschriebenes Angebot** (1. VK Sachsen, B. v. 16. 6. 2005 – Az.: 1/SVK/056-05)
- § 16 EG Abs. 3 VOL/A → **Recht auf Einhaltung von zwingend geforderten Erklärungen** (VK Niedersachsen, B. v. 16. 4. 2010 – Az.: VgK-10/2010)
- § 17 EG VOL/A → **Recht auf Verfahrenstransparenz im Rahmen des Eröffnungstermines** (VK des Freistaates Thüringen, B. v. 26. 6. 2001 – Az.: 216–403.20–027/01-J-S)
- § 19 EG Abs. 1 VOL/A → **Recht auf Prüfung der Angebote** (VK Münster, B. v. 2. 7. 2004 – Az.: VK 13/04)
- § 19 EG Abs. 3 lit. d) VOL/A → **Ausschluss von Angeboten mit Änderungen oder Ergänzungen an den Verdingungsunterlagen** (1. VK Bund, B. v. 26. 2. 2003 – Az.: VK 1–07/03)
- § 19 EG Abs. 3 lit. f) VOL/A → **Ausschluss von Angeboten von Bietern, die in Bezug auf die Vergabe eine unzulässige, wettbewerbsbeschränkende Abrede getroffen haben** (1. VK Sachsen, B. v. 19. 7. 2006 – Az.: 1/SVK/060-06; B. v. 19. 7. 2006 – Az.: 1/

Teil 1 GWB § 97 Gesetz gegen Wettbewerbsbeschränkungen

SVK/059-06; B. v. 20. 1. 2005 – Az.: 1/SVK/127-04; VK Schleswig-Holstein, B. v. 26. 10. 2004 – Az.: VK-SH 26/04; VK Hessen, B. v. 27. 2. 2003 – Az.: 69 d VK – 70/2002)

- **§ 19 EG Abs. 3 lit. g) VOL/A** → **Ausschluss von nicht zugelassenen Nebenangeboten** (VK Hessen, B. v. 30. 9. 2009 – Az.: 69 d VK – 32/2009)

- **§ 19 EG Abs. 4 VOL/A** → **Ausschluss von nicht geeigneten Bietern** (3. VK Bund, B. v. 7. 2. 2007 – Az.: VK 3–07/07)

- **§ 20 EG VOL/A** → **Recht auf Transparenz und Willkürfreiheit der Aufhebung** (VK Brandenburg, B. v. 30. 7. 2002 – Az.: VK 38/02; inzidenter BGH, B. v. 18. 2. 2003 – Az.: X ZB 43/02; ausdrücklich OLG Koblenz, B. v. 10. 4. 2003 – Az.: 1 Verg 01/03; 3. VK Bund, B. v. 16. 3. 2007 – Az.: VK 3–13/07; VK Schleswig-Holstein, B. v. 28. 4. 2006 – Az.: VK-SH 05/06; B. v. 28. 4. 2006 – Az.: VK-SH 04/06; B. v. 28. 4. 2006 – Az.: VK-SH 03/06; B. v. 14. 9. 2005 – Az.: VK-SH 21/05; 2. VK Bund, B. v. 15. 6. 2004 – Az.: VK 2–40/03; VK Hessen, B. v. 10. 6. 2004 – Az.: 69 d – VK – 27/2004, B. v. 10. 6. 2004 – Az.: 69 d – VK – 28/2004)

- **§ 21 EG Abs. 1 VOL/A** → **Recht auf Zuschlag auf das wirtschaftlichste Angebot** (1. VK Bund, B. v. 1. 4. 2004 – Az.: VK 1–09/04; 1. VK Sachsen, B. v. 9. 2. 2009 – Az.: 1/SVK/071-08)

- **§ 24 EG VOL/A** → **Recht auf ausreichende Dokumentation des Vergabeverfahrens** (OLG Düsseldorf, B. v. 26. 7. 2002 – Az.: Verg 28/02; VK Hamburg, B. v. 30. 7. 2007 – Az.: VgK FB 6/07; 1. VK Brandenburg, B. v. 12. 4. 2007 – Az.: 1 VK 11/07; VK Düsseldorf, B. v. 16. 2. 2006 – Az.: VK – 02/2006 – L; VK Saarland, B. v. 23. 1. 2006 – Az.: 1 VK 06/2005; 3. VK Bund, B. v. 28. 9. 2004 – Az.: VK 3–107/04; 1. VK Bund, B. v. 14. 10. 2003 – Az.: VK 1–95/03)

- **§ 3 VOF** → VK Nordbayern, B. v. 4. 10. 2007 – Az.: 21.VK – 3194 – 41/07

- **§ 7 VOF** → **Recht auf Einhaltung der Fristen** (OLG Düsseldorf, B. v. 1. 8. 2005 – Az.: VII – Verg 41/05)

- **§ 9 Abs. 2 VOF** → **Recht auf Einhaltung der Pflicht zur Publikation eines Wettbewerbes** (1. VK Sachsen, B. v. 10. 4. 2002 – Az.: 1/SVK/23-02, 1/SVK/23-02G)

- **§ 10 VOF** → **Recht auf Einhaltung der Auswahlregelungen** (OLG Düsseldorf, B. v. 29. 10. 2003 – Az.: Verg 43/03; 1. VK Sachsen, B. v. 16. 3. 2005 – Az.: 1/SVK/014-05)

- **§ 11 Abs. 4 VOF** → **Angabe aller Auftragskriterien** (VK Schleswig-Holstein, B. v. 11. 1. 2006 – Az.: VK-SH 28/05)

- **§ 11 Abs. 5 VOF** → **Berücksichtigung der genannten Auftragskriterien** (VK Schleswig-Holstein, B. v. 11. 1. 2006 – Az.: VK-SH 28/05)

- **§ 12 VOF** → **Recht auf ausreichende Dokumentation des Vergabeverfahrens** (OLG Düsseldorf, B. v. 26. 7. 2002 – Az.: Verg 28/02; 3. VK Saarland, B. v. 9. 3. 2007 – Az.: 3 VK 01/2007; VK Lüneburg, B. v. 18. 11. 2004 – Az.: 203-VgK-49/2004)

- **§ 14 Abs. 5 VOF** → **Recht auf Information** (VK Brandenburg, B. v. 1. 10. 2002 – Az.: VK 53/02)

- **§ 20 VOF** → **Recht auf Führung von auftragsbezogenen Verhandlungsgesprächen** (3. VK Saarland, B. v. 9. 3. 2007 – Az.: 3 VK 01/2007)

- **§ 107 GO NRW** → **Recht auf Einhaltung der Regeln über die wirtschaftliche Betätigung öffentlicher Unternehmen** (OLG Düsseldorf, B. v. 13. 8. 2008 – Az.: VII-Verg 43/07; B. v. 13. 8. 2008 – Az.: VII – Verg 42/07; B. v. 17. 6. 2002 – Az.: Verg 18/02; VK Münster, B. v. 4. 10. 2004 – Az.: VK 21/04)

- **§ 71 Abs. 4 ThürKO** → **Recht auf Einhaltung der Regeln über die wirtschaftliche Betätigung öffentlicher Unternehmen** (VK Thüringen, B. v. 13. 11. 2002 – Az.: 216-403.20–032/02-G-S)

- **§ 108 NGO** → **Recht auf Einhaltung der Regeln über die wirtschaftliche Betätigung öffentlicher Unternehmen (Niedersachsen)** (VK Lüneburg, B. v. 10. 2. 2004 – Az.: 203-VgK-43/2003, B. v. 7. 10. 2003 – Az.: 203-VgK-19/2003)

- **§ 121 Abs. 1 und 8 HGO** → **Recht auf Einhaltung der Regeln über die wirtschaftliche Betätigung öffentlicher Unternehmen (Hessen)** (VK Hessen, B. v. 30. 5. 2005 – Az.: 69 d VK – 10/2005)

Gesetz gegen Wettbewerbsbeschränkungen   GWB § 97   **Teil 1**

- § 137a Abs. 1 SGB V → **Recht auf „fachliche Unabhängigkeit"** der Institution, der der Auftrag – im Rahmen eines Vergabeverfahrens – erteilt werden soll (LSG Nordrhein-Westfalen, B. v. 6. 8. 2009 – Az.: L 21 KR 52/09 SFB)

6.14.6 Bieterschützende Vorschriften (in der Rechtsprechung umstritten)

- § 16 Abs. 6 Nr. 1 VOB/A: → **Verbot des Zuschlages auf ein Angebot mit einem unangemessen niedrigen Preis** (OLG Düsseldorf, B. v. 17. 6. 2002 – Az.: Verg 18/02 – bejaht; OLG Naumburg, Urteil vom 22. 11. 2004 – Az.: 1 U 56/04 – eher abgelehnt; BayObLG, B. v. 2. 8. 2004 – Verg 016/04 – eher bejaht; B. v. 3. 7. 2002 – Az.: Verg 13/0202 – offen gelassen; VK Baden-Württemberg, B. v. 2. 2. 2010 – Az.: 1 VK 75/09 – grundsätzlich verneint; B. v. 28. 10. 2004 – Az.: 1 VK 68/04; VK Brandenburg, B. v. 14. 3. 2005 – Az.: VK 7/05 – ausnahmsweise bejaht; B. v. 30. 4. 2004 – Az.: VK 13/04 – eher ablehnend; 1. VK Bund, B. v. 21. 9. 2006 – Az.: VK 1–100/06 – grundsätzlich abgelehnt; B. v. 30. 8. 2004 – Az.: VK 1–96/04; 2. VK Bund, B. v. 15. 5. 2009 – Az.: VK 2–21/09 – grundsätzlich abgelehnt; B. v. 20. 12. 2005 – Az.: VK 2–159/05 – grundsätzlich abgelehnt –; B. v. 20. 12. 2005 – Az.: VK 2–156/05 – grundsätzlich abgelehnt; B. v. 21. 1. 2004 – Az.: VK 2–126/03 – abgelehnt; 3. VK Bund, B. v. 2. 5. 2005 – Az.: VK 3–117/06; B. v. 4. 5. 2005 – Az.: VK 3–22/05 – abgelehnt; VK Düsseldorf, B. v. 2. 5. 2006 – Az.: VK – 17/2006 – B – abgelehnt; VK Schleswig-Holstein, B. v. 15. 5. 2006 – Az.: VK-SH 10/06 – abgelehnt) 1396

- § 17 VOB/A: → **Recht auf Aufhebung des Vergabeverfahren nur bei Vorliegen rechtlich vorgegebener Tatbestandsvoraussetzungen** (§ 17 VOB/A) innerhalb des dann noch bestehenden Ermessensspielraums („kann aufheben") (1. VK Sachsen, B. v. 4. 3. 2002 – Az.: 1/SVK/019-02 – bejaht)

- § 19 EG Abs. 6 Satz 1 VOL/A: → **Pflicht zur Überprüfung ungewöhnlich niedriger Angebote** (BSG, B. v. 22. 4. 2009 – Az.: B 3 KR 2/09 D – abgelehnt mit Ausnahmen; OLG Celle, B. v. 18. 12. 2003 – Az.: 13 Verg 22/03 – bejaht; OLG Düsseldorf, B. v. 6. 3. 2008 – Az.: VII – Verg 53/07 – relativer Bieterschutz bejaht; B. v. 2. 5. 2007 – Az.: VII – Verg 1/07 – relativer Bieterschutz bejaht; B. v. 28. 9. 2006 – Az.: VII – Verg 49/06 – relativer Bieterschutz bejaht; OLG München, B. v. 11. 5. 2007 – Az.: Verg 04/07 – offen gelassen; VK Baden-Württemberg, B. v. 31. 7. 2009 – Az.: 1 VK 30/09 – abgelehnt mit Ausnahmen; B. v. 28. 7. 2009 – Az.: 1 VK 42/09 – relativer Bieterschutz bejaht; B. v. 5. 1. 2009 – Az.: 1 VK 63/08 – relativer Bieterschutz bejaht; 1. VK Brandenburg, B. v. 8. 12. 2006 – Az.: 1 VK 49/06 – bejaht; 1. VK Bund, B. v. 29. 1. 2009 – Az.: VK 1–180/08 – relativer Bieterschutz bejaht; B. v. 2. 7. 2002 – Az.: VK 1–31/02 – bejaht; 2. VK Bund, B. v. 9. 7. 2010 – Az.: VK 2–59/10 – relativer Bieterschutz bejaht; B. v. 22. 12. 2009 – Az.: VK 2–204/09 – relativer Bieterschutz bejaht; B. v. 30. 10. 2009 – Az.: VK 2–180/09 – relativer Bieterschutz bejaht; B. v. 15. 5. 2009 – Az.: VK 2–21/09 – abgelehnt mit Ausnahmen; B. v. 16. 9. 2008 – Az.: VK 2–97/08 – abgelehnt mit Ausnahmen; B. v. 16. 8. 2004 – Az.: VK 2–06/04 – verneint; B. v. 16. 2. 2004 – Az.: VK 2–22/04; B. v. 12. 11. 2002 – Az.: VK 2–86/02 – verneint; 3. VK Bund, B. v. 10. 12. 2009 – Az.: VK 3–211/09 – grundsätzlich abgelehnt; B. v. 26. 3. 2009 – Az.: VK 3–43/09 – grundsätzlich abgelehnt; B. v. 6. 8. 2008 – Az.: VK 3–104/08; B. v. 24. 7. 2008 – Az.: VK 3–95/08; B. v. 16. 6. 2008 – Az.: VK 3–65/08 abgelehnt mit Ausnahmen; B. v. 20. 11. 2007 – Az.: VK 3–136/07 – abgelehnt; B. v. 20. 11. 2007 – Az.: VK 3–127/07 – abgelehnt; B. v. 2. 8. 2006 – Az.: VK 3–75/06; B. v. 4. 7. 2006 – Az.: VK 3–60/06; B. v. 30. 6. 2006 – Az.: VK 3–45/06; B. v. 30. 6. 2006 – Az.: VK 3–42/06; B. v. 29. 6. 2006 – Az.: VK 3–48/06; B. v. 29. 6. 2006 – Az.: VK 3–39/06 – bejaht –; VK Hamburg, B. v. 17. 12. 2002 – Az.: VgK FB 3/02 – verneint; VK Hessen, B. v. 30. 5. 2005 – Az.: 69d VK – 16/2005; B. v. 30. 5. 2005 – Az.: 69d VK – 10/2005; B. v. 2. 1. 2003 – Az.: 69d VK – 57/2002 – grundsätzlich verneint; 2. VK Mecklenburg-Vorpommern, B. v. 28. 11. 2008 – Az.: 2 VK 7/08 – bejaht; VK Münster, B. v. 28. 5. 2009 – Az.: VK 11/09; B. v. 4. 8. 2010 – Az.: VK 5/10; – jeweils relativer Bieterschutz bejaht; 3. VK Saarland, B. v. 12. 8. 2005 – Az.: 3 VK 03/2005 und 3 VK 04/2005 – bejaht –; 1. VK Sachsen, B. v. 23. 2. 2009 – Az.: 1/SVK/003-09 – mittelbare bieterschützende Wirkung bejaht; B. v. 27. 3. 2006 – Az.: 1/SVK/021-06; B. v. 11. 2. 2005 – Az.: 1/SVK/128-04 – abgelehnt –; B. v. 27. 1. 2003 – Az.: 1/SVK/123-02, 1/SVK/123-02G – bejaht; VK Südbayern, B. v. 14. 9. 2007 – Az.: Z3-3-3194-1-33-07/07 – in Ausnahmefällen; B. v. 10. 2. 2006 – Az. Z3-3-3194-1-57–12/05 – offen gelassen)

- § 19 EG Abs. 6 Satz 2 VOL/A: → **Verbot des Zuschlages auf ein Angebot, dessen Preis in offenbarem Missverhältnis zur Leistung steht** (BSG, B. v. 22. 4. 2009 – Az.: B 3 KR 2/09 D – abgelehnt mit Ausnahmen; OLG Celle, B. v. 18. 12. 2003 – Az.: 13 Verg

22/03 – bejaht; OLG Düsseldorf, B. v. 14. 10. 2009 – Az.: VII-Verg 40/09 – für Ausnahmefälle bejaht; B. v. 25. 2. 2009 – Az.: VII-Verg 6/09 – für Ausnahmefälle bejaht; B. v. 28. 9. 2006 – Az.: VII – Verg 49/06 – abgelehnt; B. v. 17. 6. 2002 – Az.: Verg 18/02 – bejaht; OLG Koblenz, B. v. 15. 10. 2009 – Az.: 1 Verg 9/09 – abgelehnt mit Ausnahmen; OLG München, B. v. 11. 5. 2007 – Az.: Verg 04/07 – offen gelassen; OLG Naumburg, B. v. 2. 4. 2009 – Az.: 1 Verg 10/08 – grundsätzlich abgelehnt; BayObLG, B. v. 3. 7. 2002 – Az.: Verg 13/02 – offen gelassen; LSG Nordrhein-Westfalen, B. v. 10. 3. 2010 – Az.: L 21 SF 41/10 Verg – grundsätzlich verneint; VK Arnsberg, B. v. 3. 12. 2009 – Az.: VK 30/09 – für Ausnahmefälle bejaht; VK Baden-Württemberg, B. v. 26. 3. 2010 – Az.: 1 VK 11/10 – grundsätzlich verneint; B. v. 2. 2. 2010 – Az.: 1 VK 75/09 – grundsätzlich verneint; B. v. 21. 8. 2009 – Az.: 1 VK 40/09 – grundsätzlich verneint; B. v. 31. 7. 2009 – Az.: 1 VK 30/09 – relativer Bieterschutz bejaht; B. v. 28. 7. 2009 – Az.: 1 VK 42/09 – grundsätzlich verneint; B. v. 5. 1. 2009 – Az.: 1 VK 63/08 – grundsätzlich verneint; B. v. 12. 12. 2008 – Az.: 1 VK 50/08 – grundsätzlich verneint; B. v. 17. 1. 2008 – Az.: 1 VK 52/07 – grundsätzlich verneint; B. v. 2. 12. 2004 – Az.: 1 VK 74/04 – verneint; B. v. 16. 11. 2004 – Az.: 1 VK 69/04 – verneint; B. v. 12. 11. 2004 – Az.: 1 VK 70/04; B. v. 6. 12. 2002 – Az.: 1 VK 65/022 – verneint, B. v. 18. 6. 2003 – Az.: 1 VK 25/03 – grundsätzlich verneint; VK Berlin, B. v. 2. 6. 2009 – Az.: VK B 2–12/09 – abgelehnt; 1. VK Brandenburg, B. v. 13. 7. 2007 – Az.: 1 VK 24/07 – ausnahmsweise bejaht –; B. v. 8. 12. 2006 – Az.: 1 VK 49/06 – bejaht; 2. VK Brandenburg, B. v. 10. 11. 2006 – Az.: 2 VK 44/06 – bejaht; 1. VK Bund, B. v. 3. 2. 2010 – Az.: VK 1–236/09 – grundsätzlich verneint; B. v. 7. 4. 2009 – Az.: VK 1–32/09 – grundsätzlich verneint; B. v. 29. 1. 2009 – Az.: VK 1–180/08 – grundsätzlich verneint; B. v. 20. 12. 2007 – Az.: VK 1–143/07 – grundsätzlich verneint; B. v. 10. 10. 2005 – Az.: VK 1–131/05 – grundsätzlich verneint; B. v. 30. 8. 2005 – Az.: VK 1–95/05; B. v. 30. 8. 2005 – Az.: VK 1–92/05; B. v. 30. 8. 2005 – Az.: VK 1–89/05; B. v. 28. 12. 2004 – Az.: VK 1–141/04; B. v. 26. 8. 2004 – Az.: VK 1–105/04 – verneint; B. v. 1. 4. 2004 – Az.: VK 1–09/04; B. v. 26. 2. 2003 – Az.: VK 1–07/03 – nur für Ausnahmefälle bejaht, ebenso B. v. 22. 5. 2003 – Az.: VK 1–29/03, ebenso B. v. 15. 7. 2003 – Az.: VK 1–53/03; 2. VK Bund, B. v. 6. 9. 2010 – Az.: VK 2–74/10 – keine drittschützende Wirkung; B. v. 22. 12. 2009 – Az.: VK 2–204/09 – abgelehnt mit Ausnahmen; B. v. 30. 10. 2009 – Az.: VK 2–180/09 – grundsätzlich abgelehnt; B. v. 16. 9. 2008 – Az.: VK 2–97/08 – abgelehnt mit Ausnahmen; B. v. 6. 6. 2008 – Az.: VK 2–46/08 – abgelehnt mit Ausnahme; B. v. 15. 11. 2007 – Az.: VK 2–102/07; B. v. 18. 8. 2005 – Az.: VK 2–93/05 – grundsätzlich verneint; B. v. 18. 8. 2005 – Az.: VK 2–90/05 – grundsätzlich verneint; B. v. 11. 11. 2004 – Az.: VK 2–196/04; B. v. 12. 11. 2002 – Az.: VK 2–86/02 – verneint; 3. VK Bund, B. v. 10. 12. 2009 – Az.: VK 3–211/09 – grundsätzlich abgelehnt; B. v. 26. 3. 2009 – Az.: VK 3–43/09 – grundsätzlich abgelehnt; B. v. 6. 8. 2008 – Az.: VK 3–104/08; B. v. 24. 7. 2008 – Az.: VK 3–95/08; B. v. 16. 6. 2008 – Az.: VK 3–65/08 abgelehnt mit Ausnahmen; B. v. 20. 11. 2007 – Az.: VK 3–136/07 – abgelehnt; B. v. 20. 11. 2007 – Az.: VK 3–127/07 – abgelehnt; B. v. 14. 11. 2007 – Az.: VK 3–124/07; B. v. 7. 8. 2006 – Az.: VK 3–93/06; B. v. 7. 8. 2006 – Az.: VK 3–90/06; B. v. 7. 8. 2006 – Az.: VK 3–87/06; B. v. 7. 8. 2006 – Az.: VK 3–84/06; B. v. 7. 8. 2006 – Az.: VK 3–81/06; B. v. 7. 8. 2006 – Az.: VK 3–78/06; B. v. 2. 8. 2006 – Az.: VK 3–75/06; B. v. 4. 7. 2006 – Az.: VK 3–60/06; B. v. 30. 6. 2006 – Az.: VK 3–45/06; B. v. 30. 6. 2006 – Az.: VK 3–42/06; B. v. 29. 6. 2006 – Az.: VK 3–48/06; B. v. 29. 6. 2006 – Az.: VK 3–39/06; B. v. 7. 9. 2005 – Az.: VK 3–115/05 – grundsätzlich verneint; B. v. 7. 9. 2005 – Az.: VK 3–112/05 – grundsätzlich verneint; B. v. 6. 9. 2005 – Az.: VK 3–109/05 – grundsätzlich verneint; B. v. 31. 8. 2005 – Az.: VK 3–106/05 – grundsätzlich verneint; B. v. 31. 8. 2005 – Az.: VK 3–103/05 – grundsätzlich verneint; B. v. 31. 8. 2005 – Az.: VK 3–100/05 – grundsätzlich verneint; B. v. 31. 8. 2005 – Az.: VK 3–97/05; B. v. 12. 8. 2005 – Az.: VK 3–94/05 – verneint; B. v. 12. 8. 2005 – Az.: VK 3–91/05 – grundsätzlich verneint; B. v. 12. 8. 2005 – Az.: VK 3–88/05; B. v. 11. 8. 2005 – Az.: VK 3–85/05; B. v. 12. 7. 2005 – Az.: VK 3–67/05 – verneint; B. v. 12. 7. 2005 – Az.: VK 3–64/05 – verneint; B. v. 27. 5. 2005 – Az.: VK 3–37/05 – grundsätzlich verneint; VK Hamburg, B. v. 17. 12. 2002 – Az.: VgK FB 3/02 – verneint; VK Hessen, B. v. 30. 5. 2005 – Az.: 69 d VK – 16/2005; B. v. 30. 5. 2005 – Az.: 69 d VK – 10/2005; B. v. 2. 1. 2003 – Az.: 69 d VK – 57/2002 – grundsätzlich verneint; 2. VK Mecklenburg-Vorpommern, B. v. 28. 11. 2008 – Az.: 2 VK 7/08 – bejaht; VK Münster, B. v. 2. 7. 2004 – Az.: VK 13/04 – über § 2 Nr. 1 Abs. 2 VOL/A; VK Nordbayern, B. v. 28. 1. 2009 – Az.: 21.VK – 3194 – 55/08; B. v. 26. 2. 2008 – Az.: 21.VK – 3194 – 02/08 – nur in Verbindung mit § 2 Nr. 1 Abs. 2 VOL/A; B. v. 21. 11. 2003 – Az.: 320.VK-3194-38/03 – nur für Ausnahmefälle bejaht; 3. VK Saarland, B. v. 12. 12. 2005 – Az.: 3 VK 03/2005 und 3 VK 04/2005 – bejaht –; 1. VK Sachsen, B. v. 23. 2. 2009 – Az.: 1/SVK/003–09 – mittelbare bieterschützende Wirkung bejaht; B. v. 27. 3. 2006

7. § 98 GWB – Öffentliche Auftraggeber

Öffentliche Auftraggeber im Sinne dieses Teils sind:

1. Gebietskörperschaften sowie deren Sondervermögen,
2. andere juristische Personen des öffentlichen und des privaten Rechts, die zu dem besonderen Zweck gegründet wurden, im Allgemeininteresse liegende Aufgaben nichtgewerblicher Art zu erfüllen, wenn Stellen, die unter Nummer 1 oder 3 fallen, sie einzeln oder gemeinsam durch Beteiligung oder auf sonstige Weise überwiegend finanzieren oder über ihre Leitung die Aufsicht ausüben oder mehr als die Hälfte der Mitglieder eines ihrer zur Geschäftsführung oder zur Aufsicht berufenen Organe bestimmt haben. Das Gleiche gilt dann, wenn die Stelle, die einzeln oder gemeinsam mit anderen die überwiegende Finanzierung gewährt oder die Mehrheit der Mitglieder eines zur Geschäftsführung oder Aufsicht berufenen Organs bestimmt hat, unter Satz fällt,
3. Verbände, deren Mitglieder unter Nummer 1 oder 2 fallen,
4. natürliche oder juristische Personen des privaten Rechts, die auf dem Gebiet der Trinkwasser- oder Energieversorgung oder des Verkehrs tätig sind, wenn diese Tätigkeiten auf der Grundlage von besonderen oder ausschließlichen Rechten ausgeübt werden, die von einer zuständigen Behörde gewährt wurden, oder wenn Auftraggeber, die unter Nummern 1 bis 3 fallen, auf diese Personen einzeln oder gemeinsam einen beherrschenden Einfluss ausüben können; besondere oder ausschließliche Rechte sind Rechte, die dazu führen, dass die Ausübung dieser Tätigkeiten einem oder mehreren Unternehmen vorbehalten wird und dass die Möglichkeit anderer Unternehmen, diese Tätigkeit auszuüben, erheblich beeinträchtigt wird. Tätigkeiten auf dem Gebiet der Trinkwasser- und Energieversorgung sowie des Verkehrs sind solche, die in der Anlage aufgeführt sind,
5. natürliche oder juristische Personen des privaten Rechts sowie juristische Personen des öffentlichen Rechts, soweit sie nicht unter Nummer 2 fallen, in den Fällen, in denen sie für Tiefbaumaßnahmen, für die Errichtung von Krankenhäusern, Sport-, Erholungs- oder Freizeiteinrichtungen, Schul-, Hochschul- oder Verwaltungsgebäuden oder für damit in Verbindung stehende Dienstleistungen und Auslobungsverfahren von Stellen, die unter Nummern 1 bis 3 fallen, Mittel erhalten, mit denen diese Vorhaben zu mehr als 50 vom Hundert finanziert werden,
6. natürliche oder juristische Personen des privaten Rechts, die mit Stellen, die unter die Nummern 1 bis 3 fallen, einen Vertrag über eine Baukonzession abgeschlossen haben, hinsichtlich der Aufträge an Dritte.

7.1 Änderungen durch das Vergaberechtsmodernisierungsgesetz 2009

1401 In § 98 Abs. 4 ist einmal die **Telekommunikation aus dem Kreis der Sektorentätigkeiten herausgenommen** worden; zum anderen ist eine Definition der besonderen und ausschließlichen Rechte aufgenommen worden. § 98 Nr. 4 ist **außerdem um eine Anlage ergänzt**, in der aufgeführt ist, **welche Tätigkeiten in die Sektorenbereiche fallen**. In § 98 Nr. 5 ist außerdem ausdrücklich der **Anwendungsbereich um juristische Personen des öffentlichen Rechts erweitert** worden. In § 98 Nr. 6 entfällt die Definition der Baukonzession, die nunmehr – neu gefasst – in § 99 Abs. 6 aufgenommen wurde.

7.2 Abschließende Aufzählung der öffentlichen Auftraggeber

1402 § 98 GWB enthält eine enumerative und abschließende Aufzählung derjenigen Auftraggeber, die **zur Anwendung des Vergaberechts des GWB verpflichtet** sind. Damit regelt § 98 GWB abschließend den subjektiven (persönlichen) Anwendungsbereich des Vergaberechts (VK Brandenburg, B. v. 11. 3. 2009 – Az. VK 7/09).

Gesetz gegen Wettbewerbsbeschränkungen GWB § 97 **Teil 1**

– Az.: 1/SVK/021-06 – offen gelassen; B. v. 27. 1. 2003 – Az.: 1/SVK/123-02, 1/SVK/123-02G – bejaht; VK Schleswig-Holstein, B. v. 6. 6. 2007 – Az.: VK-SH 10/07 – verneint; B. v. 26. 10. 2004 – Az.: VK-SH 26/04 – verneint; VK Südbayern, B. v. 14. 9. 2007 – Az.: Z3-3-3194-1-33-07/07 – in Ausnahmefällen; B. v. 10. 2. 2006 – Az. Z3-3-3194-1-57–12/05 – offen gelassen)

6.14.7 Bieterschützende Vorschriften (von der Rechtsprechung abgelehnt)

– **Vorschriften des Urheberrechtsgesetzes** → VK Nordbayern, B. v. 4. 10. 2007 – Az.: **1397**
 21.VK – 3194 – 41/07
– **Vorschriften der §§ 93 ff. BSHG** (jetzt §§ 75 ff. SGB II) → OLG Düsseldorf, B. v. 8. 9. 2005 – Az.: Verg 35/04
– **§ 127 SGB V** → LSG Nordrhein-Westfalen, B. v. 30. 1. 2009 – Az.: L 21 KR 1/08 SFB
– **Vorschriften des Postgesetzes** → VK Brandenburg, B. v. 20. 10. 2004 – Az.: VK 56/04
– **§ 65 Abs. 1 LHO HH** → **Beteiligungsvoraussetzungen an einer privatrechtlichen Gesellschaft** (VK Hessen, B. v. 2. 12. 2004 – Az.: 69 d VK – 72/2004)
– **§ 1 GWB** → **Kartellverbot** (BayObLG, B. v. 17. 2. 2005 – Verg 027/04)
– **§ 2 EG Abs. 2 VOL/A** → **Recht auf Gesamtvergabe statt Losvergabe – Sonderfall** – (3. VK Bund, B. v. 29. 9. 2005 – Az.: VK 3–121/05)
– **§ 23 EG VOL/A** → **Pflicht zur Bekanntmachung vergebener Aufträge** (LG Leipzig, Urteil v. 24. 1. 2007 – Az.: 06HK O 1866/062)
– **§ 14 Abs. 1 VOF** → **Pflicht der Vergabestelle zu Meldungen an das Amt für amtliche Veröffentlichungen** (OLG Thüringen, B. v. 16. 1. 2002 – Az.: 6 Verg 7/01)
– **§ 6 Abs. 1 Satz 2 Vergabegesetz für das Land Bremen** → **Prüfungspflicht bei unangemessen niedrigen Angeboten** (VK Bremen, B. v. 16. 7. 2003 – Az.: VK 12/03)
– **§ 8 Abs. 6 LabfWG Schleswig-Holstein** → Streitigkeiten über die Einhaltung abfallwirtschaftlicher Grundsätze (VK Schleswig-Holstein, B. v. 23. 7. 2004 – Az.: VK-SH 21/04)

6.15 Eventuelle künftige Verstöße des Auftragnehmers gegen die Auftragsbedingungen

Der **bloße Umstand, dass sich ein Bieter möglicherweise nicht an die Bedingungen** **1398** **des an ihn vergebenen Auftrages hält, stellt grundsätzlich keinen Vergaberechtsverstoß der Vergabestelle** dar (KG Berlin, B. v. 20. 8. 2009 – Az.: 2 Verg 4/09).

6.16 Pilotprojekt „Gläserne Vergabe"

Der Freistaat Bayern hat ein **Pilotprojekt „Doppelte Einreichung von Angeboten –** **1399** **Gläserne Vergabe"** durchgeführt. Im Rahmen dieses Pilotprojektes müssen u. a. das Leistungsverzeichnis, das Angebotsschreiben und alle darin aufgeführten Anlagen, sowie Nebenangebote und Sondervorschläge zusätzlich zum Original in Kopie/Abschrift in einem verschlossenen und vom Bieter mit „Zweitfertigung" gekennzeichneten Umschlag abgegeben werden. Dieser verschlossene Umschlag muss in dem verschlossenen Umschlag sein, in dem sich die Originalangebotsunterlagen befinden. Bei Nichtabgabe von Kopie/Abschrift muss das Angebot ausgeschlossen werden.

Die **Regelungen des Pilotprojekts** „Doppelte Einreichung von Angeboten – Gläserne Ver- **1400** gabe", die einem Vergabeverfahren – hier einem offenen Verfahren nach VOB/A – zugrunde gelegt wurden, **widerlaufen europarechtlichen Vorgaben und denen des GWB nicht**, solange alle Teilnehmer am Wettbewerb diese Regelungen eindeutig erkennen und beachten können (VK Südbayern, B. v. 13. 1. 2003 – Az.: 52-11/02).

7.3 Funktionaler Auftraggeberbegriff des EuGH

7.3.1 Rechtsprechung des EuGH

Aus der **Rechtsprechung des EuGH** kann heute der sog. **funktionale Auftraggeberbegriff** abgeleitet werden (u. a. EuGH, Urteil v. 10. 4. 2008 – Az.: C-393/06; Urteil v. 1. 2. 2001 – Az.: C-237/99, Urteil v. 15. 5. 2003 – Az.: C-214/00; OLG Rostock, B. v. 15. 6. 2005 – Az.: 17 Verg 3/05; LSG Baden-Württemberg, B. v. 17. 2. 2009 – Az.: L 11 WB 381/09; B. v. 23. 1. 2009 – Az.: L 11 WB 5971/08; B. v. 28. 10. 2008 – Az.: L 11 KR 4810/08 ER-B; VK Arnsberg, B. v. 10. 11. 2008 – Az.: VK 22/08; VK Brandenburg, B. v. 11. 3. 2009 – Az. VK 7/09; 2. VK Bund, B. v. 8. 6. 2006 – Az.: VK 2–114/05). Der EuGH zeigt auf, dass eine Anwendung des Vergaberechts nicht nur auf die formal staatlichen oder staatsnahen Stellen beschränkt ist, sondern eine transparente und diskriminierungsfreie Beschaffung nur dann sicherzustellen ist, wenn auch solche Vergabestellen eingebunden werden, **die hinsichtlich ihrer Funktion staatliche Aufgaben wahrnehmen**, die in formaler Hinsicht aber eben keine staatlichen Stellen im engeren Sinne sind. Es ist also nicht mehr möglich, die Eigenschaft als ein öffentlicher Auftraggeber an die öffentlich-rechtliche Organisationsform zu knüpfen (EuGH, Urteil v. 15. 5. 2003 – Az.: C-214/00). Hintergrund ist eine **doppelte Zielsetzung**, nämlich eine **Öffnung der Vergaberichtlinien für den Wettbewerb und die Transparenz**, die mit den Richtlinien zur Koordinierung der Verfahren zur Vergabe öffentlicher Aufträge verfolgt wird. Der Europäische Gerichtshof hat mit Blick auf diese doppelte Zielsetzung auch klargestellt, dass dieser **Begriff in einem weiten Sinne aufzufassen** ist (Urteil v. 27. 2. 2003 – Az.: C-373/00).

1403

Die **privatrechtliche Rechtsform einer Einrichtung** stellt also kein Kriterium dar, das für sich allein deren **Einstufung als öffentlicher Auftraggeber** im Sinne dieser Richtlinien **ausschließen könnte** (EuGH, Urteil v. 13. 1. 2005 – Az.: C-84/03).

1404

Auch in der Bundesrepublik Deutschland geht die Tendenz dahin, immer mehr Aufgaben aus dem Bereich der klassischen Hoheitsverwaltung auf andere selbständige Rechtsträger zu übertragen, wobei nicht alle neuen Rechtsträger, die im Rahmen der sog. Privatisierung geschaffen wurden, denknotwendig auch öffentliche Auftraggeber im Sinne des Gesetzes gegen Wettbewerbsbeschränkungen sein müssen. Andererseits ist die **bloße Organisationsprivatisierung nicht ausreichend, um den vergaberechtlichen Status eines öffentlichen Auftraggebers ablegen zu können** (VK Münster, B. v. 24. 6. 2002 – Az.: VK 03/02).

1405

7.3.2 Literatur

– Behr, Volker, Zur vergaberechtlichen Relevanz von Privatisierungen, VergabeR 2009, 136

1406

– Crass, Normen, Der öffentliche Auftraggeber: Eine Untersuchung am Beispiel der öffentlich-rechtlichen Kreditinstitute und Energieversorgungsunternehmen, Dissertation, München, 2004

– Heuvels, Klaus, Mittelbare Staatsverwaltung und Begriff des funktionalen Auftraggebers, NZBau 2008, 167

– Hüser, Christian, Ausschreibungspflichten bei der Privatisierung öffentlicher Aufgaben – Eine Analyse des sachlichen Anwendungsbereichs des Kartellvergaberechts, Dissertation, Berlin, 2005

– Koman, Angelika, Die Funktionalität des Auftraggeberbegriffes neuerlich bestätigt durch den EuGH, ZfBR 2003, 127

– Kristoferitsch, Hans, Eine „vergaberechtliche Interpretation" des Bietverfahrens bei Privatisierungen? – Zum Rechtsschutz für unterlegene Bieter in Privatisierungsverfahren, EuZW 2006, 428

– Mestwerdt, Thomas/v. Münchhausen, Moritz, Die Sozialversicherungsträger als Öffentliche Auftraggeber i. S. v. § 98 Nr. 2 GWB, ZfBR 2005, 659

– Pöcker, Markus/Michel, Jens, Vergaberecht und Organisation der öffentlichen Verwaltung: Vom Formalismus der juristischen Person zur Anpassung an sich verändernde Handlungs- und Organisationsrationalitäten, DÖV 2006, 445–453

– Schimanek, Peter, Die Ausschreibungspflicht von Privatisierungen, NZBau 2005, 304

7.4 Verzeichnis der öffentlichen Einrichtungen im Anhang III der Vergabekoordinierungsrichtlinie

1407 Dem **Verzeichnis der öffentlichen Einrichtungen im Anhang I der Baukoordinierungsrichtlinie** kommt für die Einordnung als öffentlicher Auftraggeber **keine konstitutive, sondern** eine erhebliche **Indizwirkung** zu (OLG München, B. v. 7. 6. 2005 – Az.: Verg 004/05; BayObLG, B. v. 24. 5. 2004 – Az.: Verg 006/04; VK Arnsberg, B. v. 10. 11. 2008 – Az.: VK 22/08; VK Berlin, B. v. 26. 8. 2004 – VK – B 1–36/04; VK Brandenburg, B. v. 23. 7. 2007 – Az.: 1 VK 26/07; 1. VK Bund, B. v. 9. 5. 2007 – Az.: VK 1–26/07; VK Lüneburg, B. v. 21. 9. 2004 – Az.: 203-VgK-42/2004; VK Mecklenburg-Vorpommern, B. v. 8. 5. 2007 – Az.: 3 VK 04/07; VK Schleswig-Holstein, B. v. 3. 11. 2004 – Az.: VK-SH 28/04; im Ergebnis ebenso OLG Karlsruhe, B. v. 17. 4. 2008 – Az.: 8 U 228/06). In Art. 1 lit. b Abs. 3 nimmt ebenso die **Dienstleistungskoordinierungsrichtlinie auf dieses Verzeichnis Bezug** (1. VK Bund, B. v. 5. 9. 2001 – Az.: VK 1–23/01).

1408 Es **bedarf also stets einer Einzelfallprüfung**, ob tatsächlich die Begriffsmerkmale des öffentlichen Auftraggebers vorliegen (OLG Karlsruhe, B. v. 17. 4. 2008 – Az.: 8 U 228/06; VK Brandenburg, B. v. 23. 7. 2007 – Az.: 1 VK 26/07; VK Rheinland-Pfalz, B. v. 1. 2. 2005 – Az.: VK 01/05).

1409 Das **Verzeichnis der öffentlichen Einrichtungen** ist nun in **Anhang III der Vergabekoordinierungsrichtlinie** (Richtlinie 2004/18/EG) enthalten; die o. a. Rechtsprechung gilt insoweit weiter (EuGH, Urteil v. 11. 6. 2009 – Az.: C-300/07; VK Arnsberg, B. v. 10. 11. 2008 – Az.: VK 22/08; VK Brandenburg, B. v. 23. 7. 2007 – Az.: 1 VK 26/07; 1. VK Bund, B. v. 9. 5. 2007 – Az.: VK 1–26/07; 2. VK Bund, B. v. 15. 11. 2007 – Az.: VK 2–123/07, B. v. 15. 11. 2007 – Az.: VK 2–120/07, B. v. 15. 11. 2007 – Az.: VK 2–117/07, B. v. 15. 11. 2007 – Az.: VK 2–114/07, B. v. 15. 11. 2007 – Az.: VK 2–108/07, B. v. 15. 11. 2007 – Az.: VK 2–105/07; B. v. 15. 11. 2007 – Az.: VK 2–102/07; VK Mecklenburg-Vorpommern, B. v. 8. 5. 2007 – Az.: 3 VK 04/07).

7.5 Auftraggeber gemäß § 98 Nr. 1

7.5.1 Gebietskörperschaften

7.5.1.1 Grundsatz

1410 Gebietskörperschaften sind im Wesentlichen

– die Bundesrepublik Deutschland,

– die Bundesländer,

– die Regierungsbezirke,

– die Landkreise (VK Schleswig-Holstein, B. v. 13.07.2006 – Az.: VK-SH 15/06),

– die Gemeinden,

– die Zweckverbände (VK Sachsen, B. v. 26. 6. 2009 – Az.: 1/SVK/024-09; anderer Auffassung ist die VK Baden-Württemberg, die § 98 Nr. 2, Nr. 3 GWB anwendet – VK Baden-Württemberg, B. v. 20. 5. 2009 – Az.: 1 VK 18/09).

1411 Hierbei können sich die Bezeichnungen je nach Organisationsregelung insbesondere im kommunalen Bereich unterscheiden.

1412 Zu den Gebietskörperschaften zählen auch die rechtlich unselbständigen Eigenbetriebe der Gemeinden.

7.5.1.2 Keine Differenzierung nach Art des Auftrags

1413 Die Gebietskörperschaften sind per Definition öffentliche Auftraggeber. Aus der Rechtsprechung geht hervor, dass die **Vergaberichtlinien nicht zwischen jenen Aufträgen unterscheidet, die ein öffentlicher Auftraggeber vergibt, um seine im Allgemeininteresse liegenden Aufgaben zu erfüllen, und jenen Aufträgen, die in keinem Zusammenhang mit derartigen Aufgaben stehen. Ohne Bedeutung** ist auch, dass der **öffentliche Auftraggeber selbst als Dienstleistungserbringer tätig sein will** und dass der betreffende Auftrag in diesem Rahmen die Vergabe eines Teils der Tätigkeiten an einen Subunternehmer darstellt. Denn es ist nicht ausgeschlossen, dass die Entscheidung des öffentlichen Auftraggebers über die Wahl dieses Subunternehmers auf anderen als wirtschaftlichen Überlegungen beruht. Daraus folgt, dass auch solche Aufträge ungeachtet ihrer Natur und ihrer Zusammenhänge „öffentliche Aufträge" darstellen (EuGH, Urteil v. 18. 11. 2004 – Az.: C-126/03).

7.5.1.3 Keine Differenzierung nach Art der zur Auftragsdurchführung verwendeten Mittel

Bei öffentlichen Aufträgen von Gebietskörperschaften ist die **Verwendung öffentlicher** 1414
Mittel kein konstitutives Element für das Vorliegen eines öffentlichen Auftrags (EuGH, Urteil v. 18. 11. 2004 – Az.: C-126/03).

7.5.1.4 Bürgerschaften und Landtage

Für die Bürgerschaft handelt ihr Präsident als Organ. Er ist **zugleich auch Staatsbe-** 1415
hörde, nämlich soweit es um die Bedarfsverwaltung der Bürgerschaft geht. Zur Erfüllung der Verwaltungsaufgaben untersteht dem Präsidenten die Bürgerschaftskanzlei. Der Haushaltsplan z.B. der Freien und Hansestadt Hamburg enthält unter der Titelgruppe 1000 auch die Bereitstellung von Mitteln für die Bürgerschaft. Dies sieht Art. 18 der Hamburgischen Verfassung (HV) ausdrücklich vor. Dieselbe Verfassungsnorm gibt dem Präsidenten der Bürgerschaft die Stellung eines Vertreters der Freien und Hansestadt Hamburg in allen Rechtsgeschäften und Rechtsstreitigkeiten der Bürgerschaft (Art. 18 Abs. 2 Satz 2 HV). Dies stellt die konsequente Folge seiner Behördeneigenschaft dar. Partei dieser Geschäfte und bei Rechtsstreitigkeiten ist die rechtsfähige Gebietskörperschaft der Freien und Hansestadt Hamburg. Der Präsident handelt insoweit als Verwaltungsorgan der Gebietskörperschaft unter Ausschluss des Senats (Landesregierung) für den Bereich der Bürgerschaft. **Vergaberechtlich ist daher auch die Bürgerschaft ein öffentlicher Auftraggeber im Sinne des § 98 Nr. 1 GWB** (VK Hamburg, B. v. 13. 4. 2007 – Az.: VgK FB 1/07).

7.5.1.5 Sonderfall: Durchführung von Baumaßnahmen des Bundes durch die Bauverwaltungen der Bundesländer

Die Bauverwaltungen der Bundesländer führen sowohl im Hochbau als auch im Straßen- und 1416
Brückenbau Baumaßnahmen des Bundes (z.B. für die Bundeswehr oder bei Bundesautobahnen) im Auftrag des Bundes mit Personal der Bundesländer gegen Kostenerstattung durch den Bund durch. Vgl. dazu die **Kommentierung zu** → **§ 106a GWB Rdn. 13**.

7.5.1.6 Literatur

– Kern, Harald, Zur Bindung kommunaler Eigenbetriebe und -gesellschaften an das Vergabe- 1417
recht bei Vergaben unterhalb der Schwellenwerte, VergabeR 2008, 416

7.5.2 Sondervermögen

7.5.2.1 Allgemeines

Sondervermögen sind unselbständige, auf Grund einer Rechtsnorm gegründete besondere 1418
Vermögensmassen. Das Vermögen dient zur Erfüllung genau bestimmter Aufgaben; üblicherweise wird das Vermögen in einem Sonderhaushaltsplan ausgewiesen. Sie teilen vergaberechtlich das Schicksal der gründenden Institution.

7.5.2.2 Beispiele aus der Rechtsprechung

– bei einem **Eigenbetrieb handelt es sich um ein Sondervermögen** (VK Hessen, B. v. 1419
12. 2. 2008 – Az.: 69d VK – 01/2008; B. v. 27. 4. 2007 – Az.: 69d VK – 11/2007)
– der **Bau- und Liegenschaftsbetrieb** ist als **teilrechtsfähiges Sondervermögen** des Landes **NRW** gemäß § 1 des Bau- und Liegenschaftsbetriebsgesetzes vom 12. 12. 2000 errichtet worden und ist damit öffentlicher Auftraggeber gemäß **§ 98 Absatz 1 GWB** (VK Düsseldorf, B. v. 29. 3. 2007 – Az.: VK – 08/2007 – B)

7.6 Auftraggeber gemäß § 98 Nr. 2

7.6.1 Grundsatz

Nach § 98 Nr. 2 GWB ist öffentlicher Auftraggeber eine **juristische Person des öffentli-** 1420
chen und des privaten Rechts, die **gegründet** worden ist, um **im Allgemeininteresse**

Teil 1 GWB § 98 Gesetz gegen Wettbewerbsbeschränkungen

liegende Aufgaben nichtgewerblicher Art zu erfüllen, und die eine **besondere Staatsnähe** aufweist. Für die Staatsnähe bedarf es einer überwiegenden Finanzierung seitens der öffentlichen Hand oder der Leitung oder Aufsicht des Staates bzw. seiner nachgeordneten Stellen (OLG Düsseldorf, B. v. 6. 7. 2005 – Az.: VII – Verg 22/05; VK Mecklenburg-Vorpommern, B. v. 8. 5. 2007 – Az.: 3 VK 04/07).

7.6.2 Juristische Personen des öffentlichen Rechts

7.6.2.1 Allgemeines

1421 Juristische Personen des öffentlichen Rechtes im Sinn von § 98 Nr. 2 sind Körperschaften, Stiftungen und Anstalten des Öffentlichen Rechts.

7.6.2.2 Kirchen

1422 **7.6.2.2.1 Rechtsprechung.** Die **Kirchen und ihre Einrichtungen als Körperschaften des öffentlichen Rechts sind angesichts der religiösen und konfessionellen Neutralität des Staates nicht mit anderen öffentlich-rechtlichen Körperschaften zu vergleichen, die in den Staat organisatorisch eingegliederte Organisationen sind.** Ihr öffentlich-rechtlicher Status bedeutet nur eine Heraushebung über andere Religionsgemeinschaften und Einrichtungen, weil der Anerkennung als Körperschaft des öffentlichen Rechts die Überzeugung des Staates von der besonderen Wirksamkeit der Kirche bzw. ihrer Einrichtungen, von ihrer gewichtigen Stellung in der Gesellschaft und der sich daraus ergebenden Gewähr der Dauer zugrunde liegt. Der staatskirchenrechtliche Status einer öffentlich-rechtlichen Körperschaft gewährleistet vielmehr den vom Grundgesetz vorgefundenen status quo der traditionellen christlichen Kirchen (VK Hessen, B. v. 26. 4. 2006 – Az.: 69 d VK – 15/2006; VK Nordbayern, B. v. 29. 10. 2001 – Az.: 320.VK-3194-35/01; im Ergebnis ebenso für eine **Auftragsvergabe unterhalb der Schwellenwerte** VG Neustadt an der Weinstraße, B. v. 22. 2. 2006 – Az.: 4 L 245/06).

1423 **7.6.2.2.2 Literatur**

– Schellenberg, Martin, Staatsferne versus Staatsnähe – Müssen Kirchen ausschreiben?, Behörden Spiegel November 2006, 28

– Winkel, Burghard, Kirche und Vergaberecht: der vergaberechtliche Status der evangelischen Landeskirchen in Deutschland, Dissertation, Frankfurt am Main, 2005

7.6.2.3 Weitere Beispiele aus der Rechtsprechung

1424 – die **Landwirtschaftskammer Nordrhein-Westfalen** wird einerseits durch Landeszuschüsse und andererseits durch Umlagen gemäß Landesgesetz vom 17. 7. 1951 finanziert. Nach § 2 Abs. 1 des Umlagegesetzes wird der Satz durch Rechtsverordnung des Ministeriums, wenn auch im Allgemeinen auf Grund einer Beschlussfassung der Landwirtschaftskammer, festgesetzt; damit ist **auch diese Finanzquelle nach der Rechtsprechung des EuGH dem Staat im Sinne des § 98 Nr. 1 GWB zuzurechnen** (OLG Düsseldorf, B. v. 2. 6. 2010 – Az.: VII-Verg 7/10)

– die **Tierseuchenkasse Nordrhein-Westfalen** (nach § 5 AGTierSG TierNebG NRW ein nicht rechtsfähiges Sondervermögen der Landwirtschaftskammer mit gesondertem Haushalt) finanziert sich zum einen durch Beiträge der Tierhalter und zum anderen durch Haushaltszuschüsse des Landes. Ob die Beiträge, die nach § 6 Abs. 1, § 13 des vorgenannten Gesetzes durch VO des Ministeriums festgelegt werden (gegenwärtig §§ 1 ff. VO vom 3. 7. 1986) dem Staat zuzurechnen oder als Gegenleistung für eine Art Versicherungsleistung (vgl. §§ 66 ff. TierseuchenG) und damit möglicherweise als „spezifische Gegenleistung" anzusehen sind, kann offen bleiben. **Jedenfalls ist der Eigenanteil des Landes** (§ 71 Abs. 1 S. 2 TierseuchenG, § 6 Abs. 2 S. 3, § 12 Abs. 1 Nr. 3 des vorgenannten Landesgesetzes) **in Verbindung mit den übrigen Staatszuschüssen** (vgl. § 2a VO vom 3. 7. 1986) **derart hoch, dass von einer überwiegenden Finanzierung durch das Land auszugehen** ist (OLG Düsseldorf, B. v. 2. 6. 2010 – Az.: VII-Verg 7/10)

– die **Bundesanstalt für Immobilienaufgaben (BImA)** ist eine bundesunmittelbare rechtsfähige Anstalt des öffentlichen Rechts, die der Fach- und Rechtsaufsicht des Bundesministeriums der Finanzen unterliegt (vgl. Art. 1 Gesetz zur Gründung der Bundesanstalt für Immobilienaufgaben vom 9. 12. 2004, BGBl. I 2004, 3235; § 1 Abs. 1, § 3 Abs. 1 Gesetz über die

Gesetz gegen Wettbewerbsbeschränkungen GWB § 98 **Teil 1**

Bundesanstalt für **Immobilienaufgaben** – BImAG) – (OLG Düsseldorf, B. v. 2. 10. 2008 – Az.: VII – Verg 25/08)
– **Universität** (VK Saarland, B. v. 23. 1. 2006 – Az.: 1 VK 06/2005)
– **Stiftung des öffentlichen Rechts**, die im Allgemeininteresse liegende **Aufgaben zur Pflege und Bewahrung der Kulturgüter wahrnimmt** und dabei nichtgewerblich tätig ist (VK Brandenburg, B. v. 9. 2. 2005 – VK 86/04; B. v. 4. 2. 2005 – VK 85/04)

7.6.2.4 Literatur

– Dreher, Meinrad, Öffentlich-rechtliche Anstalten und Körperschaften im Kartellvergaberecht, NZBau 2005, 297   1425

7.6.3 Juristische Personen des privaten Rechts

Juristische Personen des privaten Rechts sind insbesondere eingetragene Vereine, die Handels-   1426
gesellschaften wie Gesellschaften mit beschränkter Haftung, Aktiengesellschaften oder Genossenschaften.

7.6.3.1 Vorgesellschaft der GmbH

Die Anwendbarkeit des Vergaberechts auch auf die Vorgesellschaft der GmbH ist **grundsätz-**   1427
lich zu bejahen (1. VK Bund, B. v. 12. 12. 2002 – Az.: VK 1–83/02).

7.6.3.2 Dienstleistungsholding

Hält eine **Dienstleistungsholding GmbH**, die selbst nicht dem § 98 Nr. 1 oder Nr. 3   1428
GWB unterfällt, Anteile von Gesellschaften, die wiederum öffentliche Auftraggeber sind und
handelt es sich bei der Holding um eine Stelle im Sinne des § 98 Nr. 2 S. 1 GWB, die vollständig von einer Stadt beherrscht und finanziert und die nach § 98 Nr. 2 S. 2 GWB den Stellen des § 98 Nr. 1 und Nr. 3 GWB gleichgestellt wird und erfüllt die Dienstleistungsholding GmbH auch im Allgemeininteresse liegende Aufgaben nichtgewerblicher Art, so übernimmt die Holding lediglich an Stelle der unter § 98 Nr. 1 GWB fallenden Stadt die Beteiligungsverwaltung ihrer Gesellschaften. Die Gründung einer Holding-Gesellschaft kann aber nicht zum Entfallen der Auftraggebereigenschaft nach § 98 Nr. 1 GWB führen, da das **Vergabeverfahrensrecht der §§ 97 ff. GWB ansonsten unterlaufen** würde (VK Brandenburg, B. v. 28. 1. 2003 – Az.: VK 71/02).

7.6.3.3 Altrechtlicher Verein

Ein **altrechtlicher Verein im Sinn von § 12 des Brandenburgischen Ausführungsge-**   1429
setzes zum BGB, der **ausschließlich kirchlich-diakonische Zwecke verfolgt** und sich
insbesondere der Betreuung behinderter Menschen, der Erziehung und Ausbildung von
Schwestern und Mitarbeitern sowie der Erhaltung und Weiterentwicklung der Heil-, Pflege-,
Erziehungs- und Ausbildungseinrichtungen für Kinder, kranke, behinderte und hilfsbedürftige
Menschen widmet, ist **kein öffentlicher Auftraggeber**. Die karitative Tätigkeit des Auftraggebers liegt jenseits des Wirkungskreises staatlicher Aufgabenerfüllung für weltliche Ziele im Sinn
von § 98 Nr. 2 GWB (OLG Brandenburg, B. v. 30. 11. 2004 – Az.: Verg W 10/04).

7.6.3.4 Weitere Beispiele aus der Rechtsprechung

– ein **eingetragener Verein** ist als eine juristische Person des Privatrechts öffentlicher Auftrag-   1430
geber im Sinn von § 98 GWB, wenn gemäß § 1 der Satzung Vereinszweck die **Förderung Blinder und Sehbehinderter** ist, insbesondere auf den Gebieten der Erziehung und Unterrichtung, da diese Aufgabe als Teil der Daseinsvorsorge unmittelbar dem Allgemeinwohl dient und wenn er nichtgewerblich betrieben wird, weil der **Verein keinen Gewinn erstrebt**, etwaige Überschüsse ausschließlich für Vereinszwecke verwendet werden, Vereinszweck allein die Durchführung dieser mildtätigen und gemeinnützigen Aufgabe ist und nach der Satzung der **Verwaltungsrat** neben dem Vorstand aus Vertreten der Bezirke sowie sonstigen Repräsentanten staatlicher bzw. kirchlicher Stellen besteht und somit mehr als die Hälfte der Mitglieder dieses Aufsichtsorgans von **staatlichen Stellen bestimmt** sind (OLG München, 2. 3. 2009 – Az.: Verg 01/09)
– ein eingetragener Verein ist eine juristische Person des privaten Rechts, die zu dem besonderen Zweck gegründet wurde, im Allgemeininteresse liegende Aufgaben nichtgewerblicher Art

325

zu erfüllen, wenn **Ziel des Vereins die Unterstützung, Förderung und Selbstevaluierung eines integrierten und nachhaltigen Entwicklungsprozesses in der LEADER-Region** unter Beteiligung aller betroffenen gesellschaftlichen Gruppierungen ist und der **Verein ausschließlich und unmittelbar gemeinnützige Zwecke und nicht in erster Linie eigenwirtschaftliche Zwecke** verfolgt (VK Brandenburg, B. v. 7. 4. 2008 – Az.: VK 7/08).

7.6.4 Personengesellschaften

1431   Auch die **Personengesellschaften** (OHG, KG, BGB-Gesellschaft) werden **in den Regelungsbereich des § 98 Nr. 2 GWB überwiegend miteinbezogen**, entweder durch eine weite Auslegung des Wortlautes der Vorschrift oder im Wege der analogen Anwendung (OLG Celle, B. v. 14. 9. 2006 – Az.: 13 Verg 3/06; VK Lüneburg, B. v. 30. 6. 2006 – Az.: VgK-13/2006; VK Münster, B. v. 24. 6. 2002 – Az.: VK 03/02; VK Südbayern, B. v. 5. 9. 2002 – Az.: 35-07/02).

7.6.5 Einrichtungen des öffentlichen Rechts als Auftraggeber nach der Vergabekoordinierungsrichtlinie

7.6.5.1 Vorrang der Begriffsbestimmung der Vergabekoordinierungsrichtlinie

1432   Die Vergabekoordinierungsrichtlinie verwendet – ebenso wie die nicht mehr geltenden Koordinierungsrichtlinien – als **Oberbegriff im Sinne der „anderen juristischen Personen des öffentlichen und des privaten Rechts gemäß § 98 Nr. 2 GWB"** den Begriff der **Einrichtungen des öffentlichen Rechts**. Anhand dieser Definition und der dazu ergangenen Rechtsprechung ist der Anwendungsbereich des § 98 Nr. 2 GWB zu bestimmen.

7.6.5.2 Begriff

1433   Eine solche **Einrichtung des öffentlichen Rechts liegt dann vor**, wenn sie die **drei** in Art. 1 lit. b Unterabsatz 2 der Richtlinie 93/37 (bzw. Richtlinien 92/50 und 93/36) enthaltenen **Tatbestandsmerkmale aufweist**, nämlich ihre **Gründung zu dem besonderen Zweck, im Allgemeininteresse liegende Aufgaben nicht gewerblicher Art zu erfüllen (1)**, **Rechtspersönlichkeit (2)** und eine **enge Verbindung mit dem Staat, Gebietskörperschaften oder anderen Einrichtungen des öffentlichen Rechts (3)** (EuGH, Urteil v. 11. 6. 2009 – Az.: C-300/07; Urteil v. 10. 4. 2008 – Az.: C-393/06; OLG Hamburg, B. v. 25. 1. 2007 – Az.: 1 Verg 5/06; OLG Karlsruhe, B. v. 17. 4. 2008 – Az.: 8 U 228/06; LSG Baden-Württemberg, B. v. 28. 10. 2008 – Az.: L 11 KR 4810/08 ER-B; VK Brandenburg, B. v. 11. 3. 2009 – Az. VK 7/09). Diese drei **Tatbestandsmerkmale** müssen **gleichzeitig vorliegen** (EuGH, Urteil v. 11. 6. 2009 – Az.: C-300/07; Urteil v. 10. 4. 2008 – Az.: C-393/06; Urteil v. 13. 1. 2005 – Az.: C-84/03; Urteil v. 15. 5. 2003 – Az.: C-214/00, Urteil v. 23. 5. 2003 – Az.: C-18/01, Urteil v.16. 10. 2003 – Az.: C-283/00; OLG Hamburg, B. v. 25. 1. 2007 – Az.: 1 Verg 5/06; OLG Karlsruhe, B. v. 17. 4. 2008 – Az.: 8 U 228/06; VK Brandenburg, B. v. 3. 4. 2009 – Az.: VK 8/09; B. v. 11. 3. 2009 – Az. VK 7/09; 2. VK Bund, B. v. 8. 6. 2006 – Az.: VK 2-114/05). **§ 98 GWB setzt diesen Begriff der öffentlichen Einrichtung in den Auftraggeberbegriff des deutschen Rechts um** (OLG Düsseldorf, B. v. 21. 7. 2006 – Az.: VII – Verg 13/06; LSG Baden-Württemberg, B. v. 28. 10. 2008 – Az.: L 11 KR 4810/08 ER-B; 2. VK Bund, B. v. 8. 6. 2006 – Az.: VK 2-114/05).

7.6.5.3 Gründung zu dem besonderen Zweck, im Allgemeininteresse liegende Aufgaben nicht gewerblicher Art zu erfüllen

1434   **7.6.5.3.1 Gründungszweck und tatsächliche Wahrnehmung der Aufgaben.** Der Gründungszweck ergibt sich in aller Regel aus der Satzung oder dem Gesellschaftsvertrag.

1435   Es ist nicht entscheidend, ob eine Einrichtung bereits zu dem besonderen Zweck gegründet wurde, im Allgemeininteresse liegende Aufgaben nicht gewerblicher Art zu erfüllen; auch wenn sie **später solche Aufgaben übernommen hat und diese seither tatsächlich wahrnimmt**, ist dieses Tatbestandsmerkmal erfüllt, sofern die Übernahme dieser Aufgaben objektiv festgestellt werden kann (EuGH, Urteil v. 12. 12. 2002 – Az.: C-470/99; OLG Düsseldorf, B. v. 9. 4. 2003 – Az.: Verg 66/02; 2. VK Bund, B. v. 8. 6. 2006 – Az.: VK 2-114/05; VK Halle, B. v. 8. 5. 2003 – Az.: VK Hal 02/03).

Gesetz gegen Wettbewerbsbeschränkungen GWB § 98 **Teil 1**

Eine **tatsächliche** – dem Gesellschaftszweck entsprechende – **Aufgabenerfüllung reicht** 1436
für die Geltung des § 98 Nr. 2 GWB aus. Nach zutreffender Ansieht kann es schon mit
Blick auf die Gefahr einer Umgehung nicht darauf ankommen, dass der betreffende Zweck
zusätzlich im Gesellschaftsvertrag festgeschrieben ist (OLG Düsseldorf, B. v. 9. 4. 2003 – Az.:
Verg 66/02).

7.6.5.3.2 Im Allgemeininteresse liegende Aufgaben. 7.6.5.3.2.1 Begriffsinhalt. Der 1437
Begriff des Allgemeininteresses ist **weder durch die EG-Vergaberichtlinien noch durch
den deutschen Gesetzgeber definiert oder umschrieben.** Er wird aber von der überwiegenden Meinung dahingehend verstanden, dass im Allgemeininteresse liegende **Aufgaben solche sind, welche hoheitliche Befugnisse, die Wahrnehmung der Belange des Staates
und damit letztlich Aufgaben betreffen, welche der Staat selbst erfüllen oder bei denen er einen entscheidenden Einfluss behalten möchte** (EuGH, Urteil v. 10. 4. 2008 –
Az.: C-393/06; KG Berlin, B. v. 27. 7. 2006 – Az.: 2 Verg 5/06; OLG Düsseldorf, B. v. 21. 10.
2009 – Az.: VII-Verg 28/09; B. v. 4. 5. 2009 – Az.: VII-Verg 68/08; B. v. 11. 2. 2009 – Az.:
VII-Verg 69/08; B. v. 4. 2. 2009 – Az.: VII-Verg 65/08; OLG München, B. v. 7. 6. 2005 – Az.:
Verg 004/05; VG Meiningen, B. v. 16. 1. 2007 – Az.: 2 E 613/06 Me; VK Baden-Württemberg, B. v. 19. 4. 2005 – Az.: 1 VK 11/05; 1. VK Bund, B. v. 9. 5. 2007 – Az.: VK 1–26/07;
VK Düsseldorf, B. v. 18. 6. 2007 – Az.: VK – 14/2007 – L; VK Hamburg, B. v. 25. 7. 2007 –
Az.: VK BSU-8/07; VK Lüneburg, B. v. 30. 6. 2006 – Az.: VgK-13/2006; VK Rheinland-Pfalz, B. v. 1. 2. 2005 – Az.: VK 01/05). Im Übrigen soll **bei Gründung einer juristischen
Person des öffentlichen Rechts eine tatsächliche Vermutung dafür** sprechen, dass die
Gründung zum Zweck der Erfüllung von im Allgemeininteresse liegenden Aufgaben erfolgt ist
(BayObLG, B. v. 21. 10. 2004 – Az.: Verg 017/04; B. v. 10. 9. 2002 – Az.: Verg 23/02).

Der EuGH hat in mehreren Entscheidungen den Begriff „im Allgemeininteresse liegende 1438
Aufgaben nicht gewerblicher Art" unter dem Blickwinkel der Vergaberichtlinien und der
Grundsätze des EG-Vertrages (jetzt des Vertrags über die Arbeitsweise der Europäischen Union)
konkretisiert. Nach der Rechtsprechung des EuGH sind Aufgaben, die im Allgemeininteresse
liegen, **solche, die eng mit dem institutionellen Funktionieren des Staates verknüpft
sind und der Einrichtung durch Gesetz zugewiesen wurden, obwohl sie nicht förmlich in die staatliche Verwaltung eingegliedert ist.** Insgesamt kann aus dieser Rechtsprechung geschlossen werden, dass es dem EuGH gerade darauf ankommt, einen **möglichsten
weiten Anwendungsbereich der Vergaberichtlinien zu gewährleisten** (zuletzt EuGH,
Urteil v. 27. 2. 2003 – Az.: C-373/00) **und eine Flucht aus der Staatlichkeit zu unterbinden**, da privat betriebene Staatsbetriebe konkurrierenden Privatunternehmen, die keine staatliche Verbindung haben, erhebliche Marktanteile wegnehmen und so eine Verzerrung des Wettbewerbs herbeiführen, gegen die sich der „rein" private Unternehmer nicht wehren kann (OLG
Naumburg, B. v. 17. 2. 2004 – 1 Verg 15/03; VK Münster, B. v. 24. 6. 2002 – Az.: VK 03/02).

Dabei ist **unbeachtlich, das derartige Aufgaben auch von Privatunternehmen erfüllt** 1439
werden oder erfüllt werden können (EuGH, Urteil v. 10. 4. 2008 – Az.: C-393/06).

Eine Aufgabe liegt im Allgemeininteresse, wenn sie **objektiv mehreren Personen zugute** 1440
kommt und im Dienste der allgemeinen Öffentlichkeit wahrgenommen wird (OLG
Düsseldorf, B. v. 6. 7. 2005 – Az.: VII – Verg 22/05; OLG Düsseldorf, B. v. 4. 5. 2009 – Az.:
VII-Verg 68/08).

7.6.5.3.2.2 Weitere Beispiele aus der Rechtsprechung 1441

– die **Deutsche Gesellschaft zum Bau und Betrieb von Endlagern für Abfallstoffe
mbH** nimmt im Allgemeininteresse liegende Aufgaben wahr. Sie ist aufgrund des Kooperationsvertrages vom 29. März 1984 mit der **Planung und Errichtung der Anlagen des
Bundes zur Sicherstellung und Endlagerung radioaktiver Abfälle** beauftragt. Diese
Aufgaben, an deren Erfüllung ein Allgemeininteresse besteht, obliegen aufgrund des
§ 9a Abs. 3 S. 1 Atomgesetz (AtG), wonach der Bund Anlagen zur Sicherstellung und zur
Endlagerung radioaktiver Abfälle einzurichten hat, dem Bund. Zuständig für ihre Wahrnehmung ist nach § 23 Abs. 1 Nr. 2 AtG das Bundesamt für Strahlenschutz (BfS). **Als „Stellvertreter" des Bundes kann das BfS sich nach § 9a Abs. 3 S. 2 AtG zur Erfüllung
seiner Pflichten Dritter bedienen.** In diesem Sinne ist die Gesellschaft kraft des erwähnten Kooperationsvertrages als Instrument in die Aufgabenerfüllung eingeschaltet worden. Ihr sind durch privatrechtlichen (Geschäftsbesorgungs-) Vertrag als Erfüllungsgehilfin i. S. v. § 278 BGB die Planung und Errichtung von Anlagen zur Endlagerung
von radioaktiven Abfällen übertragen worden. Die **im Allgemeininteresse liegende Aufgabe büßt den ihr zukommenden Charakter nicht dadurch ein, dass sie zur Wahr-**

327

nehmung einer juristischen Person des Privatrechts, teilweise überantwortet wird (OLG Düsseldorf, B. v. 21. 10. 2009 – Az.: VII-Verg 28/09; 2. VK Bund, B. v. 27. 7. 2009 – Az.: VK 2–99/09)

- die **Planung und Errichtung der Anlagen des Bundes zur Sicherstellung und Endlagerung radioaktiver Abfälle** obliegt aufgrund des § 9a Abs. 3 S. 1 Atomgesetz (AtG), wonach der Bund Anlagen zur Sicherstellung und zur Endlagerung radioaktiver Abfälle einzurichten hat, dem Bund. Das **Allgemeininteresse an der Erfüllung dieser Aufgabe ist nicht zu verneinen.** Denn radioaktive Abfälle sollen sachgerecht sichergestellt und endgelagert werden, um Leben, Gesundheit und Sachgüter sowie die innere und äußere Sicherheit der Bundesrepublik Deutschland vor den Gefahren einer Freisetzung davon ausgehender, immens schädlicher Strahlungseinwirkungen zuverlässig zu schützen und die Erfüllung internationaler Verpflichtungen des Bundes zu gewährleisten (OLG Düsseldorf, B. v. 21. 10. 2009 – Az.: VII-Verg 28/09; B. v. 13. 8. 2007 – Az.: VII – Verg 16/07; 2. VK Bund, B. v. 27. 7. 2009 – Az.: VK 2–99/09)

- **Abfallentsorgung – bejaht** (VK Thüringen, B. v. 17. 2. 2006 – Az.: 360–4003.20-001/06-G-S; VK Düsseldorf, B. v. 30. 9. 2002 – Az.: VK – 26/2002 – L)

- **Betrieb von öffentlichen Bädern – bejaht** (VK Sachsen, B. v. 9. 11. 2006 – Az.: 1/SVK/ 095-06; VK Nordbayern, B. v. 15. 2. 2002 – Az.: 320.VK-3194-02/02)

- die **Beheizung eines städtischen Ballungsgebiets mittels eines umweltfreundlichen Verfahrens zu sichern**, ist ein Ziel, das **unzweifelhaft im Allgemeininteresse** liegt (EuGH, Urteil v. 10. 4. 2008 – Az.: C-393/06)

- die **Berufsgenossenschaften** nehmen im Allgemeininteresse liegende Aufgaben nicht gewerblicher Art wahr (VK Rheinland-Pfalz, B. v. 1. 2. 2005 – Az.: VK 01/05)

- die **Versorgung der Bevölkerung mit Frischeerzeugnissen, insbesondere aus der Landwirtschaft und dem Gartenbau – bejaht** (2. VK Bremen, B. v. 23. 8. 2001 – Az.: VK 3/01)

- **Deckung des Sachbedarfs der Bundeswehr – bejaht** (1. VK Bund, B. v. 12. 12. 2002 – Az.: VK 1–83/02)

- zu den im Allgemeininteresse liegenden Aufgaben nicht gewerblicher Art gehören auch **Tätigkeiten auf dem Gebiet der Daseinsvorsorge, also auch die Aufnahme, Pflege und Heilung kranker, alter und bedürftiger Menschen.** Die Verpflichtung zur Heilung und Pflege alter und kranker Mitbürger folgt sowohl aus dem Sozialstaatsprinzip des Art. 20 Abs. 1 GG, welches die soziale Sicherung der Staatsbürger gewährleistet als auch aus Art. 1 Abs. 3 Satz 2 Bayerisches Stiftungsgesetz (OLG München, B. v. 7. 6. 2005 – Az.: Verg 004/05)

- **Deichverband** im Sinne des § 9 Niedersächsisches Deichgesetz (VK Lüneburg, B. v. 6. 12. 2004 – Az.: 203-VgK-50/2004)

- die Tätigkeit des **Auftraggebers als Flughafenbetreiber** ist von großer wirtschaftlicher Bedeutung für den gesamten Wirtschaftsstandort ... und Umgebung und liegt daher offensichtlich im Allgemeininteresse (VK Baden-Württemberg, B. v. 21. 6. 2005 – Az.: 1 VK 33/05)

- die **Tätigkeit** des Antragsgegners ergibt sich aus dem Vereinszweck (siehe § 1 Nr. 2 der Satzung) und **liegt in der Anregung, Förderung und Durchführung von Forschung und Entwicklung auf den Gebieten Hydrodynamik, Schiffskonzeptionen, Verkehrstechnik, Verkehrswirtschaft und -logistik sowie dem Umweltschutz.** Dies schließt die Durchführung von wissenschaftlichen Veranstaltungen und Weiterbildungsmaßnahmen sowie Projektkoordination, -überwachung und -durchführung zu Vorhaben, die mittelbar oder unmittelbar den vorgenannten Zwecken dienen, ein. Diese **Tätigkeit stellt jedenfalls eine auch im Allgemeininteresse liegende Aufgabe nicht gewerblicher Art** dar (VK Düsseldorf, B. v. 18. 6. 2007 – Az.: VK – 14/2007 – L)

- **Fundtierverwaltung und Betreuung amtlich sichergestellter Tiere** (VK Thüringen, B. v. 19. 7. 2001 – Az.: 216-403.20-010/01-NDH)

- mit der **Planung und Durchführung der Landesgartenschau 2010 wird eine im Allgemeininteresse liegende Aufgabe wahrgenommen.** Zweck jener Veranstaltung ist die Verbesserung des Freizeit- und Erholungsangebots für die Bevölkerung. Darüber hinaus sollen dadurch Impulse für regionale und überregionale Wirtschaft, insbesondere für den Garten- und Landschaftsbau und den betreffenden Handel in der Region und im Land Nordrhein-Westfalen gesetzt und die diesbezüglichen Infrastrukturen aufgewertet werden (OLG Düsseldorf, B. v. 4. 2. 2009 – Az.: VII-Verg 65/08)

Gesetz gegen Wettbewerbsbeschränkungen GWB § 98 **Teil 1**

- die **Sicherstellung eines ausreichenden Glückspielangebots für die Bevölkerung zur Kanalisierung des natürlichen Spieltriebs** stellt eine im Allgemeininteresse liegende Aufgabe dar (VK Baden-Württemberg, B. v. 19. 4. 2005 – Az.: 1 VK 11/05)
- man wird zwar in der **umfassenden Beratungsaufgabe der IHK'n** zumindest in Teilen einen im Allgemeininteresse liegenden Aufgabenkatalog erkennen können, die auch nicht gewerblicher Art im Sinne der europäischen Rechtsprechung sind. Hinsichtlich des „Ob" der Wahrnehmung sind die IHK'n mehr oder weniger stark gesetzlich gebunden, hinsichtlich des „Wie" aber weitgehend frei. Somit ist die Wahl der Mittel der Aufgabenerfüllung ebenfalls weitgehend frei. So bieten die Kammern viele Dienstleistungen für ihre Mitglieder an, die sie in Konkurrenz zu ihren eigenen Mitgliedern erbringen. Die **IHK'n können auch Gesellschaften gründen oder sich an ihnen beteiligen, ohne dass sie damit ihre Zuständigkeit für ihre Aufgaben verlören.** Dazu gehören auch Serviceleistungen und sie bewegen sich Dank der durch die Beiträge ihrer Mitglieder gesicherten Finanzierung **auch in einem vergleichsweise wettbewerbsfreien Raum. Die Zuständigkeit der IHK'n ist jedoch begrenzt durch ihren Wirkungszweck der Förderung der Gewerbetreibenden ihres Zuständigkeitsbezirkes.** Damit ist ihre Funktion auf die Interessenvertretung für eine bestimmte Gruppe begrenzt. Es erscheint **schon fraglich**, ob die Aufgaben – auch soweit sie hoheitlichen Aufgaben gleichen – **damit noch im Allgemeininteresse liegen** (VK Mecklenburg-Vorpommern, B. v. 8. 5. 2007 – Az.: 3 VK 04/07)
- die **Erfüllung der sozialpolitischen und anderen gesetzlichen Aufgaben** liegt zweifellos im Allgemeininteresse. Im Allgemeininteresse liegt **auch die Bereitstellung oder Beschaffung der für die Durchführung dieser Aufgaben notwendigen IT-Infrastruktur.** Die Bereitstellung oder Beschaffung der IT-Infrastruktur verliert ihren Charakter als im Allgemeininteresse liegende Aufgabe nicht dadurch, wenn kommunale Gesellschafter sie zu einem großen Teil auf eine privatrechtliche Gesellschaft ausgliedern (OLG Celle, B. v. 14. 9. 2006 – Az.: 13 Verg 3/06; VK Lüneburg, B. v. 30. 6. 2006 – Az.: VgK-13/2006)
- **kirchliche Aufgaben** (u. a. seelsorgerische Aufgaben und die tätige Liebe am Nächsten durch Armenfürsorge und Wohlfahrt, Gesundheit und Erziehung u. a. durch den Betrieb eines Krankenhauses) – **verneint** (VK Nordbayern, B. v. 29. 10. 2001 – Az.: 320.VK-3194-35/01)
- **Krankenhausversorgung der Bevölkerung** (OLG München, B. v. 26. 6. 2007 – Az.: Verg 6/07; OLG Naumburg, B. v. 17. 2. 2004 – Az.: 1 Verg 15/03; Saarländisches OLG, B. v. 20. 9. 2006 – Az.: 1 Verg 3/06; VK Brandenburg, B. v. 22. 5. 2008 – Az.: VK 11/08; B. v. 10. 9. 2004 – Az.: VK 39/04; VK Bremen, B. v. 15. 11. 2006 – Az.: VK 2/06; VK Düsseldorf, B. v. 27. 4. 2006 – Az.: VK – 12/2006 – L; VK Magdeburg, B. v. 27. 10. 2003 – Az.: 33–32571/07 VK 16/03 MD)
- der **Betrieb der Kliniken hat als klassische Daseinsvorsorge den Schutz und die Aufrechterhaltung der Gesundheit der Bevölkerung zum Ziel** (OLG München, B. v. 26. 6. 2007 – Az.: Verg 6/07; im Ergebnis ebenso VK Brandenburg, B. v. 22. 5. 2008 – Az.: VK 11/08)
- **Tätigkeit der Allgemeinen Ortskrankenkasse** (BayObLG, B. v. 24. 5. 2004 – Az.: Verg 006/04)
- nach § 1 SGB V haben die **gesetzlichen Krankenkassen als Solidargemeinschaft die Aufgabe, die Gesundheit der Versicherten zu erhalten, wiederherzustellen oder ihren Gesundheitszustand zu verbessern sowie durch Aufklärung, Beratung und Leistungen zu helfen und auf gesunde Lebensverhältnisse hinzuwirken.** Nach § 2 SGB V haben die gesetzlichen Krankenkassen zur Erreichung des vorgenannten Zwecks den Versicherten die entsprechenden Leistungen zur Verfügung zu stellen. Der den gesetzlichen Krankenkassen obliegende **Schutz bei Krankheit ist damit eine zentrale Grundaufgabe des Staates** (EuGH, Urteil v. 11. 6. 2009 – Az.: C-300/07; VK Baden-Württemberg, B. v. 16. 1. 2009 – Az.: 1 VK 65/08; B. v. 30. 12. 2008 – Az.: 1 VK 51/08; B. v. 13. 11. 2008 – Az.: 1 VK 41/08; B. v. 6. 11. 2008 – Az.: 1 VK 44/08; B. v. 5. 11. 2008 – Az.: 1 VK 42/08; VK Brandenburg, B. v. 23. 7. 2007 – Az.: 1 VK 26/07; 1. VK Bund, B. v. 21. 12. 2009 – Az.: VK 1-212/09; B. v. 10. 12. 2009 – Az.: VK 1–188/09; B. v. 4. 12. 2009 – Az.: VK 1–203/09; B. v. 27. 11. 2009 – Az.: VK 1–200/09; B. v. 26. 11. 2009 – Az.: VK 1–197/09; B. v. 10. 11. 2009 – Az.: VK 1–191/09; B. v. 29. 10. 2009 – Az.: VK 1–185/09; B. v. 17. 4. 2009 – Az.: VK 1-35/09; B. v. 16. 12. 2008 – Az.: VK 1–156/08; B. v. 19. 11. 2008 – Az.: VK 1–135/08; B. v. 19. 11. 2008 – Az.: VK 1–126/08; B. v. 27. 8. 2008 – Az.: VK 1–102/08; B. v. 9. 5. 2007 – Az.: VK 1–26/07; 2. VK Bund, B. v. 6. 10. 2009 – Az.: VK 2–165/09; B. v. 26. 5. 2009 – Az.:

Teil 1 GWB § 98 Gesetz gegen Wettbewerbsbeschränkungen

VK 2–30/09; B. v. 20. 4. 2009 – Az.: VK 2–36/09; B. v. 20. 4. 2009 – Az.: VK 2–13/09; B. v. 16. 3. 2009 – Az.: VK 2–7/09; B. v. 22. 8. 2008 – Az.: VK 2–73/08; B. v. 10. 4. 2008 – Az.: VK 2–37/08; B. v. 8. 2. 2008 – VK 2–156/07; B. v. 15. 11. 2007 – Az.: VK 2–123/07, B. v. 15. 11. 2007 – Az.: VK 2–120/07, B. v. 15. 11. 2007 – Az.: VK 2–117/07, B. v. 15. 11. 2007 – Az.: VK 2–114/07, B. v. 15. 11. 2007 – Az.: VK 2–108/07, B. v. 15. 11. 2007 – Az.: VK 2–105/07; B. v. 15. 11. 2007 – Az.: VK 2–102/07; 3. VK Bund, B. v. 12. 11. 2009 – Az.: VK 3–193/09; B. v. 29. 9. 2009 – Az.: VK 3–166/09; B. v. 26. 3. 2009 – Az.: VK 3–43/09; B. v. 20. 3. 2009 – Az.: VK 3–40/09; B. v. 20. 3. 2009 – Az.. VK 3–34/09; B. v. 20. 3. 2009 – Az.: VK 3–22/09; B. v. 16. 3. 2009 – Az.: VK 3–37/09; B. v. 18. 2. 2009 – Az.: VK 3–158/08; B. v. 30. 1. 2009 – Az.: VK 3–221/08; B. v. 29. 1. 2009 – Az.: VK 3–200/08; B. v. 29. 1. 2009 – Az.: VK 3–197/08; B. v. 23. 1. 2009 – Az.: VK 3–194/08; B. v. 20. 1. 2009 – Az.: VK 3–191/08; B. v. 20. 1. 2009 – Az.: VK 3–188/08; B. v. 20. 1. 2009 – Az.: VK 3–185/08; B. v. 15. 8. 2008 – Az.: VK 3–107/08; B. v. 8. 2. 2008 – Az.: VK 3–29/08; B. v. 7. 2. 2008 – Az.: VK 3–169/07; B. v. 6. 2. 2008 – Az.: VK 3–11/08; B. v. 5. 2. 2008 – Az.: VK 3–23/08; B. v. 5. 2. 2008 – Az.: VK 3–17/08; B. v. 9. 1. 2008 – Az.: VK 3–145/07; B. v. 18. 12. 2007 – Az.: VK 3–139/07; B. v. 14. 11. 2007 – Az.: VK 3–124/07; VK Düsseldorf, B. v. 31. 10. 2007 – Az.: VK – 31/2007 – L; B. v. 31. 8. 2006 – Az.: VK – 38/2006 – L; VK Hessen, B. v. 21. 4. 2008 – Az.: 69 d VK – 15/2008; VK Lüneburg, B. v. 21. 9. 2004 – Az.: 203-VgK-42/2004; 2. VK Mecklenburg-Vorpommern, B. v. 7. 1. 2008 – Az.: 2 VK 5/07; 1. VK Sachsen, B. v. 28. 7. 2008 – Az.: 1/SVK/037-08; 2. VK Sachsen-Anhalt, B. v. 15. 1. 2008 – Az.: VK 2 LVwA LSA – 28/07; VK Schleswig-Holstein, B. v. 17. 9. 2008 – Az.: VK-SH 10/08)

- **Landesversicherungsanstalten** (BayObLG, B. v. 21. 10. 2004 – Az.: Verg 017/04; VK Baden-Württemberg, B. v. 26. 7. 2005 – Az.: 1 VK 39/05)
- **Leichen- und Bestattungswesen** (EuGH, Urteil v. 27. 2. 2003 – Az.: C-373/00)
- **Betrieb von Lotterie-, Spiel- und Wettgeschäften – bejaht** (VK Münster, B. v. 24. 6. 2002 – Az.: VK 03/02)
- in Rechtsprechung und Schrifttum ist es jedenfalls nach der Entscheidung des EuGH zur Mailänder Messe („Ente fiera") unstreitig, dass die **Abhaltung von Messen grundsätzlich allgemeinen Interessen zu dienen bestimmt ist**, denn „indem der Ausrichter solcher Veranstaltungen Hersteller und Händler an einen Ort zusammenbringt, handelt er nicht nur im besonderen Interesse dieser Personengruppen, denen damit ein Ort zur Förderung des Absatzes ihrer Erzeugnisse und Waren zur Verfügung gestellt wird, sondern er verschafft auch den Verbrauchern, die die Veranstaltungen besuchen, Informationen, die es ihnen ermöglichen, ihre Wahl unter optimalen Bedingungen zu treffen. Der daraus resultierende Impuls für den Handel kann als im Allgemeininteresse liegend angesehen werden" (OLG Hamburg, B. v. 25. 1. 2007 – Az.: 1 Verg 5/06)
- **Ordensgemeinschaft – verneint** (VK Nordbayern, B. v. 24. 7. 2001 – Az.: 320.VK-3194-21/01)
- **Betreiben des öffentlichen Personennahverkehrs** (VK Brandenburg, B. v. 28. 1. 2003 – Az.: VK 71/02)
- unter Aufgaben nicht gewerblicher Art sind Aufgaben zu verstehen, die auf andere Art als durch das Anbieten von Waren oder Dienstleistungen auf dem Markt erfüllt werden, und die der Staat aus Gründen des Allgemeininteresses selbst durchführen oder die Durchführung jedenfalls seiner Einflussnahme unterstellen will. Diese **Voraussetzungen sind bei der hier zu beurteilenden Aufgabe gegeben, denn die Sicherstellung der öffentlichen, preiswerten Personenbeförderung in einem städtischen Ballungsgebiet ist ein Ziel, das im Allgemeininteresse liegt.** Dabei ist unbeachtlich, dass derartige Aufgaben auch von Privatunternehmen erfüllt werden. Entscheidend ist, dass der Staat sich einen Einfluss darauf erhalten will. Die Aufgaben sind auch nicht gewerblicher Art, denn die Antragsgegnerin übt ihre Tätigkeit nicht unter Wettbewerbsbedingungen aus. Sie ist die einzige Anbieterin von öffentlichen Personennahverkehrdienstleistungen (Straßenbahn, Busse) im Rhein-Kreis-Sieg (OLG Düsseldorf, B. v. 4. 5. 2009 – Az.: VII-Verg 68/08)
- **Deutsche Rentenversicherung** (ab dem 1. 10. 2005 = Bundesversicherungsanstalt für Angestellte, die 22 Landesversicherungsanstalten, Bundesknappschaft, Bahnversicherungsanstalt und Seekasse) (VK Schleswig-Holstein, B. v. 27. 1. 2009 – Az.: VK-SH 19/08; VK Düsseldorf, B. v. 28. 11. 2005 – Az.: VK – 40/2005 – B)
- den **öffentlich-rechtlichen Rundfunkanstalten obliegt die durch das Grundrecht der Rundfunkfreiheit nach Art. 5 Abs. 1 Satz 2 GG geschützte Grundversorgung.** Das

Gesetz gegen Wettbewerbsbeschränkungen GWB § 98 **Teil 1**

heißt sie haben die Versorgung der gesamten Bevölkerung mit Programmen sicherzustellen, die in der vollen Breite dem klassischen Rundfunkauftrag entsprechen (insbesondere Information, Bildung und Unterhaltung) und die darauf zielen, alle Kommunikationsinteressen der Gesellschaft zu befriedigen und auf diese Weise Meinungsvielfalt in der verfassungsrechtlich gebotenen Weise herzustellen. Sie nehmen damit **eine im Allgemeininteresse liegende Aufgabe** wahr (VK Hamburg, B. v. 25. 7. 2007 – Az.: VK BSU-8/07)
- **Sanierung gefährdender Deponien** (VK Halle, B. v. 8. 5. 2003 – Az.: VK Hal 02/03)
- die **Sparkassen** haben nach dem Willen des Gesetzgebers und ihrem Selbstverständnis die **Aufgabe der Versorgung breiter Bevölkerungsschichten der Region**, vor allem des Mittelstandes, **mit Vermögensbildungs- und Kreditangeboten**. Daraus lässt sich der in § 98 Nr. 2 GWB vorausgesetzte besondere Gründungszweck, im Allgemeininteresse liegende Aufgaben zu erfüllen, entnehmen (OLG Rostock, B. v. 15. 6. 2005 – Az.: 17 Verg 3/05)
- Aufgaben aus den Bereichen der **Stadtentwicklung** und der **Wissenschaftsförderung durch Entwicklung eines Wissenschaftszentrums** (OVG Rheinland-Pfalz, B. v. 14. 9. 2006 – Az.: 2 B 11 024/06)
- als **Stadtentwicklungsgesellschaft und juristische Person des privaten Rechts ist der Auftraggeber zu Zwecken der Entwicklung und Veräußerung von städtischen Grundstücken gegründet** worden. Der Auftraggeber nimmt mit der ihm übertragenen **Aufgabe der Entwicklung eines Gewerbe- und Landschaftsparks auf dem Gelände der ehemaligen Henrichshütte in Hattingen eine im Allgemeininteresse liegende Aufgabe** wahr. Aufgabe des Gewerbe- und Landschaftsparks ist es, Gewerbe und Landschaft miteinander zu verbinden, wobei moderne Arbeitsplätze und ein öffentlicher Park geschaffen und die denkmalgeschützte Bausubstanz integriert werden sollen. Dabei handelt es sich um eine Aufgabe nichtgewerblicher Art (OLG Düsseldorf, B. v. 11. 2. 2009 – Az.: VII-Verg 69/08)
- **Strafvollzug** (EuGH, Urteil v. 16. 10. 2003 – Az.: C-283/00)
- das **Betreiben und Bereitstellen eines Stromnetzes in einer Großstadt** ist eine im Allgemeininteresse liegende Aufgabe, die auch – trotz der Freigabe des Stromlieferungsmarktes – nicht gewerblicher Art sein dürfte (OLG München, B. v. 20. 4. 2005 – Az.: Verg 008/05)
- die **Förderung junger Technologieunternehmen** stellt eine im Allgemeininteresse liegende Aufgabe dar (VK Rheinland-Pfalz, B. v. 4. 5. 2005 – Az.: VK 20/05)
- **Betrieb eines U-Bahn-Netzes** (BayObLG, B. v. 5. 11. 2002 – Az.: Verg 22/02)
- die **Träger der gesetzlichen Unfallversicherung** sind als Körperschaften öffentlichen Rechts (vgl. § 29 Abs. 1 SGB IV) und damit als juristische Personen des öffentlichen Rechts zu dem Zweck gegründet worden, im Allgemeininteresse liegende Aufgaben nicht gewerblicher Art zu erfüllen (OLG Düsseldorf, B. v. 23. 5. 2007 – Az.: 50/06; B. v. 18. 10. 2006 – Az.: VII – Verg 30/06; B. v. 6. 7. 2005 – Az.: VII – Verg 22/05; VK Düsseldorf, B. v. 26. 5. 2006 – Az.: VK – 22/2006 – L)
- das **Universitätsklinikum dient** entsprechend seiner Satzung zum einen **dem Fachbereich Medizin der Universität zur Erfüllung seiner Aufgaben in Forschung und Lehre** und gewährleistet damit die Verbindung der Krankenversorgung mit Forschung und Lehre. Darüber hinaus **übernimmt die Universitätsklinik Aufgaben in der Krankenversorgung und im öffentlichen Gesundheitswesen** und verfolgt ausschließlich und unmittelbar gemeinnützige Zwecke (VK Düsseldorf, B. v. 30. 10. 2006 – Az.: VK – 44/2006 – B)
- **Förderung der Wirtschaft und des Entstehens von Arbeitsplätzen** (1. VK Sachsen, B. v. 19. 4. 2004 – Az.: 1/SVK/025-04; VK Südbayern, B. v. 5. 9. 2002 – Az.: 35-07/02)
- **Förderung der wirtschaftlichen Tätigkeit und der Unterstützung der Strukturentwicklung einer Region sowie die Förderung der Ansiedlung von neuen Unternehmen – bejaht** (VK Brandenburg, B. v. 1. 10. 2002 – Az.: VK 53/02)
- **Immobiliengeschäfte zur Wirtschaftsförderung** (EuGH, Urteil v. 23. 5. 2003 – Az.: C-18/01)
- eine Aufgabe im Allgemeininteresse liegt u. a. dann vor, wenn die Aufgabe nicht nur die Förderung des privaten Interesses eines Einzelnen oder einer Gruppe von Personen, sondern **das Interesse der Gesamtheit der Bevölkerung zum Gegenstand** hat. Entscheidend ist dabei letztlich, ob Gemeinwohlbelange gefördert werden sollen. **Bei kommunalen Wohnungsbaugesellschaften oder Sanierungsgesellschaften ergibt sich das Merkmal des All-**

gemeininteresses in der Regel aus den rechtlichen Rahmenbedingungen der Einrichtung, die regelmäßig auf die Deckung des Wohnungsbedarfs schwächerer Bevölkerungsschichten ausgerichtet sind (VK Niedersachsen, B. v. 25. 2. 2010 – Az.: VgK-82/2009)

– Bereitstellen von **Wohnraum für einkommensschwache Bevölkerungsgruppen** – **bejaht** (OLG Brandenburg, B. v. 3. 8. 2001 – Az.: Verg 3/01; VG Meiningen, B. v. 16. 1. 2007 – Az.: 2 E 613/06 Me; VK Berlin, B. v. 26. 8. 2004 – VK – B 1–36/04)

– **Zahnärztekammer**n sind zu dem Zweck gegründet, im Allgemeininteresse liegende Aufgaben nicht gewerblicher Art zu erfüllen (VK Schleswig-Holstein, B. v. 31. 5. 2005 – Az.: VK-SH 09/05)

1442   7.6.5.3.3 Aufgaben nicht gewerblicher Art. 7.6.5.3.3.1 Begriffsinhalt. Der **Begriff der Nichtgewerblichkeit ist ebenfalls weder in den EG-Richtlinien noch in den deutschen Gesetzen definiert** (OLG München, B. v. 7. 6. 2005 – Az.: Verg 004/05; BayObLG, B. v. 21. 10. 2004 – Az.: Verg 017/04; B. v. 24. 5. 2004 – Az.: Verg 006/04, B. v. 10. 9. 2002 – Az.: Verg 23/02; 1. VK Bund, B. v. 9. 5. 2007 – Az.: VK 1–26/07; VK Hamburg, B. v. 25. 7. 2007 – Az.: VK BSU-8/07; VK Lüneburg, B. v. 30. 6. 2006 – Az.: VgK-13/2006).

1443   Er ist **europarechtlichen Ursprungs** und vor dem Hintergrund zu sehen, dass es Zweck der Europäischen Vergaberichtlinie ist, Hemmnisse für den freien Waren- und Dienstleistungsverkehr abzubauen. Deshalb sind besondere Vergaberichtlinien für solche Auftraggeber – gleich welcher Rechtsform – geschaffen worden, die **nicht den Kräften des Marktes** ausgesetzt sind und durch diese Kräfte zu einer Beschaffung rein nach Wirtschaftlichkeitskriterien veranlasst sind (OLG Düsseldorf, B. v. 13. 8. 2007 – Az.: VII – Verg 16/07; OLG Hamburg, B. v. 25. 1. 2007 – Az.: 1 Verg 5/06; OLG München, B. v. 7. 6. 2005 – Az.: Verg 004/05; VG Meiningen, B. v. 16. 1. 2007 – Az.: 2 E 613/06 Me; VK Brandenburg, B. v. 22. 9. 2008 – Az.: VK 27/08; VK Bremen, B. v. 23. 8. 2001 – Az.: VK 3/01; 1. VK Bund, B. v. 9. 5. 2007 – Az.: VK 1–26/07; 3. VK Bund, B. v. 3. 5. 2007 – Az.: VK 3–31/07; VK Hamburg, B. v. 25. 7. 2007 – Az.: VK BSU-8/07). Das **Vorhandensein eines entwickelten Wettbewerbs** lässt **allein nicht den Schluss zu**, dass keine im Allgemeininteresse liegende Aufgabe nicht gewerblicher Art vorliegt. Es ist **unter Berücksichtigung aller erheblichen rechtlichen und tatsächlichen Umstände**, u. a. der Umstände, die zur Gründung der betreffenden Einrichtung geführt haben, und der Voraussetzungen, unter denen sie ihre Tätigkeit ausübt, zu beurteilen, ob eine derartige Aufgabe vorliegt (EuGH, Urteil v. 10. 4. 2008 – Az.: C-393/06; Urteil v. 27. 2. 2003 – Az.: C-373/00; OLG Düsseldorf, B. v. 13. 8. 2007 – Az.: VII – Verg 16/07; KG Berlin, B. v. 27. 7. 2006 – Az.: 2 Verg 5/06; VK Brandenburg, B. v. 22. 9. 2008 – Az.: VK 27/08; 3. VK Bund, B. v. 3. 5. 2007 – Az.: VK 3–31/07; VK Hamburg, B. v. 25. 7. 2007 – Az.: VK BSU-8/07). Dazu gehören das **Fehlen von Wettbewerb** auf dem relevanten Markt bzw. dessen Beschränkung, das **Fehlen einer vordergründigen Gewinnerzielungsabsicht**, das **Fehlen** bzw. die Einschränkung **der Übernahme der mit der Tätigkeit verbundenen Risiken** und die **ganz oder überwiegend aus öffentlichen Mitteln erfolgende Finanzierung** der Aufgabenerfüllung (OLG Celle, B. v. 14. 9. 2006 – Az.: 13 Verg 3/06; OLG Düsseldorf, B. v. 21. 7. 2006 – Az.: VII – Verg 13/06; OLG Naumburg, B. v. 17. 2. 2004 – Az.: 1 Verg 15/03; VK Düsseldorf, B. v. 30. 10. 2006 – Az.: VK – 44/2006 – B).

1444   Das **Merkmal der Nichtgewerblichkeit** ist nach dem Wortlaut der Norm **auf die im Allgemeininteresse liegende Aufgabe, nicht jedoch auf die juristische Person bezogen**, die die Aufgabe erfüllt. Eine **Gewinnerzielungsabsicht der juristischen Person schließt die Nichtgewerblichkeit der Aufgabe nicht per se aus**. Sie wirkt sich lediglich dahin aus, dass, sofern die juristische Person sich unter den Bedingungen eines entwickelten Wettbewerbs betätigt, Gewinne erzielen will und die mit ihrer Tätigkeit verbundenen Verluste trägt, die erwerbswirtschaftliche **Zielsetzung des Betriebs eine Erfüllung von Aufgaben nichtgewerblicher Art weniger wahrscheinlich** werden lässt (OLG Düsseldorf, B. v. 21. 10. 2009 – Az.: VII-Verg 28/09).

1445   **Entscheidend sind danach folgende Merkmale**: die **Intensität des Wettbewerbs**, dem sich ein Unternehmen zu stellen hat (1), die **Gewinnerzielungsabsicht** (2), die **Übernahme der mit der Tätigkeit verbundenen Risiken** (3) und die **etwaige Finanzierung der Tätigkeit aus öffentlichen Mitteln** (4) (OLG Rostock, B. v. 15. 6. 2005 – Az.: 17 Verg 3/05; VK Brandenburg, B. v. 22. 9. 2008 – Az.: VK 27/08; VK Hamburg, B. v. 25. 7. 2007 – Az.: VK BSU-8/07).

1446   Es besteht eine **Vermutung für ein nicht gewerbliches Handeln**, soweit ein im Allgemeininteresse handelndes **Unternehmen nicht im Wettbewerb zu anderen steht** bzw.

Gesetz gegen Wettbewerbsbeschränkungen GWB § 98 **Teil 1**

kein voll ausgebildeter Wettbewerb existiert (VK Rheinland-Pfalz, B. v. 4. 5. 2005 – Az.: VK 20/05).

Wenn die Einrichtung **unter normalen Marktbedingungen tätig** ist, **Gewinnerzielungsabsicht hat** und **die mit ihrer Tätigkeit verbundenen Verluste trägt**, dann ist es wenig wahrscheinlich, dass sie Aufgaben erfüllen soll, die nichtgewerblicher Art sind (EuGH, Urteil v. 16. 10. 2003 – Az.: C-283/00). In einem solchen Fall besteht auch kein Grund für die Anwendung der Gemeinschaftsrichtlinien über die Koordinierung der Verfahren zur Vergabe öffentlicher Aufträge, denn eine Einrichtung mit Gewinnerzielungsabsicht, die die mit ihrer Tätigkeit verbundenen Risiken selbst trägt, wird in der Regel keine Vergabeverfahren zu Bedingungen durchführen, die wirtschaftlich nicht gerechtfertigt sind. Nach ständiger Rechtsprechung besteht der **Zweck dieser Richtlinien** nämlich darin, die Gefahr einer Bevorzugung inländischer Bieter oder Bewerber bei der Auftragsvergabe durch öffentliche Auftraggeber zu vermeiden und zugleich zu verhindern, dass sich eine vom Staat, von Gebietskörperschaften oder sonstigen Einrichtungen des öffentlichen Rechts finanzierte oder kontrollierte Stelle von anderen als wirtschaftlichen Überlegungen leiten lässt (EuGH, Urteil v. 23. 5. 2003 – Az.: C-18/01; OLG Hamburg, B. v. 25. 1. 2007 – Az.: 1 Verg 5/06; LSG Baden-Württemberg, B. v. 28. 10. 2008 – Az.: L 11 KR 4810/08 ER-B; VK Brandenburg, B. v. 22. 9. 2008 – Az.: VK 27/08). 1447

Einrichtungen, die **keine Gewinnerzielungsabsicht** verfolgen, deren Geschäftsführung aber **an Leistungs-, Effizienz- und Wirtschaftlichkeitskriterien auszurichten** ist, und die in einem **wettbewerblich geprägten Umfeld** tätig werden, erfüllen Aufgaben gewerblicher Art; sie sind kein öffentlicher Auftraggeber (EuGH, Urteil v. 10. 5. 2001 – Az.: C-223/99 und C-260/99; VK Brandenburg, B. v. 22. 9. 2008 – Az.: VK 27/08). 1448

Unschädlich ist, wenn die strittige **Tätigkeit zu Gewinnen** in Form von Dividendenzahlungen an die Anteilseigner der Einrichtung **führen kann, doch die Erzielung solcher Gewinne nicht der Hauptzweck der Einrichtung** ist (EuGH, Urteil v. 10. 4. 2008 – Az.: C-393/06; OLG Düsseldorf, B. v. 13. 8. 2007 – Az.: VII – Verg 16/07). 1449

Die Gewerblichkeit kann demgemäß bejaht werden, wenn das **Unternehmen** bei seiner gesamten Geschäftstätigkeit **im Wettbewerb steht und dem Insolvenzrisiko ausgesetzt** ist oder nicht mit einem Wertausgleich durch den öffentlichen Anteilseigner rechnen kann (OLG Hamburg, B. v. 25. 1. 2007 – Az.: 1 Verg 5/06; 1. VK Sachsen, B. v. 29. 7. 2003 – Az.: 1/SVK/076-03). 1450

Eine Tätigkeit ist jedoch dann als nicht gewerblich einzuordnen, wenn die Einrichtung z. B. aufgrund einer **bestehenden Gewinnabführungs- und Verlustausgleichsvereinbarung das wirtschaftliche Risiko für ihre Tätigkeit nicht trägt** und diesem wettbewerbsuntypischen Aspekt entscheidendes Gewicht zukommt (OLG Hamburg, B. v. 25. 1. 2007 – Az.: 1 Verg 5/06). 1451

Bei dieser Problematik ist auch **eine wertende Entscheidung möglich**. So kann nach je nach Einzelfall und den gesamten Umständen **auch nicht anzunehmen sein, dass eine Gesellschaft einem echten Insolvenzrisiko ausgesetzt** ist. Zwar kann eine Verpflichtung des Hauptgesellschafters bei Abwendung der Insolvenz naturgemäß nicht im Gesellschaftsvertrag oder sonst vertraglich festgelegt sein. Auf der anderen Seite kann ein Hauptgesellschafter den Messebetrieb jedoch auf Grund der übergeordneten wirtschaftlichen Interessen an dessen Erhalt nicht einfach stilllegen und die Messegesellschaft in die Insolvenz gehen lassen (KG Berlin, Beschluss vom 27. 7. 2006 – Az.: 2 Verg 5/06; OLG Hamburg, B. v. 25. 1. 2007 – Az.: 1 Verg 5/06). 1452

Bei **sozialen Wohnungsunternehmen** ist es sicherlich so, dass der **wettbewerbliche Druck auf dem Wohnungs- und Grundstücksmarkt größer geworden** ist, dennoch scheint dies **vorrangig „ein Wettbewerb" unter gemeinnützigen Einrichtungen**, die Fördermittel erhalten bzw. keine Gewinnerzielungsabsicht verfolgen und staatlichen Einrichtungen zu sein. Aber selbst wenn eine solche Gesellschaft in Teilbereichen ihrer Aufgaben im Wettbewerb zu „rein" privaten Unternehmen stehen würde, reicht allein dieser Umstand nicht aus, um die Aufgabenwahrnehmung insgesamt als gewerblich zu klassifizieren. Denn **anders als bei privaten Unternehmen am Markt kann sich ein sozialer Wohnungsversorger nicht dem in dem Gesellschaftsvertrag festgelegten Gesellschaftszweck durch wirtschaftliche Überlegungen entziehen** (VK Berlin, B. v. 2. 6. 2009 – Az.: VK B 2-12/09; B. v. 4. 5. 2009 – Az.: VK – B 2–5/09; VK Niedersachsen, B. v. 25. 2. 2010 – Az.: VgK-82/2009; VK Schleswig-Holstein, B. v. 3. 11. 2004 – Az.: VK-SH 28/04; im Ergebnis ebenso VK Berlin, B. v. 26. 8. 2004 – VK – B 1–36/04; VG Meiningen, B. v. 16. 1. 2007 – Az.: 2 E 613/06 Me). 1453

Teil 1 GWB § 98 Gesetz gegen Wettbewerbsbeschränkungen

1454 Zweifelsfrei hatten öffentliche Körperschaften während der Geltung des – inzwischen aufgehobenen – § 1 Abs. 1 des II. WoBauG die Aufgabe, den **Wohnungsbau unter besonderer Bevorzugung des Baus von Wohnungen zu fördern**, die je nach Größe, Ausstattung und Miete oder Belastung für die breiten Schichten des Volkes bestimmt und geeignet waren (Sozialer Wohnungsbau). An die Stelle des II. WoBauG ist das **Wohnraumförderungsgesetz (WoFG) getreten**, welches die Förderung des Wohnungsbaus und anderer Maßnahmen zur Unterstützung von Haushalten bei der Versorgung von Mietwohnungen regelt (soziale Wohnraumförderung). Zielgruppe der sozialen Wohnraumförderung sind Haushalte, die sich am Markt nicht angemessen mit Wohnraum versorgen können und auf Unterstützung angewiesen sind (§ 1 Abs. 1 und 2 WoFG). Insoweit kann man davon ausgehen, dass **öffentliche Wohnungsbauunternehmen aus der Vergangenheit Aufgaben der Verwaltung, Betreuung und Instandhaltung von Wohnungen übernommen haben**, die dem sozialen Wohnungsbau unterlagen. Allerdings ist unübersehbar, dass insoweit **auch bei kommunalen Wohnbaufirmen ein deutlicher Wandel eingetreten** ist. Insgesamt ist für die Beurteilung **auf die Einzelfallumstände des Einzelfalles abzustellen**. Ist insoweit unbestritten, dass das Wohnungsbauunternehmen entsprechend dem Gesellschaftszweck seiner Satzung **praktisch keinerlei genuin staatliche oder im allgemeinen Interesse liegende Aufgaben übernimmt, auch nicht eine Funktion des sozialen Wohnungsbaus**, und ist nicht ersichtlich, dass er sich von anderen als rein wirtschaftlichen Überlegungen leiten lässt, ist die Eigenschaft als öffentlicher Auftraggeber nicht zu bejahen (OLG Karlsruhe, B. v. 17. 4. 2008 – Az.: 8 U 228/06).

1455 **Bei staatlich kontrollierten Glücksspielunternehmen sollen, außer den Spieltrieb der Bevölkerung zu kanalisieren, mit der Tätigkeit möglichst hohe Gewinne verbucht werden**, um die Bereiche Sport, Kunst, Kultur, Denkmalpflege und ausgesuchte Projekte möglichst umfassend fördern zu können. Obwohl diese Unternehmen aufgrund des Staatsvertrages zum Lotteriewesen und der einschlägigen gesetzlichen Bestimmungen über eine marktbezogene Sonderstellung verfügen, **sind sie einem entwickelten Wettbewerb ausgesetzt und handeln wie private im Wettbewerb stehende Unternehmen**, sie handeln nach wirtschaftlichen Grundsätzen. So ist es gerade Aufgabe, gegenüber anderen Wettanbietern in Wettbewerb zu treten. Es ist hinlänglich bekannt, dass das Wettgeschäft, auch das bezüglich Sportwetten, ein sich immer mehr ausbreitendes Geschäft darstellt. Diese Wettbewerbssituation kann nicht damit in Abrede gestellt werden, dass die Durchführung illegalen Glücksspiels kein zulässiger Wettbewerb darstelle. Maßgebend sein kann nicht, ob die Wettbewerbssituation aufgrund illegaler oder gesetzeskonformer Konkurrenz besteht. Es ist Aufgabe dieser Unternehmen, gerade auch gegenüber illegalen Veranstaltern in Konkurrenz zu treten. Sie sollen und wollen auch Spieler an sich ziehen, um diese vor Ausbeutung zu bewahren und der Gefahr, sich durch die Beteiligung an illegalen Spielen wirtschaftlich zu ruinieren. Sie wollen das Betreiben von Lotterien und Wetten nicht einfach dem unkontrollierten Markt überlassen, sondern solchen Anbietern gegenüber konkurrieren. Sie erfüllen damit Aufgaben gewerblicher Art (VK Baden-Württemberg, B. v. 19. 4. 2005 – Az.: 1 VK 11/05).

1456 Die **Tätigkeit der Ermöglichung des Luftverkehrs stellt eine gewerbliche Tätigkeit dar**. Zwischen den Flughäfen in Deutschland und Europa herrscht ein entwickelter Wettbewerb, der zu einem Wettbewerb zwischen den Flughäfen um Passagiere und Fracht führt. Ein Beispiel hierfür ist der rege Kampf der Flughäfen in der weiteren Region, von sog. Billigfluglinien angeflogen zu werden und so Marktanteile zu gewinnen, um wirtschaftlich arbeiten zu können. Dies rechtfertigt die **Vermutung, dass auch ein öffentlich beherrschter Flughafenbetreiber eine gewerbliche Tätigkeit entfaltet** (VK Baden-Württemberg, B. v. 21. 6. 2005 – Az.: 1 VK 33/05; VK Düsseldorf, B. v. 24. 11. 2009 – Az.: VK – 26/2009 – L).

1457 Zur Rechtsprechung für **gemeinsame Rabattverträge nach § 130a Abs. 8 SGB V der Allgemeinen Ortskrankenkassen als nichtgewerbliche Tätigkeit** vgl. die Kommentierung zu → § 97 GWB Rdn. 130.

1458 7.6.5.3.3.2 Referenzmarkt. Was das **relevante wirtschaftliche Umfeld** oder, anders ausgedrückt, den **Referenzmarkt** angeht, der zu berücksichtigen ist, um festzustellen, ob die fragliche Einrichtung ihre Tätigkeiten unter Wettbewerbsbedingungen ausübt, ist angesichts der funktionellen Auslegung des Begriffs der „Einrichtung des öffentlichen Rechts" **auf den Sektor abzustellen, für den die Einrichtung gegründet** wurde (EuGH, Urteil v. 10. 4. 2008 – Az.: C-393/06).

1459 Hat z.B. eine **Fernwärmeversorgungsgesellschaft in diesem Sektor quasi ein Monopol**, da die beiden anderen Gesellschaften, die dort tätig sind, sehr klein sind und daher keine echte Konkurrenz darstellen können und verfügt dieser Sektor über beträchtliche Autonomie,

Gesetz gegen Wettbewerbsbeschränkungen GWB § 98 **Teil 1**

denn das Fernwärmesystem ließe sich nur schlecht durch andere Energien ersetzen, weil dies umfangreiche Umwandlungsarbeiten voraussetzen würde und **misst** schließlich der **Anteilseigner der Einrichtung diesem Heizsystem auch aus Umwelterwägungen erhebliche Bedeutung** bei und würde dieser in Anbetracht des Drucks der öffentlichen Meinung deshalb die **Abschaffung dieses Systems selbst dann nicht zulassen, wenn es mit Verlust arbeiten sollte**, ist die **Nichtgewerblichkeit zu bejahen** (EuGH, Urteil v. 10. 4. 2008 – Az.: C-393/06).

7.6.5.3.3.3 Notwendiger Umfang der Aufgabenwahrnehmung. Nach **ständiger** 1460 **Rechtsprechung des Europäischen Gerichtshofes** hängt die Eigenschaft einer Stelle als Einrichtung des öffentlichen Rechts **nicht davon ab**, welchen Anteil ihrer Tätigkeit die Erfüllung von im Allgemeininteresse liegenden Aufgaben nichtgewerblicher Art ausmacht (EuGH, Urteil v. 10. 4. 2008 – Az.: C-393/06; Urteil v. 23. 5. 2003 – Az.: C-18/01; ebenso OLG München, B. v. 7. 6. 2005 – Az.: Verg 004/05).

Die **sonstige nationale Rechtsprechung** zu diesem Tatbestandsmerkmal ist **nicht einheit-** 1461 **lich** (VK Lüneburg, B. v. 30. 6. 2006 – Az.: VgK-13/2006). Zwar ist es nicht erforderlich, dass die von der Vergabestelle wahrgenommenen Aufgaben **sämtlich** im Allgemeininteresse liegende Aufgaben nicht gewerblicher Art sind. Nach einer Auffassung ist es jedoch aus Gründen der Rechtssicherheit ausreichend, **wenn dies überwiegend der Fall** ist (VK Bremen, B. v. 23. 8. 2001 – Az.: VK 3/01). Demgegenüber steht die Meinung, dass es unerheblich ist, wenn eine Vergabestelle berechtigt ist, auch gegenüber Dritten Leistungen zu erbringen. Der Anwendbarkeit des § 98 Nr. 2 GWB steht nämlich nicht entgegen, wenn der Auftraggeber nicht ausschließlich zu dem Zweck tätig ist, im Allgemeininteresse liegende Aufgaben nicht gewerblicher Art zu erfüllen. **Vielmehr reicht es bereits aus, dass er auch solche Aufgaben erfüllt; auf den Umfang der Tätigkeit kommt es nicht an** (OLG Düsseldorf, B. v. 9. 4. 2003 – Az.: Verg 66/02; VK Südbayern, B. v. 15. 12. 2003 – Az.: 56-11/03). **Denn sonst ließe sich der Anwendungsbereich der Vergaberegeln ohne weiteres umgehen**, indem „klassische" öffentliche Auftraggeber (z. B. Gebietskörperschaften) im Allgemeininteresse liegende Aufgaben zur Erfüllung auf von ihnen finanzierte und beherrschte private Dritte übertragen und diese zusätzlich eine gewerbliche Betätigung aufnehmen (OLG Dresden, Urteil vom 9. 3. 2004 – Az.: 20 U 1544/03).

7.6.5.3.3.4 Weitere Beispiele aus der Rechtsprechung 1462

– eine **Ärztekammer** befindet sich **nicht in einem wettbewerblich geprägten Umfeld** mit anderen Unternehmen in ihrem Zuständigkeitsbereich, die vergleichbare Aufgaben erfüllen. Sie hat zudem eine **wettbewerblich risikolose Sonderstellung**, weil sie auch kein wirtschaftliches Risiko trägt (VK Münster, B. v. 13. 2. 2008 – Az.: VK 29/07)

– als **kommunales Verkehrsunternehmen** wurde diese auch zu dem besonderen Zweck gegründet, um mit dem öffentlichen Personennahverkehr eine im Allgemeininteresse liegende Aufgabe zu erfüllen. Der **öffentliche Personennahverkehr wird in Deutschland zumindest derzeit noch in nicht gewerblicher Art und Weise erfüllt**, weil ein entwickelter **Wettbewerb in diesem Bereich noch nicht besteht** (VK Düsseldorf, B. v. 2. 3. 2007 – Az.: VK – 05/2007 – L)

– die Beklage ist ein öffentlicher Auftraggeber im Sinne von § 98 Nr. 2 GWB. Sie hat als Anstalt des öffentlichen Rechts bzw. als selbständiges Unternehmen eine eigene Rechtspersönlichkeit. Als **Kreisklinik nimmt sie auch im Allgemeininteresse liegende Aufgaben des Gesundheitswesens wahr** (VG München, Urteil v. 17. 10. 2007 – Az.: M 7 K 05.5966)

– die **gesetzliche Krankenkasse** erbringt ihre Leistungen nicht in Gewinnerzielungsabsicht. Aus dem **Prinzip der Solidargemeinschaft** (vgl. § 3 SGB V) folgt, dass es nicht Ziel der Krankenkassen ist, Gewinne durch ihre Leistungserbringung zu erzielen, sondern **die von der Solidargemeinschaft aufgebrachten Gelder für die Bedürfnisse der Versicherten zu verwenden**. Beitragserhöhungen und zusätzliche Belastungen sollen vermieden werden (vgl. § 4 Abs. 4 SGB V). Im Falle von eventuellen Überschüssen wären diese durch Beitragssenkungen an die Solidargemeinschaft zurückzugeben (§ 220 Abs. 3 SGB V). Die **Krankenkassen stehen untereinander auf ihrem Tätigkeitsfeld der Leistungserbringung an die Versicherten auch nicht miteinander im Wettbewerb**. So werden durch den **Risikostrukturausgleich** nach § 266 SGB V Unterschiede zwischen den Krankenkassen, die aus der Höhe der beitragspflichtigen Einnahmen der Mitglieder resultieren, **finanziell ausgeglichen**. Auch die **Insolvenzfähigkeit** der Ag, ein gewisser Wettbewerb bei der Anwerbung von Mitgliedern, sowie das am 1. 4. 2007 in Kraft getretene **GKV-Wettbewerbsstärkungsge-**

Teil 1 GWB § 98   Gesetz gegen Wettbewerbsbeschränkungen

setz, wonach die Krankenkassen Tarife mit Selbstbehalten, Leistungsverzicht und variabler Kostenerstattung anbieten können, **führen nicht zu einer gewerblichen Aufgabenwahrnehmung**. Es mag sich hier um **wettbewerbliche Elemente** handeln, die aus Gründen der Kosteneinsparung im Gesundheitswesen vom Gesetzgeber zwar gewollt sind, die sich letztlich aber dem gesetzgeberischen Hauptziel, nämlich einer auf dem Solidarprinzip basierenden Gesundheitsversorgung aller gesetzlich Versicherten, unterzuordnen haben (EuGH, Urteil v. 11. 6. 2009 – Az.: C-300/07; OLG Düsseldorf, B. v. 23. 5. 2007 – Az.: 50/06; VK Baden-Württemberg, B. v. 16. 1. 2009 – Az.: 1 VK 65/08; B. v. 30. 12. 2008 – Az.: 1 VK 51/08; B. v. 13. 11. 2008 – Az.: 1 VK 41/08; B. v. 6. 11. 2008 – Az.: 1 VK 44/08; B. v. 5. 11. 2008 – Az.: 1 VK 42/08; VK Brandenburg, B. v. 23. 7. 2007 – Az.: 1 VK 26/07; 1. VK Bund, B. v. 20. 1. 2010 – Az.: VK 1–233/09; B. v. 20. 1. 2010 – Az.: VK 1–230/09; B. v. 21. 12. 2009 – Az.: VK 1–212/09; B. v. 10. 12. 2009 – Az.: VK 1–188/09; B. v. 4. 12. 2009 – Az.: VK 1–203/09; B. v. 27. 11. 2009 – Az.: VK 1–200/09; B. v. 26. 11. 2009 – Az.: VK 1–197/09; B. v. 10. 11. 2009 – Az.: VK 1–191/09; B. v. 29. 10. 2009 – Az.: VK 1–185/09; B. v. 17. 4. 2009 – Az.: VK 1–35/09; B. v. 16. 12. 2008 – Az.: VK 1–156/08; B. v. 19. 11. 2008 – Az.: VK 1–135/08; B. v. 19. 11. 2008 – Az.: VK 1–126/08; B. v. 27. 8. 2008 – Az.: VK 1–102/08; B. v. 9. 5. 2007 – Az.: VK 1–26/07; 2. VK Bund, B. v. 6. 10. 2009 – Az.: VK 2–165/09; B. v. 26. 5. 2009 – Az.: VK 2–30/09; B. v. 20. 4. 2009 – Az.: VK 2–36/09; B. v. 20. 4. 2009 – Az.: VK 2–13/09; B. v. 16. 3. 2009 – Az.: VK 2–7/09; B. v. 22. 8. 2008 – Az.: VK 2–73/08; B. v. 8. 2. 2008 – VK 2–156/07; B. v. 15. 11. 2007 – Az.: VK 2–123/07; B. v. 15. 11. 2007 – Az.: VK 2–120/07, B. v. 15. 11. 2007 – Az.: VK 2–117/07, B. v. 15. 11. 2007 – Az.: VK 2–114/07, B. v. 15. 11. 2007 – Az.: VK 2–108/07; B. v. 15. 11. 2007 – Az.: VK 2–105/07; B. v. 15. 11. 2007 – Az.: VK 2–102/07; 3. VK Bund, B. v. 12. 11. 2009 – Az.: VK 3–193/09; B. v. 29. 9. 2009 – Az.: VK 3–166/09; B. v. 26. 3. 2009 – Az.: VK 3–43/09; B. v. 20. 3. 2009 – Az.: VK 3–40/09; B. v. 20. 3. 2009 – Az.: VK 3–34/09; B. v. 20. 3. 2009 – Az.: VK 3–22/09; B. v. 16. 3. 2009 – Az.: VK 3–37/09; B. v. 18. 2. 2009 – Az.: VK 3–158/08; B. v. 30. 1. 2009 – Az.: VK 3–221/08; B. v. 29. 1. 2009 – Az.: VK 3–200/08; B. v. 29. 1. 2009 – Az.: VK 3–197/08; B. v. 23. 1. 2009 – Az.: VK 3–194/08; B. v. 20. 1. 2009 – Az.: VK 3–191/08; B. v. 20. 1. 2009 – Az.: VK 3–188/08; B. v. 20. 1. 2009 – Az.: VK 3–185/08; B. v. 15. 8. 2008 – Az.: VK 3–107/08; B. v. 8. 2. 2008 – Az.: VK 3–29/08; B. v. 6. 2. 2008 – Az.: VK 3–11/08; B. v. 5. 2. 2008 – Az.: VK 3–23/08; B. v. 5. 2. 2008 – Az.: VK 3–17/08; B. v. 5. 2. 2008 – Az.: VK 3–08/08; B. v. 9. 1. 2008 – Az.: VK 3–145/07; B. v. 18. 12. 2007 – Az.: VK 3–139/07; B. v. 14. 11. 2007 – Az.: VK 3–124/07; VK Düsseldorf, B. v. 31. 10. 2007 – Az.: VK – 31/2007 – L; 2. VK Sachsen-Anhalt, B. v. 15. 1. 2008 – Az.: VK 2 LVwA LSA – 28/07; VK Schleswig-Holstein, B. v. 17. 9. 2008 – Az.: VK-SH 10/08)

– eine **Gesamtbetrachtung aller hier maßgeblichen Umstände** ergibt, dass sich die Ag außerhalb normaler Marktmechanismen bewegt: Die Ag verfügt aufgrund des zwischen der Ag und der Bundesrepublik Deutschland abgeschlossenen Kooperationsvertrags von 1984 über eine **staatlich herbeigeführte Sonderstellung**. Es gibt keine anderen Unternehmen, die vom Bund mit dem ... beauftragt ind. Die Ag verfügt daher über eine **Monopolstellung**, die ihr ein marktunabhängiges Agieren erlaubt. Dem Kooperationsvertrag ist außerdem zu entnehmen, dass die Ag **keinerlei Verlustrisiko** trägt. Sämtliche anfallenden Kosten werden ihr vom Bund erstattet (§§ 6, 10 des Vertrages). Die erforderlichen **Grundstücke werden vom Bund unentgeltlich bereitgestellt** und gegebenenfalls alle notwendigen Rechte unentgeltlich beschafft (§ 4 Abs. 10 des Vertrages). Im Kooperationsvertrag (§ 6 Abs. 3) sind prozentuale Gewinnanteile auf alle Eigen- und Fremdleistungen festgelegt. Das bestätigt zwar eine gewisse Gewinnerzielungsabsicht. Der Gewinn ist aber seit Abschluss des Kooperationsvertrags dauerhaft garantiert, was einen wesentlichen Unterschied darstellt zu einem Unternehmen, das seine Gewinne dadurch erwirtschaftet, dass es sich im Wettbewerb auf dem Markt behauptet (3. VK Bund, B. v. 3. 5. 2007 – Az.: VK 3–31/07)

– da der Auftraggeber (städtische Krankenhausgesellschaft) sich **wegen des Einflusses der Stadt zumindest zum jetzigen Zeitpunkt noch nicht wie ein normaler Marktteilnehmer in einem entwickelten Wettbewerb bewegt**, ist auch die **Nichtgewerblichkeit** der Aufgabe **zu bejahen** (OLG München, B. v. 26. 6. 2007 – Az.: Verg 6/07)

– nach den o. a. Maßstäben erfüllt eine Universitätsklinik als Akademisches Lehrkrankenhaus, das Aufgaben in der Krankenversorgung wahrnimmt, eine Aufgabe nicht gewerblicher Art. Hierfür spricht zunächst die **Verpflichtung des Universitätsklinikums, seine Kosten mit den für seine Leistungen vereinbarten oder festgelegten Vergütungen sowie mit Mitteln, die nach Maßgabe des Landeshaushaltes** für Aufwendungen und Lehre durch den Landeshaushalt **zur Verfügung gestellt werden, zu decken** (z. B. § 9 Absatz 1 der

Verordnung über die Errichtung des Klinikums xxx der Universität – Gesamthochschule Essen (Universitätsklinikum xxx) als Anstalt des öffentlichen Rechtes vom 1. 12. 2000). Darüber hinaus trägt es **kein Insolvenzrisiko, da seine Verbindlichkeiten durch das Land übernommen werden**, soweit diese aus dem Vermögen des Universitätsklinikums nicht erbracht werden können (vgl. z. B. § 9 Absatz 3 der Verordnung über die Errichtung des Klinikums xxxx der Universität). Die **Ausübung von Wettbewerb mit Privaten, der im Bereich stationärer Hochleistungsmedizin ohnehin kaum ausgeprägt ist, tritt weitestgehend zurück** (VK Düsseldorf, B. v. 30. 10. 2006 – Az.: VK – 44/2006 – B)

– zwar stehen die **öffentlich-rechtlichen Rundfunkanstalten in einem zunehmenden Verdrängungswettbewerb zu privaten Anbietern**. So brachte der private Rundfunk dem öffentlich-rechtlichen Rundfunk Verluste an Werbeeinnahmen bei gleichzeitig stark anziehenden Kosten der Programmproduktion und Programmbeschaffung bei. Darüber hinaus kann nicht ausgeschlossen werden, dass die Gebührenfinanzierung in ihrer derzeitigen Höhe in Frage gestellt wird, wenn die Nachfrage nach Sendungen der öffentlich-rechtlichen Rundfunkanstalten sinken sollte. **Für das Vorliegen der Nichtgewerblichkeit spricht** aber, dass die **Finanzierung der öffentlich-rechtlichen Rundfunkanstalten im Wesentlichen durch Gebühren der Rundfunkteilnehmer erfolgt, und sie damit über eine gesicherte Finanzgrundlage verfügen, die ihnen einen Sonderstatus verleiht**. Dieser ist verfassungsrechtlich abgesichert, denn das Bundesverfassungsgericht hat aus Art. 5 Abs. 1 Satz 2 GG eine **Finanzierungsgarantie für den öffentlich-rechtlichen Rundfunk abgeleitet**, die es diesem erlaubt, unabhängig von Einschaltquoten und Werbeaufträgen und den damit verbundenen Marktkräften seinem Grundversorgungsauftrag gerecht zu werden. Nach allem dürfte die Tätigkeit des Antragsgegners damit letztlich nach Auffassung der Vergabekammer als nicht gewerblich einzuordnen sein, weil der **Antragsgegner aufgrund dieser vom Bundesverfassungsgericht statuierten Bestands-, Entwicklungs- und Finanzierungsgarantie des Gesetzgebers für den öffentlich-rechtlichen Rundfunk das wirtschaftliche Risiko seiner Tätigkeit nicht trägt und damit nicht wettbewerbsausgesetzt handeln muss** (VK Hamburg, B. v. 25. 7. 2007 – Az.: VK BSU-8/07)

– die **Rundfunkanstalten erfüllen eine im Allgemeininteresse liegende Aufgabe nicht gewerblicher Art**. Der den Rundfunkanstalten erteilte Grundversorgungsauftrag der umfassenden und wahrheitsgemäßen Information der Bevölkerung unterliegt dem verfassungsrechtlichen Schutz der durch Art. 5 Abs. 1 Satz 2 GG gewährleisteten Rundfunkfreiheit. Art. 5 Abs. 1 Satz 2 GG dient nach der Rechtsprechung des Bundesverfassungsgerichts der Gewährleistung der freien individuellen und öffentlichen pluralistischen Meinungsbildung, die nur unter den Bedingungen umfassender und wahrheitsgemäßer Information gelingen kann. Die **Information der Bevölkerung ist daher ein wesentlicher Bestandteil des klassischen Rundfunkauftrags. Diese Aufgabe ist nicht gewerblicher Art**. Die **Landesrundfunkanstalten unterliegen auf dem Markt der Versorgung der Bevölkerung mit Informationen indes nicht dem Wettbewerb**. Zwar versorgen auch private Rundfunkunternehmen die Bevölkerung in Deutschland mit Informationen. Diese sind jedoch nicht zu einer umfassenden Grundversorgung mit Informationen verpflichtet. Es handelt sich hierbei um eine Aufgabe, die der deutsche Staat aus historischen Gründen gewährleisten und garantieren will (OLG Düsseldorf, B. v. 21. 7. 2006 – Az.: VII – Verg 13/06; im Ergebnis ebenso VK Bremen, B. v. 1. 2. 2006, Az.: VK 1/06)

– die **Träger der gesetzlichen Unfallversicherung** sind als Körperschaften öffentlichen Rechts (vgl. § 29 Abs. 1 SGB IV) und damit als juristische Personen des öffentlichen Rechts zu dem Zweck gegründet worden, im Allgemeininteresse liegende Aufgaben nicht gewerblicher Art zu erfüllen (OLG Düsseldorf, B. v. 18. 10. 2006 – Az.: VII – Verg 30/06; B. v. 6. 7. 2005 – Az.: VII – Verg 22/05; VK Düsseldorf, B. v. 26. 5. 2006 – Az.: VK – 22/2006 – L)

– **Sparkassen – verneint nach Abschaffung der Anstaltsgewährleistung** (OLG Rostock, B. v. 15. 6. 2005 – Az.: 17 Verg 3/05)

– **Verwaltung und Verwertung von Liegenschaften der Treuhandanstalt** (VK Halle, B. v. 8. 5. 2003 – Az.: VK Hal 02/03)

– **Krankenhausversorgung der Bevölkerung** (Saarländisches OLG, B. v. 20. 9. 2006 – Az.: 1 Verg 3/06; VK Brandenburg, B. v. 10. 9. 2004 – Az.: VK 39/04 – abgelehnt; VK Bremen, B. v. 15. 11. 2006 – Az.: VK 2/06; VK Düsseldorf, B. v. 27. 4. 2006 – Az.: VK – 12/2006 – L; VK Magdeburg, B. v. 27. 10. 2003 – Az.: 33–32571/07 VK 16/03 MD – bejaht)

– **Erbringung der Leistungen der gesetzlichen Krankenkasse** (BayObLG, B. v. 24. 5. 2004 – Az.: Verg 006/04)

7.6.5.4 Staatsgebundenheit

1463 Der Begriff des öffentlichen Auftraggebers nach § 98 Nr. 2 – und nach der Vergabekoordinierungsrichtlinie – setzt eine besondere **Staatsgebundenheit** voraus. Diese besondere **Staatsgebundenheit kann sich nach § 98 Nr. 2 GWB aus drei Kriterien ergeben**: der Aufsicht über die Leitung der juristischen Person durch öffentliche Auftraggeber, die Ernennung der Mehrheit der Mitglieder von Verwaltungs-, Leitungs- und Aufsichtsorganen durch öffentliche Auftraggeber oder die überwiegende Finanzierung durch öffentliche Auftraggeber (VK Hamburg, B. v. 25. 7. 2007 – Az.: VK BSU-8/07; VK Mecklenburg-Vorpommern, B. v. 8. 5. 2007 – Az.: 3 VK 04/07).

1464 Diesen vorgenannten Kriterien ist gemein, dass sie **anhand formaler Kriterien typisierend festlegen, wann wegen dieser Einflussmöglichkeiten für die öffentliche Hand von einer besonderen Staatsgebundenheit**, d. h. von einer engen Verbindung mit einem anderen öffentlichen Auftraggeber, **auszugehen ist**. Das schließt nicht aus, auf einen ausreichenden Einfluss der öffentlichen Hand auf die laufende Geschäftsführung auch aus anderen Umständen zu schließen und vor allem **eine Gesamtschau aller Einflussmöglichkeiten vorzunehmen**. Ein solcher Einfluss verlangt regelmäßig **nicht nur eine nachträgliche Kontrolle der Tätigkeit der Einrichtung, sondern eine Einflussmöglichkeit auf die laufende Geschäftsführung** (OLG Naumburg, B. v. 17. 3. 2005 – Az.: 1 Verg 3/05).

1465 7.6.5.4.1 Überwiegende Finanzierung. 7.6.5.4.1.1 Begriff der Finanzierung und funktionelles Verständnis. Die Koordinierung der Verfahren zur Vergabe öffentlicher Aufträge auf Gemeinschaftsebene **soll die Hemmnisse für den freien Dienstleistungs- und Warenverkehr beseitigen und somit die Interessen der in einem Mitgliedstaat niedergelassenen Wirtschaftsteilnehmer schützen**, die den in einem anderen Mitgliedstaat niedergelassenen öffentlichen Auftraggebern Waren oder Dienstleistungen anbieten möchten. Auf dieses Hauptziel, nämlich den freien Dienstleistungsverkehr und die Öffnung für einen unverfälschten und möglichst umfassenden Wettbewerb in allen Mitgliedstaaten, weist der EuGH in seiner Rechtsprechung immer wieder hin. Ebenso **soll durch die Einführung adäquater Nachprüfungsverfahren**, die den Wirtschaftsteilnehmern in den Mitgliedstaaten einen unverfälschten und möglichst umfassenden Wettbewerb garantieren sollen, die **ordnungsgemäße Anwendung der materiellen Bestimmungen des Unionsrechts im Bereich des öffentlichen Auftragswesens ermöglicht** werden (EuGH, Urteil v. 21. 10. 2010 – Az.: C-570/08). Im Licht dieser Ziele und anhand dieser Kriterien ist **auch der Begriff der „Finanzierung durch den Staat" funktionell zu verstehen** (EuGH, Urteil v. 21. 10. 2010 – Az.: C-570/08; Urteil v. 13. 12. 2007 – Az.: C-337/06).

1466 Es begründen jedoch nicht alle Zahlungen der öffentlichen Hand eine besondere Verbindung im Sinn von § 98 Nr. 2 GWB, sondern **nur diejenigen Finanzleistungen, die als Finanzhilfe ohne spezifische Gegenleistung die Tätigkeiten der betreffenden Einrichtung unterstützen** (EuGH, Urteil v. 11. 6. 2009 – Az.: C-300/07; Urteil v. 13. 12. 2007 – Az.: C-337/06; VK Brandenburg, B. v. 7. 4. 2008 – Az.: VK 7/08; VK Nordbayern, B. v. 23. 7. 2009 – Az.: 21.VK – 3194 – 25/09). Daraus folgt, dass z. B. die Leistungen der gesetzlichen und privaten Krankenkassen an Krankenhäuser nicht als öffentliche Finanzierung einzustufen sind. Dem Anteil der öffentlichen Finanzierung sind in solchen Fällen jedoch die Fördermittel für Baumaßnahmen und anderer Investitionen, die einmalige Zuwendung zum Strukturausgleich, die Zuwendungen zur Unterstützung der medizinischen Forschung zuzurechnen (OLG Naumburg, B. v. 17. 3. 2005 – Az.: 1 Verg 3/05). **Zahlungen, die im Rahmen eines Leistungsaustausches gewährt** werden, stellen ebenfalls **keine öffentliche Finanzierung** dar (VK Düsseldorf, B. v. 18. 6. 2007 – Az.: VK – 14/2007 – L; VK Nordbayern, B. v. 23. 7. 2009 – Az.: 21.VK – 3194 – 25/09).

1467 **Einnahmen durch Pflegesätze**, welche die Vergabestelle für ihre Leistungen im Bereich der Frühförderung und Eingliederungshilfe für Behinderte erhält, **werden aufgrund von ausgehandelten Pflegesatzvereinbarungen mit den jeweiligen Trägern der Sozialhilfe gezahlt. Diese Zahlungen erfolgen also aufgrund einer Vereinbarung** und aufgrund spezifischer Gegenleistungen der VSt. Insoweit sind sie nicht als öffentliche Finanzierung im Sinne des § 98 Nr. 2 GWB anzusehen und nicht zu berücksichtigen (VK Nordbayern, B. v. 23. 7. 2009 – Az.: 21.VK – 3194 – 25/09).

1468 Erfolgt die **überwiegende Finanzierung nicht durch die öffentliche Hand, sondern durch die Beiträge der Mitglieder**, ist danach zu unterscheiden, ob es sich um freiwillige Mitgliedsbeiträge oder um eine durch **Zwangsmitgliedschaft staatlich vorgeschriebene Finanzierung** handelt. Beim letzteren Fall ist eine überwiegende Finanzierung der öf-

Gesetz gegen Wettbewerbsbeschränkungen GWB § 98 Teil 1

fentlichen Hand zu bejahen (EuGH, Urteil v. 11. 6. 2009 – Az.: C-300/07; VK Lüneburg, B. v. 21. 9. 2004 – Az.: 203-VgK-42/2004). **Anderer Auffassung** ist **für die Industrie- und Handelskammern** die **VK Mecklenburg-Vorpommern** (VK Mecklenburg-Vorpommern, B. v. 8. 5. 2007 – Az.: 3 VK 04/07). Vgl. im Einzelnen die Kommentierung → Rdn. 41.

Eine **überwiegende Finanzierung** kann **auch darin** bestehen, dass einem **Unternehmen** 1469 der **ganz überwiegende Teil des Personals und der sachlichen Betriebsgrundlagen zur Verfügung gestellt** wird (VK Düsseldorf, B. v. 18. 6. 2007 – Az.: VK – 14/2007 – L).

7.6.5.4.1.2 Begriff der überwiegenden Finanzierung. In Bezug auf den „überwiegen- 1470 den" Charakter der Finanzierung ist diese Voraussetzung gemäß der Rechtsprechung des EuGH erfüllt, **wenn die Einkünfte zu mehr als der Hälfte aus der fraglichen Finanzierung stammen** (EuGH, Urteil v. 13. 12. 2007 – Az.: C-337/06).

Eine überwiegende Finanzierung ist bereits dann gegeben, wenn eine **passive Inhaberschaft** 1471 **der Kapitalmehrheit** besteht (VK Baden-Württemberg, B. v. 9. 10. 2001 – Az.: 1 VK 27/01).

Abzustellen ist insoweit **auf die juristische Person insgesamt und nicht nur auf die** 1472 **einzelne von ihr durchgeführte Aufgabe** (OLG Naumburg, B. v. 17. 3. 2005 – Az.: 1 Verg 3/05; VK Brandenburg, B. v. 11. 3. 2009 – Az. VK 7/09; B. v. 7. 4. 2008 – Az.: VK 7/08; VK Düsseldorf, B. v. 18. 6. 2007 – Az.: VK – 14/2007 – L; VK Mecklenburg-Vorpommern, B. v. 8. 5. 2007 – Az.: 3 VK 04/07; VK Nordbayern, B. v. 23. 7. 2009 – Az.: 21.VK – 3194 – 25/ 09). Der Grund hierfür liegt darin, dass eine juristische Person nur dann einem staatlichen Auftraggeber gleichzustellen ist, wenn die juristische Person in einer derartigen Weise staatsgebunden ist, dass zwischen der staatlichen Stelle und der juristischen Person praktisch kein Unterschied besteht. Voraussetzung hierfür ist grundsätzlich die Möglichkeit der Beherrschung durch eine staatliche Stelle, entweder in finanzieller oder personeller Hinsicht. Dieses Ergebnis entspricht auch dem Wortlaut des § 98 Nr. 2 GWB. Im Gegensatz zu § 98 Nr. 5 GWB stellt Nr. 2 nicht auf das Aufgabengebiet, sondern auf den Rechtsträger als solchen ab (BayObLG, B. v. 24. 5. 2004 – Az.: Verg 006/04, B. v. 10. 9. 2002 – Az.: Verg 23/02; VK Mecklenburg-Vorpommern, B. v. 8. 5. 2007 – Az.: 3 VK 04/07).

Die **Feststellung einer überwiegenden Finanzierung ist auf jährlicher Basis vorzu-** 1473 **nehmen**. Das **Haushaltsjahr, in dem das Verfahren zur Vergabe eines bestimmten Auftrags ausgeschrieben** wurde, ist der für die Berechnung der Finanzierung dieser Einrichtung am besten geeignete Zeitpunkt (VK Düsseldorf, B. v. 18. 6. 2007 – Az.: VK – 14/ 2007 – L; VK Nordbayern, B. v. 23. 7. 2009 – Az.: 21.VK – 3194 – 25/09).

7.6.5.4.1.3 Unmittelbare Finanzierung. Unter einer **staatlichen Finanzierung** im Sin- 1474 ne des Art. 1 Abs. 9, 2. Unterabsatz lit. c), 1. Alternative der Richtlinie 2004/18 EG ist **jedenfalls eine direkte (unmittelbare) Finanzierung durch den Staat oder die Gebietskörperschaften** zu verstehen (OLG Düsseldorf, B. v. 21. 7. 2006 – Az.: VII – Verg 13/06).

7.6.5.4.1.4 Mittelbare Finanzierung. Fraglich ist, ob auch eine mittelbare, verfas- 1475 **sungsrechtlich garantierte und kraft Staatsvertrag und kraft Gesetzes ermöglichte Finanzierung über Zahlungen des Bürgers ausreicht, um die im vergaberechtlichen Sinne geforderte Finanzierung zu bejahen.** Zum Teil wird in der deutschen Rechtsprechung und Literatur die Auffassung vertreten, Art. 1 Abs. 9, 2. Unterabsatz, lit. c), 1. Alternative der Richtlinie 2004/18/EG verlange seinem Wortlaut nach („vom bzw. durch den Staat") ein **direktes Kausalverhältnis zwischen der Finanzierung und dem Staat**. Eine verfassungsrechtlich abgesicherte mittelbare Finanzierung über eine durch Bund und Länder garantierte Zwangsabgabe genügt nach dieser Auffassung nicht, das Tatbestandsmerkmal zu bejahen. Diese Auffassung stellt allein auf die staatliche Herkunft bzw. Quelle der Mittel (Staatshaushalt) ab. Sie verneint damit das Vorliegen einer staatlichen Finanzierung, wenn die Gebühren bei den Bürgern erhoben werden. Die gesetzliche Begründung von Zahlungspflichten der Bürger und Übertragung hoheitlicher Befugnisse zur Einziehung der Gebühren stellt keine Finanzierungsmaßnahme durch den öffentlichen Auftraggeber dar (OLG Düsseldorf, B. v. 21. 7. 2006 – Az.: VII – Verg 13/06; LSG Baden-Württemberg, B. v. 28. 10. 2008 – Az.: L 11 KR 4810/08 ER-B; VK Hamburg, B. v. 25. 7. 2007 – Az.: VK BSU-8/07).

Andere Stimmen halten das **Bestehen einer gesetzlichen Grundlage, die private Dritte** 1476 **zur Zahlung von Gebühren oder Beiträgen verpflichtet, zur Annahme des Tatbestandsmerkmals der Finanzierung durch den Staat bzw. die Gebietskörperschaften für ausreichend.** Nach dieser Auffassung ist es ohne Bedeutung, ob die Gebietskörperschaften selbst die Gebühren einziehen und sie danach an die betreffenden Einrichtungen übergeben oder sie der Einrichtung unmittelbar das Recht zur Gebührenerhebung einräumen (OLG Düs-

Teil 1 GWB § 98 Gesetz gegen Wettbewerbsbeschränkungen

seldorf, B. v. 21. 7. 2006 – Az.: VII – Verg 13/06; im Ergebnis ebenso EuGH, Urteil v. 11. 6. 2009 – Az.: C-300/07; LSG Baden-Württemberg, B. v. 28. 10. 2008 – Az.: L 11 KR 4810/08 ER-B für die gesetzlichen Krankenkassen (inzwischen geändert); VK Bremen, B. v. 1. 2. 2006 – Az.: VK 1/06 – für die öffentlich-rechtlichen Rundfunkanstalten; 1. VK Bund, B. v. 9. 5. 2007 – Az.: VK 1–26/07 – für die gesetzlichen Krankenkassen; VK Düsseldorf, B. v. 31. 10. 2007 – Az.: VK – 31/2007 – L; B. v. 31. 8. 2006 – Az.: VK – 38/2006 – L; VK Hessen, B. v. 21. 4. 2008 – Az.: 69 d VK – 15/2008 – für die gesetzlichen Krankenkassen; VK Mecklenburg-Vorpommern, B. v. 8. 5. 2007 – Az.: 3 VK 04/07 – abgelehnt für die Industrie- und Handelskammern; VK Münster, B. v. 13. 2. 2008 – Az.: VK 29/07 – bejaht für eine Ärztekammer; 2. VK Sachsen-Anhalt, B. v. 15. 1. 2008 – Az.: VK 2 LVwA LSA – 28/07 – für die gesetzlichen Krankenkassen).

1477 Für die Erfüllung des Tatbestandsmerkmals der „Finanzierung durch den Staat" wird ein **direkter Einfluss des Staates** oder einer anderen öffentlichen Stelle **im Verfahren zur Vergabe eines bestimmten öffentlichen Auftrags nicht verlangt** (EuGH, Urteil v. 13. 12. 2007 – Az.: C-337/06; VK Brandenburg, B. v. 7. 4. 2008 – Az.: VK 7/08). Für die Verbundenheit des Vereins mit dem Staat **genügt allein die überwiegende Finanzierung durch öffentliche Auftraggeber** (VK Brandenburg, B. v. 7. 4. 2008 – Az.: VK 7/08).

1478 **7.6.5.4.2 Aufsicht über die Leitung.** Auch zu diesem Tatbestandsmerkmal gibt es eine unterschiedliche Rechtsprechung.

1479 **7.6.5.4.2.1 Einzelfallprüfung.** Nach der **Auffassung des EuGH** ist im Einzelfall zu prüfen, ob die konkrete Ausformung der Aufsicht eine Verbindung der Einrichtungen mit der öffentlichen Hand schafft, die es dieser ermöglicht, die Entscheidungen dieser Einrichtungen in Bezug auf öffentliche Aufträge zu beeinflussen (EuGH, Urteil v. 1. 2. 2001 – Az.: C-237/99; OLG Düsseldorf, B. v. 13. 8. 2007 – Az.: VII – Verg 16/07; B. v. 6. 7. 2005 – Az.: VII – Verg 22/05). Schon die bloße Überwachung der Einhaltung der Regeln für die Führung der Geschäfte der Einrichtung kann für sich allein schon dazu führen, dass der öffentlichen Hand ein bedeutender Einfluss eingeräumt wird und dass damit eine Aufsicht über die Leitung bejaht wird (EuGH, Urteil v. 1. 2. 2001 – Az.: C-237/99). In die gleiche Richtung weist die Auffassung der VK Nordbayern, die **bei Zwangskörperschaften eine Rechtsaufsicht genügen lässt** (VK Nordbayern, B. v. 23. 1. 2003 – Az.: 320.VK-3194-47/02; im Ergebnis ebenso 3. VK Bund, B. v. 3. 5. 2007 – Az.: VK 3–31/07).

1480 **7.6.5.4.2.2 Fachaufsicht.** Im **Falle einer Fachaufsicht** ist eine staatliche **Beherrschung** im Sinne der EuGH-Rechtsprechung nach allgemeiner Ansicht **gegeben** (OLG Düsseldorf, B. v. 6. 7. 2005 – Az.: VII – Verg 22/05; 3. VK Bund, B. v. 3. 5. 2007 – Az.: VK 3–31/07).

1481 **7.6.5.4.2.3 Rechtsaufsicht.** Der Tatbestand der Aufsicht über die Leitung ist **im Falle einer bloßen nachprüfenden Kontrolle nicht erfüllt**, denn schon begrifflich erlaubt es eine derartige Kontrolle der öffentlichen Hand nicht, die Entscheidungen der betreffenden Einrichtung im Bereich der Vergabe öffentlicher Aufträge zu beeinflussen. Dieses Tatbestandsmerkmal erfüllt jedoch ein Sachverhalt, bei dem zum einen **die öffentliche Hand** nicht nur **die Jahresabschlüsse der betreffenden Einrichtung kontrolliert, sondern auch ihre laufende Verwaltung im Hinblick auf ihre ziffernmäßige Richtigkeit, Ordnungsmäßigkeit, Sparsamkeit, Wirtschaftlichkeit und Zweckmäßigkeit**, und bei dem zum anderen die öffentliche Hand berechtigt ist, die Betriebsräume und Anlagen dieser Einrichtung zu **besichtigen** und über das Ergebnis dieser Prüfung einer Gebietskörperschaft zu **berichten**, sofern eine andere Gesellschaft das Kapital der in Rede stehenden Einrichtung hält (EuGH, Urteil v. 27. 2. 2003 – Az.: C-373/00; im Ergebnis ebenso VK Hamburg, B. v. 25. 7. 2007 – Az.: VK BSU-8/07; 3. VK Bund, B. v. 3. 5. 2007 – Az.: VK 3–31/07).

1482 Demgegenüber kann nach Auffassung des Bayerischen Obersten Landesgerichts selbst die **qualifizierte Rechtsaufsicht nicht als Aufsicht im Sinne des § 98 Nr. 2 GWB** angesehen werden, weil sie nicht zu einer Beherrschung des Auftraggebers führt. Im Gegensatz zur Fachaufsicht greift die Rechtsaufsicht nicht in die unternehmerischen Entscheidungen des betreffenden Rechtsträgers ein, beherrscht demnach nicht die „Unternehmenspolitik"; auch die präventive Rechtsaufsicht dient nur dem Zweck, rechtswidrige Handlungen zu verhindern (BayObLG, B. v. 21. 10. 2004 – Az.: Verg 017/04; B. v. 24. 5. 2004 – Az.: Verg 006/04, B. v. 10. 9. 2002 – Az.: Verg 23/02; ebenso VK Mecklenburg-Vorpommern, B. v. 8. 5. 2007 – Az.: 3 VK 04/07; VK Rheinland-Pfalz, B. v. 1. 2. 2005 – Az.: VK 01/05).

1483 Für den Fall der **bayerischen Landesversicherungsanstalten** bejaht das **Bayerische Oberste Landesgericht die Rechtsaufsicht als Aufsicht im Sinn von § 98 Nr. 2 GWB.**

In der **Gesamtschau stehen die Landesversicherungsanstalten wie eine sonstige Verwaltungsbehörde weitgehend unter staatlicher Einflussnahme**. Dass die Landesversicherungsanstalten innerhalb des ihnen vorgegebenen Rahmens selbstverwaltend tätig sein können, unterscheidet sie nicht von einer sonstigen Behörde, die auch im Rahmen des ihr vorgegebenen finanziellen Budgets selbständig über Ausstattung oder sonstige Anschaffungen entscheiden kann. Allein die Ausgliederung aus der eigentlichen staatlichen Verwaltung entzieht die Landesversicherungsanstalten nicht dem Vergaberecht (BayObLG, B. v. 21. 10. 2004 – Az.: Verg 017/04).

Die VK Düsseldorf schließt sich dieser Auffassung an. Nach Inkrafttreten des Gesetzes zur Organisationsreform in der gesetzlichen Rentenversicherung treten seit dem 1. 10. 2005 **alle Rentenversicherungsträger** (die Bundesversicherungsanstalt für Angestellte, die 22 Landesversicherungsanstalten, Bundesknappschaft, Bahnversicherungsanstalt und Seekasse) **gemeinsam unter dem Namen „Deutsche Rentenversicherung"** auf. Die Landesversicherungsanstalten bleiben nach § 125 SGB VI weiterhin als Regionalträger erhalten und ihr Name besteht nun aus der Bezeichnung „Deutsche Rentenversicherung" und einem Zusatz ihrer jeweiligen regionalen Zuständigkeit (VK Düsseldorf, B. v. 28. 11. 2005 – Az.: VK – 40/2005 – B; im Ergebnis ebenso VK Schleswig-Holstein, B. v. 27. 1. 2009 – Az.: VK-SH 19/08). 1484

Auch nach **Auffassung des OLG Düsseldorf kann eine bloße Rechtsaufsicht als Aufsicht im Sinn von § 98 Nr. 2 in Betracht kommen**. Das vorhandene Selbstverwaltungsrecht einer Körperschaft öffentlichen Rechts besagt nur, dass der Staat im jeweiligen Bereich die Organisationsform der mittelbaren Staatsverwaltung gewählt hat, die jedoch unter dem Blickwinkel der Staatsnähe ganz unterschiedlich ausgestaltet sein kann. **Es ist nicht ausgeschlossen, dass eine Aufsichtsbehörde durch ein Verbundwerk aus Normen der Rechtsaufsicht und Befugnissen der Vorab- und nachträglichen Kontrolle nicht nur das Rechtshandeln, sondern auch Entscheidungen in Bezug auf die Aufträge der Körperschaft nachhaltig beeinflusst oder zumindest – wie vom EuGH gefordert – beeinflussen kann** (OLG Düsseldorf, B. v. 19. 12. 2007 – Az.: VII – Verg 51/07; B. v. 23. 5. 2007 – Az.: VII – Verg 50/06; B. v. 6. 7. 2005 – Az.: VII – Verg 22/05; VK Düsseldorf, B. v. 31. 8. 2006 – Az.: VK – 38/2006 – L; im Ergebnis ebenso 3. VK Bund, B. v. 3. 5. 2007 – Az.: VK 3–31/07). 1485

Hinsichtlich der Befugnisse der Aufsichtsbehörden im Bereich der Unfallversicherung reicht **die staatliche Rechtsaufsicht dahin, dass sogar** eine Genehmigungspflicht der Satzung durch die Aufsichtsbehörde, die nachträgliche Änderungen ermöglicht und die Selbstvornahme einschließt (§ 114 Abs. 2 S. 2, 3 SGB VII). Ferner bedürfen die für den Beitrag maßgebenden Gefahrtarife der Genehmigung seitens der Aufsichtsbehörde (OLG Düsseldorf, B. v. 6. 7. 2005 – Az.: VII – Verg 22/05). 1486

Insbesondere wenn die **Aufsicht einer staatlichen Stelle** über eine Einrichtung **so ausgestaltet** ist, dass **nicht nur das Rechtshandeln, sondern auch Entscheidungen in Bezug auf die Aufträge der Einrichtung nachhaltig durch die Aufsichtsbehörde beeinflusst werden** oder zumindest die Möglichkeit hierzu besteht, ist **besondere Staatsnähe im Sinn von § 98 Nr. 2 GWB anzunehmen** (VK Düsseldorf, B. v. 30. 10. 2006 – Az.: VK – 44/2006 – B). 1487

7.6.5.4.2.4 Sonstige Formen der Aufsicht. Die **Finanzkontrolle durch die Rechnungshöfe begründet keine vergaberechtliche Staatsgebundenheit**. Die Rechnungshöfe kontrollieren zwar die Geschäftsführungspolitik einschließlich des Bereichs der Auftragsvergabe, sie verfolgen aber im System der Gewaltenteilung keine eigenen politischen Interessen. Ihre **Aufgabe ist es gerade, als neutraler Sachwalter darauf aufmerksam zu machen, wenn Aufträge politisch beeinflusst nach anderen als nach wirtschaftlichen Kriterien vergeben werden**. Im Bereich des Rundfunks kommt hinzu, dass den Rechnungshöfen nicht die Befugnis zusteht, in die Auftragsvergabe öffentlicher Rundfunkveranstalter präventiv steuernd einzugreifen. Vielmehr werden nur abgeschlossene Vorgänge geprüft (VK Hamburg, B. v. 25. 7. 2007 – Az.: VK BSU-8/07). 1488

Auch Rechte aus einem Gesellschaftsvertrag können Aufsichtsrechte im Sinne des § 98 Nr. 2 GWB begründen (3. VK Bund, B. v. 3. 5. 2007 – Az.: VK 3–31/07). 1489

An-Institute sind **privatrechtlich organisiert**, wobei hinter dieser Organisationsform verschiedene Kombinationen von Staat, Universität, Trägervereinen, Professoren sowie der Industrie stehen können. **Besondere aufsichtsrechtliche Verhältnisse können sich dabei nur aus der vertraglichen Vereinbarung zwischen der Universität und dem An-Institut ergeben**. Sind **solche besonderen aufsichtsrechtlichen Befugnisse für dieses Rechtsver- 1490

Teil 1 GWB § 98   Gesetz gegen Wettbewerbsbeschränkungen

hältnis jedoch nicht vereinbart, steht es damit bei dem Antragsgegner als An-Institut der Universität, ob er durch ein entsprechend ausgerichtetes Angebot an Lehrkräften und Sachmitteln die Anforderungen erfüllt, die die Hochschule an den Studien- und Forschungsbetrieb stellt. Erfüllt er sie nicht, **kann die Hochschule die Kooperation beenden, den Antragsgegner jedoch nicht bindend anweisen**, bestimmten Anforderungen nachzukommen. Ebenso üben die durch die Universität bestellten Professoren, soweit sie gleichzeitig Mitarbeiter des Antragsgegners sind, über diesen keine Aufsicht namens der Hochschule au (VK Düsseldorf, B. v. 18. 6. 2007 – Az.: VK – 14/2007 – L).

1491   7.6.5.4.3 **Sonderfälle.**   7.6.5.4.3.1   **Öffentlich-rechtliche Rundfunkanstalten.** 7.6.5.4.3.1.1 **Die Rechtsprechung des EuGH.** Der EuGH stellt in seiner Entscheidung zu einem Vorlagebeschluss des OLG Düsseldorf zunächst fest, dass die **Gebühr**, die die überwiegende Finanzierung der Tätigkeit der fraglichen Einrichtungen sicherstellt, ihren **Ursprung im Rundfunkstaatsvertrag hat, also in einem staatlichen Akt**. Sie ist **gesetzlich vorgesehen und auferlegt**, ergibt sich also nicht aus einem Rechtsgeschäft zwischen diesen Einrichtungen und den Verbrauchern. Die Gebührenpflicht entsteht allein dadurch, dass ein Empfangsgerät bereitgehalten wird, und die **Gebühr stellt keine Gegenleistung für die tatsächliche Inanspruchnahme der von den fraglichen Einrichtungen erbrachten Dienstleistungen dar** (EuGH, Urteil v. 13. 12. 2007 – Az.: C-337/06).

1492   Auch die **Gebührenhöhe ist nicht das Ergebnis einer vertraglichen Beziehung zwischen den Rundfunkanstalten und den Verbrauchern**. Gemäß dem Rundfunkfinanzierungsstaatsvertrag wird sie durch eine förmliche Entscheidung der Landesparlamente und der Landesregierungen festgesetzt, die auf der Grundlage eines von der KEF entsprechend dem von diesen Anstalten selbst geltend gemachten Finanzbedarf erstellten Berichts erlassen wird. Die Landesparlamente und die Landesregierungen dürfen, ohne gegen das Grundrecht der Rundfunkfreiheit zu verstoßen, von den Empfehlungen der KEF abweichen, wenngleich nur unter engen Voraussetzungen, nämlich wenn die Gebührenhöhe angesichts der allgemeinen wirtschaftlichen und sozialen Lage eine unangemessene Belastung der Verbraucher darstellt und geeignet ist, deren Informationszugang zu beeinträchtigen (vgl. Urteil des Bundesverfassungsgerichts vom 11. September 2007, BvR 2270/05, BvR 809/06 und BvR 830/06). Selbst wenn die Landesparlamente und die Landesregierungen den Empfehlungen der KEF ohne Änderungen folgen müssten, wäre das Verfahren zur Festsetzung der Gebührenhöhe gleichwohl durch den Staat bestimmt, der in diesem Fall einer Expertenkommission Hoheitsbefugnisse übertragen hätte (EuGH, Urteil v. 13. 12. 2007 – Az.: C-337/06).

1493   In Bezug auf die Einzelheiten der **Erhebung der Gebühr geht aus dem Rundfunkgebührenstaatsvertrag hervor, dass diese von der GEZ für Rechnung der öffentlich-rechtlichen Rundfunkanstalten per Gebührenbescheid, also im Wege hoheitlichen Handelns, vorgenommen** wird. Im Fall des **Zahlungsverzugs** werden Bescheide über rückständige Rundfunkgebühren **im Verwaltungszwangsverfahren vollstreckt**, wobei die Ersuchen um Vollstreckungshilfe von der betroffenen öffentlich-rechtlichen Rundfunkanstalt als Gläubigerin unmittelbar an die zuständige Behörde gerichtet werden können. Die in Rede stehenden Anstalten sind somit in dieser Hinsicht mit hoheitlichen Befugnissen ausgestattet (EuGH, Urteil v. 13. 12. 2007 – Az.: C-337/06).

1494   Die diesen Anstalten so zur Verfügung gestellten **Mittel werden ohne spezifische Gegenleistung im Sinne der Rechtsprechung des Gerichtshofs ausgezahlt**. Diese Zahlungen hängen nämlich nicht von einer vertraglichen Gegenleistung ab, da weder die Gebührenpflicht noch die Gebührenhöhe das Ergebnis einer Vereinbarung zwischen den öffentlich-rechtlichen Rundfunkanstalten und den Verbrauchern ist. Diese sind allein wegen des Bereithaltens eines Empfangsgeräts zur Zahlung der Gebühr verpflichtet, selbst wenn sie die Leistungen dieser Anstalten niemals in Anspruch nehmen (EuGH, Urteil v. 13. 12. 2007 – Az.: C-337/06).

1495   Schließlich darf es, wie die Kommission der Europäischen Gemeinschaften zu Recht bemerkt hat, im Licht der oben erwähnten **funktionellen Betrachtung zu keiner unterschiedlichen Beurteilung danach führen, ob die Finanzmittel den öffentlichen Haushalt durchlaufen**, der Staat also die Gebühr zunächst einzieht und die Einnahmen hieraus dann den öffentlich-rechtlichen Rundfunkanstalten zur Verfügung stellt, **oder ob der Staat diesen Anstalten das Recht einräumt, die Gebühren selbst einzuziehen** (EuGH, Urteil v. 13. 12. 2007 – Az.: C-337/06).

1496   Im Ergebnis ist daher festzustellen, dass eine **Finanzierung, die durch einen staatlichen Akt eingeführt worden ist, durch den Staat garantiert und mittels hoheitlicher Befugnisse erhoben und eingezogen wird, die Voraussetzung der „Finanzierung durch den Staat" für den Zweck der Anwendung der Gemeinschaftsvorschriften auf dem Gebiet der Vergabe öffentlicher Aufträge erfüllt. Diese Art der indirekten Finanzierung reicht für die Erfüllung der in der Gemeinschaftsregelung vorgesehenen Voraussetzung hinsichtlich der „Finanzierung durch den Staat" aus, ohne dass es erforderlich ist, dass der Staat selbst eine öffentlich-rechtliche oder privatrechtliche Einrichtung schafft oder benennt, die mit der Einziehung der Gebühr beauftragt wird (EuGH, Urteil v. 13. 12. 2007 – Az.: C-337/06).

7.6.5.4.3.1.2 **Nationale Rechtsprechung.** Das OLG Düsseldorf hat die **Auftraggebereigenschaft** der öffentlich-rechtlichen Rundfunkanstalten **bejaht.** U. a. kann man **aus Art. 16 lit. c) Richtlinie 2004/18 EG den Umkehrschluss ziehen, dass dort nicht aufgezählte Dienstleistungsaufträge dem Anwendungsbereich der Richtlinie unterliegen.** Art. 16 lit. b) besagt, dass die Richtlinie keine Anwendung findet auf öffentliche Dienstleistungsaufträge, die den Kauf, die Entwicklung, Produktion oder Koproduktion von Programmen, die zur Ausstrahlung durch Rundfunk- oder Fernsehanstalten bestimmt sind, sowie die Ausstrahlung von Sendungen zum Gegenstand haben – argumentum e contrario – (OLG Düsseldorf, B. v. 21. 7. 2006 – Az.: VII – Verg 13/06 – Vorlagebeschluss an den EuGH). 1497

Auch eine **100-ige Tochtergesellschaft des Westdeutschen Rundfunks** ist ein öffentlicher **Auftraggeber** im Sinne des § 98 Nr. 2 GWB (OLG Düsseldorf, B. v. 19. 5. 2010 – Az.: VII-Verg 4/10). 1498

Auch nach Auffassung der VK Köln (B. v. 13. 2. 2006 – Az.: VK VOL 31/2006) sind **öffentlichrechtliche Rundfunkanstalten und ihre unselbständigen Teile (GEZ) öffentliche Auftraggeber.** Die **VK Bremen bejaht** ebenfalls die **Auftraggebereigenschaft** (VK Bremen, B. v. 1. 2. 2006, Az.: VK 1/06). 1499

Die VK Bremen **bejaht für die öffentlich-rechtlichen Rundfunkanstalten sogar eine mittelbare Leitungsfunktion** (VK Bremen, B. v. 1. 2. 2006 – Az.: VK 1/06). 1500

Für die öffentlich-rechtlichen Rundfunkanstalten führt nach Auffassung der VK Hamburg dagegen auch die **Gremienaufsicht nicht zu einer vergaberechtlichen Staatsgebundenheit.** Die Leitung der öffentlich-rechtlichen Rundfunkanstalt erfolgt durch den Intendanten. Dieser steht unter der Aufsicht der anstaltsinternen Gremien, nämlich dem Rundfunkrat und dem Verwaltungsrat. Diese interne Aufsicht über den Intendanten hätte aber nur dann vergaberechtlich im Sinne des § 98 Nr. 2 GWB Bedeutung, wenn **entweder der Rundfunkrat oder der Verwaltungsrat mehrheitlich mit Vertretern öffentlicher Auftraggeber besetzt wären oder öffentliche Auftraggeber insoweit bestimmenden Einfluss ausüben könnten. Beides ist nicht der Fall.** Der Rundfunkrat hat u. a. die Aufgabe, die Interessen der Allgemeinheit auf dem Gebiet des öffentlich-rechtlichen Rundfunks zu vertreten. Er besteht aus einer bestimmten Anzahl von Mitgliedern und setzt sich aus Vertretern gesellschaftlich relevanter Gruppen zusammen. Personen, die öffentlichen Auftraggebern im Sinne des § 98 Nr. 1 oder 3 GWB zugerechnet werden könnten, haben in ihm keine Mehrheit. Auch ein besonderer Einfluss öffentlicher Auftraggeber besteht nicht. Aus diesen Gründen handelt es sich bei der Aufsicht durch den Rundfunkrat nicht um eine Aufsicht im Sinne des Vergaberechts. Entsprechendes gilt für die Aufsicht durch den Verwaltungsrat. Der Verwaltungsrat besteht aus einer bestimmten Anzahl von Mitgliedern, die vom Rundfunkrat – und nicht von öffentlichen Auftraggebern – gewählt werden. Zudem sind die Mitglieder des Verwaltungsrates bei der Erfüllung ihrer Aufgaben nicht an Aufträge oder Weisungen gebunden sind; sie dürfen kein Sonderinteressen vertreten (VK Hamburg, B. v. 25. 7. 2007 – Az.: VK BSU-8/07). 1501

7.6.5.4.3.1.3 **Die Ausnahme der programmbezogenen Einkaufstätigkeiten.** Vgl. dazu im Einzelnen die Kommentierung zu § 100 Abs. 2 lit. j) GWB. 1502

7.6.5.4.3.1.4 **Deutsche Welle.** Bei der **Deutschen Welle** handelt es sich um eine Anstalt des öffentlichen Rechts, die vom Bund finanziert wird und zu dem besonderen Zweck gegründet wurde, den gesetzlichen Programmauftrag, eine im Allgemeininteresse liegende Aufgabe nicht gewerblicher Art, zu erfüllen (2. VK Bund, B. v. 3. 4. 2006 – Az.: VK 2–14/06). Sie war **von Anfang an unstreitig öffentlicher Auftraggeber nach dem GWB.** 1503

7.6.5.4.3.1.5 **Literatur** 1504

– Antweiler, Clemens/Dreesen, Kai, Vergaberechtliche Beurteilung der Rundfunkgebührenfinanzierung – Neue Entwicklungen und Parallelen zum Beihilferecht, EuZW 2007, 107

– Dreher, Meinrad, Die vergaberechtliche Beurteilung von Aufträgen zur Ausstrahlung von Rundfunksendungen, AfP 2005, 127

Teil 1 GWB § 98   Gesetz gegen Wettbewerbsbeschränkungen

– Dreher, Meinrad, Die Beschaffung von Programmmaterial durch Rundfunkanstalten, ZUM 2005, 265

– Korthals, Claudia, Sind öffentliche Rundfunkanstalten öffentliche Auftraggeber im Sinne des Vergaberechts?, NZBau 2006, 215

1505   **7.6.5.4.3.2 Gesetzliche Krankenkassen. 7.6.5.4.3.2.1 Die Rechtsprechung des EuGH.** Der **EuGH** hat auf eine **Vorlage des OLG Düsseldorf** entschieden, dass **Krankenkassen öffentliche Auftraggeber** sind.

1506   Der Wortlaut des Art. 1 Abs. 9 Unterabs. 2 Buchst. c erster Fall der Richtlinie 2004/18 enthält keine näheren Angaben zu der Art und Weise, in der die Finanzierung, um die es in dieser Vorschrift geht, zu erfolgen hat. So verlangt diese Vorschrift insbesondere nicht, dass die Tätigkeit der fraglichen Einrichtungen direkt vom Staat oder einer anderen Stelle des öffentlichen Rechts finanziert wird, damit die betreffende Voraussetzung erfüllt ist. Eine **Art der indirekten Finanzierung reicht somit hierfür aus.** Die **Finanzierung der gesetzlichen Krankenkassen** wird nach der maßgeblichen nationalen Regelung **durch die Beiträge der Mitglieder** – einschließlich der für diese von den Arbeitgebern gezahlten Beiträge –, **unmittelbare Zahlungen der Bundesbehörden sowie Ausgleichszahlungen dieser Kassen untereinander sichergestellt,** die sich aus dem System des Risikostrukturausgleichs zwischen ihnen ergeben. Die Kassen werden **weit überwiegend durch die Pflichtbeiträge der Versicherten finanziert.** Die **Beiträge der Versicherten werden ohne spezifische Gegenleistung gezahlt.** Diese Zahlungen sind nämlich nicht mit einer konkreten vertraglichen Gegenleistung verbunden, da weder die Beitragspflicht noch die Beitragshöhe das Ergebnis einer Vereinbarung zwischen den gesetzlichen Krankenkassen und ihren Mitgliedern ist; diese sind kraft Gesetzes zur Zahlung der Beiträge allein aufgrund ihrer Mitgliedschaft verpflichtet, die auch gesetzlich vorgeschrieben ist. Außerdem richtet sich die Höhe der Beiträge allein nach der Leistungsfähigkeit jedes Versicherten; andere Gesichtspunkte, wie etwa das Alter des Versicherten, sein Gesundheitszustand oder die Zahl der Mitversicherten, spielen hierbei keine Rolle. Der **Beitragssatz** – im Unterschied zu der Rundfunkgebühr – wird nicht durch die Träger der öffentlichen Gewalt, sondern **durch die gesetzlichen Krankenkassen selbst festgelegt.** Hierbei ist jedoch der **Spielraum dieser Kassen äußerst begrenzt,** da ihr Auftrag darin besteht, die Leistungen sicherzustellen, die die Regelung auf dem Gebiet der Sozialversicherung vorsieht. Somit ist der Beitragssatz, da die Leistungen und die mit diesen verbundenen Ausgaben gesetzlich vorgesehen sind und die genannten Kassen ihre Aufgaben nicht mit Gewinnerzielungsabsicht wahrnehmen, so festzusetzen, dass die sich daraus ergebenden Einnahmen die Ausgaben nicht unterschreiten oder übersteigen. Die **Festsetzung des Beitragssatzes** durch die gesetzlichen Krankenversicherungen **bedarf in jedem Fall der Genehmigung durch die staatliche Aufsichtsbehörde** der jeweiligen Krankenkasse. Der genannte Satz ist somit in gewissem Umfang rechtlich vorgegeben. Was schließlich die übrigen Einnahmequellen dieser Kassen betrifft, so sind die unmittelbaren Zahlungen der Bundesbehörden, wiewohl sie an sich von geringerer Bedeutung, unbestreitbar eine unmittelbare Finanzierung durch den Staat. Was schließlich die **Art und Weise der Erhebung der Beiträge** betrifft, behält in der Praxis der Arbeitgeber den Beitragsanteil des Versicherten von dessen Gehalt ein und zahlt ihn zusammen mit seinem Anteil an die zuständige gesetzliche Krankenkasse. Die **Erhebung der Beiträge erfolgt somit ohne Interventionsmöglichkeit des Versicherten. Die Beiträge werden aufgrund öffentlich-rechtlicher Vorschriften zwangsweise eingezogen.** Es ist somit davon auszugehen, dass eine **Finanzierung eines öffentlichen Krankenversicherungssystems wie in Deutschland bei den gesetzlichen Krankenversicherungen in der Praxis durch die Träger der öffentlichen Gewalt garantiert wird und durch eine öffentlich-rechtlichen Vorschriften unterliegende Art der Erhebung der sich hierauf beziehenden Beiträge sichergestellt** wird. Die Voraussetzung der überwiegenden Finanzierung durch den Staat für die **Anwendung der Gemeinschaftsvorschriften auf dem Gebiet der Vergabe öffentlicher Aufträge ist erfüllt** (EuGH, Urteil v. 11. 6. 2009 – Az.: C-300/07; LSG Berlin-Brandenburg, B. v. 7. 5. 2010 – Az.: L 1 SF 95/10 B Verg; LSG Hessen, B. v. 15. 12. 2009 – Az.: L 1 KR 337/09 ER Verg; LSG Nordrhein-Westfalen, B. v. 10. 3. 2010 – Az.: L 21 SF 41/10 Verg; B. v. 28. 1. 2010 – Az.: L 21 KR 68/09 SFB; B. v. 19. 11. 2009 – Az.: L 21 KR 55/09 SFB; B. v. 8. 10. 2009 – Az.: L 21 KR 44/09 SFB; B. v. 8. 10. 2009 – Az.: L 21 KR 39/09 SFB; B. v. 8. 10. 2009 – Az.: L 21 KR 36/09 SFB; B. v. 10. 9. 2009 – Az.: L 21 KR 53/09 SFB; B. v. 3. 9. 2009 – Az.: L 21 KR 51/09 SFB; B. v. 24. 8. 2009 – Az.: L 21 KR 45/09 SFB; VK Arnsberg, B. v. 3. 12. 2009 – Az.: VK 30/09; 1. VK Bund, B. v. 16. 7. 2010 – Az.: VK 1–58/10; B. v. 2. 7. 2010 – Az.: VK 1–52/10; B. v. 3. 2. 2010 – Az.: VK 1–236/09; B. v. 20. 1. 2010 – Az.: VK 1–233/09; B. v. 20. 1. 2010 – Az.: VK 1–230/09; B. v. 21. 12. 2009 – Az.: VK 1–212/09; B. v. 10. 12. 2009 –

Gesetz gegen Wettbewerbsbeschränkungen GWB § 98 **Teil 1**

Az.: VK 1–188/09; B. v. 4. 12. 2009 – Az.: VK 1–203/09; B. v. 27. 11. 2009 – Az.: VK 1–200/09; B. v. 26. 11. 2009 – Az.: VK 1–197/09; B. v. 10. 11. 2009 – Az.: VK 1–191/09; B. v. 29. 10. 2009 – Az.: VK 1–185/09; 2. VK Bund, B. v. 29. 4. 2010 – Az.: VK 2–20/10; B. v. 6. 10. 2009 – Az.: VK 2–165/09; B. v. 31. 8. 2009 – Az.: VK 2–108/09; B. v. 16. 3. 2009 – Az.: VK 2–7/09; 3. VK Bund, B. v. 12. 11. 2009 – Az.: VK 3–193/09; B. v. 29. 9. 2009 – Az.: VK 3–166/09; B. v. 20. 3. 2009 – Az.: VK 3–40/09; B. v. 20. 3. 2009 – Az.. VK 3–34/09; B. v. 20. 3. 2009 – Az.: VK 3–22/09; B. v. 16. 3. 2009 – Az.: VK 3–37/09; VK Hessen, B. v. 5. 11. 2009 – Az.: 69 d VK – 39/2009; VK Niedersachsen, B. v. 8. 7. 2009 – Az.: VgK-29/2009).

7.6.5.4.3.2.2 Nationale Rechtsprechung vor der Entscheidung des EuGH. Im Mit- 1507 telpunkt der Diskussion, ob gesetzliche Krankenkassen öffentliche Auftraggeber im Sinne des Vergaberechts sind, **stand das Tatbestandsmerkmal der hinreichenden Staatsnähe.** Dabei wurde darüber gestritten, ob eine Krankenkasse „vom Staat ... finanziert wird" (1. Alternative) und/oder „hinsichtlich ihrer Leitung der Aufsicht durch den Staat unterliegt" (2. Alternative) (OLG Düsseldorf, B. v. 23. 5. 2007 – Az.: VII – Verg 50/06; im Ergebnis ebenso OLG Brandenburg, B. v. 12. 2. 2008 – Az.: Verg W 18/07; VK Baden-Württemberg, B. v. 16. 1. 2009 – Az.: 1 VK 65/08; B. v. 30. 12. 2008 – Az.: 1 VK 51/08; B. v. 13. 11. 2008 – Az.: 1 VK 41/08; B. v. 6. 11. 2008 – Az.: 1 VK 44/08; B. v. 5. 11. 2008 – Az.: 1 VK 42/08). Diese Rechtsprechung wird nachfolgend noch so weit dargestellt, wie sie sich auf der Linie des EuGH bewegt.

Eine **gesetzliche Krankenkasse** kann **als staatlich kontrollierte Einrichtung** betrachtet 1508 werden. Sie unterliegt sowohl einer **nachträglichen Rechtsaufsicht** (§§ 87 ff. Viertes Buch Sozialgesetzbuch – SGB IV) als auch einer **präventiven Aufsicht** (zB § 34 SGB IV). Die **staatliche Regelungsdichte ist derart hoch, dass den Sozialversicherungsträgern eine eigenverantwortliche Gestaltung des Satzungs-, Organisations-, Beitrags- und Leistungsrechts weitgehend verwehrt** ist. Aufgrund der besonderen staatlichen Aufsicht ist eine gesetzliche Krankenkasse öffentlicher Auftraggeber i. S. der Richtlinie 2004/18 EG bzw. § 98 Nr. 2 GWB (LSG Baden-Württemberg, B. v. 17. 2. 2009 – Az.: L 11 WB 381/09; B. v. 23. 1. 2009 – Az.: L 11 WB 5971/08; B. v. 28. 10. 2008 – Az.: L 11 KR 4810/08 ER-B; LSG Berlin-Brandenburg, B. v. 7. 5. 2010 – Az.: L 1 SF 95/10 B Verg; LSG Hessen, B. v. 15. 12. 2009 – Az.: L 1 KR 337/09 ER Verg; LSG Nordrhein-Westfalen, Az.: L 21 SF 41/10 Verg; B. v. 28. 1. 2010 – Az.: L 21 KR 68/09 SFB; B. v. 19. 11. 2009 – Az.: L 21 KR 55/09 SFB; B. v. 10. 9. 2009 – Az.: L 21 KR 53/09 SFB; B. v. 3. 9. 2009 – Az.: L 21 KR 51/09 SFB; B. v. 24. 8. 2009 – Az.: L 21 KR 45/09 SFB; B. v. 29. 4. 2009 – Az.: L 21 KR 42/09 SFB; B. v. 29. 4. 2009 – Az.: L 21 KR 41/09 SFB; B. v. 28. 4. 2009 – Az.: L 21 KR 40/09 SFB; B. v. 23. 4. 2009 – Az.: L 21 KR 36/09 SFB; B. v. 8. 4. 2009 – Az.: L 21 KR 27/09 SFB; B. v. 2. 4. 2009 – Az.: L 21 KR 35/09 SFB; B. v. 26. 3. 2009 – Az.: L 21 KR 26/09 SFB; B. v. 26. 5. 2009 – Az.: VK 2–30/09;).

Die 1., 2. und 3. VK Bund sowie die 2. VK Mecklenburg-Vorpommern, die VK 1509 **Niedersachsen, die VK Schleswig-Holstein, die VK Sachsen, die VK Sachsen-Anhalt, die VK Hessen und die VK Baden-Württemberg teilten die Auffassung des OLG Düsseldorf, dass Krankenkassen öffentliche Auftraggeber sind.** Nach dem Zweck des § 98 Nr. 2 GWB sollen alle Einrichtungen erfasst werden, die sich aus öffentlichen Mitteln finanzieren und die dabei nicht den Gesetzen des Marktes unterliegen. Bei den Vergabeentscheidungen dieser Einrichtungen besteht die Gefahr, dass der Auftraggeber bei der Auswahl der Auftragnehmer vergabefremde Überlegungen zugrunde legt. Diese **Gefahr ist bei den gesetzlichen Krankenkassen gegeben. Sie verfügen gegenüber anderen privaten Auftraggebern aufgrund ihrer staatlich garantierten Finanzierung über eine Sonderstellung im Wettbewerb**, die dazu führt, dass sie bei ihren Beschaffungen durch andere als vergabekonforme Zwecke geleitet sein könnte. Lediglich für den Fall, dass der Staat für seine finanziellen Zuwendungen eine spezifische Gegenleistung erhält, verneint der EuGH das Vorliegen einer öffentlichen Finanzierung. Diese Konstellation ist bei den gesetzlichen Krankenkassen jedoch nicht gegeben (VK Baden-Württemberg, B. v. 16. 1. 2009 – Az.: 1 VK 65/08; B. v. 30. 12. 2008 – Az.: 1 VK 51/08; B. v. 19. 12. 2008 – Az.: 1 VK 67/08; B. v. 13. 11. 2008 – Az.: 1 VK 41/08; B. v. 6. 11. 2008 – Az.: 1 VK 44/08; B. v. 5. 11. 2008 – Az.: 1 VK 42/08; 1. VK Bund, B. v. 29. 10. 2009 – Az.: VK 1–185/09; B. v. 17. 4. 2009 – Az.: VK 1–35/09; B. v. 16. 12. 2008 – Az.: VK 1–156/08; B. v. 19. 11. 2008 – Az.: VK 1–135/08; B. v. 19. 11. 2008 – Az.: VK 1–126/08; B. v. 9. 5. 2007 – Az.: VK 1–26/07; 2. VK Bund, B. v. 29. 4. 2010 – Az.: VK 2–20/10; B. v. 26. 5. 2009 – Az.: VK 2–30/09; B. v. 20. 4. 2009 – Az.: VK 2–36/09; B. v. 20. 4. 2009 – Az.: VK 2–13/09; B. v. 8. 2. 2008 – Az.: VK 2–156/07; B. v. 15. 11. 2007 – Az.: VK 2–123/07, B. v. 15. 11. 2007 – Az.: VK 2–120/07, B. v. 15. 11. 2007 – Az.: VK 2–117/07, B. v. 15. 11. 2007 – Az.: VK 2–114/07, B. v. 15. 11. 2007 – Az.: VK 2–108/07, B. v. 15. 11. 2007 –

Teil 1 GWB § 98 Gesetz gegen Wettbewerbsbeschränkungen

Az.: VK 2–105/07; B. v. 15. 11. 2007 – Az.: VK 2–102/07; 3. VK Bund, B. v. 29. 9. 2009 – Az.: VK 3–166/09; B. v. 3. 8. 2009 – VK 3–145/09; B. v. 24. 7. 2009 – VK 3–136/09; B. v. 20. 3. 2009 – Az.: VK 3–40/09; B. v. 20. 3. 2009 – Az.. VK 3–34/09; B. v. 20. 3. 2009 – Az.: VK 3–22/09; B. v. 16. 3. 2009 – Az.: VK 3–37/09; B. v. 30. 1. 2009 – Az.: VK 3–221/08; B. v. 29. 1. 2009 – Az.: VK 3–200/08; B. v. 29. 1. 2009 – Az.: VK 3–197/08; B. v. 20. 1. 2009 – Az.: VK 3–191/08; B. v. 20. 1. 2009 – Az.: VK 3–188/08; B. v. 20. 1. 2009 – Az.: VK 3–185/08; B. v. 8. 2. 2008 – Az.: VK 3–29/08; B. v. 6. 2. 2008 – Az.: VK 3–11/08; B. v. 5. 2. 2008 – Az.: VK 3–23/08; B. v. 5. 2. 2008 – Az.: VK 3–17/08; B. v. 5. 2. 2008 – Az.: VK 3–08/08; B. v. 9. 1. 2008 – Az.: VK 3–145/07; B. v. 18. 12. 2007 – Az.: VK 3–139/07; B. v. 14. 11. 2007 – Az.: VK 3–124/07; VK Hessen, B. v. 21. 4. 2008 – Az.: 69 d VK – 15/2008; 2. VK Mecklenburg-Vorpommern, B. v. 7. 1. 2008 – Az.: 2 VK 5/07; VK Niedersachsen, B. v. 8. 7. 2009 – Az.: VgK-29/2009; 1. VK Sachsen, B. v. 19. 12. 2008 – Az.: 1/SVK/064-08; B. v. 19. 12. 2008 – Az.: 1/SVK/061-08; B. v. 28. 7. 2008 – Az.: 1/SVK/037-08; 2. VK Sachsen-Anhalt, B. v. 15. 1. 2008 – Az.: VK 2 LVwA LSA – 28/07; im Ergebnis ebenso OLG Brandenburg, B. v. 12. 2. 2008 – Az.: Verg W 18/07).

1510 Die **Finanzierung der gesetzlichen Krankenkassen** wird **durch die kraft Gesetzes bestehende Zwangsmitgliedschaft des überwiegenden Teils der Bevölkerung und die damit einhergehenden Beiträge sichergestellt** (§§ 5 Abs. 1, 220 SGB V, § 22 SGB IV). Es ist davon **auszugehen, dass sich die gesetzlichen Krankenkassen durch die Beiträge der Zwangsversicherten und der Arbeitgeber überwiegend i. S. d. Gesetzes, d. h. zu mehr als der Hälfte, finanzieren.** Hinzu kommen gesetzlich angeordnete Abgeltungs- bzw. Ausgleichszahlungen z. B. durch die Beteiligung des Bundes an den Aufwendungen für versicherungsfremde Leistungen gemäß § 221 SGB V oder den Risikostrukturausgleich nach § 266 SGB V. Letztlich macht es keinen Unterschied, ob die Gebietskörperschaften selbst die Beiträge einziehen und sie danach an die betreffenden Krankenkassen übergeben – in diesem Fall läge eine Finanzierung im Sinne des § 98 Nr. 2 GWB unzweifelhaft vor – oder ob den Krankenkassen unmittelbar das Recht zur Gebührenerhebung eingeräumt wird. Bestätigt wird diese Überlegung **durch die ab 1. Januar 2009 geltende Neuorganisation der Finanzierung der gesetzlichen Krankenkassen.** Nach § 271 SGB V n. F. werden dann **sämtliche Beiträge in der gesetzlichen Krankenversicherung zentral durch den so genannten Gesundheitsfonds beim Bundesversicherungsamt verwaltet.** Die Bundesregierung wird hierzu durch Rechtsverordnung erstmalig einen einheitlichen allgemeinen Beitragssatz für alle gesetzlich Versicherten festlegen (§ 241 Abs. 2 SGB V n. F.). Die Krankenkassen verfügen damit gegenüber anderen privaten Auftraggebern **aufgrund ihrer staatlich garantierten Finanzierung über eine Sonderstellung im Wettbewerb,** die dazu führt, dass sie bei ihren Beschaffungen durch andere als vergabekonforme Zwecke geleitet sein könnten (VK Baden-Württemberg, B. v. 19. 12. 2008 – Az.: 1 VK 67/08; 1. VK Bund, B. v. 29. 10. 2009 – Az.: VK 1–185/09; B. v. 17. 4. 2009 – Az.: VK 1–35/09; 2. VK Bund, B. v. 29. 4. 2010 – Az.: VK 2–20/10; B. v. 26. 5. 2009 – Az.: VK 2–30/09; B. v. 20. 4. 2009 – Az.: VK 2–36/09; B. v. 20. 4. 2009 – Az.: VK 2–13/09; B. v. 22. 8. 2008 – Az.: VK 2–73/08; B. v. 10. 4. 2008 – Az.: VK 2–37/08; B. v. 15. 11. 2007 – Az.: VK 2–123/07; B. v. 15. 11. 2007 – Az.: VK 2–120/07; B. v. 15. 11. 2007 – Az.: VK 2–117/07; B. v. 15. 11. 2007 – Az.: VK 2–114/07, B. v. 15. 11. 2007 – Az.: VK 2–108/07; B. v. 15. 11. 2007 – Az.: VK 2–105/07; B. v. 15. 11. 2007 – Az.: VK 2–102/07; 3. VK Bund, B. v. 12. 11. 2009 – Az.: VK 3–193/09; B. v. 29. 9. 2009 – Az.: VK 3–166/09; B. v. 20. 3. 2009 – Az.: VK 3–40/09; B. v. 20. 3. 2009 – Az.. VK 3–34/09; B. v. 20. 3. 2009 – Az.: VK 3–22/09; B. v. 16. 3. 2009 – Az.: VK 3–79/09; B. v. 8. 2. 2008 – Az.: VK 3–29/08; B. v. 23. 1. 2009 – Az.: VK 3–194/08; B. v. 6. 2. 2008 – Az.: VK 3–11/08; B. v. 5. 2. 2008 – Az.: VK 3–23/08; B. v. 5. 2. 2008 – Az.: VK 3–17/08; B. v. 5. 2. 2008 – Az.: VK 3–08/08; B. v. 9. 1. 2008 – Az.: VK 3–145/07; B. v. 18. 12. 2007 – Az.: VK 3–139/07; B. v. 14. 11. 2007 – Az.: VK 3–124/07; VK Düsseldorf, B. v. 31. 10. 2007 – Az.: VK – 31/2007 – L; VK Hessen, B. v. 21. 4. 2008 – Az.: 69 d VK – 15/2008; VK Niedersachsen, B. v. 8. 7. 2009 – Az.: VgK-29/2009; 2. VK Sachsen-Anhalt, B. v. 15. 1. 2008 – Az.: VK 2 LVwA LSA – 28/07; VK Schleswig-Holstein, B. v. 17. 9. 2008 – Az.: VK-SH 10/08).

1511 Auch ist eine **hinreichende Staatsnähe durch eine Aufsicht über die gesetzlichen Krankenkassen durch staatliche Stellen gegeben** (§ 98 Nr. 2, 2. Alt. GWB). Zwar wird eine reine Rechtsaufsicht als nicht ausreichend angesehen, weil diese keinen Einfluss auf die Zweckmäßigkeit unternehmerischer und wirtschaftlicher Entscheidungen nehmen kann. Eine bloße nachprüfende Kontrolle erfüllt nicht das Tatbestandsmerkmal der Aufsicht über die Leitung. Jedoch stellt sich die **Rechtsaufsicht nach SGB IV im deutschen Gesundheitswesen nicht als bloße nachprüfende Kontrolle dar.** So stehen den Aufsichtsbehörden Weisungsrechte zu, die sie mit Hilfe des Verwaltungszwangs durchsetzen können (§ 89 SGB IV). Den Aufsichtsbehörden stehen weitere Eingriffsbefugnisse zu, die die Selbstverwaltung der gesetzlichen Krankenkassen erheblich einschränken. Durch zahlreiche Prüfungspflichten können die Aufsichtsbehörden einen umfassenden Einblick in Tätigkeit und Finanzen der Krankenkassen nehmen und so eine Handhabe für Aufsichtsmaßnahmen gewinnen (§§ 69, 88 SGB IV, 274 SGB V). In der **Gesamtschau** erreicht damit die Aufsicht über die gesetzliche Krankenkassen eine **Intensität, die eine hinreichende Staatsnähe begründet** (LSG Hessen, B. v. 15. 12. 2009 – Az.: L 1 KR 337/09 ER Verg; LSG Nordrhein-Westfalen, B. v. 10. 3. 2010 – Az.: L 21 SF 41/10 Verg; B. v. 28. 1. 2010 – Az.: L 21 KR 68/09 SFB; B. v. 19. 11. 2009 – Az.: L 21 KR 55/09 SFB; VK Baden-Württemberg, B. v. 30. 12. 2008 – Az.: 1 VK 51/08; 2. VK Bund, B. v. 29. 4. 2010 – Az.: VK 2–20/10; B. v. 15. 11. 2007 – Az.: VK 2–123/07, B. v. 15. 11. 2007 – Az.: VK 2–120/07, B. v. 15. 11. 2007 – Az.: VK 2–117/07, B. v. 15. 11. 2007 – Az.: VK 2–114/07, B. v. 15. 11. 2007 – Az.: VK 2–108/07, B. v. 15. 11. 2007 – Az.: VK 2–105/07; B. v. 15. 11. 2007 – Az.: VK 2–102/07; 3. VK Bund, B. v. 29. 9. 2009 – Az.: VK 3–166/09; VK Düsseldorf, B. v. 31. 10. 2007 – Az.: VK – 31/2007 – L; VK Hessen, B. v. 21. 4. 2008 – Az.: 69 d VK – 15/2008).

Den Krankenkassen wird Selbstverwaltung im Sinne eines Freiraums für eigenverantwortliches Handeln nur in außerordentlich bescheidenem Umfang eingeräumt. Die **staatliche Regelungsdichte ist derart hoch, dass den Sozialversicherungsträgern eine eigenverantwortliche Gestaltung der Satzungs-, Organisations-, Beitrags-, und Leistungsrechts weitgehend verwehrt** ist (VK Baden-Württemberg, B. v. 30. 12. 2008 – Az.: 1 VK 51/08).

1512

7.6.5.4.3.2.3 Literatur

1513

– Drey, Franz, Generika des Wettbewerbs – Sind die Krankenkassen vergaberechtsreif?, Behörden Spiegel, März 2009, 16

– Esch, Oliver, Zur Reichweite der Ausschreibungspflicht gesetzlicher Krankenkassen, Medizin Produkte Recht 2009, 149

– Esch, Oliver/Quintern, Hanna, Entscheidung des EuGH: Deutsche GKVen unter Vergaberechtsregime, Medizinprodukte Journal 2009, 187

– Frenz, Walter, Aktuelle europarechtliche Grenzen des Vergaberechts, NVwZ 2010, 609

– Frenz, Walter, Krankenkassen im Wettbewerbs- und Vergaberecht, NZS 2007, 233

– Gabriel, Marc/Weiner, Katharina, Kollateralproblem Prozesskosten: Kostenphänomene, Klarstellungen und Korrekturbedarf bei Krankenkassenausschreibungen, NZS 2010, 423

– Gabriel, Marc, Vom Festbetrag zum Rabatt – Gilt die Ausschreibungspflicht von Rabattverträgen auch im innovativen Bereich patentgeschützter Arzneimittel?, NZS 2008, 455

– Gabriel, Marc, Vergaberechtliche Vorgaben beim Abschluss von Vorträgen zur integrierten Versorgung (§§ 140 a ff. SGB V), NZS 2007, 344

– Goodarzi, Ramin/Junker, Öffentliche Ausschreibungen im Gesundheitswesen, NZS 2007, 632

– Hamann, Markus, Die gesetzlichen Krankenkassen als öffentliche Auftraggeber – Anmerkung zu EuGH, Urteil vom 11. 6. 2009 in der Rs. C-300/07 – AOK, PharmR 2009, 509

– Hartmann, Peter/Suoglu, Bingül, Unterliegen die gesetzlichen Krankenkassen dem Kartellvergaberecht nach §§ 97 ff. GWB, wenn sie Hilfsmittel ausschreiben? SGb 2007, 404

– Heßhaus, Matthias, Ausschreibungen durch die gesetzlichen Krankenkassen, VergabeR 2007, 333

– Jasper, Ute/von der Recke, Barbara, Noch nicht transparent und fair – Erobert das Vergaberecht den sozialen Fürsorgebereich?, Behörden Spiegel, März 2009, 16

– Karenfort, Jörg/Stopp, Christiane, Krankenkassen-Rabattverträge und Kartellvergaberecht: Kompetenzkonflikt ohne Ende?, NZBau 2008, 232

– Kingreen, Thorsten, Die Entscheidung des EuGH zur Bindung der Krankenkassen an das Vergaberecht, NJW 2009, 2417

– Marx, Fridhelm/Hölz, Franz Josef, Viel Lärm um wenig, NZBau 2010, 31

– Roth, Thomas, Gerichtshof der europäischen Gemeinschaften öffnet Tor für das Vergaberecht in der gesetzlichen Krankenversicherung, SGb 2009, 639

– Schabel, Thomas, Zu Lasten der Versicherten – Rechtswegedickicht beim Kampf um Rabattverträge, Behörden Spiegel September 2008, 26

Teil 1 GWB § 98 Gesetz gegen Wettbewerbsbeschränkungen

– Stolz, Bernhard/Kraus, Philipp, Sind Rabattverträge zwischen gesetzlichen Krankenkassen und pharmazeutischen Unternehmen öffentliche Aufträge nach § 99 GWB?, VergabeR 2008, 1

– Thüsing, Gregor/Granetzny, Thomas, Der Rechtsweg in Vergabefragen des Leistungserbringungsrechts nach dem SGB V, NJW 2008, 3188

– Willenbruch, Klaus, Juristische Aspekte der Regulierung von Arzneimitteln, PharmR 2010, 321

1514   7.6.5.4.3.3 **DB Netz AG.** 7.6.5.4.3.3.1 **Rechtsprechung.** Die Deutsche Bahn AG hat lediglich die Funktion einer Holdinggesellschaft. Von daher ist bei jeder Tochtergesellschaft gesondert zu prüfen, ob sie öffentliche Auftraggeber im Sinne von § 98 Nr. 2 GWB sind. Die **DB Netz AG** ist verantwortlich für die gesamte Infrastruktur des Bahnbetriebs, also für Fahrbahn, Betriebsanlagen, alle Einrichtungen der Betriebsleittechnik, Kommunikation und die elektrischen Fahrleitungen. Zu ihren Aufgaben gehört weiterhin die Unterhaltung von Tunneln und Brücken. Die **DB Netz AG erfüllt damit den Gemeinwohlauftrag des Art. 87 e Abs. 4 Grundgesetz**; sie wird vom Bund beherrscht, steht in keinem entwickelten Wettbewerb und ist damit öffentlicher Auftraggeber nach § 98 Nr. 2 GWB (OLG Düsseldorf, B. v. 30. 11. 2009 – Az.: VII-Verg 41/09; 2. VK Bund, B. v. 30. 11. 2009 – Az.: VK 2–195/09; B. v. 4. 5. 2005 – Az.: VK 2–27/05).

1515   Auch besteht im Bereich des Ausbaus und der Erhaltung des Bahnnetzes **noch kein ausgeprägter Wettbewerb, so dass die DB Netz AG auch nicht gewerblich tätig wird.** Alles in allem ist der Unternehmensbereich jedenfalls der DB Netz AG der **klassischen Daseinsvorsorge der öffentlichen Hand zuzuordnen,** die gemäß Art. 87 e GG lediglich in Form einer juristischen Person des Privatrechts erfüllt wird. Für solche öffentlichen Auftraggeber ist aber § 98 Nr. 2 GWB seinem Sinn und Zweck nach geschaffen worden. Aus der **Zuordnung des Auftraggebers zu § 98 Nr. 2 GWB ergibt sich die Anwendbarkeit der Vorschriften des 3. Abschnitts der VOB/A nach § 7 Abs. 1 Nr. 2 in Verbindung mit § 8 Nr. 4 c VgV** (2. VK Bund, B. v. 30. 11. 2009 – Az.: VK 2–195/09; B. v. 21. 1. 2004 – Az.: VK 2–126/03).

1516   Soweit vertreten wurde, dass zumindest die **DB Netz AG** aufgrund des von ihr durchzuführenden Ausbaus und Erhaltes des Schienennetzes, welches eine vom Bund nach Art. 87 e Absatz 4 GG gewährleistete Gemeinwohlaufgabe darstellte, für die der Bund finanzielle Mittel bereitstellt, **auch eine Auftraggeberin nach § 98 Nr. 2 GWB ist, diese Art der Auftraggebereigenschaft den Vorrang gegenüber Nr. 4 der Vorschrift genieße** und somit der 2. Abschnitt der VOL/A anzuwenden sei, ist dieser Spruchpraxis jedenfalls durch die zwischenzeitliche Änderungen der VgV und des GWB die Grundlage entzogen worden. Da der **Gesetzgeber durch die Überführung der Tätigkeitsdefinitionen in eine auch als solche bezeichnete Anlage zu § 98 Nr. 4 GWB zu erkennen gegeben hat, dass nunmehr alle Tätigkeiten, die vorher von Auftraggebern nach Nr. 1 bis 3 durchgeführt werden konnten, nunmehr unter die Nr. 4 des § 98 GWB zu subsumieren sind, kann von einem Vorrang des § 98 Nr. 2 GWB nicht mehr ausgegangen** werden (2. VK Bund, B. v. 6. 5. 2010 – Az.: VK 2–26/10).

1517   7.6.5.4.3.3.2 Literatur

– Günther, Reinald, Die Auftraggebereigenschaft der Personenverkehrsgesellschaften der Deutschen Bahn AG, ZfBR 2008, 454

– Haug, Thomas/Immoor, Heinrich, Ist die Qualifizierung der DB AG als Auftraggeberin nach § 98 Nr. 2 GWB noch zeitgemäß? Zu den Voraussetzungen und Folgen des Anwendungsbereiches nach § 98 Nrn. 2, 4 GWB, VergabeR 2004, 308

1518   7.6.5.4.3.4 **Deutsche Post AG.** 7.6.5.4.3.4.1 **Allgemeines.** Die Deutsche Post AG wurde zu dem besonderen Zweck gegründet, im Allgemeininteresse liegende Aufgaben nicht gewerblicher Art zu erfüllen (Vergabeüberwachungsausschuss des Bundes, B. v. 24. 4. 1998 – Az.: 1 VÜ 15/98). Die Deutsche Post AG hatte eine gesetzlich verankerte (§ 51 PostG) und **bis zum 31. 12. 2007 geltende Exklusivlizenz** zur gewerbsmäßigen Beförderung bestimmter Briefsendungen und eine darauf basierende Verpflichtung zur Erbringung entsprechender **Universaldienstleistungen** (§ 52 PostG). Da sie in diesem Bereich nicht in einem entwickelten Wettbewerb steht und vom Bund beherrscht wird, war sie ebenfalls öffentlicher Auftraggeber nach § 98 Nr. 2 GWB. **Nach Wegfall der Exklusivlizenz** ist die Deutsche Post AG **kein öffentlicher Auftraggeber** mehr.

1519   7.6.5.4.3.4.2 Literatur

– Huber, Peter/Wollenschläger, Ferdinand, Post und Vergaberecht – Die vergaberechtliche Stellung der Deutschen Post AG und anderer privatisierter Nachfolgeunternehmen früherer

Postmonopolinhaber vor dem Hintergrund der Einbeziehung von Postdienstleistungen in das Sektorenvergaberecht, VergabeR 2006, 431

7.6.5.4.3.5 Deutsche Postbank AG. Die Deutsche Postbank AG hat keinen Gemeinwohl- 1520 auftrag, steht mit allen Leistungen in einem entwickelten Wettbewerb und ist daher kein öffentlicher Auftraggeber nach § 98 GWB.

7.6.5.4.3.6 Deutsche Telekom AG. Die Deutsche Telekom AG hat nach § 2 der Verord- 1521 nung zur Sicherstellung von Telekommunikationsdienstleistungen sowie zur Einräumung von Vorrechten bei deren Inanspruchnahme (TKSiV) einen Gemeinwohlauftrag; sie ist nämlich zu einem Mindestangebot von Telekommunikationsdienstleistungen verpflichtet. Sie steht aber mit allen Leistungen in einem entwickelten Wettbewerb und ist daher kein öffentlicher Auftraggeber nach § 98 Nr. 2 GWB.

7.6.5.4.3.7 Gemeinde-Unfallversicherungsträger. Gemeinde-Unfallversicherungsträger, 1522 bei denen es sich um Unfallversicherungsträger der öffentlichen Hand handelt, die **primär für die Arbeiter und Angestellten des öffentlichen Dienstes zuständig sind, stellen öffentliche Auftraggeber dar** (VK Rheinland-Pfalz, B. v. 1. 2. 2005 – Az.: VK 01/05).

7.6.5.4.3.8 Gemeinsamer Bundesausschuss. Der **Gemeinsame Bundesausschuss ist** 1523 **ein dem Bund zuzurechnender öffentlicher Auftraggeber** i. S. d. § 98 Nr. 2 GWB, da es sich um eine **rechtsfähige (vgl. § 91 Absatz 1 Satz 2 SGB V) juristische Person** handelt, die zu dem besonderen Zweck gegründet wurde, im Allgemeininteresse liegende Aufgaben nichtgewerblicher Art zu erfüllen und die vom Bund auf sonstige Weise überwiegend finanziert wird. **Hauptaufgabe des Gemeinsamen Bundesausschusses** ist es, in verbindlichen Richtlinien Inhalte der ambulanten und stationären Versorgung der Versicherten zu bestimmen und die Qualitätssicherung für das Gesundheitswesen außerhalb einer Gewinnerzielungsabsicht durchzuführen (§ 92 SGB V). Die **Finanzierung erfolgt durch die gesetzlichen Krankenkassen**, indem jeweils zur Hälfte ein Zuschlag für jeden abzurechnenden Krankenhausfall erhoben wird und die Vergütungen für die ambulante vertragsärztliche und vertragszahnärztliche Versorgung nach den §§ 85 und 85a SGB V um einen entsprechenden Vomhundertsatz angehoben werden (§ 91 Absatz 3 Satz 1 i. V. m. § 139 c Absatz 1 SGB V). Die **Finanzierung ist somit mittelbar durch Bundesgesetz geregelt. Dies ist ausreichend**, um die Eigenschaft als öffentlicher Auftraggeber i. S. v. § 98 Nr. 2 GWB zu begründen. Darüber hinaus **untersteht der Gemeinsame Bundesausschuss der Rechtsaufsicht des Bundesministeriums für Gesundheit**, so dass sich der Gemeinsame Bundesausschuss auch aus diesem Grund dem Bund zurechnen lassen muss (LSG Nordrhein-Westfalen, B. v. 6. 8. 2009 – Az.: L 21 KR 52/09 SFB; 2. VK Bund, B. v. 15. 5. 2009 – Az.: VK 2–21/09).

7.6.5.4.4 Literatur 1524

– Boldt, Antje, Müssen gesetzliche Krankenkassen das Vergaberecht beachten?, NJW 2005, 3757

– Byok, Jan/Jansen, Nicola, Die Stellung gesetzlicher Krankenkassen als öffentliche Auftraggeber, NvWZ 2005, 53

– Dreher, Meinrad, Öffentlich-rechtliche Anstalten und Körperschaften im Kartellvergaberecht, NZBau 2005, 297

– Dreher, Meinrad, Sind öffentlich-rechtliche Kreditinstitute öffentliche Auftraggeber?, Festschrift für Walter Hadding, De Gruyter Verlag, Berlin, 2004, 797

– Dreher, Meinrad, Die Stellung öffentlicher Versicherungsunternehmen im Kartellvergaberecht, Festschrift für Hellmut Kollhosser, Karlsruhe, 2004, 73

– Eschenbruch, Klaus/Hunger, Kai-Uwe, Selbstverwaltungskörperschaften als öffentliche Auftraggeber, NZBau 2003, 471

– Gabriel, Marc, Vergaberechtliche Auftraggebereigenschaft öffentlicher und privater Kreditinstitute – vor und nach dem Finanzmarktstabilisierungsgesetz, NZBau 2009, 282

– Guckelberger, Annette, Bundeswehr und Vergaberecht, ZfBR 2005, 34

– Haussmann, Friedrich/Bultmann, Peter, Zur Auftraggebereigenschaft von Wohnungsunternehmen und zur Nichtigkeit und Nachprüfbarkeit von De-facto-Vergaben – Anmerkung zum Beschluss des KG vom 11. 11. 2004 – 2 Verg 16/04, ZfBR 2005, 310

– Hermanns, Caspar/Messow, Ansgar, Vergaberechtliche Strukturen im Sozialwesen (Bericht), NZS 2007, 24

Teil 1 GWB § 98 Gesetz gegen Wettbewerbsbeschränkungen

- Heßhaus, Matthias, Ausschreibungen durch die gesetzlichen Krankenkassen, VergabeR 2007, 333
- Hübner, Alexander/Weitemeyer, Birgit, Öffentliche Wohnungswirtschaft unter europäischem Vergaberecht, NZM 2006, 121
- Kaltenborn, Markus, Vergaberechtliche Strukturen im Recht der Gesetzlichen Krankenversicherung – Zur rechtlichen Umsetzung der Reformoption „Vertragswettbewerb" in der Gesundheitsversorgung, VSSR 2006, 357
- Koenig, Christian/Hentschel, Kristin, Der Public Private Partnership-Infrastrukturträger als öffentlicher Auftraggeber (§ 98 GWB), ZfBR 2005, 442
- Kratzenberg, Rüdiger, Der Begriff des „Öffentlichen Auftraggebers" und der Entwurf des Gesetzes zur Modernisierung des Vergaberechts, NZBau 2009, 103
- Mestwerdt, Thomas/v. Münchhausen, Moritz, Die Sozialversicherungsträger als Öffentliche Auftraggeber i. S. v. § 98 Nr. 2 GWB, ZfBR 2005, 659
- Müller-Wrede, Malte/Greb, Klaus, Sind Wohnungsbauunternehmen der öffentlichen Hand öffentliche Auftraggeber im Sinne des EG-Vergaberechts?, VergabeR 2004, 565
- Pöcker, Markus/Michel, Jens, Vergaberecht und Organisation der öffentlichen Verwaltung: Vom Formalismus der juristischen Person zur Anpassung an sich verändernde Handlungs- und Organisationsrationalitäten, DÖV 2006, 445–453
- Wollenschläger, Ferdinand, Die Bindung gesetzlicher Krankenkassen an das Vergaberecht, NZBau 2004, 655
- Ziekow, Jan, Die vergaberechtliche Auftraggebereigenschaft konzernverbundener Unternehmen, NZBau 2004, 181

7.7 Auftraggeber gemäß § 98 Nr. 3

1525 Öffentliche Auftraggeber sind auch Verbände, deren Mitglieder unter § 98 Nr. 1 oder 2 fallen. Die Vorschrift betrifft **in der Praxis im Wesentlichen kommunale Zweckverbände** (VK Düsseldorf, B. v. 11. 8. 2006 – Az.: VK – 30/2006 – L), z. B. Abwasserzweckverbände, Wasserverbände, Abfallwirtschaftszweckverbände (VK Schleswig-Holstein, B. v. 30. 8. 2006 – Az.: VK-SH 20/06; VK Thüringen, B. v. 31. 7. 2002 – Az.: 216–403.20–031/02-SLZ) oder Verkehrszweckverbände (VK Düsseldorf, B. v. 18. 4. 2002, Az.: VK – 5/2002 – L).

1526 In Betracht kommen aber auch **Arbeitsgemeinschaften von Bund und Ländern** (OLG Brandenburg, B. v. 3. 8. 1999 – Az.: 6 Verg 1/99).

1527 Auch eine **Gesellschaft bürgerlichen Rechts ist ein „Verband"**. Die dem Vergaberecht eigene funktionale Betrachtungsweise führt zu einer **weiten Auslegung dieses Begriffs**. Er umfasst Zusammenschlüsse aller Art, ungeachtet der jeweiligen Rechtsform (OLG Düsseldorf, B. v. 18. 10. 2006 – Az.: VII – Verg 30/06; B. v. 6. 7. 2005 – Az.: VII – Verg 22/05; VK Düsseldorf, B. v. 26. 5. 2006 – Az.: VK – 22/2006 – L).

1528 **§ 98 Nr. 3 GWB stellt lediglich einen Auffangtatbestand dar**, der eingreift, wenn die Verbände nicht eigene Auftraggeberqualität haben (VK Lüneburg, B. v. 30. 6. 2006 – Az.: VgK-13/2006; VK Düsseldorf, B. v. 18. 4. 2002 – Az.: VK – 5/2002 – L).

7.8 Auftraggeber gemäß § 98 Nr. 4

1529 § 98 Nr. 4 bezieht auch die Sektorenauftraggeber in den persönlichen Anwendungsbereich des 4. Abschnitts des GWB ein.

7.8.1 Änderungen durch das Vergaberechtsmodernisierungsgesetz 2009

7.8.1.1 Herausnahme der Telekommunikation aus den Sektorentätigkeiten

1530 Durch das Vergaberechtsmodernisierungsgesetz 2009 ist der **Telekommunikationsbereich aus den Sektorentätigkeiten herausgenommen** worden. Der Gesetzgeber hat damit die entsprechende Änderung der Sektorenrichtlinie (Richtlinie 2004/17/EG) in das nationale Recht umgesetzt. **Hintergrund** ist, dass **in diesem Sektor de facto und de jure echter Wettbewerb herrscht** (so der 5. Erwägungsgrund der Sektorenrichtlinie). Es ist deshalb nicht länger notwendig, die Beschaffungstätigkeit von Auftraggebern dieses Sektors zu regeln.

7.8.2 Bestimmung der Sektorenauftraggeber

7.8.2.1 Anhänge der Sektorenrichtlinie

Das Verzeichnis der Auftraggeber in den Anhängen I bis X der Sektorenrichtlinie (Richtlinie 1531 2004/17/EG) nennt bestimmte öffentliche Auftraggeber (wobei das Verzeichnis nicht vollständig ist – OLG Düsseldorf, B. v. 24. 3. 2010 – Az.: VII-Verg 58/09).

7.8.2.2 Unternehmen, die Sektorentätigkeiten als solche erbringen

Unter die Vorschrift des § 98 Nr. 4 GWB fallen **lediglich Unternehmen, die Sektorentätigkeiten** (z.B. Verkehrsleistungen) **als solche erbringen**. Das ist bei Unternehmen, die kein Schienennetz betreiben (vgl. Anlage 4 zu § 98 GWB und Art. 5 Abs. 1 Richtlinie 2004/17/EG und die Aufzählung der betroffenen Unternehmen in Anhang IV zur Richtlinie 2004/17/EG), sondern **lediglich Dritte mit der Erbringung von SPNV-Leistungen beauftragen, nicht der Fall** (OLG Düsseldorf, B. v. 21. 7. 2010 – Az.: VII-Verg 19/10; VK Münster, B. v. 7. 9. 2010 – Az.: VK 6/10). 1532

7.8.2.3 Sektorenauftraggeber kraft Einräumung besonderer oder ausschließlicher Rechte

§ 98 Nr. 4 1. Alternative GWB erfasst solche Sektorenauftraggeber, die privatrechtlich organisiert sind und aufgrund von besonderen und ausschließlichen Rechten in den Sektorenbereichen tätig sind. **Gemeint sind damit ausdrücklich Unternehmen, die in keiner Weise staatlicher Beeinflussung unterliegen. Voraussetzung für ihre Unterwerfung unter das Vergaberecht ist lediglich, dass sie ihre Tätigkeit auf der Grundlage von besonderen oder ausschließlichen Rechten ausüben, die von der jeweils zuständigen Behörde gewährt wurden.** Aufgrund der Gewährung dieser besonderen Rechte sind die Sektorenunternehmen nicht wie andere Unternehmen gemäß den allgemeinen Regeln auf dem Markt tätig, sondern erhalten eine **marktbezogene Sonderstellung**. 1533

Mit dem Vergaberechtsmodernisierungsgesetz 2009 wurde die **Definition der besonderen und ausschließlichen Rechten aus Art. 2 Abs. 3 der Sektorenrichtlinie in das GWB übernommen.** Diese **Definition hat nach dem 25. Erwägungsgrund der Sektorenrichtlinie zur Folge**, dass es für sich genommen noch kein besonderes und ausschließliches Recht im Sinne dieser Richtlinie darstellt, wenn ein Auftraggeber zum Bau eines Netzes oder der Einrichtung von Flughafen- bzw. Hafenanlagen Vorteil aus Enteignungsverfahren oder Nutzungsrechten ziehen kann oder Netzeinrichtungen auf, unter oder über dem öffentlichen Wegenetz anbringen darf. Auch die Tatsache, dass ein Auftraggeber ein Netz mit Trinkwasser, Elektrizität, Gas oder Wärme versorgt, das seinerseits von einem Auftraggeber betrieben wird, der von einer zuständigen Behörde des betreffenden Mitgliedstaats gewährte besondere oder ausschließliche Rechte genießt, stellt für sich betrachtet noch kein besonderes und ausschließliches Recht im Sinne der Sektorenrichtlinie – und damit auch des § 98 Nr. 4 GWB – dar. Räumt ein Mitgliedstaat einer begrenzten Zahl von Unternehmen in beliebiger Form, auch über Konzessionen, Rechte auf der Grundlage objektiver, verhältnismäßiger und nicht diskriminierender Kriterien ein, die allen interessierten Kreisen, die sie erfüllen, die Möglichkeit zur Inanspruchnahme solcher Rechte bietet, so dürfen diese ebenso wenig als besondere oder ausschließliche Rechte betrachtet werden. 1534

Folge der Änderung der Definition ist, dass, **wenn in einem Mitgliedstaat keine rechtlichen Privilegierungen zur Ausübung einer Sektorentätigkeit mehr bestehen, privatrechtlich organisierte und von Privatpersonen beherrschte Unternehmen in den Sektorenbereichen nicht mehr als öffentliche Auftraggeber erfasst werden. Öffentliche Unternehmen in den Sektorenbereichen bleiben unabhängig davon erfasst**, solange bis in diesen Bereichen Wettbewerb herrscht. Dann kann auch für sie eine Befreiung von der Anwendungsverpflichtung erfolgen. 1535

Zur **Präzisierung der Tätigkeiten** auf dem Gebiet der Trinkwasser- oder Energieversorgung oder des Verkehrs sind in der **Anlage zu § 98 Nr. 4 GWB die einzelnen Tätigkeiten aufgeführt**. Hintergrund ist, dass die für Sektorenauftraggeber relevanten Bestimmungen im GWB und einer **besonderen Sektorenverordnung** enthalten sein sollen. Diese neue **Verordnung über die Vergabe von Aufträgen im Bereich des Verkehrs, der Trinkwasser- und der Energieversorgung (Sektorenverordnung – SektVO) ist als Artikel 1** der Verordnung zur Neuregelung der für die Vergabe von Aufträgen im Bereich des Verkehrs, der Trinkwasserversorgung und der Energieversorgung anzuwendenden Regeln vom **23. September 2009, BGBl. I 2009, S. 3110**, bekannt gemacht worden. 1536

Teil 1 GWB § 98   Gesetz gegen Wettbewerbsbeschränkungen

1537   Die **Präzisierung der Tätigkeiten** in der Anlage zu § 98 Nr. 4 GWB **bedeutet nicht, dass die Sektorentätigkeiten allein auf § 98 Nr. 4 beschränkt sind, auch die Nummern 1 bis 3 können Sektorentätigkeiten umfassen.** Die Nummer 4 erwähnt lediglich erstmals ausdrücklich die Sektorentätigkeiten.

1538   **Nach der älteren Rechtslage und Rechtsprechung** war der Begriff der besonderen bzw. ausschließlichen Rechte **Art. 86 Abs. 1 EG** (jetzt Art. 106 AEUV – vormals Art. 90 Abs. 1 EG) **entlehnt** und daher im Sinne dieser Vorschrift auszulegen. Bei ausschließlichen Rechten handelt es sich demnach um solche, die von einer Behörde, einer oder mehreren privaten Einrichtungen auf dem Gesetzes- oder Verwaltungswege gewährt wurden und diesen die Erbringung einer Dienstleistung oder die Ausübung einer bestimmten Tätigkeit vorbehalten, wie z. B. Wasserrechte, Wegerechte, Benutzungsrechte von Grundstücken und sonstigen Ausschließlichkeitsrechten. Erfolgt die Gewährung der besonderen oder ausschließlichen Rechte nicht im Gesetzes-, sondern im Verwaltungswege, ist nicht entscheidend, ob diese Rechte durch einseitigen öffentlichen Rechtsakt oder durch privat-rechtlichen Vertrag begründet worden sind. Allein entscheidend ist, dass überhaupt – wie auch immer begründete – Sonderrechte geschaffen worden sind (VK Lüneburg, B. v. 8. 11. 2002 – Az.: 24/02).

7.8.2.4 Erfassung auch von Hilfstätigkeiten

1539   Nach § 98 Nr. 4 GWB gehören – teilweise wörtlich von Art. 7 lit. b) Richtlinie 2004/17/EG übernommen – zu den Sektorentätigkeiten Tätigkeiten zur Nutzung eines geographisch abgegrenzten Gebietes zum Zwecke der Versorgung von Beförderungsunternehmen im Luftverkehr mit Flughäfen durch Flughafenunternehmer, die einer Genehmigung nach § 38 Abs. 2 Nr. 1 Luftverkehrs-Zulassungs-Ordnung (d. h. Flughäfen des allgemeinen Verkehrs [Verkehrsflughäfen]) bedürfen. Flughäfen sind nach § 38 Abs. 1 Luftverkehrs-Zulassungs-Ordnung Flugplätze, die nach Art und Umfang des vorgesehenen Flugbetriebs einer Sicherung durch einen Bauschutzbereich nach § 12 des Luftverkehrsgesetzes bedürfen. **Zu den „Tätigkeiten zur Nutzung zum Zwecke der Versorgung (oder Bereitstellung, so die Richtlinie) von Flughäfen für Beförderungsunternehmen im Luftverkehr" gehören ersichtlich nicht nur die in § 12 Abs. 1 Luftverkehrsgesetz aufgeführten Start- und Landebahnen (einschließlich Sicherheitsflächen), sondern sämtliche Tätigkeiten zur Nutzung des betreffenden Gebiets als Flughafen. Damit zählen nicht nur der eigentliche Flugbetrieb auf den Start- und Landebahnen zu den Sektorentätigkeiten, sondern auch die Hilfstätigkeiten auf dem geographisch abgegrenzten Gebiet.** Die Vorschrift lässt keine Begrenzung auf den Flugbetrieb als solchen erkennen. Wie sich aus Art. 20 der Richtlinie 2004/17/EG ergibt (dazu EuGH NZBau 2008, 393 = VergabeR 2008, 632 – Stadtwärme Wien), unterfallen alle Tätigkeiten zu Zwecke der Nutzung des Geländes als Flughafen der Sektorenrichtlinie. Zur Nutzung als Flughafen gehören auch Tätigkeiten, die die Sicherheit des Flughafens sowie den ungehinderten Verkehr auf dem Flughafengelände sichern sollen (OLG Düsseldorf, B. v. 24. 3. 2010 – Az.: VII-Verg 58/09).

7.8.2.5 Erfassung auch von Tochtergesellschaften

1540   Dass ein Sektorenauftraggeber eine Tätigkeit nicht selbst in Auftrag gibt, sondern ersichtlich damit seine **Tochtergesellschaft beauftragt** hat (vgl. § 100 Abs. 2 lit. o) GWB), **führt nicht dazu, dass die Weitergabe des Auftrages an außenstehende Dritte vergaberechtsfrei** wäre (OLG Düsseldorf, B. v. 24. 3. 2010 – Az.: VII-Verg 58/09).

7.8.2.6 Sektorenauftraggeber kraft beherrschenden Einflusses

1541   § 98 Nr. 4 2. Alternative GWB bezieht solche Sektorenunternehmen in den Geltungsbereich des GWB ein, die einem beherrschenden Einfluss der öffentlichen Hand unterliegen.

7.8.3 Beispiele aus der Rechtsprechung

1542   – betreibt die **Auftraggeberin ein Netz zur Versorgung der Öffentlichkeit im ÖPNV im Straßenbahn- und Omnibusverkehr** und ist sie insoweit hinsichtlich der Versorgung des Stadtgebietes **keinem ausgebildeten Wettbewerb privater Anbieter ausgesetzt**, ist die Auftraggeberin als öffentliche **Auftraggeberin im Sinne des § 98 Nr. 2 GWB** anzusehen. Die Auftraggeberin ist damit **Auftraggeberin nach § 1 Abs. 1 SektVO**, die nach § 34 SektVO Anwendung findet, da die Absendung der Vergabebekanntmachung am 6. 10. 2010 erfolgte (1. VK Sachsen, B. v. 16. 3. 2010 – Az.: 1/SVK/003–10)

Gesetz gegen Wettbewerbsbeschränkungen GWB § 98 **Teil 1**

– die Antragsgegnerin übt als Tochter der xxxx GmbH selbst Sektorentätigkeit aus, da ihre Tätigkeit der Sicherung und dem Betrieb des Flughafens dient. Ein **Passagierflughafen ist auf die Erreichbarkeit durch die Fluggäste unmittelbar angewiesen, hierzu gehört ein geordneter Zufahrtsverkehr und Parkbetrieb.** Die Fa. xxxx GmbH ist Sektorenauftraggeberin auf dem Gebiet des Verkehrs auf Grund besonderer ihr gewährter Rechte (Genehmigung nach § 6 Luftverkehrsgesetz). Würde sie die Abschleppmaßnahmen selbst beauftragen, wäre sie Auftraggeberin i. S. d. § 98 Absatz 4 GWB. Es **käme zu einer Umgehung der vergaberechtlichen Vorschriften, wenn durch die Übertragung eines Teils der zum Flughafenbetrieb gehörenden Aufgaben auf eine Tochtergesellschaft, diese bei der Vergabe von Aufträgen in diesem Aufgabenbereich nicht der Anwendung des § 98 Absatz 4 GWB unterfallen würde** (VK Düsseldorf, B. v. 24. 11. 2009 – Az.: VK – 26/2009 – L)

7.8.4 Rangverhältnis zwischen § 98 Nr. 2 und § 98 Nr. 4

Die Frage hat sich durch den **Erlass der Sektorenverordnung erledigt**. Das anzuwendende **Vergaberecht bestimmt sich für die Sektorentätigkeiten aller Auftraggeber gemäß § 98 Nr. 1–4 GWB nach der SektVO**.

7.9 Auftraggeber gemäß § 98 Nr. 5

7.9.1 Änderungen durch das Vergaberechtsmodernisierungsgesetz 2009

7.9.1.1 Allgemeines

§ 98 Nr. 5 GWB ist **um die juristischen Personen des öffentlichen Rechts**, soweit sie nicht unter § 98 Nr. 2 GWB fallen, **erweitert** worden.

Art. 8 der Richtlinie 2004/18/EG verlangt die Anwendung der Vergaberegeln auf bestimmte, zu mehr als 50% mit öffentlichen Mitteln geförderte Bauvorhaben. **Öffentliche Mittel können nicht nur natürliche oder juristische Personen des privaten Rechts erhalten, sondern auch juristische Personen des öffentlichen Rechts**. Fallen diese juristischen Personen des öffentlichen Rechts unter § 98 Nr. 2, müssen sie bereits deshalb die Vergaberegeln anwenden. Sind sie aber nicht zugleich Auftraggeber nach Nummer 2, müssen sie für den Fall der zu mehr als 50% mit öffentlichen Mitteln geförderten Bauvorhaben von Nummer 5 erfasst werden.

Die ältere Rechtsprechung, wonach gemäß dem Wortlaut § 98 Nr. 5 GWB nur für natürliche oder juristische Personen des Privatrechts gilt und Körperschaften des öffentlichen Rechts daher von § 98 Nr. 5 GWB nicht erfasst werden (VK Südbayern, B. v. 13. 8. 2002 – Az.: 31-07/02; im Ergebnis ebenso für eine **Auftragsvergabe unterhalb der Schwellenwerte** VG Neustadt an der Weinstraße, B. v. 22. 2. 2006 – Az.: 4 L 245/06), ist damit überholt.

7.9.1.2 Weitere Beispiele aus der Rechtsprechung

– bei der Auftraggeberin handelt es sich um eine Gesellschaft mit beschränkter Haftung und damit um eine **juristische Person des privaten Rechts**. Diese erhält für das Projekt „Generalplanungsleistungen für die Attraktivierung des Meerwasserwellenbades xxx" von der Stadt xxx und damit einer Gebietskörperschaft im Sinne des § 98 Nr. 1 GWB Mittel, mit denen das Vorhaben zu mehr als 50 v. H. finanziert wird (100% des Gesamtauftragsvolumen in Höhe von ca. 19,6 Mio. €). Die **Kurverwaltung xxx GmbH ist somit öffentlicher Auftraggeber im Sinne des § 98 Nr. 5 GWB**.

7.9.2 Sinn und Zweck der Regelung

Sinn und Zweck der Vorschrift ist es zu verhindern, dass sich der **Staat seinen vergaberechtlichen Verpflichtungen durch Zwischenschaltung von durch ihn subventionierten Auftraggebern entzieht** (OLG München, B. v. 10. 11. 2010 – Az.: Verg 19/10; 2. VK Bund, B. v. 8. 6. 2006 – Az.: VK 2–114/05).

7.9.3 Abschließende Auflistung der Baumaßnahmen, Dienstleistungen und Auslobungsverfahren

Die in **§ 98 Nr. 5 GWB erfolgte Auflistung** von Baumaßnahmen oder damit in Verbindung stehenden Dienstleistungen ist nicht beispielhaft, sondern **abschließend** (OLG München,

Teil 1 GWB § 98 Gesetz gegen Wettbewerbsbeschränkungen

B. v. 10. 11. 2010 – Az.: Verg 19/10; BayObLG, B. v. 29. 10. 2004 – Az.: Verg 022/04; VK Brandenburg, B. v. 11. 3. 2009 – Az. VK 7/09; B. v. 13. 12. 2006 – Az.: 1 VK 53/06; 2. VK Bund, B. v. 8. 6. 2006 – Az.: VK 2–114/05). Eine Regelung wie in § 98 Nr. 5 GWB hätte der Gesetzgeber nicht getroffen, wenn er alle öffentlich geförderten Auftragsvergaben von natürlichen oder juristischen Personen des privaten Rechts einem Nachprüfungsverfahren nach dem Vierten Teil des GWB unterwerfen wollen, sofern sie nur zu mehr als 50 v. H. subventioniert werden und die Schwellenwerte überschreiten (OLG München, B. v. 10. 11. 2010 – Az.: Verg 19/10; VK Lüneburg, B. v. 8. 11. 2002 – Az.: 24/02).

1550 Dies bedeutet, dass **alle übrigen Subventions- bzw. Zuwendungstatbestände** (z. B. für die Errichtung von Gewerbebauten) nicht dazu führen, dass die Subventions- bzw. Zuwendungsempfänger dem formalen Vergaberecht des GWB unterliegen. Sofern der Subventions- oder Zuwendungsbescheid den Empfänger zur Beachtung der Regeln der VOB/A, der VOL/A oder der VOF verpflichtet, muss er zwar nach den Regeln der VOB/A, der VOL/A oder der VOF ausschreiben und vergeben, wenn er nicht eine Rückforderung der Subvention bzw. der Zuwendung riskieren will. Der **Rechtsweg nach dem GWB wird durch eine solche Bindung aber nicht eröffnet**. Eine etwaige Selbstbindung des öffentlichen Auftraggebers beschränkt sich auf das eigene Verhalten, vermag jedoch nicht eine vom Gesetzgeber nicht vorgesehene Überprüfung der Rechtmäßigkeit des Vergabeverfahrens nach §§ 102 ff. GWB zu begründen (OLG Stuttgart, B. v. 12. 8. 2002 – Az.: 2 Verg. 9/02; VK Brandenburg, B. v. 13. 12. 2006 – Az.: 1 VK 53/06; 2. VK Bund, B. v. 8. 6. 2006 – Az.: VK 2–114/05).

7.9.4 Erweiternde Auslegung von einzelnen Tatbestandsmerkmalen des § 98 Nr. 5

7.9.4.1 Allgemeines

1551 Sinn und Zweck der Vorschrift des § 98 Nr. 5 GWB **fordern eine weite Auslegung**. Dies gilt auch hinsichtlich der Art der Baumaßnahme, wenn sie sich als Sanierung, nicht als Neuerrichtung darstellt. Die öffentliche Förderung fließt in das Marktsegment der Bauwirtschaft zum Zweck der Schaffung einer der Öffentlichkeit zugänglichen Freizeiteinrichtung. **Nach dem Zweck des Vergaberechts**, das öffentliche Auftragswesen zu erfassen, kann es **keinen Unterschied** ausmachen, **ob ein Bauwerk errichtet oder für einen öffentlichen Zweck hergerichtet** wird (im Ergebnis ebenso OLG München, B. v. 10. 11. 2010 – Az.: Verg 19/10).

7.9.4.2 Errichtung von Krankenhäusern

1552 **7.9.4.2.1 Rechtsprechung.** Bei korrekter Auslegung des § 98 Nr. 5 GWB aufgrund der Baukoordinierungsrichtlinie sind **auch Modernisierungsvorhaben, Sanierungsvorhaben, Rekonstruktionsvorhaben** ebenfalls dem im § 98 Nr. 5 GWB enthaltenen Begriff „**Errichtung**" zuzuordnen (VK Brandenburg, B. v. 10. 9. 2004 – Az.: VK 39/04; VK Düsseldorf, B. v. 9. 4. 2003 – Az.: VK – 8/2003 – B). Es wäre mit dem Sinn der Baukoordinierungsrichtlinie (Wettbewerbseröffnung für Bauaufträge oberhalb des Schwellenwertes, Marktöffnung – Art. 2 EG – jetzt Art. 3 AEUV, freier Warenverkehr – Art. 28 ff. EG – jetzt Art. 28 ff. AEUV) nicht vereinbar, wenn Rekonstruktionen, Sanierungen, Modernisierungen mit umfangreichen Auftragswerten und dem Einsatz umfangreicher öffentlicher Mittel der europaweiten Ausschreibung entzogen würden (OLG Thüringen, B. v. 30. 5. 2002 – Az.: 6 Verg 3/02).

1553 Da sich **hinsichtlich der Begriffe in der neuen Vergabekoordinierungsrichtlinie im Vergleich zur alten Baukoordinierungsrichtlinie keine Änderungen** ergeben haben, ist die in → Rdn. 142 aufgeführte **Rechtsprechung auch weiterhin zu beachten**.

1554 **7.9.4.2.2 Literatur**

– Burgi, Martin/Markus, U., Krankenhausplanung und Kartellvergaberecht, MedR 2005, 74

7.9.5 Begriff der Tiefbaumaßnahmen

1555 Der Begriff der Tiefbaumaßnahmen ist **in Anhang I der Vergabekoordinierungsrichtlinie (2004/18/EG) definiert. Diese Definitionen unterscheiden sich von den Definitionen der alten Baukoordinierungsrichtlinie**. Die dazu ergangene Rechtsprechung kann daher nur bedingt weiter verwendet werden (vgl. → Rdn. 156 ff.).

1556 Bei der Erstellung eines Pflege- und Entwicklungsplanes handelt es sich nicht um eine mit einer Tiefbaumaßnahme in Verbindung stehende Dienstleistung. Ein solches **Renaturierungs-**

Gesetz gegen Wettbewerbsbeschränkungen GWB § 98 **Teil 1**

projekt ist unter Berücksichtigung von Anhang I der Richtlinie 2004/18/EG des Europäischen Parlaments und des Rates vom 31. März 2004, der den Begriff der Tiefbaumaßnahme näher definiert, **nicht als solche zu qualifizieren** (VK Brandenburg, B. v. 13. 12. 2006 – Az.: 1 VK 53/06).

Bei der **analytischen Begleitung der laufenden Grundwassersanierung sowie der Beprobung des Grund- und Oberflächenwassers handelt es sich nicht um Tiefbaumaßnahmen** (vgl. die nähere Definition dieses Begriffs in Anhang I der Richtlinie 2004/18/EG – Klasse 45.2) oder damit in Verbindung stehende Dienstleistungen im Sinn von § 98 Nr. 5 GWB (VK Brandenburg, B. v. 11. 3. 2009 – Az. VK 7/09). 1557

Der **Begriff der Tiefbaumaßnahmen wurde im Anhang II zur Baukoordinierungsrichtlinie näher definiert**. Zu den dort aufgeführten Erdbewegungsarbeiten und Landeskulturbau, Tunnel-, Schacht- und Straßenbauten zählen auch z. b. die Abfallumlagerung, Oberflächenabdichtung, Verlegen von Rohrleitungen, Anlegen von Schlammauffangbecken und Versickerungsmulden sowie die Herstellung von Betriebswegen (VK Brandenburg, B. v. 21. 12. 2004 – Az.: VK 64/04). 1558

7.9.6 Begriff der Schulgebäude

Bezieht sich eine bauliche Maßnahme auf ein Schulgebäude, wird sie von § 98 Nr. 5 GWB erfasst. Das Schulwesen steht in Deutschland unter der Aufsicht des Staates (Art. 7 Abs. 1 GG). Der staatliche Bildungsauftrag ist in erster Linie durch öffentliche Schulen zu verwirklichen. Insoweit wird im Gesetzesaufbau wie in der Gesetzessprache „Schule" als Oberbegriff verwendet. Das Schulwesen gliedert sich u. a. in allgemein bildende und berufliche Schulen. **Dass der Gesetzgeber in § 98 Nr. 5 GWB eine Beschränkung auf Gebäude bestimmter öffentlicher Schularten, wie etwa die der allgemein bildenden Schulen, vornehmen wollte, ist nicht ersichtlich; dies erschiene auch systemwidrig.** Von Art. 2 Abs. 2 BKR erfasst werden sollen die in den jeweiligen nationalen Rechten traditionell vorhandenen Einrichtungen für die Bildung der Jugend, zu denen in Deutschland im Rahmen des dualen Ausbildungssystems herkömmlich auch die Berufsschulen in ihren unterschiedlichen Erscheinungsformen gehören (BayObLG, B. v. 29. 10. 2004 – Az.: Verg 022/04). 1559

7.9.7 Begriff der Hochschulgebäude

Der Gesetzgeber wollte bei Drittvergaben nicht alle zu mehr als 50% von der öffentlichen Hand finanzierten Bauvorhaben dem Vergaberecht unterstellen, sonst hätte er dies ohne weiteres in § 98 Nr. 5 GWB so formulieren können. Doch hat im Interesse einer wettbewerbskonformen und den Gleichbehandlungsgrundsatz beachtenden Vergabe die Auslegung der verwendeten Begriffe nicht zu eng zu erfolgen; erfasst werden deshalb auch alle diejenigen Bauwerke, welche in untrennbarem oder engem Zusammenhang mit den aufgezählten Bauwerken stehen, soweit sie auch Teil der staatlichen Daseinsvorsorge auf dem Gebiet der in § 98 Nr. 5 GWB aufgezählten Bauwerke sind. **Nach diesen Grundsätzen sind unter die Hochschulgebäude auch die Studentenwohnheime zu rechnen.** Sie hängen eng mit dem Hochschulbetrieb zusammen, da sie es einkommensschwachen Studenten bzw. deren Eltern erlauben, ein Hochschulstudium unter annehmbaren Bedingungen zu finanzieren. Dieser Bereich liegt im Aufgabenbereich des Staates, der im Interesse daran hat, einem möglichst breiten Spektrum der Bevölkerung ein Studium zu ermöglichen, um die Bildungsreserven auszuschöpfen. Dies zeigt z. B. auch die 45-järige Zweckbindung der Fördermittel, welche eine Vermietung des zu errichtenden Wohnheims an andere bedürftige Personen faktisch verhindern. Studentenwohnheime dienen daher in erster Linie der Förderung des Studiums, so wie Sportlerwohnheime der Ermöglichung des Hochleistungssports und Altenwohnheime der Ermöglichung eines finanzierbaren Wohnens im Alter dienen, auch wenn alles unter den Oberbegriff sozialer Wohnungsbau gezogen werden kann. **Entscheidend ist die Zweckbestimmung des Wohnungsbaus und nicht die Tatsache der Errichtung von Wohnraum als solchem** (OLG München, B. v. 10. 11. 2010 – Az.: Verg 19/10). 1559/1

7.9.8 Begriff des Vorhabens

Vorhaben im Sinne des § 98 Nr. 5 GWB ist das konkrete in § 98 Nr. 5 GWB bezeichnete Vorhaben. Dies ergibt sich aus dem Wortlaut „diese Vorhaben". Es kommt damit nicht darauf an, ob im gleichen Gesamtkomplex noch andere Vorhaben verwirklicht 1559/2

355

Teil 1 GWB § 98 Gesetz gegen Wettbewerbsbeschränkungen

werden, welche nicht unter eine der in § 98 Nr. 5 GWB aufgezählten Alternativen fallen. Dies hat jedenfalls dann zu gelten, wenn das in § 98 Nr. 5 GWB aufgezählte Vorhaben nicht lediglich ein Annex zu dem geplanten Gesamtbau darstellt und es ohne weiteres abgrenzbar ist. Sonst könnte die juristische Person als Auftraggeber das Vergaberecht leicht dadurch umgehen, dass sie an öffentlich geförderte Baumaßnahmen Gebäudekomplexe anderer Art anhängt. Hier ist das geplante Studentenwohnheim der Hauptzweck des Bauvorhabens, welches auch prozentual den Löwenanteil der Bausumme ausmacht (OLG München, B. v. 10. 11. 2010 – Az.: Verg 19/10).

7.9.9 Begriff der Finanzierung

1560 Aus Art. 2 Abs. 1 der Richtlinie 93/37/EWG (Baukoordinierungsrichtlinie) ergibt sich in europarechtskonformer Auslegung, dass **unter den Begriff der Finanzierung nur solche Tatbestände fallen, bei denen die Zuwendungsempfänger direkt subventioniert werden**, also von marktüblichen Bedingungen einer Finanzierung abgewichen wird. Dies kann im Einzelfall auch durch Bürgschaften, verringerte Zinssätze usw. erfolgen (BayObLG, B. v. 29. 10. 2004 – Az.: Verg 022/04).

1561 Da sich **hinsichtlich der Begriffe in der neuen Vergabekoordinierungsrichtlinie im Vergleich zur alten Baukoordinierungsrichtlinie keine Änderungen** ergeben haben, ist die in → Rdn. 162 aufgeführte **Rechtsprechung auch weiterhin zu beachten**.

7.9.10 Berechnung der 50%-Grenze

1561/1 **50% werden nicht nach dem Gesamtkomplex berechnet, sondern nach demjenigen Bauvorhaben, welches den Auftraggeber zum öffentlichen Auftraggeber macht.** Hier sind also die Zahlen entscheidend, welche sich auf die Errichtung des Studentenwohnheimes beziehen. Förderungen für das betreute Wohnen spielen ebenso wenig eine Rolle wie die Aufwendungen für den geplanten Copy Shop und andere nicht dem eigentlichen Hochschulbereich zurechenbaren Gebäude. Da **§ 98 Nr. 5 GWB an ein bestimmtes Bauvorhaben anknüpft und nicht an eine generelle Eigenschaft des Auftraggebers, spricht auch nichts dagegen, ein einheitliches Bauprojekt, welches Bauten nach § 98 Nr. 5 GWB und andere enthält, bezüglich der Ausschreibung aufzusplitten.** Die Rechtsprechung, wonach eine juristische Person entweder öffentlicher Auftraggeber sein muss oder nicht, greift hier nicht. Im Gegensatz zu den Alternativen des § 98 Nr. 1 bis Nr. 4 GWB knüpft die Eigenschaft als öffentlicher Auftraggeber hier nicht an eine generelle Funktion der juristischen Person, sondern an ein bestimmtes Vorhaben an (so auch § 98 Nr. 6 GWB). **Es ist in diesen Fällen also durchaus möglich, dass eine juristische Person für einige Bauvorhaben öffentlicher Auftraggeber ist und für andere nicht** (OLG München, B. v. 10. 11. 2010 – Az.: Verg 19/10).

1561/2 **Ausschlaggebend für die Berechnung ist der Zeitpunkt der Ausschreibung.** Aus Gründen der Klarheit und Rechtssicherheit muss zu diesem Zeitpunkt feststehen, ob eine europaweite Ausschreibung stattzufinden hat oder nicht. Etwaige Änderungen im Laufe des Verfahrens können an der Eigenschaft oder der fehlenden Eigenschaft als öffentlicher Auftraggeber nichts mehr ändern. Auf spätere Auszahlungen kann es daher nicht ankommen, ausschlaggebend ist vielmehr, in welcher Höhe der Auftraggeber mit Fördermitteln bei seiner Gesamtkalkulation gerechnet hat (OLG München, B. v. 10. 11. 2010 – Az.: Verg 19/10).

7.9.11 Herkunft der Mittel

1562 **§ 98 Nr. 5 GWB stellt allein auf die Herkunft der Mittel ab, mit denen eine Baumaßnahme finanziert wird.** Nach dem Zweck der Regelung soll es keinen Unterschied machen, ob ein Auftraggeber nach den Vorschriften aus § 98 Nr. 1–3 GWB selbst Unternehmen beauftragt oder ob er die Mittel zur Finanzierung an Dritte weitergibt, die die Auftragsvergabe vornehmen (VK Düsseldorf, B. v. 12. 8. 2003 – Az.: VK – 22/2003 – B).

7.10 Auftraggeber gemäß § 98 Nr. 6

7.10.1 Allgemeines

1563 § 98 Nr. 6 bezieht **auch die Baukonzessionäre als öffentliche Auftraggeber** in den Geltungsbereich des Vierten Abschnitts des GWB ein.

Gesetz gegen Wettbewerbsbeschränkungen GWB § 98 **Teil 1**

7.10.2 Änderungen durch das Vergaberechtsmodernisierungsgesetz 2009

Die **Legaldefinition der Baukonzession** in der VgV a. F. ist **gestrichen** und – systematisch 1564
korrekt – **in § 99 Abs. 6 GWB aufgenommen** worden.

7.10.3 Hinweise

Vgl. zum Begriff der Baukonzession und zur Geltung des Vergaberechts die Kommentierung 1565
zu § 99 GWB.

Die Ausschreibung und Vergabe von Baukonzessionen selbst sowie die Ausschreibung und 1566
Vergabe von Aufträgen der Baukonzessionäre erfolgt nach den §§ 22, 22a VOB/A; vgl. insoweit
die entsprechenden Kommentierungen.

7.10.4 Verhältnis zwischen § 98 Nr. 5 und § 98 Nr. 6

Die Privilegierung, die ein Baukonzessionär als privater Auftraggeber grundsätzlich nach § 98 1567
Abs. 6 GWB mit der Folge weitergehender vergaberechtlicher Freiheiten erfährt, kann dann keine
Anwendung finden, wenn die **Bezuschussung des Bauwerkes durch öffentliche Stellen
den Anteil von 50% der anfallenden Baukosten übersteigt** (VK Rheinland-Pfalz, B. v.
9. 10. 2002 – Az.: VK 24/02); § 98 Nr. 5 geht also § 98 Nr. 6 vor.

7.11 Auftraggeber kraft einer mittelbaren Stellvertretung

7.11.1 Allgemeines

Eine **materiell-rechtliche Zurechnung einer Vergabe zu dem eigentlichen öffentli-** 1568
chen Auftraggeber kann sich auch **durch eine mittelbare Stellvertretung** des öffentlichen
Auftraggebers ergeben. Eine **mittelbare Stellvertretung liegt vor**, wenn jemand ein Rechtsgeschäft im eigenen Namen, aber im Interesse und für Rechnung eines anderen, des Geschäftsherrn, vornimmt (VK Brandenburg, B. v. 11. 3. 2009 – Az. VK 7/09; B. v. 18. 6. 2007 – Az.: 1
VK 20/07). Beschafft z. B. ein privater Dritter ein Forschungsgerät im Interesse eines öffentlichen Auftraggebers und erhält er die Selbstkosten vom öffentlichen Auftraggeber ersetzt, ist das
Vergaberecht anzuwenden (2. VK Bund, B. v. 8. 6. 2006 – Az.: VK 2–114/05).

7.11.2 Weitere Beispiele aus der Rechtsprechung

– nach § 1 Abs. 2 des Sanierungsvertrages hatte die Auftraggeberin die ihr übertragenen Aufga- 1569
ben als **Treuhänder der Stadt – im eigenen Namen und für Rechnung der Stadt –
zu erfüllen**. Die Auftraggeberin ist damit im Außenverhältnis alleiniger Auftraggeber, im Innenverhältnis ist die Beschaffung jedoch der Stadt ... zuzurechnen (1. VK Brandenburg, B. v.
18. 6. 2007 – Az.: 1 VK 20/07)

7.12 Zusammenfassung: Beispiele, bei denen die Rechtsprechung die Eigenschaft als öffentlicher Auftraggeber bejaht hat

– eine **Ärztekammer** ist **öffentliche Auftraggeberin** nach § 98 Nr. 2 GWB (VK Münster, 1570
B. v. 13. 2. 2008 – Az.: VK 29/07)
– **§ 98 Nr. 2 GWB erfasst auch juristische Personen des privaten Rechts, die als
kommunales Verkehrsunternehmen** zu dem besonderen Zweck gegründet wurde, um mit
dem öffentlichen Personennahverkehr eine im Allgemeininteresse liegende Aufgabe zu erfüllen. Der **öffentliche Personennahverkehr wird in Deutschland zumindest derzeit
noch nicht in gewerblicher Art und Weise erfüllt, weil ein entwickelter Wettbewerb
in diesem Bereich noch nicht besteht** (VK Düsseldorf, B. v. 31. 10. 2008 – Az.: VK –
22/2008 – B)
– Deutsche Gesellschaft zum Bau und Betrieb von Endlagern für Abfallstoffe mbH (OLG Düsseldorf, B. v. 21. 10. 2009 – Az.: VII-Verg 28/09; B. v. 13. 8. 2007 – Az.: VII – Verg 16/07;
2. VK Bund, B. v. 27. 7. 2009 – Az.: VK 2–99/09)
– **Wasser- und Bodenverband** im Sinn des Wasserverbandsgesetzes NRW (VK Düsseldorf, B.
v. 19. 4. 2007 – Az.: VK – 10/2007 – B)

Teil 1 GWB § 98   Gesetz gegen Wettbewerbsbeschränkungen

– **DEGES GmbH – Deutsche Einheit Fernstraßenplanungs- und -bau GmbH** – (VK Thüringen, B. v. 23. 3. 2007 – Az.: 360–4002.20–874/2007 – 002-SÖM)
– von verschiedenen Gemeinden sowie einer Samtgemeinde und einem Landkreis 1972 gegründete **Kurbetriebsgesellschaft mbH, deren Gesellschaftszweck die Vermarktung und Tourismusförderung im Hoheitsgebiet ihrer Gesellschafter** ist (VK Lüneburg, B. v. 26. 4. 2007 – Az.: VgK-16/2007)
– Gesellschaft mit dem **Zweck der Wirtschaftsstärkung durch den Bau eines Tiefwasserhafens** (VK Lüneburg, B. v. 12. 6. 2007 – Az.: VgK-23/2007)
– **Universitätsklinikum** (VK Düsseldorf, B. v. 30. 10. 2006 – Az.: VK – 44/2006 – B)
– juristische Person des privaten Rechts, die zu dem besonderen Zweck gegründet wurde, **städtebauliche Entwicklungs- und Sanierungsvorhaben durchzuführen** (VK Berlin, B. v. 13. 8. 2004 – Az.: VK – B 2–34/04)
– die **Sächsische Aufbaubank – Förderbank, Körperschaft des Öffentlichen Rechts** (1. VK Sachsen, B. v. 19. 4. 2004 – Az.: 1/SVK/025-04)
– **Betrieb von öffentlichen Bädern** (VK Brandenburg, B. v. 4. 4. 2002 – Az.: VK 12/02)
– **Fundtierverwaltung und Betreuung amtlich sichergestellter Tiere** (VK des Freistaates Thüringen, B. v. 19. 7. 2001 – Az.: 216–403.20-010/01-NDH)
– **Großmarkt** (2. VK Bremen, B. v. 23. 8. 2001 – Az.: VK 3/01)
– **GTZ GmbH** (2. VK Bund, B. v. 11. 9. 2002 – Az.: VK 2–42/02)
– **Handwerkskammer** (VK Nordbayern, B. v. 23. 1. 2003 – Az.: 320.VK-3194-47/02)
– **Krankenkassen** (VK Düsseldorf, B. v. 31. 8. 2006 – Az.: VK – 38/2006 – L; VK Lüneburg, B. v. 21. 9. 2004 – Az.: 203-VgK-42/2004; 1. VK Bund, B. v. 5. 9. 2001 – Az.: VK 1–23/01; VK Hamburg, B. v. 21. 4. 2004 – Az.: VgK FB 1/04) ; das Bayerische Oberste Landesgericht **lehnt** hingegen die **Eigenschaft als öffentlicher Auftraggeber mangels Aufsicht über die Leitung ab** (B. v. 24. 5. 2004 – Az.: Verg 006/04)
– **Landesentwicklungsgesellschaft** (OLG Thüringen, B. v. 28. 1. 2004 – Az.: 6 Verg 11/03)
– **Landesversicherungsanstalt** (VK Baden-Württemberg, B. v. 26. 7. 2005 – Az.: 1 VK 39/05; VK Lüneburg, B. v. 10. 3. 2003 – Az.: 203-VgK-01/2003)
– **Messegesellschaften** (VK Baden-Württemberg, B. v. 12. 2. 2002 – Az.: 1 VK 48/01, 1 VK 2/02)
– **Parkhausgesellschaft** (OLG Stuttgart, B. v. 9. 8. 2001 – Az.: 2 Verg 3/01)
– **Öffentlicher Personennahverkehr** (VK Brandenburg, B. v. 17. 5. 2002 – Az.: VK 23/02)
– die **Deutsche Rentenversicherung Nord** wird i. S. d. § 98 Abs. 2 Satz 1 GWB überwiegend durch den Bund finanziert und ist damit öffentliche Auftraggeberin (VK Schleswig-Holstein, B. v. 27. 1. 2009 – Az.: VK-SH 19/08)
– **Verkehrsgesellschaften** (BayObLG, B. v. 5. 11. 2002 – Az.: Verg 22/02)
– **Betrieb eines U-Bahn-Netzes** (BayObLG, B. v. 5. 11. 2002 – Az.: Verg 22/02)
– Unterstützungs-GmbH für ein **kommunales Rechenzentrum** (VK Baden-Württemberg, B. v. 3. 6. 2002 – Az.: 1 VK 20/02)
– Verkehrsverbände für den **Schienennahverkehr** (VK Düsseldorf, B. v. 18. 4. 2002 – Az.: VK – 5/2002 – L)
– **Sparkassen – verneint nach Abschaffung der Anstaltsgewährleistung** (OLG Rostock, B. v. 15. 6. 2005 – Az.: 17 Verg 3/05); bejaht vor Abschaffung der Anstaltsgewährleistung (VK Münster, B. v. 24. 6. 2002 – Az.: VK 03/02)
– **Studentenwerk** (VK Südbayern, B. v. 20. 11. 2002 – Az.: 43-10/02)
– **Universität** (VK Lüneburg, B. v. 29. 1. 2003 – Az.: 203-VgK-31/2002)
– **Westdeutsche Landesbank Girozentrale** (VK Münster, B. v. 24. 6. 2002 – Az.: VK 03/02)
– **Wirtschaftsförderung und Wirtschaftsentwicklung** (VK Baden-Württemberg, B. v. 6. 6. 2001 – Az.: 1 VK 6/01)
– **Wohnungsbaugesellschaft** (Schleswig-Holsteinisches OLG, B. v. 15. 2. 2005 – Az.: 6 Verg 6/04; KG Berlin, B. v. 6. 2. 2003 – Az.: 2 Verg 1/03; OLG Brandenburg, B. v. 3. 8. 2001

Gesetz gegen Wettbewerbsbeschränkungen GWB § 98 **Teil 1**

Az.: Verg 3/01; VK Schleswig-Holstein, B. v. 3. 11. 2004 – Az.: VK-SH 28/04; **in der Literatur** Wirner Helmut, Kommunale Wohnungsunternehmen als öffentliche Auftraggeber im Sinne der EG-Vergaberichtlinien, Peter Lang Verlag, Frankfurt am Main, 2003)

7.13 Zusammenfassung: Beispiele, bei denen die Rechtsprechung die Eigenschaft als öffentlicher Auftraggeber verneint hat

– **Naturschutzbund Deutschland e. V.** (VK Brandenburg, B. v. 13. 12. 2006 – Az.: 1 VK 53/06) 1571
– **Messe- und Ausstellungsveranstalter** (EuGH, Urteil vom 10. 5. 2001 – Az.: C-223/99 und C-260/99)
– **Bayerisches Rotes Kreuz** (BayObLG, B. v. 10. 9. 2002 – Az.: Verg 23/02)
– **Ordensgemeinschaft** (VK Nordbayern, B. v. 24. 7. 2001 – Az.: 320.VK-3194-21/01)

7.14 Sonstige Indizien für die Eigenschaft als öffentlicher Auftraggeber

Neben der Indizwirkung des Anhangs I der BKR, welcher über Art. 1b Satz 3 Dienstleis- 1572
tungskoordinierungsrichtlinie auch für Dienstleistungsverträge heranzuziehen ist, **kommt der Dienstherrnfähigkeit einer öffentlich-rechtlichen Körperschaft ebenfalls Indizwirkung für die Eigenschaft als öffentlicher Auftraggeber zu** (OLG München, B. v. 7. 6. 2005 – Az.: Verg 004/05).

7.15 Ausschreibungen von Nachunternehmerleistungen privater Hauptunternehmer im Rahmen eines öffentlichen Auftrages

Es ist nicht Sinn der Vergabevorschriften, **private Auftraggeber dem Vergaberecht zu** 1573
unterwerfen, die Subunternehmer beauftragen, nachdem sie selbst in einem ordnungsgemäßen – z. B. einem nicht angegriffenen – Vergabeverfahren den Zuschlag erhalten haben (OLG Celle, B. v. 5. 9. 2002 – Az.: 13 Verg 9/02). Es handelt sich also bei solchen Konstellationen **nicht um öffentliche Aufträge**, sondern um private Aufträge.

7.16 Gemeinsame Ausschreibungen von öffentlichen und privaten Auftraggebern

Schließt sich ein privater Auftraggeber bei der Vergabe von Aufträgen **öffentlichen** 1574
Auftraggebern im Rahmen einer Gesamtausschreibung an, erwächst hieraus für den privaten Auftraggeber keine öffentliche Auftraggebereigenschaft. Der Zusammenschluss hat keinerlei Einfluss auf seine Rechtsstellung, er dient lediglich wirtschaftlichen und logistischen, aber keinen vergaberechtlichen Aspekten (1. VK Sachsen, B. v. 16. 11. 2006 – Az.: 1/SVK/097-06).

7.17 Zentrale Beschaffungsstellen im Sinn von Art. 1 Abs. 10 VKR

Art. 1 Abs. 10 Vergabekoordinierungsrichtlinie kennt eine **weitere Kategorie des öffentli-** 1575
chen Auftraggebers, nämlich die „Zentrale Beschaffungsstelle". Eine solche Zentrale Beschaffungsstelle – deren Einführung nach der VKR im Ermessen des jeweiligen Mitgliedstaats liegt – ist **für die Bundesrepublik Deutschland** auch durch das Vergaberechtsmodernisierungsgesetz 2009 **nicht eingeführt** worden.

7.18 Bestimmung des Auftraggebers im Sinn des Vergaberechts

Insbesondere für die Rügepflichten der Bieter nach § 107 Abs. 3 GWB ist die **genaue Be-** 1576
zeichnung des Auftraggebers unumgänglich, da die Rüge wirksam nur gegenüber dem Auftraggeber erklärt werden kann. Mithin ist **derjenige der im Vergabeverfahren maßgebliche Auftraggeber, der den Teilnehmern am Wettbewerb als Auftraggeber genannt** ist. Insoweit kommt es allein darauf an, wie die Bekanntmachung von Seiten der potentiellen Bieter und Bewerber zu verstehen ist, demzufolge also auf den objektiven Empfängerhorizont (VK Schleswig-Holstein, B. v. 26. 7. 2006 – Az.: VK-SH 11/06).

Teil 1 GWB § 99   Gesetz gegen Wettbewerbsbeschränkungen

1577   Auch wenn die Vergabebekanntmachung lediglich eine Institution als öffentlichen Auftraggeber nennt und die Vergabestelle grundsätzlich an ihre Bekanntmachung gebunden ist und sich daher allenfalls in engen Grenzen durch konkretisierende oder ergänzende Verdingungsunterlagen von diesen Festlegungen befreien kann, **begegnet die rechtliche Würdigung, weitere Institutionen als öffentliche Auftraggeber anzusehen, letztlich keinen durchgreifenden Bedenken, wenn die Transparenz des Verfahrens hinlänglich gewährleistet war. Dies ist dann der Fall, wenn sich aus den Verdingungsunterlagen ergibt, dass alle Institutionen beschaffen wollen und dass alle Vertragspartner des Bieters werden**, der den Zuschlag erhalten wird, und wenn auch die Aufforderung zur Abgabe eines Angebots deutlich macht deutlich, dass alle Institutionen Auftraggeber sind und eine Institution ausweislich der Leistungsbeschreibung von den übrigen Institutionen mit der zentralen Durchführung der Ausschreibung, Bewertung und Vergabeempfehlung beauftragt wurde. Insoweit **schadet die falsche Bezeichnung in der Vergabebekanntmachung nicht**. Die Nennung der federführenden Institution in der Vergabebekanntmachung war lediglich dem Umstand geschuldet, einen Ansprechpartner für das Verfahren zu benennen. Letztlich kommt es darauf an, ob für die Bieter erkennbar ist, wer Auftraggeber ist und sein soll (VK Schleswig-Holstein, B. v. 9. 7. 2010 – Az.: VK-SH 11/10).

7.19 Literatur

1578
- Byok, Jan/Goodarzi, Ramin, Messegesellschaften und Auftragsvergabe, NVwZ 2006, 281
- Fitterer, Daniel/Bornheim, Helmerich, Sind Landesentwicklungsgesellschaften öffentliche Auftraggeber?, VergabeR 2006, 37
- Gabriel, Marc, Der persönliche Anwendungsbereich des primären EG-Vergaberechts, VergabeR 2009, 7
- Haussmann, Friedrich/Bultmann, Peter, Zur Auftraggebereigenschaft von Wohnungsunternehmen und zur Nichtigkeit und Nachprüfbarkeit von De-facto-Vergaben – Anmerkung zum Beschluss des KG vom 11. 11. 2004 – 2 Verg 16/04, ZfBR 2005, 310
- Heyne, Karolin, Die Vergaberechtsgebundenheit von Kammern und ihrer Einrichtungen – Kammern, Kammerunternehmen und Dachverbände im Lichte des § 98 GWB, GewArch 2010, 108
- Heyne, Karolin, Die Vergaberechtsgebundenheit von Kammern und ihrer Einrichtungen – Kammern, Kammerunternehmen und Dachverbände im Lichte des § 98 GWB –, GewArch 2010, 54
- Heyne, Karolin, Institut für Kammerrecht e.V., Aktuelle Stellungnahme 1/09 – Auftragsvergabe durch Kammern
- Höfler, Heiko/Braun, Peter, Private Banken als öffentliche Auftraggeber – Vergaberechtliche Implikationen des staatlichen Rettungspakets, NZBau 2009, 5
- Höfler, Heiko, Private Banken werden vergabepflichtig – Finanzkrise und Aufgaben im Allgemeininteresse, Behörden Spiegel November 2008, 22
- Kratzenberg, Rüdiger, Der Begriff des „Öffentlichen Auftraggebers" und der Entwurf des Gesetzes zur Modernisierung des Vergaberechts, NZBau 2009, 103
- Prieß, Hans-Joachim/Hölzl, Franz Josef, GWB 2009: Öffentlicher Auftraggeber und Auftrag – keine Überraschungen!, NZBau 2009, 159
- Trautner, Wolfgang E./Schäffer, Sarina, Privat – und doch öffentlicher Auftraggeber? – Zur Anwendung des Vergaberechts auf private Ersatzschulen, VergabeR 2010, 172

8. § 99 GWB – Öffentliche Aufträge

(1) Öffentliche Aufträge sind entgeltliche Verträge von öffentlichen Auftraggebern mit Unternehmen über die Beschaffung von Leistungen, die Liefer-, Bau- oder Dienstleistungen zum Gegenstand haben, Baukonzessionen und Auslobungsverfahren, die zu Dienstleistungsaufträgen führen sollen.

(2) Lieferaufträge sind Verträge zur Beschaffung von Waren, die insbesondere Kauf oder Ratenkauf oder Leasing, Miet- oder Pachtverhältnisse mit oder ohne Kaufoption betreffen. Die Verträge können auch Nebenleistungen umfassen.

(3) Bauaufträge sind Verträge über die Ausführung oder die gleichzeitige Planung und Ausführung eines Bauvorhabens oder eines Bauwerkes für den öffentlichen Auftraggeber, das Ergebnis von Tief- oder Hochbauarbeiten ist und eine wirtschaftliche oder technische Funktion erfüllen soll, oder einer dem Auftraggeber unmittelbar wirtschaftlich zugutekommenden Bauleistung durch Dritte gemäß den vom Auftraggeber genannten Erfordernissen.

(4) Als Dienstleistungsaufträge gelten die Verträge über die Erbringung von Leistungen, die nicht unter Absatz 2 oder Absatz 3 fallen.

(5) Auslobungsverfahren im Sinne dieses Teils sind nur solche Auslobungsverfahren, die dem Auftraggeber auf Grund vergleichender Beurteilung durch ein Preisgericht mit oder ohne Verteilung von Preisen zu einem Plan verhelfen sollen.

(6) Eine Baukonzession ist ein Vertrag über die Durchführung eines Bauauftrags, bei dem die Gegenleistung für die Bauarbeiten statt in einem Entgelt in dem befristeten Recht auf Nutzung der baulichen Anlage, gegebenenfalls zuzüglich der Zahlung eines Preises besteht.

(7) Ein öffentlicher Auftrag, der sowohl den Einkauf von Waren als auch die Beschaffung von Dienstleistungen zum Gegenstand hat, gilt als Dienstleistungsauftrag, wenn der Wert der Dienstleistungen den Wert der Waren übersteigt. Ein öffentlicher Auftrag, der neben Dienstleistungen Bauleistungen umfasst, die im Verhältnis zum Hauptgegenstand Nebenarbeiten sind, gilt als Dienstleistungsauftrag.

(8) Für einen Auftrag zur Durchführung mehrerer Tätigkeiten gelten die Bestimmungen für die Tätigkeit, die den Hauptgegenstand darstellt. Ist für einen Auftrag zur Durchführung von Tätigkeiten auf dem Gebiet der Trinkwasser- oder Energieversorgung, des Verkehrs oder des Bereichs der Auftraggeber nach dem Bundesberggesetz und von Tätigkeiten von Auftraggebern nach § 98 Nr. 1 bis 3 nicht feststellbar, welche Tätigkeit den Hauptgegenstand darstellt, ist der Auftrag nach den Bestimmungen zu vergeben, die für Auftraggeber nach § 98 Nr. 1 bis 3 gelten. Betrifft eine der Tätigkeiten, deren Durchführung der Auftrag bezweckt, sowohl eine Tätigkeit auf dem Gebiet der Trinkwasser- oder Energieversorgung, des Verkehrs oder des Bereichs der Auftraggeber nach dem Bundesberggesetz als auch eine Tätigkeit, die nicht in die Bereiche von Auftraggebern nach § 98 Nr. 1 bis 3 fällt, und ist nicht feststellbar, welche Tätigkeit den Hauptgegenstand darstellt, so ist der Auftrag nach denjenigen Bestimmungen zu vergeben, die für Auftraggeber mit einer Tätigkeit auf dem Gebiet der Trinkwasser- und Energieversorgung sowie des Verkehrs oder des Bundesberggesetzes gelten.

8.1 Änderungen durch das Vergaberechtsmodernisierungsgesetz 2009

In die allgemeine Aufzählung der Arten der öffentlichen Aufträge ist in **Absatz 1 der Begriff der Baukonzession aufgenommen** worden.

Bei der dritten Variante des **Bauauftrags in § 99 Abs. 3** ist das **Tatbestandsmerkmal** „dem Auftraggeber unmittelbar wirtschaftlich zugutekommend" neu aufgenommen worden.

Die **bisherige Definition der Baukonzession in § 98 Nr. 6** ist in **geänderter Fassung** systematisch korrekt **als § 99 Abs. 6 neu aufgenommen** worden. Der **bisherige § 99 Abs. 6** wird – in unveränderter Fassung – **§ 99 Abs. 7** GWB. Als **neue Bestimmung** regelt **§ 99 Abs. 8** das anwendbare Recht bei Durchführung mehrerer Tätigkeiten.

8.2 Sachlicher Anwendungsbereich

§ 99 regelt den **sachlichen Anwendungsbereich** des Vierten Teils des GWB. Unter den Oberbegriff des öffentlichen Auftrages fallen Lieferaufträge, Bauaufträge, Dienstleistungsaufträge und Auslobungsverfahren. Die Definitionen in Abs. 2 bis 4 beruhen auf den entsprechenden EG-Richtlinien (VK Südbayern, B. v. 3. 4. 2009 – Az.: Z3-3-3194-1-49–12/08).

8.3 Funktionaler Auftragsbegriff

1583 Der **Begriff des Auftrags** im Sinne der §§ 97 ff. GWB und der Richtlinie 2004/18/EG des Europäischen Parlaments und des Rates vom 31. März 2004 ist **autonom nach dem Zweck des europäischen Vergaberechts, potentiellen Bietern den Zugang zu öffentlichen Aufträgen zu garantieren,** die für sie von Interesse sind, **auszulegen** und daher **funktional zu verstehen** (OLG Karlsruhe, B. v. 12. 11. 2008 – Az.: 15 Verg 4/08; 3. VK Bund, B. v. 12. 11. 2009 – Az.: VK 3–193/09).

8.4 Verträge

8.4.1 Allgemeines

1584 Der Begriff des Vertrags ist für die Bestimmung des Anwendungsbereichs der Richtlinie 2004/18 wesentlich. Gemäß dem zweiten Erwägungsgrund dieser Richtlinie wird mit ihr die Anwendung der Vorschriften des Unionsrechts auf die **Vergabe von Aufträgen auf Rechnung des Staates, der Gebietskörperschaften und anderer Einrichtungen des öffentlichen Rechts bezweckt. Andere Arten von Tätigkeiten, die den öffentlichen Stellen obliegen, werden von dieser Richtlinie nicht erfasst** (EuGH, Urteil v. 25. 3. 2010 – Az.: C-451/08).

1585 Ein Vergabenachprüfungsantrag kann sich zulässigerweise nur gegen einen „Vertrag" zwischen dem öffentlichen Auftraggeber und dem Unternehmer richten. Auch wenn dieser **Begriff auf Grund seiner Verankerung im EU-Recht nicht im Sinne der §§ 145 ff. BGB auszulegen sein sollte, so setzt er doch das Einvernehmen zumindest zweier Personen über z. B. die Erbringung von Bauleistungen voraus** (OLG Düsseldorf, B. v. 4. 3. 2009 – Az.: VII-Verg 67/08).

1586 Die **Zuordnung** eines rechtsgeschäftlichen Schuldverhältnisses zu einem bestimmten Typ geschieht, indem **der Inhalt der zugrunde liegenden Willenserklärungen ermittelt** und festgestellt wird, **zu welcher Leistung sich die beteiligten Personen verpflichtet haben**. Entspricht diese einem bestimmten Vertragstyp, so ist ihm das Schuldverhältnis zuzuordnen, auch wenn der Vertrag anders bezeichnet ist (OLG Düsseldorf, B. v. 27. 10. 2004 – Az.: VII – Verg 41/04).

1587 Der **Erlass eines Bebauungsplans ist – auch bei weitestgehender Auslegung – kein Vertrag**. Der Bebauungsplan ergeht als Satzung (§ 10 Abs. 1 BauGB). Ob und mit welchem Inhalt ein Bebauungsplan aufgestellt wird, kann nicht Gegenstand eines Vertrages oder sonstiger Abreden sein (§ 1 Abs. 3 BauGB). Der **Eigentümer (oder sonstige Dritte) haben keinen Anspruch auf Erstellung eines Bebauungsplans oder dessen Inhalt, er hängt damit auch nicht mittelbar vom Willen des Eigentümers ab**; die Mitwirkungsrechte der Betroffenen sollen lediglich der Tatsachenermittlung sowie der Verschaffung von Gehör dienen und damit eine sachgerechte Planung ermöglichen. Der **Bebauungsplan wird nicht dadurch zu einem „Vertrag", dass er den Rahmen für einen möglicherweise abzuschließenden Erschließungsvertrag (§ 124 BauGB) setzt** (OLG Düsseldorf, B. v. 4. 3. 2009 – Az.: VII-Verg 67/08).

8.4.2 Gegenseitige vertragliche Bindung – Andienungsverfahren

1588 Ein Vertrag über die Ausführung eines öffentlichen Auftrages setzt mindestens eine gegenseitige vertragliche Bindung voraus. Erfasst sind demnach grundsätzlich alle zweiseitig verpflichtenden Verträge, in denen die Gegenleistung geldwerten Charakter hat, ohne dass die gegenseitigen Verpflichtungen **notwendigerweise wechselseitig abhängig (synallagmatisch)** sind; es **genügen auch andere Formen der Verknüpfung** (BayObLG, Beschl. v. 27. 2. 2003 – Az.: Verg 01/03) z.B. durch Vereinbarung einer Bedingung oder durch die Abrede, dass die eine Leistung den Rechtsgrund für die andere darstellt (OLG Düsseldorf, B. v. 22. 9. 2005 – Az.: Verg 44/04; B. v. 8. 9. 2005 – Az.: Verg 35/04; anderer Auffassung VK Hessen, B. v. 5. 3. 2008 – Az.: 69 d VK 06/2008). Im Falle einer synallagmatischen Verknüpfung erstreckt sich das **Gegenseitigkeitsverhältnis auf alle Hauptleistungspflichten** und grundsätzlich nicht auf Nebenleistungs- oder Schutzpflichten (OLG Düsseldorf, B. v. 22. 9. 2005 – Az.: Verg 44/04; B. v. 8. 9. 2005 – Az.: Verg 35/04).

1589 **Andienungsverfahren**, auch wenn es aus der Sicht der Bieter die einzige Möglichkeit ist, um überhaupt in Vertragsverhandlungen mit einem öffentlichen Auftraggeber treten zu können,

Gesetz gegen Wettbewerbsbeschränkungen   GWB § 99   **Teil 1**

erfüllen daher **nicht die Voraussetzungen eines wettbewerblich ausgerichteten Vergabeverfahrens und eines Vertrages**. Ein solches auf Wunsch von Bietern geführtes Gespräch, zu dem der Nachfrager ohne eine entsprechende Bedarfsmeldung auch keinen Anlass gegeben hat, kann nicht als konkretes Vergabeverfahren i. S. v. § 104 Abs. 2 Satz 1 GWB gewertet werden (2. VK Bund, B. v. 1. 2. 2001 – Az.: VK 2–44/00). Eine vertragliche Bindung entsteht dadurch nicht.

8.4.3 Teilnahme des öffentlichen Auftraggebers am Markt

8.4.3.1 Grundsätze

Wesensmerkmal eines Vertrages im Sinne von § 99 ist die **Teilnahme des öffentlichen Auftraggebers am Markt**. Das folgt aus dem Sinn und Zweck des Vergaberechts, den Wettbewerb auf den öffentlichen Beschaffungsmärkten zu verstärken. Diese vergaberechtlich entscheidende Tätigkeit übt der öffentliche Auftraggeber dann aus, wenn er seine interne Aufgabenorganisation verlässt, um Verträge mit außen stehenden Dritten abzuschließen. Ist die **Vereinbarung lediglich auf interne Aufgabenbewältigung des Auftraggebers gerichtet**, schließt dies einen Wettbewerb am Markt aus (OLG Koblenz, B. v. 13. 12. 2001 – Az.: 1 Verg. 4/01 – für eine Kooperationsvereinbarung zwischen zwei Verkehrsträgern im öffentlichen Personennahverkehr; VK Berlin, B. v. 9. 2. 2009 – Az.: VK-B 1–28/08). 1590

Eine **Beschaffungsabsicht** ist nur dann anzunehmen, wenn der **öffentliche Auftraggeber am Marktgeschehen auf der Nachfrageseite zur Deckung seines Bedarfs an Wirtschaftsgütern** teilnimmt. Es **fehlt am Beschaffungselement**, wenn der öffentliche **Auftraggeber lediglich als Anbieter von Leistungen tätig** wird. Bei der Frage des Beschaffungsbezugs kommt es aber auf die **formale Bezeichnung der Vertragspartner als Auftraggeber und Auftragnehmer nicht an** (VK Berlin, B. v. 9. 2. 2009 – Az.: VK-B 1–28/08). 1591

Wettbewerbliche Strukturen, also einen **Markt**, lassen sich leicht **am Vorhandensein einschlägiger CPC- und CPV-Referenznummern für die betreffenden Leistungsarten ablesen** (1. VK Sachsen, B. v. 26. 3. 2008 – Az.: 1/SVK/005–08). 1592

8.4.3.2 Pflicht zum Einkauf von Leistungen am Markt?

8.4.3.2.1 Rechtsprechung. Eine **vergaberechtliche Pflicht des öffentlichen Auftraggebers, benötigte Leistungen nur am Markt zu vergeben, besteht nicht**. Vergaberecht ist erst anwendbar, nachdem die Entscheidung gefallen ist, die Leistungen von einem außen stehenden Dritten erbringen zu lassen (OLG Koblenz, B. v. 13. 12. 2001 – Az.: 1 Verg. 4/01; VK Düsseldorf, B. v. 16. 3. 2004 – Az.: VK – 3/2004 – L). 1593

8.4.3.2.2 Literatur 1594

– Schellenberg, Martin, Make or buy? – Die Vergabestelle darf wählen, Behörden Spiegel Februar 2007, S. 20

8.4.4 Trägerschaft eines Ambulanten-Hilfen-Zentrums (AHZ) und Übertragung der damit in Zusammenhang stehenden flächendeckenden Grundversorgung mit ambulanten Hilfen

Die Übertragung der Trägerschaft AHZ ist in Ansehung des mangelnden Vertragscharakters der Maßnahme **nicht Gegenstand einer Vergabe, sondern beurteilt sich maßgeblich nach den einschlägigen gesetzlichen Vorschriften**. Die Verpflichtung zur Vorhaltung einer ausreichenden pflegerischen Versorgungsstruktur, stellt sich vielmehr als eine öffentliche Aufgabe der Daseinsvorsorge dar. Die Gewährung der damit in Zusammenhang stehenden **flächendeckenden Grundversorgung mit ambulanten Hilfen** erfolgt durch AHZ und beruhen damit auf gesetzlicher, nicht jedoch auf vertraglicher Grundlage. Vergaberecht kommt nicht zur Anwendung (VK Rheinland-Pfalz, B. v. 20. 3. 2003 – Az.: VK 31/02). 1595

8.4.5 Öffentlich-rechtliche Verträge

8.4.5.1 Rechtsprechung

8.4.5.1.1 Die Rechtsprechung des BGH. Der **BGH hat entschieden, dass § 99 Abs. 1 GWB nicht nach der Rechtsnatur des abzuschließenden Vertrags entscheidet**. Er weist Rechtsgeschäfte allein deshalb dem GWB-Vergaberegime zu, weil der öffentliche Auftraggeber 1596

Leistungen durch einen Dritten für wünschenswert oder notwendig erachtet und dies zum Anlass nimmt, deren Erbringung auf vertraglichem Weg und nicht in anderer Weise, etwa durch einen Beleihungsakt sicherzustellen, wobei dahinstehen kann, ob **fallweise – etwa zur Vermeidung von Umgehungsmöglichkeiten – auch eine Beauftragung auf vertragsähnlichem Wege ausreichen kann** (BGH; B. v. 1. 12. 2008 – Az.: X ZB 31/08).

1597 **8.4.5.1.2 Sonstige Rechtsprechung.** Schon vor der Entscheidung des BGH war ganz überwiegend vertreten worden, dass sich die Meinung, dass die verschiedentlich vertretene Auffassung, dass öffentlich-rechtliche Verträge generell nicht dem Vergaberecht unterfallen, **nach dem Urteil des Europäischen Gerichtshofs vom 12. 7. 2001, Rs. C-399/98, nicht mehr aufrechterhalten** lässt. Nach dieser Entscheidung hindert die Tatsache, dass ein Vertrag zwischen dem öffentlichen Auftraggeber und dem Unternehmen nach nationalem Recht dem öffentlichen Recht unterliegt, für sich genommen nicht die Qualifizierung als Vertrag im Sinne von Art. 1 Buchstabe a) der Baukoordinierungsrichtlinie 93/37/EWG. Das wird auch für Art. 1 Buchstabe a) der Dienstleistungskoordinierungsrichtlinie 92/50/EWG zu gelten haben; denn es ist nichts dafür erkennbar, dass die zwischen beiden Richtlinien bestehenden Unterschiede Auswirkung auf die Frage hätten, ob ein öffentlich-rechtlicher Vertrag einen „Vertrag" im Sinne von Art. 1 Buchstabe a) der jeweiligen Richtlinie darstellt. **In Konsequenz dieser europäischen Rechtsprechung ist auch der Begriff des Vertrages in § 99 Abs. 1 GWB dahin auszulegen, dass er grundsätzlich auch öffentlich-rechtliche Verträge umfasst.** Der Wortlaut des § 99 GWB („Verträge") lässt diese Auslegung ohne weiteres zu. Die Gesetzesbegründung, wonach öffentlich-rechtliche Verträge nicht als öffentliche Aufträge im Sinne des Vierten Teils des GWB gelten, hat sich als unzutreffend erwiesen; sie steht der gebotenen gemeinschaftsrechtskonformen Auslegung nicht entgegen, zumal das Gesetz ausweislich seiner Begründung der vollständigen Umsetzung der EG-Richtlinien im Bereich des öffentlichen Auftragswesens dienen und die Rechte der Beteiligten im Einklang mit dem europäischen Recht festlegen soll (BayObLG, B. v. 28. 5. 2003 – Az.: Verg 7/03; OLG Dresden, B. v. 4. 7. 2008 – Az.: WVerg 3/08; OLG Düsseldorf, B. v. 12. 12. 2007 – Az.: VII – Verg 30/07; B. v. 13. 6. 2007 – Az.: VII – Verg 2/07; B. v. 22. 9. 2005 – Az.: Verg 44/04; B. v. 8. 9. 2005 – Az.: Verg 35/04; OLG Frankfurt, B. v. 7. 9. 2004 – Az.: 11 Verg 11/04 und 12/04; OLG Naumburg, B. v. 15. 7. 2008 – Az.: 1 Verg 5/08; B. v. 3. 11. 2005 – Az.: 1 Verg 9/05; B. v. 22. 9. 2005 – Az.: Verg 44/04; VG Frankfurt/Oder, B. v. 20. 2. 2009 – Az.: 4 L 186/08; VK Brandenburg, B. v. 24. 9. 2004 – Az.: VK 47/04; 2. VK Mecklenburg-Vorpommern, B. v. 7. 1. 2008 – Az.: 2 VK 5/07; VK Münster, B. v. 28. 5. 2004 – Az.: VK 10/04; 1. VK Sachsen, B. v. 9. 9. 2008 – Az.: 1/SVK/046-08; B. v. 29. 8. 2008 – Az.: 1/SVK/042-08; B. v. 29. 8. 2008 – Az.: 1/SVK/041-08; B. v. 26. 3. 2008 – Az.: 1/SVK/005–08).

1598 Dem entsprechend vertritt auch die VK Magdeburg die Meinung, dass der Wortlaut der Vorschrift des § 99 Abs. 1 GWB ausschließlich von entgeltlichen Verträgen spricht, ohne danach zu differenzieren, ob es sich um privatrechtliche oder öffentlich-rechtliche Verträge handelt. Danach ist die Rechtsform des Vertrages unerheblich. **Entscheidend ist vielmehr allein, ob ein Leistungsaustausch zwischen einem öffentlichem Auftraggeber und einem Unternehmen gegen Entgelt stattfindet.** Grundsätzlich kann somit die Form des Vertrages für die Zuordnung zum Vergaberecht nicht maßgeblich sein, zumal die Abgrenzung von privatrechtlichen und öffentlich-rechtlichen Verträgen oftmals unklar ist und sich in einer Grauzone bewegen kann. Unter Berücksichtigung des Sinn und Zwecks des GWB (nämlich die Beschaffung von Dienstleistungen im Wettbewerb und im Wege transparenter Vergabeverfahren nach § 97 Abs. 1 GWB) ist vielmehr entscheidend, ob der Vertrag eher auf den Erwerb von Marktleistungen oder eher auf die Ausübung öffentlicher Gewalt gerichtet ist.

1599 Nach der VK Baden-Württemberg sind öffentlich-rechtliche Verträge dem Anwendungsbereich der §§ 97 ff. GWB unterstellt, jedenfalls dann, wenn sie im **koordinationsrechtlichen Bereich angesiedelt** sind, also keine Beleihung zum Gegenstand haben (VK Baden-Württemberg, B. v. 20. 6. 2002 – Az.: 1 VK 27/02).

1600 Auch Erschließungsverträge unterfallen dem Vergaberecht (VK Baden-Württemberg, B. v. 20. 6. 2002 – Az.: 1 VK 27/02), **ebenso städtebauliche Verträge** (OLG Düsseldorf, B. v. 13. 6. 2007 – Az.: VII – Verg 2/07; VK Schleswig-Holstein, B. v. 18. 12. 2002 – Az.: VK-SH 16/02) bzw. **Verträge in einem städtebaulichen Regelungszusammenhang** (OLG Düsseldorf, B. v. 12. 12. 2007 – Az.: VII – Verg 30/07); anderer Auffassung VK Baden-Württemberg, B. v. 7. 3. 2008 – Az.: 1 VK 1/08.

1601 **Auch Zweckvereinbarungen werden vom Begriff des Vertrages umfasst** (OLG Naumburg, B. v. 3. 11. 2005 – Az.: 1 Verg 9/05).

8.4.5.2 Literatur

- Antweiler, Clemens, Keine abschließende Antwort – Grundstücksverkauf und paralleles Bebauungsplanverfahren, Behörden Spiegel Dezember 2008, 17 **1602**
- Antweiler, Clemens, Erschließungsverträge mit Kommunalunternehmen: Zulässigkeit und Ausschreibungspflicht, NZBau 2003, 93
- Ganske, Matthias, Business Improvement Districts (BIDs) unter dem Blickwinkel des Vergaberechts, VergabeR 2008, 15
- Grotelüschen, Henning/Lübben, Natalie, Einheitliche Maßstäbe für de vergaberechtliche Infizierung von Veräußerungsgeschäften der öffentlichen Hand, VergabeR 2008, 169
- Horn, Lutz, Ausschreibungspflichten bei Grundstücksgeschäften der öffentlichen Hand, VergabeR 2008, 158
- Jasper, Ute/von der Recke, Barbara, Ausnahmen von der Vergabepflicht bei Grundstücksveräußerungen der öffentlichen Hand, ZfBR 2008, 561
- Jasper, Ute/Seidel, Jan, Neue Dissonanzen beim Verkauf kommunaler Grundstücke, NZBau 2008, 427
- Kade, Timo, Schafft die GWB-Novelle 2008 Rechtssicherheit nach den vergaberechtlichen Entscheidungen des OLG Düsseldorf?, ZfBR 2009, 440
- Köster, Bernd, Das nordrhein-westfälische Gesetz über Immobilien- und Standortgemeinschaften (ISGG NRW), ZfBR 7/2008, 658
- Köster, Bernd, Private Initiativen zur Stadtentwicklung und Vergaberecht, NZBau 2008, 300
- Losch, Alexandra, A neverending story? Zur Reichweite der Ausschreibungspflicht von Grundstücksgeschäften, ZfBR 2008, 341
- Pietzcker, Jost, Grundstücksverkäufe, städtebauliche Verträge und Vergaberecht, NZBau 2008, 293
- Michaelis, Thomas, Eine große Chance – Die Vorteile internationaler Investorenauswahlverfahren, Behörden Spiegel August 2008, 21
- Reidt, Olaf, Grundstücksveräußerungen und städtebauliche Verträge außerhalb des Kartellvergaberechts – Welche Spielräume verbleiben noch für Kommunen?, VergabeR 2008, 11
- Rosenkötter, Annette/Fritz, Aline, Investorenauswahlverfahren im Fokus des Vergaberechts, NZBau 2007, 559
- Rosenkötter, Annette, Ausschreibungspflichtigkeit von städtebaulichen Verträgen, NZBau 2006, 630
- Seidler, Anne-Carolin, Anwendung des Vergaberechts auf Grundstücksverkäufe und städtebauliche Verträge – Endlich Rechts(un)sicherheit durch den EuGH, NZBau 2010, 552
- Wellens, Cornelia, Business Improvement Districts zwischen Privatinitiative und Ausschreibungspflicht, DVBl. 2009, 423
- Wilke, Reinhard, Vergaberechtliche Aspekte städtebaulicher Verträge, ZfBR 2004, 141
- Ziekow, Jan, Die vergaberechtliche Bewertung von Grundstücksveräußerungen durch die öffentliche Hand – Vom Flugplatz auf den Kirmesplatz? –, VergabeR 2008, 151

8.4.6 Verträge aufgrund einer gesetzlichen Verpflichtung

Die **gesetzliche Verpflichtung zum Betrieb und zur Fahrgastbeförderung gemäß** **1603**
§§ 21, 22 PBefG besteht gegenüber den Fahrgästen, aber zunächst nicht gegenüber den öffentlichen Aufgabenträgern. Diese müssen vielmehr im Bereich der „nicht kommerziellen" Verkehre Busunternehmen finden, die vertraglich von ihnen verpflichtet werden, die Beförderungsleistungen zu erbringen. Es **fehlt somit nicht an einem vertraglich zu deckenden Beschaffungsbedarf auf Grund der speziellen beförderungsrechtlichen Genehmigungsverfahren. Mit entsprechenden Verträgen stellen die Antragsgegner sicher, dass sie ihre Pflichten als Aufgabenträger im ÖPNV gegenüber der Bevölkerung erfüllen.** Der öffentliche Auftraggeber muss entweder die ihm obliegende Aufgabe selbst erfüllen oder aber durch Dritte erfüllen lassen. Wenn die Leistungen am Markt nicht freiwillig von Unternehmen auf eigene Kosten erbracht werden, wie dies bei den kommerziellen Verkehren offensichtlich der Fall ist, müssen Unternehmen damit beauftragt werden. Das ist beispielsweise auch im Be-

reich der Abfallentsorgung allgemein anerkannt. In solchen Fällen muss der öffentliche Auftraggeber einen Vertrag mit einem Dritten schließen, und diesen für die erbrachten Leistungen auch bezahlen. Rechtsgrundlage für die Zahlung eines Preises ist dann der Vertrag, nicht aber das Gesetz. Bei den kommerziellen Verkehren ist dies nicht erforderlich, weil diese Leistungen von den Unternehmern offensichtlich auskömmlich kalkuliert werden können und so somit ohne zusätzliche Mittel auskommen, soweit man die per Gesetz zu zahlenden Zuschüsse des Bundes, wie die Sonderzahlungen für Schüler/innen und Schwerbehinderte, ausnimmt (VK Münster, B. v. B. v. 7. 9. 2010 – Az.: VK 6/10).

8.4.7 Erlass eines Bebauungsplans

1604   Der **öffentliche Auftraggeber kann den Inhalt des von ihm auszuschreibenden städtebaulichen Vertrages selbst bestimmen**. Ein Antragsteller kann im Rahmen eines Vergabenachprüfungsverfahrens nicht mit Erfolg geltend machen, er wolle zwar mit dem öffentlichen Auftraggeber auch einen städtebaulichen Vertrag, jedoch mit anderem Inhalt abschließen. Es ist **allein Sache des öffentlichen Auftraggebers, den Inhalt eines Bebauungsplanes zu bestimmen; dieser kann im Rahmen eines Vergabenachprüfungsverfahrens nicht angegriffen werden** (OLG Düsseldorf, B. v. 12. 1. 2009 – Az.: VII-Verg 67/08; im Ergebnis ebenso VK Baden-Württemberg, B. v. 15. 8. 2008 – Az.: 1 VK 27/08). **Der Erlass eines Bebauungsplans ist – auch bei weitestgehender Auslegung – kein Vertrag**. Der Bebauungsplan ergeht als Satzung (§ 10 Abs. 1 BauGB). Ob und mit welchem Inhalt ein Bebauungsplan aufgestellt wird, kann nicht Gegenstand eines Vertrages oder sonstiger Abreden sein (§ 1 Abs. 3 BauGB). Der **Eigentümer (oder sonstige Dritte) haben keinen Anspruch auf Erstellung eines Bebauungsplans oder dessen Inhalt, er hängt damit auch nicht mittelbar vom Willen des Eigentümers ab**; die Mitwirkungsrechte der Betroffenen sollen lediglich der Tatsachenermittlung sowie der Verschaffung von Gehör dienen und damit eine sachgerechte Planung ermöglichen. Der **Bebauungsplan wird nicht dadurch zu einem „Vertrag", dass er den Rahmen für einen möglicherweise abzuschließenden Erschließungsvertrag (§ 124 BauGB) setzt** (OLG Düsseldorf, B. v. 4. 3. 2009 – Az.: VII-Verg 67/08).

8.4.8 Abgrenzung zu Zuwendungsverhältnissen

1605   Die **rechtliche Ausgestaltung** einer Rechtsbeziehung zwischen einer zuwendenden Stelle und einem Zuwendungsempfänger **spricht für ein Zuwendungsverhältnis**, mit dem die Zwecke des Zuwendungsempfängers gefördert werden sollen (§ 23 BHO), wenn der Zuwendungsempfänger **nicht von vorneherein in einem bestimmten Umfang zu einer bestimmten Leistung verpflichtet werden soll**. Gegen ein Zuwendungsverhältnis spricht nicht, dass ausdrücklich ein „Rahmenvertrag" geschlossen wurde. Es kommt nicht darauf an, wie die Beteiligten ihre Rechtsbeziehung bezeichnet haben. Maßgeblich ist der durch Auslegung zu ermittelnde materielle Inhalt der eingegangenen Verpflichtungen (1. VK Bund, B. v. 3. 8. 2006 – Az.: VK 1–49/06).

8.5 Entgeltlichkeit

8.5.1 Rechtsprechung

8.5.1.1 Allgemeines

1606   § 99 Abs. 1 GWB fordert einen entgeltlichen Vertrag. Durch die Bezeichnung als „entgeltlicher" Vertrag soll klargestellt werden, dass der **öffentliche Auftraggeber eine Gegenleistung im Sinne einer eigenen Zuwendung geben muss**. Ein solcher Vertrag besteht grundsätzlich aus einer vereinbarten Leistung des vertraglich gebundenen Auftragnehmers für den Auftraggeber und einer geldwerten Gegenleistung des vertraglich gebundenen öffentlichen Auftraggebers (BGH, B. v. 1. 12. 2008 – Az.: X ZB 31/08; VK Lüneburg, B. v. 14. 6. 2005 – Az.: VgK-22/ 2005; B. v. 18. 3. 2004 – Az.: 203-VgK-06/2004).

1607   Der Begriff des „Entgelts" ist **weit auszulegen**. Die Gegenleistung des öffentlichen Auftraggebers muss nicht notwendig in Geld bestehen; erfasst wird vielmehr **jede Art von Vergütung**, die einen Geldwert haben kann (BGH, B. v. 1. 12. 2008 – Az.: X ZB 31/08; OLG Düsseldorf, B. v. 8. 9. 2005 – Az.: Verg 35/04; B. v. 27. 10. 2004 – Az.: VII – Verg 41/04; B. v. 12. 1. 2004 – Az.: VII – Verg 71/03; OLG Frankfurt, B. v. 7. 9. 2004 – Az.: 11 Verg 11/04 und 12/04; OLG Naumburg, B. v. 3. 11. 2005 – Az.: 1 Verg 9/05; LSG Nordrhein-Westfalen, B. v. 19. 11. 2009 – Az.: L

Gesetz gegen Wettbewerbsbeschränkungen   GWB § 99   **Teil 1**

21 KR 55/09 SFB; B. v. 10. 9. 2009 – Az.: L 21 KR 53/09 SFB; B. v. 3. 9. 2009 – Az.: L 21 KR 51/09 SFB; VK Brandenburg, B. v. 9. 2. 2009 – Az. VK 5/09; B. v. 9. 2. 2009 – Az.: VK 4/09; VK Lüneburg, B. v. 14. 6. 2005 – Az.: VgK-22/2005; VK Münster, B. v. 7. 9. 2010 – Az.: VK 6/10; B. v. 18. 3. 2010 – Az.: VK 1/10). **Dementsprechend unterfällt dem Vergaberecht grundsätzlich jede Art von zweiseitig verpflichtendem Vertrag** (BayObLG, B. v. 27. 2. 2003 – Az.: Verg 01/03; VK Südbayern, B. v. 28. 12. 2001 – Az.: 47-11/01).

Eine **Gewinnerzielung ist nicht erforderlich**. Das weite Verständnis von der Entgeltlichkeit soll die vergaberechtspflichtigen öffentlichen Aufträge nur von den vergabefreien Gefälligkeitsverhältnissen oder außerrechtlichen Beziehungen abzugrenzen (OLG Naumburg, B. v. 3. 11. 2005 – Az.: 1 Verg 9/05). 1608

Entgeltlichkeit liegt auch dann vor, wenn der **Vertragspartner** des öffentlichen Auftraggebers **hinsichtlich der Deckung seiner Kosten und Gewinnerzielung keinerlei Risiko eingeht**, da der von ihm zu erbringenden Leistung (z. B. Containergestellung, Sammlung, Transport, Behandlung der anfallenden Menge Altpapier) ein festes Entgelt gegenübersteht. Der Vertragspartner ist dann nicht darauf angewiesen, aus der Verwertung des Altpapiers seine Kosten zu decken. Er kann lediglich durch eine günstige Verwertung oberhalb des Marktpreises einen **zusätzlichen Gewinn** erzielen. Auch trägt er gegenüber dem Auftraggeber nicht das Risiko schwankender Marktpreise, sondern ist nur in dem Umfang zur Vergütung verpflichtet, wie ein positiver Marktpreis überhaupt besteht und weiterhin nur in der Höhe des monatlich festzustellenden mittleren Marktpreises. Der Vertragspartner erstattet dem Auftragnehmer den mittleren Markpreis für das, was er aufgrund der von ihm vertraglich geschuldeten Verwertung – angenommen – erhält. Eine solche **Weitergabe von Vorteilen, die im Rahmen der Vertragsdurchführung beim Auftragnehmer anfallen, an den Auftraggeber lassen die Entgeltlichkeit der Leistungserbringung nicht entfallen** (VK Düsseldorf, B. v. 22. 10. 2003 – Az.: VK – 29/2003 – L). 1609

§ 99 erfordert nicht, in Fällen, in denen die von dem Unternehmen übernommene (Dienst-) Leistung in der weiteren Behandlung eines Gutes von Wert liegt und in denen der öffentliche Auftraggeber – wegen dieser Eigenschaft – eine Bezahlung durch das Unternehmen erreichen kann, **Entgeltlichkeit erst dann anzunehmen, wenn feststeht, dass und gegebenenfalls inwieweit bei der Höhe des von dem Unternehmen zu zahlenden Preises die Pflicht zur Erbringung der übernommenen (Dienst-)Leistung preismindernd berücksichtigt worden ist** (BGH, B. v. 1. 2. 2005 – Az.: X ZB 27/04). **Entgelt als geldwerter Vorteil kann also auch ein geringer Anschaffungspreis des Bieters sein** (z. B. für Altpapier), wenn der Preis, den der Bieter an den öffentlichen Auftraggeber zahlt, deutlich unter dem Marktwert des geldwerten Nutzens, den der Bieter zieht, liegt (OLG Düsseldorf, B. v. 12. 1. 2004 – Az.: VII – Verg 71/03). 1610

Die **Bezeichnung** in einem Vertrag **als „Selbstkostenerstattung"** steht der **Einordnung als „Entgelt" nicht entgegen** (OLG Frankfurt, B. v. 7. 9. 2004 – Az.: 11 Verg 11/04 und 12/04). 1611

Es kommt für das Vorliegen eines öffentlichen Auftrags nicht darauf an, wie sich der Auftraggeber bzgl. eines bestimmten Auftrags im Einzelnen refinanziert und ob demnach eine isolierte Verbindlichkeit sich **ausschließlich aus „zwangsweise eingetriebenen" öffentlichen Erträgen speist**. Dann wären in weiten Teilen öffentlicher Dienstleistungen eine vergaberechtliche Überprüfung und ein effektiver Bieterschutz quasi ausgeschlossen. Denn die Zulässigkeit eines Nachprüfungsantrags ließe sich durch eine entsprechende kalkulatorische Zuordnung der Vergabestelle für nahezu alle öffentlichen Betriebe ausschließen. In diesem Sinne **kommen also auch die Betriebskosten im Rahmen der Bewirtschaftung von Wohnungen als Entgelt in Betracht** (VK Berlin, B. v. 26. 8. 2004 – VK – B 1–36/04). 1612

Hat der **Auftragnehmer neben dem Entgelt**, das er vom Auftraggeber erhält, noch die **Möglichkeit**, z. B. durch einen zusätzlichen Elektrizitätsverkauf an Dritte weitere **Einnahmen zu erzielen**, reichen diese **zusätzlichen Einnahmen nicht aus, um den Verträgen ihre Einstufung als öffentlicher Auftrag zu nehmen** (EuGH, Urteil v. 18. 7. 2007 – Az.: C-382/05). 1613

Das **Entgelt kann auch in Zuwendungen z. B. bei nicht kostendeckenden Verkehrsdienstleistungen** bestehen (VK Düsseldorf, B. v. 18. 4. 2002 – Az.: VK – 5/2002 – L). 1614

8.5.1.2 Altpapierverwertung

Nach der Lebenserfahrung **kann nicht davon ausgegangen werden**, dass beim **Ankauf von Altpapier** von einem öffentlich-rechtlichen Entsorgungsträger die vom Käufer geschulde- 1615 ten **Entsorgungsdienstleistungen üblicherweise unentgeltlich zu erbringen** sind (OLG Düsseldorf, B. v. 27. 10. 2004 – Az.: VII – Verg 41/04).

1616 Die **Umstellung der Altpapierentsorgung von dem bisherigen Bringsystem auf ein Holsystem** hat einen ständigen Anfall großer Mengen von Altpapier auf einer Umschlagsanlage zur Folge, die beginnend mit einer sukzessiven Entfernung von dort einer geordneten Weiterverwendung zugeführt werden müssen. Dies **erfordert Dienstleistungen im Sinne von § 99 Abs. 4 GWB** (BGH, B. v. 1. 2. 2005 – Az.: X ZB 27/04).

8.5.1.3 Erschließungsverträge

1617 Bei einem **echten Erschließungsvertrag** ist das Entgelt darin zu sehen, dass die Gemeinde im Hinblick darauf, dass die Eigentümer als Erschließungsträger auftreten, auf eine eigene Erschließung verzichtet und damit das Nichtentstehen der Beitragsschuld bewirkt (VK Baden-Württemberg, B. v. 20. 6. 2002 – Az.: 1 VK 27/02).

8.5.1.4 Interkommunale Zusammenarbeit

1618 Die Entgeltfrage bei einer interkommunalen Zusammenarbeit stellt sich erst dann, **wenn das Vergaberecht auf eine interkommunale Zusammenarbeit anzuwenden ist**. Vgl. dazu die Kommentierung → Rdn. 322.

1619 Für die Frage der **Entgeltlichkeit im Rahmen einer kommunalen Gemeinschaftsarbeit ist es unerheblich**, ob das Entgelt zunächst der Kooperationspartnerin einer Gemeinde gezahlt und von dieser an den tatsächlichen Leistungserbringer (z. B. eine GmbH) weitergeleitet bzw. durch den Eigenbetrieb als Einnahme des tatsächlichen Leistungserbringers verbucht wird oder ob das Entgelt direkt an den tatsächlichen Leistungserbringer gezahlt wird. Partnerin einer kommunalen Gemeinschaftsarbeit kann nur eine andere Gemeinde selbst sein. Der tatsächliche Leistungserbringer kann daher nur im Auftrag der Kooperationspartnerin deren Pflichten aus der Gemeinschaftsarbeit erfüllen, nicht aber selbst als Kooperationspartnerin auftreten. Der tatsächliche Leistungserbringer ist Vertragspartner der Kooperationspartnerin und hat gegen diese und nicht gegen die Nachbargemeinde Anspruch auf das zu leistende Entgelt (VK Düsseldorf, B. v. 16. 3. 2004 – Az.: VK – 3/2004 – L).

1620 Im Rahmen einer **interkommunalen Zusammenarbeit** kann das **Entgelt u. a. in der Freistellung von finanziellen Rücklageverpflichtungen als auch Kostenerstattungsregelungen und schließlich in der Befugnis zur Gebührenerhebung liegen**. Diese bilden eine geldwerte Gegenleistung für die vom Beigeladenen zu erbringenden Abfallentsorgungsdienstleistungen. Dass die Gebühren von den Gebührenzahlern aufgebracht werden, ändert hieran nichts (OLG Naumburg, B. v. 3. 11. 2005 – Az.: 1 Verg 9/05).

8.5.1.5 Rahmenvereinbarung über die Versorgung von gesetzlich krankenversicherten Personen mit Medikamenten und wieder verwendbaren Hilfsmitteln und vergleichbare Fälle

1621 Entgeltlichkeit liegt auch vor bei einer **Rahmenvereinbarung über die Versorgung von gesetzlich krankenversicherten Personen mit wieder verwendbaren Hilfsmitteln**. Dass die in dem Rahmenvertrag festgelegte Vergütungsverpflichtung nur dann entsteht, wenn ein Versicherter ein wieder verwendbares Hilfsmittel bei einem Leistungserbringer anfordert, ändert nichts am **entgeltlichen Charakter des Rahmenvertrages**. Die Leistung, die die gesetzliche Krankenkasse zu vergüten hat, besteht darin, dass der **Leistungserbringer die der Krankenkasse auf Grund des Sachleistungsprinzips obliegende Versorgung des Versicherten mit dem notwendigen Hilfsmittel in deren Auftrag durchführt**. Die Vergütung ist damit die Gegenleistung dafür, dass der Leistungserbringer die Verpflichtung der Krankenkasse gegenüber den Versicherten für diese erfüllt. Sie **ergibt sich daher allein aus dem Vertragsverhältnis zwischen Krankenkasse und Leistungserbringer**. Die Wahlfreiheit der Versicherten hat allenfalls Einfluss auf den Umfang der Geschäftstätigkeit zwischen der Krankenkasse und dem einzelnen Leistungserbringer. Dagegen **ändert sie nichts daran, dass die vertraglichen Beziehungen der Parteien entgeltlichen Charakter** haben. Dies gilt nicht nur für die zu schließenden Einzelverträge, sondern – wie vorstehend ausgeführt – **auch für den zugrunde liegenden Rahmenvertrag** (1. VK Bund, B. v. 14. 9. 2007 – Az.: VK 1–101/07; B. v. 31. 8. 2007 – Az.: VK 1–92/07; B. v. 9. 5. 2007 – Az.: VK 1–26/07; im Ergebnis ebenso 2. VK Mecklenburg-Vorpommern, B. v. 7. 1. 2008 – Az.: 2 VK 5/07).

1622 Entgeltlichkeit liegt auch vor bei einer **Vereinbarung über den Abschluss von Rabattierungsverträgen über Medikamente gem. § 130 a Abs. 8 SGB V**. Die gesetzlichen Krankenkassen bevollmächtigen die zugelassenen Kassenärzte, zugunsten des Patienten und zulasten der Krankenkasse, Medikamente käuflich zu erwerben. Die **Verträge kommen nicht direkt mit den Pharmaunternehmen zustande**, da der Verkauf von Medikamenten gesetzlich grundsätzlich nur Apotheken gestattet ist. Die **Apotheken** ihrerseits erfüllen jedoch nicht den öffentlichen Zweck der Krankenkassen, die Versicherten zur Aufrechterhaltung von deren Gesundheit mit Medikamenten zu versorgen. Sie sind **lediglich die Abwicklungsstelle, derer sich die Kassen bedienen müssen**. Die Beschaffungskette im vergaberechtlichen Sinn wird durch die Einschaltung der Apotheken nicht unterbrochen, da es die Krankenkassen sind, die – rechtlich gesehen – die Medikamente bei der Stelle kaufen, die allein dazu berechtigt ist, jedoch in den hier zu beurteilenden Fällen die Preise nicht mit der Apotheke, sondern direkt mit den Herstellern aushandeln. Das vergaberechtlich relevante Marktgeschäft ist nicht das Umsatzgeschäft mit der Apotheke, sondern **die kassenfinanzierte Abnahme eines Medikamentes eines bestimmten Herstellers** (OLG Düsseldorf, B. v. 20. 2. 2008 – Az.: VII – Verg 7/08; VK Düsseldorf, B. v. 31. 10. 2007 – Az.: VK – 31/2007 – L; im Ergebnis ebenso LSG Nordrhein-Westfalen, B. v. 19. 11. 2009 – Az.: L 21 KR 55/09 SFB; 2. VK Bund, B. v. 22. 8. 2008 – Az.: VK 2–73/08; 3. VK Bund, B. v. 18. 2. 2009 – Az.: VK 3–158/08; B. v. 23. 1. 2009 – Az.: VK 3–194/08).

Der Annahme einer Leistungserbringung gegen Entgelt steht auch nicht entgegen, wenn **1623** Vereinbarungen über **Rückvergütungen** geschlossen werden sollen. Die **Rückvergütung ist im Ergebnis ein Element des von den Kassen für das Medikament zu zahlenden Preises**. Wenn ein Auftraggeber die Wirtschaftlichkeit einer Beschaffung an einem solchen Element festmacht, ist dies seine Entscheidung, ändert aber nichts an der Einordnung als öffentlicher Auftrag. Auch das Vorbringen der Krankenkassen, dass sie Medikamente „auf jeden Fall" vergüten müssten und hier nur partiell ein Instrument der Kostensenkung einführten, ändert nichts an dieser Einschätzung. In dem Umfang, in dem sie Rabattierungsverträge abschließen, wählen die Krankenkassen die Hersteller aus, deren Produkte – auch – aufgrund eines Preiskriteriums – in den Apotheken verkauft werden und **schließen in dem systembedingten Umfang diejenigen Hersteller von den Umsatzgeschäften aus, mit denen keine Rabattierungsverträge geschlossen werden**. Selbst wenn die Krankenkassen überhaupt keine Preisbestandteile, sondern andere Merkmale dem Wettbewerb unterwerfen würden, blieben sie diejenigen, die das Entgelt bewirken und es wäre allenfalls die Frage, ob die Bedeutungslosigkeit des Entgeltes vergaberechtskonform wäre (OLG Düsseldorf, B. v. 20. 2. 2008 – Az.: VII – Verg 7/08; VK Düsseldorf, B. v. 31. 10. 2007 – Az.: VK – 31/2007 – L).

Der **Entgeltlichkeit eines Vertrages steht nicht entgegen**, dass die Entscheidung über **1624** den **Abruf der jeweiligen Leistung** – z.B. einer besonderen ambulanten augenärztlichen Versorgung gemäß § 73c SGB V – **nicht von den Krankenkassen, sondern von den Versicherten getroffen wird**, die die angebotene Versorgung in Anspruch nehmen können. Wegen der Freiheit der Versicherten, sich den Arzt selbst aussuchen zu können, wird in der Literatur angenommen, dass es an einer definitiven Entgeltzuordnung an die Krankenkassen fehlt. Eine solche **Zuordnung der Vergütung der auftraggebenden Krankenkasse erfordert § 99 Abs. 1 GWB nicht, weil die Vorschrift nicht von einem Entgelt für die (Dienst-) Leistung spricht, sondern von einem entgeltlichen Vertrag. Dafür reicht es aus, dass der Vertrag überhaupt eine geldwerte Gegenleistung des öffentlichen Auftraggebers vorsieht**. Das ist insoweit der Fall. Dem steht auch nicht die freie Wahl des Leistungserbringers durch die Versicherten entgegen. Die **Wahlfreiheit geht nicht soweit, dass die Krankenkassen bei der Gesundheitsversorgung von dem Auswahlwillen der Versicherten abhängig sind. Sie hat deshalb nur einen subsidiären Charakter**. Eine Durchbrechung des Grundsatzes, dass die Krankenkassen die Leistungserbringer auswählen und die Verträge schließen, folgt daraus nicht (VK Brandenburg, B. v. 9. 2. 2009 – Az. VK 5/09; B. v. 9. 2. 2009 – Az.: VK 4/09).

Es handelt sich auch **dann um einen Auftrag in Form eines Lieferauftrags**, wenn der **1625** Bieter im Falle der Auftragserteilung verpflichtet wird, die Versicherten des Auftraggebers, also **Dritte, mit Anti-Dekubitus-Matratzen zu versorgen** und wenn Dienstleistungen, wie z.B. die hygienische Aufbereitung, hinzukommen und diese nicht überwiegen. Ebenso ist nicht von Bedeutung, dass die Lieferungen nicht unmittelbar durch den Auftraggeber, sondern – auf dessen unmittelbare oder mittelbare Veranlassung durch Vertragsärzte – **im abgekürzten Lieferwegesystem an die Versicherten erfolgen** (VK Hessen, B. v. 21. 4. 2008 – Az.: 69d VK – 15/2008).

8.5.1.6 Mitgliedschaft bei einer Versicherungsgesellschaft in der Rechtsform eines Versicherungsvereins auf Gegenseitigkeit

1626   Entrichten öffentliche **Auftraggeber für ihre Mitgliedschaft bei einer Versicherungsgesellschaft in der Rechtsform eines Versicherungsvereins auf Gegenseitigkeit und damit für die Erlangung von Versicherungsschutz Beiträge**, handelt es sich um einen **entgeltlichen Vertrag**. Unerheblich ist dabei, dass die Mitgliedschaft aufgrund ihrer auch vereinsrechtlichen Bedeutung kein typischer zweiseitiger Austauschvertrag ist. Unterscheiden sich die von einer Versicherung in der Rechtsform eines Versicherungsvereins auf Gegenseitigkeit im Wettbewerb angebotenen Versicherungsleistungen nicht von denjenigen in anderer Rechtsform organisierter Versicherungsunternehmen, **kommt es wegen der andernfalls bestehenden Umgehungsgefahren** nicht in Betracht, einem Unternehmen durch die Wahl der Rechtsform eines Versicherungsvereins auf Gegenseitigkeit zu ermöglichen, öffentlichen Auftraggebern ohne Ausschreibung Versicherungsschutz zu gewähren (BGH, B. v. 3. 7. 2008 – Az.: I ZR 145/05).

8.5.1.7 Bauaufträge und Baukonzessionen

1627   Für die **Entgeltlichkeit eines Bauauftrages kommt es nicht darauf an, ob das Entgelt vom Auftraggeber stammt oder nicht.** Der EuGH hat in seiner Entscheidung vom 18. Januar 2007 (C-220/05) als Entgelt ausdrücklich auch die Einnahmen angesehen, die der Auftragnehmer durch die Veräußerung der errichteten Bauwerke erzielen wird. Dementsprechend hat er bei der Berechnung des Schwellenwertes auch diese Einnahmen berücksichtigt. **Auch aus der Definition der Baukonzession lassen sich Einschränkungen nicht entnehmen.** Aus dem Begriff der Überlassung des Rechtes zur „Nutzung" lässt sich nicht entnehmen, dass damit nur eine Nutzung durch Selbstnutzung oder Vermietung, nicht aber eine Veräußerung gemeint ist. **Wie die Nutzung erfolgt, ob durch eine einmalige Handlung (bei einem Verkauf) oder über eine längere Zeit (bei einer Vermietung), ist wirtschaftlich unerheblich**, wenn auch letzteres bei einer Baukonzession im Allgemeinen im Vordergrund steht. Die Besonderheit der Baukonzession gegenüber einem „echten" Bauauftrag besteht nur darin, dass der Vertragspartner des öffentlichen Auftraggebers das wirtschaftliche Risiko des Geschäfts trägt. Der Begriff der „Baukonzession" ist weit auszulegen, um sämtliche Fallkonstellationen einer Beauftragung mit Bauleistungen nach den Erfordernissen des öffentlichen Auftraggebers zu erfassen. **Wenn nach der Rechtsprechung des EuGH bereits bei einem „echten" Bauauftrag Erlöse aus dem Verkauf von Gebäuden durch den Auftragnehmer zu berücksichtigen sind, dann gilt das erst recht für eine „Baukonzession", bei der die Finanzierung des Auftragnehmers durch dritte „Nutzer" zum Wesen gehört**. Nach Sinn und Zweck der Richtlinie, die den unionsweiten diskriminierungsfreien Zugang zu Aufträgen der öffentlichen Hand sicherstellen soll, besteht insoweit keine Lücke zwischen einem „echten" Bauauftrag und einer Baukonzession. Es kommt **mithin nicht darauf an, ob der erfolgreiche Bieter sich über einen Verkauf oder über eine Vermietung der von ihm – entsprechend den Erfordernissen der öffentlichen Hand bebauten – Grundstücke refinanzieren wird** (OLG Düsseldorf, B. v. 13. 6. 2007 – Az.: VII – Verg 2/07; VK Düsseldorf, B. v. 2. 8. 2007 – Az.: VK – 23/2007 – B; VK Münster, B. v. 26. 9. 2007 – Az.: VK 17/07).

1628   Bei einem **Bauauftrag im Sinne des § 99 Abs. 3, 3. Var. GWB** dürfte in der Regel – neben dem Fehlen eines körperlichen Beschaffungsvorgangs – auch an der **Entgeltlichkeit fehlen**, da insbesondere die Übertragung des Grundstücks kein Entgelt im Sinne § 99 Abs. 1 GWB darstellt, da für dieses Grundstück – jedenfalls üblicherweise – vom **Investor der marktübliche Kaufpreis entrichtet** wird. Wenn der zu entrichtende Kaufpreis hinter dem Grundstückswert zurückbleibt, kann eine andere Bewertung geboten sein, wobei darauf hinzuweisen ist, dass sich in diesen Fällen in Bezug auf die Anwendbarkeit des Vierten Teils des GWB zusätzliche Schwierigkeiten dann ergeben dürften, wenn die Differenz zwischen dem Kaufpreis und dem Wert des Grundstücks weniger als 5.278.000,- € beträgt (VK Hessen, B. v. 5. 3. 2008 – Az.: 69 d VK 06/2008).

8.5.1.8 Sponsoringverträge

1629   **8.5.1.8.1 Allgemeines.** Die **Rechtsprechung hat sich bisher noch nicht mit Sponsoringverträgen befasst**, bei denen ein öffentlicher Auftraggeber eine private Finanzierung sucht, ohne als Gegenwert einen materiellen Vermögenswert für die Leistung des Sponsors zu bewirken; die Gegenleistung besteht in der Regel in einem immateriellen Vorteil für den Sponsor, z. B. als Sponsor für Polizeiuniformen genannt zu werden. Die **Literatur sieht in solchen**

Gesetz gegen Wettbewerbsbeschränkungen GWB § 99 **Teil 1**

Verträgen mangels Entgeltlichkeit keinen Fall des Vergaberechts (Burgi, NZBau 2004, 599).

8.5.1.8.2 Literatur 1630

– Burgi, Martin, Verwaltungssponsoring und Kartellvergaberecht, NZBau 2004, 594
– Kasper, Andreas, Sponsoring und Vergaberecht, DÖV 2005, 11
– Remmert, Barbara, Rechtsfragen des Verwaltungssponsorings, DÖV 2010, 583

8.6 Eigener Beschaffungsbezug des Auftraggebers

8.6.1 Regelung des Vergaberechtsmodernisierungsgesetzes 2009

Für den **Bereich des Bauauftrags** hat der Gesetzgeber im Vergaberechtsmodernisierungsge- 1631
setz 2009 die Regelung eingefügt, dass die Bauleistung dem Auftraggeber unmittelbar wirtschaftlich zugute kommen muss. Der **Gesetzgeber fordert damit einen eigenen Beschaffungsbezug des Auftraggebers.** Vgl. dazu im Einzelnen die Kommentierung zu → § 99 GWB Rdn. 148 ff.

Diese **Forderung des Gesetzgebers muss unter dem Blickwinkel der einheitlichen** 1632
Auslegung des Begriffs des öffentlichen Auftrags auch für Liefer- und Dienstleistungsaufträge gelten.

Da diese **Frage** jedoch speziell für Liefer- und Dienstleistungsverträge **noch weitgehend** 1633
ungeklärt ist, wird nachfolgend noch die Rechtsprechung vor dem Vergaberechtsmodernisierungsgesetz dargestellt.

8.6.2 Rechtsprechung bis zum Inkrafttreten des Vergaberechtsmodernisierungsgesetzes 2009

8.6.2.1 Grundsätze

Ein **eigener Beschaffungsbedarf eines öffentlichen Auftraggebers ist kein Tatbe-** 1634
standsmerkmal eines „öffentlichen Auftrages". Allerdings ist die Rechtsprechung in früheren Entscheidungen von dieser Annahme ausgegangen (OLG Düsseldorf, B. v. 28. 4. 2004 – Az.: VII – Verg 2/04; BayObLG, B. v. 21. 2. 2002 – Az.: Verg 1/02, B. v. 27. 2. 2003 – Az.: Verg 01/03). Dem steht jedoch die Rechtsprechung des Europäischen Gerichtshofs (z. B. Entscheidung vom 18. November 2004 – Az.: C-126/03) entgegen. Danach unterscheidet die Richtlinie nicht zwischen Aufträgen, die der öffentliche Auftraggeber zur Deckung seiner im Allgemeininteresse liegenden Aufgaben eingeht, und anderen Aufträgen. Es **reicht vielmehr aus, dass der öffentliche Auftraggeber überhaupt Aufträge vergibt, zu welchen Zwecken auch immer** (OLG Karlsruhe, B. v. 13. 6. 2008 – Az.: 15 Verg 3/08; OLG Düsseldorf, B. v. 6. 2. 2008 – Az.: VII – Verg 37/07; B. v. 12. 12. 2007 – Az.: VII – Verg 30/07; B. v. 13. 6. 2007 – Az.: VII – Verg 2/07; B. v. 23. 5. 2007 – Az.: VII – Verg 50/06; OLG Bremen, B. v. 13. 3. 2008 – Az.: Verg 5/07; 2. VK Mecklenburg-Vorpommern, B. v. 7. 1. 2008 – Az.: 2 VK 5/07; 2. VK Bund, B. v. 15. 11. 2007 – Az.: VK 2–123/07, B. v. 15. 11. 2007 – Az.: VK 2–120/07, B. v. 15. 11. 2007 – Az.: VK 2–117/07, B. v. 15. 11. 2007 – Az.: VK 2–114/07, B. v. 15. 11. 2007 – Az.: VK 2–108/07, B. v. 15. 11. 2007 – Az.: VK 2–105/07; B. v. 15. 11. 2007 – Az.: VK 2–102/07; VK Düsseldorf, B. v. 31. 10. 2007 – Az.: VK – 31/2007 – L; B. v. 2. 8. 2007 – Az.: VK – 23/2007 – B).

Die teleologische Reduktion des Auftragsbegriffs auf einen körperlichen Beschaffungsakt des 1635
öffentlichen Auftraggebers für eigene (öffentliche) Zwecke ist bei europarechtskonformem Verständnis des § 99 GWB weder veranlasst noch gerechtfertigt. Denn **der öffentliche Auftrag muss nicht der Erfüllung von im Allgemeininteresse liegenden Aufgaben dienen.** So wenig wie darauf abzustellen ist, ob der öffentliche Auftraggeber z. B. im Fall eines öffentlichen Bauauftrags Eigentümer des Bauwerks oder eines Teils davon werden soll, so unbeachtlich ist, ob der Auftraggeber z. B. das Bauwerk selbst nutzen oder es der Allgemeinheit oder lediglich einzelnen Dritten zur Verfügung stellen will. Genauso wenig ist nach dem Gesetz ein Eigeninteresse des öffentlichen Auftraggebers z. B. an der Erstellung des Bauwerks vorauszusetzen. **Entscheidend ist vielmehr, dass sich der öffentliche Auftraggeber kraft einer z. B. mit dem künftigen Bauauftrag zu vereinbarenden Verpflichtung des Auftragnehmers die rechtliche Befugnis sichert, die Verfügbarkeit des Bauwerks für die von ihm angestrebte öffentliche Zweckbestimmung, z. B. für eine bestimmte wirtschaftliche, d. h.**

Teil 1 GWB § 99 Gesetz gegen Wettbewerbsbeschränkungen

städtebauliche Funktion, zu gewährleisten. Wenn man demnach überhaupt auf einen Beschaffungszweck abstellen wollte, dann ist dieser allenfalls so zu verstehen, dass der **Auftraggeber die Erfüllung einer bestimmten wirtschaftlichen, z. B. städtebaulichen oder raumordnenden, Funktion durch den Abschluss des Bauauftrags rechtlich sichert**. Im Sinn einer **Kontrollüberlegung** stimmt diese Auslegung mit dem Zweck der Vergabekoordinierungsrichtlinie, das öffentliche Auftragswesen dem Wettbewerb zu öffnen, überein. Aufgrund dessen gebietet die den Mitgliedstaaten und ihren Gerichten obliegende Gewährleistung der praktischen Wirksamkeit der Richtlinie die Anwendung des Vergaberechtsregimes, wenn sich der (künftige) Auftragnehmer auf einem Markt betätigt (und dort einen Auftrag erhalten soll), auf dem er mit anderen Unternehmen im Wettbewerb steht. Dies **trifft bei einer Konkurrenz um den Zuschlag zu** (OLG Düsseldorf, B. v. 6. 2. 2008 – Az.: VII – Verg 37/07; B. v. 12. 12. 2007 – Az.: VII – Verg 30/07; im Ergebnis ebenso OLG Karlsruhe, B. v. 13. 6. 2008 – Az.: 15 Verg 3/08; OLG Bremen, B. v. 13. 3. 2008 – Az.: Verg 5/07).

1636 Unter den **Begriff des öffentlichen Beschaffungswesens** im Sinne der Richtlinie fallen deshalb nicht nur solche Maßnahmen eines öffentlichen Auftraggebers, die unmittelbar der Deckung seines eigenen Bedarfs dienen, sondern **auch solche, mit denen er konkrete eigene Zielsetzungen bzw. mittelbare Eigeninteressen verfolgt**. In diesem Zusammenhang dürften allgemeine wirtschafts- und gesellschaftspolitische Zwecksetzungen wie beispielsweise die **Aufwertung und Belebung eines bestimmten Stadtviertels ausreichen** (OLG Karlsruhe, B. v. 13. 6. 2008 – Az.: 15 Verg 3/08).

1637 Wer einen öffentlichen Auftrag vom Vorliegen eines eigenen Verwendungs- oder Beschaffungszwecks des öffentlichen Auftraggebers abhängig macht, **interpretiert in den Begriff des öffentlichen Auftrags** nach Art. 1 Abs. 2a und b der Richtlinie 2004/18/EG und in die EG-rechtlich determinierten Definition in § 99 Abs. 1 und 3 GWB mithin **ein Tatbestandselement hinein, das dort nicht vorhanden** ist (OLG Düsseldorf, B. v. 6. 2. 2008 – Az.: VII – Verg 37/07).

1638 Der **Begriff des öffentlichen Auftrags** im Sinne der Vergabekoordinierungsrichtlinie und der §§ 97 GWB ist **autonom und in allen Mitgliedsstaaten gleich auszulegen**. Er ist so zu beurteilen, dass die **praktische Wirksamkeit der Vergabekoordinierungsrichtlinie gewährleist** ist. Wie aus ihren Begründungserwägungen, insbesondere der zweiten hervorgeht, **soll die Vergabekoordinierungsrichtlinie die Wahrung des Grundsatzes der Niederlassungsfreiheit und des freien Dienstleistungsverkehrs sowie die Öffnung des öffentlichen Beschaffungswesens für den Wettbewerb garantieren**. Der Vergabekoordinierungsrichtlinie **ist nicht zu entnehmen, dass ihr Anwendungsbereich auf den „Einkauf" der öffentlichen Hand beschränkt sein soll**. Sie enthält insbesondere in dem insoweit maßgeblichen Art. 1 (2) b keinen Hinweis darauf, dass die zu beschaffende Leistung dem Auftraggeber unmittelbar zugute kommen muss. Die **Ziele der Vergabekoordinierungsrichtlinie sind aber schon dann gefährdet, wenn sich ein öffentlicher Auftraggeber entschließt, überhaupt einen (Bau-) Auftrag zu vergeben**, unabhängig davon, aus welchen Gründen und in welchem Zusammenhang das Bauwerk errichtet wird und welchen Verwendungszweck es haben soll. Denn **schon dann besteht das Risiko einer Wettbewerbsverzerrung infolge der Bevorzugung einzelner Marktteilnehmer** (OLG Karlsruhe, B. v. 13. 6. 2008 – Az.: 15 Verg 3/08).

1639 Anderer Auffassung ist die **VK Hessen**. **Öffentliche (Bau-)aufträge setzen zwingend einen Beschaffungsvorgang (als Selbstverständlichkeit) voraus**. Dies ergibt sich sowohl aus § 97 Abs. 1 GWB, wonach öffentliche Auftraggeber Waren sowie Bau- und Dienstleistungen nach dem Viertel Teil des GWB „beschaffen", als auch aus der in einer Vielzahl von Vorschriften zum Ausdruck kommenden Grundvorstellung bzw. **dem Leitbild eines Werkvertrages, also eines synallagmatischen Austauschvertrages**. Dem Vergaberecht **unterliegen nur solche Vorgänge, bei denen der öffentliche Auftraggeber – aus welchen Gründen auch immer – etwas beschafft, d. h. seinen zuvor definierten Bedarf deckt** (VK Hessen, B. v. 5. 3. 2008 – Az.: 69 d VK – 06/2008; in der Tendenz ebenso VK Baden-Württemberg, B. v. 7. 3. 2008 – Az.: 1 VK 1/08).

8.6.2.2 Fehlender Beschaffungsbezug

1640 Ein Beschaffungsbezug liegt nicht vor bei

– einem **unmittelbaren Verkauf** von kommunalem Altpapier (sortiert oder unsortiert) **direkt an eine Papierfabrik** (VK Arnsberg, B. v. 17. 6. 2004 – Az.: VK 2–06/2004)

Gesetz gegen Wettbewerbsbeschränkungen GWB § 99 **Teil 1**

- der Befriedigung eines aus dem **privatwirtschaftlichen Entsorgungsvertrag mit DSD abgeleiteten** (und so betrachtet: fremden) **Beschaffungsbedarfs** eines öffentlichen Auftraggebers
- der **Veräußerung von Verwaltungsvermögen**, z. B. dem Verkauf von Grundstücken, Dienstfahrzeugen o. ä. (2. VK Brandenburg, B. v. 15. 2. 2008 – Az.: VK 2/08; 2. VK Bund, B. v. 24. 7. 2007 – Az.: VK 2–69/07),
- der Einräumung des Rechts an einen Unternehmer zur **Aufstellung und Bewirtschaftung von Werbeträgern auf öffentlichem Grund** gegen eine vom Unternehmer an die Stadt zu zahlende Pacht (BayObLG, B. v. 21. 2. 2002 – Az.: Verg 1/02).

8.6.2.3 Einheitliche Betrachtungsweise

Ein Beschaffungsbezug kann vorliegen, wenn die Veräußerung oder Überlassung Element eines einheitlichen Vorgangs ist, der einen **beschaffungsrechtlichen Bezug** hat (BayObLG, B. v. 27. 2. 2003 – Az.: Verg 01/03). Denn § 99 GWB schließt nicht Veräußerungsgeschäfte der öffentlichen Hand von der Anwendung der Vorschriften des Vierten Teils des Gesetzes gegen Wettbewerbsbeschränkungen aus. Ein Veräußerungsgeschäft kann lediglich als solches die Anwendbarkeit dieser Vorschriften nicht begründen. Ist es hingegen **Mittel zur Beschaffung einer Leistung, ist der kaufrechtliche Aspekt des öffentlichen Auftrags ohne Bedeutung**. Das entspricht auch dem Zweck des in §§ 97 ff. GWB geregelten Vergaberechts. Denn auf diese Weise wird eine vollständige Erfassung aller Beschaffungsvorgänge erreicht, die für den öffentlichen Auftraggeber mit geldwertem Aufwand verbunden sind (BGH, B. v. 1. 2. 2005 – Az.: X ZB 27/04; 2. VK Brandenburg, B. v. 15. 2. 2008 – Az.: VK 2/08). 1641

Verfolgt der öffentliche Auftraggeber mit der **Veräußerung von Maschinen also z. B. zugleich den Zweck, seine Grundstücke, auf denen sich die Maschinen befanden, ordnungsgemäß beräumt zu erhalten und sich im Wege der Veräußerung eigene Demontage-, Transport- und Entsorgungsaktivitäten zu ersparen, ist ein beschaffungsrechtlicher Bezug der Ausschreibung nicht von der Hand zu weisen**. Auch wenn der wirtschaftliche Schwerpunkt nicht bei der Beschaffung der Demontageleistungen, sondern bei der Verwertung der Maschinen liegt, **braucht das Beschaffungselement nicht den Schwerpunkt der Ausschreibung zu bilden**, vielmehr genügt es, wenn der beschaffungsrechtliche Aspekt nicht von völlig untergeordneter Natur ist. Bildet jedoch das Beschaffungselement nur die Kehrseite der Veräußerung und gestaltet der Auftraggeber mit den Verpflichtungen hinsichtlich der Demontage und des Abtransports die Abnahmeverpflichtung des Käufers der Maschinen lediglich näher aus, erscheint es fraglich, ob solche Leistungen des Verkäufers, die der nicht dem Vergaberecht unterliegenden Verwertung des Vermögens gleichsam immanent sind, dem Veräußerungsgeschäft zugleich den Charakter einer Beschaffungstätigkeit verleihen können. **Für diese Möglichkeit spricht, dass der Auftraggeber grundsätzlich die Alternative hat, die Maschinen selbst abzubauen und zu transportieren oder einen Dienstleister allein hiermit zu betrauen, um auf diese Weise einen höheren Verkaufspreis zu erzielen**. Wenn er sich demgegenüber dafür entscheidet, eine Holschuld des Käufers zu begründen, so liegt hierin zugleich die Entscheidung, den eigenen Demontage- und Transportbedarf in bestimmter Weise – durch eine entsprechende Leistung des Käufers – zu decken. Die 2. **Vergabekammer des Bundes neigt deshalb dazu, in einem solchen Fall einen hinreichenden Beschaffungscharakter der Ausschreibung zu bejahen** (2. VK Bund, B. v. 24. 7. 2007 – Az.: VK 2–69/07). 1642

8.6.3 Leistungsaustauschvertrag bei der Erbringung von Sozialpädagogischer Familienhilfe gegenüber Dritten

8.6.3.1 Rechtsprechung

Wenn man im Wege eines gegenseitigen Vertrages zwischen einem Einrichtungsträger und dem Träger der Sozialhilfe über den Anspruch auf eine Sozialhilfeleistung (sozialpädagogische Familienhilfe) z. B. disponiert, dann können aus diesem Vertrag auch unmittelbare Ansprüche geltend gemacht werden. Insofern liegt ein **Leistungsaustauschvertrag vor, auch wenn dieser Vertrag Leistungen zugunsten eines Dritten enthält**. Sobald der Auftragnehmer die sozialpädagogische Familienhilfe als Leistung erbringt, kann er aufgrund des gegenseitigen Vertrages den Auftraggeber auf Zahlung eines Entgeltes in Anspruch nehmen. Der Auftragnehmer ist nicht darauf angewiesen, seinen Entgeltanspruch beim Hilfeempfänger geltend zu machen, sondern Schuldnerin dieses Zahlungsanspruches ist der Auftraggeber aufgrund des geschlossenen Rahmenvertrages (VK Münster, B. v. 2. 7. 2004 – Az.: VK 13/04). 1643

373

8.6.3.2 Rechtsauffassung der Bundesregierung

1644 Nach **Auffassung der Bundesregierung** (Antwort auf die Kleine Anfrage – Drucksache 16/5347) werden im **Leistungserbringungsrecht der Kinder- und Jugendhilfe „Aufträge" nicht durch den öffentlichen Träger der Jugendhilfe vergeben. Vielmehr nehmen die Leistungsberechtigten im Rahmen des Wunsch- und Wahlrechts nach § 5 SGB VIII die entsprechenden Einrichtungen und Dienste in Anspruch. Eine Ausschreibung bzw. ein Vergabeverfahren kann folglich nicht stattfinden. Das Instrument der Ausschreibung und die damit verbundene Vergabe von Leistungen an einen bestimmten Anbieter sind daher mit diesen Strukturprinzipien der Kinder- und Jugendhilfe nicht vereinbar.** Die Leistungsabwicklung in der Kinder- und Jugendhilfe erfolgt weitgehend im Rahmen des so genannten sozial-rechtlichen Dreiecksverhältnisses. Danach ist der Träger der öffentlichen Jugendhilfe zur Übernahme des Entgelts gegenüber dem Leistungsberechtigten nur verpflichtet, wenn mit dem Träger der Einrichtung oder seinem Verband Leistungs-, Entgelt- und Qualitätsentwicklungsvereinbarungen (§§ 78 a ff. SGB VIII) abgeschlossen worden sind. Die Vereinbarungen sind mit den Trägern abzuschließen, die unter Berücksichtigung der Grundsätze der Leistungsfähigkeit, Wirtschaftlichkeit und Sparsamkeit zur Erbringung der Leistung geeignet sind. Aufgrund der Verpflichtung, in der Leistungsvereinbarung die wesentlichen Leistungsmerkmale festzulegen und leistungsgerechte Entgelte zu vereinbaren (§ 78 c SGB VIII) wird eine Transparenz des gesamten Leistungsangebots geschaffen. Die kommunalen Gebietskörperschaften als Leistungs- und Kostenträger sind daher in der Lage, die Leistungsgerechtigkeit der jeweils geforderten Entgelte im Vergleich mit anderen Leistungsanbietern zu beurteilen.

8.6.3.3 Literatur

1645 – Bieback, Karl-Jürgen, Leistungserbringungsrecht im SGB II sowie SGB III und XII – Insbesondere die Verpflichtung zum Einsatz des Vergaberechts, NZS 2007, 505

– Burgi, Martin, Hilfsmittelverträge und Arzneimittel-Rabattverträge als öffentliche Lieferaufträge?, NZBau 2008, 480

– Dreher, Meinrad/Hoffmann, Jens, Der Auftragsbegriff nach § 99 GWB und die Tätigkeit der gesetzlichen Krankenkassen, NZBau 2009, 273

– Drey, Franz, Der zahlende Dritte – Vergaberecht und Gesundheitsreform, Behörden Spiegel August 2007, 20

– Ebsen, Ingwer [Hrsg.], Vergaberecht und Vertragswettbewerb in der gesetzlichen Krankenversicherung, Peter Lang, Wien 2009

– Gabriel Marc/Weiner, Katharina, Arzneimittelrabattverträge im generischen und patentgeschätzten Bereich: Überblick über den aktuellen Stand, NZS 2009, 422

– Gabriel, Marc, Vom Festbetrag zum Rabatt – Gilt die Ausschreibungspflicht von Rabattverträgen auch im innovativen Bereich patentgeschützter Arzneimittel?, NZS 2008, 455

– Greß, Stefan, Beschaffung und Bereitstellung von sozialen Dienstleistungen durch wettbewerbliche Verfahren – eine ökonomische Perspektive, ArchsozArb 2005, 58

– Hermanns, Caspar/Messow, Ansgar, Vergaberechtliche Strukturen im Sozialwesen (Bericht), NZS 2007, 24

– Hesselmann, Hildegard/Motz, Thomas, Integrierte Versorgung und Vergaberecht, MedR 2005, 498

– Hoffmann, Klaus, Ausschluss der Träger der freien Wohlfahrtspflege von der Vergabe öffentlicher Sozialleistungen?, VergabeR 2004, 462

– Jasper, Ute/von der Recke, Barbara, Noch nicht transparent und fair – Erobert das Vergaberecht den sozialen Fürsorgebereich?, Behörden Spiegel, März 2009, 16

– Juretzka, Nina, Unterstützte Beschäftigung im Vergaberecht, ZFSH SGB 2010, 14

– Kingreen, Thorsten, Die Entwicklung des Gesundheitsrechts 2008/2009, NJW 2009, 3553

– Kingreen, Thorsten, Das Sozialvergaberecht, SGb 2008, 437

– Kingreen, Thorsten, Sozialhilferechtliche Leistungserbringung durch öffentliche Ausschreibungen, VergabeR 2007, 354

– Kingreen, Thorsten, Vergaberechtliche Anforderungen an die sozialrechtliche Leistungserbringung, Die Sozialgerichtsbarkeit 2004, 659

– Schabel, Thomas, Zu Lasten der Versicherten – Rechtswegedickicht beim Kampf um Rabattverträge, Behörden Spiegel September 2008, 26

– Schäffer, Rebecca, Die Anwendung des europäischen Vergaberechts auf sozialrechtliche Dienstleistungsverträge, ZESAR 2009, 374

– Stolz, Bernhard/Kraus, Philipp, Ausschreibungspflichtigkeit von Verträgen zur Hausarztzentrierten Versorgung nach § 73 b Abs. 4 S. 1 SGB V, MedR 2010, 86

– Thüsing, Gregor/Granetzny, Thomas, Der Rechtsweg in Vergabefragen des Leistungserbringungsrechts nach dem SGB V, NJW 2008, 3188

8.7 Verträge zwischen Unternehmen

8.7.1 Begriff des Unternehmens

8.7.1.1 Rechtsprechung

8.7.1.1.1 Die Rechtsprechung des EuGH. Nach der **Rechtsprechung des EuGH umfasst der Begriff des Unternehmens im Sinne des Wettbewerbsrechts der Gemeinschaft jede eine wirtschaftliche Tätigkeit ausübende Einrichtung unabhängig von ihrer Rechtsform und der Art ihrer Finanzierung**. Das Anbieten von Gütern oder Dienstleistungen auf einem bestimmten Markt ist das, was den Begriff der wirtschaftlichen Tätigkeit kennzeichnet (EuGH, Urteil v. 11. 7. 2006 – Az.: C-205/03 P; im Ergebnis ebenso EuGH, Urteil v. 9. 6. 2009 – Az.: C-480/06). 1646

Der **Gemeinschaftsgesetzgeber wollte den Begriff „Wirtschaftsteilnehmer, der Leistungen auf dem Markt anbietet"** nicht auf unternehmerisch strukturierte Wirtschaftsteilnehmer beschränken oder besondere Bedingungen einführen, die geeignet sind, den Zugang zu Ausschreibungen von vornherein auf der Grundlage der Rechtsform und der internen Organisation der Wirtschaftsteilnehmer zu beschränken. Sowohl aus den Gemeinschaftsvorschriften als auch aus der Rechtsprechung des Gerichtshofs ergibt sich, **dass jede Person oder Einrichtung als Bieter oder Bewerber auftreten darf, die in Anbetracht der in der Auftragsausschreibung festgelegten Bedingungen meint, dass sie den betreffenden Auftrag ausführen kann, selbst oder unter Rückgriff auf Subunternehmer, unabhängig von ihrem – privatrechtlichen oder öffentlich-rechtlichen – Status und der Frage, ob sie auf dem Markt systematisch tätig ist oder nur gelegentlich auftritt oder ob sie aus öffentlichen Mitteln subventioniert wird oder nicht**. Ob diese Einrichtung die Ausschreibungsbedingungen tatsächlich erfüllen kann, wird in einem späteren Verfahrensabschnitt nach den Kriterien der Art. 44 bis 52 der Richtlinie 2004/18 geprüft. Dem ist hinzuzufügen, dass eine **restriktive Auslegung des Begriffs „Wirtschaftsteilnehmer"** zur Folge hätte, dass Verträge zwischen öffentlichen Auftraggebern und Einrichtungen, die nicht in erster Linie Gewinnerzielung anstreben, nicht als „öffentliche Aufträge" gälten, freihändig vergeben werden könnten und damit – anders als bezweckt – nicht unter die Gemeinschaftsvorschriften auf dem Gebiet der Gleichbehandlung und der Transparenz fallen würden. Darüber hinaus würde eine solche Auslegung, wie das vorlegende Gericht hervorhebt, der Zusammenarbeit zwischen öffentlichen und privaten Einrichtungen sowie zwischen Forschern und Unternehmern schaden und eine Wettbewerbsbeschränkung darstellen (EuGH, Urteil v. 23. 1. 2009 – Az.: C-305/08). 1647

8.7.1.1.2 Die nationale Rechtsprechung. Auszugehen ist von einem **weiten, namentlich funktional zu verstehenden Unternehmerbegriff**. Er bezeichnet einen Rechtsträger gleich welcher Rechtsform, der sich wirtschaftlich betätigt. Dazu gehören **auch Rechtsträger, die ihrerseits die öffentlichen Auftraggebereigenschaften nach § 98 GWB erfüllen**, sich jedoch im konkreten Fall gewerbsmäßig mit der Erstellung der betreffenden Leitung befassen. Auch das Handeln eines Hoheitsträgers ist dasjenige eines „Unternehmens" und an den Vergaberechtsvorschriften des GWB zu messen, wenn der **Hoheitsträger den ihm durch das öffentliche Recht zugewiesenen Aufgabenbereich verlässt und er sich funktional und gewerbsmäßig wie ein Marktteilnehmer verhält** (OLG Düsseldorf, B. v. 5. 5. 2004 – Az.: VII – Verg 78-03; OLG Frankfurt, B. v. 7. 9. 2004 – Az.: 11 Verg 11/04 und 12/04; OLG Naumburg, B. v. 3. 11. 2005 – Az.: 1 Verg 9/05; VK Hamburg, B. v. 3. 8. 2004 – Az. VgK FB 4/04). 1648

Auch wenn die **Aufgabenwahrnehmung zwischen zwei Gebietskörperschaften** im kommunalen Bereich und damit innerhalb der „Verwaltung" erfolgen soll, handelt es sich um 1649 eine Betätigung auf einem sonst auch privaten Unternehmen zugänglichen Markt (OLG Frankfurt, B. v. 7. 9. 2004 – Az.: 11 Verg 11/04 und 12/04). Vgl. insoweit aber die neue Rechtsprechung des EuGH zur interkommunalen Zusammenarbeit → Rdn. 322 ff.

1650 Geht man von dem funktionellen Unternehmerbegriff und der Marktteilnahme als entscheidendem Kriterium aus, ist der **Anwendungsbereich des Vergaberechts nur dann ausgeschlossen, wenn der kooperierende Verwaltungsträger im Einzelfall nicht wie ein Privater am Markt tätig wird.** Dies ist dann der Fall, wenn ein Wettbewerb am Markt aufgrund der rechtlichen Rahmenbedingungen schlichtweg ausgeschlossen ist, also nur bei ausschließlichen öffentlichen Aufgaben im Sinne eines Verwaltungsmonopols. In einer solchen Konstellation könnte ein privater Unternehmer die Tätigkeit gerade nicht ausüben (OLG Naumburg, B. v. 3. 11. 2005 – Az.: 1 Verg 9/05).

1651 **Für die Unternehmenseigenschaft kommt es nicht auf eine Gewinnerzielungsabsicht an.** Maßgeblich ist insoweit allein, dass ein Marktbeteiligter im Wettbewerb mit anderen Marktbeteiligten (z. B. Versicherungsunternehmen) auf dem Markt Leistungen (z. B. Versicherungsdienstleistungen) für öffentliche Auftraggeber erbring (BGH, B. v. 3. 7. 2008 – Az.: I ZR 145/05).

1652 **8.7.1.1.3 Beispiele aus der Rechtsprechung**
– die **Bestimmungen der Richtlinie 2004/18**, insbesondere die Art. 1 Abs. 2 Buchst. a und Art. 8 Unterabs. 1 und 2, die auf den Begriff „Wirtschaftsteilnehmer" Bezug nehmen, sind dahin auszulegen, dass sie es Einrichtungen, die nicht in erster Linie Gewinnerzielung anstreben, nicht über die Organisationsstruktur eines Unternehmens verfügen und nicht ständig auf dem Markt tätig sind, wie Universitäten und Forschungsinstitute sowie Gruppen von Universitäten und Behörden, gestatten, an einem Verfahren zur Vergabe eines öffentlichen Dienstleistungsauftrag teilzunehmen (EuGH, Urteil v. 23. 1. 2009 – Az.: C-305/08)

– handelt ein Antragsteller in der **Funktion als freier Träger der Jugendhilfe in Erfüllung der ihr obliegenden Verantwortung, handelt sie nicht als Unternehmen.** Diese Einschätzung wird von § 75 SGB VIII gestützt, wonach privatgewerbliche Träger nicht als freie Träger der Jugendhilfe anerkannt werden können, mithin diesen ein wirtschaftlicher Wettbewerb fremd ist (VK Hamburg, B. v. 3. 8. 2004 – Az. VgK FB 4/04)

8.7.1.2 Literatur

1653 – Hertwig, Stefan, Öffentliche Unternehmen und Einrichtungen im europäischen Beihilfe- und Vergaberecht, VergabeR 2008, 589

– Prieß, Hans-Joachim/Hölzl, Franz Josef, GWB 2009: Öffentlicher Auftraggeber und Auftrag – keine Überraschungen!, NZBau 2009, 159

– Stolz, Bernhard/Kraus, Philipp, Ausschreibungspflichten im Rahmen von Geothermieprojekten, VergabeR 2008, 891

8.7.2 Vorgabe einer bestimmten Gruppe von Unternehmen durch den Auftraggeber als Vertragspartner

1654 § 47 AMG sieht vor, dass pharmazeutische Unternehmer und Großhändler solche Grippeimpfstoffe nur an Apotheken, nicht jedoch an Endverbraucher bzw. Ärzte abgeben dürfen, letzteres ist vielmehr gemäß § 43 AMG ausschließlich den Apotheken vorbehalten. D. h. bereits der Gesetzgeber geht davon aus, dass bei bestimmten Arzneimitteln eine solche Apothekenpflicht erforderlich ist, um die ausreichende und sichere Versorgung der Allgemeinheit zu gewährleisten. Der **Gesetzgeber hat sich mithin auf einen Vertriebsweg festgelegt, der den Apotheken die maßgebliche Verteilungsfunktion in Bezug auf die Abgabe apothekenpflichtiger Arzneimittel an Endverbraucher zuweist.** Diese vom Gesetzgeber offensichtlich gewollte und für notwendig erachtete zentrale Funktion der Apotheke wäre nicht mehr gewährleistet, wenn im Rahmen von Ausschreibungen über die Lieferung von Arzneimitteln an Endverbraucher den Apotheken die Rolle des Nachunternehmers eines pharmazeutischen Unternehmens zugewiesen werden könnte. Wenn somit der Gesetzgeber die Ausführung einer bestimmten Leistung im Bereich des Gesundheitswesens einem bestimmten Berufszweig (hier: Apotheken) vorbehält, ist es nicht zu beanstanden, wenn die Beschaffung dieser Leistung durch einen öffentlichen Auftraggeber mit der Maßgabe erfolgt, dass Vertragspartner nur Apotheken sein dürfen. Auch die Vorgabe der Ag, wonach die Apotheke zu-

Gesetz gegen Wettbewerbsbeschränkungen GWB § 99 **Teil 1**

mindest das federführende Bietergemeinschaftsmitglied sein muss, ist ebenfalls sachgerecht. Dies ergibt sich schon allein aus dem Umstand, dass den Apotheken (und nur diesen) kraft Gesetzes die Abgabe von apothekenpflichtigen Arzneimitteln – und damit die Ausführung der ausgeschriebenen Leistung – vorbehalten ist (1. VK Bund, B. v. 20. 1. 2010 – Az.: VK 1–230/09).

8.8 Lieferaufträge (§ 99 Abs. 2)

8.8.1 Allgemeines

Ein öffentlicher Lieferauftrag liegt nach § 99 Abs. 2 GWB vor, wenn sich der Vertrag auf die **Beschaffung von Waren** bezieht. Die Definition entspricht Art. 1 Abs. 2 Buchstabe c) Vergabekoordinierungsrichtlinie. Unerheblich ist bei der Beschaffung, ob der Auftragnehmer dem öffentlichen Auftraggeber die Verfügungsgewalt an der Ware dadurch verschafft, dass er die Sache in dessen Einflussbereich bringt. Im § 99 Abs. 2 GWB werden „insbesondere" der Kauf und Ratenkauf, Leasing-, Miet- und Pachtverträge genannt. **Entscheidendes Kriterium zur Bejahung eines Liefervertrages ist** nach § 99 Abs. 2 GWB also nicht die von den Parteien gewählte Vertragsform, sondern **allein die Verschaffung der Verfügungsgewalt**, sei es durch Erwerb oder durch Gebrauchsüberlassung (VK Südbayern, B. v. 8. 10. 2001 – Az.: 28-08/01). 1655

Gemäß der Bestimmung des Begriffs der „öffentlichen Lieferaufträge" in Art. 1 Abs. 2 Buchst. c Unterabs. 1 der Richtlinie 2004/18 bezieht sich dieser Begriff auf Geschäfte wie beispielsweise Kauf und Miete, die weiter nicht spezifizierte „Waren" betreffen, **ohne dass danach unterschieden würde, ob die fraglichen Waren standardmäßig oder für den Einzelfall, d. h., nach den konkreten Wünschen und Bedürfnissen des Kunden, hergestellt wurden. Der Warenbegriff, auf den diese Vorschrift allgemein abstellt, schließt folglich auch ein Anfertigungsverfahren ein, unabhängig davon, ob die betreffende Ware den Verbrauchern bereits in fertigem Zustand zur Verfügung gestellt oder nach deren Anforderungen hergestellt worden ist**. Diese Betrachtungsweise wird durch Art. 1 Abs. 4 der Richtlinie 1999/44 bestätigt, die als „Kaufverträge" allgemein und ohne Unterscheidung „Verträge über die Lieferung herzustellender oder zu erzeugender Verbrauchsgüter" einstuft (EuGH, Urteil v. 25. 2. 2010 – Az.: C-381/08; Urteil v. 11. 6. 2009 – Az.: C-300/07). 1656

8.8.2 Abgrenzung zum Bauauftrag

8.8.2.1 Grundsätze

Das **GWB enthält** im Gegensatz zu dem Verhältnis Liefervertrag/Dienstleistungsvertrag und Dienstleistung/Bauleistung **keine Regelungen dazu, wie Bau- von Lieferverträgen abzugrenzen** sind. Aus dem **Regelungsgehalt von § 99 Abs. 6 GWB kann aber geschlossen werden, dass sich der Charakter der geschuldeten Leistung grundsätzlich nach dem Schwerpunkt der geschuldeten Leistung** richtet. Dies entspricht auch der Rechtsprechung des EuGH (OLG Brandenburg, B. v. 25. 5. 2010 – Az.: Verg W 15/09; OLG München, B. v. 5. 11. 2009 – Az.: Verg 15/09; 1. VK Saarland, B. v. 13. 3. 2010 – Az.: 1 VK 01/2010; VK Südbayern, B. v. 3. 9. 2009 – Az.: Z3-3-3194-1-26-05/09). Die **zu beschaffende Leistung bestimmt der Auftraggeber. Danach richtet sich dann das für die Auftragsvergabe zu durchlaufende Verfahren** (OLG Brandenburg, B. v. 25. 5. 2010 – Az.: Verg W 15/09). 1657

Aufträge, die nicht über den reinen Austausch einer Ware gegen Vergütung hinausgehen, die **insbesondere die bloße Lieferung von Baustoffen oder Bauteilen ohne individuelle, auf das Bauvorhaben bezogene Be- oder Verarbeitung zum Gegenstand** haben, haben keinen hinreichend engen funktionalen Zusammenhang mit der Erstellung des Bauwerks. Sie **zählen** nicht zu den Bau-, sondern **zu den Lieferaufträgen** (OLG München, B. v. 28. 9. 2005 – Az.: Verg 019/05). 1658

8.8.2.2 Weitere Beispiele aus der Rechtsprechung

– **sollen mit einer kommunikationstechnischen Neuausstattung bestehende Gebäude unter kommunikationstechnischem und nicht unter baulichem Aspekt modernisiert werden**, liegen unter Heranziehung der Schwerpunkttheorie die **rechtlichen und wirtschaftlichen Schwerpunkte des Auftrags** unter Berücksichtigung einer an einem objektivierten Maßstab auszurichtenden wertenden Betrachtung nach dem Willen der Vertragsbeteiligten (und nicht allein der tatsächlichen Einordnung des Auftrags durch den Auftraggeber) **gerade nicht auf der Erbringung von Bauleistungen** wie dem Verlegen von Kabeln, 1659

Ausheben und Wiederabdichten von Kabelgräben, Wanddurchbrüchen in Beton und ähnlichen bauwerksbezogenen Leistungen. Es geht vielmehr um die Lieferung von Hard- und Software sowie Wartungsservice für das Telekommunikationssystem unter Beachtung des Integrationsgebots in das vorhandene Campusnetz. Der Schwerpunkt des Auftrags liegt **eindeutig auf dem Liefer-/Dienstleistungscharakter der ausgeschriebenen Leistungen** (1. VK Saarland, B. v. 13. 3. 2010 – Az.: 1 VK 01/2010)

– die **Installation von Kommunikationssystemen** im Sinne von Erwägungsgrund Nr. 10 der Richtlinie 2004/18/EG allein macht einen Auftrag noch nicht zum Bauauftrag. Es muss sich vielmehr um einen öffentlichen Auftrag über entweder die Ausführung oder gleichzeitig die Planung und die Ausführung von Bauvorhaben im Zusammenhang mit einer der in Anhang 1 der o. g. Richtlinie genannten Tätigkeiten oder eines Bauwerks handeln. Die **Erstausstattung eines neuerrichteten Gebäudes, das erst durch den Einbau der Kommunikationsanlage im Sinne einer erstmaligen Herstellung des Bauwerkes funktionsfähig würde, ist als Bauleistung im Sinne der VOB/A anzusehen** (1. VK Saarland, B. v. 13. 3. 2010 – Az.: 1 VK 01/2010)

– wünscht die **Vergabestelle keine individuellen, auf das jeweilige Gebäude angefertigten Geräte und Ausstattungsteile, sondern explizit Serienprodukte** und werden diese Serienprodukte zwar in den Räumen des Theaters aufgestellt und montiert, doch **können sie jederzeit für andere Zwecke wieder abgebaut und verwendet werden** und liegt das **Hauptaugenmerk des Auftrags** auch nicht auf irgendwelchen optischen baulichen Veränderungen, sondern **auf der Umstellung der analogen Technik auf die Digitaltechnik** und macht dieser Teil des Auftrags den Hauptteil des Auftrags aus und **belaufen sich die reinen Baumaßnahmen nur auf einen Bruchteil der gesamten ausgeschriebenen Maßnahme**, bedeutet dies, dass insgesamt **von einem Lieferauftrag auszugehen** ist (OLG München, B. v. 5. 11. 2009 – Az.: Verg 15/09; VK Südbayern, B. v. 3. 9. 2009 – Az.: Z3-3-3194-1-26-05/09)

8.9 Bauaufträge (§ 99 Abs. 3)

8.9.1 Typen von Bauaufträgen

1660 § 99 Abs. 3 nennt drei Typen von Bauaufträgen, nämlich

– die **Ausführung** eines Bauvorhabens oder eines Bauwerkes für den öffentlichen Auftraggeber, das Ergebnis von Tief- oder Hochbauarbeiten ist und eine wirtschaftliche oder technische Funktion erfüllen soll

– die **gleichzeitige Planung und Ausführung** eines Bauvorhabens oder eines Bauwerkes für den öffentlichen Auftraggeber, das Ergebnis von Tief- oder Hochbauarbeiten ist und eine wirtschaftliche oder technische Funktion erfüllen soll,

– eine dem Auftraggeber unmittelbar wirtschaftlich zugutekommende **Bauleistung durch Dritte** gemäß den vom Auftraggeber genannten Erfordernissen.

1661 Diese **Typen orientieren sich an der Definition in Art. 1 Abs. 2 b) der Vergabekoordinierungsrichtlinie**, decken sich aber nicht mit dieser Definition.

8.9.2 Notwendigkeit einer einheitlichen Auslegung

1662 Nach ständiger Rechtsprechung **kann die in einer der Sprachfassungen einer Vorschrift des Unionsrechts verwendete Formulierung nicht als alleinige Grundlage für die Auslegung dieser Vorschrift herangezogen werden** oder insoweit Vorrang vor den anderen sprachlichen Fassungen beanspruchen. Eine solche Vorgehensweise wäre mit dem Erfordernis einer einheitlichen Anwendung des Unionsrechts unvereinbar. **Weichen die verschiedenen Sprachfassungen voneinander ab, muss die fragliche Vorschrift nach der allgemeinen Systematik und dem Zweck der Regelung ausgelegt werden, zu der sie gehört** (EuGH, Urteil v. 25. 3. 2010 – Az.: C-451/08).

8.9.3 Notwendiger Inhalt eines Bauauftrags

8.9.3.1 Allgemeines

1663 Nach der Rechtsprechung des **EuGH** setzt ein öffentlicher Bauauftrag des öffentlichen Auftraggebers – neben der Erreichung des Schwellenwerts – voraus,

– dass ein schriftlicher Vertrag geschlossen wird,

– durch den der **Auftragnehmer zur Erbringung von Bauleistungen verpflichtet** wird,
– die **Leistung ein unmittelbares wirtschaftliches Interesse für den öffentlichen Auftraggeber bedeutet**,
– der **Vertrag entgeltlich oder in Form einer Baukonzession** geschlossen ist
(OLG Düsseldorf, B. v. 9. 6. 2010 – Az.: VII-Verg 9/10).

8.9.3.2 Bauverpflichtung

Gegenstand des Bauauftrages ist **jeweils eine Werkleistung** (OLG München, B. v. 5. 11. 2009 – Az.: Verg 15/09; BayObLG, B. v. 28. 8. 2002 – Az.: Verg 20/02). Danach kann **auch die Lieferung von Gegenständen, die der Auftragnehmer den konkreten baulichen Verhältnissen anzupassen, vor Ort einzubauen oder zu montieren hat, eine Bauleistung sein**. Auf der anderen Seite ist die **bloße Lieferung von Baustoffen oder Bauteilen ohne individuelle auf das Bauvorhaben bezogene Be- und Verarbeitung**, die keinen funktionalen Zusammenhang zu der Erstellung des Bauwerks haben, **reine Lieferaufträge** (OLG München, B. v. 5. 11. 2009 – Az.: Verg 15/09; VK Südbayern, B. v. 3. 9. 2009 – Az.: Z3-3-3194-1-26-05/09). **Anderer Auffassung** ist insoweit das OLG Dresden: **Für den vergaberechtlichen Begriff des Bauauftrags kommt es nicht darauf an, dass die Leistung nach deutschem Zivilrecht als Werkvertragsleistung einzustufen wäre**; auch eine Werklieferung ein schlichter Kauf kann wegen des funktionsbedingten Zusammenhangs der zu beschaffenden Gegenstände mit dem damit auszustattenden Gebäude als Bestandteil der Bauleistung anzusehen sein (OLG Dresden, B. v. 2. 11. 2004 – Az.: WVerg 11/04). 1664

Ob der **Begriff des Bauauftrags** unter dem Gebot der autonomen und einheitlichen Auslegung des Gemeinschaftsrechts sowie einer mit der Vergabekoordinierungsrichtlinie 2004/18/EG vom 31. 3. 2004 konformen Auslegung auf Seiten des Auftragnehmers **die Eingehung einer einklagbaren Bau- oder Realisierungsverpflichtung erfordert, hat die Rechtsprechung bisher offen gelassen**. Das OLG Düsseldorf weist in diesem Zusammenhang lediglich darauf hin, dass der **deutschsprachige Wortlaut der Begriffsbestimmung eines öffentlichen Bauauftrags** in Art. 1 Abs. 2b der Vergabekoordinierungsrichtlinie **keinen Hinweis auf eine derartige (einklagbare) Verpflichtung enthält**. Auch die englische und die französische Fassung der Richtlinie sprechen nicht von einer solchen Verpflichtung des Auftragnehmers, sondern nur davon, dass öffentliche Bauaufträge Bauleistungen zum Gegenstand haben ('Public works contracts are public contracts having as their object ...; Les marchés publics de travaux sont des marchés publics ayant pour objet ...). **Keinesfalls kann in dieser Frage allein das nationale Rechtsverständnis zugrunde gelegt werden**, wonach der Abschluss eines Werkvertrages im Sinn des § 631 BGB selbstverständlich die Verpflichtung des Auftragnehmers zur Herstellung des versprochenen Werks voraussetzt (OLG Düsseldorf, B. v. 2. 10. 2008 – Az.: VII – Verg 25/08; B. v. 6. 2. 2008 – Az.: VII – Verg 37/07; B. v. 12. 12. 2007 – Az.: VII – Verg 30/07 – instruktive Erläuterung einer Bauverpflichtung; VK Baden-Württemberg, B. v. 5. 6. 2008 – Az.: 1 VK 16/08). In einer neueren Entscheidung betont das **OLG Düsseldorf** aber, dass es das **Merkmal einer durch den öffentlichen Bauauftrag (oder die öffentliche Baukonzession) direkt oder indirekt begründeten Realisierungsverpflichtung** (Bauverpflichtung) des Auftragnehmers **nicht aufgeben** will. Freilich muss es sich bei autonomen und einheitlichen Verständnis des gemeinschaftsrechtlichen Vorschriften sowie richtlinienkonformer Auslegung der nationalen Begriffsbestimmungen nach Auffassung des Senats – sofern auf das Element der rechtlichen Verpflichtung nicht verzichtet werden kann – **um keine einklagbare Verpflichtung** handeln. Auch **eine noch weitgehende Unbestimmtheit von Leistungspflichten schadet der Annahme eines öffentlichen Bauauftrags nicht.** Die Leistungspflichten müssen nicht schon bei Beginn des Vergabeverfahrens im Einzelnen feststehen. Das ergibt sich allein aus der Zulassung eines Verhandlungsverfahrens nach vorheriger öffentlicher Vergabebekanntmachung in solchen Fällen, in denen der Leistungsgegenstand nicht eindeutig und erschöpfend beschrieben werden kann und der Verfahrensart des wettbewerblichen Dialogs (OLG Düsseldorf, B. v. 2. 10. 2008 – Az.: VII – Verg 25/08). 1665

Nach der Auffassung des EuGH verpflichtet sich der Auftragnehmer mit dem Vertragsschluss im Rahmen eines öffentlichen Bauauftrags, die Bauleistungen, die dessen Gegenstand bilden, durchzuführen oder durchführen zu lassen. Es spielt keine Rolle, ob der Auftragnehmer die Leistungen mit eigenen Mitteln oder unter Inanspruchnahme von Subunternehmern erbringt. **Da die Verpflichtungen, die sich aus dem Auftrag ergeben, rechtsverbindlich sind, muss ihre Erfüllung einklagbar sein.** Mangels einer Regelung im Unionsrecht sind die Modalitäten für die Erfüllung solcher Verpflichtungen im Einklang mit dem Grundsatz der 1666

Teil 1 GWB § 99 Gesetz gegen Wettbewerbsbeschränkungen

Autonomie dem nationalen Recht überlassen. Der Begriff „öffentliche Bauaufträge" im Sinne von Art. 1 Abs. 2 Buchst. b der Richtlinie 2004/18 erfordert demnach, dass der **Auftragnehmer direkt oder indirekt die Verpflichtung zur Erbringung der Bauleistungen, die Gegenstand des Auftrags sind, übernimmt und dass es sich um eine nach den im nationalen Recht geregelten Modalitäten einklagbare Verpflichtung handelt** (EuGH, Urteil v. 25. 3. 2010 – Az.: C-451/08).

8.9.4 Verknüpfung zur Vergabekoordinierungsrichtlinie

1667 Die **Definition** des öffentlichen Bauauftrags wurde aus **Art. 1 lit. a) BKR** übernommen, und die Definition des Bauwerks aus **Art. 1 lit. c) BKR** („das Ergebnis einer Gesamtheit von Tief- oder Hochbauarbeiten, das seinem Wesen nach eine wirtschaftliche oder technische Funktion erfüllen soll") findet sich nahezu gleichlautend in der Definition des Bauauftrags nach § 99 GWB wieder. Die **Definitionen sind auch in die neue Vergabekoordinierungsrichtlinie (Richtlinie 2004/18/EG) übernommen** worden.

1668 Maßgebend für den Anwendungsbereich des Vierten Teils des GWB ist die Definition des Bauauftrages in § 99 Abs. 3 GWB, die **weitgehend der Definition in Art. 1 der Richtlinie 93/37/EWG des Rates vom 14. Juni 2003 zur Koordinierung der Verfahren zur Vergabe öffentlicher Bauaufträge (im Folgenden BKR) entspricht**. Anhaltspunkte für die Frage, ob ein Bauauftrag vorliegt, ergeben sich im Einzelnen aus dem „Verzeichnis der Berufstätigkeiten im Baugewerbe entsprechend dem allgemeinen Verzeichnis der wirtschaftlichen Tätigkeiten in der Europäischen Gemeinschaft (NACE)", das als Anhang II Bestandteil der BKR ist (OLG Düsseldorf, B. v. 14. 4. 2010 – Az.: VII-Verg 60/09; OLG München, B. v. 5. 11. 2009 – Az.: Verg 15/09; B. v. 28. 9. 2005 – Az.: Verg 019/05; VK Brandenburg, B. v. 26. 11. 2003 – Az.: VK 72/03). Für die Frage, ob der Vierte Teil des GWB eröffnet ist, ist dagegen **grundsätzlich nicht die Definition des Bauauftrages in § 1 VOB/A maßgeblich**; allerdings decken sich der Anwendungsbereich von § 99 Abs. 3 GWB und § 1 VOB/A weitgehend, so dass ein Rückgriff auf die Rechtsprechung und Literatur zur VOB/A möglich ist, soweit ein Widerspruch zum gemeinschaftsrechtlich geprägten Begriff in § 99 Abs. 3 GWB nicht besteht (OLG Düsseldorf, B. v. 14. 4. 2010 – Az.: VII-Verg 60/09; OLG München, B. v. 28. 9. 2005 – Az.: Verg 019/05; 1. VK Bund, B. v. 2. 5. 2003 – Az.: VK 1–25/03; 2. VK Bund, B. v. 31. 7. 2006 – Az.: VK 2–65/06; VK Südbayern, B. v. 17. 2. 2006 – Az.: 01-01/06; B. v. 29. 11. 2005 – Az.: Z3-3-3194-1-46–09/05; B. v. 22. 7. 2005 – Az.: 27-05/05).

1669 **An den europarechtlichen Rahmenbedingungen hat sich durch die EU-Vergabekoordinierungsrichtlinie (Richtlinie 2004/18/EG) inhaltlich nichts geändert,** so dass die o. a. Rechtsprechung weiterhin Gültigkeit hat (OLG Düsseldorf, B. v. 18. 10. 2006, Az.: VII – Verg 35/06; 2. VK Bund, B. v. 31. 7. 2006 – Az.: VK 2–65/06).

1670 Die Definition eines öffentlichen Bauauftrags fällt in den Bereich des Gemeinschaftsrechts. Da Art. 1 Buchst. a der Richtlinie für die Bestimmung seiner Bedeutung und seiner Reichweite keinerlei ausdrücklichen Verweis auf das Recht der Mitgliedstaaten enthält, ist die **rechtliche Qualifizierung des Vertrags nach nationalem Recht für die Entscheidung, ob die Vereinbarung in den Geltungsbereich der Richtlinie fällt, nicht maßgeblich** (EuGH, Urteil v. 29. 10. 2009 – Az.: C-536/07; Urteil v. 18. 1. 2007 – Az.: C-220/05; ebenso für die Abgrenzung zwischen Dienstleistung und Dienstleistungskonzession 1. VK Sachsen, B. v. 9. 9. 2008 – Az.: 1/SVK/046-08; B. v. 29. 8. 2008 – Az.: 1/SVK/042-08; B. v. 29. 8. 2008 – Az.: 1/SVK/041-08). Ebenso wenig kommt es darauf an, wie die **Vertragsparteien einen bestimmten Vertrag qualifizieren** (EuGH, Urteil v. 29. 10. 2009 – Az.: C-536/07).

8.9.5 Gleichzeitige Planung und Ausführung eines Bauvorhabens oder eines Bauwerks

1671 Es ist nach dem europäischen und nationalen Vergaberecht zulässig, Planung und Ausführung als Bauauftrag zusammengefasst zu vergeben. Die näheren Einzelheiten sind in § 7 Abs. 13 ff. VOB/A geregelt.

8.9.6 Begriffe des Bauvorhabens und des Bauwerks

8.9.6.1 Allgemeines

1672 Unter einem **Bauwerk ist eine unbewegliche, durch Verwendung von Arbeit und Material in Verbindung mit dem Erdboden hergestellte Sache** zu verstehen (VK Brandenburg, B. v. 5. 4. 2002 – Az.: VK 7/02, B. v. 12. 2. 2002 – Az.: 2 VK 123/01).

Gesetz gegen Wettbewerbsbeschränkungen GWB § 99 **Teil 1**

Die Kriterien für die **Definition eines einheitlichen Bauwerks** sind in Abschnitt 1 Art. 1 1673
Buchstabe c der Richtlinie 93/37 EWG vom 14. 6. 1993 bestimmt. Demnach ist ein **Bauwerk
das Ergebnis einer Gesamtheit von Tief- oder Hochbauten, das seinem Wesen nach
eine wirtschaftliche oder technische Funktion erfüllen soll** (EuGH, Urteil v. 25. 3. 2010
– Az.: C-451/08; Urteil v. 18. 1. 2007 – Az.: C-220/05; Urteil v. 5. 10. 2000 – Az.: C-16/98;
VK Brandenburg, B. v. 21. 8. 2009 – Az.: VK 31/09; B. v. 11. 6. 2004 – Az.: VK 19/04; VK
Düsseldorf, B. v. 10. 4. 2008 – Az.: VK – 05/2008 – B; B. v. 28. 9. 2007 – Az.: VK – 27/2007
– B; B. v. 14. 8. 2006 – Az.: VK – 32/2006 – B; B. v. 11. 9. 2001 – Az.: VK – 19/2001 – B;
VK Nordbayern, B. v. 24. 9. 2003 – Az.: 320.VK-3194-30/03; 1. VK Sachsen, B. v. 14. 9. 2009
– Az.: 1/SVK/042-09; VK Thüringen, B. v. 10. 6. 2008 – Az.: 250–4002.20–1323/2008-020-
EF). Ob die einzelnen Baumaßnahmen eigene wirtschaftliche und/oder technische Funktionen
erfüllen, **beurteilt sich nach rein objektiven Kriterien** (OLG Brandenburg, B. v. 20. 8.
2002 – Az.: Verg W 4/02; VK Düsseldorf, B. v. 28. 9. 2007 – Az.: VK – 27/2007 – B).

Die **Definition der Baukoordinierungsrichtlinie ist unverändert in die Vergabekoor-** 1674
dinierungsrichtlinie übernommen worden, sodass die Rechtsprechung zur Baukoordinierungsrichtlinie weiter Gültigkeit hat.

8.9.6.2 Weite Auslegung

In der Rechtsprechung und in der Literatur besteht Einigkeit, dass eine **weite Auslegung** 1675
dessen, was als Bauwerk bzw. als zum Bauwerk gehörig gelten soll, **geboten** ist. Dies gilt sowohl
nach den Auslegungsgrundsätzen des deutschen Rechts als auch unter Berücksichtigung der
Vorgaben der Baukoordinierungsrichtlinie – **jetzt Richtlinie 2004/18/EG** (OLG Dresden, B.
v. 2. 11. 2004 – Az.: WVerg 11/04; OLG Thüringen, B. v. 22. 8. 2002 – Az.: 6 Verg 5/01; VK
Baden-Württemberg, B. v. 15. 3. 2007 – Az.: 1 VK 03/07; 1. VK Bund, B. v. 2. 5. 2003 – Az.:
VK 1–25/03; VK Düsseldorf, B. v. 10. 4. 2008 – Az.: VK – 05/2008 – B; 1. VK Sachsen, B. v.
12. 7. 2007 – Az.: 1/SVK/049-07; VK Südbayern, B. v. 29. 11. 2005 – Az.: Z3-3-3194-1-46–
09/05). Es sollen also **alle Arten von Bauleistungen umfassend einbezogen werden** (VK
Baden-Württemberg, B. v. 15. 3. 2007 – Az.: 1 VK 03/07; VK Düsseldorf, B. v. 11. 9. 2001 –
Az.: VK – 19/2001 – B; 1. VK Sachsen, B. v. 12. 7. 2007 – Az.: 1/SVK/049-07).

8.9.6.3 Einheitliches Bauvorhaben

Bei Bauvorhaben ist **nach einer sachgerechten Abwägung im Einzelfall darüber zu** 1676
entscheiden, ob es sich um ein zusammengehöriges Bauvorhaben handelt, bei dem sämtliche
Einzelleistungen zusammenzurechnen sind. Es sind dabei alle Aufträge zusammenzurechnen, die
für die Herstellung des Bauvorhabens sowohl in technischer Hinsicht als auch im Hinblick auf
die sachgerechte Nutzung erteilt werden müssen (VK Rheinland-Pfalz, B. v. 6. 4. 2005 – Az.:
VK 09/05; B. v. 10. 6. 2003 – Az.: VK 10/03; im Ergebnis ebenso VK Hessen, B. v. 5. 3. 2008
– Az.: 69 d VK – 06/2008).

Komplexe Bauvorhaben, die in gestuften Entscheidungsverfahren beschlossen wer- 1677
den und in verschiedenen Phasen realisiert werden, sind zumindest dann nicht als ein
Gesamtbauwerk anzusehen, wenn die unterschiedlichen baulichen Anlagen ohne Beeinträchtigung ihrer Vollständigkeit und Benutzbarkeit auch getrennt voneinander errichtet werden können (1. VK Sachsen, B. v. 14. 9. 2009 – Az.: 1/SVK/042-09; VK Thüringen, B. v. 10. 6. 2008
– Az.: 250–4002.20–1323/2008-020-EF). In einer solchen Konstellation bilden solche Vorhaben ein Bauwerk, die funktional miteinander verknüpft sind und über die in einem organisatorischen Zusammenhang gemeinsam entschieden wird. Es kommt auf die Konkretisierung der
Bauabsicht an (VK Münster, B. v. 4. 4. 2001 – Az.: VK 11/01). Werden jedoch **Maßnahmen,
die in einem engen funktionalen Zusammenhang stehen** (z. B. MSR-Technik für mehrere Etagen eines Krankenhausgebäudes), auch in enger zeitlicher Reihenfolge ausgeschrieben,
handelt es sich um ein zusammen gehörendes Bauvorhaben (VK Düsseldorf, B. v. 28. 9. 2007 –
Az.: VK – 27/2007 – B; 1. VK Sachsen, B. v. 14. 9. 2009 – Az.: 1/SVK/042-09; B. v. 23. 1.
2004 – Az.: 1/SVK/160-03).

Entscheidungskriterium kann auch die vorgesehene Bauzeit sein. Auch wenn sich die 1678
Bauzeit über sieben Jahre hinzieht, kann eine solche Zeitspanne sich im Hinblick auf den Umfang und die Art der durchzuführenden Arbeiten in einem überschaubaren Rahmen halten.
Werden die einzelnen Bauabschnitte auch Zug um Zug realisiert, kann es sich um ein Bauvorhaben handeln (VK Baden-Württemberg, B. v. 22. 10. 2002 – Az.: 1 VK 51/02).

Je nach Einzelfall kann es sich **bei einer längeren Bauzeit und einer abschnittsweisen** 1679
Finanzierung auch bei den einzelnen Baumaßnahmen **um selbständige Bauwerke** handeln

Teil 1 GWB § 99   Gesetz gegen Wettbewerbsbeschränkungen

(VK Arnsberg, B. v. April 2002 – Az.: VK 1–05/2002; VK Düsseldorf, B. v. 14. 8. 2006 – Az.: VK – 32/2006 – B).

1680   **Indiz für das Bestehen eines einheitlichen Bauwerkes** kann zwar sein, dass **ein einziger Auftraggeber vorhanden** ist und **ein Unternehmen alle in den betreffenden Aufträgen bezeichneten Arbeiten zusammen ausführen könnte** (EuGH, Urteil v. 5. 10. 2000 – Az.: C-16/98). Dies ist aber nicht ausreichend. Maßgebliches Kriterium dafür, dass Einzelaufträge nicht als Los eines einzigen Bauwerkes anzusehen sind, ist, dass die Ergebnisse der jeweiligen Aufträge unterschiedliche wirtschaftliche und technische Funktionen erfüllten und damit unterschiedlichen Bauwerken dienen (OLG Brandenburg, B. v. 20. 8. 2002 – Az.: Verg W 4/02).

1681   **Indiz für das Bestehen eines einheitlichen Bauwerkes** können auch die Gleichzeitigkeit der Einleitung verschiedener Vergabeverfahren, die Ähnlichkeit der jeweiligen Bekanntmachungen, die Einheitlichkeit des Gebietes, in dem die Verfahren eingeleitet worden sind, und die Koordinierung durch einen Auftraggeber sein (EuGH, Urteil v. 5. 10. 2000 – Az.: C-16/98).

1682   **Indizien für eine Gesamtbaumaßnahme** können weder die Finanz- bzw. Erfolgspläne einer Vergabestelle noch deren Pressemitteilungen sein (OLG Celle, B. v. 17. 11. 1999 – Az.: 13 Verg 6/99).

1683   Für die Pflicht zur Ausschreibung **kann es auch nicht darauf ankommen, ob der Auftraggeber mit bestimmten Aufträgen schon bei Planung der Baumaßnahmen rechnen musste** oder sich **erst im Zuge der Ausführung der Baumaßnahmen herausstellt, dass bestimmte weitere Aufträge erforderlich** werden. Ebenso wenig kommt es darauf an, ob die **Baumaßnahmen nicht einheitlich geplant und erst in unterschiedlichen Phasen (Förderabschnitten) realisiert** werden. Es ist **allein der objektive Gesamtwert der Baumaßnahmen maßgebend** (OLG Düsseldorf, B. v. 11. 2. 2009 – Az.: VII-Verg 69/08).

1684   Bereits **ein Planfeststellungsbeschluss für die Gesamtmaßnahme spricht dafür**, dass alle 6 Teilprojekte ein **Gesamtbauvorhaben** darstellen (1. VK Sachsen, B. v. 14. 9. 2009 – Az.: 1/SVK/042-09).

8.9.6.4 Hochbaumaßnahmen

1685   Im Hochbau ist der Begriff des Bauvorhabens bzw. Bauwerks im Wesentlichen **gleichzusetzen mit „Gebäude"** (VK Rheinland-Pfalz, B. v. 10. 6. 2003 – Az.: VK 10/03).

1686   **Zwei auf gegenüberliegenden Parzellen zu errichtende Gebäude**, die **für sich betrachtet technisch und wirtschaftlich nutzbar** sind, können **nicht allein deshalb als ein „Bauwerk"** im vergaberechtlichen Sinn angesehen werden, weil der **Veräußerer eine architektonisch stimmige Bebauung anstrebt** (VK Düsseldorf, B. v. 10. 4. 2008 – Az.: VK – 05/2008 – B).

1687   Die Tatsache, dass es **für einen Investor wirtschaftlich interessant sein kann, innerhalb eines Altstadtbezirks ein Grundstück nach dem anderen zu bebauen, genügt nicht, um aus zwei möglichen Bauwerken ein einheitliches Projekt im vergaberechtlichen Sinne zu machen.** Auch die Tatsache, dass alle bebaubaren Grundstücke innerhalb desselben Sanierungsgebiets liegen, spielt keine Rolle (VK Baden-Württemberg, B. v. 13. 11. 2008 – Az.: 1 VK 45/08).

1688   Auch wenn Straßenbauarbeiten verbunden mit der Herstellung von Geh- und Radwegen sowie der Montage von Straßenlampen, die Sanierung eines Tanklagers, die Kampfmittelräumung, die Beseitigung von Schrott- und Munitionsablagerungen, die Ausstattung von Bahnübergängen mit Straßen- und Überwachungssignalen sowie die Errichtung von Schalthäusern, die Grundwassersanierung und die Errichtung einer zusätzlichen Mittelspannungsversorgung insgesamt der Revitalisierung eines brachliegenden Geländes dienen, erfüllt jede dieser Maßnahmen eine eigenständige und unterschiedliche wirtschaftliche und technische Funktion. Es handelt sich um unterschiedliche Baumaßnahmen (VK Brandenburg, B. v. 21. 8. 2009 – Az.: VK 31/09).

1689   Maßgeblich für die Frage, welche Leistungen zu einem „Bauwerk" gehören, ist die Erfüllung der wirtschaftlichen oder technischen Funktion der gesamten Maßnahme. Diese **Funktion ist mit der Errichtung einer manuellen Waschanlage vollständig erfüllt**: Die Waschhalle wurde samt der dafür erforderlichen Installationen errichtet, anschließend wurde eine manuelle Waschanlage geliefert und montiert, die seit etwa einem Jahr tatsächlich auch genutzt wird. Auch wenn der Auftraggeber zumindest schon durch den Bau von Betonhöckern für die Fahr-

Gesetz gegen Wettbewerbsbeschränkungen GWB § 99 **Teil 1**

gleise einer Waschportalanlage Vorarbeiten für die etwaige spätere Montage einer solchen Anlage durchführt, ändert dies jedoch nichts daran, dass das Bauvorhaben als manuelle Waschanlage nutzbar war und seitdem auch so genutzt wird. Vor diesem Hintergrund wäre es **nicht sach- und interessengerecht, jede (ggf. um mehrere Jahre) spätere Ergänzung eines Bauwerks bei der Ermittlung der einschlägigen Schwellenwerte im Zusammenhang mit einem vollständig abgeschlossenen und bereits erfolgreich seiner bestimmungsgemäßen Nutzung übergebenen Bauvorhaben zu betrachten. Vielmehr handelt es sich bei solch einer ergänzenden Maßnahme um einen isoliert zu betrachtenden, neuen Beschaffungsvorgang** (1. VK Bund, B. v. 13. 10. 2009 – Az.: VK 1-173/09).

8.9.6.5 Tiefbaumaßnahmen

Der Begriff der Tiefbaumaßnahmen wird im **Anhang II zur Baukoordinierungsrichtlinie** 1690 **(jetzt Anhang I der Vergabekoordinierungsrichtlinie – Richtlinie 2004/18/EG) näher definiert**. Zu den dort aufgeführten Erdbewegungsarbeiten und Landeskulturbau, Tunnel-, Schacht- und Straßenbauten zählen z. B. auch die schwerpunktmäßig ausgeschriebene Abfallumlagerung, Oberflächenabdichtung, Verlegen von Rohrleistungen, Anlegen von Schlammauffangbecken und Versickerungsmulden sowie die Herstellung von Betriebswegen (VK Brandenburg, B. v. 21. 12. 2004 – Az.: VK 64/04).

Im **Tiefbau** ist die Begriffsbestimmung mit Blick auf den Begriff des Bauwerks oft schwieriger und **meist auf die Definition „Erfüllung einer wirtschaftlichen oder technischen Funktion" abzustellen** (VK Rheinland-Pfalz, B. v. 10. 6. 2003 – Az.: VK 10/03). 1691

Als Tiefbaumaßnahmen kommen **auch Bauwerke in Gestalt einzelner in sich abgeschlossener verkehrswirksamer Straßenbauabschnitte** in Betracht (VK Baden-Württemberg, B. v. 22. 10. 2002 – Az.: 1 VK 51/02; VK Brandenburg, B. v. 25. 4. 2003 – Az.: VK 21/03). 1692

Maßgeblich ist hierbei jeweils, ob das zu erstellende **Projekt eine eigene Funktion erfüllt**. Dies ist bereits bei der Fertigstellung eines Streckenabschnittes einer geplanten Autobahn der Fall, oder auch bei der Errichtung einer Brücke oder einer Unterführung. Entscheidend ist die vorgesehene Ausführung der einzelnen, in sich geschlossenen Bauabschnitte (VK Münster, B. v. 6. 6. 2001 – Az.: VK 12/01). 1693

Ein Brückenkopf bildet mit der Brücke eine verkehrlich-funktionale Einheit und stellt damit ein einheitliches Bauwerk dar (VK Schleswig-Holstein, B. v. 19. 1. 2005 – Az.: VK-SH 37/04). 1694

Erfüllt nur einer von dreien Bauabschnitten (zwei Straßen, eine Brücke) eine **eigene wirtschaftliche und technische Funktion**, stellen die **drei Bauabschnitte ein einheitliches Bauwerk** dar (VK Düsseldorf, B. v. 14. 8. 2006 – Az.: VK – 32/2006 – B). 1695

Allein die Verbundfähigkeit eines Kanalsystems vermag grundsätzlich nicht die Bewertung zu rechtfertigen, dass Erneuerungsarbeiten an unterschiedlichen Kanalabschnitten eines Systems immer bereits als Teil einer Gesamtbaumaßnahme anzusehen sind. Vielmehr müssen weitere gewichtige Besonderheiten des jeweiligen Vergabeverfahrens hinzukommen, die eine solche Einschätzung zulassen. Es spricht für die Bewertung von Bauarbeiten als Gesamtbaumaßnahme, die eine wirtschaftliche und technische Funktion erfüllt, dass die einzelnen, in einem räumlich engen Zusammenhang stehenden **Bauabschnitte gezielt durch den Auftraggeber gebündelt ausgeschrieben wurden, die Durchführung nach zeitlich sukzessive vorgegebenen Zeitabschnitten erfolgen sollte und gemeinsam für alle Bauabschnitte übergreifende Leistungen koordiniert durch die Bieter erbracht werden sollten**. Eine andere Beurteilung ist **auch nicht in Anbetracht der 5-jährigen Bauzeit geboten, da sich dieser Zeitraum im Hinblick auf den Umfang und die Art der Arbeiten in einem überschaubaren Rahmen** hält (VK Düsseldorf, B. v. 28. 9. 2007 – Az.: VK – 27/2007 – B). 1696

Wird im Rahmen der Errichtung einer Straßenbahntrasse die Gesamtbaumaßnahme in einzelnen Bauabschnitten ausgeschrieben, kann die **gesamte Trasse einer Straßenbahn mit Benennung der Trasse und mit definiertem Anfang- und Endpunkt als die nutzungsfähige Anlage** (keine weitere Unterteilung in für sich zu betrachtende Abschnitte) **betrachtet** werden, wenn die Ausschreibungspraxis (Veröffentlichungen) und die Verdingungsunterlagen **entsprechend bezeichnet** sind, der **1. Bauabschnitt** der Trasse in einem bestimmten Bereich **mit Provisorien endet**, deren **Beseitigung und endgültige Fertigstellung Gegenstand der Bauabschnitte 2 und 3 ist**, wodurch die unmittelbare Verknüpfung der Leistungen des 1. Bauabschnitt und der 2. und 3. Bauabschnitt deutlich wird und der **Auftraggeber alle Bau-** 1697

Teil 1 GWB § 99 Gesetz gegen Wettbewerbsbeschränkungen

abschnitte europaweit ausschreibt (VK Thüringen, B. v. 10. 6. 2008 – Az.: 250–4002.20–1323/2008-020-EF).

8.9.6.6 Sonstige Baumaßnahmen

1698 Soll nach der Baubeschreibung die **Aufhaldung einer Deponie bis zu einem bestimmten genehmigten Abfallablagerungsvolumen** durchgeführt werden und ist die **Deponie sukzessive durch das Aufbringen eines Oberflächenabdichtungssystems zu sichern**, wobei die **Verfüllung der einzelnen Deponieabschnitte zurzeit noch nicht abgeschlossen** ist, muss die Abdeckung des Deponiekörpers **durch räumlich und zeitlich getrennte Bauabschnitte realisiert** werden, wobei jeder Bauabschnitt in technischer Hinsicht eine sachgerechte Abdeckung gewährleistet. Insoweit ist nur der Wert der Arbeiten zu summieren, die in jedem einzelnen Bauabschnitt verwirklicht werden (VK Brandenburg, B. v. 11. 6. 2004 – Az.: VK 19/04).

8.9.7 Begriff der baulichen Anlage

8.9.7.1 Allgemeines

1699 Der **Begriff der „baulichen Anlage"** des § 1 VOB/A ist identisch mit dem Begriff **„Bauwerk"** wie er in der Baukoordinierungsrichtlinie (**jetzt Vergabekoordinierungsrichtlinie 2004/18/EG**) verwendet wird (VK Münster, B. v. 6. 6. 2001 – Az.: VK 12/01; VK Rheinland-Pfalz, B. v. 10. 6. 2003 – Az.: VK 10/03; VK Thüringen, B. v. 10. 6. 2008 – Az.: 250–4002.20–1323/2008-020-EF).

8.9.7.2 Einzelfälle

1700 **8.9.7.2.1 Unterhaltungsarbeiten an einer zum Ausbau bestimmten Anlage.** Es mag vorkommen, dass Unterhaltungsarbeiten in einem Gebäude oder einem Wasserstraßenabschnitt vorgesehen sind, das bzw. der auch für den Ausbau vorgesehen ist. Hieraus ergibt sich jedoch nicht zwangsläufig die vergaberechtliche Konsequenz, die Unterhaltungsarbeiten als Teil der baulichen Anlage „Ausbau/Neubau" anzusehen, da beide Maßnahmen auf unterschiedliche Zwecke gerichtet sind. Während die Unterhaltungsarbeiten die Herstellung eines ursprünglichen Zustandes bezweckt, betrifft der Ausbau/Neubau die Erweiterung des bisherigen Zustandes. **Es kann also nicht ohne weiteres auf eine Verbindung beider Maßnahmen zu einer einheitlichen baulichen Anlage im vergaberechtlichen Sinne geschlossen werden** (1. VK Bund, B. v. 25. 11. 2003 – Az.: VK 1–115/03).

1701 **8.9.7.2.2 Straßenbeleuchtung mit entsprechender Elektroinstallation.** Teile von Verkehrsanlagen, die für sich genommen keine funktionale und wirtschaftliche Einheit darstellen, können nicht als eigenständige und von anderen Maßnahmen unabhängige Einzelbaumaßnahmen bezeichnet werden. Eine **Straßenbeleuchtung mit entsprechender Elektroinstallation ohne eine dazugehörige Straße ist für sich allein wirtschaftlich unvernünftig**; die Beleuchtung ist daher notwendiger Bestandteil der baulichen Anlage „Straße" (VK Südbayern, B. v. 14. 1. 2004 – Az.: 62-12/03).

8.9.8 Bauleistungen

8.9.8.1 Grundsatz

1702 Nach § 1 VOB/A sind **Bauleistungen Arbeiten jeder Art, durch die eine bauliche Anlage hergestellt, instand gehalten, geändert oder beseitigt wird**. Allerdings **decken sich der Anwendungsbereich von § 99 Abs. 3 GWB und § 1 VOB/A weitgehend**, so dass ein Rückgriff auf die Rechtsprechung und Literatur zu VOB/A möglich ist, soweit ein Widerspruch zum gemeinschaftsrechtlich geprägten Begriff in § 99 Abs. 3 GWB nicht besteht (OLG Brandenburg, B. v. 25. 5. 2010 – Az.: Verg W 15/09).

1703 Bei **Neubauvorhaben** wird – in Abgrenzung zu Lieferaufträgen – der **Kreis der Leistungen**, die unter Bauleistungen i. S. d. § 1 VOB/A subsumiert werden können, **regelmäßig weit gezogen** und **alles, was der Herstellung und späteren bestimmungsgemäßen Nutzung (Funktion) des Gebäudes dient**, als Bauleistung angesehen und dementsprechend ausgeschrieben (1. VK Brandenburg, B. v. 30. 5. 2007 – Az.: 1 VK 15/07).

8.9.8.2 Maschinelle und elektrotechnische/elektronische Anlagen und Anlagenteile

1704 **8.9.8.2.1 Allgemeines.** Zu den Bauleistungen zählen insbesondere auch die Lieferung und Montage der für die bauliche Anlage erforderlichen maschinellen und elektrotechnischen/elektronischen Anlagen und Anlagenteile. Auch **die Ergänzung und der Neueinbau solcher Anlagen in einem bestehenden Gebäude fallen unter den Begriff der Bauleistung**, wenn sie für den bestimmungsgemäßen Bestand der baulichen Anlage bzw. für ein funktionsfähiges Bauwerk erforderlich und von wesentlicher Bedeutung sind. **Entscheidend ist, dass das Gebäude ohne den Einbau der Anlagen noch nicht als vollständig fertig anzusehen** ist. Für die Frage, ob der Einbau solcher Anlagen für den bestimmungsgemäßen Bestand der baulichen Anlage bzw. für ein funktionsfähiges Bauwerk erforderlich und von wesentlicher Bedeutung ist, ist auf die jeweilige Zweckbestimmung des Bauwerkes im konkreten Einzelfall abzustellen. Die Erforderlichkeit und die wesentliche Bedeutung werden dabei von der im Zeitpunkt des Einbaus herrschenden Verkehrsanschauung bestimmt. **Unerheblich ist dagegen, ob diese Anlagen wesentliche Bestandteile des Gebäudes werden.** Auch wenn die Anlagen nicht wesentliche Bestandteile des Gebäudes werden, kann es sich um eine Bauleistung handeln. Nicht maßgeblich für die Frage, ob ein Bauauftrag gemäß § 99 Abs. 3 GWB vorliegt oder nicht, ist weiterhin das Kriterium, ob die elektronischen/elektrotechnischen Anlagen von dem Bauwerk abgetrennt und einer eigenständigen Nutzung zugeführt werden können. Dieses Kriterium mag für die Frage, ob ein Bauauftrag gemäß § 1 VOB/A vorliegt, relevant sein, hat jedoch im Rahmen des § 99 Abs. 3 GWB nach allgemeiner Auffassung keine Bedeutung. In Abgrenzung dazu stellt der **Einbau elektrotechnischer und elektronischer Anlagen dann keine Bauleistung dar, wenn die technische Anlage lediglich in dem Bauwerk untergebracht ist, das Bauwerk aber auch ohne sie nach seiner Zweckbestimmung funktionsfähig ist** (BayObLG, B. v. 23. 7. 2002 – Az.: Verg 17/02; 1. VK Bund, B. v. 2. 5. 2003 – Az.: VK 1–25/03; 1. VK Saarland, B. v. 13. 3. 2010 – Az.: 1 VK 01/2010; 1. VK Sachsen, B. v. 23. 4. 2010 – Az.: 1/SVK/008–10; VK Südbayern, B. v. 29. 11. 2005 – Az.: Z3-3-3194-1-46–09/05).

8.9.8.2.2 Weitere Beispiele aus der Rechtsprechung 1705

– **sollen mit einer kommunikationstechnischen Neuausstattung bestehende Gebäude unter kommunikationstechnischem und nicht unter baulichem Aspekt modernisiert werden**, liegen unter Heranziehung der Schwerpunkttheorie die **rechtlichen und wirtschaftlichen Schwerpunkte des Auftrags** unter Berücksichtigung einer an einem objektivierten Maßstab auszurichtenden wertenden Betrachtung nach dem Willen der Vertragsbeteiligten (und nicht allein der tatsächlichen Einordnung des Auftrags durch den Auftraggeber) **gerade nicht auf der Erbringung von Bauleistungen** wie dem Verlegen von Kabeln, Ausheben und Wiederabdichten von Kabelgräben, Wanddurchbrüchen in Beton und ähnlichen bauwerksbezogenen Leistungen. Es geht vielmehr um die Lieferung von Hard- und Software sowie Wartungsservice für das Telekommunikationssystem unter Beachtung des Integrationsgebots in das vorhandene Campusnetz. Der Schwerpunkt des Auftrags liegt **eindeutig auf dem Liefer-/Dienstleistungscharakter der ausgeschriebenen Leistungen** (1. VK Saarland, B. v. 13. 3. 2010 – Az.: 1 VK 01/2010)

– die **Installation von Kommunikationssystemen** im Sinne von Erwägungsgrund Nr. 10 der Richtlinie 2004/18/EG allein macht einen Auftrag noch nicht zum Bauauftrag. Es muss sich vielmehr um einen öffentlichen Auftrag über entweder die Ausführung oder gleichzeitig die Planung und die Ausführung von Bauvorhaben im Zusammenhang mit einer der in Anhang 1 der o. g. Richtlinie genannten Tätigkeiten oder eines Bauwerks handeln. Die **Erstausstattung eines neuerrichteten Gebäudes, das erst durch den Einbau der Kommunikationsanlage im Sinne einer erstmaligen Herstellung des Bauwerkes funktionsfähig würde, ist als Bauleistung im Sinne der VOB/A anzusehen** (1. VK Saarland, B. v. 13. 3. 2010 – Az.: 1 VK 01/2010)

– zu den Bauleistungen gehört auch ein **Kassen- und Kontrollsystem für ein Großstadion** (VK Baden-Württemberg, B. v. 28. 10. 2004 – Az.: 1 VK 68/04)

– zu den Bauleistungen zählen insbesondere auch die **Lieferung und Montage von Telefon-, Kommunikations- und fernmeldetechnischen Vermittlungs- und Übertragungseinrichtungen.** Ein etwaiger hoher Lieferanteil nimmt dem Auftrag nicht den Charakter eines der VOB/A unterfallenden Bauauftrags. Das zeigt ergänzend § 1a Nr. 2 VOB/A; danach gilt auch für Bauaufträge mit überwiegendem Lieferanteil – nach näherer Maßgabe der dort getroffenen Regelung – die VOB/A und nicht etwa die VOL/A (VK Brandenburg, B. v. 26. 11. 2003 – Az.: VK 72/03)

– sofern die elektrotechnischen Einrichtungen von der baulichen Anlage ohne Beeinträchtigung der Vollständigkeit oder Benutzbarkeit abgetrennt werden können und einem selbständigen Nutzungszweck dienen, fallen diese Einrichtungen unter die VOL/A. Darunter fallen auch

Teil 1 GWB § 99 Gesetz gegen Wettbewerbsbeschränkungen

Kommunikationsanlagen und EDV-Anlagen, sofern sie nicht zur Funktion einer baulichen Anlage erforderlich sind (VK Lüneburg, B. v. 18. 12. 2003 – Az.: 203-VgK-35/2003)

1706 **8.9.8.2.3 Abgrenzung zwischen Bau- und Lieferauftrag.** Vgl. dazu die Kommentierung → Rdn. 79.

8.9.8.3 Errichtung von Richtfunkstationen

1707 Umfasst nach der Ausschreibung die **betriebsbereite Errichtung von 26 funktionsfähigen Richtfunkstationen** auch die dazugehörige Planung, Lieferung und Montage, Prüfung und betriebsbereite Übergabe der Übertragungseinrichtung inklusive VDS L-fähiger Multifunktionsgehäuse und bestehen die Richtfunkstationen nach der Ausschreibung aus Richtfunkmasten, Mastfundamenten, Mastzubehör, Sende- und Empfangsantennen an den Masten und Fernmeldeeinrichtungen in Outdoor-Units, stellen sich **diese Leistungen in ihrer Gesamtheit als bauliche Leistungen dar**, darunter Planungs- und Lieferleistungen, Montage- und Installationsleistungen, Durchführung von Messungen und Prüfungen, Einweisungen etc., die gerichtet sind auf die Errichtung von Bauwerken im Sinne des § 99 Abs. 3 GWB, nämlich den 26 betriebsbereiten Richtfunkstationen. Die **Richtfunkstationen sind das Ergebnis von Hoch- und Tiefbauarbeiten und sollen eine technische Funktion, nämlich die Herstellung von Richtfunkverbindungen, erfüllen** (OLG Brandenburg, B. v. 25. 5. 2010 – Az.: Verg W 15/09).

8.9.8.4 Wartung einer Brandmeldeanlage und Austausch von Brandmeldern

1708 Weder die Wartung der Brandmeldeanlage noch die Auswechslung der Meldegeräte unterfallen dem Begriff von **Bauleistungen (oder -arbeiten)**. Bei der Wartung handelt es sich um eine Dienstleistung. Aber auch der Austausch der Brandmelder stellt eine reine Dienstleistung dar (möglicherweise freilich auch eine Warenlieferung). Denn dabei geht es nicht um eine Herstellung, Instandsetzung oder Änderung des Bauwerks oder von Teilen davon (der Feuermeldeanlage), sondern um ein bloßes Auswechseln der Meldeapparaturen. Dieses unterfällt ebenso wenig einer der im Anhang I zur Richtlinie genannten Tätigkeiten. Das **bloße Abnehmen vorhandener und das Anbringen neuer Brandmelder verdient nach der Verkehrsauffassung indes nicht als Installation oder, anders ausgedrückt, als Einbau oder Umbau einer Feuermeldeanlage bezeichnet zu werden**. Vielmehr soll die vorhandene Feuermeldeanlage bestehen bleiben und sollen – ohne Änderungen oder Umrüstungen am System, die als Bauarbeiten beim Herstellen, Ändern oder Instandhalten eines Bauwerks verstanden werden könnten – lediglich die Meldegeräte ersetzt werden. Das Auswechseln der Brandmelder erfordert nur wenige Handgriffe (u.a. ein Anschließen von Kabeln). Ein Eingriff in die Bausubstanz ist damit (von einzelnen Bohrungen abgesehen) nicht verbunden. Bei diesem Befund ist der Austausch der Brandmelder nicht als eine Bauarbeit an einem Bauwerk zu bewerten und handelt es sich **insgesamt um einen Dienstleistungsauftrag** (OLG Düsseldorf, B. v. 14. 4. 2010 – Az.: VII-Verg 60/09).

8.9.8.5 Lieferung und Einbau von Labormöbeln

1709 Die **Lieferung und der Einbau von Labormöbeln in ein Universitätsgebäude** sind dem Fall der Lieferung und Installation von EDV-Endgeräten in ein Verwaltungsgebäude vergleichbar. Eine Vergabe **muss daher durch die direkte Anwendung der VOL/A oder aber durch die Anwendung der Vorschrift des § 1a Nr. 2 VOB/A nach dem Schwellenwert von 200.000 Euro (jetzt: 193.000 Euro) erfolgen** (VK Schleswig-Holstein, B. v. 15. 7. 2002 – Az.: VK-SH-08/02).

8.9.8.6 Lieferung von losen Möbeln und Textilien

1710 Bei **Neubauvorhaben** wird – in Abgrenzung zu Lieferaufträgen – der **Kreis der Leistungen, die unter Bauleistungen i. S. d. § 1 VOB/A subsumiert werden können, regelmäßig weit gezogen** und alles, was der Herstellung und späteren bestimmungsgemäßen Nutzung (Funktion) des Gebäudes dient, als Bauleistung angesehen und dementsprechend ausgeschrieben. Betrifft ein ausgeschriebenes **Gewerk „Lose Möbel/Textilien" die Ausstattung eines Neubaus** und sind in der ausgeschriebenen Leistung **auch Montagearbeiten enthalten**, begegnet die gewählte **Ausschreibung als Bauleistung nach VOB/A keinen Bedenken** (1. VK Brandenburg, B. v. 30. 5. 2007 – Az.: 1 VK 15/07).

8.9.8.7 Lieferung und Einbau von Küchengeräten

1711 Bei der **Lieferung und Montage von Küchengeräten handelt es sich um eine Bauleistung im Sinne von § 1 VOB/A**, wenn die ausgeschriebenen maschinellen Anlagen und

Gesetz gegen Wettbewerbsbeschränkungen GWB § 99 **Teil 1**

Anlagenteile für den bestimmungsgemäßen Bestand der baulichen Anlage bzw. für ein funktionsfähiges Bauwerk – z.B. einer Mensa – erforderlich und von wesentlicher Bedeutung sind (2. VK Brandenburg, B. v. 28. 6. 2005 – Az.: VK 20/05).

8.9.8.8 Montagearbeiten von Fenstern oder Türen

Auch die Montagearbeiten von Fenstern oder Türen stellen Bauleistungen dar (LG Kiel, Urteil v. 17. 4. 2003 – Az.: 4 O 304/02; VK Südbayern, B. v. 20. 11. 2002 – Az.: 43-10/02). **1712**

Von der Frage der Anwendbarkeit der VOB/A ist die **Frage zu trennen, ob reine Montagearbeiten eine handwerksrechtliche Befähigung voraussetzen** bzw. **ob reine Montagearbeiten**, die einen hohen Nachunternehmeranteil voraussetzen, nämlich die gesamte Fertigung der Türen und Fenster, als Nachunternehmerleistungen oder Zulieferleistungen zu qualifizieren sind (vgl. dazu die Kommentierung zu → § 97 GWB Rdn. 473). **1713**

8.9.8.9 Baugeländevorarbeiten

Zum Bauwerk gehören auch Baugeländevorarbeiten (VK Düsseldorf, B. v. 11. 9. 2001 – Az.: VK – 19/2001 – B). **1714**

Die **Reinigung des Erdreichs eines Grundstücks** ist jedenfalls dann eine Arbeit im Sinne von § 1 VOB/A, wenn hierdurch die **Bebauung des Grundstücks vorbereitet** werden soll (KG Berlin, B. v. 21. 12. 2009 – Az.: 2 Verg 11/09). **1715**

8.9.8.10 Lieferung und Montage einer Solaranlage

Verpflichtet sich ein Unternehmer, einen Gegenstand zu liefern und zu montieren, so kommt es für **die rechtliche Einordnung des Vertragsverhältnisses als Kaufvertrag (mit Montageverpflichtung) oder als Werkvertrag darauf an, auf welcher der beiden Leistungen bei der gebotenen Gesamtbetrachtung der Schwerpunkt liegt**. Dabei ist vor allem auf die Art des zu liefernden Gegenstandes, das Wertverhältnis von Lieferung und Montage sowie auf die Besonderheiten des geschuldeten Ergebnisses abzustellen. Je mehr die mit dem Warenumsatz verbundene Übertragung von Eigentum und Besitz auf den „Besteller" im Vordergrund steht und je weniger die individuellen Anforderungen des Kunden und die geschuldete Montageleistung das Gesamtbild des Vertragsverhältnisses prägen, desto eher ist die Annahme eines Kaufvertrages (mit Montageverpflichtung) geboten. Beschränkt sich die **Lieferverpflichtung auf eine Solaranlage aus serienmäßig hergestellten und typmäßig bezeichneten Teilen nebst Zubehör** und beläuft sich der Preis für die komplette Montage auf rund 23% der Gesamtleistung, sprechen bereits diese Gesichtspunkte – die Art der zu liefernden Gegenstände sowie das Verhältnis des wirtschaftlichen Wertes der verschiedenen Leistungen – für die **Annahme eines Kaufvertrages** (BGH, Urteil v. 3. 3. 2004 – Az.: VIII ZR 76/03). **1716**

8.9.8.11 Kampfmittelräumung

Arbeiten zur Kampfmittelräumung dienen – obwohl vielfach erdbaubezogen – **in erster Linie der Herstellung der öffentlichen Sicherheit und haben hinsichtlich ggf. nachfolgender Bauaufträge lediglich vorbereitenden Charakter**; es kann also grundsätzlich nicht von Bauaufträgen im Sinne des § 99 Abs. 3 GWB ausgegangen werden (VK Arnsberg, B. v. 29. 11. 2005 – Az.: VK 23/05). **Etwas anderes** kann gelten, **wenn konkrete Bauvorhaben, bezüglich deren Ausführung oder Planung die ausgeschriebenen Kampfmittelräumungsmaßnahmen gleichzeitig erfolgen sollen,** vorliegen (OLG Düsseldorf, B. v. 2. 1. 2006 – Az.: VII – Verg 93/05). **1717**

8.9.8.12 Winterdienst und Störungsbeseitigung

Bei der **Leistung des Winterdienstes und der Störungsbeseitigung auf Bundes- und Landesstraßen handelt es sich um einen Dienstleistungsauftrag** im Sinne des § 99 Abs. 1 und Abs. 4 GWB. Dass die damit ausgeschriebenen Leistungen, aufgrund ihrer Spezifika als Leistungen der Straßenunterhaltung, **auch Elemente einer bauvertraglichen Leistung beinhalten können, ändert nichts an dem Dienstleistungscharakter des ausgeschriebenen Auftrages**. Ein solcher Auftrag hat die Aufrechterhaltung und die störungsfreie Nutzbarkeit des Straßenverkehrsnetzes als Maßnahmen der Straßenunterhaltung zu seinem Gegenstand. Hierbei handelt es sich ganz überwiegend nicht um Baumaßnahmen. Dass die Beseitigung von Störungen im Rahmen des Winterdienstes auch den Einsatz von Baumaßnahmen notwendig machen kann, ändert daher nichts an dem Charakter des Auftrages, als dem eines Dienstleistungsauftrages (VK Thüringen, B. v. 30. 8. 2006 – Az.: 360–4003.20-009/06-HBN, 360–4003.20-015/06-MGN, 360–4003.20-004/06-SON, 360–4003.20-009/06-ESA-S). **1718**

8.9.8.13 Gartenpflegearbeiten

1719   Dienen bei **Gartenpflegearbeiten** die **ausgeschriebenen Tätigkeiten lediglich der Erhaltung des status quo**, nämlich der Pflege der bereits vorhandenen Gartenanlagen und sollen die zu erbringenden einfachen Gartenarbeiten ohne Neuanpflanzungen direkt an den Pflanzen bzw. im Wesentlichen unmittelbar an oder allenfalls knapp unterhalb der Grundstücksoberfläche erfolgen (z. B. beim Entfernen von Unkraut samt Wurzelwerk oder dem Lockern der Pflanzflächen bis 3 cm Tiefe), so dass die Substanz der Gartenanlage hierdurch gar nicht oder allenfalls unwesentlich tangiert wird und sind **umfangreichere Erdbewegungsarbeiten**, die z. B. beim Pflanzen von Bäumen erforderlich sein könnten, ausdrücklich **nicht Gegenstand der Ausschreibung**, handelt es sich nicht um Bauleistungen (3. VK Bund, B. v. 29. 3. 2006 – Az.: VK 3–15/06).

8.9.8.14 Klärschlammtrocknungsanlage bzw. Klärschlammmineralisierungsanlage

1720   Sowohl bei einer zu errichtenden Klärschlammtrocknungsanlage, als auch bei der Klärschlammmineralisierungsanlage handelt es sich um eine **unbewegliche, durch Verwendung von Arbeit und Material in Verbindung mit dem Erdboden hergestellte Sache, mithin um ein Bauwerk**. Ausgeschrieben ist nicht die bloße Lieferung der zum Bau der Anlagen notwendigen Teile, sondern die Errichtung einer funktionierenden Anlage samt Montage. Die **die Anlagen beherbergenden Gebäude wären ohne den Einbau der Anlagen noch nicht als vollständig anzusehen**. Dies ist entscheidend für die Einordnung der Leistung als Bauauftrag (VK Baden-Württemberg, B. v. 15. 3. 2007 – Az.: 1 VK 03/07).

8.9.8.15 Unterhaltungsarbeiten an Gewässern

1721   **Auch Gewässer sind als Bauwerk anzusehen**. Es handelt sich hierbei um eine unbewegliche, durch die Verwendung von Arbeit und Material in Verbindung mit dem Erdboden, hergestellte Sache. Werden beispielsweise die **Krautung der Sohle, Mahd und Krautung der Böschungen, Holzungen etc. unterhalb der Wasseroberfläche** ausgeführt, wird durch diese Arbeiten direkt auf das Bauwerk eingewirkt; die **Tätigkeiten sind in diesem Zusammenhang als Instandsetzungsarbeiten** anzusehen. Diese sind dadurch gekennzeichnet, dass sie bauwerksbezogen sind und mit fühlbaren Eingriffen in die Bauwerkssubstanz verbunden sind. Sie sind für den Bestand des Bauwerks von wesentlicher Bedeutung. Das die Gräben und Flüsse durchfließende Wasser bildet eine funktionale Einheit mit dem Gesamtbauwerk. Das Wasser ist bestimmend für die Ausbildung der Gräben bezüglich ihrer Querschnitte, Gefälle und Befestigungen. Es wirkt sich in ähnlicher Weise auch auf die Flüsse aus. Aber auch soweit die **Tätigkeiten nicht mit einer unmittelbaren Berührung der Gewässer verbunden sind**, sind diese ebenso wie die anderen Arbeiten **für die Funktionsfähigkeit des Bauwerks von wesentlicher Bedeutung**. Ohne diese Leistungen wären ein ordnungsgemäßer Wasserabfluss in den Gewässern und der Ablauf der Ortsentwässerungskanalisation sowie der Ablauf der Drainanlagen ausgeschlossen. Es wäre außerdem zu befürchten, dass es in Folge eines Wasserrückstaus bzw. eines nicht ausreichenden Abflusses zu gebietsweisen Überschwemmungen käme. Auch käme es ohne die Mahd der Böschung und die Krautung der Sohle zu einer Veränderung des Gewässerprofils. Die Gewässer würden jedenfalls teilweise verlanden. Damit wäre der **Bestand der Gewässer in der gewünschten Form nicht mehr sichergestellt**. Vor diesem Hintergrund können solche Arbeiten nicht mit Reinigungsarbeiten bzw. Gartenpflege in und um Gebäude verglichen werden (2. VK Sachsen-Anhalt, B. v. 21. 2. 2008 – Az.: VK 2 LVwA LSA 01/08).

8.9.8.16 Kanalreinigungsarbeiten

1722   Wenn die wesentlichen, die **Ausschreibungsleistung charakterisierenden Tätigkeiten in Spülungen und Absaugen von Abwasserkanälen, Pumpen und Regenbecken bestehen, liegt eine Substanzeinwirkung nicht** vor. Die damit auch angestrebte Sicherung der Funktionalität und (vorsorglich) der baulichen Integrität der Bauwerke kann für sich genommen keine Bauleistung begründen (VK Düsseldorf, B. v. 24. 6. 2008 – Az.: VK – 19/2008 – B).

8.9.8.17 Rückbauleistungen einschließlich Transport- und Entsorgungsleistungen

1723   Der **Begriff des öffentlichen Bauauftrags umfasst gemäß Abschnitt F, Abteilung 45, Gruppe 45.1, Klasse 45.11 (CPV-Referenznummer 45 110 000) des Anhangs I der Richtlinie 2004/18/EG, der in die Begriffsbestimmung des nationalen Rechts hineinzulesen** ist, den Abbruch von Gebäuden und anderen Bauwerken, das Aufräumen von Baustel-

Gesetz gegen Wettbewerbsbeschränkungen GWB § 99 **Teil 1**

len sowie Aushub- und Verfüllungsarbeiten. Zwar kann ein Vertrag über die Restarbeiten mit der Verpflichtung zu Abtransport und Entsorgung des Bauschutts auch Elemente eines Dienstleistungsvertrags beinhalten. Diese berühren jedoch nicht die Einordnung des Hauptgegenstands als Bauauftrag, wenn die **Rückbauleistungen die wesentlichen und vorrangigen, den Auftrag prägenden Leistungen bilden und diese auch wertmäßig den überwiegenden Teil ausmachen.** Die Transport- und Entsorgungsleistungen folgen dabei dem eigentlichen Vertragsgegenstand und haben diesem gegenüber keine übergeordnete Bedeutung (OLG Düsseldorf, B. v. 4. 2. 2009 – Az.: VII-Verg 65/08).

8.9.8.18 Weitere Beispiele aus der Rechtsprechung

– ist **Gegenstand der Ausschreibung die Signalisierung der SPNV-Strecke xxx und beinhalten die ausgeschriebenen Leistungen sowohl die Lieferung als auch die Montage der signaltechnischen Streckenausrüstung und der technischen BÜ-Sicherungen** und sind die **Leistungen Teil einer Gesamtmaßnahme** zur Ertüchtigung der SPNV-Strecke xxx, wobei der Auftraggeber u. a. **parallel** zur vorliegenden Ausschreibung noch die Ertüchtigung der xxxx-Strecke xxx ausgeschrieben hat, wobei diese Maßnahme den Oberbau – und Zusammenhangsarbeiten – Oberbaumateriallieferungen umfasst und hat der Auftraggeber im Rahmen der Signalisierung der Strecke xxx **noch bautechnische Zusammenhangsarbeiten** (Verlegung von Kabelkanälen und Leerrohren, Kabelverlegearbeiten, Setzen von Fertigteilfundamenten und Zusammenhangsarbeiten) ausgeschrieben, sind die ausgeschriebenen Leistungen daher **Teil einer Gesamtbaumaßnahme** (VK Niedersachsen, B. v. 27. 8. 2009 – Az.: VgK-35/2009) 1724

– die **Baugrundaufbereitungsarbeiten mit einem geschätzten Auftragswert von ca. 550.00 Euro stellen einen Teil des Gesamtbauauftrags „Entwicklung eines Landschafts- und Gewerbeparks Hattingen Henrichshütte" dar.** Das Gesamtvolumen aller im Zusammenhang mit der Entwicklung des Landschafts- und Gewerbeparks durchgeführten Aufträge überschreitet den maßgeblichen Schwellenwert um ein Vielfaches. Das **Los „Aufbereitung des zweiten Sprengabschnitts des ehemaligen Hüttengeländes" steht in einem technischen und wirtschaftlichen Zusammenhang mit der Entwicklung des Landschafts- und Gewerbeparks Henrichshütte**, es dient nämlich der Vorbereitung und Veräußerung von Grundstücken einer Teilfläche des Walzwerkgeländes an private Investoren. Der Abbruch, die Herrichtung/Altlastenbeseitigung und die Erschließung von Teilflächen sollen den Verkauf von Grundstücken vorbereiten, die im Wege einer neuen Bebauung einer wirtschaftlichen Nutzung zugeführt werden sollen (OLG Düsseldorf, B. v. 11. 2. 2009 – Az.: VII-Verg 69/08)

8.9.8.19 Begriffsdefinition im Zusammenhang mit dem Steuerabzug von Vergütungen für im Inland erbrachte Bauleistungen (§§ 48 ff. EStG)

Im Zusammenhang mit dem **Steuerabzug von Vergütungen für im Inland erbrachte Bauleistungen (§§ 48 ff. EStG) hat das Bundesministerium der Finanzen** mit Schreiben vom 27. 12. 2002 (IV A 5 – S 2272 – 1/02) den Begriff der Bauleistungen näher definiert, wobei in einzelnen Punkten (z. B. Gerüstbau) Widersprüche zur Rechtsprechung zu § 99 Abs. 3 GWB bzw. § 1 VOB/A bestehen. Die wichtigsten Einzelheiten sind nachfolgend aufgenommen: 1725

– unter Bauleistung sind alle Leistungen zu verstehen, die der Herstellung, Instandsetzung oder Instandhaltung, Änderung oder Beseitigung von Bauwerken dienen (§ 48 Abs. 1 Satz 3 EStG). Diese Definition entspricht der Regelung in § 211 Abs. 1 Satz 2 SGB III in Verbindung mit der Baubetriebe-Verordnung (abgedruckt im Anhang), wobei zu den Bauleistungen im Sinne des Steuerabzugs nach § 48 EStG auch die Gewerke gehören, die von der Winterbauförderung gemäß § 2 Baubetriebe-Verordnung ausgeschlossen sind. Der Begriff des Bauwerks ist in Übereinstimmung mit der Rechtsprechung des Bundesarbeitsgerichts (BAG-Urteil vom 21. 1. 1976 – Az.: 4 AZR 71/75 -) weit auszulegen und umfasst demzufolge nicht nur Gebäude, sondern darüber hinaus sämtliche irgendwie mit dem Erdboden verbundene oder infolge ihrer eigenen Schwere auf ihm ruhende, aus Baustoffen oder Bauteilen mit baulichem Gerät hergestellte Anlagen. Zu den Bauleistungen gehören u. a. der Einbau von Fenstern und Türen sowie Bodenbelägen, Aufzügen, Rolltreppen und Heizungsanlagen, aber auch von Einrichtungsgegenständen, wenn sie mit einem Gebäude fest verbunden sind, wie z. B. Ladeneinbauten, Schaufensteranlagen, Gaststätteneinrichtungen. Ebenfalls zu den Bauleistungen zählen die Installation einer Lichtwerbeanlage, Dachbegrünung eines Bauwerks oder der

Teil 1 GWB § 99 Gesetz gegen Wettbewerbsbeschränkungen

Hausanschluss durch Energieversorgungsunternehmen (die Hausanschlusskosten umfassen regelmäßig Erdarbeiten, Mauerdurchbruch, Installation des Hausanschlusskastens und Verlegung des Hausanschlusskabels vom Netz des Elektrizitätsversorgungsunternehmens (EVU) zum Hausanschlusskasten)

– die in der Baubetriebe-Verordnung aufgeführten Tätigkeiten sind nicht in allen Fällen dem Steuerabzug zu unterwerfen. Voraussetzung für den Steuerabzug ist immer, dass die in der Baubetriebe-Verordnung aufgeführten Tätigkeiten im Zusammenhang mit einem Bauwerk durchgeführt werden, also der Herstellung, Instandsetzung, Instandhaltung, Änderung oder Beseitigung von Bauwerken dienen. Die Annahme einer Bauleistung setzt voraus, dass sie sich unmittelbar auf die Substanz des Bauwerks auswirkt, d. h. eine Substanzveränderung im Sinne einer Substanzerweiterung, Substanzverbesserung oder Substanzbeseitigung bewirkt, hierzu zählen auch Erhaltungsaufwendungen

– reine Wartungsarbeiten an Bauwerken oder Teilen von Bauwerken stellen keine Bauleistung dar, solange nicht Teile verändert, bearbeitet oder ausgetauscht werden

8.9.9 Dem Auftraggeber unmittelbar zugute kommende Bauleistung durch Dritte gemäß den vom Auftraggeber genannten Erfordernissen

8.9.9.1 Änderung durch das Vergaberechtsmodernisierungsgesetz 2009

1726   Durch das Vergaberechtsmodernisierungsgesetz 2009 ist **dieser dritten Variante des Bauauftrags ein zusätzliches Tatbestandsmerkmal hinzugefügt worden, nämlich dass die Bauleistung dem öffentlichen Auftraggeber unmittelbar wirtschaftlich zugute kommen muss**. **Hintergrund** dieser Änderung ist die Rechtsprechung insbesondere des OLG Düsseldorf, wonach **Grundstücksveräußerungen dann dem Vergaberecht unterliegen**, wenn der **Verkäufer dem Käufer** – auf welchen Wegen auch immer – **eine Bauverpflichtung auferlegt**. Mit dem zusätzlichen Merkmal soll ein eigener Beschaffungsbedarf des Verkäufers ausdrücklich als Voraussetzung eines Bauauftrags festgeschrieben werden. Hierfür – so die Begründung der Änderung – **reicht allein die Verwirklichung einer von dem Planungsträger angestrebten städtebaulichen Entwicklung nicht als einzukaufende Leistung** aus. Vergaberecht betrifft prinzipiell – außer im Falle einer besonderen Beschaffungsbehörde – nicht die Aufgabenebene einer staatlichen Institution, sondern lediglich die Ebene der Ressourcenbeschaffung zur Bewältigung der Aufgaben der Institution. Beide Ebenen dürfen nicht miteinander verwechselt oder verquickt werden.

1727   Diese Einschränkung ist mit dem europäischen Vergaberecht vereinbar. Vgl. insoweit die Kommentierung → Rdn. 150 ff.

8.9.9.2 Dem Auftraggeber unmittelbar zugute kommende Bauleistung

1728   8.9.9.2.1 Neue Rechtsprechung. 8.9.9.2.1.1 Rechtsprechung des EuGH. Der **entgeltliche Charakter eines Vertrags impliziert**, dass der öffentliche Auftraggeber, der einen öffentlichen Bauauftrag vergeben hat, gemäß diesem Auftrag eine Leistung gegen eine Gegenleistung erhält. Die **Leistung besteht in der Erbringung der Bauleistungen**, die der öffentliche Auftraggeber erhalten möchte. Eine solche **Leistung muss nach ihrer Natur sowie nach dem System und den Zielen der Richtlinie 2004/18 ein unmittelbares wirtschaftliches Interesse für den öffentlichen Auftraggeber bedeuten** (EuGH, Urteil v. 25. 3. 2010 – Az.: C-451/08).

1729   Dieses **wirtschaftliche Interesse ist eindeutig gegeben, wenn vorgesehen ist, dass der öffentliche Auftraggeber Eigentümer** der Bauleistung oder des Bauwerks wird, die bzw. das Gegenstand des Auftrags ist. Ein **solches wirtschaftliches Interesse lässt sich ebenfalls feststellen**, wenn vorgesehen ist, dass der **öffentliche Auftraggeber über einen Rechtstitel verfügen soll, der ihm die Verfügbarkeit der Bauwerke**, die Gegenstand des Auftrags sind, im Hinblick auf ihre öffentliche Zweckbestimmung sicherstellt. Das **wirtschaftliche Interesse kann ferner in wirtschaftlichen Vorteilen, die der öffentliche Auftraggeber aus der zukünftigen Nutzung oder Veräußerung des Bauwerks ziehen kann**, in seiner finanziellen Beteiligung an der Erstellung des Bauwerks oder in den Risiken, die er im Fall eines wirtschaftlichen Fehlschlags des Bauwerks trägt, bestehen. Auch eine **Vereinbarung, nach der ein erster öffentlicher Auftraggeber einem zweiten öffentlichen Auftraggeber die Errichtung eines Bauwerks überträgt, kann einen öffentlichen Bauauftrag darstellen**, unabhängig davon, ob vorgesehen ist, dass der erste öffentliche Auftraggeber Eigentümer des gesamten Bauwerks oder eines Teils davon ist oder wird. Daraus folgt, dass der Begriff „öffentliche Bauaufträge" im Sinne von Art. 1 Abs. 2 Buchst. b der Richtlinie 2004/18 voraussetzt, dass die Bauleistung, die Gegenstand des Auftrags ist, im unmittelbaren wirtschaftlichen Interesse des öffentlichen Auftraggebers ausgeführt wird, ohne dass indessen erforderlich wäre, dass die Leistung die Form der Beschaffung eines gegenständlichen oder körperlichen Objekts annimmt (EuGH, Urteil v. 25. 3. 2010 – Az.: C-451/08).

Fraglich ist, ob diese Voraussetzungen erfüllt sind, wenn mit den Bauleistungen ein im allgemeinen Interesse liegendes öffentliches Ziel erfüllt werden soll, für dessen Beachtung der öffentliche Auftraggeber zu sorgen hat, etwa die städtebauliche Entwicklung oder Kohärenz eines kommunalen Ortsteils. In den Mitgliedstaaten der Europäischen Union ist normalerweise für die Durchführung von Bauarbeiten, jedenfalls für solche von gewissem Umfang, eine vorherige Genehmigung der für den Städtebau zuständigen Behörde erforderlich. Diese Behörde hat in Ausübung ihrer Regelungszuständigkeiten zu beurteilen, ob die Durchführung der Arbeiten mit dem öffentlichen Interesse vereinbar ist. Die **bloße Ausübung von städtebaulichen Regelungszuständigkeiten im Hinblick auf die Verwirklichung des allgemeinen Interesses ist weder auf den Erhalt einer vertraglichen Leistung noch auf die Befriedigung des unmittelbaren wirtschaftlichen Interesses des öffentlichen Auftraggebers gerichtet, wie es Art. 1 Abs. 2 Buchst. a der Richtlinie 2004/18 vorgibt** (EuGH, Urteil v. 25. 3. 2010 – Az.: C-451/08). 1730

8.9.9.2.1.2 **Nationale Rechtsprechung.** Nach der Rechtsprechung des EuGH liegt ein unmittelbares wirtschaftliches Interesse des öffentlichen Auftraggebers in folgenden fünf Fallgruppen vor: 1731

– der öffentliche **Auftraggeber erwirbt Eigentum** an dem Bauwerk

– der öffentliche **Auftraggeber soll über einen Rechtstitel verfügen**, der ihm die **Verfügbarkeit der Bauwerke**, die Gegenstand des Auftrags sind, im Hinblick auf ihre öffentliche Zweckbestimmung **sicherstellt**,

– der öffentliche **Auftraggeber soll wirtschaftliche Vorteile aus der Nutzung oder Veräußerung des Bauwerks** ziehen können,

– der öffentliche **Auftraggeber beteiligt sich finanziell** an der Erstellung des Bauwerks,

– der öffentliche **Auftraggeber übernimmt Risiken für den Fall des wirtschaftlichen Fehlschlags** des Bauwerks.

Die **in einem abzuschließenden städtebaulichen Vertrag einzugehenden Bauverpflichtungen als solche** stellen demgegenüber als Ausdruck städtebaulicher Regelungszuständigkeiten im Hinblick auf die Verwirklichung des allgemeinen Interesses **keinen unmittelbaren wirtschaftlichen Vorteil des Auftraggebers** dar und führen unter diesem Gesichtspunkt nicht zur Annahme eines öffentlichen Bauauftrages (OLG Düsseldorf, B. v. 9. 6. 2010 – Az.: VII-Verg 9/10).

Das erforderliche Merkmal der dem Auftraggeber unmittelbar wirtschaftlich zugute kommenden Bauleistung wird **dadurch erfüllt, dass der Auftragnehmer die Parkkapazitäten ersetzen soll, die derzeit durch ein von den Stadtwerken der Antragsgegnerin betriebenes Parkhaus der Öffentlichkeit zur Verfügung gestellt** werden (VK Düsseldorf, B. v. 28. 1. 2010 – Az.: VK – 37/2009 – B – aufgehoben durch OLG Düsseldorf, B. v. 9. 6. 2010 – Az.: VII-Verg 9/10). 1732

Parkplätze bieten einem öffentlichen Auftraggeber nur dann einen unmittelbaren wirtschaftlichen Vorteil, wenn sie **von ihm selbst** (etwa als Behördenparkplatz) oder **auf Grund eines Rechtstitels von der Öffentlichkeit** genutzt werden sollen. Eine öffentliche Zweckbestimmung erhalten die Parkplätze im Falle einer vorgesehenen allein privaten Nutzung durch die Nutzer und Besucher des zu errichtenden privaten Bauwerks nicht. Durch eine tatsächliche Nutzung durch private Dritte oder durch Vermietung an Private erhalten die Parkplätze keine öffentliche Zweckbestimmung (OLG Düsseldorf, B. v. 9. 6. 2010 – Az.: VII-Verg 9/10). 1733

8.9.9.3 Bauleistung gemäß den vom Auftraggeber genannten Erfordernissen

8.9.9.3.1 **Neue Rechtsprechung.** 8.9.9.3.1.1 **Rechtsprechung des EuGH.** Ein öffentlicher Auftraggeber hat seine **Erfordernisse** im Sinne der dritten in Art. 1 Abs. 2 Buchst. b der Richtlinie 2004/18 genannten Fallgestaltung **nur dann genannt, wenn er Maßnahmen ergriffen hat, um die Merkmale der Bauleistung zu definieren oder zumindest einen** 1734 entscheidenden Einfluss auf ihre Konzeption auszuüben. Der bloße Umstand, dass **eine Behörde in Ausübung ihrer städtebaulichen Regelungszuständigkeiten bestimmte, ihr vorgelegte Baupläne prüft oder eine Entscheidung in Anwendung von Zuständigkeiten in diesem Bereich trifft, genügt nicht der Voraussetzung** der Erbringung „gemäß den vom öffentlichen Auftraggeber genannten Erfordernissen" im Sinne der genannten Vorschrift (EuGH, Urteil v. 25. 3. 2010 – Az.: C-451/08).

1735 **8.9.9.3.2 Rechtsprechung bis zur Änderung durch das Vergaberechtsmodernisierungsgesetz 2009 und die Rechtsprechung des EuGH. 8.9.9.3.2.1 Allgemeines.** Bei dieser Konstellation des Bauauftrags wird die Bauleistung durch einen Dritten ausgeführt; das Bauherrenrisiko liegt folglich bei dem Dritten.

1736 **8.9.9.3.2.2 Einfluss auf die Bauleistung. 8.9.9.3.2.2.1 Bestellbau.** Entscheidend für die Anwendbarkeit des Vergaberechts ist die Frage, **wieweit ein öffentlicher Auftraggeber auf die Bauleistung Einfluss genommen** hat. Handelt es sich nur um allgemeine Vorgaben, die jeder Bieter aus seiner speziellen Situation als Nachfrager von Gebäudeflächen heraus stellt (z.B. Umfang der Büroflächen, EDV-technische Ausstattung), ist von einem Mietvertrag auszugehen, der vergaberechtsfrei ist (§ 100 Abs. 2 Buchstabe h) GWB). Bei einem „**Bestellbau**" des öffentlichen Auftraggebers greift § 99 Abs. 3 GWB ein.

1737 Entscheidend sind jeweils die **Umstände des Einzelfalls.**

1738 **8.9.9.3.2.2.2 Anmietung eines noch zu erstellenden Gebäudes.** Der Sinn des Freistellungstatbestandes und des Wortes „vorhanden" in § 100 Abs. 2 lit. h) GWB liegt darin, Mietverträge über Immobilien dann dem Vergaberecht zu entziehen, wenn keine Bauleistung vorliegt, da der **öffentliche Auftraggeber auf die Planung und Errichtung des Gebäudes keinen Einfluss nimmt.** Die Gestaltung des Mietvertrags über ein erst noch zu errichtendes Gebäude darf sich daher nicht von einem Mietvertrag über ein schon vorhandenes Gebäude unterscheiden (VK Thüringen, B. v. 10. 2. 2009 – Az.: 250–4002.20–363/2009-001-EA). Hat die Vergabestelle zwar sehr genaue Vorgaben gemacht, wie das benötigte Objekt beschaffen und ausgestattet sein soll, nimmt sie jedoch **keinen Einfluss auf die Baupläne und die -ausführung** eines möglicherweise erst noch zu errichtenden Mietobjekts, ist dies unschädlich. Ist ein **Mietvertrag mit Kaufoption** geplant, der eventuell als Bauauftrag im Sinne von § 1a Abs. 1 Nr. 1 VOB/A zu werten wäre, würde das Bauwerk **in diesem Fall wahrscheinlich bereits entsprechend den Wünschen des Mieters und späteren Eigentümers errichtet.** Gegen die Vermutung der gezielten Errichtung des Gebäudes für diesen Mieter kann auch eine **wesentlich größere Dimensionierung der Büroflächen** als sie für den öffentlichen Auftraggeber benötigt werden, sprechen. Die Dienstkoordinierungsrichtlinie stellt fest, dass Dienstleistungsaufträge gelegentlich Bauleistungen mitbringen. Ein solcher Vertrag könne aber nur dann als öffentlicher Bauauftrag eingeordnet werden, wenn er **die hauptsächliche Errichtung des Bauwerks zum Inhalt habe.** Wenn die Bauleistung aber nur untergeordnete Bedeutung habe und nicht Gegenstand des Vertrages sei, sei eine Einordnung als Bauauftrag ausgeschlossen (VK Südbayern, B. v. 22. 5. 2003 – Az.: 17-04/03).

1739 Werden die betreffenden **Bauwerke gemäß den sehr detaillierten und im Hauptvertrag deutlich formulierten Spezifikationen errichtet** – geht also aus diesem Vertrag und seinen Anlagen hervor, dass die betreffenden Spezifikationen in Form einer genauen Beschreibung der zu errichtenden Gebäude, ihrer Beschaffenheit und ihrer Ausstattung weit über die üblichen Vorgaben eines Mieters für eine neue Immobilie einer gewissen Größe hinausgehen –, ist **vorrangiges Ziel des Hauptvertrags somit der Bau der fraglichen Messehallen gemäß den von dem Vertragspartner genannten Erfordernissen** (EuGH, Urteil v. 29. 10. 2009 – Az.: C-536/07). Es liegt ein Bauauftrag vor.

1740 Dabei ist **nicht zwingend erforderlich, dass der „Dritte" im Sinne des § 99 Abs. 3 GWB auch eigenes wirtschaftliches Risiko** trägt. „Nach den Erfordernissen des Auftraggebers" heißt, dass der öffentliche Auftraggeber mindestens maßgeblichen Einfluss auf das Bauvorhaben ausübt. Dies ist dann der Fall, wenn das Verwaltungsgebäude nach dem Bedarf und den Vorgaben des Auftraggebers errichtet werden soll (VK Lüneburg, B. v. 20. 7. 2004 – Az.: 203-VgK-25/2004, B. v. 16. 7. 2004 – Az.: 203-VgK-24/2004, B. v. 8. 3. 2004 – Az.: 203-VgK-03/2004).

1741 Sehr **viel weiter geht die VK Münster**. Nach dieser Meinung erfasst § 100 Abs. 2 lit. h GWB nur Verträge über das Grundstück selbst oder bestehende Gebäude. **Soweit zusätzliche Maßnahmen im Sinne von § 99 Abs. 3 GWB erforderlich oder geplant** sind, **sind diese auszuschreiben** (VK Münster, B. v. 6. 5. 2008 – Az.: VK 4/08; B. v. 26. 9. 2007 – Az.: VK 17/07).

Gesetz gegen Wettbewerbsbeschränkungen GWB § 99 **Teil 1**

In eine ähnliche Richtung tendiert der EuGH. Ist zu dem **Zeitpunkt des Abschlusses ei-** 1742
nes Mietvertrags mit der Errichtung der fraglichen Bauwerke noch nicht einmal begonnen worden, kann der Vertrag nicht unmittelbar die Anmietung von Immobilien zum Ziel haben, mit deren Bau noch nicht begonnen worden war. Vorrangiges Ziel dieses Vertrags kann daher denknotwendig nur die Errichtung der betreffenden Bauwerke sein, die anschließend dem Vertragspartner im Wege einer als „Mietvertrag" bezeichneten vertraglichen Beziehung zur Verfügung zu stellen sind (EuGH, Urteil v. 29. 10. 2009 – Az.: C-536/07).

8.9.9.3.2.3 Literatur 1743

– Dreher, Meinrad, Mietverträge mit Neubau- oder Umbauverpflichtungen im Kartellvergaberecht, NZBau 2009, 542

8.9.9.3.3 Immobilienbedarfsgeschäfte bzw. Investorenmaßnahmen in Verbindung 1744
mit einer Grundstücksveräußerung. 8.9.9.3.3.1 Vergabefreiheit einer reinen Grundstücksveräußerung. Für reine Grundstücksveräußerungen besteht **mangels Annahme eines entgeltlichen Beschaffungsaktes keine Ausschreibungspflicht nach dem Vergaberecht**, da davon ausgegangen wird, dass bereits begrifflich kein Beschaffungsakt vorliegt, weil die öffentliche Hand mit der Veräußerung gerade keine Leistung beschafft, sondern vielmehr einen Vermögenswert abstößt (EuGH, Urteil v. 25. 3. 2010 – Az.: C-451/08; BGH, Urteil v. 22. 2. 2008 – Az.: V ZR 56/07). Vgl. dazu im Einzelnen die **Kommentierung zu § 100 Abs. 2 lit. h) GWB**.

Für die **Anwendung des Vergaberechts reicht es also nicht aus, dass ein zwischen** 1745
dem Auftraggeber und einem Dritten abgeschlossener Grundstückskaufvertrag keinerlei Verpflichtung für den Dritten enthält, das Grundstück in einer bestimmten Weise zu nutzen, insbesondere wenn der Vertrag keine Bau- bzw. Investitionsverpflichtung, d.h. eine Verpflichtung zur Errichtung eines bestimmten Bauwerkes (z.B. eines Einkaufszentrums) **umfasst**. Erfolgt die Veräußerung des Grundstückes insoweit auflagen- und bedingungsfrei und besteht keine Pflicht zur Realisierung eines Vorhabens, die durch effektive Sanktionen wie Vertragsstrafen, Rücktritts- und Wiederkaufsrechte oder durch Bürgschaften oder Dienstbarkeiten abgesichert ist, liegt vielmehr die Nutzbarmachung des Kaufgegenstandes einschließlich aller damit im Zusammenhang stehenden Maßnahmen allein im Risiko- und Verantwortungsbereich des Käufers, liegt kein öffentlicher Auftrag vor (OLG Brandenburg, B. v. 27. 6. 2008 – Az.: Verg W 4/08; VK Baden-Württemberg, B. v. 15. 8. 2008 – Az.: 1 VK 27/08; B. v. 16. 6. 2008 – Az.: 1 VK 18/08; B. v. 5. 6. 2008 – Az.: 1 VK 16/08; 2. VK Brandenburg, B. v. 15. 2. 2008 – Az.: VK 2/08; VK Hessen, B. v. 5. 3. 2008 – Az.: 69d VK 06/2008; VK Münster, B. v. 6. 5. 2008 – Az.: VK 4/08).

8.9.9.3.3.2 Vergabepflichtigkeit von Immobilienbedarfsgeschäfte bzw. Investoren- 1746
maßnahmen in Verbindung mit einer Grundstücksveräußerung. Die **Rechtsprechung** hierzu ist **nicht einheitlich**.

Will ein öffentlicher Auftraggeber mittels eines **Investorenauswahlverfahrens** einen Erwer- 1747
ber für ein Grundstück auswählen, der einen wirtschaftlich günstigen Preis für das Grundstück bietet und dessen Bauabsichten den städtebaulichen Gestaltungsvorstellungen des Auftraggebers entsprechen und bietet der Auftraggeber selbst das Grundstück zum Verkauf an, **ist er nicht an das Vergaberecht gebunden**. Soweit mit einem städtebaulichen Vertrag keine Leistung, sondern „nur" die Umsetzung städtebaulicher Gestaltungsvorstellungen verbunden ist, braucht Vergaberecht nicht beachtet zu werden. Es ist unerheblich, wenn eine Gebietskörperschaft im Rahmen eines städtebaulichen Vertrages (etwa aus Anlass eines Grundstücksverkaufs) ihre städtebaulichen Vorstellungen durchsetzen will. Selbst wenn der Auftraggeber den Investor verpflichtet, einen bestimmten Architektenentwurf zu realisieren, führt dies nicht dazu, dass die Gebietskörperschaft zur Empfängerin der Architektenleistungen wird, wobei die **Frage, ob ein öffentlicher Auftrag im Falle eines Investorenauswahlverfahrens vorliegt, letztendlich eine Frage des Einzelfalles bezogen auf den konkreten Ausschreibungsmodus** darstellt (Hessischer VGH, B. v. 20. 12. 2005 – Az.: 3 TG 3035/05; ebenso VK Baden-Württemberg, B. v. 7. 3. 2008 – Az.: 1 VK 1/08).

Der **Zielsetzung des Vergaberechts**, nämlich die **Ermittlung des wirtschaftlichsten** 1748
Angebotes, stehen die **Ziele, die im Rahmen der städtebaulichen Entwicklung verfolgt werden, diametral entgegen**. Bauleitpläne sollen eine nachhaltige, städtebauliche Entwicklung, die sozialen, wirtschaftlichen Anforderungen, auch in Verantwortung gegenüber künftigen Generationen in Einklang bringen. Sie sollen eine dem Wohl der Allgemeinheit dienende sozialgerechte Bodennutzung gewährleisten. Diesem Ziel dient eine im

Teil 1 GWB § 99   Gesetz gegen Wettbewerbsbeschränkungen

Rahmen eines städtebaulichen Vertrages auferlegte Bauverpflichtung. Nicht der Bieter, der das wirtschaftlichste Angebot abgegeben hat, soll den Auftrag erhalten, sondern derjenige, der diese Zielsetzung optimal umsetzt. Von dieser ihm zustehenden Planungshoheit macht ein Auftraggeber Gebrauch, wenn er mit den Mitteln des Baugesetzbuches, also eines städtebaulichen Vertrages und eines Bebauungsplanes ein Unternehmen verpflichtet, z.B. ein SB-Warenhaus zu errichten, insbesondere zu betreiben und einen bestehenden kleinern Markt, der sich bei der Umsetzung des Projekts als unwirtschaftlich erweisen könnte, dennoch weiterzubetreiben. Mit einem solchen **städtebaulichen Vertrag soll nicht das wirtschaftlichste Angebot in Bezug auf die zu errichtenden Gebäude ermittelt werden, sondern das städtebaulich Interessanteste** (VK Baden-Württemberg, B. v. 7. 3. 2008 – Az.: 1 VK 1/08). **Anderer Auffassung** ist insoweit das **OLG Karlsruhe. Ein öffentlicher Auftraggeber wird auch im Falle der Qualifizierung von Verträgen als öffentliche Aufträge** im Sinne des Vergaberechts **nicht daran gehindert, im Rahmen seiner kommunalen Planungshoheit im Vorfeld der Ausschreibung zu entscheiden, welche konkreten städtebaulichen Gesichtspunkte er auf welche Weise verwirklichen möchte** (OLG Karlsruhe, B. v. 13. 6. 2008 – Az.: 15 Verg 3/08).

1749   Nach einer anderen Auffassung sind **Grundstücksverkäufe dann vergabepflichtig, wenn sie in unmittelbarem Zusammenhang mit der Vergabe von Bauaufträgen stehen**, sei es, dass **Bauaufträge Bestandteil des Vertrages/Vertragspakets über einen Grundstücksverkauf** sind, sei es, dass der **Grundstücksverkauf die Entscheidung über die Vergabe von Bauaufträgen präjudiziert** (OLG Düsseldorf, B. v. 4. 3. 2009 – Az.: VII-Verg 67/08; B. v. 12. 1. 2009 – Az.: VII-Verg 67/08; VK Baden-Württemberg, B. v. 15. 8. 2008 – Az.: 1 VK 27/08).

1750   Das **OLG Düsseldorf fasst seine bisherige Rechtsprechung dahingehend zusammen**, dass die **Erfordernisse auf die Ausführung des individuellen Bauwerks bezogen sein müssen und darauf einen inhaltlichen Einfluss nehmen** (z.B. Vorgaben betreffend die Art und Weise der Bebauung und ihrer Anbindung an die Umgebung oder an die Gestaltung der Fassaden und Außenanlagen.) Eine Herstellung nach vom öffentlichen Auftraggeber gebilligten Plänen genügt, wenn der Auftraggeber diese zuvor geprüft und sich zu eigen gemacht hat. Dabei kommt es nicht darauf an, ob elementare von weniger wichtige Erfordernisse gestellt werden. Auch an den Konkretisierungsgrad von Vorgaben des öffentlichen Auftraggebers sind keine hohen Anforderungen zu richten. Hingegen scheiden nicht bauwerks-, sondern rein nutzungsbezogene (oder sozialpolitisch motivierte) Erfordernisse sowie solche, die lediglich auf einer Anwendung öffentlich-rechtlicher Bauvorschriften beruhen oder dem Auftragnehmer (oder Baukonzessionär) die Einhaltung der Festsetzungen eines bestehenden Bebauungsplans aufgeben, aus dem Anwendungsbereich der Norm aus (OLG Düsseldorf, B. v. 2. 10. 2008 – Az.: VII – Verg 25/08; VK Düsseldorf, B. v. 31. 10. 2008 – Az.: VK – 22/2008 – B).

1751   Das Vorliegen der dritten Variante des Bauauftrags ist **nicht davon abhängig, dass der Auftraggeber den Auftragnehmer kraft Auftrags zu Bauleistungen verpflichtet. Als Tatbestand, der vor allem die praktische Wirksamkeit (effet utile) der Vergabekoordinierungsrichtlinie in möglichen Umgehungsfällen sicherstellen soll**, regelt die dritte Variante solche öffentlichen Aufträge, bei denen der Auftraggeber ein auf seine (öffentliche) Zweckbestimmung zugeschnittenes Bauwerk erstellen lässt, dabei jedoch nicht selbst als Bauherr auftritt, sondern das Vorhaben durch einen – vom Auftragnehmer verschiedenen – Dritten abwickeln lassen will. Als dieser Variante unterfallend werden im Verhältnis zwischen Auftraggeber und Auftragnehmer **insbesondere Kauf-, Miet- oder Leasingverträge sowie Bauträgermodelle** genannt. Daraus geht hervor, dass die **Auftragsbeziehung zwischen Auftraggeber und Auftragnehmer im Fall der dritten Variante nicht als Bauauftrag ausgestaltet sein und erst recht keine Verpflichtung zur Herstellung eines Bauwerks aufweisen muss**. Die genannten Beispielsfälle sind gemäß dem auf eine Förderung des Wettbewerbs gerichteten Zweck der Vergabekoordinierungsrichtlinie **auch in keinem abschließenden Sinn zu verstehen**. Der **dritten Variante des § 99 Abs. 3 GWB unterfallen danach auch Aufträge**, die – ohne Bauaufträge im Sinn der ersten oder zweiten Variante der Norm zu sein – **mittels der vom Auftraggeber genannten Erfordernisse gewährleisten sollen, dass das herzustellende Bauwerk für einen bestimmten öffentlichen Zweck zur Verfügung steht, und die dem Auftraggeber kraft einer vertraglichen Vereinbarung zugleich die rechtliche Befugnis vermitteln, die Verfügbarkeit im Interesse der öffentlichen und durch die wirtschaftliche oder technische Funktion des Bauvorhabens beschriebenen Zweckbestimmung sicherzustellen und einen Einfluss darauf auszuüben** (OLG Düsseldorf, B. v. 2. 10. 2008 – Az.: VII – Verg 25/08; B. v. 6. 2. 2008 – Az.: VII – Verg 37/07; B. v. 12. 12.

Gesetz gegen Wettbewerbsbeschränkungen GWB § 99 **Teil 1**

2007 – Az.: VII – Verg 30/07; 2. VK Brandenburg, B. v. 15. 2. 2008 – Az.: VK 2/08; VK Düsseldorf, B. v. 31. 10. 2008 – Az.: VK – 22/2008 – B; im Ergebnis ebenso VK Münster, B. v. 6. 5. 2008 – Az.: VK 4/08).

Gegen eine Bewertung als Bauauftrag spricht nicht, dass der Auftraggeber die von dem Vorhaben betroffenen Grundstücke vollständig an einen Investor veräußern will, davon nach Fertigstellung der Baumaßnahmen nichts auf ihn zurückübertragen werden, sondern der Investor das Bauwerk nutzen soll und es mithin an der körperlichen Beschaffung eines Ergebnisses von Bauleistungen durch den Auftraggeber fehlt. Die **Annahme eines öffentlichen Bauauftrags ist nicht davon abhängig zu machen, dass der öffentliche Auftraggeber Eigentümer des Bauwerks oder eines Teils davon ist oder wird** (OLG Bremen, B. v. 13. 3. 2008 – Az.: Verg 5/07; OLG Düsseldorf, B. v. 6. 2. 2008 – Az.: VII – Verg 37/07; VK Münster, B. v. 6. 5. 2008 – Az.: VK 4/08). 1752

Der dritten Variante des § 99 Abs. 3 GWB unterfallen auch Aufträge, durch die mittels der vom öffentlichen Auftraggeber genannten Erfordernisse gewährleistet werden soll, dass das **herzustellende Bauwerk für einen bestimmten öffentlichen Zweck zur Verfügung steht, und durch die dem Auftraggeber (kraft vertraglicher Abrede) zugleich die rechtliche Befugnis gegeben wird, (im mittelbaren Eigeninteresse) die Verfügbarkeit des Bauwerks für die öffentliche Zweckbestimmung sicherzustellen** (OLG Düsseldorf, B. v. 2. 10. 2008 – Az.: VII – Verg 25/08). 1753

So hat z. B. der **Vergabesenat des Oberlandesgerichts Düsseldorf** – etwa bei dem **Verkauf früher militärisch genutzter Flächen, wenn dieser Verkauf mit einem Investorenauswahlverfahren im Rahmen einer Umwandlung verbunden** ist – entschieden, dass die **Regeln über die Vergabe von Bauaufträgen einzuhalten** sind, wenn der **öffentliche Eigentümer** des Geländes und die **betreffende Gemeinde** bei der **Vermarktung zusammenarbeiten** und die **Gemeinde den Abschluss eines Durchführungsvertrages nach § 12 BauGB** zur Absicherung der vom Investor zugesagten Baumaßnahmen verlangt (OLG Düsseldorf, B. v. 2. 10. 2008 – Az.: VII – Verg 25/08; B. v. 13. 6. 2007 – Az.: VII – Verg 2/07 – sehr instruktive Entscheidung; im Ergebnis ebenso B. v. 6. 2. 2008 – Az.: VII – Verg 37/07; B. v. 12. 12. 2007 – Az.: VII – Verg 30/07; 2. VK Brandenburg, B. v. 15. 2. 2008 – Az.: VK 2/08). Der **Durchführungsvertrag erfüllt den Begriff der zweiten Variante des öffentlichen Bauauftrags** nach Art. 1 Abs. 2 b) der Richtlinie 2004/18/EG und § 99 Abs. 3 GWB (OLG Düsseldorf, B. v. 2. 10. 2008 – Az.: VII – Verg 25/08). 1754

Dem **schließt sich die VK Münster an**. Danach reicht es für die **Annahme eines Bauauftrages oder einer Baukonzession** deshalb aus, dass der Auftraggeber den Auftragnehmer (Dritten) mit der Erstellung und gegebenenfalls auch mit der Planung von Bauwerken oder Bauvorhaben entsprechend seinen Erfordernissen beauftragt. Ausreichend ist demzufolge, dass der öffentliche **Auftraggeber ein zumindest mittelbares Eigeninteresse an dem Vertrag hat, das beispielsweise darin liegen kann, dass er eine geordnete städtebauliche Entwicklung anstrebt** (VK Münster, B. v. 26. 9. 2007 – Az.: VK 17/07; im Ergebnis ebenso VK Baden-Württemberg, B. v. 16. 1. 2009 – Az.: 1 VK 65/08; B. v. 13. 11. 2008 – Az.: 1 VK 45/08). 1755

In diesen Fällen kann sich **das in § 99 Abs. 3 GWB geforderte mittelbare Eigeninteresse** nicht nur aus den Ratsbeschlüssen und dem Verwaltungsvorgang (Zusammenschau verschiedener Verträge) ergeben, sondern **über die Genehmigung nach § 34 BauGB unmittelbar aus dem Kaufvertrag**. Dem steht auch nicht entgegen, dass im Vertrag **kein unmittelbarer vertraglicher Erfüllungsanspruch festgelegt** worden sein soll. Verwirklicht ein Käufer die städtebaulichen Vorstellungen des Verkäufers (z. B. einer Kommune) nicht und muss er für diesen Fall das **Grundstück an den Verkäufer zurückzugeben**, sichert sich der Verkäufer **durch dieses Rücktrittsrecht die Durchsetzung ihrer mittelbaren** (städtebaulichen) **Eigeninteressen** an der konkreten Gestaltung des innerstädtischen Grundstückes (VK Münster, B. v. 26. 9. 2007 – Az.: VK 17/07; im Ergebnis ebenso VK Arnsberg, B. v. 21. 7. 2008 – Az.: VK 12/08). 1756

Erforderlich ist also **eine wie auch immer geartete Einwirkungsmöglichkeit des** Auftraggebers. Nimmt z. B. der **Auftraggeber gestalterisch auf die Konzepte von Bietern Einfluss**, indem etwa wesentlichen Elemente eines städtebaulichen Vertrages in der Ausgestaltung eines Baurealisierungsvertrages aufgenommen und ein konkreter Zeitplan für den Antrag auf Abriss der vorhandenen Gebäude, Baugenehmigung und Baubeginn des mit Konzept des Käufers vorgestellten Vorhabens festgelegt wird und wird verpflichtend geregelt, bis zu welchem Zeitpunkt die dem vorgelegten Konzept entsprechende Neubebauung vorzunehmen ist, inklusi- 1757 ve eines Rückübertragungsanspruches, falls der Käufer seiner Verpflichtung nicht nachkommen sollte und **sind Farb-, Material- und Fassadengestaltung vorab mit dem Auftraggeber abzustimmen**, genügt dies. Dass hierbei **rein formal ein einheitlicher Vertrag statt zwei getrennter Verträge über den Grundstückskauf und über die städtebaulichen Verpflichtungen geschlossen wurde, lässt keine andere Bewertung** zu (VK Düsseldorf, B. v. 2. 8. 2007 – Az.: VK – 23/2007 – B). Auch nach der Rechtsprechung des EuGH sind die **Vertragsbeziehungen aller an einem Investitionsvorhaben Beteiligten zu werten** (EuGH, Urteil v. 29. 10. 2009 – Az.: C-536/07)

1758 Haben die **Bieter bei der Verpachtung eines Grundstücks nicht lediglich einen Pachtzins anzubieten**, sondern **wird vielmehr von ihnen** – unter Vorgabe einer maximalen Gesamthöhe für die Anlagen – z.B. ein „**Konzept zur Nutzung des Standortes**" verlangt, **welches alle für die Errichtung eines Windparks auf den angedienten Pachtgrundstücken erforderlichen Baumaßnahmen im Detail aufführen** muss, d. h. die Anzahl der geplanten Windkraftanlagen, ihre (Einzel-) Standorte auf den Grundstücken, die technischen Details der zu errichtenden Anlagen (Typ, Leistung, Narbenhöhe, Schallleistungspegel) sowie die Konzeption des Netzanschlusses einschließlich der Angabe des Einspeisungspunktes und **ordnet der Pachtvertrag ausdrücklich die Verpflichtung des Pächters an, „die Windkraftanlagen gemäß dem vorgelegten Nutzungskonzept" innerhalb eines Jahres ab Nutzung der Pachtsache zu erstellen** und ab diesem Zeitpunkt in Betrieb zu nehmen, enthält damit der Pachtvertrag die ausdrückliche Verpflichtung des Pächters, das von ihm in der Ausschreibung angebotene und von der Vergabestelle geprüfte Konzept zu realisieren, d. h. die in diesem Konzept **vorgesehenen Baumaßnahmen durchzuführen**. Es handelt sich dann **um eine in die formale Rechtsform eines Pachtvertrages eingekleidete öffentliche Baukonzession** im Sinne des Art. 1 (3) der hier Richtlinie 2004/18/EG, die vergaberechtlich den öffentlichen Bauaufträgen im Sinne des Art. 1 (2) b) RL gleichgestellt ist und damit bei richtlinienkonformer Auslegung des GWB gemäß den §§ 97, 99 Abs. 3, 101 GWB **dem Vergaberecht unterliegt** (OLG Bremen, B. v. 13. 3. 2008 – Az.: Verg 5/07).

1759 Besteht laut Kaufvertrag zunächst nur die **Verpflichtung des Käufers, alles zu tun, um der Entstehung von Rücktrittsrechten vorzubeugen**, beruht aber zusätzlich der Inhalt eines abgeänderten Bebauungsplans auf den Verhandlungen mit dem **Käufer** und gibt der Käufer mit der Anlage zum Bebauungsplan seine Bebauungsabsichten an, die dieser Planung entsprechen und **spricht auch der Ankauf der Erschließungsgrundstücke für genau diese ausgehandelte Planung**, ist voraussichtlich ein öffentlicher Auftrag anzunehmen (VK Arnsberg, B. v. 21. 7. 2008 – Az.: VK 12/08).

1760 Die **Befugnisse einer Gemeinde im Rahmen der Baugenehmigung nach § 34 BauGB bei der Veräußerung eines Entwicklungsgrundstückes begründen keine hinreichende Einflussmöglichkeit zur Absicherung der gemeindlichen Vorgaben**. Denn die **Bauerlaubnis nach § 34 BauGB ist eine gebundene Entscheidung und steht daher nicht im Ermessen der Gemeinde**. Es mag zwar sein, dass eine Gemeinde es in der Hand hat, einer Bauerlaubnis nach § 34 BauGB zumindest vorübergehend gewisse Hürden in den Weg zu stellen (etwa im Rahmen der Beurteilung, ob sich das Vorhaben in die Umgebung einfügt). Das ändert jedoch nichts daran, dass die **Gemeinde die Genehmigung letztlich erteilen muss, wenn die planungsrechtlichen Voraussetzungen vorliegen** (2. VK Brandenburg, B. v. 15. 2. 2008 – Az.: VK 2/08; im Ergebnis ebenso VK Baden-Württemberg, B. v. 15. 8. 2008 – Az.: 1 VK 27/08).

1761 Die **Festsetzungen eines Bebauungsplanes** enthalten die städtebaulichen Ziele, hierfür ist der Bebauungsplan jedoch auch das der Gemeinde zustehende Instrumentarium. Allein **über diese Festsetzungen hat ein öffentlicher Auftraggeber aber keine Möglichkeit, eine Bauverpflichtung durchzusetzen**. Auch die Regelung, dass der Auftraggeber zum Rücktritt berechtigt ist, wenn der Käufer das Grundstück brachliegen lässt, führt mangels sonstiger Vereinbarungen nicht dazu, dass er die Bebauung des Grundstücks mit einem seinen Vorstellungen entsprechenden Vorhaben, d. h. die Errichtung eines Bauwerks nach von ihm benannten Erfordernissen im Sinne des § 99 Abs. 3. 3. Var. GWB, (wirtschaftlich) durchsetzen kann (VK Hessen, B. v. 5. 3. 2008 – Az.: 69 d VK – 06/2008; im Ergebnis ebenso VK Baden-Württemberg, B. v. 15. 8. 2008 – Az.: 1 VK 27/08; VK Thüringen, B. v. 10. 2. 2009 – Az.: 250–4002.20–363/2009-001-EA).

1762 **Rücktritts- oder Wiederkaufsrechte begründen** ebenfalls **keine Bauverpflichtung im Sinne eines Bauvertrags**. Bei Aufnahme entsprechender Rücktritts- oder Wiederkaufsrechte hängt der Erwerb des Eigentums durch den Käufer an dem Grundstück davon ab, dass dieser –

Gesetz gegen Wettbewerbsbeschränkungen GWB § 99 **Teil 1**

jedenfalls – mit der Verwirklichung des Investorenprojektes beginnt Der **Käufer ist also in der üblicherweise mit dem Eigentum an einem Grundstück verbundenen Nutzung beschränkt**, denn er kann mit dem Grundstück nicht im Sinne des § 906 BGB nach Belieben verfahren. Will er nicht den Rücktritt des Auftraggebers vom Kaufvertrag oder die Geltendmachung eines Wiederkaufsrechts provozieren, **muss er mit der Verwirklichung des Projektes beginnen**. Die Kehrseite dieser Abhängigkeit besteht in dem Recht zur Nutzung des Grundstücks in der von der Kommune gewünschten Weise. Bei **wirtschaftlicher Betrachtung handelt es sich also um die – wegen § 925 Abs. 2 BGB rechtlich nicht mögliche – Übereignung eines Grundstückes unter einer aufschiebenden Bedingung**. Der Investor erwirbt – anders betrachtet – das Recht, das Grundstück in einer bestimmten Art und Weise bebauen zu können. Ein **Schuldverhältnis im Sinne des § 241 Abs. 1 S. 1 BGB, kraft dessen der Gläubiger (die Kommune) berechtigt ist, von einem Schuldner (also dem Grundstückskäufer) eine Leistung (die Bebauung des Grundstücks nach den von der Kommune benannten Erfordernissen) zu verlangen, wird dagegen nicht begründet** (VK Hessen, B. v. 5. 3. 2008 – Az.: 69 d VK – 06/2008).

Anderer Auffassung ist die **VK Baden-Württemberg**. Ist beabsichtigt, den Käufer dazu zu verpflichten, innerhalb einer bestimmten Frist ein bestimmtes Bauwerk zu errichten, ergibt sich daraus **nach Vertragsschluss ein einklagbarer Anspruch des Verkäufers auf Errichtung des Bauwerks**. Soll die **Bauverpflichtung** außerdem durch ein **Rücktrittsrecht des Verkäufers** sowie ein **Vertragsstrafversprechen des Käufers abgesichert** werden, hat der beabsichtigte Vertrag als wesentlichen Inhalt die **Erbringung einer Bauleistung zum Gegenstand** (VK Baden-Württemberg, B. v. 16. 1. 2009 – Az.: 1 VK 65/08; B. v. 16. 6. 2008 – Az.: 1 VK 18/08). 1763

Die Tatsache, dass z. B. einer Kommune als Grundstücksverkäuferin das **städtebauliche Instrument des Baugebots nach § 176 BauGB** zu Gebote steht, **genügt nicht, von einer Bauverpflichtung auszugehen**. Denn eine solche Bauverpflichtung hätte ihre Grundlage nicht im Vertrag, sondern in der der Kommune kraft Gesetzes verliehenen Macht, Baugebote zu erlassen (VK Baden-Württemberg, B. v. 15. 8. 2008 – Az.: 1 VK 27/08; B. v. 5. 6. 2008 – Az.: 1 VK 16/08). 1764

Aus der Aufnahme einer **Geschäftsgrundlageregelung in einen Grundstückskaufvertrag, dass ein Bebauungsplan in Kraft tritt, der für das vorgestellte Bauvorhaben eine GFZ von mindestens 3,0 zulässt, lässt sich kein durchsetzbarer Rechtsanspruch** des Verkäufers **auf Realisierung eines Bauwerks herleiten**. Eine Bauverpflichtung ist darin nicht zu sehen (VK Baden-Württemberg, B. v. 5. 6. 2008 – Az.: 1 VK 16/08). 1765

Es ist **nicht notwendig, dass die Bauplanung in Form der Aufstellung eines Bebauungsplanes und in der Form des Abschlusses städtebaulicher Verträge mit einer künftigen Veräußerung gekoppelt werden müsste und deshalb diese Vorgänge vergaberechtlich nicht in zwei Stufen abgewickelt werden könnten**. Aus der Rechtsprechung ergibt sich nur, dass sich der Auftraggeber eines Bauauftrages und der Grundstückseigentümer nicht auf ihre unterschiedlichen Rollen berufen können. Die Elemente des Bauauftrages und der die Entgeltlichkeit ersetzenden Konzession (in Form der Veräußerung) können von unterschiedlichen Partnern generiert werden, bilden zusammen aber vergaberechtlich eine Einheit. **Wenn aber nicht der Verkauf von Grundstücken dazu genutzt werden soll, um städtebauliche Anforderungen überhaupt stellen zu können, sondern diese Anforderungen zunächst mit den derzeitigen Eigentümern vereinbart werden sollen, die diese auch umsetzen wollen, liegt jedenfalls keine Umgehung des Vergaberechts zu Lasten von Kaufinteressenten vor**. Die Ausschreibungspflichtigkeit von städtebaulichen/Erschließungsverträgen andererseits gebietet ebenfalls keine Koppelung mit einem erst später beabsichtigten Kaufvertrag, wenn der Adressat der Bauverpflichtung und der spätere Erwerber nicht identisch sind. Sie würde den Eigentümer zwingen, sein Grundstück zu einem von ihm nicht gewollten Zeitpunkt auf den Markt zu bringen und u. U. auf mögliche wirtschaftliche Vorteile einer späteren Veräußerung zu verzichten. Eine solche Veräußerungspflicht wäre mit dem Eigentumsrecht nicht zu vereinbaren. **Selbst wenn im Einzelfall eine Bauplanung vorgenommen würde, um für einen bereits ins Auge gefassten Erwerber eines fiskalischen Grundstücks die Bauverpflichtung zu umreißen und um später nur eine „reine" Grundstücksveräußerung vornehmen zu können, so könnte ein weiterer, nicht berücksichtigter Kaufinteressent unter der gebotenen einheitlichen Betrachtung ggf. die Beachtung der vergaberechtlichen Vorschriften beim Grundstücksverkauf durchsetzen**, jedoch nicht die Aufgabe der Bebauungsplanung. Falls der Kaufinteressent auch die Bebauungs- 1766 planung als baurechtswidrig ansähe, müsste er parallel dagegen mit den vorgesehenen Schritten vorgehen; eine baurechtskonforme Planung müsste er auf jeden Fall hinnehmen (VK Düsseldorf, B. v. 31. 10. 2008 – Az.: VK – 22/2008 – B).

1767 Der **Verzicht auf den Abschluss eines ursprünglich geplanten städtebaulichen Vertrages stellt kein Umgehungsgeschäft** dar. Eine solche Annahme würde voraussetzen, dass der Verkäufer sein ursprüngliches Ziel (die Verpflichtung des Käufers zu einer bestimmten Bebauung der zu veräußernden Grundstücke) nunmehr mit anderen – per se nicht die Anwendbarkeit des Vergaberechts auslösenden – Mitteln erreichen würde. Dies ist aber dann nicht der Fall, wenn der Verkäufer keine Möglichkeit mehr hat, eine von seinen Vorstellungen abweichende – aber gleichwohl mit dem Bebauungsplan vereinbare – Bebauung des zu veräußernden Grundstückes zu verhindern (VK Hessen, B. v. 5. 3. 2008 – Az.: 69 d VK 6/2008).

1768 Auch die Tatsache, dass eine **Kommune als Grundstücksverkäuferin von ursprünglichen Vertragsfassungen wieder Abstand genommen hat und einzelne Passagen gestrichen** hat, die möglicherweise auf eine Bauverpflichtung hingedeutet hätten, stellt **keine Umgehung** des Vergaberechts dar. Die Motivation der Kommune ist insoweit unerheblich. Es ist **von ihrem Entscheidungsspielraum umfasst, Vertragsinhalte erneut zu verhandeln und abzuändern** (VK Baden-Württemberg, B. v. 15. 8. 2008 – Az.: 1 VK 27/08).

1769 Hinsichtlich des **Auftragscharakters eines Grundstücksverkaufs ist nicht ausschließlich auf den Kaufvertrag abzustellen**. Anderenfalls hätten es der Auftraggeber und der Auftragnehmer in der Hand, durch eine Aufspaltung der vertraglichen Regelungen einen an sich ausschreibungsbedürftigen Vorgang dem Vergaberecht zu entziehen. In die Beurteilung sind daher **auch solche Umstände einzubeziehen, die mit der Veräußerung der Immobilie in engem zeitlichen und wirtschaftlichen Zusammenhang stehen, z. B. das Nutzungskonzept** (OLG Düsseldorf, B. v. 2. 10. 2008 – Az.: VII – Verg 25/08; 2. VK Bund, B. v. 28. 3. 2008 – Az.: VK 2–28/08; VK Düsseldorf, B. v. 31. 10. 2008 – Az.: VK – 22/2008 – B).

1770 Für die Anwendung des Vergaberechts ist auch **nicht vorauszusetzen, dass im Zeitpunkt der Veräußerung des betreffenden Grundstücks ein öffentlicher Bauauftrag** (gegebenenfalls in Gestalt einer Baukonzession) **bereits erteilt worden war** oder ein solcher Auftrag **alsbald danach erteilt werden soll**. Um die praktische Wirksamkeit der Richtlinie zu gewährleisten, ist für die Anwendung des Vergaberechts als ausreichend anzusehen, wenn die Erteilung eines solchen Auftrags nach den Umständen des Falles beabsichtigt ist und darauf alles hinausläuft (OLG Düsseldorf, B. v. 2. 10. 2008 – Az.: VII – Verg 25/08; VK Düsseldorf, B. v. 31. 10. 2008 – Az.: VK – 22/2008 – B).

1771 Zu prüfen ist in solchen Fällen auch, ob überhaupt ein **Vergabeverfahren begonnen** wurde. Dies **setzt voraus, dass durch organisatorische und planerische Aktivitäten über das Wie** (etwa die Vergabeart) **die konkreten Leistungsanforderungen entschieden** und der **Kreis der Leistungserbringer ermittelt wird**. Hat der Auftraggeber über das „Wie" eines Veräußerungsverfahrens noch keine Entscheidung getroffen, sondern nur Überlegungen zur Wirtschaftlichkeit der Grundstücksverwertung angestellt, aber die zu veräußernden Flächen und die „Mindestanforderungen" an etwaige Kaufangebote noch nicht definiert und auch bei den bereits vorhandenen Kaufinteressenten nach dem letzten Stand dieser Kontakte **nicht den Eindruck erweckt, als werde bereits mit der Absicht verhandelt, unmittelbar einen Kaufvertrag abzuschließen**, hat ein Vergabeverfahren noch nicht begonnen (VK Düsseldorf, B. v. 31. 10. 2008 – Az.: VK – 22/2008 – B).

1772 Ein öffentlicher **Bauauftrag** ist mit einem zwischen der Stadt und dem Investor **abgeschlossenen Mietvertrag** selbst **nicht zum Gegenstand** gemacht worden, wenn das **Vertragsverhältnis selbst zwar die Errichtung eines Parkhauses voraussetzt, dessen Nutzung durch die Stadt dann aber allein Gegenstand des Vertrages** ist und das noch zu errichtende Parkhaus selbst nur insoweit Gegenstand des Vertragsverhältnisses ist, als – nach erteilter Baugenehmigung – die **Baupläne wesentlicher Bestandteil des Vertrages werden** (VK Thüringen, B. v. 10. 2. 2009 – Az.: 250–4002.20–363/2009-001-EA).

8.9.10 Zweistufiges Vergabeverfahren als Bauauftrag

1773 Es ist **vernünftig, die Anwendung der Richtlinie 2004/18 auf ein zweistufiges Vergabeverfahren, das durch den Verkauf eines Grundstücks gekennzeichnet ist, das später Gegenstand eines Bauauftrags wird, durch die Bewertung dieser Vorgänge als Einheit nicht von vornherein auszuschließen**. Die Bestimmungen der Richtlinie 2004/18 finden aber **keine Anwendung** auf eine Situation, in der **eine öffentliche Stelle ein Grundstück an** ein Unternehmen veräußert, während eine andere öffentliche Stelle beabsichtigt, einen öffentlichen Bauauftrag in Bezug auf dieses Grundstück zu vergeben, auch wenn sie noch nicht formell beschlossen hat, den entsprechenden Auftrag zu erteilen (EuGH, Urteil v. 25. 3. 2010 – Az.: C-451/08).

8.9.11 Literatur

– Antweiler, Clemens, Keine abschließende Antwort – Grundstücksverkauf und paralleles Bebauungsplanverfahren, Behörden Spiegel Dezember 2008, 17

– Bartlik, Martin, Der Erwerb von Gemeindegrundstücken, ZfBR 2009, 650

– Burgi, Martin, BauGB-Verträge und Vergaberecht, NVwZ 2008, 929

– Drey, Franz, Das Beste draus machen – Ausschreibungspflicht verändert die Stadtplanung, Behörden Spiegel Februar 2008, 19

– Dietlein, Johannes, Anteils- und Grundstücksveräußerungen als Herausforderung für das Vergaberecht, NZBau 2004, 472

– Enderle, Bettina/Rehs, Alexander, Von der „Ahlhorn"-Rechtsprechung zur „Ahlhorn"-Klausel – Die Praxis kommunaler Grundstücksveräußerungen bleibt rechtsunsicher, NVwZ 2009, 413

– Ganske, Matthias, Business Improvement Districts (BIDs) und Vergaberecht: Ausschreiben! Aber wie?, BauR 2008, 1987

– Gartz, Benjamin, Das Ende der „Ahlhorn"-Rechtsprechung, NZBau 2010, 293

– Gartz, Benjamin, „Ahlhorn" und kein Ende?, NZBau 2008, 473

– Greb, Klaus/Rolshoven, Michael, Die „Ahlhorn"-Linie – Grundstücksverkauf, Planungs- und Vergaberecht, NZBau 2008, 163

– Haak, Sandra/Böke, Carsten, Rechtzeitig reagieren – Verwirkung des Rechtsschutzes bei Grundstücksgeschäften, Behörden Spiegel Juli 2008, 20

– Hanke, Stefanie, Wann ist ein Grundstücksgeschäft der öffentlichen Hand ausschreibungspflichtig – Anmerkung zu EuGH, Urteil vom 25. März 2010 – C-451/08, ZfBR 2010, 562

– Heilshorn, Torsten/Mock, Dario, Die Pflicht zur Ausschreibung städtebaulicher Verträge – Zur Einordnung von kommunalen Grundstückskaufverträgen und Erschließungsverträgen als ausschreibungspflichtige öffentliche Bauaufträge, VBlBW 2008, 328

– Hertwig, Stefan, Grundstücksgeschäfte und Vergaberecht nach der Entscheidung des EuGH zu „Bad Wildeshausen", VergabeR 2010, 554

– Jarass, Nina, Kehrtwende im Vergaberecht?- Zum Urteil des EuGH in der Rs. Müller, VergabeR 2010, 563

– Jasper, Ute/von der Recke, Barbara, Ausnahmen von der Vergabepflicht bei Grundstücksveräußerungen der öffentlichen Hand, ZfBR 2008, 561

– Jasper, Ute/Seidel, Jan, Neue Dissonanzen beim Verkauf kommunaler Grundstücke, NZBau 2008, 427

– Jasper, Ute/Seidel, Jan, Viele Fragen offen gelassen – Ein Urteil des BGH zum Verkauf kommunaler Grundstücke, Behörden Spiegel, Juni 2008, 21

– Jasper, Ute/Saitzek, Sebastian, Wo liegen die Grenzen? – Grundstücksgeschäfte im Visier des Vergaberechts, Behörden Spiegel November 2007, 26

– Kade, Timo, Schafft die GWB-Novelle 2008 Rechtssicherheit nach den vergaberechtlichen Entscheidungen des OLG Düsseldorf?, ZfBR 2009, 440

– Köster, Bernd, Das nordrhein-westfälische Gesetz über Immobilien- und Standortgemeinschaften (ISGG NRW), ZfBR 7/2008, 658

– Köster, Bernd, Private Initiativen zur Stadtentwicklung und Vergaberecht, NZBau 2008, 300

– Krohn, Wolfram, „Flugplatz Ahlhorn": Ausschreibungspflicht für Grundstücksgeschäfte der öffentlichen Hand?, ZfBR 2008, 27

– Losch, Alexandra, A neverending story? Zur Reichweite der Ausschreibungspflicht von Grundstücksgeschäften, ZfBR 2008, 341

1774

- Meyer-Hofmann, Bettina/Weng, Nils-Alexander, Es ist soweit! – Der Vorlagebeschluss des OLG Düsseldorf und mögliche Verfahrensgestaltungen beim Verkauf von Grundstücken der öffentlichen Hand, ZfBR 2009, 228
- Michaelis, Thomas, Eine große Chance – Die Vorteile internationaler Investorenauswahlverfahren, Behörden Spiegel August 2008, 21
- Mösinger, Thomas/Morscheid, Nicole, Die vergaberechtskonforme Beauftragung städtebaulicher Gesamtmaßnahmen an Sanierungs- und Entwicklungsträger nach §§ 157, 167 BauGB, NZBau 2009, 413
- Otting, Olaf, Bau und Finanzierung öffentlicher Infrastruktur durch private Investoren – Ein Beitrag zur Auslegung des § 99 III, 3. Alt. GWB, NZBau 2004, 469
- Pietzcker, Jost, Grundstücksverkäufe, städtebauliche Verträge und Vergaberecht, NZBau 2008, 293
- Rosenkötter, Annette/Fritz, Aline, Investorenauswahlverfahren im Fokus des Vergaberechts, NZBau 2007, 559
- Rubach-Larsen, Anne/Rechten, Stephan, Die Stadt sucht aus – Ausschreibungspflicht für BID-Initiativen?, Behörden Spiegel 2008, 21
- Scharf, Jan, Weniger Ausschreibungen – Vergaberechtsmodernisierung und „Ahlhorn"-Korrektur, Behörden Spiegel Juni 2010, 21
- Schotten, Thomas, Praxisrelevante Einzelfragen bei der Ausschreibung von Grundstücken mit städtebaulichem Bezug, VergabeR 2010, 344
- Schotten, Thomas, Die Vergabepflicht bei Grundstücksverkäufen der öffentlichen Hand – eine europarechtliche Notwendigkeit, NZBau 2008, 741
- Schröer, Thomas/Rosenkötter, Annette, Städtebauliche Chancen der Ahlhorn-Entscheidung, NZBau 2007, 770
- Schultz, Christian, Ausschreibungspflicht für kommunale Grundstücksverträge – Neue Rechtsprechung zum Dauerbrenner kommunaler Grundstücksverkäufe, NZBau 2009, 18
- Stewen, Tobias, Vergabepflicht von Dienstleistungen im Zusammenhang mit Erwerb oder Miete von unbeweglichem Vermögen, ZfBR 2008, 460
- Zöll, Bodo, Zivilrechtliche Folgen der Veräußerung von Grundstücken durch die öffentliche Hand ohne notwendige europaweite Ausschreibung, NZM 2008, 343

8.9.12 Hinweis

1775 Nach einer **Pressemitteilung der EU-Kommission** vom 27. 6. 2007 (IP/07/917) hat die Europäische Kommission beschlossen, Deutschland wegen eines von der Stadt Köln ohne ein transparentes Wettbewerbsverfahren an eine private Investitionsfirma vergebenen **Bauauftrags für vier neue Messehallen zu verklagen**. Nach Ansicht der Kommission handelt es sich dabei um einen öffentlichen Bauauftrag, der gemäß den EU-Richtlinien zur Vergabe öffentlicher Aufträge im Wettbewerbsverfahren im Rahmen einer europaweiten Ausschreibung hätte vergeben werden müssen. Die deutsche Regierung hält an ihrem Standpunkt fest, wonach es sich bei dem **Vertrag zwischen der Stadt Köln und der Investitionsfirma um einen einfachen Mietvertrag handelt**, der nicht den EU-Vorschriften für die öffentliche Auftragsvergabe unterliegt. Außerdem bleibe die Investitionsfirma Eigentümerin des Grundstücks und der Gebäude, während die Stadt nur das Recht erwerbe, die Bauten für einen begrenzten Zeitraum zu nutzen. Nach Ansicht der Kommission handelt es sich bei dem Vertrag zwischen der Stadt und dem Investoren jedoch **eindeutig um einen öffentlichen Bauauftrag, denn für die Stadt – einen öffentlichen Auftraggeber – wird ein Bauauftrag entsprechend ihren Spezifikationen ausgeführt**, wofür als Gegenleistung über einen Zeitraum von 30 Jahren eine Vergütung geleistet wird. Unter dem Gesichtspunkt der Vorschriften für die öffentliche Auftragsvergabe ist es unerheblich, ob die Stadt Eigentümerin der Gebäude wird oder nicht. Ebensowenig ist von Bedeutung, dass die Gebäude letztlich von der Messegesellschaft und nicht von der Stadt selbst genutzt werden.

1776 Mit Urteil vom 29. 10. 2009 – Az.: C-536/07 hat der **EuGH im Ergebnis einen Bauauftrag bejaht**. Die Einzelheiten der Begründung sind in die Kommentierung eingearbeitet.

Gesetz gegen Wettbewerbsbeschränkungen GWB § 99 **Teil 1**

8.9.13 Abgrenzung des Bauauftrags zum Lieferauftrag mit baulichen Nebenleistungen

8.9.13.1 Allgemeines

Entscheidend für die Abgrenzung des Bauauftrages zum Lieferauftrag mit baulichen Nebenleistungen ist das **Hauptinteresse des Auftraggebers und der sachliche Charakter eines Bauauftrags**. Das zeigt ergänzend § 1a Abs. 2 VOB/A; danach gilt auch für Bauaufträge mit überwiegendem Lieferanteil – nach näherer Maßgabe der dort getroffenen Regelung – die VOB/A und nicht etwa die VOL/A. Aus der Definition des Lieferauftrags in § 99 Abs. 2 GWB ergibt sich nichts anderes. Danach sind Lieferaufträge Verträge zur Beschaffung von Waren; die Verträge können auch Nebenleistungen umfassen. Art. 1 Buchstabe a) Satz 2 der Lieferkoordinierungsrichtlinie (LKR) nennt insoweit beispielhaft das Verlegen und Anbringen der Ware (BayObLG, B. v. 23. 7. 2002 – Az.: Verg 17/02; im Ergebnis ebenso OLG Bremen, B. v. 13. 3. 2008 – Az.: Verg 5/07). 1777

Vgl. zum Bauauftrag mit weit überwiegendem Lieferanteil auch die Kommentierung zu → § 1a VOB/A Rdn. 6 ff. 1778

8.9.13.2 Weitere Beispiele aus der Rechtsprechung

– sind **Gegenstand der Leistung** neben der **Errichtung eines Hackschnitzelheizwerks** die Planung, die Finanzierung der Investitionskosten, die **Wärmelieferung**, der Betrieb und die Wartung einschließlich der Übernahme des gesamten Betriebsrisikos für einen Zeitraum von 20 Jahren, bei Nebenangeboten auch ohne Errichtung eines Hackschnitzelheizwerks, ist der **Schwerpunkt des Vertrags die Lieferung von Wärme**. Tritt die reine Baumaßnahme gegenüber einer Lieferleistung zurück, ist der Schwellenwert nach § 2 Nr. 3 VgV von 206 000,00 € heranzuziehen (VK Nordbayern, B. v. 30. 7. 2008 – Az.: 21.VK – 3194 – 13/08; B. v. 7. 7. 2008 – Az.: 21.VK – 3194 – 31/08) 1779

8.9.14 Abgrenzung zwischen Bau- und Dienstleistungsverträgen

Die **vergaberechtliche Entscheidungspraxis zur Abgrenzung von Bau- und Lieferaufträgen** in Fällen der Lieferung und Montage gebäudetechnischer Anlagen ist **auf die Abgrenzung zwischen Bau- und Dienstleistungsverträgen nicht übertragbar. Nicht jede der Substanzpflege einer baulichen Anlage dienende Leistung ist als Bauleistung zu qualifizieren**. Insoweit genügt es insbesondere nicht, dass die betreffende Leistung erfolgsbedingt im Sinne der §§ 631 ff. BGB ist. Auch **eine nach deutschem Zivilrecht als Werkleistung einzuordnende Leistung kann vergaberechtlich unter Berücksichtigung der gemeinschaftsrechtlich geprägten Begrifflichkeiten eine Dienstleistung sein**. Vielmehr sind für die Annahme einer Bauleistung bei Arbeiten in Bezug auf Anlagen der Gebäudetechnik keine geringeren Anforderungen zu stellen als an Arbeiten in Bezug auf die das Gebäude selbst. Bei letzteren ist im Rahmen von § 1 VOB/A **entscheidend, ob es zu (nennenswerten) Eingriffen in die Bausubstanz kommt**. Insoweit wird zwischen reinen Instandhaltungen als Maßnahmen zur Erhaltung des zum bestimmungsgemäßen Gebrauch geeigneten Zustands (Sollzustands) und Instandsetzungen als Maßnahmen zur Wiederherstellung des Sollzustands unterschieden. **Reine Instandhaltungsmaßnahmen wie Reinigung, Pflege, Wartung oder die Beseitigung von Verschleißerscheinungen bzw. kleineren Schäden werden aufgrund ihrer nicht oder nur sehr geringfügig substanzeingreifenden Wirkung nicht als Bauleistung qualifiziert**. Bei Reparaturarbeiten liegt eine Bauleistung nach § 1 VOB/A nur vor, wenn sie von einigem Gewicht für die Erhaltung des Bauwerks sind und zu nennenswerten Substanzeingriffen Anlass geben. Demgegenüber **unterfallen Instandsetzungsarbeiten als Bauleistung dem § 1 VOB/A, sofern sie für die Erneuerung und den Bestand baulicher Anlagen von wesentlicher Bedeutung sind**. Hierzu gehören etwa die Ausführung von Abdichtungsarbeiten zur Beseitigung von Feuchtigkeitsschäden und zu Isolierung des Gebäudes oder die Erneuerung und Überarbeitung der Fassade zur Konservierung und Erhaltung des Gebäudes, d. h. Maßnahmen, die mit erheblichen Substanzeingriffen verbunden sind. Diese zu § 1 VOB/A entwickelte Kasuistik steht mit der in § 99 Abs. 3 GWB enthaltenen Definition eines Bauauftrags im Einklang. Insbesondere entspricht sie auch der nunmehr in der Richtlinie 2004/18/EG vorgenommenen Abgrenzung, die in Anhang I die „gewöhnliche Instandsetzung" den Bauleistungen und in Anhang II die „Instandhaltung und Reparatur" den Dienstleistungen zuordnet, und kann daher vorliegend zugrunde gelegt werden (VK Berlin, B. v. 2. 6. 2009 – Az.: VK B 2–12/09; 2. VK Bund, B. v. 31. 7. 2006 – Az.: VK 2–65/06; VK Düsseldorf, B. v. 24. 6. 1780

Teil 1 GWB § 99 Gesetz gegen Wettbewerbsbeschränkungen

2008 – Az.: VK – 19/2008 – B; im Ergebnis ebenso OLG Düsseldorf, B. v. 18. 10. 2006, Az.: VII – Verg 35/06).

1781 Ein **reiner Instandsetzungsanteil von 25%** rechtfertigt jedenfalls noch **nicht die Annahme eines Bauauftrags** (VK Berlin, B. v. 2. 6. 2009 – Az.: VK B 2–12/09).

8.9.15 Abgrenzung zwischen Bau- und Lieferaufträgen
1782 Vgl. dazu die Kommentierung → Rdn. 79.

8.9.16 Sonstige Formen von Bauaufträgen
1783 Die Finanznot der öffentlichen Auftraggeber hat zu einer fast nicht mehr überschaubaren Fülle von Finanzierungsmodellen öffentlicher Baumaßnahmen geführt. Im Ergebnis laufen alle Modelle darauf hinaus, dass das **Vergaberecht dennoch Anwendung findet.**

8.9.17 Beispiele aus der Rechtsprechung (Bauauftrag/Bauleistung bejaht)
1784
- Lieferung und Montage von **Anlagenteilen für ein Unterdruckentwässerungssystem** (VK Schleswig-Holstein, B. v. 30. 8. 2006 – Az.: VK-SH 20/06)
- Lieferung und Montage der für eine bauliche Anlage erforderlichen **maschinellen und elektrotechnischen/elektronischen Anlagen und Anlagenteile** (BayObLG, B. v. 23. 7. 2002 – Az.: Verg 17/02)
- **Erdbewegungsarbeiten** (2. VK Bund, B. v. 8. 8. 2001 – Az.: VK 2–22/01)
- **Einbau von Schrankwänden und das Einpassen einer Einbauküche** im Zusammenhang mit dem Umbau eines Verwaltungsgebäudes (OLG Thüringen, B. v. 22. 8. 2002 – Az.: 6 Verg 5/01)
- Lieferung von **Küchenausrüstungen für eine Kantine** (OLG Thüringen, B. v. 22. 8. 2002 – Az.: 6 Verg 5/01)
- **Liftsysteme für ein Hochhaus** (OLG Thüringen, B. v. 22. 8. 2002 – Az.: 6 Verg 5/01)
- **Elektroinstallation für ein Bühnenhaus** (OLG Thüringen, B. v. 22. 8. 2002 – Az.: 6 Verg 5/01)
- **maschinentechnische Teile einer Kläranlage** (OLG Thüringen, B. v. 22. 8. 2002 – Az.: 6 Verg 5/01)
- **Sicherheitseinrichtungen für ein Gefängnis** (OLG Thüringen, B. v. 22. 8. 2002 – Az.: 6 Verg 5/01)
- **Regalsystem für eine neu zu errichtende Bibliothek** und zwar selbst dann, wenn diese Regale nicht fest mit dem Bauwerk verbunden sind (OLG Thüringen, B. v. 22. 8. 2002 – Az.: 6 Verg 5/01; ebenso für mit dem Gebäude fest verbundene Regale (1. VK Sachsen, B. v. 10. 8. 2001 – Az.: 1/SVK/74-01)
- **Autoklaven und Wasserstoffperoxidgenerator** (OLG Thüringen, B. v. 22. 8. 2002 – Az.: 6 Verg 5/01)
- **Gerüstbauarbeiten** (VK Baden-Württemberg, B. v. 9. 10. 2001 – Az.: 1 VK 27/01)
- **Putzarbeiten** (1. VK Sachsen, B. v. 30. 10. 2001 – Az.: 1/SVK/102-01)
- **Erstellung von Straßendämmen** (VK Nordbayern, B. v. 19. 7. 1999 – Az.: 320.VK-3194-12/99)
- **Lichtsignalanlagen** sind zwar als **Zubehör der Straße** zu qualifizieren und **unterfallen daher dem Begriff der baulichen Anlage.** Der **Verkehrsrechner als solcher** wird jedoch **nicht Bestandteil der Straße.** Bei der Beschaffung eines Verkehrsrechners handelt es sich um die Beschaffung von Waren und bezüglich der Instandhaltung und Wartung um eine Dienstleistung (VK Baden-Württemberg, B. v. 28. 5. 2009 – Az.: 1 VK 21/09)
- **Bau und Programmierung von Lichtsignalanlagen an Straßen** sind rechtlich als Zubehör der baulichen Anlage „Straße" einzuordnen, so dass es sich um Bauleistungen handelt (2. VK Bremen, B. v. 15. 10. 2001 – Az.: VK 6/01)
- **Wartung und Störungsbeseitigung an Lichtsignalanlagen** (BayObLG, B. v. 29. 3. 2000 – Az.: Verg 2/00; VK Südbayern, B. v. 18. 1. 2000 – Az.: 120.3-3194.1-20-12/99)

- **Demontage- und Abbruchmaßnahmen** (2. VK Bremen, B. v. 25. 6. 2003 – Az.: VK 10/03)
- **Lieferung und Einbau einer Telekommunikationsanlage im Rahmen eines Gesamtbauvorhabens** (BayObLG, B. v. 23. 5. 2002 – Az.: Verg 7/02)
- **Instandhaltung von Entwässerungsleitungen an einer Bundesstraße** (VK Baden-Württemberg, B. v. 8. 11. 2002 – Az.: 1 VK 54/02)
- **Abwasserreinigungsanlage als ein Bauwerk**, das sich aus der Summe der zur Reinigungsfunktion erforderlichen Einzelobjekte wie z.B. Rechenanlage, Sandfang, Belebungsbecken, Nachklärbecken und Schlammlager zusammensetzt (VK Nordbayern, B. v. 24. 9. 2003 – Az.: 320.VK-3194-30/03)
- nicht zur Abwasserreinigungsanlage gehört das **Kanalnetz**, mit dem das Abwasser gesammelt und der Kläranlage zugeführt wird. Dieses hat eine Transportfunktion und ist deshalb als **eigenständige bauliche Anlage** anzusehen. Ziel der Maßnahmen am Kanalnetz ist eine Veränderung des Abwassertransportes. Bei Regenereignissen soll die Abwassermenge mit einem Stauraumkanal und mit Regenrückhaltebecken verstetigt werden (VK Nordbayern, B. v. 24. 9. 2003 – Az.: 320.VK-3194-30/03)
- **Radweg** (VK Brandenburg, B. v. 25. 4. 2003 – Az.: VK 21/03)
- **Stadtumgehung als eine Baumaßnahme** (VK Baden-Württemberg, B. v. 22. 10. 2002 – Az.: 1 VK 51/02)
- **Bauleistungen zur Neugestaltung eines Bahnhofsvorplatzes als einzelne Baumaßnahmen** (VK Arnsberg, B. v. April 2002 – Az.: VK 1–05/2002)
- ein **Trog- und Tunnelbauwerk** ist eine **in sich abgeschlossene bauliche Anlage**, das eine eigene technische Funktion erfüllt (VK Brandenburg, B. v. 5. 4. 2002 – Az.: VK 7/02)
- ein **Brückenbauwerk** ist eine **in sich abgeschlossene bauliche Anlage**, das eine eigene technische Funktion erfüllt (VK Brandenburg, B. v. 12. 2. 2002 – Az.: 2 VK 123/01)

8.9.18 Beispiele aus der Rechtsprechung (Bauauftrag/Bauleistung abgelehnt)
- **Lieferung und Einbau einer Telekommunikationsanlage im Rahmen einer Erneuerung nur der Anlage** (VK Düsseldorf, B. v. 12. 9. 2006 – Az.: VK – 37/2006 – L)
- **Lieferung von fertig verdrahteten marktüblichen Beleuchtungskörpern einschließlich Zubehör** (OLG München, B. v. 28. 9. 2005 – Az.: Verg 019/05)

8.10 Dienstleistungsaufträge (§ 99 Abs. 4)

8.10.1 Änderung durch das Vergaberechtsmodernisierungsgesetz 2009

Durch das Vergaberechtsmodernisierungsgesetz 2009 wurde **klarstellend** das Tatbestandsmerkmal der Leistungen um den Begriff der Erbringung ergänzt und ebenfalls **klarstellend** der Hinweis auf die Auslobungsverfahren gestrichen. Eine **sachliche Änderung** des § 99 Abs. 4 ist **damit nicht verbunden**.

8.10.2 Begriff der Dienstleistung (Auffangtatbestand)

8.10.2.1 Rechtsprechung des EuGH

Nach der Rechtsprechung des EuGH **fällt die Definition eines öffentlichen Dienstleistungsauftrags in den Bereich des Gemeinschaftsrechts und nicht des nationalen Rechts** (EuGH, Urteil v. 18. 12. 2007 – Az.: C-220/06; 1. VK Sachsen, B. v. 26. 3. 2008 – Az.: 1/SVK/005–08).

8.10.2.2 Nationale Rechtsprechung

Wann ein Dienstleistungsauftrag im Sinne des § 99 Abs. 1 GWB vorliegt, kann nicht losgelöst vom Zweck des Vierten Teils des Gesetzes gegen Wettbewerbsbeschränkungen beantwortet werden, der gemäß § 97 Abs. 1 GWB darin besteht, die Beschaffung von Dienstleistungen durch öffentliche Auftraggeber zu erfassen und zu regeln. Das rückt die Frage in den Vordergrund, ob der öffentliche Auftraggeber einen entsprechenden Bedarf hat und ob dieser mit dem abgeschlossenen Vertrag gedeckt werden soll. Da das Vergaberecht des Vierten Teils des Gesetzes gegen Wettbewerbsbeschränkungen andererseits nicht der Durchsetzung sonstiger rechtlicher oder tatsächlicher Vorgaben dient, die ein öffentlicher Auftraggeber zu beachten haben mag, **entscheidet darüber, ob ein Bedarf besteht und deshalb eine Dienstleistung beschafft werden soll, allein der öffentliche Auftraggeber. Sobald er einen tatsächlich bestehenden Bedarf erkennt oder auch nur meint, einen durch Dienstleistung zu befriedigenden Bedarf zu haben, den er nicht selbst decken will, kommt deshalb die Einordnung eines zu diesem Zweck geschlossenen Vertrags als Dienstleistungsauftrag im Sinne des § 99 Abs. 1 GWB in Betracht** (BGH, B. v. 1. 2. 2005 – Az.: X ZB 27/04).

1789 Die gesetzliche Fassung des § 99 GWB geht von einem **weiten Dienstleistungsbegriff** aus; erfasst werden **alle Formen von Aufträgen, die nicht bereits unter eine der anderen in § 99 GWB genannten Auftragsarten fallen und nicht vom Anwendungsbereich des Vergaberechts ausgenommen sind** (OLG Brandenburg, B. v. 15. 5. 2007 – Az.: Verg W 2/07; OLG Düsseldorf, B. v. 12. 1. 2004 – Az.: VII – Verg 71/03; OLG Stuttgart, B. v. 4. 11. 2002 – Az.: 2 Verg 4/02; VK Brandenburg, B. v. 27. 5. 2009 – Az.: VK 21/09; VK Lüneburg, B. v. 14. 6. 2005 – Az.: VgK-22/2005; 1. VK Sachsen, B. v. 11. 2. 2005 – Az.: 1/SVK/128-04). Tragende Idee der auf der Systematik der Dienstleistungskoordinierungsrichtlinie 92/50 EWG aufbauenden Vorschrift ist, dass **im Grundsatz alle Einkäufe der öffentlichen Hände dem Binnenmarkt zur Verfügung stehen sollen** (BayObLG, B. v. 11. 12. 2001 – Az.: Verg 15/01).

1790 Dass ein **Auftragnehmer die Vergütung nicht durch den Auftraggeber, sondern durch einen Dritten erhält,** steht grundsätzlich der **Annahme eines Dienstleistungsauftrages nicht entgegen** (OLG München, B. v. 2. 7. 2009 – Az.: Verg 5/09).

8.10.3 Dienstleistungsaufträge im Abfallbereich

1791 Es ist unstrittig, dass **im Bereich der Abfallentsorgung sämtliche dem öffentlich-rechtlichen Entsorgungsträger gem. § 15 Abs. 1 KrW-/AbfG originär obliegenden Arbeitsschritte** von der Abfallsammlung über die Abfallsortierung bis zur eigentlichen Abfallverwertung oder Beseitigung **Gegenstand eines öffentlichen Dienstleistungsauftrags im Sinne des § 99 Abs. 1 und Abs. 4 GWB sein können,** wenn und soweit sich der öffentlich-rechtliche Entsorger entschließt, diese Arbeitsschritte nicht mit eigenem Personal und mit eigenen Mitteln zu erledigen, sondern gem. § 16 Abs. 1 Satz 1 KrW-/AbfG private Dritte zu beauftragen, die diese Aufgabe für ihn erfüllen, wobei seine Verantwortlichkeit für die Erfüllung dieser Pflichten gem. Satz 2 des § 16 Abs. 1 KrW-/AbfG davon unberührt bleibt. Gemäß § 15 Abs. 1 KrW-/AbfG haben die öffentlich-rechtlichen Entsorger die in ihrem Gebiet anfallenden und überlassenen Abfälle, zu denen auch das Altpapier gehört, aus privaten Haushalten zu verwerten oder zu beseitigen. Lediglich bei Abfällen, die nicht bei den privaten Haushaltungen anfallen, sind die öffentlich-rechtlichen Entsorger gem. § 15 Abs. 2 KrW-/AbfG von ihrer Pflicht befreit (VK Lüneburg, B. v. 18. 3. 2004 – Az.: 203-VgK-06/2004).

8.10.4 Dienstleistungsaufträge im Krankenkassenbereich (Versorgung mit wieder verwendbaren Hilfsmitteln)

1792 Für die vergaberechtliche Einordnung als Dienst- oder Lieferleistung ist **nicht entscheidend, ob und welche Verpflichtungen des Auftraggebers gegenüber Dritten mit dem Auftrag erfüllt werden sollen**. Für die vergaberechtliche Einordnung als Dienst- oder Lieferleistung kommt es vielmehr darauf an, **wie das Auftragsverhältnis zwischen Auftraggeber und Auftragnehmer zu qualifizieren** ist. Denn nur dieses Vertragsverhältnis bildet den öffentlichen Auftrag. Maßgeblich ist mithin ausschließlich die aufgrund des abzuschließenden Vertrages durch den Auftragnehmer konkret geschuldete Leistung. Dementsprechend kommt es für die Qualifizierung der geschuldeten Leistungen auch nicht darauf an, dass die Krankenkasse die Verträge abschließt, um die gesetzlichen Sachleistungsansprüche ihrer Versicherten zu erfüllen. Unter Heranziehung der vorgenannten Grundsätze, wonach sich die Qualifizierung als Dienstleistungs- oder Lieferauftrag danach richtet, welche Leistungen im Rahmen des konkret abzuschließenden Vertrages überwiegen, handelt es sich um einen Dienstleistungsauftrag. Die geschuldete **Hauptleistung besteht nämlich im Wesentlichen darin, Hilfsmittel aus dem sog. eigenen Poolbestand an die Versicherten auszuliefern, den Versicherten in die Benutzung einzuweisen, das Hilfsmittel nach Beendigung des Gebrauchs abzuholen und anschließend bis zur nächsten Bedarfsanforderung einzulagern.** Hierbei handelt es

Gesetz gegen Wettbewerbsbeschränkungen GWB § 99 **Teil 1**

sich **ausschließlich um Dienstleistungen**, da die Hilfsmittel durch die Krankenkasse nicht über den Leistungserbringer eingekauft (beschafft) werden, sondern sich bereits im Eigentum der Krankenkasse befinden und den Versicherten aus dem eigenen Poolbestand zur Benutzung überlassen werden. Liefervertragliche Elemente enthält der Vertrag lediglich für den Fall, dass ein benötigtes Hilfsmittel im eigenen Poolbestand nicht vorhanden ist und nach einem im Vertrag geregelten Verfahren durch den Leistungserbringer zu beschaffen ist. Derartige Beschaffungen sind allerdings die Ausnahme, da **Hauptziel des Vertrages die Versorgung der Versicherten mit bereits durch die Krankenkasse beschafften Hilfsmitteln** ist. Auch die **§§ 127 Abs. 1 Satz 4 und 33 SGB V rechtfertigen nicht die Qualifizierung der hier abzuschließenden Verträge als Lieferaufträge.** Denn diese Vorschriften treffen keine Aussage über die vergaberechtliche Einordnung der zwischen Krankenkassen und Leistungserbringern abzuschließenden Verträge, da sich diese Vorschriften auf das Leistungsverhältnis zwischen Krankenkasse und Versicherten beziehen und dementsprechend keine Aussage über die vertragstypische Einordnung des Leistungsverhältnisses zwischen Krankenkasse und Leistungserbringer treffen (1. VK Bund, B. v. 14. 9. 2007 – Az.: VK 1–101/07; B. v. 31. 8. 2007 – Az.: VK 1–92/07).

8.10.5 Rettungsdienstleistungen

8.10.5.1 Strukturmodelle

In **Deutschland gibt es zwei unterschiedliche Modelle, wie der Rettungsdienst vergütet wird**. In einigen Bundesländern, wie z.B. in Sachsen, **werden die rettungsdienstlichen Leistungen durch den öffentlichen Auftraggeber unmittelbar gegenüber den Rettungsdiensten vergütet**. Der öffentliche Auftraggeber vereinbart seinerseits in Verhandlungen mit den Sozialversicherungsträgern das Benutzungsentgelt, welches er dann den Rettungsdiensten zahlt. Die **Unterschiede zwischen diesem Modell und dem bayerischen Modell bestehen lediglich darin, dass die nach dem Gesetz vorgesehenen Benutzungsentgelte einmal zwischen dem öffentlichen Auftraggeber und einem anderen öffentlichen Auftraggeber (dem Sozialversicherungsträger) ausgehandelt werden und der Auftragnehmer daran gebunden ist (sächsisches Modell oder Submissionsmodell), und einmal der Auftragnehmer mit einem anderen öffentlichen Auftragnehmer (dem Sozialversicherungsträger) das Benutzungsentgelt vereinbart (bayerisches Modell oder Konzessionsmodell)**, wobei seine Position wegen der Kostenzwänge der Sozialversicherungsträger bei den Verhandlungen aber nicht besser oder schlechter als die des öffentlichen Auftraggebers ist (OLG München, B. v. 2. 7. 2009 – Az.: Verg 5/09).

1793

8.10.5.2 Rettungsdienstleistungen als Marktleistungen

Gleichgültig welches Modell in einem Bundesland umgesetzt wird, ist es **nach der Rechtsprechung inzwischen unstreitig, dass Rettungsdienstleistungen Marktleistungen** sind, die von der öffentlichen Hand eingekauft werden. **Streitig** ist im Wesentlichen nur noch, **ob es sich um Dienstleistungen oder Dienstleistungskonzessionen handelt**.

1794

8.10.5.3 Rechtsprechung

8.10.5.3.1 Rechtsprechung des EuGH. In einer Entscheidung über ein Vertragsverletzungsverfahren gegen die Bundesrepublik Deutschland beschäftigt sich der EuGH sehr ausführlich damit, ob die Art. 45 EG (jetzt Art. 51 AEUV) und 55 EG (jetzt Art. 62 AEUV) auf die Leistungen des Notfalltransports und des qualifizierten Krankentransports anzuwenden sind (vgl. insoweit die Kommentierung → § 100 Rdn. 215). Im Rahmen dieser Überlegungen **geht der EuGH auch davon aus, dass die Leistungen des Notfalltransports und des qualifizierten Krankentransports öffentliche Aufträge sind, bei denen nur unterschieden werden muss, ob sie dem Anhang I A oder dem Anhang I B der VOL/A unterfallen** (EuGH, Urteil v. 29. 4. 2010 – Az.: C-160/08).

1795

8.10.5.3.2 Rechtsprechung des BGH – Anwendung des Vergaberechts. Auch wenn die Durchführung der Notfallrettung und des Krankentransports möglicherweise als Übertragung jedenfalls eines Teils der öffentlichen Aufgabe selbst bzw. als Anvertrauen eines öffentlichen Amts verstanden werden könnte, **ändert ein solcher Inhalt der Vereinbarung nichts daran, dass der Vertrag sich über Leistungen verhält, zu denen ein Dritter aufgrund der vertraglichen Vereinbarung verpflichtet sein soll**, was bereits zur Anwendung von § 99 Abs. 1 GWB führt. **§ 99 Abs. 1 GWB unterscheidet auch nicht nach der Rechtsnatur des abzuschließenden Vertrags.** Er weist Rechtsgeschäfte allein deshalb dem GWB-Ver-

1796

405

gaberegime zu, weil der öffentliche Auftraggeber Leistungen durch einen Dritten für wünschenswert oder notwendig erachtet und dies zum Anlass nimmt, deren Erbringung auf vertraglichem Weg und nicht in anderer Weise, etwa durch einen Beleihungsakt sicherzustellen, wobei angesichts des zu beurteilenden Sachverhalts dahinstehen kann, ob fallweise – etwa zur Vermeidung von Umgehungsmöglichkeiten – auch eine Beauftragung auf vertragsähnlichem Wege ausreichen kann (BGH, B. v. 1. 12. 2008 – Az.: X ZB 31/08).

1797   **Auf die Frage, ob Rettungsdienstleistungen dauernd oder zeitweise mit der Ausübung öffentlicher Gewalt verbunden sind, so dass durch sie nach der Vorgabe von Art. 45, 55 EG-Vertrag (jetzt Art. 51, 62 AEUV) weder die Niederlassungsfreiheit noch die Dienstleistungsfreiheit in den Mitgliedstaaten berührt wird, kommt es nicht an**. Die sich aus Art. 45, 55 EG-Vertrag (jetzt Art. 51, 62 AEUV) ergebende so genannte Bereichsausnahme beschränkt sich nach dem Wortlaut von Art. 45 (jetzt Art. 51 AEUV) und dessen Zweck darauf, die Mitgliedstaaten in die Lage zu versetzen, Ausländer von den dort genannten Tätigkeiten im Inland fernzuhalten; ein Zwang für den nationalen Gesetzgeber ist damit nicht verbunden. Die Reichweite des durch den Ersten Abschnitt des Vierten Teils des Gesetzes gegen Wettbewerbsbeschränkungen eröffneten Vergaberegimes bestimmt sich mithin nach deutschem Recht. Nur wenn oder soweit das deutsche Gesetz einen bestimmten Dienstleistungsverkehr hiervon ausnähme, könnten der EG-Vertrag (jetzt Vertrag über die Arbeitsweise der Europäischen Union) oder auf seiner Grundlage erlassene europäische Rechtsakte noch Bedeutung erlangen, nämlich dann, wenn das Gemeinschaftsrecht der Bundesrepublik Deutschland Derartiges untersagte. Die **Vergabe von Rettungsdienstleistungen ist nach nationalem Recht jedoch nicht von dem GWB-Vergaberegime ausgenommen** (EuGH, Urteil v. 29. 4. 2010 – Az.: C-160/08; BGH, B. v. 1. 12. 2008 – Az.: X ZB 31/08; OLG Naumburg, B. v. 23. 4. 2009 – Az.: 1 Verg 5/08; VG Frankfurt/Oder, B. v. 20. 2. 2009 – Az.: 4 L 186/08; VG Regensburg, B. v. 30. 9. 2009 – Az.: Az. RN 4 E 09.1503). Vgl. insoweit die Kommentierung zu → § 100 GWB Rdn. 217.

1798   Es kommt hinzu, dass das Gesetz gegen Wettbewerbsbeschränkungen selbst in **§ 100 Abs. 2 einen allgemein als abschließend angesehenen Katalog von Verträgen benennt**, für die das GWB-Vergaberegime nicht gelten soll, **ohne darin Rettungsdienstleistungen aufgenommen** zu haben (BGH, B. v. 1. 12. 2008 – Az.: X ZB 31/08; 1. VK Sachsen, B. v. 28. 12. 2009 – Az.: 1/SVK/060-09; B. v. 16. 12. 2009 – Az.: 1/SVK/057-09, 1/SVK/057-09-G).

1799   Die Geltung des GWB-Vergaberegimes auch für die Vergabe von Rettungsdienstleistungen und das dabei einzuhaltende Verfahren **kann auch nicht als mit dem Zweck des Gesetzes unvereinbar angesehen** werden, der zur Auslegung ebenfalls herangezogen werden muss. Die hierzu ergangenen **Vorschriften dienen dazu, unter Wahrung von Transparenz und Gleichbehandlung am Auftrag Interessierter der öffentlichen Hand zu ermöglichen und sie anzuhalten, möglichst unter Nutzung vorhandenen Wettbewerbs das wirtschaftlichste Angebot zu erhalten und wahrzunehmen**. Dieser Zweck kann ohne weiteres auch für die Vergabe von Rettungsdienstleistungen Geltung beanspruchen. Es erscheint geradezu sinnvoll, auch diese Nachfrage der öffentlichen Hand in der nach dem Vierten Teil des Gesetzes gegen Wettbewerbsbeschränkungen vorgesehenen Weise abzuwickeln, nicht zuletzt angesichts des Umstands, dass es bekanntermaßen althergebrachter Praxis entspricht, die fraglichen Leistungen durch außerhalb des Staates stehende Organisationen oder Unternehmen, häufig sogar auf rein privatrechtlicher Grundlage, erbringen zu lassen. Insoweit besteht ein wesentlicher Unterschied zu Verträgen, die § 99 Abs. 1 GWB nicht unterfallen, obwohl auch sie in den Ausnahmekatalog des § 100 Abs. 2 GWB nicht aufgenommen sind, nämlich zu Verträgen mit Unternehmen, deren alleiniger Anteilseigner der öffentliche Auftraggeber ist, über die er eine Kontrolle wie über eigene Dienststellen ausübt und die ihre Tätigkeit im Wesentlichen für diesen öffentlichen Auftraggeber verrichten (BGH, B. v. 1. 12. 2008 – Az.: X ZB 31/08).

1800   Auch der **Umstand, dass der Landesgesetzgeber ein besonderes Auswahlverfahren für die Vergabe von Rettungsdienstleistungen geschaffen hat, entbindet nicht von der Anwendung des Vergaberechts**, weil eine Kompetenz des Freistaates Sachsen zur Einschränkung des bundeseinheitlichen Vergaberechts nicht mehr bestand, nachdem der Bund den Vierten Teil des GWB geschaffen hatte (BGH, B. v. 1. 12. 2008 – Az.: X ZB 31/08).

1801   8.10.5.3.3 **Weitere neuere Rechtsprechung.** Auch die **Vergabe von Aufträgen zur Beteiligung am Rettungsdienst und am qualifizierten Krankentransport in Brandenburg unterliegt dem Vergaberecht**. Denn es handelt sich bei den durch öffentlichen Vertrag auf den „Leistungserbringer" übertragenen Aufgaben zur Durchführung des Rettungsdienstes um Dienstleistungen im Sinne des § 97 Abs. 1 GWB. Für die rechtliche Bewertung der über-

Gesetz gegen Wettbewerbsbeschränkungen GWB § 99 **Teil 1**

tragenen Aufgaben **kommt es nicht darauf an, dass sich der Auftraggeber ausdrücklich auf ein öffentlich-rechtliches Verwaltungsverfahren beruft und damit zum Ausdruck bringt, das Vergabeverfahren nach dem GWB ausschließen zu wollen**. Denn die dem Hoheitsträger grundsätzlich zustehende Gestaltungsfreiheit bei der Teilnahme am Wirtschaftsverkehr ist hier durch Bundesgesetz, das GWB, eingeschränkt (VG Frankfurt/Oder, B. v. 20. 2. 2009 – Az.: 4 L 186/08).

Die **Vergabe von Rettungsdienstleistungen ist nach den Vorschriften des Sächs-BRKG nicht von dem GWB-Vergaberegime ausgenommen**, wie die Auslegung der einschlägigen Gesetzesbestimmungen ergibt. Ausgangspunkt für diese Auslegung ist – wie stets – der Gesetzeswortlaut. Dieser weist die beabsichtigte Vergabe von Rettungsdienstleistungen eindeutig dem GWB-Vergaberegime zu, weil **§ 99 Abs. 1 GWB allein darauf abstellt, dass die Leistung in dem bereits erörterten Sinne Gegenstand eines entgeltlichen Vertrags zwischen öffentlichem Auftraggeber und Unternehmen** werden soll (1. VK Sachsen, B. v. 28. 12. 2009 – Az.: 1/SVK/060-09; B. v. 16. 12. 2009 – Az.: 1/SVK/057-09, 1/SVK/057-09-G). 1801/1

8.10.5.3.4 Vorlagebeschluss des OLG München an den EuGH. Die VK Südbayern ordnet die **Vergabe von Rettungsdienstleistungen nach dem Konzessionsmodell als Dienstleistungskonzession und nicht als Dienstleistung** ein, weil dem Rettungsunternehmer das Recht zur Nutzung der Dienstleistung übertragen wird und die **dem Rettungsunternehmer zu gewährende Vergütung von Dritten, d. h. in diesem Fall von den Kostenträgern (Krankenkassen) gezahlt** wird. Der Träger des Rettungsdienstes (Auftraggeber) ist hierbei weder an den jährlichen Vertragsverhandlungen gemäß Art. 34, Abs. 3 BayRDG noch unmittelbar an der Auszahlung der Entgelte beteiligt – Art. 34 Abs. 5 BayRDG – (VK Südbayern, B. v. 3. 4. 2009 – Az.: Z3-3-3194-1-49–12/08). 1802

Im Rahmen der Entscheidung über die sofortige Beschwerde gegen den Beschluss der VK Südbayern äußerte das **OLG München Zweifel daran, ob das Konzessionsmodell wirklich eine Dienstleistungskonzession darstellt** und hat deshalb dem **EuGH bestimmte Fragen zur Entscheidung vorgelegt**. Vgl. im Einzelnen die Kommentierung → Rdn. 271. 1803

8.10.5.3.5 Ältere Rechtsprechung. Die **Rechtsprechung vor der Entscheidung des BGH** wird noch insoweit aufgeführt, als sie mit der Rechtsprechung des BGH übereinstimmt bzw. für die Vorlagefragen des OLG München von Bedeutung sind. 1804

Die **Übertragung der Durchführung des Rettungsdienstes in Brandenburg ist eine Dienstleistungskonzession** (VK Brandenburg, B. v. 24. 9. 2004 – Az.: VK 47/04). 1805

Bei der **Leistung zur Notfallrettung und des Krankentransportes in Sachsen handelt es sich um einen öffentlichen Dienstleistungsauftrag** (OLG Dresden, B. v. 4. 7. 2008 – Az.: WVerg 3/08; 1. VK Sachsen, B. v. 6. 3. 2009 – Az.: 1/SVK/001–09; B. v. 29. 8. 2008 – Az.: 1/SVK/042-08; B. v. 29. 8. 2008 – Az.: 1/SVK/041-08). Das Vergabeverfahren ist jedoch nicht europaweit auszuschreiben, da der **Dienstleistungsauftrag unter Anhang I B der VOL/A fällt**. § 1a Nr. 2 Abs. 2 VOL/A regelt, dass Aufträge, deren Gegenstand Dienstleistungen nach Anhang I B sind, nach den Bestimmungen der Basisparagraphen und der §§ 8a und vergeben werden. Demzufolge ist es vergaberechtlich zulässig, die beabsichtigte Auftragsvergabe im Wege einer nationalen Vergabebekanntmachung öffentlich im Sinne des § 3 VOL/A auszuschreiben. Einer europaweiten Ausschreibung im Sinne des § 3a VOL/A bedarf es nicht (1. VK Sachsen, B. v. 29. 8. 2008 – Az.: 1/SVK/042-08; B. v. 29. 8. 2008 – Az.: 1/SVK/041-08; B. v. 26. 3. 2008 – Az.: 1/SVK/005–08). 1806

Der **Annahme einer Dienstleistungskonzession steht entgegen**, wenn der Leistungserbringer z.B. bei der Durchführung von Notfallrettung und Krankentransporten in Sachsen sowohl nach dem Gesetz (§ 31 Abs. 4 Satz 2 Nr. 1 SächsBRKG) als auch nach dem ausdrücklichen Wortlaut des angestrebten öffentlich-rechtlichen Vertrags (dort § 5) die ihm nach diesem Vertrag zustehende **Vergütung ausschließlich und unmittelbar vom Aufgabenträger erhält**. Der Leistungserbringer hat gerade keine Möglichkeit, aus der Gestattung der Leistungserbringung weiteren Nutzen zu ziehen, **insbesondere weitere Einnahmen gegenüber Dritten zu erzielen** (OLG Dresden, B. v. 4. 7. 2008 – Az.: WVerg 3/08; 1. VK Sachsen, B. v. 29. 8. 2008 – Az.: 1/SVK/042-08; B. v. 29. 8. 2008 – Az.: 1/SVK/041-08). 1807

Rettungsdienstleistungen sind einer Erbringung in wettbewerblicher Struktur durchaus zugänglich, was auch der Intention des Bundesgesetzgebers bei Herausnahme der Materie aus dem Personenbeförderungsrecht entsprach. So hebt der Bericht des federführenden **Bundestagsausschusses** hervor, dass es auch nach der Änderung des Personenbeförderungsgesetzes 1808

Wettbewerb zwischen den öffentlichen Transportträgern, den großen Hilfsorganisationen, und privaten Unternehmen geben müsse, um einer Kostenentwicklung und Monopolisierung Einhalt zu gebieten. Auch der **Sächsische Gesetzgeber** beabsichtigt mit dem SächsBRKG und dem darin statuierten Auswahlverfahren „zukünftig die Gesichtspunkte der Sparsamkeit und Wirtschaftlichkeit stärker zu beachten" (1. VK Sachsen, B. v. 26. 3. 2008 – Az.: 1/SVK/005–08).

1809   Nach Auffassung des VG Köln unterliegt das **Verfahren und die Entscheidung über die Auswahl unter den Bewerbern für die Übertragung von rettungsdienstlichen Tätigkeiten im Rahmen des § 13 RettG NRW den Sondervorschriften des Gesetzes gegen Wettbewerbsbeschränkungen (GWB)** über die Vergabe öffentlicher Aufträge, die als spezielle Regelungen gegenüber den allgemeinen Vorschriften des Verwaltungsrechts vorrangig anzuwenden sind. Nach dem Wettbewerbsrecht ist die Nachprüfung von Vergabeentscheidungen einer Körperschaft des öffentlichen Rechts durch die Sonderzuweisung in §§ 104, 116 ff. GWB im Anschluss an eine Vorprüfung durch die Vergabekammern den Oberlandesgerichten und damit der ordentlichen Gerichtsbarkeit übertragen. Der Vierte Abschnitt des GWB über die Vergabe öffentlicher Aufträge (§§ 97 ff.) findet auf die vorliegende Streitigkeit, nämlich auf die Übertragung von Rettungsdienstleistungen nach § 9 Abs. 1 RettG NRW auf Dritte gemäß § 13 RettG Anwendung. Eine aus Art. 55, 45 EG-Vertrag (jetzt Art. 51, 62 AEUV) abzuleitende **vergaberechtliche Bereichsausnahme, die die Anwendung des Wettbewerbsrechts ausschließen würde, liegt nicht vor**, weil der Leistungserbringer bei der Wahrnehmung der Aufgaben des Rettungsdienstes keine hoheitlichen Befugnisse ausübt (VG Köln, B. v. 29. 8. 2008 – Az.: 7 L 1205/08; VG Regensburg, B. v. 30. 9. 2009 – Az.: RN 4 E 09.1503; im Ergebnis mit ähnlicher Tendenz OVG Nordrhein-Westfalen, B. v. 30. 9. 2008 – Az.: 13 B 1384/08).

1810   8.10.5.3.6 Betriebsübergang im Sinn von § 613a BGB. 8.10.5.3.6.1 Rechtsprechung. Eine **Neuvergabe von Rettungsdienstleistungen** ist auch ohne eine Übernahme eines wesentlichen Teils des vom bisherigen Auftragnehmer eingesetzten Personals als ein **Betriebsübergang im Sinne von § 613a BGB** anzusehen, wenn **für die Auftragsdurchführung sämtliche materiellen Betriebsmittel** (wie Wachgebäude, Fahrzeuge und Ausrüstungsgegenstände) **vom Auftraggeber zur Verfügung gestellt** werden (OLG Düsseldorf, B. v. 30. 4. 2009 – Az.: VII-Verg 50/08).

1811   Der **Auftraggeber ist bei einem möglichen Betriebsübergang nicht verpflichtet, die bestehenden Arbeitsverhältnisse und die Gesamtpersonalkosten offen zu legen. Es ist dem Auftraggeber nicht möglich und nicht zumutbar**, jedwede rechtliche Konstellation eines Eintritts einen neuen Auftragnehmers zu antizipieren um mit Blick darauf festzulegen, ob ein Betriebsübergang voraussichtlich eintreten wird oder in welcher Ausgestaltung dieser eintreten wird. Dies abschließend zu klären ist letztendlich Sache der Arbeitsgerichte. Vor dem Hintergrund dieses Meinungsstreits über die Frage, unter welchen Voraussetzungen bei einem Betreiberwechsel ein „Betriebsübergang" stattfindet, liegt es im Ermessen der Vergabestelle, hier eine vertretbare Auslegung zu entscheiden. Der **Auftraggeber übt sein Ermessen ohne Rechtsfehler aus, wenn er den Bietern vor Augen führt, dass mit hoher Wahrscheinlichkeit mit einem Betriebsübergang zu rechnen sei und versucht, das Risiko, das die Bieter eingehen, mit einer vertragliche Ausgleichsregelung zu minimieren**. Dies ist aus Sicht der Vergabekammer nicht zu beanstanden. Mehr kann von einem sorgfältigen Auftraggeber nach Auffassung der Vergabekammer nicht gefordert werden. Zudem ist festzuhalten, dass etwaige Ungewissheiten hinsichtlich etwaiger erhöhter Personalkosten für die Dauer des einjährigen Betriebsüberganges über Wagniszuschläge hätten berücksichtigt werden können (1. VK Sachsen, B. v. 6. 3. 2009 – Az.: 1/SVK/001–09).

1812   **8.10.5.3.6.2 Literatur**

– Fliss, Michael, Keine Erweiterung der Haftung des Betriebsinhabers beim Betriebsübergang anlässlich eines Vergabeverfahrens, NJW 2010, 485

8.10.5.4 Literatur

1813   – Berger, Matthias/Tönnemann, Sven, Die Ausschreibung von Rettungsdienstleistungen, VergabeR 2009, 129

– Berger, Matthias/Tönnemann, Sven, Neue Verfahrensanforderungen – Rettungsdienstleistungen neuerdings ausschreibungspflichtig, Behörden Spiegel Mai 2009, 27

– Braun, Christian, Nur teilweise Richtungsvorgabe durch EuGH – Zu den rechtlichen Vorgaben bei der Auswahl der Leistungserbringer im Rettungsdienst, NZBau 2010, 549

- Esch, Oliver, Öffentliche Aufgabendurchführungsübertragung als ausschreibungspflichtige Beschaffung von Marktleistungen am Beispiel rettungsdienstlicher Leistungen, VergabeR 2006, 193
- Esch, Oliver, Ausschreibung rettungsdienstlicher Leistungen, VergabeR 2007, 286
- Esch, Oliver, Rechtsfragen der Erbringung und Vergütung rettungsdienstlicher Leistungen, Dissertation, Frankfurt am Main, 2005
- Garcia, Oliver, Rettungsdienst aus verfassungsrechtlicher Sicht: Wer darf Ausschreibungsverfahren regeln? – Eine Besprechung der Entscheidung des Vergabesenats des BGH vom 1. 12. 2008, ibr-online 2009
- Graef, Eberhard, Grundsatzfragen des Vergaberechts bei der Übertragung von Aufgaben der Notfallrettung und des Krankentransports, VergabeR 2004, 166
- Lechleuthner, Alex, Ausschreibungen im Rettungsdienst – Praktische Erfahrungen, VergabeR 2007, 366
- Rindtorff, Ermbrecht, Die Rechtsunsicherheit nimmt zu – Rettungsdienst und Vergaberecht, Behörden Spiegel September 2008, 27
- Rindtorff, Ermbrecht, Rettungsdienste ausschreiben? – Mit dem Unterlassen ist nicht zu spaßen, Behörden Spiegel Oktober 2005, 22
- Röbke, Marc, Vergaberechtliche Ausschreibungspflicht für Rettungsdienstleistungen, NZBau 2008, 702
- Ruthig, Josef/Zimmermann, Jochen, Dienstleistungskonzessionen im Rettungsdienstrecht, NZBau 2009, 485
- Schrotz, Jan-Oliver, Kurios und gespalten – Zur (vermeintlichen) Vergabepflichtigkeit rettungsdienstlicher Leistungen, Behörden Spiegel November 2008, 20

8.10.5.5 Hinweis

Nach einer **Pressemitteilung der EU-Kommission vom 27. 6. 2007** (IP/07/920) wird die **Kommission Deutschland vor dem Europäischen Gerichtshof wegen der von kommunalen und regionalen Behörden in den Bundesländern Nordrheinwestfalen, Niedersachsen, Sachen und Sachsen-Anhalt verfolgten Praxis verklagen, Aufträge für Rettungsdienste ohne transparente Vergabeverfahren zu erteilen**. Die deutschen Behörden haben eingeräumt, dass diese Aufträge nach gängiger Praxis im Zuge von Verfahren erteilt würden, die dem EU-Recht nicht genügen. Sie sind der Auffassung, dass Rettungsdienste nicht unter das EU-Recht fielen, da sie zu den öffentlichen Aufgaben der Länder und damit zu deren hoheitlichen Aufgaben gehörten. Nach **ständiger Rechtsprechung des EuGH fallen Rettungsdienste jedoch nicht unter derartige hoheitliche Aufgaben**, weshalb die **Mitgliedstaaten verpflichtet sind, Aufträge für Rettungsdienste entsprechend dem EU-Vergaberecht zu erteilen**. 1814

Inzwischen hat der Europäische Gerichtshof die **Klageschrift der Kommission der Europäischen Gemeinschaften gegen die Bundesrepublik Deutschland veröffentlicht** (Az.: C-160/08). Da es sich insoweit um **Verträge mit eindeutigem grenzüberschreitenden Interesse** handele, seien durch die ohne Transparenz erfolgten Vergaben neben den Verpflichtungen aus den Richtlinien 92/50/EWG und 2004/18/EG auch die allgemeinen Grundprinzipien der Niederlassungsfreiheit und der Dienstleistungsfreiheit des EG-Vertrags (jetzt Vertrag über die Arbeitsweise der Europäischen Union) verletzt worden. **Rettungsdienstleistungen, wie auch Verkehrsdienstleistungen und medizinische Dienstleistungen im Rahmen des öffentlichen Rettungsdienstes, fielen nicht unter die Ausnahmebestimmungen von Artikel 45 in Verbindung mit Artikel 55 EG-Vertrag (jetzt Art. 51, 62 AEUV)**, denen zufolge Tätigkeiten, die in einem Mitgliedstaat dauernd oder zeitweise mit der Ausübung öffentlicher Gewalt verbunden sind, vom Kapitel des EG-Vertrags (jetzt Vertrag über die Arbeitsweise der Europäischen Union) über das Niederlassungsrecht und den freien Dienstleistungsverkehr in dem betreffenden Mitgliedstaat ausgenommen seien. Die Ausnahmeregelung des Artikel 45 EG-Vertrag (jetzt Art. 51 AEUV), die als Ausnahme von den Grundfreiheiten eng auszulegen sei, beschränke sich streng auf diejenigen Tätigkeiten, die als solche eine unmittelbare und spezifische Teilnahme an der Ausübung öffentlicher Gewalt darstellten. Die Frage, ob öffentliche Gewalt ausgeübt werde, sei nicht mit dem Hinweis auf den öffentlich-rechtlichen Charakter der in Frage stehenden Tätigkeit zu beantworten, vielmehr sei die Möglichkeit entscheidend, dem Bürger gegenüber von Hoheitsrechten und Zwangsbefugnissen Gebrauch ma- 1815 chen zu können. Die Kommission ist davon überzeugt, dass die **Vergabepraxis im Bereich des Rettungsdienstes auch bei Beteiligung ausländischer Dienstleistungserbringer so gestaltet werden könnte, dass ein flächendeckender, schneller und hochwertiger Rettungsdienst in allen Landesteilen gewährleistet würde.**

1816 Inzwischen hat der **EuGH im materiellen Sinne die Haltung der Kommission bestätigt** (vgl. die Kommentierung → Rdn. 217).

8.10.6 Reine ÖPNV- bzw. SPNV-Finanzierungsverträge

1817 Betreibt ein **Unternehmen auf der Grundlage einer befristeten öffentlich-rechtlichen Genehmigung bereits einen Busverkehr** und schließen der öffentliche Auftraggeber und der Betreiber einen Vertrag, dessen Gegenstand schon nach der Vertragsüberschrift sich in der „Finanzierung der Gewährleistung einer ausreichenden Verkehrsbedienung der Allgemeinheit" erschöpft und stellt auch die Präambel des projektierten Vertrages ausdrücklich heraus, dass die Vertragsparteien den Vertrag „zur Sicherstellung der Finanzierung" der Busverkehre schließen, bezwecken die Beteiligten mit dem Abschluss der Vereinbarung nicht die Neuvergabe der Buslinie. Der Vertrag zielt lediglich auf die Neuregelung der „Ausgleichszahlungen im Rahmen eigenwirtschaftlicher Leistungserbringung" des Betreibers. Der Zweck des ÖPNV-Finanzierungsvertrages besteht daher nicht in der Vergabe von Verkehrsleistungen, sondern darin, den beihilfenrechtlichen Kontext im Rahmen des personenbeförderungsrechtlichen Genehmigungstatbestandes zu regeln. Von Vergütung der Busverkehre kann keine Rede sein. Damit wird der **Vertrag nicht von dem (als Auffangtatbestand weit zu verstehenden) Abs. 4 des § 99 GWB erfasst** (OLG Karlsruhe, B. v. 13. 7. 2005 – Az.: 6 W 35/05 Verg.).

8.10.7 Dauer von Dienstleistungsverträgen

1818 Nach der **Rechtsprechung des EuGH** stellt ein Dienstleistungsvertrag mit einer Dauer von 20 Jahren sowie einer Verlängerungsmöglichkeit um zehn Jahre eine **Beschränkung des freien Dienstleistungsverkehrs** dar. Was die Beurteilung der Zulässigkeit dieser Beschränkung angeht, so ist daran zu erinnern, dass der freie Dienstleistungsverkehr als tragender Grundsatz des Vertrages **nur durch Regelungen beschränkt werden kann, die durch zwingende Gründe des Allgemeininteresses gerechtfertigt** sind und **für alle im Hoheitsgebiet des Aufnahmemitgliedstaats tätigen Personen oder Unternehmen gelten**. Ferner ist die fragliche nationale Regelung nur dann gerechtfertigt, wenn sie geeignet ist, die Verwirklichung des mit ihr verfolgten Zieles zu gewährleisten, und nicht über das hinausgeht, was zur Erreichung dieses Zieles erforderlich ist (EuGH, Urteil v. 9. 3. 2006 – Az.: C-323/03).

8.10.8 Weitere Beispiele aus der Rechtsprechung

1819 – die **Essensversorgung ist als einheitlicher Vorgang zu sehen**. Diese besteht nicht nur in der Bereitstellung von Essen, sondern vielmehr bereits in der den Anforderungen entsprechende Gestaltung der Speisepläne, die Herstellung des Essens sowie die Bereitstellung von Essen und Getränken. Kochen stellt eine handwerkliche Tätigkeit dar und sowohl die Anlieferung als auch der Service fallen ohnehin unter den **Begriff der Dienstleistung** (1. VK Sachsen, B. v. 13. 8. 2009 – Az.: 1/SVK/034-09, 1/SVK/034-09G)

– die **von der Auftraggeberin angestrebte Kooperation mit einer radiologischen Arztpraxis hat den Charakter eines öffentlichen Auftrags im Sinne des § 99 GWB.** Spätestens durch das Vertragsarztrechtsänderungsgesetz vom 22. 12. 2006, in Kraft getreten am 1. 1. 2007, handelt es sich bei der vorliegenden Kooperationsform auch um eine Leistung, für die ein Markt besteht. Waren zuvor Zweigniederlassungen von Vertragsarztpraxen in anderen vertragsärztlichen Zulassungsbezirken als in dem Bezirk der Stammpraxis häufig unmöglich, ist durch diese Gesetzesänderung zu weit reichenden Möglichkeiten für öffentliche Auftraggeber gekommen, unter mehreren Arztpraxen einen Kooperationspartner auszuwählen. Dem **steht auch nicht entgegen, dass für die Realisierung einer Kooperation Zustimmungsvorbehalte der Kassenärztlichen Vereinigungen bestehen**. Öffentlich-rechtliche Zustimmungs- oder Genehmigungsvorbehalte existieren in zahlreichen Wirtschaftsbereichen, für regulierungsbedürftige Märkte sind sie geradezu typisch. Sie sind deshalb Element einer wirtschaftsbereichsspezifischen Marktordnung. Sie sind aber nicht geeignet, das Bestehen eines Marktes überhaupt in Abrede zu stellen (VK Niedersachsen, B. v. 17. 8. 2009 – Az.: VgK – 36/2009)

Gesetz gegen Wettbewerbsbeschränkungen GWB § 99 **Teil 1**

– eine **Betriebsführungsleistung** unterfällt weder dem Begriff des Bau- noch dem des Liefervertrages und ist **zivilrechtlich als Dienstleistung** einzuordnen (VK Brandenburg, B. v. 27. 5. 2009 – Az.: VK 21/09)
– **Versicherungsdienstleistungen sind Dienstleistungen im Sinne des Vergaberechts** – § 1a Nr. 2 Abs. 1 VOL/A in Verbindung mit Anhang 1 A, Kategorie 6a zur VOL/A – (BGH, B. v. 3. 7. 2008 – Az.: I ZR 145/05)
– in der im Rahmen eines **Pachtvertrages über Grundstücke zum Zwecke der Errichtung und des Betriebes von Windkraftanlagen von den Pächtern verlangten Produktion und Einspeisung von Strom liegt keine Dienstleistung gegenüber dem Verpächter**. Die Vergabestelle will bei dieser Form von Verträgen nicht von den Bietern Strom beziehen. Dass wirtschaftliche Grundlage des den Bietern angedienten Pachtvertrages die Produktion von Strom ist, weil hieraus nach den Ausschreibungsbedingungen der Pachtzins zu bezahlen ist, nimmt die Stromproduktion nicht aus der eigenwirtschaftlichen Verantwortung der Bieter heraus. Gleiches gilt für eine politische Motivation, mit den Pachtverträgen den Anteil der Windenergie an der gesamten Energieerzeugung zu erhöhen. Der Verpächter ist nicht Nachfrager der Stromerzeugung, sondern **profitiert nur mittelbar davon, dass die Stromerzeugung die wirtschaftliche Grundlage für die Pachtzinszahlung bildet und nach dem Pachtvertrag auch zwingend bilden soll** (OLG Bremen, B. v. 13. 3. 2008 – Az.: Verg 5/07)
– die **Durchführung der Schuldner- und Insolvenzberatung für Personen, bei denen Sozialhilfebedürftigkeit zu erwarten ist oder schon besteht**, ist eine Dienstleistung im Sinne des Anhangs I Teil B zum 2. Abschnitt der VOL/A, der Kategorie 25 (Gesundheits-, Veterinär- und Sozialwesen), CPC Referenznummer 93, hier: 93322, 93323 – Orientierungs- und Beratungsdienste. Die Leistung enthält einen an Dritte, außerhalb der Vergabestelle stehende (juristische) Personen, hier Schuldner- und Beratungsstellen in freier Trägerschaft zu vergebenden Dienstleistungsauftrag zur Erfüllung der der Vergabestelle als Sozialhilfeträger obliegenden (Pflicht-) Aufgabe nach § 17 BSHG (heute: § 11 Abs. 5 SGB XII), hier der allgemeinen Schuldner- und Insolvenzberatung (VK Hamburg, B. v. 24. 7. 2007 – Az.: VgK FB 4/07)
– **Komplett-Wäscheversorgung für Kliniken** (1. VK Sachsen, B. v. 11. 8. 2006 – Az.: 1/SVK/073-06; anderer Auffassung – Dienstleistungskonzession – VK Brandenburg, B. v. 26. 1. 2004 – Az.: VK 1/04)
– **Leistung des Winterdienstes und der Störungsbeseitigung auf Bundes- und Landesstraßen** (VK Thüringen, B. v. 30. 8. 2006 – Az.: 360–4003.20-009/06-HBN, 360–4003.20-015/06-MGN, 360–4003.20-004/06-SON, 360–4003.20-009/06-ESA-S)
– **Abnahme und Verwertung von Baggermaterial** ist als **Entsorgungsleistung** eine Dienstleistung (OLG Düsseldorf, B. v. 21. 1. 2002 – Az.: Verg 45/01)
– **Erbringung von Verkehrsdienstleistungen** (OLG Düsseldorf, B. v. 26. 7. 2002 – Az.: Verg 22/02; VK Baden-Württemberg, B. v. 14. 3. 2005 – Az.: 1 VK 5/05)
– **Schuldnerberatung** ist eine Dienstleistung (VK Thüringen, B. v. 27. 6. 2002 – Az.: 216–403.20-007/02-ESA-S)
– Vertrag zur **Sicherung einer ausreichenden Verkehrsbedienung im öffentlichen Schienenpersonennahverkehr mit finanzieller Gegenleistung des öffentlichen Auftraggebers** (VK Magdeburg, B. v. 6. 6. 2002 – Az.: 33–32571/07 VK 05/02 MD)
– die **entgeltliche Zurverfügungstellung eines Grundstücks zur Nutzung durch die Vergabestelle** stellt eine Dienstleistung dar (1. VK Bund, B. v. 12. 12. 2001 – Az.: VK 1–45/01)
– das **Abschleppen, Transportieren, Bergen und Verwahren von Fahrzeugen aller Art** ist eine Dienstleistung (VK Baden-Württemberg, B. v. 16. 11. 2001 – Az.: 1 VK 39/01)
– **Gebäudereinigung** ist ein Dienstleistungsauftrag (VK Düsseldorf, B. v. 17. 1. 2001 – Az.: VK – 29 (30)/2000 – L)
– **Verträge über die Erbringung von Entsorgungsdiensten** sind Dienstleistungsaufträge (OLG Düsseldorf, B. v. 9. 4. 2003 – Az.: Verg 66/02)
– **Durchführung von Leistungen nach §§ 93 ff. Bundessozialhilfegesetz** (ein Hoheitsträger, der gegenüber einer Person zur Gewährung bestimmter Leistungen öffentlichrechtlich verpflichtet ist, kann sich den Gegenstand der Leistung durch einen mit einem Dritten geschlossenen so genannten Beschaffungsvertrag verschaffen, um ihn jener Person zur Verfügung

zu stellen, oder er kann durch einen solchen Beschaffungsvertrag sicherstellen, dass der Dritte die Leistung direkt an jene Person erbringt. Von dem öffentlich-rechtlichen Verhältnis ist das Verhältnis zwischen den Parteien des Beschaffungsvertrages zu unterscheiden; es unterfällt dem Vergaberecht (VK Münster, B. v. 28. 5. 2004 – Az.: VK 10/04; ebenso für den Fall der festen Vergütung zugesicherter Stunden VK Arnsberg, B. v. 15. 11. 2005 – Az.: VK 20/2005); **anderer Auffassung** die VK Hamburg (B. v. 3. 8. 2004 – Az. VgK FB 4/04): Wesentliches Merkmal eines öffentlichen Auftrags ist die **Teilnahme des öffentlichen Auftraggebers am Markt**; Vereinbarungen zwischen öffentlichen und freien Jugendhilfeträgern zur Erfüllung der ihnen auf dem Gebiet der Jugendhilfe obliegenden Aufgaben erfüllen diese Voraussetzungen nicht.

8.10.9 Dienstleistungskonzessionen

8.10.9.1 Definition der Dienstleistungskonzession in der VKR und Vorrang des Gemeinschaftsrechts

1820 Nach Art. 1 Abs. 4 der Vergabekoordinierungsrichtlinie (Richtlinie 2004/18/EG) sind „Dienstleistungskonzessionen" **Verträge, die von öffentlichen Dienstleistungsaufträgen nur insoweit abweichen, als die Gegenleistung für die Erbringung der Dienstleistungen ausschließlich in dem Recht zur Nutzung der Dienstleistung oder in diesem Recht zuzüglich der Zahlung eines Preises besteht.**

1821 Die Definition eines öffentlichen Dienstleistungsauftrags fällt in den Bereich des Gemeinschaftsrechts. Ob **Verträge als Dienstleistungskonzessionen einzustufen sind oder nicht, ist daher ausschließlich anhand des Gemeinschaftsrechts zu beurteilen** (EuGH, Urteil v. 15. 10. 2009 – Az.: C-196/08; Urteil v.18. 7. 2007 – Az.: C-382/05; OLG München, B. v. 2. 7. 2009 – Az.: Verg 5/09; B. v. 21. 5. 2008 – Az.: Verg 05/08; Thüringer OLG, B. v. 11. 12. 2009 – Az.: 9 Verg 2/08; B. v. 8. 5. 2008 – Az.: 9 Verg 2/08; 1. VK Sachsen, B. v. 23. 2. 2009 – Az.: 1/SVK/003–09; im Ergebnis ebenso OLG Brandenburg, B. v. 12. 1. 2010 – Az.: Verg W 7/09).

8.10.9.2 Nutzungsrisiko des Konzessionsnehmers

1822 Konzessionen sind Vertragskonstellationen – in einer Dreierbeziehung (OLG München, B. v. 2. 7. 2009 – Az.: Verg 5/09) –, **bei denen die Gegenleistung für die Erbringung des Auftrags nicht in einem vorher festgelegten Preis, sondern in dem Recht besteht, die zu erbringende eigene Leistung zu nutzen** (EuGH, Urteil v. 10. 9. 2009 – Az.: C-206/08; Urteil v. 11. 6. 2009 – Az.: C-300/07; BGH, B. v. 1. 12. 2008 – Az.: X ZB 31/08; OLG Brandenburg, B. v. 12. 1. 2010 – Az.: Verg W 7/09; VK Münster, B. v. 18. 3. 2010 – Az.: VK 1/10; VK Niedersachsen, B. v. 15. 1. 2010 – Az.: VgK-74/2009) **oder entgeltlich zu verwerten, oder in diesem Recht und einer zusätzlichen Bezahlung** (OLG Brandenburg, B. v. 12. 1. 2010 – Az.: Verg W 7/09; B. v. 30. 5. 2008 – Az.: Verg W 5/08; OLG Dresden, B. v. 4. 7. 2008 – Az.: WVerg 3/08; OLG Düsseldorf, B. v. 22. 9. 2005 – Az.: Verg 44/04; B. v. 8. 9. 2005 – Az.: Verg 35/04; B. v. 27. 10. 2004 – Az.: VII – Verg 41/04; OLG Karlsruhe, B. v. 15. 10. 2008 – Az.: 15 Verg 9/08; OLG München, B. v. 2. 7. 2009 – Az.: Verg 5/09; Thüringer OLG, B. v. 8. 5. 2008 – Az.: 9 Verg 2/08; VG Köln, Urteil v. 16. 10. 2008 – Az.: 1 K 4507/08; VK Brandenburg, B. v. 12. 8. 2009 – Az.: VK 28/09; B. v. 27. 5. 2009 – Az.: VK 21/09; B. v. 28. 3. 2008 – Az.: VK 6/08; 2. VK Bund, B. v. 15. 11. 2007 – Az.: VK 2–123/07; B. v. 15. 11. 2007 – Az.: VK 2–120/07, B. v. 15. 11. 2007 – Az.: VK 2–117/07, B. v. 15. 11. 2007 – Az.: VK 2–114/07, B. v. 15. 11. 2007 – Az.: VK 2–108/07, B. v. 15. 11. 2007 – Az.: VK 2–105/07; B. v. 15. 11. 2007 – Az.: VK 2–102/07; B. v. 24. 7. 2007 – Az.: VK 2–69/07; VK Münster, B. v. 7. 9. 2010 – Az.: VK 6/10; B. v. 18. 3. 2010 – Az.: VK 1/10; VK Nordbayern, B. v. 2. 8. 2006 – Az.: 21.VK – 3194 – 22/06; 1. VK Sachsen, B. v. 13. 8. 2009 – Az.: 1/SVK/034-09, 1/SVK/034-09G; B. v. 9. 9. 2008 – Az.: 1/SVK/046-08; B. v. 26. 3. 2008 – Az.: 1/SVK/005–08; VK Südbayern, B. v. 3. 4. 2009 – Az.: Z3-3-3194-1-49–12/08; B. v. 24. 9. 2007 – Az.: Z3-3-3194-1-29-06/07; B. v. 18. 6. 2007 – Az.: Z3-3-3194-1-22–05/07). Der Sache nach handelt es sich um eine Verwertungshandlung des öffentlichen Auftraggebers (als Konzessionsgeber) und nicht um einen entgeltlichen Beschaffungsauftrag der öffentlichen Hand. Der öffentliche Auftraggeber erbringt keine Gegenleistung; vielmehr wird die Dienstleistung vom Auftragnehmer kommerziell genutzt.

1823 Kennzeichen einer Konzession ist, dass sie die Übertragung eines Rechts zur Verwertung einer bestimmten Leistung umfasst und dass der **Konzessionär – ganz oder zum überwie-**

Gesetz gegen Wettbewerbsbeschränkungen GWB § 99 **Teil 1**

genden Teil – **das wirtschaftliche Risiko der Nutzung oder entgeltlichen Verwertung seiner eigenen Leistung trägt** (EuGH, Urteil v. 15. 10. 2009 – Az.: C-196/08; Urteil v. 10. 9. 2009 – Az.: C-206/08; Urteil v. 11. 6. 2009 – Az.: C-300/07; Urteil v. 13. 11. 2008 – Az.: C-324/07; Urteil v. 18. 7. 2007 – Az.: C-382/05; Urteil v. 13. 10. 2005 – Az.: C-458/03; BGH, B. v. 1. 12. 2008 – Az.: X ZB 31/08; OLG Brandenburg, B. v. 30. 5. 2008 – Az.: Verg W 5/08; OLG Celle, B. v. 5. 2. 2004 – Az.: 13 Verg 26/03; OLG Dresden, B. v. 8. 10. 2009 – Az.: WVerg 0005/09; B. v. 4. 7. 2008 – Az.: WVerg 3/08; OLG Düsseldorf, B. v. 10. 5. 2006 – Az.: VII – Verg 12/06; B. v. 22. 9. 2005 – Az.: Verg 44/04; B. v. 8. 9. 2005 – Az.: Verg 35/04; B. v. 6. 12. 2004 – Az.: VII – Verg 79/04; B. v. 27. 10. 2004 – Az.: VII – Verg 41/04; B. v. 12. 1. 2004 – Az.: VII – Verg 71/03, B. v. 26. 7. 2002 – Az.: Verg 22/02; OLG Karlsruhe, B. v. 15. 10. 2008 – Az.: 15 Verg 9/08; B. v. 13. 7. 2005 – Az.: 6 W 35/05 Verg; OLG München, B. v. 2. 7. 2009 – Az.: Verg 5/09; VG Münster, B. v. 9. 3. 2007 – Az.: 1 L 64/07; VK Arnsberg, B. v. 27. 10. 2003 – Az.: VK 2–22/2003; VK Baden-Württemberg, B. v. 14. 3. 2005 – Az.: 1 VK 5/05; VK Brandenburg, B. v. 12. 8. 2009 – Az.: VK 28/09; B. v. 27. 5. 2009 – Az.: VK 21/09; B. v. 28. 3. 2008 – Az.: VK 6/08; B. v. 24. 9. 2004 – Az.: VK 47/04; 1. VK Bund, B. v. 14. 9. 2007 – Az.: VK 1–101/07; B. v. 31. 8. 2007 – Az.: VK 1–92/07; 2. VK Bund, B. v. 15. 11. 2007 – Az.: VK 2–123/07, B. v. 15. 11. 2007 – Az.: VK 2–120/07, B. v. 15. 11. 2007 – Az.: VK 2–117/07, B. v. 15. 11. 2007 – Az.: VK 2–114/07, B. v. 15. 11. 2007 – Az.: VK 2–108/07, B. v. 15. 11. 2007 – Az.: VK 2–105/07; B. v. 15. 11. 2007 – Az.: VK 2–102/07; B. v. 24. 7. 2007 – Az.: VK 2–69/07; VK Hessen, B. v. 7. 10. 2005 – Az.: 69 d VK – 39/2005, 69 d VK – 54/2005, 69 d VK – 55/2005, 69 d VK – 56/2005, 69 d VK – 57/2005; VK Lüneburg, B. v. 14. 6. 2005 – Az.: VgK-22/2005; B. v. 12. 11. 2003 – Az.: 203-VgK-27/2003; VK Münster, B. v. 7. 9. 2010 – Az.: VK 6/10; B. v. 18. 3. 2010 – Az.: VK 1/10; B. v. 28. 5. 2004 – Az.: VK 10/04; VK Niedersachsen, B. v. 15. 1. 2010 – Az.: VgK-74/2009; B. v. vom 16. 10. 2008 – Az.: VgK-30/2008; VK Nordbayern, B. v. 2. 8. 2006 – Az.: 21.VK – 3194 – 22/06; 1. VK Sachsen, B. v. 13. 8. 2009 – Az.: 1/SVK/034-09, 1/SVK/034-09G; B. v. 23. 2. 2009 – Az.: 1/SVK/003–09; B. v. 9. 9. 2008 – Az.: 1/SVK/046-08; B. v. 29. 8. 2008 – Az.: 1/SVK/042-08; B. v. 29. 8. 2008 – Az.: 1/SVK/041-08; B. v. 26. 3. 2008 – Az.: 1/SVK/005–08; B. v. 11. 8. 2006 – Az.: 1/SVK/073-06; VK Südbayern, B. v. 3. 4. 2009 – Az.: Z3-3-3194-1-49–12/08; B. v. 24. 9. 2007 – Az.: Z3-3-3194-1-29-06/07).

Entscheidend für die Abgrenzung von Aufträgen im Sinne des § 99 Abs. 1 GWB und Konzessionen ist dabei, **ob es der „Auftraggeber" ist, der die Vergütung schuldet** und sie deshalb selbst oder durch einen Dritten (OLG Dresden, B. v. 8. 10. 2009 – Az.: WVerg 0005/09; B. v. 4. 7. 2008 – Az.: WVerg 3/08; OLG München, B. v. 2. 7. 2009 – Az.: Verg 5/09; VK Brandenburg, B. v. 24. 9. 2004 – Az.: VK 47/04; 1. VK Sachsen, B. v. 26. 3. 2008 – Az.: 1/SVK/005–08) zahlt, **oder ob er den Vertragspartner eine Aufgabe ausführen und im Zusammenhang damit wirtschaftlich Nutzen daraus ziehen** lässt (OLG Stuttgart, B. v. 4. 11. 2002 – Az.: 2 Verg 4/02). **1824**

Es handelt sich **auch dann um eine Dienstleistungskonzession**, wenn der Auftraggeber als Gegenleistung dem Bieter die Verwertung seiner Leistung überlässt und (außerdem) einen Preis zahlt **oder ihm einen sonstigen Vermögensgegenstand überlässt**. Das ergibt sich bei der gebotenen europarechtlichen Auslegung aus der Definition der Dienstleistungskonzession in Art. 1 IV Buchst. a der Richtlinie 2004/18/EG. Denn danach sind Dienstleistungskonzessionen Verträge, die von öffentlichen Dienstleistungsaufträgen nur insoweit abweichen, als die Gegenleistung für die Erbringung der Dienstleistungen ausschließlich in dem Recht zur Nutzung der Dienstleistung oder in diesem Recht zuzüglich der Zahlung eines Preises besteht. Das entspricht auch der ständigen Rechtsprechung des EuGH. Der **Preis muss dabei nicht in einer Geldleistung bestehen. Vielmehr kann dies jedwede geldwerte Leistung sein.** Das **zeitlich befristete bindende Kaufangebot eines Auftraggebers gegenüber dem Betreiber als geldwerte Leistung** wäre dann jedoch allenfalls ein Preis, der zusätzlich an den Betreiber „gezahlt" werden würde, neben der Einräumung des Rechts zur Nutzung der Dienstleistung durch Verwertung. Allerdings muss trotz des zusätzlich gezahlten Preises das **wirtschaftliche Risiko oder Betriebsrisiko zumindest nicht unwesentlich beim Betreiber verbleiben** (OLG Brandenburg, B. v. 30. 5. 2008 – Az.: Verg W 5/08). **1825**

Eine **Dienstleistungskonzession scheidet demzufolge aus**, wenn der **Konzessionär** als Entgelt ausschließlich **einen vorher festgelegten Preis erhält** (EuGH, Urteil v. 10. 11. 1998 – Az.: C-360/96; OLG Celle, B. v. 5. 2. 2004 – Az.: 13 Verg 26/03; VK Niedersachsen, B. v. 15. 1. 2010 – Az.: VgK-74/2009). Dass der Preis nicht in einer Geldleistung besteht, ist unerheblich. Er kann auch in der Übereignung werthaltiger Sachen (z. B. Altpapier) bestehen (OLG Celle, B. v. 5. 2. 2004 – Az.: 13 Verg 26/03; VK Niedersachsen, B. v. 15. 1. 2010 – Az.: VgK-74/2009). **1826**

413

1827 Der **Annahme einer Dienstleistungskonzession steht auch entgegen**, wenn der Leistungserbringer z. B. bei der Durchführung von Notfallrettung und Krankentransporten in Sachsen sowohl nach dem Gesetz (§ 31 Abs. 4 Satz 2 Nr. 1 SächsBRKG) als auch nach dem ausdrücklichen Wortlaut des angestrebten öffentlich-rechtlichen Vertrags (dort § 5) die ihm nach diesem Vertrag zustehende **Vergütung ausschließlich und unmittelbar vom Aufgabenträger erhält**. Der Leistungserbringer hat gerade keine Möglichkeit, aus der Gestattung der Leistungserbringung weiteren Nutzen zu ziehen, **insbesondere weitere Einnahmen gegenüber Dritten zu erzielen** (OLG Dresden, B. v. 4. 7. 2008 – Az.: WVerg 3/08; 1. VK Sachsen, B. v. 9. 9. 2008 – Az.: 1/SVK/046-08; B. v. 29. 8. 2008 – Az.: 1/SVK/042-08; B. v. 29. 8. 2008 – Az.: 1/SVK/041-08).

1828 Unerheblich ist, wenn der Auftraggeber die Vergütung, die er dem Auftragnehmer zahlen muss, seinerseits aus Mitteln der eigentlichen Kostenträger, z. B. bei der Erbringung von Rettungsdienstleistungen in Sachsen von den Krankenkassen, aufbringt und zu diesem Zweck mit ihnen Benutzungsentgelte vereinbart, die diese Vergütung umfassen. Dass der Aufgabenträger sich auf diese Weise refinanziert (oder von vornherein nur eine Vergütung vereinbart, für die er bei den Kostenträgern Deckung findet), rechtfertigt zwar bei wirtschaftlicher Betrachtungsweise die Annahme, dass das an den Leistungserbringer zu zahlende **Entgelt für den Auftraggeber nur ein durchlaufender Posten** ist. Das ändert aber nichts daran, dass hinsichtlich der Bezahlung der Rettungsdienstleistungen Rechtsbeziehungen auf zwei Ebenen bestehen, in die der Aufgabenträger einmal als Verpflichteter (z. B. der Vergütung nach § 31 Abs. 4 Satz 2 Nr. 1 SächsBRKG) und einmal als Berechtigter (z. B. der Benutzungsentgelte nach § 32 SächsBRKG) eingebunden ist. Das ist **mit einem bloßen Konzessionsmodell nicht vereinbar** (OLG Dresden, B. v. 4. 7. 2008 – Az.: WVerg 3/08).

1829 Das **Thüringer OLG hat Zweifel**, ob nach der bisherigen Rechtsprechung des EuGH allein der Umstand, dass **eine unmittelbare Entgeltzahlung der Vergabestelle an den Auftragnehmer nicht erfolgt**, dieser vielmehr berechtigt ist, privatrechtliche Entgelte (z. B. gegenüber den Wasser- und Abwasserkunden) **zu erheben, auf das Vorliegen einer Dienstleistungskonzession schließen lässt**. Man kann die Frage, wer Vergütungsschuldner ist, auch **als ein gewichtiges, aber nicht allein entscheidendes Indiz für oder gegen die Übernahme des Betriebsrisikos und damit einer Dienstleistungskonzession bewerten** (Thüringer OLG, B, v. 8. 5. 2008 – Az.: 9 Verg 2/08). Der **EuGH** ist dagegen der Auffassung, dass für die Frage, ob eine Dienstleistungskonzession vorliegt, es **keine Rolle spielt, ob das Entgelt privatrechtlich oder öffentlich-rechtlich geregelt** ist (EuGH, Urteil v. 10. 9. 2009 – Az.: C-206/08).

1830 Die **VK Sachsen** legt diesem Punkt ebenfalls **keine entscheidende Bedeutung** bei. Nach § 99 GWB sind öffentliche Aufträge entgeltliche Verträge zwischen öffentlichen Auftraggebern und Unternehmen, die Liefer-, Bau- oder Dienstleistungen zum Gegenstand haben. Nach dem Verständnis der Vergabekammer ist der **Begriff des Dienstleistungsauftrags weit zu fassen**, so dass alle gegenseitigen Verträge erfasst sind, mit denen der öffentliche Auftraggeber im Rahmen seiner Bedarfsdeckung die Leistungserbringung gegen Entgelt vereinbart. **Auch der Entgeltbegriff ist weit auszulegen, denn das Merkmal der Entgeltlichkeit soll lediglich die wirtschaftliche Ausrichtung des Auftrages zum Ausdruck bringen.** Erfasst ist jede Art von Vergütung, die einen Geldwert haben kann. Da die Entgeltlichkeit grundsätzlich bei jedem geldwerten Vorteil gewahrt sein soll, **genügen neben der unmittelbaren Zuwendung von Geldmitteln auch andere Formen der Leistungserbringung**. So hat der EuGH beispielsweise den Verzicht des öffentlichen Auftraggebers aufgrund eines gesetzlich bestehenden Gebührenanspruchs auf die Entrichtung eines Erschließungsbeitrags grundsätzlich genügen lassen. Auch der **BGH geht von einem weit zu fassenden Begriff des Dienstleistungsauftrags** aus. In seiner Entscheidung vom 1. 2. 2005 (Az.: X ZB 27/04) hat der BGH entschieden, dass ein Vertrag über die Entsorgung von Altpapier auch dann als entgeltlicher Dienstleistungsauftrag einzustufen ist, wenn die entsorgungspflichtige Körperschaft vom Entsorgungsunternehmen auf der Grundlage eines Kaufvertrages sogar einen erheblichen Kaufpreis für das Altpapier erhält und das wirtschaftliche Interesse des Entsorgungsunternehmens allein darin besteht, das Papier durch Sortierung noch weiter zu veredeln und durch die Vermarktung einen höheren Endpreis zu erzielen. **Wenn aber sogar der umgekehrte Zahlungsfluss des Vertragspartners an den öffentlichen Auftraggeber bereits eine, die Dienstleistungskonzession ausschließende Form der Entgeltlichkeit darstellen kann, dann muss erst Recht die direkte Zahlung einer im Vorfeld der Leistungserbringung festgesetzten Vergütung mit Anpassungsklausel an den Leistungserbringer den Konzessionscharakter einer Dienstleistung ausschließen** (1. VK Sachsen, B. v. 26. 3. 2008 – Az.: 1/SVK/005–08).

Aus dem „Recht zur Verwertung der eigenen Leistung" als einer Form der Gegenleistung 1831
lässt sich allerdings **nicht** (und schon gar nicht zwingend) schließen, dass die **Nutzung der Gegenleistung die einzige Einnahmequelle des Konzessionärs** sein muss (Thüringer OLG, B. v. 8. 5. 2008 – Az.: 9 Verg 2/08; VK Hessen, B. v. 28. 5. 2003 – Az.: 69 d VK – 17/2003).

Die Einordnung als Dienstleistungskonzession kann nicht von der Höhe der von dem Bewer- 1832
ber kalkulierten oder auch nach objektiver Einschätzung erzielbaren Einnahmen abhängen, also **vom Umfang der Kostendeckung bzw. Wirtschaftlichkeit**, sondern ist allein nach gesetzlichen oder – bei deren Fehlen – durch die Rechtsprechung vorgegebenen „abstrakten" Kriterien vorzunehmen. Jede andere Betrachtung würde außerdem zu einer nicht vertretbaren Rechtsunsicherheit führen. Für die Annahme, dass eine Dienstleistungskonzession nur vorliegen könne, wenn die Einnahmen aus der „eigenen Leistung" wirtschaftlich ausreichend sind, geben im Übrigen auch Rechtsprechung und Literatur keine Anhaltspunkte (VK Hessen, B. v. 28. 5. 2003 – Az.: 69 d VK – 17/2003).

Anderer Auffassung ist insoweit das **OLG Karlsruhe**. **Verbleibt das wirtschaftliche Ri-** 1833
siko überwiegend beim Bieter, indem ihm im Wesentlichen das Nachfragerisiko bezüglich der von ihr am Markt angebotenen Verkehrsdienstleistungen zugeordnet wird, handelt es sich um eine **Dienstleistungskonzession**. Die Ausgleichszahlungen des Auftraggebers dienen nicht der Absicherung der Kosten des Bieters, sie **decken jährlich abnehmend lediglich 9 bis 4%** **des prognostizierten Gesamtaufwands**. Damit findet eine Risikoüberwälzung auf den Bieters statt, der zum weit überwiegenden Teil darauf verwiesen ist, die Kosten der Verkehrsdienstleistungen durch das Entgelt der Fahrgäste einzufahren. Ein nachträglicher Ausgleich von Defiziten ist beihilfenrechtlich nicht möglich und auch vertraglich nicht vorgesehen, sodass das Deckungsrisiko daher in jedem Falle dem Bieter verbleibt (OLG Karlsruhe, B. v. 13. 7. 2005 – Az.: 6 W 35/05 Verg.).

Ist der **Auftragnehmer durch ein sehr detaillierte Formblatt Kalkulation gehalten,** 1834
die wesentlichen Kostenfaktoren Personalkosten, Betriebskosten/Gebäude, Kfz-Kosten und Sachkosten/Medizintechnik **zu antizipieren und kalkulieren** und als Gesamtaufwendungen seinem Angebotspreis für die Jahre 2009 bis 2013 zu Grunde zu legen, wird dadurch das **Betriebsrisiko nicht mehr von äußeren Marktgegebenheiten abhängig** gemacht. Die beabsichtigte vertragliche Gestaltung soll nach Sinn und Zweck gerade den Betreiber nicht mehr von dem tatsächlichen Anfall der Rettungseinsätze abhängig machen. Die **Vergütungsregelung** **soll die Funktionsfähigkeit der Notfallversorgung garantieren und existenzgefährden-** **de Folgen für den Rettungsunternehmer gerade ausschließen**. Insoweit kann der Rettungsunternehmer mit einer festen Vergütung, unabhängig von den tatsächlichen geleisteten Rettungseinsätzen rechnen. **Mit der gewählten Vertragskonstruktion verbleibt also dem** **Rettungsunternehmer kein Betriebsrisiko** (OLG Dresden, B. v. 4. 7. 2008 – Az.: WVerg 3/08; 1. VK Sachsen, B. v. 26. 3. 2008 – Az.: 1/SVK/005–08).

Dem **Merkmal der Eigenverantwortung bzw. der Verantwortungssubstitution kommt** 1835
bei der Abgrenzung zwischen Dienstleistungsauftrag und Dienstleistungskonzession **keine ausschlaggebende Bedeutung** zu. Es mag zwar unter normalen Wettbewerbsbedingungen auf einem freien Markt für das Vorliegen eines Dienstleistungsauftrages verkehrstypisch sein, dass der Auftragnehmer – anders als ein Konzessionär – an inhaltliche Vorgaben bei der Auftragsausführung seitens der auftraggebenden Vergabestelle gebunden ist. Dieses **Unterscheidungsindiz taugt aber dann nicht, wenn die unternehmerische Eigenverantwortung** **des Konzessionärs bei materiellrechtlicher Betrachtung nicht seitens der Vergabestel-** **le, sondern vielmehr von der Aufgabe her eingeschränkt wird**. Da z. B. die Wasserversorgung bzw. -entsorgung eine öffentliche Pflichtaufgabe darstellt, bestehen für jede hierfür verantwortliche Stelle – gleichgültig ob es sich dabei um die öffentliche Hand selbst (Vergabestelle) oder um ein beauftragtes Unternehmen handelt – gesetzliche Entgelt- und Leistungsvorgaben (Thüringer OLG, B. v. 8. 5. 2008 – Az.: 9 Verg 2/08).

Aus Rechtssicherheitsgründen ist es geboten, dass **vor Ausschreibung die Verfahrensart** 1836
und die Nachprüfungsmöglichkeiten feststehen. Kann eine sichere Aussage über die Risikoverteilung zwischen Auftraggeber und Auftragnehmer zum Zeitpunkt der Ausschreibung nicht getroffen werden, und **besteht deshalb die Möglichkeit, dass das wirtschaftliche** **Risiko in nennenswertem Umfang beim Auftraggeber verbleibt, ist im Interesse eines** **fairen und transparenten Wettbewerbs von einem Dienstleistungsauftrag und nicht** **von einer Dienstleistungskonzession auszugehen**. Es bestünde sonst die Möglichkeit, dass ein Auftrag, der sich nach Angebotabgabe als Dienstleistungsauftrag herausstellt, nicht ausgeschrieben und zu Unrecht dem Vergaberecht entzogen worden ist (OLG München, B. v. 21. 5.

2008 – Az.: Verg 05/08; VK Münster, B. v. 18. 3. 2010 – Az.: VK 1/10; im Ergebnis ebenso 1. VK Sachsen, B. v. 23. 2. 2009 – Az.: 1/SVK/003–09).

1837   Dies muss erst recht unter Berücksichtigung der Rechtsprechung des EuGH gelten, wonach die Möglichkeit der Rechtsschutzgewährung nicht in das freie Ermessen des Gerichts gestellt werden darf, weil für den Fall nicht sichergestellt ist, dass rechtswidrige Entscheidungen der Vergabebehörden wirksam und möglichst rasch nachgeprüft werden können. Das **gilt nicht nur für die Fristen, die bei Einleitung des Verfahrens zu berücksichtigen sind, sondern auch für die Bestimmung der Verfahrensart**. Es muss für die Rechtsschutzgewährung sicher feststellbar sein, ob es sich um eine Dienstleistungskonzession oder um einen Dienstleistungsauftrag handelt. Wenn diesbezüglich keine sicheren Aussagen mehr möglich sind, kann dass nicht zu Lasten des Bieters gehen, indem diesem kein Rechtsschutz gewährt wird. **Verbleibende Unsicherheiten gehen somit zu Lasten des Auftraggebers, damit der Grundsatz aus Art. 1 Abs. 1 der Richtlinie 2007/66/EG vom 11. 12. 2007 gewahrt bleibt** (VK Münster, B. v. 18. 3. 2010 – Az.: VK 1/10).

1838   Die Beurteilung als **Dienstleistungskonzession** wird auch **nicht dadurch infrage gestellt**, dass z. B. den **Betreiber einer Renn- und Teststrecke bauliche Instandhaltungspflichten treffen**. Diese Pflichten verleihen dem **Auftrag nicht den Charakter einer Baukonzession**. Eine Baukonzession liegt vor, wenn ein Vertrag über die Erbringung von Bauleistungen geschlossen wird, bei dem der Konzessionsgeber als Gegenleistung für die Bauarbeiten des Baukonzessionärs diesem statt einer Vergütung ein Recht auf Nutzung der baulichen Anlage einräumt, § 98 Nr. 6 GWB, § 6 Abs. 1 S. 2 VgV, § 32 Nr. 1 VOB/A. Bei den **Instandhaltungsverpflichtungen handelt es sich um Nebenpflichten, die sich typischerweise aus der Nutzung der Grundstücke ergeben**, denn der Auftraggeber hat wie der Verpächter eines Grundstückes in Interesse daran, dass Renn- und Teststrecke mit Anlagen und Einrichtungen durch den Betreiber erhalten werden (vgl. § 582a Abs. 2 BGB). Die **Instandhaltungspflichten bilden nicht den Hauptgegenstand des Auftrages und wirken sich deshalb nicht auf die vergaberechtliche Einordnung der Leistung** aus. Dafür spricht **§ 99 Abs. 6 Satz 2 GWB**, wonach ein öffentlicher Auftrag, der neben Dienstleistungen Bauleistungen umfasst, die im Verhältnis zum Hauptgegenstand Nebenarbeiten sind, als Dienstleistungsauftrag gilt (VK Brandenburg, B. v. 28. 3. 2008 – Az.: VK 6/08; im Ergebnis ebenso OLG Brandenburg, B. v. 30. 5. 2008 – Az.: Verg W 5/08).

1839   Eine **Dienstleistungskonzession scheidet aus**, wenn sich die Vereinbarung nicht darauf beschränkt, dem Vertragspartner das (alleinige) Recht zu verschaffen, die eigene Leistung (nur) selbst zu nutzen oder entgeltlich zu verwerten, sondern **ein Dritter ebenfalls eine Verwertungsmöglichkeit erhält** (1. VK Sachsen, B. v. 12. 5. 2005 – Az.: 1/SVK/038-05).

1840   Im **Unterschied zu einer Dienstleistungskonzession** ist eine **Rahmenvereinbarung dadurch gekennzeichnet**, dass der **Tätigkeit des Wirtschaftsteilnehmers**, der Vertragspartner der Vereinbarung ist, **insoweit Grenzen gesetzt** sind, als sämtliche im Laufe eines bestimmten Zeitraums an ihn zu vergebenden Aufträge die in dieser Vereinbarung vorgesehenen Bedingungen einhalten müssen (EuGH, Urteil v. 11. 6. 2009 – Az.: C-300/07).

8.10.9.3 Notwendiger Umfang der Übertragung des Betriebsrisikos

1841   Die VK Brandenburg nimmt insoweit **auch eine Dienstleistungskonzession** an, wenn der **Konzessionär kein oder nur ein geringes wirtschaftliches Risiko trägt** (VK Brandenburg, B. v. 24. 9. 2004 – Az.: VK 47/04).

1842   Besteht das **Abgrenzungskriterium zwischen entgeltlichem Dienstleistungsauftrag und Dienstleistungskonzession im Kern in der Übernahme des wirtschaftlichen Risikos durch den Auftragnehmer**, bedarf es der **Klärung, ob eine Dienstleistungskonzession per Definition nur dann vorliegen kann, wenn die Erbringung der betroffenen Dienstleistung mit einem bestimmten, qualitativ annähernd den Verhältnissen auf dem freien Markt entsprechenden Betriebsrisiko verbunden** ist oder ob es ausreicht, wenn der Konzessionär das mit der Dienstleistungserbringung nach ihrer konkreten, insbesondere auch rechtlich vorgegebenen Ausgestaltung originär verbundene – also im Falle eigener Leistungserbringung auch den öffentlichen Auftraggeber selbst treffende – Risiko vollständig oder jedenfalls nahezu vollständig übernimmt (Thüringer OLG, B. v. 8. 5. 2008 – Az.: 9 Verg 2/08).

1843   Das **Thüringer OLG** hat deshalb mit B. v. 8. 5. 2008 – Az.: 9 Verg 2/08 **dem EuGH zur Auslegung der Richtlinie 2004/17/EG** des Europäischen Parlaments und des Rates zur Koordinierung der Zuschlagserteilung durch Auftraggeber im Bereich der Wasser-, Energie- und

Gesetz gegen Wettbewerbsbeschränkungen GWB § 99 **Teil 1**

Verkehrsversorgung sowie der Postdienste (Abl. EG L 358 vom 3. 12. 2004. S. 1 – im Folgenden nur Richtlinie genannt) gem. Art. 234 Abs. 1 EGV (jetzt Art. 267 AEUV) **folgende Fragen vorgelegt**:

– Ist ein **Vertrag über Dienstleistungen** (hier über Leistungen der Wasserversorgung und Abwasserbehandlung), nach dessen Inhalt eine unmittelbare Entgeltzahlung des öffentlichen Auftraggebers an den Auftragnehmer nicht erfolgt, sondern der **Auftragnehmer das Recht erhält, privatrechtliche Entgelte von Dritten zu erheben, allein aus diesem Grund als Dienstleistungskonzession** im Sinne des Art. 1 Abs. 3 lit. b der Richtlinie – in Abgrenzung zum entgeltlichen Dienstleistungsvertrag im Sinne von Art. 1 Abs. 2 lit. a und d der Richtlinie – **einzuordnen**?

– Falls die **erste Vorlagefrage mit nein** zu beantworten ist, liegt bei Verträgen der in der ersten Vorlagefrage beschriebenen Art eine **Dienstleistungskonzession vor, wenn das mit der fraglichen Dienstleistung auf Grund ihrer öffentlichrechtlichen Ausgestaltung** (Anschluss- und Benutzungszwang; Preiskalkulation nach dem Kostendeckungsprinzip) **verbundene Betriebsrisiko** von vornherein, also auch dann, wenn der öffentliche Auftraggeber die Leistung selbst erbringen würde, **zwar erheblich eingeschränkt ist, der Auftragnehmer aber dieses eingeschränkte Risiko in vollem Umfang oder zumindest ganz überwiegend übernimmt**?

– Falls auch die **zweite Vorlagefrage verneint** wird, ist Art. 1 Abs. 3 lit. b der Richtlinie dahin auszulegen, dass **das mit der Erbringung der Leistung verbundene Betriebsrisiko, insbesondere das Absatzrisiko, qualitativ demjenigen nahe kommen muss, das üblicherweise unter den Bedingungen eines freien Marktes mit mehreren konkurrierenden Anbietern besteht**?

Nach **Auffassung des EuGH** ist es üblich, dass **für bestimmte Tätigkeitsbereiche, insbesondere Bereiche, die die öffentliche Daseinsvorsorge betreffen**, wie z. B. die Wasserversorgung und die Abwasserbeseitigung, **Regelungen gelten, die eine Begrenzung der wirtschaftlichen Risiken bewirken können**. Zum einen erleichtert die öffentlich-rechtliche Ausgestaltung, der die Nutzung der Dienstleistung in wirtschaftlicher und finanzieller Hinsicht unterworfen ist, die Kontrolle ihrer Nutzung und vermindert die Faktoren, die die Transparenz beeinträchtigen und den Wettbewerb verfälschen können. Zum anderen **muss es den redlich handelnden öffentlichen Auftraggebern weiterhin freistehen, Dienstleistungen mittels einer Konzession erbringen zu lassen, wenn sie der Auffassung sind, dass die Erbringung der betreffenden gemeinwirtschaftlichen Leistung so am besten sicherzustellen ist, und zwar selbst dann, wenn das mit der Nutzung verbundene Risiko erheblich eingeschränkt** ist. Es wäre außerdem nicht sachgerecht, von einer Behörde, die eine Konzession vergibt, zu verlangen, dass sie für einen schärferen Wettbewerb und ein höheres wirtschaftliches Risiko sorgt, als sie in dem betreffenden Sektor aufgrund der für ihn geltenden Regelungen existieren. Da der öffentliche Auftraggeber keinen Einfluss auf die öffentlich-rechtliche Ausgestaltung der Dienstleistung hat, kann er in solchen Fällen keine Risikofaktoren einführen und daher auch nicht übertragen, die durch diese Ausgestaltung ausgeschlossen sind. Selbst **wenn das Risiko des öffentlichen Auftraggebers erheblich eingeschränkt ist, ist es jedenfalls für die Annahme einer Dienstleistungskonzession erforderlich, dass er das volle Betriebsrisiko oder zumindest einen wesentlichen Teil davon auf den Konzessionär überträgt**. Dabei dürfen die allgemeinen Risiken, die sich aus Änderungen der Rechtslage während der Durchführung des Vertrags ergeben, nicht berücksichtigt werden (EuGH, Urteil v. 10. 9. 2009 – Az.: C-206/08; OLG Brandenburg, B. v. 12. 1. 2010 – Az.: Verg W 7/09). 1844

In Auslegung der Rechtsprechung des EuGH ist das Thüringer OLG der Auffassung, dass **trotz der möglichen, weitgehend üblichen und auch hier vorgesehenen Anordnung eines Anschluss- und Benutzungszwangs durch Satzung ein – wenn auch eingeschränktes – Absatzrisiko besteht**, wenn nicht von vornherein abzusehen ist, in welcher Menge Wasser abgenommen wird bzw. Abwasser zur Entsorgung anfällt. Eine Verringerung dieser Mengen ist angesichts der allgemein bekannten Tendenz zum sparsameren Umgang mit Wasser sowie dem prognostizierten Bevölkerungsrückgang in den neuen Ländern wahrscheinlich, jedenfalls aber nicht auszuschließen. Hinzu kommt, dass der **Konzessionär nach den Vertragsentwürfen gegenüber der Vergabestelle keinen Anspruch hatte, dass der grundsätzlich bestehende Anschluss- und Benutzungszwang auch in jedem Einzelfall durchgesetzt wird**. Er selbst hatte hierzu gegenüber den Leistungsbeziehern ohnehin keine Möglichkeit, weil er mit diesen privatrechtliche Verträge abschließen sollte, die er nicht zwangsweise durchsetzen konnte. Gerade bei Großverbrauchern bestand damit – abhängig von der Höhe des geforderten Entgelts 1845

417

Teil 1 GWB § 99 Gesetz gegen Wettbewerbsbeschränkungen

und der Qualität der erbrachten Leistungen – durchaus das Risiko, dass sie versuchten, sich von dem Anschluss- und Benutzungszwang befreien zu lassen und ihre Ver- und Entsorgung in eigener Regie zu betreiben. Darüber hinaus besteht für den öffentlichen Auftraggeber ein Entgeltrisiko jedenfalls dadurch, dass Gebührenansprüche gegen die Anlagenbenutzer wegen deren Insolvenz uneinbringlich sind (Thüringer OLG, B. v. 11. 12. 2009 – Az.: 9 Verg 2/08).

1846 Es mag zwar **unter normalen Wettbewerbsbedingungen** auf einem freien Markt für das Vorliegen eines Dienstleistungsauftrages **verkehrstypisch** sein, dass der **Auftragnehmer** – anders als ein Konzessionär – **an inhaltliche Vorgaben bei der Auftragsausführung seitens der auftraggebenden Vergabestelle gebunden** ist. Dieses **Unterscheidungsindiz taugt aber dann nicht, wenn die unternehmerische Eigenverantwortung des Konzessionärs bei materiellrechtlicher Betrachtung nicht seitens der Vergabestelle, sondern vielmehr von der Aufgabe her eingeschränkt wird**. Da die Wasserversorgung bzw. -entsorgung eine öffentliche Pflichtaufgabe darstellt, bestehen für jede hierfür verantwortliche Stelle – gleichgültig ob es sich dabei um die öffentliche Hand selbst (Vergabestelle) oder um ein beauftragtes Unternehmen handelt – gesetzliche Entgelt- (vgl. ThürKAG) und Leistungsvorgaben (Thüringer OLG, B. v. 11. 12. 2009 – Az.: 9 Verg 2/08).

1847 Für den Bereich der sogenannten In-House-Geschäfte vertritt der EuGH in ständiger Rechtsprechung die Auffassung, dass es für die Beurteilung, ob an einer zu beauftragenden Gesellschaft ein Privater beteiligt ist – das stünde der In-House-Fähigkeit entgegen – auf die Verhältnisse zum Zeitpunkt der Vergabe des öffentlichen Auftrags ankommt, so dass allein die Möglichkeit der späteren Beteiligung eines Privaten nicht zu berücksichtigen ist. Das kann ausnahmsweise anders sein, wenn kurz nach Vergabe des Auftrags Gesellschaftsanteile im Rahmen einer künstlichen Gestaltung zur Umgehung des Gemeinschaftsvergaberechts an ein privates Unternehmen veräußert werden oder das nationale Recht eine baldige Öffnung der Gesellschaft für privates Fremdkapital vorschreibt. Diese **Grundsätze beanspruchen auch in vergleichbaren Konstellationen, etwa wenn es um die Abgrenzung von Dienstleistungskonzession und Dienstleistungsvertrag geht, Geltung. Abzustellen ist daher auf diejenige Vertragsgestaltung, wie sie die Vergabestelle zum Gegenstand des Bieterverfahrens gemacht hat** (Thüringer OLG, B. v. 11. 12. 2009 – Az.: 9 Verg 2/08).

1848 Auch das **OLG München hat Zweifel, ob für die Annahme einer Dienstleistungskonzession die Übernahme eines eingeschränkten Risikos ausreicht**, wenn sich auch für den öffentlichen Auftraggeber bei Vornahme der Leistung kein anderes Risiko ergibt, dieses aber vollständig von dem Auftragnehmer übernommen wird (OLG München, B. v. 2. 7. 2009 – Az.: Verg 5/09).

1849 Das **OLG München** hat deshalb ebenfalls **dem Gerichtshof der Europäischen Gemeinschaften** zur Auslegung der Richtlinie 2004/18/EG des Europäischen Parlaments und des Rates über die Koordinierung der Verfahren zur Vergabe öffentlicher Bauaufträge, Lieferaufträge und Dienstleistungsaufträge (im folgenden Richtlinie) gemäß Art. 234 Abs. 1 EG (jetzt Art. 267 AEUV) **folgende Fragen** vorgelegt:

1. Ist ein Vertrag über Dienstleistungen (hier: Rettungsdienstleistungen), nach dessen Inhalt eine unmittelbare Entgeltzahlung des öffentlichen Auftraggebers an den Auftragnehmer nicht erfolgt, sondern

   a) im Wege von Verhandlungen zwischen dem Auftragnehmer und Dritten, die ihrerseits öffentliche Auftraggeber sind (hier: Sozialversicherungsträger), das Benutzungsentgelt für die zu erbringenden Leistungen festgesetzt wird,

   b) im Falle einer Nichteinigung die Entscheidung einer hierfür vorgesehenen Schiedsstelle vorgesehen ist, deren Entscheidung zur Überprüfung durch staatliche Gerichte gestellt wird, und

   c) das Entgelt nicht unmittelbar von den Nutzern, sondern von einer Zentralen Abrechnungsstelle, deren Dienste der Auftragnehmer nach dem Gesetz in Anspruch nehmen muss, in regelmäßigen Abschlagszahlungen an den Auftragnehmer ausgezahlt wird,

   allein aus diesem Grund als Dienstleistungskonzession im Sinne des Art. 1 Abs. 4 der Richtlinie – in Abgrenzung zum Dienstleistungsauftrag im Sinne von Art. 1 Abs. 2 lit. a und d der Richtlinie anzusehen?

2. Falls die erste Vorlagefrage mit Nein zu beantworten ist, liegt eine Dienstleistungskonzession dann vor, wenn das mit der öffentlichen Dienstleistung verbundene Betriebsrisiko eingeschränkt ist,

Gesetz gegen Wettbewerbsbeschränkungen GWB § 99 **Teil 1**

a) weil nach einer gesetzlichen Regelung den Benutzungsentgelten für die Leistungserbringung die nach betriebswirtschaftlichen Grundsätzen ansatzfähigen Kosten zugrunde zu legen sind, die einer ordnungsgemäßen Leistungserbringung, einer wirtschaftlichen und sparsamen Betriebsführung sowie einer leistungsfähigen Organisation entsprechen, und

b) weil die Benutzungsentgelte von solventen Sozialversicherungsträgern geschuldet werden,

c) das Entgelt nicht unmittelbar von den Nutzern, sondern von einer Zentralen Abrechnungsstelle, deren Dienste der Auftragnehmer nach dem Gesetz in Anspruch nehmen muss, in regelmäßigen Abschlagszahlungen an den Auftragnehmer ausgezahlt wird,

der Auftragnehmer aber dieses eingeschränkte Risiko vollständig übernimmt?

In Reaktion auf die neue Rechtsprechung des EuGH **vertritt auch das OLG Brandenburg eine weitere Auffassung zur Dienstleistungskonzession.** Hat der **künftige Dienstleistungserbringer mithin jedenfalls teilweise die für die Deckung der Kosten der ihm übertragenen Aufgaben erforderlichen Mittel aus der Verwertung seiner eigenen Leistung zu erbringen,** übernimmt er im Sinne der Rechtsprechung des EuGH jedenfalls in dem entsprechenden Umfang das **Betriebsrisiko der fraglichen Dienstleistungen.** Dass das **Risiko** des künftigen Dienstleistungserbringers **durch die teilweise Kostenbeteiligung des Landes und der Kommunen begrenzt** wird, steht der **Annahme einer Dienstleistungskonzession nicht entgegen.** Wie auch in anderen hochrangigen Bereichen der Daseinsvorsorge – etwa der Wasserversorgung und der Abwasserbeseitigung – darf **bei der Beseitigung von Tierkörpern und Tierkörperteilen zum Zwecke der Seuchenprophylaxe und -bekämpfung** sowie **aus Gründen des Umwelt- und Gesundheitsschutzes** das wirtschaftliche Risiko des Entsorgers begrenzt werden (OLG Brandenburg, B. v. 12. 1. 2010 – Az.: Verg W 7/09). 1850

Wird dem Auftragnehmer das Betriebsrisiko „Fahrgeldeinnahmen" übertragen, kommt es für sich genommen nicht darauf an, ob diese Einnahmen ausreichend sind oder der Auftragnehmer damit etwaige Nachfragerisiken oder Erlösrisiken ausgesetzt wird. Denn solchen Risiken würde auch der öffentliche Auftraggeber unterliegen, wenn er selbst die Schienenpersonennahverkehrsleistungen erbringen würde. Es kommt auch nicht darauf an, ob der Auftragnehmer Einfluss auf die Tarifgestaltung hat oder erhebliche Gewinne erwirtschaftet. Ebenso wenig kommt es darauf an, ob ein Netto- oder Bruttovertrag vorliegt, weil entscheidend immer die konkrete vertragliche Ausgestaltung ist, die Elemente aus beiden Vertragstypen beinhalten kann. Somit **muss nach Übertragung eines solchen Betriebsrisikos ermittelt werden, ob denn die Gesamtgestaltung des Vertrages dazu führt, dass derjenige, der ein solches Risiko übernimmt, den vollen Risiken des Marktes ausgesetzt wird oder ob nicht vielmehr das Risiko der Vertragsausführung weiterhin entweder ganz oder überwiegend beim öffentlichen Auftraggeber verbleibt** (VK Münster, B. v. 18. 3. 2010 – Az.: VK 1/10 - instruktive Entscheidung). 1851

8.10.9.4 Verträge über Verkehrsdienstleistungen

Bei einem **Brutto-Vertrag** über Verkehrsdienstleistungen stellt der Aufgabenträger dem Verkehrsunternehmen entweder einen festen Geldbetrag zur Verfügung und die Fahrgeldeinnahmen stehen dem Aufgabenträger zu oder der Aufgabenträger sagt dem Verkehrsunternehmen – bei Überlassung der Fahrgeldeinnahmen an dieses – zu, etwaige Differenzen zu einer bestimmten Summe zu erstatten. In diesem Falle **trägt das Verkehrsunternehmen kein Risiko,** da es für die Erbringung der Dienstleistungen wirtschaftlich letztlich einen bestimmten Betrag erhält. Bei einem **Netto-Vertrag** über Verkehrsdienstleistungen **kann es sich je nach Fallgestaltung um einen Dienstleistungsauftrag oder eine Dienstleistungskonzession handeln.** Ein Teil des Risikos ist auf das Verkehrsunternehmen verlagert, indem er sich zumindest teilweise aus den Fahrgeldeinnahmen finanzieren muss und damit das Risiko einer Verminderung der Fahrgeldeinnahmen trägt; insoweit trägt der Vertrag nach der Definition in Art. 1 Abs. 4 Richtlinie 2004/18/EG deutliche Züge einer Dienstleistungskonzession. Andererseits stellt der Aufgabenträger dem Verkehrsunternehmen eine Geldsumme zur Verfügung und mindert dadurch das Risiko. Dabei ist zu beachten, dass die Zahlung einer Geldsumme nach Art. 1 Abs. 4 Richtlinie 2004/18/EG der Annahme einer Dienstleistungskonzession nicht von vornherein entgegen steht. In solchen **Mischfällen kann eine Abgrenzung nur anhand des Umfangs des Risikos erfolgen.** Hierbei liegt die Annahme eines Dienstleistungsauftrags umso näher, **je mehr der Auftraggeber mehr als 50% der Kosten abdeckt** (OLG Düsseldorf, B. v. 21. 7. 2010 – Az.: VII-Verg 19/10; VK Münster, B. v. B. v. 7. 9. 2010 – Az.: VK 6/10). 1852

1853 Das **Betriebsrisiko** mit Blick auf die Abgrenzung zwischen Dienstleistung und Dienstleistungskonzession kann in der **Vereinnahmung von Fahrgelderlösen** liegen. Das Risiko besteht darin, dass diese Einnahmen den Schwankungen des Marktes unterliegen. Die Fahrgeldeinnahmen variieren von Jahr zu Jahr, wobei es sich aber um ein geringfügiges Betriebsrisiko für das Unternehmen handelt, das den Auftrag ausführt. Denn die Fahrgastzahlen sind nicht etwa rückläufig aufgrund der demographischen Entwicklung, sondern für die Zukunft wird davon ausgegangen, dass der ÖPNV zunehmend attraktiver für breite Bevölkerungsschichten wird. Infolge dessen ist das **Risiko für Schwankungen im Bereich der Fahrgeldeinnahmen als eher gering anzusetzen**. Die **Tarifeinnahmen** – wenn man sie als Teil eines Unternehmerrisikos ansieht und bewertet – sind **unwesentliche Betriebsrisiken im Sinne der EuGH Rechtsprechung** (VK Münster, B. v. 7. 9. 2010 – Az.: VK 6/10 – instruktive Entscheidung).

8.10.9.5 Weitere Beispiele aus der Rechtsprechung

1854 – nach der Rechtsprechung des EuGH ist maßgeblich für das Vorliegen einer Dienstleistungskonzession, ob der **Auftragnehmer das Betriebsrisiko vollständig oder zumindest einen wesentlichen Teil davon trägt** (OLG Düsseldorf, B. v. 21. 7. 2010 – Az.: VII-Verg 19/10)

– soll dem Auftragnehmer seine Dienstleistung (teilweise) durch **Zahlungen der Nutzer entgolten werden, die die in der Entsorgung von Tierkörpern und Tierkörperteilen sowie sonstigen tierischen Nebenprodukten bestehende Dienstleistung in Anspruch zu nehmen haben**, handelt es sich bei einer derartigen Ausgestaltung um eine der Formen, die das dem Dienstleistungserbringer eingeräumte Recht zur Nutzung seiner Dienstleistungen annehmen kann, mithin **grundsätzlich um eine Dienstleistungskonzession**. Dieser Annahme steht nicht entgegen, **dass dem Dienstleistungserbringer** im vorliegenden Fall **bis zu einem Drittel der Kosten der Beseitigung der Tierkörper** von Vieh im Sinne des Tierseuchengesetzes gemäß § 5 Abs. 1 S. 2 AGTierNebG **vom Land und ein weiteres Drittel von den originär beseitigungspflichtigen Kommunen gemäß § 5 Abs. 3 S. 2 AGTierNebG ersetzt werden**. Selbst wenn man in dieser gesetzlich angeordneten Kostenbeteiligung einen vom Auftraggeber an den Dienstleistungserbringer gezahlten Preis sehen wollte, würde dieser Preis nur zusammen mit der Übertragung des Rechts zur Verwertung der Dienstleistung durch Entgelterhebung die vom Auftraggeber erbrachte Gegenleistung bilden. Aus letzterem muss der Auftragnehmer nämlich die Deckung des letzten Drittels der Kosten für die Beseitigung der Tierkörper von Vieh im Sinne des Tierseuchengesetzes sowie aller Kosten für die Beseitigung von Tierköperteilen und anderen tierischen Nebenprodukten erzielen, indem er von den ablieferungspflichtigen Personen für die von ihm erbrachte Dienstleistung privatrechtliche Entgelte einzieht (OLG Brandenburg, B. v. 12. 1. 2010 – Az.: Verg W 7/09)

– erlangt der **Dienstleister nur das Recht, die Essensversorgung** für bestimmte Kindertagesstätten und Schulen **zu übernehmen** und hat er gemäß § 5 Nr. 5 der Vertragsentwürfe **mit den Sorgeberechtigten der Kinder privatrechtliche Verträge abzuschließen**, erhält er **von den Sorgeberechtigten und nur von ihnen die Gegenleistung für die Zubereitung und Lieferung des Essens**. Die Antragsgegnerin als öffentliche Auftraggeberin ist damit nicht Schuldnerin des Vergütungsanspruchs. Bei dieser Sachlage sind alle Voraussetzungen erfüllt, die das Vertragsverhältnis als Dienstleistungskonzession erscheinen lassen. Das **für eine Dienstleistungskonzession charakteristische Betriebsrisiko trägt der Unternehmer auch dann**, wenn die **Risikolage bei einem Dienstleistungsauftrag nicht anders** wäre, solange **die Gegenleistung nicht maßgeblich vom öffentlichen Auftraggeber erbracht** wird, sondern in dem Recht der Nutzung der Dienstleistung, gegebenenfalls zuzüglich der Zahlung eines Preises besteht (OLG Dresden, B. v. 8. 10. 2009 – Az.: WVerg 0005/09)

– zur Annahme eines für eine Dienstleistungskonzession kennzeichnenden Betriebsrisikos ist es **ausreichend**, wenn bei der **Essensversorgung von Schulen und Kindertagesstätten die Vergütung auf Grundlage eines privatrechtlichen Vertrages von den Sorgeberechtigten direkt an den Auftragnehmer bezahlt** wird und der **öffentliche Betreiber** der Einrichtungen **weder eine Mindestabnahmemenge, noch Portionszahlen garantiert** (1. VK Sachsen, B. v. 13. 8. 2009 – Az.: 1/SVK/034-09, 1/SVK/034-09G)

– ist die **Auftraggeberin alleinige Schuldnerin der Vergütung, ist der Auftragnehmer des mit der Beitreibung der Vergütung gegenüber einem einzelnen Vertragspartner verbundenen Risikos enthoben**. Muss zudem der Auftragnehmer im Vorfeld keine be-

Gesetz gegen Wettbewerbsbeschränkungen GWB § 99 **Teil 1**

trächtlichen Aufwendungen tätigen, weil ihm die Räumlichkeiten mit den darin vorhandenen Einrichtungen und Zubehör zur ausschließlichen Nutzung und die jeweiligen Zuwegungen zur Mitbenutzung sowie Küchengeschirr, Geschirr, Besteck, Gläser etc. und gegebenenfalls Wäscheinventar zur Mitbenutzung für die Zwecke des Vertrages unentgeltlich zur Verfügung gestellt werden und wird die jeweilige Einrichtungsleitung rechtzeitig die Anzahl der bereitzustellenden Portionsmengen bzw. Versorgungsteilnehmer und gegebenenfalls Sonderkostanforderungen benennen, sodass die Anzahl der zu Versorgenden zumindest angemessen vorhersehbar ist, **handelt es sich um einen Dienstleistungsvertrag und nicht um eine Dienstleistungskonzession** (VK Brandenburg, B. v. 12. 8. 2009 – Az.: VK 28/09)

– in der **Nutzungsüberlassung einer Kantine** durch den Auftraggeber liegt keine Zahlung einer Vergütung oder ein vergleichbarer entgeltlicher Vorteil. Der Pächter übernimmt die Räumlichkeiten, um diese als Kantine zu betreiben – mit den zur Nutzung überlassenen Räumlichkeiten ist die Dienstleistung zu erbringen. Als Vergütung wird dem Betreiber vielmehr das Recht übertragen, seine eigene Leistung zu verwerten. Eigene Einnahmen erzielt der Betreiber aus seinen Aktivitäten zur Erfüllung seiner Pflicht über die Nutzung dieser Dienstleistungen durch Dritte, nämlich aus dem Verkauf von insbesondere alkoholfreien Getränken, sonstigen Erfrischungen, gängigen Genussmitteln sowie kalten und warmen Speisen. Der Betreiber handelt bei der Erfüllung seiner Pflichten zum überwiegenden Teil auf eigenes wirtschaftliches Risiko. Nach dem Inhalt des Pachtvertragsentwurfes soll er aus der Übernahme der Speisenversorgung eigenverantwortlich wirtschaftlichen Nutzen ziehen dürfen (VK Brandenburg, B. v. 27. 5. 2009 – Az.: VK 21/09 – **ausführlich begründete Entscheidung**)

– die **Festsetzung von Märkten nach § 69 GewO ist eine Dienstleistungskonzession**. Der Veranstalter z. B. eines Weihnachtsmarktes erbringt gegenüber der im Sinn von § 69 GewO festsetzenden Kommune eine Dienstleistung, nämlich die Ausrichtung und Organisation des Weihnachtsmarktes, an dessen Gelingen und reibungsloser Funktion die Kommune ein hohes Interesse hat. Die Umstände, dass eine Bezahlung des Veranstalters nicht durch eine öffentliche Stelle erfolgt, sondern aus den Beträgen, die Dritte entrichten, und dass das Betriebsrisiko der Erbringer trägt, sind typische Merkmale für eine Dienstleistungskonzession (VG Köln, Urteil v. 16. 10. 2008 – Az.: 1 K 4507/08)

– Vergabe des **Betriebs eines gemeindlichen Kabelfernsehnetzes** durch eine Gemeinde an eine interkommunale Genossenschaft (EuGH, Urteil v. 13. 11. 2008 – Az.: C-324/07)

– **Betrieb und Verkauf einer Rennstrecke und Teststrecke** – instruktive Darstellung (VK Brandenburg, B. v. 28. 3. 2008 – Az.: VK 6/089)

– **Betreibervertrag für die Einrichtung einer Alarmübertragungsanlage für Brandmeldungen im Bereich einer Integrierten Leitstelle** – instruktive Darstellung (VK Südbayern, B. v. 24. 9. 2007 – Az.: Z3-3-3194-1-29-06/07)

– **Recht zur Vermittlung von Abschleppdienstleistungen** (VK Südbayern, B. v. 18. 6. 2007 – Az.: Z3-3-3194-1-22–05/07)

– **Bewirtschaftung einer städtischen Leichenhalle** (VG Münster, B. v. 9. 3. 2007 – Az.: 1 L 64/07)

– **Durchführung von Sozialpädagogischer Familienhilfe** (OLG Düsseldorf, B. v. 22. 9. 2005 – Az.: Verg 44/04)

– Vergabe von **Breitbandkabelliefer- und Dienstleistungen für die Versorgung von Wohnungen** (VK Hessen, B. v. 7. 10. 2005 – Az.: 69 d VK – 39/2005, 69 d VK – 54/2005, 69 d VK – 55/2005, 69 d VK – 56/2005, 69 d VK – 57/2005)

– **Recht zur Errichtung und zum Betrieb einer Feuerbestattungsanlage** (OLG Düsseldorf, B. v. 10. 5. 2006 – Az.: VII – Verg 12/06)

– **Betreiben von Verkaufsstellen zum Prägen und zum Vertrieb von Kfz-Kennzeichen** (VK Nordbayern, B. v. 2. 8. 2006 – Az.: 21.VK – 3194 – 22/06)

– **Vergabe des Betriebs eines gebührenpflichtigen öffentlichen Parkplatzes** durch eine öffentliche Stelle an einen Dienstleistungserbringer, der als **Entgelt für diese Tätigkeit von Dritten für die Benutzung des betreffenden Parkplatzes entrichtete Beträge** erhält (EuGH, Urteil v. 13. 10. 2005 – Az.: C-458/03)

– **Übertragung der Durchführung des Rettungsdienstes in Brandenburg** (VK Brandenburg, B. v. 24. 9. 2004 – Az.: VK 47/04)

Teil 1 GWB § 99 Gesetz gegen Wettbewerbsbeschränkungen

- sieht der Vertragsentwurf sieht vor, dass der **Auftraggeber dem Auftragnehmer (= Verkehrsunternehmen) jährlich einen** aus verschiedenen Berechnungselementen zusammengesetzten „**Zuschuss**" **zahlt**, von dem die vom Verkehrsunternehmen erwirtschafteten Einnahmen abgezogen werden, wird damit dem Umstand Rechnung getragen, dass die **Durchführung von SPNV-Leistungen nach wirtschaftlicher Erfahrung in der Regel ein „Zuschussgeschäft"** ist. In der Sache werden die erbrachten Verkehrsdienstleistungen dem beauftragten Verkehrsunternehmen durch die Zuschüsse im Rechtssinn vergütet. Wenn das Verkehrsunternehmen aus dem Streckenbetrieb keine Einnahmen erzielt, kommt nach der geplanten vertraglichen Regelung nämlich der öffentliche Auftraggeber für die Gesamtkosten auf. Infolgedessen verbleibt auch das mit den ausgeschriebenen Verkehrsdienstleistungen verbundene **wirtschaftliche Risiko überwiegend, wenn nicht sogar ganz, beim Auftraggeber**. Damit fehlt es für die Annahme einer Dienstleistungskonzession am Merkmal eines Risikoübergangs (OLG Düsseldorf, B. v. 6. 12. 2004 – Az.: VII – Verg 79/04);
- **Komplett-Wäscheversorgung für Kliniken** (VK Brandenburg, B. v. 26. 1. 2004 – Az.: VK 1/04; anderer Auffassung – Dienstleistungsauftrag – 1. VK Sachsen, B. v. 11. 8. 2006 – Az.: 1/SVK/073-06)
- **öffentlich-rechtliche Übertragung der Durchführung des Wochenmarktes** auf einen privaten Veranstalter unter gleichzeitigem Abschluss eines privatrechtlichen Vertrages über die Nutzung des Marktplatzes der Stadt als Veranstaltungsort, ggfs. flankiert von der Gestattung einer weiteren straßen- bzw. straßenverkehrsrechtlichen Sondernutzung (OLG Naumburg, B. v. 4. 12. 2001 – Az.: 1 Verg 10/01)
- Betrieb einer **Spielbank** (VK Baden-Württemberg, B. v. 6. 5. 2002 – Az.: 1 VK 18/02; OLG Stuttgart, B. v. 4. 11. 2002 – Az.: 2 Verg 4/02)
- Verpachtung des Rechts zur **Aufstellung von Großflächenwerbeanlagen** (VK Südbayern, B. v. 28. 12. 2001 – Az.: 47-11/01)
- Errichtung von **Fahrgastunterständen und werbliche Nutzung** dieser Unterstände (VK Lüneburg, B. v. 12. 3. 2003 – Az.: 203-VgK-04/2003)
- Betrieb einer **Fahrradstation** mit Servicedienstleistungen (VK Hamburg, B. v. 2. 4. 2003 – Az.: VgK FB 2/03)
- Dienstleistungskonzessionsvertrag für Bau, Instandsetzung, Instandhaltung, Wartung, Reinigung und Betrieb **öffentlicher WC-Anlagen** (VK Hessen, B. v. 28. 5. 2003 – Az.: 69 d VK – 17/2003)
- bei den **Aufträgen für die Essenversorgung an Kindertagesstätten und Schulen** handelt es sich um öffentliche Dienstleistungskonzessionen, nämlich um Verträge, bei denen die übertragene Dienstleistung in einem öffentlichen Interesse liegt, der Staat sich also bei Übertragung dieser Pflichten auf den Dritten von einer Aufgabe entlastet, die Gegenleistung für die Erbringung des Auftrags nicht in einem vorher festgelegten Preis, sondern in dem Recht besteht, die zu erbringende Leistung zu nutzen oder entgeltlich zu verwerten, der Kommissionär ganz oder zum überwiegenden Teil das wirtschaftliche Nutzungsrisiko trägt (VK Brandenburg, B. v. 12. 8. 2003 – Az.: VK 48/03)
- die vier Merkmale einer Dienstleistungskonzession liegen **bei der Sammlung, Sortierung und Vermarktung von Altpapier aus den privaten Haushalten** nicht vor (OLG Celle, B. v. 5. 2. 2004 – Az.: 13 Verg 26/03; VK Düsseldorf, B. v. 22. 10. 2003 – Az.: VK – 29/2003 – L; VK Lüneburg, B. v. 12. 11. 2003 – Az.: 203-VgK-27/2003)
- veräußert ein öffentlicher Entsorgungsträger das in seinem Gebiet anfallende **Altpapier** aus privaten Haushalten – das von ihm selbst gesammelt wird – **in einer den Anforderungen der europäischen Altpapierliste (CEPI/B.I.R.) genügenden Qualitätsstufe** – z.B. die Sorte 5.01 – an ein geeignetes Recyclingunternehmen unter der Bedingung, das dieses selbst das Papiergemisch einer weiteren stofflichen Verwertung in einer Papierfabrik zuführt, liegt allenfalls eine **Dienstleistungskonzession** vor (VK Lüneburg, B. v. 18. 3. 2004 – Az.: 203-VgK-06/2004)
- **das Sammeln und Verwerten gebrauchter Textilien und Schuhe** (VK Arnsberg, B. v. 27. 10. 2003 – Az.: VK 2–22/2003)
- um einen Dienstleistungsauftrag nach § 99 Abs. 4 GWB und nicht um eine vergabefreie Dienstleistungskonzession handelt es sich bei der **Vergabe eines Abwasserentsorgungsvertrages über 25 Jahre, wenn das teilweise (49%) dabei mit zu privatisierende Tochterunternehmen** der abwasserentsorgungspflichtigen Gebietskörperschaft das Nut-

zungsentgelt ausdrücklich für die Gebietskörperschaft einzieht und von dieser ein eigenes Entgelt nach dem Abwasserentsorgungsvertrag erhält (1. VK Sachsen, B. v. 29. 2. 2004 – Az.: 1/SVK/157-03)

8.10.9.6 Keine Einbeziehung der Dienstleistungskonzession in das Vergaberecht

Der Anwendungsbereich der §§ 97 ff. GWB geht nicht über denjenigen der einschlägigen EG-Richtlinien hinaus. Sowohl die Sektorenrichtlinie 98/4/EG als auch die Dienstleistungskoordinierungsrichtlinie 92/50/EWG klammern nach ihrer Entstehungsgeschichte Dienstleistungskonzessionen von ihrem Anwendungsbereich aus (EuGH, Urteil vom 13. 10. 2005 – Az.: C-458/03). Das folgt ferner auch aus einem Vergleich zu den Regelungen zur Baukoordinierungsrichtlinie 93/37/EG, die Baukonzessionen ausdrücklich regelt (Art. 1 Buchstabe d), Art. 3). Das deutsche Recht folgt dem, soweit § 98 Abs. 6 GWB Baukonzessionäre ausdrücklich zu öffentlichen Auftragnehmern erklärt und § 99 GWB richtlinienkonform allgemein dahingehend ausgelegt wird, dass auch Baukonzessionen vom Begriff des Bauauftrags mit umfasst sind. **Andererseits fehlt für den Bereich von Liefer- und Dienstleistungen jeglicher Anhaltspunkt für eine Einbeziehung von Konzessionsverträgen in den Regelungsbereich der § 97 ff. GWB** (EuGH, Urteil v. 13. 11. 2008 – Az.: C-324/07; Urteil v. 6. 4. 2006 – Az.: C-410/04; Urteil v. 21. 7. 2005 – Az.: C-231/03; OLG Düsseldorf, B. v. 21. 7. 2010 – Az.: VII-Verg 19/10; B. v. 10. 5. 2006 – Az.: VII – Verg 12/06; B. v. 22. 9. 2005 – Az.: Verg 44/04; B. v. 8. 9. 2005 – Az.: Verg 35/04; OLG München, B. v. 2. 7. 2009 – Az.: Verg 5/09; B. v. 21. 5. 2008 – Az.: Verg 05/08; OLG Stuttgart, B. v. 4. 11. 2002 – Az.: 2 Verg 4/02; Thüringer OLG, B. v. 11. 12. 2009 – Az.: 9 Verg 2/08; B. v. 8. 5. 2008 – Az.: 9 Verg 2/08; BayObLG, B. v. 11. 12. 2001 – Az.: Verg 15/01; VK Brandenburg, B. v. 27. 5. 2009 – Az.: VK 21/09; B. v. 28. 3. 2008 – Az.: VK 6/08; B. v. 24. 9. 2004 – Az.: VK 47/04; B. v. 26. 1. 2004 – Az.: VK 1/04; VK Hessen, B. v. 7. 10. 2005 – Az.: 69 d VK – 39/2005, 69 d VK – 54/2005, 69 d VK – 55/2005, 69 d VK – 56/2005, 69 d VK – 57/2005; VK Nordbayern, B. v. 2. 8. 2006 – Az.: 21.VK – 3194 – 22/06).

Auch nach Art. 17 der neuen EU-Vergabekoordinierungsrichtlinie (Richtlinie 2004/18/EG) **gilt die Richtlinie nicht für Dienstleistungskonzessionen** gemäß Artikel 1 Absatz 4 (EuGH, Urteil v. 13. 4. 2010 – Az.: C-91/08; Urteil v. 15. 10. 2009 – Az.: C-196/08; Urteil v. 10. 9. 2009 – Az.: C-206/08; Urteil v. 18. 7. 2007 – Az.: C-382/05; Urteil v. 6. 4. 2006 – Az.: C-410/04; OLG Dresden, B. v. 8. 10. 2009 – Az.: WVerg 0005/09; OLG Düsseldorf, B. v. 10. 5. 2006 – Az.: VII – Verg 12/06; OLG München, B. v. 2. 7. 2009 – Az.: Verg 5/09; B. v. 21. 5. 2008 – Az.: Verg 05/08; Thüringer OLG, B. v. 11. 12. 2009 – Az.: 9 Verg 2/08; B. v. 8. 5. 2008 – Az.: 9 Verg 2/08; VK Brandenburg, B. v. 28. 3. 2008 – Az.: VK 6/08; 2. VK Bund, B. v. 24. 7. 2007 – Az.: VK 2–69/07; VK Niedersachsen, B. v. vom 16. 10. 2008 – Az.: VgK-30/2008; 1. VK Sachsen, B. v. 13. 8. 2009 – Az.: 1/SVK/034-09, 1/SVK/034-09G; B. v. 26. 3. 2009 – Az.: 1/SVK/005–08; VK Südbayern, B. v. 3. 4. 2009 – Az.: Z3-3-3194-1-49–12/08; B. v. 18. 6. 2007 – Az.: Z3-3-3194-1-22–05/07).

Ebenso schließt **Art. 18 der Richtlinie 2004/17 deren Geltung für Dienstleistungskonzessionen aus**, die von Auftraggebern, die eine oder mehrere Tätigkeiten gemäß den Art. 3 bis 7 dieser Richtlinie ausüben, zum Zweck der Durchführung dieser Tätigkeiten vergeben werden (EuGH, Urteil v. 15. 10. 2009 – Az.: C-196/08).

In **§ 99 Abs. 1 GWB n. F. sind die in Frage kommenden Arten öffentlicher Aufträge abschließend genannt**, darunter die Baukonzession, aber **nicht die Dienstleistungskonzession**. Daraus ist zu schließen, dass die Erteilung einer Dienstleistungskonzession **nicht als öffentlicher Auftrag im Sinne des Vergaberechts anzusehen** ist (OLG Düsseldorf, B. v. 21. 7. 2010 – Az.: VII-Verg 19/10; VK Münster, B. v. 7. 9. 2010 – Az.: VK 6/10).

8.10.9.7 Nachprüfbarkeit von Dienstleistungskonzessionen

Der EuGH verlangt auch für den Abschluss von Dienstleistungskonzessionsverträgen, dass die **Grundregeln des EG-Vertrags (jetzt Vertrag über die Arbeitsweise der Europäischen Union) im allgemeinen und das Verbot der Diskriminierung aus Gründen der Staatsangehörigkeit im besonderen zu beachten** sind und dass die **Nachprüfung ermöglicht wird**, ob die Vergabeverfahren unparteiisch durchgeführt wurden (EuGH, Urteil v. 13. 4. 2010 – Az.: C-91/08; Urteil v. 15. 10. 2009 – Az.: C-196/08; Urteil v. 10. 9. 2009 – Az.: C-206/08; Urteil v. 10. 9. 2009 – Az.: C-573/07; Urteil v. 13. 11. 2008 – Az.: C-324/07; Urteil v. 6. 4. 2006 – Az.: C-410/04; Urteil v. 13. 10. 2005 – Az.: C-458/03; Urteil v. 21. 7. 2005 – Az.: C-231/03; OLG Düsseldorf, B. v. 10. 5. 2006 – Az.: VII – Verg 12/06; OLG München, B. v. 2. 7.

Teil 1 GWB § 99 Gesetz gegen Wettbewerbsbeschränkungen

2009 – Az.: Verg 5/09; VG Köln, Urteil v. 16. 10. 2008 – Az.: 1 K 4507/08; VG Münster, B. v. 9. 3. 2007 – Az.: 1 L 64/07; VK Brandenburg, B. v. 27. 5. 2009 – Az.: VK 21/09; B. v. 28. 3. 2008 – Az.: VK 6/08; VK Nordbayern, B. v. 2. 8. 2006 – Az.: 21.VK – 3194 – 22/06; 1. VK Sachsen, B. v. 13. 8. 2009 – Az.: 1/SVK/034-09, 1/SVK/034-09G; VK Südbayern, B. v. 3. 4. 2009 – Az.: Z3-3-3194-1-49–12/08; B. v. 18. 6. 2007 – Az.: Z3-3-3194-1-22–05/07).

1860 Der **Grundsatz der Gleichbehandlung und das Verbot der Diskriminierung** aus Gründen der Staatsangehörigkeit **schließen insbesondere eine Verpflichtung zur Transparenz ein,** damit die konzessionserteilende öffentliche Stelle feststellen kann, ob sie beachtet worden sind. Diese der genannten Stelle obliegende Transparenzpflicht besteht darin, dass zugunsten der potenziellen Bieter ein angemessener Grad von Öffentlichkeit sicherzustellen ist, der die Dienstleistungskonzession dem Wettbewerb öffnet und die Nachprüfung ermöglicht, ob die Vergabeverfahren unparteiisch durchgeführt worden sind. **Grundsätzlich entspricht das völlige Fehlen einer Ausschreibung im Fall der Vergabe einer öffentlichen Dienstleistungskonzession weder den Anforderungen der Artikel 43 EG (jetzt Art. 49 AEUV) und 49 EG (jetzt Art. 56 AEUV) noch den Grundsätzen der Gleichbehandlung, der Nichtdiskriminierung und der Transparenz.** Aus Artikel 86 Absatz 1 EG (jetzt Art. 106 AEUV) folgt außerdem, dass die Mitgliedstaaten keine nationalen Rechtsvorschriften fortgelten lassen dürfen, die die Vergabe öffentlicher Dienstleistungskonzessionen ohne Ausschreibung ermöglichen, da eine solche Vergabe gegen die Artikel 43 EG (jetzt Art. 49 AEUV) oder 49 EG (jetzt Art. 56 AEUV) oder gegen die Grundsätze der Gleichbehandlung, der Nichtdiskriminierung und der Transparenz verstößt (EuGH, Urteil v. 13. 4. 2010 – Az.: C-91/08; Urteil v. 15. 10. 2009 – Az.: C-196/08; Urteil v. 6. 4. 2006 – Az.: C-410/04; Urteil v. 21. 7. 2005 – Az.: C-231/03; OLG München, B. v. 2. 7. 2009 – Az.: Verg 5/09; VG Köln, Urteil v. 16. 10. 2008 – Az.: 1 K 4507/08; VG Münster, B. v. 9. 3. 2007 – Az.: 1 L 64/07).

1861 Vgl. zur **Anwendung dieser Rechtsprechung auch auf grundsätzlich alle Aufträge unterhalb der Schwellenwerte** die Kommentierung zu → § 100 GWB Rdn. 39 ff.

1862 Der Anwendung dieser gemeinschaftsrechtlichen Grundsätze steht nicht entgegen, dass z. B. alle Beteiligten ihren Sitz bzw. Wohnsitz in der Bundesrepublik Deutschland haben, es sich also um eine rein nationale Streitsituation handelt. Allein hierdurch ist der für die Anwendbarkeit des Gemeinschaftsrechts erforderliche grenzüberschreitende Bezug nicht ausgeschlossen. Vielmehr weist ein **Streit um die Vergabe einer Dienstleistungskonzession schon dann einen grenzüberschreitenden Bezug auf, wenn es sich nicht ausschließen lässt, dass auch in anderen Mitgliedstaaten ansässige Unternehmen an der Erbringung der betreffenden Dienstleistung interessiert sind.** Dabei ist diese Binnenmarktrelevanz im Hinblick auf Dienstleistungskonzessionen zwar zu verneinen, wenn **wegen besonderer Umstände wie beispielsweise einer sehr geringen wirtschaftlichen Bedeutung vernünftigerweise angenommen** werden kann, dass ein Unternehmen, das in einem anderen Mitgliedsstaat niedergelassen ist, **kein Interesse an der in Rede stehenden Konzession hat** und die Auswirkungen auf die betreffenden Grundfreiheiten daher zu zufällig und zu mittelbar sind, als dass auf eine Verletzung dieser Freiheiten geschlossen werden könnte (VG Münster, B. v. 9. 3. 2007 – Az.: 1 L 64/07).

1863 Die Art. 12 EG (jetzt Art. 25 AEUV), 43 EG (jetzt Art. 49 AEUV) und 49 EG (jetzt Art. 56 AEUV) sowie die allgemeinen Grundsätze, deren spezielle Ausprägung sie darstellen, **kommen jedoch dann nicht zur Anwendung, wenn die konzessionserteilende öffentliche Stelle über die konzessionsnehmende Einrichtung eine Kontrolle ausübt wie über ihre eigenen Dienststellen und zugleich diese Einrichtung ihre Tätigkeit im Wesentlichen für die Stelle oder die Stellen verrichtet, die ihre Anteile innehat** bzw. innehaben. Der EuGH überträgt damit seine **Rechtsprechung zur Inhouse-Vergabe auch auf die Erteilung einer Dienstleistungskonzession** (EuGH, Urteil v. 15. 10. 2009 – Az.: C-196/08; Urteil v. 13. 11. 2008 – Az.: C-324/07).

1864 Für die Überprüfung der Einhaltung solcher gemeinschaftsrechtlicher Vorgaben außerhalb des Anwendungsbereichs der Vergaberichtlinien ist im innerstaatlichen Recht mangels Anwendbarkeit der §§ 97 ff. GWB **der spezielle Rechtsschutzweg zu den Vergabenachprüfungsinstanzen nicht eröffnet** (OLG Düsseldorf, B. v. 10. 5. 2006 – Az.: VII – Verg 12/06; Thüringer OLG, B. v. 11. 12. 2009 – Az.: 9 Verg 2/08; B. v. 8. 5. 2008 – Az.: 9 Verg 2/08; BayObLG, B. v. 9. 7. 2003 – Az.: Verg 7/03; VG Köln, Urteil v. 16. 10. 2008 – Az.: 1 K 4507/08; VG Münster, B. v. 9. 3. 2007 – Az.: 1 L 64/07; VK Brandenburg, B. v. 27. 5. 2009 – Az.: VK 21/09; B. v. 28. 3. 2008 – Az.: VK 6/08; VK Nordbayern, B. v. 2. 8. 2006 – Az.: 21.VK – 3194 – 22/06; 1. VK Sachsen, B. v. 13. 8. 2009 – Az.: 1/SVK/034-09, 1/SVK/034-09G; VK Südbayern, B. v. 18. 6. 2007 – Az.: Z3-3-3194-1-22–05/07). Soweit das deutsche Recht keinen Primärrechtsschutz bietet, **genügt der bestehende Sekundärrechtsschutz den Anforderungen** (OLG Düsseldorf, B. v. 10. 5. 2006 – Az.: VII – Verg 12/06). Eine – analoge – Informationspflicht nach § 101a GWB besteht nicht (BayObLG, B. v. 11. 12. 2001 – Az.: Verg 15/01).

Ob für den Sekundärrechtsschutz (oder auch einen Primärrechtsschutz) der **Rechtsweg zu den Zivilgerichten** (so OLG Brandenburg, B. v. 13. 7. 2001 – Az.: Verg 3/01; BayObLG, B. v. 11. 12. 2001, – Az.: Verg 15/01) **oder den Verwaltungsgerichten** (OVG Nordrhein-Westfalen, B. v. 4. 5. 2006 – Az.: 15 E 453/06; VG Köln, Urteil v. 16. 10. 2008 – Az.: 1 K 4507/08; VG Münster, B. v. 9. 3. 2007 – Az.: 1 L 64/07; BayObLG, B. v. 9. 7. 2003, Az.: Verg 7/03; im Ergebnis auch Burgi, Die Vergabe von Dienstleistungskonzessionen: Verfahren, Vergabekriterien, Rechtsschutz; in Tagungsband 6 der Düsseldorfer Vergaberechtstage vom 23. Juni 2005, MWME NW) eröffnet ist, hat das OLG Düsseldorf offen gelassen (OLG Düsseldorf, B. v. 10. 5. 2006 – Az.: VII – Verg 12/06). 1865

Nach Auffassung des VG Münster ist das **subjektive Recht eines Bieters auf Einhaltung des bei der Vergabe zu beachtenden Transparenzgebots durch den Erlass einer einstweiligen Anordnung nach § 123 Abs. 1 Satz 1 VwGO zu sichern**. Nach der Rechtsprechung des Gerichtshofs der Europäischen Gemeinschaften muss der einzelne Bieter einen effektiven gerichtlichen Schutz der Rechte in Anspruch nehmen können, die sich aus der Gemeinschaftsrechtsordnung herleiten. Um dies zu gewährleisten, sind die nationalen Verfahrensvorschriften über die Einlegung von Rechtsbehelfen möglichst so auszulegen und anzuwenden, dass natürliche und juristische Personen die Rechtmäßigkeit jeder nationalen Entscheidung oder anderen Maßnahme, mit der eine Gemeinschaftshandlung allgemeiner Geltung auf sie angewandt wird, gerichtlich anfechten können und sich dabei auf die Ungültigkeit dieser Handlung berufen können. Aus diesem Gebot eines effektiven Rechtsschutzes folgt dann, **zu Gunsten eines an der Erteilung einer Dienstleistungskonzession Interessierten ein im Wege des Primärrechtsschutzes durchsetzbarer Anspruch auf eine vorläufige Sicherung seiner Rechte anzuerkennen** ist. Der potenzielle Bieter muss im Hinblick auf das Transparenzgebot durchsetzen können, dass sein subjektives Recht, vor der Vergabe einer Dienstleistungskonzession Zugang zu angemessenen Informationen über die Konzession zu erhalten, um gegebenenfalls sein Interesse an der Erteilung der Konzession bekunden zu können, Beachtung findet, indem ein den hierfür geltenden gemeinschaftsrechtlichen Grundsätzen entsprechendes Vergabeverfahrens durchgeführt wird. Ein solches Verfahren ist die Voraussetzung dafür, dass die sich dabei ergebenden subjektiven Rechte effektiv wahrgenommen werden können. Daher **führt erst der Anspruch auf Einleitung eines geregelten Vergabeverfahrens zu dem umfassenden Rechtsschutz, der nach den genannten europarechtlichen Vorgaben notwendig ist** (VG Münster, B. v. 9. 3. 2007 – Az.: 1 L 64/07). 1866

Ob bei der **Vergabe von Rettungsdienstleistungen in Bayern eine Sonderzuweisung** gemäß § 104 und § 116 des Gesetzes gegen Wettbewerbsbeschränkungen – GWB – vorliegt, ist derzeit nicht geklärt. Da somit eine **eindeutige Zuweisung zu den ordentlichen Gerichten nicht bejaht werden kann, bleibt es bei der grundsätzlichen Eröffnung des Verwaltungsrechtswegs** (VG Regensburg, B. v. 9. 12. 2009 – Az.: RN 4 E 09.2360; B. v. 30. 9. 2009 – Az.: Az. RN 4 E 09.1503). **Vgl. zum einstweiligen Rechtsschutz** insoweit auch die Kommentierung zu → § 102 GWB Rdn. 126. 1867

8.10.9.8 Missbräuchliche Nutzung des Instruments der Dienstleistungskonzession?

In einer **beabsichtigten Änderung der Vertragsgestaltung – weg vom Dienstleistungsauftrag und hin zur Dienstleistungskonzession – ist keine unzulässige Umgehung vergaberechtlicher Regelungen** zu sehen. Vielmehr macht der Auftraggeber lediglich von seinem Wahlrecht Gebrauch, z.B. die Essensversorgung von Kindertagesstätten rechtlich anders zu gestalten. Er verhält sich nicht anders als andere öffentliche Auftraggeber, die sich einer Dienstleistungskonzession bedienen. Denn es wird durchweg davon auszugehen sein, dass eine Dienstleistungskonzession nicht die alleinige rechtliche Möglichkeit darstellt, die Leistung zu erlangen. Es wird immer auch die Möglichkeit bestehen, stattdessen einen Dienstleistungsauftrag abzuschließen (OLG Dresden, B. v. 8. 10. 2009 – Az.: WVerg 0005/09). 1868

Diese **Gestaltungsfreiheit hat der öffentliche Auftraggeber auch bei der Abwägung, ob er erstmals** einen **Dienstleistungsauftrag ausschreibt** oder den **Weg der Dienstleistungskonzession einschlägt** (Thüringer OLG, B. v. 11. 12. 2009 – Az.: 9 Verg 2/08). 1869

8.10.9.9 Konsequenzen einer wesentlichen Änderung des Inhalts einer Dienstleistungskonzession

1870 Um die Transparenz der Verfahren und die Gleichbehandlung der Bieter sicherzustellen, **könnten wesentliche Änderungen der wesentlichen Bestimmungen eines Dienstleistungskonzessionsvertrags in bestimmten Fällen die Vergabe eines neuen Konzessionsvertrags erfordern**, wenn sie wesentlich andere Merkmale aufweisen als der ursprüngliche Konzessionsvertrag und damit den Willen der Parteien zur Neuverhandlung wesentlicher Bestimmungen dieses Vertrags erkennen lassen. Die Änderung eines Dienstleistungskonzessionsvertrags während seiner Laufzeit **kann als wesentlich angesehen werden, wenn sie Bedingungen einführt, die die Zulassung anderer als der ursprünglich zugelassenen Bieter oder die Annahme eines anderen als des ursprünglich angenommenen Angebots erlaubt hätten, wenn sie Gegenstand des ursprünglichen Vergabeverfahrens gewesen wären. Ein Wechsel des Nachunternehmers kann**, auch wenn diese Möglichkeit im Vertrag vorgesehen ist, **in Ausnahmefällen eine solche Änderung eines wesentlichen Bestandteile des Konzessionsvertrags darstellen**, wenn die Heranziehung eines Nachunternehmers anstelle eines anderen unter Berücksichtigung der besonderen Merkmale der betreffenden Leistung ein ausschlaggebendes Element für den Abschluss des Vertrags war (EuGH, Urteil v. 13. 4. 2010 – Az.: C-91/08).

1871 Liegt eine **Änderung eines der wesentlichen Bestandteile des Konzessionsvertrags vor**, müssten nach Maßgabe des innerstaatlichen Rechts des betroffenen Mitgliedstaats **alle zur Wiederherstellung der Transparenz des Verfahrens erforderlichen Maßnahmen, zu denen auch ein neues Vergabeverfahren gehört, gewährt werden**. Gegebenenfalls muss das neue Vergabeverfahren nach Modalitäten durchgeführt werden, die den Besonderheiten der betreffenden Dienstleistungskonzession angepasst sind, und **ermöglichen, dass ein im Gebiet eines anderen Mitgliedstaats ansässiges Unternehmen vor Vergabe der Konzession Zugang zu den diese betreffenden angemessenen Informationen erhält** (EuGH, Urteil v. 13. 4. 2010 – Az.: C-91/08).

1872 Vgl. dazu auch **die vergleichbare Rechtsprechung des EuGH zu einer wesentlichen Änderung eines öffentlichen Auftrags** → Rdn. 405.

1873 Schließt ein **konzessioniertes Unternehmen einen Vertrag über Dienstleistungen**, die vom Geltungsbereich der ihm von einer Gebietskörperschaft erteilten Konzession erfasst werden, besteht die aus den Art. 43 EG (jetzt Art. 49 AEUV) und 49 EG (jetzt Art. 56 AEUV) sowie dem Grundsatz der Gleichbehandlung und dem Verbot der Diskriminierung aus Gründen der Staatsangehörigkeit **fließende Transparenzpflicht nicht, sofern dieses Unternehmen**

- von dieser Gebietskörperschaft zum Zweck der Abfallentsorgung und Stadtreinigung gegründet wurde, **aber auch auf dem Markt tätig** ist,
- zu 51% dieser Gebietskörperschaft gehört, **Gesellschafterbeschlüsse jedoch nur mit einer Mehrheit von drei Vierteln der Stimmen seiner Gesellschafterversammlung** gefasst werden können,
- einen **Aufsichtsrat** hat, dessen Mitglieder einschließlich seines Vorsitzenden **nur zu einem Viertel von dieser Gebietskörperschaft bestellt** werden, und
- mehr als die Hälfte seiner Umsätze aus gegenseitigen Verträgen über die **Abfallentsorgung und Straßenreinigung im Gebiet dieser Körperschaft erzielt**, wobei sich diese hierfür über kommunale Abgaben ihrer Bürger refinanziert

(EuGH, Urteil v. 13. 4. 2010 – Az.: C-91/08).

1874 Hierbei ist es in Ermangelung einer Unionsregelung **Sache des innerstaatlichen Rechts der einzelnen Mitgliedstaaten, die Rechtsschutzmöglichkeiten zu bestimmen, die den Schutz der dem Bürger aus dem Unionsrecht erwachsenden Rechte gewährleisten sollen** (EuGH, Urteil v. 30. 9. 2010 – Az.: C-314/09). Diese **Rechtsschutzmöglichkeiten dürfen nicht weniger günstig ausgestaltet sein als die entsprechenden innerstaatlichen Rechtsschutzmöglichkeiten** (Grundsatz der Gleichwertigkeit) und die **Ausübung der durch die Unionsrechtsordnung verliehenen Rechte nicht praktisch unmöglich machen oder übermäßig erschweren** (Grundsatz der Effektivität) (EuGH, Urteil v. 30. 9. 2010 – Az.: C-314/09; Urteil v. 6. 5. 2010 – Az.: C-145/08 und C-149/08; Urteil v. 13. 4. 2010 – Az.: C-91/08). Daraus folgt, dass der Grundsatz der Gleichbehandlung und das Verbot der Diskriminierung aus Gründen der Staatsangehörigkeit, die in den Art. 43 EG (jetzt Art. 49 AEUV) und 49 EG (jetzt Art. 56 AEUV) verankert sind, sowie die daraus fließende Transparenzpflicht nicht in allen Fällen, in denen behauptet wird, dass diese Pflicht bei der Vergabe von Dienstleistungskonzessionen verletzt worden sei, die nationalen Behörden zur Kündigung eines Vertrags und die nationalen Gerichte zu einer Unterlassungsanordnung verpflichten. Es ist Sache des innerstaatlichen Rechts, die Rechtsschutzmöglichkeiten, die den Schutz der dem Bürger aus dieser Pflicht erwachsenden Rechte gewährleisten sollen, so zu regeln, dass sie nicht weniger günstig ausgestaltet sind als die entsprechenden innerstaatlichen Rechtsschutzmöglichkeiten und die Ausübung dieser Rechte nicht praktisch unmöglich machen oder übermäßig erschweren (EuGH, Urteil v. 13. 4. 2010 – Az.: C-91/08).

8.10.9.10 Mitteilung der Kommission im Bereich Konzessionen im Gemeinschaftsrecht

Die Kommission der Europäischen Gemeinschaften hat eine umfangreiche Mitteilung zu Auslegungsfragen im Bereich Konzessionen im Gemeinschaftsrecht veröffentlicht (12. 4. 2000). **1875**

8.10.9.11 Literatur zu Dienstleistungskonzessionen

– Burgi, Martin, Die Dienstleistungskonzession ersten Grades, Baden-Baden, 2004 **1876**

– Burgi, Martin, Die Vergabe von Dienstleistungskonzessionen: Verfahren, Vergabekriterien, Rechtsschutz, NZBau 2005, 610

– Götte, Bertolt/Heilshorn, Torsten, Die Vergabe kommunaler Konzessionen – Am Beispiel gemeindlicher Werbenutzungsverträge, BWGZ 2005, 857

– Hattig, Oliver/Ruhland, Bettina, Die Rechtsfigur der Dienstleistungskonzession, NZBau 2005, 626

– Hausmann, Friedrich, Ausschreibung von Dienstleistungskonzessionen – Chancen und Risiken –, VergabeR 2007, 325

– Hövelberndt, Andreas, Übernahme eines wirtschaftlichen Risikos als Voraussetzung der Dienstleistungskonzession, NZBau 2010, 599

– Jennert, Carsten, Das Urteil „Parking Brixen": Übernahme des Betriebsrisikos als rechtssicheres Abgrenzungsmerkmal für die Dienstleistungskonzession?, NZBau 2005, 623

– Jennert, Carsten, Der Begriff der Dienstleistungskonzession im Gemeinschaftsrecht – Zugleich ein Beitrag zum Entgeltlichkeitsbegriff des Dienstleistungsauftrags, NZBau 2005, 131

– Jennert, Carsten, Sind Konzessionsverträge in der Wasserversorgung auch Dienstleistungskonzessionen im Sinne des europäischen Vergaberechts?, N&R 2004, 108

– Kerkmann, Anja, Die Übertragung der Pflicht zur Beseitigung von tierischen Nebenprodukten nach § 3 Abs. 2 TierNebG – ein vergaberechtliches Problem?, VergabeR 2010, 181

– Knopp, Lothar, Papierverwertung via „Dienstleistungskonzession", DÖV 2004, 604

– Losch, Alexandra, Die Konzession im Lichte der Rechtsprechung – ein stetiger Wandel, VergabeR 2010, 163

– Pape, Dieter/Holz, Henning, Anschlusszwang und Risiko – Das Wagnis Dienstleistungskonzession, Behörden Spiegel Juli 2008, 22

– Ruhland, Bettina, Die Dienstleistungskonzession – Begriff, Standort und Rechtsrahmen der Vergabe, Nomos Verlagsgesellschaft, 2006

– Sitsen, Michael, Die Dienstleistungskonzession – ein Auslaufmodell?, InfrastrukturRecht 2009, 223

– Vavra, Maria, Die Vergabe von Dienstleistungskonzessionen, VergabeR 2010, 351

8.10.10 Literatur

– Brünner, Frank, Ausschreibungspflicht für soziale Dienstleistungen? – Die Anwendbarkeit des Vergaberechts auf Verträge über die Erbringung von Sozialleistungen aus nationaler und europäischer Sicht, ArchsozArb 2005, 70 **1877**

– Broß, Siegfried, Das europäische Vergaberecht in der Daseinsvorsorge – Bilanz und Ausblick, NZBau 2004, 465

– Grün, Anselm/Ostendorf, Patrick, Ausschreibung von Zustellungsaufträgen und postrechtliche Entgeltregulierung, N & R 2005, 144

Teil 1 GWB § 99 Gesetz gegen Wettbewerbsbeschränkungen

- Jasper, Ute/Recke, Barbara, Ausschreibungspflicht sozialer Dienstleistungen – Kostendruck versus Qualität?, Kirche und Recht 2010, 105
- Kalbe, Peter, Der Europäische Gerichtshof zieht die Grenzen einer freihändigen Vergabe von Dienstleistungsaufträgen enger, EWS 2005, 116
- Koenig, Christian/Hentschel, Kristin, Die Auswahl des Insolvenzverwalters – nationale und EG-vergaberechtliche Vorgaben, ZIP 2005, 1937
- Neumann, Volker/Nielandt, Dörte/Philipp, Albrecht, Erbringung von Sozialleistungen nach Vergaberecht?, Baden-Baden, 2004
- Radke, Holger/Hilgert, Bocholt/Mardorf, Dominik, Die Beschaffung von juristischen Datenbanken als Vergabeproblem, NVwZ 2008, 1070
- Willenbruch, Klaus/Bischoff, Kristina, Private Landeskrankenhäuser? – Vergabe- und verfassungsrechtliche Fragestellungen, Behörden Spiegel März 2006, 20

8.11 Auslobungsverfahren (§ 99 Abs. 5)

8.11.1 Änderungen durch das Vergaberechtsmodernisierungsgesetz 2009

1878 Eine **Änderung** des § 99 Abs. 5 **erfolgte** durch das Vergaberechtsmodernisierungsgesetz 2009 **nicht**.

8.11.2 Allgemeines

1879 Auslobungsverfahren sollen dem Auftraggeber auf Grund vergleichender Beurteilung durch ein Preisgericht mit oder ohne Verteilung von Preisen zu einem Plan verhelfen. Die **praktisch wichtigsten Beispiele sind Planungswettbewerbe auf dem Gebiet der Raumplanung, des Städtebaus und des Bauwesens** (vgl. insoweit die Kommentierung zu § 15 ff. VOF) sowie **Auslobungen im IT-Bereich**.

8.11.3 Kooperative Workshopverfahren

1880 Beabsichtigt ein öffentlicher Auftraggeber, sich aufgrund vergleichender Beurteilung durch ein Preisgericht zu einem Plan verhelfen zu lassen, **trifft dies auch auf ein „Kooperatives Workshopverfahren", das nach den Maßstäben des § 15 VOF durchgeführt wird, ebenfalls zu**. Die für das Kooperative Workshopverfahren installierte **„Empfehlungskommission" ist ein Preisgericht** im Sinne § 99 Abs. 1, 5 GWB. Die Benennung kann hierfür nicht entscheidend sein, sondern die Funktion, für den Auftraggeber eine vergleichende Beurteilung vorzunehmen. Eine solche Funktion soll die Empfehlungskommission wahrnehmen. Das **Kooperative Workshopverfahren** seinerseits soll sich nach dem ebenfalls den Teilnehmern mitgeteilten Willen nicht im Ankauf der Rechte an der in diesem Verfahren selbst bereits erbrachten Planungsleistung erschöpfen, sondern **zielt darauf ab, eine weitere Beauftragung eines oder mehrerer Teilnehmer vorzubereiten**. Es ist überdies **auch kein weiterer Wettbewerb um die nachfolgenden Planungsleistungen beabsichtigt**, sondern die Empfehlung soll im Falle des positiven Vorliegens aller Voraussetzungen in einen anschließenden Auftrag münden. Es ist das einzige Verfahren, an dem sich interessierte Planer überhaupt beteiligen können; nach einer ausgesprochenen Empfehlung und der Entscheidung zur Realisierung können keine weiteren Interessenten Berücksichtigung finden (VK Düsseldorf, B. v. 13. 10. 2005 – Az.: VK – 23/2005 – F).

8.12 Baukonzessionen (§ 99 Abs. 6)

8.12.1 Änderungen durch das Vergaberechtsmodernisierungsgesetz 2009

1881 Nachdem § 99 Abs. 1 GWB um den Begriff der Baukonzession ergänzt wurde, ist **folgerichtig in § 99 Abs. 6 GWB auch eine Definition der Baukonzession aufgenommen** worden. Nach der Gesetzesbegründung wurde zur Klarstellung die **Definition der Baukonzession in § 98 Nr. 6 gestrichen** und als regelgerechte Definition – und nicht in der indirekten Formulierung wie bisher – in § 99 Abs. 6 aufgenommen. Die Formulierung bleibt damit im Wesentlichen unverändert, so wie sie auch Artikel 1 Absatz 3 Richtlinie 2004/18/EG entspricht.

1882 Inhaltlich hat der Gesetzgeber klarstellend bestimmt, dass bei einer Baukonzession **das Nutzungsrecht befristet** ist. Hierdurch soll nach der Gesetzesbegründung verdeutlicht werden, dass das **Konzessionsverhältnis ein Rechtsverhältnis darstellt, das auf eine gewissen Zeitdauer ausgelegt** ist. Grund für diese Klarstellung ist ebenfalls die Rechtsprechung des OLG Düsseldorf zur Ausschreibungspflicht städtebaulicher Verträge. Neben dem Bauauftragsbegriff stellt auch der „weite Baukonzessionsbegriff" eine wichtige Grundlage der Entscheidungen des OLG Düsseldorf dar. Nach dessen Auslegung soll auch die Veräußerung vom Baukonzessionsbegriff mit umfasst sein. **Wesenstypisch für das Institut der Baukonzession ist aber die Übertragung eines Rechts, das dem Konzessionsgeber zusteht, für einen bestimmten Zeitraum.** Es handelt sich um ein Vertragsverhältnis, in dessen Verlauf der Konzessionsnehmer von seinem Nutzungsrecht Gebrauch macht. Die **Veräußerung gehört damit nicht zur Rechtsfigur der Konzession.**

Diese **Einschränkung ist mit dem europäischen Vergaberecht vereinbar** (EuGH, Urteil v. 25. 3. 2010 – Az.: C-451/08). 1883

Damit ein öffentlicher Auftraggeber seinem Vertragspartner das Recht auf Nutzung eines Bauwerks im Sinne einer Baukonzession übertragen kann, muss er über die Nutzung des entsprechenden Bauwerks verfügen können. Daran fehlt es in der Regel, wenn das Nutzungsrecht allein im Eigentumsrecht des entsprechenden 1884

Wirtschaftsteilnehmers verwurzelt ist. Der Eigentümer eines Grundstücks ist nämlich berechtigt, dieses unter Beachtung der anwendbaren Rechtsvorschriften zu nutzen. Solange ein Wirtschaftsteilnehmer über das Recht auf Nutzung eines Grundstücks verfügt, das in seinem Eigentum steht, kann eine Behörde grundsätzlich keine Konzession über diese Nutzung erteilen. Außerdem ist darauf hinzuweisen, dass das Wesen der Konzession darin besteht, dass das Betriebsrisiko in erster Linie oder jedenfalls in erheblichen Umfang vom Konzessionsnehmer selbst getragen wird. Deshalb ist **eine öffentliche Baukonzession im Sinne von Art. 1 Abs. 3 der Richtlinie 2004/18 abzulehnen, wenn der einzige Wirtschaftsteilnehmer, dem die Konzession erteilt werden kann, bereits Eigentümer des Grundstücks ist, auf dem das Bauwerk errichtet werden soll, oder wenn die Konzession unbefristet erteilt worden ist** (EuGH, Urteil v. 25. 3. 2010 – Az.: C-451/08).

Für die **Vergabe von Baukonzessionen durch Sektorenauftraggeber** ist der **neue § 100 Abs. 2 lit. s) GWB** zu beachten, wonach **Baukonzessionen zur Durchführung von Sektorentätigkeiten nicht ausschreibungspflichtig** sind. 1885

8.12.2 Begriff der Baukonzession

Öffentliche Baukonzessionen sind Verträge, die von den Verträgen über öffentliche Bauaufträge nur insoweit abweichen, als die Gegenleistung für die Arbeiten ausschließlich in dem Recht zur Nutzung des Bauwerks oder in diesem Recht zuzüglich der Zahlung eines Preises besteht (EuGH, Urteil v. 22. 4. 2010 – Az.: C-423/07). 1886

8.12.3 Einbeziehung in das Vergaberecht

Auch bisher hat die **Rechtsprechung den Baukonzessionsvertrag als öffentlichen Auftrag nach § 99 GWB angesehen.** Insoweit kann die ältere Rechtsprechung vom Inhalt her weiter verwendet werden. 1887

Der Baukonzessionsvertrag stellt einen Bauauftrag im Sinne des § 99 Abs. 3 GWB dar. Zwar ist in § 99 Abs. 3 GWB – anders als in der Baukoordinierungsrichtlinie – der Baukonzessionsvertrag nicht ausdrücklich erwähnt. § 99 Abs. 3 GWB ist aber **richtlinienkonform** dahin auszulegen, dass **auch Baukonzessionsverträge mit umfasst** sind (OLG Bremen, B. v. 13. 3. 2008 – Az.: Verg 5/07; OLG Düsseldorf, B. v. 6. 2. 2008 – Az.: VII – Verg 37/67; B. v. 13. 6. 2007 – Az.: VII – Verg 2/07). Nach Art. 1 lit. d BKR sind nämlich öffentliche Baukonzessionen nur eine besondere Art von Bauaufträgen, bei denen die Gegenleistung (= Entgelt) für die Arbeiten ausschließlich in dem Recht zur Nutzung oder in diesem Recht zuzüglich der Zahlung eines Preises besteht. (OLG Brandenburg, B. v. 3. 8. 1999 – Az.: 6 Verg 1/99; BayObLG, B. v. 11. 12. 2001 – Az.: Verg 15/01; VK Südbayern, B. v. 21. 8. 2000 – Az.: 120.3–3194.1–14-07/00). 1888

8.12.4 Rechtsprechung bis zur Änderung durch das Vergaberechtsmodernisierungsgesetz 2009

8.12.4.1 Begriff der Baukonzession

Baukonzessionen sind Verträge über die Erbringung von Bauleistungen, bei dem der Konzessionsgeber als Gegenleistung für die Bauarbeiten des Baukonzessionärs die- 1889 sem statt einer Vergütung ein Recht auf Nutzung der baulichen Anlage, gegebenenfalls zuzüglich der Zahlung eines Preises, einräumt (OLG Düsseldorf, B. v. 2. 10. 2008 – Az.: VII – Verg 25/08; VK Baden-Württemberg, B. v. 15. 8. 2008 – Az.: 1 VK 27/08; VK Niedersachsen, B. v. vom 16. 10. 2008 – Az.: VgK-30/2008).

1890   Eine **Baukonzession unterscheidet sich von einem Bauauftrag nur insoweit**, als die Gegenleistung für die Bauarbeiten statt in einer Vergütung in dem Recht auf Nutzung der baulichen Anlage, gegebenenfalls zuzüglich der Zahlung eines Preises, besteht (VK Baden-Württemberg, B. v. 13. 11. 2008 – Az.: 1 VK 45/08; B. v. 15. 8. 2008 – Az.: 1 VK 27/08).

1891   **Kennzeichen auch einer Baukonzession** ist, dass sie die Übertragung eines Rechts zur Verwertung einer bestimmten Leistung umfasst und dass der **Konzessionär – ganz oder zum überwiegenden Teil – das wirtschaftliche Nutzungsrisiko trägt** (OLG Düsseldorf, B. v. 6. 2. 2008 – Az.: VII – Verg 37/07; B. v. 12. 12. 2007 – Az.: VII – Verg 30/07; B. v. 26. 7. 2002 – Az.: Verg 22/02; OLG Karlsruhe, B. v. 13. 6. 2008 – Az.: 15 Verg 3/08; VK Arnsberg, B. v. 27. 10. 2003 – Az.: VK 2–22/2003; VK Lüneburg, B. v. 12. 11. 2003 – Az.: 203-VgK-27/2003; VK Niedersachsen, B. v. vom 16. 10. 2008 – Az.: VgK-30/2008). Die Übertragung des Nutzungsrechts hat **entgeltersetzenden Charakter** (OLG Düsseldorf, B. v. 2. 10. 2008 – Az.: VII – Verg 25/08). **Nicht notwendig** ist es, dass der **Auftraggeber keinerlei Nutzungsrisiko trägt** (VK Lüneburg, B. v. 14. 1. 2002 – Az.: 203-VgK-22/2001).

8.12.4.2 Beschaffungsbezug

1892   Ebenso wie insbesondere bei der dritten Alternative des Bauauftrags **stellt sich auch bei der Baukonzession die Frage nach dem notwendigen Umfang des Beschaffungsbezugs.** Vgl. insoweit die Kommentierung → Rdn. 148.

8.12.4.3 Möglicher Inhalt der Ausübung des Nutzungsrechts

1893   Das **Nutzungsrecht kann ausgeübt** werden durch **Selbstnutzung des errichteten Bauwerks oder durch Vermietung, Verpachtung oder Veräußerung an Dritte** (OLG Düsseldorf, B. v. 2. 10. 2008 – Az.: VII – Verg 25/08).

1894   Der Umstand, dass der **Konzessionär auch Eigentümer der Grundstücke werden soll, entzieht die Baukonzession nicht der Anwendung des Vergaberechts**. Wenn die Annahme eines öffentlichen Bauauftrags nicht davon abhängig gemacht werden darf, dass der öffentliche Auftraggeber Eigentümer des Bauwerks oder eines Teils davon ist oder wird, Eigentümer also auch ein Dritter sein oder werden kann, dann ist es **nicht nur für den Begriff des öffentlichen Bauauftrags, sondern auch für den der Baukonzession vollkommen unerheblich, ob das Bauwerk in das Eigentum des Auftragnehmers übergehen oder der Konzessionär Eigentümer werden soll.** Die **Definition der Baukonzession enthält kein Tatbestandsmerkmal, wonach der Konzessionär kein Eigentum am Bauwerk erwerben darf oder das Eigentum nach Ablauf eines Konzessionszeitraums auf den öffentlichen Auftraggeber übergehen muss.** Soll der Konzessionär Eigentümer werden, kann auch nicht so getan werden, als beruhe seine Befugnis, das Bauwerk zu nutzen und zu verwerten, auf einem von der Erteilung des Bauauftrags völlig unabhängigen Übertragungsakt des öffentlichen Auftraggebers. Die Gegenauffassung verkennt, dass die Eigentümerstellung vom Auftraggeber abgeleitet ist und der Konzessionär mit der Eigentumsübertragung auch erst das Recht zur Nutzung des späteren Bauwerks erhält. Der **Grundstückskaufvertrag und der Bauauftrag hängen zusammen.** Die Verträge sind deshalb auch rechtlich in einer Zusammenschau zu betrachten. **Bei jeder anderen Sichtweise sind unerwünschte Umgehungen des Vergaberechts zu erwarten, die seiner Zielsetzung widersprechen.** Dass ein Konzessionär im Gegenzug einen Kaufpreis an den Konzessionsgeber und Auftraggeber zahlt, rechtfertigt keine andere rechtliche Beurteilung. Denn **es stellt kein gesetzliches Merkmal der Baukonzession dar, dass sie unentgeltlich zu gewähren ist.** Die weiteren Überlegungen, die am Merkmal der Gegenleistung in Art. 1 Abs. 3 der Richtlinie 2004/18/EG und in § 6 Abs. 1 S. 2 VgV anknüpfen und die Ansicht artikulieren, im Fall einer Eigentumsübertragung sei das Nutzungsrecht nicht als Gegenleistung für die Errichtung des Bauwerks zu bewerten, sondern beruhe auf dem dinglichen Eigentumsrecht selbst, **übersieht den zur Änderung der Eigentumslage erforderlichen Übertragungsakt und den rechtlichen Zusammenhang mit dem auf die Herstellung des Bauwerks gerichteten Auftrag**. Das Eigentum wird gerade nicht unabhängig vom Bauauftrag erworben. Davon abgesehen **folgt aus dem Charakter der Baukonzession, dass der öffentliche Auftrag nicht zur Deckung eines eigenen Beschaffungsbedarfs des öffentlichen Auftraggebers erteilt werden muss, im Fall einer Baukonzession**

Gesetz gegen Wettbewerbsbeschränkungen GWB § 99 **Teil 1**

zu diesem Zweck sogar nicht erteilt werden kann. Denn das Bauwerk soll gerade nicht durch den öffentlichen Auftraggeber, sondern durch den Baukonzessionär genutzt werden (OLG Düsseldorf, B. v. 2. 10. 2008 – Az.: VII – Verg 25/08; B. v. 6. 2. 2008 – Az.: VII – Verg 37/07; OLG Karlsruhe, B. v. 13. 6. 2008 – Az.: 15 Verg 3/08; ebenso OLG Bremen, B. v. 13. 3. 2008 – Az.: Verg 5/07).

8.12.5 Mitteilung der Kommission zu Auslegungsfragen im Bereich Konzessionen im Gemeinschaftsrecht

Die Kommission der Europäischen Gemeinschaften hat eine umfangreiche Mitteilung zu Auslegungsfragen im Bereich Konzessionen im Gemeinschaftsrecht veröffentlicht (12. 4. 2000).   **1895**

8.12.6 Ausschreibung und Vergabe von Baukonzessionen

Die Ausschreibung und Vergabe von Baukonzessionen erfolgt nach den §§ 22, 22a VOB/A; vgl. insoweit die entsprechenden Kommentierungen.   **1896**

8.12.7 Literatur

– Horn, Lutz, Vergaberechtliche Rahmenbedingungen bei Verkehrsinfrastrukturprojekten im Fernstraßenbau, ZfBR 2004, 665   **1897**

8.13 Sonderfälle öffentlicher Aufträge

8.13.1 Vergabe von Nachunternehmeraufträgen durch einen öffentlichen Auftraggeber als erfolgreicher Bieter eines anderen Vergabeverfahrens

Wesensmerkmal eines öffentlichen Auftrags ist die **Teilnahme des öffentlichen Auftraggebers am Markt**. Dienen jedoch Verträge gerade nicht dazu, Mittel zu beschaffen, die ein öffentlicher Auftraggeber benötigt, um seinen staatlichen bzw. kommunalen Aufgaben nachkommen zu können, sondern **nimmt ein öffentlicher Auftraggeber an einer Ausschreibung als „normaler Bieter"** und nicht in Ausübung seiner dem Gründungszweck entsprechenden Pflichtaufgaben teil und **vergibt er nach dem „Gewinn" dieser Ausschreibung Nachunternehmeraufträge,** handelt es sich **nicht um einen öffentlichen Auftrag** im Sinne des GWB (VK Südbayern, B. v. 15. 12. 2003 – Az.: 56-11/03).   **1898**

8.13.2 (Kooperations-)Vereinbarungen zwischen Verwaltungen (interkommunale Zusammenarbeit)

8.13.2.1 Die Rechtsprechung des EuGH

Eine öffentliche Stelle kann ihre im allgemeinen Interesse liegenden Aufgaben mit ihren eigenen Mitteln und auch in Zusammenarbeit mit anderen öffentlichen Stellen erfüllen, ohne gezwungen zu sein, sich an externe Einrichtungen zu wenden, die nicht zu ihren Dienststellen gehören. Das Gemeinschaftsrecht schreibt einmal den öffentlichen Stellen für die gemeinsame Wahrnehmung ihrer öffentlichen Aufgaben keine spezielle Rechtsform vor. Zum anderen kann eine solche Zusammenarbeit öffentlicher Stellen das Hauptziel der Gemeinschaftsvorschriften über das öffentliche Auftragswesen – einen freien Dienstleistungsverkehr und die Eröffnung eines unverfälschten Wettbewerbs in allen Mitgliedstaaten – nicht in Frage stellen, solange die Umsetzung dieser Zusammenarbeit nur durch Überlegungen und Erfordernisse bestimmt wird, die mit der Verfolgung von im öffentlichen Interesse liegenden Zielen zusammenhängen, und der Grundsatz der Gleichbehandlung der Interessenten gewährleistet ist, so dass kein privates Unternehmen besser gestellt wird als seine Wettbewerber. Zu prüfen sind bei diesen Fallkonstellationen jedoch eventuelle Hinweise darauf, dass die beteiligten Körperschaften in der vorliegenden Rechtssache eine Gestaltung gewählt haben, mit der das Vergaberecht umgangen werden soll (EuGH, Urteil v. 9. 6. 2009 – Az.: C-480/06). Im **Grundsatz** ist also die **interkommunale Zusammenarbeit vergaberechtsfrei,** sofern im öffentlichen Interesse liegende Ziele verfolgt werden.   **1899**

431

8.13.2.2 Die ältere Rechtsprechung

1900 8.13.2.2.1 Anwendungsbereich. Die **ältere Rechtsprechung gilt nur noch für solche Kooperationsvereinbarungen, die keine im öffentlichen Interesse liegenden Ziele verfolgen.**

1901 8.13.2.2.2 **Allgemeines.** Nach den Definitionen in Artikel 1 Buchstabe a der Richtlinien 93/36 und 93/37 setzt ein öffentlicher Liefer- oder Bauauftrag einen schriftlichen entgeltlichen Vertrag über den Kauf von Waren oder die Ausführung einer bestimmten Art von Arbeiten zwischen einem Lieferanten oder Unternehmer und einem öffentlichen Auftraggeber im Sinne von Artikel 1 Buchstabe b der genannten Richtlinien voraus. Nach Artikel 1 Buchstabe a der Richtlinie 93/36 genügt es grundsätzlich, dass der **Vertrag zwischen einer Gebietskörperschaft und einer rechtlich von dieser verschiedenen Person geschlossen** wird. Etwas anderes kann nur dann gelten, wenn die Gebietskörperschaft über die betreffende Person eine Kontrolle wie über ihre eigenen Dienststellen ausübt und diese Person zugleich im Wesentlichen für die sie kontrollierende Gebietskörperschaft oder Gebietskörperschaften tätig ist. Aufgrund der Übereinstimmung, die zwischen den Definitionsmerkmalen eines Auftrags – abgesehen von dessen Gegenstand – in den Richtlinien 93/36 und 93/37 besteht, ist die im Urteil Teckal des EuGH gefundene Lösung auf die von der Richtlinie 93/37 erfassten Vereinbarungen zwischen Verwaltungen anzuwenden. Eine **Regelung, welche die Beziehungen, gleich welcher Art, zwischen den öffentlichen Verwaltungen, ihren öffentlichen Einrichtungen und ganz allgemein den Einrichtungen des öffentlichen Rechts, die nicht gewerblicher Art sind, von vornherein vom Anwendungsbereich Vergaberechts ausschließt, stellt eine nicht ordnungsgemäße Umsetzung der Richtlinien 93/36 und 93/37 dar** (EuGH, Urteil v. 13. 1. 2005 – Rs. C-84/03).

1902 Diese **Rechtsprechung gilt auch für die neue Vergabekoordinierungsrichtlinie** (Richtlinie 2004/18/EG).

1903 Hierbei spielt es **keine Rolle**, ob eine solche Kooperationsvereinbarung **auf der Gründung** z. B. eines Zweckverbandes oder nur einer schlichten vertraglichen Vereinbarung beruht (OLG Naumburg, B. v. 3. 11. 2005 – Az.: 1 Verg 9/05); vgl. dazu aber die Rechtsprechung u. a. des OLG Düsseldorf → Rdn. 328.

1904 Schließlich stellt auch der **besondere verfassungsrechtliche Schutz (Art. 28 Abs. 2 GG bzw. landesrechtliche Regelungen)**, den die Kommunen genießen, sie nicht über das Gesetz. Interkommunale Verträge, zu denen auch die streitgegenständliche Zweckvereinbarung gehört, sind (selbstverständlich) nur im Rahmen der Gesetze zulässig. Grundsätzlich unterliegen die Gemeinden und ihre Landkreise beim Abschluss solcher Vereinbarung daher auch dem Regime des Vergaberechts, wenn dessen sachliche Voraussetzungen vorliegen. Eine Beeinträchtigung der Kooperationsfreiheit ist nämlich nicht bereits bei jedem mittelbaren Einfluss auf diese anzunehmen, sondern erst ab einer gewissen Intensität der Beeinträchtigung, die darüber hinaus einen spezifischen Bezug zur kommunalen Selbstverwaltung aufweisen muss. Der **Kernbereich der kommunalen Selbstverwaltung ist grundsätzlich nicht beeinträchtigt, wenn die Kommune am Marktgeschehen teilnimmt.** Sofern sie sich in diesem Bereich bewegt, unterliegt auch sie den Regeln, die zur Gewährleistung eines transparenten Wettbewerbsrechts geschaffen wurden. Daher **fügt sich das Vergaberecht insbesondere vor dem bereits angesprochenen Hintergrund der Tätigkeit am Markt in die Reihe zulässiger gesetzlicher Beschränkungen der kommunalen Kooperationsfreiheit ein** (OLG Naumburg, B. v. 3. 11. 2005 – Az.: 1 Verg 9/05).

1905 8.13.2.2.3 **Gründung eines Zweckverbandes mit Aufgabenverlagerung.** Die **Rechtsprechung des EuGH zu inhouse-Geschäften gebietet nicht die Anwendung des Vergaberechts auf die Übertragung von Aufgaben auf einen Zweckverband als eine der Formen einer interkommunalen Zusammenarbeit.** Zweckverbände sind Körperschaften des öffentlichen Rechts. Jedoch ist der Rechtsprechung des EuGH weder zu entnehmen, eine kommunale Zusammenarbeit durch Gründung eines Zweckverbandes unterliege stets dem Vergaberechtsregime, noch ist dies gewollt. Die Rechtsprechung ist ebenso wenig dahin zu deuten, das Vergaberecht sei auf jede Form kommunaler Kooperation staatlicher oder kommunaler Stellen anzuwenden, statt derer eine Auftragsvergabe auch an ein privates Unternehmen erfolgen könnte. Der **EuGH hat lediglich eine gesetzliche Regelung, die Kooperationsvereinbarungen gleich welcher Art zwischen Stellen der öffentlichen Verwaltung von einer Anwendung des Vergaberechts ausnimmt, mit dem Verdikt belegt, keine ordnungsgemäße Umsetzung der EG-Vergaberichtlinien zu sein.** Aus den Entscheidungssätzen ist demnach eher der Schluss zu ziehen, dass es zwischen staatlichen und kommunalen Stellen Formen einer

Gesetz gegen WettbewerbsbeschränkungenGWB § 99 **Teil 1**

Zusammenarbeit geben kann, die dem Vergaberechtsregime nicht unterstehen (OLG Düsseldorf, B. v. 21. 6. 2006 – Az.: VII – Verg 17/06; VK Köln, B. v. 9. 3. 2006 – Az.: VK VOL 34/ 2005; 3. VK Saarland, B. v. 24. 10. 2008 – Az.: 3 VK 02/2008; B. v. 24. 10. 2008 – Az.: 3 VK 01/2008).

Mit einer **Freistellung der Kooperationsform „Gründung eines Zweckverbands"** **1906** **vom Vergaberecht ist überdies keineswegs ausgesagt, dass nicht andere zugelassene Ausgestaltungen einer kommunalen Zusammenarbeit dem Vergaberecht unterfallen.** Auf so genannte mandatierende Verwaltungsvereinbarungen z. B. gemäß § 23 Abs. 1, 2. Alt., Abs. 2 S. 2 GkG NRW, durch die sich ein Beteiligter verpflichtet, einzelne Aufgaben für die übrigen an der Vereinbarung Beteiligten durchzuführen, ist das Vergaberecht zum Beispiel anzuwenden. Davon, jedenfalls von einer lediglich mandatierenden Verwaltungsvereinbarung, unterscheidet sich der Fall der Gründung eines Zweckverbandes und der Verlagerung von Zuständigkeiten zur Aufgabenerfüllung. Die **Ermächtigung der Kommunen, Zweckverbände zu bilden, gründet sich auf die Hoheit des Staates über seine Organisation**. Die Verfassung der Bundesrepublik Deutschland hat sich einer föderalen Organisationsstruktur verschrieben. Das darin verankerte kommunale Selbstverwaltungsrecht verleiht den Gemeinden Hoheit über ihre Verwaltungsorganisation. **Organisationshoheit umfasst Kooperationsautonomie**. Die zugelassene **Bildung von Zweckverbänden stellt eine Ausformung des kommunalen Selbstverwaltungsrechts und der Organisationshoheit der Gemeinden dar. Auf Maßnahmen, welche die (interne) Verwaltungsorganisation betreffen, ist das Vergaberecht grundsätzlich nicht anzuwenden.** Seine Anwendung ist jedenfalls ausgeschlossen, wenn öffentlich-rechtliche Kompetenzen von einem Aufgabenträger auf einen anderen verlagert werden, und dies auf einer gesetzlichen Ermächtigung beruht. Dann handelt es sich, auch wenn die Übertragung der Zuständigkeit auf eine (öffentlich-rechtliche) Vereinbarung zwischen den beteiligten Verwaltungsstellen zurückzuführen ist, **um einen dem Vergaberecht entzogenen Akt der Verwaltungsorganisation**. Darauf sind die **EG-Vergaberichtlinien nicht anzuwenden, da die Rechtssetzungsorgane der Europäischen Gemeinschaft hinsichtlich der Verwaltungsorganisation der Mitgliedstaaten über keine Normgebungskompetenz verfügen.** Ebenso wenig sind die auf einer Umsetzung des EG-Rechts fußenden nationalen vergaberechtlichen Normen auf interne organisatorische Maßnahmen der öffentlichen Auftraggeber anwendbar. Danach sind **nur solche Vereinbarungen zwischen staatlichen oder kommunalen Stellen nicht vom Vergaberechtsregime ausgenommen, die keiner öffentlich-rechtlichen Zuständigkeitsverteilung gelten, sich einer Regelung der Zuständigkeit vielmehr ausdrücklich enthalten und bei denen der Beschaffungscharakter im Vordergrund steht**. Aus diesen Erwägungen sind so genannte mandatierende Verwaltungsverträge dem Vergaberecht nicht entziehbare Beschaffungsvorgänge (OLG Düsseldorf, B. v. 21. 6. 2006 – Az.: VII – Verg 17/06).

8.13.2.2.4 Weitere Beispiele aus der Rechtsprechung **1907**

– eine Vereinbarung, nach der **ein erster öffentlicher Auftraggeber einem zweiten öffentlichen Auftraggeber die Errichtung eines Bauwerks überträgt, stellt einen öffentlichen Bauauftrag im Sinne von Art. 1 Buchst. a der Richtlinie dar**, unabhängig davon, ob vorgesehen ist, dass der erste öffentliche Auftraggeber Eigentümer des gesamten Bauwerks oder eines Teils davon ist oder wird (EuGH, Urteil vom 18. 1. 2007 – Az.: C-220/05)

– ein **öffentlicher Auftraggeber** ist **nicht davon befreit, die in der Richtlinie vorgesehenen Verfahren zur Vergabe von öffentlichen Bauaufträgen einzuhalten**, auch wenn die in Rede stehende Vereinbarung nach nationalem Recht nur mit bestimmten juristischen Personen geschlossen werden kann, die **selbst die Stellung eines öffentlichen Auftraggebers** haben und ihrerseits gehalten sind, diese **Verfahren für die Vergabe eventueller nachfolgender Aufträge durchzuführen** (EuGH, Urteil vom 18. 1. 2007 – Az.: C-220/ 05)

– der Abschluss einer Zweckvereinbarung zwischen zwei Abwasserzweckverbänden, der auf eine **delegierende Übertragung der kaufmännischen und technischen Betriebsführung der Abwasserbeseitigung** gerichtet ist, unterfällt nach bislang einhelliger Rechtsprechung der Ausschreibungspflicht im Verfahren nach §§ 97 ff GWB (OLG Naumburg, B. v. 2. 3. 2006 – Az.: 1 Verg 1/06)

8.13.2.3 Literatur

– Baden, Eberhard, IT-Beschaffung über Zweckverbände und die Erfordernisse des Europäi- **1908** schen Vergaberechts, ITRB 2010, 14

433

- Bauer, Stefan, Die Zusammenarbeit zwischen Gemeinden und ihr Verhältnis zum Vergaberecht, ZfBR 2006, 446
- Bergmann, Tina/Vetter, Rainer, Interkommunale Zusammenarbeit und Vergaberecht – Eine differenzierende Betrachtung, NVwZ 2006, 497
- Brüning, Christoph, Interkommunale Zusammenarbeit in der Entsorgungswirtschaft aus vergaberechtlicher Sicht, DVBl. 2009, 1539
- Burgi, Martin, Warum die „kommunale Zusammenarbeit" kein vergaberechtspflichtiger Beschaffungsvorgang ist, NZBau 2005, 208
- Burgi, Martin, Interkommunale Zusammenarbeit und Vergaberecht, Der Landkreis 2005, 468
- Bussche, Julie von dem, Interkommunale Kooperationen und Vergaberecht, Infrastruktur-Recht 2009, 295
- Dabringshausen, Gerhard, Einige ausgewählte vergaberechtliche Probleme bei der Kooperation von Unternehmen des öffentlichen Personennahverkehrs verschiedener Gebietskörperschaften, der Gemeindehaushalt 2004, 4
- Drey, Franz, Selbstverwaltung, Staat oder Wettbewerb? – Kommunale Zusammenarbeit bei der Daseinsvorsorge, Behörden Spiegel 2007, 16
- Düsterdiek, Bernd, Aufgabenübertragung auf einen Zweckverband und Vergaberecht, NZBau 2006, 618
- Flömer, Volker /Tomerius, Stephan, Interkommunale Zusammenarbeit unter Vergaberechtsvorbehalt? NZBau 2004, 660
- Frenz, Walter, Aktuelle europarechtliche Grenzen des Vergaberechts, NVwZ 2010, 609
- Frenz, Walter, Die Ausschreibungspflicht kommunaler Kooperationen auf dem Prüfstand des Europarechts, VergabeR 2006, 831
- Gabriel, Marc, Abfallrechtliche Pflichtenübertragungen als Ausnahme von der Ausschreibungspflicht?, LKV 2005, 285
- Gesterkamp, Stefan, Die vergaberechtliche Relevanz öffentlich-rechtlicher Vereinbarungen im Rahmen kommunaler Kooperationen, AbfallR 2004, 250
- Greb, Klaus, Interkommunale Kooperationen – ein konsolidierter Stand der Rechtsentwicklung?, VergabeR 2008, 409
- Gruneberg, Ralf/Jänicke, Katrin/Kröcher, Jens, Erweiterte Möglichkeiten für die interkommunale Zusammenarbeit nach der Entscheidung des EuGH vom 9. 6. 2009 – eine Zwischenbilanz, ZfBR 2009, 754
- Hausmann, Friedrich/Mutschler-Siebert, Annette, Nicht mehr als eine Klarstellung – Interkommunale Kooperationen nach dem EuGH-Urteil Stadtreinigung Hamburg, VergabeR 2010, 427
- Heuvels, Klaus, Unzulässige Direktbeauftragung unter öffentlichen Auftraggebern, NZBau 2007, 283
- Jasper, Ute/Recke, Barbara von der, Shared Services im Krankenhaussektor – Anforderungen an Kooperationen wurden gelockert, KU Gesundheitsmanagement 2010, 45
- Jennert, Carsten, Staat oder Markt: Interkommunale Zusammenarbeit im Spiegel des EG-Vergaberechts, NZBau 2010, 150
- Kasper, Andreas, Interkommunale Kooperation und Vergaberecht, VergabeR 2006, 839
- Kersting, Andreas/Siems, Thomas, Ausschreibungspflicht für staatliche Kooperationen?, DVBl. 2005, 477
- Krohn, Wolfram, Interkommunale Zusammenarbeit und Vergaberecht, NZBau 2006, 610
- Losch, Alexandra, Interkommunale Zusammenarbeit – wie weit reicht das Vergaberecht?, VergabeR 2006, 627
- Meißner, Barbara, Interkommunale Zusammenarbeit: Notwendigkeiten aus Sicht der Kommunen, VergabeR 2008, 403
- Michels, Natalie/Kröcher, Jens, Entgegen herrschender Meinung – Delegierende Zweckvereinbarungen vergabepflichtig?, Behörden Spiegel, Februar 2006, 19
- Müller, Jürgen, Interkommunale Zusammenarbeit und Vergaberecht, VergabeR 2005, 436

- Portz, Norbert, Der EuGH bewegt sich: Keine Ausschreibung kommunaler Kooperationen nach dem Urteil „Stadtreinigung Hamburg", VergabeR 2009, 702
- Potthast, Walter/Klöck, Oliver, Anwendbarkeit des Vergaberechts auf die Gründung eines Zweckverbands, NZBau 2007, 496
- Steiff, Jakob, Interkommunale Auftragsvergabe unterliegt dem Kartellvergaberecht, NZBau 2005, 205
- Struve, Tanja, Durchbruch für interkommunale Zusammenarbeit, EuZW 2009, 805
- Tomerius, Stephan, Gestaltungsoptionen öffentlicher Auftraggeber unter dem Blickwinkel des Vergaberechts: aktuelle vergaberechtliche Vorgaben für öffentlich-private Partnerschaften (ÖPP) und interkommunale Kooperation, Berlin, 2005
- Veldboer, Wolfgang/Eckert, Christoph, Zur Entscheidung für interkommunale Zusammenarbeit durch das EuGH Urteil „Hamburg Stadtreinigung", DÖV 2009, 849
- Wilke, Reinhard, Zweckverbände und Vergaberecht, ZfBR 2007, 23

8.13.2.4 Hinweis

Nach einer **Pressemitteilung der EU-Kommission** vom 31. 8. 2008 (IP/08/124) hat die Kommission beschlossen, Deutschland wegen der Vergabe eines Auftrags über die Lieferung einer Softwareanwendung vor dem Europäischen Gerichtshof zu verklagen, der der **Anstalt für Kommunale Datenverarbeitung in Bayern (AKDB) von der Datenzentrale Baden-Württemberg erteilt** wurde. Beide Einrichtungen sind Körperschaften des öffentlichen Rechts und zuständig für die Beschaffung, Entwicklung und Wartung von Datenverarbeitungssystemen, die von den Kommunen eingesetzt werden. Im vorliegenden Fall wurde die AKDB mit der Lieferung und Wartung einer Softwareanwendung für Fahrzeugzulassungen beauftragt, die von ihr für Kommunen in Bayern entwickelt wurde. Den Auftrag erteilte die Datenzentrale direkt an die AKDB ohne öffentliche Ausschreibung. Die **Kommission ist der Auffassung, dass eine Vergabestelle wie die Datenzentrale dem EU-Vergaberecht bei der Erteilung eines Liefervertrags an Dritte genügen muss, selbst wenn der Auftragnehmer selbst eine Körperschaft des öffentlichen Rechts ist** und der öffentlichen Vergabeordnung unterliegt. Da die AKDB als Auftragnehmer vertraglich festgelegte entgeltliche Leistungen erbringt, wäre die Datenzentrale verpflichtet gewesen, den Auftrag gemäß dem EU-Vergaberecht öffentlich auszuschreiben, um so Transparenz und gleiche Wettbewerbsbedingungen für Lieferanten im Binnenmarkt sicherzustellen.

1909

8.13.3 Rekommunalisierung

8.13.3.1 Rechtsprechung

Nach Ablauf eines Vertrages zur Aufgabenprivatisierung kann sich seitens des öffentlichen Auftraggebers ein Interesse ergeben, die Aufgabe künftig wieder durch eine eigene Dienststelle oder durch eine eigene Tochtergesellschaft zu erledigen. Eine solche **Rückverlagerung bei der Aufgabenwahrnehmung** wird als Rekommunalisierung bezeichnet. Sie stellt das **spiegelbildliche Gegenstück zur funktionalen Privatisierung dar und unterliegt deshalb nicht dem Vergaberecht, wenn bei einer erstmaligen Aufgabenübertragung an die eigene Dienststelle oder die Tochtergesellschaft die Voraussetzungen eines Inhouse-Geschäftes** (vgl. die Kommentierung → Rdn. 338 ff) **vorlägen**. Wenn die Aufgabenerledigung zwar in den kommunalen Raum zurückverlagert wird, aber nicht auf eine eigene Dienststelle oder Tochtergesellschaft einer Kommune, sondern auf eine andere Gebietskörperschaft, so liegt keine vergaberechtsfreie Rekommunalisierung vor (OLG Naumburg, B. v. 3. 11. 2005 – Az.: 1 Verg 9/05), wobei insoweit die **neue Rechtsprechung des EuGH zu beachten** ist.

1910

Auch die **Verlagerung oder Rückverlagerung von öffentlich-rechtlichen Kompetenzen von einer kommunalen oder staatlichen Stelle zu einer anderen**, z. B. im Rahmen einer öffentlich-rechtlichen Vereinbarung, unterfällt **mangels Beschaffungscharakter** und damit in Ermangelung einer funktional und gewerbsmäßigen Teilnahme am Markt nicht dem Begriff des öffentlichen Auftrags im Sinne von § 99 Abs. 1 und 4 GWB, wenn die **(Rück-)Verlagerung auf einer gesetzlichen Ermächtigung beruht**. Es handelt sich dann **um einen dem Vergaberecht entzogenen Akt der Verwaltungsorganisation**. Die **Rückgängigmachung**, d. h. die Rückverlagerung von übertragenen Aufgaben auf die kraft Selbstverwaltungshoheit originär zuständige Kommune muss **rechtlich entsprechend der zugrunde liegen-**

1911

den **(Hin-)Verlagerung eingeordnet und behandelt** werden. Auch hierbei geht es nicht um eine Beschaffungsmaßnahme, sondern um die Wiederherstellung der ursprünglichen verwaltungsorganisatorischen Zuständigkeit/Kompetenzverteilung. **Organisationshoheit umfasst Kooperationsautonomie.** Die **vom Gesetzgeber zugelassene Bildung von Zweckverbänden stellt eine Ausformung des kommunalen Selbstverwaltungsrechts und der Organisationshoheit der Gemeinden** dar. Von dem gleichen Selbstverwaltungsrecht und der gleichen Organisationshoheit ist es auch gedeckt, wenn die **Gemeinden wieder aus diesem Zweckverband ausscheiden oder einzelne Aufgaben (zurück-)übertragen erhalten**, dieser **Rückübertragungsakt auf einer gesetzlichen Ermächtigung beruht** und **private Dritte an dieser Übertragung nicht beteiligt** sind (3. VK Saarland, B. v. 24. 10. 2008 – Az.: 3 VK 02/2008; B. v. 24. 10. 2008 – Az.: 3 VK 01/2008).

8.13.3.2 Literatur

1912 – Börner, Achim-Rüdiger, Rekommunalisierung durch vergaberechtliche In-House-Geschäfte, Baden-Baden, 2004

8.13.4 Beauftragung von Prüfingenieuren nach der jeweiligen Landesbauordnung

1913 Die **Beauftragung von Sachverständigen im Rahmen der jeweiligen Landesbauordnung**, z.B. §§ 73, 59 HBO, ist **genuin hoheitliche Tätigkeit**; mithin wird die Bauaufsichtsbehörde als Trägerin öffentlicher Gewalt tätig, sodass **vergaberechtlicher Rechtsschutz** nach den §§ 97 ff. GWB unabhängig von dem am Auftragsvolumen orientierten Schwellenwert von vornherein **ausscheidet**, weil der Staat hier nicht als Nachfrager am Markt tätig wird, um seinen Bedarf an bestimmten Gütern oder Leistungen zu decken (VGH Hessen, B. v. 18. 7. 2007 – Az.: 3 UZ 1112/06).

1914 **Anderer Auffassung** ist die VK Südbayern, ohne sich mit dieser Frage auseinander zu setzen (VK Südbayern, 31. 7. 2009 – Az.: Z3-3-3194-1-35–06/09).

8.13.5 Inhouse-Geschäfte

8.13.5.1 Problemstellung

1915 Ein Vertrag im Sinne von § 99 GWB setzt voraus, dass **zwei unterschiedliche Rechtssubjekte Partner des Vertrages** sind (BGH, B. v. 3. 7. 2008 – Az.: I ZR 145/05; VK Nordbayern, B. v. 27. 5. 2004 – Az.: 320.VK – 3194 – 14/04). Dies wirft immer dann Schwierigkeiten auf, wenn ein öffentlicher Auftraggeber mit einer Institution einen Vertrag schließen will, die in irgendeiner Art und Weise in die Organisation des öffentlichen Auftraggebers eingegliedert ist.

1916 **Anerkannt** ist, dass der **öffentliche Auftraggeber durch das Vergaberecht nicht in der seinem Gestaltungsermessen unterliegenden Wahl der Organisationsform** – Eigenbetrieb oder Eigengesellschaft – **beschränkt werden soll**, mittels derer er seine Aufgaben erfüllen will. Beabsichtigt er, die Aufgabe mit eigenen Mitteln zu erfüllen, kann es keinen Unterschied machen, ob dies durch einen Eigenbetrieb oder eine Eigengesellschaft tut (OLG Brandenburg, B. v. 19. 12. 2002 – Az.: Verg W 9/02; OLG Düsseldorf, B. v. 21. 6. 2006 – Az.: VII – Verg 17/06; VK Arnsberg, B. v. 26. 10. 2005 – Az.: VK 15/2005; B. v. 5. 8. 2003 – Az.: VK 2-13/2003; VK Köln, B. v. 9. 3. 2006 – Az.: VK VOL 34/2005; VK Lüneburg, B. v. 30. 6. 2006 – Az.: VgK-12/2006).

1917 Fraglich ist aber, unter welchen Voraussetzungen man davon sprechen kann, dass ein öffentlicher Auftraggeber eine Aufgabe selbst erledigt, wenn für die Durchführung eine besondere Organisationseinheit des Auftraggebers gewählt wird (so genanntes „Inhouse-Geschäft").

8.13.5.2 Rechtsprechung des EuGH

1918 **8.13.5.2.1 Allgemeines.** Der Gerichtshof der Europäischen Gemeinschaften hat in seinem Urteil vom 18. 11. 1999 in der Rechtssache „Teckal" (Az.: C-107/98, Slg. 1999, I-8121 ff. = NZBau 2000, 90, 91) die Richtlinie 93/36/EWG des Rates vom 14. Juni 1993 über die Koordinierung der Verfahren zur Vergabe öffentlicher Lieferaufträge – ABl. EG Nr. L 199, S. 1–53 – (im Folgenden: Richtlinie 93/36/EWG) für anwendbar gehalten, wenn ein öffentlicher Auftraggeber wie etwa eine Gebietskörperschaft beabsichtigt, mit einer Einrichtung, die sich formal von ihm unterscheidet und die ihm gegenüber eigene Entscheidungsgewalt besitzt, einen schriftlichen entgeltlichen Vertrag über die Lieferung von Waren zu schließen.

Gesetz gegen Wettbewerbsbeschränkungen GWB § 99 **Teil 1**

Etwas anderes kann nur gelten, wenn die Gebietskörperschaft über die fragliche Person eine **1919** **Kontrolle ausübt wie über ihre eigenen Dienststellen** und wenn diese Person **zugleich ihre Tätigkeit im Wesentlichen für die Gebietskörperschaft** oder die Körperschaften verrichtet, die ihre Anteile innehaben (EuGH, Urteil v. 15. 10. 2009 – Az.: C-196/08; Urteil v. 10. 9. 2009 – Az.: C-573/07; Urteil v. 13. 11. 2008 – Az.: C-324/07; Urteil v. 8. 4. 2008 – Az.: C-337/05; Urteil v. 18. 12. 2007 – Az.: C-220/06; Urteil v. 19. 4. 2007 – Az.: C-295/05).

Der Umstand, dass der **öffentliche Auftraggeber zusammen mit anderen öffentlichen** **1920** **Stellen das gesamte Grundkapital einer den Zuschlag erhaltenden Gesellschaft hält, deutet darauf hin** – ohne entscheidend zu sein –, dass er **über diese Gesellschaft eine Kontrolle wie über seine eigenen Dienststellen ausübt** (EuGH, Urteil v. 10. 9. 2009 – Az.: C-573/07).

Bei der **Beurteilung**, ob der öffentliche Auftraggeber über die Gesellschaft, die den Zuschlag **1921** erhält, eine Kontrolle wie über seine eigenen Dienststellen ausübt, sind **alle Rechtsvorschriften und maßgebenden Umstände zu berücksichtigen**. Diese Prüfung muss zu dem Ergebnis führen, dass die den Zuschlag erhaltende Gesellschaft einer Kontrolle unterliegt, die es dem öffentlichen Auftraggeber ermöglicht, auf ihre Entscheidungen einzuwirken. Hierbei muss die **Möglichkeit gegeben sein, sowohl auf die strategischen Ziele als auch auf die wichtigen Entscheidungen dieser Gesellschaft ausschlaggebenden Einfluss zu nehmen** (EuGH, Urteil v. 10. 9. 2009 – Az.: C-573/07).

Dann, wenn die einer Gesellschaft verliehene Befugnis, **Dienstleistungen an private Wirt-** **1922** **schaftsteilnehmer zu erbringen, ihre wesentliche Tätigkeit nur ergänzt**, das Bestehen dieser Befugnis dem Hauptzweck dieser Gesellschaft, der nach wie vor in der Verwaltung öffentlicher Dienstleistungen besteht, keinen Abbruch tut, **genügt das Bestehen einer solchen Befugnis nicht für die Feststellung, dass die genannte Gesellschaft eine Marktausrichtung** hat, die eine **Kontrolle durch die Körperschaften, die ihre Anteile halten, als nicht gesichert** erscheinen lässt (EuGH, Urteil v. 10. 9. 2009 – Az.: C-573/07).

8.13.5.2.2 Inhouse-Geschäfte bei gemischtwirtschaftlichen Gesellschaften. Nach der **1923** Rechtsprechung des EuGH ist eine Ausschreibung nicht obligatorisch, wenn der öffentliche Auftraggeber über die fragliche Einrichtung, der ein Auftrag erteilt werden soll, eine ähnliche Kontrolle ausübt wie über seine eigenen Dienststellen und diese Einrichtung ihre Tätigkeit im Wesentlichen mit der oder den öffentlichen Stellen verrichtet, die ihre Anteile innehaben. **Dagegen schließt die – auch nur minderheitliche – Beteiligung eines privaten Unternehmens am Kapital einer Gesellschaft, an der auch der betreffende öffentliche Auftraggeber beteiligt ist, es auf jeden Fall aus, dass der öffentliche Auftraggeber über diese Gesellschaft eine ähnliche Kontrolle ausübt wie über seine eigenen Dienststellen.** Insoweit ist zunächst festzustellen, dass die Beziehung zwischen einer öffentlichen Stelle, die ein öffentlicher Auftraggeber ist, und ihren Dienststellen durch Überlegungen und Erfordernisse bestimmt wird, die mit der Verfolgung von im öffentlichen Interesse liegenden Zielen zusammenhängen. Die Anlage von privatem Kapital in einem Unternehmen beruht dagegen auf Überlegungen, die mit privaten Interessen zusammenhängen, und verfolgt andersartige Ziele. Zweitens würde die Vergabe eines öffentlichen Auftrags an ein gemischtwirtschaftliches Unternehmen ohne Ausschreibung das Ziel eines freien und unverfälschten Wettbewerbs und den in der Richtlinie 92/50 genannten Grundsatz der Gleichbehandlung der Interessenten beeinträchtigen, insbesondere weil ein solches Verfahren einem am Kapital dieses Unternehmens beteiligten privaten Unternehmen einen Vorteil gegenüber seinen Konkurrenten verschaffen würde (EuGH, Urteil v. 15. 10. 2009 – Az.: C-196/08; Urteil v. 13. 11. 2008 – Az.: C-324/07; Urteil v. 8. 4. 2008 – Az.: C-337/05; Urteil v. 18. 1. 2007 – Az.: C-220/05; Urteil v. 6. 4. 2006 – Az.: C-410/04; Urteil v. 10. 11. 2005 – Az.: C-29/04; Urteil v. 11. 1. 2005 – Rs. C-26/03; OLG Naumburg, B. v. 29. 4. 2010 – Az.: 1 Verg 3/10; B. v. 29. 4. 2010 – Az.: 1 Verg 2/10).

Dabei spielt es **keine Rolle, ob es sich um vertikal oder horizontal organisierte In-** **1924** **house-Geschäfte handelt** (im Ergebnis ebenso Dreher, NZBau 2004, 18).

Bei der Frage, ob es sich um eine Auftragsvergabe an eine gemischtwirtschaftliche Gesell- **1925** schaft oder ein vergaberechtsfreies Inhouse-Geschäft handelt, sind die **Gesamtumstände auch in zeitlicher Hinsicht zu würdigen, um z. B. Umgehungsversuche zu verhindern** (EuGH, Urteil v. 10. 11. 2005 – Az.: C-29/04 – mit einem sehr instruktiven Beispiel; BGH, B. v. 3. 7. 2008 – Az.: I ZR 145/05; VK Thüringen, B. v. 23. 2. 2007 – Az.: 360–4003.20–62/ 2007-001-G).

1926 Nach dieser Rechtsprechung unterfallen **Verträge öffentlicher Auftraggeber mit Kommunalversicherern, bei denen Mitglieder auch sonstige wirtschaftliche Vereinigungen** sein können, die sich also nicht vollständig in öffentlicher Hand befinden, **dem Vergaberecht** (BGH, B. v. 3. 7. 2008 – Az.: I ZR 145/05; OLG Köln, Urteil v. 15. 7. 2005 – Az: 6 U 17/05.).

1927 **Nicht um eine gemischtwirtschaftliche Gesellschaft** handelt es sich in dem **Fall, dass mehrere öffentliche Auftraggeber insgesamt die Anteile an der Gesellschaft halten**, wenn auch in unterschiedlicher Höhe (EuGH, Urteil v. 10. 9. 2009 – Az.: C-573/07; Urteil v. 19. 4. 2007 – Az.: C-295/05).

1928 In einem Fall, in dem sich **mehrere öffentliche Stellen dafür entscheiden, einige ihrer gemeinwirtschaftlichen Aufgaben durch die Einschaltung einer Gesellschaft zu erfüllen, deren Anteile sie gemeinsam halten, ist es normalerweise ausgeschlossen, dass eine dieser Stellen, die nur eine Minderheitsbeteiligung an dieser Gesellschaft hält, allein eine bestimmende Kontrolle über deren Entscheidungen ausübt**. In einem solchen Fall zu verlangen, dass die Kontrolle durch eine öffentliche Stelle individuell erfolgen müsse, hätte die Wirkung, dass in den meisten Fällen, in denen eine solche öffentliche Stelle einer Gesellschaft, deren Anteile von anderen öffentlichen Stellen gehalten werden, beitreten möchte, um dieser Gesellschaft die Verwaltung einer öffentlichen Dienstleistung zu übertragen, eine Ausschreibung vorgeschrieben würde. Ein solches Ergebnis wäre mit der Systematik der Gemeinschaftsvorschriften auf dem Gebiet der öffentlichen Aufträge und der Konzessionen nicht vereinbar. Eine öffentliche Stelle hat nämlich die Möglichkeit, ihre im allgemeinen Interesse liegenden Aufgaben mit ihren eigenen administrativen, technischen und sonstigen Mitteln zu erfüllen, ohne gezwungen zu sein, sich an externe Einrichtungen zu wenden, die nicht zu ihren Dienststellen gehören. Von dieser Möglichkeit, zur Erfüllung ihres gemeinwirtschaftlichen Auftrags auf ihre eigenen Mittel zurückzugreifen, können die betreffenden öffentlichen Stellen in Zusammenarbeit mit anderen öffentlichen Stellen Gebrauch machen. Es ist daher die Möglichkeit zuzulassen, dass, wenn mehrere öffentliche Stellen die Anteile an einer Gesellschaft halten, der sie die Wahrnehmung einer ihrer gemeinwirtschaftlichen Aufgaben übertragen, diese Stellen ihre Kontrolle über diese Gesellschaft gemeinsam ausüben können. Bei einem Kollegialorgan kommt es auf das Verfahren zur Beschlussfassung, insbesondere einen etwaigen Rückgriff auf eine Mehrheitsentscheidung, nicht an (EuGH, Urteil v. 10. 9. 2009 – Az.: C-573/07).

1929 **Demgegenüber** hatte das **OLG Celle** – vor der Entscheidung des EuGH – vertreten, dass es bei der **Einschaltung von gemischtwirtschaftlichen Gesellschaften keine Rolle spielt, in wessen Händen die Geschäftsanteile der Gesellschaften, die an einer gemischtwirtschaftlichen Gesellschaft beteiligt sind, liegen** (z. B. insgesamt bei der öffentlichen Hand). Ein anderes Verständnis würde der durch die Gemeinschaftsvorschriften wie z. B. der Dienstleistungskoordinierungsrichtlinie bezweckten Öffnung des öffentlichen Auftragswesens für einen möglichst umfassenden Wettbewerb entgegenstehen. **Staatsunternehmen würden, ungeachtet der Ziele und Zwecke ihrer Betätigung, bei der Vergabe von öffentlichen Aufträgen bevorzugt** (OLG Celle, B. v. 10. 11. 2005 – Az.: 13 Verg 12/05). **Diese Rechtsprechung** ist durch die Entscheidung des EuGH **überholt**.

1930 **Im Sinne** einer gemischtwirtschaftlichen Gesellschaft ist **auch der Fall zu beurteilen**, dass ein **öffentlicher Auftraggeber ein Gemeinschaftsunternehmen, an dem er selbst zur Hälfte beteiligt ist, ohne Durchführung eines den Anforderungen des Vierten Teils des GWB und der VgV genügenden Vergabeverfahrens mit ausschreibungspflichtigen Dienstleistungen beauftragt** und das Gemeinschaftsunternehmen dazu gehörende Teilleistungen (z. B. Abfallentsorgung), die als solche dem GWB-Vergaberegime unterfallen, in der Folge nachunternehmerähnlich weiter vergeben will. Dann ist das Gemeinschaftsunternehmen gegenüber einem daran interessierten Unternehmen zur Einhaltung der einschlägigen Bestimmungen über das Vergabeverfahren der VgV und z. B. der VOL/A gleichermaßen verpflichtet, wie es der öffentliche Auftraggeber selbst ohne Einschaltung des Gemeinschaftsunternehmens gewesen wäre. Andernfalls könnten die Vergabestellen die Bindungen des Vergaberechts durch Gründung von Tochtergesellschaften mit Eigenbeteiligungen von beispielsweise, wie hier, 50% umgehen. **Das aber wäre mit der Rechtsprechung des EuGH nicht vereinbar**, demzufolge ein öffentlicher Auftraggeber einen als solchen dem Vergaberecht unterliegenden Auftrag an eine andere juristische Person ohne Vergabewettbewerb nur dann vergeben kann, wenn er diese Gesellschaft beherrscht, wie eine eigene Dienststelle (KG Berlin, B. v. 27. 7. 2006 – Az.: 2 Verg 5/06).

Gesetz gegen Wettbewerbsbeschränkungen GWB § 99 **Teil 1**

Ob tatsächlich eine **Beteiligung Privater am Grundkapital der den Zuschlag erhaltenden Gesellschaft vorliegt** (und damit eine gemischtwirtschaftliche Gesellschaft), ist **in der Regel zum Zeitpunkt der Vergabe des betreffenden öffentlichen Auftrags zu prüfen**. Auch kann es geboten sein, zu berücksichtigen, dass das nationale Recht, das zum Zeitpunkt der Vergabe eines Auftrags an eine Gesellschaft gilt, an der der öffentliche Auftraggeber das gesamte Grundkapital hält, die baldige Öffnung der Gesellschaft für Fremdkapital vorschreibt. **Ausnahmsweise können besondere Umstände die Berücksichtigung von nach der Vergabe des betreffenden Auftrags eingetretenen Ereignissen erfordern**. Das ist insbesondere dann der Fall, wenn Anteile der den Zuschlag erhaltenden Gesellschaft, die bisher vollständig vom öffentlichen Auftraggeber gehalten wurden, kurz nach Vergabe des betreffenden Auftrags an diese Gesellschaft **im Rahmen einer künstlichen Gestaltung zur Umgehung der einschlägigen gemeinschaftsrechtlichen Vorschriften an ein privates Unternehmen übertragen werden** (EuGH, Urteil v. 10. 9. 2009 – Az.: C-573/07). 1931

Wird zum Zeitpunkt der Vergabe des betreffenden Auftrags an eine Gesellschaft deren gesamtes Grundkapital vom öffentlichen Auftraggeber – allein oder mit weiteren öffentlichen Stellen – gehalten, so ist die **Möglichkeit einer Öffnung des Kapitals dieser Gesellschaft für private Investoren nur zu berücksichtigen, wenn zu diesem Zeitpunkt bereits eine konkrete Aussicht auf eine baldige entsprechende Kapitalöffnung besteht**. Zu beachten ist allerdings, dass es im Fall der Vergabe eines Auftrags ohne Ausschreibung an eine Gesellschaft mit öffentlichem Kapital, bei der das gesamte Grundkapital von öffentlichen Auftraggebern gehalten wird und eine Möglichkeit der Beteiligung privater Auftragggeber besteht, **eine eine Ausschreibung erfordernde Änderung einer grundlegenden Bedingung dieses Auftrags bedeuten würde, wenn zu einem späteren Zeitpunkt, aber immer noch innerhalb der Gültigkeitsdauer des Auftrags, Privatpersonen zur Beteiligung am Grundkapital der genannten Gesellschaft zugelassen** würden (EuGH, Urteil v. 10. 9. 2009 – Az.: C-573/07). 1932

Die Nichtdurchführung einer Ausschreibung im Rahmen der Vergabe von Dienstleistungen an gemischtwirtschaftliche Gesellschaften erscheint zwar mit den Art. 43 EG (jetzt Art. 49 AEUV) und 49 EG (jetzt Art. 56 AEUV) und mit dem Grundsatz der Gleichbehandlung und dem Diskriminierungsverbot unvereinbar, doch **kann dem abgeholfen werden durch die Beachtung der Vorgaben des Gemeinschaftsrechts (u.a. Nichtdiskriminierung, freier Wettbewerb, Transparenz) bei der Auswahl des privaten Gesellschafters und die Festlegung der Kriterien für seine Eignung**, denn die Bewerber müssen neben ihrer Fähigkeit, Anteilseigner zu werden, vor allem ihre technische Fähigkeit zur Erbringung der Dienstleistung sowie die wirtschaftlichen und sonstigen Vorteile nachweisen, die sich aus ihrem Angebot ergeben. Da die Eignungskriterien für den privaten Gesellschafter nicht nur auf das eingebrachte Kapital, sondern auch auf seine technische Fähigkeit und die Merkmale seines Angebots im Hinblick auf die konkret zu erbringenden Leistungen abstellen und dieser Gesellschafter mit der operativen Tätigkeit der fraglichen Dienstleistung und damit deren Verwaltung betraut wird, kann angenommen werden, dass sich die Auswahl des Konzessionärs mittelbar aus der des Gesellschafters ergibt, die nach einem Verfahren unter Wahrung der gemeinschaftsrechtlichen Grundsätze getroffen wurde, **weshalb ein zweites Ausschreibungsverfahren für die Auswahl des Konzessionärs nicht gerechtfertigt** wäre. Würde in einer solchen Situation ein **doppeltes Auswahlverfahren – zunächst für den privaten Partner der gemischtwirtschaftlichen Gesellschaft und dann für die Vergabe der Konzession an diese – verlangt, könnte dies aufgrund der Dauer solcher Verfahren und der Rechtsunsicherheit hinsichtlich der Vergabe der Konzession an den zuvor ausgewählten privaten Partner dazu führen, dass private Einrichtungen und öffentliche Stellen von der Gründung institutionalisierter öffentlichprivater Partnerschaften abgehalten** werden (EuGH, Urteil v. 15. 10. 2009 – Az.: C-196/08). 1933

Eine gemischt öffentlich-private Kapitalgesellschaft **muss in solchen Fällen während der gesamten Dauer der Konzession ihren Gesellschaftszweck unverändert beibehalten**. Eine wesentliche Änderung des Vertrags hätte eine Verpflichtung zur Ausschreibung zur Folge (EuGH, Urteil v. 15. 10. 2009 – Az.: C-196/08). 1934

Wird ein Auftrag nach durchgeführtem Vergabeverfahren an eine Gesellschaft erteilt, deren Gesellschaftsanteile zum Teil von der öffentlichen Hand und zum Teil privat gehalten werden (gemischtwirtschaftliche Gesellschaft), so **bewirkt die Veräußerung der Gesellschaftsanteile der öffentlichen Hand an einen Privaten keine erneute Ausschreibungspflicht. Dies gilt auch dann, wenn dadurch nun alle Gesellschaftsanteile in einer Hand sind**. Würde der Gesichtspunkt einer Umgehung der vergaberechtlichen Schutzbestimmungen eingreifen, könnte dies anders zu beurteilen sein (OLG Naumburg, B. v. 29. 4. 2010 – Az.: 1 Verg 2/10 – instruktive Entscheidung). 1935

1936 Beruht eine Auftragsvergabe ohne Ausschreibung auf den Grundsätzen einer In-house-Vergabe, führt die die Anteilsveräußerung durch die öffentliche Hand an dem Auftragnehmer nicht dazu, dass die zu erbringenden Dienstleistungen auf einen neuen Dienstleistungsträger übertragen werden. Sie **lässt aber jedenfalls die Voraussetzungen der Privilegierung des In-house-Geschäftes entfallen** und führt damit in das bestehende Vertragsverhältnis nachträglich neue Bedingungen ein, die zum Zeitpunkt der Auftragsvergabe die Zulassung anderer als der ursprünglich zugelassenen Bieter oder die Annahme eines anderen als des ursprünglich angenommenen Angebots erlaubt und geboten hätten, wenn sie Gegenstand des ursprünglichen Vergabeverfahrens gewesen wären. Der **Auftrag wäre unter diesen Bedingungen nämlich mangels Vorliegens eines In-house-Geschäftes ausschreibungspflichtig** gewesen. Eine **solche vertragswesentliche Änderung des bestehenden Auftrages muss aber zu einer Ausschreibungspflicht führen**. Mit dem gesellschaftsrechtlichen Transfergeschäft wandelt sich das ursprüngliche Eigengeschäft in eine Fremdleistung um. Damit aber ist die **vergaberechtliche Zulässigkeit der In-house-Vergabe, die allein im Falle einer Eigenleistung des öffentlichen Auftraggebers gerechtfertigt erscheint, entfallen**. Die bei einer In-house-Vergabe vorliegende wirtschaftliche Identität zwischen Auftraggeber und Dienstleistungserbringer ist nach Anteilsabtretung aufgehoben, so dass es faktisch zu einer Neuvergabe des Auftrages kommt. Der öffentliche Auftraggeber und die durch Anteilsveräußerung entstandene gemischtwirtschaftliche Gesellschaft mit gemischt öffentlichem und privatem Kapital sind nämlich nunmehr rechtlich und wirtschaftlich zwei unterschiedliche Rechtsträger, und es hat sich im Hinblick auf die ursprünglich vorliegende In-house-Situation materiell gewissermaßen ein Vertragspartnerwechsel vollzogen. Wird die Gesellschaft privaten Anteilseignern geöffnet, so liegt hierin eine Wettbewerbsverfälschung und Diskriminierung potenzieller Bieter, die sich ursprünglich um den Auftrag wegen dessen In-house-Charakters nicht bewerben konnten (OLG Naumburg, B. v. 29. 4. 2010 – Az.: 1 Verg 3/10).

1937 Beruht eine Auftragsvergabe ohne Ausschreibung auf den Grundsätzen einer fehlerhaft angenommenen Inhouse-Vergabe, weil es sich um eine gemischtwirtschaftliche Gesellschaft handelt, erhöht eine nachträgliche Anteilsübertragung lediglich den Anteil an privatem Kapital an der gemischtwirtschaftlichen Gesellschaft und perpetuiert den bereits bei Auftragsvergabe vorliegenden Zustand eines gemischt wirtschaftlichen Unternehmens, verändert aber nicht die Beschaffungsvoraussetzungen als solches. Ist die fehlerhaft angenommene Inhouse-Vergabe nicht angegriffen worden, so kann dieser Umstand nicht dazu führen, dass der spätere Gesellschafterwechsel eine Ausschreibungspflicht begründet, weil die Gesellschaft sich so behandeln lassen müsste, als sei ursprünglich berechtigt In-house vergeben worden. Für einen solchen Erst-Recht-Schluss, derjenige, der zu Unrecht ein In-house-Geschäft angenommen habe, könne nicht besser gestellt werden, als der, welcher es zu Recht angenommen habe, ist in dem für Beschaffungsvorhaben im Sinne des § 99 GWB eröffneten, formalisierten und justizförmlich ausgestalteten Nachprüfungsverfahren nach §§ 102 ff GWB auch aufgrund einer schutzzweckorientierten, funktionalen Betrachtungsweise unter Berücksichtigung der gesetzlichen Schutzzwecke des Vergaberechts, nämlich der Gewährleistung eines freien Dienstleistungsverkehrs, dem Schutz eines freien und unverfälschten Wettbewerbs und der Gleichbehandlung, kein Raum. Mit der Anwendung des Erst-Recht-Schlusses ginge ein Verlust an Rechtssicherheit einher. **Für die Beurteilung einer eine Ausschreibungspflicht nach §§ 97 ff GWB auslösenden wesentlichen Änderung einer grundlegenden Bedingung des zugrunde legenden Auftrages muss im Interesse der Rechtssicherheit und Rechtsklarheit vielmehr grundsätzlich an objektive Kriterien angeknüpft** werden. Ob ein ausschreibungspflichtiger Vorgang vorliegt, ist aus Gründen der Rechtssicherheit daher in der Regel anhand der objektiven Verhältnisse und Bedingungen zu prüfen, die zum Zeitpunkt der fraglichen Vergabe des öffentlichen Auftrages vorlagen. Allein die rechtsirrige Vorstellung des Auftraggebers vom Vorliegen eines vergaberechtsfreien Eigengeschäftes kann einer auf objektive Gegebenheiten beruhenden, tatsächlichen Änderung der Vertragssituation durch Entfallen des Privilegierungstatbestandes bei erstmaliger Zulassung privater Investoren an einer Gesellschaft, deren gesamtes Grundkapital ursprünglich von dem öffentlichen Auftraggeber gehalten wurde, dagegen nicht gleich gestellt werden. Die Eröffnung des Vergaberechtsweges darf nicht von den subjektiven Vorstellungen der Vergabestelle bei Auftragserteilung abhängen (OLG Naumburg, B. v. 29. 4. 2010 – Az.: 1 Verg 3/10).

1938 8.13.5.2.3 Inhouse-Geschäfte bei der Übertragung von Dienstleistungskonzessionen. Der **EuGH wendet die Grundsätze seiner Rechtsprechung zu Inhouse-Geschäften auch auf die Fallkonstellation der Übertragung einer Dienstleistungskonzession und die Notwendigkeit der Sicherstellung der Herstellung eines angemessenen Gra-

Gesetz gegen Wettbewerbsbeschränkungen GWB § 99 **Teil 1**

des an Öffentlichkeit an, der die öffentlichen Dienstleistungskonzessionen dem Wettbewerb öffnet und die Nachprüfung ermöglicht, ob die Vergabeverfahren unparteiisch durchgeführt worden sind (EuGH, Urteil v. 13. 11. 2008 – Az.: C-324/07).

8.13.5.3 Rechtsprechung des BGH

Der BGH hat sich der allgemeinen Rechtsprechung des EuGH **für den Bereich der** 1939 **Dienstleistungsaufträge angeschlossen** (BGH, B. v. 3. 7. 2008 – Az.: I ZR 145/05; Urteil v. 12. 6. 2001 – Az.: X ZB 10/01). Die Gleichbehandlung ist sachgerecht, weil beide Richtlinien einen Vertrag zwischen öffentlichem Auftraggeber und Auftragnehmer voraussetzen. Sie verbietet sich auch nicht etwa deshalb, weil die Richtlinie 92/50/EWG für die Vergabe von Dienstleistungsaufträgen in Art. 6 – anders als die Richtlinie 93/36/EWG für die ihr unterfallenden Verträge – eine die Anwendung ausschließende Ausnahme für den Fall enthält, dass eine Dienstleistung an einen Auftragnehmer vergeben wird, der seinerseits zum Lager der öffentlichen Auftraggeber gehört, und diese Ausnahme unter anderen als den vorstehend genannten Voraussetzungen eingreift. Denn es ist nichts dafür erkennbar, dass durch diese Regelung die Frage berührt wäre, welche Rechtsgeschäfte einen Vertrag i. S. v. Art. 1 lit. a) der Richtlinie darstellen. Bei ihrer Beantwortung ist eine funktionelle Betrachtungsweise nötig.

Eine **abschließende Beurteilung** darüber, in welchen Fällen ein Inhouse-Geschäft vorliegt, 1940 hat der **BGH ausdrücklich nicht getroffen**.

8.13.5.4 Übertragbarkeit der Rechtsprechung des EuGH und des BGH auf Liefer- und Bauverträge

Unter Berücksichtigung der Argumentation des EuGH und des BGH sind diese Grundsätze 1941 auch auf Bauverträge und Auslobungsverfahren anwendbar.

8.13.5.5 Voraussetzungen eines Inhouse-Geschäftes im Einzelnen

8.13.5.5.1 Allgemeines. Nach ständiger Rechtsprechung **fehlt es für die Zwecke des** 1942 **Vergaberechts an einer Vereinbarung zwischen zwei verschiedenen Personen**, die Voraussetzung für die Annahme eines ausschreibungspflichtigen öffentlichen Auftrags ist, wenn **zwei Voraussetzungen** erfüllt sind: Zum einen muss der **öffentliche Auftraggeber allein oder zusammen mit anderen öffentlichen Stellen eine ähnliche Kontrolle über den Auftragnehmer ausüben wie über seine eigenen Dienststellen**. Zum zweiten muss er **seine Tätigkeit im Wesentlichen für die öffentliche Körperschaft oder die öffentlichen Körperschaften verrichten, die seine Anteile innehaben** (BGH, B. v. 3. 7. 2008 – Az.: I ZR 145/05; OLG Celle, B. v. 29. 10. 2009 – Az.: 13 Verg 8/09; OLG Düsseldorf, B. v. 4. 5. 2009 – Az.: VII-Verg 68/08; OLG Naumburg, B. v. 29. 4. 2010 – Az.: 1 Verg 2/10; VK Münster, B. v. 7. 9. 2010 – Az.: VK 6/10). Beide **Voraussetzungen** müssen **kumulativ vorliegen** und sind **eng auszulegen** (OLG Düsseldorf, B. v. 4. 5. 2009 – Az.: VII-Verg 68/08).

Für einen öffentlichen Auftraggeber in Form einer GmbH liegt also nach gefestigter Recht- 1943 sprechung ein **vergabefreies Eigengeschäft (sog. Inhouse-Geschäft)** dann vor, wenn (1) der öffentliche Auftraggeber eine GmbH mit Dienstleistungen betraut, die sich in seinem alleinigen Anteilsbesitz befindet und über die er eine Kontrolle wie über eine eigene Dienststelle ausübt, und (2) die beauftragte GmbH ihre Tätigkeit im Wesentlichen für diesen öffentlichen Auftraggeber verrichtet (OLG Düsseldorf, B. v. 21. 6. 2006 – Az.: VII – Verg 17/06; B. v. 12. 1. 2004 – Az.: VII – Verg 71/03).

8.13.5.5.2 Kontrolle wie über eine eigene Dienststelle. 8.13.5.5.2.1 Allgemeines. 1944 Der öffentliche Auftraggeber muss über den künftigen Auftragnehmer eine Kontrolle wie über eine eigene Dienststelle haben.

Bei der Beurteilung, ob **das Merkmal der „Kontrolle wie über eine eigene Dienststelle"** 1945 erfüllt ist, sind **alle Rechtsvorschriften und maßgebenden Umstände zu berücksichtigen**. Diese Prüfung muss zu dem Ergebnis führen, dass die fragliche Einrichtung einer Kontrolle unterworfen ist, die es z. B. der konzessionserteilenden öffentlichen Stelle ermöglicht, auf die Entscheidungen dieser Einrichtung einzuwirken. Es muss sich dabei um die **Möglichkeit handeln, sowohl auf die strategischen Ziele als auch auf die wichtigen Entscheidungen dieser Einrichtung** ausschlaggebenden Einfluss zu nehmen. Hierbei sind je nach Fallgestaltung **erstens die Beteiligung am Kapital** z. B. der konzessionsnehmenden Einrichtung, **zweitens die Zusammensetzung ihrer Beschlussorgane und drittens der Umfang der Befugnisse ihres Verwaltungsrats zu berücksichtigen** (EuGH, Urteil v. 13. 11. 2008 – Az.: C-324/07 –

instruktiver Fall aus der belgischen Staatsorganisation, der aber **Parallelen zur deutschen Staatsorganisation** und der Frage der notwendigen Entscheidungsgewalt z. B. der konzessionsnehmenden Stelle aufweist; OLG Celle, B. v. 29. 10. 2009 – Az.: 13 Verg 8/09).

1946 Die **Vergabevorschriften sind immer dann anzuwenden**, wenn ein öffentlicher Auftraggeber eine entgeltliche Dienstleistung durch eine rechtlich von ihm verschiedene Gesellschaft erbringen lassen will, an der neben ihm auch ein oder mehrere private Unternehmen beteiligt sind. Die **auch nur minderheitliche Beteiligung eines privaten Unternehmens am Gesellschaftskapital schließt es auf jeden Fall aus, dass der öffentliche Auftraggeber über diese Gesellschaft eine ähnliche Kontrolle ausübt wie über seine eigenen Dienststellen.** Jede private Beteiligung an dem die Dienstleistung erbringenden Unternehmen steht unabhängig von der Beteiligungsquote der Erfüllung des Kontrollkriteriums entgegen. Nach der Rechtsprechung des EuGH ist das **Kontrollkriterium bereits dann nicht erfüllt, wenn für private Gesellschafter lediglich eine Beteiligungsmöglichkeit besteht**, selbst wenn im Zeitpunkt der Auftragsvergabe sämtliche Gesellschaftsanteile von der öffentlichen Hand gehalten werden (BGH, B. v. 3. 7. 2008 – Az.: I ZR 145/05).

1947 Die **Rechtsprechung des BGH** sieht dieses Tatbestandsmerkmal als erfüllt an, wenn

– alle Geschäftsanteile von öffentlichen Auftraggebern gehalten werden,

– die Auswahl der Rechtsform des künftigen Auftragnehmers (insbesondere z. B. als GmbH) dem öffentlichen Auftraggeber aufgrund der z. B. der GmbH eigenen Organisationsstruktur umfassende Einfluss- und Steuerungsmöglichkeiten einräumen, die sicherstellen, dass der künftige Auftragnehmer keine eigene Entscheidungsgewalt hat.

1948 Die VK Arnsberg (B. v. 5. 8. 2003 – Az.: VK 2–13/2003) und das OLG Düsseldorf (B. v. 15. 10. 2003 – Az.: VII – Verg 50/03, im Ergebnis ebenso B. v. 12. 1. 2004 – Az.: VII – Verg 71/03) definieren **folgende Voraussetzungen für eine notwendige Beherrschung und Kontrolle**:

a) der Auftraggeber hält alle Geschäftsanteile

b) die GmbH bietet umfassende Einfluss- und Steuerungsmöglichkeiten

c) der Aufsichtsrat besteht mehrheitlich aus Vertretern des Auftraggebers

d) es besteht eine umfassende Berichtspflicht der Geschäftsführer

e) es besteht ein zustimmungspflichtiger Katalog von Aufgaben, die der Geschäftsführer nur mit Zustimmung des Aufsichtsrates vornehmen darf

1949 Der **Europäische Gerichtshof** sieht **bei einer 100%-Tochtergesellschaft** das Merkmal der Kontrolle wie über eine eigene Dienststelle **nicht als erfüllt** an, wenn es sich u. a. um eine **Aktiengesellschaft** handelt und die **Geschäftsführung beträchtliche Vollmachten** zur Erledigung auch wichtiger Geschäfte hat, so dass **praktisch ohne Kontrolle der Geschäftsführung durch die Anteilseigner** ausgeübt werden können (EuGH, Urteil v. 11. 5. 2006 – Az.: C-340/04; Urteil v. 13. 10. 2005 – Az.: C-458/03; im Ergebnis ebenso OLG Düsseldorf, B. v. 4. 5. 2009 – Az.: VII-Verg 68/08).

1950 Die VK Arnsberg sieht dieses Tatbestandsmerkmal bei einer **100%-Tochtergesellschaft, geringen Freiheiten der Geschäftsführung der Tochtergesellschaft und einem auftraggeberseitig dominierten Aufsichtsrat als erfüllt** an (VK Arnsberg, B. v. 26. 10. 2005 – Az.: VK 15/2005).

1951 Die Ausübung der Kontrolle wie über eigene Dienststellen und die Ausübung der Kontrolle über eigene Dienststellen **müssen sich nicht in allen Punkten gleichen**. Die Kontrolle über die konzessionsnehmende Einrichtung muss wirksam sein, nicht aber unbedingt individuell ausgeübt werden. Entscheiden sich mehrere öffentliche Stellen dazu, ihrem gemeinwirtschaftlichen Auftrag durch die Einschaltung z. B. **einer gemeinsamen konzessionsnehmenden Einrichtung** nachzukommen, ist es normalerweise ausgeschlossen, dass eine einzelne Stelle, sofern sie nicht eine Mehrheitsbeteiligung an dieser Einrichtung hält, allein eine bestimmende Kontrolle über deren Entscheidungen ausübt. Zu verlangen, dass die **Kontrolle durch eine öffentliche Stelle in einem solchen Fall individuell sein muss, würde bewirken**, in den meisten Fällen, in denen eine öffentliche Stelle einem Zusammenschluss weiterer öffentlicher Stellen wie einer interkommunalen Genossenschaft beitreten möchte, eine **Ausschreibung vorzuschreiben. Ein solches Ergebnis wäre aber mit der Systematik der Gemeinschaftsvorschriften auf dem Gebiet der öffentlichen Aufträge und der Konzessionen nicht vereinbar.** Eine öffentliche Stelle hat nämlich die Möglichkeit, ihre im allgemeinen Interesse liegenden Aufgaben mit ihren eigenen administrativen, technischen und sonstigen Mitteln zu erfüllen, ohne gezwungen zu sein, sich an externe Einrichtungen zu wenden, die nicht zu ihren Dienststellen gehören. Von dieser Möglichkeit für die öffentlichen Stellen, zur Erfüllung ihres gemeinwirtschaftlichen Auftrags auf ihre eigenen Mittel zurückzugreifen, kann in Zusammenarbeit mit anderen öffentlichen Stellen Gebrauch gemacht werden. Deshalb ist die **Möglichkeit zuzulassen, dass mehrere öffentliche Stellen, wenn sie die Anteile an einer konzessionsnehmenden Einrichtung halten, der sie die Erfüllung eines gemeinwirtschaftlichen Auftrags übertragen, ihre Kontrolle über diese Einrichtung gemeinsam ausüben**. Bei einem **Kollegialorgan ist das Verfahren zur Beschlussfassung**, insbesondere der **Rückgriff auf eine Mehrheitsentscheidung, unerheblich** (EuGH, Urteil v. 13. 11. 2008 – Az.: C-324/07).

Ähnlich erachtet das Bayerische Oberste Landesgericht es insoweit als notwendig, dass **nicht eine identische, sondern nur eine vergleichbare Kontrolle** wie über eine eigene Dienststelle vorliegt. Denn wenn man eine identische Kontrolle für erforderlich hält, bleibt für eine Ausnahme nahezu kein Anwendungsbereich, weil der Grad der Weisungsgebundenheit integrierter Dienststellen von beherrschten Unternehmen auch bei größter Abhängigkeit des selbständigen Trägers von der öffentlichen Hand nicht erreicht werden kann. Es kommt demnach auch weniger auf eine „Beherrschung" als vielmehr auf die Möglichkeit einer „umfassenden Einflussnahme" der Gebietskörperschaft auf das Unternehmen an (BayObLG, B. v. 22. 1. 2002 – Az.: Verg 18/01). 1952

Der **EuGH bejaht das Merkmal der „Kontrolle wie über eine eigene Dienststelle" auch für den Fall, dass mehrere öffentliche Auftraggeber insgesamt die Anteile an der Gesellschaft** in unterschiedlicher Höhe halten und **einer der Auftraggeber nur einen Anteil in Höhe von 1% hat** (EuGH, Urteil v. 19. 4. 2007 – Az.: C-295/05; im Ergebnis ebenso EuGH, Urteil v. 13. 11. 2008 – Az.: C-324/07; BGH, B. v. 3. 7. 2008 – Az.: I ZR 145/05; OLG Celle, B. v. 29. 10. 2009 – Az.: 13 Verg 8/09; VK Münster, B. v. 7. 9. 2010 – Az.: VK 6/10). 1953

Dabei kann die Kontrolle auch mittelbar ausgeübt werden, wenn beispielsweise zwischen der Kommune und der letztlich beauftragten Gesellschaft eine durchgehende Kette von Beherrschungsverträgen besteht oder die Anteilseigner auch über die weiteren beteiligten Tochter- bzw. Enkelunternehmen eine Kontrolle wie über ihre eigene(n) Dienststelle(n) ausüben würden (VK Münster, B. v. 7. 9. 2010 – Az.: VK 6/10). 1954

Der **Umstand, dass** z. B. die konzessionserteilende öffentliche Stelle **zusammen mit anderen öffentlichen Stellen das gesamte Kapital einer konzessionsnehmenden Gesellschaft hält, deutet** – ohne entscheidend zu sein – **darauf hin, dass sie über diese Gesellschaft eine Kontrolle wie über ihre eigenen Dienststellen** ausübt (EuGH, Urteil v. 13. 11. 2008 – Az.: C-324/07). 1955

Der **Anwendung der Grundsätze zu dem Merkmal der „Kontrolle wie über eine eigene Dienststelle" steht eine personalistische Struktur wie bei einem Versicherungsverein auf Gegenseitigkeit nicht entgegen**, wenn die Mitglieder die Funktion von am Kapital eines Unternehmens beteiligten Gesellschaftern erfüllen. Sie nehmen dann in der Mitgliederversammlung ihre Rechte wie Aktionäre einer Aktiengesellschaft wahr (BGH, B. v. 3. 7. 2008 – Az.: I ZR 145/05). 1956

Es ist **unerheblich, wenn Private** nicht unmittelbar, sondern nur mittelbar über gemischtwirtschaftliche Unternehmen Mitglied werden können. **Nach der Rechtsprechung des Gerichtshofs der Europäischen Gemeinschaften ist nicht zwischen unmittelbarer und mittelbarer Beteiligung privater Unternehmen zu unterscheiden**. Maßgeblich für die Erfüllung des Kontrollkriteriums ist vielmehr, dass die öffentlichen Auftraggeber ausschlaggebenden Einfluss auf die strategischen Ziele und die wichtigen Entscheidungen der Gesellschaft haben, die für sie tätig werden soll. Ein derartiger Einfluss ist aber nicht sichergestellt, wenn gemischtwirtschaftliche Unternehmen in der Mitgliederversammlung – noch dazu unbeschränkt – Stimmrechte erwerben können und keine Vorkehrungen dafür getroffen sind, dass ihr Stimmrecht jeweils ausschließlich durch den oder die jeweiligen öffentlichen Gesellschafter ohne Berücksichtigung der Interessen privater Partner ausgeübt wird. Dabei kann hier dahinstehen, ob solche Vorkehrungen überhaupt möglich sind oder ob dem entgegensteht, dass die Geschäftsführung einer gemischtwirtschaftlichen Vereinigung jedenfalls bei einer substantiellen privaten Beteiligung stets verpflichtet ist, auch die Interessen der privaten Partner zu berücksichtigen. **Ebenso wie das Kontrollkriterium auch durch eine Kette mittelbarer Beteiligungen öffentlicher Auftraggeber erfüllt werden kann, wird es ausgeschlossen, wenn Private sich mittelbar mit Stimmrecht beteiligen oder Mitglied werden können.** Dafür spricht 1957 auch das vor allem in § 97 Abs. 1 GWB zum Ausdruck kommende Anliegen des Kartellvergaberechts, dass öffentliche Beschaffung, soweit sie nicht ausdrücklich von der Anwendung der Vergaberegeln ausgenommen ist, umfassend unter geregelten Wettbewerbsbedingungen erfolgt. Es bedarf daher **grundsätzlich einer weiten Auslegung des Begriffs des öffentlichen Auftrags** (BGH, B. v. 3. 7. 2008 – Az.: I ZR 145/05).

1958 **8.13.5.5.2.2 Weitere Beispiele aus der Rechtsprechung**

– nach den §§ 34 bis 36 VAG entsprechen die Befugnisse von Vorstand, Aufsichtsrat und oberster Vertretung (Mitgliederversammlung) eines Versicherungsvereins auf Gegenseitigkeit denjenigen von Vorstand, Aufsichtsrat und Hauptversammlung einer Aktiengesellschaft. Für die Rechte und Pflichten der Organe des Versicherungsvereins auf Gegenseitigkeit gelten – von hier unerheblichen Besonderheiten abgesehen – die aktienrechtlichen Vorschriften entsprechend. Dementsprechend **obliegt die eigenverantwortliche Leitung, Vertretung und Geschäftsführung des Versicherungsvereins auf Gegenseitigkeit allein dem Vorstand** (BGH, B. v. 3. 7. 2008 – Az.: I ZR 145/05); das Merkmal der Kontrolle ist nicht erfüllt

– die **mitgliedschaftlichen Teilhabemöglichkeiten gemischtwirtschaftlicher Unternehmen an der Beklagten schließen es aus, dass sie von öffentlichen Auftraggebern wie eine eigene Dienststelle kontrolliert wird.** Der Mitgliederkreis der Beklagten ist nicht auf öffentlich-rechtliche Körperschaften und Anstalten beschränkt. Private Unternehmen oder Investoren sind zwar nicht unmittelbar Mitglieder der Beklagten. Nach § 4 Abs. 1 ihrer Satzung können aber wirtschaftliche Vereinigungen mit einer privaten Beteiligung von bis zu 50% Mitglied werden. Die Möglichkeit derartiger gemischtwirtschaftlicher Unternehmen zur Mitgliedschaft ist in keiner Weise beschränkt; gemäß § 17 Abs. 2 der Satzung hängt auch das Stimmrecht in der Mitgliederversammlung allein vom Jahresbeitrag ab (BGH, B. v. 3. 7. 2008 – Az.: I ZR 145/05)

1959 **8.13.5.5.3 Tätigkeit im Wesentlichen für den öffentlichen Auftraggeber. 8.13.5.5.3.1 Grundsatz der Selbstausführung.** Bei einem inhouse-Geschäft darf die beauftragte Gesellschaft (Betriebsstelle der Kommune) nicht am Markt noch andere Tätigkeiten ausüben, sondern soll sich im Wesentlichen mit der Ausführung der ihr übertragenen Aufgaben beschäftigen. Würde diese staatliche Gesellschaft am Markt wesentliche andere Tätigkeiten ausüben, dann tritt sie auf jeden Fall in Konkurrenz zu anderen privaten Unternehmen, die am Markt tätig sind. Dabei ist bei der Prüfung dieses Kriteriums ein strenger Maßstab anzulegen, weil es sich um eine Ausnahmeregelung von der grundsätzlich erforderlichen Ausschreibung solcher Leistungen handelt. Die **Marktberührung findet aber auch dann statt, wenn eine Gesellschaft zwar sich mit den ihr von den Anteilseignern übertragenen Aufgaben beschäftigt, diese aber nicht selbst ausführen kann, weil ihr die dafür erforderlichen Betriebsmittel, wie z. B. Busse und Personal, fehlen. Eine interne Betriebsstelle, die nicht dazu in der Lage ist, das operative Geschäft durchzuführen, muss sich am Markt Unternehmen suchen, die diese Aufgaben erfüllen.** Sobald aber feststellbar ist, dass der Wettbewerb sehr wohl tangiert ist, **kann sich ein öffentlicher Auftraggeber nicht mehr auf die Ausnahmeregelung – kein Auftrag bei in-house Vergabe – berufen.** Auf die Möglichkeit einer Nachunternehmerbeauftragung kommt es ebenfalls nicht an (VK Münster, B. v. 7. 9. 2010 – Az.: VK 6/10).

1960 **8.13.5.5.3.2 Allgemeines.** Nach der Rechtsprechung des EuGH muss **jede andere Tätigkeit rein nebensächlich** sein. Um zu beurteilen, ob dies der Fall ist, muss der zuständige Richter **alle – qualitativen wie quantitativen – Umstände des Einzelfalls berücksichtigen** (EuGH, Urteil v. 11. 5. 2006 – Az.: C-340/04; BGH, B. v. 3. 7. 2008 – Az.: I ZR 145/05; OLG Celle, B. v. 29. 10. 2009 – Az.: 13 Verg 8/09; B. v. 14. 9. 2006 – Az.: 13 Verg 2/06).

1961 Ein vergaberechtsfreies Inhouse-Geschäft **scheidet grundsätzlich aus, wenn das für den Auftrag vorgesehene Unternehmen nur 92,5% seines Umsatzes** aus Geschäften mit den Gebietskörperschaften erzielt, denen das Unternehmen gehört (OLG Celle, B. v. 29. 10. 2009 – Az.: 13 Verg 8/09; B. v. 14. 9. 2006 – Az.: 13 Verg 2/06).

1962 Anderer Auffassung ist insoweit der EuGH. Verrichtet das für den Auftrag vorgesehene Unternehmen **insgesamt 90% seiner Tätigkeiten für den oder die öffentlichen Auftraggeber**, ist das Unternehmen **im Wesentlichen für die Körperschaften und öffentlichen Einrichtungen tätig, die ihre Anteile innehaben** (EuGH, Urteil v. 19. 4. 2007 – Az.: C-295/05).

1963 Der **BGH hingegen bezweifelt** die Erfüllung dieses Kriteriums bei einer Fremdauftragsquote von 10% (BGH, B. v. 3. 7. 2008 – Az.: I ZR 145/05).

Gesetz gegen Wettbewerbsbeschränkungen GWB § 99 **Teil 1**

Voraussetzung ist ungeachtet der genauen Prozentsätze, dass die Gesellschaft als Auftragneh- 1964
merin **nahezu ausschließlich ihre geschäftliche Tätigkeit** für den oder die öffentlichen
Auftraggeber als Anteilseigner erbringen muss (OLG Celle, B. v. 29. 10. 2009 – Az.: 13 Verg 8/
09; VK Arnsberg, B. v. 26. 10. 2005 – Az.: VK 15/2005; VK Düsseldorf, B. v. 16. 3. 2004 –
Az.: VK – 3/2004 – L). Hierbei ist ein **strenger Prüfungsmaßstab erforderlich**. Ein staatlich
kontrolliertes Unternehmen, das in nicht ganz unerheblichem Umfang auch für Dritte tätig
wird, tritt in Wettbewerb zu anderen Unternehmen. Eine Befreiung der Auftragserteilung an
ein solches Unternehmen von dem Vergaberecht würde daher eine Diskriminierung im Vergleich zu potentiellen Mitbewerbern bedeuten (OLG Düsseldorf, B. v. 12. 1. 2004 – Az.: VII –
Verg 71/03; VK Münster, B. v. 7. 9. 2010 – Az.: VK 6/10).

8.13.5.5.3.3 Maßstab des § 10 VgV (alt) – 80%. „Im wesentlichen" heißt sicherlich mehr 1965
als 50%. Anhaltspunkt für eine nähere Bemessung dieses Tätigkeitsvolumens können die Regelungen zu den sog. konzerninternen Verträgen der Sektorenauftraggeber liefern, die auch als
sog. Konzernprivileg bezeichnet werden. Nach § 100 Abs. 2 i) GWB sind die **Dienstleistungen von verbundenen Unternehmen** der Sektorenauftraggeber von der Anwendung des
Vergaberechts befreit. Diese Freistellung der verbundenen Unternehmen i. S. d. § 100 Abs. 2
lit. i) GWB wird in § 10 VgV näher bestimmt. Danach muss **mindestens 80% des** von dem
jeweiligen Unternehmen während der letzten 3 Jahre in der EG **erzielten durchschnittlichen
Umsatzes** im Dienstleistungssektor aus der Erbringung dieser Dienstleistung für die mit ihm
verbundenen Unternehmen stammen. Das bedeutet, dass das **Fremdgeschäft der beauftragten verbundenen Unternehmen nicht mehr als 20%** betragen darf (VK Halle, B. v. 27. 5.
2002 – Az.: VK Hal 03/02; VK Südbayern, B. v. 23. 10. 2001 – Az.: 32-09/01).

Diese Auffassung ist **seit der neueren EuGH-Rechtsprechung** (EuGH, Urteil vom 11. 5. 1966
2006 – Az.: C-340/04) **überholt**.

8.13.5.5.3.4 Zu berücksichtigender Umsatz. Was die Frage anbelangt, **ob allein der** 1967
**mit der kontrollierenden Körperschaft oder der im Gebiet dieser Körperschaft erzielte
Umsatz zu berücksichtigen ist**, so ist der Umsatz ausschlaggebend, den das fragliche
Unternehmen aufgrund der Vergabeentscheidungen der kontrollierenden Körperschaft erzielt, und zwar einschließlich des Umsatzes, der in Ausführung solcher Entscheidungen mit Nutzern erzielt wird. Zu berücksichtigen sind nämlich alle Tätigkeiten, die ein Unternehmen als Auftragnehmer im Rahmen einer Vergabe durch den öffentlichen Auftraggeber verrichtet, ohne dass die Person des Begünstigten – sei es der öffentliche Auftraggeber selbst oder der
Nutzer der Leistungen – von Bedeutung wäre. **Es kommt nicht darauf an, wer die betreffenden Unternehmen vergütet**, sei es die Körperschaft, die seine Anteile innehat, seien es
Dritte als Nutzer der Dienstleistungen, die aufgrund von Konzessionen oder anderen von der
Körperschaft eingegangenen Rechtsbeziehungen erbracht werden. **Es spielt auch keine Rolle,
in welchem Gebiet die genannten Leistungen erbracht werden**. Bei einem **Unternehmen, dessen Anteile von mehreren Körperschaften gehalten** werden, ist **auf die Tätigkeit abzustellen, die es für alle diese Körperschaften verrichtet** (EuGH, Urteil v. 11. 5.
2006 – Az.: C-340/04).

Für die für ein InhouseGeschäft maßgebliche Frage, ob eine Gesellschaft im Wesentlichen für 1968
den öffentlichen Auftraggeber tätig ist, sind **auch Umsätze von 100%igen Tochtergesellschaften zu berücksichtigen**, wenn für Mutter und Tochter ein gemeinsamer konsolidierter
Abschluss vorliegt, der Geschäftsbericht die Ertragslage beider Gesellschaften zusammenfasst und
gruppeninterne Vorgänge eliminiert und die Tochter nur mit personeller und sachlicher Ausstattung der Mutter arbeitsfähig ist (OLG Celle, B. v. 29. 10. 2009 – Az.: 13 Verg 8/09).

8.13.5.5.3.5 Aufteilungsmaßstab. Basis für eine entsprechende Beurteilung ist die gesamte 1969
Geschäftstätigkeit des künftigen Auftragnehmers (VK Halle, B. v. 27. 5. 2002 – Az.: VK Hal 03/
02), und zwar **nur die jeweils gegenwärtige Geschäftssituation des laufenden Geschäftsjahres**, da abgewickelte Geschäftsbeziehungen und Aufträge keine Aussage über den derzeitigen
Geschäftsschwerpunkt enthalten und zukünftige Entwicklungen der Geschäftstätigkeit, die noch
nicht verbindlich vereinbart wurden, noch fiktiv sind (VK Düsseldorf, B. v. 16. 3. 2004 – Az.:
VK – 3/2004 – L).

8.13.5.5.3.6 Konzessionsabgabe als Aufteilungsmaßstab. Der Aufteilungsmaßstab nach 1970
dem Konzessionsabgabengesetz ist für ein Inhouse-Geschäft **kein wirksamer Aufteilungsmaßstab**, da die wirtschaftliche Größe hierbei unberücksichtigt bleibt. Lediglich der vom Gesetzgeber vorgegebene Faktor über die notwendige Abgabemenge führt zu einer Leistungsgröße. Im freien Wettbewerb bestimmt sich jedoch die Leistungsgröße unter Abgabe der Menge ×
erzielbarem Preis. Insofern ergibt sich hieraus die aufzuteilende Größe gleich Umsatz. Hinzu

445

kommt, dass es sich bei der Konzessionsabgabe letztendlich um eine Größenordnung zwischen Gemeinde und EVU handelt. Die Konzessionsabgabe bildet auch nicht den aufzuteilenden Maßstab innerhalb der Gewinn- und Verlustrechnung des Unternehmens. Die **Umsatzzahlen sind daher als aussagekräftiger zu betrachten** (VK Arnsberg, B. v. 5. 8. 2003 – Az.: VK 2–13/2003).

1971   **8.13.5.5.4 Inhouse-Geschäft und mehrstufige Beauftragung.** Vor der Tatsache, dass eine zwei- oder gar noch mehrstufige Beauftragung die Interessenkonflikte zwischen Auftraggeber und Eigengesellschaft zunehmend verschärft und die Unmittelbarkeit der Kontrolle logischer Weise abnimmt, **hält die Vergabekammer Arnsberg es nicht für zulässig, den Begriff der Inhouse-Geschäfte auf eine mehrstufige Beauftragung auszudehnen**. Der erkennbare Wille des europäischen Gesetzgebers, die Konstruktion sog. Inhouse-Geschäfte nur bei großer Nähe zum Auftraggeber anzunehmen, würde durch eine mehrstufige Beauftragung in nicht absehbarer Form unterlaufen und die vergaberechtliche Kontrolle zunehmend immer mehr erschweren. Auch die Tatsache, dass ein vergaberechtsfreier Verkauf von Gesellschaftsanteilen der Tochter- respektive Enkelgesellschaften nur unter den Voraussetzungen eines Inhouse-Geschäftes zulässig sein dürfte, ergibt langfristig keine zufrieden stellende Kontrollmöglichkeit für die Umgehung vergaberechtlicher Bestimmungen bei mehrstufigen Beauftragungen (VK Arnsberg, B. v. 5. 8. 2003 – Az.: VK 2–13/2003).

1972   Dieser **Beschluss** der Vergabekammer wurde vom OLG Düsseldorf **aufgehoben**. Nach Auffassung des Oberlandesgerichts erfüllt auch **ein alleiniger Anteilsbesitz**, der **über eine weitere Gesellschaft**, die **im alleinigen Anteilsbesitz des öffentlichen Auftraggebers** steht und die wiederum **sämtliche Geschäftsanteile des Tochterunternehmens** hält, vermittelt wird, die Voraussetzungen eines Inhouse-Geschäfts (OLG Düsseldorf, B. v. 12. 1. 2004 – Az.: VII – Verg 71/03).

1973   Dass das Tochterunternehmen nicht von dem öffentlichen Auftraggeber unmittelbar beauftragt wird, sondern den **Auftrag im Wege der Vertragsübernahme erhalten soll, spielt keine Rolle**. Würde es sich bei dem Tochterunternehmen um ein im unmittelbaren Anteilsbesitz des öffentlichen Auftraggebers stehendes Unternehmen handeln, lägen die Voraussetzungen eines vergaberechtsfreien Eigengeschäfts ohne jeden Zweifel vor. Es **fehlt jede Rechtfertigung, den Fall der mehrstufigen Beauftragung anders zu beurteilen**. Solange in Bezug auf das mit der Dienstleistung zu betrauende Unternehmen die Voraussetzungen für ein vergabefreies Eigengeschäft erfüllt sind, ist es vergaberechtlich ohne Belang, ob sich der öffentliche Auftraggeber zur Aufgabenerfüllung eines Tochter- oder eines Enkelunternehmens bedient. **Gleichgültig** ist **ebenso**, ob jenes **Unternehmen direkt oder mittels Vertragsübernahme mit der Leistungserbringung beauftragt** wird. In dem einen wie in dem anderen Fall wird nämlich die zu vergebende Leistung durch ein Unternehmen erbracht, das in einem unmittelbaren Auftragsverhältnis zum öffentlichen Auftraggeber steht und die erörterten Voraussetzungen, unter denen die Rechtsprechung ein vergabefreies Eigengeschäft zulässt, erfüllt.

8.13.5.6 Inhouse-Geschäfte und Kommunalverfassungsrecht

1974   Kommt man nach Prüfung aller Umstände zu dem Ergebnis, dass auf der kommunalen Ebene die Beauftragung dem Vergaberecht zu unterstellen ist, bestehen dagegen auch **kommunalverfassungsrechtlich** (Art. 28 Abs. 2 GG) **keine Bedenken**. Kommunen werden nämlich nicht gehindert, sich zur Erfüllung von Pflichtaufgaben gemischt-wirtschaftlicher Gesellschaften zu bedienen. Öffnen sie sich durch die Hereinnahme privater Unternehmer bewusst dem Markt, um dessen Chancen zu nutzen, so ist es auch nur konsequent, diese Betätigung grundsätzlich den für einen freien Wettbewerb geltenden Vergabevorschriften zu unterwerfen (BayObLG, B. v. 22. 1. 2002 – Az.: Verg 18/01).

8.13.5.7 Inhouse-Geschäfte bei Beauftragung von Verwaltungseinheiten

1975   **8.13.5.7.1 Grundsatz.** Sind **Auftraggeber und Auftragnehmer rechtlich identisch, gehören z. B. derselben juristischen Person des öffentlichen Rechts an**, sind beides Behörden dieser Person des öffentlichen Rechts. Das Vergaberecht kommt aber erst dann zur Anwendung, wenn zwischen Auftraggeber und Auftragnehmer ein Vertragsverhältnis besteht. Dies **erfordert jedoch einen Vertrag zwischen zwei voneinander getrennten juristischen Personen**. Dass das Vergaberecht an das Vorliegen eines Vertrages anknüpft, ergibt sich sowohl aus § 99 Abs. 1 bis 4 GWB, wo die Auftragsarten jeweils als „bestimmte „Verträge" definiert werden, als auch aus dem jeweiligen Art. 1 lit. a) der BKR, DKR und LKR, wonach Aufträge ebenfalls als Verträge mit bestimmtem Inhalt definiert werden. Dann ist es auch nicht relevant,

Gesetz gegen Wettbewerbsbeschränkungen GWB § 99 **Teil 1**

ob zwischen den Einheiten in der einen oder anderen Weise eine Verrechnung stattfindet, so dass die Erbringung der Leistung unter Umständen sogar als entgeltlich betrachtet werden könnte (VK Nordbayern, B. v. 27. 5. 2004 – Az.: 320.VK – 3194 – 14/04).

8.13.5.7.2 Beispiele aus der Rechtsprechung 1976

– Aufträge einer **Justizverwaltung eines Bundeslandes an eine Justizvollzugsanstalt desselben Bundeslandes** (VK Nordbayern, B. v. 27. 5. 2004 – Az.: 320.VK – 3194 – 14/04).

8.13.5.8 Bekanntmachungspflicht bei Inhouse-Geschäften?

Ausgehend vom Transparenzgebot, sich ergebend aus den Grundfreiheiten des Art. 43 und 49 1977 EG-Vertrag – jetzt Art. 49 und 56 AEUV) **hält der EuGH auch die Bekanntmachung einer – vergaberechtsfreien – Dienstleistungskonzession für erforderlich**, um allen Unternehmen der EU die Möglichkeit zu geben, ihr Interesse zu bekunden. **Es ist nicht einzusehen, warum ein Dienstleistungsvertrag, der an sich die Voraussetzung des § 99 GWB bzw. die Definition der Dienstleistungsrichtlinie erfüllt (entgeltlicher Vertrag mit einem Unternehmen über die Erbringung von Dienstleistungen) und lediglich über die Auslegung des Begriffs des Unternehmens gänzlich dem Wettbewerb entzogen wird, nicht auch wie die vergaberechtsfreie Dienstleistungskonzession wenigstens dem Transparenzgebot unterliegt**, das prinzipiell und unabhängig von nationalem Recht gilt und so auch Vergaben unterhalb der Schwellenwerte betrifft. Dies hätte zur Konsequenz, dass sich die Lücke zwischen der Anwendbarkeit des § 13 VgV und des § 138 BGB schließt. Die Bekanntmachung der Vergabeabsicht auch freihändiger Vergaben bei Inhouse-Geschäften würde den Bietern die Möglichkeit eröffnen, dennoch Interesse zu bekunden und damit einen potentiellen Bieterkreis im Sinne des § 13 VgV zu schaffen, den der Auftraggeber in der Regel aus haushaltsrechtlichen Gründen schon in Erwägung zu ziehen hätte. Die **Vergabekammer Arnsberg geht daher davon aus, dass auf der Basis dieser EuGH- Rechtsprechung der öffentliche Auftraggeber in Zukunft verpflichtet ist, auch seine Vergabeabsichten bei Inhouse-Geschäften aus Gründen des Transparenzgebotes wenigstens EU-weit bekannt zu machen, um den Anspruch auf Rechtsschutz sicherzustellen** (VK Arnsberg, B. v. 26. 10. 2005 – Az.: VK 15/2005). Diese Rechtsprechung wurde bisher praktisch **noch kaum umgesetzt**.

8.13.5.9 Kein Verbot der Tätigkeit auf Drittmärkten für ein Unternehmen, das einen Inhouse-Auftrag erhalten hat

Weder eine gültige nationale Norm noch europarechtliche Verordnungen oder Vorgaben der Rechtsprechung verbieten einem Unternehmen, das möglicherweise einen 1978 **In-House Auftrag erhalten hat, die Tätigkeit auf Drittmärkten**. Der EuGH hatte sich bisher lediglich mit der Frage zu befassen, unter welchen Voraussetzungen eine so genannte In-House bzw. Direktvergabe zulässig ist. Der EuGH hat sich bisher aber nicht dazu geäußert, ob ein Unternehmen, das einen Auftrag intern erhalten hat, als Konsequenz nicht auf Drittmärkten tätig werden darf. **Eine Beschränkung der wirtschaftlichen Betätigung von Unternehmen, die so genannte In-House-Aufträge ausführen, hätte erhebliche Folgen bei der Privatisierung der lange Zeit von der öffentlichen Hand wahrgenommenen Aufgaben der Daseinsvorsorge**. Der Kreis erfahrener Bieter wäre eingeschränkt, ein echter Wettbewerb auf diesem Markt gefährdet. Es ist **Sache des europäischen Verordnungsgebers bzw. des nationalen Gesetzgebers, sofern sie Bedarf sehen, durch Verordnung oder Gesetz zu regeln, ob und ggfs. unter welchen Voraussetzungen ein intern beauftragtes Unternehmen sich nicht an Ausschreibungen auf Drittmärkten beteiligen darf und ob ein Tätigwerden auf Drittmärkten Auswirkung auf den intern vergebenen Auftrag hat.** Ohne entsprechende gesetzliche Grundlage kommt ein Ausschluss entsprechender Angebote nicht in Betracht. Die VO (EG) Nr. 1370/2007, die in Art. 5 Abs. 2 vorsieht, dass ein interner Betreiber frühestens zwei Jahre vor Ablauf des direkt an ihn vergebenen Auftrags an fairen wettbewerblichen Vergabeverfahren teilnehmen kann, tritt erst zum 3. 12. 2009 in Kraft und sieht im übrigen vor, dass die Vergabe von Aufträgen für den öffentlichen Verkehr auf Schiene und Straße ab 3. Dezember 2019 im Einklang mit Artikel 5 erfolgen muss. Die Regelungen der Verordnung sprechen im übrigen dafür, dass ein Verbot für einen internen Betreiber, sich an Ausschreibungen auf Drittmärkten zu beteiligen, eines Rechtsetzungsaktes bedarf und kein unmittelbar anzuwendender europarechtlicher Grundsatz ist (OLG München, B. v. 21. 5. 2008 – Az.: Verg 05/08).

Teil 1 GWB § 99   Gesetz gegen Wettbewerbsbeschränkungen

8.13.5.10 Literatur

1979
- Beckmann, Martin, In-house-Geschäfte und De-Facto-Vergaben – EuGH schließt Lücken des Vergaberechts, AbfallR 2005, 37
- Bergmann, Tina, Die Vergabe öffentlicher Aufträge und das In-House-Geschäft, Dissertation, Hamburg, 2005
- Bohne, Jochen/Heinbuch, Holger, Sind Stadtwerke In-house-fähig?, NvWZ 2004, 177
- Bultmann, Peter, Zur Privilegierung gemischt-öffentlicher Eigengesellschaften bei der Vergabe öffentlicher Aufträge, NZBau 2006, 222
- Burgi, Martin, Energierecht und Vergaberecht, Recht der Energiewirtschaft 6/2007, 145
- von dem Bussche, Julie, Das ausschreibungsfreie Inhouse-Geschäft nach dem Gesetzesentwurf zur Modernisierung des Vergaberechts: Schaffung eines isolierten Verwaltungsmarkts?, VergabeR 2008, 881
- Dabringhausen, Gerhard, Horizontale Inhouse-Geschäfte, NZBau 2009, 616
- Dabringhausen, Gerhard/Meier, Norbert, Der stille Gesellschafter – ein „schädlicher" Dritter im Sinne der neueren EuGH-Rechtsprechung zur In-house-Vergabe?, NZBau 2007, 417
- Dabringhausen, Gerhard, Aktuelle Folgerungen für Kommunen aus der neuesten Rechtsprechung des EuGH zur Problematik der „In-house-Vergaben", der Gemeindehaushalt 2005, 107
- Dammert, Bernd, Vergabefreie In-house-Geschäfte – Möglichkeiten und Grenzen, BauRB 2005, 151
- Dippel, Norbert/Herborn-Lauff, Monika, Missbrauch bei den Ausnahmen – Öffentliche Aufträge im Verteidigungsbereich, Behörden Spiegel Mai 2006, 20
- Dreher, Meinrad, Das Verhältnis von Kartellvergabe- und Zuwendungsrecht – Ausschreibungsfreiheit oder Ausschreibungspflicht bei zuwendungsmitfinanzierten In-house-Vergaben? – Teil 1, NZBau 2008, 93
- Dreher, Meinrad, Das Verhältnis von Kartellvergabe- und Zuwendungsrecht – Ausschreibungsfreiheit oder Ausschreibungspflicht bei zuwendungsmitfinanzierten In-house-Vergaben? – Teil 2, NZBau 2008, 154
- Dreher, Meinrad, Das In-house-Geschäft – Offene und neue Rechtsfragen der Anwendbarkeit der In-house-Grundsätze, NZBau 2004, 14
- Frenz, Walter, In-House-Geschäfte nach dem Urteil Sea, VergabeR 2010, 147
- Frenz, Walter, In-House-Geschäfte nach dem Urteil Asemfo/Tragsa – EuGH, Urt. v. 29. 4. 2007 – Rs. C 295/05, VergabeR 2007, 446
- Frenz, Walter, Neues zu In-House-Geschäften, VergabeR 2007, 304
- Hausmann, Friedrich/Bultmann, Peter, Die Entscheidung des EuGH in der Rechtssache „Stadt Halle", NVwZ 2005, 377
- Jasper, Ute, Der Spielraum wird enger – In-House-Geschäfte mit Aktiengesellschaften, Behörden Spiegel September 2008, 28
- Jasper, Ute/Arnold, Hans, Die Ausschreibungspflicht im Fall der „Stadt Mödling", NZBau 2006, 24
- Jennert, Carsten, In-house-Vergabe nach „Carbotermo": Bei der kommunalen GmbH möglich, beim Zweckverband nicht?, NZBau 2006, 421
- Jennert, Carsten, Das Urteil „Parking Brixen": Übernahme des Betriebsrisikos als rechtssicheres Abgrenzungsmerkmal für die Dienstleistungskonzession?, NZBau 2005, 623
- Just, Christoph, Von Halle über Brixen und Brabant nach Hamburg – Zu den Grenzen der vergabefreien Inhousegeschäfte, 10 Jahre nach Teckal, EuZW 2009, 879
- Koman, Angelika, Von Teckal zu Halle: Die jüngste Vergaberechtsjudikatur des EuGH und deren Auswirkungen auf die aktuelle Diskussion zu „In-house" Rechtsverhältnissen und institutionellen Public Private Partnerships, ZfBR 2005, 349
- Konstas, Jannis, Das vergaberechtliche Inhouse-Geschäft – Die Ausschreibungspflicht für öffentliche Aufträge an verselbständigte Verwaltungseinheiten und Rechtsschutzmöglichkeiten übergangener Wettbewerber, Dissertation, München, 2004

- Krämer, Martin, Nach dem Inhouse-Paukenschlag – Gemischtwirtschaftliche Unternehmen: was nun?, Behörden Spiegel März 2005, 23
- Krohn, Wolfram, „In-house"-Fähigkeit kommunaler Gemeinschaftsunternehmen, NZBau 2009, 222
- Krohn, Wolfram, „Aus" für In-house-Vergaben an gemischtwirtschaftliche Unternehmen, NZBau 2005, 91
- Kühling, Jürgen, Ausschreibungszwänge bei der Gründung gemischt-wirtschaftlicher Gesellschaften – Das EuGH-Urteil im Fall Mödling und seine Folgen, ZfBR 2006, 661
- Lotze, Andreas, Daseinsvorsorge oder Wettbewerb? – Zu den vergaberechtlichen Konsequenzen der EuGH-Entscheidung „Stadt Halle" für die Ver- und Entsorgungswirtschaft, VergabeR 2005, 278
- Mayen, Thomas, Durchführung von Förderprogrammen und Vergaberecht, NZBau 2009, 98
- Müller-Kabisch, Susanne/Manka, Jörg, EuGH macht „kurzen Prozess" mit In-house-Vergaben an gemischtwirtschaftliche Unternehmen, der Gemeindehaushalt 2005, 158
- Orlowski, Christian, Zulässigkeit und Grenzen der In-house-Vergabe, NZBau 2007, 80 (ausführliche Darstellung der Möglichkeiten)
- Polster, Julian, Die Rechtsfigur des In-house-Geschäfts – Eine unendliche Geschichte, NZBau 2010, 486
- Portz, Norbert, Zu starke Marktausrichtung – EuGH: Wettbewerbspflicht bei Dienstleistungskonzessionen, Behörden Spiegel November 2005, 16
- Recker, Engelbert, Inhouse-Geschäfte anpassen – EuGH verschärft Anforderungen weiter, Behörden Spiegel Juli 2006, 20
- Schröder, Holger, In-House-Vergabe zwischen Beteiligungsunternehmen der öffentlichen Hand?, NZBau 2005, 127
- Siegel, Thorsten, Die Vergaberechtspflichtigkeit der In-State-Geschäfte – Ein Rückzug in drei Akten, VergabeR 2006, 621
- Sittner, Elmar, Vergabe per Musterunterlagen – Abschlüsse bei Kommunalversicherern nicht mehr „europafest", Behörden Spiegel Oktober 2005, 20
- Söbbeke, Markus, In-house quo vadis?: Zur Konzeption des Kontrollerfordernisses bei vergabefreien Eigengeschäften nach den EuGH-Urteilen „Stadt Halle" und „Carbotermo", DÖV 2006, 996
- Stammkötter, Andreas, „Outhouse" durch Wettbewerb – Die Konkretisierung der Anforderungen an eine Inhouse-Vergabe nach der „Carbotermo"-Entscheidung des EuGH, ZfBR 2007, 245
- Vetter, Rainer/Bergmann, Tina, De-facto-Vergaben und In-house-Geschäfte im Lichte des effet utile – Kein Raum für Schlupflöcher im Vergaberecht, EuZW 2005, 589
- Wittek, Nicolas, Das In-House Geschäft im EG-Vergaberecht – die mitgliedstaatliche Bedarfsdeckung im Lichte des EG-Vergaberechts unter besonderer Berücksichtigung der In-House-Vergabe, Dissertation, Frankfurt am Main, 2004
- Ziekow, Jan, In-House-Geschäfte – werden die Spielräume enger?, VergabeR 2006, 608

8.13.6 Laufende Verträge, Vertragsänderungen und Optionen

8.13.6.1 Nichtkündigung von laufenden Verträgen

Die bloße **Nichtkündigung** eines Vertrages stellt grundsätzlich **keinen vergaberechtlich relevanten Vorgang dar** (OLG Celle, B. v. 4. 5. 2001 – Az.: 13 Verg 5/00; VK Baden-Württemberg, B. v. 26. 3. 2002 – Az.: 1 VK 7/02). 1980

Eine **Erklärung des Kündigungsverzichts stellt keinen öffentlichen Auftrag im Sinne von § 99 Abs. 1 GWB dar.** Danach sind öffentliche Verträge entgeltliche Verträge von öffentlichen Auftraggebern mit Unternehmen über die Beschaffung von Leistungen. Demgegenüber stellt eine Kündigungsverzichtserklärung als einseitig empfangsbedürftige Willenserklärung die Ausübung eines vertraglich vereinbarten Gestaltungsrechts dar, das ein bereits bestehendes Dauerschuldverhältnis für die Zukunft beendet. Eine Änderung oder Erweiterung des 1981 ursprünglichen Vertragsgegenstandes ist damit nicht verbunden. **Auch führt die Rücknahme oder Aufhebung bzw. Nichtigkeit einer Kündigungserklärung nicht zu einem neuen Vertrag, sondern setzt den alten Vertrag lediglich fort. Insbesondere liegt darin auch keine de facto-Vergabe**, die nach § 101b Abs. 1 Nr. 2 GWB angreifbar ist. Die bloße Kündigungsverzichtserklärung ist demzufolge für ein Nachprüfungsverfahren nicht relevant (VK Schleswig-Holstein, B. v. 26. 5. 2010 – Az.: VK-SH 01/10).

8.13.6.2 Abänderungen bestehender Vertragsbeziehungen bei nicht unerheblicher Änderung des Vertragsinhalts

1982 8.13.6.2.1 Rechtsprechung. 8.13.6.2.1.1 Rechtsprechung des EuGH. Die **europäischen Vergaberichtlinien enthalten keine ausdrückliche Antwort** auf die Fragen, unter welchen Voraussetzungen Änderungen eines bestehenden Vertrags zwischen einem öffentlichen Auftraggeber und einem Dienstleistungserbringer als eine neue Vergabe anzusehen sind, aber **mehrere relevante Hinweise**, die in den allgemeinen Rahmen der Gemeinschaftsvorschriften über das öffentliche Auftragswesen einzuordnen sind. Aus der Rechtsprechung ergibt sich, dass das Hauptziel der Gemeinschaftsvorschriften über das öffentliche Auftragswesen die Gewährleistung des freien Dienstleistungsverkehrs und die Öffnung für einen unverfälschten Wettbewerb in allen Mitgliedstaaten ist. Dieses doppelte Ziel verfolgt das Gemeinschaftsrecht insbesondere durch die **Anwendung des Verbots der Diskriminierung aus Gründen der Staatsangehörigkeit, des Grundsatzes der Gleichbehandlung der Bieter und der sich daraus ergebenden Verpflichtung zur Transparenz.** Um die Transparenz der Verfahren und die Gleichbehandlung der Bieter sicherzustellen, sind **Änderungen der Bestimmungen eines öffentlichen Auftrags während seiner Geltungsdauer als Neuvergabe** des Auftrags anzusehen, wenn sie **wesentlich andere Merkmale aufweisen als der ursprüngliche Auftrag und damit den Willen der Parteien zur Neuverhandlung wesentlicher Bestimmungen dieses Vertrags erkennen lassen.** Die Änderung eines öffentlichen Auftrags während seiner Laufzeit **kann als wesentlich angesehen** werden, wenn sie Bedingungen einführt, die die **Zulassung anderer als der ursprünglich zugelassenen Bieter oder die Annahme eines anderen als des ursprünglich angenommenen Angebots erlaubt hätten, wenn sie Gegenstand des ursprünglichen Vergabeverfahrens gewesen wären.** Desgleichen kann eine **Änderung des ursprünglichen Auftrags als wesentlich** angesehen werden, wenn sie den **Auftrag in großem Umfang auf ursprünglich nicht vorgesehene Dienstleistungen erweitert** (EuGH, Urteil v. 29. 4. 2010 – Az.: C-160/08; BGH, Urteil v. 22. 7. 2010 – Az.: VII ZR 213/08; OLG Düsseldorf, B. v. 21. 7. 2010 – Az.: VII-Verg 19/10). Eine **Änderung kann auch dann als wesentlich angesehen** werden, wenn sie **das wirtschaftliche Gleichgewicht des Vertrags in einer im ursprünglichen Auftrag nicht vorgesehenen Weise zugunsten des Auftragnehmers ändert** (EuGH, Urteil v. 15. 10. 2009 – Az.: C-196/08; Urteil v. 19. 6. 2008 – Az.: C-454/06; BGH, Urteil v. 22. 7. 2010 – Az.: VII ZR 213/08; VK Münster, B. v. 18. 3. 2010 – Az.: VK 1/10).

1983 Im Allgemeinen ist die Ersetzung des Vertragspartners, dem der öffentliche Auftraggeber den Auftrag ursprünglich erteilt hatte, durch einen neuen als Änderung einer wesentlichen Vertragsbestimmung des betreffenden öffentlichen Dienstleistungsauftrags anzusehen, wenn sie nicht in den Bedingungen des ursprünglichen Auftrags, beispielsweise im Rahmen einer Unterbeauftragung, vorgesehen war. Ist allerdings der **neue Auftragnehmer eine 100%-ige Tochtergesellschaft**, wobei der eigentliche Vertragspartner ein Weisungsrecht hat und besteht zwischen beiden ein Gewinn- und Verlustausschließungsvertrag besteht und hat ferner eine zur Vertretung des eigentlichen Vertragspartners berechtigte Person dem öffentlichen Auftraggeber versichert, dass der eigentliche Vertragspartner nach der Übertragung der Dienstleistungen solidarisch mit dem neuen Vertragspartner haftet und dass sich an der bisherigen Gesamtleistung nichts ändern wird, **stellt eine solche Vereinbarung im Wesentlichen eine interne Neuorganisation des Vertragspartners dar**, die die Vertragsbedingungen des ursprünglichen Auftrags nicht wesentlich ändert. Werden allerdings die **Gesellschaftsanteile des neuen Vertragspartners während der Laufzeit des im Ausgangsverfahren in Rede stehenden Auftrags an einen Dritten veräußert**, handelte es sich nicht mehr um eine interne Neuorganisation des ursprünglichen Vertragspartners, sondern um eine **tatsächliche Änderung des Vertragspartners, was grundsätzlich eine Änderung einer wesentlichen Vertragsbestimmung darstellt.** Eine entsprechende Überlegung gilt, wenn die **Abtretung der Gesellschaftsanteile an der Tochtergesellschaft an einen Dritten zum Zeitpunkt der fraglichen Übertragung der Tätigkeiten auf diese bereits vorgesehen war.** Das **Fehlen einer Garantie** dafür, dass die Gesellschaftsanteile an der Tochtergesellschaft wäh-

Gesetz gegen Wettbewerbsbeschränkungen GWB § 99 **Teil 1**

rend der Vertragslaufzeit nicht an Dritte veräußert werden, ändert an dieser Schlussfolgerung nichts (EuGH, Urteil v. 15. 10. 2009 – Az.: C-196/08; Urteil v. 19. 6. 2008 – Az.: C-454/06; OLG Naumburg, B. v. 29. 4. 2010 – Az.: 1 Verg 3/10).

Öffentliche Aufträge werden in der Regel an juristische Personen vergeben. Wurde eine **ju-** **1984** **ristische Person in Form einer börsennotierten Aktiengesellschaft gegründet, ergibt sich aus ihrem Wesen selbst, dass sich die Besitzverhältnisse jederzeit ändern** können. Dies **stellt die Gültigkeit der Vergabe eines öffentlichen Auftrags an eine solche Gesellschaft nicht in Frage.** Etwas anderes könnte in Ausnahmefällen wie etwa bei Manipulationen zur Umgehung vergaberechtlicher Gemeinschaftsvorschriften gelten. **Entsprechende Überlegungen** gelten im Rahmen von öffentlichen Aufträgen, die an juristische Personen vergeben wurden, die nicht in Form einer Aktiengesellschaft, sondern einer **registrierten Genossenschaft mit beschränkter Haftung** gegründet worden sind. Mögliche Änderungen der Zusammensetzung des Kreises der Mitglieder einer solchen Genossenschaft führen nicht grundsätzlich zu einer wesentlichen Änderung des an die Gesellschaft vergebenen Auftrags (EuGH, Urteil v. 15. 10. 2009 – Az.: C-196/08; Urteil v. 19. 6. 2008 – Az.: C-454/06; OLG Naumburg, B. v. 29. 4. 2010 – Az.: 1 Verg 3/10).

In dem Fall, in dem **ein bestehender Auftrag anlässlich der Umstellung auf den Euro** **1985** **dahin geändert wird, dass die ursprünglich in nationaler Währung ausgedrückten Preise in Euro umgerechnet werden,** handelt es sich **ebenfalls nicht um eine wesentliche Änderung des Auftrags,** sondern **nur um eine Anpassung desselben an geänderte äußere Bedingungen,** sofern die Eurobeträge gemäß den geltenden Vorschriften, insbesondere denen der Verordnung (EG) Nr. 1103/97 des Rates vom 17. Juni 1997 über bestimmte Vorschriften im Zusammenhang mit der Einführung des Euro (ABl. L 162, S. 1), gerundet werden (EuGH, Urteil v. 19. 6. 2008 – Az.: C-454/06).

Der **Preis ist eine wesentliche Bedingung eines öffentlichen Auftrags.** Die Änderung **1986** einer solchen Bedingung während der Laufzeit des Auftrags birgt, wenn sie nach den Bestimmungen des ursprünglichen Auftrags nicht ausdrücklich erlaubt ist, die Gefahr eines Verstoßes gegen die Grundsätze der Transparenz und der Gleichbehandlung der Bieter in sich. Trotzdem kann die **Umrechnung der Preise eines Auftrags in Euro während dessen Laufzeit eine Anpassung des inneren Wertes der Preise enthalten, ohne dass hierin eine neue Auftragsvergabe liegt, sofern es sich um geringfügige Anpassungen** handelt, die sich objektiv erklären lassen. Dies ist der Fall, wenn sie die **Durchführung des Auftrags erleichtern sollen, indem sie beispielsweise die Rechnungstellung vereinfachen** (EuGH, Urteil v. 19. 6. 2008 – Az.: C-454/06).

Sieht ein Basisvertrag zwischen Auftraggeber und Auftragnehmer die Ersetzung **1987** **eines Preisindexes durch einen späteren Index vor,** wendet der Nachtrag über die Anwendung des späteren Indexes lediglich die Bestimmungen des Basisvertrags über die Anpassung der Wertsicherungsklausel an. Unter diesen Bedingungen ist festzustellen, dass die **Bezugnahme auf einen neuen Preisindex keine Änderung wesentlicher Bedingungen des ursprünglichen Auftrags und damit keine neue Auftragsvergabe** darstellt (EuGH, Urteil v. 19. 6. 2008 – Az.: C-454/06).

Auch eine **Klausel, mit der sich die Parteien verpflichten, einen unbefristet geschlos-** **1988** **senen Vertrag während eines bestimmten Zeitraums nicht zu kündigen, ist nach gemeinschaftsrechtlichem Vergaberecht nicht ohne Weiteres als rechtswidrig anzusehen.** Legt die entsprechende nachträgliche Klausel z. B. den Verzicht auf jegliche Kündigung für den Zeitraum von 2005 bis 2008 fest, ist der Zeitraum, für den die Klausel galt, nämlich **drei Jahre, nicht so lang** gewesen, dass sie **den Auftraggeber für einen** – im Verhältnis zu der für die Organisation eines solchen Vorhabens erforderlichen Zeit – **übermäßig langen Zeitraum an der Kündigung hindert.** Unter diesen Voraussetzungen bringt eine solche **Kündigungsausschlussklausel, sofern sie nicht regelmäßig immer wieder in den Vertrag eingefügt wird, die Gefahr der Verfälschung des Wettbewerbs zum Nachteil potenzieller neuer Bieter nicht mit sich.** Folglich kann sie **nicht als wesentliche Änderung des ursprünglichen Vertrags qualifiziert** werden (EuGH, Urteil v. 19. 6. 2008 – Az.: C-454/06).

Eine **nachträgliche Erhöhung eines Rabattes für den Auftraggeber** von z. B. 15% auf **1989** **25% kommt der Festlegung eines niedrigeren Preises gleich.** Auch wenn sie sich in verschiedener Form darstellen, haben eine Preismäßigung und eine Rabatterhöhung eine vergleichbare wirtschaftliche Wirkung. Die Erhöhung des Rabatts, durch die sich das Entgelt, das der Auftragnehmer erhält, gegenüber dem ursprünglich vorgesehenen Entgelt verringert, **verändert zum** Einen nicht das wirtschaftliche Gleichgewicht des Vertrags zugunsten des Auftrag-

451

Teil 1 GWB § 99   Gesetz gegen Wettbewerbsbeschränkungen

nehmers. Zum anderen kann die **Tatsache allein, dass der öffentliche Auftraggeber einen größeren Rabatt auf einen Teil der Dienstleistungen erhält, die Gegenstand des Auftrags sind, nicht zu einer Wettbewerbsverzerrung zum Nachteil potenzieller Bieter führen.** Daraus ergibt sich, dass die **Vereinbarung in einem Nachtrag, für bestimmte Staffelpreise in einem besonderen Bereich größere Rabatte als die ursprünglich vorgesehenen festzulegen, nicht als eine wesentliche Vertragsänderung anzusehen** ist und damit keine neue Auftragsvergabe darstellt (EuGH, Urteil v. 19. 6. 2008 – Az.: C-454/06).

1990   **8.13.6.2.1.2 Nationale Rechtsprechung.** Abänderungen schon bestehender Vertragsbeziehungen unterliegen dann dem Vergaberecht der §§ 97 ff. GWB, wenn die die Abänderung ausmachenden Regelungen in ihren wirtschaftlichen Auswirkungen bei wertender Betrachtung einer Neuvergabe gleich kommen. Dies ist anzunehmen, wenn durch die getroffene Vereinbarung der **bisherige Vertragsinhalt nicht unerheblich abgeändert** wird, also bei Leistungserweiterungen und Laufzeitänderungen (BGH, Urteil v. 22. 7. 2010 – Az.: VII ZR 213/08; OLG Düsseldorf, B. v. 21. 7. 2010 – Az.: VII-Verg 19/10; B. v. 12. 1. 2004 – Az.: VII – Verg 71/03, B. v. 8. 5. 2002 – Az.: Verg 8–15/01; OLG Hamburg, B. v. 25. 1. 2007 – Az.: 1 Verg 5/06; OLG Naumburg, B. v. 29. 4. 2010 – Az.: 1 Verg 3/10; VK Arnsberg, B. v. 16. 12. 2009 – Az.: VK 36/09; VK Brandenburg, B. v. 3. 11. 2008 – Az.: VK 33/08; VK Lüneburg, B. v. 10. 3. 2005 – Az.: VgK-04/2005; VK Münster, B. v. 25. 6. 2009 – Az.: VK 7/09; VK Schleswig-Holstein, B. v. 26. 5. 2010 – Az.: VK-SH 01/10).

1991   Das **OLG Celle fasst die Rechtsprechung des EuGH und die nationale Rechtsprechung dahingehend zusammen**, dass die **Änderung eines öffentlichen Auftrags während seiner Laufzeit** als wesentlich und **ausschreibungspflichtig** angesehen werden kann, wenn sie Bedingungen einführt, die die Zulassung anderer als der ursprünglich zugelassenen Bieter oder die Annahme eines anderen als des ursprünglich angenommenen Angebots erlaubt hätten, wenn sie Gegenstand des ursprünglichen Vergabeverfahrens gewesen wären (1), sie den Auftrag in größerem Umfang auf ursprünglich nicht vorgesehene Dienstleistungen erweitert (2) und sie das wirtschaftliche Gleichgewicht des Vertrages in einer im ursprünglichen Auftrag nicht vorgesehenen Weise zugunsten des Auftragnehmers ändert (3). (OLG Celle, B. v. 29. 10. 2009 – Az.: 13 Verg 8/09).

1992   Nach § 311 Abs. 1 BGB können die Beteiligten den Inhalt eines Schuldverhältnisses durch einen Vertrag ändern. Davon ist der Fall der Aufhebung des bisherigen und der Begründung eines neuen Schuldverhältnisses zu unterscheiden. Die **Frage, ob das eine oder das andere vorliegt, ist nach den Umständen des Einzelfalles zu entscheiden**. Maßgebend ist dabei in erster Linie der Wille der Parteien, der sich im Allgemeinen aus der Fassung eines Änderungsvertrages ergibt. Neben dem Wortlaut der Urkunde sind aber auch die wirtschaftliche Bedeutung der Abänderung und die Verkehrsauffassung zu berücksichtigen. **Mit der wirtschaftlichen Bedeutung einer Abänderung ist für die Auslegung außerdem deren rechtliche Bedeutung relevant, sofern sie wirtschaftliche Auswirkungen auf das Vertragsziel** hat. Haben unter Beachtung dieser Grundsätze der Auftraggeber und der Auftragnehmer eine bisherige Vertragslage um die von ihnen erkannten und **im Vergaberecht begründete Risiken bereinigen** und zu diesem Zweck den Ursprungsvertrag aufheben wollen und **umfasst der Änderungsvertrag nach seinem Wortlaut und Sinn sämtliche Ansatzpunkte für eine mögliche rechtliche Beanstandung des bisherigen Kaufvertrags in einem Nachprüfungsverfahren**, ist der „Änderungsvertrag" deswegen trotz des entgegenstehenden Wortlauts **als eine Neubegründung des Schuldverhältnisses zu verstehen**, mit der durch einen bestandskräftigen Vertragsschluss erreicht werden sollte, dass Nachprüfungsanträge von am Verfahren beteiligten Bietern ausgeschlossen sein sollten und auch die Antragstellerin insoweit vor vollendete Tatsachen gestellt werden sollte, als ein wirksamer Vertragsschluss durch den Änderungsvertrag keiner vergaberechtlichen Nachprüfung mehr zugänglich war (OLG Düsseldorf, B. v. 6. 2. 2008 – Az.: VII – Verg 37/07).

1993   Liegt die Voraussetzung der Änderung wesentlicher Merkmale vor, ist **unerheblich, dass die Beteiligten die Form eines Vergleichsvertrags zur Beilegung diverser Streitigkeiten gewählt haben**. Auch Vergleichsverträge können nicht zu Lasten anderer am Auftrag interessierter Unternehmen abgeschlossen werden, wenn dadurch deren Rechte nach § 97 Abs. 7 GWB beeinträchtigt werden (OLG Düsseldorf, B. v. 21. 7. 2010 – Az.: VII-Verg 19/10).

1994   Nach Auffassung der VK Brandenburg kommt es für die Einordnung einer **Vertragsänderung** als erneute Vergabe eines öffentlichen Dienstleistungsauftrages darauf an, ob diese **als wesentlich zu bewerten** ist. Nur wesentliche Vertragsänderungen, die konkret geeignet sind, den Wettbewerb zu verfälschen und den Vertragspartner des öffentlichen Auftraggebers gegenüber

Gesetz gegen Wettbewerbsbeschränkungen GWB § 99 **Teil 1**

anderen möglichen Dienstleistungserbringern zu bevorzugen, rechtfertigen die erneute Durchführung eines Vergabeverfahrens. Insoweit ist eine **wertende Betrachtung** anhand der Umstände des Einzelfalles und unter Berücksichtigung der Ziele der Richtlinie 2004/18/EG des Europäischen Parlaments und des Rates vom 31. März 2004 vorzunehmen (VK Brandenburg, B. v. 3. 11. 2008 – Az.: VK 33/08; B. v. 17. 6. 2008 – Az.: VK 13/08).

Es **handelt sich nicht mehr um eine reine Veröffentlichungsplattform**, wenn eine 1995 Leistungserweiterung für potentielle Bieter nicht mehr nur die Sichtung von Vergabebekanntmachungen und Vorinformationen ermöglicht, sondern **darüber hinaus die aktive Beteiligung an öffentlichen Ausschreibungen durch das Herunterladen von Verdingungsunterlagen oder die Übermittlung von Angeboten in elektronischer Form.** Die ursprünglich nachgefragte Veröffentlichungsplattform verändert sich zu einer Vergabeplattform mit weit reichenden Nutzungsmöglichkeiten sowohl aufseiten (potentieller) Bieter als auch aufseiten der Vergabestellen. Durch die Funktionserweiterung der Veröffentlichungsplattform **erhöht sich zudem die Vergütung für den Auftragnehmer über den Nutzungszeitraum um nahezu das Doppelte.** Auch im Verhältnis zum geschätzten Auftragswert für das Einrichten und die Pflege einer Veröffentlichungsplattform stellt sich die **Erhöhung der Vergütung für die Funktionserweiterung als nicht nur unerheblich** dar (VK Brandenburg, B. v. 3. 11. 2008 – Az.: VK 33/08).

Ein vom Auftraggeber mit einer zusätzlichen Leistung beauftragter Auftragnehmer wird mit 1996 der Änderung des Vertrages **nicht gegenüber anderen Unternehmen bevorzugt** und der **Wettbewerb** durch diese Vorgehensweise des Auftraggebers **nicht verfälscht**, wenn **andere Unternehmen nach wie vor die Möglichkeit derselben Leistung haben** (z. B. der gewerblichen Entsorgung von Papier; der Wettbewerb in diesem Bereich bleibt erhalten. Es bleibt nämlich allen interessierten Unternehmen **unbenommen, nebeneinander die gewerbliche Sammlung von Altpapier durchzuführen. Letztlich entscheidet damit der Bürger, wem er das Altpapier übergibt.** Dies führt zu einer natürlichen Ausprägung von Wettbewerb und nicht zu einer einseitigen Bevorzugung des durch den öffentlichen Auftraggeber beauftragten Unternehmens (VK Brandenburg, B. v. 17. 6. 2008 – Az.: VK 13/08).

Steht die hinzukommende Leistung mit dem bereits bestehenden Vertrag in einem **engen in-** 1997 **haltlichen Zusammenhang**, geht es also z. B. **nicht um die Erweiterung einer eigenständigen Abfallart**, sondern soll der Auftragnehmer z. B. die Altpapierentsorgung auch in Zukunft erbringen, jedoch zusätzlich dort die Entsorgung von Altpapier aus zuvor aufgestellten Altpapierbehältern (Holsystem), liegt keine wesentliche Änderung des bestehenden Vertrages vor (VK Brandenburg, B. v. 17. 6. 2008 – Az.: VK 13/08; anderer Auffassung VK Arnsberg, B. v. 16. 12. 2009 – Az.: VK 36/09).

Dem Vergaberecht unterfällt jedoch die vertragliche Erweiterung hinsichtlich einer eigenstän- 1998 digen Abfallart, z. B. der PPK-Fraktion (OLG Düsseldorf, B. v. 12. 1. 2004 – Az.: VII – Verg 71/03).

Grundsätzlich kommen Verträge nur über den Inhalt zu Stande, der auch Gegen- 1999 **stand des Vertrages ist. Spätere Änderungen am Vertragsgegenstand bedürfen einer vertraglichen Vereinbarung, etwa in Form einer Vertragsänderung.** Z. B. kann gemäß § 1 Nr. 3 VOB/B der Auftraggeber jederzeit Änderungen des Bauentwurfs anordnen. Zum Bauplanentwurf i. S. d. § 1 Nr. 3 VOB/B gehören nicht die Bauleitpläne selbst, sondern die Bauleistung, wie sie durch die gesamte Leistungsbeschreibung in technischer Hinsicht definiert ist. Auch der BGH hat festgestellt, dass das Änderungsrecht in seinem Ausmaß nicht beschränkt ist. Etwas anderes kann nur insoweit gelten, als der Bauentwurf selbst keine Änderung erfährt, sondern **das komplett geänderte Bauvorhaben nicht mehr mit dem vertraglichen Bauvorhaben übereinstimmt oder aber die Änderungen so erheblich sind, dass die vereinbarten Preisermittlungsgrundlagen nicht mehr auf die geänderten Leistungen anwendbar sind. Dies ist aber bei einer bloßen Änderung des bezuschlagten Fabrikats nicht der Fall.** Ein neuer Beschaffungsvorgang liegt hierin nicht (VK Südbayern, B. v. 30. 5. 2007 – Az.: Z3-3-3194-1-15-04/07).

Die **Auswechslung des Vertragspartners nach Zuschlagserteilung stellt eine wesentli-** 2000 **che Vertragsänderung dar**, die nicht ohne ein erneutes Vergabeverfahren praktiziert werden darf. Ansonsten handelt es sich um eine gemäß § 101 b Abs. 1 Nr. 2 GWB **grundsätzlich nichtige De-facto-Vergabe. Daraus folgt, dass es ebenso wenig zulässig sein kann, wenn bereits vor Vertragsschluss deutlich wird, dass der – formale – Vertragspartner die Leistung aus welchen Gründen auch immer nicht selbst – ggfs. unter Hinzuziehung der benannten und geprüften Subunternehmer – erbringen wird, sondern ein Dritter** (3. VK

453

Teil 1 GWB § 99 Gesetz gegen Wettbewerbsbeschränkungen

Bund, B. v. 11. 9. 2009 – Az.: VK 3–157/09 – instruktive Entscheidung; im Ergebnis ebenso VK Münster, B. v. 25. 6. 2009 – Az.: VK 7/09).

2001   Die vom EuGH im Hinblick auf die Beteiligungsverhältnisse an einer börsenorientierten Aktiengesellschaft und ebenso an einer registrierten Genossenschaft mit beschränkter Haftung entwickelten **Rechtsprechungsgrundsätze beanspruchen in gleicher Weise bei einer Änderung des Gesellschafterbestandes einer in der Rechtsform einer GmbH betriebenen Gesellschaft Geltung.** Es ist kein sachlich gerechtfertigter Grund ersichtlich, warum bei der Frage, ob eine Veränderung der Besitzverhältnisse an einer Gesellschaft zu einer Ausschreibungspflicht der von dieser gehaltenen Verträge führt, zwischen dem Wechsel eines Anteilseigners an einer börsenorientierten Aktiengesellschaft einerseits und der Zusammensetzung von Personen- oder Kapitalgesellschaften andererseits differenziert werden sollte. Eine börsenorientierte Aktiengesellschaft sowie eine eingetragene Genossenschaft mögen zwar nach ihrer Gesellschaftsstruktur stärker auf eine Veränderung im Bestand der Gesellschafter angelegt sein als dies bei einer GmbH der Fall ist. Die **GmbH ist als Kapitalgesellschaft aber gleichfalls körperschaftlich organisiert und damit vom Mitgliederbestand grundsätzlich unabhängig, ihre Geschäftsanteile sind frei veräußerbar**. Wollte man eine Veränderung in den Beteiligungsverhältnissen einer juristischen Person zum Anlass nehmen, ein neues Vergabeverfahren durchzuführen, würde dies die Fungibilität der Geschäftsanteile wesentlich einschränken und die Vergabe öffentlicher Aufträge an Kapitalgesellschaften nahezu unmöglich machen (OLG Naumburg, B. v. 29. 4. 2010 – Az.: 1 Verg 3/10).

2002   **Beruht eine Auftragsvergabe ohne Ausschreibung auf den Grundsätzen einer In-house-Vergabe, führt die die Anteilsveräußerung durch die öffentliche Hand an dem Auftragnehmer** nicht dazu, dass die zu erbringenden Dienstleistungen auf einen neuen Dienstleistungsträger übertragen werden. Sie **lässt aber jedenfalls die Voraussetzungen der Privilegierung des In-house-Geschäftes entfallen** und führt damit in das bestehende Vertragsverhältnis nachträglich neue Bedingungen ein, die zum Zeitpunkt der Auftragsvergabe die Zulassung anderer als der ursprünglich zugelassenen Bieter oder die Annahme eines anderen als des ursprünglich angenommenen Angebots erlaubt und geboten hätten, wenn sie Gegenstand des ursprünglichen Vergabeverfahrens gewesen wären. Der **Auftrag wäre unter diesen Bedingungen nämlich mangels Vorliegens eines In-house-Geschäftes ausschreibungspflichtig** gewesen. Eine **solche vertragswesentliche Änderung des bestehenden Auftrages muss aber zu einer Ausschreibungspflicht führen**. Mit dem gesellschaftsrechtlichen Transfergeschäft wandelt sich das ursprüngliche Eigengeschäft in eine Fremdleistung um. Damit aber ist die **vergaberechtliche Zulässigkeit der In-house-Vergabe, die allein im Falle einer Eigenleistung des öffentlichen Auftraggebers gerechtfertigt erscheint, entfallen**. Die bei einer In-house-Vergabe vorliegende wirtschaftliche Identität zwischen Auftraggeber und Dienstleistungserbringer ist nach Anteilsabtretung aufgehoben, so dass es faktisch zu einer Neuvergabe des Auftrages kommt. Der öffentliche Auftraggeber und die durch Anteilsveräußerung entstandene gemischtwirtschaftliche Gesellschaft mit gemischt öffentlichem und privatem Kapital sind nämlich nunmehr rechtlich und wirtschaftlich zwei unterschiedliche Rechtsträger, und es hat sich im Hinblick auf die ursprünglich vorliegende In-house-Situation materiell gewissermaßen ein Vertragspartnerwechsel vollzogen. Wird die Gesellschaft privaten Anteilseignern geöffnet, so liegt hierin eine Wettbewerbsverfälschung und Diskriminierung potenzieller Bieter, die sich ursprünglich um den Auftrag wegen dessen In-house-Charakters nicht bewerben konnten (OLG Naumburg, B. v. 29. 4. 2010 – Az.: 1 Verg 3/10).

2003   Die **Änderung von Laufwegen und die Steigerung von Sitzplatzkapazitäten, in welcher Form auch immer, sind stets preislich relevante Faktoren im Rahmen einer Ausschreibung von Schienenpersonennahverkehrsleistungen**. Zudem ist auch die **Anschaffung von Fahrzeugen ein wesentlicher Gesichtspunkt**, der bei Neuausschreibungen erhebliche Bedeutung hat. Denn die Finanzierung der Fahrzeuge macht einen erheblichen Teil des Gesamtpreises im Wettbewerb aus. Weiterhin **stellt gerade auch die Verlängerung von Laufzeiten (Vertragsdauer), ohne dass dies in Optionen bereits vertraglich vereinbart war, ebenfalls eine wesentliche Auftragserweiterung dar**, weil damit der Auftrag weiterhin nicht im Wettbewerb vergeben werden kann (VK Münster, B. v. 18. 3. 2010 – Az.: VK 1/10).

2004   Nicht jede Preisveränderung ist eine wesentliche Änderung. Vielmehr müssen jedenfalls geringfügige Preisanpassungen aufgrund veränderter Umstände keine wesentlichen Änderungen sein. Insoweit erfolgt **eine im Einzelfall** – von den nationalen Gerichten – **vorzunehmende Gesamtschau**, die sich an den von ihm entwickelten Kriterien und vor allem daran orientieren muss, ob die vergaberechtlichen Grundsätze gewahrt sind. Es **kann keinem vernünftigen**

Gesetz gegen Wettbewerbsbeschränkungen GWB § 99 **Teil 1**

Zweifel unterliegen, dass nach diesen Grundsätzen eine Anpassung des Vertrages, die infolge veränderter Bauzeitumstände erfolgen muss, um die Durchführung des Bauvorhabens zu gewährleisten und die sich an den neuen zeitlichen Umständen und am Wettbewerbspreis des wirtschaftlichsten Bieters orientiert und diesen fortschreibt, im Regelfall nicht wesentlich ist. Denn durch diese Anpassung wird weder der Auftrag erweitert, noch das wirtschaftliche Gleichgewicht des Vertrags in einer im ursprünglichen Auftrag nicht vorgesehenen Weise zugunsten des Auftragnehmers geändert. Die Anpassung betrifft nicht den eigentlichen Leistungsaustausch, sondern lediglich baubegleitende Umstände, auch wenn sich diese auf die Preisbildung auswirken können. Die etwaige Preisanpassung erfolgt nur auf der Grundlage von Mehr- oder Minderkosten, die dem Auftragnehmer durch die veränderte Bauzeit entstanden sind. Sie ermöglicht ihm also keinen ungerechtfertigten zusätzlichen Gewinn, so dass das wirtschaftliche Gleichgewicht von Leistung und Gegenleistung auch nicht verschoben wird. Ob ausnahmsweise eine wesentliche Änderung des Vertrages vorliegt, wenn die Preisanpassung dazu führt, dass sich die Vergütung für den gesamten Auftrag ganz erheblich ändert, kann dahinstehen. Dies ist jedenfalls bei einer Preisveränderung von 7% nicht der Fall (BGH, Urteil v. 22. 7. 2010 – Az.: VII ZR 213/08).

Für die Frage, wann eine Änderung eines bestehenden Vertrages einen neuen öffentlichen Auftrag darstellt, **kommt es nur auf eine Verlagerung des wirtschaftlichen Gleichgewichts zu Gunsten des Auftragnehmers** an (VK Schleswig-Holstein, B. v. 26. 5. 2010 – Az.: VK-SH 01/10). 2005

8.13.6.2.1.3 Vorlagebeschluss des OLG Rostock. Das OLG Rostock hatte über die Frage zu entscheiden, **ob auch nach abgeschlossenem Vergabeverfahren jede Änderung der vom Bieter übernommenen Leistung dann einen dem Vergaberegime unterfallenden Vorgang beinhaltet, wenn die im Wege der Änderung zu beschaffende (Teil-) Leistung isoliert betrachtet den maßgeblichen Schwellenwert überschreitet.** Nach Auffassung der Antragsteller in dem Nachprüfungsverfahren wird nur bei diesem Verständnis das Vergaberecht von Zweifelsfällen befreit und der denkbare Missbrauch der Vertragsänderung zum Zwecke einer – ggf. nationalen – Bevorzugung vereitelt. 2006

Das OLG Rostock hat daraufhin dem Europäischen Gerichtshof folgende Frage vorgelegt: 2007

Handelt es sich bei einer Vereinbarung zur Änderung eines geschlossenen öffentlichen Lieferauftrags (Beschaffung anderer als der ursprünglich vorgesehenen Güter) um einen ausschreibungspflichtigen öffentlichen Lieferauftrag i. S. d. Art. 1 Buchstabe a) Richtlinie 93/36/EG, wenn 2008

a) der Wert der von der Änderungsvereinbarung betroffenen Güter den Schwellenwert des Art. 5 Abs. 1 Buchstabe a) Richtlinie 93/36/EG überschreitet und

b) für die von der Änderungsvereinbarung betroffenen Güter ein Lieferantenwechsel erfolgt und zugleich die Spezifikation für diese Güter maßgeblich geändert wird?

Eine **Entscheidung des EuGH wurde überflüssig**, da sich die Parteien des Rechtsstreits vor einer Entscheidung geeinigt haben. 2009

8.13.6.2.1.4 Weitere Beispiele aus der Rechtsprechung 2010

– durch den Kündigungsverzicht zum 31. 12. 2016 und damit die garantierte **Verlängerung der Laufzeit für die Jahre 2017 bis 2021 wird das wirtschaftliche Gleichgewicht des Entsorgungsvertrages nicht in einer im ursprünglichen Auftrag nicht vorgesehenen Weise zu Gunsten des Auftragnehmers verändert**. Entscheidend ist, dass der Entsorgungsvertrag als unbefristeter Vertrag ausgestaltet ist. Letztlich macht es für potenzielle interessierte Dienstleister am Markt im Ergebnis **keinen Unterschied, ob die Vertragsparteien vorzeitig auf ihre im Vertrag vorgesehene Kündigungsmöglichkeit zum 31. 12. 2016 verzichten oder ob die Vertragsparteien zuwarten und zu gegebener Zeit einfach keine Kündigung erklären**. Ausweislich § 9 des Vertrages führt nämlich das schlichte ‚Stillhalten' der Vertragsparteien ebenfalls zu einer Verlängerung des Vertrages. Dass der Vertrag grundsätzlich unendlich laufen kann, ist also im Vertrag selbst so angelegt. Etwas anderes dürfte dann gelten – also eine Verlagerung des wirtschaftlichen Gleichgewichts zu Gunsten des Auftragnehmers dürfte dann in Betracht kommen – wenn der ursprüngliche Vertrag befristet gewesen wäre und die Vertragsparteien diesen Vertrag ohne entsprechende im Vertrag angelegte Verlängerungsoption eigenmächtig verlängert hätten (VK Schleswig-Holstein, B. v. 26. 5. 2010 – Az.: VK-SH 01/10)

– eine Vertragsänderung (hier: **Einführung der „blauen Tonne" für PKK**) ist **ausschreibungspflichtig**, wenn sie einen **Mehrbedarf an Personal und Fahrzeugen** auslöst sowie

Teil 1 GWB § 99 Gesetz gegen Wettbewerbsbeschränkungen

eine **Mehrvergütung von über 10%** zur Folge hat, die für sich genommen den maßgeblichen **Schwellenwert übersteigt** (OLG Celle, B. v. 29. 10. 2009 – Az.: 13 Verg 8/09)

8.13.6.3 Modifikationen der Laufzeit bestehender Vertragsbeziehungen

2011 Es mag Fälle geben, in denen die spätere Änderung oder Ergänzung eines ausgeschriebenen und durch Zuschlagserteilung bindend konstituierten Vertrages lediglich eine unwesentliche Abweichung gegenüber der ursprünglichen Leistungsbeschreibung darstellt, sodass die **Modifizierung nicht als eigenständiger Beschaffungsvorgang zu werten** ist, der zur Durchführung eines neuen Ausschreibungsverfahrens nötigt. Sehen beispielsweise die Ausschreibungsbedingungen für die Errichtung eines Bauwerks eine zeitliche Befristung vor, mag es vorkommen, dass sich die Ausführung aus projektspezifischen Gründen verzögert. Verständigen sich die Parteien in solch einem Fall darauf, den Vertrag den Umständen anzupassen und den Leistungszeitraum nachträglich zu verlängern, leiten sie damit nicht automatisch einen erneuten, ausschreibungspflichtigen Beschaffungsvorgang ein. Ein **solcher Fall** ist insbesondere dann anzunehmen, **wenn die geschuldete Leistung ihrer Natur nach von vornherein zeitlich begrenzt ist**, wie etwa die Herstellung oder Lieferung einer Sache; dann stellt der Zeitpunkt der Fertigstellung eine bloße Modalität der Leistung dar. Anders verhält es sich aber, wenn mit der Ausschreibung **ein Dauerschuldverhältnis** in Kraft gesetzt werden soll, in dem eine ihrer Natur nach zeitlich nicht begrenzte Tätigkeit geschuldet ist, wie etwa der Betrieb und die Instandhaltung einer Anlage. In diesem Fall stellt das **Zeitmoment** nicht nur eine untergeordnete Modalität der Leistung dar, sondern **ist selbst wesentliches Element der geschuldeten Leistung** im Sinne einer „Leistung auf Zeit". Wandeln daher die Vertragsparteien ein zunächst zeitlich befristetes Dauerschuldverhältnis in ein unbefristetes um, begründen sie einen eigenständigen Beschaffungsvorgang (OLG Thüringen, B. v. 14. 10. 2003 – Az.: 6 Verg 5/03).

8.13.6.4 Einvernehmliche Rücknahme einer rechtswirksam erklärten ordentlichen Kündigung

2012 Die einvernehmliche Rücknahme einer rechtswirksam erklärten ordentlichen Kündigung im Auslauf der Kündigungsfrist erfordert zwischen dem Kündigenden und dem Kündigungsempfänger rechtlich eine Einigung über die Aufhebung der Kündigungserklärung und ihrer Wirkungen sowie eine Einigung über die Fortsetzung des Vertrages. Dies stellt den **Abschluss eines Vertrages** dar. Die einvernehmliche Aufhebung einer von einer Vertragspartei bereits ausgesprochenen ordentlichen Kündigung des Vertrages kommt deshalb einer **Neuvergabe** gleich (OLG Düsseldorf, B. v. 8. 5. 2002 – Az.: Verg 8–15/01; 1. VK Sachsen, B. v. 17. 9. 2007 – Az.: 1/SVK/058-07).

2013 Die 1. VK Bund differenziert insoweit. Erfolgt die Rücknahme der Kündigung eines Vertrages zu einem Zeitpunkt, in dem dieser Vertrag noch andauert, einigen sich in einem solchen Fall die Vertragsparteien darauf, sich gegenseitig so behandeln zu wollen, als wenn die Kündigung von vornherein nicht erfolgt wäre. Der **gekündigte Vertrag bleibt damit zu den bisherigen Bedingungen unverändert in Kraft, die einvernehmliche Rücknahme der Kündigung stellt also keine neue vertragliche Vereinbarung dar. Es ist diesbezüglich auch nicht unbillig, sondern gerade rechtlich geboten, danach zu differenzieren, ob die einvernehmliche Rücknahme der Kündigung vor oder nach Auslaufen des ursprünglich gekündigten Vertrages erfolgte**. Denn im ersteren Fall dauert der gekündigte Vertrag zum Zeitpunkt der Rücknahme der Kündigung noch an, während demgegenüber das Vertragsverhältnis nach Eintritt des in der Kündigung genannten Termins beendet ist, so dass jede weitere Vereinbarung der (ehemaligen) Vertragsparteien notwendig den Abschluss eines neuen Vertrages, jedoch nicht die Fortführung der bisherigen Vereinbarung bedeutet. Diese **zivilrechtliche Rechtslage bei Verträgen und deren Kündigung ist grundsätzlich auch auf die vergaberechtliche Beurteilung von Verträgen zu übertragen. Es handelt sich somit bei der einvernehmlichen Rücknahme der Kündigung vor Ablauf der Kündigungsfrist um keinen Vorgang, der vergaberechtlich als Neuvergabe zu bewerten ist**, die ggf. unter Beachtung der vergaberechtlichen Bestimmungen zu erfolgen hätte. **Etwas anderes gilt allenfalls dann, wenn Vertragsparteien während eines laufenden Vertragsverhältnisses wesentliche Änderungen dieses Vertrages miteinander vereinbaren** (1. VK Bund, B. v. 26. 2. 2010 – VK 1–7/10).

8.13.6.5 Optionen

2014 **8.13.6.5.1 Rechtsprechung.** Vgl. **zum Begriff und zur Zulässigkeit von Optionen** die Kommentierung zu → § 3 VgV Rdn. 48 ff.

Gesetz gegen Wettbewerbsbeschränkungen GWB § 99 **Teil 1**

Nach einer Auffassung liegt in dem **Gebrauchmachen von einer Option** durch den Auftraggeber oder dem Unterlassen einer Kündigung **kein neuer Vertragsabschluss**. Der ursprünglich auf Grund zweier Willenserklärungen zu Stande gekommene Vertrag wird fortgesetzt. Der Auftraggeber entscheidet sich lediglich, keine wirksame neue Willenserklärung, die Kündigung, auszusprechen. Diese Entscheidung ist vergaberechtlich irrelevant (OLG Celle, B. v. 4. 5. 2001 – Az.: 13 Verg 5/00; VK Hamburg (FB), B. v. 27. 4. 2006 – Az.: VgK FB 2/06; 1. VK Sachsen, B. v. 17. 9. 2007 – Az.: 1/SVK/058-07). 2015

Nach einer anderen Meinung stellt **eine auf die automatische Verlängerung des Vertrages nach Vertragsende zielende Vertragsklausel den Versuch einer Umgehung der vergaberechtlich gebotenen Neuausschreibung nach Ablauf der Vertragslaufzeit dar**, behindert dadurch den Wettbewerb auf unbestimmte Zeit und ist damit gemäß § 97 Abs. 1 GWB und § 2 Abs. 1 VOL/A vergaberechtswidrig. 2016

Es ist für die vergaberechtliche Einordnung unerheblich, ob die Vertragsverlängerung durch die explizite Abgabe von übereinstimmenden Willenserklärungen oder durch vereinbartes Stillschweigen erfolgt. Als **Grundregel** darf unterstellt werden, dass **immer dann von einem neuen Auftrag und somit von dem Bedarf eines neuen Vergabeverfahrens auszugehen ist, wenn die Vertragsverlängerung oder -umgestaltung nur durch eine beiderseitige Willenserklärung zu Stande kommen kann**. Regelmäßig wird das beiderseitige Einvernehmen zwischen den Vertragsparteien nämlich nur dann erforderlich sein, wenn sich die Verlängerung nicht nur als unbedeutende Erweiterung der bisherigen Vertragsbeziehung darstellt, sondern wirtschaftlich dem Abschluss eines neuen Vertrages gleichkommt. Dass diese Vertragsverlängerung gerade durch das Unterlassen einer Willenserklärung eintreten soll, ändert angesichts der wirtschaftlichen Bedeutung dieses Vorganges nichts an der vergaberechtlichen Einstufung als neuem Beschaffungsvorgang (VK Baden-Württemberg, B. v. 16. 11. 2004 – Az.: 1 VK 69/04). 2017

8.13.6.5.2 Literatur
2018

– Braun, Christine, Ausschreibungspflicht bei automatischer Vertragsverlängerung! – Erwiderung zu Gruneberg, VergabeR 2005, 171, VergabeR 2005, 586

– Burgi, Martin, Energierecht und Vergaberecht, Recht der Energiewirtschaft 6/2007, 145

– Gruneberg, Ralf, Vergaberechtliche Relevanz von Vertragsänderungen und -verlängerungen in der Abfallwirtschaft, VergabeR 2005, 171

– Knauff, Matthias, Vertragsverlängerungen und Vergaberecht – Zugleich ein Beitrag zu § 13 S. 6 VgV, NZBau 2007, 347

– Krohn, Wolfram, Vertragsänderungen und Vergaberecht – Wann besteht eine Pflicht zur Neuausschreibung?, NZBau 2008, 619

– Kulartz, Hans-Peter/Duikers, Jan, Ausschreibungspflicht bei Vertragsänderungen, VergabeR 2008, 728

– Niestedt, Marian/Hölzl, Franz Josef, Um Kleinigkeiten kümmert sich der Prätor nicht! – Relevanz und Konsequenz der Änderung laufender Verträge im Lichte des Vergaberechts, NJW 2008, 3321

– Scharen, Uwe, Vertragslaufzeit und Vertragsverlängerung als vergaberechtliche Herausforderung?, NZBau 2009, 679

– Sommer, Jörg, Neue Entwicklungen für Ausschreibungspflichten bei Vertragsänderungen, VergabeR 2010, 568

8.13.6.6 Verzicht auf die Ausübung von Optionen und anderweitige Beauftragung

Entschließt sich die Vergabestelle, **Restleistungen trotz weiter bestehendem Beschaffungsbedarf nicht von dem Bieter abzufordern, der sich im Rahmen einer abgeschlossenen Ausschreibung zur Erbringung auch dieser Leistungen bereits vertraglich verpflichtet hatte**, so lebt das durch Zuschlag beendete Vergabeverfahren nicht nachträglich wieder auf. Die **Situation gleicht vielmehr derjenigen nach vorzeitiger Kündigung eines Vertrages**. Die Restleistungen sind **erneut öffentlich auszuschreiben**. Schreibt z. B. die Vergabestelle Architektenleistungen „mehrstufig" in der Weise aus, dass zunächst nur eine Leistungsphase beauftragt wird, der Auftragnehmer sich aber verpflichten muss, bei Bedarf alle weiteren Leistungsphasen zu erbringen, ist mit der Erteilung des Zuschlags das Vergabeverfahren hinsichtlich des Gesamtauftrags beendet. **Will die Vergabestelle später nicht dem Zuschlagsbieter die weiteren Leistungsphasen übertragen, muss sie, wenn keiner der Ausnahmefälle des § 3** 2018/1

Teil 1 GWB § 99 Gesetz gegen Wettbewerbsbeschränkungen

Abs. 4 VOF vorliegt, erneut ein Verhandlungsverfahren mit vorheriger Vergabebekanntmachung durchführen. Sie darf nicht lediglich mit den Teilnehmern des früheren Teilnahmewettbewerbs in Verhandlungen eintreten; ein auf dieser Grundlage geschlossener Vertrag ist nach § 101b Abs. 1 Nr. 2 GWB nichtig (Thüringer OLG, B. v. 19. 10. 2010 – Az.: 9 Verg 5/10; VK Thüringen, B. v. 26. 8. 2010 – Az.: 250–4004.20–2423/2010-005-J).

8.13.7 Vergleichsverträge

2019 Öffentliche Aufträge im Sinne des § 99 Abs. 1 GWB sind zivilrechtliche oder öffentlich-rechtliche Verträge. **Dabei führt der Umstand, dass es sich um einen Vergleichsvertrag handelt, nicht aus dem Anwendungsbereich des Vergaberechts hinaus. Die rechtliche Qualifizierung eines Auftrages als Vergleichsvertrag ist für die Anwendung des Vergaberechts unmaßgeblich**, weil eine solche Differenzierung in den Vergaberichtlinien nicht existiert. Als öffentliche Aufträge kommen beispielsweise Dienstverträge nach § 611 BGB oder auch Werkverträge nach § 631 BGB in Betracht oder eben auch Vergleichsverträge iSv § 779 BGB. Die Einordnung eines öffentlichen Auftrages hängt auch nicht davon ab, welche Motivationen beim öffentlichen Auftraggeber oder beim Vertragspartner eine Rolle gespielt haben, sondern allein die objektive Gestaltung und rechtliche Einordnung des Vertrages entscheidet darüber, ob das Vergaberecht anwendbar ist. Diesbezüglich kann auch keine funktionale Betrachtungsweise zugrunde gelegt werden. **Dem Vergaberecht ist eine Differenzierung eines öffentlichen Auftrages vor dem Hintergrund von Besonderheiten im Einzelfall fremd, insbesondere gibt es nicht die Möglichkeit, den Umfang eines Auftrages einfließen zu lassen. Vielmehr ist streng formal geregelt, dass öffentliche Aufträge dem Kartellvergaberechtsregime unterliegen, wenn diese entgeltlich sind und bestimmte Leistungen zum Gegenstand haben.** Eine weitergehende Differenzierung im Einzelfall unter Berücksichtigung funktionaler Gesichtspunkte lässt sich den Regelungen nicht entnehmen und kommt somit nicht in Betracht. Vielmehr können solche Gesichtspunkte lediglich bei der Wahl der Vergabeart berücksichtigt werden, vgl. § 101 GWB (VK Münster, B. v. 18. 3. 2010 – Az.: VK 1/10).

8.13.8 Verhandlungen während eines Insolvenzverfahrens

2020 Es kann einem **Auftraggeber nicht verwehrt werden, im Falle der Insolvenz eines Auftragnehmers mit diesem Vertragspartner „Verhandlungen" zu führen**. Dies gilt auch dann, wenn in diesen Gesprächen erörtert wird, unter welchen Bedingungen eine Fortführung des Vertrages den Vertragsparteien möglich erscheint. Anderenfalls kann der Auftraggeber nicht beurteilen, ob er von seinem eingeräumten Kündigungsrecht nach § 8 Nr. 2 VOB/B Gebrauch machen soll oder nicht. Dieses Kündigungsrecht wurde aufgrund des besonderen Vertrauensverhältnisses zwischen Auftraggeber und -nehmer geschaffen, um die Leistungsfähigkeit des Auftragnehmers bis hin zur ordnungsgemäßen Abwicklung der Baumaßnahme zu gewährleisten. Eine Kündigung soll daher auch nur als ultima ratio erfolgen, z.B. wenn endgültig feststeht, dass der Auftragnehmer außerstande ist, die Maßnahme erfolgreich abschließen zu können. Erfährt der Auftraggeber von dem Insolvenzantrag, ist die Klärung der Leistungsfähigkeit seines Auftragnehmers mit diesem bzw. die Frage, wie diese aufrechterhalten oder wiederhergestellt werden kann, die logische Folge des zwischen der Vertragspartner bestehenden Vertrauensverhältnisses. Jede andere Betrachtungsweise widerspricht auch aufgrund der Vorbefassung eines Auftragnehmers mit der Baumaßnahme der ökonomischen Logik. Diese **Verhandlungen stellen keine neue, eigenständige Vergabe eines öffentlichen Auftrags dar, ebenso die bloße Nichtkündigung trotz beantragtem Insolvenzverfahrens** (2. VK Bund, B. v. 12. 10. 2004 – Az.: VK 2–187/04).

8.13.9 Auswirkungen eines Rücktritts vom Vertrag

2021 **Durch einen Vertragsschluss wird ein Vergabeverfahren beendet.** Ein vom Auftraggeber gemäß § 323 BGB erklärter Rücktritt wegen nicht vertragsgemäß erbrachter Leistung führt nicht zu einer Unwirksamkeit des Vertrages ex tunc und einer damit verbundene Nichtigkeit des Zuschlags. Vielmehr handelt es sich beim Rücktrittsrecht um ein **Gestaltungsrecht**. Durch den Rücktritt **wird der Vertrag in ein Abwicklungsverhältnis umgestaltet**. Dies hat zur Konsequenz, dass hinsichtlich eines **Folgezuschlags nicht mehr auf das alte Vergabeverfahren zurückgegriffen werden kann**, indem z.B. der zweitwirtschaftlichste

Bieter ohne ein neues Ausschreibungsverfahren beauftragt werden kann (VK Niedersachsen, B. v. 3. 7. 2009 – Az.: VgK-30/2009). Gegebenenfalls können Interimsverträge über ein Verhandlungsverfahren ohne Teilnahmewettbewerb geschlossen werden.

Auch aus der Rechtsprechung des BGH und des OLG Düsseldorf zur Zuschlagsfähigkeit von Angeboten nach Ablauf der Bindefrist lässt sich nicht ohne weiteres der Zuschlag auf das in einem vorangegangenen, aber abgeschlossenen Vergabeverfahren zweitplatzierte Angebot rechtfertigen. Die dieser Rechtsprechung zugrunde liegenden **Sachverhalte sind mit dem Fall des Rücktritts vom Vertrag nicht vergleichbar.** Sowohl in dem vom BGH entschiedenen Fall als auch in dem dem Beschluss des OLG Düsseldorf zugrunde liegenden Fall ging es lediglich um die Frage, ob ein Zuschlag auf ein Angebot auch dann noch möglich ist, wenn die Bindefrist bereits abgelaufen ist. Im Gegensatz zum Fall des Rücktritts vom Vertrag ist das Vergabeverfahren noch nicht zuvor durch anderweitige Zuschlagserteilung wirksam beendet (VK Niedersachsen, B. v. 3. 7. 2009 – Az.: VgK-30/2009).

8.13.10 Verträge über Waren mit einer Preisbindung (Schulbücher)

Sinn der Buchpreisbindung ist es, durch die **Festsetzung verbindlicher Preise beim Verkauf an Letztabnehmer den Erhalt eines breiten Buchangebotes zu sichern und damit das Kulturgut Buch zu schützen.** Durch das Buchpreisbindungsgesetz soll gleichzeitig gewährleistet werden, dass dieses Angebot für eine breite Öffentlichkeit zugänglich ist, indem es die Existenz einer großen Zahl von Verkaufsstellen fördert, § 1 BuchPrG. Mit diesem Gesetz ist das vorher bestehende System einer Sicherung des Buchpreises durch Abschluss vertikaler Verträge abgelöst worden. **Sinn des europäischen Vergaberechts ist es, durch öffentliche Ausschreibung den Wettbewerb mit dem Ziel einer wirtschaftlich günstigen Beschaffung der Leistungen zu sichern** und jedem Bieter unter gleichen Bedingungen den Zugang zum Markt der öffentlichen Aufträge zu ermöglichen, § 97 GWB. **Wenn sich auch die Zielsetzungen der beiden Gesetze grundlegend unterscheiden**, indem auf der einen Seite für gleich hohe Preise, auf der anderen Seite für möglichst günstige Preise gesorgt werden soll, **bedeutet dies nicht, dass eine dieser Zielsetzungen die andere gänzlich ausschließt**. Vielmehr stehen sich beide Gesetze gleichrangig gegenüber. Dies bedeutet, dass auch Aufträge bezüglich preisgebundener Schulbücher öffentlich auszuschreiben sind entsprechend den Vorgaben des GWB und der VOL/A zu bewerten sind, dass aber auf der anderen Seite durch die Ausschreibung die Vorschriften des BuchPrG nicht verletzt werden dürfen (OLG München, B. v. 19. 12. 2007 – Az.: Verg 12/07).

Beschaffungen über Schulbücher sind also nicht wegen der im deutschen Buchhandel geltenden Buchpreisbindung ausschreibungsfrei. Zum einen **gilt die Buchpreisbindung im europäischen Markt nicht durchgehend**, zum anderen erfasst sie auch den nationalen Schulbuch- und Lernmittelmarkt nur teilweise, so dass sich Wettbewerbseffekte bereits beim Preis ergeben können. Hinzu kommt, dass in der Schulbuch- und Lernmittelbeschaffung der **Liefer- und Beratungsservice** ein wesentlicher Bereich der zu erbringenden Leistung ist, in dem es keine verbindlich festgelegten Standards gibt. Schulbuch- und Lernmittelbeschaffung beschränkt sich zudem nicht auf einen Einkauf und die Anlieferung zu Schuljahresbeginn, sondern verlangt die ganzjährige Versorgung der Schulen mit Ersatz-, Ergänzungs- und Austauschstücken, da Lernmittel verloren oder kaputt gehen und Schülerzahlen sich auch im laufenden Schuljahr verändern können. Der Wettbewerb kann sich hier im Feld der schnellen und bedarfsgerechten Reaktion der potentiellen Vertragspartner abspielen. Weiter kann es auf dem Feld der **Beratung, der Kommunikation oder der Rechnungslegung Wettbewerb** geben. Die Beschaffung von Lernmitteln enthält daher trotz der teilweisen Buchpreisbindung in wesentlichen Teilen der zu erbringenden Leistung ausgiebig Raum für Wettbewerb. Ein sachlicher Grund, diesen Wettbewerb nicht zuzulassen, ist nicht ersichtlich (VK Düsseldorf, B. v. 22. 7. 2002 – Az.: VK – 19/2002 – L).

8.13.11 Zulässigkeit unbefristeter Verträge oder von Verträgen mit nicht absehbarer Vertragsdauer

Nach dem geltenden Vergaberechtsregime sind **unbefristete Verträge oder Verträge mit nicht absehbarer Vertragsdauer grundsätzlich zulässig** – vgl. § 3 Abs. 3 Satz 3 VgV- (OLG Düsseldorf, B. v. 1. 10. 2003 – Az.: Verg 45/03). Zur **zeitlichen Befristung von Rahmenvereinbarungen** vgl. die Kommentierung zu → § 4 VOL/A Rdn. 31 ff.

Teil 1 GWB § 99 Gesetz gegen Wettbewerbsbeschränkungen

8.13.12 Verträge zugunsten Dritter

2026 Grundsätzlich besteht auch für den öffentlichen Auftraggeber Vertragsfreiheit, d. h. er hat die Möglichkeit der freien Vertragsgestaltung, soweit nicht gesetzliche Regelungen entgegenstehen. Er kann nicht nur Vereinbarungen treffen, die auf alsbald zu erbringende Leistungen gegen Entgelt gerichtet sind, sondern auch Verträge (z. B. in Form eines Vorvertrages oder einer Option) über künftige Leistungen abschließen. **Auch Verträge zugunsten Dritter sind nicht ausgeschlossen** (BayObLG, B. v. 17. 2. 2005 – Verg 027/04). Eine solche Vertragskonstellation bietet sich z. B. **bei Rahmenvereinbarungen für mehrere öffentliche Auftraggeber** an.

8.13.13 Beleihung

8.13.13.1 Allgemeines

2027 In der Literatur wird es als zulässig angesehen, den Weg der **Beleihung als vergaberechtsfreie Maßnahme der staatlichen Organisation** zu gehen.

8.13.13.2 Literatur

2028 – Braun, Christian/Buchmann, Anne, Beleihung als Ausstiegsmöglichkeit aus der Ausschreibungsverpflichtung?, NZBau 2007, 691

– Burgi, Martin, Die Beleihung als kartellvergaberechtlicher Ausnahmetatbestand (am Beispiel des Subventionsmittlers nach § 44 III BHO), NVwZ 2007, 383

8.13.14 Arzneimittel-Rabattverträge gemäß § 130a Abs. 8 SGB V

8.13.14.1 Rechtsprechung

2029 8.13.14.1.1 Allgemeine Zulässigkeit von Rabattverträgen. Hinsichtlich der **Ausschreibung von Rabattvereinbarungen durch gesetzliche Krankenkassen an sich ist darauf hinzuweisen, dass der Gesetzgeber gerade auch dieses Instrument in § 130a SGB V im Interesse der Sicherung der finanziellen Stabilität der gesetzlichen Krankenversicherung eingeführt** hat. Das entsprechende **Gesetz hat das Bundesverfassungsgericht ausdrücklich für verfassungsgemäß erachtet**, insbesondere ist nach Auffassung des BVerfG der hiermit verbundene **Eingriff in die Grundrechte der pharmazeutischen Unternehmen durch das überragend wichtige Gemeinschaftsgut der Finanzierbarkeit der gesetzlichen Krankenversicherung gerechtfertigt**. Dass mit der Erteilung des Zuschlags an einen einzelnen Bieter die konkurrierenden Anbieter für die Dauer des ausgeschriebenen Vertrages von diesem Markt ausgeschlossen sind, ist einem Vergabeverfahren wesenseigen und verletzt ebenfalls nicht die Grundrechte der erfolglosen Bieter (LSG Nordrhein-Westfalen, B. v. 23. 4. 2009 – Az.: L 21 KR 36/09 SFB; 3. VK Bund, B. v. 29. 1. 2009 – Az.: VK 3–200/08; B. v. 29. 1. 2009 – Az.: VK 3–197/08; B. v. 23. 1. 2009 – Az.: VK 3–194/08).

2030 **Rabattvereinbarungen als solche haben grundsätzlich den Zweck, möglichst hohe Einsparungen zu erzielen. Dieses Ziel kann verfolgt werden, ohne den Anspruch des Versicherten auf Heilung und Linderung von Krankheiten zu beeinträchtigen. Die Berücksichtigung auch medizinischer Interessen kann bei der Ausgestaltung der Verdingungsunterlagen Berücksichtigung finden**. Es ist jeder Ausschreibung, die im öffentlichen Interesse erfolgt, immanent, dass die Interessen des öffentlichen Auftraggebers in den Verdingungsunterlagen ihren Niederschlag finden. Dabei lässt § 97 Abs. 4 GWB sogar zu, dass vergabefremde Anforderungen Berücksichtigung finden können, wenn dies durch Bundes- oder Landesgesetz vorgesehen ist. Dazu gehören auch die Sozialgesetzbücher. Der **Qualifikation als öffentlicher Auftrag kann folglich nicht entgegen gehalten werden, dass sich die Krankenkassen bei der Wahrnehmung ihrer Aufgaben an die Gesetze zu halten haben** (VK Baden-Württemberg, B. v. 30. 12. 2008 – Az.: 1 VK 51/08).

2031 **Für eine Verfassungswidrigkeit des § 130a Abs. 8 SGB V besteht kein Anhaltspunkt.** Soweit geltend gemacht wird, dass die Pharmaunternehmen durch Rabattvereinbarungen gemäß § 130a Abs. 8 SGB V i. V. m. der Ersetzungspflicht nach § 129 Abs. 1 Satz 3 SGB V in ihrem Recht aus Artikel 12 Abs. 1 GG verletzt werden, ist dem entgegenzuhalten, dass das **BVerfG in ständiger Rechtsprechung davon ausgeht, dass die Vergabe eines öffentlichen Auftrags an Mitbewerber grundsätzlich nicht den Schutzbereich der Berufsfreiheit des unterlegenen Bieters berührt**. Zu berücksichtigen ist ferner, dass das Vergabeverfahren gerade die Durchsetzung der Grundfreiheiten nach dem EG und der Grundrechte der Bieter – hier: der pharmazeutischen Unternehmen – bezweckt (LSG Nordrhein-Westfalen, B. v. 8. 10. 2009 – Az.: L 21 KR 36/09 SFB; B. v. 23. 4. 2009 – Az.: L 21 KR 36/09 SFB).

8.13.14.1.2 Inhalt und rechtliche Qualifizierung von Rabattverträgen. Arzneimittel-Rabattverträge gemäß § 130a Abs. 8 SGB V stellen bei wirtschaftlicher Betrachtungsweise **Rahmenvereinbarungen zur Beschaffung von Arzneimitteln für die Versicherten der Krankenkasse** dar. Es werden insoweit nicht nur einseitig Rückvergütungspflichten („Rabatte") der pharmazeutischen Unternehmer begründet, ohne dass vertragliche Verpflichtungen der Krankenkasse bestünden. Vielmehr handelt es sich um **Verträge, die beidseitige Pflichten, nämlich Leistungs- und Vergütungspflichten regeln, die dem künftigen Einzelabruf von Arzneimitteln durch die Versicherten zu Grunde zu legen sind. Sie erfüllen damit die Tatbestandsvoraussetzungen von Rahmenvereinbarungen.** Insoweit wird eine **vertragliche Leistungsbeziehung zwischen der gesetzlichen Krankenkasse und dem pharmazeutischen Unternehmer begründet.** In die **Abwicklung der Einzelverträge sind der Versicherte, verschiedene Leistungserbringer und die Krankenkasse eingebunden:** Der Versicherte erhält von seinem Arzt ein Arzneimittel verordnet. Auf dem Rezept verordnet der Arzt entweder eine Wirkstoffbezeichnung oder ein spezielles Arzneimittel, wobei er die Ersetzung des Arzneimittels durch ein wirkstoffgleiches preisgünstigeres Mittel (so genannte aut-idem-Regelung) ermöglichen oder ausschließen kann. Hat er die Ersetzung nicht ausgeschlossen bzw. lediglich eine Wirkstoffbezeichnung verordnet, händigt der Apotheker dem Versicherten zu Lasten der Krankenkasse, die nach § 2 SGB V aufgrund des Sachleistungsprinzips hierzu verpflichtet ist, ein preisgünstigeres wirkstoffgleiches Mittel aus. Der **Apotheker ist gemäß § 129 Abs. 1 Satz 3 SGB V zur Ersetzung eines wirkstoffgleichen Arzneimittels verpflichtet, für das eine Rabattvereinbarung nach § 130a Abs. 8 SGB V besteht.** Die verschiedenen **zwischengeschalteten Leistungsträger (Arzt, Apotheker) handeln damit letztendlich als Vertreter der Krankenkasse**, die Kostenträger ist. Der Abschluss des Rabattvertrages zwischen Krankenkasse und pharmazeutischem Unternehmer führt zwischen diesen also wirtschaftlich zu einer Lieferbeziehung bezüglich der erfassten Wirkstoffe. Denn immer wenn ein Versicherter ein Arzneimittel dieses Wirkstoffs per Rezept vor Ort abruft, wird der zwischengeschaltete Apotheker verpflichtet, Arzneimittel des Herstellers, der einen Rabattvertrag abgeschlossen hat, zu Lasten der Ag abzugeben. Bestätigt wird diese gesetzliche Verpflichtung in § 4 der Rahmenvereinbarung über die Arzneimittelversorgung nach § 129 Abs. 2 SGB V zwischen den Spitzenverbänden der Krankenkassen und dem Deutschen Apothekerverband e. V.. Wo vormals eine eigenständige Entscheidung des Apothekers über die Wahl des Arzneimittels zwischengeschaltet war, die aufgrund der Leistungspflichten im Rahmen des SGB V zu einer entsprechenden Abrechnung zu Lasten der Krankenkassen führte, wird **nunmehr durch den Rabattvertrag eine Lieferbeziehung zwischen den Krankenkassen und dem Hersteller begründet.** Der Apotheker wickelt nun nur noch ab. Die von ihm getroffene **Auswahlentscheidung beschränkt sich auf die vorhandenen Rabattvertragspartner** (OLG Düsseldorf, B. v. 20. 2. 2008 – Az.: VII – Verg 7/08; B. v. 17. 1. 2008 – Az.: VII – Verg 57/07; B. v. 19. 12. 2007 – Az.: VII – Verg 51/07; LSG Nordrhein-Westfalen, B. v. 19. 11. 2009 – Az.: L 21 KR 55/09 SFB; B. v. 10. 9. 2009 – Az.: L 21 KR 53/09 SFB; B. v. 3. 9. 2009 – Az.: L 21 KR 51/09 SFB; VK Baden-Württemberg, B. v. 30. 12. 2008 – Az.: 1 VK 51/08; 1. VK Bund, B. v. 4. 12. 2009 – Az.: VK 1–203/09; B. v. 27. 11. 2009 – Az.: VK 1–200/09; B. v. 26. 11. 2009 – Az.: VK 1–197/09; B. v. 10. 11. 2009 – Az.: VK 1–191/09; B. v. 29. 10. 2009 – Az.: VK 1–185/09; B. v. 19. 11. 2008 – Az.: VK 1–135/08; B. v. 19. 11. 2008 – Az.: VK 1–126/08; 2. VK Bund, B. v. 26. 5. 2009 – Az.: VK 2–30/09; B. v. 10. 4. 2008 – Az.: VK 2–37/08; B. v. 15. 11. 2007 – Az.: VK 2–123/07; B. v. 15. 11. 2007 – Az.: VK 2–120/07; B. v. 15. 11. 2007 – Az.: VK 2–117/07; B. v. 15. 11. 2007 – Az.: VK 2–114/07; B. v. 15. 11. 2007 – Az.: VK 2–108/07; B. v. 15. 11. 2007 – Az.: VK 2–105/07; B. v. 15. 11. 2007 – Az.: VK 2–102/07; 3. VK Bund, B. v. 29. 9. 2009 – Az.: VK 3–166/09; B. v. 3. 8. 2009 – Az.: VK 3–145/09; B. v. 24. 7. 2009 – VK 3–136/09; B. v. 20. 3. 2009 – Az.: VK 3–40/09; B. v. 20. 3. 2009 – Az.: VK 3–34/09; B. v. 20. 3. 2009 – Az.: VK 3–22/09; B. v. 16. 3. 2009 – Az.: VK 3–37/09; B. v. 18. 2. 2009 – Az.: VK 3–158/08; B. v. 30. 1. 2009 – Az.: VK 3–221/08; B. v. 29. 1. 2009 – Az.: VK 3–200/08; B. v. 29. 1. 2009 – Az.: VK 3–197/08; B. v. 23. 1. 2009 – Az.: VK 3–194/08; B. v. 18. 12. 2007 – Az.: VK 3–139/07; VK Düsseldorf, B. v. 31. 10. 2007 – Az.: VK – 31/2007 – L).

Der **Annahme eines Beschaffungsvorgangs für Arzneimittel steht nicht entgegen, dass diese durch Vertragsärzte verordnet** werden. Denn die von den Vertragsärzten getroffenen Verordnungen müssen der Krankenkasse im Rahmen ihrer Sachleistungspflicht (§ 2 Abs. 2 Satz 1 SGB V; §§ 72 Abs. 1 Satz 1, 73 Abs. 2 Nr. 7 SGB V) zugerechnet werden. Der **Ver-**

Teil 1 GWB § 99   Gesetz gegen Wettbewerbsbeschränkungen

tragsarzt ist die „Schlüsselfigur" im Rahmen der Arzneimittelversorgung. Er verordnet ein bestimmtes Arzneimittel zu Gunsten der Versicherten (und zu Lasten der GKV), das er als medizinisch notwendig bewertet. **Bei der Ausstellung der Verordnung handelt er kraft der ihm durch das Vertragsarztrecht verliehenen Kompetenzen als Vertreter der Krankenkassen**; ohne vertragsärztliche Verordnung besteht grundsätzlich kein Sachleistungsanspruch der Versicherten gegen die Krankenkassen (LSG Nordrhein-Westfalen, B. v. 19. 11. 2009 – Az.: L 21 KR 55/09 SFB; B. v. 10. 9. 2009 – Az.: L 21 KR 53/09 SFB).

2034   Der vorgesehene Vertrag hat in diesem Sinne also die **Lieferung von Waren „zum Gegenstand"**: Er regelt nämlich die Art der Ware und ihren Preis. Dass der Preis nur indirekt (durch Rückvergütungen auf den Apothekenverkaufspreis) geregelt ist, ist ebenso unerheblich wie die Frage, wer die Ware wie körperlich liefert und aushändigt und wie, wann und an wen das Eigentum an den Medikamenten übergeht. **Abgesehen davon, dass auch das deutsche Recht „Streckengeschäfte" kennt, ist das rechtliche Gewand, durch das der Lieferauftrag erteilt wird, unerheblich.** Wichtig ist in diesem Zusammenhang nur, dass die gesetzlichen Krankenkassen die Auftragnehmer mit der Lieferung beauftragen und sie – die gesetzlichen Krankenkassen – die Auftragnehmer für die Lieferung bezahlen. Dass nicht die Antragsgegnerinnen selbst die Entscheidung über die Einzelaufträge fällen, sondern der Arzt und/oder der Apotheker, ist unerheblich; die Entscheidung dieser Personen (wegen der maßgeblichen Stellung des Apothekers in diesem Falle neben dem Arzt auch jener) wird nämlich den Antragsgegnerinnen zugerechnet (vgl. dazu näher sowie zu den strafrechtlichen Folgen BGH NJW 2004, 454). Hinzu kommt, dass der Apotheker nach § 129 Abs. 1 Satz 3 SGB V im Falle eines Vertrages nach § 130a Abs. 8 SGB V für den betreffenden Wirkstoff grundsätzlich ein Medikament auswählen muss, das Gegenstand eines derartigen Vertrages ist, die **gesetzlichen Krankenkassen mithin das Nachfrageverhalten der Apotheker auf die vertragsgemäßen Medikamente „lenken"** (OLG Düsseldorf, B. v. 20. 2. 2008 – Az.: VII – Verg 7/08; B. v. 17. 1. 2008 – Az.: VII – Verg 57/07; B. v. 19. 12. 2007 – Az.: VII – Verg 51/07; im Ergebnis ebenso LSG Nordrhein-Westfalen, B. v. 19. 11. 2009 – Az.: L 21 KR 55/09 SFB; B. v. 8. 10. 2009 – Az.: L 21 KR 44/09 SFB; B. v. 8. 10. 2009 – Az.: L 21 KR 36/09 SFB; B. v. 10. 9. 2009 – Az.: L 21 KR 53/09 SFB; B. v. 3. 9. 2009 – Az.: L 21 KR 51/09 SFB; VK Baden-Württemberg, B. v. 30. 12. 2008 – Az.: 1 VK 51/08; 1. VK Bund, B. v. 10. 12. 2009 – Az.: VK 1–188/09; B. v. 29. 10. 2009 – Az.: VK 1–185/09; 2. VK Bund, B. v. 22. 8. 2008 – Az.: VK 2–73/08; 3. VK Bund, B. v. 20. 3. 2009 – Az.: VK 3–40/09; B. v. 20. 3. 2009 – Az.. VK 3–34/09; B. v. 20. 3. 2009 – Az.: VK 3–22/09; B. v. 16. 3. 2009 – Az.: VK 3–37/09; B. v. 29. 1. 2009 – Az.: VK 3–200/09; B. v. 29. 1. 2009 – Az.: VK 3–197/08; VK Hessen, B. v. 21. 4. 2008 – Az.: 69 d VK – 15/2008).

2035   Die **Gewährung von Rabatten in den Verträgen nach § 130a SGB V führt – in Form der durch die Unternehmer an die Krankenkassen gezahlten „Rückvergütung" – zu dem Bezug preisvergünstigter Arzneimittel**. Die **Rabattverträge schlagen eine „Brücke" zwischen den pharmazeutischen Unternehmern und den Krankenkassen als den Abnehmern der produzierten Arzneimittel**. Das wirtschaftliche Ergebnis ist, dass sich die Krankenkassen nunmehr die von ihnen abgenommenen Arzneimittel zu einem günstigeren – nämlich rabattierten – Preis beschaffen können. Zugleich – und nur deshalb schließt der pharmazeutische Unternehmer den Rabattvertrag – ist für ihn der Rabattvertrag mit den hieran anknüpfenden, sich aus den gesetzlichen Regelungen (§ 129 Abs. 1 Satz 3 SGB V) ergebenden Vorteilen verbunden. Aufgrund dieser Betrachtungsweise erscheint es **ohne weiteres gerechtfertigt, den Abschluss von Rabattverträgen vergaberechtlich als die Lieferung preisvergünstigter Arzneimittel durch pharmazeutische Unternehmer an die Krankenkassen zu begreifen** (LSG Nordrhein-Westfalen, B. v. 19. 11. 2009 – Az.: L 21 KR 55/09 SFB).

2036   Diese **Argumentation gilt auch für Verträge nach § 127 SGB V zur Versorgung der Versicherten von Krankenkassen mit Hilfsmitteln** (1. VK Bund, B. v. 21. 12. 2009 – Az.: VK 1–212/09).

2037   Bei dem **Gegenstand des Rabattvertrags handelt es sich auch nicht um eine Konzession**, die vom Vergaberecht ausgenommen wäre. Eine Dienstleistungskonzession kommt dabei nicht in Betracht, weil es hier um die Lieferung von Fertigarzneimitteln, also Waren, geht. Dass die Lieferanten sich lieferfähig zu halten haben, stellt insoweit keine besondere Dienstleistung dar, sondern dient allein der Gewährleistung der Lieferpflichten. In Betracht käme also allein eine „**Lieferkonzession**". Regeln zu Lieferkonzessionen enthalten weder das EU-Recht noch das deutsche Vergaberecht. Schon von daher ist fraglich, ob eine Lieferkonzession anders als ein gewöhnlicher Liefervertrag zu behandeln wäre. Aber selbst wenn man den Begriff der Konzession, wie er in Art. 1 Abs. 4 der Richtlinie 2004/18/EG für die Dienstleistungskonzession verwendet wird, zugrunde legte, ist die typische Risikostruktur einer Konzession hier nicht gegeben. Nach der genannten Vorschrift sind **Dienstleistungskonzessionen Verträge, die von Dienstleistungsverträgen nur insoweit abweichen, als die Gegenleistung für die Erbringung der Dienstleistungen ausschließlich in dem Recht zur Nutzung der Dienstleistung oder in diesem Recht zuzüglich der Zahlung eines Preises besteht. Maßgeblich für die Einordnung als Konzession ist die von einem normalen Dienstleistungsvertrag abweichende Risikoverteilung, die mit einem Recht zur Nutzung der eigenen Dienstleistung einher geht.** Zwar besteht für den pharmazeutischen Unternehmer eine Unsicherheit, ob und in welchem Umfang er in Anspruch genommen wird: Denn zum Bezug des rabattierten Arzneimittels kommt es erst, wenn ein Apotheker ein Arzneimittel unter z. B. drei bzw. vier rabattierten Mitteln ausgewählt hat. Wird ein Einzelauftrag erteilt, findet dann eine entgeltliche Waren-(Arznei-)lieferung statt. Diese **Situation liegt in demselben Umfang gerade auch bei einem Rahmenvertrag vor, bei dem ebenfalls offen bleibt, ob und in welchem Umfang dem Auftragnehmer am Ende Einzelaufträge erteilt werden. Es kommt also nicht zu der konzessionstypischen „Nutzung"** der eigenen Waren/Dienstleistungen außerhalb der Beziehung Auftraggeber – Auftragnehmer. Die Auftraggeber haben in diesem Fall durchaus Einfluss darauf, in welchem Umfang die Rabattvertragspartner in Anspruch genommen werden. Denn wegen der **Ersetzungsregelung in § 129 Abs. 1 Satz 3 SGB V** werden grundsätzlich nur Medikamente der Rabattvertragspartner durch den Apotheker ausgegeben. Die Rabattierung beeinflusst im Übrigen bereits das Verhalten des Arztes, der gemäß §§ 73 Abs. 5, 84 Abs. 6, 92 Abs. 2 und 106 SGB V zu einer wirtschaftlichen Verordnungspraxis angehalten ist (OLG Düsseldorf, B. v. 20. 2. 2008 – Az.: VII – Verg 7/08; B. v. 17. 1. 2008 – Az.: VII – Verg 57/07; B. v. 19. 12. 2007 – Az.: VII – Verg 51/07; 2. VK Bund, B. v. 22. 8. 2008 – Az.: VK 2–73/08; B. v. 15. 11. 2007 – Az.: VK 2–123/07; B. v. 15. 11. 2007 – Az.: VK 2–120/07; B. v. 15. 11. 2007 – Az.: VK 2–117/07; B. v. 15. 11. 2007 – Az.: VK 2–114/07; B. v. 15. 11. 2007 – Az.: VK 2–108/07; B. v. 15. 11. 2007 – Az.: VK 2–105/07; B. v. 15. 11. 2007 – Az.: VK 2–102/07).

Im Übrigen **kennt die Vergabekoordinierungsrichtlinie eine Lieferkonzession, gar eine, deren Vergabe von der Vergabekoordinierungsrichtlinie ausgenommen wäre, nicht.** Sie erwähnt lediglich Baukonzessionen und Dienstleistungskonzessionen, wobei allein letztere aufgrund einer ausdrücklichen Vorschrift nicht von der Richtlinie erfasst werden (Art. 17 VKR). **Nach der kohärenten Neukodifizierung des Vergaberechts durch die Vergabekoordinierungsrichtlinie,** die die bis dahin nicht ausdrücklich angesprochene Dienstleistungskonzession einer Regelung zugeführt hat, **besteht kein Anlass dafür, die Existenz von „Lieferkonzessionen" anzunehmen, jedenfalls dann, wenn man sie nicht als Unterart des „öffentlichen Lieferauftrages" ansieht** (OLG Düsseldorf, B. v. 20. 2. 2008 – Az.: VII – Verg 7/08; B. v. 17. 1. 2008 – Az.: VII – Verg 57/07; B. v. 19. 12. 2007 – Az.: VII – Verg 51/07; 2. VK Bund, B. v. 22. 8. 2008 – Az.: VK 2–73/08; 1. VK Sachsen, B. v. 13. 8. 2009 – Az.: 1/SVK/034-09, 1/SVK/034-09G). 2038

Auch ist die **Leistungsbeziehung einer vergaberechtsfreien Dienstleistungskonzession nicht so ähnlich,** dass die reglementierte **Vergabe keine Anwendung finden könnte.** Bezüglich der **Risikounterworfenheit des Geschäftes für die beteiligten Pharmaunternehmen** gilt: **Unsicher für den Leistungserbringer ist lediglich, wie oft er von Patienten in Anspruch genommen wird.** Diese Unsicherheit besteht für einen Vertragspartner jedoch genauso, wenn er etwa auf Abruf Bedarfe eines öffentlichen Auftraggebers erfüllt, deren Umfang anfänglich noch nicht abschließend feststeht. Die für eine Dienstleistungskonzession prägende Risikoverlagerung für die Erwirtschaftung eines Entgeltes auf den Konzessionsnehmer liegt darin nicht. Auch **muss der Auftragnehmer keine kostenträchtigen Strukturen aufbauen und vorhalten, deren Amortisation durch die Vergütung für die Einzelaufträge erfolglos bleiben könnte.** Wie das praktische Angebotsverhalten gezeigt hat, haben eine Vielzahl von Pharmaunternehmen die nachgefragten Wirkstoffe – von Ausnahmen abgesehen – in ihrer Produktpalette. Diese **Unternehmen unterliegen mit ihren Produkten bereits dem Konkurrenzdruck und können nicht sicher abschätzen, welche Umsätze sie machen werden. Durch den Abschluss von Rabattierungsverträgen wird diese Unsicherheit partiell eher verringert als vergrößert.** Die gesetzlichen Krankenkassen übertragen den Unternehmen kein ihnen zustehendes Recht, etwa Herstellung oder Vertrieb von Arzneimittel, welches die Unternehmen auf eigenes Risiko unter Aufbau von neuen Strukturen und Erschließung von Kunden ausnützen müssten. Sie kanalisieren lediglich die ohnehin stattfindenden Arzneimittelverkäufe. Ein **zusätzliches Risiko, welches die Anwendung des Vergaberechts ausschließen würde, wird für die Unternehmen dadurch nicht begründet** (VK Düsseldorf, B. v. 31. 10. 2007 – Az.: VK – 31/2007 – L). 2039

2040 Um einen solchen Rabattvertrag handelt es sich auch bei den **Rabattverträgen zur Belieferung von Vertragsarztpraxen mit Medikamenten**. Im Rabattvertrag wird ein Abschlag auf eine Bezugsgröße, die an anderer Stelle vorgegeben wird (Apothekeneinkaufspreis gemäß Lauer-Liste), und damit ein Element der Preisberechnung zwischen den Krankenkassen und den Lieferanten vereinbart. Dies steht der Einordnung des Rabattvertrages als öffentlicher Auftrag jedoch insoweit nicht entgegen, als der in § 99 Abs. 1 GWB vorgegebene Auftragsbegriff in § 4 EG VOL/A, der auf Art. 1 Abs. 5, Art. 32 der Richtlinie 2004/18/EG zurückgeht, um die Rahmenvereinbarungen erweitert wird. Gemäß § 4 EG Abs. 1 Satz 1 VOL/A sind auch Rahmenvereinbarungen als öffentlicher Auftrag zu qualifizieren, obwohl sie selbst noch nicht den eigentlichen Austauschvertrag beinhalten, sondern lediglich Bedingungen für Einzelverträge regeln, die zu einem späteren Zeitpunkt abgeschlossen werden. Genau dies ist es, was die hier zur Diskussion stehenden Rabattverträge tun: Bezüglich des Preises wird eine Abrede, nämlich die Rabatthöhe, vor die Klammer der nachfolgenden Einzelverträge gezogen. Der Abschluss der Einzelverträge erfolgt dann, wenn der jeweilige Vertragsarzt Medikamente ordert (VK Baden-Württemberg, B. v. 30. 12. 2008 – Az.: 1 VK 51/08; 3. VK Bund, B. v. 15. 8. 2008 – Az.: VK 3–107/08; B. v. 14. 11. 2007 – Az.: VK 3–124/07; im Ergebnis ebenso 2. VK Bund, B. v. 22. 8. 2008 – Az.: VK 2–73/08; B. v. 8. 2. 2008 – VK 2–156/07; 3. VK Bund, B. v. 8. 2. 2008 – Az.: VK 3–29/08; B. v. 6. 2. 2008 – Az.: VK 3–11/08; B. v. 5. 2. 2008 – Az.: VK 3–23/08; B. v. 5. 2. 2008 – Az.: VK 3–17/08; B. v. 5. 2. 2008 – Az.: VK 3–08/08; B. v. 9. 1. 2008 – Az.: VK 3–145/07).

2041 Streitig ist insoweit, ob die jeweiligen **Einzelkaufverträge zwischen den Krankenkassen und den Lieferanten direkt zustande kommen – über die Konstruktion „Arzt als Vertreter der Krankenkassen" – oder aber ob die Einzelverträge zwischen Arzt und Lieferant geschlossen werden**, die direkte Abrechnung zwischen Krankenkassen und Lieferant also lediglich eine Vereinfachung des Zahlungsweges darstellt. Sollte die Auffassung der Krankenkassen zutreffen, so wäre hier **im Vergleich zu herkömmlichen Rahmenvereinbarungen die Besonderheit zu konstatieren, dass die Vertragsparteien zwischen Rahmenvereinbarung und nachfolgenden Einzelverträgen auseinanderfallen**: Krankenkassen und Lieferanten als Rabattvertragspartner einerseits, Arzt und Lieferant als Kaufvertragspartner andererseits. Selbst wenn die Auffassung der Krankenkassen zutreffend wäre, so kann dies aber den Charakter der Rabattvereinbarung als öffentlicher Auftrag nicht ausschließen: **§ 3 a Nr. 4 VOL/A sowie die zugrunde liegenden Richtlinienbestimmungen verlangen erstens ihrem Wortlaut nach nicht, dass die jeweiligen Vertragspartner von Rahmenvereinbarung und Einzelverträgen identisch sein müssen**, wobei allerdings zu konzedieren ist, dass bei Schaffung der Bestimmungen seitens der jeweiligen Normgeber vermutlich gar nicht an den Sonderfall und an die Möglichkeit des Auseinanderfallens der Vertragspartner gedacht wurde. Relevanter ist daher zweitens, **dass beide Verträge wirtschaftlich eng miteinander verknüpft sind**. Dies zeigen die Ausführungen, wonach die Belieferung eines Arztes mit Produkten problemlos und ohne die sonst erforderliche strenge Prüfung der Bezugsberechtigung und der Bonität erfolgt, wenn der Arzt eine kassenärztliche Verordnung über das Medikament vorlegt, dies belegen die direkten Zahlungswege der Krankenkassen an die Lieferanten, und dies belegt nicht zuletzt die Tatsache, dass die Krankenkassen überhaupt die Möglichkeit haben, über die Rabattvereinbarung in den zwischen zwei anderen Vertragsparteien geschlossenen Kaufvertrag „hineinzuregieren". **Bei der im Vergaberecht gebotenen funktionalen Betrachtungsweise sind folglich beide Verträge als wirtschaftliche Einheit zu sehen und zusammenzufassen.** Folglich kommt es nicht darauf an, wie die Vertragsbeziehungen im einzelnen geregelt sind; **auch wenn die Krankenkassen als Vertragspartner des Rabattvertrags nicht Vertragspartner der Einzelkaufverträge werden sollten, handelt es sich bei Abschluss der Rabattverträge um die Vergabe eines öffentlichen Auftrags**, der grundsätzlich der Nachprüfung seitens der Vergabekammer unterliegt (3. VK Bund, B. v. 26. 3. 2009 – Az.: VK 3–43/09; B. v. 30. 1. 2009 – Az.: VK 3–221/08; B. v. 29. 1. 2009 – Az.: VK 3–200/08; B. v. 29. 1. 2009 – Az.: VK 3–197/08; B. v. 15. 8. 2008 – Az.: VK 3–107/08; B. v. 14. 11. 2007 – Az.: VK 3–124/07).

2042 Eine **Rabattvereinbarung behält den Charakter eines öffentlichen Auftrags** auch unter Berücksichtigung der sozialrechtlichen Besonderheit, dass die „Beschaffung" der Arzneimittel im Sinne der fortlaufenden Versorgung der Versicherten ohnehin, also auch ohne Rabattvereinbarung, erfolgt, ja erfolgen muss. Es fehlt insoweit nicht an der notwendigen Kausalität zwischen Vereinbarung und zu „beschaffender" Leistung. Ein **zusätzliches Tatbestandsmerkmal in Form des Erfordernisses der Verfügbarkeit spezieller Instrumente zur Lenkung der Nachfrage auf die rabattierten Produkte ist nicht erforderlich** (2. VK Bund, B. v. 22. 8. 2008 – Az.: VK 2–73/08).

Gesetz gegen Wettbewerbsbeschränkungen GWB § 99 **Teil 1**

Nach Auffassung des LSG Baden-Württemberg hingegen sind **Rabattverträge nach § 130 a** 2043
SGB V keine öffentlichen Lieferaufträge. Bei der Auslieferung von Arzneimitteln an Versicherte der gesetzlichen Krankenkasse kommt ein **Kaufvertrag zwischen der Krankenkasse und dem Apotheker** zustande. Der **pharmazeutische Unternehmer ist an diesem Vertrag weder beteiligt noch wird er dadurch in seinen Rechten betroffen**. Da der Apotheker Vertragspartner der Krankenkasse wird, kann sein Handeln auch nicht der Krankenkasse zugerechnet werden. Auf Seiten der Krankenkasse agieren nur der Vertragsarzt bei der Ausstellung der Arzneimittelverordnung (als Vertreter der Krankenkasse) und der Versicherte (ebenfalls als Vertreter bei der Auswahl der Apotheke, im Übrigen als Bote). Eine der Krankenkasse zuzurechnende vergaberechtliche Auswahlentscheidung kann auch nicht ohne Weiteres darin gesehen werden, dass der Apotheker nach § 129 Abs. 1 Satz 3 SGB V im Falle eines Vertrages nach § 130 a Abs. 8 SGB V für den betreffenden Wirkstoff ein Medikament auswählen muss, das Gegenstand eines Rabattvertrages ist. Denn die **Nachfrage nach Arzneimitteln wird nicht durch die Rabattverträge, sondern – abgesehen vom Versicherten – durch den die Verordnung ausstellenden Vertragsarzt bestimmt**. Er entscheidet darüber, welches Arzneimittel der Versicherte erhalten soll und ob die Ersetzung des verordneten Arzneimittels durch ein wirkstoffgleiches ausgeschlossen wird. Diese Entscheidung kann aufgrund der bestehenden Therapiefreiheit des Arztes nicht der Krankenkasse zugerechnet werden. Allein dadurch erhalten die pharmazeutischen Unternehmer, mit denen ein Rabattvertrag abgeschlossen worden ist, keine Sonderstellung im Wettbewerb, die einer Absatzgarantie für die rabattierten Medikamente gleichkommt.

Etwas anderes kann allerdings gelten, wenn der **Rabattvertrag eine Bestimmung enthält,** 2044
nach der die Krankenkasse verpflichtet ist, keine weiteren Rabattverträge mit anderen pharmazeutischen Unternehmen abzuschließen, die vergleichbare Arzneimittel anbieten (Zusicherung von Exklusivität). In einem solchen Fall führt der Rabattvertrag i. V. m. der Ersetzungsverpflichtung des Apothekers nach § 129 Abs. 1 Satz 3 SGB V tatsächlich zu einem Wettbewerbsvorteil, den der Auftraggeber dem Unternehmen einräumt, um einen möglichst hohen Rabatt zu erzielen. Insoweit kann der Rabattvertrag als öffentlicher Auftrag in Form einer Rahmenvereinbarung zu werten sein (LSG Baden-Württemberg, B. v. 23. 1. 2009 – Az.: L 11 WB 5971/08; B. v. 28. 10. 2008 – Az.: L 11 KR 4810/08 ER-B; LSG Berlin-Brandenburg, B. v. 7. 5. 2010 – Az.: L 1 SF 95/10 B Verg; LSG Nordrhein-Westfalen, B. v. 28. 1. 2010 – Az.: L 21 KR 68/09 SFB; B. v. 29. 4. 2009 – Az.: L 21 KR 42/09 SFB; B. v. 29. 4. 2009 – Az.: L 21 KR 41/09 SFB; B. v. 28. 4. 2009 – Az.: L 21 KR 40/09 SFB; B. v. 23. 4. 2009 – Az.: L 21 KR 36/09 SFB; B. v. 8. 4. 2009 – Az.: L 21 KR 27/09 SFB; B. v. 2. 4. 2009 – Az.: L 21 KR 35/09 SFB; B. v. 26. 3. 2009 – Az.: L 21 KR 26/09 SFB; VK Baden-Württemberg, B. v. 30. 12. 2008 – Az.: 1 VK 51/08; 2. VK Bund, B. v. 29. 4. 2010 – Az.: VK 2–20/10).

Nach **Auffassung des LSG Nordrhein-Westfalen kommt es nicht darauf an, ob Ex-** 2045
klusivitätsrechte vertraglich vereinbart worden sind. Vielmehr ist **ausreichend, dass Rabattverträge tatsächlich geeignet sind, einen Wettbewerbsvorteil im Hinblick auf Mitbewerber zu bewirken**. Hiervon ist auch der Gesetzgeber im Rahmen der Vorarbeiten zum GKV-OrgWG ausgegangen. Der Ausschuss für Gesundheit hat nämlich ausgeführt, dass Arzneimittelrabattverträge über Generika wegen der den Krankenkassen zuzurechnenden Ersetzungspflicht nach § 129 Abs. 1 Satz 3 SGB V und dem damit verbundenen mittelbaren Einfluss auf die Auswahlentscheidung des Vertragsgegenstandes als öffentliche Aufträge zu qualifizieren sein können (BT-Drs. 16/10609 S. 52 f.). Die **Beeinflussung der Auswahlentscheidung durch die Ersetzungspflicht führt jedoch letztlich zu einem Wettbewerbsvorteil für den Rabattvertragspartner im Verhältnis zu Mitbewerbern**, da diese im Verhältnis zu den Mitbewerbern in die Lage versetzt werden, ihren Umsatz zu erhöhen und ihnen mithin eine gesetzlich abgesicherte Sonderstellung im Wettbewerb eingeräumt wird. Darüber hinaus ergibt sich **aus den bei der Auslegung des Vertrages zu beachtenden tatsächlichen Umständen, dass ein Wettbewerbsvorteil eingeräumt wird und dies auch von Vertragsparteien so gewollt ist**, wenn durch Rundschreiben an Vertragsärzte und Versicherte u. a. darauf hingewiesen wird, dass ein bestimmtes Produkt eine wirtschaftliche Alternative z. B. für die Interferontherapie bei der Behandlung der MS darstellt, eine Verordnung dieses Arzneimittels bei entsprechender Indikation begrüßt wird und dass Wirtschaftlichkeitsreserven gehoben werden können und wenn gegenüber den Versicherten ausgeführt wird, dass es zu einer Substitution kommen wird, wenn der behandelnde Arzt eine solche nicht ausschließe. **Insbesondere das Schreiben an die Vertragsärzte ist geeignet, deren Verordnungsverhalten zu steuern und einem Produkt und damit einem Hersteller dadurch eine bevorzugte Stellung im Wettbewerb zu verschaffen** (LSG Nordrhein-Westfalen, B. v. 10. 9. 2009 – Az.: L 21 KR 53/09 SFB).

Teil 1 GWB § 99 Gesetz gegen Wettbewerbsbeschränkungen

2046 Die in der sozialgerichtlichen Rechtsprechung im Hinblick auf eine für erforderlich gehaltene Lenkungswirkung genannte Voraussetzung, dem Rabattvertragspartner müsse **Exklusivität** zugesichert werden, ist **nicht dahin zu verstehen, dass Rahmenverträge mit mehreren Vertragspartnern** – eine in § 4 EG Abs. 4 VOL/A ausdrücklich erwähnte Gestaltungsmöglichkeit – **nicht dem Vergaberecht unterfallen**. Etwas anderes könnte allenfalls dann gelten, wenn eine **bevorzugte Stellung der Vertragspartner im Wettbewerb wegen einer nahezu sämtliche Anbieter umfassenden Vielzahl von Vertragspartnern verneint werden müsste**. Dies ist aber bei lediglich drei Rabattvertragspartnern pro Los nicht der Fall (2. VK Bund, B. v. 26. 5. 2009 – Az.: VK 2–30/09).

2047 Das **Bundessozialgericht** lässt in seinem Rechtswegbeschluss zur Frage der Zuständigkeit des Sozialrechtswegs oder des Zivilrechtswegs die **Frage, ob auf Rabattverträge im Sinn von § 130 a Abs. 8 SGB V das Vergaberecht anzuwenden ist, ausdrücklich offen** (Bundessozialgericht, B. v. 22. 4. 2008 – Az.: B 1 SF 1/08 R).

2048 Zur **Entgeltlichkeit** eines solchen Vertrages vgl. die **Kommentierung** → Rdn. 43.

2049 Zur Frage des **Rechtsweges gegen Entscheidungen der Vergabekammern über Rabattverträge** vgl. die Kommentierung zu → § 116 GWB Rdn. 2.

2050 **8.13.14.1.3 Vergabevorgang und Autonomie des zwischengeschalteten Arztes bzw. der Apotheke hinsichtlich der Medikamentenverordnung.** Es liegt auch ein **Vergabevorgang trotz der Autonomie des zwischengeschalteten Arztes und der Apotheke bei der Medikamentenverordnung vor**. Zwar kann der Arzt durch entsprechende Verordnung die Auswahl bzw. Ersetzung des Medikamentes durch die Apotheke unterbinden, falls er es medizinisch für geboten hält. Es können durchaus auch für die Ärzte finanzielle Folgen eintreten, wenn sie sich auf einer globaleren Ebene nicht „wirtschaftlich" verhalten, wobei die Verordnung von Arzneimitteln einfließt. Die **ärztliche Entscheidungsfreiheit wird damit aber nicht völlig aufgehoben und dürfte dies wohl auch nicht, so dass für die Krankenkassen ein noch beeinflussbarer Bereich verbleibt**. Ebenfalls sind die Apotheken nach den derzeit geltenden Rahmenvereinbarungen in der Auswahl zwischen mehreren rabattierten wirkstoffgleichen Medikamenten frei. Dies steht der Annahme eines Vergabevorganges aber nicht entgegen. Der öffentliche Auftrag bestimmt sich nicht danach, wie konkret die Umstände des in Aussicht genommenen Geschäftes festgelegt werden können. Wenn eine nicht ausräumbare Unsicherheit über Art und Umfang des Geschäftes besteht (etwa bei Rahmenverträgen zu anlassbezogenen Reparaturarbeiten, Winterdienst o. ä.), entfällt nicht die Ausschreibungspflicht. Die Unternehmen werden die kalkulatorische Unsicherheit vielmehr durch die Bildung des Preises ausgleichen. **Wenn es allerdings der willentlichen Entschließung Dritter unterliegt, welche Art/Umfang das Geschäft annehmen wird, kann es durchaus zweifelhaft erscheinen, ob hier die Anwendung des Vergaberechts systematisch noch angemessen ist**. Es ist jedoch entscheidend, ob derartige **Dritte in die Stellung des öffentlichen Auftraggebers einrücken oder nicht. Dies ist weder für die Ärzte noch für die Apotheken feststellbar. In diesem Fall kann eine vergaberechtsfreie Marktansprache nicht hingenommen werden**. Es stünde ansonsten dem Auftraggeber frei, durch Rahmenverträge mit mehreren Unternehmen auf die gleiche Leistung, die aber nach Wahl eines Dritten nur jeweils einmal bezogen wird, die Anwendung des Vergaberechts auszuschalten. Beispielhaft könnten Uniformteile für Polizisten und Soldaten durch Rahmenverträge mit mehreren Herstellern zum Abruf durch die Bedarfsträger bestellt werden, wobei diese selbst entscheiden könnten, wann und von welchem Anbieter sie ein neues Uniformteil bezögen. Ob in derartigen Fällen dann der Abschluss von Rahmenverträgen mit mehreren Anbietern vergaberechtlich nicht zulässig wäre, braucht an dieser Stelle nicht entschieden zu werden. **Es liegt jedenfalls ein vergaberechtsrelevantes Geschäft vor** (OLG Düsseldorf, B. v. 20. 2. 2008 – Az.: VII – Verg 7/08; VK Düsseldorf, B. v. 31. 10. 2007 – Az.: VK – 31/2007 – L).

8.13.14.2 Literatur

2051 – Burgi, Martin, Hilfsmittelverträge und Arzneimittel-Rabattverträge als öffentliche Lieferaufträge?, NZBau 2008, 480

– Dreher, Meinrad/Hoffmann, Jens, Der Auftragsbegriff nach § 99 GWB und die Tätigkeit der gesetzlichen Krankenkassen, NZBau 2009, 273

– Gabriel Marc/Weiner, Katharina, Arzneimittelrabattverträge im generischen und patentgeschützten Bereich: Überblick über den aktuellen Stand, NZS 2009, 422

Gesetz gegen Wettbewerbsbeschränkungen GWB § 99 **Teil 1**

- Sönke, Anders/Knöbl, Jan, In dubio pro Krankenkasse – Ausgewählte Fragestellungen aus dem Bereich der Vergabe von Arzneimittelrabattverträgen gemäß § 130 a Abs. 8 SGB V
- Willenbruch, Klaus, Die vergaberechtliche Bedeutung von Pharmazentralnummern (PZN) in Ausschreibungsverfahren, PharmR 2009, 543

8.13.15 Rabattverträge gemäß § 130 a Abs. 8 SGB V über die Lieferung von ableitenden Inkontinenzartikeln und Erbringung bestimmter Dienstleistungen

Um **Rahmenvereinbarungen im Sinne des Vergaberechts** handelt es sich auch bei **Rahmenverträgen über die Lieferung von ableitenden Inkontinenzartikeln und Erbringung bestimmter Dienstleistungen, in denen Preispauschalen sowie weitere Vertragsbedingungen zur Durchführung der Versorgung der Versicherten mit den fraglichen Inkontinenzartikeln für alle nachfolgenden Einzelaufträge festgelegt** werden. Der Abschluss der Einzelverträge erfolgt dann, wenn ein Versicherter infolge des Sachleistungsprinzips nach § 2 Abs. 2 SGB V zu Lasten der gesetzlichen Krankenkassen aufgrund einer ärztlichen Verordnung Anspruch auf die Versorgung mit ableitenden Inkontinenzartikeln hat. Dass nicht die gesetzlichen Krankenkassen selbst die Entscheidung über die Einzelaufträge fällen, sondern der Arzt durch die entsprechende ärztliche Verordnung, ist unerheblich, da diese den gesetzlichen Krankenkassen zugerechnet werden. Es **kommt allein darauf an, dass die gesetzlichen Krankenkassen – über den Arzt – den Auftragnehmer mit der Lieferung der Inkontinenzprodukte einschließlich bestimmter Dienstleistungen beauftragen und ihn für die Leistung bezahlen** (1. VK Bund, B. v. 16. 12. 2008 – Az.: VK 1–156/08; im Ergebnis ebenso 1. VK Bund, B. v. 17. 4. 2009 – Az.: VK 1–35/09 – für die Lieferung von Kontrastmitteln). 2052

8.13.16 Abgabe von Röntgenkontrastmitteln

Die Krankenkasse als öffentlicher Auftraggeber schließt bei Rabattverträgen mit dem Lieferanten der Präparate einen Kaufvertrag. Hierbei handelt sie nicht selbst, sondern über den Arzt, der die Bestellung vornimmt. Dieser ist kraft der ihm durch das Kassenarztrecht verliehenen Kompetenzen (vgl. z. B. § 72 Abs. 1, 73 Abs. 2 Nr. 7 SGB V) Stellvertreter der Krankenkasse und agiert als solcher mit Wirkung für und gegen die Krankenkasse. Die Bezahlung erfolgt sodann direkt im Verhältnis Krankenkasse – Lieferant. Dies **gilt auch im Dreiecksverhältnis bei der Abgabe von Röntgenkontrastmitteln. Röntgenkontrastmittel sind ebenfalls Arzneimittel**, die im Rahmen der Versorgung der Versicherten eingesetzt werden. Eine **Abweichung in der praktischen Abwicklung, die jedoch nichts an der rechtlichen Bewertung ändert, ergibt sich lediglich daraus, dass Röntgenkontrastmittel wie der übrige Sprechstundenbedarf naturgemäß nicht individuell patientenbezogen beschafft werden, da sie in der Arztpraxis bei der Untersuchung zum Einsatz kommen und ihre Anwendung dem Arzt vorbehalten bleiben muss. Eine Abgabe dieser Präparate über die Apotheken findet daher grundsätzlich nicht statt**, es ist vielmehr geboten, die Kontrastmittel direkt in der Praxis als Sprechstundenbedarf vorzuhalten. Es entfällt somit im Vergleich zu herkömmlichen Medikamenten lediglich die Übermittlung des Kaufvertragsangebots durch einen Boten. Ferner wird der Apotheker in der vorliegenden Leistungsbeziehung ersetzt durch den Lieferanten des Röntgenkontrastmittels. Vermittelt **durch den Arzt wird somit ein Vertrag zwischen Krankenkasse und dem Lieferanten der Kontrastmittel abgeschlossen** (3. VK Bund, B. v. 20. 1. 2009 – Az.: VK 3–191/08; B. v. 20. 1. 2009 – Az.: VK 3–188/08; B. v. 20. 1. 2009 – Az.: VK 3–185/08;). 2053

8.13.17 Verträge gemäß § 127 SGB V über Hilfsmittel

Es **entspricht zwar gemäß § 127 Abs. 1 SGB V dem Willen des Gesetzgebers des GKV-OrgWG, die Krankenkassen im Wesentlichen frei darüber entscheiden zu lassen, eine Ausschreibung durchzuführen oder nicht. Dies ist aber mit dem höherrangigen europäischen Vergaberecht nicht vereinbar.** Der Abschluss eines Rahmenvertrages über Hilfsmittel stellt definitionsgemäß einen öffentlichen Auftrag dar, der nach den Regeln abzuwickeln ist, die durch zwingendes Gemeinschaftsrecht vorgegeben sind. **§ 127 Abs. 1 und Abs. 2 SGB V sind demnach richtlinienkonform dahingehend auszulegen, dass die Vorschriften nur dann Anwendung finden, wenn ein Beschaffungsvorgang unterhalb** 2054 der **Schwellenwerte erfolgt**. In diesem Sinne hat sich auch die Europäische Kommission in einem aktuellen Vertragsverletzungsbeschwerde-Verfahren geäußert (3. VK Bund, B. v. 12. 11. 2009 – Az.: VK 3–193/09; im Ergebnis ebenso 1. VK Bund, B. v. 21. 12. 2009 – Az.: VK 1–212/09).

2055 Das **Beitrittsrecht von Leistungserbringern nach § 127 Abs. 2a SGB V ändert nichts daran**, dass ein öffentlicher Auftrag vorliegt. Das Beitrittsrecht kann faktisch dazu führen, dass eine unüberschaubare Zahl von Leistungserbringern Vertragspartner der Krankenkassen werden. Folge davon wiederum ist, dass es danach keine exklusiven Verträge gibt. Dies ist **jedoch für die Einordnung als öffentlicher Auftrag rechtlich unerheblich**. Weder in § 3a VOL/A noch in der dieser Vorschrift zugrundeliegenden Vorgabe des Art. 32 VKR wird für die Qualifizierung als öffentlicher Auftrag auf die Vereinbarung von Exklusivität abgestellt oder die Durchführung einer vergaberechtlichen Auswahlentscheidung gefordert. Eine derartige Auswahlentscheidung ist vielmehr natürliche Folge einer rechtmäßigen Vergabe; erfolgt keine Auswahlentscheidung, stellt dies nicht den öffentlichen Auftrag in Frage, sondern lediglich die Rechtmäßigkeit der Vergabe. Die Begriffsdefinition des Rahmenvertrags ist hiervon unabhängig (3. VK Bund, B. v. 12. 11. 2009 – Az.: VK 3–193/09; im Ergebnis ebenso 1. VK Bund, B. v. 21. 12. 2009 – Az.: VK 1–212/09).

2056 Zwar ist nach **§ 127 Abs. 1 und 2 SGB V** vorgesehen, dass Krankenkassen, ihre Landesverbände und Arbeitsgemeinschaften unter bestimmten Bedingungen „im Wege der Ausschreibung" Verträge mit Leistungserbringern über die Hilfsmittelversorgung schließen „können" (§ 127 Abs. 1 SGB V) und im Übrigen Verträge über die Hilfsmittelversorgung ohne Ausschreibung geschlossen werden dürfen (§ 127 Abs. 2 SGB V). Die **Vorschrift ist jedoch nicht dahingehend zu verstehen und auszulegen, dass sie den kartellvergaberechtlichen Anspruch auf Vergabe eines öffentlichen Auftrags in einem geregelten Vergabeverfahren insoweit beschränkt.** Vielmehr ergibt sich aus § 69 Abs. 2 SGB V unmittelbar, dass das **Kartellvergaberecht der §§ 97 ff. GWB umfassend anzuwenden ist, wenn dessen Anwendungsvoraussetzungen (insbesondere das Vorliegen eines öffentlichen Auftrags oberhalb des einschlägigen Schwellenwerts) erfüllt** sind. Insbesondere § 69 Abs. 2 Satz 3 SGB V (besondere Berücksichtigung des Versorgungsauftrags der gesetzlichen Krankenkassen) setzt gerade voraus, dass Kartellvergaberecht Anwendung findet und schließt nicht die Anwendung bestimmter Normen aus. § 127 SGB V ist zudem weder seinem Wortlaut nach noch nach der Systematik als Ausnahmeregelung von der Pflicht zur Durchführung eines Vergabeverfahrens formuliert. **Hätte nämlich der Gesetzgeber eine Ausnahmeregelung schaffen wollen, wäre es nur konsequent gewesen, diesen gesetzgeberischen Willen ausdrücklich** – und zwar durch Bezugnahme auf die grundlegende Regelung in § 69 Abs. 2 SGB V – **im Wortlaut des § 127 SGB V zu verankern.** Denn sowohl die Neufassung des § 127 SGB V als auch die Neueinfügung des § 69 Abs. 2 SGB V erfolgten gleichzeitig durch das Gesetz zur Weiterentwicklung der Organisationsstrukturen in der gesetzlichen Krankenversicherung vom 15. Dezember 2008 (GKV-OrgWG – BGBl. I S. 2426). Hingegen findet sich in § 127 SGB V keinerlei Bezug – weder durch Nennung der Norm noch durch entsprechende Formulierungen im Wortlaut – zu § 69 Abs. 2 SGB V. Des Weiteren wird in § 127 Abs. 1 und 2 SGB V weiterhin von „Ausschreibungen" – und nicht „Vergabeverfahren" oder „offenen Verfahren" etc. – gesprochen und damit auf die Terminologie der Verdingungsordnungen für Vergaben unterhalb der Schwellenwerte des § 2 VgV Bezug genommen, was ein weiterer Beleg dafür ist, dass der Gesetzgeber Beschaffungen oberhalb der Schwellenwerte der VgV nicht durch die Neuregelung des § 127 SGB V erfassen wollte. Nach allem **bleibt es schon nach nationalem Recht bei der grundsätzlichen Entscheidung bzw. Klarstellung des § 69 Abs. 2 SGB V und der sich aus § 97 Abs. 1 GWB ergebenden Pflicht zur Durchführung eines geregelten Vergabeverfahrens, wenn die Anwendungsvoraussetzungen des 4. Teils des GWB erfüllt sind** (1. VK Bund, B. v. 21. 12. 2009 – Az.: VK 1–212/09).

2057 Selbst wenn man in § 127 SGB V eine Ausnahmeregelung von diesem Grundsatz sieht, ist die **Norm jedenfalls europarechtskonform dahingehend auszulegen, dass Krankenkassen, ihre Landesverbände und Arbeitsgemeinschaften nur unterhalb der Schwellenwerte des § 2 VgV nach den in § 127 SGB V bestimmten Kriterien entscheiden können, ob sie Verträge über die Hilfsmittelversorgung mit oder ohne vorherige Ausschreibung abschließen.** Denn die Art. 28 ff. der Richtlinie 2004/18/EG sehen für die Vergabe öffentlicher Aufträge oberhalb der maßgeblichen Schwellenwerte uneingeschränkt die Durchführung von geregelten Vergabeverfahren vor. Dem steht auch nicht im Bereich der gesetzlichen Krankenversicherung das europäische Primärrecht – insbesondere Art. 152 Abs. 5 EGV bzw. Art. 168 Abs. 7 AEUV – entgegen. Denn zum einen kann der Regelung nicht entnommen werden, dass

Gesetz gegen Wettbewerbsbeschränkungen GWB § 99 **Teil 1**

die Beschaffung von Hilfsmitteln dem Regelungsbereich der Europäischen Union entzogen ist und zum anderen sind nach ständiger Rechtsprechung des Europäischen Gerichtshofs die Vorschriften des EG-Vertrags z. B. über die Waren-, Dienstleistungs- und Niederlassungsfreiheit auch im Rahmen des Systems sozialer Sicherheit zu beachten. Dabei dient die Richtline 2004/18/EG gerade auch der Sicherstellung der Waren- und Dienstleistungsfreiheit innerhalb des Binnenmarktes, wie sich aus ihren Ermächtigungsgrundlagen ergibt (1. VK Bund, B. v. 21. 12. 2009 – Az.: VK 1–212/09).

In Anbetracht des Umstandes, dass die Leistungen im Wege eines geregelten Vergabeverfahrens zu beschaffen sind, **bleibt auch kein Raum für Zweckmäßigkeitsüberlegungen i. S. d. § 127 Abs. 1 SGB V, die es rechtfertigen würden, auf ein solches Vergabeverfahren zu verzichten.** Denn solche Erwägungen können weder im gemeinschaftsrechtlichen noch im nationalen Vergaberecht eine Ausnahme von der Pflicht, ein Vergabeverfahren durchzuführen, begründen (1. VK Bund, B. v. 21. 12. 2009 – Az.: VK 1–212/09). 2058

8.13.18 Verträge zur Durchführung einer hausarztzentrierten Versorgung gemäß § 73 b Abs. 4 Satz 1 SGB V

Bei einem Vertrag zur Durchführung einer hausarztzentrierten Versorgung gemäß § 73 b Abs. 4 Satz 1 SGB V handelt sich um einen Vertrag, der zur Begründung von Leistungspflichten zum einen einer Entscheidung des Arztes bedarf, diesem Vertrag beizutreten, und zum anderen voraussetzt, dass sich auch der Patient eines beigetretenen Arztes für die Teilnahme an der hausarztzentrierten Versorgung entscheidet. Nur soweit beide Voraussetzungen erfüllt sind – Teilnahme des Arztes und seines Patienten – entstehen auf der Grundlage des Vertrages Ansprüche und Leistungspflichten der Krankenkasse einerseits sowie der Abwicklungsstellen und der teilnehmenden Ärzte andererseits. Diese **Konstellation ist prägendes Merkmal eines entgeltlichen Vertrages im vergaberechtlichen Sinn**. Allein die Ungewissheit über den Umfang der teilnehmenden Ärzte und Patienten ändert nichts am Vorliegen eines entgeltlichen Vertrages im vergaberechtlichen Sinn, da es sich insoweit um **eine Rahmenverträgen typischerweise innewohnende Konstellation** handelt (1. VK Bund, B. v. 2. 7. 2010 – Az.: VK 1–52/10). 2059

Der **Annahme eines entgeltlichen Vertrags und in der Folge eines öffentlichen Auftrags steht nicht entgegen, dass der Sozialgesetzgeber** im Rahmen der Verabschiedung des Gesetzes zur Weiterentwicklung der Organisationsstrukturen in der gesetzlichen Krankenversicherung (GKV-OrgWG) davon ausgegangen ist, dass „Verträge über eine hausarztzentrierte Versorgung nach § 73 b [SGB V] … **in der Regel keine öffentlichen Aufträge** [sind], da die Entscheidung über den Abruf der jeweiligen Leistung nicht von den Krankenkassen, sondern von den Versicherten getroffen wird, die die angebotenen Versorgungsformen in Anspruch nehmen können" (vgl. BT-Drucks. 16/10609, S. 52). Denn zum einen entsprach dieser Begründungsansatz schon zum damaligen Zeitpunkt nicht der aktuellen Rechtsprechung der Vergabekammern und Gerichte zu den insoweit parallel gestalteten Arzneimittelrabattvertragskonstellationen, in denen auch nicht die Krankenkasse, sondern der Arzt den Abruf der Leistung veranlasst. Die Entscheidung im Einzelfall soll vielmehr auch nach dem Willen des Gesetzgebers – so lässt es sich auch der Gesetzesbegründung entnehmen – den mit der Nachprüfung betrauten Vergabekammern und Landessozialgerichten überlassen werden (1. VK Bund, B. v. 2. 7. 2010 – Az.: VK 1–52/10). 2060

Der Annahme eines öffentlichen Auftrags nach § 99 Abs. 1 GWB steht ferner nicht entgegen, dass die Krankenkassen nach § 73 b Abs. 1 i. V. m. Abs. 4 Satz 1 und 4 SGB V grundsätzlich zum Abschluss von Verträgen mit Leistungserbringern oder deren Vertretern verpflichtet sind und daher das „Ob" der Beschaffung für die Krankenkassen nicht disponibel sind. Denn **dem Vergaberecht ist weder auf deutscher noch auf europäischer Ebene zu entnehmen, dass die vergaberechtlichen Regelungen nur auf einen Beschaffungsbedarf von öffentlichen Auftraggebern anwendbar sein sollen, der bei den Auftraggebern faktisch und nicht nur aufgrund einer gesetzlichen Verpflichtung zur Beschaffung besteht.** Eine solche Regelung wäre im Übrigen auch deshalb sachwidrig, da jeglicher Beschaffungsbedarf von öffentlichen Auftraggebern in der Regel auf gesetzliche Verpflichtungen zur Erfüllung bestimmter Aufgaben zurückzuführen ist (1. VK Bund, B. v. 2. 7. 2010 – Az.: VK 1–52/10). 2061

Die Anwendbarkeit des Kartellvergaberechts **scheitert letztlich daran, dass der dem Vergaberecht begriffsnotwendig zugrundeliegende Wettbewerb** (zwischen verschiedenen Bietern), der mit der Zuschlagsentscheidung seinen Abschluss findet, durch die gesetzliche Regelung des § 73 b Abs. 4 Satz 1 SGB V **von vornherein ausgeschaltet** ist, indem der Ver- 2062

Teil 1 GWB § 99 Gesetz gegen Wettbewerbsbeschränkungen

tragspartner bei Vorliegen der Voraussetzungen bereits feststeht. Hierdurch ist eine zentrale Vorgabe des Kartellvergaberechts – nämlich die „Beschaffung im Wettbewerb" –, die in § 97 Abs. 1 GWB ihren Niederschlag findet, für die Krankenkassen von vornherein nicht umsetzbar, da aufgrund der gesetzlichen Vorgaben des SGB V eine Auswahl zwischen verschiedenen Bietern nicht möglich ist. Ebenso ist eine **weitere zentrale Vorgabe des Kartellvergaberechts nicht realisierbar, nämlich die Zuschlagserteilung auf das wirtschaftlichste Angebot (§ 97 Abs. 5 GWB), da die Krankenkassen keinen bestimmenden Einfluss auf die Konditionen des Vertrages ausüben können.** Denn die Vertragsinhalte können entweder nur einvernehmlich mit der sog. qualifizierten Gemeinschaft im Sinne des § 73b Abs. 4 Satz 1 SGB V oder durch verbindlichen Schiedsspruch eines Dritten (§ 73b Abs. 4a SGB V) festgelegt werden. Vor dem Hintergrund dieser sozialrechtlichen Vorgabe wäre die Durchführung eines wettbewerblichen Vergabeverfahrens sinnlos, da der Krankenkasse weder hinsichtlich ihres Vertragspartners noch hinsichtlich der Konditionen des Vertrages ein Auswahlermessen zukäme. Der Krankenkasse fehlt jegliche für die Durchführung eines Vergabeverfahrens typische Beschaffungsautonomie (1. VK Bund, B. v. 2. 7. 2010 – Az.: VK 1–52/10).

2063 Damit hat der **Sozialgesetzgeber zugleich einen Regelungswiderspruch auf nationaler Ebene herbeigeführt**, der für einen ausschreibungsfähigen Beschaffungsbedarf, der ansonsten im Rahmen einer öffentlichen Auftragsvergabe ohne Weiteres gedeckt werden könnte, die wettbewerbliche Vergabe unmöglich macht. Dieser **Widerspruch zwischen den konträren Regelungen in GWB und SGB V kann nur zu Lasten des (deutschen) Kartellvergaberechts aufgelöst** werden. Denn aus der Gesetzgebungsgeschichte lässt sich schon erkennen, dass der Gesetzgeber bei der Verabschiedung des § 73b Abs. 4 Satz 1 SGB V sich der grundsätzlichen Möglichkeit der Anwendbarkeit von Vergaberecht auf die fraglichen Sachverhalte bewusst war und trotzdem eine die Anwendung des Vergaberechts konterkarierende Regelung getroffen hat. **Aufgrund des klaren Wortlauts ist zudem eine den Widerspruch und eine mögliche EU-Rechtswidrigkeit ausräumende Auslegung der Norm nicht möglich.** Diese Vorgaben des nationalen Sozialgesetzgebers sind mithin für das vergaberechtliche Nachprüfungsverfahren – jedenfalls vor der Vergabekammer, die aufgrund des für das Nachprüfungsverfahrens geltenden Beschleunigungsgrundsatzes (§ 113 GWB) und der in den §§ 97 ff. GWB nicht vorgesehenen Aussetzungsbefugnis an einer Vorlage zum EuGH gehindert ist – zu berücksichtigen (1. VK Bund, B. v. 2. 7. 2010 – Az.: VK 1–52/10).

8.13.19 Ausschreibungen gemäß § 129 Abs. 5 Satz 3 SGB V

2064 Versicherte haben im Rahmen des Sachleistungsgrundsatzes (§ 2 Absatz 2 Satz 1 SGB V) gegenüber Krankenkassen gemäß §§ 27 Absatz 1 Satz 1 Nr. 3, 31 Absatz 1 Satz 1 HS. 1 SGB V grundsätzlich Anspruch auf Versorgung mit Arzneimitteln. Dabei **kommt es nicht darauf an, ob dem Versicherten das Arzneimittel auf ärztliche Verordnung (§ 73 Abs. 2 Nr. 7 SGB V) durch die Apotheke oder unmittelbar durch den behandelnden Arzt ausgehändigt wird. Nach allgemeiner Ansicht kommt in jedem Fall ein Kaufvertrag zwischen Krankenkasse und Apotheke zustande.** Bei funktionaler Betrachtungsweise sind bei Rahmenvereinbarungen unter vergaberechtlichen Gesichtspunkten die Krankenkassen, auch im Verhältnis zu den Apothekern als Vertragspartnern, als Abnehmer der jeweiligen Zytostatikazubereitungen zu qualifizieren, weil sie eigene Beschaffungszwecke zur Erfüllung der Ansprüche der Versicherten aus § 31 Absatz 1 Satz 1 HS. 1 SGB V im Rahmen des Sachleistungssystems verfolgen. Der Vertragsarzt verordnet ein bestimmtes Arzneimittel zu Gunsten der Versicherten und zu Lasten der Krankenkassen, das er als medizinisch notwendig erachtet. Bei der Ausstellung der Verordnung handelt er kraft der ihm durch das Vertragsarztrecht verliehenen Kompetenzen als Vertreter der Krankenkassen. Auch wenn Krankenkassen somit keinen unmittelbaren Einfluss auf das Verordnungsverhalten der Vertragsärzte haben und damit der zwischen ihnen und den Apotheken abzurechnende Beschaffungsvorgang hinsichtlich der streitgegenständlichen Zytostatikazubereitungen erst durch die Vertragsärzte ausgelöst wird, liegt ein öffentlicher Auftrag vor. Ein **öffentlicher Auftrag ist danach jedenfalls immer dann anzunehmen, wenn durch vertragliche Abreden Exklusivität vereinbart und ein tatsächlicher Wettbewerbsvorteil für den Auftragnehmer bewirkt** wird (2. VK Bund, B. v. 29. 4. 2010 – Az.: VK 2–20/10).

2065 Nach dem Regelungsgehalt des § 129 Absatz 5 Satz 3 SGB V ist den Krankenkassen (zumindest auch) die Möglichkeit eröffnet, die **Versorgung ihrer Versicherten mit Zubereitungen aus Fertigarzneimitteln in der Onkologie durch Exklusivverträge sicherzustellen.** Die **Vorgaben des europäischen Vergaberechts bedingen geradezu die Exklusivitätsregelungen. Die Krankenkassen unterliegen als öffentliche Auftraggeber anerkanntermaßen einer grundsätzlichen Ausschreibungspflicht. Die zu vergebenden öffentlichen Aufträge sind daher in einem förmlichen Verfahren im Wettbewerb zu vergeben. Dieser Wettbewerb setzt voraus, dass der jeweilige Ausschreibungsgewinner – hier für das jeweilige Gebietslos – eine gewisse Exklusivität eingeräumt bekommt. Der Abschluss von parallelen Einzelverträgen außerhalb eines Vergabeverfahrens durch bilaterale Vertragsverhandlungen mit interessierten Apotheken mit einer anschließenden – andere Apotheken jedoch nicht von der weiteren Belieferungsmöglichkeit ausschließende – Information der Ärzte über den Vertragsabschluss wäre vergaberechtswidrig. Denn ein solches Vorgehen verstieße sowohl gegen das Verbot der Doppelvergabe ein und derselben Leistung als auch gegen das Verbot der Direktvergabe (2. VK Bund, B. v. 29. 4. 2010 – Az.: VK 2–20/10 – umfassende Darlegung der allgemeinen Zulässigkeit).

Soweit andere sozialrechtliche Regelungen (Kollektivvertragsermächtigungen, arzneimittel- und apothekenrechtliche Bestimmungen) mit einer Exklusivstellung einzelner Apotheken als Partner eines Versorgungsvertrages nach § 129 Absatz 5 Satz 3 SGB V überhaupt kollidieren, gehen die Verträge nach § 129 Absatz 5 Satz 3 SGB V innerhalb dessen tatbestandlicher Reichweite vor. Diese Reichweite wird von Sinn und Zweck der Vorschrift und dem europarechtlichen Ausschreibungsgebot bestimmt. Daraus folgt, dass zumindest diejenigen Apotheken, die an der Ausschreibung teilgenommen haben und nach der Wertung ihres/ihrer Angebots/e, entweder einzelne Lose gewinnen oder durchweg erfolglos bleiben, auf Grund ihrer Bindung an die Bedingungen der rechtmäßigen Ausschreibung keinen Anspruch auf vergütungspflichtige Belieferung von Ärzten in anderen Losgebieten bzw. im gesamten Ausschreibungsgebiet haben („kleine" Exklusivität). Dies ist die Konsequenz der Vergabe von Exklusivverträgen. Ob darüber hinaus auch Apotheken, die sich gar nicht an der Ausschreibung beteiligt haben, von Belieferung und Vergütung, auf die sie nach dem Rahmenvertrag gemäß § 129 Absatz 2 SGB V, ggfls. in Verbindung mit weiteren kollektivvertraglichen Regelungen, einen Anspruch hätten, durch die Versorgungsverträge kraft deren Spezialität ausgeschlossen werden können, („große" Exklusivität) kann dahinstehen. Zu Bestellungen bei ihnen wird es – abgesehen von den Fällen des Lieferausfalls des Rahmenvertragspartners, wenn also die Exklusivität ohnehin nicht mehr gilt – allenfalls in zu vernachlässigendem Ausmaß kommen. Es ist nicht davon auszugehen, dass die Ärzte unter Missachtung des sozialrechtlichen Wirtschaftlichkeitsgrundsatzes und der diesbezüglichen Überprüfungsmöglichkeiten (mit möglicher Sanktionsfolge bei unwirtschaftlicher Verschreibungszuweisung) von Apotheken beziehen werden, die nicht im entsprechenden Gebietslos Vertragspartner der Krankenkassen sind (2. VK Bund, B. v. 29. 4. 2010 – Az.: VK 2–20/10). 2066

Der **Vorwurf des Boykotts gegen die Apotheken, die keine Ausschreibungsgewinner sind, durch die Aufforderung an die Ärzte, nur noch vom Ausschreibungsgewinner zu beziehen, ist nicht gerechtfertigt.** Es ist dabei schon fraglich, ob das boykottrechtliche Dreiecksverhältnis vorliegt. Der Arzt handelt grundsätzlich als Vertreter der Krankenkassen, da er das Arzneimittel zu Gunsten der Versicherten und zu Lasten der Krankenkassen verordnet. Die von den Vertragsärzten getroffenen Verordnungen werden somit der Krankenkasse im Rahmen ihrer Sachleistungspflicht (§ 2 Absatz 2 Satz 1 SGB V; §§ 72 Absatz 1 Satz 1, 73 Absatz 2 Nr. 7 SGB V) zugerechnet, so dass wirtschaftlich die Information an die Ärzte, dass sie nur noch von einer bestimmten Apotheke beziehen sollen, lediglich die Konkretisierung der eigenen Sachleistungspflicht gegenüber einem Vertretungsberechtigten darstellt. Selbst wenn man aufgrund der grundsätzlichen Therapiefreiheit der Vertragsärzte und der damit einhergehenden fehlenden unmittelbaren Weisungsbefugnis der Krankenkassen gegenüber den Ärzten als ihren Vertretern im Innenverhältnis eine **eigene wirtschaftliche Entscheidungsbefugnis der Ärzte und damit das Dreiecksverhältnis annähme, läge kein rechtswidriger Boykottaufruf vor. Denn jedenfalls ist der Hinweis auf den im Rahmen einer Ausschreibung ermittelten Auftragnehmer nicht als Absicht einer unbilligen Behinderung zu qualifizieren**. Der Hinweis ist vielmehr erforderlich, um dem Ausschreibungsgewinner zumindest die Chance auf eine Verbesserung seiner bisherigen Wettbewerbsposition zu ermöglichen. Er dient damit gerade nicht wettbewerbsbeschränkenden, sondern wettbewerbsfördernden und rechtmäßigen Zwecken (2. VK Bund, B. v. 29. 4. 2010 – Az.: VK 2–20/10). 2067

8.13.20 Anzuwendende Vorschriften bei sozialrechtlichen Beschaffungen

Es ist **möglich**, dass **bestimmte Vorschriften der VOL/A im Bereich der Vergabe von Aufträgen gesetzlicher Krankenkassen entweder im Lichte des SGB V ausgelegt werden oder gar hinter den Vorschriften des SGB V zurücktreten müssen**. Soweit nicht das 2068

Primärrecht sowie die VKR zwingende Vorschriften enthalten, ist der nationale Gesetzgeber bei der Ausgestaltung der Vergabevorschriften frei. Damit kann er insoweit auch für bestimmte Bereiche besondere, den allgemein geltenden Vorschriften vorgehende Rechtsnormen schaffen. Es ist daher **nicht ausgeschlossen, dass bestimmte Vorschriften des SGB V als leges speciales zur VOL/A anzusehen** sind (OLG Düsseldorf, B. v. 20. 10. 2008 – Az.: VII-Verg 46/08; B. v. 26. 5. 2008 – Az.: VII – Verg 14/08; B. v. 19. 3. 2008 – Az.: VII-Verg 13/08).

8.13.21 Vertragsübernahme

2069   Die **eine Bedarfsdeckung herbeiführende Vertragsübernahme** stellt sich als eine Form der Erteilung eines öffentlichen Auftrags dar. Die Erteilung öffentlicher Aufträge unterliegt aber grundsätzlich dem Vergaberecht, und zwar unabhängig davon, in welcher juristischen Form die Auftragserteilung im konkreten Einzelfall vollzogen wird. Das **Vergaberecht wird also nicht dadurch ausgeschaltet, dass die Bedarfsdeckung nicht in der klassischen Form eines Vertragsschlusses im Sinne von Angebot und Zuschlag, sondern einer Vertragsübernahme gedeckt** wird (3. VK Bund, B. v. 29. 6. 2005 – Az.: VK 3–52/05).

8.13.22 Veräußerung von Gesellschaftsanteilen bzw. Gesellschaftsgründung

8.13.22.1 Rechtsprechung

2070   **8.13.22.1.1 Isolierte Veräußerung von Gesellschaftsanteilen bzw. Gesellschaftsgründung.** Eine **bloße Veräußerung von Gesellschaftsanteilen** hat per se **keinen beschaffungswirtschaftlichen Bezug** und unterliegt daher grundsätzlich **nicht dem Vergaberecht** (EuGH, Urteil v. 6. 5. 2010 – Az.: C-145/08 und C-149/08; OLG Brandenburg, B. v. 3. 8. 2001 – Az.: Verg 3/01; OLG Naumburg, B. v. 29. 4. 2010 – Az.: 1 Verg 3/10; VK Brandenburg, B. v. 30. 8. 2004 – Az.: VK 34/04; VK Lüneburg, B. v. 5. 11. 2004 – Az.: 203-VgK-48/2004; B. v. 26. 4. 2002 – Az.: 203-VgK-06/2002; 1. VK Sachsen, B. v. 29. 12. 2004 – Az.: 1/SVK/123-04).

2071   Einerseits geht mit der Einbeziehung eines privaten Betriebes in ein zum Teil von der öffentlichen Hand gehaltenes Unternehmen **lediglich der Erwerb künftiger Gewinnchancen** einher, was noch kein konkreter entgeltlicher Gegenwert ist. Zum anderen ist der **Eintritt selbst noch keine Leistung**, die für den Auftraggeber erbracht wird. Dieser verkauft vielmehr etwas, nämlich Geschäftsanteile eines bestehenden oder zu gründenden Unternehmens (VK Brandenburg, B. v. 30. 8. 2004 – Az.: VK 34/04; B. v. 17. 9. 2002 – Az.: VK 50/02).

2072   **Keine Rolle spielt vergaberechtlich** in diesem Zusammenhang der Aspekt, die Suche nach privaten Mitgesellschaftern könne auf Grund des **privaten bzw. persönlichen und zwischenmenschlichen Einschlages einer Gesellschafterstellung** in keinem Falle den Vergabevorschriften unterworfen werden. Denn in solchen Fällen kommt es dem Auftraggeber bei der Auswahl des privaten Bieters in aller Regel nicht auf die persönliche Zuverlässigkeit und das individuelle Engagement der auf Bieterseite handelnden natürlichen Personen an, die im Laufe der Zeit ausgewechselt werden können, sondern auf die **nach objektiven Kriterien zu beurteilende Eignung des Bieters**, also insbesondere auf seine finanzielle Potenz sowie sein Knowhow im Hinblick auf den vereinbarten Gesellschaftszweck. Über die Auswahl eines privaten Investors als Mitgesellschafter wird also in der Regel nach den gleichen Kriterien wie über die Auswahl eines Vertragspartners für Beschaffungsverträge entschieden werden (OLG Brandenburg, B. v. 3. 8. 2001 – Az.: Verg 3/01).

2073   Auch die **Gründung einer gemischtwirtschaftlichen Gesellschaft im Rahmen einer ÖPP selbst** stellt grundsätzlich nicht einen vergaberechtlich relevanten Sachverhalt dar (VK Thüringen, B. v. 23. 2. 2007 – Az.: 360–4003.20–62/2007-001-G).

2074   **8.13.22.1.2 Ausschreibungspflichtige Veräußerung von Gesellschaftsanteilen bzw. Gesellschaftsgründung.** Die Beteiligung eines Privatunternehmens an einem gemischt-wirtschaftlichen Unternehmen ist **ausschreibungspflichtig**, wenn ein **Bezug zur Beschaffung von Leistungen** durch einen an diesem Unternehmen beteiligten öffentlichen Auftraggeber besteht. Das ist der Fall, wenn ein gemischt-wirtschaftliches Unternehmen zu dem Zweck gegründet wird, Leistungen für den öffentlichen Auftraggeber zu erbringen (VK Brandenburg, B. v. 30. 8. 2004 – Az.: VK 34/04; B. v. 17. 9. 2002 – Az.: VK 50/02; 1. VK Sachsen, B. v. 29. 12. 2004 – Az.: 1/SVK/123-04; VK Lüneburg, B. v. 5. 11. 2004 – Az.: 203-VgK-48/2004; VK Thüringen, B. v. 23. 2. 2007 – Az.: 360–4003.20–62/2007-001-G; B. v. 17. 2. 2006 – Az.: 360–4003.20–001/06-G-S).

Das ist auch dann der Fall, **wenn ein gemischt-wirtschaftliches Unternehmen zu dem** 2075
Zweck gegründet wird, Leistungen für die Gesellschaft selbst zu erbringen und die
Gesellschaft noch zu gründen ist. Voraussetzung ist die soweit **konkretisierte Absicht**, dass
entsprechende **Leistungsvereinbarungen mit Entgeltangeboten Teil des Vertragswerkes**
sind und eine nochmalige Ansprache des Marktes auf jeden Fall nicht vorgesehen ist, also mit
der Auswahl des Kooperationspartners für die zu gründende Handelsgesellschaft **abschließend
auch über Art und Umfang von dessen Beauftragung entschieden** wird. Als Auftraggeber im vergaberechtlichen Sinn ist die ausschreibende Stelle zu betrachten, wenn sie, nicht die
Geschäftsführung der noch zu gründenden Gesellschaft, den Bezug von Dienstleistungen vom
künftigen Partner anstrebt und darüber entscheidet. Auch wenn die Dienstleistungen nicht gegenüber der ausschreibenden Stelle selbst zu erbringen sind, hat sie diese Dienstleistungen abschließend in die Leistungsbeschreibung aufgenommen; **für die zu gründende Gesellschaft
besteht kein Spielraum**, innerhalb des vorliegenden Wettbewerbes auf die entsprechenden
vertraglichen Vereinbarungen bereits **Einfluss zu nehmen**. Damit ist die ausschreibende Stelle
nach materiellem Verständnis der Auftraggeber im vergaberechtlichen Sinn und es kann dahinstehen, ob der künftige Bezieher der Leistung, die zu gründende gemeinsame Gesellschaft, seinerseits als öffentlicher Auftraggeber anzusehen ist (OLG Düsseldorf, B. v. 21. 11. 2007 – Az.:
Verg 32/07; VK Düsseldorf, B. v. 24. 8. 2007 – Az.: VK – 24/2007 – L).

Dem Vergaberecht unterliegt die Suche einer kommunalen Körperschaft nach einem privaten 2076
Mitgesellschafter über die haushaltsrechtlichen Pflichten hinaus dem europäischen Vergaberecht
und der VOL/A jedenfalls dann, wenn der öffentliche Auftraggeber die Suche des Mitgesellschafters **mit der Vergabe der künftigen Betriebsführung und damit einer Dienstleistung verbindet**, sofern diese Betriebsführung – oder ein Managementvertrag – selbst bereits
den Schwellenwert für den Anwendungsbereich des Vierten Teils des GWB gem. § 100 Abs. 1
GWB überschreitet (VK Düsseldorf, B. v. 14. 5. 2004 – Az.: VK – 7/2004 – L/VK- 8/2004 –
L; VK Lüneburg, B. v. 26. 4. 2002 – Az.: 203-VgK-06/2002).

Um einen Dienstleistungsauftrag nach § 99 Abs. 4 GWB handelt es sich bei der Vergabe eines 2077
Abwasserentsorgungsvertrages über 25 Jahre, wenn das **teilweise (49%) dabei mit zu privatisierende Tochterunternehmen** der abwasserentsorgungspflichtigen Gebietskörperschaft das Nutzungsentgelt ausdrücklich für die Gebietskörperschaft einzieht und von
dieser ein eigenes Entgelt nach dem Abwasserungsvertrag erhält. Dies gilt auch
dann, wenn perspektivisch ein Konzessionsmodell angedacht sein sollte, aber zunächst auch ein
Dienstleistungsauftrag im eben beschriebenen Sinne betroffen ist (1. VK Sachsen, B. v. 29. 2.
2004 – Az.: 1/SVK/157-03).

Ausschreibungspflichtig ist ebenfalls die **Anteilsübertragung gekoppelt mit der Vergabe** 2078
eines dem neu eintretenden Gesellschafter zugute kommenden beschaffungsrechtlichen öffentlichen Auftrags im Sinne des § 99 GWB sowie eine **indirekte Beteiligung des neu eintretenden Gesellschafters** durch den Vertrag an einem öffentlichen Auftrag, welcher der Tochtergesellschaft des öffentlichen Auftraggebers zu einem früheren Zeitpunkt langfristig erteilt worden
war (OLG Brandenburg, B. v. 3. 8. 2001 – Az.: Verg 3/01) bzw. wenn **Ziel der Ausschreibung nicht nur die entgeltliche Veräußerung von Geschäftsanteilen** ist, sondern es
dem Auftraggeber darüber hinaus – auch und vor allem – um die Suche nach einem Geschäftspartner geht, der als (künftiger) Anteilseigner für die Dauer von z.B. 20 Jahren **vielfältige Leistungen auf dem Gebiet der Abfallentsorgung erbringen soll** (VK Schleswig-Holstein, B.
v. 17. 8. 2004 – Az.: VK-SH 20/04; VK Thüringen, B. v. 17. 2. 2006 – Az.: 360–4003.20-
001/06-G-S).

Handelt es sich bei den ausgeschriebenen Leistungen z.B. um die **Vergabe einer Minder-** 2079
**heitsbeteiligung an einer künftigen Klinikum-Service GmbH und damit um eine Ko-
operation im Rahmen einer Public Private Partnership (PPP)**, unterliegen derartige Kooperationsmodelle stets dann dem Vergaberecht, wenn die **Vergabe an der Beteiligung** nicht
nur der Kapitalbeschaffung dient und sich dementsprechend nicht nur in einer Kapitaleinlage des
künftigen privaten Gesellschafters erschöpft, sondern **zugleich mit der Vergabe von Dienstleistungen an den privaten Gesellschafter einhergeht**. Ist also z.B. Gegenstand der Service-
gesellschaft die **Erbringung von infrastrukturellen Dienstleistungen wie Gebäude-
unterhaltungsreinigung, Hol- und Bringedienste, Speisenversorgung und Hausmeis-
terleistungen**, wobei die Auftraggeberin eine spätere Ausweitung auf sonstige Dienstleistungen
ausdrücklich nicht ausgeschlossen hat, ist die Suche des Mitgesellschafters als Dienstleistungsauftrag im Sinne des § 99 Abs. 1 und Abs. 4 GWB ausschreibungspflichtig (VK Lüneburg, B. v. 5. 11.
2004 – Az.: 203-VgK-48/2004).

2080 Man muss sich also **vergewissern**, dass eine Kapitalübertragung in Wirklichkeit nicht **als Deckmantel für die Übertragung von öffentlichen Aufträgen oder Konzessionen an einen privaten Partner** dient (EuGH, Urteil v. 6. 5. 2010 – Az.: C-145/08 und C-149/08).

8.13.22.2 Literatur

2081 – Behr, Volker, Zur vergaberechtlichen Relevanz von Privatisierungen, VergabeR 2009, 136
– Braun, Christian, Ausschreibungspflichtigkeit des Verkaufs von Gesellschaftsanteilen, VergabeR 2006, 657
– Dietlein, Johannes, Anteils- und Grundstücksveräußerungen als Herausforderung für das Vergaberecht, NZBau 2004, 472
– Drugemöller, Albert/Conrad, Sebastian, Anteilsverkauf und De-facto-Vergabe öffentlicher Aufträge, ZfBR 7/2008, 651
– Jasper, Ute/Arnold, Hans, „Eine künstliche Konstruktion" – EuGH zu Anteilsverkäufen und Ausschreibungspflicht, Behörden Spiegel Januar 2006, 18
– Klein, Sebastian, Veräußerung öffentlicher Unternehmen und Vergaberecht, Dissertation, Frankfurt am Main, 2004
– Klein, Sebastian, Veräußerung öffentlichen Anteils- und Grundstücksvermögens nach dem Vergaberecht, VergabeR 2005, 22
– Prieß, Hans-Joachim/Gabriel, Marc, M&A- Verfahrensrecht – EG-rechtliche Verfahrensvorgaben bei staatlichen Beteiligungsveräußerungen, NZBau 2007, 617
– Schabbeck, Jan, Vergaberechtliche Probleme bei Outsourcing-Prozessen, VergabeR 2006, 679
– Schimanek, Peter, Die Ausschreibungspflicht von Privatisierungen, NZBau 2005, 304

8.13.23 Verwertung von Altpapier (PPK-Fraktion)

8.13.23.1 Rechtsprechung

2082 **8.13.23.1.1 Anwendung des Vergaberechts.** Bei der Befriedigung eines aus dem **privatwirtschaftlichen Entsorgungsvertrag mit DSD abgeleiteten** (und so betrachtet: fremden) **Beschaffungsbedarfs** eines öffentlichen Auftraggebers – auch im Wege einer Ausschreibung – fehlt es an einem Beschaffungsbezug; das Vergaberecht findet keine Anwendung (OLG Düsseldorf, B. v. 28. 4. 2004 – Az.: VII – Verg 2/04; VK Südbayern, B. v. 15. 12. 2003 – Az.: 120.3–3194.1–56-11/03).

2083 Dagegen ist das **Vergaberecht** auf die **Ausschreibung der Entsorgung der originär kommunalen PPK-Fraktion** (ohne „Grünen Punkt") **anzuwenden**.

2084 Für die Beurteilung, ob ein Dienstleistungsauftrag i. S. v. § 99 Abs. 4 GWB vorliegt, ist nicht maßgeblich, dass die Vergabestelle hierbei dem Auftragnehmer ein geldwertes Gut überlässt und dadurch eine Bezahlung durch den Auftragnehmer erreichen kann. Wesentlich ist, dass die **Leistungen, die der Unternehmer erbringt, um eine ordnungsgemäße Abfallentsorgung zu gewährleisten, untrennbar mit den kaufvertraglichen Komponenten verbunden sind.** Hierbei handelt es sich um eine entgeltliche Dienstleistung, die dem Vergaberecht grundsätzlich unterliegt. Die **Altpapierverwertung und die Veräußerung von Altpapier stellen nicht zwei voneinander trennbare Leistungsaustauschgeschäfte** dar. Aus vergaberechtlicher Sicht ist der **Verkauf des Altpapiers das rechtliche Gewand, in dem sich die Vergabestelle die Leistungen beschafft, die die ihr obliegende geordnete Altpapierverwertung nach Maßgabe von § 4 Abs. 1 KrW-/AbfG sicherstellen oder zumindest fördern** sollen (VK Nordbayern, B. v. 9. 9. 2008 – Az.: 21.VK – 3194 – 42/08).

2085 **8.13.23.1.2 Gemeinsame Ausschreibung der gesamten PPK-Fraktion.** Nach Auffassung des Bundeskartellamts (B. v. 6. 5. 2004 – Az.: B 10–37202 – N – 97/02 –1) ist eine **gemeinsame Ausschreibung der gesamten PPK-Menge mit Bindungswirkung für DSD und andere duale Systeme in der Form, dass eine Kommune die Ausschreibung durchführt und der Systembetreiber entweder im Voraus seine Bereitschaft erklärt, das Ausschreibungsergebnis für und gegen sich gelten zu lassen, oder nachträglich sein Einvernehmen mit den im Rahmen der Ausschreibung festgelegten Konditionen erteilt, nicht zulässig**, da den Kommunen mit dem Erlass der Verpackungsverordnung die Zuständigkeit für die Entsorgung eines Teils dieser Menge, nämlich für gebrauchte Verkaufsver-

Gesetz gegen Wettbewerbsbeschränkungen GWB § 99 **Teil 1**

packungen, entzogen und auf die Privatwirtschaft übertragen worden ist. Sie sind mithin gar nicht befugt, auch diese Teilmenge mit Wirkung für den privaten Systembetreiber auszuschreiben. Die insoweit geltenden Konditionen sind vielmehr zwischen dem privaten Systembetreiber und dem jeweiligen Entsorger individuell auszuhandeln. Darüber hinaus sind entgegen der Auffassung der kommunalen Spitzenverbände auch Ausschreibungsvarianten denkbar, die eine solche individuelle Aushandlung in vergaberechtlich zulässiger Form ermöglichen.

Diese Auffassung hat das **OLG Düsseldorf bestätigt** (B. v. 28. 4. 2004 – Az.: VII – Verg 2/04). 2086

8.13.23.1.3 Entsorgung als Dienstleistungsauftrag. Kann ein öffentlicher Auftraggeber die ihm als Entsorgungsträger gemäß §§ 15, 17, 18 KrW-/AbfG auferlegten Aufgaben **nicht allein durch den Verkauf der PPK-Fraktion (Papier, Pappe und Kartonagen) an Dritte erfüllen, bleibt er vielmehr Entsorgungsträger**, weil er die Entsorgungspflicht insoweit nicht gemäß § 16 Abs. 2 KrW-/AbfG übertragen hat, hat er deshalb ein erhebliches Interesse daran sicherzustellen, dass der Dritte das Altpapier entsprechend den abfallrechtlichen Bestimmungen der beabsichtigten Verwertung zuführt. Mit der **Veräußerung des Altpapiers ist der Verwertungsvorgang noch nicht abgeschlossen.** Der Verwertungserfolg ist dadurch noch nicht eingetreten. Der öffentlich-rechtliche Entsorgungsträger hat die ihm obliegenden Pflichten erst erfüllt, wenn die Verwertung des Abfalls abgeschlossen und damit die Abfalleigenschaft eines Stoffes beendet ist. Da auch die Verwertung von Abfällen Teil des Wirtschaftsgeschehens ist, schließt der bloße Umstand, dass Stoffe Gegenstand eines Rechtsgeschäfts sein können, deren Abfalleigenschaft nicht aus. Ob auf dem Weg zu dem Verwertungserfolg Veräußerungsgeschäfte stattfinden, ist deshalb grundsätzlich ohne Belang. Diese Erwägungen sprechen dafür, dass zwischen dem Auftraggeber und dem Dritten **kein Kaufvertrag** im Sinne von § 433 BGB über das kommunale Altpapier geschlossen werden soll, sondern es dem Auftraggeber nach wie vor darum geht, dass der Dritte für ihn die Entsorgung des Altpapiers durch Verwertung übernimmt und **somit eine Dienstleistung** erbringt (OLG Düsseldorf, B. v. 12. 1. 2004 – Az.: VII – Verg 71/03; VK Lüneburg, B. v. 26. 4. 2004 – Az.: 203-VgK-10/2004; 1. VK Sachsen, B. v. 11. 2. 2005 – Az.: 1/SVK/128-04; VK Thüringen, B. v. 15. 1. 2004 – Az.: 360-403.20-030/03-GTH). 2087

8.13.23.2 Literatur

– Dieckmann, Martin/Besche, Beatrix, Keine Pflicht zur Ausschreibung der Altpapierentsorgung bei positivem Marktwert des Altpapiers?, AbfallR 2004, 87 2088

– Kafka, Axel, Die Ausschreibung der kommunalen Altpapierversorgung im Spannungsfeld abfall- und kartellrechtlicher Anforderungen, NZBau 2009, 765

8.13.24 Handelspartnerverträge

Besteht ein **Handelspartnervertrag (z. B. ein MS-Select-Vertrag)** und soll ein **neuer Vertragspartner gesucht** werden, ist die **Auswahl dieses neuen Vertragspartners ein Beschaffungsvorgang**, die Avisierung des Umsatzes zeigen, dass beabsichtigt ist, wie bisher **direkt, also ohne nochmaligen Wettbewerb, Produkte von dem neuen Handelspartner auf der Grundlage der Vereinbarungen zu beziehen**, die Gegenstand des angegriffenen Vergabeverfahrens sind. Das **formale Offenhalten jeglicher Abnahme sowie der abnehmenden Stellen ändert an dieser Einschätzung nichts**. Bei der angezeigten **funktionalen Betrachtung** liegt ein öffentlicher Auftrag vor, wenn eine Marktansprache zur Bedarfsdeckung führt, ohne dass es in Bezug auf den Auftragnehmer noch weitere Auswahlverfahren geben wird, bei denen andere Anbieter eine Vertragschance hätten. Wenn der Vertrag mit einem neuen Handelspartner abgeschlossen worden wäre, hätten die Bedarfsstellen des Auftraggebers ihren Bedarf an den ausgeschriebenen Produkten in erheblichem Umfang direkt durch Lizenzvertrag bei diesem Händler gedeckt. Im gesamten Ablauf bis zur Deckung des Bedarfes hätte **kein anderer Händler eine Chance darauf gehabt, Verträge abzuschließen** (VK Düsseldorf, B. v. 23. 5. 2008 – Az.: VK – 7/2008 – L). 2089

8.13.25 Rahmenvereinbarungen

8.13.25.1 Hinweis für den Bereich der VOL/A

Vgl. dazu die Kommentierung zu §§ 4, 4 EG VOL/A. 2090

475

8.13.25.2 Rahmenvereinbarungen für VOF-Leistungen

2091 Weder für den 2. Abschnitt der VOB/A noch für den Bereich der VOF bestehen derzeit vergleichbare Regelungen wie in der VOL/A, der deutsche Gesetzgeber hat für diese Bereiche sein Ermessen negativ ausgeübt. So sahen die ersten Entwurfsfassungen der Dritten Verordnung zur Änderung der Vergabeverordnung (Stand 8. 5. 2006 bzw. 28. 6. 2006) zunächst vor, dass § 3 Absatz 8 Satz 2 VgV, der die Legaldefinition der Rahmenvereinbarung enthält, aufgehoben werde. Hiergegen wandte sich die Empfehlung des Bundesrates vom 22. 9. 2006 mit folgender Begründung: „Mit Artikel 1 Nr. 2 Buchstabe c der Vorlage soll die Legaldefinition der Rahmenvereinbarung in § 3 Abs. 8 Satz 2 VgV gestrichen werden, weil diese Definition in § 3a Nr. 4 VOL/A Abschnitt 2, § 5b VOL/A Abschnitt 3 und § 4 SKR VOL/A Abschnitt 4 enthalten ist (Ausgabe 2006). Das rechtfertigt aber nicht die Streichung, weil damit die Rechtsanwendung unklar wird. Die Definition des Rahmenvertrages ist nicht in der Vergabe- und Vertragsordnung (VOB/A – Ausgabe 2006 und Ausgabe 2009) und nicht in der Vergabeordnung für freiberufliche Leistungen (VOF – Ausgabe 2006 und Ausgabe 2009) enthalten. Daraus könnte der Schluss gezogen werden, dass Rahmenvereinbarungen dort nicht möglich seien, obwohl das Artikel 14 der Richtlinie 2004/17/EG und Artikel 32 der Richtlinie 2004/18/EG für alle Beschaffungsgegenstände und damit auch für den Bau- und Dienstleistungsbereich allgemein zulässt. Der Begriff der Rahmenvereinbarung ist zudem im deutschen Rechtskreis mit Blick auf den Begriff des Rahmenvertrags noch nicht Allgemeingut, sodass dieser mit den EG-Richtlinien rechtsförmlich eingeführte Begriff einer Erläuterung bedarf." Es ist mithin **keineswegs so, dass dem deutschen Gesetzgeber hinsichtlich der Umsetzung des Artikel 32 der Vergabekoordinierungsrichtlinie in der VOF ein Ermessensausfall vorzuwerfen wäre.** Vielmehr ist festzustellen, dass er **sich mit dem Thema der Rahmenvereinbarung explizit beschäftigt hat, gleichwohl eine konkrete Umsetzung in der VOF unterlassen hat.** Eine analoge Anwendung der Bestimmungen der VOL/A scheidet mithin – mangels Vorliegens einer außerordentlichen bzw. planwidrigen Gesetzeslücke – **jedenfalls für die VOF damit aus.** Demzufolge sind **Rahmenvereinbarungen für Dienstleistungen nach der VOF nach derzeit geltender Rechtslage unzulässig** (1. VK Sachsen, B. v. 25. 1. 2008 – Az.: 1/SVK/088-07).

8.13.25.3 Rahmenvereinbarungen für Baumaßnahmen

2092 **8.13.25.3.1 Grundsätze.** Nach einer Auffassung können Rahmenvereinbarungen aufgrund der unmittelbar geltenden neuen Vergabekoordinierungsrichtlinie (Richtlinie 200/18/EG) auch für Baumaßnahmen abgeschlossen werden (VK Arnsberg, B. v. 21. 2. 2006 – Az.: VK 29/05).

2093 Nach Auffassung der 1. VK Sachsen hingegen sind **Rahmenvereinbarungen für Bauleistungen nach der VOB/A nach derzeit geltender Rechtslage unzulässig** (1. VK Sachsen, B. v. 25. 1. 2008 – Az.: 1/SVK/088-07).

2094 **8.13.25.3.2 Zeitverträge nach der VOB/A.** Zu den Zeitverträgen nach der VOB/A – als praktisch sehr wichtige Fälle der Rahmenvereinbarung – vgl. die Kommentierung zu → § 4 VOB/A Rdn. 40 ff.

8.13.26 Öffentlich-Private-Partnerschaften (ÖPP)/Public-Private-Partnerships (PPP)

2095 Insbesondere auf Grund der Finanzengpässe der öffentlichen Verwaltungen sind **Überlegungen zur Zusammenarbeit zwischen der öffentlichen Verwaltung und privaten Dritten** unter dem Namen „Öffentlich Private Partnerschaften (ÖPP)" bzw. „Public-Private-Partnership (PPP)" institutionalisiert worden.

8.13.26.1 Begriff

2096 In der Bundesrepublik Deutschland wurde die Diskussion um die Zusammenarbeit öffentlicher Institutionen und Privater bei der Erledigung öffentlicher Aufgaben – vor allen Dingen aus finanziellen Aspekten heraus – **in der Vergangenheit unter dem Begriff „Public-Private-Partnership" (PPP) geführt.** Mit dem Inkrafttreten des **Gesetzes zur Beschleunigung der Umsetzung von Öffentlich Privaten Partnerschaften und zur Verbesserung gesetzlicher Rahmenbedingungen für Öffentlich Private Partnerschaften vom 1. 9. 2005** (BGBl. I S. 2676) sollte **zukünftig der Begriff „ÖPP"** verwendet werden.

8.13.26.2 Notwendige Merkmale

Der **Charakter einer Öffentlichen-Privaten-Partnerschaft (ÖPP)** erfordert, dass es sich dabei um solche **Formen längerfristig angelegter Zusammenarbeit** auf vertraglicher Basis zwischen öffentlicher Hand – dem öffentlichen Auftraggeber i. S. d. § 98 Nr. 1 bis 5 GWB – und einem privaten Unternehmen handelt, die mit dem **Ziel der Erledigung öffentlicher Aufgaben** geschlossen werden, um auf der Grundlage eines dazu geschlossenen **langfristigen Vertrages**, aufgrund dessen das Unternehmen für eine Gegenleistung z. B. Bau- und Dienstleistungen eigenverantwortlich und unter Übernahme leistungstypischer Risiken durchführt (VK Thüringen, B. v. 23. 2. 2007 – Az.: 360–4003.20–62/2007-001-G). 2097

Die **Art und Weise der Kooperation ist dabei in der Praxis äußerst vielgestaltig. Es gibt kein einheitliches Leitmodell**, charakteristisch ist vielmehr eine weitgehende Offenheit und Flexibilität der organisatorischen und beschaffungsrechtlichen Rahmenbedingungen. Ist Teil eines PPP-Projekts beispielsweise die Errichtung, Sanierung und Bewirtschaftung von Gebäuden, so kommen hierfür unterschiedliche Betreibermodelle in Betracht (z. B. Inhabermodell, Erwerbermodell, Leasingmodell, Vermietungsmodell, Contractingmodell, Konzessionsmodell usw.), an die jeweils besondere rechtliche, finanzielle und betriebswirtschaftliche Folgen geknüpft sind (OLG Thüringen, B. v. 6. 6. 2007 – Az.: 9 Verg 3/07). 2098

8.13.26.3 Besondere Literaturhinweise

Die Bundesregierung hat ein „Gutachten PPP im öffentlichen Hochbau" vorgestellt. Das Gutachten untersucht eine Vielzahl von nationalen und internationalen Projekten, die mit öffentlich-privaten Partnerschaften realisiert worden sind. 2099

Das Gutachten hat fünf Teile: In dieser Form für Deutschland erstmalig enthält es zunächst einen **PPP-Leitfaden**, der den Anwendern sowohl bei Bund, Ländern und Kommunen als auch in der Wirtschaft eine praxisorientierte Hilfestellung über den grundsätzlichen Ablauf eines PPP-Projektes gibt. Der zweite Teil untersucht die **rechtlichen Rahmenbedingungen im Vergabe-, Haushalts-, Kommunal-, Steuer- und Zuwendungsrecht**, verbunden mit einer Fülle von Handlungsempfehlungen. PPP-Projekte sind danach zwar bereits nach geltendem Recht möglich; etliche Rahmenbedingungen müssen allerdings noch optimiert werden. Der dritte Teil widmet sich dem Thema **Wirtschaftlichkeitsvergleich**. Die Ergebnisse dieses Gutachtensteils werden von der Praxis besonders dringlich erwartet, weil in Deutschland bislang allgemein anerkannte Standards für den Nachweis der Wirtschaftlichkeit eines PPP-Projektes fehlten. Neben dem **vierten empirischen Teil** (s. o.) enthält das Gutachten schließlich in **Teil fünf Vorschläge zur Konzeption eines Kompetenzzentrums PPP**. 2100

Verschiedene Ansatzpunkte des Gutachtens lassen sich auch für die Ausschreibung und Vergabe von PPP-Projekten im Bereich von Leistungen, insbesondere Dienstleistungen verwenden. 2101

Auch die **Kommission der Europäischen Gemeinschaften** hat zwischenzeitlich ein „Grünbuch zu öffentlich-privaten Partnerschaften und den gemeinschaftlichen Rechtsvorschriften für öffentliche Aufträge und Konzessionen" vorgelegt. Mit dem Grünbuch soll eine **Diskussion über die Anwendung des Gemeinschaftsrechts für öffentliche Aufträge und Konzessionen auf ÖPP angestoßen** werden. Dabei soll es im Wesentlichen um die Regeln gehen, die nach der Entscheidung gelten, eine Aufgabe an einen Dritten zu übertragen. Es geht hier also um die Phase nach der wirtschaftlichen und organisatorischen Entscheidung einer lokalen oder nationalen Stelle und nicht um eine allgemeine Bewertung der Frage, ob die Bereitstellung von Dienstleistungen der öffentlichen Hand ausgelagert werden soll oder nicht; diese Entscheidung liegt im Ermessen der betreffenden staatlichen Stellen. Genauer gesagt wird mit diesem Grünbuch der **Zweck verfolgt, die Tragweite der Gemeinschaftsregeln zu erläutern, die für die Phase der Auswahl des privaten Partners und für die sich daran anschließende Phase gelten**; gegebenenfalls bestehende Unsicherheiten sollen ermittelt werden, ferner soll analysiert werden, ob der Gemeinschaftsrahmen den Herausforderungen und spezifischen Merkmalen von ÖPP gerecht wird. Für etwaige Gemeinschaftsmaßnahmen werden Denkanstöße geliefert. 2102

Verschiedene **Bundesländer**, z. B. Nordrein-Westfalen, Niedersachsen oder Bayern haben ebenfalls **Leitfäden u. ä. zu ÖPP-Verfahren** veröffentlicht. 2103

8.13.26.4 Sonstige Literatur

– Aumont, Laure/Kaelble, Hendrik, Die Vergabe von Dienstleistungen von allgemeinem wirtschaftlichen Interesse an Private, NZBau 2006, 280 2104

Teil 1 GWB § 99 — Gesetz gegen Wettbewerbsbeschränkungen

- Berger, Matthias, Ausschreibungspflichtiger Rahmenvertrag – Das Beratungsangebot des Bundes, Behörden Spiegel Juli 2008, 25
- Bornheim, Helmerich, Public Privat Partnership – Praxisprobleme aus rechtlicher Sicht, BauR 2009, 567
- Burgi, Martin, Vergaberechtliche Probleme der Privatfinanzierung von Fernstraßen, DVBl 2007, 649
- Diederichs, Jürgen, Wirtschaftlichkeitsuntersuchungen bei PPP-Projekten, NZBau 2009, 547
- Dreher, Meinrad, Die beihilferechtliche PPP-Ausschreibung – Wahl und Organisation begünstigungsausschließender Ausschreibungsverfahren, ZWeR 2005, 121
- Drey, Franz: PPP bei IT: Zukunftsmusik – „Öffentlich-private Partnerschaften entdramatisieren", Behörden Spiegel 2007, 18
- Drey, Franz, Die Idee der VOP – Was kann der Gesetzgeber für PPP tun?, Behörden Spiegel November 2006, 29
- Drey, Franz, PPP-Wissen öffentlich bündeln – Die PDG (Partnerschaften Deutschland AG) soll helfen, Spreu von Weizen zu trennen, Behörden Spiegel Oktober 2007, 30
- Drömann, Dietrich, Wettbewerblicher Dialog und ÖPP-Beschaffungen – Zur „besonderen Komplexität" so genannter Betreibermodelle, NZBau 2007, 751
- Drömann, Dietrich/Finke, Mathias, PPP-Vergaben und Kompetenzzentren – Zur Tatbestandsmäßigkeit von § 16 I Nr. 2 Alt. 2 VgV im Falle von Doppelfunktionen, NZBau 2006, 79
- Frenz, Walter, Vergaberecht und institutionalisierte PPP, NZBau 2008, 673
- Gruneberg, Ralf, Interkommunale Kooperationen nach dem 13. 1. 2005, AbfallR 2005, 85
- Hattig, Oliver/Ruhland, Bettina, Kooperation der Kommunen mit öffentlichen und privaten Partnern und ihr Verhältnis zum Vergaberecht, VergabeR 2005, 425
- Hausmann, Friedrich, Ein innovatives Modell – Grünes Licht für die Partnerschaften Deutschland, Behörden Spiegel Juli 2008, 25
- Hertwig, Stefan, Zuschlagskriterien und Wertung bei ÖPP-Vergaben, NZBau 2007, 543
- Horn, Lutz, Facility-Management bei PPP – Was bei Ausschreibung und Vertrag zu beachten ist, Behörden Spiegel November 2006, 29
- Jellinghaus, Lorenz, Zum Verhältnis von Vergabe- und Beihilfenrecht bei ÖPP-Projekten, VergabeR 2010, 574
- Jennert, Carsten, Public Private Partnership in der Wasserversorgung und Vergaberecht, WRP 2004, 1011
- Kaltenborn, Markus/Nobis, Christoph, Der vergabe- und beihilferechtliche Regelungsrahmen für Public Private Partnerships in der Entwicklungszusammenarbeit, NZBau 2008, 681
- Knauff, Matthias, Im wettbewerblichen Dialog zur Public Private Partnership?, NZBau 2005, 249
- Koenig, Christian/Pfromm, René, Die Förderlogik des EG-beihilferechtlichen Ausschreibungsverfahrens bei PPP-Daseinsvorsorge-Infrastrukturen, NZBau 2004, 375
- Koenig, Christian/Hentschel, Kristin, Der Public Private Partnership-Infrastrukturträger als öffentlicher Auftraggeber (§ 98 GWB), ZfBR 2005, 442
- Koman, Angelika, Das Grünbuch der Kommission über Public Private Partnership, ZfBR 2004, 763
- Kus, Alexander/Kallmayer, Axel, Neues Verfahren – neue Chancen – Der Wettbewerbliche Dialog bietet sich an, Behörden Spiegel November 2006, 28
- Kus, Alexander, Die richtige Verfahrensart bei PPP-Modellen, insbesondere Verhandlungsverfahren und Wettbewerblicher Dialog, Tagungsband 7. Düsseldorfer Vergaberechtstag 2006, 49
- Kus, Alexander, Die richtige Verfahrensart bei PPP-Modellen, insbesondere Verhandlungsverfahren und Wettbewerblicher Dialog, VergabeR 2006, 851
- Lensdorf, Lars/Steger, Udo, Auslagerung von IT-Leistungen auf Public Private Partnerships, CR 2005, 161

- Meyer-Hofmann, Bettina/Riemenschneider, Frank/Weihrauch, Oliver, Public Private Partnership, Gestaltung von Leistungsbeschreibung, Finanzierung, Ausschreibung und Verträgen in der Praxis, Köln, 2005
- Mösinger, Thomas, Mittelstandgerechte Gestaltung von PPP-Projekten, InfrastrukturRecht 2009, 290
- Mösinger, Thomas/Kollewe, Jonas, Alternative Finanzierungsformen für kommunale Verkehrsprojekte: Public Partnerships als Antrieb für Stadtbahnen in Deutschland, VerwArch 2009, 98
- Mrosek, Public Private Partnerships − Überlegungen zur Struktur eines PPP-Projektes, ibr-online (www.ibr-online.de/2007-7)
- Pooth, Stefan, Investorenwettbewerbe für die Kombination von privaten und öffentlichen Bauprojekten, VergabeR 2006, 600
- Roth, Frank, Die Risikoverteilung bei Öffentlich Privaten Partnerschaften (ÖPP) aus vergaberechtlicher Sicht, NZBau 2006, 84
- Schenke, Ralf/Klimpel, Stefan, Verhandlungsverfahren versus wettbewerblicher Dialog: Neuere Entwicklungen im Vergaberecht Öffentlich Privater Partnerschaften (ÖPP)/Public Private Partnership (PPP), DVBl 2006, 1492
- Schwarz, Daniela/Hillebrand, Christina, Eingeschliffene Strukturen aufbrechen − PPP in kommunalen Krankenhäusern, Behörden Spiegel Oktober 2007, 29
- Shirvani, Fardad, Vergaberechtliche Relevanz von Öffentlich-Privaten Partnerschaften nach der „pressetext Nachrichtenagentur" − Entscheidung des EuGH, VergabeR 2010, 21
- Tomerius, Stephan, Gestaltungsoptionen öffentlicher Auftraggeber unter dem Blickwinkel des Vergaberechts: aktuelle vergaberechtliche Vorgaben für öffentlich-private Partnerschaften (ÖPP) und interkommunale Kooperation, Berlin, 2005
- Weber, Martin/Schäfer, Michael/Hausmann, Ludwig, Praxishandbuch Public Private Partnership, München, 2005
- Ziekow, Jan/Windoffer, Alexander, Public Private Partnership als Verfahren − Struktur und Erfolgsbedingungen von Kooperationsarenen, NZBau 2005, 665
- www.ppp.niedersachsen.de
- www.ppp.nrw.de
- www.ppp.bayern.de
- www.ppp-bund.de

8.14 Literatur zu bisher in der Rechtsprechung noch nicht thematisierten Formen von öffentlichen Aufträgen

- Ax, Thomas, Kommunen im Energiemarkt − zwischen wettbewerblicher Ausschreibung und Bestandsschutz wirtschaftlicher Verträge, Recht der Energiewirtschaft 2010, 206 **2105**
- Burgi, Martin, Energierecht und Vergaberecht, Recht der Energiewirtschaft 2007, 145
- Goodarzi, Ramin, Ausschreibungspflichtigkeit des Erwerbs von Emissionszertifikaten durch Stadtwerke und andere öffentliche Anlagenbetreiber, NVwZ 2004, 949
- Kiser, Folma, Emissionshandel und Vergaberecht, VergabeR 2004, 683
- Rittwage, Ralf, Einzel- und Gruppenrechtsnachfolge bei öffentlichen Aufträgen, VergabeR 2006, 327
- Specht, Heinrich, Stromlieferverträge im liberalisierten Energiemarkt: Gestaltung von Sonderverträgen und Ausschreibung von Stromlieferungen, Berlin, 2005
- Wagner, Stephan, Beschaffung von Emissionszertifikaten durch öffentliche Auftraggeber, NZBau 2007, 623

8.15 Gemischte Verträge nach § 99 Abs. 7

8.15.1 Änderungen durch das Vergaberechtsmodernisierungsgesetz 2009

Im Zuge des Vergaberechtsmodernisierungsgesetzes 2009 rutschte der bisherige § 99 Abs. 6 **2106** um einen Absatz nach hinten. **Inhaltlich** erfolgte **keine Änderung**.

Teil 1 GWB § 99 Gesetz gegen Wettbewerbsbeschränkungen

8.15.2 Verknüpfung des § 99 Abs. 7 mit § 99 Abs. 8

2107 Inhaltlich sind § 99 Abs. 7 und § 99 Abs. 8 miteinander verknüpft. Zumindest nach der Gesetzesbegründung – der Wortlaut ist jeweils nicht ganz eindeutig – **betrifft § 99 Abs. 7 gemischte Verträge außerhalb des Sektorenbereichs und § 99 Abs. 8 gemischte Verträge des Sektorenbereichs**. Zur Klarstellung sollte § 99 Abs. 8 Satz 1 auch bei § 99 Abs. 7 in Gedanken ergänzt werden.

8.15.3 Grundsatz

2108 Die **Einordnung eines öffentlichen Auftrages** als Liefer-, Dienstleistungs- oder Bauauftrag ist z.B. **relevant für die Berechnung des Auftragswertes**, ab dem die Vergaberegeln anzuwenden sind (2. VK Bund, B. v. 30. 10. 2009 – Az.: VK 2–180/09; B. v. 24. 7. 2007 – Az.: VK 2–69/07). Bei Aufträgen, die mehrere Auftragsgegenstände umfassen (z.B. Kauf und Reparatur einer Ware oder Bau und Betrieb einer Anlage), bestehen häufig Abgrenzungsprobleme. Insbesondere für Öffentlich Private Partnerschaften ist es wichtig und dient der Rechtsklarheit, festzulegen, wie eine Abgrenzung von Aufträgen vorzunehmen ist, deren Gegenstand sowohl Lieferungen als auch Dienstleistungen oder neben Dienstleistungen auch Bauleistungen umfasst. Während die **Abgrenzung zwischen Lieferungen und Dienstleistungen nach dem jeweiligen Wert erfolgt,** werden **Dienstleistungen und Bauleistungen unabhängig vom jeweiligen Wert nach dem Hauptgegenstand des Auftrages abgegrenzt**. Diese Abgrenzung entspricht Artikel 1 Abs. 2 Buchstabe d der Richtlinie 2004/17/EG und der Richtlinie 2004/18/EG. Sie folgt der Rechtsprechung des Europäischen Gerichtshofes (EuGH).

8.15.4 Die Rechtsprechung des EuGH

2109 Die Vergabekoordinierungs**richtlinie 2004/18/EG** enthält für den Fall, dass ein **Auftrag sowohl die Lieferung von Waren als auch die Erbringung von Dienstleistungen umfasst,** in ihrem Art. 1 Abs. 2 Buchst. d Unterabs. 2 eine **Sonderregel,** die ein Abgrenzungskriterium zur Einstufung des fraglichen Auftrags als Lieferauftrag oder als Dienstleistungsauftrag aufstellt, **nämlich den jeweiligen Wert der in diesen Auftrag einbezogenen Waren und Dienstleistungen**. Dieses **Kriterium hat quantitativen Charakter**, d.h., es stellt konkret auf den Wert der Gegenleistung ab, die als Vergütung für den Bestandteil „Waren" und den Bestandteil „Dienstleistungen" geschuldet wird, die in den fraglichen Auftrag einbezogen sind. Bei einem öffentlichen **Auftrag**, der sich auf die **Erbringung von Dienstleistungen und die Ausführung von Bauleistungen** bezieht, verwendet **Art. 1 Abs. 2 Buchst. d Unterabs. 3 der Richtlinie 2004/18 ein anderes Abgrenzungskriterium, nämlich das des Hauptgegenstands des fraglichen Auftrags** (EuGH, Urteil v. 6. 5. 2010 – Az.: C-145/08 und C-149/08; Urteil v. 29. 10. 2009 – Az.: C-536/07; Urteil v. 11. 6. 2009 – Az.: C-300/07). Dies gilt **unabhängig davon**, ob der den **Hauptgegenstand** eines gemischten Vertrags bildende Teil **in den Anwendungsbereich der Vergaberichtlinien fällt oder nicht** (EuGH, Urteil v. 6. 5. 2010 – Az.: C-145/08 und C-149/08).

8.15.5 Nationale Rechtsprechung

2110 Die **rechtliche Einordnung gemischter Verträge entzieht sich einer generalisierenden Bewertung.** Namentlich ist **durch einen Ansatz fester Wertgrenzen nicht allen denkbaren Fällen angemessen Rechnung zu tragen**. Die Wertanteile der verschiedenen Leistungen vermitteln für die rechtliche Einordnung des gesamten Auftrages im Regelfall lediglich Anhaltspunkte sowie eine erste Orientierung, es sei denn, sie weisen durch ihren objektiv deutlich überwiegenden Anteil den Bauleistungen oder den Liefer-/Dienstleistungen eindeutig den Auftragsschwerpunkt zu. Ist letzteres nicht der Fall, so kommt es **auf die den jeweiligen Einzelfall kennzeichnenden rechtlichen und wirtschaftlichen Merkmale und Umstände** – insbesondere auf die Verteilung der mit der Auftragsdurchführung verbundenen Risiken auf die Beteiligten und deren Gewichtung – an (OLG Düsseldorf, B. v. 23. 5. 2007 – Az.: VII – Verg 50/06; B. v. 18. 10. 2006, Az.: VII – Verg 35/06; 2. VK Bund, B. v. 30. 10. 2009 – Az.: VK 2–180/09; B. v. 31. 7. 2006 – Az.: VK 2–65/06; VK Münster, B. v. 26. 9. 2007 – Az.: VK 17/07; im Ergebnis ebenso 1. VK Bund, B. v. 14. 9. 2007 – Az.: VK 1–101/07; B. v. 31. 8. 2007 – Az.: VK 1–92/07; 2. VK Brandenburg, B. v. 8. 3. 2007 – Az.: 2 VK 4/07; VK Hessen, B. v. 7. 10. 2005 – Az.: 69 d VK – 39/2005, 69 d VK – 54/2005, 69 d VK – 55/2005, 69 d VK – 56/2005, 69 d VK – 57/2005; VK Münster, B. v. 6. 5. 2008 – Az.: VK 4/08).

Dabei ist **auf die wesentlichen, vorrangigen Verpflichtungen abzustellen, die den Auftrag als solche prägen**, und **nicht auf die Verpflichtungen bloß untergeordneter oder ergänzender Art**, die zwingend aus dem eigentlichen Gegenstand des Vertrags folgen; der jeweilige Wert der dabei erbrachten Einzelleistungen ist insoweit nur ein Kriterium unter anderen, die bei der Ermittlung des Hauptgegenstands zu berücksichtigen sind (EuGH, Urteil vom 21. 2. 2008 – Az.: C-412/04; OLG Düsseldorf, B. v. 11. 2. 2009 – Az.: VII-Verg 69/08; VK Münster, B. v. 6. 5. 2008 – Az.: VK 4/08; VK Baden-Württemberg, B. v. 7. 3. 2008 – Az.: 1 VK 1/08).

8.15.6 Konsequenzen der einheitlichen Einordnung

Nach der **Vergabekoordinierungsrichtlinie** führt eine **Einordnung als „Lieferauftrag" dazu, dass die Vorschriften der Richtlinie in vollem Umfange anzuwenden** sind. Dazu zählen neben den Vorschriften über die Bekanntmachung (aus der u. a. der/die Auftraggeber eindeutig zu erkennen sein müssen) auch die Art. 47 Abs. 2 und Art. 48 Abs. 3, die entsprechend der Rechtsprechung des EuGH die Untervergabe des Auftrages oder eines Teiles desselben durch den Bieter grundsätzlich zulassen und z. B. das Verbot der Untervergabe also ausschließen würden. Eine **Einordnung als „Dienstleistung"** führt nach der Richtlinie Art. 46 – entweder zur **Qualifizierung als „Dienstleistungskonzession"** und damit gemäß Art. 17 zur vollständigen Unanwendbarkeit der Richtlinie – oder z. B. gemäß Art. 21 (im Hinblick auf den Charakter als Dienstleistung im Gesundheitswesen nach Anhang II Teil B Kategorie 25) nur zur Anwendung der Artikel 23 und des Artikels 35 Absatz 4 der Richtlinie (OLG Düsseldorf, B. v. 23. 5. 2007 – Az.: VII – Verg 50/06).

8.15.7 Über § 99 Abs. 7 hinausgehende gemischte Verträge

8.15.7.1 Baukonzessionen und Bauaufträge

§ 99 Abs. 7 Satz 2 GWB ist entsprechend auf Konzessionsverträge anzuwenden. Da für den öffentlichen Bauauftrag und die Baukonzession dieselben – vergaberechtlichen – Regelungen gelten, erscheint es gerechtfertigt, den Anwendungsbereich dieser Regelungen im Hinblick auf Bauaufträge und Baukonzessionen nach einem einheitlichen Maßstab zu bestimmen (VG Münster, B. v. 9. 3. 2007 – Az.: 1 L 64/07).

8.15.7.2 Baukonzessionen und Dienstleistungskonzessionen

Baukonzessionsverträge unterliegen auch **als gemischte Verträge** (z. B. mit Elementen einer Dienstleistungskonzession) der **Nachprüfung**, wenn **die durchzuführenden Bauarbeiten gegenüber dem Hauptgegenstand der Ausschreibung nicht nur von untergeordneter Bedeutung** sind. Diese Auslegung wird gestützt durch die 16. Begründungserwägung zur Dienstleistungskoordinierungsrichtlinie: Dort ist in Abgrenzung zwischen einem Dienstleistungsauftrag und einem Bauauftrag ausgeführt, dass ein Vertrag, um als öffentlicher Bauauftrag eingeordnet zu werden, die hauptsächliche Errichtung eines Bauwerkes im Sinne der Richtlinien zum Inhalt haben muss (OLG Karlsruhe, B. v. 13. 6. 2008 – Az.: 15 Verg 3/08; OLG Brandenburg, B. v. 3. 8. 1999 – Az.: 6 Verg 1/99; VG Münster, B. v. 9. 3. 2007 – Az.: 1 L 64/07).

Die **Abgrenzung zwischen einer Dienstleistungskonzession und einer Baukonzession** richtet sich grundsätzlich nach dem angestrebten Vertragsinhalt und findet analog der Abgrenzung eines Bauauftrages zu einem Dienstleistungsauftrag statt. Es ist also der **Schwerpunkt des gegenständlichen Vertrages im Hinblick auf den Bauanteil bzw. Dienstleistungsanteil zu berücksichtigen**. Da die Dienstleistungskonzession dem Vergaberecht nicht unterliegt, ist von einer **Bauleistung und damit dem Vorliegen einer Baukonzession bereits dann auszugehen, wenn die Bauleistung in dem Gesamtvertrag nicht nur von untergeordneter Bedeutung** ist. Wann von einer untergeordneten Bedeutung der Bauleistung und damit auch der Baukonzession auszugehen ist, **hängt vom Einzelfall ab**. Auch wenn die **Angabe einer exakten Prozentzahl nicht möglich** ist, dürfte eine **Baukonzession** jedenfalls immer dann gegenüber einer Dienstleistungskonzession **nicht von untergeordneter Bedeutung sein, wenn die Bauleistung mindestens 40% des Auftragsvolumens oder mehr** beträgt (VK Niedersachsen, B. v. vom 16. 10. 2008 – Az.: VgK-30/2008).

Wenn die **Vertragsgegenstände voneinander getrennt werden können**, sind **auf jeden dieser Verträge die entsprechenden Regelungen der Bau- und Dienstleistungskonzessionen getrennt anzuwenden** (VK Niedersachsen, B. v. vom 16. 10. 2008 – Az.: VgK-30/2008).

8.15.7.3 Baukonzessionen und Dienstleistungen

2117 **Anhaltspunkte, die gegen die entsprechende Anwendung der Regelung des § 99 Abs. 7 Satz 2 auf Konzessionsverträge sprechen, bestehen nicht.** Da für den öffentlichen Bauauftrag und die Baukonzession dieselben – vergaberechtlichen – Regelungen gelten, erscheint es gerechtfertigt, den Anwendungsbereich dieser Regelungen im Hinblick auf Bauaufträge und Baukonzessionen nach einem einheitlichen Maßstab zu bestimmen (OLG Karlsruhe, B. v. 13. 6. 2008 – Az.: 15 Verg 3/08; VG Münster, B. v. 9. 3. 2007 – Az.: 1 L 64/07).

8.15.7.4 Bauaufträge und Lieferaufträge bei Betreiberleistungen

2118 Treffen **in einem Beschaffungsvorhaben Bauleistungen und Leistungen nach VOL zusammen, kommt es auf den Schwerpunkt an.** Dementsprechend ist die Grundlage für eine Ausschreibung zu wählen – VOB/A oder VOL/A – (OLG Düsseldorf, B. v. 12. 3. 2003 – Az.: Verg 49/02; OLG Naumburg, B. v. 30. 5. 2002 – Az.: 1 Verg 14/01; OLG Thüringen, B. v. 28. 1. 2004 – Az.: 6 Verg 11/03, B. v. 14. 10. 2003 – Az.: 6 Verg 5/03; VK Hessen, B. v. 28. 5. 2003 – Az.: 69 d VK – 17/2003).

8.15.7.5 Lieferaufträge und VOF-Leistungen

2119 Treffen **in einem Beschaffungsvorhaben Leistungen nach VOL und VOF zusammen, kommt es auf den Schwerpunkt an.** Dementsprechend ist die Grundlage für eine Ausschreibung zu wählen – VOL/A oder VOF – (VK Saarland, B. v. 19. 5. 2006 – Az.: 3 VK 03/2006).

8.15.7.6 Dienstleistungen nach Anhang I Teil A und Anhang I Teil B der VOL/A

2120 Gemäß § 4 Abs. 5 VgV 2010 werden Aufträge, die sowohl Dienstleistungen nach Anhang I Teil A der VOL/A als auch Dienstleistungen nach Anhang I Teil B der VOL/A zum Gegenstand haben, **nach Abschnitt 2 der VOL/A vergeben, wenn der Wert der Dienstleistung nach Anhang I Teil A überwiegt.**

8.15.7.7 Dienstleistungen nach Anhang II Teil A und Anhang II Teil B der VOL/A

2121 **8.15.7.7.1 Rechtsprechung. Art. 22 VKR** bestimmt, dass Aufträge über Dienstleistungen gemäß nach den Artikeln 23 bis 55 vergeben werden, wenn der **Wert der Dienstleistungen gemäß Anhang II Teil A höher ist als derjenige der Dienstleistungen gemäß Anhang II Teil B.** In allen anderen Fällen wird der Auftrag nach Artikel 23 und Artikel 35 Absatz 4 vergeben. **§ 1a VOL/A 2. Abschnitt** bestimmt hingegen, dass bei Leistungen, die sowohl unter Anhang I Teil A als auch unter Anhang II Teil B fallen, die Anwendung des Vergaberechts danach zu bestimmen ist, **welcher Wert überwiegt. Entscheidend ist also der finanzielle Schwerpunkt der Leistung.** Damit entspricht die Formulierung des § 1a VOL/a nicht exakt den europarechtlichen Vorgaben (1. VK Sachsen, B. v. 28. 12. 2009 – Az.: 1/SVK/060-09; B. v. 26. 3. 2008 – Az.: 1/SVK/005–08).

2122 **8.15.7.7.2 Weitere Beispiele aus der Rechtsprechung**

– **Rettungs- und Krankentransporte unter Begleitung eines Sanitäters** fallen sowohl unter Anhang I A, Kategorie 2, als auch unter Anhang I B, Kategorie 25, so dass ein Auftrag, der solche Dienstleistungen zum Gegenstand hat, danach beurteilt werden muss, wo das Schwergewicht der Dienstleistungen liegt (EuGH, Urteil vom 24. 9. 1998 – Az.: C-76/97; BayObLG, B. v. 28. 5. 2003 – Az.: Verg 7/03; 1. VK Sachsen, B. v. 29. 8. 2008 – Az.: 1/SVK/042-08; B. v. 29. 8. 2008 – Az.: 1/SVK/041-08).

8.15.7.8 Energiesparcontracting

2123 **8.15.7.8.1 Begriff.** Beim Energiesparcontracting setzt ein Dritter (**Contractor**) **auf eigenes Risiko privates Kapital und Know-how zur Verbesserung des Energiemanagements sowie der bau- und anlagentechnischen Ausstattung von Gebäuden** ein. Der Contractor übernimmt die Garantie, dass der Energieverbrauch bzw. die Energie- und sonstigen Betriebskosten während der Vertragslaufzeit in einem bestimmten Umfang reduziert werden. Die Investitionen des Contractors werden durch ersparte Energie- und sonstige Betriebskosten refinanziert, ggf. unter Erfolgsbeteiligung des Contracting-Nehmers (Hinweise für die Durchführung von Energiesparcontracting in der öffentlichen Verwaltung, AMEV 2001).

2124 **8.15.7.8.2 Rechtsprechung.** Oftmals enthält ein Contracting-Vertrag Elemente des Bauvertrages und des Liefervertrages, etwa bei einer Koppelung von Investitionsmaßnahmen mit Energielieferungen. Ob die Regelungen des Bau- oder des Liefervertrages anzuwenden sind,

Gesetz gegen Wettbewerbsbeschränkungen GWB § 99 **Teil 1**

richtet sich danach, wo der **Schwerpunkt der Leistungen** liegt; dies wiederum bestimmt sich danach, **welche Leistungen und Risiken den Vertrag prägen** und **wie sich das finanzielle Investitionsvolumen auf die einzelnen Leistungsbereiche verteilt** (OLG Düsseldorf, B. v. 12. 3. 2003 – Az.: Verg 49/02; 2. VK Brandenburg, B. v. 8. 3. 2007 – Az.: 2 VK 4/07; VK Bremen, B. v. 3. 11. 2000 – Az.: VK 3/00; VK Niedersachsen, B. v. 23. 2. 2009 – Az.: VgK-58/2008).

Die **rechtliche Einordnung entzieht sich einer generalisierenden Bewertung.** Namentlich ist durch einen Ansatz fester Wertgrenzen – vor allem in der Weise, dass von einem wertmäßigen Anteil der Bauleistungen von 40% an kein Liefer- oder Dienstleistungsauftrag anzunehmen sei, nicht allen denkbaren Fällen angemessen Rechnung zu tragen. Die **Wertanteile der verschiedenen Leistungen vermitteln für die rechtliche Einordnung des gesamten Auftrags im Regelfall lediglich Anhaltspunkte sowie eine erste Orientierung**, es sei denn sie weisen durch ihren objektiv deutlich überwiegenden Anteil den Bauleistungen oder den Liefer-/Dienstleistungen eindeutig den Auftragsschwerpunkt zu. Im Wesentlichen kommt es deshalb auf die den jeweiligen Einzelfall kennzeichnenden rechtlichen und wirtschaftlichen Merkmale und Umstände an. So kommt es wesentlich auch auf eine **wirtschaftliche Betrachtung des Schwerpunkts der Vertragsleistungen und der mit der Durchführung des Vertrages verbundenen Risiken** an (OLG Düsseldorf, B. v. 12. 3. 2003 – Az.: Verg 49/02). 2125

Nach Auffassung der VK Brandenburg ist **§ 99 Abs. 7 Satz 2 GWB auf Contractingverträge anzuwenden** (2. VK Brandenburg, B. v. 8. 3. 2007 – Az.: 2 VK 4/07). 2126

8.15.7.8.3 Weitere Beispiele für den Contracting-Bereich aus der Rechtsprechung 2127

– um einen Bauauftrag – mit der Folge eines Schwellenwerts von xxxxxx € – handelt es sich **trotz einer zu errichtenden Heizungsanlage nicht, wenn angesichts der Laufzeit von 15 bzw. 20 Jahren der Anteil der Wärmelieferung** im Rahmen des gesamten Auftrags über ein Wärme-Liefercontracting **eindeutig überwiegt** (VK Niedersachsen, B. v. 23. 2. 2009 – Az.: VgK-58/2008)

– vgl. zur **Verpachtung eines Grundstücks mit der Auflage der Errichtung und des Betriebes von Windkraftanlagen** die Kommentierung → Rdn. 180

– unter Berücksichtigung der Rechtsprechung des EuGH und des OLG Düsseldorf liegt in der Vereinbarung vom 29. 3. 2007 in der Fassung vom 4. 9. 2007 eine Baukonzession, die unter richtlinienkonformer Auslegung ebenfalls von § 99 Abs. 3 GWB erfasst wird und damit ausschreibungspflichtig war. Die Antragsgegnerin hat in der Vereinbarung einen **Bauauftrag in der Form einer Baukonzession erteilt, da der Verkauf des Grundstückes an die Beigeladene mit der Verpflichtung verbunden war, dass die Beigeladene nach dem Abriss des xxx auf dem Grundstück eine bauliche Anlage, und zwar ein Einkaufszentrum zu errichten hatte, wobei sie dabei die Erfordernisse der Antragsgegnerin berücksichtigen sollte.** Klarstellend weist die Kammer darauf hin, dass auch dann, wenn hier keine Verpflichtung festgestellt würde, der Kaufvertrag dem Vergaberecht unterliegt. Nach der Auffassung des OLG Düsseldorf, a. a. O., kommt es gerade nicht darauf an, dass eine Verpflichtung zur Durchführung bestimmter Baumaßnahmen in dem Vertrag auferlegt wird oder der Käufer zum Abschluss eines städtebaulichen Vertrages mit der Gemeinde verpflichtet wird (VK Münster, B. v. 26. 9. 2007 – Az.: VK 17/07)

– enthält der abzuschließende **Vertrag einerseits die Vereinbarung über die Errichtung einer** weitgehend von der Auftraggeberin vorgegebenen **Fernwärmeerzeugungsanlage** auf einem von ihr zur Verfügung gestellten Grundstück, andererseits die **wechselseitige Lieferung und Abnahme von Fernwärme über einen Zeitraum von 15 Jahren** mit der Option einer automatischen Verlängerung des Bezugsvertrages. Da über den Fernwärmeliefervertrag die Investitionskosten, die Primärenergie, der Betrieb und ein Gewinn für den Vertragspartner finanziert werden sollen, **überwiegt zweifellos wertmäßig der Dienstleistungsteil dieses Auftrages**, der damit als Ganzes als Dienstleistungsvertrag einzuordnen ist (2. VK Brandenburg, B. v. 8. 3. 2007 – Az.: 2 VK 4/07)

8.15.7.8.4 Literatur 2128

– Burgi, Martin, Energierecht und Vergaberecht, Recht der Energiewirtschaft 6/2007, 145

– Ortner, Roderic, Energierechtliche Wegenutzungsverträge und Vergaberecht, VergabeR 2008, 608

– Rotter, Frank/Gröger, Jens/Reichenberger, Romy, Contracting für Bundesliegenschaften – Optimierung des Energiemanagements, Behörden Spiegel Oktober 2005, 27

Teil 1 GWB § 99 Gesetz gegen Wettbewerbsbeschränkungen

– Schwabe, Christof/Trautner, Wolfgang, Vergaberechtsmodernisierung 2009: Einflüsse auf das Einsparcontracting, CuR 2009, 51

8.15.8 Weitere Beispiele aus der Rechtsprechung für die Einordnung gemischter Verträge

2129 – der Begriff des öffentlichen Bauauftrags erfasst einen entgeltlichen **Vertrag über Aushub und Verfüllarbeiten**. Zwar beinhaltet der Vertrag auch die Entsorgung von Ausfüllungsmaterial (2.500 t Bauschutt). Diese **Dienstleistungselemente** stellen jedoch nicht die Einordnung des Vertrags als Bauauftrag in Frage, denn sie bilden nicht die den Auftrag prägenden Leistungen und machen auch wertmäßig nicht den überwiegenden Teil aus. Sie haben **nur eine untergeordnete Bedeutung** (OLG Düsseldorf, B. v. 11. 2. 2009 – Az.: VII-Verg 69/08)

– ausgehend von § 99 Abs. 6 GWB liegt der **Schwerpunkt des Vertrages in der Herrichtung der Parkfläche nebst der verkehrlichen Anbindung und der Errichtung des Verbrauchermarktes**. Die **anderen Leistungen**, die damit im Zusammenhang stehen, sind nach den Gesamtumständen **lediglich als Nebenleistungen notwendig, um dieses Projekt zu verwirklichen**. Der Auftrag ist **nach der Schwerpunkttheorie somit als Bauauftrag einzuordnen** (VK Münster, B. v. 6. 5. 2008 – Az.: VK 4/08)

– der für Dienstleistungsaufträge ist maßgeblich, weil die vom Käufer im Rahmen der Demontage zu erbringenden Arbeiten zwar auch Bauleistungen umfassen, gemäß der in § 99 Abs. 6 S. 2 GWB getroffenen Zuordnung für Verträge mit Dienstleistungs- und Bauleistungselementen jedoch ein Dienstleistungsauftrag vorliegt, wenn die **Bauleistungen im Verhältnis zum Hauptgegenstand nur Nebenarbeiten** sind. So verhält es sich hier, denn **die zu erbringenden Bauleistungen** – das Herstellen des Demontageplatzes und der Zuwegung sowie der spätere Rückbau des Platzes und der Wege – **haben deutlich geringeres Gewicht und eine lediglich dienende Funktion gegenüber der Demontage**, der Entsorgung hierbei anfallender Schmierstoffe etc. und dem Abtransport der Schreitbagger. Diese **Dienstleistungen bilden den Schwerpunkt der vom Käufer zu verrichtenden Arbeiten und geben diesen ihr Gepräge** (2. VK Bund, B. v. 24. 7. 2007 – Az.: VK 2–69/07)

– der **Schwerpunkt des Vertrages liegt jedoch nach den Gesamtumständen beurteilt, eindeutig in der Errichtung eines Einkaufszentrums** auf dem Grundstück. Alle weiteren Verpflichtungen, die im Vertrag niedergelegt wurden und sich auf die Planung und Gestaltung des Grundstücks und des Einkaufszentrums beziehen, dienen letztlich dem Ziel, dort ein Einkaufszentrum tatsächlich zu errichten. Dies **spiegelt sich letztlich auch in den Wertanteilen wieder**. Die Planungsleistungen, die für die Gestaltung und Ausführung des Gesamtprojekts erforderlich sein werden, und die hier überwiegend in der Planung des Einkaufszentrums bestehen, werden jedenfalls einen geringeren wirtschaftlichen Umfang als die Bauleistungen haben, die hier ausweislich des Vertrages vom Käufer verlangt werden. Unter **Berücksichtigung der Schwerpunkttheorie handelt es sich somit zunächst um einen Auftrag, der als Bauauftrag und nicht als Dienstleistungsauftrag einzuordnen** wäre, wobei es unerheblich ist, ob die Beigeladene selbst baut oder beispielsweise durch einen Generalunternehmer bauen lässt (VK Münster, B. v. 26. 9. 2007 – Az.: VK 17/07)

– nach der Rechtsprechung des Gerichtshofs bestimmt dann, wenn ein **Vertrag zugleich Elemente eines öffentlichen Bauauftrags und Elemente eines öffentlichen Auftrags anderer Art aufweist**, der **Hauptgegenstand** des Vertrags, welche Gemeinschaftsrichtlinie über öffentliche Aufträge grundsätzlich Anwendung findet (EuGH, Urteil vom 18. 1. 2007 – Az.: C-220/05)

– **Wartung von gefahrenmelde-, informations- und sicherheitstechnischen Anlagen – überwiegender Dienstleistungsanteil** bejaht (OLG Düsseldorf, B. v. 18. 10. 2006, Az.: VII – Verg 35/06; 2. VK Bund, B. v. 31. 7. 2006 – Az.: VK 2–65/06)

8.15.9 Literatur

2130 – Siegel, Thorsten, Die Behandlung gemischter Verträge nach dem neuen Vergaberecht, VergabeR 2007, 25

8.16 Vertragsgegenstände, die sowohl der Vergabekoordinierungsrichtlinie als auch der Sektorenrichtlinie unterfallen (§ 99 Abs. 8)

8.16.1 Änderungen durch das Vergaberechtsmodernisierungsgesetz 2009

Nach der Begründung zu § 99 Abs. 8 setzt der **neue Absatz 8 den Artikel 9 der RL 2004/ 17/EG um**, damit bei Aufträgen, die der Durchführung mehrerer Tätigkeiten dienen, eine Abgrenzung hinsichtlich der anzuwendenden Vergabebestimmungen erfolgen kann. In **Satz 1** wird der **Grundsatz** festgelegt, dass bei einem Auftrag, der der Durchführung mehrerer Tätigkeiten dient (z. B. Bau eines Gebäudes für die Stadtverwaltung, in dem auch einige Räume für die Verwaltung des kommunalen Stadtwerkes vorgesehen sind), **die Regelungen anzuwenden sind, die für die Tätigkeiten gelten, auf deren Durchführung der Auftrag in erster Linie abzielt (Hauptgegenstand).** Im genannten Beispiel wäre dies die Gewährleistung der Stadtverwaltung und damit wären die Regelungen für die Vergabe von Bauaufträgen durch die Stadt (Auftraggeber nach § 98 Nr. 1) anzuwenden. Die **Sätze 2 und 3 regeln verschiedene Konstellationen für den Fall, dass ein Hauptgegenstand nicht festgestellt werden kann.** Kann ein Hauptgegenstand nicht festgestellt werden und sind Tätigkeiten von Auftraggebern nach § 98 Nr. 1 bis 3 und von Sektorenauftraggebern betroffen (wenn z. B. das zu bauende Verwaltungsgebäude von der Stadt und dem kommunalen Stadtwerk in gleichem Umfang genutzt werden soll), sind **laut Satz 2 die Regelungen anzuwenden, die für die Auftraggeber nach § 98 Nr. 1 bis 3 gelten. Satz 3 regelt den Fall, dass der Auftrag der Erfüllung von Sektorentätigkeiten und von Tätigkeiten dient, für die keinerlei Vergaberegeln gelten** (z. B. Bau eines Gebäudes für Verwaltung des kommunalen Stadtwerkes und als Sitz eines privaten Unternehmens) und ein Hauptgegenstand nicht festgestellt werden kann. Sofern ein Auftrag anstatt der Durchführung einer Sektorentätigkeit der Durchführung einer Tätigkeit im Bereich des **Bundesberggesetzes** dient, gelten die Regelungen dieser Auftraggeber (§ 129 b).

8.16.2 Rechtsprechung vor dem Vergaberechtsmodernisierungsgesetz 2009

Nach der **Rechtsprechung des EuGH** werden die Grenzen zwischen den Anwendungsbereichen der beiden Richtlinien u. a. durch **ausdrückliche Bestimmungen** gezogen. So gilt die Richtlinie 2004/17 nach ihrem Art. 20 Abs. 1 nicht für Aufträge, die die Auftraggeber zu anderen Zwecken als der Durchführung der Tätigkeiten vergeben, die sie in den in den Art. 3 bis 7 der Richtlinie beschriebenen Sektoren ausüben. Das Pendant dieser Bestimmung in der Richtlinie 2004/18 ist Art. 12 Abs. 1, wonach diese Richtlinie nur für diejenigen öffentlichen Aufträge nicht gilt, die von öffentlichen Auftraggebern, die eine oder mehrere Tätigkeiten gemäß den Art. 3 bis 7 der Richtlinie 2004/17 ausüben, vergeben werden und die der Durchführung dieser Tätigkeiten dienen. Der **Anwendungsbereich der Richtlinie 2004/17 ist somit eng begrenzt, was ausschließt, dass die dort festgelegten Verfahren über diesen Anwendungsbereich hinaus erstreckt werden.** Die genannten Bestimmungen lassen folglich keinen Raum dafür, **im Rahmen der Richtlinie 2004/17 den als „Infektionstheorie" bezeichneten Ansatz anzuwenden**, der in der Folge des Urteils Mannesmann Anlagenbau Austria u. a. entwickelt wurde. Ein **Auftraggeber im Sinne der Richtlinie 2004/17** muss daher das in dieser Richtlinie vorgesehene **Verfahren nur für die Vergabe von Aufträgen im Zusammenhang mit Tätigkeiten anwenden, die er in einem oder mehreren der in den Art. 3 bis 7 der Richtlinie genannten Sektoren ausübt** (EuGH, Urteil v. 10. 4. 2008 – Az.: C-393/06). Dagegen unterliegen **alle übrigen Aufträge**, die von dieser Einrichtung im Zusammenhang mit der Ausübung anderer Tätigkeiten vergeben werden, den **Verfahren der Richtlinie 2004/18**. Jede dieser beiden Richtlinien gilt, ohne dass zwischen den Tätigkeiten, die die Einrichtung ausübt, um ihrem Auftrag nachzukommen, im Allgemeininteresse liegende Aufgaben zu erfüllen, und den von ihr unter Wettbewerbsbedingungen ausgeübten Tätigkeiten zu unterscheiden ist und selbst im Fall einer Buchführung, die auf Trennung der Tätigkeitsbereiche dieser Einrichtung abzielt, um Querfinanzierungen der betreffenden Sektoren zu vermeiden (EuGH, Urteil v. 10. 4. 2008 – Az.: C-393/06; im Ergebnis ebenso OLG Düsseldorf, B. v. 4. 5. 2009 – Az.: VII-Verg 68/08 – für den Schülerspezialverkehr; B. v. 4. 3. 2009 – Az.: VII-Verg 67/08).

8.16.3 Literatur

– Anreiter, Wilfried, Qualitätssicherung im öffentlichen Verkehr durch Vergabe im Wettbewerb, Dissertation, Wien, 2005

8.16.4 Abgrenzung der Sektorentätigkeiten

8.16.4.1 Grundsätze

2134 Vgl. die Kommentierung zu § 1 SektVO.

8.16.4.2 Weitere Beispiele aus der Rechtsprechung

2135 Vgl. die Kommentierung zu § 1 SektVO.

8.17 Verbindung von öffentlichen Aufträgen nach § 99 GWB mit sonstigen vergaberechtsfreien Aufträgen

8.17.1 Gesetzliche Regelungen

2136 In § 99 Abs. 8 Satz 3 GWB ist durch das Vergaberechtsmodernisierungsgesetz die **Regelung eingefügt** worden, dass dann, wenn eine der Tätigkeiten, deren Durchführung der Auftrag bezweckt, sowohl eine Tätigkeit auf dem Gebiet der Trinkwasser- oder Energieversorgung, des Verkehrs oder des Bereichs der Auftraggeber nach dem Bundesberggesetz, als auch eine Tätigkeit, die nicht in die Bereiche von Auftraggebern nach § 98 Nr. 1 bis 3 fällt, betrifft und nicht feststellbar ist, welche Tätigkeit den Hauptgegenstand darstellt, der **Auftrag nach denjenigen Bestimmungen zu vergeben ist, die für Auftraggeber mit einer Tätigkeit auf dem Gebiet der Trinkwasser- und Energieversorgung sowie des Verkehrs oder des Bundesberggesetzes gelten.** Die **vergaberechtspflichtige Tätigkeit infiziert** also die **vergaberechtsfreie Tätigkeit.**

2137 Weitere nationale gesetzliche Regelungen existieren nicht.

8.17.2 Rechtsprechung nach dem Vergaberechtsmodernisierungsgesetz 2009

2138 Ist **ein Teil des abzuschließenden Vertrags als ausschreibungspflichtiger Dienstleistungsauftrag im Sinne des § 99 Abs. 4 GWB zu qualifizieren, ist der Anwendungsbereich der §§ 97 ff. GWB grundsätzlich eröffnet.** Denn anderenfalls könnte der öffentliche Auftraggeber ausschreibungspflichtige Leistungen dem Anwendungsbereich des Vergaberechts dadurch entziehen, dass er sie in einem Gesamtauftrag gemeinsam mit nicht dem Vergaberecht unterfallenden Leistungen vergibt (VK Münster, B. v. 18. 3. 2010 – Az.: VK 1/10).

8.17.3 Rechtsprechung bis zum Vergaberechtsmodernisierungsgesetz 2009

2139 Unterfällt auch nur **eine Alternative des abzuschließenden Vertrages dem Vergaberecht, sind die Vergaberechtsvorschriften und damit das Nachprüfungsverfahren eröffnet.** Andernfalls könnten die strengeren Anforderungen des Vergaberechts dadurch umgangen werden, dass zusätzlich zu der dem Vergaberecht unterfallenden eine nicht dem Vergaberecht unterfallende Alternative ausgeschrieben wird (BayObLG, B. v. 23. 1. 2003 – Az.: Verg 2/03; OLG Karlsruhe, B. v. 15. 10. 2008 – Az.: 15 Verg 9/08).

2140 So unterliegt die Veräußerung, Vermietung oder Verpachtung von beweglichen und unbeweglichen Sachen als solche nicht den vergaberechtlichen Bestimmungen. Anders kann dies aber sein, wenn die Veräußerung oder Überlassung **Element eines einheitlichen Vorgangs ist, der einen beschaffungsrechtlichen Bezug** hat (BayObLG, B. v. 27. 2. 2003 – Az.: Verg 01/03). Denn § 99 GWB schließt nicht Veräußerungsgeschäfte der öffentlichen Hand von der Anwendung der Vorschriften des Vierten Teils des Gesetzes gegen Wettbewerbsbeschränkungen aus. Ein Veräußerungsgeschäft kann lediglich als solches die Anwendbarkeit dieser Vorschriften nicht begründen. Ist es hingegen **Mittel zur Beschaffung einer Leistung, ist der kaufrechtliche Aspekt des öffentlichen Auftrags ohne Bedeutung.** Das entspricht auch dem Zweck des in §§ 97 ff. GWB geregelten Vergaberechts. Denn auf diese Weise wird eine vollständige Erfassung aller Beschaffungsvorgänge erreicht, die für den öffentlichen Auftraggeber mit geldwertem Aufwand verbunden sind (BGH, B. v. 1. 2. 2005 – Az.: X ZB 27/04).

2141 Angesichts des vor allem in § 97 Abs. 1 GWB zum Ausdruck kommenden Anliegens des in diesem Gesetz normierten Vergaberechtssystems, dass **öffentliche Beschaffung, soweit sie nicht ausdrücklich ausgenommen ist, umfassend unter geregelten Wettbewerbsbedingungen erfolgt,** kann eine **Ausnahme von der Vergaberechtspflichtigkeit** gemittener Verträge nur in Fällen in Erwägung gezogen werden, in denen die **Pflicht zur Dienstleistung völlig untergeordneter Natur** ist und es deshalb ausgeschlossen erscheint, dass auch ihretwegen der Vertrag abgeschlossen worden ist (BGH, B. v. 1. 2. 2005 – Az.: X ZB 27/04).

Deutlich anders ist die Auffassung der VK Arnsberg. Gemischte Verträge unterliegen dem Vergaberecht, wenn der Dienstleistungsteil überwiegt **(Schwergewichtstheorie)**, zumindest aber bleibt der Dienstleistungsteil ausschreibungspflichtig **(Trennungstheorie)** – (VK Arnsberg, B. v. 17. 6. 2004 – Az.: VK 2–06/2004). 2142

Schreibt ein Auftraggeber zunächst ein Gesamtpaket aus und nimmt er im Laufe des Vergabeverfahrens – vergaberechtswidrig – eine Entkoppelung der Auftragselemente vor, die letztlich zu einer losweisen Bezuschlagung der einzelnen Elemente führen soll und wird diese zentrale, vergaberechtswidrige Umstellung von Gesamtvergabe auf losweise Vergabe innerhalb des Verfahrens zu keinem Zeitpunkt gerügt, obwohl die Bieter sie erkennen, ist die Geltendmachung dieses Verstoßes gemäß § 107 Absatz 3 Satz 1 GWB präkludiert und **darf nunmehr nicht auf dem Umweg der Anwendung der Verknüpfung vergaberechtsfreier und vergaberechtspflichtiger Geschäfte rückgängig gemacht werden** (1. VK Sachsen, B. v. 15. 10. 2004 – Az.: 1/SVK/090-04). 2143

8.17.4 Literatur

– Siegel, Thorsten, Die Behandlung gemischter Verträge nach dem neuen Vergaberecht, VergabeR 2007, 25 2144

8.18 Vergabe eines Standplatzes nach § 70 GewO

8.18.1 Abgrenzung zum Vergaberecht

Die Vergabe eines Standplatzes nach § 70 GewO ist **kein öffentlicher Auftrag im Sinne des Vergaberechts**, da der öffentliche Auftraggeber keine Leistung einkauft. 2145

8.18.2 Vergabekriterien nach der Rechtsprechung

Die **Entscheidung** eines Veranstalters, **welchem der Bewerber der Vorzug zu geben ist und welche Bewerber abzulehnen sind**, steht im **Ermessen des Veranstalters**. Das Ermessen des Veranstalters ist nicht nur durch die jede Ermessensentscheidung der Verwaltung bindenden Grundsätze, wie z. B. den Gleichheitsgrundsatz und das Willkürverbot, eingeschränkt, sondern das Verteilungsermessen des Veranstalters gemäß § 70 Abs. 3 GewO unterliegt darüber hinaus auch den sich aus dem Grundsatz der Marktfreiheit ergebenden Schranken. Marktfreiheit bedeutet Offenheit der Märkte, d. h. Freiheit des Marktzugangs, wobei für die Teilnahmeberechtigung im Sinne des § 70 Abs. 1 GewO Art und Zweck der Veranstaltung maßgeblich sind. Wie im Einzelnen **ein die Marktfreiheit erhaltendes Zulassungssystem auszugestalten ist, welche Bewerbergruppen gebildet werden und nach welchem System (etwa innerhalb der Gruppen „rollierend" oder durch „Losentscheid") Standplätze zugeteilt werden, liegt im gerichtlich nur beschränkt nachprüfbaren Ermessen des Veranstalters**. Ein Losverfahren ist grundsätzlich geeignet, die der Marktfreiheit immanente Zulassungschance im Rahmen des § 70 Abs. 3 GewO zu garantieren, denn jeder gewerberechtlich geeignete Bewerber bekommt die gleiche Zulassungschance eingeräumt. Auf diese Weise werden Zulassungs- und Wettbewerbsschranken weitgehend gelockert, ein Konkurrentenschutz vermieden und so gemäß § 40 VwVfG ihr Ermessen dem Zweck der Ermächtigung entsprechend ausgeübt (Niedersächsisches OVG, Urteil v. 16. 6. 2005 – Az.: 7 LC 201/03). 2146

Es gibt **zwar auch andere Möglichkeiten, eine Auswahl unter den sich bewerbenden Marktbeschickern vorzunehmen**, doch ist ein Veranstalter von Gesetzes wegen nicht verpflichtet, „materielle" Kriterien (z. B. Größe der Fahrfläche, Alter des Fahrgeschäfts, Art und Aufwändigkeit der Fassadengestaltung) den Vorzug zu geben und erst dann auf „formelle" Kriterien (Losverfahren, Rotationsverfahren, Prioritätsprinzip) zurückzugreifen. **§ 70 Abs. 3 GewO gibt einen bestimmten Auswahlmodus nicht vor**. Eine den Grundrechtsschutz sichernde Verfahrensgestaltung setzt nur voraus, dass das **Auswahlverfahren und die Auswahlkriterien vorher bekannt gegeben werden und für alle Bewerber transparent, nachvollziehbar und damit auch im Hinblick auf die Gewährleistung effektiven Rechtsschutzes gerichtlich überprüfbar sind**. Von ausschlaggebender Bedeutung kann für den Veranstalter **auch der mit dem jeweiligen Verfahren für die Verwaltung verbundene Arbeitsaufwand** sein. Es liegt auf der Hand, dass das Losverfahren unter den zuverlässigen Bewerbern das (vom Verfahren „bekannt und bewährt" abgesehen) für die Verwaltung am schnellsten und leichtesten zu handhabende Verfahren ist, zumal es den Ermittlungsaufwand vollständig entfallen 2147

Teil 1 GWB § 100 Gesetz gegen Wettbewerbsbeschränkungen

lässt und den Begründungsaufwand für die Nichtzulassungsbescheide stark reduziert (Niedersächsisches OVG, Urteil v. 16. 6. 2005 – Az.: 7 LC 201/03).

2148 Zur möglichen **Binnenmarktrelevanz** solcher Vergaben und der daraus resultierenden Ausschreibungspflicht vgl. die Kommentierung zu § 100 → Rdn. 39 ff.

8.19 Festsetzung eines Marktes nach § 69 GewO

8.19.1 Verpflichtung zur Ausschreibung

2149 Die Festsetzung von Märkten nach § 69 GewO ist eine Dienstleistungskonzession. Der Veranstalter z. B. eines Weihnachtsmarktes erbringt gegenüber der im Sinn von § 69 GewO festsetzenden Kommune eine Dienstleistung, nämlich die Ausrichtung und Organisation des Weihnachtsmarktes, an dessen Gelingen und reibungsloser Funktion die Kommune ein hohes Interesse hat. Die Umstände, dass eine Bezahlung des Veranstalters nicht durch eine öffentliche Stelle erfolgt, sondern aus den Beträgen, die Dritte entrichten, und dass das Betriebsrisiko der Erbringer trägt, sind typische Merkmale für eine Dienstleistungskonzession (VG Köln, Urteil v. 16. 10. 2008 – Az.: 1 K 4507/08).

2150 Trifft die Kommune mit der Entscheidung über die Festsetzungen von Märkten nach § 69 GewO auch eine **Entscheidung über die Vergabe von Dienstleistungskonzessionen, weist in vielen Fällen die Vergabe Binnenmarktrelevanz auf**. Ausreichend ist insoweit nämlich schon, dass sich **nicht ausschließen lässt, dass in anderen Mitgliedstaaten ansässige Unternehmen an der Erbringung der Dienstleistung interessiert** sind. Die **Kommune** ist daher aufgrund des – unmittelbar eingreifenden – Anwendungsvorrangs des Europarechts gehalten, dem **Diskriminierungsverbot** des Art. 12 EG (jetzt Art. 25 AEUV) sowie der in Art. 49 EG (jetzt Art. 56 AEUV) zum Ausdruck kommenden besonderen Ausprägung des **Gleichbehandlungsgrundsatzes**, die beide eine Verpflichtung zur Transparenz einschließen, Genüge zu tun. Zugunsten der potentiellen Bieter muss sie daher einen **angemessenen Grad von Öffentlichkeit sicher stellen, der die Dienstleistungskonzession dem Wettbewerb öffnet und eine Nachprüfung ermöglicht, ob die Vergabeverfahren unparteiisch durchgeführt werden**. Ein solcher angemessener Grad von Öffentlichkeit stellt die Kommune durch eine **Ausschreibung und eine europaweit einsehbare Veröffentlichung ihrer Ausschreibungen nebst Bewertungskriterien insbesondere auf ihrer Internetseite** her (VG Köln, Urteil v. 16. 10. 2008 – Az.: 1 K 4507/08). Vgl. dazu im Einzelnen die Kommentierung zu § 100 → Rdn. 39 ff.

2151 Dass als Zulassungsvoraussetzung im Rahmen des Ausschreibungsverfahrens u. a. die **Vorlage eines Auf- und Abbauplanes sowie insbesondere eines Finanzierungsplanes** gefordert wird, ist angesichts der Größe und Dauer von großen Märkten **sachgerecht** (VG Köln, Urteil v. 16. 10. 2008 – Az.: 1 K 4507/08).

2152 Ungeachtet des europarechtlichen Ansatzes ist eine **Kommune auch nach nationalem Recht zur Durchführung eines öffentlichen Ausschreibungsverfahrens verpflichtet**, wenn sie weiß, dass sich **mehrere potentielle Veranstalter um die Festsetzungen für die Märkte bemühen werden**. Denn bei mehreren Anträgen hinsichtlich der gleichen Veranstaltung hat die Behörde **nach pflichtgemäßem Ermessen eine Auswahl zwischen den Antragstellern zu treffen**. Dabei muss sie sachgerechte Auswahlkriterien verwenden und sich wettbewerbsneutral verhalten, d. h. das alleinige Abstellen auf das Kriterium „bekannt und bewährt" genügt nicht; es kann allenfalls einen Prüfungsvorsprung eines Altbewerbers bewirken. Die Behörde muss möglichst vielen Bewerbern eine Chance einräumen. Kriterien können das **Attraktivitäts-, Rotations- und Prioritätsprinzip** sein (VG Köln, Urteil v. 16. 10. 2008 – Az.: 1 K 4507/08).

9. § 100 GWB – Anwendungsbereich

(1) **Dieser Teil gilt nur für Aufträge, welche die Auftragswerte erreichen oder überschreiten, die durch Rechtsverordnung nach § 127 festgelegt sind (Schwellenwerte).**

(2) **Dieser Teil gilt nicht für Arbeitsverträge und für Aufträge,**

a) **die auf Grund eines internationalen Abkommens im Zusammenhang mit der Stationierung von Truppen vergeben werden und für die besondere Verfahrensregeln gelten;**

b) die auf Grund eines internationalen Abkommens zwischen der Bundesrepublik Deutschland und einem oder mehreren Staaten, die nicht Vertragsparteien des Übereinkommens über den Europäischen Wirtschaftsraum sind, für ein von den Unterzeichnerstaaten gemeinsam zu verwirklichendes und zu tragendes Projekt, für das andere Verfahrensregeln gelten, vergeben werden;

c) die auf Grund des besonderen Verfahrens einer internationalen Organisation vergeben werden;

d) aa) die in Übereinstimmung mit den Rechts- und Verwaltungsvorschriften in der Bundesrepublik Deutschland für geheim erklärt werden,

bb) deren Ausführung nach diesen Vorschriften besondere Sicherheitsmaßnahmen erfordert,

cc) bei denen es ein Einsatz der Streitkräfte oder die Umsetzung von Maßnahmen der Terrorismusbekämpfung oder wesentliche Sicherheitsinteressen bei der Beschaffung von Informationstechnik oder Telekommunikationsanlagen gebieten oder

dd) bei denen der Schutz sonstiger wesentlicher Interessen der Sicherheit des Staates es gebietet;

e) die dem Anwendungsbereich des Artikels 296 Abs. 1 Buchstabe b des Vertrages zur Gründung der Europäischen Gemeinschaft unterliegen;

f) die bei Tätigkeiten auf dem Gebiet der Trinkwasserversorgung die Beschaffung von Wasser oder bei Tätigkeiten auf dem Gebiet der Energieversorgung die Beschaffung von Energie oder von Brennstoffen zur Energieerzeugung zum Gegenstand haben;

g) die an eine Person vergeben werden, die ihrerseits Auftraggeber nach § 98 Nr. 1, 2 oder 3 ist und ein auf Gesetz oder Verordnung beruhendes ausschließliches Recht zur Erbringung der Leistung hat;

h) über Erwerb oder Mietverhältnisse über oder Rechte an Grundstücken oder vorhandenen Gebäuden oder anderem unbeweglichen Vermögen ungeachtet ihrer Finanzierung;

i) von Auftraggebern nach § 98 Nr. 4, soweit sie anderen Zwecken dienen als der Sektorentätigkeit;

j) die den Kauf, die Entwicklung, die Produktion oder Koproduktion von Programmen zum Gegenstand haben und die zur Ausstrahlung durch Rundfunk- oder Fernsehanstalten bestimmt sind sowie über die Ausstrahlung von Sendungen;

k) die hauptsächlich den Zweck haben, dem Auftraggeber die Bereitstellung oder den Betrieb öffentlicher Telekommunikationsnetze oder die Bereitstellung eines oder mehrerer Telekommunikationsdienste für die Öffentlichkeit zu ermöglichen;

l) über Schiedsgerichts- und Schlichtungsleistungen;

m) über finanzielle Dienstleistungen im Zusammenhang mit Ausgabe, Verkauf, Ankauf oder Übertragung von Wertpapieren oder anderen Finanzinstrumenten, insbesondere Geschäfte, die der Geld- oder Kapitalbeschaffung der Auftraggeber dienen, sowie Dienstleistungen der Zentralbanken;

n) über Forschungs- und Entwicklungsdienstleistungen, es sei denn, ihre Ergebnisse werden ausschließlich Eigentum des Auftraggebers für seinen Gebrauch bei der Ausübung seiner eigenen Tätigkeit und die Dienstleistung wird vollständig durch den Auftraggeber vergütet;

o) von

aa) Auftraggebern, die auf dem Gebiet der Trinkwasser- oder Energieversorgung oder des Verkehrs tätig sind, an ein mit diesem Auftraggeber verbundenes Unternehmen oder

bb) einem gemeinsamen Unternehmen, das mehrere Auftraggeber, die auf dem Gebiet der Trinkwasser- oder Energieversorgung oder des Verkehrs tätig sind, ausschließlich zur Durchführung dieser Tätigkeiten gebildet haben, an ein Unternehmen, das mit einem dieser Auftraggeber verbunden ist,

sofern mindestens 80 Prozent des von diesem verbundenen Unternehmen während der letzten drei Jahre in der Europäischen Union erzielten durchschnittlichen Umsatzes im entsprechenden Liefer- oder Bau- oder Dienstleistungssektor aus der Erbringung dieser Lieferungen oder Leistungen für den mit ihm verbundenen Auftraggeber stammen; dies gilt auch, sofern das Unternehmen noch keine drei Jahre besteht, wenn zu erwarten ist, dass in den ersten drei Jahren seines Bestehens wahrscheinlich mindestens 80 Prozent erreicht werden; werden die gleichen oder gleichartigen Lieferungen oder Bau- oder Dienstleistungen von mehr als einem mit dem Auftraggeber verbundenen Unternehmen erbracht, so wird die Prozentzahl unter Berücksichtigung des Gesamtumsatzes errechnet, den diese verbundenen Unternehmen mit der Erbringung der Lieferung oder Leistung erzielen; § 36 Abs. 2 und 3 gilt entsprechend;

p) die

aa) ein gemeinsames Unternehmen, das mehrere Auftraggeber, die auf dem Gebiet der Trinkwasser- oder Energieversorgung oder des Verkehrs tätig sind, ausschließlich zur Durchführung von diesen Tätigkeiten gebildet haben, an einen dieser Auftraggeber oder

bb) ein Auftraggeber, der auf dem Gebiet der Trinkwasser- oder Energieversorgung oder des Verkehrs tätig ist, an ein gemeinsames Unternehmen im Sinne des Doppelbuchstaben aa, an dem er beteiligt ist,

vergibt, sofern das gemeinsame Unternehmen errichtet wurde, um die betreffende Tätigkeit während eines Zeitraumes von mindestens drei Jahren durchzuführen, und in dem Gründungsakt festgelegt wird, dass die dieses Unternehmen bildenden Auftraggeber dem Unternehmen zumindest während des gleichen Zeitraumes angehören werden;

q) die zur Durchführung von Tätigkeiten auf dem Gebiet der Trinkwasser- oder Energieversorgung oder des Verkehrs außerhalb des Gebietes der Europäischen Union vergeben werden, wenn sie nicht mit der tatsächlichen Nutzung eines Netzes oder einer Anlage innerhalb dieses Gebietes verbunden sind;

r) zum Zwecke der Weiterveräußerung oder Weitervermietung von Auftraggebern, die auf dem Gebiet der Trinkwasser- oder Energieversorgung oder des Verkehrs tätig sind, an Dritte vergeben werden, vorausgesetzt, dass der Auftraggeber kein besonderes oder ausschließliches Recht zum Verkauf oder zur Vermietung des Auftragsgegenstandes besitzt und dass andere Unternehmen die Möglichkeit haben, diese Waren unter gleichen Bedingungen wie der betreffende Auftraggeber zu verkaufen oder zu vermieten;

s) von Auftraggebern, die auf dem Gebiet der Trinkwasser- oder Energieversorgung oder des Verkehrs tätig sind, soweit sie Baukonzessionen zum Zwecke der Durchführung dieser Tätigkeiten zum Gegenstand haben;

t) die der Ausübung einer Tätigkeit auf dem Gebiet der Trinkwasser- oder Energieversorgung oder des Verkehrs dienen, soweit die Europäische Kommission nach Artikel 30 der Richtlinie 2004/17/EG des Europäischen Parlaments und des Rates vom 31. März 2004 zur Koordinierung der Zuschlagserteilung durch Auftraggeber im Bereich der Wasser-, Energie- und Verkehrsversorgung sowie der Postdienste festgestellt hat, dass diese Tätigkeit in Deutschland auf Märkten mit freiem Zugang unmittelbar dem Wettbewerb ausgesetzt ist und dies durch das Bundesministerium für Wirtschaft und Technologie im Bundesanzeiger bekannt gemacht worden ist.

9.1 Änderungen durch das Vergaberechtsmodernisierungsgesetz 2009

2153 Die Änderungen des § 100 Abs. 2 betreffen neben den Anpassungen an die Liberalisierung im Telekommunikationsbereich und Klarstellungen auch die Übernahme der Ausnahmevorschriften für die Bereiche der Trinkwasser- und Energieversorgung sowie des Verkehrs, die bislang in der Vergabeverordnung geregelt waren.

Gesetz gegen Wettbewerbsbeschränkungen   GWB § 100   **Teil 1**

9.2 Sachlicher Anwendungsbereich des Vergaberechts

9.2.1 Allgemeines

§ 100 bestimmt – in Verbindung mit § 99 – den sachlichen Anwendungsbereich des Vergaberechts. Danach muss ein **entgeltlicher Vertrag zwischen einem öffentlichen Auftraggeber und einem Unternehmen** vorliegen (§ 99 Abs. 1 GWB), die **Beschaffung muss auf eine Lieferung, Bauleistung, Dienstleistung oder Auslobung gerichtet** sein (§ 99 Abs. 2–5 GWB), die **Schwellenwerte müssen erreicht** sein (§ 100 Abs. 1 GWB), und es darf **kein Ausnahmetatbestand des** § 100 Abs. 2 GWB vorliegen (OLG Düsseldorf, B. v. 27. 10. 2004 – Az.: VII – Verg 41/04; B. v. 22. 9. 2005 – Az.: Verg 44/04; B. v. 8. 9. 2005 – Az.: Verg 35/04; OLG Naumburg, B. v. 3. 11. 2005 – Az.: 1 Verg 9/05;). 2154

§ 100 Abs. 2 definiert in Übereinstimmung mit den europäischen Vergaberegelungen bestimmte sachliche Ausnahmen. Mit der Regelung in § 100 Abs. 2 GWB hat also der nationale Gesetzgeber die **europarechtlichen Richtlinienvorgaben aufgegriffen und umgesetzt**. Die europäischen Richtlinien nehmen in den jeweiligen Ausnahmefällen den Auftrag (ungeachtet seines Werts) von einer Anwendung des (europäischen) Vergaberechts einschließlich der Rechtsmittelrichtlinie aus. Dementsprechend ist das **Vorliegen der Voraussetzungen des § 100 Abs. 2 GWB seitens der VK von Amts wegen zu prüfen** (VK Brandenburg, B. v. 3. 11. 2008 – Az.: VK 33/08; 1. VK Bund, B. v. 12. 12. 2006 – Az.: VK 1–136/06; B. v. 3. 2. 2006 – Az.: VK 1 – 01/06). 2155

Die Prüfung der **Voraussetzungen des Anwendungsbereiches des GWB** ist im Rahmen eines Nachprüfungsverfahrens **von Amts wegen** (Schleswig-Holsteinisches OLG, B. v. 30. 3. 2004 – Az.: 6 Verg 1/03; 1. VK Saarland, B. v. 14. 7. 2010 – Az.: 1 VK 08/2010) und **vorrangig zu untersuchen** (VK Hessen, B. v. 28. 5. 2003 – Az.: 69 d VK – 17/2003). 2156

9.2.2 Schwellenwert

Die in den Gemeinschaftsrichtlinien zur Koordinierung der Verfahren zur Vergabe öffentlicher Aufträge vorgesehenen **besonderen, strengen Verfahren gelten nur für Verträge, deren Auftragswert den in der jeweiligen Richtlinie ausdrücklich festgelegten Schwellenwert überschreitet**. Die Vorschriften dieser Richtlinien gelten daher nicht für Aufträge, deren Wert den dort festgelegten Schwellenwert nicht erreicht (EuG, Urteil v. 20. 5. 2010 – Az.: T-258/06). 2157

Nach § 100 Abs. 1 fallen nur solche öffentlichen Aufträge unter die Vorschriften der §§ 97 ff., welche von ihren Auftragsvolumen her **bestimmte Schwellenwerte erreichen oder überschreiten** (OLG Naumburg, B. v. 16. 10. 2007 – Az.: 1 Verg 6/07; VK Brandenburg, B. v. 3. 11. 2008 – Az.: VK 33/08; VK Münster, B. v. 15. 11. 2006 – Az.: VK 13/06; 1. VK Saarland, B. v. 14. 7. 2010 – Az.: 1 VK 08/2010; VK Schleswig-Holstein, B. v. 20. 1. 2009 – Az.: VK-SH 17/08; B. v. 11. 1. 2006 – Az.: VK-SH 28/05; B. v. 5. 1. 2006 – Az.: VK-SH 31/05; VK Südbayern, B. v. 17. 2. 2006 – Az.: 01-01/05). 2158

Die **Höhe der** in § 100 Abs. 1 angesprochenen **Auftragswerte** sind **in der Verordnung (EG) Nr. 1422/2007 der Kommission vom 4. Dezember 2007 zur Änderung der Richtlinien 2004/17/EG und 2004/18/EG des Europäischen Parlaments und des Rates im Hinblick auf die Schwellenwerte für Auftragsvergabeverfahren** (Amtsblatt der Europäischen Union Nr. 317/34 vom 5. 12. 2007) **näher bestimmt**. § 3 VgV enthält die Verfahrensvorschriften für die Schätzung der Schwellenwerte. 2159

Vgl. insoweit **im Einzelnen die Kommentierung zu § 2 VgV und § 3 VgV**. 2160

9.2.3 Grundsätzliche Anwendbarkeit des GWB bei öffentlichen Aufträgen unterhalb der Schwellenwerte?

9.2.3.1 Rechtsprechung in Deutschland

Der **Ausschluss des Primärrechtsschutzes** des GWB bei öffentlichen Aufträgen unterhalb der Schwellenwerte **verletzt davon betroffene Bieter weder in ihrem Anspruch auf effektiven Rechtsschutz aus Art. 19 Abs. 4 GG** noch in dem im Rechtsstaatsprinzip (Art. 20 Abs. 3 GG) verbürgten **allgemeinen Justizgewährungsanspruch**. Auch ist **Art. 3 Abs. 1 GG nicht dadurch verletzt**, dass die besonderen Regelungen für den Rechtsschutz gegen Verga- 2161 beentscheidungen oberhalb der Schwellenwerte nicht auch auf die anderen Vergabeentscheidungen erstreckt worden sind (BVerfG, Urteil v. 13. 6. 2006 – Az.: 1 BvR 1160/03; OLG Brandenburg, B. v. 2. 10. 2008 – Az.: 12 U 91/08; B. v. 17. 12. 2007 – Az.: 13 W 79/07; OLG Hamm, Urteil v. 12. 2. 2008 – Az.: 4 U 190/07; 3. VK Bund, B. v. 8. 5. 2007 – Az.: VK 3–37/07).

2162   Der Gesetzgeber hat die in den §§ 97 ff GWB (und damit über § 97 Abs. 6 GWB auch mit der Vergabeverordnung) getroffenen Regelungen explizit auf Verfahren oberhalb der Schwellenwerte beschränkt (vgl. § 100 Abs. 1 GWB) und **hieran auch im Rahmen der aktuell geführten Reformdiskussion festgehalten**. Angesichts dessen lässt sich **Primärrechtsschutz unterhalb der Schwellenwerte zumindest nicht dergestalt gewähren, dass die hierzu angerufenen Gerichte die vorgenannten Grenzen der gesetzgeberischen Regelung schlicht ignorieren und Vorschriften, die hierfür nach Wortlaut und Sinngehalt nicht gedacht sind, auf Sachverhalte anwenden, die der Gesetzgeber ausdrücklich hiervon ausgeschlossen wissen wollte**. Eine Vergabestelle unterliegt daher in einem Vergabeverfahren unterhalb der Schwellenwerte auch angesichts eines anhängigen verwaltungsgerichtlichen oder zivilgerichtlichen Rechtsschutzverfahrens weder ohne weiteres einem Zuschlagsverbot entsprechend § 115 Abs. 1 GWB noch einer Vorabinformationspflicht entsprechend § 13 VgV (OLG Dresden, B. v. 25. 4. 2006 – Az.: 20 U 467/06).

2163   **9.2.3.1.1 Begrenzung des Primärrechtsschutzes als Verstoß gegen Art. 3 GG.** Unternehmen können nicht unter Berufung auf **Art. 3 GG** einen dem Nachprüfungsverfahren gem. §§ 97 ff. GWB vergleichbaren Rechtsschutz bei öffentlichen Aufträgen unterhalb der Schwellenwerte einfordern (OLG Stuttgart, Urteil v. 11. 4. 2002 – Az.: 2 U 240/01). **Es verstößt nicht gegen Art. 3 Abs. 1 GG, dass der Rechtsschutz oberhalb des Schwellenwertes anders gestaltet ist als bei Vergabeentscheidungen mit Auftragssummen unterhalb des Schwellenwertes** (BVerfG, Urteil v. 13. 6. 2006 – Az.: 1 BvR 1160/03; OLG Brandenburg, B. v. 2. 10. 2008 – Az.: 12 U 91/08; B. v. 17. 12. 2007 – Az.: 13 W 79/07; OLG Hamm, Urteil v. 12. 2. 2008 – Az.: 4 U 190/07).

2164   Die § 100 Abs. 1, § 127 Nr. 1 GWB, § 2 VgV **verstoßen nicht gegen Art. 3 Abs. 1 GG**. Die Vorschriften bewirken eine **Beschränkung des** durch § 97 Abs. 7 GWB den Bietern eingeräumten subjektiven Rechts auf Einhaltung der Vergabevorschriften und des zu dessen Durchsetzung gewährten **Primärrechtsschutzes auf Aufträge, in denen die Schwellenwerte erreicht oder überschritten werden**. Damit werden zwar Unternehmer, die sich um Aufträge oberhalb und unterhalb der Schwellenwerte bewerben, ungleich behandelt. Die **Ungleichbehandlung ist jedoch sachlich gerechtfertigt** (BVerfG, Urteil v. 13. 6. 2006 – Az.: 1 BvR 1160/03; Saarländisches OLG, B. v. 29. 4. 2003 – Az.: 5 Verg 4/02).

2165   In seiner **Ausprägung als Willkürverbot verlangt Art. 3 Abs. 1 GG nicht, dass der Gesetzgeber unter mehreren möglichen Lösungen die zweckmäßigste oder vernünftigste wählt**. Ein vom Bundesverfassungsgericht zu beanstandender **Verstoß gegen den allgemeinen Gleichheitssatz ist erst dann anzunehmen, wenn offenkundig ist, dass sich für die angegriffene gesetzliche Regelung und die durch sie bewirkte Ungleichbehandlung kein sachlicher Grund** finden lässt. Nach diesem Maßstab ist die Differenzierung anhand der Schwellenwerte nicht zu beanstanden. Ob und wann ein subjektives Recht des Unternehmens, das an einem Vergabeverfahren beteiligt ist, auf Einhaltung der Verfahrensregeln die Wirtschaftlichkeit der Vergabe erhöht oder vermindert, erfordert komplexe Bewertungen und Abschätzungen, zu denen der **Gesetzgeber berufen ist und bei denen er einen weiten Spielraum genießt**. Der Gesetzgeber hat sich bei der Entscheidung über die Zweiteilung des Vergaberechts nach Maßgabe der Schwellenwerte innerhalb dieses Spielraums gehalten. Nach der gesetzgeberischen Lösung hängt von der Größenordnung der Auftragsvergabe ab, ob ein einfachrechtliches subjektives Recht besteht und das besondere Kontrollverfahren der §§ 102 ff. GWB eröffnet wird. Es ist **verfassungsrechtlich nicht zu beanstanden, wenn das Gesetz davon ausgeht, dass der mögliche Ertrag an Wirtschaftlichkeit, den ein solches Verfahren mit sich bringen kann, mit dem Betrag der Beschaffung steigt, und dass der Vorteil bei Vergabeentscheidungen oberhalb der Schwellenwerte typischerweise nicht wegen der Kosten entfällt, die mit der Kontrolle nach §§ 102 ff. GWB verbunden sind**. Angesichts dieser Sachlage durfte der Gesetzgeber den Zugang zu dem Kontrollverfahren der §§ 102 ff. GWB in einer typisierenden Regelung davon abhängig machen, dass ein bestimmtes Auftragsvolumen erreicht wird, auch wenn dieses eine bloße Bagatellgrenze übersteigt. Mit der **Übernahme der Schwellenwerte, oberhalb derer aus gemeinschaftsrechtlichen Gründen effektiver Primärrechtsschutz gewährleistet werden muss, hat der Gesetz-

Gesetz gegen Wettbewerbsbeschränkungen GWB § 100 **Teil 1**

geber sich an einem für eine bestimmte (grenzüberschreitende) Relevanz der Vergabe geltenden Richtwert orientiert, den er grundsätzlich auch ohne die europarechtlichen Vorgaben hätte wählen können. Die Anknüpfung an die europarechtlich vorgegebene Typisierung begegnet keinen verfassungsrechtlichen Bedenken (BVerfG, Urteil v. 13. 6. 2006 – Az.: 1 BvR 1160/03; OLG Brandenburg, B. v. 2. 10. 2008 – Az.: 12 U 91/08; B. v. 17. 12. 2007 – Az.: 13 W 79/07).

Art. 3 Abs. 1 GG ist erst dann verletzt, wenn „die Rechtsanwendung oder das Verfahren unter keinem denkbaren Aspekt mehr rechtlich vertretbar sind und sich daher der Schluss aufdrängt, dass sie auf sachfremden und damit willkürlichen Erwägungen beruhen". Es muss mithin eine „**krasse Fehlentscheidung**" vorliegen. Dies ist dann nicht der Fall, wenn das Landgericht auf der Grundlage einer sorgfältigen Ermittlung des Sach- und Streitstandes unter Einbeziehung der höchstrichterlichen Rechtsprechung und Kommentarliteratur die Auffassung vertreten hat, dass den **Beschwerdeführern kein Unterlassungsanspruch, sondern allenfalls Schadensersatzansprüche zustehen können** (BVerfG, B. v. 27. 2. 2008 – Az.: 1 BvR 437/08; OLG Brandenburg, B. v. 2. 10. 2008 – Az.: 12 U 91/08). 2166

Anderer Auffassung ist das **OVG Nordrhein-Westfalen**. Eine **Begrenzung des dem Konkurrenten eröffneten Primärrechtsschutzes** bedarf unter Berücksichtigung des Gleichheitsgrundsatzes **nach der so genannten Wesentlichkeitstheorie einer gesetzlichen Grundlage**, z. B. § 6 Abs. 1 InSO. Eine dementsprechende Regelung ist **insbesondere nicht in §§ 97 ff. GWB enthalten**, denn dort wird lediglich der Rechtsschutz für den Fall geregelt, dass Aufträge die Schwellenwerte erreichen oder überschreiten. Ein **Rechtswegausschluss auch für Vergaben unterhalb der Schwellenwerte kann §§ 97 ff. GWB nicht entnommen werden**. (OVG Nordrhein-Westfalen, B. v. 12. 1. 2007 – Az.: 15 E 1/07). 2167

9.2.3.1.2 Begrenzung des Primärrechtsschutzes als Verstoß gegen Art. 19 Abs. 4 GG. Nicht jedes staatliche Handeln eröffnet die Rechtsschutzgarantie des Art. 19 Abs. 4 GG. Ziel der Normierung der besonderen Rechtsschutzgarantie in Art. 19 Abs. 4 GG war aufgrund historischer Erfahrungen der Schutz vor dem Risiko der Missachtung des Rechts durch ein Handeln der dem Bürger übergeordneten und gegebenenfalls mit den Mitteln des Zwangs arbeitenden Exekutive. Das **Grundrecht soll Rechtsschutz dort gewährleisten, wo der Einzelne sich zu dem Träger staatlicher Gewalt in einem Verhältnis typischer Abhängigkeit und Unterordnung befindet**. Insoweit bedingen die damit verbundenen Einwirkungsmöglichkeiten des Staates ein besonderes Bedürfnis des Einzelnen nach gerichtlichem Schutz, der die Abwehr einer Beeinträchtigung ermöglicht. Von diesem spezifischen Schutzzweck her ist der Begriff der öffentlichen Gewalt im Sinne des Art. 19 Abs. 4 GG zu bestimmen. Die **Vergabestelle handelt nicht als Trägerin öffentlicher Gewalt im Sinne des Art. 19 Abs. 4 GG**. Der Staat wird als Nachfrager am Markt tätig, um seinen Bedarf an bestimmten Gütern oder Leistungen zu decken. In dieser Rolle als Nachfrager unterscheidet er sich nicht grundlegend von anderen Marktteilnehmern. Auf seine **übergeordnete öffentliche Rechtsmacht greift er bei einer Vergabeentscheidung nicht zurück**, so dass kein Anlass besteht, seine Maßnahme als Ausübung öffentlicher Gewalt im Sinne des Art. 19 Abs. 4 GG einzuordnen (BVerfG, Urteil v. 13. 6. 2006 – Az.: 1 BvR 1160/03; OLG Brandenburg, B. v. 2. 10. 2008 – Az.: 12 U 91/08; B. v. 17. 12. 2007 – Az.: 13 W 79/07; OLG Hamm, Urteil v. 12. 2. 2008 – Az.: 4 U 190/07). 2168

Art. 19 GG steht der Begrenzung des Primärrechtsschutzes auch deshalb nicht entgegen, da die Unternehmen keineswegs ohne effektiven Rechtsschutz – notfalls in Form von Sekundärrechtsschutz – gestellt sind (LG Oldenburg, Urteil v. 16. 5. 2002 – Az.: 5 O 1319/02). 2169

Die **Vergabekammern** sind Behörden und keine Gerichte. Sie haben deshalb nach Art 100 Abs. 1 GG **keine Aussetzungs- oder Verwerfungskompetenz**, sondern sie haben die gesetzlichen Vorgaben einzuhalten und umzusetzen. Dies bedeutet, dass die Voraussetzungen des § 100 Abs. 1 GWB zu prüfen sind, dass **aber nicht überprüft wird, ob die Verweigerung eines Primärrechtsschutzes in Ausschreibungsverfahren unterhalb der sog. Schwellenwerte gegen Vorschriften aus dem Grundgesetz, namentlich hier Art 19 Abs. 4 GG, verstößt**. Da keine Aussetzungskompetenz vorhanden ist, müssen auch eventuelle Verfahren vor dem BVerfG zur Verfassungsmäßigkeit nicht abgewartet werden (VK Münster, B. v. 6. 4. 2005 – Az.: VK 07/05). 2170

9.2.3.1.3 Begrenzung des Primärrechtsschutzes kein Verstoß gegen den allgemeinen Justizgewährungsanspruch. Das Grundgesetz garantiert Rechtsschutz vor den Gerichten nicht nur gemäß Art. 19 Abs. 4 GG, sondern darüber hinaus im Rahmen des allgemeinen Justizgewährungsanspruchs. Dieser gewährleistet in den nicht von Art. 19 2171

Teil 1 GWB § 100 Gesetz gegen Wettbewerbsbeschränkungen

Abs. 4 GG erfassten Fällen Rechtsschutz gegenüber der behaupteten Verletzung einer Rechtsposition. Eine solche steht dem erfolglosen Bieter um einen öffentlichen Auftrag zu. **Der einem Bieter offen stehende Rechtsschutz genügt allerdings den verfassungsrechtlichen Anforderungen** (BVerfG, Urteil v. 13. 6. 2006 – Az.: 1 BvR 1160/03).

2172 Das Grundgesetz garantiert mit dem allgemeinen Justizgewährungsanspruch ebenso wie mit Art. 19 Abs. 4 GG Rechtsschutz nur zu dem Zweck des Schutzes subjektiver Rechte, die von beiden Gewährleistungen vorausgesetzt und nicht selbst geschaffen werden. **Der Einzelne kann sich auf die Rechtsschutzgarantie nur berufen, wenn er die Verletzung einer Rechtsposition geltend macht, die ihm die Rechtsordnung gewährt.** Der Gesetzgeber befindet in den Regelungen des einfachen Rechts darüber, unter welchen Voraussetzungen dem Bürger ein Recht zustehen und welchen Inhalt es haben soll. Daneben kann sich eine rechtsschutzfähige Rechtsposition aus Grundrechten und sonstigen von der Verfassung gewährten Rechten ergeben. Ein **subjektives Recht des Bieters gegen seine Nichtberücksichtigung im Rahmen der umstrittenen Auftragsvergabe folgt nicht aus der einfachrechtlichen Norm des § 97 Abs. 7 GWB. Auch die Berufsfreiheit nach Art. 12 Abs. 1 GG scheidet als Grundlage eines derartigen Rechts** aus (BVerfG, B. v. 23. 4. 2009 – Az.: 1 BvR 3424/08; B. v. 27. 2. 2008 – Az.: 1 BvR 437/08). Demgegenüber begründet der aus Art. 3 Abs. 1 GG folgende Anspruch auf Gleichbehandlung bei Vergabeentscheidungen ein gegen den Staat gerichtetes subjektives Recht, dessen Verletzung der Benachteiligte mit Hilfe des Justizgewährungsanspruchs rügen kann (BVerfG, Urteil v. 13. 6. 2006 – Az.: 1 BvR 1160/03).

2173 **Nichts anderes** kann **für solche Personen** gelten, die **lediglich ein mittelbares Interesse an dem öffentlichen Auftrag** haben, weil sie von der Vergabe an einen bestimmten Bewerber wirtschaftlich profitieren würden (BVerfG, B. v. 23. 4. 2009 – Az.: 1 BvR 3424/08).

2174 Ein **subjektives Recht eines Bieters, das im Rahmen des Justizgewährungsanspruchs gerichtlich verfolgt werden kann, ist der Anspruch auf Gleichbehandlung** (Art. 3 Abs. 1 GG). Jede staatliche Stelle hat bei ihrem Handeln, unabhängig von der Handlungsform und dem betroffenen Lebensbereich, die in dem Gleichheitssatz niedergelegte Gerechtigkeitsvorstellung zu beachten. Dieses Handeln ist anders als die in freiheitlicher Selbstbestimmung erfolgende Tätigkeit eines Privaten stets dem Gemeinwohl verpflichtet. Eine willkürliche Ungleichbehandlung kann dem Gemeinwohl nicht dienen. Der **staatlichen Stelle, die einen öffentlichen Auftrag vergibt, ist es daher verwehrt, das Verfahren oder die Kriterien der Vergabe willkürlich zu bestimmen** (BVerfG, B. v. 23. 4. 2009 – Az.: 1 BvR 3424/08; B. v. 27. 2. 2008 – Az.: 1 BvR 437/08). Darüber hinaus kann die tatsächliche Vergabepraxis zu einer Selbstbindung der Verwaltung führen. Aufgrund dieser Selbstbindung kann den Verdingungsordnungen als den verwaltungsinternen Regelungen über Verfahren und Kriterien der Vergabe eine mittelbare Außenwirkung zukommen. Jeder Mitbewerber muss eine faire Chance erhalten, nach Maßgabe der für den spezifischen Auftrag wesentlichen Kriterien und des vorgesehenen Verfahrens berücksichtigt zu werden. Eine Abweichung von solchen Vorgaben kann eine Verletzung des Art. 3 Abs. 1 GG bedeuten. Insofern verfügt jeder Mitbewerber über ein subjektives Recht, für das effektiver Rechtsschutz gewährleistet werden muss. Es liegt aber im Hinblick auf Vergabeentscheidungen **im gesetzgeberischen Gestaltungsspielraum, das Interesse des Auftraggebers an einer zügigen Ausführung der Maßnahmen und das des erfolgreichen Bewerbers an alsbaldiger Rechtssicherheit dem Interesse des erfolglosen Bieters an Primärrechtsschutz vorzuziehen und Letzteren regelmäßig auf Sekundärrechtsschutz zu beschränken.** Der Gesetzgeber ist verfassungsrechtlich nicht dazu verpflichtet, eine auch faktisch realisierbare Möglichkeit eines Primärrechtsschutzes im Vergaberecht zu schaffen. Insbesondere muss er keine Pflicht der vergebenden Stelle zu einer rechtzeitigen Information der erfolglosen Bieter regeln, wie sie sich für Auftragsvergaben oberhalb der Schwellenwerte in § 13 VgV findet (BVerfG, Urteil v. 13. 6. 2006 – Az.: 1 BvR 1160/03; OLG Brandenburg, B. v. 17. 12. 2007 – Az.: 13 W 79/07).

2175 Angesichts des vom Gesetzgeber gewollten Ausschlusses des Primärrechtsschutzes nach dem GWB kommt auch eine **analoge Anwendung dieser Vorschriften nicht in Betracht, fehlt es doch ersichtlich an einer planwidrigen Regelungslücke**, die im Wege der Analogie geschlossen werden könnte (OLG Brandenburg, B. v. 2. 10. 2008 – Az.: 12 U 91/08; OLG Hamm, Urteil v. 12. 2. 2008 – Az.: 4 U 190/07).

2176 Zu der Möglichkeit, **über den Zivilrechtsweg einen Primärrechtsschutz durchsetzen** zu können, vgl. die Kommentierung zu § 102 GWB → Rdn. 126 ff.

2177 **9.2.3.1.4 Anwendbarkeit des GWB bei der Anwendung von Verfahrenselementen des GWB (z. B. einer europaweiten Ausschreibung) bei öffentlichen Aufträgen unter-

Gesetz gegen Wettbewerbsbeschränkungen GWB § 100 **Teil 1**

halb der Schwellenwerte. Maßgebend für die Anwendbarkeit der §§ 97 ff. GWB und der Vergabeverordnung ist nach dem eindeutigen Wortlaut des § 100 Abs. 1 GWB und § 1 VgV, **ob der geschätzte Auftragswert den Schwellenwert erreicht, nicht jedoch, ob eine europaweite Ausschreibung erfolgt ist.** Das Erreichen der **Schwellenwerte** ist sowohl nach § 100 Abs. 1 GWB als auch den EG- Vergaberichtlinien **das maßgebliche Kriterium** für die Frage der Überprüfungsmöglichkeit des Vergabeverfahrens durch Anrufung der Vergabekammer mit anschließender Beschwerdemöglichkeit (VK Südbayern, B. v. 24. 9. 2007 – Az.: Z3-3-3194-1-29-06/07).

Eine von der ausschreibenden Stelle angenommene **Selbstbindung der Vergabestelle** mag zwar dazu führen, dass diese sich im weiteren Verlauf des Vergabeverfahrens an die für eine europaweite Ausschreibung **geltenden Verfahrensbestimmungen zu halten hat**; hieraus kann jedoch nicht abgeleitet werden, dass damit auch ein Nachprüfungsverfahren durch die Vergabekammer und den Vergabesenat eröffnet ist. Eine etwaige Selbstbindung des öffentlichen Auftraggebers beschränkt sich auf das eigene Verhalten, **vermag jedoch nicht eine vom Gesetzgeber nicht vorgesehene Überprüfung der Rechtmäßigkeit des Vergabeverfahrens nach §§ 102 ff. GWB zu begründen** (OLG Düsseldorf, B. v. 31. 3. 2004 – Az.: VII – Verg 74/03; OLG München, B. v. 28. 9. 2005 – Az.: Verg 019/05; BayObLG, B. v. 23. 5. 2002 – Az.: Verg 7/02; OLG Stuttgart, B. v. 12. 8. 2002 – Az.: 2 Verg. 9/02; VK Baden-Württemberg, B. v. 5. 8. 2003 – Az.: 1 VK 31/03, B. v. 6. 11. 2003 – Az.: 1 VK 61/03; VK Brandenburg, B. v. 11. 3. 2009 – Az.: VK 7/09; B. v. 30. 5. 2007 – Az.: 1 VK 15/07; B. v. 15. 6. 2004 – Az.: VK 18/04; B. v. 11. 6. 2004 – Az.: VK 19/04; 1. VK Bund, B. v. 2. 5. 2003 – Az.: VK 1–25/03; 2. VK Bund, B. v. 8. 6. 2006 – Az.: VK 2–114/05; B. v. 24. 4. 2002 – Az.: VK 2–12/02; VK Düsseldorf, B. v. 18. 6. 2007 – Az.: VK – 14/2007 – L; B. v. 14. 8. 2006 – Az.: VK – 32/2006 – B; VK Münster, B. v. 6. 4. 2005 – Az.: VK 07/05; VK Rheinland-Pfalz, B. v. 1. 2. 2005 – Az.: VK 1/05; B. v. 10. 6. 2003 – Az.: VK 10/03; B. v. 20. 3. 2003 – Az.: VK 31/02; VK Schleswig-Holstein, B. v. 20. 1. 2009 – Az.: VK-SH 17/08; B. v. 17. 9. 2008 – Az.: VK-SH 10/08; B. v. 5. 1. 2006 – Az.: VK-SH 31/05; VK Südbayern, B. v. 17. 2. 2006 – Az.: 01-01/06; B. v. 22. 7. 2005 – Az.: 27-05/05).

2178

Dies **gilt auch für europaweite Bekanntmachungen von Ausschreibungen über Leistungen des Anhangs I B der VOL/A bzw. VOF.** Der Umstand, dass eine Bekanntmachung eines Auftrags nach Anhang II Teil B der Richtlinie erfolgt (wie dies nach Art. 36 der Richtlinie möglich ist), **bedeutet keinesfalls, dass dieser Mitgliedstaat verpflichtet ist, diesen Auftrag entsprechend den Vorschriften der Richtlinie abzuwickeln,** die auf unter Anhang II Teil A der Richtlinie fallende öffentliche Aufträge anwendbar sind (EuGH, Urteil v. 18. 11. 2010 – Az.: C-226/09).

2178/1

Hat sich ein Auftraggeber in der Ausschreibung und in den Verdingungsunterlagen in vielfacher Weise auf die VOF bezogen, ist in einem derartigen Fall von einer **Selbstbindung der Auftraggeberseite an die VOF** auszugehen. Das OLG Brandenburg hat in diesem Fall **auch die Vorschriften des GWB geprüft** (OLG Brandenburg, B. v. 8. 1. 2008 – Az.: Verg W 16/07).

2179

Auch eine **freiwillige Unterwerfung des öffentlichen Auftraggebers** unter die Bestimmungen des Kartellvergaberechts wäre **nicht geeignet**, eine aus Rechtsgründen ausgeschlossene **Zuständigkeit der Vergabekammer zu eröffnen** (VK Baden-Württemberg, B. v. 30. 11. 2001 – Az.: 1 VK 40/01; VK Düsseldorf, B. v. 18. 6. 2007 – Az.: VK – 14/2007 – L; VK Schleswig-Holstein, B. v. 17. 9. 2008 – Az.: VK-SH 10/08; B. v. 5. 1. 2006 – Az.: VK-SH 31/05; VK Südbayern, B. v. 17. 2. 2006 – Az.: 01-01/06; B. v. 22. 7. 2005 – Az.: 27-05/05).

2180

Auch die **Tatsache, dass es sich um eine geförderte Baumaßnahme handelt, eröffnet nicht den Rechtsweg zur Vergabekammer. Es gelten auch im Bereich der Fördermaßnahmen die Vorschriften der §§ 97 ff GWB, deren Voraussetzungen objektiv festgestellt werden müssen.** Sollte eine andere Auffassung in einem Zuwendungsbescheid vertreten werden, so ist das unerheblich. Denn insofern wäre der Zuwendungsbescheid rechtswidrig. Der Rechtsweg zu den Vergabekammern unterliegt nicht dem Dispositionsrecht der Parteien und kann deshalb auch nicht in einem Verwaltungsakt verfügt werden (VK Münster, B. v. 6. 4. 2005 – Az.: VK 07/05).

2181

Auch eine **Mitteilung nach § 101 a GWB an einen Bieter**, obwohl es sich um einen öffentlichen **Auftrag** handelt, der die **Schwellenwerte nicht erreicht**, kann die **Anwendbarkeit des Vergaberechts nicht begründen** (OVG Niedersachsen, B. v. 14. 7. 2006 – Az.: 7 OB 105/06).

2182

Teil 1 GWB § 100 — Gesetz gegen Wettbewerbsbeschränkungen

2183 Auch die **Benennung einer Vergabekammer als zuständige Stelle für Nachprüfungsverfahren in der Vergabebekanntmachung führt nicht zu einer Zuständigkeit der Vergabekammer bzw. der Anwendbarkeit des 4. Teils des GWB**. Die Selbstbindung kann allenfalls in Bezug auf das eigene Verhalten des Auftraggebers eintreten, d. h. der Auftraggeber muss sich bei seiner Vergabeentscheidung an den geltenden Verfahrensregeln z. B. der VOL/A festhalten lassen. Die Anwendbarkeit des GWB allerdings bestimmt sich rein objektiv nach dem Vorliegen der entsprechenden Tatbestandsmerkmale u. a. zur Auftraggebereigenschaft (VK Brandenburg, B. v. 11. 3. 2009 – Az. VK 7/09).

2184 **9.2.3.1.5 Annex: Anwendung der Regeln über eine wettbewerbliche Vergabe in Zweifelsfällen. Auch dann, wenn die Auftragsvergabe nicht dem 4. Abschnitt des GWB unterliegt, kann der öffentliche Auftraggeber – soweit keine abweichenden Vorschriften bestehen – eine wettbewerbliche Vergabe durchführen und sich dabei an den materiellen Vergaberegeln des GWB und der in Bezug genommenen VgV und VOL/A ausrichten.** Dies kann sich vor allem dann empfehlen, wenn das Eingreifen einer Ausnahmevorschrift nach § 100 Abs. 2 GWB unklar ist. In keinem Falle spricht § 100 Abs. 2 GWB das Verbot einer wettbewerblichen Vergabe von Aufträgen in den dort aufgeführten Fallgestaltungen aus (OLG Düsseldorf, B. v. 27. 10. 2010 – Az.: VII-Verg 47/10).

9.2.3.2 Rechtsprechung und Gesetzeslage in Österreich

2185 Der Österreichische Verfassungsgerichtshof hat mit Urteil vom 30. 11. 2000 entschieden, dass die aufgrund der Schwellenwertregelung entstehende rechtliche **Ungleichbehandlung** der Aufträge unterhalb der Schwellenwerte (kein Primärrechtsschutz) und der Aufträge ab den Schwellenwerten (voller Primärrechtsschutz) **sachlich nicht gerechtfertigt** ist, weil im Unterschwellenbereich den Bewerbern und Bietern nicht einmal **ein Minimum an Verfahrensgarantien** gewährleistet wird. Der Verzicht auf jedwede außenwirksame Regelung des Vergabeverfahrens im Unterschwellenbereich und die damit verbundene Konsequenz für die Rechtsstellung der Bewerber und Bieter erweist sich als gleichheitswidrig. Keine Bedenken bestehen dagegen, im Unterschwellenbereich ein nur vereinfachtes Rechtsschutzverfahren einzuführen. Entsprechend ist das österreichische Bundesvergabegesetz strukturiert und **kennt einen Rechtsschutz auch im Unterschwellenbereich.**

2186 Vgl. zur **Rechtslage in Österreich insgesamt**

- Franke, Horst/Lintschinger, Clemens, Das neue österreichische Bundesvergabegesetz 2006 – wichtigste Änderungen im Überblick, VergabeR 2006, 443
- Freise, Harald, Das österreichische Bundesgesetz über die Vergabe von Aufträgen 2006 – Neue Anregungen für die Weiterentwicklung des deutschen Vergaberechts, NZBau 2007, 343
- Freise, Harald, Das Österreichische Bundesgesetz über die Vergabe von Aufträgen – Anregungen für die Weiterentwicklung des deutschen Vergaberechts, NZBau 2004, 83.

9.2.3.3 Reformansätze auf der Ebene des Bundes

2187 Der **Koalitionsvertrag 2009 zwischen CDU/CSU/FDP** beschäftigt sich auch mit dem Vergaberecht und dem möglichen Rechtsschutz unterhalb der Schwellenwerte. Nach Auffassung der Koalitionsparteien braucht die deutsche Wirtschaft ein leistungsfähiges, transparentes, mittelstandsgerechtes und unbürokratisches Vergaberecht. Zur Erleichterung des Zugangs zu den Beschaffungsmärkten und zur Stärkung eines offenen und fairen Wettbewerbs um öffentliche Aufträge soll das bestehende Vergaberecht reformiert und weiter gestrafft werden. **Ziel ist es, das Verfahren und die Festlegung der Vergaberegeln insgesamt zu vereinfachen und transparenter zu gestalten und die Transparenz im Unterschwellenbereich zu stärken.** Die Erfahrungen aus der Anhebung der Schwellenwerte in der VOB und VOL werden evaluiert und die Ergebnisse bei der Reform des Vergaberechts berücksichtigt. **Zur Reform des Vergaberechts wird ein wirksamer Rechtsschutz bei Unterschwellenaufträgen gehören.** Ein Gesetzentwurf für das reformierte Vergaberecht wird bis Ende 2010 vorgelegt.

9.2.3.4 Reformansätze auf der Ebene der Bundesländer

2188 Einige **Bundesländer** haben damit begonnen, die **Zweiteilung der öffentlichen Aufträge in einigen Punkten aufzubrechen**. Die Länder **Bremen** und **Niedersachsen** beispielsweise haben **eigene Vergabegesetze** erlassen. Danach sind auch bei Aufträgen unterhalb der Schwellenwerte gemäß § 100 GWB § 97 Abs. 1–5 und die §§ 98–101 GWB sowie die Vergabeverordnung entsprechend anzuwenden, jedoch mit der Maßgabe, dass von der Verdingungsordnung für

Gesetz gegen Wettbewerbsbeschränkungen GWB § 100 **Teil 1**

Leistungen und von der Vergabe- und Vertragsordnung für Bauleistungen jeweils nur der erste Abschnitt Anwendung findet.

Bisher hat jedoch noch kein Bundesland Bietern oder Bewerbern einen dem Vergaberechts- 2189
schutz des GWB auch nur im Ansatz vergleichbaren Rechtsschutz gewährt. Allerdings ist **Ende September 2010 im Thüringer Landtag der Entwurf des Thüringer Vergabe- und Mittelstandsförderungsgesetzes** eingebracht worden; nach § 24 des Entwurfs kann **bei Verfahren unterhalb der Schwellenwerte verwaltungsgerichtlicher Rechtsschutz in Anspruch genommen werden.**

9.2.3.5 Mitteilung der EU-Kommission zu Auslegungsfragen für die Vergabe öffentlicher Aufträge, die nicht oder nur teilweise unter die Vergaberichtlinien fallen

9.2.3.5.1 **Hinweis.** Die **EU-Kommission** hat eine „Mitteilung der Kommission zu Ausle- 2190
gungsfragen in Bezug auf das Gemeinschaftsrecht, das für die Vergabe öffentlicher Aufträge gilt, die nicht oder teilweise unter die Vergaberichtlinien fallen" (ABl. C 179/02 vom 1. August 2006) herausgegeben und **hierin letztlich bestimmte Verhaltensregeln für diese Aufträge empfohlen** (u.a. einen bestimmten Grad der Bekanntmachung). Dagegen hat die **Bundesrepublik Deutschland Klage vor dem Europäischen Gericht erhoben.**

9.2.3.5.2 **Rechtsprechung des EuGH und des EuG.** Der EuGH stellt heraus, dass der 2191
Gemeinschaftsgesetzgeber ausdrücklich die **Grundsatzentscheidung** getroffen hat, **Aufträge unterhalb eines bestimmten Schwellenwerts von der von ihm eingeführten Bekanntmachungsregelung auszunehmen, und folglich keinerlei spezifische Verpflichtung für sie angeordnet hat.** Deshalb sind die **Mitgliedstaaten nicht verpflichtet, in ihre Rechtsvorschriften zur Umsetzung der EU-Vergaberichtlinien Bestimmungen aufzunehmen,** die auf die Pflicht zur Beachtung der Art. 43 EG (jetzt Art. 49 AEUV) und 49 EG (jetzt Art. 56 AEUV) hinweisen (EuGH, Urteil v. 21. 2. 2008 – Az.: C-412/04; EuG, Urteil v. 20. 5. 2010 – Az.: T-258/06). Damit **geht auch der EuGH davon aus, dass die Begrenzung des Rechtsschutzes** in Umsetzung der EU-Vergaberichtlinien **auf Vergaben ab bestimmten Schwellenwerten nicht dem EU-Recht widerspricht**.

Allerdings sind nach der ständigen Rechtsprechung des Gerichtshofs – entwickelt insbesonde- 2192
re an der Frage der Nachprüfbarkeit von Dienstleistungskonzessionen – im Rahmen einer **Vergabe eines Auftrags, dessen Wert den Schwellenwert nicht erreicht, die fundamentalen Regeln des Vertrags insbesondere der Grundsatz der Gleichbehandlung – bzw. das Verbot der Diskriminierung – einzuhalten**. Das Unterscheidungskriterium hinsichtlich der Aufträge, deren Wert den in den Bestimmungen der Richtlinie 2004/18 festgesetzten Schwellenwert übersteigt, besteht darin, dass nur Letztere den in diesen Bestimmungen vorgesehenen besonderen und strengen Verfahren unterliegen. Diese Auslegung wird durch den zweiten Erwägungsgrund der Richtlinie 2004/18 bestätigt, wonach die **Vergabe aller Aufträgen in den Mitgliedstaaten für Rechnung der Stelle, die die Eigenschaft eines öffentlichen Auftraggebers innehat, an die Einhaltung der grundlegenden Vorschriften des Vertrags gebunden ist, insbesondere die über die Freiheit des Warenverkehrs und der Dienstleistungsfreiheit sowie das Niederlassungsrecht, und der davon abgeleiteten Grundprinzipien, insbesondere der Grundsätze der Gleichbehandlung, der Verhältnismäßigkeit und der Transparenz** (EuGH, Urteil vom 23. 12. 2009 – Az.: C-376/08; EuG, Urteil v. 20. 5. 2010 – Az.: T-258/06; OLG Düsseldorf, B. v. 21. 4. 2010 – Az.: VII-Verg 55/09).

Bestätigt wird dies im Übrigen auch durch **den neunten Erwägungsgrund der Richtlinie** 2193
2004/17, wonach für „Aufträge, deren Wert unter dem Schwellenwert für die Anwendung der Bestimmungen über die Gemeinschaftskoordinierung liegt, ... auf die Rechtsprechung des Gerichtshofs verwiesen [sei], der zufolge die genannten Vorschriften und Grundsätze der Verträge [der Grundsatz der Gleichbehandlung, von dem das Diskriminierungsverbot nur eine besondere Ausprägung ist, der Grundsatz der gegenseitigen Anerkennung, der Grundsatz der Verhältnismäßigkeit und die Transparenzpflicht] Anwendung finden", sowie durch die Erwägungsgründe 1 und 2 der Richtlinie 2004/18, in denen von der Anwendung dieser Grundsätze auf die Vergabe aller in den Mitgliedstaaten geschlossenen Verträge, unterhalb oder oberhalb der Schwellenwerte, gesprochen wird (EuG, Urteil v. 20. 5. 2010 – Az.: T-258/06).

Die **Transparenzpflicht umfasst** im Sinne einer angemessenen Bekanntmachung eine 2194
Form der Bekanntmachung vor der Vergabe des betreffenden öffentlichen Auftrags, mit anderen Worten eine **vorherige Bekanntmachung** (EuG, Urteil v. 20. 5. 2010 – Az.: T-258/06).

Teil 1 GWB § 100 Gesetz gegen Wettbewerbsbeschränkungen

2195 Es kann nicht allein deshalb, weil ein öffentlicher Auftrag die Schwellenwerte für die Anwendung der Vergaberichtlinien unterschreitet, davon ausgegangen werden, dass seine Auswirkungen auf den Binnenmarkt nahezu unbedeutend wären. Zwar ist es durchaus vorstellbar, dass wegen besonderer Umstände, etwa einer sehr geringen wirtschaftlichen Bedeutung, vernünftigerweise angenommen werden könnte, dass ein Unternehmen mit Sitz in einem anderen Mitgliedstaat als demjenigen, dem die einen bestimmten öffentlichen Auftrag ausschreibende Stelle angehört, kein Interesse an dem in Rede stehenden Auftrag hätte und dass die Auswirkungen auf die betreffenden Grundfreiheiten daher zu zufällig und zu mittelbar wären, als dass auf ihre Verletzung geschlossen werden könnte. Die **Schlussfolgerung, dass keine Verletzung der Grundfreiheiten vorliegt, kann sich jedoch nur aus einer Prüfung der Umstände des jeweiligen Falls ergeben, und sie kann nicht allein darauf gestützt werden, dass der Wert des fraglichen Auftrags eine bestimmte Schwelle nicht überschreitet** (EuG, Urteil v. 20. 5. 2010 – Az.: T-258/06).

2196 Die Anwendung der grundlegenden Vorschriften und der allgemeinen Grundsätze des Vertrags auf die Verfahren zur Vergabe von Aufträgen, deren Wert unter dem Schwellenwert für die Anwendung der Gemeinschaftsrichtlinien liegt, **setzt jedoch gemäß der Rechtsprechung des Gerichtshofs voraus, dass an diesen Aufträgen ein eindeutiges grenzüberschreitendes Interesse** besteht (EuGH, Urteil vom 23. 12. 2009 – Az.: C-376/08; EuG, Urteil v. 20. 5. 2010 – Az.: T-258/06).

2197 Es ist insoweit **grundsätzlich Sache des öffentlichen Auftraggebers, vor der Festlegung der Bedingungen der Bekanntmachung ein etwaiges grenzüberschreitendes Interesse an einem Auftrag zu prüfen**, dessen geschätzter Wert unter dem in den Gemeinschaftsvorschriften vorgesehenen Schwellenwert liegt, wobei diese Prüfung der gerichtlichen Kontrolle unterliegt (EuG, Urteil v. 20. 5. 2010 – Az.: T-258/06).

2198 Nach der Rechtsprechung des EuGH unterliegt jede binnenmarktrelevante Auftragsvergabe der öffentlichen Verwaltung bestimmten, aus den Grundfreiheiten des EG-Vertrags (jetzt des Vertrags über die Arbeitsweise der Europäischen Union) abzuleitenden Anforderungen an die Gleichbehandlung, die Nicht-Diskriminierung aus Gründen der Staatsangehörigkeit und der (Ex-ante-)Transparenz. Dem Transparenzgebot hat der öffentliche Auftraggeber durch Herstellen eines angemessenen Grades von Öffentlichkeit nachzukommen (Zugang zu angemessenen Informationen über das Vergabevorhaben). Die genannten **Gebote sind freilich nur zu beachten, wenn an dem Auftrag ein grenzüberschreitendes Interesse besteht (Binnenmarktrelevanz). Das grenzüberschreitende Interesse muss eindeutig sein**. Will jemand im Rahmen der Abwicklung eines Bauvorhabens, das der VOB/B unterliegt, juristisch beratend tätig werden, muss er über spezifische und hochklassige Kenntnisse und Erfahrungen im nationalen Bauvertragsrecht, insbesondere die VOB/B betreffend, beim inländischen Baubetrieb und namentlich bei Abrechnungen verfügen. Allein diese Rahmenbedingungen lassen praktisch ausgeschlossen erscheinen, dass in anderen Mitgliedstaaten der Gemeinschaft ansässige Rechtsanwälte ein Interesse an einem derartigen Beratungsauftrag haben, da sie nicht über die geforderte spezifische und auf das Inland bezogene Sachkompetenz und Erfahrung verfügen und infolgedessen auch die Ausführungsrisiken nur schwer zu beherrschen sind. Bei diesem Befund ist das geforderte grenzüberschreitende Interesse zumindest nicht eindeutig anzunehmen (OLG Düsseldorf, B. v. 21. 4. 2010 – Az.: VII-Verg 55/09).

2199 **Soweit sich aus den Vorschriften und Grundsätzen des EG-Vertrags** (jetzt des Vertrags über die Arbeitsweise der Europäischen Union) – zusätzlich zu den Regelungen der Vergabekoordinierungsrichtlinie – **Ausnahmen von der Verpflichtung zur vorherigen Bekanntmachung ergeben, können sich die Mitgliedstaaten oder die ausschreibenden Stellen, die einen von der Mitteilung erfassten öffentlichen Auftrag vergeben, ipso iure auf diese Ausnahmen berufen.** Hierzu ist insbesondere darauf hinzuweisen, dass die Grundsätze des EG-Vertrags (jetzt des Vertrags über die Arbeitsweise der Europäischen Union) dann nicht berührt sind, wenn der Mitgliedstaat oder die ausschreibende Stelle sich auf eine Vorschrift des EG-Vertrags berufen kann, die – wie Art. 86 Abs. 2 EG (jetzt Art. 106 Abs. 2 AEUV) oder die Art. 296 EG (jetzt Art. 346 AEUV) oder 297 EG (jetzt Art. 347 AEUV) – die Anwendung des Primärrechts generell ausschließt, wenn einer der ausdrücklich in diesem Vertrag vorgesehenen Rechtfertigungsgründe greift (wie **z. B. die öffentliche Ordnung und die Gesundheit nach den Art. 46 EG (jetzt Art. 52 AEUV) und 55 EG (jetzt Art. 62 AEUV) sowie die öffentliche Gewalt nach den Art. 45 EG und 55 EG – jetzt Art. 51 und 62 AEUV**) oder wenn die Voraussetzungen eines von der Rechtsprechung anerkannten Rechtfertigungs-

Gesetz gegen Wettbewerbsbeschränkungen GWB § 100 **Teil 1**

grundes gegeben sind. In solchen Fällen findet daher die aus den Grundsätzen des EG-Vertrags (jetzt des Vertrags über die Arbeitsweise der Europäischen Union) resultierende Bekanntmachungspflicht auf die Vergabe eines öffentlichen Auftrags keine Anwendung (EuG, Urteil v. 20. 5. 2010 – Az.: T-258/06).

Die **Notwendigkeit einer diskriminierungsfreien Beschreibung des Auftragsgegenstands** ergibt sich aus dem Gleichbehandlungsgrundsatz, dessen besondere Ausprägung die Grundfreiheiten sind, zu denen der in Art. 28 EG (jetzt Art. 34 AEUV) genannte **freie Warenverkehr** gehört. Nach der Rechtsprechung auf dem Gebiet der öffentlichen Lieferaufträge kann das **Weglassen des Zusatzes „oder gleichwertiger Art"** nach der Benennung eines bestimmten Produkts in den Verdingungsunterlagen nicht nur die Wirtschaftsteilnehmer, die ihm entsprechende Produkte verwenden, davon abhalten, an der Ausschreibung teilzunehmen, sondern auch **entgegen Art. 28 EG (jetzt Art. 34 AEUV) die Einfuhrströme im innergemeinschaftlichen Handel behindern**, indem der Markt den Bietern vorbehalten bleibt, die beabsichtigen, das speziell genannte Produkt zu verwenden (EuG, Urteil v. 20. 5. 2010 – Az.: T-258/06). 2200

Die **Notwendigkeit des gleichen Zugangs für Wirtschaftsteilnehmer aus allen Mitgliedstaaten** verfolgt das **Ziel, den Wirtschaftsteilnehmern unabhängig von ihrer Herkunft gleichen Zugang zu den ausgeschriebenen Aufträgen zu sichern**, und ergibt sich aus der Beachtung der Grundsätze der Niederlassungsfreiheit und des freien Dienstleistungsverkehrs sowie des freien Wettbewerbs und insbesondere des Gleichbehandlungsgrundsatzes in seiner Ausprägung durch das in Art. 12 EG (jetzt Art. 18 AEUV) aufgestellte Verbot von Diskriminierungen aus Gründen der Staatsangehörigkeit (EuG, Urteil v. 20. 5. 2010 – Az.: T-258/06). 2201

Was das **Erfordernis angemessener Fristen** betrifft, die es Unternehmen aus anderen Mitgliedstaaten **ermöglichen sollen, eine fundierte Einschätzung vorzunehmen und ein Angebot zu erstellen**, ist darauf hinzuweisen, dass die Auftraggeber den Grundsatz des freien Dienstleistungsverkehrs und das Diskriminierungsverbot beachten müssen, die die Interessen der in einem Mitgliedstaat niedergelassenen Wirtschaftsteilnehmer schützen sollen, die den in einem anderen Mitgliedstaat ansässigen öffentlichen Auftraggebern Waren oder Dienstleistungen anbieten möchten. Ihr **Zweck besteht darin, die Gefahr einer Bevorzugung einheimischer Bieter oder Bewerber bei der Auftragsvergabe durch öffentliche Auftraggeber auszuschalten**. Dieser Zweck ergibt sich aus den Grundsätzen des EG-Vertrags – jetzt des Vertrags über die Arbeitsweise der Europäischen Union (EuG, Urteil v. 20. 5. 2010 – Az.: T-258/06). 2202

Auftraggebern steht es frei, durch bestimmte Maßnahmen die Zahl der Bewerber auf ein angemessenes Maß zu beschränken, sofern dies auf transparente und diskriminierungsfreie Weise geschieht. Dazu können beispielsweise objektive Kriterien wie die einschlägige Erfahrung der Bewerber, die Unternehmensgröße und die betriebliche Infrastruktur, die technische und berufliche Leistungsfähigkeit oder andere Kriterien heranziehen. Sie können sich **sogar für eine Auslosung entscheiden, und zwar entweder als alleiniges Auswahlkriterium oder gekoppelt mit anderen Kriterien**. In jedem Fall müssen nach der Vorauswahl so viele Bewerber übrig bleiben, dass ein angemessener Wettbewerb gewährleistet ist. **Alternativ dazu können Auftraggeber auch Prüfungssysteme in Betracht ziehen, bei denen im Rahmen eines hinreichend bekannt gemachten, transparenten und offenen Verfahrens ein Verzeichnis der geprüften Wirtschaftsteilnehmer erstellt wird**. Wenn später im Rahmen des Systems einzelne Aufträge vergeben werden, kann der öffentliche Auftraggeber aus dem Verzeichnis der geprüften Wirtschaftsteilnehmer auf nicht diskriminierende Weise (z. B. im Rotationsverfahren) Akteure auswählen, die zur Abgabe eines Angebots aufgefordert werden (EuG, Urteil v. 20. 5. 2010 – Az.: T-258/06). 2203

9.2.3.5.3 Nationale Rechtsprechung. Unabhängig von der Frage, inwieweit diese Mitteilung überhaupt für die Auslegung des deutschen Rechts herangezogen werden kann, enthält auch die Mitteilung der Kommission zu Auslegungsfragen „für die Vergabe öffentlicher Aufträge, die nicht oder nur teilweise unter die Vergaberichtlinien fallen" **keine verfahrensrechtlichen Vorgaben dazu, dass die Mitgliedstaaten Rechtsschutz gerade zu den Vergabekammern eröffnen müssen** (3. VK Bund, B. v. 8. 5. 2007 – Az.: VK 3–37/07). 2204

Die „Mitteilung der Kommission zu Auslegungsfragen in Bezug auf das Gemeinschaftsrecht, das für die Vergabe öffentlicher Aufträge gilt, die nicht oder nur teilweise unter die Vergaberichtlinien fallen" (ABl. C 179/02 vom 1. August 2006) **führt keine neuen rechtlichen Regelungen ein, sondern soll lediglich eine Art „Handlungsanleitung"** für solche Aufträge darstellen, die nicht oder nur teilweise unter die Vergaberichtlinien fallen, denen aber zugleich Binnenmarktrelevanz zukommt. Dementsprechend enthält sie nur Grundanforderungen für die Auftragsvergabe. **Abschließender Charakter hinsichtlich der insgesamt aus dem Ge- 2205 meinschaftsrecht zu beachtenden Vorgaben kommt ihr dagegen nicht zu (OLG Celle, B. v. 30. 9. 2010 – Az.: 13 Verg 10/10).

2206 9.2.3.5.4 Literatur

– Achenbach, Till, Rechtsschutz im US-amerikanischen Vergaberecht, NZBau 2004, 244
– André, Tobias, Quod errat illustrandum: Die interpretative Konkretisierung primärrechtlich fundierter Vergabeverfahrensstandards auf dem unionsgerichtlichen Prüfstand, NZBau 2010, 611
– Antweiler, Clemens, Chancen des Primärrechtsschutzes unterhalb der Schwellenwerte, VergabeR 2008, 352
– Braun, Christian, Sekundärrechtsschutz unterhalb der Schwellenwerte, VergabeR 2008, 360
– Braun, Christian, Europarechtlicher Vergaberechtsschutz unterhalb der Schwellenwerte, VergabeR 2007, 17
– Bungenberg, Marc, Primärrechtsschutz im gesamten öffentlichen Beschaffungswesen?, WuW 2005, 899
– Burgi, Martin, Streitbeilegung unterhalb der Schwellenwerte durch „Vergabeschlichtungsstellen": Ein Vorschlag zur aktuellen Reformdiskussion, VergabeR 2010, 403
– Drey, Franz, Unter den Schwellen ist Ruh? – Kein Grund zum Alarm wegen EuGH-Rechtsprechung, Behörden Spiegel März 2005, 21
– Englisch, Joachim, Effektiver Primärrechtsschutz bei Vergabe öffentlicher Aufträge, VerwArch 2007, 410
– Freise, Harald, Das Österreichische Bundesgesetz über die Vergabe von Aufträgen – Anregungen für die Weiterentwicklung des deutschen Vergaberechts, NZBau 2004, 83
– Frenz, Walter, Aktuelle europarechtliche Grenzen des Vergaberechts, NVwZ 2010, 609
– Frenz, Walter, Unterschwellenvergabe, VergabeR 2007, 1
– Gaier, Reinhard, Verfassungsrecht – Fesseln und Freiheiten für das (Kartell-)Vergaberecht, NZBau 2008, 289
– Grundmann, Nicola, Die Zweiteilung im Vergabewesen – ein Widerspruch zu den verfassungsrechtlichen Anforderungen?, Dissertation, Düsseldorf, 2004
– Hänsel, Tobias/Flache Christian, Primärrechtsschutz bei Vergaben im Unterschwellenbereich, NJW Spezial 2010, 172
– Heuvels, Klaus, Rechtsschutz unterhalb der Schwellenwerte, NZBau 2005, 570
– Himmelmann, Steffen, Außenwirksame Anforderungen an die Vergabe von Aufträgen unterhalb der Schwellenwerte – insbesondere bei beschränkten Ausschreibungen und freihändigen Vergaben, VergabeR 2007, 342
– Hollands, Martin/Sauer, Ralf, Geteiltes oder einheitliches Vergaberecht?, DÖV 2006, 55
– Irmer, Wolfram, Eröffnung des Verwaltungsrechtswegs bei Vergaben außerhalb des Anwendungsbereichs von § 100 GWB oder Aufgabe der Zweiteilung und Neuordnung des Vergaberechts, VergabeR 2006, 159
– Irmer, Wolfram, Eröffnung des Verwaltungsrechtswegs bei Vergaben außerhalb des Anwendungsbereichs von § 100 GWB oder Aufgabe der Zweiteilung und Neuordnung des Vergaberechts – Teil II [1], VergabeR 2006, 308
– Knauff, Matthias/Schwensfeier, Roland, Kein Rechtsschutz gegen Steuerung mittels „amtlicher Erläuterung"? – Anmerkungen zum Urteil des EuG vom 20. 5. 2010 (T-25/09) zur Auslegungsmitteilung der Kommission über die öffentliche Auftragsvergabe außerhalb des EU-Vergaberechts, EuZW 2010, 611
– Köster, Bernd, Primärrechtsschutzschwellen und Rechtswegwirrwarr, NZBau 2006, 540
– Latotzky, Réné/Janz, Norbert, Der Bieter im Vergaberecht bei geringwertigen Auftragswerten: Ein fortdauerndes „Rechtsschutz-Prekariat?", VergabeR 2007, 438
– Losch, Alexandra, Brennpunkt „Rechtsschutz unterhalb der Schwellenwerte"; – Der status quo, VergabeR 2006, 298
– Meckler, Markus, Primärrechtsschutz bei Vergabe unterhalb der Schwellenwerte?, NJW-Spezial 2005, 501
– Müller-Stoy, Walter, Alternativer und kumulativer Primärrechtsschutz bei der Vergabe öffentlicher Aufträge – eine Bestandsaufnahme, WRP 2006, 330

Gesetz gegen Wettbewerbsbeschränkungen GWB § 100 **Teil 1**

– Pietzcker, Jost, Gerichtsschutz im Unterschwellenbereich und Tariftreueklauseln – zwei klärende Entscheidungen des Bundesverfassungsgerichts, ZfBR 2007, 131
– Pietzcker, Jost, Defizite beim Vergaberechtsschutz unterhalb der Schwellenwerte?, NJW 2005, 2881
– Prieß, Hans-Joachim/Hölzl, Franz Josef, Das Ende der „Zweiklassen-Vergaben" – Vergaben unter den Schwellenwerten sind fortan verwaltungsgerichtlich überprüfbar, ZfBR 2005, 592
– Rechten, Stephan, Oder doch noch kein Ende? – Das Bundesverfassungsgericht zum Unterschwellenrechtsschutz, Behörden Spiegel November 2006, 26
– Wollenschläger, Ferdinand, Vergaberechtsschutz unterhalb der Schwellenwerte nach der Entscheidung des BVerfG vom 13. Juni 2006: verfassungs- und verwaltungsrechtliche Determinanten, DVBl 2007, 589

9.2.4 Anwendbarkeit des GWB bei einer europaweiten Ausschreibung einer vergaberechtsfreien Beschaffung

Hat eine Vergabestelle **trotz des** ihr bekannten **Vorliegens eines Freistellungstatbestandes die freiwillige EU-weite Ausschreibung gewählt**, folgt daraus, dass die Bieter **Anspruch auf Gleichbehandlung, Transparenz und die Einhaltung der Bestimmungen über das Vergabeverfahren** haben (§ 97 Abs. 2 und 7 GWB). Die freiwillige Selbstbindung des öffentlichen Auftraggebers **führt jedoch nicht automatisch dazu, dass den Bietern der Primärrechtsschutz eröffnet ist** (VK Baden-Württemberg, B. v. 19. 4. 2005 – Az.: 1 VK 11/05; VK Bund, B. v. 8. 6. 2006 – Az.: VK 2–114/05; VK Südbayern, B. v. 24. 9. 2007 – Az.: Z3-3-3194-1-29-06/07). Eine etwaige Selbstbindung beschränkt sich auf das eigene Verhalten des Auftraggebers. Auch nach dem Grundsatz der Meistbegünstigung (gegen eine der Form nach inkorrekte Entscheidung sind alle in Betracht kommenden Rechtsmittel zulässig) folgt kein anderes Ergebnis, da es vorausssetzt, dass überhaupt ein Rechtsmittel zulässig ist (VK Südbayern, B. v. 22. 5. 2003 – Az.: 17-04/03). Eine **Selbstbindung** kann **auch nicht dadurch** erfolgen, dass den **Bietern eine Information über** ihre Nichtberücksichtigung unter Hinweis auf **§ 101 a GWB** zugeleitet wird (VK Baden-Württemberg, B. v. 5. 8. 2003 – Az.: 1 VK 31/03, B. v. 6. 11. 2003 – Az.: 1 VK 61/03). 2207

Dies **gilt auch dann, wenn ein Auftraggeber, der keine Auftraggebereigenschaft nach § 98 GWB besitzt, fälschlicherweise glaubt, das formelle Vergaberecht anwenden zu müssen.** Zwar mag die europaweite Ausschreibung der Vergabestelle nach VOL/A eine **Selbstbindung der Vergabestelle** auf die Einhaltung dieser Vorschriften bewirken. Zudem kann die Vergabestelle auch durch haushaltsrechtliche Vorgaben z. B. des Freistaats Bayern, der z. B. die Schülerbeförderung finanziert, dazu verpflichtet sein, das Vergaberecht anzuwenden. Dies **bewirkt jedoch nicht, dass der 4. Teil des GWB anwendbar** ist. Die Anwendbarkeit des GWB bestimmt sich objektiv nach dem Vorliegen der entsprechenden Tatbestandsmerkmale zur Auftraggebereigenschaft und zum öffentlichen Auftrag (VK Nordbayern, B. v. 23. 7. 2009 – Az.: 21.VK – 3194 – 25/09). 2208

Anderer Auffassung ist die **VK Münster. Auch dann, wenn eine Pflicht zur Ausschreibung nicht bestehen sollte, haben die Vergabestellen eine einmal begonnene Ausschreibung nach den Regeln des GWB fortzusetzen.** Wenn der öffentliche Auftraggeber die in Rede stehenden Leistungen einmal ausgeschrieben hat, dann unterliegen sie den Bestimmungen des Vergaberechts. Denn ihr Ermessen hat die Antragsgegnerin hier dahingehend ausgeübt, dass sie die Ausschreibung der Bauverpflichtungen nach den Bestimmungen des Vergaberechts begonnen hat. Davon kann sie nicht einfach im Laufe der Vergabe einseitig wieder abrücken, auch wenn sich die Auffassung in der Rechtsprechung ändern sollte (VK Münster, B. v. 27. 1. 2010 – Az.: VK 25/09). 2209

9.2.5 Anwendbarkeit des GWB bei Erreichen des Schwellenwerts und fehlender europaweiter Ausschreibung

9.2.5.1 Grundsatz

Die Tatsache, dass trotz des Erreichens des Schwellenwerts keine europaweite Ausschreibung erfolgt ist, ist für die **Statthaftigkeit des Nachprüfungsverfahrens ohne Belang** (VK Brandenburg, B. v. 27. 5. 2004 – Az.: VK 17/04; 2. VK Bund, B. v. 31. 7. 2006 – Az.: VK 2–65/06; 3. VK Bund, B. v. 27. 4. 2006 – Az.: VK 3–21/06). 2210

Teil 1 GWB § 100 Gesetz gegen Wettbewerbsbeschränkungen

9.2.5.2 Anwendbarkeit auch der den Bieter belastenden Regeln

2211 Es vermag **nicht zu überzeugen**, dass **in einem Fall, in dem der Auftraggeber das falsche Verfahren gewählt hat, nur die Regelungen des objektiv richtigen Verfahrens gelten sollen, die für den Antragsteller vorteilhaft** sind, während anstelle der den Antragsteller belastenden Regelungen des objektiv richtigen Verfahrens die „Spielregeln" des vom Auftraggeber gewählten Verfahrens gelten sollen. Auf diese Weise wäre es **dem Antragsteller möglich, sich die „Rosinen" des jeweiligen Verfahrens herauszusuchen.** Vielmehr sind in einem solchen Fall alle Regelungen des bei zutreffender Beurteilung einschlägigen Verfahrens anzuwenden (2. VK Bund, B. v. 31. 7. 2006 – Az.: VK 2–65/06).

9.2.6 Europaweite Ausschreibung eines Loses, das im Rahmen der Bagatellklausel des § 2 Nr. 6 VgV nicht europaweit ausgeschrieben werden müsste

2212 Nach **§ 2 Nr. 6 VgV** sind Lose von Bauaufträgen zum einen nur dann europaweit auszuschreiben, wenn der Auftragswert des Loses die Schwelle von 1 Mio. € überschreitet; zum andern besteht eine europaweite Ausschreibungspflicht, wenn bei Losen unterhalb von 1 Mio. € der addierte Wert aller Lose 20% des Gesamtwertes aller Lose überschreitet (**Bagatellklausel**).

2213 Schreibt eine Vergabestelle ein Los **EU-weit aus** und **gibt sie als Nachprüfstelle eine Vergabekammer an**, legt die Vergabestelle den rechtlichen Rahmen (§§ 102 ff. GWB) für die Nachprüfung fest. Die Wirkung dieser Festlegung besteht in einer **Selbstbindung der Verwaltung**, dass sie das verfahrensgegenständliche Los nicht dem 20%-Kontingent nach § 2 Nr. 7 VgV zuordnet, für welches das Nachprüfungsverfahren nicht eröffnet wäre. Damit ist ein Nachprüfungsverfahren zulässig. Vgl. **im Einzelnen die Kommentierung zu § 2 Nr. 6 VgV**.

9.2.7 Nachprüfungsverfahren hinsichtlich Dienstleistungen des Anhangs I B der VOL/A und der VOF

9.2.7.1 Die Rechtsprechung des EuGH

2214 Die **nur begrenzte Unterwerfung** der im Anhang I B zur VOL/A aufgeführten Dienstleistungsaufträge unter die strengeren, auf EG-Richtlinien basierenden Vorschriften des Abschnitts 2 gründet **auf der Erwägung,** dass es sich dabei um Dienstleistungen handelt, bei welchen, im Gegensatz zu den in Anhang I genannten „**priority services**", derzeit kaum ein Potential für eine grenzüberschreitende Auftragsvergabe besteht. Das Ziel der Dienstleistungsrichtlinie, die Entstehung eines grenzüberschreitenden Binnenmarktes für die Vergabe öffentlicher Dienstleistungsaufträge zu fördern, greift daher nur eingeschränkt, so dass die vollständige Unterwerfung der betreffenden Aufträge unter die Vergabebestimmungen der Richtlinie erst nach einer Übergangs- und Beobachtungszeit vorgesehen ist (EuGH, Urteil v. 18. 11. 2010 – Az.: C-226/09; Urteil v. 13. 11. 2007 – Az.: C-507/03).

2215 Die **Vergabe dieser öffentlichen Aufträge bleibt jedoch den fundamentalen Regeln des Gemeinschaftsrechts unterworfen, insbesondere den Grundsätzen des EG-Vertrags (jetzt des Vertrags über die Arbeitsweise der Europäischen Union) im Bereich des Niederlassungsrechts und der Dienstleistungsfreiheit.** Nach ständiger Rechtsprechung soll die Koordinierung der Verfahren zur Vergabe öffentlicher Aufträge auf Gemeinschaftsebene die Hemmnisse für den freien Dienstleistungs- und Warenverkehr beseitigen und somit die Interessen der in einem Mitgliedstaat niedergelassenen Wirtschaftsteilnehmer schützen, die den in einem anderen Mitgliedstaat niedergelassenen öffentlichen Auftraggebern Waren oder Dienstleistungen anbieten möchten. Die Richtlinie 92/50 verfolgt dieses Ziel. Wie aus ihrem 20. Erwägungsgrund hervorgeht, soll sie nämlich Praktiken, die allgemein zu einer Einschränkung des Wettbewerbs führen und insbesondere der Auftragsvergabe an Angehörige anderer Mitgliedstaaten entgegenstehen, unterbinden, indem bei den Vergabeverfahren ein besserer Zugang für Dienstleistungserbringer gewährleistet wird. **Die vom Gemeinschaftsgesetzgeber für Aufträge über Dienstleistungen des Anhangs I B eingeführte Bekanntmachungsregelung kann daher nicht dahin ausgelegt werden, dass sie der Anwendung der sich aus den Art. 43 EG (jetzt Art. 49 AEUV) und 49 EG (jetzt Art. 56 AEUV) ergebenden Grundsätzen entgegensteht,** wenn an diesen Aufträgen doch ein eindeutiges grenzüberschreitendes Interesse besteht. Soweit ein Auftrag über Dienstleistungen des Anhangs I B eine solche Bedeutung hat, liegt in seiner ohne jede Transparenz erfolgenden Vergabe an ein im Mitgliedstaat des öffentlichen Auftraggebers niedergelassenes Unternehmen eine Ungleichbehandlung zum Nachteil der in einem anderen Mitgliedstaat niedergelassenen Unternehmen, die an diesem Auftrag interessiert sein könnten. Eine solche Ungleichbehandlung, die durch den Ausschluss aller in einem anderen Mitgliedstaat niedergelassenen Unternehmen hauptsächlich diese benachteiligt, stellt, sofern sie nicht durch objektive Umstände gerechtfertigt ist, **eine nach den Art. 43 EG (jetzt Art. 49 AEUV) und 49 EG (jetzt Art. 56 AEUV) verbotene mittelbare Diskriminierung aufgrund der Staatsangehörigkeit dar** (EuGH, Urteil v. 18. 11. 2010 – Az.: C-226/09; Urteil v. 13. 11. 2007 – Az.: C-507/03; VK Brandenburg, B. v. 8. 9. 2009 – Az.: VK 33/09).

Nach ständiger Rechtsprechung soll die Koordinierung der Verfahren zur Vergabe öffentlicher Aufträge auf Unionsebene die Hemmnisse für den freien Dienstleistungs- und Warenverkehr beseitigen und somit die Interessen der in einem anderen Mitgliedstaat niedergelassenen Wirtschaftsteilnehmer schützen. **Die vom Unionsgesetzgeber für Aufträge über Dienstleistungen des Anhangs II Teil B der Richtlinie eingeführte – nachträgliche – Bekanntmachungsregelung kann daher nicht dahin ausgelegt werden, dass sie der Anwendung der sich aus den Art. 49 AEUV und 56 AEUV ergebenden Grundsätze entgegensteht, wenn an diesen Aufträgen doch ein eindeutiges grenzüberschreitendes Interesse besteht** und mithin den Verpflichtungen, die die Transparenz der Verfahren und die Gleichbehandlung der Bieter sicherstellen sollen. Die Transparenzpflicht besteht in dem Fall, in dem ein Unternehmen, das in einem anderen Mitgliedstaat als dem, in dem der betreffende Dienstleistungsauftrag erteilt wird, ansässig ist, an diesem interessiert sein kann (EuGH, Urteil v. 18. 11. 2010 – Az.: C-226/09). 2215/1

9.2.7.2 Die nationale Rechtsprechung

Die **nationale Rechtsprechung** hierzu ist **nicht einheitlich**. 2216

Nach Art. 1 Abs. 1 UA 1 der Richtlinie 89/665/EWG des Rates vom 21. Dezember 1989 zur Koordinierung der Rechts- und Verwaltungsvorschriften für die Anwendung der Nachprüfungsverfahren im Rahmen der Vergabe öffentlicher Liefer- und Bauaufträge (ABl. 395 S. 33) in der Fassung des Art. 1 Nr. 1 der Richtlinie 2007/66/EG des Europäischen Parlaments und des Rates vom 11. Dezember 2007 zur Änderung der Richtlinien 89/665/EWG und 92/13/EWG des Rates im Hinblick auf die Verbesserung der Wirksamkeit der Nachprüfungsverfahren bezüglich der Vergabe öffentlicher Aufträge (ABl. L 335 S. 31) (zukünftig: Rechtsmittelrichtlinie) ist ein **Nachprüfungsverfahren für alle Aufträge im Sinne der Richtlinie 2004/18/EG eröffnet, sofern diese Aufträge nicht gemäß den Art. 10 bis 18 dieser Richtlinie ausgeschlossen sind.Nicht prioritäre Dienstleistungen nach Art. 21 der Richtlinie sind von einem Vergabenachprüfungsverfahren nicht ausgenommen** (OLG Düsseldorf, B. v. 21. 7. 2010 – Az.: VII-Verg 19/10). 2217

Aus der **nur teilweisen Anwendbarkeit der Paragrafen aus Abschnitt 2** der VOL/A kann **nicht gefolgert werden, dass die Vergabe der betreffenden Dienstleistungen dem Rechtsschutzsystem der §§ 102 ff. GWB entzogen werden soll**. Denn die Prüfungskompetenz der Vergabekammer hängt nicht davon an, ob und welche Paragrafen des Abschnitts 2 oder anderer Abschnitte der VOL/A bei dem betreffenden Vergabeverfahren eingehalten werden müssen (OLG Brandenburg, B. v. 15. 5. 2007 – Az.: Verg W 2/07; OLG Dresden, B. v. 4. 7. 2008 – Az.: WVerg 3/08; B. v. 25. 1. 2008 – Az.: WVerg 010/07; OLG Düsseldorf, B. v. 21. 7. 2010 – Az.: VII-Verg 19/10; Saarländisches OLG, B. v. 20. 9. 2006 – Az.: 1 Verg 3/06; VK Brandenburg, B. v. 1. 2. 2010 – Az.: VK 1/10; B. v. 16. 12. 2009 – Az.: VK 42/09; B. v. 8. 9. 2009 – Az.: VK 33/09; B. v. 29. 1. 2009 – Az.: VK 47/08; B. v. vom 3. 4. 2008 – Az.: VK 4/08; 1. VK Bund, B. v. 5. 11. 2004 – VK 1–138/04; B. v. 20. 7. 2004 – Az.: VK 1–75/04, B. v. 20. 7. 2004 – Az.: VK 1–78/04; B. v. 8. 1. 2004 – Az.: VK 1–117/03, B. v. 2. 7. 2003 – Az.: VK 1–49/03; 3. VK Bund, B. v. 1. 12. 2009 – Az.: VK 3–205/09; B. v. 16. 6. 2008 – Az.: VK 3–65/08; B. v. 3. 7. 2007 – Az.: VK 3–64/07; B. v. 16. 3. 2007 – Az.: VK 3–13/07; B. v. 7. 2. 2007 – Az.: VK 3–07/07; B. v. 1. 9. 2006 – Az.: VK 3–105/06; B. v. 28. 8. 2006 – Az.: VK 3–102/06; B. v. 28. 8. 2006 – Az.: VK 3–99/06; B. v. 2. 8. 2006 – Az.: VK 3–75/06; B. v. 4. 7. 2006 – Az.: VK 3–60/06; B. v. 30. 6. 2006 – Az.: VK 3–45/06; B. v. 30. 6. 2006 – Az.: VK 3–42/06; B. v. 29. 6. 2006 – Az.: VK 3–48/06; B. v. 29. 6. 2006 – Az.: VK 3–39/06; B. v. 19. 4. 2004 – Az.: VK 3–44/04; VK Lüneburg, B. v. 4. 9. 2008 – Az.: VgK-29/2008; B. v. 15. 5. 2008 – Az.: VgK-12/2008; VK Münster, B. v. 19. 6. 2007 – Az.: VK 12/07; VK Saarland, B. v. 19. 5. 2006 – Az.: 3 VK 03/2006; 1. VK Sachsen, B. v. 19. 5. 2010 – Az.: 1/SVK/015-10; B. v. 28. 12. 2009 – Az.: 1/SVK/060-09; B. v. 6. 3. 2009 – Az.: 1/SVK/001–09; B. v. 9. 2. 2009 – 2218

Teil 1 GWB § 100
Gesetz gegen Wettbewerbsbeschränkungen

Az.: 1/SVK/071-08; B. v. 28. 10. 2008 – Az.: 1/SVK/054-08; B. v. 9. 9. 2008 – Az.: 1/SVK/046-08; B. v. 29. 8. 2008 – Az.: 1/SVK/042-08; B. v. 29. 8. 2008 – Az.: 1/SVK/041-08; B. v. 24. 4. 2008 – Az.: 1/SVK/015-08; B. v. 26. 3. 2008 – Az.: 1/SVK/005–08; B. v. 17. 9. 2007 – Az.: 1/SVK/058-07; B. v. 18. 8. 2006 – Az.: 1/SVK/077-06). **Es kommt allein darauf an**, ob ein **öffentlicher Auftrag** gem. § 99 GWB vorliegt, der **den Schwellenwert übersteigt** und nicht von der Anwendung ausgeschlossen ist (§ 100 GWB). Ist dies der Fall, erstreckt sich die Prüfungskompetenz der Kammer darauf, ob die allgemeinen Vorschriften des GWB sowie die **Basisparagrafen der VOL/A und die §§ 8 EG, 15 EG und 23 EG VOL/A** eingehalten wurden (OLG Brandenburg, B. v. 15. 5. 2007 – Az.: Verg W 2/07; OLG Düsseldorf, B. v. 21. 7. 2010 – Az.: VII-Verg 19/10; B. v. 9. 2. 2009 – Az.: VII-Verg 66/08; Saarländisches OLG, B. v. 20. 9. 2006 – Az.: 1 Verg 3/06; VK Baden-Württemberg, B. v. 16. 11. 2001 – Az.: 1 VK 39/01; 1. VK Bund, B. v. 14. 9. 2007 – Az.: VK 1–101/07; B. v. 31. 8. 2007 – Az.: VK 1–92/07; 3. VK Bund, B. v. 1. 12. 2009 – Az.: VK 3–205/09; B. v. 9. 9. 2009 – Az.: VK 3–163/09; B. v. 6. 8. 2008 – Az.: VK 3–104/08; B. v. 24. 7. 2008 – Az.: VK 3–95/08; B. v. 3. 7. 2007 – Az.: VK 3–64/07; B. v. 16. 3. 2007 – Az.: VK 3–13/07; B. v. 7. 2. 2007 – Az.: VK 3–07/07; 1. VK Sachsen, B. v. 19. 5. 2010 – Az.: 1/SVK/015-10; B. v. 28. 12. 2009 – Az.: 1/SVK/060-09; B. v. 6. 3. 2009 – Az.: 1/SVK/001–09; B. v. 9. 2. 2009 – Az.: 1/SVK/071-08; B. v. 28. 10. 2008 – Az.: 1/SVK/054-08; B. v. 9. 9. 2008 – Az.: 1/SVK/046-08; B. v. 29. 8. 2008 – Az.: 1/SVK/042-08; B. v. 29. 8. 2008 – Az.: 1/SVK/041-08; B. v. 24. 4. 2008 – Az.: 1/SVK/015-08; B. v. 26. 3. 2008 – Az.: 1/SVK/005–08; B. v. 17. 9. 2007 – Az.: 1/SVK/058-07; B. v. 18. 8. 2006 – Az.: 1/SVK/077-06; im Ergebnis ebenso VK Brandenburg, B. v. 1. 2. 2010 – Az.: VK 1/10; B. v. 16. 12. 2009 – Az.: VK 42/09; B. v. 22. 5. 2008 – Az.: VK 11/08; B. v. 15. 9. 2003 – Az.: VK 57/03; VK Hessen, B. v. 2. 12. 2004 – Az.: 69 d VK – 72/2004; VK Lüneburg, B. v. 4. 9. 2008 – Az.: VgK-29/2008; 15. 5. 2008 – Az.: VgK-12/2008; B. v. 14. 6. 2005 – Az.: VgK-22/2005; B. v. 25. 3. 2004 – Az.: 203-VgK-07/2004; VK Nordbayern, B. v. 14. 3. 2006 – Az.: 21.VK – 3194 – 07/06; VK Saarland, B. v. 19. 5. 2006 – Az.: 3 VK 03/2006; VK Südbayern, B. v. 25. 6. 2003 – Az.: 16-04/03).

2219 Da der **Gesetzgeber** – trotz einer entsprechenden europarechtlichen Ermächtigung hierzu – darauf verzichtet hat, im GWB eine entsprechende **Ausnahme hinsichtlich der Überprüfungsmöglichkeit nicht prioritärer Dienstleistungen durch die Vergabekammer vorzusehen, bleiben die §§ 96 ff.** GWB uneingeschränkt anwendbar (3. VK Bund, B. v. 1. 12. 2009 – Az.: VK 3–205/09).

2220 Nach einer anderen Auffassung **gebieten Wortlaut und Gesetzessystematik des Vergaberechtsänderungsgesetzes die Auslegung, dass nur die Dienstleistungen des Anhangs I A der DLR und nicht auch die Dienstleistungen nach Anhang I B**, die vorläufig von der zentralen Anwendung der Richtlinie ausgenommen sind, **der Anwendung des Gesetzes unterworfen** sind. Ein Bieter kann insoweit grundsätzlich auf eine nicht förmliche Anrufung der für den Auftraggeber zuständigen Fach- und Rechtsaufsichtsbehörde zur Einhaltung der Vergabebestimmungen verwiesen werden (VK Baden-Württemberg, B. v. 4. 5. 2004 – Az.: 1 VK 16/04).

9.2.7.3 Pflicht der Vergabestelle zur Angabe der Zuschlagskriterien und der Gewichtung der Zuschlagskriterien

2221 Nach der Rechtsprechung des EuGH ist ein öffentlicher Auftraggeber, der im Rahmen eines Nichtoffenen Verfahrens **im Voraus Regeln für die Gewichtung der Kriterien für die Auswahl der Bewerber, die zur Abgabe eines Angebots aufgefordert werden, aufgestellt hat, verpflichtet, diese Regeln in der Auftragsbekanntmachung oder in den Ausschreibungsunterlagen anzugeben.** Zu den anzugebenden Kriterien gehören danach auch die vom Auftraggeber zum Zweck einer Gewichtung der Zuschlagskriterien aufgestellten Regeln, mit denen Bewerbungen einer Bewertung in einem sog. Scoring-Verfahren (d.h. einem Verfahren zur Vergabe von Wertungspunkten) unterzogen werden sollen. Die **Grundsätze der Rechtsprechung des EuGH** sind indes nicht nur in Vergabeverfahren, die – als national umgesetztes Recht – unmittelbar den auf den EG-Vergaberichtlinien beruhenden a-Paragraphen der Verdingungsordnungen unterliegen, sondern **gleichermaßen in jenen Verfahren zu beachten, die im Wesentlichen nach den Basisparagraphen der Vergabeordnungen durchzuführen sind.** Denn die in den EG-Vergaberichtlinien (und für Dienstleistungen ausdrücklich in § 9 EG VOL/A) normierte Forderung, dass der Auftraggeber den Bietern alle Zuschlagskriterien, deren Verwendung er vorsieht, bekannt zu geben habe, fußt – wie der EuGH im genannten Urteil ausgeführt hat – auf den allgemeinen vergaberechtlichen Geboten der Gleichbehandlung und der Transparenz, die in § 97 Abs. 1, 2 GWB Ausdruck gefunden haben. **Beide Grundsätze gelten**

Gesetz gegen Wettbewerbsbeschränkungen GWB § 100 **Teil 1**

in allen nach dem Vierten Teil des GWB durchzuführenden Vergabeverfahren. Daraus folgt, dass auch in Vergabeverfahren, für die die Basisparagraphen der Verdingungsordnung gelten, der Auftraggeber **spätestens mit der Übersendung oder Bekanntgabe der Verdingungsunterlagen den Bietern alle Zuschlagskriterien mitzuteilen hat, deren Verwendung er vorsieht, sofern er diese im Voraus festgelegt** hat. Zu den bekannt zu gebenden Kriterien zählen **ebenso die im Voraus aufgestellten Unter- (oder Hilfs-)Kriterien, Gewichtungskriterien und eine Bewertungsmatrix**, die der Auftraggeber bei der Angebotswertung verwenden will (OLG Brandenburg, B. v. 15. 5. 2007 – Az.: Verg W 2/07; VK Brandenburg, B. v. vom 3. 4. 2008 – Az.: VK 4/08; 1. VK Bund, B. v. 14. 9. 2007 – Az.: VK 1–101/07; B. v. 6. 6. 2007 – Az.: VK 1–38/07).

9.2.7.4 Geltung des Preises als Zuschlagskriterium bei fehlender Bekanntmachung der Wertungskriterien auch bei Aufträgen nach Anhang I B der VOL/A und der VOF

In Rechtsprechung und Schrifttum hat sich die Auffassung durchgesetzt, dass in den Fällen, in 2222 denen der öffentliche Auftraggeber die Zuschlagskriterien nicht bekannt gemacht hat, **nur der niedrigste Preis als Zuschlagskriterium** angewendet werden darf. Dies **folgt bereits unmittelbar aus dem Transparenzgrundsatz gem. § 97 Abs. 1 GWB** und gilt ungeachtet der Tatsache, dass die ausdrückliche Verpflichtung zur Angabe der Zuschlagskriterien gem. § 9 EG VOL/A keine Anwendung findet, weil es sich um einen Auftrag des Anhangs I B zum Abschnitt 2 der VOL/A bzw. VOF handelt (VK Lüneburg, B. v. 25. 3. 2004 – Az.: 203-VgK-07/2004).

Vgl. allgemein zu diesem Problem die Kommentierung zu → § 97 GWB Rdn. 1176. 2223

9.2.7.5 Prüfungsmaßstab im Nachprüfungsverfahren

9.2.7.5.1 VgV 2010. Nach **§ 4 Abs. 4 VgV** gelten für die Vergabe von Aufträgen, deren 2224 Gegenstand Dienstleistungen nach Anhang I Teil B der VOL/A sind, **§ 8 EG, § 15 EG Absatz 10 und § 23 EG VOL/A sowie die Regelungen des Abschnitts 1 der VOL/A mit Ausnahme von § 7 VOL/A**.

9.2.7.5.2 Ältere Rechtsprechung. Soweit die **Rechtsprechung vor der VgV 2010** 2225 noch Anwendung findet, ist sie nachfolgend dargestellt.

Verfahren, welche z. B. Dienstleistungen **nach dem Anhang I B** Dienstleistungsrichtlinie 2226 92/50/EWG darstellen, unterliegen nur einem beschränkten Vergaberechtsregime, d. h. dass die Vergabe über nachrangige Dienstleistungen **praktisch keinen Regelungen unterliegt, dass aber gleichwohl vergaberechtliche Grundregeln** wie das Diskriminierungsverbot und das Transparenzgebot gelten (OLG Brandenburg, B. v. 15. 5. 2007 – Az.: Verg W 2/07; VK Brandenburg, B. v. 29. 1. 2009 – Az.: VK 47/08; B. v. vom 3. 4. 2008 – Az.: VK 4/08; im Ergebnis ebenso 1. VK Bund, B. v. 14. 9. 2007 – Az.: VK 1–101/07; B. v. 6. 6. 2007 – Az.: VK 1–38/07).

Teilweise wird eine Prüfungskompetenz im Nachprüfungsverfahren hinsichtlich der 2227 Einhaltung der Basisparagraphen der VOL/A bejaht (VK Nordbayern, B. v. 14. 3. 2006 – Az.: 21.VK – 3194 – 07/06).

Nach Auffassung der 3. VK Bund umfasst der **Prüfungsmaßstab** der Vergabekammer ge- 2228 mäß § 1a Nr. 2 Abs. 2 VOL/A die **Einhaltung der Bestimmungen der Basisparagraphen der VOL/A sowie der §§ 8 EG, 15 EG Absatz 10 und 23 EG VOL/A** (3. VK Bund, B. v. 18. 1. 2007 – Az.: VK 3–150/06; im Ergebnis ebenso VK Sachsen, B. v. 28. 12. 2009 – Az.: 1/SVK/060-09; B. v. 24. 4. 2008 – Az.: 1/SVK/015-08).

Der nationale Gesetzgeber geht offensichtlich davon aus, dass die **Möglichkeit einer Gel-** 2229 **tendmachung von Schadensersatzansprüchen vor den Zivilgerichten in Fällen**, bei denen es um die **Vergabe nicht prioritärer freiberuflicher Dienstleistungen** (z. B. Rechtsberatung), die **nicht der VOL/A unterfallen**, einen adäquaten und ausreichenden Rechtsschutz darstellt, um den Vorgaben der Rechtsmittelrichtlinie und den aus dem Primärrecht abgeleiteten Anforderungen an den Rechtsschutz zu genügen (3. VK Bund, B. v. 1. 12. 2009 – Az.: VK 3–205/09).

9.2.8 Anwendbarkeit der VOF im Sektorenbereich aufgrund einer ausdrücklichen freiwilligen Selbstbindung

Ist der **Schwellenwert bei einer Sektorenauftraggebervergabe überschritten** und ist 2230 der **Auftraggeber nicht ausdrücklich an die VOF gebunden**, kann er sich jedoch **freiwil-**

Teil 1 GWB § 100   Gesetz gegen Wettbewerbsbeschränkungen

lig bei einer entsprechenden ausdrücklichen Selbstverpflichtung an die VOF binden (OLG Frankfurt, B. v. 28. 2. 2006 – Az.: 11 Verg 15/05 und 16/05).

2231   Vgl. ansonsten die Kommentierung zur SektVO.

9.2.9 Umgehung des Vergaberechts durch Reaktion auf geänderte Rechtsprechung zur Anwendung des Vergaberechts auf Grundstückskaufverträge?

2232   Beabsichtigte ein Auftraggeber **ursprünglich die Veräußerung von Grundstücken gekoppelt mit einer Bauverpflichtung** und forderte er zur Abgabe von Projektvorschlägen auf und ist er **inzwischen davon abgerückt**, indem er explizit **im Hinblick auf die durch das OLG Düsseldorf statuierte Ausschreibungspflicht kommunaler Grundstücksgeschäfte mit Bauverpflichtung** den Beschluss gefasst hat, einen **reinen Grundstücksverkauf durchzuführen, ist dies nicht zu beanstanden**. Dies insbesondere dann, wenn noch die Möglichkeit bestand, den beabsichtigten Kaufvertrag zu ändern, weil dieser noch nicht notariell beurkundet war (VK Baden-Württemberg, B. v. 5. 6. 2008 – Az.: 1 VK 16/08).

9.2.10 Anwendung des GWB für Aufträge, die nur von nationalen Bietern erfüllt werden können

2233   Aufträge, die die durch § 2 VgV festgelegten Schwellenwerte erreichen, sind nur dann vom Anwendungsbereich des Kartellvergaberechts ausgenommen, wenn sie unter § 100 Abs. 2 GWB fallen. Es **kommt somit für die Anwendung des Kartellvergaberechts nicht darauf an, ob die technischen Anforderungen einer Ausschreibung tatsächlich nur von bestimmten (inländischen) Unternehmen zu erfüllen** sind. Eine derartige Sachverhaltskonstellation kann vom öffentlichen Auftraggeber im Rahmen der Wahl der Vergabeart nach § 101 GWB respektive § 3a VOB/A bzw. § 3 EG VOL/A zwar berücksichtigt werden, ist aber nach dem Willen des Gesetzgebers für die Anwendung des Kartellvergaberechts ohne Belang.

9.2.11 Verzicht des Bieters auf den Primärrechtsschutz durch Bedingungen in den Vergabeunterlagen

2234   Die **Klausel, dass jeder Bieter mit der Abgabe eines Angebotes die Bewerbungs-, Vergabe- und Vertragsbedingungen anerkennt**, ist eine Bewerbungs- bzw. Vergabebedingung, die eine Teilnahme am Wettbewerb davon abhängig macht, dass der Bewerber bzw. Bieter hinsichtlich der Ausgestaltung der Verdingungsunterlagen auf die **Inanspruchnahme von Primärrechtsschutz verzichtet;** sie ist **unzulässig und daher unwirksam**. Sie geht weit über die gesetzlich geregelte Kooperationspflicht im Sinne einer Rügeobliegenheit ab dem Zeitpunkt der positiven Kenntnis einer vermeintlichen Vergaberechtsverletzung hinaus. Für einen Bieter, der bereits konkrete Rügen erhoben hat, bedeutete diese Klausel im Falle ihrer Wirksamkeit, dass er konsequenter Weise ein Angebot nicht abgeben kann oder auf die weitere Verfolgung seiner rechtlichen Interessen verzichten muss. Eine derartige **Verknüpfung von Wettbewerbsteilnahme und Rechtsschutzverzicht ist von der Rechtsordnung nicht hinnehmbar** (OLG Naumburg, B. v. 5. 12. 2008 – Az.: 1 Verg 9/08).

9.3 Der Ausnahmenkatalog des § 100 Abs. 2

9.3.1 Prüfung der Voraussetzungen von Amts wegen

2235   Das **Vorliegen der Voraussetzungen des § 100 Abs. 2 GWB ist seitens der Vergabekammer von Amts wegen zu prüfen**. Bereits aus dem Wortlaut des Gesetzes („gilt nicht") ergibt sich, dass die Unterwerfung eines öffentlichen Auftrags unter den Anwendungsbereich des § 100 Abs. 2 GWB bzw. umgekehrt des Vierten Teils des GWB **nicht zur Disposition des öffentlichen Auftraggebers** steht (1. VK Bund, B. v. 30. 5. 2008 – Az.: VK 1–48/08; VK Sachsen, B. v. 12. 6. 2009 – Az.: 1/SVK/011-09; B. v. 9. 9. 2008 – Az.: 1/SVK/046-08; VK Schleswig-Holstein, B. v. 28. 11. 2006 – Az.: VK-SH 25/06).

9.3.2 Abschließende Aufzählung der Ausnahmen und enge Auslegung

2236   Die **Ausnahmen in § 100 Abs. 2 GWB sind grundsätzlich als abschließende Aufzählung zu verstehen**. Wegen des Zieles der europäischen Richtlinien, die Vergabe staatlicher

Aufträge in allen Mitgliedsstaaten der Gemeinschaft gemeinsamen Regeln zu unterwerfen und grundsätzlich alle Einkäufe der öffentlichen Hand dem Binnenmarkt zur Verfügung zu stellen, bleibt kein Raum, über unterhalb des Europa- und Bundesrechts angesiedelte Bestimmungen z. B. des nordrhein-westfälischen Gesetzes über die kommunale Gemeinschaftsarbeit weitere Ausnahmen von der Anwendung des Vergaberechts zu schaffen (EuGH, Urteil v. 13. 1. 2005 – Az.: C-84/03; BGH, B. v. 1. 12. 2008 – Az.: X ZB 31/08; OLG Düsseldorf, B. v. 19. 12. 2007 – Az.: VII – Verg 51/07; B. v. 5. 5. 2004 – Az.: VII – Verg 78-03; OLG Naumburg, B. v. 23. 4. 2009 – Az.: 1 Verg 5/08VK Baden-Württemberg, B. v. 30. 12. 2008 – Az.: 1 VK 51/08; VK Düsseldorf, B. v. 31. 10. 2007 – Az.: VK – 31/2007 – L; 1. VK Sachsen, B. v. 12. 6. 2009 – Az.: 1/SVK/011-09; B. v. 9. 9. 2008 – Az.: 1/SVK/046-08; B. v. 26. 3. 2008 – Az.: 1/SVK/005– 08; offen gelassen vom OVG Nordrhein-Westfalen, B. v. 12. 10. 2004 – Az: 15 B 1889/04; B. v. 12. 10. 2004 – Az: 15 B 1873/04).

Die **Ausnahmen von dem Vergaberecht** sind also **abschließend** in **Art. 12 ff. VKR sowie § 100 Abs. 2 GWB** geregelt (OLG Düsseldorf, B. v. 19. 12. 2007 – Az.: VII – Verg 51/07). 2237

§ 100 Abs. 2 GWB ist darüber hinaus **seinem Wesen nach als Ausnahmevorschrift eng auszulegen** (2. VK Bund, B. v. 18. 5. 1999 – Az.: VK 2–8/99; VK Schleswig-Holstein, B. v. 28. 11. 2006 – Az.: VK-SH 25/06). 2238

9.3.3 Arbeitsverträge (§ 100 Abs. 2)

Entsprechend der **europarechtlichen Herkunft des Ausnahmetatbestandes** in § 100 Abs. 2 GWB ist – ausgehend von Art. 39, 50 EG (jetzt Art. 45, 57 AEUV) – der **Begriff eines durch einen Arbeitsvertrag gebundenen Arbeitnehmers** dahin zu kennzeichnen, dass der Arbeitnehmer während einer bestimmten Zeit für einen anderen nach dessen Weisungen Leistungen erbringt und als Gegenleistung eine Vergütung erhält (vgl. EuGH, NJW 1992, 1493, Rdn. 10 m. w. N.). Diese Definition eines Arbeitsverhältnisses entspricht in den wesentlichen Punkten dem deutschen Verständnis dieses Begriffs. **Danach ist Arbeitnehmer, wer Dienstleistungen in persönlicher Abhängigkeit verrichtet, hierbei in Bezug auf Zeit, Ort, und Art der zu verrichtenden Arbeit dem Weisungsrecht des Arbeitgebers unterliegt und in eine fremde Herrschafts- und betriebliche Risikosphäre – nämlich in die des Arbeitgebers – eingegliedert ist** (OLG Düsseldorf, B. v. 8. 5. 2002 – Az.: Verg 8–15/01). 2239

9.3.4 Beschaffungen für ausländische Truppen (§ 100 Abs. 2 Buchstabe a))

Handelt es sich um einen Auftrag, der aufgrund eines internationalen Abkommens im Zusammenhang mit der Stationierung von Truppen – z.B. des ZA NTS – vergeben wird, ist zu **prüfen, ob für den Auftrag auch besondere Verfahrensregeln im Sinne von § 100 Abs. 2 Buchstabe a) GWB gelten**. Das ZA NTS vom 3. August 1959, in der Fassung, die es durch das Abkommen vom 18. 3. 1993 (BGBl. 1994 II S. 2594, 2598) erhalten hat, **differenziert zwischen der mittelbaren Durchführung der Bauvorhaben durch die zuständigen deutschen Behörden (Art. 49 Abs. 2 ZA NTS) und der unmittelbaren Durchführung durch die Behörden der ausländischen Truppe (Art. 49 Abs. 3 ZA NTS)**. Wird die Maßnahme im Namen und für Rechnung der Bundesrepublik Deutschland durchgeführt, besagt für einen solchen Fall Art. 49 Abs. 2 ZA NTS: „Baumaßnahmen werden nach Maßgabe der geltenden deutschen Rechts- und Verwaltungsvorschriften und besonderer Verwaltungsabkommen durch die für Bundesbauaufgaben zuständigen deutschen Behörden durchgeführt." Aufgrund des **Verweises auf die „geltenden deutschen Rechts- und Verwaltungsvorschriften" sind die deutschen Behörden somit auch an das deutsche Vergaberecht gebunden** (1. VK Bund, B. v. 8. 3. 2006 – Az.: VK 1–07/06; 2. VK Bund, B. v. 20. 12. 2005 – Az.: VK 2–159/05; B. v. 20. 12. 2005 – Az.: VK 2–156/05). 2240

9.3.5 Geltendmachung besonderer Sicherheitsinteressen (§ 100 Abs. 2 Buchstabe d))

9.3.5.1 Änderungen durch das Vergaberechtsmodernisierungsgesetz 2009

§ 100 Abs. 2 Buchstabe d) GWB setzt Art. 14 der Richtlinie 2004/18/EG und Art. 21 der Richtlinie 2004/17/EG in deutsches Recht um. Diese Regelung entsprach auch den bislang geltenden EG-Vergaberichtlinien: Richtlinien des Rates 92/50/EWG vom 18. Juni 1992, 93/ 2241

Teil 1 GWB § 100 Gesetz gegen Wettbewerbsbeschränkungen

36/EG vom 14. Juni 1993, 93/37/EG vom 14. Juni 1993 und 93/38/EG vom 14. Juni 1993. Die **Neufassung des Buchstaben d) gibt den Ausnahmetatbestand zur besseren Übersichtlichkeit in gegliederter Form wieder und ergänzt ihn im Interesse der leichteren Anwendbarkeit**. Die jetzt vier Varianten erfassen eine große Bandbreite der Bereiche, in denen wegen innen- und außenpolitischer Geheimhaltungs- und Sicherheitsinteressen von hinreichendem Gewicht Ausnahmen gegeben sein können.

9.3.5.2 Vier Varianten

2242 Der Ausnahmetatbestand des § 100 Abs. 2 lit. d) GWB weist **nach der Neufassung des GWB 2009 vier gleichwertige Tatbestandsmerkmale** auf (OLG Düsseldorf, B. v. 30. 3. 2005 – Az.: VII – Verg 101/04).

9.3.5.3 Rechtsprechung des EuGH

2243 Der Europäische Gerichtshof hat entschieden, dass die Ausführung von Dienstleistungen, die **besondere Sicherheitsmaßnahmen im Sinne von Art. 4 Abs. 2 der Richtlinie 92/50** erfordern, zu denen u. a. die Erteilung einer militärischen Sicherheitsbescheinigung an das die Dienstleistungen erbringende Unternehmen gehört, dazu führt, dass die Richtlinie 92/50 auf diese Dienstleistungen nicht anwendbar ist (EuGH, Urteil v. 16. 10. 2003 – Az.: C-252/01; 2. VK Bund, B. v. 2. 2. 2006 – Az.: VK 2 – 02/06).

2244 Maßnahmen, die von den Mitgliedstaaten im Rahmen der **berechtigten Belange von nationalem Interesse** getroffen werden, sind **nicht schon deshalb in ihrer Gesamtheit der Anwendung des Gemeinschaftsrechts entzogen**, weil sie **im Interesse der öffentlichen Sicherheit oder der Landesverteidigung** ergehen. Der Vertrag sieht nämlich, wie der Gerichtshof bereits festgestellt hat, **Ausnahmen aus Gründen der öffentlichen Sicherheit namentlich in den Artikeln 30 EG (jetzt Art. 36 AEUV), 39 EG (jetzt Art. 45 AEUV), 46 EG (jetzt Art. 52 AEUV), 58 EG (jetzt Art. 65 AEUV), 64 EG (jetzt Art. 72 AEUV), 296 EG (jetzt Art. 346 AEUV) und 297 EG (jetzt Art 347 AEUV) vor, die ganz bestimmte außergewöhnliche Fälle** betreffen. Aus ihnen lässt sich **kein allgemeiner, dem Vertrag immanenter Vorbehalt ableiten, der jede Maßnahme, die im Interesse der öffentlichen Sicherheit getroffen wird, vom Anwendungsbereich des Gemeinschaftsrechts ausnähme**. Würde ein solcher Vorbehalt unabhängig von den besonderen Tatbestandsmerkmalen der Bestimmungen des Vertrags anerkannt, so könnte das die Verbindlichkeit und die einheitliche Anwendung des Gemeinschaftsrechts beeinträchtigen (EuGH, Urteil v. 2. 10. 2008 – Az.: C-157/06; Urteil v. 8. 4. 2008 – Az.: C-337/05; 2. VK Bund, B. v. 30. 7. 2010 – Az.: VK 2–56/10).

2245 Nach Art. 296 Abs. 1 Buchst. b EG (jetzt Art. 346 Abs. 1 lit. b AEUV) kann jeder Mitgliedstaat die Maßnahmen ergreifen, die seines Erachtens für die Wahrung seiner wesentlichen Sicherheitsinteressen erforderlich sind, soweit sie die Erzeugung von Waffen, Munition und Kriegsmaterial oder den Handel damit betreffen; Voraussetzung ist dabei allerdings, dass diese Maßnahmen auf den Gemeinsamen Markt die Wettbewerbsbedingungen hinsichtlich der nicht eigens für militärische Zwecke bestimmten Waren nicht beeinträchtigen. Aus dem Wortlaut dieser Bestimmung ergibt sich, dass die **betreffenden Waren eigens für militärische Zwecke bestimmt sein müssen**. Daraus folgt, dass **beim Erwerb von Ausrüstungsgegenständen, deren Nutzung für militärische Zwecke ungewiss ist, zwingend die Regeln für die Vergabe öffentlicher Aufträge beachtet werden müssen** (EuGH, Urteil v. 2. 10. 2008 – Az.: C-157/06; Urteil v. 8. 4. 2008 – Az.: C-337/05).

9.3.5.4 Nationale Rechtsprechung

2246 9.3.5.4.1 Notwendigkeit einer Abwägung der gegenseitigen Interessen. Dem Sicherheitsinteresse des Staates kann in den Formen der inneren und/oder der äußeren Sicherheit Geltung zu verschaffen sein. Dieses **Interesse muss** nach dem Wortlaut des Gesetzes aber „**gebieten**", dass die **Vergabevorschriften** des Gesetzes gegen Wettbewerbsbeschränkungen, der Vergabeverordnung und der Verdingungsordnungen in einem Einzelfall einer Auftragsvergabe **nicht angewendet werden**. Es kann deshalb nur durch eine **objektiv gewichtige Gefährdung oder Beeinträchtigung der Sicherheitslage** gerechtfertigt sein, von einer Anwendung der Bestimmungen des Vergaberechts abzusehen. Da hierdurch der **Bieterschutz entscheidend verkürzt** wird, darf der öffentliche Auftraggeber, der einen Ausnahmefall im Sinne des § 100 Abs. 2 Buchstabe d) GWB annehmen will, diese **Entscheidung** auch **nicht ohne eine Abwägung der Sicherheitsbelange gegen die Interessen der Bieter** treffen. Es ist hierbei

Gesetz gegen Wettbewerbsbeschränkungen GWB § 100 **Teil 1**

außerdem der **Grundsatz der Verhältnismäßigkeit staatlichen Handelns zu beachten**. Eine Beeinträchtigung der staatlichen Sicherheitsinteressen, die bereits eingetreten oder zu besorgen ist, und deswegen zu einer Nichtanwendung des zweiten Abschnitts namentlich der Verdingungsordnungen VOB/A und VOL/A führen soll, muss demnach **so schwerwiegend sein, dass demgegenüber die Bieterinteressen an einem nach den genannten Verdingungsordnungen förmlichen und mit subjektivem Rechtsschutz ausgestatteten Vergabeverfahren zurückzutreten haben**. Auch in einem Fall, in dem die Sicherheitsbelange des Staates dem Grunde nach schwer wiegen als die Bieterinteressen, hat der öffentliche Auftraggeber darüber hinaus diejenige Art der Vergabe zu wählen, die die geringstmöglichen Einschränkungen für die Bieter mit sich bringt, gleichwohl aber das staatliche Sicherheitsinteresse wahrt. Der öffentliche Auftraggeber hat daher zu bedenken, dass den Sicherheitsbelangen unter Umständen auch durch ein Nichtoffenes Verfahren oder durch ein Verhandlungsverfahren mit Vergabebekanntmachung genügt werden kann. Die **tatsächlichen Gründe**, die im Interesse der Sicherheit des Staates eine Einschränkung der Bieterbelange erfordern, sind **vom öffentlichen Auftraggeber tunlichst in einem Vergabevermerk zu dokumentieren**. Für die Gründe obliegt **dem öffentlichen Auftraggeber** im Streitfall die **Darlegungs- und** im Fall einer Nichterweislichkeit die **Beweislast** (OLG Düsseldorf, B. v. 2. 11. 2009 – Az.: VII-Verg 12/09; B. v. 10. 9. 2009 – Az.: VII-Verg 12/09; B. v. 30. 4. 2003 – Az.: Verg 61/02; 2. VK Bund, B. v. 30. 7. 2010 – Az.: VK 2–56/10).

9.3.5.4.2 Geheimerklärung (§ 100 Abs. 2 lit. d) aa)). 9.3.5.4.2.1 Vergaberechtsmodernisierungsgesetz 2009. Nach Doppelbuchstabe aa) ist eine Nichtanwendung gerechtfertigt, wenn Aufträge nach den nationalen Vorschriften für geheim erklärt werden. Dieser **Ausnahmetatbestand umschreibt die Möglichkeit, Aufträge zum Schutz betroffener Sicherheitsbelange verschlossen zu halten**. Er umfasst **alle Aufträge, die nach den deutschen Geheimschutzvorschriften (z. B. Verschlusssachenanweisung VSA) VS-Vertraulich oder höher eingestuft** sind. Dies korrespondiert damit, dass VS-vertraulich und höher eingestufte Aufträge nur an Unternehmen vergeben werden können, die sich in der Geheimschutzbetreuung des Bundesministeriums für Wirtschaft und Technologie befinden. 2247

9.3.5.4.2.2 **Rechtsprechung**. Einer Geheimerklärung im Sinne der ersten Variante von § 100 Abs. 2 Buchstabe d) steht nicht entgegen, dass das Projekt als solches sowie der damit notwendigerweise verbundene Betrieb, also der Gegenstand des streitgegenständlichen Auftrags, keineswegs geheim ist, sondern seit Jahren – z.B. über mediale Berichterstattung sowie über gesetzgeberische Aktivitäten – höchst öffentlich. Auch bei der gebotenen engen Auslegung der Voraussetzungen des Ausnahmebereichs würde es zu kurz greifen, eine Geheimerklärung dann nicht mehr für möglich zu halten, wenn die Beschaffungsabsicht an sich, also die Tatsache, dass es ein entsprechendes Projekt überhaupt gibt, öffentlich bekannt ist. **Es stellt durchaus keinen Widerspruch dar, wenn das Projekt als solches einerseits öffentlich bekannt ist, die Art und Weise seiner Realisierung jedoch der Geheimhaltung unterliegt; wie die Umsetzung erfolgt, kann auch geheim gehalten werden, wenn das Projekt als solches publik ist** (3. VK Bund, B. v. 14. 7. 2005 – Az.: VK 3–55/05). 2248

Formelle Grundlage einer Geheimerklärung ist im **Bereich des Bundes** das Gesetz über die Voraussetzungen und das Verfahren von Sicherheitsüberprüfungen des Bundes (**Sicherheitsüberprüfungsgesetz** – SÜG) und die **darauf basierende** Allgemeine Verwaltungsvorschrift zum materiellen und organisatorischen Schutz von Verschlusssachen (**VS-Anweisung** – VSA). Beide Normenkomplexe sehen **kein bestimmtes Verfahren** vor, in welchem die Geheimerklärung zu erfolgen hat. Es wird lediglich geregelt, dass die Einstufung von einer „amtlichen Stelle" oder auf deren Veranlassung erfolgen muss – § 4 Abs. 1 SÜG, § 5 Abs. 1 VSA – (3. VK Bund, B. v. 14. 7. 2005 – Az.: VK 3–55/05). Die **Bundesländer haben vergleichbare Regelungen**. 2249

Materielle Grundlage für die Geheimerklärung ist § 4 SÜG, wonach es sich bei Verschlusssachen um im öffentlichen Interesse geheimhaltungsbedürftige Tatsachen, Gegenstände oder Erkenntnisse unabhängig von ihrer Darstellungsform handelt; sie können für „geheim" erklärt werden, wenn die Kenntnisnahme durch Unbefugte die Sicherheit der Bundesrepublik Deutschland oder ihrer Länder gefährden oder ihren Interessen schweren Schaden zufügen kann – § 4 Abs. 1, 2 Nr. 2 SÜG – (OLG Düsseldorf, B. v. 16. 12. 2009 – Az.: VII-Verg 32/09). Bei diesen gesetzlichen Vorgaben, die der Geheimerklärung zugrunde liegen, handelt es sich um unbestimmte Rechtsbegriffe, deren Anwendung auf einen Lebenssachverhalt auch eine zukunftsgerichtete prognostizierende Risikobewertung voraussetzt. **In Bezug auf diese prognostizierende Risikobewertung steht dem Auftraggeber ein Beurteilungsspielraum zu,** 2250 der seitens der Vergabekammer nur daraufhin überprüft werden kann, ob bei der Entscheidung, den Auftrag als geheim einzustufen, die Grenzen dieses Beurteilungsspielraums überschritten wurden. Ob dies der Fall ist, ist **im Wege einer Gesamtschau der in diesem Zusammenhang relevanten Faktoren zu ermitteln** (3. VK Bund, B. v. 14. 7. 2005 – Az.: VK 3–55/05).

2251 **9.3.5.4.3 Erfordernis besonderer Sicherheitsmaßnahmen (§ 100 Abs. 2 lit. d) bb)).**
9.3.5.4.3.1 Vergaberechtsmodernisierungsgesetz 2009. Doppelbuchstabe bb) nimmt solche Aufträge aus, die besondere Sicherheitsmaßnahmen erfordern. Dies betrifft **beispielsweise Schutzvorkehrungen, die beim Transport von sensiblem Material notwendig** sind.

2252 **9.3.5.4.3.2 Rechtsprechung. 9.3.5.4.3.2.1 Enge Auslegung.** Wie jede Ausnahmevorschrift auch ist **§ 100 Abs. 2 lit. d) bb) GWB „eng", d. h. so auszulegen, dass ihre Anwendung auch tatsächlich die Ausnahme bleibt.** Sie darf deshalb nicht so angewendet werden, dass ein staatlich beherrschter Flughafenbetreiber als Sektorenauftraggeber zwar theoretisch seinen betriebsbedingten Bedarf in Anwendung des Vergaberechts decken muss (wenn bestimmte Auftragswerte erreicht werden), **faktisch aber seine gesamte Bautätigkeit und weite Teile des Dienstleistungsbereichs „vergaberechtsfrei"** sind, weil im Zusammenhang mit dem Betrieb eines Flughafens immer auch Sicherheitsaspekte eine Rolle spielen. Deshalb kann **nur eine objektiv gewichtige Gefährdung oder Beeinträchtigung der Sicherheitsbelange** als Rechtfertigung für die Nichtanwendung der Bestimmungen des Vergaberechts angesehen werden (OLG Koblenz, B. v. 15. 9. 2010 – Az.: 1 Verg 7/10).

2253 **9.3.5.4.3.2.2 Notwendige inhaltliche Verknüpfung der Sicherheitsmaßnahmen mit der Verfahrensweise bei einer Auftragsvergabe.** Ein Grund, von einem Vergabeverfahren abzusehen, kann nur vorliegen, wenn gerade durch die Anwendung vergaberechtlicher Bestimmungen eine tatsächliche und hinreichend schwere Gefährdung staatlicher Sicherheitsinteressen droht. Dies läuft im Ergebnis darauf hinaus, dass sich der Auftraggeber nur dann auf § 100 Abs. 2 lit. d) bb) GWB berufen kann, wenn bestimmte Sicherheitsmaßnahmen nur deshalb notwendig werden, weil der Flughafenbetreiber den Vertragspartner nicht frei wählen darf. **Sicherheitsmaßnahmen, die allein an die Eigenschaft des Auftraggebers als Flughafenbetreiber anknüpfen, also nicht durch die Verfahrensweise bei einer Auftragsvergabe veranlasst sind oder die völlig unabhängig von einer Beschaffung ergriffen werden müssen, gehören nicht dazu** (OLG Koblenz, B. v. 15.09.2010 – Az.: 1 Verg 7/10).

2254 **9.3.5.4.3.2.3 Inhalt. § 100 Abs. 2 lit. d) 2. Alt. GWB erfasst so genannte „gefährliche Aufträge"**, also Aufträge, bei deren Ausführung staatliche Sicherheitsinteressen in besonderem Maße gefährdet sind und dementsprechend staatlicherseits durch Gesetz oder Verwaltungsvorschrift besondere Sicherheitsmaßnahmen angeordnet werden, die bei der Ausführung des Auftrags einzuhalten sind. Hierbei handelt es sich **nicht nur um Sicherheitsmaßnahmen nach dem Sicherheitsüberprüfungsgesetz (SÜG)**, die ein staatliches Geheimhaltungsinteresse betreffen. Denn bei der Verletzung staatlicher Geheimhaltungsinteressen besteht lediglich eine mittelbare Gefahr für Rechtsgüter des Staates, die erst dann zu einer unmittelbaren Gefahr wird, wenn die zu schützenden Geheimnisse missbräuchlich genutzt werden. Auch **Vorschriften, die – wie z. B. das LuftSiG – dem unmittelbaren Schutz staatlicher Rechtsgüter dienen, werden davon umfasst** (1. VK Bund, B. v. 30. 5. 2008 – Az.: VK 1–48/08; B. v. 12. 12. 2006 – Az.: VK 1–136/06).

2255 **§ 7 Abs. 1 Nr. 1 des Luftsicherheitsgesetzes (LuftSiG)** sieht als besondere Sicherheitsmaßnahme – zur Sicherung des Luftverkehrs – die **Zuverlässigkeitsüberprüfung bestimmter Personen** vor. Dass es sich dabei um eine besondere Sicherheitsmaßnahme handelt und sie dem Schutz staatlicher Sicherheitsinteressen dient, ergibt sich schon aus dem Wortlaut der Norm („Zum Schutz vor Angriffen auf die Sicherheit des Luftverkehrs") und dem allgemein normierten Gesetzeszweck des LuftSiG (vgl. § 1 LuftSiG). Sie ist zudem **mit der erweiterten Sicherheitsüberprüfung nach §§ 9, 10 des Sicherheitsüberprüfungsgesetzes (SÜG) vergleichbar**; Sicherheitsüberprüfungen nach SÜG gelten ebenfalls als besondere Sicherheitsmaßnahmen im Sinne des § 100 Abs. 2 lit. d) 2. Var. GWB. Die **Vergleichbarkeit ergibt sich insbesondere aus § 7 Abs. 2 Satz 4 Nr. 2 LuftSiG**, wonach eine Zuverlässigkeitsüberprüfung für den Fall, dass die betroffene Person bereits einer entsprechenden Sicherheitsüberprüfung nach SÜG unterliegt, entbehrlich ist (1. VK Bund, B. v. 30. 5. 2008 – Az.: VK 1–48/08 – mit **ausführlicher Prüfung der Tatbestandsvoraussetzungen** von § 7 Abs. 1 Nr. 1 LuftSiG).

2256 Als eine **lebenswichtige Einrichtung im Sinne des § 1 Abs. 4 SÜG gilt gemäß § 6 SÜFV** auch der Leitungsbereich für den Zivil- und Katastrophenschutz, zu dem das allgemeine Lagezentrum und die nach aktueller Lage speziell eingerichteten Krisenzentren gehören. Unter den ausgeschriebenen Leistungsumfang fällt die Zuständigkeit für die regelmäßige Wartung derjenigen Computer, an denen im Krisen- und Katastrophenfall die Verbindungsbeamten der Krisenstäbe Informationen auswerten, verarbeiten und weiterleiten. Damit können die Mitarbeiter des Auftragnehmers sich durch geeignete Angriffsmaßnahmen Zugang zu den Netzwerkinhalten verschaffen und diese manipulieren oder zerstören (OLG Düsseldorf, B. v. 10. 9. 2009 – Az.: VII-Verg 12/09).

Bereits als Folge der beurteilungsfehlerfreien Qualifizierung eines Auftrags als geheim ist gleichzeitig auch die zweite Alternative von § 100 Abs. 2 lit. d) GWB gegeben, da die Ausführung geheimer Aufträge nach den Rechts- und Verwaltungsvorschriften der Bundesrepublik Deutschland besondere Sicherheitsmaßnahmen erfordert, nämlich eine Sicherheitsüberprüfung nach §§ 7ff SÜG für die mit der Ausführung des geheimen Auftrags befassten Personen. Gegebenenfalls ist sogar eine erweiterte Sicherheitsüberprüfung mit Sicherheitsermittlungen gemäß § 10 SÜG vorzunehmen, da im Zusammenhang mit der Ausführung des Auftrags Personen Zugang zu einer hohen Anzahl „geheim" eingestufter Verschlusssachen erhalten sollen oder sich verschaffen können (§ 10 Nr. 2 SÜG). Das Erfordernis besonderer Sicherheitsmaßnahmen kann sich zusätzlich daraus ergeben, dass bestimmte Räumlichkeiten zum Sicherheitsbereich erklärt werden sollen (vgl. § 1 Abs. 2 Nr. 3 SÜG). Schließlich kann sich das Erfordernis zur Beachtung besonderer Sicherheitsmaßnahmen auch daraus ergeben, dass der Beschaffungsgegenstand als lebenswichtige Einrichtung im Sinne der Sicherheitsüberprüfungsfeststellungsverordnung des Bundes – SÜFV eingestuft werden soll – § 1 Abs. 4 i. V. m. § 34 SÜG – (2. VK Bund, B. v. 2. 2. 2006 – Az.: VK 2 – 02/06; 3. VK Bund, B. v. 14. 7. 2005 – Az.: VK 3–55/05).

2257

§ 100 Abs. 2 lit. d) 2. Alt. GWB bietet im Gegensatz zur – jetzt – vierten Alternative dieser Vorschrift („der Schutz wesentlicher Interessen des Staates es gebietet") **schon vom Wortlaut her keinen Raum für eine Abwägung**. Die Entscheidung des Gesetzgebers, bei der Formulierung der 2. Alternative des § 100 Abs. 2 lit. d) auf ein Abwägungselement zu verzichten, ist auch sachgerecht, weil hier durch den Erlass innerstaatlicher Rechts- und Verwaltungsvorschriften, die bestimmte Sicherheitsmaßnahmen anordnen, eine Abwägung zugunsten der Sicherheitsinteressen des Staates bereits durch den Gesetzgeber erfolgt ist. Dementsprechend kommt es bei § 100 Abs. 2 lit. d) 2. Alt. GWB nur noch darauf an, ob die Voraussetzungen der innerstaatlichen Rechts- und Verwaltungsvorschriften vorliegen (1. VK Bund, B. v. 30. 5. 2008 – Az.: VK 1–48/08; B. v. 12. 12. 2006 – Az.: VK 1–136/06; B. v. 3. 2. 2006 – Az.: VK 1 – 01/06; 2. VK Bund, B. v. 2. 2. 2006 – Az.: VK 2 – 02/06; VK Sachsen, B. v. 12. 6. 2009 – Az.: 1/SVK/011-09).

2258

Anderer Auffassung ist das OLG Düsseldorf. Die in den Vorschriften des SÜG getroffene Entscheidung des nationalen Gesetzgebers, die mit der Ausführung der ausgeschriebenen Leistung befassten Mitarbeiter des Auftragnehmers einer Sicherheitsüberprüfung zu unterziehen, führt nicht dazu, die Auftragsvergabe zwingend und ohne weitere Abwägung zwischen den Sicherheitsinteressen der Antragsgegnerin und den Interessen der Bieter dem Anwendungsbereich des vierten Teils des GWB zu entziehen. **Allein die Erforderlichkeit von Sicherheitsmaßnahmen bei der Ausführung eines Auftrags rechtfertigt noch nicht die Annahme eines Ausnahmefalls nach § 100 Abs. 2 lit d) 2. Var. GWB. Nicht nur die 3. Var. des § 100 Abs. 2 lit. d) sondern auch die 2. Tatbestandsalternative lässt Raum für und erfordert eine Abwägung zwischen den Sicherheitsinteressen des Auftraggebers und den Interessen des Bieters.** Weder der Wortlaut noch die Ratio der Norm begründen das Verständnis, der Gesetzgeber habe bei der Formulierung der 2. Alternative auf ein Abwägungselement verzichtet, so dass in Form des Erlasses innerstaatlicher Rechts- und Verwaltungsvorschriften, die bestimmte Sicherheitsmaßnahmen anordnen, eine Abwägung zugunsten der Sicherheitsinteressen des Staates bereits durch den Gesetzgeber erfolgt sei. Da durch eine Nichtanwendung der Bestimmungen des Vergaberechts der Bieterschutz entscheidend verkürzt wird, **gebietet vielmehr bereits der Grundsatz der Verhältnismäßigkeit staatlichen Handelns eine Abwägung zwischen den staatlichen Sicherheitsinteressen und dem Interesse der Bieter an der Durchführung eines förmlichen und mit subjektivem Rechtsschutz ausgestatteten Vergabeverfahrens auch dann, wenn bei der Ausführung eines Auftrags die Beachtung bestimmter Sicherheitsmaßnahmen durch Rechts- oder Verwaltungsvorschriften angeordnet ist**. Nur eine objektiv gewichtige Gefährdung oder Beeinträchtigung der Sicherheitsbelange kann es rechtfertigen, von einer Anwendung der Bestimmungen des Vergaberechts abzusehen. Die gerade durch die Anwendung der vergaberechtlichen Bestimmungen zu besorgende Beeinträchtigung der staatlichen Sicherheitsbelange muss so schwerwie-

2259

gend sein, dass demgegenüber die Bieterinteressen an einem förmlichen und mit subjektivem Rechtsschutz ausgestatteten Vergabeverfahren zurückzutreten haben (OLG Düsseldorf, B. v. 16. 12. 2009 – Az.: VII-Verg 32/09; B. v. 2. 11. 2009 – Az.: VII-Verg 12/09; B. v. 10. 9. 2009 – Az.: VII-Verg 12/09).

2260 Die **Tatbestandsmerkmale der zweiten und dritten Alternative des § 100 Abs. 2 lit. d) GWB** unterscheiden sich nur dadurch, dass die zweite Alternative Fallgestaltungen erfasst, in denen Rechts- und Verwaltungsvorschriften Sicherheitsmaßnahmen anordnen, während es bei der in der dritten Alternative enthaltenen Ausnahmeregelung einer solchen Niederlegung in Rechts- oder Verwaltungsvorschriften nicht bedarf. Die sich **bei der zweiten Alternative ergebende Interessenlage entspricht aber der der dritten Alternative**: So wie nicht bei jeder Berührung staatlicher Sicherheitsbelange ein Ausschluss des Auftrages vom Vergaberechtsregime geboten ist, erfordert auch die Beachtung staatlich vorgesehener Sicherheitsmaßnahmen bei der Auftragsdurchführung nicht in jedem Fall, das Vergabeverfahren von einer Anwendung des Vierten Teils des GWB auszunehmen. Vielmehr ist **auch bei der zweiten Alternative der Ausschluss des Vergaberechtsrechtsregimes nur verhältnismäßig, wenn gerade durch die Anwendung der vergaberechtlichen Bestimmungen eine tatsächliche und hinreichend schwere Gefährdung staatlicher Sicherheitsinteressen von beachtlichem Grad und Gewicht droht**. Dieses Verständnis stützt auch der Wortlaut der zweiten Alternative. Aus der Formulierung, dass besondere Sicherheitsmaßnahmen die Nichtanwendung des vierten Teils des GWB erfordern müssen, ergibt sich die Notwendigkeit, Grad und Gewicht der beeinträchtigten Sicherheitsbelange gegen die Interessen des Bieters abzuwägen (OLG Düsseldorf, B. v. 16. 12. 2009 – Az.: VII-Verg 32/09; B. v. 10. 9. 2009 – Az.: VII-Verg 12/09).

2261 Die Entscheidung, ob an die Ausführung eines Auftrags **besondere Sicherheitsanforderungen** zu richten sind, und die **Bestimmung solcher Sicherheitsanforderungen** obliegt **den national zuständigen staatlichen Stellen** (1. VK Bund, B. v. 12. 12. 2006 – Az.: VK 1–136/06). Dahingehende Entscheidungen sind u. a. vom deutschen Gesetzgeber in den §§ 1 Abs. 2, 7, 10 und 12 SÜG getroffen worden und zu akzeptieren. Die Nachprüfung der Vergabekammer hat sich in solchen Fällen darauf zu **beschränken, ob es sich es sich dem Wortlaut nach bei der vom Auftraggeber angewandten Sicherheitsvorschrift** (z. B. § 9 SÜG) **um eine Vorschrift im Sinne von § 100 Abs. lit. d) 2. Alt. GWB** handelt und ob das **Vorliegen der Voraussetzungen des § 9 SÜG seitens des Auftraggebers rechtsfehlerfrei geprüft** wurde (OLG Dresden, B. v. 18. 9. 2009 – Az.: WVerg 0003/09; 1. VK Bund, B. v. 12. 12. 2006 – Az.: VK 1–136/06; B. v. 3. 2. 2006 – Az.: VK 1 – 01/06; 2. VK Bund, B. v. 2. 2. 2006 – Az.: VK 2 – 02/06).

2262 Nach § 100 Abs. 2 lit. d) 2. Alt. GWB gilt der 4. Teil des GWB nicht für Aufträge, deren Ausführung besondere Sicherheitsmaßnahmen erfordern, die auf innerstaatlichen Rechts- und Verwaltungsvorschriften basieren. Dabei obliegt die Entscheidung, ob die Ausführung eines Auftrags besonderen Sicherheitsanforderungen zu unterwerfen ist und die Bestimmung der konkret einzuhaltenden Sicherheitsanforderungen den national zuständigen staatlichen Stellen. Der **Rechtsschutz ist in solchen Fällen auf eine Kontrolle durch die Nachprüfungsinstanzen beschränkt, ob die Voraussetzungen des Ausnahmetatbestands von der Vergabebehörde zutreffend angenommen worden sind und darauf, ob es sich es sich bei den Vorschriften, die der Ausführung des Auftrags zugrunde liegen, um Sicherheitsvorschriften im Sinne von § 100 Abs. 2 lit. d) 2. Alt. GWB handelt. Ist dies zu bejahen, ist das zu überprüfende Verfahren dem Zuständigkeitsbereich der Vergabekammer entzogen**. Eine andere Auslegung lassen der Wortlaut von § 100 Abs. 2 GWB und der Normzweck nicht zu (OLG Dresden, B. v. 18. 9. 2009 – Az.: WVerg 0003/09; VK Sachsen, B. v. 12. 6. 2009 – Az.: 1/SVK/011-09).

2263 Bei den **Vorschriften des SÜG**, die eine Sicherheitsüberprüfung für Personen anordnen, die eine sicherheitsempfindliche Tätigkeit im Sinne des § 1 SÜG ausüben, **handelt es sich, wenn diese Vorschriften im Rahmen der Ausführung eines öffentlichen Auftrags zur Anwendung kommen sollen, um Vorschriften im Sinne des § 100 Abs. 2 lit. d) 2. Alt. GWB** (OLG Dresden, B. v. 18. 9. 2009 – Az.: WVerg 0003/09; 1. VK Bund, B. v. 3. 2. 2006 – Az.: VK 1 – 01/06; 2. VK Bund, B. v. 2. 2. 2006 – Az.: VK 2 – 02/06; VK Sachsen, B. v. 12. 6. 2009 – Az.: 1/SVK/011-09).

2264 Den **Sicherheitsanforderungen des SÜG sind nicht nur solche Personen unterworfen, die in einem Anstellungsverhältnis zur Behörde stehen oder zu ihr in ein Anstellungsverhältnis treten wollen**. Nach der Vorschrift des § 3 Abs. 3 Satz 3 SÜG sind – ihrem

Gesetz gegen Wettbewerbsbeschränkungen   GWB § 100   **Teil 1**

Zweck entsprechend – die Bestimmungen des Gesetzes **ebenfalls anzuwenden, wenn die Behörde einer Person sicherheitsempfindliche Tätigkeiten zuweisen oder übertragen** (§ 3 Abs. 1 Nr. 1 SÜG) oder **wenn sie eine Verschlusssache an eine nicht-öffentliche Stelle weitergeben will** (OLG Dresden, B. v. 18. 9. 2009 – Az.: WVerg 0003/09; OLG Düsseldorf, B. v. 30. 3. 2005 – Az.: VII – Verg 101/04).

Sind die **Voraussetzungen des SÜG nicht erfüllt und ordnet der Auftraggeber davon unabhängig eine Sicherheitsüberprüfung an, beruht diese Sicherheitsüberprüfung nicht auf einer „Rechts- oder Verwaltungsvorschrift in der Bundesrepublik Deutschland"** im Sinn des **§ 100 Abs. 2 lit. d) 2. Alt. GWB.** Dies reicht dem Wortlaut des § 100 Abs. 2 lit. d) 2. Alt. GWB nach jedoch nicht aus, um einen Auftrag dem Anwendungsbereich des Vierten Teils des GWB zu entziehen. Eine **analoge Anwendung dieser Regelung kommt nicht in Betracht, als Ausnahmevorschrift ist § 100 Abs. 2 lit. d) GWB eng auszulegen** (OLG Düsseldorf, B. v. 22. 10. 2008 – Az.: VII-Verg 48/08; 3. VK Bund, B. v. 15. 7. 2008 – Az.: VK 3–89/08). 2265

Bei den Vorschriften des LuftSiG, die zum Schutz vor Angriffen auf die Sicherheit des Luftverkehrs eine Zuverlässigkeitsüberprüfung für bestimmte Personen anordnen, die Tätigkeiten an Flughäfen ausüben, **handelt es sich**, soweit diese Vorschriften im Rahmen der Ausführung eines öffentlichen Auftrags zur Anwendung kommen sollen, um **Vorschriften im Sinne des § 100 Abs. 2 lit. d) 2. Alt. GWB** (1. VK Bund, B. v. 12. 12. 2006 – Az.: VK 1–136/06, 2. VK Bund, B. v. 30. 7. 2010 – Az.: VK 2–56/10). 2266

Werden die auf einem Zivilflughafen üblichen hohen Sicherheitsstandards für Verkehrsflughäfen für die Dauer von Bauarbeiten suspendiert und durch Maßnahmen geringer Intensität ersetzt wurden, **um die Durchführung der Bauarbeiten erleichtern, liegen die Voraussetzungen des § 100 Abs. 2 lit. d) bb) GWB nicht vor** (OLG Koblenz, B. v. 15.09.2010 – Az.: 1 Verg 7/10). 2267

Grundsätzlich **soll der öffentliche Auftraggeber**, dem insoweit die Darlegungs- und Beweislast obliegt, **die tatsächlichen Gründe**, die **im Interesse der staatlichen Sicherheitsbelange eine Einschränkung der Bieterrechte erfordern**, in einem Vergabevermerk **dokumentieren** (OLG Düsseldorf, B. v. 16. 12. 2009 – Az.: VII-Verg 32/09). 2268

9.3.5.4.4 Schutz wesentlicher Sicherheitsinteressen bei der Beschaffung von Informationstechnik oder Telekommunikationsanlagen (§ 100 Abs. 2 lit. d) cc)). 2269
9.3.5.4.4.1 **Vergaberechtsmodernisierungsgesetz 2009.** Unter Doppelbuchstabe cc) werden – **neu – besondere Beispielsfälle genannt, um deren hohe Sicherheitsrelevanz zu unterstreichen.** Als **Hilfestellung bei der Prüfung**, ob im Hinblick auf IT-Produkte oder -Dienstleistungen ein Ausnahmetatbestand im Sinne des § 100 Abs. 2 Buchstabe d) Doppelbuchstabe cc) gegeben ist, dienen der **„BS I – Leitfaden für die Beschaffung von IT – Sicherheitsprodukten"**. In den Fällen des Doppelbuchstaben cc) dürfte es regelmäßig auf Grund ihrer Art und ihres Gewichtes für die Sicherheit des Staates geboten sein, dass die vergaberechtlichen Bestimmungen nicht zur Anwendung kommen. In diesen **Ausnahmefällen sind die staatlichen Sicherheitsinteressen vorrangig gegenüber den einzelnen Unternehmensinteressen.**

9.3.5.4.4.2 **Rechtsprechung.** Nach § 100 Abs. 2 d, cc GWB gilt der vierte Teil des GWB nicht für Aufträge, bei denen es u. a. die Umsetzung von Maßnahmen der Terrorismusbekämpfung gebietet. Dabei handelt es sich um einen Sonderfall der Ausnahme, die zum Schutz wesentlicher Sicherheitsinteressen des Staates gilt (§ 100 Abs. 2 d, dd GWB). **Passagier- und Handgepäckkontrollstellen dienen auch zur Abwehr des Terrorismus**, sei es, dass mit ihrer Hilfe der Verdacht auf ein Anschlagsvorhaben bestätigt werden oder sei es, dass sich dazu eignende Vorbereitungen aufgedeckt und unterbunden werden können (vgl. § 11 LuftSiG). Im Sinn einer möglichst effektiven Abwehr versteht sich von selbst, dass dann **auch die Aufklärungsinstrumente, ihre Beschaffenheit und die Eigenschaften einem Vergabeverfahren nach dem vierten Teil des GWB entzogen sein müssen.** Eine wirksame Terrorismusbekämpfung gebietet auch unter der Geltung des Abwägungs- und Verhältnismäßigkeitsgebots, dass auf diesbezügliche Auftragsvergaben das Vergaberecht des vierten Teils des GWB vollständig unanwendbar ist OLG Düsseldorf, B. v. 12. 7. 2010 – Az.: VII-Verg 27/10; 2. VK Bund, B. v. 30. 7. 2010 – Az.: VK 2–56/10). 2270

Während unter Umständen die **Geheimhaltung im Vergabeverfahren selbst noch durch entsprechende Verpflichtungserklärungen durch den Auftraggeber gewährleistet werden könnte, hat er bei Durchführung des Nachprüfungsverfahrens keinen Zugriff auf** 2271

513

Teil 1 GWB § 100 Gesetz gegen Wettbewerbsbeschränkungen

die von den Verfahrensbeteiligten schriftsätzlich oder in der mündlichen Verhandlung entäußerten Informationen, die damit zwangsläufig einem erweiterten Personenkreis auf zudem ungesicherten Übertragungswegen bekannt würden. Die Durchführung eines Vergabe- und Nachprüfungsverfahrens ist demnach grundsätzlich geeignet, die Geheimhaltung sicherheitsrelevanter Informationen zu gefährden. Im Rahmen der Abwägung zwischen dem Rechtsschutzgewährungsinteresse des einzelnen Bieters, gerichtet auf ein förmliches Vergabeverfahren mit einer entsprechenden Nachprüfungsmöglichkeit, mit dem Schutz von Passagieren und Besatzung der Flugzeuge sowie unbeteiligten Dritten vor terroristischen Angriffen und damit letztlich dem Schutz von Leib und Leben kommt Letzterem ein derart hohes Gewicht zu, dass das Bieterinteresse zurückzutreten hat (2. VK Bund, B. v. 30. 7. 2010 – Az.: VK 2–56/10).

2272   9.3.5.4.5 **Schutz wesentlicher Sicherheitsinteressen des Staates (§ 100 Abs. 2 lit. d) dd)).** 9.3.5.4.5.1 **Vergaberechtsmodernisierungsgesetz 2009.** Gemäß Doppelbuchstabe dd) **rechtfertigt** – wie schon nach der bisherigen Gesetzesfassung – **auch der Schutz sonstiger wesentlicher Sicherheitsinteressen des Staates eine Ausnahme.** Hierzu gehören etwa **Aufträge, bei deren Vergabe und Durchführung die Unternehmen Einblick in die Organisation oder Arbeitsweise von Sicherheitsbehörden erlangen,** sowie **Beschaffungen, die im Zusammenhang mit Einsätzen der Bundespolizei** stehen oder die **Beschaffung sensibler Materialien oder Anlagen,** wenn der Schutz wesentlicher Interessen der Sicherheit des Staates es gebietet. Die vorstehenden Beispiele sind jedoch ebenso wie die besonderen Beispielsfälle gemäß Doppelbuchstabe cc) keine abschließende Aufzählung, wenn es um den Maßstab für die Bewertung geht, ob sonstige wesentliche Sicherheitsinteressen vorliegen.

2273   9.3.5.4.5.2 **Rechtsprechung.** 9.3.5.4.5.2.1 **Allgemeines.** Die Anwendung des Vergaberechts ist ausgeschlossen, wenn der Schutz wesentlicher Interessen der Sicherheit des Staates es gebietet. Die darin zum Ausdruck kommende **Vernachlässigung der vergaberechtlichen Interessen der Allgemeinheit und der beteiligten Bieter kann nur durch** eine – auch in Abwägung zu diesen Belangen – **objektiv gewichtige und deshalb vorrangig zu berücksichtigende Gefährdung der Sicherheitslage des Staates gerechtfertigt sein** (OLG Dresden, B. v. 18. 9. 2009 – Az.: WVerg 0003/09).

2274   9.3.5.4.5.2.2 **Beispiele aus der Rechtsprechung**

– auch wenn bei der **Realisierung des gesamten Projekts „Digitalfunk BOS"** eine Beeinträchtigung staatlicher Sicherheitsinteressen dadurch zu besorgen sei, dass als VS-vertraulich oder VS-geheim eingestuftes Material von privaten Dritten eingesehen werde und dass außerdem Mitarbeitern des Auftragnehmers die Vorgaben des Antragsgegners für die Programmierung und die Konfiguration der Endgeräte bekannt sein, deren Geheimhaltung aus Gründen der Sabotage- und Terrorismusabwehr zwingend erforderlich sei, lässt sich aus diesen Ausführungen aber nicht entnehmen, dass **die staatlichen Sicherheitsbelange des öffentlichen Auftraggebers, insbesondere sein Interesse am Geheimschutz gerade durch das Vergabeverfahren und das Nachprüfungsverfahren tangiert werden** (OLG Düsseldorf, B. v. 16. 12. 2009 – Az.: VII-Verg 32/09)

– die in Sachsen einzurichtenden Funkleitstellen werden nicht nur dem polizeilichen Funkverkehr dienen, sondern darüber hinaus dem aller Behörden und Organisationen mit Sicherheitsaufgaben, von der Feuerwehr über den Rettungsdienst bis zum Katastrophenschutz etc. Die beim **Betrieb der Leitstellen eingesetzten Mitarbeiter des privaten Bieters erlangen somit auf Jahre hinaus (der Auftrag soll zunächst für fünf Jahre vergeben werden) volle Kenntnis von jeglichem Funkverkehr, der innerhalb Sachsens und deutschlandweit, sofern sachsische Stellen beteiligt sind, Gefahrenabwehr zum Gegenstand hat, von der einfachen polizeilichen Fahndungsmaßnahme bis hin zur Terrorismusbekämpfung.** Wenn der Auftraggeber hierdurch die innere Sicherheit in empfindlicher Weise berührt sieht, liegt darin eine Beurteilung, die der Senat auch unter Berücksichtigung der Belange der Beschwerdeführerin und unter Beachtung der durch die Rechtsprechung des Europäischen Gerichtshofs aufgestellten Abwägungskriterien als **zumindest gut vertretbar erachtet und daher nicht zu beanstanden** vermag (OLG Dresden, B. v. 18. 9. 2009 – Az.: WVerg 0003/09).

9.3.5.5 **Anwendbares Recht bei Vorliegen der Ausnahmetatbestände**

2275   Für die Vergabe der nach § 100 Abs. 2 ausgenommenen Aufträge **gelten lediglich die Haushaltsvorschriften (§ 30 HGrG, §§ 55 BHO, LHO), sofern die öffentlichen Auftraggeber dem Haushaltsrecht unterworfen** sind.

Dem steht im Ergebnis nicht entgegen, dass der Auftraggeber diese Sicherheitsbedenken zunächst selbst nicht in dieser Schärfe gehabt und deswegen ausgeschrieben hat. Denn auch wenn man annehme, dass er deshalb an seine eigene ursprüngliche Beurteilung grundsätzlich gebunden sein konnte, würde dies allenfalls bei unveränderter Sachlage gelten. Hat der **Auftraggeber aber später nachvollziehbar dargelegt, dass der Geheimhaltungsbedarf derzeit hoher eingeschatzt wird als zum Zeitpunkt der Ausschreibung** und daher die innerhalb des bisherigen Verfahrens vorgesehenen Sicherheitsmaßnahmen (von der Ausschreibung als Verhandlungsverfahren mit ausgewählten Bietern bis hin zur Beschrankung der letzten Verhandlungsrunde allein auf den bis dahin erstplatzierten Bieter) als nicht mehr ausreichend angesehen werden, ist dies **ausreichend** (OLG Dresden, B. v. 18. 9. 2009 – Az.: WVerg 0003/09). 2276

Wenn gemäß § 100 Abs. 2 d) dd) GWB die Vorgaben des SÜG zu beachten sind, führt dies erst einmal nur dazu, dass der **4. Teil des GWB nicht anwendbar** ist und keine europaweite Vergabe stattfindet. Die **Möglichkeit bzw. möglicherweise sogar die Verpflichtung, eine Leistung nach den Vorgaben zu vergeben, die für rein nationale Vergaben gelten, bleibt davon völlig unberührt** (3. VK Bund, B. v. 6. 8. 2010 – Az.: VK 3–72/10). 2277

9.3.5.6 Aufteilung des öffentlichen Auftrages

Kann ein öffentlicher **Auftrag in einen sicherheitsrelevanten Teil und einen anderen Teil aufgeteilt** werden, ist eine solche **Trennung vorzunehmen** und entsprechend jeweils auszuschreiben (VK Brandenburg, B. v. 22. 3. 2004 – Az.: VK 6/04; 2. VK Bund, B. v. 18. 5. 1999 – Az.: VK 2–8/99, B. v. 18. 11. 2003 – Az.: VK 2–110/03; 3. VK Bund, B. v. 14. 7. 2005 – Az.: VK 3–55/05). 2278

9.3.5.7 Weitere Beispiele aus der Rechtsprechung

– eine Sicherheitsüberprüfung ist nach dem SÜG durchzuführen bei Personen, die eine sicherheitsempfindliche Tätigkeit ausüben; betroffen ist davon u. a., wer Zugang zu Verschlusssachen hat oder ihn sich verschaffen kann, die mit dem Geheimhaltungsgrad VS-Vertraulich oder höher eingestuft sind. **Auch wenn diese Voraussetzungen während des Vergabeverfahrens (noch) nicht zutreffen, kommt es darauf nach dem klaren Wortlaut sowohl von § 100 Abs. 2 d GWB als auch der Vorschriften des SÜG aber nicht an:** Denn nicht das Verfahren zur Erteilung, sondern die Ausführung des Auftrags muss besondere Sicherheitsmaßnahmen erfordern, und die Notwendigkeit einer Sicherheitsüberprüfung ergibt sich – außer in Fällen der Wiederholungsüberprüfung – stets aus einer künftigen sicherheitsempfindlichen Tätigkeit. Auch wenn der Funkverkehr, der demnächst (auch und gerade durch Mitarbeiter des erfolgreichen Bieters) über die einzurichtenden Leitstellen betrieben werden soll, keine Verschlusssachen im förmlichen Sinne zum Gegenstand haben soll, ändert dies jedoch nichts daran, **dass die Infrastruktur des Digitalfunknetzes selbst, dessen integraler Bestandteil die Leitstellen sein werden, zumindest in Teilen – und sei es nur durch Stellen des Bundes, die ihrerseits mit der Implementierung des deutschlandweit vernetzten Funksystems verantwortlich befasst sind – als geheimhaltungsbedürftig eingestuft** worden ist. Vor diesem Hintergrund ist nicht zu erkennen, wie mit dem Betrieb der Leitstellen in Sachsen betraute private Mitarbeiter des Bieters zuverlässig und dauerhaft daran gehindert werden könnten, sich dabei Kenntnisse über in vorgenanntem Sinne sicherheitsrelevante Aspekte ihrer Tätigkeit zumindest zu verschaffen, so dass eine Sicherheitsüberprüfung entbehrlich sein könnte. Dann aber sind die Voraussetzungen einer Beschaffung ohne Bindung an das materielle Vergaberecht gemäß § 100 Abs. 2 d GWB erfüllt (OLG Dresden, B. v. 18. 9. 2009 – Az.: WVerg 0003/09) 2279

– der Vortrag des Auftraggebers, dass besondere Sicherheitsmaßnahmen tatsächlich erforderlich sind, ist für die Vergabekammer nachvollziehbar und im Ergebnis tragfähig, darauf die Anwendbarkeit einer Bereichsausnahme zu stützen. **Bereits aus den Verdingungsunterlagen ergibt sich, dass es sich bei der Leitstellenstruktur und damit auch bei dem Betrieb derselben um eine sicherheitskritische Infrastruktur handelt. Es werden sensible Daten verarbeitet. Es handelt sich Leitstellen u. a. für Notrufe aus den Bereichen Polizei, Katastrophenschutz, Feuerwehr und Rettungsdienst. Neben der Verarbeitung sensibler Daten, ist hier auch von einer erhöhten Sicherheitsrelevanz auszugehen.** Damit **liegt es auf der Hand, dass bei Aufbau und Betrieb der mit dem BOS-Digitalfunk verknüpften Leitstellen entscheidende Sicherheitsinteressen betroffen** sind. Insbesondere ist es verhältnismäßig, sowohl die technischen Voraussetzungen, als auch

Teil 1 GWB § 100 Gesetz gegen Wettbewerbsbeschränkungen

den konkreten Betrieb als sicherheitsrelevant und geheimhaltungsbedürftig einzustufen (VK Sachsen, B. v. 12. 6. 2009 – Az.: 1/SVK/011-09)

– die **Voraussetzungen des § 1 Abs. 4, 5 SÜG** sind (sicherheitsempfindliche Tätigkeit auch desjenigen, der an einer sicherheitsempfindlichen Stelle innerhalb einer lebens- oder verteidigungswichtigen Einrichtung beschäftigt ist oder werden soll) liegen – wie die Legaldefinition der „lebens-" bzw. „verteidigungswichtigen Einrichtung" in § 1 Abs. 5 S. 1 Nr. 1, 2 SÜG zeigt –, **nur dann** vor, wenn **zumindest Gesundheit oder Leben „großer Teile der Bevölkerung" tangiert** wird. Dem entspricht auch die Begründung zum Entwurf dieser Vorschrift: Sie wurde mit dem „Gesetz zur Bekämpfung des internationalen Terrorismus" in das SÜG eingefügt und soll solche Stellen und Einrichtungen, deren Ausfall oder Zerstörung die Gesundheit oder das Leben von großen Teilen der Bevölkerung erheblich bedrohen oder die für das Gemeinwesen unverzichtbar sind, vor möglichen Innentätern schützen (vorbeugender personeller Sabotageschutz, vgl. Begründung zum Entwurf des Terrorismusbekämpfungsgesetzes, BT-Drs. 14/7386, S. 43). Der **Schutz einzelner oder der sonstigen im Rahmen der vorliegenden Ausschreibung beförderten Personen wird von dieser Regelung daher bereits aus diesem Grund nicht umfasst** (OLG Düsseldorf, B. v. 22. 10. 2008 – Az.: VII-Verg 48/08; 3. VK Bund, B. v. 15. 7. 2008 – Az.: VK 3–89/08)

– die **Voraussetzungen des § 1 Abs. 2 Nr. 3 SÜG sind nicht erfüllt**, wenn z. B. die **Disponenten und Fahrer im Rahmen der ausgeschriebenen Beförderungsleistungen** nicht in einer Stelle i. S. d. dieser Vorschrift tätig sind, die zum Sicherheitsbereich erklärt worden ist, weil diesen Personen ein **Betreten der Gebäude des … grundsätzlich untersagt** und auch nicht vom Gegenstand der ausgeschrieben Leistungen gedeckt ist (OLG Düsseldorf, B. v. 22. 10. 2008 – Az.: VII-Verg 48/08; 3. VK Bund, B. v. 15. 7. 2008 – Az.: VK 3–89/08)

– **das SÜG ist einschlägig**, wenn eine sicherheitsempfindliche Tätigkeit ausgeübt wird. Eine solche liegt nach § 1 Abs. 2 Nr. 1 SÜG vor, wenn eine Person Zugang zu Verschlusssachen hat oder ihn sich verschaffen kann, die streng geheim, geheim oder VS-vertraulich eingestuft sind. Dies ist **bei Disponenten oder Fahrern nicht der Fall**. Einen „Zugang verschaffen" können sich nur solche Personen, bei denen aufgrund ihrer Tätigkeit die Möglichkeit nahe liegt, dass diese ebenso Kenntnis von einer Verschlusssache bekommen können wie die Zugangsberechtigten selbst. Dies trifft z. B. **auf Kuriere oder Boten** zu, die Verschlusssachen befördern, oder **auf Bewachungspersonal**. Mit solchen Beschäftigten sind die Disponenten oder Fahrer im Rahmen der ausgeschriebenen Beförderungsleistungen nicht vergleichbar. Im Gegensatz zu Bewachungspersonal oder Kurieren und Boten können diese nicht unmittelbar mit Verschlusssachen in Kontakt kommen. Vielmehr sind die Verschlusssachen – sofern sie überhaupt auf den durchzuführenden Fahrten mitgeführt werden, was allenfalls in Ausnahmefällen gegeben sein dürfte – in der Obhut der beförderten … oder sonstiger abrufberechtigter Personen. Diese ihrerseits sind umfangreichen Verhaltensregeln unterworfen, Verschlusssachen gegen Kenntnisnahme durch Unbefugte zu schützen. So gibt es besondere Verschwiegenheitsanforderungen, die sich insbesondere auch auf erhebliche Einschränkungen beim Führen von Ferngesprächen erstrecken wie sie z. B. bei einer der ausgeschriebenen Beförderungsfahrten geführt werden könnten und auf das Verbot, Verschlusssachen ab der Geheimhaltungsstufe „VS-vertraulich" in der Öffentlichkeit zu lesen oder zu erörtern, außerdem dürfen Verschlusssachen nur von Hand zu Hand an zum Empfang Berechtigte weitergeleitet werden, müssen ständig bei sich geführt werden und dürfen u. a. nicht in Kraftwagen zurückgelassen werden (OLG Düsseldorf, B. v. 22. 10. 2008 – Az.: VII-Verg 48/08; 3. VK Bund, B. v. 15. 7. 2008 – Az.: VK 3–89/08)

– es steht außer Frage, dass ein **funktionierender Katastrophenschutz** für das Gemeinwesen unverzichtbar ist, seine Beeinträchtigung somit die in § 1 Abs. 5 SÜG genannten Belange erheblich gefährden würde. Dass das **Projekt deNIS II plus** innerhalb der lebenswichtigen Einrichtung B. eine sicherheitsempfindliche Stelle bildet, hat der Auftraggeber überzeugend dargetan (2. VK Bund, B. v. 2. 2. 2006 – Az.: VK 2 – 02/06)

– **Betrieb eines bundesweiten Digitalfunksystems für Behörden und Organisationen mit Sicherheitsaufgaben (BOS-Digitalfunk)** (3. VK Bund, B. v. 14. 7. 2005 – Az.: VK 3–55/05)

– **Objektplanung gemäß § 15 HOAI für das Neubauvorhaben des Bundesnachrichtendienstes** (OLG Düsseldorf, B. v. 30. 3. 2005 – Az.: VII – Verg 101/04)

– **Ausstattung von Sicherheitsbehörden mit Software für Ermittlung und Auswertung** (VK Brandenburg, B. v. 22. 3. 2004 – Az.: VK 6/04)

Gesetz gegen Wettbewerbsbeschränkungen GWB § 100 **Teil 1**

– **Harmonisierung der Führungsinformationssysteme bei der Bundeswehr** (2. VK Bund, B. v. 18. 11. 2003 – Az.: VK 2–110/03)
– **Umzüge von Sicherheitsbehörden** (2. VK Bund, B. v. 18. 5. 1999 – Az.: VK 2–8/99)

9.3.5.8 Literatur

– Boesen, Arnold, Die Bundeswehr im Auslandseinsatz – Neue Herausforderungen an das Vergaberecht, NVwZ 2007, 1233
– Franke, Horst, Ausschreibungen und Datensicherheit – Sicherheit des Staates versus Vergaberecht – ein ungleicher Kampf?, Behörden Spiegel September 2008, 29
– Gass, Janka/Ohle, Mario, Sicherheit vor Wettbewerb? § 100 Abs. 2 lit. d) GWB – ein Ausnahmetatbestand im Wandel, ZfBR 2006, 655
– Herrmann Marco/Polster Julian, Die Vergabe von sicherheitsrelevanten Aufträgen, NVwZ 2010, 341
– Hölzl, Franz Josef, Circumstances alter cases, NZBau 2004, 256
– Kunert, Oliver, Vergaberecht und Öffentliches Recht – zur öffentlichen Auftragsvergabe in sicherheitssensiblen Rechtsbereichen, Carl Heymanns Verlag, Hamburg, 2003
– Prieß, Hans-Joachim/Hölzl, Franz, Ausnahmen bleiben die Ausnahmen! – Zu den Voraussetzungen der Rüstungs-, Sicherheits- und Geheimhaltungsausnahme sowie eines Verhandlungsverfahrens ohne Vergabebekanntmachung, NZBau 2008, 563
– Probst, Peter/Rechten, Stephan, Die Vergabe von Sicherheitsdienstleistungen, NVwZ 2010, 346
– Stober, Rolf, Für ein aufgabenadäquates Sicherheitsvergaberecht – Verfassungsrechtliche und rechtspolitische Anforderungen an die Auftragsvergabe bei Sicherheitsdienstleistungen, NJW 2007, 2008

2280

9.3.6 Auftraggeber, die auf dem Gebiet der Trinkwasser- oder Energieversorgung tätig sind (§ 100 Abs. 2 Buchstabe f))

9.3.6.1 Vergaberechtsmodernisierungsgesetz 2009

Die Änderung betrifft einmal die **Streichung der Telekommunikation**; vgl. insoweit die Kommentierung zu → § 98 GWB Rdn. 130.

2281

Die übrige Änderung dient der **Aufnahme einer bestimmten Ausnahme für die Sektorenbereiche**; die **Regelung war bislang in § 9 Abs. 5 VgV a. F. enthalten**.

2282

9.3.6.2 Rechtsprechung

Zwar sind durch § 100 Abs. 2 lit. f) GWB **reine Energielieferungsverträge auch für die öffentliche Fernwärmeversorgung, die ein Sektorenauftraggeber durchführt, von der Verpflichtung, öffentliche Aufträge nur im Wege eines förmlichen Vergabeverfahrens zu vergeben, ausgenommen**. Ob diese Regelung geschaffen wurde, weil früher jedenfalls die öffentlichen Versorger aufgrund der bestehenden Versorgungsmonopole nur bei dem vorgelagerten Monopolisten ihre Energie beziehen konnten, ein Wettbewerb also gar nicht möglich war, oder ob diese Regelung noch heute auf den jedenfalls teilweise liberalisierten Energiemärkten noch eine Berechtigung hat, kann dahin stehen. Dieser **Ausnahmetatbestand** zu der umfassend geltenden allgemeinen Verpflichtung öffentlicher Auftraggeber, öffentliche Aufträge nach einem geregelten Vergabeverfahren zu vergeben, ist aber **eng auszulegen** und greift jedenfalls dann nicht, **wenn der Auftraggeber z. B. im Wege eines Contracting-Vertrages auch Leistungen nachfragt, die im Allgemeinen einer Ausschreibungspflicht unterliegen**. Hätte der Auftraggeber für seine Versorgung ein neues Kraftwerk bauen wollen, wäre dieser Auftrag sicher nach der VOB/A auszuschreiben gewesen. Dass er im Wege eines Contracting-Modells eine zeitgemäßere Finanzierungsform wählt, die ihm erlaubt, die Vorgaben für die durch den Investor allein für seine Versorgung zu errichtende Wärmeerzeugungsanlage zu machen und den dafür am besten qualifizierten Investor am Markt zu suchen und die Investition über die feste, langfristige Abnahmeverpflichtung zu finanzieren, befreit ihn nicht von der Ausschreibung in einem geregelten Verfahren, nur weil er aus der so für seine Zwecke errichteten Wärmeerzeugungsanlage die Fernwärme bezieht. Auch dass bei einem so gestalteten Fernwärmebezugsvertrag offenbar die Lieferleistung wirtschaftlich die Investition übersteigt, ist offenbar,

2283

Teil 1 GWB § 100 Gesetz gegen Wettbewerbsbeschränkungen

weil durch die Lieferung nicht nur die Investition, sondern auch die Brennstoff- und Betriebskosten gedeckt und ein wirtschaftlicher Gewinn finanziert werden soll (2. VK Brandenburg, B. v. 8. 3. 2007 – Az.: 2 VK 4/07).

2284   Ausschlaggebend für den Freistellungstatbestand ist nicht, dass der Contracting-Vertrag als Dienstleistungsvertrag einzustufen ist. Die **Begriffe Energielieferung und Dienstleistung sind nicht synonym.** Entscheidend für den Anwendungsbereich der Ausnahmeregelung ist vielmehr, dass nur eine Energielieferung nachgefragt wird, unabhängig davon, wie und auf der Basis welcher Primärenergie diese Energie erzeugt wird (2. VK Brandenburg, B. v. 8. 3. 2007 – Az.: 2 VK 4/07).

9.3.6.3 Hinweis

2285   Die **Begriffe** „Trinkwasserversorgung" und „Energieversorgung" sind **in der Anlage zu § 98 Nr. 4 definiert.**

9.3.7 Auf Gesetz oder Verordnung beruhendes ausschließliches Recht zur Erbringung der Leistung (§ 100 Abs. 2 Buchstabe g))

9.3.7.1 Grundsatz

2286   Der Begriff der besonderen bzw. ausschließlichen Rechte ist **Art. 106 Abs. 1 AEUV** (vormals Art. 86 Abs. 1 EG, vormals Art. 90 Abs. 1 EGV) **entlehnt** und daher im Sinne dieser Vorschrift auszulegen. Bei ausschließlichen Rechten handelt es sich demnach um solche, die von einer Behörde, einer oder mehreren privaten Einrichtungen auf dem Gesetzes- oder Verwaltungswege gewährt wurden und diesen die Erbringung einer Dienstleistung oder die Ausübung einer bestimmten Tätigkeit vorbehalten, wie z. B. Wasserrechte, Wegerechte, Benutzungsrechte von Grundstücken und sonstigen Ausschließlichkeitsrechten. Erfolgt die Gewährung der besonderen oder ausschließlichen Rechte nicht im Gesetzes-, sondern im Verwaltungswege, ist nicht entscheidend, ob diese Rechte durch einseitigen öffentlichen Rechtsakt oder durch privatrechtlichen Vertrag begründet worden sind. Allein entscheidend ist, dass überhaupt – wie auch immer begründete – Sonderrechte geschaffen worden sind (VK Lüneburg, B. v. 8. 11. 2002 – Az.: 24/02).

2287   Nach dem Vergaberechtsmodernisierungsgesetz hingegen setzt der Ausnahmetatbestand des § 100 Abs. 2 lit. g) GWB auf Seiten des Auftragnehmers ein Monopol zur Leistungserbringung voraus. In diesem Fall wäre eine Ausschreibung sinnlos, da ohnehin nur der Monopolist den Zuschlag erhalten kann. Weiterhin **bestimmt der Gesetzestext, dass das ausschließliche Recht zur Leistungserbringung auf einem Gesetz oder einer Verordnung beruhen muss. Die Begründung durch einen Rechtsakt anderer Art, wie z. B. durch einen Verwaltungsakt, durch einen Vertrag oder einer öffentlich-rechtlichen Vereinbarung, genügt diesem Erfordernis nicht** (VK Münster, B. v. 7. 9. 2010 – Az.: VK 6/10).

9.3.7.2 §§ 13, 42, 43 PBefG

2288   **Weder die §§ 42,43 PBefG noch § 13 PBefG enthalten derartige ausschließliche Rechte.** Die §§ 42,43 PBefG enthalten lediglich Begriffsbestimmungen in Bezug auf den Linienverkehr und den Sonderformen des Linienverkehrs. Linienverkehr ist eine zwischen bestimmten Ausgangs- und Endpunkten eingerichtete regelmäßige Verkehrsverbindung, auf der Fahrgäste an bestimmten Haltestellen ein- und aussteigen. Er setzt nicht voraus, dass ein Fahrplan mit bestimmten Abfahrts- und Ankunftszeiten besteht oder Zwischenhaltestellen eingerichtet sind. Als Linienverkehr gilt auch der Verkehr, der unter Ausschluss anderer Fahrgäste der regelmäßigen Beförderung beispielsweise von Schülern zwischen Wohnung und Lehranstalten dient. Diese Regelungen in §§ 42, 43 PBefG enthalten keine Befugnisse, auf die sich allein ein Unternehmen berufen könnte. Die Ausführung des Linienverkehrs mit Bussen steht zunächst allen Marktteilnehmern offen. Auch andere Unternehmen können diese Leistungen erbringen. Im Übrigen ist eine Übertragung solcher Rechte aufgrund eines Dienstleistungsauftrages ohne rechtliche Relevanz, weil der Ausnahmetatbestand es gerade ausschließt, dass dieses ausschließliche Recht kraft eines Vertrages oder Verwaltungsakts auf den anderen öffentlichen Auftraggeber übertragen wird. Es ist somit im Vergaberecht nach der RL 2004/18/EG und dem GWB ohne Relevanz, dass der Auftraggeber in einem Vertrag diese Genehmigungen an ein Unternehmen „übertragen" wollen. **Auch die Genehmigungspflicht nach § 13 PBefG ist kein ausschließliches Recht iSv § 100 Abs. 2 lit. g) GWB.** Der Betreiber einer Linie erhält durch die Genehmigung ein „Ausschließlichkeitsrecht", weil nur er für eine Dauer von

Gesetz gegen Wettbewerbsbeschränkungen GWB § 100 **Teil 1**

8 Jahren berechtigt ist, bestimmte öffentliche Personenverkehrsdienste auf einer bestimmten Strecke oder in einem bestimmten Streckennetz oder Gebiet unter Ausschluss aller anderen Betreiber zu erbringen. Ohne Linienkonzession ist es auf Grund des § 2 Abs. 1 PBefG nicht erlaubt, Verkehr zu erbringen. Die Konzession vermittelt dem Inhaber somit Schutz vor Konkurrenz. Insbesondere ist es Unternehmen, die nicht im Besitz der erforderlichen Genehmigungen sind, auf Grund des „Verbots der Doppelbedienung" verwehrt, Verkehr auf den gleichen Linien anzubieten. Die **Genehmigung nach § 13 PBefG stellt somit einen gewerberechtlichen Genehmigungstatbestand, vergleichbar mit anderen Genehmigungstatbeständen im Ordnungsrecht, wie der Gewerbeerlaubnis oder Genehmigungen nach dem Gaststättengesetz, dar**. Kennzeichnend ist, dass auch diese „Genehmigungen" in der Regel in der Form eines Verwaltungsakts erteilt werden und die Regelung in § 13 PBefG die Rechtsgrundlage dafür ist. Keinesfalls kann sich damit ein Unternehmen ausschließlich auf das Gesetz (§ 13 PBefG) berufen, sondern es ist – wie andere Unternehmen auch- darauf angewiesen, dass z.B. die zuständige Bezirksregierung ihr dieses „Recht" durch Verwaltungsakt erteilt. Dies reicht allerdings nicht, um einen Ausnahmetatbestand iSv § 100 Abs. 2 lit. g) GWB anzunehmen (VK Münster, B. v. 7. 9. 2010 – Az.: VK 6/10).

9.3.7.3 Beispiele aus der Rechtsprechung

– mit der rechtlichen Pflicht des Entsorgungsträgers, die zur Beseitigung überlassenen Abfälle ausschließlich in bestimmten Anlagen zu entsorgen, **geht nicht ein ausschließliches Recht des Betreibers der betreffenden Anlagen zur Leistungserbringung einher**. Die Befugnis zur Entsorgung erlangt der Betreiber erst aus dem privatrechtlich geschlossenen Entsorgungsvertrag (VK Schleswig-Holstein, B. v. 26. 5. 2010 – Az.: VK-SH 01/10) 2289

– aus den für verbindlich erklärten **Vorgaben der Abfallwirtschaftspläne resultiert kein Recht auf Erbringung der betreffenden Abfallbeseitigungsleistungen**. Die Rechtswirkungen der Abfallwirtschaftsplane erschöpfen sich in der Verpflichtung des Abfallbeseitigungspflichtigen, den Abfall in den im Abfallwirtschaftsplan verbindlich vorgegebenen Anlagen zu entsorgen. Der Plan räumt daneben nicht – wie es für § 100 Abs. 2 lit. g) GWB erforderlich wäre – dem Betreiber der Abfallbeseitigungsanlage ein Recht auf die Erbringung der Abfallentsorgungsleistung ein. Überdies erfasst § 100 Abs. 2 lit. g) GWB nur Fälle, in denen ein Leistungsrecht durch Gesetz oder Rechtsverordnung verschafft wird (OLG Düsseldorf, B. v. 9. 4. 2003 – Az.: Verg 66/02)

9.3.8 Immobilienbedarfsgeschäfte (§ 100 Abs. 2 Buchstabe h))

9.3.8.1 Grundsätze

Das Vergaberecht gilt nach § 100 Abs. 2 Buchstabe h) GWB nicht bei Verträgen über Erwerb oder Miete von oder Rechte an Grundstücken oder vorhandenen Gebäuden oder anderem unbeweglichen Vermögen ungeachtet ihrer Finanzierung. 2290

Das Vergaberecht ist in Fällen, in denen der öffentliche Auftraggeber als Anbieter von Leistungen auftritt, nicht anwendbar, die **bloße Überlassung einer Nutzung z. B. in Form einer Vermietung von Flächen ist als solches Anbieten einer Leistung anzusehen** (LG Berlin, B. v. 19. 10. 2007 – Az.: 13 O 479/07); ebenso **unterliegt die schlichte Verpachtung eines Grundstücks durch die öffentliche Hand nicht dem Vergaberecht**, weil die öffentliche Hand hierbei lediglich als Anbieter einer eigenen Leistung auf dem Markt auftritt und nicht fremde Leistungen nachfragt. Die Einnahme einer Gegenleistung in Geld ist kein vergaberechtlich relevanter (Beschaffungs-) Vorgang (OLG Bremen, B. v. 13. 3. 2008 – Az.: Verg 5/07; VK Baden-Württemberg, B. v. 15. 8. 2008 – Az.: 1 VK 27/08; VK Niedersachsen, B. v. vom 16. 10. 2008 – Az.: VgK-30/2008; VK Thüringen, B. v. 28. 7. 2008 – Az.: 250–4003.20–1907/2008-026-EF). 2291

Auch **für reine Grundstücksveräußerungen** besteht **mangels Annahme eines entgeltlichen Beschaffungsaktes keine Ausschreibungspflicht nach dem Vergaberecht**, da davon ausgegangen wird, dass bereits begrifflich kein Beschaffungsakt vorliegt, weil die öffentliche Hand mit der Veräußerung gerade keine Leistung beschafft, sondern vielmehr einen Vermögenswert abstößt (EuGH, Urteil v. 25. 3. 2010 – Az.: C-451/08; BGH, Urteil v. 22. 2. 2008 – Az.: V ZR 56/07; OLG Düsseldorf, B. v. 12. 1. 2009 – Az.: VII-Verg 67/08; VK Baden-Württemberg, B. v. 13. 11. 2008 – Az.: 1 VK 45/08; B. v. 15. 8. 2008 – Az.: 1 VK 27/08; B. v. 5. 6. 2008 – Az.: 1 VK 16/08; 2. VK Bund, B. v. 28. 3. 2008 – Az.: VK 2–28/08; VK Münster, B. v. 6. 5. 2008 – Az.: VK 4/08; VK Brandenburg, B. v. 28. 3. 2008 – Az.: VK 6/08; B. v. 15. 2. 2008 – Az.: VK 2/08; VK Düsseldorf, B. v. 2. 8. 2007 – Az.: VK – 23/2007 – B). 2292

Teil 1 GWB § 100 Gesetz gegen Wettbewerbsbeschränkungen

2293 Vgl. zu den **Immobilienbedarfsgeschäften in Verbindung mit einer Grundstücksveräußerung** und einer **notwendigen Anwendung des Vergaberechts** die Kommentierung zu → § 99 GWB Rdn. 166 ff.

9.3.8.2 Anmietung eines noch zu erstellenden Gebäudes

2294 Vgl. die Kommentierung zu → § 99 GWB Rdn. 160.

9.3.8.3 Rechtsprechung zu Bieterverfahren zum Zwecke einer Grundstücksveräußerung

2295 Wird von einem Träger der öffentlichen Verwaltung oder einem von diesem mit der Suche nach einem Käufer beauftragten Unternehmen ein „**Bieterverfahren**" **zum Zwecke einer Grundstücksveräußerung veranstaltet, entsteht** zwischen dem Träger der öffentlichen Verwaltung und den Teilnehmern dieses Verfahrens ein **vorvertragliches Vertrauensverhältnis**, das **außerhalb des Anwendungsbereichs der allgemeinen Vergabevorschriften** und Verdingungsordnungen den **Träger der öffentlichen Verwaltung zu Gleichbehandlung der Teilnehmer, Transparenz und Rücksichtnahme verpflichtet** (BGH, Urteil v. 22. 2. 2008 – Az.: V ZR 56/07).

2296 Die **auf der Grundlage des Vergaberechts zu den Pflichten eines Ausschreibenden entwickelten Grundsätze können auf ein für den Verkauf eines Grundstücks gewähltes „Bieterverfahren" nicht ohne weiteres übertragen** werden. Die Vergabeverfahren der öffentlichen Verwaltung sind dadurch gekennzeichnet, dass – außerhalb der Vergabe freiberuflicher Leistungen – der Vertragspartner grundsätzlich im Wege der Ausschreibung ermittelt wird. Hierzu schreibt der Träger der öffentlichen Verwaltung die von ihm benötigte Leistung aus. Wer in der Lage und bereit ist, die Leistung zu erbringen, beziffert als Teilnehmer an dem Ausschreibungsverfahren seine Forderung hierfür (vgl. VOB/A, VOL/A). Das wirtschaftlichste Gebot erhält den Zuschlag, § 97 Abs. 5 GWB. Damit kommt der Vertrag über die in der Ausschreibung beschriebene Leistung zu dem gebotenen Preis zustande. Das **scheidet bei einem zum Verkauf eines Grundstücks veranstalteten „Bieterverfahren" schon deshalb aus, weil es an einem annahmefähigen Angebot des Verkäufers fehlt und den Geboten der Teilnehmer an dem Verfahren keine bindende Wirkung zukommt** (BGH, Urteil v. 22. 2. 2008 – Az.: V ZR 56/07).

2297 **Vornehmlicher Zweck** eines zum Verkauf eines Grundstücks eingeleiteten „Bieterverfahrens" ist die **Feststellung der Ernsthaftigkeit eines bekundeten Erwerbsinteresses** und die **Begrenzung der Zahl der Verhandlungspartner des Verkäufers**. Kommen allein gewerbliche Interessenten für den Erwerb eines von einem Träger der öffentlichen Verwaltung angebotenen Grundstücks in Betracht, ist davon auszugehen, dass dies den Teilnehmern an einem solchen Verfahren bekannt ist. Schließt sich das Verfahren an das Exposé eines Maklers an, besteht für eine vollständige Beschreibung des zum Verkauf annoncierten Grundstücks weder Anlass, noch wird eine solche Beschreibung erwartet (BGH, Urteil v. 22. 2. 2008 – Az.: V ZR 56/07).

2298 Gegebenenfalls kommt eine **entsprechende Anwendung des Grundsatzes des Vergaberechts, dass es einem Träger der öffentlichen Verwaltung verwehrt ist, einen Vertrag zu nachteiligeren Bedingungen als in der Annonce eines Vergabeverfahrens verlautbart zu schließen, sofern das Angebot auch nur eines Bieters die Bedingungen der Annonce erfüllt**, in Betracht. Dies ist aber **dann nicht der Fall, wenn der Verkauf des Grundstücks zu den vorgesehenen Bedingungen nicht mehr durchgeführt werden kann**, wenn sich z. B. nach der Beendigung des „Bieterverfahrens" herausstellt, dass das **Grundstück altlastenbehaftet** und der für den Beginn einer Neubebauung angegebene Zeitpunkt deshalb nicht eingehalten werden kann. In solchen Fällen ist die **öffentliche Hand auch nicht gehalten, ein neuerliches „Bieterverfahren" zum Verkauf des Grundstücks zu eröffnen oder das beendete Verfahren „wieder aufzugreifen"**, nachdem sich die Kontamination des Grundstücks herausgestellt hatte. Der öffentlichen Hand steht es frei, zu bestimmen, auf welchem Wege sie einen Käufer für das Grundstück sucht. Dass der von ihr beauftragte Makler hierzu ein „Bieterverfahren" veranstaltet, begründet keine Verpflichtung, im Hinblick auf die nunmehr für den Verkauf des Grundstücks geltenden Umstände erneut in ein Verfahren dieser Art einzutreten oder das beendete Verfahren wieder aufzunehmen (BGH, Urteil v. 22. 2. 2008 – Az.: V ZR 56/07).

9.3.8.4 Literatur

2299 Vgl. die Kommentierung zu → § 99 GWB Rdn. 196.

9.3.9 Tätigkeiten von Sektorenauftraggebern außerhalb der Sektorentätigkeit (§ 100 Abs. 2 Buchstabe i))

9.3.9.1 Vergaberechtsmodernisierungsgesetz 2009

Die **bislang in § 7 Abs. 2 VgV enthaltene Ausnahme für Sektorenauftraggeber wird übernommen** (Art. 20 RL 2004/17/EG). Um zu verhindern, dass diese Ausnahme bei einer „Mischung" mit anderen im Allgemeininteresse liegenden Tätigkeiten **zur Nichtanwendung der Vergaberegeln insgesamt missbraucht** wird, ist klarzustellen, dass die Ausnahme nicht gilt, wenn die andere Tätigkeit eines Sektorenauftraggebers dazu führt, dass hierfür die Voraussetzungen des § 98 Nr. 2 vorliegen und **deshalb die Vergaberegeln anzuwenden** sind. 2300

9.3.9.2 Rechtsprechung

§ 9 Abs. 2 VgV a. F. – der jetzt in § 100 Abs. 2 Buchstabe i) GWB aufgenommen wurde – sieht eine Ausnahme für sog. **sektorenfremde Beschaffungen** vor. Danach gilt § 7 VgV a. F. **nicht für solche Aufträge**, die zwar **von Sektorenauftraggebern** vergeben werden, aber im Zusammenhang mit einer **Tätigkeit** stehen, die **nicht von § 8 VgV a. F. erfasst** wird (VK Südbayern, B. v. 17. 7. 2001 – Az.: 23-06/01; ebenso für die Sektorenrichtlinie EuGH, Urteil vom 16. 6. 2005 – Az.: C-462/03, C-463/03). 2301

9.3.10 Programmbeschaffung oder Ausstrahlung von Sendungen durch Rundfunk- oder Fernsehanstalten (§ 100 Abs. 2 Buchstabe j))

9.3.10.1 Vergaberechtsmodernisierungsgesetz 2009

Die Änderung dient der **Anpassung an die Formulierung des Artikels 16 lit. b) der Richtlinie 2004/18/EG**. 2302

9.3.10.2 Rechtsprechung

9.3.10.2.1 Allgemeines. Nach Art. 16 Satz 1 Buchstabe b) findet die Vergabekoordinierungsrichtlinie keine Anwendung auf öffentliche Dienstleistungsaufträge, die Kauf, Entwicklung, Produktion oder Koproduktion von Programmen, die zur Ausstrahlung durch Rundfunk- oder Fernsehanstalten bestimmt sind, sowie die Ausstrahlung von Sendungen zum Gegenstand haben. Insofern lassen **Gründe kultureller und gesellschaftspolitischer Art** eine Anwendung in diesen Fällen unangemessen erscheinen lassen (EuGH, Urteil v. 13. 12. 2007 – Az.: C-337/06). 2303

Da die fragliche Vorschrift eine **Ausnahme** darstellt **von dem Hauptzweck der Gemeinschaftsvorschriften auf dem Gebiet der Vergabe öffentlicher Aufträge, nämlich vom freien Dienstleistungsverkehr und der Öffnung für einen möglichst umfassenden Wettbewerb, ist sie restriktiv auszulegen.** Deshalb sind **allein die öffentlichen Aufträge vom Anwendungsbereich ausgenommen, die die in Art. 16 Satz 1 Buchstabe b) der VKR aufgeführten Dienstleistungen zum Gegenstand haben.** Dagegen unterliegen öffentliche Aufträge über Dienstleistungen, die in keinem Zusammenhang mit den Tätigkeiten stehen, die zur Erfüllung der eigentlichen öffentlichen Aufgabe der öffentlich-rechtlichen Rundfunkanstalten gehören, voll und ganz den Gemeinschaftsvorschriften (EuGH, Urteil v. 13. 12. 2007 – Az.: C-337/06). 2304

Auch die **verfassungsrechtlich gewährleistete und vom Bundesverfassungsgericht ausgelegte Neutralität des Staates in Bezug auf die Programmgestaltung durch die fraglichen Einrichtungen erfordert keine Neutralität dieser Anstalten bei der Auftragsvergabe.** Deshalb ist die **Gefahr nicht ausgeschlossen, dass sich die Rundfunkanstalten ohne Einhaltung der Gemeinschaftsvorschriften über die Vergabe öffentlicher Aufträge von anderen als wirtschaftlichen Erwägungen leiten lassen**, indem sie insbesondere die nationalen Bieter oder Bewerber bevorzugen. Da die deutsche Verfassung dies nicht verbietet, können die fraglichen Anstalten eine solche Haltung einnehmen, ohne gegen in der Verfassung vorgesehene Anforderungen zu verstoßen. Eine solche **Gefahr steht aber in Widerspruch zu den Zielen der Gemeinschaftsvorschriften** auf dem Gebiet der Vergabe öffentlicher Aufträge, nämlich dem freien Dienstleistungsverkehr und die Öffnung für einen unverfälschten und möglichst umfassenden Wettbewerb in allen Mitgliedstaaten (EuGH, Urteil v. 13. 12. 2007 – Az.: C-337/06). 2305

9.3.10.2.2 Beispiele aus der Rechtsprechung 2306
– die **Auftragsvergabe bei der Errichtung von Bauten unterfällt zweifelsohne dem Vergaberecht** (VK Bremen, B. v. 1. 2. 2006 – Az.: VK 1/06)

– auch die **Vergabe von Reinigungsleistungen gehört nicht** zu den programmbezogenen Einkaufstätigkeiten (EuGH, Urteil v. 13. 12. 2007 – Az.: C-337/06).

9.3.11 Telekommunikationsdienstleistungen (§ 100 Abs. 2 Buchstabe k))

9.3.11.1 Vergaberechtsmodernisierungsgesetz 2009

2307 Solange im Telekommunikationsbereich eine Monopolstruktur herrschte, machte eine europaweite Ausschreibung von Telekommunikationsleistungen keinen Sinn. Diese Leistungen waren daher vom Anwendungsbereich des Gesetzes ausgenommen. **Durch die Liberalisierung des Telekommunikationssektors gibt es jedoch mittlerweile mehrere Anbieter. Die Ausnahme für die Telekommunikationsleistungen ist daher aufzuheben. Wenn Auftraggeber künftig Telekommunikationsleistungen oberhalb der EG- Schwellenwerte vergeben wollen, müssen sie die Vergaberegelungen des GWB beachten.** Ersetzt wird diese Ausnahme durch eine Vorschrift, die für die in § 98 verbleibenden öffentlichen Auftraggeber klargestellt, dass **Aufträge mit dem Zweck, das Anbieten von Telekommunikationsleistungen für die Öffentlichkeit zu ermöglichen, nicht erfasst werden.**

2308 Die **ältere Rechtsprechung** ist damit **überholt**.

9.3.12 Finanzielle Dienstleistungen (§ 100 Abs. 2 Buchstabe m))

9.3.12.1 Vergaberechtsmodernisierungsgesetz 2009

2309 In der Ausnahmeregelung für die finanziellen Dienstleistungen wird wie in den EG-Vergaberichtlinien nunmehr klargestellt, dass die **Aufnahme von Kapital und Krediten durch die öffentlichen Auftraggeber keine öffentlichen Aufträge** sind.

9.3.12.2 Rechtsprechung

2310 **9.3.12.2.1 Inhalt der Regelung.** Die Charakterisierung und Einordnung der Ausnahmebestimmung des § 100 Abs. 2 lit. m) GWB hat **auf der Grundlage der Richtlinie 92/50 EWG** – jetzt Vergabekoordinierungsrichtlinie – zu erfolgen. Nach **Art. 1 lit. a) Buchstabe VII)** der Richtlinie werden „Verträge über finanzielle Dienstleistungen im Zusammenhang mit Ausgabe, Verkauf, Ankauf oder Übertragung von Wertpapieren oder anderen Finanzinstrumenten sowie Dienstleistungen der Zentralbanken" aus dem Geltungsbereich der öffentlichen Dienstleistungsaufträge ausgenommen. Infolgedessen schränkt Kategorie 6 des Anhangs I A der Richtlinie den dort bestimmten Wortlaut „Bankenleistungen und Wertpapiergeschäfte" durch eine amtliche Anmerkung entsprechend ein. Die Abgrenzung der öffentlichen Dienstleistungsaufträge im Sinne der Richtlinie hat ihren Niederschlag u. a. in § 100 Abs. 2 lit. m) GWB gefunden.

2311 Auch **nach Art. 16 der EU-Vergabekoordinierungsrichtlinie (Richtlinie 2004/18/ EG) findet die Richtlinie keine Anwendung auf öffentliche Dienstleistungsaufträge, die Finanzdienstleistungen** im Zusammenhang mit der Ausgabe, dem Verkauf, dem Ankauf oder der Übertragung von Wertpapieren oder anderen Finanzinstrumenten, insbesondere Geschäfte, die der Geld- oder Kapitalbeschaffung der öffentlichen Auftraggeber dienen, sowie Dienstleistungen der Zentralbanken.

2312 Aus dem Wortlaut des § 100 Abs. 2 lit. m) GWB kann geschlossen werden, dass **kapitalbezogene Finanzdienstleistungen nicht vollständig von der Anwendung des Vergaberechts ausgeschlossen** sind. Zur Abgrenzung der von der Vergabe ausgenommenen und der nicht ausgenommenen kapitalmarktbezogenen Finanzdienstleistungen wird auf das Kriterium des Vertrauenstatbestandes zwischen den Beteiligten sowie auf Probleme der ständigen Änderung der Verhältnisse an den Kapitalmärkten sowie den Zeitaufwand, der mit der Durchführung eines Vergabeverfahrens verbunden ist, hingewiesen. **Nicht ausschreibungspflichtig** sind Finanzdienstleistungen, die wegen ihrer Kapitalmarktbezogenheit kraft Natur der Sache nicht in das Fristensystem des Vergaberechts passen. Der in der Ausnahmeregelung zum Ausdruck kommende Vorbehalt umfasst neben den Transaktionsgeschäften mit Wertpapieren und anderen Finanzinstrumenten alle vorbereitenden und begleitenden Dienstleistungen, die mit dem Finanzierungsgeschäft in einem solchen Zusammenhang stehen, dass sie die Durchführung des Geschäfts selbst beeinflussen können.

2313 Die **Reichweite der Ausnahme** ist anhand des konkreten Inhalts des Vertrags über finanzielle Dienstleistungen vor dem Hintergrund der Entstehungsgeschichte und des Zwecks der Vorschrift zu ermitteln. Zu den Ausnahmen der Bestimmung gehören neben den Instrumenten

Gesetz gegen Wettbewerbsbeschränkungen GWB § 100 **Teil 1**

der Geld-, Wechselkurs-, öffentlichen Kredit- und Geldreservepolitik weitere Politiken, die neben den Geschäften mit Wertpapieren die Geschäfte mit anderen Finanzinstrumenten mit sich bringen. Fraglich ist, ob nach der Entstehungsgeschichte und dem Zweck der Vorschrift **eine engere oder weitere Auslegung** geboten ist. Von der Literatur wird in einer nicht einengenden Interpretation darauf abgestellt, ob dem Geschäft ein besonderes Vertrauensverhältnis zugrunde liegt. Überwiegend wird vertreten, dass neben dem ausdrücklich erwähnten Geschäften solche Geschäfte als im Zusammenhang stehend ausgeschlossen sein sollen, die aufgrund der Besonderheiten der Finanzmärkte eine Anwendung des Vergaberechts unmöglich oder unpraktikabel erscheinen lassen. Das **„andere" Finanzinstrument** ist demnach allgemein als ein Geschäft zu kennzeichnen, dem aufgrund der Besonderheiten des Finanzmarktes ein besonderes kapitalmarktbezogenes Vertrauensverhältnis zugrunde liegt, das eine Anwendung des Vergaberechts unmöglich erscheinen lässt. Die Ausnahme umfasst über die Transaktionsgeschäfte mit anderen Finanzinstrumenten hinaus alle vorbereitenden und begleitenden Dienstleistungen, die mit dem Finanzierungsgeschäft in einem solchen Zusammenhang stehen, dass sie die Durchführung des Geschäfts selbst beeinflussen können (VK Baden-Württemberg, B. v. 30. 11. 2001 – Az.: 1 VK 40/01).

9.3.12.2.2 Beispiele aus der Rechtsprechung 2314

– **Arrangeurvertrag über einen US Cross Border Leasing-Vertrag** (VK Baden-Württemberg, B. v. 30. 11. 2001 – Az.: 1 VK 40/01)

9.3.12.3 Literatur

– Stewen, Tobias, Vergabepflicht von Dienstleistungen im Zusammenhang mit der Kapitalanlage, ZfBR 2008, 146   2315

– Stickler, Thomas, Bedarf die Vergabe von Darlehensverträgen durch die öffentliche Hand einer europaweiten Ausschreibung?, VergabeR 2008, 177

9.3.13 Forschungs- und Entwicklungsdienstleistungen (§ 100 Abs. 2 Buchstabe n))

9.3.13.1 Vergaberechtsmodernisierungsgesetz 2009

Durch das Vergaberechtsmodernisierungsgesetz erfolgten in § 100 Abs. 2 Buchstabe n) **keine** 2316 **Änderungen.**

9.3.13.2 Inhalt

Forschungs- und Entwicklungsdienstleistungen sind nicht generell dem Vergaberegime entzogen; greift die **Rückausnahme des § 100 Abs. 2 Buchstabe n)** ein, bleibt das Vergaberecht anwendbar.   2317

9.3.13.3 Rechtsprechung

9.3.13.3.1 Begriff der Forschung. Was unter Forschung zu verstehen ist, wird weder in 2318 den Vergaberichtlinien noch in Art. 163 ff. EG-Vertrag (jetzt Art. 179 ff. AEUV) definiert. **Forschung hat jedenfalls zum Ziel, neue Erkenntnisse zu gewinnen**, gleich ob es sich um Grundlagenforschung oder um angewandte Forschung handelt. Dass der Begriff Forschung in § 100 Abs. 2 Buchstabe n) GWB **sowohl die Grundlagenforschung als auch die angewandte Forschung umfasst**, kann nicht zweifelhaft sein (BayObLG, B. v. 27. 2. 2003 – Az.: Verg 25/02).

9.3.13.3.2 Alleiniger Gebrauch des Auftraggebers. Durch einen wie auch immer ge- 2319 arteten Nutzen für die Allgemeinheit – der bei öffentlicher Auftragsforschung kaum je wird verneint werden können – wird der Auftrag weder zum „Beitrag zur Finanzierung von Forschungsprogrammen", noch zu einem Auftrag, dessen Ergebnis „in erster Linie der Forschungsstelle selbst zur Verfügung steht", noch zwangsläufig zur „Finanzierung von allgemein bedeutsamer Forschung zum Nutzen der Gesellschaft insgesamt". **Lediglich reflexartige Begünstigungen der Allgemeinheit** nehmen dem **Forschungsergebnis nicht die alleinige Zuordnung zur Eigentumssphäre des Auftraggebers** und die Bestimmung zur Nutzung durch dessen eigene Behörden (BayObLG, B. v. 27. 2. 2003 – Az.: Verg 25/02).

9.3.13.3.3 Restriktive Auslegung der Vorschrift. Nach Auffassung des Gemeinschaftsge- 2320 setzgebers kann die Öffnung der öffentlichen Beschaffungsmärkte sogar zur Unterstützung von

Forschung und Entwicklung beitragen (vgl. Erwägungsgrund 9 DKR). Das spricht für eine **restriktive Auslegung der Ausnahmevorschrift** (BayObLG, B. v. 27. 2. 2003 – Az.: Verg 25/02).

9.3.14 Ausnahmen des § 100 Abs. 2 Buchstaben o)–s))

9.3.14.1 Vergaberechtsmodernisierungsgesetz 2009

2321 Mit der **Neuregelung der Buchstaben o bis s**, der Neuregelung der § 98 Nr. 4, § 100 Abs. 2 und § 127 wird erreicht, dass die **Definition der Tätigkeiten und Ausnahmen auf dem Gebiet der Trinkwasser- und Energieversorgung sowie des Verkehrs künftig allein im GWB geregelt** ist. Dies verbessert die Systematik des Vergaberechts und entlastet die Vergabeverordnung, die diese Regelungen bislang enthielt.

2322 Die Ausnahmen der Buchstaben o) und p) sind zugleich an die Änderungen der Richtlinie 2004/17/EG angepasst.

9.3.14.2 Ausnahme des § 100 Abs. 2 Buchstabe o)

2323 Nach § 100 Abs. 2 lit. o) GWB gilt der 4. Teil des GWB nicht für Auftraggeber, die u. a. auf dem Gebiet des Verkehrs tätig sind, und Aufträge an ein mit ihm verbundenes Unternehmen vergeben. Diese **Regelung enthält ein Konzernprivileg für Sektorenauftraggeber**, die nunmehr innerhalb des Konzernverbundes – ähnlich dem Inhouse-Geschäft – Aufträge verteilen können. In beiden Unterfällen des § 100 Abs. 2 lit. o) aa) und bb) GWB **muss der Auftraggeber aber selbst Sektorenauftraggeber sein** (VK Münster, B. v. 7. 9. 2010 – Az.: VK 6/10).

9.3.14.3 Ausnahme des § 100 Abs. 2 Buchstabe p)

2324 Von der Regelung des § 100 Abs. 2 lit. p) GWB werden lediglich **wechselseitige Auftragsvergaben im Sektorenbereich** zwischen Einzelunternehmen und gemeinsamen Unternehmen erfasst, die aber **je für sich Sektorentätigkeiten ausüben müssen** (VK Münster, B. v. 7. 9. 2010 – Az.: VK 6/10).

9.3.14.4 Hinweis

2325 Die **ältere Rechtsprechung zur Anwendbarkeit des GWB auf Sektorenauftraggeber** (u.a. OLG Frankfurt, B. v. 28. 2. 2006 – Az.: 11 Verg 15/05 und 16/05; OLG Thüringen, B. v. 16. 1. 2002 – Az.: 6 Verg 7/01) ist mit der Neuregelung **überholt**.

9.3.15 Sektorenaufträge, die unmittelbar dem Wettbewerb ausgesetzt sind (§ 100 Abs. 2 Buchstabe t))

9.3.15.1 Vergaberechtsmodernisierungsgesetz 2009

2326 Nach Artikel 30 der Richtlinie 2004/17/EG kann eine Befreiung von der Pflicht zur Anwendung der Vergaberegeln erfolgen, wenn die Auftragge Tätigkeiten auf dem Gebiet Trinkwasser- und Energieversorgung sowie des Verkehrs unmittelbarem Wettbewerb ausgesetzt sind. Die Feststellung, ob eine Tätigkeit in einem Mitgliedstaat unmittelbarem Wettbewerb unterliegt, wird von der Kommission getroffen und richtet sich nach den Maßstäben des Art. 30 der Richtlinie 2004/17/EG. Daher ist es **erforderlich, den Ausnahmekatalog des § 100 Abs. 2 um den Fall zu ergänzen, dass die Kommission eine derartige Feststellung für eine Tätigkeit auf Märkten in Deutschland getroffen** hat. Die näheren Bestimmungen über die Bekanntmachung durch das Bundesministerium für Wirtschaft und Technologie sowie das Verfahren zur Antragstellung bei der Kommission werden in der Sektorenverordnung geregelt.

9.3.16 Rechtsfolge des Vorliegens eines Ausnahmetatbestands nach § 100 Abs. 2 GWB

2327 **Liegt ein Ausnahmetatbestand nach § 100 Abs. 2 GWB vor, ist das Verfahren der Vergabe einem Primärrechtsschutz der beteiligten Bewerber insgesamt entzogen**. Der Rechtsschutz ist in solchen Fällen auf eine **Kontrolle durch die Nachprüfungsinstanzen darauf beschränkt, ob die Voraussetzungen des Ausnahmetatbestands von der Vergabebehörde zutreffend angenommen worden sind**. Eine andere Auslegung lässt der Wort-

Gesetz gegen Wettbewerbsbeschränkungen GWB § 100 **Teil 1**

laut von § 100 Abs. 2 GWB und der Normzweck nicht zu. § 100 Abs. 2 GWB bringt klar und ohne jeden Vorbehalt zum Ausdruck, dass – sofern einer der abschließend aufgeführten Ausnahmetatbestände gegeben ist – der Vierte Teil des GWB für den (gesamten) Auftrag nicht gilt. Hieraus folgend findet in dem der Vergabe dieses Auftrags geltenden Verfahren abgesehen von der Frage, ob die Voraussetzungen des Ausnahmetatbestands zu Recht bejaht worden sind, eine Nachprüfung gemäß den §§ 102 ff. GWB nicht statt. Der **nationale Gesetzgeber hat mit dieser Regelung die europarechtlichen Richtlinienvorgaben** (Art. 4 Abs. 2 der Richtlinie 92/50/EWG über die Koordinierung der Verfahren zur Vergabe öffentlicher Dienstleistungsaufträge) **aufgegriffen und im Wortlaut identisch umgesetzt** (OLG Düsseldorf, B. v. 30. 3. 2005 – Az.: VII – Verg 101/04).

Die Regelung in **§ 100 Abs. 2 GWB verstößt auch nicht gegen die in Art. 19 Abs. 4 Satz 1 Grundgesetz normierte Rechtsschutzgarantie**. In den Fällen des § 100 Abs. 2 GWB ist der den Unternehmen, die an der Vergabe eines öffentlichen Auftrags interessiert sind, einzuräumende **Rechtsschutz dadurch ausgefüllt und sicher gestellt**, dass die **Frage**, ob die Auftragsvergabe einer der in § 100 Abs. 2 GWB enumerativ aufgeführten Ausnahmen unterfällt, **vor den Vergabenachprüfungsinstanzen zur Überprüfung gestellt werden kann**. Dass sich die Überprüfung in Ausnahmefällen nach § 100 Abs. 2 GWB andererseits darin erschöpft, ist als eine verfassungsimmanente Rechtsschutzschranke zu respektieren (OLG Düsseldorf, B. v. 30. 3. 2005 – Az.: VII – Verg 101/04). Vgl. dazu im Einzelnen die Kommentierung → Rdn. 16. 2328

9.4 Rangverhältnis zwischen GWB und Allgemeinem Eisenbahngesetz (AEG)

9.4.1 Gesetzliche Regelung

Nach § 15 Abs. 2 AEG **können** Behörden, die beabsichtigen, die Erbringung gemeinwirtschaftlicher Leistungen durch Eisenbahnverkehrsunternehmen (z. B. die Erbringung des Eisenbahnverkehrs auf bestimmten Strecken) zu vereinbaren, diese Leistungen ausschreiben. Nach dem Wortlaut sind diese Behörden also **nicht verpflichtet**, diese Leistungen auszuschreiben, der Primat des Offenen Verfahrens des GWB gilt nicht. 2329

9.4.2 Rechtsprechung

Die Rechtsprechung hierzu ist nicht einheitlich. 2330

§ 15 Abs. 2 AEG rechtfertigt das Absehen von einer Ausschreibung nicht. Diese Vorschrift stellt gegenüber §§ 97 ff. GWB keine Sonderregelung dar. Das Vergaberecht ist als allgemeine Vorschrift für die Vergabe u. a. von Dienstleistungen durch das Vergaberechtsänderungsgesetz vom 26. 8. 1998 zu einem Zeitpunkt eingeführt worden, als die Vorschrift des § 15 Abs. 2 AEG bereits längere Zeit existierte. Es gilt für sämtliche Vergabeentscheidungen öffentlicher Aufträge durch öffentliche Auftraggeber und sieht in § 100 Abs. 2 GWB bestimmte Ausnahmen vor, jedoch keine zugunsten des AEG. Daraus lässt sich schließen, dass das Vergaberecht auch bei der Vergabe von SPNV-Leistungen einschlägig sein sollte (OLG Düsseldorf, B. v. 21. 7. 2010 – Az.: VII-Verg 19/10). 2331

Die Bedenken des Bundesrates (BT-Drs. 131/93 S. 47) zu § 15 Abs. 2 AEG greifen im Übrigen auch gegenüber der Anwendbarkeit der §§ 97 ff. GWB nicht ein. In-House- Vergaben unterfallen dem Vergaberecht nicht. Solange feststellbar die Deutsche Bahn der einzige Anbieter für SNVP-Leistungen war (was heutzutage nicht mehr der Fall ist), war ein förmliches Vergabeverfahren nicht notwendig. **Für die Vergabestreitigkeiten steht ein rasches Nachprüfungsverfahren zur Verfügung. Dies haben auch Bundesregierung und Bundesrat anlässlich der Beratung der Ersten Verordnung zur Änderung der Vergabeverordnung so gesehen.** Die Begründung zur Rechtsverordnung (BT-Drs. 727/02) geht ohne Weiteres davon aus, dass bei der Vergabe von Leistungen nach § 15 Abs. 2 AEG – ist der Anwendungsbereich der §§ 97 ff. GWB eröffnet – das Vergaberecht anzuwenden ist. **Durch die Änderungsverordnung, durch die § 4 Abs. 3 VgV eingeführt worden ist, sollten lediglich übergangsweise bestimmte materiell-rechtliche Vereinfachungen (also keine Vorschriften prozessrechtlicher Art) eingeführt werden.** Die Auffassung, der Auftraggeber könne auch ungeachtet des § 4 Abs. 3 VgV auf eine wettbewerbliche Vergabe verzichten, machte letztgenannte Vorschrift überflüssig. § 4 Abs. 3 VgV lässt eine freihändige Vergabe zwar zu, jedoch nur 2332

Teil 1 GWB § 100 Gesetz gegen Wettbewerbsbeschränkungen

übergangsweise und unter bestimmten Voraussetzungen. Wären daneben freihändige Vergaben auf Grund des § 15 Abs. 2 AEG allgemein zulässig, könnten die in § 4 Abs. 3 VgV genannten Einschränkungen ohne Weiteres umgangen werden. Dagegen kann nicht eingewandt werden, eine Rechtsverordnung könne ein formelles Gesetz nicht ändern. Das übersieht, dass § 15 Abs. 2 AEG bereits aus zeitlichen Gründen die Anwendbarkeit der §§ 97 ff. GWB nicht ausschließen wollte (OLG Düsseldorf, B. v. 21. 7. 2010 – Az.: VII-Verg 19/10).

2333 Die in § 15 Abs. 2 AEG angesprochene **Wahlfreiheit des Auftraggebers wird durch die Anwendbarkeit der §§ 97 ff. GWB nicht vollständig ihres Sinnes entleert.** Die §§ 97 ff. GWB können von vornherein nur in ihrem Anwendungsbereich geeignet sein, das Wahlrecht des § 15 Abs. 2 AEG zu verdrängen. Letztgenannte Vorschrift gilt daher uneingeschränkt bei In-House-Vergaben (die Grund für die damaligen Bedenken des Bundesrats waren) und Dienstleistungskonzessionen (OLG Düsseldorf, B. v. 21. 7. 2010 – Az.: VII-Verg 19/10).

2334 **Es kann auch nicht eingewandt werden, eine Rechtsverordnung könne ein formelles Gesetz nicht ändern. Mit dieser Argumentation wird verkannt, dass das Vergaberecht nicht erst durch die genannten Vorschriften einer Verordnung auf die Vergabe von SPNV-Leistungen anwendbar geworden** ist. Der Gesetzgeber hat vielmehr durch das Vergaberechtsänderungsgesetz vom 26. 8. 1998 selbst die Grundsatzentscheidung getroffen, dass u. a. sämtliche Dienstleistungen oberhalb eines Schwellenwertes in einem bestimmten Verfahren vergeben werden sollen. Das Gesetz diente der Umsetzung der Richtlinie 2004/18/EG bzw. der Vorgängerrichtlinien. Dem Gesetzgeber war damals bekannt, dass nach der umzusetzenden Richtlinie zu den – nicht-prioritären – Dienstleistungen auch Eisenbahnverkehrsleistungen gehörten. Damit war also unweigerlich auch die grundsätzliche Geltung des Vergaberechts für Eisenbahnverkehrsleistungen vom Gesetzesbefehl umfasst. Der Gesetzgeber wusste auf Grund der umzusetzenden Richtlinie, dass die auf Grund § 97 Abs. 6 GWB zu erlassende Rechtsverordnung auch Regelungen über die Vergabe von Eisenbahndienstleistungen enthalten musste (OLG Düsseldorf, B. v. 21. 7. 2010 – Az.: VII-Verg 19/10).

2335 Das **OLG Düsseldorf** ließ in einer älteren Entscheidung die Frage noch **offen**, ob § 15 Abs. 2 AEG den Bestimmungen des Kartellvergaberechts (§§ 97 ff. GWB) vorgeht mit der Folge, dass im Anwendungsbereich des § 15 Abs. 2 AEG eine Pflicht zur Ausschreibung nicht besteht. Allerdings bestehen **gegen einen solchen Vorrang des § 15 Abs. 2 AEG ernsthafte Bedenk**en. Berücksichtigt man, dass es sich bei den §§ 97 ff. GWB um die jüngeren Vorschriften handelt, und stellt man weiter in Rechnung, dass die dem Vergaberecht unterfallenden Beschaffungsvorgänge in den §§ 99, 100 GWB abschließend geregelt sind, wobei in § 100 Abs. 2 lit. f) GWB der Bereich der Verkehrsdienstleistungen nur insoweit von der Geltung des Vergaberechts freigestellt ist, wie es um die Beschaffung von Verkehrsdiensten auf Gebieten geht, auf denen der betreffende öffentliche Auftraggeber selbst tätig ist, **spricht** im Gegenteil **vieles für die Annahme, dass** – umgekehrt – die **Vorschriften des Vergaberechts der Bestimmung des § 15 Abs. 2 AEG vorgehen** und das Ausschreiben von Verkehrsdienstleistungen dementsprechend nicht in das freie Ermessen des Auftraggebers gestellt ist. Hat ein öffentlicher Auftraggeber Verkehrsdienstleistungen allerdings ausgeschrieben, unterliegt er auch den Bestimmungen des Vergaberechts. Das – unterstellt vorhandene – Ermessen, die nachgefragten Verkehrsdienstleistungen auszuschreiben oder sie sich außerhalb eines Vergabeverfahrens zu beschaffen, rechtfertigt es keinesfalls, den Auftraggeber, der sich für eine Ausschreibung entscheidet, von der Einhaltung der zwingenden vergaberechtlichen Regelungen freizustellen. Insoweit beanspruchen die §§ 97 ff. GWB in jedem Fall Geltung neben § 15 Abs. 2 AEG (OLG Düsseldorf, B. v. 6. 12. 2004 – Az.: VII – Verg 79/04; B. v. 26. 7. 2002 – Az.: Verg 22/02; ähnlich OLG Koblenz, B. v. 5. 9. 2002 – Az.: 1 Verg. 2/02; VK Hessen, B. v. 2. 12. 2004 – Az.: 69 d VK – 72/2004; VK Münster, B. v. 19. 6. 2007 – Az.: VK 12/07). Damit wird **auch dem Grundsatz auf die Bestimmung eines gesetzlichen Richters aus Art 101 Abs. 1 GG entsprochen**, da mit der Entscheidung zur Durchführung einer europaweiten Ausschreibung die Überprüfung durch die Nachprüfungsinstanzen gemäß §§ 102 ff. GWB feststeht (VK Münster, B. v. 10. 2. 2005 – Az.: VK 35/04).

2336 Nach Auffassung der VK Magdeburg wird die Anwendbarkeit des GWB nicht durch **§ 15 Abs. 2 AEG** ausgeschlossen. Diese Vorschrift ist zur Frage, unter welchen Voraussetzungen die Vergabe einer Leistung den Bestimmungen über das Vergabeverfahren unterfällt, im Verhältnis zum Vierten Teil des GWB **nicht als speziellere Vorschrift** anzusehen.

2337 Das AEG wurde bereits mit Wirkung vom 1. 1. 1994 verkündet und galt damit zeitlich weit vor dem am 1. 1. 1999 in Kraft getretenen Vierten Teils des GWB. § 15 AEG überlässt es dem Ermessen der zuständigen Behörden, bei der Erbringung gemeinwirtschaftlicher Leistungen im

Gesetz gegen Wettbewerbsbeschränkungen GWB § 100 **Teil 1**

Sinne dieses Gesetzes, eine Ausschreibung durchzuführen. Zur Frage, unter welchen Voraussetzungen die Vergabevorschriften Anwendung finden, enthalten die **§§ 97 bis 101 GWB mehr Begriffsmerkmale als das AEG und sind demzufolge die spezielleren Vorschriften** (vgl. im Ergebnis ebenso VK Düsseldorf, B. v. 18. 4. 2002 – Az.: VK – 5/2002 – L).

Der Gesetzgeber hat mit diesen Normen für den Bereich der öffentlichen Vergaben eine umfassende Regelung getroffen. Er hat nach § 97 Abs. 1 GWB angeordnet, dass öffentliche Auftraggeber Dienstleistungen nach Maßgabe der nachfolgenden Vorschriften grundsätzlich im Wettbewerb und im Wege transparenter Vergabeverfahren zu beschaffen haben. Demgegenüber hat der Gesetzgeber nach § **100 Abs. 2 GWB enumerativ Ausnahmetatbestände** normiert. 2338

In Bezug auf Verkehrsdienstleistungen sind lediglich Aufträge von Auftraggebern nach § 100 Abs. 2 f) GWB dann ausgenommen, wenn sie diese auf dem Gebiet vergeben, auf dem sie selbst tätig sind. Eine weiter gehende Ausnahme enthält die Vorschrift in Bezug auf Verkehrsdienstleistungen nicht. Soweit kein solcher Ausnahmetatbestand vorliegt, sollen die Vorschriften des Wettbewerbsrechts nach dem Wortlaut der Norm damit auch für diese Branchen Anwendung finden. **Nach dem Willen des Gesetzgebers sind die Ausnahmetatbestände nach § 100 Abs. 2 GWB abschließend** (vgl. BT-Drucksache 13/9340 – „In Abs. 2 sind alle Aufträge beschrieben, die nach den Richtlinien nicht von Vergabevorschriften erfasst sind. Der Katalog ist abschließend") (VK Magdeburg, B. v. 6. 6. 2002 – Az.: 33–32571/07 VK 05/02 MD). 2339

Die **VK Brandenburg** (B. v. 10. 2. 2003 – Az.: VK 80/02, B. v. 14. 3. 2003 – Az.: VK 14/03) und die **VK Baden-Württemberg** (B. v. 14. 3. 2005 – Az.: 1 VK 5/05) hingegen **bejahen einen Vorrang des § 15 AEG**. Der Gesetzgeber hat im Rahmen des VgRÄG vom 26. 8. 1998, mit dem das allgemeine Vergabeverfahrensrecht in die §§ 97 ff. GWB transformiert wurde, auch das AEG geändert, ohne aber § 15 Abs. 2 AEG oder § 4 RegG abzuschaffen. Vielmehr hat er daran festgehalten, ohne einen Vorrang der §§ 97 ff. GWB festzulegen. Art. 2 Abs. 5 VgRÄG hat eine Ergänzung des § 12 Abs. 6 AEG vorgenommen. Danach ist anzunehmen, dass der Gesetzgeber den § 15 Abs. 2 AEG zugunsten einer Geltung des allgemeinen Vergabeverfahrensrechts abgeschafft oder das Verhältnis zu den §§ 97 ff. GWB klargestellt hätte, wenn eine Überschneidung des allgemeinen Vergabeverfahrensrechts des Vierten Teils des GWB und der § 15 Abs. 2 AEG, § 4 RegG bestanden hätte bzw. er die Vergabe von Dienstleistungen des SPNV dem Kartellvergaberecht hätte unterstellen wollen. Wenn der Gesetzgeber aber just im VgRÄG an der Geltung des § 15 Abs. 2 AEG festgehalten hat, kann nicht von einem Vorrang des Kartellvergaberechts ausgegangen werden. Der Gesetzgeber hat an den die §§ 97 ff. GWB ausschließenden Vorrang des § 15 Abs. 2 AEG, § 4 RegG festgehalten. § 15 Abs. 2 AEG ist auch nicht durch die jüngste Änderung des AEG im Rahmen des Art. 14 des Gesetzes zur Umsetzung der UVP-Änderungsrichtlinie, der IVU-Richtlinie und weiterer EG-Richtlinien zum Umweltschutz vom 27. 7. 2001 (BGBl. I S. 1950, 2016) abgeändert bzw. abgeschafft worden. 2340

§ 15 Abs. 2 AEG i. V.m. § 4 RegG sind gegenüber den §§ 97 ff. GWB inhaltlich speziellere Regelungen. Der Gesetzgeber hat in § 15 Abs. 2 AEG i. V.m. § 4 RegG eine abschließende Regelung für die Vergabe von regionalen Personenverkehrsdienstleistungen per Bahn aufgrund solcher gemeinwirtschaftlicher Verpflichtungen, wie sie in dem Vertrag geregelt sind, geschaffen. **Dies schließt eine Anwendung der §§ 97 ff. GWB auf diese Verpflichtungen aus. Ansonsten würde der mit § 15 Abs. 2 AEG, § 4 RegG verfolgte Zweck vereitelt.** 2341

In diesem Sinne bedarf es für die **Nachprüfung** der Vereinbarung gemeinwirtschaftlicher Verpflichtungen zu Dienstleistungen im SPNV auf der Grundlage des § 15 Abs. 2 AEG i. V.m. § 4 RegG **keiner verfassungskonformen Auslegung der §§ 102 ff. GWB, weil effektiver Primärrechtsschutz durch die Verwaltungsgerichte** erlangt werden kann. Denn bei einer entsprechenden Streitigkeit handelt es sich um eine öffentlich-rechtliche Streitigkeit nichtverfassungsrechtlicher Art nach § 40 Abs. 1 Satz 1 VwGO. Ihr liegt ein öffentlich-rechtlicher Vertrag zugrunde, so wie auch bei anderen spezialgesetzlich geregelten vergaberechtlichen Verfahren nach § 19 c LuftVG i. V.m. Anlage 2 der Verordnung über Bodenabfertigungsdienste oder nach § 13 a PBefG i. V.m. § 1 Abs. 2 der Verordnung zur Anwendung von § 13 a Abs. 1 Satz 3 PBefG vom 15. 12. 1995 i. V.m. den Vorschriften des 1. Abschnitts der VOL/A. 2342

Das **Brandenburgische OLG** (B. v. 2. 9. 2003 – Az.: Verg W 03/05 und 05/03) **bestätigt im Ergebnis diese Rechtsauffassung.** Die Vorschriften des Vierten Teiles des GWB sind nicht zwingend auf gemeinwirtschaftliche Leistungen im SPNV anzuwenden. Es **steht dem Aufgabenträger vielmehr frei, nach pflichtgemäßen Ermessen öffentlich auszuschreiben oder ohne formell-rechtliches Vergabeverfahren die Leistungen frei mit Eisenbahnverkehrsunternehmen zu vereinbaren.** Das den Aufgabenträgern der Eisenbahnverkehrsleistungen eingeräumte echte Entscheidungsermessen („ob") hat der deutsche Gesetzgeber 2343

Teil 1 GWB § 100 Gesetz gegen Wettbewerbsbeschränkungen

mit der in dem ab 1. 1. 1999 geltenden Vergaberechtsänderungsgesetz (VergRÄG) allgemein postulierten Vergabepflicht nicht einschränken, sondern vielmehr den vom AEG erfassten Anwendungsbereich aus Gründen der Spezialität unverändert fortgelten lassen wollen. Ein solcher Wille des Gesetzgebers ergibt sich durch Auslegung des AEG und des Vergaberechtsänderungsgesetzes im Lichte EU-gemeinschaftsrechtlicher Vorschriften, die dem speziellen Charakter der gemeinwirtschaftlichen Leistungen im Schienenverkehr Rechnung tragen wollen (im Ergebnis ebenso 1. VK Sachsen, B. v. 5. 2. 2007 – Az.: 1/SVK/125-06).

2344   Das **Bundesverfassungsgericht** lässt die **Frage im Ergebnis offen** (BVerfG, B. v. 6. 12. 2006 – Az.: 1 BvR 2085/03 – mit Anmerkung von Recknagel, NZBau 2007, 121).

9.4.3 Regelung in der Vergabeverordnung

9.4.3.1 Allgemeines

2345   Mit der ersten Änderung der Vergabeverordnung (BGBl. I vom 13. 11. 2002 S. 4338) wurde § 4 VgV dergestalt geändert, dass bei Aufträgen, deren Gegenstand Personennahverkehrsleistungen der Kategorie Eisenbahnen sind, unter bestimmten Bedingungen auch eine freihändige Vergabe möglich ist. Diese Ausnahmebestimmung ist bis zum 31. 12. 2014 befristet.

9.4.3.2 Rangverhältnis zwischen GWB und AEG nach der Änderung der VgV

2346   Auch in dem Zeitraum ab 1. 12. 2002 sind die Vorschriften betreffend öffentliche Vergabeverfahren auf die Beauftragung von SPNV-Leistungen nicht zwingend anwendbar. Das **den Aufgabenträgern in § 15 Abs. 2 AEG eingeräumte Ermessen bezüglich des „ob" einer Ausschreibung besteht fort.**

2347   Der mit Wirkung zum 1. 12. 2002 geschaffene § 4 Abs. 3 VgV hat nicht zur Erweiterung des Anwendungsbereiches der Vorschriften des Vierten Teil des GWB auf gemeinwirtschaftliche Schienenverkehrsleistungen führen können. Dies **scheidet bereits aus rechtstechnischen Gründen aus**. Eine Erweiterung des vergaberechtlichen Regelungsbereiches kann nur durch den formellen Gesetzgeber erfolgen. Es **hätte also einer Änderung der Vorschriften des GWB und/oder des AEG bedurft**.

2348   Die Vergabeverordnung ist eine auf der formell gesetzlichen Ermächtigungsgrundlage des § 97 Abs. 6 GWB beruhende Rechtsverordnung (Art. 80 Abs. 1 GG). Inhalt, Zweck und Ausmaß der erteilten Ermächtigung zum Erlass von Rechtsverordnungen muss das Gesetz eindeutig bestimmen (Art. 80 Abs. 1 Satz 2 GG). Dadurch soll eine pauschale Verlagerung von Rechtssetzungsgewalt auf die Exekutive unterbunden werden. Ferner findet eine Konkurrenz zwischen den beiden Rechtsetzungsformen – Gesetz und Rechtsverordnung – nicht statt, es gilt der absolute Vorrang des Gesetzes. Zwar sind in der Praxis gesetzesändernde und gesetzesergänzende Rechtsverordnungen nicht unüblich. Diese Verordnungen stammen jedoch immer aus Ermächtigungen, die der Exekutive die Befugnis geben, den Wortlaut formeller Gesetze zu ändern oder vom Gesetz abweichenden Neuregelungen zu erlassen.

2349   Sollte § 4 Abs. 3 VgV Ausdruck einer geänderten Bewertung des Verhältnisses zwischen gemeinwirtschaftlichen Verpflichtungen des Schienenverkehrs und des freien Wettbewerbs sein, wofür in wirtschaftspolitischer Hinsicht durchaus vernünftige Gründe sprechen könnten, so wäre eine entsprechende Weichenstellung durch den Gesetzgeber angezeigt. **Angesichts der überragenden Bedeutung der SPNV-Leistungen für die Allgemeinheit einerseits und des erheblichen Regelungsbedarfs dieser komplexen Materie andererseits müsste diese Weichenstellung in einem formellen, eindeutig formulierten Gesetz erfolgen.**

2350   Solange es daran fehlt, können Vergabekammern und Vergabesenate einen geänderten gesetzgeberischen Willen weder berücksichtigen noch vorwegnehmen (OLG Brandenburg, B. v. 2. 9. 2003 – Az.: Verg W 03/05 und 05/03; im Ergebnis ebenso VK Baden-Württemberg, B. v. 14. 3. 2005 – Az.: 1 VK 5/05).

2351   Die **VK Hessen** (B. v. 2. 12. 2004 – Az.: 69 d VK – 72/2004) geht in einem – sehr ausführlich begründeten – Beschluss ebenfalls **von einem Wahlrecht der ausschreibenden Stelle** aus. Danach ist **weder dem Wortlaut noch dem Sinn der Vorschriften der §§ 15 AEG, 4 RegG und der §§ 97 ff. GWB zu entnehmen**, dass der **Vierte Teil des GWB keine Anwendung finden** und eine Ausschreibung von SPNV-Leistungen nicht dem Vergaberechtsregime unterliegen soll, wenn der Auftraggeber das ihm nach § 15 Abs. 2 AEG eingeräumte Ermessen in der Weise ausübt, **dass er die Leistungen ausschreibt und ein förmliches Vergabeverfahren durchführt**. Die §§ 97 ff. GWB, insbesondere § 100 Abs. 2 GWB, legen keinen Ausnahmetatbe-

Gesetz gegen Wettbewerbsbeschränkungen GWB § 100 **Teil 1**

stand fest, wonach Verträge über SPNV-Leistungen dem Anwendungsbereich des Vierten Teils des GWB entzogen sind (im Ergebnis ebenso 1. VK Sachsen, B. v. 9. 2. 2009 – Az.: 1/SVK/071-08; B. v. 28. 10. 2008 – Az.: 1/SVK/054-08; B. v. 5. 2. 2007 – Az.: 1/SVK/125-06).

9.4.3.3 Umfang der Prüfung bei einer entsprechenden Ermessensausübung

Die Überprüfung ist bei einer entsprechenden Ermessensausübung auch nicht auf die Bekanntmachung sowie auf das Diskriminierungsverbot und das Transparenzgebot beschränkt, nur weil es sich um Dienstleistungen nach Anhang I B, Kategorie 18 (Eisenbahnen), handelt. **Aus der Tatsache, dass eine Ausschreibung nach dem Vergaberecht stattfindet, schafft die Vergabestelle für die Bieter auch einen bestimmten Vertrauenstatbestand hinsichtlich der Geltung von Vergabevorschriften, von dem er nicht wieder einseitig abrücken kann.** Sowohl die Vergabestelle als auch die Bieter sind dann im weiteren Verlauf der Ausschreibung an diese Vorschriften gebunden. Würde man das anders sehen, müsste sich die Vergabestelle entgegen halten lassen, warum sie die Einhaltung von Vorgaben aus der VOL/A von den Bietern verlangen, ihre eigenen Handlungen und Maßnahmen aber nicht nach diesen Vorschriften ausrichten wollen. Prüfungsmaßstab wären dann unterschiedliche Rechtsnormen, je nach dem Standpunkt der Parteien. Das kann nicht richtig sein. Vielmehr hat die Vergabestelle durch die Ausübung ihres Ermessens sich zugleich auch den Anforderungen eines umfassenden vergaberechtlichen Überprüfungskatalogs unterworfen, so dass nicht nur „übergeordnete" Vergabeprinzipien zu prüfen sind, sondern auch die Vorschriften aus der VOL/A (VK Münster, B. v. 18. 3. 2010 – Az.: VK 1/10; B. v. 19. 6. 2007 – Az.: VK 12/07; B. v. 10. 2. 2005 – Az.: VK 35/04). 2352

Daran ändert sich auch nichts, **wenn die Vergabestelle die Ausschreibung in der Bekanntmachung als „nationale Öffentliche Ausschreibung" bezeichnet hat** (1. VK Sachsen, B. v. 5. 2. 2007 – Az.: 1/SVK/125-06). 2353

Wenn ein öffentlicher Auftraggeber die Vorschriften der VOL/A tatsächlich in Anspruch nimmt, um eine Ausschreibung durchzuführen, dann **kommt es auch nicht darauf an, ob er die Anwendung als „freiwillig" erklärt oder andere Bezeichnungen dafür findet, sondern die Selbstbindung wird durch die tatsächliche Inanspruchnahme dieser Regelungen herbeigeführt.** Davon kann eine Vergabestelle nicht wieder durch einseitige Erklärungen abrücken, sondern ist in dem weiteren Verlauf der Ausschreibung genau so daran gebunden, wie die Bieter auch. Auch die **Bezeichnung als „Wettbewerbsverfahren"** sowie der **Hinweis an die Bieter, dass nach Maßgabe des Verwaltungsrechts vergeben werden soll, ändern daran nichts.** Denn die Entscheidung der Antragsgegner ergibt sich eindeutig aus der europaweiten Bekanntmachung, die maßgeblich für alle potentiellen Bewerber ist. Dort weisen die Antragsgegner darauf hin, dass sie die Basisparagraphen des zweiten Abschnitts der VOL/A sowie die §§ 8a, 28a VOL/A freiwillig anwenden. (VK Münster, B. v. 18. 3. 2010 – Az.: VK 1/10; B. v. 19. 6. 2007 – Az.: VK 12/07). 2354

9.4.4 Literatur

– Baumeister, Hubertus/Klinger, Daniela, Perspektiven des Vergaberechts im straßengebundenen ÖPNV durch die Novellierung der Verordnung (EWG) Nr. 1191/69, NZBau 2005, 601 2355

– Bayreuther, Frank, Konzessionsvergabe im öffentlichen Personenverkehr – Betriebsübergang durch behördliche Anordnung?, NZA 2009, 582

– Bremer, Eckhard/Wünschmann, Christoph, Die Pflicht der Aufgabenträger zur Vergabe von SPNV-Leistungen im Wettbewerb, WiVerw 2004, 51

– Dabringshausen, Gerhard, Einige ausgewählte vergaberechtliche Probleme bei der Kooperation von Unternehmen des öffentlichen Personennahverkehrs verschiedener Gebietskörperschaften, der Gemeindehaushalt 2004, 4

– Deuster, Jan, Vom Auskunftsanspruch zur Veröffentlichungspflicht – Zur europäischen Dimension der Liniengenehmigungsverfahren im Personenbeförderungsgesetz gemäß VO (EG) Nr. 1370/2007, DÖV 2010, 591

– Dörr, Oliver, Infrastrukturförderung (nur) nach Ausschreibung?, NZBau 11/2005, S. 617

– Eichhorn, Sabine/Heinbuch, Holger, VO (EG) 1370/2007 seit 3. 12. 2009 in Kraft – droht ein rechtliches Chaos? (Teil 1), InfrastrukturRecht 2010, 32

– Eichhorn, Sabine/Heinbuch, Holger, VO (EG) 1370/2007 seit 3. 12. 2009 in Kraft – droht ein rechtliches Chaos? (Teil 2), Infrastruktur und Recht 2010, 53

- Essebier, Jana, Für eine zwingende Ausschreibung von Schienennahverkehrsleistungen, N&R 2004, 59
- Gommlich, Alexander/Wittig, Oliver/Schimanek, Peter, Zuschussverträge im Bereich des Bus- und Eisenbahnverkehrs – Direktvergabe oder europaweite Ausschreibung?, NZBau 2006, 473
- Griem, Niels/Klinger, Daniela, Keine Pflicht zur Vergabe von Aufträgen über Schienenpersonennahverkehrsdienstleistungen im Wettbewerb?, TranspR 2004, 206
- Jasper, Ute/Seidel, Jan, Die Sektorenverordnung – Neue Vergaberegeln für Verkehrsunternehmen, Nahverkehrspraxis 2010, 38
- Jasper, Ute/Viegener, Gerd, Mehr Wettbewerber, weniger Kosten – Nahverkehrsleistungen mit innovativer Fahrzeugfinanzierung, Behörden Spiegel, Januar 2010, 22
- Jasper, Ute/Saitzek, Sebastian, Direktvergaben nicht zulässig – Auch eigenwirtschaftliche ÖPNV betroffen, Behörden Spiegel Juni 2006, 17
- Kirch, Thomas, Mitwirkungsverbote bei Vergabeverfahren: kommunale Nahverkehrsdienstleistungen in der öffentlichen Ausschreibung, Dissertation, Baden-Baden, 2004
- Kulartz, Hans-Peter, Eisenbahnrecht und Vergaberecht – Ausschreibungsnotwendigkeit von SPNV-Verträgen?, Behörden Spiegel Oktober 2003, 20
- Landsberg, Gerrit, Die vergaberechtliche Judikatur zu Ausschreibungen von Nahverkehrsleistungen, VergabeR 2005, 420
- Linke, Benjamin, Altaufträge im Personenbeförderungsrecht und die Übergangsregelung der neuen Verordnung 1370/2007/EG, NZBau 2010, 207
- Lotze, Andreas/Jennert, Carsten, Herausforderung ÖPNV, Rechtsrahmen und strategische Handlungsoptionen der Kommunen nach der EuGH-Entscheidung Altmark Trans, ZKF 2004, 289
- Lück, Dominik/Ortner, Roderic, Übertragung der Personenbeförderung im Linienverkehr auf Dritte aus dem Blickwinkel des Vergaberechts, VergabeR 2005, 413
- Mösinger, Thomas/Kollewe, Jonas, Alternative Finanzierungsformen für kommunale Verkehrsprojekte: Public Partnerships als Antrieb für Stadtbahnen in Deutschland, VerwArch 2009, 98
- Nettesheim, Martin, Das neue Dienstleistungsrecht des ÖPNV – Die Verordnung (EG) Nr. 1370/2007, NVwZ 2009, 1449
- Otting, Olaf/Olgemöller, Udo H., Verfassungsrechtliche Rahmenbedingungen für Direktvergaben im Verkehrssektor nach Inkrafttreten der Verordnung (EG) Nr. 1370/2007, DÖV 2009, 364
- Prieß, Hans-Joachim/Eichler, Jochen, SPNV-Bieter mit In-House-Verträgen: You can't have it both (rail)ways!, VergabeR 2008, 751
- Prieß, Hans-Joachim/Kaufmann, Marcel, Die Vergabewelle kommt – Direktvergaben im Schienennahverkehr weiter zulässig, Behörden Spiegel Mai 2008, 25
- Recker, Engelbert, Kein Recht auf Direktvergaben – SPNV und Vergaberecht, Behörden Spiegel Mai 2010, 24
- Recker, Engelbert, Was wird aus dem ÖPNV? – Anpassung des Personenbeförderungsgesetzes in Gefahr, Behörden Spiegel Februar 2009, 14
- Recker, Engelbert, Noch vieles ungeklärt – Novelle zum Personenbeförderungsgesetz unzureichend, Behörden Spiegel Dezember 2008, 18
- Recker, Engelbert, Überraschende Einigung – Länder fordern Wettbewerbsregeln im Personenbeförderungsgesetz, Behörden Spiegel Februar 2007, 18
- Recker, Engelbert, Ein Irrweg aus Brüssel – Luftreinhaltung durch Vergabevorschriften?, Behörden Spiegel April 2006, 16
- Recker, Engelbert, Wesentlich weniger Vorgaben – Gute Chancen für die neue ÖPNV-Verordnung, Behörden Spiegel März 2006, 19
- Recker, Engelbert, Genehmigungen korrekt erteilen – Vergabe von Verkehrsdienstleistungen nach geltendem Recht – eine Übersicht, Behörden Spiegel Mai 2005, 22

- Riese, Christoph, Die Vereinbarkeit von Direktvergaben für Schienenpersonennahverkehrsleistungen mit den Grundrechten, DVBl. 2009, 1486
- Saxinger, Andreas, Das Verhältnis der Verordnung (EG) Nr. 1370/2007 zum nicht an sie angepassten deutschen Personenbeförderungsrecht, GewA 2009, 350
- Schimanek, Peter, Die marktorientierte Direktvergabe von Finanzierungsverträgen für Bus- und Stadtbusverkehr, ZfBR 2005, 544
- Schröder, Holger, Inhalt, Gestaltung und Praxisfragen des wettbewerblichen Vergabeverfahrens nach der neuen europäischen ÖPNV-Verordnung, NVwZ 2008, 1288
- Stickler, Thomas/Feske, Irina, Die In-House-Vergabe von ÖSPV-Dienstleistungen nach der VO (EG) 1370/2007, VergabeR 2010, 1
- Winnes, Michael, Der Begriff der gemeinwirtschaftlichen Verpflichtung im Rahmen der Verordnung 1370/2007, DÖV 2009, 1135
- Winnes, Michael, Öffentliche Auftragsvergabe im ÖPNV, VergabeR 2009, 712
- Wittig, Oliver/Schimanek, Peter, Sondervergaberecht für Verkehrsdienstleistungen – Die neue EU-Verordnung über öffentliche Personenverkehrsdienste auf Schiene und Straße, NZBau 2008, 222
- Zeiss, Christopher, ÖPNV auf dem Prüfstand – Grundsatzentscheidung des EuGH zu Zuschüssen im Verkehrssektor („Altmark-Trans"-Fall), ZfBR 2003, 749
- Ziekow, Jan, Die Direktvergabe von Personenverkehrsdiensten nach der Verordnung (EG) Nr. 1370/2007 und die Zukunft eigenwirtschaftlicher Verkehre, NVwZ 2009, 865

9.5 Verordnung (EG) Nr. 1370/2007 des Europäischen Parlaments und des Rates vom 23. Oktober 2007 über öffentliche Personenverkehrsdienste auf Schiene und Straße und zur Aufhebung der Verordnungen (EWG) Nr. 1191/69 und (EWG) Nr. 1107/70 des Rates vom 23. 10. 2007

9.5.1 Umsetzungsstand und Inhalt

Die Verordnung (EG) Nr. 1370/2007 des Europäischen Parlaments und des Rates vom 23. Oktober 2007 über öffentliche Personenverkehrsdienste auf Schiene und Straße und zur Aufhebung der Verordnungen (EWG) Nr. 1191/69 und (EWG) Nr. 1107/70 des Rates vom 23. 10. 2007 ist im Amtsblatt der EU L 315 vom 3. 12. 2007 veröffentlicht worden. Die **Verordnung ist in allen ihren Teilen verbindlich und gilt unmittelbar in jedem Mitgliedstaat. Sie ist am 3. Dezember 2009 in Kraft getreten.** Die **Verordnung** ist mit ihren Bestimmungen zum Vergabe- bzw. Konzessionsverfahren im Bereich der öffentlichen Personenverkehrsdienste **unmittelbar vergaberechtsrelevant**.

9.5.2 Rechtsprechung

9.5.2.1 Abgrenzung zur VKR bzw. SKR

Für den Bereich der öffentlichen Personenverkehre mit Bussen ist die neue Verordnung der EG (Nr. 1370/2007) **nur dann anwendbar, wenn der beabsichtigte Vertrag eine Dienstleistungskonzession enthält**. Wird hingegen ein (öffentlicher) Dienstleistungsauftrag geschlossen, so sind die Richtlinien 2004/17/EG oder 2004/18/EG weiterhin anzuwenden. Abzustellen ist dabei auf die Definitionen aus den Richtlinien 2004/17 und 2004/18/ EG, also auf Art. 1 Abs. 2 lit. d) RL 2004/17/EG (Dienstleistungsauftrag) bzw. auf Art. 1 Abs. 2 lit. d) RL 2004/ 18/EG (öffentlicher Dienstleistungsauftrag) (VK Münster, B. v. 7. 9. 2010 – Az.: VK 6/10).

9.5.2.2 Sonstige Anwendungsfragen

Nach Art. 5 Abs. 6 der Verordnung (EG) Nr. 1370/2007 des Europäischen Parlaments und des Rates vom 23. 10. 2007 über öffentliche Personenverkehrsdienste auf Schiene und Straße und zur Aufhebung der Verordnungen (EWG) Nr. 1191/69 und (EWG) Nr. 1107/70 **können in bestimmten Bereichen (Eisenbahnverkehr) Direktvergaben erfolgen, sofern nicht das nationale Recht diese Direktvergabe untersagt.** Die Verordnung (EG) Nr. 1370/2007 ist **bis zum 3. 12. 2019 umzusetzen, so dass der nationale Gesetzgeber hinreichend Zeit hat, um zu entscheiden, ob eine solche Vergabe außerhalb des Wettbewerbs zu-

Teil 1 GWB § 100 Gesetz gegen Wettbewerbsbeschränkungen

gelassen werden soll. Es ist nicht zulässig, dass auf bereits im nationalen Recht vorhandene Vorschriften bei der Anwendung des Art. 5 Abs. 6 der Verordnung (EG) zurückgegriffen wird, weil die Verordnung insgesamt davon ausgeht, dass in Bezug auf den Schienenpersonennahverkehr in den einzelnen Mitgliedstaaten Besonderheiten existieren, die zunächst vom jeweiligen nationalen Gesetzgeber zu klären sind, vgl. dazu Erwägungsgrund 25 und 26. Es **wird dem nationalen Gesetzgeber ein Rechtsrahmen vorgegeben**, was dafür spricht, dass man auf bestehende Regelungen ohne Einschaltung des Gesetzgebers nicht einfach zurückgreifen kann. Weiterhin bleibt nach der Verordnung (EG) Nr. 1370/2007, vgl. Erwägungsgrund 33, zu entscheiden, ob Ausgleichszahlungen für gemeinwirtschaftliche Verpflichtungen Begünstigungen in Form von Beihilfen darstellen. **Auch diesbezüglich sind Entscheidungen des nationalen Gesetzgebers vor Anwendung der Rechtsverordnung zwingend erforderlich** (VK Münster, B. v. 18. 3. 2010 – Az.: VK 1/10).

2359   Die Verordnung (EG) Nr. 1370/2007 kann **keine Berücksichtigung auf in der Vergangenheit bereits abgeschlossene Sachverhalte finden, da es insoweit an einer Übergangsregelung fehlt** (VK Münster, B. v. 18. 3. 2010 – Az.: VK 1/10).

9.5.2.3 Begriff des Dienstleistungsauftrags nach der VO Nr. 1370/2007

2360   Der Verordnung (EG) Nr. 1370/2007 (vgl. Art. 2 lit. i) liegt ein **anderer Begriff des öffentlichen Dienstleistungsauftrages als der entsprechende Begriff in der VKR bzw. SKR zugrunde**. Danach beziehen sich „öffentliche Dienstleistungsaufträge" iSd Verordnung nur auf die gemeinwirtschaftlichen Verpflichtungen – was sich im Übrigen bereits aus Art. 1 Abs. 3 der VO (EG) Nr. 1370/2007 ergibt. Weiterhin müssen bestimmte Auftragswerte nicht überschritten sein und die Übertragung der Verpflichtungen darf durch Verwaltungsakt oder per Gesetz erfolgen. Zudem sind davon sowohl die Dienstleistungsaufträge als auch die Dienstleistungskonzessionen erfasst, die mangels Entgeltlichkeit vom Anwendungsbereich der Vergaberichtlinien ausgeschlossen sind. Die schwierige Abgrenzung zwischen einem Dienstleistungsauftrag und einer Dienstleistungskonzession würde somit bei Anwendung der Verordnung entfallen, und zudem wird die Nachprüfbarkeit auch von Dienstleistungskonzessionen durch eine „Nachprüfungsinstanz" gemäß Art. 5 Abs. 7 der Verordnung vorgeschrieben (VK Münster, B. v. 7. 9. 2010 – Az.: VK 6/10).

9.5.3 Literatur

2361   Vgl. die Kommentierung → Rdn. 205.

9.6 Freiberufliche Aufträge von Sektorenauftraggebern

2362   Das Nachprüfungsverfahren gem. §§ 98 ff. GWB wird auch bei der Vergabe freiberuflicher Aufträge durch Sektorenauftraggeber nicht ausgeschlossen. Es kommt allein darauf an, ob ein öffentlicher Auftrag gem. § 99 GWB vorliegt, der den Schwellenwert übersteigt und nicht von der Anwendung des Vergaberechtsnachprüfungsverfahrens ausgeschlossen ist (§ 100 GWB). **§ 5 VgV enthält keine Regelung zum Ausschluss des Nachprüfungsverfahrens, sondern bestimmt lediglich, dass öffentliche Auftraggeber nach § 98 Nr. 1–3 und 5 GWB bei der Vergabe bestimmter Dienstleistungen die VOF anzuwenden haben.** Aus der Nichterwähnung der Auftraggeber gemäß § 98 Nr. 4 GWB folgt nicht, dass das gesamte Vergabenachprüfungsverfahren gem. §§ 98 ff. GWB auf Auftraggeber nach § 98 Nr. 4 GWB nicht anzuwenden wäre, sondern dass für Auftraggeber nach § 98 Nr. 4 GWB insoweit die VOF nicht anzuwenden ist. **Welche Bestimmungen Sektorenauftraggeber gem. § 98 Nr. 4 GWB im Übrigen anzuwenden haben, folgt aus der SektVO. Dass sie vom Vergaberechtsregime insgesamt ausgenommen sind, wird an keiner Stelle geregelt. Die SektVO trifft nur nähere Bestimmungen über das Verfahren, das bei der Vergabe öffentlicher Aufträge einzuhalten ist, nicht ob ein Nachprüfungsverfahren stattfindet** (OLG Frankfurt, B. v. 28. 2. 2006 – Az.: 11 Verg 15/05 und 16/05).

9.7 Bereichsausnahmen nach Art. 51 AEUV (ehemals Art. 45 EGV)

9.7.1 Grundsätze

2363   Die **Vergabekammer hat auch immer zu prüfen, ob eine Bereichsausnahme des Art. 51 AEUV (ehemals Art. 45 EGV), d.h. eine Aufgabe der öffentlichen Gefahren-

Gesetz gegen Wettbewerbsbeschränkungen GWB § 100 **Teil 1**

abwehr vorliegt, die der staatlichen Hoheitsgewalt zuzurechnen ist, so dass die Dienstleistungsfreiheit des EG-Vertrages und damit **Vergaberecht ggf. keine Anwendung findet** (OLG Dresden, B. v. 4. 7. 2008 – Az.: WVerg 3/08; OLG Naumburg, B. v. 23. 4. 2009 – Az.: 1 Verg 5/08; OVG Nordrhein-Westfalen, B. v. 30. 9. 2008 – Az.: 13 B 1384/08; VG Köln, B. v. 29. 8. 2008 – Az.: 7 L 1205/08; VG Potsdam, B. v. 14. 8. 2008 – Az.: 10 L 342/08; VG Regensburg, B. v. 30. 9. 2009 – Az.: Az. RN 4 E 09.1503; 1. VK Sachsen, B. v. 9. 9. 2008 – Az.: 1/SVK/046-08; B. v. 26. 3. 2008 – Az.: 1/SVK/005–08; 2. VK Sachsen-Anhalt, B. v. 11. 7. 2008 – Az.: VK 2 LVwA LSA – 06/08). Art. 45 Abs. 1 EG lautet wie folgt: „Auf Tätigkeiten, die in einem Mitgliedstaat dauernd oder zeitweise mit der Ausübung öffentlicher Gewalt verbunden sind, findet dieses Kapitel in dem betreffenden Mitgliedstaat keine Anwendung". Art. 55 EG (jetzt Art. 62 AEUV) bestimmt für die Dienstleistungsfreiheit (Kapitel 3) zudem: „Die Bestimmungen der Artikel 45 bis 48 (jetzt Art. 51–54 AEUV) finden auf das in diesem Kapitel geregelte Sachgebiet Anwendung." Art. 45 Absatz 1 EGV (jetzt Art. 51 AEUV) bestimmt, dass die Bestimmungen über die Niederlassungsfreiheit – und über die Verweisung in Art. 55 (jetzt Art. 62 AEUV) auch die Dienstleistungsfreiheit – nicht anwendbar sind, wenn es um Tätigkeiten geht, die mit der Ausübung öffentlicher Gewalt verbunden sind. Die **potentielle Reichweite dieser Bereichsausnahme macht bereits deutlich, dass der zentrale Begriff der „öffentlichen Gewalt" nicht allein vom Mitgliedstaat bestimmt werden kann und dass Art. 45 EGV (jetzt Art. 51 AEUV) eng auszulegen** ist (VG Köln, B. v. 29. 8. 2008 – Az.: 7 L 1205/08), wodurch verhindert werden soll, dass der Vertrag durch einseitige Maßnahmen der Mitgliedstaaten seiner praktischen Bedeutung in diesem Bereich beraubt wird. Die **Entscheidung darüber, welche Tätigkeiten mit der Ausübung öffentlicher Gewalt verbunden werden, liegt im Ermessen der Mitgliedstaaten**. Diesem Ermessen sind aber gemeinschaftliche Grenzen gesetzt. Die Grenzen werden durch den Zweck der Vorschrift bestimmt, den Mitgliedstaaten zu ermöglichen, diejenigen Tätigkeiten ihren eigenen Staatsangehörigen vorzubehalten, die einer besonderen staatsbürgerlichen Loyalität bedürfen. Der EuGH hat insoweit mit Bezug auf die Betätigung als Rechtsanwalt klargestellt, dass Art. 55 a. F. (der wortgleich dem Art. 45 EGV entspricht – jetzt Art. 51 AEUV) Zugangsbeschränkungen für EG-Ausländer nur insoweit rechtfertigt, als die spezifische Tätigkeit „in sich selbst betrachtet, eine unmittelbare und spezifische Teilnahme an der Ausübung hoheitlicher Gewalt darstellt und dass sich die **Tragweite dieser Vorschrift „auf das beschränkt, was zur Wahrnehmung der Interessen unbedingt erforderlich ist"** (OVG Nordrhein-Westfalen, B. v. 30. 9. 2008 – Az.: 13 B 1384/08; VG Köln, B. v. 29. 8. 2008 – Az.: 7 L 1205/08; VG Regensburg, B. v. 30. 9. 2009 – Az.: Az. RN 4 E 09.1503; 1. VK Sachsen, B. v. 26. 3. 2008 – Az.: 1/SVK/005–08; 2. VK Sachsen-Anhalt, B. v. 11. 7. 2008 – Az.: VK 2 LVwA LSA – 06/08). In Würdigung dieser Entscheidungen ist festzustellen, dass der Gerichtshof also in bewusst enger Auslegung für die Annahme der Ausübung öffentlicher Gewalt i. S. v. Art. 45 Abs. 1 EGV (jetzt Art. 51 AEUV) eine **Tätigkeit** verlangt, die **unmittelbar eine spezifische Teilnahme an der Ausübung öffentlicher Gewalt beinhaltet**; dies in Form von Zwangsbefugnissen und Sonderrechten und in aller Regel der eigenen Befugnis zum Handeln durch Verwaltungsakt. **Schlicht hoheitliches Handeln reicht mithin nicht aus.** Der Rückgriff auf Art. 45 EGV (jetzt Art. 51 AEUV) ist damit nur und insoweit möglich, als damit die in Rede stehende spezifische Tätigkeit die **Ausübung von Zwangsbefugnissen notwendigerweise mitumfasst und der öffentliche Zweck auch nicht durch weniger einschneidende Maßnahmen (z. B. Genehmigungspflichten, Kontrollaufsicht) erreicht werden kann.** Es muss sich also um die Übertragung von Rechten handeln, die ausschließlich der öffentlichen Staatsgewalt zuzuordnen bzw. vorbehalten sind und die Zwangsbefugnisse und Sonderrechte mitumfasst (OVG Nordrhein-Westfalen, B. v. 30. 9. 2008 – Az.: 13 B 1384/08; VG Köln, B. v. 29. 8. 2008 – Az.: 7 L 1205/08; 1. VK Sachsen, B. v. 26. 3. 2008 – Az.: 1/SVK/005–08; B. v. 26. 3. 2008 – Az.: 1/SVK/005–08).

Die sich aus Art. 45, 55 EG-Vertrag (jetzt Art. 51, 62 AEUV) ergebende so genannte **Bereichsausnahme beschränkt sich** nach dem Wortlaut von Art. 45 (jetzt Art. 51 AEUV) und dessen Zweck allerdings darauf, die **Mitgliedstaaten in die Lage zu versetzen, Ausländer von den dort genannten Tätigkeiten im Inland fernzuhalten; ein Zwang für den nationalen Gesetzgeber ist damit nicht verbunden.** Die Reichweite des durch den Ersten Abschnitt des Vierten Teils des Gesetzes gegen Wettbewerbsbeschränkungen eröffneten Vergaberegimes bestimmt sich mithin nach deutschem Recht. Nur wenn oder soweit das **deutsche Gesetz einen bestimmten Dienstleistungsverkehr hiervon ausnähme, können der EG-Vertrag (jetzt Vertrag über die Arbeitsweise der Europäischen Union) oder auf seiner Grundlage erlassene europäische Rechtsakte noch Bedeutung erlangen**, nämlich dann, wenn das Gemeinschaftsrecht der Bundesrepublik Deutschland Derartiges untersagte (BGH, B.

2364

Teil 1 GWB § 100   Gesetz gegen Wettbewerbsbeschränkungen

v. 1. 12. 2008 – Az.: X ZB 31/08; OLG Naumburg, B. v. 23. 4. 2009 – Az.: 1 Verg 5/08; VG Frankfurt/Oder, B. v. 20. 2. 2009 – Az.: 4 L 186/08).

9.7.2 Notfallrettung und Krankentransporte

9.7.2.1 Rechtsprechung des EuGH

2365   Die **Art. 45 EG (jetzt Art. 51 AEUV) und 55 EG (jetzt Art. 62 AEUV) sind als Ausnahmen von den Grundregeln der Niederlassungsfreiheit und des freien Dienstleistungsverkehrs so auszulegen, dass sich ihre Tragweite auf das beschränkt, was zur Wahrung der Interessen, die zu schützen diese Bestimmungen den Mitgliedstaaten erlauben, unbedingt erforderlich** ist. Nach ständiger Rechtsprechung muss bei der Beurteilung einer etwaigen Anwendung der in den Art. 45 EG und 55 EG (jetzt Art. 51, 62 AEUV) vorgesehenen Ausnahmen außerdem berücksichtigt werden, dass die **diesen Ausnahmen durch diese Artikel gezogenen Grenzen dem Unionsrecht unterfallen**. Nach gefestigter Rechtsprechung muss sich die in diesen Artikeln vorgesehene Ausnahmeregelung weiterhin **auf Tätigkeiten beschränken, die als solche unmittelbar und spezifisch mit der Ausübung öffentlicher Gewalt verbunden** sind (EuGH, Urteil v. 29. 4. 2010 – Az.: C-160/08).

2366   Was das **Recht der Erbringer von Krankentransportleistungen betrifft, auf Mittel wie Blaulicht oder Einsatzhorn sowie das ihnen durch die deutsche Straßenverkehrsordnung eingeräumte Vorfahrtsrecht zurückzugreifen**, so kommt in ihnen zwar die vorrangige Bedeutung zum Ausdruck, die der nationale Gesetzgeber der Gesundheit der Bevölkerung gegenüber den allgemeinen Regeln des Straßenverkehrs beigemessen hat. **Diese Rechte als solche können jedoch nicht als unmittelbare und spezifische Teilhabe an der Ausübung öffentlicher Gewalt betrachtet werden**, da die betreffenden Leistungserbringer nicht mit vom allgemeinen Recht abweichenden Vorrechten oder Zwangsbefugnissen ausgestattet sind, um dessen Einhaltung zu gewährleisten, was in die Zuständigkeit der Polizei- und Justizbehörden fällt. **Ebenso wenig können Aspekte wie die Befugnis, bei Dritten Informationen einzuholen, oder den Einsatz anderer Fachdienste oder auch die Beteiligung an der Bestellung von Verwaltungsvollzugsbeamten** im Zusammenhang mit den fraglichen Dienstleistungen angeführt worden sind, als Ausdruck einer hinreichend qualifizierten Wahrnehmung hoheitlicher bzw. vom allgemeinen Recht abweichender Befugnisse angesehen werden. Auch der Umstand, dass die Erbringung öffentlicher Krankentransportleistungen eine Zusammenarbeit mit den öffentlichen Stellen sowie mit Angehörigen der Berufsgruppen mit sich bringe, die, wie die Angehörigen der Polizeikräfte, mit hoheitlichen Befugnissen ausgestattet seien, stellt keinen Gesichtspunkt dar, durch den die Tätigkeit der Erbringung dieser Dienstleistungen mit der Ausübung öffentlicher Gewalt verbunden wäre. **Gleiches gilt für den Umstand, dass die Verträge über die in Rede stehenden Dienstleistungsaufträge öffentlich-rechtlicher Natur seien** und dass die betreffenden Tätigkeiten für Rechnung von Einrichtungen des öffentlichen Rechts ausgeübt würden, die Träger der öffentlichen Rettungsdienste seien. **Deshalb finden die Art. 45 EG und 55 EG (jetzt Art. 51 und 62 AEUV) auf die Tätigkeiten des Notfalltransports und des qualifizierten Krankentransports keine Anwendung** (EuGH, Urteil v. 29. 4. 2010 – Az.: C-160/08).

9.7.2.2 Rechtsprechung des BGH

2367   Die **Vergabe von Rettungsdienstleistungen** ist **nach nationalem Recht nicht von dem GWB-Vergaberegime ausgenommen**. § 99 Abs. 1 GWB stellt allein darauf ab, dass die **Leistung Gegenstand eines entgeltlichen Vertrags** zwischen öffentlichem Auftraggeber und Unternehmen werden soll. Es kommt hinzu, dass das Gesetz gegen Wettbewerbsbeschränkungen selbst in **§ 100 Abs. 2 einen allgemein als abschließend angesehenen Katalog von Verträgen benennt**, für das GWB-Vergaberegime nicht gelten soll, **ohne darin Rettungsdienstleistungen aufgenommen** zu haben (BGH, B. v. 1. 12. 2008 – Az.: X ZB 31/08).

2368   Die Geltung des GWB-Vergaberegimes auch für die Vergabe von Rettungsdienstleistungen und das dabei einzuhaltende Verfahren **kann auch nicht als mit dem Zweck des Gesetzes unvereinbar angesehen** werden, der zur Auslegung ebenfalls herangezogen werden muss. Die hierzu ergangenen **Vorschriften dienen dazu, unter Wahrung von Transparenz und Gleichbehandlung am Auftrag Interessierter der öffentlichen Hand zu ermöglichen und sie anzuhalten, möglichst unter Nutzung vorhandenen Wettbewerbs das wirtschaftlichste Angebot zu erhalten und wahrzunehmen**. Dieser **Zweck kann** ohne weiteres auch für die Vergabe von Rettungsdienstleistungen Geltung beanspruchen. Es er-

Gesetz gegen Wettbewerbsbeschränkungen GWB § 100 **Teil 1**

scheint geradezu sinnvoll, auch diese Nachfrage der öffentlichen Hand in der nach dem Vierten Teil des Gesetzes gegen Wettbewerbsbeschränkungen vorgesehenen Weise abzuwickeln, nicht zuletzt angesichts des Umstands, dass es bekanntermaßen althergebrachter Praxis entspricht, die fraglichen Leistungen durch außerhalb des Staates stehende Organisationen oder Unternehmen, häufig sogar auf rein privatrechtlicher Grundlage, erbringen zu lassen. Insoweit besteht ein wesentlicher Unterschied zu Verträgen, die § 99 Abs. 1 GWB nicht unterfallen, obwohl auch sie in den Ausnahmekatalog des § 100 Abs. 2 GWB nicht aufgenommen sind, nämlich zu Verträgen mit Unternehmen, deren alleiniger Anteilseigner der öffentliche Auftraggeber ist, über die er eine Kontrolle wie über eigene Dienststellen ausübt und die ihre Tätigkeit im Wesentlichen für diesen öffentlichen Auftraggeber verrichten (BGH, B. v. 1. 12. 2008 – Az.: X ZB 31/08).

Auch der **Umstand, dass der Landesgesetzgeber ein besonderes Auswahlverfahren für die Vergabe von Rettungsdienstleistungen geschaffen hat, entbindet nicht von der Anwendung des Vergaberechts**, weil eine Kompetenz des Freistaates Sachsen zur Einschränkung des bundeseinheitlichen Vergaberechts nicht mehr bestand, nachdem der Bund den Vierten Teil des GWB geschaffen hatte. 2369

9.7.2.3 Ältere Rechtsprechung im Sinne der Rechtsprechung des BGH

Die §§ 4, 5 und 9 SächsLRettDPVO zeigen zunächst, dass im Freistaat Sachsen die **Rettungsleitstelle alle Einsätze des Rettungsdienstes**, d. h. gesamten Bereiche der Notfallrettung und des Krankentransportes, **lenkt**. Diese umfassende Lenkungsbefugnis **schließt insbesondere die Ermächtigung zur Auswahl und Anordnung (Auswahlentscheidung) ein, welches konkrete Unternehmen bzw. welcher konkrete Leistungsträger im Einzelfall eine Maßnahme der Notfallrettung oder einen Krankentransport auszuführen** hat. Der Rettungsleitstelle steht insoweit ein Vermittlungsmonopol für den gesamten Rettungsdienst zu. Auch standortübergreifende übergreifend organisatorische Befugnisse (Organisationsbefugnis) zur Ermittlung des jeweils wirtschaftlichsten Standortes verbleiben bei der Rettungsleitstelle, ebenso die strategische Vorbereitung auf Katastrophenfälle, d. h. Ereignisse mit einer großen Anzahl von Verletzten. Zum steht den **Trägern des Rettungsdienstes ihrerseits ein stark ausdifferenziertes Weisungsrecht gegenüber dem Leistungsträger**, d. h. dem Rettungsdienstunternehmer **zu**. Dieser hat kein Recht die Weisungen anzuzweifeln. Sofern der Leistungserbringer den vertraglichen Verpflichtungen zuwider handelt, stellt dies einen Grund zur außerordentlichen Kündigung dar. Soweit eine bedarfsgerechte Versorgung mit Leistungen des Rettungsdienstes nicht nach § 31 Abs. 1, 6 SächsBRKG sichergestellt ist, führt im Übrigen der Träger des Rettungsdienstes diese selbst durch. Der **Rettungsdienstunternehmer verfügt bei seinen Handlungen also nicht über einen eigenen Autonomiebereich**, wie es von der jüngeren Rechtsprechung des EuGH verlangt wird. Dieser Mangel an Autonomie wird umso deutlicher, wenn man Parallelen zu der im deutschen Recht geläufigen Abgrenzung von Verwaltungshelfern und Beliehenen zieht. **Bei der Beleihung folgt die Zurechnung des Tätigwerdens des Beliehenen an den Staat auf der Berechtigung zum Einsatz des von Rechts wegen ausschließlich dem Staat vorbehaltenen öffentlich-rechtlichen Instrumentariums**. Der **Beliehene** handelt nicht für eine Behörde, er **ist Behörde** und damit etwa auch Adressat verwaltungsgerichtlicher Überprüfung seiner von betroffener Seite beanstandeten Maßnahmen. Wehrt sich indes ein von Rettungsdienstmaßnahmen Betroffener hiergegen, so müsste er nicht den Unternehmer, der im Rahmen des mit ihm vereinbarten öffentlich-rechtlichen Vertrags Transportleistungen und die damit verbundene medizinische Erstversorgung sicherzustellen hat, also nicht den privaten Leistungserbringer vor dem Verwaltungsgericht verklagen, sondern **den Aufgabenträger, der die rettungsdienstliche Versorgung der Bevölkerung öffentlich-rechtlich verantwortet** (OLG Dresden, B. v. 4. 7. 2008 – Az.: WVerg 3/08). Vorliegend ist es also der Aufgabenübertragung nach dem SächsBRKG eigen, dass **lediglich hier die Aufgabenübertragung im Sinne einer Dienstleistung im Vordergrund** steht. Der **Rettungsunternehmer wird als Verwaltungshelfer** tätig. Der öffentliche Aufgabenträger behält nämlich die öffentlich-rechtliche Verantwortung für die Tätigkeit und bedient sich zur Erfüllung seiner Verpflichtung eines weisungsgebundenen Privaten, der seinerseits keine dieser hoheitlichen Befugnisse übertragen bekommt. Die Befugnis zum hoheitlichen Handeln durch (Leistungs-)Bescheid, und damit zum Treffen einer regelnden Entscheidung im Einzelfall mit unmittelbarer Rechts-(Bindungs-)wirkung nach außen, verbleibt somit tatsächlich ausnahmslos bei der beauftragenden (Träger-) Körperschaft (OLG Dresden, B. v. 4. 7. 2008 – Az.: WVerg 3/08). Letztlich ist auch **nicht ersichtlich**, dass die **Leistung** für Notfallrettung und des Krankentransportes **zwingend** i. S. d. Art. 45 EGV (jetzt Art. 51 AEUV) **erfordert**, den **eigenen Staatsangehörigen vorbehalten zu bleiben**, da nicht ersichtlich ist, dass die Tätig- 2370

535

keit einer besonderen **staatsbürgerlichen Loyalität** bedürfen (1. VK Sachsen, B. v. 9. 9. 2008 – Az.: 1/SVK/046-08; B. v. 26. 3. 2008 – Az.: 1/SVK/005–08; B. v. 26. 3. 2008 – Az.: 1/SVK/005–08).

2371　Der **Einsatz von blauem Blinklicht zusammen mit dem Einsatzhorn befreit** das Rettungsfahrzeug entsprechend § 35 Absatz 5a StVO lediglich **von den Pflichten gemäß StVO**. Diese **Befreiung ändert jedoch die Verkehrsregel und Gebote nicht.** Dem **Rettungsunternehmer werden also keine eigenen Zwangsbefugnisse eingeräumt.** Der Rettungsunternehmer kann sein „Vorrecht auf freie Durchfahrt im Straßenverkehr" nicht zwangsweise durchsetzen und etwaig Verwarnungen oder Platzverweise erteilen, die Abschleppung von Pkws anordnen, Straßen absperren, oder im Falle der Missachtung seines Vorranges Bußgeldbescheide an den Zuwiderhandelnden erlassen. Über fremden Vorrang kann sich der Rettungsunternehmer also nur hinwegsetzen, wenn er nach ausreichender Ankündigung sieht, dass der Verkehr ihm auch den Vorrang einräumt. Anderenfalls kann in der konkreten Gefahrensituation der Rettungsunternehmer seine Privilegierung tatsächlich nur unter Zuhilfenahme der Ordnungsbehörden durchsetzen. Auch ist der **Einsatz von Blaulicht und Einsatzhorn nicht lediglich den staatlichen Einrichtungen** (wie Polizei, Feuerwehr, Katastrophenschutz und Zolldienst) **vorbehalten.** Vielmehr können die höheren Verwaltungsbehörden gemäß § 70 Abs. 1 Nr. 1 StVZO in bestimmten Einzelfällen oder allgemein für bestimmte einzelne Antragsteller u. a. von der Vorschrift des § 52 StVZO Ausnahmen genehmigen. So rechtfertigt bspw. die Eilbedürftigkeit von Ärztetransporten im Zusammenhang mit Organtransplantationen Ausnahmegenehmigungen zur Ausstattung der dabei von einem privaten Unternehmen benutzten Fahrzeuge mit Blaulicht und Einsatzhorn sowie zur Befreiung von den Vorschriften der StVO. Somit fällt die **Tätigkeit des Rettungsunternehmers lediglich durch den Einsatz von Blaulicht und Martinshorn nicht in den Anwendungsbereich der Bereichsausnahme nach Art. 45 i. V. m. 55 EGV** – jetzt Art. 51 i. V. m. 62 AEUV (OLG Dresden, B. v. 4. 7. 2008 – Az.: WVerg 3/08; VG Köln, B. v. 29. 8. 2008 – Az.: 7 L 1205/08; 1. VK Sachsen, B. v. 9. 9. 2008 – Az.: 1/SVK/046-08; B. v. 26. 3. 2008 – Az.: 1/SVK/005–08; B. v. 26. 3. 2008 – Az.: 1/SVK/005–08).

2372　Hinsichtlich des **Argumentes**, dass Rettungsdienstleister bei Verletzungen oder Krankheit befugt seien, **Notfallrettungsmaßnahmen unabhängig von einer vorher einzuholenden Einwilligung des betroffenen Patienten durchzuführen**, um Lebensgefahr oder schwere gesundheitliche Schäden abzuwenden, ist festzustellen, dass Notfallrettungsmaßnahmen unabhängig von einer vorher einzuholenden Einwilligung des betroffenen Patienten **in der Regel nicht von den Rettungsassistenten oder Rettungssanitätern sondern nur von den hinzugezogenen Notärzten vorgenommen** werden. Die notärztliche Versorgung ist so organisiert, dass die Notärzte – rechtlich betrachtet – durch die Krankenkassen und ihre Verbände gestellt werden, Rettungsassistent oder Rettungssanitäter werden von den Rettungsunternehmern gestellt. Damit werden die Maßnahmen im Regelfall nicht von den Rettungsunternehmern ausgeführt. Nach Auffassung der erkennenden Kammer folgt diese **Befugnis zu Notfallrettungsmaßnahmen** unabhängig von einer Einwilligung des betroffenen Patienten **aus einer allgemeinen Garantenstellung aus Gewährsübernahme.** Die Übernahme der Gewähr für die Sicherheit eines Rechtsgutes kann nach § 13 StGB ausschlaggebend sein für die strafrechtliche Beurteilung eines etwaigen Unterlassungstatbestandes. Insoweit handelt es sich bei dieser **Befugnis, wenn sie denn tatsächlich vom Rettungsunternehmer ausgeübt würde, auch nicht um ein Recht, welches ausschließlich der Staatsgewalt zugeordnet oder vorbehalten** ist (1. VK Sachsen, B. v. 26. 3. 2008 – Az.: 1/SVK/005–08; B. v. 26. 3. 2008 – Az.: 1/SVK/005–08).

2373　Mit der **notwendig erscheinenden medizinischen Erstversorgung durch Rettungsassistenten und -sanitäter verbundene Eingriffe** in die körperliche Unversehrtheit des Opfers einschließlich etwaiger Fixierungsmaßnahmen und des Transports an einen anderen Ort **gehen im Kern nicht über das hinaus, was für jeden anderen Helfer unter Nothilfegesichtspunkten auch gerechtfertigt wäre.** Dessen ungeachtet sind derartige Eingriffe wie auch solche gegen Dritte, etwa Platzverweise oder Heranziehung zu Hilfeleistungen (§§ 54, 58 SächsBRKG) **nicht Maßnahmen des Rettungsdienstunternehmers, sondern solche des vor Ort handelnden Einsatzpersonals.** Dass dieses Personal seiner Funktion nach in Ausübung eines öffentlichen Amtes handeln und deshalb bei eventuellen Fehlleistungen nach Amtshaftungsgrundsätzen zu beurteilen sein kann, schließt indes nicht aus, dass das dieses Personal beschäftigende Rettungsdienstunternehmen seinerseits in privatrechtlichen Formen tätig ist; die Rechtsprechung des Bundesgerichtshofs bejaht im Gegenteil eine solche Konstellation ausdrücklich (OLG Dresden, B. v. 4. 7. 2008 – Az.: WVerg 3/08).

Bei der **Vergabe von Rettungsdienstleistungen in NRW liegt eine aus Art. 55, 45 EG- Vertrag (jetzt Art. 62, 51 AEUV) abzuleitende vergaberechtliche Bereichsausnahme**, die die Anwendung des Wettbewerbsrechts ausschließen würde, **nicht vor**, weil der Leistungserbringer bei der Wahrnehmung der Aufgaben des Rettungsdienstes keine hoheitlichen Befugnisse ausübt (VG Köln, B. v. 29. 8. 2008 – Az.: 7 L 1205/08; mit ähnlicher Tendenz OVG Nordrhein-Westfalen, B. v. 30. 9. 2008 – Az.: 13 B 1384/08).

2374

9.7.2.4 Sonstige Rechtsprechung

Die ältere **Rechtsprechung**, die eine **Bereichsausnahme bejahte**, ist **durch die Entscheidung des BGH gegenstandslos**.

2375

9.7.3 Arzneimittellieferungen

Die VKR und der 4. Teil des GWB sind auf Lieferungen an öffentliche Krankenkassen auch nicht deswegen unanwendbar, weil diese Teil des Systems der Krankenversicherungen sind, deren Regelung als solche nicht in die Zuständigkeit der Gemeinschaft fällt. **Nach ständiger Rechtsprechung des Europäischen Gerichtshofs sind die Vorschriften des EG-Vertrages (jetzt des Vertrags über die Arbeitsweise der Europäischen Union) z. B. über die Waren-, Dienstleistungs- und Niederlassungsfreiheit auch im Rahmen des Systems sozialer Sicherheit zu beachten** (EuGH EuZW 2007, 677 Rdnr. 14 für direkte Steuern; EuZW 2007, 339 Rdnr. 23 für die Krankenversicherung). U. a. **der Sicherstellung der Waren- und Dienstleistungsfreiheit innerhalb der Europäischen Gemeinschaft dient die VKR**, wie ihre Ermächtigungsgrundlage (Art. 49, 55 EG – jetzt Art. 56, 62 AEUV) zeigt (OLG Düsseldorf, B. v. 16. 6. 2008 – Az.: VII-Verg 7/08; B. v. 20. 2. 2008 – Az.: VII – Verg 7/08; B. v. 17. 1. 2008 – Az.: VII – Verg 57/07; B. v. 19. 12. 2007 – Az.: VII – Verg 51/07; 2. VK Bund, B. v. 22. 8. 2008 – Az.: VK 2–73/08).

2376

Für die Belieferung mit Arzneimitteln sieht § 100 Abs. 2 GWB, der insoweit abschließend ist, keine Ausnahme vor. Es kann deshalb auch nicht unter Bezugnahme auf die Richtlinie 2001/83/EG darauf verwiesen werden, dass die Europäische Gemeinschaft selbst davon ausgehe, dass noch kein vereinheitlichter Markt für Arzneimittel bestehe. Der **nationale Primärrechtsschutz bezieht diese Produkte jedenfalls mit ein**. Außerdem ist **nicht erkennbar, dass das Bemühen um europäische Standardisierung in einem Marktsegment gleichzeitig bedeutet, dass hier noch kein europaweiter Wettbewerb stattfinden müsse**. Gleichfalls kann nicht erkannt werden, dass der Umsatz von Arzneimitteln zugunsten von gesetzlich Versicherten innerstaatliches, hoheitliches Handeln und damit nicht dem Vergaberecht unterworfen wäre. Der Zugang zu diesem Markt ist nicht beschränkt, sondern allen Herstellern mit Produkten offen, die arzneimittelrechtlich zum Verkauf zugelassen sind. Die Hersteller werden ebenfalls nicht in ein besonderes Hoheitsverhältnis gegenüber Bürgern einbezogen (OLG Düsseldorf, B. v. 20. 2. 2008 – Az.: VII – Verg 7/08; B. v. 19. 12. 2007 – Az.: VII – Verg 51/07; VK Baden-Württemberg, B. v. 30. 12. 2008 – Az.: 1 VK 51/08; VK Düsseldorf, B. v. 31. 10. 2007 – Az.: VK – 31/2007 – L).

2377

9.7.4 Vergabevorgänge in Durchführung eines Tarifvertrags

Der Grundrechtscharakter des Rechts auf Kollektivverhandlungen und die sozialpolitische Zielsetzung des TV-EUmw/VKA als Ganzes gesehen können als solche die kommunalen Arbeitgeber nicht ohne Weiteres der Verpflichtung entheben, die Erfordernisse aus den Richtlinien 92/50 und 2004/18 zu beachten, mit denen die Niederlassungsfreiheit und der freie Dienstleistungsverkehr im öffentlichen Auftragswesen durchgeführt werden. Vertragsvergabevorgänge, die in Durchführung eines Tarifvertrags erfolgen, führen als solche nicht dazu, dass diese Vergabevorgänge dem Anwendungsbereich der Richtlinien 92/50 und 2004/18 entzogen sind. Die **Beachtung der Richtlinien auf dem Gebiet der öffentlichen Dienstleistungsaufträge erweist sich nicht als unvereinbar mit der Verwirklichung des sozialpolitischen Ziels**, das die Vertragsparteien des TV-EUmw/VKA in Ausübung ihres Rechts auf Kollektivverhandlungen verfolgt haben (EuGH, Urteil v. 15. 7. 2010 – Az.: C-271/08).

2378

9.7.5 Literatur

– Kingreen, Thorsten/Pieroth, Bodo/Haghgu, Katrin, Tarifverträge als Bereichsausnahme des Europäischen Vergaberechts, NZA 2009, 870

2379

10. § 101 GWB – Arten der Vergabe

(1) **Die Vergabe von öffentlichen Liefer-, Bau- und Dienstleistungsaufträgen erfolgt in offenen Verfahren, in nicht offenen Verfahren, in Verhandlungsverfahren oder im wettbewerblichen Dialog.**

(2) Offene Verfahren sind Verfahren, in denen eine unbeschränkte Anzahl von Unternehmen öffentlich zur Abgabe von Angeboten aufgefordert wird.

(3) Bei nicht offenen Verfahren wird öffentlich zur Teilnahme, aus dem Bewerberkreis sodann eine beschränkte Anzahl von Unternehmen zur Angebotsabgabe aufgefordert.

(4) Ein wettbewerblicher Dialog ist ein Verfahren zur Vergabe besonders komplexer Aufträge durch Auftraggeber nach § 98 Nr. 1 bis 3, soweit sie nicht auf dem Gebiet der Trinkwasser- oder Energieversorgung oder des Verkehrs tätig sind, und § 98 Nr. 5. In diesem Verfahren erfolgen eine Aufforderung zur Teilnahme und anschließend Verhandlungen mit ausgewählten Unternehmen über alle Einzelheiten des Auftrags.

(5) Verhandlungsverfahren sind Verfahren, bei denen sich der Auftraggeber mit oder ohne vorherige öffentliche Aufforderung zur Teilnahme an ausgewählte Unternehmen wendet, um mit einem oder mehreren über die Auftragsbedingungen zu verhandeln.

(6) Eine elektronische Auktion dient der elektronischen Ermittlung des wirtschaftlichsten Angebotes. Ein dynamisches elektronisches Verfahren ist ein zeitlich befristetes ausschließlich elektronisches offenes Vergabeverfahren zur Beschaffung marktüblicher Leistungen, bei denen die allgemein auf dem Markt verfügbaren Spezifikationen den Anforderungen des Auftraggebers genügen.

(7) Öffentliche Auftraggeber haben das offene Verfahren anzuwenden, es sei denn, auf Grund dieses Gesetzes ist etwas anderes gestattet. Auftraggebern stehen, soweit sie auf dem Gebiet der Trinkwasser- oder Energieversorgung oder des Verkehrs tätig sind, das offene Verfahren, das nicht offene Verfahren und das Verhandlungsverfahren nach ihrer Wahl zur Verfügung.

10.1 Rahmen des Art. 28 VKR

2380 Zwar zielt die Richtlinie 2004/18/EG (Vergabekoordinierungsrichtlinie – VKR) nicht auf eine vollständige Harmonisierung der Regelung der öffentlichen Aufträge in den Mitgliedstaaten ab, doch ändert dies nichts daran, dass die **Verfahren für die Auftragsvergabe, die die Mitgliedstaaten anwenden dürfen, abschließend in Art. 28 dieser Richtlinie aufgeführt** sind. Nach dem Wortlaut dieses Art. 28 sind die öffentlichen Auftraggeber nämlich gehalten, für die Vergabe ihrer öffentlichen Aufträge **entweder das offene oder nichtoffene Verfahren** oder unter den besonderen in Art. 29 der Richtlinie 2004/18 ausdrücklich genannten Umständen den **wettbewerblichen Dialog** oder unter den in den Art. 30 und 31 der Richtlinie ausdrücklich genannten Umständen das **Verhandlungsverfahren** anzuwenden. Die **Vergabe öffentlicher Aufträge im Wege anderer Verfahren ist nach dieser Richtlinie nicht erlaubt**. Einem Mitgliedstaat steht es daher nicht offen, Verfahren zur Auftragsvergabe vorzusehen, die in der Richtlinie nicht genannt sind, die aber Merkmale aufweisen, die denjenigen bestimmter in der Richtlinie erwähnter Verfahren entsprechen (EuGH, Urteil v. 10. 12. 2009 – Az.: C-299/08).

2381 § 101 definiert insoweit die verschiedenen Arten der Vergabe im Grundsatz. Die Einzelheiten regeln die §§ 3, 3a VOB/A und die §§ 3, 3 EG VOL/A. Entsprechend werden in der Kommentierung zu § 101 die grundlegenden Prinzipien dargestellt.

10.2 Änderungen durch das Vergaberechtsmodernisierungsgesetz 2009

2382 **Verhandlungsverfahren und Wettbewerblicher Dialog** haben die **Reihenfolge getauscht**; der Wettbewerbliche Dialog steht vor dem Verhandlungsverfahren (§ 101 Abs. 4, Abs. 5).

Gesetz gegen Wettbewerbsbeschränkungen GWB § 101 **Teil 1**

Der **Auftraggeberbegriff für den Wettbewerblichen Dialog** (§ 101 Abs. 4) ist **genauer definiert** worden. 2383

In § 101 Abs. 6 sind die **für das nationale Recht neuen Vergabeverfahren der „elektronischen Auktion"** und des **„dynamischen elektronischen Verfahren"** aufgenommen worden. 2384

Der **Grundsatz des Vorrangs des Offenen Verfahrens** wurde **erweiternd für alle Auftraggeber, die auf dem Gebiet der Trinkwasser- oder Energieversorgung oder des Verkehrs tätig sind, aufgehoben**. 2385

10.3 Bieterschützende Vorschrift

Die **Vorschriften über die Auswahl der richtigen Verfahrensart nach § 101 GWB, §§ 3, 3a VOB/A und 3, 3 EG VOL/A sind bieterschützend** und begründen damit subjektive Rechte im Sinn von § 97 Abs. 7 GWB. Die Hierarchie der Verfahrensarten soll ein möglichst hohes Maß an Objektivität und einen möglichst breiten Wettbewerb gewährleisten (VK Brandenburg, B. v. 23. 11. 2004 – Az.: VK 58/04; VK Nordbayern, B. v. 9. 9. 2008 – Az.: 21.VK – 3194 – 42/08; 3. VK Saarland, B. v. 24. 10. 2008 – Az.: 3 VK 02/2008). 2386

Damit ist auch der in § 101 Abs. 7 Satz 1 GWB in Verbindung mit §§ 3 Abs. 2, 3 EG Abs. 1 VOL/A geregelte **Vorrang des offenen Verfahrens bzw. der öffentlichen Ausschreibung eine bieterschützende Bestimmung** (1. VK Bund, B. v. 20. 7. 2004 – Az.: VK 1–75/04, B. v. 20. 7. 2004 – Az.: VK 1–78/04; 2. VK Bund, B. v. 19. 7. 2004 – Az.: VK 2–79/04; B. v. 19. 7. 2004 – Az.: VK 2–76/04; 3. VK Bund, B. v. 20. 7. 2004 – Az.: VK 3–77/04). 2387

Ein Antragsteller hat also nach § 97 Abs. 7 GWB einen Anspruch darauf, dass die Vergabestelle die Leistungen im Wege eines transparenten Vergabeverfahrens im Sinne des § 97 Abs. 1 beschafft. Dabei muss z. B. nach § 3 Abs. 2 VOB/A eine Öffentliche Ausschreibung stattfinden, soweit nicht die Natur des Geschäfts oder besondere Umstände eine Ausnahme rechtfertigen (OLG Düsseldorf, B. v. 8. 5. 2002 – Az.: Verg 8–15/01; VK Magdeburg, B. v. 6. 6. 2002 – Az.: 33–32571/07 VK 05/02 MD). 2388

Nach **Auffassung des OLG Düsseldorf dient jedoch zumindest § 3 EG Abs. 4 lit. c) VOL/A (= Art. 31 Nr. 1 lit. b) VKR) allein dem Schutz der Vergabestelle**, die sich in bestimmten Fällen den mit einem Offenen Verfahren bzw. einem Verhandlungsverfahren nach Öffentlicher Ausschreibung verbundenen Aufwand ersparen können soll, **nicht aber dem Schutz von Mitbietern**, die bei einem Verzicht auf eine Öffentliche Vergabebekanntmachung leichter und ohne konkurrierende Mitbieter zu einem Vertragsschluss mit der Vergabestelle gelangen können. **Inhaber von Ausschließlichkeitsrechten werden dadurch geschützt, dass gegebenenfalls Mitbieter als nicht hinreichend leistungsfähig auszuschließen** sind (OLG Düsseldorf, B. v. 20. 10. 2008 – Az.: VII-Verg 46/08). 2388/1

10.4 Offenes Verfahren (§ 101 Abs. 2)

10.4.1 Allgemeines

§ 101 Abs. 2 GWB bestimmt den Begriff des offenen Verfahrens als Verfahren, in dem „eine unbeschränkte Anzahl von Unternehmen öffentlich zur Abgabe von Angeboten aufgefordert wird." Diese **Definition stimmt mit den EG-Vergaberichtlinien überein**, die das offene Verfahren als Verfahren bezeichnen, bei dem alle interessierten Unternehmen ein Angebot abgeben können. 2389

Das offene Verfahren ist stark formalisiert, um den Grundsätzen des freien Wettbewerbs, der Gleichbehandlung und der Transparenz möglichst optimal Rechnung zu tragen. 2390

Kennzeichnend für das offene Verfahren sind vor allem folgende **Verfahrensgrundsätze**: 2391
– die Veröffentlichung von Vorinformationen und Vergabebekanntmachungen
– die unbeschränkte Teilnahmemöglichkeit
– die Bindung an bestimmte Mindestfristen
– die eindeutige und erschöpfende Leistungsbeschreibung
– die Geheimhaltung der Angebote
– das Nachverhandlungsverbot
(VK Südbayern, B. v. 17. 7. 2001 – Az.: 23-06/01).

10.4.2 Beginn des Offenen Verfahrens

2392 Ein Offenes Verfahren **beginnt erst mit dem Datum der Absendung der verbindlichen Bekanntmachung an das EU-Amtsblatt** und nicht schon mit der Absendung der Bekanntmachung zur Vorinformation (1. VK Sachsen, B. v. 23. 5. 2001 – Az.: 1/SVK/34-01).

10.4.3 Unzulässigkeit eines wechselseitigen Ausschlusses in verschiedenen Offenen Verfahren

2393 Mit einer **Klausel des wechselseitigen Ausschlusses in zwei oder mehreren Ausschreibungen beschränkt ein öffentlicher Auftraggeber den Vergabewettbewerb hinsichtlich der Möglichkeit zur Teilnahme unzulässig**. Es muss nämlich einem jeweils interessierten Bieter grundsätzlich möglich sein, an jedem Offenen Verfahren seines Interesses teilzunehmen (VK Berlin, B. v. 14. 9. 2005 – Az.: VK – B 1–43/05).

10.4.4 Keine Entbehrlichkeit eines Offenen Verfahrens wegen einer am Ort der Leistungserbringung notwendigen Betriebsstätte

2394 Die **Annahme, eine europaweite Ausschreibung sei deshalb entbehrlich, weil zur Durchführung der Leistungen eine vor Ort gelegene Betriebsstätte notwendig ist, trifft nicht zu**. Sie lässt unberücksichtigt, dass **auch ausländische Unternehmen als potentielle Auftragnehmer in Betracht** kommen, nämlich dann, wenn sie bereits über einen örtlichen Standort verfügen oder diesen anlässlich der auszuschreibenden Leistung gründen wollen. Ob solche ausländischen Bieter tatsächlich vorhanden sind, lässt sich im Voraus nicht ausschließen; dies wird vielmehr erst das Vergabeverfahren erweisen (OLG Düsseldorf, B. v. 8. 5. 2002 – Az.: Verg 5/02).

10.5 Nichtoffenes Verfahren (§ 101 Abs. 3)

10.5.1 Allgemeine Zulässigkeitsvoraussetzungen für das Nichtoffene Verfahren

2395 Gemäß § 101 Abs. 7 Satz 1 GWB i. V. m. § 3 EG Abs. 1 Satz 2 VOL/A können Aufträge „in begründeten Fällen" im Wege des nicht offenen Verfahrens vergeben werden.

2396 Zu den **Zulässigkeitsvoraussetzungen im Einzelnen** vgl. die Kommentierung zu §§ 3a VOB/A und 3 EG VOL/A.

10.5.2 Zulässigkeitsvoraussetzung für das Nichtoffene Verfahren beim Vergleich der jeweiligen Verfahrensfristen

2397 Beim Nichtoffenen Verfahren können sich ohne Weiteres längere Verfahrensfristen ergeben als beim Offenen Verfahren. Dann kann ein Auftraggeber sich zur Begründung für das Nichtoffene Verfahren nicht auf eine **Eilbedürftigkeit** berufen (2. VK Bund, B. v. 31. 5. 2002 – Az.: VK 2–20/02 – instruktiver Fall).

10.5.3 Teilnahmewettbewerb

10.5.3.1 Teilnahmewettbewerb als Teil des Vergabeverfahrens

2398 Der vorgeschaltete **Teilnahmewettbewerb dient regelmäßig** dazu, die **Eignungsvoraussetzungen** der Fachkunde, Leistungsfähigkeit und Zuverlässigkeit bei den Bewerbern **zu ermitteln und entsprechende Nachweise von ihnen zu verlangen**. Der Teilnahmewettbewerb schließt ab mit einer Überprüfung der Eignung der Bewerber und mit der Auswahl derjenigen Bewerber durch den Auftraggeber, die in einem Verhandlungsverfahren ein Angebot einreichen sollen. Die Prüfung und Bejahung der Eignung eines Bewerbers durch den Auftraggeber ist hiernach im Verhandlungsverfahren mit vorgeschaltetem Öffentlichem Teilnahmewettbewerb eine notwendige Voraussetzung dafür, dass ein Bewerber zur Einreichung eines Angebots aufgefordert wird. Die **Eignungsprüfung und die auf Grund der Teilnahmeanträge erfolgende Auswahl unter den Bewerbern gehören damit wegen des Funktionszusammenhangs ebenso selbstverständlich zum Teilnahmewettbewerb, wie dieser zum Vergabeverfahren zählt** (OLG Düsseldorf, B. v. 24. 9. 2002 – Verg 48/02; VK Baden-Württemberg, B. v. 26. 8. 2009 – Az.: 1 VK 43/09; VK Münster, B. v. 12. 5. 2009 – Az.: VK 5/09).

Der vorherige öffentliche **Teilnahmewettbewerb** bildet also **zusammen mit den eigentlichen Verhandlungen** im Rechtssinn **das Vergabeverfahren** in der Vergabeart des Verhandlungsverfahrens (OLG Brandenburg, B. v. 19. 12. 2002 – Az.: Verg W 9/02; VK Baden-Württemberg, B. v. 26. 8. 2009 – Az.: 1 VK 43/09; B. v. 16. 9. 2008 – Az.: 1 VK 34/08; VK Brandenburg, B. v. 17. 9. 2002 – Az.: VK 50/02; VK Münster, B. v. 12. 5. 2009 – Az.: VK 5/09). 2399

10.5.3.2 Teilnahmewettbewerb als vorgezogene Eignungsprüfung

Bei einem vorgeschalteten Teilnahmeverfahren ist die Eignung anhand der mit dem Teilnahmeantrag vorgelegten Nachweise zu prüfen. Der Auftraggeber wählt bei Durchführung eines Teilnahmewettbewerbs geeignete Bewerber aus, die er zur Abgabe eines Angebots auffordert. Daraus folgt, dass die **Prüfung der Eignung grundsätzlich abschließend im Rahmen des Teilnahmewettbewerbs stattzufinden** hat (OLG Koblenz, B. v. 4. 10. 2010 – Az.: 1 Verg 9/10). Nach der Aufforderung zur Angebotsabgabe können nur noch neue oder jedenfalls erst später bekannt gewordene Umstände, die Zweifel an der Eignung des Bieters begründen, berücksichtigt werden. Der **Teilnahmewettbewerb ist im Grunde nichts anderes als eine vorgezogene Eignungsprüfung**. Wenn eine Vergabestelle sowohl Referenzen zur Vorlage mit dem Teilnahmeantrag als auch weitere Referenzen zur Vorlage mit dem Angebot fordert, missachtet sie diese Vorgabe (VK Rheinland-Pfalz, B. v. 20. 4. 2010 – Az.: VK 2–7/10). 2400

Fordert der Auftraggeber unzulässigerweise im Vergleich zur Bekanntmachung zusätzliche Eignungsnachweise in den Teilnahmeunterlagen, liegt ein vom potentiellen Teilnehmer nach § 107 Abs. 3 Satz 1 GWB grundsätzlich zu rügender Verstoß gegen Vergaberecht bereits in der unzulässigen Forderung weiterer Eignungsnachweise in den Teilnahmeunterlagen und nicht erst in dem mit dem Fehlen dieser Eignungsnachweise begründeten Ausschluss. Das Unterlassen der rechtzeitigen Rüge des Vergabefehlers führt dazu, dass sich der Betroffene auf den Vergabefehler nicht mehr berufen kann (OLG Düsseldorf, B. v. 27. 10. 2010 – Az.: VII-Verg 47/10). 2401

10.5.3.3 Vergaberechtliche Regelungen

Nachfolgend werden die **Grundzüge und übergreifenden vergaberechtlichen Anforderungen an einen Teilnahmewettbewerb** erläutert. **Spezielle Regelungen** enthalten §§ 10 EG, 14 EG VOL/A, 11a VOB/A und §§ 5, 10 VOF. 2402

10.5.3.4 Grundzüge des Ablaufs eines Teilnahmewettbewerbs

10.5.3.4.1 Bekanntmachung. 10.5.3.4.1.1 Bekanntmachung der Kriterien für die Auswahl der Teilnehmer. Es liegt auf der Hand, dass die Bieter der Willkür der Vergabestelle ausgeliefert wären, wenn diese nach Abgabe der Bewerbung im Teilnahmewettbewerb die Auswahlkriterien beliebig wählen könnte. Schon **aus Gründen der Rechtsstaatlichkeit**, zu denen auch die Vorhersehbarkeit, Messbarkeit und Transparenz staatlichen Handelns gehören, ist es deshalb **unabdingbar, dass die Auswahlkriterien vorher, das heißt in der Bekanntmachung, bekannt gemacht werden**, damit sich die interessierten Unternehmen hierauf einstellen können. Die Prüfung der Eignung des Bieters, die beim offenen Verfahren erst mit der Wertung der Angebote vorzunehmen ist, wird beim Verhandlungsverfahren zeitlich vorgezogen (VK Südbayern, B. v. 9. 4. 2003 – Az.: 11-03/03). 2403

Die Nennung von objektiven Kriterien in der Bekanntmachung ist **auch nicht nur dann verpflichtend, wenn der Auftraggeber solche Kriterien tatsächlich vor der Veröffentlichung der Bekanntmachung definiert hat**. Zwar lässt der Wortlaut des § 6a Abs. 6 VOB/A eine solche Auslegung zu. Diese **Vorschrift**, die Art. 44 Abs. 3 der Vergabekoordinierungsrichtlinie umsetzt, **ist jedoch richtlinienkonform auszulegen**. Dabei sind für die Ermittlung des Bedeutungsinhalts der Vorschrift auch die Erwägungsgründe 39 und 40 der Vergabekoordinierungsrichtlinie heranzuziehen, die sich auf die Eignungsprüfung der Bieter bzw. Bewerber und ihre Auswahl beziehen. Diese soll gemäß dem Erwägungsgrund 39 in transparenter Weise erfolgen. **In Bezug auf eine Begrenzung der Teilnehmerzahl im Nichtoffenen sowie im Verhandlungsverfahren (sowie beim wettbewerblichen Dialog) bestimmt Erwägungsgrund 40, dass sie auf der Grundlage von objektiven Kriterien erfolgen soll, die in der Bekanntmachung zu nennen sind. Hieraus lässt sich die Pflicht des Auftraggebers ableiten, objektive Kriterien zur Teilnehmerbegrenzung im Sinne des Transparenzgrundsatzes bereits vor der Bekanntmachung festzulegen.** § 6a Abs. 6 VOB/A ist 2404 in diesem Sinne richtlinienkonform auszulegen (1. VK Bund, B. v. 14. 6. 2007 – Az.: VK 1–50/07).

2405 Ein Auftraggeber ist auch dann, wenn er nur solche Kriterien aufstellt, die die generelle Eignung der Bieter zur Auftragserfüllung belegen sollen, verpflichtet, **zusätzlich solche objektiven Kriterien zu nennen, nach denen** bei mehr als z. B. 5 geeigneten Bietern **diejenigen ausgewählt werden, die tatsächlich zur Angebotsabgabe aufgefordert werden sollen.** Der **Auftraggeber kann diese Auswahl grundsätzlich nicht in einem Losverfahren durchführen.** Bei einem Losverfahren handelt es sich nämlich nicht ein um objektives, auftragsbezogenes Kriterium im Sinn von § 6a Abs. 6 VOB/A. Vielmehr handelt es sich hier um eine Auswahl der Bewerber nach dem Zufallsprinzip. **§ 6a Abs. 6 VOB/A ist nach dem Sinn und Zweck des Vergaberechts dahingehend auszulegen, dass ein Auswahlkriterium, das die Anzahl der Bieter für einen Auftrag reduzieren soll, so gefasst sein muss, dass danach diejenigen Bewerber zur Angebotsabgabe aufgefordert werden, die die bestmögliche Leistung erwarten lassen.** Dies folgt aus dem das Vergaberecht beherrschenden Wettbewerbsgrundsatz (§ 97 Abs. 1 GWB). Bei einem Losverfahren, das seiner Natur nach nicht die Auswahl der besten Bewerber zum Ziel hat, sondern zu einer zufälligen Bewerberauswahl führt, ist dies gerade nicht gewährleistet. Eine **Reduzierung der Bewerberzahl durch Losentscheidung ist daher nur dann zulässig, wenn der öffentliche Auftraggeber unter den eingegangenen Bewerbungen eine rein objektive Auswahl nach qualitativen Kriterien unter gleich qualifizierten Bewerbern nicht mehr nachvollziehbar durchführen kann** (1. VK Bund, B. v. 14. 6. 2007 – Az.: VK 1–50/07).

2406 Diese **Rechtsprechung gilt im Ergebnis auch für § 3 EG Abs. 5 VOL/A 2009.**

2407 Enthält die Bekanntmachung nur einen Hinweis auf eine Bewertungsmatrix und Auswahlhinweise, die bei der Vergabestelle abgerufen werden können, genügt dieser Hinweis nicht den Anforderungen des Art. 44 Abs. 3 VKR, der ausdrücklich besagt, dass die **Auswahlkriterien in der Bekanntmachung selbst zu nennen** sind. Danach ist **ein Hinweis auf die Möglichkeit, solche Kriterien an anderer Stelle abrufen zu können, nicht ausreichend.** Dies ergibt sich ebenfalls aus dem Anhang VII Teil A zur VKR – „Angaben die in den Bekanntmachungen für öffentliche Aufträge enthalten sein müssen", und dort aus der laufenden Nr. 20. Danach gehören die **objektiven Kriterien, nach denen eine begrenzte Anzahl von Bewerbern zur Angebotsabgabe im Nichtoffenen Verfahren ausgewählt wird, zu den Angaben, die in der Bekanntmachung enthalten sein müssen** (1. VK Bund, B. v. 31. 7. 2007 – Az.: VK 1–65/07).

2408 10.5.3.4.1.2 Bekanntmachung der Einsendefrist für die Anträge auf Teilnahme. Bei einer Vergabe im Verhandlungsverfahren mit öffentlichem Teilnahmewettbewerb sind die Unternehmen durch die vorgeschriebene Bekanntmachung aufzufordern, sich um Teilnahme zu bewerben. Diese **Bekanntmachung hat unter anderem die Einsendefrist für die Anträge auf Teilnahme mitzuteilen.** An die Beachtung dieser Einsendefrist ist auch der Auftraggeber bei der Prüfung der Teilnahmeanträge (und der späteren Angebote) mit Blick auf die Gebote des Wettbewerbs und der Gleichbehandlung (§ 97 Abs. 1 und 2 GWB) gebunden (OLG Düsseldorf, B. v. 30. 5. 2001 – Az.: Verg 23/00; 3. VK Bund, B. v. 6. 7. 2006 – Az.: VK 3–54/06).

2409 Den **Rechtsgedanken des § 19 EG Abs. 3 lit. e) VOL/A auf Teilnahmeanträge übertragend, ist die Zulassung eines verspäteten Antrags auf Teilnahme ausgeschlossen, wenn den Bieter ein Mitverschulden daran trifft, wenn der Teilnahmeantrag nicht rechtzeitig eingeht.** Dies ist z. B. der Fall, wenn keine Zweifel daran bestehen, dass den Antragsteller ein Verschulden daran trifft, dass er die Unterlagen nicht erhalten hat, weil er diese nicht angefordert hat und, obwohl ihm die Unterlagen kurz vor Fristablauf immer noch nicht zugeleitet worden waren, keine Schritte unternommen hat, sie doch noch zu erhalten und er durch die Angabe mehrerer E-Mail-Adressen, unter der er zum Teil nicht erreichbar war, ebenfalls schuldhaft dazu beigetragen hat, dass die Nachricht sie nicht erreichte (VK Baden-Württemberg, B. v. 26. 8. 2009 – Az.: 1 VK 43/09).

2410 **Ähnlich** argumentiert die VK Sachsen-Anhalt für den **Bereich der VOB/A**. Die VOB/A weist für die Rechtzeitigkeit des Eingangs von Teilnahmeanträgen **keine ausdrückliche Regelung** aus. **Angezeigt ist insoweit eine Anlehnung an die entsprechende Bestimmung im Angebotsverfahren des § 16 Abs. 1 Nr. 1 lit. a) VOB/A.** Der Verordnungsgeber stellt dort darauf ab, ob das in den Herrschaftsbereich des Auftraggebers gelangte Angebot aus vom Anbieter nicht zu vertretenden Gründen nicht rechtzeitig zum Eröffnungstermin vorlag. Wird dies bejaht, so ist dieses Angebot wie ein rechtzeitig vorgelegtes Angebot zu behandeln (VK Sachsen-Anhalt, B. v. 19. 4. 2010 – Az: 1 VK LVwA 65/09).

10.5.3.4.1.3 Bekanntmachung der Zahl der zur Verhandlung aufgeforderten Bewerber. 10.5.3.4.1.3.1 Bekanntmachung der Mindestzahl der Teilnehmer, die zur Angebotsabgabe aufgefordert werden? Nach der **zwingenden Regelung des Art. 44 Abs. 3 VKR** ist in der Bekanntmachung die vorgesehene Mindestanzahl der Unternehmen zu benennen, die zur Angebotsabgabe aufgefordert werden. Erfüllt der **Auftraggeber diese Pflicht nicht,** muss er **alle geeigneten Unternehmen,** die sich beworben haben, **zur Angebotsabgabe zulassen.**

2411

Diese Vorgabe des Art. 44 Abs. 3 VKR ist in **§ 6a Abs. 6 VOB/A 2009, § 3 EG Abs. 5 VOL/A 2009 und § 10 Abs. 4 VOF 2009 richtlinienkonform umgesetzt** worden.

2412

Die **Mindestzahl darf unterschritten** werden, **wenn es an einer entsprechenden Anzahl von Bewerbern fehlt,** die ihre Eignung nachgewiesen haben (2. VK Sachsen-Anhalt, B. v. 3. 3. 2006 – Az.: VK 2-LVwA LSA 2/06).

2413

10.5.3.4.1.3.2 Bekanntmachung der Höchstzahl der Teilnehmer, die zur Angebotsabgabe aufgefordert werden? Weder § 3 EG Abs. 5 VOL/A noch § 6a Abs. 4 VOB/A noch § 10 Abs. 4 VOF bestimmen, dass sich der Auftraggeber bereits in der Bekanntmachung festlegen muss, von wie vielen Bewerbern er Angebote einholen will. Eine solche Pflicht ergibt sich auch nicht aus der BKR. Weder aufgrund der Systematik der BKR noch aufgrund der Besonderheiten des Nichtoffenen Verfahrens erscheint eine solche Auslegung auch geboten. Der Richtliniengeber hat bindende Vorgaben für den öffentlichen Auftraggeber in der BKR mit einer entsprechenden Wortwahl unmissverständlich zum Ausdruck gebracht. Der Umstand, dass die Formulare für die Bekanntmachung in Ziffer IV.1.4 den Punkt „Zahl der Unternehmen, die zur Angebotsabgabe aufgefordert werden sollen" enthalten, lässt keinen Rückschluss auf eine entsprechende Verpflichtung zur Bekanntgabe dieser Zahl zu. Nachdem Art. 22 Abs. 2 BKR die Möglichkeit eröffnet, entsprechende Margen oder Zahlen bekannt zu geben, liegt es nahe, hierfür im Standardformular eine Rubrik vorzusehen. Auch **sachliche Gesichtspunkte erfordern nicht, § 8a Nr. 2 VOB/A dahingehend einschränkend auszulegen, dass der Auftraggeber die Höchstzahl der Bewerber vorab bekannt geben muss, wenn er nicht alle geeigneten Bewerber zur Angebotsabgabe auffordern will** (BayObLG, B. v. 20. 4. 2005 – Az.: Verg 026/04; VK Lüneburg, B. v. 21. 8. 2006 – Az.: VgK-18/2006).

2414

Auch aus der neuen Formulierung in der Regelung des Art. 44 Abs. 3 Unterabsatz 1 der Richtlinie 2004/18 EG vom 31. März 2004 über die Koordinierung der Verfahren zur Vergabe öffentlicher Aufträge, Lieferaufträge und Dienstleistungsaufträge lässt sich die zwingende Angabe einer Höchstzahl der aufzufordernden Bewerber nicht ableiten (VK Lüneburg, B. v. 21. 8. 2006 – Az.: VgK-18/2006).

2415

Auch nach **Auffassung des OLG München** – in einem **VOF-Verfahren** – ist der **Auftraggeber nicht verpflichtet, die Höchstzahl der aufzufordernden Teilnehmer festzulegen bzw. eine Marge zu bestimmen** (OLG München, B. v. 28. 4. 2006 – Az.: Verg 6/06).

2416

10.5.3.4.1.3.3 Erhöhung der Zahl der zur Verhandlung aufgeforderten Bewerber. Die Durchführung des Verhandlungsverfahrens mit vier anstatt mit, wie in der Bekanntmachung genannten, drei Bewerbern, stellt jedenfalls dann **keine Verletzung der Selbstbindung des Auftraggebers** dar, wenn im **Ergebnis des Auswahlverfahrens zwei Bewerber mit der gleichen Punktzahl Drittplazierte dieser Prüfung** sind. Das Verhandlungsverfahren ist in einem solchen Falle und für den Fall, dass weitere Kriterien der Auswahlentscheidung nicht vorgesehen und bekannt gemacht sind, auch mit den beiden Drittplazierten durchzuführen (VK Thüringen, B. v. 2. 6. 2003 – Az.: 216–4004.20-010/03-G-S; im Ergebnis ebenso OLG München, B. v. 28. 4. 2006 – Az.: Verg 6/06; VK Niedersachsen, B. v. 11. 2. 2009 – Az.: VgK-56/2008).

2417

Ein **Überschreiten der vorgegebenen Mindestzahl schafft außerdem einen größeren Wettbewerb,** was **für die vergaberechtliche Zulässigkeit** der Erweiterung des Kreises der ausgewählten Teilnehmer **spricht** (OLG München, B. v. 28. 4. 2006 – Az.: Verg 6/06).

2418

10.5.3.4.1.3.4 Fehlende Angabe der Anzahl der zur Verhandlung aufgeforderten Bewerber in der Bekanntmachung. Unterlässt der Auftraggeber in der Bekanntmachung die Angabe der Anzahl der zur Verhandlung aufgeforderten Bewerber, ist der Auftraggeber verpflichtet, **alle Bewerber,** die die gemäß der Bekanntmachung mitgeteilten **Anforderungen erfüllen, zur Angebotsabgabe aufzufordern** (VK Halle, B. v. 22. 10. 2001 – Az.: VK Hal 19/01).

2419

Teil 1 GWB § 101 Gesetz gegen Wettbewerbsbeschränkungen

2420 **10.5.3.4.2 Öffnung der Teilnahmeanträge.** Gemäß §§ 11a VOB/A, 14 EG VOL/A und § 8 Abs. 3 VOF sind per Post oder direkt übermittelte Teilnahmeanträge **in einem verschlossenen Umschlag einzureichen, als solche zu kennzeichnen und bis zum Ablauf der für ihre Einreichung vorgesehenen Frist unter Verschluss** zu halten.

2421 **§ 14 VOB/A und § 17 EG VOL/A gelten für die Durchführung eines Teilnahmewettbewerbes weder unmittelbar noch in entsprechender Anwendung.** Die Vorschriften regeln ausdrücklich nur die Öffnung und Behandlung von Angeboten bei öffentlichen und beschränkten Ausschreibungsverfahren. Einem solchen förmlichen Verfahren ist die Durchführung eines Teilnahmewettbewerbes nicht gleichzusetzen (VK Nordbayern, B. v. 27. 10. 2000 – Az.: 320.VK-3194-26/00).

2422 **10.5.3.4.3 Auswahl der Teilnehmer. 10.5.3.4.3.1 Verfahrensablauf.** Im Rahmen des Nichtoffenen Verfahrens und des Verhandlungsverfahrens mit vorgeschaltetem Teilnahmewettbewerb wählt der Auftraggeber anhand der geforderten, mit dem Teilnahmeantrag vorgelegten Urkunden unter den Bewerbern, die den Anforderungen an Fachkunde, Leistungsfähigkeit und Zuverlässigkeit entsprechen, diejenigen aus, die er gleichzeitig auffordert, in einem Verhandlungsverfahren ein Angebot einzureichen. Die **Prüfung erfolgt somit in zwei Schritten**. Zunächst werden die geeigneten Bewerber von den nicht geeigneten Bewerbern geschieden. In einer zweiten Stufe wählt der Auftraggeber unter den verbliebenen geeigneten Bewerbern diejenigen aus, die er zur Angebotsabgabe auffordert (OLG München, B. v. 26. 6. 2007 – Az.: Verg 6/07; VK Südbayern, B. v. 28. 12. 2004 – Az.: 75-11/04; B. v. 23. 11. 2004 – Az.: 45-06/04; B. v. 9. 4. 2003 – Az.: 11-03/03).

2423 **10.5.3.4.3.2 Auswahlentscheidung.** Die **im Teilnahmewettbewerb zu treffende Entscheidung erfolgt bieterbezogen** zur Auswahl derjenigen Bewerber, deren Fachkunde, Zuverlässigkeit und Leistungsfähigkeit eine ordnungsgemäße Ausführung der geforderten (und noch anzubietenden) Leistung sicherstellt. Von diesen Fragen sind **leistungs- oder produktbezogene Fragen des (späteren) Angebots strikt zu trennen** (OLG Schleswig-Holstein, B. v. 19. 1. 2007 – Az.: 1 Verg 14/06).

2424 Hat der Auftraggeber einen Bewerber bereits bei der Prüfung der Eignung im Teilnahmewettbewerb zur Teilnahme an der Angebotsabgabe zugelassen und war die **Prüfung der Teilnahmevoraussetzung aber eine rein formale auf Vollständigkeit gerichtete Prüfung und orientierte sie sich somit nur an der generellen Eignung der Bieter zur Ausführung der Leistung** und wurde insbesondere auch die Vorlage von Referenzen für vergleichbare Anlagen, die nicht älter als drei Jahre sind, laut Vergabeakte zunächst nur auf Vollständigkeit, nicht aber inhaltlich überprüft, ist dies bezogen auf die konkrete Leistung, die z. B. in einer speziellen, auf die spezifischen Belange des Auftraggebers hin zugeschnittenen Maschine besteht, **statthaft**. Der **Auftraggeber muss in einem solchen Fall** daher für die – auf der Basis der funktionellen Leistungsbeschreibung – eingegangenen Angebote **eine auf die konkreten Angebote bezogene Eignungsprüfung vornehmen** (3. VK Bund, B. v. 28. 9. 2009 – Az.: VK 3–169/09).

2425 **10.5.3.4.3.3 Vergaberechtliche Regelungen für die Auswahlentscheidung.** Für die Auswahl der Bieter im Teilnahmewettbewerb sehen §§ 11a VOB/A, § 14 EG VOL/A und § 5 VOF **formale Voraussetzungen** vor; **materielle Auswahlkriterien sehen weder das GWB noch die Vergabebedingungen (VOB/A, VOL/A, VOF) vor** (1. VK Sachsen, B. v. 9. 2. 2009 – Az.: 1/SVK/071-08; VK Südbayern, B. v. 28. 12. 2004 – Az.: 75-11/04; B. v. 23. 11. 2004 – Az.: 45-06/04).

2426 **10.5.3.4.3.4 Formalprüfung der Teilnahmeanträge mit Blick auf die Eignung. 10.5.3.4.3.4.1 Regelung des Zeitpunkts der Vorlage von Eignungsnachweisen in VOB/A, VOL/A und VOF.** Nach § 6 Abs. 3 Nr. 5 Satz 2 VOB/A 2009 ist bei beschränkter Ausschreibung nach öffentlichem Teilnahmewettbewerb zu verlangen, dass die Eignungsnachweise bereits mit dem Teilnahmeantrag vorgelegt werden. Eine **Regelung, wie mit formal oder inhaltlich unvollständigen oder unrichtigen Teilnahmeanträgen – insbesondere im Oberschwellenbereich – umzugehen ist, fehlt**.

2427 Nach **§ 7 EG Abs. 13 VOL/A 2009** kann der Auftraggeber Unternehmen auffordern, die vorgelegten Nachweise zu vervollständigen oder zu erläutern. Diese Regelung entspricht Art. 51 der Vergabekoordinierungsrichtlinie.

2428 Nach **§ 5 Abs. 3 VOF 2009** können fehlende Erklärungen und Nachweise, die bis zum Ablauf der Bewerbungsfrist nicht vorgelegt wurden, auf Anforderung der Auftraggeber bis zum Ablauf einer zu bestimmenden Nachfrist nachgereicht werden. Diese **Regelung geht weit über Art. 51 VKR hinaus**.

Gesetz gegen Wettbewerbsbeschränkungen GWB § 101 **Teil 1**

Diese **unterschiedlichen Regelungen zu einer einheitlichen Frage** machen deutlich, 2429
dass auch in diesem Punkt das **Ziel einer Harmonisierung der VOB/A 2009, VOL/A 2009
und VOF 2009 nicht erreicht** wurde.

10.5.3.4.3.4.2 Vereinbarkeit dieser Regelungen mit europäischem Recht. Die Rege- 2430
lung des § 7 EG Abs. 13 ist **inhaltlich gleichlautend** mit Art. 34 der Richtlinie 92/50/EWG
vom 18. Juni 1992 bzw. **Art. 51 der Richtlinie 2004/18/EG vom 31. März 2004 (VKR)**.
Diese **Bestimmung kann nicht als generelle Öffnungsklausel** dahin verstanden werden,
dass das Nachreichen vollständig fehlender Eignungsunterlagen zulässig ist, solange nur ein einziger Eignungsnachweis beigefügt wurde. Die ergänzungsfähigen „vorgelegten Nachweise" im
Sinn von § 7 EG Abs. 13 VOL/A sind **nicht als Gesamtheit aller geforderten Bescheinigungen zum Nachweis der Eignung** zu verstehen, so dass Nachweise bereits dann „vorgelegt" sind
und dementsprechend nachträglich ergänzt werden dürfen, wenn überhaupt nur irgend ein
Eignungs-Nachweis eingereicht wurde. Die **Bestimmung ist vielmehr dahin auszulegen,
dass sie sich auf jeden einzelnen Eignungsnachweis isoliert bezieht** und der öffentliche
**Auftraggeber demzufolge nur dazu auffordern darf, einen bestimmten Nachweis, der
bereits vorgelegt wurde, inhaltlich zu vervollständigen oder zu erläutern und damit
ggf. inhaltliche Lücken zu schließen**. Die Aspekte der Gleichbehandlung und Transparenz
verbieten eine andere Handhabung (3. VK Bund, B. v. 25. 10. 2006 – Az.: VK 3–114/06; 2.
VK Mecklenburg-Vorpommern, B. v. 7. 1. 2008 – Az.: 2 VK 5/07; 1. VK Sachsen, B. v.
10. 10. 2008 – Az.: 1/SVK/051-08).

Der öffentliche Auftraggeber ist also **nur dann berechtigt, einen Bieter zur Vervollstän-** 2431
**digung aufzufordern, wenn ein konkreter Nachweis zwar vorgelegt wurde, dieser
aber uneindeutig oder lückenhaft ist**. Nicht dagegen bevollmächtigt diese Vorschrift
den Auftraggeber, die Nachreichung bis zur Abgabefrist überhaupt nicht vorgelegter
Bescheinigungen zu fordern. Dies ergibt sich zum einen bereits aus dem Wortlaut („die
vorgelegten Nachweise zu vervollständigen"), d. h., die Nachweise müssen bereits „vorgelegt"
worden sein. Und „vervollständigen" kann man ohnehin nur etwas, das in Teilen bereits vorliegt. Zum anderen ergibt sich diese **Beschränkung auch aus allgemeinen vergaberechtlichen Prinzipien**. Die Nachforderung bestimmter Angaben stellt dann eine **Diskriminierung
anderer Bieter** dar. Es ist nicht auszuschließen, dass die Nachforderung einen wie auch immer
gearteten Wettbewerbsvorteil für diesen Bieter mit sich bringt, wodurch eine Diskriminierung
anderer Bieter vorliegt. Insoweit ist z. B. ein **zeitlicher Vorteil**, der bei einer nachträglichen Einholung der geforderten Unterlagen anfällt, **nicht von der Hand zu weisen**. § 7 EG Abs. 13
VOL/A kann aber nicht als Rechtfertigungsnorm für eine Diskriminierung angesehen werden,
sondern wird in seinem Anwendungsbereich gerade durch den Nichtdiskriminierungsgrundsatz
beschränkt. Dem Nichtdiskriminierungsgrundsatz kann der Auftraggeber dadurch Genüge tun,
dass er von ihm als nicht-zwingend angesehene Nachweise mit dem Zusatz „ist auf Verlangen
vorzulegen" versieht. Dann ist eine Gleichbehandlung der Bieter möglich (1. VK Sachsen, B. v.
10. 10. 2008 – Az.: 1/SVK/051-08; VK Schleswig-Holstein, B. v. 28. 1. 2008 – Az.: VK-SH
27/07).

Insoweit **spricht vieles dafür, dass die Neuregelung der VOF 2009 über** die **Möglich-** 2432
**keit der Nachforderung von Erklärungen und Nachweisen – soweit sie über Art. 51
VKR hinausgeht – mit europäischem Recht nicht vereinbar** und die Regelung des § 7
EG Abs. 13 VOL/A 2009 analog anzuwenden ist.

10.5.3.4.3.4.3 Ermessensentscheidung über die Nachforderung bzw. Ergänzung. 2433
Art. 51 VKR und §§ 7 EG Abs. 13, 5 Abs. 3 VOF 2009 **geben dem Auftraggeber ein Ermessen**, ob er im Teilnahmewettbewerb vorzulegende Erklärungen und Nachweise **nachfordert
bzw. ergänzen lässt oder nicht**. Um Schwierigkeiten bei der Nachforderung z. B. durch unklare oder widersprüchliche Bewerbungsunterlagen zu vermeiden, sollte der **Auftraggeber entsprechende Überlegungen bereits bei der Erstellung der Bewerbungsunterlagen anstellen und möglichst auch dokumentieren**.

10.5.3.4.3.4.4 Dokumentation der Ausübung des Ermessens. Ergibt sich nicht, **ob** 2434
**und wie sich der Auftraggeber im Rahmen der Prüfung der Teilnahmeträge mit
der Frage der möglichen Nachforderung auseinandersetzt**, hat der Auftraggeber es sich
zu leicht gemacht und **insoweit willkürlich gehandelt**, als er lediglich vermerkt, dass eine
(letztendlich eignungsrelevante) Erklärung noch fehlt. Dann ist nicht auszuschließen, dass ein
Ermessensnichtgebrauch oder zumindest ein Ermessensfehlgebrauch vorliegt, die dem Gleichbehandlungsgrundsatz des § 97 Abs. 2 GWB widerspricht (OLG Naumburg, B. v. 26. 2. 2004 –
Az.: 1 Verg 17/03; VK Lüneburg, B. v. 10. 9. 2002 – Az.: 203-VgK-15/2002). Eine **Ermes-**

sensausübung durch die Vergabekammer im Nachprüfungsverfahren ist **nicht eröffnet** (OLG Naumburg, B. v. 26. 2. 2004 – Az.: 1 Verg 17/03).

2435 **10.5.3.4.3.4.5 Ermessensreduzierung auf Null und eventuelle Konsequenzen.** Grundsätzlich steht dem **Auftraggeber bei der Bewertung der Bewerbereignung ein weiter Ermessensspielraum** zu. Dieser **Spielraum engt sich jedoch dann ein, wenn der Auftraggeber selbst dieses weite Ermessen durch Angabe von zulässigen Mindestvoraussetzungen einschränkt.** Er ist dann an diese Voraussetzungen gebunden und darf nicht nachträglich von ihnen abweichen. Hat der Auftraggeber erklärt, dass **bestimmte Unterlagen unbedingt mit dem Teilnahmeantrag vorzulegen sind, dann ist er aus Gründen der Gleichbehandlung gegenüber allen Teilnehmern verpflichtet, an dieser Voraussetzung zwingend festzuhalten.** Ein auf Transparenz, Gleichbehandlung und Wettbewerb ausgerichtetes Vergabeverfahren bedingt nämlich, dass ein Auftraggeber, um Willkürentscheidungen und subjektiv motivierte Vergabeentscheidungen zu verhindern, an einmal festgelegte Mindestanforderungen gebunden ist. Es ist dem Auftraggeber insbesondere untersagt, das einmal definierte Anforderungsniveau im Laufe des Vergabeverfahrens nachträglich abzusenken (VK Niedersachsen, B. v. 7. 8. 2009 – Az.: VgK – 32/2009).

2436 Fordert der Auftraggeber mit dem Teilnahmeantrag also bestimmte Eignungsnachweise und werden die **Eignungsnachweise nicht vorgelegt, ist der Teilnahmeantrag zwingend auszuschließen** (OLG Celle, B. v. 9. 4. 2009 – Az.: 13 Verg 7/08; VK Baden-Württemberg, B. v. 26. 8. 2009 – Az.: 1 VK 43/09; VK Niedersachsen, B. v. 7. 8. 2009 – Az.: VgK – 32/2009; 1. VK Sachsen-Anhalt, B. v. 19. 4. 2010 – Az: 1 VK LVwA 65/09; 2. VK Sachsen-Anhalt, B. v. 10. 6. 2009 – Az.: VK 2 LVwA LSA – 13/09). Im Ergebnis gelten die Regelungen für den zwingenden Ausschluss von Angeboten wegen fehlender Eignungsnachweise (VK Baden-Württemberg, B. v. 26. 8. 2009 – Az.: 1 VK 43/09; B. v. 16. 9. 2008 – Az.: 1 VK 34/08; VK Niedersachsen, B. v. 7. 8. 2009 – Az.: VgK – 32/2009; VK Schleswig-Holstein, B. v. 18. 12. 2007 – Az.: VK-SH 25/07). Die **Grundsätze der Gleichbehandlung und Transparenz gelten** für alle Arten der Vergabe und **für alle Teilstadien einer Auftragsvergabe** (VK Baden-Württemberg, B. v. 26. 8. 2009 – Az.: 1 VK 43/09; B. v. 16. 9. 2008 – Az.: 1 VK 34/08).

2437 Die Nichtvorlage von Unterlagen, die den von dem Auftraggeber aufgestellten Anforderungen entsprechen, führt jedenfalls dann zum Ausschluss, wenn der **Auftraggeber auf diese Folge eindeutig hingewiesen** hat (VK Niedersachsen, B. v. 7. 8. 2009 – Az.: VgK – 32/2009).

2438 **10.5.3.4.3.5 Vollständigkeit nur eines Teilnahmeantrags. Die Entscheidung eines Auftraggebers, das Vergabeverfahren nicht aufzuheben, obwohl nur ein Teilnahmeantrag vollständig war, sondern das Verfahren mit allen Teilnehmern fortzusetzen, ist nicht zu beanstanden.** Soweit ein Bewerber geltend macht, durch die Fortsetzung des Vergabeverfahrens in seinen Rechten verletzt worden zu sein, weil er bei einer Aufhebung und Neuausschreibung eine zweite Chance auf den Zuschlag gehabt hätte, verkennt er, dass der Auftraggeber auf den Umstand, dass lediglich ein vollständiger Teilnahmeantrag vorlag, nicht durch Aufhebung des Vergabeverfahrens reagieren musste. Aus § 26 VOL/A ergibt sich als vergaberechtliches Gebot, eine Ausschreibung nur aus den dort genannten Gründen aufzuheben. Eine Verpflichtung zur Aufhebung beinhaltet diese Vorschrift dagegen nicht, so dass ein Bieter demgemäß auch keinen vergaberechtlichen Anspruch auf Aufhebung der Ausschreibung haben kann (OLG Düsseldorf, B. v. 9. 6. 2010 – Az.: VII-Verg 14/10).

2439 **Der Auftraggeber kann das Vergabeverfahren in zulässiger und rechtmäßiger Weise auch allein mit einem Bewerber fortsetzen.** Zwar darf die vom öffentlichen Auftraggeber im Voraus zu bestimmende und den Bietern bekanntzugebende Mindestanzahl der zur Angebotsabgabe aufzufordernden Bewerber gemäß § 3 EG Abs. 5 Satz 2 VOL/A nicht unter fünf liegen. Sofern die Zahl der Bewerber, die die Eignungsanforderungen erfüllen, unter fünf liegt, folgt daraus aber keine Verpflichtung, das Vergabeverfahren wiederholt aufzuheben und neu zu beginnen, bis die im Voraus bestimmte Mindestanzahl erreicht wird. Vielmehr ermöglicht Art. 44 Abs. 3 S. 2 der Richtlinie 2004/18 EG dem Auftraggeber, in einem solchen Fall das Verfahren fortzuführen, indem er den oder die Bewerber zur Angebotsabgabe einlädt, die über die geforderte Leistungsfähigkeit verfügen (OLG Düsseldorf, B. v. 9. 6. 2010 – Az.: VII-Verg 14/10).

2440 **10.5.3.4.3.6 Unvollständigkeit aller Teilnahmeanträge.** Auf die **Unvollständigkeit aller Teilnahmeanträge** bei einem nichtoffenen Verfahren kann der Auftraggeber in zulässiger und rechtmäßiger Weise **nicht allein durch die Aufhebung des Vergabeverfahrens und Neuausschreibung** der zu beschaffenden Leistungen reagieren. Wäre unter vorheriger Aufhe-

Gesetz gegen Wettbewerbsbeschränkungen GWB § 101 **Teil 1**

bung des nichtoffenen Verfahrens die Überleitung in ein Verhandlungsverfahren ohne Bekanntmachung möglich gewesen, **kann der Auftraggeber das nichtoffene Verfahren durch Einholung von Angeboten fortsetzen.** Eine **Verpflichtung zur Aufhebung und Neuausschreibung** ergibt sich aber auch angesichts der damit gegebenenfalls verbundenen Erhöhung der Zuschlagschancen für einen Bieter **nicht** (OLG Düsseldorf, B. v. 16. 12. 2009 – Az.: VII-Verg 32/09).

10.5.3.4.3.7 Grundsätze der inhaltlichen Prüfung der Teilnahmeanträge. Im Hinblick auf den Gleichbehandlungsgrundsatz darf der öffentliche Auftraggeber bei der Auswahl nicht willkürlich verfahren (BayObLG, B. v. 20. 4. 2005 – Az.: Verg 026/04; VK Lüneburg, B. v. 3. 2. 2000 – Az.: 203-VgK-15/1999; 1. VK Sachsen, B. v. 29. 5. 2002 – Az.: 1/SVK/044-02; VK Südbayern, B. v. 28. 12. 2004 – Az.: 75-11/04; B. v. 23. 11. 2004 – Az.: 45-06/04); er muss sich an die Verpflichtung zur Berücksichtigung sachbezogener Gesichtspunkte (Art der zu vergebenden Leistung) halten und an dem Gebot zum Wechsel des Bewerberkreises orientieren (VK Baden-Württemberg, B. v. 12. 7. 2001 – Az.: 1 VK 12/01). Der Auftraggeber hat seine Auswahl nach pflichtgemäßem Ermessen vorzunehmen. Dabei hat er alles zu unterlassen, was zu einer Benachteiligung bestimmter Bewerber führen könnte, das heißt er hat das **Diskriminierungsverbot des § 97 Abs. 2 GWB zu beachten** (BayObLG, B. v. 20. 4. 2005 – Az.: Verg 026/04; 1. VK Sachsen, B. v. 9. 2. 2009 – Az.: 1/SVK/071-08; VK Südbayern, B. v. 28. 12. 2004 – Az.: 75-11/04; B. v. 23. 11. 2004 – Az.: 45-06/04; B. v. 9. 4. 2003 – Az.: 11-03/03). Auch muss er das Wettbewerbs- und das Transparenzgebot berücksichtigen, die in § 97 Abs. 1 und Abs. 2 GWB normiert sind und als konkrete **Ausprägungen eines generellen, übergreifenden Willkürverbots** anzusehen sind (1. VK Bund, B. v. 25. 6. 2003 – Az.: VK 1–45/03). Für den Auftraggeber ergibt sich daraus ein **weiter Gestaltungs- und Beurteilungsspielraum bis hin zur Möglichkeit der Losvergabe** (VK Arnsberg, B. v. 19. 3. 2008 – Az.: VK 07/08; B. v. 15. 7. 2003 – Az.: VK 3–16/2003; 3. VK Bremen, B. v. 16. 12. 2004 – Az.: VK 4/04; im Ergebnis ebenso 1. VK Bund, B. v. 25. 6. 2003 – Az.: VK 1–45/03; VK Südbayern, B. v. 19. 12. 2006 – Az.: 1–35-11/06; B. v. 7. 7. 2006 – Az.: 11-04/06; B. v. 28. 5. 2001 – Az.: 09-04/01). 2441

Wenn ein Auftraggeber der Auffassung ist, eine **sachgerechte und willkürfreie Auswahlentscheidung z. B. auch ohne eine Aufklärung eines ggf. unvollständigen Teilnahmeantrags durchführen zu können,** weil er eine ausreichende Anzahl zweifelsfrei geeigneter Bewerber hat und die Auswahlentscheidung hinreichend und nachvollziehbar dokumentiert, besteht **keine Möglichkeit der Vergabekammer, diese Ermessensentscheidung zu verändern**, denn sie ist nicht berechtigt, ihr Ermessen an die Stelle des Ermessens der Auftraggebers zu setzen, wenn ein Ermessensfehlgebrauch nicht ersichtlich ist (VK Arnsberg, B. v. 29. 11. 2005 – Az.: VK 23/05). 2442

Der **Auftraggeber** bestimmt im Rahmen seines pflichtgemäßen Ermessens, wer sich um den Auftrag bewerben darf und **gestaltet insoweit aktiv die Wettbewerbsverhältnisse um den Auftrag.** Der Nachweis eines wettbewerbsbeschränkenden Verhaltens unter den Bietern in der Zukunft ist in diesem Stadium des Vergabeverfahrens kaum möglich und wäre auch vor der Auswahl sinnlos. Auch eine förmliche Befragung der Bieter, ob sie sich wettbewerbskonform oder wettbewerbswidrig verhalten wollen, brächte insbesondere bei größeren Aufträgen keine substantiellen Erkenntnisse. **Daher kommt es bei der Auswahl der Bieter darauf an, Anhaltspunkte für eine Wettbewerbsverzerrung zur Kenntnis zu nehmen, vor der Entscheidung über die Aufforderung zur Abgabe von Angeboten zu würdigen und auf die Wahl von Unternehmen zu verzichten, zwischen denen ein echter Wettbewerb eher unwahrscheinlich ist,** sei es aufgrund von besonderen Vorteilen aus der Bedienung von zwei Marktstufen, sei es aus Konzernverflechtungen und damit der Zugehörigkeit zu einer wettbewerblichen Einheit, sei es aber auch aus Anhaltspunkten für gemeinsame Marktstrategien. Wählt der Auftraggeber also für den Wettbewerb Unternehmen mit erkennbar ungleichen Startchancen aus, führt das zu einer vom Vergaberecht nicht gewollten materiellen Ungleichbehandlung der Bieter (2. VK Brandenburg, B. v. 2. 10. 2006 – Az.: 2 VK 38/06). 2443

Es **obliegt also dem Auftraggeber bei einem Vergabeverfahren mit vorgeschaltetem Teilnahmewettbewerb** im Interesse der späteren **Bieter diese so auszuwählen, dass von vornherein nach menschlichem Ermessen Wettbewerbsverzerrungen im Bieterwettbewerb ausgeschlossen** sind bzw. aufgrund der Gesamtumstände der Ausschreibung und der Unternehmensverbindung eine **Verletzung des Grundsatzes des Geheimwettbewerbs nicht erwartet werden kann.** Während bei einer Offenen Vergabe der Auftraggeber keinen Einfluss auf die Bieter und deren Zusammenwirken hat, muss er bei der Auswahl der geeigneten Bieter 2444 für die Ausschreibung **im Rahmen der ihm zur Verfügung stehenden Kenntnisse sicherstellen, dass auch die Gefahr einer Beschränkung des Geheimwettbewerbes ausgeschlossen wird**, die sich zulasten der anderen Bieter auswirken würde. Denn unstreitig führt die Verletzung des Geheimwettbewerbs zu einer verbotenen Wettbewerbsverzerrung zulasten der anderen Bieter. Selbst wenn aber der Verdacht eines solchen Zusammenwirkens einiger Bieter besteht, wird der Nachweis nur in Ausnahmefällen gelingen. Daher sollte das **Interesse an einem fairen Wettbewerb im Interesse der Bieter, aber auch dem richtig verstandenen Interesse der Auftraggeber Vorrang haben vor der Zulassung aller möglichen Bieter nach einem Teilnahmewettbewerb. Die hier zu treffende Auswahl muss natürlich begründet** werden (2. VK Brandenburg, B. v. 21. 2. 2007 – Az.: 2 VK 58/06).

2445   Die Auswahl der Teilnehmer ist eine **Beurteilungsentscheidung der Vergabestelle**. Fallen nach Abschluss der Auswahlentscheidung bestimmte Eignungsmerkmale weg oder treten Besonderheiten auf, wie in § 7 Nr. 5 VOL/A genannt, so ist es den Vergabestellen nicht verwehrt ihre Beurteilungsentscheidung aufgrund dieser neu eintretenden Umstände zu ändern. So ist z. B. der **Ausschluss eines Bieters** aufgrund von dessen fehlender Eignung im Rahmen eines Verhandlungsverfahrens mit Teilnahmewettbewerb **auch nach der Aufforderung zur Angebotsabgabe dann noch möglich**, wenn **nachträglich Tatsachen bekannt werden**, die Zweifel an der Eignung eines Bieters begründen. Erlaubt das **nachträgliche** Bekanntwerden von Tatsachen den erneuten Eintritt in die Eignungsprüfung, dann ist **erst recht eine erneute Eignungsprüfung möglich, wenn diese veranlasst wird durch Umstände, die zum Zeitpunkt der Aufforderung zur Angebotsabgabe noch gar nicht bestanden** haben. Eine Umgehung des Gebots, Eignungs- und Zuschlagskriterien nicht zu vermengen und die korrespondierenden Prüfungsschritte strikt zu trennen, liegt in einem solchen Fall nicht vor (VK Niedersachsen, B. v. 7. 8. 2009 – Az.: VgK – 32/2009). Die **Eignungsprüfung umfasst auch einen Wechsel in der Person des Teilnehmers (z. B. auf Grund einer Verschmelzung), solange noch keine Angebote abgegeben wurden** (VK Münster, B. v. 19. 6. 2007 – Az.: VK 12/07).

2446   **10.5.3.4.3.8 Beurteilungs- und Ermessensspielraum sowie Überprüfung dieses Spielraums.** Bei der Auswahl der Teilnehmer für ein Verhandlungsverfahren steht dem **Auftraggeber ein Beurteilungsspielraum zu, den er unter Beachtung des Gleichbehandlungsgrundsatzes und des Transparenzgebots ausfüllen muss** (OLG Düsseldorf, B. v. 24. 5. 2007 – Az.: VII – Verg 12/07; VK Arnsberg, B. v. 19. 3. 2008 – Az.: VK 07/08).

2447   Der am Teilnahmewettbewerb beteiligte Unternehmer kann **selbst bei nachgewiesener grundsätzlicher Eignung keinen Rechtsanspruch auf Beteiligung am nachfolgenden Vergabeverfahren geltend machen**. Der **Auftraggeber hat** einen gewissen **Beurteilungs- und Entscheidungsspielraum bei der Aufforderung zur Angebotsabgabe** (OLG München, B. v. 26. 6. 2007 – Az.: Verg 6/07; BayObLG, B. v. 20. 4. 2005 – Az.: Verg 026/04; B. v. 12. 4. 2000 – Az.: Verg 1/00; OLG Naumburg, B. v. 11. 12. 2000 – Az.: 1 Verg 5/00; 3. VK Bremen, B. v. 16. 12. 2004 – Az.: VK 4/04; VK Lüneburg, B. v. 25. 9. 2006 – Az.: VgK-19/2006; 1. VK Saarland, B. v. 16. 12. 2009 – Az.: 1 VK 13/2009; 1. VK Sachsen, B. v. 9. 2. 2009 – Az.: 1/SVK/071-08; VK Südbayern, B. v. 19. 12. 2006 – Az.: 35-11/06; B. v. 7. 2006 – Az.: 11-04/06; B. v. 28. 12. 2004 – Az.: 75-11/04; B. v. 23. 11. 2004 – Az.: 45-06/04). Es ist auch davon auszugehen, dass **einem öffentlichen Auftraggeber bei der Auswertung von Teilnahmeanträgen ebenso ein nur beschränkt überprüfbarer Beurteilungs- und Ermessensspielraum zusteht wie bei der Wertung von Angeboten**. Die Nachprüfungsinstanzen dürfen nur überprüfen, ob die rechtlichen Grenzen dieses Spielraums eingehalten worden sind, also ob das vorgeschriebene Verfahren eingehalten wurde, die Vergabestelle von einem zutreffenden und vollständig ermittelten Sachverhalt ausgegangen ist, in die Wertung keine willkürlichen oder sonst unzulässigen Erwägungen eingeflossen sind, ob der Beurteilungsmaßstab sich im Rahmen der Beurteilungsermächtigung hält, insbesondere die einzelnen Wertungsgesichtspunkte nicht objektiv fehlgewichtet wurden, und ob bei der Entscheidung über den Zuschlag ein sich im Rahmen des Gesetzes und der Beurteilungsermächtigung haltender Beurteilungsmaßstab zutreffend angewendet wurde (OLG München, B. v. 26. 6. 2007 – Az.: Verg 6/07). **Nur ausnahmsweise, wenn die Voraussetzungen einer Ermessensreduzierung auf Null vorliegen, das heißt eine bestimmte Wertung zwingend ist, dürfen die Nachprüfungsinstanzen ihre Wertung an die Stelle der Wertung der Vergabestelle treten lassen**.

2448   Dieser **Spielraum steht einem öffentlichen Auftraggeber nicht nur bei der inhaltlichen Wertung eines Teilnahmeantrags oder Angebots an sich, sondern auch bei der

Gesetz gegen Wettbewerbsbeschränkungen GWB § 101 **Teil 1**

Ausgestaltung der angewendeten Kriterien zu (3. VK Bund, B. v. 26. 3. 2007 – Az.: VK 3–19/07; B. v. 16. 3. 2007 – Az.: VK 3–13/07; B. v. 13. 9. 2005 – Az.: VK 3–82/05).

Die **Vergabenachprüfungsinstanzen** haben das dem öffentlichen Auftraggeber bei der Festlegung und Gewichtung der für maßgebend erachteten Eignungsmerkmale zustehende **Ermessen lediglich in beschränktem Umfang zu kontrollieren**. Es hat im Ergebnis nur eine Prüfung auf Ermessensfehler stattzufinden. Entscheidungen mit Ermessensspielraum sind also nur dahingehend überprüfbar, ob der Antragsgegner bei seiner Wertung von falschen Tatsachen ausgegangen ist, Verfahrensvorschriften nicht eingehalten hat, sich von sachfremden Erwägungen hat leiten lassen und/oder allgemein gültige Bewertungsmaßstäbe nicht beachtet hat. Der **Vergabekammer** ist es aufgrund des dem Antragsgegner z.B. in der VOF eingeräumten weiten Ermessensspielraums **verwehrt, die mit Punkten versehene Einzelbewertung durch eigene Wertungen zu ersetzen und somit selbst über die Teilnahme am Verhandlungsverfahren zu entscheiden** (VK Südbayern, B. v. 19. 12. 2006 – Az.: 35-11/06; B. v. 7. 7. 2006 – Az.: 11-04/06). 2449

Erschöpft sich die Vergabeentscheidung in einer Summe von Einzelentscheidungen, mit denen bestimmte Teilnehmer „gesetzt", „abgesetzt" und „zugesetzt" worden sind, ohne dass deutlich wird, warum der Auftraggeber zu der jeweiligen Einschätzung des Bieters gelangt ist, fehlt **die notwendige Transparenz des Vergabeverfahrens**. Eine solche Transparenz ist aber vergaberechtlich auch geboten, wenn man der Vergabestelle einen Bewertungsspielraum hinsichtlich der Eignung von Bewerbern zubilligt; denn auch dann muss klar sein, nach welchen Maßstäben dieser Spielraum ausgefüllt wird und mit welchem Ergebnis diese Maßstäbe auf die einzelne Bewerbung angewandt worden sind. Dazu **reichen pauschale Stellungnahmen** des Inhalts, man habe bestimmte Büros „als leistungsstark angesehen" und andere eben nicht, so dass die Teilnehmerauswahl insgesamt „nachvollziehbar" gewesen sei, **offenkundig nicht aus** (OLG Dresden, B. v. 6. 6. 2002 – Az.: WVerg 0004/02). 2450

Die in einem vorgezogenen Teilnahmewettbewerb erfolgte **Auswahl einzelner Teilnehmer** zum Angebotsverfahren kann **im nachfolgenden Angebotsverfahren noch angegriffen werden, wenn die Vergabestelle den Bietern die Namen der anderen Teilnehmer nicht bekannt gegeben und auch nicht darüber informiert hat, inwieweit deren Eignung zuvor geprüft worden** ist (VK Münster, B. v. 12. 5. 2009 – Az.: VK 5/09). 2451

10.5.3.4.3.9 Eignungskriterien und Bewertungsmatrix. Es ist **unschädlich, wenn ein Auftraggeber die Bewertungsmatrix für die Teilnahmeanträge nicht bekannt gibt**. Die Bewerber haben in den Teilnahmeanträgen lediglich ihre wirtschaftliche und technische Leistungsfähigkeit darzustellen. Die **Kenntnis der Bewertungsmatrix kann daher die Erstellung der Teilnahmeanträge nicht beeinflussen** (2. VK Sachsen-Anhalt, B. v. 10. 6. 2009 – Az.: VK 2 LVwA LSA – 13/09). 2452

10.5.3.4.3.10 Dokumentation der Auswahlentscheidung. Die eigentliche **Auswahlentscheidung** des Auftraggebers, wie viele und welche Bewerber er zur Angebotsabgabe auffordert, **muss auf sachlichen und nachvollziehbaren Erwägungen beruhen**. Sind solche Gründe nicht ersichtlich, insbesondere weder im Rahmen eines **Vergabevermerks dokumentiert** noch **im Verfahren dargelegt**, hat der Auftraggeber sein Auswahlermessen nicht ordnungsgemäß ausgeübt (1. VK Sachsen, B. v. 9. 2. 2009 – Az.: 1/SVK/071-08). 2453

10.5.3.4.3.11 Weitere Beispiele aus der Rechtsprechung 2454

– bestehen in den Punkten Umsatz, Zahl der Mitarbeiter, Entwicklung der Managementaufträge, vor allem aber bei den Referenzlisten gravierende Unterschiede zwischen den einzelnen Teilnehmern, so bestehen **Unterschiede zwischen einem Unternehmen, welches seine Aufträge von 2 im Jahr 2004 auf 4 Aufträge im Jahr 2006 vermehrt hat und einem Unternehmen, welches über zahlenmäßig weit mehr Aufträge verfügt. Diese Unterschiede sind bei einer Bewertungsmatrix zu berücksichtigen** (OLG München, B. v. 26. 6. 2007 – Az.: Verg 6/07)

– umfasst der streitgegenständliche Auftrag 5 Münchner Kliniken mit umfangreichen Patientenzahlen und mit der speziellen Anforderung, dass auch die Reinigung von OP- Räumen und Intensivstationen zu organisieren ist, ist es in diesem Zusammenhang **nicht verständlich, wenn Unternehmen mit lediglich vier Referenzen, die sich überwiegend auf das Gebiet der Verpflegung beziehen, mit Unternehmen, welche mehrere Großkliniken vor allem auf dem Gebiet der Reinigung und speziell der OP-Raumreinigung betreuen, gleich bewertet werden**, da sich der Auftrag auf die Organisation von Reinigungsleistungen und nicht auf die Verpflegung der Patienten und Mitarbeiter bezieht. Es mag zwar

Teil 1 GWB § 101 Gesetz gegen Wettbewerbsbeschränkungen

sein, dass durch die Bewertung der Referenzen für Newcomer der Marktzugang erschwert wird, doch wenn der Auftraggeber dies vermeiden will, kann er auf die Vorlage von Referenzen verzichten. Hier hat die Antragsgegnerin aber durch die Anforderung der Referenzen für diesen nicht geringen Auftrag gezeigt, dass es ihr auch auf die Erfahrung ankommt. Dann kann sie diese Entscheidung nicht durch eine nivellierende Betrachtung wieder zunichte machen (OLG München, B. v. 26. 6. 2007 – Az.: Verg 6/07)

– die **Bewertungsskala** sieht für die Nachweise eine ungeeignete Bewertung vor. Sie enthält als Bewertungsstufen 0 Punkte für eine geringe Eignung, 5 Punkte für eine ausreichende oder neutrale und 10 Punkte für eine sehr gute Eignung und **weist damit eine nivellierende Tendenz auf**. Wenn ein Bewerber mit geringer Eignung 0 Punkte, ein solcher mit ausreichender Eignung 5 Punkte und einer mit sehr guter Eignung 10 Punkte erhält, dann sind die **Abstände zwischen den Eignungsstufen deshalb nicht richtig gewählt, weil die Spanne zwischen gering geeignet und ausreichend geeignet wesentlich geringer ist als zwischen ausreichend geeignet und sehr gut geeignet**. Diese unlogische und insoweit nicht nachvollziehbare Einstufung führt erfahrungsgemäß zu einer Nivellierung, wie auch hier geschehen, weil der Prüfende davor zurückscheut, einen Bewerber als sehr gut einzustufen und die entsprechende Punktzahl zu vergeben, wenn alle anderen Bewerber in weitem Abstand hierzu nur gering oder ausreichend geeignet sein sollen. Die **nivellierende Bewertungsmatrix führt mehr oder weniger zwangsläufig zum Losverfahren, ein Ergebnis, das den Sinn eines geregelten Ausschreibungsverfahrens zuwider läuft** (OLG München, B. v. 26. 6. 2007 – Az.: Verg 6/07)

2455   10.5.3.4.4 **Verbot der späteren Beteiligung nicht ausgewählter Bewerber.** Der Auftraggeber hat durch seine Auswahl der geeigneten Bewerber nach Abschluss des Teilnahmewettbewerbes festgelegt, von welchen Unternehmen er Angebote haben will und von welchen nicht. Würde er hierbei das Angebot eines nicht aufgeforderten Bieters berücksichtigen und in die Wertung einbeziehen, so käme dies einem Unterlaufen der Grundsätze des Verhandlungsverfahrens mit Teilnahmewettbewerb gleich. **Angebote von Bietern, welche nach Abschluss des Teilnahmewettbewerbs nicht zur Abgabe aufgefordert wurden bzw. keinen Teilnahmeantrag gestellt haben, müssen deshalb zwingend ausgeschlossen werden**. Ein Beurteilungs- bzw. Ermessensspielraum hierüber kann dem Auftraggeber im Gegensatz zum offenen Verfahren nicht eingeräumt werden. Auch im Hinblick auf die anderen Bieter ist dies unabdingbar, da diese ein Recht darauf haben, sich im Wettbewerb nur mit Unternehmen messen zu müssen, welche zuvor die Kriterien des Teilnahmewettbewerbes durch Vorlage der geforderten Nachweise erfüllt haben und dann auch als geeignet ausgewählt wurden (OLG Karlsruhe, B. v. 15. 10. 2008 – Az.: 15 Verg 9/08; 1. VK Bund, B. v. 22. 2. 2008 – Az.: VK 1–4/08; VK Nordbayern, B. v. 25. 11. 2005 – Az.: 320.VK – 3194 – 38/05; VK Südbayern, B. v. 9. 4. 2003 – Az.: 11-03/03).

2456   Das Gebot des Wettbewerbs und der Gleichbehandlung ist verletzt, wenn der Auftraggeber ein Unternehmen ohne Teilnahmeantrag zur Abgabe eines Angebots zulässt. Ein derartiger **Verstoß kann Schadensersatzansprüche wegen c. i. c. nach § 311 BGB n. F. auslösen** (VK Nordbayern, B. v. 25. 11. 2005 – Az.: 320.VK – 3194 – 38/05).

2457   10.5.3.4.5 **Zeitpunkt der Fertigstellung der Vergabeunterlagen**. Die **Angebotsunterlagen dürfen auch noch während des Teilnahmewettbewerbs fertiggestellt** werden (OLG Düsseldorf, B. v. 27. 10. 2010 – Az.: VII-Verg 47/10).

10.6 Wettbewerblicher Dialog (§ 101 Abs. 4)

10.6.1 Änderung des Aufbaus der Vorschrift des § 101 durch das Vergaberechtsmodernisierungsgesetz 2009

2458   Nach der Begründung soll mit der **Änderung der Reihenfolge der Absätze 4 und 5** klar gemacht werden, dass **zwischen dem wettbewerblichen Dialog und dem Verhandlungsverfahren keine Hierarchie** besteht. Der wettbewerbliche Dialog ist ebenso wie das Verhandlungsverfahren an das Vorliegen bestimmter Voraussetzungen geknüpft.

10.6.2 Gesetzliche Regelung

2459   **§ 101 Abs. 4 GWB regelt** nur das Verfahren des wettbewerblichen Dialogs in den **Grundzügen**. Die **Einzelheiten** des wettbewerblichen Dialogs sind in **§ 3 EG Abs. 7 VOL/A 2009** und in § 3a Abs. 4 VOB/A 2009 definiert. Da beide Vorschriften im Wesentlichen übereinstimmen, erfolgt eine zusammenfassende Kommentierung im Rahmen von § 101 GWB.

§ 6a VgV a. F. – in dem bis zum Inkrafttreten der VgV 2010, der VOB/A 2009 und der VOL/A 2009 – der wettbewerbliche Dialog im Einzelnen geregelt war – ist **gestrichen** worden. 2460

10.6.3 Inhalt

Um dem **Bedürfnis der Praxis nach einem Dialog zwischen dem Auftraggeber und den potenziellen Bietern zwecks Definition der zu erbringenden Leistung entgegenzukommen**, wurde im EG-Vergaberecht (Richtlinie 2004/18/EG) die Möglichkeit geschaffen, das Verfahren des wettbewerblichen Dialogs einzuführen. Da es noch keine Erfahrungen mit diesem Verfahren gibt und die Regelungen in der Koordinierungsrichtlinie 2004/18/EG z. T. unbestimmt und vage sind, wird es **den Anwendern in die Verantwortung gegeben, die Vorteile dieses Verfahrens sachgerecht zu nutzen**. Die Auftraggeber müssen ihren Beurteilungsspielraum anhand der Grundsätze des Wettbewerbs, der Transparenz und der Gleichbehandlung ausüben und die Gründe für die Entscheidung zur Wahl des wettbewerblichen Dialogs ausreichend dokumentieren. 2461

Beim **wettbewerblichen Dialog handelt es sich um ein neues, eigenständiges Verfahren, das bestimmte Ähnlichkeiten zum Verhandlungsverfahren** aufweist. Während der öffentliche Auftraggeber beim Verhandlungsverfahren davon ausgeht, dass eine Leistungsbeschreibung zwar nicht eindeutig und erschöpfend, aber durchaus möglich ist, ist es dem staatlichen Auftraggeber beim wettbewerblichen Dialog unmöglich, seine technischen Ziele bzw. Bedürfnisse oder seine rechtlichen bzw. finanziellen Bedingungen überhaupt zu beschreiben. Der dadurch eröffnete Spielraum ergibt sich für den wettbewerblichen Dialog aus dem Sinn und Zweck dieser neuen Verfahrensart, die gerade für Fälle geschaffen wurde, in denen eine Konkretisierung aus technischen, rechtlichen oder finanziellen Gründen noch aussteht und in den Dialogphasen ausgearbeitet werden soll. Der **Dialog ist also eine Art „Vorverfahren zur Bestimmung des Auftragsgegenstandes"** (VK Brandenburg, B. v. 8. 4. 2009 – Az.: VK 17/09). 2462

10.6.4 Besonders komplexe Aufträge

Die Durchführung des wettbewerblichen Dialogs ist an das **Vorliegen bestimmter Voraussetzungen geknüpft**. Nach § 101 Abs. 4 GWB muss es sich **um besonders komplexe Leistungen** handeln. Eine Leistung gilt als besonders komplex, wenn es dem Auftraggeber objektiv unmöglich ist, die erforderlichen technischen Mittel oder die rechtlichen oder finanziellen Bedingungen anzugeben, mit denen sich seine Bedürfnisse erfüllen lassen. **Objektiv unmöglich** heißt, dass dem Auftraggeber nichts anzulasten ist (Erwägungsgrund 31 der Richtlinie 2004/18/EG). Eine **subjektive Unmöglichkeit aufgrund von Unzulänglichkeiten des Auftraggebers oder fehlendem Willens ist keine ausreichende Voraussetzung**. Ausreichend ist jedoch, wenn der Auftraggeber aufgrund des besonderen Charakters der Leistung nicht in der Lage ist, die technischen Mittel oder rechtlichen und finanziellen Bedingungen zu beschreiben, wenn es z. B. der erste Auftrag seiner Art ist, es für den Auftraggeber mit unverhältnismäßig hohem Kosten- und/oder Zeitaufwand verbunden wäre, die für die Beschreibung notwendigen Kenntnisse zu erlangen oder wenn die Komplexität der Leistung es mit sich bringt, dass eine vorherige Beschreibung der technischen, rechtlichen oder finanziellen Bedingungen zu einer erheblichen Verengung des Wettbewerbs führt. 2463

Besonders komplexe Aufträge sind nach der Gesetzesbegründung z. B. **bedeutende integrierte Verkehrsinfrastrukturprojekte**, **große Computernetzwerke** oder **Vorhaben mit komplexer Finanzierung**, deren rechtliche und finanzielle Konstruktionen im Voraus nicht beschrieben werden können. Dieses Verfahren soll **sowohl den Wettbewerb gewährleisten als auch dem Erfordernis gerecht werden, flexibel genug zu sein**, dass ständig ein Dialog mit den beteiligten Unternehmen geführt werden kann, der alle Aspekte berührt und der besonderen Komplexität des Auftrages entspricht. 2464

10.6.5 Persönlicher Anwendungsbereich

Mit der Änderung durch das Vergaberechtsmodernisierungsgesetz 2009 wird **nach der Gesetzesbegründung eine Klarstellung erreicht**, was „staatliche Auftraggeber" sind. Allen Auf- 2465

Teil 1 GWB § 101 Gesetz gegen Wettbewerbsbeschränkungen

traggebern, die vom Anwendungsbereich der RL 2004/18/EG erfasst werden, steht der **wettbewerbliche Dialog zur Verfügung**. Die **Richtlinie 2004/17/EG**, die für Auftraggeber gilt, die auf dem Gebiet der Trinkwasser- oder Energieversorgung oder des Verkehrs tätig sind, **kennt dieses Verfahren nicht**. Für diese Auftraggeber ist ein derartiges Verfahren auch nicht erforderlich, da sie die Freiheit haben, das Verhandlungsverfahren wie einen wettbewerblichen Dialog auszugestalten.

10.6.6 Erläuterungen der EU-Kommission

2466 Die Europäische Kommission – Generaldirektion Binnenmarkt und Dienstleistungen – hat am 17. 1. 2006 **Erläuterungen zum wettbewerblichen Dialog im Anwendungsbereich der klassischen Richtlinie** vorgelegt (www.ibr-online.de/2007-6).

10.6.7 Prüfungskompetenz der Vergabekammer

2467 Auch der **wettbewerbliche Dialog unterliegt vollumfänglich der Prüfungskompetenz der Vergabekammer nach § 102 GWB**. Es ist keine Regelung ersichtlich, aufgrund derer die in § 101 Abs. 4 GWB niedergelegte und in §§ 101 GWB, 3 EG Abs. 7 VOL/A 2009 und in § 3a Abs. 4 VOB/A 2009 näher beschriebene Verfahrensart des wettbewerblichen Dialogs dem Nachprüfungsverfahren ganz oder auch nur teilweise entzogen ist (VK Düsseldorf, B. v. 11. 8. 2006 – Az.: VK – 30/2006 – L).

10.6.8 Grundgestaltungen des wettbewerblichen Dialogs

2468 Nach § 3 EG Abs. 7 Satz 2 lit. b), lit c) VOL/A bzw. § 3a Abs. 4 Nr. 3, Nr. 4 VOB/A hat der Auftraggeber die Möglichkeit, nach Abschluss des Teilnahmewettbewerbs **zwischen zwei Grundgestaltungen des wettbewerblichen Dialogs zu wählen**. Er kann entweder mit mehreren Unternehmen verhandeln und dabei u. U. mehrere verschiedenartige Lösungen entwickeln. Dies ist der **Grundfall**. **Alternativ** kann der Auftraggeber den **Dialog in mehreren verschiedenen aufeinander folgenden Phasen abwickeln**. Dabei besteht zwischen diesen Phasen Gelegenheit, einzelne Lösungen aus dem Verfahren auszuscheiden und diese in der nächsten Phase nicht mehr weiter zu verhandeln (OLG Brandenburg, B. v. 7. 5. 2009 – Az.: Verg W 6/09).

10.6.9 Ablauf des Dialoges

10.6.9.1 Überarbeitungsfristen

2469 Über den Ablauf des eigentlichen Dialoges enthält das Vergaberecht keine expliziten Vorgaben. Aufgrund der fragmentarischen Normierung ist der staatliche Auftraggeber grundsätzlich befugt, den Dialog aus Gründen der Praktikabilität und Effizienz nach eigenem Ermessen zu strukturieren, er ist **weitgehend frei darin, wie er den Dialog gestaltet**. Der **Verhandlungs- und Ausleseprozess als solcher muss freilich diskriminierungsfrei und transparent verlaufen**. Denn auch der wettbewerbliche Dialog wird durch das Wettbewerbs- und Transparenzprinzip sowie das Gleichbehandlungsgebot geprägt. Der Auftraggeber ist deshalb verpflichtet, den Teilnehmern den vorgesehenen Verfahrensablauf mitzuteilen, davon nicht überraschend oder willkürlich abzuweichen und ihnen die Chance zu geben, innerhalb gleicher Fristen zu den gleichen Anforderungen Lösungsvorschläge abzugeben. Im Verhandlungsverfahren **darf der öffentliche Auftraggeber den Bietern feste Fristen für die Überarbeitung ihrer Lösungsvorschläge setzen**; denn er muss den Ablauf des Verfahrens, damit es praktikabel, effizient und zügig verläuft, strukturieren können (VK Brandenburg, B. v. 8. 4. 2009 – Az.: VK 17/09).

2470 Zum Verfahren des wettbewerblichen Dialogs gibt es weder in der VOB/A noch in der VOL/A Vorgaben im Hinblick auf Überarbeitungsfristen. Unabhängig von einer ausdrücklichen Regelung von Überarbeitungsfristen gilt jedoch der Grundsatz, dass den Bietern gesetzte Fristen angemessen sein müssen. Bei der Ermittlung der angemessenen Überarbeitungsfrist kommt es nicht entscheidend darauf an, welchen Überarbeitungsbedarf es tatsächlich auf Seiten der Antragstellerin gegeben hat. Es **kommt ausschließlich darauf an, welchen Zeitbedarf alle im Wettbewerb verbliebenen Bieter beim Auftraggeber angemeldet und in welcher Wettbewerbsposition sie sich befunden haben** (OLG Brandenburg, B. v. 7. 5. 2009 – Az.: Verg W 6/09).

Gesetz gegen Wettbewerbsbeschränkungen GWB § 101 **Teil 1**

Da die **Gewährung einer angemessenen Frist** auf die vorausschauende Beurteilung abzielt, welchen Zeitraum die Teilnehmer für die Überarbeitung ihrer Lösungsvorschläge benötigen, **genießt der Auftraggeber bei dieser Prüfung einen Beurteilungsspielraum, dessen Einhaltung nur beschränkt der gerichtlichen Nachprüfung unterliegt**. Die Nachprüfungsinstanzen können deshalb die Fristenregelung des Auftraggebers nur darauf überprüfen, ob das vorgeschriebene Verfahren eingehalten worden ist, der zugrunde gelegte Sachverhalt vollständig und zutreffend ermittelt worden ist, keine sachwidrigen Erwägungen angestellt wurden und nicht gegen allgemeine Bewertungsgrundsätze verstoßen worden ist. Hierbei folgt bereits aus dem Charakter der Prognoseentscheidung, dass die **Umstände, die auf eine Angemessenheit der Frist schließen lassen, nicht mit einer prozessualen Tatsachenfeststellungen entsprechenden Gewissheit feststehen müssen**. Vielmehr reicht es aus, wenn die Umstände auf einer gesicherten Erkenntnis der Vergabestelle beruhen (VK Brandenburg, B. v. 8. 4. 2009 – Az.: VK 17/09). 2471

Bei der Ermittlung des im Einzelfall gebotenen Zeitrahmens hat der Auftraggeber auch den Bearbeitungsstand der einzelnen Lösungsvorschläge im Verhältnis zueinander zu berücksichtigen. Im wettbewerblichen Dialog hat jeder Teilnehmer Anspruch darauf, dass ihm die Position, die er nach Abschluss einer Dialogphase erreicht hat, von einem anderen Teilnehmer nicht mit Verspätung wieder abgenommen wird. **Lösungsvorschläge, die wirtschaftlich oder inhaltlich so weit hinter anderen Vorschlägen zurückbleiben, dass die Aussicht, sie könnten im Ergebnis für die Auftragsvergabe geeignet sein, nicht gegeben ist, dürfen unter zeitlichen Gesichtspunkten nicht begünstigt werden**. Eine Fristbemessung, die ausschließlich dazu dient, einen Teilnehmer, der nicht zur Spitzengruppe gehört, zu bevorzugen, wäre mit den Geboten der Gleichbehandlung und Transparenz nicht vereinbar. **Denn es entspricht dem Wesen und dem vom Auftraggeber vorgegebenen Ablauf des wettbewerblichen Dialoges, den Kreis der Teilnehmer nacheinander dadurch zu verkleinern, dass Unternehmen, deren Lösungsvorschläge wahrscheinlich nicht zum Zuge kommen werden, „abgeschichtet" werden**. Dagegen wäre es eine ungesunde Begleiterscheinung des Wettbewerbs im Sinne von § 2 Nr. 1 S. 3 VOB/A im wettbewerblichen Dialog die Präzisierung der Lösungsvorschläge mit einem Aufholprozess zu verbinden, um auf diese Weise einem Teilnehmer den Anschluss an die Spitzengruppe zu ermöglichen. Denn mit dem Abschluss einer Dialogphase ist auch der Wettbewerb innerhalb dieser Phase beendet. Ein **Zuschnitt der Überarbeitungsfrist auf eine kleine Anzahl von Teilnehmern kann zudem bei besonderer Eilbedürftigkeit gerechtfertigt** sein (VK Brandenburg, B. v. 8. 4. 2009 – Az.: VK 17/09). 2472

10.6.9.2 Verringerung der Zahl der in den Dialogphasen zu erörternden Lösungen allein anhand der angegebenen Zuschlagskriterien (§§ 3 EG Abs. 7 Satz 2 lit. c), 3a Abs. 4 Nr. 4 VOB/A)

Nach §§ 3 EG Abs. 7 Satz 2 lit. c), 3a Abs. 4 Nr. 4 VOB/A kann die **Zahl der in den Dialogphasen zu erörternden Lösungen allein anhand der angegebenen Zuschlagskriterien verringert** werden, **alles andere liefe auf eine willkürliche Entscheidung** hinaus. In §§ 3 EG Abs. 7 Satz 2 lit. c), 3a Abs. 4 Nr. 4 VOB/A findet sich keine Regelung, wonach ein öffentlicher Auftraggeber eine Art von Mindestbedingungen formuliert und allein diese zum Kriterium zur Verringerung der Lösungen nimmt. Wenn der **Auftraggeber im Verfahren erkennt, dass die von ihm gesetzten Zuschlagskriterien nicht geeignet sind, wesentliche Umstände der nachgefragten Leistung überhaupt zu erfassen**, kann er nicht dahin ausweichen, Lösungen aufgrund von „Anforderungen" auszuscheiden, die sich erst während des Dialoges herausbilden oder konkretisieren. Damit hätte der Auftraggeber es in der Hand, die ihm nicht genehmen Produkte, Leistungen oder Unternehmen auszuscheiden, ohne dass eine objektive Überprüfung dieser Entscheidung entweder anhand vorher eindeutig festgelegter Leistungsanforderungen oder vorher festgelegter Zuschlagskriterien möglich wäre. Die Anforderungen an ein transparentes und gleiches Verfahren einerseits und die notwendige Bestimmungsfreiheit des Auftraggebers andererseits lassen sich im wettbewerblichen Dialog nur so vereinbaren, dass die **Zuschlagskriterien so hinreichend sorgfältig erarbeitet werden, um – etwa durch das Zusammenspiel von abstrakten und konkreten Anforderungen – die Zielerreichung aller angebotenen Lösungen in unterschiedlichen Stadien des wettbewerblichen Dialogs abbilden zu können**. Dies mag aufwendig erscheinen, allerdings dürfte bei den für den wettbewerblichen Dialog vorgesehenen innovativen (Groß-)Projekten eine genaue, wenn auch abstrakte Zieldefinition für den Auftraggeber ohnehin unerlässlich sein, wenn er nicht zum Spielball seiner Dialogpartner werden will (VK Düsseldorf, B. v. 11. 8. 2006 – Az.: VK – 30/2006 – L). 2473

Teil 1 GWB § 101 Gesetz gegen Wettbewerbsbeschränkungen

10.6.10 Nachteilsausgleich zugunsten der Bieter, deren Lösung ausgeschieden wird, die aber noch im Dialog verbleiben?

2474   Selbst wenn der Auftraggeber grundsätzlich zu einem Ausgleich von Wettbewerbsnachteilen verpflichtet ist, hat er jedenfalls **keinen Ausgleich dahingehend vorzunehmen, dass er den Bieter, der im wettbewerblichen Dialog einen ausgeschiedenen Lösungsvorschlag eingereicht hat, in dieselbe Position versetzt wie seine Konkurrenten zu Beginn der vorangehenden Dialogphase.** Es widerspricht dem Wesen des in Form von Dialogphasen durchgeführten wettbewerblichen Dialogs, bei Ausschluss einer Lösung einem Unternehmen deutlich mehr Zeit einzuräumen als die Konkurrenten benötigen, damit der Anbieter der ausgeschlossenen Lösung im Wettbewerb bleiben kann. Denn **damit würde der Auftraggeber nunmehr diejenigen Bieter benachteiligen, die von ihm bevorzugte Lösungen eingereicht haben** (OLG Brandenburg, B. v. 7. 5. 2009 – Az.: Verg W 6/09).

10.6.11 Bedeutung in der Vergabepraxis und Rechtsprechung

2475   Der wettbewerbliche Dialog spielt bisher **weder in der Vergabepraxis noch in der Rechtsprechung eine wesentliche Rolle**.

10.6.12 Literatur

2476   – Fritz, Aline, Erfahrungen mit dem Wettbewerblichen Dialog in Deutschland, VergabeR 2008, 379

– Heiermann, Wolfgang, Der wettbewerbliche Dialog, ZfBR 2005, 766

– Knauff, Matthias, Neues europäisches Vergabeverfahrensrecht: Der wettbewerbliche Dialog, VergabeR 2004, 287

– Knauff, Matthias, Im wettbewerblichen Dialog zur Public Private Partnership?, NZBau 2005, 249

– Mösinger, Thomas, Gleichbehandlung der Teilnehmer im Wettbewerblichen Dialog, NZBau 2009, 695

– Müller, Hermann/Veil, Winfried, Wettbewerblicher Dialog und Verhandlungsverfahren im Vergleich, VergabeR 2007, 298

– Ollmann, Horst, Wettbewerblicher Dialog eingeführt – Änderung des Vergaberechts durch das ÖPP-Beschleunigungsgesetz, VergabeR 2005, 685

– Opitz, Wie funktioniert der wettbewerbliche Dialog? – Rechtliche und Praktische Probleme, VergabeR 2006, 451

– Pünder, Hermann/Franzius, Ingo, Auftragsvergabe im wettbewerblichen Dialog, ZfBR 2006, 20

– Schröder, Holger, Voraussetzungen, Strukturen und Verfahrensabläufe des Wettbewerblichen Dialogs in der Vergabepraxis, NZBau 2007, 216

10.7 Verhandlungsverfahren (§ 101 Abs. 5)

2477   Beim Verhandlungsverfahren wendet sich der Auftraggeber mit oder ohne vorherige öffentliche Aufforderung zur Teilnahme an ausgewählte Unternehmen, um mit einem oder mehreren über die Auftragsbedingungen zu verhandeln.

10.7.1 Teilnehmer des Verhandlungsverfahrens

10.7.1.1 Allgemeines

2478   Im Gegensatz zum Offenen Verfahren wird der **Kreis der Bieter** – wie beim Nichtoffenen Verfahren nach vorangegangenem Öffentlichen Teilnahmewettbewerb und beim Verhandlungsverfahren nach vorgeschalteter öffentlicher Vergabebekanntmachung – **beim Verhandlungsverfahren** im Hinblick auf die Durchführung dieses Verfahrens **von vornherein auf die ausgewählten Unternehmer**, sei es das Ergebnis des vorangegangenen Teilnahmewettbewerbs oder ohne Durchführung eines solchen, **beschränkt**. Der **Auftraggeber legt fest, mit welchem Unternehmen er verhandeln und von welchem Unternehmen er Angebote

Gesetz gegen Wettbewerbsbeschränkungen GWB § 101 **Teil 1**

haben will. Unternehmen, die nicht zu diesem Kreis gehören, von denen der Auftraggeber also keine Angebote will und die insoweit gegenüber dem Auftraggeber auch keine Berechtigung innehaben, ein Angebot zu unterbreiten, können zwangsläufig auch kein wirksames Angebot abgeben. Von ausschließlicher Bedeutung ist dabei, dass der **Auftraggeber den Bieterkreis zu einem bestimmten Zeitpunkt abschließend festlegt.** Insoweit besteht – bezogen auf diesen Zeitpunkt – kein Unterschied zwischen der Durchführung eines Verhandlungsverfahrens nach Öffentlicher Vergabebekanntmachung oder ohne ein solches vorgeschaltetes Verfahren. In beiden Fällen erfolgt jedenfalls eine eindeutige, die in den Bieterkreis festlegende Entscheidung des Auftraggebers. Entsprechendes gilt für das Nichtoffene Verfahren im Sinne der Aufforderung einer beschränkten Zahl von Unternehmen zur Einreichung eines Angebots. **Berücksichtigt der Auftraggeber nach seiner Entscheidung und Aufforderung** des von ihm festgelegten Bieterkreises das **Angebot eines nicht aufgeforderten Bieters und bezieht es in eine Wertung ein, benachteiligt er unter Verletzung des Gleichbehandlungsgrundsatzes diejenigen Bieter, welche er zur Abgabe eines Angebots aufgefordert** hat. Diese sind berechtigt, sich im Wettbewerb nur mit denjenigen Bietern messen zu müssen, welche zuvor als geeignete Bieter ausgewählt wurden (VK Hessen, B. v. 30. 7. 2008 – Az.: 69 d VK – 34/2008).

10.7.1.2 Mindestanzahl der Teilnehmer

10.7.1.2.1 Regelung in der VOB/A 2009 und in der VOL/A 2009. Sowohl nach § 6 a 2479
Abs. 3 VOB/A 2009 als auch nach § 3 EG Abs. 5 bzw. § 3 EG Abs. 7 lit. a) VOL/A
2009 darf bei entsprechender Bewerberanzahl die Zahl der Teilnehmer, die zur Angebotsabgabe aufgefordert werden,

– beim nichtoffenen Verfahren nicht unter fünf und

– beim Verhandlungsverfahren und wettbewerblichen Dialog nicht unter drei

liegen.

Diese **Regelungen entsprechen der zwingenden Vorschrift des Art. 44 Abs. 3 Un-** 2480
terabsatz 2 Satz 2 und 3 der Vergabekoordinierungsrichtlinie.

10.7.1.2.2 Rechtsprechung. Ein **Verhandlungsverfahren mit mindestens drei Bietern** 2481
setzt jedoch voraus, dass sich eine hinreichende Anzahl von Unternehmern um eine Aufforderung zur Teilnahme an dem betreffenden Verfahren beworben hat, die den für ein Verfahren festgelegten wirtschaftlichen und technischen Voraussetzungen genügen. Der öffentliche Auftraggeber kann dann, wenn ein Auftrag im Verhandlungsverfahren vergeben wird und die **Zahl der geeigneten Bewerber die für das betreffende Verfahren festgelegte Mindestgrenze nicht erreicht, das Verfahren gleichwohl fortsetzen, indem er den oder die geeigneten Bewerber zur Verhandlung über die Auftragsbedingungen auffordert** (EuGH, Urteil v. 15. 10. 2009 – Az.: C-138/08).

Die **Frage, ob die Anzahl der Bewerber ausreicht, um einen echten Wettbewerb zu** 2482
gewährleisten, ist **anhand der Merkmale und des Gegenstands des betreffenden Auftrags zu prüfen.** Erreicht schließlich in einem solchen Verfahren die Zahl der geeigneten Bewerber nicht die für das betreffende Verfahren festgelegte **Mindestgrenze, die nach der Richtlinie 93/37 nicht unter drei liegen darf, ist davon auszugehen, dass der öffentliche Auftraggeber, sofern die wirtschaftlichen und technischen Anforderungen für dieses Verfahren ordnungsgemäß festgelegt und gehandhabt wurden, gleichwohl einen echten Wettbewerb gewährleistet** hat (EuGH, Urteil v. 15. 10. 2009 – Az.: C-138/08).

10.7.1.3 Unzulässigkeit der Bildung einer nachträglichen Bietergemeinschaft

Die **Unzulässigkeit der Bildung einer Bietergemeinschaft** als einer sich von den beiden 2483
Mitgliedern derselben rechtlich unterscheidenden Rechtsperson **nach dem Zeitpunkt der Festlegung der Teilnehmer am Verhandlungsverfahren** und nach der Aufforderung zur Angebotsabgabe gilt **auch für den Fall, dass eine Bietergemeinschaft lediglich aus zwei vom Auftraggeber zur Angebotsabgabe aufgeforderten Teilnehmern am Verhandlungsverfahren gebildet wird.** Zwar können solche Teilnehmer einzeln die Kriterien der vorgelagerten Eignungsprüfung erfüllen. Dies ändert aber nichts daran, dass die Bietergemeinschaft selbst keine eigene Eignungsprüfung durchlaufen hat und nicht zur Angebotsabgabe aufgefordert wurde bzw. aufgefordert werden konnte. Auch insoweit ist die Verletzung des Gleichbehandlungsgrundsatzes in Bezug auf andere Bieter gegeben. Für den insoweit erforderlichen notwendigen Ausschluss kann dem Auftraggeber auch **kein Beurteilungs- und Ermessensspielraum** eingeräumt werden (VK Hessen, B. v. 30. 7. 2008 – Az.: 69 d VK – 34/2008).

10.7.2 Inhalt und Ablauf

10.7.2.1 Verhandlungsgegenstand

2484 Das Verhandlungsverfahren unterscheidet sich vom Offenen bzw. Nichtoffenen Verfahren dadurch, dass **sowohl der Leistungsgegenstand nicht** bereits in der Ausschreibung in allen Einzelheiten **festgeschrieben** ist als auch **Angebote abgeändert** werden können, nachdem sie abgegeben worden sind. Nach **Ablauf der Angebotsfrist** sind die Angebote nicht nur noch nach dem für alle einheitlichen Maßstab zu bewerten; es **beginnt** vielmehr ein **dynamischer Prozess**, in dem sich durch Verhandlungen sowohl auf Nachfrage- als auch auf Angebotsseite Veränderungen ergeben können (BGH, Urteil v. 10. 9. 2009 – Az.: VII ZR 255/08; OLG Düsseldorf, B. v. 5. 7. 2006 – Az.: VII – Verg 21/06; OLG München, B. v. 28. 4. 2006 – Az.: Verg 6/06; OLG Naumburg, B. v. 13. 5. 2008 – Az.: 1 Verg 3/08; B. v. 13. 5. 2008 – Az.: 1 Verg 3/08; VK Arnsberg, B. v. 9. 9. 2010 – Az.: VK 18/10; VK Baden-Württemberg, B. v. 31. 7. 2009 – Az.: 1 VK 30/09; B. v. 19. 7. 2005 – Az.: 1 VK 34/05; B. v. 12. 1. 2004 – Az.: 1 VK 74/03; VK Brandenburg, B. v. 14. 12. 2007 – Az.: VK 50/07; VK Hessen, B. v. 16. 7. 2004 – Az.: 69 d – VK – 39/2004; VK Schleswig-Holstein, B. v. 14. 5. 2008 – Az.: VK-SH 06/08; VK Südbayern, B. v. 25. 10. 2006 – Az.: Z3-3-3194-1-28-09/06). Diese dürfen nur nicht dazu führen, dass letztlich andere Leistungen beschafft werden, als angekündigt. Die **Identität des Beschaffungsvorhabens**, so wie es die Vergabestelle zum Gegenstand der Ausschreibung gemacht hat, **muss auch im Verhandlungsverfahren gewahrt bleiben**, weil sonst die Ausschreibungsverpflichtung als Ausgangspunkt aller vergaberechtlichen Rechte und Pflichten der Beteiligten letztlich leer liefe (OLG Dresden, B. v. 3. 12. 2003 – Az.: WVerg 15/03; OLG München, B. v. 28. 4. 2006 – Az.: Verg 6/06; VK Baden-Württemberg, B. v. 19. 7. 2005 – Az.: 1 VK 34/05; VK Niedersachsen, B. v. vom 16. 10. 2008 – Az.: VgK-30/2008; 2. VK Sachsen-Anhalt, B. v. 3. 3. 2006 – Az.: VK 2-LVwA LSA 2/06; VK Schleswig-Holstein, B. v. 14. 5. 2008 – Az.: VK-SH 06/08). Angesichts des Wesens des Verhandlungsverfahrens kann **Wahrung der Identität** dabei aber naturgemäß **keine Übereinstimmung von ausgeschriebener und angebotener Leistung im Maßstab 1:1** bedeuten. Denn dadurch ginge der dem Verhandlungsverfahren gerade typischerweise innewohnende Spielraum verloren; im Gegensatz zu einer Auswechslung des Leistungsgegenstandes ist eine **bloße Modifikation** desselben vom Verhandlungsverfahren **gedeckt** (VK Schleswig-Holstein, B. v. 14. 5. 2008 – Az.: VK-SH 06/08). Vergibt der Auftraggeber **nur ein Auftragsvolumen von ca. 70%** des ursprünglich angestrebten Auftragsumfangs, **bleibt die Identität gewahrt** (VK Baden-Württemberg, B. v. 19. 7. 2005 – Az.: 1 VK 34/05). Der **Auftraggeber** ist in einem solchen Fall aber **verpflichtet, die Bieter gleichermaßen von einer Veränderung des Verfahrens** – z.B. einer Reduzierung des Auftragsumfangs – **zu unterrichten** (VK Baden-Württemberg, B. v. 19. 7. 2005 – Az.: 1 VK 34/05).

2485 Ob eine **Ausschreibung über Architektenleistungen denselben Leistungsgegenstand** hat, kann nicht allein nach seiner Bezeichnung beantwortet werden. Auch der Umstand, dass sich beide Wettbewerbe inhaltlich mit der Neukonzeption des Plenarbereichs des Niedersächsischen Landtags befassen, kann für einen identisches Leistungsgegenstand nicht genügen. Umgekehrt kann nicht jede – auch noch so geringfügige – Abweichung im Leistungsgegenstand oder Leistungsumfang dazu führen, unterschiedliche Leistungsgegenstände anzunehmen. Entscheidend muss sein, ob die ausgeschriebenen Leistungen sich in solchen Elementen unterscheiden, die wesentlichen Einfluss auf das Charakteristische einer planerischen Lösung haben können. **Wenn es nicht mehr damit getan ist, einen planerischen Entwurf an eine veränderte Situation anzupassen, sondern eine völlig neue planerische Konzeption im Raum steht, handelt es sich nicht mehr um denselben Leistungsgegenstand** (OLG Celle, B. v. 15. 7. 2010 – Az.: 13 Verg 9/10).

2486 Von einem einheitlich ausgeschriebenen Auftrag können auch im Rahmen eines Verhandlungsverfahrens nicht nach Ablauf der Angebotsfrist **Teile der zu erbringenden Leistung dergestalt abgespalten werden**, dass ihre Verwirklichung nach Auftragserteilung zusätzlich von der Ausübung einer an keine inhaltlichen Voraussetzungen gebundenen einseitigen Option des Auftraggebers abhängt; das gilt jedenfalls dann, wenn der **verbleibende „Festauftrag" gegenüber dem ursprünglichen Ausschreibungsinhalt ein gegenständlich anderes Vorhaben („aliud") darstellt** (OLG Dresden, B. v. 3. 12. 2003 – Az.: WVerg 15/03; im Ergebnis ebenso VK Nordbayern, B. v. 1. 10. 2009 – Az.: 21.VK – 3194 – 28/09).

2487 Zwar dient das Verhandlungsverfahren der Festlegung des genauen erst noch auszuhandelnden Vertragsinhalts. **Dabei bildet jedoch der von der Vergabestelle im Leistungsverzeichnis vorgegebene Vertragsgegenstand den Rahmen**. Dieser Rahmen ist überschritten, wenn eine Vereinbarung dahingehend getroffen werden soll, dass ein Teil gebrauchte, wenn auch

Gesetz gegen Wettbewerbsbeschränkungen GWB § 101 **Teil 1**

weitgehend neuwertige Anlagenteile geliefert werden sollen. Auch im Verhandlungsverfahren darf ein Zuschlag nicht auf ein Angebot erteilt werden, das der Leistungsbeschreibung nicht entspricht (VK Baden-Württemberg, B. v. 28. 10. 2004 – Az.: 1 VK 68/04).

Können die **Bieter z. B. die in den „Konzepten" und den „Eckpunkten zum Leis-** 2488 **tungsvertrag" zwingend zu berücksichtigenden Inhalte nicht verändern, können sie aber andererseits die in den Verträgen festgelegten Befugnisse und Risiken eines ÖPP-Projekts durch abweichende Regelungen verschieben** bis zu den gesellschafts-, steuerrechtlich etc. gezogenen Grenzen und will der Auftraggeber derartige Änderungen akzeptieren, aber im Falle einer für ihn ungünstigeren Regelung schlechter bewerten, ist damit für die Bieter transparent, in welchem Umfang sie selbst abweichende Angebote abgeben können oder mit abweichenden Angeboten anderer Bieter rechnen müssen. Eine **weitergehende Anforderung lässt sich innerhalb eines Verhandlungsverfahrens kaum stellen, da Preis und Leistungsgegenstand verhandelbar sind**. Ein **verhandelter Leistungsgegenstand muss jedoch nicht gleichwertig zu dem Leistungsgegenstand sein, von dem die Vergabestelle zunächst ausgegangen ist**. Die Unterscheidung von Haupt- und Nebenangeboten und das Aufstellen von Anforderungen kann im Verhandlungsverfahren damit nicht genau dem entsprechen, was im Offenen und Beschränkt Offenen Verfahren gilt, es sei denn, die Vergabestelle würde zu einem bestimmten Zeitpunkt eines Verhandlungsverfahrens in ein Offenes Verfahren übergehen und den Bietern inhaltlich genau gleiche Angebote abverlangen, wovon nur in Form von Nebenangeboten – also gleichwertig! – abgewichen werden dürfte (VK Düsseldorf, B. v. 24. 8. 2007 – Az.: VK – 24/2007 – L).

Konkretisiert ein Auftraggeber den Auftragsgegenstand ganz bewusst nicht weiter, 2489 da es gerade Sinn des gewählten Verhandlungsverfahrens sein soll, z. B. die Konzeption für ein Hallenbad den interessierten Unternehmen zu überlassen, ist dies im Rahmen eines Verhandlungsverfahrens auch **zulässig** (VK Schleswig-Holstein, B. v. 14. 5. 2008 – Az.: VK-SH 06/08 – instruktive Entscheidung).

Wenn jedoch **auf der Basis eines für alle festgelegten Vertragsentwurfs zum „ last** 2490 **und final offer" zu einem Ausschlusstermin aufgefordert** wird, ist damit die **Phase der inhaltlichen Veränderungsvorschläge vorüber** (VK Arnsberg, B. v. 9. 9. 2010 – Az.: VK 18/10).

10.7.2.2 Inhalt der Verhandlung

Verhandeln heißt in diesem Zusammenhang, dass Auftraggeber und potentielle Auftrag- 2491 nehmer den Auftragsinhalt und die Auftragsbedingungen solange besprechen, bis klar ist, wie die Leistung ganz konkret beschaffen sein soll, zu welchen Konditionen der Auftragnehmer diese liefert und grundsätzlich insbesondere auch, zu welchem Preis geliefert wird (BGH, Urteil v. 10. 9. 2009 – Az.: VII ZR 255/08; OLG Düsseldorf, B. v. 5. 7. 2006 – Az.: VII – Verg 21/06; OLG Stuttgart, Urteil v. 24. 11. 2008 – Az.: 10 U 97/08; VK Baden-Württemberg, B. v. 31. 7. 2009 – Az.: 1 VK 30/09; 2. VK Bund, B. v. 13. 6. 2007 – Az.: VK 2–48/07; 3. VK Bund, B. v. 21. 5. 2007 – Az.: VK 3–40/07; B. v. 26. 3. 2007 – Az.: VK 3–19/07; VK Schleswig-Holstein, B. v. 14. 5. 2008 – Az.: VK-SH 06/08; VK Südbayern, B. v. 8. 2. 2002 – Az.: 41-11/01). Ein Vertrag wird am Ende des Verhandlungsprozesses mit dem Unternehmen geschlossen, das bis zum Schluss übrig geblieben ist. Dabei **kann der Verhandlungsprozess in Stadien ablaufen, nach deren jeweiligem Ende Unternehmen ausscheiden**, beispielsweise weil sie technisch nicht die gewünschte Leistung erbringen können oder wollen (OLG Celle, B. v. 16. 1. 2002 – Az.: 13 Verg 1/02).

Änderungen und Ergänzungen des Angebots nach Abgabe des so genannten indika- 2492 **tiven Angebots sowie sogar alternative Angebotsteile sind im Verhandlungsverfahren also grundsätzlich zulässig** und dürfen vom öffentlichen Auftraggeber in nicht diskriminierender Weise auch initiiert werden. **Unvollständig** kann ein Angebot im Verhandlungsverfahren grundsätzlich nur dann sein, wenn **nach Abschluss der Verhandlungen und regelmäßig einem Aufklärungsversuch noch immer wesentliche Preisangaben fehlen, Angebote nicht unterschrieben sind oder zweifelhafte Inhalte aufweisen** (OLG Naumburg, B. v. 13. 10. 2008 – Az.: 1 Verg 10/08).

Werden **Vorgaben in den Vergabeunterlagen während der Vertragsverhandlungen** 2493 **mit einem Bieter durch die Vergabestelle selbst geändert**, kann das **Angebot des betroffenen Bieters** – ungeachtet der Fragen, inwieweit die Vergabestelle diese Änderung noch zulässigerweise vornehmen durfte und ob diese Änderung diesen Falls nicht gegenüber allen Bietern im Vergabeverfahren hätte angewandt werden müssen – jedenfalls **nicht** nach § 16

Abs. 1 Nr. 3 VOB/A **ausgeschlossen** werden (OLG Naumburg, B. v. 1. 9. 2004 – Az.: 1 Verg 11/04).

2494   Der **Bieter kann nicht damit rechnen, dass im Rahmen eines Verhandlungsverfahrens zunächst stets unverbindliche Angebote** einzuholen wären. Der Bieter muss sich auch im Verhandlungsverfahren an seinem Angebot festhalten lassen und zudem damit rechnen, dass ihm keine weitere Gelegenheit zur Angebotsabgabe eingeräumt wird (2. VK Bund, B. v. 22. 6. 2010 – Az.: VK 2–44/10). Der **Auftraggeber** sollte zur Vermeidung von Unklarheiten jeweils **klarstellen, ob die geforderten Angebote indikative oder verbindliche Angebote** sind.

10.7.2.3 Phasenabwicklung der Verhandlung

2495   **10.7.2.3.1 Regelung innerhalb der VOB/A 2009, VOL/A 2009 und VOF 2009.** Nach § 3 EG Abs. 6 VOL/A 2009 können die Auftraggeber vorsehen, dass das Verhandlungsverfahren **in verschiedenen aufeinander folgenden Phasen abgewickelt wird, um so die Zahl der Angebote, über die verhandelt wird, oder die zu erörternden Lösungen anhand der vorgegebenen Zuschlagskriterien zu verringern.** Wenn die Auftraggeber dies vorsehen, geben sie dies in der Bekanntmachung oder in den Vergabeunterlagen an. In der Schlussphase des Verfahrens müssen so viele Angebote vorliegen, dass ein echter Wettbewerb gewährleistet ist, sofern eine ausreichende Anzahl von geeigneten Bewerbern vorhanden ist. Die **Regelung entspricht Art. 44 Abs. 4 VKR.**

2496   Eine vergleichbare Vorschrift enthält § 3 Abs. 2 VOF 2009.

2497   Eine **vergleichbare Vorschrift fehlt in der VOB/A 2009**. Da Art. 44 Abs. 4 VKR eine Möglichkeit, aber keine zwingende Verpflichtung darstellt, hat der Verordnungsgeber durch die fehlende Umsetzung innerhalb der VOB/A 2009 deutlich gemacht, dass er von der Möglichkeit des Art. 44 Abs. 4 VKR keinen Gebrauch machen will. Eine **phasenweise Abwicklung von Verhandlungsverfahren nach der VOB/A 2009 ist nicht zulässig.**

2498   **10.7.2.3.2 Rechtsprechung.** Vom Verfahrensablauf her lässt sich der Regelung des Art. 30 Abs. 2 der Richtlinie 2004/18/EG und der Regelung des § 101 Abs. 4 GWB, wonach der öffentliche Auftraggeber mit den Bietern über die von diesen unterbreiteten Angebote verhandelt, entnehmen, dass das **Verhandlungsverfahren in der Regel zweistufig ausgestaltet** ist und sich nach der **Sichtung und Wertung der Eingangsgebote (erste Stufe)** zumindest eine **Verhandlungsrunde (zweite Stufe)** anschließen soll. Auf **eine zweite und weitere Verhandlungsrunde besteht dagegen kein Anspruch** (OLG Düsseldorf, B. v. 5. 7. 2006 – Az.: VII – Verg 21/06).

2499   Der öffentliche Auftraggeber ist in einem Verhandlungsverfahren zwar grundsätzlich als verpflichtet anzusehen, **wenigstens eine Verhandlungsrunde durchzuführen**. Jedoch erlaubt die Tatsache allein, dass Verhandlungen unterblieben sind, **nicht den Schluss auf eine Rechtsverletzung, wenn das Angebot des Antragstellers chancenlos gewesen ist, und er den Auftrag unter keinen Umständen hätte erlangen können**. In einem derartigen Fall ist es sinnlos, dem Auftraggeber im Nachprüfungsverfahren die Aufnahme von Verhandlungen aufzugeben. Denn es ist dann nicht nur nicht auszuschließen, sondern liegt sogar nahe, dass selbst eine Verhandlung die Stellung des Antragstellers im Wettbewerb und seine Aussichten auf einen Zuschlag nicht hätte verbessern können. In einem solchen **Ausnahmefall bedarf es dann gar nicht erst einer Aufnahme von Verhandlungen** (OLG Düsseldorf, B. v. 25. 2. 2009 – Az.: VII-Verg 6/09).

2500   Auch dann, wenn man den öffentlichen Auftraggeber für grundsätzlich (d.h. sofern keine andere Verfahrensweise bekannt gemacht worden ist) verpflichtet hält, in Verhandlungsverfahren mit den Bietern wenigstens e i n e Verhandlungsrunde über die Angebote durchzuführen, können für bestimmte Bieter davon Ausnahmen gemacht werden. **Liegen die Preisangebote von Bietern sowohl betragsmäßig als auch prozentual betrachtet weit auseinander (z. B. um ca. 7%), ist in dieser Situation kein Rechtsverstoß zu erkennen, wenn der Auftraggeber diesen Bieter nicht zu Verhandlungen zulässt.** Denn der Auftraggeber ist nicht verpflichtet, um ihrer selbst willen Verhandlungen über die Angebote, insbesondere über die Preise, mit allen Bietern aufzunehmen. Er muss vielmehr nur über solche Angebote verhandeln, denen unter Berücksichtigung alsdann aufzunehmender Verhandlungen und ihrer voraussichtlichen Ergebnisse eine echte Chance eingeräumt werden kann, aus den Verhandlungen als das annehmbarste (oder das preisgünstigste) Angebot hervorzugehen. Dabei weist die Beurteilung, welchen Angeboten eine dahingehende echte Chance zuzuerkennen ist, jedenfalls sofern eine solche Chance nicht aus anderen, im Angebot oder in der Ausschreibung liegenden Gründen auszuschließen ist, auch **gewisse prognostische Elemente auf, die sich insbesondere auf die den Preis betreffenden Verhandlungsspielräume der Bieter beziehen**. Deswegen ist dem Auftraggeber bei dieser Beurteilung ein **nur beschränkt kontrollierbarer Entscheidungsspielraum zuzubilligen**, der lediglich einer Überprüfung darauf zugänglich ist, ob von einem zutreffend und vollständig ermittelten Sachverhalt ausgegangen worden ist, keine sachwidrigen Erwägungen angestellt worden sind und der anzuwendende Beurteilungsmaßstab nicht verkannt worden ist (OLG Düsseldorf, B. v. 14. 5. 2009 – Az.: VII-Verg 6/09).

Hebt der öffentliche Auftraggeber ein Offenes Verfahren auf, weil keines der Angebote den Ausschreibungsbedingungen entspricht, so kann er die zum vorangegangenen Offenen Verfahren eingegangenen Angebote als die (ersten) zum nachfolgenden Verhandlungsverfahren eingereichten Angebote behandeln und das **Verhandlungsverfahren nach einer einzigen Verhandlungsrunde beenden**, sofern er den Bietern diese Absicht vor Abgabe eines im Verhandlungsverfahren anzubringenden und eine erste Verhandlungsrunde eröffnenden Angebots unzweideutig bekannt gibt (OLG Düsseldorf, B. v. 5. 7. 2006 – Az.: VII – Verg 21/06; im Ergebnis ebenso OLG Naumburg, B. v. 13. 5. 2008 – Az.: 1 Verg 3/08). 2501

Auch im Verhandlungsverfahren ist der öffentliche Auftraggeber grundsätzlich nicht verpflichtet, mit allen oder mehreren Bietern zu verhandeln oder überhaupt Gespräche über die Angebote und die Auftragsbedingungen zu führen. Es lässt sich aus keiner vergaberechtlichen Bestimmung ein **allgemeiner Anspruch des Bieters auf Durchführung von Verhandlungen herleiten**, wenn ein öffentlicher Auftrag im Wege des Verhandlungsverfahrens vergeben werden soll. **Ob Verhandlungen mit den Bietern geführt werden, liegt grundsätzlich im Ermessen der Vergabestelle** (1. VK Bund, B. v. 29. 7. 2008 – Az.: VK 1–81/08; 2. VK Bund, B. v. 27. 8. 2002 – Az.: VK 2–70/02; B. v. 12. 12. 2002 – Az.: VK 2–92/02; 3. VK Bund, B. v. 30. 9. 2005 – Az.: VK 3–124/05). **Auch das gänzliche Unterlassen von Verhandlungen ist möglich**, da das Verhandlungsverfahren dem Auftraggeber – ohne die Einschränkungen z. B. des § 18 EG VOL/A – grundsätzlich nur die Möglichkeit einräumt, nach Angebotsabgabe Verhandlungen über Preise oder Inhalte der Angebote zu führen, **nicht aber eine entsprechende Verpflichtung des Auftraggebers statuiert** (OLG Naumburg, B. v. 25. 9. 2008 – Az.: 1 Verg 3/08; 1. VK Bund, B. v. 29. 7. 2008 – Az.: VK 1–81/08; B. v. 9. 11. 2006 – Az.: VK 1–118/06; 3. VK Bund, B. v. 26. 3. 2007 – Az.: VK 3–19/07). 2502

Es lässt sich auch aus keiner vergaberechtlichen Bestimmung ein allgemeiner **Anspruch des Bieters auf Durchführung von Verhandlungen herleiten, wenn ein Verhandlungsverfahren zwar angekündigt war, aber tatsächlich nicht durchgeführt wurde**. Die Erwartungshaltung eines Unternehmens, bei Durchführung eines Bietergesprächs sei eine preisliche Nachbesserung des Angebots möglich gewesen, ist sachlich nicht begründet und rechtlich nicht einklagbar (VK Baden-Württemberg, B. v. 7. 8. 2003 – Az.: 1 VK 33/03, 1 VK 34/03, 1 VK 35/03). 2503

In einer neueren Entscheidung relativiert die VK Baden-Württemberg diese Auffassung. Ein Bieter hat zwar nicht generell einen Anspruch auf weitere Verhandlungsrunden. **Besteht aber die Besonderheit, dass der Auftraggeber eindeutig zum Ausdruck gebracht hat, dass er den Bieter zu einem weiteren Gespräch einlädt, hat er sich insoweit selbst gebunden** (VK Baden-Württemberg, B. v. 31. 7. 2009 – Az.: 1 VK 30/09). 2504

Der Verhandlungsprozess kann **in Stadien ablaufen, nach deren jeweiligem Ende Unternehmen ausscheiden (parallele Verhandlungsstrategie)**. Um möglichst kurzfristig und zeitnah zu einem Ergebnis zu gelangen, bietet es sich an, die **Anzahl der Verhandlungsgespräche möglichst gering zu halten und die Bieter anschließend aufzufordern, auf der Grundlage der Verhandlungsergebnisse ein optimiertes, abschließendes Angebot vorzulegen** (lineare last and final offer-Strategie). Anders als bei der so genannten „parallelen" Verhandlungsstrategie **hat die „lineare" Strategie den Vorteil größtmöglicher Transparenz wie auch der Schnelligkeit des Verfahrens** (VK Brandenburg, B. v. 14. 12. 2007 – Az.: VK 50/07). 2505

Das Verhandlungsverfahren befreit den Auftraggeber nicht davon, **Angebote im Wettbewerb einzuholen** (OLG Düsseldorf, B. v. 5. 7. 2006 – Az.: VII – Verg 21/06; B. v. 24. 2. 2005 – Az.: VII – Verg 88/04; B. v. 23. 2. 2005 – Az.: VII – Verg 87/04; B. v. 23. 2. 2005 – Az.: VII – Verg 78/04), **also zumindest mit mehreren Betern zu verhandeln, soweit dies im Verfahren zumutbar ist**. 2506

Es ist also **grundsätzlich nicht zulässig, ein Verhandlungsverfahren nur mit einem möglichen Vertragspartner durchzuführen**. Auch im Verhandlungsverfahren ohne Be- 2507

Teil 1 GWB § 101 Gesetz gegen Wettbewerbsbeschränkungen

kanntmachung sind grundsätzlich mehrere Unternehmen zu beteiligen. Wird diesem Prinzip nicht entsprochen, kann ein solches Verhalten aus grundsätzlichen Erwägungen heraus nicht mehr dem Begriff eines Verhandlungsverfahrens zugeordnet werden (1. VK Sachsen-Anhalt, B. v. 12. 7. 2007 – Az.: 1 VK LVwA 13/07).

2508   Der Auftraggeber darf die Zahl der Bieter im Verfahren unter Sicherstellung eines angemessenen Verhältnisses zwischen dem besonderen Merkmalen des Vergabeverfahrens und dem zur Durchführung notwendigen Aufwand verringern. Dabei sind **so viele Bieter zu berücksichtigen, dass ein Wettbewerb gewährleistet bleibt: Unter Heranziehung des diesen Grundsatz ebenfalls konkretisierenden § 6a Abs. 3 VOB/A werden drei Bieter als ausreichend anzusehen** sein. Daraus folgt gerade nicht, dass bis zum Ende des Verhandlungsverfahrens mit allen Bietern verhandelt werden muss. Die **sukzessive Beschränkung auf immer weniger Verhandlungspartner mit dem Ergebnis, dass am Ende nur noch ein Bieter verbleibt, ist für sich noch keine Diskriminierung, sondern entspricht dem Wesen und dem üblichen Ablauf eines Verhandlungsverfahrens**. Die Vergabestelle hat im Verhandlungsverfahren bei der Entscheidung, mit welchen Bietern sie nach Abgabe der Angebote Nachverhandlungen beginnt und zum Abschluss bringt, unter Beachtung der Wettbewerbs- und Transparenzprinzipien und des Gleichbehandlungsgebots einen Ermessensspielraum. **Liegt zwischen den Angeboten etwa ein erheblicher Preisabstand, so ist es sachlich gerechtfertigt, die Nachverhandlungen mit den preisgünstigsten Bietern zu beginnen und auf diese zu beschränken** (OLG Frankfurt, B. v. 2. 11. 2004 – Az.: 11 Verg. 16/04; VK Baden-Württemberg, B. v. 28. 10. 2004 – Az.: 1 VK 68/04; B. v. 12. 1. 2004 – Az.: 1 VK 74/03; VK Hessen, B. v. 16. 7. 2004 – Az.: 69 d – VK – 39/2004; B. v. 30. 3. 2004 – Az.: 69 d – VK – 08/2004).

2509   Bei **besonderen Fallgestaltungen** (z.B. im VOF-Verfahren) kann es auch zulässig sein, ein **Verhandlungsverfahren nur mit einem Bieter** zu führen (2. VK Sachsen-Anhalt, B. v. 3. 3. 2006 – Az.: VK 2-LVwA LSA 2/06).

10.7.3 Geltung der wesentlichen Prinzipien des Vergaberechts

2510   Das **Verhandlungsverfahren** ist **geringen formalen Anforderungen** unterworfen, aber **kein wettbewerbsfreier Raum**. Auch im Verhandlungsverfahren unterliegt der Auftraggeber **wesentlichen Prinzipien des Vergaberechts**. Das gilt namentlich für die Grundsätze des Wettbewerbs, der Transparenz und der Nichtdiskriminierung (BGH, Urteil v. 10. 9. 2009 – Az.: VII ZR 255/08; Urteil v. 1. 8. 2006 – Az.: X ZR 115/04; OLG Düsseldorf, B. v. 19. 7. 2006 – Az.: VII – Verg 27/06; B. v. 5. 7. 2006 – Az.: VII – Verg 21/06; B. v. 18. 6. 2003 – Az.: Verg 15/03; OLG München, B. v. 21. 5. 2010 – Az.: Verg 02/10; B. v. 29. 9. 2009 – Az.: Verg 12/09; B. v. 20. 4. 2005 – Az.: Verg 008/05; BayObLG, B. v. 5. 11. 2002 – Az.: Verg 22/02; VK Arnsberg, B. v. 9. 9. 2010 – Az.: VK 18/10; VK Baden-Württemberg, B. v. 31. 7. 2009 – Az.: 1 VK 30/09; B. v. 19. 5. 2009 – Az.: 1 VK 19/09; B. v. 19. 7. 2005 – Az.: 1 VK 34/05; B. v. 12. 1. 2004 – Az.: 1 VK 74/03; VK Brandenburg, B. v. 9. 2. 2009 – Az. VK 5/09; B. v. 9. 2. 2009 – Az.: VK 4/09; B. v. 22. 9. 2008 – Az.: VK 27/08; B. v. 14. 12. 2007 – Az.: VK 50/07; B. v. 30. 8. 2004 – Az.: VK 34/04; 1. VK Bund, B. v. 21. 9. 2006 – Az.: VK 1–100/06; B. v. 8. 2. 2005 – Az.: VK 1–02/05; 2. VK Bund, B. v. 14. 10. 2009 – Az.: VK 2–174/09; B. v. 13. 6. 2007 – Az.: VK 2–48/07; 3. VK Bund, B. v. 8. 5. 2007 – Az.: VK 3–37/07; VK Düsseldorf, B. v. 2. 3. 2007 – Az.: VK – 05/2007 – L; VK Niedersachsen, B. v. 11. 11. 2008 – Az.: VgK-39/2008; VK Nordbayern, B. v. 23. 6. 2003 – Az.: 320.VK-3194-17/03; 1. VK Sachsen, B. v. 5. 5. 2009 – Az.: 1/SVK/009-09; B. v. 17. 12. 2007 – Az.: 1/SVK/073-07; 2. VK Sachsen-Anhalt, B. v. 3. 3. 2006 – Az.: VK 2-LVwA LSA 2/06).

2511   Dies gilt auch für das **Verhandlungsverfahren nach § 6 Abs. 2 SektVO**, das dem Sektorenauftraggeber einen möglichst großen Entscheidungsspielraum einräumen will (OLG München, B. v. 29. 9. 2009 – Az.: Verg 12/09; B. v. 20. 4. 2005 – Az.: Verg 008/05; VK Brandenburg, B. v. 14. 12. 2007 – Az.: VK 50/07; B. v. 2. 10. 2006 – Az.: 2 VK 38/06; 2. VK Bund, B. v. 15. 3. 2007 – Az.: VK 2–12/07; VK Düsseldorf, B. v. 2. 3. 2007 – Az.: VK – 05/2007 – L).

10.7.3.1 Gleichbehandlungsgebot

2512   Der Wettbewerbsgrundsatz gebietet es, dass der Auftraggeber **grundsätzlich mit mehreren Bietern verhandeln** muss. Auch **im Verhandlungsverfahren z.B. nach der VOF** ist der Auftraggeber verpflichtet, **die Bieter gleich zu behandeln**. Er muss also **allen Bietern die gleichen Informationen zukommen lassen** und ihnen die Chance geben, innerhalb glei-

Gesetz gegen Wettbewerbsbeschränkungen GWB § 101 **Teil 1**

cher Fristen und zu gleichen Anforderungen Angebote abzugeben (OLG Celle, B. v. 16. 1. 2002 – Az.: 13 Verg 1/02; OLG Düsseldorf, B. v. 19. 7. 2006 – Az.: VII – Verg 27/06; B. v. 5. 7. 2006 – Az.: VII – Verg 21/06; B. v. 18. 6. 2003 – Az.: Verg 15/03; VK Brandenburg, B. v. 14. 12. 2007 – Az.: VK 50/07; VK Münster, B. v. 9. 4. 2003 – Az.: VK 05/03; 1. VK Sachsen, B. v. 17. 12. 2007 – Az.: 1/SVK/073-07).

Der Gleichbehandlungsgrundsatz gebietet es, sämtliche Bieter eines Verhandlungsverfahrens 2513 gleich zu behandeln, was nicht nur die Verpflichtung der Vergabestelle beinhaltet, **einheitliche Anforderungen für alle Teilnehmer am Vergabeverfahren aufzustellen**, sondern **auch** nach Abgabe der Angebote eine **gleiche Behandlung der Bieter in verfahrenstechnischer Hinsicht erfordert** (VK Arnsberg, B. v. 9. 9. 2010 – Az.: VK 18/10; 2. VK Bund, B. v. 14. 10. 2009 – Az.: VK 2–174/09).

Diese Verpflichtung der Vergabestelle zur Gleichbehandlung wirkt sich für die Bieter im Vergabeverfahren **in zweifacher Hinsicht** aus: Zum einen sind die **aufgestellten Anforderungen seitens der Vergabestelle auf sämtliche Bieter gleichermaßen und diskriminierungsfrei anzuwenden**. Zum anderen obliegt es **dem einzelnen Bieter, bei der Abgabe seines Angebots und im Verlauf des Vergabeverfahrens die von der Vergabestelle aufgestellten Anforderungen zu beachten**. Dabei dient die Obliegenheit des Bieters, sein Angebot gemäß den von der Vergabestelle aufgestellten Anforderungen abzugeben, vor allem dem Zweck, für die von der Vergabestelle durchzuführende Angebotswertung nur solche Angebote zu erhalten, die auf einheitlicher Grundlage erstellt wurden und damit vergleichbar sind. Ein **Bieter, der diese Obliegenheit nicht beachtet, riskiert den Ausschluss vom Vergabewettbewerb**, wenn nur so dem Anspruch der anderen Bieter auf eine wettbewerbliche und diskriminierungsfreie Vergabe gewährleistet werden kann (VK Arnsberg, B. v. 9. 9. 2010 – Az.: VK 18/10; 1. VK Bund, B. v. 8. 2. 2005 – Az.: VK 1–02/05; 2. VK Bund, B. v. 14. 10. 2009 – Az.: VK 2–174/09; 1. VK Sachsen, B. v. 17. 12. 2007 – Az.: 1/SVK/073-07; 1. VK Sachsen-Anhalt, B. v. 23. 3. 2007 – Az.: 1 VK LVwA 46/06). 2514

Auch beim Verhandlungsverfahren und der freihändigen Vergabe setzt eine vergaberechtskonforme Zuschlagsentscheidung voraus, dass die **Angebote auf der Grundlage von Bedingungen abgegeben wurden, die für alle Bieter einheitlich** sind. Denn **nur unter dieser Voraussetzung sind Angebote auf der vierten Wertungsstufe miteinander vergleichbar**. Wenn der Angebotspreis als Zuschlagskriterium benannt wurde, gilt dies insbesondere für Vertragsbedingungen, die eine unmittelbare Auswirkung auf die Preisermittlung haben (1. VK Bund, B. v. 20. 8. 2008 – Az.: VK 1–111/08). 2515

Gibt der Auftraggeber z.B. vor, dass bestimmte Preise auch in nachfolgenden Verhandlungsrunden nicht geändert werden dürfen und ändert der Bieter diese Preise dennoch, ist das Angebot **zwingend vom weiteren Verhandlungsverfahren auszuschließen** (1. VK Bund, B. v. 8. 2. 2005 – Az.: VK 1–02/05). 2516

Dies bedeutet z.B. auch, dass es **nicht zulässig ist, im Rahmen eines Verhandlungsverfahrens über die Veräußerung von Anteilsrechten nur mit einem Bieter über eine Mehrheitsbeteiligung sowie den Abschluss eines Konsortialvertrages** und mit den übrigen Bietern nur über einen Minderheitsanteil ohne Konsortialvertrag zu verhandeln. Bei letzterem ist nämlich das unternehmerische Risiko wesentlich höher zu kalkulieren (VK Düsseldorf, B. v. 14. 5. 2004 – Az.: VK – 7/2004 – L/VK- 8/2004 – L). 2517

Aus dem Gebot der Gleichbehandlung der Bieter folgt ebenfalls, dass der Auftraggeber sicherstellen muss, dass zwischen den von ihm ausgewählten Bietern ein **wirksamer (Geheim-)Wettbewerb stattfinden kann**, und er jedenfalls nicht durch seine Auswahl erkennbar nach allgemeinen Erfahrungen zu einer möglichen Wettbewerbsverzerrung beiträgt. Es obliegt dem Auftraggeber im Verhandlungsverfahren mit vorgeschaltetem Teilnahmewettbewerb, zunächst und vorrangig sicherzustellen, dass die Bieter gleiche Chancen im Wettbewerb haben und Wettbewerbsverzerrungen ausgeschlossen sind und dann die Bieter nach sachlichen, nachvollziehbaren Kriterien der fachlichen Eignung unter Berücksichtigung der Anforderungen des konkreten Auftrages auszuwählen. Ein **Auftraggeber kann sich deshalb nicht auf den Standpunkt stellen, Anhaltspunkte für eine drohende Wettbewerbsverzerrung seien unbeachtlich, solange die Bieter rechtlich selbstständig sind und der Nachweis einer wettbewerbsbeschränkenden Absprache – durch wen? – nicht erbracht ist**. Er muss vielmehr unter Berücksichtigung zumindest der Angaben der Bewerber und der allgemein der verfügbaren Erkenntnisse alles vermeiden, was zu einer Gefährdung des wirksamen Wettbewerbs führen könnte, Anhaltspunkten für drohende Wettbewerbsverzerrungen nachgehen und dies im Vergabevermerk dokumentieren (2. VK Brandenburg, B. v.. 2. 10. 2006 – Az.: 2 VK 38/06). 2518

2519 **Verhandlungen über den Auftragsgegenstand oder die Ausgestaltung des Auftrages und unter Beachtung der Grundsätze von Transparenz und Gleichbehandlung auch über den Preis sind möglich, aber nur im Rahmen der Gleichbehandlung aller Bieter auch verpflichtend.** Sofern eine Vergabestelle einem Bieter die Möglichkeit einräumt, sein Angebot im Verhandlungswege zu verändern oder im Verhandlungswege die Grundlagen der Ausschreibung im Lastenheft zu verändern, muss er einem anderen Bieter eben diese Möglichkeit auch einräumen (3. VK Saarland, B. v. 16. 3. 2004 – Az.: 3 VK 09/2003).

10.7.3.2 Transparenzgebot

2520 Die auch im Verhandlungsverfahren gemäß § 97 Abs. 1 GWB erforderliche **Transparenz setzt in aller Regel konkrete Preisangaben des Bieters voraus.** Nur dann kann sein Angebot mit denen anderer Bieter verglichen und in angemessener Weise bewertet werden (BGH, Urteil v. 10. 9. 2009 – Az.: VII ZR 255/08).

10.7.3.3 Zeitpunkt der Angabe der Zuschlagskriterien

2521 10.7.3.3.1 **Grundsätze.** Auch im Verhandlungsverfahren hat der Auftraggeber die **Wahl, die Zuschlagskriterien einschließlich der Gewichtung bereits in der Bekanntmachung oder in den Vergabeunterlagen bekannt zu geben.** Hierbei können sich die Vergabeunterlagen sowohl auf die Phase der ersten – oftmals indikativen – Angebote beziehen; der Auftraggeber hat aber auch die Möglichkeit, die endgültigen Zuschlagskriterien einschließlich der Gewichtung – z.B. gemäß den in den Verhandlungen gefundenen Präzisierungen des Auftragsgegenstands – **erst in den Vergabeunterlagen für das endgültige Angebot anzugeben** (OLG Düsseldorf, B. v. 21. 11. 2007 – Az.: VII-Verg 32/07.

2522 Grundsätzlich jedem potentiellen Auftragnehmer gegenüber müssen **so rechtzeitig** die relevanten Kriterien **bekannt gemacht** werden, dass dieser die **Präsentation seines Angebotes darauf ausrichten kann.** Dazu gehört selbstverständlich auch, dass Informationen über Fristen zur Leistungserbringung sowie Größe und Umfang des Leistungsvolumens einschließlich der konkreten Zielsetzung nicht erst vor oder sogar während der Präsentation des Angebotes erfolgen (VK Halle, B. v. 4. 6. 2002 – Az.: VK Hal 08/02).

2523 Vgl. zur **Sonderregelung innerhalb der VOF** die Kommentierung zu → § 11 VOF Rdn. 55 ff.

2524 10.7.3.3.2 **Verbot von „geheimen" Zuschlagskriterien.** Zwar eröffnet das Verhandlungsverfahren gegenüber dem Offenen Verfahren eine flexiblere Vorgehensweise mit den Bewerbern. Die Grundsätze der Gleichbehandlung und der Transparenz sind jedoch ebenso einzuhalten, insbesondere ist der **Auftraggeber nicht befugt, „Geheimkriterien" anzuwenden, auf die sich ein Bieter bei Abgabe seines Angebots nicht rechtzeitig einstellen kann.** Notwendig und erforderlich ist es, die **festgelegten Unterkriterien (nebst Gewichtung, falls diese untereinander variieren) in einem zeitlichen Abstand vor dem Verhandlungsgespräch bekannt zu geben, so dass eine angemessene Überlegungs- und Vorbereitungszeit für den Bieter sichergestellt** ist. Nach der Rechtsprechung des EuGH kommt es darauf an, dass das Verfahren hinreichend transparent und fair ist (OLG München, B. v. 21. 5. 2010 – Az.: Verg 02/10).

10.7.3.4 Bindung an Mindestbedingungen

2525 Die Anwendung der allgemeinen vergaberechtlichen Grundsätze hat zur Folge, dass es dem öffentlichen Auftraggeber, wenn er Mindestbedingungen in der Ausschreibung festgelegt hat, **grundsätzlich verwehrt** ist, zugunsten eines Bieters **auf die Erfüllung der Mindestbedingung zu verzichten.** Das Transparenzgebot und der Gleichbehandlungsgrundsatz verleihen der durch das Aufstellen der Mindestanforderung bewirkten Selbstbindung des öffentlichen Auftraggebers zugleich bieterschützende Wirkung mit der Folge, dass der öffentliche Auftraggeber die entsprechende Anforderung jedenfalls dann nicht ohne weiteres aufgeben darf, **wenn zumindest einer der Bieter sie erfüllt hat.** Dem öffentlichen Auftraggeber ist es insoweit verwehrt, auf Mindestbedingungen zu verzichten, die er zuvor als bindend festgelegt hat (OLG Düsseldorf, B. v. 3. 3. 2010 – Az.: VII-Verg 46/09; OLG München, B. v. 21. 5. 2010 – Az.: Verg 02/10; VK Arnsberg, B. v. 22. 1. 2009 – Az.: VK 32/08; 1. VK Bund, B. v. 10. 12. 2002 – Az.: VK 1–93/02; 2. VK Bund, B. v. 15. 3. 2007 – Az.: VK 2–12/07; 3. VK Bund, B. v. 19. 3. 2007 – Az.: VK 3–16/07; B. v. 8. 5. 2007 – Az.: VK 3–37/07; VK Düsseldorf, B. v. 2. 6. 2008 – Az.: VK – 15/2008 – L; B. v. 29. 3. 2007 – Az.: VK – 08/2007 – B; B. v. 14. 7. 2003 – Az.: VK – 19/2003 – L; VK Niedersachsen, B. v. 7. 8. 2009 – Az.: VgK – 32/2009; 1. VK Sachsen, B. v.

Gesetz gegen Wettbewerbsbeschränkungen GWB § 101 **Teil 1**

17. 12. 2007 – Az.: 1/SVK/073-07; B. v. 19. 7. 2006 – Az.: 1/SVK/060-06; B. v. 19. 7. 2006 – Az.: 1/SVK/059-06; B. v. 25. 4. 2006 – Az.: 1/SVK/031-06; 1. VK Sachsen-Anhalt, B. v. 23. 3. 2007 – Az.: 1 VK LVwA 46/06).

Angebote, die also **die in der Leistungsbeschreibung aufgestellten Mindestanforderun-** 2526 **gen von vornherein nicht erfüllen, sind daher auszuschließen**. Auch das geringeren formalen Anforderungen unterworfene Verhandlungsverfahren lässt diesbezüglich keine Ausnahme zu (BGH, Urteil v. 1. 8. 2006 – Az.: X ZR 115/04; OLG Düsseldorf, B. v. 3. 3. 2010 – Az.: VII-Verg 46/09; OLG München, B. v. 21. 5. 2010 – Az.: Verg 02/10; 1. VK Bund, B. v. 29. 7. 2008 – Az.: VK 1–81/08; B. v. 25. 5. 2004 – Az.: VK 1–51/04; 2. VK Bund, B. v. 15. 3. 2007 – Az.: VK 2– 12/07; 3. VK Bund, B. v. 8. 5. 2007 – Az.: VK 3–37/07; 1. VK Sachsen, B. v. 17. 12. 2007 – Az.: 1/SVK/073-07; 1. VK Sachsen-Anhalt, B. v. 23. 3. 2007 – Az.: 1 VK LVwA 46/06).

Auch in einem Verhandlungsverfahren ist es **nicht zulässig, einem Bieter, der zwingen-** 2527 **de Vorgaben des Leistungsverzeichnisses nicht einhalten kann oder will, lediglich eine „schlechte"** Note (4 oder 5) zu geben, statt ihn vom Verfahren **auszuschließen** (OLG München, B. v. 21. 5. 2010 – Az.: Verg 02/10).

Hat beispielsweise die Vergabestelle in der Auftragsbekanntmachung und in den Vergabeunter- 2528 lagen zwingend – zulässigerweise – vorgegeben, dass **Tariftreueerklärungen mit der Angebotsabgabe vorzulegen sind, ist sie an diese Festlegung gebunden**. Obwohl der öffentliche Auftraggeber im Rahmen des Verhandlungsverfahrens über einen Verhandlungsspielraum verfügt, so muss er gleichwohl dafür Sorge tragen, dass die Bedingungen der Verdingungsunterlagen, die er als zwingend eingestuft hat, eingehalten werden. Auch Verhandlungsverfahren unterliegen dem Gleichbehandlungsgrundsatz aller Bieter nach § 97 Abs. 2 GWB. Dieser Grundsatz erfordert, dass Anbieter, die in preisrelevanten Fragen von Vorgaben der Ausschreibung abweichen, zwingend ausgeschlossen werden. Der zu zahlende Lohn und der Einsatz von Fremdleistungen haben tief greifende Auswirkungen auf die Angebotskalkulation und damit eine weit reichende preisliche Relevanz (VK Nordbayern, B. v. 25. 6. 2004 – Az.: 320.VK – 3194 – 19/04).

Wird z. B. in einer Verhandlungsrunde von den **Bietern die Abgabe einer Erklärung** 2529 **bzw. Vertragsunterlage zwingend innerhalb der Frist zur Abgabe des ersten Angebotes gefordert, so ist das Angebot, welches diese obligatorische Erklärung nicht enthält, zwingend auszuschließen** (OLG Naumburg, B. v. 8. 9. 2005 – Az.: 1 Verg 10/05; 2. VK Bund, B. v. 15. 3. 2007 – Az.: VK 2–12/07; 1. VK Sachsen, B. v. 17. 12. 2007 – Az.: 1/ SVK/073-07; 1. VK Sachsen-Anhalt, B. v. 23. 3. 2007 – Az.: 1 VK LVwA 46/06).

Der öffentliche **Auftraggeber** ist also auch im Verhandlungsverfahren **an einmal aufge-** 2530 **stellte Bewertungsmaßstäbe gebunden** und kann nicht nachträglich hinter dem selbst definierten Anforderungsprofil zurückbleiben, um einzelne, sonst auszuschließende Angebote in der Wertung zu halten. Dies **schließt formelle Anforderungen an schriftliche Angebote ein, insbesondere solche Anforderungen, die auf die Vorlage bestimmter Angebotsteile, Erklärungen und Nachweise innerhalb einer hierfür gesetzten Ausschlussfrist gerichtet** sind. Ob eine solche eindeutige Anforderung besteht und ob die gesetzte Frist als Ausschlussfrist zu verstehen ist, ist durch Auslegung der Verdingungsunterlagen zu ermitteln (OLG Naumburg, B. v. 13. 10. 2008 – Az.: 1 Verg 10/08).

Auch im Verhandlungsverfahren sind die **Mindestanforderungen an die Eignung sowie** 2531 **die zur Eignungsprüfung geforderten Nachweise allen Bietern in transparenter und diskriminierungsfreier Form mitzuteilen**. Dies gebietet der auch im Verhandlungsverfahren zu beachtende Gleichbehandlungsgrundsatz nach § 97 Abs. 2 GWB. Allen Bietern ist dieselbe Chance zu geben, innerhalb gleicher Fristen und zu gleichen Anforderungen Eignungsnachweise abzugeben (VK Düsseldorf, B. v. 29. 3. 2007 – Az.: VK – 08/2007 – B).

Der Auftraggeber darf auch in einem Verhandlungsverfahren einem Bieter **nicht die Gele-** 2532 **genheit einräumen, fehlende Eignungsnachweise nachzureichen, wenn er diese mit dem Angebot gefordert hat**. Denn auch in einem Verhandlungsverfahren muss ein öffentlicher Auftraggeber die **wesentlichen Prinzipien des Vergaberechts beachten**. Aus Gründen der Gleichbehandlung der Bieter und der Transparenz des Vergabeverfahrens, § 97 Abs. 1, 2 GWB, darf der Auftraggeber daher auch im Verhandlungsverfahren nicht von selbst gesetzten Vorgaben – z. B. dass **Eignungsnachweise zwingend mit dem Angebot vorzulegen sind** – abweichen (3. VK Bund, B. v. 8. 5. 2007 – Az.: VK 3–37/07; VK Schleswig-Holstein, B. v. 23. 1. 2009 – Az.: VK-SH 18/08).

Fordert der Auftraggeber die Bieter in einem Verhandlungsverfahren zur **Abgabe eines** 2533 **überarbeiteten Angebots „in Bezug auf die bisherigen Haupt- bzw. Nebenangebote"**

563

Teil 1 GWB § 101 Gesetz gegen Wettbewerbsbeschränkungen

auf, lässt der Auftraggeber im Verhandlungsverfahren eine Wettbewerbsbeteiligung der aufgeforderten Bieter nur auf der Basis der Angebote zu, die im vorangegangenen Offenen Verfahren bereits abgegeben worden waren. An diese Vorgabe ist die Vergabestelle bei der Angebotswertung gebunden, ein nachträgliches Abweichen davon ist mit dem Transparenzgrundsatz nach § 97 Nr. 1 GWB nicht vereinbar. Entsprechend der Festlegung in der Angebotsaufforderung müssen **erstmals abgegebene Nebenangebote mit einem neuen Leistungsinhalt bei der Wertung unberücksichtigt** bleiben (VK Nordbayern, B. v. 1. 10. 2009 – Az.: 21.VK – 3194 – 28/09).

10.7.3.5 Gebot der eindeutigen und erschöpfenden Leistungsbeschreibung

2534 Das Verhandlungsverfahren eröffnet der Vergabestelle bei der Ausgestaltung der Leistungsbeschreibung **keine größeren Freiheiten** als bei den anderen gemäß § 101 GWB zulässigen Arten von Vergabeverfahren. Das **Gebot der eindeutigen und erschöpfenden Leistungsbeschreibung** gilt auch für das Verhandlungsverfahren (OLG Düsseldorf, B. v. 2. 8. 2002 – Az.: Verg 25/02).

2535 Es ist selbstverständlich, dass sich **aus einer Klarstellung der Leistungsanforderungen** – z.T. mit der Tendenz ihrer Erhöhung, z. T. mit der Klarstellung einer notwendigen Abstimmung mit früher beauftragten Unternehmen – **für Bieter und Vergabestelle die Frage der Bewertung der Eignung für den konkreten Auftrag nochmals stellt**. Unter diesen Umständen ist eine diskriminierungsfreie Auftragsvergabe nur möglich, wenn den Bietern zugleich die Überprüfung und ggf. Neufassung ihres Nachunternehmerverzeichnisses gestattet wird (OLG Naumburg, B. v. 2. 4. 2009 – Az.: 1 Verg 10/08).

10.7.3.6 Verpflichtung zur zeitgleichen Einholung des letzten Angebots der verbliebenen Bieter

2536 Es ist zur Sicherung eines geordneten Wettbewerbes sowie der Gleichbehandlung aller Bieter zwingend notwendig, im Verhandlungsverfahren **das letzte Angebot der verbliebenen Bieter zeitgleich**, d. h. zu einem genau festgesetzten Termin einzuholen (VK Südbayern, B. v. 8. 2. 2002 – Az.: 41-11/01).

10.7.3.7 Verpflichtung zur Mitteilung des Verfahrensablaufes und Bindung hieran

2537 Das Transparenzgebot verpflichtet den öffentlichen Auftraggeber, den **Verfahrensablauf** – soweit bekannt – **mitzuteilen und davon nicht überraschend und willkürlich abzuweichen** (OLG Düsseldorf, B. v. 18. 6. 2003 – Az.: Verg 15/03).

10.7.3.8 Befugnis des Auftraggebers, Angebotsfristen im Verhandlungsverfahren als Ausschlussfristen zu setzen und Rechtsfolgen

2538 **10.7.3.8.1 Befugnis des Auftraggebers, Angebotsfristen zu setzen.** Im Verhandlungsverfahren **darf** der öffentliche Auftraggeber den – im Verfahren verbleibenden – Bietern **feste Fristen**, etwa für die Überarbeitung ihrer Angebote, **setzen**; denn er muss den Ablauf des Verhandlungsverfahrens, damit es praktikabel, effizient und zügig verläuft, strukturieren können (OLG Düsseldorf, B. v. 7. 1. 2002 – Az.: Verg 36/01; OLG Frankfurt, B. v. 23. 12. 2005 – Az.: 11 Verg 13/05; OLG Naumburg, B. v. 13. 10. 2008 – Az.: 1 Verg 10/08; VK Baden-Württemberg, B. v. 19. 5. 2009 – Az.: 1 VK 19/09; B. v. 14. 5. 2008 – Az.: 1 VK 15/08; VK Brandenburg, B. v. 19. 12. 2008 – Az.: VK 40/08; 3. VK Bund, B. v. 21. 5. 2007 – Az.: VK 3–40/07; VK Niedersachsen, B. v. 11. 11. 2008 – Az.: VgK-39/2008; 1. VK Sachsen, B. v. 16. 11. 2006 – Az.: 1/SVK/097-06).

2539 **10.7.3.8.2 Bindung des Auftraggebers an die Angebotsfrist.** Macht der Auftraggeber von dieser Befugnis, Fristen zu setzen, Gebrauch, **bindet** er freilich – mit Blick auf den Gleichbehandlungsgrundsatz, der im Verhandlungsverfahren ebenfalls gilt – **auch sich selbst**. Er hat bei (echten) Fristüberschreitungen kein Ermessen, ob er Konsequenzen aus ihnen zieht, z. B. ein überarbeitetes Angebot wegen Fristüberschreitung zurückweist, oder nicht. Vielmehr ist die erstgenannte Alternative (Nichtberücksichtigung wegen Fristüberschreitung) wegen des Gebots der Gleichbehandlung aller Bieter zwingend. So hat der öffentliche **Auftraggeber bei der Gestaltung des Ablaufs des Verhandlungsverfahrens durch Fristsetzungen** hauptsächlich nur **die Regel einzuhalten, dass die gesetzte Frist verhältnismäßig sein muss und die Bieter nicht unangemessen behindern darf und dass er die Bieter gleich behandeln** muss (OLG Düsseldorf, B. v. 7. 1. 2002 – Az.: Verg 36/01; OLG Frankfurt, B. v. 23. 12. 2005 – Az.: 11 Verg 13/05; OLG Naumburg, B. v. 13. 10. 2008 – Az.: 1 Verg 10/08; VK Ba-

Gesetz gegen Wettbewerbsbeschränkungen   GWB § 101   **Teil 1**

den-Württemberg, B. v. 19. 5. 2009 – Az.: 1 VK 19/09; B. v. 14. 5. 2008 – Az.: 1 VK 15/08; VK Brandenburg, B. v. 19. 12. 2008 – Az.: VK 40/08; 3. VK Bund, B. v. 21. 5. 2007 – Az.: VK 3–40/07; VK Münster, B. v. 9. 4. 2003 – Az.: VK 05/03; VK Niedersachsen, B. v. 11. 11. 2008 – Az.: VgK-39/2008; VK Nordbayern, B. v. 1. 10. 2009 – Az.: 21.VK – 3194 – 28/09; 1. VK Sachsen, B. v. 16. 11. 2006 – Az.: 1/SVK/097-06; B. v. 29. 12. 2004 – Az.: 1/SVK/123-04; B. v. 13. 5. 2002 – Az.: 1/SVK/027-02).

Dabei macht es **keinen Unterschied, ob es sich um die abschließenden Angebote** 2540 **handelt,** bei denen den Bietern kein Anspruch mehr auf Weiterverhandeln und nochmalige Abgabe eines Angebots zusteht oder **ob es sich bei den überarbeiteten Angeboten um solche handelt, über die insgesamt oder in Teilbereichen nochmals verhandelt werden soll** (VK Baden-Württemberg, B. v. 19. 5. 2009 – Az.: 1 VK 19/09).

Lässt der Auftraggeber ein elektronisches Angebot zu, ist entscheidend zur Wahrung einer 2541 vorgegebenen Frist, ob der fristwahrende Schriftsatz bis zum Ablauf des Fristtages bis 24.00 Uhr eingegangen ist. Bei **elektronisch übermittelten Angeboten ist zu berücksichtigen, dass es maßgeblich auf den Zeitpunkt ankommt, in dem die gesendeten Signale vom Empfangsgerät des Auftraggebers vollständig empfangen (gespeichert) wurden. Die Frist ist gewahrt, wenn dies bis zum Ablauf des Tages der Frist der Fall ist**. Das aktualisierte Angebot muss vor Beginn des Folgetages 0.00 Uhr eingegangen sein und damit – weil zwischen 24.00 Uhr und 0.00 Uhr keine, auch keine logische Sekunde existiert – vor Ablauf von 23.59 Uhr (VK Brandenburg, B. v. 19. 12. 2008 – Az.: VK 40/08).

10.7.3.8.3 Auswirkung der Überschreitung der Angebotsfrist auf das Angebot. Wenn 2542 **das aktuellste Angebot vom Verhandlungsverfahren ausgeschlossen werden muss, gibt es im vergaberechtlichen Verhandlungsverfahren keine Möglichkeit mehr, auf vorangegangene, später überarbeitete Angebote zurückzugreifen. Ein ursprüngliches Angebot ist in der damaligen Fassung nicht mehr rechtlich existent**. Durch die Abgabe eines neuen Angebots, wird konkludent das alte Angebot aufgehoben. Der Rückgriff auf ein ursprüngliches Angebot wäre nur möglich, wenn im Falle des Ausschlusses des aktuellsten Angebots die vorangegangenen Angebote rechtlich noch vorhanden wären. Es könnte daher ein formal zuschlagsfähiges Angebot nur dann vorliegen, wenn während des ganzen Verhandlungsverfahrens alle vorangegangenen Angebote nebeneinander existent bleiben würden und man lediglich aufgrund der zeitlichen Abfolge stets das jüngste Angebot für maßgeblich halten würde. **Im Rahmen eines vergaberechtlichen Verhandlungsverfahrens gibt es immer nur ein einziges Angebot eines Bieters**. Dieses Angebot wird im Laufe des Verfahrens modifiziert und aktualisiert oder ausdrücklich unverändert aufrecht erhalten, wenn der Bieter keine weitere Modifizierung vornehmen möchte. Wenn jeder Bieter mit einem Angebot am Verfahren beteiligt ist, gibt es keine Mehrzahl von Angeboten, auf die für den Fall, dass ein nachfolgendes Angebot fehlerbehaftet ist, zurückgegriffen werden kann. Der Bieter läuft hier Gefahr, bei Vorliegen eines Ausschlussgrundes, seine Position als Bieter im Verhandlungsverfahren zu verlieren, so z. B. durch die Versäumung einer verbindlich gesetzten Frist. Der **Bieter bringt mit der Abgabe eines modifizierten Angebots dem Erklärungsempfänger gegenüber zum Ausdruck, dass er das ursprüngliche Angebot nur in der modifizierten aktuellsten Fassung gegen sich gelten lassen möchte. Zivilrechtlich bleibt die abgegebene Willenserklärung – in Form eines neuen Angebots – auch weiterhin bestehen**, sie erfolgte lediglich zu spät, mit der **vergaberechtlichen Konsequenz des Ausschlusses vom Verfahren** (VK Baden-Württemberg, B. v. 31. 7. 2009 – Az.: 1 VK 30/09).

10.7.3.8.4 Ausnahme von der Bindung des Auftraggebers an die Angebotsfrist. 2543 Wenn nur deshalb ein Bieter, der zulässigerweise ebenfalls die letzten 15 Minuten vor Fristablauf für die Abgabe seines rechtzeitig fertig gestellten optimierten Angebots per Telefax nutzen will, **an der Wahrung der Frist durch die dauernde Belegung des Telefaxgerätes des Auftraggebers gehindert** wird, ist es ein Verstoß gegen den Gleichbehandlungsgrundsatz, **ein in ganz engem zeitlichen Abstand nach formellem Fristablauf** per Telefax (oder sonst wie) eingegangenes Angebot dieses Bieters wegen Fristversäumung aus der Angebotswertung **auszuschließen.** Für diese eine enge Ausnahme bildenden Voraussetzungen muss der betreffende Bieter im Streitfall die materielle Beweislast tragen (OLG Düsseldorf, B. v. 7. 1. 2002 – Az.: Verg 36/01).

Wird nur ein Bieter von bestimmten Informationen, die für die Angebotsabgabe wichtig sind, 2544 unterrichtet, während ein **anderer Bieter diese Informationen nicht erhält, ist der Auftraggeber im Hinblick auf den Gleichbehandlungsgrundsatz befugt, sogar verpflichtet, diesem Bieter die Möglichkeit einzuräumen, sein Angebot nachträglich zu er-**

565

Teil 1 GWB § 101 Gesetz gegen Wettbewerbsbeschränkungen

gänzen, auch in Bezug auf den Preis (VK Baden-Württemberg, B. v. 14. 5. 2008 – Az.: 1 VK 15/08).

2545 **10.7.3.8.5 Fristverlängerung oder Wiedereinsetzung in den vorigen Stand bei Fristversäumung?** Eine Fristverlängerung nach § 31 Abs. 7 VwVfG oder eine Wiedereinsetzung in den vorigen Stand (§ 32 VwVfG) **kommen nicht in Betracht**. Angebotsfristen im Vergabeverfahren sind weder Fristen des Gerichts- noch des Verwaltungsverfahrens. Diese können mangels Regelungslücke und Vergleichbarkeit der Konstellationen **auch nicht analog auf das Vergabeverfahren angewendet** werden. Ebenso verbietet sich ein „erst-recht-Schluss". Angebotsabgabefristen im Vergabeverfahren unterscheiden sich nach ihrem Sinn und Zweck grundlegend von den Fristen des Gerichts- und Verwaltungsverfahrens. Letztere dienen vorrangig der Beschleunigung der Verfahrens, während die Angebotsabgabefrist im Vergabeverfahren in erster Linie Ausfluss des Transparenz- und des Gleichbehandlungsgebotes ist. **Wenn die Angebotsabgabefrist nach § 14 Abs. 2 VOB/A aus den besagten Gründen heraus strengeren Regeln unterliegt als Gerichtsfristen, muss dies auch bei Angebotsabgabefristen, die im Verhandlungsverfahren von der Vergabestelle gesetzt werden, gelten** (OLG Düsseldorf, B. v. 7. 1. 2002 – Verg 36/01; 2. VK Bund, B. v. 26. 9. 2001 – Az.: VK 2–30/01).

2546 **10.7.3.8.6 Keine Nachverhandlungsmöglichkeit nach Ablauf der Angebotsabgabefrist.** § 15 VOB/A und § 18 EG VOL/A sind **für Verhandlungsverfahren nicht anzuwenden**. Vielmehr entsprechen Nachverhandlungen des Angebotsinhaltes gerade dem Sinn und Zweck des Verhandlungsverfahrens (BGH, Urteil v. 10. 9. 2009 – Az.: VII ZR 255/08; VK Südbayern, B. v. 8. 2. 2002 – Az.: 41-11/01).

2547 Allerdings gebieten sowohl das Gebot zu einem fairen Preis- und Leistungswettbewerb als auch der Grundsatz der Gleichbehandlung es, dass die **Bieter** in dem Zeitpunkt, in welchem der öffentliche Auftraggeber die Verhandlungen beendet und zur abschließenden Angebotswertung schreitet, **an ihre Angebote gebunden sind und eine nachträgliche Änderung oder Ergänzung der von ihnen unterbreiteten Offerte ausgeschlossen** ist. In gleicher Weise, wie bei der Öffentlichen Ausschreibung jeder Bieter sicher ist, dass nur die bis zum Ablauf der Angebotsfrist eingegangenen Angebote bei der Zuschlagsentscheidung berücksichtigt werden und eine nachträgliche Veränderung des Angebots ausgeschlossen ist, muss auch **bei der Vergabe im Verhandlungsverfahren jeder Bieter darauf vertrauen können**, dass nur diejenigen Angebote in die Wertung eingestellt werden, die **beim Schluss der letzten Verhandlungsrunde des öffentlichen Auftraggebers und bis zur abschließenden Angebotswertung vorlagen**. Auch hier ist es ein Gebot der Chancengleichheit und des fairen Wettbewerbs um den ausgeschriebenen Auftrag, dass kein Bieter sein Angebot im Nachhinein, das heißt nach Ablauf der vom Auftraggeber festgelegten Einreichungsfrist, ändern kann (OLG Düsseldorf, B. v. 25. 7. 2002 – Az.: Verg 33/02).

2548 Deshalb ist ein preislich geändertes Angebot bei der Wertung nicht zu berücksichtigen (VK Nordbayern, B. v. 23. 6. 2003 – Az.: 320.VK-3194-17/03).

10.7.3.9 Länge der Frist zur Angebotsabgabe in einem Verhandlungsverfahren ohne Vergabebekanntmachung

2549 Die **Frist zur Angebotsabgabe für ein Verhandlungsverfahren ohne Vergabebekanntmachung fällt nicht in den Katalog der in § 12 EG VOL/A bzw. § 10 a VOB/A beschriebenen Fristen**, da diese Tatbestandsalternative keine Öffentliche Vergabebekanntmachung vorsieht. Im Verhandlungsverfahren in den Fällen z. B. des § 12 EG Abs. 4 VOL/A beträgt die **vom Auftraggeber festzusetzende Frist für den Antrag auf Teilnahme mindestens 37 Tage** ab dem Tag der Absendung der Bekanntmachung. In Fällen besonderer Dringlichkeit beim Verhandlungsverfahren beträgt diese **Frist mindestens 15 Tage oder mindestens 10 Tage bei elektronischer Übermittlung**, jeweils gerechnet vom Tag der Absendung der Bekanntmachung an. Auch nach anderen Vergabeordnungen ist für die Bearbeitung und Einreichung der Angebote eine **ausreichende Angebotsfrist vorzusehen, die auch bei Dringlichkeit nicht unter 10 Kalendertagen liegen darf**. In Zusammenschau dieser Regelungen lässt sich ableiten, dass **dem Bieter auch im dringlichen Ausnahmefall jedenfalls eine Frist zur Angebotsbearbeitung von nicht unter 10 Kalendertagen einzuräumen ist**. Durch solche gesetzliche Mindestfristen für die Bearbeitung und Einreichung der Angebote soll **sichergestellt werden, dass den Bietern für die Angebotserstellung ausreichend Zeit zur Verfügung steht und Nachteile aufgrund einer nicht ordnungsgemäßen Kalkulation vermieden werden**. Dem **Bieter muss es möglich sein**, innerhalb der Frist, die Verdingungsunterlagen erneut zu prüfen, Bieteranfragen zu stellen und

Gesetz gegen Wettbewerbsbeschränkungen GWB § 101 **Teil 1**

insbesondere unter Beachtung von Postlaufzeiten das Angebot zu erstellen und fristgerecht zu versenden. Auch muss es bei einem (zulässigen) Wechsel in das Verhandlungsverfahren dem Bieter möglich sein, in Anbetracht der erfolglosen Beteiligung am Offenen Verfahren einen Produktwechsel oder eine Preiskorrektur von einzelnen LV-Positionen vorzunehmen und hierfür ggf. Herstelleranfragen etc. zu tätigen. Unter Berücksichtigung dieser Bieterinteressen ist eine **Bearbeitungsfrist von weniger als 4 Tage zu kurz** (VK Sachsen, B. v. 7. 1. 2008 – Az.: 1/SVK/077-07).

10.7.3.10 Verpflichtung zur Aufklärung des Inhalts der Angebote

Zwar ist die Vergabestelle grundsätzlich nicht verpflichtet, den Inhalt der Angebote aufzuklären. Auch im Verhandlungsverfahren kann sie die Verhandlungen beschränken auf einzelne inhaltliche Punkte oder den Preis. **Wenn jedoch in großem Umfang unklar ist, was in einzelnen Punkten Gegenstand des Leistungsumfangs sein soll, gebietet sich insoweit eine Aufklärung.** Handelt es sich z. B. um einen sehr komplexen Ausschreibungsgegenstand mit weit mehr als 100 Kriterien und Anforderungen, deren Erfüllung überprüft werden muss und **sind die Ausschreibungsunterlagen**, insbesondere der auszuwertende Kriterienkatalog, **nicht vom Auftraggeber selbst, sondern von einem Software-Beratungsunternehmen erstellt** worden und ist demgegenüber die Bewertung durch Mitarbeiter des Auftraggebers erfolgt, liegt es **beinahe in der Natur der Sache, dass eine umfassende Sachkompetenz nicht bei allen Bewertern vorliegen kann**. Weist auch der Auftraggeber – z.B. für die Kriterienhauptgruppe DOMEA-spezifische Anforderungen – selbst darauf hin, dass die Bewerter des Auftraggebers nicht in der Lage sind, die DOMEA-Konzeptkonformität von Produkten vollständig zu verifizieren, soll aber nach den Verdingungsunterlagen ein DOMEA-konzeptkonformes Produkt eingesetzt werden, ist es geboten, dass sich die **Bewerter die notwendige Sachkenntnis verschaffen und insbesondere Unklarheiten und Zweifel in den Verhandlungen aufklären** (3. VK Bund, B. v. 26. 3. 2007 – Az.: VK 3–19/07).

10.7.3.11 Verpflichtung zur Festlegung des zeitlichen Rahmens der Verhandlungen und des Zeitpunkts der Bewertung der Angebote

Der öffentliche Auftraggeber hat im Rahmen des Verhandlungsverfahrens festzulegen, in **welchem zeitlichen Rahmen die Verhandlungen mit den Bietern geführt** werden und zu welchem **Zeitpunkt eine abschließende vergleichende Bewertung** der bis dahin abschließend vorzulegenden Angebote erfolgt (VK Detmold, B. v. 27. 2. 2003 – Az.: VK.11–48/02).

10.7.3.12 Unterschiedlich lange Verhandlungszeiträume mit unterschiedlichen Bietern

Der öffentliche Auftraggeber darf zwar nicht „endlos" **Verhandlungen nur mit einem bestimmten Bieter** führen, andererseits steht ihm aber insoweit ein **Ermessensspielraum** zu. Entscheidend sind die Umstände des Einzelfalls (OLG Düsseldorf, B. v. 18. 6. 2003 – Az.: Verg 15/03).

10.7.3.13 Verbot der Verhandlung über Preise nach einer entsprechenden Entscheidung der Vergabekammer

Wird die **Vergabestelle durch bestandskräftigen Beschluss der Vergabekammer verpflichtet**, die **Angebote von Bietern im Verhandlungsverfahren zu einem bestimmten Stichtag zu werten**, ist damit ein **erneuter Eintritt in Preisverhandlungen**, die das preisliche Gefüge der Angebote zum vorgegebenen Stichtag verändern, **regelmäßig nicht zu vereinbaren**. Damit verbieten sich Eingriffe in das zu diesem Zeitpunkt gegebene Preisniveau. Trotz Verhandlungsverfahrens ist der Vergabestelle durch die Entscheidung der Vergabekammer eine Verhandlung über eine Änderung der Preise in gleicher Weise versagt, wie wenn sie sich im Offenen Verfahren (§ 3a Nr. 1 Buchstabe a) VOB/A) befände. Vor diesem Hintergrund ist es allenfalls unbedenklich, im Einvernehmen mit den noch im Wettbewerb befindlichen Bietern unter Wahrung der Chancengleichheit Verhandlungen über eine Preisreduzierung in dem Umfang zu führen, als beide Angebote z.B. ersichtlich den gleichen Kalkulationsfehler enthielten (BayObLG, B. v. 23. 10. 2003 – Az.: Verg 13/03).

10.7.3.14 Verbot der Verhandlung über Preise, wenn Bieter die Preise anderer Bieter kennen

Es ist mit dem **Wettbewerbs- und Gleichheitsgrundsatz nicht vereinbar**, wenn man einem **Bieter, der den Angebotspreis eines anderen Bieters kennt**, eine **zweite Chance**

Teil 1 GWB § 101 Gesetz gegen Wettbewerbsbeschränkungen

einräumt, die es ihm ermöglicht, mit einer neuen Preisofferte die Bieterreihung im nachhinein zu verändern (VK Nordbayern, B. v. 26. 8. 2003 – Az.: 320.VK-3194-28/03).

10.7.3.15 Verpflichtung zur Bekanntgabe der Änderung des Leistungsverzeichnisses an die Bieter

2555 Geht man von der **Zulässigkeit von Änderungen des Leistungsverzeichnisses** aus, so ist selbstverständlich, dass eine derartige **Änderung den Bietern** in geeigneter Form **kommuniziert werden muss** und den Bietern explizit **Gelegenheit zur Anpassung der Angebote zu geben** ist (VK Brandenburg, B. v. 19. 12. 2008 – Az.: VK 40/08). Wenn der **Auftraggeber keine klare**, also schriftliche **Kommunikationsform wählt**, so geht die hieraus resultierende Unaufklärbarkeit des Sachverhalts zu seinen Lasten (3. VK Bund, B. v. 14. 4. 2008 – Az.: VK 3–38/08).

10.7.3.16 Keine fiktiven Preisaufschläge durch den Auftraggeber bei der Wertung

2556 **Es unterliegt nicht der Disposition des Auftraggebers, darüber zu entscheiden oder auch nur zu prognostizieren, wie ein Angebot eines Bieters ohne einen Teil der nachgefragten Leistung ausfallen wird.** Änderungen der Angebote in einem Verhandlungsverfahren unterliegen der ausschließlichen Disposition der Bieter, die im Rahmen ihrer betriebsinternen Kalkulation darüber entscheiden können, ob und zu welchem Preis eine Leistung angeboten oder nicht angeboten werden soll. Wenn der Auftraggeber im Laufe des Verhandlungsverfahrens feststellt, dass er eine Teilleistung voraussichtlich nicht benötigt, hat er dies zumindest den Bietern, mit denen er noch Verhandlungen führt, mitzuteilen und entsprechende **Preisanpassungen dieser Bieter abzufragen** (1. VK Bund, B. v. 11. 3. 2004 – Az.: VK 1–151/03).

10.7.3.17 Grundsatz der Vertraulichkeit

2557 Zu berücksichtigen ist, dass der **Grundsatz der Vertraulichkeit einen hohen Stellenwert im Verhandlungsverfahren hat**, welches dem Auftraggeber zum Ausgleich ein hohes Maß an klarer Verhandlungsführung abverlangt (VK Baden-Württemberg, B. v. 12. 1. 2004 – Az.: 1 VK 74/03).

10.7.3.18 Verbot der Markterkundung?

2558 Nach Auffassung der VK Düsseldorf erscheint es fraglich, ob das für das Offene/Nichtoffene Verfahren geltende grundsätzliche **Verbot von Markterkundung** und Bedarfspositionen **auf ein Verhandlungsverfahren überhaupt übertragbar** ist (VK Düsseldorf, B. v. 13. 4. 2000 – Az.: VK – 4/2000 – L).

10.7.4 Unzulässigkeit „vorsorglicher" Verhandlungen nach einem Bieterausschluss

2559 Es stellt einen **Verstoß gegen das Transparenzgebot (§ 97 Abs. 1 GWB) und das Gleichbehandlungsgebot** (§ 97 Abs. 2 GWB) dar, wenn der Auftraggeber nach Ausschluss eines Bieters mit diesem „vorsorglich" weiterverhandelt.

2560 Die Aufforderung an einen Bieter ein neues Angebot abzugeben, stellt nach bereits erfolgtem Ausschluss dieses Bieters die **konkludente Aufhebung der Ausschlussentscheidung** dar.

10.7.5 Verpflichtung zur Aufhebung eines Verhandlungsverfahrens bei Mangelhaftigkeit aller Angebote?

2561 Die **Rechtsprechung** ist insoweit **nicht einheitlich**.

2562 Nach einer Auffassung stellt es **keinen Vergabe-(Verfahrens)-verstoß**, insbesondere keinen Verstoß gegen das Nachverhandlungsverbot, dar, wenn die Vergabestelle in einem Verhandlungsverfahren, in dem **nur mangelhafte, dem zwingenden Ausschluss unterliegende Angebote abgegeben wurden**, das **Verfahren nicht „aufhebt"** (also beendet), sondern **allen Bietern** unter Hinweis auf die nach Auffassung der Vergabestelle vorliegenden Mängel und unter Wahrung der Transparenz und Gleichbehandlung im übrigen **die Möglichkeit einräumt, diese Mängel zu beheben**. Eine formale Beendigung des Verhandlungsverfahrens und die erneute Einleitung eines solchen würde lediglich zu einem vermeidbaren Zeitverlust führen und sich als überflüssige Förmelei darstellen, ohne dass sich an der Notwendigkeit und den Anforderung einer Nachbesserung der erneut einzureichenden Angebote etwas ändern würde (VK Hessen, B. v. 7. 10. 2004 – Az.: 69 d – VK – 60/2004).

Demgegenüber ist die VK Sachsen-Anhalt der Meinung, dass nach **§ 20 EG VOL/A (bzw. § 17 VOB/A)** eine Ausschreibung aufgehoben werden muss, wenn kein Angebot eingegangen ist, das den Ausschreibungsbedingungen entspricht. Diese **Regelung bezieht sich zwar nach ihrem Wortlaut unmittelbar nur auf Ausschreibungen.** Ausschreibungen finden nur in Offenen und Nichtoffenen Vergabeverfahren statt. **Jedoch ist auch ein Verhandlungsverfahren zu beenden, soweit bereits im Auswahlverfahren keine Teilnahmeanträge eingehen, die den zwingend vom Auftraggeber vorgegebenen Bewerbungsbedingungen entsprechen, bzw. keine Angebote vorliegen.** In diesem Fall kann die Vergabestelle auf kein Angebot den Zuschlag erteilen. Insoweit besteht eine gleiche Ausgangslage wie bei einer Ausschreibung (2. VK Sachsen-Anhalt, B. v. 11. 4. 2005 – Az.: VK 2 – LVwA LSA 06/05).

10.7.6 Verpflichtung zur Abgabe eines schriftlichen Angebots im verschlossenen Umschlag

§ 16 EG VOL/A, wonach Angebote schriftlich in einem verschlossenen Umschlag zuzustellen sind, gilt auch im Verhandlungsverfahren. § 13 Abs. 2 VOL/A lässt zwar bei der freihändigen Vergabe zu, dass auf die Vorlage eines schriftlichen Angebots verzichtet werden könne, doch lässt sich das nicht auf das Verhandlungsverfahren übertragen. Während das offene und das nichtoffene Verfahren nach Abschnitt 2 der VOL/A der öffentlichen und nichtöffentlichen Ausschreibung nach den Basisparagrafen gleichgestellt werden, wurde das Verhandlungsverfahren dem freihändigen Verfahren nicht gleichgestellt. Anders als bei freihändigen Verfahren bei denen die Leistungen ohne Einhalten eines förmlichen Verfahrens vergeben werden, sind Verhandlungsverfahren oberhalb der Schwellenwerte förmlich abzuwickeln (VK Baden-Württemberg, B. v. 19. 4. 2005 – Az.: 1 VK 11/05).

Diese rechtlichen **Überlegungen gelten auch für den Bereich der VOB/A.**

10.7.7 Bieteröffentliche Angebotseröffnung?

Die Vorschrift des **§ 14 Abs. 1 Satz 1 gilt ausdrücklich nur für Ausschreibungen, also nicht nicht im Verhandlungsverfahren.** Anders als im Offenen und im Nichtoffenen Verfahren haben die Bieter im Verhandlungsverfahren grundsätzlich die Möglichkeit, den Inhalt ihres Angebotes nach der Angebotseröffnung zu verändern. Um im Verhandlungsverfahren in gleicher Weise einen **Geheimwettbewerb**, wie in den anderen wettbewerblichen Verfahren, **zu gewährleisten**, ist es daher **unabdingbar, dass zumindest die Angebotsinhalte einschließlich der Angebotspreise vor den beteiligten Bietern wechselseitig geheim gehalten** werden. Inwieweit es der öffentliche Auftraggeber für zweckmäßig erachtet, den Bietern zumindest die Namen der anderen Bieter und die Zahl der Nebenangebote mitzuteilen, obliegt seinem Ermessen. Hat der Auftraggeber eine solche Information der Bieter in den Verdingungsunterlagen nicht angekündigt, muss er sie auch nicht etwa wegen einer Selbstbindung an die zuvor bekannt gemachten Verfahrensregeln erteilen (OLG Naumburg, B. v. 13. 5. 2008 – Az.: 1 Verg 3/08; B. v. 13. 5. 2008 – Az.: 1 Verg 3/08).

10.7.8 Beachtung der Zuschlagskriterien eines unmittelbar vorher aufgehobenen Offenen Verfahrens

Führt der Auftraggeber im Anschluss an ein aufgehobenes Offenes Verfahren ein formal selbständiges Verhandlungsverfahren durch und enthalten die Verdingungsunterlagen hinsichtlich dieses Verfahrens keine Verweisung auf die im Offenen Verfahren angegebenen Zuschlagskriterien, ist der Auftraggeber gleichwohl bei seiner Wertung auch im Rahmen des Verhandlungsverfahrens an diese Zuschlagskriterien gebunden. Denn aus der maßgeblichen Sicht der in das Verhandlungsverfahren übernommenen Bieter stellten sich, obwohl es sich bei dem Offenen Verfahren und dem nachfolgenden Verhandlungsverfahren formalrechtlich um zwei eigenständige Vergabeverfahren handelte, beide Vergabeverfahren tatsächlich und wirtschaftlich als einheitliches Verfahren dar, für das deshalb einheitlich die im offenen Verfahren festgelegten und bei Eintritt in das Verhandlungsverfahren nicht mehr geänderten Kriterien gelten müssen (OLG Brandenburg, B. v. 17. 2. 2005 – Az.: Verg W 11/04).

Teil 1 GWB § 101 Gesetz gegen Wettbewerbsbeschränkungen

10.7.9 Geltung des § 16 Abs. 1 Nr. 1–3 VOB/A

2568 Die **Vorschrift des § 16 Abs. 1 Nr. 3 VOB/A ist grundsätzlich auch im Verhandlungsverfahren anzuwenden, sofern dieses einen öffentlichen Bauauftrag betrifft, dessen Wert den Schwellenwert erreicht oder übersteigt und der Auftrag dem Vergaberechtsregime unterliegt.** Dies hat jedenfalls in einem Fall zu gelten, in dem der Auftraggeber in Bezug auf die mit dem Angebot einzureichenden Erklärungen, Preisangaben und Unterschriften bestimmte Forderungen stellt und den Bietern zur Vorlage von Angeboten eine klare Frist setzt (OLG Düsseldorf, B. v. 18. 7. 2005 – Az.: VII – Verg 39/05; VK Niedersachsen, B. v. vom 16. 10. 2008 – Az.: VgK-30/2008; 1. VK Sachsen, B. v. 17. 12. 2007 – Az.: 1/SVK/073-07).

2569 Auch im Verhandlungsverfahren ist zu fordern, dass ein **Angebot grundsätzlich bis zum Ende der Angebotsfrist vollständig vorzulegen ist. Dies muss vor allem für Angebote gelten, welche den Mindestanforderungen nicht genügen.** Die Zulassung von unvollständigen Angeboten würde nicht nur einen Verstoß gegen den Gleichbehandlungsgrundsatz und das Transparenzgebot bedeuten, sondern den **Bietern auch Manipulationsmöglichkeiten eröffnen**. Aus all dem folgt, dass auch bei einem **Verhandlungsverfahren im Sektorenbereich ein Angebot bis zur Abgabe vollständig vorliegen** muss (OLG München, B. v. 29. 9. 2009 – Az.: Verg 12/09).

10.7.10 Geltung des § 15 Abs. 2 VOB/A bzw. § 24 Nr. 1 Abs. 2 VOL/A

2570 Richtig ist, dass **§ 15 Abs. 1 VOB/A beim Verhandlungsverfahren keine Anwendung findet**, weil das der dem Verhandlungsverfahren innewohnenden Struktur des Verhandelns zuwiderlaufen würde. Richtig ist auch, dass **§ 15 Abs. 2 VOB/A systematisch dem Abs. 1 zugeordnet** ist, also den Fall betrifft, dass ein Bieter die ihm gegenüber nach Abs. 1 geforderte Aufklärung verweigert. Zu bedenken ist aber, dass § 15 Abs. 1 VOB/A die „Aufklärung des Angebotsinhalts" betrifft und in einem formalen Vergabeverfahren („bei Ausschreibungen") die Grenzen festlegt, innerhalb derer Verhandlungen beziehungsweise Aufklärungen geführt werden dürfen („darf nur verhandeln"). Die **Nichtanwendbarkeit des § 15 VOB/A bezieht sich also lediglich auf die einschränkenden Regelungen**, mit anderen Worten, die Einschränkung des § 15 Abs. 1 und Abs. 3 VOB/A sind für das Verhandlungsverfahren ohne Bedeutung. Verhandlungen sind vielmehr unter Beachtung der allgemeinen Vergabegrundsätze gestattet. **Wenn aber die Aufklärungsverweigerung in dem durch § 15 Abs. 1 VOB/A gesetzten Umfang mit der Möglichkeit sanktioniert wird, das Angebot unberücksichtigt lassen zu dürfen, muss dies bei einem nicht weiter eingeschränkten Aufklärungsinhalt erst recht der Fall sein.** In beiden Fällen wird dem berechtigte Interesse des Auftraggebers an einer Konkretisierung des Angebotsinhalts – getragen von dem Ziel einer Zuschlagserteilung – nicht entsprochen mit der Folge, dass der Inhalt des Angebots unklar bleibt. Darauf muss und kann ein Auftraggeber keinen Zuschlag mit der Folge bis Abschluss eines Vertrages erteilen, ohne erhebliche rechtlichen und finanziellen Risiken ausgesetzt zu sein. **Seine Interessenlage an der eindeutigen vertraglichen Grundlage für einen Vertrag überlagert das „Interesse" des Bieters, den Inhalt seines Angebotes aus der Sicht des Auftraggebers unklar zu belassen.** Diesen Rechtsatz spiegelt § 15 Abs. 2 VOB/A – lediglich – wider. Die **fehlende Angebotsaufklärung auf Seiten des Bieters berechtigt den Auftraggeber** somit unabhängig von § 15 Abs. 2 VOB/A, das **Angebot eines solchen Bieters unberücksichtigt lassen zu dürfen.** Bei Verhandlungsverfahren verhandelt der Auftraggeber nämlich mit einem oder mehreren Bietern über den Auftragsinhalt. Um einen solchen eindeutigen Auftragsinhalts erreichen zu können, sind beide Verhandlungspartner verpflichtet, dem berechtigten Interesse des jeweils anderen Verhandlungspartners gerecht zu werden. Stellt sich heraus, dass die Bestimmung und Festlegung des Angebotsinhalts von weiteren Erklärungen abhängig sind, muss derjenige, der den Sachverhalt insoweit zu klären in der Lage ist, Aufklärung mit dem Ziel eines gemeinsamen Vertragsschlusses leisten. Geschieht dies nicht, **leistet der Verhandlungspartner also nicht die geforderte Aufklärung oder verweigert er sie im Ergebnis und kann mangels insoweit fehlender Grundlage eine Zuschlagserteilung mit der Folge eines Vertragsabschlusses nicht zustande gebracht werden, bleibt dem anderen Teil keine andere Wahl, als von dem Angebot Abstand zu nehmen**, will er nicht vertragliche und insbesondere finanziellen Risiken eingehen. Unbeschadet der ausdrücklichen Regelung des § 15 Abs. 2 VOB/A greift somit zumindest der daraus abgeleitete Grundgedanke (1. VK Hessen, B. v. 15. 6. 2007 – Az.: 69 d VK – 17/2007).

2571 In der **VOL/A 2009 fehlt eine dem § 15 Abs. 2 VOB/A 2009 entsprechende Regelung.**

10.7.11 Zulässigkeit von Verhandlungen mit einem „preferred bidder"?

Die Rechtsprechung hat bisher noch nicht entschieden, **ob im Hinblick auf Art. 44 Abs. 4 in Verbindung mit Art. 30 Abs. 4 der Richtlinie 2004/18/EG vom 31.4 2004 (ABl L 134/114) eine Verhandlung mit einem „preferred – bidder" rechtlich möglich erscheint**, da in der Schlussphase eines Verhandlungsverfahrens noch so viele Angebote vorliegen müssen, dass ein echter Wettbewerb gewährleistet ist. Diese Regelung wurde in § 3 EG Abs. 6 Satz 3 VOL/A für das Verhandlungsverfahren und in § 3a Abs. 4 Nr. 4 Satz 3 VOB/A für den Wettbewerblichen Dialog und in § 3a Abs. 7 Nr. 2 Satz 2 VOB/A für das Verhandlungsverfahren in das nationale Recht umgesetzt. Ob dies in jedem Fall **ausschließlich zu parallelen Verhandlungen zwingt und lineare Verhandlungen bei Aufrechterhaltung weiterer Angebote in einer Art „Warteschleife" ausgeschlossen** sind, ist ebenfalls noch nicht entschieden. Vgl. zur Problematik 1. VK Hessen, B. v. 15. 6. 2007 – Az.: 69d VK – 17/ 2007.

2572

10.7.12 Anwendung der Grundsätze über den Ausschluss von Angeboten mit einer Mischkalkulation

Auch im Verhandlungsverfahren sind die **Grundsätze über den Ausschluss von Angeboten mit einer Mischkalkulation anzuwenden** (1. VK Sachsen, B. v. 17. 12. 2007 – Az.: 1/ SVK/073-07). Zu den **inhaltlichen Anforderungen** und den **Rechtsfolgen** einer Mischkalkulation vgl. die **Kommentierung zu** → **§ 16 VOB/A Rdn. 190 ff.**

2573

10.7.13 Aufhebung eines Verhandlungsverfahrens

Die **Rechtsprechung** hierzu ist **nicht einheitlich**.

2574

Nach einer Auffassung (VK Brandenburg, B. v. 17. 9. 2002 – Az.: VK 50/02; VK Bremen, B. v. 6. 1. 2003 – Az.: VK 5/02) erfolgt eine Aufhebung eines Verhandlungsverfahrens mit Teilnahmewettbewerb nach den Regeln über die Aufhebung einer Ausschreibung (§ 17 VOB/A, § 20 EG VOL/A). Dies gilt auch für die Aufhebung eines Verhandlungsverfahrens **auf der Stufe eines vorgeschalteten Teilnahmewettbewerbs** (VK Brandenburg, B. v. 30. 7. 2002 – Az.: VK 38/02).

2575

Die VK Detmold hingegen vertritt die Meinung, dass sich die **einschränkende Formulierung des § 20 EG Abs. 1 VOL/A lediglich auf die Öffentliche (Offene) sowie die Beschränkte (Nichtoffene) Ausschreibung bezieht, nicht jedoch auf die Freihändige Vergabe (Verhandlungsverfahren)**. Dies bedeutet, dass eine Aufhebung des Vergabeverfahrens auch auf andere, nicht in § 20 EG VOL/A aufgeführte Gründe gestützt werden kann, ohne dass dies rechtlich zu beanstanden gewesen ist (VK Detmold, B. v. 19. 12. 2002 – Az.: VK.21– 41/02).

2576

Zur **Aufhebung eines VOF-Verfahrens** vgl. die Kommentierung zu → § 11 VOF Rdn. 139 ff.

2577

10.7.14 Literatur

– Boesen, Arnold, Der Übergang vom offenen Verfahren zum Verhandlungsverfahren, VergabeR 2008, 385

2578

– Ebert, Eva-Dorothee, Möglichkeiten und Grenzen im Verhandlungsverfahren, Dissertation, Köln, 2005

– Haak, Sandra/Hogeweg, Michaele, Nachprüfung ist zulässig – BGH: Wahl des Verhandlungsverfahrens sorgfältig abwägen, Behörden Spiegel Februar 2010, 22

– Kramer, Johannes, Gleichbehandlung im Verhandlungsverfahren nach der VOL/A, NZBau 2005, 138

– Kühn, Burkhard, Freihändig und ohne viel Netz – Verhandlungsverfahren: eine vertane Chance für den Wettbewerb, Behörden Spiegel 2007, 23

– Lambert, Andrea, Freihändige Vergabe – Restriktive Ausnahmeregelung oder Chance für interessengerechtes Vorgehen?, Baurecht und Baupraxis 2005, 360

– Meyer, Christoph, Freihändige Vergabe als Ausnahme von der Ausschreibungspflicht im öffentlichen Beschaffungsrecht, AJP 2005, 716

Teil 1 GWB § 101   Gesetz gegen Wettbewerbsbeschränkungen

– Michel, Esther/Braun, Peter, Rechtsnatur und Anwendungsbereich von „Indikativen Angeboten", NZBau 2009, 686
– Schütte, Peter, Verhandlungen im Vergabeverfahren, ZfBR 2004, 237

10.8 Elektronische Auktion und dynamisches elektronisches Verfahren (§ 101 Abs. 6)

10.8.1 Vergaberechtsmodernisierungsgesetz 2009

2579   Der neue Absatz 6 definiert die „neuen Verfahren" der EG-Vergaberichtlinien – elektronische Auktion und dynamische elektronische Verfahren.

10.8.2 Elektronische Auktion

10.8.2.1 Allgemeines

2580   Die elektronische Auktion ist **im Vergaberechtsmodernisierungsgesetz 2009 nicht näher definiert.** Deshalb muss **auf die Regelungen der Vergabekoordinierungsrichtlinie zurückgegriffen** werden.

2581   Eine „elektronische Auktion" ist nach Art. 1 Abs. 7 VKR ein iteratives Verfahren, bei dem **mittels einer elektronischen Vorrichtung nach einer ersten vollständigen Bewertung der Angebote jeweils neue, nach unten korrigierte Preise und/oder neue, auf bestimmte Komponenten der Angebote abstellende Werte vorgelegt werden**, und das eine **automatische Klassifizierung dieser Angebote ermöglicht.** Folglich dürfen bestimmte Bau- und Dienstleistungsaufträge, bei denen eine geistige Leistung zu erbringen ist – wie z. B. die Konzeption von Bauarbeiten –, nicht Gegenstand von elektronischen Auktionen sein.

2582   Im **Gegensatz zur klassischen Auktion**, die **von der Basis eines Mindestgebots ausgeht** und **auf jeweils höhere Gebote zielt**, geht die **elektronische Auktion den umgekehrten Weg**, nämlich **ausgehend von der Basis eines Höchstgebots** zielt sie **auf niedrigere Gebote.** Die elektronische Auktion heißt deshalb auch „**reverse auction**" (= umgekehrte Auktion).

2583   Bei der Verwendung des offenen und nichtoffenen Verfahrens sowie des Verhandlungsverfahrens im Falle des Artikels 30 Absatz 1 Buchstabe a **können die öffentlichen Auftraggeber nach Art. 54 Abs. 2 VKR beschließen, dass der Vergabe eines öffentlichen Auftrags eine elektronische Auktion vorausgeht**, sofern die Spezifikationen des Auftrags hinreichend präzise beschrieben werden können.

2584   Eine elektronische Auktion kann **unter den gleichen Bedingungen bei einem erneuten Aufruf zum Wettbewerb der Parteien einer Rahmenvereinbarung** nach Artikel 32 Absatz 4 Unterabsatz 2 zweiter Gedankenstrich und bei einem **Aufruf zum Wettbewerb hinsichtlich** der im Rahmen des in Artikel 33 genannten **dynamischen Beschaffungssystems** zu vergebenden Aufträge durchgeführt werden.

2585   Daraus ergibt sich, dass die **elektronische Auktion keine eigenständige Vergabeart** ist.

10.8.2.2 Literatur

2586   – Schröder, Holger, Die elektronische Auktion nach § 101 IV 1 GWB – Rückkehr des Lizitationsverfahrens?, NZBau 2010, 411

10.8.3 Dynamisches elektronisches Verfahren

2587   Auch das dynamische elektronische Verfahren ist **im Vergaberechtsmodernisierungsgesetz 2009 nicht näher definiert.** Allerdings sind **in der VOL/A 2009 entsprechende Verfahrensregelungen aufgenommen** worden. Vgl. deshalb zu den Einzelheiten die Kommentierung zu § 5 VOL/A 2009.

10.9 Vorrang des Offenen Verfahrens und Ausnahmen (§ 101 Abs. 7)

10.9.1 Vorrang des Offenen Verfahrens (§ 101 Abs. 7 Satz 1)

10.9.1.1 Vergaberechtsmodernisierungsgesetz 2009

2588   Es **bleibt beim Vorrang des offenen Verfahrens** für Vergaben oberhalb der EG-Schwellenwerte. Das **EG-Recht würde eine freie Wahl des offenen oder nicht offenen Verfahrens für die so genannten klassischen öffentlichen Auftraggeber und damit den Wegfall der Regelung von besonderen Voraussetzungen zur Wahl des nicht offenen Verfahrens ermöglichen (Art. 28 Satz 2 RL 2004/18/EG). Das Ziel einer wirtschaftlichen Beschaffung kann für Vergaben oberhalb der EG-Schwellenwerte besser erreicht werden, wenn das offene Verfahren weiterhin als Regelverfahren vorgegeben wird, zusätzliche Bürokratie für die gerechtfertigten Fälle des Abweichens von diesem Grundsatz ist unter diesem Gesichtspunkt hinzunehmen.

10.9.1.2 Rechtsprechung

Der **Gleichbehandlungsgrundsatz** des § 97 Abs. 2 GWB **fordert** nicht nur die gleichen Chancen im Wettbewerb, sondern auch **die gleichen Chancen beim Zugang zum Wettbewerb**. Aus diesem Grund kommt dem in § 101 Absatz 7 GWB normierten **Vorrang des Offenen Verfahrens** und damit umgekehrt dem Ausnahmecharakter des Verhandlungsverfahrens **ein hoher Stellenwert** zu (OLG Hamburg, B. v. 24. 9. 2010 – Az.: 1 Verg 2/10; VK Düsseldorf, B. v. 30. 9. 2002 – Az.: VK – 26/2002 – L; 1. VK Sachsen, B. v. 20. 8. 2004 – Az.: 1/SVK/067-04). 2589

Der **Vorrang des offenen Verfahrens** ist **bereits dadurch gerechtfertigt**, dass diese Verfahrensart **am stärksten den Wettbewerbsgrundsatz des § 97 Abs. 1 GWB gewährleistet**. Denn das offene Verfahren ist dadurch gekennzeichnet, dass sich grundsätzlich jedes Unternehmen auf der Grundlage der öffentlichen Bekanntmachung mit einem konkreten Angebot am Wettbewerb beteiligen kann. Es bietet am ehesten die Gewähr für die Einhaltung der Vergabegrundsätze des § 97 Abs. 1 und Abs. 2 GWB (VK Lüneburg, B. v. 12. 11. 2003 – Az.: 203-VgK-27/2003). 2590

Grundsätzlich sind also offene **Vergabeverfahren vorrangig** vor nicht offenen (beschränkten) Ausschreibungen. Dementsprechend sind die **Tatbestände, die ein Abweichen vom offenen Verfahren eröffnen, eng auszulegen** (OLG Naumburg, B. v. 10. 11. 2003 – Az.: 1 Verg 14/03). Auch außerhalb der sog. „a-Paragrafen" bzw. „EG-Paragrafen" ist für ein durch „Dringlichkeit" begründetes Abweichen vom offenen Vergabeverfahren (öffentliche Ausschreibung) oder vom nicht offenen Verfahren mit öffentlichem Teilnahmewettbewerb erforderlich, dass **Umstände** vorliegen, **die nicht von der Vergabestelle vorherzusehen oder zu vertreten sind** und die dazu führen, dass die Zeit zur Durchführung eines (ggf. beschleunigten) offenen Verfahrens fehlt. Die insofern maßgeblichen Gesichtspunkte sind ggf. von der Vergabestelle darzulegen, um die „Unzweckmäßigkeit" einer öffentlichen Ausschreibung zu begründen (Schleswig-Holsteinisches OLG, B. v. 4. 5. 2001 – Az.: 6 Verg 2/2001). Die **Beweislast für das Vorliegen der Ausnahmetatbestände** trägt also der Auftraggeber (VK Lüneburg, B. v. 12. 11. 2003 – Az.: 203-VgK-27/2003; 1. VK Sachsen, B. v. 20. 8. 2004 – Az.: 1/SVK/067-04). 2591

Der **grundsätzliche Vorrang des Offenen Verfahrens** (der Öffentlichen Ausschreibung) bei der Auftragsvergabe **wirkt insoweit fort, als selbst dann, wenn ein Nichtoffenes Verfahren** (eine Beschränkte Ausschreibung) **oder ein Verhandlungsverfahren** (eine Freihändige Vergabe) wegen Vorliegens eines in § 3 EG Abs. 2 oder Abs. 3 VOL/A genannten Katalogfalles als – grundsätzlich – **zulässig in Betracht kommt, die Vergabestelle** – jedenfalls im Prinzip – **nicht gehindert ist, dennoch eine höherrangige Vergabeart zu wählen**. Sachlich gerechtfertigte Gründe können dazu Anlass geben, einer höherrangigen Vergabeart den Vorzug zu geben. Umgekehrt ist im Normalfall eines der Katalogtatbestände der § 3 EG Abs. 2 und Abs. 3 VOL/A gegen das Absehen vom Offenen Verfahren (von einer Öffentlichen Ausschreibung) nichts einzuwenden (OLG Düsseldorf, B. v. 27. 10. 2004 – Az.: VII – Verg 52/04). 2592

Der **Vorrang des Offenen Verfahrens** gilt **auch bei der Vergabe von Dienstleistungen nach Anhang I B der VOL/A** (VK Magdeburg, B. v. 6. 6. 2002 – Az.: 33–32571/07 VK 05/02 MD). 2593

Die Wahl einer den Zugang zum Wettbewerb einschränkenden Verfahrensart ist regelmäßig ein Verstoß gegen das Gebot der Vergabe im Wettbewerb, wenn die Wahl einer anderen Verfahrensart **nicht durch sachliche Gründe gerechtfertigt** ist (VK Düsseldorf, B. v. 30. 9. 2002 – Az.: VK – 26/2002 – L). 2594

Die **Gründe für ein Abweichen vom Vorrang** des offenen Verfahrens sind zu **dokumentieren**. Dies ist **nicht so, wenn die Vertragsordnung für freiberufliche Leistungen – VOF – anwendbar** ist. Denn § 3 VOF sieht als zulässige Vergabeart überhaupt nur das Verhandlungsverfahren vor. Ist die VOF anwendbar, ist die gewählte Verfahrensart zwingend. Dann 2594/1

Teil 1 GWB § 101 Gesetz gegen Wettbewerbsbeschränkungen

bedarf es insoweit auch keiner gesonderten Dokumentation (OLG Hamburg, B. v. 24. 9. 2010 – Az.: 1 Verg 2/10).

2595 Die **Entscheidung, ein Nichtoffenes Verfahren oder ein Verhandlungsverfahren durchzuführen, beinhaltet einen durch die Nachprüfungsinstanzen nur beschränkt überprüfbaren Beurteilungsspielraum der Vergabestelle**. Die **Vergabekammer ist daher lediglich befugt, die Einhaltung der Grenzen dieses Beurteilungsspielraums** und dabei insbesondere **zu überprüfen**, ob das vorgeschriebene Verfahren eingehalten wurde, die Vergabestelle von einem zutreffend und vollständig ermittelten Sachverhalt ausgegangen ist, den ihr eingeräumten Beurteilungsspielraum zutreffend interpretiert hat und ob die Einschätzung auf unsachgemäßen bzw. willkürlichen Erwägungen beruht. Die **Nachprüfungsinstanzen dürfen ihre Wertung hierbei jedoch grundsätzlich nicht an die Stelle der Vergabestelle setzen** (2. VK Bund, B. v. 1. 9. 2005 – Az.: VK 2–99/05).

10.9.2 Arten der Vergabe für Sektorenauftraggeber (§ 101 Abs. 7 Satz 2)

2596 Gemäß § 101 Abs. 7 Satz 2 GWB stehen Sektorenauftraggebern die drei Arten (Offenes Verfahren, Nichtoffenes Verfahren und Verhandlungsverfahren) nach ihrer freien Wahl zur Verfügung.

10.9.2.1 Änderungen durch das Vergaberechtsmodernisierungsgesetz 2009

Die **Auftraggeber in den Sektorenbereichen** haben gemäß Art. 40 Abs. 2 RL 2004/17/EG die **freie Wahl des Vergabeverfahrens**. Die Vergabeverfahren sind auch transparent, da ihnen in jedem Fall eine europaweite Bekanntmachung vorausgehen muss. Die Wahl eines Verhandlungsverfahrens ohne eine vorherige europaweite Bekanntmachung ist nur beim Vorliegen bestimmter Voraussetzungen zulässig. Die **Streichung des Bezuges auf § 98 Nr. 4 bedeutet, dass es für die Sektorenbereiche keine Unterscheidung mehr zwischen öffentlichen Einrichtungen (§ 98 Nr. 2), öffentlichen Unternehmen und privaten Unternehmen (§ 98 Nr. 4) in diesen Bereichen geben soll**. Auch dies entspricht einer Eins-zu-Eins-Umsetzung von EG-Recht und erleichtert die Abwicklung der Vergabeverfahren. Soweit es im Einzelfall für erforderlich gehalten wird, können Empfänger öffentlicher Mittel darüber hinaus auch mit der Finanzierung zur Anwendung strengerer Vorgaben verpflichtet werden (z. B. DB AG bei Infrastrukturprojekten, die vom Bund finanziert werden). Derartige Einzelfälle rechtfertigen jedoch nicht eine strengere gesetzliche Vorgabe für Sektorenbereiche in Gänze.

10.9.2.2 Rechtsprechung

2597 Aufgrund der Neufassung des § 101 Abs. 7 GWB, der im Gegensatz zum bisherigen § 101 Abs. 6 GWB nicht mehr nur auf Auftraggeber nach § 98 Nr. 4 GWB abhebt, ist klar gestellt, dass **alle Auftraggeber, die einer Sektorentätigkeit nachgehen, die freie Wahl unter den verschiedenen Verfahrensarten zusteht** (VK Baden-Württemberg, B. v. 1. 9. 2009 – Az.: 1 VK 46/09).

2598 Die **Freiheit** der Sektorenauftraggeber, das Vergabeverfahren wählen zu können, **bedeutet nicht**, dass **Elemente verschiedener Verfahrensarten miteinander kombiniert** werden können. Unterwirft sich ein privater Sektorenauftraggeber beispielsweise freiwillig einem offenen oder nichtoffenen Verfahren, so muss er dies auch konsequent zu Ende führen. Insoweit unterliegt er – z. B. hinsichtlich von Nachverhandlungen – im Wesentlichen gleichen Anforderungen wie ein öffentlicher Auftraggeber i. S. d. § 98 Nr. 1 bis 3 GWB (VK Südbayern, B. v. 17. 7. 2001 – Az.: 23-06/01).

2599 Wählt ein Sektorenauftraggeber das Verhandlungsverfahren, sind dabei **Verhandlungen über den Auftragsinhalt**, also über alle Bestandteile des später gegebenenfalls zu schließenden Vertrages **einschließlich der Preise** ausdrücklich vorgesehen. Falls der Auftraggeber in diesen Verhandlungen in seinem Bestreben, ein günstiges Verhältnis zwischen gebotener Leistung und gefordertem Preis zu erlangen, einen zweiten Bieter in einer Verhandlungsrunde auf die zunächst bestehende erhebliche Differenz zwischen seinem Angebotspreis und dem Angebotspreis eines anderen Bieters hingewiesen hat, wäre dies jedenfalls **kein solcher Verstoß gegen Grundsätze des Verhandlungsverfahrens**, dass der auf dieser Verhandlungsstrategie der Auftraggebers zurückzuführende Vertragsschluss gemäß § 134 BGB oder § 138 BGB als nichtig anzusehen wäre (BayObLG, B. v. 1. 7. 2003 – Az.: Verg 3/03).

2600 **Für Sektorenauftraggeber, die Aufgaben nach der Anlage zu § 98 Nr. 4 GWB wahrnehmen und bei denen die konkrete Beschaffung mit diesen Tätigkeiten im Zusam-

Gesetz gegen Wettbewerbsbeschränkungen GWB § 101 **Teil 1**

menhang steht, besteht eine **Pflicht zur Bekanntmachung**. Ein solcher Auftraggeber kann nach § 101 Abs. 7 GWB zwar frei wählen, ob er das offene Verfahren, das nichtoffene Verfahren oder das Verhandlungsverfahren anwenden will; wenn er hierbei dann das Verhandlungsverfahren wählt, hat er europaweit zum Wettbewerb aufzurufen (VK Baden-Württemberg, B. v. 1. 9. 2009 – Az.: 1 VK 46/09).

10.10 Rechtliche Folgen der Wahl einer falschen Vergabeart

10.10.1 Vergaberecht

Hat ein Auftraggeber eine objektiv falsche Vergabeart gewählt, z. B. ein Verhandlungsverfahren statt eines Nichtoffenen Verfahrens, kann sich **ein Bieter** grundsätzlich **auf diesen Ausschreibungsfehler berufen**, um ein Vergabenachprüfungsverfahren einzuleiten. Der Bieter muss aber bereits im Rahmen der Antragsbefugnis (§ 107 Abs. 2 GWB) darlegen, **inwieweit durch die Wahl der falschen Vergabeart seine Zuschlagschancen beeinträchtigt worden sein können**. Dazu bedarf es der Darlegung, dass und inwieweit er z. B. im Falle einer Öffentlichen Ausschreibung ein anderes, chancenreicheres Angebot abgegeben haben würde, als er dies im Rahmen des tatsächlich durchgeführten Verhandlungsverfahrens getan hat (OLG Düsseldorf, B. v. 26. 7. 2002 – Az.: Verg 22/02). 2601

Vgl. dazu im Einzelnen die **Kommentierung zu § 107 Abs. 2 GWB**. 2602

Ein etwaiger Vergaberechtsverstoß in der Wahl der Vergabeart ist **unverzüglich zu rügen**. Ist z. B. der Verstoß schon aus der Bekanntmachung erkennbar, muss er bei einem Nichtoffenen Verfahren oder einem Verhandlungsverfahren mit Teilnahmewettbewerb innerhalb der Frist zur Teilnahmebewerbung gerügt werden. Geschieht dies nicht, ist der Bewerber **später mit der Rüge der Wahl der falschen Vergabeart ausgeschlossen** (OLG Düsseldorf, B. v. 7. 1. 2002 – Az.: Verg 36/01). 2603

Die Wahl der Vergabeart ist als Vergaberechtsverstoß auch ohne eine Beanstandung durch die Antragstellerin gemäß § 114 Abs. 1 Satz 2 GWB **von Amts wegen zu beachten** (VK Düsseldorf, B. v. 30. 9. 2002 – Az.: VK – 26/2002 – L). 2604

Sind alle Anforderungen an eine zulässige und begründete Rüge erfüllt, kann die **Vergabekammer die Entscheidung** treffen, **das Vergabeverfahren unter Zugrundelegung der Regelungen der richtigen Vergabeart fortzusetzen** (VK Düsseldorf, B. v. 30. 9. 2002 – Az.: VK – 26/2002 – L). 2605

10.10.2 Zuschuss- bzw. Zuwendungsrecht

10.10.2.1 Unterscheidung zwischen öffentlichem Auftrag und Zuschuss

Um eine – **vergaberechtsfreie** – **Verteilung von Zuschüssen** dürfte es sich handeln, wenn die **öffentliche Hand Zuschüsse an jeden, der die Kriterien erfüllt**, verteilt. Um einen **öffentlichen Auftrag** dürfte es sich dagegen handeln, wenn die **öffentliche Hand zwecks Erbringung von Dienstleistungen eine Auswahlentscheidung unter mehreren in Betracht kommenden Interessenten** durchführt (OLG Düsseldorf, B. v. 17. 11. 2008 – Az.: VII-Verg 53/08). 2606

10.10.2.2 Verstöße gegen Vergabeauflagen

Sofern ein Zuschussgeber bei der Finanzierung von Projekten in Nebenbestimmungen angeordnet hat, dass der Zuschussempfänger die Regeln der VOB/A oder der VOL/A einzuhalten hat, **können Verstöße gegen diese Auflage zur Rückforderung der Zuschüsse führen**. Auch **kommen Schadenersatzansprüche in Betracht** (vgl. die Kommentierung zu → § 126 GWB Rdn. 87). 2607

Zu beachten ist insoweit, dass **Zuwendungsempfänger durchaus auch zur Einhaltung der Regeln des GWB-Vergaberechts verpflichtet werden können**. Daraus kann jedoch bei Nichterreichung des Schwellenwerts **kein Vergaberechtsweg begründet** werden. Vgl. insoweit die Kommentierung zu → § 100 GWB Rdn. 25. 2608

Eine entsprechende Vorgabe, nach Vergaberecht auszuschreiben, die als Auflage einem Zuwendungsbescheid beigefügt wird, bedeutet nur, dass der Zuwendungsempfänger, so wie der öffentliche Auftraggeber, an das Kartellvergaberecht gebunden wird. Wenn somit der öffentliche Auftraggeber zur Anwendung des Vergaberechts nicht verpflichtet wäre, weil beispielsweise eine 2609

Teil 1   GWB § 101   Gesetz gegen Wettbewerbsbeschränkungen

Dienstleistungskonzession vorliegt, dann kann auch der Zuwendungsempfänger sich darauf berufen. **Auch ein Zuwendungsempfänger muss nur dann die Vergaberegeln anwenden, wenn die diesbezüglichen Voraussetzungen vorliegen** (VK Münster, B. v. 18. 3. 2010 – Az.: VK 1/10).

10.10.2.3 Beispiele aus der Rechtsprechung

2610 – **unter Berücksichtigung des Zuwendungszwecks, einen sparsamen Umgang mit Fördermitteln sicherzustellen, kann eine Zuwendung ermessensfehlerfrei nur dann versagt werden, wenn ein schwerer Vergaberechtsverstoß im Sinne einer grob vergaberechtswidrigen Wertung vorliegt.** Die mit der Nebenbestimmung z. B. zur Anwendung der VOB/A verfolgte Förderung des Wettbewerbs darf kein Selbstzweck sein, sondern muss im Zusammenhang mit dem Zuwendungszweck stehen. Insoweit handelt es sich nicht um eine Zuwendungsvoraussetzung im engeren Sinne, sondern um eine Auflage zur Sicherstellung eines sparsamen und wirtschaftlichen Einsatzes der Zuwendung. In die Ermessensausübung einzustellen ist auch der Umstand, dass die VOB/A dem öffentlichen Auftraggeber hinsichtlich der Ausgestaltung des Vergabeverfahrens im Einzelnen – so z. B. bei der Bestimmung der Zuschlagskriterien und des wirtschaftlichsten Angebots – Ermessens- und Beurteilungsspielräume einräumt. Insoweit ist es einem Zuwendungsgeber verwehrt, seinen Ermessens- bzw. Beurteilungsspielraum an die Stelle des Auftraggebers zu setzen. Auch dieser Gesichtspunkt gebietet eine Einschränkung der Ermessensausübung des Zuwendungsgebers dahingehend, dass eine Versagung von Fördermitteln nur gerechtfertigt ist, wenn grundlegende Vorschriften der VOB/A verletzt werden, so z. B. das haushaltsrechtliche Wirtschaftlichkeitsgebot (VG Potsdam, Urteil v. 17. 8. 2010 – Az.: 3 K 1383/05)

– Verwaltungsvorschriften z. B. über die Förderung bestimmter Projekte und Maßnahmen unterliegen keiner eigenständigen richterlichen Auslegung wie Rechtsnormen. Entscheidend ist vielmehr, wie die zuständigen Behörden die Verwaltungsvorschrift im maßgeblichen Zeitpunkt in ständiger Praxis gehandhabt haben und in welchem Umfang sie infolge dessen durch den Gleichheitssatz (Art. 3 Abs. 1 GG) gebunden sind. **Die für das Gericht im Rahmen des § 114 VwGO nachprüfbaren Grenzen des Ermessens bestimmen sich danach, ob im Einzelfall der durch die gesetzliche Zweckbestimmung gezogene Rahmen nicht beachtet oder der Gleichheitssatz verletzt worden ist. Abzustellen ist dabei auf die tatsächliche Vergabepraxis der Bewilligungsbehörde zum Zeitpunkt der Entscheidung über den Fördermittelantrag** (VG Potsdam, Urteil v. 17. 8. 2010 – Az.: 3 K 1383/05)

– Aufwendungen, die unter Verstoß gegen Vergabevorschriften entstanden sind, können in einer Landesverordnung **als nicht zuschussfähig** behandelt werden (OVG Schleswig-Holstein, Urteil v. 23. 8. 2001 – Az.: 4 L 5/01)

– ein Bescheid, mit dem das Land einen **Bewilligungsbescheid** über einen Zuschuss für ein städtisches Freibad **wegen Nichtbeachtung der VOB widerruft** und den gezahlten Zuschuss zurückfordert, ist rechtswidrig, wenn das Land von dem ihm **zustehenden Ermessen bei der Entscheidung über den Widerruf keinen Gebrauch macht** (VG Düsseldorf, Urteil v. 19. 5. 1978 – Az.: 1 K 1719/77).

10.10.2.4 Literatur

2611 – Antweiler, Clemens, Subventionskontrolle und Auftragsvergabekontrolle durch Bewilligungsbehörden und Rechnungshöfe, NVwZ 2005, 168

– Braun, Christian, Rückforderungen von europäischen Zuwendungen bei Vergaberechtsverstößen, NZBau 2010, 279

– Brune, Markus, Zuwendungsrecht und Vergaberecht – Zur verfassungsrechtlichen Kontrollkompetenz der Rechnungshöfe, VergabeR 2006, 864

– Dreher, Meinrad, Das Verhältnis von Kartellvergabe- und Zuwendungsrecht – Ausschreibungsfreiheit oder Ausschreibungspflicht bei zuwendungsmitfinanzierten In-house-Vergaben? – Teil 1, NZBau 2008, 93

– Drey, Franz, Wenn Rückzahlung droht – Der sorgfältige Umgamg mit Fördergeldern, Behörden Spiegel September 2009, 25

– Greb, Klaus, Die Rückforderung von Zuwendungen wegen Verstoßes gegen Vergaberecht, VergabeR 2010, 387

– Haak, Sandra/Hogeweg, Michaela, Wenn das Geld falsch fließt – Rückforderungsrechte beim Konjunkturpaket II, Behörden Spiegel, März 2009, 17

– Kulartz, Hans-Peter/Schilder, Hendrik, Rückforderung von Zuwendungen wegen Vergaberechtsverstößen, NZBau 2005, 552

– Martin-Ehlers, Andrés, Die Rückforderung von Zuwendungen wegen der Nichteinhaltung von vergaberechtlichen Auflagen, NVwZ 2007, 289

– Mayen, Thomas, Durchführung von Förderprogrammen und Vergaberecht, NZBau 2009, 98

– Müller, Hans-Martin, Zuwendungen und Vergaberecht, VergabeR 2006, 592

– Schilder, Hendrik, Grenzen der Zuwendungsrückforderung wegen Vergaberechtsverstoßes, NZBau 2009, 155

10.10.3 Beitragsrecht

Ausgangspunkt der rechtlichen Betrachtung für das Beitragsrecht ist, dass Kosten (z. B. für die Erschließung einer Straße) tatsächlich angefallen sind. Dieser tatsächliche Aufwand ist im Grundsatz beitragsfähig. Etwas **anderes kann nur dann gelten, wenn durch eine öffentliche (europaweite) Ausschreibung niedrigere Kosten bei der Erstellung der Anlage angefallen wären** (OVG Nordrhein-Westfalen, Urteil v. 19. 2. 2008 – Az.: 15 A 2568/05). **In der Regel gibt es dafür keine belegbaren Anhaltspunkte, sondern allenfalls Vermutungen.** Es lässt sich somit nicht sicher feststellen, dass die Anlage durch die nur beschränkt erfolgte Ausschreibung tatsächlich zu teuer erstellt worden ist und – wenn ja – wie viel Prozent der Kosten nicht „erforderlich" gewesen wären (OVG Mecklenburg-Vorpommern, B. v. 13. 11. 2001 – Az.: 4 K 24/99; OVG Magdeburg, B. v. 18. 1. 2000 – Az.: A 2 S 525/95). 2612

Auch bei einer eventuellen **Mischkalkulation** ist beitragsrechtlich zu prüfen, ob **dadurch ein höherer Aufwand bzw. Angebotspreis entstanden** ist (OVG Nordrhein-Westfalen, Urteil v. 19. 2. 2008 – Az.: 15 A 2568/05). 2613

11. § 101 a GWB – Informations- und Wartepflicht

(1) **Der Auftraggeber hat die betroffenen Bieter, deren Angebote nicht berücksichtigt werden sollen, über den Namen des Unternehmens, dessen Angebot angenommen werden soll, über die Gründe der vorgesehenen Nichtberücksichtigung ihres Angebots und über den frühesten Zeitpunkt des Vertragsschlusses unverzüglich in Textform zu informieren.** Dies gilt auch für Bewerber, denen keine Information über die Ablehnung ihrer Bewerbung zur Verfügung gestellt wurde, bevor die Mitteilung über die Zuschlagsentscheidung an die betroffenen Bieter ergangen ist. Ein Vertrag darf erst 15 Kalendertage nach Absendung der Information nach den Sätzen 1 und 2 geschlossen werden. Wird die Information per Fax oder auf elektronischem Weg versendet, verkürzt sich die Frist auf zehn Kalendertage. Die Frist beginnt am Tag nach der Absendung der Information durch den Auftraggeber; auf den Tag des Zugangs beim betroffenen Bieter und Bewerber kommt es nicht an.

(2) **Die Informationspflicht entfällt in Fällen, in denen das Verhandlungsverfahren ohne vorherige Bekanntmachung wegen besonderer Dringlichkeit gerechtfertigt ist.**

11.1 Vergaberechtsmodernisierungsgesetz 2009

Bislang regelte § 13 Vergabeverordnung die Pflicht des öffentlichen Auftraggebers, die Bieter, deren Angebote nicht berücksichtigt werden sollen, über diese Absicht zu informieren und den Vertrag erst zu schließen, wenn die Information erteilt wurde und eine Frist von 14 Tagen vergangen ist. Tat der Auftraggeber dies nicht, war der Vertrag nichtig. Die **Regelung des § 13 VgV wird mit etwas abweichendem Wortlaut in § 101a Absatz 1 übernommen.** Dabei wird der **Wortlaut der Vorschrift auf die „betroffenen Bieter und Bewerber"** i. S. d. des Art. 2a Abs. 2 Drucksache 349/08 38 UAbs. 2 und 3 Richtlinie 2007/66/EG des Europäischen Parlamentes und des Rates vom 11. Dezember 2007 zur Änderung der Richtlinien 89/665/EWG und 92/13/EWG des Rates im Hinblick auf die Verbesserung der Wirk- 2614 samkeit der Nachprüfungsverfahren bezüglich der Vergabe öffentlicher Aufträge (Rechtsmittel-Richtlinie) **ausgerichtet.**

2615 **Bieter gelten dann als betroffen, wenn sie noch nicht endgültig ausgeschlossen wurden.** Ein Ausschluss ist endgültig, wenn er den betroffenen Bietern mitgeteilt wurde und entweder vor der Vergabekammer als rechtmäßig anerkannt wurde oder keinem Nachprüfungsverfahren mehr unterzogen werden kann. **Bewerber gelten dann als betroffen, wenn der öffentliche Auftraggeber ihnen keine Information über die Ablehnung ihrer Bewerbung zur Verfügung gestellt** hat, bevor die Mitteilung der Zuschlagsentscheidung an die betroffenen Bieter ergangen ist.

2616 Die Vorschrift setzt auch Artikel 2a Abs. 2 Unterabsatz. 1 der Richtlinie 2007/66/EG um. Die **Wartefrist ist nunmehr gesetzlich geregelt und hinsichtlich der Dauer an die Vorgaben der Rechtsmittel-Richtlinie angepasst.** Dabei wird – entgegen dem Gesetzentwurf – **keine einheitliche Frist** für sämtliche Kommunikationsmittel festgelegt.

2617 Der Wortlaut der Vorschrift des § 101a GWB wurde im Laufe des Gesetzgebungsverfahrens **durch die Pluralbildung (die Gründe) an den allgemeinen Sprachgebrauch angepasst.** Entscheidend kommt es darauf an, dass der **unterlegene Bieter oder Bewerber eine aussagekräftige Begründung für die Nichtberücksichtigung seines Angebots erhält.** Ist **nur ein Grund für die Nichtberücksichtigung vorhanden, reicht selbstverständlich die Angabe dieses einen Grundes** aus. Die Pluralbildung soll verdeutlichen, dass der unterlegene Bieter oder Bewerber durch diese Information möglichst frühzeitig Klarheit über die Erfolgsaussichten eines Rechtsschutzverfahrens gewinnen können soll. Aus diesem Grund wird der öffentliche Auftraggeber zur unverzüglichen Information in Textform verpflichtet (§ 121 Abs. 1 BGB). Im Übrigen wird von der Möglichkeit der Differenzierung nach Art. 1 Abs. 5 Uabs. 3 der Richtlinie 2007/66/EG Gebrauch gemacht.

2618 Der öffentliche **Auftraggeber kann über die in § 101a vorgegebenen Angaben hinaus auch weitere nützliche Informationen an die Unternehmen geben.** In der Praxis hat sich z. B. gezeigt, dass die Angabe auch der Platzierung der jeweiligen Angebote der Unternehmen hilfreich sein kann. Aus der Angabe der Platzierung kann das Unternehmen Rückschlüsse für die Zulässigkeit eines Nachprüfungsantrages ziehen. Nachprüfungsanträge, die wegen schlechter Platzierung keine Chance auf einen Zuschlag haben, sind in der Regel wegen fehlender Antragsbefugnis unzulässig. Eine **Angabe der Platzierung** schützt daher die Unternehmen vor Verfahrenskosten in Nachprüfungsverfahren, die sie in Kenntnis ihrer Platzierung nicht anstrengen würden. Von einer Verpflichtung zur Angabe der Platzierung wurde wegen der dann damit verknüpften Rechtsfolge der Unwirksamkeit bei einem Fehlen der Angabe jedoch abgesehen.

2619 Die **Information über den Grund der Nichtberücksichtigung** eines Angebotes **muss dem Unternehmen, das ein erfolgloses Angebot vorgelegt hat, hinreichend deutlich machen, aus welchem Grund sein Angebot nicht zu berücksichtigen war und welches Unternehmen den Zuschlag erhalten soll.** Die Begründung hat auch die Komplexität des Auftrages und den daraus resultierenden Aufwand für die Angebotserstellung zu berücksichtigen. Ein **bloßer Hinweis darauf, dass das Angebot nicht das wirtschaftlichste gewesen sei, genügt der Informationspflicht nicht.**

11.2 Verknüpfung zwischen § 101a GWB, § 101b GWB und § 13 VgV (alt)

2620 **§ 101a GWB** regelt die **Verhaltenspflichten des Auftraggebers** und **§ 101b GWB** die **Rechtsfolgen** einer nicht den Regeln des § 101a GWB entsprechenden Verhaltensweise des Auftraggebers.

2621 Die bisherige Verweisung auf § 13 VgV und der entsprechende Inhalt sind damit **in das GWB integriert** worden.

11.3 Eigenständige Informationspflicht

2622 Der Auftraggeber hat **neben den Informationspflichten aus VOB, VOL und VOF** eine **eigenständige Informationspflicht** nach § 101a GWB. Inhalt und Reichweite dieser Informationspflicht sind teilweise sehr umstritten.

11.4 Sinn und Zweck der Informations- und Wartepflicht

Der auf dem europäischen Recht (**Rechtsmittelkoordinierungsrichtlinie** und **Sektorenrechtsmittelkoordinierungsrichtlinie** – zuletzt geändert durch die Richtlinie 2007/66/EG) basierende Rechtsschutz verlangt, dass **für einen ausgeschlossenen Bieter die Möglichkeit vorgesehen wird, die Frage der Gültigkeit der Zuschlagsentscheidungen rechtzeitig prüfen zu lassen.** In Anbetracht der Erfordernisse der praktischen Wirksamkeit der Nachprüfungsrichtlinien folgt daraus, dass **ein angemessener Zeitraum zwischen dem Zeitpunkt, zu dem die Zuschlagsentscheidung den ausgeschlossenen Bietern mitgeteilt wird, und dem Vertragsschluss liegen muss**, damit diese insbesondere einen Antrag auf Erlass vorläufiger Maßnahmen bis zum Vertragsschluss stellen können (EuGH, Urteil v. 28. 1. 2010 – Az.: C-406/08; Urteil v. 3. 4. 2008 – Az.: C-444/06). Der Umsetzung dieses Rechtsschutzziels dienen §§ 101a, 101b GWB (1. VK Bund, B. v. 19. 11. 2008 – Az.: VK 1-135/08; B. v. 19. 11. 2008 – Az.: VK 1-126/08). Die **Modalitäten gerichtlicher Verfahren** zum Schutz der Rechte, die das Gemeinschaftsrecht den durch Entscheidungen der öffentlichen Auftraggeber geschädigten Bewerbern und Bietern einräumt, **dürfen außerdem die praktische Wirksamkeit der Rechtsmittelrichtlinie nicht beeinträchtigen** (EuGH, Urteil v. 28. 1. 2010 – Az.: C-456/08; Urteil v. 28. 1. 2010 – Az.: C-406/08).

Die Informationspflicht des Auftraggebers dient also primär dazu, die **Bieter durch einen Vertragsschluss nicht vor vollendete Tatsachen zu stellen** und sie so der Möglichkeit zu berauben, die Zuschlagsentscheidung des Auftraggebers überprüfen zu lassen (BGH, Urteil v. 22. 2. 2005 – Az.: KZR 36/03; OLG Karlsruhe, B. v. 16. 6. 2010 – Az.: 15 Verg 4/10; B. v. 29. 8. 2008 – Az.: 15 Verg 8/08; VK Baden-Württemberg, B. v. 31. 7. 2008 – Az.: 1 VK 24/08; B. v. 13. 2. 2006 – Az.: 1 VK 1/06; VK Brandenburg, B. v. 17. 12. 2009 – Az.: VK 21/09; 1. VK Bund, B. v. 19. 11. 2008 – Az.: VK 1-135/08; B. v. 19. 11. 2008 – Az.: VK 1-126/08; VK Südbayern, B. v. 1. 1. 2009 – Az.: Z3-3-3194-1-41-11-08; B. v. 31. 10. 2002 – Az.: 42-10/02). Die Verpflichtung des Auftraggebers, diejenigen Bieter, die er nicht berücksichtigen will, vor der endgültigen Auftragsvergabe zu informieren, und das an den Auftraggeber gerichtete sanktionsbewehrte Verbot, innerhalb der Schutzfrist von 15 Tagen den ins Auge gefassten Vertrag zustande zu bringen, **verschaffen den von einer Absage betroffenen Bietern die Gelegenheit, bis zum Fristablauf Vergaberechtsschutz in Anspruch zu nehmen** (OLG Dresden, B. v. 11. 4. 2005 – Az.: WVerg 05/05; OLG Karlsruhe, B. v. 29. 8. 2008 – Az.: 15 Verg 8/08; VK Baden-Württemberg, B. v. 13. 2. 2006 – Az.: 1 VK 1/06).

Aus dieser Zielsetzung folgt, dass einem Bieter, der in einem noch nicht durch Zuschlagserteilung abgeschlossenen Vergabeverfahren ein Nachprüfungsverfahren einleitet, ein schutzwürdiges Interesse im Hinblick auf die Einhaltung der Vorschrift des § 101a GWB nicht mehr zukommt. Die rechtlich schutzwürdigen Interessen des Bieters sind voll umfänglich bereits dadurch gewahrt, dass ein Nachprüfungsantrag vor Zuschlagserteilung an den öffentlichen Auftraggeber zugestellt wurde (VK Brandenburg, B. v. 17. 12. 2009 – Az.: VK 21/09).

Die **Nichtigkeitsfolge** – so das alte Recht des § 13 VgV – **als auch die schwebende Unwirksamkeit des § 101b GWB** – so das neue Recht – **sichert die Einhaltung dieser Frist.** Sie schützt den unterlegenen Bieter, indem sie verhindert, dass durch die Erteilung des Zuschlags unumkehrbare Rechtsfolgen eintreten. **Mit dieser Regelung entspricht der Verordnungsgeber dem gemeinschaftsrechtlichen Gebot**, die dem Vertragsschluss vorangehende Entscheidung des Auftraggebers darüber, mit welchem Bieter eines Vergabeverfahrens er den Vertrag schließt, in jedem Fall einem Nachprüfungsverfahren zugänglich zu machen (BGH, Urteil v. 22. 2. 2005 – Az.: KZR 36/03; OLG Karlsruhe, B. v. 16. 6. 2010 – Az.: 15 Verg 4/10; VK Baden-Württemberg, B. v. 31. 7. 2008 – Az.: 1 VK 24/08; 1. VK Bund, B. v. 19. 11. 2008 – Az.: VK 1-135/08; B. v. 19. 11. 2008 – Az.: VK 1-126/08).

§§ 101a, 101b GWB haben damit **zwei Regelungstatbestände**: Die Begründung eines subjektiven Rechts der Bieter auf Informationen über die beabsichtigte Auftragsvergabe und die an ein gesetzlich aufgestelltes Verbot geknüpfte Nichtigkeit des unter Verstoß gegen diese Informationspflicht abgeschlossenen Vertrages (VK Brandenburg, B. v. 21. 4. 2004 – Az.: VK 12/04).

11.5 Persönliche Reichweite der Informationspflicht

11.5.1 Bieter

§ 101a GWB trägt, in gleicher Weise wie etwa Vorschriften über Dokumentationspflichten im Vergabeverfahren, **zunächst instrumentellen Charakter**; die darin getroffenen Regelungen sind nicht um ihrer selbst willen umzusetzen, sie dienen vielmehr der Absicherung der Rechtsschutzmöglichkeiten der Beteiligten. Die Entstehungsgeschichte des § 101a und des § 13 VgV belegt, dass der Gesetz- bzw. Verordnungsgeber damit den Zweck verfolgt hat, **einem betroffenen Bieter** die zur rechtzeitigen Geltendmachung eines Nachprüfungsverfahrens erforderliche Kenntnis von dem beabsichtigten Abschluss des Vergabeverfahrens zu seinem Nachteil zu verschaffen und ihm damit den Zugang zu einem Verfahren des Primärrechtsschutzes vor einer diesen abschneidenden Entscheidung der Vergabestelle offen zu halten. Dieser Zweck legt nicht nur den Schluss nahe, dass die Berufung auf eine Verletzung der dem Auftraggeber obliegenden Pflichten aus § 101a GWB und auf die sich daraus etwa ergebenden Rechtsfolgen **nur den Beteiligten des vorangegangenen Vergabeverfahrens** (samt denen, die hieran vergaberechtskonform hätten beteiligt werden müssen), **nicht aber außenstehenden Dritten** möglich ist. Er spricht auch dafür, dass der vorgenannte Adressatenkreis der bieterschützenden Wirkung von § 101a GWB diesen **Schutz nur innerhalb eines** (den üblichen Zulässigkeitsschranken unterliegenden) **Nachprüfungsverfahrens geltend machen kann, dessen Erreichbarkeit für den Bieter § 101a GWB gerade sicherstellen will** (OLG Dresden, B. v. 14. 2. 2003 – Az.: WVerg 0011/01).

2629 Es besteht auch keine Veranlassung, bei einer auf § 101b GWB beruhenden Vertragsnichtigkeit außenstehenden Dritten in einer derartigen Konstellation **weitergehende Rechte einzuräumen, als sie den am Vergabeverfahren beteiligten Unternehmen** zuständen. Eröffnet sich für diese die über § 115 Abs. 1 GWB hinausgehende Rechtsfolgen in einer zusätzlichen Absicherung der Zugangsmöglichkeit zu einem zulässigen Vergabenachprüfungsverfahren, so ist es außenstehenden Dritten nicht möglich, allein unter Berufung auf einen den Beteiligten gegenüber erfolgten Verstoß gegen § 101a GWB die Aufhebung eines im Übrigen ordnungsgemäßen Vergabeverfahrens und eine erneute Ausschreibung zu verlangen. Wollte man dies annehmen, so müsste sich der Dritte mit einem solchen Begehren (und dies grundsätzlich unbefristet und allenfalls durch die an seinen eigenen Kenntnisstand geknüpfte Präklusionswirkung des 107 Abs. 3 GWB zeitlich begrenzt) auch durchsetzen, wenn keiner der am Vergabeverfahren Beteiligten eine Verletzung des § 101a GWB beanstandet hat. Das entspricht nicht dem Regelungszweck dieser Vorschrift (OLG Dresden, B. v. 9. 11. 2001 – Az.: WVerg 0009/01).

2630 **Bieter im Sinn von § 101a GWB** ist ein **Beteiligter des Vergabeverfahrens**, der **Träger subjektiver Rechte** ist und dem **grundsätzlich ein Zugang zum Nachprüfungsverfahren** zur Durchsetzung dieser Rechte eröffnet ist (OLG Naumburg, B. v. 3. 9. 2009 – 1 Verg 4/09).

2631 **Auch derjenige Bieter muss nach § 101a GWB informiert werden, der zwar ein Angebot abgegeben hat, aber dieses ggf. nicht innerhalb der gesetzten Einreichungsfrist dem Verhandlungsleiter zugegangen ist**. Die Verspätung nimmt dem Absender dieser Angebote nicht die Rechtsstellung eines Bieters, also z.B. eines Dienstleistungserbringers, der ein Angebot eingereicht hat. Würde man diese Bieter von der ab Erreichen der EU-Schwellenwerte automatisch vorzunehmenden Vorinformation ausnehmen, würde diese um ihre Primärrechtsschutzmöglichkeiten gebracht, zu deren Realisierung gerade die Informationspflicht eingeführt wurde. Wie z.B. § 19 EG Abs. 3 lit. e) nämlich zeigt, kann auch ein verspätetes Angebot noch in die Wertung gelangen, wenn der verspätete Eingang durch Umstände verursacht worden ist, die nicht vom Bieter zu vertreten sind. Wird der verspätete Bieter aber vor Zuschlagserteilung nicht von dem verspäteten Eingang seines Angebots informiert, hat er keine effektiven Rechtsschutzmöglichkeiten mehr, letztgenannten Ausnahmetatbestand geltend zu machen (1. VK Sachsen, B. v. 16. 12. 2004 – Az.: 1/SVK/118-04)

11.5.2 Bieter, denen der Zuschlag erteilt werden soll?

2632 Die Bestimmung der §§ 101a, 101b GWB soll – wie aber auch der aufgehobene § 13 VgV – **den voraussichtlich unterliegenden Bieter schützen**. Diesem soll aufgrund der Vorabinformation ermöglicht werden, mit Erfolg effektiven Primärrechtsschutz in einem Nachprüfungsverfahren zu suchen. Er soll in die Lage versetzt werden, die Vergabeentscheidung und die Aussichten des ihm zustehenden Vergaberechtsschutzes zu beurteilen. Dazu installierte der Verordnungsgeber im Anschluss an die Entscheidung des EuGH vom 28. 10. 1999, Rechtssache C-81/68 („Alcatel Austria") mit § 13 Satz 4 VgV – jetzt § 101b GWB – eine den Rechtsschutz flankierende Nichtigkeitsanordnung, die einen wirksamen Vertragsschluss vor einer Überprüfung der Vergabeentscheidung verhindert. **Geschützte Adressaten der in der Vorschrift begründeten Informationspflicht sind mithin allein die unterliegenden Bieter**. Wenn aber schon die Spezialnormen des Vergaberechts nicht den obsiegenden Bieter schützen sollen, dann ist nicht

Gesetz gegen Wettbewerbsbeschränkungen GWB § 101a **Teil 1**

zu sehen, wieso ihm ein irgendwie gearteter Schutz nach Abschluss des Vergabeverfahrens zufallen soll. Insgesamt lässt sich daher Einiges dafür anführen, im **Wege der teleologischen Reduktion** dem obsiegenden Bieter ganz allgemein zu versagen, sich gegenüber dem öffentlichen Auftraggeber nach Erteilung des Zuschlages auf die Unwirksamkeit gemäß § 13 Satz 4 VgV (a. F.) und § 101 b GWB zu berufen (OLG Düsseldorf, Urteil v. 25. 6. 2003 – Az.: U (Kart) 36/02).

11.5.3 Anonyme Rügeführer

Weder § 97 Abs. 7 GWB noch die Rechtsmittelrichtlinie erfordern, dass dem Unternehmen freigestellt ist, wie es bei einem Nachprüfungsverfahren vorgeht. Denn die **Rechtsmittelrichtlinie und § 97 Abs. 7 GWB beziehen sich auf ein geordnetes rechtliches Nachprüfungsverfahren**. Es genügt für ein Nachprüfungsverfahren in diesem Sinne nicht, ohne Namensnennung Beanstandungen erheben zu lassen. Zu jedem rechtlich geordneten Verfahren gehört, dass die Beteiligten namhaft gemacht sind. Denn nur so können sie für ihre Verhaltensweise im Verfahren auch zur Verantwortung gezogen werden. Ein Verfahren mit einem unbekannten Verfahrensbeteiligten ist für niemanden zumutbar und nicht nur im Hinblick auf die Kosten, die ein Verfahren auslöst, für den Gegner des unbenannten Verfahrensbeteiligten unübersehbar. Es verstößt gegen die Prinzipien rechtsstaatlicher Verfahren, einem nicht bekannten Akteur zu ermöglichen, andere staatlichen Maßnahmen, die mit jedem förmlichen Verfahren verbunden sind, auszusetzen. Im Vergabeverfahren kommt hinzu, dass wegen der Bedeutung der Eigenschaften des antragstellenden Unternehmens für die Vergabe und die Beurteilung des Vergabeverfahrens (z. B. Eignung des Unternehmens, ausgeschlossene Personen gemäß § 16 VgV) die Kenntnis um die Person des (zukünftigen) Antragstellers für die Sachbehandlung von großer Bedeutung ist (OLG Celle, B. v. 25. 8. 2005 – Az.: 13 Verg 8/05).

2633

11.5.4 Bewerber

11.5.4.1 Nationale Regelung

Die Informationspflicht des § 101a GWB gilt nach § 101 a Abs. 1 Satz 2 GWB **ausdrücklich auch für Bewerber**, denen keine Information über die Ablehnung ihrer Bewerbung zur Verfügung gestellt wurde, bevor die Mitteilung über die Zuschlagsentscheidung an die betroffenen Bieter ergangen ist.

2634

Der Auftraggeber muss also **entweder nach Abschluss eines Bewerbungsverfahrens** – etwa im Rahmen der VOF – **oder spätestens bei einer Auftragserteilung** auch die erfolglosen Bewerber informieren. **Im Sinne eines rationellen Verfahrensablaufes** ist jeder **Auftraggeber gut beraten, die Bewerberinformation möglichst schon nach Abschluss des Bewerbungsverfahrens durchzuführen**, um nicht Gefahr zu laufen, im eigentlichen Vergabeverfahren von eventuellen Fehlern im Bewerbungsverfahren eingeholt zu werden.

2635

Es handelt sich bei der Regelung des § 101 a Abs. 1 Satz 2 GWB **nicht um eine materielle Erweiterung, sondern lediglich um eine Klarstellung**. Die Rechtsprechung hatte bereits in der Vergangenheit Bewerbern einen solchen Rechtsschutz zugebilligt. Vgl. insoweit die Kommentierung → Rdn. 37 ff.

2636

11.5.4.2 Die Rechtsprechung des EuGH

Nach der Rechtsprechung des EuGH können Bewerber und Bieter nur dann rechtzeitig die nötigen Vorkehrungen treffen, um etwaige Verstöße gegen das Vergaberecht wirksam im Sinne der Rechtsmittelrichtlinie nachprüfen zu lassen, **wenn aus den nationalen Rechtsvorschriften klar hervorgeht, dass auch Vorbereitungshandlungen oder Zwischenbescheide, die Vergabebehörden im Rahmen von öffentlichen Vergabeverfahren erlassen, den Lauf einer Ausschlussfrist auslösen**. Es entspricht daher nicht den Anforderungen der Rechtsmittelrichtlinie, dass eine im nationalen Recht vorgesehene Frist für den Nachprüfungsantrag, ohne dass dies im Wortlaut dieser Bestimmung klar ausgesprochen wäre, auch für die Nachprüfung von Zwischenbescheiden gilt, die Vergabebehörden im Rahmen von öffentlichen Vergabeverfahren erlassen (EuGH, Urteil v. 28. 1. 2010 – Az.: C-456/08).

2637

Auch das mit der Rechtsmittelrichtlinie verfolgte **Ziel zügiger Behandlung muss im innerstaatlichen Recht im Einklang mit den Erfordernissen der Rechtssicherheit verwirklicht werden**. Die Mitgliedstaaten haben zu diesem Zweck für die Fristen eine hinreichend klare, bestimmte und überschaubare Regelung zu schaffen, so dass die Einzelnen ihre

2638

Rechte und Pflichten erkennen können. Das genannte **Ziel zügiger Behandlung gestattet es den Mitgliedstaaten nicht, vom Grundsatz der Effektivität abzuweichen, wonach die Art und Weise der Anwendung nationaler Ausschlussfristen nicht die Ausübung der Rechte, die dem Betroffenen nach dem Gemeinschaftsrecht zustehen, praktisch unmöglich machen oder übermäßig erschweren** dürfen; dieser Grundsatz liegt dem Ziel der Wirksamkeit der Nachprüfung zugrunde, das in der Rechtsmittelrichtlinie ausdrücklich genannt ist (EuGH, Urteil v. 28. 1. 2010 – Az.: C-456/08).

2639 **Hierbei spielt es auch keine Rolle, dass die nationale Rechtsprechung Vorbereitungshandlungen oder Zwischenbescheide analog den Endentscheidungen behandelt.** Nach ständiger Rechtsprechung des Gerichtshofs erfordert die Umsetzung einer Richtlinie zwar nicht notwendigerweise eine förmliche und wörtliche Übernahme ihrer Bestimmungen in eine ausdrückliche und besondere Rechts- oder Verwaltungsvorschrift und ihr kann auch ein allgemeiner rechtlicher Kontext genügen, doch muss dieser hinreichend klar und bestimmt sein, damit die Begünstigten in die Lage versetzt werden, von allen ihren Rechten Kenntnis zu erlangen und diese gegebenenfalls vor den nationalen Gerichten geltend zu machen. Soweit eine nationale Regelung es zulässt, dass die nationalen Gerichte die für Anträge auf Nachprüfung von Entscheidungen zur Vergabe von öffentlichen Aufträgen vorgesehene Ausschlussfrist **analog anwenden auf Rechtsbehelfe gegen Zwischenbescheide von Vergabebehörden, die im Rahmen der Vergabe solcher Aufträge ergehen und für die der Gesetzgeber diesen Ausschluss nicht ausdrücklich vorgesehen hat, ist die dadurch entstehende Rechtslage nicht hinreichend klar und bestimmt, um die Gefahr ausschließen zu können, dass den betroffenen Bewerbern und Bietern durch ein nationales Gericht auf der Grundlage einer von ihm vorgenommenen Auslegung dieser Bestimmung ihr Recht auf Nachprüfung genommen** wird (EuGH, Urteil v. 28. 1. 2010 – Az.: C-456/08).

2640 **Angesichts der sicherlich nicht eindeutigen Formulierung der §§ 102, 101a GWB vermögen Mitteilungen über Zwischenentscheidungen eines Auftraggebers nach § 101a GWB** (z. B. Beschränkung der Bieter nach einem Teilnahmewettbewerb) **keine Fristen in Gang zu setzen.** Der Auftraggeber muss – will er den sicheren Weg wählen – nach der Vergabeentscheidung auch die ausgeschiedenen Bewerber – nochmals oder erstmals – nach § 101a GWB informieren.

11.6 Verfahrensmäßige Reichweite der Informationspflicht

11.6.1 Informationspflicht beim Verhandlungsverfahren

11.6.1.1 Grundsatz

2641 Schon nach der Rechtsprechung zu § 13 VgV galt die Regelung des § 13 VgV in allen seinen Bestimmungen auch für Verhandlungsverfahren (OLG Celle, B. v. 5. 2. 2004 – Az.: 13 Verg 26/03; OLG Düsseldorf, B. v. 24. 2. 2005 – Az.: VII – Verg 88/04; B. v. 23. 2. 2005 – Az.: VII – Verg 87/04; B. v. 23. 2. 2005 – Az.: VII – Verg 86/04; B. v. 23. 2. 2005 – Az.: VII – Verg 85/04; Schleswig-Holsteinisches OLG, B. v. 28. 11. 2005 – Az.: 6 Verg 7/05; Thüringer OLG, B. v. 28. 1. 2004 – Az.: 6 Verg 11/03; B. v. 14. 10. 2003 – Az.: 6 Verg 5/03; VK Berlin, B. v. 26. 8. 2004 – VK – B 1–36/04; 3. VK Bund, B. v. 29. 9. 2005 – Az.: VK 3–121/05; VK Halle, B. v. 22. 4. 2002 – Az.: VK Hal 05/02, B. v. 1. 10. 2002 – Az.: VK Hal 24/02; VK Niedersachsen, B. v. 17. 4. 2009 – Az.: VgK-12/2009; 1. VK Sachsen-Anhalt, B. v. 12. 7. 2007 – Az.: 1 VK LVwA 13/07; B. v. 5. 9. 2006 – Az.: 1 VK LVwA 29/06; VK Schleswig-Holstein, B. v. 14. 5. 2008 – Az.: VK-SH 06/08); denn nach seinem Wortlaut deutet nichts darauf hin, dass von der Informationspflicht und den Rechtsfolgen bei der Verletzung der Informationspflicht eine Ausnahme für Verhandlungsverfahren gemacht werden sollte. Auch nach dem Zweck der Vorschrift müssen Verhandlungsverfahren in ihren Geltungsbereich einbezogen werden. Dabei kann es zum Schutz der Bieter, die sich an dem Verhandlungsverfahren mit einem Angebot beteiligt haben, **nicht darauf ankommen, ob das Verhandlungsverfahren mit oder ohne veröffentlichte Vergabebekanntmachung** eingeleitet und durchgeführt worden ist (VK Hessen, B. v. Juni 2001 – Az.: 69d VK – 17/2001). War das Unterlassen einer öffentlichen Bekanntmachung ein Vergaberechtsverstoß, kann ein in dieser Phase begangener Vergaberechtsverstoß es aber nicht rechtfertigen, dass sich deshalb die Pflichtenlage des öffentlichen Auftraggebers in einer späteren Phase des Vergabeverfahrens verringert. Denn die Anwendbarkeit des § 13 VgV richtet sich nach der objektiven Rechtslage; der öffentliche Auftraggeber hat nicht die rechtliche Kompetenz, durch sein Verhalten über den Eintritt und die Reichweite der Nichtigkeitsfolgen des § 13 Satz 4 VgV (a.F.) zu disponieren (OLG Düsseldorf,

B. v. 30. 4. 2003 – Az.: Verg 67/02; ebenso VK Lüneburg, B. v. 12. 11. 2003 – Az.: 203-VgK-27/2003 – für die neue Fassung des § 13).

Ein **effektiver Rechtsschutz ist außerdem völlig ausgehöhlt,** wenn bei besonders weitgehenden Verstößen gegen die Vergabebestimmungen, nämlich der Wahl der am meisten diskriminierenden Vergabeart oder der direkten Vergabe gänzlich ohne Bezug zum Vergaberecht, sanktionslos Fakten geschaffen werden. Ein anderes, ausschließlich am Wortlaut orientiertes Verständnis der Norm würde dazu führen, dass die Norm mit der europarechtlichen Forderung nach effektivem Rechtsschutz kaum vereinbar wäre. Mit **Praktikabilitätserwägungen, z. B. der Unüberschaubarkeit des Kreises der potentiellen Bieter und damit der nach § 13 VgV zu Informierenden, kann die Pflicht nach § 13 VgV nicht ausgehebelt werden.** Wer sich für die am weitestgehend wettbewerbsverengenden und damit diskriminierenden Vergabearten entscheidet, **kennt das Risiko und nimmt es bewusst in Kauf** (VK Düsseldorf, B. v. 15. 8. 2003 – Az.: VK – 23/2003 – L). 2642

Die **Informationspflicht im Verhandlungsverfahren ist auch nicht auf Bieter begrenzt, die bis zum Schluss an den Verhandlungen teilgenommen und ein letztes Angebot abgegeben** haben. Als Bieter sind (mindestens) alle Beteiligten eines Vergabeverfahrens anzusehen, die ein Angebot abgegeben haben. Dabei **reicht die Abgabe eines ersten indikativen Angebots aus**. Eine andere Auslegung wäre durch den Wortlaut der Verordnung nicht gedeckt. Auch erscheint anhand der Zielsetzung dieser Bestimmung keine entsprechende Einschränkung ihres Anwendungsbereichs geboten (VK Schleswig-Holstein, B. v. 14. 5. 2008 – Az.: VK-SH 06/08). 2643

An dieser Rechtsprechung hat sich inhaltlich durch die Aufnahme der §§ 101 a, 101 b in das GWB nichts geändert. 2644

11.6.1.2 Einschränkungen

Nach Auffassung des Thüringer Oberlandesgerichts (B. v. 28. 1. 2004 – Az.: 6 Verg 11/03), der VK Thüringen (VK Thüringen, B. v. 24. 10. 2003 – Az.: 216–4002.20–025/03-ABG) und der VK Sachsen-Anhalt (1. VK Sachsen-Anhalt, B. v. 12. 7. 2007 – Az.: 1 VK LVwA 13/07) kommt bei einem Verhandlungsverfahren ohne vorherige Bekanntmachung **nicht jeder eventuell auf dem Markt agierende Bieter auch als Antragsteller in Betracht**. Voraussetzung für die Antragsbefugnis ist eine **konkrete, aktive, willensgetragene Äußerung** einer Firma **gegenüber der Vergabestelle** die den Willen zur Ausführung von Leistungen der zu vergebenden Art im Vorfeld der Ausschreibung zum Ausdruck bringt. Nur diese aktive willensgetragene Äußerung qualifiziert dann diejenige Firma zu einem Bieter im Sinne der §§ 102 ff. GWB und damit auch zu einem Bieter der zu betreffenden Verhandlungsverfahren die Antragsbefugnis besitzt (VK Arnsberg, B. v. 22. 10. 2004 – Az.: VK 2–20/2004). Allein die Teilnahme an einem vorher von der Vergabestelle durchgeführten Vergabeverfahren stellt nicht eine wie oben geforderte aktive willensgetragene Äußerung einer Firma dar, die diese damit zu einem Bieter im Sinne der §§ 102 ff. GWB qualifizieren würde. Das bloße Vorhandensein einer in dem konkreten Marktsektor tätigen Firma qualifiziert diese nicht als antragsbefugten Bieter im Sinne der §§ 102 ff. GWB, da die **Rechtssicherheit betreffend einmal geschlossener Verträge faktisch aufgehoben würde** und zum anderen **eine zeitlich unbegrenzte Antragsmöglichkeit** eventueller Bieter, mit den daraus möglicherweise resultierenden Konsequenzen wie z. B. der o. g. permanenten Rechtsunsicherheit bei geschlossenen Verträgen, bestehen würde. 2645

Es verstößt auch keineswegs gegen allgemeine Grundsätze des Zivilrechts, die Geltungskraft des § 13 S. 6 VgV a. F. entsprechend dem Schutzzweck der Bestimmung zu relativieren. Die Figur der relativen Unwirksamkeit ist dem geltenden Recht nicht fremd (vgl. §§ 135, 136 BGB). Die Rechtsordnung kennt im Übrigen Konstellationen, in denen dem Einzelnen aus Treu und Glauben (§ 242 BGB) die Geltendmachung einer andere Rechtsteilnehmer bindenden Nichtigkeit versagt ist. So ist etwa anerkannt, dass es eine Form unzulässiger Rechtsausübung darstellen kann, wenn sich Vertragsparteien auf eine fehlende Schriftform berufen, während der gleiche Einwand mit Erfolg von einem Dritten geltend gemacht werden kann. Der Grund für eine solche Relativierung der ihrer Grundkonzeption nach für und gegen jedermann geltenden Nichtigkeit liegt darin, dass die Anwendung auf den Einzelfall davon abhängen kann, ob den mit dem Nichtigkeitsgebot bezweckten Schutzbereich untersteht (Thüringer OLG, B. v. 28. 1. 2004 – Az.: 6 Verg 11/03). 2646

Zusätzlich vertritt die VK Thüringen die Auffassung, dass die aktive, willensgetragene **Äußerung vor der Einleitung des Vergabeverfahrens zu erfolgen hat**, da nur dann auch seitens der Vergabestelle die Teilnahme dieser Firma an dem Vergabeverfahren erwogen werden kann, 2647

Teil 1 GWB § 101a Gesetz gegen Wettbewerbsbeschränkungen

zum anderen bei einer nachträglichen Willensbekundung die o. g. Probleme der Rechtssicherheit aufträten (ähnlich im Ergebnis OLG Celle, B. v. 5. 2. 2004 – Az.: 13 Verg 26/03; VK Berlin, B. v. 26. 8. 2004 – VK – B 1–36/04).

2648 Vgl. zur **ähnlichen Problematik bei der de-facto-Vergabe** die Kommentierung → Rdn. 50.

11.6.2 Informationspflicht beim Verhandlungsverfahren mit Teilnahmewettbewerb (z. B. nach VOF)

11.6.2.1 Vergaberechtsmodernisierungsgesetz 2009

2649 Durch das Vergaberechtsmodernisierungsgesetz wurde **in § 101a Abs. 1 Satz 2 als Adressat einer Information ausdrücklich auch der Bewerber aufgenommen**.

11.6.2.2 Rechtsprechung zu § 13 VgV

2650 Zwar spricht der Wortlaut des § 13 VgV **von Bietern, nicht von Bewerbern**. Zudem verlangt § 13 VgV auch die Mitteilung des Bieters, der den Zuschlag erhalten soll, was aber nach Abschluss des Auswahlverfahrens noch gar nicht möglich ist. Es besteht aber ein Anspruch auf Mitteilung nach § 13 VgV auch für solche Beteiligten, die nur deshalb keine Bieterstellung erlangen, weil sie von der Vergabestelle vom Vergabeverfahren rechtswidrigerweise ausgeschlossen wurden. Solche **potenziell Beteiligten sind vom Schutzzweck des § 13 VgV erfasst**, da es sonst die Vergabestelle in der Hand hätte, durch vergaberechtswidrige Nichtberücksichtigung die Informationspflicht ins Leere laufen zu lassen (OLG Düsseldorf, B. v. 2. 12. 2009 – Az.: VII-Verg 39/09; OLG Naumburg, B. v. 25. 9. 2006 – Az.: 1 Verg 10/06; OLG Schleswig-Holstein, B. v. 28. 11. 2005 – Az.: 6 Verg 7/05; B. v. 1. 9. 2006 – Az.: 1 (6) Verg 8/05; VK Brandenburg, B. v. 27. 1. 2005 – VK 79/04; VK Halle, B. v. 2. 10. 2002 – Az.: VK Hal 24/02; VK Schleswig-Holstein, B. v. 31. 5. 2005 – Az.: VK-SH 09/05).

2651 **§ 17 Abs. 5 VOF wird der Sach- und Rechtslage nicht gerecht**, da diese Bestimmung einen vorherigen schriftlichen Antrag voraussetzt und bei einem Verstoß nicht die Rechtsfolge der Nichtigkeit anordnet. Fraglich ist, ob hinsichtlich einer Informationspflicht zwischen Bewerbern, die bereits im Auswahlverfahren ausgeschieden werden, und Bietern, die erst mit Abschluss des Verhandlungsverfahrens ausscheiden, unterschieden werden muss. Für letztere gilt ohnehin § 13 VgV, während für erstere § 17 Abs. 5 VOF mit der Maßgabe herangezogen werden könnte, dass diesen lediglich das Ergebnis des Auswahlverfahrens mitgeteilt wird. Letztlich ist festzustellen, dass die **Bewerber am Teilnahmewettbewerb entweder nach Auswahl der Verhandlungspartner Mitteilung über den Ausgang des Teilnahmewettbewerbs erhalten oder aber spätestens am Ende des Verhandlungsverfahrens in die Mitteilung nach § 13 VgV einbezogen werden**. In diesem Falle ist der bereits im Auswahlverfahren ausgeschiedene Bewerber mit dem Tatbestand konfrontiert, dass er **erst in einem Zeitpunkt die Kammer anrufen kann, in dem nicht nur das Auswahlverfahren sondern auch das Verhandlungsverfahren abgeschlossen ist** (VK Baden-Württemberg, B. v. 23. 1. 2003 – Az.: 1 VK 70/02).

2652 Diese Rechtsprechung hat nach der Fassung des § 101a GWB **auch für diese Vorschrift Geltung**.

11.6.3 Informationspflicht beim Wettbewerbsverfahren nach §§ 20, 25 VOF

11.6.3.1 Vergaberechtsmodernisierungsgesetz 2009

2653 Durch das Vergaberechtsmodernisierungsgesetz wurde **in § 101a Abs. 1 Satz 2 als Adressat einer Information im Gegensatz zum Bewerber der Teilnehmer eines Wettbewerbsverfahrens nicht aufgenommen**.

11.6.3.2 Rechtsprechung zu § 13 VgV

2654 Der Entscheidung eines Preisgerichts in einem Wettbewerbsverfahren kommt wegen der ihr eigenen Verbindlichkeit (§ 661 Abs. 2 S. 2 BGB) eine dem Zuschlag entsprechende Wirkung zu. Sie stellt die maßgebliche Zäsur im Auslobungsverfahren dar und beendet es. **Eine Vorabmitteilung nach § 13 VgV kann der Auslober, da er keinen Einfluss auf die Entscheidung des Preisgerichts hat, nicht versenden. Die damit einhergehende Minderung der Rechtsschutzmöglichkeiten liegt in der Natur der preisrichterlichen Entscheidung begründet**, die ohnehin nur in engem Rahmen nachprüfbar ist (OLG Düsseldorf, B. v. 31. 3.

2004 – Az.: Verg 4/04; anderer Auffassung 1. VK Sachsen, B. v. 19. 8. 2005 – Az.: 1/SVK/096-05).

Nach Auffassung der VK Bund sind **Bewerber sowie Preisträger eines Architektenwettbewerbs in den Schutzbereich des § 13 VgV einbezogen**, auch wenn sie im Wortlaut der Vorschrift nicht ausdrücklich benannt sind. Dabei geht es nicht um eine angesichts der schwerwiegenden Nichtigkeitssanktion unzulässige extensive Auslegung der Bestimmung, sondern ausschließlich um eine **europarechtskonforme Anwendung**. Es verhält sich vielmehr dahingehend, dass ein streng wortlautorientiertes Verständnis der Norm dahin, bloße Bewerber/Preisträger könnten einen solchen effizienten Rechtsschutz nicht für sich beanspruchen, deren Europarechtswidrigkeit zur Folge hätte. Eine unter dem Aspekt des effizienten Rechtsschutzes adäquate und damit europarechtskonforme Alternative ist nämlich nicht erkennbar. Es besteht ja gerade das Problem, dass der Wettbewerbsteilnehmer bei Nichtanwendung von § 13 VgV nicht notwendigerweise Kenntnis von den internen Vorgängen beim Auftraggeber hat, seine unterbliebene weitere Berücksichtigung somit u. U. gar nicht rügen kann und er dann durch den Vertragsschluss überrascht wird, der in Ermangelung der Anwendbarkeit von § 13 VgV wirksam wäre und einer Überprüfung durch die Vergabekammer entgegenstünde. **Zwecks Vermeidung eines Verstoßes gegen die zwingenden Vorgaben der Rechtsmittelrichtlinie bedarf es nach dem Grundsatz des gemeinschaftskonformen Verhaltens einer Anwendung von § 13 VgV generell auch auf Bewerber nach Teilnahmewettbewerb sowie auf die Preisträger eines Architektenwettbewerbs** (OLG Düsseldorf, B. v. 2. 12. 2009 – Az.: VII-Verg 39/09; 3. VK Bund, B. v. 11. 9. 2009 – Az.: VK 3–157/09). 2655

Ein **weites, auch die Preisträger eines Architektenwettbewerbs einbeziehendes Verständnis des Begriffs des Bieters** im Sinne des § 13 VgV ist bereits **angesichts der Vorgaben der europäischen Rechtsmittelrichtlinie 89/665/EWG sowie der Rechtsprechung des Europäischen Gerichtshofs geboten**. Der Begriff umfasst alle für den Auftraggeber erkennbar am Auftrag interessierten Unternehmen (OLG Düsseldorf, B. v. 2. 12. 2009 – Az.: VII-Verg 39/09). 2656

Eine Information nach § 13 VgV ist **auch nicht im Hinblick darauf entbehrlich, dass der Architektenwettbewerb mit der Preisgerichtsentscheidung**, die gemäß Ziff. 6.1 der über § 25 Abs. 1 VOF verbindlich gemachten GRW 1995 in der Fassung vom 22. 12. 2003 den unterlegenen Bewerbern mitgeteilt wurde, **beendet war**. Durch die Entscheidung des Preisgerichts, z. B. einen ersten und vier dritte Preise zu vergeben, ist der Kreis der potentiellen Auftragnehmer für die Architektenleistungen zur Realisierung des Bauvorhabens gemäß § 25 Abs. 9 VOF grundsätzlich festgelegt worden. **War gemäß Ziff. VI. 2 der Bekanntmachung vorgesehen, der Empfehlung des Preisgerichts zu folgen und sollten für den Fall, dass der Auftraggeber aus wichtigen Gründen von der Beauftragung entsprechend der Empfehlung abweichen wollte, Verhandlungen unter allen Preisträgern geführt werden**, ergibt sich daraus zwar die Absicht des Auftraggebers, im Fall der Verleihung eines ersten Preises zunächst mit dem Sieger des Preiswettbewerbs Auftragsverhandlungen durchzuführen und diesen zu beauftragen, wenn wichtige Gründe nicht entgegenstehen. Eine **abschließende Festlegung bereits in der Wettbewerbsbekanntmachung auf eine Vergabe an den ersten Preisträger liegt darin aber nicht**, so dass die unterlegenen Preisträger gerade nicht davon ausgehen konnten, dass der Zuschlag zwingend und automatisch an den Sieger des Wettbewerbs gehen sollte. Vielmehr bestand nach der Bekanntgabe der Preisgerichtsentscheidung und der Aufnahme von Auftragsverhandlungen mit dem Beigeladenen als Sieger des Wettbewerbs weiterhin die **Möglichkeit der Einleitung eines Verhandlungsverfahrens mit den weiteren Preisträgern**. Erst die nach Durchführung der Verhandlungen mit dem Beigeladenen getroffene Entscheidung, diesen auch zu beauftragen, stellte die eigentliche Zuschlags- und Vergabeentscheidung dar, die zwangsläufig zur Konsequenz hatte, dass ein Verhandlungsverfahren mit den weiteren Preisträgern nicht durchgeführt werden sollte und über die der Antragstellerin zur Gewährleistung effizienten Rechtsschutzes zu informieren gewesen wäre (OLG Düsseldorf, B. v. 2. 12. 2009 – Az.: VII-Verg 39/09). 2657

Diese **Rechtsprechung kann auch für § 101 a GWB und die VOF 2009 herangezogen** werden. 2658

11.6.4 Informationspflicht nach Verpflichtung des Auftraggebers zur erneuten Wertung der Angebote

Wenn eine Vergabekammer oder ein Vergabesenat die Verfahrensrückversetzung auf die fachtechnische Prüfung festlegt und dieses ausdrücklich für alle Angebote festlegt, sind alle Angebote 2659

Teil 1 GWB § 101a Gesetz gegen Wettbewerbsbeschränkungen

beginnend mit der fachtechnischen Prüfung erneut zu prüfen und zu werten. Diese **neue Prüfung und Wertung begründet zwingend eine neue Vorinformation** an alle im Verfahren beteiligten Bieter gemäß § 13 VgV (VK Thüringen, B. v. 27. 2. 2003 – Az.: 216-4002.20- 041/02-G-S).

2660 An dieser **Rechtslage** hat sich durch die §§ 101a, 101b GWB **nichts geändert**.

11.6.5 Informationspflicht bei de-facto-Vergaben

11.6.5.1 Vergaberechtsmodernisierungsgesetz 2009 und neue Rechtsprechung

2661 Nach § 101b Abs. 1 Nr. 2 GWB ist ein **Vertrag von Anfang an unwirksam**, wenn der **Auftraggeber einen öffentlichen Auftrag unmittelbar an ein Unternehmen erteilt, ohne andere Unternehmen am Vergabeverfahren zu beteiligen** und ohne dass dies aufgrund Gesetzes gestattet ist und dieser Verstoß in einem Nachprüfungsverfahren nach Absatz 2 festgestellt worden ist (OLG Düsseldorf, B. v. 1. 10. 2009 – Az.: VII-Verg 31/09). Damit hat der **Gesetzgeber – streng betrachtet – zwar in § 101a GWB die Informationspflicht für de-facto-Vergaben nicht positiv geregelt**, aber über das Verdikt der schwebenden Unwirksamkeit zum Ausdruck gebracht, dass eine Information erfolgen sollte.

2662 Zu den **Einzelheiten** vgl. die Kommentierung zu **§ 101b GWB**.

2663 **§ 101a GWB ist entsprechend anzuwenden**, wenn zwar ein förmliches Vergabeverfahren nicht stattgefunden hat, die **Beschaffung aber immerhin zur Beteiligung mehrerer Unternehmen, zu verschiedenen Angeboten und schließlich zur Auswahl durch den öffentlichen Auftraggeber geführt** hat (1. VK Sachsen, B. v. 15. 1. 2010 – Az.: 1/SVK/068-09).

11.6.5.2 Rechtsprechung zu § 13 VgV

2664 **11.6.5.2.1 Hinweis.** Die **Rechtsprechung** wird **noch soweit dargestellt**, als sie für die **Auslegung der §§ 101a, 101b GWB noch Bedeutung haben kann**.

2665 **11.6.5.2.2 Aufhebung eines Vergabeverfahrens und Einleitung eines Verhandlungsverfahrens nur mit einem Bieter.** Ein formaler Bieterstatus geht auch nicht dadurch verloren, dass ein öffentlicher Auftraggeber das öffentliche Vergabeverfahren aufhebt und ein **Verhandlungsverfahren mit nur einem einzigen Bieter einleitet**. Sieht man die Aufhebung des öffentlichen Vergabeverfahrens als eine Beendigung des Vergabeverfahrens an, so steht damit die Bieterstellung zur Disposition des öffentlichen Auftraggebers. Dies ist mit einem materiellen Verständnis des Vergabeverfahrens als konkreten Beschaffungsvorhabens des öffentlichen Auftraggebers nicht zu vereinbaren. Die **Aufhebung des formellen Vergabeverfahrens bildet damit keine Zäsur für den Abschluss eines eingeleiteten konkreten Beschaffungsvorhabens eines öffentlichen Auftraggebers**, wenn unverändert dessen Absicht besteht, die nachgefragte Leistung **auf dem Markt zu beschaffen**. Der öffentliche Auftraggeber ist somit vor der Freihändigen Vergabe der gleichen Leistung verpflichtet, die **bereits am vorausgegangenen förmlichen Verfahren mit einem Angebot beteiligten** und damit ihr Interesse dokumentierenden Bieter über die beabsichtigte Erteilung des Zuschlages an einen anderen **Bieter unter Einhaltung der Frist des § 13 Satz 2 VgV zu unterrichten**. Verletzt er diese gesetzliche Pflicht, hat dies zur Folge, dass der geschlossene Vertrag nach § 13 Satz 6 VgV nichtig ist (OLG Celle, B. v. 14. 9. 2006 – Az.: 13 Verg 3/06, B. v. 14. 9. 2006 – Az.: 13 Verg 2/06; OLG Düsseldorf, B. v. 25. 9. 2008 – Az.: VII-Verg 57/08; B. v. 23. 2. 2005 – Az.: VII – Verg 87/04; B. v. 23. 2. 2005 – Az.: VII – Verg 86/04; B. v. 23. 2. 2005 – Az.: VII – Verg 85/04; B. v. 23. 2. 2005 – Az.: VII – Verg 78/04; 1. VK Sachsen, B. v. 17. 9. 2007 – Az.: 1/SVK/058-07).

2666 **11.6.5.2.3 Insolvenzbedingte Kündigung eines Auftrags und neue Auftragsvergabe im Wege eines Verhandlungsverfahrens ohne Vergabebekanntmachung oder einer de-facto-Vergabe.** Die o.a. Rechtsprechung **gilt auch für den Fall, dass ein öffentlicher Auftraggeber einen Auftrag, der nach einem Offenen Verfahren vergeben wurde, während der Auftragsdurchführung insolvenzbedingt kündigen muss und er einen Folgeunternehmer entweder im Verhandlungsverfahren ohne Vergabebekanntmachung oder im Wege der de-facto-Vergabe beauftragt**. Auch in dieser Konstellation müssen alle Bieter des vorausgegangenen Offenen Verfahrens nach § 13 VgV informiert werden (1. VK Sachsen-Anhalt, B. v. 12. 7. 2007 – Az.: 1 VK LVwA 13/07).

2667 **11.6.5.2.4 Interimsaufträge.** Die o.a. Rechtsprechung **gilt auch für den Fall, dass ein öffentlicher Auftraggeber ein regelkonformes Ausschreibungsverfahren durchführen will und **nur für die Interimszeit** einen **Auftrag im Verhandlungsverfahren ohne Beteiligung anderer dem Auftraggeber konkret bekannter Interessenten vergeben** will (OLG Dresden, B. v. 25. 1. 2008 – Az.: WVerg 010/07; OLG Düsseldorf, B. v. 25. 9. 2008 – Az.: VII-Verg 57/08; OLG Hamburg, B. v. 14. 3. 2008 – Vgk FB 1/08). Die **Richtlinie 2004/18/EG und das GWB kennen keine Bereichsausnahme für so genannte Interimsaufträge** (OLG Düsseldorf, B. v. 25. 9. 2008 – Az.: VII-Verg 57/08).

In diesen Fällen kommt es auch darauf an, ob die **Eignungsprüfung für die Interessenten schnell durchgeführt werden kann** und darauf, ob der **Gesamtauftrag oder nur ein Bruchteil** davon vergeben werden soll (OLG Hamburg, B. v. 14. 3. 2008 – Vgk FB 1/08). 2668

11.6.5.3 Literatur

– Beckmann, Martin, In-house-Geschäfte und De-Facto-Vergaben – EuGH schließt Lücken des Vergaberechts, AbfallR 2005, 37 2669

– Bergmann, Bettina/Grittmann, Joachim, Keine Nichtigkeit bei De-Facto-Vergabe, NVwZ 2004, 600

– v. Gehlen, Hans, Neues zur Vertragsnichtigkeit bei unzulässiger De-facto-Vergabe, NZBau 2007, 358

– Hertwig, Stefan, Nichtigkeit des Zuschlags bei De-facto-Vergaben, BauR 2005, 219

– Hoffmann, Jens, Der materielle Bieterbegriff im Kartellvergaberecht – Eine Betrachtung am Beispiel des § 13 VgV, NZBau 2008, 749

– Jasper, Ute/Pooth, Stefan, De-facto-Vergabe und Vertragsnichtigkeit, ZfBR 2004, 543

– Lück, Dominik/Oexle, Anno, Zur Nichtigkeit von De-Facto-Vergaben ohne wettbewerbliches Verfahren, VergabeR 2004, 302

– Noch, Rainer, Stolperschwellen erkennen – Nichtigkeitsgefahr: De-facto-Vergaben, Behörden Spiegel, Juni 2007, 23

– Recker, Engelbert, Unwirksamkeit freihändiger Vergaben – Europäischer Vergaberechtsschutz wird verbessert, Behörden Spiegel Oktober 2007, 26

11.6.6 Informationspflicht im Rahmen der Vergabeverfahren von Auftraggebern nach dem Bundesberggesetz

§ 13 VgV gilt auch im Rahmen der Vergabeverfahren von Auftraggebern nach dem Bundesberggesetz (§ 11 VgV a. F.). 2670

Daran hat sich **durch §§ 101 a, 101 b GWB nichts geändert**. Zu den Einzelheiten vgl. die **Kommentierung zur Sektorenverordnung**. 2671

11.6.7 Informationspflicht bei Nachlieferungen im Sinne des § 3 EG Abs. 4 lit. e) VOL/A

Rechtsfolge des § 3 EG Abs. 4 lit. e) VOL/A ist nicht nur, dass die Vergabestelle den Auftrag im Verhandlungsverfahren ohne öffentliche Vergabebekanntmachung vergeben kann. Auch eine **Vorabbenachrichtigung nach § 13 VgV erübrigt sich infolge dieser Befreiung von der Vergabebekanntmachung**. Das ergibt sich schon aus dem systematischen Ineinandergreifen der Vorschriften. Eine Vergabestelle, die eine beabsichtigte Vergabe nicht veröffentlicht, erhält auch keine Angebote und kennt in der Regel nicht einmal alle potentiellen Bieter. Eine Benachrichtigung von – oft unbekannten – Unternehmen ist dann im Sinne des § 13 VgV schon faktisch nicht möglich, zumal es sich allenfalls um Interessenten handeln würde. Im Fall § 3 EG Abs. 4 lit. e) VOL/A kommt folgende Überlegung hinzu. Wenn ein Wechsel des Lieferanten dazu führen würde, dass der dann notwendige Erwerb von Waren mit unterschiedlichen technischen Merkmalen unverhältnismäßige technische Schwierigkeiten mit sich bringen würde, wird von § 3 EG Abs. 4 lit. e) VOL/A die Beauftragung des ursprünglichen Auftragnehmers auch ohne vorherigen Vergleich mit anderen Angeboten als sachgerecht angesehen, wodurch das Wettbewerbsprinzip für diesen – eng auszulegenden Ausnahmefall – faktisch hintangestellt wird. Wenn aber von vornherein schon aus technischen Gründen nur ein einziger Anbieter in Betracht kommt, laufen die Verfahrensrechte der potentiellen Bieter aus dem Vergaberecht ins Leere (2. VK Bund, B. v. 11. 4. 2003 – Az.: VK 2–10/03). 2672

Daran hat sich **durch §§ 101 a, 101 b GWB nichts geändert**. 2673

Teil 1 GWB § 101a Gesetz gegen Wettbewerbsbeschränkungen

11.6.8 Informationspflicht nach einer Entscheidung der Vergabestelle zugunsten eines Bewerbers

2674 Prüft die Vergabestelle die Rüge eines Antragstellers betreffend die Verletzung von Vergabevorschriften auf ihre Berechtigung hin, ist sie nach dem Sinn der Vorschrift des § 107 Abs. 3 Satz 1 GWB, die der Vergabestelle Gelegenheit geben will, einen behaupteten Vergaberechtsverstoß ohne Nachprüfungsverfahren abzustellen, hierzu berechtigt und verpflichtet. Das führt **grundsätzlich nicht zur Unterbrechung oder Verlängerung der Frist des § 13 VgV**, weil es anderenfalls der Bieter in der Hand hätte, diese Frist durch seine bloße Rüge im Ergebnis nahezu beliebig zu verlängern. **Anders ist es aber für den Fall, dass die Vergabestelle den beanstandeten Vergabeverstoß korrigiert und damit der Rüge abhilft.** Sonst wäre eine Abhilfeentscheidung, die zur Fortsetzung des Verfahrens führt, für den Rügenden nutzlos und hätte bloße Alibi-Funktion. Vielmehr hat **der erfolgreich Rügende einen Anspruch auf Mitteilung der Gründe, warum der Auftraggeber trotz Abhilfe und damit neuer Wertungsgesichtspunkte weiterhin an seiner ursprünglichen Entscheidung festhält.** Waren diese Gründe nicht Gegenstand eines vorausgegangenen Informationsschreibens, sodass der Rügende hiervon keine Kenntnis hatte, bedarf es einer Information über die unveränderte Vergabeentscheidung, um der Informationspflicht nach § 13 VgV zu genügen (VK Brandenburg, B. v. 27. 1. 2005 – VK 79/04).

2675 Daran hat sich **durch §§ 101 a, 101 b GWB nichts geändert.**

11.6.9 Informationspflicht bei entsprechender Kenntnis eines Bieters und Einleitung eines Nachprüfungsverfahrens vor der Information

2676 § 13 VgV dient der Gewährung des Primärrechtsschutzes im Vergabeverfahren. Die **Nichtigkeitsfolge soll keinen allgemeinen Gerechtigkeitsgedanken absichern**, sondern das in § 97 Abs. 7 GWB entsprechend Art. 2 Abs. 1 der Rechtsmittelrichtlinie (89/665 EWG vom 21. Dezember 1989, geändert durch Richtlinie 92/50/EWG vom 18. Juni 1992) normierte Recht auf Nachprüfung im Primärrechtsschutzverfahren. Diese **Zielrichtung des § 13 Satz 6 VgV macht eine teleologische Reduktion des Geltungsumfangs der Nichtigkeitsbestimmung (auch) dahin erforderlich, dass sich ein Bieter, der vor der Zuschlagserteilung von dem vermeintlichen Vergaberechtsverstoß erfahren und Primärrechtsschutz im Nachprüfungsverfahren beantragt hat, auf die Nichtigkeitsfolge nicht berufen kann** (OLG Celle, B. v. 8. 12. 2005 – Az.: 13 Verg 2/05).

2677 Ähnlich ist der Fall zu beurteilen, dass **ein bereits informierter Bieter in anderer, verlässlicher Weise erfährt, dass an der zuvor mitgeteilten Vergabeabsicht nicht festgehalten** wird. In diesem Fall muss der Auftraggeber die Kenntnis des (bereits informierten) Bieters nicht noch zusätzlich in Textform herstellen (OLG Schleswig-Holstein, B. v. 1. 9. 2006 – Az.: 1 (6) Verg 8/05).

2678 Daran hat sich **durch §§ 101 a, 101 b GWB nichts geändert.**

11.6.10 Informationspflicht bei Vergabeverfahren unterhalb der Schwellenwerte

2679 **§ 13 VgV gilt nur für öffentliche Aufträge**, deren **geschätzte Auftragswerte** die in § 2 VgV geregelten **Schwellenwerte erreichen oder übersteigen**. Für eine **analoge Anwendung des § 13 VgV auf Vergabeverfahren unterhalb der Schwellenwerte** gibt es keine Veranlassung (VG Neustadt an der Weinstraße, B. v. 19. 10. 2005 – Az.: 4 L 1715/05).

11.6.11 Informationspflicht bei einer Aufhebungsentscheidung

2680 Eine **§ 13 VgV entsprechende Regelung fehlt für die Aufhebung der Ausschreibung**; deshalb gibt es keine „Rechtskraft" der Aufhebungsentscheidung, die die Vergabestelle **vor Neuausschreibung abzuwarten** hätte (VK Südbayern, B. v. 6. 10. 2006 – Az.: 27-08/06).

2681 Auch die **§§ 101 a, 101 b GWB regeln den Fall der Aufhebung nicht.**

11.6.12 Informationspflicht bei Zuschlag auf ein erloschenes Angebot

2682 Der **öffentliche Auftraggeber ist aus haushaltsrechtlichen Gründen** gehalten, auch auf ein gemäß § 146 BGB erloschenes Angebot eines Bieters gemäß § 150 Abs. 1 BGB beim Bieter nachzufragen, ob ein **Vertragsschluss nach Maßgabe des sachlichen Inhalts des erloschenen Angebots noch möglich sei** und dem Bieter den Abschluss eines Vertrags mit diesem Inhalt anzubieten; vgl. im Einzelnen die Kommentierung zu → § 10 VOB/A Rdn. 106. Hat nun der Auftraggeber in Verkennung der Frist des § 13 VgV einen unwirksamen Zuschlag erteilt und schließen Auftraggeber und Bieter nach Maßgabe des erloschenen Angebots nach Ablauf der Sperrfrist des § 13 VgV einen entsprechenden Vertrag, **beginnt die Frist des § 13 VgV nicht erneut zu laufen; vielmehr ist entscheidend, ob die Sperrfrist des § 13 VgV für die Annahme des ersten, bereits erloschenen Angebots abgelaufen ist** (OLG Düsseldorf, B. v. 14. 5. 2008 – Az.: VII-Verg 17/08).

Daran hat sich **durch §§ 101 a, 101 b GWB nichts geändert**. 2683

11.7 Inhalt der Information

11.7.1 Änderung durch das Vergaberechtsmodernisierungsgesetz 2009

Der Auftraggeber hat die betroffenen Bieter, deren Angebote nicht berücksichtigt werden 2684 sollen, bzw. Bewerber über den **Namen des Unternehmens, dessen Angebot angenommen werden soll**, über die **Gründe der vorgesehenen Nichtberücksichtigung ihres Angebots** und über **den frühesten Zeitpunkt des Vertragsschlusses** zu informieren.

Der Wortlaut der Vorschrift des § 101a GWB wurde im Laufe des Gesetzgebungsverfahrens 2685 **durch die Pluralbildung (die Gründe) an den allgemeinen Sprachgebrauch angepasst**. Entscheidend kommt es darauf an, dass der **unterlegene Bieter oder Bewerber eine aussagekräftige Begründung für die Nichtberücksichtigung seines Angebots erhält**. Ist **nur ein Grund für die Nichtberücksichtigung vorhanden, reicht selbstverständlich die Angabe dieses einen Grundes** aus.

Da sich zumindest vom Wortlaut des § 101a GWB her durchaus **Unterschiede zu § 13** 2686 **VgV** ergeben, stelle ich nachfolgend auch die **Rechtsprechung zu § 13 VgV und die Unterschiede** dar.

11.7.2 Rechtsprechung des EuGH

Allein der Umstand, dass ein Bewerber oder Bieter erfährt, dass seine Bewerbung 2687 **oder sein Angebot zurückgewiesen worden ist, versetzt ihn nicht in die Lage, wirksam mit einem Nachprüfungsantrag dagegen vorzugehen**. Solche Informationen genügen für einen Bewerber oder Bieter nicht, um gegebenenfalls einen anfechtbaren Rechtsverstoß erkennen zu können. Ein betroffener Bewerber oder Bieter kann erst dann darüber klar werden, ob etwa ein Verstoß gegen die anwendbaren Vorschriften vorliegt und die Einleitung eines Nachprüfungsverfahrens angebracht ist, **nachdem er von den Gründen in Kenntnis gesetzt worden ist, aus denen seine Bewerbung oder sein Angebot in dem Verfahren zur Vergabe eines öffentlichen Auftrags abgelehnt** wurde (EuGH, Urteil v. 28. 1. 2010 – Az.: C-406/08).

11.7.3 Nationale Rechtsprechung

11.7.3.1 Notwendiger Umfang der Information

Der **Forderung des § 101a GWB wird eine Information nicht gerecht, die in der** 2688 **bloßen Zusammenfassung des Ergebnisses des Wertungsvorgangs besteht**, dem unterlegenen Bieter also lediglich mitgeteilt wird, dass sein Angebot nicht das wirtschaftlichste gewesen sei. Schon dem **Wortlaut der Norm**, die den Auftraggeber verpflichtet, die Gründe für die Nichtberücksichtigung anzugeben, **nicht aber von einer Begründung spricht**, ist zu entnehmen, dass es dem **Auftraggeber gestattet ist, sich kurz zu fassen** und er nicht gehalten ist, das Informationsschreiben mit einer Begründung zu versehen, die etwa dem die Angebotswertung fixierenden Vergabevermerk oder dessen Zusammenfassung entspricht. Der Bieter muss verständlich und präzise den Grund erfahren, weshalb sein Angebot erfolglos geblieben ist. **Auch vor dem Hintergrund des Geheimwettbewerbes** verbietet sich eine Information, mit der die unterlegenen Bieter über Einzelheiten des Konkurrenzangebotes informiert werden (OLG Düsseldorf, B. v. 17. 2. 2010 – Az.: VII-Verg 51/09; VK Baden-Württemberg, B. v. 1. 4. 2010 – Az.: 1 VK 13/10).

Teil 1 GWB § 101a Gesetz gegen Wettbewerbsbeschränkungen

2689 Die Unterrichtung des Bieters nach § 101a GWB **darf sich also nicht auf Leerformeln beschränken**, etwa des Inhalts, er habe nicht das wirtschaftlichste Angebot abgegeben. **Greift das Schreiben des Auftraggebers jedoch die angekündigten Wertungskriterien im Einzelnen auf** und verweist es darauf, dass die Beschwerdeführerin mit ihrem Angebot in allen Punkten schlechtere Wertungsergebnisse als die Beigeladene (die den Auftrag erhalten soll) erzielt habe, ist der **Auftraggeber zu einer weiter ins Detail gehenden Begründung der Wertungsentscheidung** – auch nach der Neufassung der Vorabinformationspflicht in § 101a GWB – **nicht gehalten** (OLG Dresden, B. v. 7. 5. 2010 – Az.: WVerg 6/10).

2690 Die **Stillhaltefrist des § 101a Abs. 1 S. 3 GWB ist nicht eingehalten**, wenn das Informationsschreiben des Auftraggebers entgegen § 101a Abs. 1 S. 1 GWB (vgl. auch Art. 2a Abs. 2 UA 4 der Rechtsmittelrichtlinie) **keine Angabe zum frühesten Zeitpunkt des Vertragsschlusses enthält.** Das führt gemäß § 101b Abs. 1 Nr. 1 GWB (vgl. auch Art. 2d Abs. 1 lit. b) der Rechtsmittelrichtlinie) zur Nichtigkeit des mit einem Bieter abgeschlossenen Vertrages (OLG Düsseldorf, B. v. 3. 3. 2010 – Az.: VII-Verg 11/10).

2691 **Genügt ein Schreiben der Vergabestelle nicht den Informationspflichten nach § 101a Abs. 1 Satz 1 GWB**, weil es nicht unterschrieben ist, zudem Bezug auf die nicht mehr einschlägige Vergabeverordnung nimmt und keine Angaben zu dem frühesten Zeitpunkt für einen Vertragsschluss mit dem vorgesehenen Bieter zu machen, **wird damit auch keine Frist zur Wartepflicht für die Vergabestelle in Gang gesetzt**, nach deren Ablauf sie den Zuschlag auf das Angebot des vorgesehenen Bieters hätte erteilen können (VK Thüringen, B. v. 7. 7. 2010 – Az.: 250–4003.20–2249/2010-007-SLF).

2692 Die **Verpflichtung der Vergabestelle über den frühesten Zeitpunkt des Vertragsschusses unverzüglich in Textform die Bieter zu informieren, stellt eine Umsetzung der europäischen Rechtsmittelrichtlinie dar.** Der Inhalt dieser Verpflichtung ist eindeutig und entspricht den europäischen Vorgaben. Für eine „Umdeutung" dieser Verpflichtung dahingehend, dass nach dem vermeintlich bestehenden „Sinn und Zweck" der Vorschrift zu fragen, als der einer bloßen Formalität, deren Ziel es allein sein soll, die Information der Bieter, die auch auf andere Art und Weise tatsächlich gewährleistet werden könne oder im Einzelfall gegeben ist bzw. werde, ist kein Raum, macht aus dieser Vorschrift etwas, was sie gerade nicht ist: Eine Verpflichtung für die Bieter, das einmal Gehörte, das Gesagte, das Gesprochene oder das nur Vermutete gegen sich auch dann gelten lassen zu müssen, obwohl dazu eine Verpflichtung der Vergabestelle geschrieben steht. Ein solches Verständnis dieser Vorschrift – contra legem – lassen schon die Auslegungsregeln in der juristischen Arbeit (Handwerk) nicht zu (VK Thüringen, B. v. 7. 7. 2010 – Az.: 250–4003.20–2249/2010-007-SLF).

11.7.3.2 Rechtsbehelfsbelehrung?

2693 Eine **Rechtsbehelfsbelehrung** ist bei der Mitteilung nach § 101a GWB **nicht erfoderlich** (2. VK Bund, B. v. 26. 8. 2010 – Az.: VK 2–83/10).

11.7.4 Rechtsprechung zu § 13 VgV

11.7.4.1 Hinweis

2694 Da die **Rechtsprechung zu § 101a GWB erst relativ knapp** ist und da es Unterschiede im Wortlaut zwischen § 101 GWB und § 13 VgV gibt, wird die **Rechtsprechung zu § 13 VgV noch dargestellt.**

11.7.4.2 Grundsatz

2695 Grundsätzlich ist davon auszugehen, dass **keine allzu großen Anforderungen** an die Vorinformation nach § 13 VgV zu stellen sind (VK Brandenburg, B. v. 12. 4. 2002 – Az.: VK 15/02; 1. VK Saarland, B. v. 27. 4. 2004 – Az.: 1 VK 02/2004; 1. VK Sachsen, B. v. 13. 5. 2002 – Az.: 1/SVK/043-02; VK Südbayern, B. v. 19. 1. 2009 – Az.: Z3-3-3194-1-41-11-08; B. v. 26. 6. 2008 – Az.: Z3-3-3194-1-16-04/08; VK Thüringen, B. v. 16. 6. 2008 – Az.: 250–4002.20–1465/2008-012-SLF). Im **Regelfall** reicht es also aus, dass der Grund für die Nichtberücksichtigung verständlich und präzis benannt werden muss. Dies kann aber nur für den Fall Anwendung finden, wenn der Bieter aus der Vorinformation und/oder den ihm vorliegenden Verdingungsunterlagen, erkennen kann, warum die Prüfung seines Angebotes zur Ablehnung desselben geführt hat und wie diese Ablehnung begründet ist. Eine **ordnungsgemäße Vorabinformation muss den Bieter also zumindest in die Lage versetzen, seinen Stand im

Vergabeverfahren sowie die Sinnhaftigkeit eines Nachprüfungsverfahrens hinreichend zu ermessen (OLG Karlsruhe, B. v. 29. 8. 2008 – Az.: 15 Verg 8/08; 1. VK Bund, B. v. 14. 11. 2003 – Az.: VK 1–109/03; 3. VK Bund, B. v. 28. 9. 2009 – Az.: VK 3–169/09; 1. VK Saarland, B. v. 27. 4. 2004 – Az.: 1 VK 02/2004; VK Südbayern, B. v. 26. 6. 2008 – Az.: Z3-3-3194-1-16-04/08).

Der notwendige Inhalt einer solchen Mitteilung **hängt also von den Umständen des Einzelfalles** ab (VK Südbayern, B. v. 19. 1. 2009 – Az.: Z3-3-3194-1-41–11-08; VK Thüringen, B. v. 30. 8. 2002 – Az.: 216–4003.20–045/02-EF-S). 2696

Im übrigen ist **eine eher zurückhaltende Auslegung** des § 13 Satz 1 VgV, die keine hohen Anforderungen an die Erfüllung der Informationspflicht stellt, auch deshalb angezeigt, weil die **Einhaltung der Vorschrift für den Auftraggeber auch bei einer großen Anzahl zu informierender Bieter noch praktikabel bleiben muss**, ferner weil die Praktizierung der Vorschrift nicht ihrerseits zu einer Investitionsbremse werden darf, und schließlich weil hohe Anforderungen an die Informationspflicht auch bei pflichtbewussten Auftraggebern tendenziell (zu) oft zu einem Eingreifen der Nichtigkeitsfolge des § 13 Satz 4 VgV führen können. Allgemeingültige, für alle denkbaren Fälle erschöpfende Aussagen über den notwendigen Inhalt der (schriftlichen) Information an die Bieter, die nach der Vorentscheidung des Auftraggebers nicht zum Zuge kommen sollen, wird man nicht geben können, weil die Anforderungen an die Verständlichkeit des Informationsschreibens zu einem Teil **auch von den besonderen Umständen des Einzelfalls abhängen** (OLG Düsseldorf, B. v. 6. 8. 2001 – Az.: Verg 28/01; VK Bremen, B. v. 16. 7. 2003 – Az.: VK 12/03). 2697

Daran **hat sich durch § 101a Abs. 1 Satz 1 GWB nichts geändert.** 2698

11.7.4.3 Name des erfolgreichen Bieters

Die **Rechtsprechung** ist insoweit **nicht einheitlich.** 2699

Nach einer Auffassung verlangt § 13 VgV **zwingend die Nennung des erfolgreichen Bieters** (OLG Düsseldorf, B. v. 19. 3. 2008 – Az.: VII-Verg 13/08; VK Lüneburg, B. v. 26. 1. 2005 – Az.: 203-VgK-56/2004; VK Schleswig-Holstein, B. v. 14. 5. 2008 – Az.: VK-SH 06/08; VK Südbayern, B. v. 10. 11. 2003 – Az.: 49-10/03). 2700

Die **Angabe des Namens des Bieters muss** nach dem Sinn und Zweck der Vorschrift dem nicht berücksichtigten Bieter **die Identifizierung** des für den Zuschlag in Aussicht genommenen Bieters **ermöglichen**, um gegen die beabsichtigte Zuschlagserteilung Gründe geltend machen zu können, die in der Person dieses Bieters liegen oder er allgemein ine eine Begünstigung gerade dieses Bieters befürchtet (OLG Düsseldorf, B. v. 16. 6. 2008 – Az.: VII-Verg 13/08; B. v. 19. 3. 2008 – Az.: VII-Verg 13/08). Es ist insoweit nicht schädlich, wenn die Postleitzahl des Unternehmens von der Vergabestelle nicht korrekt angegeben wurde, wenn die Identifizierbarkeit des Bieters möglich ist (1. VK Bund, B. v. 3. 2. 2004 – Az.: VK 1–147/03; B. v. 27. 9. 2002 – Az.: VK 1–63/02). 2701

Gerade wenn das betreffende **Vergabeverfahren nicht „medienwirksam"** ist, hat ein unterlegener Bieter infolge fehlender Mitteilung über den erfolgreichen Bieter infolge mangelnder Berichterstattung regelmäßig **nicht die Möglichkeit, die Person des für den Zuschlag vorgesehenen Bieters zu erfahren**. Erst nachdem er die Identität dieses Bieters erfahren hat, ist es ihm möglich, **dessen Eignung zu reflektieren oder dessen Angebot einzuschätzen** und somit Gedanken dahingehend anzustellen, ob das für den Zuschlag vorgesehene Angebot dem Ausschreibungsgegenstand entspricht (VK Schleswig-Holstein, B. v. 14. 5. 2008 – Az.: VK-SH 06/08). 2702

Des Weiteren kann nicht davon ausgegangen werden, dass der **Empfänger der Information ohne Weiteres erkennen kann, dass die ihm erteilte Information unvollständig** ist Es **kommt nämlich vielfach vor, dass die Vergabestelle bestimmte Bieter vorab ausschließt und erst sehr viel später entscheidet, wem sie den Zuschlag erteilen will.** In diesen Fällen wird sie dem von vornherein nicht berücksichtigungsfähigen Bieter seinen Ausschluss oft frühzeitig mitteilen, die Mitteilung nach § 13 VgV jedoch erst sehr viel später nachfolgen lassen. Diese **Handhabung erfolgt vor allem in den Fällen, in denen die Prüfung und Wertung in mehreren einander folgenden Schritten erfolgen**. Zum Beispiel werden Bieter, deren Angebote bereits in der 1. Wertungsphase auszuschließen sind, bereits frühzeitig davon informiert, während die Prüfung und Wertung hinsichtlich der darauf folgenden Wertungsphasen noch eine gewisse Zeit in Anspruch nimmt. Das Vergabeverfahren kann auch **beim wettbewerblichen Dialog** (§ 6a Abs. 4 VgV; § 3a Nr. 4 Abs. 3, Abs. 4 VOB/A) oder **im** 2703

Verhandlungsverfahren (§ 3a Nr. 7 Abs. 2 VOB/A) in mehreren Phasen ablaufen (s. auch § 3a Nr. 1 Abs. 3 VOL/A). § 27 VOB/A und § 27 VOL/A sehen zudem Mitteilungen an den unterlegenen Bieter vor, die den Namen des vorgesehenen Zuschlagsempfängers nicht enthalten müssen (vgl. auch die in § 6a Abs. 4 S. 3 VgV, § 3a Nr. 4 Abs. 4 S. 2 VOB/A vorgesehenen Vorabmitteilungen); derartige Mitteilungen entsprechen den Vorschriften des § 13 VgV nicht. **Erhält der Bieter eine Bieterinformation ohne Nennung des erfolgreichen Bieters, bleibt er mithin im Unklaren darüber, ob er eine Information nach § 27 VOB/A bzw. VOL/A oder eine unzureichende Information nach § 13 VgV erhalten hat**; er kann damit auch nicht abschätzen, ob damit die Wartefrist des § 13 VgV in Gang gesetzt werden soll (OLG Düsseldorf, B. v. 16. 6. 2008 – Az.: VII-Verg 13/08; B. v. 19. 3. 2008 – Az.: VII-Verg 13/08).

2704 Demgegenüber ist das OLG Naumburg **im Wege der teleologischen Reduktion** (B. v. 26. 4. 2004 – Az.: 1 Verg 2/04) der Auffassung, dass dann, wenn die Vergabestelle es versäumt, dem unterlegenen Bieter in dem Informationsschreiben gemäß § 13 VgV den Name desjenigen mitzuteilen, der den Zuschlag erhalten soll, die **Nichtigkeitsfolge des § 13 Satz 6 VgV jedenfalls dann nicht eintritt, wenn die Nichtberücksichtigung des Bieters allein auf preislichen Erwägungen beruht, ihm dies unter Angabe des niedrigeren Preises des obsiegenden Angebotes mitgeteilt wurde und er rechtzeitig vor Ablauf der Frist des § 13 Satz 2 VgV von der Identität des Begünstigten Kenntnis erlangt**.

2705 Daran hat sich durch §§ 101a Abs. 1 Satz 1, 101b GWB nichts geändert.

2706 Entschließt sich der Auftraggeber, die nicht ausgewählten Bewerber z. B. eines Teilnahmewettbewerbs unverzüglich nach Abschluss des Teilnahmewettbewerbs zu informieren, **muss die Information die Namen der ausgewählten Bewerber enthalten**.

11.7.4.4 Gründe der vorgesehenen Nichtberücksichtigung

2707 **11.7.4.4.1 Vergaberechtsmodernisierungsgesetz 2009.** Die ausdrückliche Aufnahme des Plurals im Laufe des Gesetzgebungsverfahrens spricht dafür, dass die **eher moderate Rechtsprechung zu § 13 VgV – Kurzfassung und Formularschreiben – der Regelung des § 101a GWB nicht mehr gerecht** wird. Dementsprechend wird auch im Folgenden die Rechtsprechung zu § 13 VgV nur noch soweit dargestellt, als sie mit der Fassung des § 101a GWB vereinbar ist.

2708 **11.7.4.4.2 Neufassung der Rechtsmittelrichtlinien.** Art. 2a der Richtlinie 2007/66/EG des Europäischen Parlaments und des Rates vom 11. Dezember 2007 zur Änderung der Richtlinien 89/665/EWG und 92/13/EWG des Rates im Hinblick auf die Verbesserung der Wirksamkeit der Nachprüfungsverfahren bezüglich der Vergabe öffentlicher Aufträge spricht im Gegensatz zu § 101a GWB „nur" von der Zusammenfassung der einschlägigen Gründe. Der Gesetzgeber hat also zumindest in diesem Punkt – im Gegensatz zu manchen Presseverlautbarungen – das europäische Vergaberecht nicht 1:1 umgesetzt, **sondern verschärft**.

2709 **11.7.4.4.3 Rechtsprechung zu § 13 VgV.** Enthält die Mitteilung gem. § 13 VgV **keinen Grund für die Nichtberücksichtigung des Angebots des betreffenden Bieters, entspricht sie nicht den Mindestanforderungen** des § 13 Satz 1 VgV. Ein dennoch geschlossener **Vertrag** ist gemäß § 13 Sätze 5 und 6 VgV **nichtig**. Ein kraft Gesetzes nichtiger Vertrag kann auch nicht für wirksam erklärt werden (VK Nordbayern, B. v. 18. 9. 2008 – Az.: 21.VK – 3194 – 44/08).

2710 Der nach § 13 Satz 1 VgV informierte Bieter muss auf Grund der Mitteilung zumindest in Ansätzen nachvollziehen können, welche konkreten Erwägungen für die Vergabestelle bei der Nichtberücksichtigung seines Angebots ausschlaggebend waren. Die bloße zusammenfassende Mitteilung des Ergebnisses des Wertungsvorgangs, **das Angebot sei nicht das wirtschaftlichste gewesen, reicht dafür nicht aus** (KG Berlin, B. v. 4. 4. 2002 – Az.: KartVerg 5/02; OLG Karlsruhe, B. v. 29. 8. 2008 – Az.: 15 Verg 8/08; VK Thüringen, B. v. 12. 1. 2009 – Az.: 250–4003.20–6372/2008-007-IK). Dies insbesondere, wenn **andere als der Preis genannte Zuschlagskriterien** ausschlaggebend waren oder eine **Vielzahl von Nebenangeboten** eine Rolle gespielt haben (VK Thüringen, B. v. 12. 1. 2009 – Az.: 250–4003.20–6372/2008-007-IK; B. v. 16. 6. 2008 – Az.: 250–4002.20–1465/2008-012-SLF).

2711 **11.7.4.4.4 Inhalt des Informationsschreibens bei zahlreichen Nebenangeboten.** Auch wenn die Rechtsprechung üblicherweise an Form und Inhalt eines Absageschreibens keine überzogenen Anforderungen stellt, so muss etwas anderes gelten, wenn der **Antragsteller zahlreiche wertbare Nebenangebote** abgegeben hat. Dort wird man, insbesondere wenn auch das Musterformular der Auftraggeberin dies ohnehin vorsieht, verlangen, dass der **Bieter zumindest erfährt, welche seiner Nebenangebote (formelhaft begründet) nicht zum Zuge kamen** (1. VK Sachsen, B. v. 23. 5. 2003 – Az.: 1/SVK/030-03).

11.7.4.4.5 Wahrheitsgemäße Information. Selbst wenn die obergerichtliche Rechtsprechung dem Auftraggeber für den Umfang der Informationspflicht keine überspannten Anforderungen auferlegt, so ist im Umkehrschluss jedoch **unabdingbare Voraussetzung** für das Informationsschreiben nach § 13 VgV, dass der dort – vielleicht auch nur durch eine knappe Information in einem vorformulierten Standardschreiben – **vorgesehene Grund der Nichtberücksichtigung wahrheitsgemäß erfolgen muss** (2. VK Bund, B. v. 24. 4. 2007 – Az.: VK 2–21/07; B. v. 25. 4. 2005 – Az.: VK 2–21/05). Ansonsten wäre der mit der Einführung des § 13 VgV beabsichtigte Lückenschluss in der effektiven Verfolgung von Bieterrechten nach § 97 Abs. 7 GWB ad absurdum geführt (1. VK Sachsen, B. v. 27. 1. 2003 – Az.: 1/SVK/123-02, 1/SVK/123-02G). 2712

Das Erfordernis einer wahrheitsgemäßen Information ist **dahin zu verstehen, dass die Vergabestelle nicht bewusst unzutreffende Angaben über den Grund für die Nichtberücksichtigung machen darf**, um den **Bieter über die Aussichten eines Nachprüfungsantrages zu täuschen**. Anderenfalls würden die Vergabestelle und der erfolgreiche Bieter mit einem übermäßigen, durch den Zweck des § 13 VgV nicht gerechtfertigten Risiko der Nichtigkeit eines nach Ablauf von 14 Tagen nach der Mitteilung geschlossenen Vertrages belastet. Die **Frage, ob der** von der Vergabestelle subjektiv zutreffend angeführte **Grund auch objektiv trägt**, ist **im Rahmen der Prüfung des Nachprüfungsantrages zu klären** (2. VK Bund, B. v. 24. 4. 2007 – Az.: VK 2–21/07). 2713

Ist eine **Vorabinformation, obzwar unzureichend oder unzutreffend begründet, rechtzeitig erfolgt**, so hat der **Bieter jedenfalls die Möglichkeit, sein subjektives Recht auf eine umfassende und richtige Information einzufordern und ggf. im Wege eines Nachprüfungsverfahrens zu erzwingen**. Unter Rechtsschutzgesichtspunkten besteht mithin kein Anlass, in diesem Fall den Bieter zusätzlich über den Eintritt einer Nichtigkeitsfolge abzusichern. Vielmehr liegt es allein in seiner Hand, seine Rechte im Rahmen des ihm tatsächlich eröffneten Nachprüfungsverfahrens zur Geltung zu bringen (Thüringer OLG, B. v. 14. 2. 2005 – Az.: 9 Verg 1/05). 2714

11.7.4.5 Frühester Zeitpunkt des Vertragsschlusses

Im Vergleich zu § 13 VgV ist in § 101a GWB die **Verpflichtung des Auftraggebers zur Information über den frühesten Zeitpunkt des Vertragsschlusses neu aufgenommen** worden. Auch diese Verpflichtung geht auf die Neufassung der Rechtsmittelrichtlinien zurück. 2715

Entschließt sich der Auftraggeber, die nicht ausgewählten Bewerber z.B. eines Teilnahmewettbewerbs unverzüglich nach Abschluss des Teilnahmewettbewerbs über die ausgewählten Bewerber zu informieren, **entfällt diese Pflicht, da der Auftraggeber zu diesem Zeitpunkt den frühesten Termin des Vertragsschlusses noch nicht kennen kann**. 2716

11.7.5 Heilung von inhaltlichen Mängeln

Der **Auftraggeber kann Mängel eines Vorinformationsschreibens** nach § 101a GWB **noch vor Einleitung eines Nachprüfungsverfahrens oder auch erst im Laufe des Nachprüfungsverfahrens heilen**. Primäres Ziel der nachträglich eingeführten Vorinformation vor Zuschlagserteilung war es, die in § 114 Abs. 1 GWB vorgesehene – zivilrechtlichen Grundsätzen folgende – Unumkehrbarkeit eines einmal erteilten Zuschlags im Sinne eines effektiven Rechtsschutzes dadurch zu relativieren, dass die nicht berücksichtigten Bieter im Vorfeld von dem späterhin beabsichtigten Zuschlag samt bezuschlagtem Unternehmen erfahren und ihr individuelles Hemmnis im Hinblick auf den Zuschlag mitgeteilt bekommen. Die **Vorinformation dient somit keinem eigenständigen vergaberechtlichen Selbstzweck**. Auf einen Verstoß gegen § 101a GWB allein kann ein Bieter einen Nachprüfungsantrag somit nicht stützen (1. VK Sachsen, B. v. 27. 1. 2003 – Az.: 1/SVK/123-02, 1/SVK/123-02G; VK Südbayern, B. v. 26. 6. 2008 – Az.: Z3-3-3194-1-16-04/08). 2717

Eine Heilung kann auch durch den Beschluss einer Vergabekammer erfolgen (1. VK Brandenburg, B. v. 19. 9. 2001 – Az.: 1 VK 85/01). 2718

Teil 1 GWB § 101a   Gesetz gegen Wettbewerbsbeschränkungen

2719 **Nachteilige Folge für den Auftraggeber** kann bei solchen Sachverhaltskonstellationen eine **Belastung mit den durch das Vergabenachprüfungsverfahren entstandenen Kosten und Gebühren** sein. Vgl. insoweit die Kommentierung zu § 128 GWB.

11.7.6 Heilung von formalen Mängeln

2720 **Formale Mängel** der Information nach § 101a GWB, wie etwa der Verstoß einer vorfristigen Information durch den legitimierenden Beschluss des ordnungsgemäßen Beschlussorgans, **können geheilt werden** und allenfalls kostenrechtliche Konsequenzen nach sich ziehen (1. VK Sachsen, B. v. 23. 5. 2003 – Az.: 1/SVK/030-03).

11.8 Adressat der Information

11.8.1 Bieter und Bewerber

11.8.1.1 Allgemeines

2721 Der Auftraggeber erfüllt seine Informationspflicht sicherlich, wenn er die Information an den Bieter bzw. den Bewerber übersendet.

11.8.1.2 Entsprechende Anwendung des § 130 Abs. 1 BGB

2722 **§ 130 Abs. 1 BGB** ist zumindest hinsichtlich der Frage, an wen die Vorabinformation nach § 101a GWB abzusenden ist, **entsprechend anzuwenden**. Danach genügt das Absenden einer Vorabinformation an eine Zweigstelle nicht, wenn diese nicht als Empfangsstelle für Informationen an die tatsächliche Bieterin zu betrachten ist. Es ist zu unterscheiden zwischen dem Interessenten für eine Ausschreibung und dem tatsächlichen Bieter (OLG Naumburg, B. v. 17. 2. 2004 – Az.: 1 Verg 15/03).

11.8.2 Bevollmächtigte

2723 Auch die alleinige Unterrichtung des Bevollmächtigten genügt den Anforderungen des § 101a GWB, wenn die Bevollmächtigten sich bereits im Zusammenhang mit dem von ihnen verfassten Rügeschreiben für den Antragsteller gemeldet hatten; der Auftraggeber durfte daher auch das Informationsschreiben nach § 101a GWB an die Bevollmächtigten richten (so sinngemäß auch § 14 Abs. 3 VwVfG). Wenn in Satz 1 des § 101a GWB formuliert ist, dass die „Bieter" informiert werden, so schließt dies **eine Information an einen bevollmächtigten Vertreter nicht aus; für eine restriktive Anwendung besteht keinerlei Anlass** (VK Hessen, B. v. 2. 1. 2003 – Az.: 69 d VK – 53/2002).

11.8.3 Verbreitung über das Internet

2724 Die **Verbreitung der Information** über eine Auftragserteilung im Sinn von § 101a GWB **auf der Internetseite des Auftraggebers und die Veröffentlichung im Amtsblatt der Europäischen Union** können **kein adäquater Ersatz** für eine Information im Sinn von § 101a GWB sein (EuGH, Urteil v. 28. 1. 2010 – Az.: C-456/08).

11.9 Form der Information

11.9.1 Verwendung der Textform

11.9.1.1 Allgemeines

2725 Der Begriff der Textform – anstelle der „Schriftlichkeit" – wurde gewählt, um zusätzliche Wege der schnellen Information (Fax, E-Mail) zu ermöglichen.

2726 Zur **Bestimmung des Begriffs der Textform ist auf § 126b BGB zurückzugreifen**. Danach **fallen unter den Begriff der Textform zum einen schriftliche Urkunden**, aber auch jede andere lesbare Form, sofern die **dauerhafte Wiedergabe in Schriftzeichen gewährleistet ist und die Person des Erklärenden genannt** wird. Taugliche Medien für die Übermittlung in Textform sind **insbesondere Telefax, CDs, Disketten und E-Mails** aber natürlich auch herkömmliche Schriftstücke.

Nach § 126b BGB bedarf es bei der Verwendung einer Textform weder einer Unterschrift noch einer digitalen Signatur.

11.9.1.2 Ausnahme

Sinn und Zweck des § 101a GWB ist es, zu verhindern, dass der unterlegene Bewerber durch einen plötzlichen Vertragsschluss überrascht wird und das Vergabeverfahren so der Nachprüfung entzogen wird. **Wenn der Bewerber jedoch schon unmissverständlich, eindeutig und abschließend mündlich informiert wird und er diese mündliche Information so ernst nimmt, dass er den vermeintlichen Vergabefehler formgerecht rügt, ist die Textform nicht mehr erforderlich**, um den Primärrechtsschutz sicherzustellen. Es widerspricht sowohl dem Beschleunigungsgrundsatz als auch den Grundsätzen von Treu und Glauben, in diesem Einzelfall noch eine schriftliche Bestätigung der mündlich erteilten Information abzuwarten. Denn wird ein Antragsteller nicht gehindert, rechtzeitig einen Nachprüfungsantrag zu stellen, der nach Zustellung das Zuschlagsverbot auslöst, ist der Primärrechtsschutz damit eröffnet und das Ziel des § 101a GWB erreicht. Der **Vergaberechtsschutz des unzureichend informierten Bewerbers ist also auch ohne die Nichtigkeitsfolge ausreichend gesichert**. Er kann nach rechtzeitiger Rüge einen Nachprüfungsantrag stellen, und zwar innerhalb eines Zeitrahmens von 14 Tagen, mit dem Ziel, die Vergabestelle zu verpflichten, ihm eine schriftliche Begründung zu erteilen. Demgemäß ist es nach dem Schutzzweck der Vorschrift überflüssig, in das Verbot des § 101a GWB und die Nichtigkeitsfolge diesen Sonderfall mit einzubeziehen (Schleswig-Holsteinisches OLG, B. v. 28. 11. 2005 – Az.: 6 Verg 7/05; VK Schleswig-Holstein, B. v. 31. 5. 2005 – Az.: VK-SH 09/05).

11.9.2 Verwendung von Formblättern

11.9.2.1 Allgemeines

Für § 13 VgV hat die Rechtsprechung entschieden, dass bereits der Wortlaut des § 13 VgV nur von der Verpflichtung spricht, den Grund für die Nichtberücksichtigung anzugeben, und nicht von Gründen oder gar einer Begründung. Daraus muss gefolgert werden, dass der Auftraggeber sich kurz fassen und auch **im Wege der Verwaltungsvereinfachung zu vorformulierten Schreiben greifen darf** (BayObLG, B. v. 18. 6. 2002 – Az.: Verg 8/02; VK Baden-Württemberg, B. v. 17. 1. 2008 – Az.: 1 VK 52/07; B. v. 18. 10. 2005 – Az.: 1 VK 62/05; 2. VK Bund, B. v. 25. 4. 2005 – Az.: VK 2–21/05; VK Lüneburg, B. v. 26. 1. 2005 – Az.: 203-VgK-56/2004; VK Südbayern, B. v. 19. 1. 2009 – Az.: Z3-3-3194-1-41–11-08).

Diese **Rechtsprechung kann** mit Blick auf den geänderten Wortlaut und die Verwendung des Plurals in § **101a GWB nicht mehr ohne weiteres übernommen werden**.

11.9.2.2 Verwendung des Formblattes EFB Info/Abs EG des VHB (334 EG)

Verwendet ein Auftraggeber zur Information nach § 13 VgV das **Formblatt (EFB (B) Info/Abs EG) aus dem Vergabehandbuch** für die Durchführung von Bauaufgaben des Bundes im Zuständigkeitsbereich der Finanzbauverwaltungen **(VHB)**, so kann der Adressat aus diesem Formblatt ersehen, welcher namentlich benannte Bieter den Zuschlag erhalten soll und die Begründung für die Ablehnung seines eigenen Angebotes. Die **Information unter Einsatz des Formblattes genügt** daher für eine ordnungsgemäße Vorabinformation im Rahmen des § 13 VgV (VK Brandenburg, B. v. 24. 2. 2005 – VK 01/05; VK Lüneburg, B. v. 26. 1. 2005 – Az.: 203-VgK-56/2004; VK Lüneburg, B. v. 8. 11. 2002 – Az.: 24/02).

Da das **Formblatt 334 EG** (Informations-, Absageschreiben nach § 101a GWB) **an den neuen Wortlaut des § 101a GWB angepasst** wurde, kann diese **Rechtsprechung vom Grundsatz her übernommen werden**.

11.9.2.3 Information durch mehrere Schreiben

Die Vorschrift des § 101a GWB **fordert nicht**, dass die erforderlichen Angaben **in einem Schreiben** zu erfolgen haben. Es erscheint im Hinblick auf den Zweck der Vorschrift vielmehr als ausreichend, wenn die notwendigen Angaben 14 Tage vor dem Vertragsschluss vollständig erteilt worden sind (VK Hamburg, B. v. 18. 12. 2001 – Az.: VgK FB 8/01).

11.9.3 Beispiele aus der Rechtsprechung

– mit der **Formulierung „da das angebotene System noch nie gebaut wurde" gibt der Auftraggeber eine ausreichende Information über den Ausschlussgrund**, damit der

Teil 1 GWB § 101a Gesetz gegen Wettbewerbsbeschränkungen

Bieter die Vergabeentscheidung im Sinne des § 13 VgV nachvollziehen kann (3. VK Bund, B. v. 28. 9. 2009 – Az.: VK 3–169/09)

- die **telefonische Information** vom 13. April 2007 **entsprach weder dem vorgesehenen Formerfordernis noch den inhaltlichen Erfordernissen**, da weder der Name des für den Zuschlag vorgesehenen Bieters noch der Grund für die Nichtberücksichtigung des Angebotes der Antragstellerin mitgeteilt wurden (1. VK Brandenburg, B. v. 18. 6. 2007 – Az.: 1 VK 20/07)

- sendet der Auftraggeber **anstelle eines Informationsschreibens gem. § 13 VgV lediglich ein Absageschreiben gem. § 27 Nr. 1 VOB/A** unter Verwendung des entsprechenden Formblattes EFB (B/Z) Abs. 1 des VHB zu, in dem den Bietern lediglich unter kurzer Angabe der Gründe mitgeteilt wird, dass auf ihre Angebote kein Zuschlag erteilt wird, **erfüllt diese Information die Mindestanforderungen des § 13 Satz 1 VgV nur teilweise**, weil sie keine Auskunft über den Namen des Bieters, dessen Angebot angenommen werden soll, gibt. Daher ist der **gleichwohl zustande gekommene Vertrag nichtig** (VK Lüneburg, B. v. 26. 1. 2005 – Az.: 203-VgK-56/2004)

- die Kammer hält es auf der Grundlage der hier zur Anwendung kommenden VOF grundsätzlich für ausreichend, wenn die **Wertung dahingehend zusammenfassend** mitgeteilt wird, dass der Bieter, der den Auftrag erhalten soll, **die höchste Punktzahl erhalten hat und infolgedessen der Empfänger des Schreibens niedriger bewertet wurde** ... Die ergebnishafte Angabe, der Bieter sei aufgrund der Bewertungsmatrix und der hierzu durchgeführten Präsentation unterlegen, erscheint grundsätzlich ausreichend und trägt der Intention des § 13 VgV Rechnung (VK Baden-Württemberg, B. v. 7. 10. 2002 – Az.: 1 VK 48/02)

- eine **pauschale Angabe** wie „das Fehlen der geforderten Leistungsfähigkeit" **genügt der Informationspflicht des § 13 VgV nicht**, da der Bieter ein Recht hat zu erfahren, aus welchen Gründe sein Angebot oder seine Bewerbung abgelehnt wird. Hier wären die einzelnen Gründe anzugeben (mangelhaft qualifiziertes Personal, nicht geeignete Subunternehmer, fehlende Sachausstattung etc.), die den Auftraggeber bewegen festzustellen, dass der Bieter nicht leistungsfähig ist (VK Südbayern, B. v. 12. 5. 2001 – Az.: 20-06/01)

- die Vergabestelle teilte dem Antragsteller 14 Tage vor Zuschlagserteilung mit, dass sie den Zuschlag nicht erhalten werde, wer den Zuschlag erhalten solle und die Gründe ihrer Nichtberücksichtigung. Dabei kann sich die Vergabestelle einer kurzen Begründung bedienen, wobei hier auf die Wirtschaftlichkeit abgestellt wurde. Diese wurde weiter durch die Vergabestelle unterlegt. Ein **explizierter Punktenachweis**, so wie der Antragsteller dies forderte, **bedarf es bei der Absage nicht** (VK Thüringen, B. v. 31. 1. 2002 – Az.: 216–4004.20-002/02-GTH)

11.10 Frist für die Information

11.10.1 Änderung durch das Vergaberechtsmodernisierungsgesetz

2735 § 101a GWB enthält **erstmals eine Frist für die Vornahme der Information**. Sie muss **unverzüglich**, also ohne schuldhaftes Zögern (§ 121 Abs. 1 GWB) erfolgen.

11.11 Wartepflicht und Wartefrist

11.11.1 Änderung durch das Vergaberechtsmodernisierungsgesetz

2736 Die **Wartefrist** wird nunmehr gesetzlich geregelt und **hinsichtlich der Dauer an die Vorgaben der Rechtsmittel-Richtlinie angepasst**. Die Dauer der Wartepflicht ist **je nach vom Auftraggeber verwendetem Kommunikationsmedium unterschiedlich**. Bei **Information per Fax oder auf elektronischem Weg** beträgt sie **mindestens 10 Kalendertage**, bei **Information auf einem sonstigen Weg** beträgt sie **15 Tage**.

11.11.2 Geltung der mitteleuropäischen Zeit

2737 Gemäß § 1 Abs. 2 ZeitG ist die gesetzliche Zeit die mitteleuropäische Zeit; nach Abs. 4 dieser Vorschrift ist für den Zeitraum ihrer Einführung die mitteleuropäische Sommerzeit die gesetzliche Zeit. In diesem Zusammenhang bestimmt die auf Grund § 3 Abs. 1 ZeitG erlassene Sommerzeitverordnung in § 1, dass die **mitteleuropäische Sommerzeit ab dem Jahr**

Gesetz gegen Wettbewerbsbeschränkungen GWB § 101a **Teil 1**

2002 auf unbestimmte Zeit eingeführt wird. Sie gilt vom letzten Sonntag im März bis zum letzten Sonntag im Oktober. Dies **bedeutet gleichzeitig, dass sich sämtliche Terminangaben im Geschäftsverkehr auf die jeweils gesetzliche Zeit beziehen, während der mitteleuropäischen Sommerzeit also auf diese.** Etwas anderes könnte möglicherweise nur dann gelten, wenn ausdrücklich durch besondere Kennzeichnung auf die Abweichung von der gesetzlichen Zeit hingewiesen wird. Dieser besonderen **Kennzeichnungspflicht kann die Verwendung der Abkürzung „MEZ" ohne weitere Erklärung keinesfalls gerecht werden.** Aus der Verwendung der Abkürzung „MEZ" statt „MESZ" lässt sich aber nicht schließen, dass tatsächlich die mitteleuropäische Zeit entgegen aller geschäftlichen Gepflogenheiten verwenden werden soll und dies von den Bietern auch nur so verstanden werden konnte. Insofern kann ein sorgfältiger und verständiger Bieter z. B. die Zeitangabe „10 Uhr MEZ" im Juli 2007 nur im Sinne der zu dieser Zeit geltenden (gesetzlichen) Sommerzeit verstehen (VK Schleswig-Holstein, B. v. 5. 9. 2007 – Az.: VK-SH 21/07).

11.11.3 Rechtsprechung zu § 13 VgV

Mit Blick auf die geänderte Fassung der §§ 101 a, 101 b GWB wird die **Rechtsprechung zu** 2738
§ **13 VgV noch soweit dargestellt, wie sie mit den §§ 101 a, 101 b GWB vereinbar ist.**

11.11.3.1 Allgemeines

Die **Frist** des § 101 a GWB **dient nicht allein dem Schutz des Bieters.** Vielmehr **dient** 2739
die Regelung **auch den Interessen der Vergabestelle,** die bei fehlender Rüge davon ausgehen darf, dass nach Ablauf der Frist grundsätzlich einer Zuschlagserteilung nichts im Wege steht. Für diesen Schutzzweck zugunsten des Auftraggebers spricht auch der Umstand, dass es nach dem Willen des Gesetzgebers für den Fristbeginn nicht auf den Zugang des Informationsschreibens beim Bieter, sondern auf dessen Absendung ankommt (OLG Naumburg, B. v. 25. 1. 2005 – Az.: 1 Verg 22/04).

Bei der Wartefrist nach § 101 a GWB handelt es sich nicht um eine vom An- 2740
tragsteller einzuhaltende Rechtsmittelfrist. Der Nachprüfungsantrag ist nicht an die Einhaltung einer Frist gebunden. Um einen Primärrechtsschutz zu erlangen, ist der Nachprüfungsantrag lediglich faktisch so rechtzeitig einzureichen, dass noch während der Wartefrist die Zustellung an den Antragsgegner von der Vergabekammer bewirkt werden kann, so dass das Zuschlagsverbot des § 115 Abs. 1 GWB eingreift. Deswegen unterwirft § 101 a GWB die Anbringung eines Nachprüfungsantrags aber keiner bestimmten Frist. Die Befugnis des Auftraggebers, nach Ablauf der Wartefrist den Zuschlag zu erteilen, hat lediglich mittelbare Auswirkungen auf den Zeitpunkt, bis zu dem durch einen Nachprüfungsantrag der Vertragsschluss vom Antragsteller verhindert werden kann. Dazu muss der Antragsteller eine Zurückweisung seiner Rüge durch den Auftraggeber freilich nicht abwarten, sondern kann den Nachprüfungsantrag notfalls sogar schon kurzfristig nach Eingang des Rügeschreibens beim Auftraggeber einreichen (OLG Düsseldorf, B. v. 14. 5. 2008 – Az.: VII-Verg 11/08).

11.11.3.2 Beginn der Frist

Für den Beginn der Frist kommt es nicht auf den Zugang beim letzten Bieter oder Bewerber 2741
an; die **Frist beginnt am Tage nach der Absendung der Information durch den Auftraggeber.**

Entscheidend für die Einhaltung der Frist ist, **wann die Information an den letzten** 2742
Bieter abgesandt wurde; erst dann beginnt einheitlich die Frist zu laufen (BGH, B. v. 9. 2. 2004 – Az.: X ZB 44/03; VK Brandenburg, B. v. 27. 1. 2005 – VK 79/04; 1. VK Bund, B. v. 20. 1. 2003 – Az.: VK 1–99/02).

Ist eine **Absendung** der Vorabinformation nach § 13 Satz 1 VgV an einen Bieter **nicht er-** 2743
folgt, so läuft die Frist jedenfalls ab Zugang der Vorabinformation bei diesem Bieter (OLG Naumburg, B. v. 17. 2. 2004 – Az.: 1 Verg 15/03).

11.11.3.3 Verlängerung der Frist durch die ausschreibende Stelle

Welche Konsequenzen eine von § 13 VgV abweichende Nennung einer längeren Frist durch 2744
den Auftraggeber hat, ist in der Rechtsprechung streitig.

Nach einer Auffassung hat dies keine Wirkung. Erklärt also der Auftraggeber, dass er beab- 2745
sichtigt, den Zuschlag später als nach Ablauf der 14-Tage-Frist zu erteilen, führt dies **nicht**

Teil 1 GWB § 101a Gesetz gegen Wettbewerbsbeschränkungen

dazu, dass **statt der gesetzlichen Frist** wegen des Gebotes des Vertrauensschutzes und des Grundsatzes der Selbstbindung der Verwaltung **das in der Vorabinformation genannte spätere Fristende gilt** (Hanseatisches OLG Bremen, B. v. 18. 8. 2003 – Az.: Verg 6/2003; OLG Düsseldorf, B. v. 23. 5. 2007 – Az.: VII – Verg 14/07; VK Bremen, B. v. 16. 7. 2003 – Az.: VK 12/03; 1. VK Bund, B. v. 27. 9. 2002 – Az.: VK 1–63/02; VK Münster, B. v. 10. 2. 2004 – Az.: VK 01/04).

2746 Nach der Gegenmeinung wird das **Zuschlagsverbot** nach § 13 Satz 3 VgV durch eine Vorabinformation **nicht beseitigt**, wenn diese infolge schwerer inhaltlicher Fehler den Bieter davon abhält, rechtzeitig Rechtsschutz zu suchen. Ein solcher Fehler liegt vor, wenn die gesetzliche Frist des § 13 VgV nicht durch die im Ablehnungsschreiben genannte längere Frist ersetzt wird; dann war die angegebene Einspruchsfrist unrichtig und hat die Rechtsschutzmöglichkeiten des Bieters beeinträchtigt. Der **Auftraggeber ist also an die angegebene längere Frist gebunden** (2. VK Bund, B. v. 16. 7. 2002 – Az.: VK 2–50/02).

2747 Der Auftraggeber ist grundsätzlich nur an die **gesetzliche Wartefrist des § 101a GWB** bzw. an den im Vorabinformationsschreiben mitgeteilten Zuschlagstermin gebunden. Diese **Wartefristen geben die gesetzgeberische Abwägung zwischen den Interessen der Bieter an einer Überprüfungsmöglichkeit der von ihnen behaupteten Rechtsverletzungen und dem Interesse des Auftraggebers an einer möglichst raschen Auftragserteilung wider**. Einen weiteren, zeitlich längeren Suspensiveffekt kann ein Bieter nur dadurch erreichen, dass er einen Nachprüfungsantrag stellt. Unter dieser Prämisse ist der **Auftraggeber** bei einer freiwilligen zusätzlichen Verlängerung der Wartefrist **allenfalls daran zu messen, ob er dem Bieter nach einer solchen zusätzlichen Aussetzung des Zuschlags den Rechtsschutz durch einen unangemessen kurzen Abstand zwischen Rügeerwiderung und Beendigung der Zuschlagssperre beschnitten und damit gegen das Gebot des Vertrauensschutzes verstoßen hat**, das sich auf der Grundlage des Grundsatzes von Treu und Glauben aus dem durch Ausschreibung und Bieterbeteiligung begründeten vorvertraglichen Schuldverhältnisses zwischen Auftraggeber und Bietern ergibt (2. VK Bund, B. v. 26. 8. 2010 – Az.: VK 2–83/10).

2748 Eine eindeutige Verlängerungszusage **schafft einen die Vergabestelle insoweit jedenfalls bindenden Vertrauenstatbestand**. Ein Beschwerdeführer wird sich deshalb bei einem dennoch vor Ablauf der verlängerten Frist erteilten Zuschlag **auf das Nichtigkeitsverdikt des § 13 Satz 6 VgV berufen** können (Hanseatisches OLG Bremen, B. v. 5. 3. 2007 – Az.: Verg 4/2007). Der bindende **Vertrauenstatbestand muss sich darüber hinaus auch wieder auf die Fristenregelung in § 13 VgV beziehen**. Denn § 13 VgV normiert gerade die Rechtzeitigkeit einer Information mit einer Frist von 14 Tagen. Vergibt der Auftraggeber vor Ablauf der weiteren 14-Tage-Frist den Auftrag, kann hierin ebenfalls ein Verstoß gegen Vergaberegelungen zu sehen sein. **Als angemessene Frist müssen hier (wieder) die 14 Tage entsprechend der Regelung in § 13 VgV angewandt werden** (VK Bremen, B. v. 18. 4. 2007 – Az.: VK 2/07).

2749 Eine **Verlängerung der Frist entsteht auch in den Fällen, in denen der Auftraggeber auf die Rüge hin zunächst mitteilt, die Wertung wiederholen zu wollen**. Der rügende Bieter hat dann selbstverständlich ein schützenswertes Interesse daran, über das Ergebnis einer solchen erneuten Wertung informiert zu werden; die bisher gegebene Begründung ist überholt und eine neue Mitteilung nach § 13 VgV erforderlich. **Versieht der Auftraggeber dagegen lediglich seine Entscheidung, der Rüge nicht abzuhelfen, mit einer ergänzenden Begründung, macht dies die ursprüngliche Mitteilung nicht gegenstandslos**, denn § 13 VgV verlangt keine vollständige Aufzählung aller Gründe für die Nichtberücksichtigung eines Bieters, sondern lässt die Nennung eines Grundes ausreichen. Wenn die Begründung später ergänzt wird, wird **der Lauf der 14-Tage-Frist deshalb nicht unterbrochen**, es sei denn, die Vergabestelle setzt einen gegenteiligen Vertrauenstatbestand (2. VK Bund, B. v. 24. 4. 2007 – Az.: VK 2–21/07).

2750 Vgl. zu den **Auswirkungen einer Verlängerung der Frist des § 13 VgV auf die Rügefrist** die Kommentierung zu § 107 GWB.

2751 An dieser Problematik hat sich **durch § 101a GWB nichts geändert**.

11.11.3.4 Verlängerung der Frist durch einen Bieter

2752 Auch ein **Bieter kann durch eine Fristsetzung** gegenüber dem Auftraggeber, die über die Frist des § 13 VgV hinausgeht, den **Lauf einer gesetzlich bestimmten und in Gang gesetzten Frist nicht zu seinen Gunsten verlängern** (OLG Düsseldorf, B. v. 23. 5. 2007 – Az.: VII – Verg 14/07).

11.11.3.5 Unterbrechung der Frist durch die Überprüfung der Vergabeentscheidung durch die Vergabestelle

Prüft die Vergabestelle die Rüge eines Antragstellers betreffend die Verletzung von Vergabevorschriften auf ihre Berechtigung hin, ist sie nach dem Sinn der Vorschrift des § 107 Abs. 3 Satz 1 GWB, die der Vergabestelle Gelegenheit geben will, einen behaupteten Vergaberechtsverstoß ohne Nachprüfungsverfahren abzustellen, hierzu berechtigt und verpflichtet. Das führt indessen **nicht zur Unterbrechung oder Verlängerung der Frist des § 13 VgV**, weil es andernfalls der Bieter in der Hand hätte, diese Frist durch seine bloße Rüge im Ergebnis nahezu beliebig zu verlängern. Das wäre mit der erforderlichen Rechtssicherheit angesichts der Nichtigkeitsfolge des § 13 VgV nicht vereinbar (Thüringer OLG, B. v. 29. 5. 2002 – Az.: 6 Verg 2/02). 2753

Daran hat sich **durch § 101 a GWB nichts geändert**. 2754

11.11.3.6 Berechnung der Frist (§ 101 a Satz 5)

Die **Informationsfrist beginnt mit dem Tag nach der Absendung der Vorinformation und endet am 10. oder 15. Kalendertag um 24.00 Uhr**. Diese Sicht wird ebenfalls dadurch gestützt, dass der Verordnungsgeber von Kalendertagen spricht und damit 10 bzw. 15 Tage mit je 24 Stunden als Informationsfrist angibt. Schwierig und aufwendig nachzuvollziehen bzw. zu beweisen wäre ein Fristlaufbeginn mit dem Zeitpunkt der Absendung des Informationsschreibens, die Bieter wüssten den Zeitpunkt des Beginns der Informationsfrist nicht und damit auch nicht deren Ende, Rechtsunsicherheit wäre damit vorprogrammiert (VK Thüringen, B. v. 1. 3. 2002 – Az.: 216–4002.20-004/02-EF-S). 2755

Nach **§ 188 Abs. 1 BGB** endigt eine nach Tagen bestimmte Frist mit dem Ablauf des letzten Tages der Frist. Wird z.B. die Information am 11. 12. 2007 abgesendet, beginnt die Frist am 12. 12. 2007 und ist Fristende am 25. 12. 2007, 23.59 Uhr (2. VK Bund, B. v. 28. 1. 2008 – Az.: VK 2–162/07 – für die alte 14-Tage-Frist des § 13 VgV; **nach neuem Recht** und Versendung der Information nach § 101 a GWB per Email z.B. am 11. 12. 2010 beginnt die Frist am 12. 12. 2010 und ist Fristende am 21. 12. 2010, 23.59 Uhr). 2756

Die Sperrfrist nach **§ 101 a GWB** bewirkt ein Zuschlagsverbot, nach deren Ablauf eine Willenserklärung seitens der Vergabestelle, nämlich die Zuschlagserteilung erfolgt. Für diese Willenserklärung ist die **Regelung des § 193 BGB nicht einschlägig**, denn die Zuschlagserteilung der Vergabestelle ist weder an einem bestimmten Tag zu bewirken, noch ist sie fristgebunden. Sie kann nach Ablauf der Wartefrist jederzeit – solange nicht ein Zuschlagsverbot z.B. aus § 115 Abs. 3 GWB besteht – erteilt werden (2. VK Bund, B. v. 28. 1. 2008 – Az.: VK 2–162/07; VK Thüringen, B. v. 25. 11. 2008 – Az.: 250–4003.20–5545/2008-032-GRZ). 2757

Der **Begriff „Kalendertag" erfasst alle Tage des Kalenders und zwar unabhängig davon, ob es sich um Werktage oder Feiertage, Sonnabende und Sonntage handelt**. Daraus folgt, dass der letzte Tag der Frist selbstverständlich auch auf einen Feiertag, Sonnabend oder Sonntag fallen kann. Hätte der Verordnungsgeber zudem Raum für die Anwendung des § 193 BGB lassen wollen, so hätte er den Begriff „Tage" verwandt. **§ 193 BGB findet auf die nach Kalendertagen bestimmte Frist des § 101 a GWB keine – und zwar weder eine unmittelbare noch eine entsprechende – Anwendung**. § 193 BGB gilt nur für Tages-, Wochen- oder Monatsfristen und Termine, die für die Abgabe einer Willenserklärung oder zum Bewirken einer Leistung bestimmt sind (z.B. die Frist innerhalb derer die Inanspruchnahme aus einer Bürgschaft gegenüber dem Bürgen zu erklären ist, das heißt für Fristen, an deren letztem Tag spätestens eine bestimmte Handlung oder Willenserklärung vorzunehmen ist). Die Auslegungsregel des § 193 BGB besagt, dass die Willenserklärung oder Handlung grundsätzlich auch am nächsten Werktag erklärt oder wirksam vorgenommen werden können. § 193 BGB gilt zwar nicht nur für Willenserklärungen, zu deren Abgabe eine rechtliche Verpflichtung besteht, sondern auch für solche, die der Wahrung eigener Rechte des Erklärenden dienen (Kündigungserklärung, Inanspruchnahmeerklärung einer Bürgschaft). **§ 193 BGB gilt aber nicht, wenn mit dem Ablauf des letzten Tages der Frist eine bestimmte Rechtswirkung eintritt** (OLG Düsseldorf, B. v. 14. 5. 2008 – Az.: VII-Verg 11/08). 2758

Für eine entsprechende Anwendung des § 193 BGB zur Berechnung des Ablaufs der Frist fehlt es an der erforderlichen planwidrigen und ausfüllungsbedürftigen Regelungslücke. Die sachliche Ausgangslage erfordert eine analoge Anwendung des § 193 BGB auf die Wartefrist nicht, weil § 101 a GWB eine abschließende Regelung des Sachverhalts enthält (OLG Düsseldorf, B. v. 14. 5. 2008 – Az.: VII-Verg 11/08). 2759

Teil 1 GWB § 101a Gesetz gegen Wettbewerbsbeschränkungen

2760 Die **Auslegungsregel der §§ 31 Abs. 3 VwVfG, 222 Abs. 2 ZPO kann aus diesem Grund ebenfalls keine Anwendung finden**. Gleiches gilt für die Auslegungsregel des Art. 3 Abs. 4 der Verordnung Nr. 1182/71 des Rates vom 3. Juni 1971 zur Festlegung der Regeln für die Fristen Daten und Termine (vgl. Abl. EG Nr. C 51 vom 29. 4. 1970, S. 25). Die Auslegungsregeln gelten für Fristen, innerhalb derer eine bestimmte Handlung oder Willenserklärung vorgenommen werden kann oder muss (OLG Düsseldorf, B. v. 14. 5. 2008 – Az.: VII-Verg 11/08).

11.12 Absendung erst nach Entscheidung des zuständigen Gremiums über den Zuschlag

2761 Man muss verlangen, dass das Vorinformationsschreiben **erst** zu einem Zeitpunkt an die nicht berücksichtigten Bieter **abgesandt** wird, zu dem das **für die Zuschlagsentscheidung berufene Gremium** seinen Abwägungsprozess samt interner **Zuschlagsentscheidung** tatsächlich **getroffen** hat (1. VK Sachsen, B. v. 23. 5. 2003 – Az.: 1/SVK/030-03).

11.13 Rechtsfolge des Ablaufs der Frist

2762 Der **Ablauf der Frist** des § 101a GWB **bewirkt** nur, dass der **Auftraggeber fortan in seinem Vergabeverhalten den Einschränkungen des § 101a GWB nicht mehr unterliegt**, d. h. die von ihm beabsichtigte Vergabeentscheidung nunmehr treffen kann, und dass rügewillige Bieter fortan eben damit und folglich auch mit der Gefahr rechnen müssen, dass ein zulässiges Nachprüfungsverfahren nicht mehr eingeleitet werden kann, wenn der Auftraggeber von den ihm durch den Fristablauf eröffneten Möglichkeiten rechtzeitig Gebrauch gemacht hat (OLG Naumburg, B. v. 29. 10. 2009 – Az.: 1 Verg 5/09). **Solange er dies aber nicht getan hat**, bewirken weder die Vorabinformation selbst noch das Ende der Frist aus § 101a GWB eine **Beendigung des Vergabeverfahrens unmittelbar oder ein Ausscheiden der betroffenen Bieter** aus diesem Verfahren (OLG Dresden, B. v. 11. 4. 2005 – Az.: WVerg 05/05).

11.14 § 101a GWB als „Entäußerungsverbot"

2763 Versendet der Auftraggeber die Informationsschreiben an einem bestimmten Datum und **versendet der Auftraggeber das Zuschlagsschreibens noch innerhalb der Sperrfrist, steht dieses Verhalten dem Inhalt des § 101a GWB entgegen. Das Zuschlagsverbot ist nämlich als Entäußerungsverbot zu verstehen**. Der Auftraggeber darf vor Ablauf der Sperrfrist nichts tun, was auch gegebenenfalls nach Ablauf derselben ohne sein weiteres Zutun zum Vertragsschluss führt (1. VK Sachsen-Anhalt, B. v. 22. 1. 2008 – Az.: 1 VK LVwA 32/07).

11.15 Angemessenheit der Frist des § 101a GWB

2764 Die **Wartefrist des § 101a GWB ist angemessen**. Sie entspricht den Fristen der Rechtsmittelrichtlinien (OLG Düsseldorf, B. v. 14. 5. 2008 – Az.: VII-Verg 11/08).

11.16 Kausalität zwischen mangelhafter Information und (drohendem) Schaden

11.16.1 Grundsätze

2765 Macht ein Antragsteller – gestützt auf § 101a GWB – eine Verletzung von Informationspflichtenpflichten im Vergabeverfahren geltend, muss die **behauptete unzureichende Vorabinformation ursächlich für einen (drohenden) Schaden des Antragstellers im Vergabeverfahren**, z. B. die Nichtberücksichtigung der Bewerbung des Antragstellers sein (VK Südbayern, B. v. 31. 10. 2002 – Az.: 42-10/02).

2766 Wird der **Antragsteller also nicht gehindert, rechtzeitig einen Nachprüfungsantrag zu stellen, der nach Zustellung das Zuschlagsverbot auslöst, ist der Primärrechtsschutz damit eröffnet** und das Ziel des § 101a GWB erreicht (OLG Düsseldorf, B. v. 7. 1. 2002 – Az.: Verg 36/01; VK Baden-Württemberg, B. v. 18. 10. 2005 – Az.: 1 VK 62/05; B. v. 12. 11. 2004 – Az.: 1 VK 70/04; B. v. 11. 9. 2003 – Az.: 1 VK 52/03; VK Brandenburg, B. v.

Gesetz gegen Wettbewerbsbeschränkungen　　　　　　　　　　GWB § 101a　**Teil 1**

12. 11. 2008 – Az.: VK 35/08; B. v. 28. 1. 2008 – Az.: VK 59/07; B. v. 18. 6. 2007 – Az.: 1 VK 20/07; B. v. 12. 4. 2007 – Az.: 1 VK 11/07; B. v. 21. 2. 2007 – Az.: 2 VK 58/06; B. v. 1. 2. 2006 – Az.: 1 VK 81/05; B. v. 24. 11. 2005 – Az.: 1 VK 69/05; B. v. 26. 8. 2005 – Az.: 1 VK 47/05; 1. VK Bund, B. v. 30. 4. 2009 – Az.: VK 1–56/09; 3. VK Bund, B. v. 14. 11. 2007 – Az.: VK 3–124/07; VK Schleswig-Holstein, B. v. 11. 2. 2010 – Az.: VK-SH 29/09). Die Vorgaben des § 101a GWB haben nämlich lediglich das **Ziel, den Einstieg in den Primärrechtsschutz eines Nachprüfungsverfahrens zu gewährleisten**. Sie sind nicht geeignet, z. B. einen Schaden im Sinne des § 107 Abs. 2 Satz 2 GWB zu begründen oder die Zuschlagschancen oder sonstige Erfolgsaussichten des Bieters zu verbessern (1. VK Brandenburg, B. v. 12. 11. 2008 – Az.: VK 35/08; B. v. 28. 1. 2008 – Az.: VK 59/07; B. v. 24. 11. 2005 – Az.: 1 VK 69/05; VK Hessen, B. v. 2. 1. 2003 – Az.: 69 d VK – 53/2002; VK Schleswig-Holstein, B. v. 11. 2. 2010 – Az.: VK-SH 29/09).

Deshalb kommt einem **Bieter, wenn er in einem noch nicht durch Zuschlagserteilung abgeschlossenen Vergabeverfahren ein Nachprüfungsverfahren einleitet, kein schutzwürdiges Interesse** im Hinblick auf die Einhaltung der Vorschriften des § 101a GWB mehr zu (VK Brandenburg, B. v. 12. 11. 2008 – Az.: VK 35/08; B. v. 28. 1. 2008 – Az.: VK 59/07; B. v. 18. 6. 2007 – Az.: 1 VK 20/07; B. v. 12. 4. 2007 – Az.: 1 VK 11/07; B. v. 21. 2. 2007 – Az.: 2 VK 58/06; B. v. 14. 3. 2005 – Az.: VK 7/05; B. v. 1. 3. 2005 – Az.: VK 8/05; B. v. 28. 2. 2005 – VK 02/05; B. v. 24. 9. 2004 – VK 49/04; 3. VK Bund, B. v. 14. 11. 2007 – Az.: VK 3–124/07; B. v. 1. 8. 2005 – Az.: VK 3–79/05; VK Schleswig-Holstein, B. v. 11. 2. 2010 – Az.: VK-SH 29/09). 2767

11.16.2 Zusätzlicher Vergabeverstoß

Ein gerügter Verstoß gegen § 101a GWB ist stets in der Weise ergebnisorientiert, dass zu ihm ein vergaberechtliches Fehlverhalten des Auftraggebers in der Sache hinzutreten muss, damit das Nachprüfungsverfahren Erfolg haben kann (OLG Dresden, B. v. 14. 2. 2003 – Az.: WVerg 0011/01; im Ergebnis ähnlich OLG Naumburg, B. v. 26. 4. 2004 – Az.: 1 Verg 2/04; VK Brandenburg, B. v. 12. 11. 2008 – Az.: VK 35/08; B. v. 24. 2. 2005 – VK 01/05; B. v. 21. 4. 2004 – Az.: VK 12/04). Ein **über eine Verletzung von § 101a GWB nicht hinausgehender Verstoß ist im Ergebnis ohne Belang** (Brandenburgisches OLG, B. v. 18. 5. 2004 – Az.: Verg W 03/04; VK Brandenburg, B. v. 12. 11. 2008 – Az.: VK 35/08; B. v. 1. 3. 2005 – Az.: VK 8/05; B. v. 24. 2. 2005 – VK 01/05). 2768

11.16.3 Unwirksamkeit bei präkludierten Vergaberechtsverstößen

Die **Eröffnung des Rechtsweges zu den vergaberechtlichen Nachprüfungsinstanzen und die Berufung auf § 101a GWB bleibt nach Sinn und Zweck der Präklusionsregelung dem Bieter abgeschnitten**, der z. B. die erkennbar falsche Wahl der Verdingungsordnung **nicht rechtzeitig gerügt** hat. Die Rügeobliegenheit ist den Bietern nämlich vom Gesetz auferlegt worden, um im Interesse des das gesamte Vergaberecht beherrschenden Beschleunigungsgebotes zu verhindern, dass sie erkennbare Fehler im Vergabeverfahren zunächst in der Erwartung unbeanstandet lassen, den Auftrag zu erhalten, um erst später als Notbehelf auf diese Fehler zurückzukommen, wenn sich die gehegte Erwartung, den Zuschlag zu erhalten, zu zerschlagen droht (VK Brandenburg, B. v. 27. 5. 2004 – Az.: VK 17/04). 2769

11.17 Entfall der Informationspflicht (§ 101a Abs. 2)

11.17.1 Änderung durch das Vergaberechtsmodernisierungsgesetz

Die Regelung des Absatzes 2 soll **Flexibilität für besonders dringliche Vergabeverfahren** schaffen. Für die Vergabeverfahren, bei denen besonders dringliche Gründe außerhalb der Einflusssphäre des öffentlichen Auftraggebers wie z. B. Flutkatastrophen, ein Verhandlungsverfahren ohne vorherige Bekanntmachung rechtfertigen, wird **klargestellt, dass der öffentliche Auftraggeber dann nicht zu einer vorherigen Information verpflichtet** ist. Der Auftraggeber muss in diesen Fällen der Lage sein, die erforderlichen Aufträge sofort zu vergeben, ohne eine Wartefrist einhalten zu müssen. 2770

Die **materiellen Voraussetzungen**, unter denen eine solche besondere Dringlichkeit bejaht werden kann, **ergeben sich aus §§ 3, 3a VOB/A bzw. 3 EG VOL/A und § 3 Abs. 4 VOF**. Vgl. insoweit die entsprechenden Kommentierungen. 2771

Teil 1 GWB § 101a Gesetz gegen Wettbewerbsbeschränkungen

11.17.2 Rechtsprechung

2772 Der Auftraggeber im Rahmen eines **Verhandlungsverfahrens, das gemäß § 3 Abs. 4 lit. c) VOF wegen besonderer Dringlichkeit ohne vorherige Bekanntmachung durchgeführt werden kann**, ist zwar **nicht verpflichtet, eine Bieterinformation gemäß den Vorgaben des § 101a GWB zu erteilen**. Bei einer beabsichtigten **Direktvergabe ohne jede Formalität** handelt es sich aber nicht um ein Verhandlungsverfahren ohne Bekanntmachung, sondern um eine **De-facto Vergabe, bei der sämtliche vergaberechtlichen Anforderungen und Förmlichkeiten unbeachtet** geblieben sind. Die in § 3 Abs. 4 lit. c) VOF vorgesehene Möglichkeit, auf die Bekanntgabe zu verzichten, ermöglicht dem Auftraggeber nicht, in diesen Fällen auch von der Durchführung eines förmlichen Verhandlungsverfahrens abzusehen und eine De facto-Vergabe einzuleiten. **Ebenso wenig gestattet § 101a Abs. 2 GWB dem Auftraggeber, im Rahmen einer De facto-Vergabe auf die Bieterinformation zu verzichten** (OLG Düsseldorf, B. v. 1. 10. 2009 – Az.: VII-Verg 31/09).

11.18 Verhältnis zwischen § 101a und §§ 22 EG VOL/A, 19, 19a VOB/A, 14 Abs. 5 VOF

11.18.1 Praktische Bedeutung der §§ 22 EG VOL/A, 19, 19a VOB/A, 14 Abs. 5 VOF

2773 Nach Erlass des § 13 VgV – und **ebenso nach Erlass des § 101a GWB** – spielen §§ 22 EG VOL/A, 19, 19a VOB/A, 14 Abs. 5 VOF im Ergebnis **keine Rolle mehr**. Vor Erlass des § 101a GWB bzw. § 13 VgV musste sich ein Bieter, der ein Nachprüfungsverfahren einleiten wollte, die zur Begründung des Nachprüfungsantrags erforderlichen Kenntnisse erforderlichenfalls durch Geltendmachung seines Anspruchs auf Vorabinformation vor Zuschlagserteilung nach § 27a VOB/A 2006 bzw. VOL/A 2006 verschaffen (OLG Koblenz, B. v. 22. 3. 2001 – Az.: 1 Verg. 9/00).

11.18.2 Abgrenzung durch Auslegung

2774 Bei Auftragsvergaben nach dem 2. Abschnitt der VOB/A bzw. VOL/A kann es zwischen dem Anwendungsbereich von §§ 19, 19a VOB/A bzw. § 22 EG VOL/A einerseits und § 101a GWB andererseits zu **Überschneidungen** kommen. Schon deshalb ist eine **sorgfältige Prüfung angezeigt, worum es dem jeweiligen Bieter geht**. Ist eine Verfahrenssituation dadurch gekennzeichnet, dass die Vergabestelle eine Vorinformation im Sinne von § 101a GWB erteilt hat, liegt es fern, die unmittelbare Erwiderung eines Bieters hierauf als einen Antrag auf Erteilung der Information nach §§ 19, 19a VOB/A bzw. § 22 EG VOL/A aufzufassen. Ein solcher Antrag wird typischerweise bereits in den Verdingungsunterlagen oder ansonsten selbstständig gestellt, nicht aber als unmittelbare Reaktion auf eine Information nach § 101a GWB. Es schadet insoweit auch nicht, dass in der Reaktion auf die Bestimmung der §§ 19, 19a VOB/A bzw. § 22 EG VOL/A Bezug genommen wird (KG Berlin, B. v. 4. 4. 2002 – Az.: KartVerg 5/02).

11.18.3 Bedeutung der §§ 19, 19a VOB/A, 22 EG VOL/A, 14 Abs. 5 VOF für die Auslegung des § 101a GWB

2775 Die Vorschriften der §§ 19, 19a VOB/A bzw. § 22 EG VOL/ können **nicht zur Auslegung des § 101a GWB herangezogen werden**, weil die dort aufgeführten Informationen erst nach Erteilung des Zuschlags und auf einen entsprechenden Antrag des Bieters zu erfolgen haben (BayObLG, B. v. 18. 6. 2002 – Az.: Verg 8/02, B. v. 22. 4. 2002 – Az.: Verg 8/02; VK Thüringen, B. v. 9. 9. 2003 – Az.: 216–4003.20-015/03-GTH, B. v. 25. 7. 2003 – Az.: 216–4003.20–038/03-EF-S).

11.18.4 Verhältnis zu §§ 19, 19a VOB/A bzw. 22 EG VOL/A

2776 Für eine Information nach § 101a GWB **reicht es nicht aus**, dass die Vergabestelle eine **Information nach §§ 19, 19a VOB/A bzw. § 22 EG VOL/A herausgibt**, in der Gründe angegeben wurden und sich dann **in einem späteren Schreiben nach § 101a GWB auf dieses Schreiben** und die Gründe **nur noch bezieht**, die Gründe selbst aber nicht mehr angibt.

Einmal davon abgesehen, ist bei solch einer Handlungsweise nicht eindeutig klar, wann die 2777
Frist des § 101a GWB zu laufen anfängt. Ob diese Frist bereits mit Abgabe der Gründe durch
das Schreiben nach §§ 19, 19a VOB/A bzw. § 22 EG VOL/A oder erst mit Abgabe des Schreibens nach § 101a GWB ohne Angabe der Gründe zu laufen beginnt bleibt unklar. Darüber hinaus schreibt der Wortlaut des § 101a GWB eindeutig vor, dass die Gründe mitzuteilen sind.

Im Übrigen **haben §§ 19, 19a VOB/A bzw. § 22 EG VOL/A eine ganz andere Ziel-** 2778
richtung und eine eigene Informationsverpflichtung, so dass dieser nicht als „Vorschaltschreiben" hinsichtlich der Gründe für ein Schreiben nach § 101a GWB dienen kann. Das Schreiben
nach §§ 19, 19a VOB/A bzw. § 22 EG VOL/A dient vorrangig dazu, dem Bieter möglichst
frühzeitig darüber zu informieren, dass sein Angebot nicht weiter berücksichtigt werde, um ihn
vor finanziellen Verlusten insoweit zu bewahren, dass er im Glauben darauf, dass er weiter im
Rennen sei, Personal und Ressourcen vorhält. Ein Schreiben nach § 101a GWB dient vorrangig dazu dem Bieter die Möglichkeit zu geben, vor Zuschlagserteilung einen Nachprüfungsantrag zu stellen, wenn er mit den Gründen, die ihm mitgeteilt wurden nicht einverstanden ist.
**Beide Vorschriften stehen selbständig nebeneinander, haben somit eine jeweils eigene
Informationsverpflichtung der Vergabestelle. Ein aufeinander beziehen scheidet daher aus** (VK Thüringen, B. v. 9. 4. 2002 – Az.: 216–4002.20-009/02-EF-S).

11.19 Literatur

– Braun, Joachim, Zur Wirksamkeit des Zuschlags von kartellvergabewidrig nicht gemein- 2779
schaftsweit durchgeführten Vergabeverfahren der öffentlichen Hand, NvWZ 2004, 441
– Hoffmann, Jens, Der materielle Bieterbegriff im Kartellvergaberecht – Eine Betrachtung am
Beispiel des § 13 VgV, NZBau 2008, 749
– Jasper, Ute/Pooth, Stefan, de-facto-vergabe und Vertragsnichtigkeit, ZfBR 2004, 543
– Klingner, Matthias, Die Vorabinformationspflicht des öffentlichen Auftraggebers – effektiver
Rechtsschutz gegen Zuschlagsentscheidung und Aufhebung der Ausschreibung im europäischen und deutschen Vergaberecht, Dissertation, Berlin, 2005
– Recker, Engelbert, Unwirksamkeit freihändiger Vergaben – Europäischer Vergaberechtsschutz
wird verbessert, Behörden Spiegel Oktober 2007, 26
– Rojahn, Dieter, Die Regelung des § 13 VgV im Spiegel der höchstrichterlichen Rechtsprechung, NZBau 2004, 382
– Schaller, Hans, Dokumentations-, Informations-, Mitteilungs-, Melde- und Berichtspflichten
im öffentlichen Auftragswesen, VergabeR 2007, 394

12. § 101b GWB – Unwirksamkeit

(1) Ein Vertrag ist von Anfang an unwirksam, wenn der Auftraggeber
1. gegen § 101a verstoßen hat oder
**2. einen öffentlichen Auftrag unmittelbar an ein Unternehmen erteilt, ohne andere
Unternehmen am Vergabeverfahren zu beteiligen und ohne dass dies aufgrund
Gesetzes gestattet ist**

und dieser Verstoß in einem Nachprüfungsverfahren nach Absatz 2 festgestellt worden ist.

**(2) Die Unwirksamkeit nach Absatz 1 kann nur festgestellt werden, wenn sie im
Nachprüfungsverfahren innerhalb von 30 Kalendertagen ab Kenntnis des Verstoßes,
jedoch nicht später als sechs Monate nach Vertragsschluss geltend gemacht worden
ist. Hat der Auftraggeber die Auftragsvergabe im Amtsblatt der Europäischen Union
bekannt gemacht, endet die Frist zur Geltendmachung der Unwirksamkeit 30 Kalendertage nach Veröffentlichung der Bekanntmachung der Auftragsvergabe im Amtsblatt der Europäischen Union.**

12.1 Vergaberechtsmodernisierungsgesetz 2009

§ 101b regelt in **Absatz 1, dass die Verletzung der Informationspflicht gemäß § 101a** 2780
und der Fall, bei dem der öffentliche Auftraggeber unter Verletzung der Vergabere-

geln den Auftrag direkt an ein Unternehmen vergibt, zur schwebenden Unwirksamkeit des Vertrages führen. Die **bisherige Rechtsfolge der Nichtigkeit in § 13 Vergabeverordnung wird nicht übernommen**. Es erscheint sachgerechter, den Vertrag unter eine aufschiebende oder auflösende Bedingung zu stellen.

2781 Ein Vertrag ist **von Anfang an wirksam, wenn die Frist nach Absatz 2 abgelaufen und die Unwirksamkeit nicht in einem Nachprüfungsverfahren geltend gemacht** wurde.

2782 Absatz 2 führt eine Frist zur Geltendmachung der Unwirksamkeit ein. **Nach Ablauf der Frist besteht Rechtssicherheit über den geschlossenen Vertrag**. Die Geltendmachung kann nur durch Einleitung eines Nachprüfungsverfahrens durch einen Antragsbefugten vor der Vergabekammer erfolgen. Ein Vertragspartner, der sich möglicherweise im Nachhinein aus anderen Gründen von der vertraglichen Verpflichtung lösen möchte, kann sich dagegen nicht auf § 101b stützen. Für den Fall, dass die europäische Rechtsentwicklung dazu veranlasst, in bestehende Vertragsverhältnisse einzugreifen, besteht in Deutschland die Möglichkeit, § 313 BGB auf den geschlossenen Vertrag anzuwenden.

2783 Hat der öffentliche Auftraggeber die **Auftragsvergabe im Amtsblatt der Europäischen Union bekannt gemacht**, verkürzt sich die **Frist zur Feststellung der Unwirksamkeit des Vertrages auf 30 Tage nach Veröffentlichung** dieser Bekanntmachung über die Auftragsvergabe.

12.2 Persönlicher Anwendungsbereich

2784 Was den **unmittelbaren Anwendungsbereich von § 101b Abs. 1 Nr. 1 GWB** anbelangt, so ist darauf hinzuweisen, dass es sich bei der dort angeordneten Nichtigkeitsfolge – wie bei dem nach alter Rechtslage anwendbaren § 13 VgV – um einen **Fall relativer Nichtigkeit handelt, der Schutzwirkung ausschließlich zugunsten der unterlegenen Bieter** entfaltet. Auf einen etwaigen Verstoß gegen die Informationspflicht und eine daraus resultierende Nichtigkeitsfolge kann sich danach **nur der unterlegene Bieter berufen, der keine ordnungsgemäße Information erhalten** hat (3. VK Bund, B. v. 1.12.2009 – Az.: VK 3–205/09).

12.3 Rechtsfolge eines Verstoßes gegen die Informationspflicht

2785 Die **Rechtsfolge der Nichtigkeit in § 13 VgV Satz 6 wird in § 101b GWB nicht übernommen**. § 101b GWB geht nach seinen Voraussetzungen vielmehr **von einer schwebenden Unwirksamkeit** – genauer betrachtet **eher von einer schwebenden Wirksamkeit** – aus. Die bisherige Rechtsprechung zu § 13 VgV ist insoweit gegenstandslos.

2786 Die **Unwirksamkeit wirkt von Anfang an** (ex tunc).

2787 Nach Auffassung des **OLG Brandenburg** handelt es sich um eine **schwebende Unwirksamkeit** (OLG Brandenburg, B. v. 22.4.2010 – Az.: Verg W 5/10).

2788 Das **OLG Düsseldorf lässt offen**, ob es sich um eine schwebende Unwirksamkeit oder eine aufschiebende bzw. auflösende Bedingung oder eine schwebende Wirksamkeit handelt. Jedenfalls ist der **Vertrag nicht wirksam** (OLG Düsseldorf, B. v. 3.3.2010 – Az.: VII-Verg 11/10).

2789 **Ob ein Vertrag auch in den Fallgestaltungen für unwirksam zu erklären** ist, in denen der Vertragsabschluss „nur" unter Missachtung der Stillhaltefrist geschlossen ist, der Nachprüfungsantrag im Übrigen aber unzulässig oder unbegründet ist (dafür könnte der weite Wortlaut des § 101b GWB sprechen), oder eine Nichtigerklärung des Vertrages nur bei einem Erfolg des Nachprüfungsantrages in Betracht kommt (so Art. 2d Abs. 1 lit. b) Rechtsmittelrichtlinie), bleibt offen (OLG Düsseldorf, B. v. 3.3.2010 – Az.: VII-Verg 11/10).

12.4 Rückwirkende Anwendung

2790 § 101b GWB sieht abweichend von § 13 S. 6 VgV a.F. die schwebende Unwirksamkeit der ohne Ausschreibung geschlossenen Verträge vor, die zudem nach § 101b Abs. 2 GWB auf einen Zeitraum von längstens sechs Monaten ab Vertragsschluss beschränkt ist. Die jetzt getroffene Regelung stellt eine vollständig neue Regelung dar, deren **rückwirkende Anwendung wegen der damit verbundenen Rechtsunsicherheit nicht in Betracht kommt** (OLG Brandenburg, B. v. 22.4.2010 – Az.: Verg W 5/10).

12.5 Voraussetzungen der Unwirksamkeit

12.5.1 Verstoß gegen § 101a GWB (§ 101b Abs. 1 Nr. 1)

Ein Vertrag ist nach der **ersten Alternative des § 101b Abs. 1 GWB** von Anfang an unwirksam, wenn der **Auftraggeber gegen § 101a GWB** verstoßen hat. Im Ergebnis muss also der Auftraggeber die Informations- und Wartepflicht nicht beachtet haben. 2791

Zu den **Voraussetzungen** eines solchen Verstoßes vgl. im Einzelnen die Kommentierung zu § 101a GWB. 2792

12.5.2 Vornahme einer unzulässigen de-facto-Vergabe (§ 101b Abs. 1 Nr. 2)

12.5.2.1 Vergaberechtsmodernisierungsgesetz

Eine der **wesentlichen Neuerungen und Klarstellungen** des Vergaberechtsmodernisierungsgesetzes 2009 ist die **Sanktionierung einer unzulässigen de-facto-Vergabe als unwirksam**. Damit wird die wesentliche Schwachstelle des Vergaberechtsschutzes – über die bisherige Rechtsprechung hinausgehend – geschlossen. Hierbei spielt es auch **keine Rolle mehr**, ob der **Auftraggeber mit Unrechtsbewusstsein oder fahrlässig die bisherige Lücke ausgenutzt** hat und **ob eine aktive Bieterstellung** z. B. durch eine ausdrückliche Bewerbung für die vergebenen Leistungen vorlag oder nicht (im Ergebnis ebenso OLG Düsseldorf, B. v. 1. 10. 2009 – Az.: VII-Verg 31/09). 2793

12.5.2.2 Rechtsprechung

12.5.2.2.1 Unzulässige de-facto-Vergabe auch bei Unterlassung einer notwendigen europaweiten Ausschreibung. Durch § 101b Abs. 1 Nr. 2 GWB soll sicher gestellt werden, dass der Auftraggeber allen potentiell berechtigten und an der Erlangung des Auftrags interessierten Unternehmen im Rahmen der vergaberechtlichen Vorschriften die Möglichkeit einer Beteiligung am Wettbewerb um den Auftrag verschafft. Auch wenn die Formulierung „ohne andere Unternehmen am Vergabeverfahren zu beteiligen" den Eindruck vermittelt, ein Verstoß liege nur dann vor, wenn der Auftraggeber überhaupt nur mit einem Unternehmen verhandle und einen Vertrag schließe, kann **allein die Tatsache, dass der Auftraggeber andere Unternehmen am Vergabeverfahren beteiligt hat, den Vorwurf einer de-facto-Vergabe nicht entfallen lassen.** Auch bei einer derartigen Beteiligung liegt ein Verstoß des Auftraggebers gegen das Verbot der de-facto-Vergabe vor, wenn er den **Kreis der Unternehmen, aus denen er die Auftragnehmer ausgesucht unter Missachtung von Vergaberegeln bestimmt** hat. Ein Verstoß gegen das Verbot der de-facto-Vergabe liegt deshalb **auch dann vor, wenn der Auftraggeber den Auftrag zwar national, trotz Vorliegen der Voraussetzungen aber nicht europaweit ausgeschrieben und damit den Kreis der in Kenntnis gesetzten möglichen Bewerber begrenzt** hat (VK Baden-Württemberg, B. v. 21. 10. 2009 – Az.: 1 VK 51/09; VK Münster, B. v. 18. 3. 2010 – Az.: VK 1/10 – instruktiver Fall). 2794

12.5.2.3 Analoge Anwendung?

Hat der Auftraggeber zwar das nationale, mit dem europäischen Sekundärrecht in Einklang stehende Vergaberecht korrekt angewandt, jedoch auch von einer europaweiten Bekanntmachung des Auftrags in geeigneter Form abgesehen und damit **möglicherweise gegen die Vorgaben verstoßen, welche sich nach der Rechtsprechung des Europäischen Gerichtshofs aus dem europäischen Primärrecht für die Vergabe solcher öffentlicher Aufträge ergeben**, die ganz oder weitgehend aus dem Anwendungsbereich der VKR herausfallen, liegt **kein Fall des § 101b Abs. 1 Nr. 2 GWB** vor. Allerdings kommt gegebenenfalls eine **analoge Anwendung des § 101a GWB** in Betracht, etwa in Anlehnung an die auf der Rechtslage vor dem 24. April 2009 basierende Rechtsprechung des Bundesgerichtshofs zur Nichtigkeit von De-facto-Vergaben. Analoge Anwendung einer Norm bedeutet, dass der Regelungsinhalt einer Norm auf Tatbestände angewendet wird, die nach der Auslegung der Norm nicht von ihrem unmittelbaren Anwendungsbereich erfasst werden. Eine Analogie kommt allerdings nur dann in Betracht, wenn eine **planwidrige Regelungslücke** vorliegt. Eine solche **Regelungslücke liegt aber seit In-Kraft-Treten des Vergabemodernisierungsgesetzes zum 24. April 2009 nicht mehr vor.** Der Bundesgerichtshof hat mit seiner Rechtsprechung zur analogen Anwendbarkeit von § 13 VgV die bis dato gesetzlich nicht geregelten Fälle der De- 2795 facto-Vergabe erfassen und die diesbezügliche Regelungslücke schließen wollen. Da der **Gesetzgeber in § 101 b Abs. 1 Nr. 2 GWB nunmehr die sog. De-facto-Fälle einer expliziten und abschließenden Regelung zugeführt hat, kommt eine Analogie zu § 101 a, b Abs. 1 Nr. 1 GWB nicht mehr in Betracht**. Der nationale Gesetzgeber geht offensichtlich davon aus, dass die **Möglichkeit einer Geltendmachung von Schadensersatzansprüchen vor den Zivilgerichten in Fällen, bei denen es um die Vergabe nicht prioritärer Dienstleistungen, die nicht der VOL/A unterfallen, einen adäquaten und ausreichenden Rechtsschutz darstellt**, um den Vorgaben der Rechtsmittelrichtlinie und den aus dem Primärrecht abgeleiteten Anforderungen an den Rechtsschutz zu genügen (3. VK Bund, B. v. 1. 12. 2009 – Az.: VK 3–205/09).

2796   Das **OLG Düsseldorf** ist insoweit **anderer Auffassung**. Bei richtlinienkonformem Verständnis des § 101 b Abs. 1 Nr. 2 Abs. 2 GWB, und zwar im Lichte des Art. 2 d Abs. 1 a von Art. 1 der Richtlinie 2007/66, ist ein **Antragsteller, der selbst weder einen Teilnahmeantrag noch ein Angebot abgegeben hat, nicht gehindert, im Wege eines Nachprüfungsverfahrens die Unwirksamkeit des geschlossenen Vertrages geltend zu machen, wenn der Auftrag ohne vorherige Veröffentlichung einer Bekanntmachung vergeben worden ist**, ohne dass dies nach der Richtlinie 2004/18 (resp. nach VOL/A oder VOF) zulässig ist (OLG Düsseldorf, B. v. 21. 4. 2010 – Az.: VII-Verg 55/09).

2797   **§ 101 b Abs. 1 Nr. 2 GWB ist im Lichte von Art. 2 d Abs. 2 lit. a) der Rechtsmittelrichtlinie auszulegen**. Diese Vorschrift stellt auf die Auftragsvergabe ohne vorherige Bekanntmachung im EU-Amtsblatt ab, wobei es sich bei der erwähnten Bekanntmachung, wie sich aus dem Verweis auf die Richtlinie 2004/18/EG ergibt, um eine solche nach Art. 30 ff., 35 ff. der Richtlinie handelte. **Um eine solche vorherige Bekanntmachung handelt es sich bei einer Bekanntmachung, die nur dazu dienen soll, die bereits bestehende Absicht zur Vergabe des Auftrages an ein Unternehmen bekannt geben soll, nicht** (OLG Düsseldorf, B. v. 21. 7. 2010 – Az.: VII-Verg 19/10).

12.5.2.4 Rechtsprechung zu § 13 VgV a. F.

2798   Vgl. dazu **im Einzelnen** die Kommentierung zu → § 101 a GWB Rdn. 52.

12.5.3 Feststellung des Vergaberechtsverstoßes in einem Nachprüfungsverfahren nach § 101 b Abs. 2

12.5.3.1 Allgemeines

2799   Nach der Neuregelung des § 101 b GWB **führt nicht jeder Verstoß nach § 101 b Abs. 1 Nr. 1 bzw. Abs. 1 Nr. 2 automatisch zur Unwirksamkeit**; der jeweilige Verstoß muss vielmehr **in einem Nachprüfungsverfahren nach § 101 b Abs. 2 GWB festgestellt** worden sein. Hierin drückt sich die schwebende Unwirksamkeit oder schwebende Wirksamkeit aus.

2800   Zur Schaffung von Rechtssicherheit hat der Gesetzgeber – in Übereinstimmung mit der Neuregelung der Rechtsmittelrichtlinien – die **Zeitdauer der schwebenden Unwirksamkeit befristet**. Hierbei sind **drei Zeitfenster zu beachten**.

12.5.3.2 Feststellung der Unwirksamkeit in einem Nachprüfungsverfahren nach § 101 b Abs. 2 innerhalb von 30 Kalendertagen ab Kenntnis des Verstoßes

2801   **12.5.3.2.1 Grundsatz.** Nach dem ersten Zeitfenster des § 101 b Abs. 2 kann eine Unwirksamkeit nur festgestellt werden, wenn sie **im Nachprüfungsverfahren innerhalb von 30 Kalendertagen ab Kenntnis des Verstoßes geltend gemacht** worden ist (OLG Brandenburg, B. v. 14. 9. 2010 – Az.: Verg W 8/10).

2802   **12.5.3.2.2 Zurechnung der Kenntnis. Nicht jeder Bediensteter des Geschäftsherrn ist auch gleichzeitig Wissensvertreter**. Voraussetzung für eine Wissenszurechnung im Sinn von § 101 b Abs. 2 Satz 1 GWB ist entsprechend § 166 Abs. 1 BGB, dass der **Bedienstete, dessen Wissen dem Antragsteller zugerechnet werden soll, am Vertragsschluss und seiner Vorbereitung beteiligt** ist (OLG Karlsruhe, B. v. 21. 7. 2010 – Az.: 15 Verg 6/10).

2803   **12.5.3.3 Feststellung der Unwirksamkeit in einem Nachprüfungsverfahren nach § 101 b Abs. 2 nicht später als sechs Monate nach Vertragsschluss.** Nach dem zweiten Zeitfenster des § 101 b Abs. 2 kann eine Unwirksamkeit nur festgestellt werden, wenn sie **im Nachprüfungsverfahren nicht später als sechs Monate nach Vertragsschluss geltend gemacht** worden ist. Es handelt sich nach der gesetzlichen Formulierung um eine **absolute**

Gesetz gegen Wettbewerbsbeschränkungen GWB § 101b **Teil 1**

Frist. Nach Ablauf dieser Frist ist der **Schwebezustand endgültig beendet, unabhängig von einer eventuellen Kenntnis** eines Bieters oder Bewerbers von dem Vergabeverstoß.

12.5.3.4 Feststellung der Unwirksamkeit in einem Nachprüfungsverfahren nach § 101b Abs. 2 nicht später als 30 Kalendertage nach Veröffentlichung der Bekanntmachung der Auftragsvergabe im Amtsblatt der Europäischen Union

Nach dem dritten Zeitfenster des § 101b Abs. 2 kann eine Unwirksamkeit nur festgestellt werden, wenn sie **im Nachprüfungsverfahren nicht später als 30 Kalendertage nach Veröffentlichung der Bekanntmachung der Auftragsvergabe im Amtsblatt der Europäischen Union** geltend gemacht worden ist. Es handelt sich nach der gesetzlichen Formulierung auch in diesem Fall um eine **absolute Frist**. Nach Ablauf dieser Frist ist der **Schwebezustand endgültig beendet, unabhängig von einer eventuellen Kenntnis** eines Bieters oder Bewerbers von dem Vergabeverstoß. 2804

12.5.3.5 Auswirkungen auf Antragsbefugnis und Rüge (§ 107 Abs. 2, Abs. 3 GWB)

12.5.3.5.1 Notwendigkeit der Antragsbefugnis. Nach Einführung des § 101b GWB kommt es nicht mehr darauf an, ob der Antragsteller eine Bieterstellung hatte oder als Interessent wahrgenommen werden konnte, so wie dies § 13 VgV a.F. forderte. Denn § 101b GWB knüpft lediglich daran an, ob ein objektiver Vergabeverstoß vorliegt und jedes Unternehmen, das antragsbefugt iSv § 107 Abs. 2 GWB ist, kann einen solchen Verstoß in einem Nachprüfungsverfahren zur Überprüfung stellen. Davon zu unterscheiden ist aber, ob ein Antragsteller als Unternehmen oder juristische Person schon zum Zeitpunkt des Vergaberechtsverstoßes tatsächlich existierte. Es kommt nicht darauf an, ob das Unternehmen Bieter oder Interessent im Zeitpunkt der de-facto-Vergabe war, sondern darauf, ob es Träger von Rechten und Pflichten sein konnte. Denn § 101b GWB enthält lediglich Regelungen zu ungerechtfertigten de-facto-Vergaben, aber keine Vorschriften, die sich auf die Antragsbefugnis beziehen. Aus § 101b Abs. 2 GWB ergibt sich aber, dass die Unwirksamkeit des Vertrages nur in einem Nachprüfungsverfahren festgestellt werden kann. Mithin muss eine solche Nachprüfung zulässig und begründet sein. Im Rahmen der Zulässigkeit eines Antrages auf Nachprüfung hat der Antragsteller seine Antragsbefugnis darzulegen. Die Voraussetzungen des § 107 Abs. 2 GWB müssen somit zusätzlich zu den Voraussetzungen des § 101b GWB geprüft und festgestellt werden können (OLG Brandenburg, B. v. 14. 9. 2010 – Az.: Verg W 8/10; VK Münster, B. v. 18. 3. 2010 – Az.: VK 2/10). 2805

Die **Vorschrift des § 107 Abs. 2 GWB gilt auch für die Feststellungsverfahren nach § 101b GWB. Denn § 107 GWB befindet sich am Beginn des Abschnitts der Normen, die das Verfahren vor der Vergabekammer regeln. Als grundlegende Norm gilt sie damit auch in dem Nichtigkeitsfeststellungsverfahren nach § 101b GWB.** Auch bei diesen Verfahren gilt der Grundsatz, dass die Unterbrechung eines Vergabeverfahrens durch einen Außenstehenden, der eventuell nur an der Klärung einer Rechtsfrage oder der Behinderung der Beteiligten interessiert ist, nicht aber am Vertragsschluss interessiert ist, nicht gerechtfertigt ist (OLG Brandenburg, B. v. 14. 9. 2010 – Az.: Verg W 8/10). 2806

12.5.3.6 Notwendigkeit des Vorliegens der allgemeinen Zulässigkeitsvoraussetzungen eines Feststellungsantrags

Für die **Zulässigkeit eines Feststellungsantrags nach § 101b Abs. 1 Satz 2 GWB müssen mit Ausnahme der Rügepflicht die allgemeinen Zulässigkeitsvoraussetzungen** (Erreichen des Schwellenwertes, die Auftraggebereigenschaft des Antragsgegners, die Interessenbekundung und die Einhaltung der Frist aus § 101b Abs. 2 Satz 2 GWB) **vorliegen** (VK Schleswig-Holstein, B. v. 26. 5. 2010 – Az.: VK-SH 01/10). 2807

12.6 Auswirkungen einer fehlenden Information auf das Vergabeverfahren

Ein Verstoß gegen die Informationspflicht führt dem ausdrücklichen Wortlaut des § 101b GWB nach nur dazu, dass der **abgeschlossene Vertrag unwirksam** ist. Folgen für die **Wirksamkeit des zugrunde liegenden Vergabeverfahrens hat die gesetzliche Unwirksamkeitsfolge des Vertragsabschlusses jedoch nicht** – das Vergabeverfahren ist also gerade auch noch nicht beendet oder „gescheitert", sondern weiterzuführen (3. VK Bund, B. v. 6. 7. 2007 – Az.: VK 3–58/07). 2808

Teil 1 GWB § 102

12.7 Auswirkungen der Frist des § 101 b Abs. 2 GWB auf den Rügeumfang

2809   Die **Frist des § 101 b Abs. 2 GWB schließt ergänzenden Vortrag und weitere Rügen eines Antragstellers nach Ablauf der Frist nicht aus**. Der Streitgegenstand, die Geltendmachung der Unwirksamkeit des Vertrages, bleibt derselbe. Eine andere Auffassung würde auch zu einer unzulässigen Beeinträchtigung der Rechtsschutzmöglichkeiten des Antragstellers führen, weil ihm im Zeitpunkt der Einreichung des Nachprüfungsantrages der Sachverhalt nur rudimentär bekannt ist und er auf – bis zum Fristablauf typischerweise noch nicht gewährte – Akteneinsicht (§ 111 GWB) angewiesen ist (OLG Düsseldorf, B. v. 21. 7. 2010 – Az.: VII-Verg 19/10).

12.8 Literatur

2810   – Dreher, Meinrad/Hoffmann, Jens, Die schwebende Wirksamkeit nach § 101b I GWB, NZBau 2010, 201

   – Dreher, Meinrad/Hoffmann, Jens, Die Informations- und Wartepflicht sowie die Unwirksamkeitsfolge nach den neuen §§ 101a und 101b GWB, NZBau 2009, 216

13. § 102 GWB – Grundsatz

Unbeschadet der Prüfungsmöglichkeiten von Aufsichtsbehörden unterliegt die Vergabe öffentlicher Aufträge der Nachprüfung durch die Vergabekammern.

13.1 Vergaberechtsmodernisierungsgesetz 2009

2811   § 102 weist daraufhin, dass die Nachprüfung, ob die Bestimmungen über das Vergabeverfahren eingehalten wurden (§ 97 Abs. 6), nur den Vergabekammern obliegt. § 103 regelte bislang die Einrichtung und Einschaltung der Vergabeprüfstellen. **Da die Nachprüfung durch Vergabeprüfstellen jedoch kaum eine Rolle spielt, kann auf die Regelungen in § 103 Abs. 1 und 2 verzichtet werden. Es wird damit auch die ausdrückliche Erwähnung der Prüfmöglichkeit durch die Vergabeprüfstellen in § 102 GWB gestrichen.** Gleichwohl bleibt die **grundsätzliche Prüfungsmöglichkeit durch Vergabeprüfstellen bestehen, auch ohne ausdrückliche Erwähnung im GWB**.

13.2 Inhalt

2812   § 102 postuliert **erstens die Vergabekammern als einzige Nachprüfungsbehörden** für die Vergabe öffentlicher Aufträge. Zweitens beinhaltet § 102 **ein besonderes förmliches Rechtsschutzverfahren** für die Überprüfung der Vergabe öffentlicher Aufträge. Drittens stellt die Vorschrift klar, dass es außer diesem Rechtsschutzverfahren **noch weitere Möglichkeiten für die Überprüfung** der Vergabe öffentlicher Aufträge gibt.

13.3 Vergabekammern

13.3.1 Rechtsstellung der Vergabekammern

2813   Ungeachtet der sich aus § 105 GWB ergebenden **gerichtsähnlichen Ausgestaltung der Vergabekammern** und ihres dortigen Verfahrens **handelt es sich bei der Vergabekammer um kein Gericht, sondern um eine Verwaltungsbehörde**. Dies belegt nicht zuletzt § 114 Abs. 3 Satz 1 GWB, wonach die Entscheidung der Vergabekammer durch Verwaltungsakt ergeht. Die **Entscheidung durch Verwaltungsakt ist das typische Handlungsinstrument einer Verwaltungsbehörde.** (OLG München, B. v. 11. 6. 2008 – Az.: Verg 6/08; LSG Baden-Württemberg, Urteil v. 27. 2. 2008 – Az.: L 5 KR 507/08 ER-B; Urteil vom 27. 2. 2008 – Az.: L 5 KR 6123/07 ER-B; Urteil v. 6. 2. 2008 – Az.: L 5 KR 316/08 B; SG Stuttgart, B. v. 20. 12. 2007 – Az.: S 10 KR 8604/07 ER; B. v. 20. 12. 2007 – Az.: S 10 KR 8404/07 ER; VG Köln, B. v. 6. 4. 2009 – Az.: 4 K 6606/08).

In dem durch Gewaltenteilung geprägten Rechtsstaat der Bundesrepublik Deutschland ist die 2814
rechtsprechende Gewalt den Richtern anvertraut; sie wird durch das Bundesverfassungsgericht,
die im Grundgesetz vorgesehenen Bundesgerichte und die Gerichte der Länder ausgeübt (vgl.
Art 92 GG). Hiermit **unvereinbar ist die Ansicht, die Vergabekammer übe die Funktion eines Gerichts aus oder sei einem Gericht zumindest ähnlich.** Den Vergabekammern ist zwar die Aufgabe zugewiesen, die Vergabe von Aufträgen zu überprüfen. Bei dieser,
dem Individualrechtsschutz dienenden „kontrollierenden" Tätigkeit handelt es sich jedoch nicht
um Rechtsprechung, sondern **um Verwaltungshandeln.** Dies ergibt sich schon daraus, dass
der Gesetzgeber den Vergabekammern als Handlungsinstrument lediglich den Verwaltungsakt
zugebilligt hat (vgl. § 114 Abs 3 Satz 1 GWB), **nicht jedoch z. B. den Erlass einer einstweiligen Anordnung, eines Gestaltungs- oder Feststellungsurteils. Ebenso wenig hat
er die Vergabekammern mit Amtswaltern besetzt, die den formellen Status eines
Richters im Sinn von Art 92, 98 Abs 1 und 3 GG iVm §§ 8 ff DRiG innehaben.** Das
GWB sieht lediglich vor, dass es sich beim Vorsitzenden der Kammer und dem hauptamtlichen
Beisitzer um Beamte handelt, die für eine Amtszeit von fünf Jahren und nicht – wie bei Richtern üblich – auf Lebenszeit als Mitglieder der Vergabekammer bestellt werden (vgl. § 105 Abs 2
und Abs 4 Satz 1 GWB); die ihnen zugebilligte „Unabhängigkeit" (vgl. § 105 Abs 4 Satz 2
GWB) verändert diesen Status nicht. Der Umstand, dass die Vergabekammer in der Besetzung
von einem Vorsitzenden und zwei Beisitzern „unabhängig und in eigener Verantwortung" entscheidet und mindestens der hauptamtliche Beisitzer Beamter auf Lebenszeit mit der Befähigung
zum Richteramt sein muss (vgl. § 105 GWB) – so **allerdings das alte Recht –, macht die
Vergabekammer nicht zu einem Gericht der ordentlichen Gerichtsbarkeit** und ihre
Entscheidungen nicht zu Gerichtsentscheidungen. Vielmehr **bleiben die Entscheidungen der
Vergabekammern Verwaltungsakte einer allenfalls gerichtsähnlich arbeitenden Behörde** (BSG, B. v. 22. 4. 2008 – Az.: B 1 SF 1/08 R; im Ergebnis ebenso OLG München, B. v.
11. 6. 2008 – Az.: Verg 6/08).

13.3.2 Aufgabenabgrenzung, rechtliche Stellung und Organisation der Vergabekammern

Die grundsätzliche Aufgabenabgrenzung zwischen den Vergabekammern des Bundes und der 2815
Länder und die rechtliche Stellung und die Organisation der Vergabekammern sind in den
§§ 103–106a GWB geregelt.

13.4 Nachprüfungsverfahren für die Vergabe öffentlicher Aufträge

13.4.1 Rechtsnatur

Das **Nachprüfungsverfahren** ist – auch mit Blick darauf, dass die Vergabekammern der In- 2816
nenverwaltung der Länder eingegliedert sind – zwar als (ein im Rahmen einer Vergabesache
erstmaliges) **Verwaltungsverfahren besonderer Art** anzusehen. Diese überwiegend vertretene
Auffassung beruht letztlich auch auf der zutreffenden Erwägung, dass das **Verfahren vor der
Vergabekammer ein formalisiertes, justizförmig ausgestaltetes Rechtsschutzverfahren**
darstellt, das, ähnlich wie das verwaltungsgerichtliche Vorverfahren (§§ 68 ff VwGO) dem gerichtlichen Rechtsschutzverfahren vorgeschaltet ist. Auch wenn das Nachprüfungsverfahren sehr
stark einem gerichtlichen Verfahren angenähert bzw. gerichtsähnlich ausgestaltet ist und diese
Regelungen die Vergabekammer in materieller Hinsicht eher als erstinstanzliches Gericht erscheinen lassen, handelt es sich formal betrachtet bei der **Vergabekammer um eine Verwaltungsbehörde.** Deren Entscheidung ergeht auch durch Verwaltungsakt (§ 114 Abs. 3 Satz 1
GBW). Die **Vergabekammern stellen im Wege eines zweistufigen Rechtsschutzverfahrens die primäre Kontrollinstanz auf der Verwaltungsebene dar** (OLG München, B. v.
11. 6. 2008 – Az.: Verg 6/08; B. v. 16. 11. 2006 – Az.: Verg 14/06; B. v. 13. 11. 2006 – Az.:
Verg 13/06; VG Köln, B. v. 6. 4. 2009 – Az.: 4 K 6606/08).

13.4.2 Primärrechtsschutz als entscheidender Faktor

13.4.2.1 Grundsatz

Mit dem Vierten Teil des GWB hat der deutsche Gesetzgeber **erstmals ein förmliches** 2817
Verfahren zur Überprüfung der Vergabe öffentlicher Aufträge geschaffen. Mit diesem

Teil 1 GWB § 102

Verfahren bekommen Bieter bzw. Bewerber die Möglichkeit, in ein laufendes Vergabeverfahren einzugreifen und in diesem Vergabeverfahren ihr **primäres Interesse auf Erhalt eines öffentlichen Auftrages überprüfen zu lassen und durchzusetzen**; das Gesetz räumt ihnen also einen **Primärrechtsschutz** ein.

2818 Ob der Primärrechtsschutz und damit der Vergaberechtsschutz eröffnet sind, richtet sich nach der **Natur des Rechtsverhältnisses**, aus dem der Klageanspruch (Begehr) hergeleitet wird. Dieser Grundsatz gilt für den Rechtsweg zu allen Gerichten (§ 40 VwGO, § 13 GVG, § 51 SGG, § 33 FGO). Die Natur des zu Grunde liegenden Rechtsverhältnisses **bemisst sich nach dem erkennbaren Ziel der Klage**, wie es im Klageantrag und dem ihm zu Grunde liegenden Sachverhalt seinen Ausdruck findet. Richtet sich die im Nachprüfungsantrag formulierte Begehr des Antragstellers auf Verurteilung der Antragsgegner zur Einleitung eines Vergabeverfahrens und eine Vergabe der avisierten Leistungen in Losen und ergibt sich aus dem zu Grunde liegenden Sachverhalt nach dem Vortrag des Antragstellers eine Verletzung seiner Rechte wegen Missachtung der Bestimmungen des Vergabeverfahrens seitens der Antragsgegner (§ 97 Abs. 7 GWB), so ist zur Prüfung der Einhaltung der Vorschriften des Vergabeverfahrens die Vergabekammer berufen. Sie allein kann die von dem Antragsteller begehrten Maßnahmen aussprechen (OLG Brandenburg, B. v. 2. 9. 2003 – Az.: Verg W 03/05 und 05/03).

2819 Gegebenenfalls muss der Vergabesenat eine **Vorabentscheidung über den zulässigen Rechtsweg** nach § 17a Abs. 3 GVG treffen (OLG Brandenburg, B. v. 2. 9. 2003 – Az.: Verg W 03/05 und 05/03); vgl. hierzu näher die Kommentierung zu → § 123 GWB Rdn. 36.

13.4.2.2 Vorbeugender Primärrechtsschutz im Vergabeverfahren

2820 Streitig ist nach der Rechtsprechung, ob ein vorbeugender Primärrechtsschutz im Vergabeverfahren möglich ist.

2821 **13.4.2.2.1 Vorbeugender Primärrechtsschutz im Vergabeverfahren bejaht.** Die VK Baden-Württemberg hält nach dem Wortlaut der Bestimmung des § 104 Abs. 2 GWB einen solchen Anspruch grundsätzlich für zulässig, wenn die hierfür zu fordernden Voraussetzungen gegeben sind.

2822 Der Zugang des Bieters zur Vergabekammer ist nach Maßgabe des Vierten Teils des GWB von bestimmten prozessualen Voraussetzungen abhängig, die in § 104 Abs. 2 GWB allgemein umschrieben sind. Hiernach können Rechte aus § 97 Abs. 7 GWB, die auf die Vornahme oder das Unterlassen einer Handlung in einem Vergabeverfahren gerichtet sind, nur vor der Vergabekammer geltend gemacht werden.

2823 Zwar entsteht ein vorvertragliches Vertrauensverhältnis aus culpa in contrahendo erst, wenn der Bieter aufgrund der Anforderung der Ausschreibungsunterlagen an dem Ausschreibungsverfahren konkret teilnimmt. Steht aber fest, dass der öffentliche Auftraggeber eine bestimmte Maßnahme – ohne förmliche Ausschreibung – durchführen will, ist diese Maßnahme hinreichend konkret, um ein Rechtsschutzinteresse zu begründen.

2824 Ist die Entscheidung gefallen, dass die Leistung durch einen Dritten erbracht werden soll, so ist ein Antrag auf Nachprüfung auf der Grundlage des subjektiven Rechts nach § 97 Abs. 7 GWB grundsätzlich als zulässig anzusehen. Eine Verletzung des durch § 97 Abs. 7 GWB gegebenen subjektiven Rechts ist somit dann gegeben, wenn von dem öffentlichen Auftraggeber die Entscheidung getroffen bzw. die definitive Erklärung abgegeben wird, einen konkret anstehenden Auftrag ohne Vergabeverfahren zu erteilen, obwohl ein Vergabeverfahren zwingend vorgeschrieben ist.

2825 Der **vorbeugende Rechtsschutz muss jedoch die Ausnahme sein** und ist **nur statthaft, wenn ein besonderes Rechtsschutzinteresse gegeben** ist. Das zu fordernde besondere Rechtsschutzinteresse ist gegeben, wenn eine Auftragserteilung hinreichend konkret ansteht, eine Ausschreibung der Leistung jedoch erklärtermaßen nicht erfolgen soll (VK Baden-Württemberg, B. v. 6. 6. 2001 – Az.: 1 VK 6/01; ebenso VK Halle, B. v. 27. 5. 2002 – Az.: VK Hal 03/02).

2826 **13.4.2.2.2 Vorbeugender Primärrechtsschutz im Vergabeverfahren verneint.** Im rechtlichen Ansatz trifft es zu, dass die in den §§ 102, 107 GWB vorgesehene Möglichkeit der Anrufung der Vergabekammer (oder der Vergabenachprüfungsinstanzen überhaupt) auf die Zeit beschränkt ist, zu der auf die Rechtmäßigkeit des Vergabeverfahrens eingewirkt werden kann, wenn sich bei der Nachprüfung ein Verstoß gegen zu beachtende Vergaberegeln feststellen lassen sollte. Dementsprechend ist es inzwischen höchstrichterlich geklärt, dass ein Nachprüfungsantrag unzulässig ist, wenn das Vergabeverfahren schon vor der Antragseinreichung durch wirk-

Gesetz gegen Wettbewerbsbeschränkungen GWB § 102 **Teil 1**

same Erteilung des Auftrags an einen Bieter abgeschlossen worden ist (VK Schleswig-Holstein, B. v. 10. 2. 2005 – Az.: VK-SH 02/05). Aber auch die Frage, ob überhaupt schon ein Vergabeverfahren begonnen hat, ist für die Zulässigkeit des Nachprüfungsantrags bedeutsam, weil den Nachprüfungsinstanzen durch die §§ 102 ff. GWB als eigentliche Aufgabe der Primärrechtsschutz während eines Vergabeverfahrens, also der Schutz der sich um die Erteilung eines öffentlichen Auftrags (§§ 99, 100 GWB) bewerbenden Unternehmen (vgl. § 97 Abs. 7, § 107 Abs. 2 GWB) vor Vergaberechtsfehlern übertragen worden ist. Dem entspricht es, dass die Zulässigkeit des Nachprüfungsantrags ein konkretes Vergabeverfahren – im Rechtssinne der Nachprüfungsregeln – voraussetzt, das im Zeitpunkt der Antragstellung (oder spätestens der mündlichen Verhandlung) schon begonnen haben muss. **Einen vorbeugenden Rechtsschutz sehen die §§ 102 ff. GWB nicht vor** (OLG Düsseldorf, B. v. 29. 10. 2008 – Az.: VII-Verg 35/08; B. v. 16. 6. 2008 – Az.: VII-Verg 13/08; B. v. 11. 3. 2002 – Az.: Verg 43/01; BayObLG, B. v. 22. 1. 2002 – Az.: Verg 18/01; 3. VK Bund, B. v. 25. 2. 2010 – Az.: VK 3–9/10).

Wollte man beispielsweise in einem Stadium interner Willensbildung, in dem noch keine Entscheidung getroffen und keine Willenserklärung nach außen hin abgegeben wurde, ein Nachprüfungsrecht der Bieter im Vergabeverfahren bejahen, käme dies einem vorbeugenden Rechtsschutz gleich. Ein **Anspruch auf vorbeugenden Rechtsschutz muss aber den Beteiligten eines Vergabeverfahrens grundsätzlich versagt** bleiben. Er ist **im Vergaberecht nicht vorgesehen und auch nicht erforderlich**. Es ist den Bietern zuzumuten, den Eintritt der Rechtsverletzung abzuwarten. Dass die unmittelbaren Folgen einer solchen Rechtsverletzung in manchen Fällen nicht mehr verhindert werden können, rechtfertigt die Gewährung vorbeugenden Rechtsschutzes nicht. Denn den berechtigten Interessen der benachteiligten Bieter, die nicht über den Ersatz des entgangenen Gewinns hinausgehen, ist letztlich durch die bestehenden Schadensersatzansprüche Genüge getan. Ein **vorbeugender Rechtsschutz** kommt deshalb – wie etwa bei der formellen Ankündigung der Zuschlagserteilung – **ausnahmsweise nur dann in Betracht, wenn die rechtsverletzende Entscheidung der Vergabestelle bereits getroffen und nach außen hin bekannt gegeben wurde** (OLG Düsseldorf, B. v. 29. 10. 2008 – Az.: VII-Verg 35/08; OLG Naumburg, B. v. 13. 5. 2003 – Az.: 1 Verg 2/03). 2827

13.4.2.2.3 Primärrechtsschutz bei einer rechtswidrig unterlassenen Ausschreibung. 2828
Für den Sonderfall der rechtswidrig unterlassenen Ausschreibung wird ein – im Ergebnis vorbeugender – Primärrechtsschutz bejaht. Erreicht wird dieses Ergebnis durch einen weiten Begriff des Vergabeverfahrens:

13.4.2.2.3.1 Die Rechtsprechung des EuGH. Die Prüfung des **Beginns des Primärrechtsschutzes** beginnt bei dem **Begriff „Entscheidungen der Vergabebehörden"** in Artikel 1 Absatz 1 der **Richtlinie 89/665**. Dieser Begriff bezieht sich allgemein auf die Entscheidungen einer Vergabebehörde, ohne sie nach ihrem Inhalt oder dem Zeitpunkt ihres Erlasses zu unterscheiden. Der Gerichtshof hat bereits entschieden, dass Artikel 1 Absatz 1 der Richtlinie 89/665 keine Beschränkung in Bezug auf Art und Inhalt der darin genannten Entscheidungen vorsieht. Eine solche Beschränkung lässt sich auch nicht dem Wortlaut von Artikel 2 Absatz 1 Buchstabe b der Richtlinie entnehmen. Im Übrigen wäre eine **enge Auslegung des Begriffes der nachprüfbaren Entscheidung unvereinbar mit Artikel 2 Absatz 1 Buchstabe a der Richtlinie**, wonach die Mitgliedstaaten für jede Entscheidung der öffentlichen Auftraggeber Verfahren des vorläufigen Rechtsschutzes vorsehen müssen. In diesem **Geist einer weiten Auslegung des Begriffes der nachprüfbaren Entscheidung** hat der Gerichtshof entschieden, dass die dem Vertragsabschluss vorausgehende Entscheidung des öffentlichen Auftraggebers darüber, welchem Bieter der Auftrag erteilt wird, unabhängig von der Möglichkeit, nach dem Vertragsabschluss Schadensersatz zu erlangen, in jedem Fall nachprüfbar sein muss. 2829

Unter Bezugnahme auf das mit der Richtlinie 92/50 verfolgte Ziel der Beseitigung der Hemmnisse für den freien Dienstleistungsverkehr sowie auf die Ziele, den Wortlaut und die Systematik der Richtlinie 89/665 hat der Gerichtshof ferner entschieden, dass es möglich sein muss, dass die Entscheidung des öffentlichen Auftraggebers über den Widerruf der Ausschreibung eines Dienstleistungsauftrags Gegenstand eines Nachprüfungsverfahrens nach Artikel 1 Absatz 1 der Richtlinie 89/665 ist. Insoweit kann die Entscheidung des öffentlichen Auftraggebers, kein Vergabeverfahren einzuleiten, als Pendant zu seiner Entscheidung, ein solches Verfahren zu beenden, angesehen werden. **Beschließt ein öffentlicher Auftraggeber, kein Vergabeverfahren einzuleiten, weil der Auftrag seiner Auffassung nach nicht in den Anwendungsbereich der einschlägigen Gemeinschaftsvorschriften fällt, so handelt es sich um die erste Entscheidung, die gerichtlich überprüfbar ist.** Angesichts dieser Rechtsprechung sowie der Ziele, der Systematik und des Wortlauts der Richtlinie 89/665 und um die praktische Wirksamkeit dieser 2830

611

Richtlinie zu wahren, stellt also jede Maßnahme eines öffentlichen Auftraggebers, die im Zusammenhang mit einem öffentlichen Dienstleistungsauftrag getroffen wird, der in den sachlichen Anwendungsbereich der Richtlinie 92/50 fällt, und die Rechtswirkungen entfalten kann, eine nachprüfbare Entscheidung im Sinne von Artikel 1 Absatz 1 der Richtlinie 89/665 dar, **unabhängig davon, ob diese Maßnahme außerhalb eines förmlichen Vergabeverfahrens oder im Rahmen eines solchen Verfahrens getroffen wurde** (EuGH, Urteil v. 11. 1. 2005 – Rs. C-26/03; OLG Düsseldorf, B. v. 2. 12. 2009 – Az.: VII-Verg 39/09; OLG Karlsruhe, B. v. 17. 4. 2008 – Az.: 8 U 228/06; 3. VK Bund, B. v. 11. 9. 2009 – Az.: VK 3–157/09; 1. VK Sachsen, B. v. 15. 1. 2010 – Az.: 1/SVK/068-09).

2831   Anknüpfungspunkt der Rechtsmittelrichtlinie und ihrer Forderung nach Rechtsschutz ist nicht die Person des Antragstellers. Anknüpfungspunkt ist **vielmehr das Vergabeverfahren** – alle Entscheidungen, die hier vom öffentlichen Auftraggeber getroffen werden, müssen der Überprüfung zugänglich sein (OLG Düsseldorf, B. v. 2. 12. 2009 – Az.: VII-Verg 39/09; 3. VK Bund, B. v. 11. 9. 2009 – Az.: VK 3–157/09; VK Münster, B. v. 18. 3. 2010 – Az.: VK 1/10).

2832   **Nicht nachprüfbar** sind Handlungen, die eine **bloße Vorstudie des Marktes** darstellen oder die **rein vorbereitend** sind und sich **im Rahmen der internen Überlegungen des öffentlichen Auftraggebers** im Hinblick auf die Vergabe eines öffentlichen Auftrags abspielen (EuGH, Urteil v. 11. 1. 2005 – Rs. C-26/03; BGH, B. v. 1. 2. 2005 – Az.: X ZB 27/04; OLG Bremen, B. v. 13. 3. 2008 – Az.: Verg 5/07; OLG Düsseldorf, B. v. 23. 2. 2005 – Az.: VII-Verg 78/04; OLG München, B. v. 7. 6. 2005 – Az.: Verg 004/05; 3. VK Bund, B. v. 29. 6. 2005 – Az.: VK 3–52/05; 2. VK Bund, B. v. 2. 2. 2006 – Az.: VK 2 – 02/06; VK Münster, B. v. 18. 3. 2010 – Az.: VK 1/10; VK Saarland, B. v. 19. 5. 2006 – Az.: 3 VK 03/2006).

2833   Was die **Personen** angeht, **denen ein Nachprüfungsverfahren zugänglich** ist, so genügt die Feststellung, dass die Mitgliedstaaten nach Artikel 1 Absatz 3 der Richtlinie 89/665 sicherstellen müssen, dass das Nachprüfungsverfahren zumindest jedem zur Verfügung steht, der ein Interesse an einem bestimmten öffentlichen Auftrag hat oder hatte und dem durch einen behaupteten Rechtsverstoß ein Schaden entstanden ist bzw. zu entstehen droht. Die **formale Bieter- oder Bewerbereigenschaft ist daher nicht erforderlich** (EuGH, Urteil v. 11. 1. 2005 – Rs. C-26/03; OLG Düsseldorf, B. v. 23. 2. 2005 – Az.: VII – Verg 78/04).

2834   13.4.2.2.4 **Die nationale Rechtsprechung.** Nach § 102 GWB unterliegt der Nachprüfung „die Vergabe öffentlicher Aufträge". § 107 Abs. 3 in Verbindung mit Abs. 2 GWB, der ebenfalls die Zulässigkeit eines Nachprüfungsverfahrens nach § 102 GWB betrifft, stellt auf die Nichtbeachtung, die Verletzung oder den Verstoß gegen Vergabevorschriften „im Vergabeverfahren" ab. Daraus kann abgeleitet werden, **um Primärrechtsschutz auf dem durch § 102 GWB eröffneten Weg erst nachgesucht werden kann, wenn ein öffentlicher Auftraggeber zur Deckung seines Bedarfs bereits in ein Verfahren eingetreten ist, das der Beschaffung beispielsweise von Dienstleistungen am Markt dient, hierauf ausgerichtet ist und mit der Vergabe des Auftrags seinen Abschluss finden soll.** Ob den genannten Bestimmungen darüber hinaus wegen des Zusammenhangs, in dem sie stehen, überhaupt entnommen werden kann, dass ein Vergabeverfahren notwendig ist, das nach Maßgabe des § 97 Abs. 1 GWB geregelt ist, kann dahinstehen. Denn die einzig mögliche Auslegung wäre das nicht. Da in den genannten, die Zulässigkeit eröffnenden und näher regelnden Bestimmungen des Gesetzes gegen Wettbewerbsbeschränkungen von einer bestimmten Förmlichkeit des angesprochenen Vergabeverfahrens und seiner Einleitung nicht die Rede ist, sondern **in § 107 GWB wesentlich auf die materiellen Vergabevorschriften und deren Missachtung abgestellt ist, kommt vielmehr jedenfalls auch in Betracht, dass es ausreicht, wenn überhaupt ein Verfahren in Frage steht, an dem ein öffentlicher Auftraggeber im Sinne des § 98 GWB und mindestens ein außenstehender Dritter (Unternehmen) beteiligt ist und das eingeleitet ist, um einen entgeltlichen Vertrag im Sinne des § 99 GWB beispielsweise über eine von einem Unternehmen zu erbringende Dienstleistung abzuschließen**, der nicht nach § 100 Abs. 2 GWB von den Regelungen des Vierten Teiles des Abs. 2 GWB von den Regelungen des Vierten Teiles des Gesetzes gegen Wettbewerbsbeschränkungen ausgenommen ist und dessen Wert den nach § 100 Abs. 1 GWB festgelegten Schwellenwert erreicht oder übersteigt. Eröffnen die maßgeblichen Vorschriften des Gesetzes gegen Wettbewerbsbeschränkungen auch diese Auslegung, muss aber auch außerhalb eines nach Maßgabe des § 97 Abs. 1 GWB geregelten Vergabeverfahrens ein Nachprüfungsantrag statthaft sein. Dies gebietet der Grundsatz gemeinschaftsrechtskonformer Auslegung nationalen Rechts, der eingreift, wenn der Wortlaut der einschlägigen nationalen Norm oder Normen einen Entscheidungsspielraum eröffnet. Denn nach Gemeinschaftsrecht

Gesetz gegen Wettbewerbsbeschränkungen GWB § 102 **Teil 1**

dürfen die Mitgliedstaaten die vergaberechtliche Nachprüfungsmöglichkeit nicht von der Einleitung und Durchführung eines bestimmten Vergabeverfahrens abhängig machen (BGH, B. v. 1. 2. 2005 – Az.: X ZB 27/04; OLG Celle, B. v. 29. 10. 2009 – Az.: 13 Verg 8/09; VK Saarland, B. v. 19. 5. 2006 – Az.: 3 VK 03/2006).

Die Zuständigkeit der Vergabekammern für Auftragsvergaben ist also bei solchen Fällen gegeben, bei denen die Ausschreibung rechtswidrig unterblieben ist. Um nämlich einen solchen besonders schwerwiegenden Vergabeverstoß zu erfassen, ist ein **materielles Verständnis des Vergabeverfahrens** erforderlich. Hiernach befindet sich der öffentliche Auftraggeber in einem Vergabeverfahren und ist ein solches Verfahren eingeleitet worden, wenn **der öffentliche Auftraggeber zur Deckung** eines fälligen oder demnächst fälligen **Bedarfs** an Waren, Bau- oder Dienstleistungen **entschlossen ist** und mit organisatorischen und/oder planenden Maßnahmen **begonnen hat zu regeln, auf welche Weise** (insbesondere in welcher Vergabeart) und mit welchen gegenständlichen Leistungsanforderungen das **Beschaffungsvorhaben eingeleitet und durchgeführt** und wie die Person oder der Personenkreis des oder der Leistenden ermittelt und mit dem Endziel des Abschlusses eines entgeltlichen und verbindlichen Vertrages ausgewählt werden soll. Eine Vergabetätigkeit des öffentlichen Auftraggebers in diesem Sinn ist **abzugrenzen gegen** eine dem Vergaberechtsregime nicht unterliegende **bloße Ausforschung des Marktes** durch den öffentlichen Auftraggeber und einen lediglich zu diesem Zweck aufgenommenen Kontakt (BayObLG, B. v. 28. 5. 2003 – Az.: Verg 7/03, B. v. 27. 2. 2003 – Az.: Verg 25/02, B. v. 22. 1. 2002 – Az.: Verg 18/01; OLG Düsseldorf, B. v. 29. 10. 2008 – Az.: VII-Verg 35/08; B. v. 13. 6. 2007 – Az.: VII – Verg 2/07; B. v. 19. 7. 2006 – Az.: VII – Verg 26/06; B. v. 12. 1. 2004 – Az.: VII – Verg 71/03, B. v. 8. 5. 2002 – Az.: Verg 8–15/01; OLG Frankfurt, B. v. 7. 9. 2004 – Az.: 11 Verg 11/04 und 12/04; OLG Karlsruhe, B. v. 12. 11. 2008 – Az.: 15 Verg 4/08; B. v. 29. 8. 2008 – Az.: 15 Verg 8/08; OLG Rostock, B. v. 5. 2. 2003 – Az.: 17 Verg 14/01; VK Arnsberg, B. v. 27. 10. 2003 – Az.: VK 2–22/2003; VK Baden-Württemberg, B. v. 31. 7. 2008 – Az.: 1 VK 24/08; VK Brandenburg, B. v. 8. 3. 2007 – Az.: 2 VK 4/07; B. v. 12. 9. 2004 – Az.: VK 47/04; VK Düsseldorf, B. v. 2. 8. 2007 – Az.: VK – 23/2007 – B; B. v. 12. 9. 2006 – Az.: VK – 37/2006 – L; B. v. 16. 3. 2004 – Az.: VK – 3/2004 – L; VK Bund, B. v. 20. 5. 2003 – Az.: VK 1–35/03; VK Magdeburg, B. v. 6. 6. 2002 – Az.: 33–32571/07 VK 05/02 MD; VK Münster, B. v. 7. 9. 2010 – Az.: VK 6/10; B. v. 18. 3. 2010 – Az.: VK 1/10; B. v. 26. 9. 2007 – Az.: VK 17/07; VK Saarland, B. v. 19. 5. 2006 – Az.: 3 VK 03/2006; 1. VK Sachsen, B. v. 15. 1. 2010 – Az.: 1/SVK/068-09; B. v. 26. 3. 2008 – Az.: 1/SVK/005–08; 1. VK Sachsen-Anhalt, B. v. 22. 2. 2008 – Az: 1 VK LVwA 30/07; VK Südbayern, B. v. 3. 4. 2009 – Az.: Z3-3-3194-1-49–12/08; B. v. 23. 10. 2001 – Az.: 32-09/01).

13.4.2.2.5 Primärrechtsschutz bei einer rechtswidrig unterlassenen europaweiten Ausschreibung. Denkbar erscheint, dass dem **Bieter auch dann der Zugang zu den Nachprüfungsinstanzen eröffnet werden muss**, wenn der **Auftraggeber** zwar ein Vergabeverfahren durchführt, seine Vergabeentscheidung aber nicht von der Vergabekammer und dem Vergabesenat des Oberlandesgerichts überprüfen lassen, also **den Primärrechtsschutz abschneiden und unzufriedene Bieter auf den ordentlichen Rechtsweg verweisen will**, wo sie lediglich Sekundärrechtsschutz in Form von Schadensersatz erlangen können. Eine derartige **Ausdehnung des Rechtsschutzes ist aber nur dann erforderlich, wenn der Bieter schutzwürdig ist**. Das ist **nicht der Fall, wenn der Bieter sich auf das in eklatanter Weise gegen die Vergaberechtsvorschriften verstoßende Verfahren des Auftraggebers**, der davon abgesehen hat, die Förmlichkeiten der Auftragsvergabe für Aufträge oberhalb der Schwellenwerte einzuhalten, **bewusst einlässt**, die Fehlerhaftigkeit des gewählten Vergabeverfahrens nicht beanstandet und seine Vorteile – die Chance, den Zuschlag zu erhalten, ohne ein Nachprüfungsverfahren fürchten zu müssen – genießt. Zu diesem Verhalten setzt er sich in Widerspruch, wenn er im Nachhinein Rechtsschutz beansprucht (OLG Brandenburg, B. v. 10. 2. 2004 – Az.: Verg W 8/03; VK Brandenburg, B. v. 3. 4. 2009 – Az.: VK 8/09).

Anderer Auffassung ist insoweit die VK Brandenburg. Der Gesetzgeber hat für Aufträge oberhalb der Schwellenwerte die Vorgaben der EU-Richtlinien zum Vergabeverfahren umgesetzt. Die EU-Richtlinien gelten einheitlich für alle Vergaben von Aufträgen oberhalb der Schwellenwerte. Das **EU-Vergaberecht kennt weder eine Differenzierung zwischen Vergabeverfahren oberhalb und unterhalb der Schwellenwerte noch sieht es eine Verwirkung auf den primären Rechtsschutz durch die Bieter vor.** Welche Bedeutung das EU-Vergaberecht dem Nachprüfungsverfahren bei Auftragsvergaben oberhalb der Schwellenwerte zumisst, wird in der Rechtsprechung des EuGH zu den de facto-Vergaben und den Vertragserfüllungsverfahren der EU-Kommission gegen die Bundesrepublik Deutschland erkennbar. So **hat der EuGH festgestellt, dass sich jedenfalls der Auftraggeber nicht den Verga-**

2835

2836

2837

beregeln entziehen darf. Dass dann aber der Verzicht des Bieters auf die Rüge des falschen Verfahrens diesem den im EU-Vergaberecht vorgesehenen Rechtsschutz insgesamt entziehen soll, erscheint weder geboten noch sachgerecht. Vielmehr muss der Auftraggeber auch oder gerade bei der – ggf. gezielten – Wahl des falschen Vergabeverfahrens zumindest an den gesetzlich gewährten Rechtsschutz gebunden bleiben (2. VK Brandenburg, B. v. 8. 3. 2007 – Az.: 2 VK 4/07).

2838   **13.4.2.2.6 Primärrechtsschutz gegen eine Vorinformation.** Es stellt sich die **Frage, ob mit einer Vorinformation z. B. nach § 15 EG Abs. 6 VOL/A schon ein konkretes, bereits begonnenes Vergabeverfahren im Sinn der Rechtsprechung des EuGH vorliegt,** denn nur ein solches kann Gegenstand des Primärrechtsschutzes nach §§ 102 ff. GWB sein. Für einen vorbeugenden Rechtsschutz ist kein Raum. Die **Vergabekammer neigt hier zwar der Auffassung zu, dass das Vergabeverfahren insoweit bereits begonnen hat und der Rechtsweg zur Vergabekammer nach § 102 GWB eröffnet** ist. Zu **differenzieren ist hier nämlich einmal zwischen dem zivilrechtlichen Vorgang des Vertragsschlusses,** der sich bei der Vergabe öffentlicher Aufträge in den Formen des Vergaberechts vollzieht, auf der einen Seite, und dem **Beginn des Vergabeverfahrens** auf der anderen Seite. Der Beschaffungsvorgang in einem engeren Sinne der konkreten Vertragsanbahnung beginnt beim offenen Verfahren erst mit der Bekanntmachung z. B. nach § 15 EG Abs. 6 VOL/A, die zivilrechtlich als Aufforderung zur Angebotsabgabe einzuordnen ist, invitatio ad offerendum, woraufhin nach §§ 145 ff. BGB bindende Angebote der Bieter eingehen. Richtig ist, dass die Vorinformation z. B. nach § 15 EG Abs. 6 VOL/A in diesen Zusammenhängen unbeachtlich ist. **Konsequent ist die Vorinformation nach dem ausdrücklichen Wortlaut der Vorschrift auch gerade als „nicht verbindliche" Bekanntmachung gekennzeichnet. Das Vergabeverfahren ist aber begrifflich weiter zu fassen als dieser Beschaffungsvorgang in einem engeren Sinne der Elemente, die konkret zum Vertragsschluss führen.** Hinsichtlich des Beginns eines der Nachprüfung zugänglichen Vergabeverfahrens gilt die funktionale Betrachtungsweise des europäischen Vergaberechts, wonach es weniger auf die Form als auf den materiellen Gehalt von Vorgängen ankommt. In Abgrenzung zu bloßen Markterkundungen ist darauf abzustellen, ob und inwieweit der öffentliche Auftraggeber den Beschaffungsvorgang organisatorisch und planerisch bereits eingeleitet hat. **Jede Maßnahme eines öffentlichen Auftraggebers, die im Zusammenhang mit einem öffentlichen Dienstleistungsauftrag getroffen wird, welcher in den sachlichen Anwendungsbereich der Richtlinie 92/50 fällt und der Rechtswirkungen entfalten kann, stellt eine nachprüfbare Entscheidung im Sinne von Art. 1 Abs. 1 der Richtlinie 89/665 dar.** Danach unterliegen auch Entscheidungen im Vorfeld einer förmlichen Ausschreibung der Überprüfbarkeit. Diese Maßstäbe zugrundelegend, kann je nach Einzelfall bei einer **Vorinformation vom Beginn eines der Überprüfung zugänglichen Vergabeverfahrens auszugehen sein** (3. VK Bund, B. v. 25. 2. 2010 – Az.: VK 3–9/10; VK Münster, B. v. 7. 9. 2010 – Az.: VK 6/10; im Grundsatz ähnlich OLG Naumburg, B. v. 8. 10. 2009 – Az.: 1 Verg 9/09; 1. VK Sachsen, B. v. 11. 12. 2009 – Az.: 1/SVK/054-09).

2839   Wollte man der **Vorinformation jeglichen verbindlichen Charakter absprechen,** so würde der Sinn dieser Vorinformation, nämlich den Markt schon vorab über die Rahmenbedingungen der anstehenden Ausschreibung zu informieren, **ins Leere laufen** (3. VK Bund, B. v. 25. 2. 2010 – Az.: VK 3–9/10).

2840   **13.4.2.2.7 Vorbeugende Unterlassungsanordnungen im Vergaberechtsweg.** Das Gesetz lässt in der Hauptsache mittelbar zu, dass auch für zukünftige Vergabeverfahren die Rechtslage geklärt wird, aber nicht in Form einer vorbeugenden Unterlassungsanordnung, sondern nur in Form einer Feststellung. **Vorbeugende Unterlassungsanträge können im Rahmen eines Vergabenachprüfungsverfahrens nicht gestellt** werden (OLG Düsseldorf, B. v. 20. 10. 2008 – Az.: VII-Verg 46/08).

2841   **13.4.2.2.8 Weitere Beispiele aus der Rechtsprechung**

– ein **Antragsteller wendet sich nicht vorbeugend gegen eine etwaige fehlerhafte zukünftige Eignungsfeststellung bezüglich mit ihr konkurrierender Bieter – auch wenn die Wertung noch nicht abgeschlossen ist –, sondern gegen bereits vorliegende angeblich fehlerhafte Vergabebedingungen – Forderung nach einer Tariftreueerklärung –,** die gleichsam notwendigerweise eine aus Sicht des Antragstellers vergaberechtswidrige Angebotswertung nach sich ziehen werden. Ähnlich wie bei fehlerhaften Zuschlagskriterien **muss ein Antragsteller daher auch in dieser Lage die Möglichkeit haben, die die Eignungsprüfung betreffenden Vergabebedingungen bereits jetzt als fehlerhaft zu rügen.** Dies gilt nicht zuletzt deshalb, weil ein Zuwarten nach § 107 Abs. 3 S. 1

Nr. 3 GWB die Gefahr einer Rügepräklusion mit sich brächte (2. VK Bund, B. v. 29. 12. 2009 – Az.: VK 2–207/09)

13.4.2.3 Rechtsschutz im Vergabeverfahren nach einem wirksamen Zuschlag

13.4.2.3.1 Nationale Rechtsprechung. Das **förmliche Vergabeverfahren** ist **beendet,** 2842 **wenn im Wege des Zugangs des Zuschlags** des öffentlichen Auftraggebers einem Bieter **der Auftrag wirksam erteilt** ist. Vor der wirksamen Auftragserteilung begangene Verstöße gegen die Bestimmungen über das Vergabeverfahren können in dem gemäß §§ 102, 107 GWB eröffneten Nachprüfungsverfahren nicht mehr beseitigt werden; sie können nur noch zu Schadensersatzansprüchen von in ihren Rechten nach § 97 Abs. 7 GWB verletzten Bietern führen. Die Entscheidung über ein Schadensersatzbegehren ist nicht den für das Nachprüfungsverfahren zuständigen Kammern und Senaten übertragen, sondern den ordentlichen Gerichten zugewiesen (§ 13 GVG). Die Zivilgerichte haben damit nach einer das Vergabeverfahren abschließenden wirksamen Auftragserteilung die – nur durch § 124 Abs. 1 GWB eingeschränkte – Kompetenz, über die Frage der Einhaltung der bis zur wirksamen Auftragserteilung zu beachtenden Vergaberegeln zu befinden. Hierdurch kommt, auch ohne eine dies ausdrücklich regelnde Bestimmung zum Ausdruck, dass **die in §§ 102, 107 GWB vorgesehene Möglichkeit der Anrufung der Vergabekammer auf die Zeit beschränkt** ist, zu der – wenn sich bei der Nachprüfung ein Verstoß gegen zu beachtende Vergaberegeln feststellen lassen sollte – **noch auf die Rechtmäßigkeit des Vergabeverfahrens eingewirkt werden könnte.** Kann das infolge eines behaupteten Vergaberechtsverstoßes bestehende Interesse eines Bieters allein noch auf Schadensersatz gerichtet sein, weil das Vergabeverfahren durch wirksame Auftragsvergabe beendet ist, steht hingegen nur noch der Weg zu den Zivilgerichten offen, die für eine Schadensersatzklage des betroffenen Bieters gegenüber dem öffentlichen Auftraggeber zuständig sind (BGH, B. v. 19. 12. 2000 – Az.: X ZB 14/00; OLG Celle, B. v. 4. 3. 2010 – Az.: 13 Verg 1/10; OLG Dresden, B. v. 25. 1. 2008 – Az.: WVerg 010/07; OLG Düsseldorf, OLG Düsseldorf, B. v. 21. 4. 2010 – Az.: VII-Verg 55/09; B. v. 2. 12. 2009 – Az.: VII-Verg 39/09; B. v. 4. 5. 2009 – Az.: VII-Verg 68/08; B. v. 14. 5. 2008 – Az.: VII-Verg 17/08; 14. 5. 2008 – Az.: VII-Verg 11/08; B. v. 23. 5. 2007 – Az.: VII – Verg 14/07; B. v. 5. 4. 2006 – Az.: VII – Verg 8/06; B. v. 14. 4. 2005 – Az.: VII – Verg 93/04; B. v. 7. 7. 2004 – Az.: VII – Verg 15/04; B. v. 3. 12. 2003 – Az.: VII – Verg 37/03; OLG Naumburg, B. v. 29. 10. 2009 – Az.: 1 Verg 5/09; B. v. 23. 4. 2009 – Az.: 1 Verg 5/08; BayObLG, B. v. 2. 8. 2001 – Az.: Verg 8/01; VK Arnsberg, B. v. 28. 10. 2008 – Az.: VK 24/08; VK Baden-Württemberg, B. v. 13. 11. 2008 – Az.: 1 VK 45/08; B. v. 30. 3. 2007 – Az.: 1 VK 13/07; 1. VK Bund, B. v. 27. 9. 2002 – Az.: VK 1–63/02; 2. VK Bund, B. v. 24. 4. 2007 – Az.: VK 2–21/07; B. v. 11. 4. 2003 – Az.: VK 2–10/03; 3. VK Bund, B. v. 1. 12. 2009 – Az.: VK 3–205/09; VK Düsseldorf, B. v. 30. 9. 2005 – Az.: VK – 25/2005 – L; VK Rheinland-Pfalz, B. v. 12. 5. 2005 – Az.: VK 17/05; VK Schleswig-Holstein, B. v. 14. 5. 2008 – Az.: VK-SH 06/08; B. v. 10. 2. 2005 – VK-SH 02/05; VK Südbayern, B. v. 30. 5. 2007 – Az.: Z3-3-3194-1-15-04/07).

Dieser **Grundsatz** ist **ebenfalls anzuwenden**, wenn der Antragsteller beanstandet, der öf- 2843 fentliche **Auftraggeber habe das nach dem Vierten Teil des GWB und den daraus abzuleitenden Rechtsvorschriften gebotene Vergabeverfahren nicht beschritten.** Ist der Auftraggeber in einem solchen Fall mit einem Bieter einen wirksamen Vertrag eingegangen, ist die Vergabe auch dann einer Nachprüfung im Verfahren nach den §§ 102 ff. GWB grundsätzlich entzogen. Anders ist es nur, wenn geschlossene Vertrag nichtig ist (OLG Düsseldorf, B. v. 14. 4. 2005 – Az.: VII – Verg 93/04).

Dieser **Grundsatz** ist **ebenfalls anzuwenden**, wenn ein **Antragsteller geltend macht,** 2844 **der Zuschlag sei ihm schon erteilt worden.** Denn dann kann er denklogisch kein Interesse an dem ausgeschriebenen Auftrag geltend machen, weil er ihn bereits erlangt hat. Er verfügt damit über eine gesicherte Rechtsposition, die es ihm erlaubt, kraft des Vertrags zivilrechtliche Maßnahmen auf dessen Erfüllung, auf Unterlassung von diesem Erfüllungsanspruch entgegenstehenden Schritten der Auftraggeberseite oder auf Schadensersatz wegen Nichterfüllung zu ergreifen; all dies kann aber nicht zum Inhalt eines Nachprüfungsverfahrens gemacht werden, dessen Gegenstand und Ziel erst die Erlangung einer entsprechenden vertraglichen Rechtsposition ist. Folglich setzt ein zulässiges Nachprüfungsbegehren noch offenes, d. h. bei Verfahrenseinleitung noch nicht durch Auftragserteilung abgeschlossenes Vergabeverfahren voraus (OLG Dresden, B. v. 21. 10. 2005 – Az.: WVerg 0005/05; B. v. 11. 4. 2005 – Az.: WVerg 05/05).

Auch **nach der Rechtsprechung des EuGH ist nach wirksamer Zuschlagserteilung** 2845 **ein primärer Vergaberechtsschutz nicht geboten.** Zwar hat der **EuGH** entschieden, dass **die Mitgliedstaaten grundsätzlich verpflichtet seien, Verträge zu beenden,** wenn der

Vertrag unter Verletzung der Vergaberechtsvorschriften zustande gekommen ist. **Daraus ist indes nicht zu folgern, dass die Mitgliedstaaten den Unternehmen unter allen Umständen die Möglichkeit primären Rechtsschutzes eröffnen müssen.** Jedoch hat der EuGH ausdrücklich bestätigt, dass Artikel 2 Absatz 6 der Richtlinie 89/665/EWG des Rates vom 21. 12. 1989 zur Koordinierung der Rechts- und Verwaltungsvorschriften für die Anwendung der Nachprüfungsverfahren im Rahmen der Vergabe öffentlicher Liefer- und Bauaufträge (Abl. L 395 vom 30. 12. 1989, S. 33) die **Mitgliedstaaten ermächtigt, nach Vertragsschluss den nationalen Rechtsschutz auf Schadensersatz für die durch einen solchen Verstoß geschädigten Personen zu begrenzen** (OLG Düsseldorf, B. v. 23. 5. 2007 – Az.: VII – Verg 14/07).

2846 13.4.2.3.2 Rechtsprechung des EuGH zu fortdauernden Vertragsverletzungen. Stellt der Gerichtshof fest, dass ein Mitgliedstaat gegen das EU-Vergaberecht verstoßen hat, muss dieser **Staat die Maßnahmen ergreifen, die sich aus dem Urteil des Gerichtshofes ergeben** – Artikel 228 EG-Vertrag (jetzt Art. 260 AEUV) – (EuGH, Urteil v. 3. 3. 2005 – Az.: C-414/03; Urteil v. 18. 11. 2004 – Az.: C-126/03; OLG Düsseldorf, B. v. 2. 12. 2009 – Az.: VII-Verg 39/09). Dies bedeutet **bei noch anhaltenden Verletzungen des EU-Vergaberechts, dass der Mitgliedstaat die vergaberechtswidrigen Verträge kündigen muss**. Der in der deutschen Rechtspraxis geltende Grundsatz „pacta sunt servanda" hat also keine Gültigkeit (EuGH, Urteil v. 18. 7. 2007 – Az.: C-503/04; vgl. im **Einzelnen die Kommentierung zu → § 126 GWB Rdn. 75 ff.**). Dies ist auch nur konsequent, will man dem Vergaberecht die notwendige Durchsetzungskraft verleihen.

2847 13.4.2.3.3 Nationale Rechtsprechung nach der Entscheidung des EuGH zu fortdauernden Vertragsverletzungen. In einer **Entscheidung nach der Rechtsprechung des EuGH** kommt die **Vergabekammer Schleswig-Holstein zu einem anderen Ergebnis**. Zwar hat der EuGH entschieden, dass die Entscheidung des Auftraggebers, einen Auftrag außerhalb eines förmlichen Vergabeverfahrens zu vergeben, im Wege des vergaberechtlichen Rechtsschutzes angegriffen werden kann und dass die Mitgliedstaaten die Nachprüfungsmöglichkeit nicht davon abhängig machen dürfen, dass das fragliche Vergabeverfahren formal ein bestimmtes Stadium erreicht hat. Dauert eine vergabebezogene Vertragsverletzung noch an, muss sie abgestellt werden. Ebenso hat der EuGH festgestellt, dass vergaberechtswidrig abgeschlossene Verträge bis zu ihrer endgültigen Beendigung gemeinschaftsrechtswidrig bleiben. **Gleichwohl gestattet Artikel 2 Absatz 6 der Rechtsmittelrichtlinie 89/665/EWG den Mitgliedstaaten, die Befugnisse der Nachprüfungsinstanzen nach dem Vertragsschluss im Anschluss an die Zuschlagserteilung darauf zu beschränken, einer durch einen Verstoß gegen das gemeinschaftliche Vergaberecht geschädigten Person Schadensersatz zuzuerkennen**. Die Kammer sieht keine Veranlassung, die Vereinbarkeit von § 114 Abs. 2 Satz 1 GWB mit dem europäischen Recht in Zweifel zu ziehen. Bei der Bestimmung des § 114 Abs. 2 Satz 1 GWB handelt es sich um ein Grundprinzip auch des Vergaberechts („pacta sunt servanda"). Eine Aufhebung von (wirksam) geschlossenen Verträgen ist nicht möglich, so dass mit dem Zuschlag ein Streit um Rechte aus § 97 Abs. 7 GWB vor der VK erledigt ist. Der **Vergabekammer kommt damit nach dem klaren Wortlaut des § 114 Abs. 2 Satz 1 GWB keinerlei Befugnis zu, diesen zivilrechtlich wirksamen Vertragsschluss aufzuheben**. Auch der fehlenden Antragsbindung sowie der Befugnis der Vergabekammer, die „geeigneten Maßnahmen" zu treffen, sind durch § 114 Abs. 2 Satz 1 GWB Grenzen gesetzt. Die Vergabe stellt einen zivilrechtlichen Vertragsschluss dar, der allerdings nach dem formalisierten Verfahren des Vergaberechtsregimes stattzufinden hat. Wirksame Verträge sind bindend und können, wie § 114 Abs. 2 Satz 1 GWB ausdrücklich klarstellt, auch durch die Vergabekammer im Falle einer Vergaberechtswidrigkeit nicht beseitigt werden. Wenn auch vergaberechtswidrig geschlossene Verträge bis zu ihrer endgültigen Beendigung gemeinschaftsrechtswidrig sind, ist der Kammer jedoch bislang kein Fall bekannt, in dem ein Öffentlicher Auftraggeber in Deutschland verpflichtet worden wäre, einen derartigen (wirksamen) Vertrag vor Ende der Laufzeit vorzeitig zu beenden. Mit seinem Urteil vom 10. 4. 2003 (Az.: C-20/01 und C-28/01) hat der EuGH die Bundesrepublik hierzu auch nicht unmittelbar aufgefordert (VK Schleswig-Holstein, B. v. 2. 2. 2005 – Az.: VK-SH 01/05).

2848 Im Ergebnis schließen sich das **OLG Düsseldorf** (B. v. 18. 6. 2008 – Az.: VII – Verg 23/08; B. v. 23. 2. 2005 – Az.: VII – Verg 78/04) **dieser Auffassung an, ebenso** die **VK Lüneburg** (B. v. 10. 3. 2005 – Az.: VgK-04/2005) und die **VK Hamburg (FB)** (B. v. 27. 4. 2006 – Az.: VgK FB 2/06).

2849 Aus der Rechtsprechung des EuGH folgt nicht, dass ein geschlossener wirksamer Vertrag im Vergabenachprüfungsverfahren unbeachtlich wäre. Der EuGH hat nur ausgeführt, es bestehe eine primärrechtliche Verpflichtung des Mitgliedsstaates gegenüber den Europäischen Gemeinschaften, die Folgen von Verstößen gegen Europarecht wieder zu beseitigen; dass Art. 2 Abs. 6 UA 2 der Rechtsmittelrichtlinie es den Mitgliedsstaaten erlaubt, die Wirkungen geschlossener Verträge aufrechtzuerhalten, ändert an jener primärrechtlichen Verpflichtung nichts. Das bedeutet, dass – wie es Art. 2 Abs. 6 der Rechtsmittelrichtlinie und § 114 Abs. 2 S. 1 GWB vorsehen – der Vertrag vergaberechtlich als wirksam anzusehen ist und sich ein übergangener Bieter auf das vergaberechtswidrige Zustandekommen des Vertrages nicht mit dem Ziel der Aufhebung/ Beendigung des Vertrages berufen kann, eine **Verpflichtung zur Aufhebung des Vertrages mithin allein primärrechtlich gegenüber der Europäischen Gemeinschaft besteht** (OLG Düsseldorf, B. v. 18. 6. 2008 – Az.: VII – Verg 23/08; VK Münster, B. v. 25. 6. 2009 – Az.: VK 7/09).

In einem **Fall**, der **Gegenstand eines Vertragsverletzungsverfahrens** ist, hat der **Auftraggeber**, der vergaberechtswidrig ausgeschrieben und einen Zuschlag erteilt hatte, den **Vertrag unter Bezugnahme auf vertragsrechtliche Regelungen außerordentlich gekündigt**. Das **LG München hat ein solches außerordentliches Kündigungsrecht bejaht** (LG München, Urteil v. 20. 12. 2005 – Az.: 33 O 16465/05). Mit Blick auf die Urteilsgründe und die Erstmaligkeit des Verfahrens dürfte ein **solches außerordentliches Kündigungsrecht in weiteren Fällen sehr zweifelhaft** sein.

2850

13.4.2.3.4 Ausnahme für den Fall der Ankündigung des Auftraggebers auf Aufhebung und anderweitige Vergabe trotz Zuschlages. Auch wenn von einer wirksamen Erteilung des Zuschlages und damit von einer materiellen Beendigung des Vergabeverfahrens auszugehen ist, kann in Ausnahmefällen ein Bieter dadurch seine Antragsbefugnis nicht verlieren. **Wenn nämlich der Auftraggeber den Auftrag zurücknimmt und ankündigt, den Auftrag anderweitig zu vergeben, wird der Bieter in seinem Recht auf Einhaltung der Vergabebestimmungen beeinträchtigt**. Die Wiederaufnahme eines durch wirksame Zuschlagserteilung bereits abgeschlossenen Vergabeverfahrens stellt nicht nur eine zivilrechtliche Erfüllungsverweigerung, sondern auch einen Vergaberechtsverstoß dar. Dass neben die zivilrechtliche auch eine vergaberechtliche Bindung tritt, ergibt sich aus § 114 Abs. 2 S. 1 GWB, der die Bindungswirkung des erteilten Zuschlags anordnet. **Ein solcher Bieter ist zur Wahrung seines rechtlichen Interesses am Bestand des Zuschlages und der Durchführung des Vertrages nicht auf den Rechtsschutz vor den Zivilgerichten zu verweisen**. Das Interesse dieses Bieters richtet sich nämlich darauf, den faktischen Verlust des Zuschlages durch das Nachprüfungsverfahren noch abzuwenden. Insoweit kann eine Antragsbefugnis aus jenseits der Zuschlagschance liegenden Beeinträchtigungen rechtlicher und wirtschaftlicher Art hergeleitet werden, wenn infolge des Verhaltens des öffentlichen Auftraggebers der faktische Verlust eines bereits erteilten Zuschlages droht. **Zur Wahrung seines Interesses auf den Erhalt des Zuschlages ist der betroffene Bieter auf vergaberechtlichen Primärrechtsschutz angewiesen** (OLG Düsseldorf, B. v. 5. 4. 2006 – Az.: VII – Verg 8/06).

2851

13.4.2.3.5 Literatur

– Bitterich, Klaus, Kündigung vergaberechtswidrig zu Stande gekommener Verträge durch öffentliche Auftraggeber, NJW 2006, 1845

– Bitterich, Klaus, Kein „Bestandsschutz" für vergaberechtswidrige Verträge gegenüber Aufsichtsmaßnahmen nach Art. 226 EG, EWS 2005, 162

– Horn, Lutz, Verstoß gegen Ausschreibungspflichten: Festgestellte Gemeinschaftswidrigkeiten und Rechtsfolgen für die abgeschlossenen Verträge, VergabeR 2006, 667

– Jennert, Carsten/Räuchle, Robert, Beendigungspflicht für vergaberechtswidrige Verträge, NZBau 2007, 555

– Prieß, Hans-Joachim/Gabriel, Marc, Beendigung des Dogmas durch Kündigung: Keine Bestandsgarantie für vergaberechtswidrige Verträge, NZBau 2006, 219

2852

13.4.2.4 Primärrechtsschutz gegen die Aufhebung einer Ausschreibung

Nach der Rechtsprechung des EuGH und des BGH muss auch die Entscheidung über die Aufhebung eines Ausschreibungsverfahrens in einem förmlichen Nachprüfungsverfahren überprüft werden können.

2853

13.4.2.4.1 Rechtsprechung des EuGH. Die vollständige Verwirklichung des mit der Richtlinie 89/665 – der Rechtsmittelkoordinierungsrichtlinie – verfolgten Zieles würde vereitelt, wenn die öffentlichen Auftraggeber die Ausschreibung für einen öffentlichen Dienstleistungs-

2854

Teil 1 GWB § 102   Gesetz gegen Wettbewerbsbeschränkungen

auftrag widerrufen könnten, **ohne dass dies den Verfahren der gerichtlichen Nachprüfung unterläge**, mit denen in jeder Hinsicht sichergestellt werden soll, dass die Vergaberichtlinien und die Grundsätze, auf die sie sich stützen, tatsächlich beachtet werden.

2855   Danach gehört die **Entscheidung über den Widerruf der Ausschreibung** eines öffentlichen Dienstleistungsauftrags **zu den Entscheidungen**, für die die Mitgliedstaaten nach der Richtlinie 89/665 **Nachprüfungsverfahren einführen müssen**, um sicherzustellen, dass die Regelungen des Gemeinschaftsrechts im Bereich des öffentlichen Auftragswesens oder die einzelstaatlichen Vorschriften, die dieses Recht umsetzen, beachtet werden (EuGH, Urteil v. 2. 6. 2005 – Az.: C-15/04; Urteil v. 18. 6. 2002 – Az.: C-92/00).

2856   Diese Grundsätze gelten für **Aufhebungen von Bauausschreibungen** (EuGH, Urteil v. 2. 6. 2005 – Az.: C-15/04; OLG Brandenburg, B. v. 17. 12. 2007 – Az.: 13 W 79/07; VK Baden-Württemberg, B. v. 28. 10. 2008 – Az.: 1 VK 39/08; VK Berlin, B. v. 5. 11. 2009 – Az.: VK – B 2–35/09; 1. VK Brandenburg, B. v. 21. 11. 2005 – Az.: 1 VK 67/05; VK Münster, B. v. 28. 5. 2010 – Az.: VK 4/10; 1. VK Sachsen, B. v. 18. 6. 2009 – Az.: 1/SVK/017-09; B. v. 17. 7. 2007 – Az.: 1/SVK/046-07; B. v. 5. 9. 2002 – Az.: 1/SVK/073-02), **Lieferausschreibungen, Auslobungen** und **VOF-Verfahren** (OLG Naumburg, B. v. 25. 9. 2006 – Az.: 1 Verg 8/06; Schleswig-Holsteinisches OLG, B. v. 9. 3. 2010 – Az.: 1 Verg 4/09; 1. VK Bund, B. v. 29. 9. 2009 – Az.: VK 1–167/09; 2. VK Bund, B. v. 6. 9. 2010 – Az.: VK 2–74/10; B. v. 11. 12. 2008 – Az.: VK 2–76/08; 3. VK Bund, B. v. 16. 3. 2007 – Az.: VK 3–13/07; VK Niedersachsen, B. v. 24. 10. 2008 – Az.: VgK-35/2008; 1. VK Sachsen, B. v. 18. 8. 2006 – Az.: 1/SVK/077-06; B. v. 31. 5. 2005 – Az.: 1/SVK/046-05; B. v. 17. 1. 2006 – Az.: 1/SVK/151-05).

2857   **Nationale Vorschriften, die eine solche Überprüfung ausschließen, sind unbeachtlich** (EuGH, Urteil v. 2. 6. 2005 – Az.: C-15/04).

2858   Der EuGH hat sich auch zum **Prüfungsmaßstab** der Entscheidung über die Aufhebung einer Ausschreibung geäußert: weder der Buchstabe noch der Geist der Richtlinie 89/665 – der Rechtsmittelkoordinierungsrichtlinie – lassen den Schluss zu, dass es dem Mitgliedstaat freistünde, die Kontrolle der Rechtmäßigkeit der Entscheidung, eine Ausschreibung zu widerrufen, auf die Prüfung **zu beschränken, ob diese Entscheidung willkürlich erfolgt ist** (EuGH, Urteil v. 18. 6. 2002 – Az.: C-92/00).

2859   13.4.2.4.2 Nationale Rechtsprechung. Auch die **nationale Rechtsprechung bejaht** die Möglichkeit einer Überprüfung der Aufhebungsentscheidung.

2860   Das deutsche Vergabenachprüfungsrecht lässt eine richtlinienkonforme Auslegung im Sinne der Rechtsprechung des Europäischen Gerichtshofs jedenfalls zu, die Beachtung des vom EuGH nunmehr festgestellten Richtlinieninhalts bei der Anwendung des innerstaatlichen Rechts mithin geboten ist, **ohne dass es weiterer transformierender Normsetzung des deutschen Gesetzgebers bedarf** (OLG Dresden, B. v. 3. 12. 2002 – Az.: WVerg 0015/02; ebenso OLG Brandenburg, B. v. 17. 12. 2007 – Az.: 13 W 79/07; B. v. 19. 12. 2002 – Az.: Verg W 9/02; OLG Frankfurt, B. v. 17. 10. 2005 – Az.: 11 Verg 8/05; B. v. 16. 8. 2005 – Az.: 11 Verg 7/05; B. vom 28. 6. 2005 – Az.: 11 Verg 21/04; B. v. 24. 6. 2004 – Az.: 11 Verg 6/04; OLG München, B. v. 12. 7. 2005 – Az.: Verg 008/05; OLG Naumburg, B. v. 13. 10. 2006 – Az.: 1 Verg 7/06; B. v. 13. 10. 2006 – Az.: 1 Verg 6/06; B. v. 25. 9. 2006 – Az.: 1 Verg 8/06; Schleswig-Holsteinisches OLG, B. v. 9. 3. 2010 – Az.: 1 Verg 4/09; VK Baden-Württemberg, B. v. 28. 10. 2008 – Az.: 1 VK 39/08; VK Berlin, B. v. 5. 11. 2009 – Az.: VK – B 2–35/09; VK Brandenburg, B. v. 21. 5. 2008 – Az.: VK 9/08; B. v. 16. 6. 2003 – Az.: VK 20/03; VK Bremen, B. v. 21. 9. 2005 – Az.: VK 10/05; 1. VK Bund, B. v. 29. 9. 2009 – Az.: VK 1–167/09; 2. VK Bund, B. v. 6. 9. 2010 – Az.: VK 2–74/10; B. v. 11. 12. 2008 – Az.: VK 2–76/08; B. v. 15. 9. 2008 – Az.: VK 2–91/08; B. v. 24. 6. 2005 – Az.: VK 2–70/05; B. v. 15. 6. 2004 – Az.: VK 2–40/03; 3. VK Bund, B. v. 16. 3. 2007 – Az.: VK 3–13/07; B. v. 30. 9. 2004 – Az.: VK 3–116/04; VK Düsseldorf, B. v. 1. 9. 2005 – Az.: VK – 16/2005 – L, VK – 16/2005 – Z; VK Hessen, B. v. 21. 4. 2005 – Az.: 69d VK – 20/2005; B. v. 21. 4. 2005 – Az.: 69d VK – 09/2005; B. v. 9. 2. 2004 – Az.: 69d – VK – 79/2003 + 80/2003; VK Lüneburg, B. v. 12. 7. 2005 – Az.: VgK-29/2005; B. v. 27. 1. 2005 – Az.: 203-VgK-57/2004; B. v. 30. 8. 2004 – Az.: 203-VgK-38/2004; VK Niedersachsen, B. v. 24. 10. 2008 – Az.: VgK-35/2008; VK Nordbayern, B. v. 8. 6. 2010 – Az.: 21.VK – 3194 – 11/10; B. v. 8. 3. 2007 – Az.: 21.VK – 3194 – 05/07; B. v. 12. 10. 2006 – Az.: 21.VK – 3194 – 25/06; 1. VK Sachsen, B. v. 18. 6. 2009 – Az.: 1/SVK/017-09; B. v. 17. 7. 2007 – Az.: 1/SVK/046-07; B. v. 20. 9. 2006 – Az.: 1/SVK/085-06; B. v. 17. 1. 2006 – Az.: 1/SVK/151-05; B. v. 31. 5. 2005 – Az.: 1/SVK/046-05; 2. VK Sachsen-Anhalt, B. v. 23. 5. 2006 – Az.: VK 2-LVwA LSA 17/06; B. v. 23. 5. 2006 – Az.: VK 2-LVwA LSA 16/06; VK Schleswig-Holstein, B. v. 23. 10. 2009 – Az.: VK-SH 14/09; B. v.

Gesetz gegen Wettbewerbsbeschränkungen GWB § 102 **Teil 1**

4. 2. 2008 – Az.: VK-SH 28/07; B. v. 26. 7. 2006 – Az.: VK-SH 11/06; B. v. 14. 9. 2005 – Az.: VK-SH 21/05; VK Südbayern, B. v. 6. 10. 2006 – Az.: 26-08/06; VK Thüringen, B. v. 20. 5. 2008 – Az.: 250–4003.20–1121/2008-011-EF).

Für eine Aufgabe der Vergabeabsicht vor Beginn des Nachprüfungsverfahrens kann 2861 **nichts anderes gelten**; auch für diese Verfahrenskonstellation besteht eine Nachprüfungsmöglichkeit (2. VK Bund, B. v. 6. 9. 2010 – Az.: VK 2–74/10).

13.4.2.4.3 Maßstab der Nachprüfung. Bereits die **Möglichkeit eines Verstoßes gegen** 2862 **das Gemeinschaftsrecht** im Bereich des öffentlichen Auftragswesens **oder** – was der Europäische Gerichtshof nach Auffassung des BGH in seinen Ausführungen dem gleichsetzt – **gegen die dieses Recht umsetzenden einzelstaatlichen Vorschriften**, die gemäß Art. 1 Abs. 1 der Richtlinie 89/665/EGW erfordert, dass die Entscheidung des öffentlichen Auftraggebers, die Ausschreibung eines der Richtlinie unterfallenden öffentlichen Auftrags zu widerrufen, hieraufhin überprüft und gegebenenfalls aufgehoben werden kann (BGH, B. v. 18. 2. 2003 – Az.: X ZB 43/02; OLG Düsseldorf, B. v. 16. 2. 2005 – Az.: VII – Verg 72/04; OLG Frankfurt, B. vom 28. 6. 2005 – Az.: 11 Verg 21/04; VK Baden-Württemberg; B. v. 28. 1. 2009 – Az.: 1 VK 58/08; VK Brandenburg, B. v. 21. 5. 2008 – Az.: VK 9/08; 2. VK Bund, B. v. 15. 9. 2008 – Az.: VK 2–91/08; VK Hamburg, B. v. 14. 8. 2003 – Az.: VgK FB 3/03; VK Hessen, B. v. 21. 4. 2005 – Az.: 69 d VK – 20/2005; B. v. 21. 4. 2005 – Az.: 69 d VK – 09/2005; VK Lüneburg, B. v. 27. 1. 2005 – Az.: 203-VgK-57/2004; VK Niedersachsen, B. v. 24. 10. 2008 – Az.: VgK-35/2008; 2. VK Sachsen-Anhalt, B. v. 23. 5. 2006 – Az.: VK 2-LVwA LSA 17/06; B. v. 23. 5. 2006 – Az.: VK 2-LVwA LSA 16/06).

Dies bedeutet, dass **Nachprüfungsmaßstab das nationale Recht** ist (OLG Brandenburg, 2863 B. v. 17. 12. 2007 – Az.: 13 W 79/07; OLG Frankfurt, B. v. 17. 10. 2005 – Az. 11 Verg 8/05; B. v. 16. 8. 2005 – Az.: 11 Verg 7/05; Hanseatisches OLG, B. v. 4. 11. 2002 – Az.: 1 Verg 3/02; VK Arnsberg, B. v. 23. 1. 2003 – Az.: VK 2–27/2002; VK Hessen, B. v. 21. 4. 2005 – Az.: 69 d VK – 20/2005; B. v. 21. 4. 2005 – Az.: 69 d VK – 09/2005).

Für einen Nachprüfungsantrag müssen deshalb die **sonstigen Zulässigkeitsvoraussetzun-** 2864 **gen der §§ 107 Abs. 2 und 3, 108 Abs. 1 und 2 GWB gemäß § 107 Abs. 1 GWB er-** **füllt** sein. Der EuGH hat in seiner Rechtsprechung nämlich keine Aussage dahin getroffen, dass das Vorliegen der sonstigen nationalen Zulässigkeitsvoraussetzungen entbehrlich ist (VK Brandenburg, B. v. 21. 5. 2008 – Az.: VK 9/08).

Zu den **Möglichkeiten einer Entscheidung der Vergabekammer bzw. des Vergabe-** 2865 **senats im Falle der Aufhebung eines Vergabeverfahrens durch den öffentlichen Auf-** **traggeber** vgl. die **Kommentierung zu § 114 GWB**.

13.4.2.4.4 Scheinaufhebung. Bei der Entscheidung des öffentlichen Auftraggebers für eine 2866 Aufhebung obliegt es auch den Vergabekammern zu prüfen, ob denn der öffentliche Auftraggeber **wirklich ernsthaft aufgehoben** hat oder ob er **unter Missbrauch seiner Gestaltungs-** **möglichkeiten nur den Schein einer Aufhebung gesetzt** hat, mit dessen Hilfe er dem ihm genehmen Bieter, obwohl dieser nicht das wirtschaftlichste Angebot abgegeben hatte, den Auftrag zuschieben will (OLG Düsseldorf, B. v. 19. 11. 2003 – Az.: VII – Verg 59/03; VK Schleswig-Holstein, B. v. 23. 10. 2009 – Az.: VK-SH 14/09).

Ein Missbrauch der Aufhebungsmöglichkeit liegt noch nicht vor, wenn der vom Auftraggeber 2867 angenommene Aufhebungsgrund tatsächlich nicht vorliegt oder es sich um einen Grund handelt, der bereits bei Bekanntmachung der Ausschreibung vorgelegen hat. Für einen **Rechts-** **missbrauch bedarf es vielmehr sachfremder, nicht am Grundsatz des fairen, transpa-** **renten und chancengleichen Vergabeverfahrens im Sinne des § 97 Abs. 1, 2 GWB** **orientierter Erwägungen** (2. VK Bund, B. v. 28. 6. 2007 – Az.: VK 2–60/07; VK Brandenburg, B. v. 17. 5. 2002 – Az.: VK 23/02).

Ein **Beispiel** hierfür ist der Fall, dass der öffentliche Auftraggeber eine öffentliche Ausschrei- 2868 bung nach Abgabe der Angebote ausdrücklich aufhebt, um dann in unmittelbaren zeitlichen Zusammenhang den inhaltlich unveränderten oder nicht nennenswert veränderten Auftrag im Verhandlungsverfahren einem der Bieter zu vergeben, so dass letztlich eine Fortsetzung ein und desselben, in Wahrheit nicht aufgehobenen Vergabeverfahrens angenommen werden muss, in dem den übrigen aussichtsreichen Bietern bei rechtzeitigem Nachprüfungsantrag selbstverständlich Primärrechtsschutz hätte gewährt werden können und müssen (VK Arnsberg, B. v. 23. 1. 2003 – Az.: VK 2–27/2002; 1. VK Bund, B. v. 4. 12. 2001 – Az.: VK 1–43/01; VK Münster, B. v. 17. 1. 2002 – Az.: VK 23/01; VK Sachsen, B. v. 18. 8. 2006 – Az.: 1/SVK/077-06; VK Schleswig-Holstein, B. v. 23. 10. 2009 – Az.: VK-SH 14/09; B. v. 4. 2. 2008 – Az.: VK-SH

28/07; 1. im Ergebnis ebenso OLG Naumburg, B. v. 25. 9. 2006 – Az.: 1 Verg 8/06 – **instruktiver Fall aus dem Bereich der VOF** –; B. v. 17. 5. 2006 – Az.: 1 Verg 3/06).

2869 Informiert der Auftraggeber die Bieter in einem solchen Fall nicht über die Absicht, die Aufträge unverzüglich nach der Aufhebung freihändig zu vergeben, so dass die Tatsache der Zuschlagserteilung für einige Bieter völlig überraschend kommt und ihnen erst im Rahmen eines Nachprüfungsverfahrens bekannt wird, lässt also der Auftraggeber die Bieter bewusst im Unklaren und beteiligt sie nicht, um eine für ihn selbst möglichst genehme Art der Vergabe ohne Rücksicht auf die legitimen Interessen der Bieter durchführen zu können, handelt es sich bei diesem Sachverhalt um eine Scheinaufhebung, die die **Unwirksamkeit der Aufhebung zur Folge** hat (1. VK Bund, B. v. 26. 9. 2003 – Az.: VK 1–81/03; VK Münster, B. v. 17. 1. 2002 – Az.: VK 23/01).

2870 Die Frage, ob ein von der Vergabebestelle **weiter verfolgtes Vorhaben mit dem ausgeschriebenen identisch ist, ist nach wirtschaftlichen und technischen, nicht hingegen nach formellen Kriterien zu beurteilen** (VK Schleswig-Holstein, B. v. 23. 10. 2009 – Az.: VK-SH 14/09). Ist Gegenstand der streitbefangenen Vergabe ausweislich der Bekanntmachung der **kombinierte „Auftrag für Planung, Bau, Finanzierung und Betrieb (Gebäudemanagement) der Erweiterung und Sanierung der xxx-Schule in einem ÖPP-Modell aus einer Hand"** und sollte neben der Übernahme der reinen Bauleistungen der private Partner „das **technische und infrastrukturelle und kaufmännische Gebäudemanagement für voraussichtlich 25 Jahre** (einschließlich z. B. Mensa, Reinigung, Personalüberlassung für Sekretariat)" übernehmen und **verfolgt der Auftraggeber demgegenüber nunmehr die Absicht einer konventionellen Eigenrealisierung einer Teilsanierung und eines Teilneubaus der xxx-Schule**, stellt dieses Vorhaben **bei wirtschaftlicher und technischer Betrachtungsweise gegenüber dem streitgegenständlichen Auftrag einen in Wesen und Inhalt anderen Beschaffungsgegenstand, ein aliud**, dar. Im Rahmen des nunmehr verfolgten Vorhabens sollen weder Planung noch Finanzierung noch der die Unterhaltung des Gebäudes und Gebäudebetrieb vergeben werden, sondern lediglich eine konventionelle Bauleistung, und zwar gewerkeweise und zunächst nur für den Teilneubau. Bei dem nunmehr verfolgten Vorhaben handelt es sich also **um ein im Vergleich zur vorgesehenen Vergabe grundlegend anderes Vertragskonstrukt**. Während sich der Auftraggeber im Falle des ÖPP-Verfahrens für einen Zeitraum von voraussichtlich 25 Jahren vertraglich an den „private partner" binden wollte, begehrt er nunmehr lediglich die Ausführung einer einzelnen Bauleistung, wobei das entsprechende Vertragsverhältnis mit Abschluss des Werkvertrags beendet ist. Dabei geht es nunmehr gerade nicht mehr um eine langfristige Nutzungsüberlassung. Dies aber ist genau das Wesen dieses ÖPP-Verfahrens (VK Schleswig-Holstein, B. v. 4. 2. 2008 – Az.: VK-SH 28/07).

2871 Will sich der Auftraggeber einem Antragsteller als einzig verbliebenem Bieter **durch die Aufhebung entledigen, um die Vergabeentscheidung bei dem im Übrigen unveränderten Bauauftrag zu dem Bieter zu steuern, der nachweislich über die privaten Grundstücke auf der vorgesehenen Baufläche verfügen** kann, sind damit die Merkmale einer Scheinaufhebung gegeben (VK Düsseldorf, B. v. 28. 1. 2010 – Az.: VK – 37/2009 – B).

2872 Soll die Aufhebung der Ausschreibung lediglich dazu dienen, der Vergabestelle entweder sofort ohne weitere Ausschreibung vergaberechtswidriger Weise die **Möglichkeit zur freihändigen Vergabe an einen Bieter zu ermöglichen oder zumindest durch eine Neuausschreibung diesem die Möglichkeit zu eröffnen, ein erneutes Angebot vorzulegen**, wird die Möglichkeit der Aufhebung damit missbräuchlich verwandt, da die Vergabeabsicht der Vergabestelle unbestritten ist und offensichtlich darauf zielt, den Auftrag ausschließlich an einen bestimmten Bieter zu vergeben (OLG Düsseldorf, B. v. 19. 11. 2003 – Az.: VII – Verg 59/03; OLG München, B. v. 12. 7. 2005 – Az.: Verg 008/05 – ein sehr anschaulicher Fall; Schleswig-Holsteinisches OLG, B. v. 9. 3. 2010 – Az.: 1 Verg 4/09; 1. VK Bund, B. v. 29. 9. 2004 – Az.: VK 1–162/04; B. v. 23. 9. 2004 – Az.: VK 1–132/04; B. v. 23. 9. 2004 – Az.: VK 1–129/04; B. v. 23. 9. 2004 – Az.: VK 1–126/04; B. v. 4. 12. 2001 – Az.: VK 1–43/01; 2. VK Bund, B. v. 22. 12. 2004 – Az.: VK 2–157/04; B. v. 12. 11. 2004 – Az.: VK 2–163/04; 3. VK Bund, B. v. 30. 9. 2004 – Az.: VK 3–116/04; VK Arnsberg, B. v. 23. 1. 2003 – Az.: VK 2–27/2002; VK Schleswig-Holstein, B. v. 2. 10. 2005 – VK-SH 02/05).

2873 Wird eine **Scheinaufhebung** bejaht, ist das **Vergabeverfahren nicht beendet** und damit ein Vergabenachprüfungsverfahren nach den §§ 97 ff. grundsätzlich zulässig. Insofern greift der auch im Vergaberecht geltende, allgemeine Rechtsgedanke des Verbots rechtsmissbräuchlichen Verhaltens bzw. des rechtsstaatswidrigen Formenmissbrauchs ein (VK Brandenburg, B. v. 17. 5. 2002 – Az.: VK 23/02).

Bei einer Scheinaufhebung hat der Auftraggeber immer noch den Willen, einen öffentlichen 2874
Auftrag zu vergeben. Deshalb **hat das ursprüngliche Ausschreibungsverfahren seinen
Fortgang zu nehmen**, und zwar **ab dem Punkt, zu welchem die rechtswidrige Aufhebung erfolgt ist**. Hat zu diesem Zeitpunkt ein Antragsteller sofortige Beschwerde eingelegt und
der Senat z.B. die aufschiebende Wirkung des Rechtsmittels nach § 118 Abs. 1 Satz 3 GWB
verlängert und wird in diesem Stadium durch die Vergabestelle in einem fortdauernden Vergabeverfahren dennoch der Zuschlag erteilt, ist dieser wegen Verstoßes gegen ein gesetzliches Verbot
nichtig, § 115 Abs. 1, § 118 Abs. 1 Satz 3 GWB, § 134 BGB. Dieselbe **Rechtsfolge, nämlich
die Nichtigkeit des Zuschlages**, tritt auch dann ein, wenn nach der Aufhebung einer Aufhebung ein Ausschreibungsverfahren an der Stelle fortzusetzen ist, an welcher die rechtswidrige
Aufhebung stattgefunden hat. Dem kann nicht entgegengehalten werden, der Zuschlag sei nicht
in dem ursprünglichen, sondern in einem anderen neuen Verfahren erteilt worden. Würde man
dies so sehen, wäre eine **Umgehung des Zuschlagsverbotes jederzeit leicht dadurch möglich, dass nach der Aufhebung einer Ausschreibung unverzüglich der betreffende oder
lediglich abgewandelte Auftrag freihändig vergeben werden könnte**; der Bieterschutz
durch ein geregeltes Vergabe- und Nachprüfungsverfahren wäre ad absurdum geführt. Handelt
der Auftraggeber in dieser Weise, stellt dies deshalb eine unzulässige Umgehung des Zuschlagverbots dar (OLG München, B. v. 12. 7. 2005 – Az.: Verg 008/05).

13.4.2.5 Primärrechtsschutz gegen die Erledigung eines Vergabeverfahrens

Das **Vergabenachprüfungsverfahren in seiner Ausgestaltung als primärer Rechtsschutz dient ausschließlich der Überprüfung des Verhaltens der Vergabestelle in noch
laufenden Vergabeverfahren**. Sobald der Zuschlag erteilt oder das **Vergabeverfahren durch
Aufhebung, Einstellung oder in sonstiger Weise erledigt** ist (§ 114 Abs. 2 Satz 2 GWB), **findet ein Primärrechtsschutz nicht mehr statt**, weil das Ziel des Verfahrens, auf das Vergabeverfahren einzuwirken und dieses zu einem rechtmäßigen Abschluss zu bringen, nicht mehr
erreicht werden kann (OLG Celle, B. v. 4. 3. 2010 – Az.: 13 Verg 1/10). 2875

Vgl. zum Feststellungsverfahren im Einzelnen die Kommentierung zu → § 114 GWB 2876
Rdn. 200 ff.

13.4.2.6 Primärrechtsschutz bereits in einem Planungswettbewerb (§ 15 VOF)

Auch wenn Wettbewerbe nicht unmittelbar zur Vergabe eines Auftrags führen, unterliegen sie der vergaberechtlichen Nachprüfung; das gilt auch hinsichtlich der GRW 95
(Grundsätze und Richtlinien für Wettbewerbe auf den Gebieten der Raumplanung, des Städtebaus und des Bauwesens) und für die RPW 2008 (Richtlinien für Planungswettbewerbe), soweit
sie im Rahmen der §§ 15 ff. VOF dem Wettbewerb zugrunde gelegt wurden (VK Niedersachsen, B. v. 18. 6. 2010 – Az.: VgK-22/2010). 2877

Erklärt der Auslober des Wettbewerbes in der Bekanntmachung des Wettbewerbes, dass er im 2878
Anschluss an den Wettbewerb den Auftrag gemäß den einschlägigen Bestimmungen über den
Wettbewerb an den Gewinner oder an einen Preisträger des Wettbewerbs vergeben will (§ 3
Abs. 4 lit. b) VOF), **kann ein Wettbewerbsteilnehmer Primärrechtsschutz wegen eventueller Verstöße gegen die dem Planungswettbewerb zugrunde liegenden Regeln in
Anspruch nehmen** (so in der Tendenz Brandenburgisches OLG, B. v. 11. 5. 2000 – Az.: Verg
1/00; 1. VK Brandenburg, B. v. 28. 1. 2000 – Az.: 1 VK 61/99).

Im Rahmen der Durchführung eines Planungswettbewerbes auf der Basis der GRW 95 kann 2879
ein Teilnehmer des Wettbewerbes nach Ziffer 6.2 Abs. 3 GRW 95 Verfahrensverstöße rügen.
Will der Teilnehmer **über die Rüge nach GRW 95 eine Rüge im Sinne von § 107 Abs. 3
GWB erheben**, muss er die **hierfür notwendigen Voraussetzungen, insbesondere das
Erfordernis der Unverzüglichkeit, beachten** (1. VK Brandenburg, B. v. 28. 1. 2000 – Az.: 1
VK 61/99; Brandenburgisches OLG, B. v. 11. 5. 2000 – Az.: Verg 1/00).

13.4.2.7 Primärrechtsschutz gegen eine temporäre Auftragssperre

Die **Rechtsprechung** hierzu ist **nicht einheitlich**. 2880

Die vergaberechtliche Beurteilung eines Ausschreibungsverfahrens durch die Nachprüfungsbehörden erschöpft sich nicht darin, die Vergabeentscheidung zu beurteilen. Das **Nachprüfungsverfahren soll die Rechtmäßigkeit des Vergabeverfahrens insgesamt** und nicht nur
die der abschließenden Vergabeentscheidung **sichern**. Daher kann auch die **Verhängung einer temporären Ausschreibungssperre, die vergaberechtlich begründet wird**, von den 2881

Teil 1 GWB § 102 Gesetz gegen Wettbewerbsbeschränkungen

Nachprüfungsbehörden überprüft werden (Schleswig-Holsteinisches OLG, Urteil v. 20. 5. 1999 – Az: 11 U 196/98 – für den – alten – Vergabeüberwachungsausschuss).

2882   Das **Landgericht Düsseldorf differenziert** danach, ob es sich um eine Klage gegen eine **Vergabesperre** handelt, die **unabhängig von einem konkreten Vergabeverfahren** erhoben worden ist. Lediglich wenn die **Sperrentscheidung im Zusammenhang mit einem konkreten Vergabeverfahren angegriffen und der Zuschlag in diesem Verfahren aufgehalten oder in Frage gestellt werden soll**, greift die ausschließliche Zuweisung nach § 104 Abs. 2 GWB ein (LG Berlin, Urteil v. 22. 3. 2006 – Az.: 23 O 118/04; LG Düsseldorf, Urteil v. 16. 3. 2005 – Az.: 12 O 225/04).

2883   Nach Auffassung des **Niedersächsischen OVG** ist der **Ausschluss eines Unternehmens von der Berücksichtigung bei Aufträgen („Auftragssperre")** selbst durch eine übergeordnete Dienststelle mit Bindungswirkung für ihre nachgeordneten Dienststellen eine **Maßnahme auf dem Gebiete des bürgerlichen Rechts**, die **von dem betroffenen Unternehmer deshalb nicht durch Klage vor dem Verwaltungsgericht angefochten** werden kann (Niedersächsisches OVG, Beschluss v. 19. 1. 2006 – Az.: 7 OA 168/05).

13.4.2.8 Primärrechtsschutz gegen die Meldung eines Unternehmens an ein Korruptionsregister

2884   **Ansprüche – z.B. gegen die Meldung eines Unternehmens an ein Korruptionsregister** – können je nach zugrunde liegendem Rechtsverhältnis auch durch die Verwaltungsgerichtsbarkeit überprüft werden (VG Köln, B. v. 7. 6. 2006 – Az.: 13 L 896/05).

13.4.2.9 Primärrechtsschutz gegen eine Verletzung der Vorschriften der §§ 93 f. BSHG (jetzt §§ 75 ff. SGB II)

2885   Nach § 104 Abs. 2 GWB können vor den Vergabekammern auch Ansprüche gegen öffentliche Auftraggeber, die auf die Vornahme oder das Unterlassen einer Handlung in einem Vergabeverfahren gerichtet sind, geltend gemacht werden. Der Rechtsschutz des Antragstellers in diesem Nachprüfungsverfahren beschränkt sich somit nicht nur auf die Prüfung von Vergabebestimmungen, sondern **erfasst auch die Bestimmungen der §§ 93 ff. BSHG** (jetzt §§ 75 ff. SGB II), **weil gerade das Unterlassen der Ausschreibung aufgrund der Vorschriften aus dem Bundessozialhilfegesetz von dem Antragsgegner verlangt wird**. Es handelt sich zwar um eigene, vom Vergaberecht zu trennende materiellrechtlich selbständige Angelegenheiten aus dem Bundessozialhilfegesetz, die aber zeitlich nicht von dem Vergabeverfahren zu trennen sind (VK Münster, B. v. 28. 5. 2004 – Az.: VK 10/04).

13.4.2.10 Primärrechtsschutz für einen Verbotsanspruch hinsichtlich einer Beteiligung an einem Vergabeverfahren

2886   Der Vergaberechtsweg gemäß § 104 Abs. 2 des Gesetzes gegen Wettbewerbsbeschränkungen (GWB) betrifft allein Ansprüche auf Einhaltung der Bestimmungen über das Vergabeverfahren und sonstige Ansprüche gegen öffentliche Auftraggeber, die auf die Vornahme oder das Unterlassen einer Handlung in einem Vergabeverfahren gerichtet sind. **Damit kommt für den Vergaberechtsweg nicht ein Anspruch gegen einen kommunalen Bieter, sich wegen eines Verbots wirtschaftlicher Betätigung aus dem Gemeindewirtschaftsrecht einer Beteiligung am Vergabeverfahren zu enthalten, in Betracht.** Insoweit ist der Verwaltungsrechtsweg gegeben, weil eine öffentlich-rechtliche Streitigkeit nichtverfassungsrechtlicher Art vorliegt (§ 40 Abs. 1 Satz 1 VwGO). Der Antragsteller erstrebt nämlich mit der beantragten einstweiligen Anordnung eine Regelung in Bezug auf ein öffentlich-rechtliches Rechtsverhältnis (OVG Nordrhein-Westfalen, B. v. 12. 10. 2004 – Az: 15 B 1889/04; B. v. 12. 10. 2004 – Az: 15 B 1873/04).

13.4.2.11 Primärrechtsschutz für allgemeine Kartellfragen

2887   Der **Rechtsweg nach § 104 Abs. 2 Satz 1 GWB ist nicht eröffnet für die Beanstandungen, welche ein Antragsteller auf Bestimmungen stützt, die sich nicht auf das Vergabeverfahren beziehen.** Bestimmungen über das Vergabeverfahren sind die Vorschriften der Verdingungsordnungen, die durch Verweisung in der Vergabeverordnung und die §§ 97 Abs. 6,7 und 127 GWB Rechtssatzqualität erlangt haben, ferner die das Verfahren betreffenden Gebote des Wettbewerbs, der Transparenz und der Gleichbehandlung (§ 97 Abs. 1 und 2 GWB) sowie bestimmte ungeschriebene Vergaberegeln. **Das Kartellverbot (§ 1 GWB) und die Frage der Anmeldung beim Bundeskartellamt** aber auch alle anderen Fragen, die **im Zu-**

Gesetz gegen Wettbewerbsbeschränkungen GWB § 102 **Teil 1**

sammenhang mit der Gründung eines Unternehmens mit kommunaler Beteiligung wie § 35 GWB oder auch § 107 Abs. 5 und § 108 Abs. 5 GO NW sind keine Bestimmungen über das Vergabeverfahren und können mithin nicht Gegenstand einer Nachprüfung durch die Vergabekammer sein. Die Prüfung dieser Vorschriften ist auch nicht über § 2 Abs. 1 VOL/A eröffnet, wenn ein möglicher Verstoß gegen diese Bestimmungen vor Einleitung des Vergabeverfahrens erfolgt und abgeschlossen ist und weil die Bieter in einem Nachprüfungsverfahren nur Anspruch darauf haben, dass die Vergabestelle ein ordnungsgemäßes und diskriminierungsfreies Verfahren zur Auftragserteilung im Wettbewerb durchführt. Der Wettbewerbsverstoß, den man der Vergabestelle zurechnen könnte, ist die unzulässige Beteiligung eines kommunalrechtlichen Unternehmens an dem Verfahren, nicht die Umstände, die im Zusammenhang mit der Gründung des Unternehmens stehen, mit denen die Vergabestelle nichts zu tun hat (VK Münster, B. v. 10. 2. 2005 – Az.: VK 35/04).

Diese **Auffassung** ist – soweit sie sich auf kommunalrechtliche Vorschriften bezieht – **nicht** 2888 **unumstritten**; vgl. insoweit die Kommentierung zu → § 97 GWB Rdn. 87 ff.

Der Rechtsweg zu den Vergabenachprüfungsinstanzen ist nicht eröffnet, soweit ein An- 2889 tragsteller in der Gründung eines Bieters einen Verstoß gegen § 1 GWB, Art. 81 EG (jetzt Art. 101 AEUV) sieht. Der Rechtsweg nach § 104 Abs. 2 Satz 1 GWB ist nicht gegeben, weil **die auf § 1 und Art. 81 EG (jetzt Art. 101 AEUV) gestützten Ansprüche eines Antragstellers nicht gegen eine Handlung** („Gründung des Bieters durch die Antragsgegnerin zu 2 und mittelbare Beteiligung der Antragsgegnerin zu 1 an dem Bieter") **eines öffentlichen Auftraggebers i n einem Vergabeverfahren gerichtet sind**. Die Gründung des Bieters erfolgte in zeitlicher Hinsicht vor der Durchführung des streitgegenständlichen Verhandlungsverfahrens (OLG Düsseldorf, B. v. 4. 5. 2009 – Az.: VII-Verg 68/08).

Der Rechtsweg ist auch nicht eröffnet, soweit ein **Antragsteller beanstandet, dass ein** 2890 **Wettbewerbsverbot gegen das Kartellverbot verstößt**. Das **nationale und das europarechtliche Kartellverbot (Art. 81 EG – jetzt Art. 101 AEUV) stellen keine Bestimmungen über das Vergabeverfahren dar**. Hierbei handelt es sich vielmehr um selbständige Verbotsnormen materiell-rechtlichen Inhalts, nicht aber um Vorschriften, die in irgendeiner Weise das Vergabeverfahren, seine nähere Ausgestaltung oder die Rechtsstellung der am Verfahren Beteiligten regeln. Insoweit fehlt es einem Antragsteller auch an der Antragsbefugnis im Sinne des § 107 Abs. 2 GWB (OLG Düsseldorf, B. v. 4. 5. 2009 – Az.: VII-Verg 68/08).

Die **Vorschriften der Fusionskontrolle** sind ebenfalls **keine Bestimmungen, die in ir-** 2891 **gendeiner Weise das Vergabeverfahren** oder die Rechtsstellung der am Verfahren Beteiligten regeln (OLG Düsseldorf, B. v. 4. 5. 2009 – Az.: VII-Verg 68/08).

Vgl. zum **Rechtsschutz gegen Fragestellungen aus §§ 19, 20 GWB** die Kommentierung 2892 zu → § 97 GWB Rdn. 132.

13.4.2.12 Prüfung kartellrechtlicher Fragestellungen in einem Vergabenachprüfungsverfahren

13.4.2.12.1 Grundsatz. Das **Vergabenachprüfungsverfahren** ist **zur Klärung schwieri-** 2893 **ger kartellrechtlicher Vorfragen**, welche eine Feststellung der Marktverhältnisse und der Stellung des öffentlichen Auftraggebers auf dem jeweiligen relevanten Markt erfordern (beispielsweise der kartellrechtswidrige Missbrauch einer marktbeherrschenden Stellung auf dem Markt für SPNV-Leistungen im Rahmen der Prüfung nach Zulässigkeit einer Tariftreueerklärung, eine unbillige Behinderung eines Bieters oder eine unterschiedliche Behandlung von Bietern ohne sachlichen Grund, ein Einkaufskartell im Sozialrecht, die Marktstellung gesetzlicher Krankenkassen bei der Nachfrage nach Arzneimitteln) **ungeeignet** (OLG Düsseldorf, B. v. 6. 12. 2004 – Az.: VII – Verg 79/04; LSG Baden-Württemberg, B. v. 23. 1. 2009 – Az.: L 11 WB 5971/08; LSG Nordrhein-Westfalen, B. v. 8. 10. 2009 – Az.: L 21 KR 44/09 SFB; B. v. 8. 10. 2009 – Az.: L 21 KR 36/09 SFB; B. v. 8. 4. 2009 – Az.: L 21 KR 27/09 SFB; B. v. 26. 3. 2009 – Az.: L 21 KR 26/09 SFB; B. v. 30. 1. 2009 – Az.: L 21 KR 1/08 SFB; 2. VK Bund, B. v. 15. 11. 2007 – Az.: VK 2–123/07, B. v. 15. 11. 2007 – Az.: VK 2–120/07, B. v. 15. 11. 2007 – Az.: VK 2–117/07, B. v. 15. 11. 2007 – Az.: VK 2–114/07, B. v. 15. 11. 2007 – Az.: VK 2–108/07, B. v. 15. 11. 2007 – Az.: VK 2–105/07; B. v. 15. 11. 2007 – Az.: VK 2–102/07; 3. VK Bund, B. v. 23. 1. 2009 – Az.: VK 3–194/08; VK Düsseldorf, B. v. 31. 10. 2007 – Az.: VK – 31/2007 – L; VK Nordbayern, B. v. 30. 10. 2009 – Az.: 21.VK – 3194 – 32/09).

13.4.2.12.2 Rabattausschreibungen. Komplexe kartellrechtliche Markterhebungen 2894 z. B. darüber, welche Marktstellung gesetzlichen Krankenkassen bei der Nachfrage

Teil 1 GWB § 102 Gesetz gegen Wettbewerbsbeschränkungen

nach Arzneimitteln zukommt, sind in dem Zeitrahmen des § 113 Abs. 1 S. 1 GWB **definitiv nicht zu leisten**, sondern würden ihn einschließlich der dahinter stehenden gesetzgeberischen Intention, nämlich das mit dem automatischen Zuschlagsverbot des § 115 Abs. 1 GWB ausgestattete Nachprüfungsverfahren als Investitionshemmnis in erster Instanz schnellstmöglich zu beenden, bei weitem sprengen. Konsequent hat der Gesetzgeber in § 104 Abs. 2 S. 1 GWB zwar einerseits eine Rechtswegekonzentration dergestalt vorgenommen, dass Ansprüche in Vergabeverfahren zwar auch dann vor der Vergabekammer geltend zu machen sind, wenn sie sich aus anderen Anspruchsnormen als aus dem Vergaberecht ergeben. In Satz 2 der Vorschrift hat er aber eine Ausnahme dahin normiert, dass „die Befugnisse der Kartellbehörden (...) unberührt" bleiben, ebenso wie die Befugnisse der ordentlichen Gerichte für die Geltendmachung von Schadensersatz. **Aufgrund des eindeutigen Zielkonflikts, der sich ansonsten mit dem Beschleunigungsgrundsatz ergäbe, kann diese Ausnahme nur dahin verstanden werden, dass Unterlassungs- und Schadensersatzansprüche, die an eine angeblich unzulässige Kartellbildung bzw. an Diskriminierungstatbestände aufgrund marktstarker Stellung angeknüpft werden, auch dann ausschließlich vor den Kartellbehörden bzw. Zivilgerichten geltend zu machen sind, wenn sie sich in einem Vergabeverfahren ereignen.** Die Vergabekammer ist hierfür jedoch nicht zuständig (LSG Nordrhein-Westfalen, B. v. 8. 10. 2009 – Az.: L 21 KR 44/09 SFB; B. v. 8. 10. 2009 – Az.: L 21 KR 36/09 SFB; 3. VK Bund, B. v. 30. 1. 2009 – Az.: VK 3–221/08; B. v. 29. 1. 2009 – Az.: VK 3–200/08; B. v. 29. 1. 2009 – Az.: VK 3–197/08; B. v. 23. 1. 2009 – Az.: VK 3–194/08).

2895 Diese Grundsätze gelten in gleicher Weise, wenn der Verstoß gegen kartellrechtliche Bestimmungen nicht direkt, sondern **über den allgemeinen Wettbewerbsgrundsatz des § 97 Abs. 1 GWB als „Transmissionsriemen" eingeführt** wird (3. VK Bund, B. v. 30. 1. 2009 – Az.: VK 3–221/08; B. v. 29. 1. 2009 – Az.: VK 3–200/08; B. v. 29. 1. 2009 – Az.: VK 3–197/08; B. v. 23. 1. 2009 – Az.: VK 3–194/08).

2896 Für die **Prüfung der § 69 Abs. 2 S. 1, 1. Halbsatz SGB V i. V. m. §§ 19 bis 21 GWB sind nicht die Vergabekammern, sondern die Sozialgerichte zuständig.** Diese bisher geltende Rechtslage sollte durch die jüngste Änderung des SGB V durch das Gesetz zur Weiterentwicklung der Organisationsstrukturen in der gesetzlichen Krankenversicherung (GKV-OrgWG) nicht geändert werden (3. VK Bund, B. v. 30. 1. 2009 – Az.: VK 3–221/08; B. v. 29. 1. 2009 – Az.: VK 3–200/08; B. v. 29. 1. 2009 – Az.: VK 3–197/08; B. v. 23. 1. 2009 – Az.: VK 3–194/08).

2897 Soweit **Fragen des allgemeinen Wettbewerbsgrundsatzes, der Mittelstandsförderung und des Diskriminierungsverbots kleiner und mittlerer Unternehmen** betroffen sind, **relativiert** die 3. VK Bund in zeitlicher Hinsicht den **absoluten Ausschluss jeglicher Prüfungskompetenz**. Die **Ausschreibung exklusiver Rabattverträge** durch gesetzliche Krankenkassen stellt **derzeit noch ein Novum** dar. Auch wenn § 69 Abs. 2 SGB V i. V. m. §§ 19, 20 GWB im Vergabenachprüfungsverfahren keinen Prüfungsmaßstab im engeren Sinne darstellt, fließt die hier vom Gesetzgeber getroffene Wertung dennoch in die vergaberechtliche Gesamtschau ein. Der **Gesetzgeber anerkennt an dieser Stelle durchaus, dass den gesetzlichen Krankenkassen** – vorbehaltlich einer konkreten Feststellung im Einzelfall – ein **beträchtliches Nachfragepotential zukommen kann** (vgl. Begründung der Bundesregierung zum Entwurf eines GKV-WSG, BT-Drs. 16/3950, S. 15; Bericht des Ausschusses für Gesundheit (14. Ausschuss) zum Entwurf eines GKV-WSG, BT-Drs. 16/4247, S. 35). Hieraus **ergibt sich ein Auftrag für die Zukunft dahin, Erfahrungen bezüglich der Auswirkungen ihres jetzigen Nachfragegebarens auf die Entwicklung des Marktes der pharmazeutischen Anbieter mit zu berücksichtigen und gegebenenfalls in die Ausgestaltung zukünftiger Verfahren einfließen zu lassen.** Auch wenn den gesetzlichen Krankenkassen derzeit die Konformität ihrer Vorgaben mit dem Vergaberecht zu bescheinigen ist, so impliziert dies **keinen Automatismus für die Zukunft** (3. VK Bund, B. v. 20. 3. 2009 – Az. VK 3–34/09; B. v. 20. 3. 2009 – Az.: VK 3–22/09; B. v. 30. 1. 2009 – Az.: VK 3–221/08; B. v. 29. 1. 2009 – Az.: VK 3–200/08; B. v. 29. 1. 2009 – Az.: VK 3–197/08; B. v. 23. 1. 2009 – Az.: VK 3–194/08).

2898 Auch wenn sich ein Antragsteller auf das Verbot der Aufbürdung ungewöhnlicher Wagnisse bzw. auf eine gebotswidrig unzureichende Leistungsbeschreibung bezieht, **um sozialversicherungs-, arzneimittel- und apothekenrechtliche Fragestellungen in das Nachprüfungsverfahren einzubringen, folgt daraus nicht ohne weiteres, dass der Nachprüfungsantrag insoweit unzulässig ist.** Der erforderliche vergaberechtliche Nexus sind die Bestimmungen des § 8 Nr. 1 Absatz 1–3 VOL/A, **auf Grund von deren prinzipiell zulässiger Inanspruchnahme die Kammer auch die behaupteten Verstöße gegen sozialversicherungs-, arzneimittel- und apothekenrechtliche Normen einschließlich ihrer Relevanz für die genannten vergaberechtlichen Tatbestände als Vorfragen prüfen kann und muss. Dies gilt auch dann, wenn die Argumentation des Antragstellers letztlich wohl darauf zielt, die Ausschreibung in toto und, da es sich um ein Pilotprojekt der AOKen handelt, wohl auch über die 13 streitgegenständlichen Gebietslose hinaus, Ausschreibungen auf der Grundlage des § 129 Absatz 5 Satz 3 SGB V zu verhindern (2. VK Bund, B. v. 29. 4. 2010 – Az.: VK 2–20/10).

Im Hinblick auf eine Verletzung kartellrechtlicher Vorschriften (Verstoß gegen Art. 81, 82 EG – jetzt Art. 101, 102 AEUV; § 69 Abs. 2 Satz 1 SGB V i. V. m. §§ 19, 20 GWB) ist also **weder der Rechtsweg in das Nachprüfungsverfahren eröffnet noch kann eine Antragsbefugnis i. S. d. § 107 Abs. 2 Satz 1 GWB geltend gemacht** werden (LSG Nordrhein-Westfalen, B. v. 8. 10. 2009 – Az.: L 21 KR 44/09 SFB; B. v. 8. 10. 2009 – Az.: L 21 KR 39/09 SFB; B. v. 8. 10. 2009 – Az.: L 21 KR 36/09 SFB; B. v. 23. 4. 2009 – Az.: L 21 KR 36/09 SFB; B. v. 8. 4. 2009 – Az.: L 21 KR 27/09 SFB; B. v. 2. 4. 2009 – Az.: L 21 KR 35/09 SFB; B. v. 26. 3. 2009 – Az.: L 21 KR 26/09 SFB; B. v. 30. 1. 2009 – Az.: L 21 KR 1/08 SFB; 3. VK Bund, B. v. 20. 3. 2009 – Az.: VK 3–22/09; B. v. 23. 1. 2009 – Az.: VK 3–194/08).

2899

Die **Krankenkassen müssen sich zwischen mehreren denkbaren zulässigen Varianten entscheiden, die grundsätzlich die Möglichkeit der Teilhabe für alle Unternehmen, auch kleine und mittlere, eröffnen; nicht leistbar und nicht erforderlich ist aber, dass auch tatsächlich jedes individuelle Unternehmen in die Lage versetzt wird, Angebote abzugeben.** Es muss an dieser Stelle beachtet werden, dass die Krankenkassen nicht in eine im Ergebnis unlösbare Situation gebracht werden dürfen: Die Krankenkassen sind als öffentlicher Auftraggeber gesetzlich verpflichtet, die Rabattverträge, die ihrerseits öffentliche Aufträge in Gestalt von Rahmenvereinbarungen darstellen, nach Vergaberecht zu vergeben; paradox wäre es, den Krankenkassen nun auch eine in sich vergaberechtskonforme Art der Ausgestaltung des Verfahrens und der Rahmenvereinbarung aus der Hand zu schlagen mit dem Hinweis auf deren nachfragestarke Position. Dies bleibt Extremfällen vorbehalten. Zu berücksichtigen ist in diesem Gesamtzusammenhang auch, dass **die dem vergaberechtlichen Wettbewerb innewohnende Ausschlusswirkung zu Lasten der Unternehmen, die den Zuschlag nicht erhalten, insoweit abgemildert** ist, als vorliegend aufgrund der Besonderheiten bei der Arzneimittelverordnung durch die Ärzte (z. B. Ausschluss der aut-idem-Ersetzungsbefugnis) auch die Nicht-Rabattvertragspartner ihre Produkte an Versicherte werden abgeben können, wenn auch voraussichtlich in deutlich geringerem Umfang (3. VK Bund, B. v. 20. 3. 2009 – Az.: VK 3–34/09; B. v. 20. 3. 2009 – Az.: VK 3–22/09; B. v. 30. 1. 2009 – Az.: VK 3–221/08; B. v. 29. 1. 2009 – Az.: VK 3–200/08; B. v. 29. 1. 2009 – Az.: VK 3–197/08; B. v. 23. 1. 2009 – Az.: VK 3–194/08).

2900

13.4.2.13 Primärrechtsschutz bei Rabattausschreibungen nach § 130a Abs. 8 SGB V

13.4.2.13.1 Gesetzliche Regelung seit dem 1. 1. 2008. Mit dem **Gesetz zur Weiterentwicklung der Organisationsstrukturen in der gesetzlichen Krankenversicherung – GKV-OrgWG –** (BGBl. 2008 Teil I Nr. 58 vom 17. 12. 2008, 2426) ist der Rechtsweg bei Streitigkeiten über Rabattausschreibungen von öffentlichrechtlichen Krankenkassen über § 69 Abs. 2 SGB V dergestalt geregelt, dass für Rechtsstreitigkeiten bei Rabattausschreibungen **erstinstanzlich grundsätzlich die Vergabekammern zuständig** sind und gemäß den Änderungen in den §§ 29, 142a SGG sowie in § 116 GWB eine **erst- und letztinstanzliche Zuständigkeit der Landessozialgerichte für die Überprüfung der Entscheidungen der Vergabekammern** bei Rechtsstreitigkeiten über Rabattausschreibungen festgelegt ist.

2901

Hinsichtlich der Zuständigkeit der Vergabekammern ist in § 69 SGB V folgender Absatz 2 angefügt: „*(2) Die §§ 19 bis 21 des Gesetzes gegen Wettbewerbsbeschränkungen gelten für die in Absatz 1 genannten Rechtsbeziehungen entsprechend; die §§ 97 bis 115 und 128 des Gesetzes gegen Wettbewerbsbeschränkungen sind anzuwenden, soweit die dort genannten Voraussetzungen erfüllt sind. Satz 1 gilt nicht für Verträge von Krankenkassen oder deren Verbänden mit Leistungserbringern, zu deren Abschluss die Krankenkassen oder deren Verbände gesetzlich verpflichtet sind und bei deren Nichtzustandekommen eine Schiedsamtsregelung gilt. Die in Satz 1 genannten Vorschriften gelten mit der Maßgabe, dass der Versorgungsauftrag der gesetzlichen Krankenkassen besonders zu berücksichtigen ist.*" Für **Rechtsstreitigkeiten bei Rabattausschreibungen sind erstinstanzlich grundsätzlich also die Vergabekammern zuständig.**

2902

Beim **Abschluss von Einzelverträgen in der GKV ist in jedem Einzelfall zu prüfen, ob die tatbestandlichen Voraussetzungen der §§ 97 ff. GWB vorliegen,** insbesondere ob es sich bei den jeweiligen Vergaben um öffentliche Aufträge i. S. d. § 99 GWB han-

2903

delt. **Diese Frage wird je nach Vertragstyp unterschiedlich zu beantworten sein.** Im Wesentlichen hängt die Beantwortung davon ab, ob und inwieweit die Krankenkassen auf die Auswahlentscheidung, welcher Vertragsgegenstand im einzelnen Versorgungsfall abgegeben wird, Einfluss nehmen. Abhängig von der individuellen Vertragsgestaltung könnten Arzneimittelrabattverträge über Generika wegen der Verpflichtung der Apotheken in § 129 Abs. 1 Satz 3, die Ersetzung durch ein wirkstoffgleiches Arzneimittel vorzunehmen, für das ein Rabattvertrag abgeschlossen worden ist, und des damit verbundenen mittelbaren Einflusses der Krankenkassen auf die Auswahlentscheidung des Vertragsgegenstandes als öffentliche Aufträge zu qualifizieren sein. Vergleichbare Überlegungen gelten auch für Verträge über die Versorgung mit Hilfsmitteln nach § 127 Abs. 1, da hier die Versorgung grundsätzlich durch die jeweiligen Ausschreibungsgewinner erfolgen muss. Dagegen sind **Verträge über eine hausarztzentrierte Versorgung nach § 73 b, Verträge über besondere ambulante ärztliche Versorgung nach § 73 c und Verträge über eine integrierte Versorgung § 140 a ff. in der Regel keine öffentlichen Aufträge, da die Entscheidung über den Abruf der jeweiligen Leistung nicht von den Krankenkassen, sondern von den Versicherten getroffen** wird, die die angebotenen Versorgungsformen in Anspruch nehmen können. Die Entscheidung im Einzelfall hängt jedoch von der konkreten Vertragsgestaltung ab und obliegt dem mit der Nachprüfung betrauten Vergabekammern und Landessozialgerichten.

2904   Eine **Pflicht zur Ausschreibung unter Beachtung der Vorschriften des Vergaberechts kommt auch dann nicht in Betracht, wenn der Zugang zur Versorgung zwar durch den Abschluss von Verträgen erfolgt, die Leistungserbringer aber gegenüber der Krankenkasse faktisch einen Anspruch auf Abschluss eines Vertrages** haben. Dies ist z. B. bei der **Versorgung mit Haushaltshilfe (§ 132 Abs. 1 Satz 2) und mit häuslicher Krankenpflege (§ 132 a Abs. 2)** der Fall. Soweit die Leistungserbringer wirtschaftlich arbeiten und die geforderten Qualitätsanforderungen erfüllen, haben sie einen Anspruch auf Abschluss eines Vertrages (BSGE 90, 150, 153). Der **Vertragsschluss ähnelt damit einer Zulassung.** Für ein Vergabeverfahren, das darauf abzielt, unter mehreren Bietern eine Auswahlentscheidung zu treffen, ist vor diesem Hintergrund kein Raum. Dies gilt auch für Verträge über die Versorgung mit Hilfsmitteln nach § 127 Abs. 2, die aufgrund des ausdrücklichen Beitrittsrechts nicht zu einer exklusiven Versorgungsberechtigung bestimmter Leistungserbringer führen. Die vorgeschriebene Bekanntmachung der Vertragsabsicht ist nicht als eine Ausschreibung im vergaberechtlichen Sinne zu verstehen.

2905   Die unmittelbare Geltung der §§ 102 bis 115 und 128 GWB führt zur Anwendung des Nachprüfungsverfahrens vor den Vergabekammern. Die **Verfahrensbeteiligten haben ein Interesse am schnellen Abschluss eines Vergabeverfahrens.** Dies wird durch das Vergabenachprüfungsverfahren vor den Vergabekammern insbesondere wegen des darin eingebetteten Eilverfahrens zur Ermöglichung der Zuschlagserteilung (vgl. § 115 Abs. 2 GWB) gewährleistet.

2906   **Gegen die Entscheidungen der Vergabekammern** ist gemäß den Änderungen in den §§ 29 und 142 a SGG sowie in § 116 GWB der **Rechtsweg zu den Landessozialgerichten eröffnet.** Vgl. dazu im Einzelnen die **Kommentierung zu § 116 GWB.**

2907   Bei einer Überprüfung der Abschlüsse von Verträgen der gesetzlichen Krankenkassen mit Leistungserbringern ist die **besondere Aufgabenstellung der gesetzlichen Krankenversicherung zu beachten.** So unterscheiden sich Einzelverträge wie die Arzneimittelrabattverträge sowie die Verträge zur Beschaffung von Hilfsmitteln ganz wesentlich von den fiskalischen Hilfsgeschäften, die die öffentliche Hand zur Erfüllung ihrer Aufgaben durchführt (z.B. Kauf von Büromaterialien, Errichtung von Gebäuden etc.). Die genannten Versorgungsverträge sind selbst unmittelbarer Bestandteil der den Krankenkassen zugewiesenen Aufgaben. Nur durch Abschluss derartiger Verträge sind die Krankenkassen in der Lage, ihrer Verpflichtung zur Versorgung der Versicherten im Rahmen des Sachleistungsprinzips nachzukommen. **Sowohl die Vergabekammern als auch die Landessozialgerichte haben im Vergabenachprüfungsverfahren darauf zu achten, dass diese Verpflichtung zur Sicherung medizinisch notwendiger, aber auch wirtschaftlicher Versorgung aller Versicherten nicht gefährdet wird.** Im Hinblick auf den Abschluss von Rabattverträgen mit Arzneimittelherstellern ist z.B. zu berücksichtigen, dass der Gesetzgeber den Krankenkassen ausdrücklich die Möglichkeit eingeräumt hat, die Arzneimittelversorgung durch Abschluss derartiger Verträge wirtschaftlicher und effizienter zu gestalten. Darüber hinaus sind **bei der Anwendung der vergaberechtlichen Vorschriften auch sonstige Versorgungsaspekte zu berücksichtigen,** im Zusammenhang mit dem Erfordernis flächendeckender Versorgungsstrukturen etwa auch die Praktikabilität einer Vielzahl von Einzelverträgen.

Gesetz gegen Wettbewerbsbeschränkungen GWB § 102 **Teil 1**

Für die Rechtsprechung ab dem Inkrafttreten des GKV-OrgWG vgl. die **Kommentierung** 2908
der vergaberechtlichen Regelungen des SGG.

**13.4.2.14 Primärrechtsschutz für einen Bieter, auf dessen Angebot der Zuschlag
erteilt wurde, und zwar auch dann, wenn der Vertragsschluss selbst oder
sein Inhalt streitig ist**

Ein **Bieter kann** als Adressat einer Zuschlagserklärung unter keinen Umständen in 2909
einer subjektiven vergaberechtlichen Rechtsposition beeinträchtigt sein. Das gilt **ohne
Rücksicht darauf, ob mit dem erklärten Zuschlag auch der angestrebte Leistungsvertrag zu Stande kommt** und damit die Beendigung des Vergabeverfahrens eintritt. Ohne Bedeutung für die hier in Rede stehende Antragsbefugnis des Bieters ist auch, ob ein zur Erledigung eines etwaigen, von einem Konkurrenten eingeleiteten Nachprüfungsverfahren führender Zuschlag i. S. v. § 114 Abs. 2 GWB vorliegt. Soweit der Rechtsbegriff des Zuschlags gem. § 114 Abs. 2 GWB im Fall einer geänderten Zuschlagserteilung im Interesse eines wirksamen vergaberechtlichen Rechtsschutzes auf den späteren Vertragsschluss nach Maßgabe der §§ 150 Abs. 2, 145 ff. BGB bezogen wird, betrifft das nur das Nachprüfungsverfahren eines Mitbieters des Zuschlagsempfängers. Dieser selbst kann aber nicht seine Antragsberechtigung für die Vergabenachprüfung daraus herleiten, dass der Vertrag noch nicht zu Stande gekommen ist, weil es sich bei der auf sein ursprüngliches Angebot bezogenen Zuschlagserteilung um ein verändertes Angebot i. S. des § 150 Abs. 2 BGB handelt (OLG Karlsruhe, B. v. 10. 12. 2007 – Az.: 17 Verg 12/07).

**13.4.2.15 Rechtsschutz gegen abschließende Zwischenentscheidungen in einem
Vergabeverfahren**

Vgl. dazu die Kommentierung zu → § 116 GWB Rdn. 39. 2910

**13.4.2.16 Primärrechtsschutz gegen eine Entscheidung über die Verteilung eines
Preisgeldes bei einem Wettbewerb**

Das Preisgeld ist bei einer mit der reglementierten Vergabe verbundenen Auslo- 2911
bung kein Umstand, der der Vergabe eines öffentlichen Auftrages gemäß § 102 GWB
zuzurechnen wäre. Das **Preisgeld ist eine freiwillige, widerrufliche (§ 658 BGB) Leistung des Auftraggebers an bestimmte Wettbewerbsteilnehmer**. Sie folgt der, zumeist durch ein Preisgericht, gebildeten Rangfolge der Wettbewerbsteilnehmer. Nach den auch im vorliegenden Fall geltenden Rahmenbedingungen bestimmt sich die Chance eines Wettbewerbsteilnehmers, mit dem Auslober einen weitergehenden Vertrag zu schließen, jedoch allein durch seinen Rang in der Bewertung, nicht durch Zuerkennung und/oder Höhe des Preisgeldes. Aufgrund der Kombination einer Auslobung mit einem reglementierten Wettbewerb kann sich durchaus der Fall ergeben, dass der Vertrag nach Durchführung der Verhandlungsphase nicht mit dem Wettbewerbsteilnehmer abgeschlossen wird, der das höchste Preisgeld erhalten hat. **Das Preisgeld ist nicht der „Auftrag", der im Sinne des Primärrechtsschutzes vergeben wird**. Auch wenn es im Einzelfall auf ein später anfallendes Honorar verrechnet wird, ist es Bestandteil des Entgeltes, nicht der „Auftrag" selbst. Die **Unzuständigkeit der Vergabekammer wird insbesondere durch die Überlegung verdeutlicht, dass bei Annahme der Zugehörigkeit der Preisgeldverteilung zum Vergabeverfahren auch dann über die Verteilung zu entscheiden wäre, wenn ein Antragsteller im Übrigen keine Rechtsverletzungen geltend macht, die seine Chancen auf den Vertragsschluss mindern würden, wenn es ihm auf einen Vertragsschluss gar nicht ankäme**. Die Preisgeldverteilung kann jedoch nur einheitlich entweder Bestandteil des Vergabeverfahrens im Sinne § 102 GWB sein oder nicht. **Streitigkeiten über die Auskehrung und Höhe eines Preisgeldes sind deshalb vor den Zivilgerichten auszutragen** (VK Düsseldorf, B. v. 12. 11. 2009 – Az.: VK – 21/2009 – L).

13.4.2.17 Ausschluss des Primärrechtsschutzes durch § 15 Abs. 2 AEG?

§ 15 Abs. 2 AEG schließt die Zulässigkeit eines Vergabenachprüfungsverfahrens nicht 2912
aus. Der Wortlaut der Vorschrift besagt zur Zulässigkeit eines Nachprüfungsantrages nach §§ 102 ff. GWB nichts. Er befasst sich lediglich mit der Frage, ob ein Vertragsabschluss auszuschreiben ist oder nicht. Davon hängt aber die Frage der Zulässigkeit eines Nachprüfungsantrages nicht ab. Auch in Vergabeverfahren, in denen eine Direktvergabe grundsätzlich zulässig ist (vgl. Art. 31 Richtlinie 2004/18/EG), ist ein Nachprüfungsantrag statthaft. Die verfahrensrecht-

Teil 1 GWB § 102   Gesetz gegen Wettbewerbsbeschränkungen

liche Frage (ist ein Vergabenachprüfungsantrag statthaft) und die materiell-rechtliche Frage (in welcher Form muss die Vergabe erfolgen) dürfen nicht miteinander vermischt werden. **Wenn überhaupt, handelt es sich bei § 15 Abs. 2 AEG um eine Sondervorschrift zu § 101 GWB, nicht aber zu §§ 102 ff. GWB** (OLG Düsseldorf, B. v. 21. 7. 2010 – Az.: VII-Verg 19/10).

13.4.2.18 Ausschluss des Primärrechtsschutzes durch die Personenverkehrs-VO?

2913   Nach **Art. 5 Abs. 1 S. 1 Personenverkehrs-VO** gilt EU-rechtlich für Vergabeentscheidungen im Bereich der Personenverkehrsdienste allein die Personenverkehrsdienste-VO, jedoch – abgesehen von der Ausnahme des Art. 5 Abs. 1 S. 1, 2 für den Bus- und Straßenbahnverkehr – nicht mehr die Richtlinie 2004/18/EG. Diese **Regelung muss durch die Mitgliedsstaaten ausgefüllt werden, was in der Bundesrepublik Deutschland bisher nicht geschehen** ist. Es ist daher mangels einer ausdrücklichen nationalen Regelung unklar, ob die Nachprüfung nach Art. 5 Abs. 7 VO gegenwärtig durch die nach §§ 102 ff. GWB gebildeten Vergabekammern und -senate oder durch andere Gerichte zu erfolgen hat. Insoweit kommen drei Lösungen in Betracht:

- mangels Anwendbarkeit der materiellen Vergaberegeln der §§ 97 ff. GWB (vorbehaltlich der einschlägigen Ausnahme des Art. 5 Abs. 1 S. 2, 3 Personenverkehrsdienste-VO) sind auch die §§ 102 ff. GWB nicht anwendbar, **zuständig sind die Verwaltungsgerichte**
- hinsichtlich des Rechtsschutzes bleiben die bisherigen Regeln in Kraft, d. h. bei Dienstleistungsaufträgen im Sinne des Art. 1 Abs. 2 der Richtlinie 2004/18/EG sind **Vergabekammern und –senate zuständig, im Übrigen die Verwaltungsgerichte**
- im Hinblick darauf, dass Art. 5 Abs. 7 Personenverkehrsdienste-VO einen dem Rechtsschutz nach der Rechtsmittelrichtlinie stark angenäherten Rechtsschutz verlangt (s. auch Erwägungsgrund 21 S. 2: Es ist ein wirksames Nachprüfungsverfahren erforderlich, das mit dem entsprechenden Verfahren gemäß der Richtlinie 89/665/EWG des Rates J vergleichbar sein sollte), sind **auch für Vergaben nach Art. 5 Abs. 1 S. 1, Abs. 2 bis 6 Personenverkehrsdienste-VO die Vergabekammern und -senate in vollem Umfange zuständig**. Eine derartige Lösung hätte den Vorteil, dass die häufig schwierige Abgrenzung zwischen Dienstleistungsauftrag im Sinne des Art. 1 Abs. 2 lit. d) Richtlinie 2004/18/EG und Dienstleistungskonzession (beides sind Dienstleistungsaufträge im Sinne des Art. 5 Abs. 1 Personenverkehrsdienste-VO, materiell-rechtlich nicht mehr von Belang ist (Ausnahme: Art. 5 Abs. 1 S. 2, 3 Personenverkehrsdienste-VO), auch verfahrensrechtlich unerheblich wäre und das Problem, ein Rechtsschutz vor den Verwaltungsgerichten nach allgemeinen Vorschriften den Anforderungen des Art. 5 Abs. 7 Personenverkehrsdienste-VO gerecht wird, sich nicht stellen würde. (OLG Düsseldorf, B. v. 21. 7. 2010 – Az.: VII-Verg 19/10).

(OLG Düsseldorf, B. v. 21. 7. 2010 – Az.: VII-Verg 19/10).

13.4.2.19 Weitere Beispiele aus der Rechtsprechung

2914   – selbst wenn durch **Unklarheiten in den Verdingungsunterlagen** bei der späteren Vertragsabwicklung Probleme entstehen könnten, so kann dies **nicht Gegenstand des Nachprüfungsverfahrens sein**, das allein der Wahrung des Primärrechtsschutzes dient (VK Nordbayern, B. v. 18. 9. 2008 – Az.: 21.VK – 3194 – 44/08)

- soweit sich der Antragsteller auf die **Ausübung einer Option aus einem im Jahr 2005 geschlossenen Vertrag beruft**, ist der **Nachprüfungsantrag unzulässig**, da er insoweit keine Verletzung von Rechten nach § 97 Abs. 7 GWB geltend macht (§ 107 Abs. 2 Satz 1 GWB). Der Antragsteller hat gemäß § 97 Abs. 7 GWB einen Anspruch auf Einhaltung der Bestimmungen über das Vergabeverfahren. Hierzu gehört nicht die Ausübung einer Option aus einem Vertrag, der das Ergebnis eines bereits durch Zuschlag abgeschlossenen Vergabeverfahrens bildet. Streitigkeiten über den Anspruch auf Ausübung einer solchen Option sind **vor den hierfür zuständigen Zivilgerichten auszutragen** (1. VK Bund, B. v. 6. 7. 2006 – Az.: VK 1–52/06)

- die **fehlende finanzielle Sicherung eines ausgeschriebenen Projekts** kann aus Gründen, die in der Natur der Sache liegen, **nicht zum Gegenstand eines Nachprüfungsverfahrens** nach dem Vierten Teil des GWB **gemacht werden**. Den Bietern steht insoweit kein anerkennenswertes Bedürfnis zur Inanspruchnahme von vergaberechtlichem Primärrechtsschutz zu. Das Verfahren nach den §§ 107 ff. GWB ist darauf ausgerichtet, auftretende Unregelmäßigkeiten noch im laufenden Vergabeverfahren abzustellen. Stehen die für die Durchführung des Vorhabens nötigen finanziellen Mittel nicht bereit, **kann dieser Mangel nicht durch eine Entscheidung der VK nach § 114 Abs. 1 GWB behoben werden**. Der in seiner diesbezüglichen Erwartung enttäuschte Bieter ist vielmehr von vornherein auf die **Geltendmachung von Schadensersatz** angewiesen, wenn die Vergabestelle nicht auf die fehlende Finanzierung hingewiesen hat (KG Berlin, B. v. 22. 8. 2001 – Az.: KartVerg 03/01; VK Baden-Württemberg, B. v. 2. 2. 2010 – Az.: 1 VK 75/09).

– Das Vergabenachprüfungsverfahren ist für den Vorwurf, ein oder mehrere Mitbewerber hätten in der Vergangenheit **nicht notifizierte – und damit formell europarechtswidrige – Beihilfen erhalten**, nicht eröffnet. Die Entgegennahme nicht notifizierter Beihilfen ist kein Vorgang „in einem Vergabeverfahren". Sie ist dem Verfahren der Antragsgegner zur Vergabe des streitbefangenen öffentlichen Auftrags vielmehr **zeitlich wie sachlich vorgelagert** und steht mit dem Ausschreibungsverfahren **weder in einem äußeren noch in einem inneren Zusammenhang**. Der Erhalt nicht angezeigter Beihilfen betrifft ebenso wenig „Bestimmungen über das Vergabeverfahren". Es handelt sich im Gegenteil um **eine eigene, vom Vergabeverfahren losgelöste** – sowohl verfahrensrechtlich als auch materiellrechtlich selbstständige – rechtliche **Angelegenheit** (OLG Düsseldorf, B. v. 26. 7. 2002 – Az.: Verg 22/02).

– macht ein Antragsteller **im Vergabenachprüfungsverfahren einen Verstoß gegen § 24 Abs. 3 VOF geltend, scheidet ein solcher Antrag bereits als Gegenstand des Nachprüfungsverfahrens aus**, da er in der Sache auf die **Geltendmachung eines Vergütungsanspruches** gerichtet ist (VK Brandenburg, B. v. 15. 11. 2002 – Az.: VK 63/02).

13.5 Anspruchskonkurrenz zwischen kartellvergaberechtlichen und lauterkeitsrechtlichen Ansprüchen

13.5.1 Grundsätze

Die Bestimmung des **§ 104 Abs. 2 GWB steht einem wettbewerblichen Unterlassungsanspruch nicht entgegen**. Sie bewirkt eine Zuständigkeitskonzentration, **schließt aber eine Anspruchskonkurrenz zwischen kartellvergaberechtlichen und lauterkeitsrechtlichen Ansprüchen nicht aus**. Das ergibt sich aus dem Wortlaut dieser Vorschrift, wonach auch „sonstige Ansprüche gegen öffentliche Auftraggeber, die auf die Vornahme oder das Unterlassen einer Handlung in einem Vergabeverfahren gerichtet sind", ausschließlich vor den vergaberechtlichen Nachprüfungsinstanzen geltend gemacht werden können. **§ 104 Abs. 2 GWB setzt damit voraus, dass neben dem speziellen vergaberechtlichen Rechtsschutz andere Abwehransprüche in Betracht kommen, die sich insbesondere auch aus dem Lauterkeitsrecht ergeben können**. Die Bestimmung stellt klar, dass solche Ansprüche durch das Kartellvergaberecht nicht im Wege der Spezialität ausgeschlossen werden (BGH, B. v. 3. 7. 2008 – Az.: I ZR 145/05). 2915

Anders als bei Zuwiderhandlungen gegen das im Ersten Teil des Gesetzes gegen Wettbewerbsbeschränkungen geregelte Kartellrecht, das in §§ 33, 34a GWB für die geschützten Personen ausreichende zivilrechtliche Sanktionen bereitstellt, **regelt das Kartellvergaberecht die zivilrechtlichen Ansprüche, die im Fall von Vergabeverstößen geltend gemacht werden können, nicht abschließend**. Das Gesetz gegen Wettbewerbsbeschränkungen enthält für das Kartellvergaberecht kein in sich geschlossenes Rechtsschutzsystem, das eine Verfolgung von Rechtsverstößen nach § 4 Nr. 11 UWG ausschließt. Vielmehr setzt § 104 Abs. 2 Satz 1 GWB ausdrücklich voraus, dass wegen Vergabeverstößen neben § 97 Abs. 7 GWB auch andere („sonstige") Ansprüche auf Beseitigung und Unterlassung gegen öffentliche Auftraggeber bestehen. Satz 2 stellt klar, dass (auch insoweit) die Zuständigkeit der ordentlichen Gerichte für Schadensersatz unberührt bleibt. Die **Vorschrift des § 104 Abs. 2 GWB begründet damit als Spezialregelung für den Bereich des Kartellvergaberechts eine ausschließliche Zuständigkeit der Vergabekammern nur für den Primärrechtsschutz gegen den Auftraggeber. Sie schließt aber insbesondere nicht aus, dass vergaberechtliche Verstöße unter dem Gesichtspunkt des Rechtsbruchs lauterkeitsrechtlich gegenüber Mitbewerbern vor den ordentlichen Gerichten geltend gemacht werden**. Da gegen Mitbewerber die Vergabekammern nach § 104 Abs. 2 GWB nicht angerufen werden kann, würde andernfalls eine mit dem Gebot effektiven Rechtsschutzes (Art. 19 Abs. 4 GG) **nicht zu vereinbarende Rechtsschutzlücke** entstehen (BGH, B. v. 3. 7. 2008 – Az.: I ZR 145/05; VK Münster, B. v. 14. 1. 2010 – Az.: VK 24/09). 2916

Die **ausschließliche Zuständigkeit der Vergabekammern nach § 104 Abs. 2 Satz 2 GWB, die auch konkurrierende lauterkeitsrechtliche Ansprüche erfasst**, ist nur begrün- 2917

Teil 1 GWB § 102   Gesetz gegen Wettbewerbsbeschränkungen

det, wenn ein Nachprüfungsverfahren überhaupt statthaft ist. Ist dies nicht der Fall, etwa weil der Schwellenwert nicht erreicht ist (§ 100 Abs. 1 GWB), so **bleibt es bei der Zuständigkeit der ordentlichen Gerichte für behauptete Rechtsverletzungen nach dem Gesetz gegen den unlauteren Wettbewerb**. Dass die Verfolgung solcher Rechtsverletzungen unterhalb des Schwellenwerts durch die Regelung in §§ 97 ff GWB ausgeschlossen sein sollen, lässt sich diesen Vorschriften nicht entnehmen und wäre auch mit dem Sinn des Vergaberechts, ab einer gewissen wirtschaftlichen Bedeutung des Auftrags eine Intensivierung der gerichtlichen Kontrolle zu ermöglichen, nicht vereinbar. Außerhalb der ausschließlichen Zuständigkeit der Vergabekammern nach § 104 Abs. 2 Satz 2 GWB ist daher der Zivilrechtsweg für behauptete UWG-Ansprüche gegeben (LG Mannheim, Urteil v. 1. 4. 2005 – Az.: 7 O 404/04).

2918   Die 2. VK Bund hingegen bejaht die **Konzentrationswirkung des § 104 Abs. 2 GWB auch für einen lauterkeitsrechtlichen Anspruch**. Wenn nach dem Willen des Gesetzgebers über Vergabeverstöße des öffentlichen Auftraggebers von den Vergabekammern zu entscheiden ist, kann auch die Frage einer Beihilfe eines Beigeladenen zu solchen Verstößen schon aus Gründen der Akzessorietät der Teilnahme zur Haupttat nur von den Vergabenachprüfungsinstanzen geklärt werden. Anderenfalls könnte das für die Vorfrage des Vergabeverstoßes des Auftraggebers unzuständige Landgericht eine für das eigene Verfahren entscheidungserhebliche Vorfrage u. U. anders beurteilen als die Vergabenachprüfungsinstanzen. Divergierende Entscheidungen sollten aber gerade mit der Konzentrationsregel des § 104 Absatz 2 GWB verhindert werden. In diesem Zusammenhang muss die Vergabekammer auch lauterkeitsrechtliche Ansprüche prüfen (2. VK Bund, B. v. 15. 5. 2009 – Az.: VK 2–21/09 – lesenswerte Entscheidung).

13.5.2 Haftung nach den §§ 3, 4 Nr. 11 UWG

2919   Eine **täterschaftliche Haftung nach den §§ 3, 4 Nr. 11 UWG in Verbindung mit den vergaberechtlichen Bestimmungen kommt nicht in Betracht**. Eine privatrechtliche Versicherungsgesellschaft etwa ist damit Normadressatin des Vergaberechts und ist auch nicht wie eine Normadressatin des Vergaberechts zu behandeln. Das Vergaberecht regelt die Beschaffungstätigkeit der öffentlichen Hand. Es ist daher bei der Beschaffung von Versicherungsdienstleistungen durch öffentliche Auftraggeber zu beachten, findet dagegen keine Anwendung auf das Angebot der Versicherer (BGH, B. v. 3. 7. 2008 – Az.: I ZR 145/05).

2920   Allerdings **kommt eine Haftung als Teilnehmerin an Wettbewerbsverstößen der öffentlichen Auftraggeber nach den §§ 3, 4 Nr. 11 UWG in Betracht**, wenn z. B. der betreffende öffentliche Auftraggeber dazu auffordert oder ihnen dabei behilflich ist, Versicherungsschutz ohne öffentliche Ausschreibung zu erwerben. Eine **Teilnehmerhaftung kommt auch in Betracht, wenn der Teilnehmer nicht selbst Normadressat des Vergaberechts** ist. Als Teilnehmer **haftet auf Unterlassung**, wer – zumindest bedingt – **vorsätzlich den Wettbewerbsverstoß eines anderen fördert**. Dabei gehört zum Teilnehmervorsatz nicht nur die Kenntnis der objektiven Tatbestandsmerkmale, sondern auch das Bewusstsein der Rechtswidrigkeit der Haupttat (BGH, B. v. 3. 7. 2008 – Az.: I ZR 145/05).

2921   Die **Vorschriften des Vierten Teils des Gesetzes gegen Wettbewerbsbeschränkungen**, aus denen sich die Pflicht zur Ausschreibung öffentlicher Aufträge ergibt, sind **Marktverhaltensregeln im Sinn des § 4 Nr. 11 UWG**. Sie schränken die Vertragsfreiheit der öffentlichen Auftraggeber ein und regeln dadurch unmittelbar ihr Marktverhalten bei der Auswahl von Vertragspartnern. Diese Bestimmungen dienen jedenfalls auch den Interessen der Marktteilnehmer, die sich um Aufträge der öffentlichen Hand bewerben. Das ergibt sich bereits aus § 97 Abs. 7 GWB, der – im Einklang mit europarechtlichen Vorgaben – den Unternehmen gegen die öffentlichen Auftraggeber ein subjektives Recht auf Einhaltung der Bestimmungen über das Vergabeverfahren gewährt (BGH, B. v. 3. 7. 2008 – Az.: I ZR 145/05).

13.6 Sekundärrechtsschutz

2922   Haben Bieter bzw. Bewerber aus irgendeinem Grund keine Chancen, ihr primäres Interesse auf Erhalt eines öffentlichen Auftrages überprüfen zu lassen und durchzusetzen, geht ihr **Interesse mindestens dahin**, bei eventuellen Fehlern des Auftraggebers die **Fehlerhaftigkeit feststellen** zu lassen. Darüber hinaus haben sie auch ein Interesse an dem **Ersatz eines eventuell entstandenen Schadens**. Der dafür notwendige **Sekundärrechtsschutz** wird einmal über den Vierten Teil des GWB, und zwar über § 114 Abs. 2 GWB, gewährleistet, sofern es um

Gesetz gegen Wettbewerbsbeschränkungen   GWB § 102 **Teil 1**

die Feststellung der Fehlerhaftigkeit geht. Schadenersatzansprüche können sich je nach dem Ziel des Schadenersatzanspruches auf **§ 126 Satz 1 GWB** gründen. Über diese Regelung können nämlich die **Kosten für die Vorbereitung des Angebots oder der Teilnahme an einem Vergabeverfahren** verlangt werden. **Weitergehende Schadenersatzansprüche**, insbesondere auf Ersatz des entgangenen Gewinns, bleiben nach § 126 Satz 2 unberührt. Diese Ansprüche sind **vor den ordentlichen Gerichten** geltend zu machen. Vgl. dazu die **Kommentierung zu § 126 GWB**.

13.7 Literatur

– Maier, Clemens, Die prozessualen Grundsätze des Nachprüfungsverfahrens, NZBau 2004, 667   2923

– Maimann, Christine, Der kartellvergaberechtliche Rechtsweg, NZBau 2004, 492

– Schabel, Thomas, Salomon als Gesetzgeber – Rechtswege bei der Gesundheitsvergabe, Behörden Spiegel Dezember 2008, 16

13.8 Weitere Möglichkeiten für die Überprüfung der Vergabe öffentlicher Aufträge

13.8.1 Vergabeprüfstellen und Vergaberechtsmodernisierungsgesetz 2009

Da die Nachprüfung durch Vergabeprüfstellen kaum eine Rolle spielt, wird die ausdrückliche Erwähnung der Prüfmöglichkeit durch die Vergabeprüfstellen in § 102 GWB gestrichen. Gleichwohl bleibt die **grundsätzliche Prüfungsmöglichkeit durch Vergabeprüfstellen bestehen, auch ohne ausdrückliche Erwähnung im GWB**.   2924

13.8.2 Überprüfung durch Aufsichtsbehörden

Fast jedes staatliche Handeln kann im Grundsatz durch eine andere staatliche Institution im Wege der Fach-, Rechts- oder Dienstaufsicht überprüft werden. Dies gilt auch für die Vergabetätigkeit öffentlicher Auftraggeber.   2925

13.8.2.1 Überprüfung durch Aufsichtsbehörden bei Aufträgen ab den Schwellenwerten

Nach § 21a VOB/A und § 10 EG Abs. 2 lit. e) VOL/A – eine vergleichbare Regelung fehlt in der VOF – sind in der Vergabebekanntmachung und den Vergabeunterlagen die **Nachprüfungsbehörden bzw. Stellen** anzugeben, an die sich der Bewerber oder Bieter zur Nachprüfung behaupteter **Verstöße gegen Vergabebestimmungen** (bzw. Bestimmungen über die Vergabe- und Wettbewerbsverfahren wenden kann. Aufgrund dieser Vorschriften muss jeweils die **zuständige Vergabekammer** genannt werden.   2926

Nach **§ 21 VOB/A** sind in der Vergabebekanntmachung und den Vergabeunterlagen die **Nachprüfungsstellen** anzugeben, an die sich der Bewerber oder Bieter zur Nachprüfung behaupteter Verstöße gegen Vergabebestimmungen wenden kann. Insoweit müssen die Auftraggeber **neben den Vergabekammern auch die Aufsichtsbehörden** nennen. Machen Bewerber und Bieter von diesem Recht Gebrauch, beginnt **ein verwaltungsinternes Überprüfungsverfahren**, gerichtet auf das Primär- oder das Sekundärinteresse.   2927

Zum Teil haben die Bundesländer dieses verwaltungsinterne Überprüfungsverfahren über so genannte VOB-Ausschüsse oder VOB-Stellen oder VOB-Anlaufstellen institutionalisiert.   2928

Eine dem § 21 VOB/A **vergleichbare Regelung** gibt es **in der VOL/A nicht**. Dies bedeutet aber nicht, dass Bieter oder Bewerber daran gehindert sind, die zuständigen Aufsichtsbehörden anzurufen. Sie stehen nur vor der Situation, dass sie diese Behörden herausfinden müssen, was nicht immer ganz einfach sein kann. Insoweit ist die **VOL/A deutlich bieterunfreundlicher** als die VOB/A.   2929

Das förmliche Vergabenachprüfungsverfahren und das verwaltungsinterne Überprüfungsverfahren können nebeneinander und gleichzeitig ablaufen. Eine gegenseitige rechtliche Abhängigkeit gibt es nicht.   2930

Teil 1 GWB § 102 Gesetz gegen Wettbewerbsbeschränkungen

13.8.2.2 Überprüfung durch Aufsichtsbehörden bei Aufträgen unterhalb der Schwellenwerte

2931   Das förmliche Vergabenachprüfungsverfahren ist bei Aufträgen unterhalb der Schwellenwerte nicht zulässig (vgl. die Erläuterungen zu → § 100 GWB Rdn. 5).

2932   Die öffentlichen Auftraggeber haben aber auch bei Aufträgen unterhalb der Schwellenwerte nach § 21 VOB/A die **Nachprüfungsstellen** anzugeben, an die sich der Bewerber oder Bieter zur Nachprüfung behaupteter Verstöße gegen Vergabebestimmungen wenden kann.

13.8.2.3 Rechtsweg für einen Anspruch auf Tätigwerden der Aufsichtsbehörden bei Aufträgen unterhalb der Schwellenwerte

2933   Die **Ausübung der Einwirkungsmöglichkeiten einer Gemeinde oder eines Landes auf eine von ihr bzw. ihm beherrschte juristische Person des Privatrechts vollzieht sich zwar regelmäßig in der Form privatrechtlicher Gesellschafterrechte**; die **Beteiligungsverwaltung**, insbesondere die Entscheidung, ob und wie eingewirkt werden soll, **stellt sich aber als schlicht hoheitliches Handeln** der Gemeinde- bzw. Landesverwaltung dar. Ihre **Überprüfung unterliegt somit der Zuständigkeit der Verwaltungsgerichtsbarkeit**. Zivilrechtliche Grundlagen für einen Anspruch auf Einwirkung sind jedenfalls nicht ersichtlich. Namentlich geben die zivilrechtlichen Fallgruppen des so genannten gesellschaftsrechtlichen Durchgriffs nichts her (OVG Nordrhein-Westfalen, B. v. 20. 9. 2005 – Az.: 15 E 1188/05).

13.8.3 Überprüfung der Vergabe öffentlicher Aufträge durch ordentliche Gerichte

13.8.3.1 Grundsatz

2934   Nach §§ 102, 104 Abs. 2 Satz 1 können Nachprüfungsverfahren außer vor den Vergabeprüfstellen nur vor den Vergabekammern und dem Beschwerdegericht geltend gemacht werden. Damit **scheidet ein Nachprüfungsverfahren vor den ordentlichen Gerichten aus**.

2935   Lediglich Sekundäransprüche können bei den ordentlichen Gerichten anhängig gemacht werden.

13.8.3.2 Einstweilige Verfügungsverfahren nach der ZPO für Aufträge unterhalb der Schwellenwerte

2936   Die **Rechtsprechung** ist **insoweit unterschiedlich**.

2937   Nach einer Auffassung gibt es auch bei **Aufträgen unterhalb der Schwellenwerte keine einstweiligen Verfügungsverfahren nach der ZPO**. Der Gesetzgeber hat davon abgesehen, für Aufträge unter den Schwellenwerten vergleichbare Spezialregelungen wie für Aufträgen ab den Schwellenwerten zu schaffen. Art. 19 GG steht dem nicht entgegen, da der Mitbewerber keineswegs ohne effektiven Rechtsschutz – notfalls in Form von Sekundärrechtsschutz – gestellt ist (LG Oldenburg, Urteil v. 16. 5. 2002 – Az.: 5 O 1319/02). Vgl. dazu im Einzelnen die Kommentierung → Rdn. 16.

2938   Nach einer anderen Auffassung handelt es sich bei der Prüfung von **Rechtsfragen im Rahmen von Vergabeverfahren unterhalb der Schwellenwerte um bürgerlich-rechtliche Streitigkeiten** im Sinne der § 13 GVG, Art. 19 Abs. 4 S. 2 GG, für die die **Zivilgerichte zuständig** sind (OLG Hamm, Urteil v. 12. 2. 2008 – Az.: 4 U 190/07; OLG Oldenburg, B. v. 2. 9. 2008 – Az.: 8 W 117/08; OLG Thüringen, Urteil v. 8. 12. 2008 – Az.: 9 U 431/08; LG Bad Kreuznach, B. v. 24. 10. 2008 – Az: 2 O 326/08; LG Düsseldorf, Urteil v. 29. 10. 2008 – Az.: 14 c O 264/08; LG Flensburg, Urteil v. 22. 3. 2010 – Az.: 4 O 67/10). Ein **Kläger oder Antragsteller im einstweiligen Rechtsschutz hat insoweit regelmäßig den Anspruch darauf, dass sich die Gerichte der ordentlichen Gerichtsbarkeit mit seinem Anliegen befassen und es sachlich bescheiden**. Genauso liegt **der Fall bei Ausschreibung und Vergabe öffentlicher Aufträge**. Ein Verfügungskläger kann für sich in Anspruch nehmen, dass die von ihm **beanstandete Vergabepraxis für Ausschreibungen öffentlicher Aufträge einer gerichtlichen Überprüfung unterzogen** wird. Dieser Überzeugung steht auch **nicht die Rechtsprechung des Bundesverfassungsgerichts** entgegen. Vielmehr ist das Gegenteil der Fall. Dessen ständige Judikatur ist dadurch gekennzeichnet, dass es den hohen Verfassungsrang genießenden, effektiven gerichtlichen Rechtsschutz in jedem möglichen Zusammenhang mit dem Tätigwerden staatlicher Organe und dessen Bedeutung für die effektive Wahrnehmung und Wirkung grundrechtlicher

Gesetz gegen Wettbewerbsbeschränkungen GWB § 102 **Teil 1**

geschützter Interessen betont. In diesem Kontext ist auch die Entscheidung des Bundesverfassungsgerichts vom 13. 6. 2006 (BVerfGE 116, 135–163) zu sehen. Mit der Bestätigung des (besonderen verfahrensrechtlichen) Primärrechtsschutzes (§§ 102 ff. GWB) gegen Entscheidungen der Vergabestelle für Aufträge oberhalb des Schwellenwerts hat das **Bundesverfassungsgericht klargestellt, dass es weder einen Verstoß gegen Art. 3 Abs. 1 GG noch gegen den allgemeinen Justizgewährungsanspruch darstellt, wenn der Gesetzgeber im Rahmen seiner Gestaltungsfreiheit für Vergabeverfahren unterhalb des Schwellenwerts kein besonderes Rechtsschutzsystem zur Verfügung stellt.** Das BVerfG führt in diesem Zusammenhang wörtlich aus: „Dagegen bleibt ein Unternehmen, das gegen eine Vergabeentscheidung unterhalb der Schwellenwerte vorgehen will, auf die allgemeinen Rechtsschutzmöglichkeiten verwiesen." Von daher **kann es keinen ernsthaften Zweifeln unterliegen, dass die Vergabeverfahren für Aufträge unterhalb der Schwellenwerte – auch bereits vor der Zuschlagserteilung – voll gerichtlich überprüfbar sind** (LG Cottbus, Urteil v. 24. 10. 2007 – Az.: 5 O 99/07; im Ergebnis ebenso OLG Brandenburg, B. v. 2. 10. 2008 – Az.: 12 U 91/08; B. v. 29. 5. 2008 – Az.: 12 U 235/07; B. v. 17. 12. 2007 – Az.: 13 W 79/07; OLG Düsseldorf, B. v. 13. 1. 2010 – Az.: I-27 U 1/09; OLG Hamm, Urteil v. 12. 2. 2008 – Az.: 4 U 190/07; LG Arnsberg, Urteil v. 19. 10. 2007 – Az.: 8 O 134/07; LG Flensburg, Urteil v. 22. 3. 2010 – Az.: 4 O 67/10; LG Frankfurt (Oder), Urteil v. 14. 11. 2007 – Az.: 13 O 360/07; LG Landshut, Urteil v. 11. 12. 2007 – Az.: 73 O 2576/07).

Der **allgemeine Justizgewährungsanspruch verlangt** auch, dass die **bestehenden primären Rechtsschutzmöglichkeiten, soweit dies rechtlich wie faktisch möglich ist, umfassend ausgeschöpft werden**. Die Versagung des gesetzlich vorgesehenen Primärrechtsschutzes lässt sich **grundsätzlich nicht mit dem Verweis auf nachrangige (sekundäre) Rechtsschutzmöglichkeiten rechtfertigen**. Vielmehr hat das BVerfG betont, dass der allgemeine Justizgewährungsanspruch den Rechtsuchenden davor bewahren soll, dass durch die sofortige Vollziehung einer Maßnahme Tatsachen geschaffen werden, die im Falle ihrer Rechtswidrigkeit nicht mehr rückgängig gemacht werden können (LG Cottbus, Urteil v. 24. 10. 2007 – Az.: 5 O 99/07; im Ergebnis ebenso OLG Brandenburg, B. v. 17. 12. 2007 – Az.: 13 W 79/07; OLG Düsseldorf, B. v. 13. 1. 2010 – Az.: I-27 U 1/09). 2939

Vergleichbar der Rechtsprechung des BGH zu Schadenersatzansprüchen **besteht auch für diese Fallkonstellationen zwischen den Prozessparteien ein vorvertragliches Schuldverhältnis** (§§ 311 Abs. 2, 241 BGB). Dieses hat z.B. die (privatrechtliche) Vergabe öffentlicher Aufträge z.B. für Landschaftsbauarbeiten am Straßenbegleitgrün für den Havariefall zum Ziel. Das vorvertragliche Schuldverhältnis wird inhaltlich maßgeblich durch die VOB/A bestimmt. Dieses beiderseitige Rechte und (Schutz-)Pflichten begründende **Schuldverhältnis entsteht in dem Zeitpunkt, in dem Auftragnehmer sein Interesse an der Teilnahme an der Ausschreibung nach außen hin und für einen unbefangenen objektiven Beobachter eindeutig manifestiert**. Regelmäßig wird dies dann der Fall sein, wenn der Auftragnehmer die Ausschreibungsunterlagen vom Auftraggeber anfordert. Ab diesem Zeitpunkt ist für den Auftraggeber klar und eindeutig bestimmbar, welche potentiellen Bieter bzw. Auftragnehmer an dem Ausschreibungsverfahren teilnehmen und für wen Schutz- und Informationspflichten bestehen. Diese Auffassung wird durch das Regelwerk der VOB/A gestützt, die in einer Vielzahl von Regelungen Pflichten des Auftraggebers statuieren, die vorrangig auf den Schutz der an der Ausschreibung interessierten Auftragnehmer abzielen (z.B.: § 6 Abs. 1, Abs. 2 Abs. 1, Abs. 4, § 7 VOB/A) und deren **Schutz sich nicht erst mit Angebotsabgabe entfaltet** (LG Cottbus, Urteil v. 24. 10. 2007 – Az.: 5 O 99/07; LG Flensburg, Urteil v. 22. 3. 2010 – Az.: 4 O 67/10; im Ergebnis ebenso OLG Düsseldorf, B. v. 13. 1. 2010 – Az.: I-27 U 1/09). 2940

Ein **Primärrechtsschutz im Sinne der Unterlassung einer Auftragsvergabe kann also nach den allgemeinen Bestimmungen im Wege der einstweiligen Verfügung nach §§ 935 ff ZPO** geltend gemacht werden (OLG Düsseldorf, B. v. 13. 1. 2010 – Az.: I-27 U 1/ 09; OLG Thüringen, Urteil v. 8. 12. 2008 – Az.: 9 U 431/08). 2941

Die **Zuerkennung eines Unterlassungsanspruchs steht auch nicht in Widerspruch zur Rechtsprechung des BVerfG**. Das Gericht hat lediglich ausgeführt, es sei nicht notwendig, **bei Unterschwellenwert-Vergaben eine Informationspflicht entsprechend § 13 VgV a. F., § 101 a GWB n. F. einzuführen**, um es dem unterlegenen Bieter zu ermöglichen, vor einem Zuschlag rechtzeitig um Primärrechtsschutz nachzusuchen. Das BVerfG hat demgegenüber keine Stellung dazu genommen, ob – einfachrechtlich – ein Primärrechtsschutz möglich ist oder nicht. Ein **Ausschluss des Primärrechtsschutzes in Gestalt eines Unterlassungsanspruchs ergibt sich auch nicht aus den vom BVerfG angeführten Gründen** 2942

633

Teil 1 GWB § 102 Gesetz gegen Wettbewerbsbeschränkungen

für eine Differenzierung zwischen dem Rechtsschutz gemäß §§ 97 ff. GWB unterliegenden Vergaben und sonstigen Vergaben. Der – verhältnismäßig hohe – Verwaltungsaufwand sowie die Gefahr der Verzögerung einer Zuschlagsverzögerung rechtfertigen den Ausschluss von Primäransprüchen nicht. Diesen Bedenken ist durch eine sachgerechte Handhabung Rechnung zu tragen. Insbesondere kann eine Abwägung ergeben, dass das Interesse des Auftraggebers an einer zügigen Fortführung der geplanten Maßnahme den Vorzug vor den Belangen des unterlegenen Bieters hat und damit ein Verfügungsgrund fehlt. Das mag insbesondere dann in Betracht kommen, wenn der unterlegene Bieter zwar in seinen Rechten verletzt ist und Schaden drohen kann, aber unwahrscheinlich ist, dass der Bieter den Zuschlag letztlich erlangen kann (OLG Düsseldorf, B. v. 13. 1. 2010 – Az.: I-27 U 1/09).

2943 Für die grundsätzliche Anerkennung eines Unterlassungsanspruchs **sprechen auch europarechtliche Gründe.** Nach ständiger Rechtsprechung des EuGH sind **auch außerhalb des Anwendungsbereichs der Richtlinien 2004/17/EG und 2004/18/EG bei der Vergabe von Aufträgen durch öffentliche Auftraggeber im weitesten Sinne auf der Grundlage der Warenverkehrs- und Dienstleistungsfreiheit der Gleichbehandlungsgrundsatz, das Verbot der Diskriminierung aus Gründen der Staatsangehörigkeit und das Transparenzgebot zu wahren. Dies erfordert einen effektiven Rechtsschutz.** Auch wenn das europäische Recht bei der Durchsetzung europarechtlich gewährleisteter Rechte in gewissem Umfang Rücksicht auf die nationale Rechtsordnung nimmt, zählt dazu jedenfalls dann, wenn – wie deutsche Recht – das nationale Recht einen Unterlassungstitel gegen die öffentliche Hand grundsätzlich kennt, auch der Primärrechtsschutz (OLG Düsseldorf, B. v. 13. 1. 2010 – Az.: I-27 U 1/09).

2944 Hinsichtlich des Rechtsschutzes ist **nicht zu differenzieren zwischen Aufträgen, bei denen „ein eindeutiges grenzüberschreitendes Interesse besteht" (Binnenmarktrelevanz), und anderen Aufträgen** sowie ausländischen Bietern (die sich auf die Warenverkehrs- und Dienstleistungsfreiheit berufen können) und inländischen Bietern. Die maßgeblichen nationalen Vorschriften geben für eine solche Unterscheidung nichts her (OLG Düsseldorf, B. v. 13. 1. 2010 – Az.: I-27 U 1/09).

2945 Bei den Erlass von Unterlassungsverfügungen sind allerdings **die Grenzen einzuhalten, die auch bei den Vorschriften der §§ 97 ff. GWB unterliegenden Vergaben der Einwirkung auf die Willensbildung und das Verfahren des Auftraggebers gesetzt** sind. So ist das **ausschließliche Bestimmungsrecht des Auftraggebers** zu berücksichtigen, ob, wann und mit welchem Inhalt er einen Auftrag erteilen will. Auch bei dem Angriff gegen die Aufhebung eines Vergabeverfahrens bestehen Grenzen. Bei der Abwägung, ob eine einstweilige Verfügung zu erlassen ist, können auch die in § 115 Abs. 2, § 118 Abs. 2 und § 121 Abs. 2 GWB genannten Kriterien eine Rolle spielen (OLG Düsseldorf, B. v. 13. 1. 2010 – Az.: I-27 U 1/09).

2946 Es wird nicht verkannt, dass die **Gewährung einstweiligen Rechtsschutzes nach §§ 935 ff. ZPO,** gerichtet auf die Unterlassung einer Zuschlagsentscheidung, gewisse **Verfahrensprobleme mit sich bringt,** die den Besonderheiten des Vergaberechts – anders als das Kartellvergaberecht – nicht gerecht wird. Das **führt aber nicht dazu, dass dieses Verfahren von vornherein ungeeignet** wäre. Das Gericht ist, anders als in Verfahren gemäß §§ 97 ff. GWB (§ 120 Abs. 2 i. V. m. § 70 Abs. 1 GWB, für die Vergabekammer s. auch § 110 GWB), auf die Angaben der Verfahrensbeteiligten angewiesen. **Unzuträglichkeiten im Vortrag, insbesondere beim Antragsteller, der nur beschränkte Kenntnisse von den Vorgängen im Bereich des Auftraggebers hat, kann nur durch eine sachgerechte Handhabung der sekundären Darlegungslast und den Anforderungen an die Glaubhaftmachungslast Rechnung getragen** werden. Die Position desjenigen Unternehmens, dem der Auftraggeber den Auftrag erteilen will, bedarf der Klärung. Während es beim Kartellvergabeverfahren nach § 109 GWB, gegebenenfalls noch vom Vergabesenat, von Amts wegen beizuladen ist, kann es in einem Verfahren auf Erlass einer einstweiligen Verfügung nur durch eine Nebenintervention (§§ 66 ff. ZPO) seine Rechte wahrnehmen. **Zu erwägen ist, dass das Gericht zumindest dann, wenn es kurzfristig terminiert und so die Gefahr besteht, dass der Antragsgegner das drittbetroffene Unternehmen nicht oder nicht rechtzeitig über das Verfahren informiert, letzteres von Amts wegen über das Verfahren benachrichtigt.** Das setzt allerdings voraus, dass die Antragstellerin jenes Unternehmen namhaft machen kann und macht (OLG Düsseldorf, B. v. 13. 1. 2010 – Az.: I-27 U 1/09).

2947 Ein **Unterschied besteht auch in der Absicherung des Antragstellers während des laufenden Nachprüfungsverfahrens.** Während im Kartellvergabeverfahren bereits der Zugang des Nachprüfungsantrages zu einer Zuschlagssperre führt (§ 115 Abs. 1 GWB), die auch bei

Gesetz gegen Wettbewerbsbeschränkungen GWB § 102 **Teil 1**

einer Abweisung des Antrages durch die Vergabekammer zunächst andauert und durch das Beschwerdegericht verlängert werden kann (§ 118 Abs. 1 GWB), ist dies bei einem Verfahren auf Erlass einer einstweiligen Verfügung nicht der Fall. Ein **Verfahren dergestalt, zunächst eine einstweilige Anordnung bis zur Entscheidung nach mündlicher Verhandlung zu treffen, ist zwar im Gesetz nicht vorgesehen, aber zur Gewährleistung effektiven Rechtsschutzes gerechtfertigt.** Ein Verstoß des Auftraggebers gegen die Zuschlagssperre der § 13 VgV a. F., § 101a GWB n. F., § 115 Abs. 1 GWB führt zur Rechtsunwirksamkeit des verbotswidrig geschlossenen Vertrages. Ein trotz eines durch einstweilige Verfügung ausgesprochenen Zuschlagsverbots geschlossener Vertrag ist nur im Falle des § 138 BGB nichtig. Dieser **Unterschied führt aber nicht dazu, dass eine auf Unterlassung des Zuschlags gerichtete gerichtliche Anordnung von vornherein ungeeignet** wäre (OLG Düsseldorf, B. v. 13. 1. 2010 – Az.: I-27 U 1/09).

In welchen Fällen ein **Verfügungsanspruch** nach der ZPO besteht, kann **nur im Einzelfall entschieden** werden. Ein Verfügungsgrund ist nach einhelliger Auffassung in Rechtsprechung und Literatur **immer dann gegeben, wenn die objektiv begründete Besorgnis besteht, dass durch eine Veränderung des bestehenden Zustandes die Verwirklichung eines Rechts des Antragstellers vereitelt oder wesentlich erschwert werden** könnte bzw. zur Abwendung wesentlicher Nachteile oder zur Verhinderung drohender Gewalt oder aus anderen Gründen, wobei eine **Interessenabwägung unter Berücksichtigung des Verhältnismäßigkeitsgrundsatzes zu erfolgen hat** (OLG Brandenburg, Urteil v. 29. 5. 2008 – Az.: 12 U 235/07). 2948

Ein solcher vorbeugender Unterlassungsanspruch kann sich **auch aus §§ 1004, 823 BGB** ergeben, wenn ein absolutes Recht oder ein Schutzgesetz verletzt wird. Neben dem **Eingriff in den eingerichteten und ausgeübten Gewerbebetrieb** als absolutes Recht kommen als Schutzgesetze jedenfalls **§ 1 UWG und Art. 3 GG** in Betracht. Die haushaltsrechtlichen Vorschriften und die Vergabeordnungen und auch die GRW 1995 stellen im Unterschwellenbereich keine Schutzgesetze nach § 823 Abs. 2 BGB dar, sondern verwaltungsinterne Regeln (OLG Thüringen, Urteil v. 8. 12. 2008 – Az.: 9 U 431/08; LG Düsseldorf, Urteil v. 29. 10. 2008 – Az.: 14c O 264/08). 2949

Ein **Verfügungsanspruch kann sich aus §§ 311 Abs. 2, 241, 280 BGB** ergeben. Diese Bestimmungen **begründen** nicht nur – im Sekundärrechtsschutz – Schadensersatzansprüche, sondern **auch Unterlassungsansprüche, soweit die Verletzungshandlung oder der pflichtwidrig geschaffene Zustand noch andauert.** So kann z. B. mit der Teilnahme eines Architekten an einem Wettbewerb zwischen Auslober und Architekt ein vorvertragliches Vertrauensverhältnis mit Sorgfalts- und Schutzpflichten zwischen Bieter und Vergabestelle entstehen. Der Bieter ist in der Regel in seinem Vertrauen auf ein vergaberechtskonformes Verfahren geschützt. Dazu gehört im Geltungsbereich des GWB die Einhaltung der Regeln der einschlägigen Verdingungsordnung. Außerhalb der Geltung des GWB genießen Regeln der einschlägigen Verdingungsordnung – und damit auch der GRW 1995 – nicht ohne Weiteres Vertrauensschutz, denn sie beinhalten lediglich in allgemeiner Form gefasste innerdienstliche Anweisungen für öffentliche Auftraggeber, sind als solche keine Rechtsnormen und begründen keine unmittelbare Rechtswirkung im Außenverhältnis. Ein **Vertrauensschutz besteht aber dann, wenn der Auftraggeber der jeweiligen Verdingungsordnung Außenwirkung verliehen hat, indem er sich ihr ausdrücklich unterworfen hat.** Der Bieter muss bereits im Rahmen des Verfügungsanspruchs **glaubhaft machen – nicht beweisen – dass ihm bei vergaberechtskonformem Verhalten des Auftraggebers der Zuschlag gebührt hätte** (OLG Thüringen, Urteil v. 8. 12. 2008 – Az.: 9 U 431/08). 2950

Hierbei ist auch abzuwägen, dass der **einstweilige Rechtsschutz im Vorfeld von Vergabeentscheidungen zu einer erheblichen Konfliktlage zwischen der an der Auftragserteilung interessierten Vergabestelle und dem erfolglosen bzw. potentiellen Bieter, der die Zuschlagserteilung zu verhindern versucht, führen kann.** Je weiter die Rechtsschutzmöglichkeiten von erfolglosen bzw. potentiellen Bietern ausgeweitet werden, desto eher können auch die öffentlichen Interessen an einer schnellen und wirtschaftlichen Auftragsvergabe und die privaten Interessen des erfolgreichen Bieters vereitelt werden. Zudem besteht die Gefahr, dass der einstweilige Rechtsschutz als Mittel zur Verhinderung von öffentlichen Vergabeentscheidungen missbraucht und instrumentalisiert wird (LG Cottbus, Urteil v. 24. 10. 2007 – Az.: 5 O 99/07). 2951

Ein Verfügungskläger kann **nach § 823 Abs. 2 BGB in Verbindung mit Art. 3 GG grundsätzlich verlangen, dass die Zuschlagserteilung unterlassen** wird. Insoweit **genügt nicht bereits jede Verletzung der Vergabevorschrift z. B. des § 9 VOB/A 2006**, da die VOB/A 2952

635

Teil 1 GWB § 102   Gesetz gegen Wettbewerbsbeschränkungen

bei Vergabeverfahren unterhalb der vorgenannten Schwellenwerte rein verwaltungsinternen Charakter haben. Ausgangspunkt des nationalen öffentlichen Vergaberechts ist bei dieser Ausschreibung wegen der Nichtgeltung der §§ 97 ff GWB weiterhin nur die haushaltsrechtliche Verpflichtung des öffentlichen Auftraggebers zur Einhaltung der VOB/A bei der Ausschreibung und Vergabe von Bauleistungen. **Voraussetzung für einen Verstoß gegen Art. 3 GG ist, dass der öffentliche Auftraggeber willkürlich, mithin ohne sachlich rechtfertigenden Grund, Vergabevorschriften verletzt und durch die Verletzung dem Bieter deswegen ein Schaden droht** (LG Düsseldorf, Urteil v. 29. 10. 2008 – Az.: 14c O 264/08). Der staatlichen Stelle, die einen öffentlichen Auftrag vergibt, ist es daher verwehrt, das Verfahren oder die Kriterien der Vergabe willkürlich zu bestimmen (OLG Brandenburg, B. v. 17. 12. 2007 – Az.: 13 W 79/07). Eine **willkürliche Diskriminierung** von Bietern im Wege der Leistungsbeschreibung liegt vor, wenn die **Leistungsbeschreibung in einem solchem Maße fehlerhaft ist, dass eine Vergleichbarkeit der auf ihr basierenden Angebote schlechterdings ausgeschlossen** erscheint. Dies ist z. B. der Fall, wenn die Fehlerhaftigkeit der Ausschreibung darin besteht, dass die **Anforderungen des Feuchtigkeits- und Wärmeschutzes der EnEV** entweder unter Zugrundelegung der üblichen Parameter **nicht eingehalten werden, oder aber ohne Hinweis im Leistungsverzeichnis nicht vorausgesetzt werden**. Da diese Anforderungen an die zu verwendenden Materialien bzw. Einbauvarianten für die Fenster Auswirkungen auf die Preiskalkulation haben, ist eine **vergleichbare Preiskalkulation insgesamt und nicht nur in Bezug auf einen einzelnen Punkt ausgeschlossen** (LG Frankfurt (Oder), Urteil v. 14. 11. 2007 – Az.: 13 O 360/07).

2953   Im **Gegensatz zur Auffassung des LG Potsdam kann nach dem OLG Brandenburg die tatsächliche Vergabepraxis zu einer Selbstbindung der Verwaltung** führen. Aufgrund dieser Selbstbindung kann den **Verdingungsordnungen** nach den verwaltungsinternen Regelungen über Verfahren und Kriterien der Vergabe eine mittelbare Außenwirkung zukommen und **im Rahmen des einstweiligen Rechtsschutzes Anwendung finden** (OLG Brandenburg, B. v. 2. 10. 2008 – Az.: 12 U 91/08; B. v. 17. 12. 2007 – Az.: 13 W 79/07).

2954   In einem Fall, in dem das **Vergabeverfahren unter offensichtlichem Verstoß gegen das Transparenzgebot und die Chancengleichheit aller Bieter stattfindet und die sich abzeichnende Vergabeentscheidung als in grobem Maße rechtswidrig erscheint**, tritt das öffentliche Interesse an der schnellen Auftragserteilung hinter dem „Aussetzungsinteresse" des klagenden Bieters zurück. Mit der grundgesetzlichen Bindung der öffentlichen Gewalt an Recht und Gesetz (Art. 20 Abs. 3 GG) und der unbedingten Pflicht zur Wahrung der Grundrechte (Art. 1 Abs. 3 GG) ist es unvereinbar, wenn ein Träger öffentlicher Gewalt am freien Markt Aufträge ausschreibt und diese Vergabeverfahren nicht nur fehlerhaft, sondern in derart hohen Maße rechtswidrig erfolgen, dass für einen objektiven unbefangenen Beobachter der Verdacht missbräuchlicher Ausnutzung marktbeherrschender Stellung entsteht (OLG Brandenburg, B. v. 2. 10. 2008 – Az.: 12 U 91/08; LG Cottbus, Urteil v. 24. 10. 2007 – Az.: 5 O 99/07).

2955   Verspricht der Auftraggeber, bei der Vergabeentscheidung nach den Regeln der VOB/A und den den Bietern übersandten „Bewerbungsbedingungen (BWB)" zu verfahren und gibt er eine entsprechende Erklärung ausdrücklich ab, **steht dem ein Vorbehalt des Inhalts, „ein Rechtsanspruch des Bieters auf die Anwendung besteht nicht", nicht entgegen**. Das Verständnis dieser Formulierung, wonach der Auftraggeber deswegen nach Belieben vom der VOB/A abweichen könne, würde die Bestimmung in Satz 1 vollständig überflüssig machen. Ein derartiges Verständnis liegt bereits deswegen fern, **wenn es sich bei dem Auftraggeber um eine Körperschaft öffentlichen Rechts bzw. um eine durch die öffentliche Hand im Rahmen ihrer Zuständigkeiten errichtete und vollständig kontrollierte juristische Person** handelt (OLG Düsseldorf, B. v. 13. 1. 2010 – Az.: I-27 U 1/09).

2956   Nach Auffassung des LG Landshut kann **Gegenstand und Grundlage für die Entscheidung über den Erlass einer einstweiligen Verfügung** nur sein, ob der Verfügungskläger – was auch für die summarische Überprüfung im Verfügungsverfahren mit den dafür vorgesehenen Mitteln der ZPO einschließlich der Glaubhaftmachung zur Überzeugung des Gerichts dargestellt sein muss – durch einen **Verstoß gegen das letztlich auf Art. 3 Abs. 1 GG zurückzuführende Willkürverbot bei der beabsichtigten Zuschlagsentscheidung durch den Verfügungsbeklagten benachteiligt** worden ist. Gleich welche Rechtsgrundlage herangezogen wird, **setzt dies immer voraus, dass bei der Vergabe vorsätzlich rechtswidrig oder sonst in unredlicher Absicht gehandelt** wird (LG Landshut, Urteil v. 11. 12. 2007 – Az.: 73 O 2576/07; ebenso LG Düsseldorf, Urteil v. 29. 10. 2008 – Az.: 14c O 264/08; ähnlich OLG Brandenburg, B. v. 2. 10. 2008 – Az.: 12 U 91/08; LG Bad Kreuznach, B. v. 24. 10. 2008 – Az: 2 O 326/08).

Gesetz gegen Wettbewerbsbeschränkungen GWB § 102 **Teil 1**

Nach Auffassung des OLG Brandenburg ist **allein die Eilbedürftigkeit für den Erlass** 2957
einer Regelungsverfügung nicht ausreichend. Der Bieter muss auch **nachvollziehbar darlegen**, dass er **bei aus seiner Sicht ordnungsgemäßer Ausschreibung den Zuschlag erhalten oder jedenfalls eine Chance auf die Zuschlagserteilung gehabt hätte** (OLG Brandenburg, Urteil v. 29. 5. 2008 – Az.: 12 U 235/07).

Im einstweiligen Rechtsschutz **müssen die Anträge auf Sicherung oder Regelung eines** 2958
Zustandes gerichtet sein, im **Ausnahmefall** kommen auch **Leistungsverfügungen** in Betracht. Für **Feststellungen besteht regelmäßig kein Rechtsschutzinteresse im einstweiligen Rechtsschutz.** Insbesondere könnten Feststellungen **keine Bindungswirkung in einem künftigen Schadenersatzprozess** entfalten, wie es § 124 Abs. 1 GWB für Feststellungen in einem vergaberechtlichen Nachprüfungsverfahren nach §§ 102 ff. GWB für die Vergabe öffentlicher Aufträge bei EU-weiter Ausschreibungspflicht vorsieht (OLG Naumburg, B. v. 29. 4. 2008 – Az.: 1 W 14/08).

Nach Auffassung des LG Potsdam ist demgegenüber ein **Antrag auf Primärrechtsschutz bei** 2959
Vergaben unterhalb der Schwellenwerte unbegründet, da es an einem **Verfügungsanspruch fehlt**. Ein Antragsteller kann im Zivilrechtsweg sein Begehren nicht erfolgreich geltend machen. Ein Bieter in einem Vergabeverfahren unterhalb des Schwellenwerts kann nämlich nicht die Aufhebung eines Vergabeverfahrens verlangen. Der **Gesetzgeber hat die in den §§ 97 ff. GWB getroffene Regelung explizit auf Verfahren oberhalb der Schwellenwerte beschränkt** (vgl. § 100 Abs. 1 GWB). **Primärrechtsschutz unterhalb der Schwellenwerte lässt sich zumindest nicht dergestalt gewähren**, dass die hierzu angerufenen **Gerichte die vorgenannten Grenzen der gesetzgeberischen Regelung schlicht ignorieren und Vorschriften, die hierfür nach Wortlaut und Sinngehalt nicht gedacht sind, auf Sachverhalte, die der Gesetzgeber ausdrücklich hiervon ausgeschlossen wissen wollte**. Etwas Entsprechendes folgt nicht aus der Rechtsprechung des BVerfG, wonach der allgemeine Justizgewährungsanspruch den Rechtsuchenden davor bewahren soll, dass durch die sofortige Vollziehung einer Tat Maßnahmetatsachen geschaffen werden, die im Falle ihrer Rechtswidrigkeit nicht mehr rückgängig gemacht werden können. Der **Gesetzgeber verweist Bieter in Vergabeverfahren unterhalb des Schwellenwertes auf den Sekundärrechtsschutz. Dies ist auch zulässig**, weil die betroffenen Vergabeverfahren Auftragsvolumen von überschaubarem Umfang zum Gegenstand haben. Es kann auch nicht davon gesprochen werden, dass Tatsachen nicht mehr rückgängig gemacht werden können. Der **finanzielle Schaden, der durch eine Nichtberücksichtigung in einem solchen Vergabeverfahren entsteht, kann später auf dem Sekundärrechtswege ausgeglichen werden** (LG Potsdam, B. v. 14. 11. 2007 – Az.: 2 O 412/07).

Das **OLG Hamm** zieht die **Grenzen eines Primäranspruchs etwas enger**. Auch wenn im 2960
Vergabebereich unterhalb der Schwellenwerte kein einfacher Primärrechtsschutz (wie nach § 97 VII GWB) und kein allgemeiner Justizgewährungsanspruch nach Art. 19 IV GG besteht, kann danach doch Art. 3 I GG unter bestimmten und besonderen Voraussetzungen ausnahmsweise einen Primärrechtsschutz begründen. Jede staatliche Stelle hat bei ihrem Handeln, unabhängig von der Handlungsform und dem betroffenen Lebensbereich, die in dem Gleichheitssatz niedergelegte Gerechtigkeitsvorstellung zu beachten. Dieses Handeln ist anders als die in freiheitlicher Selbstbestimmung erfolgende Tätigkeit eines Privaten stets dem Gemeinwohl verpflichtet. Eine **willkürliche Ungleichbehandlung kann dem Gemeinwohl nicht dienen. Der staatlichen Stelle, die einen öffentlichen Auftrag vergibt, ist es daher verwehrt, das Verfahren oder die Kriterien der Vergabe willkürlich zu bestimmen.** Darüber hinaus kann die **tatsächliche Vergabepraxis zu einer Selbstbindung der Verwaltung führen**. Aufgrund dieser Selbstbindung kann den Verdingungsordnungen als den verwaltungsinternen Regelungen über Verfahren und Kriterien der Vergabe eine mittelbare Außenwirkung zukommen. Jeder Mitbewerber muss eine faire Chance erhalten, nach Maßgabe der für den spezifischen Auftrag wesentlichen Kriterien und des vorgesehenen Verfahrens berücksichtigt zu werden. Eine Abweichung von solchen Vorgaben kann eine Verletzung des Art. 3 I GG bedeuten. Insofern verfügt jeder Mitbewerber über ein subjektives Recht, für das effektiver Rechtsschutz gewährleistet werden muss. Davon ausgehend kommt ein **Unterlassungsanspruch dann in Betracht, wenn der Auftraggeber vorsätzlich rechtswidrig, sonst in unredlicher Absicht oder jedenfalls in Bezug auf das Verfahren oder die Kriterien der Vergabe willkürlich gehandelt hat bzw. wenn offenkundig ist, dass sich für die durch die zweigeteilte gesetzliche Regelung und die durch sie bewirkte Ungleichbehandlung kein sachlicher Grund** finden lässt (OLG Hamm, Urteil v. 12. 2. 2008 – Az.: 4 U 190/07; im Ergebnis ebenso OLG Brandenburg, B. v. 2. 10. 2008 – Az.: 12 U 91/08).

Die **Annahme eines sachlichen Grundes sagt jedoch im Kern nichts darüber aus,** 2961
ob der Auftraggeber rechtmäßig gehandelt hat, ob ihm also ein wichtiger Grund zur Seite

Teil 1 GWB § 102

gestanden hat. Ein möglicherweise rechtswidriges Verhalten muss insofern keineswegs bereits willkürlich oder vorsätzlich rechtswidrig sein und einem Antragsteller ein subjektives Recht auf die Verhinderung der Konkurrenzbeauftragung einräumen (OLG Hamm, Urteil v. 12. 2. 2008 – Az.: 4 U 190/07 – **instruktive Abwägung;** OLG Brandenburg, B. v. 2. 10. 2008 – Az.: 12 U 91/08; LG Düsseldorf, Urteil v. 29. 10. 2008 – Az.: 14 c O 264/08).

2962   Macht ein Bieter von seinem **eventuell bestehenden Unterlassungsanspruch vor Zuschlagserteilung keinen Gebrauch,** gebietet es der allgemeine Justizgewährungsanspruch **nach erfolgter Zuschlagserteilung** allenfalls, die Rechtsverletzung feststellen zu lassen und in der Folge **Sekundäransprüche** zu verfolgen. Diese **können aber nicht im Wege des einstweiligen Rechtsschutzes** geltend gemacht werden. Ein **Primärrechtsschutz** ist in diesen Fällen **ausgeschlossen** (OLG Oldenburg, B. v. 2. 9. 2008 – Az.: 8 W 117/08).

2963   Für die **Kostenentscheidung in solchen Verfahren** ist die Vorschrift des **§ 50 Abs. 2 GKG nicht unmittelbar einschlägig,** weil es sich bei dem erstinstanzlichen Verfahren der einstweiligen Verfügung nicht um ein Nachprüfungsverfahren gemäß §§ 116 ff. GWB handelt. **Dies schließt es jedoch nicht aus, bei der Bemessung des Streitwertes im Rahmen der von §§ 53 Abs. 1 Nr. 1 GKG, 3 ZPO angeordneten Ermessensentscheidung auf den Grundgedanken des § 50 Abs. 2 GKG zurückzugreifen und ihn entsprechend anzuwenden.** Hiergegen können schon deshalb keine durchgreifenden Bedenken bestehen, wenn Gegenstand des einstweiligen Verfügungsverfahrens ein Sachverhalt ist, der, – abgesehen davon, dass der Schwellenwert des § 2 Nr. 4 VgV nicht erreicht war – keine relevanten Unterschiede von dem typischen Streitgegenstand eines Nachprüfungsverfahrens gemäß §§ 116 ff. GWB aufweist und das Begehren der Verfügungsklägerin darauf gerichtet ist, eine Fortsetzung des Vergabeverfahrens und eine Zuschlagerteilung an einen anderen Bieter ohne Berücksichtigung des klägerischen Angebots zu unterbinden (Saarländisches OLG, B. v. 25. 1. 2010 – Az.: 1 W 333/09).

13.8.3.3 Weitere Beispiele aus der Rechtsprechung

2964   – ob ein **Anspruch auf die Verschiebung eines Eröffnungstermins für die Angebote** bzw. noch weitergehend auf die Unterlassung einer Fortsetzung des laufenden Vergabeverfahrens auf dem Wege des vorläufigen Rechtsschutzes nach der ZPO bis zur Entscheidung einer Vergabeprüfstelle besteht, ist im Einzelfall zu entscheiden. Ein solcher **Anspruch besteht dann nicht,** wenn der **Auftraggeber sowohl nach öffentlichem Recht als auch unter dem Gesichtspunkt zivilrechtlicher Verkehrssicherungspflichten verpflichtet** ist, die im Laufe des Winterhalbjahres entstandenen **Schadensstellen im Straßennetz umgehend zu beseitigen,** und dafür nur die warmen Monate des Sommerhalbjahres in Betracht kommen und wenn dabei **weder konkret absehbar noch durch irgendwelche gesetzlichen Fristen vorgegeben ist, wann die Vergabeprüfstelle ihre Entscheidung treffen wird.** Das Vergabeverfahren auf so unabsehbare Zeit stillzulegen, könnte im Ergebnis dazu führen, dass die Straßenarbeiten in diesem Jahr nicht mehr fristgerecht begonnen und abgewickelt werden können. Ein solches Ergebnis wäre für den Auftraggeber, die Gemeinden und letztlich auch für die Öffentlichkeit nicht tragbar. Die **Klägerin wäre auch in diesem Falle nicht etwa rechtlos gestellt.** Sie hätte dann zwar keine Möglichkeiten mehr, für dieses Jahr den Auftrag für die Straßenbauarbeiten zu erhalten, könnte aber sekundäre Schadensersatzansprüche geltend machen, wie sie an sich ja ohnehin die normale Rechtsfolge einer Pflichtverletzung nach §§ 311 Abs. 2, 241 Abs. 2 BGB sind. Schließlich ist **bei der Abwägung der beiderseitigen Interessen auch zu berücksichtigen, dass nach der Regelung des Gesetzes dem Vergabeprüfverfahren gerade keine aufschiebende Wirkung zukommt.** Es handelt sich letztlich um ein verwaltungsinternes Selbstprüfungsverfahren, auch wenn es von einem Bieter durch seinen Antrag in Gang gesetzt werden kann. Dementsprechend war es nach § 103 Abs. 3 GWB a. F. bei Vergabeverfahren oberhalb der Schwellenwerte auch nicht Voraussetzung für eine Anrufung der Vergabekammer. Diese grundsätzliche Ausgestaltung des Vergabeprüfverfahrens spricht gegen eine Verpflichtung des Beklagten, die Entscheidung der Vergabeprüfstelle abzuwarten. Mit der begehrten einstweiligen Verfügung will die Klägerin diesem Verfahren letztlich eine aufschiebende Wirkung beimessen, die ihm nach dem Gesetz gerade nicht zukommt (LG Flensburg, Urteil v. 22. 3. 2010 – Az.: 4 O 67/10)

13.8.3.4 Literatur

2965   – Braun, Christian, Zivilrechtlicher Rechtsschutz bei Vergaben unterhalb der Schwellenwerte, NZBau 2008, 160

13.8.4 Überprüfung der Vergabe öffentlicher Aufträge durch die Verwaltungsgerichte

13.8.4.1 Die Rechtsprechung des Bundesverwaltungsgerichts

Das **Bundesverwaltungsgericht** stellt klar, dass es **keinen Primärrechtsschutz** für Aufträge unterhalb der Schwellenwerte bzw. für die Ausnahmen nach § 100 Abs. 2 GWB **über den Verwaltungsrechtsweg gibt** (BVerwG, B. v. 2. 5. 2007 – Az.: 6 B 10.07). 2966

Ob eine **Streitigkeit öffentlich-rechtlich oder bürgerlich-rechtlich** ist, richtet sich nach der Natur des Rechtsverhältnisses, aus dem der geltend gemachte Anspruch hergeleitet wird. Dabei kommt es regelmäßig darauf an, ob die Beteiligten zueinander in einem hoheitlichen Verhältnis der Über- und Unterordnung stehen und sich der Träger hoheitlicher Gewalt der besonderen Rechtssätze des öffentlichen Rechts bedient. Eine öffentlich-rechtliche Streitigkeit kann aber auch auf einem Gleichordnungsverhältnis beruhen. Gleichordnungsverhältnisse sind öffentlich-rechtlich, wenn die das Rechtsverhältnis beherrschenden Rechtsnormen nicht für jedermann gelten, sondern Sonderrecht des Staates oder sonstiger Träger öffentlicher Aufgaben sind, das sich zumindest auf einer Seite nur an Hoheitsträger wendet. 2967

Nach diesen Grundsätzen ist (auch) für Streitigkeiten in Vergabeverfahren, die nicht in den Anwendungsbereich der §§ 97 ff. GWB fallen, weil sie Aufträge unterhalb der Schwellenwerte betreffen, der **Rechtsweg zu den ordentlichen Gerichten eröffnet**. Diese Rechtsauffassung entspricht der ständigen Rechtsprechung des Gemeinsamen Senats der obersten Gerichtshöfe des Bundes, des Bundesverwaltungsgerichts und des Bundesgerichtshofs, **wonach sich die öffentliche Hand bei der Vergabe öffentlicher Aufträge in aller Regel auf dem Boden des Privatrechts bewegt, so dass für Streitigkeiten über die hierbei vorzunehmende Auswahl des Vertragspartners nicht der Verwaltungsrechtsweg, sondern der Rechtsweg zu den ordentlichen Gerichten gegeben** ist. Dies gilt jedenfalls dann, wenn bei der Entscheidung über die Vergabe eines öffentlichen Auftrags keine gesetzliche Verpflichtung zu bevorzugter Berücksichtigung eines bestimmten Personenkreises zu beachten ist. 2968

Bei der Vergabe öffentlicher Aufträge wird der Staat als Nachfrager am Markt tätig, um einen Bedarf an bestimmten Gütern und Dienstleistungen zu decken. In dieser **Rolle als Nachfrager unterscheidet er sich nicht grundlegend von anderen Marktteilnehmern**. Die von der öffentlichen Hand abgeschlossenen Werk- und Dienstverträge gehören ausschließlich dem Privatrecht an. Das gleiche gilt für das dem Abschluss des Vertrages vorausgehende Vergabeverfahren, das der Auswahl der öffentlichen Hand zwischen mehreren Bietern dient. Mit der Aufnahme der Vertragsverhandlungen entsteht zwischen dem öffentlichen Auftraggeber und den Bietern ein privatrechtliches Rechtsverhältnis, welches bis zur Auftragsvergabe an einen der Bieter andauert. Die öffentliche Hand trifft in diesem Vergabeverfahren eine Entscheidung über die Abgabe einer privatrechtlichen Willenserklärung, die die Rechtsnatur des beabsichtigten bürgerlich-rechtlichen Rechtsgeschäfts teilt. Die **Vergabe öffentlicher Aufträge ist als einheitlicher Vorgang insgesamt dem Privatrecht zuzuordnen.** 2969

Die **privatrechtliche Einordnung der Vergabe öffentlicher Aufträge entspricht der Rechtsprechung des Bundesgerichtshofs zu den Grundsätzen der Haftung bei einer öffentlichen Ausschreibung**. Danach kommt mit der Ausschreibung und der Beteiligung des Bieters am Ausschreibungsverfahren ein vertragsähnliches Vertrauensverhältnis zu Stande, das Parteien zur gegenseitigen Rücksichtnahme verpflichtet und auf beiden Seiten Sorgfaltspflichten begründet, deren Verletzung Schadensersatzansprüche auslösen kann, etwa wenn der öffentliche Auftraggeber im weiteren Verlauf des Ausschreibungs- und Vergabeverfahrens die Vorschriften des öffentlichen Vergaberechts zum Nachteil des Bieters nicht einhält. Der Bundesgerichtshof ordnet das im Vergabeverfahren bestehende vertragsähnliche Vertrauensverhältnis und einen hieraus resultierenden Schadensersatzanspruch zu Recht ersichtlich dem Privatrecht zu. Nichts anderes gilt für den hier geltend gemachten (Primär-)Anspruch auf ordnungsgemäße Auswahl im Vergabeverfahren. 2970

Für die Bestimmung des Rechtswegs ist es unerheblich, dass die öffentliche Hand bei der Vergabe öffentlicher Aufträge auch – zumindest mittelbar – öffentliche Aufgaben wahrnimmt und dass die Abgrenzung zur Wirtschaftsförderung und -lenkung im Einzelfall fließend sein kann. **Aus der Tatsache, dass staatliche Maßnahmen der Erfüllung öffentlicher Aufgaben dienen, kann nicht ohne Weiteres der Schluss gezogen werden, dass die öffentliche Hand sich auch öffentlich-rechtlicher Mittel zur Erreichung dieser Ziele bedient.** Die öffentliche Verwaltung kann die ihr anvertrauten öffentlichen Aufgaben, wenn und soweit keine öffentlich-rechtlichen Normen oder Rechtsgrundsätze entgegenstehen, auch in der Form und mit 2971

Teil 1 GWB § 102 Gesetz gegen Wettbewerbsbeschränkungen

den Mitteln des Privatrechts erfüllen. Maßgeblich für die Zuordnung eines Rechtsverhältnisses zum öffentlichen Recht oder zum Privatrecht ist nicht das Ziel, sondern die Rechtsform staatlichen Handelns; ist diese – wie hier – privatrechtlich, so ist es grundsätzlich auch die betreffende Streitigkeit.

2972 Für den Rechtsweg **ebenfalls nicht entscheidend** ist der Umstand, dass die **öffentliche Hand im Vergabeverfahren öffentlich-rechtlichen Bindungen unterliegt, die für Privatpersonen nicht in entsprechender Weise gelten**. Ob und in welchem Umfang bei der Auswahl eines Vertragspartners durch die öffentliche Hand eine derartige Bindung besteht, ist keine Frage des Rechtswegs, sondern der zu treffenden Sachentscheidung. Das **Zivilrecht wird insoweit als „Basisrecht" von den einschlägigen öffentlich-rechtlichen Bindungen überlagert**. Nach ständiger Rechtsprechung des Bundesverwaltungsgerichts und des Bundesgerichtshofs wird dort, wo sich der Staat zur Erfüllung seiner Aufgaben privater Gestaltungsformen bedient, die Privatrechtsordnung lediglich in einzelnen Punkten durch öffentlich-rechtliche Bindungen ergänzt, modifiziert und überlagert, ohne dass darum das Verwaltungshandeln selbst dem öffentlichen Recht zuzuordnen wäre (sog. Verwaltungsprivatrecht); infolgedessen haben über derartige öffentlich-rechtliche Bindungen des privatrechtlichen Verwaltungshandelns die ordentlichen Gerichte im Rahmen ihrer Zuständigkeit mit zu entscheiden.

2973 Insbesondere die **Bindung der im Vergabeverfahren vorzunehmenden Auswahl an das Gleichbehandlungsgebot des Art. 3 Abs. 1 GG führt nicht dazu, dass das Rechtsverhältnis zwischen dem öffentlichen Auftraggeber und den Bietern als öffentlich-rechtlich anzusehen ist**. Jede staatliche Stelle hat unabhängig von der Handlungsform den Gleichheitssatz des Art. 3 Abs. 1 GG zu beachten. Diese Bindung kann daher für die Qualifizierung eines Rechtsverhältnisses als öffentlich-rechtlich oder privatrechtlich nicht entscheidend sein. Andernfalls wäre nahezu jedes Rechtsverhältnis zwischen der öffentlichen Verwaltung und dem Bürger angesichts der umfassenden Bindung an Art. 3 Abs. 1 GG als öffentlichrechtlich anzusehen; für die Annahme privatrechtlichen Handelns der öffentlichen Hand bliebe letztlich kein Raum mehr.

2974 **Etwas anderes folgt auch nicht aus den haushaltsrechtlichen Bindungen der öffentlichen Hand** bei der Vergabe von Aufträgen. **Derartige haushaltsrechtliche Regelungen –** wie auch § 55 der Bundeshaushaltsordnung (BHO) – **sind reines Innenrecht und binden den öffentlichen Auftraggeber allein im Innenverhältnis, nicht aber im Außenverhältnis gegenüber den Bietern**. Das Haushaltsrecht dient nicht der Sicherung des Wettbewerbs oder der Einrichtung einer bestimmten Wettbewerbsordnung für das Nachfrageverhalten des Staates. Ziel der haushaltsrechtlichen Vorgaben ist vielmehr ein wirtschaftlicher und sparsamer Umgang mit Haushaltsmitteln, der im öffentlichen Interesse liegt. Der Wettbewerb der Anbieter um einen ausgeschriebenen Auftrag wird als Mittel genutzt, um dieses Ziel zu erreichen, ist aber nicht selbst Ziel der haushaltsrechtlichen Normen. Aus demselben Grund kommt es auch nicht auf den Umstand an, dass der Vergabe öffentlicher Aufträge im Bausektor regelmäßig die VOB/A zu Grunde gelegt wird. **Die VOB/A ist – jedenfalls außerhalb des Anwendungsbereichs der §§ 97 ff. GWB – nicht wie eine Rechtsnorm anzuwenden**. Eine Bindung des öffentlichen Auftraggebers an die VOB/A im Außenverhältnis gegenüber den Bietern wird demzufolge ebenfalls nur über Art. 3 Abs. 1 GG und den hieraus abzuleitenden Grundsatz der Selbstbindung der Verwaltung bewirkt.

2975 Eine öffentlich-rechtliche Einordnung der Beziehungen zwischen dem öffentlichen Auftraggeber und den Bietern lässt sich schließlich auch **nicht durch Heranziehung der so genannten Zweistufentheorie erreichen. Die Zweistufentheorie ist nur dann zur rechtlichen Bewertung eines Vorgangs angemessen, wenn dieser durch eine Mehrphasigkeit der Aufgabenwahrnehmung gekennzeichnet** ist. Das ist typischerweise dann der Fall, wenn die Entscheidung über das „Ob" einer öffentlichen Leistung – etwa die Gewährung einer Subvention – durch Verwaltungsakt erfolgt, während deren Abwicklung – das „Wie" – mittels eines privatrechtlichen Vertrages durchgeführt wird. Die Entscheidung über die Vergabe eines öffentlichen Auftrags unterscheidet sich hiervon jedoch wesentlich. **Das Vergabeverfahren ist nämlich seiner Struktur nach gerade nicht zweistufig**; vielmehr erfolgt die Entscheidung über die Auswahl zwischen mehreren Bietern im Regelfall unmittelbar durch den Abschluss eines privatrechtlichen Vertrages mit einem der Bieter durch Zuschlag (vgl. § 28 Nr. 2 Abs. 1 VOB/A). Hiernach fehlt es an einem Anknüpfungspunkt für eine „erste Stufe", auf der eine – nach öffentlichem Recht zu beurteilende – selbstständige „Vergabeentscheidung" fallen könnte. Durch die **Anwendung der Zweistufentheorie auf die Vergabe öffentlicher Aufträge würde vielmehr ein einheitlicher Vorgang künstlich in zwei Teile aufgespalten**.

Gesetz gegen Wettbewerbsbeschränkungen					GWB § 102 Teil 1

Die **Rechtsweggarantie des Art. 19 Abs. 4 GG fordert ebenfalls kein anderes Ergebnis**, denn ihr Normbereich ist für den Rechtsschutz bei der Vergabe öffentlicher Aufträge nicht einschlägig. Öffentliche Aufträge werden nicht in Ausübung öffentlicher Gewalt im Sinne dieser Vorschrift vergeben. 2976

13.8.4.2 Sonstige Rechtsprechung

Die sonstige – **sehr umfangreiche und differenzierte** – Rechtsprechung wird nur noch insoweit dargestellt, als sie mit der **Rechtsprechung des Bundesverwaltungsgerichts übereinstimmt**. 2977

Gleicher Auffassung wie das Bundesverwaltungsgericht sind im Ergebnis für Baumaßnahmen das OVG Berlin-Brandenburg, das OVG Niedersachsen, der VGH Baden-Württemberg, das VG Gelsenkirchen, das VG Karlsruhe, das VG Leipzig und das VG Potsdam. Es ist insoweit maßgeblich darauf abzustellen, welcher Art das durch den Zuschlag zu begründende Vertragsverhältnis ist. **Handelt es sich um ein rein fiskalisches Geschäft, das der Errichtung eines Gebäudes dient und nimmt der Auftraggeber in der Rolle eines Verbrauchers am wettbewerblichen Wirtschafts- und Erwerbsleben teil, gilt für ihn grundsätzlich formell und materiell das allgemeine Privatrecht** (VG Potsdam, B. v. 20. 7. 2006 – 2 L 430/06; B. v. 20. 9. 2005 – Az.: 3 L 627/05; im Ergebnis ebenso OLG München, B. v. 16. 11. 2006 – Az.: Verg 14/06; B. v. 13. 11. 2006 – Az.: Verg 13/06; LG Cottbus, Urteil v. 24. 10. 2007 – Az.: 5 O 99/07; VGH Baden-Württemberg, B. v. 30. 10. 2006 – Az.: 6 S 1522/06; VG Karlsruhe, B. v. 14. 6. 2006 – Az.: 8 K 1437/06; VG Leipzig, B. v. 6. 9. 2005 – Az.: 5 K 1018/05; B. v. 5. 9. 2005 – Az.: 5 K 1069/05; VG Gelsenkirchen, B. v. 15. 10. 2004 – Az.: 12 L 2120/04). Dem auf den **Abschluss eines zivilrechtlichen Vertrages gerichteten und damit endenden Vergabeverfahren** lässt sich **auch nicht mittels der so genannten Zweistufentheorie eine öffentlich-rechtlich einzuordnende Vergabeentscheidung entnehmen**. Die öffentlich-rechtliche Einordnung eines Gesamtvorganges unter Heranziehung der so genannten Zweistufentheorie setzt eine etwaige **Mehrphasigkeit der Aufgabenwahrnehmung durch die Verwaltung sowie die Inanspruchnahme von Sonderrecht des Staates bei der exekutiven Grundentscheidung voraus**. Es müssen sich auch in einem äußerlich einheitlichen Handlungsgeschehen zwei Rechtshandlungen unterscheiden lassen. Dies darf nicht einfach unterstellt werden; vielmehr müssen eindeutige Anhaltspunkte für eine zweistufige Verfahrensweise vorliegen. Diese **Voraussetzungen liegen hier nicht vor**. Der öffentliche **Auftraggeber** ist bei der Vergabeentscheidung **auch nicht an Sonderrecht des Staates gebunden**, das einem nicht zum Zuge gekommenen Bieter ein subjektives öffentliches Recht verschaffen könnte, um die Durchführung des Vertrages vorläufig zu verhindern (OVG Berlin-Brandenburg, B. v. 28. 7. 2006 – Az.: 1 L 59/06; OVG Niedersachsen, B. v. 26. 7. 2006 – Az.: 7 OB 65/06; B. v. 14. 7. 2006 – Az.: 7 OB 105/06). 2978

Soweit die Eröffnung des Verwaltungsrechtsweges vorrangig mit dem sich aus Art. 19 Abs. 4 GG ergebenden **verfassungsrechtlichen Gebot effektiven Rechtsschutzes begründet** wird, ist dieses Anliegen vor dem Hintergrund der Erlangung eines möglichst wirksamen Primärrechtsschutzes durchaus nachvollziehbar und verständlich. Eine **höhere Kontrolldichte durch verwaltungsgerichtlichen einstweiligen Rechtsschutz auch im Bereich der Vergabe öffentlicher Aufträge unterhalb der Schwellenwerte des § 100 Abs. 1 GWB erscheint wünschenswert, wenn nicht sogar geboten**. Es muss jedoch dem Gesetzgeber vorbehalten bleiben zu bestimmen, inwieweit er den nicht berücksichtigten Mitbietern im Vergabeverfahren subjektive öffentliche Rechte und den daraus folgenden Rechtsschutz einräumt (OVG Berlin-Brandenburg, B. v. 28. 7. 2006 – Az.: 1 L 59/06; im Ergebnis ebenso BVerfG, Urteil v. 13. 6. 2006 – Az.: 1 BvR 1160/03). 2979

Das BayVG München kommt **für VOL-Ausschreibungen zu demselben Ergebnis** (BayVG München, B. v. 27. 2. 2007 – Az.: M 16 E 07.664). 2980

13.8.4.3 Verhältnis des vergaberechtlichen Rechtsschutzes zum verwaltungsgerichtlichen Rechtsschutz für die Frage der Unzulässigkeit gemeindlicher wirtschaftlicher oder nichtwirtschaftlicher Betätigungen nach § 107 GO NRW

Vgl. dazu die Kommentierung zu → § 97 GWB Rdn. 87. 2981

13.8.4.4 Verweisung eines Rechtsstreits durch das Verwaltungsgericht an die Vergabekammer bzw. den Vergabesenat

Eine **Verweisung eines Rechtsstreits durch das Verwaltungsgericht an den Vergabesenat scheidet im einstweiligen Rechtsschutzverfahren** deswegen **aus**, weil das spezifi- 2982

Teil 1 GWB § 102 Gesetz gegen Wettbewerbsbeschränkungen

sche Rechtsschutzverfahren nach dem GWB ein selbständiges Verfahren des einstweiligen Rechtsschutzes, das dem Verfahren gemäß § 123 VwGO vergleichbar wäre, nicht vorsieht. Vielmehr findet dort in der Hauptsache eine Nachprüfung durch die Vergabekammer, die nicht als Gericht zu qualifizieren ist, und eine Überprüfung dieser Entscheidung im Wege der sofortigen Beschwerde durch das Oberlandesgericht statt, §§ 107, 116 GWB. Mit diesem Verfahren ist unter bestimmten Voraussetzungen eine aufschiebende Wirkung verbunden, §§ 115, 118 GWB, die allerdings nicht ohne die Einleitung des Hauptsacheverfahrens eintritt. Eine **Verweisung des Antrags auf Erlass einer einstweiligen Anordnung kann aber nicht zu einer Anhängigkeit des Hauptsacheverfahrens mit bindender Wirkung führen**, zumal diese unter Umständen im Widerspruch zu den Anforderungen an die Zulässigkeit des Rechtsmittels der sofortigen Beschwerde stehen würde (VG Köln, B. v. 29. 8. 2008 – Az.: 7 L 1205/08).

13.8.4.5 Einstweilige Verfügungsverfahren nach der VwGO

2983   **13.8.4.5.1 Vergabe von Rettungsdienstleistungen in Bayern.** Das **Rechtsverhältnis zwischen dem Antragsgegner und potenziellen Bietern bei der Vergabe von Rettungsdienstleistungen nach dem Bayerischen Rettungsdienstgesetz ist grundsätzlich dem öffentlichen Recht zuzuordnen**. Derzeit ist **nicht geklärt, ob es sich bei der in Frage stehenden Beauftragung um einen Dienstleistungsauftrag** im Sinne der Richtlinie 2004/18/EG des Europäischen Parlaments und des Rats vom 31. 3. 2004 über die Koordinierung der Verfahren zur Vergabe öffentlicher Bauaufträge, Lieferaufträge und Dienstleistungsaufträge handelt, bei denen ein Vergabeverfahren nach den Vorschriften der §§ 97 ff. GWB durchzuführen ist, **oder ob eine Dienstleistungskonzession im Streit steht, die im Lichte des primären Rechts und insbesondere der im EG-Vertrag vorgesehenen Grundfreiheiten zu prüfen ist**. §§ 104 und 116 GWB sehen eine Überprüfung von Vergabeverfahren nach §§ 97 ff. GWB durch Vergabekammern und Vergabesenate bei den Oberlandesgerichten vor. **Solange eine eindeutige Zuordnung zu den ordentlichen Gerichten nicht bejaht werden kann, bleibt es bei der grundsätzlichen Eröffnung des Verwaltungsrechtswegs** (VG Regensburg, B. v. 9. 12. 2009 – Az.: RN 4 E 09.2360).

2984   Die von einem Antragsteller vorgetragenen Gründe gegen die Art und Weise der vom Antragsgegner betriebenen Ausschreibung der Rettungsdienstleistungen können **so komplexe Rechtsfragen** aufwerfen, dass **deren abschließende Beurteilung im Eilverfahren nicht möglich** ist (Bayerischer VGH, B. v. 23. 12. 2009 – Az.: 21 CE 09.3131VG; Regensburg, B. v. 9. 12. 2009 – Az.: RN 4 E 09.2360).

2985   **Nach Maßgabe der Ausführungen des Bundesverfassungsgerichts zum Rechtsschutz gegen unterschwellige Auftragsvergaben kommt dem Interesse übergegangener Konkurrenten ein nachrangiges Gewicht zu.** Demgemäß ist das Absehen vom Erlass einer einstweiligen Anordnung zugunsten der Antragstellerin dieser eher zumutbar, als dem Antragsgegner der Erlass einer einstweiligen Anordnung, die unter Umständen der sachgerechten Vergabe von Rettungsdienstleistungen für das Jahr 2010 entgegensteht. **Das mit dem Belang der Gewährleistung eines den gesetzlichen Anforderungen entsprechenden Rettungsdienstes betroffene öffentliche Interesse steht einer Entscheidung zugunsten der Antragstellerin derzeit entgegen.** Angesichts des Umstands, dass die derzeit anstehende Vergabe der Rettungsdienstleistungen in den streitgegenständlichen Bescheiden nur für ein Jahr ansteht, ist auch nicht von einem schweren und unzumutbaren Nachteil für die Antragstellerin auszugehen, wenn sie für diesen begrenzten Zeitraum **darauf verwiesen wird, nach Zuschlagserteilung an einen anderen Bieter im Hinblick auf einen Schadensersatzanspruch Klage auf Feststellung der Rechtswidrigkeit der Vergabe zu erheben** (Bayerischer VGH, B. v. 23. 12. 2009 – Az.: 21 CE 09.3131VG; VG Regensburg, B. v. 9. 12. 2009 – Az.: RN 4 E 09.2360).

13.8.5 Literatur

2986   – Antweiler Clemens, Verwaltungsgerichtlicher Rechtsschutz gegen Vergaberechtsverstöße in Genehmigungsverfahren, NZBau 2009, 362

– Burgi, Martin, Von der Zweistufenlehre zur Dreiteilung des Rechtsschutzes im Vergaberecht, NVwZ 2007, 737

– Dabringhausen, Gerhard/Sroka, Patricia, Vergaberechtlicher Primärschutz auch unterhalb der EU-Schwellenwerte durch Eröffnung des Verwaltungsrechtswegs?, VergabeR 2006, 462

- Ennuschat, Jörg/Ulrich, Carsten, Keine Anwendung der Zwei-Stufen-Lehre im Vergaberecht, NJW 2007, 2224
- Fett, Bernhard, Rechtsschutz unterhalb der Schwellenwerte, VergabeR 2007, 298
- Gröning, Jochem, Primärer Vergaberechtsschutz außerhalb des Vierten Teils des GWB auf dem Verwaltungsrechtsweg?, ZWeR 2005, 276
- Hölzl, Franz/Gabriel, Marc, Verwaltungsgerichtlicher Rechtsschutz unter den vergaberechtlichen Schwellenwerten, AbfallR 2005, 259
- Hormann, Carsten, Zur Rechtsnatur des Vergaberechts – Zugleich Entgegnung auf den Beschluss des Bundesverwaltungsgerichts vom 2. 5. 2007 – 6 B 10.07 – VergabeR 2007, 337, VergabeR 2007, 431
- Irmer, Wolfram, Schutz vor den Verwaltungsgerichten bei Vergabeverfahren unterhalb der Schwellenwerte – Eine unendliche Geschichte oder nur ein kurzer Spuk?, ZfBR 2007, 233
- Kallerhoff, Dieter, Zur Begründetheit von Rechtsschutzbegehren unterhalb der vergaberechtlichen Schwellenwerte, NZBau 2008, 97
- Krist, Matthias/Kutzscher, Dirk, Von der Unwilligkeit einer Gerichtsbarkeit – oder: Das schnelle Ende des verwaltungsgerichtlichen Rechtsschutzes im Vergaberecht?, VergabeR 2006, 823
- Krohn, Wolfram, Ende des Rechtswegwirrwarr: Kein Verwaltungsrechtsschutz unterhalb der Schwellenwerte, NZBau 2007, 493
- Niestedt, Marian /Hölzl, Franz Josef, Zurück aus der Zukunft? Verfassungsmäßigkeit der Primärrechtsschutzbeschränkung im Vergaberecht oberhalb bestimmter Schwellenwerte, NJW 2006, 3680
- Prieß, Hans-Joachim/Hölzl, Franz Josef, Das Ende der „Zweiklassen-Vergaben" – Vergaben unter den Schwellenwerten sind fortan verwaltungsgerichtlich überprüfbar, ZfBR 2005, 592
- Prieß, Hans-Joachim/Hölzl, Franz Josef, Vertrauen ist gut – Kontrolle ist besser – Kein rechtfreier Raum bei der Beschaffung von harten Rüstungsgütern, Behörden Spiegel Mai 2005, 23
- Prieß, Hans-Joachim/Hölzl, Franz Josef, Das Ende des rechtsfreien Raumes: Der verwaltungsgerichtliche Rechtsschutz bei der Rüstungsbeschaffung, NZBau 2005, 367
- Renner, Wolfgang/Rubach-Larsen, Anne/Sterner, Frank, Rechtsschutz bei der Vergabe von Rüstungsaufträgen, NZBau 2007, 407
- Ruthig, Josef, Verwaltungsrechtsschutz bei der staatlichen Auftragsvergabe – Eine verwaltungsrechtliche Kritik der „Lenkwaffen"-Entscheidung des OVG Koblenz, NZBau 2005, 497
- Siegel, Thorsten, Die Zwei-Stufen-Theorie auf dem Rückzug – zum Beschluss des Bundesverwaltungsgerichts vom 2. 5. 2007 über den Rechtsweg in Vergabestreitigkeiten, DVBl. 2007, 942
- Siegel, Thorsten, Effektiver Rechtsschutz und der Vorrang des Primärrechtsschutzes, DÖV 2007, 237
- Spießhofer, Birgit/Sellmann, Christian, Rechtsschutz im „Unterschwellenbereich" – zur begrenzten Tragweite der Entscheidung des Bundesverfassungsgerichts, VergabeR 2007, 159
- Wagner, Olaf, Kein Verwaltungsrechtsschutz bei Unterschwellenvergaben, NJW-Spezial 2007, 309

13.8.6 Prüfung der Frage, ob für eine ausgeschriebene Leistung eine immissionsschutzrechtliche Genehmigung erforderlich ist

Die **Entscheidung in der Frage**, ob es sich hinsichtlich der Aufstellung und des Betriebes einer Behandlungs- und Mischanlage **um Abfallbehandlungsanlagen handelt** und dafür auch eine **immissionsschutzrechtliche Genehmigung erforderlich** ist oder nicht, stellt **keine Feststellung und damit auch keine Entscheidung der Frage der Verletzung von Vergabevorschriften** dar. Sie ist damit **nicht geeignet zum Gegenstand eines Nachprüfungsverfahrens gemacht** zu werden (VK Thüringen, B. v. 15. 2. 2008 – Az.: 360–4002.20–147/2008-001-ABG).

13.8.7 Prüfung der Frage der Angemessenheit der Kostenerstattung nach § 6a Abs. 7 VgV

2988 Verlangen die staatlichen Auftraggeber, dass die am wettbewerblichen Dialog teilnehmenden Unternehmen Entwürfe, Pläne, Zeichnungen, Berechnungen oder andere Unterlagen ausarbeiten, **müssen sie nach § 3 EG Abs. 7 Satz 2 lit. f) VOL/A einheitlich für alle Unternehmen, die die geforderte Unterlage rechtzeitig vorgelegt haben, eine angemessene Kostenerstattung hierfür gewähren.**

2989 **§ 3 EG Abs. 7 Satz 2 lit. f) VOL/A** ist zwar in der VOL/A angesiedelt. **Der Sache nach** handelt es sich bei einer derartigen Beanstandung **jedoch nicht um eine solche vergaberechtliche Natur**, sondern – ebenso bei der Geltendmachung einer Vergütung nach § 20 Abs. 3 VOF – um den Streit über die Höhe einer aufgrund gesetzlicher Anspruchsgrundlage geschuldeten Vergütung. Dabei handelt es sich um eine zivilrechtliche Angelegenheit. Zivilrechtliche Ansprüche sind jedoch in einem Verfahren vor den ordentlichen Gerichten geltend zu machen und nicht vor den Vergabenachprüfungsinstanzen (OLG Brandenburg, B. v. 7. 5. 2009 – Az.: Verg W 6/09).

14. § 104 GWB – Vergabekammern

(1) **Die Nachprüfung der Vergabe öffentlicher Aufträge nehmen die Vergabekammern des Bundes für die dem Bund zuzurechnenden Aufträge, die Vergabekammern der Länder für die diesen zuzurechnenden Aufträge wahr.**

(2) **Rechte aus § 97 Abs. 7 sowie sonstige Ansprüche gegen öffentliche Auftraggeber, die auf die Vornahme oder das Unterlassen einer Handlung in einem Vergabeverfahren gerichtet sind, können nur vor den Vergabekammern und dem Beschwerdegericht geltend gemacht werden.**

(3) **Die Zuständigkeit der ordentlichen Gerichte für die Geltendmachung von Schadensersatzansprüchen und die Befugnisse der Kartellbehörden zur Verfolgung von Verstößen insbesondere gegen §§ 19 und 20 bleiben unberührt.**

14.1 Vergaberechtsmodernisierungsgesetz 2009

2990 § 104 wird **klarer gefasst**.

2991 Die **Streichung der Vergabeprüfstellen** in § 104 Abs. 2 („außer vor den Vergabeprüfstellen") ist eine Folgeänderung aus der Aufhebung des § 103 GWB.

2992 Der bisherige § 104 Abs. 2 Satz 2 wird Absatz 3. Durch diese neue Struktur wird die Regelung klarer. Der **neue Verweis in Absatz 3 Satz 2 auf die §§ 19 und 20 stellt klar, dass sich trotz der Regelungen der 7. GWB-Novelle an den Befugnissen der Kartellbehörden im Falle eines unzulässigen Verhaltens eines marktstarken öffentlichen Auftraggebers nichts ändert.**

14.2 Inhalt der Vorschrift

2993 § 104 Abs. 1 GWB legt im Grundsatz die **Zuständigkeiten der Vergabekammern des Bundes und der Vergabekammern der Bundesländer** fest; § 104 Abs. 2 GWB in Verbindung mit § 102 GWB bestimmt die **ausschließliche Zuständigkeit** der Vergabekammern und der Vergabesenate bei den Oberlandesgerichten für das förmliche Vergabenachprüfungsverfahren nach den §§ 97ff. GWB. Abs. 3 regelt die **Zuständigkeit der ordentlichen Gerichte für Schadenersatzansprüche** und die **Befugnisse der Kartellbehörden**.

14.3 Vergabekammern des Bundes und der Länder

14.3.1 Organisation der Vergabekammern des Bundes und der Länder

2994 Die Vergabekammern von Bund und Ländern sind unterschiedlich organisiert. Zum Teil sind sie für den jeweiligen Zuständigkeitsbereich konzentriert, zum Teil sind sie räumlich oder sachlich getrennt eingerichtet.

Gesetz gegen Wettbewerbsbeschränkungen GWB § 104 **Teil 1**

14.3.1.1 Übersicht der von Bund und Ländern eingerichteten Vergabekammern

2995

Vergabekammer	Adresse	Telefon	Telefax
1., 2. und 3. Vergabekammer des Bundes beim Bundeskartellamt	Kaiser-Friedrich-Straße 16, 53113 Bonn	0228/9499-0	0228/9499-400
Vergabekammer beim Regierungspräsidium Karlsruhe	76247 Karlsruhe	0721/926–4049	0721/926–3985
Regierung von Mittelfranken, Vergabekammer Nordbayern	Promenade 27, 91522 Ansbach	0981/53–277	0981/53–837
Regierung von Oberbayern, Vergabekammer Südbayern	Maximilianstraße 39, 80538 München	089/2176–2411	089/2176–2847
Vergabekammer des Landes Berlin	Martin-Luther-Straße 105, 10825 Berlin	030/9013-8316	030/9013-7613
1. und 2. Vergabekammer des Landes Brandenburg beim Ministerium für Wirtschaft	Heinrich-Mann-Allee 107, 14473 Potsdam	0331/866–1617	0331/866–1730
Vergabekammern der Freien Hansestadt Bremen beim Senator für Bau und Umwelt	Ansgaritorstraße 2, 28195 Bremen	0421/361–6704	0421/361–2050
Vergabekammer bei der Behörde für Stadtentwicklung und Umwelt Hamburg	Düsternstraße 10, 20355 Hamburg	040/42840-2441 bzw. -3093	040/42840-2039
Vergabekammer bei der Finanzbehörde Hamburg	Rödingsmarkt 2, 20459 Hamburg	040/42823-1491 bzw. -1448	040/42823-2020
Vergabekammer des Landes Hessen beim Regierungspräsidium Darmstadt	Luisenplatz 2, 64283 Darmstadt	06151/12–6348 bzw. -6036	06151/12–5816 bzw. -6834
Vergabekammern bei dem Wirtschaftsministerium Mecklenburg-Vorpommern	Johannes-Stelling-Straße 14, 19053 Schwerin	0385/588–5814	0385/588–5847
Vergabekammer bei der Oberfinanzdirektion Hannover	Waterloostraße 4, 30169 Hannover	0511/101–2966	0511/101–2499
Vergabekammer beim Niedersächsischen Landesamt für den Straßenbau	Sophienstraße 7, 30159 Hannover	0511/3034-421	0511/3034-361
Vergabekammer bei der Bezirksregierung Lüneburg	Auf der Hude 2, 21339 Lüneburg	04131/15–2340	04131/15–2943
Vergabekammer bei der Bezirksregierung Arnsberg	Seibertzstraße 1, 59821 Arnsberg	02931/82–2777	02931/82–2520
Vergabekammer bei der Bezirksregierung Detmold	Leopoldstraße 13–15, 32756 Detmold	05231/71–1710 bzw. -1711	05231/71–1295 bzw. 1297
Vergabekammer bei der Bezirksregierung Düsseldorf	Am Bonnehof 35, 40474 Düsseldorf	0211/475–3302 bzw. -3307	0211/475–3989
Vergabekammer bei der Bezirksregierung Köln	Zeughausstraße 2–10, 50667 Köln	0221/147–2747	0221/147–2889

Teil 1 GWB § 104   Gesetz gegen Wettbewerbsbeschränkungen

Vergabekammer	Adresse	Telefon	Telefax
Vergabekammer bei der Bezirksregierung Münster	Domplatz 1–3, 48 143 Münster	0251/411–2064 bzw. -1707	0251/411–2889
Vergabekammer Rheinland-Pfalz	Stiftstraße 9, 55 116 Mainz	06 131/16–5240 bzw. -2234 bzw. -2250	06 131/16–2269
Vergabekammern bei dem Ministerium für Wirtschaft	Keplerstraße 18, 66 117 Saarbrücken	0681/501–4684	0681/501–4299
Vergabekammer des Freistaates Sachsen beim Regierungspräsidium Leipzig	Braustraße 2, 04 107 Leipzig	0341/977–3411	0341/977–3099
Vergabekammer beim Regierungspräsidium Halle	Willi-Lohmann-Straße 7, 06 114 Halle/Saale	0345/514–1544	0345/514–1115
Vergabekammer beim Regierungspräsidium Magdeburg	Olvenstedter Straße 1–2, 39 108 Magdeburg	0391/567–2341	0391/567–2368
Vergabekammer bei der Oberfinanzdirektion Magdeburg	Otto-von-Guericke-Straße 4, 39 014 Magdeburg	0391/545–4110	0391/545–4444
Vergabekammer des Landes Schleswig-Holstein bei dem Ministerium für Wirtschaft, Technologie und Verkehr	Düsternbrooker Weg 94, 24 105 Kiel	0431/988–4546 bzw. -4514	0431/988–4702
Thüringer Landesverwaltungsamt, Vergabekammer des Freistaats Thüringen	Weimarplatz 4, 99 423 Weimar	03 643/58–7254	03 643/58–7072

14.3.1.2 Abgrenzung der Zuständigkeiten der Vergabekammern des Bundes und der Länder

2996   Die genaue **Abgrenzung der Zuständigkeiten zwischen den Vergabekammern des Bundes und der Länder** ist in § 106a GWB (früher § 18 VgV) geregelt. Zu den Einzelheiten vgl. daher die Kommentierung zu § 106a GWB.

14.4 Rechtsschutz im Vergabenachprüfungsverfahren nach den §§ 97ff.

2997   Vgl. hierzu im Einzelnen die **Kommentierung zu § 102 GWB**.

14.5 Zuständigkeit der ordentlichen Gerichte für die Geltendmachung von Schadensersatzansprüchen

2998   § 104 Abs. 3 GWB stellt klar, dass die **ordentlichen Gerichte für die Geltendmachung von Schadenersatzansprüchen** zuständig sind. Vgl. **inhaltlich** dazu die **Kommentierung zu § 125 GWB**.

14.6 Befugnisse der Kartellbehörden

14.6.1 Allgemeines

2999   Nach § 104 Abs. 3 GWB bleiben mit Blick auf das förmliche Nachprüfungsverfahren die Befugnisse der Kartellbehörden unberührt. Dies bedeutet einmal, dass die **Kartellbehörden** des

Gesetz gegen Wettbewerbsbeschränkungen GWB § 105 **Teil 1**

GWB unabhängig von einem Vergabenachprüfungsverfahren kartellrechtliche Sachverhalte aufgreifen können oder sogar müssen.

14.6.2 Bedeutung für das Vergabenachprüfungsverfahren

14.6.2.1 Verfahrensmäßige Bedeutung

Die Regelung des § 104 Abs. 3 GWB hat zur Folge, dass **im Vergabenachprüfungsverfahren** nur solche **kartellrechtlichen Fragestellungen zulässig** sind, die einen **konkreten Bezug zu vergaberechtlichen Vorschriften** haben (VK Baden-Württemberg, B. v. 7. 1. 2003 – Az.: 1 VK 68/02). In solchen Fällen kann es im Einzelfall auch durchaus vorkommen, dass eine kartellrechtliche Frage **sowohl in einem Vergabenachprüfungsverfahren als auch einem** sonstigen – **Kartellverfahren** eine Rolle spielen kann. 3000

Beispiele für solche Verknüpfungen sind insbesondere die **Grundprinzipien der Vergabe öffentlicher Aufträge**, nämlich das Transparenzgebot, das Diskriminierungsverbot und das Gleichbehandlungsgebot. 3001

14.6.2.2 Inhaltliche Bedeutung

Vergaberecht ist schon auf Grund seiner rechtssystematischen Stellung im GWB Kartellrecht im weitesten Sinne. Von daher ist auch das **materielle Kartellrecht im Rahmen des Vergaberechts zu beachten**; dazu gehört auch die Rechtsprechung des BGH zum allgemeinen Kartellrecht. 3002

Demgegenüber lehnen die Kartellbehörden des Bundes und der Länder eine rechtliche Bindungswirkung von kartellrechtlichen Unbedenklichkeitsbescheinigungen im Hinblick auf die vergaberechtliche Überprüfung einer Ausschreibung ab (**Positionspapier** vom 8. 11. 2001 **zur kartellrechtlichen Beurteilung von Bietergemeinschaften bei Ausschreibungen von Nahverkehrsleistungen**). 3003

14.6.2.3 Einschränkungen

Vgl. dazu **im Einzelnen** die Kommentierung zu → § 102 GWB Rdn. 77. 3004

14.6.2.4 Nachfragebündelung öffentlicher Auftraggeber

Einer der praktisch bedeutsamsten Fälle einer allgemeinen kartellrechtlichen Frage mit konkretem Bezug zum Vergaberecht ist die **Nachfragebündelung öffentlicher Auftraggeber im Wege von Einkaufskooperationen**. Hier erkennt die **Rechtsprechung teilweise eine vergaberechtliche Verknüpfung** an und betrachtet eine entsprechende **Rüge als im Vergabeverfahren zulässig** (VK Baden-Württemberg, B. v. 7. 1. 2003 – Az.: 1 VK 68/02). 3005

Auch der BGH hat sich in einem ähnlichen Fall **im Rahmen eines (allgemeinen) Kartellverfahrens** mit der gleichen Fragestellung befasst (BGH, Urteil v. 12. 11. 2002 – Az.: KZR 11/01). Zur Entscheidung in materieller Hinsicht vgl. die Kommentierung zu → § 97 GWB Rdn. 128. 3006

Vgl. zu Einkaufskooperationen **ausführlich** die Kommentierung zu → § 97 GWB Rdn. 128. 3007

15. § 105 GWB – Besetzung, Unabhängigkeit

(1) Die Vergabekammern üben ihre Tätigkeit im Rahmen der Gesetze unabhängig und in eigener Verantwortung aus.

(2) Die Vergabekammern entscheiden in der Besetzung mit einem Vorsitzenden und zwei Beisitzern, von denen einer ein ehrenamtlicher Beisitzer ist. Der Vorsitzende und der hauptamtliche Beisitzer müssen Beamte auf Lebenszeit mit der Befähigung zum höheren Verwaltungsdienst oder vergleichbar fachkundige Angestellte sein. Der Vorsitzende oder der hauptamtliche Beisitzer müssen die Befähigung zum Richteramt haben; in der Regel soll dies der Vorsitzende sein. Die Beisitzer sollen über gründliche Kenntnisse des Vergabewesens, die ehrenamtlichen Beisitzer auch über mehrjährige praktische Erfahrungen auf dem Gebiet des Vergabewesens verfügen.

Teil 1 GWB § 105 Gesetz gegen Wettbewerbsbeschränkungen

(3) **Die Kammer kann das Verfahren dem Vorsitzenden oder dem hauptamtlichen Beisitzer ohne mündliche Verhandlung durch unanfechtbaren Beschluss zur alleinigen Entscheidung übertragen.** Diese Übertragung ist nur möglich, sofern die Sache keine wesentlichen Schwierigkeiten in tatsächlicher oder rechtlicher Hinsicht aufweist und die Entscheidung nicht von grundsätzlicher Bedeutung sein wird.

(4) **Die Mitglieder der Kammer werden für eine Amtszeit von fünf Jahren bestellt. Sie entscheiden unabhängig und sind nur dem Gesetz unterworfen.**

15.1 Vergaberechtsmodernisierungsgesetz 2009

3008   Die Vorschrift blieb **unverändert**.

15.2 Allgemeiner Inhalt

3009   § 105 GWB regelt die Sonderstellung der Vergabekammern – als Teil der Verwaltung – insbesondere mit Blick auf ihre gerichtsähnliche Funktion.

15.3 Sachliche und persönliche Unabhängigkeit (§ 105 Abs. 1, Abs. 4)

3010   Die Vergabekammern üben ihre Tätigkeit im Rahmen der Gesetze unabhängig und in eigener Verantwortung aus. Sie sind also – obwohl Teil der Verwaltung – nicht weisungsgebunden.

3011   Die Mitglieder der Kammer werden für eine Amtszeit von fünf Jahren bestellt. Sie entscheiden unabhängig und sind nur dem Gesetz unterworfen.

3012   § 105 GWB weist damit den Vergabekammern eine sachliche und persönliche Unabhängigkeit zu, die im Grundsatz an die entsprechende Unabhängigkeit der Richter anknüpft.

15.4 Pflicht zur Neutralität

3013   Die VK ist als **eine gerichtsähnliche Nachprüfungsinstanz** allen Beteiligten **zur Neutralität verpflichtet**. Unterrichtet sie die Vergabestelle in einer Phase, in der der Vertragsschluss kurz bevor steht, vom Eingang eines Nachprüfungsantrages, kann dies möglicherweise die Entschließungen der Vergabestelle, insbesondere in zeitlicher Hinsicht, beeinflussen. Aus der Sicht eines Bieters könnten derartige **interne Korrespondenzen zwischen Vergabekammer und Vergabestelle** deshalb geeignet sein, Zweifel an der Unvoreingenommenheit der Nachprüfungsbehörde zu wecken und **sollten** deshalb **vermieden** werden (KG Berlin, B. v. 4. 4. 2002 – Az.: KartVerg 5/02).

15.5 Ausschluss von Mitgliedern der Vergabekammer wegen des Verdachtes der Befangenheit

15.5.1 Allgemeines

3014   Trotz der mangelnden Regelung im vierten Teil des GWB **muss es aus allgemeinen rechtsstaatlichen Gründen den Verfahrensbeteiligten möglich sein, Mitglieder der Vergabekammer als befangen abzulehnen** (VK Düsseldorf, B. v. 9. 12. 2005- Az.: VK-41/2005-L; im Ergebnis ebenso OLG Frankfurt, B. v. 2. 3. 2007 – Az.: 11 Verg 15/06).

3015   Soweit das Verfahren der Vergabekammern in den §§ 107 ff. GWB nicht ausdrücklich geregelt ist, bietet es sich an, die **Bestimmungen des Verwaltungsverfahrensgesetzes**, nicht aber diejenigen der für das gerichtliche Verfahren geltenden Prozessordnungen (ZPO bzw. VwGO) anzuwenden (BayObLG, B. v. 29. 9. 1999 – Az.: Verg 4/99; VK Münster, B. v. 21. 3. 2005 – Az.: VK 07/05). Hinsichtlich der Entscheidung über Ablehnungsgesuche gegen Mitglieder der Vergabekammer erscheint dabei eine **entsprechende Anwendung der Regelungen des Verwaltungsverfahrensgesetzes bei Ablehnungsgesuchen gegen Ausschussmitglieder als sachgerecht** (OLG Thüringen, B. v. 22. 12. 1999 – Az.: 6 Verg 3/99; im Ergebnis ebenso Schleswig-Holsteinisches OLG, B. v. 4. 5. 2001 – Az.: 6 Verg 2/2001). Eine **analoge Anwendung des § 16 VgV**, der andere Tatbestandsvoraussetzungen hat, **scheidet** damit **aus**.

Gesetz gegen Wettbewerbsbeschränkungen	GWB § 105	**Teil 1**

Anderer Auffassung sind die **VK Düsseldorf** und das **OLG Düsseldorf**. Der **gerichtsähn-** 3016
liche Charakter der Vergabestellen, insbesondere der gerichtsähnliche Ablauf des Verfahrens
und die direkte Beschwerdemöglichkeit zu den Oberlandesgerichten sind **mit dem Verfahren
zum Erlass eines Verwaltungsaktes und dem sich ggf. anschließenden Widerspruchsverfahren nicht derart vergleichbar**, dass dieselben Regelungen anzuwenden wären. Die Entscheidung erfolgt deshalb **gemäß den Regelungen der Verwaltungsgerichtsordnung unter
Verweis auf die Zivilprozessordnung** (VK Düsseldorf, B. v. 9. 12. 2005- Az.: VK-41/2005-L).
Außerdem ist mit dem gerichtsähnlichen Charakter des Vergabenachprüfungsverfahrens das **Fehlen eines förmlichen Ablehnungsrechtes** der Beteiligten wegen Besorgnis der Befangenheit
im Hinblick auf die zentrale Bedeutung der Unvoreingenommenheit der Mitglieder
der Vergabekammer für den Inhalt der Entscheidung aber nicht vereinbar. Für die Anwendung der **Regelungen der VwGO spricht** zudem der **Status der Mitglieder der Vergabekammer**. Ihnen wird durch die Garantie der Unabhängigkeit gemäß § 105 Abs. 1 GWB und
der fünfjährigen Unabsetzbarkeit gemäß § 105 Abs. 4 GWB eine richterähnliche Unabhängigkeit
eingeräumt. Dieser Stellung wird die Überprüfung eines Ablehnungsgesuchs durch die Vergabekammer (§ 54 Abs. 1 VwGO (analog) in Verbindung mit § 45 Abs. 1 ZPO) eher gerecht als die
Prüfung durch den Behördenleiter (OLG Düsseldorf, B. v. 23. 1. 2006 – Az.: VII – Verg 96/05;
offen gelassen OLG Frankfurt, B. v. 2. 3. 2007 – Az.: 11 Verg 15/06).

Besorgnis der Befangenheit bedeutet, dass ein Grund vorliegt, der geeignet ist, Misstrauen 3017
gegen eine unparteiische Amtsausübung eines Amtsträgers zu rechtfertigen. Diese Voraussetzung
ist gegeben, wenn **auf Grund objektiv feststellbarer Tatsachen die subjektiv vernünftigerweise mögliche Besorgnis nicht auszuschließen** ist, ein bestimmter Amtsträger werde in der
Sache **nicht unparteiisch, unvoreingenommen oder unbefangen** entscheiden (OLG Frankfurt, B. v. 26. 8. 2008 – Az.: 11 Verg 8/08; B. v. 2. 3. 2007 – Az.: 11 Verg 15/06; VK Münster,
B. v. 21. 3. 2005 – Az.: VK 07/05). Im Kern gelten damit die gleichen Voraussetzungen wie für
die Ablehnung eines Richters nach § 42 Abs. 2 ZPO (OLG Frankfurt, B. v. 2. 3. 2007 – Az.:
11 Verg 15/06; OLG Thüringen, B. v. 22. 12. 1999 – Az.: 6 Verg 3/99).

Die **Ablehnung eines Sachverständigen findet statt**, wenn ein Grund vorliegt, der geeig- 3018
net ist, Misstrauen gegen seine Unparteilichkeit zu rechtfertigen, §§ 406 Abs. 1, 42 Abs. 2 ZPO. Es
muss sich dabei um Tatsachen oder Umstände handeln, die vom Standpunkt des Ablehnenden aus
bei vernünftiger Betrachtung die Befürchtung wecken können, der Sachverständige stehe der Sache nicht unvoreingenommen und damit nicht unparteiisch gegenüber. Eine solche **Befürchtung
fehlender Unparteilichkeit kann berechtigt sein, wenn der Sachverständige seine gutachterlichen Äußerungen in einer Weise gestaltet, dass sie als Ausdruck einer unsachlichen Grundhaltung gegenüber einer Partei gedeutet werden können**. Hiervon ist
regelmäßig auszugehen, wenn der Sachverständige bei der Gutachtenerstellung eigenmächtig über die ihm durch den Beweisbeschluss und den Gutachtenauftrag gezogenen Grenzen hinaus geht und den Prozessbeteiligten in unzulässiger Weise den von
ihm für richtig gehaltenen Weg zur Entscheidung des Rechtsstreits weist. Dabei rechtfertigt nicht jede Überschreitung des Gutachtenauftrags bereits die Besorgnis der Befangenheit. Vielmehr ist insoweit eine Entscheidung nach Lage des Einzelfalls zu treffen (OLG Celle, B. v. 25. 5.
2010 – Az.: 13 Verg 7/10).

Ob der Sachverständige tatsächlich befangen ist, ist insoweit ohne Belang. Entschei- 3019
dend ist allein, ob die genannten Umstände vom Standpunkt des Antragstellers aus bei vernünftiger Betrachtung die Befürchtung wecken können, der Sachverständige stehe der Sache nicht
unvoreingenommen und damit nicht unparteiisch gegenüber (OLG Celle, B. v. 25. 5. 2010 –
Az.: 13 Verg 7/10).

Ein **im Rahmen der richterlichen Aufklärungspflicht gebotenes richterliches Ver-** 3020
halten begründet niemals einen Ablehnungsgrund, selbst wenn dadurch die Prozesschan-
cen einer Partei verringert werden. Dabei ist vom Rechtsstandpunkt des Gerichtes auszugehen.
Keinen Ablehnungsgrund bilden insbesondere vorläufige Meinungsäußerungen, durch
die sich der Richter noch nicht abschließend festgelegt hat (OLG Frankfurt, B. v. 26. 8. 2008 –
Az.: 11 Verg 8/08; B. v. 2. 3. 2007 – Az.: 11 Verg 15/06), selbst wenn die Würdigung der Pro-
zessaussichten eine **eindeutige Stellungnahme zum Ausgang des Verfahrens enthält**
(OLG Frankfurt, B. v. 26. 8. 2008 – Az.: 11 Verg 8/08).

15.5.2 Beispiele aus der Rechtsprechung

– die **Anregung einer Rücknahme des Nachprüfungsverfahrens wegen mangelnder** 3021
Erfolgsaussicht durch den hauptamtlichen Beisitzer vermag die Besorgnis der Be-

fangenheit nicht zu begründen, weil es sich um einen verfahrensleitenden, sachdienlichen Hinweis handelt, der die Antragstellerin in die Lage versetzt, sich auf die Rechtsmeinung der Vergabekammer einzustellen und gezielt darauf einzugehen. Dass der Hinweis bereits im Vorfeld der mündlichen Erörterung erfolgte, ändert an dieser Einschätzung nichts. Es bleibt der Antragstellerin unbenommen, der Anregung zu entsprechen oder der – für falsch erachteten – Rechtsansicht der Vergabekammer im weiteren Verfahren entgegen zu treten (OLG Frankfurt, B. v. 26. 8. 2008 – Az.: 11 Verg 8/08)

- ein **Hinweis auf Zweifel an der Zulässigkeit des Nachprüfungsantrages** vermag die **Besorgnis der Befangenheit deshalb nicht zu begründen**, weil es sich um einen verfahrensleitenden, sachdienlichen Hinweis handelte. **Selbst wenn der Hinweis in der Sache selbst unrichtig ist**, rechtfertigt dies nicht die Besorgnis der Befangenheit (OLG Frankfurt, B. v. 2. 3. 2007 – Az.: 11 Verg 15/06)
- **auch rein formale verfahrensleitende Entscheidungen** eines Spruchkörpers können die **Besorgnis der Befangenheit begründen** (VK Düsseldorf, B. v. 9. 12. 2005- Az.: VK-41/2005-L)
- allein die **Eintragung eines Beteiligten in der Handwerksrolle der Handwerkskammer** mag zwar objektiv nicht geeignet sein, **einem Mitglied der Handwerkskammer eine voreingenommene Amtsausübung zu unterstellen**. Allerdings kommt es nicht auf eine tatsächliche Befangenheit eines Mitglieds der Vergabekammer an, sondern allein dem „bösen Anschein" soll durch die Regelung in § 21 VwVfG NW schon entgegen gewirkt werden. Vor diesem Hintergrund soll jeder Anschein vermieden werden, aus dem sich eine Befangenheit konstruieren ließe. Demzufolge konnte nicht ausgeschlossen werden, dass je nach der Entscheidung der VK eine Voreingenommenheit hinsichtlich eines Beteiligten wegen seiner Zugehörigkeit zur Handwerkskammer möglich erscheint, so dass Herr xxx, als Mitarbeiter der Handwerkskammer Münster, in diesem Nachprüfungsverfahren von seinem Amt als ehrenamtlicher Beisitzer zu entpflichten war (VK Münster, B. v. 21. 3. 2005 – Az.: VK 07/05)

15.6 Verfahrensrechtliche Konsequenzen eines Befangenheitsantrags

3022   Bis zur Entscheidung darüber, ob ein Ablehnungsgesuch zulässig und begründet ist, hat sich das abgelehnte Mitglied der Vergabekammer unabhängig von der Berechtigung der Ablehnung **vorläufig jeder Mitwirkung am Verfahren zu enthalten** (OLG Frankfurt, B. v. 2. 3. 2007 – Az.: 11 Verg 15/06).

3023   Wegen des für das gesamte Nachprüfungsverfahren geltenden **Beschleunigungsgrundsatzes** kommt allein die **fehlerhafte Zurückweisung eines Ablehnungsgesuches als Anlass für eine Zurückverweisung der Sache an die Vergabekammer nicht in Betracht** (OLG Frankfurt, B. v. 2. 3. 2007 – Az.: 11 Verg 15/06).

15.7 Entscheidung als Spruchkörper auch bei Kostengrundentscheidungen (§ 105 Abs. 2 Satz 1)

3024   Die **Kostengrundentscheidung muss die Vergabekammer als Spruchkörper treffen** (§ 105 Abs. 2 S. 1 GWB); eine **Entscheidung des Vorsitzenden genügt nicht**. Dies gilt auch dann, wenn wegen Antragsrücknahme, Erledigung oder des Eintritts der Ablehnungsfiktion nur noch eine isolierte Kostenentscheidung zu treffen ist. Erst mit der Kostengrundentscheidung ist das Verfahren vor dem Spruchkörper beendet. Eine andere Frage ist, wer auf der Grundlage einer Kostengrundentscheidung Gebühren und Auslagen festsetzt. Dies kann in der Geschäftsordnung der Vergabekammer geregelt werden (OLG Koblenz, B. v. 1. 4. 2004 – Az.: 1 Verg 3/04).

15.8 Amtszeit (§ 105 Abs. 4 Satz 1)

3025   Die Mitglieder der Vergabekammer werden für eine Amtszeit von fünf Jahren bestellt. Diese Regelung gilt sowohl für die hauptamtlichen Mitglieder als auch die ehrenamtlichen Mitglieder. Eine erneute Bestellung ist möglich.

15.9 Widerruf der Bestellung

15.9.1 Anwendung des Verwaltungsverfahrensgesetzes

3026   Das **GWB** enthält insoweit eine **Regelungslücke**. Es kann allerdings nicht angenommen werden, der Gesetzgeber habe eine vorzeitige Beendigung der Amtsdauer für

Gesetz gegen Wettbewerbsbeschränkungen GWB § 106 **Teil 1**

jeden Fall ausschließen wollen. Für eine derart weitgehende und z. B. in Korruptionsfällen klar sachwidrige Lösung gibt auch die Gesetzesbegründung zu § 115 GWB nichts her. Danach wurde die Amtszeit der Kammermitglieder nur einheitlich festgelegt, um eine kurzfristige Abberufung einzelner Mitglieder des Spruchkörpers zu verhindern und so die Unabhängigkeit des Gremiums zu stärken. Die **bestehende Regelungslücke kann auch dann nicht mit einem Rückgriff auf die Prozessordnungen und die für Berufsrichter geltenden Regelungen ausgefüllt werden, wenn man die Entscheidungen der Vergabeausschüsse materiell der rechtsprechenden Gewalt zuordnet**. Gegen die Entscheidungen der Vergabekammer eröffnet das Gesetz den Rechtsweg und lässt die sofortige Beschwerde zu den Vergabesenaten der Oberlandesgerichte zu (§§ 126ff GWB). Der Gesetzgeber hat die Vergabeausschüsse aber im Gegensatz zu den Vergabesenaten nicht den Gerichten, sondern der Verwaltung zugeordnet. Gemäß § 114 Abs. 3 GWB ergeht die Entscheidung der Vergabekammer durch Verwaltungsakt und bezeichnet das Gesetz die Vergabekammern nicht als Gericht. Das Gesetz verlangt nicht, dass der Vorsitzende des Vergabeausschusses Richter ist, sondern lediglich, dass er die Befähigung zum Richteramt besitzt. Die Regelungen zu der Dienstaufsicht über Richter und die Nichtigkeit von Richterernennungen sowie die Entlassungen aus dem richterlichen Dienstverhältnis (§§ 18, 21–24 DRiG) passen ersichtlich nicht für die Mitglieder der Vergabekammern. Somit ist **auf die Vorschriften des Verwaltungsverfahrensgesetzes zurückzugreifen** (Hamburgisches OVG, B. v. 30. 6. 2005 – Az.: 1 Bs 182/05).

15.9.2 Beispiele aus der Rechtsprechung

– nach § 49 Abs. 2 Nr. 3 **HmbVwVfG** darf die Bestellung widerrufen werden, wenn die Bestellungsbehörde auf Grund nachträglich eingetretener Tatsachen berechtigt wäre, von der Bestellung abzusehen und wenn ferner ohne den Widerruf das öffentliche Interesse gefährdet wäre. Bei der **Beurteilung, ob ohne den Widerruf das öffentliche Interesse gefährdet wäre, ist die gesetzliche Gewährleistung einer grundsätzlich 5 Jahre dauernden Amtszeit und die Unabhängigkeit der Vergabekammer zu beachten**. Insoweit ist zu berücksichtigen, dass die Bestellungsbehörde in der Sache geltend, das Mitglied sei befangen. Gemäß den §§ 21 Abs. 2, 20 Abs. 4 HmbVwVfG ist die Bestellungsbehörde aber nicht befugt, anzuordnen, dass sich ein befangenes Ausschussmitglied der Mitwirkung an einem Verwaltungsverfahren enthält. **Vielmehr kann nur der Ausschuss selbst über den Ausschluss entscheiden**. Diese Regelung gilt allerdings unmittelbar nur für den Ausschluss eines Ausschussmitgliedes in einem einzelnen laufenden Verwaltungsverfahren. Geht es hingegen darum, gleichsam vorsorglich das Mitglied aus allen künftigen Vergabeverfahren wegen der Besorgnis der Befangenheit herauszunehmen, spricht viel dafür, dass der **Schutz der Unabhängigkeit der Vergabekammer**, die ihre Tätigkeit gemäß § 105 Abs. 1 GWB in eigener Verantwortung ausübt, es auch in einem solchen Fall gebietet, die verfahrensrechtlichen Sicherungen des § 20 Abs. 4 VwVfG zu aktivieren und eine Entscheidung der Vergabekammer über die Befangenheit ihres stellvertretenden Vorsitzenden zu verlangen. Das Schutzbedürfnis der Vergabekammer vor einer Manipulation ihrer Zusammensetzung ist höher und nicht geringer, wenn eines ihrer Mitglieder aus Gründen der Befangenheit vorsorglich aus allen künftigen Vergabeverfahren herausgehalten werden soll, als wenn es nur um den Ausschluss aus einem gegenwärtig laufenden Verfahren geht. Dies rechtfertigt, die §§ 21 Abs. 2, 20 Abs. 4 HmbVwVfG auch außerhalb eines laufenden Verwaltungsverfahren entsprechend anzuwenden. Eine derartige Ausschlussentscheidung kann die Vergabekammer dann auch außerhalb eines anhängigen Vergabeverfahrens treffen, wenn in Rede steht, dass der Antragsteller in allen denkbaren Vergabeverfahren befangen sein könnte (Hamburgisches OVG, B. v. 30. 6. 2005 – Az.: 1 Bs 182/05).

3027

16. § 106 GWB – Einrichtung, Organisation

(1) **Der Bund richtet die erforderliche Anzahl von Vergabekammern beim Bundeskartellamt ein. Einrichtung und Besetzung der Vergabekammern sowie die Geschäftsverteilung bestimmt der Präsident des Bundeskartellamts. Ehrenamtliche Beisitzer und deren Stellvertreter ernennt er auf Vorschlag der Spitzenorganisationen der öffentlich-rechtlichen Kammern. Der Präsident des Bundeskartellamts erlässt nach Genehmigung durch das Bundesministerium für Wirtschaft und Technologie eine Geschäftsordnung und veröffentlicht diese im Bundesanzeiger.**

Teil 1 GWB § 106a Gesetz gegen Wettbewerbsbeschränkungen

(2) Die Einrichtung, Organisation und Besetzung der in diesem Abschnitt genannten Stellen (Nachprüfungsbehörden) der Länder bestimmen die nach Landesrecht zuständigen Stellen, mangels einer solchen Bestimmung die Landesregierung, die die Ermächtigung weiter übertragen kann. Die Länder können gemeinsame Nachprüfungsbehörden einrichten.

16.1 Vergaberechtsmodernisierungsgesetz 2009

3028   Die Umfrage des Bundesministeriums für Wirtschaft und Arbeit hinsichtlich der Auswirkungen des Vergaberechtsänderungsgesetzes hatte ergeben, dass **Unternehmen häufig mit der Qualität der Entscheidungen der Vergabekammern unzufrieden** waren. Durch die **Aufhebung des § 106 Abs. 2 Satz 2** werden daher künftig auch für die Vergabekammern der Länder die Anforderungen des § 105 Abs. 2 Satz 2 bis 4 an die Besetzung der Vergabekammern einheitlich vorgegeben.

16.2 Allgemeiner Inhalt

3029   § 106 Abs. 1 regelt die Grundzüge der Einrichtung und Organisation der Vergabekammern des Bundes, § 106 Abs. 2 die Grundzüge der Einrichtung und Organisation der Vergabekammern der Länder.

16.3 Vergabekammern des Bundes

3030   Die Vergabekammern des Bundes sind beim Bundeskartellamt eingerichtet. Sie haben ihren Sitz in Bonn. Nähere Einzelheiten sind unter der Internet-Adresse (URL) www.bundeskartellamt.de ersichtlich.

16.4 Vergabekammern der Länder

3031   Die Einrichtung, Organisation und Besetzung der Vergabekammern der Länder bestimmen die **Länder in eigener Zuständigkeit**. Durch die **Aufhebung des § 106 Abs. 2 Satz 2** werden künftig auch für die Vergabekammern der Länder die Anforderungen des § 105 Abs. 2 Satz 2 bis 4 an die Besetzung der Vergabekammern einheitlich vorgegeben.

3032   Einrichtung, Organisation und Besetzung der Vergabekammern der Länder ergeben sich aus den jeweiligen Einrichtungsverordnungen.

16.5 Gemeinsame Nachprüfungsbehörden

3033   Die Länder haben keine gemeinsamen Nachprüfungsbehörden eingerichtet.

16.6 Literatur

3034   – Drey, Franz, Halb Gericht, halb Behörde – Die Arbeit der VK Düsseldorf, Behörden Spiegel Oktober 2003, 18

17. § 106a GWB – Abgrenzung der Zuständigkeit der Vergabekammern

(1) **Die Vergabekammer des Bundes ist zuständig für die Nachprüfung der Vergabeverfahren**

1. des Bundes;
2. von Auftraggebern im Sinne des § 98 Nr. 2, sofern der Bund die Beteiligung überwiegend verwaltet oder die sonstige Finanzierung überwiegend gewährt hat oder über die Leitung überwiegend die Aufsicht ausübt oder die Mitglieder des zur Geschäftsführung oder zur Aufsicht berufenen Organs überwiegend bestimmt hat, es

sei denn, die an dem Auftraggeber Beteiligten haben sich auf die Zuständigkeit einer anderen Vergabekammer geeinigt;

3. von Auftraggebern im Sinne des § 98 Nr. 4, sofern der Bund auf sie einen beherrschenden Einfluss ausübt; ein beherrschender Einfluss liegt vor, wenn der Bund unmittelbar oder mittelbar die Mehrheit des gezeichneten Kapitals des Auftraggebers besitzt oder über die Mehrheit der mit den Anteilen des Auftraggebers verbundenen Stimmrechte verfügt oder mehr als die Hälfte der Mitglieder des Verwaltungs-, Leitungs- oder Aufsichtsorgans des Auftraggebers bestellen kann;

4. von Auftraggebern im Sinne des § 98 Nr. 5, sofern der Bund die Mittel überwiegend bewilligt hat;

5. von Auftraggebern nach § 98 Nr. 6, sofern die unter § 98 Nr. 1 bis 3 fallende Stelle dem Bund zuzuordnen ist;

6. die im Rahmen der Organleihe für den Bund durchgeführt werden.

(2) Wird das Vergabeverfahren von einem Land im Rahmen der Auftragsverwaltung für den Bund durchgeführt, ist die Vergabekammer dieses Landes zuständig. Ist in entsprechender Anwendung des Absatzes 1 Nr. 2 bis 6 ein Auftraggeber einem Land zuzuordnen, ist die Vergabekammer des jeweiligen Landes zuständig.

(3) In allen anderen Fällen wird die Zuständigkeit der Vergabekammern nach dem Sitz des Auftraggebers bestimmt. Bei länderübergreifenden Beschaffungen benennen die Auftraggeber in der Vergabebekanntmachung nur eine zuständige Vergabekammer.

17.1 Vergaberechtsmodernisierungsgesetz 2009

§ 106a regelt die Zuständigkeit der Vergabekammer des Bundes. Diese **Regelung entspricht** 3035 **im Wesentlichen dem bisherigen § 18 VgV**. Um die künftige Vergabeverordnung nicht mit Regelungen zu den Nachprüfungsverfahren zu überfrachten, wird die **Zuständigkeitsregelung für Bund und Länder in das GWB übernommen** und gleichzeitig **klarer strukturiert**.

17.2 Grundsätze

Für die Abgrenzung der Zuständigkeit zwischen den Bundes- und Landesvergabekammern 3036 kommt es darauf an, **wem die Aufträge „zuzurechnen" sind**. Das bestimmt sich danach, von welchem öffentlichen Auftraggeber im Sinne von § 98 GWB das Vergabeverfahren durchgeführt wird.

Die **Gebietskörperschaften** (mit Ausnahme des Bundes) sind **den Ländern zuzurechnen**. 3037 Die **Anstalten und Körperschaften** des öffentlichen Rechts sind **nach ihrem Errichtungsstatut zuzuordnen** (VK Lüneburg, B. v. 18. 11. 2002 – Az.: 203 – VgK – 25/2002).

17.3 Nachprüfung der Vergabeverfahren von Auftraggebern im Sinne des § 98 Nr. 2 GWB, die dem Bund zuzurechnen sind (§ 106a Abs. 1 Nr. 2)

17.3.1 Ausschreibungen von gesetzlichen Krankenkassen

Die **Rechtsprechung** ist insoweit **nicht einheitlich**. 3038

Nach einer Auffassung ist die **Vergabekammer des Bundes für die Nachprüfung von** 3039 **Ausschreibungen der gesetzlichen Krankenkassen zuständig**. Die Vergabekammer des Bundes ist für Vergabeverfahren von Auftraggebern im Sinne des § 98 Nr. 2 GWB zuständig, sofern der Bund die Beteiligung verwaltet, die sonstige Finanzierung überwiegend gewährt hat oder der Bund über die Leitung überwiegend die Aufsicht ausübt oder die Mitglieder des zur Geschäftsführung oder zur Aufsicht berufenen Organs überwiegend bestimmt hat. Die **Finanzierung der gesetzlichen Krankenkassen ist durch bundesgesetzliche Normen des Sozialgesetzbuchs angeordnet und gewährleistet**. Damit ist eine **überwiegende Finanzierung durch den Bund zu bejahen und folglich eine Zuständigkeit der Vergabekammer des Bundes gegeben** (1. VK Bund, B. v. 21. 12. 2009 – Az.: VK 1–212/09; B. v. 26. 11. 2009 – Az.: VK 1–197/09; 2. VK Bund, B. v. 29. 4. 2010 – Az.: VK 2–20/10; 3. VK Bund, B. v. 3. 8. 2009 – VK 3–

145/09; B. v. 24. 7. 2009 – VK 3–136/09). Allerdings könnte hiergegen eingewendet werden, dass eine **parallele Zuständigkeit der Vergabekammern der Länder nach § 106 a Abs. 2 Satz GWB besteht**, wenn die **Krankenkassen landesunmittelbare Körperschaften des öffentlichen Rechts** sind, die gemäß § 90 Abs. 2 und Abs. 3 SGB IV der Aufsicht durch Landesbehörden unterstehen. Selbst wenn man aber **eine parallele Zuständigkeit der Vergabekammer des jeweiligen Landes annehmen wollte, würde dies die Zuständigkeit der Vergabekammer des Bundes angesichts des eindeutigen Wortlauts von § 106 a GWB nicht ausschließen.** Nur wenn man davon ausginge, die Zuständigkeitsregel des § 106 a GWB begründe keinen Vorrang hinsichtlich Bundes- oder Landeszuständigkeit, bliebe der hier vorliegende Fall der staatlichen Finanzierung der Sozialversicherungsträger durch Bundesgesetz bei gleichzeitiger staatlicher Aufsicht durch Landesbehörden ungelöst. Die **Regelungslücke wäre durch eine an Sinn und Zweck der Zuständigkeitsregeln gemäß § 104 Abs. 1 GWB und § 106 a GWB orientierten Gesetzesauslegung zu schließen.** Gemäß § 104 Abs. 1 GWB nehmen die Vergabekammern des Bundes für die dem Bund zuzurechnenden Aufträge, die Vergabekammern der Länder für die diesen zuzurechnenden Aufträge die Nachprüfung öffentlicher Aufträge wahr. Entscheidend wäre damit, ob der jeweilige Auftrag nach sachlichen Gesichtspunkten eher dem Bund oder dem Land zuzurechnen ist. Der **Schwerpunkt des staatlichen Einflusses ist hier im Rahmen der Finanzierung der Sozialversicherungsträger zu sehen.** Es besteht eine **umfassende Gesetzgebungszuständigkeit des Bundes,** der damit einen erheblichen Einfluss auf die gesetzlichen Krankenkassen ausübt. Die **Aufsicht der Länderbehörden tritt insoweit qualitativ zurück.** Aber selbst wenn man die Aufsicht der Länder als gleichwertig einordnen würde, wäre **für den Fall eines bundeseinheitlichen Vorgehens der (Landes-)Krankenkassen** eine Zurechnung des Auftrags zum Bund sachlich gerechtfertigt. So fragen z. B. sämtliche in Deutschland vertretenen Krankenkassen den Abschluss der Rabattverträge gemeinschaftlich für das gesamte Bundesgebiet nach. Damit ergibt sich in diesem Fall ein **deutlicher Bundesbezug, der im Zusammenhang mit der Finanzierung durch Bundesgesetz eine Zuordnung des Vergabenachprüfungsverfahrens zur Vergabekammer des Bundes sachlich rechtfertigt** (2. VK Bund, B. v. 26. 5. 2009 – Az.: VK 2–30/09; B. v. 20. 4. 2009 – Az.: VK 2–36/09; B. v. 20. 4. 2009 – Az.: VK 2–13/09; B. v. 10. 4. 2008 – Az.: VK 2–37/08; B. v. 8. 2. 2008 – VK 2–156/07; B. v. 15. 11. 2007 – Az.: VK 2–123/07, B. v. 15. 11. 2007 – Az.: VK 2–120/07, B. v. 15. 11. 2007 – Az.: VK 2–117/07, B. v. 15. 11. 2007 – Az.: VK 2–114/07, B. v. 15. 11. 2007 – Az.: VK 2–108/07, B. v. 15. 11. 2007 – Az.: VK 2–105/07; B. v. 15. 11. 2007 – Az.: VK 2–102/07; im Ergebnis ebenso VK Baden-Württemberg, B. v. 19. 12. 2008 – Az.: 1 VK 67/08; 1. VK Bund, B. v. 29. 10. 2009 – Az.: VK 1–185/09; B. v. 17. 4. 2009 – Az.: VK 1–35/09; B. v. 19. 11. 2008 – Az.: VK 1–135/08; B. v. 19. 11. 2008 – Az.: VK 1–126/08; B. v. 27. 8. 2008 – Az.: VK 1–102/08; 3. VK Bund, B. v. 29. 9. 2009 – Az.: VK 3–166/09; B. v. 18. 2. 2009 – Az.: VK 3–158/09; B. v. 15. 8. 2008 – Az.: VK 3–107/08; B. v. 8. 2. 2008 – Az.: VK 3–29/08; B. v. 6. 2. 2008 – Az.: VK 3–11/08; B. v. 5. 2. 2008 – Az.: VK 3–23/08; B. v. 5. 2. 2008 – Az.: VK 3–17/08; B. v. 5. 2. 2008 – Az.: VK 3–08/08; B. v. 9. 1. 2008 – Az.: VK 3–145/07; B. v. 14. 11. 2007 – Az.: VK 3–124/07; VK Sachsen, B. v. 19. 12. 2008 – Az.: 1/SVK/064-08; B. v. 19. 12. 2008 – Az.: 1/SVK/061-08).

3040   Nach einer anderen Auffassung **besteht nicht die vorrangige Zuständigkeit der Vergabekammern des Bundes.** Eine **unmittelbare Tätigkeit einer Bundesstelle gemäß § 106 a GWB liegt nicht** vor. Es handelt auch keine Stelle nach § 98 Abs. 2 GWB, deren Beteiligung der Bund überwiegend innehätte, deren Finanzierung er überwiegend gewährt hätte oder über die er die überwiegende Leitung oder Aufsicht ausüben würde. Selbst wenn man die Gewährung einer Finanzierung durch den Bund darin sähe, dass er das gesetzliche Regelwerk im Sozialgesetzbuch bereitstellt, um den gesetzlichen Krankenkassen eine Finanzierung durch Mitgliedsbeiträge zu sichern, so **agieren vorliegend die Allgemeinen Ortskrankenkassen, die nicht bundes- sondern landesweit, allenfalls in Zusammenschlüssen von zwei Bundesländern, verfasst sind. Damit unterliegen sie noch vollständig der Aufsicht der Länder**, § 90 Abs. 2, 3 SGV IV. In Zusammenschau mit der den (Orts)Krankenkassen zugewiesenen Zuständigkeit, die Beiträge ihrer Mitglieder in Relation zu den Ausgaben und Rücklagen selbst zu bestimmen (§ 220 SGB V) sowie den Gesamtversicherungsbeitrag einzuziehen (§ 28 h SGB IV) stellen sich **die Allgemeinen Ortskrankenkassen als Landes-, nicht als Bundesstellen** dar. Über das **Finanzgebaren der Krankenkassen kann in erster Linie das aufsichtsführende Land, nicht der Bund, direkten Einfluss nehmen.** Der **Bund stellt nur den gesetzlichen Rahmen auf.** Eine direkte Bundesfinanzierung ist zwar ebenfalls gegeben, sie wird nach § 221 SGB V aber als Ausgleich für Aufwendungen der Krankenkassen für versicherungsfremde Leistungen gewährt, steht somit einer Leistung gegenüber und stellt nicht die gemäß § 98 Nr. 2 GWB erforderliche „verlorene" Finanzierung dar (VK Düsseldorf, B. v. 31. 10.

Gesetz gegen Wettbewerbsbeschränkungen GWB § 106a **Teil 1**

2007 – Az.: VK – 31/2007 – L; im Ergebnis ebenso VK Arnsberg, B. v. 3. 12. 2009 – Az.: VK 30/09).

Nach einer weiteren Meinung – zu dem alten Recht – hat der Verordnungsgeber die genaue **3041** Abgrenzung der Zuständigkeiten der verschiedenen Vergabekammern auf der Grundlage von § 127 Nr. 5 GWB in § 18 VgV vorgenommen. Hinsichtlich der Auftraggeber im Sinne des § 98 Nr. 2 GWB knüpft § 18 Abs. 1 S. 1, 2. Alt. VgV an die Merkmale an, die die Auftraggebereigenschaft nach jener Vorschrift gerade begründen; die Vergabekammer des Bundes ist zuständig, wenn der Bund den Auftraggeber überwiegend finanziert oder überwiegend beaufsichtigt, bei überwiegender Finanzierung oder überwiegender Beaufsichtigung durch ein Land ist die Vergabekammer dieses Landes zuständig (§ 18 Abs. 7 VgV). **Nach diesem Abgrenzungskriterium sind sowohl die Vergabekammer des Bundes als auch die Vergabekammern der Länder zuständig**. Die gesetzlichen Krankenkassen werden alleine durch den Bund finanziert (weil ihre Finanzierung durch Bundesgesetz erfolgt) und durch die Länder beaufsichtigt (vgl. Art. 87 Abs. 2 S. 2 GG, § 90 Abs. 2, 3 SGB IV). Eine **Schwerpunktbildung danach, ob die Finanzierung oder die Beaufsichtigung im Vordergrund steht, ist nicht vorzunehmen. Für eine derartige Abgrenzung gibt der Wortlaut des § 18 Abs. 1 S. 1 VgV nichts her**, vielmehr nennt er die überwiegende Finanzierung und die überwiegende Beaufsichtigung gleichgewichtig nebeneinander, das Wort „überwiegend" bezieht sich alleine auf das – quantitativ gut überprüfbare – jeweilige Unterkriterium der Finanzierung bzw. der Beaufsichtigung, lässt aber nichts dafür erkennen, welches Kriterium gegebenenfalls im Vordergrund steht. **Weitere Regelungen für die Abgrenzung der Zuständigkeit von Bundes- und Landesvergabekammern enthält § 18 VgV nicht** (OLG Düsseldorf, B. v. 19. 12. 2007 – Az.: VII – Verg 51/07; VK Sachsen, B. v. 19. 12. 2008 – Az.: 1/SVK/064-08; B. v. 19. 12. 2008 – Az.: 1/SVK/061-08; VK Schleswig-Holstein, B. v. 17. 9. 2008 – Az.: VK-SH 10/08).

Die **1. VK Bund vertritt diese Meinung auch für das neue Vergaberecht**. § 106a Abs. 1 **3042** Nr. 2 GWB stellt beide Tatbestandsmerkmale – überwiegende Finanzierung und überwiegende Aufsicht – **gleichwertig nebeneinander**, ein Rangverhältnis, welchem Kriterium etwa wegen eines etwaigen Schwerpunkts ggf. der Vorzug gegeben ist, ist weder dieser noch anderen Regelungen zu entnehmen. Einem **Antragsteller steht damit gemäß § 35 ZPO analog das Wahlrecht zu, sich für eine der beiden zuständigen Vergabekammern zu entscheiden** (1. VK Bund, B. v. 21. 12. 2009 – Az.: VK 1–212/09; ebenso 2. VK Bund, B. v. 29. 4. 2010 – Az.: VK 2–20/10).

Seit dem 1. Januar 2009 werden die bundesgesetzlich geregelten **Pflichtbeiträge** der Ver- **3043** sicherungspflichtigen und gegebenenfalls ihrer Arbeitgeber und anderer zunächst gemäß § 28k SGB IV n. F. **an den Gesundheitsfonds weitergeleitet, der als Sondervermögen beim Bundesversicherungsamt geführt** wird (vgl. § 271 SGB V n. F.) und **aus dem die gesetzlichen Krankenkassen die erforderlichen Zuweisungen und damit ihre Finanzierung insoweit unmittelbar (vom Bund) erhalten** (1. VK Bund, B. v. 21. 12. 2009 – Az.: VK 1–212/09; B. v. 17. 4. 2009 – Az.: VK 1–35/09; B. v. 16. 12. 2008 – Az.: VK 1–156/08; 3. VK Bund, B. v. 26. 3. 2009 – Az.: VK 3–43/09; B. v. 20. 3. 2009 – Az.: VK 3–40/09; B. v. 20. 3. 2009 – Az.: VK 3–34/09; B. v. 20. 3. 2009 – Az.: VK 3–22/09; B. v. 16. 3. 2009 – Az.: VK 3–37/09; B. v. 30. 1. 2009 – Az.: VK 3–221/08; B. v. 29. 1. 2009 – Az.: VK 3–200/08; B. v. 29. 1. 2009 – Az.: VK 3–197/08; B. v. 23. 1. 2009 – Az.: VK 3–194/08). **Jedenfalls daraus leitet sich die Zuständigkeit der Vergabekammer des Bundes ab.**

Zur **Zuständigkeit der Vergabekammer des Bundes aus der Natur der Sache** – und **3044** im Wege der Verweisung – vgl. die Kommentierung → Rdn. 41.

17.3.2 Weitere Beispiele aus der Rechtsprechung

– stellt der Bund bei einer **Stiftung des öffentlichen Rechts des Landes Berlin** den Vorsit- **3045** zenden des zur Aufsicht über die Vergabestelle berufenen Kuratoriums, reicht dies in der Regel aus, um die **Zuständigkeit der VK des Bundes** zu begründen (2. VK Bund, B. v. 18. 7. 2002 – Az.: VK 2–40/02).

17.4 Alleinige oder überwiegende Mittelbewilligung durch den Bund bei Auftraggebern nach § 98 Nr. 5 GWB (§ 106a Abs. 1 Nr. 4)

Die Vergabekammer des Bundes ist zuständig für die Nachprüfung von Vergabeverfahren von **3046** Auftraggebern im Sinne des § 98 Nr. 5 des Gesetzes gegen Wettbewerbsbeschränkungen, sofern der Bund die Mittel allein oder überwiegend bewilligt hat. Wird ein **Auftrag zu jeweils 20% vom Bund und von einem Bundesland finanziert und stammen die restlichen 60% der Mittel aus dem Europäischen Fonds für regionale Entwicklung (EFRE) und wird der Genehmigungsbescheid für die zuwendungsfähigen Gesamtkosten von einem Bundesministerium** (z. B. Bundesministerium für Bildung und Forschung) erlassen, ist der **Auftraggeber als ein überwiegend vom Bund** mit Finanzmitteln ausgestatteter öffentlicher Auftraggeber einzustufen (2. VK Bund, B. v. 3. 7. 2007 – Az.: VK 2–45/07, VK 2–57/07).

17.5 Vergabeverfahren im Rahmen einer Organleihe für den Bund (§ 106a Abs. 1 Nr. 5)

3047 Die **Hochbauaufgaben des Bundes** werden – mit gewissen Ausnahmen – nicht von einer bundeseigenen Bauverwaltung, sondern **in der Regel von den so genannten Finanzbauverwaltungen der Länder im Wege einer Organleihe** für den Bund durchgeführt. Zuständige Vergabekammern sind also in diesen Fällen die Vergabekammern des Bundes.

17.6 Vergabeverfahren im Rahmen einer Auftragsverwaltung für den Bund (§ 106a Abs. 2 Satz 1)

3048 Fällt eine Maßnahme in die **Zuständigkeit der Straßenbaulast für Bundesfernstraß**en, sind **zuständige Träger** nach Art 90 Abs. 2, 85 Abs. 1 GG die **Bundesländer im Rahmen der Bundesauftragsverwaltung.** Nach Art. 85 Abs. 1 GG bleibt im Falle der Bundesauftragsverwaltung die Einrichtung der Behörden Angelegenheit der Länder. **§ 106a Abs. 2 Satz 1 GWB begründet eine ausschließliche Zuständigkeit der Vergabekammern der Länder,** wenn ein Vergabeverfahren von einem Land für den Bund im Rahmen der Auftragsverwaltung durchgeführt wird. Soweit ein Auftraggeber der Ansicht ist, er sei nunmehr im Rahmen der Bundesauftragsverwaltung anstelle der übrigen Bundesländer zuständig, so ist diesem entgegenzuhalten, dass **verfassungsrechtlich geregelte Zuständigkeiten nicht durch schlichtes Schreiben des zuständigen Bundesministeriums geändert werden können** (1. VK Sachsen, B. v. 12. 2. 2010 – Az.: 1/SVK/002–10).

3049 Werden z. B. **im Eigentum des Bundes stehende Autobahnen durch eine Landesverwaltung saniert,** ist **Antragsgegnerin in Baden-Württemberg das Land** auf der Grundlage der nach dem Grundgesetz bestehenden Auftragsverwaltung. Die Auftragsverwaltung ist eine Form der Landesverwaltung. Das Land Baden-Württemberg übt hierbei Landesstaatsgewalt aus, ihre Behörde handelt als Landesorgan. Jedoch ist die Verwaltungskompetenz des Landes nach der ursprünglichen Zuweisung eingeschränkt. Unentziehbar steht dem Land nur die so genannte Wahrnehmungskompetenz zu. **Das Handeln und die Verantwortlichkeit nach außen, im Verhältnis zu Dritten, bleibt stets Landesangelegenheit.** Ein Eintrittsrecht des Bundes sieht Art. 85 GG nicht vor. Demzufolge vertritt das Land in vermögensrechtlichen Angelegenheiten den Bund im Bereich der Auftragsverwaltung gerichtlich und außergerichtlich. Das Vertretungsverhältnis des Landes gegenüber dem Bund soll aber im Rubrum offen gelegt werden (VK Baden-Württemberg, B. v. 23. 3. 2006 – Az.: 1 VK 6/06; B. v. 18. 10. 2005 – Az.: 1 VK 62/05; B. v. 18. 4. 2005 – Az.: 1 VK 10/05; B. v. 21. 11. 2002 – Az.: 1 VK 58/02, 1 VK 59/ 02, B. v. 21. 3. 2003 – Az.: 1 VK 10/03, B. v. 23. 6. 2003 – Az.: 1 VK 28/03).

3050 Auch in **Rheinland-Pfalz** ist ein Auftrag, der die Teilverlegung einer Bundesstraße betrifft, als Angelegenheit der Bundesauftragsverwaltung (Art. 90 Abs. 2 GG) gemäß § 127 Nr. 5 GWB in Verbindung mit § 18 Abs. 6 VgV – so das alte Recht – der Vergabekammer des Landes Rheinland-Pfalz zur Nachprüfung zugewiesen (VK Rheinland-Pfalz, B. v. 31. 7. 2003 – Az.: VK 16/03).

3051 Ebenso ist in **Brandenburg** der Auftrag, der den Bau einer Brücke im Rahmen des Baus einer Bundesstraße bzw. den Bau einer Bundesstraße selbst betrifft, als Angelegenheit der Bundesauftragsverwaltung dem Land Brandenburg gemäß § 18 Abs. 6 VgV – so das alte Recht – in Verbindung mit Art. 90 Abs. 2 GG zuzurechnen und damit die VK Brandenburg zuständig (OLG Brandenburg, B. v. 19. 2. 2008 – Az.: Verg W 22/07; VK Brandenburg, B. v. 30. 9. 2008 – Az.: VK 30/08; B. v. 30. 1. 2008 – Az.: VK 56/07, VK 58/07; B. v. 15. 1. 2008 – Az.: VK 52/07; B. v. 21. 11. 2007 – Az.: VK 45/07; B. v. 16. 10. 2007 – Az.: VK 38/07; B. v. 11. 7. 2007 – Az.: 1 VK 23/07; B. v. 19. 1. 2006 – Az.: 2 VK 76/05; B. v. 12. 5. 2005 – Az.: VK 14/ 05; B. v. 18. 11. 2004 – Az.: VK 66/04); das gilt **auch z. B. für die Ausschreibung der Lie-**

Gesetz gegen Wettbewerbsbeschränkungen GWB § 106a **Teil 1**

ferung von Tausalz, das auf Autobahnen eingesetzt werden soll (VK Brandenburg, B. v. 5. 11. 2009 – Az.: VK 38/09; B. v. 27. 10. 2005 – Az.: 1 VK 61/05).

Aufträge des Landes **Nordrhein-Westfalen**, die im Rahmen der Bundesauftragsverwaltung, 3052
also des Landesvollzugs von Bundesgesetzen im Auftrag und nach Weisung des Bundes ausgeführt werden, sind **Landesangelegenheiten und deshalb dem Land zuzurechnen**. Nach § 104 Abs. 1 GWB fallen **Aufträge eines Landes in die Zuständigkeit der örtlichen Landesvergabekammern**. Die Aufgaben des Bundes als Träger der Straßenbaulast für die Bundesautobahnen sind gemäß Art. 90 Abs. 2 GG den Ländern übertragen. In Nordrhein-Westfalen wurde durch das Zweite Gesetz zur Modernisierung von Regierung und Verwaltung in Nordrhein-Westfalen vom 9. 5. 2000 der Landesbetrieb Straßenbau als unselbständiger, organisatorisch abgesonderter Teil der Landesverwaltung mit der Aufgabe betraut, im Auftrag des Landes die Bundesautobahnen und sonstigen Bundesstraßen zu verwalten (Artikel 3, § 1; Artikel 10 Nr. 8 2. ModernG). Auch wenn die gesamte Tätigkeit im Auftrag des Bundes entfaltet wird und bei Großprojekten die Einwilligung erforderlich ist, wird sie doch durch die dazu bestimmten Niederlassungen des Straßenbaubetriebes bewältigt. Für die **örtliche Zuständigkeit der Vergabekammer** nach § 2 Absatz 3 der Zuständigkeitsverordnung für Nachprüfungsverfahren NRW kommt es daher auch nicht darauf an, wo die Zentralverwaltung des Auftraggebers ihren Sitz hat. Es sind **funktional die jeweiligen Niederlassungen, die den privaten Firmen als Vergabestelle gegenübertreten**. Die Aufgabenerledigung umfasst die Erstellung von Verdingungsunterlagen, die Abwicklung des Wettbewerbs, die technische Auswertung von Angeboten, den Vertragsschluss und die anschließende Vertragsdurchführung. Dies bewirkt die Auftragsbestellung, die gegenüber den Bietern auch nur einheitlich sein kann. Ein **effektiver Rechtschutz wäre nicht gewährleistet, wenn sich jeweils der Bund auf die Beauftragung der nach Landesrecht zuständigen Stelle und diese Stelle auf den Einwilligungsvorbehalt des Bundes berufen könnte** (VK Arnsberg, B. v. 26. 5. 2009 – VK 14/09; B. v. 22. 4. 2005 – Az.: VK 03/2005; VK Düsseldorf, B. v. 26. 6. 2007 – Az.: VK – 18/2007 – B; B. v. 19. 3. 2007 – Az.: VK – 07/2007 – B; B. v. 2. 5. 2006 – Az.: VK – 17/2006 – B; B. v. 7. 10. 2005 – VK – 22/2005 – B).

Der **Landesbetrieb Straßenbau NRW** nimmt für das Land Nordrhein-Westfalen die ho- 3053
heitlichen Aufgaben des Straßenbaulastträgers bei Landesstraßen (§ 43 Abs. 1 Nr. 1, Abs. 2 Straßen- und Wegegesetz – StrWG NRW) sowie kraft Bundesauftragsverwaltung bei Bundesfernstraßen wahr (Art. 90 Abs. 2, Art. 85 GG in Verbindung mit § 1 Abs. 2 Verordnung zur Durchführung des Bundesfernstraßengesetzes). **Als rechtlich unselbständige, nur organisatorisch ausgegliederte Verwaltungseinheit ist der Landesbetrieb Straßenbau NRW** (anders als vor den Gerichten der Verwaltungsgerichtsbarkeit, vgl. § 5 Ausführungsgesetz VwGO NRW und anders als der Bau- und Liegenschaftsbetrieb NRW in Vergabenachprüfungsverfahren, vgl. § 1 Bau- und Liegenschaftsbetriebsgesetz – BLBG: teilrechtsfähiges Sondervermögen mit eigener Wirtschafts- und Rechnungsführung) **in Vergabenachprüfungsverfahren nicht beteiligungsfähig, sondern steht als Teil der Landesverwaltung weiterhin in der Rechtsträgerschaft des Landes Nordrhein-Westfalen**, das als Antragsgegner am Vergabenachprüfungsverfahren beteiligt ist. Antragsgegner des Nachprüfungsverfahrens ist der Auftraggeber (§ 109 Satz 1 GWB). Auftraggeber der vom Landesbetrieb Straßenbau abzuschließenden Beschaffungsverträge ist das Land Nordrhein-Westfalen. Wegen des Prinzips des landeseigenen Vollzugs von Bundesgesetzen (Art 83, 84 GG) gilt dies auch für jenen Teil der Aufgabenbereichs des Landesbetriebs Straßenbau, der die Straßenbaulast bei Bundesfernstraßen betrifft (OLG Düsseldorf, B. v. 25. 11. 2009 – Az.: VII-Verg 27/09; B. v. 14. 9. 2009 – Az.: VII-Verg 20/09).

Die **Zuständigkeit entfällt ebenfalls nicht durch die in Artikel 10 Nr. 8 2. ModernG** 3054
vorgesehene „erwerbswirtschaftlich oder zumindest auf Kostendeckung" zielende **Ausrichtung der Landesbetriebe**. Zum einen ist vorrangig deren Zuordnung zur Verwaltung einer Gebietskörperschaft (§ 98 Nr. 1 GWB), zum anderen kann eine Konkurrenzsituation zu privaten Anbietern im Hinblick auf die Straßenbauverwaltung nicht erkannt werden (VK Düsseldorf, B. v. 26. 6. 2007 – Az.: VK – 18/2007 – B; B. v. 19. 3. 2007 – Az.: VK – 07/2007 – B).

Dies **gilt** im Ergebnis auch in **Niedersachsen** (VK Lüneburg, B. v. 18. 10. 2007 – Az.: 3055
VgK-40/2007; B. v. 19. 4. 2005 – Az.: VgK-11/2005).

Dies **gilt** im Ergebnis auch in **Schleswig-Holstein** (VK Schleswig-Holstein, B. v. 7. 5. 2008 3056
– Az.: VK-SH 05/08).

Öffentliche Aufträge von **Dienststellen der bundeseigenen Wasserstraßenverwaltung** 3057
nach Art. 89 Abs. 2 Satz 1 GG in Verbindung mit § 12 Abs. 1 BWStrG sind der **Bundesrepublik Deutschland gemäß § 104 Abs. 1 GWB als Bestandteil zuzurechnen**. Ein Fall

der Bundesauftragsverwaltung durch ein Bundesland **ist nicht gegeben**. Der Nachprüfungsantrag richtet sich gegen die Bundesrepublik Deutschland (2. VK Bund, B. v. 3. 3. 2004 – Az.: VK 2–142/03; B. v. 8. 10. 2003 – Az.: VK 2–78/03).

17.7 Vergabeverfahren einer zentralen Beschaffungsstelle mehrerer Bundesländer (§ 106 a Abs. 3 Satz 2)

17.7.1 Vergaberechtsmodernisierungsgesetz 2009

3058   Nach dem **neuen § 106 a Abs. 3 Satz 2 GWB** haben die **Auftraggeber nunmehr ausdrücklich die Möglichkeit, eine zuständige Vergabekammer zu benennen**. Nehmen die Auftraggeber diese Möglichkeit nicht wahr, kann die alte Rechtsprechung zu § 18 VgV a. F. im Wesentlichen weiter verwendet werden.

3059   In diesem Sinn haben **bisher auch für das alte Recht des § 18 VgV** einzelne Vergabekammern entschieden. Hat ein öffentlicher Auftraggeber in der Vergabebekanntmachung **eine Vergabekammer als zuständige Vergabekammer benannt** und hat er durch **weitere Umstände** im laufenden Vergabeverfahren eine die Zuständigkeit dieser Vergabekammer **nach außen dokumentiert**, kann die Vergabekammer diese Zuständigkeit annehmen (VK Lüneburg, 15. 5. 2008 – Az.: VgK-12/2008; B. v. 18. 11. 2002 – Az.: 203-VgK-25/2002; 1. VK Sachsen, B. v. 25. 11. 2004 – Az.: 1/SVK/110-04).

17.7.2 Rechtsprechung zu § 18 VgV a. F.

3060   Schreibt eine **zentrale Beschaffungsstelle (als Mehrländeranstalt) eine Beschaffung ausschließlich für einen ihrer Kunden** aus, ist Ort der Leistung der Sitz dieses Kunden. In solchen Fällen ist nicht die für den Sitz der zentralen Beschaffungsstelle zuständige Vergabekammer, sondern die **auf den Sitz des Kunden bezogene Vergabekammer** zuständig (VK Hamburg, B. v. 30. 7. 2007 – Az.: VgK FB 6/07).

3061   Gemäß § 127 Nr. 5 GWB, § 18 Abs. 7 VgV sind die Vergabekammern eines Landes u. a. zuständig für die Nachprüfung des Vergabeverfahrens von Auftraggebern im Sinne des § 98 Nr. 2 GWB, sofern das Land überwiegend die Finanzierung gewährt hat oder das **Land über die Leitung überwiegend die Aufsicht ausübt**. Gemäß § 90 Abs. 2 und 3 SGB IV wird die Aufsicht über Versicherungsträger durch die für die Sozialversicherung zuständigen obersten Landesbehörden geführt. Soweit sich der Zuständigkeitsbereich zwar über das Gebiet eines Landes, aber nicht über mehr als drei Länder hinaus erstreckt, ist das **Land zuständig, welches von den beteiligten Ländern als aufsichtsführend bestimmt** ist (VK Schleswig-Holstein, B. v. 27. 1. 2009 – Az.: VK-SH 19/08).

3062   Der Zuständigkeit der angerufenen Vergabekammer steht dabei nicht entgegen, dass im Rahmen der Rentenversicherung sowohl die Versicherungspflicht als auch die Beitragseinziehung bundesgesetzlich geregelt ist, damit eine mittelbare staatliche Finanzierung durch den Bund vorliegt und nach § 18 Abs. 1 Satz 1 VgV auch eine Zuständigkeit der Vergabekammer des Bundes in Betracht käme. **§ 18 Abs. 1 Satz 1 und Abs. 7 VgV gewichten nach dem Wortlaut Finanzierung und Aufsicht gleichwertig, indem diese Regelungen beide Aspekte alternativ aufführen** (VK Schleswig-Holstein, B. v. 27. 1. 2009 – Az.: VK-SH 19/08).

17.8 Sonstige Festlegung der Zuständigkeit bei mehreren Auftraggebern

17.8.1 Vergaberechtsmodernisierungsgesetz 2009

3063   **Über den Fall des § 106 a Abs. 3 Satz 2 hinaus** gibt es weitere Fälle von gemeinsamen Ausschreibungen mehrerer Auftraggeber, die **in § 106 a GWB nicht geregelt** sind. In der Praxis kommen **beispielsweise** gemeinsame Ausschreibungen von Bund und Ländern oder von Ländern und Kommunen eines Bundeslandes oder von mehreren Kommunen eines Bundeslandes bei unterschiedlicher örtlicher Zuständigkeit verschiedener Vergabekammern eines Bundeslandes vor. Für diese Fälle kann die **alte Rechtsprechung zu § 18 VgV im Wesentlichen weiter verwenden** werden.

17.8.2 Rechtsprechung zu § 18 VgV

3064   Die **Rechtsprechung** hierzu ist **nicht einheitlich**.

Führen mehrere **öffentliche Auftraggeber** mit Sitz in unterschiedlichen Bundesländern und 3065
einer dadurch **unterschiedlichen Zuständigkeit der Vergabekammern** ein **einheitliches
Vergabeverfahren** durch, ist aus dem Rechtsgedanken der Regelungen in § 18 VgV, wonach
bei Abgrenzung zwischen Bundes- und Länderkammern immer der Spruchkörper zuständig
sein soll, in dessen Zuständigkeitsbereich das Schwergewicht der Maßnahme, sei es durch beherrschenden Einfluss oder durch überwiegende Finanzierung eines Organs, anzusiedeln ist, zu
folgern, dass die **Vergabekammer des Landes mit überwiegenden Einfluss mit der Nachprüfung betraut** sein soll (VK Lüneburg, 15. 5. 2008 – Az.: VgK-12/2008; VK Schleswig-Holstein, B. v. 10. 1. 2006 – Az.: VK-SH 30/05; VK Rheinland-Pfalz, B. v. 30. 4. 2002 – Az.:
VK 6/02 – aufgehoben durch B. des OLG Koblenz v. 5. 9. 2002 – Az.: 1 Verg. 2/02 – vgl. unten; im Ergebnis ebenso VK Düsseldorf, B. v. 31. 10. 2007 – Az.: VK – 31/2007 – L).

Für die VK Düsseldorf (B. v. 18. 4. 2002 – Az.: VK – 5/2002 – L) ist in solchen Fällen fraglich, 3066
ob die zuständige Vergabekammer von den öffentlichen Auftraggebern danach bestimmt werden
kann, wer die Federführung bei der Auftragsvergabe hat bzw. wo der größte Anteil der Leistung zu
erbringen ist. Nach Auffassung der VK Düsseldorf kommt es auf die Frage, ob die Antragsgegner
mit der Angabe der Vergabekammer als Nachprüfungsstelle in den Verdingungsunterlagen **eine
der zivilrechtlichen Gerichtsstandvereinbarung vergleichbare Festlegung** zulässigerweise
getroffen haben oder ob sich die örtliche Zuständigkeit der Kammer bei mehreren Auftraggebern
analog der Bestimmungen in § 18 VgV nach dem Schwerpunkt der Leistung richtet,
nicht an, wenn **beide Überlegungen zur Zuständigkeit derselben Vergabekammer** führen
(VK Düsseldorf, B. v. 18. 4. 2002 – Az.: VK – 5/2002 – L).

Nach Auffassung des OLG Koblenz (B. v. 5. 9. 2002 – Az.: 1 Verg. 2/02; ebenso VK Ham- 3067
burg, B. v. 21. 4. 2004 – Az.: VgK FB 1/04; VK Sachsen, B. v. 28. 10. 2008 – Az.: 1/SVK/
054-08; B. v. 28. 7. 2008 – Az.: 1/SVK/037-08; B. v. 5. 2. 2007 – Az.: 1/SVK/125-06) hingegen enthält das **geltende Recht keine ausdrückliche Zuständigkeitsregelung für den Fall
gemeinsamer Ausschreibung durch in verschiedenen Bundesländern ansässige Auftraggeber**. Eine Zuständigkeitsbestimmung nach dem „Schwergewicht der Maßnahme" ist bei
Eingang eines Nachprüfungsantrages, wenn über die Frage der ein Zuschlagsverbot auslösenden
Zustellung (§ 110 Abs. 2 Satz 1, § 115 Abs. 1 GWB) zu befinden ist, in der Regel noch nicht
möglich. Außerdem sind Fälle denkbar, in denen der Schwerpunkt der Leistungserbringung
eben nicht eindeutig ist, was zu Zuständigkeitsstreitigkeiten und in deren Folge zu mit dem
Beschleunigungsgebot im Nachprüfungsverfahren nicht zu vereinbarenden Verzögerungen führen kann.

In diesen Fällen ist **§ 18 Abs. 8 VgV** – auch zur Gewährung eines effektiven Rechtsschutzes – 3068
so auszulegen, dass **im Falle gemeinsamer Ausschreibung durch in verschiedenen Bundesländern ansässige Auftraggeber die Vergabekammer eines jeden in Frage kommenden Landes zuständig** ist (OLG Koblenz, B. v. 5. 9. 2002 – Az.: 1 Verg. 2/02; VK Baden-Württemberg, B. v. 19. 12. 2008 – Az.: 1 VK 67/08; B. v. 28. 10. 2003 – Az.: 1 VK 60/03; VK
Hamburg, B. v. 21. 4. 2004 – Az.: VgK FB 1/04; VK Sachsen, B. v. 19. 12. 2008 – Az.:
1/SVK/064-08; B. v. 19. 12. 2008 – Az.: 1/SVK/061-08; B. v. 28. 7. 2008 – Az.: 1/SVK/037-08;
B. v. 5. 2. 2007 – Az.: 1/SVK/125-06; VK Schleswig-Holstein, B. v. 10. 1. 2006 – Az.: VK-SH
30/05; im Ergebnis ebenso VK Düsseldorf, B. v. 31. 10. 2007 – Az.: VK – 31/2007 – L).

Nach Auffassung der VK Brandenburg (B. v. 14. 3. 2003 – Az.: VK 14/03) ist nur im **Falle** 3069
eines einheitlichen Beschaffungsvorgangs die Vergabekammer eines jeden Bundeslandes
wahlweise zuständig. **Ansonsten** bleibt es bei der **separaten Zuständigkeit einer jeden Vergabekammer** für die der Sache nach getrennten Beschaffungsvorgänge. Jede Vergabekammer
ist dann für den ihr zuzurechnenden Beschaffungsvorgang zuständig, nicht aber auch für den,
der der anderen Vergabekammer allein zuzurechnen ist.

Gegebenenfalls kommt auch die **direkte oder analoge Anwendung des § 3 Abs. 2 Vw-** 3070
VfG in Betracht. § 3 Abs. 2 VwVfG regelt, dass dann, wenn mehrere Behörden zuständig sind,
die Behörde entscheidet, die zuerst mit der Sache befasst worden ist (VK Hamburg, B. v. 21. 4.
2004 – Az.: VgK FB 1/04; VK Schleswig-Holstein, B. v. 10. 1. 2006 – Az.: VK-SH 30/05), es
sei denn, die gemeinsam fachlich zuständige Aufsichtsbehörde bestimmt, dass eine andere örtlich
zuständige Behörde zu entscheiden hat. Fehlt eine gemeinsame Aufsichtsbehörde, so treffen die
fachlich zuständigen Aufsichtsbehörden die Entscheidung gemeinsam (VK Lüneburg, B. v.
7. 12. 2001 – Az.: 203-VgK-20/2001).

Im Ergebnis ähnlich argumentieren die VK Schleswig-Holstein sowie die VK Hamburg, wenn 3071
sie die **Zuständigkeit danach regeln, welche Kammer zuerst mit dem Nachprüfungsantrag befasst ist und die Beteiligten damit einverstanden sind** (VK Hamburg, B. v. 21. 4.

659

Teil 1 GWB § 106a Gesetz gegen Wettbewerbsbeschränkungen

2004 – Az.: VgK FB 1/04; VK Schleswig-Holstein, B. v. 10. 1. 2006 – Az.: VK-SH 30/05; B. v. 26. 3. 2004 – Az.: VK-SH 09/04).

3072 Nach **Auffassung der VK Münster** gilt die **Zuständigkeitsverordnung NRW** auch in den Fällen des § 98 Nr. 2 bis 6 GWB, wenn neben den Vergabestellen des Landes NRW auch Stellen anderer Länder beteiligt sind und die beteiligten Stellen **sich auf die Nachprüfung durch die im Land NRW dafür zuständigen Stellen schriftlich vor Beginn des Vergabeverfahrens geeinigt** haben (VK Münster, B. v. 10. 2. 2005 – Az.: VK 35/04).

3073 Nach Auffassung des OLG Düsseldorf enthält § 18 Abs. 7 VgV **kein Kriterium für die Abgrenzung zwischen den Vergabekammern der Länder für den Fall, dass mehrere Auftraggeber beteiligt sind, die jeweils anderen Ländern zuzuordnen sind.** Insbesondere knüpft diese Vorschrift nicht an Merkmale wie „Verhandlungsführerschaft", „größter Auftraggeber" oder „Schwerpunkt der Leistungserbringung" an. Danach ist vielmehr ist davon auszugehen, dass der **Verordnungsgeber von der Ermächtigungsgrundlage des § 127 Nr. 5 GWB zur Abgrenzung der Zuständigkeit der verschiedenen Vergabekammern nicht abschließend Gebrauch gemacht** hat. In diesen Fällen kann sich – bis zu einer gesetzlichen Regelung – die **Lösung nur aus allgemeinen verfahrensrechtlichen Grundsätzen** ergeben. Die **Vorschrift des § 53 Abs. 1 Nr. 3 VwGO kann bereits deswegen nicht entsprechend angewendet werden, weil ein „nächsthöheres Gericht" nicht existiert**: Die Vergabekammer des Bundes ist den Vergabekammern der Länder nicht hierarchisch übergeordnet, für die Beschwerden sind unterschiedliche Oberlandesgerichte zuständig, die abschließend entscheiden; der Bundesgerichtshof gehört in Vergabesachen nicht zum Rechtszug. **Entsprechend angewendet werden kann jedoch § 35 ZPO, wonach die Wahl dem Kläger zufällt.** Diese Vorschrift gilt im verwaltungsgerichtlichen Verfahren nur deswegen nicht nach § 173 VwGO, weil insoweit § 53 Abs. 1 Nr. 3 VwGO vorgeht; letztgenannte Vorschrift kann hier jedoch aus den vorgenannten Gründen nicht angewandt werden. Ihr **Grundgedanke ist auch mit verwaltungsrechtlichen Maßstäben vereinbar.** § 3 Abs. 2 VwVfG sieht bei mehreren örtlich zuständigen Behörden vor, dass die Behörde entscheidet, die zuerst mit der Sache befasst ist; da das Verfahren nur durch einen Antrag im Sinne des § 22 S. 2 Nr. 1, 2. Alt. Nr. 2 VwVfG eingeleitet wird, **kommt es mithin darauf an, wo der Antragsteller seinen Antrag einreicht.** Dem steht nicht entgegen, dass der Antragsteller mit der Wahl der Vergabekammer auch das zuständige Gericht bestimmt. Diese Folgen werden sowohl im unmittelbaren Anwendungsbereich des § 35 ZPO als auch bei § 3 Abs. 2 VwVfG hingenommen. Soweit die **Vergabeentscheidung vor mehreren Vergabekammern angegriffen werden kann, führt dies nicht zur Unzulässigkeit eines der Verfahren.** Die **Voraussetzungen einer notwendigen Streitgenossenschaft (§ 64 VwGO, § 62 ZPO analog) liegen nicht vor.** Die Sachentscheidung muss nicht notwendigerweise gegenüber sämtlichen Antragstellerinnen einheitlich erfolgen. Die **rechtskräftige Entscheidung in einem Verfahren wirkt für das andere Verfahren.** Der **Streitgegenstand ist hinsichtlich jedes einzelnen Antragstellers unterschiedlich**, nämlich, ob die Vergabeentscheidung gerade diesen Antragsteller in seinen Rechten verletzt (§ 97 Abs. 7, § 107 Abs. 2 GWB). Die **Entscheidung kann bei verschiedenen Antragstellern ohne Weiteres unterschiedlich ausfallen.** Die Fallkonstellation, dass die Nachprüfungsverfahren vor unterschiedlichen zuständigen Vergabekammern anhängig gemacht werden, **unterscheidet sich damit rechtlich nicht von der häufiger vorkommenden Fallkonstellation, bei der verschiedene unterlegene Bieter dieselbe Vergabeentscheidung vor derselben Vergabekammer angreifen;** auch dort ist zu prüfen, ob jeder der Antragsteller durch die Entscheidung in jeweils seinen eigenen Rechten verletzt worden ist, was **häufig zu unterschiedlichen Ergebnissen** führt. Die durch die Anrufung verschiedener Vergabekammern **entstehenden praktischen Unzuträglichkeiten müssen hingenommen werden, solange der Gesetzgeber keine sämtliche Fallkonstellationen umfassende Regelung über die Abgrenzung der Zuständigkeiten der Vergabekammern untereinander trifft** (OLG Düsseldorf, B. v. 19. 12. 2007 – Az.: VII – Verg 51/07; im Ergebnis ebenso VK Brandenburg, B. v. 9. 2. 2009 – Az. VK 5/09; B. v. 9. 2. 2009 – Az.: VK 4/09; jeweils für gemeinsame Ausschreibungen gesetzlicher Krankenkassen).

3074 Unter der Prämisse, dass die **Allgemeinen Ortskrankenkassen nicht staatlich finanziert** werden, sondern als landesunmittelbare Körperschaften des öffentlichen Rechts der **Aufsicht der nach Landesrecht zuständigen Behörden unterliegen**, und zwar auch diejenigen, deren Zuständigkeitsbereich sich über das Gebiet eines Landes hinaus (vgl. § 90 Abs. 1 und 2 SGB IV) erstreckt (z.B. AOK Rheinland/Hamburg, AOK PLUS, Die Gesundheitskasse für Thüringen und Sachsen, AOK Westfalen-Lippe), **stellt sich bei gemeinsamen Ausschreibungen der Allgemeinen Ortskrankenkassen hinsichtlich der Zuständigkeit der Vergabe-**

kammer nur die Frage, welche Vergabekammer zuständig ist, wenn mehrere Auftraggeber beteiligt sind, die jeweils anderen Ländern zuzuordnen sind. Insoweit geht das LSG Baden-Württemberg davon aus, dass § 18 Abs. 7 der Verordnung über die Vergabe öffentlicher Aufträge (VgV) kein Kriterium für eine Abgrenzung in diesen Fällen enthält. Auch ist die Frage einer zuständigkeitsbedingten Verweisung zwischen den Vergabekammern des Bundes und der Länder gesetzlich nicht geregelt. Auf jeden Fall ist aber im konkreten Fall eine Zuständigkeit der Vergabekammer Baden-Württemberg gegeben, entweder weil die **AOK Baden-Württemberg die Ausschreibung federführend durchführt**, oder weil eine **Bindung an den Verweisungsbeschluss der Vergabekammer des Bundes besteht**, oder weil im Falle gemeinsamer Ausschreibung durch in verschiedenen Bundesländern ansässige Auftraggeber **grundsätzlich die Vergabekammer eines jeden in Frage kommenden Landes zuständig ist und es deshalb darauf ankommt, wo der Antragsteller seinen Antrag einreicht**. Ist die zuerst angegangene Vergabekammer des Bundes unzuständig, wäre danach die Vergabekammer zuständig, an die das Verfahren auf Antrag der Antragsteller abgegeben worden ist (LSG Baden-Württemberg, B. v. 17. 2. 2009 – Az.: L 11 WB 381/09; B. v. 23. 1. 2009 – Az.: L 11 WB 5971/08).

Die **Vergabekammer Sachsen** wählt hingegen einen **anderen Weg**. Die insoweit bestehende **Regelungslücke ist durch eine an Sinn und Zweck der Zuständigkeitsregeln gemäß § 104 Abs. 1 GWB und § 18 VgV orientierten Gesetzesauslegung zu schließen**. Bei der Auslegung der genannten Normen und Überlegungen zur bestehenden Gesetzeslücke ist zunächst von der **Einheit der Rechtsordnung** und davon auszugehen, dass der Gesetzgeber grundsätzlich sinnvolle Regelungen zu schaffen wünscht. Die Einheit der Rechtsordnung erfordert dabei die Auflösung von „Gesetzeskonflikten" nach sachlichen Systemkriterien. **Im Fall von gebietsübergreifenden Ausschreibungen verschiedener Krankenkassen spricht vieles dafür, anstelle einer Zersplitterung des Verfahrens anzustreben, das Verfahren als Einheit zu betrachten**, zumal wenn ein Schwerpunkt der Zuständigkeit dahingehend auszumachen zu sein scheint, dass doch eine überwiegenden Betroffenheit **des Bundes** deswegen vorliegt, weil der Bund sämtliche Auftraggeber überwiegend finanziert, wohingegen die Aufsichtsfunktion eines Landes, welche die Zuständigkeit der Vergabekammer eines Bundeslandes begründen soll, lediglich ein Auftraggeber umfasst (VK Sachsen, B. v. 19. 12. 2008 – Az.: 1/SVK/064-08; B. v. 19. 12. 2008 – Az.: 1/SVK/061-08; im Ergebnis ebenso VK Baden-Württemberg, B. v. 19. 12. 2008 – Az.: 1 VK 67/08). 3075

Eine **Verweisung an die Vergabekammer des Bundes ist in solchen Fällen schon aus Gründen der Beschleunigung des Verfahrens unumgänglich**. Eine Vergabekammer eines Bundeslandes kann in solchen Fällen nicht für alle Gebietslose, sondern nur für die Gebietslose zuständig sein, die auch in ihrem Zuständigkeitsbereich belegen sind. Wenn nun mehrere Vergabekammern zuständiger Weise mit denselben Angeboten mehrerer Gebietslose oder mit denselben Vergabebestandteilen befasst sind, **können die Vergabenachprüfungsverfahren faktisch nicht mehr im Sinne des Beschleunigungsgrundsatzes des § 113 GWB durchgeführt werden**. So können Angebote und Vergabeakten, die sich bei einer Kammer befinden nicht mehr zeitnah durch eine oder mehrere Vergabekammern geprüft werden. Eine berechtigte Akteneinsicht wird dann kaum noch gewährt werden können. Eine Beiladung dürfte erheblich erschwert werden. Indem Verfahrensschritte einheitlich durch einen Auftraggeber für alle Auftraggeber, Gebiets- und Fachlose durchgeführt wurden, dürfte es kaum möglich sein, bei der zersplitterten Zuständigkeit mehrerer Ländervergabekammern, **im Sinne des § 114 Abs. 1 GWB auf das Vergabeverfahren, insbesondere die einheitlich durchgeführten Verfahrensschritte, einzuwirken**, sofern andere Vergabekammern der Länder gleichfalls mit der Prüfung derselben befasst sind. Zu nennen sei beispielsweise die Vergaberechtskonformität der Bekanntmachung, der Submission oder des einheitlichen Wertungsvorganges. **Im Sinne der Gewährung effektiven Rechtsschutzes im Sinne des § 97 Abs. 7 GWB kann nur zu dem Schluss gekommen werden, dass die Einheit der Rechtsordnung die Entscheidung einer, auch zuständigen Vergabekammer, erfordert und daher die Verweisung an die Vergabekammern des Bundes geboten ist**. (VK Sachsen, B. v. 19. 12. 2008 – Az.: 1/SVK/064-08; B. v. 19. 12. 2008 – Az.: 1/SVK/061-08; im Ergebnis ebenso VK Baden-Württemberg, B. v. 19. 12. 2008 – Az.: 1 VK 67/08). 3076

Zur Zulässigkeit einer **Verweisung durch eine Vergabekammer an eine andere Vergabekammer** vgl. die Kommentierung zu § 114 GWB. 3077

Zur Zulässigkeit einer **Rückverweisung durch eine Vergabekammer an eine andere Vergabekammer** vgl. die Kommentierung zu § 114 GWB. 3078

Teil 1 GWB § 107 Gesetz gegen Wettbewerbsbeschränkungen

17.9 Geltendmachung der örtlichen oder sachlichen Unzuständigkeit

3079 Eine **ausdrückliche Regelung über die Folge der fehlenden örtlichen Zuständigkeit der Vergabekammer im Beschwerdeverfahren ist dem Gesetz nicht zu entnehmen**. Das Vergabenachprüfungsverfahren ist – in Anlehnung an das Kartellverwaltungsverfahren – prozessähnlich ausgestaltet. Dies und das **Beschleunigungsziel im vergaberechtlichen Primärrechtsschutz erfordern eine entsprechende Anwendung des § 55 Abs. 2 GWB, der der allgemeinen Regelung in § 115 LVwG vorgeht**. Eine Beschwerde kann danach nicht darauf gestützt werden, dass die Vergabekammer ihre Zuständigkeit zu Unrecht angenommen hat, es sei denn, die örtliche Unzuständigkeit wäre von einem Beteiligten im Nachprüfungsverfahren geltend gemacht worden. Die **Regelung in § 55 Abs. 2 GWB entspricht allgemeinen prozessrechtlichen Grundsätzen** (vgl. § 513 Abs. 2 ZPO; § 83 VwGO iVm § 17a Abs. 5 GVG). Zuständigkeitsbestimmungen auf behördlicher Ebene haben keine vergleichbare Bedeutung, wie es für Vorschriften über gerichtliche Zuständigkeiten der Fall ist (vgl. z. B. für den Fall eines Zuständigkeitswechsels § 3 Abs. 3 VwVfG). Dem Mangel der örtlichen Zuständigkeit von Behörden kommt in der Regel keine entscheidende Bedeutung zu, wenn es, wie vorliegend, um die Anwendung bundesrechtlicher Vorgaben (§§ 97, 107 ff. GWB) geht. Etwas anderes kann gelten, wenn die Vergabekammer im Rahmen des § 114 Abs. 1 S. 2 GWB in ein im Einzelfall gegebenes Ermessen der Vergabestelle eingreift und „durchentscheidet" (Schleswig-Holsteinisches OLG, B. v. 13. 4. 2006 – Az.: 1 (6) Verg 10/05).

18. § 107 GWB – Einleitung, Antrag

(1) Die Vergabekammer leitet ein Nachprüfungsverfahren nur auf Antrag ein.

(2) Antragsbefugt ist jedes Unternehmen, das ein Interesse am Auftrag hat und eine Verletzung in seinen Rechten nach § 97 Abs. 7 durch Nichtbeachtung von Vergabevorschriften geltend macht. Dabei ist darzulegen, dass dem Unternehmen durch die behauptete Verletzung der Vergabevorschriften ein Schaden entstanden ist oder zu entstehen droht.

(3) Der Antrag ist unzulässig, soweit

1. der Antragsteller den gerügten Verstoß gegen Vergabevorschriften im Vergabeverfahren erkannt und gegenüber dem Auftraggeber nicht unverzüglich gerügt hat,
2. Verstöße gegen Vergabevorschriften, die aufgrund der Bekanntmachung erkennbar sind, nicht spätestens bis Ablauf der in der Bekanntmachung benannten Frist zur Angebotsabgabe oder zur Bewerbung gegenüber dem Auftraggeber gerügt werden,
3. Verstöße gegen Vergabevorschriften, die erst in den Vergabeunterlagen erkennbar sind, nicht spätestens bis zum Ablauf der in der Bekanntmachung benannten Frist zur Angebotsabgabe oder zur Bewerbung gegenüber dem Auftraggeber gerügt werden,
4. mehr als 15 Kalendertage nach Eingang der Mitteilung des Auftraggebers, einer Rüge nicht abhelfen zu wollen, vergangen sind.

Satz 1 gilt nicht bei einem Antrag auf Feststellung der Unwirksamkeit des Vertrages nach § 101b Abs. 1 Nr. 2. § 101a Abs. 1 Satz 2 bleibt unberührt.

18.1 Vergaberechtsmodernisierungsgesetz 2009

3080 § 107 hat einmal eine **klarere Struktur** erhalten. Außerdem ist die Vorschrift **um zwei Präklusionsregelungen (§ 107 Abs. 3 Satz 1 Nr. 3 und Nr. 4) erweitert** worden.

3081 Außerdem wird eine **generelle Frist zur Geltendmachung einer Rüge in den Fällen** eingeführt, in denen der Auftraggeber dem Unternehmen mitteilt, dass der Rüge des Unternehmens nicht abgeholfen wird. So kann frühzeitig Klarheit über die Rechtmäßigkeit des Vergabeverfahrens geschaffen werden.

3082 Bei den so genannten **de-facto-Vergaben** des § 101b Abs. 1 Nr. 2 ist es nicht sachgerecht, den Unternehmen eine Rügeverpflichtung aufzuerlegen. In diesen Fällen **kann sofort ein Nachprüfungsantrag bei der Vergabekammer gestellt** werden.

Gesetz gegen Wettbewerbsbeschränkungen GWB § 107 **Teil 1**

18.2 Bedeutung der Vorschrift für das Vergabenachprüfungsverfahren

Mit § 107 GWB beginnen die das Verfahren vor der Vergabekammer verfahrensleitenden Vorschriften. 3083

§ 107 GWB stellt mit seinen nachfolgend näher erläuterten Voraussetzungen die wohl **wichtigste verfahrensrechtliche Hürde** für ein erfolgreiches Vergabenachprüfungsverfahren dar. **Tausende inhaltliche Entscheidungen** der Vergabekammern und Vergabesenate zu § 107 GWB dokumentieren dies eindrucksvoll. 3084

18.3 Antrag (§ 107 Abs. 1)

Das Nachprüfungsverfahren vor der Vergabekammer ist ein Antragsverfahren. Allein der Antragsteller hat es in der Hand, ein solches Nachprüfungsverfahren einzuleiten. 3085

18.3.1 Form- und Inhaltserfordernisse

Vgl. dazu die **Kommentierung zu § 108 GWB**. 3086

18.3.2 Antragstellung nicht durch „Verweisung" eines anderen Gerichtes möglich

Die **Einreichung eines Nachprüfungsantrags**, und zwar gerade bei der Vergabekammer, ist gemäß den §§ 107, 108 GWB **allein Sache des Antragstellers**. Daran ist auch deshalb unabdingbar festzuhalten, weil für die Darlegungen in der Nachprüfungsantragsschrift bestimmte, (nur) für das Nachprüfungsverfahren eigentümliche Zulässigkeitsvoraussetzungen zu beachten sind (vgl. § 107 Abs. 2 und 3 sowie § 108 Abs. 2 GWB bezüglich der Darlegung der gegenüber dem Auftraggeber erfolgten Rüge). Diese **Verfahrensobliegenheiten kann** – wie sich von selbst versteht – **nur der Antragsteller selbst erfüllen**. Folglich kann ein (anderes) Gericht, das ein ihm eingelegtes Rechtsschutzbegehren der Sache nach als ein Begehren im Sinne des § 104 Abs. 2 Satz 1 GWB auslegt und auffasst, dieses Begehren (durch Abgabe oder Verweisung der Sache) nicht für den Antragsteller bei der Vergabekammer „einreichen" (mit allen Konsequenzen der §§ 107 ff. GWB, insbesondere des § 113 Abs. 1 Satz 1 GWB). Anders ausgedrückt: Die (gemäß § 17a Abs. 2 Satz 1 GVG ohnehin nicht zulässige) Verweisung einer Sache von einem Gericht an eine Vergabekammer (eine Verwaltungsbehörde, s. die gesetzliche Überschrift vor § 102 GWB sowie § 114 Abs. 3 Satz 1 GWB) kann einer „Einreichung" des Nachprüfungsantrags bei der Vergabekammer durch den Antragsteller selbst mit Blick auf die §§ 107, 113 Abs. 1 Satz 1 GWB nicht gleich geachtet werden (OLG Düsseldorf, B. v. 11. 3. 2002 – Az.: Verg 43/01). 3087

18.3.3 Rechtsfolge des Antrags: Beginn des Nachprüfungsverfahrens (Rechtshängigkeit)

18.3.3.1 Grundsatz

Die §§ 97 ff. GWB in der Fassung des Vergaberechtsänderungsgesetzes bestimmen nicht ausdrücklich, **wann das Nachprüfungsverfahren von Rechts wegen beginnt**. § 107 Abs. 1 GWB kann aber nicht dahin ausgelegt werden, dass es für den Beginn des Nachprüfungsverfahrens außer dem der Vergabekammer zugegangenen Nachprüfungsantrag noch einer Entschließung, einer Maßnahme der Einleitung auf Seiten der Vergabekammer bedarf. Der Regelungsgehalt des § 107 Abs. 1 GWB erschöpft sich darin, dass die Vergabekammer ohne Antrag eines Unternehmens keine Nachprüfung durchführen darf, **auf Antrag aber eine Nachprüfungstätigkeit entfalten muss**. Es versteht sich von selbst, dass zu dieser Nachprüfungstätigkeit, also zu der durch den Nachprüfungsantrag veranlassten Tätigkeit der Vergabekammer auch die Prüfung der Zulässigkeit des Nachprüfungsantrages gehört (VK Südbayern, B. v. 8. 2. 2002 – Az.: 41-11/01). Formell beginnt das vergaberechtliche Nachprüfungsverfahren also bereits **mit dem Eingang des Nachprüfungsantrages** (OLG Frankfurt, B. v. 13. 7. 2009 – Az.: 11 Verg 1/09; OLG Naumburg, B. v. 30. 5. 2002 – Az.: 1 Verg 14/01). Bereits **mit dem Eingang des Antrags ist also das Nachprüfungsverfahren rechtshängig** (BGH, B. v. 9. 2. 2004 – Az.: X ZB 44/03; OLG Düsseldorf, 14. 5. 2008 – Az.: VII-Verg 11/08; VK Schleswig-Holstein, B. v. 31. 5. 2005 – Az.: VK-SH 09/05). Die Rechtshängigkeit wird also vergleichbar derjenigen im 3088

Verwaltungsprozess bereits durch den Eingang der Antragsschrift bei der Vergabekammer begründet. Sie **führt jedoch zu keinem Zuschlagsverbot**, das erst durch die Zustellung des Nachprüfungsantrags ausgelöst wird (OLG Düsseldorf, 14. 5. 2008 – Az.: VII-Verg 11/08).

18.3.3.2 Rechtshängigkeitssperre

3089   **18.3.3.2.1 Allgemeines.** In prozessualer Hinsicht gilt grundsätzlich sowohl im Zivil- als auch im Verwaltungsprozessrecht, dass **während der Rechtshängigkeit derselbe Streitgegenstand von keiner Partei anderweitig anhängig gemacht werden kann**. Sobald über den Rechtsstreit abschließend entschieden ist, steht einer neuerlichen Klage die Rechtskraft der Entscheidung entgegen (vgl. §§ 322, 705 ZPO; § 121 VwGO; § 17 Abs. 1 S. 2 GVG). Zwar handelt es sich bei der Vergabekammer nicht um ein Gericht im formellen Sinne, so dass die genannten Vorschriften zur entgegenstehenden Rechtshängigkeit bzw. Rechtskraft keine unmittelbare Anwendung finden. Allerdings kommt der Vergabekammer, die ja streitentscheidend tätig wird, die Eigenschaft eines Gerichts im materiellen Sinne zu. Dies verlangen einmal die Vorgaben des europäischen Vergaberechts. Manifest wird dies auch anhand der Tatsache, dass in zweiter Instanz die zivilgerichtlichen Obergerichte zuständig sind. **Da die unmittelbar für die Vergabekammer geltenden Verfahrensvorschriften nicht alle erforderlichen Regelungen enthalten, ist ein analoger Rückgriff auf die Verfahrensvorschriften anderer Gerichtsbarkeiten** – hier der ZPO oder der VwGO, die insoweit beide denselben allgemeinen Rechtsgrundsatz beinhalten – **erforderlich. Auch im Vergabenachprüfungsverfahren ist ein Antrag daher unzulässig, wenn die Vergabekammer bereits über denselben Streitgegenstand entschieden hat** (3. VK Bund, B. v. 28. 10. 2010 – Az.: VK 3–93/10).

3090   **18.3.3.2.2 Rechtshängigkeitssperre zu Lasten eines Beigeladenen.** Eine **Bindungswirkung der Rechtshängigkeit eines Nachprüfungsverfahrens** (z. B. eines Bieters A, in dem der Bieter B beigeladen wird) **im Verhältnis zu einem anderen Nachprüfungsverfahren** (des Bieters B, in dem der Bieter A beigeladen wird), **besteht nicht**, weil es sich bei der Vergabekammer um eine Verwaltungsbehörde handelt und das Vergabenachprüfungsverfahren ein Verwaltungsverfahren ist, auf das die Bestimmungen des Verwaltungsverfahrensgesetzes (VwVfG) entsprechend anzuwenden sind. **Rechtshängigkeit einer Streitsache** wird aber **erst durch Erhebung einer Klage** bewirkt (§ 90 VwGO).

3091   Unabhängig davon gibt es nach ganz überwiegender Auffassung im Verwaltungsprozess **keine Rechtshängigkeitssperre zu Lasten eines Beigeladenen**. Nach Sinn und Zweck der Beiladung im verwaltungsrechtlichen Verfahren dient sie der möglichst frühzeitigen Berücksichtigung aller rechtlichen Interessen, die vom Ausgang des Verwaltungsverfahrens berührt werden können und somit der Gewährung eines möglichst effektiven Rechtsschutzes. Dem dient neben dem Ziel der Beschleunigung des Vergabeverfahrens **auch die Beiladung im Nachprüfungsverfahren gemäß § 109 GWB**. Schon das primäre Ziel effizienten Rechtsschutzes verbietet es aber, der Beiladung allein zur Vermeidung widersprechender Entscheidungen „eine Art Rechtshängigkeit mit der Wirkung einer Klagesperre" beizumessen (OLG Frankfurt am Main, B. v. 20. 12. 2000 – Az.: 11 Verg 1/00).

3092   Die **Rechtshängigkeit setzt jedenfalls die Identität des Streitgegenstands voraus**. Sind **bei verschiedenen Nachprüfungsverfahren mehrere Bieter vorhanden, so fehlt es an der sachlichen Identität**. Denn Gegenstand des Vergabenachprüfungsverfahrens ist die Feststellung der Verletzung subjektiver Rechte des jeweiligen Bieters. Bei verschiedenen Antragstellern kann es sich nicht um die Verletzung desselben subjektiven Rechts handeln. Dass die Antragsteller letztlich das gleiche Ziel verfolgen, nämlich den Zuschlag zu erhalten, ist für die Bestimmung des Streitgegenstandes im Nachprüfungsverfahren nicht von maßgeblicher Bedeutung, weil die Vergabekammer in erster Linie die Feststellung der Verletzung subjektiver Rechte des jeweiligen Antragstellers zu treffen hat. Die **Beiladung** in einem Nachprüfungsverfahren soll zwar der Beschleunigung und der Vermeidung widersprüchlicher Entscheidungen dienen, **rechtfertigt aber nicht die Annahme einer Sperrwirkung der Rechtshängigkeit**. Diesem Ziel dient es auch, wenn ein in einem Nachprüfungsverfahren Beigeladener jederzeit seine Prozessstellung wechseln kann. Dies ist beispielsweise immer dann erforderlich, wenn der Beigeladene Beanstandungen vorträgt, die sich generell auf die Ausschreibung beziehen. Außerdem kann ein Beigeladener andere Beanstandungen, die die Ausschreibung als solche betreffen, nicht beanstanden. Dafür muss der Beigeladene selbst rügen und diese zum Gegenstand eines eigenen Nachprüfungsantrages machen (VK Münster, B. v. 26. 10. 2007 – Az.: VK 25/07).

3093   Auch ein in einem Vergabenachprüfungsverfahren **beigeladener Bieter** kann also noch einen **eigenen Nachprüfungsantrag** stellen. Er handelt **nicht rechtsmissbräuchlich**, wenn er

Gesetz gegen Wettbewerbsbeschränkungen GWB § 107 Teil 1

die aufgrund der Akteneinsicht als Beigeladener erlangten Informationen zum Anlass nimmt, selbst ein Nachprüfungsverfahren einzuleiten. Weder nach der ausdrücklichen gesetzlichen Regelung noch nach deren Sinn und Zweck besteht an der so erlangten Kenntnis ein Verwertungsverbot. § 107 Abs. 3 GWB enthält keine einschränkende Bestimmung darüber, dass nur auf bestimmte Weise erlangte Informationen zum Gegenstand eines Nachprüfungsverfahrens gemacht werden könnten. Auch in zeitlicher Hinsicht besteht keine Einschränkung, jedenfalls solange das Vergabeverfahren noch nicht abgeschlossen ist (OLG Frankfurt am Main, B. v. 20. 12. 2000 – Az.: 11 Verg 1/00).

18.3.4 Zeitliche Bedingungen für den Nachprüfungsantrag
18.3.4.1 Zeitliche Ausschlussfrist

18.3.4.1.1 Grundsatz: keine zeitliche Ausschlussfrist. Der Antrag an die Vergabekammer 3094 unterliegt im Gegensatz zur Rügeobliegenheit des § 107 Abs. 3 GWB **grundsätzlich keinen zeitlichen Ausschlussfristen**. Es bedarf ihrer auch nicht, weil die tatsächlichen Gegebenheiten eines Vergabeverfahrens, insbesondere die Gefahr des anderweitigen Zuschlags, einen auf Vergaberechtsschutz angewiesenen Bieter ohnehin zur Eile drängen. Wenn die Vergabestelle einer solchen Rüge nicht entspricht, sondern das Vergabeverfahren unverändert fortsetzt, ergibt sich – **bis zur Grenze rechtsmissbräuchlicher Verwirkung** – aus dem Gesetz kein Anhaltspunkt dafür, die verzögerte Einleitung eines Nachprüfungsverfahrens allein wegen des zwischenzeitlich eingetretenen Zeitablaufs für unzulässig zu halten (OLG Dresden, B. v. 25. 1. 2008 – Az.: WVerg 010/07; B. v. 6. 6. 2002 – Az.: WVerg 0004/02; OLG Frankfurt, B. v. 5. 5. 2008 – Az.: 11 Verg 1/08; VK Brandenburg, B. v. 30. 9. 2008 – Az.: VK 30/08; 1. VK Bund, B. v. 19. 11. 2008 – Az.: VK 1–135/08; B. v. 19. 11. 2008 – Az.: VK 1–126/08; 2. VK Bund, B. v. 29. 3. 2006 – Az.: VK 2–11/06; VK Düsseldorf, B. v. 19. 3. 2007 – Az.: VK – 07/2007 – B; VK Hessen, B. v. 24. 3. 2004 – Az.: 69 d – VK – 09/2004; B. v. 7. 8. 2003 – Az.: 69 d VK – 26/2003; VK Münster, B. v. 6. 5. 2008 – Az.: VK 4/08; VK Sachsen, B. v. 7. 1. 2008 – Az.: 1/SVK/077-07).

Auch aus dem **Kontext des Vergaberechts kann – bis auf die in § 101 b GWB sowie** 3095 **§ 107 Abs. 3 Nr. 4 GWB durch das Vergaberechtsmodernisierungsgesetz eingefügten Ausnahmen – eine solche Frist nicht hergeleitet werden.** Die Annahme einer ungeschriebenen Frist zur Einreichung des Nachprüfungsantrags erscheint zur weiteren Beschleunigung auch nicht unabweisbar geboten. Bei zögerlicher Einreichung des Nachprüfungsantrags riskiert der Bieter den zwischenzeitlichen Zuschlag des Auftraggebers und damit den endgültigen Verlust des Auftrags. Das **schon im nationalen Vergaberecht an mehreren Stellen verankerte Beschleunigungsprinzip muss nicht unbedingt um zusätzliche Elemente erweitert werden**. Eine **planwidrige Lücke des GWB**, die eine analoge Anwendung des § 107 Abs. 3 GWB rechtfertigen könnte, **besteht nicht**. Wenn der GWB-Gesetzgeber eine bestimmte Frist für den Nachprüfungsantrag gewollt hätte, hätte er sie – u. a. Ausnahmen hinaus – bei den Form- und Verfahrensvorschriften im 4. Teil des GWB eingefügt (OLG Düsseldorf, B. v. 8. 9. 2004 – Az.: VII – Verg 38/04; 1. VK Bund, B. v. 19. 11. 2008 – Az.: VK 1–135/08; B. v. 19. 11. 2008 – Az.: VK 1–126/08; 2. VK Bund, B. v. 29. 3. 2006 – Az.: VK 2–11/06; VK Düsseldorf, B. v. 19. 3. 2007 – Az.: VK – 07/2007 – B; VK Sachsen, B. v. 7. 1. 2008 – Az.: 1/SVK/077-07; im Ergebnis ebenso Thüringer OLG, B. v. 8. 5. 2008 – Az.: 9 Verg 2/08; VK Münster, B. v. 6. 5. 2008 – Az.: VK 4/08).

18.3.4.1.2 Ausnahmen. 18.3.4.1.2.1 De-facto-Vergaben (§ 101 b Abs. 2). Nach § 101 b 3096 Abs. 2 GWB kann die Unwirksamkeit nach § 101 b Absatz 1 GWB nur festgestellt werden, wenn sie im **Nachprüfungsverfahren innerhalb von 30 Kalendertagen ab Kenntnis des Verstoßes, jedoch nicht später als sechs Monate nach Vertragsschluss** geltend gemacht worden ist. Hat der Auftraggeber die Auftragsvergabe im Amtsblatt der Europäischen Union bekannt gemacht, **endet die Frist zur Geltendmachung der Unwirksamkeit 30 Kalendertage** nach Veröffentlichung der Bekanntmachung der Auftragsvergabe im Amtsblatt der Europäischen Union. Vgl. dazu die Kommentierung zu → § 101 b GWB Rdn. 20.

18.3.4.1.2.2 Frist des § 107 Abs. 3 Satz 1 Nr. 4. Nach § 107 Abs. 3 Satz 1 Nr. 4 ist ein 3097 Nachprüfungsantrag **unzulässig, soweit mehr als 15 Kalendertage nach Eingang der Mitteilung des Auftraggebers, einer Rüge nicht abhelfen zu wollen, vergangen** sind. Diese Regelung ist **durch das Vergaberechtsmodernisierungsgesetz 2009 in § 107 GWB eingefügt** worden. Vgl. dazu die Kommentierung → Rdn. 713 ff.

18.3.4.1.2.3 Fälle der Verwirkung. Die Rechtsprechung lässt in bestimmten Fällen das 3098 Rechtsschutzbedürfnis für einen Nachprüfungsantrag entfallen, wenn **zwischen der**

Teil 1 GWB § 107 Gesetz gegen Wettbewerbsbeschränkungen

Rüge und **dem Nachprüfungsantrag eine solche Zeitspanne und solche Umstände** liegen, dass der Auftraggeber nicht mehr mit einem Nachprüfungsantrag rechnen musste (**Verwirkung**). Vgl. dazu im Einzelnen die Kommentierung → Rdn. 271. Im Gegensatz zu den beiden ersten Ausnahmen ist die **Frist für die Unzulässigkeit nicht vorgegeben, sondern von den Umständen des Einzelfalls abhängig**.

3099 **18.3.4.1.3 Unzulässigkeit einer Verschärfung der Voraussetzungen des Nachprüfungsantrags durch allgemeine Geschäftsbedingungen.** Eine **Regelung des Inhalts**, dass dann, wenn der Bieter einen seiner Ansicht nach vorliegenden Vergabeverstoß rügt und der Auftraggeber dieser Rüge widerspricht, der **Bieter innerhalb von vier Wochen nach Erhalt des Widerspruchs ein Nachprüfungsverfahren einleiten muss**, wenn er seine Rüge aufrechterhalten will, damit das aufwendige Verhandlungsverfahren nicht unnötig mit den sich aus der Rüge ergebenden Risiken belastet wird und der Bieter ausdrücklich mit der Abgabe seines indikativen Angebots erklärt, dass er anderenfalls eine jeweilige Rüge nicht aufrechthält, ist eine **allgemeine Geschäftsbedingung, die gemäß § 307 Abs. 1, Abs. 2 Nr. 1 BGB unwirksam** ist, wenn diese Klausel für eine Vielzahl von Vergabeverfahren vorformuliert worden ist. Die **Präklusionsklausel benachteiligt die Bieter unangemessen, da sie die materiellen und prozessualen Zugangsvoraussetzungen zum Nachprüfungsverfahren verschärft**. Auch wenn durch die Klausel die in § 107 Abs. 3 RegE GWB 2005 vorgesehene Regelung vorweggenommen wird, stellt die damit verbundene Verkürzung des Vergaberechtsschutzes eine wesentliche Abweichung von den Grundgedanken der geltenden gesetzlichen Regelung dar. **§ 107 Abs. 3 GWB stellt Mindeststandards für die Gewährung von Rechtsschutz in Vergabeverfahren oberhalb der Schwellenwerte auf. Die Regelung ist nicht abdingbar.** Dem öffentlichen Auftraggeber ist eine Verschärfung der Anforderungen durch entsprechende allgemeine Geschäftsbedingungen verwehrt (OLG Düsseldorf, B. v. 21. 11. 2007 – Az.: Verg 32/07).

3100 Die **Klausel** ist zwar **durch § 107 Abs. 3 Nr. 4 GWB überholt**. Der **Tenor** dieser Rechtsprechung **gilt aber weiter**, wenn eine **kürzere Frist als die Frist des § 107 Abs. 3 Nr. 4 GWB** in Allgemeinen Geschäftsbedingungen enthalten sein sollte.

3101 Geht es hingegen **lediglich um die Festlegung eines Zeitpunktes, bis zu dem die Verdingungsunterlagen zumindest im Hinblick auf Unklarheiten und mögliche Vergaberechtsverstöße durchgearbeitet sein mussten** – um einen Zeitpunkt also, ab dem der Auftraggeber vollumfängliche Kenntnis der Verdingungsunterlagen voraussetzen konnte und ab dem die Fiktion der positiven Kenntnis der Verdingungsunterlagen greift, steht die **Festlegung eines solchen „Stichtages" für die abschließende Bearbeitung der Verdingungsunterlagen im Einklang mit dem geltenden Recht** (VK Sachsen, B. v. 24. 4. 2008 – Az.: 1/SVK/015-08).

18.3.4.2 Wartefrist zwischen der Erklärung der Rüge und der Einreichung des Nachprüfungsantrags

3102 **18.3.4.2.1 Rechtsprechung.** Die **Rechtsprechung** hierzu ist **nicht einheitlich**.

3103 Nach Auffassung einiger Vergabekammern (VK Baden-Württemberg, B. v. 11. 4. 2008 – Az.: 1 VK 09/08; B. v. 11. 11. 2003 – Az.: 1 VK 65/03; VK Nordbayern, B. v. 3. 4. 2002 – Az.: 320.VK-3194-07/02) dient die Rüge vorrangig dem Zweck, der Vergabestelle die Möglichkeit zur Überprüfung und gegebenenfalls Korrektur ihres eigenen Verhaltens zu geben, bevor sie mit einem Nachprüfungsantrag überzogen wird. Die **Rüge** ist demnach **grundsätzlich vor dem Nachprüfungsantrag** zu erklären. Steht dem Auftraggeber insoweit der **Zeitraum von Freitag Mittag bis zum Ende der Dienstzeit sowie der Montagvormittag** zur Verfügung, ist dieser **Zeitraum ausreichend** hinsichtlich einer möglichen Überprüfung und Korrektur (VK Baden-Württemberg, B. v. 11. 9. 2003 – Az.: 1 VK 52/03).

3104 Nach Auffassung der **VK Sachsen schadet einmal eine lediglich vier Stunden vor Antragstellung bei der Vergabekammer erteilte Rüge der Zulässigkeit des Antrags nicht**, wenn sie zu normalen Geschäftszeiten bei dem Auftraggeber eingeht (1. VK Sachsen, B. v. 17. 6. 2004 – Az.: 1/SVK/038-04, 1/SVK/038-04G). Nach einer anderen Entscheidung ist § 107 Abs. 3 Satz 1 GWB im Wege der teleologischen Reduktion dahingehend zu lesen, dass eine **Rüge im Rechtssinne nur anzunehmen ist, wenn die Vergabestelle zumindest eine theoretische Chance zu einer Korrektur bekommt**. Daran **fehlt es, wenn zwischen dem Zugang des Rügeschreibens und dem Zugang des Nachprüfungsantrags bei der Vergabekammer lediglich ein Tag liegt** (1. VK Sachsen, B. v. 27. 5. 2004 – Az.: 1/SVK/041-04). Liegen zwar **zwischen Rüge und Eingang des Nachprüfungsantrags drei Tage**, besteht aber aus Sicht des Antragsgegners **keine Möglichkeit, mehr die Stellung eines**

Gesetz gegen Wettbewerbsbeschränkungen GWB § 107 **Teil 1**

Nachprüfungsantrags durch eine Abhilfeentscheidung zu vermeiden, ist diese Situation dem Fall, dass Rüge und Nachprüfungsantrag zusammenfallen, gleichzustellen (VK Baden-Württemberg, B. v. 11. 4. 2008 – Az.: 1 VK 09/08).

Demgegenüber sieht nach der Gegenmeinung das **Gesetz (GWB)** eine **Wartefrist** zwischen 3105 der Erklärung der Rüge und der Einreichung des Nachprüfungsantrags **nicht vor**, so dass die Zulässigkeit des Nachprüfungsantrags von der Beachtung einer solchen Wartefrist auch nicht abhängig gemacht werden kann (OLG Dresden, B. v. 17. 8. 2001 – Az.: WVerg 0005/01; OLG Düsseldorf, B. v. 9. 4. 2003 – Az.: Verg 69/02; B. v. 18. 7. 2001 – Az.: Verg 16/01; OLG Frankfurt, B. v. 6. 3. 2006 – 11 Verg 11/05 und 12/05; OLG Naumburg, B. v. 25. 10. 2005 – Az.: 1 Verg 5/05; VK Brandenburg, B. v. 21. 11. 2007 – Az.: VK 45/07; 1. VK Bund, B. v. 10. 1. 2007 – Az.: VK 1–151/06; 3. VK Bund, B. v. 8. 11. 2006 – Az.: VK 3–126/06; VK Düsseldorf, B. v. 13. 3. 2006 – Az.: VK – 08/2006 – L; VK Hamburg, B. v. 25. 7. 2002 – Az.: VgK FB 1/02; VK Hessen, B. v. 12. 2. 2008 – Az.: 69d VK – 01/2008; 2. VK Mecklenburg-Vorpommern, B. v. 7. 1. 2008 – Az.: 2 VK 5/07; VK Münster, B. v. 26. 8. 2009 – Az.: VK 11/09; B. v. 25. 1. 2006 – Az.: VK 23/05; B. v. 19. 7. 2005 – Az.: VK 14/05; B. v. 18. 1. 2005 – VK 32/04; B. v. 10. 2. 2004 – Az.: VK 01/04; 1. VK Sachsen, B. v. 23. 12. 2004 – Az.: 1/SVK/129-04; B. v. 21. 12. 2004 – Az.: 1/SVK/112-04; B. v. 12. 2. 2004 – Az.: 1/SVK/164-03, 1/SVK/164-03G, B. v. 7. 10. 2003 – Az.: 1/SVK/111-03, B. v. 28. 5. 2003 – Az.: 1/SVK/046-03; VK Schleswig-Holstein, B. v. 25. 4. 2008 – Az.: VK-SH 04/08; B. v. 28. 1. 2008 – Az.: VK-SH 27/07; offen gelassen vom BayObLG, B. v. 3. 7. 2002 – Az.: Verg 13/02). Die Interessen des Antragsgegners sind hinreichend dadurch geschützt, dass ein **Antragsteller die Gebühren der Vergabekammer tragen muss, sofern der Antragsgegner dem Begehren des Antragstellers sofort nachgibt** (VK Düsseldorf, B. v. 13. 3. 2006 – Az.: VK – 08/2006 – L).

Eine Wartefrist kann auch **nicht durch eine entsprechende Auslegung begründet** werden. Die **Auslegung liest in die Vorschrift des § 107 Abs. 3 Satz 1 GWB eine Voraussetzung hinein, die deren Wortlaut nicht hergibt**. Hinzu kommt, dass eine Auslegung dahingehend, dass keine Wartefrist erforderlich ist, **auch dem Beschleunigungsgebot nach § 113 GWB geschuldet** ist. Denn sollte eine erforderliche Wartefrist zwischen der (rechtzeitigen) Rüge und dem Nachprüfungsantrag in die Vorschrift des § 107 Abs. 3 GWB hineininterpretiert werden können, müsste der Nachprüfungsantrag mangels vorhergehender Rüge als unzulässig verworfen werden, um dann nach Erfüllung der Zulässigkeitsvoraussetzungen (Ablauf einer wie auch immer gearteten Wartefrist) in einem weiteren Nachprüfungsverfahren zu münden. Da die Rüge ihre Gültigkeit behalten und ein weiteres Nachprüfungsverfahren nicht an einem mangelnden Rechtsschutzbedürfnis scheitern würde, **müsste es zwangsläufig zu einer Verzögerung um einen mindestens der Wartezeit entsprechenden Zeitraum kommen. Dies kann im Interesse aller Verfahrensbeteiligten an einem raschen Abschluss des Verfahrens nicht Sinn und Zweck der gesetzlichen Rügevorschriften und dem Beschleunigungsgebot sein** (VK Schleswig-Holstein, B. v. 25. 4. 2008 – Az.: VK-SH 04/08).

3106

In solchen Fällen muss darüber hinaus ein **Antragsteller grundsätzlich dafür Sorge tragen, dass die Rüge den Auftraggeber erreicht, bevor der Nachprüfungsantrag bei der Vergabekammer eingeht**. Das bedeutet im konkreten Fall, dass die Rüge entweder per Telefax an die Vergabestelle übermittelt wird, mindestens jedoch – wie bei der Antragsschrift – per Boten überbracht wird. Eine eventuelle überdurchschnittlich lange Postlaufzeit und der verspätete Eingang der Rüge ist ansonsten der Risikosphäre des Antragstellers zuzurechnen (1. VK Bund, B. v. 10. 1. 2007 – Az.: VK 1–151/06; 3. VK Bund, B. v. 8. 11. 2006 – Az.: VK 3–126/ 06).

3107

Nach Auffassung einiger Vergabekammern kann es einem Bieter nicht zugemutet werden, nach ausgesprochener Rüge mit der Antragstellung zuzuwarten, wenn die nach § 114 Abs. 2 Satz 1 GWB irreversible **Erteilung des Zuschlags unmittelbar bevorsteht oder zumindest möglich** ist (VK Hessen, B. v. 12. 2. 2008 – Az.: 69d VK – 01/2008; VK Münster, B. v. 18. 1. 2005 – VK 32/04; 1. VK Bund, B. v. 30. 3. 2004 – Az.: VK 1–05/04). Vor diesem Hintergrund ist **für jeden Einzelfall zu entscheiden**, ob die Rüge einen ausreichenden Zeitraum vor Antragstellung ausgesprochen wurde (2. VK Bund, B. v. 27. 8. 2002 – Az.: VK 2–60/02).

3108

Die 3. VK Bund sieht es auch als **zulässig** an, **wenn ein Bieter zeitlich deutlich vor der Rüge einen Nachprüfungsantrag stellt, und zwar ohne Begründung** – zulässigerweise, da eine Begründung gemäß § 108 Abs. 1 S. 1 GWB zunächst nicht erforderlich ist, sondern „unverzüglich" nach Antragstellung zu erfolgen kann – und den **Nachprüfungsantrag erst nach der Rüge substantiiert**. Erst dann wird auch der **Nachprüfungsantrag dem Auftraggeber zugestellt** (3. VK Bund, B. v. 26. 5. 2008 – Az.: VK 3–59/08).

3109

Teil 1 GWB § 107 Gesetz gegen Wettbewerbsbeschränkungen

3110   Hinsichtlich der **zeitlichen Reihenfolge** zwischen Rüge und Nachprüfungsantrag ist also **nicht auf die Stellung des Nachprüfungsantrags bei der Vergabekammer, sondern auf die Zustellung dieses Antrags an den Auftraggeber abzustellen.** Denn auch wenn der Nachprüfungsantrag bereits bei der Vergabekammer eingereicht worden ist, konnte die dem Auftraggeber vor Erhalt des Antrags zugesandte Rüge immer noch ihren Zweck erfüllen, die Vergabestelle zu einem frühestmöglichen Zeitpunkt von etwaigen Vergaberechtsverstößen in Kenntnis zu setzen und ihr so ggf. eine Korrektur zu ermöglichen (3. VK Bund, B. v. 18. 9. 2008 – Az.: VK 3–122/08; B. v. 18. 9. 2008 – Az.: VK 3–119/08).

3111   **18.3.4.2.2 Literatur**

 – Maier, Clemens, Bedarf es einer Frist zwischen Rüge und Nachprüfungsantrag?, NZBau 2004, 196

18.3.5 Antragsänderung

3112   Stellt ein Antragsteller z. B. nach Schluss der mündlichen Verhandlung vor der Vergabekammer, jedoch im Rahmen nachgelassener Schriftsätze, seinen Antrag um (Änderung eines Feststellungsantrags hin zu einem Antrag gegen eine neuerliche Wertung der Vergabestelle mit verschiedenen Beanstandungen), stellt sich dies **als zulässige Antragsänderung (vgl. §§ 263, 264 ZPO) dar.** Wenn schon während des Nachprüfungsverfahrens eine Wertung nachgeholt wird, wäre es nach Erledigung der ursprünglichen Rüge im Allgemeinen eine **unnötige Förmelei, einen Antragsteller deswegen auf ein neues Nachprüfungsverfahren zu verweisen.** Das gilt jedenfalls dann, wenn nach der ergänzenden Wertung eine Zuschlagsentscheidung zugunsten des gleichen Bieters zu erwarten ist und **dadurch die Rechte dritter Bieter nicht berührt sind** (BayObLG, B. v. 20. 9. 2004 – Az.: Verg 021/04).

18.3.6 Rücknahme des Nachprüfungsantrags

18.3.6.1 Grundsatz

3113   **Der Nachprüfungsantrag steht zur freien Disposition des Unternehmens**, das sich in dem Anspruch darauf verletzt fühlt, dass der öffentliche Auftraggeber die Bestimmungen über das Vergabeverfahren einhält. Denn gemäß § 107 Abs. 1 GWB findet ohne Antrag kein Nachprüfungsverfahren statt. Das **schließt als selbstverständliche Folge ein, dass der Antragsteller seinen Antrag jederzeit wieder zurücknehmen kann, solange und soweit noch eine formell bestandskräftige sachliche Entscheidung über diesen Antrag aussteht.** Anders verhielte es sich erst, wenn die verfahrensrechtlichen Vorschriften des Vierten Teils des Gesetzes gegen Wettbewerbsbeschränkungen die Möglichkeit der Rücknahme einschränkten, wie dies beispielsweise § 269 Abs. 1 ZPO für die Klagerücknahme vorsieht. Eine solche **Einschränkung enthält das Gesetz jedoch nicht** (BGH, B. v. 24. 3. 2009 – Az.: X ZB 29/08; im Ergebnis ebenso OLG Düsseldorf, B. v. 9. 11. 2009 – Az.: VII-Verg 35/09; B. v. 18. 12. 2006 – Az.: VII – Verg 51/06; OLG Frankfurt, B. v. 10. 4. 2008 – Az.: 11 Verg 10/07, 11 Verg 13/07; OLG Karlsruhe, B. v. 11. 7. 2008 – Az.: 15 Verg 5/08; OLG Koblenz, B. v. 8. 6. 2006 – Az.: 1 Verg 4 und 5/06; OLG Naumburg, B. v. 17. 8. 2007 – Az.: 1 Verg 5/07 – instruktive Entscheidung; OLG Schleswig-Holstein, B. v. 16. 7. 2009 – Az.: 1 Verg 1/09; VK Thüringen, B. v. 15. 6. 2006 – Az.: 360–4002.20-006/06-ESA-S).

3114   Es ist anerkannt, dass eine (teilweise) **Rücknahme eines Antrags und eine erneute Anbringung** desselben Antrags (gelegentlich bezeichnet als „Rücknahme der Rücknahme") nach den Prozessordnungen grundsätzlich ohne weiteres zulässig und nicht zu beanstanden ist (OLG Düsseldorf, B. v. 29. 12. 2001 – Az.: Verg 22/01).

3115   Im Verfahren vor dem Vergabesenat ist eine **Antragserweiterung analog § 264 Nr. 2 ZPO zulässig** (OLG München, B. v. 12. 7. 2005 – Az.: Verg 008/05).

3116   Weist die Vergabekammer den Antragsteller auf Bedenken an der Zulässigkeit des eingereichten Nachprüfungsantrags hin (z. B. weil zu einer vorherigen Rüge der geltend gemachten Vergaberechtsverstöße nichts vorgetragen sei) und sieht mit Rücksicht auf diese Zulässigkeitsbedenken die Vergabekammer einstweilen von einer Zustellung des Nachprüfungsantrags an den Antragsgegner ab, so ist dann, wenn der Antragsteller den von der Vergabekammer geäußerten rechtlichen Bedenken in der Folgezeit Rechnung trägt, die Rüge nachholt und seinen Antrag „wiederholt", bei verständiger Auslegung von einer **Rücknahme des ursprünglichen Nachprüfungsantrags und der Einreichung eines neuen Nachprüfungsbegehrens** auszugehen (OLG Düsseldorf, B. v. 15. 5. 2002 – Az.: Verg 19/02).

Gesetz gegen Wettbewerbsbeschränkungen GWB § 107 **Teil 1**

Zu den **Auswirkungen einer Rücknahme auf eine eventuell schon getroffene Entscheidung der Vergabekammer** vgl. die Kommentierung zu § 114. 3117

Zu der **Kostenentscheidung bei Antragsrücknahme** vgl. die Kommentierung zu § 128 GWB. 3118

18.3.6.2 Rechtsfolge

Mit der Rücknahme eines Antrags als zwingende Sachentscheidungsvoraussetzung ist das betreffende **Verfahren ohne Entscheidung in der Hauptsache zu beenden.** 3119

Durch die Rücknahme des Nachprüfungsantrags wird die **Entscheidung der Vergabekammer – auch im Kostenpunkt – wirkungslos** – vgl. § 269 Abs. 3 Satz 1 ZPO – (OLG Düsseldorf, B. v. 9. 11. 2009 – Az.: VII-Verg 35/09; OLG Frankfurt, B. v. 10. 4. 2008 – Az.: 11 Verg 10/07, 11 Verg 13/07; OLG Naumburg, B. v. 17. 8. 2007 – Az.: 1 Verg 5/07; OLG Koblenz, B. v. 8. 6. 2006 – Az.: 1 Verg 4 und 5/06; BayObLG, B. v. 11. 5. 2004 – Az.: Verg 003/04; OLG Schleswig-Holstein, B. v. 16. 7. 2009 – Az.: 1 Verg 1/09; VK Münster, B. v. 26. 10. 2007 – Az.: VK 25/07). Der **Senat hat über die Kosten beider Rechtszüge zu befinden** (OLG Karlsruhe, B. v. 11. 7. 2008 – Az.: 15 Verg 5/08; OLG Frankfurt, B. v. 10. 4. 2008 – Az.: 11 Verg 10/07, 11 Verg 13/07; OLG Naumburg, B. v. 17. 8. 2007 – Az.: 1 Verg 5/07; OLG Karlsruhe, B. v. 6. 2. 2007 – Az.: 17 Verg 5/06) und somit nur eine **(neue) Kostengrundentscheidung für beide Instanzen** zu treffen und den **Beschwerdewert festzusetzen** (OLG Naumburg, B. v. 17. 8. 2007 – Az.: 1 Verg 5/07; OLG Karlsruhe, B. v. 6. 2. 2007 – Az.: 17 Verg 5/06; OLG Koblenz, B. v. 8. 6. 2006 – Az.: 1 Verg 4 und 5/06). 3120

Dabei **kommt es nicht darauf an, ob die Rücknahme vor oder nach mündlicher Verhandlung vor der Vergabekammer, vor oder nach Zustellung ihrer Entscheidung, während die Beschwerdefrist läuft oder erst in der Beschwerdeinstanz erklärt** wird. Mit der prozessualen Rechtslage nicht im Einklang steht ebenso wenig die Annahme, infolge Nicht-Einlegung einer Beschwerde gegen eine Entscheidung der Vergabekammer sei diese bestandskräftig geworden. Das Gegenteil ist der Fall. Der **Eintritt der Bestandskraft einer Entscheidung der Vergabekammer wird nicht nur durch (fristgerechte) Einlegung des dagegen zu Gebote stehenden Rechtsmittels, sondern auch durch die (innerhalb der Rechtsmittelfrist oder auf zulässige Beschwerde im Beschwerdeverfahren erklärte) Rücknahme des Nachprüfungsantrags verhindert, die jegliche Rechtswirkungen einer zuvor ergangenen Entscheidung**, namentlich auch solche des die Kosten und die Aufwendungen betreffenden Ausspruchs, **beseitigt** (OLG Düsseldorf, B. v. 9. 11. 2009 – Az.: VII-Verg 35/09). 3121

Die Rechtsprechung, wonach die einen Nachprüfungsantrag zurückweisende Entscheidung der Vergabekammer durch eine nachträglich erklärte Rücknahme des Nachprüfungsantrags insgesamt und rückwirkend wirkungslos werde, **betrifft nur solche Fälle, in denen die Kostenentscheidung der Vergabekammer infolge eines Rechtsmittels noch nicht bestandskräftig** geworden ist. Richtet sich das Rechtsmittel eines Antragsteller ausschließlich gegen die Festsetzung der Gebühren der Vergabekammer, aber nicht zu dem Gegenstandswert, der für die Berechnung der im Verfahren vor der Vergabekammer entstandenen Rechtsanwaltsgebühren maßgebend ist und für den § 50 Abs. 2 GKG entsprechend herangezogen wird, ist der Beschluss hinsichtlich des Gegenstandswerts für die Berechnung der im Verfahren vor der Vergabekammer entstandenen Rechtsanwaltsgebühren bestandskräftig (OLG Frankfurt, B. v. 16. 2. 2009 – Az.: 11 Verg 17/08). 3122

Von einer **Entscheidung des Vergabesenats „in der Sache"** ist aber auch auszugehen, wenn im nachfolgenden Beschwerdeverfahren des Senats **durch näher begründeten Beschluss vorab über eine Verlängerung der aufschiebenden Wirkung der Beschwerde gemäß § 118 Abs. 1 Satz 3 GWB befunden wird** und – erst – **daraufhin die sofortige Beschwerde zurückgenommen** wird. Anders als im Falle einer Zurückverweisung durch den Vergabesenat bedarf es in diesem Fall auch einer weiteren Entscheidung der Vergabekammer nicht mehr. Die sonach **durch das Beschwerdeverfahren begründete Zuständigkeit des Oberlandesgerichts für die Kostenfestsetzung erstreckt sich aber auch auf die Kosten eines verbundenen Vergabenachprüfungsverfahrens.** Zwar kann dieses – bei isolierter Betrachtung – nicht ins Beschwerdeverfahren gelangt sein. Aber beide Verfahren wurden von der Vergabekammer zu einem Verfahren verbunden. Beide Nachprüfungsanträge wurden von unterschiedlichen Antragstellerinnen gestellt, die auch von verschiedenen Rechtsanwälten vertreten wurden. Die Vergabekammer hat dementsprechend auch – bis zuletzt – beide Nachprüfungsverfahren mit verschiedenen Aktenzeichen erfasst und die Akten – tatsächlich – nicht ver- 3123 bunden. Gleichwohl wurden die Verfahren nicht lediglich – schlicht – zu paralleler Verhandlung und Entscheidung verbunden. Vielmehr hat die Vergabekammer ihr insoweit bestehendes Ermessen dahin ausgeübt, dass es beide Nachprüfungsverfahren „zur gemeinsamen Verfahrensdurchführung und Entscheidung" zu einem rechtlich einheitlichen Verfahren verbunden hat (OLG Karlsruhe, B. v. 6. 2. 2007 – Az.: 17 Verg 5/06).

18.3.6.3 Literatur

3124 – Sellmann, Christian/Augsberg, Steffen, Beteiligteninduzierte Beendigung vergaberechtlicher Nachprüfungsverfahren, NVwZ 2005, 1255

18.3.7 Stufennachprüfungsverfahren

3125 Die Vorschriften über das Vergabenachprüfungsverfahren sehen eine stufenweise Antragstellung im Sinne eines vorgeschalteten Auskunftsantrages und eines nachfolgenden Antrages auf Beseitigung einer Rechtsverletzung nicht vor. Vielmehr ergibt sich aus der Zusammenschau insbesondere der § 97 Abs. 7, § 107 Abs. 2, § 108 Abs. 1 GWB, dass der Antragsteller stets unmittelbar die Beseitigung eines ihn in seinen Rechten verletzenden Vergaberechtsverstoßes geltend machen soll (OLG Naumburg, B. v. 4. 9. 2001 – Az.: 1 Verg 8/01).

18.4 Antragsbefugnis (§ 107 Abs. 2)

18.4.1 Grundsätze

3126 Das in den §§ 102 bis 129 GWB geregelte zweistufige Nachprüfungsverfahren dient dem vergaberechtlichen Primärrechtsschutz. Nur mit ihm kann der subjektive Anspruch des Bieters auf Einhaltung der Bestimmungen über das Vergabeverfahren durch den öffentlichen Auftraggeber während eines laufenden Vergabeverfahrens durchgesetzt werden. Mit der Erteilung des Zuschlages ist demgegenüber die Erlangung von Primärrechtsschutz nicht mehr möglich, da nach § 114 Abs. 2 Satz 1 GWB ein bereits erteilter Zuschlag nicht mehr aufgehoben werden kann. Der **Antragsbefugnis nach § 107 Abs. 2 GWB kommt vor diesem Hintergrund für die Erlangung von Primärrechtsschutz im Vergabeverfahren eine zentrale Bedeutung** zu. Ihre Ablehnung hat zur Konsequenz, dass dem betroffenen Unternehmen nur noch der Weg verbleibt, Sekundäransprüche vor den ordentlichen Gerichten einzuklagen. Vor dem Hintergrund dieser spezifischen Ausgestaltung des vergaberechtlichen Nachprüfungsverfahrens **müssen die in § 107 Abs. 2 GWB genannten Voraussetzungen in einer Weise ausgelegt werden, die den betroffenen Unternehmen einen effektiven Rechtsschutz gewährleisten** (BVerfG, B. v. 29. 7. 2004 – Az.: 2 BvR 2248/03; OLG Brandenburg, B. v. 14. 9. 2010 – Az.: Verg W 8/10; OLG Düsseldorf, B. v. 9. 2. 2009 – Az.: VII-Verg 66/08; VK Münster, B. v. 18. 3. 2010 – Az.: VK 2/10; VK Südbayern, B. v. 6. 2. 2009 – Az.: Z3-3-3194-1-36–10/08).

3127 Eine **europarechtskonforme Anwendung** der in § 107 Abs. 2 GWB für die Antragsbefugnis normierten Voraussetzungen ist nur dann gegeben, wenn jedenfalls die an einem Vergabeverfahren teilnehmenden Unternehmen sowie die durch Vergaberechtsverstöße an einer Teilnahme gehinderten Unternehmen antragsbefugt sind. Diesen droht durch die beabsichtigte Zuschlagserteilung an ein anderes Unternehmen grundsätzlich die Entstehung eines Schadens in Form eines Auftragsentgangs (BVerfG, B. v. 29. 7. 2004 – Az.: 2 BvR 2248/03; VK Südbayern, B. v. 29. 7. 2008 – Az.: Z3-3-3194-1-18-05/08).

3128 **Auf die Antragsbefugnis kommt es grundsätzlich nicht an, wenn ein Verfahren so fehlerhaft ist, dass eine wettbewerbsgerechte, den Anforderungen des § 97 Abs. 1 GWB entsprechende Ausschreibung nicht vorliegt, so dass vergleichbare Angebote gar nicht ermittelt werden können** und dem Auftragnehmer dadurch ungewöhnliche Wagnisse aufgebürdet werden für Umstände und Ereignisse auf die er keinen Einfluss hat und deren Einwirkung auf die Preise und Fristen weder der Auftraggeber noch der Auftragnehmer im Voraus schätzen können. Eine Ausschreibung, die z. B. auf nicht mehr absehbare Zeiträume aufgebaut ist, kann auch nicht zu vergleichbaren Ergebnissen führen (VK Arnsberg, B. v. 21. 2. 2006 – Az.: VK 29/05).

3129 Die Antragsbefugnis ist eine **von Amts wegen zu prüfende Zulässigkeitsvoraussetzung** (VK Münster, B. v. 18. 3. 2010 – Az.: VK 2/10).

Gesetz gegen Wettbewerbsbeschränkungen GWB § 107 **Teil 1**

18.4.2 Voraussetzungen der Antragsbefugnis (Überblick)

Die Antragsbefugnis setzt – kumulativ – voraus, dass   3130
- ein antragsbefugtes Unternehmen
- ein Interesse am Auftrag hat,
- eine Verletzung in seinen Rechten nach § 97 Abs. 7 durch Nichtbeachtung von Vergabevorschriften geltend macht,
- dem Unternehmen durch die behauptete Verletzung der Vergabevorschriften ein Schaden entstanden ist oder zu entstehen droht und
- ein allgemeines Rechtsschutzinteresse (noch) besteht.

(VK Schleswig-Holstein, B. v. 14. 9. 2005 – Az.: VK-SH 21/05).

Entsprechende Darlegungen dieser Tatbestandsmerkmale sind in dem Nachprüfungsantrag erforderlich. Vgl. dazu **im Einzelnen die Kommentierung zu § 108 GWB**.   3131

18.4.3 Antragsbefugtes Unternehmen

18.4.3.1 Begriff des Unternehmens

Als Unternehmen sind sowohl **natürliche oder juristische Personen als auch Personenvereinigungen erfasst**, die durch **Betätigung in der Erzeugung oder im Geschäftsverkehr aktiv am Wirtschaftsleben** teilnehmen. Ergänzt wird diese Bestimmung durch das auch hier zu beachtende Erfordernis, dass sich nur solche Unternehmen am Wettbewerb beteiligen können, die sich **gewerbsmäßig mit der Ausübung von Leistungen der ausgeschriebenen Art befassen** (VK Schleswig-Holstein, B. v. 16. 9. 2005 – Az.: VK-SH 22/05). Dies ist auch nicht aus EU-rechtlicher Sicht zu beanstanden wie die Regelung in den Art. 24 lit. a) BKR oder Art. 20 Abs. 1 lit. a) LKR verdeutlichen. Nach diesen Regelungen für verwandte Bau- und Lieferleistungen kann ein Unternehmen vom Wettbewerb ausgeschlossen werden, das seine gewerbliche Tätigkeit eingestellt hat. Diese Regelungen des konkreten Vergabeverfahrens sind aber auch schon in die Betrachtung mit einzustellen, ob sich ein beschwerdeführender Antragsteller überhaupt zulässigerweise und mit der erforderlichen Antragsbefugnis um eine Nachprüfung behaupteter Vergabeverstöße bemühen darf. Diese Regelung dient somit auch der **Verhinderung von Popularbeschwerden** (1. VK Sachsen, B. v. 16. 5. 2003 – 1/SVK/035-03).   3132

18.4.3.2 Antragsbefugnis einer Bietergemeinschaft

18.4.3.2.1 Die Rechtsprechung des EuGH. Der Europäische Gerichtshof hat eine nationale Verfahrensvorschrift, nach der eine Klage gegen die Entscheidung der Vergabebehörde über die Vergabe eines öffentlichen Auftrags von der Gesamtheit der Mitglieder, aus denen sich eine als Bieter auftretende Gelegenheitsgesellschaft zusammensetzt, eingereicht werden muss, als zulässig erklärt (EuGH, Urteil vom 4. 10. 2007 – Az.: C-492/06; Urteil vom 8. 9. 2005 – Az.: C-129/04). Daraus kann man schließen, dass **einzelne Mitglieder einer Bietergemeinschaft nicht antragsbefugt** sind. Der EuGH hat gleichzeitig erklärt, dass eine **nationale Regelung** dergestalt, dass **eines der Mitglieder einer Gelegenheitsgesellschaft** ohne Rechtspersönlichkeit, die sich als solche an einem Verfahren zur Vergabe eines öffentlichen Auftrags beteiligt, aber nicht den Zuschlag erhalten hat, die **Vergabeentscheidung allein gerichtlich nachprüfen lassen kann, zulässig ist** (EuGH, Urteil vom 4. 10. 2007 – Az.: C-492/06; Urteil vom 8. 9. 2005 – Az.: C-129/04).   3133

18.4.3.2.2 Nationale Rechtsprechung. Grundsätzlich ist eine **Arbeitsgemeinschaft**, deren Mitglieder zusammen ein Angebot abgegeben haben, **ein Unternehmen, das nach § 107 Abs. 2 Satz 1 GWB befugt ist, einen Nachprüfungsantrag zu stellen** (OLG Düsseldorf, B. v. 18. 11. 2009 – Az.: VII-Verg 19/09). Bei der Arbeitsgemeinschaft handelt es sich um eine Gesellschaft bürgerlichen Rechts (§ 705 BGB). Ein Wechsel im Mitgliederbestand hat danach keinen Einfluss auf den Fortbestand der mit der Gesellschaft bestehenden Rechtsverhältnisse. Infolgedessen ist die Arbeitsgemeinschaft als solche **auch nach einem Wechsel im Mitgliederbestand** wirksam befugt, den Nachprüfungsantrag einzureichen (OLG Düsseldorf, B. v. 30. 3. 2005 – Az.: VII – Verg 101/04; VK Hessen, B. v. 25. 8. 2006 – Az.: 69d VK 37/2006; B. v. 12. 9. 2001 – Az.: 69d VK – 30/2001; VK Nordbayern, B. v. 1. 2. 2008 – Az.: 21.VK – 3194 – 54/07; VK Rheinland-Pfalz, B. v. 24. 5. 2005 – Az.: VK 14/05).   3134

Teil 1 GWB § 107 Gesetz gegen Wettbewerbsbeschränkungen

3135   Dies gilt auch dann, wenn sich **ein Mitglied der Bietergemeinschaft allein aus übergeordneten Gründen**, die nicht im Vergabeverfahren oder bei den anderen Mitgliedern der Bietergemeinschaft zu suchen sind, **gehindert sieht, sich an dem Nachprüfungsverfahren zu beteiligen** – der Auftraggeber hat z. B. dem Mitglied in Aussicht gestellt, dass es mit einem Subunternehmer-Auftrag eventuell doch noch zum Zuge kommt, obwohl die Bietergemeinschaft den Zuschlag nicht erhalten hat –, andererseits aber deutlich macht, dass es sich **weiterhin** als Mitglied der Bietergemeinschaft betrachtet und **an der Auftragserteilung interessiert** ist. Hier würde es eine **reine Förmelei darstellen, die Antragsbefugnis zu verneinen**. Mit der Gewährung effektiven Rechtsschutzes, welche die zugrunde liegende EU-Richtlinie in den Vordergrund stellt, wäre ein Versagen der Antragsbefugnis bei dieser Sachlage nicht zu vereinbaren. Im Zivilprozess würde diese Konstellation einer zulässigen gewillkürten Prozessstandschaft entsprechen (Hanseatisches OLG, B. v. 10. 10. 2003 – Az.: 1 Verg 2/03; 3. VK Saarland, B. v. 9. 3. 2007 – Az.: 3 VK 01/2007).

3136   **Vergleichbar ist der Fall, wenn ein Ausschreibungsverfahren gerade erst begonnen hat, die Ausschreibungsunterlagen noch nicht bekannt sind und insbesondere noch keine Angebote vorliegen; auch dann würde es hier eine reine Förmelei sein, wenn der Antrag des Antragstellers als unzulässig zurückgewiesen wird und ein Antrag der nunmehr existierenden Bietergemeinschaft unmittelbar zur Einleitung eines neuen Nachprüfungsverfahrens wegen derselben Ausschreibung führen würde.** Für diese Fallkonstellation gibt es im Zivilprozess die gewillkürte Prozessstandschaft, d. h. die Befugnis, im eigenen Namen einen Prozess über ein fremdes Recht zu führen. Das ist möglich, wenn der Prozessstandschafter ein eigenes rechtsschutzwürdiges Interesse am Prozess hat sowie eine Ermächtigung durch den dahinter stehenden Rechtsinhaber nachweist. Dies ist der Fall, wenn der bisherige Antragsteller Mitglied der Bietergemeinschaft wurde und mithin weiterhin in seinen eigenen rechtlichen Interessen betroffen ist. Letztlich betreibt der Antragsteller im Einvernehmen mit der Bietergemeinschaft somit weiterhin als Partei das Nachprüfungsverfahren. Eine Entscheidung im Nachprüfungsverfahren entfaltet damit rechtskraftgleiche Wirkung auch gegenüber den übrigen Mitgliedern der Bietergemeinschaft. Wenn zivilrechtlich der Austausch einer Partei im Wege der gewillkürten Prozessstandschaft möglich ist, dann muss erst recht in einem Falle, wo die zuerst tätig gewordene Partei noch im Verfahren bleibt, die Fortsetzung des Verfahrens möglich sein (3. VK Bund, B. v. 29. 4. 2009 – Az.: VK 3–76/09; VK Münster, B. v. 28. 5. 2004 – Az.: VK 10/04).

3137   Dies gilt auch dann, wenn **über das Vermögen eines Mitglieds** der Bietergemeinschaft die **Anordnung der vorläufigen Insolvenzverwaltung** erfolgt (1. VK Sachsen, B. v. 13. 9. 2002 – Az.: 1/SVK/082-02). Aus dem Tatbestand, dass ein Mitglied der durch Insolvenz aufgelösten Bietergemeinschaft in das durch die Bietergemeinschaft eingereichte Angebot einschließlich der Sondervorschläge eintritt, **kann eine Wettbewerbsverzerrung nicht abgeleitet werden** (VK Baden-Württemberg, B. v. 23. 6. 2003 – Az.: 1 VK 28/03).

3138   Das Mitglied der Bietergemeinschaft kann **als Gesamtrechtsnachfolger der beendeten Gesellschaft bürgerlichen Rechts** auch ein wirtschaftliches und rechtliches Interesse an der Klärung der Frage haben, ob das noch rechtlich existente Angebot der Bietergemeinschaft zu Recht von der Wertung ausgenommen worden ist. Als z. B. allein verbliebene Gesellschafterin der beendeten Gesellschaft bürgerlichen Rechts und deren Gesamtrechtsnachfolgerin bedarf das ehemalige Mitglied der Bietergemeinschaft **keiner Übertragung des Rechts zur Prozessführung** durch das einzige weitere, ohnehin aus der inzwischen beendeten Bietergemeinschaft ausgeschiedene Mitglied (OLG Düsseldorf, B. v. 24. 5. 2005 – Az.: VII – Verg 28/05; VK Arnsberg, B. v. 25. 4. 2005 – Az.: VK 3/2005).

3139   Nach Meinung des **Oberlandesgerichts Düsseldorf** ist ganz allgemein **analog dem im Prozessrecht anerkannten Institut der gewillkürten Prozessstandschaft** auch im Vergabenachprüfungsverfahren der Antragsteller befugt, eine Verletzung fremder Bewerber- oder Bieterrechte im eigenen Namen geltend zu machen, **sofern er dazu vom Berechtigten ermächtigt worden ist und ein eigenes schutzwürdiges Interesse an der Durchführung des Nachprüfungsverfahrens im eigenen Namen hat**. Ein schutzwürdiges Eigeninteresse an der Durchführung des Verfahrens ist annehmen, wenn die Entscheidung im Nachprüfungsverfahren Einfluss auf die eigene Rechtslage des Antragstellers hat (OLG Düsseldorf, B. v. 18. 11. 2009 – Az.: VII-Verg 19/09; B. v. 30. 3. 2005 – Az.: VII – Verg 101/04; ebenso 3. VK Bund, B. v. 29. 4. 2009 – Az.: VK 3–76/09; B. v. 31. 8. 2005 – Az.: VK 3–103/05; 1. VK Hessen, B. v. 25. 8. 2006 – Az.: 69 d VK 37/2006).

3140   Bezieht sich ein Antragsteller im Verfahren vor der Kammer ausdrücklich darauf, einen Nachprüfungsantrag „im Namen und mit Vollmacht der Mutterunternehmen" gestellt zu haben, ist

Gesetz gegen Wettbewerbsbeschränkungen GWB § 107 **Teil 1**

ein formales Auftreten als „Antragsteller" unschädlich und so **auszulegen, dass die Bietergemeinschaft zulässige Beteiligte des Nachprüfungsverfahrens ist** (VK Rheinland-Pfalz, B. v. 24. 5. 2005 – Az.: VK 14/05; im Ergebnis ebenso 2. VK Bund, B. v. 6. 8. 2007 – Az.: VK 2–75/07).

Demgegenüber vertritt die VK Thüringen die Auffassung, dass **für die Antragsbefugnis einer Bietergemeinschaft** die Bietergemeinschaftserklärung bzw. ein intern abgeschlossener Bietergemeinschaftsvertrag nicht genügt, sondern eine **formelle Willenserklärung aller Mitglieder notwendig** ist (VK Thüringen, B. v. 4. 10. 2004 – Az.: 360–4003.20–037/04-SLF, im Ergebnis ebenso VK Baden-Württemberg, B. v. 11. 8. 2009 – Az.: 1 VK 36/09; VK Nordbayern, B. v. 14. 4. 2005 – Az.: 320.VK – 3194 – 09/05). 3141

Ein **einzelnes Mitglied einer Bietergemeinschaft ist nicht antragsbefugt im Sinne des § 107 Abs. 2 GWB, da ihm das notwendige Interesse am Auftrag fehlt.** Wenn sich eine Bietergemeinschaft um eine Auftragsvergabe bewirbt, ist daher **nur die Bietergemeinschaft selbst dasjenige Unternehmen, das ein Interesse am Auftrag hat** (OLG Düsseldorf, B. v. 18. 11. 2009 – Az.: VII-Verg 19/09; VK Münster, B. v. 18. 3. 2010 – Az.: VK 1/10). Wird ein Nachprüfungsantrag zunächst eindeutig nur im Namen eines Mitglieds einer Bietergemeinschaft gestellt und macht sich die Bietergemeinschaft den Nachprüfungsantrag zu eigen, **kann die darin liegende Auswechslung der Partei auf Antragstellerseite sachdienlich sein, § 263 ZPO analog.** Es wäre **reine Förmelei**, wenn der Antrag des einzelnen Mitglieds als unzulässig zurückgewiesen würde und die Bietergemeinschaft umgehend den inhaltlich identischen Nachprüfungsantrag einreichen würde. Im Übrigen wäre auch eine gewillkürte Prozessstandschaft bei entsprechender Erklärung des einzelnen Mitglieds denkbar gewesen (VK Baden-Württemberg, B. v. 11. 8. 2009 – Az.: 1 VK 36/09). 3142

Bei der Beurteilung dieser Frage ist auch zu beachten, dass dann, wenn die Bietergemeinschaft für einen bestimmten Zeitraum eingegangen ist, sie **gemäß § 723 Abs. 1 BGB vor dem Ablauf der Zeit nur gekündigt werden kann, wenn ein wichtiger Grund vorliegt** (VK Brandenburg, B. v. 21. 12. 2004 – Az.: VK 64/04). 3143

18.4.3.2.3 Verdeckte Bietergemeinschaft. Das Zulässigkeitserfordernis „Interesse am Auftrag" knüpft **allein an die formale Beteiligung** im Verfahren an. Aus verdeckten Absichten lässt sich kein relevanter Bieterschutz ableiten; deshalb kann auch ein **Mitglied einer verdeckten Bietergemeinschaft keine Antragsbefugnis aus ihrer nicht offenbarten Bieterstellung ableiten** (VK Rheinland-Pfalz, B. v. 27. 5. 2005 – Az.: VK 15/05). 3144

18.4.3.3 Antragsbefugnis für ein Rechtsnachfolgeunternehmen

Verschmilzt ein Bieter mit einem anderen Unternehmen nach dem UmwG, erlischt der frühere Bieter. Das **verschmolzene Unternehmen ist somit Rechtsnachfolger des früheren Bieters.** Als solcher ist er **legitimiert, Ansprüche aus der Bieterposition** gegenüber dem Auftraggeber – insbesondere im Rahmen eines Nachprüfungsverfahrens – **geltend zu machen** (Schleswig-Holsteinisches OLG, B. v. 13. 4. 2006 – Az.: 1 (6) Verg 10/05; VK Hessen, B. v. 28. 2. 2006 – Az.: 69 d VK – 02/2006). 3145

18.4.3.4 Antragsbefugnis für einen Nachunternehmer?

Ein (potentieller) **Nachunternehmer**, der für sein Unternehmen den Zuschlag gar nicht begehrt, kann nicht in den (in § 107 Abs. 2 Satz 2 GWB gemeinten eigenen) Aussichten auf den Zuschlag durch etwaige Vergaberechtsverstöße beeinträchtigt werden und kann somit schon im Ansatz nicht das gesetzliche Antragserfordernis gemäß § 107 Abs. 2 Satz 2 GWB erfüllen. **Antragsbefugt kann vielmehr nur der vom Nachunternehmer in Aussicht genommene Hauptauftragnehmer sein** (OLG Düsseldorf, B. v. 29. 10. 2008 – Az.: VII-Verg 35/08; B. v. 18. 6. 2008 – Az.: VII – Verg 23/08; B. v. 14. 5. 2008 – Az.: VII – Verg 27/08; B. v. 30. 4. 2008 – Az.: VII – Verg 23/08; B. v. 13. 11. 2000 – Az.: Verg 25/00; VK Baden-Württemberg, B. v. 5. 6. 2008 – Az.: 1 VK 16/08; 2. VK Bund, B. v. 9. 8. 2006 – Az.: VK 2–77/06; B. v. 12. 6. 2002 – Az.: VK 2–32/02; VK Magdeburg, B. v. 13. 2. 2003 – Az.: 33–32571/07 VK 01/03 MD; VK Münster, B. v. 18. 3. 2010 – Az.: VK 1/10; B. v. 27. 1. 2010 – Az.: VK 25/09; VK Rheinland-Pfalz, B. v. 27. 5. 2005 – Az.: VK 15/05; B. v. 24. 5. 2005 – Az.: VK 14/05). 3146

Dafür spricht bereits, dass gegebenenfalls ein **Nachunternehmer ohne oder gar gegen den Willen des Bieters das Angebot weiterverfolgt, obwohl dieser zwischenzeitlich ein Interesse an dem Auftrag verloren hat.** Allenfalls kommt in Betracht, dass – ähnlich wie bei der Bietergemeinschaft ein Mitglied – der **Nachunternehmer in Prozessstandschaft** 3147 für den Bieter auftritt. **Bedenken im Hinblick auf Art. 1 Abs. 3 der Richtlinie 89/665/ EWG (Rechtsmittelrichtlinie) bestehen nicht**; der EuGH hat entschieden, dass sogar bei einer Bietergemeinschaft die Antragsbefugnis als solche beschränkt und eine solche eines einzelnen Bieters durch nationales Recht ausgeschlossen werden kann, obwohl sein Interesse dasjenige eines Subunternehmers sogar übersteigt (OLG Düsseldorf, B. v. 29. 10. 2008 – Az.: VII-Verg 35/08; B. v. 18. 6. 2008 – Az.: VII – Verg 23/08).

3148 Demgemäß kann einen **Nachprüfungsantrag bei Grundstückskaufverträgen** nur derjenige stellen, der darlegt, er habe sich bei ordnungsgemäßer Vergabe **um den fraglichen Auftrag (Grundstückskaufvertrag) beworben** (OLG Düsseldorf, B. v. 29. 10. 2008 – Az.: VII-Verg 35/08; VK Münster, B. v. 27. 1. 2010 – Az.: VK 25/09). Das ist aber dann **nicht der Fall**, wenn sich ein Antragsteller während des gesamten Verfahrensverlaufs **nur als Interessent für die Anmietung von Ladenflächen und Betreiber eines Verbrauchermarktes** gemeldet hat (OLG Düsseldorf, B. v. 14. 5. 2008 – Az.: VII – Verg 27/08).

3149 Ist es das **erklärte Ziel und damit der erkennbare Wille** eines Antragsteller und der mit ihm zusammenwirkenden Gesellschaften die **Verhinderung der Ansiedlung eines weiteren großflächigen Lebensmitteleinzelhandels in unmittelbarer Nachbarschaft des eigenen Grundstücks** und soll **das zu vergebende Grundstück aber nur zur Bebauung mit einem Einkaufszentrum abgegeben werden, wenn der Bewerber einen Vollsortiment-Lebensmittelmarkt mit einer Verkaufsfläche von mindestens 1500 m^2 und maximal 2500 m^2 ansiedelt** – verfolgt also der Auftraggeber mit seiner Ausschreibung das bauplanungsrechtliche Ziel, dort in naher Zukunft einen großflächigen Lebensmitteleinzelhandel entstehen zu lassen –, will der **Antragsteller das Vergabeziel nicht verwirklichen. Ihm fehlt damit die Antragsbefugnis** (VK Münster, B. v. 27. 1. 2010 – Az.: VK 25/09).

3150 Bei einem **Investorenauswahlverfahren** der öffentlichen Hand reicht zur Bejahung der Antragsbefugnis das **Interesse von nur an der Planung/Projektentwicklung und/oder den Bauarbeiten interessierten Unternehmen nicht aus**. Das Interesse des Planers/Bauunternehmers ist nicht unmittelbar auf die Erlangung eines Auftrages von dem öffentlich-rechtlichen Grundstücksverkäufer, sondern von dem (potentiellen) Grundstückskäufer gerichtet. Die öffentliche Hand will den Bauauftrag nur gekoppelt mit dem Grundstückskaufvertrag vergeben; nur bei dieser Kopplung kann sie überhaupt erreichen, dass ein Bieter willens ist, derartige Bauverpflichtungen einzugehen. Das Grundstück will aber der bloße Planer/Projektentwickler/Bauunternehmer selber nicht kaufen. Eine **Antragsbefugnis ließe sich daher nur dann begründen, wenn der Betreffende diese Kopplung als vergaberechtswidrig rügen und geltend machen würde, bei getrennter Ausschreibung sich auf den Bauauftrag beworben zu haben** (OLG Düsseldorf, B. v. 18. 6. 2008 – Az.: VII – Verg 23/08; VK Münster, B. v. 27. 1. 2010 – Az.: VK 25/09).

3151 Genauso ist der Fall zu beurteilen, wenn ein Bieter die Möglichkeit hat, in einem Vergabeverfahren ein Angebot abzugeben, dies aber nicht macht und gegen den erfolgreichen Bieter, der seinerseits Nachunternehmerleistungen ohne Ausschreibungsverfahren vergibt, ein Nachprüfungsverfahren einleitet. Dadurch, dass ein Bieter kein Angebot abgibt, bringt er deutlich zum Ausdruck, dass er kein Interesse am Auftrag hat. Im **Hinblick auf den Beschleunigungsgrundsatz** ist es bei dieser Sachlage nicht hinnehmbar, dass dieser Bieter nach rechtswirksamen Abschluss des Vergabeverfahrens die fristgerechte Auftragserfüllung des Bieters, der den Zuschlag erhalten hat, dadurch zu verhindern versucht, dass er nunmehr gegenüber diesem Bieter – der Nachunternehmerleistungen gegebenenfalls ausschreiben muss – die Möglichkeit erstreiten will, mit weiteren Verzögerungen ein Angebot für einen Teil des vergebenen Auftrags abzugeben, das er längst im abgeschlossenen Vergabeverfahren hätte abgeben können (VK Köln, B. v. 24. 8. 2009 – Az.: VK VOL 23/2009).

18.4.3.5 Antragsbefugnis für einen Lieferanten?

3152 Die Einleitung eines Nachprüfungsverfahrens, einschließlich der Möglichkeit, gemäß § 115 Abs. 1 GWB die Aussetzung der Vergabe zu erreichen, soll primär der Wahrung subjektiver Bieterrechte nach § 97 Abs. 7 GWB dienen und damit den Unternehmer zugleich vor der Willkür des öffentlichen Auftraggebers schützen. § 107 Abs. 2 Satz 1 ist daher dahingehend auszulegen, dass nur ein Interesse am Erhalt eines Auftrags eine Antragsbefugnis zu begründen vermag. Das bedeutet, dass im offenen Verfahren Bieter und im nicht offenen Verfahren oder Verhandlungsverfahren darüber hinaus auch Bewerber oder Teilnehmer wie auch potenzielle Bewerber oder Teilnehmer antragsbefugt sein können. **Dagegen sind Nachunternehmer bzw. Lieferanten, die allenfalls ein mittelbares Interesse am Auftrag haben, von der Antragsbe-**

Gesetz gegen Wettbewerbsbeschränkungen **GWB § 107 Teil 1**

fugnis ausgenommen (OLG Düsseldorf, B. v. 6. 9. 2006 – Az.: VII – Verg 40/06; 2. VK Bund, B. v. 9. 8. 2006 – Az.: VK 2–77/06; VK Lüneburg, B. v. 24. 3. 2003 – Az.: 203-VgK-07/2003).

18.4.3.6 Antragsbefugnis eines rechtmäßig gekündigten Auftragnehmers?

Kündigt der Auftraggeber einen Dienstleistungsvertrag und schreibt er die Dienstleistung neu aus, fehlt dem Nachprüfungsantrag des Bieters, der Vertragspartner des bisherigen Vertrages war, das Rechtsschutzbedürfnis, soweit er geltend macht, die Kündigung sei unwirksam. Das Nachprüfungsverfahren soll die Rechte von Bietern schützen. Es ist nicht dargelegt, dass insoweit ein Schaden droht. **Hätte der Auftraggeber den gerügten Fehler nicht begangen, also von einer Ausschreibung abgesehen, hätte der Bieter keine Chance gehabt, den neuen Auftrag zu bekommen** (OLG Celle, B. v. 12. 5. 2005 – Az.: 13 Verg 6/05). 3153

Nach Auffassung des OLG Düsseldorf ist auch der Auftragnehmer, dem gekündigt worden ist, an der Auftragsvergabe **in der Regel weiterhin interessiert** (OLG Düsseldorf, B. v. 4. 2. 2009 – Az.: VII-Verg 65/08). 3154

Geht es dem Antragsteller jedoch nicht darum, die erneute Vergabe des Auftrages zu unterbinden, sondern vielmehr darum, im Rahmen der Neuvergabe berücksichtigt zu werden, weil nach den Darlegungen des Antragstellers die Möglichkeit besteht, dass ihm die durch den bereits erteilten Zuschlag eingeräumte Rechtsposition genommen worden ist, **verfolgt er mit seinem Nachprüfungsantrag das Ziel, den Zuschlag – erneut – zu erhalten. Dies reicht aus, um im Rahmen der Prüfung der Zulässigkeit des Nachprüfungsantrages die Antragsbefugnis zu bejahen** (OLG Brandenburg, B. v. 14. 9. 2010 – Az.: Verg W 8/10). 3155

18.4.3.7 Antragsbefugnis eines Unternehmensverbandes

Da die Vergabevorschriften die Regelung, Ordnung und den Schutz potentieller Vertragsbeziehungen der Auftragnehmer mit den öffentlichen Auftraggeber bezwecken, ist das „Interesse am Auftrag" im Sinn von § 107 Abs. 2 Satz 1 GWB auf den Bewerber oder Bieter bezogen, der unmittelbar am Vertragsschluss mit dem Auftraggeber interessiert ist. Nur für solche direkten Vertragsanbahnungsbeziehungen kann sinnvollerweise untersucht werden, ob ein öffentlicher Auftraggeber in Rechte des potentiellen Vertragspartners, die diesem nach den Vergabeverfahrensregeln zustehen, verletzend eingegriffen hat. **Verbände, die nur mittelbar ein „Interesse am Auftrag" haben, haben daher keine Antragsbefugnis nach § 107 Abs. 2 Satz 1 GWB.** Dies ergibt sich überdies auch aus § 107 Abs. 2 Satz 2 GWB, wonach ein Antragsteller darzulegen hat, dass ihm durch die behauptete Verletzung der Vergaberechtsvorschriften ein Schaden entstanden ist oder zu entstehen droht. Ein Verband kann diesen Primärrechtsschutz, der das Nachprüfungsverfahren dominierend prägt, nicht für sich in Anspruch nehmen (VK Hessen, B. v. 26. 4. 2006 – Az.: 69 d VK – 15/2006). 3156

18.4.3.8 Antragsbefugnis einer im Lauf des Vergabeverfahrens gegründeten Holding

Ist ein Antragsteller weder im vorgeschalteten Teilnahmewettbewerb als Teilnehmer aufgetreten noch hat er das erste indikative Angebot abgegeben, das Grundlage für die Verhandlungen im Verhandlungsverfahren gewesen ist und wurden auch nicht mit ihm die Bietergespräche geführt, ist also der ursprüngliche Bieter im Teilnahmewettbewerb aufgetreten und hat auch er das indikative Angebot abgegeben, so **ist auch dann allein er antragsbefugt, wenn er im Laufe des Vergabeverfahrens eine Holding gründet, die das letztverbindliche Angebot abgibt** (VK Schleswig-Holstein, B. v. 25. 4. 2008 – Az.: VK-SH 04/08). 3157

18.4.3.9 Antragsbefugnis eines zum Zeitpunkt der Verletzung der Vergabevorschriften noch nicht gegründeten Unternehmens

Die **Antragsbefugnis muss zum Zeitpunkt der Verletzung der Vergabevorschriften feststellbar** sein; es ist somit vom Sachstand im Zeitpunkt des Vergabeverstoßes auszugehen, soweit jedenfalls dieser Sachstand unverändert geblieben ist. Denn der Bieter hat schlüssig vorzutragen, dass durch die Nichtbeachtung von Vergabevorschriften ihm die Chance auf Erteilung des Zuschlags genommen wurde. **Liegen aber alle gerügten Vergabeverstöße vor der Gründung des Antragstellers, konnte der Antragsteller keine reellen Chancen auf Erteilung des Zuschlags haben, weil er als juristische Person überhaupt noch nicht existierte.** Mithin kommt es auch nicht darauf an, dass der Verstoß noch fortwirkte und der Antragsteller nach seiner Gründung in eigenen Rechten verletzt war. Denn auf diesen Zeitpunkt kommt es nicht an. **Etwas anderes** könnte nur gelten, wenn **sich die Sachlage bei der Vergabestelle** 3158

Teil 1 GWB § 107 Gesetz gegen Wettbewerbsbeschränkungen

nach diesem Zeitpunkt nochmals verändert hätte, also beispielsweise noch weitere Verstöße hinzugekommen wären (VK Münster, B. v. 18. 3. 2010 – Az.: VK 2/10).

18.4.3.10 Antragsbefugnis eines unrechtmäßig zu einem Verhandlungsverfahren zugelassenen Bieters

3159   Nach Aufhebung eines Nichtoffenen Verfahrens dürfen in ein sich anschließendes Verhandlungsverfahren nur Bieter einbezogen werden, deren Angebote im ersten Vergabeverfahren nicht bereits aus formalen Gründen ausgeschlossen worden sind bzw. hätten ausgeschlossen werden müssen (vgl. im Einzelnen die Kommentierung zu → § 3a VOB/A Rdn. 38). Ein **unter Verstoß gegen dieses Ergebnis einbezogener Bieter ist in Bezug auf vermeintliche Vergaberechtsverstöße im Verhandlungsverfahren nicht mehr antragsbefugt** (VK Köln, B. v. 10. 2. 2009 – Az.: VK VOB 39/2008).

18.4.3.11 Weitere Beispiele aus der Rechtsprechung

3160   – **bei Fallgestaltungen, in denen unklar ist, wer letztlich Bieter werden soll**, insbesondere in der Frühphase von Verhandlungen unregulierter Vergaben, wenn z. B. wenn ein „Konzern" oder eine mehr oder weniger verbindliche und konturierte Arbeitsgemeinschaft mehrerer Unternehmen Interesse bekundet haben, und wenn man eine eindeutige Zuordnung etwa nach den Grundsätzen über „unternehmensbezogene" Geschäfte nicht vornehmen kann – **kann zur Gewährleistung wirksamen Rechtsschutzes eine Antragsbefugnis jedes der beteiligten Unternehmen zu bejahen** sein (OLG Düsseldorf, B. v. 18. 6. 2008 – Az.: VII – Verg 23/08).

18.4.4 Interesse am Auftrag

18.4.4.1 Weite Auslegung

3161   Gemäß § 107 Abs. 2 Satz 1 GWB ist im Nachprüfungsverfahren jedes Unternehmen antragsbefugt, das ein Interesse am Auftrag hat und eine Verletzung in seinen Rechten nach § 97 Abs. 7 GWB durch Nichtbeachtung von Vergabevorschriften geltend macht. **Das Interesse am Auftrag ist weit auszulegen. Es liegt in der Regel vor, wenn der Bieter vor Stellung des Nachprüfungsantrages am Vergabeverfahren teilgenommen und einen Vergabeverstoß ordnungsgemäß gerügt** hat (BVerfG, B. v. 29. 7. 2004 – Az.: 2 BvR 2248/03; BGH, B. v. 10. 11. 2009 – Az.: X ZB 8/09; B. v. 26. 9. 2006 – Az.: X ZB 14/06; B. v. 1. 2. 2005 – Az.: X ZB 27/04; OLG Brandenburg, B. v. 7. 8. 2008 – Az.: Verg W 11/08; OLG München, B. v. 2. 8. 2007 – Az.: Verg 07/07; B. v. 7. 4. 2006 – Az.: Verg 5/06; OLG Thüringen, B. v. 30. 3. 2009 – Az.: 9 Verg 12/08; VK Arnsberg, B. v. 21. 8. 2008 – Az.: VK 16/08; B. v. 30. 5. 2008 – Az.: VK 10/08; B. v. 20. 5. 2008 – Az.: VK 09/08; B. v. 2. 5. 2008 – Az.: VK 08/08; B. v. 1. 2. 2006 – Az.: VK 28/05; VK Brandenburg, B. v. 9. 6. 2009 – Az.: VK 24/09; 3. VK Bund, B. v. 15. 5. 2009 – Az.: VK 3–127/09; B. v. 18. 9. 2008 – Az.: VK 3–122/08; B. v. 18. 9. 2008 – Az.: VK 3–119/08; VK Hessen, B. v. 28. 2. 2006 – Az.: 69d VK – 02/2006; VK Münster, B. v. 15. 8. 2007 – Az.: VK 13/07; VK Rheinland-Pfalz, B. v. 2. 4. 2009 – Az.: VK 9/09; VK Saarland, B. v. 2. 2. 2009 – Az.: 1 VK 10/2008; B. v. 12. 1. 2009 – Az.: 1 VK 07/2008; B. v. 23. 4. 2007 – Az.: 3 VK 02/2007, 3 VK 03/2007; B. v. 19. 5. 2006 – Az.: 3 VK 03/2006; 1. VK Sachsen, B. v. 23. 4. 2010 – Az.: 1/SVK/008–10; B. v. 28. 12. 2009 – Az.: 1/SVK/060–09; B. v. 16. 3. 2010 – Az.: 1/SVK/003–10; B. v. 19. 5. 2009 – Az.: 1/SVK/008– 09; B. v. 5. 5. 2009 – Az.: 1/SVK/009–09; B. v. 6. 4. 2009 – Az.: 1/SVK/005–09; B. v. 28. 10. 2008 – Az.: 1/SVK/054–08; B. v. 10. 10. 2008 – Az.: 1/SVK/051–08; B. v. 25. 6. 2008 – Az.: 1/SVK/029–08; B. v. 13. 6. 2007 – Az.: 1/SVK/039–07; B. v. 24. 5. 2007 – Az.: 1/SVK/029– 07; B. v. 29. 12. 2004 – Az.: 1/SVK/123–04; B. v. 25. 11. 2004 – Az.: 1/SVK/110–04; VK Schleswig-Holstein, B. v. 17. 9. 2008 – Az.: VK-SH 10/08; VK Südbayern, B. v. 13. 3. 2009 – Az.: Z3-3-3194-1-02-01/09; B. v. 21. 7. 2008 – Az.: Z3-3-3194-1-23–06/08; B. v. 26. 6. 2008 – Az.: Z3-3-3194-1-16-04/08; B. v. 19. 2. 2008 – Az.: Z3-3-3194-1-02-01/08; B. v. 20. 9. 2007 – Az.: Z3-3-3194-1-44–08/07; B. v. 12. 9. 2007 – Az.: Z3-3-3194-1-43–08/07; B. v. 29. 1. 2007 – Az.: 39-12/06; B. v. 7. 7. 2006 – Az.: 11-04/06).

18.4.4.2 Interesse am Auftrag bei fehlender Angebotsabgabe

3162   Das Interesse am Auftrag kann **nicht bereits dann bejaht** werden, wenn der Antragsteller **kein Angebot** abgibt und **anschließend das Nachprüfungsverfahren nachdrücklich betreibt und ankündigt, seine Dienste anbieten zu wollen** (OLG Brandenburg, B. v. 7. 8. 2008 – Az.: Verg W 11/08; VK Brandenburg, B. v. 9. 6. 2009 – Az.: VK 24/09).

18.4.4.3 Interesse am Auftrag bei unterlassenem Vergabeverfahren

Sofern **rechtswidrig kein Vergabeverfahren** durchgeführt wurde, besteht ein **Interesse** an dem Auftrag **bei jedem Unternehmen**, das an dem Vergabeverfahren teilgenommen hätte (VK Südbayern, B. v. 23. 10. 2001 – Az.: 32-09/01; im Ergebnis ebenso VK Arnsberg, B. v. 5. 8. 2003 – Az.: VK 2–13/2003; VK Saarland, B. v. 19. 5. 2006 – Az.: 3 VK 03/2006). 3163

Noch weiter geht die Auffassung, dass es sich auf die **Antragsbefugnis eines Antragstellers nicht nachteilig auswirkt**, dass er in Fällen eines unterlassenen Vergabeverfahrens am Verfahren der Auftragsvergabe weder teilgenommen noch – ausdrücklich oder stillschweigend – ein Interesse an einer Teilnahme bekundet hat, wenn der Antragsteller geltend macht, gerade **durch den zur Überprüfung gestellten Vergaberechtsverstoß**, der darin liegt, dass der Auftraggeber die Beschaffung ohne vorherige Bekanntgabe dieses Vorhabens durchgeführt hat, **an einer Teilnahme, insbesondere an der Einreichung eines Angebots oder der Bekundung eines Interesses an diesem Auftrag**, gehindert ist (OLG Düsseldorf, B. v. 25. 1. 2005 – Az.: VII – Verg 93/04). 3164

18.4.4.4 Interesse am Auftrag durch Beteiligung an einem Teilnahmewettbewerb

Ausreichend für das nach § 107 Abs. 2 Satz 1 GWB darzulegende Interesse ist die erklärte Beteiligung an einem Teilnahmewettbewerb. Dadurch bekundet ein Bewerber bereits sein konkretes Interesse an dem letztlich im Rahmen des Verhandlungsverfahrens zu vergebenden Auftrag. **Ansonsten würde er sich nicht am Teilnahmewettbewerb beteiligen** (VK Brandenburg, B. v. 17. 9. 2002 – Az.: VK 50/02; 1. VK Sachsen, B. v. 10. 10. 2008 – Az.: 1/SVK/051-08). 3165

18.4.4.5 Interesse am Auftrag auch bei nicht verlängerter Bindefrist

Die **Rechtsprechung** ist insoweit **nicht einheitlich**. 3166

Nach **einer Auffassung** macht ein **Bieter mit der Ablehnung der Fristverlängerung** und notwendigerweise – vgl. § 146 BGB – hiermit verbunden **deutlich, dass er sein Angebot nicht aufrechterhält**. Dieser zivilrechtliche Vorgang hat für das Nachprüfungsverfahren zur Folge, dass ein Interesse am Auftrag im Sinne von § 107 Abs. 2 Satz 1 GWB nicht mehr gegeben ist: Es ist nicht kompatibel, einerseits eine Bindefristverlängerung abzulehnen mit der Folge des Erlöschens des eigenen Angebots, andererseits aber noch ein Interesse am Erhalt des Auftrags haben zu wollen. **Zustimmung zur Fristverlängerung und Interesse am Auftrag können nur einheitlich bejaht oder verneint werden** (1. VK Bund, B. v. 12. 11. 2003 – Az.: VK 1–107/03). 3167

In diesem Sinne argumentiert auch die **VK Thüringen**. Das **Angebot eines Bieters** ist nach dem **Ablauf der Angebotsbindefrist** und deren nicht erfolgten Verlängerung weder durch den Bieter, noch durch die Vergabestelle, im Rechtssinn **als nicht mehr existent** einzustufen. Der **Bieter ist damit kein Verfahrensbeteiligter mehr, ihm fehlt als Voraussetzung für die Antragsstellung die notwendige Antragsbefugnis**. Eine nachträgliche Verlängerung der Angebotsbindefrist durch den Bieter und damit die Erlangung der Antragsbefugnis unter Beachtung des seit dem Ablauf der ursprünglichen Zuschlags/Angebotsbindefrist vergangenen Zeitraums ist angesichts des seitdem vergangenen Zeitraumes von mehr als einem Monat nicht mehr möglich (VK Thüringen, B. v. 27. 3. 2008 – Az.: 360–4003.20–641/2008-002-UH). 3168

Nach der Gegenmeinung könnte man zwar der Tatsache, dass ein Bieter einer Bindefristverlängerung nicht zustimmt, entnehmen, dass er kein Interesse mehr an der Durchführung des Auftrags hat. Diese Annahme ist jedoch nicht zwingend. So bringt dieser **Bieter mit seinem Nachprüfungsantrag** deutlich **zum Ausdruck**, dass er auch **weiterhin ein grundsätzliches Interesse am Auftrag** hat. Er hält sich damit, dass er einer Bindefristverlängerung zunächst nicht zugestimmt hatte, lediglich offen, erst nach Zuschlagserteilung darüber zu entscheiden, ob er das Vertragsangebot der Vergabestelle oder der Grundlage ihrer alten Konditionen annimmt (OLG Düsseldorf, B. v. 25. 4. 2007 – Az.: VII – Verg 3/07; B. v. 20. 2. 2007 – Az.: VII – Verg 3/07; OLG Thüringen, B. v. 30. 3. 2009 – Az.: 9 Verg 12/08; VK Baden-Württemberg, B. v. 29. 6. 2009 – Az.: 1 VK 27/09; B. v. 18. 10. 2002 – Az.: 1 VK 53/02; 2. VK Bund, B. v. 16. 7. 2002 – Az.: VK 2–50/02; 3. VK Bund, B. v. 5. 7. 2010 – Az.: VK 3–60/10; VK Hamburg, B. v. 18. 12. 2001 – Az.: VgK FB 8/01). Außerdem kann das **bloße Schweigen nicht ohne weiteres als Ablehnung gedeutet werden**, mit der Vergabestelle einen Vertrag zu den zunächst angebotenen Konditionen abschließen zu wollen (VK Düsseldorf, B. v. 29. 4. 2008 – Az.: VK – 06/2008 – B). 3169

Teil 1 GWB § 107 Gesetz gegen Wettbewerbsbeschränkungen

3170 Dies gilt **auch bei einer nur kurzfristigen Verlängerung der Bindefrist** im Rahmen eines Nachprüfungsverfahrens (OLG Thüringen, B. v. 30. 10. 2006 – Az.: 9 Verg 4/06).

3171 Betont außerdem ein Antragsteller von Anfang an, dass er die **Fristverlängerung nur deshalb ablehnt, weil sie** nach seiner Ansicht **auf sachfremden Erwägungen beruht und unzulässig ist** und lässt er keinen Zweifel daran, dass er nach wie vor an der Erteilung des Zuschlags interessiert ist, hat er auch weiterhin ein Interesse am Auftrag (OLG Naumburg, B. v. 13. 5. 2003 – Az.: 1 Verg 2/03).

3172 Nach einer anderen Auffassung bedeutet das Verstreichen der Bindefrist nicht, dass dem Bieter der Zuschlag nicht mehr erteilt werden darf und etwaige Vergabefehler des Auftraggebers schon aus diesem Grunde die Zuschlagschancen des Bieters nicht zu beeinträchtigen vermöchten. Die **2. VK Bund neigt dazu, das Betreiben des vor Ablauf der Bindefrist eingeleiteten Nachprüfungsverfahrens durch den Bieter mit dem Ziel, seine Zuschlagschancen zu wahren, als stillschweigende Verlängerung der Bindefrist bis zum Ende des Nachprüfungsverfahrens zu werten.** Denn aus Sicht eines verständigen Auftraggebers wird das Verhalten des Bieters dahin aufgefasst werden müssen, dass dieser, da er ersichtlich den Zuschlag anstrebt, sich auch bis zum Abschluss des Nachprüfungsverfahrens an sein Angebot als Grundlage für eine solche Annahmeerklärung des Auftraggebers gebunden hält. Eine **gegenteilige Haltung des Bieters wäre widersprüchlich und treuwidrig** (2. VK Bund, B. v. 26. 2. 2007 – Az.: VK 2–09/07; im Ergebnis ebenso VK Baden-Württemberg, B. v. 29. 6. 2009 – Az.: 1 VK 27/09).

18.4.4.6 Interesse am Auftrag bei der Vergabe eines „aliud" im Wege einer De-facto-Vergabe

3173 Beabsichtigt ein Auftraggeber, einen **Auftrag zu erteilen, der seinem Inhalt nach mit dem Gegenstand der Ausschreibung nicht übereinstimmt, also ein „Aliud" zu verwirklichen**, steht das **Vergabekontrollverfahren schon deshalb zur Verfügung, weil der beabsichtigte Auftrag äußerlich als Resultat einer förmlichen Ausschreibung erteilt werden soll**. Die Antragsbefugnis eines Bieters, der rügt, der Gegenstand dieses Auftrags entspreche ausweislich der zuletzt bekundeten Vergabeabsicht des Auftraggebers nicht dem der ursprünglichen Ausschreibung, hängt aber nicht davon ab, dass der Bieter zu dieser (überholten?) Ausschreibung ein konkurrenzfähiges Angebot abgegeben hat; denn wenn ein dem inhaltlich entsprechender Auftrag nunmehr ohnehin nicht mehr erteilt werden soll (was gegen den Willen der Vergabestelle auch mit einem Nachprüfungsbegehren regelmäßig nicht durchgesetzt werden kann), **geht es bei der Rüge der Identitätsabweichung im vorgenannten Sinne allein noch darum, dass der Bieter darlegt, er hätte ein anderes Angebot abgegeben, wenn das Vorhaben von Anfang an mit dem Gegenstand ausgeschrieben worden wäre, wie es jetzt in Auftrag gegeben werden soll**. Eine entsprechende Beteiligungsabsicht ist jedenfalls bei Bietern, die auf den zunächst ausgeschriebenen Auftragsgegenstand geboten haben, mangels konkreter entgegenstehender Anhaltspunkte ohne weiteres anzunehmen (OLG Dresden, B. v. 3. 12. 2003 – Az.: WVerg 15/03).

18.4.4.7 Interesse am Auftrag bei Übergehen der Vergabeprüfstelle oder anderer fakultativer Prüfungsinstanzen

3174 Es verstößt gegen Art. 1 Abs. 3 der Richtlinie 89/665 (Rechtsmittelrichtlinie), wenn von einem Bieter oder Bewerber, der sich an einem Verfahren zur Vergabe eines öffentlichen Auftrags beteiligt hat, angenommen wird, dass er sein **Interesse an diesem Auftrag verloren** hat, weil er **nicht vor der Einleitung eines Nachprüfungsverfahrens** im Sinne dieser Richtlinie **eine Schlichtungskommission wie die Vergabeprüfstelle oder eine andere fakultative Instanz angerufen hat** (EuGH, Urteil v. 19. 6. 2003 – Az.: C-410/01).

18.4.4.8 Interesse am Auftrag bei der Absicht, die Auftragsvergabe zu verhindern?

3175 Die **Rechtsprechung** ist insoweit **nicht einheitlich**.

3176 Ist ein Antragsteller der Auffassung, dass ihm der Auftraggeber den Auftrag in einem vorangegangenen Vergabeverfahren bereits erteilt hat und dass der ausgeschriebene Auftrag deshalb überhaupt nicht, vor allem nicht anderweitig, vergeben werden darf, **zielt das Begehren des Antragstellers darauf ab, die Durchführung eines Vergabeverfahrens zu verhindern und die Aufhebung des Vergabeverfahrens erreichen**. Dies ist kein Rechtsschutzziel, das mit dem vergaberechtlichen Nachprüfungsverfahren verfolgt werden kann. Nachprüfungsverfahren haben den Zweck, dass Aufträge – ordnungsgemäß – erteilt werden, nicht, dass die Auftragserteilung verhindert wird. Bei einer solchen Konstellation **fehlt das Interesse am Auftrag** (OLG Bran-

Gesetz gegen Wettbewerbsbeschränkungen GWB § 107 **Teil 1**

denburg, B. v. 5. 10. 2004 – Az.: Verg W 12/04; VK Brandenburg, B. v. 10. 9. 2004 – Az.: VK 39/04; VK Schleswig-Holstein, B. v. 17. 9. 2008 – Az.: VK-SH 10/08).

Nach anderer Auffassung **fehlt einem Antragsteller in solchen Fällen nicht etwa deshalb die Antragsbefugnis**, weil er zwar die Aufhebung der Ausschreibung begehrt, aber in dem Sinne vorträgt, dass eine Aufhebung gar nicht mehr möglich sei, weil der Zuschlag bereits an ihn erteilt worden ist. Der Antrag des Antragstellers und der dazugehörige Tatsachenvortrag **laufen gerade auf die Feststellung hinaus, das Vergabeverfahren sei – zu seinen Gunsten – beendet.** Somit bliebe nur noch Raum für Fragen der Vertragserfüllung oder etwaige Schadenersatzansprüche, die zivilgerichtlich zu klären wären und nicht Inhalt eines vergaberechtlichen Nachprüfungsverfahrens sein können. Der **Antragsteller befindet sich jedoch in dem Dilemma**, dass – sollte seine Rechtsauffassung zutreffen – das **Nachprüfungsverfahren unzulässig wäre** und falls die Auffassung des Antragsgegners zutrifft, **er sich ggf. vorhalten lassen muss, nicht rechtzeitig ein Nachprüfungsverfahren beantragt zu haben.** Insoweit geht die VK Schleswig-Holstein zu Gunsten des Antragstellers davon aus, dass das Stellen eines Nachprüfungsantrages nicht rechtsmissbräuchlich erfolgte (VK Schleswig-Holstein, B. v. 26. 7. 2006 – Az.: VK-SH 11/06). 3177

18.4.4.9 Interesse am Auftrag hinsichtlich eines Teiles einer de-facto-Vergabe

Im Falle von de-facto-Vergaben kommt es nicht auf den formalen Bieter- oder Bewerberstatus eines Antragstellers an, sondern auch Interessenten, die wesentliche Teilleistungen ausführen wollen, können in ihren Rechten verletzt sein. Ein Interesse am Gesamtauftrag muss ein Antragsteller in dem Zeitpunkt, in dem der öffentliche Auftraggeber sich dazu entscheidet, keine Ausschreibung durchzuführen, nicht nachweisen, weil zu diesem Zeitpunkt der tatsächliche Umfang des Auftrages nur unterstellt wird, aber jedenfalls noch nicht sicher feststeht. Denn es gibt keine Leistungsbeschreibung und keine Angebote. Ausgehend von dieser Rechtsprechung **kommt es nur darauf an, dass der Auftraggeber sich entschieden hat, den Auftrag nicht auszuschreiben und stattdessen einfach nur Verhandlungen mit der Beigeladenen, also mit nur einem Unternehmen, aufgenommen hat. Ob diese Entscheidung rechtens war, muss ein potentieller Auftragnehmer, auch wenn er sich nur für einen Teilbereich bzw. für ein Linienbündel interessiert, von einer Nachprüfungsinstanz überprüfen lassen können.** Der potentielle Auftragnehmer muss zwar grundsätzlich willens und in der Lage sein, solche Leistungen zu erbringen, aber er muss zum gegenwärtigen Zeitpunkt nicht nachweisen, ob er mit seinem Unternehmen sich allein um den Gesamtauftrag bewerben kann oder ob er sich gegebenenfalls Kooperationspartner suchen muss, um sich mit denen gemeinsam um den Gesamtauftrag zu bewerben (VK Münster, B. v. 18. 3. 2010 – Az.: VK 1/10). 3178

18.4.4.10 Weitere Beispiele aus der Rechtsprechung

– es ist **für das Rechtsschutzinteresse in einem Vergabenachprüfungsverfahren über Rettungsdienstleistungen unschädlich, wenn der Antragsteller gegen die Erteilung der öffentlich-rechtlichen Genehmigung nach § 11 RettDG LSA an einen anderen Bieter kein Rechtsmittel auf dem Verwaltungsgerichtsweg eingelegt hat**. Grundsätzlich unterscheidet sich die Erteilung einer öffentlich-rechtlichen Genehmigung zur Erbringung von Rettungsdienstleistungen gemäß § 11 RettDG LSA von der Erteilung eines öffentlichen Dienstleistungsauftrags im Sinne von § 99 Abs. 1 und 4 GWB. Die Genehmigung beinhaltet lediglich die Erlaubnis zum Betreiben des Rettungsdienstes. Sie wird durch den Träger des Rettungsdienstes erteilt. Die konkreten Leistungsbeziehungen werden dann aber erst durch den Vertrag geregelt, so dass eine Genehmigung allein ohne wirtschaftliche Bedeutung ist. Es ist sogar denkbar, dass eine Genehmigung an mehrere Leistungserbringer erteilt wird. Es handelt sich insoweit auch nicht um ein Ausschließlichkeitsrecht (1. VK Sachsen-Anhalt, B. v. 23. 6. 2010 – Az: 1 VK LVwA 69/09) 3179

– ist die **thermische Verwertung von als Abfall einzustufenden Rechenguts aus Klärwerken ausgeschrieben und will ein Bieter die Abfälle stattdessen beseitigen oder durch eine andere als eine thermische Verwertung entsorgen** und zeigt er in diesem Zusammenhang Interesse, bestimmte, aber nicht gesondert ausgeschriebene Transportleistungen zu erbringen und will er die entstehenden Abfälle ebenso wenig aufbereiten (trocknen), wie es durch die Ausschreibungsbedingungen gefordert ist, sondern möchte dies von dem Auftraggeber vorgenommen sehen und betrachtet er das Einholen einer gegebenenfalls erforderlichen öffentlich-rechtlichen Genehmigung nicht als eine Aufgabe des Auftragnehmers, obwohl dies zur ausgeschriebenen Leistung gehört, sondern will er die öffentlich-rechtliche Zulässigkeit einer thermischen Verwertung vielmehr im Vorhinein durch den Auftraggeber geklärt haben, soll die **Ausschreibung damit nach den Vorstellungen des Bieters einen anderen Gegenstand und Zuschnitt haben**. Es soll nicht um eine thermische Verwertung, sondern um eine Entsorgung durch Beseitigen oder eine andersartige Verwertung gehen. Damit **fehlt diesem Bieter das Interesse am ausgeschriebenen Auftrag und damit die Antragsbefugnis** (OLG Düsseldorf, B. v. 17. 11. 2008 – Az.: VII-Verg 52/08)

– ein Bieter bekundet sein Interesse an dem Auftrag in prozessual ausreichender Weise **z. B. durch die Abgabe des Angebots in einem vorangegangenen Vergabeverfahren, die Rüge einer nach seiner Meinung falschen Vergabeart und die Einleitung des Nachprüfungsverfahrens** (OLG Düsseldorf, B. v. 16. 2. 2006 – Az.: VII – Verg 6/06).

18.4.5 Geltendmachung der Verletzung in Rechten nach § 97 Abs. 7 GWB durch Nichtbeachtung von Vergabevorschriften

18.4.5.1 Streitgegenstand des Nachprüfungsverfahrens

3180   **18.4.5.1.1 Allgemeines.** Das Nachprüfungsverfahren bezieht sich nicht „auf die gesamte Vergabe" in dem Sinne, dass das Nachprüfungsverfahren immer das gesamte Vergabeverfahren bis zur abschließenden Vergabe umfasst. **Vielmehr ist (Streit-)Gegenstand des Nachprüfungsverfahrens ein konkretes Verhalten des öffentlichen Auftraggebers (im Vergabeverfahren), das das Gesetz als „behauptete Verletzung der Vergabevorschriften" bezeichnet** (§ 107 Abs. 2 Satz 2 GWB; vgl. auch § 108 Abs. 2 Halbsatz 1 GWB sowie § 107 Abs. 3 Satz 1 GWB: „gerügter Verstoß gegen Vergabevorschriften"). Die **sachgerechte Erfassung des Begriffs des Streitgegenstands im Nachprüfungsverfahren muss von der zentralen Vorschrift des § 97 Abs. 7 GWB ausgehen**. Danach haben die Unternehmen Anspruch darauf, dass der Auftraggeber die Bestimmungen über das Vergabeverfahren einhält. Um diesen Anspruch geht es im Nachprüfungsverfahren (siehe auch § 107 Abs. 2 Satz 1 GWB).

3181   Demzufolge muss der Streitgegenstand des Nachprüfungsverfahrens durch ein Verhalten des Auftraggebers (im Vergabeverfahren) gebildet werden, durch das – wirklich oder vermeintlich – bieterschützende Bestimmungen über das Vergabeverfahren verletzt werden (oder – mit anderen Worten, siehe § 107 Abs. 2 Satz 1 GWB – „nicht beachtet" werden), in Verbindung mit der „Geltendmachung" des Antragstellers, dass gerade er durch das Verhalten des Auftraggebers in seinen Rechten nach § 97 Abs. 7 GWB verletzt wird (siehe nochmals § 107 Abs. 2 Satz 1 GWB; siehe ferner § 114 Abs. 1 Satz 1 GWB, wonach das Nachprüfungsverfahren auf die Beseitigung einer Rechtsverletzung abzielt). Dagegen nehmen die Maßnahmen, die die Vergabekammer nach der Antragsformulierung des Antragstellers zur Beseitigung der Rechtsverletzung ergreifen soll, nicht zusätzlich an der Bildung des Streitgegenstands in dem hier maßgeblichen prozessualen Sinne teil; das folgt aus § 114 Abs. 1 Satz 2 GWB, wonach die Vergabekammer an die Anträge nicht gebunden ist und eigenständig die geeigneten Maßnahmen auszuwählen hat, um eine Rechtsverletzung zu beseitigen (OLG Düsseldorf, B. v. 30. 5. 2001 – Az.: Verg 23/00).

3182   **18.4.5.1.2 Beispiele aus der Rechtsprechung**

– der **Streitgegenstand** setzt sich zusammen **aus dem Klagebegehren**, das sich aus dem Klageantrag ergibt, und dem zu dessen Begründung **vorgetragenen Sachverhalt** (3. VK Bund, B. v. 28. 10. 2010 – Az.: VK 3–93/10)

– stützt sich ein Beschluss der Kammer in materieller Hinsicht allein auf die von der **Kammer als wirksam und rechtmäßig erachtete Aufhebung der ursprünglichen Ausschreibung**, so war **über die Beanstandung etwaiger weiterer Mängel der Ausschreibung bzw. des mit ihr eingeleiteten Vergabeverfahrens nicht der Sache nach zu befinden**, weil insoweit dem Antragsteller kein Schaden in Form der Beeinträchtigung seiner Zuschlagschancen in jenem Verfahren mehr entstehen konnte. Das galt auch für die von dem Antragsteller beanstandete Unterlassung einer förmlichen europaweiten Ausschreibung und für den von dem Auftraggeber angekündigten Rückgriff auf einen bestehenden Rahmenvertrag. Diese nicht entschiedenen Mängel nehmen an der Bestandskraft des Beschlusses nicht teil und können Gegenstand eines weiteren Nachprüfungsverfahrens sein (2. VK Bund, B. v. 30. 7. 2010 – Az.: VK 2–56/10)

18.4.5.2 „Hineinwachsen" in eine Vergabeentscheidung nach § 97 Abs. 7

3183   Ein am Tag der Einreichung mangels nachprüfbaren Vergabeentscheidung des öffentlichen Auftraggebers **noch unzulässiger Nachprüfungsantrag** kann in die Zulässigkeit hineinwachsen (OLG Brandenburg, B. v. 19. 12. 2002 – Az.: Verg W 9/02).

18.4.5.3 Nachschieben von Vergaberechtsverletzungen

Nur wenn eine den Maßstäben des § 107 Abs. 2 GWB genügende Darlegung der Verletzung 3184
von Bieterrechten das **Nachprüfungsverfahren eröffnet hat, können andere Vergaberechtsverletzungen zum Gegenstand desselben Nachprüfungsverfahrens gemacht werden,** mögen diese bis dahin auch nur andeutungsweise oder gar nicht im Streit gewesen und erst im Verlaufe der Vergabenachprüfung zu Tage getreten sein. Um sich seine diesbezüglichen Rechte zu sichern, ist der Antragsteller sodann auch nicht gehalten, die zunächst zulässigerweise vorgebrachten Rügen bis zum Verfahrensende weiterzuverfolgen (OLG Frankfurt, B. v. 7. 8. 2007 – Az.: 11 Verg 3/07, 4/07; OLG Thüringen, B. v. 26. 3. 2007 – Az.: 9 Verg 2/07; OLG Düsseldorf, B. v. 23. 1. 2008 – Az.: VII – Verg 36/07; B. v. 19. 7. 2006 – Az.: VII – Verg 27/06).

18.4.5.4 Verletzung in eigenen Rechten

Die **Geltendmachung einer Vergaberechtsverletzung,** deren Korrektur lediglich die 3185
Rechtsposition eines Dritten verbessert und dem **Antragsteller allenfalls die immaterielle Befriedigung verschafft, dass auch der von der Vergabestelle vorgesehene Zuschlagsaspirant nicht zum Zuge kommt,** lässt die Antragsbefugnis entfallen. Es ist in solchen Fällen **im Rahmen der Begründetheit zu prüfen,** ob das Rechtsschutzbegehren in materiellrechtlicher Hinsicht darauf abzielt, eigene vermögensrechtliche Interessen wahrzunehmen oder ausschließlich der Begünstigung eines Dritten bzw. immateriellen Interessen dient. Die **Geltendmachung einer Vergaberechtsverletzung,** deren **Korrektur lediglich die Rechtsposition eines Dritten verbessert** und dem **Antragsteller allenfalls die immaterielle Befriedigung verschafft, dass auch der von der Vergabestelle vorgesehene Zuschlagsaspirant nicht zum Zuge kommt,** stellt eine Form unzulässiger Rechtsausübung – auf der Ebene des materiellen Vergaberechts – dar, die einem Bieter nach dem die gesamte Rechtsordnung beherrschenden Wertungsgedanken des § 242 BGB versagt ist. Ein unter Missachtung dieses Grundsatzes eingelegter Nachprüfungsantrag ist daher als unbegründet zurückzuweisen (OLG Thüringen, B. v. 26. 3. 2007 – Az.: 9 Verg 2/07; B. v. 11. 1. 2007 – Az.: 9 Verg 9/06; B. v. 6. 12. 2006 – Az.: 9 Verg 8/06; ebenso OLG München, B. v. 7. 8. 2007 – Az.: Verg 08/07; VK Brandenburg, B. v. 29. 1. 2009 – Az.: VK 47/08; B. v. 21. 5. 2008 – Az.: VK 9/08; B. v. 22. 11. 2007 – Az.: VK 43/07; VK Schleswig-Holstein, B. v. 14. 5. 2008 – Az.: VK-SH 06/08; B. v. 5. 7. 2007 – Az.: VK-SH 13/07; B. v. 28. 3. 2007 – Az.: VK-SH 04/07; VK Thüringen, B. v. 24. 6. 2009 – Az.: 250–4002.20–3114/2009-005-SOK).

Durch einen **nachträglichen (zwingenden) Ausschluss eines Angebots von der Wertung mangels Eignung werden die Angebote der anderen Bewerber oder Bieter und deren subjektive Rechte nicht berührt,** weshalb die Chancen auf die Zuschlagserteilung oder den Vertragsschluss der verbliebenen Bieter/Bewerber nicht geschmälert werden. Im Gegenteil: Wird nachträglich die Nichteignung eines Bewerbers z. B. im Verhandlungsverfahren festgestellt, erhöhen sich durch den dann zwingenden Ausschluss des Bewerbers von der Wertung dem Grunde nach die Chancen der verbliebenen Bewerber. Voraussetzung ist allerdings ebenfalls, dass die Ausschreibung oder das Verhandlungsverfahren nicht aufgehoben werden muss (VK Schleswig-Holstein, B. v. 12. 7. 2007 – Az.: VK-SH 11/07). 3186

18.4.6 Drohender Schaden

18.4.6.1 Begriffsinhalt (Grundsatz)

Der in § 107 GWB verwendete Schadensbegriff muss unter dem Gesichtspunkt des Primär- 3187
rechtsschutzes betrachtet und ausgelegt werden. Der Schaden besteht darin, dass durch den einzelnen beanstandeten Vergaberechtsverstoß die Aussichten des antragstellenden Bieters auf den Zuschlag zumindest verschlechtert worden sein können. **Entscheidend** für das Vorliegen einer Antragsbefugnis und damit für die Gewährung von Primärrechtsschutz ist mithin die **Eignung der gerügten Vergaberechtsverstöße, eine solche Chancenbeeinträchtigung begründen zu können** (OLG Karlsruhe, B. v. 21. 7. 2010 – Az.: 15 Verg 6/10; OLG München, B. v. 21. 5. 2010 – Az.: Verg 02/10; OLG Thüringen, B. v. 19. 10. 2010 – Az.: 9 Verg 5/10; VK Arnsberg, B. v. 4. 9. 2009 – Az.: VK 20/09; B. v. 25. 5. 2009 – VK 08/09; 1. VK Bund, B. v. 10. 12. 2009 – Az.: VK 1–188/09; B. v. 2. 12. 2009 – Az.: VK 1–206/09; VK Düsseldorf, B. v. 24. 11. 2009 – Az.: VK – 26/2009 – L; B. v. 12. 11. 2009 – Az.: VK – 21/2009 – L; B. v. 7. 10. 2009 – Az.: VK – 31/2009 – L; B. v. 8. 9. 2009 – Az.: VK – 17/2009 – L; B. v. 20. 8. 2009 – Az.: VK – 13/2009 – L; VK Münster, B. v. 15. 8. 2007 – Az.: VK 13/07; 1. VK Saarland, B. v. 8. 3. 2010 – Az.: 1 VK 03/2010; 3. VK Saarland, B. v. 19. 1. 2007 – Az.: 3 VK 05/2006; VK Thüringen, B. v. 9. 6.

Teil 1 GWB § 107 Gesetz gegen Wettbewerbsbeschränkungen

2008 – Az.: 250–4002.20–1338/2008-008-ABG; B. v. 9. 5. 2008 – Az.: 250–4003.20–971/2008-010-EF; B. v. 10. 4. 2008 – Az.: 360–4002.20–709/2008-003-ABG; B. v. 12. 3. 2008 – Az.: 360–4002.20–414/2008-001-NDH). **Nicht erforderlich** ist hingegen, dass der **Antragsteller im Sinne einer darzulegenden Kausalität nachweisen kann, dass er bei korrekter Anwendung der Vergabevorschriften den Auftrag erhalten hätte** (BVerfG, B. v. 29. 7. 2004 – Az.: 2 BvR 2248/03; BGH, B. v. 26. 9. 2006 – Az.: X ZB 14/06; OLG Celle, B. v. 17. 7. 2009 – Az.: 13 Verg 3/09; B. v. 14. 9. 2006 – Az.: 13 Verg 3/06; B. v. 14. 9. 2006 – Az.: 13 Verg 2/06; OLG Düsseldorf, B. v. 19. 7. 2006 – Az.: VII – Verg 26/06; B. v. 16. 2. 2006 – Az.: VII – Verg 6/06; OLG Frankfurt, B. v. 6. 3. 2006 – 11 Verg 11/05 und 12/05; OLG München, B. v. 7. 4. 2006 – Az.: Verg 05/06; OLG Rostock, B. v. 6. 3. 2009 – Az.: 17 Verg 1/09; Saarländisches OLG, B. v. 25. 7. 2007 – Az.: 1 Verg 1/07; OLG Thüringen, B. v. 19. 10. 2010 – Az.: 9 Verg 5/10; VK Arnsberg, B. v. 4. 9. 2009 – Az.: VK 20/09; B. v. 25. 5. 2009 – VK 08/09; B. v. 25. 3. 2009 – Az.: VK 04/09; B. v. 4. 11. 2008 – Az.: VK 23/08; B. v. 21. 8. 2008 – Az.: VK 16/08; B. v. 4. 8. 2008 – Az.: VK 15/08; B. v. 30. 5. 2008 – Az.: VK 10/08; B. v. 20. 5. 2008 – Az.: VK 09/08; B. v. 2. 5. 2008 – Az.: VK 08/08; B. v. 19. 3. 2008 – Az.: VK 07/08; B. v. 10. 3. 2008 – Az.: VK 05/08; B. v. 7. 3. 2008 – Az.: VK 06/08; B. v. 22. 6. 2007 – Az.: VK 20/07; B. v. 21. 2. 2006 – Az.: VK 29/05; B. v. 1. 2. 2006 – Az.: VK 28/05; VK Brandenburg, B. v. 30. 9. 2008 – Az.: VK 30/08; B. v. 12. 6. 2008 – Az.: VK 12/08; 1. VK Bund, B. v. 4. 12. 2009 – Az.: VK 1–203/09; B. v. 27. 11. 2009 – Az.: VK 1–200/09; 2. VK Bund, B. v. 28. 7. 2006 – Az.: VK 2–50/06; B. v. 11. 1. 2005 – Az.: VK 2–220/04; 3. VK Bund, B. v. 18. 9. 2008 – Az.: VK 3–122/08; B. v. 18. 9. 2008 – Az.: VK 3–119/08; B. v. 20. 6. 2007 – Az.: VK 3–52/07; VK Düsseldorf, B. v. 31. 10. 2008 – Az.: VK – 22/2008 – B; B. v. 21. 10. 2008 – Az.: VK – 34/2008 – B; B. v. 28. 9. 2007 – Az.: VK – 27/2007 – B; B. v. 2. 8. 2007 – Az.: VK – 23/2007 – B; B. v. 2. 3. 2007 – Az.: VK – 05/2007 – L; B. v. 27. 11. 2006 – Az.: VK – 47/2006 – L; B. v. 11. 8. 2006 – Az.: VK – 30/2006 – L; B. v. 16. 2. 2006 – Az.: VK – 02/2006 – L; VK Hamburg, B. v. 13. 4. 2007 – Az.: VgK FB 1/07; VK Hessen, B. v. 28. 2. 2006 – Az.: 69 d VK – 02/2006; VK Lüneburg, B. v. 4. 9. 2008 – Az.: VgK–29/2008; B. v. 5. 3. 2008 – Az.: VgK–03/2008; B. v. 18. 10. 2007 – Az.: VgK–40/2007; B. v. 6. 9. 2007 – Az.: VgK–36/2007; 2. VK Mecklenburg-Vorpommern, B. v. 28. 11. 2008 – Az.: 2 VK 7/08; VK Münster, B. v. 26. 9. 2007 – Az.: VK 17/07; B. v. 25. 9. 2007 – Az.: VK 20/07; B. v. 15. 8. 2007 – Az.: VK 13/07; B. v. 19. 9. 2006 – Az.: VK 12/06; B. v. 25. 1. 2006 – Az.: VK 23/05; VK Niedersachsen, B. v. 30. 6. 2010 – Az.: VgK–26/2010; B. v. 17. 6. 2010 – Az.: VgK–28/2010; B. v. 10. 6. 2010 – Az.: VgK–17/2010; B. v. 16. 4. 2010 – Az.: VgK–10/2010; B. v. 3. 7. 2009 – Az.: VgK–30/2009; 1. VK Saarland, B. v. 8. 3. 2010 – Az.: 1 VK 03/2010; 3. VK Saarland, B. v. 23. 4. 2007 – Az.: 3 VK 02/2007, 3 VK 03/2007; B. v. 12. 12. 2005 – Az.: 3 VK 03/2005 und 3 VK 04/2005; B. v. 27. 5. 2005 – Az.: 3 VK 02/2005; 1. VK Sachsen, B. v. 10. 9. 2009 – Az.: 1/SVK/035-09; B. v. 29. 8. 2008 – Az.: 1/SVK/042-08; B. v. 29. 8. 2008 – Az.: 1/SVK/041-08; B. v. 10. 6. 2008 – Az.: 1/SVK/026-08; VK Schleswig-Holstein, B. v. 23. 10. 2009 – Az.: VK-SH 14/09; B. v. 20. 1. 2009 – Az.: VK-SH 17/08; B. v. 14. 11. 2008 – Az.: VK-SH 13/08; B. v. 14. 5. 2008 – Az.: VK-SH 06/08; B. v. 7. 5. 2008 – Az.: VK-SH 05/08; B. v. 25. 4. 2008 – Az.: VK-SH 04/08; B. v. 28. 1. 2008 – Az.: VK-SH 27/07; B. v. 18. 12. 2007 – Az.: VK-SH 25/07; B. v. 10. 10. 2007 – Az.: VK-SH 20/07; B. v. 6. 6. 2007 – Az.: VK-SH 10/07; B. v. 28. 11. 2006 – Az.: VK-SH 25/06; B. v. 30. 8. 2006 – Az.: VK-SH 20/06; B. v. 28. 6. 2006 – Az.: VK-SH 18/06; B. v. 27. 7. 2006 – Az.: VK-SH 17/06; B. v. 12. 6. 2006 – Az.: VK-SH 12/06; B. v. 15. 5. 2006 – Az.: VK-SH 10/06; B. v. 17. 3. 2006 – Az.: VK-SH 02/06; B. v. 17. 1. 2006 – Az.: VK-SH 32/05; B. v. 5. 1. 2006 – Az.: VK-SH 31/05; B. v. 21. 12. 2005 – Az.: VK-SH 29/05; B. v. 8. 7. 2005 – Az.: VK-SH 18/05; VK Südbayern, B. v. 29. 7. 2008 – Az.: Z3-3-3194-1-18-05/08; B. v. 26. 6. 2008 – Az.: Z3-3-3194-1-16-04/08; B. v. 18. 6. 2008 – Az.: Z3-3-3194-1-17-04/08; B. v. 14. 9. 2007 – Az.: Z3-3-3194-1-33–07/07; VK Thüringen, B. v. 21. 4. 2008 – Az.: 360–4002.20–772/2008-001-SM; B. v. 29. 2. 2008 – Az.: 360–4002.20–527/2008-002-NDH).

3188 Hat ein Antragsteller, **den gerügten Vergabeverstoß zu seinen Lasten hinweggedacht,** gleichwohl **keine Chance** darauf, sich bei der zu treffenden Vergabeentscheidung gegen seine Wettbewerber durchzusetzen, so ist er nicht antragsbefugt; denn dann kann der geltend gemachte Schaden gerade nicht auf den Vergabeverstoß zurückgeführt werden, den der Antragsteller zum Gegenstand des Nachprüfungsverfahrens machen will (OLG Dresden, B. v. 23. 7. 2002 – Az.: WVerg 0007/02; VK Brandenburg, B. v. 18. 6. 2007 – Az.: 1 VK 20/07; B. v. 11. 6. 2007 – Az.: 1 VK 18/07; B. v. 19. 1. 2006 – Az.: 2 VK 76/05; VK Nordbayern, B. v. 14. 1. 2010 – Az.: 21.VK – 3194 – 64/09; 1. VK Sachsen, B. v. 14. 9. 2009 – Az.: 1/SVK/042-09; VK Südbayern, B. v. 5. 2. 2010 – Az.: Z3-3-3194-1-66–12/09; B. v. 3. 9. 2009 – Az.: Z3-3-3194-1-26-05/09; B. v. 29. 1. 2007 – Az.: 39-12/06; B. v. 25. 6. 2003 – Az.: 16-04/03).

Einem Antragsteller **fehlt deshalb die Antragsbefugnis insofern**, als er die unzulässige 3189
Vermischung von Eignungs- und Zuschlagskriterien sowie die Wertungsmatrix wegen eines dem
Wirtschaftlichkeitsgebot zuwider laufenden – weil nivellierenden – Charakters beanstandet und
des weiteren den Vorwurf unzulässiger Nachverhandlungen über den Angebotspreis erhebt, wenn
allein durch das insoweit angegriffene bzw. behauptete Vergabeverhalten des Auftraggebers, also
bei Außerachtlassung einer etwaigen Wiederholungsbedürftigkeit des Vergabeverfahrens aus anderen Gründen, dem Antragsteller ein Schaden im Sinne einer Verschlechterung seiner Chancen auf
Erhalt des ausgeschriebenen Auftrags weder entstanden sein noch entstehen kann. Dies ist **dann
der Fall, wenn trotz der Annahme, dass die Vergaberechtsverstöße zutreffen, die Angebotswertung zugunsten des Antragstellers ausfällt**. Hat z.B. der Antragsteller zu einem
deutlich günstigeren Preis angeboten als die Beigeladene und führt dies dazu, dass der Antragsteller
nach den Vorgaben für die Angebotswertung selbst bei denkbar schlechtestem Wertungsergebnis
für sich selbst und denkbar bestem Wertungsergebnis für die Beigeladene die höchste Gesamtpunktzahl erzielen würde, kann aus einer Vermischung von Eignungs- und Zuschlagskriterien
oder einem nivellierenden Charakter der Wertungsmatrix dem Antragsteller daher gerade kein
Nachteil im Sinne einer Verschlechterung seiner Zuschlagschancen entstanden bzw. würde ihm
bei Wertung des von ihm bislang vorgelegten Angebots kein solcher Nachteil entstehen. Auch
etwaige Nachverhandlungen des Auftraggebers mit der Beigeladenen haben bzw. hätten sich damit nicht ausgewirkt. **Folglich besteht jedenfalls insofern kein Grund für die Anordnung
einer Überarbeitung der Wertungskriterien und die Einräumung einer erneuten Möglichkeit zur Angebotsabgabe** (2. VK Bund, B. v. 21. 9. 2009 – Az.: VK 2–126/09).

Das **OLG Düsseldorf lässt** in der Beschwerdeentscheidung **diese Frage ausdrücklich offen** (OLG Düsseldorf, B. v. 30. 11. 2009 – Az.: VII-Verg 41/09). 3190

Das **Fehlen hinreichender Mindestbedingungen für technische Nebenangebote kann
sich nicht nachteilig auf die Zuschlagschancen eines Antragstellers auswirken**, sodass
er nicht antragsbefugt ist, wenn der Antragsteller nicht von der Unterbreitung eines Nebenangebots abgehalten wurde und **das von ihm gelegte Nebenangebot teurer als sein Hauptangebot war**; bei dieser Konstellation kann die fehlende Wertbarkeit mangels hinreichender
Mindestbedingungen keine nachteiligen Folgen für die Wertung des Angebots des Antragstellers
haben (OLG Düsseldorf, B. v. 8. 12. 2009 – Az.: VII-Verg 52/09). 3191

**Einen grundsätzlichen schadensunabhängigen Anspruch auf Rückversetzung eines
fehlerbehafteten Vergabeverfahrens hat ein Bieter nicht**. Ein solcher Anspruch besteht
vielmehr nur dann, wenn ansonsten realistische Chancen des Bieters auf den Zuschlag durch
den jeweils konkret beanstandeten Vergabefehler ohne eine entsprechende Rückversetzung beeinträchtigt werden könnten. Wie an den Vorgaben des § 107 GWB deutlich wird, **dient das
Vergabenachprüfungsverfahren der Erlangung subjektiven Rechtsschutzes, nicht der
davon gelösten Beseitigung objektiver Fehler eines Vergabeverfahrens**. Dass die Vergabekammern die Möglichkeit haben, im Rahmen eines Nachprüfungsverfahrens Vergabefehler von
Amts wegen aufzugreifen, steht dem nicht entgegen. Denn soweit überhaupt vertreten wird, dass
– bei ansonsten zulässigem Nachprüfungsantrag – die Vergabekammer Vergabefehlern, die der
Antragsteller nicht (substantiiert) vorgebracht hat, ggf. sogar unter Außerachtlassung der grundsätzlichen Rügeobliegenheit, nachgehen kann, muss auch dies seine Grenze finden, wo eine
Benachteiligung des Antragstellers nicht mehr ersichtlich ist (2. VK Bund, B. v. 21. 9. 2009 –
Az.: VK 2–126/09). 3192

18.4.6.2 Umfang der Schadensdarlegung

An die Schadensdarlegung sind nach ständiger Rechtsprechung **keine überzogenen Anfor-** 3193
derungen zu stellen. Sie muss **lediglich schlüssig** sein und ein **Schaden muss denkbar** sein
(BVerfG, B. v. 29. 7. 2004 – Az.: 2 BvR 2248/03; BGH, B. v. 26. 9. 2006 – Az.: X ZB 14/06;
B. v. 18. 5. 2004 – Az.: X ZB 7/04; OLG Brandenburg, B. v. 14. 9. 2010 – Az.: Verg W 8/10;
OLG Celle, B. v. 29. 10. 2009 – Az.: 13 Verg 8/09; B. v. 17. 7. 2009 – Az.: 13 Verg 3/09; B. v.
31. 7. 2008 – Az.: 13 Verg 3/08; OLG Düsseldorf, B. v. 3. 3. 2010 – Az.: VII-Verg 46/09; B. v.
16. 12. 2009 – Az.: VII-Verg 32/09; B. v. 2. 12. 2009 – Az.: VII-Verg 39/09; B. v. 2. 11. 2009
– Az.: VII-Verg 12/09; B. v. 10. 9. 2009 – Az.: VII-Verg 12/09; B. v. 4. 5. 2009 – Az.: VII-
Verg 68/08; B. v. 4. 2. 2009 – Az.: VII-Verg 70/08; B. v. 19. 7. 2006 – Az.: VII – Verg 26/06;
OLG Frankfurt, B. v. 9. 7. 2010 – Az.: 11 Verg 5/10; B. v. 26. 5. 2009 – Az.: 11 Verg 2/09; B.
v. 27. 6. 2003 – Az.: 11 Verg. 3/03; OLG Karlsruhe, B. v. 16. 6. 2010 – Az.: 15 Verg 4/10; B. v.
15. 10. 2008 – Az.: 15 Verg 9/08; B. v. 16. 3. 2007 – Az.: 17 Verg 4/07; B. v. 6. 2. 2007 – Az.:
17 Verg 5/06; OLG München, B. v. 10. 12. 2009 – Az.: Verg 16/09; B. v. 7. 4. 2006 – Az.:

Teil 1 GWB § 107 Gesetz gegen Wettbewerbsbeschränkungen

Verg 05/06; OLG Rostock, B. v. 6. 3. 2009 – Az.: 17 Verg 1/09; OLG Schleswig-Holstein, B. v. 22. 5. 2006 – Az.: 1 Verg 5/06; VK Arnsberg, B. v. 29. 1. 2009 – Az.: VK 34/08; B. v. 28. 1. 2009 – Az.: VK 35/08; B. v. 22. 12. 2008 – Az.: VK 27/08; B. v. 22. 6. 2007 – Az.: VK 20/07; B. v. 9. 4. 2002 – Az.: VK 3 – 03/02; LSG Nordrhein-Westfalen, B. v. 28. 1. 2010 – Az.: L 21 KR 68/09 SFB; B. v. 19. 11. 2009 – Az.: L 21 KR 55/09 SFB; VK Arnsberg, B. v. 20. 7. 2010 – Az.: VK 09/10; B. v. 13. 7. 2010 – Az.: VK 11/10; B. v. 7. 10. 2009 – Az.: VK 23/09; B. v. 3. 9. 2009 – Az.: VK 19/09; VK Baden-Württemberg, B. v. 28. 5. 2009 – Az.: 1 VK 21/09; VK Berlin, B. v. 18. 3. 2009 – Az.: VK B 2 30/08; VK Brandenburg, B. v. 16. 12. 2009 – Az.: VK 42/09; B. v. 8. 9. 2009 – Az.: VK 33/09; B. v. 25. 2. 2009 – Az.: VK 6/09; B. v. 16. 10. 2007 – Az.: VK 38/07; B. v. 18. 6. 2007 – Az.: 1 VK 20/07; B. v. 11. 6. 2007 – Az.: 1 VK 18/07; 1. VK Bund, B. v. 10. 4. 2007 – Az.: VK 1–20/07; 2. VK Bund, B. v. 6. 5. 2010 – Az.: VK 2–26/10; B. v. 29. 4. 2010 – Az.: VK 2–20/10; B. v. 30. 11. 2009 – Az.: VK 2–195/09; B. v. 14. 10. 2009 – Az.: VK 2–174/09; B. v. 15. 5. 2009 – Az.: VK 2–21/09; B. v. 16. 3. 2009 – Az.: VK 2–7/09; B. v. 10. 4. 2008 – Az.: VK 2–37/08; B. v. 8. 2. 2008 – VK 2–156/07; B. v. 28. 7. 2006 – Az.: VK 2–50/06; 3. VK Bund, B. v. 16. 2. 2006 – Az.: VK 3 – 03/06; VK Düsseldorf, B. v. 8. 9. 2009 – Az.: VK – 17/2009 – L; B. v. 29. 4. 2009 – Az.: VK – 2/2009 – L; B. v. 2. 6. 2008 – Az.: VK – 15/2008 – L; B. v. 21. 5. 2007 – Az.: VK – 13/2007 – B; 2. VK Mecklenburg-Vorpommern, B. v. 7. 1. 2008 – Az.: 2 VK 5/07; VK Niedersachsen, B. v. 4. 9. 2009 – Az.: VgK-37/2009; B. v. 27. 8. 2009 – Az.: VgK-35/2009; B. v. 7. 8. 2009 – Az.: VgK – 32/2009; B. v. 24. 6. 2009 – Az.: VgK – 28/2009; B. v. 16. 3. 2009 – Az.: VgK-04/2009; B. v. 24. 2. 2009 – Az.: VgK-57/2008; B. v. 23. 2. 2009 – Az.: VgK-58/2008; B. v. 11. 2. 2009 – Az.: VgK-56/2008; B. v. 11. 11. 2008 – Az.: VgK-39/2008; B. v. 24. 10. 2008 – Az.: VgK-35/2008; 1. VK Saarland, B. v. 16. 12. 2009 – Az.: 1 VK 13/2009; 3. VK Saarland, B. v. 12. 7. 2007 – Az.: 1 VK 04/2007; B. v. 19. 1. 2007 – Az.: 3 VK 05/2006; B. v. 19. 5. 2006 – Az.: 3 VK 03/2006; B. v. 12. 12. 2005 – Az.: 3 VK 03/2005 und 3 VK 04/2005; 1. VK Sachsen, B. v. 11. 12. 2009 – Az.: 1/SVK/054-09; B. v. 25. 11. 2009 – Az.: 1/SVK/051-09; B. v. 25. 9. 2009 – Az.: 1/SVK/038-09; B. v. 24. 9. 2009 – Az.: 1/SVK/040-09; 1. VK Sachsen-Anhalt, B. v. 23. 8. 2005 – Az: 1 VK LVwA 31/05; VK Schleswig-Holstein, B. v. 9. 7. 2010 – Az.: VK-SH 11/10; B. v. 20. 4. 2010 – Az.: VK-SH 03/10; B. v. 12. 2. 2010 – Az.: VK-SH 27/09; B. v. 11. 2. 2010 – Az.: VK-SH 29/09; B. v. 22. 1. 2010 – Az.: VK-SH 26/09; B. v. 26. 11. 2009 – Az.: VK-SH 22/09; B. v. 23. 10. 2009 – Az.: VK-SH 14/09; B. v. 22. 7. 2009 – Az.: VK-SH 06/09; B. v. 26. 5. 2009 – Az.: VK-SH 04/09; B. v. 27. 1. 2009 – Az.: VK-SH 19/08; B. v. 23. 1. 2009 – Az.: VK-SH 18/08; B. v. 17. 9. 2008 – Az.: VK-SH 10/08; B. v. 7. 5. 2008 – Az.: VK-SH 05/08; B. v. 25. 4. 2008 – Az.: VK-SH 04/08; B. v. 22. 4. 2008 – Az.: VK-SH 03/08; B. v. 28. 1. 2008 – Az.: VK-SH 27/07; B. v. 18. 12. 2007 – Az.: VK-SH 25/07; B. v. 10. 10. 2007 – Az.: VK-SH 20/07; B. v. 6. 6. 2007 – Az.: VK-SH 10/07; B. v. 28. 11. 2006 – Az.: VK-SH 25/06; B. v. 30. 8. 2006 – Az.: VK-SH 20/06; B. v. 27. 7. 2006 – Az.: VK-SH 17/06; B. v. 28. 6. 2006 – Az.: VK-SH 18/06; B. v. 15. 5. 2006 – Az.: VK-SH 10/06; B. v. 17. 3. 2006 – Az.: VK-SH 02/06; VK Südbayern, B. v. 5. 2. 2010 – Az.: Z3-3-3194-1-66-12/09; B. v. 29. 4. 2009 – Az.: Z3-3-3194-1-11-03/09; B. v. 21. 4. 2009 – Az.: Z3-3-3194-1-09-02/09; B. v. 26. 6. 2008 – Az.: Z3-3-3194-1-16-04/08; B. v. 13. 5. 2008 – Az.: Z3-3-3194-1-14-04/08; B. v. 9. 5. 2008 – Az.: Z3-3-3194-1-13-04/08; B. v. 29. 1. 2007 – Az.: 39-12/06; B. v. 15. 12. 2006 – Az.: 34-11/06; B. v. 7. 7. 2006 – Az.: 11-04/06; B. v. 27. 4. 2006 – Az.: 04-02/06; VK Thüringen, B. v. 29. 2. 2008 – Az.: 360–4002.20–527/2008-002-NDH), **also nicht offensichtlich ausgeschlossen** sein (OLG Düsseldorf, B. v. 23. 12. 2009 – Az.: VII-Verg 30/09; B. v. 9. 2. 2009 – Az.: VII-Verg 66/08; 2. VK Bund, B. v. 29. 4. 2010 – Az.: VK 2–20/10; B. v. 30. 10. 2009 – Az.: VK 2–180/09; B. v. 6. 10. 2009 – Az.: VK 2–165/09; B. v. 29. 9. 2009 – Az.: VK 2–162/09; B. v. 14. 9. 2009 – Az.: VK 2–153/09; B. v. 22. 4. 2009 – Az.: VK 2–24/09; B. v. 13. 7. 2007 – Az.: VK 2–66/07; B. v. 13. 6. 2007 – Az.: VK 2–51/07). **Alles andere ist eine Frage der Begründetheit des Antrags.** Die **Darlegung oder gar der substantiierte Nachweis, dass der Antragsteller bei einem rechtmäßigen Vergabeverfahren den Zuschlag erhalten hätte oder das er eine „echte Chance" auf den Zuschlag im Sinne des § 126 Satz 1 GWB gehabt hätte, sind somit nicht erforderlich** um den Zulässigkeitsanforderungen an einen Nachprüfungsantrag zu genügen (BVerfG, B. v. 29. 7. 2004 – Az.: 2 BvR 2248/03; BGH, B. v. 18. 5. 2004 – Az.: X ZB 7/04; BSG, B. v. 22. 4. 2009 – Az.: B 3 KR 2/09 D; OLG Brandenburg, B. v. 6. 10. 2005 – Az.: Verg W 7/05; OLG Celle, B. v. 31. 7. 2008 – Az.: 13 Verg 3/08; OLG München, B. v. 7. 4. 2006 – Az.: Verg 05/06; Saarländisches OLG, B. v. 29. 9. 2004 – Az.: 1 Verg 6/04; LSG Nordrhein-Westfalen, B. v. 10. 9. 2009 – Az.: L 21 KR 53/09 SFB; VK Arnsberg, B. v. 20. 7. 2010 – Az.: VK 09/10; B. v. 13. 7. 2010 – Az.: VK 11/10; B. v. 22. 12. 2008 – Az.: VK 27/08; B. v. 21. 8. 2008 – Az.: VK 16/08; B. v. 30. 5. 2008 – Az.: VK 10/08; 2. VK Bund, B. v. 28. 9. 2005 – Az.: VK 2–111/05; B. v. 11. 1. 2005 –

Gesetz gegen Wettbewerbsbeschränkungen GWB § 107 **Teil 1**

Az.: VK 2–220/04; VK Hessen, B. v. 28. 2. 2006 – Az.: 69 d VK – 02/2006; VK Lüneburg, B. v. 3. 11. 2005 – Az.: VgK-49/2005; 2. VK Mecklenburg-Vorpommern, B. v. 7. 1. 2008 – Az.: 2 VK 5/07; 3. VK Saarland, B. v. 9. 3. 2007 – Az.: 3 VK 01/2007; B. v. 12. 12. 2005 – Az.: 3 VK 03/2005 und 3 VK 04/2005; VK Rheinland-Pfalz, B. v. 8. 5. 2002 – Az.: VK 8/02; 1. VK Sachsen, B. v. 29. 12. 2004 – Az.: 1/SVK/123-04; B. v. 25. 11. 2004 – Az.: 1/SVK/110-04; VK Schleswig-Holstein, B. v. 9. 7. 2010 – Az.: VK-SH 11/10; B. v. 11. 2. 2010 – Az.: VK-SH 29/09; B. v. 22. 1. 2010 – Az.: VK-SH 26/09; B. v. 26. 5. 2009 – Az.: VK-SH 04/09; B. v. 17. 9. 2008 – Az.: VK-SH 10/08; B. v. 10. 10. 2007 – Az.: VK-SH 20/07; B. v. 6. 6. 2007 – Az.: VK-SH 10/07; B. v. 28. 11. 2006 – Az.: VK-SH 25/06; B. v. 30. 8. 2006 – Az.: VK-SH 20/06; B. v. 13. 7. 2006 – Az.: VK-SH 15/06; B. v. 15. 5. 2006 – Az.: VK-SH 10/06; B. v. 31. 1. 2006 – Az.: VK-SH 33/05; B. v. 17. 1. 2006 – Az.: VK-SH 32/05; B. v. 5. 1. 2006 – Az.: VK-SH 31/05; B. v. 21. 12. 2005 – Az.: VK-SH 29/05; B. v. 8. 7. 2005 – Az.: VK-SH 18/05; B. v. 31. 3. 2005 – Az.: VK-SH 05/05; B. v. 7. 3. 2005 – Az.: VK-SH 03/05; VK Südbayern, B. v. 11. 2. 2009 – Az.: Z3-3-3194-1-01-01/09; B. v. 29. 1. 2007 – Az.: 39-12/06; VK Thüringen, B. v. 14. 4. 2005 – Az.: 360–4003.20-017/05-G-S). **Nicht notwendig** ist, dass bereits festgestellt werden kann, dass der behauptete Verstoß tatsächlich vorliegt und den behaupteten Schaden ausgelöst hat oder auszulösen droht (OLG Düsseldorf, B. v. 2. 12. 2009 – Az.: VII-Verg 39/09).

Durch diese Regelung soll einem Bieter die **Einleitung eines Nachprüfungsverfahrens** 3194 **verwehrt sein**, wenn er selbst bei ordnungsgemäß durchgeführtem Vergabeverfahren **keine Aussicht auf Erteilung des Zuschlags gehabt hätte** (OLG Naumburg, B. v. 11. 6. 2003 – Az.: 1 Verg 06/03; VK Berlin, B. v. 10. 9. 2004 – Az.: VK – B 2–44/04; 1. VK Bund, B. v. 1. 7. 2002 – Az.: VK 1–33/02; VK Düsseldorf, B. v. 24. 8. 2007 – Az.: VK – 24/2007 – L; B. v. 21. 4. 2006 – Az.: VK – 16/2006 – L; B. v. 19. 4. 2007 – Az.: VK – 10/2007 – B; B. v. 13. 3. 2006 – Az.: VK – 08/2006 – L; VK Hessen, B. v. 24. 3. 2004 – Az.: 69 d – VK – 09/2004; B. v. 18. 6. 2003 – Az.: 69 d VK – 18/2003; B. v. 9. 4. 2003 – Az.: 11-03/03; VK Schleswig-Holstein, B. v. 7. 7. 2009 – Az.: VK-SH 05/09; VK Südbayern, B. v. 29. 1. 2007 – Az.: 39-12/06; B. v. 15. 12. 2006 – Az.: 34-11/06).

Eine **völlig vage und pauschale Behauptung einer Rechtsverletzung reicht jedoch** 3195 **nicht aus** (OLG Düsseldorf, B. v. 28. 12. 2007 – Az.: VII – Verg 40/07; B. v. 19. 7. 2006 – Az.: VII – Verg 27/06; B. v. 23. 2. 2005 – Az.: VII – Verg 92/04; OLG Karlsruhe, B. v. 16. 6. 2010 – Az.: 15 Verg 4/10; 1. VK Sachsen, B. v. 3. 3. 2008 – Az.: 1/SVK/002–08; VK Münster, B. v. 25. 9. 2007 – Az.: VK 20/07).

Macht insoweit ein Antragsteller mit dem Nachprüfungsantrag geltend, der **Auftragswert sei** 3196 **in kollusivem Zusammenwirken des Auftraggebers mit einem Bieter willkürlich herabgesetzt** worden, ist **für die Zulässigkeit des Nachprüfungsantrags dieses Vorbringen als wahr zu unterstellen**, da anderenfalls dem Antragsteller die nach dem Zweck der §§ 102 ff. GWB einzuräumende Möglichkeit verwehrt wird, die streitige Vergabe im Rechtsweg auf ihre Wirksamkeit überprüfen zu lassen (OLG Düsseldorf, B. v. 14. 4. 2005 – Az.: VII – Verg 93/04; im Ergebnis ebenso OLG Karlsruhe, B. v. 16. 6. 2010 – Az.: 15 Verg 4/10).

Hat der Auftraggeber die **Wertung der Angebote noch nicht abschließend durchge-** 3197 **führt** und hat er **unmissverständlich mitgeteilt**, dass nach vorläufiger Wertung der Antragsteller **auf keinen Fall den Zuschlag erhalten könne**, ist damit **der für die Antragsbefugnis notwendige drohende Schaden nach § 107 Abs. 2 Satz 2 GWB ausreichend vorgetragen**, da der Antragsteller bei Wertung nach den vorliegenden Vergabeunterlagen keine Aussicht auf den Zuschlag hat (OLG München, B. v. 19. 12. 2007 – Az.: Verg 12/07).

Sehr viel strenger fordert die 2. VK des Bundes **für die Antragsbefugnis einen kausalen** 3198 **Zusammenhang zwischen dem Verstoß und der Beeinträchtigung einer „echten Chance" auf den Zuschlag** (2. VK Bund, B. v. 9. 12. 2004 – Az.: VK 2–118/04).

Die Rechtsprechung stellt an die **Darlegung eines drohenden Schadens** in Verfahren 3199 **nach der VOL/A nur geringe Anforderungen**, da der Bieter mangels Submissionstermins seine eigene Wettbewerbsstellung nicht sicher beurteilen kann (1. VK Sachsen, B. v. 27. 1. 2003 – Az.: 1/SVK/123-02, 1/SVK/123-02G).

18.4.6.3 Subjektiver Eindruck der Verletzung in eigenen Rechten

Ein Antragsteller darf Vergaberechtsverstöße rügen, die er **aus seiner Sicht der Dinge für** 3200 **wahrscheinlich oder möglich hält**. Nur ein **willkürlicher oder ins Blaue hinein**, d. h. ein ohne tatsächliche Anhaltspunkte angebrachter Vortrag ist **prozessual unbeachtlich** (OLG Düsseldorf, B. v. 8. 12. 2008 – Az.: VII-Verg 55/08; OLG Frankfurt, B. v. 7. 8. 2007 – Az.: 11 Verg 3/07, 4/07; OLG Karlsruhe, B. v. 16. 6. 2010 – Az.: 15 Verg 4/10; VK Südbayern, B. v. 14. 9. 2007 – Az.: Z3-3-3194-1-33–07/07).

3201   Sind **Anhaltspunkte für eine von dem Antragsteller behauptete, von vertretbaren Maßstäben abweichende Kostenermittlung des Auftraggebers vorhanden**, z. B. die von der Kostenschätzung **erheblich nach oben hin abweichenden Endpreise aller eingegangenen Angebote** sowie die Tatsache, dass der Auftraggeber nach eigenem Vortrag die **Baupreisentwicklung des Jahres 2007 bei der Kostenermittlung unterschätzt und außer Ansatz gelassen** hat, genügt dies (OLG Düsseldorf, B. v. 28. 12. 2007 – Az.: VII – Verg 40/07; im Ergebnis ebenso OLG Karlsruhe, B. v. 16. 6. 2010 – Az.: 15 Verg 4/10).

3202   Ein **sachgerechter Rechtsschutz ist in vielen Fällen nicht gewährleistet, wenn nur vorgetragen werden kannte, worüber bereits Gewissheit besteht**. Denn oft ist es den Betreffenden nicht möglich, sich überhaupt oder jedenfalls vor Beginn des Verfahrens eigene Kenntnis zu verschaffen. Selbst die Wahrheitspflicht der Parteien, ohne die ein geordneter Rechtsschutz im Rahmen eines förmlichen Verfahrens nicht möglich ist und die deshalb im Vergabenachprüfungsverfahren auch ohne eine § 138 Abs. 1 ZPO entsprechende Norm im 4. Teil des GWB gilt, verlangt lediglich nach subjektiver Wahrhaftigkeit und verbietet nur, Erklärungen wider besseres Wissen abzugeben. **Deshalb darf im Vergabenachprüfungsverfahren behauptet werden, was der Betreffende aus seiner Sicht der Dinge für wahrscheinlich oder möglich hält** (OLG Düsseldorf, B. v. 8. 12. 2008 – Az.: VII-Verg 55/08; OLG Karlsruhe, B. v. 16. 6. 2010 – Az.: 15 Verg 4/10; VK Münster, B. v. 4. 8. 2010 – Az.: VK 5/10; B. v. 30. 4. 2009 – Az.: VK 4/09; 1. VK Sachsen, B. v. 3. 3. 2008 – Az.: 1/SVK/002–08). So kann z. B. der **Antragsteller Wertungsfehler bei der Wirtschaftlichkeitsbetrachtung der Angebote rügen, die angesichts des sehr kurzen Wertungszeitraumes von 2 Tagen zwischen der Abgabe der Angebote und der Entscheidung der Antragsgegnerin nicht abwegig sind**. Zudem kann nicht allein einem Antragsteller das Risiko eines substantiierten Tatsachenvortrages überbürdet werden, weil die Bieter in der Regel kaum Informationen über den tatsächlichen Ablauf der Wertung erhalten. Sie erhalten gemäß § 13 VgV nur das Ergebnis der Wertung mitgeteilt, aber keine Einzelheiten, die für einen Tatsachenvortrag verwertbar sind. Insofern ist ein sachgerechter Rechtsschutz in einem Vergabeverfahren in vielen Fällen nicht gewährleistet, wenn ein Bieter verpflichtet sein soll, sich vor Beginn des Verfahrens eigene Kenntnisse zu verschaffen, die er dann vortragen kann (VK Münster, B. v. 21. 11. 2007 – Az.: VK 24/07; B. v. 25. 9. 2007 – Az.: VK 20/07).

18.4.6.4 Verletzung in eigenen Rechten

3203   **§ 107 Abs. 2 GWB erfordert auch hinsichtlich des drohenden Schadens die mögliche Beeinträchtigung eigener Rechte**. Das **Verfahren vor der Vergabekammer ist nämlich kein objektives Beanstandungsverfahren**, die Geltendmachung subjektiver Rechte Dritter (z. B. die fehlende Möglichkeit ausländischer Unternehmen, eine dem Gewerbezentralregisterauszug gleichwertige Bescheinigung ihres Heimatlandes vorlegen) ist nicht möglich (3. VK Bund, B. v. 18. 1. 2007 – Az.: VK 3–153/06; im Ergebnis ebenso VK Nordbayern, B. v. 27. 2. 2007 – Az.: 21.VK – 3194 – 04/07 – für den Fall der Forderung eines Prüfzeugnisses vom Kuratorium für Waldarbeit und Forsttechnik (KWF).

18.4.6.5 Schadensdarlegung für jeden einzelnen Verstoß

3204   Die antragstellende Partei hat für jeden einzelnen gerügten Verstoß gegen die Vergabevorschriften **schlüssig und nachvollziehbar darzulegen**, dass der betreffende Vergabefehler ihre Aussichten auf den Zuschlag tatsächlich beeinträchtigt hat oder dass die Zuschlagschancen zumindest verschlechtert worden sein können (OLG Düsseldorf, B. v. 9. 7. 2003 – Az.: Verg 26/03, B. v. 16. 9. 2003 – Az.: VII – Verg 52/03; 1. VK Sachsen, B. v. 3. 3. 2008 – Az.: 1/SVK/002–08).

3205   Wenn eine den Maßstäben des § 107 Abs. 2 GWB genügende Darlegung der Verletzung von Bieterrechten das Nachprüfungsverfahren eröffnet hat, können **andere Vergaberechtsverletzungen zum Gegenstand desselben Nachprüfungsverfahrens gemacht** werden, mögen diese bis dahin auch nur andeutungsweise oder gar nicht im Streit gewesen und erst im Verlaufe der Vergabenachprüfung zutage getreten sein. Um sich seine diesbezüglichen Rechte zu sichern, ist der Antragsteller sodann auch **nicht gehalten, die zunächst (zulässigerweise) vorgebrachten Rügen bis zum Verfahrensende weiterverfolgen** (OLG Düsseldorf, B. v. 23. 2. 2005 – Az.: VII – Verg 92/04; VK Münster, B. v. 25. 9. 2007 – Az.: VK 20/07).

18.4.6.6 Vereinbarkeit der Forderung des § 107 Abs. 2 nach einem Schaden mit europäischem Recht

Die Mitgliedstaaten müssen nach **Art. 1 Abs. 3 der Richtlinie 89/665** sicherstellen, dass die nach dieser Richtlinie vorgesehenen Nachprüfungsverfahren zumindest jedem zur Verfügung stehen, der ein Interesse an einem bestimmten öffentlichen Auftrag hat oder hatte und dem durch einen behaupteten Verstoß gegen das Gemeinschaftsrecht im Bereich des öffentlichen Auftragswesens oder gegen die nationalen Vorschriften zur Umsetzung dieses Rechts ein Schaden entstanden ist bzw. zu entstehen droht. 3206

Daraus ergibt sich, dass diese Vorschrift die Mitgliedstaaten nicht verpflichtet, die Nachprüfungsverfahren jedem zur Verfügung zu stellen, der einen bestimmten öffentlichen Auftrag erhalten will, sondern **dass sie danach zusätzlich verlangen können, dass der betreffenden Person durch den behaupteten Rechtsverstoß ein Schaden entstanden ist bzw. zu entstehen droht.** 3207

Es verstößt nicht gegen Art. 1 Abs. 3 der Richtlinie 89/665, wenn die nach dieser Richtlinie vorgesehenen Nachprüfungsverfahren denjenigen, die einen bestimmten öffentlichen Auftrag erhalten wollen, **nur zur Verfügung stehen, wenn ihnen durch den von ihnen behaupteten Rechtsverstoß ein Schaden entstanden ist bzw. zu entstehen droht** (EuGH, Urteil v. 19. 6. 2003 – Az.: C-249/01, Urteil v. 12. 2. 2004 – Az.: C-230/02). 3208

Es muss aber im Rahmen des dem Bieter zur Verfügung stehenden Nachprüfungsverfahrens diesem ermöglicht werden, die **Stichhaltigkeit des Ausschlussgrundes anzuzweifeln**, auf dessen Grundlage die für die Nachprüfungsverfahren zuständige Instanz zu beschließen beabsichtigt, dass ihm durch die Entscheidung, deren Rechtswidrigkeit er behauptet, kein Schaden entstanden ist bzw. zu entstehen droht (EuGH, Urteil v. 19. 6. 2003 – Az.: C-249/01; BGH, B. v. 18. 5. 2004 – Az.: X ZB 7/04; OLG Düsseldorf, B. v. 27. 7. 2006 – Az.: VII – Verg 23/06; VK Südbayern, B. v. 7. 7. 2006 – Az.: 11-04/06). 3209

18.4.6.7 Drohender Schaden bei fehlender Angebotsabgabe bzw. fehlender Bewerbung

18.4.6.7.1 Rechtsprechung des Europäischen Gerichtshofes. Falls ein Unternehmen deshalb kein Angebot gelegt hat, weil es sich durch angeblich diskriminierende Spezifikationen in den Ausschreibungsunterlagen oder im Pflichtenheft gerade daran gehindert gesehen hat, die ausgeschriebene Gesamtleistung zu erbringen, ist es **berechtigt, ein Nachprüfungsverfahren unmittelbar gegen diese Spezifikationen einzuleiten, noch bevor das Vergabeverfahren für den betreffenden öffentlichen Auftrag abgeschlossen** ist. Zum einen kann nämlich von einem angeblich durch diskriminierende Klauseln in den Ausschreibungsunterlagen geschädigten Unternehmen als Voraussetzung dafür, mit den in der Richtlinie 89/665 vorgesehenen Nachprüfungsverfahren gegen solche Spezifikationen vorzugehen, nicht verlangt werden, im Rahmen des betreffenden Vergabeverfahrens ein Angebot zu legen, obwohl es aufgrund der genannten Spezifikationen keine Aussicht auf Erteilung des Zuschlags hat. Zum anderen geht aus dem Wortlaut von Art. 2 Abs. 1 Buchstabe b) der Richtlinie 89/665 klar hervor, dass die von den Mitgliedstaaten nach dieser Richtlinie zu organisierenden Nachprüfungsverfahren u. a. gewährleisten müssen, dass „die Aufhebung rechtswidriger Entscheidungen, einschließlich der Streichung diskriminierender technischer, wirtschaftlicher oder finanzieller Spezifikationen ... vorgenommen ... werden kann". Es muss einem Unternehmen also möglich sein, ein Nachprüfungsverfahren unmittelbar gegen solche diskriminierenden Spezifikationen durchzuführen, ohne den Abschluss des Vergabeverfahrens abzuwarten. 3210

18.4.6.7.2 Nationale Rechtsprechung. 18.4.6.7.2.1 Grundsatz. Der Unternehmer, der sich **einer Angebotsabgabe enthält**, vergibt sich selbst von vornherein jeglicher Möglichkeit, den Zuschlag zu erhalten und ist daher **grundsätzlich nicht antragsbefugt** (OLG Düsseldorf, B. v. 14. 1. 2009 – Az.: VII-Verg 59/08; VK Nordbayern, B. v. 30. 11. 2009 – Az.: 21.VK – 3194 – 41/09; B. v. 30. 11. 2009 – Az.: 21.VK – 3194 – 40/09; B. v. 25. 11. 2005 – Az.: 320.VK – 3194 – 38/05; B. v. 14. 4. 2005 – Az.: 320.VK – 3194 – 09/05; 1. VK Sachsen, B. v. 22. 7. 2010 – Az.: 1/SVK/022-10; B. v. 25. 9. 2009 – Az.: 1/SVK/038-09; B. v. 6. 3. 2009 – Az.: 1/SVK/001–09). 3211

18.4.6.7.2.2 Ausnahme der Hinderung an der Angebotserstellung bzw. -abgabe durch den gerügten Fehler. 18.4.6.7.2.2.1 Grundsätze. Eine **Antragsbefugnis** kann trotz unterlassener Angebotsabgabe aber **dann in Betracht** kommen, wenn der Unternehmer **gerade durch den gerügten Verfahrensfehler an der Abgabe oder sogar schon an der Er- 3212

Teil 1 GWB § 107 Gesetz gegen Wettbewerbsbeschränkungen

stellung des Angebots gehindert worden ist (OLG Brandenburg, B. v. 7. 8. 2008 – Az.: Verg W 11/08; OLG Dresden, B. v. 4. 7. 2008 – Az.: WVerg 3/08; OLG Düsseldorf, B. v. 21. 7. 2010 – Az.: VII-Verg 19/10; B. v. 21. 4. 2010 – Az.: VII-Verg 55/09; B. v. 17. 2. 2010 – Az.: VII-Verg 42/09; B. v. 25. 11. 2009 – Az.: VII-Verg 27/09; B. v. 14. 1. 2009 – Az.: VII-Verg 59/08; B. v. 28. 2. 2002 – Az.: Verg 40/01; OLG Frankfurt, B. v. 29. 5. 2007 – Az.: 11 Verg. 12/06; OLG Karlsruhe, B. v. 21. 7. 2010 – Az.: 15 Verg 6/10; OLG Saarland, B. v. 7. 5. 2008 – Az.: 1 Verg 5/07; BayObLG, B. v. 20. 8. 2001 – Az.: Verg 11/01; LSG Berlin-Brandenburg, B. v. 7. 5. 2010 – Az.: L 1 SF 95/10 B Verg; VK Arnsberg, B. v. 20. 7. 2010 – Az.: VK 09/10; B. v. 25. 11. 2009 – Az.: VK 29/09; B. v. 10. 8. 2009 – Az.: VK 17/09; B. v. 25. 5. 2009 – VK 08/09; VK Baden-Württemberg, B. v. 30. 12. 2008 – Az.: 1 VK 51/08; VK Berlin, B. v. 4. 5. 2009 – Az.: VK – B 2–5/09; 1. VK Bund, B. v. 20. 1. 2010 – Az.: VK 1–230/09; B. v. 21. 12. 2009 – Az.: VK 1–212/09; B. v. 26. 11. 2009 – Az.: VK 1–197/09; B. v. 10. 11. 2009 – Az.: VK 1–191/09; B. v. 19. 12. 2008 – Az.: VK 1–174/08; 2. VK Bund, B. v. 4. 3. 2009 – Az.: VK 2–202/08, VK 2–205/08; B. v. 15. 9. 2008 – Az.: VK 2–94/08; B. v. 29. 5. 2008 – Az.: VK 2–58/08; 3. VK Bund, B. v. 10. 5. 2010 – Az.: VK 3–42/10; B. v. 12. 11. 2009 – Az.: VK 3–193/09; B. v. 28. 10. 2009 – Az.: VK 3–187/09; B. v. 1. 10. 2009 – Az.: VK 3–172/09; B. v. 18. 2. 2009 – Az.: VK 3–158/08; B. v. 28. 1. 2008 – Az.: VK 3–154/07; B. v. 24. 3. 2008 – Az.: VK 3–151/07; B. v. 9. 1. 2008 – Az.: VK 3–145/07; B. v. 29. 3. 2006 – Az.: VK 3–15/06; VK Düsseldorf, B. v. 19. 3. 2007 – Az.: VK – 07/2007 – B; VK Hessen, B. v. 19. 10. 2006 – Az.: 69 d VK – 51/2006; VK Niedersachsen, B. v. 25. 3. 2010 – Az.: VgK-07/2010; VK Nordbayern, B. v. 30. 11. 2009 – Az.: 21.VK – 3194 – 41/09; B. v. 30. 11. 2009 – Az.: 21.VK – 3194 – 40/09; B. v. 9. 7. 2009 – Az.: 21.VK – 3194 – 15/09; B. v. 16. 4. 2008 – Az.: 21.VK – 3194 – 14/08; 3. VK Saarland, B. v. 7. 9. 2009 – Az.: 3 VK 01/2009; B. v. 30. 11. 2007 – Az.: 1 VK 05/2007; 1. VK Sachsen, B. v. 22. 7. 2010 – Az.: 1/SVK/022-10; B. v. 25. 9. 2009 – Az.: 1/SVK/038-09; B. v. 6. 4. 2009 – Az.: 1/SVK/005–09; B. v. 8. 3. 2009 – Az.: 1/SVK/001–09; B. v. 30. 4. 2008 – Az.: 1/SVK/020-08; B. v. 26. 3. 2008 – Az.: 1/SVK/005–08; VK Schleswig-Holstein, B. v. 5. 10. 2005 – Az.: VK-SH 23/05; VK Südbayern, B. v. 21. 7. 2008 – Az.: Z3-3-3194-1-23–06/08; B. v. 29. 1. 2007 – Az.: 39-12/06; B. v. 6. 10. 2006 – Az.: 27-08/06). Beruft er sich im Nachprüfungsverfahren hierauf, muss er zur Begründung seiner Antragsbefugnis zunächst eine solche Verhinderung schlüssig darlegen. Soweit der Vergaberechtsfehler nicht bereits seiner Angebotskalkulation entgegengestanden hat, muss er dabei weiter vortragen, welches Angebot er in einem fehlerfrei durchgeführten Vergabeverfahren abgegeben hätte. Es dürfen zwar keine überzogenen Anforderungen gestellt werden dahingehend, dass nur derjenige antragsberechtigt wäre, der den Zuschlag bekommen hätte oder bekommen würde. Auf die Darlegung des ohne Behinderung durch Verfahrensfehler beabsichtigten Angebots kann jedoch nicht verzichtet werden. Denn nur dann ist absehbar, ob der Unternehmer in der Lage und bereit gewesen ist, ein wirtschaftliches und damit zuschlagsfähiges, im Vergleich zu den Angeboten etwaiger Mitbewerber konkurrenzfähiges Angebot abzugeben (OLG Rostock, B. v. 24. 9. 2001 – Az.: 17 W 11/01; VK Arnsberg, B. v. 18. 1. 2008 – Az.: VK 01/08). Den **Antragsteller trifft also eine erhöhte Darlegungs- und Begründungspflicht** (2. VK Bund, B. v. 26. 3. 2003 – Az.: VK 2–06/03; VK Nordbayern, B. v. 30. 11. 2009 – Az.: 21.VK – 3194 – 41/09; B. v. 30. 11. 2009 – Az.: 21.VK – 3194 – 40/09; 3. VK Saarland, B. v. 7. 9. 2009 – Az.: 3 VK 01/2009; B. v. 10. 8. 2009 – Az.: 3 VK 03/2008; 1. VK Sachsen, B. v. 25. 9. 2009 – Az.: 1/SVK/038-09; B. v. 6. 3. 2009 – Az.: 1/SVK/001–09; VK Südbayern, B. v. 21. 5. 2007 – Az.: Z3-3-3194-1-13–04/07; B. v. 29. 1. 2007 – Az.: 39-12/06).

3213 Zur Darlegung des Schadens genügt regelmäßig die Darlegung des Antragstellers, durch die Missachtung der Vergabevorschriften sei ihm **bisher die Möglichkeit genommen** worden, im Wettbewerb **ein aussagekräftiges und detailliertes Angebot** zur Erbringung der (noch auszuschreibenden) Leistung **abzugeben**. Damit sind indes **andere Schadensdarlegungen nicht ausgeschlossen**. In Betracht kommt vor allem die Möglichkeit, dass bei Beachtung der Vergabevorschriften durch den Auftraggeber ein anderes Angebot abgegeben worden wäre und deshalb – oder aus sonstigen Gründen – die Entscheidung des Auftraggebers anders hätte ausfallen können (BayObLG, B. v. 27. 2. 2003 – Az.: Verg 25/02).

3214 Das **Interesse an dem Auftrag äußert sich** in solchen Fällen hinreichend in seiner **vorprozessualen Rüge** und dem anschließenden **Nachprüfungsantrag** (1. VK Bund, B. v. 20. 1. 2010 – Az.: VK 1–230/09; B. v. 21. 12. 2009 – Az.: VK 1–212/09; 2. VK Bund, B. v. 4. 3. 2009 – Az.: VK 2–202/08, VK 2–205/08; 3. VK Bund, B. v. 28. 10. 2009 – Az.: VK 3–187/09).

3215 Die **Erstellung eines Angebots kann nur dann gänzlich verweigert** werden, wenn den **Bietern wettbewerbsrelevante Informationen fehlen**, die Einfluss auf das Verständnis von Art und Umfang der geforderten Leistung oder auf die Preisermittlung, mithin auf den Inhalt

Gesetz gegen Wettbewerbsbeschränkungen GWB § 107 **Teil 1**

der Angebote haben können. Es müssen also **schwerwiegende Mängel des Leistungsverzeichnisses von vornherein eine vernünftige Angebotskalkulation unmöglich machen** (VK Nordbayern, B. v. 30. 11. 2009 – Az.: 21.VK – 3194 – 41/09; B. v. 30. 11. 2009 – Az.: 21.VK – 3194 – 40/09).

18.4.6.7.2.2.2 Beispiele aus der Rechtsprechung 3216

– macht ein Antragsteller geltend, dass er sich **durch die vom Auftraggeber gewählte Gesamtvergabe sämtlicher mit dem ÖPP-Projekt zusammenhängenden Beratungsleistungen gehindert sieht**, sich ohne Zusammenschluss mit anderen Beratern (Architekten und Wirtschaftsberatern) am vorliegenden Vergabeverfahren zu beteiligen und beruft er sich auf eine Verletzung seiner Rechte aus § 97 Abs. 3 GWB, wonach zur Berücksichtigung mittelständischer Interessen Leistungen in der Menge, aufgeteilt nach Losen, zu vergeben sind, liegt die Antragsbefugnis im Sinn von § 107 Abs. 2 GWB vor (VK Niedersachsen, B. v. 25. 3. 2010 – Az.: VgK-07/2010)

– trägt ein Antragsteller von Anfang an vor, ein Angebot abgeben zu wollen, dies jedoch derzeit nicht zu können, weil vergaberechtswidrig eine Kalkulation nicht möglich sei, muss er dazu **allgemein nicht darlegen, dass er bei einem rechtmäßigen Vergabeverfahren den Zuschlag erhalten oder eine „echte Chance" auf den Zuschlag gehabt hätte** (LSG Berlin-Brandenburg, B. v. 7. 5. 2010 – Az.: L 1 SF 95/10 B Verg)

– die fehlende Teilnahme eines Antragstellers an einem Vergabeverfahren lässt seine Antragsbefugnis auch dann nicht ohne weiteres entfallen, wenn er **rügt, gerade durch den zur Überprüfung gestellten vergaberechtlichen Verstoß an der Abgabe eines Angebots gehindert worden zu sein, z. B. durch eine unterlassene Vergabebekanntmachung.** Der in § 107 Abs. 2 GWB vorausgesetzten Darlegungslast eines subjektiven Interesses bzw. einer Verletzung in eigenen Rechten ist mit einem solchen Vortrag entsprochen, da eine fehlende Vergabebekanntmachung zumindest abstrakt gesehen den am Markt tätigen Unternehmen die Möglichkeit einer Wettbewerbsteilnahme entzieht (OLG Thüringen, B. v. 28. 1. 2004 – Az.: 6 Verg 11/03; VK Lüneburg, B. v. 18. 6. 2004 – Az.: 203-VgK-29/2004; VK Rheinland-Pfalz, B. v. 27. 5. 2005 – Az.: VK 15/05)

– behauptet der Auftraggeber, dass eine **fehlende Angebotsabgabe mit dem Grund einer diskriminierenden Forderung des Auftraggebers nur ein Vorwand** sei, um in einer „Strohmannfunktion" für ein anderes Unternehmen, das keinen Nachprüfungsantrag stellen will, ein Nachprüfungsverfahren einzuleiten, ist der **Auftraggeber** dafür darlegungs- und **beweispflichtig** (2. VK Bund, B. v. 29. 5. 2008 – Az.: VK 2–58/08)

– der Bieter ist **auch dann antragsbefugt**, wenn er bei der **rechtswidrigen Ausschreibung eines Leitfabrikates** zwar in der Lage wäre dieses zu liefern, er aber **daran gehindert wird, ein wirtschaftlicheres Konkurrenzprodukt anzubieten** (OLG München, B. v. 2. 8. 2007 – Az.: Verg 07/07; VK Südbayern, B. v. 21. 7. 2008 – Az.: Z3-3-3194-1-23–06/08; B. v. 21. 5. 2007 – Az.: Z3-3-3194-1-13–04/07)

– dies gilt auch für den Fall, dass der **Antragsteller ausschließlich an einer losweisen Vergabe** interessiert ist, die der Auftraggeber wiederum verweigert (OLG Düsseldorf, B. v. 8. 9. 2004 – Az.: VII – Verg 38/04; VK Lüneburg, B. v. 25. 2. 2004 – Az.: 203-VgK-02/2004; 1. VK Sachsen, B. v. 27. 6. 2003 – Az.: 1/SVK/063-03)

– dies gilt auch für den Fall, dass der Antragsteller behauptet, sich an einer Angebotsabgabe gehindert zu sehen, weil die aus seiner Sicht **für eine Kalkulation maßgeblichen Versicherungssummen der zu versichernden Gebäude in den Verdingungsunterlagen nicht genannt** werden (VK Lüneburg, B. v. 5. 1. 2006 – Az.: VgK-43/2005; B. v. 5. 1. 2006 – Az.: VgK-41/2005).

18.4.6.7.2.3 Ausnahme des nutzlosen Aufwands. 18.4.6.7.2.3.1 Grundsätze. Dar- 3217
über hinaus sieht ein Teil der Rechtsprechung auch in solchen Fällen die Antragsbefugnis als gegeben an, in denen der antragstellenden Partei zwar an sich eine Angebotsabgabe möglich gewesen wäre, sich aber bei verständiger Betrachtung die Ausarbeitung eines Angebots angesichts der reklamierten – und als zutreffend zu unterstellenden – Beanstandungen des Vergabeverfahrens **als ein nutzloser Aufwand** darstellen würde (OLG Düsseldorf, B. v. 25. 11. 2009 – Az.: VII-Verg 27/09; B. v. 14. 1. 2009 – Az.: VII-Verg 59/08; B. v. 9. 7. 2003 – Az.: Verg 26/03; OLG Frankfurt, B. v. 29. 5. 2007 – Az.: 11 Verg. 12/06; OLG Thüringen, B. v. 6. 6. 2007 – Az.: 9 Verg 3/07; VK Arnsberg, B. v. 26. 5. 2009 – VK 14/09; B. v. 25. 5. 2009 – VK 08/09; VK Brandenburg, B. v. 14. 5. 2007 – Az.: 2 VK 14/07; 3. VK Bund, B. v. 28. 1. 2008 – Az.: VK 3–154/07; B. v. 24. 1. 2008 – Az.: VK 3–151/07; B. v. 9. 1. 2008 – Az.: VK 3–145/07; B.

Teil 1 GWB § 107 Gesetz gegen Wettbewerbsbeschränkungen

v. 29. 3. 2006 – Az.: VK 3–15/06; B. v. 9. 6. 2005 – Az.: VK 3–49/05; VK Düsseldorf, B. v. 15. 8. 2008 – Az.: VK – 18/2008 – L; B. v. 23. 5. 2008 – Az.: VK – 7/2008 – L; B. v. 2. 5. 2008 – Az.: VK – 10/2008 – L; B. v. 19. 3. 2007 – Az.: VK – 07/2007 – B; VK Hessen, B. v. 19. 10. 2006 – Az.: 69 d VK – 51/2006; VK Nordbayern, B. v. 30. 11. 2009 – Az.: 21.VK – 3194 – 41/09; B. v. 30. 11. 2009 – Az.: 21.VK – 3194 – 40/09; im Ergebnis ebenso 1. VK Bund, B. v. 20. 1. 2010 – Az.: VK 1–230/09; 2. VK Bund, B. v. 29. 7. 2009 – Az.: VK 2–87/09; B. v. 22. 8. 2008 – Az.: VK 2–73/08; B. v. 7. 3. 2008 – Az.: VK 2–13/08; 1. VK Sachsen, B. v. 25. 9. 2009 – Az.: 1/SVK/038-09; B. v. 6. 4. 2009 – Az.: 1/SVK/005–09; B. v. 26. 3. 2008 – Az.: 1/SVK/005–08; VK Südbayern, B. v. 21. 7. 2008 – Az.: Z3-3-3194-1-23–06/08). Dem liegt die Erwägung zugrunde, dass es **weder gerechtfertigt noch zumutbar** ist, von dem Antragsteller zur Darlegung seiner Antragsbefugnis die Erstellung und Einreichung eines Angebots zu verlangen, dessen Grundlagen in den Ausschreibungsbedingungen er im Vergabenachprüfungsverfahren als rechtswidrig bekämpft, so dass **bei einem Erfolg des Nachprüfungsbegehrens die zur Angebotserstellung aufgewendete Zeit und Mühe als unnötig vertan erscheinen muss**. Außerdem könnten auf andere Art und Weise an der Angebotsabgabe interessierte Unternehmen **ansonsten einen gegebenenfalls tatsächlich vorliegenden Vergabefehler nicht überprüfen lassen**, ohne sehenden Auges ein möglicherweise zeit- und kostenaufwendiges Angebot zu erstellen, das wertlos wäre, weil es den Vorgaben der Ausschreibungsunterlagen nicht entspricht (OLG Dresden, B. v. 4. 7. 2008 – Az.: WVerg 3/08; 2. VK Bund, B. v. 8. 10. 2003 – Az.: VK 2–78/03; 3. VK Bund, B. v. 28. 1. 2008 – Az.: VK 3–154/07; B. v. 24. 1. 2008 – Az.: VK 3–151/07; B. v. 9. 6. 2005 – Az.: VK 3–49/05; VK Nordbayern, B. v. 30. 11. 2009 – Az.: 21.VK – 3194 – 41/09; B. v. 30. 11. 2009 – Az.: 21.VK – 3194 – 40/09).

3218 18.4.6.7.2.3.2 **Produktvorgabe.** Trägt ein Unternehmen vor, dass es als **Bewerber von der Abgabe eines zuschlagsfähigen Angebots gerade durch die vergaberechtswidrige Verwendung eines Leitproduktes abgehalten** worden ist, muss es ausnahmsweise **auch ohne ein solches Angebot als antragsbefugt angesehen werden**; denn es ist ihm nicht zuzumuten, um jeden Preis ein Angebot abzugeben, nur um das für die Antragsbefugnis nach § 107 Abs. 2 GWB erforderliche Interesse am Auftrag zu dokumentieren. Müsste aber wegen des geltend gemachten Vergabeverstoßes eine produktneutrale Neuausschreibung erfolgen, so könnte der Antragsteller mit einem Hauptangebot in den Kreis derjenigen Angebote kommen, die für eine Zuschlagserteilung ernsthaft in Betracht zu ziehen sind (OLG München, B. v. 2. 8. 2007 – Az.: Verg 07/07; BayObLG, B. v. 15. 9. 2004 – Az.: Verg 026/03; OLG Frankfurt, B. v. 28. 10. 2003 – Az.: 11 Verg 9/03; B. v. 10. 8. 2009 – Az.: VK 17/09; VK Lüneburg, B. v. 12. 5. 2005 – Az.: VgK-15/2005; VK Nordbayern, B. v. 9. 7. 2009 – Az.: 21.VK – 3194 – 15/09; VK Südbayern, B. v. 21. 7. 2008 – Az.: Z3-3-3194-1-23–06/08; B. v. 29. 1. 2007 – Az.: 39-12/06; B. v. 21. 5. 2007 – Az.: Z3-3-3194-1-13–04/07).

3219 Wirkt sich die Produktvorgabe – z.B. hinsichtlich einer Netzwerkmanagementsoftware – dahingehend aus, dass dadurch eventuell auch eine losweise Ausschreibung ausgeschlossen wird, rechtfertigt es dieser Umstand, dass sich eine im Rahmen eines förmlichen Vergabeverfahrens erfolgte **Produktvorgabe für die Hersteller/Lieferanten von Alternativprodukten im Ergebnis wie eine de-facto-Vergabe auswirkt**, grundsätzlich nicht, die Produktvorgabe aus dem Vergabeverfahren „herauszulösen" und als isolierte de-facto-Vergabe zu interpretieren mit der Folge, dass sie gesondert und gegebenenfalls sogar ohne Beachtung der Rügeobliegenheit nach § 107 Abs. 3 GWB zum Gegenstand eines Vergabenachprüfungsverfahrens gemacht werden könnte. Hersteller/Lieferanten von Alternativprodukten haben die Möglichkeit, die Vergaberechtswidrigkeit der von der Vergabestelle gewählten Ausgestaltung der Ausschreibung unter Verweis darauf, dass gemäß §§ 97 Abs. 3 GWB, 5 Nr. 1 VOL/A eine losweise Vergabe geboten sei, in einem Nachprüfungsverfahren geltend zu machen (2. VK Bund, B. v. 9. 8. 2006 – Az.: VK 2–77/06).

3220 Ein Schaden für einen Bieter ist aber dann zu verneinen, als er als Vergaberechtsfehler die „**Empfehlung**" **eines Systems in der Leistungsbeschreibung** angreift. Durch diese „Empfehlung" kommt nur eine Verletzung z.B. des § 8 Nr. 3 Abs. 4 VOL/A in Betracht, wonach eine Beschreibung technischer Merkmale nicht die Wirkung haben darf, dass bestimmte Unternehmen oder Erzeugnisse bevorzugt oder ausgeschlossen werden. Zielsetzung dieser Vorschrift ist es, eine Verengung oder sogar Ausschaltung des Wettbewerbs durch eine einseitige Orientierung des öffentlichen Auftraggebers zu verhindern und die Chancengleichheit der Bewerber zu wahren. Um einen Schaden durch die Verletzung dieser Vorschrift geltend machen zu können, müssen sich in irgendeiner Weise die durch eine einseitige Orientierung des Auftraggebers ausgelösten Wirkungen als Nachteil bei dem Bieter realisiert haben. Diese **Nachteile sind bei** dem Bieter jedoch nicht festzustellen, wenn er von dieser Empfehlung unbeeindruckt ein auf einem anderen System basierendes Angebot abgegeben hat (2. VK Bund, B. v. 8. 8. 2003 – Az.: VK 2–52/03). **Ändert hingegen** der Auftraggeber **im Laufe des Vergabeverfahrens** die Leistungsbeschreibung dahin, dass **ein ganz konkretes Produkt vorgegeben** wird, entspricht das auf einem anderen System beruhende Angebot des Bieters nicht mehr den vom Auftraggeber aufgestellten Anforderungen. Da folglich ein Zuschlag zu Gunsten dieses Angebotes aussichtslos ist, haben sich die – angesichts der ursprünglichen Leistungsbeschreibung als realistisch einzuschätzende **Chancen – auf einen Zuschlag verschlechtert** (2. VK Bund, B. v. 8. 8. 2003 – Az.: VK 2–52/03).

18.4.6.7.2.3.3 Weitere Beispiele aus der Rechtsprechung 3221

– trägt ein Antragsteller vor, dass er **von einer Angebotsabgabe** gerade durch die seiner Ansicht nach **fehlerhafte Aufteilung der Leistung in Lose abgehalten** worden ist, geht die Rechtsprechung davon aus, dass es einem Beteiligten am Vergabeverfahren **nicht zuzumuten ist, um jeden Preis ein Angebot abzugeben**, nur um das Interesse an einen Auftrag zu dokumentieren (3. VK Bund, B. v. 15. 5. 2009 – Az.: VK 3–127/09; 3. VK Saarland, B. v. 7. 9. 2009 – Az.: 3 VK 01/2009; 1. VK Sachsen, B. v. 7. 2. 2003 – Az.: 1/SVK/007-03)

18.4.6.7.2.4 Ausnahme bei Teilnahmewettbewerben. Die **gleichen Überlegungen** 3222 **wie für die Angebotserstellung bzw. Angebotsabgabe gelten für den Teilnahmeantrag bei einem Teilnahmewettbewerb** (OLG Düsseldorf, B. v. 1. 8. 2005 – Az.: VII – Verg 41/ 05; OLG Thüringen, B. v. 6. 6. 2007 – Az.: 9 Verg 3/07; VK Brandenburg, B. v. 22. 9. 2008 – Az.: VK 27/08; 3. VK Bund, B. v. 9. 6. 2005 – Az.: VK 3–49/05; 3. VK Saarland, B. v. 30. 11. 2007 – Az.: 1 VK 05/2007).

Auch ist in solchen Fällen ein Antragsteller **nicht gehalten, unmittelbar nach Kenntnis-** 3223 **nahme der Ausschreibung einen rudimentären oder improvisierenden Teilnahmeantrag zu stellen**, da er erwarten muss, dass der Auftraggeber ihn darauf wegen Nichterfüllens der Mindestvoraussetzungen vom weiteren Verfahren ausschließen wird. Des Weiteren ist die Darlegung, welchen Teilnahmeantrag der potenzielle Bieter bei einer fehlerfreien Ausschreibung abgegeben hätte, im Nachprüfungsverfahren nicht erforderlich (3. VK Bund, B. v. 9. 6. 2005 – Az.: VK 3–49/05).

Den Antragsteller trifft bei Nichtabgabe eines Teilnahmeantrags jedoch ebenfalls eine **erhöhte** 3224 **Darlegungs- und Begründungspflicht, um das erforderliche Interesse am Auftrag nachzuweisen** (3. VK Saarland, B. v. 30. 11. 2007 – Az.: 1 VK 05/2007; 1. VK Sachsen, B. v. 6. 4. 2009 – Az.: 1/SVK/005–09; VK Südbayern, B. v. 18. 6. 2007 – Az.: Z3-3-3194-1-22–05/ 07; B. v. 29. 1. 2007 – Az.: 39-12/06). Dies kann er z. B. durch Anforderung der Vergabeunterlagen, durch eine Rüge und durch einen Nachprüfungsantrag dokumentieren (1. VK Sachsen, B. v. 6. 4. 2009 – Az.: 1/SVK/005–09).

18.4.6.7.2.5 Ausnahme des Absehens von einer Angebotsabgabe bei Rechtmäßig- 3225 **keit der angegriffenen Vergabebedingung.** Die Antragsbefugnis besteht **darüber hinaus**, wenn und soweit die antragstellende Partei **bei einer Rechtmäßigkeit der von ihr angegriffenen Vergabebedingung von der Abgabe eines Angebots absehen würde**. In Betracht kommen hier Fälle, in denen sich der Nachprüfungsantrag gegen eine Anforderung (z. B. die Genehmigung einer Restabfallbehandlungsanlage) richtet, die der Antragsteller nicht erfüllt. Auch dann hat die antragstellende Partei ein berechtigtes Interesse daran, die Rechtmäßigkeit der – von ihr nicht einzuhaltenden – Vergabebedingung zur Überprüfung zu stellen, ohne zuvor ein Angebot abgeben zu müssen, das bei einem Misserfolg des Nachprüfungsbegehrens keinerlei Aussicht auf den Zuschlag haben würde und bei dem sich folglich der mit der Angebotsangabe verbundene Aufwand ebenfalls als nutzlos vertan erweisen würde (OLG Düsseldorf, B. v. 9. 7. 2003 – Az.: Verg 26/03).

18.4.6.7.2.6 Ausnahme der de-facto-Vergabe. Hat eine Vergabestelle durch **Nicht-** 3226 **durchführung eines den gesetzlichen Vorschriften entsprechenden Vergabeverfahrens jegliche Förmlichkeit unterlassen**, können auch keine allzu hohen Anforderungen an das Vorliegen der Voraussetzungen des § 107 Abs. 2 Satz 2 GWB gestellt werden. In solchen Fällen ist die **Abgabe eines Angebotes zur Zulässigkeit eines Vergabenachprüfungsverfahrens nicht notwendig** (1. VK Bund, B. v. 12. 12. 2002 – Az.: VK 1–83/02; VK Magdeburg, B. v. 6. 6. 2002 – Az.: 33–32571/07 VK 05/02 MD; im Ergebnis ebenso VK Baden-Württemberg, B. v. 14. 3. 2005 – Az.: 1 VK 5/05; VK Münster, B. v. 26. 9. 2007 – Az.: VK 17/07).

Man **kann auch nicht verlangen, dass ein Unternehmen in einem von ihm nicht als** 3227 **vergaberechtskonform angesehenen Marktpreiserkundungsverfahren ein Angebot** abgeben muss. Dies indiziert nicht, dass er in einem weiteren förmlichen Vergabeverfahren kein Angebot abgeben wird. Im Gegenteil geht sein Interesse dahin, vor einem – vergaberechtskonform – beabsichtigten Vertragsschluss auf jeden Fall mit einem Angebot präsent zu sein. Durch die bloße Nichtbeteiligung am Marktpreiserkundungsverfahren kann nicht unterstellt werden, dass das Unternehmen lediglich die Durchführung eines späteren förmlichen Vergabeverfahrens behindern will, da er selbst kein weiteres Angebot mehr abgeben will, zumal wenn der Auftraggeber das Marktpreiserkundungsverfahren nicht für die bloße Vorstufe eines förmlichen Vergabeverfahrens hält (VK Düsseldorf, B. v. 12. 9. 2006 – Az.: VK – 37/2006 – L).

3228   18.4.6.7.2.7 Umfang der Antragsbefugnis. Die **Antragsbefugnis beschränkt sich in solchen Fällen auf die Geltendmachung der Vergabefehler, die – entweder einzeln oder kumulativ – kausal für den Entschluss der Nichtbeteiligung gewesen sein können** (3. VK Bund, B. v. 9. 1. 2008 – Az.: VK 3–145/07) **und die die Anordnung einer Aufhebung des Verfahrens oder die Wiederholung der bisherigen Verfahrensschritte rechtfertigen können**. Vergaberechtsfehler im Verlauf des weiteren Verfahrens können nur Bieter rügen, die ein Angebot abgegeben haben, nicht jedoch andere Antragsteller, da ihnen daraus kein Schaden erwachsen kann (VK Schleswig-Holstein, B. v. 5. 10. 2005 – Az.: VK-SH 23/05).

3229   18.4.6.7.2.8 Weitere Beispiele aus der Rechtsprechung

– die **Pauschalierung einzelner Leistungspositionen**, deren **Umfang im Verhältnis zum Gesamtumfang des Auftrags als geringfügig** anzusehen ist, hindert ein interessiertes Unternehmen nicht an der Abgabe eines Angebots, wenn der **Preis insgesamt kalkulierbar bleibt** (VK Berlin, B. v. 4. 5. 2009 – Az.: VK – B 2–5/09)

– es kann von einem Unternehmen weder verlangt werden, ein zeit- und kostenintensives Angebot zu erarbeiten, das allein den Preis als einziges zulässiges Zuschlagskriterium berücksichtigt, noch ein Angebot in Unkenntnis der den Zuschlagskriterien zugeordneten Gewichtungen zu erstellen. Die **Kalkulation eines Angebots unter Anwendung der (unzulässigen) Kriterien wäre ein nutzloser Aufwand**, zumal noch erschwerend hinzu kam, dass der Antragsteller die Gewichtung der Kriterien nicht kannte. Bei Anwendung nur des Preises als Zuschlagkriterium hätte er in Kauf nehmen müssen, ein nicht aussichtsreiches Angebot einzureichen. Wenn aber ein Unternehmen erkennt, dass es durch einen Vergaberechtsverstoß in den veröffentlichten Vergabebedingungen gehindert oder in seinen Aussichten erheblich beeinträchtigt wird, ein chancenreiches Angebot einzureichen, ist es nicht gehalten, ein aus seiner Sicht sinnloses Angebot einzureichen (OLG Düsseldorf, B. v. 14. 1. 2009 – Az.: VII-Verg 59/08)

– ein drohender Schaden im Sinn von § 107 Abs. 2 GWB liegt nicht vor, wenn sich ein **Unternehmen nicht an einer europaweiten Ausschreibung beteiligt und sich – nach Aufhebung dieser Ausschreibung – auch nicht an einem Verfahren nach § 127 Abs. 2 SGB V beteiligt** (VK Brandenburg, B. v. 12. 6. 2008 – Az.: VK 12/08)

– wenn die **Vergabestelle die Übernahme von Abfällen zur Verwertung ausschreibt, muss ein Unternehmen, welches die Verwertung für abfallrechtlich fehlerhaft hält, kein Angebot abgeben**. Die Abgabe eines Angebotes gerichtet auf die Beseitigung der Abfälle würde sich als nutzloser Aufwand darstellen, da es von der Vergabestelle nicht gewertet würde (VK Düsseldorf, B. v. 15. 8. 2008 – Az.: VK – 18/2008 – L)

– ihr Interesse am Auftrag hat die Antragstellerin zwar nicht durch die Unterbreitung eines Angebotes dargelegt. Sie hat jedoch geltend gemacht, in ihren Rechten nach § 97 Abs. 7 GWB dadurch verletzt zu sein, dass der **Antragsgegner als Eignungsvoraussetzung die im Verhältnis der Fa. Microsoft zu ihren Händlern verliehene Qualifizierung als „LAR" aufgestellt** hat und die Antragstellerin diese Einstufung nicht aufweist. Eine Angebotsabgabe durch die Antragstellerin wäre deshalb von vorne herein aussichtslos und ihr deshalb als überflüssiger Aufwand nicht zumutbar (VK Düsseldorf, B. v. 23. 5. 2008 – Az.: VK – 7/2008 – L)

– die Vorgehensweise, kein Angebot zu den angegriffenen Bedingungen abzugeben, ist **angesichts des erheblichen Preisvorsprungs auf der Grundlage von Bruttoangeboten, den das Umsatzsteuerprivileg nach § 4 Nr. 11b UStG der ASt verschafft, nachvollziehbar**. Dem steht nicht entgegen, dass der Preis nur mit einem Gewicht von 50% in die Wertung eingeht, denn die ASt hatte keinen Anlass, davon auszugehen, sie werde ihren **preislichen Nachteil auf qualitativer Ebene gegenüber der Bg als dem größten deutschen Postdienstleister ohne weiteres kompensieren können**. Soweit die Ag darauf verweist, die ASt habe nur darüber spekulieren können, ob sich die Bg sich überhaupt an der Ausschreibung beteiligen werde, kann dies nicht überzeugen. Denn die Änderung des Wertungsmaßstabs konnte allein den Sinn haben, die umsatzsteuerliche Privilegierung eines Bie-

Gesetz gegen Wettbewerbsbeschränkungen GWB § 107 **Teil 1**

ters zu berücksichtigen; als dieser privilegierte Bieter kam allein die Bg ernsthaft in Betracht, mit deren Angebot überdies schon angesichts der Dimension des Auftrags zu rechnen war. Dass die ASt die Auffassung vertritt, tatsächlich greife das steuerliche Privileg des § 4 Nr. 11 b UStG wegen der Europarechtswidrigkeit dieser Vorschrift nicht zugunsten der Bg durch, ändert nichts daran, dass die ASt davon ausgehen musste, die Ag werde sich dieser Ansicht nicht anschließen. Die **ASt konnte bereits aus diesem Grunde nicht erwarten, dass im Rahmen der Wertung der Preisvorteil der Bg durch ein Hinzurechnen der Mehrwertsteuer seitens der Ag eliminiert werden würde**. Die Nichtabgabe eines Angebots steht daher im vorliegenden Falle der Bejahung eines Interesses der ASt am Auftrag nicht entgegen (2. VK Bund, B. v. 7. 3. 2008 – Az.: VK 2–13/08)

– die fehlende Teilnahme eines Antragstellers an einem Vergabeverfahren lässt seine Antragsbefugnis jedoch nicht ohne weiteres entfallen, wenn er rügt, gerade durch den zur Überprüfung gestellten vergaberechtlichen Verstoß an der Abgabe eines Angebots gehindert worden zu sein. Den **Antragsteller trifft bei Nichtabgabe eines Angebots jedoch eine erhöhte Darlegungs- und Begründungspflicht**, um das erforderliche Interesse am Auftrag nachzuweisen. Dieser Darlegungs- und Begründungspflicht ist der Antragsteller nach Auffassung der Vergabekammer in diesem Verfahren nicht nachgekommen. Die **bloßen, unsubstanziierten Hinweise auf das Urteil des BGH vom 14. 12. 1976 – Az. 251/73**, oder **dass sich der Monopolvermittler nicht um die Preistransparenz kümmert und das PAngV, sowie der preisblinden Vermittlung der Dienstleistung, aber auch die stark einseitige Vorteilsgewährung für die kostenpflichtig listenden Firmengruppen (VBA und Kfz-Innung) genügen dieser Pflicht nicht** (VK Südbayern, B. v. 18. 6. 2007 – Az.: Z3-3-3194-1-22–05/07)

– im **Reinigungsbereich** ermöglicht auch ein geltend gemachter Vergaberechtsverstoß, nämlich die **Einschränkung des Wettbewerbs durch das Zusammenspiel des Wertungskriteriums „Preis" mit den Vorgaben einer „Richtleistung" und eines „Richtpreises", durchaus die Abgabe eines aussichtsreichen Angebotes**, wenn die entsprechenden Richtwerte beachtet werden. Von den Vorgaben wird jedes Unternehmen betroffen. Die vom Auftraggeber gesetzten Rahmenbedingungen führen dazu, dass alle anbietenden Unternehmen Wettbewerbselemente wie Preis und Leistung nicht in der Bandbreite einsetzen können, wie sie es ohne die Vorgaben gegebenenfalls täten. **Derartige Beschränkungen setzt der Auftraggeber aber direkt oder indirekt in jedem Wettbewerbsverfahren**. Auch eine Wertungsmethode, die dem Preis eine sehr geringe Gewichtung zuweist, hindert die Unternehmen daran, dieses Wettbewerbselement weiter zur Geltung zu bringen wie eine sehr hohe Gewichtung des Preises andere Unternehmen daran hindert, Qualitätsunterschiede voll zur Geltung zu bringen. Die Anforderung bestimmter technischer Merkmale kann Unternehmen daran hindern, ihre jeweiligen Fertigungsmethoden, Beschaffungswege, Fortentwicklungen etc. optimal in den Wettbewerb einzubringen. Das **Erfordernis der Angebotsabgabe als Beleg des Interesses am Auftrag würde also praktisch aufgegeben, wenn bereits dann eine Antragstellung ohne Angebotsabgabe zugelassen würde, wenn der Antragsteller geltend macht, bei anderen, vergaberechtskonformen Wettbewerbsbedingungen ein optimaleres, aussichtsreicheres Angebot abgeben zu können**, ohne dass die Chancenlosigkeit eines eigenen Angebotes dargelegt werden könnte. Es würde gleichfalls dem Beschleunigungsgebot widersprechen, wenn ein Antragsteller zunächst versuchen könnte, für sich optimalere Wettbewerbsbedingungen zu schaffen, bevor er überhaupt ein Angebot abgibt (VK Düsseldorf, B. v. 2. 5. 2008 – Az.: VK – 10/2008 – L)

– ein **Bieter kann bei Reinigungsausschreibungen auch nicht geltend machen, dass ihm durch die Angebotserstellung ein unzumutbarer Aufwand entstünde, ohne dass dieser – aufgrund der geltend gemachten Nivellierung des Wettbewerbes durch die Antragsgegnerin – in irgendeiner Form wettbewerbserheblich** würde. Der Umfang, in dem die Anbieter Preisangaben für die einzelnen Objekte zu machen hatten, entspricht dem bei der Ausschreibung von Reinigungsdienstleistungen absolut Üblichen. Weiterer Aufwand war bei der Angebotserstellung nicht gefordert. Die Wettbewerbsbedingungen der Antragsgegnerin waren auch nicht so gehalten, dass der Aufwand, den die Bieter zu leisten hatten, nämlich Preise zu kalkulieren, für die Angebotsbewertung völlig unerheblich würde. Die Antragsgegnerin beabsichtigt, die angebotenen Preise miteinander zu vergleichen und sie hat den Bietern einen Spielraum eröffnet, der unterschiedliche Angebotspreise nicht ausschließt. Die Antragsgegnerin trägt zwar sinngemäß vor, dass keines der zu erwartenden Angebote höhere Preise aufweisen würde als sie sich durch einfache Multiplikation der niedrigsten von der Antragsgegnerin zugelassenen Preis- und Leistungswerte ergeben würden, gibt hierfür aber keine nachvollziehbare Begründung ab. Das bloße Bestreiten der Sachgerechtigkeit der von der Antragsgegnerin angesetzten Richtwerte als untere Grenzen reicht nicht aus, da es sich bei der Antragstellerin um ein Fachunternehmen handelt. Die Argumentation der Antragstellerin wäre nur dann schlüssig, wenn sie anhand von Musterberechnungen der üblichen stündlichen Reinigungsleistung(en) sowie der üblichen Kostenansätze (Sozialabgaben, bezahlte Ausfallzeiten, allgemeine Betriebskosten, Wagnis etc.) dargelegt hätte, dass die von der Antragsgegnerin angesetzten Richtwerte einschließlich des von der Antragsgegnerin geöffneten Spielraumes von 20% unter den vorgegebenen Leistungsansatz eine derartige Überauskömmlichkeit darstellen, dass jeder normal kalkulierende Betrieb ohne weiteres die jeweils niedrigsten Preise anbieten könnte. Dies hat die Antragstellerin nicht vorgetragen und es liegt auch nicht als offenkundig auf der Hand. Auch die abgegebenen Angebote dokumentieren eine Bandbreite bei den angebotenen Preisen von mehreren tausend Euro pro Objekt und belegen deshalb nicht, dass noch die untersten Richtwerte der Antragsgegnerin für alle Wettbewerbsteilnehmer eine überauskömmliche Kalkulation ermöglicht hätten. Es verbleibt demnach in dem vorliegenden Verfahren bei der Anforderung, dass die Antragstellerin ihr Interesse am Auftrag durch ein eigenes Angebot hätte dokumentieren müssen, was sie jedoch unterlassen hat (VK Düsseldorf, B. v. 2. 5. 2008 – Az.: VK – 10/2008 – L)

– **wirken sich die beanstandeten Regelungen der Verdingungsunterlagen unmittelbar auf die Planbarkeit der einzusetzenden Ressourcen und auf die Kalkulation des Angebotspreises aus**, kann die **Erstellung eines Angebots auf unsicherer Kalkulationsgrundlage einem Bieter nicht zugemutet** werden. Er würde sich nämlich damit dem Risiko aussetzen, im Fall der Zuschlagserteilung an ein Angebot gebunden zu sein, das er so gar nicht abgeben wollte. Er muss auch nicht ein Angebot unter Vorbehalt und damit ein von vornherein mit dem Risiko eines Ausschlussgrundes behaftetes Angebot abgegeben (3. VK Bund, B. v. 28. 1. 2008 – Az.: VK 3–154/07; B. v. 24. 1. 2008 – Az.: VK 3–151/07)

– die **Antragsbefugnis scheitert nicht schon daran, dass der Antragsteller keine Bewerbung abgegeben hat und somit formal betrachtet am Ausschreibungsverfahren nicht teilnimmt**. Denn er rügt die aus seiner Sicht vergaberechtlich unzulässige Art und Weise der Ausschreibung (Gesamtvergabe gemischter Beratungsleistungen statt einer loseweisen Ausschreibung des Teilbereichs Rechtsberatung), die ihn gerade an einer Teilnahme gehindert habe, weil er sich zu einer Erbringung der verlangten wirtschaftlichen und technischen Beratung außer Stande sehe. In derartigen Fällen ist **ein Unternehmen nicht gehalten, einen aus seiner Sicht sinnlosen Teilnahmeantrag zu stellen** (OLG Thüringen, B. v. 6. 6. 2007 – Az.: 9 Verg 3/07)

– ist die Antragstellerin ein Unternehmen, das ausweislich seines „track record" als Beratungsunternehmen im Bereich der Privatisierung öffentlicher Unternehmen tätig ist wobei es unerheblich ist, ob die Antragstellerin dem Auftraggeber als in diesem Bereich tätiges Unternehmen bekannt ist – und **erlangt die Antragstellerin erst am letzten Tag der Frist für die Abgabe eines Teilnahmeantrages Kenntnis von der Ausschreibung, ist sie daher an der Abgabe eines Teilnahmeantrages gehindert, wenn** dessen Ausarbeitung die Vorlage vielfältiger Nachweise u. a. bezüglich ihrer fachlichen Eignung, zu wesentlichen Privatisierungsprojekten der letzten drei Jahre sowie Erklärungen zur personellen Kapazität zur Erledigung des Auftrages erfordert und in der verbliebenen Zeit nicht mehr möglich ist (3. VK Bund, B. v. 9. 6. 2005 – Az.: VK 3–49/05)

– trägt ein Unternehmen vor, dass es als **Bewerber von der Abgabe eines zuschlagsfähigen Angebots gerade durch die vergaberechtswidrige Verwendung eines Leitproduktes abgehalten** worden ist, muss es ausnahmsweise **auch ohne ein solches Angebot als antragsbefugt angesehen werden**; denn es ist ihm nicht zuzumuten, um jeden Preis ein Angebot abzugeben, nur um das für die Antragsbefugnis nach § 107 Abs. 2 GWB erforderliche Interesse am Auftrag zu dokumentieren. Müsste aber wegen des geltend gemachten Vergabeverstoßes eine produktneutrale Neuausschreibung erfolgen, so könnte der Antragsteller mit einem Hauptangebot in den Kreis derjenigen Angebote kommen, die für eine Zuschlagserteilung ernsthaft in Betracht zu ziehen sind (BayObLG, B. v. 15. 9. 2004 – Az.: Verg 026/03; OLG Frankfurt, B. v. 28. 10. 2003 – Az.: 11 Verg 9/03; VK Südbayern, B. v. 29. 1. 2007 – Az.: 39-12/06).

18.4.6.8 Drohender Schaden bei fehlender Angebotsabgabe für ein Los

3230   Bewirbt sich ein Bieter mit seinem Angebot **nur für einzelne Lose** und trägt er auch weder vor noch ist sonst ersichtlich, dass er an der Abgabe eines Angebotes hinsichtlich der anderen

Lose gehindert gewesen sei, **fehlt ihm für diese Lose die Antragsbefugnis** (VK Thüringen, B. v. 9. 9. 2003, Az.: 216–403.20-015/03-GTH).

18.4.6.9 Drohender Schaden bei Angebotsabgabe für ein oder mehrere Lose

Gibt ein Unternehmen bei einer losweisen Ausschreibung ein Angebot für alle Lose ab und ist das Angebot für ein Los wegen fehlender Preise auszuschließen, besteht noch eine **Antragsbefugnis für die übrigen Lose** (VK Südbayern, B. v. 27. 8. 2003 – Az.: 33–07/03). 3231

Ein **drohender Schaden kann nicht pauschal mit dem Argument in Abrede gestellt werden, dass ein Antragsteller nur an einem Einzellos interessiert ist, also nicht in der Lage ist, ein Gesamtangebot abzugeben.** Nach § 97 Abs. 3 GWB sind mittelständische Interessen vornehmlich durch Teilung des Auftrags in Lose zu berücksichtigen. Auch aus § 5 VOL/A ergibt sich die grundsätzliche Pflicht zur Losbildung. Hierbei wird als selbstverständlich davon ausgegangen, dass der Auftraggeber hierdurch entstehende Mehrkosten und einen Mehraufwand in Kauf zu nehmen hat (VK Baden-Württemberg, B. v. 14. 3. 2005 – Az.: 1 VK 5/05). 3232

Ein (möglicher) **Schaden einer antragstellenden Bietergemeinschaft kann nicht daraus hergeleitet werden, dass sich die einzelnen Mitglieder dieser Bietergemeinschaft bei einem kleineren Loszuschnitt allein um den Auftrag hätten bewerben können**, wenn die einzelnen Mitglieder der Bietergemeinschaft nicht Antragsteller sind. Dann können sie nicht geltend machen, ihnen ist dort durch den Loszuschnitt – weil sie sich nicht einzeln bewerben konnten – ein Schaden entstanden. Dazu bedarf es einer Antragstellung durch die einzelnen Mitglieder der Bietergemeinschaft selbst (3. VK Bund, B. v. 12. 7. 2005 – Az.: VK 3–67/05). 3233

18.4.6.10 Drohender Schaden trotz Angebotsabgabe

Die Gefahr eines drohenden Schadens wird **nicht dadurch ausgeschlossen, dass der Bieter** trotz der gerügten Verstöße **ein Angebot abgegeben** hat. Aus der Tatsache, dass der Bieter seine Chance, den Auftrag zu bekommen, auf jeden Fall durch die fristgerechte Abgabe eines Angebots wahren will, kann nicht abgeleitet werden, dass eine Schadensgefahr nicht bestehe (VK Düsseldorf, B. v. 22. 10. 2003 – Az.: VK – 29/2003 – L; 1. VK Hessen, B. v. 31. 3. 2008 – Az.: 69 d VK – 9/2008; 2. VK Hessen, B. v. 26. 4. 2007 – Az.: 69 d VK – 08/2007). Wäre z. B. die Ausschreibung im Sinne des Bieters eindeutig formuliert worden, in Lose aufgeteilt und die materiellen Anforderungen ebenfalls im Sinne des Bieters angemessen, so hätte er möglicherweise anders und möglicherweise besser kalkulieren können. Eine **Verbesserung der Zuschlagsaussichten** bei Vermeidung der vorgetragenen Verstöße **wäre daher durchaus vorstellbar** (1. VK Bund, B. v. 21. 9. 2001 – Az.: VK 1–33/01; im Ergebnis ebenso 1. VK Bund, B. v. 25. 4. 2002 – Az.: VK 1–11/02, VK 1–13/02, VK 1–15/02). 3234

Es unterliegt allein der unternehmerischen Entscheidung eines Antragstellers, ob er sich auch trotz einer den Anforderungen des § 8 EG VOL/A nicht entsprechenden Ausschreibung am Vergabeverfahren beteiligt – für den Fall, dass er mit seinem Nachprüfungsantrag nicht durchdringt, – das Risiko eingeht, entweder ein nicht wettbewerbsfähiges Angebot abzugeben oder – im Falle der Zuschlagserteilung – die Angebotssumme zu gering kalkuliert zu haben. Die **mögliche Verwirklichung eines der beiden zuvor genannten Risiken (Abgabe eines nicht konkurrenzfähigen oder nicht auskömmlichen Angebots) führt auch dazu, dass dem Antragsteller möglicherweise ein Schaden zu entstehen droht** (2. VK Hessen, B. v. 26. 4. 2007 – Az.: 69 d VK – 08/2007). 3235

Einer **Angebotsabgabe** kann auch nach Treu und Glauben (§§ 242, 133 BGB) **nicht die Bedeutung eines bewussten Verzichtes auf alle etwa vorher gemachten Beanstandungen beigelegt** werden. Ein derartiger Verzicht muss vielmehr ausdrücklich erklärt bzw. sich eindeutig aus den sonstigen Umständen ergeben (1. VK Hessen, B. v. 31. 3. 2008 – Az.: 69 d VK – 9/2008). 3236

Ist das **Rechtsschutzziel eines Bieters, eine Ausschreibung nicht nach PZN, sondern nach Wirkstoffen oder Wirkstoffgruppen vorzunehmen, liegt die Beeinträchtigung der Zuschlagschancen darin, dass sie gehindert ist, im Rahmen einer nach PZN durchgeführten Ausschreibung überhaupt ein Angebot abzugeben**. Hinzu kommt, dass der Bieter im Rahmen der von ihm begehrten Ausschreibung, vorausgesetzt er erhält für einzelne Wirkstoffe oder Wirkstoffgruppen den Zuschlag, ein höheres Auftragsvolumen erreichen kann als bei einer Ausschreibung nach PZN. Dieser zumindest hypothetischen Chance des Bieters kann nicht entgegengehalten werden, die Ärzte würden aufgrund ihrer Therapiefreiheit über die Bedarfsdeckung entscheiden, weshalb der Abschluss wirkstoffbezogener Rahmenver- 3237 einbarungen mit dem Bieter keinen Einfluss auf das Bestellverhalten der Ärzte hätte und damit auch die Zuschlagschancen des Bieters nicht verbessert würden. Diese Einwand setzt voraus, dass die Krankenkassen keine Möglichkeiten hätten, das Bestellverhalten der Ärzte – zumindest teilweise – auf die durch Rahmenvereinbarungen begünstigten Präparate zu lenken. Hieran **bestehen jedoch bereits aufgrund des im Sozialrecht geltenden Wirtschaftlichkeitsgebots (§ 12 Abs. 1 SGB V), dem auch die Ärzte als Leistungserbringer unterliegen, erhebliche Zweifel, so dass zumindest die Möglichkeit eines drohenden Schadens im Sinne des § 107 Abs. 2 GWB hier nicht von vornherein ausgeschlossen werden kann.** Außerdem ist zu berücksichtigen, dass trotz der Sprechstundenbedarfsvereinbarung, die im Rahmen der Sprechstundenbedarfs bestellte Kontrastmittel von einer Preisprüfung ausnimmt, eine Preisprüfung dieser Bestellungen im Rahmen der Gesamtwirtschaftlichkeitsprüfung einer Arztpraxis vorgenommen werden kann. Die in der Sprechstundenbedarfsvereinbarung geregelte Ausnahme von einer Preisprüfung gilt lediglich für die einzelne Bestellung. Damit kann – zumindest in einem begrenzten Rahmen – das Bestellverhalten der Ärzte zugunsten der durch Rahmenvereinbarungen erfassten Präparate beeinflusst werden (1. VK Bund, B. v. 17. 4. 2009 – Az.: VK 1–35/09).

18.4.6.11 Drohender Schaden bei einem aufgrund der Rangstelle chancenlosen Angebot

3238 Die **Rechtsprechung** ist insoweit **nicht einheitlich.**

3239 Die 2. Vergabekammer des Bundes vertritt die Auffassung, dass **auch bei dem teuersten Angebot** nicht von vornherein auszuschließen ist, dass bei einer erneuten Entscheidung, bei der alle Zuschlagskriterien gewertet werden, dieses Angebot in den Kreis derjenigen Angebote kommt, die für eine Zuschlagserteilung ernsthaft in Betracht zu ziehen sind. Für die **Antragsbefugnis ist das ausreichend** (2. VK Bund, B. v. 23. 5. 2002 – Az.: VK 2–18/02).

3240 Ist ein Angebot in der Wirtschaftlichkeitsbewertung **auf dem letzten Rang platziert**, trägt aber der Bieter vor, **aufgrund der unzureichenden Kalkulationsangaben des Auftraggebers nur eine „vorsichtige" Kalkulation** ihres Angebots vorgenommen zu haben, ist **nicht auszuschließen, dass der Bieter ohne den behaupteten Verstoß gegen Vergaberecht ein besseres Angebot abgegeben** und somit bessere Chancen auf den Zuschlag gehabt hätte (2. VK Bund, B. v. 10. 4. 2008 – Az.: VK 2–37/08).

3241 Ist **nicht gänzlich ausgeschlossen, dass ein Bieter trotz des nicht preislich günstigsten Angebots nicht doch noch für den Zuschlag in Frage kommen kann, z. B. weil der Zuschlag nicht auf das preislich günstigste sondern auf das unter Beachtung mehrerer Kriterien wirtschaftlichste Angebot erteilt werden soll, hat der Bieter zumindest eine Chance auf den Zuschlag.** Dies ist für die Darlegung der Antragsbefugnis im Sinn von § 107 GWB ausreichend (1. VK Bund, B. v. 31. 8. 2009 – Az.: VK 1–152/09; VK Südbayern, B. v. 10. 6. 2005 – Az.: 20-04/05; B. v. 10. 5. 2005 – Az.: 12-03/05).

3242 Auch die 3. VK Bund bejaht die Antragsbefugnis eines Bieters, selbst wenn der **punktemäßige Vorsprung des Angebots des erstplatzierten Bieters nach der derzeitigen Wertung uneinholbar** sein sollte. Zur Begründung seiner Antragsbefugnis muss ein Antragsteller nämlich lediglich geltend machen, dass sich seine **Zuschlagschancen z. B. aufgrund der fehlerhaften Wertung des Antragsgegners zumindest verschlechtert haben könnten.** Dies ist dann der Fall, wenn sich der Antragsteller u. a. gerade darauf beruft, dass die Wertung der Angebotspreise durch den Auftraggeber vergabefehlerhaft war und der erstplatzierte Bieter nicht den tariflichen Vorgaben entsprochen habe (3. VK Bund, B. v. 8. 1. 2008 – Az.: VK 3–148/07).

3243 Ähnlich argumentiert die VK Schleswig-Holstein. Liegt das Angebot eines Bieters auf einem wirtschaftlich aussichtslosen Rang, lässt dies die Antragsbefugnis grundsätzlich entfallen, da auf einem abgeschlagenen Platz in der Bieterreihenfolge liegende Antragsteller (auch bei Wegfall der für den Zuschlag vorgesehenen Bieter) keine realistische Aussicht auf eine Zuschlagserteilung haben. Etwas anderes gilt allerdings dann, wenn die **Position des Antragstellers durch die unterstellten Vergaberechtsverstöße hervorgerufen worden ist, wobei substantiiert dazulegen ist, warum der behauptete Vergabefehler sich nicht nur auf das Angebot des Antragstellers auswirkt, sondern auf alle vor ihr liegenden Angebote.** Trägt der Antragsteller gerade vor, dass **kein Bieter durch die gerügten Vergaberechtsverstöße vernünftig kalkulieren kann** und somit alle Angebote nicht wirtschaftlich miteinander vergleichbar wären, besteht in diesem Fall die Möglichkeit, dass der **aussichtslose Platz des Antragstellers aufgrund der fehlenden Kalkulationsmöglichkeiten gegeben** ist. Davon wären auch alle vor ihm liegenden Angebote betroffen, so dass die Chance auf einen Zuschlag nach einem Einholen neuer Angebote und einer neuen Bewertung gewahrt würde. Insofern ist der **Antragsteller antragsbefugt** (VK Schleswig-Holstein, B. v. 7. 7. 2009 – Az.: VK-SH 05/09; B. v. 17. 9. 2008 – Az.: VK-SH 10/08).

Nach einer insoweit anderen Auffassung ist die **Antragsbefugnis zu verneinen, wenn der Bieter keine Anhaltspunkte dafür liefert, inwieweit sein Angebot auf Grund anderer genannter Wertungskriterien wirtschaftlich günstiger sein soll als das mit dem geringsten Preis**, sodass davon auszugehen ist, dass das niedrigste Angebot auch das wirtschaftlichste ist (VK Berlin, B. v. 15. 9. 2004 – Az.: VK – B 2–47/04) bzw. wenn ein aus der jeweils plausibel behaupteten Rechtsverletzung folgender **wirtschaftlicher Nachteil offensichtlich und eindeutig nach jeder Betrachtungsweise ausgeschlossen** ist (VK Lüneburg, B. v. 4. 3. 2005 – Az.: VgK-03/2005) bzw. wenn – unterstellt, der Antragsteller erhält im Rahmen eines VOF-Verfahrens die jeweils höchstmögliche Punktzahl bei allen gerügten Punkten – er dennoch auf einem abgeschlagenen Wertungsrang liegt (VK Berlin, B. v. 10. 9. 2004 – Az.: VK – B 2–44/04) bzw. wenn dem **Angebot des Antragstellers mehrere andere preisgünstigere Angebote vorgehen, bei denen keine Ausschlussgründe vorliegen**. Es erscheint in solchen Fällen ausgeschlossen, dass alle diese Angebote auszuschließen wären bzw. dass ein hoher preislicher Nachteil des Angebots des Antragstellers im Vergleich zu den anderen Angeboten durch die Bewertung des Angebots nach weiteren Zuschlagskriterien (z. B. Qualität und Zuschlagfrist) hätte kompensiert werden können (VK Baden-Württemberg, B. v. 28. 5. 2009 – Az.: 1 VK 21/09; B. v. 5. 1. 2009 – Az.: 1 VK 63/08; 1. VK Brandenburg, B. v. 18. 6. 2007 – Az.: 1 VK 20/07; B. v. 11. 6. 2007 – Az.: 1 VK 18/07; B. v. 6. 12. 2006 – Az.: 1 VK 51/06; 3. VK Bund, B. v. 4. 5. 2005 – Az.: VK 3–22/05; VK Schleswig-Holstein, B. v. 5. 7. 2007 – Az.: VK-SH 13/07; B. v. 31. 1. 2006 – Az.: VK-SH 33/05). Die Antragsbefugnis eines Bieters ist **nur dann trotz einer aussichtslosen Position** in der Wertungsreihenfolge zu **bejahen**, wenn diese **Position durch die unterstellten Vergaberechtsverstöße** hervorgerufen worden ist (VK Schleswig-Holstein, B. v. 5. 7. 2007 – Az.: VK-SH 13/07). 3244

Liegen also zwischen dem Angebot des Antragstellers und dem Angebot, auf das der Zuschlag erteilt werden soll, in der Wertung Angebote weiterer Bieter, erfordert in einer solchen Fallkonstellation die **Darlegung der Antragsbefugnis einen schlüssigen Vortrag dahingehend, weswegen auch die anderen, besser platzierten Angebote anderer Bieter nicht wertbar sein sollen**. Die Antragsbefugnis kann aber auch dadurch dargetan werden, dass der Bieter das gesamte Verfahren angreift und Gründe für eine Wiederholung des Vergabeverfahrens bzw. erneute Angebotseinholung vorträgt, so dass die Möglichkeit einer Zuschlagserteilung an den Bieter fortbesteht oder zumindest nicht ausgeschlossen werden kann (OLG München, B. v. 21. 5. 2010 – Az.: Verg 02/10). 3245

Bei **Verfahrensfehlern des Auftraggebers** (zu knappe Frist, unvollständiges Leistungsverzeichnis) kann der Antragsteller geltend machen, er wäre bei ausreichender Frist, vollständigem Leistungsverzeichnis und Ortsbesichtigung mit Architekten in der Lage gewesen, ein vollständiges Angebot abzugeben und entsprechend knapp zu kalkulieren, **so dass sein Angebot wettbewerbsfähig und preisgünstig gewesen wäre** (2. VK Bund, B. v. 10. 7. 2002 – Az.: VK 2–24/02). 3246

Ähnlich argumentiert das OLG Düsseldorf (B. v. 24. 3. 2004 – Az.: Verg 7/04). Danach fehlt einem **Antragsteller auch dann nicht die Antragsbefugnis, wenn sein Angebot wegen Unvollständigkeit auszuschließen ist, sofern der Bieter eine fehlende Ordnungsgemäßheit der Ausschreibungsbedingungen** (z. B. unzulässig hohe Verwendung von Wahlpositionen) **geltend macht**. Denn durch diesbezügliche Mängel werden die Bieterrechte eines Antragstellers unabhängig davon verletzt, ob sein – auf die vergaberechtswidrig gestaltete Ausschreibung – abgegebenes Angebot wertbar ist oder nicht. 3247

Nach ständiger Rechtsprechung des **OLG Thüringen** (B. v. 15. 7. 2003 – Az.: 6 Verg 7/03) fehlt einem Vergabeprüfungsantrag das in § 107 Abs. 2 GWB vorausgesetzte **Rechtsschutzbedürfnis**, wenn der Antragsteller im Falle einer Neubewertung seines Angebots mit dem Erhalt des Zuschlags oder zumindest der Verbesserung der Zuschlagschancen nicht rechnen darf (im Ergebnis ebenso Saarländisches OLG, B. v. 6. 4. 2005 – Az.: 1 Verg 1/05; 2. VK Bund, B. v. 6. 8. 2004 – Az.: VK 2–94/04). 3248

Nach Auffassung des **OLG Düsseldorf** ist die **Antragsbefugnis eines Bieters zu bejahen**, der bei einer Reinigungsausschreibung das niedrigste Angebot abgegeben hat, vom Auftraggeber aber wegen einer erheblichen Unterschreitung von Stundenrichtwerten **ausgeschlossen** wird und **hilfsweise die Neuausschreibung und damit eine zweite Chance fordert** (OLG Düsseldorf, B. v. 27. 2. 2008 – Az.: VII-Verg 41/07). 3249

Teil 1 GWB § 107 Gesetz gegen Wettbewerbsbeschränkungen

3250 Die 2. VK Bund überträgt die Rechtsprechung zum drohenden Schaden bei einem aufgrund formaler Angebotsfehler chancenlosen Angebot und der Chance auf Abgabe eines neuen Angebots für den Fall, dass alle Angebote ausgeschlossen werden müssen, auch **auf die Fallkonstellation, dass ein Bieter mit seinem Angebot auf einem wirtschaftlich aussichtslosen Platz liegt, aber nicht auszuschließen ist, dass der Bieter eine neue Chance zur Angebotsabgabe erhält, weil die Ausschreibung z. B. wegen inhaltlicher Mängel neu gestartet werden muss** (2. VK Bund, B. v. 26. 5. 2009 – Az.: VK 2–30/09; 3. VK Bund, B. v. 23. 11. 2009 – Az.: VK 3–199/09; B. v. 6. 4. 2009 – Az.: VK 3–49/09).

18.4.6.12 Drohender Schaden bei einem aufgrund formaler Angebotsfehler chancenlosen Angebot

3251 **18.4.6.12.1 Rechtsprechung. 18.4.6.12.1.1 Grundsätze.** Der Umstand, dass das Angebot eines Bieters ausgeschlossen werden darf oder muss, mag zwar die Feststellung rechtfertigen, dass der Bieter durch den begründeten Ausschluss von der Wertung nicht betroffen und deshalb insoweit nicht in seinen Rechten verletzt ist (VK Arnsberg, B. v. 13. 7. 2010 – Az.: VK 11/10; VK Brandenburg, B. v. 16. 12. 2009 – Az.: VK 42/09; VK Nordbayern, B. v. 2. 7. 2010 – Az.: 21.VK – 3194 – 21/10; 1. VK Sachsen, B. v. 16. 12. 2009 – Az.: 1/SVK/057-09, 1/SVK/057-09-G; VK Südbayern, B. v. 5. 2. 2010 – Az.: Z3-3-3194-1-66–12/09). Dieser **Umstand nimmt dem Bieter jedoch nicht das sich aus § 97 Abs. 7 GWB ergebende Recht darauf, dass auch die Auftragsvergabe an einen der anderen Bieter unterbleibt**. Der Meinung, die das insbesondere im Hinblick auf das Recht auf Gleichbehandlung in Zweifel zieht, kann nicht beigetreten werden (BGH, B. v 26. 9. 2006 – Az.: X ZB 14/06; OLG Brandenburg, B. v. 19. 1. 2009 – Az.: Verg W 2/09; OLG Celle, B. v. 2. 10. 2008 – Az.: 13 Verg 4/08; B. v. 22. 5. 2008 – Az.: 13 Verg 1/08; B. v. 13. 12. 2007 – Az.: 13 Verg 10/07; OLG Düsseldorf, B. v. 8. 12. 2009 – Az.: VII-Verg 52/09; B. v. 14. 4. 2008 – Az.: VII-Verg 19/08; B. v. 12. 3. 2008 – Az.: VII – Verg 56/07; OLG Frankfurt, B. v. 7. 8. 2007 – Az.: 11 Verg 3/07, 4/07; B. v. 19. 12. 2006 – Az.: 11 Verg 7/06; OLG Karlsruhe, B. v. 6. 2. 2007 – Az.: 17 Verg 5/06; OLG Koblenz, B. v. 3. 4. 2008 – Az.: 1 Verg 1/08; B. v. 4. 7. 2007 – Az.: 1 Verg 3/07; OLG München, B. v. 29. 9. 2009 – Az.: Verg 12/09; B. v. 8. 5. 2009 – Az.: Verg 06/09; B. v. 29. 11. 2007 – Az.: Verg 13/07; B. v. 23. 11. 2006 – Az.: Verg 16/06; OLG Naumburg, B. v. 2. 7. 2009 – Az.: 1 Verg 2/09; OLG Rostock, B. v. 16. 1. 2008 – Az.: 17 Verg 3/07; Thüringer OLG, B. v. 31. 8. 2009 – Az.: 9 Verg 6/09; VK Arnsberg, B. v. 13. 7. 2010 – Az.: VK 11/10; B. v. 30. 11. 2009 – Az.: VK 32/09; B. v. 22. 1. 2009 – Az.: VK 32/08; B. v. 15. 1. 2009 – Az.: VK 31/08; B. v. 15. 1. 2009 – Az.: VK 30/08; VK Baden-Württemberg, B. v. 29. 6. 2009 – Az.: 1 VK 27/09; B. v. 12. 12. 2008 – Az.: 1 VK 50/08; B. v. 5. 11. 2008 – Az.: 1 VK 42/08; B. v. 6. 10. 2008 – Az.: 1 VK 35/08; B. v. 16. 6. 2008 – Az.: 1 VK 18/08; VK Berlin, B. v. 6. 3. 2009 – Az.: VK – B 2–32/08; VK Brandenburg, B. v. 16. 12. 2009 – Az.: VK 42/09; B. v. 19. 12. 2008 – Az.: VK 40/08; 1. VK Bund, B. v. 9. 9. 2009 – Az.: VK 1–158/09; B. v. 3. 9. 2009 – Az.: VK 1–155/09; B. v. 9. 10. 2008 – Az.: VK 1–123/08; B. v. 29. 7. 2008 – Az.: VK 1–78/08; B. v. 22. 2. 2008 – Az.: VK 1–4/08; B. v. 14. 2. 2008 – Az.: VK 1–12/08; B. v. 14. 2. 2008 – Az.: VK 1–9/08; 2. VK Bund, B. v. 14. 10. 2009 – Az.: VK 2–174/09; B. v. 22. 4. 2009 – Az.: VK 2–24/09; B. v. 24. 10. 2008 – Az.: VK 2–109/08; 3. VK Bund, B. v. 4. 11. 2009 – Az.: VK 3–190/09; B. v. 17. 12. 2008 – Az.: VK 3–167/08; B. v. 18. 9. 2008 – Az.: VK 3–119/08; B. v. 20. 6. 2007 – Az.: VK 3–55/07; B. v. 8. 5. 2007 – Az.: VK 3–37/07; B. v. 3. 5. 2007 – Az.: VK 3–31/07; B. v. 12. 12. 2006 – Az.: VK 3–141/06; VK Düsseldorf, B. v. 19. 4. 2007 – Az.: VK 1/10/2007 – B; VK Hessen, B. v. 17. 8. 2009 – Az.: 69 d VK – 25/2009; B. v. 30. 7. 2008 – Az.: 69 d VK – 34/2008, B. v. 8. 7. 2008 – Az.: 69 d VK – 29/2008; B. v. 31. 3. 2008 – Az.: 69 d VK – 9/2008; VK Köln, B. v. 10. 2. 2009 – Az.: VK VOB 39/2008; VK Lüneburg, B. v. 21. 7. 2008 – Az.: VgK-25/2008; VK Münster, B. v. 27. 1. 2010 – Az.: VK 25/09; B. v. 13. 2. 2008 – Az.: VK 29/07; VK Nordbayern, B. v. 2. 7. 2010 – Az.: 21.VK – 3194 – 21/10; B. v. 25. 11. 2009 – Az.: 21.VK – 3194 – 52/09; B. v. 1. 4. 2008 – Az.: 21.VK – 3194 – 09/08; VK Rheinland-Pfalz, B. v. 20. 4. 2010 – Az.: VK 2–7/10; B. v. 29. 1. 2010 – Az.: VK 1–62/09; B. v. 17. 12. 2007 – Az.: VK 39/07; B. v. 8. 11. 2007 – Az.: VK 43/07; 1. VK Sachsen, B. v. 19. 5. 2010 – Az.: 1/SVK/015-10; B. v. 16. 12. 2009 – Az.: 1/SVK/057-09, 1/SVK/057-09-G; B. v. 14. 9. 2009 – Az.: 1/SVK/042-09; B. v. 19. 5. 2009 – Az.: 1/SVK/008–09; B. v. 5. 5. 2009 – Az.: 1/SVK/009-09; B. v. 23. 2. 2009 – Az.: 1/SVK/003–09; B. v. 10. 10. 2008 – Az.: 1/SVK/051-08; B. v. 29. 8. 2008 – Az.: 1/SVK/042-08; B. v. 29. 8. 2008 – Az.: 1/SVK/041-08; B. v. 24. 4. 2008 – Az.: 1/SVK/015-08; B. v. 16. 1. 2008 – Az.: 1/SVK/084-07; B. v. 17. 12. 2007 – Az.: 1/SVK/073-07; 1. VK Sachsen-Anhalt, B. v. 31. 7. 2008 – Az.: 1 VK LVwA 04/08; B. v. 22. 1. 2008 – Az.: 1 VK LVwA 32/07; B. v. 19. 12. 2007 – Az.: 1 VK LVwA 28/07; B. v. 21. 9. 2007 – Az: 1 VK LVwA

Gesetz gegen Wettbewerbsbeschränkungen GWB § 107 **Teil 1**

18/07; VK Schleswig-Holstein, B. v. 22. 7. 2009 – Az.: VK-SH 06/09; VK Südbayern, B. v. 5. 2. 2010 – Az.: Z3-3-3194-1-66–12/09; B. v. 9. 5. 2008 – Az.: Z3-3-3194-1-13–04/08; B. v. 7. 12. 2007 – Az.: Z3-3-3194-1-49–10/07; B. v. 15. 12. 2006 – Az.: 34-11/06).

§ 97 Abs. 2 GWB weist nämlich das **Recht auf Gleichbehandlung und den Anspruch** **3252** **auf Einhaltung der sonstigen Bestimmungen über das Vergabeverfahren jedem durch deren Missachtung betroffenen Teilnehmer an einem solchen Verfahren zu.** Eine Einschränkung danach, wie das eigene Angebot beschaffen ist, oder danach, ob der betroffene Bieter seinerseits Bestimmungen über das Vergabeverfahren eingehalten hat, sieht das Gesetz nicht vor. Da es allein Sache des öffentlichen Auftraggebers ist, einen Bedarf zur Beschaffung auszuschreiben und die Bedingungen festzulegen, die ergänzend zu den auf gesetzlicher Grundlage bestehenden Regeln in dem ausgeschriebenen Verfahren zu beachten sind, und der öffentliche Auftraggeber nicht das Recht hat, über die Handlungsfreiheit am Auftrag interessierter Unternehmen zu verfügen, ist ein Bieter schon nicht verpflichtet, (nur) mit einem der Ausschreibung entsprechenden Angebot hervorzutreten. Nur weil er Interesse am Auftrag hat und er angesichts des den öffentlichen Auftraggeber verpflichtenden § 19 EG VOL/A bzw. § 16 VOB/A lediglich dann damit rechnen kann, in dem eingeleiteten Vergabeverfahren Erfolg zu haben, wenn sein Angebot der Ausschreibung entspricht, ist ein Bieter gehalten, ein solches Angebot abzugeben, oder „muss" er den Vorgaben des öffentlichen Auftraggebers genügen. **Auch ein zeitliches Ende des bei eigener Betroffenheit durch § 97 Abs. 7 GWB gewährten subjektiven Rechts lässt sich dem Gesetz nicht entnehmen. Der Anspruch auf Einhaltung der Bestimmungen über das Vergabeverfahren besteht deshalb bis zu dem das eingeleitete Vergabeverfahren beendenden Verhalten des öffentlichen Auftraggebers fort und schließt insbesondere seine Beachtung auch bei dessen abschließender Entscheidung ein** (BGH, B. v 26. 9. 2006 – Az.: X ZB 14/06; OLG Brandenburg, B. v. 19. 1. 2009 – Az.: Verg W 2/09; OLG Düsseldorf, B. v. 8. 12. 2009 – Az.: VII-Verg 52/09; B. v. 14. 4. 2008 – Az.: VII-Verg 19/08; OLG Frankfurt, B. v. 7. 8. 2007 – Az.: 11 Verg 3/07, 4/07; OLG Karlsruhe, B. v. 6. 2. 2007 – Az.: 17 Verg 5/06; OLG Koblenz, B. v. 3. 4. 2008 – Az.: 1 Verg 1/08; B. v. 4. 7. 2007 – Az.: 1 Verg 3/07; OLG München, B. v. 29. 9. 2009 – Az.: Verg 12/09; B. v. 29. 11. 2007 – Az.: Verg 13/07; B. v. 23. 11. 2006 – Az.: Verg 16/06; OLG Naumburg, B. v. 2. 7. 2009 – Az.: 1 Verg 2/09; OLG Rostock, B. v. 16. 1. 2008 – Az.: 17 Verg 3/07; Thüringer OLG, B. v. 31. 8. 2007 – Az.: 9 Verg 6/09; VK Arnsberg, B. v. 13. 7. 2010 – Az.: VK 11/10; B. v. 30. 11. 2009 – Az.: VK 32/09; B. v. 22. 1. 2009 – Az.: VK 32/08; B. v. 15. 1. 2009 – Az.: VK 31/08; B. v. 15. 1. 2009 – Az.: VK 30/08; VK Baden-Württemberg, B. v. 29. 6. 2009 – Az.: 1 VK 27/09; VK Berlin, B. v. 6. 3. 2009 – Az.: VK – B 2-32/08; VK Brandenburg, B. v. 16. 12. 2009 – Az.: VK 42/09; B. v. 19. 12. 2008 – Az.: VK 40/08; 1. VK Bund, B. v. 9. 9. 2009 – Az.: VK 1–158/09; B. v. 3. 9. 2009 – Az.: VK 1–155/09; B. v. 9. 10. 2008 – VK 1–123/08; B. v. 29. 7. 2008 – Az.: VK 1–78/08; B. v. 22. 2. 2008 – Az.: VK 1–4/08; B. v. 14. 2. 2008 – Az.: VK 1–12/08; B. v. 14. 2. 2008 – Az.: VK 1–9/08; 2. VK Bund, B. v. 14. 10. 2009 – Az.: VK 2–174/09; B. v. 22. 4. 2009 – Az.: VK 2–24/09; B. v. 24. 10. 2008 – Az.: VK 2–109/08; B. v. 27. 3. 2007 – Az.: VK 2–18/07; B. v. 29. 12. 2006 – Az.: VK 2–131/06; B. v. 29. 12. 2006 – Az.: VK 2–128/06; B. v. 29. 12. 2006 – Az.: 2 VK – 125/06; 3. VK Bund, B. v. 4. 11. 2009 – Az.: VK 3–190/09; B. v. 17. 12. 2008 – Az.: VK 3–167/08; B. v. 18. 9. 2008 – Az.: VK 3–122/08; B. v. 18. 9. 2008 – Az.: VK 3–119/08; B. v. 3. 5. 2007 – Az.: VK 3–31/07; B. v. 19. 3. 2007 – Az.: VK 3–16/07; ; B. v. 12. 12. 2006 – Az.: VK 3–141/06; VK Düsseldorf, B. v. 29. 3. 2007 – Az.: VK – 03/2007 – B; VK Hessen, B. v. 17. 8. 2009 – Az.: 69 d VK – 25/2009; B. v. 30. 7. 2008 – Az.: 69 d VK – 34/2008, B. v. 8. 7. 2008 – Az.: 69 d VK – 29/2009; B. v. 31. 3. 2008 – Az.: 69 d VK – 9/2008; VK Köln, B. v. 10. 2. 2009 – Az.: VK VOB 39/2008; VK Lüneburg, B. v. 21. 7. 2008 – Az.: VgK-25/2008; VK Münster, B. v. 27. 1. 2010 – Az.: VK 25/09; B. v. 13. 2. 2008 – Az.: VK 29/07; VK Nordbayern, B. v. 25. 11. 2009 – Az.: 21.VK – 3194 – 52/09; B. v. 1. 4. 2008 – Az.: 21.VK – 3194 – 09/08; VK Rheinland-Pfalz, B. v. 20. 4. 2010 – Az.: VK 2–7/10; B. v. 29. 1. 2010 – Az.: VK 1–62/09; B. v. 7. 12. 2007 – Az.: VK 39/07; B. v. 8. 11. 2007 – Az.: VK 43/07; 1. VK Sachsen, B. v. 14. 9. 2009 – Az.: 1/SVK/042-09; B. v. 10. 10. 2008 – Az.: 1/SVK/051-08; B. v. 29. 8. 2008 – Az.: 1/SVK/042-08; B. v. 29. 8. 2008 – Az.: 1/SVK/041-08; B. v. 24. 4. 2008 – Az.: 1/SVK/015-08; B. v. 16. 1. 2008 – Az.: 1/SVK/084-07; B. v. 24. 5. 2007 – Az.: 1/SVK/029-07; B. v. 11. 1. 2007 – Az.: 1/SVK/116-06; 1. VK Sachsen-Anhalt, B. v. 31. 7. 2008 – Az.: 1 VK LVwA 04/08; B. v. 22. 1. 2008 – Az.: 1 VK LVwA 32/07; B. v. 19. 12. 2007 – Az.: 1 VK LVwA 28/07; B. v. 17. 4. 2007 – Az.: 1 VK LVwA 04/07; VK Schleswig-Holstein, B. v. 10. 10. 2007 – Az.: VK-SH 20/07; VK Südbayern, B. v. 9. 5. 2008 – Az.: Z3-3-3194-1-13–04/08; B. v. 7. 12. 2007 – Az.: Z3-3-3194-1-49–10/07).

Teil 1 GWB § 107 Gesetz gegen Wettbewerbsbeschränkungen

3253 Das **kann auch nicht mit dem Hinweis in Zweifel gezogen werden, der Gleichbehandlungsgrundsatz gebe keinen Anspruch auf „Gleichheit im Unrecht".** Eine Gleichbehandlung im Unrecht, die zu einer Fehlerwiederholung bei der Rechtsanwendung führen würde und deshalb auch aus Art. 3 GG nicht hergeleitet werden kann, kann nämlich nur in Frage stehen, soweit mit dem Nachprüfungsantrag erstrebt wird, bei dem eigenen Angebot möge der gegebene Ausschlusstatbestand ebenfalls unberücksichtigt bleiben. Wenn und soweit der das Nachprüfungsverfahren betreibende Bieter hingegen deutlich macht, dass er sich dagegen wendet, dass sich der öffentliche Auftraggeber zugunsten eines anderen Bieters ohne Beachtung von Bestimmungen über das Vergabeverfahren, insbesondere der beim eigenen Angebot zu Recht angewandten Wertung, entscheidet, kann es jedoch nur am Interesse an der im Nachprüfungsverfahren nachgesuchten Entscheidung oder an der eigenen Betroffenheit durch die Missachtung von Bestimmungen über das Vergabeverfahren fehlen. Wie die vorstehenden Ausführungen ergeben, **kann aber sowohl die Darlegung der Voraussetzung des § 107 Abs. 2 Satz 2 GWB gelingen als auch die Verletzung in eigenen Rechten festzustellen sein, wenn geltend gemacht werden kann und wird bzw. sich bei der Nachprüfung des Vergabeverfahrens ergibt, dass bei Beachtung der Bestimmungen das eingeleitete Vergabeverfahren auch nicht mit der Auftragsvergabe an einen anderen Bieter abgeschlossen werden darf, weil die Angebote der anderen Bieter, soweit sie der öffentliche Auftraggeber nicht schon ausgeschlossen hat, ebenfalls von der Wertung ausgeschlossen werden müssen** (BGH, B. v 26. 9. 2006 – Az.: X ZB 14/06; OLG Brandenburg, B. v. 19. 1. 2009 – Az.: Verg W 2/09; OLG Celle, B. v. 2. 10. 2008 – Az.: 13 Verg 4/08; B. v. 22. 5. 2008 – Az.: 13 Verg 1/08; B. v. 13. 12. 2007 – Az.: 13 Verg 10/07; OLG Frankfurt, B. v. 7. 8. 2007 – Az.: 11 Verg 3/07, 4/07; B. v. 19. 12. 2006 – Az.: 11 Verg 7/06; OLG Koblenz, B. v. 3. 4. 2008 – Az.: 1 Verg 1/08; OLG München, B. v. 29. 9. 2009 – Az.: Verg 12/09; B. v. 29. 11. 2007 – Az.: Verg 13/07; B. v. 23. 11. 2006 – Az.: Verg 16/06; OLG Naumburg, B. v. 2. 7. 2009 – Az.: 1 Verg 2/09; Thüringer OLG, B. v. 31. 8. 2009 – Az.: 9 Verg 6/09; VK Arnsberg, B. v. 13. 7. 2010 – Az.: VK 11/10; B. v. 30. 11. 2009 – Az.: VK 32/09; B. v. 22. 1. 2009 – Az.: VK 32/08; B. v. 15. 1. 2009 – Az.: VK 31/08; B. v. 15. 1. 2009 – Az.: VK 30/08; VK Baden-Württemberg, B. v. 29. 6. 2009 – Az.: 1 VK 27/09; VK Brandenburg, B. v. 16. 12. 2009 – Az.: VK 42/09; B. v. 19. 12. 2008 – Az.: VK 40/08; 1. VK Bund, B. v. 9. 9. 2009 – Az.: VK 1-158/09; B. v. 3. 9. 2009 – Az.: VK 1-155/09; B. v. 9. 10. 2008 – VK 1-123/08; B. v. 29. 7. 2008 – Az.: VK 1-78/08; B. v. 22. 2. 2008 – Az.: VK 1-4/08; B. v. 14. 2. 2008 – Az.: VK 1-12/08; B. v. 14. 2. 2008 – Az.: VK 1-9/08; B. v. 14. 9. 2007 – Az.: VK 1-101/07; B. v. 31. 8. 2007 – Az.: VK 1-92/07; 2. VK Bund, B. v. 14. 10. 2009 – Az.: VK 2-174/09; B. v. 22. 4. 2009 – Az.: VK 2-24/09; B. v. 24. 10. 2008 – Az.: VK 2-109/08; B. v. 29. 12. 2006 – Az.: VK 2-131/06; B. v. 29. 12. 2006 – Az.: VK 2-128/06; B. v. 29. 12. 2006 – Az.: 2 VK – 125/06; 3. VK Bund, B. v. 4. 11. 2009 – Az.: VK 3-190/09; B. v. 17. 12. 2008 – Az.: VK 3-167/08; B. v. 20. 6. 2007 – Az.: VK 3-55/07; ; B. v. 8. 5. 2007 – Az.: VK 3-37/07; B. v. 3. 5. 2007 – Az.: VK 3-31/07; B. v. 29. 1. 2007 – Az.: VK 3-04/07; B. v. 18. 1. 2007 – Az.: VK 3-150/06; VK Düsseldorf, B. v. 19. 4. 2007 – Az.: VK – 10/2007 – B; B. v. 29. 3. 2007 – Az.: VK – 08/2007 – B; VK Hessen, B. v. 17. 8. 2009 – Az.: 69 d VK – 25/2009; B. v. 30. 7. 2008 – Az.: 69 d VK – 34/2008, B. v. 8. 7. 2008 – Az.: 69 d VK – 29/2008; B. v. 31. 3. 2008 – Az.: 69 d VK – 9/2008; VK Köln, B. v. 10. 2. 2009 – Az.: VK VOB 39/2008; VK Lüneburg, B. v. 21. 7. 2008 – Az.: VgK-25/2008; VK Münster, B. v. 27. 1. 2010 – Az.: VK 25/09; B. v. 13. 2. 2008 – Az.: VK 29/07; VK Nordbayern, B. v. 25. 11. 2009 – Az.: 21.VK – 3194 – 52/09; B. v. 1. 4. 2008 – Az.: 21.VK – 3194 – 09/08; B. v. 24. 1. 2008 – Az.: 21.VK – 3194 – 52/07; VK Rheinland-Pfalz, B. v. 20. 4. 2010 – Az.: VK 2-7/10; B. v. 29. 1. 2010 – Az.: VK 1-62/09; B. v. 7. 12. 2007 – Az.: VK 39/07; B. v. 8. 11. 2007 – Az.: VK 43/07; 1. VK Sachsen, B. v. 14. 9. 2009 – Az.: 1/SVK/042-09; B. v. 19. 5. 2009 – Az.: 1/SVK/008–09; B. v. 5. 5. 2009 – Az.: 1/SVK/009-09; B. v. 10. 10. 2008 – Az.: 1/SVK/051-08; B. v. 29. 8. 2008 – Az.: 1/SVK/042-08; B. v. 29. 8. 2008 – Az.: 1/SVK/041-08; B. v. 24. 4. 2008 – Az.: 1/SVK/015-08; B. v. 16. 1. 2008 – Az.: 1/SVK/084-07; B. v. 17. 12. 2007 – Az.: 1/SVK/073-07; B. v. 24. 5. 2007 – Az.: 1/SVK/029-07; B. v. 11. 1. 2007 – Az.: 1/SVK/116-06; 1. VK Sachsen-Anhalt, B. v. 22. 1. 2008 – Az.: 1 VK LVwA 32/07; B. v. 19. 12. 2007 – Az.: 1 VK LVwA 28/07; B. v. 21. 9. 2007 – Az.: 1 VK LVwA 18/07; B. v. 17. 4. 2007 – Az.: 1 VK LVwA 04/07; VK Südbayern, B. v. 7. 12. 2007 – Az.: Z3-3-3194-1-49-10/07; B. v. 15. 12. 2006 – Az.: 34-11/06; **mit einer anderen Begründung im Ergebnis ebenso** OLG Thüringen, B. v. 26. 3. 2007 – Az.: 9 Verg 2/07).

3254 Dies **gilt auch dann,** wenn ein Bewerber geltend macht, dass **alle Teilnahmeanträge in einem Verhandlungsverfahren ausgeschlossen werden müssen** (VK Hessen, B. v. 30. 7. 2008 – Az.: 69 d VK – 34/2008; 1. VK Sachsen, B. v. 10. 10. 2008 – Az.: 1/SVK/051-08).

Gesetz gegen Wettbewerbsbeschränkungen　　　　　　　　　　GWB § 107　**Teil 1**

Dies **gilt auch dann**, wenn der Auftraggeber deutlich macht, dass eine **Zuschlagsentschei-** 3255
dung allein auf der Grundlage des Preises nicht in Betracht kommt, sondern **qualitative Gesichtspunkte erhebliches Gewicht haben und ein Bieter geltend macht, sein Angebot
sei in qualitativer Hinsicht jenem des Bieters, der den Zuschlag erhalten soll, überlegen**. In solchen Fällen erscheint es auf der Grundlage eines solchen Vortrages nicht ausgeschlossen, dass er im Rahmen einer neuen Angebotsrunde Erfolg haben könnte. Eine Beeinträchtigung seiner Zuschlagschancen kann daher nicht von vornherein ausgeschlossen werden (2. VK
Bund, B. v. 24. 10. 2008 – Az.: VK 2–109/08).

Dies **gilt auch dann**, wenn sich ein Bieter darauf beruft, dass das **ausgeschriebene Leit-** 3256
**fabrikat vergaberechtswidrig in einem Widerspruch zu den in den jeweiligen LV-
Positionen beschriebenen technischen Anforderungen steht** und daher untauglich ist und
der Zuschlag deshalb auch nicht auf das Angebot des zum Zuschlag vorgesehenen Bieter ergehen darf, weil dieser gerade das Leitfabrikat angeboten hat; sollte sich der Vorwurf als richtig
erweisen, **müssen alle Bieter dazu aufgefordert werden, nach Korrektur des Leistungsverzeichnisses in diesem Punkt ein neues Angebot abzugeben**. Der Bieter hätte demnach eine neue Chance, den Zuschlag zu erhalten, sodass seine **Antragsbefugnis** insoweit **zu
bejahen** ist (3. VK Bund, B. v. 27. 10. 2008 – Az.: VK 3–134/08).

Das **gilt auch bei einer verspäteten Einreichung eines Angebots durch den Antrag-** 3257
steller. Denn der aus formalen Gründen, wie (auch) einer Überschreitung der Angebotsfrist, an
sich gebotene Ausschluss eines Angebots ist rechtlich unerheblich, wenn der betroffene Antragsteller nach (teilweiser) Aufhebung des Vergabeverfahrens Gelegenheit hat und erhalten
muss, ein neues Angebot einzureichen und dabei den geltendgemachten Ausschlussgrund zu
vermeiden (OLG Düsseldorf, B. v. 14. 4. 2008 – Az.: VII-Verg 19/08).

Eine **vergaberechtlich unzulässigerweise nachträglich gebildete Bietergemeinschaft** 3258
ist **keine Teilnehmerin am Verhandlungsverfahren** und kann insoweit **keine Rechte** im
Sinne der § 97 Abs. 2 GWB (Gleichbehandlung) und § 97 Abs. 7 GWB (Verletzung subjektiver
Rechte im Zusammenhang mit der Durchführung des Verhandlungsverfahrens) **geltend machen** (VK Hessen, B. v. 30. 7. 2008 – Az.: 69 d VK – 34/2008).

Hält die Vergabekammer im Gegensatz zum Antragsteller einen **zwingenden Ausschluss-** 3259
grund für gegeben, hat sie den Nachprüfungsantrag als unbegründet zurückzuweisen
(OLG München, B. v. 10. 12. 2009 – Az.: Verg 16/09).

18.4.6.12.1.2 Gleichwertigkeit. 18.4.6.12.1.2.1 Allgemeines. Nicht endgültig geklärt 3260
hat der Bundesgerichtshof, **in welchen Fällen ein Anspruch auf Gleichbehandlung besteht**, ob z. B. Fehler auf der gleichen Wertungsstufe des § 16 VOB/A bzw. § 19 EG VOL/A
gleichwertig sind oder ob alle Fehler eines Angebots gleich zu behandeln sind.

Nach Auffassung des OLG Koblenz **kommt es nicht darauf an, dass die Angebotsmän-** 3261
gel „identisch oder gleichartig, d. h. ob sie im wesentlichen gleich sind". Es ist **notwendig, aber auch ausreichend, dass die Mängel gleichwertig sind, also auf der Rechtsfolgeseite denselben Stellenwert haben und deshalb dieselbe Konsequenz, wie etwa
den zwingenden Angebotsausschluss, nach sich ziehen müssen**. Es wäre nicht mit § 97
Abs. 2 GWB zu vereinbaren, einerseits ein Angebot mit Hinweis auf eine zwingende Aus-
schlussnorm aus der Wertung zu nehmen und anderseits den Zuschlag auf ein Angebot zu erteilen, dem ebenfalls der Makel eines zwingenden Ausschlussgrundes anhaftet (OLG Koblenz, B. v.
4. 7. 2007 – Az.: 1 Verg 3/07; VK Baden-Württemberg, B. v. 6. 10. 2008 – Az.: 1 VK 35/08;
B. v. 16. 6. 2008 – Az.: 1 VK 18/08; VK Berlin, B. v. 6. 3. 2009 – Az.: VK – B 2–32/08; VK
Rheinland-Pfalz, B. v. 7. 12. 2007 – Az.: VK 39/07; B. v. 8. 11. 2007 – Az.: VK 43/07).

Auch nach Auffassung des OLG Düsseldorf ist **nicht mehr zu verlangen**, dass die **anderen** 3262
Angebote an einem gleichartigen Mangel leiden, sondern es **reicht aus, dass die anderen
Angebote derart mangelbehaftet sind, dass sie zwingend auszuschließen** sind (OLG
Düsseldorf, B. v. 12. 3. 2008 – Az.: VII – Verg 56/07; 1. VK Bund, B. v. 9. 9. 2009 – Az.: VK
1–158/09).

Solche Angebote, die vergaberechtlich an dem beanstandeten oder einem gleichwertigen 3263
Mangel leiden, sind vergaberechtlich gleich zu behandeln, das heißt, aus dem übereinstimmend
vorliegenden Mangel jener Angebote sind vergaberechtlich dieselben Konsequenzen zu ziehen.
Die **Feststellung formeller und materieller Mängel von Angeboten setzt jedoch eine
Angebotsprüfung durch den Auftraggeber voraus. Verspätet eingegangene Angebote
erreichen dieses Stadium nicht**, weil sie aufgrund der Tatsache der Fristüberschreitung unberücksichtigt bleiben müssen und für das weitere Vergabeverfahren keine Rolle spielen. Der

Teil 1 GWB § 107   Gesetz gegen Wettbewerbsbeschränkungen

Ausschluss dieser Angebote erfolgt aufgrund der Ordnungsfunktion der gesetzten Frist und der sich hieraus ergebenden Selbstbindung des öffentlichen Auftraggebers und nicht wegen eines Mangels im Angebot, sodass die **Rechtsprechung zur Gleichwertigkeit von Angebotsmängeln keine Anwendung findet.** Im Interesse der **gebotenen Gleichbehandlung aller im Verfahren verbliebenen Bieter muss der öffentliche Auftraggeber jede Fristversäumung ernst nehmen** und daraus die notwendigen Konsequenzen ziehen. Denn es gibt kein taugliches Abgrenzungsmerkmal, welche Fristversäumung harmlos und daher zu vernachlässigen sein könnte und ab welchem Zeitmaß eine Fristversäumung nicht mehr unberücksichtigt gelassen werden darf (OLG Brandenburg, B. v. 19. 1. 2009 – Az.: Verg W 2/09; VK Brandenburg, B. v. 19. 12. 2008 – Az.: VK 40/08).

3264   **18.4.6.12.1.2.2 Gleichwertigkeit bei Teilnahmeanträgen.** Ein Verstoß gegen den Gleichbehandlungsgrundsatz liegt nur dann vor, wenn **sämtliche in einem Verfahren abgegebenen Teilnahmeanträge unter Übertragung der Rechtsprechung des BGH auf Teilnahmewettbewerbe an einem gleichwertigen Mangel leiden** und ein Teilnahmeantrag nicht ausgeschlossen wird. Nur dann ist **von einem gleichwertigen Mangel auszugehen, wenn die Teilnahmeanträge sämtlicher konkurrierender Bewerber auf der gleichen oder einer früheren Wertungsstufe auszuschließen** sind. Liegen jedoch formell vollständige und formell unvollständige Teilnahmeanträge konkurrierender Bewerber vor, kann von einem gleichwertigen Mangel sämtlicher Teilnahmeanträge nicht die Rede sein (1. VK Sachsen-Anhalt, B. v. 19. 4. 2010 – Az: 1 VK LVwA 65/09).

3265   **18.4.6.12.1.2.3 Weitere Beispiele aus der Rechtsprechung**

– es ist von einer **Gleichwertigkeit der Mängel** dann auszugehen, wenn **alle Angebote unter ausschlussrelevanten Mängeln des Nachweises der Eignung leiden** (1. VK Sachsen, B. v. 23. 2. 2009 – Az.: 1/SVK/003–09)

– die Kammer schließt sich insoweit der Auffassung der 1. Vergabekammer des Freistaates Sachsen an, wonach **von einem gleichwertigen Mangel** in Auslegung der Entscheidung des BGH **immer dann auszugehen ist, wenn die Angebote sämtlicher konkurrierender Bieter auf der gleichen oder einer früheren Wertungsstufe auszuschließen** sind (1. VK Sachsen-Anhalt, B. v. 31. 7. 2008 – Az.: 1 VK LVwA 04/08)

– hinsichtlich der **Gleichwertigkeit des Mangels hält die erkennende Vergabekammer an ihrer Auffassung** im Beschluss vom 13. 4. 2006 (Az.:1/SVK/028-06), im Beschluss vom 9. 11. 2006 (1/SVK/095-06) und im Beschluss vom 3. 1. 2007 (1/SVK/111-06) **fest, dass ein Mangel dann gleichwertig ist, wenn das Angebot des Bieters auf der gleichen Wertungsstufe auszuschließen ist**. Sie ist der Ansicht, dass eine Vergabestelle in Anwendung des Gleichheitsgrundsatzes auf jeder Wertungsstufe den gleichen Maßstab an die Wertung der abgegeben Angebote zu legen hat (VK Sachsen, B. v. 16. 1. 2008 – Az.: 1/SVK/ 084-07)

– hinsichtlich der **Gleichwertigkeit des Mangels hält die erkennende Vergabekammer an ihrer Auffassung** im Beschluss vom 13. 4. 2006 (Az.:1/SVK/028-06), im Beschluss vom 9. 11. 2006 (1/SVK/095-06) und im Beschluss vom 3. 1. 2007 (1/SVK/111-06) **fest, dass ein Mangel dann gleichwertig ist, wenn das Angebot des Bieters auf der gleichen Wertungsstufe auszuschließen ist**. Sie ist der Ansicht, dass eine Vergabestelle in Anwendung des Gleichheitsgrundsatzes auf jeder Wertungsstufe den gleichen Maßstab an die Wertung der abgegeben Angebote zu legen hat (1. VK Sachsen, B. v. 17. 12. 2007 – Az.: 1/SVK/ 073-07)

– hinsichtlich des Erfordernisses der **Gleichwertigkeit des Mangels** schließt sich die Kammer der Auffassung des OLG Frankfurt an, wonach von gleichwertigen Mängeln in Auslegung der Entscheidung des BGH **immer dann auszugehen ist, wenn an ihr Vorliegen dieselben rechtlichen Folgen geknüpft sind**. Dies ist hier der Fall, da sowohl das Angebot der Antragstellerin als auch das der Beigeladenen sowie das des bereits durch den Antragsgegner im Vergabeverfahren ausgeschlossenen dritten Bieters **im Rahmen der formellen Prüfung auszuschließen** sind (1. VK Sachsen-Anhalt, B. v. 22. 1. 2008 – Az.: 1 VK LVwA 32/07; B. v. 19. 12. 2007 – Az.: 1 VK LVwA 28/07; B. v. 21. 9. 2007 – Az: 1 VK LVwA 18/07)

– fehlende bzw. unvollständige Eignungsnachweise für Nachunternehmer stellen einen gleichwertigen Mangel im Vergleich zu Angeboten dar, welche wegen fehlender bzw. unvollständiger Referenzen d.h. ebenfalls wegen fehlenden bzw. unvollständigen Eignungsnachweisen **ausgeschlossen werden müssen**. Die VOB/A knüpft an das Vorliegen dieser Mängel dieselben rechtlichen Folgen, nämlich den Ausschluss des Bieters nach § 25

Nr. 2 Abs. 1 VOB/A. Es fehlt daher nicht an der Gleichwertigkeit der geltend gemachten Mängel, weil die VOB/A an ihr Vorliegen dieselben rechtlichen Folgen knüpft (VK Düsseldorf, B. v. 19. 4. 2007 – Az.: VK – 10/2007 – B)

– dennoch ist es denkbar, dass dem Antragsteller durch die behauptete Verletzung der Vergabevorschriften ein **Schaden zu entstehen droht, da die Ag auf kein Angebot den Zuschlag erteilen darf**: Kein Bieter hat nämlich die o. g. Eignungsnachweise vorgelegt, so dass alle Bieter zwingend auszuschließen sind. Bei Fortbestehen des Bedarfs, wovon hier auszugehen ist, kommt somit die Aufhebung dieser Ausschreibung gemäß §§ 26 Nr. 1 a), Nr. 5 VOL/A und die Durchführung eines erneuten Vergabeverfahrens in Betracht. Die ASt hat die Chance, sich hieran mit einem neuen, zuschlagsfähigen Angebot zu beteiligen. Dass sie **bei ordnungsgemäßer Vorgehensweise der Ag bessere Chancen hat, den Auftrag egal in welchem Vergabeverfahren zu erhalten, reicht für einen „Schaden" i. S. d. § 107 Abs. 2 GWB aus** (3. VK Bund, B. v. 12. 12. 2006 – Az.: VK 3–141/06)

– einem Antragsteller, dessen Angebot zwingend vom Vergabeverfahren auszuschließen ist, kann **nur dann ein Schaden i. S. d. § 107 Abs. 2 GWB drohen, wenn alle übrigen Angebote ebenfalls hätten ausgeschlossen werden müssen, aber dennoch eines dieser auszuschließenden Angebote den Zuschlag erhalten soll**. Der „Schaden" des Antragstellers besteht in diesem Fall darin, dass sich seine Aussichten auf den Zuschlag durch das vergaberechtswidrige Verhalten der Vergabestelle, nicht sämtliche Angebote auszuschließen, verschlechtert haben, weil die in Betracht kommende Aufhebung der Ausschreibung unterbleibt und damit ebenso eine Neuausschreibung, in welcher der Antragsteller eine zweite Zuschlagschance erhielte (3. VK Bund, B. v. 8. 5. 2007 – Az.: VK 3–37/07)

– die Bgl. ist die einzige Bieterin, die die streitige Ausführungsbeschreibung mit Angebotsabgabe vorgelegt hat. Die ASt trägt diesbezüglich vor, dass das **Angebot der Bgl. ebenfalls mit Mängeln behaftet** ist, an deren Vorliegen dieselben rechtlichen Konsequenzen geknüpft sind wie an das Fehlen der Ausführungsbeschreibung, nämlich der zwingende Ausschluss des Angebots. Im **Fall des Ausschlusses des Angebots der Bgl. wäre aber kein einziges den Ausschreibungsbedingungen entsprechendes Angebot abgegeben worden und es käme eine Aufhebung der Ausschreibung in Betracht**. In diesem Fall hätte die ASt bei einem sich anschließenden Vergabeverfahren eine **neue Zuschlagschance. Dies reicht aus, um die Antragbefugnis im Sinne des § 107 Abs. 2 Satz 2 GWB zu bejahen** (3. VK Bund, B. v. 20. 6. 2007 – Az.: VK 3–55/07)

– die Antragsbefugnis scheitert nicht daran, dass ein Angebot wegen fehlender Verpflichtungserklärungen eines Nachunternehmers einen Ausschlussgrund verwirklicht habe. Solche erst nachträglich geltend gemachten Ausschlussgründe stellen zum einen die Antragsbefugnis nicht in Frage, sondern sind **regelmäßig erst für die Begründetheit des Antrags von Bedeutung**. Zum anderen **erscheint es nicht von vornherein ausgeschlossen, dass es zu einer Aufhebung der Ausschreibung kommen könnte**, sofern auch alle anderen Angebote sich als mangelhaft erweisen und ein Zuschlag im laufenden Verfahren auf unveränderter Grundlage deshalb nicht erteilt werden darf. In diesem Falle hat der Bieter 1. die **Chance, mit einem neuen Angebot zum Zuge zu kommen** (2. VK Bund, B. v. 3. 7. 2007 – Az.: VK 2–45/07, VK 2–57/07)

– der **BGH hat entschieden**, dass es **auf den Grund für den zwingenden Ausschluss anderer Bieter nicht ankommt**, der Gleichbehandlungsgrundsatz also auch dann verletzt ist, **wenn die Angebote aller weiteren Bieter (nur) aufgrund unterschiedlicher gleichwertiger Mängel zwingend ausgeschlossen werden müssen**. Dieser Auffassung schließt sich der Senat an. Auch wenn ein Bieter wegen Mängeln seines Angebots an sich von dem weiteren Vergabeverfahren auszuschließen wäre, so besteht sein Anspruch auf Gleichbehandlung fort oder lebt wieder auf, wenn die übrigen Bieter im Ergebnis ausgeschlossen wären. Eine **Gleichartigkeit des Ausschlussgrundes (Mangelidentität) ist nicht zu verlangen**. Denn, falls der Auftraggeber an der Vergabe festhält, wovon regelmäßig ausgegangen werden kann, und nicht auf andere Weise rechtmäßige Zustände geschaffen werden können, wird aller Voraussicht nach ein neues Vergabeverfahren durchzuführen sein, und der Bieter erhält eine neue Chance auf den Zuschlag, die ihm nicht dadurch genommen werden darf, dass die Vergabestelle einen anderen ebenfalls auszuschließenden Bieter vergaberechtswidrig berücksichtigen will (OLG Karlsruhe, B. v. 6. 2. 2007 – Az.: 17 Verg 5/06)

– die Kammer schließt sich der Auffassung der 1. Vergabekammer des Freistaates Sachsen an, wonach **von einem gleichwertigen Mangel** in Auslegung der Entscheidung des BGH **immer dann auszugehen** ist, wenn die **Angebote sämtlicher konkurrierender Bieter**

Teil 1 GWB § 107   Gesetz gegen Wettbewerbsbeschränkungen

auf der gleichen oder einer früheren Wertungsstufe auszuschließen sind (1. VK Sachsen-Anhalt, B. v. 17. 4. 2007 – Az.: 1 VK LVwA 04/07)

– die **VK Sachsen** ist der Ansicht, dass eine Vergabestelle in Anwendung des Gleichheitsgrundsatzes auf jeder Wertungsstufe den gleichen Maßstab an die Wertung der abgegeben Angebote zu legen hat. Ein gleichwertiger Mangel liegt im Umkehrschluss auch dann vor, wenn das Angebot des sich auf die Gleichbehandlung berufenden Bieters auf einer späteren Wertungsstufe auszuschließen ist, Angebote andere Bieter hingegen bereits auf einer vorherigen Wertungsstufe auszuschließen sind. Insofern ist **der Begriff gleichwertig als „mindestens" gleichwertig zu definieren** (1. VK Sachsen, B. v. 24. 5. 2007 – Az.: 1/SVK/029-07; B. v. 11. 1. 2007 – Az.: 1/SVK/116-06)

– die **VK Sachsen** geht bei der Feststellung der Gleichwertigkeit davon aus, dass ein **gleichwertiger Mangel dann vorliegt, wenn er auf der gleichen Wertungsstufe dem Grunde nach festzustellen** ist. Dies ist vorliegend gegeben. Beide Angebote hätten nach den eigenen Vorgaben des Auftraggebers zwingend entsprechend § 25 Abs. 2 a) VOL/A vom weiteren Vergabeverfahren also auf der gleichen Wertungsstufe ausgeschlossen werden müssen (1. VK Sachsen, B. v. 24. 5. 2007 – Az.: 1/SVK/029-07; B. v. 11. 1. 2007 – Az.: 1/SVK/116-06)

3266   18.4.6.12.1.3 Ausschluss der „zweiten Chance". Es kommt dann nicht darauf an, ob das Vergabeverfahren als solches möglicherweise an einem schwerwiegenden Mangel hinsichtlich der fehlenden Bekanntgabe von Unterkriterien und deren Gewichtung leidet, wenn das Angebot eines Antragstellers nicht lediglich mit einem „lokalen" Mangel behaftet, sondern mit einem gewichtigen Verstoß gegen Grundsätze des Vergabeverfahrens. Denn Aufträge werden gemäß § 97 Abs. 4 GWB nur an fachkundige, leistungsfähige und zuverlässige Unternehmen vergeben. Ist aber die entsprechende Vertrauensbasis im Sinne der Zuverlässigkeit des Antragstellers durch das Verschweigen der Unterauftragsvergaben in diesem Vergabeverfahren erschüttert, ist diese Situation so schwerwiegend, dass dem Antragsteller keine „zweite Chance" in der Weise einzuräumen ist, dass er sich in einem wiederholten Abschnitt des Verhandlungsverfahrens mit einem neuen – nun korrekten – Angebot um den Zuschlag bewerben kann. Dem Antragsteller ist zu Recht die Zuverlässigkeit für den streitgegenständlichen Auftrag generell, also auch für ein zweites Vergabeverfahren, abgesprochen worden (3. VK Bund, B. v. 6. 4. 2009 – Az.: VK 3–49/09).

3267   18.4.6.12.1.4 Weitere Beispiele aus der Rechtsprechung

– die **Tatsache einer verspäteten Einreichung eines Angebotes ist für die Antragsbefugnis unerheblich**, wenn ein Antragsteller Gelegenheit erhalten muss oder kann, ein neues Angebot einzureichen und dabei diesen Ausschlussgrund zu vermeiden (VK Hessen, B. v. 17. 8. 2009 – Az.: 69d VK – 25/2009)

– ist das Angebot eines Antragsstellers ggf. wegen fehlender Erklärungen bzw. Nachweise auszuschließen, steht dies der Antragsbefugnis des Antragstellers jedenfalls im Hinblick auf den **Vergaberechtsverstoß der unzulässigen Vermischung von Eignungs- und Zuschlagskriterien** nicht entgegen. Denn ein solcher **Verstoß muss zu einer Zurückversetzung des Vergabeverfahrens in den Zeitpunkt vor Angebotsabgabe führen** und würde es dem **Antragsteller ermöglichen, nach erneuter Angebotsaufforderung ein wertbares Angebot abzugeben** (1. VK Bund, B. v. 9. 10. 2008 – VK 1–123/08)

– ein Angebot, das **von vornherein vergaberechtlich nicht zuschlagsfähig ist, darf den Zuschlag nicht erhalten**, so dass dem betroffenen Bieter kein Schaden entstehen oder drohen kann. Diesem Bieter fehlt die Antragsbefugnis (VK Lüneburg, B. v. 26. 6. 2008 – Az.: VgK-23/2008; B. v. 16. 6. 2008 – Az.: VgK-21/2008)

– ein Schaden kann einem Unternehmen nach einhelliger Auffassung nur dann entstehen, wenn das **betreffende Angebot bei ordnungsgemäß durchgeführtem Vergabeverfahren eine wenn auch nur theoretische Chance auf den Zuschlag hat bzw. gehabt hätte**. Ist es gänzlich ausgeschlossen, dass auf ein bestimmtes Angebot der Zuschlag erteilt werden wird, so ist ein Schadenseintritt im vorgenannten Sinne auf Seiten des nämlichen Bieters selbst bei erwiesenen Vergabefehlern nicht möglich. Auf ein **Angebot, das infolge des Vorliegens von Ausschlussgründen ordnungsgemäß vom Vergabeverfahren ausgeschlossen worden ist, kann auch bei Feststellung von Verfahrensverstößen der Zuschlag nicht erteilt werden** (VK Berlin, B. v. 27. 3. 2007 – Az.: VK – B 1–6/07)

– andererseits ist hier jedoch ausschlaggebend, dass ein Angebot, das von vornherein vergaberechtlich nicht zuschlagsfähig ist, den Zuschlag nicht erhalten darf, so dass dem betroffenen

Bieter kein Schaden entstehen oder drohen kann. Die Antragstellerin hat **demnach ein entsprechendes Rechtsschutzbedürfnis nicht darlegen können**, da ihr Angebot zwingend auszuschließen war, sie also bei vergaberechtskonformer Angebotswertung keine Chance auf den Zuschlag gehabt hätte (VK Lüneburg, B. v. 16. 7. 2007 – Az.: VgK-30/2007)

– das Angebot des Antragstellers hat aber auch bei Hinwegdenken des geltend gemachten Fehlers keine Chance auf den Zuschlag, weil es nach den Bestimmungen des § 25 VOB/A zwingend von der Vergabe auszuschließen ist. Der **Antragsteller ist nicht antragsbefugt, weil er zum Vertragsschluss mit der Antragsgegnerin richtigerweise nicht in Betracht kommt und er deshalb kein Interesse an der Nachprüfung des Vergabeverfahrens geltend machen kann** (VK Düsseldorf, B. v. 21. 5. 2007 – Az.: VK – 13/2007 – B)

– **Voraussetzung für die Antragsbefugnis** nach § 107 Abs. 2 GWB ist, dass das antragstellende Unternehmen einen durch die behauptete Rechtsverletzung **entstandenen oder drohenden Schaden darlegt**. Das bedeutet, dass die Antragstellerin diejenigen Umstände aufzeigen muss, aus denen sich die Möglichkeit eines solchen Schadens ergibt. Auf der anderen Seite **scheidet eine Antragsbefugnis nach der obergerichtlichen Rechtsprechung jedoch dann aus, wenn das Angebot des Antragstellers aus vergaberechtlichen Gründen zwingend ausgeschlossen werden muss und den Zuschlag nicht erhalten darf, so dass dem betroffenen Bieter kein Schaden entsteht oder drohen kann** (VK Lüneburg, B. v. 26. 4. 2007 – Az.: VgK-16/2007)

18.4.6.12.2 Literatur

3268

– Boesen, Arnold/Upleger, Martin, Die Antragsbefugnis eines Antragstellers bei zwingendem Ausschlussgrund, NZBau 2005, 672

– Dittmann, Kerstin, „Ansprüche eines zu Recht ausgeschlossenen Bieters", VergabeR 2008, 339

– Franßen, Gregor/Pottschmidt, Axel, Wider den amtswegigen „Rechtsschutz" gegen den rechtsschutzsuchenden Bieter, NZBau 2004, 587

– Irmer, Wolfram, Ausschluss vom Vergabeverfahren, Antragsbefugnis im Nachprüfungsverfahren und Pflicht zur Beteiligung des ausgeschlossenen Bieters im neuen Vergabeverfahren – Zur Entscheidung des Bundesgerichtshofs vom 26. September 2006 – X ZB 14/06 –, VergabeR 2007, 141

– Müller-Wrede, Malte/Greb, Klaus, Bieter müssen sich rechtstreu verhalten – OLG Naumburg stärkt öffentliche Auftraggeber, Behörden Spiegel Februar 2006, 22

18.4.6.13 Drohender Schaden bei Abgabe eines bewusst nicht zuschlagsfähigen Angebotes

Die Antragsbefugnis entfällt auch dann nicht, wenn der Antragsteller ein völlig von der Leistungsbeschreibung abweichendes Angebot abgegeben hat, sofern er nachvollziehbar vorträgt, dass er sich zum Zeitpunkt der Angebotsabgabe **in einer** – zumindest aus seiner Sicht – **unauflösbaren Zwickmühle** befand und sich deshalb an der Abgabe eines ordnungsgemäßen Hauptangebotes gehindert sah (1. VK Bund, B. v. 15. 10. 2002 – Az.: VK 2–64/02).

3269

18.4.6.14 Drohender Schaden, wenn eine erfolgreiche Rüge zur Ausschreibung der Aufhebung führt

Führt eine erfolgreiche Rüge nicht zur Zuschlagserteilung, sondern lediglich **zur Aufhebung der Ausschreibung**, weil kein Angebot eingegangen wäre, das den Ausschreibungsbedingungen entspricht, steht **dies der Rügebefugnis im Grundsatz nicht entgegen**, weil die Bestimmungen über die Aufhebung der Ausschreibung neben einem Schutz der Bieter vor einer nutzlosen Erstellung zeit- und kostenintensiver Angebote auch der Diskriminierungsabwehr dienen (VK Lüneburg, B. v. 7. 11. 2003 – Az.: 203-VgK-32/2003). Wäre die Ausschreibung zwingend aufzuheben, bestünde nämlich für den Antragsteller grundsätzlich die Möglichkeit, sich an einem anschließenden neuen Vergabeverfahren zu beteiligen und so den Auftrag doch noch zu erhalten (BGH, B. v. 26. 9. 2006 – Az.: X ZB 14/06; OLG Dresden, B. v. 9. 1. 2004 – Az.: WVerg 16/03; 2. VK Bund, B. v. 7. 3. 2008 – Az.: VK 2–13/08; 1. VK Sachsen, B. v. 18. 11. 2004 – Az.: 1/SVK/108-04). Die danach grundsätzlich in Betracht kommende **Rügebefugnis setzt** jedoch nach § 107 Abs. 2 Satz 2 GWB **substantiierten Vortrag voraus**, dass der Antragsteller sich in einem anschließenden neuen Vergabeverfahren beteiligen werde und dort aufgrund seiner wettbewerblichen Situation und der grundsätzlichen Annahmefähigkeit

3270

seines bisherigen Angebots Aussicht auf den Zuschlag besitzen würde (OLG Thüringen, B. v. 24. 10. 2002 – Az.: 6 Verg 5/02).

3271 Es ist durchaus **mit § 107 Abs. 2 Satz 2 GWB vereinbar, darauf abzustellen, ob der Vortrag des um Nachprüfung nachsuchenden Bieters ergibt, dass er im Fall eines ordnungsgemäßen Vergabeverfahrens bessere Chancen auf den Zuschlag haben könnte als in dem beanstandeten Verfahren.** Denn ein Schaden droht bereits dann, wenn die Aussichten dieses Bieters auf die Erteilung des Auftrags zumindest verschlechtert worden sein können. Das ist nicht nur der Fall, wenn dies für den Zuschlag in dem eingeleiteten und zur Nachprüfung gestellten Vergabeverfahren zutrifft. Denn es ist die tatsächliche Erteilung des Auftrags, welche die Vermögenslage von Bietern beeinflusst, nicht der Umstand, in welchem Vergabeverfahren sie erfolgt. § 107 Abs. 2 GWB lässt auch nicht erkennen, dass für die Antragsbefugnis allein auf die Möglichkeit abzustellen sein könnte, den ausgeschriebenen Auftrag gerade in dem eingeleiteten und zur Nachprüfung gestellten Vergabeverfahren zu erhalten. Nach seinem Wortlaut muss vielmehr ganz allgemein ein (drohender) Schaden dargelegt werden, für den die behauptete Verletzung von Vergabevorschriften kausal ist. Es **genügt deshalb, wenn nach dem Vorbringen des das Nachprüfungsverfahren betreibenden Bieters möglich erscheint, dass er ohne den behaupteten Vergaberechtsverstoß den Bedarf, dessentwegen die Ausschreibung erfolgt ist, gegen Entgelt befriedigen kann. Das ist regelmäßig auch der Fall, wenn das eingeleitete Vergabeverfahren nicht ohne weiteres durch Zuschlag beendet werden darf, und zur Bedarfsdeckung eine Neuausschreibung in Betracht kommt** (BGH, B. v. 26. 9. 2006 – Az.: X ZB 14/06).

3272 Dass **im Voraus nicht abzusehen ist, ob die darin liegende Chance eine realistische Aussicht darstellt**, den Auftrag zu erhalten, und sich eine solche Chance keinesfalls zwangsläufig für den betreffenden Bieter auftun muss, etwa weil der öffentliche Auftraggeber **möglicherweise ein Verhandlungsverfahren ohne Beteiligung dieses Bieters durchführen kann, ist angesichts der zitierten Rechtsprechung des Bundesverfassungsgerichts unerheblich.** Denn hiernach reicht schon die Möglichkeit einer Verschlechterung der Aussichten des den Nachprüfungsantrag stellenden Bieters infolge der Nichtbeachtung von Vergabevorschriften aus (BGH, B. v. 26. 9. 2006 – Az.: X ZB 14/06).

3273 Die Antragsbefugnis für ein auf Aufhebung eines Vergabeverfahrens gerichtetes Nachprüfungsverfahren kann auch dann nicht abgesprochen werden, wenn er schlüssig vorträgt, warum seiner Auffassung nach im konkreten Fall das dem öffentlichen Auftraggeber **durch § 20 EG VOL/A eingeräumte Ermessen ausnahmsweise zu Gunsten einer Aufhebung auf Null reduziert** ist (VK Lüneburg, B. v. 4. 9. 2003 – Az.: 203-VgK-16/2003).

18.4.6.15 Drohender Schaden bei der Rüge der Anwendung der fehlerhaften Vergabeordnung

3274 Die Rechtsprechung hierzu ist nicht einheitlich.

3275 Rügt ein Antragsteller die **Wahl einer falschen Vergabeordnung** (Anwendung der VOF statt der VOL), muss der Antragsteller darlegen, dass er bei der nach seiner Auffassung nach richtigen Ausschreibung ein anderes, aussichtsreicheres Angebot vorgelegt hätte. Ansonsten fehlt die Antragsbefugnis (OLG Thüringen, B. v. 8. 5. 2008 – Az.: 9 Verg 2/08; B. v. 16. 1. 2002 – Az.: 6 Verg 7/01).

3276 Demgegenüber vertritt die 2. VK Bund (B. v. 26. 9. 2003 – Az.: VK 2–66/03) die Auffassung, dass sich **ein Verfahrenswechsel (von VOF zu VOL) nicht nachteilig auf die Wettbewerbsposition der Bieter auswirkt.** Auch wenn durch eine Erweiterung des Bieterkreises die Zuschlagschancen sinken, kann daraus kein Schaden abgeleitet werden. Denn ausweislich der Zielsetzungen des Vergaberechts sind die Bieter im Vergabeverfahren nicht vor Wettbewerb bzw. vor Wettbewerbern zu schützen. Durch die Vergaberechtsvorschriften – deren Einhaltung im Nachprüfungsverfahren durchgesetzt werden sollen – ist vielmehr zu erreichen, dass auf das wirtschaftlichste Angebot der Auftrag erteilt wird. Hierfür ist es gerade erforderlich, dass durch einen möglichst großen Bieterkreis zwischen den einzelnen Anbietern intensiver Wettbewerb herrscht.

3277 Hat die **Vergabestelle die Ausschreibung fehlerhaft nicht nach den Vorschriften der VOL/A, sondern der VOB/A durchgeführt, wirkt sich dieser Verstoß nicht zu Lasten der Antragstellerin aus**, weil sich die Vorschriften der VOB/A und VOL/A in den streitgegenständlichen Problemen des Verstoßes gegen die Pflicht zur produktneutralen Ausschreibung und des Ausschlusses eines Angebotes wegen der fehlenden Übereinstimmung mit den Anforderungen des Leistungsverzeichnisses nicht grundlegend unterscheiden (OLG München, B. v. 5. 11. 2009 – Az.: Verg 15/09).

18.4.6.16 Drohender Schaden bei der Rüge der Anwendung einer fehlerhaften Vergabeart

18.4.6.16.1 Rechtsprechung des BGH. Nach Auffassung des BGH droht ein Schaden bereits dann, wenn die Aussichten dieses Bieters auf die Erteilung des Auftrags zumindest verschlechtert worden sein können. Das ist nicht nur der Fall, wenn dies für den Zuschlag in dem eingeleiteten und zur Nachprüfung gestellten Vergabeverfahren zutrifft. Denn **es ist die tatsächliche Erteilung des Auftrags, welche die Vermögenslage von Bietern beeinflusst, nicht der Umstand, in welchem Vergabeverfahren sie erfolgt.** § 107 Abs. 2 GWB lässt auch nicht erkennen, dass für die Antragsbefugnis allein auf die Möglichkeit abzustellen sein könnte, den ausgeschriebenen Auftrag gerade in dem eingeleiteten zur Nachprüfung gestellten Vergabeverfahren zu erhalten. Nach seinem Wortlaut muss vielmehr ganz allgemein ein (drohender) Schaden dargelegt werden, für den die behauptete Verletzung von Vergabevorschriften kausal ist. Es **genügt deshalb, wenn es nach dem Vorbringen des das Nachprüfungsverfahren betreibenden Bieters möglich erscheint, dass er ohne den behaupteten Vergaberechtsverstoß den Bedarf, dessentwegen die Ausschreibung erfolgt ist, gegen Entgelt befriedigen kann.** Das ist **regelmäßig auch der Fall, wenn das eingeleitete Vergabeverfahren nicht ohne weiteres durch Zuschlag beendet werden darf, und zur Bedarfsdeckung eine Neuausschreibung in Betracht kommt.** Dass im Voraus nicht abzusehen ist, ob die darin liegende Chance eine realistische Aussicht darstellt, den Auftrag zu erhalten, und sich eine solche Chance keinesfalls zwangsläufig für den betreffenden Bieter auftun muss, ist angesichts der Rechtsprechung des Bundesverfassungsgerichts unerheblich. Denn hiernach reicht schon die Möglichkeit einer Verschlechterung der Aussichten des den Nachprüfungsantrag stellenden Bieters infolge der Nichtbeachtung von Vergabevorschriften aus. Eine solche **Verschlechterung kommt auch dann in Betracht, wenn über die Zulässigkeit eines Verhandlungsverfahrens Streit herrscht.** Das **Verhandlungsverfahren unterscheidet sich grundsätzlich vom offenen Verfahren, weil der öffentliche Auftraggeber im offenen Verfahren den Auftrag nur gemäß dem Inhalt eines der innerhalb der Angebotsfrist abgegebenen Gebote erteilen darf, während im Verhandlungsverfahren der Inhalt der Gebote jeweils verhandelbar ist. Wird das Verhandlungsverfahren zu Unrecht gewählt, ist deshalb jeder Bieter der ansonsten nicht gegebenen Gefahr ausgesetzt, im Rahmen von Nachverhandlungen von einem Mitbewerber unterboten zu werden. Bereits dies kann seine Zuschlagschancen beeinträchtigen** (BGH, B. v. 10. 11. 2009 – Az.: X ZB 8/09; OLG Düsseldorf, B. v. 3. 3. 2010 – Az.: VII-Verg 46/09; 1. VK Sachsen, B. v. 15. 1. 2010 – Az.: 1/SVK/068-09).

18.4.6.16.2 Rechtsprechung vor der Grundsatzentscheidung des BGH. Wird die Verletzung der Pflicht zur Ausschreibung im offenen Verfahren gerügt, ist die **Darlegung des drohenden Schadens unproblematisch, wenn gar nicht ausgeschrieben wurde oder der Auftraggeber sich von vornherein nur an einen begrenzten Kreis von Unternehmen gewandt hat**, so dass der Antragsteller von der beabsichtigten Auftragserteilung selbst oder den maßgeblichen Bedingungen sowie den Wertungskriterien nicht oder doch zumindest so spät erfahren hat, dass er sich an dem Wettbewerb **nicht mit einem Erfolg versprechenden Angebot beteiligen konnte** (Thüringer OLG, B. v. 8. 5. 2008 – Az.: 9 Verg 2/08; 2. VK Bund, B. v. 19. 7. 2004 – Az.: VK 2–79/04; B. v. 19. 7. 2004 – Az.: VK 2–76/04; VK Düsseldorf, B. v. 24. 6. 2008 – Az.: VK – 19/2008 – B; VK Schleswig-Holstein, B. v. 23. 1. 2009 – Az.: VK-SH 18/08).

Ein Antragsteller **kann sich auch in bestimmten Fällen darauf berufen, ihm sei es nicht zuzumuten, einen Vertrag einzugehen, der ohne die Durchführung des gesetzlich vorgegebenen Vergabeverfahrens abgeschlossen wird und daher nichtig sei.** Verträge, die ohne die Durchführung eines vorgeschriebenen Vergabeverfahrens geschlossen wurden, sind nicht allein deshalb nichtig. Die Nichtigkeitsfolge ordnet vielmehr §§ 101a, 101b GWB für den Fall an, dass der öffentliche Auftraggeber in einem den §§ 97 ff. GWB unterliegenden Vergabeverfahren den Zuschlag unter Missachtung der in § 101a GWB geregelten Vorabinformationspflichten erteilt. Die **Vorschrift gilt nach der Rechtsprechung des BGH entsprechend, wenn in einem an sich dem Geltungsbereich der §§ 97 ff. GWB unterliegenden Verfahren zwar rechtswidrig kein förmliches Vergabeverfahren durchgeführt wurde, aber die faktische Auftragsvergabe wie hier zur Beteiligung mehrerer Unternehmen, zu verschiedenen Angeboten und zu einer Auswahl des öffentlichen Auftraggebers geführt hat.** Erweist sich also die Auffassung des Antragstellers von der Anwendbarkeit der §§ 97 ff. GWB als richtig, wovon bei der Prüfung der Antragsbefugnis auszugehen ist, und würde die Vergabestelle ihr den Zuschlag unter Verletzung der Informationspflicht an die anderen Bieter erteilen, wäre der entsprechende Vertrag tatsächlich nichtig. **Dass einem Antragsteller hieraus**, insbesondere von einer der unterlegenen Bieter sich hierauf erst berufen würde, nachdem der Vertrag schon einige Zeit zur Durchführung gelangt war, **Schäden erwachsen könnten, liegt nahe**. Wenn eine Vergabestelle z. B. vor Einleitung des Nachprüfungsverfahrens auch die Geltung von § 101a GWB ausdrücklich in Abrede gestellt hat, kann auch nicht ohne Weiteres davon ausgegangen werden, sie werde die Informationspflicht – quasi ohne Anerkennung einer Rechtspflicht – gleichwohl erfüllen. **Damit wird ein drohender Schaden behauptet, der nicht Folge einer Verschlechterung der Zuschlagschancen, sondern vielmehr gerade der – rechtswidrigen – Zuschlagserteilung ist. Dass ein solcher drohender Schaden aber nicht geeignet sein soll, die Antragsbefugnis zu begründen, lässt sich dem Gesetz nicht entnehmen**, das lediglich auf einen durch die Vergaberechtsverletzung entstandenen Schaden abstellt (Thüringer OLG, B. v. 8. 5. 2008 – Az.: 9 Verg 2/08).

3281   Andererseits liegt trotz – unterstellter – falscher Wahl der Vergabeart dann **keinen Schaden vor, wenn der Antragsteller die Möglichkeit hatte, an dem Vergabeverfahren teilzunehmen, und auch ein Angebot abgegeben hat**. Die Zuschlagschancen werden durch eine – unterstellte – falsche Wahl der Vergabeart nicht verschlechtert (VK Baden-Württemberg, B. v. 1. 9. 2009 – Az.: 1 VK 46/09; B. v. 16. 1. 2009 – Az.: 1 VK 65/08; VK Bremen, B. v. 18. 6. 2003 – Az.: VK 08/03; 1. VK Bund, B. v. 13. 11. 2002 – Az.: VK 1–87/02; 3. VK Bund, B. v. 20. 11. 2009 – Az.: VK 3–202/09; VK Hessen, B. v. 30. 3. 2009 – Az.: 69 d VK – 66/2008; 1. VK Sachsen, B. v. 11. 8. 2006 – Az.: 1/SVK/073-06; VK Schleswig-Holstein, B. v. 23. 1. 2009 – Az.: VK-SH 18/08; im Ergebnis wohl ebenso Thüringer OLG, B. v. 8. 5. 2008 – Az.: 9 Verg 2/08; VK Arnsberg, B. v. 8. 2. 2006 – Az.: VK 01/06 – bezogen auf den Zeitpunkt der Zulassung zum Teilnahmewettbewerb bei einem Nichtoffenen Verfahren; 2. VK Bund, B. v. 19. 11. 2003 – Az.: VK 2–114/03; VK Schleswig-Holstein, B. v. 23. 1. 2009 – Az.: VK-SH 18/08). Nach Auffassung der VK Hessen gilt dies auch, wenn **der Antragsteller die Möglichkeit hatte, an dem Vergabeverfahren teilzunehmen, und kein Angebot abgegeben hat** (VK Hessen, B. v. 30. 3. 2009 – Az.: 69 d VK – 66/2008).

3282   Dies **folgt auch nicht aus § 101b Abs. 1 GWB**. Dieser Bestimmung ist, entsprechend der bisherigen Rechtsprechung, lediglich zu entnehmen, dass ein **Unternehmen, das sich wegen einer „de-facto-Vergabe" nicht an einem Wettbewerb beteiligen konnte** und bei dem deshalb ein Schaden vorliegt, die Durchführung eines Vergabeverfahrens entsprechend dem GWB verlangen kann (VK Baden-Württemberg, B. v. 1. 9. 2009 – Az.: 1 VK 46/09).

3283   Etwas offener ist die Rechtsprechung, dass der Bieter, der an einem Verhandlungsverfahren teilgenommen und ein Angebot abgegeben hat und der nunmehr rügt, statt der Freihändigen Vergabe sei die Öffentliche Ausschreibung geboten gewesen, zur Darlegung seiner Antragsbefugnis **vortragen muss**, dass er im Falle einer Öffentlichen Ausschreibung **ein anderes und chancenreicheres Angebot abgegeben haben würde** oder dass das Verhandlungsverfahren sonst wie für seine **aussichtslose Position im Bieterfeld ursächlich** gewesen ist (OLG Düsseldorf, B. v. 4. 5. 2009 – Az.: VII-Verg 68/08; B. v. 25. 5. 2002 – Az.: 5 Verg/02; OLG Koblenz, B. v. 4. 2. 2009 – Az.: 1 Verg 4/08; Thüringer OLG, B. v. 8. 5. 2008 – Az.: 9 Verg 2/08; VK Baden-Württemberg, B. v. 16. 1. 2009 – Az.: 1 VK 65/08; 1. VK Bund, B. v. 20. 8. 2008 – Az.: VK 1–111/08; B. v. 11. 3. 2004 – Az.: VK 1–151/03; 2. VK Bund, B. v. 22. 8. 2008 – Az.: VK 2–73/08; 1. VK Sachsen, B. v. 26. 6. 2009 – Az.: 1/SVK/024-09; B. v. 11. 8. 2006 – Az.: 1/SVK/073-06; VK Schleswig-Holstein, B. v. 23. 1. 2009 – Az.: VK-SH 18/08).

3284   Eine **Möglichkeit hierfür** kann darin gesehen werden, dass im Falle eines Offenen Verfahrens die Vergabestelle entsprechend den Vorschriften der VOL/A gemäß § 9 EG VOL/A in den Vergabeunterlagen oder in der Vergabebekanntmachung alle Zuschlagskriterien hätte angeben müssen, deren Verwendung sie vorsieht und möglichst in der Reihenfolge der ihnen zuerkannten Bedeutung. Hat die Vergabestelle bei der „Angebotsaufforderung" nur die Funktionen und Leistungen beschrieben, die sie für erforderlich hält, hat den Bietern aber keine Hinweise zu der Bewertung ihrer Angebote aufgezählt und schon gar keine Reihenfolge der Wertungskriterien festgelegt und hat die Vergabestelle mit allen Bietern Nachverhandlungen geführt, die in einem Verfahren nach dem Abschnitt 2 der VOL/A (§ 18 EG VOL/A) unstatthaft sind, ist die Antragsbefugnis zu bejahen (VK Münster, B. v. 24. 6. 2002 – Az.: VK 03/02).

3285   Nach Auffassung des OLG Celle hingegen genügt dann, wenn ein Bieter geltend macht, in seinen Rechten dadurch verletzt zu sein, dass der Auftraggeber auf seine Rügen hin das Vergabeverfahren nicht aufgehoben hat, dieser Vortrag den Anforderungen des § 107 Abs. 2 S. 2 GWB. Das **Unterlassen einer zwingend gebotenen Aufhebung des Vergabeverfahrens stellt eine Verletzung der Bieterrechte im Sinn des § 107 Abs. 2 GWB i. V. m. § 97 Abs. 7 GWB dar. Liegen die behaupteten Verstöße vor und besteht der Bedarf beim Auftraggeber fort, so ist die Neuausschreibung Folge der Aufhebung.** Der Bieter hätte die Chance, sich an der erneuten Ausschreibung mit einem dieser Ausschreibung entsprechenden Angebot zu beteiligen. So ist es zum Beispiel durchaus **möglich, dass der Bieter ein erneutes Angebot im offenen Verfahren (nochmals) preislich überarbeitet** oder sein Angebot aus anderen (Preis- oder Wertungs-)Gründen besser abschneidet als das der Mitbietenden. Daher ist es zumindest nicht ausgeschlossen, dass ihm durch das Absehen von einer Aufhebung der Ausschreibung ein Schaden zu entstehen droht. Auf die Frage, ob der Bieter den Zuschlag auch bei vergaberechtskonformer Ausschreibung erhalten hätte, kommt es dagegen nicht an (OLG Celle, B. v. 17. 7. 2009 – Az.: 13 Verg 3/09; im Ergebnis ebenso VK Niedersachsen, B. v. 21. 8. 2009 – Az.: VgK-43/2009; B. v. 21. 8. 2009 – Az.: VgK-42/2009).

Das **OLG Celle** sieht in seiner Auffassung einen **Widerspruch insbesondere zur Rechtsprechung des OLG Koblenz** (vgl. die Kommentierung → Rdn. 204) und hat deshalb die **Frage dem BGH zur Entscheidung vorgelegt. Der BGH hat die Frage inzwischen im Sinne des OLG Celle entschieden** (vgl. die Kommentierung → Rdn. 199). 3286

Die 1. VK des Bundes (B. v. 2. 7. 2002 – Az.: VK 1–31/02) betrachtet hingegen die Wahl des Verhandlungsverfahrens als einen **Vorteil für ein Unternehmen**, wenn es die Möglichkeit zu einer Preisreduzierung nach Angebotsabgabe genutzt hat. 3287

Auch nach Auffassung der VK Schleswig-Holstein (B. v. 23. 1. 2009 – Az.: VK-SH 18/08) eröffnen sich durch die größere Flexibilität des Verhandlungsverfahrens gegenüber dem offenen Verfahren sogar größere Möglichkeiten der Angebotsgestaltung. 3288

Auch die Argumentation, **im Rahmen eines offenen Verfahrens die Möglichkeit zu haben, sich nach Partnern für eine Bietergemeinschaft umzusehen**, um so ihr Angebot in qualitativer und preislicher Hinsicht zu verbessern, begründet keine Rügebefugnis des § 107 Abs. 2 GWB hinsichtlich einer fehlerhaften Vergabeart, da auch im Rahmen einer freihändigen Vergabe die Möglichkeit besteht, das **Angebot in gleicher Weise durch die Einbindung von Subunternehmern zu optimieren** (1. VK Bund, B. v. 20. 8. 2008 – Az.: VK 1–111/08). 3289

Ein **Bieter, der an einem streitgegenständlichen Vergabeverfahren nicht teilgenommen hat**, kann sich ebenso nicht mit Erfolg darauf berufen, ihm drohe infolge der gewählten Verfahrensart bereits dadurch ein Schaden, dass er sich gegen eine Nichteinbeziehung in den Bieterkreis – unbeschadet der beschwerlicheren und riskanteren Möglichkeit des verwaltungsgerichtlichen Rechtsschutzes – nicht effektiv zur Wehr setzen könne, während er im offenen Verfahren stets ein Angebot abgeben könne. Der Auftraggeber hat es nicht in der Hand, durch die Wahl des Verfahrens dem Bieter den nach §§ 104 ff. GWB vorgesehenen Rechtsschutz abzuschneiden und ihn dadurch faktisch an der Abgabe eines Angebotes zu hindern (OLG Düsseldorf, B. v. 16. 2. 2006 – Az.: VII – Verg 6/06). 3290

Ein Bieter kann auch nicht damit gehört werden, eine Beteiligung an dem tatsächlich durchgeführten Verfahren sei ihm nicht zumutbar gewesen, weil der Auftraggeber bereits durch die Wahl einer falschen Verfahrensart zum Ausdruck gebracht habe, dass er nicht gewillt sei, die Vorschriften des 4. Teils des GWB zu beachten. Der **allgemeine Hinweis auf die fehlende Rechtstreue eines Auftraggebers entbebt ihn nicht von der Obliegenheit, im Einzelnen darzulegen, inwieweit der gerügte Vergaberechtsverstoß seine Chancen auf einen Zuschlag eingeschränkt hat.** Dieses folgt schon aus dem Charakter des Vergabenachprüfungsverfahrens, das gerade nicht im Sinne einer allgemeinen Rechtmäßigkeitskontrolle darauf angelegt ist, alle denkbaren Vergaberechtsverstöße aufzuspüren und abzustellen (OLG Düsseldorf, B. v. 16. 2. 2006 – Az.: VII – Verg 6/06). 3291

18.4.6.17 Drohender Schaden bei einem Teilnahmewettbewerb

Die **Rechtsprechung** ist insoweit **nicht einheitlich**. 3292

Ein Schaden ist dann dargelegt, wenn sich aus dem Sachvortrag schlüssig und nachvollziehbar ergibt, dass durch die gerügten Vergaberechtsverstöße unter anderem die Aussichten eines Antragstellers auf eine Berücksichtigung seiner Bewerbung in einem Teilnahmewettbewerb beeinträchtigt sein können oder dass die Chancen seiner Bewerbung zumindest verschlechtert worden sind. Dies ist bereits **dann der Fall, wenn ein Teilnehmer an einem Teilnahmewettbewerb**, der einem Verhandlungsverfahren vorgeschaltet ist, **alle vom Auftraggeber geforder-** 3293 ten Eignungsnachweise erbracht hat und der Bewerber **mit hoher Wahrscheinlichkeit in das Verhandlungsverfahren einzubeziehen gewesen wäre** (VK Brandenburg, B. v. 30. 7. 2002 – Az.: VK 38/02).

3294 Nach einer anderen Auffassung hat ein **Antragsteller die Darlegungs- und Beweislast dafür, inwieweit durch die Wahl des Nichtoffenen Verfahrens anstelle eines Offenen Verfahrens mit europaweiter Bekanntmachung** seine Leistungs- und Angebotsmöglichkeiten **eingeschränkt oder negativ beeinflusst** worden sein könnten. Der Auftraggeber muss im Rahmen eines Offenen Verfahrens anlässlich der 2. Wertungsstufe ebenfalls die Eignung des Bieters bzw. Bewerbers überprüfen. Die VK Schleswig-Holstein vermag jedoch hinsichtlich des Schadens **keinen Unterschied darin zu erkennen, ob eine Bewerbung im Stadium der Teilnahmewettbewerbs eines Nichtoffenen Verfahrens oder (erst) auf der 2. Wertungsstufe eines Offenen Verfahrens ausgeschieden** wird (VK Schleswig-Holstein, B. v. 23. 1. 2009 – Az.: VK-SH 18/08; B. v. 28. 11. 2006 – Az.: VK-SH 25/06).

3295 Im **Regelfall dürfte der Antragsteller, der den Teilnahmewettbewerb unter Teilnahme einer Vielzahl von Bewerbern passiert hat, gerade kein Interesse haben, dass eine Neuwertung der Teilnahmeanträge bzw. eine Wiederholung des Teilnahmewettbewerbs stattfindet**. Es sind jedoch auch **im Einzelfall Fallkonstellationen** denkbar, in denen sich der Antragsteller gerade in zulässiger Weise auf eine Rechtsverletzung im Sinne des § 97 Abs. 7 GWB beruft, deren Feststellung die Neuwertung oder gar Aufhebung eines Teilnahmewettbewerbs erfordert. In diesen Fällen ist **in besonders sorgfältiger Art und Weise die Antragsbefugnis** und damit die Darstellung der subjektiven Rechtsverletzung **zu prüfen**. Die Antragsbefugnis ist **dann beispielsweise zu bejahen, wenn schlüssig vorgetragen wird, das Vergabeverfahren ist auf einen anderen Bieter zugeschnitten, der jedoch die Voraussetzungen des Teilnahmewettbewerbs nicht erfüllt** hat (1. VK Sachsen, B. v. 14. 4. 2008 – Az.: 1/SVK/013-08).

3296 **Anderer Auffassung** ist die VK Bund. Denn zum einen führt die Beseitigung des geltend gemachten Vergaberechtsverstoßes der falschen Verfahrensart z.B. durch Aufhebung dazu, dass sich ein Bewerber – bei Fortbestehen der Beschaffungsabsicht – **an einem neuen Vergabeverfahren mit einem neuen Angebot beteiligen und dabei Ausschlussgründe vermeiden kann**. Zum andern **verbieten die unterschiedlichen Funktionen von Auswahl bzw. Auswahlkriterien im Teilnahmewettbewerb einerseits und Eignungsprüfung bzw. -kriterien im offenen Verfahren andererseits die Annahme, dass die Ermittlung der geeigneten Bieter im Rahmen der Eignungsprüfung in einem offenen Verfahren zwangsläufig zu demselben Ergebnis kommt wie die Auswahl der Bewerber für die Angebotsphase im Teilnahmewettbewerb**. Denn die für den Teilnahmewettbewerb aufgestellten Auswahlkriterien dienen ihrem Sinn und Zweck nach gerade nicht nur dazu festzustellen, ob ein Bieter grundsätzlich geeignet ist, den fraglichen Auftrag auszuführen, sondern darüber hinaus dazu, aus einer Vielzahl von Bewerbern diejenigen – nach Bewertung des Auftraggebers besser geeigneten – auszuwählen, die zur Angebotsabgabe aufgefordert werden. Diesem Verständnis folgend haben die Auftraggeber auch keine materielle Eignungsprüfung hinsichtlich des grundsätzlichen Ob's der Eignung durchgeführt, sondern allenfalls eine Abstufung unter den Bewerbern nach Maß des Mehr oder Weniger an Eignung. Für ein offenes Verfahren müssten die Auftraggeber dagegen bestimmen, welche unternehmensbezogenen Voraussetzungen erforderlich sind, damit ein Bieter in der Lage ist, den fraglichen Auftrag auszuführen; insbesondere für die Ermittlung qualitativer Unterschiede hinsichtlich der Eignung ist hier kein Raum (1. VK Bund, B. v. 19. 11. 2008 – Az.: VK 1–135/08; B. v. 19. 11. 2008 – Az.: VK 1–126/08).

18.4.6.18 Drohender Schaden bei nicht EU-weiter Bekanntmachung

3297 Soweit ein Antragsteller beanstandet, die Ausschreibung habe nicht nur national veröffentlicht werden dürfen, sondern sei darüber hinaus im Supplement zum EG-Amtsblatt bekannt zu machen gewesen, ist eine **daraus resultierende Benachteiligung** des Antragstellers nicht vorgetragen. Sie ist mit Rücksicht darauf, dass der Antragsteller die **Bekanntmachung zur Kenntnis genommen** und **sich sodann am Vergabeverfahren beteiligt** hat, auch nicht ersichtlich (VK Brandenburg, B. v. 3. 4. 2009 – Az.: VK 8/09; B. v. 15. 9. 2003 – Az.: VK 57/03; im Ergebnis ebenso OLG Düsseldorf, B. v. 11. 2. 2009 – Az.: VII-Verg 69/08; OLG Koblenz, B. v. 8. 12. 2008 – Az.: 1 Verg 4/08).

3298 Dem **steht im Ergebnis gleich, wenn keine (formelle) Ausschreibung erfolgt ist und dem interessierten Unternehmen eine Teilnahme an anderweitig eingeleiteten Verhandlungen mit dem Ziel eines Vertragsschlusses ermöglicht worden** ist. Kommt es nicht zum Abschluss mit diesem Unternehmen, kann der behauptete Schaden nicht auf der fehlenden Bekanntgabe beruhen (VK Brandenburg, B. v. 3. 4. 2009 – Az.: VK 8/09).

Begründet ein Bieter einen drohenden Schaden ausschließlich damit, dass ihm wegen der nicht EU-weiten Ausschreibung der Rechtsschutz durch ein Verfahren bei der Vergabekammer entzogen werde, da er sich nicht effektiv gegen den Ausschluss seines Angebots wehren könne, mag sich dies bei Antragstellung so darstellen; **hat sich das Verfahren jedoch mittlerweile bis zur Beschlussfassung fortentwickelt**, hat die Vergabekammer also trotz der Tatsache, dass es sich vorliegend nur um eine öffentliche Ausschreibung handelt, ein Nachprüfungsverfahren durchgeführt wegen Bejahung der Auftraggebereigenschaft und Erreichens des EU-Schwellenwerts ohne Ausnahme, ist dieser **Aspekt erledigt** (1. VK Sachsen, B. v. 23. 1. 2004 – Az.: 1/SVK/160-03). 3299

18.4.6.19 Drohender Schaden bei nicht EU-weiter Ausschreibung

Die **Rechtsprechung** ist insoweit **nicht einheitlich**. 3300

Nach einer Auffassung kann sich ein Antragsteller **nicht auf eine unterbliebene europaweite Ausschreibung** berufen, wenn er **trotz des von dem öffentlichen Auftraggeber gewählten fehlerhaften Verfahrens** der öffentlichen Ausschreibung statt des Offenen Verfahrens **ein Angebot vorlegt** und er **auch nicht vorträgt, dass er im Falle einer ordnungsgemäßen Ausschreibung ein inhaltlich anderes Leistungsangebot mit besseren Aussichten auf eine Zuschlagserteilung abgegeben hätte** (OLG Düsseldorf, B. v. 18. 10. 2006 – Az.: VII – Verg 35/06; 3. VK Bund, B. v. 2. 3. 2010 – Az.: VK 3–12/10; VK Münster, B. v. 4. 12. 2003 – Az.: VK 21/03). 3301

Nach einer anderen Auffassung **steht bei einer unterlassenen EU-weiten Ausschreibung die Beteiligung eines Bieters der Annahme eines Schadens nicht entgegen, wenn** sich das vom Auftraggeber durchgeführte Verfahren **nur rudimentär an die Regelungen des 2. Abschnittes der VOL/A anlehnt**, **keine Eignungsprüfung** anhand vorzulegender Angaben/Unterlagen vorgenommen wurde und es **keine für die Bieter erkennbare Festlegung auf eine Verfahrensart mit entsprechend transparenter Dokumentation** in der Vergabeakte gab. Die Durchführung eines europaweiten Verfahrens unter Beachtung der Regelungen des 2. Abschnittes der VOL/A stellt für den Bieter nicht nur eine Formalität dar, sondern hat direkte, nicht vorhersehbare Auswirkungen auf die Chancen der Bieter. Aufgrund der Unwägbarkeiten der Chancen aller Bieter im Falle dass der Auftraggeber durch Veröffentlichung deutlich gemacht hätte, dass überhaupt ein Wettbewerb durchgeführt wird, er weiter eine Eignungsprüfung durchgeführt hätte und die Bieter sich auf eine bestimmte Verfahrensart und ggf. mitgeteilte Wertungskriterien bei der Gestaltung ihres Angebotes hätten einstellen können, kann in keiner Weise die Aussage getroffen werden, dass dem Bieter eine vollwertige Chance auf den Vertragsschluss geboten gewesen wäre. Der Auftraggeber hat nicht nur formale Anforderungen nicht erfüllt, die ein Unternehmen, das ein Angebot abgeben konnte, überhaupt nicht in seinen Wettbewerbschancen berühren würden, sondern auch wesentliche Bestandteile des reglementierten Vergabeverfahrens außer Acht gelassen, die auf die Beurteilung des Unternehmens und die Bewertung der Angebote Einfluss haben können (VK Düsseldorf, B. v. 27. 4. 2006 – Az.: VK – 12/2006 – L). 3302

Ein **Bieter** wird durch das Unterlassen einer europaweiten Ausschreibung **nicht gehindert, sich im Rahmen der** vergaberechtswidrigerweise **lediglich national durchgeführten öffentlichen Ausschreibung am Vergabeverfahren zu beteiligen**. Er ist damit – ebenso wie die anderen Bieter im streitbefangenen Verfahren – **deutlich besser gestellt als die potenziellen Konkurrenten in den anderen EU-Mitgliedsstaaten**, die mangels europaweiter Bekanntmachung vom Vergabeverfahren gar nicht informiert wurden. Die **Beeinträchtigung der Rechte** des Antragstellers wie auch der übrigen Bieter im Vergabeverfahren **liegt jedoch darin begründet, dass ihnen durch das Unterlassen der europaweiten Ausschreibung zugleich die Wahrnehmung des Primärrechtsschutzes nach dem 4. Teil des GWB zumindest deutlich erschwert wird** (VK Arnsberg, B. v. 4. 11. 2008 – Az.: VK 23/08; VK Lüneburg, B. v. 10. 10. 2006 – Az.: VgK-23/2006). Dies **kann sich z. B. in der Tatsache manifestieren**, dass der Auftraggeber den **Auftrag bereits vergeben** hat, ohne die Bieter 14 Tage vorab über den bevorstehenden Zuschlag zu informieren, weil er sich an die Vorgabe des § 13 VgV nicht gebunden fühlt (VK Lüneburg, B. v. 10. 10. 2006 – Az.: VgK-23/2006). 3303

18.4.6.20 Drohender Schaden bei losweiser Ausschreibung

Werden mehrere Lose mit dem Vorbehalt der Einzellosvergabe ausgeschrieben und wendet sich der Antragsteller nicht gegen die Entscheidung der Vergabestelle, von dem Vorbehalt Ge- 3304

Teil 1 GWB § 107 Gesetz gegen Wettbewerbsbeschränkungen

brauch zu machen, sondern **nur gegen die vorgesehene Zuschlagserteilung hinsichtlich eines bestimmten Loses**, so fehlt es ihm an der **Antragsbefugnis**, wenn er **dieses Los nicht angeboten** hat und auch nicht behauptet, daran gehindert gewesen zu sein (OLG Koblenz, B. v. 8. 2. 2001 – Az.: 1 Verg 5/00).

18.4.6.21 Drohender Schaden bei nicht losweiser Ausschreibung

3305   Bei komplexen Projektmanagementleistungen ist einem interessierten Unternehmen die **Beteiligung an einer Bietergemeinschaft grundsätzlich zuzumuten**. Auf jeden Fall muss ein Bieter die Gründe dafür vortragen, warum ihm eine Beteiligung an einer Bietergemeinschaft nicht zuzumuten ist (VK Thüringen, B. v. 16. 2. 2007 – Az.: 360–4003.20–402/2007-001-UH).

3306   Schreibt eine Vergabestelle Leistungen aus, **ohne sie in Lose aufzuteilen**, ist ein **Bieter durch die fehlende Aufteilung in Lose allein nicht beschwert, wenn er selbst** dadurch nicht an einer Angebotsabgabe gehindert wird, weil er die **die gesamte abgeforderte Leistung erbringen kann**. Damit fehlt es an einer Kausalität der Ausgestaltung der Vergabe ohne Lose für die behauptete Rechtsverletzung (VK Nordbayern, B. v. 16. 4. 2008 – Az.: 21.VK – 3194 – 14/08).

18.4.6.22 Drohender Schaden bei einer de-facto-Vergabe

3307   Behauptet der Antragsteller, dass ein nach Maßgabe des § 97 Abs. 1 GWB geregeltes Vergabeverfahren bislang nicht stattgefunden hat, genügt für die Annahme eines drohenden Schadens grundsätzlich, dass der behauptete Vergaberechtsverstoß geeignet ist, die Aussichten auf Erhalt des Zuschlags zu beeinträchtigen. Das ist **bei einem am Vergabeverfahren nicht beteiligten Unternehmen immer dann der Fall**, wenn nicht ausgeschlossen werden kann, dass bei einem geregelten Vergabeverfahren, dass unter für alle Interessierte gleichen Bedingungen und ohne weitere Verhandlungen mit nur einem oder nach unzulässigen Gesichtspunkten bestimmten ausgewählten Bietern stattfindet, der Antragsteller den **Zuschlag erhalten hätte** (Thüringer OLG, B. v. 19. 10. 2010 – Az.: 9 Verg 5/10).

18.4.6.23 Drohender Schaden bei fehlende Bezeichnung der Vergabekammer in den Vergabeunterlagen

3308   Hat die Vergabestelle **entgegen § 14 VgV** entweder in der Bekanntmachung der Information zur Auftragsvergabe **nicht die** für das Nachprüfungsverfahren zuständige **Vergabekammer genannt** und hat sie dieses Versäumnis auch nicht durch einen entsprechenden Hinweis in den Ausschreibungsunterlagen geheilt, liegt ein **objektiver Verstoß gegen § 14 VgV** vor. Ein Bieter kann jedoch **nicht geltend machen**, dass ihm durch diesen Vergaberechtsverstoß ein **Schaden entstanden ist, wenn die Vergabekammer** auf Antrag des Bieters **das Nachprüfungsverfahren eingeleitet** hat (VK Südbayern, B. v. 26. 11. 2002 – Az.: 46-11/02).

3309   Wenn ein **Antragsteller die fehlende Bezeichnung der Vergabekammer in den Vergabeunterlagen rügt**, erscheint unter keinem Blickwinkel heraus ein **drohender Schaden** denkbar, wenn der **Antragsteller den Weg zur zuständigen Vergabekammer gefunden** hat und die Vergabekammer auf Antrag des Bieters das **Nachprüfungsverfahren eingeleitet** hat (VK Schleswig-Holstein, B. v. 17. 9. 2008 – Az.: VK-SH 10/08).

3310   Dieser Fehler führt auch nicht zur Unzuständigkeit der Vergabekammer, da diesbezüglich nur das Erreichen der entsprechenden Schwellenwerte ausschlaggebend ist (VK Südbayern, B. v. 21. 8. 2003 – Az.: 32-07/03).

18.4.6.24 Drohender Schaden und Information nach § 101 a GWB

3311   Zur Notwendigkeit der Kausalität zwischen drohendem Schaden und einer unzureichenden Information nach § 101 a GWB vgl. die Kommentierung zu → § 101 a GWB Rdn. 152.

18.4.6.25 Drohender Schaden bei Verlängerung der Zuschlags- und Bindefrist

3312   **Allein durch die Verlängerung der Zuschlags- und Bindungsfrist** wird ein Antragsteller **nicht in seinen Rechten verletzt**. Eine Verlängerung der Frist stellt keinen Verstoß gegen den Gleichbehandlungs- und Wettbewerbsgrundsatz dar, wenn der Auftraggeber allen für die Vergabe noch in Betracht kommenden Bietern die Möglichkeit gibt, weiterhin am Vergabeverfahren teilzunehmen. Solange sie nicht ausgeschlossen werden, haben die Bieter keinen Anspruch auf einen Abschluss des Vergabeverfahrens zum vorgesehenen Zeitpunkt, wenn die Verlängerung keinen Einfluss auf die Leistungszeiten hat (OLG Naumburg, B. v. 13. 5. 2003 – Az.: 1 Verg 2/03).

18.4.6.26 Drohender Schaden bei zu kurzen Angebotsfristen

Bei zu kurzen Angebotsfristen führt die bloße Verletzung der Formvorschrift nicht regelmäßig zur Aufhebung des Vergabeverfahrens. Vielmehr muss ein Bieter, der sich auf eine Rechtsverletzung beruft, geltend machen und entsprechend darlegen, dass er **durch die zu kurz bemessene Frist einen Schaden erlitten** hat (2. VK Bund, B. v. 17. 4. 2003 – Az.: VK 2–16/03). 3313

In einer späteren Entscheidung stellt die Vergabekammer jedoch nur noch darauf ab, dass durch die nicht ausreichend bemessene Frist ebenfalls das Bestehen bzw. Drohen eines Schadens zu Lasten des Bieters **zumindest nicht ausgeschlossen** ist. Es ist zumindest nicht absolut fern liegend, dass der Bieter bei ausreichender Möglichkeit zur Angebotserstellung ein besseres Angebot erstellt hätte, das nicht auszuschließen gewesen wäre und damit eine Chance auf einen Zuschlag gehabt hätte (2. VK Bund, B. v. 8. 8. 2003 – Az.: VK 2–52/03). 3314

Beteiligt sich jedoch ein Bieter **fristgerecht mit einem Angebot an der Ausschreibung**, so entsteht ihm – abgesehen von besonderen Umständen – **aus der angeblich zu kurzen Angebotsfrist kein Nachteil** (1. VK Bund, B. v. 9. 5. 2007 – Az.: VK 1–26/07). 3315

18.4.6.27 Drohender Schaden bei Verletzung der Dokumentationspflicht

18.4.6.27.1 Allgemeines. Eine fehlende Dokumentation und Transparenz führt nicht zwangsläufig zu einem zugunsten des Antragstellers im Rahmen eines Nachprüfungsverfahrens wirkenden Rechtsverstoß mit Auswirkungen auf das Vergabeverfahren; die **Dokumentation ist nicht Selbstzweck, sondern sie hat eine „dienende" Funktion** (OLG München, B. v. 9. 8. 2010 – Az.: Verg 13/10; VK Hessen, B. v. 29. 5. 2002 – Az.: 69 d VK – 15/2002; 1. VK Sachsen, B. v. 8. 1. 2010 – Az.: 1/SVK/059-09; B. v. 10. 6. 2008 – Az.: 1/SVK/026-08; B. v. 14. 4. 2008 – Az.: 1/SVK/013-08; VK Schleswig-Holstein, B. v. 9. 7. 2010 – Az.: VK-SH 11/10). Das Fehlen eines Vergabevermerks ist für die materielle Rechtmäßigkeit einer Vergabeentscheidung ohne Bedeutung (VK Münster, B. v. 30. 3. 2007 – Az.: VK 04/07; B. v. 10. 2. 2004 – Az.: VK 01/04; 1. VK Sachsen, B. v. 14. 4. 2008 – Az.: 1/SVK/013-08; VK Schleswig-Holstein, B. v. 9. 7. 2010 – Az.: VK-SH 11/10). 3316

Ein Antragsteller kann also **allein aus der Verletzung der Dokumentationspflicht keine Ansprüche herleiten**. Zum einen kann z.B. eine detaillierte Begründung der Wertung im Laufe des Nachprüfungsverfahrens sowohl schriftsätzlich als auch in der mündlichen Verhandlung **nachgeholt** werden. Zum anderen ist zusätzlich erforderlich, dass der Antragsteller für jeden einzelnen gerügten Vergaberechtsverstoß darlegt, dass ihm **durch ihn ein Schaden entstanden ist oder zu entstehen droht** (§ 107 Abs. 2 GWB). Es bedarf also der Einzelprüfung aller gerügten Vergaberechtsverstöße mit Blick auf die Kausalität (OLG Celle, B. v. 11. 2. 2010 – Az.: 13 Verg 16/09; OLG Düsseldorf, B. v. 31. 7. 2007 – Az.: VII – Verg 25/07; B. v. 11. 7. 2007 – Az.: VII – Verg 10/07; B. v. 17. 3. 2004 – Az.: VII – Verg 1/04; OLG Frankfurt, B. v. 16. 8. 2006 – Az.: 11 Verg 3/06; OLG München, B. v. 9. 8. 2010 – Az.: Verg 13/10; B. v. 17. 1. 2008 – Az.: Verg 15/07; B. v. 28. 4. 2006 – Az.: Verg 6/06; BayObLG, B. v. 20. 8. 2001 – Az.: Verg 9/01; 1. VK Bund, B. v. 3. 2. 2010 – Az.: VK 1–236/09; B. v. 6. 6. 2007 – Az.: VK 1–38/07; B. v. 9. 5. 2007 – Az.: VK 1–26/07; 2. VK Bund, B. v. 13. 7. 2005 – Az.: VK 2–75/05; B. v. 24. 9. 2003 – Az.: VK 2–76/03; VK Nordbayern, B. v. 28. 1. 2009 – Az.: 21.VK – 3194 – 55/08; B. v. 26. 2. 2008 – Az.: 21.VK – 3194 – 02/08; 1. VK Sachsen, B. v. 8. 1. 2010 – Az.: 1/SVK/059-09; B. v. 10. 6. 2008 – Az.: 1/SVK/026-08; B. v. 14. 4. 2008 – Az.: 1/SVK/013-08; VK Schleswig-Holstein, B. v. 9. 7. 2010 – Az.: VK-SH 11/10; B. v. 22. 7. 2009 – Az.: VK-SH 06/09; B. v. 20. 1. 2009 – Az.: VK-SH 17/08; B. v. 7. 5. 2008 – Az.: VK-SH 05/08). 3317

Wird außerdem ein (vermeintlicher) **Verstoß gegen eine vergaberechtliche Vorschrift nicht (rechtzeitig) gerügt und ist daher präkludiert**, so kann sich **eine auf gerade diesen Gesichtspunkt beziehende fehlende Dokumentation und Transparenz nicht (mehr) auswirken**, d.h. sie teilt das Schicksal des präkludierten (etwaigen) Verstoßes und ist ebenfalls nicht mehr Gegenstand der Nachprüfung; sie ist quasi ebenfalls „präkludiert" (VK Hessen, B. v. 29. 5. 2002 – Az.: 69 d VK – 15/2002). 3318

Nach Auffassung der 2. VK Brandenburg führen gravierende Dokumentationsmängel im Ergebnis dazu, dass das **Vergabeverfahren ab dem Zeitpunkt, in dem die Dokumentation unzureichend ist, fehlerbehaftet ist und insoweit zu wiederholen** ist (2. VK Branden- 3319 burg, B. v. 14. 9. 2006 – Az.: 2 VK 36/06; im Ergebnis ebenso OLG Frankfurt, B. v. 16. 8. 2006 – Az.: 11 Verg 3/06; OLG Karlsruhe, B. v. 21. 7. 2010 – Az.: 15 Verg 6/10).

3320 **18.4.6.27.2 Weitere Beispiele aus der Rechtsprechung**

- ein **Bieter kann seinen Nachprüfungsantrag allerdings nur dann auf eine fehlende oder unzureichende Dokumentation stützen, wenn sich die diesbezüglichen Mängel gerade auch auf seine Rechtsstellung im Vergabeverfahren nachteilig ausgewirkt** haben können. Wendet sich der Antragsteller mit seinem Nachprüfungsbegehren gegen die Angebotswertung, kann er sich in diesem Zusammenhang auf eine fehlerhafte Dokumentation nur insoweit berufen, als diese gerade in Bezug auf die Wertung des Angebots unzureichend ist, d. h. die Angebotswertung anhand des Vergabevermerks nicht oder nur unzureichend nachvollzogen werden kann (OLG Celle, B. v. 11. 2. 2010 – Az.: 13 Verg 16/09; VK Thüringen, B. v. 7. 7. 2010 – Az.: 250–4003.20–2249/2010-007-SLF)

- der Bieter kann seinen Nachprüfungsantrag nur dann auf eine **fehlende oder unzureichende Dokumentation** stützen, wenn sich die diesbezüglichen **Mängel gerade auch auf seine Rechtsstellung im Vergabeverfahren nachteilig ausgewirkt haben könnten** (OLG Frankfurt, B. v. 8. 12. 2009 – Az.: 11 Verg 6/09; VK Nordbayern, B. v. 18. 9. 2008 – Az.: 21.VK – 3194 – 43/08)

- unterlässt es ein Auftraggeber, einen Vergabevermerk anzufertigen, in dem er in transparenter Weise begründet, **weshalb Angebote für die Versorgung mit wieder verwendbaren Hilfsmitteln jeweils nur für ein gesamtes Bundesland und nicht für kleinere Regionen zugelassen werden sollen**, kann sich ein Bieter auch **mit Erfolg auf die mangelhafte Dokumentation des Vergabeverfahrens berufen**, da sich die diesbezüglichen Mängel auf ihre Rechtsstellung im Vergabeverfahren nachteilig ausgewirkt haben können, wenn z. B. der **Bieter vorträgt**, dass er in seiner Eigenschaft als mittelständisches Unternehmen **bei einem kleinerem Zuschnitt** der mit dem Versorgungsangebot abzudeckenden Gebiete **weitere Angebote abgegeben** hätte bzw. sein Angebot anders gestaltet hätte sowie bei der **Zulassung von Bietergemeinschaften** zumindest auch für das Bundesland Hessen ein Angebot abgegeben hätte (1. VK Bund, B. v. 9. 5. 2007 – Az.: VK 1–26/07)

18.4.6.28 Drohender Schaden bei vorzeitiger Angebotsöffnung in einem Verhandlungsverfahren

3321 Die Vorschrift des § 107 Abs. 2 GWB wird **nicht dadurch in relevanter Weise verletzt, dass die Angebote – in einem Verhandlungsverfahren – vorzeitig geöffnet** werden. Den Antragstellern ist kein Schaden daraus erwachsen, dass die Frist nicht eingehalten worden ist, sondern dass die Angebote bereits vorher geöffnet wurden, wenn, nachdem die letztverbindlichen Angebote sämtlicher Bieter eingegangen waren, weitere Angebote nicht zu erwarten und sind auch tatsächlich innerhalb der Frist nicht eingereicht worden. Die Antragsteller können demgemäß aus einer behaupteten verfrühten Eröffnung der Angebote nichts zu ihren Gunsten herleiten (Hanseatisches OLG, B. v. 10. 10. 2003 – Az.: 1 Verg 2/03).

18.4.6.29 Drohender Schaden bei einer Verdachtsrüge

3322 Gemäß § 107 Abs. 2 Satz 1 GWB ist ein Unternehmen nur antragsbefugt, wenn es ein Interesse am Auftrag hat und eine Verletzung in seinem Recht auf Einhaltung der Vergabebestimmungen geltend macht. Dabei hat es auch darzulegen, dass ihm durch die behauptete Verletzung der Vergabevorschriften ein **Schaden entstanden ist oder zu entstehen droht. Was insoweit dem Bieter an Substantiierung anheim zu geben ist**, lässt sich nicht generell sagen, sondern **hängt von den Umständen des Einzelfalls ab**, u. a. davon, inwieweit schon die Vorabinformation den Bieter zum Vortrag imstande gesetzt hat.

3323 Dabei ist es möglich, dass einem Bieter aufgrund der Mitteilung nach § 101 a GWB es nicht möglich ist, einen Vergabeverstoß darlegen. Dies allein **erlaubt ihm jedoch nicht, ohne Weiteres ins Blaue hinein die Nachprüfung zu beantragen**. Vielmehr ist er **verpflichtet, sich im zumutbaren Rahmen die notwendigen Informationen zu beschaffen**, um zunächst einmal zu prüfen, ob überhaupt ein Vergaberechtsverstoß vorlag und dann gegebenenfalls einen konkreten Fehler im Verfahren aufzuzeigen. Zu denken war z. B. an eine mit kurzer Frist versehene Aufforderung an den Auftraggeber, ihr Einzelheiten der Wertung mitzuteilen. Der Antragsteller hätte auch Akteneinsicht beantragen können.

3324 Hat ein Antragsteller, statt die ihm zumutbaren Erkenntnismöglichkeiten auszuschöpfen, **auf bloßen Verdacht hin die Nachprüfung beantragt, weit vor Ablauf der Frist nach § 13**

Gesetz gegen Wettbewerbsbeschränkungen GWB § 107 **Teil 1**

VgV bzw. 101a GWB, fehlt für ein solches Verhalten die Antragsbefugnis, die verlangt wird, um unnötige Nachprüfungsverfahren zu vermeiden (OLG Düsseldorf, B. v. 30. 7. 2003 – Az.: Verg 41/03).

Nach Auffassung der Vergabekammer Brandenburg **muss die Vergabekammer, wenn sie nach Einsicht in die Vergabeakte feststellt, dass der Anfangsverdacht für eine zunächst „ins Blaue" erhobene Rüge vorliegt,** z. B. der Abstand des für den Zuschlag vorgesehenen Angebotes tatsächlich deutlich, d. h. mehr als 10% unter dem nächsten Angebot liegt, **in Anwendung des Untersuchungsgrundsatzes, § 110 Abs. 1 GWB, den Sachverhalt aufklären**, d. h. den Antrag als zulässig annehmen und prüfen, auch wenn sich später dessen Unbegründetheit herausstellt. Eine **Zurückweisung des Nachprüfungsantrages in Kenntnis eines möglichen Verstoßes gegen das Vergaberecht zulasten eines Bieters stellt eine unzulässige Verkürzung der Rechtsposition des Antragstellers dar** (2. VK Brandenburg, B. v. 10. 11. 2006 – Az.: 2 VK 44/06). 3325

18.4.6.30 Drohender Schaden bei Unmöglichkeit der Leistungserbringung durch den Bieter

18.4.6.30.1 Grundsatz. Hat ein Antragsteller ein Angebot abgegeben, das keine Aussicht auf den Zuschlag hat, fehlt ihm die Antragsbefugnis mit der Folge, dass er zulässigerweise kein Nachprüfungsverfahren betreiben kann. Gleiches muss gelten, wenn die **antragstellende Partei außer Stande ist, die vom öffentlichen Auftraggeber nachgefragte Leistung zu erbringen**. Mangels Leistungsfähigkeit hat sie nämlich auch in einem solchen Fall von vornherein keinerlei Aussicht auf den betreffenden Auftrag (OLG Düsseldorf, B. v. 3. 12. 2003 – Az.: VII – Verg 37/03). 3326

18.4.6.30.2 Beispiele aus der Rechtsprechung 3327

– Festlegung einer Müllverbrennungsanlage, auf die ein Bieter keinen Zugriff hat, als Ort der Leistungserbringung (OLG Düsseldorf, B. v. 3. 12. 2003 – Az.: VII – Verg 37/03).

18.4.6.31 Drohender Schaden bei Ankündigung des Auftraggebers, entsprechend dem Antrag eines Antragstellers zu verfahren

Eine Klaglosstellung eines Antragstellers in einem Nachprüfungsverfahren ist erst dann anzunehmen, wenn der Auftraggeber den beanstandeten Vergaberechtsverstoß bereits tatsächlich beseitigt hat, etwa durch eine erneute Angebotswertung unter Berücksichtigung des Begehrens des Antragstellers bzw. der Rechtsauffassung der Vergabekammer. Die **reine Ankündigung eines Auftraggebers, er werde die Entscheidung der Kammer respektieren, reicht insoweit nicht aus** (VK Schleswig-Holstein, B. v. 26. 10. 2004 – Az.: VK-SH 26/04). 3328

18.4.6.32 Drohender Schaden bei Zusage des Auftraggebers, die Vergabeentscheidung zu überprüfen und einen Auftrag nicht vor einem bestimmten Datum zu erteilen

Teilt der Auftraggeber einem Beschwerdeführer mit, aufgrund der Rüge seine **Vorgehensweise zu überprüfen** und kündigt er an, **vor einem bestimmten Datum keinen Auftrag zu erteilen** sowie **rechtzeitig vorher den Beschwerdeführer zu informieren, schließt** dies eine **Rechtsbeeinträchtigung** des Beschwerdeführers **aus** (Hanseatisches OLG Bremen, B. v. 5. 3. 2007 – Az.: Verg 4/2007). Nach Auffassung der VK Bremen ist der entsprechende Antrag unbegründet und nicht unzulässig (VK Bremen, B. v. 1. 3. 2007 – Az.: VK 01/07). 3329

Diese **Rechtsprechung** ist **dann nicht konsequent**, wenn man die Meinung vertritt, dass eine **Zusage des Auftraggebers zur Verlängerung der Frist des § 101a rechtlich unbeachtlich** ist; vgl. im Einzelnen die Kommentierung zu → § 101a GWB Rdn. 131. 3330

18.4.6.33 Drohender Schaden eines tarifgebundenen Bieters bei Forderung nach einer Tariftreueerklärung

Der Zweck der – u.a. auf das Tariftreuegesetz (TariftG) NRW gestützten – Forderung nach Abgabe einer Tariftreueerklärung durch die Bieter liegt **in der Absicht begründet, tarifgebundene Bieter vor den Angeboten solcher Bieter zu schützen, die durch Tarifverträge nicht gebunden** und deshalb häufig in der Lage sind, deren Angebote zu unterbieten. Das entspricht auch dem Schutzzweck des Tariftreuegesetzes. Ein Bieter unterfällt dem mit der Forderung einer Tariftreueerklärung von den Antragsgegnern bezweckten Schutz, wenn er tarifgebunden ist. **Ein tarifgebundener Bieter kann deshalb durch eine solche Forderung in** 3331

Teil 1 GWB § 107

seinen Bieterrechten auch nicht verletzt sein. Er ist deswegen nicht antragsbefugt im Sinne von § 107 Abs. 2 Satz 1 GWB. Aus diesem Grund – und zwar weil ein Bieter dadurch allein begünstigt wird – kommt es im Streitfall auch nicht darauf an, ob die Forderung einer Tariftreueerklärung gegen den Grundsatz der Dienstleistungsfreiheit in Art. 49 EG (jetzt Art. 56 AEUV) verstößt. Gleiches gilt für behauptete Verstöße gegen die nationale Gesetzgebungszuständigkeit (durch den Erlass des TariftG NRW), gegen den Grundsatz der negativen Koalitionsfreiheit (Art. 9 Abs. 3 GG) sowie gegen das Tarifvertragsgesetz des Bundes (OLG Düsseldorf, B. v. 6. 12. 2004 – Az.: VII – Verg 79/04).

3332   Trägt ein Bieter jedoch schlüssig vor, dass er bei aus seiner Sicht vergaberechtskonformer Gestaltung der Verdingungsunterlagen ohne Verpflichtung zur Einhaltung einer Tariftreue durch den partiellen Einsatz von externen, nicht tarifgebundenen Nachunternehmern in der Lage gewesen wäre, ein preislich niedrigeres und daher konkurrenzfähigeres Angebot zu kalkulieren und damit eine bessere Chance auf den Zuschlag gehabt hätte, genügt ein solcher Vortrag den Anforderungen an eine Darlegung der Antragsbefugnis gemäß § 107 Abs. 2 GWB. Die diesbezüglichen Anforderungen an die Darlegungslast dürfen nicht überspannt werden. Die Frage, ob die Forderung einer Tariftreueerklärung tatsächlich vergaberechtswidrig ist und ob der Antragsteller eine daraus resultierende Rechtsverletzung und einen eigenen Schaden geltend machen kann, bleibt der Prüfung der Begründetheit des Nachprüfungsantrags vorbehalten (VK Lüneburg, B. v. 15. 5. 2008 – Az.: VgK-12/2008).

18.4.6.34 Drohender Schaden bei Aufhebung der Ausschreibung und Beteiligung an einem anschließenden Vergabeverfahren

3333   Gibt ein Bieter nach der Mitteilung des Auftraggebers über die **Aufhebung der Ausschreibung** ein **Angebot für ein nachfolgendes Vergabeverfahren** ab, hindert dies **nicht** seine **Antragsbefugnis bezüglich einer Überprüfung der Rechtmäßigkeit der Aufhebungsentscheidung** (VK Schleswig-Holstein, B. v. 10. 2. 2005 – VK-SH 02/05).

18.4.6.35 Drohender Schaden bei Aufhebung der Ausschreibung und Verzicht auf eine Auftragsvergabe

3334   Der in § 107 GWB verwendete **Schadensbegriff muss unter dem Gesichtspunkt des Primärrechtsschutzes betrachtet und ausgelegt** werden. An die Schadensdarlegung i. S. v. § 107 Abs. 2 Satz 2 GWB sind zwar **nach höchstrichterlicher Rechtsprechung keine überzogenen Anforderungen** zu stellen. Sie muss lediglich schlüssig, ein Schaden muss denkbar sein. Ist ein Bieter zwar das letzte im Verfahren verbliebene Unternehmen, mit dem ein Auftraggeber zuletzt noch in Verhandlungen über die Auftragsvergabe stand, so dass er sich durchaus Hoffnung auf den streitgegenständlichen Auftrag machen konnte, spielt **keine Rolle, wenn der Auftraggeber nicht mehr beabsichtigt, die „ausgeschriebene" Leistung zu vergeben**. Hat ein Antragsteller – den gerügten Vergabeverstoß hinweggedacht – gleichwohl keine Chance darauf, den begehrten Auftrag zu erhalten, so ist er nicht antragsbefugt; denn dann kann der geltend gemachte Schaden gerade nicht auf den Vergabeverstoß zurückgeführt werden, den der Antragsteller zum Gegenstand des Nachprüfungsverfahrens machen will. Unterstellt, der Auftraggeber hätte rechtswidrig gehandelt, als er das Vergabeverfahren aufhob, und damit den Bieter in seinen Rechten aus § 97 GWB verletzte, kann ihm trotzdem kein Schaden drohen: **Selbst bei hinweggedachter Aufhebungsentscheidung nämlich hätte der Bieter angesichts des aufgegebenen Vergabewillens auf Seiten des Auftraggebers keinen Anspruch auf Erteilung des Auftrags**. Er kann nicht mehr für die Auftragserteilung in Frage kommen, weil der Auftraggeber **endgültig von seinem bekannt gemachten Vergabevorhaben Abstand genommen** hat (VK Schleswig-Holstein, B. v. 4. 2. 2008 – Az.: VK-SH 28/07).

18.4.6.36 Drohender Schaden bei einem VOF-Verfahren

3335   Da die **Darlegung eines drohenden Schadens in einem VOF-Verfahren**, insbesondere wenn die eigene Wettbewerbsstellung nicht mitgeteilt und die ausgewählten Büros nicht benannt werden, **eher hypothetischen Sinn hat, dürfen die Anforderungen an diese Darlegung nicht zu hoch angesetzt** werden. Dies gilt umso mehr als der **Bewerber in Verfahren nach der VOF keinerlei greifbare Anhaltspunkte** hat, wie er im Wettbewerberfeld positioniert ist und wie seine theoretische Zuschlagschance aussieht (1. VK Sachsen, B. v. 11. 4. 2005 – Az.: 1/SVK/030-05; B. v. 3. 12. 2004 – Az.: 1/SVK/104-04, 1/SVK/104-04G).

3336   Ein **Rechtsschutzbedürfnis für einen Nachprüfungsantrag** besteht im Anschluss an **einen Architektenwettbewerb** auch dann, wenn der Auslober und öffentliche **Auftraggeber** noch keine Verhandlungen mit den Preisträgern – entsprechend den Wettbewerbsbedingungen – aufgenommen hat, der Auftraggeber aber klar äußert, dass er in die Verhandlungsgespräche auch solche Preisträger einbeziehen will, die aus vergaberechtlichen Gründen zwingend von den Verhandlungsgesprächen auszuschließen sind. Der Schaden besteht zunächst darin, dass gemäß § 5 Abs. 2c VOF der Auftraggeber alle Preisträger des Wettbewerbes zur Teilnahme an den Verhandlungen auffordern muss und wird, d. h. auch den erstplatzierten Preisträger, der aufgrund eines schwerwiegenden Vergabefehlers (Verletzung des Gleichbehandlungs- und des Transparenzgrundsatzes) im Wettbewerbsverfahren belassen wurde, obwohl er eigentlich hätte ausgeschlossen werden müssen. Es ist **zwar richtig, dass auch der 2. Preisträger am späteren Verhandlungsverfahren teilnehmen darf. Seine Chancen im nachfolgenden Verhandlungsverfahren auf eine Auftragserteilung sind jedoch (de facto) als Zweitplatzierter in erheblichem Maße geringer als die des Erstprämierten. Preisgerichtsentscheidung und Empfehlung haben für den Auslober ein erhebliches Gewicht**; schließlich ist dies ja Sinn und Zweck der Durchführung eines solchen Wettbewerbes. Einer eindeutigen Entscheidung/Empfehlung eines Preisgerichts in einem Wettbewerbsverfahren kommt eine nicht leugbare Bedeutung und ein nicht zu vernachlässigendes Gewicht zu; über beide kann sich der Auslober im sich anschließenden Verhandlungsverfahren nicht ohne weiteres hinwegsetzen. Ungeachtet dessen, dass **bei einer derartigen Empfehlung des Preisgerichts der 1. Preisträger immer die besseren Chancen haben wird (rein faktisch, nicht rechtlich)**, werden die Chancen des zweiten Preisträgers, den Auftrag zu erhalten, letztlich schon dadurch beeinträchtigt, dass er bei Ausschluss des vergaberechtsfehlerhaft Erstplatzierten weniger Mitbewerber hätte (1. VK Saarland, B. v. 20. 2. 2008 – Az.: 1 VK 07/2007).

18.4.6.37 Drohender Schaden bei einer Preisgerichtsentscheidung im Sinn von § 661 Abs. 2 BGB

Zu der Frage, ob die **Antragsbefugnis fehlt, wenn im Rahmen eines Wettbewerbsverfahrens nach der VOF Wertungsfehler des Preisgerichts geltend gemacht werden**, vgl. die Kommentierung zu → § 16 VOF Rdn. 25.

3336/1

18.4.6.38 Drohender Schaden und begrenzte Akteneinsicht

Ein aus Wettbewerbsgründen notwendig eingeschränktes Akteneinsichtsrecht eines Bieters und Mitbewerbers hat Auswirkungen darauf, welche Anforderungen an den Vortrag eines Antragsstellers zu stellen sind, soll er doch hinsichtlich des Tatbestandsmerkmals „Antragsbefugnis" u. a. darlegen müssen (und können), dass ihm durch die behauptete Verletzung der Vergabevorschriften ein Schaden entstanden ist oder zu entstehen droht. **Es sind daher nur geringe Anforderungen an die Zulässigkeitsvoraussetzungen der Darlegung eines mit der Verletzung von Vergabevorschriften entstandenen oder drohenden Schadens zu stellen.** Dieser Zulässigkeitsvoraussetzung ist bereits dann genügt, wenn mit dem Antrag schlüssig vorgetragen wird, dass infolge der behaupteten Rechtsverletzung ein Schaden entstanden ist oder zu entstehen droht; nicht erforderlich ist, dass bereits festgestellt werden kann, dass der behauptete Verstoß gegen vergaberechtliche Vorschriften tatsächlich vorliegt und den behaupteten Schaden ausgelöst hat oder auszulösen droht, – der Nachprüfungsantrag also in der Sache selbst begründet ist (VK Thüringen, B. v. 6. 12. 2005 – Az.: 360–4003.20–026/05-SLZ).

3337

18.4.6.39 Drohender Schaden des Auftraggebers bei der Möglichkeit, einen Auftrag im Verhandlungsverfahren zu vergeben

Bekämpft der Auftraggeber mit einer Beschwerde die **Entscheidung der Vergabekammer, wonach Angebote aus Gründen der Gleichbehandlung zu werten sind**, während die Vergabestelle der Auffassung ist, wegen fehlender wertbarer Angebote das Vergabeverfahren aufheben und ohne öffentliche Vergabebekanntmachung zu einem Verhandlungsverfahren übergehen zu können, **ist der Auftraggeber durch die Entscheidung der Vergabekammer beschwert** und hat an einer abändernden Entscheidung ein Rechtsschutzinteresse (OLG Düsseldorf, B. v. 14. 10. 2005 – Az.: VII – Verg 40/05).

3338

18.4.6.40 Drohender Schaden bei einem unschlüssigen Nachprüfungsantrag

Nach der **Rechtsprechung des BGH** hat ein Bieter immer dann keinen Anspruch auf Einhaltung der Vergabebestimmungen im Sinne des § 97 Abs. 7 GWB, wenn sein Angebot zwingend vom Vergabeverfahren auszuschließen ist. **Ist das Angebot eines Bieters zwingend auszuschließen, kann der Fortgang des Vergabeverfahrens seine Interessen nicht mehr berühren, und der Bieter kann auch nicht in seinen Rechten nach § 97 Abs. 7 GWB ver-

3339

letzt sein. **Nichts anderes gilt, wenn ein Bieter vom Vergabeverfahren ausgeschlossen wurde und dieser Ausschluss schon aufgrund des eigenen Vortrags im Nachprüfungsverfahren nicht schlüssig beanstandet wird**. Denn auch in diesem Fall vermag der Fortgang des Vergabeverfahrens die Interessen des ausgeschlossenen Bieters nicht mehr zu berühren, da schon der eigene Vortrag des Bieters nicht geeignet ist, die Vergabekammer dazu zu veranlassen, eine durch den Ausschluss vom Vergabeverfahren eingetretene Rechtsverletzung des ausgeschlossenen Bieters festzustellen. **Auch eine Berufung auf den Untersuchungsgrundsatz (§ 110 Abs. 1 GWB) scheidet insoweit aus**, da dieser die Vergabekammer nur dann zu weiterer Aufklärung verpflichtet, wenn der Vortrag der Beteiligten hinreichenden Anlass zur Prüfung bietet. Legt ein Bieter aber nicht schlüssig dar, dass sein Angebot nicht auszuschließen ist, besteht keine Verpflichtung der Vergabekammer zu amtsseitiger Untersuchung, ob nicht doch ein die Mindestanforderungen erfüllendes Angebot vorliegt. In diesem Fall trägt vielmehr der Antragsteller nach allgemeinen Grundsätzen die Darlegungslast dafür, dass er ein den Mindestanforderungen entsprechendes Angebot eingereicht hat (1. VK Bund, B. v. 27. 7. 2006 – Az.: VK 1–58/06).

18.4.6.41 Drohender Schaden bei einem Rahmenvertrag mit mehreren Wirtschaftsteilnehmern

3340   Ein „Schaden" wird in der Regel zwar nur demjenigen Unternehmen entstehen oder drohen, das selbst nicht für den Zuschlag vorgesehen ist. Im **Fall eines Rahmenvertrags mit mehreren Wirtschaftsteilnehmern** kann ein Bieter z. B. in verschiedenen Losen, in denen er für den Zuschlag vorgesehen ist, nur einer von mehreren Rahmenvertragspartnern pro Los sein. **Ein Schaden ist dann zu bejahen, wenn der Bieter gerade diese Vertragsgestaltung, nämlich die Eröffnung eines zweiten Wettbewerbs um den Einzelvertragsschluss aus bestimmten Gründen für vergaberechtswidrig hält.** Ein Schaden entfällt auch nicht deshalb, weil der Bieter für die verschiedenen Lose nicht die preislich günstigsten Angebote unter den ausgewählten Bietern abgegeben hat, wenn nämlich in der Rahmenvereinbarung „Maximalpreise" zu kalkulieren waren und der Bieter vorträgt, aufgrund des vorgegebenen zweiten Wettbewerbs bei der Kalkulation der Preise für die Rahmenvereinbarung anders kalkuliert zu haben als bei einem Einzelvertrag mit Endpreisen. Damit ist ein möglicher Schaden durch eine Vergaberechtsverletzung nicht ausgeschlossen (2. VK Bund, B. v. 8. 2. 2008 – VK 2–156/07).

18.4.6.42 Drohender Schaden durch Verletzung von § 19 EG Abs. 7 VOL/A bei Ausschreibungen über nachrangige Dienstleistungen im Sinn von Anhang I B VOL/A

3341   Für **Ausschreibungen über nachrangige Dienstleistungen** im Sinn von Anhang I B der VOL/A gelten **gemäß § 4 Abs. 4 VgV** § 8 EG, § 15 EG Absatz 10 und § 23 EG VOL/A sowie die Regelungen des Abschnitts 1 der VOL/A mit Ausnahme von § 7 VOL/A. Durch die **behauptete Verletzung von § 19 EG Abs. 7 VOL/A** kann einem Bieter bereits deshalb **kein Schaden drohen** im Sinn von § 107 Abs. 2 GWB, weil **§ 19 EG Abs. 7 VOL/A auf Aufträge über nachrangige Dienstleistungen nicht anwendbar** ist (3. VK Bund, B. v. 16. 6. 2008 – Az.: VK 3–65/08).

18.4.6.43 Drohender Schaden bei einem drohenden Ausschluss aus einem Wettbewerblichen Dialog

3342   Für die Darlegung eines drohenden Schadens in einem Verfahren des Wettbewerblichen Dialogs genügt es, dass der Antragsteller den Ausschluss von den weiteren Vergabeverhandlungen annehmen muss, z. B. durch eine Fristsetzung des Auftraggebers zur Überarbeitung seines Lösungsvorschlages. Der Antragsteller befürchtet, seinen neuen Lösungsvorschlag im weiteren Vergabeverfahren nicht in gleichem Maße wie die verbliebenen Bieter auf die Vorstellungen des Auftraggebers ausrichten zu können und damit eine Verschlechterung seiner Chancen auf die Auftragserteilung. Das **Interesse des Antragstellers richtet sich darauf, den drohenden Verlust der Auftragserteilung infolge der Fristsetzung des Auftraggebers durch das Nachprüfungsverfahren noch abwenden zu können**. Dass der Antragsteller mit der Erarbeitung eines neuen Lösungsvorschlages nicht fristgemäß begonnen haben soll, berechtigt entgegen der Ansicht des Auftraggebers nicht dazu, ihm das Rechtsschutzbedürfnis abzusprechen. Sich unter den von ihm als vergaberechtswidrig angegriffenen Bedingungen weiter zu beteiligen, erschien ihm nicht zumutbar. Er konnte sich davon, weil er keinen den Anforderungen entsprechenden Lösungsvorschlag hätte abgeben können, keinen Erfolg versprechen, sondern nur bei Teilnahme unter in seinem Sinne veränderten Bedingungen, die herbeizuführen das be-

Gesetz gegen Wettbewerbsbeschränkungen GWB § 107 **Teil 1**

schrittene Nachprüfungsverfahren die Möglichkeit bietet (VK Brandenburg, B. v. 8. 4. 2009 – Az.: VK 17/09).

18.4.6.44 Drohender Schaden bei der Prüfung der Begründetheit eines Nachprüfungsantrags

Vgl. dazu die Kommentierung zu → § 114 GWB Rdn. 3 ff. 3343

18.4.7 Rechtsschutzinteresse

Neben der **Antragsbefugnis** – die für das Vergabenachprüfungsverfahren eine **spezielle Ausprägung des** bei sämtlichen Rechtsschutzverfahren geltende Erfordernis eines **Rechtsschutzbedürfnisses** ist (KG Berlin, B. v. 15. 4. 2004 – Az.: 2 Verg 22/03; OLG Düsseldorf, B. v. 5. 4. 2006 – Az.: VII – Verg 8/06; B. v. 16. 2. 2006 – Az.: VII – Verg 6/06; B. v. 14. 5. 2001 – Az.: Verg 19/01; VK Baden-Württemberg, B. v. 13. 10. 2005 – Az.: 1 VK 59/05; B. v. 19. 4. 2005 – Az.: 1 VK 11/05; 2. VK Brandenburg, B. v. 19. 1. 2006 – Az.: 2 VK 76/05; VK Münster, B. v. 28. 5. 2004 – Az.: VK 10/04) – muss der Antragsteller noch ein **allgemeines Rechtsschutzinteresse** an dem Vergabenachprüfungsverfahren haben. Dieses Rechtsschutzinteresse besteht in bestimmten Fällen nicht mehr. 3344

18.4.7.1 Fehlendes Rechtsschutzinteresse durch ein zweites anhängiges Verfahren

Einem Antragsteller fehlt das Rechtsschutzbedürfnis, wenn er z. B. **aufgrund eines noch laufenden Beschwerdeverfahrens beim Oberlandesgericht ausreichend geschützt** ist. Dies ist der Fall, wenn die im neuen Vergabenachprüfungsverfahren vorgebrachten Argumente Gegenstand des Beschwerdeverfahrens vor dem Oberlandesgericht sind (1. VK Sachsen, B. v. 4. 6. 2002 – Az.: 1/SVK/050-02). 3345

18.4.7.2 Fehlendes Rechtsschutzinteresse nach einem ersten Nachprüfungsverfahren

Liegt **zwischen zwei Vergabenachprüfungsverfahren eine neue Vergabeentscheidung** des Auftraggebers, **gegen die den Bietern wiederum eine Rechtsschutzmöglichkeit zusteht**, wobei in der neuen Vergabeentscheidung neue Tatsachen bzw. Umstände zu sehen sind, die in einem weiteren Verfahren zur Überprüfung gestellt werden können, ist daher **kein Verstoß gegen den Grundsatz der Prozessökonomie bzw. das Beschleunigungsgebot in der erneuten Anrufung der Vergabekammer zu sehen** und ebenso wenig ein rechtsmissbräuchliches oder widersprüchliches Verhalten der Antragstellerin, das zu einem fehlenden Rechtsschutzinteresse führen könnte (VK Baden-Württemberg, B. v. 31. 7. 2009 – Az.: 1 VK 30/09). 3346

18.4.7.3 Fehlendes Rechtsschutzinteresse eines Antrags gegen eine Aufhebungsentscheidung nach einer neuen Ausschreibung

Die **Unzulässigkeit eines Nachprüfungsantrags kann grundsätzlich nicht aus dem Verhalten in einem anderen Vergabeverfahren hergeleitet werden**. Gegenstand dieser Nachprüfung ist das ursprüngliche Vergabeverfahren; dieses bildet auch den Maßstab für die Zulässigkeitsprüfung. Jedenfalls kann es für die Zulässigkeit eines Nachprüfungsantrages nicht im Sinne einer Verfahrensvoraussetzung darauf ankommen, ob die Art und Weise der Rechtsverfolgung von der Nachprüfungsinstanz als zweckmäßig oder konsequent angesehen wird oder nicht. **Es fällt in die Risikosphäre eines Antragstellers, falls er keinen sicheren Weg der Rechtsverfolgung wählt**; dies macht die Rechtsgewährung hinsichtlich des unter Umständen mit Unwägbarkeiten verbundenen Rechtsbegehrens jedoch nicht entbehrlich. Schließlich ist die Zulässigkeit eines Nachprüfungsantrags bzw. einer sofortigen Beschwerde auch nicht davon abhängig, ob der Antragsteller bzw. Beschwerdeführer die Möglichkeiten des einstweiligen Rechtsschutzes überhaupt oder gar in optimaler Weise ausnutzt. **Dem gegenüber fällt es in die Risikosphäre des öffentlichen Auftraggebers, wenn er denselben Auftrag mehrfach ausschreibt.** Zivilrechtlich ist selbst ein doppelter Vertragsschluss nicht zu beanstanden. Es ist – z. B. im Bereich der Planungs- und Bauüberwachungsleistungen von Architekten oder Ingenieuren – sogar vorstellbar, dass zwei Unternehmen die gleichen Leistungen ausführen und dem Auftraggeber dann mehrere Planentwürfe vorliegen bzw. eine doppelte Bauüberwachung stattfindet. Darauf kommt es aber nicht an. Vergaberechtlich ist – bis auf Fälle der missbräuchlichen Parallelausschreibung – eine zweifache Ausschreibung zulässig, weil die Frage des tatsächlichen Bedarfs bzw. der Zweckmäßigkeit und Sinnhaftigkeit der Ausschreibung grundsätzlich nur haushaltsrechtlich von Be- 3347

Teil 1 GWB § 107 Gesetz gegen Wettbewerbsbeschränkungen

deutung sind und das Vergaberecht lediglich die Art und Weise und die Spielregeln einer Ausschreibung regelt. **Will der Auftraggeber den Auftrag nur einmal erteilen, so muss er gewärtigen, bei Aufhebung bzw. Verzicht im zweiten Vergabeverfahren berechtigten Schadenersatzforderungen eines oder mehrerer Bieter oder Bewerber ausgesetzt zu sein** (OLG Naumburg, B. v. 17. 5. 2006 – Az.: 1 Verg 3/06; im Ergebnis ebenso VK Brandenburg, B. v. 14. 12. 2007 – Az.: VK 50/07; 1. VK Sachsen, B. v. 11. 12. 2009 – Az.: 1/SVK/054-09; VK Südbayern, B. v. 6. 10. 2006 – Az.: 26-08/06). Im **Ergebnis vergleichbar** argumentiert die VK Köln für den **Fall eines Feststellungsverfahrens** (VK Köln, B. v. 3. 1. 2007 – Az.: VK VOB 44/2006).

18.4.7.4 Wegfall des Rechtsschutzbedürfnisses im Nachprüfungsverfahren

3348   Das **Rechtsschutzbedürfnis kann** im Rahmen des Nachprüfungsverfahrens **wegfallen**, wenn z. B. die Vergabestelle den Vergabeverstoß einräumt und den Antragsteller klaglos stellt. Dann fehlt es dem Nachprüfungsantrag nunmehr an dem entsprechenden Rechtsschutzinteresse. Die **Weiterverfolgung dieses Antrags** führt zur **Antragsabweisung** (VK Arnsberg, B. v. 11. 4. 2001 – Az.: VK 3 – 02/2001).

18.4.7.5 Verwirkung des Rechtsschutzbedürfnisses für ein Nachprüfungsverfahren

3349   **18.4.7.5.1 Allgemeines.** Ein Recht ist nach dem allgemeinen Grundsatz von Treu und Glauben (§ 242 BGB) **grundsätzlich dann verwirkt, wenn der Berechtigte es über längere Zeit nicht geltend gemacht und der Verpflichtete sich darauf eingerichtet hat und nach dem gesamten Verhalten des Berechtigten einrichten durfte, dass dieser das Recht auch in Zukunft nicht geltend machen wird**. Mit der Verwirkung soll die illoyal verspätete Geltendmachung von Rechten gegenüber dem Verpflichteten ausgeschlossen werden. Dabei ist das **Verhalten des Berechtigten nach objektiven Gesichtspunkten zu beurteilen**. Auf die subjektive Willensrichtung des Berechtigten kommt es nicht an. Verwirkung kann auch gegen den Willen des Berechtigten und selbst dann eintreten, wenn der Berechtigte keine Kenntnis von seiner Berechtigung hat. In dieser Hinsicht kommt der rechtliche Unterschied zwischen der Verwirkung und einem stillschweigenden Verzicht zum Ausdruck. Die **Frage, ob ein Recht verwirkt ist, richtet sich nach den Umständen des Einzelfalls**, wobei der Art und Bedeutung des Anspruchs, der Intensität des vom Berechtigten geschaffenen Vertrauenstatbestandes und dem Ausmaß der Schutzbedürftigkeit des Verpflichteten besondere Bedeutung zukommen. Dieser **allgemeine, aus § 242 BGB abgeleitete Grundsatz gilt auch im Vergaberecht** (OLG Brandenburg, B. v. 15. 9. 2009 – Az.: Verg W 13/08; OLG Karlsruhe, B. v. 13. 6. 2008 – Az.: 15 Verg 3/08; VK Baden-Württemberg, B. v. 13. 8. 2009 – Az.: 1 VK 31/09; B. v. 31. 7. 2009 – Az.: 1 VK 30/09; B. v. 16. 1. 2009 – Az.: 1 VK 65/08; VK Münster, B. v. 25. 6. 2009 – Az.: VK 7/09; im Ergebnis ebenso OLG Celle, B. v. 29. 10. 2009 – Az.: 13 Verg 8/09; 2. VK Bund, B. v. 28. 3. 2008 – Az.: VK 2–28/08; 3. VK Bund, B. v. 18. 2. 2009 – Az.: VK 3–158/08; 1. VK Sachsen, B. v. 5. 5. 2009 – Az.: 1/SVK/009-09; B. v. 6. 3. 2009 – Az.: 1/SVK/001–09).

3350   Das **Rechtsschutzbedürfnis für ein Nachprüfungsverfahren** kann also auch im Vergaberecht **durch Zeitablauf und das Verhalten des Antragstellers gemäß § 242 BGB verwirkt** werden (OLG Brandenburg, B. v. 15. 9. 2009 – Az.: Verg W 13/08; OLG Celle, B. v. 29. 10. 2009 – Az.: 13 Verg 8/09; OLG Düsseldorf, B. v. 26. 5. 2008 – Az.: VII – Verg 14/08; B. v. 18. 6. 2008 – Az.: VII – Verg 23/08; B. v. 30. 4. 2008 – Az.: VII – Verg 23/08; B. v. 19. 7. 2006 – Az.: VII – Verg 26/06; OLG Karlsruhe, B. v. 13. 6. 2008 – Az.: 15 Verg 3/08; OLG Naumburg, B. v. 5. 12. 2008 – Az.: 1 Verg 9/08; VK Baden-Württemberg, B. v. 13. 8. 2009 – Az.: 1 VK 31/09; B. v. 16. 1. 2009 – Az.: 1 VK 65/08; B. v. 18. 3. 2004 – Az.: 1 VK 07/04; 1. VK Brandenburg, B. v. 30. 9. 2008 – Az.: VK 30/08; B. v. 21. 11. 2005 – Az.: 1 VK 67/05; 1. VK Bund, B. v. 19. 11. 2008 – Az.: VK 1–135/08; B. v. 19. 11. 2008 – Az.: VK 1–126/08; B. v. 1. 2. 2007 – Az.: VK 1–154/06; 2. VK Bund, B. v. 28. 3. 2008 – Az.: VK 2–28/08; B. v. 29. 3. 2006 – Az.: VK 2–11/06; VK Köln, B. v. 1. 4. 2008 – Az.: VK VOB 3/2008; VK Münster, B. v. 6. 5. 2008 – Az.: VK 4/08; VK Sachsen, B. v. 6. 3. 2009 – Az.: 1/SVK/001–09; B. v. 7. 1. 2008 – Az.: 1/SVK/077-07; 2. VK Sachsen-Anhalt, B. v. 3. 7. 2008 – VK 2 LVwA LSA – 05/08). Im Einzelfall kann daher ein **Verstoß gegen Treu und Glauben (§ 242 BGB)** angenommen werden, wenn zum Einen ein Antragsteller zwischen dem vermeintlichen Vergabeverstoß der Vergabestelle und dem später eingelegten Nachprüfungsantrag längere Zeit verstreichen lässt (**Zeitmoment**) und außerdem die Vergabestelle aus diesem Verhalten den Schluss ziehen durfte, dass mit rechtlichen Einwänden des späteren Antragstellers nicht mehr gerechnet werden müsse, sie darauf vertraut und sich im Weiteren darauf eingerichtet hat (**Umstandsmoment**)

Gesetz gegen Wettbewerbsbeschränkungen GWB § 107 **Teil 1**

(VK Köln, B. v. 1. 4. 2008 – Az.: VK VOB 3/2008; 1. VK Sachsen, B. v. 13. 8. 2009 – Az.: 1/ SVK/034-09, 1/SVK/034-09G; B. v. 6. 3. 2009 – Az.: 1/SVK/001–09; im Ergebnis ebenso OLG Celle, B. v. 29. 10. 2009 – Az.: 13 Verg 8/09; OLG Düsseldorf, B. v. 18. 6. 2008 – Az.: VII – Verg 23/08; B. v. 30. 4. 2008 – Az.: VII – Verg 23/08; VK Münster, B. v. 6. 5. 2008 – Az.: VK 4/08).

Dies kann der Fall sein, wenn z. B. von der Kenntnis des Vergabeverstoßes bis zur Beantra- 3351 gung des Nachprüfungsverfahrens mehr als 3 oder 4 Monate vergehen. Zwar existieren für die Beantragung eines Nachprüfungsverfahrens keine Fristen. Dennoch gilt auch für das Nachprüfungsverfahren, dass eine **späte Klageerhebung gegen Treu und Glauben verstoßen** kann, wenn der Rechtsschutz Begehrende erst dann Rechtmittel einlegt, wenn der Gegner und die sonstigen Beteiligten nicht mehr mit einem Verfahren rechnen (OLG Brandenburg, B. v. 15. 9. 2009 – Az.: Verg W 13/08 – bejaht für eine Frist von 12 bzw. 5 Monaten; OLG Dresden, B. v. 11. 9. 2003 – Az.: WVerg 07/03; OLG Düsseldorf, B. v. 19. 7. 2006 – Az.: VII – Verg 26/06 – abgelehnt für eine Frist von zwei Monaten; OLG Frankfurt, B. v. 7. 9. 2004 – Az.: 11 Verg 11/ 04 und 12/04; Thüringer OLG, B. v. 8. 5. 2008 – Az.: 9 Verg 2/08 – **abgelehnt für eine Frist von zwei Monaten**; VK Baden-Württemberg, B. v. 16. 1. 2009 – Az.: 1 VK 65/08 – **abgelehnt für eine Frist von drei Monaten**; 1. VK Brandenburg, B. v. 30. 9. 2008 – Az.: VK 30/08 – **abgelehnt für einen Zeitraum von etwa sechs Wochen**; B. v. 21. 11. 2005 – Az.: 1 VK 67/05; 1. VK Bund, B. v. 19. 11. 2008 – Az.: VK 1–135/08; B. v. 19. 11. 2008 – Az.: VK 1–126/08 – jeweils abgelehnt für eine Frist von zwei Monaten; 2. VK Bund, B. v. 28. 3. 2008 – Az.: VK 2–28/08 – **bejaht für eine Frist von sechs bzw. acht Monaten**; VK Lüneburg, B. v. 17. 5. 2005 – Az.: VgK-16/2005 für eine **Frist von mehr als 10 Monaten**; VK Münster, B. v. 6. 5. 2008 – Az.: VK 4/08 – abgelehnt für eine **Frist von 7 Monaten** –; 1. VK Sachsen, B. v. 8. 7. 2004 – Az.: 1/SVK/042-04; B. v. 15. 7. 2003 – Az.: 1/SVK/092-03 für eine **Frist von 14 Monaten;** 2. VK Sachsen-Anhalt, B. v. 3. 7. 2008 – VK 2 LVwA LSA – 05/08 – **abgelehnt für eine Frist von drei Monaten**; VK Schleswig-Holstein, B. v. 2. 2. 2005 – Az.: VK-SH 01/05). Ausschlaggebend ist hierbei, inwieweit der Rechtsschutz Suchende die zur Begründung seines Rechtsmittels angeführten Tatsachen kennt, ob Rechte Dritte durch dieses Verfahren betroffen sind und das zwischenzeitliche Verhalten der Beteiligten (1. VK Brandenburg, B. v. 21. 11. 2005 – Az.: 1 VK 67/05; 2. VK Bund, B. v. 13. 11. 2002 – Az.: VK 2–78/02).

Die Anwendung des Grundsatzes der Verwirkung ist **auch im Vergaberecht nicht auf die** 3352 **Fälle beschränkt, in denen der Berechtigte Kenntnis von seinem Recht hatte** (OLG Karlsruhe, B. v. 13. 6. 2008 – Az.: 15 Verg 3/08).

Die Einleitung des Nachprüfungsverfahrens ist jedoch nicht ohne weiteres wegen widersprüch- 3353 lichen Verhaltens gemäß § 242 BGB unzulässig, wenn z. B. ein Bieter in einem nicht-förmlichen Vergabeverfahren ein Angebot abgegeben hat und nunmehr, nachdem sein Angebot unberücksichtigt geblieben ist, geltend macht, der Auftraggeber habe vergaberechtsfehlerhaft kein Vergabeverfahren durchgeführt. **Widersprüchliches Verhalten ist missbräuchlich, wenn für den anderen Teil ein Vertrauenstatbestand geschaffen worden ist oder wenn andere bestimmte Umstände die Rechtsausübung treuwidrig erscheinen lassen.** Notwendig ist daher, dass der **Auftraggeber darauf vertrauen durfte**, dass das Unternehmen seine Schutzansprüche nicht mehr geltend machen wird. Ein solcher Vertrauenstatbestand könnte nur dann angenommen werden, wenn der Bieter trotz positiver Kenntnis von dem Erfordernis eines förmlichen Vergabeverfahrens ein Angebot eingereicht und von der Rüge des Vergabefehler abgesehen hat und dem Auftraggeber dies bekannt war (OLG Düsseldorf, B. v. 19. 7. 2006 – Az.: VII – Verg 26/06; B. v. 27. 10. 2004 – Az.: VII – Verg 41/04; im Ergebnis ebenso VK Münster, B. v. 6. 5. 2008 – Az.: VK 4/08; VK Sachsen, B. v. 7. 1. 2008 – Az.: 1/SVK/077-07).

Wird ein potenzieller Bieter erst durch ein **anonymes Schreiben** auf einen Vergabevorgang 3354 aufmerksam, ist ihm die **Möglichkeit zu einer Überprüfung des anonymen Schreibens** zuzubilligen. Ihm steht außerdem eine **Überlegungsfrist** zu, durch einen Nachprüfungsantrag um Rechtsschutz nachzusuchen. Außerdem kann sich der potenzielle Bieter zu dem Zweck, Aufschluss über die zweckmäßige Vorgehensweise zu erhalten, **zunächst an den Auftraggeber wenden**. Auch die **entsprechende Antwort** darf der potenzielle Bieter **abwarten**. Bei dieser Sachlage kann von einer Verwirkung des Rechtsschutzes nicht gesprochen werden, wenn vom Zugang des anonymen Schreibens bei dem potenziellen Bieter bis zur Anbringung des Nachprüfungsantrags nahezu **zwei Monate** verstreichen (OLG Düsseldorf, B. v. 25. 1. 2005 – Az.: VII – Verg 93/04).

Verschiebt sich aus internen Gründen im Zuständigkeitsbereich des Auftraggebers 3355 (z. B. ein Regierungswechsel) der **Zuschlag um mehrere Wochen, darf ein Bieter**, schon allein um die Aussichten eines Nachprüfungsantrages abschätzen zu können (z.B. an welcher Stelle der Wertung er überhaupt liegt), **mit seiner Entscheidung über die Einleitung eines Nachprüfungsverfahrens bis zum Erhalt der § 101a GWB-Mitteilung warten**. Letztlich kann die im Bereich des Auftraggebers entstandene Verzögerung dem Bieter deshalb nicht nachteilig angerechnet werden (2. VK Bund, B. v. 29. 3. 2006 – Az.: VK 2–11/06).

3356 **18.4.7.5.2 Verwirkung bei de-facto-Vergaben.** Eine **Verwirkung bei de-facto-Vergaben ist nicht generell ausgeschlossen** (VK Köln, B. v. 1. 4. 2008 – Az.: VK VOB 3/2008; im Ergebnis ebenso OLG Celle, B. v. 29. 10. 2009 – Az.: 13 Verg 8/09; VK Münster, B. v. 6. 5. 2008 – Az.: VK 4/08).

3357 Nach einer anderen Auffassung kommt eine **Verwirkung des Nachprüfungsrechts nach den Grundsätzen von Treu und Glauben (§ 242 BGB) bei einer de-facto-Vergabe nicht in Betracht**. Durch die Beteiligung am Vergabeverfahren entsteht zwischen dem öffentlichen Auftraggeber und Bewerbern oder Bietern eine vorvertragliche Sonderbeziehung, die in materiell-rechtlicher und prozessualer Hinsicht gegenseitige Verhaltenspflichten, insbesondere die Pflicht zur Loyalität und Rücksichtnahme, erzeugt. Erfolgt die Auftragsvergabe in einem ungeregelten Vergabeverfahren, verhindert indes der öffentliche Auftraggeber, dass darauf bezogene Verhaltenspflichten der betroffenen Bieter zur Entstehung gelangen können und der Vorwurf einer gegen die Grundsätze von Treu und Glauben verstoßenden Pflichtverletzung mit Erfolg erhoben werden kann. Eine **einseitige Anwendung der auf Treu und Glauben beruhenden Verhaltenspflichten zu Lasten des Bieters ist mit dem Normzweck des § 242 BGB nicht zu vereinbaren** (OLG Düsseldorf, B. v. 2. 10. 2008 – Az.: VII – Verg 25/08).

3358 **Gleicher Auffassung** ist die **VK Hessen**. Der Gesetzgeber hat keine Frist für die Stellung eines Nachprüfungsantrages vorgesehen. Diese **gesetzliche Regelung ist grundsätzlich interessengerecht**, da die Interessen der Vergabestelle durch die Rügeobliegenheit des Bieters nach § 107 Abs. 3 GWB, die Interessen der Bieter durch das 15-tägige bzw. 10-tägige Zuschlagsverbot des § 101 GWB gewahrt sind. Zwischen der Angebotsabgabe und der Versendung der Mitteilung nach § 101a GWB ist es Sache der Vergabestelle, ihr Verfahren zu beschleunigen. Anders als in Fällen einer de-facto-Vergabe mit vorangegangenen Verhandlungen oder der Aufhebung einer Ausschreibung weicht die vorliegende Konstellation von der Leitvorstellung des Gesetzgebers nicht ab. Es **fehlt also bereits an einer atypischen, die Anwendung der Grundsätze von Treu und Glauben rechtfertigenden Interessenlage** (2. VK Hessen, B. v. 26. 4. 2007 – Az.: 69d VK – 08/2007).

3359 **18.4.7.5.3 Kein Verstoß gegen europäisches Recht.** Die **Verwirkung verstößt nicht gegen europäisches Recht**. Sie **verstößt insbesondere nicht gegen die** Richtlinie 2007/66/EG des Europäischen Parlaments und des Rates vom 11. Dezember 2007 zur Änderung der Richtlinie 89/665/EWG und 92/13/EWG des Rates im Hinblick auf die Verbesserung der Wirksamkeit der Nachprüfungsverfahren bezüglich der Vergabe öffentlicher Aufträge (**Rechtsmittelrichtlinie**), nach deren Art. 1 (1) Abs. 3 die Mitgliedstaaten die erforderlichen Maßnahmen ergreifen, um sicherzustellen, dass hinsichtlich der in den Anwendungsbereich der Richtlinie 2004/18/EG fallenden Aufträge die Entscheidungen der öffentlichen Auftraggeber wirksam und vor allem möglichst rasch auf Verstöße gegen das Gemeinschaftsrecht im Bereich des öffentlichen Auftragswesens oder gegen die einzelstaatlichen Vorschriften, die dieses Recht umsetzen, nachgeprüft werden können. Allerdings hat der **EuGH auf der Grundlage dieser bereits in der alten Rechtsmittelrichtlinie enthaltenen Vorschrift entschieden, dass einem Bieter die Ausübung seiner Rechte, die ihm nach dem Gemeinschaftsrecht zustehen, nicht praktisch unmöglich gemacht oder übermäßig erschwert werden dürfen**. Die Annahme der Verwirkung führt aber nicht zu einer nach den eben genannten Grundsätzen unzulässigen Einschränkung der Rechte der Antragstellerin, wenn dieser z.B. seit sieben Monaten die Möglichkeit offen stand, die Vergabekammer zwecks Überprüfung der Entscheidung des Auftraggebers anzurufen. Abgesehen davon ist zu berücksichtigen, dass der **Europäische Gerichtshof auch dem Grundsatz der Rechtssicherheit, einem seit langem allgemein anerkannten Grundsatz des Gemeinschaftsrechts, eine hohe Bedeutung beimisst. Der Grundsatz der Rechtssicherheit soll auch die Beständigkeit der Rechtsverhältnisse gewährleisten**. Hiervon **geht auch die Rechtsmittelrichtlinie** vom 11. Dezember 2007 **aus**. Diese führt im 25. Erwägungsgrund aus: „Die Notwendigkeit, für Rechtssicherheit hinsichtlich der Entscheidungen der öffentlichen Auftraggeber und der Auftraggeber zu sorgen, erfordert ferner die Festlegung einer angemessenen Mindestverjährungsfrist für Nachprüfungen, in denen die Unwirksamkeit eines Vertrags festgestellt werden kann". Im 27. Erwägungsgrund heißt es in Satz 2: „Aus Gründen der Rechtssicherheit ist die Geltendmachung der Unwirksamkeit eines

Vertrages auf einen bestimmten Zeitraum beschränkt. Dementsprechend **eröffnet Art. 2 f (1) der Rechtsmittelrichtlinie den Mitgliedstaaten die Möglichkeit, dass eine Nachprüfung jedenfalls vor Ablauf einer Frist von mindestens sechs Monaten beantragt werden muss,** gerechnet ab dem Tag, der auf den Tag folgt, an dem der Vertrag geschlossen wurde. Der vom Bundeskabinett am 21. Mai 2008 beschlossene Entwurf eines Gesetzes zur Modernisierung des Vergaberechts sieht eine **Umsetzung dieser Richtlinienbestimmung in § 101 b Abs. 2 vor. Danach kann die Unwirksamkeit eines im Wege einer de-facto-Vergabe erteilten Auftrags nur festgestellt werden, wenn sie im Nachprüfungsverfahren innerhalb von dreißig Kalendertagen ab Kenntnis des Verstoßes, jedoch nicht später als sechs Monate nach Vertragsschluss geltend gemacht worden** ist (OLG Karlsruhe, B. v. 13. 6. 2008 – Az.: 15 Verg 3/08).

18.4.7.5.4 Weitere Beispiele aus der Rechtsprechung 3360

– hat bei einer de-facto-Vergabe der Antragsteller frühzeitig Kenntnis von der beabsichtigten Vergabe erlangt, kommt eine **Verwirkung des Rechts auf Nachprüfung solange nicht in Betracht, wie ein Auftrag schon mangels Einhaltung der kommunalrechtlichen Vertretungsvorschriften nicht wirksam zustande gekommen** ist (OLG Celle, B. v. 29. 10. 2009 – Az.: 13 Verg 8/09)

– wenn der Antragsteller im Vorfeld des Vertragsschlusses geäußert hat, er sehe keine Ausschreibungspflicht, jedoch später noch rechtzeitig rügt, es bestünde eine Ausschreibungspflicht, ist hierin nicht notwendigerweise ein treuwidriges widersprüchliches Verhalten zu sehen. Es ist **dem potentiellen Bieter, der u. U. laienhafte Kenntnisse des Vergaberechts hat, zuzugestehen, seine Rechtsmeinung, -insbesondere bei komplexeren Fragen des Vergaberechts- auch zu seinen Gunsten zu ändern**. Die Rechtsordnung sanktioniert nicht jedes widersprüchliche Verhalten ohne weiteres, indem sie dagegen den Einwand der Verwirkung oder den "venire contra factum proprium" zulässt. Rechtsmissbräuchlich ist ein solches Vorgehen eines Bieters erst, wenn die Vergabestelle aufgrund besonderer Umstände auf einen entsprechenden Rügeverzicht des Bieters vertrauen durfte (1. VK Sachsen, B. v. 13. 8. 2009 – Az.: 1/SVK/034-09, 1/SVK/034-09G)

– hat ein **Bieter seine erste Rüge ausdrücklich zurückgenommen** und darüber hinaus erklärt, sich dem von dem Auftraggeber angekündigtem **Verhandlungsverfahren unterwerfen zu wollen, kann diese Erklärung nur als Zusage verstanden werden, rechtlich nicht mehr gegen die Durchführung des Verhandlungsverfahrens** – und die ihm notwendiger Weise voraus gehende Aufhebung des Nichtoffenen Verfahrens – **vorgehen zu wollen**. Dies wird dadurch unterstützt, dass der Bieter im Folgenden am Verhandlungsverfahren teilgenommen und im August 2008 ein Endangebot abgegeben hat. Daher war es rechtsmissbräuchlich im Sinne eines Verstoßes gegen der Grundsatz von Treu und Glauben aus § 242 BGB, dass der Bieter unter dem 17. 10. 2008 erneut die Aufhebung des Nichtoffenen Verfahrens als vergaberechtswidrig gerügt hat, auch wenn der Bieter von dem Umstand, dass der Zuschlag nicht auf sein Angebot, sondern auf das eines anderen Bieters erteilt werden sollte, aus der Presse erfahren hat und erst danach gemäß § 13 VgV informiert wurde. **Vergaberechtlich bewirkt eine treuwidrig erhobene Rüge die Unzulässigkeit eines hierauf gestützten Nachprüfungsantrages** (VK Köln, B. v. 10. 2. 2009 – Az.: VK VOB 39/2008)

– zwar ist anerkannt, dass ein **widersprüchliches Verhalten seitens eines Bieters**, der auf der einen Seite einen **Vergaberechtsverstoß** (z. B. das Unterlassen eines öffentlichen Aufrufs zum Wettbewerb) **rügt** und zum Gegenstand eines Nachprüfungsantrags macht, diesen **Fehler jedoch auf der anderen Seite selbst bewusst ausnutzt** (z. B. durch Führen von auf vergaberechtswidrigen Abschluss gerichtete Verhandlungen), zum Ausschluss des Nachprüfungsrechts führen kann. Einen **allgemeinen Grundsatz, dass nur derjenige Rechte geltend machen kann, der sich selbst rechtstreu verhalten hat, gibt es jedoch nicht**. Darüber hinaus muss vielmehr bei dem Auftraggeber ein schützenswertes Vertrauen bestehen, was durch die Wortverbindung Treu **und** Glauben in § 242 BGB zum Ausdruck gebracht wird (3. VK Bund, B. v. 18. 2. 2009 – Az.: VK 3–158/08)

– selbst wenn man letzteres anders sehen wollte, dürfte das Schreiben jedoch zu spät gekommen zu sein, um eine Verwirkung zu verhindern, denn **Ende Oktober waren bereits nahezu fünf Monate seit der Versendung der Bieterinformation** vergangen. Wie **Art. 2 f Abs. 1 Buchst. a der reformierten Rechtsmittelrichtlinie 89/665/EWG verdeutlicht, können dem über die Auftragsvergabe informierten Bieter im Interesse der Rechtssicherheit wesentlich kürze Entscheidungsfristen zugemutet werden** (2. VK Bund, B. v. 28. 3. 2008 – Az.: VK 2–28/08)

Teil 1 GWB § 107 Gesetz gegen Wettbewerbsbeschränkungen

- die ASt hat jedoch ihr – hier unterstelltes – Antragsrecht verwirkt. Denn die Ag durfte nach den Umständen darauf vertrauen, dass die ASt die Mitte 2007 erfolgte Veräußerung der Liegenschaft an die Bg zu 1. nicht mehr im Februar 2008 mit einem Nachprüfungsantrag anfechten werde. Dieses Vertrauen wurde dadurch begründet, dass die ASt bereits am 7. Juni 2007 seitens der Ag von der vorgenommenen Veräußerung des Grundstücks informiert worden war, dennoch **mehr als acht Monate bis zur Stellung des Nachprüfungsantrages verstreichen ließ und diesen auch nicht etwa rechtzeitig angekündigt oder ihn sich zumindest ausdrücklich vorbehalten** hatte (2. VK Bund, B. v. 28. 3. 2008 – Az.: VK 2-28/08)

- unter den **besonderen Umständen des Streitfalles** reicht ein **Zeitraum von sieben Monaten für die Annahme der Verwirkung aus**. Denn die Antragstellerin hat im April/Mail 2007 einen Vertrauenstatbestand von erheblicher Intensität dahingehend gesetzt, dass sie aus der Vergabe des Auftrags an die Beigeladenen keine Rechte mehr ableiten wolle. Die Antragstellerin hat durch ihre Äußerungen gegenüber der Antragsgegnerin in der Besprechung vom 28. März 2007 sowie durch ihr nachfolgendes Verhalten, **insbesondere die Hinnahme des Schreibens der Antragsgegnerin vom 25. Mai 2007 ohne jede weitere Reaktion sowie das Hinwirken auf die Übernahme des X.-Marktes durch die Antragsgegnerin bzw. die Beigeladenen im April/Mai 2007, den Eindruck erweckt, dass sie keine weiteren Einwände gegen die Vergabe des Auftrages an die Beigeladenen erheben werde** und die Sache für sie nunmehr erledigt sei (OLG Karlsruhe, B. v. 13. 6. 2008 – Az.: 15 Verg 3/08)

- ein Recht kann nur verwirken, wenn der Inhaber von diesem Recht über einen längeren Zeitraum keinen Gebrauch gemacht hat, was voraussetzt, dass er sein Recht kannte. Aus den Gesamtumständen schließt die Kammer, dass der Antragstellerin im Jahre 2006, als sich die Antragsgegnerin für das Konzept der Beigeladenen entschied, nicht bewusst war, dass ihr ein Recht auf Nachprüfung zustand. Denn **weder der Antragstellerin noch den anderen Verfahrensbeteiligten kann unterstellt werden, dass sie zu dem Zeitpunkt bereits definitiv wussten, dass es sich um einen vergabepflichtigen Vorgang handelte.** Erst im Sommer 2007, nach der Ahlhorn-Entscheidung des OLG Düsseldorf, kann eine solche Kenntnis bei den Beteiligten mit großer Wahrscheinlichkeit angenommen werden. Legt man diesen Zeitpunkt zugrunde, so ist die Zeitspanne von ca. sechs Monaten bis zur Ausübung des Rechts im März 2008 immer noch nicht wesentlich überschritten (VK Münster, B. v. 6. 5. 2008 – Az.: VK 4/08)

- als **Orientierungshilfe für die Bemessung der Zeitspanne, in dem der Antragsteller sein Recht nicht ausgeübt hat, ohne dass es zur Verwirkung kommt, kann die Richtlinie 2007/66/EG vom 11. 12. 2007 dienen**. Dort wird für die vorliegende Sachverhaltskonstellation, also für den Fall einer de facto Vergabe, eine **Ausschlussfrist von sechs Monaten nach Vertragsschluss** bestimmt. Überträgt man dies auf die vorliegende Fallgestaltung, so ist jedenfalls der Ablauf von **sieben Monaten nach Vertragsschluss noch als vertretbar** anzusehen. Insofern führt jedenfalls das Verstreichenlassen dieses Zeitraums für sich genommen nicht zur Verwirkung (VK Münster, B. v. 6. 5. 2008 – Az.: VK 4/08)

- hat die Antragstellerin den Abschluss der vorgenannten Verträge am 31. 7. 2003 gegenüber der Antragsgegnerin erstmals am 18. 1. 2008, also **nach rund 4 ½ Jahren, als vergaberechtswidrig gerügt** und dann am 19. 2. 2008 einen Nachprüfungsantrag gestellt, muss **bei einer verständigen Betrachtung die Antragsgegnerin nach so langer Zeit nicht mehr mit einer Rüge und einem späteren Nachprüfungsantrag rechnen**, zumal unter den vorliegenden Umständen. Die **Antragsbefugnis ist verwirkt** (VK Köln, B. v. 1. 4. 2008 – Az.: VK VOB 3/2008)

- durch die **Beteiligung an einer informellen Markterkundung** und die darauf **folgende Abgabe eines Angebotes verwirkt** ein Bieter **nicht** sein Recht auf Nachprüfung des Vergabeverfahrens (2. VK Brandenburg, B. v. 8. 3. 2007 – Az.: 2 VK 4/07)

- **aus dem Umstand, dass sich ein Antragsteller trotz vorangegangener Rüge mit mehreren Angeboten an der Ausschreibung beteiligt, ergibt sich keine Verwirkung des Antragsrechts.** Insbesondere die Beteiligung an der Ausschreibung mit einem Angebot vermag nicht zur Verwirkung des Antragsrechts zu führen, da hierdurch kein Vertrauenstatbestand auf Seiten des Auftraggebers begründet wird. Denn **mit der Rüge ist der Auftraggeber über den aus der Sicht des Antragstellers bestehenden Vergabeverstoß informiert und muss mit einem Nachprüfungsverfahren rechnen**. Wenn in derartigen Fällen der Auftraggeber das beanstandete Verhalten nicht korrigiert, kann er nicht darauf vertrauen, dass der Bieter nach Abgabe eines Angebots die von ihm im vorhinein gerügten Vergabeverstöße nicht mehr im Wege des Nachprüfungsverfahrens geltend macht (1. VK Bund, B. v. 1. 2. 2007 – Az.: VK 1–154/06)

– macht ein Bieter die **vermeintlich fehlerhafte Aufhebung der Ausschreibung des ersten Vergabeverfahrens erst nach Erhalt des Absageschreibens wieder geltend** und wendet sich an die Vergabekammer, nachdem er **zweieinhalb Monate nach Erhebung der Rüge abgewartet** hat, die Aufhebung der Ausschreibung durch die Vergabekammer überprüfen zu lassen und auf diese Weise das ursprüngliche Vergabeverfahren zur Fortführung zu bringen, wobei neue Tatsachen in diesem Zeitraum nicht bekannt geworden sind, die für die Frage der Rechtmäßigkeit der Aufhebung der Ausschreibung relevant sind und hat sich der **Bieter vielmehr in dieser Zeit auf das neue Vergabeverfahren eingelassen**, sich mit einem vorbehaltlosen Angebot hieran beteiligt und dessen Ausgang abgewartet, hat der Bieter durch dieses Verhalten im Vergaberechtsschutz wegen treuwidrigen Verhaltens verwirkt. Sie hat **mit ihrem Verhalten im neuen Vergabeverfahren einen Vertrauenstatbestand gegenüber dem Auftraggeber geschaffen**, der es ihr nunmehr versagt, sich auf vermeintliche Fehler im Zusammenhang mit der Aufhebung der Ausschreibung und den Voraussetzungen für das neue Vergabeverfahren zu berufen (1. VK Brandenburg, B. v. 21. 11. 2005 – Az.: 1 VK 67/05)

18.4.7.5.5 Literatur

3361

– Haak, Sandra/Böke, Carsten, Rechtzeitig reagieren – Verwirkung des Rechtsschutzes bei Grundstücksgeschäften, Behörden Spiegel Juli 2008, 20

18.4.8 Erledigung der Antragsbefugnis

In dem Moment, in dem der Auftraggeber selbst, ohne die Maßnahme der Vergabekammer zur Beseitigung der Rechtsverletzung abzuwarten, sein beanstandetes Verhalten aufgibt, wodurch – isoliert gesehen – die bisher durch das beanstandete Verhalten verursachte Beeinträchtigung der Chancen des Antragstellers auf den Zuschlag beseitigt wird, ist der **Streitgegenstand des Nachprüfungsverfahrens erledigt**. Bei dieser Beurteilung bleibt es auch dann, wenn der Auftraggeber nicht nur sein bisher angegriffenes Verhalten aufgibt, sondern außerdem eine neue Verhaltensweise im Vergabeverfahren ergreift, die wiederum die Zuschlagschancen des (bisherigen) Antragstellers beeinträchtigt. Denn es ist nicht selbstverständlich, dass durch die neue Verhaltensweise des Auftraggebers der (bisherige) Antragsteller wiederum in seinen Rechten auf Einhaltung der Bestimmungen über das Vergabeverfahren (und zwar in denselben Rechten wie vorher) verletzt wird; vielmehr muss der Antragsteller eine erneute Rechtsverletzung geltend machen.

3362

18.4.9 Rechtsmissbrauch der Antragsbefugnis

Ein **Nachprüfungsantrag ist rechtsmissbräuchlich**, wenn ein Antragsteller die Rücknahme des Nachprüfungsantrages davon abhängig macht, dass ihm entweder der Betrieb eines Ladens im zu errichtenden Einkaufszentrum oder die Zahlung einer Entschädigungssumme (zahlbar durch Einräumung eines Kaufpreisnachlasses auf ein Grundstück in Spanien) zugesichert werde. Dieser **Tatbestand erfüllt die Voraussetzungen des § 125 Abs. 2 Nr. 3 GWB; die Absicht, sich das „Klagerecht" abkaufen zu lassen, führt zur Unzulässigkeit des Nachprüfungsantrages** (OLG Düsseldorf, B. v. 14. 5. 2008 – Az.: VII – Verg 27/08; VK Baden-Württemberg, B. v. 16. 1. 2009 – Az.: 1 VK 65/08).

3363

18.4.10 Antragsbefugnis auch bereits vor Erhalt der Information nach § 101 a GWB

Der **Antragsbefugnis steht auch nicht entgegen**, wenn ein Antragsteller den **Nachprüfungsantrag** bei der Vergabekammer **bereits vor Erhalt des Informationsschreibens gemäß § 101 a GWB stellt**. Die in § 101 a GWB geregelte Informationspflicht dient lediglich dazu, auch solchen beim Zuschlag nicht berücksichtigten Bietern den Primärrechtsschutz vor der Vergabekammer zu ermöglichen, die bislang im Zuge des Verfahrens entweder keine Kenntnis über vermeintliche Vergaberechtsverstöße erlangt haben oder deren Rügen durch den Auftraggeber nicht abgeholfen oder beantwortet wurden. Ebenso wie jedoch ein Bieter, der vor Erhalt des Informationsschreibens positive Kenntnis von vermeintlichen Vergaberechtsmängeln im

3364

Teil 1 GWB § 107   Gesetz gegen Wettbewerbsbeschränkungen

Sinne des § 107 Abs. 3 Satz 1 GWB erlangt, mit seiner Rüge nicht bis zum Erhalt des Informationsschreibens warten darf, ist ein Bieter umgekehrt nicht gehindert, schon vor Erhalt des Informationsschreibens die Vergabekammer anzurufen, wenn seiner Rüge nach seiner Auffassung nicht abgeholfen wurde (VK Lüneburg, B. v. 24. 9. 2003 – Az.: 203-VgK-17/2003). Es ist **regelmäßig sachgerecht**, dass die von einem Bieter, dessen Angebot eine Chance auf den Zuschlag hat, gerügten und vom Auftraggeber nicht abgestellten **Vergaberechtsverstöße möglichst bald zum Gegenstand eines Nachprüfungsverfahren gemacht werden**, damit gegebenenfalls noch vor der Wertung der Angebote die geeigneten Maßnahmen zur Beseitigung der Rechtsverletzungen getroffen werden können (OLG Celle, B. v. 18. 12. 2003 – Az.: 13 Verg 22/03).

18.4.11 Antragsbefugnis bei mangelhafter Information nach § 101a GWB eines anderen Bieters?

3365   § **101a GWB** bezweckt den Rechtsschutz des einzelnen Bieters insoweit, als dieser vom Vertragsschluss mit einem seiner Konkurrenten nicht überrascht wird und gem. § 114 Abs. 2 Satz 1 GWB von jeglicher Vergabeprüfung ausgeschlossen wird. Die Vorschrift **will in der Schlussphase des Wettbewerbs alle daran beteiligten Bieter hinsichtlich der Auftraggeberentscheidung auf dem Laufenden halten, um so die Möglichkeit des vergaberechtlichen Primärrechtsschutzes zu bewahren**. Individuellen Rechtsschutzcharakter hat § 97 Abs. 7 GWB zunächst in Bezug auf alle Bieter. Soweit jedoch die Vergabestelle einzelne Bieter vorab informiert hat, ist der Rechtsschutzzweck gegenüber diesen Vergabebeteiligten erfüllt. Dies hat nicht nur zur Folge, dass einer Rüge die materielle Grundlage entzogen ist, **es fehlt dem korrekt informierten Beteiligten auch die Befugnis, aus der Unterrichtung anderer Bieter „Gewinn zu schlagen"**. Wie § 107 Abs. 2 GWB zeigt, ist das Vergabeprüfungsverfahren nur demjenigen eröffnet, der durch den Vergaberechtsverstoß selbst geschädigt sein kann. Der Gesetzgeber hat das Vergabeüberprüfungsverfahren jedenfalls im Kern zu einem subjektiv-bieterbezogenen Kontrollinstrument ausgestaltet, das **nicht zur Erhebung von Popularklagen** taugt. Hat die Vergabestelle die Informations- und Beteiligungspflichten gegenüber einem Antragsteller ordnungsgemäß erfüllt, indem sie dieser über die Absicht, das Angebot eines anderen Bieters anzunehmen, unterrichtet und die vorgeschriebene Frist bis zur Erteilung des Zuschlags eingehalten ist, ist der Antragsteller im Stande, seine Interessen, insbesondere im Wege des Rechtsschutzes nach §§ 97 ff. GWB, uneingeschränkt wahrzunehmen. Dass die **Vergabestelle die Beteiligung anderer Bieter unterlassen hat, vermag allenfalls deren Rechte, nicht jedoch die des Antragstellers zu verletzen. Dieser kann sich daher nicht auf eine daraus resultierende Nichtigkeitsfolge** berufen (OLG Thüringen, B. v. 16. 7. 2003 – Az.: 6 Verg 3/03).

18.4.12 Antragsbefugnis bei Zusage der Vergabestelle, den Zuschlag erst ab einem bestimmten Datum zu erteilen?

3366   Dem Nachprüfungsantrag fehlt nicht das Rechtsschutzbedürfnis, wenn der Auftraggeber bestätigt, dass eine ausführliche Stellungnahme auf die Rüge erfolgen und vor einem bestimmten Datum kein Zuschlag erteilt wird. § 101b GWB verwehrt der Vergabestelle unter Androhung der Nichtigkeitsfolge, dass ein Vertrag vor Ablauf der Frist des § 101a GWB geschlossen wird, nicht aber einen Abschluss nach Ablauf dieser Frist. Mit einem Zuwarten über diese Frist hinaus riskiert der Antragsteller, dass der Zuschlag erteilt wird und er die Möglichkeit des Primärrechtsschutzes verliert. Wäre der Antragsteller in dieser Situation verpflichtet, mit seinem Nachprüfungsantrag zu warten, müsste er **einseitig das Risiko tragen, dass die Vergabestelle die von ihr erteilte Bestätigung auch einhält**. Schon das nicht unerhebliche Risiko, lediglich auf den Sekundärrechtsschutz verwiesen zu werden, ist unter Abwägung der widerstreitenden Interessen nicht zumutbar. Dem Nachteil der Vergabestelle, der daraus folgt, dass sie nicht mehr ausführlich auf die Rüge antworten kann und sich der Überprüfung im Vergabenachprüfungsverfahren stellen muss, wiegt gegenüber dem möglichen Verlust des wirksamen Primärrechtsschutzes auf Seiten des Antragstellers geringer. Zudem besteht auch nach Einleitung des Nachprüfungsverfahrens weiterhin die Möglichkeit, dass sich der Antragsteller durch eine ausführliche Stellungnahme der Vergabestelle von der Richtigkeit der Position der Vergabestelle überzeugen lässt und den Antrag zurücknimmt (VK Berlin, B. v. 29. 6. 2004 – Az.: VK – B 1–24/04).

Gesetz gegen Wettbewerbsbeschränkungen GWB § 107 **Teil 1**

18.4.13 Antragsbefugnis bei dem Rechtsschutzziel, eine Marktansprache vollständig zu verhindern?

Das **gänzliche Unterlassen einer Marktansprache kann im Nachprüfungsverfahren grundsätzlich nicht als Rechtsschutzziel verfolgt** werden. Das Nachprüfungsverfahren soll die Rechte von Bietern schützen. Wenn der Auftraggeber den beanstandeten Fehler nicht begangen hätte, also keine Ausschreibung durchgeführt hätte, bestünde keine denkbare Chance, als Bieter aufzutreten und einen Auftrag zu bekommen. Die zumindest denkbare Chance auf einen Vertragsschluss ist jedoch die Voraussetzung für die Gewährung von Primärrechtsschutz (VK Düsseldorf, B. v. 15. 8. 2008 – Az.: VK – 18/2008 – L). 3367

18.4.14 Literatur

– Antweiler, Clemens, Antragsbefugnis und Antragsfrist für Nachprüfungsanträge von Nichtbewerbern und Nichtbietern, VergabeR 2004, 702 3368
– Bultmann, Peter Friedrich/Hölzl Franz Josef, Die Entfesselung der Antragsbefugnis, NZBau 2004, 651
– Glahs, Heike, Die Antragsbefugnis im Vergabenachprüfungsverfahren, NZBau 2004, 544
– Wichmann, Alexander, Die Antragsbefugnis des Subunternehmers im vergaberechtlichen Nachprüfungsverfahren, Dissertation, Baden-Baden, 2005

18.5 Rüge (§ 107 Abs. 3)

18.5.1 Vergaberechtsmodernisierungsgesetz 2009

18.5.1.1 Allgemeines

§ 107 Abs. 3 hat einmal eine **klarere Struktur** erhalten. Außerdem ist die Vorschrift **um zwei Präklusionsregelungen (§ 107 Abs. 3 Satz 1 Nr. 3 und Nr. 5) erweitert** worden. 3369

§ 107 Abs. 3 verpflichtet nach der alten Fassung die Unternehmen, erkannte Verstöße unverzüglich zu rügen. Dies gilt auch für aufgrund der Vergabebekanntmachung erkennbare Verstöße. Diese Rügeobliegenheit hat zu einer Vielzahl von Rechtsstreitigkeiten geführt. Die **Änderung erweitert die Vorschrift. Auch erkennbare Verstöße in der Leistungsbeschreibung sollen unverzüglich, spätestens bis zum Ablauf der Angebotsfrist gerügt werden**. Damit bekommt der öffentliche Auftraggeber auch in diesen Fällen eher die Gelegenheit, etwaige Verfahrensfehler zu beheben und so im Interesse aller Beteiligten unnötige Nachprüfungsverfahren zu vermeiden (3. VK Bund, B. v. 30. 3. 2010 – VK 3–24/10; B. v. 2. 3. 2010 – Az.: VK 3–12/10). 3370

Außerdem wird eine **generelle Frist zur Geltendmachung eines Nachprüfungsantrags in den Fällen** eingeführt, in denen der Auftraggeber dem Unternehmen mitteilt, dass der Rüge des Unternehmens nicht abgeholfen wird. So kann frühzeitig Klarheit über die Rechtmäßigkeit des Vergabeverfahrens geschaffen werden. 3371

Bei den so genannten **de-facto-Vergaben** des § 101b Abs. 1 Nr. 2 ist es nicht sachgerecht, den Unternehmen eine Rügeverpflichtung aufzuerlegen. In diesen Fällen **kann sofort ein Nachprüfungsantrag bei der Vergabekammer gestellt** werden. 3372

18.5.1.2 Literatur

– Gass, Janka/Willenbruch, Klaus, Neue Fristen: Chancen und Risiken – Worauf beim neuen Vergaberecht zu achten ist, Behörden Spiegel Februar 2010, 21 3373
– Jaeger, Wolfgang, Neuerungen zur Rügeobliegenheit (§ 107 III GWB) durch das Vergaberechtsmodernisierungsgesetz, NZBau 2009, 558

18.5.2 Sinn und Zweck der Rüge

Die als **Präklusionsregel** ausgestattete Vorschrift des § 107 Abs. 3 soll nach den Vorstellungen des Gesetzgebers **unter dem Gesichtspunkt von Treu und Glauben der Einleitung unnötiger Nachprüfungsverfahren durch Spekulation mit Vergabefehlern entgegenwirken**. Sobald ein Bieter einen Verfahrensverstoß erkennt, soll er ihn gegenüber dem Auftrag- 3374

Teil 1 GWB § 107 Gesetz gegen Wettbewerbsbeschränkungen

geber unverzüglich (vgl. § 121 Abs. 1 Satz 1 BGB) rügen, damit jener den **Fehler korrigieren und damit ein Nachprüfungsverfahren vermieden** werden kann (OLG Brandenburg, B. v. 22. 4. 2010 – Az.: Verg W 5/10; OLG Celle, B. v. 11. 2. 2010 – Az.: 13 Verg 16/09; OLG München, B. v. 29. 7. 2010 – Az.: Verg 09/10; B. v. 19. 1. 2010 – Az.: Verg 1/10; B. v. 10. 12. 2009 – Az.: Verg 16/09; B. v. 2. 3. 2009 – Az.: Verg 01/09; B. v. 17. 9. 2007 – Az.: Verg 10/07; B. v. 2. 8. 2007 – Az.: Verg 07/07; OLG Naumburg, B. v. 5. 12. 2008 – Az.: 1 Verg 9/08; B. v. 4. 1. 2005 – Az.: 1 Verg 25/04; BayObLG, B. v. 22. 1. 2002 – Az.: Verg 18/01; OLG Rostock, B. v. 6. 3. 2009 – Az.: 17 Verg 1/09; OLG Thüringen, B. v. 30. 3. 2009 – Az.: 9 Verg 12/08; LSG Hessen, B. v. 15. 12. 2009 – Az.: L 1 KR 337/09 ER Verg; VK Baden-Württemberg, B. v. 6. 4. 2010 – Az.: 1 VK 19/10; B. v. 26. 3. 2010 – Az.: 1 VK 11/10; B. v. 2. 2. 2010 – Az.: 1 VK 75/09; B. v. 8. 1. 2010 – Az.: 1 VK 2/10; B. v. 5. 10. 2009 – Az.: 1 VK 53/09; VK Brandenburg, B. v. 7. 4. 2008 – Az.: VK 7/08; 2. VK Bund, B. v. 14. 10. 2009 – Az.: VK 2–174/09; B. v. 16. 3. 2009 – Az.: VK 2–7/09; B. v. 15. 9. 2008 – Az.: VK 2–91/08; 1. VK Hessen, B. v. 5. 11. 2009 – Az.: 69 d VK – 39/2009; B. v. 9. 10. 2009 – Az.: 69 d VK – 36/2009; B. v. 31. 3. 2008 – Az.: 69 d VK – 9/2008; VK Niedersachsen, B. v. 15. 1. 2010 – Az.: VgK-74/2009; B. v. 8. 7. 2009 – Az.: VgK-29/2009; B. v. 3. 7. 2009 – Az.: VgK-30/2009; B. v. 17. 4. 2009 – Az.: VgK-12/2009; VK Nordbayern, B. v. 12. 8. 2009 – Az.: 21.VK – 3194 – 29/09; B. v. 28. 1. 2009 – Az.: 21.VK – 3194 – 63/08; B. v. 21. 7. 2008 – Az.: 21.VK – 3194 – 27/08; 1. VK Sachsen, B. v. 3. 3. 2008 – Az.: 1/SVK/002–08; 1. VK Sachsen-Anhalt, B. v. 5. 5. 2008 – Az.: 1 VK LVwA 03/08; 2. VK Sachsen-Anhalt, B. v. 15. 1. 2008 – Az.: VK 2 LVwA LSA – 28/07; VK Schleswig-Holstein, B. v. 14. 11. 2008 – Az.: VK-SH 13/08; VK Südbayern, B. v. 29. 7. 2009 – Az.: Z3-3-3194-1-27-05/09; B. v. 12. 6. 2009 – Az.: Z3-3-3194-1-20-05/09; B. v. 13. 3. 2009 – Az.: Z3-3-3194-1-02-01/09; B. v. 16. 1. 2009 – Az.: Z3-3-3194-1-46-12/09; B. v. 18. 6. 2008 – Az.: Z3-3-3194-1-17-04/08).

3375 **An diesen Zielsetzungen der Rüge hat sich auch durch die Neufassung** des § 107 Abs. 3 GWB im Rahmen des Gesetzes zur Modernisierung des Vergaberechts **nichts geändert** (OLG Celle, B. v. 11. 2. 2010 – Az.: 13 Verg 16/09).

18.5.3 Inhalt der Rügepflicht

3376 Die Vorschrift des § 107 Abs. 3 GWB trägt einen **Doppelcharakter**; sie beinhaltet einerseits eine **Zulässigkeitsvoraussetzung für den Nachprüfungsantrag**, stellt aber andererseits eine **materielle Präklusionsregel** dar (1. VK Sachsen-Anhalt, B. v. 5. 5. 2008 – Az.: 1 VK LVwA 03/08; VK Südbayern, B. v. 16. 1. 2009 – Az.: Z3-3-3194-1-46-12/09; B. v. 18. 6. 2008 – Az.: Z3-3-3194-1-17-04/08; B. v. 8. 11. 2001 – Az.: 35-09/01; im Ergebnis ebenso für die materielle Präklusion OLG Karlsruhe, B. v. 6. 2. 2007 – Az.: 17 Verg 7/06; VK Niedersachsen, B. v. 24. 2. 2009 – Az.: VgK-57/2008; B. v. 23. 2. 2009 – Az.: VgK-58/2008; B. v. 11. 2. 2009 – Az.: VgK-56/2008).

3377 Die **Rügepflicht ist inhaltslos**, wenn man davon ausgeht, dass bei Vergaberechtsverstößen, jedenfalls soweit sie sich in den bekannt gegebenen Rahmenbedingungen des Wettbewerbes niederschlagen, statt der Vorgabe durch die Vergabestelle die nach den vergaberechtlichen Vorschriften „richtige" Bedingung als gesetzt gilt. Dies wiederum führt zu unterschiedlichem Angebotsverhalten der Bieter, je nachdem, ob sie die Vergaberechtswidrigkeit einer Vorgabe erkennen und sie gar nicht erst einhalten oder nicht. Es liegt auf der Hand, dass ein derartiges **Ersetzen einer vergaberechtswidrigen Vorgabe durch die einschlägige gesetzliche Regelung mit den vergaberechtlichen Grundsätzen der Transparenz und Gleichbehandlung nicht zu vereinbaren** ist (VK Düsseldorf, B. v. 21. 10. 2008 – Az.: VK – 34/2008 – B).

18.5.4 Rechtsnatur der Rüge

3378 Die **Rechtsnatur der Rüge** ist **in der Rechtsprechung umstritten**.

3379 Nach einer **Auffassung** ist die Rüge kein Rechtsgeschäft, insbesondere keine einseitige empfangsbedürftige Willenserklärung. Sie ist vielmehr **eine verfahrensrechtliche Erklärung, eine Zulässigkeits- und Zugangsvoraussetzung für das Nachprüfungsverfahren**, bei der die Voraussetzungen für wirksame Verfahrenshandlungen vorliegen müssen (VK Baden-Württemberg, B. v. 1. 4. 2010 – Az.: 1 VK 13/10; VK Münster, B. v. 19. 9. 2006 – Az.: VK 12/06; B. v. 24. 9. 2004 – Az.: VK 24/04).

3380 Ihrer **Rechtsnatur** nach ist die rechtzeitige Rüge im Vergabeverfahren erkannter oder erkennbarer Verstöße gegen Vergabevorschriften gegenüber dem Auftraggeber eine **Obliegenheit**.

Erfolgt die Rüge nicht rechtzeitig, wird der darauf bezogene Antrag als unzulässig zurückgewiesen, d. h. der Anspruch auf Nachprüfung geht in diesem Punkt verloren (Saarländisches OLG, B. v. 9. 11. 2005 – Az.: 1 Verg 4/05).

Anderer Auffassung ist das OLG München. Eine **Rüge stellt eine empfangsbedürftige Willenserklärung dar**, die wie jede andere derartige Willenserklärung gemäß § 133 BGB so auszulegen ist, wie sie der Erklärungsempfänger nach Treu und Glauben unter Berücksichtigung der Verkehrssitte verstehen muss (OLG München, B. v. 26. 6. 2007 – Az.: Verg 6/07; VK Hessen, B. v. 5. 11. 2009 – Az.: 69 d VK – 39/2009; B. v. 19. 3. 2009 – Az.: 69 d VK – 05/2009). 3381

18.5.5 Beachtung von Amts wegen

Die Rüge ist **eine von Amts wegen zu beachtende Sachentscheidungsvoraussetzung**, bedarf also keiner Rüge eines anderen Beteiligten (OLG Dresden, B. v. 8. 11. 2002 – Az.: WVerg 0018/02; 2. VK Hessen, B. v. 26. 4. 2007 – Az.: 69 d VK – 08/2007; 1. VK Sachsen, B. v. 29. 12. 2004 – Az.: 1/SVK/123-04VK Schleswig-Holstein, B. v. 23. 7. 2004 – Az.: VK-SH 21/04). 3382

Ein Nachprüfungsverfahren ist **auch im VOF-Verfahren** nicht ohne Rüge zulässig (VK Arnsberg, B. v. 8. 7. 2003 – Az.: VK 3–12/2003). 3383

18.5.6 Isolierte Zulässigkeitsprüfung für jeden gerügten Vergaberechtsverstoß

Der Gesetzgeber hat den Parteien eine unverzügliche Rügepflicht auferlegt und sie zudem dem Beschleunigungs- und Förderungsgebot unterworfen, damit **möglichst in einem Beschwerdeverfahren sämtliche Punkte ohne Verzögerung abgehandelt** und damit die durch ein Nachprüfungsverfahren bedingten Investitionshemmnisse möglichst gering gehalten werden. Daher muss ein Antragsteller **alle eventuellen Vergabeverstöße rügen**. Macht er dies nicht, können diese eventuellen Vergabeverstöße in einem späteren Verfahren nicht mehr gerügt werden (2. VK Bund, B. v. 18. 7. 2002 – Az.: VK 2–40/02). 3384

Die Rügeobliegenheit verlangt also, dass **jeder einzelne** (wirklich geschehene oder vermutliche) **Vergaberechtsverstoß**, den der Antragsteller zum Gegenstand der Nachprüfung machen will, **gerügt werden muss** (OLG Dresden, B. v. 21. 10. 2005 – Az.: WVerg 0005/05; 1. VK Bund, B. v. 3. 2. 2010 – Az.: VK 1–236/09; B. v. 26. 2. 2003 – Az.: VK 1–07/03; 1. VK Sachsen, B. v. 1. 4. 2010 – Az.: 1/SVK/007–10; B. v. 25. 11. 2009 – Az.: 1/SVK/051-09). 3385

Die **Tatbestandsmerkmale** des § 107 Abs. 3 GWB müssen daher auch **für jeden gerügten Vergaberechtsverstoß gesondert dargelegt und geprüft** werden (OLG Düsseldorf, B. v. 23. 1. 2008 – Az.: VII – Verg 36/07; B. v. 19. 7. 2006 – Az.: VII – Verg 27/06; OLG Naumburg, B. v. 5. 12. 2008 – Az.: 1 Verg 9/08; OLG Rostock, B. v. 6. 3. 2009 – Az.: 17 Verg 1/09; 1. VK Bund, B. v. 3. 2. 2010 – Az.: VK 1–236/09; 3. VK Bund, B. v. 2. 3. 2010 – Az.: VK 3–12/10; B. v. 29. 4. 2009 – Az.: VK 3–85/09; B. v. 6. 7. 2007 – Az.: VK 3–58/07; B. v. 12. 12. 2006 – Az.: VK 3–141/06; VK Düsseldorf, B. v. 7. 10. 2009 – Az.: VK – 31/2009 – L; VK Schleswig-Holstein, B. v. 8. 1. 2009 – Az.: VK-SH 14/08; B. v. 3. 12. 2008 – Az.: VK-SH 12/08). Werden **mehrere Rügen** erhoben, ist also **für jede dieser Rügen gesondert zu prüfen, ob sie zulässig** ist (OLG Celle, B. v. 31. 7. 2008 – Az.: 13 Verg 3/08; OLG Naumburg, B. v. 5. 12. 2008 – Az.: 1 Verg 9/08; 3. VK Bund, B. v. 2. 3. 2010 – Az.: VK 3–12/10; 1. VK Sachsen, B. v. 25. 11. 2009 – Az.: 1/SVK/051-09; VK Schleswig-Holstein, B. v. 8. 1. 2009 – Az.: VK-SH 14/08; B. v. 3. 12. 2008 – Az.: VK-SH 12/08; VK Südbayern, B. v. 13. 3. 2009 – Az.: Z3-3-3194-1-02-01/09). 3386

Das **gilt auch dann, wenn das Nachprüfungsverfahren aufgrund eines nicht den Anforderungen des § 107 Abs. 2, 3 GWB genügenden Antrags eingeleitet worden** ist. Die Tatbestandsmerkmale des § 107 Abs. 2, 3 GWB müssen für jeden einzelnen Vergaberechtsverstoß gesondert dargelegt und geprüft werden. Fehlen sie im Hinblick auf die ursprünglich geltend gemachten Rügen, so ändern „nachgeschobene" Rügen nichts daran, dass der Antrag insoweit unzulässig bleibt. Der **Antrag kann in diesem Fall aber teilweise, nämlich soweit es um die neue Rüge geht, zulässig werden.** Dem stehen die Vorschriften des § 107 Abs. 2, 3 GWB nicht entgegen. Ihnen – und auch § 108 GWB – ist nicht zu entnehmen, dass in einem erst während des Nachprüfungsverfahrens eingereichten Schriftsatz vorgebrachte Rügen bei der Zulässigkeitsprüfung unberücksichtigt bleiben müssen. **Für diese Auffassung spricht, dass es dem Beschleunigungsgebot zuwiderliefe, den Bieter wegen erst während des Nachprüfungsverfahrens erkannter Vergaberechtsverstöße auf ein neues Nachprüfungsverfahren zu 3387

Teil 1 GWB § 107   Gesetz gegen Wettbewerbsbeschränkungen

verweisen, wenn die Rügen im Übrigen zulässig, insbesondere so rechtzeitig vorgebracht worden sind, dass sie in dem laufenden Nachprüfungsverfahren ohne Verzögerung beschieden werden können. Soweit das OLG Düsseldorf die Ansicht vertreten hat, nur wenn eine den Maßstäben des § 107 Abs. 2 GWB genügende Darlegung der Verletzung von Bieterrechten das Nachprüfungsverfahren eröffnet habe, könnten andere, erst im Laufe des Nachprüfungsverfahrens zutage getretene Vergaberechtsverletzungen zum Gegenstand desselben Nachprüfungsverfahrens gemacht werden, tritt das OLG Celle dem aus den vorgenannten Gründen nicht bei (OLG Celle, B. v. 8. 3. 2007 – Az.: 13 Verg 2/07; B. v. 12. 5. 2005 – Az.: 13 Verg 5/05; ebenso OLG Frankfurt, B. v. 8. 12. 2009 – Az.: 11 Verg 6/09; OLG Koblenz, B. v. 26. 10. 2005 – Az.: 1 Verg 4/05; OLG Thüringen, B. v. 26. 3. 2007 – Az.: 9 Verg 2/07; VK Brandenburg, B. v. 22. 11. 2007 – Az.: VK 43/07; 1. VK Bund, B. v. 9. 10. 2008 – VK 1–123/08; VK Münster, B. v. 4. 8. 2010 – Az.: VK 5/10; VK Nordbayern, B. v. 15. 1. 2008 – Az.: 21.VK – 3194 – 49/07; 1. VK Sachsen, B. v. 10. 6. 2008 – Az.: 1/SVK/026-08; B. v. 3. 3. 2008 – Az.: 1/SVK/002–08; B. v. 15. 5. 2007 – Az.: 1/SVK/028-07; B. v. 7. 5. 2007 – Az.: 1/SVK/027-07; B. v. 16. 11. 2006 – Az.: 1/SVK/097-06).

3388   Infolge dieser differenzierten Zulässigkeitsprüfung **können verschiedene Vergaberechtsverstöße**, die ein Antragsteller geltend macht, **bereits auf der Zulässigkeitsebene getrennte Wege gehen**, und zwar in beide Richtungen: ein Nachprüfungsantrag, dem bezüglich einer Beanstandung eine rechtzeitige Rüge zugrunde liegt und der damit insoweit zulässig ist, berechtigt nicht zum Vorbringen weiterer Verstöße im Nachprüfungsverfahren, die bereits im Vorfeld im Sinne von § 107 Abs. 3 GWB erkannt, aber nicht gerügt wurden; insoweit wäre die Unzulässigkeit gegeben. In gleicher Weise gilt aber auch, dass ein Vergabefehler, der erst im Nachprüfungsverfahren für den Antragsteller offenbar wird und daher zulässigerweise ohne Rüge eingebracht wird, nicht dadurch unzulässig wird, dass der ursprüngliche Nachprüfungsantrag auf einen Verstoß gestützt wird, mit dem der Antragsteller nach § 107 Abs. 3 GWB präkludiert ist. Der **Grundsatz der isolierten Zulässigkeitsprüfung für die geltend gemachten Vergaberechtsverstöße kann sich eben in zweierlei Richtung, zu Gunsten des Antragstellers oder zu seinen Lasten, auswirken** (OLG Frankfurt, B. v. 8. 12. 2009 – Az.: 11 Verg 6/09; 3. VK Bund, B. v. 25. 10. 2006 – Az.: VK 3–114/06; VK Schleswig-Holstein, B. v. 3. 12. 2008 – Az.: VK-SH 12/08; VK Südbayern, B. v. 13. 3. 2009 – Az.: Z3-3-3194-1-02-01/09).

18.5.7 Keine Pflicht zu mehrfachen Rügen

3389   § 107 Abs. 3 Satz 1 GWB schreibt lediglich vor, dass unverzüglich zu rügen ist, **sagt aber nicht, dass** – wenn schon eine rechtzeitige Rüge vorliegt – nach Erhalt z. B. der Mitteilung nach § 101a GWB **ein weiteres Mal zu rügen** ist. Die Notwendigkeit zu einer erneuten Rüge ergäbe sich lediglich dann, wenn nach Erhalt der Mitteilung ein anderer Sachverhalt beanstandet würde als beim ersten Mal (1. VK Bund, B. v. 2. 6. 2003 – Az.: VK 1–39/03; 2. VK Mecklenburg-Vorpommern, B. v. 28. 11. 2008 – Az.: 2 VK 7/08).

18.5.8 Konsequenzen einer Rügepräklusion

3390   Eine **Rügepräklusion** hat **nicht nur die verfahrensrechtliche Konsequenz**, dass ein auf diesen Vergaberechtsverstoß gestützter Nachprüfungsantrag (insoweit) unzulässig wäre. Die **verfahrensrechtliche Unanfechtbarkeit** hat vielmehr **auch zur Folge**, dass die an sich **vergaberechtswidrige Vorgehensweise** (z. B. Verlagerung der Bekanntgabe der geforderten Eignungsnachweise von der Bekanntmachung in die Verdingungsunterlagen) im Verhältnis zu einem Bieter, der seiner Rügeobliegenheit nicht nachgekommen ist, **als vergaberechtskonform fingiert** wird (OLG Koblenz, B. v. 10. 6. 2010 – Az.: 1 Verg 3/10; B. v. 3. 4. 2008 – Az.: 1 Verg 1/08; B. v. 7. 11. 2007 – Az.: 1 Verg 6/07; VK Arnsberg, B. v. 18. 1. 2008 – Az.: VK 01/08; VK Baden-Württemberg, B. v. 8. 1. 2010 – Az.: 1 VK 2/10; 1. VK Sachsen, B. v. 25. 11. 2009 – Az.: 1/SVK/051-09; anderer Auffassung VK Düsseldorf, B. v. 21. 1. 2009 – Az.: VK – 43/2008 – L).

3391   **Folge der Rügepräklusion** ist also der **Verlust des Anspruches auf Überprüfung eines bestimmten Tuns oder Unterlassens des Antragsgegners** (VK Hessen, B. v. 9. 10. 2009 – Az.: 69d VK – 36/2009).

18.5.9 Vereinbarkeit einer Präklusionsregel mit dem EU-Recht

3392   Die **Festsetzung angemessener Ausschlussfristen** für die Einlegung von Rechtsbehelfen **genügt** grundsätzlich dem sich aus der Richtlinie 89/665 ergebenden **Effektivitätsgebot**, da

Gesetz gegen Wettbewerbsbeschränkungen GWB § 107 **Teil 1**

sie ein Anwendungsfall des grundlegenden Prinzips der Rechtssicherheit ist. Zudem steht außer Zweifel, dass **durch Sanktionen wie die Präklusion gewährleistet** werden kann, dass rechtswidrige Entscheidungen der öffentlichen Auftraggeber nach ihrer Bekanntgabe an die Betroffenen **so rasch wie möglich angefochten und berichtigt werden**, was ebenfalls mit den Zielen der Richtlinie 89/665 und mit dem Grundsatz der Rechtssicherheit in Einklang steht (EuGH, Urteil v. 30. 9. 2010 – Az.: C-314/09; Urteil v. 28. 1. 2010 – Az.: C-456/08; Urteil v. 28. 1. 2010 – Az.: C-406/08; Urteil v. 11. 10. 2007 – Az.: C-246/01; Urteil v. 12. 12. 2002 – Az.: C-470/99, Urteil v. 27. 2. 2003 – Az.: C-327/00; OLG Düsseldorf, B. v. 14. 5. 2008 – Az.: VII-Verg 11/08; 2. VK Bund, B. v. 6. 5. 2010 – Az.: VK 2–26/10; B. v. 28. 1. 2008 – Az.: VK 2–162/07; VK Thüringen, B. v. 25. 11. 2008 – Az.: 250–4003.20–5545/2008-032-GRZ). Außerdem ist die **vollständige Verwirklichung der mit der Rechtsmittelrichtlinie verfolgten Ziele gefährdet**, wenn **Bewerber und Bieter in jedem Stadium des Vergabeverfahrens Verstöße gegen die Regeln über die Auftragsvergabe rügen** und dadurch den öffentlichen Auftraggeber zwingen könnten, das gesamte Verfahren erneut durchzuführen, um den Verstoß zu beheben (EuGH, Urteil v. 28. 1. 2010 – Az.: C-456/08; Urteil v. 11. 10. 2007 – Az.: C-246/01).

Dieses **Ziel der zügigen Behandlung muss im nationalen Recht unter Beachtung der Erfordernisse der Rechtssicherheit verwirklicht** werden. Zu diesem Zweck müssen die Mitgliedstaaten eine **Fristenregelung schaffen, die hinreichend genau, klar und vorhersehbar** ist, damit der Einzelne seine Rechte und Pflichten kennen kann (EuGH, Urteil v. 28. 1. 2010 – Az.: C-456/08; Urteil v. 28. 1. 2010 – Az.: C-406/08). 3393

Jedoch dürfen **nationale Ausschlussfristen** einschließlich der Art und Weise ihrer Anwendung nicht als solche die Ausübung der Rechte, die dem Betroffenen gegebenenfalls nach dem Gemeinschaftsrecht zustehen, **praktisch unmöglich machen oder übermäßig erschweren** (EuGH, Urteil v. 28. 1. 2010 – Az.: C-456/08; Urteil v. 28. 1. 2010 – Az.: C-406/08; Urteil v. 11. 10. 2007 – Az.: C-246/01; OLG München, B. v. 4. 4. 2008 – Az.: Verg 04/08; VK Thüringen, B. v. 25. 11. 2008 – Az.: 250–4003.20–5545/2008-032-GRZ). 3394

Damit steht auch die **grundsätzliche Vereinbarkeit der Vergabevorschrift des § 107 Abs. 3 Satz 1 GWB mit dem Gemeinschaftsvergaberecht** fest (OLG Naumburg, B. v. 4. 1. 2005 – Az.: 1 Verg 25/04; im Ergebnis für das alte Recht auch OLG Koblenz, B. v. 18. 9. 2003 – Az.: 1 Verg 4/03; 3. VK Bund, B. v. 16. 12. 2004 – Az.: VK 3–212/04; 1. VK Sachsen, B. v. 23. 12. 2004 – Az.: 1/SVK/129-04; VK Thüringen, B. v. 25. 11. 2008 – Az.: 250–4003.20–5545/2008-032-GRZ). 3395

Dies **gilt auch für die Vergabevorschrift des § 107 Abs. 3 Satz 2 GWB – altes Recht** – (EuGH, Urteil v. 11. 10. 2007 – Az.: C-246/01; Hanseatisches OLG Bremen, B. v. 18. 5. 2006 – Az.: Verg 3/2005; OLG München, B. v. 4. 4. 2008 – Az.: Verg 04/08). 3396

18.5.10 Unzulässigkeit von „vorsorglichen" Rügen

Die **Rechtsprechung** ist insoweit **nicht einheitlich**. 3397

Nach einer Auffassung besteht zwar **dann noch keine Rügeverpflichtung, wenn die Vergabeentscheidung noch nicht gefallen** ist und ein Bieter noch keine Absage erhalten hat. Dem **Bieter kann es jedoch nicht zum Nachteil gereichen**, dass er bereits vor der Vergabeentscheidung auf einen Vergaberechtsverstoß hinweist, zumal die Rügeverpflichtung engen zeitlichen Vorgaben unterliegt und unverzüglich erfolgen soll (1. VK Sachsen, B. v. 10. 9. 2003 – Az.: 1/SVK/107-03). 3398

Nach einer anderen Auffassung **sieht das Vergaberecht** eine „**vorsorgliche Rüge" künftigen fehlerhaften Handelns des Auftraggebers nicht vor**. Der Gesetzeswortlaut knüpft die Rügepflicht vielmehr an einen vollzogenen und vom Rechtsschutz suchenden Bieter im Vergabeverfahren erkannten Vergabefehler an. Das entspricht Sinn und Zweck der Regelung. Daran gemessen geht eine vorsorgliche Rüge, die aufschiebend bedingt eine noch gar nicht vollzogene Vergabemaßnahme beanstandet, **von vornherein ins Leere** (VK Brandenburg, B. v. 21. 11. 2005 – Az.: 1 VK 67/05; B. v. 18. 6. 2004 – Az.: VK 22/04; B. v. 21. 4. 2009 – Az.: Z3-3-3194-1-09-02/09; VK Hessen, B. v. 2. 12. 2004 – Az.: 69d VK – 72/2004; 1. VK Sachsen, B. v. 8. 6. 2006 – Az.: 1/SVK/050-06). Der **öffentliche Auftraggeber ist schon aufgrund der bestehenden Vorschriften zur Einhaltung der Vergaberegeln verpflichtet**. Er muss dazu nicht erst durch eine vorsorgliche Rüge angehalten werden. Es ist ihm aufgrund der Gesetzesbestimmungen ebenfalls bekannt, dass ein benachteiligter Bieter einen Vergabeverstoß im Wege eines 3399

Teil 1 GWB § 107 Gesetz gegen Wettbewerbsbeschränkungen

Nachprüfungsverfahrens beanstanden kann. Auch insoweit bedarf es keiner vorsorglichen Rüge im laufenden Vergabeverfahren. Die kritische, mit dem Risiko eines unnötigen Nachprüfungsverfahrens belastete Verfahrenssituation, die durch die gesetzliche Rügepflicht unter dem Gesichtspunkt von Treu und Glauben entlastet werden soll, **entsteht erst dann, wenn eine (vermeintlich) fehlerhafte Maßnahme stattgefunden hat. Nur in diesem Fall besteht für die Vergabestelle Anlass zur gezielten Selbstkontrolle und ggf. Selbstkorrektur** und für den Bieter die Versuchung, die Auswirkungen des Fehlers zunächst abzuwarten und einen Nachprüfungsantrag erst dann zu stellen, wenn seine Spekulation auf einen günstigen Verfahrensausgang nicht aufgeht, die Gelegenheit des Auftraggebers zur zeitsparenden Selbstkorrektur jedoch verstrichen ist. Eine **vorsorgliche Rüge könnte diesen situationsbezogenen Interessenausgleich zwischen Auftraggeber und Bieter nicht schaffen** und wäre daher mit Sinn und Zweck der Gesetzesregelung unvereinbar (OLG Koblenz, B. v. 18. 9. 2003 – Az.: 1 Verg 4/03; VK Hessen, B. v. 2. 12. 2004 – Az.: 69 d VK – 72/2004).

3400   Die strengen Anforderungen, die das Vergaberecht an die Rügepflicht stellt, sprechen also gegen eine Vorverlagerung der Antragsbefugnis auf den Zeitpunkt der Willensbildung. Wenn sich eine Rechtsverletzung i. S. d. § 97 Abs. 2 GWB schon aus internen Überlegungen der Vergabestelle ergeben könnte, deren Realisierung ungewiss ist, so müsste der Bieter schon diese Überlegungen unverzüglich rügen, wenn er von ihnen Kenntnis erlangt. Dies hätte zur Folge, dass der Bieter selbst bei widerstreitenden internen Überlegungen der Vergabestelle vorsorglich eine Rüge erheben und gegebenenfalls ein Nachprüfungsverfahren einleiten müsste, obwohl er nicht wissen kann, ob die vergaberechtswidrigen Überlegungen in eine entsprechende Entscheidung der Vergabestelle münden oder – im Falle einer demokratischen Willensbildung – sich die Befürworter einer vergaberechtswidrigen Entscheidung durchsetzen werden. **Auch im Interesse des Bieters muss das Nachprüfungsrecht und die Rügepflicht daher auf solche Rechtsverletzungen beschränkt bleiben, die bereits vorliegen oder zumindest formell angekündigt wurden** (OLG Naumburg, B. v. 3. 11. 2005 – Az.: 1 Verg 9/05). **Interne Vorüberlegungen, interne alternative Konzepte oder vergleichende Betrachtungen** usw. stellen **noch keinen Vergaberechtsverstoß** dar (VK Münster, B. v. 5. 4. 2006 – Az.: VK 5/06).

3401   Ein **Nachprüfungsantrag** kann sich auch **nur gegen ein bestimmtes, nach außen gerichtetes Tun oder Unterlassen der Vergabestelle in einem konkreten Vergabeverfahren** richten. **Ankündigungen oder Absichtserklärungen sind nicht angreifbar**. Ein Nachprüfungsantrag, der sich gegen einen internen Akt der Willensbildung richtet, geht ins Leere. Dem entsprechend geht auch eine „Rüge", die bereits im Vorfeld des konkreten Vergabeverfahrens erhoben wird, ins Leere (VK Düsseldorf, B. v. 24. 8. 2007 – Az.: VK – 24/2007 – L; B. v. 19. 4. 2007 – Az.: VK – 10/2007 – B; VK Nordbayern, B. v. 4. 10. 2007 – Az.: 21.VK – 3194 – 41/07; VK Südbayern, B. v. 21. 4. 2009 – Az.: Z3-3-3194-1-09-02/09). Die **Zulassung einer solchen vorbeugenden Rüge** wäre auch mit dem Charakter des Nachprüfungsverfahrens, Primärrechtsschutz für begangene Vergaberechtsverstöße und keinen vorbeugenden Rechtsschutz zu gewähren, **nicht zu vereinbaren** (OLG Düsseldorf, B. v. 4. 5. 2009 – Az.: VII-Verg 68/08).

3402   Einen **Grenzfall** behandelt die VK Baden-Württemberg. Die **Rügeobliegenheit** entsteht durch jedes dem Bieter bekannt werdende vergaberechtliche Fehlverhalten der Vergabestelle. Sie **wird nicht erst durch eine dem Bieter nachteilige abschließende Vergabeentscheidung ausgelöst**. Es mag möglicherweise zutreffen, dass vorläufige Überlegungen der Vergabestelle im Rahmen des Meinungsfindungsprozesses grundsätzlich noch nicht zur Rüge verpflichten. Anderes gilt jedoch dann, wenn ein **Organ des Landkreises, z. B. der Ausschuss für Umwelt und Technik, eine aus Sicht eines Bieters vergaberechtswidrige Beschlussvorlage dem Kreistag zur Abstimmung unterbreitet. Hier ist der Bieter gehalten, das in seinen Augen gegebene vergaberechtswidrige Handeln zu rügen, um die vergaberechtswidrige Beschlussfassung erst gar nicht zur Abstimmung gelangen lassen**. Die Vorstellung, der Bieter dürfe stattdessen zuwarten, bis das weitere Schicksal dieser Vorlage klar ist, lässt sich mit Sinn und Zweck der Rügeobliegenheit nicht vereinbaren. Denn Sinn der Rügeobliegenheit ist, sicherzustellen, dass fehlerhaftes Verhalten so früh wie möglich unterbunden wird und die Vergabestelle im Interesse aller Verfahrensbeteiligten Gelegenheit erhält, ihre Fehler zu beseitigen (VK Baden-Württemberg, B. v. 2. 2. 2010 – Az.: 1 VK 75/09).

3403   Auch wird die **Obliegenheit zur Rüge** eines vermeintlich vergaberechtswidrigen Ausschlusses des eigenen Angebotes wegen fehlender Eignungsnachweise **durch ein bloßes Aufklärungsersuchen der Vergabestelle, welches auf einen beabsichtigten künftigen Ausschluss schließen lässt, noch nicht begründet (OLG Naumburg, B. v. 2. 7. 2009 – Az.: 1 Verg 2/09).

18.5.11 Verdachtsrüge

Dem Bieter ist nicht zuzumuten, in jedem Verfahrensstadium das Verhältnis zur Vergabestelle durch Verdachtsrügen zu belasten; erst aufgrund besonderer Umstände ist er zur Erhebung einer Rüge verpflichtet (OLG Düsseldorf, B. v. 30. 4. 2002 – Az.: Verg 3/02; BayObLG, B. v. 3. 7. 2002 – Az.: Verg 13/02; VK Berlin, B. v. 29. 6. 2004 – Az.: VK – B 1–24/04; VK Brandenburg, B. v. 25. 2. 2005 – Az.: VK 4/05; B. v. 25. 2. 2005 – Az.: VK 3/05; 3. VK Bund, B. v. 8. 1. 2010 – Az.: VK 3–229/09; VK Schleswig-Holstein, B. v. 31. 1. 2006 – Az.: VK-SH 33/05). 3404

So stellt z. B. **ein vermeintlich fehlerhaftes Angebot eines anderen Bieters** noch keinen gemäß § 107 Abs. 3 GWB zu rügenden Vergabeverstoß dar, sondern **erst eine Entscheidung oder eine Maßnahme der Vergabestelle, durch die dieses vermeintlich fehlerhafte Angebot dem des Bieters vorgezogen wird** (VK Schleswig-Holstein, B. v. 31. 1. 2006 – Az.: VK-SH 33/05). 3405

Dem Bieter soll auch nicht die Pflicht auferlegt werden, das Vergabeverfahren laufend auf seine Rechtmäßigkeit hin zu kontrollieren (2. VK Bund, B. v. 4. 9. 2002 – Az.: VK 2–58/02). 3406

Selbst ein rechtlicher Verdacht, dass die Vergabestelle einen Vergaberechtsverstoß begangen hat, lässt die Rügeobliegenheit erst entstehen, wenn sich der Verdacht, etwa durch Einholung weiterer Informationen, **zur ausreichenden Gewissheit verdichtet** (BayObLG, B. v. 23. 10. 2003 – Az.: Verg 13/03; VK Schleswig-Holstein, B. v. 31. 1. 2006 – Az.: VK-SH 33/05). 3407

Zur **Unverzüglichkeit einer Verdachtsrüge** vgl. die Kommentierung → Rdn. 621. 3408

18.5.12 Rüge gegen eigene Rechtsverletzung

Ein **Unternehmer ist nicht nach § 107 Abs. 3 GWB verpflichtet, den bieterschützenden Verstoß in Bezug auf einen Mitbewerber zu rügen. Er kann sogar auf einen erkannten Fehler spekulieren, der sich möglicherweise zu seinen Gunsten auswirken könnte.** Die Vorschrift des § 107 Abs. 3 GWB soll nur verhindern, dass er bei einer solchen Spekulation, die schief geht, nicht später die Rechtmäßigkeit des Vergabeverfahrens einfordern darf (Schleswig-Holsteinisches OLG, B. v. 9. 3. 2010 – Az.: 1 Verg 4/09). 3409

18.5.13 Entbehrlichkeit der Rüge

Angesichts des Zwecks der Vorschrift des § 107 Abs. 3 GWB sind **Ausnahmen von dem Gebot der unverzüglichen Rüge** als Zulässigkeitsvoraussetzung für den Nachprüfungsantrag **nur unter engen Voraussetzungen zuzugestehen** (VK Schleswig-Holstein, B. v. 14. 11. 2008 – Az.: VK-SH 13/08). 3410

18.5.13.1 De-facto-Vergaben

18.5.13.1.1 Vergaberechtsmodernisierungsgesetz 2009.
Bei den so genannten **De-facto-Vergaben** des § 101b Abs. 1 Nr. 2 GWB ist es nicht sachgerecht, den Unternehmen eine Rügeverpflichtung aufzuerlegen. In diesen Fällen **kann sofort ein Nachprüfungsantrag bei der Vergabekammer gestellt** werden. Dementsprechend gilt nach § 107 Abs. 3 Satz 2 GWB die Rügeverpflichtung nicht bei einem Antrag auf Feststellung der Unwirksamkeit des Vertrages nach § 101b Abs. 1 Nr. 2 GWB. 3411

Die **Neuregelung des Vergaberechtsmodernisierungsgesetzes 2009 übernimmt im Kern die schon bisher bestehende Rechtsprechung**. Diese wird deshalb nachfolgend noch dargestellt. 3412

18.5.13.1.2 Rechtsprechung nach dem Vergaberechtsmodernisierungsgesetz 2009 zu den de-facto-Vergaben.
Ein öffentlicher **Auftraggeber, der sich bewusst außerhalb der Vorschriften der §§ 97 ff. GWB** über ein geregeltes Vergabeverfahren **bewegen will** und insoweit jede Verpflichtung, ein solches Vergabeverfahren durchzuführen, ablehnt, **kann sich nicht mit Erfolg auf die Verletzung von Obliegenheiten durch den Bieter berufen, die nur bei einer Anwendung gerade dieser Vorschriften gelten** (1. VK Bund, B. v. 21. 12. 2009 – Az.: VK 1–212/09; VK Münster, B. v. 18. 3. 2010 – Az.: VK 1/10). 3413

3414 Gemäß § 107 Abs. 3 Satz 2 GWB entfällt die Rügeobliegenheit im Falle eines Antrages auf Feststellung der Unwirksamkeit eines Vertrages, der nach § 101b Abs. 1 Nr. 2 GWB de facto vergeben worden ist. Diese **Regelung gilt erst recht, wenn die Direktvergabe noch bevorsteht**. Hat sich ein Auftraggeber entschieden, **kein geregeltes Vergabeverfahren nach dem GWB durchzuführen**, weil er hier beispielsweise der Auffassung ist, dass eine Direktvergabe nach der VO Nr. 1370/2007 möglich und zulässig ist, dann **kann auch einem Antragsteller keine aus § 242 BGB abgeleitete Rügeobliegenheit auferlegt werden**. Denn auch in einem solchen Fall würde die Verpflichtung des Bieters zur Rüge eine einseitige Belastung der Bieterseite bei gleichzeitiger Privilegierung des öffentlichen Auftraggebers bewirken, die schon deshalb nicht gerechtfertigt ist, weil der öffentliche Auftraggeber und nicht der Bieter der verantwortliche Normadressat für die Beachtung des Vergaberechts ist (VK Münster, B. v. 7. 9. 2010 – Az.: VK 6/10).

3415 **18.5.13.1.3 Rechtsprechung vor dem Vergaberechtsmodernisierungsgesetz 2009. 18.5.13.1.3.1 Allgemeines.** Bei **de-facto-Vergaben**, bei denen also der öffentliche Auftraggeber kein Vergabeverfahren durchführt, **entfällt die Rügepflicht zwangsläufig** (OLG Brandenburg, B. v. 22. 4. 2010 – Az.: Verg W 5/10; B. v. 15. 9. 2009 – Az.: Verg W 13/08; OLG Celle, B. v. 29. 10. 2009 – Az.: 13 Verg 8/09; OLG Düsseldorf, B. v. 2. 11. 2009 – Az.: VII-Verg 12/09; B. v. 4. 2. 2009 – Az.: VII-Verg 65/08; B. v. 2. 10. 2008 – Az.: VII – Verg 25/08; B. v. 26. 5. 2008 – Az.: VII – Verg 14/08; B. v. 6. 2. 2008 – Az.: VII – Verg 37/07; B. v. 13. 6. 2007 – Az.: VII – Verg 2/07; B. v. 23. 5. 2007 – Az.: VII – Verg 50/06; B. v. 21. 6. 2006 – Az.: VII – Verg 17/06; BayObLG, B. v. 27. 2. 2003 – Az.: Verg 25/02; OLG Naumburg, B. v. 3. 11. 2005 – Az.: 1 Verg 9/05; VK Arnsberg, B. v. 15. 11. 2005 – Az.: VK 20/2005; VK Baden-Württemberg, B. v. 7. 3. 2008 – Az.: 1 VK 1/08; B. v. 14. 3. 2005 – Az.: 1 VK 5/05; VK Brandenburg, B. v. 22. 5. 2008 – Az.: VK 11/08; B. v. 8. 3. 2007 – Az.: 2 VK 4/07; 2. VK Bund, B. v. 28. 3. 2008 – Az.: VK 2–28/08; B. v. 15. 11. 2007 – Az.: VK 2–123/07, B. v. 15. 11. 2007 – Az.: VK 2–120/07, B. v. 15. 11. 2007 – Az.: VK 2–117/07, B. v. 15. 11. 2007 – Az.: VK 2–114/07, B. v. 15. 11. 2007 – Az.: VK 2–108/07, B. v. 15. 11. 2007 – Az.: VK 2–105/07; B. v. 15. 11. 2007 – Az.: VK 2–102/07; 3. VK Bund, B. v. 18. 2. 2009 – Az.: VK 3–158/08; B. v. 20. 1. 2009 – Az.: VK 3–191/08; B. v. 20. 1. 2009 – Az.: VK 3–188/08; B. v. 20. 1. 2009 – Az.: VK 3–185/08; B. v. 15. 8. 2008 – Az.: VK 3–107/08; VK Düsseldorf, B. v. 24. 6. 2008 – Az.: VK – 19/2008 – B; B. v. 31. 10. 2008 – Az.: VK – 22/2008 – B; B. v. 2. 8. 2007 – Az.: VK – 23/2007 – B; B. v. 12. 9. 2006 – Az.: VK – 37/2006 – L; VK Hamburg (FB), B. v. 27. 4. 2006 – Az.: VgK FB 2/06; VK Hessen, B. v. 27. 4. 2007 – Az.: 69d VK – 11/2007; VK Köln, B. v. 9. 3. 2006 – Az.: VK VOL 34/2005; VK Lüneburg, B. v. 10. 10. 2006 – Az.: VgK-23/2006; VK Magdeburg, B. v. 6. 6. 2002 – Az.: 33–32571/07 VK 05/02 MD; VK Mecklenburg-Vorpommern, B. v. 8. 5. 2007 – Az.: 3 VK 04/07; VK Münster, B. v. 25. 6. 2009 – Az.: VK 7/09; B. v. 6. 5. 2008 – Az.: VK 4/08; B. v. 26. 9. 2007 – Az.: VK 17/07; B. v. 19. 6. 2007 – Az.: VK 12/07; B. v. 19. 9. 2006 – Az.: VK 12/06; B. v. 24. 6. 2002 – Az.: VK 03/02; VK Saarland, B. v. 24. 10. 2008 – Az.: 3 VK 02/2008; B. v. 19. 5. 2006 – Az.: 3 VK 03/2006; 1. VK Sachsen, B. v. 6. 3. 2009 – Az.: 1/SVK/001–09; B. v. 9. 9. 2008 – Az.: 1/SVK/046-08; B. v. 29. 8. 2008 – Az.: 1/SVK/042-08; B. v. 29. 8. 2008 – Az.: 1/SVK/041-08; B. v. 26. 3. 2008 – Az.: 1/SVK/005–08; 1. VK Sachsen-Anhalt, B. v. 23. 6. 2010 – Az: 1 VK LVwA 69/09; B. v. 22. 2. 2008 – Az: 1 VK LVwA 30/07; VK Schleswig-Holstein, B. v. 14. 5. 2008 – Az.: VK-SH 06/08; VK Südbayern, B. v. 3. 4. 2009 – Az.: Z3-3-3194-1-49–12/08).

3416 Schon die **Vorschrift des § 107 Abs. 3 Satz 1 GWB (alte Fassung) setzte ihrem Wortlaut nach ein „Vergabeverfahren" voraus, an dem es aber bei einer De-facto-Vergabe gerade fehlt**. Darüber hinaus ist die Präklusionsregelung des § 107 Abs. 3 GWB eine Ausprägung von Treu und Glauben, wonach effektiver Bieterrechtsschutz und Auftraggeberinteresse in ein ausgewogenes Verhältnis gesetzt werden sollen. Es handelt sich um eine Ausprägung des vorvertraglichen Vertrauensverhältnisses zwischen Bieter und Auftraggeber im förmlichen Vergabeverfahren. An einem **derartigen vorvertraglichen Vertrauensverhältnis fehlt es aber gerade bei einer de-facto-Vergabe**. Schließlich ist es **Sinn und Zweck der Rüge**, dem Auftraggeber im laufenden Vergabeverfahren Gelegenheit zu geben, von einem Unternehmen angenommene **Vergaberechtsverstöße noch im laufenden Verfahren zu beseitigen**. Dieser Zweck ist jedoch nur im Rahmen eines förmlichen Vergabeverfahrens zu erreichen. **Bei einer de-facto-Vergabe kann er nicht realisiert werden**. Aus diesen Gründen besteht bei de-facto-Vergaben keine Rügeverpflichtung (VK Baden-Württemberg, B. v. 7. 3. 2008 – Az.: 1 VK 1/08; VK Hessen, B. v. 27. 4. 2007 – Az.: 69d VK – 11/2007; VK Schleswig-Holstein, B. v. 14. 5. 2008 – Az.: VK-SH 06/08; im Ergebnis ebenso OLG Düsseldorf, B. v. 6. 2. 2008 – Az.: VII – Verg 37/07).

Führt jedoch der Auftraggeber kein Vergabeverfahren durch und ist der **Unternehmer über** 3417
diesen Umstand seit langem fortlaufend unterrichtet, ist es dem Antragsteller ohne weiteres möglich und zumutbar, dies gegenüber der Vergabestelle geltend zu machen. In diesen Fällen besteht auch ein Vertrauensverhältnis zwischen Vergabestelle und Unternehmen. In diesem Ausnahmefall **besteht auch bei einer „De-facto-Vergabe" eine Rügepflicht** (OLG Naumburg, B. v. 2. 3. 2006 – Az.: 1 Verg 1/06; 1. VK Sachsen, B. v. 29. 8. 2008 – Az.: 1/SVK/042-08; B. v. 29. 8. 2008 – Az.: 1/SVK/041-08; 1. VK Sachsen-Anhalt, B. v. 23. 12. 2005 – Az.: 1 VK LVwA 43/05).

Diese **Rechtsprechung kann vom Sinn und Zweck** her auch **auf die Neuregelung** 3418
des Vergabemodernisierungsgesetzes angewendet werden.

Nach Auffassung des **OLG Düsseldorf** ist hingegen vom Grundsatz her eine aus § 242 3419
BGB abgeleitete Rügeobliegenheit zu Lasten desjenigen Bieters, der sich in Kenntnis der Erforderlichkeit eines regulären Vergabeverfahrens an einer De-facto-Vergabe beteiligt, ohne den Auftraggeber auf den Rechtsverstoß hinzuweisen, zu verneinen. **Dadurch würde nicht nur die Nichtanwendbarkeit des § 107 Abs. 3 GWB auf de-facto-Vergaben unterlaufen**, sondern eine **einseitige Belastung der Bieterseite bei gleichzeitiger Privilegierung des öffentlichen Auftraggebers** bewirkt, die schon deswegen nicht gerechtfertigt ist, weil der öffentliche Auftraggeber und nicht der Bieter der verantwortliche Normadressat für die Beachtung des Vergaberechts ist. Im konkreten Einzelfall ist bei der **Prüfung des Bestehens einer aus Treu und Glauben abzuleitenden Rügeobliegenheit vielmehr auch das Verhalten des öffentlichen Auftraggebers zu würdigen**. Bestreitet dieser die Notwendigkeit eines geregelten Vergabeverfahrens noch im Nachprüfungsverfahren, kann dem Bieter zugute gehalten werden, hiervon ebenfalls nicht ausgegangen zu sein. Stellt sich also der öffentliche Auftraggeber auf den Standpunkt, zu einer Direktvergabe berechtigt gewesen zu sein, ist es ein nicht zu rechtfertigender **Wertungswiderspruch**, den Nachprüfungsantrag unter Hinweis auf eine Beanstandungsobliegenheit als rechtsmissbräuchlich zurückzuweisen, während der öffentliche Auftraggeber sich gegen die Einhaltung der Vergabevorschriften entschieden hat und von dieser Entscheidung auch im Nachprüfungsverfahren nicht abrückt (OLG Düsseldorf, B. v. 26. 5. 2008 – Az.: VII – Verg 14/08; B. v. 19. 7. 2006 – Az.: VII – Verg 26/06; VK Düsseldorf, B. v. 31. 10. 2007 – Az.: VK – 31/2007 – L; B. v. 2. 8. 2007 – Az.: VK – 23/2007 – B; VK Münster, B. v. 26. 9. 2007 – Az.: VK 17/07; 1. VK Sachsen, B. v. 29. 8. 2008 – Az.: 1/SVK/042-08; B. v. 29. 8. 2008 – Az.: 1/SVK/041-08; B. v. 26. 3. 2008 – Az.: 1/SVK/005–08; VK Südbayern, B. v. 3. 4. 2009 – Az.: Z3-3-3194-1-49–12/08).

Zur Frage der **Verwirkung des Nachprüfungsrechts nach den Grundsätzen von Treu** 3420
und Glauben (§ 242 BGB) **bei einer de-facto-Vergabe** vgl. die Kommentierung → Rdn. 271 ff.

18.5.13.1.3.2 Subjektive Überzeugung eines Antragstellers über eine Direktvergabe. 3421
Der Grundsatz, dass eine Rügeverpflichtung bei einer Direktvergabe nicht besteht, ist auch dann **anwendbar**, wenn der **Antragsteller seine Erkenntnismöglichkeiten ausgeschöpft hat und aus nachvollziehbaren Gründen subjektiv davon überzeugt sein darf, dass kein Wettbewerbsverfahren beabsichtigt** ist (VK Düsseldorf, B. v. 31. 10. 2008 – Az.: VK – 22/2008 – B).

18.5.13.1.3.3 Weitere Beispiele aus der Rechtsprechung 3422

– wird ein weitgehend ungeregeltes Vergabeverfahren durchgeführt und wird der **Antragsteller durch den Abschluss von notariellen Verträgen in Bezug auf die Vergabeentscheidung vor vollendete Tatsachen gestellt**, kann er eine effektive Rüge infolgedessen nicht anbringen. Im Fall einer derartigen Direktvergabe ist der Antragsteller von der Rügeobliegenheit nach § 107 Abs. 3 GWB befreit (OLG Düsseldorf, B. v. 2. 10. 2008 – Az.: VII – Verg 25/08)

– es ist in der Rechtsprechung anerkannt, dass § 107 Abs. 3 Satz 1 GWB nicht eingreift, wenn die Rüge zum Gegenstand hat, dass ein geregeltes Vergabeverfahren überhaupt nicht durchgeführt worden ist. **Nichts anderes gilt dann, wenn ein geregeltes Vergabeverfahren zwar eingeleitet worden ist, wenn es sich aber um ein Verhandlungsverfahren ohne öffentliche Vergabebekanntmachung handelt und der potenzielle Auftragnehmer, der die Rüge erhebt, nicht zu den für das Verhandlungsverfahren ausgewählten Bietern zählt**. § 107 Abs. 3 Satz 1 GWB greift nach seinem Wortlaut in einem solchen Fall nicht ein. Ein Unternehmen, das an einem Verhandlungsverfahren nicht beteiligt wird, kann den Vergaberechtsverstoß nicht „im Vergabeverfahren" erkennen. Gegen eine Rügepflicht in einem solchen Fall spricht ferner, dass es ohne ein Vergabeverfahren, an dem das Unternehmen sich beteiligen kann, an einem Pflichtenverhältnis fehlt, dem eine Rügeobliegenheit entnommen werden könnte (OLG Celle, B. v. 8. 12. 2005 – Az.: 13 Verg 2/05).

3423 **18.5.13.2 Vergaben, die nicht nach dem rechtlich gebotenen Vergabeverfahren durchgeführt werden.** Die Rechtsprechung ist insoweit **nicht einheitlich.**

3424 Die zu den echten de-facto-Verfahren, also den Verfahren, bei denen jegliches förmliches Verfahren unterblieb, vertretene **Auffassung, dass die Rügepflicht entfällt, gilt in gleichem Maße auch für die sonstigen Auftragsvergaben, die nicht nach dem rechtlich gebotenen Vergabeverfahren durchgeführt wurden,** dass also z. B. eine europaweite Ausschreibung vergaberechtswidrig unterbleibt oder ein VOF-Verfahren statt eines VOL-Verfahrens durchgeführt wurde (Saarländisches OLG, B. v. 20. 9. 2006 – Az.: 1 Verg 3/06; VK Baden-Württemberg, B. v. 27. 6. 2003 – Az.: 1 VK 29/03; 1. VK Saarland, B. v. 13. 3. 2010 – Az.: 1 VK 01/2010).

3425 Anders als bei der vergleichsweise eindeutig richtigen Wahl von VOB/A für Bauleistungen oder VOL/A für Dienstleistungen ist die **richtige Wahl zwischen VOF und VOL/A bei Dienstleistungen nicht aus dem Inhalt der Ausschreibung zu erkennen. Denn hier ergibt sich die richtige Wahl des Vergabeverfahrens aus der richtigen Bewertung des Anteils der geistig-schöpferischen Anforderungen an den Auftrag**. Das ist nicht aus den Anforderungen allein zu erkennen, sondern eher dem, was der Auftraggeber dann akzeptiert – ein am Markt verfügbares Standard-Produkt oder tatsächlich eine geistig-schöpferische Leistung. Eine Rüge des falschen Verfahrens ist nicht erforderlich (2. VK Brandenburg, B. v. 21. 2. 2007 – Az.: 2 VK 58/06).

3426 Die **Erwägungen zur fehlenden Notwendigkeit einer Rüge** erscheinen nicht nur dann als zutreffend, wenn der Auftraggeber einen Wettbewerb gänzlich unterlassen hat und nur ein Unternehmen überhaupt zur Abgabe eines Angebotes aufgefordert hat. **Auch wenn durchaus ein Wettbewerbsverfahren durchgeführt wird, der Auftraggeber aber der Auffassung ist, hierzu jedenfalls nicht nach der Vorschrift aus § 97 Abs. 1 GWB verpflichtet zu sein, kann nichts anderes gelten** (VK Düsseldorf, B. v. 31. 10. 2007 – Az.: VK – 31/2007 – L).

3427 Nach einer **anderen Auffassung** ist angesichts der Tatsache, dass der Auftraggeber **ein zwar nicht europaweites, aber immerhin öffentliches und damit förmliches Vergabeverfahren durchgeführt** hat, die **Rüge** auch im Gegensatz zur Situation bei echten de-facto-Vergaben, denen überhaupt kein förmliches Vergabeverfahren vorausgeht, **nicht entbehrlich** (OLG Brandenburg, B. v. 15. 9. 2009 – Az.: Verg W 13/08; 3. VK Bund, B. v. 14. 11. 2007 – Az.: VK 3–124/07; VK Lüneburg, B. v. 10. 10. 2006 – Az.: VgK-23/2006; 1. VK Saarland, B. v. 13. 3. 2010 – Az.: 1 VK 01/2010).

3428 **In einem geregelten – wenngleich gegebenenfalls falschen – Vergabeverfahren folgt die Obliegenheit der Rüge letztlich aus dem Gebot der Rücksichtnahme und der Loyalität.** Dieses Gebot hat zur Grundlage, dass durch die Anforderung der Ausschreibungs- oder Teilnahmeunterlagen zwischen dem Auftraggeber und dem Bewerber ein vorvertragliches Schuldverhältnis entsteht, in welchem die Grundsätze von Treu und Glauben Rechte und Pflichten entstehen lassen. Vergibt der Auftrageber den Auftrag hingegen de-facto, also ohne geregeltes Verfahren, verhindert dieses Vorgehen das Entstehen eines vorvertragliches Schuldverhältnisses. Bei einem wie auch immer gearteten geregelten Verfahren ist also die Rüge nach § 107 Abs. 3 GWB unverzichtbar (OLG Brandenburg, B. v. 15. 9. 2009 – Az.: Verg W 13/08; 1. VK Saarland, B. v. 13. 3. 2010 – Az.: 1 VK 01/2010).

18.5.13.3 Vergaberechtsverstöße, die während eines laufenden Vergabenachprüfungsverfahrens bekannt werden

3429 Die **Rechtsprechung** hierzu ist **nicht einheitlich.**

3430 § 107 Abs. 3 Satz 1 GWB ist nach seinem Wortlaut und Sinn nur auf „im Vergabeverfahren", aber nicht auf erst „im Nachprüfungsverfahren" erkannte Vergaberechtsverstöße anwendbar. Es besteht deshalb in der Rechtsprechung grundsätzlich **Einvernehmen, dass die Rügeobliegenheit für solche Vergaberechtsfehler entfällt, die der antragstellenden Partei erst während des laufenden Vergabenachprüfungsverfahrens bekannt werden** (BGH, B. v. 26. 9. 2006 – Az.: X ZB 14/06; KG Berlin, B. v. 21. 12. 2009 – Az.: 2 Verg 11/09; B. v. 13. 3. 2008 – Az.: 2 VERG 18/07; OLG Brandenburg, B. v. 20. 3. 2007 – Az.: Verg W 12/06; OLG Celle, B. v. 12. 5. 2010 – Az.: 13 Verg 3/10; B. v. 10. 1. 2008 – Az.: 13 Verg 11/07; B. v. 8. 3. 2007 – Az.: 13 Verg 2/07; B. v. 12. 5. 2005 – Az.: 13 Verg 5/05; OLG Düsseldorf, B. v. 16. 12.

Gesetz gegen Wettbewerbsbeschränkungen GWB § 107 **Teil 1**

2009 – Az.: VII-Verg 32/09; B. v. 2. 11. 2009 – Az.: VII-Verg 12/09; B. v. 14. 10. 2009 – Az.: VII-Verg 9/09; B. v. 10. 9. 2009 – Az.: VII-Verg 12/09; B. v. 11. 2. 2009 – Az.: VII-Verg 69/ 08; B. v. 9. 2. 2009 – Az.: VII-Verg 66/08; B. v. 8. 12. 2008 – Az.: VII-Verg 55/08; B. v. 21. 5. 2008 – Az.: VII – Verg 19/08; B. v. 28. 4. 2008 – Az.: VII – Verg 1/08; B. v. 19. 7. 2006 – Az.: VII – Verg 27/06; B. v. 16. 11. 2005 – Az.: VII – Verg 59/05; B. v. 23. 2. 2005 – Az.: VII – Verg 92/04; B. v. 21. 2. 2005 – Az.: VII – Verg 91/04; B. v. 16. 2. 2005 – Az.: VII – Verg 74/04; B. v. 8. 5. 2002 – Az.: Verg 4/02, B. v. 25. 5. 2002 – Az.: 5 Verg/02; OLG Frankfurt, B. v. 9. 7. 2010 – Az.: 11 Verg 5/10; B. v. 7. 8. 2007 – Az.: 11 Verg 3/07, 4/07; B. v. 21. 4. 2005 – Az.: 11 Verg 1/05; B. v. 2. 11. 2004 – Az.: 11 Verg. 16/04; OLG Karlsruhe, B. v. 15. 10. 2008 – Az.: 15 Verg 9/08; OLG München, B. v. 2. 8. 2007 – Az.: Verg 07/07; OLG Naumburg, B. v. 5. 12. 2008 – Az.: 1 Verg 9/08; Schleswig-Holsteinisches OLG, B. v. 5. 4. 2005 – Az.: 6 Verg 1/05; VK Baden-Württemberg, B. v. 15. 2. 2010 – Az.: 1 VK 04/10; B. v. 1. 9. 2009 – Az.: 1 VK 46/09; B. v. 13. 8. 2009 – Az.: 1 VK 31/09; B. v. 20. 5. 2009 – Az.: 1 VK 18/09; B. v. 19. 5. 2009 – Az.: 1 VK 19/09; B. v. 26. 9. 2008 – Az.: 1 VK 33/08; B. v. 16. 8. 2005 – Az.: 1 VK 48/05; VK Berlin, B. v. 24. 7. 2007 – Az.: VK B 1–19/07; VK Brandenburg, B. v. 19. 1. 2010 – Az.: VK 47/09; B. v. vom 3. 4. 2008 – Az.: VK 4/08; B. v. 22. 11. 2007 – Az.: VK 43/07; B. v. 16. 10. 2007 – Az.: VK 38/07; B. v. 13. 3. 2007 – Az.: 1 VK 7/07; B. v. 21. 2. 2007 – Az.: 2 VK 58/06; 1. VK Bund, B. v. 21. 4. 2010 – Az.: VK 1–31/10; B. v. 20. 1. 2010 – Az.: VK 1–230/09; B. v. 27. 11. 2009 – Az.: VK 1–194/09; B. v. 9. 10. 2008 – VK 1–123/08; B. v. 20. 8. 2008 – Az.: VK 1–111/08; 2. VK Bund, B. v. 24. 10. 2008 – Az.: VK 2–109/08; B. v. 3. 7. 2007 – Az.: VK 2–45/07, VK 2–57/07; B. v. 28. 9. 2005 – Az.: VK 2–120/05; 3. VK Bund, B. v. 21. 8. 2009 – Az.: VK 3–154/09; B. v. 18. 9. 2008 – Az.: VK 3–122/08; B. v. 18. 9. 2008 – Az.: VK 3–119/08; B. v. 14. 4. 2008 – Az.: VK 3–38/08; B. v. 6. 7. 2007 – Az.: VK 3–58/07; B. v. 12. 12. 2006 – Az.: VK 3–141/06; B. v. 25. 10. 2006 – Az.: VK 3–114/06; VK Düsseldorf, B. v. 2. 3. 2007 – Az.: VK – 05/2007 – L; VK Hessen, B. v. 2. 12. 2004 – Az.: 69 d VK – 72/2004; B. v. 1. 9. 2003 – Az.: 69 d VK – 44/2003; VK Lüneburg, B. v. 1. 2. 2008 – Az.: VgK-48/2007; B. v. 30. 6. 2006 – Az.: VgK-13/2006; VK Münster, B. v. 4. 8. 2010 – Az.: VK 5/10; B. v. 25. 1. 2006 – Az.: VK 23/05; VK Nordbayern, B. v. 15. 1. 2008 – Az.: 21.VK – 3194 – 49/07; B. v. 4. 10. 2005 – Az.: 320.VK – 3194 – 30/05; VK Rheinland-Pfalz, B. v. 29. 1. 2010 – Az.: VK 1–62/09; B. v. 24. 2. 2005 – Az.: VK 28/04; 1. VK Saarland, B. v. 12. 7. 2007 – Az.: 1 VK 04/2007; 3. VK Saarland, B. v. 9. 3. 2007 – Az.: 3 VK 01/2007; 1. VK Sachsen, B. v. 22. 7. 2010 – Az.: 1/SVK/022-10; B. v. 14. 9. 2009 – Az.: 1/SVK/042-09; B. v. 26. 6. 2009 – Az.: 1/SVK/024-09; B. v. 10. 6. 2008 – Az.: 1/SVK/026-08; B. v. 14. 4. 2008 – Az.: 1/SVK/013-08; B. v. 3. 3. 2008 – Az.: 1/SVK/ 002–08; B. v. 17. 9. 2007 – Az.: 1/SVK/058-07; B. v. 24. 5. 2007 – Az.: 1/SVK/029-07; B. v. 15. 5. 2007 – Az.: 1/SVK/028-07; B. v. 7. 5. 2007 – Az.: 1/SVK/027-07; B. v. 10. 4. 2007 – Az.: 1/SVK/020-07; B. v. 31. 1. 2007 – Az.: 1/SVK/124-06; B. v. 16. 11. 2006 – Az.: 1/SVK/ 097-06; B. v. 10. 11. 2006 – Az.: 1/SVK/096-06; B. v. 9. 11. 2006 – Az.: 1/SVK/095-06; B. v. 11. 8. 2006 – Az.: 1/SVK/073-06; B. v. 21. 3. 2006 – Az.: 1/SVK/012-06; B. v. 9. 12. 2005 – Az.: 1/SVK/141-05; B. v. 29. 11. 2005 – Az.: 1/SVK/137-05; B. v. 5. 9. 2005 – Az.: 1/SVK/ 104-05; B. v. 12. 5. 2005 – Az.: 1/SVK/038-05; 2. VK Sachsen-Anhalt, B. v. 23. 7. 2008 – Az.: VK 2 LVwA LSA – 07/08; VK Schleswig-Holstein, B. v. 11. 2. 2010 – Az.: VK-SH 29/09; B. v. 20. 1. 2009 – Az.: VK-SH 17/08; B. v. 3. 12. 2008 – Az.: VK-SH 12/08; B. v. 17. 1. 2006 – Az.: VK-SH 32/05; VK Südbayern, B. v. 2. 12. 2005 – Az.: Z3-3-3194-1-48–10/05; B. v. 28. 10. 2005 – Az.: Z3-3-3194-1-44–09/05; B. v. 21. 9. 2004, Az.: 120.3–3194.1–54-08/04; B. v. 25. 6. 2003 – Az.: 16-04/03; VK Thüringen, B. v. 7. 2. 2006 – Az.: 360–4002.20–063/05-EF-S). Einer gesonderten **Rüge** bedarf es **nach Einleitung eines Nachprüfungsverfahrens nicht mehr** (OLG Düsseldorf, B. v. 21. 5. 2008 – Az.: VII – Verg 19/08; VK Düsseldorf, B. v. 11. 8. 2006 – Az.: VK – 30/2006 – L; B. v. 30. 9. 2002 – Az.: VK – 26/2002 – L).

Dies gilt **auch für den Fall**, dass ein **Antragsteller erst im Laufe eines Nachprüfungs- 3431 verfahrens von einem Verstoß gegen Vergabevorschriften positive Kenntnis erlangt** – und sei es dadurch, dass sich bei ihm erst in diesem Verfahren die hierzu erforderliche rechtliche Wertung vollzieht (OLG Düsseldorf, B. v. 8. 12. 2008 – Az.: VII-Verg 55/08; B. v. 2. 8. 2002 – Az.: Verg 25/02; B. v. 5. 9. 2005 – Az.: 1/SVK/104-05; VK Münster, B. v. 28. 6. 2007 – Az.: VK 10/07; 1. VK Sachsen, B. v. 10. 4. 2007 – Az.: 1/SVK/020-07).

Das **gilt auch dann, wenn das Nachprüfungsverfahren aufgrund eines nicht den 3432 Anforderungen des § 107 Abs. 2, 3 GWB genügenden Antrags eingeleitet worden** ist. Vgl. dazu im Einzelnen die Kommentierung → Rdn. 306.

Nach einer anderen Auffassung ist **zwar eine Rüge entbehrlich**, soweit ein Unternehmen 3433 erst im Rahmen des Nachprüfungsverfahrens Kenntnis von weiteren Vergaberechtsverstößen erhält. Auch in diesen Fällen ist es **indes erforderlich, den erkannten Vergaberechtsver-**

Teil 1 GWB § 107 Gesetz gegen Wettbewerbsbeschränkungen

stoß unmittelbar und unverzüglich vor der Vergabekammer oder gegebenenfalls im Beschwerdeverfahren geltend zu machen (OLG Celle, B. v. 10. 1. 2008 – Az.: 13 Verg 11/07; B. v. 8. 3. 2007 – Az.: 13 Verg 2/07; OLG München, B. v. 2. 8. 2007 – Az.: Verg 07/07; VK Brandenburg, B. v. vom 3. 4. 2008 – Az.: VK 4/08; B. v. 22. 11. 2007 – Az.: VK 43/07; VK Lüneburg, B. v. 1. 2. 2008 – Az.: VgK-48/2007; VK Sachsen, B. v. 10. 6. 2008 – Az.: 1/SVK/026-08; B. v. 17. 9. 2007 – Az.: 1/SVK/058-07; B. v. 15. 5. 2007 – Az.: 1/SVK/028-07; B. v. 7. 5. 2007 – Az.: 1/SVK/027-07; B. v. 29. 11. 2005 – Az.: 1/SVK/137-05; 2. VK Sachsen-Anhalt, B. v. 23. 7. 2008 – Az.: VK 2 LVwA LSA – 07/08; VK Schleswig-Holstein, B. v. 3. 12. 2008 – Az.: VK-SH 12/08; B. v. 5. 7. 2007 – Az.: VK-SH 13/07). Hierzu besteht z. B. Gelegenheit auch noch im Rahmen eines Schriftsatznachlasses. Wird dies unterlassen und der (vermeintliche) Vergabeverstoß entgegen § 117 Abs. 2 GWB auch nicht im Rahmen der Beschwerdebegründung, sondern erst in einem weiteren Schriftsatz gerügt, fehlt es an einer unverzüglichen Geltendmachung des (vermeintlichen) Verfahrensfehlers. Zwar ist auch im Beschwerdeverfahren neuer Vortrag nach Ablauf der Beschwerdefrist zulässig. Die Grenze ist jedoch dort zu ziehen, wo sich die neu vorgetragenen Tatsachen und Beweismittel auf Vergaberechtsverstöße beziehen, die nicht Gegenstand der Beschwerdebegründung waren, die aber schon vor der Vergabekammer hätten gerügt werden müssen (OLG Frankfurt, B. v. 2. 11. 2004 – Az.: 11 Verg. 16/04; B. v. 24. 6. 2004 – Az.: 11 Verg 15/04; VK Hessen, B. v. 28. 6. 2005 – Az.: 69 d VK – 07/2005; B. v. 2. 12. 2004 – Az.: 69 d VK – 72/2004; VK Thüringen, B. v. 7. 2. 2006 – Az.: 360–4002.20–063/05-EF-S).

3434   Sowohl das Verfahren vor der Vergabekammer als auch das Verfahren der sofortigen Beschwerde ist von dem **Grundsatz größtmöglicher Beschleunigung** bestimmt, was in den extrem kurzen Fristen des vierten Teils des GWB bis zur Entscheidung zum Ausdruck kommt. Andererseits besteht **während des laufenden Nachprüfungsverfahrens vor der Vergabekammer** – anders als vor dessen Einleitung – **nicht mehr die Möglichkeit für die Vergabestelle, einem gerügten Vergaberechtsverstoß abzuhelfen** und damit ein Nachprüfungsverfahren zu vermeiden. Angesichts dessen ist in Bezug auf den **Zeitpunkt der Geltendmachung des Vergaberechtsverstoßes während des laufenden Nachprüfungsverfahrens ein etwas großzügigerer Maßstab als vor dessen Einleitung** vertretbar. Der Verstoß muss so rechtzeitig geltend gemacht werden, dass durch ihn **das Verfahren und die das Verfahren abschließende Entscheidung nicht verzögert** werden (VK Schleswig-Holstein, B. v. 3. 12. 2008 – Az.: VK-SH 12/08).

3435   Das OLG Düsseldorf lehnt diese Auffassung ausdrücklich ab. Die **Entstehung einer Rügeobliegenheit im Nachprüfungsverfahren bedarf – schon aus verfassungsrechtlichen Gründen – einer eindeutigen Rechtsgrundlage**, die in § 107 Abs. 3 Satz 1 GWB nicht vorhanden ist. Die **Geltendmachung im Nachprüfungsverfahren erkannter Vergaberechtsverstöße** unterliegt nur der in § 113 Abs. 2 Satz 1 GWB normierten Verfahrensförderungspflicht und einer danach in Betracht kommenden **Präklusion** (OLG Düsseldorf, B. v. 10. 9. 2009 – Az.: VII-Verg 12/09; B. v. 9. 2. 2009 – Az.: VII-Verg 66/08).

18.5.13.4 Vergaberechtsverstöße, die während des laufenden Vergabenachprüfungsverfahrens entstehen

3436   § 107 Abs. 3 Satz 1 GWB ist nach seinem Wortlaut und Sinn nur auf „im Vergabeverfahren", aber nicht auf erst „im Nachprüfungsverfahren" erkannte Vergaberechtsverstöße anwendbar. Dies **muss erst recht gelten, wenn die den Vergaberechtsverstoß begründenden Tatsachen** – z.B. die Eintragung von Gebrauchsmustern – **erst im Laufe des Nachprüfungsverfahrens entstehen** (1. VK Bund, B. v. 5. 3. 2007 – Az.: VK 1–139/06).

18.5.13.5 Festhalten der Vergabestelle an der Entscheidung (Förmelei)

3437   Ein **Zweck der Rügepflicht** besteht darin zu verhindern, dass Mängel des Vergabeverfahrens, die die Vergabestelle bei unverzüglicher Rüge durch den Bieter selbst hätte korrigieren können, zum Gegenstand eines regelmäßig mit erheblichen Verzögerungen verbundenen Nachprüfungsverfahrens vor der Vergabekammer gemacht werden. Mithin ist eine **Rüge entbehrlich**, wenn die Vergabestelle zu erkennen gibt, dass sie **von vornherein und unumstößlich an ihrer Entscheidung festhalten** wird. In einer solchen Situation wäre ein Festhalten an der Rügepflicht eine von vornherein aussichtslose und mit den Geboten von Treu und Glauben unvereinbare **Förmelei** (OLG Dresden, B. v. 21. 10. 2005 – Az.: WVerg 0005/05; OLG Düsseldorf, B. v. 29. 4. 2009 – Az.: VII-Verg 76/08; B. v. 26. 5. 2008 – Az.: VII – Verg 14/08; B. v. 16. 2. 2005 – Az.: VII – Verg 74/04; OLG Frankfurt, B. v. 9. 7. 2010 – Az.: 11 Verg 5/10; B. v.

15. 7. 2008 – Az.: 11 Verg 4/08; OLG Karlsruhe, B. v. 6. 2. 2007 – Az.: 17 Verg 7/06; OLG Saarbrücken, B. v. 29. 5. 2002 – Az.: 5 Verg 1/01; BayObLG, B. v. 23. 10. 2003 – Az.: Verg 13/03; VK Arnsberg, B. v. 13. 7. 2009 – Az.: VK 16/09; B. v. 1. 2. 2006 – Az.: VK 28/05; VK Berlin, B. v. 18. 3. 2009 – Az.: VK B 2 30/08; VK Brandenburg, B. v. 12. 9. 2007 – Az.: VK 36/07; VK Hannover, B. v. 6. 6. 2003 – Az.: 26 045 – VgK – 24/2002; VK Mecklenburg-Vorpommern, B. v. 8. 5. 2007 – Az.: 3 VK 04/07; VK Nordbayern, B. v. 4. 10. 2007 – Az.: 21.VK – 3194 – 41/07; VK Rheinland-Pfalz, B. v. 12. 4. 2005 – Az.: VK 11/05; B. v. 24. 2. 2005 – Az.: VK 28/04; 1. VK Sachsen, B. v. 6. 4. 2009 – Az.: 1/SVK/005–09; B. v. 24. 5. 2007 – Az.: 1/SVK/029-07; VK Südbayern, B. v. 21. 4. 2004 – Az.: 24-04/04; VK Schleswig-Holstein, B. v. 14. 11. 2008 – Az.: VK-SH 13/08).

Gibt ein Auftraggeber zu erkennen, dass er auch auf eine Rüge hin sein Verhalten nicht ändern werde, bedarf es einer Rüge nicht. Bittet z.B. ein Antragsteller den Auftraggeber, der Mitteilung der Vergabeentscheidung den Vergabevermerk – und ein eventuell erstelltes Sachverständigengutachten – beizufügen, um auf diese Weise zu verhindern, dass aufgrund nicht gewährter Akteneinsicht die unterliegende Partei gezwungen wäre, nur deshalb ein Nachprüfungsverfahren in Gang zu setzen, um die Vergabeentscheidung nachvollziehen zu können, bringt der Antragsteller bereits vor Zugang der Mitteilung von der Vergabeentscheidung dem Auftraggeber gegenüber zum Ausdruck, dass er eine unbegründete Vergabeentscheidung nicht akzeptieren und ein Nachprüfungsverfahren einleiten wird. Kommt der Auftraggeber dieser Bitte nicht nach, muss der Antragsteller davon ausgehen, dass ihm der Auftraggeber die Gründe für seine Entscheidung nicht mitteilen wird und dies auch nicht auf eine Rüge hin tun wird. Ist danach eine Rüge der Vergabeentscheidung entbehrlich, **darf der Antragsteller die Vergabekammer direkt anrufen** (OLG Karlsruhe, B. v. 6. 2. 2007 – Az.: 17 Verg 7/06; OLG Brandenburg, B. v. 2. 12. 2003 – Az.: Verg W 6/03; VK Mecklenburg-Vorpommern, B. v. 8. 5. 2007 – Az.: 3 VK 04/07; VK Baden-Württemberg, B. v. 3. 5. 2004 – Az.: 1 VK 14/04; VK Nordbayern, B. v. 28. 1. 2009 – Az.: 21.VK – 3194 – 63/08). 3438

Dafür **reicht es aber nicht**, dass eine **Vergabestelle** sich mit aus ihrer Sicht guten Gründen **im Vergabeverfahren positioniert und die getroffene Entscheidung im anschließenden Nachprüfungsverfahren verteidigt**. So wird etwa nirgends bezweifelt, dass selbst eine von der Vergabestelle als abschließend erachtete Auswahlentscheidung zugunsten eines bestimmten Bieters, von der die Mitbieter nach § 101a GWB bzw. § 13 VgV in Kenntnis gesetzt werden, als Zugangsvoraussetzung eines nachfolgenden Nachprüfungsverfahrens jedenfalls im Grundsatz die vorherige Rüge des antragstellenden Konkurrenten erfordert, der diese Auswahlentscheidung für rechtswidrig hält. **Nicht jede Entscheidung einer Vergabestelle ist daher allein deshalb, weil sie getroffen ist, auch unumstößlich** (OLG Dresden, B. v. 21. 10. 2005 – Az.: WVerg 0005/05; VK Arnsberg, B. v. 13. 7. 2009 – Az.: VK 16/09; VK Schleswig-Holstein, B. v. 14. 11. 2008 – Az.: VK-SH 13/08). 3439

Die Beantwortung der Frage, ob die Rügepflicht eine mit den Geboten von Treu und Glauben **unvereinbare Förmelei** darstellt, hängt nicht von der Anwendung eines allgemein gültigen Rechtssatzes, sondern von einer **Würdigung der Gesamtumstände des Einzelfalls** ab (OLG Koblenz, B. v. 18. 9. 2003 – Az.: 1 Verg 4/03; 1. VK Sachsen, B. v. 24. 5. 2007 – Az.: 1/SVK/029-07). 3440

Dies kann z.B. der Fall sein, wenn die **Vergabestelle bereits die Rüge eines anderen Bieters gegen den selben Verstoß erkennbar endgültig als unberechtigt zurückgewiesen** hat. Die **bloße Vermutung**, eine Rüge werde erfolglos sein, **genügt dagegen nicht** (VK Arnsberg, B. v. 13. 7. 2009 – Az.: VK 16/09). Auch die **Überzeugung, der Auftraggeber habe bereits „unvermeidbare Tatsachen"** mitgeteilt und damit zum Ausdruck gebracht, jeder Widerspruch sei von vornherein sinnlos, macht die **Rüge nicht entbehrlich**. Allein die Tatsache, dass ein Auftraggeber z.B. mit der Vorabinformation das Ergebnis eines Entscheidungsfindungsprozesses mitgeteilt hat, rechtfertigt nicht den Schluss auf eine Unabänderlichkeit dieser Entscheidung. Dies gilt auch dann, wenn der Auftraggeber im Nachprüfungsverfahren seine Vergabeentscheidung verteidigt (VK Nordbayern, B. v. 28. 1. 2009 – Az.: 21.VK – 3194 – 63/08; B. v. 4. 10. 2007 – Az.: 21.VK – 3194 – 41/07). 3441

Sinn und Zweck der Rügeobliegenheit ist es, der Vergabestelle Gelegenheit zu geben, die gerügten Verstöße unverzüglich im noch laufenden Vergabeverfahren abzustellen. **Ist es bereits zu einem (nichtigen) Vertragsschluss gekommen**, besteht für die Vergabestelle eine solche Korrekturmöglichkeit ohnedies nicht mehr, so dass das Festhalten an einer Rügeobliegenheit für diesen Fall auf eine **bloße Förmelei** hinausläuft (OLG Frankfurt, B. v. 10. 7. 2007 – Az.: 11 Verg 5/07). 3442

Teil 1 GWB § 107 Gesetz gegen Wettbewerbsbeschränkungen

3443 Erkennt der Bieter, dass ein Vergaberechtsverstoß droht und rügt er erfolglos eine **bevorstehende Handlung des Auftraggebers als vergaberechtswidrig, wird dem Rügeerfordernis Genüge getan.** Ändert der Auftraggeber seine Auffassung auf eine solche vorsorgliche Rüge nicht, ist der Bieter **nicht gehalten, das der Rüge nicht abhelfende Verhalten erneut zu beanstanden.** Dies würde eine sinnlose Förmelei darstellen (OLG Brandenburg, B. v. 19. 2. 2008 – Az.: Verg W 22/07).

18.5.13.6 Sukzessiv nachgeschobene Zuschlagsversagungsgründe

3444 Will man **in den Fällen – sukzessiv – nachgeschobener Zuschlagsversagungsgründe nach dem Zeitpunkt der Information im Sinn von § 101 a GWB** die Zulässigkeit mangels entsprechender Rüge verneinen, ist eine **Überprüfung der Berechtigung eines solchen Nachschiebens von vornherein der Beschwerde entzogen**, was einerseits zu einer Rechtswegversagung auf Seiten des Antragstellers und andererseits auf Seiten des Auftraggebers zu einer Ermunterung zur Rückhaltung von Informationen im Rahmen der Mitteilung nach § 101 a GWB mit der Absicht, diese nach und nach bis zum Zeitpunkt der Zuschlagserteilungsmöglichkeit zu offenbaren, führt (OLG Frankfurt, B. v. 9. 7. 2010 – Az.: 11 Verg 5/10; VK Hessen, B. v. 25. 8. 2004 – Az.: 69 d – VK – 52/2004; im Ergebnis ebenso VK Arnsberg, B. v. 1. 2. 2006 – Az.: VK 28/05).

3445 Eine separate und nochmalige Rüge nach § 107 Abs. 3 Satz 1 GWB ist entbehrlich, wenn der Auftraggeber seine Auswahlentscheidung über den im Vorinformationsschreiben schon genannten Grund hinaus auf **weitere, neue Gesichtspunkte** stützt und der Antragsteller bei nochmaliger Rüge dieser nachgeschobenen Begründungen aber befürchten muss, dass die vierzehntägige **Schutzfrist des § 13 VgV ohne sofortige Einschaltung der Vergabekammer abzulaufen droht.**

3446 Diese **Rechtsprechung ist durch § 101 a GWB**, der die Information über **die Gründe** fordert, **überholt.**

18.5.13.7 Drohender Verlust des Primärrechtsschutzes

3447 Erhält ein **Antragsteller erst einen Tag vor der möglichen Zuschlagserteilung positive Kenntnis** von dem möglichen Vergaberechtsverstoß, kann selbst unter Anlegung eines in Anbetracht der drohenden Zuschlagserteilung strengen Maßstabes jedenfalls wegen der zuzugestehenden Reaktions- und Überlegungszeit von dem Antragsteller **eine Rüge noch am selben Tag nicht erwartet werden**, da ihm trotz der dem Vergabeverfahren eigenen kurzen Rügefristen eine ausreichende Reaktions- und Überlegungszeit zugestanden werden muss, innerhalb derer er die Qualität ihrer Argumente überprüfen und nach juristischen und auch betriebswirtschaftlichen Gesichtspunkten eine Entscheidung über die Aussichten eines Nachprüfungsantrags treffen kann (VK Nordbayern, B. v. 30. 9. 2010 – Az.: 21.VK – 3194 – 33/10; VK Rheinland-Pfalz, B. v. 14. 6. 2005 – Az.: VK 16/05).

3448 Nach einer **tendenziell anderen Auffassung kann ein Festhalten an der Rügeobliegenheit zweieinhalb Tage vor Ablauf der Zuschlagsfrist** nicht als überflüssige Förmelei bezeichnet werden. Unter diesem Gesichtspunkt kann die Rügepflicht des Bieters nur ausnahmsweise entfallen. Das wäre dann anzunehmen, wenn der Auftraggeber von vornherein eindeutig zu erkennen gegeben hätte, dass er unumstößlich an seiner Entscheidung festhalten wird, er also unter keinen Umständen, auch nicht auf Rüge eines Bieters hin, gewillt ist, einen vorliegenden Vergaberechtsverstoß abzustellen. Steht der Ablauf der Frist zweieinhalb Tage bevor, ist der **Antragsteller verpflichtet, eine beschleunigte Form der Einlegung der Rüge zu wählen, um dem Gebot der Unverzüglichkeit zu genügen** (1. VK Brandenburg, B. v. 21. 12. 2005 – Az.: 1 VK 79/05).

3449 Auch ein unmittelbar bevorstehender Zuschlag, der einen Tag nach Eingang des Nachprüfungsantrags möglich gewesen wäre, **vermag die Entbehrlichkeit einer Rüge nicht zu begründen.** Sinn und Zweck der Rügeobliegenheit werden ausgehöhlt, wenn man bei solchen Fallkonstellationen auf die Einhaltung der Rügeobliegenheit gänzlich verzichtet. Die 14-Tage-Frist des § 13 VgV ist eine (ausreichend bemessene) Frist, innerhalb der ein (potenzieller) Antragsteller eine vorgesehene Zuschlagsentscheidung mit dem Ziel der Abänderung rügen kann und bei unterbliebener Abänderung noch rechtzeitig einen das Zuschlagsverbot des § 13 VgV perpetuierenden Nachprüfungsantrag stellen kann. Diese vom Gesetzgeber gewollte **Abfolge von Rüge, möglicher Abhilfe und Nachprüfungsantrag als ultima ratio kann vom Antragsteller nicht dadurch umgangen werden, dass er mit seinem Nachprüfungsantrag bis zum letzten Tag des Ablaufs der Frist des § 101 a GWB wartet** (1. VK Bund,

Gesetz gegen Wettbewerbsbeschränkungen   GWB § 107   **Teil 1**

B. v. 26. 8. 2004 – Az.: VK 1–165/04; im Ergebnis ebenso VK Hessen, B. v. 9. 10. 2009 – Az.: 69 d VK – 36/2009).

18.5.13.8 Rügepflicht bei verschiedenen Verfahrensabschnitten

Erhebt ein Bieter z.B. innerhalb der Angebotsfrist – erfolglos – Rüge gegen eine fehlerhafte Leistungsbeschreibung, so macht dies gleichwohl **nach Fortführung des Vergabeverfahrens und Bekanntgabe der beabsichtigten Zuschlagerteilung die Rüge der vermeintlich fehlerhaften Wertung der Hauptangebote nicht entbehrlich** (VK Schleswig-Holstein, B. v. 31. 3. 2005 – Az.: VK-SH 05/05). 3450

18.5.13.9 Erneute Rügepflicht bei Wiederholung von Verfahrensabschnitten

Die **vollständige Wiederholung eines Verfahrensabschnitts** verpflichtet nicht nur die Vergabestelle, sondern alle Verfahrensbeteiligten, die **maßgeblichen Vergabevorschriften nochmals in vollem Umfang zu beachten**. Das bedeutet für den Bieter, dass er für einen im zweiten Durchgang entdeckten Vergabeverstoß auch seine aus § 107 Abs. 3 Satz 1 GWB folgende Obliegenheit zur unverzüglichen Rüge neu beachten muss (OLG Koblenz, B. v. 18. 9. 2003 – Az.: 1 Verg 4/03). 3451

18.5.13.10 Ausschluss einer Spekulationsmöglichkeit des Bieters

Die Rechtsprechung hierzu ist nicht einheitlich. 3452

Die Rügepflicht des § 107 Abs. 3 GWB bezweckt vordringlich, **der Spekulation entgegenzuwirken**, dass sich ein frühzeitig erkannter Vergabefehler möglicherweise zu Gunsten des Unternehmens auswirken mag. Insoweit soll das Unternehmen gehindert sein, die Rechtmäßigkeit des Vergabeverfahrens prüfen zu lassen, wenn es erkennt, dass seine Spekulation nicht aufgeht. **Besteht diese Gefahr nicht**, da eine Spekulation der Antragstellerin auf einen aus ihrer Sicht günstigen Ausgang des Vergabeverfahrens nach Lage der Dinge ausgeschlossen war, ist es in solchen Fällen **im Wege einer teleologischen Reduktion** des § 107 Abs. 3 GWB **gerechtfertigt, von einer ausdrücklichen Rüge** gegenüber der Vergabestelle **abzusehen**, sofern der Antragsteller in der Frist des § 107 Abs. 3 GWB unmittelbar das Nachprüfungsverfahren einleitet (OLG Saarbrücken, B. v. 29. 5. 2002 – Az.: 5 Verg 1/01, B. v. 8. 7. 2003 – Az.: 5 Verg 5/02; VK Berlin, B. v. 1. 11. 2004 – Az.: VK – B 2–52/04). 3453

Nach Auffassung des Oberlandesgerichts Koblenz hingegen ist der Wegfall jeglicher Erfolg versprechenden Spekulationsmöglichkeit des Bieters **kein Grund**, unter dem Gesichtspunkt von Treu und Glauben oder durch eine Auslegung der Rügevorschrift nach ihrem Sinn und Zweck **den Bieter von seiner Pflicht zur unverzüglichen Rüge zu entbinden**. Auch Sinn und Zweck der Rügevorschrift gebieten bei dieser Fallkonstellation keine von ihrem Wortlaut abweichende Auslegung. Die **ratio legis besteht nicht allein darin, das Vergabeverfahren von Spekulationen der Bieter mit aufgetretenen Vergabeverstößen freizuhalten**. Ziel der Bestimmung ist vielmehr auch, der Vergabestelle eine möglichst frühzeitige Selbstkontrolle und -korrektur und auf diese Weise die Vermeidung zeitraubender Nachprüfungsverfahren zu ermöglichen. Dabei bedingt der eine Gesetzeszweck nicht den anderen (OLG Koblenz, B. v. 18. 9. 2003 – Az.: 1 Verg 4/03). 3454

18.5.13.11 Gefährdung kartellrechtlicher Ermittlungen

Der Bieter kann und muss regelmäßig davon ausgehen, dass der **Auftraggeber bei Hinweisen auf Submissionsabsprachen anderer Bieter** ein erhebliches eigenes Interesse an der **Aufklärung des Sachverhalts** hat, und dass er deshalb den Erfolg etwaiger Ermittlungen durch das Kartellamt nicht gefährdet. Die **Rüge ist also in solchen Fällen nicht entbehrlich** (OLG Celle, B. v. 2. 9. 2004 – Az.: 13 Verg 14/04). 3455

18.5.13.12 Berufung eines Beschwerdeführers auf die ihm bekannte Rüge eines Dritten

Zwar ist die unverzügliche Rüge Voraussetzung für das Nachprüfungsverfahren. Diese Rüge ist jedoch nicht Selbstzweck. **Es wäre unnötige Förmelei, von einem Antragsteller zu erwarten, dass er eine ihm bekannte, von einem Dritten erhobene und von der Vergabestelle nicht abgestellte Rüge wiederholt**. Die Rüge soll nämlich dem Auftraggeber ermöglichen, der Beanstandung abzuhelfen und so unnötige Nachprüfungsverfahren zu vermeiden. Diese Funktion kann auch die Rüge eines Dritten erfüllen (OLG Celle, B. v. 15. 12. 2005 3456

– Az.: 13 Verg 14/05; VK Schleswig-Holstein, B. v. 5. 1. 2006 – Az.: VK-SH 31/05; VK Thüringen, B. v. 7. 7. 2010 – Az.: 250–4003.20–2249/2010-007-SLF).

3457   Die Rügeobliegenheit entfällt nicht dadurch, dass ein anderer Bieter seinerseits einen Nachprüfungsantrag gestellt hatte. Eine Rüge kann **nur ausnahmsweise entbehrlich sein, wenn die Vergabestelle bereits die Rüge eines anderen Bieters gegen denselben Verstoß erkennbar endgültig als unberechtigt zurückgewiesen hat** (VK Nordbayern, B. v. 28. 1. 2009 – Az.: 21.VK – 3194 – 63/08).

18.5.13.13 Unzumutbare Forderungen des Auftraggebers

3458   **Auf eine unzumutbare Forderung kann ein Ausschluss eines Bieters nicht gestützt werden. Dann kann ein diesbezüglicher Nachprüfungsantrag aber auch nicht unzulässig mangels Rüge sein.** Wenn eine Forderung unzumutbar und tatsächlich nicht zu rechtfertigen ist, kann auch **keine Rügepflicht seitens des Bieters zu einem früheren Zeitpunkt als dem Informationszeitpunkt bestehen.** Für rechtlich umstrittene oder zweifelhafte Forderungen in den Verdingungsunterlagen kann eine positive Kenntnis, die zur unverzüglichen Rüge verpflichtet, nicht angenommen werden, so dass es in diesem Zusammenhang auch nicht darauf ankommt, ob ein Antragsteller als erfahrener Anbieter in Vergabeverfahren z. B. um die Problematik fehlender Erklärungen wissen muss, zumal wenn er regelmäßig anwaltlich beraten ist (VK Arnsberg, B. v. 7. 9. 2005 – Az.: VK 16/2005).

18.5.13.14 Rügepflicht auch hinsichtlich solcher Vergaberechtsverstöße, die ein Bieter für irreparabel hält

3459   **Keine generelle Entbehrlichkeit einer Rüge ergibt sich allein daraus, dass der Bewerber einen Verfahrensverstoß für irreparabel hält.** Denn es sollte der Vergabestelle Gelegenheit gegeben werden, diese Frage – aufgrund entsprechender Rüge – selbst zu beurteilen. Dies muss umso mehr gelten, wenn der Beschwerdeführer selbst von einer Nichtigkeit des erteilten Zuschlags ausgeht, sodass die Zuschlagserteilung erst recht einer (erstmaligen) Ausschreibung nicht im Wege gestanden hätte (OLG Karlsruhe, B. v. 6. 2. 2007 – Az.: 17 Verg 7/06).

18.5.13.15 Rügepflicht auch für schwerwiegende Vergaberechtsverstöße

3460   **Auch bei vermeintlichen Vergaberechtsverstößen, die sehr schwer wiegen, ist die Rüge nicht verzichtbar.** Eine **andere Sichtweise ist mit dem Sinn und Zweck des § 107 Abs. 3 GWB nicht vereinbar.** Der Gesetzgeber sieht in dieser Vorschrift eine Präklusionsregel unter dem Gesichtspunkt von Treu und Glauben, durch die effektiver Bieterrechtsschutz und Auftraggeberinteresse in ein ausgewogenes Verhältnis gesetzt werden sollen. Ein Anbieter soll Vergabefehler nicht auf Vorrat sammeln. Geschützt wird das öffentliche Interesse an einem raschen Abschluss des Vergabeverfahrens. Bewerber oder Bieter sollen Verfahrensverstöße im Vergabeverfahren in einer Weise mitteilen, die der Vergabestelle eine Korrektur im frühestmöglichen Stadium erlaubt. Dementsprechend soll auch die Vergabekammer nicht mit Mängeln des Vergabeverfahrens befasst werden, die im Fall einer rechtzeitigen Rüge möglicherweise schon durch die Vergabestelle hätten korrigiert werden können (VK Brandenburg, B. v. 27. 3. 2008 – Az.: VK 5/08; 1. VK Sachsen, B. v. 26. 6. 2009 – Az.: 1/SVK/024-09).

18.5.13.16 Aufhebung der Ausschreibung

3461   Mit Blick darauf, dass nach der einheitlichen Rechtsprechung auch die Aufhebung einer Ausschreibung in einem Vergabenachprüfungsverfahren angegriffen werden kann (vgl. die Kommentierung zu → § 102 GWB Rdn. 43 ff), ist eine **entsprechende Rüge erforderlich**.

18.5.13.17 Ersetzung der Rüge durch Kenntnis der Vergabestelle von Vergabeverstößen

3462   Eine **Kenntnis der Vergabestelle von möglichen Rechtsverstößen ersetzt nicht eine ausdrückliche Rüge seitens des Bieters.** Nach dem Charakter der Rügeverpflichtung entbindet eine etwaige Kenntnis von Rügetatbeständen der Vergabestelle den Bieter nicht von seiner Pflicht, ausdrücklich zu rügen und Abhilfe der erkannten Verstöße zu fordern (VK Baden-Württemberg, B. v. 8. 7. 2002 – Az.: 1 VK 30/02).

18.5.13.18 Rügepflicht auch bei voraussichtlicher Erfolglosigkeit wegen einer bestimmten Rechtsprechung

3463   Die Rüge ist **auch dann nicht entbehrlich, wenn sie nach der bisherigen Rechtsprechung der Vergabesenate voraussichtlich fruchtlos** geblieben wäre. Das Nachprüfungsver-

Gesetz gegen Wettbewerbsbeschränkungen   GWB § 107   **Teil 1**

fahren dient der Sicherung der subjektiven Rechte des Bieters (§ 97 Abs. 7 GWB). Der **Bieter ist verpflichtet, die Voraussetzungen dieser Sicherung zu schaffen, indem er den Auftraggeber frühzeitig auf (vermeintliche) Mängel hinweist und deutlich macht, dass er aus dem (vermeintlichen) Verstoß Konsequenzen zu ziehen gedenke**. Der Auftraggeber, der für eine zügige Durchführung des Verfahrens zu sorgen hat, wird auf diese Weise in die Lage versetzt, frühzeitig die gerügten Mängel einer Prüfung zu unterziehen und seinerseits gegebenenfalls Korrekturen vorzunehmen (OLG Brandenburg, B. v. 15. 9. 2009 – Az.: Verg W 13/08).

18.5.14 Zeitliche Abhängigkeiten zwischen der Erklärung der Rüge und der Einreichung des Nachprüfungsantrags?

Die **Rechtsprechung** hierzu ist **nicht einheitlich**. 3464

Nach Auffassung der VK Nordbayern (B. v. 3. 4. 2002 – Az.: 320.VK-3194-07/02) dient die 3465 Rüge vorrangig dem Zweck, der Vergabestelle die Möglichkeit zur Überprüfung und gegebenenfalls Korrektur ihres eigenen Verhaltens zu geben, bevor sie mit einem Nachprüfungsantrag überzogen wird. Die **Rüge** ist demnach **grundsätzlich vor dem Nachprüfungsantrag** zu erklären (ebenso VK Baden-Württemberg, B. v. 8. 1. 2010 – Az.: 1 VK 2/10; B. v. 28. 5. 2009 – Az.: 1 VK 22/09; 1. VK Bund, B. v. 16. 6. 2006 – Az.: VK 1–34/06; VK Hessen, B. v. 10. 7. 2002 – Az.: 69 d VK – 28/2002; 2. VK Sachsen-Anhalt, B. v. 15. 1. 2008 – Az.: VK 2 LVwA LSA – 28/07).

Demgegenüber sieht nach einer anderen Meinung das **Gesetz (GWB)** eine **Wartefrist** zwi- 3466 schen der Erklärung der Rüge und der Einreichung des Nachprüfungsantrags **nicht vor**, so dass die Zulässigkeit des Nachprüfungsantrags von der Beachtung einer solchen Wartefrist auch nicht abhängig gemacht werden kann (OLG Dresden, B. v. 17. 8. 2001 – Az.: WVerg 0005/01; OLG Düsseldorf (B. v. 18. 7. 2001 – Az.: Verg 16/01; VK Baden-Württemberg, B. v. 1. 4. 2010 – Az.: 1 VK 13/10; B. v. 7. 3. 2003 – Az.: 1 VK 06/03, 1 VK 11/03; VK Hamburg, B. v. 25. 7. 2002 – Az.: VgK FB 1/02; VK Hessen, B. v. 9. 10. 2009 – Az.: 69 d VK – 36/2009; VK Münster, B. v. 30. 4. 2009 – Az.: VK 4/09; VK Schleswig-Holstein, B. v. 20. 1. 2009 – Az.: VK-SH 17/08; offen gelassen vom BayObLG, B. v. 3. 7. 2002 – Az.: Verg 13/02).

Hinzu kommt, dass eine **derartige Auslegung auch dem Beschleunigungsgebot nach** 3467 **§ 113 GWB geschuldet** ist. Denn sollte eine erforderliche Wartefrist zwischen der (rechtzeitigen) Rüge und dem Nachprüfungsantrag in die Vorschrift des § 107 Abs. 3 GWB hineininterpretiert werden können, müsste der Nachprüfungsantrag mangels vorhergehender Rüge als unzulässig verworfen werden, um dann nach Erfüllung der Zulässigkeitsvoraussetzungen (Ablauf einer wie auch immer gearteten Wartefrist) in einem weiteren Nachprüfungsverfahren zu münden. Da die Rüge ihre Gültigkeit behalten und ein weiteres Nachprüfungsverfahren nicht an einem mangelnden Rechtsschutzbedürfnis scheitern würde, müsste es zwangsläufig zu einer Verzögerung um einen mindestens der Wartezeit entsprechenden Zeitraum kommen. Dies kann im Interesse aller Verfahrensbeteiligten an einem raschen Abschluss des Verfahrens nicht Sinn und Zweck der gesetzlichen Rügevorschriften und des Beschleunigungsgebotes sein (VK Schleswig-Holstein, B. v. 20. 1. 2009 – Az.: VK-SH 17/08).

Nach Auffassung der 2. VK Bund kann es einem Bieter nicht zugemutet werden, nach ausge- 3468 sprochener Rüge mit der Antragstellung zuzuwarten, wenn die nach § 114 Abs. 2 Satz 1 GWB irreversible **Erteilung des Zuschlags unmittelbar bevorsteht oder zumindest möglich** ist. Vor diesem Hintergrund ist **für jeden Einzelfall zu entscheiden**, ob die Rüge einen ausreichenden Zeitraum vor Antragstellung ausgesprochen wurde (2. VK Bund, B. v. 27. 8. 2002 – Az.: VK 2–60/02).

Hat außerdem die **Vergabestelle bereits zum Zeitpunkt der Rüge praktisch keine** 3469 **Möglichkeit mehr, ein Nachprüfungsverfahren noch zu verhindern**, kann ebenfalls von dem Erfordernis der Gewährung von „Reaktionszeit" abgesehen werden (2. VK Bund, B. v. 24. 6. 2003 – Az.: VK 2–46/03).

Unabhängig von der Frage, welche Zeitspanne zwischen Nachprüfungsantrag und Rüge 3470 noch als hinreichend anzusehen ist, erfüllt eine **Rügeerhebung erst nach Stellung des Nachprüfungsantrags jedenfalls nicht die Voraussetzungen des § 107 Abs. 3 Satz 1 GWB**, da dies Sinn und Zweck der Rüge widerspräche. Die Regelung in § 107 Abs. 3 GWB zielt in erster Linie darauf ab, dem **Auftraggeber Gelegenheit zu geben, einen erkannten Vergabefehler so schnell wie möglich zu beseitigen und dadurch unnötige Nachprü-

Teil 1 GWB § 107

fungsverfahren zu vermeiden. Ein **weiteres Ziel** der gesetzlichen Rügeobliegenheit ist es, dem **Bieter die Möglichkeit zu nehmen, auf einen von ihm erkannten Vergabefehler zu spekulieren, indem er die Rüge erst dann erhebt, wenn sich dieser Fehler nicht zu seinen Gunsten auswirkt.** Der vorgenannten Zielrichtung der Vermeidung von Nachprüfungsverfahren liefe es zuwider, wenn die Rüge gemäß § 107 Abs. 3 GWB auch nach Einreichung des Nachprüfungsantrags erhoben werden könnte, da dann eine Abhilfe im Sinne der Vermeidung eines Nachprüfungsverfahren nicht mehr möglich wäre. Hierdurch würde auch die nach dem Gesetzeszweck ausdrücklich gewollte Abhilfemöglichkeit des Auftraggebers vor Einleitung eines Nachprüfungsverfahrens weitgehend in das Belieben des antragstellenden Bieters gestellt, indem dieser nach Belieben entscheiden könnte ob er zuerst das Nachprüfungsverfahren einleitet oder erst die Rüge erhebt. Der **abweichenden Auffassung, die einen Nachprüfungsantrag vor Rügeerhebung zulässt, wenn der Bieter zu diesem Zeitpunkt mit seiner Rüge noch nicht präkludiert ist**, ist nicht zuzustimmen. Die vorgenannte Auffassung stellt nur auf einen Teil des Gesetzeszwecks ab, nämlich der Verhinderung einer Spekulation mit einem erkannten Vergabefehler, während sie den vorrangigen Gesetzeszweck – die Abhilfemöglichkeit des Auftraggebers im Sinne einer Vermeidung von Nachprüfungsverfahren – außer Acht lässt (VK Baden-Württemberg, B. v. 28. 5. 2009 – Az.: 1 VK 22/09; 1. VK Bund, B. v. 16. 6. 2006 – Az.: VK 1–34/06; 2. VK Sachsen-Anhalt, B. v. 15. 1. 2008 – Az.: VK 2 LVwA LSA – 28/07).

3471 Demgegenüber vertritt das OLG Düsseldorf die Auffassung, dass ein **Antragsteller, der – ohne zuvor der Rügeobliegenheit nach § 107 Abs. 3 S. 1 GWB nachgekommen zu sein – einen Nachprüfungsantrag stellt, die Rüge im Allgemeinen am selben Tag, spätestens aber innerhalb einer Frist von ein bis zwei Tagen danach gegenüber dem Auftraggeber aussprechen muss, um seiner Rügeobliegenheit noch zu genügen**. Die Einreichung eines Nachprüfungsantrags markiert den Zeitpunkt, in dem sich der Antragsteller fest entschlossen hat, einen erkannten Vergaberechtsverstoß auf dem Rechtsweg zu bekämpfen und in dem er sich seiner Sache so sicher ist, dass er dafür auch erhebliche Kostenrisiken einzugehen bereit ist. Bei dem darin zum Ausdruck kommenden Grad an Gewissheit und Entschlossenheit besteht keine Veranlassung, dem Antragsteller weitere Vorbereitungs- oder Überlegungsfristen für die Erhebung einer Rüge zu konzedieren. Ausweislich eines Nachprüfungsantrags sind die Erkenntnis eines Rechtsverstoßes und die Absicht, dagegen vorzugehen, gereift. Der Vergaberechtsverstoß liegt für den Antragsteller gewissermaßen „auf der Hand". Bei einer derartigen Verdichtung muss der Antragsteller von der Einreichung des Nachprüfungsantrags an in der Regel sofort handeln und die Rüge aussprechen, dies aber spätestens innerhalb von zwei Tagen danach tun, wenn die Rüge noch als unverzüglich gelten soll (OLG Düsseldorf, B. v. 5. 12. 2006 – Az.: VII – Verg 56/06; im Ergebnis ebenso OLG München, B. v. 7. 8. 2007 – Az.: Verg 08/07; VK Münster, B. v. 30. 4. 2009 – Az.: VK 4/09).

18.5.15 Form der Rüge

18.5.15.1 Telefonische Rüge

3472 Für die Rüge schreibt § 107 GWB **keine besondere Form** vor; grundsätzlich sind daher **auch telefonische Rügen ausreichend** (OLG Celle, B. v. 30. 9. 2010 – Az.: 13 Verg 10/10; OLG Düsseldorf, B. v. 29. 3. 2006 – Az.: VII – Verg 77/05; OLG München, B. v. 10. 12. 2009 – Az.: Verg 16/09; Thüringer OLG, B. v. 31. 8. 2009 – Az.: 9 Verg 6/09; VK Baden-Württemberg, B. v. 29. 6. 2009 – Az.: 1 VK 27/09; VK Brandenburg, B. v. 14. 9. 2006 – Az.: 2 VK 36/06; B. v. 25. 10. 2002 – Az.: VK 51/02; 1. VK Bund, B. v. 9. 2. 2005 – Az.: VK 2–03/05; 2. VK Bund, B. v. 8. 6. 2006 – Az.: VK 2–114/05; VK Münster, B. v. 28. 6. 2007 – Az.: VK 10/07; VK Niedersachsen, B. v. 7. 8. 2009 – Az.: VgK – 32/2009; VK Rheinland-Pfalz, B. v. 25. 4. 2003 – Az.: VK 5/03; 1. VK Sachsen, B. v. 17. 12. 2007 – Az.: 1/SVK/073-07; B. v. 24. 5. 2007 – Az.: 1/SVK/029-07; B. v. 25. 6. 2001 – Az.: 1/SVK/48-01; VK Südbayern, B. v. 12. 6. 2009 – Az.: Z3-3-3194-1-20-05/09; B. v. 16. 7. 2007 – Az.: Z3-3-3194-1-28-06/07).

18.5.15.2 Rüge per Fax

3473 Die Rüge kann **auch per Fax** eingelegt werden (BGH, B. v. 9. 2. 2004 – Az.: X ZB 44/031; VK Bund, B. v. 12. 2. 2003 – Az.: VK 1–03/03).

18.5.15.3 Mündliche Rüge

3474 Es ergibt sich weder aus dem Wortlaut des § 107 Abs. 3 GWB noch aus Sinn und Zweck der Vorschrift, dass die Rüge immer schriftlich erfolgen muss. Wenn sie **unbestritten mündlich**

Gesetz gegen Wettbewerbsbeschränkungen GWB § 107 **Teil 1**

gegenüber Vertretern des Auftraggebers erfolgt, die in der Lage sind, die Beanstandungen auszuräumen, **ist das ausreichend** (OLG Celle, B. v. 30. 9. 2010 – Az.: 13 Verg 10/10; OLG Dresden, B. v. 21. 10. 2005 – Az.: WVerg 0005/05; OLG Düsseldorf, B. v. 6. 3. 2008 – Az.: VII – Verg 53/07; B. v. 31. 10. 2007 – Az.: VII – Verg 24/07; Thüringer OLG, B. v. 31. 8. 2009 – Az.: 9 Verg 6/09; VK Baden-Württemberg, B. v. 19. 5. 2004 – Az.: 1 VK 25/04, B. v. 29. 11. 2002 – Az.: 1 VK 62/02; 2. VK Bund, B. v. 8. 6. 2006 – Az.: VK 2–114/05; 3. VK Bund, B. v. 8. 1. 2010 – Az.: VK 3–229/09; VK Münster, B. v. 13. 2. 2008 – Az.: VK 29/07; B. v. 28. 6. 2007 – Az.: VK 10/07; B. v. 19. 9. 2006 – Az.: VK 12/06; 1. VK Sachsen, B. v. 1. 6. 2006 – Az.: 1/SVK/045-06; B. v. 18. 6. 2003 – Az.: 1/SVK/042-03, B. v. 10. 9. 2003 – Az.: 1/SVK/107-03; VK Südbayern, B. v. 12. 6. 2009 – Az.: Z3-3-3194-1-20–05/09; B. v. 21. 4. 2009 – Az.: Z3-3-3194-1-09-02/09).

18.5.15.4 Rüge per E-Mail

Rügt ein Antragsteller **mittels E-Mail** Vergabeverstöße, kann der Nachprüfungsantrag in **zulässiger Weise** hierauf gestützt werden (Thüringer OLG, B. v. 31. 8. 2009 – Az.: 9 Verg 6/09; 1. VK Bund, B. v. 8. 1. 2004 – Az.: VK 1–117/03; VK Münster, B. v. 19. 9. 2006 – Az.: VK 12/06). 3475

18.5.16 Unterschriftserfordernis

Die **Rüge** gemäß § 107 Abs. 3 GWB ist **an keine Form gebunden**. Sie muss lediglich für die Auftraggeberseite **eindeutig erkennen** lassen, **wer** sich gegen den Verfahrensablauf wendet, in **welchem Sachverhalt** der Verfahrensverstoß gegen Vergaberecht gesehen wird, dass die Änderung dieses Sachverhaltes ernsthaft, also auch mit der Bereitschaft, gegebenenfalls ein Nachprüfungsverfahren einzuleiten, begehrt wird. Bei einer fehlenden Unterschrift ist dies nicht eindeutig der Fall, da der Auftraggeber z. B. nicht eindeutig erkennen kann, von wem die „Rüge" stammt, ob sie ernstlich gemeint ist usw. Der **Auftraggeber ist aber verpflichtet, zur Beseitigung des Zweifels beizutragen** (Hinweis, Rückfrage usw.). 3476

18.5.17 Wahl des Versandweges der Rüge

18.5.17.1 Grundsatz

Im Allgemeinen ist den Anforderungen des § 121 Abs. 1 Satz 2 BGB genügt, wenn die Erklärung unverzüglich abgesandt wird. **Unerwartete Verzögerungen bei der Übermittlung der Erklärung hat der Absender nicht zu verantworten. In der Regel ist die Wahl des einfachen Postweges ausreichend** und eine schnellere Übermittlung, insbesondere durch Telegramm, nicht erforderlich (VK Schleswig-Holstein, B. v. 22. 4. 2008 – Az.: VK-SH 03/08). Der Absender kann ein Verzögerungsrisiko aber nur insoweit auf den Empfänger abwälzen, als die Verzögerung seinem Einfluss entzogen ist. Eine **schuldhafte Verzögerung** kann deshalb vorliegen, wenn der Bieter bei mehreren möglichen Übermittlungswegen denjenigen wählt, der im Einzelfall erkennbar nicht geeignet, umständlich oder unzuverlässig ist. Nur solche Risiken, die der Absender nicht beherrschen oder beeinflussen kann, können ihn von seiner Verantwortung für eine unverzügliche Information des Empfängers entlasten. Denn **zu den Pflichten des Absenders gehört im Rahmen des § 121 Abs. 1 Satz 2 BGB auch die Wahl des richtigen Versandweges** (OLG Naumburg, B. v. 25. 1. 2005 – Az.: 1 Verg 22/04; VK Brandenburg, B. v. 21. 12. 2005 – Az.: 1 VK 79/05). 3477

18.5.17.2 Pflicht zur Wahl des schnellsten Weges

Eine **schuldhafte Verzögerung** liegt vor, wenn **der Bieter nicht diejenige Form der Übermittlung wählt, die im Einzelfall geboten ist, um den berechtigten Interessen der anderen Beteiligten des Vergabeverfahrens an einer möglichst schnellen Klärung vermeintlicher Vergabefehler Rechnung zu tragen**. Für die Rechtzeitigkeit und die damit verbundene Frage, ob ein Unternehmen die Rüge schuldhaft verzögert hat, kommt es immer auf die **konkreten Umstände des Einzelfalles** an. Dabei sind die Gesamtumstände des Vergabevorgangs zu beachten. Dazu gehört neben der internen Abstimmung auf Seiten des Unternehmens auch die Interessenlage des Auftraggebers. Es kann deshalb geboten sein, eine **Rüge nicht auf dem einfachen Postwege**, sondern per Telefax oder **in einer** anderen **beschleunigten Form** zu übermitteln (z. B. Eilbrief, Bote, elektronische Post). Ein solcher Fall ist **jedenfalls dann** gegeben, wenn seit dem Zugang von Informationen, aus denen letztlich auf den 3478 vermeintlichen Vergabemangel **annähernd zwei Wochen vergangen** sind, wenn außerdem der **Ablauf der Frist des § 101a GWB** bei Absendung der Rügeschrift **kurz bevorsteht** und anzunehmen ist, dass die **Übermittlung per Post zu einer Verzögerung des Zugangs der Rügeschrift um mehrere Tage** führen wird. Unter diesen Umständen stellt die Wahl des einfachen Postweges eine schuldhafte Verzögerung dar (OLG Naumburg, B. v. 25. 1. 2005 – Az.: 1 Verg 22/04; VK Schleswig-Holstein, B. v. 22. 4. 2008 – Az.: VK-SH 03/08; im Ergebnis ebenso 3. VK Bund, B. v. 1. 10. 2009 – Az.: VK 3–172/09).

3479 **Noch weiter** geht die 2. VK Sachsen-Anhalt. Aufgrund der kurzen Fristen, die im Vergabeverfahren gelten, **muss die Rüge im Regelfall** binnen 1 bis 5 Tagen erfolgen und zwar **auf dem schnellstmöglichen Weg**, gegebenenfalls per Fax oder Telefon (2. VK Sachsen-Anhalt, B. v. 10. 6. 2009 – Az.: VK 2 LVwA LSA – 13/09).

18.5.18 Rüge durch Übersendung eines Nachprüfungsantrags an den Auftraggeber

3480 Die **Rechtsprechung** ist insoweit **nicht einheitlich**.

3481 Übermittelt der Bieter dem Auftraggeber lediglich den bei der Vergabekammer gestellten Nachprüfungsantrag nahezu zeitgleich, kann diese **Übermittlung des Nachprüfungsantrags nicht als eine den vergaberechtlichen Anforderungen gerecht werdende Rüge angesehen** werden. Eine vergaberechtskonforme Rüge im Sinne des § 107 Abs. 3 GWB muss mindestens den Vergabeverstoß bezeichnen und die Aufforderung an den Auftraggeber enthalten, den Vergabeverstoß zu beseitigen. Diesen Voraussetzungen wird jedenfalls die Übermittlung eines Nachprüfungsantrags an den Auftraggeber, der unmittelbar danach auch der Vergabekammer übermittelt wird, nicht gerecht. Bei **Zugrundelegung eines objektiven Empfängerhorizonts** kann der Auftraggeber diese Benachrichtigung nicht als Aufforderung des Bieters verstehen, den Vergabeverstoß seinerseits zu beseitigen. Das **Verhalten des Bieters muss sich für den Auftraggeber vielmehr als bloße Unterrichtung über den von dem Bieter eingeschlagenen Rechtsweg** darstellen (VK Baden-Württemberg, B. v. 8. 1. 2010 – Az.: 1 VK 2/10; 1. VK Bund, B. v. 25. 11. 2003 – Az.: VK 1–115/03; 3. VK Bund, B. v. 25. 8. 2004 – Az.: VK 3–149/04; 1. VK Sachsen, B. v. 23. 12. 2004 – Az.: 1/SVK/129-04).

3482 Nach einer anderen Auffassung wird **in der Übermittlung des Nachprüfungsantrags an den Antragsgegner eine gleichzeitige Rüge** gesehen, wenn z.B. bei Vorschaltung einer Rüge der **effektive Rechtsschutz in Gefahr gerät**. Doch wird auch in diesem Fall verlangt, die **Rüge** wegen der anderen Zielrichtung zumindest **in einem kurzen zeitlichen Abstand nachzuholen** (OLG München, B. v. 7. 8. 2007 – Az.: Verg 08/07).

18.5.19 Anforderungen an die Person des Rügenden (Antragstellers)

18.5.19.1 Allgemeines

3483 Bei der Einleitung des Nachprüfungsverfahrens bei der Vergabekammer **muss der interessierte Bieter namentlich benannt sein**. Dieser **Grundsatz ist auch auf die Rüge anzuwenden**, weil sie Zugangsvoraussetzung für das Nachprüfungsverfahren ist (VK Lüneburg, B. v. 17. 5. 2005 – Az.: VgK-16/2005). Deshalb sind **die zu § 164 BGB entwickelten Grundsätze insoweit weder unmittelbar noch entsprechend anzuwenden** (OLG Brandenburg, B. v. 28. 11. 2002 – Az.: Verg W 8/02).

3484 **Es muss also offen und erkennbar sein, für welchen Bieter eine Rüge erhoben wird.** Ist dies nicht der Fall und wird erst zu einem späteren Zeitpunkt offen gelegt, dass eine Rüge auch für einen Dritten eingelegt werden sollte, kann die Rüge verspätet sein (3. VK Bund, B. v. 19. 7. 2005 – Az.: VK 3–58/05). Ist z.B. ein **Schreiben ausdrücklich als Rüge bezeichnet und lässt klar erkennen, dass es von der Handwerkskammer im Auftrag eines Bieters verfasst wurde**, indem z.B. der Unterzeichner Bezug nimmt auf ein Telefonat, das er „im Auftrag" des Bieters mit einem Mitarbeiter geführt habe, um Klarheit über die Ausschlussgründe zu erlangen, und erwähnt er die Bitte des Bieters, unterstützend für ihn tätig zu werden, kann es **nicht zweifelhaft sein, dass die Handwerkskammer als Vertreterin des Bieters mit dessen Vollmacht handelt** (2. VK Bund, B. v. 30. 5. 2007 – Az.: VK 2–39/07).

3485 Die Einhaltung der Rügeverpflichtung des Antragstellers gemäß § 107 Abs. 3 GWB setzt voraus, dass die Rüge eine **gewisse Verbindlichkeit** haben muss. Dies ist nur erfüllt, wenn sie durch jemanden erfolgt, der im Verhältnis zum Auftraggeber als **entscheidender Ansprech-

Gesetz gegen Wettbewerbsbeschränkungen GWB § 107 Teil 1

partner gilt oder von diesem **zur Rüge bevollmächtigt** wurde (1. VK Sachsen, B. v. 23. 5. 2001 – Az.: 1/SVK/34-01).

Ein Rügeschreiben nach § 107 Abs. 3 GWB, das äußerlich im Namen eines tatsächlich existierenden, aber nicht als Bieter am Vergabeverfahren beteiligten Unternehmens gefertigt wird, kann nach dem **Rechtsgedanken der „falsa demonstratio" dem „richtigen" Bieter zugeordnet werden**, wenn die Auslegung des Schreibens ergibt, dass die Beanstandung für diesen kraft seiner als Bieter im Vergabeverfahren erworbenen Rechtsstellung erhoben werden sollte, und die Vergabestelle dies auch so verstanden hat (OLG Dresden, B. v. 11. 9. 2003 – Az.: WVerg 07/03). 3486

18.5.19.2 Rüge einer Bietergemeinschaft

Eine schon bestehende Bietergemeinschaft, die im Verlaufe eines Vergabeverfahrens einen Vergabeverstoß erkennt, hat einheitlich, vertreten durch das hierzu berufene Mitglied oder durch jedes einzelne Mitglied zu rügen (VK Baden-Württemberg, B. v. 11. 8. 2009 – Az.: 1 VK 36/09; 2. VK Bund, B. v. 29. 12. 2006 – Az.: VK 2–128/06; 1. VK Sachsen, B. v. 10. 6. 2008 – Az.: 1/SVK/026-08; B. v. 24. 5. 2007 – Az.: 1/SVK/029-07; B. v. 1. 6. 2006 – Az.: 1/SVK/045-06; B. v. 9. 5. 2006 – Az.: 1/SVK/036-06). Es stellt keine reine Förmelei dar, dass für eine wirksame Rüge auch der Partner einer Bietergemeinschaft zu rügen hat, auch wenn es sich bei dem Partner um eine 100%-ige Tochterfirma handelt und die Geschäftsführer identisch sind. Die Rechtsform wurde gezielt gewählt, um in den Genuss der damit verbundenen Vorteile zu gelangen, womit auch die rechtliche Verpflichtung korrespondiert, den Obliegenheit nachzukommen, die beide Partner betreffen (VK Baden-Württemberg, B. v. 13. 10. 2005 – Az.: 1 VK 59/05; 1. VK Sachsen, B. v. 1. 6. 2006 – Az.: 1/SVK/045-06). 3487

Danach ist eine **nicht ausdrücklich im Namen der Bietergemeinschaft erhobene Rüge eines einzelnen Mitglieds einer Bietergemeinschaft** der **Bietergemeinschaft zuzurechnen**, wenn das **Mitglied** mit Erklärung der Arbeitsgemeinschaft **ermächtigt** wurde, als geschäftsführendes Mitglied die Arbeitsgemeinschaftsmitglieder gegenüber dem Auftraggeber **rechtsverbindlich zu vertreten** (VK Nordbayern, B. v. 12. 10. 2006 – Az.: 21.VK – 3194 – 25/06; im Ergebnis ebenso 3. VK Saarland, B. v. 9. 3. 2007 – Az.: 3 VK 01/2007). Der **Auftraggeber muss sich darauf verlassen können**, dass die einmal gegründete **Bietergemeinschaft vom Zeitpunkt der Angebotsabgabe bis zur Zuschlagserteilung existiert**. Daran ist sowohl der Auftraggeber als auch die in der Bietergemeinschaft vereinigten Bieter gebunden (3. VK Saarland, B. v. 9. 3. 2007 – Az.: 3 VK 01/2007). 3488

Eine **Bietergemeinschaft, die sich erst kurz vor Angebotsabgabefrist bildet, muss auch dann noch einmal selbst rügen, wenn einzelne ihrer Mitglieder bereits zu einer Zeit gerügt haben, als die Bietergemeinschaft noch nicht bestand**. Sie kann sich nicht erst im Nachprüfungsverfahren auf diese Rügen beziehen und sich diese zu eigen machen. Rügen der ursprünglichen Einzelunternehmen wachsen der Bietergemeinschaft nicht automatisch zu. Die Bietergemeinschaft unterscheidet sich rechtlich von dem Einzelunternehmen – es besteht keine rechtliche Identität – ; die Vergabestelle muss wissen, welche Rügen ggfls. noch aktuell sind, auf die sie sich einstellen muss (1. VK Sachsen, B. v. 24. 5. 2007 – Az.: 1/SVK/029-07). 3489

Anderer Auffassung ist insoweit die **VK Hessen**. Danach ist **im Wege der Auslegung zu entscheiden, ob die Rüge der Bietergemeinschaft zuzurechnen** ist. **Anhaltspunkte** können sein das **Verständnis des Auftraggebers von dem Rügenden** und die **Formulierung des Rügeschreibens** (2. VK Hessen, B. v. 26. 4. 2007 – Az.: 69 d VK – 08/2007). 3490

Bei der Rüge einer Bietergemeinschaft müssen also **objektive Umstände** vorliegen, aus denen die Vergabestelle einen Hinweis entnehmen kann, dass eine **Zurechenbarkeit der Rüge zu der Bietergemeinschaft** besteht (VK Baden-Württemberg, B. v. 11. 8. 2009 – Az.: 1 VK 36/09; 2. VK Bund, B. v. 29. 12. 2006 – Az.: VK 2–128/06; VK Hessen, B. v. 18. 2. 2002 – Az.: 69 d VK – 49/2001; 1. VK Sachsen, B. v. 10. 6. 2008 – Az.: 1/SVK/026-08; B. v. 1. 6. 2006 – Az.: 1/SVK/045-06; B. v. 9. 5. 2006 – Az.: 1/SVK/036-06; B. v. 8. 7. 2004 – Az.: 1/SVK/044-04). 3491

Das **EuG ist für ein Konsortium anderer Auffassung**. Da das **betroffene Konsortium niemals Rechtspersönlichkeit besessen** hatte und die **vorübergehende Struktur des Konsortiums in Bezug auf seine Mitglieder transparent** ist, müssen gemäß Art. 230 EG (jetzt Art. 263 AEUV) **beide Gesellschaften als Adressaten der angefochtenen Entscheidung** angesehen werden. Als Adressatin der angefochtenen Entscheidung konnte die Klägerin diese 3491/1 daher unter den Voraussetzungen des Art. 230 EG (jetzt Art. 263 AEUV) anfechten (EuG, Urteil v. 19. 3. 2010 – Az.: T-50/05).

18.5.19.3 Anforderungen an den Nachweis einer Bevollmächtigung

3492 § 107 Abs. 3 GWB ist eine Vorschrift des öffentlichen Rechts. Die **Rüge ist eine bloße Kritik oder auch ein Hinweis gegenüber der Vergabestelle**. Soweit man überhaupt von einer Rechtsfolge der Rüge sprechen kann, kommt allenfalls in Betracht, dass die Rüge eine Zulässigkeitsvoraussetzung für das Nachprüfungsverfahren ist. Hierbei handelt es sich um eine öffentlich-rechtliche Rechtsfolge. Weitere – insbesondere zivilrechtliche – Rechtsfolgen der Rüge sind nicht ersichtlich. Die zivilrechtlichen Bestimmungen über Rechtsgeschäfte können zwar auch im öffentlichen Recht Anwendung finden, jedoch nur bei Fehlen spezieller Vorschriften. Dies ist für den **Nachweis einer Bevollmächtigung nicht der Fall**, da im Verwaltungsrecht die Interessen an einer Sicherheit und Klarheit über die Bevollmächtigung hinreichend durch **§ 14 Abs. 1 Satz 3 VwVfG gewahrt** werden (VK Baden-Württemberg, B. v. 21. 12. 2004 – Az.: 1 VK 83/04; 1. VK Bund, B. v. 5. 9. 2001 – Az.: VK 1–23/01; 3. VK Saarland, B. v. 9. 3. 2007 – Az.: 3 VK 01/2007).

3493 Auf die **Rüge nach § 107 Abs. 3 GWB ist deshalb die Vorschrift des § 174 Satz 1 BGB (Vollmachtsurkunde) weder unmittelbar noch entsprechend anzuwenden** (OLG Düsseldorf, B. v. 5. 12. 2001 – Az.: Verg 32/01; VK Baden-Württemberg, B. v. 21. 12. 2004 – Az.: 1 VK 83/04; 3. VK Saarland, B. v. 9. 3. 2007 – Az.: 3 VK 01/2007; im Ergebnis ebenso VK Lüneburg, B. v. 5. 1. 2006 – Az.: VgK-43/2005; B. v. 5. 1. 2006 – Az.: VgK-41/2005; 1. VK Sachsen, B. v. 10. 6. 2008 – Az.: 1/SVK/026-08; VK Schleswig-Holstein, B. v. 5. 1. 2006 – Az.: VK-SH 31/05).

18.5.20 Adressat der Rüge

18.5.20.1 Auftraggeber

3494 Die Rüge muss nach dem eindeutigen Wortlaut des § 107 Abs. 3 Satz 1 GWB **gegenüber dem Auftraggeber** erklärt werden (OLG Düsseldorf, B. v. 8. 10. 2003 – Az.: VII – Verg 49/03; VK Brandenburg, B. v. 8. 9. 2004 – Az.: VK 33/04; VK Münster, B. v. 16. 2. 2005 – Az.: VK 36/04; 1. VK Sachsen, B. v. 1. 4. 2010 – Az.: 1/SVK/007–10).

3495 Dies ist **bei einer fernmündlichen Rüge nur sichergestellt, wenn sich der Bieter an den zur Vertretung der Vergabestelle berufenen Vertreter wendet**, der zur Abhilfe der beanstandeten Fehler in der Lage ist (VK Brandenburg, B. v. 9. 2. 2005 – VK 86/04).

18.5.20.2 Vom Auftraggeber beauftragte Dritte

3496 Die Frage, ob auch von einer Rüge gegenüber dem Adressaten „Auftraggeber" gesprochen werden kann, wenn sie unstreitig nicht gegenüber diesem, sondern gegenüber einem vom Auftraggeber beauftragten Dritten ausgesprochen wurde, hängt entscheidend davon ab, **ob ein fachkundiges Bieterunternehmen** aus der Bekanntmachung, den Ausschreibungsunterlagen und/oder den sonstigen Umständen entnehmen durfte, dass die vom Auftraggeber eingeräumte **Vertretungsvollmacht des Dritten auch die Entgegennahme einer etwaigen, für die Einleitung eines Nachprüfungsverfahrens unabdingbare Rüge umfasste**. Ein Antragsteller darf jedoch zumindest dann **nicht davon ausgehen**, dass der beauftragte Dritte zur Entgegennahme der Rüge befugt ist, **wenn die Rüge die Beauftragung des Dritten mit der Durchführung des Vergabeverfahrens selbst betrifft**, weil der Bieter in diesen Fällen nicht sicher sein kann, dass der Dritte diese Rüge auch an den Auftraggeber weitergibt. Betrifft die Rüge jedoch nicht die Einschaltung des Dritten an sich, ist auf den Einzelfall abzustellen (VK Südbayern, B. v. 6. 5. 2002 – Az.: 12-04/02).

3497 Ist **in den Ausschreibungsunterlagen eindeutig der Auftraggeber als Ansprechstelle benannt**, muss **auch die Rüge dem Auftraggeber gegenüber** ausgesprochen werden (OLG Düsseldorf, B. v. 8. 10. 2003 – Az.: VII – Verg 49/03).

3498 **Es reicht** zur Wahrung der Rügefrist **aus**, wenn die Rüge **bei** dem vom Auftraggeber mit der Durchführung der Ausschreibung **beauftragten Ingenieur- bzw. Architekturbüro** erhoben wird (VK Baden-Württemberg, B. v. 29. 6. 2009 – Az.: 1 VK 27/09; VK Brandenburg, B. v. 7. 5. 2002 – Az.: VK 14/02).

3499 Eine Rüge nach § 107 Abs. 3 Satz 1 GWB **kann auch bei einem vom Auftraggeber eingeschalteten Ingenieurbüro** erfolgen, wenn dessen bisherige Handlungen dem Auftraggeber zuzurechnen waren. Dies ist der Fall, wenn das Ingenieurbüro im Außenverhältnis zu den

Gesetz gegen Wettbewerbsbeschränkungen GWB § 107 **Teil 1**

Bietern nahezu allein aufgetreten ist, z. B. bei LV-Anfragen, Federführung beim Bietergespräch bei diesem, Fertigung des Absageschreibens nach § 101 a GWB auf Kopfbogen des Ingenieurbüros (1. VK Sachsen, B. v. 12. 6. 2003 – Az.: 1/SVK/054-03).

Hat der **Auftraggeber einen Projektsteuerer als Dritten mit der Durchführung des** 3500 **Vergabeverfahrens beauftragt** und ist dieser während des Vergabeverfahrens wiederholt gegenüber den Bietern als Ansprechpartner »an Stelle« des Auftraggebers aufgetreten, kann es zur Wahrung der Rügefrist genügen, wenn die **Rüge bei dem beauftragten Dritten erhoben wird** (1. VK Sachsen, B. v. 1. 4. 2010 – Az.: 1/SVK/007–10).

Arbeiten **mehrere Dritte** für den öffentlichen Auftraggeber, ist zu klären, wer die mit der 3501 Durchführung des Vergabeverfahrens zuständige Stelle ist; gibt es hierbei **eine eindeutige Zuordnung**, kann die Rüge gegenüber den übrigen Dritten nicht wirksam erhoben werden (VK Hessen, B. v. 26. 3. 2003 – Az.: 69 d VK – 13/2003).

18.5.20.3 Rüge mit nicht eindeutiger Bezeichnung des Adressaten

Weist das Rügeschreiben die Erklärung „Einspruch/Beantragung einer Nachprüfung des Verfahrens bei der zuständigen Vergabekammer", und am Ende des Satz „Zu dem bereits erhobenen Einspruch beantragt die xxx GmbH hiermit gleichermaßen eine Nachprüfung des Verfahrens bei der zuständigen Vergabekammer" auf, **muss die Vergabestelle den vorgetragenen Einwand prüfen und gegebenenfalls den Vergabefehler korrigieren**. Sie darf sich nicht auf den Standpunkt stellen, dass sie nicht angesprochen ist, sondern nur die Vergabekammer (OLG Celle, B. v. 19. 8. 2003 – Az.: 13 Verg 20/03). 3502

18.5.20.4 Rüge durch Einreichung eines Nachprüfungsantrags bei der Vergabekammer

Die **Einreichung eines Nachprüfungsantrags** bei der Vergabekammer kann **nicht als** 3503 **Rüge** im Sinne von § 107 Abs. 3 GWB gesehen werden. Dies ergibt sich bereits **aus Sinn und Zweck des § 107 Abs. 3 GWB**. Diese Regelung dient unter dem Gesichtspunkt von Treu und Glauben zur Vermeidung unnötiger Nachprüfungsverfahren. Erkennt der Unternehmer Fehler im Vergabeverfahren, muss er durch die Rüge dem Auftraggeber Gelegenheit geben, diese Fehler zu korrigieren Aus diesem Grund **muss die Rüge gegenüber der Vergabestelle und nicht gegenüber der Vergabekammer** erfolgen (VK Brandenburg, B. v. 13. 12. 2006 – Az.: 1 VK 53/06).

Aufgrund der fehlenden Rüge hat die Vergabestelle keine Gelegenheit, die Vorwürfe außer- 3504 halb eines Nachprüfungsverfahrens zu prüfen und ggf. abzuhelfen. Aufgrund der Präklusionsregelung des § 107 Abs. 3 Satz 1 GWB ist der **Antrag daher unzulässig** (OLG Düsseldorf, B. v. 5. 12. 2006 – Az.: VII – Verg 56/06; VK Baden-Württemberg, B. v. 8. 7. 2002 – Az.: 1 VK 30/02, VK Brandenburg, B. v. 13. 12. 2006 – Az.: 1 VK 53/06; VK Lüneburg, B. v. 8. 11. 2002 – Az.: 24/02; VK Nordbayern, B. v. 27. 6. 2001, Az.: 320.VK-3194-20/01).

18.5.20.5 Rüge durch Einreichung eines Nachprüfungsantrags bei der Vergabeprüfstelle

Dem Sinn und Zweck der Rügepflicht gemäß § 107 Abs. 3 GWB **kann neben der unmit-** 3505 **telbaren Rüge gegenüber dem Auftraggeber auch eine Anrufung der Vergabeprüfstelle gemäß § 103 Abs. 2 GWB gerecht werden**. Aufgabe der Vergabeprüfstelle ist es nämlich gerade, die Vergabestelle gegebenenfalls anzuweisen, rechtswidrige Maßnahmen aufzuheben und rechtmäßige Maßnahmen zu treffen, sowie die Beteiligten zu beraten und streitschlichtend tätig zu werden. Da die Vergabeprüfstelle verpflichtet ist, an sie gerichtete Anträge zumindest zu prüfen, wird sie den jeweiligen Auftraggeber um eine entsprechende Stellungnahme zu bitten haben, so dass die Vergabestelle mit hinlänglicher Wahrscheinlichkeit Kenntnis von der Rüge des Bieters erhält. Zudem liegt in einer Anrufung der Vergabeprüfstelle insoweit ein Vorteil gegenüber einer direkten Rüge gegenüber der Vergabestelle, als hierbei durch die Sachkompetenz der Vergabeprüfstelle als unparteiischem Dritten eher ein Ausgleich zwischen den Beteiligten herbeigeführt werden kann, als bei einer rein bilateralen Auseinandersetzung zwischen Bieter und Vergabestelle. **Eingedenk dessen wäre die Forderung nach einer weiteren direkten Rüge des Bieters gegenüber der Antragsgegnerin damit reine Förmelei** (VK Schleswig-Holstein, B. v. 19. 1. 2005 – Az.: VK-SH 37/04).

Ausgehend von Sinn und Zweck der Rüge ist die 3. VK Bund ebenfalls dieser Meinung, und 3506 zwar insbesondere dann, **wenn es sich bei der Vergabeprüfstelle und dem Auftraggeber um dieselbe Rechtsperson handelt** (3. VK Bund, B. v. 16. 3. 2007 – Az.: VK 3–13/07).

Teil 1 GWB § 107   Gesetz gegen Wettbewerbsbeschränkungen

3507   Im **Vergaberechtsmodernisierungsgesetz** sind die Vergabeprüfstellen zwar aus der gesetzlichen Regelung herausgefallen. Dies **bedeutet** aber – auch nach der Begründung zum Vergaberechtsmodernisierungsgesetz – **nicht, dass öffentliche Auftraggeber keine Vergabeprüfstellen mehr einsetzen dürfen**. Existieren also weiterhin Vergabeprüfstellen, hat diese **Rechtsprechung weiterhin Bestand**.

18.5.20.6 Rüge durch die bloße Abgabe eines vom Ausschreibungsinhalt abweichenden Angebots

3508   In der **bloßen Abgabe eines vom Ausschreibungsinhalt abweichenden Angebots liegt nicht ohne Weiteres eine schlüssige Rügeerklärung i. S. d. § 107 Abs. 3 GWB**. An eine solche Rüge sind zwar im formalen Sinne keine hohen Anforderungen zu stellen. Gleichwohl muss – auch und gerade vom Empfängerhorizont des Auftraggebers – zweifelsfrei zu erkennen sein, dass der Bieter ein bestimmtes Verhalten der Vergabestelle mit dem Ziel der Fehlerkorrektur konkret als vergaberechtswidrig angreifen will. Einen derartigen Inhalt kann der Angebotserklärung nicht beigemessen werden (OLG Dresden, B. v. 11. 9. 2006 – Az.: WVerg 13/06; VK Brandenburg, B. v. 7. 11. 2007 – Az.: VK 42/07; VK Sachsen, B. v. 9. 2. 2009 – Az.: 1/SVK/071-08).

18.5.21 Notwendigkeit des Zugangs der Rüge

3509   Die Rüge ist eine empfangsbedürftige Willenserklärung; sie muss dem Auftraggeber also auch **spätestens mit Ablauf dieser Frist zugegangen sein**, sonst ist die Rüge als verspätet und der Antrag als unzulässig zu betrachten (VK Hessen, B. v. 2. 12. 2004 – Az.: 69 d VK – 72/2004; 1. VK Sachsen, B. v. 16. 11. 2006 – Az.: 1/SVK/097-06; B. v. 11. 11. 2005 – Az.: 1/SVK/130-05; B. v. 5. 3. 2002 – Az.: 1/SVK/009-02).

3510   **Zugegangen ist eine Willenserklärung, wenn sie so in den Bereich des Empfängers gelangt ist, dass dieser unter normalen Verhältnissen die Möglichkeit hat, vom Inhalt der Erklärung Kenntnis zu nehmen. Vollendet ist der Zugang dann, wenn die Kenntnisnahme durch den Empfänger möglich und nach der Verkehrsanschauung zu erwarten ist** (Thüringer OLG, B. v. 31. 8. 2009 – Az.: 9 Verg 6/09; 1. VK Sachsen, B. v. 16. 11. 2006 – Az.: 1/SVK/097-06; B. v. 8. 6. 2006 – Az.: 1/SVK/050-06). Eine Kenntnisnahme ist nach der Verkehrsanschauung nicht zu erwarten, wenn ein Telefax um ca. 23.00 Uhr, außerhalb der üblichen Bürozeiten, zugeht (VK Sachsen, B. v. 16. 11. 2006 – Az.: 1/SVK/097-06). Dies gilt auch, wenn der Bieter eine Rüge nachmittags telefonisch avisiert (VK Hessen, B. v. 2. 12. 2004 – Az.: 69 d VK – 72/2004). Rügen, die **nach Dienstschluss bei der Vergabestelle eingehen**, sind der **Vergabestelle erst am nächsten Arbeitstag zugegangen** (OLG Dresden, B. v. 11. 9. 2006 – Az.: WVerg 13/06; 1. VK Sachsen, B. v. 24. 5. 2007 – Az.: 1/SVK/029-07; B. v. 16. 11. 2006 – Az.: 1/SVK/097-06; B. v. 8. 6. 2006 – Az.: 1/SVK/050-06).

3511   Eine vergaberechtliche Rüge ist in der Regel **nicht mehr unverzüglich im Sinne des § 107 Abs. 3 S. 1 GWB a. F.** erhoben, **wenn sie in dem kurz vor Ablauf der Angebotsfrist bei der Vergabestelle eingegangenen Angebot des Bieters an „versteckter Stelle" enthalten** ist. Der Bieter kann dann nämlich nicht damit rechnen, dass die Rüge der Vergabestelle bereits bei der Angebotsöffnung im Submissionstermin, sondern erst im Verlauf der üblicherweise mehrere Tage späteren Angebotsprüfung zur Kenntnis gelangt (Thüringer OLG, B. v. 31. 8. 2009 – Az.: 9 Verg 6/09).

3512   **Verzögerungen im Postlauf** stellen nur dann kein Verschulden des Rügenden dar, wenn die Adressierung korrekt erfolgte und der Absender sich darauf verlassen konnte, dass die normalen Postlaufzeiten eingehalten werden (1. VK Sachsen, B. v. 5. 3. 2002 – Az.: 1/SVK/009-02).

3513   Ungeachtet der Formulierung des § 107 Abs. 3 S. 1 GWB liegt die **Beweislast hinsichtlich des Zugangs des Rügeschreibens als empfangsbedürftige Willenserklärung beim Antragsteller**. Dieser beruft sich in der Regel auf den Zugang der Rüge und **hat es als einziger in der Hand, durch entsprechende Vorkehrungen** wie z. B. der Versendung per Einschreiben mit Rückschein oder der Übermittlung per Boten, den **Erhalt des Rügeschreibens zu beweisen**, während es der Auftraggeberseite grundsätzlich unmöglich sein dürfte, den Gegenbeweis anzutreten (1. VK Sachsen-Anhalt, B. v. 31. 3. 2005 – Az.: 1 VK LVwA 04/05).

3514   Der so genannte **OK-Vermerk im Sendebericht des Absenders eines Telefaxschreibens** begründet **weder den vollen Beweis noch einen Anscheinsbeweis** dafür, dass das Telefaxschreiben auch **tatsächlich zugegangen** ist. Allerdings rechtfertigt die hohe Zuverläs-

Gesetz gegen Wettbewerbsbeschränkungen GWB § 107 **Teil 1**

sigkeit bei der Übermittlung von Telefaxnachrichten, dass demjenigen, der sich auf den Nichtzugang eines ordnungsgemäß abgesandten Schreibens beruft, **höhere Anforderungen hinsichtlich des Bestreitens des Zugangs** aufzuerlegen sind (OLG Thüringen, B. v. 9. 9. 2002 – Az.: 6 Verg 4/02 – zu einem Schreiben nach § 13 VgV; 2. VK Bund, B. v. 3. 4. 2006 – Az.: VK 2–14/06). Trägt ein Auftraggeber außer der pauschalen Behauptung des Nichtzugangs des Rügeschreibens keine weiteren Tatsachen vor, ist vom Zugang des Rügeschreibens bei dem Auftraggeber auszugehen (1. VK Bund, B. v. 12. 2. 2003 – Az.: VK 1–03/03; 2. VK Bund, B. v. 3. 4. 2006 – Az.: VK 2–14/06).

18.5.22 Notwendiger Inhalt der Rüge (Verstoß gegen Vergabebestimmungen)

18.5.22.1 Grundsatz: Geringe Anforderungen

Was die inhaltlichen Anforderungen an eine Rüge angeht, fordert § 107 Abs. 3 GWB lediglich die Angabe von Verstößen gegen Vergabevorschriften. Im Sinne der Gewährung effektiven Rechtsschutzes sind an die Rüge daher **nur geringe Anforderungen** zu stellen (OLG München, B. v. 5. 11. 2009 – Az.: Verg 15/09; Thüringer OLG, B. v. 30. 3. 2009 – Az.: 9 Verg 12/08; B. v. 29. 8. 2008 – Az.: 9 Verg 5/08; LSG Hessen, B. v. 15. 12. 2009 – Az.: L 1 KR 337/09 ER Verg; VK Arnsberg, B. v. 10. 9. 2004 – Az.: VK 1–15/2004; VK Baden-Württemberg, B. v. 8. 1. 2010 – Az.: 1 VK 2/10; B. v. 29. 6. 2009 – Az.: 1 VK 27/09; B. v. 28. 5. 2009 – Az.: 1 VK 21/09; B. v. 30. 3. 2007 – Az.: 1 VK 06/07; VK Brandenburg, B. v. 1. 2. 2010 – Az.: VK 1/10; B. v. 21. 11. 2007 – Az.: VK 45/07; B. v. 11. 9. 2006 – Az.: 2 VK 34/06, 1 VK 35/06; B. v. 16. 12. 2004 – Az.: VK 70/04; 1. VK Bund, B. v. 30. 7. 2008 – Az.: VK 1–90/08; B. v. 29. 7. 2008 – Az.: VK 1–78/08; B. v. 16. 6. 2006 – Az.: VK 1–34/06; 2. VK Bund, B. v. 16. 3. 2009 – Az.: VK 2–7/09; 3. VK Bund, B. v. 8. 1. 2010 – Az.: VK 3–229/09; VK Hamburg, B. v. 3. 11. 2005 – Az.: VK BSU-3/05; VK Hessen, B. v. 30. 3. 2009 – Az.: 69 d VK – 66/2008; 2. VK Mecklenburg-Vorpommern, B. v. 7. 1. 2008 – Az.: 2 VK 5/07; 1. VK Sachsen, B. v. 24. 1. 2008 – Az.: 1/SVK/087-07; B. v. 24. 5. 2007 – Az.: 1/SVK/029-07; B. v. 15. 5. 2007 – Az.: 1/SVK/028-07; B. v. 14. 3. 2007 – Az.: 1/SVK/006–07; B. v. 31. 1. 2007 – Az.: 1/SVK/124-06; B. v. 26. 6. 2006 – Az.: 1/SVK/071-06; VK Südbayern, B. v. 13. 3. 2009 – Az.: Z3-3-3194-1-02-01/09; B. v. 29. 5. 2006 – Az.: 09-04/06). 3515

Insbesondere ist es **nicht erforderlich**, dass der Bewerber explizit **das Wort „Rüge"** verwendet (OLG Frankfurt, B. v. 2. 3. 2007 – Az.: 11 Verg 15/06; OLG München, B. v. 5. 11. 2009 – Az.: Verg 15/09; B. v. 29. 9. 2009 – Az.: Verg 12/09; Thüringer OLG, B. v. 31. 8. 2009 – Az.: 9 Verg 6/09; B. v. 30. 3. 2009 – Az.: 9 Verg 12/08; B. v. 29. 8. 2008 – Az.: 9 Verg 5/08; LSG Hessen, B. v. 15. 12. 2009 – Az.: L 1 KR 337/09 ER Verg; VK Baden-Württemberg, B. v. 29. 6. 2009 – Az.: 1 VK 27/09; B. v. 28. 5. 2009 – Az.: 1 VK 21/09; VK Brandenburg, B. v. 1. 2. 2010 – Az.: VK 1/10; B. v. 21. 11. 2007 – Az.: VK 45/07; B. v. 11. 9. 2006 – Az.: 2 VK 34/06, 1 VK 35/06; B. v. 5. 4. 2006 – Az.: VK 3/06; B. v. 8. 9. 2005 – Az.: 1 VK 51/05; B. v. 5. 4. 2005 – Az.: VK 9/05; B. v. 16. 12. 2004 – Az.: VK 70/04; 2. VK Bund, B. v. 16. 3. 2009 – Az.: VK 2–7/09; 3. VK Bund, B. v. 8. 1. 2010 – Az.: VK 3–229/09; VK Hessen, B. v. 17. 8. 2009 – Az.: 69 d VK – 25/2009; B. v. 16. 7. 2004 – Az.: 69 d – VK – 39/2004; VK Münster, B. v. 30. 4. 2009 – Az.: VK 4/09; B. v. 28. 6. 2007 – Az.: VK 10/07; B. v. 16. 2. 2005 – Az.: VK 36/04; VK Nordbayern, B. v. 17. 8. 2010 – Az.: 21.VK – 3194 – 31/10; 1. VK Sachsen, B. v. 31. 1. 2007 – Az.: 1/SVK/124-06; B. v. 21. 2. 2006 – Az.: 1/SVK/004–06; B. v. 21. 4. 2004 – Az.: 1/SVK/029-04; VK Südbayern, B. v. 29. 5. 2006 – Az.: 09-04/06; B. v. 17. 7. 2003 – Az.: 24-06/03; VK Thüringen, B. v. 1. 8. 2008 – Az.: 250–4003.20–1952/2008-015-GRZ) oder **exakt einzelne Normen des Vergaberechts benennt**, die er als verletzt ansieht (OLG Dresden, B. v. 21. 10. 2005 – Az.: WVerg 0005/05; LSG Hessen, B. v. 15. 12. 2009 – Az.: L 1 KR 337/09 ER Verg; VK Brandenburg, B. v. 1. 2. 2010 – Az.: VK 1/10; B. v. 21. 11. 2007 – Az.: VK 45/07; B. v. 11. 9. 2006 – Az.: 2 VK 34/06, 1 VK 35/06; B. v. 5. 4. 2006 – Az.: 1 VK 3/06; B. v. 8. 9. 2005 – Az.: 1 VK 51/05; B. v. 18. 6. 2004 – Az.: VK 22/04; 3. VK Bund, B. v. 8. 1. 2010 – Az.: VK 3–229/09; VK Nordbayern, B. v. 30. 11. 2009 – Az.: 21.VK – 3194 – 41/09; B. v. 30. 11. 2009 – Az.: 21.VK – 3194 – 40/09; 1. VK Sachsen, B. v. 3. 3. 2008 – Az.: 1/SVK/002–08; B. v. 31. 1. 2007 – Az.: 1/SVK/124-06; B. v. 21. 4. 2004 – Az.: 1/SVK/029-04; VK Südbayern, B. v. 29. 5. 2006 – Az.: 09-04/06). 3516

18.5.22.2 Erfordernis der konkreten Darlegung des Verstoßes und des Abhilfeverlangens

Die Rüge muss jedoch objektiv und vor allem auch gegenüber dem Auftraggeber (in der **Rolle eines „verständigen Dritten"** – OLG Düsseldorf, B. v. 31. 10. 2007 – Az.: VII – Verg 3517

Teil 1 GWB § 107   Gesetz gegen Wettbewerbsbeschränkungen

24/07; VK Baden-Württemberg, B. v. 28. 5. 2009 – Az.: 1 VK 21/09; 2. VK Bund, B. v. 6. 5. 2010 – Az.: VK 2–26/10; B. v. 16. 3. 2009 – Az.: VK 2–7/09; 2. VK Mecklenburg-Vorpommern, B. v. 28. 11. 2008 – Az.: 2 VK 7/08; 1. VK Sachsen, B. v. 11. 12. 2009 – Az.: 1/SVK/054-09 –) deutlich sein und von diesem so verstanden werden, welcher Sachverhalt aus welchem Grund als Verstoß angesehen wird und dass es sich nicht nur um die Klärung etwaiger Fragen, um einen Hinweis, eine Bekundung des Unverständnisses oder der Kritik z. B. über den Inhalt der Ausschreibung oder Verfahrensabläufe und Entscheidungen o. ä. handelt, sondern **dass der Bieter von der Vergabestelle erwartet und bei ihr erreichen will, dass der (vermeintliche) Verstoß behoben wird** (KG Berlin, B. v. 20. 8. 2009 – Az.: 2 Verg 4/09; OLG Brandenburg, B. v. 17. 2. 2005 – Az.: Verg W 11/04; OLG Celle, B. v. 30. 9. 2010 – Az.: 13 Verg 10/10; B. v. 10. 1. 2008 – Az.: 13 Verg 11/07; OLG Dresden, B. v. 21. 10. 2005 – Az.: WVerg 0005/05; OLG Düsseldorf, B. v. 23. 1. 2008 – Az.: VII – Verg 36/07; B. v. 31. 10. 2007 – Az.: VII – Verg 24/07; B. v. 29. 3. 2006 – Az.: VII – Verg 77/05; B. v. 14. 3. 2003 – Az.: Verg 14/03; OLG Frankfurt, B. v. 8. 12. 2009 – Az.: 11 Verg 6/09; B. v. 2. 3. 2007 – Az.: 11 Verg 15/06; B. v. 24. 6. 2004 – Az.: 11 Verg 15/04; OLG München, B. v. 10. 12. 2009 – Az.: Verg 16/09; B. v. 26. 6. 2007 – Az.: Verg 6/07; Thüringer OLG, B. v. 31. 8. 2009 – Az.: 9 Verg 6/09; B. v. 30. 3. 2009 – Az.: 9 Verg 12/08; B. v. 29. 8. 2008 – Az.: 9 Verg 5/08; LSG Hessen, B. v. 15. 12. 2009 – Az.: L 1 KR 337/09 ER Verg; VK Baden-Württemberg, B. v. 26. 3. 2010 – Az.: 1 VK 11/10; B. v. 8. 1. 2010 – Az.: 1 VK 2/10; B. v. 13. 8. 2009 – Az.: 1 VK 37/09; B. v. 13. 8. 2009 – Az.: 1 VK 31/09; B. v. 28. 7. 2009 – Az.: 1 VK 42/09; B. v. 28. 5. 2009 – Az.: 1 VK 21/09; B. v. 6. 4. 2009 – Az.: 1 VK 13/09; B. v. 7. 11. 2007 – Az.: 1 VK 43/07; B. v. 30. 3. 2007 – Az.: 1 VK 06/07; B. v. 19. 3. 2007 – Az.: 1 VK 07/07, 08/07; B. v. 18. 10. 2005 – Az.: 1 VK 62/05; B. v. 15. 8. 2005 – Az.: 1 VK 47/05; VK Berlin, B. v. 5. 11. 2009 – Az.: VK – B 2–35/09; B. v. 18. 3. 2009 – Az.: VK B 2 30/08; VK Brandenburg, B. v. 1. 2. 2010 – Az.: VK 1/10; B. v. 17. 12. 2009 – Az.: VK 21/09; B. v. 21. 11. 2007 – Az.: VK 45/07; B. v. 13. 3. 2007 – Az.: 1 VK 7/07; B. v. 5. 4. 2006 – Az.: 1 VK 3/06; B. v. 8. 9. 2005 – Az.: 1 VK 51/05; B. v. 5. 4. 2005 – Az.: VK 9/05; B. v. 9. 2. 2005 – VK 86/04; B. v. 16. 12. 2004 – Az.: VK 70/04; B. v. 18. 6. 2004 – Az.: VK 22/04; 1. VK Bund, B. v. 9. 7. 2010 – Az.: VK 1–55/10; B. v. 30. 7. 2008 – Az.: VK 1–90/08; B. v. 29. 7. 2008 – Az.: VK 1–78/08; B. v. 16. 6. 2006 – Az.: VK 1–34/06; 2. VK Bund, B. v. 6. 5. 2010 – Az.: VK 2–26/10; B. v. 16. 3. 2009 – Az.: VK 2–7/09; 3. VK Bund, B. v. 9. 6. 2005 – Az.: VK 3–49/05; VK Düsseldorf, B. v. 19. 3. 2007 – Az.: VK – 07/2007 – B; VK Hamburg, B. v. 3. 11. 2005 – Az.: VK BSU-3/05; VK Hessen, B. v. 5. 11. 2009 – Az.: 69 d VK – 39/2009; B. v. 9. 10. 2009 – Az.: 69 d VK – 36/2009; B. v. 17. 8. 2009 – Az.: 69 d VK – 25/2009; B. v. 30. 3. 2009 – Az.: 69 d VK – 66/2008; B. v. 19. 3. 2009 – Az.: 69 d VK – 05/2009; B. v. 19. 2. 2009 – Az.: 69 d VK – 01/2009; B. v. 14. 12. 2006 – Az.: 69 d VK 62/2006; B. v. 5. 10. 2004 – Az.: 69 d – VK – 56/2004; B. v. 16. 7. 2004 – Az.: 69 d – VK – 39/2004; B. v. 30. 3. 2004 – Az.: 69 d – VK – 08/2004; B. v. 11. 3. 2004 – Az.: 69 d – VK – 06/2004; B. v. 26. 3. 2003 – Az.: 69 d VK – 13/2003; 2. VK Mecklenburg-Vorpommern, B. v. 28. 11. 2008 – Az.: 2 VK 7/08; B. v. 7. 1. 2008 – Az.: 2 VK 5/07; VK Münster, B. v. 30. 4. 2008 – Az.: VK 4/09; B. v. 28. 6. 2007 – Az.: VK 10/07; B. v. 16. 2. 2005 – Az.: VK 36/04; VK Nordbayern, B. v. 17. 8. 2010 – Az.: 21.VK – 3194 – 31/10; B. v. 30. 11. 2009 – Az.: 21.VK – 3194 – 41/09; B. v. 30. 11. 2009 – Az.: 21.VK – 3194 – 40/09; VK Rheinland-Pfalz, B. v. 12. 4. 2005 – Az.: VK 11/05; 3. VK Saarland, B. v. 19. 1. 2007 – Az.: 3 VK 05/2006; 1. VK Sachsen, B. v. 11. 12. 2009 – Az.: 1/SVK/054-09; B. v. 26. 6. 2009 – Az.: 1/SVK/024-09; B. v. 6. 4. 2009 – Az.: 1/SVK/005–09; B. v. 24. 1. 2008 – Az.: 1/SVK/087-07; B. v. 17. 12. 2007 – Az.: 1/SVK/073-07; B. v. 15. 5. 2007 – Az.: 1/SVK/028-07; B. v. 7. 12. 2006 – Az.: 1/SVK/100-06; B. v. 26. 6. 2006 – Az.: 1/SVK/071-06; B. v. 21. 2. 2006 – Az.: 1/SVK/004–06; B. v. 16. 4. 2003 – Az.: 1/SVK/027-03; B. v. 21. 4. 2004 – Az.: 1/SVK/029-04; 2. VK Sachsen-Anhalt, B. v. 3. 7. 2008 – VK 2 LVwA LSA – 05/08; VK Südbayern, B. v. 12. 6. 2009 – Az.: Z3-3-3194-1-20–05/09; VK Thüringen, B. v. 1. 8. 2008 – Az.: 250–4003.20–1952/2008-015-GRZ).

3518   Der Bieter bzw. Bewerber muss den **Vergabeverstoß** und die **Aufforderung** an den öffentlichen Auftraggeber, **den Verstoß abzuändern, konkret darlegen.** Beide Tatsachenvorträge sind – auch bei wenig restriktiver Auslegung – **unverzichtbare Bestandteile der Rüge** (OLG Frankfurt, B. v. 9. 7. 2010 – Az.: 11 Verg 5/10; OLG München, B. v. 2. 8. 2007 – Az.: Verg 07/07; LSG Hessen, B. v. 15. 12. 2009 – Az.: L 1 KR 337/09 ER Verg; VK Arnsberg, B. v. 13. 7. 2009 – Az.: VK 16/09; VK Berlin, B. v. 18. 3. 2009 – Az.: VK B 2 30/08; VK Baden-Württemberg, B. v. 28. 5. 2009 – Az.: 1 VK 21/09; VK Brandenburg, B. v. 17. 12. 2009 – Az.: VK 21/09; B. v. 29. 1. 2009 – Az.: VK 47/08; B. v. 12. 11. 2008 – Az.: VK 35/08; 1. VK Bund, B. v. 29. 7. 2008 – Az.: VK 1–78/08; VK Hamburg, B. v. 21. 4. 2004 – Az.: VgK FB 1/

04; VK Nordbayern, B. v. 21. 7. 2008 – Az.: 21.VK – 3194 – 27/08; 1. VK Sachsen, B. v. 26. 6. 2006 – Az.: 1/SVK/071-06; B. v. 7. 5. 2002 – Az.: 1/SVK/035-02). **Nur schlichte Fragen nach Inhalt und Begründung einer Ausschlussentscheidung** und allgemeine Ankündigungen, man werde das nicht hinnehmen, erfüllen den Rügetatbestand grundsätzlich nicht (OLG Dresden, B. v. 17. 8. 2001 – Az.: WVerg 0005/01; B. v. 7. 12. 2006 – Az.: 1/SVK/100-06; VK Baden-Württemberg, B. v. 28. 5. 2009 – Az.: 1 VK 21/09).

An die Pflicht zur Substantiierung sind aber keine übertriebenen Anforderungen zu stellen (OLG Frankfurt, B. v. 9. 7. 2010 – Az.: 11 Verg 5/10; 2. VK Bund, B. v. 4. 9. 2002 – Az.: VK 2–58/02). Eine **Rüge** ist **auch dann ausreichend substantiiert,** wenn das rügende **Unternehmen eine konkrete Tatsache benennt, aus welcher sich der Verdacht eines Vergaberechtsverstoßes ergibt.** Eine **andere Auffassung würde einen effektiven Rechtsschutz für den Bieter verhindern.** Denn bis zur Einleitung eines Nachprüfungsverfahrens ist der Bieter bzw. Bewerber mangels eigener Zugriffsmöglichkeit auf die Vergabeakten auf die Informationen durch den Auftraggeber angewiesen. Erst im Nachprüfungsverfahren kann er mit Hilfe der Akteneinsicht den Vergaberechtsverstoß genauer konkretisieren oder auch, wenn die Akteneinsicht einen ordnungsgemäßen Ablauf des Verfahrens ergibt, den Nachprüfungsantrag zurücknehmen. Dem steht nicht entgegen, dass eine Rügeverpflichtung erst nach konkreter Kenntnis derjenigen Tatsachen besteht, welche einen Vergaberechtsverstoß begründen können. **Konkrete Kenntnis bedeutet im Rahmen der Rügeverpflichtung, dass der Bieter bzw. Bewerber die den Verstoß begründenden Tatsachen kennt und aus diesen auf den Vergaberechtsverstoß schließen kann.** Kenntnis bedeutet aber nicht, **dass ihm der Vergaberechtsverstoß bis in alle Einzelheiten bekannt ist.** Würde man der letzt genannten Ansicht folgen, wäre dem Bieter eine Rüge in vielen Fällen nicht möglich. Vor der genauen Kenntnis aller Einzelheiten wäre seine Rüge unzulässig. Zur Erlangung der genauen Kenntnis ist er aber auf den Auftraggeber angewiesen. Dieser könnte durch eine verzögerte oder verweigerte Information eine Rüge und einen Nachprüfungsantrag verhindern (OLG Frankfurt, B. v. 9. 7. 2010 – Az.: 11 Verg 5/10; OLG München, B. v. 26. 6. 2007 – Az.: Verg 6/07; VK Südbayern, B. v. 13. 3. 2009 – Az.: Z3-3-3194-1-02-01/09). 3519

Die Rüge muss **keine detaillierte rechtliche Würdigung** enthalten, sie darf aber andererseits **nicht völlig pauschal und undifferenziert** sein (OLG Düsseldorf, B. v. 23. 1. 2008 – Az.: VII – Verg 36/07; OLG Frankfurt, B. v. 8. 12. 2009 – Az.: 11 Verg 6/09; OLG München, B. v. 10. 12. 2009 – Az.: Verg 16/09; B. v. 7. 8. 2007 – Az.: Verg 08/07; B. v. 2. 8. 2007 – Az.: Verg 07/07; OLG Naumburg, B. v. 14. 12. 2004 – Az.: 1 Verg 17/04; VK Baden-Württemberg, B. v. 8. 1. 2010 – Az.: 1 VK 2/10; VK Brandenburg, B. v. 17. 12. 2009 – Az.: VK 21/09; B. v. 12. 11. 2008 – Az.: VK 35/08; B. v. 7. 4. 2008 – Az.: VK 7/08; 3. VK Bund, B. v. 8. 1. 2010 – Az.: VK 3–229/09; VK Niedersachsen, B. v. 8. 1. 2010 – Az.: VgK-68/2009; VK Nordbayern, B. v. 30. 11. 2009 – Az.: 21.VK – 3194 – 41/09; B. v. 30. 11. 2009 – Az.: 21.VK – 3194 – 40/09; VK Südbayern, B. v. 29. 7. 2009 – Az.: Z3-3-3194-1-27-05/09; B. v. 13. 3. 2009 – Az.: Z3-3-3194-1-02-01/09). 3520

An einer wirksamen Rüge fehlt es daher, wenn diese entweder **objektiv nicht als solche erkennbar ist oder von der Vergabestelle nicht als solche erkannt werden konnte** oder musste, wobei von der **Sicht eines verständigen Dritten** auszugehen ist. Eine Rüge muss klar und deutlich in der Weise formuliert sein, dass die Vergabestelle die Erklärung des Bieters unter Berücksichtigung aller Umstände als solche und als Aufforderung verstehen muss, den beanstandeten Verstoß zu beseitigen (1. VK Sachsen, B. v. 15. 5. 2007 – Az.: 1/SVK/028-07; B. v. 26. 6. 2006 – Az.: 1/SVK/071-06; B. v. 21. 4. 2004 – Az.: 1/SVK/029-04; VK Hessen, B. v. 17. 8. 2009 – Az.: 69 d VK – 25/2009; B. v. 19. 2. 2009 – Az.: 69 d VK – 01/2009; B. v. 14. 12. 2006 – Az.: 69 d VK 62/2006; B. v. 26. 3. 2003 – Az.: 69 d VK – 13/2003; VK Nordbayern, B. v. 30. 11. 2009 – Az.: 21.VK – 3194 – 41/09; B. v. 30. 11. 2009 – Az.: 21.VK – 3194 – 40/09). 3521

18.5.22.3 Einzelfallbewertung und Beispiele

Ob eine inhaltlich ausreichende Rüge vorliegt, kann jeweils **nur im Einzelfall entschieden** werden. 3522

Mit der Rüge, es ist kein Aspekt vorstellbar, unter dem das Angebot eines Antragstellers nicht das wirtschaftlich günstigste ist, liegt kein zulässiger Nachprüfungsantrag vor, weil der **Antragsteller damit eine Rechtsverletzung „ins Blaue hinein" geltend macht.** Der Nachprüfungsantrag enthält keine hinreichenden Anhaltspunkte für den behaupteten **Wertungsfehler** (OLG München, B. v. 7. 8. 2007 – Az.: Verg 08/07; OLG Celle, B. v. 8. 3. 2007 – Az.: 13 Verg 2/07). Dasselbe gilt, wenn der Bieter geltend macht, **nach seinen Erfahrungen** 3523 im Zusammenhang mit anderen Ausschreibungsverfahren gebe es auf Seiten der Bieter allgemeine Unsicherheiten im Umgang mit Verpflichtungserklärungen und es hätten sich in jüngster Zeit die **Entscheidungen zur Problematik der Verpflichtungserklärungen gehäuft** (VK Thüringen, B. v. 23. 3. 2007 – Az.: 360-4002.20-874/2007 – 002-SÖM).

3524   Der bloße **Hinweis, dass es sich offenbar um ein Missverständnis** handele und vorsorglich Widerspruch angemeldet werde, genügt den Rügeanforderungen nicht. **Etwaige Schreiben an andere Stellen als die Vergabestelle** (z.B. politische Beamte oder auch Vergabekammer) sind **für die Erfüllung der Rügepflicht unbeachtlich** (VK Hessen, B. v. 11. 3. 2004 – Az.: 69 d – VK – 06/2004; 2. VK Mecklenburg-Vorpommern, B. v. 28. 11. 2008 – Az.: 2 VK 7/08). Es liegt auch in der **Risikosphäre des Bieters**, wenn er seine **Rüge unpräzise und „am Thema vorbei"** formuliert und so im Ergebnis dessen eine für ihn unzureichende Reaktion auf die Rüge erhält (1. VK Sachsen, B. v. 6. 4. 2009 – Az.: 1/SVK/005–09).

3525   Der **Vortrag, dass das eigene Angebot das wirtschaftlichste gewesen sein müsse, weil diesem die Mindestsätze der HOAI zugrunde gelegt** worden seien, ist nicht geeignet, einen Vergabeverstoß substantiiert geltend zu machen, sondern **stellt eine reine Mutmaßung dar**. Aus dem Umstand, dass das eigene Angebot mit den Mindestsätzen der HOAI kalkuliert wurde, kann nach Auffassung der Kammer nicht folgen, dass das Angebot der Firma xxx wegen eines Verstoßes gegen öffentliches Preisrecht vom Vergabeverfahrens auszuschließen sei oder die Antragsgegnerin eine fehlerhafte Wertung vorgenommen habe. Es sind verschiedene Gründe denkbar, weshalb ein Mitbieter ein wirtschaftlicheres Angebot abgegeben hat (VK Baden-Württemberg, B. v. 5. 10. 2009 – Az.: 1 VK 53/09).

3526   Eine **bloße rechtliche Beurteilung des Verhaltens der Vergabestelle durch einen Bieter reicht regelmäßig allein nicht aus**, um daraus eine Rüge abzuleiten. Vielmehr muss die Vergabestelle aufgrund der Ausführungen des Unternehmens konkret erkennen können, welches Verhalten er aus welchen Gründen beanstandet (VK Hessen, B. v. 19. 3. 2009 – Az.: 69 d VK – 05/2009).

3527   Auch der **bloßen Anfrage, ob die Bewertungsmatrix schon feststeht**, kann nicht der notwendige Inhalt einer Rüge beigemessen werden (Thüringer OLG, B. v. 29. 8. 2008 – Az.: 9 Verg 5/08).

3528   Die **Formulierung „grobe Wettbewerbsverzerrung"** zeigt mit aller Deutlichkeit, dass der Bieter von einem gravierenden Vergaberechtsverstoß ausgeht; dies **genügt** (OLG München, B. v. 29. 9. 2009 – Az.: Verg 12/09).

3529   **Sehr weit geht das Thüringer OLG. Vermerkt ein Bieter im Angebot nur, dass das Leitfabrikat nicht mehr hergestellt wird**, besteht für eine bloße Begründung dafür, warum nicht das Leitfabrikat, sondern eine Alternative angeboten und auch die Zweifelsregelung ausgeschlossen wurde, keinerlei Veranlassung. Der **betroffene Verkehrskreis** wird einen Vergaberechtsverstoß sehen, wenn ein ausgeschriebenes Produkt überhaupt nicht hergestellt wird und die **Mitteilung eines solchen Sachverhalts natürlich als Rüge und auch als Abhilfeverlangen und nicht als Erläuterung der Motive für ein konkretes Angebot verstehen**. Ein verständiger Empfänger muss den Vermerk damit als Rüge auslegen (Thüringer OLG, B. v. 31. 8. 2009 – Az.: 9 Verg 6/09).

3530   Der **Hinweis** darauf, dass **unklar** sei, **was mit der bundesweiten Zustellkompetenz gemeint** sei, lässt weder unmittelbar noch mittelbar den Schluss darauf zu, dass der Antragsteller die Forderung selbst als vergabewidrig ansieht, sondern er vielmehr **lediglich eine Aufklärung der Unklarheit erwartet** (VK Hessen, B. v. 19. 2. 2009 – Az.: 69 d VK – 01/2009).

3531   Eine den Anforderungen des § 107 Abs. 3 Satz 1 GWB entsprechende Rüge muss erkennen lassen sein, welcher Sachverhalt aus welchem Grund als Verstoß gegen Vergabevorschriften angesehen wird. Zwar sind an Form und Inhalt einer Rüge keine besonders hohen Anforderungen zustellen, jedoch **muss bei der Rüge, dass der maßgebliche Schwellenwert gem. § 2 VgV überschritten wird** beispielsweise der Hinweis darauf enthalten sein, dass dies wegen der Einbeziehung auch der Optionsleistungen (§ 3 Abs. 6 VgV) der Fall gewesen sen ist. Allein die Feststellung, die ausgeschriebenen Dienstleistungen würden „den Schwellenwert des Gesamtauftrages von 206.000,00 Euro" überschreiten, lässt nicht erkennen, aufgrund welcher Berechnung im Einzelnen dies der Fall sein soll (VK Hessen, B. v. 30. 3. 2009 – Az.: 69 d VK – 66/2008).

3532   Ist ein Bieter nach seiner Auffassung durch fehlende Pläne an der Ausarbeitung eines Angebots gehindert, muss er in der **Rüge zumindest den kausalen Zusammenhang zur später** behaupteten Unvollständigkeit des Hauptangebotes darlegen (VK Hessen, B. v. 20. 10. 2004 – Az.: 69 d – VK – 62/2004).

Sehr gering sind die Anforderungen an den notwendigen Inhalt einer Rüge, wenn dem 3533 **Auftraggeber schon durch den Vorhalt eines Einspruches und das Begehren, Gründe der Absage zu erfahren**, klar sein kann und muss, dass die Entscheidung beanstandet wird und eine Anrufung der Kammer droht (VK Baden-Württemberg, B. v. 19. 5. 2004 – Az.: 1 VK 25/04).

Ein **wiederholter und nachdrücklicher Hinweis auf einen großen Preisunterschied** 3534 **erfüllt die inhaltlichen Anforderungen an eine Rüge**, wenn er darauf hinweist, dass ein so großer Preisunterschied der einzelnen Bieter nicht möglich sei. Der mit dem Vergaberecht vertraute Auftraggeber muss davon ausgehen, dass ein Antragsteller mit dieser Formulierung auf die fehlende Auskömmlichkeit abzielt (1. VK Sachsen, B. v. 10. 9. 2003 – Az.: 1/SVK/107-03).

Spiegelt die Art und Weise der Rüge in ihrer vermeintlichen Pauschalität nur die 3535 **Undifferenziertheit der auftraggeberseitigen Information wider**, hat also z.B. ein Auftraggeber einen Bieter lediglich darüber informiert, dass sein Angebot auf der Grundlage der bekannt gegebenen Auftragskriterien nicht die höchste Punktzahl erhalten hat, **kann der Auftraggeber bieterseitig keine weitergehenden Darlegungen erwarten** (OLG Naumburg, B. v. 31. 3. 2008 – Az.: 1 Verg 1/08; 1. VK Sachsen-Anhalt, B. v. 22. 11. 2007 – Az: 1 VK LVwA 24/07).

Das **Beifügen des Entwurfs der Antragsschrift** kann für das Vorliegen einer Rüge ausrei- 3536 chen, wenn wegen der knappen Zeit bis zur vorgesehenen Zuschlagserteilung keine zu großen Anforderungen an die Rüge gestellt werden dürfen und der Inhalt der angeblichen Verfahrensverstöße sich jedenfalls aus der beigefügten Antragsschrift ergibt, in der die einzelnen Verstöße gegen Regeln des Vergaberechts konkret benannt wurden. Auf eventuelle Anlagen zum Entwurf des Nachprüfungsantrags, die erst durch die Vergabekammer zugestellt werden sollten, kommt es nicht wesentlich an, wenn sich die angeblichen Verfahrensfehler bereits aus der Antragsschrift selbst ergeben (VK Brandenburg, B. v. 26. 2. 2003 – Az.: VK 77/02).

Die Rechtsprechung verkennt hierbei nicht, dass sich der **Bieter gerade in einem VOL –** 3537 **Verfahren in einer misslichen Situation** befindet. Aus dem **Vorabinformationsschreiben des § 13 VgV kann er regelmäßig nicht erkennen**, warum sein Angebot nicht zum Zuge gekommen ist, da es meist mehr oder weniger lapidar heißt, dass ein wirtschaftlich günstigeres Angebot vorgelegen habe. **Akteneinsicht in diesem Verfahrensstadium wird nicht gewährt**, so dass der Bieter auf eigene Recherchen angewiesen ist und nicht immer in der Lage sein wird, den eigentlich bedenklichen Punkt, wie etwa einen ungewöhnlich niedrigen Preis eines Angebots, zu entdecken. Auf der anderen Seite ist **aber auch kein Grund dafür ersichtlich, dass der Bieter Anspruch auf die Durchführung eines Nachprüfungsverfahrens haben soll, wenn ihm Anhaltspunkte für einen Vergabeverstoß fehlen**. Allein die Tatsache, dass er den Zuschlag trotz früherer Auftragsdurchführung nicht erhalten soll, reicht keineswegs aus (OLG München, B. v. 7. 8. 2007 – Az.: Verg 08/07). Diese **Rechtsprechung ist mit der Einführung des § 101a GWB**, der die Nennung der Gründe – also mehrerer Gründe – fordert, **in der Regel gegenstandslos**.

Wird von dem Antragsteller in der Rüge formuliert, dass er davon ausgeht, dass die Beigela- 3538 dene die Voraussetzungen, die in der Ausschreibung genannt wurden, nicht erfüllt, weil er weiter davon ausgeht, dass die **Beigeladene zum Zeitpunkt der Angebotsabgabe keine genehmigte Umladestation in jedem Landkreis vorweisen konnte, handelt es sich in diesem Verfahren nicht um eine Rüge „ins Blaue hinein", sondern um fundierte Kenntnisse des Antragstellers um die Müllsituation** in den Landkreisen des Antragsgegners (VK Südbayern, B. v. 29. 7. 2009 – Az.: Z3-3-3194-1-27-05/09).

Stehen die Rügen unter dem Vorbehalt der vorherigen Beantwortung von Fragen 3539 **und der Klärung von einzelnen Punkten** und kann damit der Auftraggeber davon ausgehen, dass die Antragstellerin es ihm überlässt, zunächst die Fragen zu beantworten bzw. die strittigen Punkte zu klären und dann erst eine entsprechende Rüge erheben bzw. gelten lassen will, **stehen damit die jeweiligen Rügen unter einer Bedingung. Dies widerspricht jedoch dem Sinn und Zweck und der erforderlichen Eindeutigkeit einer Rüge**. Unklar bleibt, ob und in welchem Umfang die Antragstellerin die jeweils angedrohten bzw. erhobenen Rügen aufrechterhalten will, wenn die Vergabestelle zwar ihre Fragen beantwortet oder die Klarstellung herbeiführt, dies aber überhaupt nicht oder nicht in vollem Umfang im Sinne der Antragstellerin erledigt. Damit wäre eine erneute Überprüfung des Verhaltens der Vergabestelle – nämlich ihrer Antworten bzw. Stellungnahme – durch die Antragstellerin erforderlich und eine erneute Willensbildung durch die Antragstellerin erforderlich, ob sie die Rügen aufrechterhält bzw. in welchem Umfang. Damit **sind die Rügen sogar vorsorglich erhoben worden. Derartige „Vorratsrügen" sind jedoch nicht zulässig.** Eine vorsorgliche Rüge kann nämlich den situationsbezogenen Interessenausgleich zwischen Auftraggeber und Bieter nicht schaffen und ist daher mit dem Sinn und Zweck der Gesetzesregelung unvereinbar (VK Hessen, B. v. 5. 11. 2009 – Az.: 69 d VK – 39/2009).

3540   **Etwas anderes ergibt sich auch nicht daraus, wenn der Antragsteller den einzelnen Punkten den generellen Obersatz vorangestellt hat, dass er die nachstehenden Fragen als Rügen im Sinne des Vergaberechts nach § 107 Abs. 3 GWB erhebt.** Dadurch wird der Widerspruch nicht aufgelöst. Im Gegenteil: Er selbst bezeichnet denselben Sachverhalt bzw. dieselbe Formulierung gleichzeitig als Frage und als Rüge. Dies widerspricht jedoch bereits vom Wortlaut her einer für den Empfänger notwendigen eindeutigen und klaren Erklärung. (VK Hessen, B. v. 5. 11. 2009 – Az.: 69 d VK – 39/2009).

3541   In einer **Mitteilung, der Bieter komme beim Auftraggeber gern zu einem klärenden Gespräch vorbei, kommt eine Rüge nicht zum Ausdruck**, zumal wenn sich aus dem Sachverhalt ergibt, dass er auf diese Weise erreichen wollte, eine Klärung bezüglich der eingereichten Kalkulationsunterlagen herbeizuführen und sich der Bieter im Zeitpunkt der Rüge noch nicht sicher war, dass eine (vermeintlich) fehlerhafte Angebotswertung durch den Auftraggeber abschließend stattgefunden hatte (VK Brandenburg, B. v. 1. 2. 2010 – Az.: VK 1/10).

18.5.22.4 „Forderung" nach einer Änderung der Vergabeentscheidung?

3542   Dass eine Vergabestelle gegenüber einem Bewerber bzw. Bieter einer von diesem geäußerten **Bitte um Änderung einer Vergabeentscheidung** nicht nachkommen muss, sondern dies einer – ausdrücklich so genannten – **Forderung bedarf**, wäre dem zwischen den Beteiligten bestehenden **Vertrauens- und Kooperationsverhältnis in höchstem Maße abträglich** und ist von der die Rügepflicht betreffenden gesetzgeberischen Motivation nicht abgedeckt (VK Hessen, B. v. 30. 3. 2004 – Az.: 69 d – VK – 08/2004).

18.5.22.5 „ Letzte Chance" für den Auftraggeber?

3543   Die Frage, ob Inhalt der Rüge auch sein muss, dass der Vergabestelle mit der Rüge die letzte Chance zur Fehlerkorrektur gegeben wird, ist **umstritten**.

3544   Nach einer Auffassung ist für eine Rüge im Sinne des § 107 Abs. 3 GWB **unabdingbar**, dass der Bewerber der Vergabestelle unmissverständlich deutlich macht, dass ihr hiermit die **letzte Chance** gegeben wird, den vorgetragenen Verstoß gegen Vergaberecht zu korrigieren (OLG Brandenburg, B. v. 17. 2. 2005 – Az.: Verg W 11/04; VK Brandenburg, B. v. 1. 2. 2010 – Az.: VK 1/10; B. v. 16. 12. 2004 – Az.: VK 70/04; B. v. 18. 11. 2004 – Az.: VK 66/04; VK Lüneburg, B. v. 17. 10. 2003 – Az.: 203-VgK-23/2003; VK Magdeburg, B. v. 27. 8. 2003 – Az.: 33–32571/07 VK 13/03 MD; VK Rheinland-Pfalz, B. v. 14. 5. 2002 – Az.: VK 11/02, B. v. 25. 4. 2003 – Az.: VK 5/03; VK Südbayern, B. v. 29. 5. 2006 – Az.: 09-04/06; B. v. 6. 5. 2002 – Az.: 12-04/02, anders B. v. 17. 7. 2003 – Az.: 24-06/03). Dieses **Erfordernis folgt unmittelbar aus dem Sinn und Zweck der Rügepflicht**, wie ihn auch der **Gesetzgeber in der Regierungsbegründung zum Ausdruck gebracht** hat. Zweck der Rügepflicht ist es demnach, der Vergabestelle Anlass und Gelegenheit zu geben, einen Verstoß gegen Vergabevorschriften nach nochmaliger Überprüfung ihrer Entscheidungen im Vergabeverfahren zu erkennen und ihn zu korrigieren, ohne dass es des regelmäßig mit erheblichen Verzögerungen verbundenen Nachprüfungsverfahrens vor der Vergabekammer bedarf. Dementsprechend muss die Rüge hinreichend deutlich erkennen lassen, dass ein bestimmtes – vom Bieter näher zu bezeichnendes – Verhalten als vergaberechtswidrig getadelt und Abhilfe erwartet wird (VK Südbayern, B. v. 29. 5. 2006 – Az.: 09-04/06).

3545   Das KG Berlin (B. v. 22. 8. 2001 – Az.: KartVerg 03/01) teilt diese Ansicht nicht. Eine solche **Forderung ergibt sich weder aus dem Gesetz, noch aus** der **Begründung des Regierungsentwurfs** (BT-Drs. 13/9340 S. 17 zu RegE § 117). Danach muss der Bieter der Vergabestelle zwar Gelegenheit geben, den Fehler zu beheben. Davon, ihr die Inanspruchnahme von Rechtsschutz für den Fall der Nichtabhilfe zuzudrohen, ist dort aber nicht die Rede. Diese **Forderung lässt sich auch nicht aus Sinn und Zweck der Rügeobliegenheit ableiten**. Dieser erschöpft sich darin, der Vergabestelle die Beanstandung aufzuzeigen. Die von der Vergabestelle getroffene Unterscheidung zwischen Rügen im Rechtssinne (§ 107 Abs. 3 GWB) und sonstigen Beanstandungsschreiben („Meckerschreiben"), die die Bieter häufig an die Vergabestelle adressierten, ohne dass die Absender ernsthaft das Verhalten der Vergabestelle im Vergabeverfahren angreifen wollten, führt nicht weiter. Ob sich ein Anliegen als erheblich oder unerheblich darstellt, ist eine Frage, die von Art und Inhalt der Beanstandung abhängt und nicht davon, ob der Beschwerdeführer die umgehende Anrufung der VK in Aussicht stellt oder nicht (ebenso 1. VK Sachsen, B. v. 11. 6. 2010 – Az.: 1/SVK/016-10).

18.5.22.6 Androhung der Anrufung der Vergabekammer?

Mangels eines gesetzlichen Anhaltspunktes ist **nicht zu fordern**, dass auch das finale Element einer **Anrufung der Vergabekammer** in Aussicht gestellt werden muss (OLG München, B. v. 5. 11. 2009 – Az.: Verg 15/09; B. v. 29. 9. 2009 – Az.: Verg 12/09; 1. VK Sachsen, B. v. 10. 4. 2002 – Az.: 1/SVK/23-02, 1/SVK/23-02G). 3546

18.5.22.7 Anforderungen an die Rüge bei einem „nachprüfungserfahrenen" Bieter

Bei der Frage, welche Anforderungen inhaltlich an eine Rüge zu stellen sind, ist auch die **Persönlichkeit des Antragstellers zu beachten**. Handelt es sich um eine Firma, die bereits **mehrfach Partei von Nachprüfungsverfahren** war, ist dies allein zwar **keinesfalls eine vorwerfbare Tatsache**, aber die von dem Antragsteller aus diesen Nachprüfungsverfahren gewonnenen Kenntnisse **beeinflussen maßgeblich die Anforderungen, die an Qualität und Unverzüglichkeit des Rügevortrags zu stellen sind**: Der Geschäftsführer der Antragstellerin ist, auch ohne anwaltliche Beratung, in der Lage, ein Vergabeverfahren aus rechtlicher Sicht zu bewerten und dessen Kosten abzuschätzen. Dies gilt umso mehr, wenn es um die Bewertung von Nebenangeboten gilt. Eine Rüge kann ferner ohne Kosten oder weitere Rechtsfolgen angebracht werden, auch dann, wenn zum Zeitpunkt der Rüge noch keine abschließende Meinungsbildung erfolgt ist (1. VK Sachsen, B. v. 16. 4. 2003 – Az.: 1/SVK/027-03). 3547

Ist ein **Bieter durch vorangegangene Nachprüfungsverfahren sensibilisiert** und arbeitet die Vergabeunterlagen nach eigenen Angaben zeitnah nach Erhalt durch und handelt es sich **außerdem um einen erfahrenen Bieter, der im Umgang mit Vergabeunterlagen versiert** ist, muss der Bieter **binnen einer Frist von maximal wenigen Tagen** gegenüber dem Auftraggeber **rügen** (VK Baden-Württemberg, B. v. 26. 3. 2010 – Az.: 1 VK 11/10). 3548

18.5.22.8 Keine Notwendigkeit eines Dialogs mit dem Auftraggeber

Zwar ist Sinn der Rügeverpflichtung, dass dem Auftraggeber die Möglichkeit eingeräumt wird, Abhilfe zu schaffen. Ist aber **nach dem Antwortschreiben des Auftraggebers deutlich, dass dieser zu einer Abhilfe nicht bereit ist, ist in einem solchen Fall der Bewerber nicht verpflichtet, in einen Dialog mit der Vergabestelle einzutreten**. Vielmehr hat er jetzt die Entscheidung zu treffen, ob er einen Nachprüfungsantrag stellen oder auf ihn aus welchen Gründen auch immer verzichten will. Dem Auftraggeber ist diese Folge auch bewusst, weil das rügende Unternehmen im Rügeschreiben ja bereits für den Fall der Nichtabhilfe die Stellung eines Nachprüfungsantrages angedroht hat. Wird den **Rügen nicht abgeholfen, kann der Auftraggeber daher nicht damit rechnen, dass der rügende Bieter ihm nochmals vor der zu treffenden Entscheidung über die Durchführung eines Nachprüfungsverfahrens antwortet**. Dies kann er auch deshalb nicht, weil der Bieter in aller Regel wegen des drohenden Zuschlags unter einem erheblichen Zeitdruck steht (OLG München, B. v. 26. 6. 2007 – Az.: Verg 6/07; VK Berlin, B. v. 18. 3. 2009 – Az.: VK B 2 30/08). 3549

18.5.22.9 Anforderungen an ein Erwiderungsschreiben des Bieters auf eine Antwort des Auftraggebers zu einer Rüge

Die inhaltlichen Anforderungen an eine Rüge muss **auch ein Erwiderungsschreiben des Bieters erfüllen, das auf eine aus Sicht des Bieters unbefriedigende Antwort des Auftraggebers auf eine erste Rüge** ergeht (VK Brandenburg, B. v. 16. 12. 2004 – Az.: VK 70/04). 3550

Enthält also die **Antwort der Vergabestelle auf eine Rüge nach Auffassung des Antragstellers weitere Vergabeverstöße, müssen diese ebenfalls gerügt werden**, falls hierauf der Nachprüfungsantrag gestützt werden soll (VK Hessen, B. v. 9. 10. 2009 – Az.: 69d VK – 36/2009). 3551

18.5.22.10 Notwendige Kongruenz zwischen Rüge und Rechtsschutzziel im Nachprüfungsverfahren

Die vom Bieter erhobene **zulässige Rüge** betreffend die Wertung seines Angebots kann einem **Nachprüfungsantrag nicht zum Erfolg verhelfen, der** nicht auf die Wiederholung 3552 der Wertung, sondern **auf Neudurchführung des Vergabeverfahrens insgesamt abzielt** (OLG Brandenburg, B. v. 15. 9. 2009 – Az.: Verg W 13/08).

3553 **Rügt ein Bieter eine unzureichende Information nach § 101a GWB** und erteilt der Auftraggeber daraufhin nähere Auskünfte, die dazu führen, dass der Bieter im Nachprüfungsverfahren Wertungsfehler angreift, ist die **Rügepflicht nicht erfüllt, wenn der Bieter nach seiner Auffassung sich aus der Aufklärung ergebende Wertungsfehler nicht ebenfalls unverzüglich rügt.** Der **Gegenstand der Rüge und der Gegenstand des Nachprüfungsantrags müssen identisch sein** (1. VK Sachsen, B. v. 25. 9. 2009 – Az.: 1/SVK/038-09). Der Bieter ist deshalb präkludiert, soweit er Wertungsfehler beanstandet (OLG Frankfurt, B. v. 8. 12. 2009 – Az.: 11 Verg 6/09).

18.5.22.11 Weitere Beispiele aus der Rechtsprechung

3554 – Sinn der Rügeobliegenheit ist es, der VSt während der Ausschreibungsphase die Heilung des gerügten Mangels zu ermöglichen und damit die Durchführung eines Nachprüfungsverfahrens zu vermeiden. Daher muss **deutlich werden, dass eine Beanstandung geltend gemacht wird und nicht etwa eine Frage zu tatsächlich oder vermeintlich missverständlichen Formulierungen in den Verdingungsunterlagen gestellt** wird (VK Nordbayern, B. v. 17. 8. 2010 – Az.: 21.VK – 3194 – 31/10)

– einer **Rüge muss eine konkrete vergaberechtliche Beanstandung zu entnehmen sein.** Deshalb sind Rügen unzulässig, die nur pauschal die Fehlerhaftigkeit des Vergabeverfahrens angreifen. Ebenso wenig ausreichend ist, wenn der Antragsteller nur die abstrakte Möglichkeit einer Rechtsverletzung in den Raum stellt. Eine willkürliche, aufs Geradewohl oder ins Blaue hinein aufgestellte Behauptung ist deshalb ebenfalls unzulässig und unbeachtlich. Denn wenn der Bieter Vergabeverstöße lediglich pauschal ins Blaue hinein behauptet, geht es ihm in Wirklichkeit nicht um die Beseitigung konkreter Mängel, sondern darum, dass sich im Zuge der Bearbeitung der Rüge erst konkrete Anhaltspunkte für einen Vergabeverstoß erweisen. Dies ist nicht Sinn der Rüge. Andererseits dürfen an die Substantiierung einer Rüge keine zu hohen Anforderungen gestellt werden, weil ein Bieter naturgemäß nur begrenzten Einblick in den Ablauf des Vergabeverfahrens haben wird. Deshalb **darf er im Vergabenachprüfungsverfahren behaupten, was er auf der Grundlage seines – oft nur beschränkten – Informationsstands redlicherweise für wahrscheinlich oder möglich halten darf,** etwa wenn es um Vergabeverstöße geht, die sich ausschließlich in der Sphäre der Vergabestelle abspielen oder das Angebot eines Mitbewerbers betreffen. Um zu vermeiden, dass Rügen ohne Substanz aus bloßem Verdacht ins Blaue hinein mit dem Ziel, in die Akten zu erlangen, erhoben werden, **muss der Antragsteller zumindest tatsächliche Anknüpfungstatsachen oder Indizien vortragen, die einen hinreichenden Verdacht auf einen bestimmten Vergaberechtsverstoß begründen.** Ein Mindestmaß an Substantiierung ist einzuhalten; reine Vermutungen zu eventuellen Vergabeverstößen reichen nicht aus. Nimmt er dagegen ihm bekannte Tatsachen zum Anlass, auf eine möglicherweise unzutreffende Wertung zu schließen, so können die Anforderungen an eine ordnungsgemäße Rüge erfüllt sein (OLG Frankfurt, B. v. 9. 7. 2010 – Az.: 11 Verg 5/10)

– Rügen sind jedenfalls dann unzureichend, wenn sie **nur „ins Blaue hinein" erhobene Vorwürfe enthalten**, denen keinerlei konkrete tatsächliche Anhaltspunkte für einen möglichen Vergaberechtsverstoß zugrunde liegen. **Rügen dürfen nicht lediglich völlig pauschal und indifferenziert sein. Maßstab** für die Anforderungen an den inhaltlichen Gehalt einer Rüge kann aber stets **nur der Grad der Kenntnis des Bieters von der dem geltend gemachten Vergaberechtsverstoß zugrunde liegenden Tatsachenlage sein.** Dabei ist zu berücksichtigen, dass ein Bieter, wie in der Regel alle Bieter in einem Vergabeverfahren, zu den Submissionsterminen lediglich Kenntnis von der ungeprüften Angebotssumme der Konkurrenten erhält. Ferner erhalten die Bieter gem. § 22 Nr. 3 Abs. 3 VOB/A Kenntnis darüber, ob und von wem Nebenangebote eingereicht worden sind. **Über den Inhalt der Nebenangebote der Konkurrenz erhalten die Bieter im Zuge des Vergabeverfahrens keine Kenntnis. Selbst im Rahmen eines Nachprüfungsverfahrens wird im Zuge der Akteneinsicht gem. § 111 GWB kein Einblick in die Originalangebote gewährt.** Auch ist zu berücksichtigen, wenn sich ein **Antragsteller nicht auf eine pauschale Anfechtung der Nebenangebote beschränkt hat, sondern seine Vermutung im Rügeschreiben vielmehr ausdrücklich auf den ihm bekannten Preisabstand** zwischen den Hauptangeboten zweier Bieter gestützt und unter ausführlicher Darlegung der vom Auftraggeber festgelegten Anforderungen an den Gleichwertigkeitsnachweis für Nebenangebote seine

Bedenken gegen eine Berücksichtigung von Nebenangeboten im erforderlichen kostenreduzierenden Wertumfang von über xxxxxx Euro geltend gemacht (VK Niedersachsen, B. v. 8. 1. 2010 – Az.: VgK-68/2009)

– **insbesondere im Bereicht der VOL/A dürfen die Rüge- und Darlegungsobliegenheiten** eines Antragstellers, **wenn es um Vergabeverstöße geht, die sich ausschließlich in der Sphäre der Vergabestelle abspielen oder das Angebot eines Mitbewerbers betreffen, nicht so hoch angesetzt** werden, denn von solchen Umständen, hat der Bieter typischerweise keine Kenntnis und kann sie bei gewöhnlichem Verfahrensverlauf auch nicht haben; infolgedessen kann ihm nicht generell abverlangt werden, hierzu konkrete Behauptungen aufzustellen. **Etwas anderes zu verlangen hieße, die Gewährleistung eines sachgerechten Rechtsschutzes in vielen ähnlich gelagerten Fällen in Frage zu stellen** (1. VK Sachsen, B. v. 25. 11. 2009 – Az.: 1/SVK/051-09)

– eine Rüge ist dann **ausreichend substantiiert**, wenn der **Bieter konkrete Tatsachen benennt**, aus welchen sich der Verdacht eines Vergaberechtsverstoßes ergibt. Im Vergabenachprüfungsverfahren **darf auch behauptet werden, was der Betreffende aus seiner Sicht der Dinge für wahrscheinlich oder möglich hält. Nur die willkürliche, aufs Geradewohl oder ins Blaue hinein aufgestellte Behauptung ist allerdings unzulässig und damit unbeachtlich**. Zugleich soll der Vergabestelle die Möglichkeit gegeben werden, eigene Fehler frühzeitig zu erkennen und zu korrigieren, um so ebenfalls Nachprüfungsverfahren zu vermeiden. In der Rüge muss daher zum Ausdruck kommen, dass der Rügende den Gegner auffordert, den **vermeintlichen Vergaberechtsverstoß abzustellen** (VK Berlin, B. v. 18. 3. 2009 – Az.: VK B 2 30/08)

– **weist ein Antragsteller auf die nach seiner Auffassung defizitäre Gestaltung des Wertungssystems durchgängig in jedem seiner Schreiben an die Auftraggeberin hin**, ist es vor diesem Hintergrund **nicht erforderlich, dass der Antragsteller vor jeder neue, der Präzisierung dienende Information zum Wertungssystem eine erneute Rüge gegenüber der Auftraggeberin ausspricht**, wenn dieses System aus Sicht des Antragstellers defizitär bleibt. Insofern ist ausreichend, dass der Antragsteller deutlich macht, dass er seine Kritik aufrechterhält (VK Niedersachsen, B. v. 22. 10. 2009 – Az.: VgK-49/2009)

– die ASt hat lediglich pauschal angegriffen, dass die VSt „ca."-Angaben in Verbindung mit Mindestforderungen verwendet habe, ohne dass sie substantiiert geltend gemacht hat, in welchen Positionen sie hier an einer Kalkulation und Angebotsabgabe gehindert gewesen sei. Für eine **substantiierte Rüge hätte es der Darlegung bedurft, in welchen konkreten Positionen die ASt andere Fabrikate/Typen angeboten hätte, wenn die jeweilige Leistung ohne den Zusatz „ca." ausgeschrieben** gewesen wäre (VK Nordbayern, B. v. 21. 7. 2008 – Az.: 21.VK – 3194 – 27/08)

– **wird ein Verstoß gegen die Produktneutralität der Ausschreibung gerügt**, ist zumindest das Leitfabrikat zu nennen, welches der Ausschreibung zugrunde liegen soll. Ist das Leitfabrikat nicht ausdrücklich im Leistungsverzeichnis benannt, müssen **Angaben dazu erfolgen, welches Leitfabrikat an welchen Stellen verdeckt in der Leistungsbeschreibung enthalten sein soll**. Nur dann, wenn diese Punkte offen gelegt werden, ist dem Auftraggeber eine Prüfung und mögliche Heilung des Verstoßes möglich (OLG München, B. v. 2. 8. 2007 – Az.: Verg 07/07; VK Nordbayern, B. v. 21. 7. 2008 – Az.: 21.VK – 3194 – 27/08)

18.5.23 Positive Kenntnis des Antragstellers von einem Verstoß gegen Vergabebestimmungen und fehlende unverzügliche Rüge gegenüber dem Auftraggeber (§ 107 Abs. 3 Satz 1 Nr. 1)

18.5.23.1 Positive Kenntnis von einem Verstoß gegen Vergabebestimmungen

18.5.23.1.1 Rechtsprechung des EuGH zur positiven Kenntnis. Allein der Umstand, 3555 dass ein Bewerber oder Bieter erfährt, dass seine Bewerbung oder sein Angebot zurückgewiesen worden ist, versetzt ihn nicht in die Lage, wirksam mit einem Nachprüfungsantrag dagegen vorzugehen. Solche Informationen genügen für einen Bewerber oder Bieter nicht, um gegebenenfalls einen anfechtbaren Rechtsverstoß erkennen zu können. Ein betroffener Bewerber oder Bieter kann sich erst dann darüber klar werden, ob etwa ein Verstoß gegen die anwendbaren Vorschriften vorliegt und die Einleitung eines Nachprüfungsverfahrens angebracht ist, **nachdem er von den Gründen in Kenntnis gesetzt worden ist**,

Teil 1 GWB § 107   Gesetz gegen Wettbewerbsbeschränkungen

aus denen seine Bewerbung oder sein Angebot in dem Verfahren zur Vergabe eines öffentlichen Auftrags abgelehnt wurde. Daraus folgt, dass das **Ziel der Rechtsmittelrichtlinie**, das Bestehen wirksamer Nachprüfungsmöglichkeiten bei Verstößen gegen die Vorschriften über die Vergabe öffentlicher Aufträge sicherzustellen, **nur dann erreicht werden kann, wenn die Fristen, die für die Einleitung der Nachprüfung vorgeschrieben sind, erst ab dem Zeitpunkt zu laufen beginnen, zu dem der Kläger von dem geltend gemachten Verstoß gegen die genannten Vorschriften Kenntnis erlangt hat oder hätte erlangen müssen** (EuGH, Urteil v. 28. 1. 2010 – Az.: C-406/08; 1. VK Sachsen, B. v. 1. 4. 2010 – Az.: 1/SVK/007–10).

3556   **18.5.23.1.2 Grundsätze nach nationalem Recht.** Nach der Vorschrift des § 107 Abs. 3 Satz 1 Nr. 1 ist der Nachprüfungsantrag **unzulässig**, soweit der Antragsteller den gerügten Verstoß gegen Vergabebestimmungen bereits im Vergabeverfahren **erkannt und gegenüber dem öffentlichen Auftraggeber nicht unverzüglich gerügt** hat. Erforderlich ist dabei die **positive Kenntnis von dem Rechtsverstoß**. Zur Kenntnis gehört zum einen das **Wissen von denjenigen Tatsachen, aus denen sich der geltend gemachte Vergabefehler ergibt**; notwendig ist außerdem die **zumindest laienhafte rechtliche Wertung**, dass es sich in dem betreffenden Punkt um **ein rechtlich zu beanstandendes Vergabeverfahren** handelt (BGH, B. v. 26. 9. 2006 – Az.: X ZB 14/06; OLG Brandenburg, B. v. 15. 9. 2009 – Az.: Verg W 13/08; OLG Celle, B. v. 13. 12. 2007 – Az.: 13 Verg 10/07; B. v. 5. 7. 2007 – Az.: 13 Verg 8/07; OLG Dresden, B. v. 23. 4. 2009 – Az.: WVerg 0011/08; OLG Düsseldorf, B. v. 16. 12. 2009 – Az.: VII-Verg 32/09; B. v. 2. 11. 2009 – Az.: VII-Verg 12/09; B. v. 10. 9. 2009 – Az.: VII-Verg 12/09; B. v. 4. 5. 2009 – Az.: VII-Verg 68/08; B. v.. 11. 2. 2009 – Az.: VII-Verg 64/08; B. v. 8. 12. 2008 – Az.: VII-Verg 55/08; B. v. 27. 2. 2008 – Az.: VII-Verg 41/07; B. v. 23. 1. 2008 – Az.: VII – Verg 31/07; B. v. 13. 6. 2007 – Az.: VII – Verg 12/07; B. v. 2. 5. 2007 – Az.: VII – Verg 1/07; B. v. 5. 12. 2006 – Az.: VII – Verg 56/06; B. v. 27. 7. 2006 – Az.: VII – Verg 23/06; B. v. 19. 7. 2006 – Az.: VII – Verg 27/06; B. v. 8. 9. 2005 – Az.: Verg 35/04; B. v. 16. 2. 2005 – Az.: VII – Verg 74/04; OLG Frankfurt, B. v. 15. 7. 2008 – Az.: 11 Verg 4/08; B. v. 10. 6. 2008 – Az.: 11 Verg 3/08; OLG Koblenz, B. v. 3. 4. 2008 – Az.: 1 Verg 1/08; OLG München, B. v. 19. 1. 2010 – Az.: Verg 1/10; B. v. 16. 4. 2009 – Az.: Verg 03/09; B. v. 13. 4. 2007 – Az.: Verg 01/07; BayObLG, B. v. 15. 9. 2004 – Az.: Verg 026/03, B. v. 9. 3. 2004 – Az.: Verg 20/03; OLG Naumburg, B. v. 29. 10. 2009 – Az.: 1 Verg 5/09; B. v. 18. 7. 2006 – Az.: 1 Verg 4/06; OLG Rostock, B. v. 6. 3. 2009 – Az.: 17 Verg 1/09; OLG Thüringen, B. v. 30. 3. 2009 – Az.: 9 Verg 12/08; B. v. 16. 1. 2002 – Az.: 6 Verg 7/01; LSG Nordrhein-Westfalen, B. v. 6. 8. 2009 – Az.: L 21 KR 52/09 SFB; VK Arnsberg, B. v. 22. 2. 2010 – Az.: VK 02/10; B. v. 2. 5. 2008 – Az.: VK 08/08; B. v. 10. 1. 2008 – Az.: VK 42/07; B. v. 8. 8. 2006 – Az.: VK 21/06; B. v. 31. 7. 2006 – Az.: VK 20/06; B. v. 13. 6. 2006 – Az.: VK 10/06; B. v. 10. 3. 2006 – Az.: VK 03/06; VK Baden-Württemberg, B. v. 10. 9. 2009 – Az.: 1 VK 49/09; B. v. 20. 5. 2009 – Az.: 1 VK 18/09; B. v. 11. 4. 2008 – Az.: 1 VK 09/08; B. v. 30. 3. 2007 – Az.: 1 VK 06/07; B. v. 19. 3. 2007 – Az.: 1 VK 07/07, 08/07; B. v. 13. 2. 2006 – Az.: 1 VK 1/06; B. v. 18. 10. 2005 – Az.: 1 VK 62/05; B. v. 5. 9. 2005 – Az.: 1 VK 51/05; VK Berlin, B. v. 2. 6. 2009 – Az.: VK B 2–12/09; B. v. 20. 4. 2009 – Az.: VK – B 2–10/09; VK Brandenburg, B. v. 17. 12. 2009 – Az.: VK 21/09; B. v. 29. 1. 2009 – Az.: VK 47/08; B. v. 19. 12. 2008 – Az.: VK 40/08; B. v. vom 3. 4. 2008 – Az.: VK 4/08; B. v. 28. 1. 2008 – Az.: VK 59/07; B. v. 22. 11. 2007 – Az.: VK 43/07; B. v. 11. 9. 2006 – Az.: 2 VK 34/06, 1 VK 35/06; B. v. 21. 12. 2005 – Az.: 1 VK 79/05; B. v. 8. 9. 2004 – Az.: VK 33/04; 1. VK Bund, B. v. 5. 3. 2010 – Az.: VK 1–16/10; B. v. 20. 1. 2010 – Az.: VK 1–233/09; B. v. 20. 1. 2010 – Az.: VK 1–230/09; B. v. 5. 3. 2007 – Az.: VK 1–139/06; B. v. 3. 1. 2007 – Az.: VK 1–142/06; B. v. 14. 7. 2005 – Az.: VK 1–50/05; 2. VK Bund, B. v. 15. 5. 2009 – Az.: VK 2–21/09; B. v. 16. 9. 2008 – Az.: VK 2–97/08; B. v. 10. 4. 2008 – Az.: VK 2–37/08; B. v. 15. 11. 2007 – Az.: VK 2–123/07; B. v. 15. 11. 2007 – Az.: VK 2–120/07, B. v. 15. 11. 2007 – Az.: VK 2–117/07, B. v. 15. 11. 2007 – Az.: VK 2–114/07, B. v. 15. 11. 2007 – Az.: VK 2–108/07, B. v. 15. 11. 2007 – Az.: VK 2–105/07; B. v. 15. 11. 2007 – Az.: VK 2–102/07; B. v. 13. 7. 2007 – Az.: VK 2–66/07; B. v. 13. 6. 2007 – Az.: VK 2–51/07; B. v. 15. 3. 2007 – Az.: VK 2–12/07; B. v. 3. 4. 2006 – Az.: VK 2–14/06; B. v. 29. 3. 2006 – Az.: VK 2–11/06; B. v. 28. 2. 2006 – Az.: VK 2–154/04; B. v. 26. 1. 2006 – Az.: VK 2–165/05 – **instruktives Beispiel für die notwendige Abwägung**; B. v. 28. 9. 2005 – Az.: VK 2–120/05; B. v. 6. 6. 2005 – Az.: VK 2–33/05; B. v. 20. 5. 2005 – Az.: VK 2–30/05; B. v. 17. 3. 2005 – Az.: VK 2–09/05; B. v. 8. 8. 2003 – Az.: VK 2–52/03; 3. VK Bund, B. v. 26. 5. 2008 – Az.: VK 3–59/08; B. v. 8. 1. 2008 – Az.: VK 3–148/07; B. v. 14. 11. 2007 – Az.: VK 3–124/07; B. v. 6. 7. 2007 – Az.: VK 3–58/07; B. v. 7. 8. 2006 – Az.: VK 3–93/06; B. v. 7. 8. 2006 – Az.: VK 3–78/06; B. v. 7. 6. 2006 – Az.: VK 3–33/06; VK Düsseldorf, B. v.

Gesetz gegen Wettbewerbsbeschränkungen GWB § 107 **Teil 1**

10. 2. 2010 – Az.: VK – 44/2009 – B/Z; B. v. 28. 1. 2010 – Az.: VK – 37/2009 – B; B. v. 24. 11. 2009 – Az.: VK – 26/2009 – L; B. v. 12. 11. 2009 – Az.: VK – 21/2009 – L; B. v. 7. 10. 2009 – Az.: VK – 31/2009 – L; B. v. 8. 9. 2009 – Az.: VK – 17/2009 – L; B. v. 20. 8. 2009 – Az.: VK – 13/2009 – L; B. v. 29. 4. 2009 – Az.: VK – 2/2009 – L; B. v. 21. 1. 2009 – Az.: VK – 43/2008 – L; B. v. 31. 10. 2008 – Az.: VK – 22/2008 – B; B. v. 15. 8. 2008 – Az.: VK – 18/2008 – L; B. v. 26. 6. 2008 – Az.: VK – 23/2008 – L; B. v. 2. 6. 2008 – Az.: VK – 15/2008 – L; B. v. 23. 5. 2008 – Az.: VK – 7/2008 – L; B. v. 28. 9. 2007 – Az.: VK – 27/2007 – B; B. v. 24. 8. 2007 – Az.: VK – 24/2007 – L; B. v. 2. 8. 2007 – Az.: VK – 23/2007 – B; B. v. 24. 4. 2007 – Az.: VK – 11/2007 – L; B. v. 19. 4. 2007 – Az.: VK – 10/2007 – B; B. v. 29. 3. 2007 – Az.: VK – 08/2007 – B; B. v. 27. 11. 2006 – Az.: VK – 47/2006 – L; B. v. 11. 8. 2006 – Az.: VK – 30/2006 – L; B. v. 26. 5. 2006 – Az.: VK – 22/2006 – L; B. v. 2. 5. 2006 – Az.: VK – 17/2006 – B; B. v. 27. 4. 2006 – Az.: VK – 12/2006 – L; B. v. 16. 2. 2006 – Az.: VK – 02/2006 – L; B. v. 28. 11. 2005 – Az.: VK – 40/2005 – B; VK Hessen, B. v. 17. 8. 2009 – Az.: 69 d VK – 25/2009; B. v. 19. 3. 2009 – Az.: 69 d VK – 05/2009; B. v. 31. 3. 2008 – Az.: 69 d VK – 9/2008; B. v. 14. 2. 2005 – Az.: 69 d VK – 90/2004; B. v. 5. 5. 2003 – Az.: 69 d VK – 16/2003; VK Lüneburg, B. v. 27. 10. 2006 – Az.: VgK-26/2006; B. v. 10. 10. 2006 – Az.: VgK-23/2006; B. v. 8. 5. 2006 – Az.: VgK-07/2006; B. v. 10. 3. 2006 – Az.: VgK-06/2006; B. v. 7. 6. 2005 – Az.: VgK-21/2005; B. v. 26. 5. 2005 – Az.: VgK-20/2005; 2. VK Mecklenburg-Vorpommern, B. v. 28. 11. 2008 – Az.: 2 VK 7/08; B. v. 7. 1. 2008 – Az.: 2 VK 5/07; VK Münster, B. v. 9. 10. 2009 – Az.: VK 19/09; B. v. 26. 8. 2009 – Az.: VK 11/09; B. v. 12. 5. 2009 – Az.: VK 5/09; B. v. 13. 2. 2008 – Az.: VK 29/07; B. v. 28. 6. 2007 – Az.: VK 10/07; B. v. 30. 3. 2007 – Az.: VK 04/07; B. v. 5. 4. 2006 – Az.: VK 5/06; B. v. 25. 1. 2006 – Az.: VK 23/05; B. v. 10. 2. 2004 – Az.: VK 01/04; VK Rheinland-Pfalz, B. v. 12. 4. 2005 – Az.: VK 11/05; 1. VK Sachsen, B. v. 16. 3. 2010 – Az.: 1/SVK/003–10; B. v. 19. 5. 2009 – Az.: 1/SVK/008–09; B. v. 25. 6. 2008 – Az.: 1/SVK/029-08; B. v. 3. 3. 2008 – Az.: 1/SVK/002–08; B. v. 17. 12. 2007 – Az.: 1/SVK/073-07; B. v. 10. 4. 2007 – Az.: 1/SVK/020-07; B. v. 9. 11. 2006 – Az.: 1/SVK/095-06; B. v. 21. 3. 2006 – Az.: 1/SVK/012-06; B. v. 6. 4. 2005 – Az.: 1/SVK/022-05; B. v. 31. 1. 2005 – Az.: 1/SVK/144-04; 1. VK Sachsen-Anhalt, B. v. 5. 5. 2008 – Az.: 1 VK LVwA 03/08; B. v. 7. 3. 2006 – Az: 1 VK LVwA 01/06; B. v. 23. 12. 2005 – Az.: 1 VK LVwA 43/05; B. v. 9. 12. 2005 – Az.: 1 VK LVwA 42/05; B. v. 17. 3. 2005 – Az: 1 VK LVwA 02/05; 2. VK Sachsen-Anhalt, B. v. 13. 4. 2006 – Az.: VK 2-LVwA LSA 7/06; VK Schleswig-Holstein, B. v. 22. 1. 2010 – Az.: VK-SH 26/09; B. v. 22. 7. 2009 – Az.: VK-SH 06/09; B. v. 7. 7. 2009 – Az.: VK-SH 05/09; B. v. 20. 1. 2009 – Az.: VK-SH 17/08; B. v. 3. 12. 2008 – Az.: VK-SH 12/08; B. v. 17. 9. 2008 – Az.: VK-SH 10/08; B. v. 14. 5. 2008 – Az.: VK-SH 06/08; B. v. 5. 7. 2007 – Az.: VK-SH 13/07; B. v. 28. 3. 2007 – Az.: VK-SH 04/07; B. v. 12. 6. 2006 – Az.: VK-SH 12/06; B. v. 21. 12. 2005 – Az.: VK-SH 29/05; VK Südbayern, B. v. 6. 5. 2009 – Az.: Z3-3-3194-1-14-04/09; B. v. 12. 6. 2009 – Az.: Z3-3-3194-1-20–05/09; B. v. 29. 4. 2009 – Az.: Z3-3-3194-1-11–03/09; B. v. 13. 3. 2009 – Az.: Z3-3-3194-1-02-01/09; B. v. 16. 1. 2009 – Az.: Z3-3-3194-1-46–12/09; B. v. 23. 11. 2006 – Az.: 32-10/06; B. v. 2. 12. 2005 – Az.: Z3-3-3194-1-48–10/05; B. v. 28. 10. 2005 – Az.: Z3-3-3194-1-49/05; B. v. 11. 8. 2005 – Az.: 35-07/05; B. v. 22. 7. 2005 – Az.: 26-05/05; B. v. 13. 7. 2005 – Az.: 31-06/05; B. v. 3. 5. 2005 – Az.: 15-03/05; B. v. 3. 2. 2005 – Az.: 79-12/04; B. v. 14. 12. 2004 – Az.: 70-10/04; B. v. 14. 12. 2004 – Az.: 69-10/04; B. v. 14. 12. 2004 – Az.: 68-10/04; B. v. 19. 10. 2004, Az.: 120.3–3194.1–60-08/04; ähnlich OLG Bremen, B. v. 3. 4. 2007 – Az.: Verg 2/07).

Das **OLG Koblenz** fasst in einer älteren Entscheidung die Voraussetzungen einer Kenntnis dahingehend zusammen, dass von einer Kenntnis des Vergabeverstoßes in der Regel nur gesprochen werden kann, wenn dem **Bieter einerseits die den Verstoß begründenden Tatsachen bekannt sind** und andererseits diese **Tatsachen jedenfalls bei objektiver Wertung einen Mangel des Vergabeverfahrens darstellen** (OLG Koblenz, B. v. 31. 5. 2006 – Az.: 1 Verg 3/06). 3557

Verschiedene Vergabesenate und Vergabekammern lassen das **Wissen um einen Sachverhalt, der aus subjektiver Sicht des Bieters den Schluss auf einen Vergaberechtsverstoß erlaubt**, und der es **bei vernünftiger Betrachtung** als **gerechtfertigt erscheinen** lässt, das **Vergabeverfahren als fehlerhaft zu beanstanden,** genügen (OLG Celle, B. v. 5. 7. 2007 – Az.: 13 Verg 8/07; OLG Karlsruhe, B. v. 9. 3. 2007 – Az.: 17 Verg 3/07; B. v. 6. 2. 2007 – Az.: 17 Verg 7/06; OLG München, B. v. 23. 6. 2009 – Az.: Verg 08/09; B. v. 2. 3. 2009 – Az.: Verg 01/09; B. v. 17. 9. 2007 – Az.: Verg 10/07; VK Arnsberg, B. v. 20. 5. 2009 – VK 11/09; VK Baden-Württemberg, B. v. 2. 2. 2010 – Az.: 1 VK 75/09; B. v. 10. 9. 2009 – Az.: 1 VK 49/09; B. v. 26. 8. 2009 – Az.: 1 VK 43/09; B. v. 21. 8. 2009 – Az.: 1 VK 40/09; B. v. 28. 5. 2009 – Az.: 1 VK 21/09; B. v. 13. 2. 2006 – Az.: 1 VK 1/06; VK Hessen, B. v. 9. 10. 2009 – Az.: 69 d 3558

Teil 1 GWB § 107   Gesetz gegen Wettbewerbsbeschränkungen

VK – 36/2009; B. v. 21. 4. 2008 – Az.: 69d VK – 15/2008; VK Lüneburg, B. v. 4. 9. 2008 – Az.: VgK-29/2008; B. v. 21. 7. 2008 – Az.: VgK-25/2008; B. v. 30. 6. 2008 – Az.: VgK-07/2008; B. v. 26. 6. 2008 – Az.: VgK-23/2008; B. v. 15. 5. 2008 – Az.: VgK-12/2008; B. v. 5. 3. 2008 – Az.: VgK-03/2008; B. v. 1. 2. 2008 – Az.: VgK-48/2007; B. v. 18. 10. 2007 – Az.: VgK-40/2007; B. v. 6. 9. 2007 – Az.: VgK-36/2007; B. v. 26. 6. 2007 – Az.: VgK-29/2007; B. v. 12. 6. 2007 – Az.: VgK-23/2007; B. v. 8. 6. 2007 – Az.: VgK-24/2007; B. v. 17. 4. 2007 – Az.: VgK-11/2007; B. v. 23. 2. 2007 – Az.: VgK-06/2007; B. v. 11. 1. 2007 – Az.: VgK-36/2006; B. v. 11. 12. 2006 – Az.: VgK-31/2006; B. v. 10. 10. 2006 – Az.: VgK-23/2006; B. v. 11. 8. 2005 – Az.: VgK-33/2005; B. v. 19. 4. 2005 – Az.: VgK-11/2005; VK Niedersachsen, B. v. 17. 6. 2010 – Az.: VgK-28/2010; B. v. 16. 4. 2010 – Az.: VgK-10/2010; B. v. 25. 3. 2010 – Az.: VgK-07/2010; B. v. 15. 1. 2010 – Az.: VgK-74/2009; B. v. 15. 12. 2009 – Az.: VgK-63/2009; B. v. 16. 11. 2009 – Az.: VgK-62/2009; B. v. 22. 10. 2009 – Az.: VgK-49/2009; B. v. 4. 9. 2009 – Az.: VgK-37/2009; B. v. 27. 8. 2009 – Az.: VgK-35/2009; B. v. 7. 8. 2009 – Az.: VgK – 32/2009; B. v. 8. 7. 2009 – Az.: VgK-29/2009; B. v. 3. 7. 2009 – Az.: VgK-30/2009; B. v. 24. 6. 2009 – Az.: VgK – 28/2009; B. v. 23. 4. 2009 – Az.: VgK-10/2009; B. v. 17. 4. 2009 – Az.: VgK-12/2009; B. v. 16. 3. 2009 – Az.: VgK-04/2009; B. v. 24. 2. 2009 – Az.: VgK-57/2008; B. v. 23. 2. 2009 – Az.: VgK-58/2008; B. v. 11. 2. 2009 – Az.: VgK-56/2008; B. v. 11. 11. 2008 – Az.: VgK-39/2008; B. v. 24. 10. 2008 – Az.: VgK-35/2008; B. v. vom 16. 10. 2008 – Az.: VgK-30/2008; VK Nordbayern, B. v. 10. 2. 2010 – Az.: 21.VK – 3194 – 01/10; B. v. 26. 8. 2009 – Az.: 21.VK – 3194 – 30/09; B. v. 12. 8. 2009 – Az.: 21.VK – 3194 – 29/09; B. v. 28. 1. 2009 – Az.: 21.VK – 3194 – 63/08; VK Rheinland-Pfalz, B. v. 7. 12. 2007 – Az.: VK 39/07; 1. VK Saarland, B. v. 13. 3. 2010 – Az.: 1 VK 01/2010; VK Sachsen, B. v. 25. 6. 2008 – Az.: 1/SVK/029-08; B. v. 24. 4. 2008 – Az.: 1/SVK/015-08; 1. VK Sachsen-Anhalt, B. v. 12. 9. 2008 – Az: 1 VK LVwA 11/08; B. v. 5. 5. 2008 – Az.: 1 VK LVwA 03/08; B. v. 7. 3. 2006 – Az.: 1 VK LVwA 01/06; B. v. 23. 12. 2005 – Az.: 1 VK LVwA 43/05; B. v. 23. 8. 2005 – Az: 1 VK LVwA 31/05; B. v. 31. 3. 2005 – Az.: 1 VK LVwA 04/05; B. v. 17. 3. 2005 – Az: 1 VK LVwA 02/05; 2. VK Sachsen-Anhalt, B. v. 10. 6. 2009 – Az.: VK 2 LVwA LSA – 13/09; B. v. 23. 7. 2008 – Az.: VK 2 LVwA LSA – 07/08; VK Südbayern, B. v. 18. 6. 2008 – Az.: Z3-3-3194-1-17-04/08).

3559   Das „erkannt haben" ist ein **subjektiver, innerer Vorgang,** der sich zunächst „im Kopf" (von den die Unterlagen prüfenden Personen) abspielt und sich erst durch Akten- oder Gesprächsnotizen oder **durch sonstige Indizien,** die zwanglos den Schluss auf das Erkannthaben zulassen, **nach außen objektiviert** und damit als Beleg für die Feststellung, ob und wann der Verstoß positiv erkannt wurde, dienen kann, sofern ein Antragsteller nicht selbst einräumt, den Verstoß zu einem evtl. früheren Zeitpunkt erkannt zu haben (OLG Naumburg, B. v. 18. 7. 2006 – Az.: 1 Verg 4/06; VK Arnsberg, B. v. 10. 1. 2008 – Az.: VK 42/07; VK Brandenburg, B. v. 22. 11. 2007 – Az.: VK 43/07; B. v. 24. 9. 2004 – VK 49/04; VK Hessen, B. v. 20. 2. 2002 – Az.: 69d VK – 47/2001; VK Sachsen, B. v. 24. 4. 2008 – Az.: 1/SVK/015-08; VK Schleswig-Holstein, B. v. 3. 12. 2008 – Az.: VK-SH 12/08; B. v. 5. 7. 2007 – Az.: VK-SH 13/07; B. v. 28. 3. 2007 – Az.: VK-SH 04/07).

3560   Für das Erkennen im Sinne des § 107 Abs. 3 Satz 1 GWB ist **nicht auf den Zeitpunkt abzustellen, in dem einem Bieter klar wird, dass seine Bemühungen um Abgabe eines Angebots endgültig gescheitert** sind. Zu diesem Zeitpunkt hat er vielmehr erkannt, dass der Vergaberechtsverstoß bei ihm zu einem Schaden geführt hat, weil ihm die Möglichkeit genommen wird, z.B. wegen der Losgröße oder der zu kurzen Angebotsfrist am Vergabeverfahren teilzunehmen. § 107 Abs. 3 Satz 1 GWB stellt aber auf das **Erkennen des Vergaberechtsverstoßes** ab, nicht auf das Erkennen des Schadens (1. VK Bund, B. v. 7. 1. 2004 – Az.: VK 2–137/03).

3561   Die Kenntnis selbst kann nur auf einer **direkten Aussage der Vergabestelle gegenüber dem Antragsteller** beruhen, z.B. Festlegung in einem Bietergespräch, Informationen aus dem Bietergespräch, Vorinformation gemäß § 101a GWB (VK Thüringen, B. v. 13. 11. 2002 – Az.: 216–402.20–057/02-EF-S).

3562   Die erforderliche **Kenntnis muss bereits vor Einleitung des Nachprüfungsverfahrens erlangt** worden sein; denn nach der Rechtsprechung erstreckt sich die Rügeobliegenheit nicht auf Vergaberechtsverstöße, die dem Antragsteller erst im Nachprüfungsverfahren bekannt geworden sind (OLG Düsseldorf, B. v. 16. 12. 2009 – Az.: VII-Verg 32/09; B. v. 13. 6. 2001 – Az.: Verg 2/01–2).

3563   **18.5.23.1.3 Zweifel an der Rechtslage. Bei Zweifeln an der Rechtslage ist positive Kenntnis bereits ausgeschlossen** (OLG Celle, B. v. 13. 12. 2007 – Az.: 13 Verg 10/07; B. v.

Gesetz gegen Wettbewerbsbeschränkungen GWB § 107 **Teil 1**

5. 7. 2007 – Az.: 13 Verg 8/07; OLG Düsseldorf, B. v. 16. 12. 2009 – Az.: VII-Verg 32/09; B. v. 4. 5. 2009 – Az.: VII-Verg 68/08; B. v. 8. 12. 2008 – Az.: VII-Verg 55/08; B. v. 27. 2. 2008 – Az.: VII-Verg 41/07; B. v. 27. 7. 2006 – Az.: VII – Verg 23/06; B. v. 19. 7. 2006 – Az.: VII – Verg 27/06; B. v. 16. 11. 2005 – Az.: VII – Verg 59/05; B. v. 16. 2. 2005 – Az.: VII – Verg 74/04; OLG Frankfurt, B. v. 15. 7. 2008 – Az.: 11 Verg 4/08; B. v. 10. 6. 2008 – Az.: 11 Verg 3/08; OLG Naumburg, B. v. 3. 9. 2009 – 1 Verg 4/09; B. v. 18. 7. 2006 – Az.: 1 Verg 4/06; VK Berlin, B. v. 2. 6. 2009 – Az.: VK B 2–12/09; VK Brandenburg, B. v. 28. 1. 2008 – Az.: VK 59/07; 1. VK Bund, B. v. 3. 1. 2007 – Az.: VK 1–142/06; B. v. 14. 7. 2005 – Az.: VK 1–50/05; 2. VK Bund, B. v. 15. 5. 2009 – Az.: VK 2–21/09; B. v. 16. 9. 2008 – Az.: VK 2–97/08; B. v. 15. 9. 2008 – Az.: VK 2–94/08; B. v. 29. 3. 2006 – Az.: VK 2–11/06; VK Düsseldorf, B. v. 27. 11. 2006 – Az.: VK – 47/2006 – L; B. v. 11. 8. 2006 – Az.: VK – 30/2006 – L; B. v. 26. 5. 2006 – Az.: VK – 22/2006 – L; B. v. 27. 4. 2006 – Az.: VK – 12/2006 – L; B. v. 16. 2. 2006 – Az.: VK – 02/2006 – L; 2. VK Mecklenburg-Vorpommern, B. v. 28. 11. 2008 – Az.: 2 VK 7/08; B. v. 7. 1. 2008 – Az.: 2 VK 5/07; VK Münster, B. v. 26. 8. 2009 – Az.: VK 11/09; B. v. 5. 4. 2006 – Az.: VK 5/06; 1. VK Saarland, B. v. 20. 2. 2008 – Az.: 1 VK 07/2007; 1. VK Sachsen, B. v. 24. 9. 2009 – Az.: 1/SVK/040-09; B. v. 3. 3. 2008 – Az.: 1/SVK/002–08; VK Schleswig-Holstein, B. v. 20. 1. 2009 – Az.: VK-SH 17/08; VK Südbayern, B. v. 23. 11. 2006 – Az.: 32-10/06; B. v. 2. 12. 2005 – Az.: Z3-3-3194-1-48–10/05; B. v. 28. 10. 2005 – Az.: Z3-3-3194-1-44–09/05). Denn es soll dem Bieter nicht zugemutet werden, in jedem Verfahrensstadium das **Verhältnis zur Vergabestelle durch Verdachtsrügen zu belasten** (OLG München, B. v. 10. 12. 2009 – Az.: Verg 16/09; Schleswig-Holsteinisches OLG, B. v. 5. 4. 2005 – Az.: 6 Verg 1/05; VK Berlin, B. v. 29. 6. 2004 – Az.: VK – B 1–24/04; VK Brandenburg, B. v. 21. 12. 2005 – Az.: 1 VK 79/05; VK Düsseldorf, B. v. 11. 8. 2006 – Az.: VK – 30/2006 – L; B. v. 26. 5. 2006 – Az.: VK – 22/2006 – L; B. v. 27. 4. 2006 – Az.: VK – 12/2006 – L; B. v. 16. 2. 2006 – Az.: VK – 02/2006 – L; 2. VK Mecklenburg-Vorpommern, B. v. 7. 1. 2008 – Az.: 2 VK 5/07; VK Münster, B. v. 28. 6. 2007 – Az.: VK 10/07; B. v. 24. 1. 2002 – Az.: VK 24/01; 1. VK Saarland, B. v. 20. 2. 2008 – Az.: 1 VK 07/2007; VK Südbayern, B. v. 13. 7. 2005 – Az.: 31-06/05; B. v. 14. 12. 2004 – Az.: 70-10/04; B. v. 14. 12. 2004 – Az.: 69-10/04; B. v. 14. 12. 2004 – Az.: 68-10/04; B. v. 17. 2. 2004 – Az.: 03-01/04).

18.5.23.1.4 Vermutungen bzw. fahrlässige bzw. grob fahrlässige Unkenntnis. Ver- 3564 mutungen reichen nicht aus (OLG Celle, B. v. 13. 12. 2007 – Az.: 13 Verg 10/07; B. v. 5. 7. 2007 – Az.: 13 Verg 8/07; OLG Düsseldorf, B. v. 16. 12. 2009 – Az.: VII-Verg 32/09; B. v. 2. 11. 2009 – Az.: VII-Verg 12/09; B. v. 10. 9. 2009 – Az.: VII-Verg 12/09; B. v. 4. 5. 2009 – Az.: VII-Verg 68/08; B. v. 8. 12. 2008 – Az.: VII-Verg 55/08; B. v. 27. 2. 2008 – Az.: VII-Verg 41/07; B. v. 27. 7. 2006 – Az.: VII – Verg 23/06; B. v. 19. 7. 2006 – Az.: VII – Verg 27/06; OLG Frankfurt, B. v. 15. 7. 2008 – Az.: 11 Verg 4/08; B. v. 10. 6. 2008 – Az.: 11 Verg 3/08; Saarländisches OLG, B. v. 23. 11. 2005 – Az.: 1 Verg 3/05; OLG Thüringen, B. v. 30. 3. 2009 – Az.: 9 Verg 12/08; VK Arnsberg, B. v. 10. 1. 2008 – Az.: VK 42/07; VK Berlin, B. v. 2. 6. 2009 – Az.: VK B 2–12/09; VK Brandenburg, B. vom 3. 4. 2008 – Az.: VK 4/08; B. v. 28. 1. 2008 – Az.: VK 59/07; B. v. 22. 11. 2007 – Az.: VK 43/07; B. v. 11. 9. 2006 – Az.: 2 VK 34/06, 1 VK 35/06; 1. VK Bund, B. v. 5. 3. 2007 – Az.: VK 1–139/06; 2. VK Bund, B. v. 15. 5. 2009 – Az.: VK 2–21/09; B. v. 10. 4. 2008 – Az.: VK 2–37/08; B. v. 29. 3. 2006 – Az.: VK 2–11/06; 3. VK Bund, B. v. 27. 10. 2008 – Az.: VK 3–134/08; VK Düsseldorf, B. v. 27. 11. 2006 – Az.: VK – 47/2006 – L; B. v. 11. 8. 2006 – Az.: VK – 30/2006 – L; 2. VK Mecklenburg-Vorpommern, B. v. 28. 11. 2008 – Az.: 2 VK 7/08; B. v. 7. 1. 2008 – Az.: 2 VK 5/07; VK Münster, B. v. 26. 8. 2009 – Az.: VK 11/09; B. v. 12. 5. 2009 – Az.: VK 5/09; B. v. 5. 4. 2006 – Az.: VK 5/06; B. v. 25. 1. 2006 – Az.: VK 23/05; VK Rheinland-Pfalz, B. v. 5. 12. 2007 – Az.: VK 39/07; 1. VK Saarland, B. v. 13. 3. 2010 – Az.: 1 VK 01/2010; B. v. 20. 2. 2008 – Az.: 1 VK 07/2007; 1. VK Sachsen, B. v. 24. 9. 2009 – Az.: 1/SVK/040-09; B. v. 3. 3. 2008 – Az.: 1/SVK/002–08; B. v. 10. 4. 2007 – Az.: 1/SVK/020-07; VK Schleswig-Holstein, B. v. 5. 7. 2007 – Az.: VK-SH 13/07; B. v. 28. 3. 2007 – Az.: VK-SH 04/07; B. v. 12. 6. 2006 – Az.: VK-SH 12/06; VK Südbayern, B. v. 23. 11. 2006 – Az.: 32-10/06; B. v. 2. 12. 2005 – Az.: Z3-3-3194-1-48–10/05; B. v. 28. 10. 2005 – Az.: Z3-3-3194-1-44–09/05); eben so wenig schadet **grob fahrlässige Unkenntnis** von dem Vergabefehler (OLG Düsseldorf, B. v. 27. 2. 2008 – Az.: VII-Verg 41/07; B. v. 27. 7. 2006 – Az.: VII – Verg 23/06; B. v. 19. 7. 2006 – Az.: VII – Verg 27/06; B. v. 16. 11. 2005 – Az.: VII – Verg 59/05; OLG Frankfurt, B. v. 15. 7. 2008 – Az.: 11 Verg 4/08; B. v. 10. 6. 2008 – Az.: 11 Verg 3/08; OLG Thüringen, B. v. 30. 3. 2009 – Az.: 9 Verg 12/08; VK Arnsberg, B. v. 2. 5. 2008 – Az.: VK 08/08; B. v. 8. 8. 2006 – Az.: VK 21/06; B. v. 31. 7. 2006 – Az.: VK 20/06; VK Brandenburg, B. v. vom 3. 4. 2008 – Az.: VK 4/08; B. v. 28. 1. 2008 – Az.: VK 59/07; B. v. 22. 11. 2007 – Az.: VK 43/07; 1. VK Bund, B.

Teil 1 GWB § 107   Gesetz gegen Wettbewerbsbeschränkungen

v. 5. 3. 2007 – Az.: VK 1–139/06; 2. VK Bund, B. v. 15. 5. 2009 – Az.: VK 2–21/09; B. v. 10. 4. 2008 – Az.: VK 2–37/08; B. v. 29. 3. 2006 – Az.: VK 2–11/06; B. v. 28. 9. 2005 – Az.: VK 2–120/05; B. v. 6. 6. 2005 – Az.: VK 2–33/05; B. v. 20. 5. 2005 – Az.: VK 2–30/05; B. v. 17. 3. 2005 – Az.: VK 2–09/05; VK Düsseldorf, B. v. 27. 11. 2006 – Az.: VK – 47/2006 – L; B. v. 2. 5. 2006 – Az.: VK – 17/2006 – B; 2. VK Mecklenburg-Vorpommern, B. v. 28. 11. 2008 – Az.: 2 VK 7/08; B. v. 7. 1. 2008 – Az.: 2 VK 5/07; VK Münster, B. v. 26. 8. 2009 – Az.: VK 11/09; B. v. 12. 5. 2009 – Az.: VK 5/09; B. v. 5. 4. 2006 – Az.: VK 5/06; B. v. 25. 1. 2006 – Az.: VK 23/05; 1. VK Saarland, B. v. 13. 3. 2010 – Az.: 1 VK 01/2010; B. v. 20. 2. 2008 – Az.: 1 VK 07/2007; 1. VK Sachsen, B. v. 24. 9. 2009 – Az.: 1/SVK/040-09; B. v. 3. 3. 2008 – Az.: 1/SVK/002–08; B. v. 10. 4. 2007 – Az.: 1/SVK/020-07; VK Schleswig-Holstein, B. v. 5. 7. 2007 – Az.: VK-SH 13/07; B. v. 28. 3. 2007 – Az.: VK-SH 04/07; B. v. 12. 6. 2006 – Az.: VK-SH 12/06; VK Südbayern, B. v. 23. 11. 2006 – Az.: 32-10/06; B. v. 11. 8. 2005 – Az.: 35-07/05; B. v. 22. 7. 2005 – Az.: 26-05/05; B. v. 13. 7. 2005 – Az.: 31-06/05; B. v. 3. 2. 2005 – Az.: 79-12/04) bzw. **fahrlässige Unkenntnis** von dem Vergabefehler (OLG Frankfurt, B. v. 15. 7. 2008 – Az.: 11 Verg 4/08; B. v. 10. 6. 2008 – Az.: 11 Verg 3/08; OLG Naumburg, B. v. 8. 9. 2005 – Az.: 1 Verg 10/05; OLG Thüringen, B. v. 30. 3. 2009 – Az.: 9 Verg 12/08; VK Arnsberg, B. v. 2. 5. 2008 – Az.: VK 08/08; B. v. 8. 8. 2006 – Az.: VK 21/06; B. v. 31. 7. 2006 – Az.: VK 20/06; B. v. 13. 6. 2006 – Az.: VK 10/06; VK Brandenburg, B. v. vom 3. 4. 2008 – Az.: VK 4/08; B. v. 28. 1. 2008 – Az.: VK 59/07; B. v. 22. 11. 2007 – Az.: VK 43/07; 2. VK Mecklenburg-Vorpommern, B. v. 28. 11. 2008 – Az.: 2 VK 7/08; B. v. 7. 1. 2008 – Az.: 2 VK 5/07; 1. VK Saarland, B. v. 20. 2. 2008 – Az.: 1 VK 07/2007; 1. VK Sachsen, B. v. 3. 3. 2008 – Az.: 1/SVK/002–08; B. v. 10. 4. 2007 – Az.: 1/SVK/020-07; VK Schleswig-Holstein, B. v. 5. 7. 2007 – Az.: VK-SH 13/07; B. v. 28. 3. 2007 – Az.: VK-SH 04/07; VK Südbayern, B. v. 2. 12. 2005 – Az.: Z3-3-3194-1-48–10/05; B. v. 28. 10. 2005 – Az.: Z3-3-3194-1-44–09/05).

3565   Die „Annahme" eines Vergaberechtsverstoßes steht bloßen Vermutungen über die Rechtslage sehr nahe und bedeutet **keine positive Kenntnis** (OLG Düsseldorf, B. v. 16. 12. 2009 – Az.: VII-Verg 32/09; B. v. 19. 7. 2006 – Az.: VII – Verg 27/06; 2. VK Mecklenburg-Vorpommern, B. v. 28. 11. 2008 – Az.: 2 VK 7/08; B. v. 7. 1. 2008 – Az.: 2 VK 5/07; 1. VK Sachsen, B. v. 19. 5. 2009 – Az.: 1/SVK/008–09).

3566   **18.5.23.1.5 Keine Obliegenheit zur Kenntnisverschaffung.** Es besteht keine **Obliegenheit, sich die gem. § 107 Abs. 3 GWB maßgeblichen Kenntnisse durch eigene Nachforschungen zu verschaffen** (OLG Dresden, B. v. 23. 4. 2009 – Az.: WVerg 0011/08; OLG Düsseldorf, B. v. 8. 12. 2008 – Az.: VII-Verg 55/08; B. v. 21. 5. 2008 – Az.: VII – Verg 19/08; B. v. 27. 7. 2006 – Az.: VII – Verg 23/06; B.. v. 19. 7. 2006 – Az.: VII – Verg 27/06; OLG München, B. v. 23. 6. 2009 – Az.: Verg 08/09; OLG Thüringen, B. v. 30. 3. 2009 – Az.: 9 Verg 12/08; LSG Nordrhein-Westfalen, B. v. 6. 8. 2009 – Az.: L 21 KR 52/09 SFB; VK Baden-Württemberg, B. v. 8. 1. 2002 – Az.: 1 VK 46/01; VK Brandenburg, B. v. 28. 1. 2008 – Az.: VK 59/07; 1. VK Bund, B. v. 19. 11. 2008 – Az.: VK 1–135/08; B. v. 5. 3. 2007 – Az.: VK 1–139/06; B. v. 3. 1. 2007 – Az.: VK 1–142/06; 2. VK Bund, B. v. 10. 4. 2008 – Az.: VK 2–37/08; B. v. 15. 3. 2007 – Az.: VK 2–12/07; B. v. 6. 6. 2005 – Az.: VK 2–33/05; B. v. 20. 5. 2005 – Az.: VK 2–30/05; B. v. 17. 3. 2005 – Az.: VK 2–09/05; 3. VK Bund, B. v. 18. 9. 2008 – Az.: VK 3–122/08; B. v. 18. 9. 2008 – Az.: VK 3–119/08; VK Düsseldorf, B. v. 27. 11. 2006 – Az.: VK – 47/2006 – L; VK Münster, B. v. 12. 5. 2009 – Az.: VK 5/09; 1. VK Saarland, B. v. 20. 2. 2008 – Az.: 1 VK 07/2007; 1. VK Sachsen, B. v. 19. 5. 2009 – Az.: 1/SVK/009–09; B. v. 5. 5. 2009 – Az.: 1/SVK/009-09; B. v. 25. 6. 2008 – Az.: 1/SVK/029-08; VK Schleswig-Holstein, B. v. 5. 7. 2007 – Az.: VK-SH 13/07; B. v. 28. 3. 2007 – Az.: VK-SH 04/07; B. v. 12. 6. 2006 – Az.: VK-SH 12/06; VK Südbayern, B. v. 23. 11. 2006 – Az.: 32-10/06; B. v. 14. 12. 2004 – Az.: 70-10/04; B. v. 14. 12. 2004 – Az.: 69-10/04; B. v. 14. 12. 2004 – Az.: 68-10/04; B. v. 19. 10. 2004, Az.: 120.3–3194.1–60-08/04).

3567   Anderer Auffassung ist insoweit – allerdings in einem Sonderfall – die VK Düsseldorf. **Zur Behebung von Zweifeln z. B. über die Eignung des Bieters, der für den Zuschlag vorgesehen ist, ist die Einholung von Informationen bei dem Auftraggeber geeignet, dies kann auch unverzüglich ohne weiteres erfolgen. Das Zuwarten, ob ein anderer Mitbieter ein Nachprüfungsverfahren einleitet und ob auf dem Wege einer Beiladung vertiefte Kenntnisse über die Eignung des ausgewählten Bieters gewonnen werden können, stellt kein geeignetes Mittel dar,** um etwaige Zweifel zu beheben. Falls der Auftraggeber keine oder eine aus Sicht des Antragstellers seine Zweifel bestätigende Auskunft erteilt, muss der Antragsteller, wiederum unverzüglich, eine Beanstandung aussprechen oder unverzüglich direkt den Nachprüfungsantrag erheben (VK Düsseldorf, B. v. 22. 12. 2005 – Az.: VK – 53/2005 – L).

18.5.23.1.6 Kenntnis ab Einholung von Rechtsrat? Wenn der Bieter bei seiner laienhaf- 3568
ten Wertung zunächst nur den Verdacht hat, ein bestimmtes Verhalten des Auftraggebers könne
als Vergaberechtsverstoß zu beurteilen sein, und er deshalb Rechtsrat einholt, **beginnt die
Kenntnis vom Vergaberechtsverstoß** und damit die Rügeobliegenheit erst **mit Zugang des
einen Vergaberechtsfehler diagnostizierenden Rechtsrates** (VK Berlin, B. v. 2. 6. 2009 –
Az.: VK B 2–12/09; 2. VK Mecklenburg-Vorpommern, B. v. 28. 11. 2008 – Az.: 2 VK 7/08;
B. v. 7. 1. 2008 – Az.: 2 VK 5/07; 1. VK Sachsen, B. v. 1. 10. 2002 – Az.: 1/SVK/084-02; im
Ergebnis ebenso OLG Celle, B. v. 5. 7. 2007 – Az.: 13 Verg 8/07; 2. VK Bund, B. v. 10. 4.
2008 – Az.: VK 2–37/08).

Von **positiver Kenntnis ohne Rechtsrat** ist nur dann auszugehen, wenn der **Bieter den** 3569
Fehler auf der Laienebene offensichtlich als solchen erkannt hat. Davon kann allerdings
nur ausgegangen werden, wenn beim Antragsteller über grundsätzliches vergaberechtliches Wissen ausgegangen werden kann und die Rechtslage eindeutig ist (VK Arnsberg, B. v. 28. 1. 2004
– Az.: VK 1–30/2003).

Eine **einschlägige Rechtskenntnis allgemeiner Vergabegrundsätze** kann den Bietern 3570
grundsätzlich abverlangt werden. Dazu gehört zum Beispiel, dass der Auftraggeber die Verpflichtung hat, im Verhandlungsverfahren die Eignung der Bewerber bereits vor Aufforderung
zur Angebotsabgabe zu prüfen (VK Detmold, B. v. 27. 2. 2003 – Az.: VK.11–48/02).

Eine **positive Kenntnis** ist **bei objektiv eindeutigen Verstößen etwa aufgrund einer** 3571
gefestigten Rechtsprechung sehr viel **eher anzunehmen,** als bei nicht eindeutig geklärten
Rechtsfragen (VK Schleswig-Holstein, B. v. 5. 7. 2007 – Az.: VK-SH 13/07).

Positiv erkannt hat ein Antragsteller den Vergaberechtsverstoß einer nicht europaweit 3572
durchgeführten Ausschreibung **spätestens aufgrund der mitgeteilten Submissionsergebnisse dann, wenn er** – z.B. durch eine Mitteilung des Auftraggebers – **weiß, dass sämtliche
in der Submission verlesenen Preise deutlich über dem Schwellenwert liegen**. Spätes-
tens zu diesem Zeitpunkt hat ein Antragsteller, wie auch alle anderen Bieter mit dieser Kenntnis,
positive Kenntnis davon, dass der Auftraggeber gegen die Pflicht zur Durchführung eines europaweiten Vergabeverfahrens verstoßen hat (VK Lüneburg, B. v. 10. 10. 2006 – Az.: VgK-23/
2006).

Für die Kenntnis des konkreten von einem Bieter geltend zu machenden Vergaberechtsver- 3573
stoßes bedarf es für ein **fachkundiges Unternehmen in der Regel nicht der vorherigen
Konsultation eines Rechtsanwaltes** (1. VK Saarland, B. v. 13. 3. 2010 – Az.: 1 VK 01/2010;
3. VK Saarland, B. v. 10. 8. 2009 – Az.: 3 VK 03/2008; VK Schleswig-Holstein, B. v. 5. 7. 2007
– Az.: VK-SH 13/07; B. v. 12. 6. 2006 – Az.: VK-SH 12/06; VK Lüneburg, B. v. 20. 8. 2002 –
Az.: 203-VgK-12/2002).

Ein Bieter ist nicht verpflichtet, eine Rüge „ins Blaue hinein" auszusprechen, er darf hin- 3574
sichtlich der Rüge selbstverständlich auf das Informationsschreiben der Vergabestelle warten.
Wenn aber dieses **Informationsschreiben dann einen Inhalt hat, den der Bieter ab Eröffnung der Angebote befürchten musste** (nämlich der Zuschlag auf ein Angebot mit einem deutlich niedrigeren Preis), obliegt es dem Bieter, unverzüglich eine Rüge zu erheben und
nicht noch eine Besprechung mit einem Rechtsanwalt abzuwarten (VK Bremen, B. v. 16. 7.
2003 – Az.: VK 12/03).

Haben sowohl der **Antragsgegner als auch der Antragsteller eine vergaberechtliche** 3575
Vorschrift in ihrer Tragweite noch nicht zur Kenntnis genommen und ist diese **Vorschrift erst mit der letzten Vergaberechtsänderung aufgenommen** worden und ist – soweit ersichtlich – **noch keine Rechtsprechung dazu vorhanden,** kann davon ausgegangen werden,
dass der Antragsteller den vorliegenden Vergaberechtsverstoß **nicht erkannt** hat (VK Münster,
B. v. 30. 3. 2007 – Az.: VK 04/07).

Ein **Antragsteller ist nicht präkludiert,** wenn er das Fehlen von objektiven, nicht dis- 3576
kriminierenden Kriterien für die Teilnehmerauswahl bei einer Vielzahl von generell
geeigneten Bewerbern in der Bekanntmachung nicht beanstandet. Jedenfalls in Bezug
auf die VOL/A ergibt sich diese Pflicht nicht unmittelbar aus den nationalen vergaberechtlichen
Vorschriften, da insoweit die entsprechenden Vorschriften der europäischen Vergabekoordinierungsrichtlinie nicht umgesetzt worden sind. Die Herleitung der Pflicht des Auftraggebers zur
Festlegung solcher objektiven über die generellen Eignungskriterien hinausgehenden Auswahl-
bedingungen setzt somit über die Kenntnis vergaberechtlicher Vorschriften hinaus auch allge-
mein- und europarechtliche Kenntnisse voraus, deren Vorhandensein bei einem durchschnittlichen Unternehmen nicht ohne weiteres anzunehmen ist. In der VOB/A sind zwar die einschlä-

Teil 1 GWB § 107   Gesetz gegen Wettbewerbsbeschränkungen

gigen Vorschriften der Vergabekoordinierungsrichtlinie im Jahr 2006 in das nationale Recht umgesetzt worden (§ 8 Nr. 6 VOB/A). Dennoch erschließt sich der Anwendungsbereich dieser Regelung nicht ohne weiteres. **Insbesondere gibt es auch noch keine gefestigte Rechtsprechung zu der Frage, wie objektive, auftragsbezogene Auswahlkriterien zur Eignung der Bieter beschaffen sein müssen, um den Anforderungen der Regelung zu genügen** (1. VK Bund, B. v. 31. 7. 2007 – Az.: VK 1–65/07; B. v. 14. 6. 2007 – Az.: VK 1–50/07).

3577   Gibt es **zu einer vergaberechtlichen Streitfrage eine bestimmte herrschende Meinung** (z. B. der Anwendung des Vergaberechts auf städtebauliche Verträge), und **schafft erst eine Entscheidung des EuGH Klarheit**, kann auch bei anwaltlicher Beratung eines Bieters **nicht angenommen werden**, dass der **Bieter insoweit positive Kenntnis eines Vergabeverstoßes** hat (OLG Düsseldorf, B. v. 13. 6. 2007 – Az.: VII – Verg 2/07).

3578   An einer **Kenntnis der rechtlichen Relevanz** der Tatsachen, die einen Vergaberechtsverstoß begründen, **fehlt es auch bei Großunternehmen insbesondere dann, wenn die Rechtslage schwierig** ist (OLG Bremen, B. v. 3. 4. 2007 – Az.: Verg 2/07; 1. VK Sachsen, B. v. 17. 12. 2007 – Az.: 1/SVK/073-07).

3579   **Ähnlich** argumentiert das **OLG Frankfurt**. Ist nämlich **für eine Rüge die Kenntnis der vergaberechtlichen Rechtsprechung erforderlich**, die herausgearbeitet hat, dass der Auftraggeber Eignungsanforderungen grundsätzlich in der Bekanntmachung festlegen muss und diese in den Verdingungsunterlagen nur noch konkretisieren darf und kommt die erforderliche Wertung hinzu, ob die in der Bekanntmachung enthaltenen Angaben überhaupt konkretisierungsfähig sind, **kann ein derartiges Wissen bei einem Unternehmen nicht ohne weiteres unterstellt werden, nur weil es ein großes Bauunternehmen mit eigener Rechtsabteilung ist, das ständig an Ausschreibungen für Bauleistungen teilnimmt** (OLG Frankfurt, B. v. 15. 7. 2008 – Az.: 11 Verg 4/08; B. v. 10. 6. 2008 – Az.: 11 Verg 3/08).

3580   Ein **pharmazeutischer Unternehmer**, der in der **Ausschreibung eines Wirkstoffes, welcher Gegenstand offener Patentstreitigkeiten** ist, einen Vergabeverstoß sieht, und dem die **Patentstreitigkeiten bekannt** sind, **erlangt mit der Bekanntmachung der Ausschreibung auch Kenntnis von dem seiner Meinung bestehenden Vergabeverstoß**. Er ist daher verpflichtet, diesen Verstoß unverzüglich zu rügen. Auch ist der **Umgang mit der patentrechtlichen Problematik bei Arzneimitteln für einen Hersteller von Generika derart existentiell**, dass es nicht einer zusätzlichen anwaltlichen Beratung bedarf, um zu wissen, dass Verstöße gegen Patentrechte zu Schadensersatzansprüchen des Originators führen können (LSG Baden-Württemberg, B. v. 23. 1. 2009 – Az.: L 11 WB 5971/08).

3581   18.5.23.1.7 **Treuwidriges Sich-Verschließen vor der Erkenntnis eines Vergabeverstoßes.** Die positive Kenntnis kann auch in dem Fall anerkannt werden, in welchem der Kenntnisstand des Antragstellers in tatsächlicher oder rechtlicher Hinsicht einen solchen Grad erreicht hat, dass ein weiteres Verharren in Unkenntnis **als ein mutwilliges Sich-Verschließen vor der Erkenntnis eines Vergaberechtsverstoßes** gewertet werden muss (BGH, B. v. 26. 9. 2006 – Az.: X ZB 14/06; B. v. 1. 2. 2005 – Az.: X ZB 27/04; OLG Dresden, B. v. 23. 4. 2009 – Az.: WVerg 0011/08; OLG Düsseldorf, B. v. 16. 12. 2009 – Az.: VII-Verg 32/09; B. v. 2. 11. 2009 – Az.: VII-Verg 12/09; B. v. 10. 9. 2009 – Az.: VII-Verg 12/09; B. v. 4. 5. 2009 – Az.: VII-Verg 68/08; B. v. 11. 2. 2009 – Az.: VII-Verg 64/08; B. v. 8. 12. 2008 – Az.: VII-Verg 55/08; B. v. 19. 7. 2006 – Az.: VII – Verg 27/06; B. v. 26. 2. 2005 – Az.: VII – Verg 74/04; B. v. 5. 12. 2001 – Az.: Verg 32/01; OLG Frankfurt, B. v. 15. 7. 2008 – Az.: 11 Verg 4/08; OLG München, B. v. 23. 6. 2009 – Az.: Verg 08/09; B. v. 16. 4. 2009 – Az.: Verg 03/09; OLG Naumburg, B. v. 14. 12. 2004 – Az.: 1 Verg 17/04; Saarländisches OLG, B. v. 20. 9. 2006 – Az.: 1 Verg 3/06; OLG Thüringen, B. v. 30. 3. 2009 – Az.: 9 Verg 12/08; VK Baden-Württemberg, B. v. 28. 5. 2009 – Az.: 1 VK 21/09; VK Brandenburg, B. v. 28. 1. 2008 – Az.: VK 59/07; B. v. 22. 11. 2007 – Az.: VK 43/07; 1. VK Bund, B. v. 20. 1. 2010 – Az.: VK 1–233/09; B. v. 20. 1. 2010 – Az.: VK 1–230/09; B. v. 5. 3. 2007 – Az.: VK 1–139/06; B. v. 3. 1. 2007 – Az.: VK 1–142/06; 2. VK Bund, B. v. 16. 9. 2008 – Az.: VK 2–97/08; B. v. 15. 9. 2008 – Az.: VK 2–94/08; B. v. 10. 4. 2008 – Az.: VK 2–37/08; B. v. 15. 3. 2007 – Az.: VK 2–12/07; B. v. 29. 3. 2006 – Az.: VK 2–11/06; B. v. 6. 6. 2005 – Az.: VK 2–33/05; B. v. 20. 5. 2005 – Az.: VK 2–30/05; B. v. 17. 3. 2005 – Az.: VK 2–09/05; B. v. 22. 10. 2003 – Az.: VK 2–86/03; VK Düsseldorf, B. v. 7. 10. 2009 – Az.: VK – 31/2009 – L; B. v. 27. 11. 2006 – Az.: VK – 47/2006 – L; VK Hessen, B. v. 17. 8. 2009 – Az.: 69 d VK – 25/2009; VK Münster, B. v. 9. 10. 2009 – Az.: VK 19/09; B. v. 12. 5. 2009 – Az.: VK 5/09; B. v. 5. 4. 2009 – Az.: VK 5/06; B. v. 25. 1. 2006 – Az.: VK 23/05; VK Niedersachsen, B. v. 15. 1. 2010 – Az.: VgK-74/2009; B. v.

Gesetz gegen Wettbewerbsbeschränkungen GWB § 107 **Teil 1**

3. 7. 2009 – Az.: VgK-30/2009; 1. VK Saarland, B. v. 13. 3. 2010 – Az.: 1 VK 01/2010; VK Sachsen, B. v. 19. 5. 2009 – Az.: 1/SVK/008–09; B. v. 5. 5. 2009 – Az.: 1/SVK/009-09; B. v. 25. 6. 2008 – Az.: 1/SVK/029-08; B. v. 24. 4. 2008 – Az.: 1/SVK/015-08; VK Schleswig-Holstein, B. v. 22. 1. 2010 – Az.: VK-SH 26/09; B. v. 22. 7. 2009 – Az.: VK-SH 06/09; B. v. 20. 1. 2009 – Az.: VK-SH 17/08; B. v. 3. 12. 2008 – Az.: VK-SH 12/08; B. v. 5. 7. 2007 – Az.: VK-SH 13/07; B. v. 12. 6. 2006 – Az.: VK-SH 12/06; B. v. 31. 1. 2006 – Az.: VK-SH 33/05; B. v. 5. 10. 2005 – Az.: VK-SH 23/05 – instruktives Beispiel; B. v. 31. 3. 2005 – Az.: VK-SH 05/05; VK Südbayern, B. v. 12. 6. 2009 – Az.: Z3-3-3194-1-20–05/09; B. v. 6. 5. 2009 – Az.: Z3-3-3194-1-14-04/09; B. v. 18. 6. 2008 – Az.: Z3-3-3194-1-17-04/08; B. v. 23. 11. 2006 – Az.: 32-10/06; B. v. 11. 8. 2005 – Az.: 35-07/05; B. v. 22. 7. 2004 – Az.: 26-05/05; B. v. 14. 12. 2004 – Az.: 70-10/04; B. v. 14. 12. 2004 – Az.: 69-10/04; B. v. 14. 12. 2004 – Az.: 68-10/04; B. v. 19. 10. 2004, Az.: 120.3–3194.1–60-08/04; B. v. 31. 10. 2002 – Az.: 42-10/02).

An ein mutwilliges Sich-Verschließen vor der Erkenntnis des Rechtsverstoßes sind **strenge** 3582 **und vom Auftraggeber darzulegende Anforderungen zu richten** (OLG Dresden, B. v. 23. 4. 2009 – Az.: WVerg 0011/08; OLG Düsseldorf, B. v. 19. 7. 2006 – Az.: VII – Verg 27/06; 2. VK Bund, B. v. 10. 4. 2008 – Az.: VK 2–37/08; 1. VK Sachsen, B. v. 19. 5. 2009 – Az.: 1/SVK/008–09; B. v. 5. 5. 2009 – Az.: 1/SVK/009-09; VK Schleswig-Holstein, B. v. 22. 7. 2009 – Az.: VK-SH 06/09).

Dies ist etwa **dann der Fall**, wenn anzunehmen ist, dass sich ein **Vergaberechtsfehler bei** 3583 **Durcharbeiten der Verdingungsunterlagen und Erstellen des Angebots einem verständigen Bieter geradezu aufdrängt** und der Bieter diesen nicht unverzüglich rügt (VK Schleswig-Holstein, B. v. 22. 7. 2009 – Az.: VK-SH 06/09).

Das ist auch **dann der Fall**, wenn wenn der **Antragsteller weder auf das ihm übersand-** 3584 **te Ergebnis der Submission** – aus dem erkennbar ist, dass er Mindestbieter war – **noch auf den Ablauf der Bindefrist reagiert** (VK Südbayern, B. v. 6. 5. 2009 – Az.: Z3-3-3194-1-14-04/09).

Ein mutwilliges Verschließen kann **noch nicht in der individuellen „Abarbeitung" von** 3585 **Schriftverkehr durch intern zuständige Mitarbeiter** gesehen werden, jedenfalls solange nicht, wie nicht organisationsbedingt geradezu zwangsläufig größere zeitliche Lücken in der Kenntnisnahme von Schriftstücken oder anderen Sachverhalten eintreten müssen. Aus der allgemeinen Förderungspflicht der am Vergabeverfahren Beteiligten ergibt sich nicht die Anforderung, alle mit dem Vergabeverfahren im Zusammenhang stehenden erkennbaren Umstände sofort zur Kenntnis zu nehmen und darauf zu reagieren im Sinne einer die sonstige Arbeitsorganisation suspendierenden „Allzuständigkeit" aller in Frage kommenden Personen, sobald es sich um eine öffentliche Auftragsvergabe handelt. Das Abwarten, bis ein Mitarbeiter nach zwei Tagen dienstlicher Abwesenheit die in seinem Zuständigkeitsbereich angefallenen Schriftstücke zur Kenntnis nimmt, kann noch nicht als organisatorisch vorgegebenes „mutwilliges Verschließen" angesehen werden; insbesondere, wenn jegliche Anzeichen dafür fehlen, dass eine planmäßige verzögerte Bearbeitung von Schriftverkehr bei der Antragstellerin betrieben würde und – im Gegenteil – der zuständige Bearbeiter nach Rückkehr sofort von dem Informationsschreiben Kenntnis genommen und auch umgehend anwaltlichen Rat gesucht hat (VK Düsseldorf, B. v. 30. 9. 2003 – Az.: VK – 25/2003 – B; im Ergebnis ebenso OLG Düsseldorf, B. v. 19. 7. 2006 – Az.: VII – Verg 27/06).

Die 2. VK des Bundes hingegen spricht sich in den Fällen, in denen z. B. urlaubsbedingt eine 3586 Rüge bei dem Bieter „liegen bleibt", für ein „mutwilliges Verschließen" aus. Dieses setzt nicht etwa voraus, dass der Bieter sich mit dem möglichen Verstoß bereits befasst hat und sich nur gegen die daraus zu ziehenden Schlussfolgerungen sperrt. **Es kann vielmehr auch und gerade dann angenommen werden, wenn der Bieter es vorwerfbar versäumt, die Voraussetzungen dafür zu schaffen, dass er Kenntnis von Vergabeverstößen erlangen kann. Ein solches organisatorisch bedingtes mutwilliges Sich-Verschließen ist zu bejahen, wenn ein Bieter nicht dafür gesorgt hat, dass auch während längerer Abwesenheiten des zuständigen Bearbeiters eine Überprüfung der in dessen Zuständigkeitsbereich fallenden Vergabeverfahren stattfindet.** Die Möglichkeit hierzu hat er nämlich: So kann er für eine Vertretungsregelung und eine hinreichende Unterrichtung und Schulung des Vertreters sorgen, auf einer Erreichbarkeit des Sachbearbeiters während längerer Abwesenheit bestehen oder die Anweisung treffen können, dass ein fachlich versierter externer Berater sich mit solchen Angelegenheiten befasst, wenn der Sachbearbeiter nicht erreichbar ist. Wenn der Bieter keine dieser nahe liegenden Möglichkeiten ergreift, sondern der Vorgang während des Urlaubs schlichtweg unbearbeitet bleibt, stellt dies einen organisatorischen Mangel dar, der den Vorwurf

Teil 1 GWB § 107 Gesetz gegen Wettbewerbsbeschränkungen

mutwilligen Sich-Verschließens vor der Erkenntnis eines Vergabefehlers begründet. Die erst nach Rückkehr des Sachbearbeiters eingeleitete Prüfung und Rüge ist deshalb verspätet (2. VK Bund, B. v. 26. 1. 2006 – Az.: VK 2–165/05; VK Hessen, B. v. 17. 8. 2009 – Az.: 69 d VK – 25/2009).

3587 Nach Auffassung der VK Brandenburg **obliegt dann, wenn eine objektive Betrachtung bei lebensnaher Beurteilung nur den Schluss zulässt, dass ein Antragsteller den geltend gemachten Vergaberechtsverstoß bereits zu einem bestimmten (früheren) Zeitpunkt erkannt oder sich mutwillig der Erkenntnis verschlossen hat, es ihm** – wie sich auch aus § 108 Abs. 2 GWB ableiten lässt –, **dies zu entkräften**. Für die den zugrunde liegenden Tatsachen trägt er die Darlegungs- und Beweislast. Denn es soll im Rahmen des § 107 Abs. 3 Satz 1 GWB verhindert werden, dass der Bieter auf einen erkannten Fehler spekuliert, weil sich möglicherweise zu seinen Gunsten auswirken könnte (VK Brandenburg, B. v. 24. 9. 2004 – VK 49/04).

3588 Ein **mutwilliges Sichverschließen vor der Kenntnis eines Vergaberechtsverstoßes** liegt **auch dann** vor, wenn sich **Beschwerdeführer und Auftraggeber seit Jahren aus dem Aufgabengebiet kennen**, dem **Beschwerdeführer der beanstandete Vergabevorgang bekannt** ist und der **Beschwerdeführer kein Angebot in einem formellen Vergabeverfahren abgegeben** hat (OLG Karlsruhe, B. v. 6. 2. 2007 – Az.: 17 Verg 7/06).

3589 Ist einem **Bieter die Neigung kommunaler Auftraggeber bekannt**, die Mitbenutzung des Erfassungssystems durch den/die Systembetreiber im Hinblick auf die Entgeltregelung zwischen der Kommune und dem Dienstleister – aus ihrer Sicht – vergaberechtswidrig zu regeln, ist es **zumindest als mutwilliges Sichverschließen anzusehen, wenn der Bieter die Vergabeunterlagen zunächst lediglich unter dem Aspekt der "Leistbarkeit" prüft und erst später beginnt, sich Klarheit über mögliche Rechtsverstöße zu verschaffen. Ein Bieter kommt nicht umhin zu bemerken, dass auch in den vorliegenden Vergabeunterlagen sinngemäß Regelungen vorhanden waren, die er bereits in der Vergangenheit als vergaberechtswidrig angesehen hatte**. Diese Umstände wurden aufgrund des organisatorischen Vorgehens des Bieters jedoch erst ab einem bestimmten, intern festgelegten Datum unter dem Gesichtspunkt der Vergaberechtswidrigkeit behandelt und unter anschließender Inanspruchnahme einer Überlegungs- und Beratungsfrist erst später gegenüber dem Auftraggeber beanstandet. Dies erscheint in Ansehung der konkreten Gegenstände der Beanstandung nicht mehr als unverzüglich (VK Düsseldorf, B. v. 7. 10. 2009 – Az.: VK – 31/2009 – L)

3590 Ein **mutwilliges Sichverschließen vor der Kenntnis eines Vergaberechtsverstoßes** liegt **auch dann** vor, wenn der Bieter bei ordnungsgemäßem Vorgehen spätestens bei Abfassung des Angebotes hätte feststellen müssen, dass **nur ein Hersteller** z. B. für die Herstellung von Türbändern im Gussverfahren **in Betracht kommt** und der Bieter diese Erkenntnis nur deshalb nicht zu diesem Zeitpunkt gewinnt, weil er bei Erstellung des Angebotes die Vorgabe des Auftraggebers betreffend „gegossen" **ohne vorherige Rückfrage und ohne jeglichen Hinweis vergaberechtswidrig vollständig ignoriert** und sich bei Benennung eines anderen Herstellerunternehmens nicht vorher vergewissert, dass dieser Hersteller auch das Gussverfahren anwendet. **Erstellt der Bieter unter Außerachtlassung der im Leistungsverzeichnis unmissverständlich gestellten Anforderungen sein Angebot nicht ordnungsgemäß und hätte er bei gebotener Sorgfalt die tatsächlichen Umstände feststellen müssen, die nach seiner Auffassung einen Verstoß gegen Vergabevorschriften begründen**, dann **verschließt er sich treuwidrig** der Erkenntnis eines Vergabeverstoßes. Rügt er diesen Vergabeverstoß erst später, ist ein darauf gestützter Nachprüfungsantrag insoweit gemäß § 107 Abs. 3 Satz 1 GWB unzulässig (OLG Brandenburg, B. v. 14. 12. 2007 – Az.: Verg W 21/07).

3591 **18.5.23.1.8 Positive Kenntnis durch eine Bearbeitung der Verdingungsunterlagen. Allein die – auch intensive – Befassung mit der Leistungsbeschreibung trägt nicht den sicheren Schluss**, ein Bieter hätte z. B. die Mehrdeutigkeit einer Leistungsbeschreibung schon bei dieser Gelegenheit erkannt (OLG Düsseldorf, B. v. 28. 1. 2004 – Az.: Verg 35/03; VK Schleswig-Holstein, B. v. 22. 7. 2009 – Az.: VK-SH 06/09; VK Südbayern, B. v. 23. 11. 2006 – Az.: 32-10/06).

3592 Den **Bieter trifft auch keine Pflicht zur sofortigen Prüfung der ihm zugesandten Verdingungsunterlagen**. Dies würde ansonsten bedeuten, dass derjenige Bieter, der sich vorsichtshalber die Unterlagen sehr früh zuschicken lässt, damit er auf jeden Fall die Abgabefrist einhalten kann, zu einer Rüge nicht mehr in der Lage wäre, wohingegen derjenige Bieter, welcher sich die Unterlagen erst sehr spät zusenden lässt, noch rügen könnte. Dies ist nicht der Sinn des Gesetzes. Das Gesetz will weder den erst spät handelnden Bieter bevorzugen noch generell

Gesetz gegen Wettbewerbsbeschränkungen GWB § 107 **Teil 1**

das Risiko einer unzutreffenden Ausschreibung auf den Bieter verlagern. In erster Linie ist der Auftraggeber aufgerufen, die Verdingungsunterlagen rechtmäßig auszugestalten. Der **Bieter ist nicht der Kontrolleur des Auftraggebers** (OLG Dresden, B. v. 23. 4. 2009 – Az.: WVerg 0011/08; OLG München, B. v. 5. 11. 2009 – Az.: Verg 15/09; B. v. 2. 3. 2009 – Az.: Verg 01/09; BayObLG, B. v. 15. 9. 2004 – Az.: Verg 026/03; OLG Naumburg, B. v. 3. 9. 2009 – 1 Verg 4/09; VK Baden-Württemberg, B. v. 29. 6. 2009 – Az.: 1 VK 27/09; 1. VK Brandenburg, B. v. 14. 5. 2007 – Az.: 2 VK 14/07; VK Sachsen, B. v. 5. 5. 2009 – Az.: 1/SVK/009-09; B. v. 9. 11. 2006 – Az.: 1/SVK/095-06; VK Schleswig-Holstein, B. v. 22. 7. 2009 – Az.: VK-SH 06/09; VK Südbayern, B. v. 23. 11. 2006 – Az.: 32-10/06). Es **reicht also nicht aus, dass ein Bieter aufgrund der bereits übersandten Unterlagen die abstrakte Möglichkeit der Kenntnisnahme ihres Inhaltes** hatte. Ein Bieter bestimmt selbst, wann er sich mit den Angebotsunterlagen inhaltlich auseinandersetzt. Er ist **nicht verpflichtet, die Angebotsunterlagen unmittelbar nach Eintreffen derselben auch nur zu sichten** (VK Sachsen-Anhalt, B. v. 12. 9. 2008 – Az: 1 VK LVwA 11/08).

Der Bieter ist bei Empfang der Ausschreibungsunterlagen nicht dazu verpflichtet, unverzüglich die Unterlagen auf Fehler durchzuschauen; dies **umso weniger, als die Vergabestelle gar keine europaweite Ausschreibung in die Wege geleitet hatte, so dass eine Rügeverpflichtung gemäß § 107 Abs. 3 GWB gar nicht bestand**. Wenn die **Vergabestelle pflichtwidrig nicht europaweit ausschreibt, kann sich der Bieter in seinen Handlungen zunächst darauf verlassen**. Von einem Bieter kann nicht verlangt werden, dass er schlauer zu sein hat als die Vergabestelle. Der Auftraggeber kann sich daher nicht darauf berufen, dass der Bieter trotz der nationalen Ausschreibung unverzüglich nach Erkennen des Verstoßes diesen hätte rügen müssen. Dies wäre nur dann zu fordern, wenn der Bieter bereits während des Vergabeverfahrens erkannt hätte, dass ein Verstoß gegen die Pflicht zur europaweiten Ausschreibung vorlag (OLG München, B. v. 5. 11. 2009 – Az.: Verg 15/09). 3593

Bei der **Bearbeitung der Angebote in den Verdingungsunterlagen festgestellte Fehler sind unverzüglich nach § 107 Abs. 3 Satz 1 Nr. 1 zu rügen** (VK Nordbayern, B. v. 16. 1. 2007 – Az.: 21.VK – 3194 – 43/06; B. v. 23. 5. 2006 – Az.: 21.VK – 3194 – 16/06; B. v. 9. 5. 2006 – Az.: 21.VK – 3194 – 13/06; 3. VK Saarland, B. v. 10. 8. 2009 – Az.: 3 VK 03/2008; VK Sachsen, B. v. 9. 11. 2006 – Az.: 1/SVK/095-06), spätestens bei Angebotsabgabe (OLG München, B. v. 2. 3. 2009 – Az.: Verg 01/09; Thüringer OLG, B. v. 31. 8. 2009 – Az.: 9 Verg 6/09). 3594

Erkennt der Bieter bereits bei der Bearbeitung des Angebotes, dass z.B. Angaben bezüglich der Eventualpositionen in die Wertung mit einfließen und kann er aus den ihm übersandten Unterlagen zweifelsfrei entnehmen, wie viel Bedarfspositionen eingestellt sind und in welchem Verhältnis sie zu dem Gesamtauftrag stehen, ist eine **Rüge hinsichtlich der Eventualpositionen, die zwei Monate nach Angebotsabgabe erfolgt, erheblich verspätet** (VK Brandenburg, B. v. 10. 6. 2004 – Az.: VK 21/04). 3595

In einem **Ausnahmefall (der Bieter erkennt beim Durcharbeiten der Leistungsbeschreibung, dass nur er zur Ausführung des Auftrags in der Lage ist) bejaht** die Rechtsprechung jedoch positive Kenntnis durch eine Befassung mit der Leistungsbeschreibung (1. VK Bund, B. v. 4. 2. 2004 – Az.: VK 1-143/03). 3596

Positive Kenntnis von (vermeintlichen) Vergabefehlern liegt stets dann vor, wenn beim **Durcharbeiten des Leistungsverzeichnisses Ungenauigkeiten festgestellt** werden (1. VK Sachsen-Anhalt, B. v. 23. 8. 2005 – Az: 1 VK LVwA 31/05; VK Schleswig-Holstein, B. v. 12. 6. 2006 – Az.: VK-SH 12/06; B. v. 21. 12. 2005 – Az.: VK-SH 29/05). 3597

Für die **Bewertung einer bekannt gegebenen Gewichtung der Zuschlagskriterien als nicht ausreichend aussagkräftig** kommt es nur darauf an, ob der **Bieter sich aufgrund der gegebenen Informationen im Stande sieht, ein wettbewerbsfähiges Angebot zu erstellen, oder nicht**. Es ist regelmäßig ohne rechtliche Beratung möglich und zumutbar zu entscheiden, ob an Hand der mitgeteilten Zuschlagskriterien und Unterkriterien sowie ihres Verhältnisses zueinander erkennbar wird, worauf es dem Auftraggeber ankommt. Gleiches gilt für die Bewertung, ob die **vorgenommenen Einstufungen für die Punkteverteilung für einen branchen- und fachkundigen Bieter, an den sich die Verdingungsunterlagen wenden, eindeutig verständlich sind oder nicht**. Insoweit mag die Kenntnis der einschlägigen Rechtsprechung hilfreich sein, notwendig ist sie nicht, denn der **Maßstab der Verständlichkeit ist kein juristischer, sondern eben der Empfängerhorizont eines fachkundigen Bieters**. Die Notwendigkeit einer rechtlichen Beratung ergibt sich regelmäßig **nach** dem Erkennen des vermeintlichen Vergabeverstoßes. Dann sind die Erfolgsaussichten einer entsprechenden Rüge, ggfs. die zu fordernden Abhilfemaßnahmen und das weitere Vorgehen unter 3598

769

Teil 1 GWB § 107   Gesetz gegen Wettbewerbsbeschränkungen

Berücksichtigung der rechtlichen Rahmenbedingungen zu prüfen; hierfür wird dem Bieter die Rügefrist zugebilligt (OLG Naumburg, B. v. 25. 9. 2008 – Az.: 1 Verg 3/08).

3599   Ähnlich argumentiert die VK Schleswig-Holstein. Hat ein **Bieter die Verdingungsunterlagen Ende Juli erhalten**, wird er selbst unter Berücksichtigung von Urlaubszeiten **etwa ab der zweiten Augusthälfte mit der Angebotsbearbeitung begonnen** haben. Eine Angebotsbearbeitung ist jedoch ohne Kenntnis der Wertungskriterien ausgeschlossen. Die Bedeutung der Wertungskriterien war dem Bieter als fachkundigem Unternehmen bekannt. Es ist **davon auszugehen, dass der Bieter positive Kenntnis der von ihm gerügten Wertungskriterien** – auch im Sinne eines Erkennens der Bedeutung dieser Kriterien – **etwa ab der zweiten Augusthälfte** gehabt hat. Mag auch der genaue Tag der Kenntniserlangung nicht feststellbar sein, so ist eine **Rüge vom 11. September jedenfalls nicht mehr als unverzüglich** anzusehen (VK Schleswig-Holstein, B. v. 3. 12. 2008 – Az.: VK-SH 12/08).

3600   Soweit ein Bieter bei „Ca."-**Angaben zu den Produktabmessungen** in der Leistungsbeschreibung die Angabe von Toleranzgrenzen vermisst, weil er für die Erstellung seines eigenen Angebotes auf eine eigenmächtige Definition zurückgreifen und damit den Ausschluss seines Angebots besorgen muss, liegt ein **möglicher Vergabeverstoß aus seiner Sicht auf der Hand und begründet eine Rügeobliegenheit** (OLG Naumburg, B. v. 25. 9. 2008 – Az.: 1 Verg 3/08).

3601   Für die **Beanstandung eines Bieters, ihm würden mit den Vergabeunterlagen Angaben abverlangt, die objektiv nicht möglich** und deshalb vergabewidrig seien, **beginnt die Rügefrist des § 107 Abs. 3 Satz 1 Nr. 1 GWB spätestens mit dem Beginn der Ausarbeitung des eigenen Angebots**, weil der Bieter jedenfalls zu diesem Zeitpunkt den aus seiner Sicht rügebedürftigen Inhalt der Ausschreibung festgestellt hat und ihn dann gegenüber dem Auftraggeber nicht mehr unbeanstandet lassen darf (VK Baden-Württemberg, B. v. 29. 6. 2009 – Az.: 1 VK 27/09; VK Sachsen, B. v. 9. 2. 2009 – Az.: 1/SVK/071-08).

3602   Sowohl für die Bewertung einer Diskriminierung als auch für die Einschätzung eines Kalkulationsrisikos als ein solches, das die normalen vertraglichen unternehmerischen Risiken übersteigt, kommt es allein auf das **Wissen und die Erfahrungen eines branchenkundigen Bieters** an, nicht etwa auf die Hinzuziehung von externem technischen, wirtschaftlichen oder juristischen Sachverstand. **Entscheidend ist insoweit eine erste Durchsicht der Verdingungsunterlagen durch einen fachkundigen Mitarbeiter.** Eine **vorherige Durchsicht der Verdingungsunterlagen lediglich durch eine Bürokraft** eines verbundenen Unternehmens in formaler Hinsicht auf Vollständigkeit der Formulare und Eindeutigkeit der Bewerbungsbedingungen **verschafft hingegen noch keine Kenntnis von materiellen** vermeintlichen Vergabeverstößen (OLG Naumburg, B. v. 5. 12. 2008 – Az.: 1 Verg 9/08).

3603   Trägt ein Antragsteller vor, die Verdingungsunterlagen erst zu einem bestimmten Zeitpunkt erhalten zu haben und legt er zum Nachweis Auszüge seines PC-geführten Postbuches vor, so entspricht eine **postalische Beförderungsdauer von z. B. 12 Tagen nicht der gemeinhin üblichen Beförderungsdauer** von Postsendungen, andererseits können **derartige Zeitspannen aber auch nicht gänzlich ausgeschlossen** werden. Im Rahmen einer derartigen Sachverhaltskonstellation, bei der sich der Auftraggeber darauf beruft, die Rüge sei nicht rechtzeitig erfolgt, **obliegt dem Auftraggeber die Darlegung weiterer Tatsachen im Nachprüfungsverfahren**. Wird hierzu nicht weiter vorgetragen, ist zugunsten des Antragstellers **davon auszugehen**, dass er die Verdingungsunterlagen erst später erhalten hat (1. VK Bund, B. v. 24. 3. 2004 – Az.: VK 1–135/03).

3604   18.5.23.1.9 Positive Kenntnis durch eine Vorinformation z. B. nach § 15 EG Abs. 6 VOL/A. Ein Interessent kann sich in dem Fall, in welchem er im Vertrauen auf den unverbindlichen Charakter der Vorinformation von einem Vorgehen hiergegen mittels Rüge und ggfs. Nachprüfungsantrag absieht, mit den Präklusionsvorschriften des § 107 Abs. 3 GWB konfrontiert sehen, da eben nicht ganz eindeutig ist, ob die Vorinformation mit den dort getroffenen Regelungen bereits Gegenstand der Rüge zu sein hat mit ggfs. anschließendem Nachprüfungsverfahren. Es ist daher nachvollziehbar, dass aus dieser Befürchtung heraus bereits aufgrund der Vorinformation Handlungsbedarf gesehen wurde. Es liegt im Übrigen auch im wohlverstandenen Interesse eines öffentlichen Auftraggebers, möglichst schnell Klarheit über die Vergaberechtskonformität seiner geplanten Ausschreibung zu erlangen. Dies ist auch erklärtes Ziel des Vergaberechtsmodernisierungsgesetzes, das wiederum **konterkariert würde, wenn man die Vorinformation als eine dem eigentlichen Vergabeverfahren vorgelagerte Stufe einer Überprüfbarkeit entziehen wollte** (3. VK Bund, B. v. 25. 2. 2010 – Az.: VK 3–9/10).

Gesetz gegen Wettbewerbsbeschränkungen GWB § 107 **Teil 1**

Vgl. dazu auch die **Kommentierung zu** → **§ 102 GWB Rdn. 28**. 3605

18.5.23.1.10 Positive Kenntnis bei einem fachkundigen Unternehmen. Dass eine **po-** 3606
sitive Kenntnis vorliegt, lässt sich nicht schon daraus ableiten, dass ein Antragsteller
erhebliche praktische Erfahrung mit einschlägigen Ausschreibungsverfahren des Auftraggebers hat. Denn aus der lediglich praktischen Beteiligung an einschlägigen öffentlichen
Vergabeverfahren kann nicht gefolgert werden, der Antragsteller habe z.B. die Ergänzungsbedürftigkeit von Bewertungskriterien als vergaberechtswidrig gewertet (1. VK Bund, B. v. 3. 1.
2007 – Az.: VK 1–142/06; B. v. 30. 5. 2006 – Az.: VK 1–31/06; **anderer Ansicht** VK Südbayern, B. v. 18. 6. 2008 – Az.: Z3-3-3194-1-17-04/08) oder z.B. **rechtliche Detailfragen
beherrscht**, welche die Zuschlagskriterien betreffen (OLG Düsseldorf, B. v. 21. 5. 2008 – Az.:
VII – Verg 19/08).

18.5.23.1.11 Positive Kenntnis bei einer mehrstufigen Vergabeentscheidung. Voll- 3607
zieht sich z.B. auf Seiten einer kommunalen Vergabestelle der **Prozess zur Auswahl eines
Bieters in einem Verhandlungsverfahren in mehreren aufeinander aufbauenden Stufen** (z.B. Verabschiedung einer Beschlussvorlage durch die Verwaltungsspitze des Antragsgegnerin und spätere Beschlussfassung des Stadtrates hierüber), so wird die **Rügeobliegenheit** des
§ 107 Abs. 3 GWB **nicht erst durch den Abschluss des Auswahlverfahrens auf der letzten Stufe bestimmt, sondern bereits durch zur Kenntnis des Bieters gelangtes fehlerhaftes Vergabeverhalten auf der früheren Stufe ausgelöst** (OLG Dresden, B. v. 21. 10.
2005 – Az.: WVerg 0005/05; **anderer Auffassung** 2. VK Sachsen-Anhalt, B. v. 23. 7. 2008 –
Az.: VK 2 LVwA LSA – 07/08).

18.5.23.1.12 Positive Kenntnis bei unzureichend beantworteten Fragen. Trägt ein 3608
Antragsteller vor, der **Auftraggeber habe ihm in der Phase der Angebotserarbeitung
seine Fragen zu den Ausschreibungsunterlagen nicht oder nicht hinreichend beantwortet** und er habe daher bei der Kalkulation des Angebotspreises aufgrund der Unklarheiten
und Widersprüche **sicherheitshalber in verschiedenen Positionen einen Mehraufwand
einberechnen** müssen, hat er diese behaupteten Vergaberechtsverstöße **nicht unverzüglich
im Sinne des § 107 Abs. 3 GWB gerügt, wenn die Rüge nicht spätestens zum Zeitpunkt der Angebotsabgabe erfolgt** ist (1. VK Bund, B. v. 29. 7. 2008 – Az.: VK 1–78/
08).

18.5.23.1.13 Zurechnung der Kenntnis von eventuellen Vergabefehlern aus einem 3609
anderen Verfahren bei Personenidentität auf Seiten des Beschwerdeführers. Rügt ein
Antragsteller Vergabefehler, die aufgrund einer Personenidentität dem Antragsteller schon aus
einem anderen – zeitlich vorhergehenden – Vergabenachprüfungsverfahren bekannt sind, ist für
Erfüllung der Rügevoraussetzungen im zweiten – nachfolgenden – Verfahren **auf die frühere
Kenntnis oder die frühere Erkennbarkeit abzustellen** (1. VK Bund, B. v. 9. 10. 2002 –
Az.: VK 1–77/02).

18.5.23.1.14 Beweislast und Umkehr der Beweislast für die Kenntnis. Die tatsächli- 3610
chen Voraussetzungen einer Verletzung der Rügeobliegenheit hat – wie sich aus dem Wortlaut
des § 107 Abs. 3 Satz 1 GWB ergibt – **im Streitfall der Auftraggeber nachzuweisen** (BGH,
B. v. 1. 2. 2005 – Az.: X ZB 27/04; OLG Düsseldorf, B. v.. 11. 2. 2009 – Az.: VII-Verg 64/08;
B. v. 5. 5. 2008 – Az.: VII – Verg 5/08; B. v. 28. 4. 2008 – Az.: VII – Verg 1/08; B. v. 5. 12.
2001 – Az.: Verg 32/01; OLG Naumburg, B. v. 3. 9. 2009 – 1 Verg 4/09; B. v. 18. 7. 2006 –
Az.: 1 Verg 4/06; VK Berlin, B. v. 24. 7. 2007 – Az.: VK B 1–19/07; B. v. 15. 2. 2006 – Az.:
VK – B 1–63/05; 1. VK Brandenburg, B. v. 14. 5. 2007 – Az.: 2 VK 14/07; 2. VK Bund, B. v.
10. 4. 2008 – Az.: VK 2–37/08; B. v. 15. 11. 2007 – Az.: VK 2–123/07, B. v. 15. 11. 2007 –
Az.: VK 2–120/07, B. v. 15. 11. 2007 – Az.: VK 2–117/07, B. v. 15. 11. 2007 – Az.: VK 2–
114/07, B. v. 15. 11. 2007 – Az.: VK 2–108/07, B. v. 15. 11. 2007 – Az.: VK 2–105/07; B. v.
15. 11. 2007 – Az.: VK 2–102/07; 3. VK Bund, B. v. 8. 1. 2008 – Az.: VK 3–148/07; VK Düsseldorf, B. v. 19. 3. 2007 – Az.: VK – 07/2007 – B; B. v. 2. 3. 2007 – Az.: VK – 05/2007 – L;
B. v. 27. 11. 2006 – Az.: VK – 47/2006 – L; B. v. 27. 4. 2006 – Az.: VK – 12/2006 – L; 2. VK
Mecklenburg-Vorpommern, B. v. 28. 11. 2008 – Az.: 2 VK 7/08; B. v. 7. 1. 2008 – Az.: 2 VK
5/07; VK Münster, B. v. 9. 10. 2009 – Az.: VK 19/09; B. v. 12. 5. 2009 – Az.: VK 5/09; B. v.
13. 2. 2008 – Az.: VK 29/07; B. v. 28. 6. 2007 – Az.: VK 10/07; B. v. 5. 4. 2006 – Az.: VK
5/06; B. v. 25. 1. 2006 – Az.: VK 23/05; B. v. 21. 12. 2005 – Az.: VK 25/05; B. v. 10. 2. 2004
– Az.: VK 01/04; VK Südbayern, B. v. 29. 4. 2009 – Az.: Z3-3-3194-1-11–03/09; B. v. 23. 11.
2006 – Az.: 32-10/06; B. v. 3. 2. 2005 – Az.: 79-12/04; B. v. 14. 12. 2004 – Az.: 70-10/04; B.
v. 14. 12. 2004 – Az.: 69-10/04; B. v. 14. 12. 2004 – Az.: 68-10/04; B. v. 19. 11. 2004 – Az.:
120.3-3194.1–60-08/04).

Teil 1 GWB § 107

3611 Die **Tatsache, dass es sich dabei um Umstände aus der Sphäre des Antragstellers handelt,** steht dieser Verteilung der Darlegungs- und Beweislast nicht entgegen. Sie hat allerdings zur Folge, dass der **Antragsteller** auf den – nach Lage der Dinge ernsthaft in Betracht kommenden – Vorwurf des Auftraggebers, den Vergabefehler zu einem bestimmten (früheren) Zeitpunkt erkannt zu haben, **substanziiert erwidern und angeben muss, wann er stattdessen erstmals Kenntnis von dem Vergabeverstoß erlangt haben will.** Diesen Sachvortrag hat der Auftraggeber sodann zu widerlegen. Für Beigeladene gilt Entsprechendes (2. VK Mecklenburg-Vorpommern, B. v. 28. 11. 2008 – Az.: 2 VK 7/08; B. v. 7. 1. 2008 – Az.: 2 VK 5/07).

3612 Die **praktische Umsetzung** des Nachweises der Kenntnis eines Vergabeverstoßes in einem zu diesem Punkt streitigen Nachprüfungsverfahren muss, da niemand die Gedanken eines anderen Menschen verifizieren kann, **an der objektiven Tatsachenlage anknüpfen.** Lässt diese bei lebensnaher Beurteilung nur den Schluss zu, dass der Antragsteller den geltend gemachten Vergaberechtsverstoß bereits zu einem bestimmten (frühen) Zeitpunkt erkannt (oder sich mutwillig der Erkenntnis verschlossen) hatte, so obliegt es ihm – wie sich auch aus § 108 Abs. 2 GWB ableiten lässt –, dies zu entkräften (1. VK Bund, B. v. 6. 6. 2007 – Az.: VK 1–38/07; VK Münster, B. v. 10. 2. 2004 – Az.: VK 01/04; VK Schleswig-Holstein, B. v. 3. 12. 2008 – Az.: VK-SH 12/08; B. v. 5. 7. 2007 – Az.: VK-SH 13/07). Für die dem zugrunde liegenden Tatsachen trägt er die Darlegungs- und Beweislast (VK Schleswig-Holstein, B. v. 5. 7. 2007 – Az.: VK-SH 13/07). Das bedeutet: Bleibt **bei eindeutig für Kenntnis sprechender Faktenlage offen, ob die vom Antragsteller dagegen vorgebrachten Tatsachen zutreffen oder nicht,** ist beim Vorliegen der übrigen Voraussetzungen des § 107 Abs. 3 Satz 1 GWB **Rügepräklusion anzunehmen** (OLG Koblenz, B. v. 5. 6. 2003 – Az.: 1 Verg. 2/03; OLG Naumburg, B. v. 18. 7. 2006 – Az.: 1 Verg 4/06; 1. VK Bund, B. v. 6. 6. 2007 – Az.: VK 1–38/07; VK Schleswig-Holstein, B. v. 5. 7. 2007 – Az.: VK-SH 13/07).

3613 Der **bloße zeitliche Abstand beispielsweise zwischen Ausschreibung, Erhalt der Vergabeunterlagen und Rüge sagt jedoch nichts aus über den Zeitpunkt der tatsächlichen Kenntnisnahme und der rechtlichen Würdigung** des gerügten Verstoßes. Mutmaßungen, dass der Antragsteller den gerügten Verstoß als solchen schon zu einem früheren Zeitpunkt erkannt habe und damit präkludiert sei, die nicht auf annähernd sicheren Grundlagen beruhen, reichen für eine Präkludierung nicht aus (VK Südbayern, B. v. 23. 11. 2006 – Az.: 32-10/06).

3614 **18.5.23.1.15 Weitere Beispiele aus der Rechtsprechung**

– haben sich ein Antragsteller bzw. die Verfahrensbevollmächtigten **offensichtlich bereits mit dem Inhalt der Leistungsbeschreibung und den vergaberechtlichen Anforderungen an eine Leistungsbeschreibung befasst,** so dass sich mit den nachfolgenden nunmehr konkreten Ausführungen des Auftraggebers der Schluss auf die mit dem Nachprüfungsantrag geltend gemachten Vergabeverstöße aufdrängen musste, **waren die mithin unmittelbar nach Erhalt des Schreibens des Auftraggebers erkannten Vergabeverstöße unverzüglich zu rügen. Die erst vier Tage später kurze Zeit nach Ablauf der Angebotsfrist erhobene Rüge wird der gemäß § 107 Abs. 3 Satz 1 Nr. 1 GWB gebotenen Unverzüglichkeit nicht gerecht;** der Antragsteller hätte seine Rüge bei dieser Sachverhaltskonstellation **spätestens innerhalb von ein bis drei Tagen nach Kenntniserlangung erheben müssen** (1. VK Bund, B. v. 5. 3. 2010 – Az.: VK 1–16/10)

– erhält ein Bieter die **Mitteilung über ein Verhandlungsverfahren ohne Teilnahmewettbewerb gemäß § 3a Nr. 1 Abs. 5 lit. a VOL/A und kennt der Bieter z. B.** aus einem vorangegengenen Nachprüfungsverfahren die übrigen Bieter **und ist der Bieter anwaltlich beraten,** so ist **für die Unverzüglichkeit** der Rüge **auf den Zeitpunkt der Mitteilung über ein Verhandlungsverfahren** ohne Teilnahmewettbewerb gemäß § 3a Nr. 1 Abs. 5 lit. a VOL/A abzustellen (VK Arnsberg, B. v. 21. 12. 2009 – Az.: VK 41/09)

– es **bedarf einer sowohl juristischen wie mathematischen Einschätzung,** um überhaupt zu erkennen, dass sich bei manchen Wertungsmethoden Fehler dadurch ergeben können, dass die den Bietern bekannt gegebenen Gewichtungen tatsächlich nicht wirksam bzw. verändert werden. Beanstandet der Bieter, dass **außer der prozentualen Gewichtung der Wertungskriterien auch die Rechenmethode den Bietern hätte bekannt gegeben werden müssen,** so ist diese Beanstandung nicht zwingend innerhalb der Angebotsabgabefrist vorzubringen (VK Düsseldorf, B. v. 20. 8. 2009 – Az.: VK – 13/2009 – L)

– soweit die Antragsgegnerin und die Beigeladene die Auffassung vertreten, die Antragstellerin habe aufgrund der Beantwortung von Bieteranfragen darauf schließen können, dass andere interessierte Unternehmen vorhanden seien und offenbar ein anderes Verständnis vom Inhalt der geforderten Leistung gehabt hätten, kann dies keine Rügepflicht zu diesem Zeitpunkt begründen. Das **mögliche Verständnis anderer Unternehmen vom Inhalt der Vergabeunterlagen und deren Angebotsabgabe und -gestaltung stellt keinen Vergabefehler der Antragsgegnerin dar,** den die Antragstellerin hätte rügen können (VK Düsseldorf, B. v. 20. 8. 2009 – Az.: VK – 13/2009 – L)

– die **Rüge einer Regelung in einem abzuschließenden Vertrag als vergaberechtswidrig mag darauf schließen** lassen, dass der Bieter den Vertragstext auch im Übrigen zur Kenntnis genommen hat, ohne Hinzutreten weiterer Umstände aber nicht, dass er **dessen Vergaberechtswidrigkeit im Übrigen ebenfalls erkannt hat**. Dann ist das Recht, in einem anderen Vergabeverfahren zunächst ungerügt gebliebene Vertragsklauseln zu beanstanden, weder nach § 107 Abs. 3 Satz 1 GWB noch unter dem Gesichtspunkt einer Verwirkung ausgeschlossen (OLG Dresden, B. v. 23. 4. 2009 – Az.: WVerg 0011/08)

– von der **Vorgabe eines Leitfabrikats** hat ein Antragsteller als fachkundiges Unternehmen **spätestens im Zuge der Angebotserstellung positive Kenntnis und kann und muss diese Vorgabe spätestens mit Angebotsabgabe rügen** (VK Niedersachsen, B. v. 16. 3. 2009 – Az.: VgK-04/2009)

– eine **fehlende Kenntnis** im Sinn von § 107 Abs. 3 Satz 1 GWB hinsichtlich eines **Verstoßes gegen ein Gebrauchsmusterrecht** ist **auszuschließen,** wenn die Eintragung des Gebrauchsmusters gerade im Hinblick auf Aufträge wie den streitgegenständlichen erfolgt ist, der Antragsteller als kleineres, spezialisiertes Unternehmen einen guten Überblick über ihre Gebrauchsmuster haben dürfte und durch die ausdrückliche Frage im Angebotsblatt, ob bezüglich des Ausschreibungsgegenstandes gewerbliche Schutzrechte bestehen, die Aufmerksamkeit des Antragstellers in besonderem Maße auf diesen Punkt gelenkt wurde (2. VK Bund, B. v. 15. 9. 2008 – Az.: VK 2–91/08)

– ein Bieter, der **mehrfach vorbehaltlos seine Zustimmung zu einer Bindefristverlängerung abgibt, kann zu einem späteren Zeitpunkt mit vergaberechtlichen Einwendungen, die auf der Bindefristverlängerung beruhen nicht mehr gehört werden**. Der Vortrag, die Vergabestelle beabsichtige ein Angebot zu bezuschlagen, das sowohl aufgrund einer Verschiebung des ursprünglichen Bauzeitraums wesentlich vom Ausschreibungsgegenstand abweiche als auch aufgrund extrem gestiegener Rohstoffpreise unauskömmlich sei, ist somit entsprechend § 107 Abs. 3, Satz 1 GWB präkludiert (VK Sachsen, B. v. 15. 5. 2007 – Az.: 1/SVK/028-07; B. v. 7. 5. 2007 – Az.: 1/SVK/027-07).

– ist einem **Bieter die streitige Leistungsbeschreibung schon seit Jahren aus vorangegangenen Vergabeverfahren bekannt** und ist **nach Kenntnis des Bieters der Text von einem interessierten Unternehmen vorformuliert** und in die Ausschreibungen „eingeschleust" worden mit dem Ziel, sich durch Verengung des Wettbewerbs eine Alleinstellung am Markt zu verschaffen und ist der **Bieter außerdem der Ansicht, dass ein bestimmtes Eignungsmerkmal** (z. B. das Nachweismerkmal der „neutralen Prüfanstalt") **erkennbar unsinnig und nicht berücksichtigungsfähig ist, kann bei diesem Wissensstand kein Hindernis bestehen, noch vor Angebotsabgabe mit entsprechenden Rügen an die Vergabestelle heranzutreten** (OLG Koblenz, B. v. 3. 4. 2008 – Az.: 1 Verg 1/08)

– **Mängel in den Ausschreibungsunterlagen,** die spätestens **beim Erstellen des Angebots erkennbar** sind, sind mit einer entsprechenden Rüge **unverzüglich zu beanstanden** (VK Nordbayern, B. v. 16. 1. 2007 – Az.: 21.VK – 3194 – 43/06)

– eine **rechtliche Verpflichtung** eines Antragstellers, **sich die** – über einen etwa bestehenden Verdacht hinaus – zur Erhebung der Rüge **erforderlichen Tatsachenkenntnisse durch eigenes Tun zu verschaffen** und/oder bislang ungewisse rechtliche Bedenken durch Einholen anwaltlichen Rechtsrats zu erhärten, **besteht grundsätzlich nicht**. Eine **Ausnahme** hiervon mag in dem Fall anerkannt werden, in welchem der Kenntnisstand des Antragstellers in tatsächlicher oder rechtlicher Hinsicht einen solchen Grad erreicht hat, dass ein weiteres Verharren in Unkenntnis **als ein mutwilliges Sich-Verschließen vor der Erkenntnis eines Vergaberechtsverstoßes** gewertet werden muss (OLG Düsseldorf, B. v. 5. 12. 2001 – Az.: Verg 32/01)

– **positive Kenntnis** ist **auch dann nicht** anzunehmen, wenn ein Sachverhalt **rechtlich nicht eindeutig als Fehler qualifiziert** werden kann, etwa **bei unklarer Rechtslage**. Das Gesetz verlangt grundsätzlich keine Untersuchungs- oder Prüfungspflicht (VK Baden-Württemberg, B. v. 24. 8. 2001 – Az.: 1 VK 20/01)

Teil 1 GWB § 107   Gesetz gegen Wettbewerbsbeschränkungen

– werden bei einem Durcharbeiten des **Leistungsverzeichnisses Ungenauigkeiten** festgestellt, liegt positive Kenntnis vor (VK Baden-Württemberg, B. v. 28. 5. 2009 – Az.: 1 VK 21/09; VK Lüneburg, B. v. 28. 8. 2001 – Az.: 203-VgK-17/2001)

– bei einer **Vorstellung**, dass die vermutlich angebotene **Produkte nicht den Anforderungen des Leistungsverzeichnisses entsprechen** und der **Vorstellung eines Vergaberechtsverstoßes** liegt **positive Kenntnis** vor (VK Düsseldorf, B. v. 10. 7. 2003 – Az.: VK – 18/2003 – L)

3615   18.5.23.1.16 Literatur

– Maier, Clemens, Zur Frage des Nachweises der positiven Kenntnis bzw. der Erkennbarkeit von Verfahrensverstößen als Bedingung des Entstehens der Rügeobliegenheit nach § 107 Abs. 3 GWB, VergabeR 2004, 176

18.5.23.2 Entscheidende Person

3616   **Entscheidend ist die Kenntnis der natürlichen Personen, die befugt sind, für ein Unternehmen im konkreten Vergabeverfahren verbindliche Erklärungen abzugeben**, also insbesondere diejenigen, die ein Angebot rechtsverbindlich unterschreiben können (VK Baden-Württemberg, B. v. 20. 5. 2009 – Az.: 1 VK 18/09).

18.5.23.3 Unverzüglichkeit der Rüge

3617   18.5.23.3.1 Rechtsprechung des EuGH zur Unverzüglichkeit der Rüge. Die **Rechtsmittelrichtlinie steht einer nationalen Bestimmung entgegen**, auf deren Grundlage ein nationales Gericht einen Nachprüfungsantrag, der auf die Feststellung eines Verstoßes gegen die Vorschriften über die Vergabe öffentlicher Aufträge oder auf die Erlangung von Schadensersatz wegen Verstoßes gegen diese Vorschriften gerichtet ist, **in Anwendung des nach Ermessen beurteilten Kriteriums der Unverzüglichkeit der Verfahrenseinleitung wegen Fristversäumnis zurückweisen kann** (EuGH, Urteil v. 28. 1. 2010 – Az.: C-406/08).

3618   Die Rechtsmittelrichtlinie gebietet dem nationalen Gericht, unter Gebrauch seines Ermessens die Frist für die Verfahrenseinleitung so zu verlängern, dass für den Kläger eine Frist sichergestellt ist, die derjenigen entspricht, über die er verfügt hätte, wenn die von der anwendbaren innerstaatlichen Regelung vorgesehene Frist zu dem Zeitpunkt zu laufen begonnen hätte, zu dem er von dem Verstoß gegen die Vorschriften über die Vergabe öffentlicher Aufträge Kenntnis erlangt hat oder hätte erlangen müssen. **Sollten die innerstaatlichen Bestimmungen über die Fristen für die Verfahrenseinleitung nicht im Einklang mit der Rechtsmittelrichtlinie ausgelegt werden können, muss das nationale Gericht sie unangewendet lassen, damit das Gemeinschaftsrecht in vollem Umfang Anwendung findet und die Rechte, die es dem Einzelnen verleiht, geschützt werden** (EuGH, Urteil v. 28. 1. 2010 – Az.: C-406/08).

3619   Auch der Wortlaut einer Vorschrift, wonach ein Antrag auf Nachprüfung „so früh wie möglich und jedenfalls innerhalb von drei Monaten" zu stellen ist, enthält eine **Unsicherheit**. Es ist nicht auszuschließen, dass die nationalen Gerichte auf der Grundlage einer solchen Bestimmung einen Antrag bereits vor Ablauf der Dreimonatsfrist wegen Fristversäumnis zurückweisen können, wenn sie der Ansicht sind, dass der Antrag nicht „so früh wie möglich" im Sinne dieser Bestimmung gestellt wurde. Die Länge einer Ausschlussfrist ist für den Betroffenen nicht vorhersehbar, wenn sie in das Ermessen des zuständigen Gerichts gestellt wird. Somit wird **mit einer nationalen Vorschrift, die eine solche Frist vorsieht, die Rechtsmittelrichtlinie nicht wirksam umgesetzt** (EuGH, Urteil v. 28. 1. 2010 – Az.: C-456/08).

3620   Damit **verstößt § 107 Abs. 3 Nr. 1 GWB gegen europäisches Recht**. Die zu § 107 Abs. 3 Nr. 1 ergangene Rechtsprechung ist letztlich obsolet und **§ 107 Abs. 3 Nr. 1 GWB bis zu einer Neuregelung nicht mehr anwendbar**.

3621   Eine Regelung, wonach das Gericht eine Frist für einen Antrag auf Nachprüfung **verlängern kann** („es sei denn, das Gericht hält eine Verlängerung dieser Frist für gerechtfertigt"), ist an sich, losgelöst von ihrem Kontext, im Rahmen der Umsetzung der Rechtsmittelrichtlinie zulässig. Auf einem Gebiet wie dem der öffentlichen Aufträge, auf dem die Verfahren komplex und die Sachverhalte sehr unterschiedlich sein können, kann es im Interesse einer geordneten Rechtspflege liegen, die Befugnis zur Verlängerung von Rechtsbehelfsfristen aus Gründen der Billigkeit auf die nationalen Gerichte zu übertragen. Jedoch ist die vorgesehene richterliche Befugnis zur Verlängerung der Frist für den Nachprüfungsantrag **nicht geeignet, die Lücken zu schließen, die diese Bestimmung hinsichtlich der Klarheit und Be-**

stimmtheit aufweist, die nach der Rechtsmittelrichtlinie für die Regelung über die Fristen erforderlich sind. Selbst unter Berücksichtigung dieser Befugnis zur Fristverlängerung kann der betroffene Bewerber oder Bieter aufgrund der **Verpflichtung, Nachprüfungsanträge so früh wie möglich zu stellen, nicht mit Gewissheit absehen, welche Frist bei der Antragstellung zu beachten sein wird** (EuGH, Urteil v. 28. 1. 2010 – Az.: C-456/08).

18.5.23.3.2 Nationale Rechtsprechung zu dieser Frage nach der Entscheidung des EuGH. Die **VK Nordbayern** lässt die **Frage ausdrücklich offen** (VK Nordbayern, B. v. 10. 2. 2010 – Az.: 21.VK – 3194 – 01/10; ebenso OLG Celle, B. v. 30. 9. 2010 – Az.: 13 Verg 10/10; OLG Düsseldorf, B. v. 9. 6. 2010 – Az.: VII-Verg 5/10; B. v. 2. 6. 2010 – Az.: VII-Verg 7/10; B. v. 16. 2. 2010 – Az.: VII-Verg 7/10; OLG München, B. v. 21. 5. 2010 – Az.: Verg 02/10; VK Baden-Württemberg, B. v. 26. 3. 2010 – Az.: 1 VK 11/10; 2. VK Bund, B. v. 22. 6. 2010 – Az.: VK 2–44/10; VK Niedersachsen, B. v. 10. 6. 2010 – Az.: VgK-17/2010; 3. VK Bund, B. v. 24. 8. 2010 – Az.: VK 3–78/10; 1. VK Sachsen, B. v. 19. 5. 2010 – Az.: 1/SVK/015-10; B. v. 23. 4. 2010 – Az.: 1/SVK/008–10; VK Thüringen, B. v. 15. 7. 2010 – Az.: 250–4002.20–2329/2010-007-NDH).

3622

Die **1 VK Bund lehnt die Übertragung der Rechtsprechung des EuGH auf § 107 Abs. 3 Satz 1 Nr. 1 GWB ab. § 107 Abs. 3 Satz 1 Nr. 1 GWB regelt nicht die Ausschlussfrist für das Nachprüfungsverfahren selbst, sondern nur die Anforderungen an die Rügeobliegenheit als Zulässigkeitsvoraussetzung** und damit, ob die Zulässigkeitsvoraussetzung vorliegt oder nicht. Im Übrigen ist der **Begriff der Unverzüglichkeit im deutschen Recht definiert** (als „ohne schuldhaftes Zögern" im Sinne des § 121 Abs. 1 Satz 1 BGB) und zudem **aufgrund einer ausgeprägten Rechtsprechung zu § 107 Abs. 3 Satz 1 Nr. 1 GWB bzw. § 107 Abs. 3 Satz 1 GWB a. F. weitergehend konkretisiert worden, so dass es gerade nicht im Ermessen der Nachprüfungsinstanz steht**, ob eine Rüge unverzüglich vorgenommen wurde oder nicht (1. VK Bund, B. v. 5. 3. 2010 – Az.: VK 1–16/10; ebenso VK Niedersachsen, B. v. 17. 6. 2010 – Az.: VgK-28/2010; B. v. 16. 4. 2010 – Az.: VgK-10/2010).

3623

Nach **Auffassung der VK Saarland** ist nach der Rechtsprechung des EuGH zum Merkmal der „Unverzüglichkeit" ein Nachprüfungsantrag **zukünftig in der Regel nicht schon deshalb als unzulässig einzustufen, weil der geltend gemachte Vergaberechtsverstoß nicht „unverzüglich"** im Sinne von § 107 Abs. 3 Nr. 1 GWB **gerügt** wurde. Dies gilt **bis zu einer eventuellen Klarstellung durch den Gesetzgeber oder einer einschlägigen anderslautenden höchstrichterlichen Rechtsprechung**, wobei die **Präklusionstatbestände des § 107 Abs. 3 Satz 1 Nr. 2 bis 4 GWB von dieser Rechtsprechung des EuGH unberührt** bleiben (1. VK Saarland, B. v. 8. 3. 2010 – Az.: 1 VK 03/2010).

3624

Nach **Auffassung anderer Vergabekammern und Vergabesenate** dürfte eine **Rügepräklusion** gem. § 107 Abs. 3 Nr. 1 GWB aufgrund der Vorgaben nach der Rechtsprechung des EuGH **mangels hinreichender Transparenz des Begriffes „unverzüglich" von vornherein nicht mehr in Betracht** kommen (OLG Celle, B. v. 26. 4. 2010 – Az.: 13 Verg 4/10; VK Arnsberg, B. v. 11. 3. 2010 – Az.: VK 01/10; VK Arnsberg, B. v. 25. 8. 2010 – Az.: VK 15/10; VK Niedersachsen, B. v. 30. 6. 2010 – Az.: VgK-26/2010; B. v. 18. 6. 2010 – Az.: VgK-22/2010; in der Tendenz ebenso OLG Koblenz, B. v. 26. 5. 2010 – Az.: 1 Verg 2/10).

3625

Von der **Präklusionsregel des § 107 Abs. 3 Satz 1 Nr. 1** kann aufgrund der Entscheidung des EuGH vom 28. Januar 2010 (Rs. C-406/08) derzeit **kein Gebrauch** gemacht werden. Der EuGH hat in dem o. g. Urteil entschieden, dass es den Mitgliedstaaten zwar unbenommen ist, Fristen für die Einleitung eines Nachprüfungsverfahrens festzulegen, es aber mit dem Gebot eines effizienten Rechtsschutzes nicht zu vereinbaren sei, wenn der Zugang zu einem Nachprüfungsverfahren von der Anwendung eines unbestimmten Rechtsbegriffes wie „unverzüglich" durch ein Gericht abhängt. Die Entscheidung betraf zwar eine Vorschrift des englischen Rechts, der ein Nachprüfungsverfahren „unverzüglich, spätestens jedoch innerhalb von drei Monaten" eingeleitet werden muss. **Trotzdem sind die tragenden Grundsätze auf das deutsche Recht in Gestalt des § 107 Abs. 3 Satz 1 Nr. 1 GWB übertragbar. Es handelt sich bei dieser Vorschrift um eine verfahrensrechtliche Norm.** Die Zulässigkeit des Nachprüfungsantrags knüpft an die Rechtzeitigkeit der Rüge an. Ob eine Rüge rechtzeitig erhoben wurde und damit der Zugang zum Nachprüfungsverfahren eröffnet ist, entscheidet – wie bei der englischen Norm – die Nachprüfungsbehörde in Anwendung des unbestimmten Rechtsbegriffs „unverzüglich". **Ob die Präklusion an die verspätete Verfahrenseinleitung oder die verspätete Erhebung einer vorhergehenden Rüge anknüpft, ist unter dem**

3626

Gesichtspunkt der Effektivität des Rechtsschutzes, auf dem der EuGH maßgeblich abstellt, ohne Belang. Unerheblich ist auch, dass der Begriff der Unverzüglichkeit im deutschen Recht anders als im englischen legaldefiniert und von der Rechtsprechung konkretisiert worden ist. **Aufgrund des Anwendungsvorrangs des Gemeinschaftsrechts darf § 107 Abs. 3 Satz 1 Nr. 1 GWB nicht mehr angewandt werden.** Sofern eine innerstaatliche Bestimmung nicht im Einklang mit der Rechtsmittelrichtlinie ausgelegt werden kann, kann die entsprechende nationale Vorschrift keine Verwendung mehr finden (VK Rheinland-Pfalz, B. v. 20. 4. 2010 – Az.: VK 2–7/10).

3627   Ziel der Rechtsmittelrichtlinie ist es, den Zugang zum Rechtsschutz sicherzustellen. Dieses **Ziel kann nicht mit variablen ermessensabhängigen Fristenläufen erreicht** werden. Die Unbestimmtheit wird auch nicht mit dem Hinweis auf die ebenso unbestimmte Formulierung des § 121 BGB „ohne schuldhaftes Zögern" verhindert. **Gerade im Vergaberecht hat sich auch in mehr als 10 Jahren keine eindeutige Auslegung durch die Rechtsprechung herauskristallisiert** (VK Arnsberg, B. v. 25. 8. 2010 – Az.: VK 15/10).

3628   **Anderer Auffassung** ist das **OLG Dresden**. Das Kriterium der „Unverzüglichkeit" in § 107 Abs. 3 GWB lässt sich auch im Lichte der echtsprechung des EuGH aufrechterhalten. Zum einen ist darauf zu verweisen, dass diejenigen **Erwägungen des Europäischen Gerichtshofs**, mit denen nationale Rechtsvorschriften als gemeinschaftsrechtswidrig beanstandet werden, die eine Rügefrist unabhängig davon in Lauf setzen, ob der Bieter von dem zu rügenden Vergabeverstoß Kenntnis hatte oder haben musste, **auf § 107 Abs. 3 GWB** (in der Fassung des Vergaberechtsmodernisierungsgesetzes § 107 Abs. 3 Nr. 1 GWB) **von vornherein nicht zutreffen, weil die Obliegenheit, unverzüglich zu rügen, nach deutschem Recht nur den Bieter trifft, der den Verstoß gegen Vergabevorschriften im Vergabeverfahren (tatsächlich und rechtlich) erkannt** hat. Überdies **enthält § 107 Abs. 3 GWB** im Unterschied zu den vom Europäischen Gerichtshof entschiedenen Konstellationen **keine Frist zur Einleitung des Nachprüfungsverfahrens** (abgesehen von der hier nicht einschlägigen neuen Bestimmung in § 107 Abs. 3 Nr. 4 GWB), **sondern eine materiell-rechtliche Präklusionsregel**, wonach der Bieter sich auf bestimmte ihm positiv bekannte Vergabefehler nicht mehr berufen darf, wenn er sie nicht so rechtzeitig gerügt hat, wie es ihm möglich gewesen wäre (OLG Dresden, B. v. 7. 5. 2010 – Az.: WVerg 6/10).

3629   Ungeachtet dieses rechtstechnischen Unterschieds hat der **EuGH schließlich nur Bestimmungen über Fristen, „deren Dauer in das freie Ermessen des zuständigen Richters gestellt ist", für gemeinschaftsrechtswidrig erklärt. Das trifft auf § 107 Abs. 3 GWB nicht zu**; die **Vorschrift räumt** den deutschen Vergabenachprüfungsorganen **kein Ermessen ein**. Zunächst ist der Begriff „unverzüglich" gesetzlich definiert (§ 121 Abs. 1 BGB) und in bewusster Anlehnung an diese Regelung in § 107 Abs. 3 GWB übernommen worden. Dabei ist der Gesetzgeber zu Recht davon ausgegangen, dass die mit dieser Definition verbundene zeitliche Dimension der Frist in über 100-jähriger Rechtsprechungstradition in einer Weise konkretisiert worden ist, die rechtsstaatlichen Bedenken nicht, zumindest nicht mehr begegnet. Infolgedessen stand bereits bei Einführung des § 107 Abs. 3 GWB fest, dass danach der Zeitraum zwischen der Kenntniserlangung des Bieters und seiner nachfolgenden Rüge jedenfalls nicht mehr als zwei Wochen betragen dürfe. Innerhalb dieses Zeitraums prüfen die Vergabenachprüfungsorgane lediglich, ob der Bieter – auch unter Berücksichtigung der Beschaffungsvorhaben der öffentlichen Hand häufig innewohnenden Eilbedürftigkeit – mit der gebotenen Rüge vor Einleitung des Nachprüfungsverfahrens länger zugewartet hat, als es nach seinen Belangen (z. B. Überlegungsbedarf, Notwendigkeit externer Beratung) nötig gewesen wäre. Vor diesem Hintergrund **hat sich in der vergaberechtlichen Rechtsprechung zu § 107 Abs. 3 GWB seit 1999 eine Rügefrist von in der Regel einer Woche herausgebildet, auf die Bieter sich einzustellen haben und einstellen können**; Abweichungen von dieser Regelfrist nach unten oder oben sind nur dann in Betracht zu ziehen, wenn die mit einer Rüge für den Bieter verbundenen Schwierigkeiten außergewöhnlich niedrig oder besonders hoch sind. Diesen Rechtszustand hält der Senat mit den vom Europäischen Gerichtshof entschiedenen Konstellationen nicht für vergleichbar (OLG Dresden, B. v. 7. 5. 2010 – Az.: WVerg 6/10).

3630   18.5.23.3.3 Sonstige nationale Rechtsprechung. 18.5.23.3.3.1 **Allgemeine Bestimmung des Merkmals der Unverzüglichkeit.** Zur Bestimmung des Merkmals der Unverzüglichkeit ist **auf § 121 Abs. 1 BGB zurückzugreifen**. Danach ist das Merkmal der Unverzüglichkeit dann erfüllt, wenn **ohne schuldhaftes Zögern** gehandelt wird (OLG Brandenburg, B. v. 20. 3. 2007 – Az.: Verg W 12/06; OLG Celle, B. v. 10. 1. 2008 – Az.: 13 Verg 11/07; B. v.

Gesetz gegen Wettbewerbsbeschränkungen GWB § 107 **Teil 1**

8. 3. 2007 – Az.: 13 Verg 2/07; OLG Düsseldorf, B. v. 4. 5. 2009 – Az.: VII-Verg 68/08; B. v. 17. 11. 2008 – Az.: VII-Verg 49/08; B. v. 21. 11. 2007 – Az.: Verg 32/07; B. v. 5. 12. 2006 – Az.: VII – Verg 56/06; OLG Frankfurt, B. v. 5. 5. 2008 – Az.: 11 Verg 1/08; OLG München, B. v. 13. 4. 2007 – Az.: Verg 01/07; B. v. 28. 2. 2007 – Az.: Verg 01/07; OLG Naumburg, B. v. 25. 1. 2005 – Az.: 1 Verg 22/04; OLG Rostock, B. v. 6. 3. 2009 – Az.: 17 Verg 1/09; Saarländisches OLG, B. v. 9. 11. 2005 – Az.: 1 Verg 4/05; Schleswig-Holsteinisches OLG, B. v. 9. 3. 2010 – Az.: 1 Verg 4/09; OLG Thüringen, B. v. 31. 8. 2009 – Az.: 9 Verg 6/09; B. v. 30. 3. 2009 – Az.: 9 Verg 12/08; VK Arnsberg, B. v. 22. 2. 2010 – Az.: VK 02/10; B. v. 15. 1. 2009 – Az.: VK 31/08; B. v. 15. 1. 2009 – Az.: VK 30/08; B. v. 29. 12. 2006 – Az.: VK 31/06; B. v. 13. 6. 2006 – Az.: VK 10/06; VK Baden-Württemberg, B. v. 10. 9. 2009 – Az.: 1 VK 49/09; B. v. 1. 9. 2009 – Az.: 1 VK 46/09; B. v. 26. 8. 2009 – Az.: 1 VK 43/09; B. v. 29. 6. 2009 – Az.: 1 VK 27/09; B. v. 28. 5. 2009 – Az.: 1 VK 21/09; B. v. 26. 9. 2008 – Az.: 1 VK 33/08; B. v. 30. 4. 2008 – Az.: 1 VK 12/08; B. v. 11. 4. 2008 – Az.: 1 VK 09/08; B. v. 13. 10. 2005 – Az.: 1 VK 59/05; VK Berlin, B. v. 20. 4. 2009 – Az.: VK – B 2–10/09; B. v. 24. 7. 2007 – Az.: VK B 1–19/07; B. v. 27. 3. 2007 – Az.: VK – B 1–6/07; B. v. 9. 2. 2006 – Az.: VK – B 1–02/06; VK Brandenburg, B. v. 23. 6. 2009 – Az.: VK 26/09; B. v. 9. 2. 2009 – Az. VK 5/09; B. v. 21. 5. 2008 – Az.: VK 9/08; B. v. vom 3. 4. 2008 – Az.: VK 4/08; B. v. 30. 1. 2008 – Az.: VK 56/07, VK 58/07; B. v. 28. 1. 2008 – Az.: VK 59/07; B. v. 15. 1. 2008 – Az.: VK 52/07; B. v. 21. 11. 2007 – Az.: VK 45/07; B. v. 11. 9. 2006 – Az.: 2 VK 34/06, 1 VK 35/06; B. v. 7. 4. 2006 – Az.: 1 VK 13/06; B. v. 5. 4. 2006 – Az.: 1 VK 3/06; B. v. 14. 9. 2005 – Az.: 1 VK 55/05; B. v. 8. 9. 2005 – Az.: 1 VK 51/05; B. v. 16. 12. 2004 – Az.: VK 70/04; B. v. 18. 11. 2004 – Az.: VK 66/04; 1. VK Bund, B. v. 5. 3. 2010 – Az.: VK 1–16/10; 3. VK Bund, B. v. 8. 5. 2007 – Az.: VK 3–37/07; VK Düsseldorf, B. v. 10. 2. 2010 – Az.: VK – 44/2009 – B/Z; B. v. 28. 1. 2010 – Az.: VK – 37/2009 – B; B. v. 24. 11. 2009 – Az.: VK – 26/2009 – L; B. v. 12. 11. 2009 – Az.: VK – 21/2009 – L; B. v. 7. 10. 2009 – Az.: VK – 31/2009 – L; B. v. 8. 9. 2009 – Az.: VK – 17/2009 – L; B. v. 20. 8. 2009 – Az.: VK – 13/2009 – L; B. v. 29. 4. 2009 – Az.: VK – 2/2009 – L; B. v. 21. 1. 2009 – Az.: VK – 43/2008 – L; B. v. 31. 10. 2008 – Az.: VK – 22/2008 – B; B. v. 15. 8. 2008 – Az.: VK – 18/2008 – L; B. v. 26. 6. 2008 – Az.: VK – 23/2008 – L; B. v. 2. 6. 2008 – Az.: VK – 15/2008 – L; B. v. 23. 5. 2008 – Az.: VK – 7/2008 – L; B. v. 28. 9. 2007 – Az.: VK – 27/2007 – B; B. v. 24. 8. 2007 – Az.: VK – 24/2007 – L; B. v. 2. 8. 2007 – Az.: VK – 23/2007 – B; B. v. 26. 6. 2007 – Az.: VK – 18/2007 – B; B. v. 24. 4. 2007 – Az.: VK – 11/2007 – L; B. v. 19. 4. 2007 – Az.: VK – 10/2007 – B; B. v. 29. 3. 2007 – Az.: VK – 08/2007 – B; B. v. 19. 3. 2007 – Az.: VK – 07/2007 – B; B. v. 27. 11. 2006 – Az.: VK – 47/2006 – L; B. v. 2. 5. 2006 – Az.: VK – 17/2006 – B; B. v. 11. 1. 2006 – Az.: VK – 50/2005 – L; B. v. 28. 11. 2005 – Az.: VK – 40/2005 – B; B. v. 19. 10. 2005 – Az.: VK – 29/2005 – L; B. v. 1. 9. 2005 – Az.: VK – 16/2005 – L, VK – 16/2005 – Z; VK Münster, B. v. 14. 1. 2010 – Az.: VK 26/09; B. v. 9. 10. 2009 – Az.: VK 19/09; B. v. 30. 4. 2009 – Az.: VK 4/09; VK Nordbayern, B. v. 26. 8. 2009 – Az.: 21.VK – 3194 – 30/09; B. v. 28. 1. 2009 – Az.: 21.VK – 3194 – 63/08; B. v. 18. 9. 2008 – Az.: 21.VK – 3194 – 43/08; B. v. 7. 7. 2008 – Az.: 21.VK – 3194 – 31/08; B. v. 18. 7. 2007 – Az.: 21.VK – 3194 – 27/07; 3. VK Saarland, B. v. 5. 10. 2007 – Az.: 3 VK 09/2007; B. v. 23. 4. 2007 – Az.: 3 VK 02/2007, 3 VK 03/2007; 1. VK Sachsen, B. v. 11. 6. 2010 – Az.: 1/SVK/016-10; B. v. 15. 1. 2010 – Az.: 1/SVK/068-09; B. v. 8. 1. 2010 – Az.: 1/SVK/059-09; B. v. 19. 5. 2009 – Az.: 1/SVK/008–09; B. v. 10. 10. 2008 – Az.: 1/SVK/051-08; B. v. 28. 7. 2008 – Az.: 1/SVK/037-08; B. v. 25. 6. 2008 – Az.: 1/SVK/029-08; B. v. 30. 4. 2008 – Az.: 1/SVK/020-08; B. v. 21. 4. 2008 – Az.: 1/SVK/021-08, 1/SVK/021-08-G; B. v. 14. 4. 2008 – Az.: 1/SVK/013-08; B. v. 7. 3. 2008 – Az.: 1/SVK/003–08; B. v. 24. 1. 2008 – Az.: 1/SVK/087-07; B. v. 16. 1. 2008 – Az.: 1/SVK/084-07; B. v. 17. 12. 2007 – Az.: 1/SVK/074-07; B. v. 17. 12. 2007 – Az.: 1/SVK/073-07; B. v. 17. 9. 2007 – Az.: 1/SVK/058-07; B. v. 13. 6. 2007 – Az.: 1/SVK/039-07; B. v. 15. 3. 2007 – Az.: 1/SVK/007-07; B. v. 5. 2. 2007 – Az.: 1/SVK/125-06; B. v. 7. 12. 2006 – Az.: 1/SVK/100-06; B. v. 10. 11. 2006 – Az.: 1/SVK/096-06; B. v. 9. 11. 2006 – Az.: 1/SVK/095-06; B. v. 20. 9. 2006 – Az.: 1/SVK/085-06; B. v. 18. 8. 2006 – Az.: 1/SVK/077-06; B. v. 11. 8. 2006 – Az.: 1/SVK/073-06; B. v. 19. 7. 2006 – Az.: 1/SVK/060-06; B. v. 19. 7. 2006 – Az.: 1/SVK/059-06; B. v. 26. 6. 2006 – Az.: 1/SVK/071-06; B. v. 8. 6. 2006 – Az.: 1/SVK/050-06; B. v. 5. 4. 2006 – Az.: 1/SVK/027-06; B. v. 16. 3. 2005 – Az.: 1/SVK/014-05; B. v. 14. 3. 2005 – Az.: 1/SVK/011-05; B. v. 14. 2. 2006 – Az.: 1/SVK/005–06, 1/SVK/005–06G; B. v. 26. 1. 2006 – Az.: 1/SVK/159-05; B. v. 17. 1. 2006 – Az.: 1/SVK/151-05; B. v. 28. 12. 2005 – Az.: 1/SVK/147-05; B. v. 9. 12. 2005 – Az.: 1/SVK/141-05; B. v. 2. 12. 2005 – Az.: 1/SVK/138-05; B. v. 29. 11. 2005 – Az.: 1/SVK/137-05; B. v. 11. 11. 2005 – Az.: 1/SVK/130-05; B. v. 3. 11. 2005 – Az.: 1/SVK/125-05; B. v. 5. 9. 2005 – Az.: 1/SVK/104-05; B. v. 19. 8. 2005 – Az.: 1/SVK/096-05; B. v. 23. 8. 2005 – Az.: 1/SVK/098-05; B. v. 25. 7. 2005 – Az.: 1/SVK/084-05, 1/SVK/084-05G; B. v.

Teil 1 GWB § 107
Gesetz gegen Wettbewerbsbeschränkungen

16. 6. 2005 – Az.: 1/SVK/056-05; B. v. 31. 5. 2005 – Az.: 1/SVK/046-05; B. v. 12. 5. 2005 – Az.: 1/SVK/038-05; B. v. 6. 4. 2005 – Az.: 1/SVK/022-05; B. v. 24. 2. 2005 – Az.: 1/SVK/005-05; B. v. 24. 2. 2005 – Az.: 1/SVK/004-05; B. v. 21. 2. 2005 – Az.: 1/SVK/008-05; B. v. 11. 2. 2005 – Az.: 1/SVK/128-04; B. v. 8. 2. 2005 – Az.: 1/SVK/003-05; B. v. 29. 12. 2004 – Az.: 1/SVK/123-04; 1. VK Sachsen-Anhalt, B. v. 31. 3. 2005 – Az.: 1 VK LVwA 04/05; VK Schleswig-Holstein, B. v. 27. 1. 2009 – Az.: VK-SH 19/08; B. v. 20. 1. 2009 – Az.: VK-SH 17/08; B. v. 3. 12. 2008 – Az.: VK-SH 12/08; B. v. 17. 9. 2008 – Az.: VK-SH 10/08; B. v. 17. 9. 2008 – Az.: VK-SH 10/08; B. v. 14. 5. 2008 – Az.: VK-SH 06/08; B. v. 7. 5. 2008 – Az.: VK-SH 05/08; B. v. 25. 4. 2008 – Az.: VK-SH 04/08; B. v. 12. 6. 2006 – Az.: VK-SH 12/06; B. v. 10. 1. 2006 – Az.: VK-SH 30/05; B. v. 5. 10. 2005 – Az.: VK-SH 23/05; B. v. 16. 9. 2005 – Az.: VK-SH 22/05; VK Südbayern, B. v. 12. 6. 2009 – Az.: Z3-3-3194-1-20-05/09; B. v. 13. 3. 2009 – Az.: Z3-3-3194-1-02-01/09; B. v. 11. 2. 2009 – Az.: Z3-3-3194-1-01-01/09; B. v. 16. 1. 2009 – Az.: Z3-3-3194-1-46-12/09; B. v. 18. 6. 2008 – Az.: Z3-3-3194-1-17-04/08; B. v. 9. 5. 2008 – Az.: Z3-3-3194-1-13-04/08; B. v. 7. 12. 2007 – Az.: Z3-3-3194-1-49-10/07; B. v. 14. 9. 2007 – Az.: Z3-3-3194-1-33-07/07; B. v. 19. 6. 2007 – Az.: Z3-3-3194-1-18-05/07; B. v. 19. 12. 2006 – Az.: Z3-3-3194-1-35-11/06; B. v. 6. 4. 2006 – Az.: 06-03/06; B. v. 24. 11. 2005 – Az.: Z3-3-3194-1-42-09/05; VK Thüringen, B. v. 15. 7. 2010 – Az.: 250–4002.20–2329/2010-007-NDH; B. v. 4. 11. 2009 – Az.: 250–4002.20–5693/2009-013-SM; B. v. 5. 5. 2009 – Az.: 250–4002.20–2398/2009-002-ABG; B . v. 9. 4. 2009 – Az.: 250–4002.20–1786/2009-002-GRZ; B. v. 17. 3. 2009 – Az.: 250–4003.20–650/2009-003-EF; B. v. 17. 2. 2009 – Az.: 250–4002.20–7190/2008-043-EF; B. v. 12. 1. 2009 – Az.: 250–4003.20–6372/2008-007-IK; B. v. 18. 12. 2008 – Az.: 250–4003.20–5944/2008-030-J; B. v. 8. 5. 2008 – Az.: 250–4002.20–899/2008-006-G; B. v. 27. 3. 2008 – Az.: 360–4003.20–641/2008-002-UH; B. v. 26. 2. 2008 – Az.: 360–4002.20–396/2008-003-G). Dies bedeutet für die Rüge gemäß § 107 Abs. 3 Satz 1 GWB, dass sie so bald zu erklären ist, als es dem Antragsteller unter Berücksichtigung der für die Prüfung und Begründung der Rüge notwendigen Zeit **möglich und zumutbar** ist (OLG Celle, B. v. 10. 1. 2008 – Az.: 13 Verg 11/07; OLG Düsseldorf, B. v. 5. 9. 2007 – Az.: VII – Verg 19/07; B. v. 5. 12. 2006 – Az.: VII – Verg 56/06; VK Arnsberg, B. v. 22. 2. 2010 – Az.: VK 02/10; VK Baden-Württemberg, B. v. 10. 9. 2009 – Az.: 1 VK 49/09; B. v. 1. 9. 2009 – Az.: 1 VK 46/09; B. v. 26. 8. 2009 – Az.: 1 VK 43/09; B. v. 11. 4. 2008 – Az.: 1 VK 09/08; VK Berlin, B. v. 27. 3. 2007 – Az.: VK – B 1–6/07; 1. VK Brandenburg, B. v. 21. 5. 2008 – Az.: VK 9/08; B. v. vom 3. 4. 2008 – Az.: VK 4/08; B. v. 30. 1. 2008 – Az.: VK 56/07, VK 58/07; B. v. 28. 1. 2008 – Az.: VK 59/07; B. v. 15. 1. 2008 – Az.: VK 52/07; B. v. 21. 11. 2007 – Az.: VK 45/07; B. v. 11. 9. 2006 – Az.: 2 VK 34/06, 1 VK 35/06; B. v. 14. 9. 2005 – Az.: 1 VK 55/05; B. v. 8. 9. 2005 – Az.: 1 VK 51/05; 1. VK Bund, B. v. 5. 3. 2010 – Az.: VK 1–16/10; VK Düsseldorf, B. v. 10. 2. 2010 – Az.: VK – 44/2009 – B/Z; B. v. 28. 1. 2010 – Az.: VK – 37/2009 – B; B. v. 24. 11. 2009 – Az.: VK – 26/2009 – L; B. v. 12. 11. 2009 – Az.: VK – 21/2009 – L; B. v. 7. 10. 2009 – Az.: VK – 31/2009 – L; B. v. 8. 9. 2009 – Az.: VK – 17/2009 – L; B. v. 20. 8. 2009 – Az.: VK – 13/2009 – L; B. v. 29. 4. 2009 – Az.: VK – 2/2009 – L; B. v. 21. 1. 2009 – Az.: VK – 43/2008 – L; B. v. 31. 10. 2008 – Az.: VK – 22/2008 – B; B. v. 15. 8. 2008 – Az.: VK – 18/2008 – L; B. v. 26. 6. 2008 – Az.: VK – 23/2008 – L; B. v. 2. 6. 2008 – Az.: VK – 15/2008 – L; B. v. 23. 5. 2008 – Az.: VK – 7/2008 – L; B. v. 28. 9. 2007 – Az.: VK – 27/2007 – B; B. v. 24. 8. 2007 – Az.: VK – 24/2007 – L; B. v. 2. 8. 2007 – Az.: VK – 23/2007 – B; B. v. 26. 6. 2007 – Az.: VK – 18/2007 – B; B. v. 24. 4. 2007 – Az.: VK – 11/2007 – L; B. v. 19. 4. 2007 – Az.: VK – 10/2007 – B; B. v. 29. 3. 2007 – Az.: VK – 08/2007 – B; B. v. 19. 3. 2007 – Az.: VK – 07/2007 – B; B. v. 27. 11. 2006 – Az.: VK – 47/2006 – L; B. v. 1. 9. 2005 – Az.: VK – 16/2005 – L, VK – 16/2005 – Z; VK Hamburg, B. v. 3. 11. 2005 – Az.: VK BSU-3/05; VK Münster, B. v. 9. 10. 2009 – Az.: VK 19/09; VK Nordbayern, B. v. 18. 7. 2007 – Az.: 21.VK – 3194 – 27/07; B. v. 2. 12. 2004 – Az.: 320.VK – 3194 – 47/04; VK Rheinland-Pfalz, B. v. 7. 12. 2007 – Az.: VK 39/07; 1. VK Sachsen, B. v. 25. 6. 2008 – Az.: 1/SVK/029-08; B. v. 30. 4. 2008 – Az.: 1/SVK/020-08; B. v. 7. 3. 2008 – Az.: 1/SVK/003–08; B. v. 24. 1. 2008 – Az.: 1/SVK/087-07; B. v. 17. 12. 2007 – Az.: 1/SVK/074-07; B. v. 17. 9. 2007 – Az.: 1/SVK/058-07; B. v. 10. 11. 2006 – Az.: 1/SVK/096-06; B. v. 20. 9. 2006 – Az.: 1/SVK/085-06; B. v. 18. 8. 2006 – Az.: 1/SVK/077-06; B. v. 11. 8. 2006 – Az.: 1/SVK/073-06; B. v. 19. 7. 2006 – Az.: 1/SVK/060-06; B. v. 19. 7. 2006 – Az.: 1/SVK/059-06; B. v. 16. 3. 2005 – Az.: 1/SVK/014-05; B. v. 14. 3. 2005 – Az.: 1/SVK/011-05; B. v. 14. 2. 2006 – Az.: 1/SVK/005-06, 1/SVK/005–06G; B. v. 26. 1. 2006 – Az.: 1/SVK/159-05; B. v. 17. 1. 2006 – Az.: 1/SVK/151-05; B. v. 28. 12. 2005 – Az.: 1/SVK/147-05; B. v. 9. 12. 2005 – Az.: 1/SVK/141-05; B. v. 2. 12. 2005 – Az.: 1/SVK/138-05; B. v. 29. 11. 2005 – Az.: 1/SVK/137-05; B. v. 11. 11. 2005 – Az.: 1/SVK/130-05; B. v. 3. 11. 2005 – Az.: 1/SVK/125-05; B. v. 5. 9. 2005 – Az.: 1/SVK/104-05; B. v. 23. 8. 2005 – Az.: 1/SVK/098-05; B. v. 25. 7. 2005 – Az.: 1/SVK/084-05,

1/SVK/084-05G; B. v. 31. 5. 2005 – Az.: 1/SVK/046-05; B. v. 12. 5. 2005 – Az.: 1/SVK/038-05; B. v. 24. 2. 2005 – Az.: 1/SVK/005-05; B. v. 24. 2. 2005 – Az.: 1/SVK/004–05; B. v. 21. 2. 2005 – Az.: 1/SVK/008-05; B. v. 11. 2. 2005 – Az.: 1/SVK/128-04; B. v. 8. 2. 2005 – Az.: 1/SVK/003–05; B. v. 29. 12. 2004 – Az.: 1/SVK/123-04; VK Schleswig-Holstein, B. v. 20. 1. 2009 – Az.: VK-SH 17/08; B. v. 17. 9. 2008 – Az.: VK-SH 10/08; B. v. 14. 5. 2008 – Az.: VK-SH 06/08; B. v. 7. 5. 2008 – Az.: VK-SH 05/08; B. v. 25. 4. 2008 – Az.: VK-SH 04/08; B. v. 16. 9. 2005 – Az.: VK-SH 22/05; VK Südbayern, B. v. 12. 6. 2009 – Az.: Z3-3-3194-1-20–05/09; B. v. 13. 3. 2009 – Az.: Z3-3-3194-1-02-01/09; B. v. 11. 2. 2009 – Az.: Z3-3-3194-1-01-01/09; VK Thüringen, B. v. 15. 7. 2010 – Az.: 250–4002.20–2329/2010-007-NDH; B. v. 4. 11. 2009 – Az.: 250–4002.20–5693/2009-013-SM; B. v. 11. 6. 2009 – Az.: 250–4002.20–2532/2009-002-SOK; B. v. 5. 5. 2009 – Az.: 250–4002.20–2398/2009-002-ABG; B . v. 9. 4. 2009 – Az.: 250–4002.20–1786/2009-002-GRZ; B. v. 17. 2. 2009 – Az.: 250–4002.20–7190/2008-043-EF; B. v. 12. 1. 2009 – Az.: 250–4003.20–6372/2008-007-IK; B. v. 18. 12. 2008 – Az.: 250–4003.20–5944/2008-030-J; B. v. 14. 8. 2008 – Az.: 250–4002.20–1923/2008-014-GRZ; B. v. 1. 8. 2008 – Az.: 250–4003.20–1952/2008-015-GRZ; B. v. 27. 3. 2008 – Az.: 360–4003.20–641/2008-002-UH; B. v. 8. 5. 2008 – Az.: 250–4002.20–899/2008-006-G; B. v. 26. 2. 2008 – Az.: 360–4002.20–396/2008-003-G; B. v. 11. 10. 2006 – Az.: 360–4002.20–026/06-SLF). Hierbei ist auch eine **angemessene Überlegungsfrist zuzugestehen**, innerhalb derer der Antragsteller die Qualität seiner Argumente überprüfen und eine **Chancen-Risiko-Abwägung** vornehmen kann. Außerdem ist die **Schwierigkeit der Sach- und Rechtslage in Ansatz zu bringen** (OLG Düsseldorf, B. v. 10. 12. 2008 – Az.: VII-Verg 51/08; B. v. 17. 11. 2008 – Az.: VII-Verg 49/08; B. v. 5. 5. 2008 – Az.: VII – Verg 5/08; B. v. 5. 9. 2007 – Az.: VII – Verg 19/07; B. v. 22. 8. 2007 – Az.: VII – Verg 20/07; B. v. 2. 5. 2007 – Az.: VII – Verg 1/07; OLG München, B. v. 17. 9. 2007 – Az.: Verg 10/07; OLG Thüringen, B. v. 31. 8. 2009 – Az.: 9 Verg 6/09; B. v. 30. 3. 2009 – Az.: 9 Verg 12/08; VK Baden-Württemberg, B. v. 10. 9. 2009 – Az.: 1 VK 49/09; B. v. 1. 9. 2009 – Az.: 1 VK 46/09; B. v. 26. 8. 2009 – Az.: 1 VK 43/09; B. v. 28. 5. 2009 – Az.: 1 VK 21/09; B. v. 11. 4. 2008 – Az.: 1 VK 09/08; B. v. 13. 10. 2005 – Az.: 1 VK 59/05; 1. VK Brandenburg, B. v. 21. 5. 2008 – Az.: VK 9/08; B. v. vom 3. 4. 2008 – Az.: VK 4/08; B. v. 30. 1. 2008 – Az.: VK 56/07, VK 58/07; B. v. 28. 1. 2008 – Az.: VK 59/07; B. v. 7. 4. 2006 – Az.: 1 VK 13/06; B. v. 5. 4. 2006 – Az.: 1 VK 3/06; B. v. 14. 9. 2005 – Az.: 1 VK 55/05; B. v. 8. 9. 2005 – Az.: 1 VK 51/05; 1. VK Bund, B. v. 9. 7. 2010 – Az.: VK 1–55/10; B. v. 30. 7. 2008 – Az.: VK 1–90/08; 3. VK Bund, B. v. 8. 5. 2007 – Az.: VK 3–37/07; VK Düsseldorf, B. v. 10. 2. 2010 – Az.: VK – 44/2009 – B/Z; B. v. 28. 1. 2010 – Az.: VK – 37/2009 – B; B. v. 12. 11. 2009 – Az.: VK – 21/2009 – L; B. v. 8. 9. 2009 – Az.: VK – 17/2009 – L; B. v. 20. 8. 2009 – Az.: VK – 13/2009 – L; B. v. 29. 4. 2009 – Az.: VK – 2/2009 – L; B. v. 21. 1. 2009 – Az.: VK – 43/2008 – L; B. v. 15. 8. 2008 – Az.: VK – 18/2008 – L; B. v. 26. 6. 2008 – Az.: VK – 23/2008 – L; B. v. 2. 6. 2008 – Az.: VK – 15/ 2008 – L; B. v. 23. 5. 2008 – Az.: VK – 7/2008 – L; B. v. 28. 9. 2007 – Az.: VK – 27/2007 – B; B. v. 24. 8. 2007 – Az.: VK – 24/2007 – L; B. v. 26. 6. 2007 – Az.: VK – 18/2007 – B; B. v. 24. 4. 2007 – Az.: VK – 11/2007 – L; B. v. 19. 4. 2007 – Az.: VK – 10/2007 – B; B. v. 29. 3. 2007 – Az.: VK – 08/2007 – B; B. v. 19. 3. 2007 – Az.: VK – 07/2007 – B; B. v. 27. 11. 2006 – Az.: VK – 47/2006 – L; B. v. 2. 5. 2006 – Az.: VK – 17/2006 – B; B. v. 28. 11. 2005 – Az.: VK – 40/2005 – B; VK Hamburg, B. v. 3. 11. 2005 – Az.: VK BSU-3/05; 2. VK Mecklenburg-Vorpommern, B. v. 7. 1. 2008 – Az.: 2 VK 5/07; 3. VK Saarland, B. v. 23. 4. 2007 – Az.: 3 VK 02/2007, 3 VK 03/2007; 1. VK Sachsen, B. v. 24. 1. 2008 – Az.: 1/SVK/087-07; B. v. 5. 4. 2006 – Az.: 1/SVK/027-06; B. v. 11. 11. 2005 – Az.: 1/SVK/130-05; VK Schleswig-Holstein, B. v. 20. 1. 2009 – Az.: VK-SH 17/08; B. v. 17. 9. 2008 – Az.: VK-SH 10/08; B. v. 14. 5. 2008 – Az.: VK-SH 06/08; B. v. 7. 5. 2008 – Az.: VK-SH 05/08; B. v. 25. 4. 2008 – Az.: VK-SH 04/08; B. v. 16. 9. 2005 – Az.: VK-SH 22/05; B. v. 31. 3. 2005 – Az.: VK-SH 05/05; B. v. 22. 12. 2004 – Az.: VK-SH 34/04; VK Südbayern, B. v. 12. 6. 2009 – Az.: Z3-3-3194-1-20–05/09; B. v. 13. 3. 2009 – Az.: Z3-3-3194-1-02-01/09; B. v. 11. 2. 2009 – Az.: Z3-3-3194-1-01-01/09; B. v. 6. 4. 2006 – Az.: 06-03/06; VK Thüringen, B. v. 15. 7. 2010 – Az.: 250–4002.20–2329/2010-007-NDH; B. v. 4. 11. 2009 – Az.: 250–4002.20–5693/2009-013-SM; B. v. 11. 6. 2009 – Az.: 250–4002.20–2532/2009-002-SOK; B. v. 17. 3. 2009 – Az.: 250–4003.20–650/2009-003-EF; B. v. 17. 2. 2009 – Az.: 250–4002.20–7190/2008-043-EF; B. v. 12. 1. 2009 – Az.: 250–4003.20–6372/2008-007-IK; B. v. 18. 12. 2008 – Az.: 250–4003.20–5944/2008-030-J; B. v. 14. 8. 2008 – Az.: 250–4002.20–1923/2008-014-GRZ; B. v. 1. 8. 2008 – Az.: 250–4003.20–1952/2008-015-GRZ; B. v. 27. 3. 2008 – Az.: 360–4003.20–641/2008-002-UH; B. v. 8. 5. 2008 – Az.: 250–4002.20–899/2008-006-G; B. v. 26. 2. 2008 – Az.: 360–4002.20–396/2008-003-G; B. v. 31. 1. 2002 – Az.: 216–404.20–002/02-GTH).

Teil 1 GWB § 107　　　　　　　　　　　Gesetz gegen Wettbewerbsbeschränkungen

3631　Bei der Beurteilung der Frage der Unverzüglichkeit der Rüge ist **entscheidend auf die Gesamtumstände des jeweiligen konkreten Einzelfalles abzustellen** (OLG Düsseldorf, B. v. 4. 5. 2009 – Az.: VII-Verg 68/08; B. v. 5. 5. 2008 – Az.: VII – Verg 5/08; B. v. 5. 9. 2007 – Az.: VII – Verg 19/07; B. v. 22. 8. 2007 – Az.: VII – Verg 20/07; Schleswig-Holsteinisches OLG, B. v. 9. 3. 2010 – Az.: 1 Verg 4/09; VK Baden-Württemberg, B. v. 28. 5. 2009 – Az.: 1 VK 21/09; VK Brandenburg, B. v. 21. 11. 2007 – Az.: VK 45/07; 1. VK Bund, B. v. 5. 3. 2010 – Az.: VK 1–16/10; VK Lüneburg, B. v. 30. 6. 2008 – Az.: VgK-07/2008; B. v. 15. 5. 2008 – Az.: VgK-12/2008; VK Münster, B. v. 9. 10. 2009 – Az.: VK 19/09; VK Niedersachsen, B. v. 15. 1. 2010 – Az.: VgK-74/2009; B. v. 15. 12. 2009 – Az.: VgK-63/2009; B. v. 27. 8. 2009 – Az.: VgK-35/2009; B. v. 8. 7. 2009 – Az.: VgK-29/2009; B. v. 3. 7. 2009 – Az.: VgK-30/2009; B. v. 11. 2. 2009 – Az.: VgK-56/2008; 3. VK Saarland, B. v. 5. 10. 2007 – Az.: 3 VK 09/2007; VK Südbayern, B. v. 12. 6. 2009 – Az.: Z3-3-3194-1-20–05/09; B. v. 13. 3. 2009 – Az.: Z3-3-3194-1-02-01/09).

3632　Die Frage „ohne schuldhaftes Zögern" im Sinn von § 121 BGB **richtet sich nicht nach §§ 187, 188 BGB**. Entscheidend allein ist ein schnellstmögliches Handeln „ohne schuldhaftes Verzögern" (1. VK Sachsen, B. v. 24. 1. 2008 – Az.: 1/SVK/087-07; B. v. 16. 11. 2006 – Az.: 1/SVK/097-06; VK Südbayern, B. v. 13. 3. 2009 – Az.: Z3-3-3194-1-02-01/09).

3633　Für die Berechnung der Frist wird man nach dem regelmäßigen Verlauf der Dinge davon ausgehen können, dass **bis zum Zugang eines bei der Post abgelieferten (oder von dieser abgeholten) Schriftstücks ein Zeitraum von ein bis drei Tagen vergeht**; ein regelmäßiger Zugang binnen eines Tages kann jedenfalls nicht unterstellt werden (VK Schleswig-Holstein, B. v. 23. 1. 2009 – Az.: VK-SH 18/08).

3634　**18.5.23.3.3.2 Berücksichtigung von Sonn- Feiertagen.** Auch im Vergabeverfahren bemessen sich die **Pflichten der Verfahrensbeteiligten nach Treu und Glauben**, so dass ein im Geschäftsleben üblicher Maßstab anzulegen ist. Danach **findet an Sonn- und Feiertagen üblicherweise keine Bürotätigkeit statt**. Im Regelfall wird deshalb auch kein Bieter zur Aufnahme einer solchen Tätigkeit (Erhebung einer Rüge) nach Treu und Glauben verpflichtet sein allein aufgrund der Tatsache, dass sein potentieller Vertragspartner ein öffentlicher Auftraggeber ist. Dort wird im normalen Verwaltungsdienst ebenfalls nicht an Sonn- und Feiertagen gearbeitet (VK Brandenburg, B. v. 30. 1. 2008 – Az.: VK 56/07, VK 58/07; B. v. 28. 1. 2008 – Az.: VK 59/07; VK Düsseldorf, B. v. 21. 11. 2003 – Az.: VK – 33/2003 – L).

3635　Nach einer anderen Auffassung sind bei der Bestimmung der Unverzüglichkeit **gesetzliche Feiertage** (z. B. die Zeit von Gründonnerstag bis Osterdienstag) **mit zu berücksichtigen** (OLG Düsseldorf, B. v. 20. 10. 2008 – Az.: VII – Verg 41/08; OLG Frankfurt am Main, B. v. 8. 2. 2005 – Az.: 11 Verg 24/04; VK Baden-Württemberg, B. v. 30. 4. 2008 – Az.: 1 VK 12/08).

3636　**Bei der Ermittlung der verstrichenen Tage bis zur Rügeerhebung** ebenso wie bei der Ermittlung des Termins entsprechend § 101a GWB, wann ein Zuschlag wirksam erteilt werden kann, ist **auf Kalendertage abzustellen**. Ansonsten könnte sich ggf. die Situation ergeben, dass zulässigerweise nach 14 Werktagen gerügt würde, der Zuschlag entsprechend § 13 VgV jedoch bereits mit Ablauf des 14. Kalendertages wirksam erteilt wurde. Da aber ein (wirksam) erteilter Zuschlag entsprechend § 114 Abs. 2 GWB durch die Vergabekammer nicht aufgehoben werden kann, **muss zwangsläufig nach Auffassung der Vergabekammer vom gleichen Terminus „Kalendertag" ausgegangen werden**. Somit sind die **Sonn- und Feiertage bei der Ermittlung der Zeitdauer bis zum Rügevortrag mit einzuschließen** (1. VK Sachsen, B. v. 8. 6. 2006 – Az.: 1/SVK/050-06; VK Südbayern, B. v. 16. 1. 2009 – Az.: Z3-3-3194-1-46–12/09).

3637　**18.5.23.3.3.3 Rügefrist von ein bis drei Tagen.** Ein Großteil der Rechtsprechung geht **im Grundsatz** insoweit von einer **Rügefrist von ein bis drei Tagen** aus (OLG Celle, B. v. 8. 3. 2007 – Az.: 13 Verg 2/07; OLG Koblenz, B. v. 18. 9. 2003 – Az.: 1 Verg 4/03; OLG München, B. v. 13. 4. 2007 – Az.: Verg 01/07; B. v. 28. 2. 2007 – Az.: Verg 01/07; VK Berlin, B. v. 09.02.206 – Az.: VK – B 1–02/06; VK Brandenburg, B. v. 23. 6. 2009 – Az.: VK 26/09; B. v. 9. 2. 2009 – Az. VK 5/09; B. v. 21. 5. 2008 – Az.: VK 9/08; B. vom 3. 4. 2008 – Az.: VK 4/08; B. v. 7. 4. 2006 – Az.: 1 VK 13/06; B. v. 5. 4. 2006 – Az.: 1 VK 3/06; B. v. 14. 9. 2005 – Az.: 1 VK 55/05 – bei einem sehr einfachen Sachverhalt –; B. v. 8. 9. 2005 – Az.: 1 VK 51/05; B. v. 16. 12. 2004 – Az.: VK 70/04; B. v. 18. 11. 2004 – Az.: VK 66/04; B. v. 18. 6. 2003 – Az.: VK 31/03; 1. VK Bund, B. v. 5. 3. 2010 – Az.: VK 1–16/10; B. v. 1. 9. 2004 – Az.: VK 1–171/04; B. v. 26. 8. 2004 – Az.: VK 1–165/04; VK Düsseldorf, B. v. 31. 10. 2005 – Az.: VK – 30/2005 – B; VK Lüneburg, B. v. 30. 6. 2008 – Az.: VgK-07/2008; B. v. 15. 5. 2008 –

Az.: VgK-12/2008; B. v. 26. 6. 2007 – Az.: VgK-29/2007; B. v. 8. 6. 2007 – Az.: VgK-24/2007; B. v. 23. 2. 2007 – Az.: VgK-06/2007; B. v. 12. 1. 2007 – Az.: VgK-33/2006; B. v. 11. 1. 2007 – Az.: VgK-36/2006; B. v. 11. 12. 2006 – Az.: VgK-31/2006; B. v. 27. 10. 2006 – Az.: VgK-26/2006; B. v. 10. 10. 2006 – Az.: VgK-23/2006; B. v. 10. 3. 2006 – Az.: VgK-06/2006; B. v. 15. 11. 2005 – Az.: VgK-48/2005; B. v. 7. 6. 2005 – Az.: VgK-21/2005; B. v. 26. 5. 2005 – Az.: VgK-20/2005; B. v. 17. 5. 2005 – Az.: VgK-16/2005; B. v. 10. 3. 2005 – Az.: VgK-04/2005; B. v. 8. 5. 2006 – Az.: VgK-07/2006; B. v. 20. 8. 2004 – Az.: 203-VgK-41/2004, B. v. 29. 6. 2004 – Az.: 203-VgK-20/2004, B. v. 25. 6. 2004 – Az.: 203-VgK-19/2004; B. v. 20. 1. 2004 – Az.: 203-VgK-38/2003; VK Niedersachsen, B. v. 17. 6. 2010 – Az.: VgK-28/2010; B. v. 16. 4. 2010 – Az.: VgK-10/2010; B. v. 25. 3. 2010 – Az.: VgK-07/2010; B. v. 15. 1. 2010 – Az.: VgK-74/2009; B. v. 15. 12. 2009 – Az.: VgK-63/2009; B. v. 22. 10. 2009 – Az.: VgK-49/2009; B. v. 4. 9. 2009 – Az.: VgK-37/2009; B. v. 27. 8. 2009 – Az.: VgK-35/2009; B. v. 7. 8. 2009 – Az.: VgK – 32/2009; B. v. 8. 7. 2009 – Az.: VgK-29/2009; B. v. 3. 7. 2009 – Az.: VgK-30/2009; B. v. 24. 6. 2009 – Az.: VgK – 28/2009; B. v. 11. 2. 2009 – Az.: VgK-56/2008; B. v. 11. 11. 2008 – Az.: VgK-39/2008; VK Nordbayern, B. v. 28. 1. 2009 – Az.: 21.VK – 3194 – 63/08; B. v. 18. 9. 2008 – Az.: 21.VK – 3194 – 43/08; B. v. 7. 7. 2008 – Az.: 21.VK – 3194 – 31/08; VK Rheinland-Pfalz, B. v. 7. 12. 2007 – Az.: VK 39/07; B. v. 8. 11. 2007 – Az.: VK 43/07; B. v. 24. 5. 2005 – Az.: VK 14/05; B. v. 12. 4. 2005 – Az.: VK 11/05; 1. VK Sachsen, B. v. 20. 4. 2006 – Az.: 1/SVK/029-06; B. v. 21. 2. 2006 – Az.: 1/SVK/004–06; 1. VK Sachsen-Anhalt, B. v. 21. 4. 2005 – Az.: 1 VK LVwA 17/05 – bei einfach gelagerten Fällen –; B. v. 17. 3. 2005 – Az: 1 VK LVwA 02/05; B. v. 7. 3. 2006 – Az: 1 VK LVwA 01/06; B. v. 9. 12. 2005 – Az.: 1 VK LVwA 42/05; 2. VK Sachsen-Anhalt, B. v. 11. 4. 2005 – Az.: VK 2 – LVwA LSA 06/05; VK Schleswig-Holstein, B. v. 23. 10. 2009 – Az.: VK-SH 14/09; B. v. 18. 12. 2007 – Az.: VK-SH 25/07; B. v. 12. 6. 2006 – Az.: VK-SH 12/06; B. v. 17. 3. 2006 – Az.: VK-SH 02/06 – unter Ausklammerung eines zweitägigen Wochenendes; B. v. 31. 1. 2006 – Az.: VK-SH 33/05 – unter Ausklammerung eines zweitägigen Wochenendes; B. v. 10. 1. 2006 – Az.: VK-SH 30/05; VK Südbayern, B. v. 13. 3. 2009 – Az.: Z3-3-3194-1-02-01/09; B. v. 16. 1. 2009 – Az.: Z3-3-3194-1-46-12/09; B. v. 8. 7. 2008 – Az.: Z3-3-3194-1-20–06/08 – bei eindeutiger Rechtslage; B. v. 19. 6. 2007 – Az.: Z3-3-3194-1-18-05/07; B. v. 1. 9. 2004, Az.: 120.3–3194.1–56-08/04; B. v. 1. 9. 2004, Az.: 120.3–3194.1–53-08/04).

Das **Thüringer Oberlandesgericht lehnt eine solch kurze Frist ausdrücklich ab** (OLG Thüringen, B. v. 31. 8. 2009 – Az.: 9 Verg 6/09; B. v. 30. 3. 2009 – Az.: 9 Verg 12/08), ebenso die **VK Münster** (VK Münster, B. v. 14. 1. 2010 – Az.: VK 24/09; B. v. 9. 10. 2009 – Az.: VK 19/09). 3638

Nach **Auffassung der VK Brandenburg** und der **VK Sachsen** kann ein **offenkundiger Mangel des Informationsschreibens nach § 101 a GWB bei einem sachkundigen Bieter noch am gleichen Tag aber zumindest innerhalb von zwei Kalendertagen** gegenüber dem Auftraggeber angezeigt und somit gerügt werden (VK Brandenburg, B. v. 13. 3. 2007 – Az.: 1 VK 7/07; 1. VK Sachsen, B. v. 28. 3. 2007 – Az.: 1/SVK/011-07; im Ergebnis ebenso B. v. 17. 12. 2007 – Az.: 1/SVK/074-07). 3639

Die VK Nordbayern und die VK Hessen gehen sogar davon aus, dass die **Beanstandung einer Vorabinformation nach § 101 a GWB als unzureichend sogar noch am Tage ihres Zugangs, spätestens jedoch am Folgetag erfolgen muss**; andernfalls ist sie nicht mehr unverzüglich (VK Hessen, B. v. 9. 10. 2009 – Az.: 69d VK – 36/2009; VK Nordbayern, B. v. 26. 8. 2009 – Az.: 21.VK – 3194 – 30/09; B. v. 28. 1. 2009 – Az.: 21.VK – 3194 – 63/08). Eine **spätere Rüge** (vier Tage nach Zugang der Vorabinformation) ist daher **nicht mehr unverzüglich** (VK Hessen, B. v. 9. 10. 2009 – Az.: 69d VK – 36/2009). 3640

Die VK Düsseldorf geht von einer **Mindestfrist von drei Werktagen** aus; eine **noch kürzere Frist wäre schlichtweg nicht mehr praktikabel** (VK Düsseldorf, B. v. 27. 4. 2006 – Az.: VK – 12/2006 – L). Auch die **VK Brandenburg** geht **bei einem einfachen Sachverhalt** von einer **Frist von 3 Tagen** aus (VK Brandenburg, B. v. 9. 2. 2009 – Az. VK 5/09; B. v. 21. 11. 2007 – Az.: VK 45/07). 3641

Die **VK Berlin geht von einer Frist von 3–4 Tagen bzw. 5 Werktagen** aus (VK Berlin, B. v. 20. 4. 2009 – Az.: VK – B 2–10/09; B. v. 9. 2. 2006 – Az.: VK – B 1–02/06; B. v. 15. 9. 2004 – Az.: VK – B 2–47/04; im Ergebnis ebenso 1. VK Sachsen, B. v. 7. 1. 2008 – Az.: 1/SVK/077-07; B. v. 5. 2. 2007 – Az.: 1/SVK/125-06; B. v. 10. 11. 2006 – Az.: 1/SVK/096-06; B. v. 9. 5. 2006 – Az.: 1/SVK/036-06; VK Düsseldorf, B. v. 13. 3. 2006 – Az.: VK – 08/2006 – L). 3642

Teil 1 GWB § 107 Gesetz gegen Wettbewerbsbeschränkungen

3643 Aufgrund der kurzen Fristen, die im Vergabeverfahren grundsätzlich gelten, ist ein Antragsteller in der Regel gehalten, die **Rüge binnen 1 bis 3 Tagen zu erheben,** wenn die Sach- und Rechtslage aus Sicht der Antragstellerin nach dem Ergebnis der Submission eindeutig ist. **Etwas anderes gilt allenfalls dann,** wenn die Erhebung der Rüge durch eine schwierige Sach- und/oder Rechtslage erschwert wird und die Inanspruchnahme fachkundiger Unterstützung erforderlich ist (VK Magdeburg, B. v. 2. 10. 2002 – Az: 33–32571/07 VK MD 10/02).

3644 **18.5.23.3.3.4 Rügefrist von bis zu zehn Tagen.** Die **1. und 3. VK Bund,** die **VK Saarland,** die **VK Hessen,** die **VK Münster,** die **VK Berlin,** die **VK Schleswig-Holstein,** die **VK Sachsen-Anhalt** und die **VK Südbayern** sehen **eine Dauer von insgesamt höchstens fünf Werktagen nach Kenntniserlangung und Einschaltung einer Rechtsanwaltskanzlei noch als unverzüglich** an. Auch den Verfahrensbevollmächtigten muss eine gewisse Mindestbearbeitungszeit für die Abfassung eines entsprechenden Schriftsatzes und der Erstellung der Antragsunterlagen zugestanden werden (1. VK Bund, B. v. 30. 9. 2005 – Az.: VK 1–122/05; 3. VK Bund, B. v. 7. 6. 2006 – Az.: VK 3–33/06; VK Hessen, B. v. 28. 6. 2005 – Az.: 69 d VK – 07/2005; B. v. 14. 2. 2005 – Az.: 69 d VK – 90/2004; VK Münster, B. v. 25. 9. 2007 – Az.: VK 20/07; B. v. 24. 7. 2007 – Az.: VK B 1–19/07; VK Saarland, B. v. 23. 1. 2006 – Az.: 1 VK 06/2005; VK Schleswig-Holstein, B. v. 20. 10. 2010 – Az.: VK-SH 16/10; B. v. 9. 7. 2010 – Az.: VK-SH 11/10; B. v. 23. 10. 2009 – Az.: VK-SH 14/09; B. v. 18. 12. 2007 – Az.: VK-SH 25/07; VK Südbayern, B. v. 8. 7. 2008 – Az.: Z3-3-3194-1-20-06/08; B. v. 13. 5. 2008 – Az.: Z3-3-3194-1-14-04/08; im Ergebnis ebenso Schleswig-Holsteinisches OLG, B. v. 9. 3. 2010 – Az.: 1 Verg 4/09; VK Lüneburg, B. v. 1. 2. 2008 – Az.: VgK-48/2007; 2. VK Mecklenburg-Vorpommern, B. v. 28. 11. 2008 – Az.: 2 VK 7/08; B. v. 7. 1. 2008 – Az.: 2 VK 5/07; 2. VK Sachsen-Anhalt, B. v. 3. 7. 2008 – VK 2 LVwA LSA – 05/08).

3645 An diesem **Ergebnis ändert sich auch nichts, wenn die Verfahrensbevollmächtigten einen Antragsteller bereits während des gesamten Vergabeverfahrens anwaltlich begleitet** haben. Insoweit ist die Mitteilung über die beabsichtigte Zuschlagserteilung ein neuer Sachverhalt, in den es sich angesichts der in der Mitteilung aufgeführten Einzelheiten erst einzuarbeiten gilt. Auch wird eine gewisse Zeit für die Abfassung der Rügeschrift benötigt (VK Schleswig-Holstein, B. v. 25. 4. 2008 – Az.: VK-SH 04/08).

3646 Die **VK Baden-Württemberg,** die **VK Hamburg (FB),** die **VK Sachsen,** die **VK Hessen,** die **VK Sachsen-Anhalt** und die **2. VK Bund** sehen eine **Rüge innerhalb von sechs Tagen noch als unverzüglich** an (VK Baden-Württemberg, B. v. 30. 4. 2008 – Az.: 1 VK 12/08; B. v. 11. 4. 2008 – Az.: 1 VK 09/08; B. v. 14. 1. 2005 – Az.: 1 VK 87/04; 2. VK Bund, B. v. 30. 5. 2007 – Az.: VK 2–39/07; VK Hamburg (FB), B. v. 17. 8. 2005 – Az.: VgK FB 5/05; VK Hessen, B. v. 4. 4. 2005 – Az.: 69 d VK – 05/2005; 1. VK Sachsen, B. v. 18. 8. 2006 – Az.: 1/SVK/077-06; 1. VK Sachsen-Anhalt, B. v. 5. 5. 2008 – Az.: 1 VK LVwA 03/08; 2. VK Sachsen-Anhalt, B. v. 23. 5. 2006 – Az.: VK 2-LVwA LSA 17/06; B. v. 23. 5. 2006 – Az.: VK 2-LVwA LSA 16/06). Die **VK Nordbayern** hat – allerdings in einem **Sonderfall** – daran **Zweifel** (VK Nordbayern, B. v. 18. 7. 2007 – Az.: 21.VK – 3194 – 27/07).

3647 Auch das **OLG Naumburg** und die **VK Sachsen-Anhalt** lassen eine **Frist von 3–5 Tagen** bzw. **6 Werktagen** bzw. **4 Arbeitstagen** angesichts der Bedeutung des Auftrags in wirtschaftlicher Hinsicht genügen (OLG Naumburg, B. v. 2. 3. 2006 – Az.: 1 Verg 1/06; 2. VK Sachsen-Anhalt, B. v. 23. 7. 2008 – Az.: VK 2 LVwA LSA – 07/08; 1. VK Sachsen-Anhalt, B. v. 15. 9. 2006 – Az.: 1 VK LVwA 28/06).

3648 Die **VK Hessen** sieht eine **Frist von 4 Werktagen unter Berücksichtigung von Weihnachts- und Neujahrsfeiertagen** noch als unverzüglich an (VK Hessen, B. v. 12. 2. 2008 – Az.: 69 d VK – 01/2008).

3649 Das **OLG Naumburg,** die **VK Düsseldorf,** die **VK Arnsberg** und die **VK Sachsen** sehen eine **Frist von fünf Tagen** noch als unverzüglich an (OLG Naumburg, B. v. 14. 12. 2004 – Az.: 1 Verg 17/04; VK Arnsberg, B. v. 29. 12. 2006 – Az.: VK 31/06; VK Düsseldorf, B. v. 30. 9. 2003 – Az.: VK – 25/2003 – B; VK Münster, B. v. 14. 1. 2010 – Az.: VK 24/09; 1. VK Sachsen, B. v. 5. 4. 2006 – Az.: 1/SVK/027-06; B. v. 12. 7. 2005 – Az.: 1/SVK/073-05; B. v. 27. 4. 2005 – Az.: 1/SVK/032-05; B. v. 8. 2. 2005 – Az.: 1/SVK/003–05). Eine **Rügefrist von fünf Werktagen** zwischen dem Eingang des Informationsschreibens und der Beanstandung gegenüber dem Antragsgegner ist auch in Bezug zum Inhalt der Beanstandung **nicht unangemessen lang.** Dem Bieter ist auch bei einfach gelagerten tatsächlichen oder rechtlichen Beanstandungen eine Überlegungsfrist zuzubilligen, ob er taktisch gegen den Auftraggeber überhaupt vorgehen will oder nicht (1. VK Sachsen, B. v. 5. 4. 2006 – Az.: 1/SVK/027-06; VK Schleswig-Holstein, B. v. 31. 3. 2005 – Az.: VK-SH 05/05); die Frage, ob Nebenangebote wei-

Gesetz gegen Wettbewerbsbeschränkungen GWB § 107 **Teil 1**

ter hätten aufgeklärt werden müssen oder nicht ist zudem nicht so einfach gelagert, dass ein baufachlich ausgebildeter Unternehmer oder Mitarbeiter sie sich ohne anwaltlichen Rat hätte selbst beantworten und dann eine Beanstandung vornehmen müssen (im Ergebnis ebenso OLG Naumburg, B. v. 25. 10. 2005 – Az.: 1 Verg 5/05; B. v. 25. 1. 2005 – Az.: 1 Verg 22/04; VK Thüringen, B. v. 15. 6. 2006 – Az.: 360–4002.20–024/06-J-S).

Die 1. **VK Bund** sieht eine **Rüge innerhalb von sechs Tagen**, insbesondere vor dem 3650 Hintergrund, dass es zur Rügeerhebung ggf. noch der **Abstimmung innerhalb der aus insgesamt vier Unternehmen bestehenden Bietergemeinschaft** bedarf, noch als unverzüglich an (1. VK Bund, B. v. 21. 5. 2007 – Az.: VK 1–32/07; im Ergebnis ebenso OLG Brandenburg, B. v. 19. 2. 2008 – Az.: Verg W 22/07; OLG Düsseldorf, B. v. 5. 9. 2007 – Az.: VII – Verg 19/07). Nach Auffassung des **OLG Brandenburg** spielt die **Stellung eines Bieters als Bietergemeinschaft und ein eventueller Abstimmungsbedarf** jedoch **keine Rolle** (OLG Brandenburg, B. v. 20. 3. 2007 – Az.: Verg W 12/06).

Die 1. VK Bund sieht eine Rüge **innerhalb von 6 Arbeitstagen bei Einholung externen** 3651 **Rechtsrats noch als unverzüglich** an (1. VK Bund, B. v. 17. 1. 2008 – Az.: VK 1–152/07).

Nach Auffassung der VK Sachsen sind **sechs Tage unter Würdigung einer angemesse-** 3652 **nen Prüfungsdauer** und des Abfassens der Rüge sowie der **besonderen Problematik der Falschangabe der Faxnummer des Auftraggebers durch diesen auf den genutzten Briefkopfbögen** auf den **Einzelfall bezogen** noch als unverzüglich im Sinne von § 107 Abs. 3 GWB einzuordnen (1. VK Sachsen, B. v. 13. 4. 2006 – Az.: 1/SVK/028-06).

Ein anderer – nicht unbeträchtlicher – Teil der Rechtsprechung zieht insoweit eine **Frist von** 3653 **einer Woche** als möglich in Betracht (OLG Brandenburg, B. v. 20. 3. 2007 – Az.: Verg W 12/ 06; B. v. 17. 2. 2005 – Az.: Verg W 11/04 – bei Berücksichtigung eines Feiertags als „Brückentag" –; OLG Dresden, B. v. 7. 5. 2010 – Az.: WVerg 6/10; B. v. 11. 9. 2006 – Az.: WVerg 13/ 06; B. v. 21. 10. 2005 – Az.: WVerg 0005/05; B. v. 6. 4. 2004 – Az.: WVerg 1/04; OLG Frankfurt, B. v. 5. 5. 2008 – Az.: 11 Verg 1/08; OLG Koblenz; B. v. 6. 6. 2003 – Az.: 1 Verg. 2/03; OLG München, B. v. 19. 1. 2010 – Az.: Verg 1/10; OLG Rostock, B. v. 6. 3. 2009 – Az.: 17 Verg 1/09; VK Lüneburg, B. v. 26. 6. 2007 – Az.: VgK-29/2007; B. v. 8. 6. 2007 – Az.: VgK-24/2007; B. v. 12. 1. 2007 – Az.: VgK-33/2006; VK Münster, B. v. 30. 4. 2009 – Az.: VK 4/ 09; VK Niedersachsen, B. v. 16. 4. 2010 – Az.: VgK-10/2010; B. v. 15. 12. 2009 – Az.: VgK-63/2009; B. v. 27. 8. 2009 – Az.: VgK-35/2009; B. v. 8. 7. 2009 – Az.: VgK-29/2009; B. v. 3. 7. 2009 – Az.: VgK-30/2009; B. v. 11. 2. 2009 – Az.: VgK-56/2008; B. v. 11. 11. 2008 – Az.: VgK-39/2008; VK Rheinland-Pfalz, B. v. 26. 3. 2003 – Az.: VK 3/03; VK Saarland, B. v. 10. 6. 2005 – Az.: 2 VK 01/2005; 1. VK Sachsen, B. v. 19. 5. 2010 – Az.: 1/SVK/015-10; B. v. 11. 12. 2009 – Az.: 1/SVK/054-09; B. v. 19. 5. 2009 – Az.: 1/SVK/008–09; B. v. 10. 10. 2008 – Az.: 1/SVK/051-08; B. v. 16. 1. 2008 – Az.: 1/SVK/084-07; B. v. 17. 12. 2007 – Az.: 1/SVK/073-07; B. v. 13. 6. 2007 – Az.: 1/SVK/039-07; B. v. 24. 5. 2007 – Az.: 1/SVK/029-07; B. v. 14. 3. 2007 – Az.: 1/SVK/006–07; B. v. 9. 11. 2006 – Az.: 1/SVK/095-06; B. v. 11. 8. 2006 – Az.: 1/SVK/073-06; B. v. 20. 1. 2005 – Az.: 1/SVK/127-04; B. v. 17. 6. 2004 – Az.: 1/SVK/038-04, 1/SVK/038-04G).

Eine Frist von **7 Tagen ist insbesondere dann gerechtfertigt**, wenn sich der Antragsteller 3654 zunächst an die späteren Verfahrensbevollmächtigten der Beigeladenen mit der Bitte um anwaltliche Beratung wendet, diese das Mandat aus Gründen der Interessenkollision ablehnen und der **Antragsteller deshalb nicht nur einmal, sondern zwei Mal nach anwaltlichen Vertretern suchen muss** (OLG Brandenburg, B. v. 20. 3. 2007 – Az.: Verg W 12/06). Auch die **2. VK Bund** und die **VK Hessen** betrachten eine **Rüge innerhalb von 7 Tagen (bzw. 4 Arbeitstagen) noch als unverzüglich** (2. VK Bund, B. v. 7. 3. 2008 – Az.: VK 2–13/08; VK Hessen, B. v. 17. 10. 2007 – Az.: 69 d VK – 43/2007).

Die 1. VK Sachsen sieht eine **Frist von 7 Tagen in einem VOF-Verfahren** als unverzüg- 3655 lich an, wenn **Recherchen zum Sachverhalt und eine rechtliche Beratung notwendig** sind (1. VK Sachsen, B. v. 3. 12. 2004 – Az.: 1/SVK/104-04, 1/SVK/104-04G; ähnlich 3. VK Bund, B. v. 27. 4. 2006 – Az.: VK 3–21/06). Die **VK Münster** sieht bei einem **VOF-Verfahren** eine **Frist von 8 Tagen** noch als unverzüglich an (VK Münster, B. v. 30. 3. 2007 – Az.: VK 04/07). Eine **Rüge hinsichtlich der Aufgabenbeschreibung in einem VOF-Verfahren** muss spätestens innerhalb von zwei Wochen nach Zugang der Aufgabenbeschreibung erfolgen (2. VK Brandenburg, B. v. 21. 2. 2007 – Az.: 2 VK 58/06).

Nach Meinung der VK Brandenburg müssen dann, wenn der Bieter die Beratung eines 3656 Rechtsbeistandes für erforderlich hält, wie das **bei der geringen Beteiligung und damit der**

Teil 1 GWB § 107 Gesetz gegen Wettbewerbsbeschränkungen

sehr geringen Information der Bieter über die Entscheidungsprozesse des Auftraggebers am VOL-Verfahren gerechtfertigt ist, dem Bieter **mindestens sieben Tage** eingeräumt werden, um seine Rüge mitzuteilen (VK Brandenburg, B. v. 28. 11. 2006 – Az.: 2 VK 48/06; B. v. 10. 11. 2006 – Az.: 2 VK 44/06).

3657 Die VK Düsseldorf betrachtet **weder sieben noch acht Tage in einem Fall als unangemessen lang**, sofern dem Antragsteller zuzubilligen war, sich vorab intern über das weitere Vorgehen klar zu werden und den **Beschluss der Geschäftsleitung**, die sich die abschließende Entscheidung vorbehalten hatte, **herbeizuführen** (VK Düsseldorf, B. v. 27. 11. 2006 – Az.: VK – 47/2006 – L).

3658 Eine Rüge, die erst **sieben Kalendertage nach der Information gemäß § 101a GWB ohne Einschaltung eines Rechtsanwalts** und in Kenntnis eventueller vergaberechtlicher Probleme aus einem vorausgegangenem Nachprüfungsverfahren erfolgt, ist nicht unverzüglich (VK Nordbayern, B. v. 1. 2. 2008 – Az.: 21.VK – 3194 – 54/07; 3. VK Saarland, B. v. 5. 10. 2007 – Az.: 3 VK 09/2007; VK Südbayern, B. v. 16. 1. 2009 – Az.: Z3-3-3194-1-46–12/09).

3659 Auch die VK Düsseldorf sieht eine **Rüge bei einem einfach strukturierten Sachverhalt und der Einschaltung einer Rechtsanwaltskanzlei sieben Tagen nach positiver Kenntnis des Vergabeverstoßes als nicht mehr unverzüglich** an (VK Düsseldorf, B. v. 19. 10. 2005 – Az.: VK – 29/2005 – L).

3660 Eine Rüge, die erst **7 Tage nach positiver Kenntnis erfolgt, ist verfristet** und damit präkludiert (1. VK Sachsen, B. v. 29. 12. 2004 – Az.: 1/SVK/123-04 – ältere Entscheidung).

3661 Nach Auffassung der VK Hessen ist eine Rüge, die **bei einem klaren Sachverhalt** und einer **eindeutigen verbindlichen Mitteilung über die Nichtberücksichtigung** im weiteren Vergabeverfahren **erst 8 oder 9 Arbeitstage** nach Kenntnis des möglichen Verstoßes erfolgt, als **nicht mehr unverzüglich** anzusehen (VK Hessen, B. v. 2. 12. 2004 – Az.: 69 d VK – 72/2004; B. v. 11. 3. 2004 – Az.: 69 d – VK – 06/2004; im Ergebnis ebenso VK Hamburg, B. v. 3. 11. 2005 – Az.: VK BSU-3/05; VK Schleswig-Holstein, B. v. 12. 6. 2006 – Az.: VK-SH 12/06).

3662 Nach Auffassung des OLG Düsseldorf ist ein **Zeitraum von 8 Tagen zwischen Zugang der Bieterinformation nach § 101a GWB und Abfassung sowie Zugang des Rügeschreibens bei dem Auftraggeber als unverzüglich** im Sinne des § 121 Abs. 1 Satz 1 BGB anzusehen (OLG Düsseldorf, B. v. 17. 11. 2008 – Az.: VII-Verg 49/08). Dies gilt z. B. dann, wenn die **einzelnen Schritte mit dem Inhalt der Leistungsbeschreibung abzugleichen sind und die anzustellenden Kalkulationen von einer Beantwortung diffiziler rechtlicher Vorfragen** abhängen. Dies alles geht auch einem Branchenkundigen nicht leicht und rasch von der Hand. Der Aufwand, den die Antragstellerin zur Erhärtung des Verdachts eines Rechtsverstoßes betrieben hat, ist nicht zu kritisieren; er war der Sache nicht unangemessen (OLG Düsseldorf, B. v. 5. 5. 2008 – Az.: VII – Verg 5/08).

3663 Nach Auffassung der VK Südbayern kann eine **Rüge auch acht Tage nach Zugang des Schreibens gemäß § 13 VgV bzw. sieben Tage nach Absendung der Information nach § 13 VgV noch unverzüglich sein**, wenn der Bieter in der Zwischenzeit **Ermittlungen tatsächlicher Art** vornimmt und, um eine ausreichend sichere rechtliche Schlussfolgerung ziehen zu können, **auch rechtlichen Rat einholen** muss (VK Südbayern, B. v. 7. 11. 2005 – Az. Z3-3-3194-1-40–09/05; B. v. 6. 4. 2006 – Az.: 06-03/06).

3664 Die **VK Münster** erachtet eine **Frist von neun Tagen** zwischen Kenntnis und Rüge noch als unverzüglich, wenn **von der Frist ein Osterwochenende und die Osterfeiertage umfasst** sind (VK Münster, B. v. 28. 6. 2007 – Az.: VK 10/07).

3665 Unter bestimmten Umständen (kein Bedarf an anwaltlicher Beratung, längere Vorlaufzeit) kann auch **ein Zeitraum von einer Woche nicht mehr als unverzüglich** im Sinne von § 107 Abs. 3 Satz 1 GWB, d. h. ohne schuldhaftes Zögern, angesehen werden (2. VK Bund, B. v. 17. 10. 2002 – Az.: VK 2–72/02, B. v. 8. 8. 2003, Az.: VK 2–52/03).

3666 Eine **Rüge nach 8 bzw. 11 Tagen** (VK Baden-Württemberg, B. v. 11. 4. 2008 – Az.: 1 VK 09/08; 1. VK Sachsen, B. v. 16. 11. 2006 – Az.: 1/SVK/097-06; B. v. 31. 1. 2005 – Az.: 1/SVK/144-04 – einfacher Sachverhalt und umfangreiche Information durch den Auftraggeber) **bzw. 13 Tagen** (1. VK Sachsen, B. v. 8. 6. 2006 – Az.: 1/SVK/050-06) ist verfristet und damit präkludiert. Im **Gegensatz** zu diesen Entscheidungen lässt die VK Sachsen eine **Rüge nach 11 Tagen** noch zu, wenn **intensive Recherchen zur Wertung eines Nebenangebots notwendig** sind (1. VK Sachsen, B. v. 27. 6. 2005 – Az.: 1/SVK/064-05).

Gesetz gegen Wettbewerbsbeschränkungen GWB § 107 **Teil 1**

Relativ weit geht die 1. VK Bund. Vor dem Hintergrund, dass für die Entscheidung der Ein- 3667
legung einer etwaigen Rüge eine **nochmalige wirtschaftliche Überprüfung des eigenen
Angebots** erfolgen musste und eine **rechtliche Bewertung der Sachlage ohne Rechtsbeistand** stattfand, ist die Erhebung der **Rüge nach 10 Tagen noch als rechtzeitig** im Sinne
des § 107 Abs. 3 GWB anzuerkennen (1. VK Bund, B. v. 11. 6. 2008 – Az.: VK 1–63/08).

Unter Berücksichtigung, dass sich die Pflichten der Verfahrensbeteiligten auch im Vergabeverfahren nach Treu und Glauben bemessen, und daher bei der Berechnung der verstrichenen Zeit 3668
seit Kenntniserlangung der Zuschlagsentscheidung Sonn- und Feiertage nicht zu berücksichtigen sind, ist eine **Rüge innerhalb einer Frist von neun Werktagen seit Zugang der Vergabeentscheidung nicht mehr unverzüglich** (VK Schleswig-Holstein, Urteil vom 22. 12.
2004 – Az.: VK-SH 34/04).

Eine Rüge **bei einfachsten Sachverhaltswahrnehmungen erst 10 Tage nach Benach-** 3669
richtigung gemäß § 13 VgV verstößt **gegen das Unverzüglichkeitsgebot** des § 107 Abs. 3
GWB (VK Südbayern, B. v. 1. 9. 2004, Az.: 120.3–3194.1–56-08/04; B. v. 1. 9. 2004, Az.:
120.3–3194.1–53-08/04); **anderer Auffassung** ist insoweit die **VK Düsseldorf** (VK Düsseldorf, B. v. 1. 9. 2005 – Az.: VK – 16/2005 – L, VK – 16/2005 – Z).

18.5.23.3.3.5 Rügefrist von mehr als zehn Tagen. Nach einer Entscheidung der VK 3670
Südbayern verstößt **ein 13 Tage langes Zuwarten bis zur Erteilung einer Rüge bei einem einfachen Sachverhalt nicht gegen das Unverzüglichkeitsgebot** des § 107 Abs. 3
GWB (VK Südbayern, B. v. 24. 11. 2005 – Az. Az.: Z3-3-3194-1-42–09/05).

Eine Rüge **21 Tage nach der Bekanntgabe der Ausschlussentscheidung und 16 Tage** 3671
nach Bekanntgabe der Gründe ist **nicht mehr als unverzüglich** im Sinne von § 107
Abs. 3 Satz 1 GWB zu bezeichnen (VK Südbayern, B. v. 12. 11. 2003 – Az.: 44-09/03).

Eine Rüge **erst 13 Tage nach der Mitteilung gemäß § 13 VgV kann unverzüglich** 3672
sein, wenn **Auftraggeber und Bieter Gespräche über die Gründe der Nichtberücksichtigung** des Bieters führen, der **Bieter danach anwaltlichen Rat einholt** und das **innerhalb
der Frist liegende Wochenende** berücksichtigt wird (VK Düsseldorf, B. v. 11. 1. 2006 – Az.:
VK – 50/2005 – L).

Eine Rüge **binnen 12 Kalendertagen ohne Einschaltung eines Rechtsanwalts** und **bei** 3673
bekanntem Sachverhalt ist **nicht mehr unverzüglich** – instruktives Beispiel – (VK Brandenburg, B. v. 15. 1. 2008 – Az.: VK 52/07), **ebenso** eine Rüge **binnen 14 Kalendertagen
bei einfachem Sachverhalt** (VK Brandenburg, B. v. 21. 5. 2008 – Az.: VK 9/08).

18.5.23.3.3.6 Maximale (Regel-)Frist. In der Rechtsprechung der Vergabekammern wird 3674
eine **Obergrenze von zwei Wochen ab Kenntniserlangung** angenommen (VK Arnsberg,
B. v. 22. 2. 2010 – Az.: VK 02/10; B. v. 4. 9. 2009 – Az.: VK 20/09; B. v. 25. 3. 2009 – Az.:
VK 04/09; B. v. 2. 5. 2008 – Az.: VK 08/08; B. v. 22. 6. 2007 – Az.: VK 20/07; B. v. 29. 12.
2006 – Az.: VK 31/06; B. v. 8. 8. 2006 – Az.: VK 21/06; B. v. 31. 7. 2006 – Az.: VK 20/06; B.
v. 13. 6. 2006 – Az.: VK 10/06; VK Baden-Württemberg, B. v. 10. 9. 2009 – Az.: 1 VK 49/09;
B. v. 1. 9. 2009 – Az.: 1 VK 46/09; B. v. 26. 8. 2009 – Az.: 1 VK 43/09; B. v. 28. 5. 2009 –
Az.: 1 VK 21/09; B. v. 11. 4. 2008 – Az.: 1 VK 09/08; B. v. 18. 10. 2005 – Az.: 1 VK 62/05;
B. v. 13. 10. 2005 – Az.: 1 VK 59/05; B. v. 5. 9. 2005 – Az.: 1 VK 51/05; VK Berlin, B. v.
15. 9. 2004 – Az.: VK – B 2–47/04; B. v. 13. 8. 2004 – Az.: VK – B 2–34/04; VK Brandenburg, B. v. 9. 2. 2009 – Az.: VK 5/09; B. v. 21. 5. 2008 – Az.: VK 9/08; B. v. vom 3. 4. 2008 –
Az.: VK 4/08; B. v. 15. 1. 2008 – Az.: VK 52/07; B. v. 22. 11. 2007 – Az.: VK 43/07; B. v.
21. 11. 2007 – Az.: VK 45/07; B. v. 11. 9. 2006 – Az.: 2 VK 34/06, 1 VK 35/06; B. v. 7. 4.
2006 – Az.: 1 VK 13/06; B. v. 5. 4. 2006 – Az.: 1 VK 3/06; B. v. 14. 9. 2005 – Az.: 1 VK 55/
05; B. v. 8. 9. 2005 – Az.: 1 VK 51/05; B. v. 16. 12. 2004 – Az.: VK 70/04; B. v. 18. 11. 2004
– Az.: VK 66/04; 3. VK Bund, B. v. 18. 9. 2008 – Az.: VK 3–122/08; B. v. 18. 9. 2008 – Az.:
VK 3–119/08; B. v. 7. 8. 2006 – Az.: VK 3–93/06; B. v. 7. 8. 2006 – Az.: VK 3–78/06; B. v.
3. 7. 2006 – Az.: VK 3–51/06; VK Düsseldorf, B. v. 10. 2. 2010 – Az.: VK – 44/2009 – B/Z;
B. v. 28. 1. 2010 – Az.: VK – 37/2009 – B; B. v. 24. 11. 2009 – Az.: VK – 26/2009 – L; B. v.
12. 11. 2009 – Az.: VK – 21/2009 – L; B. v. 7. 10. 2009 – Az.: VK – 31/2009 – L; B. v. 8. 9.
2009 – Az.: VK – 17/2009 – L; B. v. 20. 8. 2009 – Az.: VK – 13/2009 – L; B. v. 29. 4. 2009 –
Az.: VK – 2/2009 – L; B. v. 21. 1. 2009 – Az.: VK – 43/2008 – L; B. v. 31. 10. 2008 – Az.: VK
– 22/2008 – B; B. v. 15. 8. 2008 – Az.: VK – 18/2008 – L; B. v. 26. 6. 2008 – Az.: VK –
23/2008 – L; B. v. 2. 6. 2008 – Az.: VK – 15/2008 – L; B. v. 23. 5. 2008 – Az.: VK – 7/2008 –
L; B. v. 28. 9. 2007 – Az.: VK – 27/2007 – L; B. v. 2. 8. 2007 – Az.: VK – 23/2007 – B; B. v.
26. 6. 2007 – Az.: VK – 18/2007 – B; B. v. 24. 4. 2007 – Az.: VK – 11/2007 – L; B. v. 19. 4.

Teil 1 GWB § 107 Gesetz gegen Wettbewerbsbeschränkungen

2007 – Az.: VK – 10/2007 – B; B. v. 29. 3. 2007 – Az.: VK – 08/2007 – B; B. v. 19. 3. 2007 – Az.: VK – 07/2007 – B; B. v. 2. 3. 2007 – Az.: VK – 05/2007 – L; B. v. 27. 11. 2006 – Az.: VK – 47/2006 – L; B. v. 2. 5. 2006 – Az.: VK – 17/2006 – B; B. v. 11. 1. 2006 – Az.: VK – 50/2005 – L; B. v. 28. 11. 2005 – Az.: VK – 40/2005 – B; VK Hessen, B. v. 21. 4. 2008 – Az.: 69 d VK – 15/2008; B. v. 14. 2. 2005 – Az.: 69 d VK – 90/2004; VK Lüneburg, B. v. 30. 6. 2008 – Az.: VgK-07/2008; B. v. 15. 5. 2008 – Az.: VgK-12/2008; B. v. 26. 6. 2007 – Az.: VgK-29/2007; B. v. 8. 6. 2007 – Az.: VgK-24/2007; B. v. 23. 2. 2007 – Az.: VgK-06/2007; B. v. 12. 1. 2007 – Az.: VgK-33/2006; B. v. 11. 1. 2007 – Az.: VgK-36/2006; B. v. 11. 12. 2006 – Az.: VgK-31/2006; B. v. 27. 10. 2006 – Az.: VgK-26/2006; B. v. 10. 10. 2006 – Az.: VgK-23/2006; B. v. 8. 5. 2006 – Az.: VgK-07/2006; B. v. 10. 3. 2006 – Az.: VgK-06/2006; B. v. 26. 5. 2005 – Az.: VgK-20/2005; B. v. 17. 5. 2005 – Az.: VgK-16/2005; B. v. 20. 8. 2004 – Az.: 203-VgK-41/2004, B. v. 29. 6. 2004 – Az.: 203-VgK-20/2004, B. v. 25. 6. 2004 – Az.: 203-VgK-19/2004; VK Münster, B. v. 14. 1. 2010 – Az.: VK 26/09; B. v. 9. 10. 2009 – Az.: VK 19/09; B. v. 12. 5. 2009 – Az.: VK 5/09; B. v. 13. 2. 2008 – Az.: VK 29/07; B. v. 28. 6. 2007 – Az.: VK 10/07; B. v. 30. 3. 2007 – Az.: VK 04/07; VK Niedersachsen, B. v. 17. 6. 2010 – Az.: VgK-28/2010; B. v. 16. 4. 2010 – Az.: VgK-10/2010; B. v. 15. 1. 2010 – Az.: VgK-74/2009; B. v. 15. 12. 2009 – Az.: VgK-63/2009; B. v. 27. 8. 2009 – Az.: VgK-35/2009; B. v. 8. 7. 2009 – Az.: VgK-29/2009; B. v. 3. 7. 2009 – Az.: VgK-30/2009; B. v. 24. 6. 2009 – Az.: VgK – 28/2009; B. v. 11. 2. 2009 – Az.: VgK-56/2008; B. v. 11. 11. 2008 – Az.: VgK-39/2008; VK Nordbayern, B. v. 10. 2. 2010 – Az.: 21.VK – 3194 – 01/10; B. v. 23. 2. 2004 – Az.: 320.VK – 3194 – 03/04; VK Rheinland-Pfalz, B. v. 7. 12. 2007 – Az.: VK 39/07; B. v. 27. 5. 2003 – Az.: VK 08/03; 3. VK Saarland, B. v. 23. 4. 2007 – Az.: 3 VK 02/2007, 3 VK 03/2007; 1. VK Sachsen, B. v. 19. 7. 2006 – Az.: 1/SVK/060-06; B. v. 19. 7. 2006 – Az.: 1/SVK/059-06; B. v. 26. 6. 2006 – Az.: 1/SVK/071-06; B. v. 9. 5. 2006 – Az.: 1/SVK/036-06; B. v. 6. 4. 2005 – Az.: 1/SVK/022-05; B. v. 29. 12. 2004 – Az.: 1/SVK/123-04; 1. VK Sachsen-Anhalt, B. v. 23. 8. 2005 – Az: 1 VK LVwA 31/05; B. v. 17. 3. 2005 – Az: 1 VK LVwA 02/05; 2. VK Sachsen-Anhalt, B. v. 10. 6. 2009 – Az.: VK 2 LVwA LSA – 13/09; B. v. 23. 7. 2008 – Az.: VK 2 LVwA LSA – 07/08; VK Schleswig-Holstein, B. v. 20. 1. 2009 – Az.: VK-SH 17/08; B. v. 25. 4. 2008 – Az.: VK-SH 04/08; B. v. 10. 1. 2006 – Az.: VK-SH 30/05; B. v. 5. 10. 2005 – Az.: VK-SH 23/05; VK Südbayern, B. v. 13. 3. 2009 – Az.: Z3-3-3194-1-02-01/09; B. v. 11. 2. 2009 – Az.: Z3-3-3194-1-01-01/09; B. v. 16. 1. 2009 – Az.: Z3-3-3194-1-46-12/09; B. v. 19. 12. 2006 – Az.: Z3-3-3194-1-35-11/06; VK Thüringen, B. v. 15. 7. 2010 – Az.: 250–4002.20–2329/2010-007-NDH; B. v. 4. 11. 2009 – Az.: 250–4002.20–5693/2009-013-SM; B. v. 5. 5. 2009 – Az.: 250–4002.20–2398/2009-002-ABG; B . v. 9. 4. 2009 – Az.: 250–4002.20–1786/2009-002-GRZ; B. v. 17. 3. 2009 – Az.: 250–4003.20–650/2009-003-EF; B. v. 17. 2. 2009 – Az.: 250–4002.20–7190/2008-043-EF; B. v. 18. 12. 2008 – Az.: 250–4003.20–5944/2008-030-J; B. v. 14. 8. 2008 – Az.: 250–4002.20–1923/2008-014-GRZ; B. v. 1. 8. 2008 – Az.: 250–4003.20–1952/2008-015-GRZ; B. v. 8. 5. 2008 – Az.: 250–4002.20–899/2008-006-G; B. v. 27. 3. 2008 – Az.: 250–4003.20–641/2008-002-UH; B. v. 26. 2. 2008 – Az.: 360–4002.20–396/2008-003-G; B. v. 11. 10. 2006 – Az.: 360–4002.20–026/06-SLF; B. v. 15. 6. 2006 – Az.: 360–4002.20–024/06-J-S; B. v. 31. 1. 2002 – Az.: 216–404.20-002/02-GTH). Auch die **Vergabesenate arbeiten mit dieser Höchstfrist** (BayObLG, B. v. 12. 12. 2001 – Az.: Verg 19/01; OLG Brandenburg, B. v. 20. 3. 2007 – Az.: Verg W 12/06; OLG Celle, B. v. 10. 1. 2008 – Az.: 13 Verg 11/07; B. v. 8. 3. 2007 – Az.: 13 Verg 2/07; OLG Dresden, B. v. 11. 9. 2006 – Az.: WVerg 13/06; OLG Düsseldorf, B. v. 4. 5. 2009 – Az.: VII-Verg 68/08; B. v. 17. 11. 2008 – Az.: VII-Verg 49/08; B. v. 5. 9. 2007 – Az.: VII – Verg 19/07; B. v. 2. 5. 2007 – Az.: VII – Verg 1/07; B. v. 5. 12. 2006 – Az.: VII – Verg 56/06; B. v. 8. 9. 2005 – Az.: Verg 35/04; B. v. 29. 12. 2001 – Az.: Verg 22/01, B. v. 9. 4. 2003 – Az.: Verg 66/02; OLG Frankfurt, B. v. 5. 5. 2008 – Az.: 11 Verg 1/08; B. v. 28. 2. 2006 – Az.: 11 Verg 15/05 und 16/05; OLG Karlsruhe, B. v. 6. 2. 2007 – Az.: 17 Verg 7/06; OLG Naumburg, B. v. 13. 5. 2008 – Az.: 1 Verg 3/08; B. v. 25. 10. 2005 – Az.: 1 Verg 5/05; Schleswig-Holsteinisches OLG, B. v. 9. 3. 2010 – Az.: 1 Verg 4/09; OLG Thüringen, B. v. 31. 8. 2009 – Az.: 9 Verg 6/09; B. v. 30. 3. 2009 – Az.: 9 Verg 12/08).

3675 Die **Ausschöpfung der maximalen Frist** kann allenfalls zugestanden werden, wenn eine **schwierige bzw. extrem schwierige Sach- und Rechtslage** gegeben ist, die die **Inanspruchnahme fachkundiger Hilfe erfordert** (OLG Celle, B. v. 8. 3. 2007 – Az.: 13 Verg 2/07; OLG Dresden, B. v. 11. 9. 2006 – Az.: WVerg 13/06; B. v. 6. 4. 2004 – Az.: WVerg 1/04; OLG Düsseldorf, B. v. 5. 12. 2006 – Az.: VII – Verg 56/06; OLG Koblenz, B. v. 18. 9. 2003 – Az.: 1 Verg 4/03; OLG Naumburg, B. v. 25. 1. 2005 – Az.: 1 Verg 22/04; B. v. 14. 12. 2004 – Az.: 1 Verg 17/04; B. v. 21. 8. 2003 – Az.: 1 Verg 12/03; Thüringer OLG, B. v. 31. 8. 2009 –

Gesetz gegen Wettbewerbsbeschränkungen **GWB § 107** **Teil 1**

Az.: 9 Verg 6/09; VK Baden-Württemberg, B. v. 10. 9. 2009 – Az.: 1 VK 49/09; B. v. 1. 9. 2009 – Az.: 1 VK 46/09; B. v. 26. 8. 2009 – Az.: 1 VK 43/09; B. v. 11. 4. 2008 – Az.: 1 VK 09/08; B. v. 13. 10. 2005 – Az.: 1 VK 59/05; 1. VK Brandenburg, B. v. 21. 5. 2008 – Az.: VK 9/08; B. v. vom 3. 4. 2008 – Az.: VK 4/08; B. v. 15. 1. 2008 – Az.: VK 52/07; B. v. 22. 11. 2007 – Az.: VK 43/07; B. v. 21. 11. 2007 – Az.: VK 45/07; B. v. 11. 9. 2006 – Az.: 2 VK 34/06, 1 VK 35/06; B. v. 7. 4. 2006 – Az.: 1 VK 13/06; B. v. 5. 4. 2006 – Az.: 1 VK 3/06; VK Lüneburg, B. v. 30. 6. 2008 – Az.: VgK-07/2008; B. v. 15. 5. 2008 – Az.: VgK-12/2008; B. v. 26. 6. 2007 – Az.: VgK-29/2007; B. v. 8. 6. 2007 – Az.: VgK-24/2007; B. v. 23. 2. 2007 – Az.: VgK-06/2007; B. v. 10. 10. 2006 – Az.: VgK-23/2006; VK Münster, B. v. 14. 1. 2010 – Az.: VK 26/09; VK Niedersachsen, B. v. 16. 4. 2010 – Az.: VgK-10/2010; B. v. 15. 1. 2010 – Az.: VgK-74/2009; B. v. 27. 8. 2009 – Az.: VgK-35/2009; B. v. 8. 7. 2009 – Az.: VgK-29/2009; B. v. 3. 7. 2009 – Az.: VgK-30/2009; B. v. 24. 6. 2009 – Az.: VgK – 28/2009; B. v. 11. 11. 2008 – Az.: VgK-39/2008; VK Rheinland-Pfalz, B. v. 7. 12. 2007 – Az.: VK 39/07; 2. VK Sachsen-Anhalt, B. v. 10. 6. 2009 – Az.: VK 2 LVwA LSA – 13/09; B. v. 23. 7. 2008 – Az.: VK 2 LVwA LSA – 07/08; VK Schleswig-Holstein, B. v. 25. 4. 2008 – Az.: VK-SH 04/08; VK Südbayern, B. v. 13. 3. 2009 – Az.: Z3-3-3194-1-02-01/09; B. v. 16. 1. 2009 – Az.: Z3-3-3194-1-46–12/09).

Die **VK Münster** hingegen hält die **Obergrenze von zwei Wochen im Falle einer** 3676 **durchschnittlichen Auftragsvergabe auch deshalb für angemessen**, weil sowohl innerhalb des Unternehmens eine **Abstimmung in der Geschäftsleitung** erforderlich sein kann, als auch die **Beratung durch Rechtsanwälte** zeitlich möglich sein muss. Alles andere führt nur dazu, dass innerhalb weniger Tage **vorschnell Rügen erhoben** werden, die möglicherweise ins Blaue hinein erfolgen und die **Vergabestellen letztlich zu überflüssigen Prüfungen veranlassen** (VK Münster, B. v. 30. 3. 2007 – Az.: VK 04/07).

18.5.23.3.3.7 Unverzüglichkeit bei einem fachkundigen Unternehmen bzw. Unter- 3677 **nehmen mit Erfahrung in Nachprüfungsverfahren. Ein fachkundiges und erfahrenes Unternehmen** kann in der Lage sein, unmittelbar nach Erhalt der Information über das Vergabeverfahren zu reagieren und in Kenntnis des eigenen Angebots, der eigenen Kalkulation und der branchenbezogenen Marktsituation einzuschätzen, ob – im Falle einer Aufhebung der Ausschreibung – das Vergabeverfahren tatsächlich kein wirtschaftliches Ergebnis erbracht hatte. Es ist ihm zumutbar und möglich, einen vermeintlichen Vergaberechtsverstoß **innerhalb von maximal 5 Tagen** (VK Lüneburg, B. v. 20. 9. 2002 – Az.: 18/02; ähnlich 1. VK Sachsen, B. v. 29. 11. 2002 – Az.: 1/SVK/108-02) bzw. sogar innerhalb von **2 bis 3 Tagen zu rügen** (VK Niedersachsen, B. v. 22. 10. 2009 – Az.: VgK-49/2009; VK Lüneburg, B. v. 22. 5. 2002 – Az.: 203-VgK-08/2002, B. v. 20. 1. 2004 – Az.: 203-VgK-38/2003).

Ist ein **Unternehmen, was die Durchführung von Vergabeverfahren und Vergabe-** 3678 **nachprüfungsverfahren anbelangt, sehr erfahren** und ist ihm die bestehende Problematik des Nachprüfungsverfahrens bestens bekannt, ist der Bieter verpflichtet, innerhalb kürzester Zeit, nämlich innerhalb von **1 bis 2, maximal drei Tagen zu rügen**. Eine vorherige anwaltliche Beratung ist in solchen Fällen keinesfalls geboten. Selbst wenn noch etwaige Restzweifel bestehen, rechtfertigen diese ein Zuwarten mit der Rüge nicht. Die Rügeobliegenheit besteht nicht erst ab dem Zeitpunkt, zu dem der Antragsteller Kenntnis von einem völlig zweifelsfreien und in jeder Beziehung sicher nachweisbaren Vergabefehler erlangt. Ausreichend ist vielmehr das Wissen um einen Sachverhalt, der den Schluss auf die Verletzung vergaberechtlicher Bestimmungen erlaubt und der es bei vernünftiger Betrachtung gerechtfertigt erscheinen lässt, das Vergabeverfahren als fehlerhaft zu beanstanden (VK Baden-Württemberg, B. v. 13. 10. 2005 – Az.: 1 VK 59/05; im Ergebnis ebenso 1. VK Sachsen, B. v. 19. 5. 2009 – Az.: 1/SVK/008–09; VK Südbayern, B. v. 12. 6. 2009 – Az.: Z3-3-3194-1-20–05/09).

18.5.23.3.3.8 Unverzüglichkeit bei widersprüchlichem Verhalten des Auftraggebers. 3679 Ein **widersprüchliches Verhalten des Auftraggebers** während des Vergabeverfahrens kann dazu führen, dass die **Frist** für die Erhebung der Rüge **verlängert** wird (1. VK Sachsen, B. v. 4. 6. 2002 – Az.: 1/SVK/049-02).

Ein Zeitverzug ist vom Antragsteller unverschuldet, wenn in der Bekanntmachung **fälschli-** 3680 **cherweise als Nachprüfinstanz** die VOB-/VOL-Stelle anstelle der Vergabekammer benannt ist. Dieser Fehler und die damit verbundene Verzögerung kann dem Antragsteller nicht angelastet werden (1. VK Sachsen, B. v. 4. 10. 2002 – Az.: 1/SVK/085-02).

18.5.23.3.3.9 Unverzüglichkeit bei anwaltlicher Vertretung des Bieters. Auch den 3681 **Verfahrensbevollmächtigten eines Bieters muss eine gewisse Mindestbearbeitungszeit einschließlich der Abfassung eines entsprechenden Schriftsatzes und der Erstellung**

der **Antragsunterlagen zugestanden werden** (OLG Düsseldorf, B. v. 2. 5. 2007 – Az.: VII – Verg 1/07; VK Schleswig-Holstein, B. v. 23. 1. 2009 – Az.: VK-SH 18/08), so dass eine **Dauer von fünf Werktagen noch als unverzüglich** angesehen werden kann (VK Schleswig-Holstein, B. v. 12. 7. 2005 – Az.: VK-SH 14/05).

3682 Von einem anwaltlichen Bevollmächtigten kann – wie von einem Bieter – nicht angenommen werden, dass er in kürzester Zeit alle denkbaren Vergaberechtsverstöße lückenlos identifiziert. Auch wenn von ihm erwartet werden muss, dass er die erforderliche rechtliche Würdigung kurzfristig vornehmen kann, **muss ihm ein dem konkreten Vergabeverfahren angemessener Zeitraum zugebilligt werden**, um sich in die Sachlage, insbesondere die Verdingungsunterlagen einzuarbeiten. Insofern kann gerade im Hinblick auf ein **Vergabeverfahren mit 36 Leitzordnern Verdingungsunterlagen und 12 Leitzordnern Nachsendung** nicht erwartet werden, dass die Verfahrensbevollmächtigten eines Antragstellers auch einen diesbezüglich u. U. gegebenen Rügepunkt ohne nähere eigene Prüfung unmittelbar erkannt haben (2. VK Bund, B. v. 21. 9. 2009 – Az.: VK 2–126/09).

3683 Ein **Antragsteller muss das Rügeschreiben auch nicht selbst verfassen**, sondern darf sich schon **aus dem rechtlichen Gesichtspunkt der Waffengleichheit** eines eigenen anwaltlichen Beistands versichern, wenn der Auftraggeber schon im Vergabeverfahren anwaltlich beraten ist. In solchen Fällen ist eine **Dauer von sechs Tagen noch unverzüglich** (OLG Düsseldorf, B. v. 2. 5. 2007 – Az.: VII – Verg 1/07).

3684 Bei komplexen Vergabeverfahren ist auch bei anwaltlicher Beratung eine Rügefrist von mehr als 6 Tagen zulässig (2. VK Bund, B. v. 4. 9. 2002 – Az.: VK 2–58/02). Die VK Lüneburg sieht insoweit eine **Frist von einer Woche bzw. 6 Tagen noch als unverzüglich** an (B. v. 20. 8. 2004 – Az.: 203-VgK-41/2004; B. v. 7. 6. 2005 – Az.: VgK-21/2005; ebenso 3. VK Bund, B. v. 19. 7. 2005 – Az.: VK 3–58/05).

3685 Ein **Verschulden ihres Bevollmächtigten muss sich ein Bieter als eigenes Verschulden zurechnen lassen** (§ 85 Abs. 2 ZPO), wenn z. B. für einen Rechtsanwalt ein Verstoß gegen das Gebot der produktneutralen Ausschreibung auf den ersten Blick ersichtlich ist und dennoch die Rüge erst über einen Monat später erfolgt (OLG München, B. v. 28. 2. 2007 – Az.: Verg 01/07).

3686 18.5.23.3.3.10 Unverzüglichkeit bei Rügen aus einem anderen Nachprüfungsverfahren. Ist ein **Auftraggeber in einem Nachprüfungsverfahren** – nur – **zur Wiederholung der Wertung verpflichtet** worden und hat der Antragsteller Kenntnis von ihm als solche angesehenen materiellen Wertungsfehler sowie Kenntnis der Tatsache, dass der Auftraggeber seitens der Vergabekammer nicht zu einer neuen fachlichen Wertung verpflichtet ist, ist der **Antragsteller** nach § 107 Abs. 3 Satz 1 GWB **verpflichtet, die von ihm beanstandeten Wertungsfehler unverzüglich nach dem Beschluss der Vergabekammer zu rügen**, wenn er sich die Möglichkeit eines zweiten, auf die fachliche Wertung bezogenen Vergabenachprüfungsverfahrens offen halten will. Wartet er jedoch den Erhalt der zweiten Mitteilung nach § 13 VgV ab und konfrontiert er den Auftraggeber danach mit einem Tatsachenvortrag und einer Reihe von hierauf gestützten Wertungsfehlern, die für den Auftraggeber völlig neu sind, ist die Rüge nicht mehr unverzüglich (3. VK Bund, B. v. 16. 12. 2004 – Az.: VK 3–212/04).

3687 Ein **Antragsteller kann ebenso aus einem parallelen Vergabeverfahren die erforderliche Tatsachen und Rechtskenntnis haben. Dies kann dann der Fall sein**, wenn zwei der an der antragstellenden Bietergemeinschaft beteiligten Unternehmen zusammen mit anderen Bietern ein **Angebot im Rahmen einer parallelen und inhaltlich weitgehend identischen Ausschreibung** abgegeben, sie eine **Mitteilung nach § 13 VgV erhalten** und die beabsichtigte Vergabe **gerügt haben**, und zwar **mit denselben Argumenten**, die auch jetzt vorgebracht werden. Spätestens zu diesem Zeitpunkt ist auch für die antragstellende Bietergemeinschaft die erforderliche Tatsachen- und Rechtskenntnis anzunehmen (3. VK Bund, B. v. 3. 7. 2006 – Az.: VK 3–51/06; im Ergebnis ebenso VK Niedersachsen, B. v. 24. 6. 2009 – Az.: VgK – 28/2009).

3688 Wird ein **Offenes Verfahren aufgehoben** und findet **anschließend** (unter gleichen Bedingungen) eine Vergabe im **Verhandlungsverfahren** statt, wird man bei dieser Sachverhaltskonstellation verlangen müssen, dass der **Bieter innerhalb des nachfolgenden Vergabeverfahrens in irgendeiner Form zum Ausdruck bringt** oder sich aus den sonstigen Umständen ergibt, dass seine **Rügen aus dem Offenen Verfahren weiterhin Bestand haben** sollen (1. VK Bund, B. v. 9. 11. 2006 – Az.: VK 1–118/06).

Wendet sich ein Bieter bereits in einem vorherigen Vergabeverfahren z. B. gegen die Loslimitierung, mag dies dazu führen, dass ein strengerer Maßstab an die Rechtzeitigkeit der Rüge zu legen ist. **Allerdings kann dies nicht so weit führen, als dass hier ein noch strengerer Maßstab gilt, als der, den die Rechtsprechung mittlerweile zu § 107 Abs. 3 Satz 1 GWB herausgebildet hat.** Die Rüge, die vorliegend 5 Tage nach der Vergabebekanntmachung erhoben wurde, ist demnach als rechtzeitig anzusehen (VK Sachsen, B. v. 14. 3. 2007 – Az.: 1/SVK/006–07). 3689

18.5.23.3.3.11 Unverzüglichkeit und Organisationsfehler des Antragstellers. Es bleibt der **Organisation und damit der Risikosphäre eines Bieters** überlassen, **mit welchem Engagement und Personaleinsatz er sich an einer Ausschreibung beteiligt.** Der durch das Vergaberecht dem Bieter gewährte Primärrechtsschutz im Vergabeverfahren setzt voraus, dass sich der Bieter seinerseits stets in gebührendem Maße um seinen Rechtsschutz bemüht. Dazu gehört gerade auch die vorprozessuale Rüge. Insoweit kann sich auch ein Bieter nicht durch die allein ihm obliegende Organisation des Personaleinsatzes bei der Angebotserstellung der angemessenen, eingehenden Prüfung der Verdingungsunterlagen und damit der potenziellen, rechtzeitigen Rügemöglichkeit in einem laufenden Vergabeverfahren wirksam entziehen, indem er die fachliche Auswahl der bei der Angebotserstellung eingesetzten Mitarbeiter derart beschränkt, dass **Fehler in den Verdingungsunterlagen, die einem durchschnittlichen, fachlich versierten Bieterunternehmen sofort bei der ersten Angebotsprüfung auffallen müssten, übersieht** (VK Brandenburg, B. v. 12. 9. 2007 – Az.: VK 36/07; 2. VK Bund, B. v. 22. 10. 2003 – Az.: VK 2–86/03; VK Lüneburg, B. v. 20. 9. 2002 – Az.: 203-VgK-18/2002, B. v. 21. 1. 2003 – Az.: 203-VgK-30/2002; im Ergebnis ebenso VK Hessen, B. v. 17. 8. 2009 – Az.: 69 d VK – 25/2009). 3690

Auch der **Urlaub des Geschäftsführers kann kein Anlass sein, die für eine Rüge einzuräumende Zeitspanne wesentlich zu verlängern,** weil der Geschäftsführer in Erwartung der Vergabeentscheidung die notwendige Vorsorge treffen muss, um auf unerwartete Ereignisse sofort reagieren zu können (VK Berlin, B. v. 15. 9. 2004 – Az.: VK – B 2–47/04; VK Südbayern, B. v. 16. 1. 2009 – Az.: Z3-3-3194-1-46–12/09). 3691

18.5.23.3.3.12 „Aufdrängen" von Vergabefehlern. Eine Rüge ist auch dann verspätet, wenn sich das **Vorliegen einer fehlerhaften Ausschreibung aufdrängt,** der Bieter sich aber auf – evtl. unrichtige – Erläuterungen der Vergabestelle verlässt (VK Thüringen, B. v. 29. 6. 2004 – Az.: 360–4003.20-011/04-SDH). 3692

18.5.23.3.3.13 Unverzüglichkeit in einem VOF-Verfahren nach Erhalt eines Einladungsschreibens zu Auftragsgesprächen. Erhält ein Bewerber in einem **VOF-Verfahren ein Einladungsschreiben zu Auftragsgesprächen** und erhebt er erst zwei Wochen später, zwei Tage vor dem Verhandlungsgespräch, **Rügen hinsichtlich der in dem Einladungsschreiben genannten Auftragskriterien und deren Gewichtung**, ist die Vorgehensweise, der Vergabestelle zwei Tage vor dem Verhandlungstermin umfangreiche Rügen zum Einladungsschreiben und den in der Verhandlung anzuwendenden Auftragskriterien zukommen zu lassen und diese auch noch erst eine Woche danach zu begründen, nicht mit § 107 Abs. 3 GWB zu vereinbaren und damit **verfristet** (VK Nordbayern, B. v. 1. 2. 2008 – Az.: 21.VK – 3194 – 54/07). 3693

18.5.23.3.3.14 Unverzüglichkeit bei einer Präsentation im Rahmen eines VOF-Verfahrens. Hat ein **Bieter im Rahmen eines Präsentationsgesprächs nach der VOF** von einem behaupteten Vergabeverstoß (z. B. sachwidrige Verkürzung der Präsentationszeit) positiv Kenntnis erlangt und war hierbei auch sein anwaltlicher Vertreter anwesend, hätte der Bieter sofort die notwendigen rechtlichen Schlüsse ziehen können und müssen, so dass die **Rüge noch in dem Präsentationsgespräch mündlich ausgesprochen werden muss**; eine schriftliche Rüge nach Abschluss des Präsentationsgespräches genügt nicht (VK Hessen, B. v. 1. 9. 2003 – Az.: 69 d VK – 44/2003). 3694

18.5.23.3.3.15 Unverzüglichkeit im Rahmen eines Prüfungsgesprächs über die Eignung. Beanstandungen bezüglich des Inhalts und Ablaufs eines Prüfungsgesprächs über die Eignung müssen nicht vor dessen Beendigung geltend gemacht werden. Eine solche Rüge hätte den Ablauf der Prüfung massiv belastet und war daher den Kandidaten nicht zuzumuten. Zudem konnten diese nicht abschätzen, ob die von ihnen wahrgenommene z. B. besonders strenge Befragung und die aus ihrer Sicht geringe fachliche Relevanz der gestellten Fragen auch zu einem unzureichenden Prüfungsergebnis führen würden. Solange dies nicht feststand, war eine **Rüge auf den bloßen Verdacht hin, dass die Bewertung negativ ausfallen könnte, nicht veranlasst** (2. VK Bund, B. v. 19. 4. 2010 – Az.: VK 2–23/10). 3695

Teil 1 GWB § 107

3696 **18.5.23.3.3.16 Unverzüglichkeit und Rücksicht auf Kundenbeziehungen.** Dass ein Bieter die **Kundenbeziehung zum Auftraggeber nicht mit einer Rüge, die sich im Endeffekt vielleicht als überflüssig herausstellt, belasten will, ist zwar nachvollziehbar, § 107 Abs. 3 Satz 1 GWB nimmt hierauf aber keine Rücksicht.** Der Gesetzeszweck der Obliegenheit zur unverzüglichen Rüge geht im Gegenteil vielmehr gerade dahin, auszuschließen, dass ein Bieter im Vertrauen darauf, dass der vermeintliche Vergaberechtsverstoß sich nicht realisieren wird, die Rüge erst artikuliert, wenn er erkennt, dass er keine Chance auf den Zuschlag hat (1. VK Bund, B. v. 7. 1. 2004 – Az.: VK 2–137/03).

3697 **18.5.23.3.3.17 Unverzüglichkeit bei einem neuen Beschaffungskonzept und komplexen Verdingungsunterlagen.** Angesichts eines **für alle Bieter neuen Beschaffungskonzeptes eines öffentlichen Auftraggebers und der damit einhergehenden Komplexität der Verdingungsunterlagen** (insgesamt 45 Lose mit insgesamt 833 Maßnahmen), ist einem Antragsteller ein **Zeitraum von 10 Tagen zuzubilligen,** um sich mit den Inhalten der Ausschreibung und den daraus erwachsenden Konsequenzen für ihr Unternehmen sowie der vergaberechtlichen Bewertung des Ausschreibungsverfahrens eingehend auseinander zu setzen (1. VK Bund, B. v. 24. 3. 2004 – Az.: VK 1–135/03).

3698 **18.5.23.3.3.18 Unverzüglichkeit bei einer Verdachtsrüge.** In dem Spannungsverhältnis zwischen Aufklärung der Ablehnungsgründe und Rüge von Vergabeverstößen auf Verdacht gilt **auch für Aufklärungsschreiben bzw. Verdachtsrügen,** dass sie **unverzüglich** nach Erkennen des Sachverhalts erhoben werden müssen. Jedoch wird **nicht von einer Rügefrist von in der Regel ein bis drei Tagen** auszugehen sein, sondern es wird zu berücksichtigen sein, dass eine **verständliche Abfassung der Rüge durch eine nicht bekannte Sach- und/oder Rechtslage erschwert** wird, so dass für ein rügendes Aufklärungsbegehren in Einzelfällen eine **Aufklärungsfrist von bis zu 2 Wochen** zugestanden werden kann. Dies kann auch im Blick auf die Frage gelten, ob eine Verdachtsrüge einer anwaltlichen Beratung bedarf oder ob es ggf. zumutbar wäre, die Aufklärung sofort ohne anwaltliche Beratung zu erheben (VK Baden-Württemberg, B. v. 2. 12. 2004 – Az.: 1 VK 73/04).

3699 **18.5.23.3.3.19 Unverzüglichkeit bei einem Gesprächsangebot des Auftraggebers.** Bietet der Auftraggeber in der Mitteilung nach § 101a GWB ein Gespräch an, kann es einem Bieter nicht angelastet werden, **wenn er den Gesprächstermin zunächst abwartet und erst danach entsprechende Rügen erhebt.** Ein schuldhaftes Zögern bei der Erhebung der Rüge ist bei einem solchen Sachverhalt nicht anzunehmen (3. VK Bund, B. v. 28. 1. 2005 – Az.: VK 3–221/04).

3700 **18.5.23.3.3.20 Unverzüglichkeit bei Zusage der Vergabe erst zu einem bestimmten Zeitpunkt.** Für die Rechtzeitigkeit und die damit verbundene Frage, ob ein Unternehmen die Rüge schuldhaft verzögert hat, kommt es immer auf die **konkreten Umstände des Einzelfalls** an. Wenn der öffentliche **Auftraggeber den Bietern mitteilt, den Zuschlag erst zu einem bestimmten Datum erteilen zu wollen, dann dürfen die Bieter diese Erklärung in aller Regel als die Verlängerung der Frist des § 101a GWB verstehen. Daraus resultiert auch eine Verlängerung der Frist für die Rügen.** Denn die Fristverlängerung durch den Auftraggeber hat zur Folge, dass der Vertrag zuvor nicht wirksam geschlossen werden kann. Gleichzeitig erhalten die Bieter die Möglichkeit, Primärrechtsschutz in Anspruch zu nehmen, wozu auch die Einreichung einer Rüge gehört. Insofern ist eine **Rüge 15 Tage nach Absendung des Informationsschreibens, aber vier Tage vor der geplanten Zuschlagserteilung, noch als unverzüglich** anzusehen (VK Münster, B. v. 25. 1. 2006 – Az.: VK 23/05).

3701 **18.5.23.3.3.21 Unverzüglichkeit und Vertrauensschutz aus vorangegangenen Ausschreibungsverfahren.** Die **Vorstellung eines Bieters,** eine im Leistungsverzeichnis aufgenommene **fehlerhafte Bestimmung** (z.B. Voraussetzung des Nachweises durch eine Prüfanstalt) **werde wie bei früheren Ausschreibungen auch dieses Mal bedeutungslos sein und sich nicht nachteilig auswirken, berührt die Rügeobliegenheit nicht.** Die **Präklusionsregelung als spezielle Ausformung des Grundsatzes von Treu und Glauben schützt das öffentliche Interesse an einem raschen Abschluss des Vergabeverfahrens.** Die Vergabestelle soll die Möglichkeit erhalten, von Bietern und Bewerbern erkannte Fehler im frühestmöglichen Stadium des Verfahrens zu beheben. Die **Vergabekammern sollen mit Vergaberechtsverstößen gar nicht erst befasst werden, die im Fall einer rechtzeitigen Rüge möglicherweise schon im Vorfeld hätten korrigiert werden können.** Gerade das Verhalten, nämlich die Auswirkungen eines erkannten Fehlers zunächst abzuwarten und einen Nachprüfungsantrag erst dann zu stellen, wenn die Spekulation auf einen günstigen Verfah-

Gesetz gegen Wettbewerbsbeschränkungen GWB § 107 **Teil 1**

rensausgang nicht aufgeht, die Gelegenheit des Auftraggebers zur zeitsparenden Selbstkorrektur jedoch verstrichen ist, soll durch das Rügeerfordernis und die daran anknüpfende Präklusion verhindert werden (OLG Koblenz, B. v. 3. 4. 2008 – Az.: 1 Verg 1/08).

18.5.23.3.3.22 Unverzüglichkeit und Zugang des Informationsschreibens nach § 101a GWB. Ob auf den Zeitpunkt des Zugangs eines Informationsschreibens nach § 101a GWB die Fiktion in § 41 Abs. 2 VwVfG entsprechend angewendet werden darf, wonach ein Verwaltungsakt mit dem dritten Tage nach der Aufgabe zur Post als bekannt gegeben gilt, **kann auf sich beruhen.** In Zweifelsfällen, so der letzte Halbsatz der Vorschrift, ist die Behörde nämlich gleichwohl des Nachweises eines Zugangs und des Zeitpunktes nicht enthoben. **Nach der Liberalisierung des Postmarktes ist, anders als noch bei der Schaffung des Absatzes 2 des § 41 VwVfG, eine durch die Lebenserfahrung begründete tatsächliche Vermutung, wonach einfache Briefsendungen einen im Inland ansässigen Empfänger innerhalb weniger Tage erreichen, in dieser Allgemeinheit nicht mehr gerechtfertigt.** Macht der Empfänger eines mit gewöhnlicher Post versandten Briefes geltend, den Brief nicht oder erst nach Ablauf der in § 41 Abs. 2 VwVfG angenommenen Frist erhalten zu haben, ist die Vermutung entkräftet (OLG Düsseldorf, B. v. 5. 5. 2008 – Az.: VII – Verg 5/08; VK Südbayrn, B. v. 6. 5. 2009 – Az.: Z3-3-3194-1-14-04/09). 3702

18.5.23.3.3.23 Irrtum über den Begriff des schuldhaften Zögerns. Wer eine Erklärung „unverzüglich" abzugeben hat, **muss auch für seinen Rechtsirrtum über die damit verbundene Frist einstehen, soweit er fahrlässig gehandelt** hat. Dabei ist ein **strenger Sorgfaltsmaßstab** anzulegen; der Erklärende muss die Rechtslage unter Beachtung der hierzu ergangenen Rechtsprechung sorgfältig prüfen und ggf. Rechtsrat einholen; eine dabei von einem Rechtsanwalt erteilte unrichtige Auskunft muss er sich gem. § 278 BGB zurechnen lassen (OLG Dresden, B. v. 21. 10. 2005 – Az.: WVerg 0005/05). 3703

18.5.23.3.3.24 Auswirkungen eines beschleunigten Verfahrens auf die Unverzüglichkeit der Rüge. Daraus, dass ein Auftraggeber das beschleunigte Verfahren nach § 12 EG Abs. 4 VOL/A wählt, **ergeben sich auch keine zeitlich engeren Anforderungen der Rügeobliegenheit**; § 12 EG Abs. 4 VOL/A enthält lediglich Regelungen über gewisse Mindestfristen für die Abgabe von Angeboten und Teilnahmeanträgen sowie für die Erteilung von Auskünften (1. VK Bund, B. v. 21. 8. 2009 – Az.: VK 1–146/09). 3704

18.5.23.3.3.25 Weitere Beispiele aus der Rechtsprechung 3705

– eine Rüge ist als **verspätet** im Sinne des § 107 Abs. 3 Nr. 1 GWB anzusehen, wenn der **Antragsteller** die sachliche Begründung für seine Zweifel an der Leistungsfähigkeit der konkurrienden, bevorzugten Bieterin schon **Monate vor der Zuschlagsentscheidung ermittelt und gehortet** hat (VK Arnsberg, B. v. 22. 2. 2010 – Az.: VK 02/10)

– ist die **Rüge erst am 10. Tag nach Zugang der Verdingungsunterlagen und am 4. Tag nach dem Entstehen der Rügeobliegenheit der Antragsgegnerin zugegangen, kann dies auch unter Berücksichtigung der dem Antragsteller einzuräumenden Prüfungs- und Überlegungsfrist nicht mehr unverzüglich** genannt werden. Eine Rüge innerhalb von acht Tagen nach Zugang der Verdingungsunterlagen wäre zwar bei einem erheblichen Prüfungsaufwand für die Verdingungsunterlagen noch unverzüglich gewesen. Eine Rüge zehn Tage nach Zugang ist es hier jedoch nicht mehr, da die Verdingungsunterlagen dem Verfahrensbevollmächtigten der Antragstellerin schon seit dem 2. Juli 2008 vorlagen, diese während des Urlaubs des Geschäftsführers geprüft werden konnten und nur auf Abweichungen von den ursprünglichen Verdingungsunterlagen aus dem offenen Verfahren zu prüfen waren. Für die Abfassung des nur fünf Seiten aufweisenden Rügeschreibens bedurfte es nicht mehr als ein oder zwei Tage. Das **Verschulden ihres anwaltlichen Verfahrensbevollmächtigten muss die Antragstellerin sich über § 278 BGB zurechnen lassen**. Von der Präklusionswirkung sind sämtliche im Rügeschreiben vom 11. Juli 2008 enthaltenen Rügen erfasst (OLG Düsseldorf, B. v. 4. 5. 2009 – Az.: VII-Verg 68/08)

– unter Berücksichtigung der im vorliegenden Fall für die Beurteilung des Sachverhalts durch die zu Rate gezogenen Anwälte erforderlichen Zeit, einer angemessenen Überlegungsfrist sowie des **Umstandes, dass nur fünf der zehn Kalendertagen auch Arbeitstage waren, ist eine Rüge innerhalb von zehn Tagen** hinsichtlich der o. g. Rügen indes eine noch als unverzüglich zu werten (2. VK Bund, B. v. 15. 9. 2008 – Az.: VK 2–91/08)

– ist im **Zeitpunkt der Rüge bereits deutlich mehr als eine Woche vergangen**, legt dies **grundsätzlich eine Rügepräklusion nach § 107 Abs. 3 S. 1 GWB** nahe. Die ASt hat jedoch in der mündlichen Verhandlung nachvollziehbar dargetan, dass es im vorliegenden Fall

791

zunächst eingehender Beratungen mit der Bundesarbeitsgemeinschaft der Werkstätten für behinderte Menschen bedurfte, um Klarheit über das weitere Vorgehen zu gewinnen. Dies lag nicht allein daran, dass im Hinblick auf weitere anstehende Ausschreibungen der Ag mit der Bundesarbeitsgemeinschaft die Zweckmäßigkeit eines Vorgehens gegen den Angebotsausschluss besprochen werden sollte. Vielmehr suchte die ASt über die die Ausschreibung für ihre Mitgliedsunternehmen begleitende Bundesarbeitsgemeinschaft auch Klarheit darüber zu gewinnen, ob die Ag hinsichtlich des Ausschlusses angeblicher WfbM einheitlich oder diskriminierend vorging. Dies **war für die Einschätzung der Erfolgsaussichten einer streitigen Auseinandersetzung bedeutsam und nahm wegen der erst nach einigen Tagen bei der Bundesarbeitsgemeinschaft eingegangenen Informationen nicht unerhebliche Zeit in Anspruch**. Nachdem die ASt in tatsächlicher Hinsicht informiert war und sodann am 10. Juni 2008 ihre Verfahrensbevollmächtigten – die zunächst die Bundesarbeitsgemeinschaft beraten hatten – mit ihrer rechtlichen Vertretung beauftragt hatte, wurde die Rüge bereits am nächsten Tag erhoben. Unter Berücksichtigung des Aufwandes für die tatsächliche und rechtliche Klärung des Sachverhaltes ist der ASt bezüglich des Schreibens vom 11. Juni 2008 keine Verletzung ihrer Rügeobliegenheit anzulasten (2. VK Bund, B. v. 1. 8. 2008 – Az.: VK 2–88/08)

– **gibt ein Bieter lediglich ein Hauptangebot ab und macht er von der Möglichkeit, sich auch mit Nebenangeboten am Vergabeverfahren zu beteiligen, keinen Gebrauch, besteht für ihn keine Veranlassung, sich mit dem die Abgabe von Nebenangeboten betreffenden Teil der Ausschreibung näher zu befassen und seinen Inhalt auf seine vergaberechtliche Zulässigkeit zu untersuchen**. Dies ändert sich erst, wenn er von der beabsichtigten Wertung eines Nebenangebots erfährt. Positive Kenntnis dieses Bieters im Sinne des § 107 Abs. 3 S. 1 GWB ist damit frühestens ab Erhalt des Informationsschreibens feststellbar (VK Schleswig-Holstein, B. v. 7. 5. 2008 – Az.: VK-SH 05/08; VK Südbayern, B. v. 29. 4. 2009 – Az.: Z3-3-3194-1-11–03/09)

– ist **aus den Verdingungsunterlagen eindeutig erkennbar**, dass die **Wartungskosten in die Wertung einfließen** sollen (im Formblatt EVM Erg EG Gew 248 EG ist als Wertungskriterium u. a. genannt: „Preis (Wertungssumme einschl. evtl. Wartungskosten)" und ergibt sich daraus die grundsätzliche Einbeziehung der Wartungskosten in die Wertung, so muss ein **Bieter etwaige Unklarheiten vor der Angebotserstellung aufklären bzw. diese unverzüglich bei der Vergabestelle rügen**; ansonsten sind spätere Einwendungen **präkludiert** (VK Nordbayern, B. v. 23. 4. 2008 – Az.: 21.VK – 3194 – 15/08)

– die Antragstellerin hat das von ihr beanstandete Zuschlagsvorhaben auf die Bieterinformation vom 11. 4. 2007 unter dem 16. 4. 2007 i.S. v. § 107 Abs. 3 S. 1 GWB unverzüglich gerügt. Zu bedenken ist dabei: Dem Antragsteller sind im Rahmen der Rügeobliegenheit eine Überlegungsfrist sowie in der Regel ebenfalls eine anwaltliche Beratung zu konzedieren. Unter dem Gebot, dass dabei die Umstände des jeweiligen Einzelfalls zu berücksichtigen sind, hat dies **zumal dann zu gelten, wenn vor Anbringung einer Rüge die nicht einfache Rechtsfrage zu beantworten war, ob nach Maßgabe der insoweit ergangenen Rechtsprechung in den Verdingungsunterlagen ausreichende Mindestanforderungen für Nebenangebote gesetzt worden waren** (OLG Düsseldorf, B. v. 22. 8. 2007 – Az.: VII – Verg 20/07)

– die erkennende Kammer ist davon überzeugt, dass die **Antragstellerin als fachkundiges Unternehmen bereits beim Lesen der Verdingungsunterlagen**, spätestens jedoch beim Erstellen des Angebotes den Rückschluss der vermeintlichen Vergaberechtswidrigkeit hinsichtlich der Einflussmöglichkeit der einzelnen Bieter auf den Umfang der **Wartung** durch die Festlegung der bieterseitig zu erstellenden und beizufügenden Arbeitskarten gezogen hat und somit das Rügeerfordernis ausgelöst wurde. Ausweislich des Rügevortrags vom 21. 6. 2007 wurde seitens der Antragstellerin im Zusammenhang mit der anzubietenden Wartungsleistung lediglich die Unvollständigkeit des Beigeladenenangebotes kritisiert. Zur Frage eines ungebührlichen Wagnisses bzw. der damit verbundenen Wettbewerbsverzerrung bezog die Antragstellerin erstmalig im Nachprüfungsantrag selbst Position. Dies war somit zu spät (1. VK Sachsen-Anhalt, B. v. 21. 9. 2007 – Az: 1 VK LVwA 18/07)

– das Vorbringen im Nachprüfungsverfahren, die Vergabestelle hätte insgesamt die Ausschreibung sehr kurzfristig durchgeführt und dadurch sei eine ordentliche Disposition bzgl. Personal und Fahrzeugen gar nicht mehr möglich gewesen, ist verfristet. Sowohl der **Ausschreibungszeitpunkt und die Angebotsabgabefrist als auch der Vertragsbeginn und die beizubringenden Unterlagen waren bereits aus der Bekanntmachung der Ausschreibung**

Gesetz gegen Wettbewerbsbeschränkungen GWB § 107 **Teil 1**

bzw. der Leistungsbeschreibung ersichtlich. Der Antragsteller hat sich auf das Prozedere in vollem Wissen um die kurzen Fristen eingelassen. Eine diesbezügliche Rüge ist nicht erfolgt. Daher ist er mit diesem Vorbringen präkludiert (VK Nordbayern, B. v. 6. 8. 2007 – Az.: 21.VK – 3194 – 31/07)

– Mängel in den Ausschreibungsunterlagen, die spätestens beim Erstellen des Angebots erkennbar sind, sind mit einer entsprechenden Rüge unverzüglich zu beanstanden. Sind **in der Baubeschreibung die Mindestbedingungen für Nebenangebote, insbesondere für die Herstellung des Oberbaus in Betonbauweise festgelegt** und legt ein Bieter in Kenntnis dieser Festlegungen zur Betonbauweise ohne weitere Nachfrage drei Nebenangebote für Betonfahrbahnen zur Submission vor, ist eine **Rüge hinsichtlich der Baubeschreibung getroffenen Festlegungen für den Oberbau nicht mehr unverzüglich**, wenn die **Rüge erst** erfolgt, nachdem der **Bieter erfahren hat, dass seine Nebenangebote für einen Betonoberbau nicht berücksichtigt werden** (VK Nordbayern, B. v. 3. 5. 2007 – Az.: 21.VK – 3194 – 19/07).

18.5.24 Aufgrund der Bekanntmachung erkennbare Verstöße gegen Vergabebestimmungen und fehlende Rüge spätestens bis Ablauf der in der Bekanntmachung benannten Frist zur Angebotsabgabe oder zur Bewerbung gegenüber dem Auftraggeber (§ 107 Abs. 3 Satz 1 Nr. 2)

18.5.24.1 Grundsätze

§ 107 Abs. 3 Satz 1 Nr. 2 wurde durch das **Vergaberechtsmodernisierungsgesetz 2009** 3706
nur redaktionell, nicht aber inhaltlich geändert.

Nach dieser Vorschrift ist ein Nachprüfungsantrag unzulässig, soweit Verstöße gegen Vergabe- 3707
vorschriften, die **aufgrund der Bekanntmachung erkennbar** sind, nicht spätestens bis zum
Ablauf der in der Bekanntmachung benannten Frist zur Angebotsabgabe oder zur Bewerbung
gegenüber dem Auftraggeber gerügt werden (OLG Düsseldorf, B. v. 27. 2. 2008 – Az.: VII-
Verg 41/07; VK Berlin, B. v. 1. 11. 2004 – Az.: VK – B 2–52/04; 1. VK Sachsen, B. v. 25. 1.
2008 – Az.: 1/SVK/088-07). Aus der gesetzlichen Definition einer Ausschlussfrist ergibt sich
zugleich, dass der **Bewerber bzw. Bieter** zum Erhalt seines Zugangs zum vergaberechtlichen
Primärrechtsschutz **verpflichtet** ist, die **Vergabebekanntmachung** vor Ablauf dieser Frist **auf
das Vorliegen von Vergabefehlern zu untersuchen** (OLG Naumburg, B. v. 5. 12. 2008 –
Az.: 1 Verg 9/08).

Diese Regelung ist vom Gesetzgeber als **besondere Ausprägung des Grundsatzes von** 3708
Treu und Glauben konzipiert worden und **schützt das öffentliche Interesse an einem raschen Abschluss des Vergabeverfahrens** (VK Brandenburg, B. v. 24. 9. 2004 – VK 49/04).

§ 107 Abs. 3 Satz 1 Nr. 2 GWB betrifft nach seinem klaren Wortlaut **nur aus der Bekannt-** 3709
machung erkennbare Vergaberechtsverstöße, nicht aber **solche, die erst aus den Verdingungsunterlagen erkennbar** werden (2. VK Bund, B. v. 31. 7. 2006 – Az.: VK 2–65/06; 1.
VK Sachsen, B. v. 24. 3. 2005 – Az.: 1/SVK/019-05; offen gelassen Hanseatisches OLG Bremen, B. v. 7. 11. 2005 – Az.: Verg 3/05). Diese **aus den Verdingungsunterlagen erkennbaren Vergaberechtsverstöße** sind nunmehr **in § 107 Abs. 3 Satz 1 Nr. 3 geregelt.**

18.5.24.2 Begriff der Bekanntmachung

Unter „Bekanntmachung" ist nicht nur die Bekanntmachung im Supplement zum Amtsblatt 3710
der Europäischen Gemeinschaften zu verstehen, sondern **jede Bekanntgabe einer öffentlichen Ausschreibung in Tageszeitungen oder in einem amtlichen Veröffentlichungsblatt** (KG Berlin, B. v. 10. 10. 2002 – Az.: 2 KartVerg 13/02) sowie in **Fachzeitschriften oder Internetportalen** (2. VK Bund, B. v. 16. 9. 2008 – Az.: VK 2–97/08; B. v. 15. 9. 2008 –
Az.: VK 2–94/08).

Nicht erfasst werden von dieser Alternative Fehler in Vergabeunterlagen, da die Ver- 3711
gabeunterlagen nicht mehr zur Bekanntmachung gehören (2. VK Bund, B. v. 16. 9. 2008 – Az.:
VK 2–97/08; B. v. 15. 9. 2008 – Az.: VK 2–94/08; VK Düsseldorf, B. v. 15. 10. 2003 – Az.:
VK – 28/2003 – L; 1. VK Saarland, B. v. 13. 3. 2010 – Az.: 1 VK 01/2010; 3. VK Saarland, B.
v. 10. 8. 2009 – Az.: 3 VK 03/2008; B. v. 30. 11. 2007 – Az.: 1 VK 05/2007; VK Schleswig-
Holstein, B. v. 5. 10. 2005 – Az.: VK-SH 23/05). Als **Maßstab für Rügen gegen behauptete
Rechtsverstöße in den Vergabeunterlagen ist § 107 Abs. 3 Satz 1 Nr. 3 GWB anzulegen**; vgl. insoweit die Kommentierung → Rdn. 679 ff.

Teil 1 GWB § 107   Gesetz gegen Wettbewerbsbeschränkungen

3712   Dies **gilt auch für den Fall**, dass die **Verdingungsunterlagen den Bietern zwar grundsätzlich zeitgleich mit der Bekanntmachung elektronisch zur Verfügung gestellt werden, sie jedoch separat abgerufen werden müssen**. Wird außerdem die Bekanntmachung nicht nur auf den Internetseiten des Auftraggebers veröffentlicht, auf denen auch die Verdingungsunterlagen zur Verfügung stehen, sondern daneben auch auf z. B. der elektronischen Plattform TED, muss ein Bieter, der auf diesem Wege von der Ausschreibung erfährt, erst noch die Internetseiten des Auftraggebers aufrufen, um Kenntnis von den Verdingungsunterlagen zu erhalten. Die **Bekanntmachung und die Vergabeunterlagen bilden somit auch nicht etwa eine Einheit**, auf die die für Bekanntmachungen geltende Regelung des § 107 Abs. 3 Satz 2 GWB unterschiedslos angewendet werden können (2. VK Bund, B. v. 16. 9. 2008 – Az.: VK 2–97/08).

18.5.24.3 Erkennbare Vergaberechtsverstöße und Maßstab der Erkennbarkeit

3713   **18.5.24.3.1 Grundsatz.** Die Erkennbarkeit nach § 107 Abs. 3 Satz 1 Nr. 2 GWB setzt sich aus **zwei Elementen** zusammen, einmal der **Erkennbarkeit in tatsächlicher Hinsicht und in rechtlicher Hinsicht** (OLG München, B. v. 29. 7. 2010 – Az.: Verg 09/10; 3. VK Bund, B. v. 16. 7. 2010 – Az.: VK 3–66/10; B. v. 27. 4. 2010 – Az.: VK 3–33/10; VK Niedersachsen, B. v. 30. 6. 2010 – Az.: VgK-26/2010).

3714   Erkennbar sind Regelverstöße, die **bei üblicher Sorgfalt und den üblichen Kenntnissen von einem durchschnittlichen Unternehmen** erkannt werden (OLG Düsseldorf, B. v. 27. 2. 2008 – Az.: VII-Verg 41/07; VK Arnsberg, B. v. 18. 1. 2008 – Az.: VK 01/08; VK Baden-Württemberg, B. v. 28. 10. 2004 – Az.: 1 VK 68/04; VK Brandenburg, B. v. 24. 9. 2004 – VK 49/04; 1. VK Bund, B. v. 3. 2. 2010 – Az.: VK 1–236/09; 2. VK Bund, B. v. 6. 5. 2010 – Az.: VK 2–26/10; B. v. 31. 7. 2006 – Az.: VK 2–65/06; B. v. 29. 3. 2006 – Az.: VK 2–11/06; 3. VK Bund, B. v. 30. 3. 2010 – VK 3–24/10; 3. 2. 2010 – Az.: VK 3–12/10; B. v. 20. 11. 2009 – Az.: VK 3–202/09; B. v. 12. 11. 2009 – Az.: VK 3–208/09; VK Düsseldorf, B. v. 2. 3. 2007 – Az.: VK – 05/2007 – L; VK Hessen, B. v. 13. 5. 2009 – Az.: 69 d VK – 10/2009; VK Niedersachsen, B. v. 30. 6. 2010 – Az.: VgK-26/2010; VK Nordbayern, B. v. 17. 8. 2010 – Az.: 21.VK – 3194 – 31/10; B. v. 18. 6. 2010 – Az.: 21.VK – 3194 – 18/10; VK Rheinland-Pfalz, B. v. 20. 4. 2010 – Az.: VK 2–7/10; 1. VK Sachsen, B. v. 25. 1. 2008 – Az.: 1/SVK/088-07; B. v. 11. 11. 2004 – Az.: 1/SVK/105-04; 1/SVK/106-04; 1/SVK/107-04; VK Schleswig-Holstein, B. v. 9. 7. 2010 – Az.: VK-SH 11/10; B. v. 11. 2. 2010 – Az.: VK-SH 29/09; B. v. 22. 1. 2010 – Az.: VK-SH 26/09; VK Südbayern, B. v. 14. 12. 2004 – Az.: 70-10/04; B. v. 14. 12. 2004 – Az.: 69-10/04; B. v. 14. 12. 2004 – Az.: 68-10/04; B. v. 19. 10. 2004, Az.: 120.3–3194.1–60-08/04). § 107 Abs. 3 GWB nimmt also keine Rücksicht auf unterschiedliche Erkenntnisstände der Mitarbeiter bei innerbetrieblicher Arbeitsteilung (2. VK Bund, B. v. 14. 12. 2004 – Az.: VK 2–208/04).

3715   Bei der Konkretisierung dieses Maßstabes kommt es auch darauf an, ob das **Unternehmen schon erhebliche Erfahrungen mit öffentlichen Aufträgen hat** und daher **gewisse Rechtskenntnisse vorausgesetzt werden können**, die bei unerfahrenen Unternehmen nicht vorhanden sind (VK Arnsberg, B. v. 18. 1. 2008 – Az.: VK 01/08; VK Baden-Württemberg, B. v. 28. 10. 2004 – Az.: 1 VK 68/04; 1. VK Bund, B. v. 31. 7. 2007 – Az.: VK 1–65/07; B. v. 14. 6. 2007 – Az.: VK 1–50/07; 2. VK Bund, B. v. 15. 11. 2007 – Az.: VK 2–102/07; B. v. 29. 3. 2006 – Az.: VK 2–11/06; VK Düsseldorf, B. v. 2. 3. 2007 – Az.: VK – 05/2007 – L; VK Niedersachsen, B. v. 30. 6. 2010 – Az.: VgK-26/2010; 1. VK Sachsen, B. v. 25. 1. 2008 – Az.: 1/SVK/088-07; VK Schleswig-Holstein, B. v. 22. 1. 2010 – Az.: VK-SH 26/09; VK Südbayern, B. v. 14. 12. 2004 – Az.: 70-10/04; B. v. 14. 12. 2004 – Az.: 69-10/04; B. v. 14. 12. 2004 – Az.: 68-10/04; B. v. 19. 10. 2004, Az.: 120.3–3194.1–60-08/04; B. v. 31. 10. 2002 – Az.: 42-10/02; ähnlich VK Brandenburg, B. v. 24. 9. 2004 – VK 49/04; VK Nordbayern, B. v. 12. 8. 2009 – Az.: 21.VK – 3194 – 29/09 – für Schulbuchausschreibungen).

3716   **18.5.24.3.2 Einzelfälle.** Nach Auffassung des Hanseatischen OLG Bremen ist davon auszugehen, dass sich **seit Inkrafttreten der Vorschriften des Vergaberechtsänderungsgesetzes** zum 1. 1. 1999 bei den von derartigen Ausschreibungen der öffentlichen Hand angesprochenen Bieterkreisen ein gesteigertes Bewusstsein über das Vergaberecht entwickelt hat. Dies **betrifft insbesondere das Wissen, dass sowohl die Ausschreibungsart als auch die Möglichkeit, vor den Vergabekammern Rechtsschutz zu erlangen, von dem Erreichen eines sich nach dem Auftragumfang richtenden Schwellenwertes abhängig** ist (Hanseatisches OLG Bremen, B. v. 7. 11. 2005 – Az.: Verg 3/05; im Ergebnis ebenso VK Bremen, B. v. 2. 8. 2005 – Az.: 810-VK 08/05; VK Lüneburg, B. v. 10. 10. 2006 – Az.: VgK-23/2006).

Nach Auffassung des OLG Düsseldorf hingegen bilden den **Maßstab** für die Erkennbarkeit 3717
eines Vergaberechtsverstoßes die **individuellen Verhältnisse des Antragstellers**. Der innere
Grund dafür ist in dem Umstand zu sehen, dass die Rügeobliegenheit materiell wie prozessual
eine Ausprägung des Grundsatzes von Treu und Glauben (§ 242 BGB) darstellt, der in der
durch die Anforderung der Bewerbungs- oder Vergabeunterlagen begründeten schuldrechtlichen Sonderverbindung zum Auftraggeber wurzelt. Der **Grundsatz von Treu und Glauben
konstituiert Obliegenheiten (und Nebenpflichten) indes nicht ohne Rücksicht darauf,
ob eine Erfüllung zumutbar ist.** Zumutbarkeit ist stets individuell nach den Verhältnissen des in der Obliegenheit stehenden Beteiligten **zu beurteilen**. Nur zumutbaren Obliegenheiten ist nachzukommen. Ist das Bestehen einer Obliegenheit nicht individuell erkennbar, ist
eine Erfüllung nicht zumutbar und muss auch nicht erfüllt werden (OLG Düsseldorf, B. v. 27. 2.
2008 – Az.: VII-Verg 41/07; B. v. 2. 5. 2007 – Az.: VII – Verg 1/07; B. v. 18. 10. 2006 – Az.:
VII – Verg 35/06; OLG Frankfurt, B. v. 15. 7. 2008 – Az.: 11 Verg 4/08; 1. VK Brandenburg,
B. v. 29. 5. 2006 – Az.: 1 VK 17/06; 1. VK Bund, B. v. 19. 12. 2008 – Az.: VK 1–165/08; B. v.
19. 11. 2008 – Az.: VK 1–135/08; B. v. 31. 7. 2007 – Az.: VK 1–65/07; B. v. 14. 6. 2007 –
Az.: VK 1–50/07; 2. VK Bund, B. v. 9. 12. 2009 – Az.: VK 2–192/09; B. v. 15. 11. 2007 – Az.:
VK 2–123/07, B. v. 15. 11. 2007 – Az.: VK 2–120/07, B. v. 15. 11. 2007 – Az.: VK 2–117/07,
B. v. 15. 11. 2007 – Az.: VK 2–114/07, B. v. 15. 11. 2007 – Az.: VK 2–108/07, B. v. 15. 11.
2007 – Az.: VK 2–105/07; B. v. 15. 11. 2007 – Az.: VK 2–102/07; 3. VK Bund, B. v. 30. 3.
2010 – VK 3–24/10; B. v. 2. 3. 2010 – Az.: VK 3–12/10; B. v. 8. 1. 2010 – Az.: VK 3–229/09;
VK Düsseldorf, B. v. 2. 3. 2007 – Az.: VK – 05/2007 – L).

Die Anforderungen daran, wann ein Verstoß gegen Verfahrensvorschriften erkennbar ist, müs- 3718
sen **jedoch realistisch** sein. Sie sind **nicht schon dann erkennbar, wenn nur der Fachmann** nach genauerem Studium den Verstoß feststellen könnte, sondern nur, wenn die **Nichtfeststellung dem Antragsteller vorwerfbar** ist (OLG Frankfurt, B. v. 15. 7. 2008 – Az.: 11
Verg 4/08; 1. VK Bund, B. v. 27. 11. 2009 – Az.: VK 1–194/09; 3. VK Bund, B. v. 20. 11.
2009 – Az.: VK 3–202/09).

Ein durchschnittlicher Antragsteller kann z. B. aus der **beschriebenen Art und dem Um-** 3719
fang der Arbeiten sowie den genannten CPV-Code-Nummern, aus denen sich konkret
der Auftragsgegenstand ergibt, erkennen, was im Einzelnen geliefert und eingebaut werden soll
(3. VK Bund, B. v. 26. 9. 2005 – Az.: VK 3–118/05; VK Hessen, B. v. 25. 7. 2003 – Az.: 69 d
VK – 31/2003; VK Lüneburg, B. v. 25. 2. 2004 – Az.: 203-VgK-02/2004).

Wenn ein Auftraggeber vorträgt, ein **Antragsteller habe hinsichtlich der Vergaberechts-** 3720
**widrigkeit einer Forderung nach einem Eigenleistungsanteil bloß § 4 Abs. 4 VgV a. F.
lesen müssen, werden überzogene Anforderungen an die Rechtskenntnisse eines Bieters gestellt.** Der Rechtsverstoß war nur unter Aufwendung juristischen Sachverstands erkennbar. § 4 Abs. 4 VgV a. F. ist bereits infolge der Verweisung auf eine andere Vorschrift von
Rechtslaien nur schwer verständlich. Zudem deutet der Wortlaut nur auf die Zurechnung der
Leistungsfähigkeit eines Dritten hin. Die **weitergehende Bedeutung der Vorschrift ist erst
vor dem Hintergrund der Rechtsprechung des EuGH erkennbar** (OLG Düsseldorf, B. v.
22. 10. 2008 – Az.: VII-Verg 48/08). Ob diese **Rechtsprechung** auch nach der Übernahme
der Regelungen zum Verbot der Forderung nach einem Eigenleistungsanteil in die **VOB/A
2009, VOL/A 2009 und VOF 2009 Bestand hat, ist eher zweifelhaft.**

Ein **Verstoß** gegen § 7 EG Abs. 5 VOL/A dergestalt, dass eine **Nennung von Eignungs-** 3721
kriterien nicht in der Bekanntmachung, sondern erst in den Vergabeunterlagen erfolgt, ist offensichtlich. Er lässt sich durch **bloßes Lesen der einschlägigen Normen** und
einen Vergleich mit dem Bekanntmachungstext ohne weiteres feststellen und ist damit auch **für
jeden erkennbar, der über die intellektuellen Fähigkeiten verfügt, die notwendig
sind, um ein Angebot zu erstellen oder gar ein Unternehmen zu leiten** (OLG Koblenz,
B. v. 7. 11. 2007 – Az.: 1 Verg 6/07). Dies **gilt auch, wenn in den Vergabeunterlagen weitergehendere Eignungsnachweise als in der EU-Bekanntmachung** gefordert werden
(OLG Celle, B. v. 4. 3. 2010 – Az.: 13 Verg 1/10).

Anderer Auffassung ist die VK Düsseldorf. Auch wenn in der **Bekanntmachung keiner-** 3722
lei Eignungsnachweise aufgeführt werden und der Antragstellerin dies nicht innerhalb der
Angebotsfrist beanstandet, ist er **nicht mit der Beanstandung präkludiert, dass der Auftraggeber kein Angebot ausschließen darf, welches Eignungsnachweise nicht enthält,
die erstmalig in den Verdingungsunterlagen gefordert** wurden. Der Antragsteller muss
dann zwar den Zustand hinnehmen, welcher sich aufgrund einer nicht ausgesprochenen Rüge
ergibt, kann sich im Gegenzug aber darauf berufen, dass diese Umstände im Vergabeverfahren in

dem ungerügten Zustand Bestand und Geltung haben. Für die **Anforderung von Eignungsnachweisen bedeutet dies, dass sie so zu behandeln sind, wie sie bekannt gemacht wurden, nämlich gar nicht** (VK Düsseldorf, B. v. 21. 1. 2009 – Az.: VK – 43/2008 – L).

3723   Für eine **laienhafte rechtliche Bewertung der Intransparenz von Wertungskriterien bedarf es keiner rechtlichen Beratung**. Es geht allein um die Einschätzung des fachkundigen Bieters, ob er sich aufgrund der ihm erteilten Informationen im Stande sieht, einen wettbewerbsfähigen Teilnahmeantrag zu erstellen, d. h. ob er hinreichend erkennen kann, worauf es dem öffentlichen Auftraggeber für seine Auswahlentscheidung unter den Bewerbern ankommt (VK Nordbayern, B. v. 18. 6. 2010 – Az.: 21.VK – 3194 – 18/10).

3724   Die **rechtlichen Konsequenzen der Wahl des Verhandlungsverfahrens sind für einen durchschnittlichen Bieter bei Beachtung der gebotenen Sorgfalt erkennbar im Sinne des § 107 Abs. 3 Nr. 2 GWB. Die gewählte Verfahrensart gehört offenkundig zu den Grundlagen des Vergaberechts**. Dass der Gesetzgeber grundsätzlich eine Rangfolge der Verfahrensarten – gestaffelt nach der größtmöglichen Öffnung des Vergabeverfahrens für den Wettbewerb – vorgesehen hat, dürfte auch einem mit Vergabeverfahren weniger befassten Bieter bekannt sein. **Auch ein mit Vergabesachen nicht** allzu **vertrauter Bieter muss sich daher an allererster Stelle mit der Verfahrensart beschäftigen**. Denn aus dieser folgen unterschiedliche Anforderungen an die Angebotserstellung und Einschränkungen des Bieterkreises, hier z. B. beim Verhandlungsverfahren mit vorgeschaltetem Teilnahmewettbewerb zunächst eine Bewerbung, dann erst die Abgabe eines Angebots. **Vertiefte Kenntnisse des Vergaberechts oder der VOL/A sind daher nicht erforderlich, um zu erkennen, dass die Wahl des Verfahrens für den weiteren Verlauf des Vergabeverfahrens Folgen hat** (3. VK Bund, B. v. 20. 11. 2009 – Az.: VK 3–202/09).

3725   Wird ein **Bieter auf den vermeintlichen Vergabefehler – keine Anwendung des Offenen Verfahrens – innerhalb der Bewerbungsfrist eines Nichtoffenen Verfahrens nicht aufmerksam**, weil er grundsätzlich davon ausgeht, dass Reinigungsdienstleistungen zulässigerweise nur im Wege des offenen Verfahrens vergeben werden dürfen, sind für die fehlende Kenntnis nicht fehlende Vergaberechtskenntnisse auf Seiten des Bieters kausal, sondern die Entscheidung, nur nach Ausschreibungen von offenen Verfahren zu recherchieren. Da der eventuelle **Verstoß innerhalb der Bewerbungsfrist erkennbar ist, ist eine spätere Rüge nicht mehr unverzüglich** (1. VK Bund, B. v. 19. 12. 2008 – Az.: VK 1–165/08).

3726   Ist also die **Nichterkennbarkeit der Bekanntmachung** als solche **auf die eingeschränkte Suche nach Ausschreibung im offenen Verfahren zurückzuführen**, hat ein Bieter dies selbst zu vertreten. **Fehler in der Auftragssuche, die zu einer verspäteten Rüge führen**, gehen eindeutig zu Lasten der Bieter. Ihnen obliegt die Organisation ihrer Suche. Damit liegt auch eine **selbstverschuldete Unkenntnis** vor (VK Arnsberg, B. v. 18. 1. 2008 – Az.: VK 01/08).

3727   **Das OLG Düsseldorf regelt diese Fälle über die Kausalität.** Recherchiert ein Bieter nur nach offenen Ausschreibungen für Reinigungsdienstleistungen, liegt dies in seiner Handlungsfreiheit, alle regional in Betracht kommenden europäischen Bekanntmachungen für Reinigungsdienstleistungen zu recherchieren und zu prüfen. Ebenso liegt es ausschließlich in der Verantwortung des Bieters, ob er ein Angebot oder einen Teilnahmeantrag einreicht. **Unterlässt er die Recherche nach Nichtoffenen bzw. Verhandlungsverfahren, so ist ursächlich für die unterlassene Stellung eines Teilnahmeantrag nicht die vom Auftraggeber gewählte Vergabeart, sondern seine eigenverantwortlich getroffene Entscheidung**, Bekanntmachungen zu nicht offenen Verfahren nicht zu recherchieren und nicht zu prüfen. Dass dieser Entscheidung die **Vorstellung des Antragstellers zu Grunde lag, beim offenen Verfahren müssten ausnahmslos alle interessierten Unternehmen als generell geeignet angesehen** werden, während das **beim nicht offenen Verfahren nicht der Fall** sei, ändert nichts daran, dass es **allein Aufgabe des Antragstellers ist zu ermitteln, welche Bekanntmachungen zu Reinigungsdienstleistungen veröffentlicht** worden sind und diese sodann daraufhin zu überprüfen, ob er sich an diesen beteiligen kann. Im übrigen kann die Wahl des nicht offenen Verfahrens andere Gründe haben (vgl. § 3a Nr. 1 Abs. 1 i.V.m. § 3 Nr. 3 b) – d) VOL/A) als den Umstand, dass eine spezifische Eignung von den Bietern für die Auftragsdurchführung vom Auftraggeber verlangt wird. Die Auffassung des Antragstellers, bei nicht offenen Verfahren sei stets ein höherer Grad an Eignung vom Bieter gefordert, ist in der Sache unzutreffend (OLG Düsseldorf, B. v. 15. 1. 2009 – Az.: VII-Verg 77/08).

3728   Unabhängig davon, ob man auf einen subjektiven, also individuellen, oder objektiven, also auf einen durchschnittlichen, verständigen Bieter abstellenden Erkennbarkeitsmaßstab abstellt, ist

Gesetz gegen Wettbewerbsbeschränkungen GWB § 107 **Teil 1**

das **Verbot, ein „Mehr an Eignung" nicht auf der vierten Wertungsstufe zu berücksichtigen, nur unter Aufwendung besonderen juristischen Sachverstands erkennbar** gewesen. Denn das Verbot, ein „Mehr an Eignung" nicht auf der vierten Wertungsstufe zu berücksichtigen, wird **erst aufgrund der jüngeren Rechtsprechung strikt und vorbehaltlos angewendet** – vorher waren Ausnahmen, die Kriterien der einzelnen Wertungsstufen voneinander zu trennen, dann anerkannt worden, wenn der öffentliche Auftraggeber einen sog. „Auftragsbezug" herstellt, etwa indem er bewertet, ob sich ein bestimmter Personaleinsatz „leistungsbezogen" auswirkt, weil er die Gewähr für eine bessere Leistung bietet (OLG München, B. v. 29. 7. 2010 – Az.: Verg 09/10; 1. VK Bund, B. v. 27. 11. 2009 – Az.: VK 1–194/09; 3. VK Bund, B. v. 16. 7. 2010 – Az.: VK 3–66/10). Es wäre eine **Überspannung der Anforderungen an die Bieter**, wenn von ihnen verlangt werden würde, dass sie sich über die Rechtsprechung informieren müssten bzw. nur mit einem Rechtsanwalt die Vergabeunterlagen durchschauen könnten. Eine objektive Erkennbarkeit ist daher nur für solche offensichtlichen Verstöße zu bejahen, die einem durchschnittlich erfahrenen Bieter bei der Fertigung seines Angebotes als rechtswidrig auffallen müssen, wie z. B. ein Verstoß gegen die produktneutrale Ausschreibung oder die fehlende europaweite Ausschreibung. Die Vermengung von Eignungs- und Zuschlagskriterien stellt keinen derart offensichtlichen Verstoß dar. Die EuGH-Rechtsprechung ist noch verhältnismäßig neu und hat sich in den betreffenden Kreisen noch nicht allgemein herumgesprochen. Die **nationale Rechtsprechung war in diesem Punkt nicht immer stringent, und in der breiten Bevölkerung außerhalb vergaberechtlicher Kreise wird ein „Mehr an Eignung" bei einer Auftragsvergabe durchaus als akzeptables Kriterium angesehen**. Auch subjektiv kann der Antragstellerin allein aufgrund der Tatsache, dass sie bereits an europaweiten Ausschreibungen teilgenommen hat, nicht vorgehalten werden, dass sie den Verstoß hätte erkennen müssen. Zwar ist ihr eine gewisse vergaberechtliche Erfahrung zuzuschreiben, doch bedeutet dies noch nicht zwangsläufig, dass sie die einschlägige Rechtsprechung zu vergaberechtlichen Problemen kennen muss (OLG München, B. v. 29. 7. 2010 – Az.: Verg 09/10).

Ein Vergaberechtsverstoß, der sich **durch bloßes Lesen der einschlägigen Normen und einen Vergleich mit dem Bekanntmachungstext ohne weiteres feststellen lässt, ist für jeden erkennbar**, der über die intellektuellen Fähigkeiten verfügt, die notwendig sind, um ein Angebot zu erstellen oder gar ein Unternehmen zu leiten (VK Schleswig-Holstein, B. v. 22. 1. 2010 – Az.: VK-SH 26/09). 3729

Ist einem Bieter **aus den Vergabeunterlagen bekannt, dass beim streitgegenständlichen Vergabeverfahren die Angabe von Nettopreisen gefordert ist, hat er sich mit der Abgabe seines Angebots bewusst auf diese Forderung eingelassen**. Eine dagegen gerichtete Rüge nach Ablauf der Angebotsfrist ist dann nicht mehr rechtzeitig (VK Schleswig-Holstein, B. v. 11. 2. 2010 – Az.: VK-SH 29/09). 3730

Es **drängt sich für einen durchschnittlichen Bieter nicht auf**, dass es **vergaberechtswidrig** ist, wenn die Vergabestelle mit dem Teilnahmeverfahren möglicherweise eine allgemeine Eignung abfragen will und **im Zusammenhang mit der Abgabe des Angebots eine genauere Referenzabfrage hinsichtlich des konkreten Projektes anstrebt**. Dafür wären vertieftere Kenntnisse des Vergaberechts erforderlich, die von einem durchschnittlichen Bieter nicht erwartet werden können (VK Rheinland-Pfalz, B. v. 20. 4. 2010 – Az.: VK 2–7/10). 3731

Das **Thema, inwieweit öffentliche Auftraggeber die Vorgabe machen dürfen, dass nur solche Unternehmen im Wettbewerb erfolgreich sein können, die Tariflohn zahlen, ist per se schwierig**, da dort zwischen verschiedenen Konstellationen zu differenzieren ist (allgemeinverbindlich oder nicht) und verschiedene Rechtsgrundlagen eine Rolle spielen (zunächst auch Tariftreuegesetze auf Länderebene, Entsendegesetz, europäische Vorgaben). Nicht selbsterklärend ist die Frage gewesen, ob eine Allgemeinverbindlicherklärung dazu führt, dass der Auftraggeber die Bieter auf Tariflohn verpflichten darf, weil diese Erklärung einer gesetzlichen Grundlage für einen sog. „vergabefremden Aspekt" gleichzustellen sein könnte. **Die Gesamtthematik wurde maßgeblich durch die Rechtsprechung des Europäischen Gerichtshofs** (Rüffert-Entscheidung) **sowie des Oberlandesgerichts Düsseldorf** (Beschlüsse vom 5. 5. 2008, VII-Verg 5/08; vom 22. 12. 2008, VII-Verg 48/08; vom 29. 4. 2009, VII-Verg 76/08; vom 29. 9. 2009, VII-Verg 18/09; vom 9. 12. 2009, VII-Verg 38/09) geprägt, und dies in jüngster Zeit. **Zu der ohnehin gegebenen Komplexität der Thematik kommt hinzu, dass mit dem im April 2009 in Kraft getretenen Vergaberechtsmodernisierungsgesetz die Vorschrift des § 97 Abs. 4 GWB dahin geändert** worden ist, dass mit Zielrichtung Tariflohn die Vorgabe der Gesetzestreue neu in das Gesetz eingefügt wurde; ebenso wurde in 3732

Teil 1 GWB § 107 Gesetz gegen Wettbewerbsbeschränkungen

Satz 2 der Bestimmung eine Rechtsgrundlage für die Einführung von „vergabefremden Aspekten" eingeführt. Von einer eindeutigen, transparenten Rechtslage kann insoweit nicht gesprochen werden. Dieses komplexe Geflecht abschließend in rechtlicher Hinsicht zu durchdringen und zu zutreffenden juristischen Einschätzungen zu kommen, kann von Vergaberechtsexperten, nicht jedoch von Bietern in Vergabeverfahren erwartet werden, die ihrerseits nicht Adressat des Vergaberechts sind. Adressat des Vergaberechts sind ausschließlich die öffentlichen Auftraggeber. Eine **Erkennbarkeit in juristischer Hinsicht ist nicht gegeben, es besteht insoweit keine Rügeverpflichtung nach § 107 Abs. 3 Satz 1 Nr. 3 GWB** (3. VK Bund, B. v. 27. 4. 2010 – Az.: VK 3–33/10).

3733 Maßstab für die Erkennbarkeit i. S. des § 107 Abs. 3 Nr. 2 und 3 GWB ist die Erkenntnismöglichkeit für das Unternehmen bei Anwendung üblicher Sorgfalt. Die Erkennbarkeit muss sich dabei nicht nur auf die den Verstoß begründenden Tatsachen, sondern auch auf deren rechtliche Beurteilung beziehen. Wenngleich die zu Grunde liegenden Tatsachen für die Antragstellerin als ein im öffentlichen Auftragswesen erfahrenes Unternehmen ohne Weiteres erkennbar waren, ist **nicht auszuschließen, dass sie die durch die Auftraggeberin eröffnete Mischkalkulation in der konkret geregelten Form nicht als vergaberechtlich bedenklich oder gar vergaberechtswidrig erkennen und bewerten musste**. Da vorliegend ein Gesamtpreis für alle Varianten der Zustellung anzubieten war, **drängt sich die Möglichkeit einer vergaberechtswidrigen**, gegen § 19 EG VOL/A verstoßende Mischkalkulation unter Berücksichtigung der Rechtssprechung des BGH vorliegend auch aus der Sicht eines in öffentlichen Vergabeverfahren erfahrenen Unternehmens **zumindest nicht gerade auf** (VK Niedersachsen, B. v. 30. 6. 2010 – Az.: VgK-26/2010).

3733/1 Bis zum Bekanntwerden der Senatsbeschlüsse vom 07. Januar und 23. März 2010 (VII-Verg 61/09) musste ein Bieter den Grund für eine Unzulässigkeit von Nebenangeboten, wenn der Preis das einzige Zuschlagskriterium darstellt, nicht kennen, § 107 Abs. 3 Satz 1 Nr. 2, 3 GWB. Auch wenn sich bereits aus dem Wortlaut der Richtlinie 2004/17/EG ergab, dass Varianten nur dann zulässig waren, wenn die Wirtschaftlichkeit Zuschlagskriterium war, wurde dieser Punkt in der Rechtsprechung und gängigen nationalen Literatur nicht behandelt. Eine Kenntnisnahme von diesem Erfordernis wurde bereits dadurch erschwert, dass die Richtlinie in diesem Punkt nicht ordnungsgemäß umgesetzt wurde. Bezeichnend ist, dass noch das OLG Celle in seinem Beschluss vom 11. 2. 2010 (13 Verg 16/09 – VergabeR 2010, 669) darauf nicht eingeht, obwohl laut Sachverhalt auch dort der Preis einziges Zuschlagskriterium war (OLG Düsseldorf, B. v. 18. 10. 2010 – Az.: VII-Verg 39/10).

3734 18.5.24.3.3 **Weiterer Maßstab für ausländische Unternehmen?** Die **Rechtsprechung** hierzu ist **nicht einheitlich.**

3735 Ist ein Fehler der Ausschreibung bereits zu dem Zeitpunkt erkennbar, als der Antragsteller die Ausschreibungsunterlagen einschließlich der weiteren Auftragsbedingungen von der Vergabestelle erhalten hat, und ist er von dem Antragsteller nicht als Fehler erkannt worden, kann es Fälle geben, in denen das **Nichterkennen dem Antragsteller nicht vorwerfbar** ist. So können ihm **als Laien** (z. B. als ausländisches Unternehmen) die Feinheiten des Vergaberechts nicht geläufig sein und ohne einen konkreten Verdacht besteht für ihn **keine Veranlassung**, die **Ausschreibungsunterlagen** von einer im Vergaberecht kundigen Person **überprüfen zu lassen** (2. VK Bund, B. v. 23. 5. 2002 – Az.: VK 2–16/02).

3736 Ähnlich argumentiert im Ergebnis die VK Baden-Württemberg: Maßgebend ist die Erkenntnisfähigkeit des konkreten Antragstellers. Kann **der Antragsteller als ein in vergaberechtlichen Angelegenheiten unerfahrenes Unternehmen** bezeichnet werden, können ihm z. B. Fehler der Vergabestelle bei der Schätzung des Schwellenwertes nicht vorgeworfen werden (B. v. 27. 6. 2003 – Az.: 1 VK 29/03).

3737 Nach Auffassung der **VK Arnsberg** orientieren sich die **Entscheidungen von Vergabekammern und Vergabesenaten zur Frage der unverzüglichen Rüge regel**mäßig an **Angeboten nationaler Anbieter,** so dass eine **Frist von 10 Tagen**, die innerhalb der maximalen Rügefristen liegt, **bei einem ausländischen Anbieter noch als unverzüglich anzusehen** ist, da Information, Übermittlung, Übersetzung und Transfer hier ebenfalls zu berücksichtigen sind (VK Arnsberg, B. v. 10. 1. 2008 – Az.: VK 42/07).

3738 Demgegenüber kann nach Meinung der VK Hessen ein **Antragsteller grundsätzlich nicht für sich in Anspruch nehmen, dass für ihn wegen der vorgetragenen Unerfahrenheit mit dem deutschen Vergaberecht Verfahrenserleichterungen bzw. eine restriktive Auslegung der Verfahrensvorschriften gelten müssen.** Die Vorschriften der §§ 97 ff. GWB

Gesetz gegen Wettbewerbsbeschränkungen GWB § 107 Teil 1

über Nachprüfungsverfahren beziehen sich ausschließlich auf EU-weite Ausschreibungen. Wenn einerseits nach dem Willen der EU-Mitgliedsländer eine Marktöffnung erfolgen und grenzüberschreitende Vergaben zulässig sein sollen, müssen andererseits – schon aus Gründen der Rechtsklarheit – **alle Regeln für alle Teilnehmer gleichermaßen gelten**. Eine unterschiedliche Handhabung würde im Ergebnis dazu führen, dass eine Überprüfung von Vergaberechtsverfahren, also der Primärrechtsschutz, nicht mehr gewährleistet werden könnte. Daher ist grundsätzlich zu verlangen, dass ausländische Bieter sich mit den Vorschriften des Vergaberechts vertraut machen, die für die Ausschreibung, an der sie teilnehmen, gelten (VK Hessen, B. v. 25. 7. 2003 – Az.: 69 d VK – 31/2003).

Bei der Frage der Erkennbarkeit eines Vergabefehlers ist bei einem ausländischen Bieter zu berücksichtigen, ob ein entsprechender Fehler z. B. bei der Vergabe von Banknotendruckaufträgen **bereits aufgetaucht** ist (OLG Düsseldorf, B. v. 27. 10. 2010 – Az.: VII-Verg 47/10). 3739

18.5.24.4 Fehler in der Bekanntmachung eines Teilnahmewettbewerbes. Sind etwaige Vergaberechtsverstöße (z. B. falsche Vergabeart) schon **aufgrund der Bekanntmachung erkennbar**, ist der (etwaige) Vergaberechtsverstoß bei einem Teilnahmewettbewerb gemäß § 107 Abs. 3 Satz 1 Nr. 2 GWB **innerhalb der Frist zur Teilnahmebewerbung** zu rügen. Geschieht dies nicht, ist die **Rüge der Wahl der falschen Vergabeart ausgeschlossen** (OLG Düsseldorf, B. v. 7. 1. 2002 – Az.: Verg 36/01; 2. VK Bund, B. v. 14. 12. 2004 – Az.: VK 2–208/04; 1. VK Sachsen, B. v. 20. 8. 2004 – Az.: 1/SVK/067-04; VK Schleswig-Holstein, B. v. 18. 12. 2007 – Az.: VK-SH 25/07). 3740

Maßgebliche Ausschlussfrist für die Rüge nach § 107 Abs. 3 Satz 1 Nr. 2 GWB **im Rahmen eines Teilnahmewettbewerbs** ist also nicht etwa die den im Zuge z. B. des nichtoffenen Vergabeverfahrens beteiligten Unternehmen gesetzte Angebotsfrist, sondern **der in der Vergabebekanntmachung ausdrücklich gesetzte Schlusstermin für den Eingang der Teilnahmeanträge**. Dies folgt schon daraus, dass sich beim nichtoffenen Verfahren nur eine in der Vergabebekanntmachung genannte Anzahl von Bietern am Vergabeverfahren mit einem eigenen Angebot beteiligen kann, die rechtzeitig einen Teilnahmeantrag abgegeben haben (VK Lüneburg, B. v. 25. 2. 2004 – Az.: 203-VgK-02/2004; im Ergebnis ebenso VK Schleswig-Holstein, B. v. 18. 12. 2007 – Az.: VK-SH 25/07). 3741

Will sich ein Bieter gegen die von der Vergabestelle anerkannte Eignung eines Mitbewerbers wehren, kommt es darauf an, **zu welchem Zeitpunkt ihm die Beteiligung des Mitbewerbers bekannt** wird. **Spätester Zeitpunkt ist insoweit der Submissionstermin**. Unverzüglich danach muss der Mangel an Eignung gerügt werden; geschieht dies nicht, ist die erst im Laufe eines Nachprüfungsverfahrens erhobene Rüge verspätet und somit unzulässig (2. VK Bremen, B. v. 10. 9. 2004 – Az.: VK 03/04). 3742

18.5.24.5 Umfang der Präklusion

Der öffentliche **Auftraggeber muss in der Bekanntmachung klar angeben, ob der Schwellenwert erreicht** ist. Eine Ausschlussregelung des innerstaatlichen Rechts wie § 107 Abs. 3 Satz 1 Nr. 2 GWB darf **nicht in der Weise angewendet** werden, dass einem **Bieter der Zugang zu einem Rechtsbehelf, der die Wahl des Verfahrens für die Vergabe eines öffentlichen Auftrags oder die Schätzung des Auftragswerts betrifft, versagt werden darf, wenn der Auftraggeber gegenüber dem Bieter die Gesamtmenge oder den Gesamtumfang des Auftrags nicht klar angegeben hat**. Außerdem erfasst die **Präklusionswirkung** nach § 107 Abs. 3 Satz 1 Nr. 2 GWB **nicht solche Vergaberechtsfehler, zu denen es überhaupt erst in späteren Stadien des Verfahrens einer Auftragsvergabe kommen kann** (EuGH, Urteil v. 11. 10. 2007 – Az.: C-246/01). 3743

Ist also der Schwellenwert nach der nicht zu beanstandenden Schätzung der ausschreibenden Stelle erreicht und hat sich der öffentliche Auftraggeber lediglich bei der Wahl des Ausschreibungsverfahrens vergriffen oder ist die Schätzung des Auftragswertes von vornherein vergaberechtswidrig zu niedrig, **kann der Präkludierte zwar das Recht verlieren, die falsche Art der Ausschreibung oder die fehlerhafte Festsetzung des Auftragswertes zu rügen. Er wird aber mit allen weiteren Vergaberechtsverstößen gehört, die – isoliert betrachtet – nicht der Präklusionswirkung unterlägen** und deren Überprüfung bei im Übrigen sachgerechter Vorgehensweise der ausschreibenden Stelle möglich wäre. Nach **dem Wortlaut und Sinn von § 107 Abs. 3 GWB** ist nämlich nur eine Beanstandung solcher konkreten Vergaberechtsverstöße in einem Vergabenachprüfungsverfahren ausgeschlossen, die entgegen einer ge- 3744 setzlich begründeten Obliegenheit vom Antragsteller nicht unverzüglich oder fristgemäß gerügt worden sind (OLG Düsseldorf, B. v. 18. 10. 2006 – Az.: VII – Verg 35/06).

18.5.24.6 Weitere Beispiele aus der Rechtsprechung

3745
- der **Annahme, dass der angebliche Verstoß der Vermischung von Zuschlags- und Eignungskriterien** anhand der Bekanntmachung im Sinne von § 107 Abs. 3 S. 1 Nr. 2 GWB **erkennbar** war, steht **entgegen, dass die Rechtsprechung lange Zeit ausnahmsweise die Berücksichtigung sog. auftragsbezogener Zuschlagskriterien auf der vierten Wertungsstufe zugelassen hat**. Die nach den Entscheidungen des EuGH vom 24. Januar 2008 (Rs. C-532-06) und des BGH vom 15. April 2008 (X ZR 129/06) eingetretene **Verschärfung der Rechtsprechung musste einem Bieter noch nicht bekannt** sein (2. VK Bund, B. v. 22. 6. 2010 – Az.: VK 2–44/10)
- hinsichtlich des **Vorwurfs, den Auftrag nicht in Teillose aufgeteilt zu haben**, ist ein Antragsteller **präkludiert**, wenn die **Nichtaufteilung bereits aus der Bekanntmachung ersichtlich**, der unterstellte Vergabeverstoß somit erkennbar war, § 107 Absatz 3 Satz 1 Nr. 3 GWB (2. VK Bund, B. v. 6. 5. 2010 – Az.: VK 2–26/10)
- fordert der Auftraggeber in der Bekanntmachung bzw. in den Vergabeunterlagen **unterschiedliche Eignungsnachweise, kann der Bieter auf die Maßgeblichkeit der in den Verdingungsunterlagen genannten Nachweise vertrauen**. Wird er vom Auftraggeber deshalb ausgeschlossen, weil nicht alle in den Vergabeunterlagen geforderten Eignungsnachweise vorgelegen haben, ist die **Kenntnis dieser Entscheidung des Auftraggebers (z. B. durch die Mitteilung nach § 101 a GWB) für § 107 Abs. 3 Nr. 1 GWB maßgebend** (1. VK Bund, B. v. 27. 11. 2009 – Az.: VK 1–194/09)
- für das Vorliegen der Rügepflicht nach § 107 Abs. 3 Satz 2 GWB kommt es darauf an, ob Regelverstöße bei üblicher Sorgfalt und den üblichen Kenntnissen von einem durchschnittlichen Unternehmen erkannt werden. Ist der **Verstoß der fehlenden europaweiten Ausschreibung für einen Bieter spätestens bei Fertigstellung des Angebotes erkennbar, muss er spätestens am Tag des Ablaufs der Frist zur Abgabe der Angebote, gerügt werden** (VK Hessen, B. v. 13. 5. 2009 – Az.: 69 d VK – 10/2009)
- **für die laienhafte rechtliche Bewertung der Intransparenz von Wertungskriterien bedarf es keiner rechtlichen Beratung**. Denn insoweit geht es allein um die Einschätzung des fachkundigen Bieters, ob er sich aufgrund der ihm erteilten Informationen im Stande sieht, ein wettbewerbsfähiges Angebot oder einen wettbewerbsfähigen Teilnahmeantrag zu erstellen, d. h. ob er hinreichend erkennen kann, worauf es dem öffentlichen Auftraggeber für seine Auswahlentscheidung unter den Bewerbern ankommt (OLG Naumburg, B. v. 8. 10. 2009 – Az.: 1 Verg 9/09)
- ist die **Höhe der Gewichtung eines Zuschlagskriteriums unzweifelhaft und ohne weitere Rechtskenntnisse oder Überlegungen aus der Bekanntmachung erkennbar, muss dies bis zum Ablauf der Angebotsabgabefrist gerügt** werden (VK Nordbayern, B. v. 12. 8. 2009 – Az.: 21.VK – 3194 – 29/09)
- ergibt sich die Tatsache, dass ein **Gewerbezentralregisterauszug vorzulegen war, bereits aus der Bekanntmachung** und **rügt der Bieter diese Forderung nicht spätestens bis zum Ablauf der in der Bekanntmachung benannten Frist zur Angebotsabgabe** gegenüber dem Auftraggeber, ist der Bieter mit dem Vorbringen, die Forderung sei vergaberechtswidrig, gemäß § 107 Abs. 3 Satz 2 GWB präkludiert und der **Nachprüfungsantrag insoweit unzulässig** (VK Baden-Württemberg, B. v. 6. 11. 2008 – Az.: 1 VK 44/08; B. v. 5. 11. 2008 – Az.: 1 VK 42/08)
- **Referenzen sind eindeutig der Eignung zuzurechnen**, also in der zweiten Wertungsstufe gemäß § 25 Nr. 2 Abs. 1 VOL/A zu berücksichtigen. In dieser Wertungsstufe geht es nur darum, festzustellen, ob der Bieter für die Erfüllung der vertraglichen Verpflichtungen die erforderliche Fachkunde, Leistungsfähigkeit, Zuverlässigkeit hat. Die Eignung wird also eindeutig am Eigenschaftswort „erforderlich" festgemacht, ein „Mehr an Eignung" hat nicht in die Wertung einzufließen. **Wissen die Bewerber bereits mit der Bekanntmachung, dass die Vergabestelle Referenzen als Zuschlagskriterium vorsieht und erfolgt eine Rüge erst weit nach dem Termin der Angebotsabgabe und damit nicht mehr unverzüglich, ist die Rüge präkludiert; die Wertung hat in der vierten Wertungsstufe mit dem Zuschlagskriterium „Referenzen", obwohl nicht zulässig, zu erfolgen** (VK Thüringen, B. v. 18. 12. 2008 – Az.: 250–4003.20–5944/2008-030-J)

Gesetz gegen Wettbewerbsbeschränkungen GWB § 107 **Teil 1**

– die **Frage, ob nach Maßgabe der insoweit ergangenen Rechtsprechung in den Verdingungsunterlagen ausreichende Mindestanforderungen für Nebenangebote angegeben sind, ist in der Regel nicht einfach zu beantworten**. Der bloße Umstand, dass es sich bei einem Antragsteller um ein bei Ausschreibungen erfahrenes Unternehmen handelt, belegt nicht, dass eine (etwaige) Fehlerhaftigkeit der Mindestanforderungen von ihm erkannt worden ist. Die Rechtsverstöße waren nur unter Aufwendung juristischen Sachverstandes erkennbar, ohne dass der **Antragsteller vergaberechtlich gehalten war, sich solchen Sachverstand durch Zuziehung eines Rechtsanwalts zu verschaffen** (OLG Düsseldorf, B. v. 10. 12. 2008 – Az.: VII-Verg 51/08)
– ist in der Bekanntmachung ausgeführt, dass der **Auftragnehmer die Bestimmungen der MindestlohnVO einzuhalten habe, drängt sich hieraus nicht der Schluss auf einen Vergabeverstoß auf, wenn der Antragsteller berechtigterweise davon ausgehen darf, dass er nicht unter die Regelungen der MindestlohnVO fällt** und somit auch nicht von der in der Ausschreibungsbekanntmachung geforderten Einhaltung der MindestlohnVO betroffen ist. Dies kommt in Betracht, wenn der Antragsteller bereits zuvor in einem Verfahren die Feststellung erwirkt hat, dass die MindestlohnVO rechtswidrig ist. Aufgrund dieser Tatsachenlage muss der Antragsteller die Bekanntmachung nicht zwangsläufig so verstehen, dass der Auftraggeber ohne Berücksichtigung der ergangenen Gerichtsentscheidung ausschließlich Angebote von Bietern akzeptieren wird, die die Bestimmungen der (möglicherweise rechtswidrigen) MindestlohnVO und insbesondere die daraus resultierende Verpflichtung zur Zahlung des Mindestlohns einhalten. Hierzu bedarf es gerade im Hinblick auf die mögliche Unwirksamkeit der MindestlohnVO einer unmissverständlichen Klarstellung seitens des Auftraggebers (1. VK Bund, B. v. 16. 12. 2008 – Az.: VK 1–162/08)
– **hinsichtlich einer eventuellen Vergaberechtswidrigkeit der Anwendung nur des Zuschlagskriteriums „Preis" ist ein Bieter auf Rechtsrat angewiesen**. Zwar sprechen der Wortlaut der nationalen vergaberechtlichen Vorschriften (§ 97 Abs. 5 GWB und insbesondere § 25 Nr. 3 VOL/A) und auch die Empfehlungen des in der Vergabepraxis weit verbreiteten Vergabehandbuch des Bundes gegen eine Zulässigkeit einer solchen Beschränkung der Wertungskriterien für die Wirtschaftlichkeit des Angebotes, andererseits sind **Ausschreibungen, deren Wertung allein nach dem niedrigsten Preis erfolgt, in der Vergabepraxis keine Ausnahmeerscheinungen, was geeignet ist, am vermeintlich Offensichtlichen zu zweifeln**. Tatsächlich geht die Vergaberechtsrechtsprechung, soweit ersichtlich, einhellig von der Zulässigkeit einer solchen Beschränkung aus (OLG Naumburg, B. v. 5. 12. 2008 – Az.: 1 Verg 9/08)
– zwar kann die **„Erkennbarkeit" nicht durchweg für jeden Rechtsverstoß** angenommen werden, der mit dem Wortlaut der Bekanntmachung im Zusammenhang steht. Vorliegend ist jedoch durch **bloße Lektüre der Vorschrift aus § 18 Nr. 2 VOB/A und der Bekanntmachung ersichtlich, dass in der Bekanntmachung nicht der Ablauf der Angebotsfrist durch den Beginn der Öffnungsverhandlung bestimmt** wurde, sondern dass eine Stunde dazwischen gelegt wurde. Die Kenntnis weiterer Umstände, die sich nicht aus der Bekanntmachung ergeben oder weiteres vergaberechtliches Wissen waren hierzu nicht erforderlich (VK Düsseldorf, B. v. 21. 10. 2008 – Az.: VK – 34/2008 – B)
– die **Unkenntnis von Eignungsanforderungen aus der Bekanntmachung entbindet einen Bieter nicht von seinen Rügepflichten und geht letztlich zu seinen Lasten**. § 107 Abs. 3 Satz 2 GWB stellt ausdrücklich auf die Erkennbarkeit etwaiger Verstöße gegen Vergaberecht in der Bekanntmachung ab, nicht aber auf die tatsächliche Kenntnis (VK Lüneburg, B. v. 16. 6. 2008 – Az.: VgK-21/2008)
– auch wenn bereits aus den Verdingungsunterlagen ohne weiteres hervorgeht, welche **Mindestbedingungen für Nebenangebote** gelten, ist es eine durchaus **anspruchsvolle Frage der rechtlichen Würdigung, ob diese den in der Rechtsprechung des Europäischen Gerichtshofes und der nationalen Nachprüfungsinstanzen aufgestellten Anforderungen genügen**. Insoweit ist die Behauptung eines Bieters, erst durch den eingeholten Rechtsrat die erforderliche Kenntnis von der rechtlichen Unzulänglichkeit der aufgestellten Mindestbedingungen erlangt zu haben, nicht unplausibel (2. VK Bund, B. v. 17. 7. 2008 – Az.: VK 2–67/08)
– wird in der Bekanntmachung **nur ganz allgemein auf die Notwendigkeit der Angabe von Richtleistungen sowie auf die Möglichkeit eines Vergleichs der angegebenen Richtleistungen mit Standardzeitwerten und einen möglichen Ausschluss hingewiesen**, bietet dieser Inhalt der Bekanntmachung allein **keinen Anlass, zu prüfen, ob in der**

Teil 1 GWB § 107 Gesetz gegen Wettbewerbsbeschränkungen

Ankündigung eines Vergleichs ein Vergaberechtsverstoß liegen könnte, da anhand des Inhalts der Bekanntmachung nicht zu erkennen war, dass die Antragsgegnerin eigene Richtleistungen aufgestellt hatte, die sie zum Vergleich heranzog. Es kann auch ausgeschlossen werden, dass die Antragstellerin mit Vergabesachen so vertraut war, dass die erforderlichen Rechtskenntnisse von ihr im Zeitpunkt der Bekanntmachung erwartet werden konnten. Die Antragstellerin mag zwar im Zeitpunkt der Veröffentlichung der Bekanntmachung über einige Rechtskenntnisse zu § 8 VOL/A verfügt haben; sie konnte aber im Zeitpunkt der Bekanntmachung darauf vertrauen, dass die Verdingungsunterlagen den Anforderungen des § 8 VOL/A genügen würden, mithin die Antragsgegnerin sich vergaberechtskonform verhält (OLG Düsseldorf, B. v. 27. 2. 2008 – Az.: VII-Verg 41/07)

– macht ein Bieter geltend, die Vergabebekanntmachung sei insoweit unklar, als **Nachweise „mit der Anforderung" zu erbringen seien und dies könne zumindest auch dahin verstanden werden, dass erst „auf Anforderung" nachzuweisen sei, ist diese Rüge unzulässig, weil der Bieter sie nicht spätestens mit Ablauf der Angebotsfrist erhoben hat** (§ 107 Abs. 3 S. 2 GWB). Die von ihm beanstandeten Unklarheiten im Text der Vergabebekanntmachung konnte der Bieter aus diesem Text selbst erkennen. Er kann sich nicht mit Erfolg darauf berufen, dass er von der Ausschreibung nicht durch die Bekanntmachung sondern durch einen „newsletter" erfahren habe. Er hätte sich von der Bekanntmachung Kenntnis verschaffen müssen (OLG Celle, B. v. 31. 7. 2008 – Az.: 13 Verg 3/08)

– nur wenn sich bei **Beachtung der gebotenen Sorgfalt aus der Bekanntmachung erschließt**, begründet die Rügeobliegenheit. In der Bekanntmachung war aber **nur ganz allgemein in Form einer Aufzählung erwähnt, welche Kriterien als Zuschlagskriterien Anwendung finden sollten** (Referenzen, Unternehmensstruktur, Maschinenpark, Logistik). **Dies ließ – bei Anlegung welchen Sorgfaltsmaßstabes auch immer – einen Vergaberechtsverstoß noch nicht zwingend erkennen**. So war der Antragsgegnerin unbenommen, noch in den Verdingungsunterlagen einen Auftragsbezug zu den als Zuschlagskriterien genannten unternehmensindividuellen Umständen herzustellen, mit der Folge, dass dann die festgelegten Zuschlagskriterien vergaberechtlich möglicherweise nicht zu beanstanden wären (vgl. Absatz 2 der Erläuterungen zu § 25 Nr. 3 VOL/A) (OLG Düsseldorf, B. v. 28. 4. 2008 – Az.: VII – Verg 1/08)

– der bloße Umstand, dass es sich bei der Antragstellerin um ein bei Ausschreibungen in gewissem Umfang erfahrenes Unternehmen handelt, führt nicht dazu, dass die **Vergaberechtswidrigkeit der Rahmenvereinbarung für Leistungen nach der VOF von ihr erkannt werden konnte**. Die **Rechtsverstöße waren nur unter genauer Auseinandersetzung mit den Vergabekoordinierungsrichtlinien und dem Werdegang des Vergaberechtsänderungsgesetzes tatsächlich erkennbar**, es handelte sich vorliegend mithin um eine nicht einfach zu beurteilende Rechtsfrage. Damit aber war die Unzulässigkeit der ausgeschriebenen Rahmenvereinbarung nur mit Aufwendung juristischen Sachverstandes erkennbar, ohne dass die Antragstellerin vergaberechtlich gehalten gewesen wäre, solchen Sachverstand durch Zuziehung eines Rechtsanwalts zur Aufklärung über die Erkenntnismöglichkeiten heranzuziehen. Es ist der Antragstellerin nicht zu widerlegen, dass sie über die erforderlichen rechtlichen Sachverstand nicht verfügte und der **Verstoß für sie infolgedessen nicht zu erkennen** war (1. VK Sachsen, B. v. 25. 1. 2008 – Az.: 1/SVK/088-07)

– im vorliegenden Fall waren die beiden unterstellten und gerügten Vergabefehler eindeutig auch für sie **aus der Bekanntmachung erkennbar**, da in der Bekanntmachung das **Nichtoffene Verfahren sowie die Nichtaufteilung in Lose vorgegeben** waren. Die Nichterkennbarkeit der Bekanntmachung als solcher ist jedoch auf die eingeschränkte Suche der Antragstellerin nach Ausschreibung im offenen Verfahren zurückzuführen. Diese hat sie selbst zu vertreten. **Fehler in der Auftragssuche, die zu einer verspäteten Rüge führen eindeutig gehen zu lasten der Antragsteller. Ihnen obliegt die Organisation ihrer Suche. Damit liegt auch hier eine selbstverschuldete Unkenntnis** vor (VK Arnsberg, B. v. 18. 1. 2008 – Az.: VK 01/08)

– wie sich aus der Referenzliste der Antragstellerin ergibt, ist die **Antragstellerin bereits für zahlreiche öffentliche Auftraggeber tätig geworden** und dürfte daher über **Erfahrungen mit öffentlichen Vergabeverfahren** verfügen. Darüber hinaus verfügt die Antragstellerin als **Unternehmen mit erheblicher Größe mit mehr als 500 Mitarbeitern und einem Umsatz von ca. 84 Mio. Euro über eine eigene Rechtsabteilung**, so dass die Erkennbarkeit der vorgetragenen Vergaberechtsverstöße bereits bei Bekanntmachung zu bejahen ist (VK Düsseldorf, B. v. 2. 3. 2007 – Az.: VK – 05/2007 – L)

Gesetz gegen Wettbewerbsbeschränkungen GWB § 107 **Teil 1**

– eine **fehlende Losaufteilung muss nicht** schon aufgrund der Veröffentlichung im Internet gerügt werden, wenn aus der Ausschreibung zwar hervorgeht, dass keine Losaufteilung beabsichtigt ist, die **genauen Bedingungen der ausgeschriebenen Leistung jedoch nur in der mit den Verdingungsunterlagen anzufordernden Leistungsbeschreibung niedergelegt** sind. Erst aufgrund der vollständigen Leistungsbeschreibung sind die Bieter in der Lage, zu beurteilen, ob sie in der Lage sein würden, die Leistung – wie ausgeschrieben – anbieten zu können (1. VK Bund, B. v. 6. 6. 2007 – Az.: VK 1–38/07; im Ergebnis ebenso VK Düsseldorf, B. v. 2. 3. 2007 – Az.: VK – 05/2007 – L)

– der **bloße Umstand, dass es sich bei dem Antragsteller um ein bei Ausschreibungen langjährig erfahrenes Unternehmen handele, belegt nicht, dass die Fehlerhaftigkeit der Vergabebekanntmachung von ihm erkannt werden konnte.** Die Rechtsverstöße waren nur unter Aufwendung juristischen Sachverstandes erkennbar, ohne dass der Antragsteller vergaberechtlich gehalten war, solchen Sachverstand durch Zuziehung eines Rechtsanwalts zur Aufklärung über die Erkenntnismöglichkeiten heranzuziehen. Es ist dem Antragsteller nicht zu widerlegen, dass er über die erforderlichen rechtlichen Sachverstand nicht verfügte und der Verstoß für ihn infolgedessen nicht zu erkennen war, zumal die **Frage der Klarheit der Angabe in der Vergabebekanntmachung eine nicht einfach zu beurteilende Rechtsfrage darstellt** (OLG Düsseldorf, B. v. 2. 5. 2007 – Az.: VII – Verg 1/07)

– wenn ein **Bieter erstmalig mit dem Nachprüfungsantrag geltend** macht, durch die geforderte **Berufshaftpflichtversicherung für alle Teilbereiche der geforderten Leistung eine unerfüllbare Bedingung aufzustellen**, ist der Nachprüfungsantrag bereits unzulässig, da dem Bieter diese Tatsache bereits mit der Vergabebekanntmachung zur Kenntnis gelangt ist und er diese nicht bis zum Ablauf der in der Bekanntmachung benannten Bewerbungsfrist gerügt hat (VK Thüringen, B. v. 16. 2. 2007 – Az.: 360–4003.20–402/2007-001-UH)

– geht a**us der Formulierung der Bekanntmachung zweifelsfrei hervor, dass in der Bekanntmachung nicht alle maßgeblichen Kriterien mitgeteilt sind, sondern dass in den Verdingungs- /Ausschreibungsunterlagen weitere für den Zuschlag relevante Kriterien genannt werden**, war bei Beachtung der gebotenen Sorgfalt dieser behauptete Vergaberechtsverstoß daher schon aus dem Wortlaut der Bekanntmachung erkennbar. Diesen Verstoß hat die Beschwerdeführerin nicht innerhalb der Frist zur Abgabe des Angebots gerügt (OLG Karlsruhe, B. v. 9. 3. 2007 – Az.: 17 Verg 3/07)

– hat sich ein **Antragsteller sehr früh im Vergabeverfahren mit der Frage der Wertbarkeit von Nebenangeboten und den dafür geltenden Mindestvoraussetzungen auseinandergesetzt**, steht fest, dass auf Seiten des Antragsteller die **Kenntnis von einer generellen Rügepflicht vor Angebotsabgabe**, die Kenntnis der dürftigen Mindestvorgaben für Nebenangebote, und die Kenntnis der aktuellen Vergaberechtsrechtsprechung durch entsprechende Kommentare und Datenbanken **vorhanden war**, die dazu führen musste, dass der Antragsteller im Vorfeld der Angebotsabgabe eine Rüge hinsichtlich des Fehlens von Mindestanforderungen für Nebenangebote beim Auftraggeber platziert musste. Will man mehr verlangen, als das Zusammentreffen dieser drei Umstände, läuft § 107 Absatz 3 Satz 2 GWB ins Leere (1. VK Sachsen, B. v. 5. 2. 2007 – Az.: 1/SVK/125-06)

– die Antragstellerin kann in diesem Zusammenhang **auch nicht als unerfahrenes Unternehmen** angesehen werden. Nach ihrer eigenen Darstellung im Teilnahmeantrag ist sie als **Bürovollsortimenter und anerkannter Bürodienstleister** u. a. für Unternehmen, Behörden und öffentliche Einrichtungen tätig und arbeitet aufgrund von Rahmenverträgen und Ausschreibungen mit Großunternehmen und Behörden in Deutschland zusammen. **Für einen durchschnittlich erfahrenen Marktteilnehmer** ergeben sich aus dem Text der Bekanntmachung Eckdaten, wie etwa die Ausstattung von 140 Arbeitsplätzen mit Büromöbeln, die dafür sprechen, **dass jedenfalls die Schätzung des Auftragswertes bei Los 2 den Schwellenwert hätte erreichen müssen** (1. VK Brandenburg, B. v. 29. 5. 2006 – Az.: 1 VK 17/06)

– ein **Bieter ist mit seinen im Vergabenachprüfungsverfahren behaupteten Vergabeverstößen präkludiert**, wenn er es mangels rechtzeitiger, zu seinen Lasten gehender Kenntnisnahme von der Ausschreibung versäumt hat, diese Verfahrensverstöße gegenüber dem Auftraggeber rechtzeitig zu rügen. Die **Unkenntnis bzw. nicht rechtzeitige Kenntnisnahme von der Ausschreibung geht insbesondere dann zu Lasten des Antragstellers**, wenn er **nach einer Bekanntmachung im EU-Bekanntmachungsblatt bzw. in einer einschlägigen Fachzeitschrift Ausschau gehalten hat**, obwohl Vergabekammer und Oberlandesgericht in ihren Entscheidungen im Zusammenhang mit dem bezüglich der gleichen

Teil 1 GWB § 107　　　　　　　　　　　　Gesetz gegen Wettbewerbsbeschränkungen

Auftragsvergabe vorangegangenen Vergabeverfahren eine derartige **Bekanntmachungspflicht des Auftraggebers ausdrücklich verneint hatten und lediglich eine überregionale deutschland-weite Bekanntmachung gefordert** hatten (3. VK Saarland, B. v. 19. 1. 2007 – Az.: 3 VK 05/2006)

– die **Annahme**, dass bei umfangreichen und nicht einfach zu beurteilenden Ausschreibungsverfahren vom Bieter zu erkennen und gemäß § 107 Abs. 3 S. 2 GWB **auch zu rügen ist**, dass die **Vergabebekanntmachung** z. B. entgegen § 17 Nr. 1 Abs. 2 lit. c VOL/A **keine zureichenden Angaben über Art und Umfang der Leistung enthält, ist für praxisfremd zu halten**. Bei umfangreichen und vielgestaltigen Aufträgen muss der Auftraggeber nicht sämtliche Leistungsmerkmale, welche erlauben, die Bestimmung der Rechtsnatur des Auftrags nachzuvollziehen, in die Vergabebekanntmachung aufnehmen (OLG Düsseldorf, B. v. 18. 10. 2006 – Az.: VII – Verg 35/06)

– ein **verständiger Bieter** kann die **vergaberechtliche Abgrenzung zwischen Bau- und Dienstleistungsverträgen erkennen** (2. VK Bund, B. v. 31. 7. 2006 – Az.: VK 2–65/06) – eine sehr weitgehende Entscheidung -

– die **Erkennbarkeit der beanstandeten Vermischung von angebots- und bieterbezogenen Kriterien für die Erteilung des Zuschlages ist selbst für einen fachkundigen Bieter aus der Bekanntmachung nicht ohne weiteres gegeben**. Dies ergibt sich insbesondere daraus, dass die **zugrunde liegende Rechtsfrage**, ob nach Durchführung eines Teilnahmewettbewerbs Elemente der Eignungsprüfung noch in die abschließende Wertung einfließen können, **nicht eindeutig zu beantworten** ist. Nach der Rechtsprechung ist es einer Vergabestelle in Ausnahmefällen möglich, besondere Eignungsaspekte, die sich leistungsbezogen auswirken, in der letzten Wertungsstufe zu berücksichtigen. Selbst ein mit öffentlichen Aufträgen erfahrenes Unternehmen konnte somit aus der Bekanntmachung einen möglichen Vergabefehler nicht ohne tiefer gehende Rechtskenntnisse erkennen (2. VK Bund, B. v. 29. 3. 2006 – Az.: VK 2–11/06)

– die **Erkennbarkeit der nunmehr beanstandeten Vermengung von Wirtschaftlichkeits- und Eignungskriterien** für die Erteilung des Zuschlages ist für einen fachkundigen Bieter aus der Vergabebekanntmachung ohne weiteres gegeben (VK Lüneburg, B. v. 15. 11. 2005 – Az.: VgK-48/2005)

– es **widerspricht jeglicher Lebenserfahrung**, dass ein Bieter, der sich wiederholt vor Vergabekammern und Oberlandesgerichten mit anderen Bietern bzw. Auftraggebern über den gleichen angeblichen Vergabeverstoß streitet, sich **bei der Durchsicht einer neuen Bekanntmachung nicht sofort von dem für ihn entscheidenden und wichtigen Sachverhalt Kenntnis verschafft**. Eine erst fast 6 Wochen später erhobene Rüge ist deshalb nicht unverzüglich (VK Baden-Württemberg, B. v. 13. 10. 2005 – Az.: 1 VK 59/05)

– ist aus der Bekanntmachung ersichtlich, dass eine Vergabestelle von Baukosten unterhalb der 5 Mio. € Grenze ausgeht und sie deswegen als Kommunalunternehmen an das Vergaberechtsregime nicht gebunden ist, muss eine **Rüge hinsichtlich des Erreichens des Schwellenwerts spätestens mit Ablauf der Angebotsfrist erfolgen** (VK Nordbayern, B. v. 26. 7. 2005 – Az.: 320.VK – 3194 – 26/05)

– eine Präklusion einer Rüge zur Zulassung von Nebenangeboten – für das Vergabeverfahren bis zur Submission – scheidet aus, wenn der Antragsteller bis dahin noch keinen diesbezüglichen Vergabeverstoß erkannt hat. Zwar erlangt ein Antragsteller durch die Übersendung der Verdingungsunterlagen und im Submissionstermin Kenntnis von der Zulassung von Nebenangeboten und von einer möglichen Einbeziehung in die Angebotswertung. **Verbleiben jedoch zumindest Zweifel, ob er zu diesem Zeitpunkt schon über die notwendige Rechtskenntnis vom Vergabeverstoß verfügt, ist positive Kenntnis bei dem Antragsteller auszuschließen** (VK Münster, B. v. 21. 12. 2005 – Az.: VK 25/05; VK Brandenburg, B. v. 1. 3. 2005 – Az.: VK 8/05)

– soweit „**Mindestbedingungen**" i. S. d. Art. 19 Abs. 2 der Richtlinie 93/37/EWG (Baukoordinierungsrichtlinie) **erforderlich sind und fehlen, ist dies bereits bei Angebotsabgabe erkennbar und zu rügen**. Da dies unterblieben ist, ist der Einwand präkludiert (OLG Brandenburg, B. v. 13. 9. 2005 – Az.: Verg W 9/05; Schleswig-Holsteinisches OLG, B. v. 5. 4. 2005 – Az.: 6 Verg 1/05; VK Berlin, B. v. 15.02.206 – Az.: VK – B 1–63/05)

– dies **gilt nicht, wenn der Auftraggeber den Anschein erweckt**, es handele sich um eine **Vergabe, die nach den Regeln des 1. Abschnitts der VOB/A abgewickelt** wird und die Bieter **erst durch ein Informationsschreiben nach § 13 VgV** darauf aufmerksam

Gesetz gegen Wettbewerbsbeschränkungen GWB § 107 **Teil 1**

werden, dass die Schwellenwerte überschritten sind (VK Nordbayern, B. v. 7. 11. 2005 – Az.: 320.VK – 3194 – 35/05)

– da es sich bei der **Rechtsauffassung**, wonach ein Auftraggeber mangels Angabe von **technischen Mindestbedingungen überhaupt an der Wertung von Nebenangeboten gehindert** ist, um eine auch bislang **von der Rechtsprechung nicht einheitlich gehandhabte Rechtsfrage** handelt, kann **nicht unterstellt** werden, dass ein **Antragsteller bereits im Zuge der Angebotserstellung bereits positive Kenntnis** von dem nunmehr geltend gemachten, vermeintlichen Vergaberechtsfehler erlangt hatte (VK Lüneburg, B. v. 20. 5. 2005 – Az.: VgK-18/2005; im Ergebnis ebenso 1. VK Sachsen, B. v. 9. 1. 2006 – Az.: 1/SVK/149-05)

– fordert die Vergabestelle in der Bekanntmachung die **Übernahme der Produkthaftung**, ist für den Bieter bereits hieraus ohne weiteres der nach ihrer Auffassung bestehende Vergaberechtsverstoß ersichtlich, nämlich dass er sich **außerstande sieht, lediglich als Vertreiber der Produkte dieser Forderung zu entsprechen**. Hierbei ist auch von Bedeutung, dass er über hinreichende Erfahrungen hinsichtlich der Teilnahme an Vergabeverfahren verfügt (2. VK beim Landesverwaltungsamt Sachsen-Anhalt, B. v. 11. 4. 2005 – Az.: VK 2 – LVwA LSA 06/05)

– hat ein Bieter spätestens zum Zeitpunkt der Erarbeitung der eigenen Nebenangebote, **also noch vor der Angebotseröffnung** nach Durchsicht der Verdingungsunterlagen die Kenntnis von den seiner Meinung **fehlenden bzw. ungenügenden Mindestbedingungen für Nebenangebote** und erfolgt die Rüge zu fehlenden Mindestbedingungen für Nebenangebote **erst ca. drei Monate nach der Angebotseröffnung**, erfolgt die Rüge zu fehlenden bzw. ungenügenden Mindestbedingungen für Nebenangebote somit **nicht mehr unverzüglich** (VK Thüringen, B. v. 28. 4. 2005, Az.: 360–4002.20-005/05-MGN)

– aus den Verdingungsunterlagen konnten die Bieter, noch vor der Abgabe ihrer Angebote ohne weiteres schließen und erkennen, wie der **Auftraggeber mit Nebenangeboten umgehen wird**. Etwaige Beanstandungen inhaltlicher Art hätten folglich spätestens bis zum **Ablauf der Frist zur Angebotsabgabe gerügt** werden müssen (1. VK Brandenburg, B. v. 24. 11. 2005 – Az.: 1 VK 69/05; VK Münster, B. v. 10. 2. 2005 – Az.: VK 35/04; 1. VK Sachsen, B. v. 24. 3. 2005 – Az.: 1/SVK/019-05)

– nicht erkennbar und nicht zu rügen war im November 2004 die **Unterlassung von Angaben von Mindestbedingungen für Nebenangebote in der Bekanntmachung bzw. in den Vergabeunterlage**n (1. VK Sachsen, B. v. 11. 11. 2004 – Az.: 1/SVK/105-04, 1/SVK/106-04, 1/SVK/107-04)

– erkennbar und zu rügen sind die **die Höhe der Sicherheitsleistung wie auch die geforderten Bürgschaften** (1. VK Sachsen, B. v. 21. 7. 2004 – Az.: 1/SVK/050-04)

– erkennbar und zu rügen ist die **mangelnde losweise Ausschreibung** (1. VK Sachsen, B. v. 17. 6. 2004 – Az.: 1/SVK/038-04, 1/SVK/038-04G)

– erkennbar und zu rügen ist insbesondere die Wahl der falschen Vergabeart (VK Baden-Württemberg, B. v. 28. 10. 2004 – Az.: 1 VK 68/04)

– ein etwaiger Vergaberechtsverstoß in der **Wahl des Verhandlungsverfahrens** (OLG Düsseldorf, B. v. 7. 1. 2002 – Az.: Verg 36/01)

– ein etwaiger Vergaberechtsverstoß in der **Wahl der öffentlichen Ausschreibung statt des Offenen Verfahrens** (VK Baden-Württemberg, B. v. 27. 6. 2003 – Az.: 1 VK 29/03)

– behauptete Fehlerhaftigkeit einer **nicht losweisen Ausschreibung** (VK Lüneburg, B. v. 25. 2. 2004 – Az.: 203-VgK-02/2004; VK Hessen, B. v. 29. 5. 2002 – Az.: 69 d VK – 15/2002)

– behauptete Fehlerhaftigkeit durch die **Forderung nach einer Aufgliederung der Einheitspreise in Material- und Lohnanteile** (2. VK Bund, B. v. 19. 2. 2002 – Az.: VK 2 – 02/02)

18.5.24.7 Spätester Zeitpunkt der Rüge

§ 107 Abs. 3 Satz 1 Nr. 2 GWB eröffnet eine Rügemöglichkeit **bis zum Ablauf der An-** 3746 **gebotsfrist**. Aus dem Umstand, dass die Vorschrift den Ablauf der Angebotsfrist als „spätesten" Zeitpunkt der Rüge vorsieht, kann ebenso wenig ein Verstoß gegen die Verpflichtung zur unverzüglichen Rüge gesehen werden wie unter dem Aspekt „Beschleunigungsgebot" oder „vorvertragliche Verpflichtungen". Weder aus dem Zusatz „spätestens" noch aus der Regelung im übrigen kann auf eine **gesetzliche Pflicht zur sofortigen und intensiven Prüfung des Bekanntmachungsinhaltes auf etwaige vergaberechtliche Verstöße** verbunden mit der Folge einer Präkludierung im Falle des Verstoßes gegen diese (etwaige) Verpflichtung geschlossen werden (VK Baden-Württemberg, B. v. 15. 1. 2003 – Az.: 1 VK 71/02).

3747 Selbst wenn der Bieter die Verstöße schon kurze Zeit nach Kenntnisnahme der Bekanntmachung positiv erkannt hat, verlangt zumindest der Wortlaut der Vorschrift keine unverzügliche Rüge. Es wäre allerdings zu überlegen, ob nicht dann die Unverzüglichkeitsregelung des Satzes 1 oder zumindest der **Grundsatz von Treu und Glauben** mit der möglichen Folge der Präkludierung bzw. Verwirkung des Rügerechts greift, wenn der Bieter die aus der Bekanntmachung erkennbaren Verstöße nachweislich zu einem schon möglicherweise frühen Zeitpunkt positiv erkannt hat. Denn aus der Bekanntmachung erkennbare Verstöße gegen Vergabevorschriften, die positiv erkannt werden, könnten als solche des Satzes 1, d. h. als „erkannte" Verstöße gesehen werden, die unverzüglich zu rügen sind. Für § 107 Abs. 3 Satz 1 Nr. 2 hat ebenso die Begründung zum Sinn und Zweck der Rügeobliegenheit zu gelten wie bei Satz 1 Nr. 1, nämlich dem Auftraggeber nach positivem Erkennen des Verstoßes möglichst schnell die Möglichkeit zu einer Behebung des Mangels zu geben. Der Bieter hat nach erkanntem (vermeintlichen) Vergabeverstoß alles zu unternehmen, dass eine schnellstmögliche Korrektur dieses Mangels durch die Vergabestelle erfolgen kann (VK Baden-Württemberg, B. v. 28. 5. 2009 – Az.: 1 VK 21/09; VK Hessen, B. v. 2. 1. 2003 – Az.: 69d – VK – 55/2002).

3748 Die Bestimmung des **§ 107 Abs. 3 Nr. 2 GWB kann nicht erweiternd dahingehend verstanden werden, dass der Angebotsfrist die für die Anforderung von Vergabeunterlagen vorgesehene Frist gleichsteht**. Der mit einer solchen Auslegung verbundenen Einschränkung der Rechtsschutzmöglichkeiten steht der eindeutige Wortlaut der Norm entgegen (OLG Düsseldorf, B. v. 17. 2. 2010 – Az.: VII-Verg 42/09).

18.5.24.8 Auswirkung der Verlängerung der Angebots- bzw. Bewerbungsfrist

3749 Die Präklusion eines Antragstellers mit der Rüge eines Verstoßes im Sinne von § 107 Abs. 3 Satz 1 Nr. 2 GWB knüpft nach dem Wortlaut an die Versäumung der in der Bekanntmachung benannten **Frist zur Angebotsabgabe** an. Auch wenn der Gesetzgeber an die Möglichkeit der Verlängerung dieser Frist nicht gedacht haben mag, ist es **weder nach Sinn und Zweck der Regelung noch unter Berücksichtigung der wohlverstandenen Interessen der Beschwerdeführerin angezeigt, die Rügemöglichkeit abweichend vom Wortlaut der Regelung bis zum Ablauf der nachträglich verlängerten Angebotsfrist zu erhalten**. An sich kann von einem durchschnittlichen Interessenten um öffentliche Aufträge, deren Vergabe in den Anwendungsbereich des 4. Teils des GWB fällt, erwartet werden, dass er diesbezügliche Bekanntmachungen alsbald nach ihrer Veröffentlichung zur Kenntnis nimmt und sich sogleich mit ihnen auseinandersetzt, so dass ein effektiver Bieterschutzes durchaus auch bei einer deutlich kürzer bemessenen Rügefrist gewahrt wäre. Jedenfalls aber ist es nicht geboten, die Rügefrist auch noch auszudehnen, wenn sich die Angebotsfrist verschiebt, weil das Leistungsverzeichnis nicht rechtzeitig erstellt werden kann. Für die Erhebung einer Beanstandung, die sich auf die Bekanntmachung bezieht, ist der Erhalt weiterer Ausschreibungsunterlagen gerade nicht erforderlich (KG Berlin, B. v. 11. 7. 2000 – Az.: KartVerg 7/00).

3750 **Anderer Auffassung** ist das **OLG Düsseldorf**. Eine Rüge ist nicht schon bis zum Ablauf der ursprünglich festgelegten Angebotseinreichungsfrist zu erheben, wenn es **aus Gründen, die im Bereich des Auftraggebers liegen, zu einer Verlängerung der ursprünglich festgelegten Angebotseinreichungsfrist gekommen** ist. Vor dem Hintergrund, dass die Vorschrift des § 107 Abs. 3 GWB als eine Ausprägung des Grundsatzes von Treu und Glauben zu verstehen ist, wäre es dann indes **unerträglich, eine Rüge innerhalb der verlängerten Frist nicht mehr als rechtzeitig gelten zu lassen** (OLG Düsseldorf, B. v. 29. 4. 2009 – Az.: VII-Verg 76/08).

18.5.24.9 Vorrang des § 107 Abs. 3 Satz 1 Nr. 1 GWB gegenüber § 107 Abs. 3 Satz 1 Nr. 2 und Nr. 3 GWB bei gleichzeitigem Vorliegen der Voraussetzungen

3751 Bereits aus der Vergabebekanntmachung erkennbare Verstöße gegen Vergabevorschriften, die positiv erkannt wurden, sind immer auch gleichzeitig als „erkannte" Verstöße im Sinne des § 107 Abs. 3 Satz 1 Nr. 1 GWB zu betrachten und damit unverzüglich zu rügen. Insoweit bedarf es eines Rückgriffs auf die Erkennbarkeit von Vergabefehlern nicht mehr, wenn bereits positive Kenntnis vorliegt. **Letztlich bedeutet dies, dass bei gleichzeitiger grundsätzlicher Anwendbarkeit des § 107 Abs. 3 Satz 1 Nr. 1 und Nr. 2 GWB die Nr. 1 vorgeht**.

Dies entspricht auch dem Sinn und Zweck der Rügeobliegenheit, nämlich einer schnellstmöglichen Korrektur vermeintlicher Vergabefehler (1. VK Bund, B. v. 20. 1. 2010 – Az.: VK 1–230/09; VK Schleswig-Holstein, B. v. 3. 12. 2008 – Az.: VK-SH 12/08; B. v. 5. 10. 2005 – Az.: VK-SH 23/05).

§ 107 Abs. 3 Nr. 2 GWB und § 107 Abs. 3 Nr. 3 enthalten eigenständige, gegenüber der Präklusionsregel des § 107 Abs. 3 Nr. 1 GWB nachrangige Präklusionsregeln für den Fall, dass ein Bieter einen vermeintlichen Vergaberechtsverstoß zwar nicht positiv erkannt hat, der entsprechende Verstoß aber aufgrund der Bekanntmachung oder in den Vergabeunterlagen erkennbar war. Die **vorrangig zu beachtende Rügepflicht bei positiver Kenntnisnahme von einem vermeintlichen Vergaberechtsverstoß** gemäß § 107 Abs. 3 Nr. 1 entfällt nicht dadurch, dass der Bieter gemäß § 107 Abs. 3 Nr. 2 GWB oder § 107 Abs. 3 Nr. 3 GWB Verstöße zumindest noch innerhalb der Frist zur Angebotsabgabe oder zur Bewerbung gerügt hat (VK Niedersachsen, B. v. 15. 1. 2010 – Az.: VgK-74/2009). 3752

§ 107 Absatz 3 Satz 1 Nr. 1 GWB geht dem § 107 Absatz 3 Satz 1 Nr. 2 GWB bei gleichzeitigem Vorliegen der Tatbestandsvoraussetzungen vor. Dies **kann aber nur für die Zeit bis zur Angebotsabgabe gelten,** um positiv erkannte Verstöße schneller zu beseitigen. **Nach diesem Zeitpunkt gibt es kein Konkurrenzverhältnis, das aufzulösen wäre**, da dann – wenn im Lichte der neueren EuGH-Rechtsprechung überhaupt – **nur noch § 107 Absatz 3 Satz 1 Nr. 1 GWB als Rügeobliegenheit besteht**. Der Bieter kann sich daher nicht auf das Eingreifen der Rügeobliegenheit erst durch seine positive Kenntnis berufen, wenn der vermeintliche Verstoß bereits in der Bekanntmachung oder den Verdingungsunterlagen erkennbar war (2. VK Bund, B. v. 6. 5. 2010 – Az.: VK 2–26/10). 3753

18.5.24.10 Literatur

– Erdl, Cornelia, Rügefrist ein Tag – das Ende des effektiven Rechtsschutzes? – Zugleich Anmerkung zum Beschluss des OLG München vom 13. 4. 2007 – Verg 01/07 – VergabeR 2007, 546 3754

– Fürmann, Jochen, Zur Zulässigkeit von Anforderungsfristen und der praxisgerechten Auslegung des § 107 Abs. 3 Satz 1 Nr. 2 und 3 GWB, VergabeR 2010, 420

– Hübner, Alexander, Das Ende der „unverzüglichen" und uneingeschränkten Rügeobliegenheit (§ 107 Abs. 3 Satz 1 Nr. 1 GWB), VergabeR 2010, 414

18.5.25 Verstöße gegen Vergabebestimmungen, die erst in den Vergabeunterlagen erkennbar sind und fehlende Rüge spätestens bis Ablauf der in der Bekanntmachung benannten Frist zur Angebotsabgabe oder zur Bewerbung (§ 107 Abs. 3 Satz 1 Nr. 3)

18.5.25.1 Vergaberechtsmodernisierungsgesetz 2009

Mit dem Vergaberechtsmodernisierungsgesetz 2009 ist diese **Präklusionsvorschrift des § 107 Abs. 3 Satz 1 Nr. 3 neu in § 107 GWB aufgenommen** worden. Die **Rechtsprechung** hatte sich aber bereits vorher mit diesem Thema befasst; sie **kann im Wesentlichen weiter verwendet** werden. 3755

18.5.25.2 Rechtsprechung

18.5.25.2.1 Sinn und Zweck der Regelung. Die Neuregelung des § 107 Abs. 3 Nr. 3 soll nach dem Willen des Gesetzgebers **zu mehr Effizienz und Beschleunigung des Nachprüfungsverfahrens** führen. Der Auftraggeber soll bei den aus den Vergabeunterlagen erkennbaren Verstößen eher die Gelegenheit bekommen, etwaige Verfahrensfehler zu beheben und so im Interesse der Beteiligten unnötige Nachprüfungsverfahren vermeiden. Der **bisherige § 107 Abs. 3 GWB lief zu oft leer**, weil der **Auftraggeber den Nachweis einer zu einem bestimmten Zeitpunkt bestehenden positiven Kenntnis des Bieters nicht führen konnte**. Die **neue Vorschrift führt nun zu einer Obliegenheit des Unternehmens, die Unterlagen auf etwaige Vergabeverstöße zu prüfen und die erkennbaren Verstöße bis zum Ablauf der Frist zu rügen.** Dies gilt selbst dann, wenn im Zeitpunkt der Rüge noch unklar ist, ob der betreffende Vergaberechtsverstoß die Zuschlagschancen seines späteren Angebots beeinträchtigen wird (VK Niedersachsen, B. v. 15. 12. 2009 – Az.: VgK-63/2009). 3756

18.5.25.2.2 Vereinbarkeit mit der Rechtsmittelrichtlinie. Die **Präklusion von nicht innerhalb der Angebotsfrist gerügten, anhand der Verdingungsunterlagen erkennba-** 3757

Teil 1 GWB § 107   Gesetz gegen Wettbewerbsbeschränkungen

ren **Vergaberechtsverstößen ist mit Art. 1 Abs. 4 der Rechtsmittelrichtlinie 2007/66/ EG vereinbar.** Soweit danach den Mitgliedstaaten die Möglichkeit eingeräumt wird, zu verlangen, dass die Person, die ein Nachprüfungsverfahren anzustrengen beabsichtigt, den öffentlichen Auftraggeber über den behaupteten Verstoß und die beabsichtigte Nachprüfung unterrichtet, **folgt hieraus nicht, dass eine solche Obliegenheit nur für positiv erkannte Verstöße begründet werden darf.** Zwar trifft es zu, dass der Bieter einen Verstoß erst einmal erkannt haben muss, bevor er ihn „behaupten" kann. Es geht jedoch zu weit, aus einem wörtlichen Verständnis dieser Formulierung zu folgern, die Unterrichtungspflicht setze eine solche „Behauptung" (und damit die Kenntnis vom Verstoß) voraus. Nähme man dies an, so wäre die Unterrichtung erkennbar sinnlos, denn von einem Verstoß, den der Bieter dem Auftraggeber (wem sonst?) gegenüber bereits behauptet hat, braucht er ihn nicht mehr zu unterrichten. Mit dem „behaupteten" Verstoß dürfte daher schlichtweg derjenige Verstoß gemeint sein, auf den der Bieter einen Nachprüfungsantrag zu stützen gedenkt und den er im Zeitpunkt einer solchen Planung selbstverständlich erkannt hat. Die **Vorschrift besagt demnach lediglich, dass eine Regelung zulässig ist, wonach die Bieter den Auftraggeber von Verstößen, auf die ein Nachprüfungsverfahren gestützt werden soll, zuvor unterrichtet haben müssen.** Dazu, bis wann dies geschehen sein muss (etwa bis zum Ende der Angebotsfrist) und woran die Unterrichtungspflicht geknüpft werden darf (an eine positive Kenntnis oder die bloße Erkennbarkeit des Verstoßes), macht Art. 1 Abs. 4 der Richtlinie keine verbindlichen Vorgaben. Nach dieser Sichtweise ergibt sich aus dem Wortlaut der Richtlinie kein entscheidendes Argument gegen die Regelung des § 107 Abs. 3 S. 1 Nr. 3 GWB. Eine **Obliegenheit, den Auftraggeber bereits zu einem frühen Zeitpunkt – noch vor Ende der Angebotsfrist – über den nunmehr den Gegenstand eines geplanten Nachprüfungsantrages bildenden Verstoß zu unterrichten, kann durchaus sinnvoll an die bloße Erkennbarkeit des Verstoßes anknüpfen.** Hat der Bieter den Verstoß vorwerfbar nicht erkannt und deshalb seiner Unterrichtungspflicht nicht genügt, so kann hieraus die Präklusion folgen. **Das mit § 107 Abs. 3 S. 1 Nr. 3 GWB verfolgte Anliegen, auf die Bieter einen gewissen Druck auszuüben, etwaige Vergaberechtsverstöße frühzeitig zu prüfen und zu rügen, erscheint mit der Richtlinie grundsätzlich durchaus vereinbar.** Dieses Ergebnis steht auch in Einklang mit der herrschenden Auffassung zu § 107 Abs. 3 S. 2 GWB a. F., dem § 107 Abs. 3 S. 1 Nr. 2 GWB n. F. entspricht. Denn die europarechtlichen Bedenken gegen Präklusionsvorschriften, die an die bloße Erkennbarkeit des Vergabeverstoßes anknüpfen, müssten in gleicher Weise dann durchgreifen, wenn die Erkennbarkeit sich nicht aus den Verdingungsunterlagen, sondern aus der Bekanntmachung ergibt. Gleichwohl wurde § 107 Abs. 3 S. 2 GWB a. F. trotz einiger kritischer Stimmen in der Literatur durch die Rechtsprechung – soweit ersichtlich – bislang nicht als europarechtswidrig beanstandet (2. VK Bund, B. v. 22. 12. 2009 – Az.: VK 2–204/09).

3758   Die Anwendung der dem europäischen Recht nicht zuwiderlaufenden Ausschlussregelung darf den Zugang zu den Nachprüfungsorganen zwar nicht unangemessen erschweren oder faktisch unmöglich machen. Dieser Gefahr kann indes sachgerecht durch die Bildung eines angemessenen Maßstabes für die Erkennbarkeit begegnet werden. Erkennbar ist demnach das, was sich bei Beachtung der gebotenen Sorgfalt aus den Verdingungsunterlagen erschließt, wobei der Vergabefehler sowohl in tatsächlicher als auch in rechtlicher Hinsicht erkennbar gewesen sein muss (2. VK Bund, B. v. 22. 12. 2009 – Az.: VK 2–204/09).

3759   **18.5.25.2.3 Keine vorherige Rechtsbehelfsbelehrung.** Die **Anwendbarkeit** des § 107 Abs. 3 Satz 1 Nr. 3 GWB **setzt keine vorherige Rechtsbehelfsbelehrung voraus**, da keine Rechtsmitteleinlegungsfrist im Sinne des Anhangs VII A – Bekanntmachung Nr. 24 zur VKR bestimmt wird (OLG Koblenz, B. v. 10. 6. 2010 – Az.: 1 Verg 3/10).

3760   **18.5.25.2.4 Maßstab der Erkennbarkeit.** Vgl. dazu die **Kommentierung → Rdn. 636 ff.**

3761   **18.5.25.2.5 Prüfungs- und Aufklärungsverpflichtung des Bieters.** Von einem sachkundigen Bieter ist zu erwarten, **dass er innerhalb einer, höchstens aber 2 Wochen nach Eingang der Unterlagen diese auf Verständlichkeit und Vollständigkeit geprüft hat.** Vermeintliche Ungereimtheiten in der Leistungsbeschreibung, wozu z. B. auch die Aufnahme der Wartungskosten als Bedarfsposition gehört, dürfen nicht einfach hingenommen werden. Vielmehr **muss der Bieter sich aus den Verdingungsunterlagen ergebende Zweifelsfragen vor Abgabe seines Angebotes klären, notfalls auch durch Hinzuziehung rechtlichen Beistandes**. Er hat Erkundigungen einzuholen und ggf. den öffentlichen Auftraggeber aufzufordern, notwendige Konkretisierungen vorzunehmen. Diese Verpflichtung der Kontaktaufnahme zur Vergabestelle bei Ungereimtheiten in den Verdingungsunterlagen ist zwingend gebo-

Gesetz gegen Wettbewerbsbeschränkungen   **GWB § 107** **Teil 1**

ten, da nur so etwaige Unklarheiten unmittelbar aufgeklärt und korrigiert werden können (OLG Rostock, B. v. 6. 3. 2009 – Az.: 17 Verg 1/09; Schleswig-Holsteinisches OLG, B. v. 30. 6. 2005 – Az.: 6 Verg 5/05; 1. VK Brandenburg, B. v. 22. 2. 2008 – Az.: VK 3/08; B. v. 7. 11. 2007 – Az.: VK 42/07; B. v. 18. 6. 2007 – Az.: 1 VK 20/07; B. v. 13. 3. 2007 – Az.: 1 VK 7/07; 2. VK Bund, B. v. 30. 5. 2008 – Az.: VK 2–55/08; 1. VK Saarland, B. v. 8. 3. 2010 – Az.: 1 VK 03/2010; 3. VK Saarland, B. v. 30. 11. 2007 – Az.: 1 VK 05/2007; 1. VK Sachsen, B. v. 30. 4. 2008 – Az.: 1/SVK/020-08; B. v. 24. 4. 2008 – Az.: 1/SVK/015-08; VK Schleswig-Holstein, B. v. 17. 9. 2008 – Az.: VK-SH 10/08; B. v. 12. 7. 2005 – Az.: VK-SH 14/05; VK Thüringen, B. v. 21. 4. 2008 – Az.: 360–4002.20–772/2008-001-SM).

Dies gilt **auch für die Kenntnis der Zuschlagskriterien, deren Gewichtung und die beabsichtigte Art der Punkteverteilung** (OLG Naumburg, B. v. 13. 5. 2008 – Az.: 1 Verg 3/08).   3762

Dies gilt auch, wenn es **für den Bieter** unklar ist, **auf welche Elemente einer Position sich die geforderte Fabrikats- oder Typenabfrage bezieht** oder wenn der **Bieter der Auffassung** ist, es **gibt kein Fabrikat**, das man dort eintragen kann oder dass **ausgeschriebene Leistung**en zum Teil **technisch nicht durchführbar** sind (2. VK Bund, B. v. 30. 5. 2008 – Az.: VK 2–55/08).   3763

Ein Bieter, der einen **als möglich erkannten Verstoß gegen § 7 Abs. 1 Nr. 1/Nr. 2 VOB/A** in einem **Begleitschreiben zu seinem Angebot rügt**, ohne den Auftraggeber vor Angebotsöffnung auf den als möglich erkannten Fehler aufmerksam zu machen, hat **keine unverzügliche Rüge** abgegeben (VK Brandenburg, B. v. 14. 7. 2003 – Az.: VK 40/03; 1. VK Bund, B. v. 7. 1. 2004 – Az.: VK 2–137/03; VK Hessen, B. v. 25. 8. 2004 – Az.: 69 d – VK – 52/2004).   3764

18.5.25.2.6 Notwendigkeit der Rüge spätestens bis Ablauf der in der Bekanntmachung benannten Frist zur Angebotsabgabe oder zur Bewerbung. 18.5.25.2.6.1 Vergaberechtsmodernisierungsgesetz 2009. Der Gesetzgeber hat in § 107 Abs. 3 Satz 1 Nr. 3 GWB die Frist für eine Rüge bei Verstößen gegen Vergabevorschriften, die erst in den Vergabeunterlagen erkennbar sind, auf spätestens den **Ablauf der in der Bekanntmachung benannten Frist zur Angebotsabgabe oder zur Bewerbung** festgesetzt. Damit ist die **Rechtsprechung, die eine noch frühere Rüge forderte, gegenstandslos.**   3765

18.5.25.2.6.2 Korrigierende Auslegung hinsichtlich des Zeitpunkts. Nach § 107 Abs. 3 Nr. 3 GWB ist der Antrag unzulässig, wenn Verstöße gegen Vergabevorschriften, die erst in den Vergabeunterlagen erkennbar sind, nicht spätestens bis zum Ablauf der in der Bekanntmachung genannten Frist zur Angebotsabgabe oder zur Bewerbung gegenüber dem Auftraggeber gerügt werden. **Dabei kann bei einem Verhandlungsverfahren mit vorgeschaltetem Teilnahmewettbewerb nicht auf den reinen Wortlaut dieser Norm abgestellt werden. Diese Norm ist nach ihrem Sinn und Zweck dahingehend auszulegen, dass im Falle einer freihändigen Vergabe mit vorgeschaltetem Teilnahmewettbewerb maßgeblich die Frist zur Angebotsabgabe** ist, die in den Vergabeunterlagen benannt ist (VK Schleswig-Holstein, B. v. 22. 1. 2010 – Az.: VK-SH 26/09).   3766

18.5.25.2.6.3 Allgemeine Rechtsprechung. Das **Merkmal der Unverzüglichkeit ist nicht Teil von § 107 Abs. 3 Satz 1 Nr. 3 GWB.** Dies ergibt sich unmittelbar aus dem Wortlaut des § 107 Abs. 3 Satz 1 Nr. 3 GWB, in dem das Merkmal der Unverzüglichkeit im Gegensatz zu Nr. 1 nicht – mehr – genannt ist. Für eine Auslegung dieser Vorschrift besteht hier insoweit kein Raum. **§ 107 Abs. 3 Satz 1 Nr. 1 GWB und § 107 Abs. 3 Satz 1 Nr. 3 GWB unterscheiden sich darin, dass der Beginn und das Ende der Rügefrist im letzen Fall hinreichend genau, klar und vorhersehbar festgelegt und insoweit die Rechtsprechung des EuGH hierauf nicht anwendbar** ist. Daraus wird deutlich, dass für Vergaberechtsverstöße, die bereits in den Vergabeunterlagen erkennbar sind, in jedem Fall eine Rüge bis zur Angebotsfrist ausreichend ist. Damit hat die Rechtsprechung des EuGH auf die Rügepräklusion nach § 107 Abs. 3 Nr. 3 GWB keine Auswirkungen (VK Schleswig-Holstein, B. v. 9. 7. 2010 – Az.: VK-SH 11/10).   3767

Ist einem Bieter aus den Verdingungsunterlagen bekannt, dass beim streitgegenständlichen Vergabeverfahren die **VOB mit ihrer Eigenleistungsverpflichtung als Vergabe- und Vertragsgrundlage** zugrunde gelegt wird, hat er sich mit der Abgabe seines Angebots darauf eingelassen, eine **dagegen gerichtete Rüge erst nach Bekanntgabe des Submissionsergebnisses ist damit unzulässig** (VK Nordbayern, B. v. 1. 2. 2005 – Az.: 320.VK – 3194 – 56/04).   3768

809

Teil 1 GWB § 107 Gesetz gegen Wettbewerbsbeschränkungen

3769 Die **Rügeobliegenheit** im Sinn des § 107 Abs. 3 Satz 1 Nr. 3 GWB setzt für die Inhalte aus den Verdingungsunterlagen/Leistungsbeschreibung bereits **mit deren Erhalt ein und endet spätestens mit der Angebotsabgabe bzw. mit dem Ende der Angebotsfrist** (VK Thüringen, B. v. 27. 3. 2008 – Az.: 360–4003.20–641/2008-002-UH).

3770 Ein **erfahrenes Unternehmen** hinsichtlich Ausschreibungen z. B. von Schulbüchern **erkennt bereits bei Bearbeitung der Verdingungsunterlagen einen etwaigen Verstoß gegen Vergabevorschriften**, z. B. gegen die Vorschriften des Buchpreisbindungsgesetzes. Eine **Rüge erst nach Erhalt der Mitteilung nach § 101 a GWB erfolgt nicht mehr ohne schuldhaftes Zögern und damit nicht unverzüglich** (VK Nordbayern, B. v. 29. 12. 2005 – Az.: 320.VK – 3194 – 40/05).

3771 Für die **Beanstandung** eines Bieters, ihm würden mit den Vergabeunterlagen **Angaben abverlangt, die objektiv nicht möglich und deshalb vergaberechtswidrig seien, beginnt die Rügefrist des § 107 Abs. 3 Satz 1 Nr. 3 GWB spätestens mit dem Beginn der Ausarbeitung des eigenen Angebots**, weil der Bieter jedenfalls zu diesem Zeitpunkt den aus seiner Sicht rügebedürftigen Inhalt der Ausschreibung festgestellt hat und ihn dann gegenüber dem Auftraggeber nicht mehr unbeanstandet lassen darf (OLG Dresden, B. v. 11. 9. 2006 – Az.: WVerg 13/06).

3772 Erkennt ein Bieter **Widersprüche in den Bewerbungsbedingungen** bei der Bearbeitung des Angebots, ist er verpflichtet, diese **Widersprüche spätestens bei Angebotsabgabe zu rügen** (VK Thüringen, B. v. 11. 1. 2007 – Az.: 360–4002.20–024/06-HIG).

3773 Trägt ein Bieter vor, **Leistungsfähigkeit und Zuverlässigkeit der Bieter seien keine zulässigen Zuschlagskriterien** und bei der **funktionalen und ästhetischen Qualität der Textilien sei nicht erkennbar**, worauf sich der Auftraggeber dabei stützt, muss er diese vermeintlichen Fehler **spätestens bis zur Abgabe seines Angebotes rügen** (1. VK Brandenburg, B. v. 13. 3. 2007 – Az.: 1 VK 7/07).

3774 Die **rechtliche Auffassung, dass die Durchführung einer Teststellung erforderlich** ist, setzt jedoch – unabhängig davon, ob im zu folgen ist – **vergaberechtliche Spezialkenntnisse voraus, die einem durchschnittlichen Bieter nicht abverlangt** werden können (2. VK Bund, B. v. 22. 12. 2009 – Az.: VK 2–204/09).

3775 Die **Auffassung, dass die Punkteskala in den Verdingungsunterlagen nicht genannt worden sei und die Wertungsmatrix einer weiteren Untergliederung bedürfe**, setzt **überdurchschnittliche vergaberechtliche Kenntnisse** eines Bieters voraus; eine **Erkennbarkeit** des nunmehr behaupteten Vergaberechtsverstoßes bereits anhand der Verdingungsunterlagen **kann deshalb nicht bejaht** werden (2. VK Bund, B. v. 22. 12. 2009 – Az.: VK 2–204/09).

3776 Bei der Frage, **ob angefragte Optionen in die Bewertung einfließen müssen**, handelt es sich um eine **schwierige, umstrittene Rechtsfrage**, deren Kenntnis bei einem **durchschnittlichen Bieter nicht vorausgesetzt** werden kann (2. VK Bund, B. v. 22. 12. 2009 – Az.: VK 2–204/09).

3777 Dass die **Regelung bezüglich formal fehlerhafter oder unvollständiger Angebote** unzureichend sein könnte, wenn dem Auftraggeber nach dem Wortlaut der Formulierung **noch ein Ermessen bezüglich des Ausschlusses** zusteht, stellt eine **juristische Subtilität** dar, mit der ein Antragsteller **nicht** nach § 107 Abs. 3 S. 1 Nr. 3 GWB **präkludiert** ist (2. VK Bund, B. v. 22. 12. 2009 – Az.: VK 2–204/09).

3778 Kommt es **erst nach Wertung der Vergabestelle zu einer unterschiedlichen Auslegung der Vergabeunterlagen**, gilt § 107 Abs. 3 Nr. 1 GWB und nicht etwa § 107 Abs. 3 Nr. 3 GWB (VK Münster, B. v. 14. 1. 2010 – Az.: VK 26/09).

3779 **18.5.25.2.6.4 Unverzüglichkeit bei behaupteter nicht produktneutraler Ausschreibung.** Die überwiegende Rechtsprechung hielt in der Vergangenheit eine Rüge der nicht produktneutralen Ausschreibung bereits für präkludiert, wenn der Bieter nicht schon **bei Erstellung des Angebots und der damit verbundenen Befassung mit dem Leistungsverzeichnis rügte**. Diese **Rechtsprechung** ist **mit § 107 Abs. 3 Satz 1 Nr. 3 GWB nicht vereinbar.**

3780 Die **VK Südbayern** hingegen gibt auch nach altem Recht dem Bieter je nach Einzelfall die Gelegenheit, **bis spätestens bei der Angebotsabgabe** eine eventuelle nicht produktneutrale Ausschreibung zu rügen (VK Südbayern, B. v. 21. 7. 2008 – Az.: Z3-3-3194-1-23-06/08; B. v. 19. 6. 2007 – Az.: Z3-3-3194-1-18-05/07).

18.5.25.2.6.5 Unverzüglichkeit bei fehlender Benennung von Mindestbedingungen 3781
für Nebenangebote. Ein **Verstoß** gegen die nach **Benennung von Mindestbedingungen für Nebenangebote kann auch aus den Vergabeunterlagen erkennbar sein.** Die bei üblicher Sorgfalt und den üblichen Kenntnissen mögliche Erkennbarkeit muss sich auf die den Verstoß begründenden Tatsachen und auf deren rechtliche Beurteilung beziehen. Die in Rechtsprechung und Literatur umstrittene Frage, ob der Vergaberechtsverstoß für einen Durchschnittsanbieter oder für den konkreten Antragsteller erkennbar sein muss, bedarf vorliegend keiner Entscheidung. Unabhängig davon, ob man auf die Kenntnisse eines Durchschnittsanbieters oder der – in Vergabesachen erfahrenen – Antragstellerin abstellt, ergibt sich, dass aus den Vergabeunterlagen ersichtlich war, dass der Auftraggeber keine Mindestbedingungen für Nebenangebote festgelegt hatte. **Dass ein völliges Absehen von technischen Mindestbedingungen für die Wertbarkeit der Nebenangebote** nach der Entscheidung des EuGH vom 16. Oktober 2003 **nicht den Vorgaben des Art. 24 Abs. 3 der Vergabekoordinierungsrichtlinie** 2004/18/EG des Europäischen Parlamentes und des Rates vom 31. März 2004 (VKR) **Rechnung trägt, war für die Antragstellerin sowohl gemessen an den Anforderungen eines durchschnittlichen Bieters als auch an ihren individuellen Kenntnissen unter der Beachtung der üblichen Sorgfalt erkennbar.** Dazu ist festzustellen, dass die vor der anwaltlichen Beratung von der Antragstellerin **selbst verfassten Rügeschreiben eine Vielzahl von vergaberechtlichen Entscheidungen zur argumentativen Untermauerung ihrer Rechtsauffassung aufweisen. Damit belegt die Antragstellerin, dass sie über mindestens durchschnittliche Kenntnisse im Vergaberecht verfügt** (OLG Celle, B. v. 11. 2. 2010 – Az.: 13 Verg 16/09).

Die **Präklusion der Rüge der fehlenden Mindestanforderungen für Nebenangebote** 3782
gemäß § 107 Abs. 3 GWB erfasst auch deren Wertbarkeit. Die mangelnde Zuschlagsfähigkeit von Nebenangeboten, für die keine Mindestbedingungen benannt wurden, ist die zwangsläufige Folge des zuvor begangenen Vergaberechtsverstoßes in Form der unterbliebenen Festlegung und Bekanntgabe von Mindestbedingungen, den der Antragsteller gemäß § 107 Abs. 3 GWB nicht mehr in zulässiger Weise zur Nachprüfung stellen kann (OLG Celle, B. v. 11. 2. 2010 – Az.: 13 Verg 16/09).

18.5.25.2.6.6 Auswirkungen einer Verlängerung der Angebotsabgabefrist. Eine **Ver‑** 3783
längerung der Angebotsabgabefrist ist im Hinblick auf die zeitliche Rügepflicht im Sinne des § 107 Abs. 3 Nr. 3 GWB nicht von Bedeutung. Der Gesetzgeber hat diese Rügepflicht im Hinblick auf Verstöße gegen Vergabevorschriften, die erst in den Vergabeunterlagen erkennbar sind, ausdrücklich auf den Ablauf der in der Bekanntmachung genannten Frist zur Angebotsabgabe bezogen. Während noch im Gesetzentwurf lediglich auf den Ablauf der Angebotsfrist Bezug genommen worden war, ist der **Wortlaut des beschlossenen Gesetzes um die Konkretisierung erweitert worden, dass es sich dabei um die in der Bekanntmachung benannte Angebotsabgabefrist handelt. Damit ist ein eindeutiger Bezugszeitpunkt gesetzt** worden, bis zu dessen Eintritt ein Bieter zur Vermeidung eines Präklusionseinwandes gegenüber dem Auftraggeber Verstöße gegen Vergabevorschriften, die aus den Vergabeunterlagen erkennbar werden, zu rügen hat (VK Hessen, B. v. 17. 8. 2009 – Az.: 69d VK – 25/2009).

Auch die **Ansicht, die Voraussetzungen des § 107 Abs. 3 Nr. 3 GWB sind bereits** 3784
deshalb erfüllt, weil der Auftraggeber im Hinblick auf die Verlängerung der Angebotsfrist diese Änderung erneut europaweit hätte bekannt machen müssen, findet keine rechtliche Grundlage. Die Bekanntmachung stellt einen Aufruf an potentiell interessierte Auftragnehmer dar, die Verdingungsunterlagen beim Auftraggeber abzurufen: Um zu diesem Zeitpunkt entscheiden zu können, ob ein Angebot im Hinblick auf die zur Verfügung stehenden Kapazitäten auf Seiten eines potentiellen Bieters sinnvoll erscheint, soll in der Bekanntmachung auch der Ablauf der Angebotsfrist benannt sein. Damit erschöpfen sich der Inhalt und die Reichweite einer solchen Bekanntmachung. Werden die Vergabeunterlagen angefordert, soll auch darin der Ablauf der Angebotsfrist enthalten sein. **Ändert sich im Verlaufe der Angebotsbearbeitung die für die Bearbeitung und Abgabe der Angebote vorgesehene Frist, kann dies auf den Inhalt der Bekanntmachung nicht mehr zurück wirken.** Zwar wäre es denkbar, zu regeln, dass eine solche Fristenverlängerung einer erneuten allgemeinen, an alle potentiellen Bewerber gerichteten Bekanntmachung zugänglich gemacht wird und dadurch ein weiterer Bewerberkreis angesprochen würde. Der **Wortlaut der §§ 12, 15 EG VOL/A gibt dies aber gerade nicht her.** Eine Änderung der Angebotsfrist betrifft vielmehr ausschließlich diejenigen Bieter, welche aufgrund der Bekanntmachung die Angebotsunterlagen angefordert haben und als Bieter eines begonnenen Angebotsverfahrens im Hinblick auf die Bearbeitung der

Vergabeunterlagen von einer solchen Änderung betroffen sind (VK Hessen, B. v. 17. 8. 2009 – Az.: 69 d VK – 25/2009).

3785 Auch der Einwand, dass nationale Ausschlussfristen nicht die Ausübung der Rechte, die dem Betroffenen nach dem Gemeinschaftsrecht zuständen, praktisch unmöglich machen oder übermäßig erschweren dürfen, die Anwendung des § 107 Abs. 3 Nr. 3 GWB vorliegend aber dazu führe, dass einem Bieter die Durchsetzung seiner Rechte praktisch unmöglich gemacht werde und dies mit dem sich aus der Richtlinie 89/665 ergebenden Effektivitätsgebot zur Nachprüfung von Vergabeverfahren nicht vereinbar sei, trägt nicht. Eine das Primärrechtsschutzverfahren betreffende nationale Regelung, nach der die Nachprüfung einer Entscheidung des öffentlichen Auftraggebers binnen einer bestimmten Frist beantragt werden muss, wobei sämtliche Mängel des Vergabeverfahrens, auf die der Antrag gestützt wird, innerhalb dieser Ausschlussfrist gerügt werden müssen, so dass bei Versäumnis der Frist weder die betreffende Entscheidung angefochten noch ein solcher Mangel geltend gemacht werden kann, steht der vorgenannten Richtlinie nicht entgegen, wenn die Frist angemessen ist. **Begrenzt wird eine solche innerstaatliche Regelung nämlich ausschließlich dadurch, dass sie die Rechtsausübung des Betroffenen, also die Geltendmachung des Primärrechtsschutzes, praktisch nicht unmöglich machen oder übermäßig erschweren darf. Die in § 107 Abs. 3 Nr. 3 GWB festgeschriebene Ausschlussfrist für die zu erhebende Rüge führt aber nicht dazu, dass die Ausübung der Rechte eines Antragstellers praktisch unmöglich gemacht oder übermäßig erschwert worden** ist (VK Hessen, B. v. 17. 8. 2009 – Az.: 69 d VK – 25/2009).

3786 **Anderer Auffassung** – ohne nähere Begründung – ist die **VK Schleswig-Holstein**. Nach § 107 Abs. 3 Nr. 3 GWB ist ein Nachprüfungsantrag unzulässig, wenn (vermeintliche) Verstöße gegen Vergabevorschriften, die in den Vergabeunterlagen erkennbar sind, nicht spätestens bis zum Ablauf der in der Bekanntmachung genannten Frist zur Angebotsabgabe oder zur Bewerbung gegenüber dem Auftraggeber gerügt werden. **Wird die Angebotsfrist verlängert, so ist auf dieses Datum abzustellen** (VK Schleswig-Holstein, B. v. 11. 2. 2010 – Az.: VK-SH 29/09).

18.5.26 Darlegungs- und Beweislast für die Erfüllung der Rügeobliegenheit

3787 Für die Erfüllung der Rügeobliegenheit ist **der jeweilige Antragsteller** darlegungs- (§ 108 Abs. 2 GWB) und beweispflichtig (VK Rheinland-Pfalz, B. v. 14. 5. 2002 – Az.: VK 11/02).

3788 Bleibt auch unter Einbeziehung der möglichen Erkenntnisquellen offen, ob es sich um eine Rüge gehandelt hat, geht dies **zu Lasten des Rügepflichtigen**, d. h. des Antragstellers (VK Hessen, B. v. 26. 3. 2003 – Az.: 69 d VK – 13/2003).

18.5.27 Mitteilung des Auftraggebers, einer Rüge nicht abhelfen zu wollen und zeitliche Präklusion eines Nachprüfungsantrags (§ 107 Abs. 3 Satz 1 Nr. 4)

18.5.27.1 Vergaberechtsmodernisierungsgesetz 2009

3789 Mit dem Vergaberechtsmodernisierungsgesetz 2009 ist diese **Präklusionsvorschrift des § 107 Abs. 3 Satz 1 Nr. 4 neu in § 107 GWB aufgenommen** worden. Danach ist ein **Nachprüfungsantrag unzulässig**, soweit mehr als 15 Kalendertage nach Eingang der Mitteilung des Auftraggebers, einer Rüge nicht abhelfen zu wollen, vergangen sind und innerhalb dieser Frist kein Nachprüfungsantrag gestellt worden ist.

18.5.27.2 Sinn und Zweck der Regelung

3790 Nach der **mit der Vergaberechtsnovelle 2009 neu eingeführten Vorschrift des § 107 Abs. 3 Nr. 4** ist ein Nachprüfungsantrag unzulässig, soweit mehr als 15 Kalendertage nach Eingang der Mitteilung des Auftraggebers, einer Rüge nicht abhelfen zu wollen, vergangen sind. Diese **Regelung hat zum Ziel, frühzeitig Klarheit über die Rechtmäßigkeit des Vergabeverfahrens zu schaffen.** Bislang kam es häufig vor, dass ein Unternehmen im Vergabeverfahren gegenüber dem Auftraggeber vermeintliche Rechtsverletzungen rügte, nach abschlägiger Mitteilung aber zunächst nichts unternahm und die Vergabekammer erst dann anrief, wenn der Auftraggeber ihm mitteilte, dass ein anderes Unternehmen den Zuschlag erhalten sollte. Dieses Zuwarten ist nunmehr nicht mehr möglich (OLG Brandenburg, B. v. 7. 10. 2010 – Az.: Verg W 12/10; VK Baden-Württemberg, B. v. 26. 3. 2010 – Az.: 1 VK 11/10; VK Niedersachsen, B. v. 15. 12. 2009 – Az.: VgK-63/2009).

18.5.27.3 Echte Rechtsbehelfsfrist

Die **Tatbestandsalternative des § 107 Abs. 3 Satz 1 Nr. 4 stellt eine** als zukünftig dringend zu beachtende **Antrags- bzw. Ausschlussfrist für Vergabenachprüfungsanträge dar, die als echte Rechtsbehelfsfrist aufzufassen** ist (OLG Celle, B. v. 12. 5. 2010 – Az.: 13 Verg 3/10; B. v. 4. 3. 2010 – Az.: 13 Verg 1/10; OLG Düsseldorf, B. v. 14. 4. 2010 – Az.: VII-Verg 60/09; B. v. 9. 12. 2009 – Az.: VII-Verg 37/09; VK Rheinland-Pfalz, B. v. 20. 4. 2010 – Az.: VK 2–7/10; VK Südbayern, B. v. 5. 2. 2010 – Az.: Z3-3-3194-1-66–12/09). 3791

Zwar ist **§ 107 Absatz 3 Satz 1 Nr. 4 GWB zunächst nur als materielle Präklusionsvorschrift** ausgestaltet, so dass bei isolierter Betrachtung ein Nachprüfungsantrag an sich weiterhin fristungebunden eingereicht werden kann und lediglich die Berufung auf den einen, der Rüge zugrunde liegenden Sachverhalt präkludiert ist. Allerdings muss im Regelfall dem Nachprüfungsantrag eine Rüge hinsichtlich des unterstellten Vergaberechtsverstoßes vorausgehen. Ebenso wird auch im Regelfall dieser Rüge nicht abgeholfen worden sein, anderenfalls ein Nachprüfungsantrag entbehrlich wäre. **Daher ist die durch § 107 Absatz 3 Satz 1 Nr. 4 GWB neu eingeführte Frist innerhalb derer ein Nachprüfungsantrag zulässigerweise gestellt werden kann, ohne mit dem der Rüge zugrunde liegenden Sachverhalt präkludiert zu sein, eine Rechtsbehelfsfrist.** Nach der Gesetzesbegründung geht auch der Gesetzgeber von der Einführung einer „generellen Frist zur Geltendmachung einer Rüge in den Fällen" aus, „in denen der Auftraggeber dem Unternehmen mitteilt, dass der Rüge des Unternehmens nicht abgeholfen wird." § 107 Absatz 3 Satz 1 Nr. 4 GWB regelt zwar nicht eine Frist zur Geltendmachung einer (weiteren) Rüge, sondern des der Rüge zugrunde liegenden Vergaberechtsverstoßes im Rahmen eines anschließenden Nachprüfungsantrags. **Jedoch lässt die Gesetzesbegründung erkennen, dass auch der Gesetzgeber grundsätzlich von der Einführung einer generellen Frist für das Nachprüfungsverfahren ausgegangen** ist (OLG Celle, B. v. 12. 5. 2010 – Az.: 13 Verg 3/10; B. v. 4. 3. 2010 – Az.: 13 Verg 1/10; OLG Düsseldorf, B. v. 9. 12. 2009 – Az.: VII-Verg 37/09; 2. VK Bund, B. v. 30. 10. 2009 – Az.: VK 2–180/09; VK Rheinland-Pfalz, B. v. 20. 4. 2010 – Az.: VK 2–7/10; VK Südbayern, B. v. 5. 2. 2010 – Az.: Z3-3-3194-1-66–12/09). 3792

Jedenfalls dann, wenn der **Antragsteller keine, über die abschlägig beschiedenen Rügen hinausgehende, rechtzeitig monierten Gründe** seinem Vergabenachprüfungsantrag zu Grunde legt, ist sein **Antrag nach mehr als 15 Kalendertagen** nach Eingang der Mitteilung des Auftraggebers, der Rüge nicht abhelfen zu wollen, hinsichtlich dieser gerügten Vergaberechtsverstöße (offensichtlich) **unzulässig** (1. VK Sachsen, B. v. 11. 12. 2009 – Az.: 1/SVK/054-09). 3793

Anderer Auffassung ist – mit guten Gründen – die **VK Baden-Württemberg**. Ein unterbliebener Hinweis oder eine Belehrung über die Frist des § 107 Abs. 3 Nr. 4 GWB hat nicht zur Folge, dass der Nachprüfungsantrag bezüglich des jeweiligen geltend gemachten Vergabeverstoßes auch nach Ablauf der Frist ohne zeitliche Begrenzung noch zulässig ist. Mit der Neuregelung des § 107 Abs. 3 GWB beabsichtigte der Gesetzgeber, frühzeitig Klarheit über die Rechtmäßigkeit des Vergabeverfahrens zu schaffen (BT-Drs. 16/10117, S. 22). Wenn die Frist des § 107 Abs. 3 Nr. 4 GWB überschritten ist, ist der Nachprüfungsantrag bezüglich dieses gerügten Vergaberechtsverstoßes unzulässig. **In den Vorschriften des GWB findet sich weder eine Regelung, die den öffentlichen Auftraggeber zu einem Hinweis oder einer Belehrung im Hinblick auf § 107 Abs. 3 Nr. 4 GWB verpflichtet, noch werden die Rechtsfolgen eines unterbliebenen Hinweises geregelt**, anders als beispielsweise in § 58 VwGO oder § 79 VwVfG. Dieser **Umstand spricht nach Auffassung der Kammer gegen den Willen des Gesetzgebers eine Rechtsbehelfsfrist einzuführen, auf die seitens des Auftraggebers explizit hinzuweisen wäre**. Die Kammer geht nicht von einer bewussten Regelungslücke des Gesetzgebers aus, die hier einen Rückgriff auf § 58 VwGO analog zuließe. Die **Gesetzessystematik des GWB deutet nach Auffassung der Kammer ebenfalls nicht auf eine „echte Rechtsbehelfsfrist" hin**, zumindest nicht mit der Folge, dass bezüglich der Nr. 4 eine zwingende Hinweispflicht für den Auftraggeber besteht, insofern abweichend zu den Nummern 1 bis 3. § 107 Abs. 3 GWB enthält eine Präklusionsregelung zur Vermeidung unnötiger Verfahren. Im Zuge der Modernisierung des Vergaberechts wurde die 15- Tages- Frist als eine weitere Nummer zu den Nr. 1 bis 3 eingefügt. Im Falle einer nicht rechtzeitigen Rüge ist der Nachprüfungsantrag insoweit unzulässig. Nichts spricht dafür, dass sich die Rechtsfolge der Nr. 4 von derjenigen der Nummern 1 bis 3 unterscheiden solle. Eines ausdrücklichen Hinweises auf die Rügepflicht in den Verdingungsunterlagen bedarf es nicht. Dies wird weder durch die Vergabe- und Rechtsmittelrichtlinien noch durch die Vorschriften des nationalen Rechts gefor- 3794 dert. Den Bietern wird daher abverlangt, dass sie die rechtlichen Grundlagen hinreichend kennen. Gleiches gilt nach Auffassung der Kammer auch bei § 107 Abs. 3 Nr. 4 GWB (VK Baden-Württemberg, B. v. 26. 3. 2010 – Az.: 1 VK 11/10).

3795 Auch aus § 15 EG VOL/A in Verbindung mit der Verordnung (EG) Nr. 1564/2005 der Kommission vom 7. 9. 2005 zur Einführung von Standardformularen für die Veröffentlichung von Vergabebekanntmachungen im Rahmen von Verfahrens zur Vergabe öffentlicher Aufträge gemäß der Richtlinie 2004/17/EG und der Richtlinie 2004/18/EG lässt sich nach Auffassung der Kammer nicht zwingend auf eine Hinweis- oder Belehrungspflicht des Auftraggebers schließen. In Anhang 2 der Verordnung ist festgelegt, wie das Standardformular der Bekanntmachung auszusehen hat. Es dient der einheitlichen Veröffentlichungspraxis innerhalb der EU, unabhängig davon, für welches nationale Rechtsschutzsystem sich ein Mitgliedsstaat im Einzelnen entscheiden hat. **Auch wenn die Anlagen ebenfalls Bestandteile der Verordnung sind, hält die Kammer einen einheitlichen Formularvordruck für ungeeignet, um daraus konkrete Hinweis- und Belehrungspflichten mit entsprechenden Rechtsfolgen im Fall eines Verstoßes herzuleiten. Zudem fehlt es nach Einschätzung der Kammer an der Eindeutigkeit dieses Formulars für die Herleitung konkreter Pflichten** (VK Baden-Württemberg, B. v. 26. 3. 2010 – Az.: 1 VK 11/10).

18.5.27.4 Voraussetzungen für den Beginn der Frist

3796 Die 15-Tage-Frist des § 107 Abs. 3 Satz 1 Nr. 4 GWB **beginnt nur, wenn die Vergabebekanntmachung genaue Hinweise, in Bezug auf die Fristen für die Einlegung von Rechtsbehelfen bzw. gegebenenfalls Name, Anschrift, Telefonnummer, Faxnummer und E-Mail-Adresse des Dienstes, bei dem diese Auskünfte eingeholt werden können, enthält**. Dies sieht die RICHTLINIE 2004/18/EG DES EUROPÄISCHEN PARLAMENTS UND DES RATES vom 31. März 2004 unter Anhang VII Teil A vor. **Erfolgen in der Vergabebekanntmachung keine spezifizerten Angaben nach Ziffer VI.4.2** des Bekanntmachungsformulars, ist in Anlehnung an § 58 Absatz 2 VwGO davon auszugehen, dass die **Einlegung des Rechtsbehelfs innerhalb eines Jahres** seit Zustellung, Eröffnung oder Verkündung der mit dem Rechtsmittel anzugreifenden Ausgangsentscheidung **zulässig** ist (VK Rheinland-Pfalz, B. v. 20. 4. 2010 – Az.: VK 2–7/10; 1. VK Sachsen, B. v. 11. 12. 2009 – Az.: 1/SVK/054-09; im Ergebnis wohl ebenso OLG Celle, B. v. 12. 5. 2010 – Az.: 13 Verg 3/10; 2. VK Bund, B. v. 30. 10. 2009 – Az.: VK 2–180/09; anderer Auffassung VK Baden-Württemberg, B. v. 26. 3. 2010 – Az.: 1 VK 11/10 – s.o.).

3797 Nach **Nr. 24 Anhang VII Teil A der Richtlinie 2004/18/EG** muss die Vergabebekanntmachung genaue Hinweise in Bezug auf die Fristen für die Einlegung von Rechtsbehelfen bzw. den Namen des Dienstes, bei dem diese Auskünfte eingeholt werden können, enthalten. Die genannte **Vorschrift ist Bestandteil der Richtlinie und hat Rechtsnormqualität. In Vergabeverfahren „oberhalb" der Schwellenwerte ist sie entweder unmittelbar anzuwenden oder im Wege richtlinienkonformer Auslegung in die Fristbestimmung des § 107 Abs. 3 Satz 1 Nr. 4 GWB n. F. hineinzulesen**. Sind die genannten **Hinweise unterblieben**, steht eine **Fristüberschreitung der Zulässigkeit des Nachprüfungsantrags nicht entgegen**. § 107 Abs. 3 Satz 1 Nr. 4 GWB n. F. normiert eine Rechtsbehelfsfrist, auf deren Bestehen der öffentliche Auftraggeber nach Maßgabe des Anhangs zur Richtlinie hinzuweisen hat (OLG Düsseldorf, B. v. 14. 4. 2010 – Az.: VII-Verg 60/09; B. v. 9. 12. 2009 – Az.: VII-Verg 37/09; im Ergebnis ebenso OLG Celle, B. v. 12. 5. 2010 – Az.: 13 Verg 3/10; B. v. 4. 3. 2010 – Az.: 13 Verg 1/10; VK Rheinland-Pfalz, B. v. 20. 4. 2010 – Az.: VK 2–7/10).

3798 Auch die **Eintragung einer Vergabekammer in Ziffer VI.4.3 des Bekanntmachungsformulars genügt nicht. Die Nachprüfungsinstanzen** (Vergabekammern, Vergabesenate) **sollen gerade in den Nachprüfungsverfahren auch die Sachurteilsvoraussetzungen überprüfen und können daher nicht gleichzeitig diejenigen Stellen sein, die für die Einhaltung dieser Sachurteilsvoraussetzungen Sorge tragen bzw. Auskünfte zu deren Einhaltung erteilen**. Unabhängig von der Frage eines Verstoßes gegen das Rechtsberatungsgesetz würde sich die jeweilige Kammer dem Vorwurf der Befangenheit ausgesetzt sehen, würde man sie als Rechtsauskunftsstelle in diesem Sinne betrachten (2. VK Bund, B. v. 30. 10. 2009 – Az.: VK 2–180/09).

3799 Der **Auftraggeber** ist außerdem bereits aus Transparenzgründen **gefordert, in seinem ablehnenden Schreiben nach § 101a GWB auf die Ausschlusswirkung des § 107 Abs. 3 Nr. 4 GWB hinzuweisen** und darüber zu belehren, dass 15 Kalendertage nach Eingang der Mitteilung kein Rechtsmittel mehr möglich ist (VK Südbayern, B. v. 5. 2. 2010 – Az.: Z3-3-3194-1-66–12/09).

§ 107 Abs. 3 Satz 1 Nr. 4 GWB stellt außerdem auf den **Zugang der Mitteilung, einer** 3800 **Rüge nicht abhelfen zu wollen,** ab (OLG Karlsruhe, B. v. 8. 1. 2010 – Az.: 15 Verg 1/10).

18.5.27.5 Antwort der Vergabestelle auf die Rüge

Die **Antwort** auf ein Rügeschreiben ist – im Gegensatz zum Widerspruchsbescheid des Ver- 3801 waltungsverfahrens – **kein Verwaltungsakt,** da es sich hierbei nicht um eine Maßnahme handelt, die auf die unmittelbare Herbeiführung einer Rechtsfolge gerichtet ist. Vielmehr handelt es sich um **schlichtes Verwaltungshandeln,** an das nicht derart weit reichende prozessuale Folgen für das Nachprüfungsverfahren geknüpft werden, indem die Rügefrist hierdurch außer Kraft gesetzt wird (2. VK Bund, B. v. 26. 3. 2003 – Az.: VK 2–06/03).

Vor dem Hintergrund, dass **mit der Einführung des § 107 Abs. 3 Nr. 4 GWB eine An-** 3802 **tragsfrist geschaffen** wurde, die den **Primärrechtsschutz des Bieters zeitlich begrenzt,** sind an die Eindeutigkeit der Nichtabhilfeerklärung gem. § 107 Abs. 3 Nr. 4 GWB **hohe Anforderungen** zu stellen (OLG Celle, B. v. 4. 3. 2010 – Az.: 13 Verg 1/10; VK Niedersachsen, B. v. 15. 12. 2009 – Az.: VgK-63/2009).

Das entsprechende Nichtabhilfeschreiben muss einen **ausdrücklichen Hinweis enthalten,** 3803 **dass der Auftraggeber der Rüge nicht abhelfen will – möglichst unter Hinweis auf § 107 Abs. 3 Nr. 4 GWB.** Insbesondere ein am Ende des Schreibens aufgenommener Hinweis, dass der Auftraggeber für Rückfragen gerne zur Verfügung steht, kann aus Sicht eines verständigen Bieters durchaus auch so aufgefasst werden, dass der Auftraggeber seine Ausschlussgründe zwar erläutert und bislang daran festhält, sich einer weiteren Erörterung mit der Antragstellerin darüber aber nicht verschließen wollte. Als endgültige, nicht mehr verhandelbare Zurückweisung im Sinne des § 107 Abs. 3 Nr. 4 GWB musste die Antragstellerin das Schreiben des Auftraggebers **angesichts der gewählten Formulierungen** nicht verstehen (VK Niedersachsen, B. v. 15. 12. 2009 – Az.: VgK-63/2009).

Allein der Umstand, dass in einem Zeitraum von mehr als 15 Tagen vor Eingang 3804 **des Nachprüfungsantrags zwischen der Vergabestelle und einem Bieter über mögliche Vergabeverstöße korrespondiert worden ist, führt nicht automatisch zur Unzulässigkeit jeglichen Nachprüfungsbegehrens.** Vielmehr ist – wie bei allen Alternativen des § 107 Abs. 3 GWB – **genau zu prüfen und festzustellen,** welche Vergabeverstöße der Antragsteller im einzelnen zum Gegenstand des Nachprüfungsverfahrens macht, wann sich jeder dieser Verstöße erstmals im Vergabeverfahren rügefähig manifestiert hat und ob bzw. wann eine konkrete Rüge und Zurückweisung erfolgt ist. Verfahrensschritte, die weder konkret angekündigt noch vollzogen sind, können denklogisch nicht Gegenstand einer Rüge des Bieters und der damit korrespondieren Zurückweisungsentscheidung des öffentlichen Auftraggebers sein (OLG München, B. v. 8. 6. 2010 – Az.: Verg 08/10).

18.5.27.6 Nachprüfungsantrag vor Angebotsabgabe

Gemäß den seit 24. April 2009 geltenden Neuregelungen im Vierten Teil des GWB (Gesetz 3805 zur Modernisierung des Vergaberechts vom 20. April 2009, BGBl. I S. 790) ist ein Antragsteller gehalten, innerhalb der 15 Kalendertage betragenden Frist des § 107 Abs. 3 Satz 1 Nr. 4 GWB einen Nachprüfungsantrag zu stellen, **auch wenn die Frist zur Angebotsabgabe noch nicht abgelaufen** ist. Die **Einschaltung der Nachprüfungsinstanzen zu diesem vergleichsweise frühen Zeitpunkt** – in einem Stadium vor Erstellung und Abgabe der Angebote, vor Eintritt des Auftraggebers in die einen nicht unerheblichen Teil an Nachprüfungsverfahren hervorrufende, weil fehlerträchtige Phase der Angebotswertung – **entspricht dem Willen des Gesetzgebers: diese Fristenregelung soll möglichst frühzeitig Klarheit über die Rechtmäßigkeit des Vergabeverfahrens schaffen** (vgl. BT-Drs. 16/10117, S. 22 – zu Nummer 13: § 107 Abs. 3 GWB). Der Vortrag eines Antragstellers ist in diesem Verfahrensstadium zwangsläufig beschränkt und führt im Ergebnis zu einer **reinen „Rechtmäßigkeitskontrolle der Verdingungsunterlagen"** in den gerügten Punkten (VK Brandenburg, B. v. 8. 9. 2009 – Az.: VK 33/09).

18.5.27.7 Weitere Beispiele aus der Rechtsprechung

– gemäß § 107 Abs. 3 Satz 1 Nr. 4 GWB ist ein Antrag unzulässig, wenn er mehr als 15 Kalen- 3806 dertage nach Eingang der Mitteilung des Auftraggebers, einer Rüge nicht abhelfen zu wollen, vergangen ist. Diese **Frist ist auf jeden Fall 21 Kalendertage nach Zugang des Nichtabhilfeschreibens verpasst** (OLG Karlsruhe, B. v. 8. 1. 2010 – Az.: 15 Verg 1/10)

Teil 1 GWB § 108 Gesetz gegen Wettbewerbsbeschränkungen

18.5.28 Wiedereinsetzung in den vorigen Stand

3807 Auch im Verfahren vor der Vergabekammer hat die Rechtsprechung im Ergebnis das Institut der Wiedereinsetzung in den vorigen Stand angewendet (vgl. die Kommentierung zu § 116 GWB).

3808 Eine Wiedereinsetzung in den vorigen Stand ist bei **Ausschlussfristen nur möglich, wenn sie ausnahmsweise ausdrücklich durch eine Rechtsvorschrift zugelassen** ist. Ob eine Frist eine Ausschlussfrist in diesem Sinne ist, ist Auslegungsfrage, die vor allem nach dem Zweck der Regelung zu beantworten ist. Um eine Ausschlussfrist handelt es sich immer dann, wenn der Sinn der gesetzlichen Regelung mit der **Fristbeachtung steht und fällt** (VK Nordbayern, B. v. 18. 8. 2000 – Az.: 320.VK-3194-18/00). Dies wird man für die Rügefrist des § 107 GWB angesichts des im Vergabenachprüfungsverfahren herrschenden Beschleunigungsgrundsatzes bejahen können.

3809 Eine Wiedereinsetzung in den vorigen Stand hängt damit davon ab, ob insoweit die Voraussetzungen des § 32 VwVfG erfüllt sind, die **Rügefrist also eine gesetzliche Frist gemäß § 32 Abs. 1 VwVfG** ist (1. VK Sachsen, B. v. 4. 8. 2003 – Az.: 1/SVK/096-03; B. v. 5. 3. 2002 – Az.: 1/SVK/009-02).

3810 Nach der neuen Regelung des § 107 Abs. 3 Nr. 4 GWB ist **der Antrag auf Einleitung eines Vergabenachprüfungsverfahrens fristgebunden**. Es handelt sich insoweit um eine gesetzliche Frist, sodass **für diese Alternative des § 107 Abs. 3 GWB die Voraussetzungen des § 32 Abs. 1 VwVfG zu prüfen** sind.

18.5.29 Rücknahme der Rüge

3811 Eine **Rüge kann** während eines Vergabenachprüfungsverfahrens **zurückgenommen werden**. Die Erklärung eines Bieters, er verfolge eine zuvor ausgebrachte Rüge nicht weiter, führt dazu, dass diese Rüge jedenfalls für die Zukunft wirkungslos wird. Ob der Bieter damit sein **Rügerecht endgültig verwirkt** hat, ist **zweifelhaft** und wird allenfalls nach den besonderen Umständen des Einzelfalls zu beurteilen sein. Aber wenn ein Bieter auf eine einmal erhobene und dann wieder zurückgenommene Rüge nochmals zurückgreifen will, dann muss er dies zumindest innerhalb der Rügefrist tun – danach besteht für die Vergabestelle keine Veranlassung mehr, neuerliche Rügen in Rechnung zu stellen und ihr Vergabeverhalten darauf einzurichten (OLG Dresden, B. v. 17. 8. 2001 – Az.: WVerg 0006/01).

18.5.30 Literatur

3812 – Kühnen, Jürgen, Die Rügeobliegenheit, NZBau 2004, 427

– Mertens, Susanne, Die Rügeobliegenheit im Vergaberecht: Rechtsschutzfalle für Unternehmer und Auftraggeber, Dissertation, Berlin, 2004

19. § 108 GWB – Form

(1) **Der Antrag ist schriftlich bei der Vergabekammer einzureichen und unverzüglich zu begründen. Er soll ein bestimmtes Begehren enthalten. Ein Antragsteller ohne Wohnsitz oder gewöhnlichen Aufenthalt, Sitz oder Geschäftsleitung im Geltungsbereich dieses Gesetzes hat einen Empfangsbevollmächtigten im Geltungsbereich dieses Gesetzes zu benennen.**

(2) **Die Begründung muss die Bezeichnung des Antragsgegners, eine Beschreibung der behaupteten Rechtsverletzung mit Sachverhaltsdarstellung und die Bezeichnung der verfügbaren Beweismittel enthalten sowie darlegen, dass die Rüge gegenüber dem Auftraggeber erfolgt ist; sie soll, soweit bekannt, die sonstigen Beteiligten benennen.**

19.1 Vergaberechtsmodernisierungsgesetz 2009

3813 § 108 GWB ist durch das Vergaberechtsmodernisierungsgesetz **nicht geändert** worden.

Gesetz gegen Wettbewerbsbeschränkungen GWB § 108 **Teil 1**

19.2 Abgrenzung eines Antrags auf Einleitung eines Nachprüfungsverfahrens von dem Verlangen nach einer internen Überprüfung

Die **Formulierung** eines Schreibens, man **lege ausdrücklich Beschwerde ein**, zielt eindeutig auf eine förmliche Überprüfung im Sinn des GWB ab. Auch mit dem in dem Schreiben **unmissverständlich zum Ausdruck gebrachten Rechtsschutzbegehren** ist ein anderes Verständnis nicht zu vereinbaren. **Verlangt ein Antragsteller außerdem explizit die Zurücknahme der Ausschreibung**, kann nicht davon ausgegangen werden, dass es ihm lediglich um eine interne Überprüfung der Vorgänge geht oder er nur auf Missstände im Rahmen der Ausschreibung aufmerksam machen wollte (OLG Düsseldorf, B. v. 31. 10. 2007 – Az.: VII – Verg 24/07 – instruktive Begründung).

3814

19.3 Schriftform (§ 108 Abs. 1 Satz 1)

Ein **per Fax eingereichter Nachprüfungsantrag erfüllt die Forderung des § 108 GWB**, zumal wenn er auch den Aussteller erkennen lässt (1. VK Sachsen, B. v. 15. 5. 2002 – Az.: 1/SVK/032-02, B. v. 23. 1. 2004 – Az.: 1/SVK/160-03).

3815

19.4 Unterschriftserfordernis

Der Nachprüfungsantrag **ist zu unterschreiben**. Eine **fehlende Unterschrift** des Antrags ist jedoch eine **grundsätzlich heilbare Tatsache** (1. VK Sachsen, B. v. 2. 8. 2001 – Az.: 1/SVK/70-01).

3816

19.5 Unverzügliche Begründung (§ 108 Abs. 1 Satz 1)

§ 108 Abs. 1 Satz 1 GWB betrifft nur **diejenige Fallkonstellation**, in dem **ein Antrag unvollständig eingereicht** wird oder **Parameter des § 108 Abs. 2 GWB nicht sofort benannt** wurden. Hat etwa der Antragsteller einen Antrag vorab per Fax ohne Anlagen an die Vergabekammer gesandt, so soll dies nicht dazu führen, dass der Antrag wegen offensichtlicher Unzulässigkeit nicht dem Auftraggeber zugestellt und kostenpflichtig angewiesen wird. Vielmehr hat es der Antragsteller in der Hand, die fehlenden Anlagen oder Darlegungen (etwa die tatsächlich erfolgte vorherige Rüge beim Auftraggeber) nachzuholen. Nur muss er dies im Sinne des Beschleunigungsgrundsatzes des § 113 Abs. 2 GWB und der kurzen, maximal fünfwöchigen, Entscheidungsfrist des § 113 Abs. 1 Satz 1 GWB, unverzüglich, d. h. ohne schuldhaftes Zögern tun (1. VK Sachsen, B. v. 8. 11. 2001 – Az.: 1/SVK/104-01).

3817

Von einer **unverzüglichen Begründung** kann **nicht mehr** ausgegangen werden, wenn die geforderte **Begründung 21 Tage nach Einreichen des Nachprüfungsantrags** erfolgt (VK Baden-Württemberg, B. v. 2. 12. 2004 – Az.: 1 VK 74/04).

3818

19.6 Bestimmtes Begehren (§ 108 Abs. 1 Satz 2)

Die Antragsschrift muss hinreichend klar erkennen lassen, worin das **Verfahrensziel des Antragstellers** besteht (OLG Düsseldorf, B. v. 18. 7. 2001 – Az.: Verg 16/01).

3819

Insoweit ist anerkannt, dass der Antragsteller **keinen Antrag mit tenorierungsfähigem Inhalt ausformulieren und stellen** muss (VK Bremen, B. v. 1. 3. 2007 – Az.: VK 01/07; VK Halle, B. v. 23. 9. 2002 – Az.: VK Hal 22/02; 1. VK Sachsen, B. v. 10. 11. 2006 – Az.: 1/SVK/ 096-06; VK Schleswig-Holstein, B. v. 14. 9. 2005 – Az.: VK-SH 21/05; B. v. 13. 12. 2004 – Az.: VK-SH-33/04). Vielmehr genügt es für die Zulässigkeit der Beschwerde, wenn sich das **Beschwerdebegehren aus der Begründung ergibt** (VK Bremen, B. v. 1. 3. 2007 – Az.: VK 01/07; VK Schleswig-Holstein, B. v. 14. 9. 2005 – Az.: VK-SH 21/05); ferner **reicht auch die Bezugnahme auf einen Antrag aus**, der – erfolglos – bei dem Antragsgegner gestellt worden war und deren Verfügung nunmehr mit der Beschwerde angefochten wird (VK Bremen, B. v. 1. 3. 2007 – Az.: VK 01/07; VK Halle, B. v. 22. 4. 2002 – Az.: VK Hal 05/02).

3820

19.7 Bezeichnung des Antragsgegners (§ 108 Abs. 2)

19.7.1 Bestimmung des Antragsgegners bei formalem Auseinanderfallen von Auftraggeber und Vergabestelle

Fallen **Auftraggeber und Vergabestelle formal auseinander**, dann ist zwar insbesondere für die Frage der Anwendbarkeit des Vergaberechtsregimes der öffentlichen Auftragsvergabe

3821

oder des Zugangs zum Rechtsschutz in funktionaler Sichtweise auf den Auftraggeber selbst abzustellen. Jedoch ist der Umstand, dass der **Auftraggeber sich eines Dritten als Vergabestelle bedient** und diesen Dritten statt seiner selbst zum Verfahrensbeteiligten des Vergabeverfahrens gewillkürt hat, ungeachtet seiner vergaberechtlichen Zulässigkeit und etwa bestehender Beschränkungen **grundsätzlich und so auch hier im Nachprüfungsverfahren zu beachten** (OLG Naumburg, B. v. 16. 10. 2007 – Az.: 1 Verg 6/07).

3822 **Nur der Auftraggeber kann also Gegner eines Nachprüfungsantrags sein und nur ihm gegenüber kann also auch ein Vergabenachprüfungsverfahren durchgeführt werden, nicht jedoch eine Vergabestelle**, die ausweislich der Vergabebekanntmachung und der Vergabeunterlagen – als Dritte – von dem Auftraggeber mit der Durchführung des Vergabeverfahrens beauftragt worden ist (OLG Düsseldorf, B. v. 3. 6. 2009 – Az.: VII-Verg 7/09).

19.7.2 Ungenaue Bezeichnung des Antragsgegners

3823 Wenn ein Antragsteller den Antragsgegner nicht mit letzter Sicherheit benennen kann, ist dies unschädlich, wenn die ungenaue Angabe im Nachprüfungsantrag auf den insoweit **widersprüchlichen Angaben in der Bekanntmachung einerseits und der Aufforderung zur Angebotsabgabe andererseits beruht**. Es ist einem Bieter, der einen Nachprüfungsantrag stellen will, nicht zumutbar, Ungewissheiten hinsichtlich des öffentlichen Auftraggebers aufzuklären. **Unklare oder widersprüchliche Angaben hierzu in Ausschreibungsverfahren gehen zu Lasten des Auftraggebers** (3. VK Bund, B. v. 20. 6. 2007 – Az.: VK 3–55/07).

19.7.3 Berichtigung der Bezeichnung des Antragsgegners

3824 Eine **falsche Bezeichnung des Antragsgegners schadet nicht** und führt auch nicht dazu, dass sich ein Nachprüfungsantrag gegen den falschen, nicht passiv prozessführungsbefugten Antragsgegner richtet, **wenn klar erkennbar ist, wer als Adressat des Antrags gemeint ist**. Der **Antrag** ist dann **entsprechend auszulegen bzw. zu berichtigen** (2. VK Bund, B. v. 28. 9. 2005 – Az.: VK 2–120/05; 3. VK Bund, B. v. 6. 7. 2006 – Az.: VK 3–54/06; B. v. 26. 1. 2005 – Az.: VK 3–224/04). Dies gilt hinsichtlich der Bezeichnung des Antragsgegners vor allem, wenn sich der Nachprüfungsantrag versehentlich gegen den Vertreter statt gegen den vertretenen Antragsgegner richtet, aber nach den Umständen die Stellung als Vertreter erkennbar war und der Vertreter prozessführungsbefugt ist (2. VK Bund, B. v. 28. 9. 2005 – Az.: VK 2–120/05; B. v. 21. 1. 2004 – Az.: VK 2–126/03).

3825 Sind sich z. B. nach einer internen schriftlichen Vereinbarung ein Auftraggeber und ein Dienstleister, der die Ausschreibung für den Auftraggeber durchführt, darüber einig, dass „die **Zuschlagserteilung im Namen und für Rechnung**" des Auftraggebers erfolgen soll und wird dies nach außen nicht nur in der Vergabebekanntmachung angedeutet, sondern auch konkret in den versandten Unterlagen, insbesondere der konzeptionellen Beschreibung deutlich gemacht, **kann die Vergabekammer trotz eines anders lautenden Nachprüfungsantrags** – Nennung des Dienstleisters – den Auftraggeber als Beteiligten benennen und das **Rubrum entsprechend berichtigen** (VK Schleswig-Holstein, B. v. 12. 7. 2007 – Az.: VK-SH 11/07; im Ergebnis ebenso VK Arnsberg, B. v. 6. 1. 2009 – Az.: VK 27/08; 1. VK Bund, B. v. 13. 10. 2009 – Az.: VK 1–173/09; B. v. 31. 8. 2009 – Az.: VK 1–152/09; 3. VK Bund, B. v. 6. 5. 2008 – Az.: VK 3–53/08).

19.7.4 Änderung des Antragsgegners

3826 Der Antragsgegner muss klar und eindeutig genannt werden. Ändert ein Antragsteller im Verlaufe des Nachprüfungsverfahrens den Antragsgegner, so liegt hierin eine **Parteiänderung oder eine Parteierweiterung, nicht lediglich eine Berichtigung der Antragsgegnerbezeichnung. Der Parteiwechsel ist weder im GWB noch in der VwGO unmittelbar geregelt**. Da der Streitgegenstand neben objektiven auch durch subjektive Umstände bestimmt wird, wird im Verwaltungsprozess in entsprechender Anwendung der Regeln über die objektive Klageänderung **nach § 91 Abs. 1 VwGO der Wechsel der Beklagten allgemein als Klageänderung bewertet** (VK Düsseldorf, B. v. 30. 10. 2006 – Az.: VK – 44/2006 – B – K; B. v. 30. 10. 2006 – Az.: VK – 44/2006 – B).

3827 In einem solchen Falle gelten vor der Änderung bzw. Erweiterung vorgenommene Prozesshandlungen (z. B. eine rechtzeitige Rüge) nicht gegenüber dem neuen Antragsgegner. Zwar kann sich der Auftraggeber bei der Durchführung eines Vergabeverfahrens der Hilfe eines Dritten bedienen mit der Konsequenz, dass er sich dessen Vergaberechtsverstöße zurechnen lassen muss. Das ändert aber nichts an der Tatsache, dass **die vergaberechtlichen Bestimmungen ausschließlich den Auftraggeber verpflichten und dass nur ihm gegenüber ein Vergabenachprüfungsverfahren durchgeführt werden kann** (BayObLG, B. v. 1. 7. 2003 – Az.: Verg 3/03).

Nach **Einwilligung aller Verfahrensbeteiligten** ist die **Antragsänderung zulässig** und die **Rechtshängigkeit des Verfahrens gegen den bisherigen Antragsgegner beendet** (VK Düsseldorf, B. v. 30. 10. 2006 – Az.: VK – 44/2006 – B – K; B. v. 30. 10. 2006 – Az.: VK – 44/2006 – B). 3828

19.8 Beschreibung der behaupteten Rechtsverletzung mit Sachverhaltsdarstellung (§ 108 Abs. 2)

19.8.1 Allgemeines

Im Gegensatz zur Formvorschrift des § 108 Abs. 1 Satz 2 GWB, wonach der Antrag ein bestimmtes Begehren enthalten „soll", sind die **Anforderungen an den Inhalt der Begründung erheblich höher, weil es nach dem Willen des Gesetzgebers darauf ankommt, den Nachprüfungsfall schnellstmöglich entscheidungsreif zu machen** (OLG Düsseldorf, B. v. 23. 1. 2008 – Az.: VII – Verg 36/07; OLG München, B. v. 7. 8. 2007 – Az.: Verg 08/07; VK Südbayern, B. v. 19. 2. 2008 – Az.: Z3-3-3194-1-02-01/08; B. v. 20. 9. 2007 – Az.: Z3-3-3194-1-44–08/07; B. v. 12. 9. 2007 – Az.: Z3-3-3194-1-43–08/07). **Ausreichend, aber auch erforderlich** ist es, dass der Antragsteller deutlich macht, **welche Handlung oder Unterlassung des Auftraggebers** er für einen Verstoß gegen vergaberechtliche Vorschriften hält. Evtl. kann er vortragen, welche Vorgehensweise seiner Ansicht nach rechtmäßig gewesen wäre. Er hat solche Umstände vorzutragen, von denen er Kenntnis hat oder in zumutbarer Weise haben könnte. Er ist verpflichtet, **umfassend alle entscheidungserheblichen Tatsachen** vorzutragen, die er als vermeintliche Vergaberechtsverstöße erkannt hat. 3829

Nur die Darlegung solcher Umstände, die nicht in seinem Bereich begründet sind und von denen er bei gewöhnlichem Verlauf des Verfahrens auch keine Kenntnis haben kann oder muss, kann ihm naturgemäß nicht abverlangt werden, so. z. B. Vortrag bezüglich des Wertungsvorganges, von denen er erst nach Akteneinsicht im Nachprüfungsverfahren Kenntnis haben kann (VK Lüneburg, B. v. 20. 8. 2002 – Az.: 203-VgK-12/2002; VK Südbayern, B. v. 18. 6. 2008 – Az.: Z3-3-3194-1-17-04/08). Gleichwohl steht es dem Bieter, zumal wenn sich seine Beanstandung auf Fehler der letztgenannten Art beschränkt, nicht frei, insoweit auf eine **Sachverhaltsdarstellung völlig zu verzichten**. Er darf sich vielmehr auch dann nicht auf bloße Vermutungen oder die pauschale Einschätzung, mit der Behandlung seines Angebots „sei etwas nicht in Ordnung", beschränken, sondern muss – gegebenenfalls in laienhafter Darstellung – **diejenigen Indizien und tatsächlichen Anhaltspunkte vorbringen, die ihn zu dem Schluss bewogen haben, die Vergabestelle habe sich rechtswidrig verhalten** (1. VK Bund, B. v. 8. 9. 2005 – Az.: VK 1–110/05; VK Südbayern, B. v. 29. 7. 2008 – Az.: Z3-3-3194-1-18-05/08). 3830

Bei der Auslegung des § 108 Abs. 2 GWB dürfen die **Anforderungen an den Bieter nicht überspannt** werden (OLG Düsseldorf, B. v. 5. 5. 2008 – Az.: VII – Verg 5/08; B. v. 23. 1. 2008 – Az.: VII – Verg 36/07; OLG München, B. v. 29. 9. 2009 – Az.: Verg 12/09; B. v. 7. 8. 2007 – Az.: Verg 08/07; VK Baden-Württemberg, B. v. 6. 4. 2010 – Az.: 1 VK 19/10; B. v. 21. 8. 2009 – Az.: 1 VK 40/09; 1. VK Brandenburg, B. v. 30. 5. 2005 – Az.: VK 21/05; 3. VK Bund, B. v. 18. 9. 2008 – Az.: VK 3–122/08; B. v. 18. 9. 2008 – Az.: VK 3–119/08; VK Südbayern, B. v. 19. 2. 2008 – Az.: Z3-3-3194-1-02-01/08; B. v. 20. 9. 2007 – Az.: Z3-3-3194-1-44–08/07; B. v. 12. 9. 2007 – Az.: Z3-3-3194-1-43–08/07; VK Thüringen, B. v. 15. 7. 2010 – Az.: 250-4002.20–2329/2010-007-NDH). Grundsätzlich entspricht ein Antrag den gesetzlichen Mindestanforderungen nicht, wenn es an einer **verständlichen Sachverhaltsschilderung völlig fehlt** und nur die abstrakte Möglichkeit einer Rechtsverletzung in den Raum gestellt wird (KG Berlin, B. v. 13. 3. 2008 – Az.: 2 VERG 18/07; OLG Thüringen, B. v. 16. 1. 2002 – Az.: 6 Verg 7/01). Wie konkret die Beanstandungen des Bieters sein müssen, um diese Hürde zu überwinden, bestimmt sich aber – je nach den Umständen des Einzelfalls – wesentlich auch danach, welche Kenntnis der Bieter bezüglich der gerügten Vergaberechtsverstöße hat oder auch nur haben kann (OLG Dresden, B. v. 6. 6. 2002 – Az.: WVerg 0004/02; OLG München, B. v. 7. 8. 2007 – Az.: Verg 08/07; 3. VK Bund, B. v. 18. 9. 2008 – Az.: VK 3–122/08; B. v. 18. 9. 2008 – Az.: 3831

Teil 1 GWB § 108   Gesetz gegen Wettbewerbsbeschränkungen

VK 3–119/08). Einen **sehr instruktiven Fall** behandelt die VK Düsseldorf (B. v. 26. 8. 2004 – Az.: VK – 30/2004 – L).

3832   Die **Sachverhaltsdarstellung** hat also **so konkret** zu sein, dass sich hieraus **substantiiert eine Verletzung von Vergabevorschriften** ergibt. Durch diese Bestimmung soll der Auftraggeber davor geschützt werden, mit Anträgen ins „Blaue hinein" konfrontiert zu werden (KG Berlin, B. v. 13. 3. 2008 – Az.: 2 VERG 18/07; VK Baden-Württemberg, B. v. 6. 4. 2010 – Az.: 1 VK 19/10; B. v. 1. 4. 2010 – Az.: 1 VK 13/10; B. v. 21. 8. 2009 – Az.: 1 VK 40/09; B. v. 25. 5. 2009 – Az.: 1 VK 25/09; B. v. 17. 1. 2008 – Az.: 1 VK 52/07; B. v. 2. 12. 2004 – Az.: 1 VK 74/04; 1. VK Sachsen, B. v. 31. 1. 2007 – Az.: 1/SVK/124-06; VK Südbayern, B. v. 11. 2. 2009 – Az.: Z3-3-3194-1-01-01/09; B. v. 18. 6. 2008 – Az.: Z3-3-3194-1-17-04/08; B. v. 19. 2. 2008 – Az.: Z3-3-3194-1-02-01/08; B. v. 20. 9. 2007 – Az.: Z3-3-3194-1-44-08/07; B. v. 14. 9. 2007 – Az.: Z3-3-3194-1-33-07/07; B. v. 12. 9. 2007 – Az.: Z3-3-3194-1-43-08/07; VK Thüringen, B. v. 15. 7. 2010 – Az.: 250–4002.20–2329/2010-007-NDH; im Ergebnis ebenso VK Sachsen-Anhalt, B. v. 28. 1. 2009 – Az: 1 VK LVwA 29/08).

3833   **Unverzichtbare Kernelemente der Begründung** sind gemäß § 108 Abs. 2 GWB also unter anderem eine Beschreibung der behaupteten Rechtsverletzung mit Sachverhaltsdarstellung sowie die Bezeichnung der verfügbaren Beweismittel. Dabei ist die **nähere Konkretisierung des Antrags durch harte Fakten erforderlich**. Es reicht mithin nicht aus, wenn sich der Antragsteller damit begnügt, pauschale Vermutungen zu äußern, ohne diese mit konkreten Fakten zur Rechtfertigung seines Vorwurfs eines Vergaberechtsverstoßes zu unterlegen (VK Brandenburg, B. v. 7. 4. 2008 – Az.: VK 7/08; VK Südbayern, B. v. 11. 2. 2009 – Az.: Z3-3-3194-1-01-01/09; B. v. 18. 6. 2008 – Az.: Z3-3-3194-1-17-04/08; B. v. 19. 2. 2008 – Az.: Z3-3-3194-1-02-01/08; B. v. 7. 12. 2007 – Az.: Z3-3-3194-1-49-10/07; B. v. 16. 7. 2007 – Az.: Z3-3-3194-1-25-05/07; B. v. 10. 7. 2007 – Az.: Z3-3-3194-1-24-05/07).

3834   Insoweit ist auch zu beachten, dass die **Vergabekammer den Sachverhalt ohnehin von Amts wegen zu erforschen** hat, § 110 Abs. 1 GWB (1. VK Brandenburg, B. v. 30. 5. 2005 – Az.: VK 21/05; VK Detmold, B. v. 13. 9. 2001 – Az.: VK.11–28/01). Reine **Mutmaßungen** und pauschale nicht unter Beweis gestellte **Behauptungen** geben jedoch zu amtswegigen Ermittlungen **keinen Anlass** (VK Brandenburg, B. v. 7. 4. 2008 – Az.: VK 7/08; VK Südbayern, B. v. 11. 2. 2009 – Az.: Z3-3-3194-1-01-01/09; B. v. 19. 2. 2008 – Az.: Z3-3-3194-1-02-01/08; B. v. 20. 9. 2007 – Az.: Z3-3-3194-1-44-08/07; B. v. 12. 9. 2007 – Az.: Z3-3-3194-1-43-08/07; B. v. 16. 7. 2007 – Az.: Z3-3-3194-1-25-05/07; B. v. 10. 7. 2007 – Az.: Z3-3-3194-1-24-05/07).

3835   Dazu ist es **nicht notwendig,** dass die Antragstellerin **die Normen aufzählt**, gegen die ihrer Meinung nach die Vergabestelle verstoßen hat. Es **genügt** vielmehr eine **Sachverhaltsdarstellung** in hinreichend klarer und inhaltlich zweifelsfreier Art, so dass erkennbar ist, welche Vergabebestimmungen der Antragsteller als durch die Vergabestelle missachtet ansieht (VK Magdeburg, B. v. 21. 7. 2003 – Az: 33–32571/07 VK 10/03 MD; 1. VK Sachsen, B. v. 3. 3. 2008 – Az.: 1/SVK/002–08).

19.8.2 Beispiele aus der Rechtsprechung

3836   – die Tatsache, wenn sie denn überhaupt zuträfe, dass **ein freier Händler nicht in der Lage sei, einen Hersteller preislich zu unterbieten, stellt keinen Sachverhalt dar, der schlüssig zum Inhalt hat, dass eine fehlerhafte Wertung des Preises vorliegt**, wenn die Vergabestelle bei ihrer Wertung dennoch für einen Händler einen günstigeren Preis feststellt (VK Baden-Württemberg, B. v. 1. 4. 2010 – Az.: 1 VK 13/10)

– es ist in Rechtsprechung und Literatur allgemein anerkannt, dass **an das Begründungserfordernis im Hinblick darauf, dass im Verfahren vor der Vergabekammer kein Anwaltszwang besteht und wegen Art. 19 Abs. 4 GG der Zugang zu den Gerichten nicht unbillig erschwert werden darf, keine allzu hohen Anforderungen** zu stellen sind, vielmehr eine laienhafte Darstellung des Begehrens ausreicht (OLG München, B. v. 29. 9. 2009 – Az.: Verg 12/09)

– bei der **reinen Behauptung, dass die dem Angebot der Antragstellerin im Rang vorangehenden Angebote nicht dem Leistungsverzeichnis entsprechen würden**, handelt es sich um eine so genannte „Behauptung ins Blaue hinein". Diese Behauptung wird nicht von einem schlüssigen Sachverhalt getragen, sondern stellt eine Vermutung dar (VK Baden-Württemberg, B. v. 25. 5. 2009 – Az.: 1 VK 25/09)

Gesetz gegen Wettbewerbsbeschränkungen GWB § 108 **Teil 1**

– danach ist ein Antrag insbesondere unzulässig, wenn der **Antragsteller das Vorliegen der Eignung und Eignungsnachweise eines Mitbieters pauschal und ohne Anhaltspunkte in Frage stellt** (KG Berlin, B. v. 13. 3. 2008 – Az.: 2 VERG 18/07)
– ein Nachprüfungsantrag **genügt dann dem Begründungserfordernis des § 108 Abs. 2 GWB**, wenn er **in zumindest laienhafter Darstellung die Indizien und tatsächlichen Anhaltspunkte aufzeigt, die den Antragsteller zu dem Schluss bewogen haben, die Vergabestelle habe sich rechtswidrig verhalten**, insbesondere wenn der Antragsschriftsatz unter **Einbeziehung der beigefügten Anlagen** deutlich die Mindestanforderungen des § 108 Abs. 2 GWB erkennen lässt (1. VK Sachsen, B. v. 25. 1. 2008 – Az.: 1/SVK/088-07)
– **allein die theoretisch immer bestehende Möglichkeit, dass ein dem antragstellenden Bieter preislich vorgehendes Angebot deshalb als das günstigste behandelt** wurde, weil es mit Fehlern behaftet ist oder der Auftraggeber bei der Wertung gegen Vergaberecht verstoßen hat, **beinhaltet keinen Sachverhalt, der einen Schluss auf das Vorliegen von Vergabefehlern rechtfertigt**. Insoweit handelt es sich um **reine Vermutungen**. Den §§ 107, 108 GWB käme keinerlei Bedeutung mehr zu, ließe man Nachprüfungsanträge mit der Begründung zu, dass vom Vorliegen von Vergabefehler auszugehen sei, wenn man selbst ein äußerst günstiges Angebot abgegeben hat und es noch einen günstigeren Bieter gibt. Die **subjektive Annahme, dass man ein äußerst günstig kalkuliertes Angebot abgegeben habe, kann allenfalls den Schluss rechtfertigen, dass es sich bei dem Angebot des Bestbieters um ein nicht kostendeckendes Angebot handelt**. Und selbst das erscheint im vorliegenden Fall in höchstem Maße zweifelhaft, da der Antragsteller keinerlei Kenntnis darüber hat bzw. sich nicht darüber bewusst ist, in welchem Umfang genau die Beigeladene einen Preisvorsprung besitzt. Ein **solcher Antrag ist deshalb mangels schlüssiger substantiierter Begründung unzulässig** (VK Baden-Württemberg, B. v. 17. 1. 2008 – Az.: 1 VK 52/07)
– **für den substantiierten Vorwurf einer „unsorgfältigen" Bewertung bedarf es eines eingehenden Sachvortrags, in welchen Bereichen und aus welchen Gründen das Angebot des Antragstellers unsorgfältig bewertet wurde**. Eine diesbezügliche Darlegung ist dem Antragsteller durchaus möglich, wenn ihm die in den einzelnen Wertungsbereichen und Kriterien erzielten Leistungspunkte seines Angebots zur Kenntnis gegeben werden (1. VK Bund, B. v. 8. 9. 2005 – Az.: VK 1–110/05)
– weder der **pauschal erhobene Vorwurf der nicht ordnungsgemäßen Wertung** zur Ermittlung des wirtschaftlichsten Angebotes noch die unterstellte, **unzulängliche Vorinformation nach § 13 VgV** genügen (1. VK Sachsen, B. v. 27. 6. 2002 – Az.: 1/SVK/057-02)
– fehlt jeglicher Vortrag zu der Frage inwieweit ein Antragsteller in Bezug auf bestimmte Wertungskriterien das bessere Angebot erstellt haben soll und beschränkt sich ein Antragsteller darauf, **pauschal zu behaupten, es läge ein Wertungsfehler vor**, ist der Nachprüfungsantrag unzulässig (1. VK Sachsen, B. v. 24. 3. 2003 – Az.: 1/SVK/018-03)

19.8.3 Beschreibung der behaupteten Rechtsverletzung mit Sachverhaltsdarstellung in einem VOL-Verfahren

An den Inhalt eines Antrags gemäß § 108 GWB können in einem **VOL-Verfahren nicht zu strenge Anforderungen** gelegt werden. Da gemäß § 17 EG Abs. 2 Satz 2 VOL/A eine **Eröffnung der Angebote ohne Bieterbeteiligung** durchgeführt wird, die Ergebnisse dieser Verhandlung gemäß § 17 EG Abs. 3 VOL/A nicht veröffentlicht werden dürfen und auch zum **Stand des Wertungsverfahrens üblicherweise keine Informationen gegenüber nachfragenden Bietern** gegeben werden, haben die Bieter keinerlei Möglichkeit, vorliegende Vergabeverstöße zu erkennen und dann ihren Anspruch auf Einhaltung der Vergabebestimmungen geltend zu machen (OLG München, B. v. 7. 8. 2007 – Az.: Verg 08/07). Aus diesem Grund ist es für die Zulässigkeit eines Nachprüfungsantrages **als ausreichend** zu erachten, wenn ein Bieter **lediglich Vermutungen zu eventuellen Vergabeverstößen** äußert (VK Magdeburg, B. v. 1. 3. 2001 – Az.: VK-OFD LSA-01/01; 1. VK Sachsen, B. v. 1. 4. 2010 – Az.: 1/SVK/007-10). 3837

Nach einer **anderen Auffassung** kann diese Situation aber nicht zu der Konsequenz führen, dass ein Bieter mit pauschalen und unsubstantiierten Behauptungen **Nachprüfungsanträge „ins Blaue hinein" stellen kann in der Erwartung, die Amtsermittlungspflicht der Vergabekammer werde zum Nachweis eines Vergabeverstoßes führen**. Der Bieter hat 3838

Teil 1 GWB § 108 Gesetz gegen Wettbewerbsbeschränkungen

daher auch im VOL-Verfahren zumindest Indizien oder tatsächliche Anhaltspunkte aufzuzeigen, die ihn zu dem Schluss bewogen haben, die Vergabestelle habe sich rechtswidrig verhalten. Ein **Mindestmaß an Substantiierung ist einzuhalten; reine Vermutungen zu eventuellen Vergabeverstößen reichen nicht aus.** Ein Antragsteller kann sich auch nicht unter Berufung auf den Untersuchungsgrundsatz des § 110 Abs. 1 GWB seiner Darlegungslast entziehen. Die Amtsermittlungspflicht setzt einen zulässig gestellten Antrag voraus und dient nicht dazu, Vergabeverstöße erst zu recherchieren (OLG München, B. v. 7. 8. 2007 – Az.: Verg 08/07).

19.9 Darlegung der erfolgten Rüge (§ 108 Abs. 2)

3839 Zulässigkeitsvoraussetzung nach § 108 Abs. 2 GWB ist, in der Antragsbegründung darzulegen, dass die **erforderliche Rüge** gemäß § 107 Abs. 3 GWB **erfolgte** und **wann diese konkret erfolgte**. Die Ausführungen müssen diesbezüglich so präzise sein, dass die Vergabekammer insofern die Zulässigkeit des Nachprüfungsantrags feststellen und dementsprechend auch klären kann, ob das Antragsbegehren auf bestimmte gerügte Verstöße gestützt werden kann oder nicht (1. VK Bund, B. v. 12. 12. 2001 – Az.: VK 1–45/01). Der Antragsteller hat hierbei also nicht nur darzulegen, dass die Rüge überhaupt erfolgt ist, sondern auch, dass sie unverzüglich erfolgt ist. Er **muss vortragen, durch Tatsachen belegt**, dass er den Sachverhalt unverzüglich im Sinne des § 107 Abs. 3 Satz 1 GWB gerügt hat. **Fehlt** diese **Darstellung, so ist der Antrag unzulässig** (VK Baden-Württemberg, B. v. 6. 4. 2010 – Az.: 1 VK 19/10; B. v. 1. 4. 2010 – Az.: 1 VK 13/10; B. v. 18. 6. 2003 – Az.: 1 VK – 25/03).

3840 Der Antragsteller muss darlegen, dass die **Rüge gegenüber dem Auftraggeber erfolgt** ist. Die **Antragserfordernisse des § 108 Abs. 2 GWB sind auch dann erfüllt**, wenn der Antragsteller in seinem Antrag zwar nicht ausdrücklich darlegt, dass die Rüge gegenüber dem Auftraggeber erfolgt ist, diese aber **als Anlage dem Antragsschriftsatz beigefügt** hat (1. VK Sachsen, B. v. 14. 5. 2003 – Az.: 1/SVK/039-03).

3841 Liegt ein **Ausnahmefall** vor, der eine **Rüge entbehrlich** erscheinen lässt, ist dies **ebenfalls in der Begründung darzustellen** (VK Baden-Württemberg, B. v. 6. 4. 2010 – Az.: 1 VK 19/10; B. v. 1. 4. 2010 – Az.: 1 VK 13/10).

19.10 Darlegung des Schadens und der Kausalität

3842 In § 108 Abs. 2 GWB ist **nicht ausdrücklich die Darlegung des Schadens und seiner Kausalität** genannt. Vielmehr genügt eine Sachverhaltsdarstellung, aus der die Vergabekammer die Antragsbefugnis feststellen kann (VK Hessen, B. v. 18. 2. 2002 – Az.: 69 d VK – 49/2001).

19.11 Erfüllung der Formvorschriften durch Bezugnahme auf einen zeitlich vorhergehenden Antrag

3843 Wenn ein Antragsteller mit einem Nachprüfungsantrag einen zeitlich vorhergehenden Antrag „wiederholt", hat er dessen Form und Inhalt **auch zum Gegenstand seines** – aus rechtlicher Sicht – **neu gestellten Nachprüfungsantrags** gemacht. Die Bezugnahme dient erkennbar bloß der Vermeidung unnötiger Schreibarbeit; sie begegnet im Hinblick auf § 108 GWB keinen Bedenken (OLG Düsseldorf, B. v. 15. 5. 2002 – Az.: Verg 19/02).

19.12 Weitere Konkretisierung der Darlegungen in späteren Schriftsätzen

3844 Dass ein Antragsteller seine Behauptungen in weiteren Schriftsätzen konkretisiert, ist nicht unzulässig. Vielmehr besteht grundsätzlich **bis zur mündlichen Verhandlung** die Möglichkeit, **Sachverhaltselemente**, die **nicht zu den Mindestvoraussetzungen der Begründung** der Antragsschrift zählen, und **rechtliche Ausführungen** – auch entsprechend dem Vortrag des Antragsgegners oder der Beigeladenen – **auszuweiten bzw. näher zu erläutern** (VK Hessen, B. v. 18. 2. 2002 – Az.: 69 d VK – 49/2001).

19.13 Rechtsfolge einer unzureichenden Begründung

3845 Das **Fehlen einer** den Anforderungen des § 108 Abs. 2 GWB genügenden **Antragsbegründung** kann die Vergabekammer **nicht ohne weiteres** zum Anlass einer **Antragszurückwei-**

sung nehmen. Zwar dient § 108 Abs. 2 GWB dem besonderen Beschleunigungsprinzip des Vergabenachprüfungsverfahrens (vgl. § 113 Abs. 1 GWB). Andererseits steht doch der **eigentliche Zweck der Vergabeprüfung im Vordergrund**, sicher zu stellen, dass Wettbewerb um den öffentlichen Auftrag stattfindet und dass in diesem Wettbewerb die Bieter mit gleichen Chancen und Möglichkeiten sich beteiligen können. Dieser Wettbewerb bezweckt aus der Sicht des öffentlichen Auftraggebers eine optimale Lösung des Beschaffungsvorhabens und zwar hinsichtlich der Qualität des Beschaffungsobjektes wie seines Preises. Dies verwehrt der Vergabekammer einen Vergabeprüfungsantrag ohne weiteres wegen formaler Mängel zu verwerfen, jedenfalls dann, wenn nach Sachlage nicht ausgeschlossen oder unwahrscheinlich ist, dass der formale Mangel umgehend behoben wird. In einem solchen Fall **obliegt der Vergabekammer** vielmehr, den **Antragsteller auf den formalen Fehler hinzuweisen und Gelegenheit zur kurzfristigen Abhilfe einzuräumen**. Es kann dahinstehen, ob dieses verfahrensrechtliche Gebot sich nicht bereits unmittelbar aus dem Amtsermittlungsgrundsatz des § 110 Abs. 1 GWB i. V. m. dem verfassungsrechtlichen Prinzip fairer Verfahrensgestaltung (Art. 103 Abs. 1 GG) ergibt (OLG Thüringen, B. v. 23. 1. 2003 – Az.: 6 Verg 11/02; 1. VK Sachsen, B. v. 25. 1. 2008 – Az.: 1/SVK/088-07; B. v. 31. 1. 2007 – Az.: 1/SVK/124-06).

19.14 Verbindung von Nachprüfungsverfahren

19.14.1 Allgemeines

Im GWB sind **keine ausdrücklichen Regelungen** über die Verbindung von mehreren Vergabenachprüfungsverfahren zu einem Nachprüfungsverfahren vorhanden. Die Vergabekammern wenden deshalb **§ 93 VwGO, § 147 ZPO und § 9 VwVfG analog** an (1. VK Bund, B. v. 25. 4. 2002 – Az.: VK 1–11/02, VK 1–13/02, VK 1–15/02; VK Münster, B. v. 6. 12. 2001 – Az.: VK 1/01–8/01 Vs; 1. VK Saarland, B. v. 23. 4. 2007 – Az.: 3 VK 02/2007, 3 VK 03/2007; 1. VK Sachsen, B. v. 9. 5. 2000 – Az.: 1/SVK/26-00, 1/SVK/36-00).

3846

Zur Verbindung von Nachprüfungsverfahren auf der Stufe des Beschwerdeverfahrens vgl. die Kommentierung zu § 120 GWB.

3847

19.14.2 Ermessen der Vergabekammer

Eine **Verbindung mehrerer Nachprüfungsanträge** zu einem Verfahren oder auch nur zu dem Zweck, als vorübergehende verfahrensvereinfachende Maßnahme eine gemeinschaftliche mündliche Verhandlung durchzuführen, steht im **Ermessen der Vergabekammer**. Davon abzusehen wird regelmäßig schon deshalb ermessensfehlerfrei sein, weil eine Verfahrenszusammenführung dem Grundsatz der Nichtöffentlichkeit widerspricht und das Geheimhaltungsinteresse von Bietern, soweit sie nicht nach § 109 GWB beizuladen sind, in erheblicher Weise berührt. Gerade bei der Ausschreibung nach VOL/A sind die gesamten Angebote auch noch nach dem Eröffnungstermin in vollem Umfang vertraulich zu behandeln und bleiben somit Geschäftsgeheimnisse (BayObLG, B. v. 13. 4. 2004 – Az.: Verg 005/04; VK Berlin, B. v. 2. 6. 2009 – Az.: VK B 2–12/09).

3848

19.14.3 Trennung von Vergabeverfahren

Es **bleibt der Vergabekammer aus Gründen der Verfahrensökonomie und -beschleunigung unbenommen**, ein **neu angestrengtes Nachprüfungsverfahren** entsprechend § 93 S. 2 VwGO **von einem entscheidungsreifen Verfahren abzutrennen**, wenn eine Antragserweiterung zu einer nicht unerheblichen weiteren Verfahrensverzögerung führt, die gerade auch mit Blick auf den für das Nachprüfungsverfahren geltenden Beschleunigungsgrundsatz nicht mehr hinzunehmen ist. Die **Verfahrenstrennung kann auch** – als Mittel der materiellen Sachleitung – **der Übersichtlichkeit der Verfahren dienen**. Die Tatsache, dass sich eine gemeinsame Verhandlung und Entscheidung für einen Antragsteller als kostengünstiger darstellt, rechtfertigt im Rahmen des § 93 S. 2 VwGO keine abweichende Beurteilung. Denn anerkannt ist, dass die im pflichtgemäßen Ermessen der erkennenden Vergabekammer stehende Entscheidung über die Trennung der Verfahren selbst unter dem Gesichtspunkt eines mit der Trennung verbundenen erhöhten Kostenrisikos für den Antragsteller nicht gegen das Fairnessgebot verstößt. Eine **Trennung verbietet sich** nach der Natur der Sache nur dann, wenn der **Antragsteller den nachträglich angebrachten Nachprüfungsantrag in ein Eventualverhältnis zu dem in der Hauptsache verfolgten Antrag stellt**. Der **Trennungsbeschluss** kann nach

3849

§ 93 VwGO **auch ohne vorherige Anhörung** und mündliche Verhandlung ergehen. Selbst eine **stillschweigende Trennung** ist im allgemeinen **grundsätzlich zulässig** (OLG Naumburg, B. v. 29. 4. 2010 – Az.: 1 Verg 3/10).

19.14.4 Kostenentscheidung

3850   Werden **Nachprüfungsanträge** zur gemeinsamen Verhandlung und Entscheidung förmlich **verbunden**, erfolgt eine **gemeinsame Kostenentscheidung**, wobei gemäß § 128 Abs. 3 S. 2 GWB mehrere Kostenschuldner als Gesamtschuldner haften. Nach der Verbindung von z. B. zwei Verfahren werden die Auftragssummen nicht addiert, sondern vom **Mittelwert aus den beiden Angeboten** ausgegangen. Denn der Gesetzgeber spricht nicht von den Kosten des einzelnen Nachprüfungsantrages, sondern ausdrücklich von den Kosten des Verfahrens und ordnet an, dass mehrere Kostenschuldner als Gesamtschuldner haften (VK Münster, B. v. 28. 8. 2007 – Az.: VK 14/07, VK 15/07).

19.15 Objektive Antragshäufung

3851   Eine **objektive Antragshäufung ist in entsprechender Anwendung des § 44 VwGO statthaft**. Verfolgen mehrere Antragsteller mit ihrem Begehren in der Sache zwei Nachprüfungsanträge zur Überprüfung unterschiedlicher und um eigenständig bekannt gemachte Vergabeverfahren, die insoweit miteinander verknüpft sind und somit in einem sachlichen Zusammenhang stehen, sich gegen denselben Antragsgegner richten und beide unter die örtliche und sachliche Zuständigkeit der Vergabekammer fallen, sind die Voraussetzungen des § 44 VwGO erfüllt.

19.16 Subjektive Antragshäufung

3852   § 64 VwGO i. V. m. § 60 ZPO lässt u. a. eine **subjektive Klagehäufung zu, wenn „auf im Wesentlichen gleichartigen tatsächlichen und rechtlichen Grunde beruhende Ansprüche ... den Gegenstand des Rechtsstreites bilden"**. Diese Begriffe werden in **Rechtsprechung und Literatur weit ausgelegt**. Betrifft das von einem Antragsteller eingeleitete Vergabenachprüfungsverfahren **dieselbe Vergabe** wie dasjenige eines anderen Antragstellers, bestehen **keine Bedenken**. Besteht außerdem eine **tatsächliche und rechtliche Verbindung zwischen der Vergabeentscheidung zweier Auftraggeber** dadurch, dass aus Rechtsgründen ein Auftraggeber nur dann als öffentlicher Auftraggeber im Sinne des § 98 Nr. 6 GWB anzusehen ist, wenn das fragliche Geschäft zwischen dem einem Auftraggeber und einem anderen Auftraggeber als öffentlicher Auftrag im Sinne des § 99 GWB, nämlich als Baukonzession anzusehen ist, bestehen ebenfalls keine Bedenken. Dies insbesondere, wenn es sich dabei um eine „Untervergabe" eines Teils des vergebenen Auftrages handelt (OLG Düsseldorf, B. v. 30. 4. 2008 – Az.: VII – Verg 23/08).

3853   Dass **ein Auftraggeber bereits Beigeladener des Verfahrens eines Antragstellers gegen einen anderen Auftraggeber ist hindert nicht an der Einleitung eines Nachprüfungsverfahrens auch gegen den Beigeladenen**. Er besitzt diesen Verfahrensstatus nämlich nur in dem Verfahrensrechtsverhältnis zwischen dem Antragsteller und dem ersten Auftrageber. Genauso wie der Streithelfer einer Partei auch durch Klageerweiterung zur Partei gemacht werden kann (oder umgekehrt), **kann ein Beigeladener auch Partei eines – anderen – Vergabenachprüfungsverfahrens werden** (OLG Düsseldorf, B. v. 30. 4. 2008 – Az.: VII – Verg 23/08).

3854   **Auch die Grundsätze über die Klageerweiterung standen dem Eintritt eines weiteren Antragstellers bzw. Antragsgegners nicht entgegen**. Allerdings werden auf nachträgliche Parteierweiterungen vielfach die Regelungen über die Klageänderung angewendet (§ 91 VwGO; § 263 ZPO). **Bedenken gegen die Anwendung dieser Regelungen** auf eine Parteierweiterung in 1. Instanz rühren daher, dass niemand sich gegen eine gesonderte Klage wehren könnte, bei Unzuträglichkeiten zudem eine Abtrennung erfolgen könnte (vgl. § 93 VwGO). **Bedenken könnten lediglich aus dem Beschleunigungsbedürfnis für ein Nachprüfungsverfahren erwachsen, die Erweiterungen und die sich daraus ergebenden Verzögerungen entgegenstehen könnten**: Dies ist je nach Sachverhalt zu entscheiden (OLG Düsseldorf, B. v. 30. 4. 2008 – Az.: VII – Verg 23/08).

19.17 Zahlung eines Kostenvorschusses

Der Nachprüfungsantrag erlangt erst dann verfahrensrechtliche Relevanz, wenn der **Kostenvorschuss bezahlt** ist. Da ohne Zahlung des Kostenvorschusses der Nachprüfungsantrag nicht bearbeitet wird, ist **bis zur Zahlung des Kostenvorschusses der Nachprüfungsantrag als gegenstandslos zu betrachten** (2. VK Bund, B. v. 6. 5. 2003 – Az.: VK 2–28/03). 3855

Anderer Auffassung ist – auch aus grundsätzlichen Überlegungen heraus – das OLG München. Nach **Art. 14 Abs. 1 Satz 1 KG (Bayerisches Kostengesetz)** kann eine Behörde eine Amtshandlung, die auf Antrag vorgenommen wird, von der Zahlung eines angemessenen Vorschusses abhängig machen. Dabei ist nach Satz 2 eine angemessene Frist zur Zahlung zu setzen. Nach Satz 3 kann die Behörde den Antrag als zurückgenommen behandeln, wenn der Kostenvorschuss nicht innerhalb der festgesetzten Frist einbezahlt und vorher bei der Anforderung des Kostenvorschusses darauf hingewiesen worden ist. Nach Satz 4 gilt Satz 3 nicht in Widerspruchsverfahren. Das **bedeutet, dass in einem Widerspruchsverfahren der Widerspruch nicht deshalb als zurückgenommen behandelt werden kann, weil der Kostenvorschuss nicht oder nicht rechtzeitig bezahlt worden ist. Sinn dieser Regelung ist es, dem rechtssuchenden Bürger nicht den grundgesetzlich geschützten Anspruch auf effektiven Rechtschutz abzuschneiden.** Mit der Rücknahme ist nämlich ein fristgebundener Rechtsbehelf oder ein in einem beschleunigten Verfahren wie dem Nachprüfungsverfahren erhobener Rechtsbehelf ein für allemal erledigt, wenn bei Rücknahme die Frist abgelaufen oder der Zuschlag erteilt worden war, weil der Rechtsbehelf nach Fristablauf oder nach Zuschlagserteilung nicht erneut in zulässiger Weise eingelegt werden kann. Demgegenüber können die in Art. 14 Abs. 1 Satz 1 und Satz 2 KG erwähnten Anträge jederzeit neu gestellt werden. **Nach der Rechtsprechung des BGH ist das Nachprüfungsverfahren einem Widerspruchsverfahren gleichzusetzen**, weil es der Überprüfung der beabsichtigten Zuschlagsentscheidung dient. Es kommt hinzu, dass **nach der ständigen Rechtsprechung des EuGH die Mitgliedsstaaten verpflichtet sind, für einen effektiven Rechtsschutz zu sorgen. Dem würde es aber widersprechen, wenn allein die Nichtzahlung oder die nicht rechtzeitige Zahlung eines Kostenvorschusses zum völligen Verlust des Primärrechtsschutzes im Nachprüfungsverfahren führen** würde (OLG München, B. v. 19. 1. 2010 – Az.: Verg 1/10). 3856

Nach § 128 Abs. 1 S. 2 GWB ist mangels besonderer Vorschriften über die Ermittlung der Höhe des Kostenvorschusses **das VVwKostG anzuwenden**. Nach § 16 dieses Gesetzes kann eine auf einen Antrag vorzunehmende Amtshandlung (hier: § 107 Abs. 1 GWB) von der Zahlung eines angemessenen Vorschusses abhängig gemacht werden. Die **Höhe der mutmaßlichen Gebühr richtet sich nicht nach dem GKG, sondern nach § 128 Abs. 2 GWB.** Danach beträgt die Gebühr im Allgemeinen zwischen 2.500 € und 100.000 €. Nach den allgemeinen Grundsätzen des Gebührenrechts (vgl. § 9 Abs. 1 VwKostG), wie sie früher ausdrücklich auch in § 128 Abs. 2 S. 1 GWB a. F. angesprochen waren und heute noch in § 128 Abs. 2, 2. Hs. GWB n. F. zum Ausdruck kommen, ist die **Gebühr nach dem Aufwand und der wirtschaftlichen Bedeutung zu bemessen.** Im Rahmen der Berechnung eines Kostenvorschusses kann im Allgemeinen von einem durchschnittlich zu erwartenden Aufwand ausgegangen werden. Maßgebliches Kriterium ist die wirtschaftliche Bedeutung der Angelegenheit, die sich nach der Auftragssumme bemisst. Die **Praxis orientiert sich dabei an einer vom Bundeskartellamt entwickelten Tabelle**, wobei bei den vielfach noch abgedruckten Tabellen zu berücksichtigen ist, dass diese noch nicht der Änderung des § 128 Abs. 2 GWB durch das Gesetz zur Modernisierung des Vergaberechts Rechnung tragen (OLG Düsseldorf, B. v. 18. 2. 2010 – Az.: VII-Verg 18/10). 3857

Dabei ist **zunächst zu berücksichtigen**, dass die **Vergabekammer** bei ihrer unverzüglich zu treffenden Entscheidung naturgemäß **nicht in zeitraubende Ermittlungen über den Auftragswert eintreten kann**, vielmehr anhand einfacher und sofort greifbarer Angaben entscheiden muss. Sie kann daher z. B. die in der Vergabebekanntmachung enthaltenen Angaben zugrunde legen, die an sich den mutmaßlichen Auftragswert enthalten müssten. Sie kann sich auch auf nachvollziehbare Berechnungen des Auftraggebers stützen, ist aber **nicht gezwungen, umfangreiche Nachforschungen oder Überprüfungen, insbesondere von nur zum Zwecke der Berechnung der Auftragssumme nachträglich erstellten Angeboten anzustellen** (OLG Düsseldorf, B. v. 18. 2. 2010 – Az.: VII-Verg 18/10). 3858

20. § 109 GWB – Verfahrensbeteiligte, Beiladung

Verfahrensbeteiligte sind der Antragsteller, der Auftraggeber und die Unternehmen, deren Interessen durch die Entscheidung schwerwiegend berührt werden und die deswegen von der Vergabekammer beigeladen worden sind. Die Entscheidung über die Beiladung ist unanfechtbar.

20.1 Vergaberechtsmodernisierungsgesetz 2009

3859 § 109 GWB ist durch das Vergaberechtsmodernisierungsgesetz **nicht geändert** worden.

20.2 Verfahrensbeteiligte

3860 Verfahrensbeteiligte sind nach § 109 Satz 1 der Antragsteller, der Auftraggeber und die Unternehmen, deren Interessen durch die Entscheidung schwerwiegend berührt werden und die deswegen von der Vergabekammer beigeladen worden sind.

3861 **Auch öffentlich-rechtliche Institutionen** können in entsprechender Anwendung des § 109 GWB beigeladen werden, wenn ihre Interessen durch die Entscheidung schwerwiegend berührt werden. (VK Lüneburg, B. v. 2. 2. 2000 – Az.: 203-VgK-01/2000).

20.3 Beiladung

20.3.1 Sinn und Zweck der Beiladung

3862 Die Beiladung soll die **Beteiligung aller derer** sicherstellen, die durch eine für sie nachteilige Entscheidung der Vergabekammer eine Verletzung ihrer eigenen Rechte erfahren und – bei Nichtbeteiligung – **ein weiteres Überprüfungsverfahren beantragen könnten** (BayObLG, B. v. 12. 5. 1999 – Az.: Verg 1/99). Eine andere Betrachtungsweise würde im krassen Widerspruch zu der dem Nachprüfungsverfahren innewohnenden Beschleunigungsmaxime stehen (VK Halle, B. v. 20. 3. 2003 – Az.: VK Hal 07/03).

20.3.2 Beiladung von Amts wegen und auf Antrag

3863 Die Beiladung kann sowohl auf Antrag wie auch von Amts wegen erfolgen (BayObLG, B. v. 12. 5. 1999 – Az.: Verg 1/99).

20.3.3 Kriterien des § 107 Abs. 2 GWB als zusätzliche Beiladungsvoraussetzung

3864 Nach dem sich aus Sinn und Zweck der Beiladung ergebenden Adressatenkreis – alle Unternehmen, die auch ein Nachprüfungsverfahren einleiten können – sind zudem die **Kriterien des § 107 Abs. 2 GWB** bezüglich der Antragsbefugnis **als zusätzliche Beiladungsvoraussetzungen** heranzuziehen.

20.3.4 Abgabe eines ausschreibungskonformen Angebotes als zusätzliche Beiladungsvoraussetzung

3865 Wird das **Angebot** eines Bieters **als nicht ausschreibungskonform** von der Wertung der eingegangenen Angebote **ausgeschlossen** mit der Folge, dass diesem Bieter der Zuschlag nicht erteilt werden kann und ist die **Frage, ob das Angebot zu Recht ausgeschlossen wurde, nicht Gegenstand des Nachprüfungsverfahrens**, kann bei einer solchen Sachlage die Entscheidung im anhängigen Nachprüfungsverfahren die Interessen des ausgeschlossenen Bieters nicht in maßgeblicher Weise tangieren. Eine **Beiladung dieses Bieters scheidet aus** (OLG Rostock, B. v. 9. 9. 2003 – Az.: 17 Verg 11/03).

3866 Diese **Rechtsprechung muss insoweit eingeschränkt** werden, als eine **Beiladung dann erfolgen muss**, wenn geltend gemacht wird, dass keinem Bieter der Zuschlag erteilt werden darf und **auch der beizuladende Bieter bei einer neuen Ausschreibung eine zwei-

Gesetz gegen Wettbewerbsbeschränkungen GWB § 109 **Teil 1**

te **Chance erhalten** kann. Vgl. dazu im Einzelnen die Kommentierung zu → § 107 GWB Rdn. 172 ff.

20.3.5 Beiladung bei einer Parallelausschreibung

Schreibt ein öffentlicher Auftraggeber einen **Auftrag im Wege der Parallelausschreibung** 3867 zur Vergabe aus, wobei neben der **Ausschreibung von vielen Einzelgewerken auch die Gesamtleistung als Generalunternehmervertrag** angeboten werden kann, ist angesichts einer von der Vergabekammer erwogenen Aufhebung der gesamten Parallelausschreibung auch die **Beiladung einer Vielzahl von Zuschlagsaspiranten der gewerkeweisen Ausschreibung nach § 109 GWB** geboten (OLG Naumburg, B. v. 25. 10. 2003 – Az.: 1 Verg 11/03).

20.3.6 Zeitpunkt der Beiladung

20.3.6.1 Spätester Zeitpunkt

Grundsätzlich ist eine Beiladung bis zur Bestandskraft des Beschlusses möglich (VK Magde- 3868 burg, B. v. 27. 10. 2003 – Az.: 33-32571/07 VK 16/03 MD).

20.3.6.2 Beiladung erst im Verfahren vor dem Vergabesenat

Einer **Beiladung durch den Vergabesenat** steht der **Wortlaut der Vorschrift des § 119** 3869 **GWB nicht entgegen**, wonach die Beteiligten des Beschwerdeverfahrens identisch sind mit denen des Verfahrens vor der Vergabekammer. Diese Norm soll die Kontinuität der Beteiligung am Verfahren sichern, d. h. bewirken, dass eine nochmalige Beiladung im Verfahren vor dem Senat nicht erforderlich ist. Wird **ein Bieter** durch die Entscheidung der Vergabekammer jedoch **erstmalig beschwert**, ohne von dieser beigeladen worden zu sein, bzw. besteht die Möglichkeit, dass er durch die Entscheidung des Senats materiell beschwert wird, so muss er hierzu im förmlichen Verfahren **rechtliches Gehör** haben; hierzu muss auch dem Senat die Möglichkeit der Beiladung gegeben sein (OLG Naumburg, B. v. 9. 12. 2004 – Az.: 1 Verg 21/04; B. v. 9. 9. 2003 – Az.: 1 Verg 5/03; VK Schleswig-Holstein, B. v. 7. 3. 2005 – Az.: VK-SH 03/05).

Vgl. zur Beiladung im Beschwerdeverfahren die Kommentierung zu § 119 GWB. 3870

20.3.7 Rechtshängigkeitssperre zu Lasten eines Beigeladenen

Die Annahme einer Rechtshängigkeitssperre zu Lasten eines Beigeladenen **verbietet sich** 3871 nach Sinn und Zweck der Beiladung im verwaltungsrechtlichen und vergaberechtlichen Verfahren (zu den Einzelheiten vgl. die Begründung zu → § 107 GWB Rdn. 9).

20.3.8 Entscheidung über die Beiladung

Die Entscheidung über die Beiladung **steht im pflichtgemäßen Ermessen der Vergabe-** 3872 **kammer**. Jedoch kann unter Umständen eine Pflicht zur Beiladung bestehen. Für die Vorschrift des § 54 Abs. 2 Nr. 3 GWB, der § 109 GWB jedenfalls teilweise nachgebildet ist, wird eine solche Pflicht bejaht (so genannte **notwendige Beiladung**), wenn der Verfahrensausgang für den Betroffenen rechtsgestaltende Wirkung hat (z. B. bei einer Beeinträchtigung der rechtlichen Chance auf den Zuschlag). Für das auf besondere Beschleunigung angelegte Nachprüfungsverfahren einen Anspruch auf Beiladung unterhalb dieser Schwelle anzunehmen, besteht kein Anlass (BayObLG, B. v. 12. 5. 1999 – Az.: Verg 1/99; VK Schleswig-Holstein, B. v. 20. 4. 2010 – Az.: VK-SH 03/10).

Offen ist, ob in Fällen einer notwendigen Beteiligung eine **Pflicht der Vergabekammer** 3873 **zur Beiladung von Amts wegen** besteht, oder ob es genügt, wenn die Vergabekammer die anderen Bieter von der Einleitung des Nachprüfungsverfahrens (§ 107 Abs. 1, § 110 Abs. 2 Satz 1 GWB) **benachrichtigt** und ihnen so **Gelegenheit gibt, einen Antrag auf Beiladung zu stellen**. Die letztgenannte Verfahrensweise dürfte sich jedenfalls dann empfehlen, wenn der Nachprüfungsantrag nicht offensichtlich unzulässig oder unbegründet ist und eine Beeinträchtigung der Rechte der anderen Bieter durch die Entscheidung der VK in Betracht kommen kann (BayObLG, B. v. 12. 5. 1999 – Az.: Verg 1/99).

Auf eine **Beiladung kann verzichtet werden, wenn die Entscheidung der Kammer** 3874 **für diese Bieter keine rechtsgestaltende Wirkung hat** und eine Beiladung im streitgegenständlichen Verfahren mit Zeitverzögerungen und einem nicht vertretbaren Auf-

Teil 1 GWB § 109   Gesetz gegen Wettbewerbsbeschränkungen

wand verbunden ist und unnötige Kosten verursacht. Dennoch bleibt in solchen Fällen das Recht dieser Firmen auf rechtliches Gehör gewahrt. Im Falle eines Beschwerdeverfahrens steht der Wortlaut des § 119 GWB einer Beiladung nicht im Wege, falls das Beschwerdegericht eine solche für erforderlich hält (VK Schleswig-Holstein, B. v. 20. 4. 2010 – Az.: VK-SH 03/10; B. v. 26. 5. 2009 – Az.: VK-SH 04/09; B. v. 5. 7. 2007 – Az.: VK-SH 13/07; B. v. 31. 1. 2006 – Az.: VK-SH 33/05; B. v. 7. 3. 2005 – Az.: VK-SH 03/05; B. v. 2. 2. 2005 – Az.: VK-SH 01/05).

3875   Auf eine **Beiladung kann auch verzichtet werden,** wenn nach Auffassung der Vergabekammer sich das Nachprüfungsverfahren **ausschließlich mit rechtlichen und nicht tatsächlichen Problemen auseinandersetzt** und die Vergabekammer deshalb zu dem Ergebnis kommt, dass eine **Beiladung der Firma, die den Zuschlag erhalten soll,** im vorliegenden Fall **nicht verfahrensförderlich ist** (VK Saarland, B. v. 1. 3. 2005 – Az.: 1 VK 01/2005).

20.3.9 Unanfechtbarkeit der Entscheidung über die Beiladung

3876   Die Entscheidung der Vergabekammer über die Beiladung ist **grundsätzlich unanfechtbar**; die Frage, ob ein Beiladungsbeschluss rechtmäßig, vertretbar oder nur „einfach rechtswidrig" ist, stellt sich mithin nicht. Ob eine Anfechtbarkeit von Beiladungsbeschlüssen als nichtig wegen „greifbarer Gesetzwidrigkeit" in Betracht kommt, mag dahinstehen (OLG Frankfurt, B. v. 28. 6. 2005 – Az.: 11 Verg 9/05; OLG Dresden, B. v. 13. 7. 2000 – Az.: WVerg 0003/00).

3877   Der **Ausschluss der Anfechtbarkeit betrifft nicht nur positive, sondern auch eine Beiladung ablehnende Entscheidungen der Vergabekammer.** Die Anfechtung der Beiladungsentscheidung ist im Interesse eines raschen Verfahrensabschlusses in der Hauptsache ausgeschlossen. Angesichts dieser Erwägung des Gesetzgebers und des Wortlautes der Bestimmung ist **für eine Auslegung, nach der nur die positive Entscheidung unanfechtbar sein soll, kein Raum.** Hätte nur die positive Entscheidung über die Beiladung der Anfechtung entzogen werden sollen, so hätte dies im Gesetzeswortlaut deutlich zum Ausdruck gebracht werden können. Darüber hinaus trifft die Erwägung, aus der die Entscheidung unanfechtbar sein soll, nämlich die Eilbedürftigkeit des Vergabeverfahrens, auf positive wie negative Beiladungsentscheidungen gleichermaßen zu. Würde im Rahmen von Vergabenachprüfungsverfahren noch ein Beschwerdeverfahren über Beiladungsentscheidungen stattfinden, so wäre die ohnedies knappe Frist des § 113 Abs. 1 Satz 1 GWB in derartigen Fällen kaum einzuhalten. Ob die damit verbundenen Nachteile, die der endgültige Ausschluss vom Nachprüfungsverfahren für das beiladungswillige Unternehmen mit sich bringen kann, schwerer wiegen als die Vorteile, die dem Antragsteller oder Auftraggeber im Hauptverfahren durch dessen Fernbleiben zu Gute kommen können, ist eine **rechtspolitische Frage,** die die Rechtsprechung bei der Auslegung der Vorschrift nicht zu entscheiden hat (OLG Frankfurt, B. v. 28. 6. 2005 – Az.: 11 Verg 9/05; OLG Karlsruhe, B. v. 25. 11. 2008 – Az.: 15 Verg 13/08).

3878   Es ist **nicht anzunehmen, dass die Fassung des § 109 Satz 2 GWB auf einem gesetzgeberischen Versehen** beruht und der **Gesetzgeber das Problem der Anfechtung der abgelehnten Beiladung überhaupt nicht in seine Erwägungen einbezogen** hat. § 111 Abs. 4 GWB zeigt vielmehr, dass der Gesetzgeber durchaus zwischen bestimmte Rechte gewährenden bzw. einem Gesuch stattgebenden und bestimmte Rechte versagenden bzw. ein Gesuch ablehnenden Entscheidungen differenziert hat (OLG Karlsruhe, B. v. 25. 11. 2008 – Az.: 15 Verg 13/08).

3879   Ein **anderes Verständnis des § 109 Satz 2 GWB ist auch nicht im Hinblick auf die in Art. 19 Abs. 4 GG verbürgte Garantie eines effektiven Rechtsschutzes geboten.** Die unterlassene Beiladung führt nicht dazu, dass das gesamte Nachprüfungsverfahren an einem Bieter, dessen Beiladung von der Vergabekammer abgelehnt worden ist, vorbeigehen kann, obwohl seine Interessen durch die Entscheidung schwerwiegend beeinträchtigt würden. Denn zum einen dürfte in ergänzender Auslegung des § 116 Abs. 1 Satz 2 GWB auch demjenigen die Möglichkeit einer Beschwerde gegen die Entscheidung der Vergabekammer in der Hauptsache einzuräumen sein, dessen Interessen durch diese Entscheidung schwerwiegend berührt werden und dessen Antrag auf Beiladung von der Vergabekammer zu Unrecht zurückgewiesen worden ist. Zum anderen **ist der im Verfahren vor der Vergabekammer zu Unrecht nicht Beigeladene jedenfalls im Beschwerdeverfahren analog § 109 GWB beizuladen** (OLG Karlsruhe, B. v. 25. 11. 2008 – Az.: 15 Verg 13/08).

3880   Eine **analoge Anwendung des § 44 a S. 2 VwGO** kommt angesichts der ausdrücklichen Regelung in § 109 Satz 2 GWB **nicht in Betracht** (OLG Karlsruhe, B. v. 25. 11. 2008 – Az.: 15 Verg 13/08).

20.3.10 Beigeladene als notwendige Streitgenossen?

Beigeladene in einem Vergabenachprüfungsverfahren über mehrere Lose sind keine notwendigen Streitgenossen. Gemäß § 62 ZPO liegt eine notwendige Streitgenossenschaft dann vor, wenn ein streitiges Rechtsverhältnis – aus prozessualen oder materiell-rechtlichen Gründen – nur einheitlich festgestellt werden kann. Es sind weder prozessuale Vorschriften ersichtlich, wonach sich die Rechts- oder Bestandskraft einer Entscheidung zu einem Los auf weitere Lose erstrecken würde, ebenso wenig lässt sich feststellen, dass der Nachprüfungsantrag oder die Entscheidung der Vergabekammer einen untrennbaren Lebenssachverhalt für alle oder einzelne Lose begründen könnten. Es **besteht keineswegs eine zwingende rechtliche Notwendigkeit, alle Lose der Ausschreibung nach einheitlichen Rechtsgrundsätzen zu vergeben, wie bereits die Tatsache zeigt, dass für die Lose, für die kein Nachprüfungsantrag gestellt wurde, der Zuschlag wirksam erteilt werden kann.** Auch stellt sich beispielsweise die Frage des Ausschlussgrundes für jeden Bieter individuell. **Es mögen sich zwar für die Vergabe aller Lose teilweise gleich gelagerte Rechtsfragen stellen, dennoch erfolgt für jedes Los eine eigene, rechtlich selbständige Auftragserteilung, bei der alle Fragen gesondert geprüft und entschieden werden müssen.** Gleichartige oder einheitliche Vorfragen begründen noch keine notwendige Streitgenossenschaft, ebenso wenig wie der Umstand, dass in einem Verfahren über mehrere Lose verhandelt und eine Entscheidung getroffen wurde (OLG München, B. v. 21. 5. 2010 – Az.: Verg 02/10).

3881

21. § 110 GWB – Untersuchungsgrundsatz

(1) Die Vergabekammer erforscht den Sachverhalt von Amts wegen. Sie kann sich dabei auf das beschränken, was von den Beteiligten vorgebracht wird oder ihr sonst bekannt sein muss. Zu einer umfassenden Rechtmäßigkeitskontrolle ist die Vergabekammer nicht verpflichtet. Sie achtet bei ihrer gesamten Tätigkeit darauf, dass der Ablauf des Vergabeverfahrens nicht unangemessen beeinträchtigt wird.

(2) Die Vergabekammer prüft den Antrag darauf, ob er offensichtlich unzulässig oder unbegründet ist. Dabei berücksichtigt die Vergabekammer auch einen vorsorglich hinterlegten Schriftsatz (Schutzschrift) des Auftraggebers. Sofern der Antrag nicht offensichtlich unzulässig oder unbegründet ist, übermittelt die Vergabekammer dem Auftraggeber eine Kopie des Antrags und fordert bei ihm die Akten an, die das Vergabeverfahren dokumentieren (Vergabeakten). Der Auftraggeber hat die Vergabeakten der Kammer sofort zur Verfügung zu stellen. Die §§ 57 bis 59 Abs. 1 bis 5 sowie § 61 gelten entsprechend.

21.1 Vergaberechtsmodernisierungsgesetz 2009

§ 110 Abs. 1 ist – in Übereinstimmung mit der Rechtsprechung – dahingehend geändert worden, dass eine **umfassende Rechtmäßigkeitskontrolle durch die Vergabekammer nicht erforderlich** ist. Neben redaktionellen Änderungen ist in § 110 Abs. 2 die **Möglichkeit der Berücksichtigung einer Schutzschrift ausdrücklich aufgenommen** werden.

3882

21.2 Inhalt und Einschränkungen des Untersuchungsgrundsatzes (§ 110 Abs. 1)

21.2.1 Vergaberechtsmodernisierungsgesetz 2009

Die Pflicht zur Erforschung des Sachverhaltes von Amts wegen bedeutet, dass die **Kammer alle Tatsachen aufzuklären hat, die für ihre Entscheidung objektiv erforderlich** sind. Die Vergabekammer bestimmt dabei nach pflichtgemäßem Ermessen die Art und den Umfang der Ermittlungen und hat alle in der von § 113 Abs. 1 Satz 1 GWB vorgebenen Frist zur Verfügung stehenden, rechtlich zulässigen Möglichkeiten einer Aufklärung des relevanten Sachverhaltes auszuschöpfen. Absatz 1 Satz 2 konkretisiert, inwieweit die Vergabekammer dabei über das Vorbringen der Beteiligten hinaus verpflichtet ist, Nachforschungen anzustellen. Die Vergabekammer darf sich auf die Vergabeakten oder sonstige Umstände beschränken, die dem sorgfältig ermittelnden Beamten zur Kenntnis gelangt wären. Zu solchen sonstigen Umständen zählen beispielsweise Indizien wie Pressemeldungen darüber, dass der öffentliche Auftraggeber mit dem

3883

obsiegenden Bieter Nachverhandlungen geführt hat, ohne dass diese zum Bestandteil der Vergabeakte wurden. Der Gesetzgeber stellt nunmehr **weiterhin klar, dass die Vergabekammer nicht zu einer umfassenden Rechtmäßigkeitskontrolle verpflichtet** ist. Auch im Nachprüfungsverfahren ist nicht allen denkbaren Möglichkeiten zur Aufklärung des Sachverhalts von Amts wegen nachzugehen.

21.2.2 Sinn und Zweck des Untersuchungsgrundsatzes

3884   Der in § 110 GWB niedergelegte Untersuchungsgrundsatz **bezweckt in erster Linie, dass die Vergabekammer nicht vom Vorbringen der Beteiligten abhängig ist, sondern vor dem Hintergrund des § 114 Abs. 1 GWB eine umfassende Sachverhaltsermittlung durchführen kann** und dadurch nicht nur möglichen Anträgen der Beteiligten entsprechen, sondern auch auf die objektive Rechtmäßigkeit des Vergabeverfahrens hinwirken kann (OLG München, B. v. 9. 8. 2010 – Az.: Verg 13/10; B. v. 10. 12. 2009 – Az.: Verg 16/09).

21.2.3 Allgemeiner Inhalt des Untersuchungsgrundsatzes

3885   Die Vergabekammer ist bei ihrer Tätigkeit nicht nur auf die von einem Antragsteller vorgetragenen Gründe festgelegt. Der **durch die Geheimhaltungserklärungen der Parteien beschränkten Argumentation jedes Bieters wird durch den Untersuchungsgrundsatz in § 110 Abs. 1 GWB Rechnung getragen**. Danach erforscht die Vergabekammer den Sachverhalt von Amts wegen. Die Untersuchungsbefugnis der Kammer wird weiterhin durch den Grundsatz in § 114 Abs. 1 Satz 2 GWB gestützt. Danach ist die Kammer an Anträge nicht gebunden und kann auch unabhängig davon auf die Rechtmäßigkeit des Vergabeverfahrens einwirken (VK Arnsberg, B. v. 14. 10. 2004 – Az.: VK 1–21/2004; VK Düsseldorf, B. v. 29. 3. 2007 – Az.: VK – 08/2007 – B; VK Hannover, B. v. 16. 1. 2004 – Az.: 26 045 – VgK 14/2003; VK Lüneburg, B. v. 10. 10. 2006 – Az.: VgK-23/2006; VK Südbayern, B. v. 17. 6. 2009 – Az.: Z3-3-3194-1-22–05/09; B. v. 17. 6. 2009 – Az.: Z3-3-3194-1-21–05/09; B. v. 28. 5. 2002 – Az.: 15-04/02B. v. 9. 5. 2008 – Az.: Z3-3-3194-1-13–04/08).

3886   § 114 GWB setzt den Rahmen für die Entscheidung der Vergabekammer, regelt aber nicht die Voraussetzungen, unter denen eine Rechtsverletzung eines Antragstellers angenommen werden kann. **Da ein zwingend auszuschließender Bieter durch andere Vergabemängel grundsätzlich nicht in seinen Interessen berührt sein kann**, kann es für die Entscheidung der Nachprüfungsstellen nicht davon abhängen, ob die **Vergabestelle den zwingenden Ausschluss bereits vorgenommen hat oder nicht.** Abgesehen von der darin begründeten Beliebigkeit des Ergebnisses eines Nachprüfungsantrages widerspräche es dem Beschleunigungsgrundsatz, den Aufwand eines Nachprüfungsverfahrens mit einer Prüfung möglicher Vergaberechtsverstöße in Kenntnis dessen zu betreiben, dass der Antragsteller mit seinem Angebot jederzeit von der Vergabestelle aus dem weiteren Wettbewerb ausgeschlossen werden könnte (VK Düsseldorf, B. v. 24. 8. 2007 – Az.: VK – 24/2007 – L; B. v. 26. 6. 2007 – Az.: VK – 18/2007 – B; B. v. 19. 4. 2007 – Az.: VK – 10/2007 – B).

3887   Bei **offensichtlichen, schwerwiegenden Vergaberechtsverstößen** ist die Vergabekammer **nicht gehindert**, diese im Rahmen ihrer Entscheidung **zu berücksichtigen**, auch wenn die **Verstöße von einem Antragsteller nicht gerügt** wurden (OLG Frankfurt, B. v. 5. 5. 2008 – Az.: 11 Verg 1/08; OLG München, B. v. 9. 9. 2010 – Az.: Verg 10/10; B. v. 10. 12. 2009 – Az.: Verg 18/09; B. v. 10. 12. 2009 – Az.: Verg 16/09; B. v. 9. 9. 2009 – Az.: Verg 12/09; VK Baden-Württemberg, B. v. 4. 4. 2002 – Az.: 1 VK 8/02; VK Lüneburg, B. v. 12. 1. 2007 – Az.: VgK-33/2006; B. v. 10. 10. 2006 – Az.: VgK-23/2006; B. v. 7. 7. 2005 – Az.: VgK-27/2005; B. v. 12. 10. 2004 – Az.: 203-VgK-45/2004; 1. VK Sachsen, B. v. 14. 4. 2008 – Az.: 1/SVK/013-08; VK Südbayern, B. v. 17. 6. 2009 – Az.: Z3-3-3194-1-22–05/09; B. v. 17. 6. 2009 – Az.: Z3-3-3194-1-21–05/09; B. v. 9. 5. 2008 – Az.: Z3-3-3194-1-13–04/08). Eigene Ermittlungen der Vergabekammer hinsichtlich eventueller Ausschlussgründe eines Angebots sind z. B. **nur bei konkreten Anhaltspunkten für die Aufnahme von Ermittlungen in eine bestimmte Richtung notwendig** (VK Baden-Württemberg, B. v. 18. 10. 2005 – Az.: 1 VK 62/05).

21.2.4 Einschränkungen des Untersuchungsgrundsatzes

21.2.4.1 Keine umfassende Rechtmäßigkeitskontrolle

3888   Das Vergabekammerverfahren hat, wie sich insbesondere aus der Vorschrift des § 107 GWB ergibt, **nicht die Funktion, Vergabeverfahren quasi von Amts wegen oder auf Anre-

Gesetz gegen Wettbewerbsbeschränkungen GWB § 110 **Teil 1**

gung eines beliebigen Dritten umfassend auf seine Rechtmäßigkeit hin zu überprüfen (OLG Celle, B. v. 16. 1. 2002 – Az.: 13 Verg 1/02; OLG Karlsruhe, B. v. 24. 7. 2007 – Az.: 17 Verg 6/07; OLG München, B. v. 9. 8. 2010 – Az.: Verg 13/10; B. v. 10. 12. 2009 – Az.: Verg 18/09; B. v. 10. 12. 2009 – Az.: Verg 16/09; B. v. 5. 11. 2009 – Az.: Verg 15/09; B. v. 29. 9. 2009 – Az.: Verg 12/09; OLG Rostock, B. v. 16. 1. 2008 – Az.: 17 Verg 3/07; B. v. 5. 7. 2006 – Az.: 17 Verg 7/06; VK Hessen, B. v. 24. 3. 2004 – Az.: 69 d – VK – 09/2004; VK Lüneburg, B. v. 12. 1. 2007 – Az.: VgK-33/2006; B. v. 10. 10. 2006 – Az.: VgK-23/2006; 1. VK Sachsen, B. v. 28. 10. 2008 – Az.: 1/SVK/054-08; B. v. 14. 4. 2008 – Az.: 1/SVK/013-08; VK Südbayern, B. v. 19. 2. 2008 – Az.: Z3-3-3194-1-02-01/08; B. v. 16. 7. 2007 – Az.: Z3-3-3194-1-25-05/07; B. v. 10. 7. 2007 – Az.: Z3-3-3194-1-24–05/07; B. v. 7. 11. 2005 – Az. Z3-3-3194-1-40–09/05). Vielmehr dient dieses Verfahren, wie sich aus § 107 Abs. 2, § 97 Abs. 7 GWB ergibt, **vorrangig dem Schutz individueller Bieterinteressen**. Auch die Vorschrift des § 110 Abs. 2 GWB zeigt deutlich, dass die Vergabekammer im Rahmen der Zulässigkeitsprüfung nicht bereits Vergaberechtsverletzungen festzustellen und auf ihre Beseitigung hinzuwirken hat. Ergibt sich nämlich die Unzulässigkeit des Nachprüfungsantrages zweifelsfrei aus dem Vorbringen des Antragstellers selbst, kann die Vergabekammer den Antrag ohne Zustellung an die Vergabestelle, ohne Aktenanforderung und sogar ohne mündliche Verhandlung als unzulässig verwerfen und zwar auch dann, wenn der Antragsteller in seinem unzulässigen Antrag Vergaberechtsverletzungen nachvollziehbar darlegt. Das zeigt, dass der **Gesetzgeber das Verfahren vor der Vergabekammer in erster Linie als ein solches des individuellen Rechtsschutzes des Bieters, nicht aber einer allgemeinen Rechtsaufsicht oder Rechtskontrolle ansieht** und weitergehende, an Anträge der Beteiligten nicht gebundene Einwirkungsmöglichkeiten der Vergabekammer erst in der Phase der Sachprüfung eröffnen wollte (OLG Karlsruhe, B. v. 24. 7. 2007 – Az.: 17 Verg 6/07; OLG München, B. v. 9. 8. 2010 – Az.: Verg 13/10; B. v. 5. 11. 2009 – Az.: Verg 15/09; OLG Rostock, B. v. 16. 1. 2008 – Az.: 17 Verg 3/07; B. v. 5. 7. 2006 – Az.: 17 Verg 7/06; B. v. 8. 3. 2006 – Az.: 17 Verg 16/05; OLG Thüringen, B. v. 30. 5. 2002 – Az.: 6 Verg 3/02; VK Brandenburg, B. v. 16. 12. 2004 – Az.: VK 70/04; 3. VK Bund, B. v. 20. 7. 2004 – Az.: VK 3–80/04; VK Münster, B. v. 21. 11. 2007 – Az.: VK 24/07; B. v. 31. 10. 2007 – Az.: VK 23/07; VK Schleswig-Holstein, B. v. 31. 3. 2005 – Az.: VK-SH 05/05; B. v. 7. 3. 2005 – Az.: VK-SH 03/05; VK Südbayern, B. v. 19. 2. 2008 – Az.: Z3-3-3194-1-02-01/08).

Auch die **Vorschrift des § 114 GWB ermächtigt die Vergabekammer zu keiner allgemeinen Rechtmäßigkeitskontrolle** (OLG Koblenz, B. v. 4. 2. 2009 – Az.: 1 Verg 4/08). Diese Auslegung von § 114 Abs. 1 Satz 2 GWB findet sich im Wortlaut der Norm bestätigt. Die Bestimmung löst die Befugnis der Vergabekammer, auf die Rechtmäßigkeit des Vergabeverfahrens einzuwirken, nämlich nicht von der Feststellung einer Rechtsverletzung des Antragstellers und von der Zweckbindung, die zur Beseitigung einer Rechtsverletzung geeigneten Maßnahmen zu ergreifen (vgl. § 114 Abs. 1 Satz 1 GWB). Sie befreit die Vergabekammer ausdrücklich nur von der Bindung an die Sachanträge, mit der Folge, dass sie zum Beispiel bestimmte Maßnahmen auch anordnen darf, wenn der Antragsteller keinen konkreten Antrag gestellt oder die Anordnung anderer Maßnahmen beantragt hat (OLG Düsseldorf, B. v. 15. 6. 2005 – Az.: VII – Verg 05/05; OLG Karlsruhe, B. v. 24. 7. 2007 – Az.: 17 Verg 6/07; OLG Rostock, B. v. 5. 7. 2006 – Az.: 17 Verg 7/06; VK Münster, B. v. 21. 11. 2007 – Az.: VK 24/07; B. v. 31. 10. 2007 – Az.: VK 23/07; 1. VK Sachsen, B. v. 14. 4. 2008 – Az.: 1/SVK/013-08; VK Südbayern, B. v. 7. 11. 2005 – Az. Z3-3-3194-1-40–09/05). 3889

Im Ergebnis ist also die **Vergabekammer gehindert**, neben den von dem Antragsteller erhobenen Beanstandungen **in eine vertiefte Prüfung des Vergabeverfahrens einzusteigen** (VK Lüneburg, B. v. 10. 10. 2006 – Az.: VgK-23/2006; B. v. 7. 7. 2005 – Az.: VgK-27/2005; B. v. 20. 8. 2002 – Az.: 203-VgK-12/2002; VK Südbayern, B. v. 9. 5. 2008 – Az.: Z3-3-3194-1-13–04/08). 3890

Ähnlich argumentiert das **Schleswig-Holsteinische Oberlandesgericht für den Fall der Aufhebung**. Stützt sich ein öffentlicher Auftraggeber z. B. ausschließlich auf den Aufhebungsgrund gem. § 26 Nr. 1 lit. a VOL/A, ist auf die anderen in § 26 Nr. 1 lit. b – d VOL/A genannten Fälle deshalb nicht einzugehen. Selbst wenn einer dieser Gründe in Betracht zu ziehen wäre, könnte er der gerichtlichen Entscheidung nicht von Amts wegen zugrunde gelegt werden, weil die **Aufhebung nach § 26 Nr. 1 VOL/A im Ermessen** der Vergabestelle liegt. Das **schließt es aus, die Aufhebungsgründe aus § 26 Nr. 1 lit. a–d VOL/A untereinander gleichsam auszutauschen**. Der gerichtlichen Überprüfung unterliegt daher allein z. B. der Fall des § 26 Nr. 1 lit. a VOL/A (Schleswig-Holsteinisches OLG, B. v. 8. 9. 2006 – Az.: 1 Verg 6/06). 3891

Teil 1 GWB § 110 Gesetz gegen Wettbewerbsbeschränkungen

3892 Die **Vergabekammer überschreitet ihre Befugnisse**, wenn sie losgelöst von jeglichem Vorbringen der Verfahrensbeteiligten und trotz der Feststellung, dass der Antragsteller den Zuschlag aus Rechtsgründen nicht erhalten kann, in Bezug auf die Abwicklung des Vergabeverfahrens Anordnungen trifft. **Subjektive Bieterrechte können nur betroffen sein, wenn ein Bieter ernsthaft Chancen auf den Zuschlag hat oder das Verfahren ganz oder teilweise wiederholt werden muss** und ihm dadurch die Möglichkeit eröffnet wird, den Zuschlag zu erlangen. **Steht fest, dass eine Zuschlagserteilung auf das Angebot des Antragstellers aus Rechtsgründen ausscheidet, hat der Bieter kein rechtliches Interesse mehr an dem weiteren Fortgang des Vergabeverfahrens** (OLG München, B. v. 9. 8. 2010 – Az.: Verg 13/10; B. v. 10. 12. 2009 – Az.: Verg 16/09).

21.2.4.2 Zulässiger Nachprüfungsantrag und Berücksichtigung nicht gerügter Beanstandungen

3893 21.2.4.2.1 Nationale Rechtsprechung. § 110 GWB ist insoweit immer **in Verbindung mit § 114 Abs. 1 Satz 2 GWB** zu interpretieren. Vgl. daher die Kommentierung zu → § 114 GWB Rdn. 2.

3894 Die Vergabekammer **darf von der durch § 114 Abs. 1 Satz 2 GWB geschaffenen Ermächtigung außerdem nur unter der Einschränkung Gebrauch machen**, dass der **Nachprüfungsantrag zulässig** sein muss (OLG Celle, B. v. 11. 2. 2010 – Az.: 13 Verg 16/09; OLG Düsseldorf, B. v. 23. 6. 2010 – Az.: VII-Verg 18/10; OLG Karlsruhe, B. v. 24. 7. 2007 – Az.: 17 Verg 6/07; OLG München, B. v. 2. 8. 2007 – Az.: Verg 07/07; VK Lüneburg, B. v. 10. 10. 2006 – Az.: VgK-23/2006; VK Münster, B. v. 21. 11. 2007 – Az.: VK 24/07; B. v. 31. 10. 2007 – Az.: VK 23/07; 1. VK Sachsen, B. v. 14. 4. 2008 – Az.: 1/SVK/013-08). Insbesondere muss in der Person des Antragstellers die den Zugang zum Nachprüfungsverfahren eröffnende Antragsbefugnis im Sinne von § 107 Abs. 2 GWB vorliegen. Der Untersuchungsgrundsatz hat nämlich **nicht die Aufgabe, unzulässige Nachprüfungsanträge zulässig und schlüssig zu machen** (OLG München, B. v. 2. 8. 2007 – Az.: Verg 07/07). Auch darf der Antragsteller die von ihm zu beachtende Rügeobliegenheit nach § 107 Abs. 3 GWB nicht verletzt haben.

3895 Diejenigen **Vergabefehler**, die – z. B. mangels Antragsbefugnis oder wegen der unterbliebenen rechtzeitigen Rüge – **nicht zulässigerweise zum Gegenstand eines Nachprüfungsverfahrens gemacht werden können**, sind also einer Sachentscheidung durch die Vergabekammer entzogen. Sie können dementsprechend auch nicht Anlass für Anordnungen der Vergabekammer nach § 114 Abs. 1 Satz 2 GWB sein. In gleicher Weise fehlt auch dem Beschwerdegericht die Kompetenz, einen nicht zulässigerweise geltend gemachten Vergabefehler zum Anlass für eine Anordnung in der Sache zu nehmen (OLG Celle, B. v. 11. 2. 2010 – Az.: 13 Verg 16/09; OLG Dresden, B. v. 6. 4. 2004 – Az.: WVerg 1/04; B. v. 8. 11. 2002 – Az.: WVerg 0019/02; OLG Düsseldorf, B. v. 23. 6. 2010 – Az.: VII-Verg 18/10; B. v. 15. 6. 2005 – Az.: VII – Verg 05/05; B. v. 26. 7. 2002 – Az.: Verg 22/02; B. v. 9. 4. 2003 – Az.: Verg 66/02; OLG Rostock, B. v. 5. 7. 2006 – Az.: 17 Verg 7/06; Saarländisches OLG, B. v. 29. 10. 2003 – Az.: 1 Verg 2/03; OLG Thüringen, B. v. 17. 3. 2003 – Az.: 6 Verg 2/03, B. v. 28. 4. 2003 – Az.: 6 Verg 2/03; B. v. 30. 5. 2002 – Az.: 6 Verg 3/02; VK Brandenburg, B. v. 16. 12. 2004 – Az.: VK 70/04; B. v. 7. 7. 2004 – Az.: VK 35/03; B. v. 28. 1. 2003 – Az.: VK 71/02; 2. VK Bund, B. v. 24. 6. 2003 – Az.: VK 2–46/03; B. v. 10. 7. 2002 – Az.: VK 2–34/02; VK Hamburg, B. v. 6. 10. 2003 – Az.: VKBB-3/03; VK Münster, B. v. 21. 11. 2007 – Az.: VK 24/07; B. v. 31. 10. 2007 – Az.: VK 23/07; B. v. 2. 7. 2004 – Az.: VK 13/04; VK Nordbayern, B. v. 8. 9. 2004 – Az.: 320.VK – 3194 – 31/04; VK Rheinland-Pfalz, B. v. 9. 10. 2002 – Az.: VK 24/02; VK Südbayern, B. v. 16. 7. 2003 – Az.: 25-06/03).

3896 Auch nach Auffassung des Oberlandesgerichtes Koblenz (B. v. 15. 5. 2003 – Az.: 1 Verg. 3/03) ist es für das deutsche Vergaberecht zwar **im Grundsatz unstreitig** (und folgt im Übrigen schon aus dem Wortlaut des § 114 Abs. 1 Satz 2 GWB), **dass die Vergabekammer nicht auf die Prüfung der geltend gemachten Vergaberechtsverstöße beschränkt ist**: Sie ist an Anträge nicht gebunden und kann auch unabhängig davon auf die Rechtmäßigkeit des Vergabeverfahrens einwirken. Eine andere Frage ist aber, ob dann, wenn der Antragsteller mit einer Rüge die Zulässigkeitshürde genommen hat, von Amts wegen auch Beanstandungen berücksichtigt werden dürfen, die an § 107 Abs. 3 GWB gescheitert sind oder – falls sie nicht vorgetragen wurden – gescheitert wären. Das Gesetz verlangt – im Einklang mit den Vergaberichtlinien der EU –, dass der Bieter vor Einleitung des Nachprüfungsverfahrens der Vergabestelle die Chance zur Fehlerkorrektur gibt. Versäumt er dies und liegen die Voraussetzungen des § 107 Abs. 3 GWB vor, so muss er sich daran festhalten lassen. Die fehlende oder verspätete Rüge

Gesetz gegen Wettbewerbsbeschränkungen GWB § 110 **Teil 1**

eines Verstoßes gegen bieterschützende Vorschriften führt dazu, dass die **präkludierte Beanstandung auch von Amts wegen nicht wieder aufgegriffen werden darf**.

Die **Amtsermittlungspflicht wird also begrenzt durch die Rügeobliegenheit**. Letztere würde ausgehöhlt und im Ergebnis ihrer Funktion beraubt, wenn man die Vergabenachprüfungsinstanzen völlig unabhängig von einer rechtzeitigen Rüge seitens des Antragstellers darauf verpflichten wollte, Vergabefehler stets von Amts wegen aufzugreifen. Eine rechtzeitige Rüge ist vielmehr erforderlich, um einen Sachverhalt von Amts wegen zugunsten des Antragstellers aufgreifen zu können, den dieser nicht explizit zum Gegenstand des Nachprüfungsverfahrens erhebt (3. VK Bund, B. v. 27. 4. 2010 – Az.: VK 3–33/10). 3897

Demgegenüber berücksichtigt die VK Lüneburg den **Wechsel von der Vergabeart „Nichtoffenes Verfahren"** zum „Verhandlungsverfahren" von Amts wegen, obwohl eine entsprechende Rüge präkludiert war (VK Lüneburg, B. v. 7. 7. 2005 – Az.: VgK-27/2005). Eine **andere Auffassung** vertritt die VK Lüneburg für den Fall einer unterlassenen EU-weiten Ausschreibung (VK Lüneburg, B. v. 10. 10. 2006 – Az.: VgK-23/2006). 3898

Nach einer älteren Rechtsprechung kann die Vergabekammer allein auf der Grundlage der Existenz eines Beschwerdeantrages **unabhängig von dessen Zulässigkeit und Begründetheit überprüfen**, ob sie **Maßnahmen zur Wiederherstellung oder Sicherung der Rechtmäßigkeit des Vergabeverfahrens für erforderlich** hält. Dies ergibt sich ausdrücklich aus dem Wortlaut des § 114 Abs. 1 Satz 2 GWB, aber auch aus der Entstehungsgeschichte dieser Vorschrift. Der ursprüngliche Regierungsentwurf zum Vergaberechtsänderungsgesetz sah sogar eine unbeschränkte Prüfungsaufgabe und -kompetenz für die Vergabekammer vor. Im Gesetzgebungsverfahren wurde die vorgenannte Norm von einer zwingenden Vorschrift in eine Kann-Bestimmung umgewandelt. Der Gesetzgeber wollte aber an einer über die erhobenen Verfahrensrügen hinausgehenden Rechtskontrolle durch die VK festhalten (VK Halle, B. v. 16. 8. 2001 – Az.: VK – Hal 14/01; OLG Naumburg, B. v. 12. 6. 2001 – Az.: 1 Verg 3/01). 3899

21.2.4.2.2 Korrektiv zum eingeschränkten Akteneinsichtsrecht. Das **Nachprüfungsverfahren zeichnet sich dadurch aus**, dass dem es betreibenden Beteiligten aufgrund der Regelung in § 111 Abs. 2 GWB **nur in teilweise sehr eingeschränktem Umfang Akteneinsicht** gewährt wird. Dementsprechend sind dem **Antragsteller Erkenntnismöglichkeiten im Hinblick auf sonstige, Mitbieter betreffende Mängel des Vergabeverfahrens weitestgehend verschlossen**. Gemäß § 110 GWB erforscht die Vergabekammer den Sachverhalt von Amts wegen. Sie entscheidet gemäß § 114 Abs. 1 Satz 1 GWB, ob der Antragsteller in seinen Rechten verletzt ist und trifft die geeigneten Maßnahmen, um eine Rechtsverletzung zu beseitigen und eine Schädigung der betroffenen Interessen zu verhindern. Gemäß § 114 Abs. 1 Satz 2 GWB ist die **Vergabekammer an die Anträge nicht gebunden und kann auch unabhängig davon auf die Rechtmäßigkeit des Vergabeverfahrens einwirken**. Diese Pflichten wirken damit auch als Korrektiv zu der der Antragstellerin nur eingeschränkt gewährten Akteneinsicht. Diese **darf davon ausgehen, dass die Vergabekammer ihren gesetzlichen Pflichten nachkommt und jedenfalls dann, wenn sie Mängel des Vergabeverfahrens feststellt, auch darauf hinwirkt, dass dadurch entstandene Rechtsverletzungen beseitigt werden. Dies schließt ein, dem Antragsteller rechtzeitig in geeigneter Weise davon Kenntnis zu geben, damit er seine Anträge ggf. darauf ausrichten kann**. Nur auf diese Weise wird der in jedem Stadium des Vergabeverfahrens zu beachtende Gleichheitsgrundsatz gewahrt. Würde man kostenmäßig zu einem anderen Ergebnis gelangen, hieße dies, dass zur Vermeidung von Kostennachteilen dann jeder Antragsteller – mangels näherer Erkenntnisse gewissermaßen ins Blaue hinein – vorsorglich mit seinem Hauptantrag auch den Hilfsantrag zu verbinden hätte, den von der Vergabestelle beabsichtigten Zuschlag zu untersagen, da auch sämtliche anderen Bieter auszuschließen seien. Hinsichtlich der Substanziierung eines solchen Antrags vor dem Hintergrund der zur Akteneinsicht im GWB getroffenen Regelung wäre Streit vorprogrammiert. **Dies kann indessen nicht der Zweck eines geordneten Nachprüfungsverfahrens sein**. Hat deshalb eine Vergabekammer entsprechende Antragshinweise unterlassen, muss dies Auswirkungen auf die Kostenverteilung haben (OLG München, B. v. 23. 11. 2006 – Az.: Verg 16/06). 3900

21.2.4.2.3 Rechtsprechung des EuGH zur Berücksichtigung nicht gerügter Beanstandungen. Nach der Rechtsprechung des **Europäischen Gerichtshofes** (Urteil v. 19. 6. 2003 – Rechtssache C-315/01) verstößt es nicht gegen europäisches Recht, wenn im Rahmen eines von einem Bieter zwecks späterer Erlangung von Schadensersatz eingereichten Antrags auf Feststellung der Rechtswidrigkeit der Entscheidung über die Vergabe eines öffentlichen Auftrags die für das Nachprüfungsverfahren zuständige Instanz **von Amts wegen die rechtswidrigen** 3901

Teil 1 GWB § 110   Gesetz gegen Wettbewerbsbeschränkungen

Aspekte einer anderen Auftraggeberentscheidung als der vom Bieter angefochtenen aufgreift. In Ermangelung einer spezifischen Vorschrift im europäischen Recht ist es jedoch auch Sache jedes Mitgliedstaats, in seiner internen Rechtsordnung zu bestimmen, ob und unter welchen Voraussetzungen eine für die genannten Nachprüfungsverfahren zuständige Instanz von Amts wegen Rechtsverstöße aufgreifen kann, die von den Parteien des bei ihr anhängigen Verfahrens nicht geltend gemacht worden sind. Insoweit ist also z.B. die **Rügevorschrift des § 107 GWB zulässig und zu beachten**.

21.2.5 Weitere Beispiele aus der Rechtsprechung

3902
- da der Antrag und das Vorbringen des Antragstellers den Rahmen der Sachverhaltserforschung und der Rechtmäßigkeitskontrolle abstecken und der **Verstoß gegen die produktneutrale Ausschreibung keinen so schwerwiegenden Verstoß darstellt, dass ein Eingreifen von Amts wegen geboten** ist, darf der Senat diesen Vergaberechtsverstoß nicht heranziehen (OLG München, B. v. 10. 12. 2009 – Az.: Verg 18/09; B. v. 9. 9. 2010 – Az.: Verg 10/10)

- die **Verpflichtung der Vergabekammer zur amtswegigen Ermittlung und Rechtsprüfung richtet sich maßgeblich danach, ob der Vortrag der Beteiligten oder der sonstige Tatsachenstoff hinreichend Anlass zur Prüfung** gibt. Der Untersuchungsgrundsatz wird insoweit ergänzt und eingeschränkt durch die Mitwirkungspflichten der Beteiligten, insbesondere des Antragstellers. Soweit ein Antragsteller lediglich Mutmaßungen anstellt, ist für amtswegige Ermittlungen kein Anlass (VK Berlin, B. v. 15. 7. 2009 – Az.: VK – B 1-16/09)

- die **Vergabekammer ist nicht daran gehindert, eine fehlende Gewichtung von Zuschlagskriterien auch ohne ausdrückliche Rüge von sich aus aufzugreifen** und den Auftraggeber zu verpflichten, eine Gewichtung der Zuschlagskriterien vorzunehmen und das Vergabeverfahren entsprechend fortzusetzen (VK Münster, B. v. 21. 11. 2007 – Az.: VK 24/07; B. v. 31. 10. 2007 – Az.: VK 23/07)

- die Vergabekammer ist jedoch nicht an die gestellten Anträge gebunden, § 114 Abs. 1 GWB, vielmehr **kann sie im Rahmen ihrer Entscheidungsmöglichkeit im Einzelfall auch zu einem Einwirken von Amts wegen und über den gestellten Antrag hinaus berechtigt sein**. Ihr steht die Befugnis zu, andere als die vom Antragsteller in der Antragsschrift genannten Vergaberechtsverstöße zu ermitteln und zu prüfen, sofern **dadurch eine Rechtsverletzung eines antragsbefugten Antragstellers eingetreten** ist und die **Rügeobliegenheit beachtet** wurde (VK Düsseldorf, B. v. 29. 3. 2007 – Az.: VK – 08/2007 – B)

- nimmt der **Auftraggeber einen Ausschluss wegen mangelnder Leistungsfähigkeit, Fachkunde und Zuverlässigkeit** im Hinblick auf die durchgeführten Abfragen bei verschiedenen Auftraggebern aus und **stellt die Vergabekammer auf fehlende Vorlagen von Referenzen ab**, ist dies eine **andere Begründung und Ersetzung eines „Ausschlussgrundes" durch die Vergabekammer**, woran die Vergabekammer aber **grundsätzlich im Hinblick auf § 114 GWB gehindert** ist, weil die Vergabekammer entsprechend dieser Vorschrift Maßnahmen zu treffen hat, die geeignet sind, eine Rechtsverletzung zu beseitigen. Ihr Einwirken dient dem Individualschutz, nicht jedoch dazu, eine Ausschlussentscheidung zu Lasten eines Antragstellers auf neue Gründe zu stützen (OLG Frankfurt, B. v. 24. 10. 2006 – Az.: 11 Verg 008/06, 11 Verg 009/06)

- schwerwiegende, offensichtliche Verstöße gegen das europäische und das deutsche Vergaberecht wie eben **das Absehen von einer objektiv gebotenen europaweiten Ausschreibung kann und ggf. muss die Vergabekammer** gem. §§ 110 Abs. 1, 114 Abs. 1 GWB aufgrund des Untersuchungsgrundsatzes im Rahmen eines Nachprüfungsverfahrens schon **von Amts wegen berücksichtigen** (VK Lüneburg, B. v. 10. 10. 2006 – Az.: VgK-23/2006)

- es ist **wettbewerbsbeschränkend und unlauter, wenn ein Antragsteller ihm zugespielte Teile des Angebots anderer Bieter in das Nachprüfungsverfahren einführt**. Damit nutzt er im Wettbewerb bewusst fremdes – möglicherweise sogar strafrechtlich relevantes – Fehlverhalten aus. Aus diesem Grund dürfen **auch objektive Vergabefehler, die auf diesem Wege bekannt werden, nicht berücksichtigt werden** (OLG Brandenburg, B. v. 6. 10. 2005 – Az.: Verg W 7/05; im Ergebnis ebenso 1. VK Sachsen, B. v. 19. 5. 2009 – Az.: 1/SVK/008-09)

- das **Fehlen von Mindestanforderungen für Nebenangebote**, das von keiner Partei vor der Einleitung des Nachprüfungsverfahrens gerügt worden ist und das bei einer Rüge noch

Gesetz gegen Wettbewerbsbeschränkungen GWB § 110 **Teil 1**

im laufenden Vergabenachprüfungsverfahren präkludiert wäre, **kann von der VK nicht von Amts geprüft werden** (VK Münster, B. v. 17. 6. 2005 – Az.: VK 12/05)

– die **Wahl der Vergabeart** ist als Vergaberechtsverstoß auch ohne eine Beanstandung durch die Antragstellerin zu beachten (VK Düsseldorf, B. v. 30. 9. 2002 – Az.: VK – 26/2002 – L)

– wird die **Wahl des Verfahrens** nicht gerügt, ist die Verfahrensart nicht Prüfungsgegenstand (1. VK Sachsen, B. v. 4. 7. 2002 – Az.: 1/SVK/072-02)

– die VK ist verpflichtet, das Vorliegen der **Tatbestandsvoraussetzungen des § 98 GWB** von Amts wegen zu prüfen (VK Nordbayern, B. v. 24. 7. 2001 – Az.: 320.VK-3194-21/01)

– ein **Verstoß gegen den Gleichbehandlungsgrundsatz** ist von Amts wegen zu berücksichtigen (2. VK Bund, B. v. 4. 9. 2002 – Az.: VK 2–58/02)

– wegen der zentralen Bedeutung der Leistungsbeschreibung für ein transparentes Vergabeverfahren hat die VK die mit den festgestellten **Mängeln der Leistungsbeschreibung** verbundene Vergaberechtsverletzung gem. § 110 Abs. 1 GWB von Amts wegen zu berücksichtigen (VK Lüneburg, B. v. 12. 4. 2002 – Az.: 203-VgK-05/2002)

– wegen der zentralen **Bedeutung der Dokumentationspflichten** gemäß § 30 VOB/A hat die VK die Vergaberechtsverletzungen gem. § 110 Abs. 1 GWB von Amts wegen zu berücksichtigen (VK Lüneburg, B. v. 18. 11. 2002 – Az.: 203-VgK-25/2002)

– wegen der zentralen **Bedeutung des Gleichbehandlungsgrundsatzes** gemäß § 97 Abs. 2 GWB, § 2 Nr. 2 VOL/A und der Dokumentationspflichten gem. § 30 VOB/A hat die VK die Vergaberechtsverletzungen gem. § 110 Abs. 3 GWB von Amts wegen zu berücksichtigen (VK Lüneburg, B. v. 25. 8. 2003 – Az.: 203-VgK-18/2003)

– Prüfung nach dem Amtsermittlungsgrundsatz, ob eine **rechtsmissbräuchliche Aufhebung** einer Ausschreibung i. S. d. §§ 134 oder 138 BGB vorliegt (VK Hannover, B. v. Oktober 2001 – Az.: 26 045 – VgK – 8/2001)

– eine **fehlerhafte Wertung** ist von Amts wegen zu berücksichtigen (VK Brandenburg, B. v. 18. 11. 2002 – Az.: VK 60/02)

– es ist **nicht Aufgabe** der VK die **Referenzen** dahin gehend zu prüfen, ob die gemachten Aussagen über die Antragstellerin zu treffend sind (VK Südbayern, B. v. 12. 3. 2002 – Az.: 03-02/02)

– Anspruch des Bieters auf Beachtung der seinen Schutz bezweckenden Vergabevorschriften steht **zu seiner Disposition**. Er kann den Umfang der Nachprüfung jedenfalls insoweit bestimmen, als es sich um die Überprüfung selbständiger Teile des Vergabeverfahrens handelt (VK Südbayern, B. v. 8. 2. 2002 – Az.: 41-11/01)

21.2.6 Schwellenwert

Die **Überschreitung des maßgeblichen Schwellenwerts** ist eine Anwendungsvoraussetzung des vergaberechtlichen Nachprüfungs- und Beschwerdeverfahrens und daher **jederzeit von Amts wegen zu prüfen**. Vgl. dazu die Kommentierung zu → § 100 GWB Rdn. 3. 3903

21.3 Prüfung der offensichtlichen Unzulässigkeit oder Unbegründetheit des Nachprüfungsantrags (§ 110 Abs. 2 Satz 1)

Mit dem **Vergaberechtsmodernisierungsgesetz 2009** wurde ausdrücklich festgelegt, dass die Vergabekammer prüfen muss, ob der Nachprüfungsantrag offensichtlich unzulässig oder unbegründet ist. 3904

21.3.1 Offensichtliche Unzulässigkeit (§ 110 Abs. 2 Satz 1)

Weder der Gesetzeswortlaut noch die Begründung des Gesetzes geben einen Aufschluss über das Tatbestandsmerkmal der Offensichtlichkeit, insbesondere das der offensichtlichen Unzulässigkeit. 3905

Ein Nachprüfungsantrag ist offensichtlich unzulässig im Sinne des § 110 Abs. 2 Satz 1 GWB, wenn sich das **Nichtvorliegen der maßgeblichen Tatbestandsvoraussetzungen** für einen unvoreingenommenen, mit den Umständen vertrauten Beobachter **aus den zugrunde liegenden Unterlagen ohne weiteres ergibt** (OLG Stuttgart, B. v. 4. 11. 2002 – Az.: 2 Verg 4/ 3906

Teil 1 GWB § 110 Gesetz gegen Wettbewerbsbeschränkungen

02; VK Berlin, B. v. 27. 3. 2007 – Az.: VK – B 1–6/07; VK Brandenburg, B. v. 13. 12. 2006 – Az.: 1 VK 53/06; B. v. 7. 4. 2006 – Az.: 1 VK 13/06; B. v. 19. 8. 2004 – Az.: VK 54/04; 2. VK Bund, B. v. 1. 9. 2006 – Az.: VK 2–113/06). Der Sinn des § 110 Abs. 2 Satz 1 GWB liegt darin, den Ablauf des Vergabeverfahrens durch eine Zustellung des Antrags nicht in solchen Fällen zu verzögern, in denen der Antragsteller mit seinem Anliegen ohnehin nicht zum Erfolg kommt. Dieses Ziel korrespondiert mit der Pflicht der Vergabekammer, bei ihrer gesamten Tätigkeit darauf zu achten, dass der Ablauf des Vergabeverfahrens nicht unangemessen beeinträchtigt wird (VK Brandenburg, B. v. 13. 12. 2006 – Az.: 1 VK 53/06; B. v. 7. 4. 2006 – Az.: 1 VK 13/06; B. v. 19. 8. 2004 – Az.: VK 54/04). Von daher ist ein Nachprüfungsantrag offensichtlich unzulässig, wenn die **Verfristung der Rüge klar auf der Hand liegt** (2. VK Bund, B. v. 10. 4. 2003 – Az.: VK 2–24/03). Die Voraussetzungen des § 110 Abs. 2 Satz 1 GWB liegen auch vor, **wenn es an einer Rüge der im Vergabenachprüfungsverfahren beanstandeten Vergaberechtsverstöße fehlt** (VK Brandenburg, B. v. 13. 12. 2006 – Az.: 1 VK 53/06).

3907   Die in der Kommentarliteratur angegebenen Beispielsfälle der offensichtlichen Unzulässigkeit schließen den Fall nicht ein, dass die **Zulässigkeit eines Antrages von einer reinen Rechtsfrage abhängt**, deren Beantwortung im Nachprüfungsverfahren ausschließlich der Kammer obliegt. Obwohl die Rechtsfrage der Zulässigkeit eines Nachprüfungsantrags vor den Vergabekammern nach Aufhebung eines Vergabeverfahrens umstritten ist, hält sich die Kammer für berechtigt, den Antrag als offensichtlich unzulässig zurückzuweisen, wenn sie zu dem Ergebnis kommt, dass auf der Basis eines im Rahmen des Amtsermittlungsgrundsatzes als ausreichend belegt angesehen Sachverhaltes die reine Rechtsfrage der Zulässigkeit eines Antrags verneint wird. Die Anforderung der Vergabeakten, deren Durchsicht und die Beteiligung des Antragsgegners ist für die Beantwortung der sich hier stellenden Rechtsfrage ebenso wenig erforderlich wie die Durchführung einer mündlichen Verhandlung, die gemäß § 112 Abs. 1 Satz 3 GWB bei Unzulässigkeit eines Nachprüfungsantrags sowieso entbehrlich ist (VK Saarland, B. v. 7. 6. 2002 – Az.: 1 VK 02/2002).

3908   Ist daher die **Rechtsfrage, ob** der sich aus der mit dem Nachprüfungsantrag eingereichten Leistungsbeschreibung ergebende **Vertragsgegenstand dem Vergaberecht unterliegt, zu verneinen**, muss auch eine Zustellung des Nachprüfungsantrags unterbleiben, um zu verhindern, dass ein Bieter, dessen Rechtsbehelf keinerlei Aussicht auf Erfolg hat, ein investitionshemmendes – den Zuschlag verzögerndes – Verfahren einleiten kann (VK Hamburg, B. v. 2. 4. 2003 – Az.: VgK FB 2/03).

21.3.2 Offensichtliche Unbegründetheit (§ 110 Abs. 2 Satz 1)

3909   Der Nachprüfungsantrag ist nicht zuzustellen, wenn er auf einem **eindeutigen, nachvollziehbaren und daher unstreitigen Sachverhalt** beruht und jegliche Anhaltspunkte durch den Antragsteller fehlen, die geeignet wären, die Ausführungen des Auftraggebers (z. B. zum Ausschluss des Angebots des Antragstellers) zu widerlegen (1. VK Sachsen, B. v. 4. 7. 2002 – Az.: 1/SVK/072-02).

21.3.3 Offensichtliche Unzulässigkeit bzw. Unbegründetheit und evtl. Verlust des Primärrechtsschutzes

3910   Erstinstanzlich ist den Vergabekammern die Gewährung effektiven Rechtsschutzes der Bieter anvertraut. Bei dieser Aufgabe unterliegen sie dem Amtsermittlungsgrundsatz (§ 110 Abs. 1 Satz 1 GWB) und es trifft sie dabei eine insoweit eine **gesteigerte Verantwortung**, als ihre Entscheidung, einen Nachprüfungsantrag als offensichtlich unzulässig oder unbegründet nicht zuzustellen, den **Primärrechtsschutz der Bieter regelmäßig abschließend vereiteln kann**, weil der Auftraggeber dann nicht gehindert wird, den Zuschlag anderweitig zu erteilen (KG Berlin, B. v. 4. 4. 2002 – Az.: KartVerg 5/02).

21.3.4 Weitere Beispiele aus der Rechtsprechung

3911   – ein Nachprüfungsantrag ist **nicht erst dann offensichtlich erfolglos, wenn nicht der geringste (theoretische) Zweifel an seiner Zulässigkeit oder Begründetheit bestehen kann.** Für die Offensichtlichkeit kommt es vielmehr darauf an, dass die **Unzulässigkeit oder Unbegründetheit ohne weitere gründliche Prüfung des Antrags auffällt.** Das war vorliegend aufgrund des ordnungsgemäßen Ausschlusses des Angebotes der Antragstellerin sowie

Gesetz gegen Wettbewerbsbeschränkungen GWB § 110 **Teil 1**

infolge des Zuwartens der Antragstellerin bei der Erhebung der Rüge der Fall (VK Berlin, B. v. 27. 3. 2007 – Az.: VK – B 1–6/07(

– bei **Zweifeln über eine eventuell missbräuchlich niedrige Schätzung des Auftragswertes** durch die Vergabestelle ist, um den Rechtsschutz des Antragstellers nicht abzuschneiden, das Erreichen der Schwellenwerte (für die Frage der Zustellung des Nachprüfungsantrags durch die Kammer) zu unterstellen (2. VK Bund, B. v. 10. 7. 2002 – Az.: VK 2–24/02)

– bei **eindeutiger Unterschreitung des Schwellenwerts** ist der Antrag offensichtlich unzulässig (VK Baden-Württemberg, B. v. 7. 8. 2002 – Az.: 1 VK 42/02)

– bei **eindeutiger Überschreitung der Rügefrist** ist der Antrag offensichtlich unzulässig (1. VK Bund, B. v. 13. 8. 2001 – Az.: VK 1–25/01)

– bei **fehlender Rüge gegenüber dem Auftraggeber** ist der Antrag offensichtlich unzulässig (1. VK Bund, B. v. 25. 11. 2003 – Az.: VK 1–115/03; 1. VK Bund, B. v. 17. 10. 2001 – Az.: VK 1–37/01)

– ein **nicht auf Überprüfung eines laufenden Beschaffungsvorgangs gerichteter Nachprüfungsantrag** ist offensichtlich unzulässig (1. VK Bund, B. v. 13. 7. 2001 – Az.: VK 1–19/01)

– ein Antrag ist gemäß § 110 Abs. 2 S. 1 GWB offensichtlich unzulässig, wenn zum Einen **an dem tatsächlichen Sachvortrag keine Zweifel** bestehen und zum Anderen die vorliegende Fallkonstellation **höchstrichterlich und damit rechtsverbindlich** für die Bewertung durch die VK zu Lasten des Antragstellers entschieden wurde (1. VK Sachsen, B. v. 15. 7. 2003 – Az.: 1/SVK/092-03, B. v. 30. 9. 2002 – Az.: 1/SVK/087-02)

– ein Antrag ist offensichtlich unzulässig, wenn ein **wirksamer Zuschlag erteilt** ist (VK Magdeburg, B. v. 3. 7. 2001 – Az.: 33–32571/07 VK 10/01 MD)

– ein Antrag ist offensichtlich unzulässig, wenn **eine Entscheidung zu Gunsten des Antragstellers bereits ergangen** ist (VK Lüneburg, B. v. 16. 6. 2003 – Az.: 203-VgK-12/2003)

– ein Antrag ist offensichtlich unzulässig, wenn die **Zuständigkeitsverteilung zwischen VK und Vergabesenat nicht beachtet** wird (VK Lüneburg, B. v. 16. 6. 2003 – Az.: 203-VgK-12/2003)

21.4 Berücksichtigung einer Schutzschrift des Auftraggebers (§ 110 Abs. 2 Satz 2)

21.4.1 Vergaberechtsmodernisierungsgesetz 2009

In § 110 Absatz 2 Satz 2 zeigt der Gesetzgeber die **Möglichkeit des Antragsgegners (des Auftraggebers) auf, die Vergabekammer vorsorglich vor Anhängigkeit des Verfahrens über die tatsächlichen und rechtlichen Aspekte für eine Widerlegung des Antrags in Kenntnis zu setzen**. Diesen Schriftsatz berücksichtigt die Vergabekammer bei der Entscheidung über die Zustellung des Antrags. Das **Instrument der Schutzschrift wurde von der Praxis entwickelt und hat sich im Bereich des allgemeinen Wirtschaftsrechts bewährt**. Dort hat derjenige, der wegen des Vorwurfs eines Wettbewerbsverstoßes den Erlass einer einstweiligen Verfügung erwartet, die Möglichkeit, bei Gericht mittels Schutzschrift zu beantragen, dem Antrag nicht zu entsprechen oder nicht ohne mündliche Verhandlung zu entscheiden. Auch in der Praxis des Vergaberechts kommt es bereits in Einzelfällen zur Hinterlegung von Schutzschriften durch den öffentlichen Auftraggeber. Mit der **vorsorglichen Hinterlegung einer Schutzschrift zielt der öffentliche Auftraggeber darauf, die Zustellung des Nachprüfungsantrags und damit den Eintritt des automatischen Suspensiveffektes gemäß § 115 Abs. 1 GWB zu verhindern**. So kann der öffentliche Auftraggeber seine Argumente für die offensichtliche Unzulässigkeit oder Unbegründetheit des Antrags vorsorglich bei der Vergabekammer hinterlegen.

3912

21.4.2 Bisherige praktische Bedeutung

Schutzschriften spielten bisher in der Vergaberechtsprechung **keine Rolle**.

3913

Teil 1 GWB § 110

21.5 Nichtzustellung und Rechtsschutz

3914 Ist ein Nachprüfungsantrag offensichtlich unzulässig bzw. unbegründet, stellt die Vergabekammer den Nachprüfungsantrag nicht zu (OLG Karlsruhe, B. v. 8. 1. 2010 – Az.: 15 Verg 1/10).

3915 Eine die erste Instanz im Sinne des § 114 GWB **abschließende Entscheidung ist auch die Zurückweisung des Nachprüfungsantrags als offensichtlich unzulässig oder offensichtlich unbegründet** gemäß § 110 Abs. 2 Satz 1 GWB; auch diese Entscheidungsart **unterliegt** daher **der sofortigen Beschwerde** gemäß § 116 Abs. 1 GWB (OLG Düsseldorf, B. v. 18. 1. 2000 – Az.: Verg 2/00).

21.6 Zustellung

3916 Ist ein Nachprüfungsantrag nicht offensichtlich unzulässig bzw. unbegründet, stellt die Vergabekammer den Nachprüfungsantrag zu.

21.6.1 Zustellung des Nachprüfungsantrages nach dem Verwaltungszustellungsgesetz

3917 Die in § 110 Abs. 2 Satz 3 GWB bestimmte Zustellung des Nachprüfungsantrags hat **nach den Bestimmungen des Verwaltungszustellungsgesetzes** (VwZG) – des Bundes bzw. des jeweiligen Landes – zu erfolgen (VK Baden-Württemberg, B. v. 5. 8. 2003 – Az.: 1 VK 31/03; VK Südbayern, B. v. 13. 3. 2003 – Az.: 05-02/03). Danach ist die Zustellung die förmliche und beurkundete Übergabe eines Schriftstücks zum Zweck der Bekanntgabe eines Verwaltungsakts oder einer anderen behördlichen oder gerichtlichen Entscheidung, z. B. durch Einlegung in den Briefkasten (OLG Düsseldorf, B. v. 18. 7. 2007 – Az.: VII – Verg 18/07). Sie ist eine **hoheitliche Rechtshandlung**, nicht eine bloße tatsächliche Handlung und setzt daher den Zustellungswillen der veranlassenden Behörde voraus. Wird nur ein Entwurf vorab übermittelt, liegt darin keine Zustellung (BayObLG, B. v. 10. 10. 2000 – Az.: Verg 5/00).

3918 Gemäß § 5 Abs. 2 VwZG kann die Zustellung an bestimmte Institutionen dadurch geschehen, dass ein Schriftstück auf andere Weise übermittelt wird, ohne dass es der „gegenständlichen" Übergabe bedarf. **Entscheidend ist das Vorliegen eines Empfangsbekenntnisses.** Dieses dient dem Nachweis des Zeitpunktes, an dem der Empfänger von dem Zugang des zuzustellenden Schriftstücks Kenntnis erlangt hat und bereit war, das Schriftstück entgegenzunehmen und zu behalten. Ist dieser Nachweis über die Übermittlung des Inhalts eines Schriftstücks erbracht, so sind in Bezug auf die wegen der Rechtswirkung des § 115 Abs. 1 GWB geforderte Rechtssicherheit alle Voraussetzungen geschaffen. Damit ist die Zustellung wirksam erfolgt (2. VK Bund, B. v. 23. 11. 2000 – Az.: VK 2–36/00).

21.6.2 Zustellung des Nachprüfungsantrages an den Auftraggeber per Fax

21.6.2.1 Grundsatz

3919 Einer zulässigen Antragstellung steht auch nicht entgegen, wenn die Vergabekammer dem Auftraggeber den Nachprüfungsantrag **fristwahrend per Fax** zustellt. Zwar trifft es zu, dass die Zustellung per Fax nicht entsprechend den Vorgaben des Verwaltungszustellungsgesetzes (VwZG) erfolgt. Dem ist jedoch entgegen zu halten, dass der Auftraggeber im Begleitschreiben zur Zustellung des Antrags ausdrücklich zur Empfangsbestätigung aufgefordert wurde und dies auch (am gleichen Tag) tat. Unter dieser Voraussetzung darf er sich **treuwidrigerweise nicht im Nachgang darauf berufen, dass die gesetzlichen Vorschriften nicht eingehalten sind.** Die Vorschriften des VwZG dienen der Dokumentation behördlicher Zustellungshandlungen. Wenn auf andere Weise dokumentiert wird, dass ein Zugang erfolgte, genügt dies dem gesetzlichen Zweck (1. VK Sachsen, B. v. 26. 7. 2001 – Az.: 1/SVK/73-01).

3920 **Anderer Auffassung** ist – für den insoweit vergleichbaren Fall der Zustellung der Entscheidung der Vergabekammer – das **Thüringer OLG, wenn die Vergabekammer den Nachprüfungsantrag sowohl per Telefax als auch nach den Vorgaben des Verwaltungszustellungsgesetzes zustellt.** Stellt eine Behörde sowohl per Telefax als auch anschließend auf dem Postwege zu, so ist ihr **Verhalten nicht eindeutig und klar.** Der Empfänger kann dann regelmäßig nicht erkennen, welche Versendungsart auch vom Zustellungswillen der Behörde

Gesetz gegen Wettbewerbsbeschränkungen GWB § 110 **Teil 1**

getragen ist. Diese **Unklarheit geht zu Lasten der Behörde**. Insbesondere dann, wenn der Empfänger noch nicht einmal zum Adressatenkreis des § 5 Abs. 4 VwZG gehört, ist bei nachträglicher Zustellung auf dem Postweg trotz der Formulierung des auch schon per Telefax zugestellten Begleitschreibens davon auszugehen, dass die **Übersendung per Telefax nur der Vorabinformation diente** (Thüringer OLG, B. v. 29. 8. 2008 – Az.: 9 Verg 5/08).

Die **gleiche Auffassung vertreten im Ergebnis der BGH und das OLG Celle**. Zwar kann eine **Zustellung** gemäß § 114 Abs. 3 GWB i. V. m. § 61 Abs. 1 Satz 1 GWB, § 1 Abs. 1 NVwZG i. V. m. § 5 Abs. 4 VwZG **auch per Telefax** erfolgen. Es muss dann allerdings **eindeutig sein, dass die Übermittlung per Telefax zum Zwecke der Zustellung erfolgt** (BGH, B. v. 10. 11. 2009 – Az.: X ZB 8/09). Ist es bei einer Vergabekammer üblich, dass **nach Übersendung der Entscheidung an die Verfahrensbeteiligten eine förmliche Zustellung folgt**, kommt der für den Fristbeginn erforderliche **Zustellungswille erst mit der förmlichen Zustellung** zum Ausdruck (OLG Celle, B. v. 17. 7. 2009 – Az.: 13 Verg 3/09). 3921

Stellt eine Behörde sowohl per Telefax als auch anschließend auf dem Postwege zu, so ist ihr Verhalten nicht eindeutig und klar. Der Empfänger kann dann regelmäßig nicht erkennen, welche Versendungsart auch vom Zustellungswillen der Behörde getragen ist. Diese **Unklarheit geht zu Lasten der Behörde**. Insbesondere dann, wenn der Empfänger noch nicht einmal zum Adressatenkreis des § 5 Abs. 4 VwZG gehört, ist bei nachträglicher Zustellung auf dem Postweg trotz der Formulierung des auch schon per Telefax zugestellten Begleitschreibens davon auszugehen, dass die **Übersendung per Telefax nur der Vorabinformation diente** (Thüringer OLG, B. v. 29. 8. 2008 – Az.: 9 Verg 5/08). 3922

Ist der **Beschlussabschrift, die per Telefax übersandt** wurde, zwar ein Anschreiben, **nicht aber das nach § 5 Abs. 4 VwZG erforderliche Empfangsbekenntnis beigefügt** (§ 5 Abs. 4 VwZG: „... kann auch auf andere Weise ... gegen Empfangsbekenntnis zugestellt werden.") und **betrifft die Bitte um sofortige Bestätigung nur den Eingang des Telefax und nicht die Rücksendung eines Empfangsbekenntnisses**, kann es sich bei der gewünschten „sofortigen" **Bestätigung daher nur um den Erhalt des Schreibens als solchen** gehen. Enthält nicht zuletzt das Telefax den ausdrücklichen Zusatz „Wegen der Eilbedürftigkeit erfolgt der Versand vorab per Telefax", wobei das Wort „vorab" fett gedruckt und unterstrichen ist, macht das **nach dem objektiven Empfängerhorizont nur dann Sinn, wenn der Übermittlung per Fax noch etwas nachfolgen** sollte. Dies wiederum kann **ersichtlich nur die formelle Zustellung** sein. Bestätigt wird diese Sicht dadurch, dass die Vorgehensweise der üblichen Handhabung bei der Vergabekammer entspricht und sämtlichen Beteiligten aus dem vorangegangenen Nachprüfungsverfahren bekannt war (BGH, B. v. 10. 11. 2009 – Az.: X ZB 8/09). 3923

Die Übersendung der Entscheidung per Telefax gilt außerdem nur dann als wirksame Zustellung der Entscheidung, wenn **zugleich das vorgesehene Empfangsbekenntnis dem Telefax beigefügt ist** (Hanseatisches OLG in Bremen, B. v. 18. 8. 2003 – Az.: Verg 7/2003). 3924

21.6.2.2 Vereinfachte Zustellung an Behörden, Körperschaften, Anstalten und Stiftungen des öffentlichen Rechts, Rechtsanwälte u. a.

Nach dem Bayerischen Verwaltungszustellungs- und Vollstreckungsgesetz (VwZVG) kann gemäß Art. 2 VwZVG die Zustellung nach den in Art. 3 bis 6 VwZVG genannten Arten der Zustellung bewirkt werden. Die Vergabekammer hat die **Form der vereinfachten Zustellung durch Telekopie** nach Art. 5 Abs. 2 VwZVG gewählt. Diese **Art der Zustellung ist jedoch nur gegenüber dem in dieser Vorschrift genannten Empfängerkreis** zulässig. Dies sind Behörden, Körperschaften, Anstalten und Stiftungen des öffentlichen Rechts, Rechtsanwälte sowie die übrigen dort genannten Personen (BayObLG, B. v. 1. 7. 2003 – Az.: Verg 3/03). 3925

Weist die Vergabekammer in einem Begleitschreiben an einen Rechtsanwalt zur Übersendung z. B. der Vergabekammerentscheidung mittels Telefax **ausdrücklich darauf hin, dass das Original des Beschlusses auf dem Postwege gegen Empfangsbekenntnis zugestellt wird**, liegt danach kein elektronischer, sondern ein schriftlicher Verwaltungsakt vor. Da entsprechend der in dem Schreiben geäußerten Absicht eine spätere Zustellung des angefochtenen Beschlusses gegen Empfangsbekenntnis erfolgt, dient die **Übermittlung per Telefax lediglich der faktischen Vorabinformation. Sie soll und kann die förmliche Zustellung nicht ersetzen**, da § 5 Abs. 2 VwZG die Möglichkeit einer formlosen Zustellung an einen Rechtsanwalt ohne Unterzeichnung eines Empfangsbekenntnisses nicht vorsieht (OLG Düsseldorf, B. v. 12. 1. 2006 – Az.: VII – Verg 86/05; Thüringer OLG, B. v. 29. 8. 2008 – Az.: 9 Verg 5/08). 3926

21.6.2.3 Vereinfachte Zustellung an andere Institutionen

3927 § 174 Abs. 2 ZPO sieht zwar auch die Zustellung durch Telekopie vor; dies gilt jedoch nur im Hinblick auf den in § 174 Abs. 1 ZPO genannten Personenkreis, zu dem ein **Beschwerdeführer, der im Verfahren vor der Vergabekammer nicht anwaltlich vertreten ist, nicht gehört.** Eine wirksame Zustellung nach § 174 Abs. 2 ZPO setzt zudem voraus, dass der **Adressat empfangsbereit** ist (OLG Saarland, B. v. 7. 5. 2008 – Az.: 1 Verg 5/07).

3928 Hat die Vergabekammer die Zustellung des Nachprüfungsantrages vor Erteilung des Zuschlags nach § 1 des Verwaltungszustellungsgesetzes des Landes Sachsen-Anhalt in Verbindung mit § 5 Abs. 2 Verwaltungszustellungsgesetz des Bundes (VwZG) bewirkt, kann danach eine vereinfachte Zustellung an Behörden, Körperschaften des öffentlichen Rechts sowie andere dort genannte Einrichtungen erfolgen. Die **Vorschrift findet jedoch über den unmittelbaren Wortlaut hinaus auch auf die Vergabestelle als juristische Person des privaten Rechts Anwendung.** Hierfür spricht, dass der Landkreis als Gebietskörperschaft alleiniger Gesellschafter der Vergabestelle ist. Die **Vorschriften des VwZG** sind weiterhin im Zusammenhang mit den Regelungen des Nachprüfungsverfahrens vor der Vergabekammer **auszulegen.** Hierbei ist von Bedeutung, dass in diesen Verfahren die Zustellung insbesondere bei unmittelbar bevorstehender Zuschlagserteilung besonders eilbedürftig ist. Wäre in diesen Fällen eine **vereinfachte Zustellung nicht möglich, könnte oftmals effektiver Rechtsschutz nicht gewährleistet werden,** da die Suspensivwirkung nach § 115 Abs. 1 GWB nicht eintreten könnte. Dies würde dem Sinn und Zweck dieser Regelungen nicht entsprechen. Es ist kein Grund ersichtlich, die in § 5 Abs. 2 VwZG genannten Einrichtungen (Behörden, Körperschaften und Anstalten des öffentlichen Rechts) im Nachprüfungsverfahren anders zu stellen als die übrigen öffentlichen Auftraggeber. Nach dieser Vorschrift kann die Zustellung an diese Einrichtungen übermittelt werden, ohne dass es einer gegenständlichen Übergabe bedarf (VK Magdeburg, B. v. 27. 10. 2003 – Az.: 33–32571/07 VK 16/03 MD; offen gelassen durch OLG Naumburg, B. v. 17. 2. 2004 – 1 Verg 15/03).

21.6.2.4 Vereinfachte, aber unvollständige Zustellung

3929 Bei einer vereinfachten Zustellung per Fax ist es **unschädlich, wenn der Auftraggeber den Nachprüfungsantrag** z. B. durch einen technischen Fehler **zunächst nicht ganz vollständig erhält** (wenn etwa Seiten nicht lesbar sind). Zweck der Zustellung ist, dass die Vergabestelle Gewissheit darüber haben soll, ob die nach § 115 Abs. 1 GWB bestimmte Suspensivwirkung eingetreten ist oder nicht. Ist dies aus den ohne Fehler übermittelten Unterlagen dadurch eindeutig erkennbar, dass ausdrücklich ausgeführt ist, dass es sich um eine Zustellung handelt und dass es der Vergabestelle verboten ist, nach Zustellung den Zuschlag zu erteilen, handelt die Vergabestelle **treuwidrig, wenn sie in Kenntnis des Nachprüfungsantrages den Zuschlag erteilt** (VK Magdeburg, B. v. 27. 10. 2003 – Az.: 33–32571/07 VK 16/03 MD).

21.6.2.5 Zustellung gegen Empfangsbekenntnis

3930 Entscheidet sich die Behörde für die Zustellung gegen Empfangsbekenntnis gemäß § 5 Abs. 4 VwZG, so ist die **Zustellung erst dann als bewirkt anzusehen,** wenn der **Zustellungsadressat das ihm zugestellte Schriftstück** mit dem Willen entgegengenommen hat, es als **zugestellt gegen sich gelten** zu lassen, und dies auch **durch Unterzeichnung des Empfangsbekenntnisses beurkundet.** Dies **muss nicht unmittelbar am Tag des Eingangs des Schriftstücks beim Zustellungsadressaten** geschehen (OLG Karlsruhe, B. v. 13. 6. 2008 – Az.: 15 Verg 3/08).

21.6.3 Zustellung eines Nachprüfungsantrages durch das Beschwerdegericht

3931 Die Verlängerung der aufschiebenden Wirkung der sofortigen Beschwerde ist nur sinnvoll, wenn sie mit einer Herstellung oder Verlängerung des Zuschlagsverbots einhergeht. Das Gesetz, das den Regelfall normiert, sieht zwar in § 110 Abs. 2 Satz 3 GWB nur vor, dass die Vergabekammer (nach positiv verlaufener Anfangsprüfung) den Nachprüfungsantrag zustellt. Wenn aber die von der Vergabekammer vorgenommene (negativ verlaufene und zur Verwerfung des Nachprüfungsantrags führende) Anfangsprüfung auf erhebliche Bedenken in der Beschwerdeinstanz stößt, **muss auch das Beschwerdegericht die Kompetenz haben, den (in erster Instanz eingereichten) Nachprüfungsantrag nachträglich noch zuzustellen,** weil sonst der in der Sache gebotene einstweilige Rechtsschutz gar nicht gewährt werden könnte. Dass dem Beschwerdegericht diese Kompetenz trotz des vorrangigen Grundsatzes des effektiven

Rechtsschutzes etwa nicht zustehen sollte, kann dem § 110 Abs. 2 Satz 3 GWB nicht entnommen werden. Demzufolge kann auch das Beschwerdegericht die Zustellung des Nachprüfungsantrags veranlassen (KG Berlin, B. v. 10. 12. 2002 – Az.: KartVerg 16/02; OLG Düsseldorf, B. v. 30. 8. 2001 – Az.: Verg 32/01).

Zu den Voraussetzungen einer Zustellung durch den Vergabesenat vgl. die Kommentierung zu § 118 GWB. 3932

21.6.4 Zustellung eines Nachprüfungsantrages an den Auftraggeber auch durch eine unzuständige Vergabekammer

Auch eine unzuständige Vergabekammer ist unter Umständen dazu befugt, den Nachprüfungsantrag zuzustellen. Droht in unmittelbarer Zukunft der Zuschlag zu einem konkurrierenden Angebot und läuft der Antragsteller Gefahr, wegen Zeitablaufs seine Zuschlagschance zu verlieren, ist diese Vergabekammer angesichts der Bestimmung des § 3 Abs. 4 VwVfG NRW, nach der **bei Gefahr im Verzug** bei unaufschiebbaren Maßnahmen die Behörde örtlich zuständig ist, in deren Bezirk der Anlass für die Amtshandlung hervortritt, befugt, den Nachprüfungsantrag zuzustellen, obwohl sie für die Entscheidung in diesem Verfahren nicht zuständig ist. Für eine solche Vorgehensweise spricht auch, wenn die Vergabestelle eine unzuständige Vergabekammer angegeben hat und die Anrufung der falschen Vergabekammer durch die Antragstellerin somit der Vergabestelle zuzurechnen ist (VK Münster, B. v. 9. 8. 2001 – Az.: VK 19/01). 3933

21.6.5 Zustellung an Vertreter des Auftraggebers

Das **Verfahren vor der Vergabekammer stellt ein formalisiertes Rechtsschutzverfahren** dar, das – ähnlich wie das verwaltungsgerichtliche Vorverfahren (§§ 68 ff. VwGO) – dem gerichtlichen Rechtsschutzverfahren vorgeschaltet ist. Die Vergabekammern stellen nach dem Nachprüfungssystem des Vergaberechtsänderungsgesetzes die primären Kontrollinstanzen auf der Verwaltungsebene dar. Das Verfahren vor der Vergabekammer ist ein justizförmig ausgestaltetes **Verwaltungsverfahren im Sinne von § 9 VwVfG**, das durch den Erlass eines Verwaltungsaktes seinen Abschluss findet. Dementsprechend finden die **Vorschriften des Verwaltungsverfahrensgesetzes sowie des Verwaltungszustellungsgesetzes ergänzend zu den Verfahrensvorschriften des GWB Anwendung**. 3934

Dem Wortlaut des § 110 Abs. 2 GWB nach soll die Zustellung ausdrücklich an den Auftraggeber erfolgen. Gemäß den Regelungen des Verwaltungszustellungsgesetzes (Bund bzw. der Bundesländer) **können Zustellungen auch an den allgemein oder für bestimmte Angelegenheiten bestellten Vertreter gerichtet** werden. Voraussetzung hierfür ist das Vorliegen einer Verfahrensvollmacht, deren Inhalt sich nach den **Regelungen des Verwaltungszustellungsgesetzes (Bund bzw. der Bundesländer)** richtet. Der Umfang der Vollmacht ist demnach z.B. gemäß Art. 14 Abs. 1 BayVwVfG grundsätzlich unbeschränkt. Die Vollmacht ermächtigt zu allen Verfahrenshandlungen wie Antragstellung oder Verlangen nach Akteneinsicht. Die Bevollmächtigung gilt für aktive Handlungen wie für passive Entgegennahme. Das Vorliegen dieser Vollmacht hat zur Folge, dass der Bevollmächtigte anstelle des Vollmachtgebers im Verwaltungsverfahren auftritt. Seine Verfahrenshandlungen und Erklärungen sind für den Vollmachtgeber in gleicher Weise bindend, als wenn er sie selbst abgegeben hätte. Bevollmächtigter kann dabei nur eine natürliche, nie aber eine juristische Person sein. Bei **Bevollmächtigten ohne Vollmacht können die Regeln des BGB über Vertreter ohne Vertretungsmacht analog angewendet** werden (VK Südbayern, B. v. 13. 3. 2003 – Az.: 05-02/03). 3935

21.6.6 „Sich-Verschließen" vor der Zustellung

Die **Zustellung** wird grundsätzlich nicht schon dadurch bewirkt wird, dass das zuzustellende Schriftstück beim Telefaxgerät des Empfängers eingeht. Sie wird **in der Regel erst wirksam, wenn ein annahmebereiter und dafür zeichnungsberechtigter Beschäftigter der Behörde das Schriftstück in Empfang nimmt. Ein Zustellungsempfänger kann eine Zustellung jedoch nicht dadurch vereiteln, dass er sich der Entgegennahme verschließt**. Hat z.B. eine Vergabestelle, obwohl sie aufgrund einer Anfrage des Vorsitzenden der Vergabekammer wegen der Faxnummer konkret damit rechnen musste, dass ihr der bei der Vergabekammer vorliegende Nachprüfungsantrag zugestellt wird, dies völlig ignoriert, ist der Einwand, dass der Nachprüfungsantrag außerhalb der üblichen Geschäftszeit und im deshalb nicht mehr 3936

Teil 1 GWB § 110   Gesetz gegen Wettbewerbsbeschränkungen

besetzten Sekretariat eingegangen sei, nicht erheblich. Maßgebend ist, wie lange sich ein als zeichnungsberechtigt bezeichneter Beamte im Haus befunden hat und dass er in Kenntnis, dass ein Nachprüfungsantrag eingegangen sein könnte, es unterließ, vor Abschluss des Vertrages, sich davon zu überzeugen, ob der angekündigte Nachprüfungsantrag auf dem angegebenen Faxgerät zwischenzeitlich eingegangen war (VK Baden-Württemberg, B. v. 30. 9. 2003 – Az.: 1 VK 54/03).

21.6.7 Teilweise Zustellung des Nachprüfungsantrags

3937   Sofern ein Nachprüfungsantrag offensichtlich unzulässig ist, unterbleibt eine Zustellung an den Auftraggeber. Aus dem Wortlaut der Bestimmung selbst folgt keineswegs, dass ein Antrag in vollem Umfang zuzustellen ist, wenn nur ein Teil als offensichtlich unzulässig angesehen wird. Die Vorschrift enthält sich hierzu jeder Aussage. Zudem **sprechen Sinn und Zweck für die Zulässigkeit einer nur teilweisen Zustellung eines Nachprüfungsantrags, jedenfalls dann, wenn er aus zwei in sich abgeschlossenen Abschnitten besteht**. Das gesamte Verfahren vor der Vergabekammer wird vom Grundsatz geprägt, dieses beschleunigt durchzuführen. Dem dient es, wenn offensichtlich unzulässige Teile eines Nachprüfungsantrags nicht zum Gegenstand der Auseinandersetzung zwischen den Beteiligten gemacht werden. Der Streitstoff wird sowohl für die Beteiligten als auch die Vergabekammer und gegebenenfalls die Rechtsmittelinstanz gestrafft und auf die schlüssig vorgetragenen Vergabefehler konzentriert. Ziel der Regelung des § 110 Abs. 2 GWB ist es zudem auch, Missbrauchsgefahren vorzubeugen und einer Verschleppung der Verfahren entgegenzuwirken. **Auch auf Grund der weit reichenden Folgen, die mit einer Zustellung verbunden sind, ist eine teilweise Zustellung als zulässig zu betrachten.** Die Zustellung zieht das Zuschlagsverbot des § 115 Abs. 1 GWB nach sich (VK Baden-Württemberg, B. v. 2. 12. 2004 – Az.: 1 VK 74/04).

21.6.8 Rechtsschutz gegen die Zustellung

3938   Gegen die durch die Vergabekammer gemäß § 110 Abs. 2 Satz 3 GWB getroffene **Entschließung**, den Nachprüfungsantrag dem öffentlichen Auftraggeber (der Vergabestelle) zuzustellen, also den Nachprüfungsantrag nicht ohne vorherige Zustellung als offensichtlich unzulässig oder offensichtlich unbegründet zurückzuweisen, **findet die sofortige Beschwerde gemäß § 116 Abs. 1 GWB nicht statt** (OLG Düsseldorf, B. v. 18. 1. 2000 – Az.: Verg 2/00); zur näheren Begründung vgl. die Kommentierung zu § 116 GWB.

21.7 Verpflichtung der Vergabekammer zur telefonischen Information über den Eingang eines Nachprüfungsantrages?

3939   Es besteht **keine Verpflichtung** für die Vergabekammer, den Auftraggeber über den Eingang eines Nachprüfungsantrags **vorab telefonisch zu informieren** (VK Brandenburg, B. v. 12. 8. 2002 – Az.: 43/02).

21.8 Entscheidung über einen unzulässigen oder unbegründeten Nachprüfungsantrag auch ohne dessen – wirksame – Zustellung an den Auftraggeber

3940   Der Vergabesenat kann ebenso wie die Vergabekammer bei einem unzulässigen oder unbegründeten Nachprüfungsantrag **auch ohne** dessen – wirksame – **Zustellung** an den Auftraggeber **sachlich über ihn entscheiden**, § 110 Abs. 2 Satz 3 GWB analog (OLG Brandenburg, B. v. 19. 12. 2002 – Az.: Verg W 12/02).

21.9 Pflicht der Vergabekammer zur Anforderung der Vergabeakten (§ 110 Abs. 2 Satz 3)

3941   Die **Pflicht der Vergabekammer zur Anforderung der Vergabeakten** (§ 110 Abs. 2 Satz 3 GWB), der eine **Pflicht der Vergabestelle zum Zurverfügungstellen der Vergabeakten** entspricht (§ 110 Abs. 2 Satz 4 GWB), greift nach Sinn und Zweck dieser Vorschriften nicht ein, solange ernstliche Zweifel an der Zulässigkeit des Nachprüfungsverfahrens bestehen, das Verfahren einstweilen nur um diese Frage geht und die Vergabeakten zur Beantwortung

Gesetz gegen Wettbewerbsbeschränkungen GWB § 111 **Teil 1**

dieser Frage ersichtlich nicht gebraucht werden. Da in diesem Verfahrensstadium auch kein generelles Akteneinsichtsrecht nach § 111 GWB besteht, müssen die Vergabeakten auch nicht etwa allein aus dem Grund angefordert werden, um Akteneinsicht gewähren zu können (BayObLG, B. v. 19. 12. 2000 – Az.: Verg 7/00).

21.10 Pflicht des Auftraggebers zur Vorlage der Vergabeakten (§ 110 Abs. 2 Satz 4)

21.10.1 Pflicht des Auftraggebers zur Vorlage der Original-Vergabeakten

Die Vergabekammer entscheidet unter Zugrundelegung der als Original-Vergabeakte vorgelegten Unterlagen (1. VK Brandenburg, B. v. 18. 1. 2001). 3942

21.10.2 Verzögerte Vorlage der Vergabeakten

Da der Auftraggeber gem. § 110 GWB die Unterlagen schnellstmöglich zur Verfügung zu stellen hat, **kann er sich selbst auf entschuldbare Verzögerungen nicht berufen.** Die verzögerte und unvollständige Vorlage der Vergabeakten durch den Auftraggeber stellt **auch keine die Verlängerung der Fünf-Wochen-Frist erlaubenden tatsächlichen oder rechtlichen Schwierigkeiten** dar. Nach dem Grundsatz der Verhältnismäßigkeit kann die Vergabekammer auf ihre Durchsuchungs- und Beschlagnahmebefugnisse gegenüber dem Auftraggeber verzichten, wenn die vorhandenen Unterlagen zur Ermittlung der erheblichen Vergabefehler ausreichen (1. VK Brandenburg, B. v. 18. 1. 2001). 3943

21.10.3 Vorlage der Vergabeakten im Fall des Streites über die Anwendbarkeit des GWB

Die Mitglieder der Vergabekammer genießen gemäß § 105 GWB diejenige Unabhängigkeit, die der Garantie der in Art. 97 Abs. 1 GG genannten richterlichen Unabhängigkeit entspricht. Der Vergabekammer muss es möglich sein, anhand der Vergabeakte selbstständig darüber entscheiden zu können, ob die Zulässigkeitsvoraussetzungen eines Nachprüfungsverfahrens vorliegen oder nicht. Um diese Entscheidung treffen zu können, muss ihr die Vergabeakte vorgelegt werden, **schließlich kann nicht jede Bezugnahme auf Sicherheitsfragen die Anwendung des § 100 Abs. 2 lit. d) GWB begründen, da der Bieterschutz dadurch verkürzt würde. Die pauschale Bezeichnung eines Tatbestandes als Geheimnis entzieht sich nicht jeder vergaberechtlichen Nachprüfung** (VK Brandenburg, B. v. 22. 3. 2004 – Az.: VK 6/04). 3944

21.11 Rückgabe der Vergabeakten

Es ist gängige Praxis und begegnet keinen rechtlichen Bedenken, wenn die von der Vergabestelle der Vergabekammer gemäß § 110 GWB zur Verfügung gestellten Vergabeakten **nach Abschluss des Verfahrens vor der Vergabekammer an die Vergabestelle zurückgegeben werden**; im Falle einer Rechtsmitteleinlegung fordert das Beschwerdegericht die Akten gegebenenfalls erneut an (BayObLG, B. v. 19. 12. 2000 – Az.: Verg 10/00). 3945

22. § 111 GWB – Akteneinsicht

(1) **Die Beteiligten können die Akten bei der Vergabekammer einsehen und sich durch die Geschäftsstelle auf ihre Kosten Ausfertigungen, Auszüge oder Abschriften erteilen lassen.**

(2) **Die Vergabekammer hat die Einsicht in die Unterlagen zu versagen, soweit dies aus wichtigen Gründen, insbesondere des Geheimschutzes oder zur Wahrung von Betriebs- oder Geschäftsgeheimnissen geboten ist.**

(3) **Jeder Beteiligte hat mit Übersendung seiner Akten oder Stellungnahmen auf die in Absatz 2 genannten Geheimnisse hinzuweisen und diese in den Unterlagen**

entsprechend kenntlich zu machen. Erfolgt dies nicht, kann die Vergabekammer von seiner Zustimmung auf Einsicht ausgehen.

(4) Die Versagung der Akteneinsicht kann nur im Zusammenhang mit der sofortigen Beschwerde in der Hauptsache angegriffen werden.

22.1 Vergaberechtsmodernisierungsgesetz 2009

3946 § 111 GWB ist durch das Vergaberechtsmodernisierungsgesetz 2009 **nicht geändert** worden.

22.2 Allgemeines

3946/1 Das Recht auf Akteneinsicht gemäß § 111 GWB ist **Ausfluss verfassungsrechtlich geschützter Rechte**. Es **dient der Gewährleistung des Anspruchs auf rechtliches Gehör** (Art. 103 Abs. 1 GG) bzw. **der Wahrung des Rechtsstaatsprinzips** (Art. 20 Abs. 3 GG), wonach ein Gericht – oder eine gerichtsähnliche Institution wie die Vergabekammer im Nachprüfungsverfahren – seiner Entscheidung nicht Tatsachen oder Beweisergebnisse zugrunde legen darf, zu denen sich die Beteiligten nicht äußern konnten. Auch **sichert das Akteneinsichtsrecht das Grundrecht auf effektiven Rechtsschutz gemäß Art. 19 Abs. 4 GG**. Beschränkt ist der Anspruch auf Akteneinsicht durch das berechtigte Interesse anderer Bieter an der Wahrung ihrer Geschäftsgeheimnisse, weswegen in die Angebote der Konkurrenten grundsätzlich keine Akteneinsicht zu gewähren ist und auch bei der Einsicht in Dokumente der Vergabestelle gegebenenfalls Schwärzungen zur Wahrung der Geschäftsgeheimnisse anderer Beteiligter vorzunehmen sind (OLG München, B. v. 8. 11. 2010 – Az.: Verg 20/10).

22.3 Allgemeine Voraussetzungen der Akteneinsicht (§ 111 Abs. 1)

22.3.1 Abwägung der gegenseitigen Interessen

3947 In welchem Umfang den Beteiligten im Beschwerdeverfahren das Akteneinsichtsrecht zusteht, ist im Einzelnen umstritten. **Abzuwägen sind das Geheimhaltungsinteresse** konkurrierender Bieter sowie der Vergabestelle und das **Rechtsschutzinteresse des um Akteneinsicht nachsuchenden Bieters** unter Berücksichtigung des Transparenzgebots im Vergabeverfahren und des Grundrechts auf rechtliches Gehör im gerichtlichen Verfahren (OLG Brandenburg, B. v. 7. 10. 2010 – Az.: Verg W 12/10; OLG München, B. v. 2. 9. 2010 – Az.: Verg 17/10; OLG Naumburg, B. v. 15. 7. 2008 – Az.: 1 Verg 5/08; OLG Thüringen, B. v. 11. 1. 2007 – Az.: 9 Verg 9/06; B. v. 6. 12. 2007 – Az.: 9 Verg 8/06; B. v. 4. 5. 2005 – Az.: 9 Verg 3/05; B. v. 12. 12. 2001 – Az.: 6 Verg 5/01, B. v. 16. 12. 2002 – Az.: 6 Verg 10/02; VK Berlin, B. v. 4. 5. 2009 – Az.: VK – B 2–5/09; VK Nordbayern, B. v. 3. 5. 2007 – Az.: 21.VK – 3194 – 19/07; VK Schleswig-Holstein, B. v. 23. 10. 2009 – Az.: VK-SH 14/09; VK Südbayern, B. v. 11. 2. 2009 – Az.: Z3-3-3194-1-01-01/09; B. v. 19. 2. 2008 – Az.: Z3-3-3194-1-02-01/08).

22.3.2 Erforderlichkeit zur Durchsetzung der subjektiven Rechte des betroffenen Verfahrensbeteiligten

3948 In der Rechtsprechung und der Literatur ist allgemein anerkannt, dass das **Recht auf Akteneinsicht nach § 111 GWB nur in dem Umfang besteht, in dem es zur Durchsetzung der subjektiven Rechte des betroffenen Verfahrensbeteiligten erforderlich** ist (OLG Brandenburg, B. v. 7. 10. 2010 – Az.: Verg W 12/10; OLG Celle, B. v. 19. 8. 2009 – Az.: 13 Verg 4/09; OLG Düsseldorf, B. v. 28. 12. 2007 – Az.: VII – Verg 40/07; OLG München, B. v. 2. 9. 2010 – Az.: Verg 17/10; OLG Naumburg, B. v. 15. 7. 2008 – Az.: 1 Verg 5/08; OLG Thüringen, B. v. 11. 1. 2007 – Az.: 9 Verg 9/06; B. v. 6. 12. 2007 – Az.: 9 Verg 8/06; B. v. 4. 5. 2005 – Az.: 9 Verg 3/05; VK Brandenburg, B. v. 21. 8. 2009 – Az.: VK 31/09; B. v. 23. 6. 2009 – Az.: VK 26/09; B. v. 9. 6. 2009 – Az.: VK 24/09; B. v. 27. 5. 2009 – Az.: VK 21/09; B. v. 3. 4. 2009 – Az.: VK 8/09; B. v. 25. 2. 2009 – Az.: VK 6/09; B. v. 29. 1. 2009 – Az.: VK 47/08; B. v. 3. 11. 2008 – Az.: VK 33/08; B. v. 17. 6. 2008 – Az.: VK 13/08; B. v. 7. 4. 2008 – Az.: VK 7/08; B. v. 21. 5. 2008 – Az.: VK 9/08; B. v. 28. 3. 2008 – Az.: VK 6/08; B. v. 27. 3. 2008 – Az.: VK 5/08; B. v. 22. 2. 2008 – Az.: VK 3/08; B. v. 1. 8. 2008 – Az.: VK 59/07; B. v. 22. 11. 2007 – Az.: VK 43/07; B. v. 7. 11. 2007 – Az.: VK 42/07; B. v. 12. 9. 2007 – Az.: VK 36/07; B. v. 13. 7. 2007 – Az.: 1 VK 24/07; B. v. 18. 6. 2007 – Az.: 1 VK 20/07; B.

Gesetz gegen Wettbewerbsbeschränkungen **GWB § 111 Teil 1**

v. 11. 6. 2007 – Az.: 1 VK 18/07; B. v. 28. 2. 2007 – Az.: 2 VK 8/07; B. v. 6. 12. 2006 – Az.: 1 VK 51/06; B. v. 15. 11. 2005 – Az.: 2 VK 64/05; B. v. 9. 9. 2005 – Az.: VK 33/05; B. v. 8. 9. 2005 – Az.: 1 VK 51/05; B. v. 25. 2. 2005 – Az.: VK 4/05; B. v. 25. 2. 2005 – Az.: VK 3/05; B. v. 18. 6. 2004 – Az.: VK 22/04; B. v. 15. 6. 2004 – Az.: VK 18/04; B. v. 11. 6. 2004 – Az.: VK 19/04; B. v. 10. 6. 2004 – Az.: VK 21/04; B. v. 27. 5. 2004 – Az.: VK 17/04; B. v. 30. 4. 2004 – Az.: VK 13/04; VK Bremen, B. v. 12. 10. 2006 – Az.. VK 4/06; 1. VK Bund, B. v. 5. 11. 2004 – VK 1–138/04; VK Hamburg, B. v. 25. 7. 2007 – Az.: VK BSU-8/07; 2. VK Mecklenburg-Vorpommern, B. v. 28. 11. 2008 – Az.: 2 VK 7/08; VK Rheinland-Pfalz, B. v. 24. 2. 2005 – Az.: VK 28/04; 1. VK Saarland, B. v. 1. 3. 2005 – Az.: 1 VK 01/2005; 3. VK Saarland, B. v. 19. 1. 2007 – Az.: 3 VK 05/2006; VK Sachsen, B. v. 24. 4. 2008 – Az.: 1/SVK/015-08; VK Schleswig-Holstein, B. v. 5. 7. 2007 – Az.: VK-SH 13/07; B. v. 28. 11. 2006 – Az.: VK-SH 25/06; B. v. 17. 3. 2006 – Az.: VK-SH 02/06; B. v. 8. 7. 2005 – Az.: VK-SH 18/05; B. v. 31. 5. 2005 – Az.: VK-SH 09/05; B. v. 10. 2. 2005 – VK-SH 02/05; B. v. 2. 2. 2005 – Az.: VK-SH 01/05; VK Südbayern, B. v. 11. 2. 2009 – Az.: Z3-3-3194-1-01-01/09; VK Thüringen, B. v. 27. 3. 2008 – Az.: 360–4003.20–641/2008-002-UH). **Maßgeblich ist dabei die Entscheidungsrelevanz der Unterlagen, deren Einsicht begehrt wird** (OLG Brandenburg, B. v. 7. 10. 2010 – Az.: Verg W 12/10; OLG Naumburg, B. v. 11. 6. 2003 – Az.: 1 Verg 06/03).

22.3.3 Zulässiges Vergabenachprüfungsverfahren

Ein Akteneinsichtsrecht nach § 111 GWB setzt grundsätzlich voraus, dass **überhaupt ein** **3949** **Vergabenachprüfungsverfahren eröffnet und damit zulässig** ist (OLG Celle, B. v. 19. 8. 2009 – Az.: 13 Verg 4/09; OLG Naumburg, B. v. 15. 7. 2008 – Az.: 1 Verg 5/08; VK Baden-Württemberg, B. v. 10. 9. 2009 – Az.: 1 VK 49/09; B. v. 16. 1. 2009 – Az.: 1 VK 65/08; B. v. 17. 1. 2008 – Az.: 1 VK 52/07; B. v. 2. 12. 2004 – Az.: 1 VK 74/04; VK Berlin, B. v. 15. 7. 2009 – Az.: VK – B 1–16/09; VK Brandenburg, B. v. 21. 8. 2009 – Az.: VK 31/09; B. v. 9. 6. 2009 – Az.: VK 24/09; B. v. 27. 5. 2009 – Az.: VK 21/09; B. v. 3. 4. 2009 – Az.: VK 8/09; B. v. 11. 3. 2009 – Az. VK 7/09; B. v. 29. 1. 2009 – Az.: VK 47/08; B. v. 3. 11. 2008 – Az.: VK 33/08; B. v. 17. 6. 2008 – Az.: VK 13/08; B. v. 21. 5. 2008 – Az.: VK 9/08; B. v. 28. 3. 2008 – Az.: VK 6/08; B. v. 7. 4. 2008 – Az.: VK 7/08; B. v. 27. 3. 2008 – Az.: VK 5/08; B. v. 22. 2. 2008 – Az.: VK 3/08; B. v. 28. 1. 2008 – Az.: VK 59/07; B. v. 13. 7. 2007 – Az.: 1 VK 24/07; B. v. 18. 6. 2007 – Az.: 1 VK 20/07; B. v. 11. 6. 2007 – Az.: 1 VK 18/07; B. v. 6. 12. 2006 – Az.: 1 VK 51/06; B. v. 8. 9. 2005 – Az.: 1 VK 51/05; B. v. 25. 2. 2005 – Az.: VK 4/05; B. v. 25. 2. 2005 – Az.: VK 3/05; B. v. 24. 2. 2005 – VK 01/05; B. v. 9. 2. 2005 – Az.: VK 86/04; B. v. 4. 2. 2005 – VK 85/04; B. v. 16. 12. 2004 – Az.: VK 70/04; B. v. 18. 11. 2004 – Az.: VK 66/04; B. v. 24. 9. 2004 – VK 49/04; B. v. 24. 9. 2004 – Az.: VK 47/04; B. v. 30. 8. 2004 – Az.: VK 34/04; B. v. 19. 7. 2004 – Az.: VK 41/04; B. v. 18. 6. 2004 – Az.: VK 22/04; B. v. 15. 6. 2004 – Az.: VK 18/04; B. v. 11. 6. 2004 – Az.: VK 19/04; B. v. 10. 6. 2004 – Az.: VK 21/04; B. v. 27. 5. 2004 – Az.: VK 17/04; B. v. 30. 4. 2004 – Az.: VK 13/04; B. v. 19. 3. 2003 – Az.: VK 05/03; 2. VK Brandenburg, B. v. 12. 9. 2007 – Az.: VK 36/07; B. v. 28. 2. 2007 – Az.: 2 VK 8/07; B. v. 19. 1. 2006 – Az.: 2 VK 76/05; 1. VK Bund, B. v. 19. 12. 2008 – Az.: VK 1–174/08; B. v. 5. 11. 2004 – VK 1–138/04; VK Hamburg, B. v. 25. 7. 2007 – Az.: VK BSU-8/07; B. v. 6. 10. 2003 – Az.: VKBB-3/03; 3. VK Saarland, B. v. 19. 1. 2007 – Az.: 3 VK 05/2006; VK Sachsen, B. v. 13. 8. 2009 – Az.: 1/SVK/034-09, 1/SVK/034-09G; B. v. 12. 6. 2009 – Az.: 1/SVK/011-09; 1. VK Sachsen-Anhalt, B. v. 5. 5. 2008 – Az.: 1 VK LVwA 03/08; 2. VK Sachsen-Anhalt, B. v. 15. 1. 2008 – Az.: VK 2 LVwA LSA – 28/07; VK Schleswig-Holstein, B. v. 5. 7. 2007 – Az.: VK-SH 13/07; B. v. 28. 11. 2006 – Az.: VK-SH 25/06; B. v. 17. 3. 2006 – Az.: VK-SH 02/06; B. v. 5. 10. 2005 – Az.: VK-SH 23/05; B. v. 8. 7. 2005 – Az.: VK-SH 18/05; B. v. 31. 5. 2005 – Az.: VK-SH 09/05; B. v. 7. 3. 2005 – Az.: VK-SH 03/05; B. v. 10. 2. 2005 – VK-SH 02/05; B. v. 2. 2. 2005 – Az.: VK-SH 01/05; B. v. 23. 7. 2004 – Az.: VK-SH 21/04; VK Südbayern, B. v. 19. 2. 2008 – Az.: Z3-3-3194-1-02-01/08; B. v. 17. 2. 2006 – Az.: 01-01/06; VK Thüringen, B. v. 27. 3. 2008 – Az.: 360–4003.20–641/2008-002-UH; B. v. 20. 6. 2002 – Az.: 216–402.20–015/02-NDH). Wird ein zunächst zulässiges Nachprüfungsverfahren durch **Wegfall der Antragsbefugnis unzulässig**, so entfällt auch das Recht auf Einsicht in die Vergabeakten (BayObLG, B. v. 19. 12. 2000 – Az.: Verg 10/00, B. v. 12. 12. 2001 – Az.: Verg 19/01).

Ein Akteneinsichtsrecht besteht in solchen Fällen **nur in dem Umfang**, der dazu geeignet **3950** ist, **Fragen der Zulässigkeit des Nachprüfungsantrags** beantworten zu können (OLG München, B. v. 8. 11. 2010 – Az.: Verg 20/10; VK Baden-Württemberg, B. v. 10. 9. 2009 –

Teil 1 GWB § 111   Gesetz gegen Wettbewerbsbeschränkungen

Az.: 1 VK 49/09; B. v. 2. 12. 2004 – Az.: 1 VK 74/04; VK Berlin, B. v. 15. 7. 2009 – Az.: VK – B 1–16/09; VK Brandenburg, B. v. 17. 5. 2002 – Az.: VK 23/02; 3. VK Saarland, B. v. 19. 1. 2007 – Az.: 3 VK 05/2006; VK Schleswig-Holstein, B. v. 7. 3. 2005 – Az.: VK-SH 03/05).

3950/1   Ein Anspruch auf Akteneinsicht kann also auch dann bestehen, wenn ein Nachprüfungsantrag im Ergebnis unzulässig oder unbegründet ist. Es ist ein **Gebot des fairen Verfahrens und des Anspruchs auf rechtliches Gehör, dem Antragsteller angemessen Einsicht in die Unterlagen der Vergabestelle zu gewähren, die zur Beurteilung der Unzulässigkeit oder Unbegründetheit des Nachprüfungsantrags bedeutsam sein können** (z. B. Erläuterungen des Ingenieurbüros zum strittigen Ausschluss des Angebots des Antragstellers). Akteneinsicht ist zu versagen, soweit der Geheimnisschutz anderer Bieter dagegen steht oder der Bieter „ins Blaue" Fehler oder mögliche Verstöße rügt, um mit Hilfe der Akteneinsicht zusätzliche Informationen zur Untermauerung bloßer substanzloser Mutmaßungen zu erhalten (OLG München, B. v. 8. 11. 2010 – Az.: Verg 20/10).

22.3.4 Begrenzung durch den Verfahrensgegenstand des Vergabenachprüfungsverfahrens

3951   Es entspricht allgemeiner Auffassung, dass das Akteneinsichtsrecht nur in dem Umfang besteht, wie es zur Durchsetzung der subjektiven Rechte des betreffenden Verfahrensbeteiligten erforderlich ist. Die Akteneinsicht wird aus diesem Grund von vornherein **durch den Verfahrensgegenstand des Beschwerdeverfahrens begrenzt** (OLG Naumburg, B. v. 15. 7. 2008 – Az.: 1 Verg 5/08; OLG Thüringen, B. v. 11. 1. 2007 – Az.: 9 Verg 9/06; B. v. 6. 12. 2007 – Az.: 9 Verg 8/06; B. v. 12. 12. 2001 – Az.: 6 Verg 5/01; 2. VK Bund, B. v. 23. 1. 2004 – Az.: VK 2–132/03; 2. VK Mecklenburg-Vorpommern, B. v. 28. 11. 2008 – Az.: 2 VK 7/08; VK Sachsen, B. v. 24. 4. 2008 – Az.: 1/SVK/015-08). Den **entscheidungsrelevanten Sachverhalt bestimmt der Antragsteller selbst** durch seine auf die Behauptung einer konkreten Vergaberechtsverletzung bezogenen Rüge, d. h. es kommt auf die „Themen" an, die er in seiner Antragsschrift oder bei später erlangten Kenntnissen im Nachprüfungsverfahren schriftsätzlich benennt. Erst mit deren Kenntnis vermögen die Vergabeprüfungsinstanzen eine Abwägung, wie sie § 111 GWB vorschreibt, überhaupt vorzunehmen. Der **Umfang der einer Akteneinsicht zugänglichen Aktenbestandteile ist damit deckungsgleich mit dem in § 107 Abs. 3 GWB vorausgesetzten Rügegegenstand**; nicht (rechtzeitig) Gerügtes ist nicht entscheidungsrelevant und vermag folglich kein Akteneinsichtsrecht zu begründen (OLG Thüringen, B. v. 11. 1. 2007 – Az.: 9 Verg 9/06; B. v. 6. 12. 2007 – Az.: 9 Verg 8/06; 2. VK Mecklenburg-Vorpommern, B. v. 28. 11. 2008 – Az.: 2 VK 7/08).

22.3.5 Weitere Beispiele aus der Rechtsprechung

3952   – die Akteneinsicht setzt die Einreichung eines zulässigen Nachprüfungsantrags voraus. **§ 111 GWB hat keinesfalls den Zweck, einem Unternehmen, das ins Blaue hinein die Rechtmäßigkeit eines Vergabeverfahrens in Frage stellt, weitere Informationen zu verschaffen,** mit denen sich vielleicht ein zulässiger Antrag formulieren ließe (VK Baden-Württemberg, B. v. 16. 1. 2009 – Az.: 1 VK 65/08)

– die **Korrespondenz zwischen Rechtsanwalt und Mandanten, die gerade Fragen zum vorliegenden Vergabeverfahren betrifft, stellen Geschäftsgeheimnisse des Mandanten dar.** Es muss einem Verfahrensbeteiligten möglich sein, sich anwaltlich beraten zu lassen, ohne den Inhalt der Beratung Dritten gegenüber offenbaren zu müssen. Die **Vertraulichkeit des Mandats-Verhältnisses stellt ein wichtiges Gut dar, das verfassungsrechtlich geschützt** ist (OLG Düsseldorf, B. v. 4. 3. 2009 – Az.: VII-Verg 67/08)

– es besteht kein Anspruch auf Gewährung von Akteneinsicht gemäß § 111 GWB, um überhaupt erst die **Aufdeckung hypothetischer Vergaberechtsmängel zu ermöglichen** (VK Thüringen, B. v. 27. 3. 2008 – Az.: 360–4003.20–641/2008-002-UH)

– der **Inhalt der konkurrierenden Angebote und die Einzelheiten des Wertungsverfahrens**, auf die sich das Akteneinsichtsgesuch des Antragstellers bezieht, sind **nicht entscheidungsrelevant**, wenn das Nachprüfungsverfahren **nicht zulässig** ist (OLG Naumburg, B. v. 15. 7. 2008 – Az.: 1 Verg 5/08)

– macht ein Antragsteller im Nachprüfungsverfahren geltend, die **Kostenermittlung des Auftraggebers sei verfehlt** und als Begründung für die Aufhebung des Vergabeverfahrens aus

Gesetz gegen Wettbewerbsbeschränkungen GWB § 111 **Teil 1**

anderen schwer wiegenden, nämlich aus wirtschaftlichen Gründen im Sinn von § 26 Nr. 1 c VOB/A nicht tragfähig, ist **für die rechtliche Beurteilung der Aufhebungsentscheidung ausschlaggebend**, ob die **Wirtschaftlichkeitsüberlegungen des Auftraggebers auf einer von ihm zutreffend, d. h. vertretbar ermittelten Kostengrundlage beruhen**. Von ihm behauptete Mängel an der Aufhebungsentscheidung kann der Antragsteller aber nur aufzeigen und mit Erfolg geltend machen, wenn er die Kostenermittlung des Auftraggebers kennt und überprüfen kann. Daran hat er ein **unabweisbares Informationsinteresse** (OLG Düsseldorf, B. v. 28. 12. 2007 – Az.: VII – Verg 40/07)

– die **Kalkulationsgrundlagen, die angebotenen Preise und die Gegenstände der angebotenen Leistungen zählen zu den Geschäftsgeheimnissen der Bieter**. Es scheidet auch eine Einsichtnahme der Antragstellerin in die Angebotsauswertungen (Punktauswertungen) der Auftraggeberin aus, da sie als solche nicht unmittelbar aufschlussreich für die von der Antragstellerin besorgten weiteren Fehlbewertungen sind; die zugrunde liegenden Abwägungen und Wertungen der Auftraggeberin sind im Einzelnen nur überprüfbar i. V. m. den Angebotsunterlagen. Da der Antragstellerin eine Einsicht in die Angebote von Mitbietern vorzuenthalten ist, wäre ihrem Bestreben, weitere und für möglich gehaltene Wertungsfehler aufzudecken, eine lediglich isolierte Einsicht in die Punkteauswertungen der Auftraggeberin nicht hilfreich. Die **Gewährung von Akteneinsicht ins Blaue hinein**, um der Antragstellerin die Aufdeckung hypothetischer Vergaberechtsmängel zu ermöglichen, die sie anschließend zum Gegenstand einer gesonderten Rüge machen könnte, **würde den in § 111 GWB vorgesehenen Abwägungsvorbehalt faktisch aushebeln**, weil die bloße abstrakte Möglichkeit einer (weiteren) Vergaberechtsverletzung nie auszuschließen wäre (1. VK Brandenburg, B. v. 11. 6. 2007 – Az.: 1 VK 18/07)

– insbesondere kann sich die ASt nicht darauf berufen, zu einem substantiierteren Vorbringen hinsichtlich der Wertung des Nebenangebots 1 der BGl mangels Akteneinsicht nicht in der Lage zu sein. Das **Recht auf Akteneinsicht ist nicht damit begründbar, Mängel in einem Konkurrenzangebot erst aufdecken zu können. Ein derart weitgefasstes Akteneinsichtsrecht ist mit dem in § 111 GWB vorgesehene Abwägungsvorbehalt unvereinbar**, weil sonst ein Bieter immer Einsicht in ein Konkurrenzangebot erreichen könnte (VK Nordbayern, B. v. 3. 5. 2007 – Az.: 21.VK – 3194 – 19/07)

– eine **Einsicht in die Angebote von Mitbietern** ist einem Antragsteller zur Wahrung von Geschäftsgeheimnissen der Mitbieter **zu versagen. Bilanzen, Angaben über Umsätze sowie Referenzlisten zählen** bei sachgerechter Würdigung der beteiligten Interessen **zu den Geschäftsgeheimnissen der Bieter**, da durch sie die wirtschaftlichen Verhältnisse eines Betriebes maßgeblich bestimmt werden können (1. VK Brandenburg, B. v. 30. 5. 2005 – Az.: VK 27/05)

– ist ein Angebot **wegen fehlender Eignungsnachweise zwingend vom Vergabeverfahren auszuschließen** und kann ein Antragsteller daher nicht in eigenen Rechten verletzt sein, ist dem Antragsteller **lediglich Akteneinsicht bezogen auf die formelle Prüfung der Angebote und die Prüfung der Eignung zu gewähren** (1. VK Bund, B. v. 7. 12. 2005 – Az.: VK 1–146/05)

– geht es in einem Vergabeverfahren **allein um die Frage, ob die Vergabestelle im offenen Verfahren hätte ausschreiben bzw. die Antragstellerin an einem nicht offenen Verfahren hätte beteiligen müssen**, kommt ein Einsichtsrecht in konkurrierende Angebote von vornherein nicht in Betracht (OLG Thüringen, B. v. 12. 12. 2001 – Az.: 6 Verg 5/01; VK Saarland, B. v. 19. 5. 2006 – Az.: 3 VK 03/2006)

– ein Einsichtsrecht besteht nicht für Angebote von Mitbewerbern, die am Beschwerdeverfahren gar nicht beteiligt sind (OLG Thüringen, B. v. 7. 11. 2001 – Az.: 6 Verg 4/01)

– ein Einsichtsrecht besteht nicht für solche Angebote, die nicht mehr Gegenstand des Beschwerdeverfahrens sind (OLG Thüringen, B. v. 7. 11. 2001 – Az.: 6 Verg 4/01)

22.4 Umfassendes Einsichtsrecht

Die den Verfahrensbeteiligten nach § 111 Abs. 1 GWB auf einen zulässigen Nachprüfungsantrag zu erteilende **Akteneinsicht ist umfassend**. Das **Akteneinsichtsrecht erstreckt sich auf alle materiellen Bestandteile der Vergabeakten**, z. B. auch auf die vom Auftraggeber aufgestellte Kostenschätzung nach DIN 276 (OLG Düsseldorf, B. v. 28. 12. 2007 – Az.: VII – Verg 40/07).

3953

22.5 Vergabeakten (§ 111 Abs. 1)

22.5.1 Begriff

3954 Der Begriff der Vergabeakten ist **nicht definiert**. Er umfasst die **Dokumentation aller Vorgänge** im Rahmen eines Ausschreibungs- und Vergabeverfahrens, die notwendig sind, um die Rechtmäßigkeit beurteilen zu können. Damit gehören mindestens alle die Unterlagen, die im Sinne der Rechtsprechung zu einer ordnungsgemäßen Dokumentation (§ 20 VOB/A, § 24 EG VOL/A, § 12 VOF) erforderlich sind, zu den Vergabeakten.

3955 Zu den Vergabeakten zählen also **sämtliche Unterlagen, die im Zusammenhang mit dem Vergabeverfahren entstanden** sind. Neben den Ausschreibungsbedingungen und gegebenenfalls bereits eingegangenen Angeboten gehören dazu insbesondere **Vermerke über Aufklärungsgespräche, der Vergabevermerk sowie etwaige interne Stellungnahmen des Auftraggebers**, die im Zusammenhang mit dem Vergabeverfahren erstellt wurden und die für dessen Ausgestaltung und Durchführung von Bedeutung sein können (2. VK Mecklenburg-Vorpommern, B. v. 28. 11. 2008 – Az.: 2 VK 7/08).

22.5.2 Antrag auf Vervollständigung der Vergabeakten

3956 Stellt ein Antragsteller einen Antrag auf Vervollständigung der Vergabeakten, weil er glaubt, dass die Vergabestelle die Vergabeakten nicht vollständig übergeben hat, ist ein solcher Antrag **als Anregung im Rahmen der Sacherklärungspflicht** anzusehen. Einer förmlichen Bescheidung dieses Antrags im Tenor der Entscheidung bedarf es nicht, weil ein entsprechendes Antragsrecht der Beteiligten am Nachprüfungsverfahren aus dem Gesetz nicht hervor geht (OLG Thüringen, B. v. 8. 6. 2000 – Az.: 6 Verg 2/00).

22.6 Einsichtnahme bzw. Aktenversendung (§ 111 Abs. 1)

3957 Statt der Einsichtnahme am Dienstsitz der Vergabekammer kann die Vergabekammer die zur Einsicht freigegebenen Vergabeakten auch **an den Antragsteller übersenden** (VK Südbayern, B. v. 25. 7. 2002 – Az.: 26-06/02), gegebenenfalls auch auszugsweise **Kopien überlassen** (VK Thüringen, B. v. 20. 8. 2002 – Az.: 216–403.20–045/02-EF-S).

3958 Ein **Anspruch auf Aktenversendung besteht nach § 111 GWB grundsätzlich nicht**. Wegen des in der Regel großen Umfangs der Vergabeakten wird aus organisatorischen Gründen von einer solchen Verfahrensweise abgesehen (VK Brandenburg, B. v. 21. 7. 2004 – Az.: VK 35/04, 38/04).

22.7 Versagung der Akteneinsicht aus wichtigem Grund (§ 111 Abs. 2)

22.7.1 Rechtsprechung des EuGH

3959 Im spezifischen **Rahmen der Information eines abgelehnten Bewerbers oder Bieters über die Gründe der Ablehnung seiner Bewerbung oder seines Angebots sowie im Fall der Bekanntmachung über die Vergabe eines Auftrags** haben die öffentlichen **Auftraggeber** gemäß den Art. 7 Abs. 1 und 9 Abs. 3 der Richtlinie 93/36 (Rechtsmittelrichtlinie) die **Möglichkeit, gewisse Angaben nicht zu veröffentlichen**, wenn die Bekanntmachung dieser Angaben die legitimen geschäftlichen Interessen einzelner öffentlicher oder privater Unternehmen berühren oder den lauteren Wettbewerb zwischen den Lieferanten beeinträchtigen würde. Zwar betreffen diese Bestimmungen das Verhalten des öffentlichen Auftraggebers. Ihre **praktische Wirksamkeit würde aber ernsthaft gefährdet, wenn im Rahmen der Klage gegen eine Entscheidung des öffentlichen Auftraggebers über ein Verfahren zur Vergabe eines öffentlichen Auftrags alle dieses Vergabeverfahren betreffenden Angaben dem Kläger, ja sogar anderen Personen, wie etwa Streithelfern, uneingeschränkt zur Verfügung gestellt** werden müssten. In einem solchen Fall würde **schon durch die Erhebung einer Klage der Zugang zu Informationen eröffnet, die dazu verwendet werden könnten, den Wettbewerb zu verfälschen oder den legitimen geschäftlichen Interessen von Wirtschaftsteilnehmern zu schaden**, die sich an der betreffenden Ausschreibung beteiligt haben. Eine solche Möglichkeit könnte Wirtschaftsteilnehmer sogar dazu verleiten, Klagen allein mit dem Ziel zu erheben, Zugang zu den Geschäftsgeheimnissen ihrer Wettbewerber zu erhalten. Bei einer solchen Klage ist der **öffentliche Auftraggeber der Beklagte**, und der **Wirtschaftsteilnehmer, dessen Interessen verletzt werden könnten, ist weder notwendigerweise Partei des Rechtsstreits noch beigeladen, um seine Interessen zu verteidigen.** Daher ist es umso wichtiger, **Mechanismen vorzusehen, durch die die Interessen dieser Wirtschaftsteilnehmer angemessen geschützt** werden können. Die in der Richtlinie 93/36 in Bezug auf die Wahrung der Vertraulichkeit der Angaben durch den öffentlichen Auftraggeber vorgesehenen Verpflichtungen werden im Rahmen einer Klage durch die Nachprüfungsinstanz übernommen. Aufgrund des Erfordernisses einer wirksamen Nachprüfung nach Art. 1 Abs. 1 der Richtlinie 89/665 in Verbindung mit den Art. 7 Abs. 1, 9 Abs. 3 und 15 Abs. 2 der Richtlinie 93/36 hat die **Nachprüfungsinstanz daher die erforderlichen Maßnahmen zu ergreifen, um die praktische Wirksamkeit dieser Bestimmungen zu gewährleisten und damit die Wahrung eines lauteren Wettbewerbs sowie den Schutz der legitimen Interessen der betroffenen Wirtschaftsteilnehmer sicherzustellen.** Folglich **muss die Nachprüfungsinstanz im Rahmen einer Klage im Bereich des öffentlichen Auftragswesens entscheiden können, dass die in der ein Vergabeverfahren betreffenden Akte enthaltenen Angaben nicht an die Parteien und deren Anwälte weitergegeben werden,** wenn dies **erforderlich** ist, um den vom Gemeinschaftsrecht vorgeschriebenen **Schutz des lauteren Wettbewerbs und der legitimen Interessen der Wirtschaftsteilnehmer sicherzustellen** (EuGH, Urteil v. 14. 2. 2008 – Az.: C-450/06; VK Sachsen, B. v. 24. 4. 2008 – Az.: 1/SVK/015-08).

Diese Auslegung ist **auch mit dem Begriff des fairen Verfahrens im Sinne von Art. 6 der am 4. November 1950 in Rom unterzeichneten Europäischen Konvention zum Schutze der Menschenrechte und Grundfreiheiten (EMRK) vereinbar** (EuGH, Urteil v. 14. 2. 2008 – Az.: C-450/06). 3960

Der Grundsatz des kontradiktorischen Verfahrens verleiht den Parteien im Rahmen einer Klage gegen eine Entscheidung des öffentlichen Auftraggebers betreffend ein Verfahren zur Vergabe eines öffentlichen Auftrags **keinen Anspruch auf unbegrenzten und uneingeschränkten Zugang zu allen bei der Nachprüfungsinstanz eingereichten und dieses Vergabeverfahren betreffenden Informationen.** Vielmehr ist dieses Zugangsrecht **gegen das Recht anderer Wirtschaftsteilnehmer auf Schutz ihrer vertraulichen Angaben und ihrer Geschäftsgeheimnisse abzuwägen.** Der Grundsatz des Schutzes von vertraulichen Informationen und Geschäftsgeheimnissen muss **so ausgestaltet sein, dass er mit den Erfordernissen eines effektiven Rechtsschutzes und der Wahrung der Verteidigungsrechte der am Rechtsstreit Beteiligten im Einklang steht** und dass – im Fall einer Klage oder eines Rechtsbehelfs bei einer Stelle, die Gericht im Sinne von Art. 234 EG (jetzt Art. 267 AEUV) ist – sichergestellt ist, dass **in dem Rechtsstreit insgesamt das Recht auf ein faires Verfahren beachtet** wird. Hierzu muss die **Nachprüfungsinstanz über sämtliche Informationen verfügen können, die erforderlich sind, um in voller Kenntnis der Umstände entscheiden zu können**, also auch über vertrauliche Informationen und Geschäftsgeheimnisse. Angesichts des außerordentlich schweren Schadens, der entstehen kann, wenn bestimmte Informationen zu Unrecht an einen Wettbewerber weitergeleitet werden, **muss die Nachprüfungsinstanz dem betroffenen Wirtschaftsteilnehmer die Möglichkeit geben, sich auf die Vertraulichkeit oder das Geschäftsgeheimnis zu berufen**, bevor sie diese Informationen an einen am Rechtsstreit Beteiligten weitergibt (EuGH, Urteil v. 14. 2. 2008 – Az.: C-450/06). 3961

22.7.2 Wichtige Gründe

Nach § 111 Abs. 2 GWB hat die Vergabekammer die Einsicht in die Unterlagen – soweit sie der Akteneinsicht überhaupt zugänglich sind – zu versagen, soweit dies **aus wichtigen Gründen geboten** ist. **Wichtige Gründe** können insbesondere solche des **Geheimschutzes** sein, außerdem die **Wahrung von Fabrikations-, Betriebs- oder Geschäftsgeheimnissen**. Die **Aufzählung ist nicht abschließend** („insbesondere"). So ist die Akteneinsicht auch zu versagen, wenn sie **dazu dient, sich – ohne konkrete Anhaltspunkte zu haben – erst die Kenntnisse zu verschaffen, die Gegenstand einer Rüge sein können**. Damit würde der Rechtsschutz in unzulässiger, vom Gesetzgeber nicht vorgesehener Weise ausgeweitet (2. VK Mecklenburg-Vorpommern, B. v. 28. 11. 2008 – Az.: 2 VK 7/08). 3962

22.7.3 Wahrung von Fabrikations-, Betriebs- oder Geschäftsgeheimnissen

Als **Betriebs- und Geschäftsgeheimnis** sind **Tatsachen** zu verstehen, die **nach dem erkennbaren Willen des Trägers geheim gehalten** werden sollen, die ferner **nur einem be-** 3963 grenzten Personenkreis bekannt und damit nicht offenkundig sind und hinsichtlich derer der **Geheimnisträger deshalb ein sachlich berechtigtes Geheimhaltungsinteresse** hat, weil eine Aufdeckung der Tatsachen geeignet wäre, ihm wirtschaftlichen Schaden zuzufügen. **Geschäftsgeheimnisse beziehen sich auf den kaufmännischen Bereich, Betriebsgeheimnisse betreffen betrieblich-technische Vorgänge und Erkenntnisse** (OLG Düsseldorf, B. v. 28. 12. 2007 – Az.: VII – Verg 40/07; 2. VK Mecklenburg-Vorpommern, B. v. 28. 11. 2008 – Az.: 2 VK 7/08; VK Schleswig-Holstein, B. v. 23. 10. 2009 – Az.: VK-SH 14/09; B. v. 14. 5. 2008 – Az.: VK-SH 06/08).

3964   Zu den Geschäftsgeheimnissen zählen bei sachgerechter Würdigung der beteiligten Interessen die **Kalkulationsgrundlagen**, die **angebotenen Preise** und in Relation hierzu auch die **Gegenstände der angebotenen Leistungen** (2. VK Bund, B. v. 4. 9. 2002 – Az.: VK 2–58/02; 2. VK Mecklenburg-Vorpommern, B. v. 28. 11. 2008 – Az.: 2 VK 7/08; VK Schleswig-Holstein, B. v. 23. 10. 2009 – Az.: VK-SH 14/09; B. v. 14. 5. 2008 – Az.: VK-SH 06/08).

22.7.4 Inhaber solcher Geheimnisse

3965   Nicht nur Unternehmen, sondern **auch Vergabestellen** können Inhaber solcher Geheimnisse (z.B. strategische Überlegungen der Vergabestelle in technischer und kaufmännischer Sicht) sein (OLG Düsseldorf, B. v. 28. 12. 2007 – Az.: VII – Verg 40/07; VK Düsseldorf, B. v. 6. 3. 2001 – Az.: VK – 4/2001 – L; 2. VK Mecklenburg-Vorpommern, B. v. 28. 11. 2008 – Az.: 2 VK 7/08).

22.7.5 Darlegungslast und -umfang

3966   Es ist **Sache der Nachprüfungsstelle zu beurteilen, ob ein schützenswertes Betriebs- und Geschäftsgeheimnis vorliegt oder nicht**, welches der begehrten Akteneinsicht unter Abwägung der Belange der Verfahrensbeteiligten entgegensteht. Zu diesem Zweck sind ihr die betreffenden Unterlagen zur Verfügung zu stellen. Macht ein Verfahrensbeteiligter daher geltend, eine Unterlage enthalte derartige Geheimnisse, hat er dies **gegenüber der Nachprüfungsstelle, die diese Unterlagen zur Prüfung zur Kenntnis nehmen muss, auch zu begründen**. Die für die übrigen Verfahrensbeteiligten bestimmten **Abschriften der Schriftsätze können, wie dies auch sonst üblich ist, insoweit geschwärzt werden**. Bei nur sehr allgemein gehaltenen Begründungen kann die Nachprüfungsstelle oft nicht beurteilen, ob schützenswerte Belange einer Akteneinsicht entgegenstehen. Die **Darlegungslast obliegt also demjenigen, der ein schützenswertes Betriebs- und Geschäftsgeheimnis geltend macht** (OLG Düsseldorf, B. v. 5. 3. 2008 – Az.: VII-Verg 12/08).

3967   Die Geheimhaltungsbedürftigkeit ist nicht nur zu behaupten, sondern nachvollziehbar darzulegen (OLG Thüringen, B. v. 16. 12. 2002 – Az.: 6 Verg 10/02; 2. VK Mecklenburg-Vorpommern, B. v. 28. 11. 2008 – Az.: 2 VK 7/08).

22.7.6 Abwägungsvorgang, Prüfungsmaßstäbe und Prüfungsumfang – Grundsätze

3968   Der **Wortlaut der Norm**, wonach eine Akteneinsicht zu versagen ist, soweit dies aus wichtigen Gründen „geboten" ist, **deutet an**, dass **im Konfliktfall zwischen den Belangen der Akteneinsicht, der davon abhängenden Wirksamkeit des Rechtsschutzes sowie dem Anspruch auf rechtliches Gehör (Art. 103 Abs. 1 GG) einerseits und des Geheimnisschutzes andererseits abzuwägen** ist. Keinem der widerstreitenden Interessen kommt dabei ein prinzipieller Vorrang zu. Der **Abwägungsvorgang und die Prüfungsmaßstäbe werden in § 72 GWB näher beschrieben, der nach § 120 Abs. 2 GWB auf die Gewährung von Akteneinsicht durch das Beschwerdegericht entsprechend anzuwenden** ist. § 72 GWB regelt hingegen unmittelbar nur die Akteneinsicht in den kartellverwaltungsrechtlichen Beschwerdeverfahren vor dem Oberlandesgericht. Nach Abs. 2 S. 4 der Vorschrift kann die Offenlegung von Tatsachen, deren Geheimhaltung aus wichtigen Gründen, insbesondere zur Wahrung von Betriebs- oder Geschäftsgeheimnissen, verlangt wird, nach Anhörung des von der Offenlegung Betroffenen angeordnet werden, soweit es für die Entscheidung auf diese Tatsachen ankommt, andere Möglichkeiten der Sachaufklärung nicht bestehen und nach Abwägung aller Umstände des Einzelfalls die Bedeutung der Sache für die Sicherung des Wettbewerbs das Interesse des Betroffenen an der Geheimhaltung überwiegt. Den **unterschiedlichen Zwecken des**

Kartellverwaltungsrechts und des Vergaberechts ist durch die im Gesetz vorgegebene entsprechende Anwendung der Norm Rechnung zu tragen. Danach ist die von der Forderung nach einem effektiven Rechtsschutz, dessen Unterstützung das Recht auf Akteneinsicht dient, gesicherte **Einhaltung des vergaberechtlichen Gebots eines transparenten und chancengleichen Wettbewerbs gegen die auf dem Spiel stehenden Geheimhaltungsinteressen des von der Akteneinsicht Betroffenen abzuwägen**. Bei der Abwägung setzen sich diejenigen Belange durch, die das konkurrierende Interesse überwiegen. Dabei steht der **Vergabekammer** genauso wenig wie bei anderen nach dem Gesetz vorzunehmenden Interessenabwägungen im Rechtssinn ein **Beurteilungsspielraum** zu. **§ 111 Abs. 2 GWB ist im Lichte der Bestimmung des § 72 Abs. 2 S. 4 GWB auszulegen und zu verstehen. Die Vorschrift ist zur Ausfüllung der in § 111 GWB bestehenden Lücke entsprechend heranzuziehen und darin hineinzulesen.** Die die systematischen und strukturellen Unterschiede der §§ 111 und 72 GWB betonende Gegenauffassung ist abzulehnen. Sie übersieht, dass lediglich eine entsprechende Anwendung von § 72 Abs. 2 S. 4 GWB in Rede steht. Außerdem lässt jene Meinung zu, dass Akteneinsicht von der Vergabekammer aufgrund anderer Kriterien erteilt wird als vom Beschwerdegericht. Dies ist der Sache nach schlechterdings nicht zu tolerieren. Die **Gewährung von Akteneinsicht durch die Vergabekammer und das Beschwerdegericht hat vielmehr denselben rechtlichen Regeln zu folgen**, zumal eine Einsichtnahme, die von der Vergabekammer gewährt worden ist, im Beschwerdeverfahren nicht mehr rückgängig gemacht werden kann und im umgekehrten Fall, in dem die Vergabekammer die Erteilung von Akteneinsicht verweigert hat, eine erstmalige Gewährung von Akteneinsicht im Beschwerdeverfahren den vom Gesetz intendierten, möglichst raschen Abschluss der Nachprüfung zu verzögern geeignet ist, wenn darauf erst in der Beschwerdeinstanz Streitfragen erstmalig zur Sprache kommen (OLG Düsseldorf, B. v. 28. 12. 2007 – Az.: VII – Verg 40/07; 2. VK Mecklenburg-Vorpommern, B. v. 28. 11. 2008 – Az.: 2 VK 7/08).

Die **Vergabekammer** hat eine **Plausibilitätskontrolle durchzuführen**, die intensiviert werden muss, wenn von einem Beteiligten Einwendungen gegen die Berechtigung des Geheimnisschutzes geltend gemacht werden (VK Thüringen, B. v. 29. 9. 1999 – Az.: 216–402.20-002/99-SLF). 3969

22.7.7 Keine Ermessensentscheidung

Die Vergabekammer hat bei Vorliegen der Voraussetzungen des § 111 Abs. 2 GWB **zwingend die Pflicht**, die Einsicht Dritter in diese Unterlagen zu versagen (1. VK Sachsen, B. v. 11. 10. 2001 – Az.: 1/SVK/98-01, 1/SVK/98-01g; im Ergebnis ebenso OLG Düsseldorf, B. v. 28. 12. 2007 – Az.: VII – Verg 40/07). Wegen des **grundrechtlichen Hintergrundes** steht die Gewährung von Akteneinsicht also nicht im Ermessen der Vergabekammer, die **Beteiligten haben vielmehr einen Rechtsanspruch auf Akteneinsicht** (OLG München, B. v. 8. 11. 2010 – Az.: Verg 20/10). 3970

22.7.8 Umfang der Versagung der Akteneinsicht

Sind die den Angebotsauswertungen der Vergabestelle zugrunde liegenden Abwägungen und Wertungen nur überprüfbar in Verbindung mit den Angebotsunterlagen, **scheidet** eine **Einsichtnahme in die Angebotsauswertungen aus** (OLG Düsseldorf, B. v. 29. 12. 2001 – Az.: Verg 22/01; 2. VK Bund, B. v. 4. 9. 2002 – Az.: VK 2–58/02). 3971

Etwas weniger restriktiv ist die Handhabung der VK Brandenburg. Danach hängt der **Anspruch der Verfahrensbeteiligten auf Einsicht in die Vergabeakten** und die Angebote der Konkurrenz davon ab, dass der **Beteiligte darlegt, dass mögliche Informationen für die Vertretung seiner Rechtsposition erforderlich sind**. Im Übrigen hat der Schutz der **Geschäftsgeheimnisse der Mitbieter** Vorrang (2. VK Brandenburg, B. v. 15. 11. 2005 – Az.: 2 VK 64/05). 3972

Schwärzungen in den zur Einsicht zur Verfügung gestellten Aktenbestandteilen verletzen nicht den Anspruch der Antragstellerin auf Transparenz, ein faires Gerichtsverfahren und effektiven Rechtsschutz, **wenn nur die Teile, die Rückschlüsse auf die Namen der am Vergabeverfahren teilnehmenden Bieter zulassen, geschwärzt sind. Ein Antragsteller hat keinen Anspruch darauf, die Namen der am Vergabeverfahren teilnehmenden Wettbewerber zu erfahren** – §§ 22 Nr. 2 Abs. 3 und Nr. 5, 27 b Nr. 1 VOL/A – (OLG Brandenburg, B. v. 12. 1. 2010 – Az.: Verg W 5/09). 3973

Teil 1 GWB § 111 Gesetz gegen Wettbewerbsbeschränkungen

22.7.9 Umfang der Akteneinsicht bei Dienstleistungsaufträgen

3974 Mit der Kenntnis des „Preises" bzw. der „Preise", als die den Wettbewerb entscheidenden Elemente(s), ist im Rahmen eines Dienstleistungsauftrages damit regelmäßig auch das Wissen darüber verbunden, wie der Preis des eingesehenen Angebotes eines Mitbewerbers gleichsam entstanden ist. **Dies stellt einen erheblichen Wettbewerbsvorteil** dar, sieht man diese Kenntnis der Kalkulationsgrundlagen eines Mitbewerbers als nicht nur relevant für das gerade durchzuführende Vergabeverfahren an. **Dem Begehren auf eine umfassende Akteneinsicht – auch in die Angebote der anderen Bieter – steht daher schon das berechtigte Interesse dieser Bieter an der Geheimhaltung ihrer Angebote, die ihrer Inhalte und Angaben entgegen.** In Nachprüfungsverfahren ist daher das Akteneinsichtsrecht der Verfahrensbeteiligten in solchen Fällen regelmäßig zu beschränken. Verfassungsrechtliche Bedenken hinsichtlich einer solchen Beschränkung bestehen insoweit nicht. Die Beschränkung stellt insbesondere keine unzulässige Einschränkung eines Anhörungsrechtes der Verfahrensbeteiligten dar. Im Nachprüfungsverfahren obliegt es vielmehr der Vergabekammer „von Amts wegen" die vergaberechtlich notwendigen Feststellungen des Vorliegens bzw. des Nichtvorliegens geforderter Erklärungen und Nachweise zu treffen und zu dokumentieren. Die Rechte der Verfahrensbeteiligten bleiben insoweit gewahrt. Das **Akteneinsichtsrecht** eines Bieters **umfasst dabei regelmäßig das eigene Angebot in der Form, wie es durch die Vergabestelle behandelt und bewertet worden ist. Es umfasst die Aus- und die Bewertung (Wertung) der eingegangenen Angebote** durch die Vergabestelle im Verhältnis auch untereinander. Allerdings findet dies seine Grenze in dem oben beschrieben Geheimhaltungsinteresse der Mitbewerber (VK Thüringen, B. v. 6. 12. 2005 – Az.: 360–4003.20–026/05-SLZ).

3975 Zu den Auswirkungen der Beschränkung des Akteneinsichtsrechts auf den Umfang der Darlegung eines drohenden Schadens mit Blick auf die Antragsbefugnis (§ 107 Abs. 2) vgl. die Kommentierung zu § 107 GWB → Rdn. 259.

22.7.10 Umfang der Akteneinsicht bei Ausschreibungen nach der VOL/A

3976 Die Vergabekammer kann gem. § 111 Abs. 2 GWB Einsicht in die Unterlagen versagen, soweit dies aus wichtigen Gründen, insbesondere des Geheimschutzes oder zur Wahrung von Fabrikations-, Betriebs- oder Geschäftsgeheimnissen geboten ist. Die Einsicht in die Angebote der anderen Bieter ist wegen der in diesen enthaltenen unternehmensbezogenen als auch auftragsbezogenen Geheimnisse nicht statthaft. **Bei einer Ausschreibung nach VOL/A sind die Angebote in vollem Maße als vertraulich zu behandeln** (2. VK Bund, B. v. 6. 6. 2005 – Az.: VK 2–33/05; VK Schleswig-Holstein, B. v. 23. 10. 2009 – Az.: VK-SH 14/09; B. v. 14. 5. 2008 – Az.: VK-SH 06/08).

22.7.11 Unzulässigkeit von „in camera"-Verfahren

3977 Ein **als verhältnismäßig milderes Mittel in Betracht zu ziehendes „in camera"-Verfahren** (vgl. dazu BVerfG, Beschl. v. 27. 10. 1999 – 1 BvR 385/90 und Beschl. v. 14. 3. 22006 – 1 BvR 2087/03) **scheidet aus**. Ein derartiges, den Anspruch des Antragstellers auf rechtliches Gehör nach Art. 103 Abs. 1 GG abschneidendes, mindestens aber sehr einschränkendes Verfahren ist **wegen der entsprechend anzuwendenden Sonderregelung des § 72 Abs. 2 Satz 3 GWB in Vergabenachprüfungsverfahren grundsätzlich ausgeschlossen**. Nach dieser sondergesetzlichen Bestimmung dürfen, sofern eine Akteneinsicht abgelehnt wird oder unzulässig ist, Unterlagen der Entscheidung nur insoweit zugrunde gelegt werden, als ihr Inhalt vorgetragen worden ist. § 72 Abs. 2 Satz 3 GWB ist auch im Verfahren der Vergabekammer zu beachten (OLG Düsseldorf, B. v. 28. 12. 2007 – Az.: VII – Verg 40/07; 2. VK Bund, B. v. 9. 6. 2010 – Az.: VK 2–38/10).

22.7.12 Weitere Beispiele aus der Rechtsprechung

3978 – jene Teile der Akten, die **Einzelheiten zu den Angebotspreisen der Beigeladenen und zu ihrer Kalkulation enthalten, gehören zum sensibelsten Kernbereich unternehmerischer Geheimnisse**; ihre Wahrung entscheidet nicht nur mehr oder weniger marginale Marktanteile, sondern – mit hoher Wahrscheinlichkeit – über Sein oder Nichtsein des Unternehmens. Eine **Preisgabe solcher Daten ist einer der schwerstwiegenden denkbaren Eingriffe in den Bestand eines Unternehmens und kann nur in besonderen**

Gesetz gegen Wettbewerbsbeschränkungen GWB § 111 **Teil 1**

Ausnahmefällen in Betracht kommen (2. VK Mecklenburg-Vorpommern, B. v. 28. 11. 2008 – Az.: 2 VK 7/08)

– die **Kostenschätzung folgt dem standardisierten Verfahren der DIN 276, deren Gegenstück auf der Budgetseite die Haushaltsunterlage Bau** ist. Die Verfahrensregeln und die Berechnungsweisen sind branchenkundigen Unternehmen bekannt. Die ausfüllenden technischen und kalkulatorischen Angaben des Antragsgegners zu Raummaßen, Geschosszahlen, Ausstattung, baulichen Standards und dergleichen sind ohne einen nennenswerten Geheimhaltungswert, da sie ausschließlich das konkrete Bauvorhaben betreffen. Anders verhält es sich nur, soweit die Kostenschätzung die den technischen und kaufmännischen Angaben zugrunde liegenden, spezifischen Annahmen, Festlegungen und Methoden des Antragsgegners, soweit diese über den Einzelfall hinausweisen, erkennen lassen. Der **Umstand, dass die Ausschreibung teilweise funktionalen Charakter hat, bildet keinen Grund, das Akteneinsichtsrecht einzuschränken.** Funktional bestimmte Auftragsbestandteile sind in der Leistungsbeschreibung eingehend darzustellen (vgl. § 9 Nr. 16 Abs. 1 VOB/A). Sie sind den an der Ausschreibung teilnehmenden Unternehmen ohnedies bekannt zu geben. Durch Einsichtnahme in die Kostenschätzung kann nur in Erfahrung gebracht werden, welche Kosten der Antragsgegner insoweit in Ansatz gebracht hat. Die Kostenansätze beziehen sich auf das konkrete Bauvorhaben. Den Inhalt der Angebote kann ihr Bekanntwerden nicht (mehr) beeinflussen. Dies hat genauso für die den Planungsleistungen geltenden Kostenansätze zu gelten. **Von einer Bekanntgabe der Kostenschätzung ist ohne Weiteres auch keine unerwünschte Einschränkung der den Bietern bei künftigen Ausschreibungen zu Gebote stehenden Planungs-, Gestaltungs- und Preisbildungsspielräume, m. a. W. eine wettbewerbsbeschränkende Wirkung, zu erwarten. Jedes Bauvorhaben folgt seinen eigenen Regeln**, die der Auftraggeber einschließlich funktional beschriebener Bestandteile in der Leistungsbeschreibung festzulegen und den Bietern bekannt zu geben hat. Bieter werden ihre Angebote individuell darauf abstimmen und von Gestaltungs- und Preisspielräumen Gebrauch machen, soweit die Leistungsbeschreibung dies zulässt. Selbst wenn alle in Frage kommenden Bieter die im Streitfall aufgestellte Kostenschätzung kennten, ist davon auch die vom Antragsgegner beschworene preiseinebnende Wirkung nicht zu befürchten. Diejenigen Bieter, die den Zuschlag ernsthaft erreichen wollen, werden sich bei der Preisbildung nicht unkritisch an der nur für das vorliegende Bauvorhaben geltenden Kostenschätzung orientieren, zumal diese für künftige Neubauten ohnedies nicht zureichend aussagekräftig ist. Sie werden den Angebotspreis vielmehr unabhängig und selbständig kalkulieren, da im Bieterwettbewerb erfahrungsgemäß nur auf diese Weise ein Vorsprung vor Wettbewerbern erzielt werden kann. **Nicht anders ist die Sachlage bei den Kostenansätzen für die Ausführungsplanung (Leistungsphase 5 nach § 15 HOAI) und für Ingenieurleistungen bei der technischen Ausrüstung (§§ 68 ff. HOAI) zu beurteilen.** Eine Kenntnis der im vorliegenden Fall veranschlagten Kosten engt künftige Planungsspielräume nicht ein. Dies anzunehmen verbietet sich schon deswegen, weil Architekten und Ingenieurleistungen nicht nach Art und Maß einer Ausnutzung von Planungsmöglichkeiten vergütet werden, sondern sich das Honorar gemäß den Vorschriften der HOAI im Wege der Interpolation nach anrechenbaren Baukosten und Honorartafeln sowie nach dem Grad der Erfüllung der jeweiligen Leistungsphasen und des jeweiligen Leistungsbildes errechnet und analog dazu die Kostenberechnung sowie i. S. einer Vorstufe auch die Kostenschätzung anzustellen ist. Eine **Kenntniserlangung von den für Kostenerhöhungen und -einsparungen sowie für Kostensteigerungen in der Kostenschätzung angesetzten Margen hat keinen messbaren Einfluss auf das Ergebnis künftiger Ausschreibungen.** Welche Sicherheitszuschläge dafür anzubringen sind, ist abhängig von der Beschaffenheit und den Eigenarten jedes individuellen Bauvorhabens sowie von der zu anderer Zeit gegebenenfalls unterschiedlich zu beurteilenden Kostensituation und -entwicklung. Andererseits ist zu registrieren, dass **für das angestrebte Rechtsschutzziel, vom Antragsgegner eine Rückgängigmachung der Aufhebung des Vergabeverfahrens zu erzwingen, für die Antragstellerin eine Kenntniserlangung von der zugrunde liegenden Kostenschätzung, anhand der allein die Kostenansätze auf eine Vertretbarkeit überprüft werden können, unverzichtbar ist.** Anders als durch eine Einsichtnahme und Überprüfung der Kostenschätzung auf ihre Vertretbarkeit ist ein wirksamer Rechtsschutz gegen die Aufhebungsentscheidung des Antragsgegners nicht zu erlangen (OLG Düsseldorf, B. v. 28. 12. 2007 – Az.: VII – Verg 40/07)

– soweit die Antragstellerin meint, ihr stehe ein **Anspruch auf Akteneinsicht auch für Umstände zu, die die Zulässigkeit des Nachprüfungsverfahrens begründen können,** kann dem **nicht gefolgt** werden. Demnach wäre der Antragstellerin – ins Blaue hinein – Akteneinsicht zu gewähren, um ihr erst die **Aufdeckung hypothetischer Vergaberechtsmängel zu ermöglichen**. Mit einem derart weitgefassten Akteneinsichtsrecht wäre der in § 111 GWB vorgesehene **Abwägungsvorbehalt faktisch ausgehebelt**, weil die bloße abstrakte Möglichkeit einer Vergaberechtsverletzung nie auszuschließen wäre (1. VK Brandenburg, B. v. 18. 6. 2007 – Az.: 1 VK 20/07)

– stehen Unternehmen in direkter und fast ausschließlicher Konkurrenz um die öffentlichen Aufträge in bestimmten Bereichen (z.B. der Telekommunikationsüberwachung), ist auch dem künftigen Geheimwettbewerb hohe Bedeutung beizumessen und die Akteneinsicht in technische und kaufmännische Daten des anderen Bieters zu versagen (VK Düsseldorf, B. v. 6. 3. 2001 – Az.: VK – 4/2001 – L)

– ein Schutzinteresse kann sich insbesondere aus dem in Nebenangeboten enthaltenen Knowhow ergeben (VK Südbayern, B. v. 23. 10. 2001 – Az.: 34-09/01)

– der Vertrauensschutz der Referenzgeber überwiegt das Interesse eines Antragstellers über die Herkunft der Referenzen (VK Südbayern, B. v. 12. 3. 2002 – Az.: 03-02/02)

– dem Geheimschutz der beteiligten Bieter kommt besonderes Gewicht zu, weil die von ihnen angebotenen Systeme über dieses Vergabeverfahren hinaus auch Gegenstand weiterer Wettbewerbe im Ausland sind (2. VK Bund, B. v. 4. 9. 2002 – Az.: VK 2–58/02)

– sowohl das Nebenangebot als auch das Nachunternehmerverzeichnis sind Bestandteil des Angebotes der Beigeladenen und als solche von der Einsichtnahme durch einen Mitkonkurrenten, hier der Antragstellerin, ausgenommen (1. VK Sachsen, B. v. 9. 6. 2000 – Az.: 1/SVK/45-00)

– enthält ein Nebenangebot eine „Idee", die auch bei späteren Aufträgen Verwendung finden kann, unterliegt das Nebenangebot dem Geheimnisschutz (VK Südbayern, B. v. 23. 10. 2001 – Az.: 34-09/01)

– ein Unternehmen kann aus aktuell geforderten Preisen oder Preisstrukturen eines Wettbewerbers auf schützenswerte Informationen dieses Wettbewerbers schließen. Deshalb sind aktuelle Preisangaben von Wettbewerbern als Betriebsgeheimnisse zu schützen (1. VK Bund, B. v. 20. 12. 1999 – Az.: VK 1–29/99)

– eine **weitgehende Offenlegung aller (vollständigen) Angebote** kann nur gerechtfertigt sein, wenn wenigstens die **Möglichkeit besteht, dass die aus der Akteneinsicht zu gewinnenden Erkenntnisse Einfluss auf Ablauf und Ergebnis des Nachprüfungsverfahrens haben können** (VK Düsseldorf, B. v. 22. 10. 2003 – Az.: VK – 29/2003 – L)

22.8 Versagung der Akteneinsicht aus sonstigen Gründen

22.8.1 Kein Akteneinsichtsrecht bei offensichtlicher Unzulässigkeit

3979   Eine Einsichtnahme in die Vergabeakten ist bei offensichtlicher Unzulässigkeit des Hauptantrags zu versagen (2. VK Bund, B. v. 10. 7. 2002 – Az.: VK 2–24/02).

22.8.2 Kein Akteneinsichtsrecht bei offensichtlicher Unbegründetheit

3980   Ein **Akteneinsichtsrecht besteht dann nicht, wenn der Antrag offensichtlich unbegründet ist**. Ein Rechtschutzinteresse, sich trotz des offensichtlich unbegründeten Nachprüfungsantrags über die Angebote der anderen Bieter zu informieren, ist in solchen Fällen nicht ersichtlich (VK Baden-Württemberg, B. v. 25. 5. 2009 – Az.: 1 VK 25/09; B. v. 17. 1. 2008 – Az.: 1 VK 52/07; VK Brandenburg, B. v. 23. 6. 2009 – Az.: VK 26/09; B. v. 25. 2. 2009 – Az.: VK 6/09; B. v. 27. 3. 2008 – Az.: VK 5/08; VK Schleswig-Holstein, B. v. 28. 11. 2006 – Az.: VK-SH 25/06; B. v. 17. 3. 2006 – Az.: VK-SH 02/06).

22.8.3 Kein Akteneinsichtsrecht bei Ausforschungsabsicht

3981   Zudem kann eine Akteneinsicht nicht gewährt werden, wenn diese dazu dient, sich – **ohne konkrete Anhaltspunkte zu haben** – erst die Kenntnisse zu verschaffen, die Gegenstand einer Rüge sein könnten. Damit würde der Rechtsschutz in unzulässiger, vom Gesetzgeber nicht vorgesehener Weise ausgeweitet (2. VK Bund, B. v. 18. 7. 2002 – Az.: VK 2–40/02).

Gesetz gegen Wettbewerbsbeschränkungen   GWB § 112   **Teil 1**

22.9 Kennzeichnungspflicht der Beteiligten (§ 111 Abs. 3)

Die Praxis zeigt, dass nur die wenigsten Unternehmen bei der Abgabe der Angebote die   3982
Kennzeichnungspflicht beachten. Eine mögliche Lösung für eine **nachträgliche Kennzeichnung** ist, dass die Beteiligten im Nachprüfungsverfahren schriftlich mitteilen, welche Angebotsteile bzw. ganze Angebote Betriebs- bzw. Geschäftsgeheimnisse enthalten (VK Thüringen, B. v. 29. 9. 1999 – Az.: 216-402.20-002/99-SLF).

22.10 Rechtsschutz gegen die Versagung der Akteneinsicht (§ 111 Abs. 4)

Eine Entscheidung der Vergabekammer über die beschränkte Akteneinsicht ist **nicht isoliert**   3983
anfechtbar, § 111 Abs. 4 GWB. Vielmehr ist sie zunächst hinzunehmen. Wenn die Hauptsacheentscheidung der Vergabekammer denjenigen, dem die uneingeschränkte Akteneinsicht verwehrt wurde, beschwert, kann er gegen diese Entscheidung mit der sofortigen Beschwerde gemäß den §§ 116 f. GWB vorgehen. In dem Beschwerdeverfahren kann er dann auch geltend machen, dass ihm eine weitergehende Akteneinsicht als bei der Vergabekammer gewährt werden müsse (OLG Düsseldorf, B. v. 4. 3. 2009 – Az.: VII-Verg 67/08; BayObLG, B. v. 10. 10. 2000 – Az.: Verg 5/00; LSG Nordrhein-Westfalen, B. v. 10. 3. 2010 – Az.: L 21 SF 41/10 Verg; 1. VK Bund, B. v. 5. 11. 2004 – VK 1–138/04; 2. VK Mecklenburg-Vorpommern, B. v. 28. 11. 2008 – Az.: 2 VK 7/08; 1. VK Sachsen, B. v. 13. 8. 2009 – Az.: 1/SVK/034-09, 1/SVK/034-09G).

Hat ein **unterlegener Bieter im Nachprüfungsverfahren** die Gewährleistung von Verfah-   3984
rensrechten (z. B. Akteneinsichtsrecht) jedoch **nicht spätestens in der mündlichen Verhandlung durch zu Protokoll erklärte Anträge geltend gemacht**, kann er **im Beschwerdeverfahren nicht rügen**, dass diese Rechte durch die Vergabekammer verletzt worden seien (LSG Nordrhein-Westfalen, B. v. 10. 3. 2010 – Az.: L 21 SF 41/10 Verg).

Zum Rechtsschutz gegen die Entscheidung der Vergabekammer zur Erteilung von Aktenein-   3985
sicht vgl. die **Kommentierung zu § 116 GWB**.

22.11 Literatur

– Düsterdiek, Bernd, Das Akteneinsichtsrecht (§ 111 GWB), NZBau 2004, 605   3986
– Losch, Alexandra, Akteneinsicht im Vergabeverfahren – ein Widerstreit zwischen Transparenzgebot und Geheimhaltungsschutz, VergabeR 2008, 739

23. § 112 GWB – Mündliche Verhandlung

(1) **Die Vergabekammer entscheidet auf Grund einer mündlichen Verhandlung, die sich auf einen Termin beschränken soll. Alle Beteiligten haben Gelegenheit zur Stellungnahme. Mit Zustimmung der Beteiligten oder bei Unzulässigkeit oder bei offensichtlicher Unbegründetheit des Antrags kann nach Lage der Akten entschieden werden.**

(2) **Auch wenn die Beteiligten in dem Verhandlungstermin nicht erschienen oder nicht ordnungsgemäß vertreten sind, kann in der Sache verhandelt und entschieden werden.**

23.1 Vergaberechtsmodernisierungsgesetz 2009

§ 112 GWB ist durch das Vergaberechtsmodernisierungsgesetz 2009 **nicht geändert** wor-   3987
den.

23.2 Grundsätze

Die Regelungen des § 112 GWB richten sich inhaltlich an zwei Grundprinzipien des Verga-   3988
beverfahrens aus, nämlich dem Anspruch auf rechtliches Gehör und dem Beschleunigungsgebot (VK Südbayern, B. v. 19. 2. 2008 – Az.: Z3-3-3194-1-02-01/08).

Teil 1 GWB § 112   Gesetz gegen Wettbewerbsbeschränkungen

3989   Der Anspruch auf rechtliches Gehör verkörpert sich in dem Erfordernis einer mündlichen Verhandlung (mit Ausnahmen) sowie der Gelegenheit zur Stellungnahme für alle Beteiligten (VK Südbayern, B. v. 19. 2. 2008 – Az.: Z3-3-3194-1-02-01/08).

3990   Das **Beschleunigungsgebot drückt sich aus** in nur einem Termin der mündlichen Verhandlung, der Möglichkeit der Entscheidung nach Aktenlage und der Möglichkeit der Verhandlung und Entscheidung, auch wenn die Beteiligten in dem Verhandlungstermin nicht erscheinen oder nicht ordnungsgemäß vertreten sind (VK Südbayern, B. v. 19. 2. 2008 – Az.: Z3-3-3194-1-02-01/08).

23.3 Entscheidung aufgrund einer mündlichen Verhandlung (§ 112 Abs. 1 Satz 1)

23.3.1 Besetzung der Vergabekammer bei der Entscheidung

3991   Nach § 112 Abs. 1 GWB trifft die Vergabekammer ihre Entscheidung aufgrund einer mündlichen Verhandlung. Daraus folgt, dass die Vergabekammer die **Entscheidung in der Besetzung trifft, in der sie mündlich verhandelt hat** (vgl. auch § 112 VwGO). Anderes gilt nur, soweit die Kammer mit Zustimmung der Beteiligten, bei Unzulässigkeit oder offensichtlicher Unbegründetheit des Antrags nach Lage der Akten entscheidet (BayObLG, B. v. 26. 11. 2002 – Az.: Verg 24/02).

23.3.2 Belehrungspflicht der Vergabekammer gegenüber einem Beigeladenen

3992   Die **Vergabekammer trifft gegenüber einem Beigeladenen keine Aufklärungs- und Untersuchungspflicht über das mit der Stellung eines Antrags verbundene Kostenrisiko, wenn der Beigeladene durch seinen anwaltlichen Verfahrensbevollmächtigten in der mündlichen Verhandlung vertreten** ist. Die Vergabekammer kann und darf bei dieser Sachlage davon ausgehen, dass der anwaltliche Verfahrensbevollmächtigte den Beigeladenen über das Kostenrisiko, das mit einer erfolglosen Antragstellung verbunden ist, aufklärt (OLG Düsseldorf, B. v. 23. 11. 2004 – Az.: VII – Verg 69/04).

23.3.3 Pflicht der Vergabekammer zur Berücksichtigung eines Beweisantritts

3993   **Kommt es auf eine Tatsachenfrage an, muss darüber bereits im erstinstanzlichen Nachprüfungsverfahren durch Vernehmung der benannten Zeugen Beweis erhoben werden.** Ob eine solche Beweisaufnahme nicht sinnvoll oder erfolgversprechend scheint, ist nicht maßgebend. Auch im gerichtsähnlichen Verfahren der Vergabekammer herrscht das **Verbot der Vorwegnahme einer Beweiswürdigung** (OLG Düsseldorf, B. v. 29. 4. 2009 – Az.: VII-Verg 73/08).

3994   Fehlt z. B. ein von der Vergabestelle geforderter Eignungsnachweis und behauptet der Bieter aber, dieser habe seinem Angebot beigelegen, und nennt hierfür auch Zeugen, so **muss die Vergabekammer diesem Beweisantritt nachgehen** (OLG Düsseldorf, B. v 20. 1. 2006 – Az.: VII – Verg 98/05).

23.4 Grundsatz des rechtlichen Gehörs (§ 112 Abs. 1 Satz 2)

23.4.1 Allgemeines

3995   Der Grundsatz des rechtlichen Gehörs (Art. 103 Abs. 1 GG) **garantiert** den an einem gerichtlichen oder – wie im Vergabenachprüfungsverfahren vor der Vergabekammer – gerichtsähnlich ausgestalteten Verfahren Beteiligten einen **Einfluss auf das Verfahren und das Ergebnis.** Es **gewährleistet**, dass die **Verfahrensbeteiligten Gelegenheit** erhalten, sich **vor der Entscheidung nicht nur zum Sachverhalt**, welcher der Entscheidung zugrunde gelegt werden soll, zu äußern, und **die für die angestrebte Entscheidung sachdienlichen Anträge anbringen** zu können (OLG Düsseldorf, B. v. 2. 3. 2005 – Az.: VII – Verg 70/04).

3996   Der Anspruch auf rechtliches Gehör **kann auch in einem schriftlichen Verfahren erfüllt werden** (OLG Düsseldorf, B. v. 21. 12. 2005 – Az.: VII – Verg 69/05), **z. B.** wenn ein Antragsteller zu dem beabsichtigten Verzicht auf die mündliche Verhandlung angehört worden ist (VK Schleswig-Holstein, B. v. 17. 3. 2006 – Az.: VK-SH 02/06).

23.4.2 Auswirkungen

Der Grundsatz des rechtlichen Gehörs stellt **keinen Selbstzweck** dar, sondern ist – wie § 321 a Abs. 1 Nr. 1 ZPO zeigt – **nur dann berührt, wenn** die ohne hinreichende Gewährung rechtlichen Gehörs getroffene **Entscheidung nicht mehr in der Rechtsmittelinstanz anfechtbar** ist und der **Verfahrensbeteiligte somit auch nachträglich kein Gehör findet** (OLG Brandenburg, B. v. 12. 1. 2010 – Az.: Verg W 5/09; OLG Thüringen, B. v. 14. 10. 2003 – Az.: 6 Verg 8/03; VK Schleswig-Holstein, B. v. 5. 7. 2007 – Az.: VK-SH 13/07; B. v. 28. 11. 2006 – Az.: VK-SH 25/06; B. v. 17. 3. 2006 – Az.: VK-SH 02/06; B. v. 8. 7. 2005 – Az.: VK-SH 18/05; B. v. 31. 5. 2005 – Az.: VK-SH 09/05; B. v. 7. 3. 2005 – Az.: VK-SH 03/05; B. v. 10. 2. 2005 – VK-SH 02/05; B. v. 2. 2. 2005 – Az.: VK-SH 01/05). 3997

23.4.3 Folgen der Verletzung des Gebots des rechtlichen Gehörs

Bei einer Verletzung des Gebots des rechtlichen Gehörs ist in entsprechender Anwendung von § 538 Abs. 2 Nr. 3 ZPO in Verbindung mit der in den – verwaltungsgerichtlichen Verfahren angenäherten – zweitinstanzlichen Vergabenachprüfungsverfahren für eine Analogie als rechtsähnlich eher heranzuziehenden Bestimmung des § 130 Abs. 2 Nr. 2 VwGO einer **Aufhebung der angefochtenen Entscheidung und einer Zurückverweisung der Sache an die Vergabekammer** nahe zu treten (OLG Düsseldorf, B. v. 2. 3. 2005 – Az.: VII – Verg 70/04). 3998

In Betracht kommt auch eine **Gehörsrüge als außerordentlicher Rechtsbehelf**. Der außerordentliche Rechtsbehelf der Gehörsrüge soll eine **Abhilfe für den Fall ermöglichen, dass Vorbringen eines Beteiligten im Verlaufe des bisherigen Beschwerdeverfahrens bis zum Erlass der verfahrensbeendenden Entscheidung übergangen** worden ist, nicht jedoch eine Möglichkeit eröffnen, neues Sachvorbringen in das Verfahren einzuführen (OLG Naumburg, B. v. 2. 4. 2009 – Az.: 1 Verg 10/08). 3999

Nicht in Betracht kommt ein Anspruch auf eine Verhandlung vor der Vergabekammer z. B. bei einer Entscheidung ohne mündliche Verhandlung. Selbst wenn die Vergabekammer fehlerhaft ohne mündliche Verhandlung entschieden hätte, würde dem Antragsteller kein eigenständiger verfahrensrechtlicher Anspruch auf eine Verhandlung vor der Vergabekammer zustehen, den sie durch eine gerichtliche Entscheidung durchsetzen könnte. Der **Anspruch auf eine mündliche Verhandlung ist lediglich ein Ausdruck des Anspruchs auf rechtliches Gehör**. Dieser **Anspruch wird durch die mündliche Verhandlung vor dem Vergabesenat erfüllt** (OLG Brandenburg, B. v. 12. 1. 2010 – Az.: Verg W 5/09). 4000

23.4.4 Beispiele aus der Rechtsprechung

– der Anspruch auf rechtliches Gehör ist **nicht verletzt, wenn der Antragsteller** (schriftlich) **angehört wird** und eine entsprechende **Stellungnahme abgibt** (VK Schleswig-Holstein, B. v. 8. 7. 2005 – Az.: VK-SH 18/05) 4001

– die Vergabekammer muss einem Antragsteller vor einer Entscheidung eine **angemessene Frist zur Erklärung bestimmen, ob ein Feststellungsantrag erhoben werden soll**, insbesondere da für die Entscheidung über einen Feststellungsantrag namentlich die kurze Entscheidungsfrist des § 113 Abs. 1 Satz 1 GWB (vgl. § 114 Abs. 2 Satz 3 GWB) gilt (OLG Düsseldorf, B. v. 2. 3. 2005 – Az.: VII – Verg 70/04)

23.4.5 Literatur

– Kaiser, Christoph, Der EuGH und der Anspruch auf rechtliches Gehör, NZBau 2004, 139   4002

23.5 Entscheidung nach Lage der Akten

23.5.1 Ermessensentscheidung

Ob die Vergabekammer bei Vorliegen der in § 112 Abs. 1 Satz 3 GWB genannten Voraussetzungen von einer mündlichen Verhandlung absieht, liegt in ihrem **pflichtgemäßen Ermessen**; dabei wird sie auch zu berücksichtigen haben, ob von einer mündlichen Verhandlung neue Erkenntnisse zu erwarten wären, die zu einer anderen Bewertung führen können (BayObLG, B. v. 20. 8. 2001 – Az.: Verg 11/01; VK Schleswig-Holstein, B. v. 5. 7. 2007 – Az.: VK-SH 13/07; B. v. 28. 11. 2006 – Az.: VK-SH 25/06; B. v. 17. 3. 2006 – Az.: VK-SH 02/06; B. v. 8. 7. 2005 4003

Teil 1 GWB § 112 Gesetz gegen Wettbewerbsbeschränkungen

– Az.: VK-SH 18/05; B. v. 31. 5. 2005 – Az.: VK-SH 09/05; B. v. 7. 3. 2005 – Az.: VK-SH 03/05; B. v. 10. 2. 2005 – VK-SH 02/05; B. v. 2. 2. 2005 – Az.: VK-SH 01/05; VK Südbayern, B. v. 19. 2. 2008 – Az.: Z3-3-3194-1-02-01/08).

23.5.2 Voraussetzungen

4004 Eine Entscheidung nach Lage der Akten ist **nur zulässig, wenn die Voraussetzungen des § 112 Abs. 1 Satz 3 vorliegen**. Ansonsten werden die Beteiligten in den auch im Vergabekammerverfahren gültigen **Rechten auf Gewährung rechtlichen Gehörs und ein faires Verfahren verletzt** (OLG Thüringen, B. v. 9. 9. 2002 – Az.: 6 Verg 4/02).

23.5.2.1 Entscheidung nach Lage der Akten bei Zustimmung der Beteiligten

4005 Eine Entscheidung nach Lage der Akten kann bei Zustimmung aller Beteiligten erfolgen (VK Arnsberg, B. v. 15. 2. 2002 – Az.: VK 2-01/2002; 1. VK Sachsen, B. v. 21. 4. 2008 – Az.: 1/SVK/021-08, 1/SVK/021-08-G).

23.5.2.2 Entscheidung nach Lage der Akten bei Unzulässigkeit

4006 § 112 Abs. 1 Satz 3 GWB gestattet eine Entscheidung nach Lage der Akten bei Unzulässigkeit des Antrags. Die Anwendung der Vorschrift **erfordert nicht, dass der Antrag „offensichtlich" unzulässig** ist (OLG Brandenburg, B. v. 5. 10. 2004 – Az.: Verg W 12/04). Denn anders als in § 110 Abs. 2 Satz 1 GWB („offensichtlich unzulässig oder unbegründet") ist in § 112 Abs. 1 Satz 3 GWB das Attribut „offensichtlich" nur der Unbegründetheit und nicht auch der Unzulässigkeit zugeordnet („unzulässig oder offensichtlich unbegründet"). Die Vergabekammer kann deshalb auch dann ohne mündliche Verhandlung entscheiden, wenn sie den Antrag nach § 110 Abs. 2 Satz 1 GWB zugestellt – also eine offensichtliche Unzulässigkeit verneint – hat und **später** nach vertiefter Prüfung der Sach- und Rechtslage, unter Umständen auch erst nach weiteren Ermittlungen, **zur Überzeugung von der Unzulässigkeit des Antrags** gelangt (BayObLG, B. v. 20. 8. 2001 – Az.: Verg 11/01; VK Hamburg, B. v. 6. 10. 2003 – Az.: VKBB-3/03; VK Sachsen, B. v. 12. 6. 2009 – Az.: 1/SVK/011-09; 2. VK Sachsen-Anhalt, B. v. 15. 1. 2008 – Az.: VK 2 LVwA LSA – 28/07; VK Schleswig-Holstein, B. v. 5. 10. 2005 – Az.: VK-SH 23/05; B. v. 23. 7. 2004 – Az.: VK-SH 21/04).

23.5.2.3 Entscheidung nach Lage der Akten bei offensichtlicher Unbegründetheit

4007 Aufgrund einer offensichtlichen Unbegründetheit des Antrags kann die Vergabekammer die Entscheidung im schriftlichen Verfahren treffen, § 112 Abs. 1 Satz 3 3. Alt. GWB. Die Vergabekammer kann danach ohne mündliche Verhandlung nach Lage der Akten entscheiden, wenn der **Nachprüfungsantrag nach ihrer freien Überzeugung auf Grund der Aktenlage eindeutig zurückgewiesen werden muss** und sich durch eine mündliche Verhandlung keine andere Bewertung ergeben könnte. (VK Bremen, B. v. 1. 3. 2007 – Az.: VK 01/07; 1. VK Sachsen, B. v. 14. 2. 2006 – Az.: 1/SVK/005–06, 1/SVK/005–06G). Dies ist z. B. dann der Fall, wenn sich die **Unbegründetheit des Nachprüfungsantrags unmittelbar durch die Einsicht in das Angebot ergibt** (VK Brandenburg, B. v. 12. 8. 2009 – Az.: VK 28/09; B. v. 9. 2. 2009 – Az.: VK 4/09; 2. VK Bund, B. v. 18. 11. 2004 – Az.: VK 2–169/04; VK Nordbayern, B. v. 11. 2. 2005 – Az.: 320.VK-3194-51/04; 1. VK Sachsen, B. v. 14. 2. 2006 – Az.: 1/SVK/005–06, 1/SVK/005–06G) oder der **maßgebliche Sachverhalt** – z.B. bezüglich des Fehlens der Ordnungsziffern und der fehlenden Übereinstimmung mit den Bezeichnungen der Teilleistungen im Leistungsverzeichnis – **unstreitig und aus Sicht der Vergabekammer hinreichend aufgeklärt ist, die mündliche Verhandlung insofern keinen besonderen Erkenntnisgewinn verspricht** (VK Rheinland-Pfalz, B. v. 4. 5. 2005 – Az.: VK 08/05; B. v. 4. 4. 2005 – Az.: VK 08/04; B. v. 16. 3. 2005 – Az.: VK 05/04; B. v. 10. 12. 2004 – Az.: VK 20/04; 1. VK Sachsen, B. v. 14. 2. 2006 – Az.: 1/SVK/005–06, 1/SVK/005–06G; VK Schleswig-Holstein, B. v. 17. 3. 2006 – Az.: VK-SH 02/06; B. v. 8. 7. 2005 – Az.: VK-SH 18/05). Ebenfalls ist eine **eindeutige Rechtslage in Bezug auf den entscheidungserheblichen Sachverhalt erforderlich** (VK Schleswig-Holstein, B. v. 17. 3. 2006 – Az.: VK-SH 02/06).

23.5.2.4 Entscheidung nach Lage der Akten bei Auslegung einer bereits getroffenen Kostenentscheidung

4008 Im **Verfahren über die Auslegung einer bereits getroffenen Kostenentscheidung** kann die Vergabekammer ohne mündliche Verhandlung entscheiden (VK Schleswig-Holstein, B. v. 10. 5. 2004 – Az.: VK-SH 19/02).

23.5.3 Weitere Beispiele aus der Rechtsprechung

– grundsätzlich soll eine **Entscheidung ohne mündliche Verhandlung die Ausnahme** 4009
bleiben. Sie ist **aus prozess-ökonomischen Gründen dann statthaft**, wenn eine Verhandlung von vornherein unnötig und für das Ergebnis irrelevant erscheint, etwa weil neuer Vortrag am mangelnden Erfolg der Antragstellung nichts ändern würde (VK Brandenburg, B. v. 23. 6. 2009 – Az.: VK 26/09)

– wenn nach Eingang der Akten und Austausch der Schriftsätze erkennbar ist, dass eine mündliche Verhandlung keine rechtliche Verbesserung für den Antragsteller erbringen kann, muss bei einer solchen Sach- und Rechtslage von einer offensichtlichen Unbegründetheit des Antrages ausgegangen werden und eine **Entscheidung der Vergabekammer** (nach Erteilung eines rechtlichen Hinweises) **nach Aktenlage auch dann zulässig sein, wenn einer der Beteiligten** – z.B. der Antragsteller – **einer solchen Entscheidung entgegentritt** (VK Schleswig-Holstein, B. v. 28. 11. 2006 – Az.: VK-SH 25/06)

– die Vergabekammer kann auf eine mündliche Verhandlung bei unzulässigem Nachprüfungsantrag **wegen mangelnder Zuständigkeit der Vergabekammer** verzichten (VK Brandenburg, B. v. 10. 2. 2003 – Az.: VK 80/02)

– die Vergabekammer kann im Falle des § 112 Abs. 1 Satz 3 GWB von einer offensichtlichen Unbegründetheit ausgehen, **wenn der Antrag unter keinem rechtlichen Gesichtspunkt Aussicht auf Erfolg hat** (2. VK Bund, B. v. 6. 10. 2003 – Az.: VK 2–94/03)

24. § 113 GWB – Beschleunigung

(1) Die Vergabekammer trifft und begründet ihre Entscheidung schriftlich innerhalb einer Frist von fünf Wochen ab Eingang des Antrags. Bei besonderen tatsächlichen oder rechtlichen Schwierigkeiten kann der Vorsitzende im Ausnahmefall die Frist durch Mitteilung an die Beteiligten um den erforderlichen Zeitraum verlängern. Dieser Zeitraum soll nicht länger als zwei Wochen dauern. Er begründet diese Verfügung schriftlich.

(2) Die Beteiligten haben an der Aufklärung des Sachverhalts mitzuwirken, wie es einem auf Förderung und raschen Abschluss des Verfahrens bedachten Vorgehen entspricht. Den Beteiligten können Fristen gesetzt werden, nach deren Ablauf weiterer Vortrag unbeachtet bleiben kann.

24.1 Vergaberechtsmodernisierungsgesetz 2009

Nach § 113 Abs. 1 Satz 2 kann bei besonderen tatsächlichen oder rechtlichen Schwierigkei- 4010
ten der Vorsitzende im Ausnahmefall die Frist zur Entscheidung durch Mitteilung an die Beteiligten um den erforderlichen Zeitraum verlängern. **Zur Beschleunigung wurde in Satz 3 die Regelung eingeführt, dass dieser Zeitraum nicht länger als zwei Wochen dauern soll.**

24.2 Allgemeines

Im Gegensatz zu anderen Verfahren steht das Nachprüfungsverfahren vor der Vergabekammer 4011
unter einem **erheblichen Beschleunigungsgebot**, weil die Vergabekammer ihre Entscheidung innerhalb von fünf Wochen nach Eingang des Antrags treffen und begründen soll.

Im Hinblick auf den **besonderen Beschleunigungsgrundsatz** des § 113 Abs. 1 GWB 4012
kann ein Beteiligter nicht davon ausgehen, die Vergabekammer oder der Vergabesenat würden ihn so lange vor der mündlichen Verhandlung auf Rechtsbedenken hinweisen, dass er hierauf vorbereitet verhandeln kann. Vermag der Beteiligte auf einen solchen Hinweis nicht schon in der Verhandlung zu antworten, wird ihm auch in Beachtung der Grundsätze des fairen Verfahrens **binnen kurz bemessener Frist** Gelegenheit zu nachträglicher Stellungnahme zu geben sein; der Grundsatz des rechtlichen Gehörs wird durch diese kurzen Fristen nicht verletzt (OLG Thüringen, B. v. 17. 3. 2003 – Az.: 6 Verg 2/03).

Teil 1 GWB § 113 Gesetz gegen Wettbewerbsbeschränkungen

24.3 Verpflichtung zur Entscheidung innerhalb von fünf Wochen (§ 113 Abs. 1 Satz 1)

4013　Die fünfwöchige Entscheidungsfrist des § 113 Abs. 1 Satz 1 GWB beginnt mit der **Einreichung des Nachprüfungsantrags bei der Vergabekammer** (OLG Düsseldorf, B. v. 11. 3. 2002 – Az.: Verg 43/01). Bei der Berechnung der Frist zählt gemäß § 31 VwVfG in Verbindung mit § 187 Abs. 1 BGB der Tag, in den das fristauslösende Ereignis fällt, nicht mit (OLG Dresden, B. v. 17. 6. 2005 – Az.: WVerg 8/05).

24.3.1 Ordnungsgemäße Entscheidung der Vergabekammer

4014　§ 113 Abs. 1 Satz 1 GWB verlangt eine – **wirksame** – Entscheidung der Vergabekammer innerhalb der dort genannten Frist; **nach Ablauf** dieser Frist gilt der Nachprüfungsantrag nach Maßgabe von § 116 Abs. 2 GWB **als abgelehnt** (OLG Dresden, B. v. 5. 4. 2001 – Az.: WVerg 0008/00). Zu den Voraussetzungen an eine wirksame Entscheidung vgl. die Kommentierung zu § 114 GWB.

24.3.2 Schriftform der Entscheidung

4015　Aus § 113 Abs. 1 Satz 1 GWB folgt nur, dass die Entscheidungen der Vergabekammer in **schriftlicher Form** ergehen. Aus der Vorschrift lässt sich aber **nichts über die Notwendigkeit z. B. von Unterschriften auch der ehrenamtlichen Beisitzer** herleiten (BGH, Urteil v. 12. 6. 2001 – Az: X ZB 10/01; BayObLG, B. v. 2. 12. 2002 – Az.: Verg 24/02; OLG Thüringen, B. v. 28. 2. 2001 – Az.: 6 Verg 8/00). Zum Unterschriftserfordernis im Einzelnen vgl. die Kommentierung zu § 114.

24.3.3 Keine Zustellung der Entscheidung innerhalb der Frist

4016　Zur Wahrung der genannten Frist genügt es, dass die Vergabekammer die Entscheidung innerhalb der Frist des § 113 Abs. 1 Satz 1 GWB **verfahrensordnungsgemäß getroffen und sie vollständig (schriftlich) abgesetzt** hat. Die der Vergabekammer nach dem Gesetz zur Verfügung stehende und ohnedies kurze Entscheidungsfrist soll **nicht** zusätzlich mit den Unwägbarkeiten einer **Zustellung** und mit dem hierfür notwendigen Zeitbedarf belastet werden (OLG Düsseldorf, B. v. 8. 5. 2002 – Az.: Verg 8–15/01; OLG Frankfurt, B. v. 25. 10. 2000 – Az.: 11 Verg. 2/99).

24.3.4 Verpflichtung zur Entscheidung innerhalb von fünf Wochen für Feststellungsanträge

4017　Die Verpflichtung der Vergabekammer, das Verfahren innerhalb von fünf Wochen abzuschließen, **gilt nicht für Feststellungsanträge** (§ 114 Abs. 2 Satz 3 GWB).

24.4 Möglichkeit der Verlängerung der Frist (§ 113 Abs. 1 Satz 2)

24.4.1 Grundsätze

4018　§ 113 Abs. 1 Satz 2 sieht die Möglichkeit der Verlängerung der Fünf-Wochen-Frist bei besonderen tatsächlichen oder rechtlichen Schwierigkeiten vor. Auch **mehrmalige Verlängerungen sind möglich** (in diese Richtung OLG Düsseldorf, B. v. 9. 6. 2010 – Az.: VII-Verg 9/10; Saarländisches OLG, B. v. 5. 7. 2006 – Az.: 1 Verg 6/05).

4019　Die Rechtsprechung verkennt nicht, dass die **Interessen der Vergabestelle durch eine Verlängerung der Bearbeitungsfrist der Vergabekammer erheblich beeinträchtigt werden können**. Diese müssen nach dem Gesetz jedoch **im Interesse der allgemeinen Rechtssicherheit grundsätzlich hingenommen** werden. Außerdem kann ein Beschwerdeführer sein Interesse an einem baldigen Zuschlag auch in anderer, vom Gesetz vorgesehener Weise verfolgen, indem er einen **Antrag nach § 115 Abs. 2 GWB stellt**. Ferner bleibt es ihm **unbenommen, sich an die zuständige Aufsichtsbehörde zu wenden**, wenn er meint, mit der Verlängerungsverfügung habe der Vorsitzende das Beschleunigungsgebot faktisch unterlaufen und eine unangemessene, unbegründete und nicht vertretbare Verzögerung des Verfahrens herbeigeführt (OLG Naumburg, B. v. 13. 8. 2007 – Az.: 1 Verg 8/07).

Als **tatsächliche Schwierigkeit** gelten auch **Erkrankungen** von Mitgliedern der Vergabe- 4020
kammer (1. VK Sachsen, B. v. 13. 6. 2002 – Az.: 1/SVK/042-02) und eine **urlaubsbedingte
Abwesenheit** der Vertreter der Vergabestelle (VK Südbayern, B. v. 19. 1. 2001 – Az.: 27-12/
00).

Auch die **Zusammenlegung** unterschiedlich begründeter, zu unterschiedlichen Zeiten, aber 4021
zum gleichen Vorhaben eingehende Anträge können eine Verlängerung begründen (VK Thüringen, B. v. 15. 11. 2002 – Az.: 216–403.20–032/02-G-S).

24.4.2 Ablehnungsfiktion des § 116 Abs. 2

Die Ablehnungsfiktion des § 116 Abs. 2 knüpft nur an die formale Verlängerung der Frist an; 4022
ob die Voraussetzungen vorgelegen haben oder nicht, spielt keine Rolle (OLG Koblenz, B. v.
31. 8. 2001 – Az.: 1 Verg. 3/01). Eine **inhaltliche Überprüfung der materiellen Richtigkeit
der Verlängerungsverfügung findet nicht statt**. Diese Gesetzesauslegung ist aus Gründen der
Rechtssicherheit geboten. Anderenfalls wäre ein Bieter, der ein Nachprüfungsverfahren anstrengt,
bei Überschreiten der Frist des § 113 Abs. 1 GWB trotz einer Verlängerungsverfügung gehalten,
vorsorglich Beschwerde einzulegen, um einen Rechtsverlust zu vermeiden. Wenn er eine solche
vorsorgliche Beschwerde nicht einlegen würde, könnte er sich im Beschwerdeverfahren vor dem
Vergabesenat dem Einwand ausgesetzt sehen, die Verlängerungsgründe hätten nicht vorgelegen.
Wenn er dagegen im Vertrauen auf die Wirksamkeit einer Verlängerungsverfügung von einer sofortigen Beschwerde absähe, müsste er auf einen entsprechenden Einwand im Beschwerdeverfahren in Abhängigkeit von der Rechtsauffassung des Vergabesenates einen Wiedereinsetzungsantrag
stellen, dem entsprochen werden müsste, wenn für ihn nicht erkennbar gewesen wäre, dass die
Verlängerungsverfügung unwirksam war. Eine Gesetzesauslegung, die zu derartigen Komplikationen führt, würde dem Rechtsstaatsprinzip widersprechen, weil sie dem Rechtsuchenden die
zuverlässige Kalkulation der Rechtsmittelfristen unmöglich machen würde (OLG Brandenburg,
B. v. 30. 11. 2004 – Az.: Verg W 10/04; im Ergebnis ebenso OLG Naumburg, B. v. 13. 8. 2007 –
Az.: 1 Verg 8/07).

Hat die Vorsitzende der Vergabekammer die Entscheidungsfrist gemäß § 113 Abs. 1 GWB 4023
jeweils rechtzeitig dadurch verlängert, dass sie die Verfügung über die Verlängerung der Entscheidungsfrist unterzeichnete und in den Geschäftsverkehr gab, ist **unerheblich, dass die Verlängerungsmitteilung innerhalb der Zeit nicht sämtlichen Verfahrensbeteiligten zugestellt worden oder auch nur zugegangen ist**. Die **gegenteilige Auffassung führte zu
unzumutbaren Rechtsunsicherheiten**. Auf die Dauer der Zustellung hat die Vergabekammer
keinen Einfluss. Das gilt nicht nur für die Dauer des Postverkehrs, sondern auch dafür, wann der
Zustellungsempfänger die Verfügung mit Zustellungswillen entgegen nimmt. Zwar ist eine förmliche Zustellung gemäß § 113 Abs. 1 S. 2 GWB (wonach eine bloße „Mitteilung" ausreicht)
nicht notwendig. Darauf kommt es aber, an, entscheidend ist, dass unter Zugrundelegung
der gegenteiligen Auffassung ein Verfahrensbeteiligter – und zwar auch ohne eine Notwendigkeit einer förmlichen Zustellung der Verlängerungsverfügung – nicht kontrollieren könnte, ob
ein Nachprüfungsantrag als zurückgewiesen gilt, weil er das Datum der Zustellung oder auch
nur des Zugangs an andere Verfahrensbeteiligte nicht ohne Weiteres in Erfahrung bringen kann.
**Demgegenüber ist ohne Probleme durch eine Anfrage bei der Vergabekammer möglich zu erfahren, ob und wann eine Verlängerungsmitteilung (bzw. ein Beschluss)
ergangen** ist (OLG Düsseldorf, B. v. 9. 6. 2010 – Az.: VII-Verg 9/10).

24.4.3 Beschleunigungsgebot auch bei Verlängerung (§ 113 Abs. 1 Satz 3)

Nach § 113 Abs. 1 Satz 2 kann bei besonderen tatsächlichen oder rechtlichen Schwierigkeiten 4024
der Vorsitzende im Ausnahmefall die Frist zur Entscheidung durch Mitteilung an die Beteiligten
um den erforderlichen Zeitraum verlängern. **Zur Beschleunigung wurde durch das Vergaberechtsmodernisierungsgesetz 2009 in Satz 3 die Regelung eingeführt, dass dieser
Zeitraum nicht länger als zwei Wochen dauern soll**.

24.4.4 Rechtsschutz gegen die Verlängerung der Frist

Ob die Fristverlängerung als verfahrensleitende Entscheidung selbständig mit der sofortigen 4025
Beschwerde gemäß § 116 Abs. 1 GWB angefochten werden kann, ist offen (OLG Koblenz, B.
v. 31. 8. 2001 – Az.: 1 Verg. 3/01).

24.5 Mitwirkungspflicht der Beteiligten (§ 113 Abs. 2 Satz 1)

24.5.1 Allgemeines

4026 Die Vergabekammer muss in der knapp bemessenen Fünf-Wochen-Frist in aller Regel eine Amtsermittlung des Sachverhalts (Zeugenvernehmung, ggf. Sachverständigengutachten, Aktenstudium), die Beiladung von schwerwiegend in ihren Interessen betroffenen Unternehmen nach § 109 GWB und eine gut vorbereitete mündliche Verhandlung gemäß § 112 GWB durchführen, ggf. allen Beteiligten gemäß § 111 GWB Akteneinsicht gewähren. Dies erscheint nur dann innerhalb der maximal fünfwöchigen Entscheidungsfrist leistbar, wenn **auch die Verfahrensbeteiligten ihren Mitwirkungs- und Beschleunigungsverpflichtungen nachkommen**, wozu u. a. auch die frühzeitige Benennung von verfügbaren Beweismitteln und die Darlegung der erfolgten Rüge gehören (OLG Frankfurt, B. v. 7. 8. 2007 – Az.: 11 Verg 3/07, 4/07; 1. VK Sachsen, B. v. 14. 8. 2000 – Az.: 1/SVK/73-00).

4027 Vor allem muss der Antragsteller zu den sein Begehren rechtfertigenden Tatsachen im Rahmen des ihm Möglichen **nachvollziehbar und substantiiert vortragen** und Beweismöglichkeiten aufzeigen (OLG Düsseldorf, B. v. 28. 8. 2001 – Az.: Verg 27/01).

24.5.2 Weitere Beispiele aus der Rechtsprechung

4028 – grundsätzlich ist zwar davon auszugehen, dass sich das Beschleunigungsgebot bzw. die Verfahrensförderungspflicht der Parteien auf das einzelne Nachprüfungsverfahren bezieht, so dass ein Vorbringen in einem Nachprüfungsverfahren als unbeachtlich zurückgewiesen werden kann. Es **stellt aber die Extremform eines Verstoßes gegen die Verfahrensförderungspflicht dar, wenn ein rechtlicher Aspekt über einen längst bekannten Sachverhalt nicht nur verspätet in einem Verfahren vorgebracht wird, sondern wenn gestützt hierauf sogar ein neues Nachprüfungsverfahren eingeleitet wird**, das ja mit gänzlich neuen Fristen einhergeht und daher in ganz erheblicher Weise verzögert. Genauso wie beim Zuschlagsverbot des § 115 Abs. 1 GWB ist auch für die Verfahrensförderungspflicht der Auftrag der Bezugspunkt. Mit einem schnellen und effizienten Verfahren und eben auch mit der Verpflichtung der Parteien darauf, hier ihren Beitrag zu leisten, wollte der Gesetzgeber die Vergabe des Auftrags, der in Rede steht, nicht zu lange verzögern; **für die Verzögerung ist es aber ohne Belang, in welchem Nachprüfungsverfahren sie erfolgt**. Vor diesem gesetzgeberischen Hintergrund ist es gerechtfertigt, den **Beschleunigungsgrundsatz auch übergreifend über zwei Nachprüfungsverfahren anzuwenden** und eben auch ein zweites Nachprüfungsverfahren als unzulässig wegen des Verstoßes gegen die Verfahrensförderungspflicht zurückzuweisen (3. VK Bund, B. v. 28. 10. 2010 – Az.: VK 3–93/10)

– soweit ein Antragsteller, der der **Name des von der Beigeladenen benannten Nachunternehmers** zur Wahrung von Geschäftsgeheimnissen der Beigeladenen nicht bekannt gegeben wurde, durch entsprechende Erklärung ihres Nachunternehmers mitgeteilt hat, der von ihr benannte Nachunternehmer stehe auch den Mitbewerbern des Vergabeverfahrens nicht vor dem 1. September 2006 zur Verfügung, ist dieser Umstand unbeachtlich. Denn selbst bei unterstellter Identität der Nachunternehmer von Beigeladener und Antragsteller muss dieser **Vortrag schon deshalb unberücksichtigt bleiben, weil er erst nach der mündlichen Verhandlung und nach Entscheidung der Vergabekammer erfolgt** ist. Ein **erst zu diesem Zeitpunkt des Verfahrens erfolgter Vortrag stellt einen Verstoß gegen die Verfahrensförderungspflicht des § 113 Abs. 2 Satz 1 GWB dar**, da der Antragsteller nicht gehindert gewesen wäre, das mit ihrem Schriftsatz vom 17. März 2006 überreichte Schreiben bereits zu einem früheren Zeitpunkt – und nicht erst nach der mündlichen Verhandlung – einzuholen und in das Nachprüfungsverfahren einzubringen. Ein solches **Vorbringen muss daher bei der Entscheidungsfindung unberücksichtigt bleiben** (1. VK Bund, B. v. 16. 3. 2006 – Az.: VK 1–10/06).

– ein Antragsteller im Nachprüfungsverfahren **verletzt seine Pflicht gemäß § 113 Abs. 2 GWB**, wonach die Beteiligten zur Mitwirkung an einem raschen Abschluss des Verfahrens verpflichtet sind, **auf das Gröbste, wenn er trotz rechtzeitiger Ladung erst 1 Werktag vor dem Verhandlungstermin erklärt, an der anberaumten Verhandlung nicht teilnehmen zu können**. Die hierfür maßgebliche Begründung, er müsse sich (offenbar nunmehr erstmalig) mit ihrem Rechtsanwalt zu dem Sachverhalt besprechen, kann 4 (!) Wochen nach Einreichung des Nachprüfungsantrages nicht mehr verfangen. Das Ansinnen des Anragstellers, die mündliche Verhandlung erst im Jahr 2005 – und damit mehr als zwei Wochen nach Ablauf der Entscheidungsfrist gemäß § 113 Abs. 1 Satz 1 GWB – durchzuführen, **erscheint der Kammer damit rechtsmissbräuchlich**. Keinesfalls kann es angehen, dass ein Antragsteller durch sein Verhalten – zu Lasten der anderen Beteiligten – einen Grund für tatsächliche Schwierigkeiten im Sinn von § 113 Abs. 1 Satz 2 GWB setzt, die eine Verlängerung der Entscheidungsfrist indizieren könnten. Dies ist wäre mit dem Sinn und Zweck des Beschleunigungsgebotes nach § 113 GWB unvereinbar, wonach insbesondere ein öffentliches Interesse an einem möglichst schnellen Abschluss von Vergabeverfahren besteht (VK Schleswig-Holstein, B. v. 13. 12. 2004 – Az.: VK-SH-33/04).

24.5.3 Verhältnis zwischen der Mitwirkungspflicht und dem Untersuchungsgrundsatz

Das Verhältnis zwischen der Mitwirkungspflicht der Beteiligten und dem Untersuchungsgrundsatz des § 110 GWB wird in der Rechtsprechung **nicht einheitlich** beantwortet. 4029

Zum einen wird die Auffassung vertreten, dass es keinesfalls Sinn und Zweck des Amtsermittlungsgrundsatzes (§ 110) und damit Aufgabe der Vergabekammer ist, eine vorsätzliche Aufklärungsverweigerung zugunsten desjenigen, der seine Mitwirkungspflichten verletzt, **zu kompensieren** (OLG Düsseldorf, B. v. 28. 8. 2001 – Az.: Verg 27/01; OLG Frankfurt, B. v. 7. 8. 2007 – Az.: 11 Verg 3/07, 4/07; 2. VK Bund, B. v. 11. 9. 2002 – Az.: VK 2–42/02; VK Halle, B. v. 25. 4. 2001 – Az.: VK Hal 04/01). 4030

Kommt ein Beteiligter seiner Förderungspflicht nicht nach, hat er also die sich daraus ergebenden Verfahrensnachteile zu tragen. Diese **verfahrensrechtlichen Nachteile bestehen zwar nicht ohne weiteres in der Präklusion des betreffenden Angriffs- oder Verteidigungsmittels**. Denn das Gesetz sieht in § 113 Abs. 2 Satz 2 GWB die Möglichkeit, Sachvortrag unberücksichtigt zu lassen, ausdrücklich nur für den Fall vor, dass die Vergabekammer dem Beteiligten für seinen Sach- und Rechtsvortrag eine angemessene Frist gesetzt hat und diese Frist fruchtlos verstrichen ist. Aus dieser Normlage ist indes nicht abzuleiten, dass eine Missachtung der allgemeinen Verfahrensförderungspflicht des § 113 Abs. 2 Satz 1 GWB folgenlos bleibt (OLG Düsseldorf, B. v. 19. 11. 2003 – Az.: VII – Verg 22/03; OLG Frankfurt, B. v. 7. 8. 2007 – Az.: 11 Verg 3/07, 4/07). 4031

Die **Pflicht der Beteiligten zur Verfahrensförderung** und die **Verpflichtung der Nachprüfungsinstanzen, den relevanten Sachverhalt von Amts wegen zu ermitteln** (§ 110 Abs. 1 Satz 1, § 120 Abs. 2, § 70 Abs. 1 GWB), **stehen in einer Wechselwirkung**. Kommt ein Verfahrensbeteiligter seiner Förderungspflicht nicht nach, reduziert sich zu seinen Lasten die Aufklärungspflicht der Kontrollinstanzen. Dies hat zur Konsequenz, dass die Vergabenachprüfungsinstanzen von sich aus nicht alle nur denkbaren Rechtsverstöße in Erwägung ziehen und sie in tatsächlicher und rechtlicher Hinsicht überprüfen müssen. Die **Aufklärungs- und Ermittlungspflicht reicht vielmehr nur so weit, wie das Vorbringen der Beteiligten (oder der sonstige Tatsachenstoff) bei verständiger Betrachtung dazu einen hinreichenden Anlass bieten**. Ohne einen – im Rahmen des Möglichen und Zumutbaren geforderten – detaillierten Sachvortrag ist das Beschwerdegericht nicht zur Amtsermittlung verpflichtet. Es muss deshalb bloßen Mutmaßungen eines Beteiligten ebenso wenig nachgehen wie nur pauschal und ohne näheren Sachvortrag untermauerten Vorwürfen einer Partei (VK Sachsen, B. v. 28. 10. 2008 – Az.: 1/SVK/054-08). 4032

Nichts anderes kann im Ergebnis **für den Fall** gelten, dass ein **Beteiligter unter Missachtung der Verfahrensförderungspflicht** derart spät zur Sache vorträgt, dass **den anderen Verfahrensbeteiligten** bis zum Schluss der mündlichen Verhandlung, auf den die Entscheidung der Nachprüfungsinstanz ergeht (vgl. § 112 Abs. 1 Satz 1, § 120 Abs. 2, § 69 Abs. 1 GWB), eine **Erwiderung unter zumutbaren Bedingungen nicht mehr möglich ist**. Ein solches **Vorbringen muss** schon aus verfassungsrechtlichen Gründen **bei der Entscheidungsfindung unberücksichtigt** bleiben, weil die anderen Verfahrensbeteiligten in der zur Verfügung stehenden Zeitspanne bis zum Verhandlungsschluss ihren verfassungsrechtlich verbürgten Anspruch auf rechtliches Gehör (Art. 103 Abs. 1 GG) nicht wahrnehmen können (VK Baden-Württemberg, B. v. 1. 4. 2010 – Az.: 1 VK 13/10). Daraus folgt zugleich, dass das **verspätete Vorbringen** – weil es nicht zum Nachteil der anderen Verfahrensbeteiligten verwertet werden darf – auch **nicht die Amtsermittlungspflicht der Nachprüfungsinstanzen auslösen** kann (OLG Düsseldorf, B. v. 19. 11. 2003 – Az.: VII – Verg 22/03; OLG Frankfurt, B. v. 7. 8. 2007 – Az.: 11 Verg 3/07, 4/07; VK Düsseldorf, B. v. 15. 8. 2008 – Az.: VK – 18/2008 – L). 4033

Teil 1 GWB § 113   Gesetz gegen Wettbewerbsbeschränkungen

4034   Auch ein **erst nach der mündlichen Verhandlung erfolgter Vortrag stellt einen Verstoß gegen die Verfahrensförderungspflicht des § 113 Abs. 2 Satz 1 GWB dar**. Die Vergabekammer müsste, um den neuen Vortrag berücksichtigen zu können, erneut in die mündliche Verhandlung eintreten. Das ist mit dem Beschleunigungsgrundsatz nicht zu vereinbaren, insbesondere dann, wenn z. B. der Antragsteller nicht gehindert war, sämtliche von ihm geltend gemachten Vergaberechtsverstöße zu einem früheren Zeitpunkt und nicht erst nach der mündlichen Verhandlung vorzutragen (VK Baden-Württemberg, B. v. 1. 4. 2010 – Az.: 1 VK 13/10; 1. VK Bund, B. v. 29. 7. 2008 – Az.: VK 1–81/08).

4035   Umgekehrt bedeutet dies: Geben schon der Vortrag der Beteiligten oder der sonstige Tatsachenstoff den **Kontrollinstanzen hinreichenden Anlass zur Prüfung, sind sie zur weiteren amtswegigen Ermittlung und Rechtsprüfung verpflichtet**. Sind die Kontrollinstanzen sodann imstande, den behaupteten Vergaberechtsverletzungen unschwer zu beurteilen, kann der Bieter nicht darauf verwiesen werden, einen (ihm oftmals unbekannten) Sachverhalt erst noch „substantiierter" darzulegen. **Anderenfalls würde ihm eine Mitwirkung auferlegt, derer die Nachprüfungsinstanz nicht bedarf** (OLG Düsseldorf, B. v. 23. 2. 2005 – Az.: VII – Verg 92/04).

4036   Demgegenüber wird von einer anderen Ansicht **eher der Untersuchungsgrundsatz in den Vordergrund** gestellt: Nach § 113 Abs. 2 GWB sind die Beteiligten verpflichtet, an der Aufklärung des Sachverhaltes mitzuwirken, um einen raschen Abschluss des Verfahrens zu unterstützen. Kommt ein Antragsteller dieser Mitwirkungspflicht nur ungenügend und teilweise nach, ist sein Begehren dennoch in vollem Umfang zu prüfen, da die Vergabekammer von Amts wegen ermittelt und die fehlende Mitwirkungspflicht der Antragstellerin gesetzlich nicht sanktioniert ist (1. VK Sachsen, B. v. 8. 4. 2002 – Az.: 1/SVK/022-02).

24.6 Möglichkeit von Ausschlussfristen (§ 113 Abs. 2 Satz 2)

4037   § 113 Abs. 2 Satz 2 GWB sieht die Möglichkeit eines **Ausschlusses von Beteiligtenvortrag** für den Fall vor, dass das Vorbringen **nach Ablauf einer gesetzten Frist** zur Stellungnahme eingeht. Die Vorschrift ermöglicht damit die Durchsetzung der in § 113 Abs. 2 Satz 1 GWB normierten Verfahrensförderungspflicht der Beteiligten. Vorbringen, das innerhalb der nach § 113 Abs. 2 Satz 2 GWB gesetzten Frist erfolgt, wird von der Präklusionsregelung nicht erfasst. Es ist daher in jedem Fall zu beachten und bei der Entscheidungsfindung mit in Erwägung zu ziehen (OLG Koblenz, B. v. 22. 3. 2001 – Az.: 1 Verg 9/00).

4038   Die Folge einer späteren schriftlichen Äußerung ist **nicht zwingend die Präklusion** dieses Vorbringens; § 113 Abs. 2 Satz 2 gibt der Vergabekammer ein Ermessen (1. VK Sachsen, B. v. 2. 8. 2001 – Az.: 1/SVK/70-01). Im Rahmen dieser Ermessensentscheidung **kann ein Vorbringen eines Beteiligten zugelassen werden**, wenn z. B. die Fristüberschreitung unwesentlich und die damit bewirkte Verzögerung unerheblich ist und nicht ins Gewicht fällt und für die anderen Beteiligten und die Vergabekammer noch ausreichend Zeit bleibt, die Ausführungen zur Kenntnis zu nehmen bzw. darauf zu erwidern. Eine **Unbeachtlichkeit des Vortrags ergibt sich auch nicht daraus, dass ein Beteiligter die Fristversäumung nicht entschuldigt hat**. Zwar sehen entsprechende Verfahrensvorschriften vor, z. B. § 296 Abs. 1 ZPO, dass ein verspäteter Vortrag nur berücksichtigt werden kann, wenn die Partei die Verspätung genügend entschuldigt. Die Spezialregelung des § 113 Abs. 2 Satz 2 GWB macht aber die Zulassung eines Vorbringens, das nach dem Ablauf von Fristen erfolgt, im Nachprüfungsverfahren gerade nicht von dem Tatbestandsmerkmal der Entschuldigung abhängig (VK Hessen, B. v. 16. 1. 2004 – Az.: 69 d VK – 72/2003).

24.7 Literatur

4039   – Braun, Joachim, Beschleunigungsgebot und Ablehnungsfiktion im Vergaberegime des GWB, NZBau 2003, 134

       – Maier, Clemens, Die prozessualen Grundsätze des Nachprüfungsverfahrens, NZBau 2004, 667

25. § 114 GWB – Entscheidung der Vergabekammer

(1) Die Vergabekammer entscheidet, ob der Antragsteller in seinen Rechten verletzt ist und trifft die geeigneten Maßnahmen, um eine Rechtsverletzung zu beseitigen und eine Schädigung der betroffenen Interessen zu verhindern. Sie ist an die Anträge nicht gebunden und kann auch unabhängig davon auf die Rechtmäßigkeit des Vergabeverfahrens einwirken.

(2) Ein wirksam erteilter Zuschlag kann nicht aufgehoben werden. Hat sich das Nachprüfungsverfahren durch Erteilung des Zuschlags, durch Aufhebung oder durch Einstellung des Vergabeverfahrens oder in sonstiger Weise erledigt, stellt die Vergabekammer auf Antrag eines Beteiligten fest, ob eine Rechtsverletzung vorgelegen hat. § 113 Abs. 1 gilt in diesem Fall nicht.

(3) Die Entscheidung der Vergabekammer ergeht durch Verwaltungsakt. Die Vollstreckung richtet sich, auch gegen einen Hoheitsträger, nach den Verwaltungsvollstreckungsgesetzen des Bundes und der Länder. Die §§ 61 und 86a Satz 2 gelten entsprechend.

25.1 Vergaberechtsmodernisierungsgesetz 2009

Durch die **Einfügung des Wortes „wirksam"** in § 114 Abs. 2 wird die Rechtsfolge der Unwirksamkeit nach § 101b auf den Zuschlag erstreckt. Durch die **Bezugnahme auf § 86a GWB** in § 114 Abs. 3 können nunmehr Zwangsgelder in einer Spanne von 1.000 bis 10 Millionen € verhängt und damit Anordnungen der Vergabekammer effektiver durchgesetzt werden. 4040

25.2 Grundsätze (§ 114 Abs. 1 Satz 1)

§ 114 GWB vermittelt der Vergabekammer einen **weiten Entscheidungsraum**, der nur innerhalb des **Verhältnismäßigkeitsgrundsatzes Schranken** findet (OLG Düsseldorf, B. v. 30. 4. 2003 – Az.: Verg 64/02; OLG Stuttgart, B. v. 28. 11. 2002 – Az.: 2 Verg 14/02; VK Sachsen, B. v. 24. 9. 2009 – Az.: 1/SVK/040-09; B. v. 10. 6. 2008 – Az.: 1/SVK/026-08; B. v. 7. 1. 2008 – Az.: 1/SVK/077-07; B. v. 17. 9. 2007 – Az.: 1/SVK/058-07; VK Südbayern, B. v. 19. 1. 2009 – Az.: Z3-3-3194-1-41–11–08; B. v. 19. 1. 2009 – Az.: Z3-3-3194-1-39–11–08). Die Vergabekammer kann alles unternehmen, was für die Rechtmäßigkeit des Vergabeverfahrens erforderlich ist. Ausgeschlossen ist lediglich die Zuerkennung von Schadensersatz. Die **Maßnahme muss** jedoch **geeignet** sein, die Rechtsverletzung zu beseitigen, gleichzeitig aber auch das **mildeste Mittel** hierfür sein (VK Düsseldorf, B. v. 2. 8. 2007 – Az.: VK – 23/2007 – B; 1. VK Sachsen, B. v. 24. 9. 2009 – Az.: 1/SVK/040-09; B. v. 10. 6. 2008 – Az.: 1/SVK/ 026-08; B. v. 30. 4. 2008 – Az.: 1/SVK/020-08; B. v. 25. 1. 2008 – Az.: 1/SVK/088-07; B. v. 7. 1. 2008 – Az.: 1/SVK/077-07; B. v. 17. 9. 2007 – Az.: 1/SVK/058-07; B. v. 21. 5. 2001 – Az.: 1/SVK/32-01; VK Südbayern, B. v. 17. 6. 2009 – Az.: Z3-3-3194-1-22–05/09; B. v. 17. 6. 2009 – Az.: Z3-3-3194-1-21–05/09; B. v. 19. 1. 2009 – Az.: Z3-3-3194-1-41–11–08; B. v. 19. 1. 2009 – Az.: Z3-3-3194-1-39–11–08). 4041

25.3 Rechtsverletzung und Schaden

Ein **Schaden** bzw. eine eigene Rechtsverletzung ist zwingende Voraussetzung für den Erfolg des Nachprüfungsverfahrens. Die Notwendigkeit einer tatsächlichen Rechtsverletzung geht insoweit über die für die Zulässigkeit des Antrags ausreichende Möglichkeit einer Rechtsverletzung hinaus. § 107 Abs. 2 Satz 2 GWB fordert, dass dem Unternehmen durch die behauptete Verletzung der Vergabevorschriften ein Schaden entstanden ist oder zu drohen droht. Rechtsverstöße der Vergabestelle müssen sich danach auch ausgewirkt haben oder noch mit hinreichender Wahrscheinlichkeit zum Nachteil des Antragsstellers auswirken können. Die Vergabekammer hat nach § 114 Abs. 1, 1. HS GWB zu prüfen, ob ein Antragsteller tatsächlich in seinen Rechten verletzt ist. Es genügt nicht, dass eine bieterschützende Vorschrift missachtet wird. Der Antragsteller muss sich auf diese Verletzung vielmehr auch konkret berufen können, d. h. die Vorschrift muss zu seinen Lasten verletzt sein (OLG München, B. v. 5. 11. 2009 – Az.: Verg 15/09; VK Baden-Württemberg, B. v. 28. 5. 2009 – Az.: 1 VK 21/09). 4042

4043 Ein **Nachprüfungsverfahren kann keinen Erfolg haben, wenn eindeutig feststeht, dass auch bei Vermeidung des Vergabefehlers der Bieter keinerlei Aussicht auf den Zuschlag** hat. Lässt sich dagegen nicht oder nicht zuverlässig beurteilen, ob der Antragsteller bei Wiederholung des fehlerhaften Abschnitts des Verfahrens in der Wertung den ersten Platz erringen kann, hat der Nachprüfungsantrag Erfolg (OLG München, B. v. 21. 5. 2010 – Az.: Verg 02/10).

4044 Die **Feststellung einer mindestens nicht ausschließbaren Beeinträchtigung der Auftragschancen des Antragstellers** ist neben einer Rechtsverletzung für den Erfolg des Nachprüfungsantrags unerlässlich. Das **Erfordernis einer dahingehenden Feststellung folgt nicht nur aus der gebotenen Übertragung der Anforderungen an die Antragsbefugnis nach § 107 Abs. 2 GWB auf die Ebene der Begründetheit des Nachprüfungsantrags, sondern zudem aus § 114 Abs. 1 Satz 1 GWB**, der auch in der Beschwerdeinstanz zu beachten ist. Danach treffen die Vergabenachprüfungsinstanzen die geeigneten Maßnahmen, um eine Rechtsverletzung (des Antragstellers) zu beseitigen und eine Schädigung der betroffenen Interessen zu verhindern. **Droht wegen einer Rechtsverletzung kein Schaden**, mithin keine Beeinträchtigung der Aussichten auf den Erhalt des Auftrags, **sind die Vergabenachprüfungsinstanzen nicht berechtigt, in das Vergabeverfahren einzugreifen**. Dafür spricht auch ein richtlinienkonformes Verständnis der EU-rechtlichen Bestimmungen über das Nachprüfungsverfahren. So kann nach Art. 2 d Abs. 1 Buchst. b von Art. 1 der Rechtsmittelrichtlinie 89/665/EWG ändernden Richtlinie 2007/66/EG (i.V. mit deren Erwägungsgrund 18) der Antragsteller Rechtsschutz gegen die Wirksamkeit eines unter Verstoß gegen Vergabevorschriften geschlossenen Vertrages nur erlangen, falls der Rechtsverstoß seine Aussichten auf die Erteilung des Zuschlags beeinträchtigt hat (oder anders ausgedrückt: dem Antragsteller tatsächlich ein Schaden entstanden oder ein solcher wahrscheinlich, zumindest aber nicht ausschließbar zu erwarten ist). Die genannte Richtlinienvorschrift betrifft zwar die von den Mitgliedstaaten gegen die Wirksamkeit unter Verstoß gegen Vergabevorschriften geschlossener Verträge vorzusehenden Rechtsbehelfe. Doch ist die Anforderung, dass durch den festgestellten Rechtsverstoß tatsächlich und kausal die Auftragschancen des Antragstellers beeinträchtigt worden sein müssen, bei wertender Betrachtung auf bestimmte vergaberechtliche Streitfälle zu übertragen. Fehlt es an einer solchen Beeinträchtigung, besteht für die Vergabenachprüfungsinstanzen auch kein rechtfertigender Grund, das Vergabeverfahren anzuhalten und auf diese Weise den vom Gesetz angestrebten möglichst raschen Abschluss des Beschaffungsvorhabens zu verzögern (OLG Düsseldorf, B. v. 15. 6. 2010 – Az.: VII-Verg 10/10).

25.4 Arten der Entscheidung

25.4.1 Verfahrensentscheidungen

25.4.1.1 Aussetzung des Vergabeverfahrens

4045 Die Rechtsprechung hierzu ist nicht einheitlich.

4046 Nach einer Auffassung sehen die **Vorschriften der §§ 107 bis 115 GWB** über das Verfahren vor der Vergabekammer eine **Aussetzung** des Verfahrens wegen einer entscheidungserheblichen Vorfrage über das Bestehen oder Nichtbestehen eines Rechtsverhältnisses, das den Gegenstand eines anderen anhängigen Rechtsstreits bildet oder von einer Verwaltungsbehörde festzustellen ist (vgl. § 94 VwGO und § 148 ZPO), **nicht vor**. Das kann nicht als eine planwidrige Lücke des Gesetzes, die im Wege der Analogie zu den Vorschriften anderer Verfahrensgesetze (also zu den § 94 VwGO, § 148 ZPO) geschlossen werden könnte und müsste, angesehen werden. Vielmehr würde eine solche Analogie dem Sinn der besonderen Verfahrensvorschriften der §§ 107 ff. GWB widersprechen.

4047 Aus allen der Beschleunigung dienenden Vorschriften ist zu schließen, dass die Vergabekammer über die für ihre Endentscheidung relevanten Vorfragen – inzidenter im Rahmen ihres Verfahrens als Vorstufe zu ihrer Vergabenachprüfungsentscheidung – **selbst entscheiden muss**, auch wenn die Vorfrage der Gegenstand eines anderen gleichzeitigen Verfahrens ist, in dem über die Vorfrage verbindlich entschieden werden wird. Dass auf diese Weise zwei Institutionen nebeneinander mit derselben Frage befasst sind (die Vergabekammer allerdings nur als Vorfrage), ist auch deshalb hinzunehmen, weil die über die Vorfrage inzidenter zu treffende Entscheidung der Vergabekammer an der Bestandskraft und an der Bindungswirkung (§ 124 Abs. 1 GWB) ihrer Endentscheidung nicht teilhat (OLG Düsseldorf, B. v. 11. 3. 2002 – Az.: Verg 43/01; VK Baden-Württemberg, B. v. 16. 1. 2009 – Az.: 1 VK 65/08; B. v. 30. 12. 2008 – Az.: 1 VK 51/08;

Gesetz gegen Wettbewerbsbeschränkungen GWB § 114 **Teil 1**

B. v. 13. 11. 2008 – Az.: 1 VK 41/08; VK Hessen, B. v. 21. 4. 2008 – Az.: 69 d VK – 15/2008; 1. VK Sachsen, B. v. 29. 8. 2008 – Az.: 1/SVK/042-08; B. v. 29. 8. 2008 – Az.: 1/SVK/041-08; VK Schleswig-Holstein, B. v. 17. 9. 2008 – Az.: VK-SH 10/08).

Demgegenüber sieht die VK Hannover keine Notwendigkeit, **wegen einer eventuellen** 4048 **Unvereinbarkeit des Landesvergabegesetzes Niedersachsen** eine anstehende Entscheidung bis zu einer Entscheidung des Bundesverfassungsgerichts auszusetzen, weil ein Ausschluss aufgrund des Landesvergabegesetzes nicht zur Anwendung kommt (VK Hannover, B. v. 3. 9. 2003 – Az.: 26 045 – VgK – 13/2003); die Kammer geht **also anscheinend von der Möglichkeit einer Aussetzung aus**.

25.4.1.2 Aussetzung des Vergabeverfahrens und Vorlage an den Europäischen Gerichtshof

Die **Rechtsprechung** hierzu ist **nicht** völlig **einheitlich**. 4049

Nach einer Auffassung kommt eine **Aussetzung und Vorlage an den Europäischen Ge-** 4050 **richtshof nicht in Betracht**. Gemäß Art. 234 EG (jetzt Art. 267 AEUV) ergibt sich eine Verpflichtung zur Anrufung des Gerichtshofes nur für die Gerichte. Die **Vergabekammern sind keine Gerichte** oder gerichtsähnlichen Einrichtungen, sondern vom Gesetzgeber als unabhängige verwaltungsinterne Behörden (besonderer Art) ausgestaltet worden (2. VK Brandenburg, B. v. 29. 11. 2001 – Az.: 2 VK 44/00; VK Düsseldorf, B. v. 31. 10. 2007 – Az.: VK – 31/2007 – L; VK Hamburg, B. v. 25. 7. 2007 – Az.: VK BSU-8/07; VK Hessen, B. v. 21. 4. 2008 – Az.: 69 d VK – 15/2008; 1. VK Sachsen, B. v. 29. 8. 2008 – Az.: 1/SVK/042-08; B. v. 29. 8. 2008 – Az.: 1/SVK/041-08; VK Südbayern, B. v. 3. 4. 2009 – Az.: Z3-3-3194-1-49–12/08).

Außerdem ist in den Vorschriften über das Vergabeverfahren eine **Aussetzung des Verfah-** 4051 **rens nicht vorgesehen**. Insoweit kommt dem **Beschleunigungsgebot** des § 113 GWB **vorrangige Bedeutung** zu (1. VK Brandenburg, B. v. 23. 7. 2007 – Az.: 1 VK 26/07; 3. VK Bund, B. v. 26. 7. 2005 – Az.: VK 3–73/05; VK Hessen, B. v. 21. 4. 2008 – Az.: 69 d VK – 15/2008; VK Südbayern, B. v. 3. 4. 2009 – Az.: Z3-3-3194-1-49–12/08), ebenso einer **eventuellen Befriedungswirkung** (VK Düsseldorf, B. v. 31. 10. 2007 – Az.: VK – 31/2007 – L; VK Südbayern, B. v. 3. 4. 2009 – Az.: Z3-3-3194-1-49–12/08).

Der **Europäische Gerichtshof** wiederum hat – für das österreichische Bundesvergabeamt – 4052 entschieden, dass das Bundesvergabeamt (als Nachprüfungsinstanz) im Rahmen eines Nachprüfungsverfahrens im Sinne der Richtlinie 89/665 tätig wird und eine rechtsverbindliche Entscheidung zu erlassen hat. Darüber hinaus ist das Bundesvergabeamt befugt, festzustellen, ob ein behaupteter Rechtsverstoß vorliegt. Es kann nicht ausgeschlossen werden, dass das Amt bei der Ausübung dieser Befugnis es für erforderlich hält, dem Gerichtshof Fragen zur Vorabentscheidung vorzulegen. Wenn derartige Fragen, die das Bundesvergabeamt für erforderlich hält, um das Vorliegen eines Rechtsverstoßes feststellen zu können, die Auslegung des Gemeinschaftsrechts betreffen, **können sie nicht für unzulässig erklärt werden**. Dagegen kann das Bundesvergabeamt, das nicht unmittelbar befugt ist, den durch einen Rechtsverstoß geschädigten Personen Schadensersatz zuzuerkennen, dem Gerichtshof keine Vorabentscheidungsfragen vorlegen, die sich auf die Gewährung von Schadensersatz oder die Voraussetzungen dafür beziehen (EuGH, Urteil v. 19. 6. 2003 – Rechtssache C-315/01).

25.4.1.3 Verweisung an die Zivilgerichte

Das Vergabenachprüfungsverfahren ist kein ordentliches Gerichtsverfahren. Die Vergabekam- 4053 mer entscheidet durch Verwaltungsakt; sie ist kein Gericht im Sinne des § 17 GVG. Damit kommt eine **Verweisung in ein ordentliches Klageverfahren nicht in Betracht** (OLG Celle, B. v. 4. 5. 2001 – Az.: 13 Verg 5/00). Eine **analoge Anwendung** des § 17 a GVG **scheidet mangels** einer durch die Analogie zu überbrückenden **planwidrigen Regelungslücke aus** (VK Brandenburg, B. v. 10. 2. 2003 – Az.: VK 80/02).

25.4.1.4 Verweisung an die Verwaltungsgerichte bzw. Sozialgerichte

Eine **Verweisung** des Nachprüfungsantrags **an das zuständige Verwaltungsgericht** nach 4054 § 17 a GVG **kommt nicht in Betracht**. Danach können nur Gerichte Rechtsstreitigkeiten an das Gericht des zuständigen Rechtswegs verweisen. Der Vergabekammer steht als Teil der Verwaltung nicht die Befugnis zu, dem Verwaltungsrechtsweg zuzuordnende Verfahren an die Verwaltungsgerichte zu verweisen. Eine analoge Anwendung des § 17 a GVG scheidet mangels einer durch die Analogie zu überbrückenden planwidrigen Regelungslücke aus (VK Baden-Würt-

867

temberg, B. v. 26. 1. 2007 – Az.: 1 VK 82/06; VK Brandenburg, B. v. 14. 3. 2003 – Az.: VK 14/03; im Ergebnis **ebenso** VG Frankfurt/Oder, B. v. 20. 2. 2009 – Az.: 4 L 186/08 für den **umgekehrten Fall der Verweisung von einem Gericht an eine Vergabekammer**).

25.4.1.5 Verweisung eines Nachprüfungsantrages an die zuständige Vergabekammer

4055   Die Frage einer **zuständigkeitsbedingten Verweisung** zwischen den Vergabekammern des Bundes und der Länder ist **gesetzlich nicht geregelt** (LSG Nordrhein-Westfalen, B. v. 28. 4. 2009 – Az.: L 21 KR 40/09 SFB; 1. VK Sachsen, B. v. 12. 2. 2010 – Az.: 1/SVK/002–10).

4056   Die **Möglichkeit und Pflicht**, den Nachprüfungsantrag zu verweisen, ergibt sich **aus einem allgemeinen Rechtsgedanken**, der in den § 83 VwGO, § 17a Abs. 2 GVG ausgedrückt ist, auch wenn das Nachprüfungsverfahren ein Verwaltungs- und kein Gerichtsverfahren ist. Wegen der Ausgestaltung des Nachprüfungsverfahrens, das Elemente eines Gerichtsverfahrens besitzt, ist es angezeigt, die bezeichneten Verfahrensvorschriften auf das Nachprüfungsverfahren anzuwenden. Da die Bestimmungen des § 17a Abs. 2 GVG nach § 83 VwGO auch für das Vorgehen bei örtlicher Unzuständigkeit gelten, hat die Vergabekammer die Unzulässigkeit ihrer Anrufung nach Anhörung der Beteiligten von Amts wegen auszusprechen und die Sache an die zuständige Vergabekammer zu verweisen (LSG Nordrhein-Westfalen, B. v. 28. 4. 2009 – Az.: L 21 KR 40/09 SFB; VK Baden-Württemberg, B. v. 19. 12. 2008 – Az.: 1 VK 67/08; 1. VK Bund, B. v. 9. 5. 2007 – Az.: VK 1–26/07; 3. VK Bund, B. v. 20. 3. 2009 – Az.: VK 3–40/09; B. v. 20. 3. 2009 – Az.. VK 3–34/09; B. v. 20. 3. 2009 – Az.: VK 3–22/09; B. v. 16. 3. 2009 – Az.: VK 3–37/09; VK Münster, B. v. 9. 8. 2001 – Az.: VK 19/01; VK Sachsen, B. v. 19. 12. 2008 – Az.: 1/SVK/064-08; B. v. 19. 12. 2008 – Az.: 1/SVK/061-08). Außerdem entspricht die **Regelung des § 17a Abs. 2 GVG einem allgemeinen Rechtsgedanken** (1. VK Bund, B. v. 9. 5. 2007 – Az.: VK 1–26/07; VK Lüneburg, B. v. 20. 9. 2004 – Az.: 203-VgK-46/2004; VK Sachsen, B. v. 19. 12. 2008 – Az.: 1/SVK/064-08; B. v. 19. 12. 2008 – Az.: 1/SVK/061-08).

25.4.1.6 Rückverweisung bei fehlerhafter Verweisung

4057   Die **Frage einer zuständigkeitsbedingten Verweisung zwischen den Vergabekammern des Bundes und der Länder ist gesetzlich nicht geregelt**. Gleichwohl ist die **entsprechende Anwendung der §§ 83 S. 1 VwGO, 17a Abs. 2 Satz 3 GVG geboten**, wonach der Beschluss für das Gericht, an das der Rechtsstreit verwiesen wird, bindend ist. Gleiches ergibt sich, wenn man – mit Blick auf die zumindest inzident begründete örtliche Zuständigkeit eines OLG-Vergabesenats als späteres Beschwerdegericht (§§ 116 ff. GWB) – **§ 281 Abs. 2 Satz 4 ZPO analog** anwendet. Den genannten Vorschriften liegt **übereinstimmend zugrunde, dass aus verfahrensökonomischen Gesichtspunkten heraus die Verzögerung eines Rechtsstreits durch ein aufwändiges Zwischenverfahren hinsichtlich der anfänglichen örtlichen Zuständigkeit vermieden werden soll**. Diese Regel muss im Rahmen eines **Vergabeprüfungsverfahrens, das entscheidend von der Beschleunigungsmaxime bestimmt ist (§ 113 GWB), erst recht gelten**. Es wäre mit diesem Verfahrensgrundsatz schlechthin unvereinbar, wenn anstelle einer möglichst rasch zu treffenden Sachentscheidung und damit der Freigabe eines vorläufig blockierten Beschaffungsvorhabens zunächst in einem zeitaufwändigen Zwischenverfahren – womöglich erst im Rahmen eines Beschwerdeverfahrens – die Frage der örtlichen Zuständigkeit der Vergabekammer geklärt werden müsste. **Jedenfalls soweit eine Verweisung nicht auf offensichtlicher Willkür** – der Abwesenheit jeglicher aus einer tragfähigen Rechtsgrundlage abgeleiteten Entscheidungskriterien – beruht, kommt daher die Bindungswirkung zum Tragen. Wird z. B. eine Verweisung in den Gründen auf die Anwendung der §§ 18 Abs. 6 VgV, 98 Nr. 1 GWB und zwar auf die jedenfalls nicht aus der Luft gegriffene Auffassung gestützt, wonach das streitgegenständliche Bundesautobahnprojekt im Rahmen einer Auftragsverwaltung (vgl. Art. 90 Abs. 2 GG) durchgeführt werde und die Vergabekammer des betroffenen Landes örtlich zuständig sei, entsteht die Bindungswirkung (OLG Thüringen, B. v. 16. 7. 2007 – Az.: 9 Verg 4/07; 1. VK Bund, B. v. 9. 5. 2007 – Az.: VK 1–26/07; 3. VK Bund, B. v. 26. 3. 2009 – Az.: VK 3–43/09; B. v. 20. 3. 2009 – Az.: VK 3–40/09; B. v. 20. 3. 2009 – Az.. VK 3–34/09; B. v. 16. 3. 2009 – Az.: VK 3–37/09; B. v. 20. 3. 2009 – Az.: VK 3–22/09; B. v. 29. 1. 2009 – Az.: VK 3–200/08; B. v. 29. 1. 2009 – Az.: VK 3–197/08B. v. 23. 1. 2009 – Az.: VK 3–194/08).

4058   Eine entsprechende Anwendung der §§ 83 Satz 1 Verwaltungsgerichtsordnung (VwGO) i. V. m. 17a Abs. 2 Satz 3 Gerichtsverfassungsgesetz (GVG), wonach der **Beschluss für das Gericht, an das der Rechtsstreit verwiesen wird, bindend** ist, ist geboten. Gleiches ergibt

Gesetz gegen Wettbewerbsbeschränkungen GWB § 114 **Teil 1**

sich, wenn man – mit Blick auf die zumindest inzident begründete sachliche und örtliche Zuständigkeit des erkennenden Senats als späteres Beschwerdegericht (§§ 116 ff. GWB) – **§ 98 Sozialgerichtsgesetz (SGG) analog** anwendet. Den genannten Vorschriften liegt übereinstimmend die Erwägung zugrunde, dass aus verfahrensökonomischen Gesichtspunkten heraus die Verzögerung eines Rechtsstreits durch ein aufwändiges Zwischenverfahren hinsichtlich der anfänglichen örtlichen Zuständigkeit vermieden werden soll. Diese Regel muss im Rahmen eines Vergabenachprüfungsverfahrens, das entscheidend von der Beschleunigungsmaxime bestimmt ist (§ 113 GWB), erst recht gelten. Es wäre mit diesem **Verfahrensgrundsatz schlechthin unvereinbar**, wenn anstelle einer möglichst zeitnah zu treffenden Sachentscheidung zunächst in einem zeitaufwändigen Zwischenverfahren – womöglich erst im Rahmen eines Beschwerdeverfahrens – die Frage der örtlichen bzw. sachlichen Zuständigkeit der Vergabekammer geklärt werden müsste. Für **Ausnahmefälle** kann eine Beschwerdemöglichkeit angenommen werden, wenn einem Verweisungsbeschluss jede Rechtsgrundlage gefehlt oder ein solcher Beschluss auf der Verletzung rechtlichen Gehörs beruht hat (LSG Nordrhein-Westfalen, B. v. 28. 4. 2009 – Az.: L 21 KR 40/09 SFB).

Noch weiter geht die 2. VK Bund. Hat eine Vergabekammer einen Nachprüfungsantrag fehlerhaft an eine andere Vergabekammer verwiesen, kommt eine **erneute Rückverweisung** trotz einer infolge offensichtlicher willkürlicher Rückverweisung fehlenden Bindungswirkung des Verweisungsbeschlusses allein deshalb nicht in Betracht, weil sie mit dem **Grundgedanken der Verfahrensbeschleunigung** des § 113 Abs. 1 Satz 1 GWB **nicht vereinbar** ist und die Herstellung der Rechtssicherheit für die Beteiligten noch länger verzögern würde (2. VK Bund, B. v. 8. 6. 2006 – Az.: VK 2–114/05). 4059

25.4.2 Materielle Entscheidungen

25.4.2.1 Allgemeines

25.4.2.1.1 Sachaufklärung. Nach § 114 hat die Vergabekammer bei einer Rechtsverletzung die geeigneten Maßnahmen zu treffen. Wird z. B. die **Verletzung des rechtlichen Gehörs** durch die Vergabestelle gerügt, so muss die **Vergabekammer grundsätzlich selbst**, um den Ablauf des Vergabeverfahrens nicht unangemessen zu beeinträchtigen, den Beschwerdeführer veranlassen darzulegen, was er vorgetragen hätte, wenn ihm von der Vergabestelle Gehör gewährt worden wäre; die Vergabekammer muss sodann gegebenenfalls selbst den Sachverhalt im erforderlichen Umfang ermitteln. Für eine **Zurückverweisung** an die Vergabestelle ist **kein Raum** (BayObLG, B. v. 1. 10. 2001 – Az.: Verg 6/01). 4060

25.4.2.1.2 Verpflichtung des Auftraggebers zur Anwendung des Vergaberechts. Eine Rechtsverletzung kann beispielsweise auch nur dadurch beseitigt werden, indem der Vergabestelle als öffentlichem Auftraggeber im Sinne des Vierten Teils des GWB aufgegeben wird, z. B. die **gesetzlichen Bestimmungen für die öffentliche Vergabe von Lieferaufträgen** (1. VK Bund, B. v. 20. 5. 2003 – Az.: VK 1–35/03, B. v. 12. 12. 2002 – Az.: VK 1–83/02) oder **Dienstleistungsaufträgen** (OLG Düsseldorf, B. v. 5. 5. 2004 – Az.: VII – Verg 78-03) **anzuwenden** (OLG Naumburg, B. v. 3. 11. 2005 – Az.: 1 Verg 9/05; 1. VK Bund, B. v. 21. 12. 2009 – Az.: VK 1–212/09; VK Düsseldorf, B. v. 2. 8. 2007 – Az.: VK – 23/2007 – B). 4061

Die Vergabekammer kann es in der Sache für erforderlich und sich selbst daher auch für berechtigt erachten, einen **Auftraggeber im Rahmen des § 114 Abs. 1 GWB z. B. für den Fall der zukünftigen Rettungsdienstleistungserbringung durch Dritte zur Durchführung eines Offenen Verfahrens zu verpflichten**. Dies kann als notwendig erscheinen, um weiteren rechtlich durchaus fragwürdigen Initiativen des Auftraggebers vorzubeugen und letztlich eine schnelle ordnungsgemäße Vergabe derartiger Leistungen sicherzustellen (1. VK Sachsen-Anhalt, B. v. 23. 6. 2010 – Az: 1 VK LVwA 69/09). 4062

25.4.2.1.3 Verpflichtung des Auftraggebers, von den Vorgaben der Ausschreibung nicht abzuweichen. Die Vergabekammer ist befugt, die Vergabestelle anzuweisen, z. B. der Übertragung der Entsorgungspflicht nicht zuzustimmen. Es war **sicherzustellen**, dass die **Vergabestelle sich weiter an die eigenen Vorgaben ihrer Verdingungsunterlagen hält und das Vergabeverfahren in entsprechender Weise beendet**. Insoweit trifft die Vergabekammer eine Anordnung mit unmittelbarem Bezug zum Vergaberecht. Diese ist geboten, um auf die Rechtmäßigkeit des Verfahrens gemäß § 114 Abs. 1 Satz 2 GWB einzuwirken. Hierbei war die Vergabekammer nicht an den Wortlaut des Antrages gebunden (VK Magdeburg, B. v. 24. 2. 2003 – Az: 33-32571/07 VK 15/02 MD). 4063

4064 **25.4.2.1.4 Verpflichtung des Auftraggebers zur Wahl einer anderen Vergabeart.** Nach Abwägung aller beteiligten Interessen erscheint eine **Fortführung des begonnenen Wettbewerbes** nunmehr **unter Zugrundelegung der Regelungen für das Nichtoffene Verfahren** (statt des Verhandlungsverfahrens) bei einer nochmaligen Aufforderung zur Angebotsabgabe auf der unveränderten Grundlage des den Bietern vorliegenden Vertragsentwurfes ausreichend, um die Rechtsverletzung zu beseitigen (VK Düsseldorf, B. v. 30. 9. 2002 – Az.: VK – 26/ 2002 – L).

4065 **25.4.2.1.5 Verpflichtung des Auftraggebers zur erneuten und vergaberechtsfehlerfreien Festlegung der Eignungskriterien.** In bestimmten Fällen kann ein **Verstoß gegen das Vergaberecht nur beseitigt** werden, indem dem Auftraggeber aufgegeben wird, die **Eignungskriterien erneut und vergaberechtsfehlerfrei festzulegen und das Vergabeverfahren ab dem Zeitpunkt der Bekanntmachung zu wiederholen** (1. VK Bund, B. v. 30. 3. 2006 – Az.: VK 1–13/06).

4066 **25.4.2.1.6 Verpflichtung des Auftraggebers zur Ermöglichung der Abgabe eines Angebotes.** Geeignete Maßnahme im Sinne des § 114 Abs. 1 GWB zur Beseitigung einer von einer Vergabekammer festgestellten Rechtsverletzung **kann auch sein, dem Bieter die Gelegenheit einzuräumen, ein Angebot im Rahmen eines Vergabeverfahrens abzugeben, in dem der Bieter zu Unrecht nicht berücksichtigt wurde** (3. VK Bund, B. v. 9. 1. 2008 – Az.: VK 3–145/07; VK Sachsen, B. v. 28. 10. 2008 – Az.: 1/SVK/054-08). Hierbei kann die Vergabekammer auch Fristen vorgeben (2. VK Bund, B. v. 19. 5. 2004 – Az.: VK 2–52/04).

4067 Geeignete Maßnahme zur Beseitigung einer Rechtsverletzung aufgrund eines festgestellten Vergaberechtsverstoßes **kann auch sein, dass der Auftraggeber allen Bietern die Abgabe eines neuen Angebotes zu ermöglichen hat** (2. VK Bund, B. v. 13. 7. 2005 – Az.: VK 2–69/05).

4068 Geeignete Maßnahme im Sinne des § 114 Abs. 1 GWB zur Beseitigung einer von einer Vergabekammer festgestellten Rechtsverletzung **kann auch sein, allen Bietern, die sich bereits an der Ausschreibung beteiligt haben, unter Setzung einer Frist die Gelegenheit zu geben, ihre Angebote entsprechend anzupassen** (3. VK Bund, B. v. 9. 1. 2008 – Az.: VK 3–145/07).

4069 **25.4.2.1.7 Verpflichtung des Auftraggebers zur Erstellung einer neuen Leistungsbeschreibung bzw. Überarbeitung einer Leistungsbeschreibung.** Eine geeignete Maßnahme im Sinne des § 114 Abs. 1 GWB kann es auch sein, der **ausschreibenden Stelle aufzugeben, ein neues Leistungsverzeichnis zu erstellen und hierbei den zulässigen Umfang von Bedarfspositionen einzuhalten.** Das Vergabeverfahren ist dann ab Übersendung der Leistungsbeschreibung nebst den Verdingungsunterlagen zu wiederholen (1. VK Bund, B. v. 14. 7. 2005 – Az.: VK 1–50/05).

4070 Eine geeignete Maßnahme im Sinne des § 114 Abs. 1 GWB kann es auch sein, den **Auftraggeber zu verpflichten, gegenüber allen noch am Verhandlungsverfahren beteiligten Bietern die in diesem Nachprüfungsverfahren streitigen Positionen des Pflichtenheftes** im Sinne der von ihm tatsächlich gewollten Leistungsmerkmale **zu konkretisieren** und den Bietern Gelegenheit zu geben, das Pflichtenheft zu diesen Leistungsmerkmalen erneut auszufüllen (VK Bund, B. v. 18. 1. 2007 – Az.: VK 1–148/06).

4071 Eine geeignete Maßnahme im Sinne des § 114 Abs. 1 GWB kann es auch sein, den **Auftraggeber zu verpflichten, das Verfahren in den Stand vor der Aufforderung zur Angebotsabgabe zurückzuversetzen** und die bisher am Verfahren beteiligten Anbieter mit **überarbeiteten Verdingungsunterlagen, die dem Gebot der produktneutralen Ausschreibung entsprechen, erneut zur Angebotsabgabe aufzufordern** (VK Nordbayern, B. v. 16. 4. 2008 – Az.: 21.VK – 3194 – 14/08).

4072 **25.4.2.1.8 Verpflichtung des Auftraggebers zur Ermöglichung der Einsicht eines Bieters in Verträge eines Auftraggebers mit Dritten.** Wegen einer festgestellten Verletzung der Rechte eines Antragstellers durch die Aufbürdung eines ungewöhnlichen Wagnisses **kann die Vergabekammer den Auftraggeber verpflichten, einem Bieter zu Kalkulationszwecken auf Verlangen Einsicht in Herstellungs- und Lieferverträge sowie Wartungs- und Instandhaltungsverträge zu gewähren.** Dabei kann die Offenlegung sich z. B. auf alle Bestandteile des Herstellungs- und des Wartungs- und Instandhaltungsvertrages nebst etwaiger Anlagen, Wartungshandbücher und sonstiger technischer Anleitungen erstrecken, die für den künftigen Auftragnehmer erforderlich sind (VK Lüneburg, B. v. 18. 6. 2004 – Az.: 203-VgK-29/2004).

25.4.2.1.9 **Verpflichtung des Auftraggebers zur erneuten Prüfung und Wertung.** Bei 4073
Fehlern im Rahmen der Prüfung und Wertung kann eine **erneute Prüfung und Wertung**
unter Beachtung der Rechtsauffassung der Vergabekammer angeordnet werden, z. B. wenn eine
Ermessensentscheidung der Vergabestelle über den Ausschluss wegen eines Insolvenzantrages **noch nicht getroffen** worden ist (2. VK Bund, B. v. 18. 7. 2002, Az.: VK 2–40/02).

Auch wegen eines festgestellten **Verstoßes gegen das vergaberechtliche Gleichbehand-** 4074
lungsgebot kann es erforderlich sein, die Auftraggeberin zu verpflichten, **erneut in die Angebotswertung einzutreten,** diese unter Beachtung der Rechtsauffassung der Vergabekammer erneut durchzuführen und dabei insbesondere die Eignung zu überprüfen, sodann erneut über Ausschluss oder Berücksichtigung der Angebote zu entscheiden und Prüfung, Ergebnis und Entscheidung in einem den Anforderungen des § 30 VOL/A genügenden Vergabevermerk in der Vergabeakte zu dokumentieren. Von einer Aufhebung des streitbefangenen Vergabeverfahrens konnte die Vergabekammer dagegen absehen. Die von der Vergabekammer verfügte Verpflichtung der Auftraggeberin zur erneuten Angebotswertung ist bereits geeignet und angemessen, die festgestellte Rechtsverletzung der Antragstellerin zu beseitigen und eine Schädigung der betroffenen Interessen zu verhindern (VK Lüneburg, B. v. 2. 4. 2003 – Az.: 203-VgK-08/2003).

Ist die **Wertung fehlerhaft und die Dokumentation der Wertung nicht nachvollzieh-** 4075
bar, ist das Vergabeverfahren ab der Wertung fehlerbehaftet und in diesem Umfang zu wiederholen (VK Arnsberg, B. v. 13. 6. 2006 – Az.: VK 15/06; B. v. 16. 8. 2005 – Az.: VK 13/2005; B. v. 16. 8. 2005 – Az.: VK 14/2005; VK Baden-Württemberg, B. v. 26. 7. 2005 – Az.: 1 VK 39/05; 3. VK Bund, B. v. 18. 3. 2008 – Az.: VK 3–35/08; B. v. 28. 9. 2004 – Az.: VK 3–107/04; VK Lüneburg, B. v. 15. 11. 2005 – Az.: VgK-48/2005; VK Nordbayern, B. v. 21. 7. 2008 – Az.: 21.VK – 3194 – 27/08; 1. VK Sachsen, B. v. 28. 12. 2005 – Az.: 1/SVK/147-05; VK Thüringen, B. v. 14. 8. 2008 – Az.: 250–4002.20–1923/2008-014-GRZ).

Sind insgesamt die **Unterlagen zum Abwägungsvorgang für die richtige Bewerber-** 4076
auswahl derart unvollkommen und inhaltlich unzulänglich, dass das **Transparenzgebot**
mit ihnen maßgeblich verletzt ist, muss dieser Verstoß nicht zur Aufhebung des gesamten Vergabeverfahrens führen; er macht es aber notwendig, dass die Bewertung nach Abgabe der endgültigen Angebote neu getroffen und begründet sowie dokumentiert wird. Die Vergabestelle ist deshalb zu verpflichten, das Vergabeverfahren insoweit aufzuheben und die Abwägung der Entscheidung zwischen den Bietern neu durchzuführen und transparent darzustellen (VK Baden-Württemberg, B. v. 26. 7. 2005 – Az.: 1 VK 39/05; VK Lüneburg, B. v. 15. 11. 2005 – Az.: VgK-48/2005; B. v. 5. 11. 2004 – Az.: 203-VgK-48/2004; VK Bremen, B. v. 18. 6. 2003 – Az.: VK 08/03).

25.4.2.1.10 **Verpflichtung zur Wiederholung der Prüfung der Angemessenheit der** 4077
Preise. Geeignete Maßnahme im Sinne des § 114 Abs. 1 GWB kann auch sein, der Vergabestelle aufzugeben, ein **Angebot unter Berücksichtigung der Rechtsauffassung der Vergabekammer erneut unter Einbeziehung der Kalkulation auf die Angemessenheit hin**
zu überprüfen (VK Südbayern, B. v. 10. 2. 2006 – Az. Z3-3-3194-1-57–12/05).

25.4.2.1.11 **Untersagung des Zuschlags und Verpflichtung des Auftraggebers zur** 4078
vergaberechtskonformen Fortsetzung des Verfahrens. Wenn alle Angebote in bestimmter Hinsicht unvollständig und deshalb **von der Wertung auszuschließen sind, kann auch ein**
Bieter, dessen Angebot an einem weiteren Ausschlussgrund leidet, verlangen, dass eine
Auftragsvergabe in dem eingeleiteten Vergabeverfahren unterbleibt. Der Umstand, dass das Angebot des Antragstellers zwingend auszuschließen ist und ihm dementsprechend der Auftrag in dem beanstandeten Vergabeverfahren ohnehin nicht erteilt werden darf, nimmt dem Antragsteller nicht das sich aus § 97 Abs. 7 GWB ergebende Recht darauf, dass auch die Auftragsvergabe an einen der anderen Bieter unterbleibt. Denn **§ 97 Abs. 2 GWB weist das Recht auf**
Gleichbehandlung und den Anspruch auf Einhaltung der sonstigen Bestimmungen
über das Vergabeverfahren jedem durch deren Missachtung betroffenen Teilnehmer an
einem solchen Verfahren zu. Eine Einschränkung danach, wie das eigene Angebot beschaffen ist, oder danach, ob der betroffene Bieter seinerseits Bestimmungen über das Vergabeverfahren eingehalten hat, sieht das Gesetz nicht vor. Demnach kann auch ein Bieter, dessen Angebot zu Recht ausgeschlossen wird, dann in seinen Rechten nach § 97 Abs. 7 GWB verletzt sein, wenn alle anderen Angebote ebenfalls auszuschließen sind, sein Angebot jedoch nicht ausgeschlossen wird und den Zuschlag erhalten soll (BGH, B. v. 26. 9. 2006, Az.: X ZB 14/06). Vgl. dazu **im Einzelnen** die Kommentierung zu → § 107 GWB Rdn. 172.

Ob in solchen Fällen eine **Möglichkeit zur Aufhebung einer Ausschreibung besteht und** 4079
ergriffen werden soll, hat der Auftraggeber in eigener Verantwortung zu klären und zu

Teil 1 GWB § 114 Gesetz gegen Wettbewerbsbeschränkungen

bestimmen. Dies ergibt sich aus § 20 EG Abs. 1 VOL/A bzw. § 17 VOB/A, wonach der öffentliche Auftraggeber nicht gezwungen ist, die Ausschreibung aufzuheben, wenn einer der dort genannten Voraussetzungen erfüllt ist. § 20 EG Abs. 1 VOL/A bzw. § 17 VOB/A schreibt somit nur die Sachverhalte fest, in denen der öffentliche Auftraggeber, ohne gegen Vergaberecht zu verstoßen, ein eingeleitetes Vergabeverfahren aufheben darf. Ob eine solche Möglichkeit besteht und ergriffen werden soll, hat der öffentliche Auftraggeber in eigener Verantwortung zu klären und zu bestimmen. Derzeit kann in solchen Fällen grundsätzlich nur festgestellt werden, dass der **Auftraggeber auf der Grundlage der bisherigen Ausschreibungsbedingungen keinem Bieter den Zuschlag erteilen** darf. Dieses Verbot stellt die zur Beseitigung des Vergabeverstoßes gebotene Maßnahme dar. Hierdurch wird für die erforderliche Rechtmäßigkeit des eingeleiteten Vergabeverfahrens gesorgt und eine Rechtsbeeinträchtigung verhindert (BGH, B. v. 26. 9. 2006, Az.: X ZB 14/06; OLG Frankfurt, B. v. 29. 5. 2007 – Az.: 11 Verg. 12/06; OLG Koblenz, B. v. 4. 7. 2007 – Az.: 1 Verg 3/07; OLG München, B. v. 29. 9. 2009 – Az.: Verg 12/09; 1. VK Bund, B. v. 10. 4. 2007 – Az.: VK 1–20/07; 2. VK Bund, B. v. 30. 5. 2007 – Az.: VK 2–39/07; VK Düsseldorf, B. v. 19. 4. 2007 – Az.: VK – 10/2007 – B; 1. VK Sachsen, B. v. 19. 5. 2010 – Az.: 1/SVK/015-10). Vgl. dazu auch die **Kommentierung zu** → **§ 17 VOB/A Rdn. 12 ff und zu** → **§ 20 EG Rdn. 8 ff.**

4080   Eine **Untersagung des Zuschlags** kommt auch in Betracht, wenn das **Vergabeverfahren durch die zu kurzen Fristen für die Abgabe der Angebote und die fehlenden Angaben zur Leistungsbeschreibung von Anfang an fehlerbehaftet** ist. Die Anordnung einer Aufhebung der Ausschreibung kommt nicht in Betracht. Ob eine solche Möglichkeit besteht und ergriffen werden soll, hat der Auftraggeber in eigener Verantwortung zu klären und zu bestimmen. Dies ergibt sich aus § 20 EG Abs. 1 VOL/A, wonach der öffentliche Auftraggeber nicht gezwungen ist, die Ausschreibung aufzuheben, wenn eine der dort genannten Voraussetzungen erfüllt ist. § 20 EG Abs. 1 VOL/A schreibt somit nur die Sachverhalte fest, in denen der öffentliche Auftraggeber, ohne gegen Vergaberecht zu verstoßen, ein eingeleitetes Vergabeverfahren aufheben darf. **Ob eine solche Möglichkeit besteht und ergriffen werden soll, hat der öffentliche Auftraggeber in eigener Verantwortung zu klären und zu bestimmen.** Das Zuschlagsverbot stellt die zur Beseitigung des Vergabeverstoßes gebotene Maßnahme dar. **Hierdurch wird für die erforderliche Rechtmäßigkeit des eingeleiteten Vergabeverfahrens gesorgt und eine Rechtsbeeinträchtigung verhindert** (2. VK Bund, B. v. 15. 11. 2007 – Az.: VK 2–123/07, B. v. 15. 11. 2007 – Az.: VK 2–120/07, B. v. 15. 11. 2007 – Az.: VK 2–117/07, B. v. 15. 11. 2007 – Az.: VK 2–114/07, B. v. 15. 11. 2007 – Az.: VK 2–108/07, B. v. 15. 11. 2007 – Az.: VK 2–105/07; B. v. 15. 11. 2007 – Az.: VK 2–102/07).

4081   Ist die **Auswahl der Zuschlagskriterien durch den Auftraggeber fehlerhaft erfolgt, ist die Erteilung des Zuschlags zu untersagen.** Die Vergabekammer kann insoweit auch z. B. über den auf eine Aufhebung des Ausschlusses des Angebots des Antragstellers und Einbeziehung des Angebots in die Wertung gerichteten Antrags hinausgehen. Sie ist entsprechend § 114 Abs. 1 Satz 2 GWB nicht an die Fassung der Anträge gebunden. Das **Vergabeverfahren ist ab Übersendung der Verdingungsunterlagen einschließlich einer Bekanntgabe zulässiger Zuschlagskriterien in der Aufforderung zur Abgabe eines Angebots zu wiederholen** (VK Südbayern, B. v. 26. 3. 2009 – Az.: Z3-3-3194-1-03-01/09).

4082   **25.4.2.1.12 Verpflichtung des Auftraggebers zum Ausschluss eines Angebotes.** Aufgrund der Tatsache, dass die Angebote der Antragstellerin unter gewichtigen Mängeln leiden, war der Vergabestelle von Amts wegen auch unabhängig vom Antrag nach § 114 Abs. 1 Satz 2 GWB aufzugeben, diese **vom weiteren Vergabeverfahren auszuschließen** (VK Düsseldorf, B. v. 29. 6. 2004 – Az.: VK – 21/2004-L; VK Magdeburg, B. v. 17. 1. 2002 – Az.: 33–32571/07 VK MD 24/01).

4083   Der Auftraggeber ist verpflichtet, ein Angebot vom Vergabeverfahren auszuschließen, wenn die **beabsichtigte Zuschlagserteilung die Rechte eines Antragstellers verletzt und eine Beseitigung dieser Rechtsverletzung auf andere Weise nicht in Betracht kommt** (2. VK Brandenburg, B. v. 6. 2. 2007 – Az.: 2 VK 5/07).

4084   **25.4.2.1.13 Verpflichtung des Auftraggebers zur isolierten Erstellung einer Dokumentation.** Weist das Vergabeverfahren keine anderen Mängel als eine unzureichende Dokumentation auf, kann die Vergabekammer den Auftraggeber verpflichten, die **Dokumentationsmängel noch zu beheben** (VK Schleswig-Holstein, B. v. 13. 12. 2004 – Az.: VK-SH-33/04).

4085   **25.4.2.1.14 Verpflichtung des Auftraggebers zur Erteilung des Zuschlags an einen bestimmten Bieter. 25.4.2.1.14.1 Grundsätze.** Die Vergabekammern sind im Rahmen ihrer Entscheidungen grundsätzlich nicht befugt festzustellen, welchem Bieter der Zuschlag zu

Gesetz gegen Wettbewerbsbeschränkungen GWB § 114 **Teil 1**

erteilen ist (VK Baden-Württemberg, B. v. 28. 5. 2009 – Az.: 1 VK 21/09; 2. VK Bund, B. v. 4. 5. 2001 – Az.: VK 2–12/01; 1. VK Sachsen, B. v. 1. 10. 2002 – Az.: 1/SVK/084-02). Nur in **Ausnahmefällen**, in denen unter Beachtung aller dem Auftraggeber zustehenden Wertungs- und Beurteilungsspielräume die Erteilung des Zuschlags an den Antragsteller die einzige rechtmäßige Entscheidung ist, kann eine **dementsprechende Anweisung** der Vergabekammer an den Auftraggeber in Betracht kommen – **Reduzierung des Handlungs-, Wertungs- und Beurteilungsspielraums auf Null** – (OLG Celle, B. v. 10. 1. 2008 – Az.: 13 Verg 11/07; OLG Düsseldorf, B. v. 13. 7. 2005 – Az.: VII – Verg 19/05; B. v. 27. 4. 2005 – Az.: VII – Verg 10/05; B. v. 30. 5. 2001 – Az.: Verg 23/00; OLG München, B. v. 29. 7. 2010 – Az.: Verg 09/10; VK Berlin, B. v. 5. 11. 2009 – Az.: VK – B 2–35/09; 1. VK Brandenburg, B. v. 14. 6. 2007 – Az.: 1 VK 17/07; B. v. 30. 6. 2005 – Az.: VK 29/05; 2. VK Bremen, B. v. 10. 9. 2004 – Az.: VK 03/04; 1. VK Bund, B. v. 20. 4. 2005 – Az.: VK 1–23/05; VK Detmold, B. v. 27. 2. 2003 – Az.: VK.11–48/02; 1. VK Sachsen, B. v. 25. 7. 2005 – Az.: 1/SVK/084-05, 1/SVK/084-05G; B. v. 4. 11. 2003 – Az.: 1/SVK/42-03, B. v. 24. 4. 2003 – Az.: 1/SVK/031-03, B. v. 13. 5. 2003 – Az.: 1/SVK/038-03).

Einem Ausspruch auf Zuschlagserteilung steht auch entgegen, dass nach der Rechtsprechung **4086** des **BGH** ein **Bieter keinen Anspruch darauf hat, dass in einem Vergabeverfahren ein der Ausschreibung entsprechender Auftrag erteilt wird**. Das gilt selbst dann, wenn kein Aufhebungsgrund vorliegt. Auch der **EuGH** sieht keinen Verstoß gegen europäisches Recht darin, dass dem einzigen leistungsfähigen Bieter der Zuschlag nicht erteilt, sondern das Vergabeverfahren aufgehoben wird. Demgemäß muss dem Auftraggeber die Möglichkeit erhalten bleiben zu prüfen, ob die Voraussetzungen für die Aufhebung des Vergabeverfahrens vorliegen oder ob sie aus sonstigen Gründen von einer Auftragserteilung absehen will (VK Baden-Württemberg, B. v. 28. 5. 2009 – Az.: 1 VK 21/09; 2. VK Bund, B. v. 3. 9. 2003 – Az.: VK 2–64/03), gegebenenfalls gegen Schadensersatz (OLG Celle, B. v. 10. 1. 2008 – Az.: 13 Verg 11/07; VK Schleswig-Holstein, B. v. 24. 10. 2003 – Az.: VK-SH 24/03). Vgl. insoweit die Kommentierung → Rdn. 71 ff.

25.4.2.1.14.2 Beispiele aus der Rechtsprechung **4087**

– die Vergabekammer ist im Einzelfall nicht daran gehindert, die **Verpflichtung zur Erteilung des Zuschlags an einen Bieter auszusprechen**, wenn es sich dabei **um die einzig geeignete Maßnahme** handelt (VK Berlin, B. v. 5. 11. 2009 – Az.: VK – B 2–35/09)

– **verfügt der Auftraggeber über keine Handlungsalternativen**, da eine Aufhebung des Vergabeverfahrens ausscheidet, weil die tatbestandlichen Voraussetzungen nicht vorliegen und ist ebenso wenig vom Auftraggeber angekündigt worden, auf jeden Fall das Vergabeverfahren aus sachlichen Gründen aufheben zu wollen, die unter dem rechtlichen Gesichtspunkt der Abschlussfreiheit bei Verträgen zu respektieren sind, **kann die Erteilung des Zuschlags ausgesprochen werden** (OLG Düsseldorf, B. v. 27. 4. 2005 – Az.: VII – Verg 10/05)

25.4.2.1.15 Verpflichtung des Auftraggebers zur Aufhebung des Vergabeverfahrens. **4088**
25.4.2.1.15.1 Grundsatz.
Entscheidung der Vergabekammer kann auch sein, die Vergabestelle anzuweisen, **die Ausschreibung aufzuheben**. Eine **Verpflichtung** des öffentlichen Auftraggebers, die **Ausschreibung aufzuheben**, kommt aber im Allgemeinen nur dann in Betracht, wenn dies **unabweisbar** ist und **keine milderen Maßnahmen zur Verfügung** stehen, um den festgestellten Vergabefehler zu beseitigen (OLG Koblenz, B. v. 8. 12. 2008 – Az.: 1 Verg 4/08; B. v. 4. 7. 2007 – Az.: 1 Verg 3/07; OLG Naumburg, B. v. 13. 10. 2006 – Az.: 1 Verg 12/06; B. v. 13. 10. 2006 – Az.: 1 Verg 11/06; Schleswig-Holsteinisches OLG, B. v. 30. 6. 2005 – Az.: 6 Verg 5/05; VK Arnsberg, B. v. 28. 1. 2004 – Az.: VK 1–30/2003; VK Baden-Württemberg, B. v. 12. 12. 2008 – Az.: 1 VK 50/08; B. v. 6. 11. 2008 – Az.: 1 VK 44/08; B. v. 5. 11. 2008 – Az.: 1 VK 42/08; VK Berlin, B. v. 6. 3. 2009 – Az.: VK – B 2–32/08; VK Brandenburg, B. v. 12. 5. 2004 – Az.: VK 8/04; VK Lüneburg, B. v. 12. 1. 2007 – Az.: VgK-33/2006; VK Niedersachsen, B. v. 23. 4. 2009 – Az.: VgK-10/2009; VK Nordbayern, B. v. 19. 5. 2009 – Az.: 21.VK – 3194 – 14/09; VK Nordbayern, B. v. 19. 5. 2009 – Az.: 21.VK – 3194 – 13/09; VK Rheinland-Pfalz, B. v. 29. 1. 2010 – Az.: VK 1–62/09; VK Saarland, B. v. 23. 1. 2006 – Az.: 1 VK 06/2005; 1. VK Sachsen, B. v. 24. 9. 2009 – Az.: 1/SVK/040-09; B. v. 14. 4. 2008 – Az.: 1/SVK/013-08; B. v. 25. 1. 2008 – Az.: 1/SVK/088-07; B. v. 12. 5. 2005 – Az.: 1/SVK/038-05; B. v. 18. 11. 2004 – Az.: 1/SVK/108-04; VK Südbayern, B. v. 29. 7. 2008 – Az.: Z3-3-3194-1-18-05/08; B. v. 26. 6. 2008 – Az.: Z3-3-3194-1-16-04/08; B. v. 29. 1. 2007 – Az.: Z3-3-3194-1-37–11/06; B. v. 23. 11. 2006 – Az.:). Es muss sich also um eine **alternativlose Situation** handeln (OLG Naumburg, B. v. 17. 2. 2004 – Az.: 1 Verg 15/03; VK Berlin, B. v. 14. 9. 2005 – Az.: VK – B 1–43/05; 1. VK Sachsen, B. v. 24. 9. 2009 – Az.: 1/

Teil 1 GWB § 114 Gesetz gegen Wettbewerbsbeschränkungen

SVK/040-09; B. v. 12. 5. 2005 – Az.: 1/SVK/038-05; B. v. 18. 11. 2004 – Az.: 1/SVK/108-04; B. v. 14. 12. 2004 – Az.: 70-10/04; VK Südbayern, B. v. 29. 1. 2007 – Az.: Z3-3-3194-1-37-11/06; B. v. 23. 11. 2006 – Az.: 32-10/06; B. v. 14. 12. 2004 – Az.: 69-10/04; B. v. 14. 12. 2004 – Az.: 68-10/04), aus der sich als **„ultima ratio" die Verpflichtung zur Aufhebung** ergibt (OLG Koblenz, B. v. 8. 12. 2008 – Az.: 1 Verg 4/08; OLG München, B. v. 10. 12. 2009 – Az.: Verg 16/09; VK Nordbayern, B. v. 19. 5. 2009 – Az.: 21.VK – 3194 – 14/09; B. v. 19. 5. 2009 – Az.: 21.VK – 3194 – 13/09; VK Rheinland-Pfalz, B. v. 20. 4. 2010 – Az.: VK 2–7/10; B. v. 29. 1. 2010 – Az.: VK 1–62/09).

4089 Dies ist insbesondere dann der Fall, wenn das **Vergabeverfahren bereits von seinem Beginn an durch Vergaberechtsverstöße geprägt** wird (1. VK Sachsen, B. v. 24. 9. 2009 – Az.: 1/SVK/040-09) bzw. wenn eine **Zurückversetzung des Vergabeverfahrens** in einen früheren Stand **mangels Rekonstruierbarkeit** der damaligen Lage des Verfahrens **nicht möglich** ist (OLG Naumburg, B. v. 31. 3. 2004 – Az.: 1 Verg 1/04; 2. VK Bund, B. v. 23. 1. 2006 – Az.: VK 2–168/05; VK Niedersachsen, B. v. 23. 4. 2009 – Az.: VgK-10/2009) bzw. wenn eine **vergaberechtskonforme Wertung** der vorliegenden Angebote und ein entsprechender Zuschlag auf der Grundlage der vorliegenden Ausschreibung **nicht möglich** ist (OLG Celle, B. v. 8. 4. 2004 – Az.: 13 Verg 6/04; OLG München, B. v. 10. 12. 2009 – Az.: Verg 16/09; VK Baden-Württemberg, B. v. 6. 11. 2008 – Az.: 1 VK 44/08; B. v. 5. 11. 2008 – Az.: 1 VK 42/08; 3. VK Bund, B. v. 20. 6. 2007 – Az.: VK 3–55/07; VK Lüneburg, B. v. 4. 9. 2008 – Az.: VgK-29/2008; VK Südbayern, B. v. 29. 7. 2008 – Az.: Z3-3-3194-1-18-05/08, B. v. 26. 6. 2008 – Az.: Z3-3-3194-1-16-04/08) bzw. bei **unklaren Leistungsbeschreibungen, Preisermittlungsgrundlagen** oder **Zuschlagskriterien, auf die von vornherein kein sachgerechtes Angebot abgegeben werden kann**, oder wenn eine **unrichtige Vergabeart gewählt** worden ist (Schleswig-Holsteinisches OLG, B. v. 30. 6. 2005 – Az.: 6 Verg 5/05; VK Brandenburg, B. v. 22. 5. 2008 – Az.: VK 11/08; anderer Auffassung 3. VK Bund, B. v. 26. 5. 2008 – Az.: VK 3–59/08) **bzw. bei unzumutbaren Eignungsanforderungen.** Es kann im letzteren Fall nämlich nicht ausgeschlossen werden, **dass durch die überzogenen Anforderungen an die Nachweispflichten der Bieter z. B. zur Arbeitnehmerüberlassung andere potentielle Bieter davon abgesehen haben, sich an dem Verfahren zu beteiligen.** Die Ausschreibung muss demzufolge in den Stand zurückversetzt werden, in dem der Mangel beseitigt werden kann. Daher kommt sinnvollerweise nur eine Aufhebung der Ausschreibung in Betracht (2. VK Bund, B. v. 10. 6. 2005 – Az.: VK 2–36/05).

4090 Ist das **Vergabeverfahren bereits von seinem Beginn an durch die falsche Wahl des Verfahrens und der Bekanntmachungsmedien geprägt**, wurden potenzielle Bieter dadurch gehindert, sich am Wettbewerb zu beteiligen und ihre Chance auf Erteilung des Zuschlages wahrzunehmen. Diese Rechtsverletzung kann nur dadurch beseitigt werden, indem dem **Auftraggeber aufgegeben** wird, **die Ausschreibung aufzuheben** und bei der Beschaffungsmaßnahme die **gesetzlichen Bestimmungen für die öffentliche Vergabe von Dienstleistungsaufträgen anzuwenden** (VK Brandenburg, B. v. 22. 5. 2008 – Az.: VK 11/08).

4091 Eine Verpflichtung zur Aufhebung kommt jedoch regelmäßig dann nicht in Betracht, wenn **lediglich die Angebotswertung fehlerhaft** durchgeführt worden ist (OLG Düsseldorf, B. v. 30. 4. 2003 – Az.: Verg 64/02; VK Berlin, B. v. 6. 3. 2009 – Az.: VK – B 2–32/08).

4092 Die Nennung von „Planungsfabrikaten" ist nach § 7 Abs. 8 VOB/A (= Art. 23 Abs. 8 S. 2 VKR) nur zulässig, wenn „der Auftragsgegenstand nicht hinreichend genau und allgemein verständlich beschrieben werden" kann. Werden derartige Gründe nicht vorgetragen, führt dies grundsätzlich dazu, dass wegen der Verletzung des Grundsatzes produktneutraler Ausschreibung und unzulässiger Bevorzugung der Leitprodukte das **Vergabeverfahren zu wiederholen** ist (OLG Düsseldorf, B. v. 23. 3. 2010 – Az.: VII-Verg 61/09).

4093 Eine Verpflichtung zur Aufhebung **kommt jedoch dann nicht in Betracht, wenn nicht produktneutral ausgeschrieben** wurde und in einer eventuellen späteren Ausschreibung nur ein Leitfabrikat nicht genannt würde, sich aber **an den inhaltlich-fachlichen Vorgaben der Leistungsbeschreibung nichts ändern** würde (VK Südbayern, B. v. 29. 1. 2007 – Az.: Z3-3-3194-1-37–11/06).

4094 **25.4.2.1.15.2 Fehlen eines wertbaren Angebots.** Die **Rechtsprechung ist unterschiedlich**, wenn es um die Beurteilung der Frage geht, welche Entscheidung die Vergabekammer treffen kann, wenn **kein wertbares Angebot** vorliegt.

4095 Liegt insgesamt **kein zuschlagsfähiges Angebot** vor, **muss** die Entscheidung der Vergabestelle und die **Ausschreibung insgesamt aufgehoben** werden (VK Hessen, B. v. 23. 8. 2004

Gesetz gegen Wettbewerbsbeschränkungen GWB § 114 **Teil 1**

– Az.: 69 d – VK – 38/2004; 1. VK Sachsen, B. v. 12. 5. 2005 – Az.: 1/SVK/038-05; 1. VK Sachsen-Anhalt, B. v. 21. 9. 2007 – Az: 1 VK LVwA 18/07). Dies gilt insbesondere für den Fall, dass **zusätzlich noch ein mit dem Vergabeverfahren vorbefasster Bieter ausgeschlossen werden muss** (1. VK Sachsen, B. v. 18. 11. 2004 – Az.: 1/SVK/108-04).

Nach anderer Auffassung ist in solchen Fällen eine Sachlage gegeben, bei der der öffentliche **Auftraggeber das Vergabeverfahren aufheben kann. Die Entscheidung unterliegt seinem Ermessen.** Die **Vergabenachprüfungsinstanzen sind in Fällen dieser Art grundsätzlich nicht dazu ermächtigt, die Ermessensentscheidung des Auftraggebers durch eine eigene Wertung und eine entsprechende Anordnung zu ersetzen** (BGH, B. v. 26. 9. 2006 – Az.: X ZB 14/06; OLG Düsseldorf, B. v. 14. 10. 2005 – Az.: VII – Verg 40/05; OLG Koblenz, B. v. 4. 7. 2007 – Az.: 1 Verg 3/07; OLG München, B. v. 29. 11. 2007 – Az.: Verg 13/07; VK Baden-Württemberg, B. v. 16. 6. 2008 – Az.: 1 VK 18/08; 1. VK Bund, B. v. 14. 2. 2008 – Az.: VK 1–12/08; B. v. 10. 4. 2007 – Az.: VK 1–20/07; 2. VK Bund, B. v. 6. 6. 2007 – Az.: VK 2–38/06; B. v. 30. 5. 2007 – Az.: VK 2–39/07; VK Hessen, B. v. 8. 7. 2008 – Az.: 69 d VK – 29/2008; VK Rheinland-Pfalz, B. v. 20. 4. 2010 – Az.: VK 2–7/10; 1. VK Sachsen, B. v. 23. 4. 2010 – Az.: 1/SVK/008–10; B. v. 19. 5. 2009 – Az.: 1/SVK/008–09; B. v. 23. 2. 2009 – Az.: 1/SVK/003–09; B. v. 16. 1. 2008 – Az.: 1/SVK/084-07; B. v. 17. 12. 2007 – Az.: 1/SVK/073-07; VK Schleswig-Holstein, B. v. 26. 11. 2009 – Az.: VK-SH 22/09; VK Südbayern, B. v. 15. 12. 2006 – Az.: 34-11/06). Der öffentliche **Auftraggeber hat in eigener Verantwortung zu klären und zu bestimmen, welche Maßnahmen er ergreift,** insbesondere ob er die Ausschreibung aufhebt, kann die Vergabekammer in dem Tenor der Entscheidung nur aussprechen, dass keinem Bieter der Zuschlag erteilt werden darf (VK Hessen, B. v. 8. 7. 2008 – Az.: 69 d VK – 29/2008; VK Rheinland-Pfalz, B. v. 20. 4. 2010 – Az.: VK 2–7/10; 1. VK Sachsen, B. v. 23. 4. 2010 – Az.: 1/SVK/008–10; B. v. 19. 5. 2009 – Az.: 1/SVK/008–09; B. v. 23. 2. 2009 – Az.: 1/SVK/003–09). 4096

Dies kann dann anders zu beurteilen sein, **wenn der Auftraggeber vorbehaltlos zu erkennen gegeben hat, dass er das Vergabeverfahren aufheben will** und die Beschwerde ausweislich der Antragstellung einen dahingehenden Ausspruch ausdrücklich anstrebt. **Bei dieser Sachlage kann der Senat die Aufhebung des Vergabeverfahrens ausnahmsweise mit unmittelbarer Wirkung selbst anordnen** (OLG Düsseldorf, B. v. 14. 10. 2005 – Az.: VII – Verg 40/05). 4097

Die angeordnete Rechtsfolge einer Aufhebung des Vergabeverfahrens **setzt außerdem die Feststellung einer Rechtsverletzung** eines Antragstellers voraus. Nur wenn die festgestellte Rechtsverletzung nicht anders als durch eine Aufhebung des Vergabeverfahrens behoben werden kann, darf eine dahingehende – und ohne weiteres tief in die Belange des Auftraggebers eingreifende – Anordnung ergehen. Das ergibt sich schon aus einer am Wortlaut der Norm orientierten Auslegung (OLG Düsseldorf, B. v. 16. 3. 2005 – Az.: VII – Verg 05/05). 4098

Hat der **Auftraggeber die zwingende Vorschriften des § 14 Abs. 3 Satz 2 VOB/A** (Kennzeichnung der Angebote) **verletzt** und kann er dadurch den ordnungsgemäßen Wettbewerb (§ 97 Abs. 1 GWB) nicht mehr gewährleisten, **muss die Ausschreibung aufgehoben** werden (1. VK Sachsen, B. v. 24. 2. 2005 – Az.: 1/SVK/004–05). 4099

In Betracht kommt auch eine **Aufhebung einer freihändigen Vergabe** (VK Lüneburg, B. v. 25. 8. 2003 – Az.: 203-VgK-18/2003). 4100

Der **durch die Auferlegung der Tariftreuepflicht bewirkte Verstoß gegen das gemeinschaftsrechtliche Verbot der Behinderung des freien Dienstleistungsverkehrs gemäß Art. 49 ff. EG-Vertrag (jetzt Art. 56 ff. AEUV) betrifft die Grundlagen eines Vergabeverfahrens sowie die Angebotskalkulation und kann, da insoweit eine Änderung der Verdingungsunterlagen erforderlich ist, dann, wenn die Angebotsfrist verstrichen und die Angebote durch der Auftraggeber geöffnet und ausgewertet wurden, nicht mehr durch einen Wiedereintritt in die Angebotswertung geheilt werden.** Aus diesem Grunde ist es im Rahmen des § 114 Abs. 1 Satz 1 GWB auch nicht möglich, die Auftraggeber zu verpflichten, das laufende Vergabeverfahren an den Zeitpunkt vor Aufforderung zur Angebotsabgabe zu versetzen und den Bietern noch im laufenden Vergabeverfahren die Möglichkeit zu geben, ein erneutes Angebot ohne Berücksichtigung einer Tariftreueverpflichtung zu unterbreiten. Die **Rechtsverletzung kann daher vorliegend nur durch eine Aufhebung des Vergabeverfahrens beseitigt** werden (VK Lüneburg, B. v. 15. 5. 2008 – Az.: VgK-12/2008). 4101

25.4.2.1.15.3 Weitere Beispiele aus der Rechtsprechung 4102

– betrifft der **Vergaberechtsverstoß das Angebot der Antragstellerin sowie ihre Angebotskalkulation und kann** er, da die Angebotsfrist verstrichen und die Angebote durch die

Teil 1 GWB § 114   Gesetz gegen Wettbewerbsbeschränkungen

Auftraggeberin geöffnet und ausgewertet wurden, **nicht mehr durch einen Wiedereintritt in die Angebotswertung geheilt werden**, kann die Rechtsverletzung **nur durch eine Aufhebung des Vergabeverfahrens beseitigt** werden (VK Niedersachsen, B. v. 23. 4. 2009 – Az.: VgK-10/2009)

- gibt es **schwerwiegende Rechtsverletzungen**, die nicht nur den Antragsteller, sondern letztlich alle Bieter in ihren Rechten verletzen und **haben die Vergaberechtsverstöße bereits zu Beginn des Vergabeverfahrens durch den Verstoß gegen die Vertraulichkeit der Teilnahmeanträge begonnen**, kann die **Rechtmäßigkeit des Vergabeverfahrens nur durch die Aufhebung** entsprechend § 97 Abs. 1 und 2 GWB und unter Beachtung von § 114 GWB als geeignete und zugleich mildeste Maßnahme des Vergabeverfahrens wieder hergestellt werden (VK Südbayern, B. v. 29. 7. 2008 – Az.: Z3-3-3194-1-18-05/08)

- können **Angebote aufgrund ihres unterschiedlichen Inhalts nicht miteinander verglichen werden**, um das wirtschaftlichste Angebot i. S. d. § 25 Nr. 3 VOL/A zu ermitteln, darf wegen dieses Vergaberechtsverstoßes **auf keines der Angebote der Zuschlag ergehen**. Der **Auftraggeber hat nach seinem Ermessen zu entscheiden**, wie sie weiter verfährt. Sofern die **Beschaffungsabsicht fortbesteht**, kann der Vergaberechtsverstoß nur dadurch beseitigt werden, dass das **Vergabeverfahren in den Stand vor Aufforderung zur Angebotsabgabe und Versendung der Verdingungsunterlagen zurückzuversetzen** ist. Der **Auftraggeber muss zwar nicht den Wettbewerb gänzlich neu im Sinne einer Aufhebung und Neuausschreibung eröffnen**; er hat aber den bereits beteiligten Bietern gegenüber hinreichend und mit anschließender Gelegenheit zur Einreichung neuer Angebote klar zu stellen, welche Getränke anzubieten sind (3. VK Bund, B. v. 26. 5. 2008 – Az.: VK 3-59/08)

- hat der Auftraggeber vergaberechtswidrig gehandelt, indem er im Vorfeld der Ausschreibung das **Unterlassen einer Losaufteilung nicht dokumentierte** und dies in der Vorinformation bekanntmachte und hat er darüber hinaus **bereits in der Vergabebekanntmachung vergaberechtswidrige Zuschlagskriterien angegeben**, ist die **Vergabebekanntmachung zu wiederholen, was eine erneute Ausschreibung erfordert** (1. VK Sachsen, B. v. 30. 4. 2008 – Az.: 1/SVK/020-08)

- hat der Auftraggeber hat bereits **vergaberechtswidrig** gehandelt, indem er die **Bewertungsmatrix für den Teilnahmewettbewerb in Ansehung der Teilnahmeanträge vorgenommen** hat und ist darüber hinaus sowohl die **Wertung des Teilnahmewettbewerbs als auch der Auswahlentscheidung nach § 16 VOF vergaberechtswidrig** und ziehen sich **Dokumentationsmängel nach § 18 VOF durch das gesamte Vergabeverfahren hindurch**, kann die **Rechtmäßigkeit** des Vergabeverfahrens aus den o. g. Gründen **nur durch die Aufhebung** entsprechend § 97 Abs. 1 und 2 GWB und unter Beachtung von § 114 GWB als geeignete und zugleich mildeste Maßnahme **des Vergabeverfahrens wieder hergestellt werden kann** (1. VK Sachsen, B. v. 14. 4. 2008 – Az.: 1/SVK/013-08)

- hat der Auftraggeber zunächst vergaberechtswidrig gehandelt, indem er eine **Rahmenvereinbarung ausgeschrieben hat, was die anwendbare Verdingungsordnung nicht zulässt** und hat er zum anderen **unter Verstoß gegen § 18 VOF nicht dokumentiert**, aus welchem Grunde gerade 5 Teilnehmer nach Abschluss des Teilnahmewettbewerbs zum weiteren Vergabeverfahren zugelassen werden sollten und wurde darüber hinaus die Wertung der Präsentation, die zum Ausschluss der Antragstellerin am weiteren Vergabeverfahren führte, nur unzureichend dokumentiert, kann die **Rechtmäßigkeit des Vergabeverfahrens aus den o. g. Gründen nur durch die Aufhebung entsprechend § 97 Abs. 1 und 2 GWB und unter Beachtung von § 114 GWB als geeignete und zugleich mildeste Maßnahme des Vergabeverfahrens wieder hergestellt** werden. Die genannten Vergaberechtsverstöße sind nicht etwa durch eine Verpflichtung des Auftraggebers zur Rückversetzung des Verfahrens auf den Stand nach der Vergabebekanntmachung heilbar (1. VK Sachsen, B. v. 25. 1. 2008 – Az.: 1/SVK/088-07)

- selbst wenn **grundsätzlich hinsichtlich der Aufhebung einer Ausschreibung Ermessen** besteht, ist das **Ermessen hier auf Null reduziert**. Da die Angebote der ASt und der Bgl zwingend auszuschließen sind und auch die übrigen Bieter die in Position 3. 6. 170 geforderte Ausführungsbeschreibung nicht mit Angebotsabgabe vorgelegt und damit unvollständige Angebote abgegeben haben, ist **kein Angebot eingegangen, das den Ausschreibungsbedingungen entspricht**. Die **Auftragsvergabe an einen anderen Bieter ist grundsätzlich in vergaberechtskonformer Weise nicht mehr möglich**, ohne dass es darauf ankäme, ob die zum Ausschluss der Angebote führenden Mängel vergleichbar sind. Eine Möglichkeit, in

Gesetz gegen Wettbewerbsbeschränkungen GWB § 114 **Teil 1**

diskriminierungsfreier Art und Weise auf Erfordernisse zu verzichten, ist hier nicht vorgetragen und auch nicht erkennbar. **Mangels anderer Alternativen kommt damit nur eine Aufhebung der Ausschreibung** in Betracht. Bei Fortbestehen der Beschaffungsabsicht hat die Ag die Möglichkeit, zu prüfen, ob eine Vergabe des Auftrags im Verhandlungsverfahren in Betracht kommt (3. VK Bund, B. v. 20. 6. 2007 – Az.: VK 3–55/07)

– nur durch die **Verpflichtung des Auftraggebers zur Aufhebung der Ausschreibung und Neuausschreibung** kann ein **Rechtsfrieden hergestellt** werden und nur der Neubeginn eines derartigen Vergabeverfahrens kann den **Beteiligten letztlich volle Rechtssicherheit bieten** kann. Selbst im Bereich des 4. Abschnitts der VOL/A ist die europaweite Bekanntmachung der Vergabeabsicht wesentliches Merkmal des im Übrigen freieren Vergabeverfahrens. Aus der nicht erfolgten Bekanntmachung könnte jeder Dritte, der ein Interesse an dem Auftrag hat, das Vergabeverfahren erneut infrage stellen (2. VK Brandenburg, B. v. 8. 3. 2007 – Az.: 2 VK 4/07)

– wegen des festgestellten **Verstoßes gegen die Pflicht zur Durchführung einer europaweiten Ausschreibung** der streitbefangenen Leistungen gem. § 1a VOL/A i.V.m. §§ 2, 3 VgV sowie der **in diesem Stadium des Vergabeverfahrens** – nach Eingang und Wertung mehrerer Angebote – **nicht mehr heilbaren Mängel** der Leistungsbeschreibung gem. § 8 Nr. 1 Abs. 1 und Abs. 2 VOL/A ist es **erforderlich, die Aufhebung der Ausschreibung durch Beschluss der Vergabekammer herbeizuführen**. Da die Vergaberechtsverstöße die Leistungsbeschreibung selbst und die Wahl des Vergabeverfahrens betreffen, können die Verstöße nicht durch mildere Maßnahmen beseitigt werden (VK Lüneburg, B. v. 12. 1. 2007 – Az.: VgK-33/2006)

– die **Aufhebung der Ausschreibung kann je nach Einzelfall zwar nicht das einzige geeignete, aber das einzig verhältnismäßige Mittel zur Wiederherstellung der Rechtmäßigkeit** sein. Die vorläufig ergriffene Maßnahme, nämlich die Verlängerung der Angebotsfrist, war zwar auch geeignet, vorübergehend einen Schaden von dem Antragsteller und dem Beigeladenen abzuwenden. Die **ständige Verlängerung der Angebotsfrist bzw. eine Aussetzung des Vergabeverfahrens auf unbestimmte Zeit ist aber den Beteiligten am zweiten Vergabeverfahren, und zwar sowohl den Bietern als auch der Vergabestelle, nicht zumutbar**. Die Aufhebung der Ausschreibung lässt demgegenüber zwar den bisherigen Aufwand der Verfahrensbeteiligten nutzlos erscheinen, wobei die Bieter sich ggf. schadlos halten können. Sie ist allen Beteiligten gegenüber aber vertretbar, weil letztlich eine Aufhebung der zweiten Ausschreibung sehr wahrscheinlich ist. Der Auftraggeber ist im Parallelverfahren angewiesen worden, seinen Beschaffungsbedarf durch eine Auftragserteilung im ursprünglichen Vergabeverfahren zu befriedigen. Es ist für den Senat derzeit **nicht vorstellbar, dass ein öffentlicher Auftraggeber, der zu 100% treuhänderisch mit fremdem Geld, nämlich mit öffentlichen Finanzmitteln agiert, der dem Haushaltsrecht unterworfen ist und dessen Mitarbeiter darüber hinaus disziplinarrechtlich und strafrechtlich zur Verantwortung gezogen werden können, wegen eines von ihm nicht quantifizierbaren Preisrisikos bewusst Vermögensschäden zu Lasten der öffentlichen Hand verursacht** (OLG Naumburg, B. v. 13. 10. 2006 – Az.: 1 Verg 12/06; B. v. 13. 10. 2006 – Az.: 1 Verg 11/06)

– die Anordnung zur Aufhebung einer Ausschreibung stellt eine endgültige Maßnahme dar und bildet einen schwerwiegenden Eingriff in die Privatautonomie und die Vertragsfreiheit des öffentlichen Auftraggebers. Insofern **kann nicht jede Unklarheit in den Verdingungsunterlagen zur Aufhebung der Ausschreibung führen** (VK Münster, B. v. 5. 4. 2006 – Az.: VK 5/06; B. v. 10. 3. 2006 – Az.: VK 2/06)

– die Nichtbefassung mit der von der Antragstellerin angebotenen technischen Lösung führt dazu, dass eine „**objektive" Prüfung der Anforderungen des § 9 Nr. 5 VOB/A im jetzigen Verfahrensstadium nicht möglich** ist. In welcher Weise die Vergabestelle im Rahmen der Erarbeitung der Leistungsbeschreibung ihr Planungs- und Entscheidungsermessen ausgeübt hätte, falls sie die Variante des „Niederdrucknebelsystems" in Betracht gezogen hätte, ist aus heutiger Sicht nicht mehr zu entscheiden. Die **Vergabestelle kann dieses Versäumnis nicht nachträglich beseitigen**, indem sie heute (im laufenden Nachprüfungsverfahren) substantiierte technische Gründe hierfür angibt und erklärt, dass sie auch bei damaliger Kenntnis zum gleichen Ergebnis gelangt wäre und die Ausschreibung auf das gewählte technische Verfahren beschränkt hätte. Denn insoweit kann schon nicht ausgeschlossen werden, dass eine solche Aussage nicht der im Zeitpunkt der Ausschreibungsvorbereitung von äußeren Sachzwängen befreiten Entscheidungsposition entspricht, sondern dem verständlichen Wunsch

Teil 1 GWB § 114 Gesetz gegen Wettbewerbsbeschränkungen

geschuldet sein kann, auf eine möglichst zügige Beendigung des Nachprüfungsverfahrens hinzuwirken. Eine von solchen Erwägungen unbeeinflusste Prüfung seitens der Vergabestelle, die Lösungsvariante eines „Niederdrucknebelsystems" zuzulassen oder aus den in § 9 Nr. 5 Abs. 1 VOB/A genannten Gründen auszuschließen, ist **allenfalls im Rahmen einer erneuten Ausschreibung möglich** (Thüringer OLG, B. v. 26. 6. 2006 – Az.: 9 Verg 2/06)

– bei **fehlerhafter Nichtanwendung der Ausschreibungsvorschriften für Aufträge ab den Schwellenwerten** ist die **nationale Ausschreibung aufzuheben** und der Auftraggeber bei fortbestehender Vergabeabsicht zu verpflichten, eine EU-weite Ausschreibung durchzuführen (VK Arnsberg, B. v. 7. 3. 2005 – Az.: VK 2/2005)

– der Vergaberechtsverstoß durch die **offenkundig und bewusst fehlerhaft gewählte Vergabeart des Verhandlungsverfahrens** ist nicht durch einen Wiedereintritt in die Angebotswertung heilbar. Über den entsprechenden hilfsweise gestellten Antrag der Antragstellerin hinaus hat die VK diese Vergaberechtsverletzung gem. § 110 Abs. 1 GWB auch von Amts wegen zu berücksichtigen. Wegen der Schwere des Verstoßes muss die VK deshalb darauf **hinwirken, dass das Vergabeverfahren aufgehoben wird** (VK Lüneburg, B. v. 12. 10. 2004 – Az.: 203-VgK-45/2004)

– der **Verstoß gegen § 8 Nr. 1 Abs. 3 VOL/A** macht es notwendig, dass Vergabeverfahren aufzuheben. Da eine **Änderung der Verdingungsunterlagen erforderlich ist, lässt sich der Zuschlag nicht auf der Grundlage der abgegebenen Angebote erteilen**. Die Angebotsfrist ist bereits abgelaufen. Es ist Aufgabe der Auftraggeber zu entscheiden, auf welche Weise sie die Verdingungsunterlagen ändern wollen, um in einer neuen Ausschreibung Vergaberechtsfehler zu vermeiden

– die **Transparenz des Vergabeverfahrens** ist erheblich gestört durch die **Divergenzen im Inhalt der einzelnen Formen der Vergabebekanntmachung** sowie der Verdingungsunterlagen. Hinsichtlich der **Eignungskriterien** hat der Senat **nicht erklärbare Abweichungen** festgestellt, die ungeachtet der eindeutigen rechtlichen Lösung des Konflikts geeignet sind, potenzielle Bewerber zu verunsichern (OLG Naumburg, B. v. 26. 2. 2004 – Az.: 1 Verg 17/03)

– ist ein Auftraggeber aufgrund von widersprüchlichen Angaben in den Verdingungsunterlagen **nicht in der Lage, überhaupt ein zuschlagfähiges Hauptangebot zu ermitteln**, das die von ihm verbindlich vorgegebene Qualitätsanforderung durchweg einhält, muss die Ausschreibung aufgehoben werden (VK Lüneburg, B. v. 29. 1. 2004 – Az.: 203-VgK-40/2003)

– das **Unterlassen der europaweiten Ausschreibung** stellt einen Verstoß gegen die Vergabevorschriften dar und hätte zur Aufhebung der Ausschreibung durch die VK geführt, wenn die Vergabestelle nicht selbst die Ausschreibung aufgehoben hätte (VK Münster, B. v. 24. 1. 2002 – Az.: VK 24/01)

– eine Anordnung, die **Ausschreibung wegen der unterlassenen europaweiten Ausschreibung komplett aufzuheben**, hält die VK im Einzelfall nicht für sachgerecht und auch nicht für rechtlich zulässig (VK Münster, B. v. 4. 12. 2003 – Az.: VK 21/03)

– ein **Verstoß gegen § 17 Nr. 6 Abs. 2 VOL/A** ist nicht durch eine Verpflichtung des Auftraggebers zur erneuten Angebotswertung unter Berücksichtigung der Rechtsauffassung der VK heilbar, da dieser **Verstoß gegen die Informationspflicht unmittelbar Auswirkungen auf die Angebotskalkulation haben musste**. Eine nachträgliche Korrektur der Angebotskalkulationen und damit der Angebotspreise bei allen Bietern ist in einem laufenden Vergabeverfahren nicht möglich. Der Auftraggeber war daher gem. Nr. 1 des Tenors zu verpflichten, mangels Vergleichbarkeit der Angebote das streitbefangene Vergabeverfahren aufzuheben (VK Lüneburg, B. v. 24. 11. 2003 – Az.: 203-VgK-29/2003)

– wenn die VK eine **grundlegende Änderung der Verdingungsunterlagen** nach den Gründen ihrer Entscheidung festgestellt hat, ist es im Interesse einer raschen Gesamtlösung im allgemeinen geboten, die Aufhebung des Vergabeverfahrens auszusprechen (BayObLG, B. v. 15. 7. 2002 – Az.: Verg 15/02)

– **bleibt kein Angebot mehr übrig**, auf das der Auftraggeber den Zuschlag erteilen könnte, kann ein Vergabeverfahren nur durch eine Aufhebung beendet werden, welche die Kammer der Auftraggeberin hiermit aufgibt (1. VK Sachsen, B. v. 21. 5. 2001 – Az.: 1/SVK/32-01)

– weist das **Leistungsverzeichnis schwerwiegende Mängel** (Leitfabrikat ohne den Zusatz „oder gleichwertiger Art"), kommt regelmäßig nur die Aufhebung der Ausschreibung in Betracht (1. VK Sachsen, B. v. 18. 9. 2001 – Az.: 1/SVK/83-01, B. v. 13. 9. 2002 – Az.: 1/SVK/080-02)

Gesetz gegen Wettbewerbsbeschränkungen GWB § 114 **Teil 1**

– wegen der zentralen Bedeutung der Leistungsbeschreibung für ein transparentes Vergabeverfahren ist bei **Mängeln in der Leistungsbeschreibung** das Vergabeverfahren aufzuheben (VK Lüneburg, B. v. 12. 4. 2002 – Az.: 203-VgK-05/2002; ebenso für eine grob unklare Leistungsbeschreibung OLG Naumburg, B. v. 16. 9. 2002 – Az.: 1 Verg 02/02)

– enthält die **Leistungsbeschreibung ein nicht mehr am Markt erhältliches Fabrikat**, ist die Ausschreibung aufzuheben (VK Lüneburg, B. v. 30. 10. 2003 – Az.: 203-VgK-21/2003)

– hat eine **voreingenommene Person** (nach § 16 Abs. 1 Nr. 3 Buchstabe a) VgV) im Vergabeverfahren mitgewirkt, kann eine Aufhebung in Betracht kommen (VK Rheinland-Pfalz, B. v. 30. 4. 2002 – Az.: VK 6/02)

– **fehlt** es an einer **Grundlage für eine erneute Wertung**, ist das Vergabeverfahren aufzuheben (2. VK Bund, B. v. 23. 5. 2002 – Az.: VK 2–18/02)

– liegt ein Angebot aufgrund eines im Vergleich zur Bekanntmachung **zu frühen Eröffnungstermines** dem Verhandlungsleiter bei der Öffnung des ersten Angebots nicht vor und befindet es sich zu diesem Zeitpunkt auch nicht im Geschäftsbereich der Vergabestelle, kann das Angebot nicht mehr vergaberechtskonform am Wettbewerb beteiligt werden; dies macht die Aufhebung des gesamten Vergabeverfahrens unumgänglich (VK Nordbayern, B. v. 15. 4. 2002 – Az.: 320.VK-3194-08/02)

– die Vergaberechtsverstöße – insbesondere die **vergaberechtswidrige Delegation** sämtlicher Entscheidungsbefugnisse auf einen Dritten und der das streitbefangene Vergabeverfahren prägende **Verstoß gegen die Dokumentationspflichten** – können nicht durch eine Verpflichtung zur Neuvornahme der Angebotswertung beseitigt werden; eine Aufhebung ist notwendig (VK Lüneburg, B. v. 31. 5. 2002 – Az.: 203-VgK-09/2002; VK Arnsberg, B. v. 28. 1. 2004 – Az.: VK 1–30/2003)

– es kommt nur die Aufhebung der Ausschreibung in Betracht, da der Vergaberechtsverstoß – **zu kurze Ausschreibungsfrist** – nicht anders behoben werden kann. Benachteiligt ist nämlich nicht nur der Antragsteller, sondern auch diejenigen Bieter, die die Angebotsunterlagen zwar abgefordert, jedoch kein Angebot abgegeben haben. Beeinträchtigt sind aber auch alle anderen Firmen, die die zu kurze Bearbeitungsfrist nach dem Lesen der Veröffentlichung erkannten und aus diesem Grund schon von der Abforderung der Unterlagen absahen und nicht in eine erneute Angebotsfrist einbezogen werden können (1. VK Sachsen, B. v. 9. 12. 2002 – Az.: 1/SVK/102-02)

25.4.2.1.16 Verpflichtung des Auftraggebers zur Aufhebung oder Zurückversetzung des Vergabeverfahrens in den Stand nach Vergabebekanntmachung. Stellt eine Vergabestelle nur einem Bieter wettbewerbs- und preisrelevante Kalkulationsgrundlagen zur Verfügung und macht sie diese anderen Bietern nicht auch zugänglich, liegt eine **Ungleichbehandlung** vor, die **mangels vergleichbarer Angebote** zur **Aufhebung des Vergabeverfahrens oder zur Zurückversetzung des Vergabeverfahrens in den Stand nach Vergabebekanntmachung** führt (VK Sachsen, B. v. 7. 12. 2006 – Az.: 1/SVK/100-06). 4103

Liegen **inhaltlich unterschiedliche Angebote** vor, die auf Änderungen zurückzuführen sind und liegt dies **nicht im Verantwortungsbereich der Bieter**, macht eine solche Situation es unumgänglich, das **Vergabeverfahren in den Stand nach der erfolgten Bekanntmachung der Vergabeabsicht durch die Vergabestelle zurückzuversetzen**. Mit dieser Zurückversetzung des Vergabeverfahrens wird die **Vergabestelle erneut alle die Bieter zur Abgabe eines neuen Angebotes aufzufordern haben, die schon einmal die Verdingungsunterlagen abgefordert hatten**. Ihnen ist die – dabei notwendig zu erläuternde – Möglichkeit zu geben, anhand von eindeutigen Verdingungsunterlagen und Angaben in den Leistungsverzeichnissen der Gesamtbaumaßnahme, ein ordnungsgemäßes Angebot abgeben zu können. Die Vergabestelle hat dafür Sorge zu tragen, dass den Bewerbern eine angemessene Frist zur Ausarbeitung ihrer Angebote zur Verfügung steht (VK Thüringen, B. v. 12. 3. 2008 – Az.: 360–4002.20–414/2008-001-NDH). 4104

25.4.2.1.17 Verpflichtung des Auftraggebers zur Aufhebung oder Zurückversetzung des Vergabeverfahrens in den Stand vor Abgabe der Angebote. Kann nicht ausgeschlossen werden, dass die **unterlassene Bekanntgabe der Wertigkeit der Unterkriterien den Inhalt des Angebots des Antragstellers beeinflusst haben könnte**, ist es dem Auftraggeber zu untersagen, den Zuschlag auf eines der eingegangenen Angebote zu erteilen. Der Auftraggeber wird in eigener Zuständigkeit zu entscheiden haben, ob er das **Vergabeverfahren in den Stand vor Abgabe der Angebote zurückversetzt oder das Vergabeverfahren insgesamt aufhebt** (OLG Düsseldorf, B. v. 21. 5. 2008 – Az.: VII – Verg 19/08; B. v. 5. 5. 2008 4105

Teil 1 GWB § 114 Gesetz gegen Wettbewerbsbeschränkungen

– Az.: VII – Verg 5/08; B. v. 9. 4. 2008 – Az.: VII-Verg 2/08; B. v. 27. 2. 2008 – Az.: VII – Verg 41/07; OLG München, B. v. 29. 7. 2010 – Az.: Verg 09/10; 2. VK Bund, B. v. 29. 5. 2008 – Az.: VK 2–58/08; VK Hessen, B. v. 14. 1. 2008 – Az.: 69 d VK – 57/2007; VK Schleswig-Holstein, B. v. 22. 4. 2008 – Az.: VK-SH 03/08).

4106   Hat der **Auftraggeber unzulässigerweise Eignungskriterien als Zuschlagskriterien bekannt gemacht** und besteht die Beschaffungsabsicht fort, kann der Vergaberechtsverstoß nur dadurch beseitigt werden, dass der **Auftraggeber das Vergabeverfahren in das Stadium vor seiner Bekanntmachung zurückversetzt**, da die fehlerhaften Zuschlagskriterien bereits in der Bekanntmachung angegeben worden waren. Die Zuschlagskriterien sind dann zu überarbeiten, die Vergabe erneut bekannt zu geben und den interessierten Unternehmen ist die Gelegenheit zu geben, erneut Angebote einzureichen (OLG München, B. v. 29. 7. 2010 – Az.: Verg 09/10; 1. VK Bund, B. v. 27. 11. 2009 – Az.: VK 1–194/09; 2. VK Bund, B. v. 22. 6. 2010 – Az.: VK 2–44/10).

4107   **25.4.2.1.18 Aufhebung einer Aufhebungsentscheidung des öffentlichen Auftraggebers. 25.4.2.1.18.1 Grundsatz.** Der **EuGH** hat entschieden, dass die Entscheidung des öffentlichen Auftraggebers, die Ausschreibung eines Dienstleistungsauftrags zu widerrufen, in einem Nachprüfungsverfahren auf Verstöße gegen das Gemeinschaftsrecht im Bereich des öffentlichen Auftragswesens oder gegen die einzelstaatlichen Vorschriften, die dieses Recht umsetzen, überprüft und gegebenenfalls aufgehoben werden kann. Der **BGH** hat ebenfalls festgestellt, dass eine Aufhebungsentscheidung in einem Nachprüfungsverfahren überprüft werden kann.

4108   Diesem Grundsatz haben sich – auch für Bau-, Dienstleistungs- und Lieferaufträge – die Vergabesenate und Vergabekammern angeschlossen. Zu den Einzelheiten vgl. die Kommentierung zu → § 102 GWB Rdn. 43.

4109   Diese Rechtsprechung gilt **allgemein für die Entscheidung des Auftraggebers, auf die Vergabe eines Auftrags zu verzichten** (VK Brandenburg, B. v. 16. 6. 2003 – Az.: VK 20/03).

4110   **25.4.2.1.18.2 Inhalt der Entscheidung der Aufhebung einer Aufhebung.**
25.4.2.1.18.2.1 Kein Kontrahierungszwang. In ständiger Rechtsprechung hat der BGH herausgearbeitet, dass trotz Geltung der VOB/A (bzw. der VOL/A) der Ausschreibende auch dann, wenn kein Aufhebungsgrund nach § 17 VOB/A bzw. § 20 EG VOL/A besteht, **nicht gezwungen werden kann, einen der Ausschreibung entsprechenden Auftrag zu erteilen**. Es kann viele Gründe geben, die den Ausschreibenden hindern, eine einmal in die Wege geleitete Ausschreibung ordnungsgemäß mit der Erteilung des Zuschlags an einen Bieter zu beenden. Hierzu kann sich ein Ausschreibender insbesondere dann veranlasst sehen, wenn ein Zuschlag auf ein abgegebenes Angebot seine finanziellen Möglichkeiten übersteigt. Die Möglichkeit, bei einem sachlichen Grund eine Ausschreibung vorzeitig zu beenden, ist notwendige Folge davon, dass es ein Zweck des Vergaberechts ist, der öffentlichen Hand eine die Bindung der ihr anvertrauten Mittel und das Gebot sparsamer Wirtschaftsführung beachtende Beschaffung zu angemessenen Preisen zu ermöglichen und die Situation der öffentlichen Hand in dieser Hinsicht durch eine Erweiterung des Bewerberkreises und damit der Entscheidungsgrundlage zu verbessern. **Damit wäre die Annahme, es müsse in jedem Fall eines eingeleiteten Vergabeverfahrens ein Zuschlag erteilt werden, schlechthin unvereinbar** (BGH, B. v. 18. 2. 2003 – Az.: X ZB 43/02; Urteil v. 5. 11. 2002 – Az.: X ZR 232/00; OLG Brandenburg, B. v. 2. 10. 2008 – Az.: 12 U 91/08; B. v. 17. 12. 2007 – Az.: 13 W 79/07; B. v. 19. 12. 2002 – Az.: Verg W 9/02; OLG Celle, B. v. 15. 7. 2010 – Az.: 13 Verg 9/10; Urteil v. 25. 6. 2008 – Az.: 14 U 14/08; B. v. 10. 1. 2008 – Az.: 13 Verg 11/07; B. v. 22. 5. 2003 – Az.: 13 Verg 9/03; OLG Dresden, B. v. 3. 12. 2002 – Az.: WVerg 0015/02, B. v. 10. 7. 2003 – Az.: WVerg 0015/02; OLG Düsseldorf, B. v. 14. 10. 2009 – Az.: VII-Verg 9/09; B. v. 29. 4. 2009 – Az.: VII-Verg 73/08; B. v. 22. 7. 2005 – Az.: VII – Verg 37/05; OLG Frankfurt, B. vom 28. 6. 2005 – Az.: 11 Verg 21/04; OLG München, B. v. 12. 7. 2005 – Az.: Verg 008/05; OLG Naumburg, B. v. 13. 10. 2006 – Az.: 1 Verg 7/06; B. v. 13. 10. 2006 – Az.: 1 Verg 6/06; Schleswig-Holsteinisches OLG, B. v. 9. 3. 2010 – Az.: 1 Verg 4/09; Thüringer OLG, B. v. 18. 5. 2009 – Az: 9 Verg 4/09; LG Arnsberg, Urteil v. 19. 10. 2007 – Az.: 8 O 134/07 – für Architektenplanungsleistungen unterhalb der Schwellenwerte; LG Düsseldorf, Urteil v. 29. 10. 2008 – Az.: 14 c O 264/08; LG Essen, Urteil v. 15. 11. 2007 – Az.: 4 O 168/07; eher zweifelnd BayObLG, B. v. 5. 11. 2002 – Az.: Verg 22/02; VK Baden-Württemberg, B. v. 7. 10. 2005 – Az.: 1 VK 58/05; B. v. 28. 10. 2008 – Az.: 1 VK 39/08; B. v. 7. 10. 2005 – Az.: 1 VK 56/05; 1. VK Bund, B. v. 29. 9. 2009 – Az.: VK 1–167/09; B. v. 3. 9. 2009 – Az.: VK 1–155/09; 2. VK Bund, B. v. 4. 6. 2010 – Az.: VK 2–32/10; B. v. 11. 12. 2008 – Az.: VK 2–76/08; B. v. 15. 9. 2008 – Az.: VK 2–

Gesetz gegen Wettbewerbsbeschränkungen GWB § 114 **Teil 1**

91/08; B. v. 24. 6. 2005 – Az.: VK 2–70/05; B. v. 24. 6. 2004 – Az.: VK 2–73/04; 3. VK Bund, B. v. 16. 3. 2007 – Az.: VK 3–13/07; VK Hessen, B. v. 30. 9. 2009 – Az.: 69 d VK – 32/2009; B. v. 21. 4. 2005 – Az.: 69 d VK – 09/2005; VK Lüneburg, B. v. 27. 1. 2005 – Az.: 203-VgK-57/2004; B. v. 30. 8. 2004 – Az.: 203-VgK-38/2004; VK Münster, B. v. 28. 5. 2010 – Az.: VK 4/10; B. v. 30. 4. 2009 – Az.: VK 4/09; VK Niedersachsen, B. v. 24. 10. 2008 – Az.: VgK-35/2008; 1. VK Sachsen, B. v. 18. 8. 2006 – Az.: 1/SVK/077-06; 2. VK Sachsen-Anhalt, B. v. 23. 5. 2006 – Az.: VK 2-LVwA LSA 17/06; B. v. 23. 5. 2006 – Az.: VK 2-LVwA LSA 16/06; VK Schleswig-Holstein, B. v. 23. 10. 2009 – Az.: VK-SH 14/09; B. v. 4. 2. 2008 – Az.: VK-SH 28/07; B. v. 14. 9. 2005 – Az.: VK-SH 21/05; VK Südbayern, B. v. 29. 1. 2007 – Az.: Z3-3-3194-1-37–11/06; B. v. 15. 12. 2006 – Az.: 34–11/06; B. v. 23. 11. 2006 – Az.: 32–10/06; VK Thüringen, B. v. 19. 9. 2008 – Az.: 250–4003.20–2110/2008-008-SHK).

Die **Ausschreibung** eines beabsichtigten öffentlichen Auftrages stellt also noch kein **Vertragsangebot des öffentlichen Auftraggebers dar, an das er letztlich nach zivilrechtlichen Grundsätzen gebunden wäre**. Auch wenn sich im Rahmen einer Ausschreibung ein vorvertragliches Vertrauensverhältnis entwickeln mag, können aus einer Verletzung der aus diesem Vertrauensverhältnis resultierenden Pflichten und der dieses Rechtsverhältnis prägenden Regeln durch den Ausschreibenden **lediglich Schadenersatzansprüche nach vertragsrechtlichen Grundsätzen** entstehen. Dagegen besteht kein Anspruch darauf, dass der öffentliche Auftraggeber einen der Ausschreibung entsprechenden Vertrag mit einem hierfür geeigneten Bieter auch tatsächlich abschließt. Die Ausschreibung selbst ist dafür kein Rechtsgrund und lässt sich auch nicht in entsprechender Weise hierfür heranziehen. Da die Vorschriften, die im einzelnen die Aufhebung einer Ausschreibung regeln, z.B. § 17 VOB/A, ebenfalls nicht als Rechtsgrundlage angesehen werden können und lediglich Grundlage für mögliche Schadenersatzansprüche bieten können, hat der jeweilige Bieter, auch wenn er das günstigste Angebot abgegeben haben sollte, letztlich keinen Anspruch darauf, dass in jedem Falle ein entsprechender Auftrag erteilt wird (OLG Frankfurt, B. v. 25. 10. 2000 – Az.: 11 Verg. 2/99). 4111

Diese **Rechtsprechung gilt auch für VOF-Verfahren**. Es sind keine rechtlichen Gesichtspunkte erkennbar, die eine Anwendung der von dieser Rechtsprechung aufgestellten Grundsätze auf Verhandlungsverfahren für die Vergabe freiberuflicher Dienstleistungen ausschließen (OLG Celle, B. v. 15. 7. 2010 – Az.: 13 Verg 9/10; OLG Frankfurt, B. v. 16. 8. 2006 – Az.: 11 Verg 3/06; 1. VK Sachsen, B. v. 17. 1. 2006 – Az.: 1/SVK/151-05; B. v. 31. 5. 2005 – Az.: 1/SVK/046-05). 4112

Der Auftraggeber kann nicht verpflichtet werden, ein Vergabeverfahren abzuschließen und ein bestimmtes Angebot anzunehmen, wenn er die **Aufhebung des Verfahrens auf vernünftige, sachliche Gründe stützen kann**, wenn z.B. das Ziel einer Ausschreibung wegen Zeitablaufs nicht mehr erreicht werden kann oder Haushaltsmittel nicht mehr sachgerecht eingesetzt werden können (OLG Celle, B. v. 15. 7. 2010 – Az.: 13 Verg 9/10; OLG Düsseldorf, B. v. 22. 7. 2005 – Az.: VII – Verg 37/05). 4113

Erwägungen des Auftraggebers hinsichtlich der Vorteilhaftigkeit von Bestimmungen eines neuen Rechts (z.B. der rechtlichen Basis für Tariftreueforderungen) **bilden sachliche Gründe für eine Aufhebungsentscheidung**. Die Gegenauffassung läuft auf einen durch den Zweck der Übergangsvorschrift nicht gedeckten und weder der alten noch der neuen Rechtslage entsprechenden Kontrahierungszwang in Fällen hinaus, in denen der Auftraggeber sachliche Gründe dafür anführen kann, einen Zuschlag auf der bisherigen Grundlage nicht zu erteilen (1. VK Bund, B. v. 29. 9. 2009 – Az.: VK 1–167/09). 4114

Trotz Fehlens eines Aufhebungsgrundes nach § 20 EG VOL/A ist die **Vergabekammer daran gehindert, die Aufhebung der Aufhebungsentscheidung zu erklären, wenn die Aufhebungsentscheidung in der Sache gerechtfertigt** war, weil **nur durch eine Aufhebung des Vergabeverfahrens die Beseitigung der Vergabefehler möglich** ist. So ist eine Beseitigung der schwerwiegenden Mängel für den Auftraggeber im Rahmen einer Fortführung des Vergabeverfahrens und Neuwertung der bereits abgegebenen Angebote schon deshalb nicht möglich, wenn sich die **Mängel auf die Erstellung der Angebote ausgewirkt haben und somit durch eine Wiederholung der Angebotswertung nicht zu beseitigen** waren. Anlässlich des grundlegenden Mangels, der dem Vergabeverfahren seit Beginn anhaftete (mit der Bekanntmachung), kann der Auftraggeber nicht verpflichtet werden, sein Vergabeverfahren fortzusetzen. Dies ist z.B. dann der Fall, wenn es – abgesehen von der Antragstellerin – **keinem (potenziellen) Bieter möglich, zum geplanten Termin der Leistungsaufnahme diese tatsächlich aufzunehmen** (VK Schleswig-Holstein, B. v. 23. 10. 2009 – Az.: VK-SH 14/09). 4115

Teil 1 GWB § 114 Gesetz gegen Wettbewerbsbeschränkungen

4116 **25.4.2.1.18.2.2 Auswirkung auf den Inhalt der Entscheidung der Vergabekammer.** Der von der Rechtsprechung in den Vordergrund gestellte **Grundsatz der Vertragsfreiheit** muss als Grenze der Regelungskompetenz der Vergabekammern und -senate erkannt werden, nicht aber als Hindernis der Überprüfung der Rechtmäßigkeit der Aufhebung als Vorstufe des Vertragsschlusses. Dabei kann es nicht darauf ankommen, ob an einem Vergabeverfahren zufällig nur nationale Bieter oder auch ausländische Firmen teilgenommen haben, denn sonst wären ausländische Firmen privilegiert gegenüber dem nationalen Bieter durch weitergehenden Rechtsschutz – ein sicherlich abweiges Ergebnis.

4117 Es liegt damit auch **nicht in der Kompetenz der Vergabekammer**, im Rahmen des § 114 Abs. 1 GWB zur Beseitigung einer Rechtsverletzung eine Maßnahme zu treffen, die für einen öffentlichen Auftraggeber, der trotz Einleitung eines Vergabeverfahrens einen Auftrag nicht mehr erteilen will, einen **rechtlichen oder tatsächlichen Zwang bedeutete, sich doch vertraglich zu binden** (BGH, B. v. 18. 2. 2003 – Az.: X ZB 43/02; OLG Celle, B. v. 15. 7. 2010 – Az.: 13 Verg 9/10; B. v. 10. 6. 2010 – Az.: 13 Verg 18/09; B. v. 10. 1. 2008 – Az.: 13 Verg 11/07; B. v. 22. 5. 2003 – Az.: 13 Verg 9/03; VK Hessen, B. v. 21. 4. 2005 – Az.: 69 d VK – 09/2005; VK Brandenburg, B. v. 30. 8. 2004 – Az.: VK 34/04; B. v. 17. 8. 2004 – Az.: VK 23/04; 2. VK Bund, B. v. 15. 6. 2004 – Az.: VK 2–40/03; VK Lüneburg, B. v. 27. 1. 2005 – Az.: 203-VgK-57/2004; VK Niedersachsen, B. v. 24. 10. 2008 – Az.: VgK-35/2008; VK Schleswig-Holstein, B. v. 4. 2. 2008 – Az.: VK-SH 28/07).

4118 Es kommt also entscheidend darauf an, dass die Entscheidung der Kammer über die Rechtsfolge bei der Rechtswidrigkeit der Aufhebung sich in dem Rahmen hält, in dem sie auch sonst berechtigt ist zu entscheiden: alle Maßnahmen anzuordnen, die geeignet sind, das damit noch laufende Vergabeverfahren in rechtmäßige Bahnen zu führen ohne dem Auftraggeber die Entscheidung über den Zuschlag zu nehmen. Die Vergabekammer hat in allen ihren Entscheidungen nur auf eine rechtmäßige Entscheidungsfindung des Auftraggebers hinzuwirken, nicht eine solche zu ersetzen. Das bedeutet, **dass sie ihm stets zumindest die Wahl lassen muss, den Auftrag zu erteilen oder – ggf. gegen Schadensersatz** (namentlich bei Nichtvorliegen der Gründe des § 17 VOB und § 20 EG VOL/A) – **von der Auftragsvergabe Abstand zu nehmen** und sei es nur durch Auslaufenlassen der Bindefristen (VK Schleswig-Holstein, B. v. 14. 9. 2005 – Az.: VK-SH 21/05).

4119 Die in der Literatur teilweise diskutierte Ermessensreduzierung auf Null ist damit denklogisch – für den Regelfall – ausgeschlossen (VK Arnsberg, B. v. 23. 1. 2003 – Az.: VK 2–27/2002).

4120 **25.4.2.1.18.2.3 Kontrahierungszwang in Ausnahmefällen.** Nach Auffassung der VK Hamburg (B. v. 14. 8. 2003 – Az.: VgK FB 3/03) ist die Vergabekammer befugt, alle geeignet erscheinenden Maßnahmen zu treffen, um eine Rechtsverletzung zu beseitigen und eine Schädigung der betroffenen Interessen zu verhindern. Sie ist im Einzelfall weder daran gehindert, die Aufhebung der Aufhebung einer Ausschreibung **noch die Verpflichtung zur Erteilung des Zuschlags an einen Bieter auszusprechen, wenn es sich dabei um die einzig geeignete Maßnahmen handelt.** Diese sehr weit gehende Auffassung wurde vom Hanseatischen OLG (B. v. 21. 11. 2003 – Az.: 1 Verg 3/03) bestätigt: Sieht sich die Vergabestelle an einem Zuschlag nur durch einen rechtlichen Umstand gehindert, der sich später als irrelevant erweist, bestehen gegen einen **Verpflichtungsausspruch der Vergabekammer zur Zuschlagserteilung keine durchgreifenden Bedenken** (VK Baden-Württemberg, B. v. 7. 10. 2005 – Az.: 1 VK 56/05; VK Münster, B. v. 30. 4. 2009 – Az.: VK 4/09).

4121 **25.4.2.1.18.2.4 Verpflichtung zur Fortsetzung des Vergabeverfahrens.** Die Anordnung einer Fortsetzung des Vergabeverfahrens kann dann erfolgen, **wenn der Auftraggeber an seiner Vergabeabsicht festhält** – sei es in einem weiteren Ausschreibungsverfahren, sei es durch freihändige Vergabe – (OLG Brandenburg, B. v. 2. 10. 2008 – Az.: 12 U 91/08; OLG Naumburg, B. v. 13. 10. 2006 – Az.: 1 Verg 7/06; B. v. 13. 10. 2006 – Az.: 1 Verg 6/06; Schleswig-Holsteinisches OLG, B. v. 9. 3. 2010 – Az.: 1 Verg 4/09; Thüringer OLG, B. v. 18. 5. 2009 – Az: 9 Verg 4/09; 1. VK Bund, B. v. 29. 9. 2009 – Az.: VK 1–167/09; 2. VK Bund, B. v. 4. 6. 2010 – Az.: VK 2–32/10; B. v. 24. 6. 2005 – Az.: VK 2–70/05; B. v. 24. 6. 2004 – Az.: VK 2–73/04; VK Lüneburg, B. v. 30. 8. 2004 – Az.: 203-VgK-38/2004; VK Niedersachsen, B. v. 24. 10. 2008 – Az.: VgK-35/2008; 2. VK Sachsen-Anhalt, B. v. 23. 5. 2006 – Az.: VK 2-LVwA LSA 16/06; B. v. 23. 5. 2006 – Az.: VK 2-LVwA LSA 17/06).

4122 Eine Aufhebung der Aufhebung der Ausschreibung kann von der Kammer nicht angeordnet werden. Eine derartige Entscheidung kommt nur dann in Betracht, wenn von einem Fortbestehen des ursprünglichen Vergabewillens auszugehen ist. Zwar will und muss der Auftraggeber weiterhin Sicherheitstechnik für … beschaffen. **Er hat jedoch erklärt, von seinem ur-**

Gesetz gegen Wettbewerbsbeschränkungen GWB § 114 **Teil 1**

sprünglichen technologisch spezifizierten Beschaffungsbedarf Abstand zu nehmen und sich aus einem bestehenden Rahmenvertrag, dem eine nicht ganz so hochwertige Technologie zugrunde liegt, bedienen zu wollen. Diese Änderung u. a. hinsichtlich der von den Geräten zu leistenden Durchsatzzahlen und anderer Möglichkeiten bedeutet, dass der Auftraggeber den ursprünglichen Vergabewillen hinsichtlich des ausgeschriebenen Vorhabens endgültig aufgegeben hat und definitiv andere Geräte mit älterer Technologie beschaffen will. Er begründet dies mit der seiner Einschätzung nach eingetretenen Unmöglichkeit, den ursprünglichen, technisch höherwertigeren Bedarf rechtzeitig entwickeln und erproben zu können (2. VK Bund, B. v. 4. 6. 2010 – Az.: VK 2–32/10).

Hat die Vergabestelle nach Aufhebung eines Offenen Verfahrens ein Verhandlungsverfahren eingeleitet, dokumentiert sie, dass sie **an der Vergabeabsicht des Auftrages festhält**; dann ist auch eine Entscheidung der Vergabekammer mit der Verpflichtung zur Fortsetzung des Offenen Verfahrens möglich (VK Rheinland-Pfalz, B. v. 10. 10. 2003 – Az.: VK 19/03; 1. VK Sachsen, B. v. 18. 8. 2006 – Az.: 1/SVK/077-06). 4123

Die Anordnung einer Fortsetzung des Vergabeverfahrens, z. B. mit dem Ziel einer neuen Wertung, kann im Einzelfall ebenfalls in Betracht kommen, **wenn beispielsweise die Aufhebung der Ausschreibung nur zum Schein erfolgt ist**, also die Vergabestelle auch in diesem Fall an der Durchführung ihres Vorhabens festhält (OLG Düsseldorf, B. v. 22. 7. 2005 – Az.: VII – Verg 37/05; B. v. 23. 3. 2005 – Az.: VII – Verg 76/04; B. v. 16. 2. 2005 – Az.: VII – Verg 72/04; Schleswig-Holsteinisches OLG, B. v. 9. 3. 2010 – Az.: 1 Verg 4/09; VK Baden-Württemberg, B. v. 7. 10. 2005 – Az.: 1 VK 56/05; VK Brandenburg, B. v. 30. 8. 2004 – Az.: VK 34/04). Denkbar ist auch die Anordnung einer Fortsetzung des Vergabeverfahrens, wenn die Vergabestelle die Aufhebung nur deshalb verfügt hat, weil **vermeintlich keiner der Bieter ein ordnungsgemäßes Angebot abgegeben hat** (VK Baden-Württemberg, B. v. 7. 10. 2005 – Az.: 1 VK 56/05; VK Brandenburg, B. v. 30. 8. 2004 – Az.: VK 34/04; 2. VK Bund, B. v. 15. 6. 2004 – Az.: VK 2–40/03; 1. VK Sachsen, B. v. 18. 6. 2009 – Az.: 1/SVK/017-09). 4124

Eine Anordnung der Nachprüfungsinstanzen zu einer Fortsetzung des Vergabeverfahrens kommt grundsätzlich auch dann in Betracht, wenn die **Aufhebung der Ausschreibung eine Maßnahme der Diskriminierung einzelner Bieter darstellt** (OLG Düsseldorf, B. v. 23. 3. 2005 – Az.: VII – Verg 76/04; B. v. 16. 2. 2005 – Az.: VII – Verg 72/04; Schleswig-Holsteinisches OLG, B. v. 9. 3. 2010 – Az.: 1 Verg 4/09). 4125

Die **Anordnung der Fortsetzung der Ausschreibung** mit dem Ziel einer Zuschlagserteilung kommt **nicht nur bei irrtümlicher Aufhebung der Ausschreibung** in Betracht, sondern auch dann, wenn der öffentliche Auftraggeber seine Absicht, die ausgeschriebene Leistung von Dritten zu beschaffen, **unverändert aufrecht erhält** und ihm tatsächlich kein sachlicher Grund, insbesondere natürlich kein Grund im Sinn von § 17 Abs. 1 VOB/A, für die Aufhebung zur Seite steht bzw. wenn die **Aufhebung selbst im Falle des Vorliegens eines sachlichen Grundes nicht verhältnismäßig** ist (OLG Naumburg, B. v. 13. 10. 2006 – Az.: 1 Verg 7/06; B. v. 13. 10. 2006 – Az.: 1 Verg 6/06). 4126

25.4.2.1.18.2.5 Wiederholung der Eignungsprüfung. Als Entscheidung der Vergabekammer kommt unter den oben beschriebenen Voraussetzungen auch die **Aufhebung der Aufhebung und die Verpflichtung des Auftraggebers zur Wiederholung der Eignungsprüfung** in Betracht (2. VK Bund, B. v. 24. 6. 2005 – Az.: VK 2–70/05). 4127

25.4.2.1.18.2.6 Maßstab der Überprüfung der Aufhebung einer Ausschreibung. Der BGH (B. v. 18. 2. 2003 – Az.: X ZB 43/02) hat entschieden, dass **Prüfungsmaßstab das Gemeinschaftsrecht und die zur Umsetzung des Gemeinschaftsrechts erlassenen Vorschriften** sind. Zu den Einzelheiten vgl. die Kommentierung zu → § 102 GWB Rdn. 52. 4128

25.4.2.1.18.2.7 Weitere Beispiele aus der Rechtsprechung 4129
– eine **Aufhebung der Aufhebung der Ausschreibung scheidet ebenfalls aus**, wenn der Vergabewille des Auftraggebers nicht mehr fortbesteht, z. B. weil der **Auftraggeber jedenfalls bis zum Abschluss des Gebrauchsmuster-Löschungsverfahrens nicht beabsichtigt, den Auftrag zu vergeben.** Ist insoweit offen, wann und mit welchem Gegenstand eine Neuausschreibung stattfinden wird und kann insbesondere nicht ausgeschlossen werden, dass der Auftraggeber – sollte das Gebrauchsmuster Bestand haben – Planen künftig so ausschreiben wird, dass andere Bieter ohne Inanspruchnahme der geschützten technischen Lehre den Auftrag erfüllen können, würde die Annahme eines fortbestehenden Vergabewillens einen Kontrahierungszwang begründen, der mit der (negativen) Vertragsabschlussfreiheit des Auftraggebers ersichtlich nicht zu vereinbaren wäre (2. VK Bund, B. v. 15. 9. 2008 – Az.: VK 2–91/08)

Teil 1 GWB § 114 Gesetz gegen Wettbewerbsbeschränkungen

4130 **25.4.2.1.18.2.8 Literatur**

– Bitterich, Klaus, Einschränkung der Abschlussfreiheit öffentlicher Auftraggeber nach Einleitung eines Vergabeverfahrens, NZBau 2006, 757

– Burbulla, Rainer, Aufhebung der Ausschreibung und Vergabenachprüfungsverfahren, ZfBR 2009, 134

– Conrad, Sebastian, Der Rechtsschutz gegen die Aufhebung eines Vergabeverfahrens bei Fortfall des Vergabewillens, NZBau 2007, 287

– Hübner, Alexander, Effektiver vergaberechtlicher Primärrechtsschutz nach dem „Koppensteiner"-Urteil des EuGH?, NZBau 2005, 438

– Kaelble, Hendrik, Anspruch auf Zuschlag und Kontrahierungszwang im Vergabeverfahren, ZfBR 2003, 657

4131 **25.4.2.1.19 Verpflichtung des Auftraggebers zur Neuausschreibung.** Eine Verpflichtung zur Neuausschreibung kommt **grundsätzlich nicht in Betracht**, da die Vergabekammer den Auftraggeber nicht in der Frage binden lassen kann, ob er die ehedem ausgeschriebene Leistung **überhaupt noch beschaffen will** (3. VK Bund, B. v. 15. 7. 2008 – Az.: VK 3–89/08; 1. VK Sachsen, B. v. 18. 9. 2001 – Az.: 1/SVK/83-01).

4132 **25.4.2.1.20 Verpflichtung des Auftraggebers zur Vertragskündigung nach Ablauf der Vertragslaufzeit.** Eine in den Verdingungsunterlagen enthaltene **auf die automatische Verlängerung des Vertrages nach Vertragsende zielende Vertragsklausel stellt den Versuch einer Umgehung der vergaberechtlich gebotenen Neuausschreibung nach Ablauf der Vertragslaufzeit dar;** sie behindert dadurch den Wettbewerb auf unbestimmte Zeit und ist damit gemäß § 97 Abs. 1 GWB und § 2 VOL/A vergaberechtswidrig. Um auf die Rechtmäßigkeit des Vergabeverfahrens hinzuwirken, ist es **ausreichend, der Vergabestelle aufzugeben, den ausgeschriebenen Vertrag fristgerecht zum Vertragsende gegenüber dem Auftragnehmer zu kündigen,** um dadurch sicherzustellen, dass anschließend eine neue öffentliche Ausschreibung erfolgen wird und die unzulässige Vertragsklausel nicht in einen Schaden umschlägt. Eine Aufhebung der Ausschreibung mit anschließender Neuausschreibung, bei der die vergaberechtswidrige Klausel nicht mehr in den Verdingungsunterlagen enthalten wäre, erscheint aus Gründen der Verhältnismäßigkeit nicht erforderlich (VK Baden-Württemberg, B. v. 16. 11. 2004 – Az.: 1 VK 69/04).

4133 **25.4.2.1.21 Untersagung des Übergangs in ein Verhandlungsverfahren.** Nach § 114 Abs. 1 GWB hat die Vergabekammer die notwendigen und angemessenen Maßnahmen zur Beseitigung der Rechtsverletzung und zur Verhinderung der geschädigten Interessen zu treffen. Die aufgrund des zwingenden Ausschlusses der drei Angebote **grundsätzliche Möglichkeit der Aufhebung und Überleitung in ein Verhandlungsverfahren ist dann zu untersagen,** wenn die **Vergabeunterlagen grundsätzlich zu überarbeiten** sind (VK Arnsberg, B. v. 30. 11. 2009 – Az.: VK 32/09).

25.4.2.2 Entscheidungen im Rahmen eines Teilnahmewettbewerbs

4134 **25.4.2.2.1 Verpflichtung des Auftraggebers zur Prüfung eines Teilnahmeantrages.** Entscheidung der Kammer kann auch sein, nur den **Teilnahmeantrag** des Antragstellers auf der Grundlage der in der Bekanntmachung enthaltenen Mindestbedingungen **einer erneuten Wertung** zu unterziehen; dies trägt sowohl den Belangen des Vergaberechts (§ 114 Abs. 1 einerseits, § 110 Abs. 1 Satz 2 GWB andererseits) als auch den Belangen des Antragstellers und auch des Antragsgegners ausreichend Rechnung (VK Hessen, B. v. 29. 5. 2002 – Az.: 69 d VK – 15/2002; im Ergebnis ebenso – **mit einem instruktiven Fall aus der VOF** – 3. VK Bund, B. v. 13. 9. 2005 – Az.: VK 3–82/05).

4135 **25.4.2.2.2 Verpflichtung des Auftraggebers zur Einräumung einer neuen Frist zur Stellung eines Teilnahmeantrages.** Sind die Rechte eines Antragstellers durch die Verkürzung der Frist zur Stellung des Teilnahmeantrags verletzt worden, ist es notwendig, dem Antragsteller nunmehr die Gelegenheit zu geben, **seinen Teilnahmeantrag während derjenigen Zeitspanne zu vervollständigen,** um die der Teilnahmewettbewerb unzulässigerweise verkürzt wurde (2. VK Bund, B. v. 31. 5. 2002 – Az.: VK 2–20/02).

4136 **25.4.2.2.3 Verpflichtung des Auftraggebers zur Zurückversetzung des Teilnahmewettbewerbs auf den Zeitpunkt der Bekanntmachung.** Entscheidung der Vergabekammer kann auch die Anweisung an den Auftraggeber sein, das **Vergabeverfahren zurückzuversetzen und in der neuen Bekanntmachung die Bewertungsregeln vollständig mitzu-**

Gesetz gegen Wettbewerbsbeschränkungen   GWB § 114   **Teil 1**

teilen (OLG Düsseldorf, B. v. 6. 7. 2005 – Az.: VII – Verg 22/05) bzw. **in der Bekanntmachung des Teilnahmewettbewerbs eine rechtswidrige Tariftreueforderung zu unterlassen** (3. VK Bund, B. v. 15. 7. 2008 – Az.: VK 3–89/08).

25.4.2.3 Entscheidungen im Rahmen eines Verhandlungsverfahrens

25.4.2.3.1 Verpflichtung des Auftraggebers zur Zurückversetzung des Verhandlungsverfahrens in den Stand vor einer letzten Verhandlungsrunde. Die Vergabekammer darf nur diejenigen Maßnahmen treffen, die geeignet und erforderlich sind, um den festgestellten Vergaberechtsverstoß zu beseitigen und die Rechtmäßigkeit des Vergabeverfahrens zu gewährleisten. **Ist der einen Bieter beeinträchtigende Vergaberechtsfehler vor der abschließenden Wertung der Angebote durch die ausschreibende Stelle geschehen, ist das Vergabeverfahren in den Stand vor einer letzten Verhandlungsrunde zurück zu versetzen.** Die ausschreibende Stelle hat sicher zustellen, dass alle beteiligten Bieter in diesem Stadium des Verfahrens über alle von der ausschreibenden Stelle für maßgeblich gehaltenen Wertungskriterien sowie deren Gewichtung informiert sind und die Möglichkeit haben, ihr Angebot danach auszurichten (1. VK Bund, B. v. 6. 7. 2005 – Az.: VK 1–53/05).

4137

25.4.2.4 Entscheidungen im Rahmen eines VOF-Verfahrens

25.4.2.4.1 Verpflichtung des Auftraggebers zur Weiterführung des Vergabeverfahrens nach VOF ab dem Zeitpunkt der Auswahl der Bewerber bzw. dem Eingang der Teilnahmeanträge. Als Entscheidung der Vergabekammer kommt auch in Betracht, ein Vergabeverfahren nach VOF **in den Stand nach Auswahl der Bewerber,** mit denen Verhandlungsgespräche geführt werden sollen, **zu versetzen** (VK Münster, B. v. 30. 3. 2007 – Az.: VK 04/07; 3. VK Saarland, B. v. 9. 3. 2007 – Az.: 3 VK 01/2007; VK Schleswig-Holstein, B. v. 11. 1. 2006 – Az.: VK-SH 28/05; VK Thüringen, B. v. 16. 9. 2003 – Az.: 216–404.20–046/03-G-S).

4138

Als Entscheidung der Vergabekammer kommt auch in Betracht, ein **Vergabeverfahren mit der erneuten Prüfung der Teilnahmeanträge weiter zu führen** (VK Hessen, B. v. 24. 11. 2005 – Az.: 69 d – VK – 47/2005).

4139

25.4.2.4.2 Verpflichtung des Auftraggebers zur Weiterführung des Vergabeverfahrens nach VOF ab dem Zeitpunkt der Entscheidung des Preisgerichts. Als geeignete Maßnahme zur Beseitigung der Rechtsverletzung (§ 114 Abs. 1 GWB) kommt die **Verpflichtung des öffentlichen Auftraggebers** in Betracht, das **Vergabeverfahren ab dem Zeitpunkt der Entscheidung des Preisgerichts zu wiederholen** und dann ein von dem Auftraggeber bekannt gemachtes Verfahren einzuhalten (1. VK Bund, B. v. 3. 1. 2007 – Az.: VK 1–142/06).

4140

25.4.2.4.3 Verpflichtung des Auftraggebers zur erneuten Vornahme des Verhandlungsverfahrens im Anschluss an einen Wettbewerb nach VOF. Entscheidung der Vergabekammer kann – nach einem fehlerhaften Auswahlverfahren – auch sein, die **Preisträger eines Wettbewerbs nach VOF – unter Bekanntgabe der Zuschlagskriterien, ihrer Rangfolge und Gewichtung – zur Teilnahme am Verhandlungsverfahren erneut aufzufordern, Auftragsgespräche durchzuführen, zu werten und dies zu dokumentieren** (VK Südbayern, B. v. 19. 5. 2005 – Az.: 18-04/05).

4141

25.4.2.4.4 Verpflichtung des Auftraggebers zur Zurückversetzung des VOF-Verfahrens in den Stand vor der Aufforderung zur Verhandlung. Bei einem **Verstoß gegen die Angabe der Zuschlagskriterien, Unterkriterien und deren Gewichtung** ist das **Vergabeverfahren in das Stadium vor Angebotsabgabe zurückzuversetzen (sofern noch eine Beschaffungsabsicht besteht),** damit den Bietern eine erneute Abgabe eines Angebotes in Kenntnis der Wertungsbedingungen möglich ist (OLG Düsseldorf, B. v. 21. 5. 2008 – Az.: VII – Verg 19/08; 3. VK Bund, B. v. 26. 5. 2008 – Az.: VK 3–59/08; B. v. 14. 4. 2008 – Az.: VK 3–38/08 – für den Sektorenbereich; VK Hessen, B. v. 14. 1. 2008 – Az.: 69 d VK – 57/2007; VK Nordbayern, B. v. 1. 2. 2008 – Az.: 21.VK – 3194 – 53/07; VK Schleswig-Holstein, B. v. 22. 4. 2008 – Az.: VK-SH 03/08).

4142

25.4.2.4.5 Verpflichtung des Auftraggebers zur Wiederholung der Präsentation im Rahmen des Vergabeverfahrens nach VOF. Bei einem Verstoß gegen die Angabe von Unterkriterien ist das Vergabeverfahren in das Stadium vor Angebotsabgabe zurückzuversetzen, damit den Bietern eine erneute Abgabe eines Angebotes in Kenntnis der Wertungsbedingungen möglich ist. Dies kann auch nur für den Punkt „Präsentation" gelten. Insoweit ist die **Präsentation unter vorheriger Bekanntgabe der Unterkriterien mit den ausgewählten Bewerbern zu wiederholen** (OLG München, B. v. 17. 1. 2008 – Az.: Verg 15/07).

4143

885

Teil 1 GWB § 114 Gesetz gegen Wettbewerbsbeschränkungen

4144 Das **vollständige Fehlen des Wertungsprozesses durch den Auftraggeber in einem entsprechend § 12 VOF zu fertigenden Vergabevermerk** stellt eine besonders schwerwiegende Verletzung des Transparenzgrundsatzes dar. Dieser **Dokumentationsmangel kann im Ergebnis nur dazu führen, das Vergabeverfahren ab diesem Zeitpunkt zu wiederholen**. Dem Auftraggeber wird daher in diesen Fällen aufgegeben, die Präsentationsveranstaltung zu wiederholen und die Wertung ausschließlich auf Grundlage der verlautbarten Zuschlagskriterien zu treffen und zu dokumentieren (1. VK Sachsen, B. v. 10. 6. 2008 – Az.: 1/SVK/026-08).

25.4.2.5 Verfahrensbeendende Entscheidungen

4145 **25.4.2.5.1 Entscheidung über die Eignung eines Bieters.** Der Vergabestelle steht bei der **Prüfung der Zuverlässigkeit eines Bieters** ein Beurteilungsspielraum zu, so dass die (Prognose-)Entscheidung von den Vergabenachprüfungsinstanzen nur in engen Grenzen überprüft werden kann und von ihnen **grundsätzlich auch nicht selbst getroffen** werden kann (1. VK Bund, B. v. 23. 4. 2009 – Az.: VK 1–62/09; 3. VK Bund, B. v. 3. 5. 2007 – Az.: VK 3–31/07; VK Düsseldorf, B. v. 13. 3. 2006 – Az.: VK – 08/2006 – L; VK Münster, B. v. 4. 12. 2003 – Az.: VK 21/03). Es ist **nicht Aufgabe der Vergabekammer, eine Eignungsprüfung**, die überhaupt nicht vom Auftraggeber durchgeführt wurde, nunmehr ihrerseits **anstelle des Auftraggebers durchzuführen**. Selbst wenn sich die Vergabekammer auf die Überprüfung des vollständigen Vorliegens der Eignungsnachweise beschränken würde, **würde sie sich damit in unzulässiger Weise an die Stelle der Vergabestelle setzen**. Denn die Prüfung der Nachweise dient als Grundlage für die materielle Eignungsprüfung und ist von dieser nicht zu trennen. **Erst wenn die Vergabestelle überhaupt eine Entscheidung über die Vollständigkeit der Eignungsnachweise** und darauf gestützt auch **über die materielle Eignung getroffen** hat, und diese Entscheidung im Vergabevermerk dokumentiert ist, ist sie – hinsichtlich der Feststellung der materiellen Eignung in den von der Rechtsprechung festgelegten Grenzen – **überprüfbar** (1. VK Bund, B. v. 23. 4. 2009 – Az.: VK 1–62/09; 3. VK Bund, B. v. 3. 5. 2007 – Az.: VK 3–31/07).

4146 Etwas anders gilt aber dann, wenn die Zuverlässigkeitsprüfung aufgrund einer Änderung oder Fortentwicklung der Sachlage während des Nachprüfungsverfahrens erneut vorgenommen muss, und wenn außerdem feststeht, wie die an sich von der Vergabestelle zu treffende Entscheidung ausgefallen wäre. **Um ein unnötiges Hin und Her zu vermeiden**, können bei einer solchen Konstellation **die Nachprüfungsinstanzen die Entscheidung der Vergabestelle ersetzen**. Bei einer solchen Sachlage wäre es eine **unnötige Förmelei**, das Vergabeverfahren teilweise aufzuheben und den Antragsgegner zu einer Wiederholung der Zuverlässigkeitsprüfung der Beigeladenen zu verpflichten. Vielmehr können der Vergabesenat bzw. die Vergabekammer das als sicher vorauszusehende Ergebnis einer erneuten Zuverlässigkeitsprüfung der Antragsgegnerin ersetzen und es im Rahmen der ihm zustehenden Prüfungskompetenzen als vergaberechtskonform billigen (OLG Düsseldorf, B. v. 9. 4. 2003 – Az.: Verg 66/02; B. v. 18. 7. 2001 – Az.: Verg 16/01; VK Düsseldorf, B. v. 13. 3. 2006 – Az.: VK – 08/2006 – L).

4147 **25.4.2.5.2 Abschluss eines Vergleiches. 25.4.2.5.2.1 Rechtsprechung.** Vergleichsweise Regelungen in Verfahren vor der Vergabekammer sind grundsätzlich zulässig. Dies ergibt sich zum einen aus der weit gefassten Regelung des § 114 Abs. 2 Satz 2 GWB und aus einem Umkehrschluss aus § 125 GWB.

4148 § 114 Abs. 2 Satz 2 GWB räumt mit seiner Bestimmung einer Erledigung in sonstiger Weise auch die Möglichkeit ein, dass sich ein Nachprüfungsverfahren aus Gründen, die u. U. nicht dem überprüften Vergabeverfahren entstammen, erledigt. Im Gegenzug schafft diese Regelung zugleich einen Ausgleich in Form eines Fortsetzungsfeststellungsverfahrens, das jedem Beteiligten, also auch demjenigen, der an der Erledigung u. U. nicht aktiv mitgewirkt hat, auf gesondertem Antrag zur Verfügung steht. Mit dieser Regelung wird sicher gestellt, dass Mängel des Vergabeverfahrens, auch wenn der Primärrechtsschutz nicht mehr greift, durch die Vergabekammer u. U. auch gegen den Willen dessen, der an der Erledigung des Nachprüfungsverfahrens im übrigen aktiv mit gewirkt hat, **fest gestellt werden und die Grundlage für einen Schadenersatzanspruch bilden können**, § 124 GWB.

4149 Die **Grenze derartiger Erledigungen** des Nachprüfungsverfahrens markiert § 125 Abs. 2 Nr. 3 GWB. Danach liegt ein Missbrauch des Antrags- und Beschwerderechts vor, wenn ein Antrag in der Absicht gestellt wurde, ihn später gegen Geld oder andere Vorteile zurück zu nehmen. Dies setzt jedoch eine nachweisbare Kausalität zwischen Antragstellung und Rücknahme aus pekuniären Motiven voraus.

Gesetz gegen Wettbewerbsbeschränkungen GWB § 114 **Teil 1**

Liegen diese oder ähnliche Ausnahmebedingungen **erkennbar jedoch nicht vor**, ist es auch 4150
vor dem EU-rechtlichen Hintergrund des GWB und seiner gesetzgeberischen Intention nicht
zu beanstanden, wenn möglicherweise vorliegende Mängel eines Vergabeverfahrens letztlich
ungeprüft bleiben, weil sich die Verfahrensbeteiligten **vergleichsweise auf die Erledigung
des Primärrechtsschutzverfahrens durch Rücknahme des Antrags geeinigt haben**. So
ist die vergleichsweise Beilegung einer Rechtsstreitigkeit in allen Verfahrensordnungen verankert
(§ 54 Satz 2, § 55 VwVfG, § 106 VwGO, § 794 Nr. 1 ZPO).

Dies gilt um so mehr, wenn aufgrund einer eher als **extensiv zu bezeichnenden Beila-** 4151
dungspraxis nach § 109 GWB die Gewähr dafür besteht, dass sämtliche Unternehmen, deren
Interessen durch das Vergabenachprüfungsverfahren bzw. dessen spiegelbildliche Beendigung
durch Vergleich berührt sind, an diesem Vergleich mitwirken oder ihn zumindest billigen können (1. VK Sachsen, B. v. 12. 7. 2000 – Az.: 1/SVK/52-00).

25.4.2.5.2.2 Wertung von Angeboten im Wege eines Vergleichs. Das **Vergaberecht** 4152
ist nicht generell vergleichsfeindlich. In der üblichen Konstellation von einem ausgewählten
Bieter und dem Antragsteller in einem Nachprüfungsverfahren kann es durchaus einen wettbewerbsgerechten Ausgleich zwischen den Beteiligten geben. In einer **solchen Regelung ist
jedoch immer auch die Wettbewerbssituation aller Beteiligten am Verfahren zu berücksichtigen. Soweit der Vergleich in die Wettbewerbsposition Dritter eingreift, sind
die Wettbewerbsbelange der Dritten in den Vergleich einzubeziehen**, was im Einzelfall
durchaus zum Ausschluss einer Vergleichsmöglichkeit führen kann. Sind z. B. alle Angebote
wirtschaftlich gleichwertig, sind alle Bieter durch den Vergleich in ihren Chancen in gleichem
Maße betroffen. Daher sind die Chancen aller Bieter bei einem Vergleich zu berücksichtigen,
z. B. durch die Zusicherung eines vergleichbaren Auftragsanteils (VK Düsseldorf, B. v. 15. 10.
2003 – Az.: VK – 28/2003).

25.4.2.5.2.3 Weitere Beispiele aus der Rechtsprechung 4153

– Vergabeverfahren betreffend Gebäude- und Inventarversicherungen, Elektronikversicherungen
und Maschinenversicherungen (VK Arnsberg, B. v. 10. 11. 2009 – Az.: VK 28/09)

– Vergabeverfahren betreffend die Beschaffung von mobilen Kunden-Betreuer Terminals (VK
Münster, B. v. 11. 3. 2008 – Az.: VK 03/08)

25.4.2.5.2.4 Literatur 4154

– Rittwage, Ralf, Vergleichsvereinbarungen bei der Vergabe öffentlicher Aufträge, NZBau
2007, 484

25.4.2.5.3 Berichtigungsbeschluss. Gegenstand einer rechtsmittelfähigen Entschei- 4155
dung der Vergabekammer kann auch die **Berichtigung eines vorhergehenden Beschlusses**
von Amts wegen in analoger Anwendung des § 319 Abs. 1 ZPO, § 118 Abs. 1 VwGO sein
(1. VK Bund, B. v. 4. 10. 2007 – Az.: VK 1–104/07; 3. VK Bund, B. v. 13. 11. 2009 – Az.: VK
3–193/09).

Änderungen am Rubrum der Entscheidung, insbesondere eine Vervollständigung 4156
**der Bezeichnung der Parteien oder Verfahrensbeteiligten sowie eine Richtigstellung
der Vertretungsverhältnisse** zählen typischerweise zu den einer Berichtigung wegen offenba-
rer Unrichtigkeit nach den §§ 118 VwGO, 319 ZPO zugänglichen Fehlern (OLG Düsseldorf,
B. v. 14. 9. 2009 – Az.: VII-Verg 20/09; B. v. 17. 3. 2009 – Az.: VII-Verg 1/09).

Ein Berichtigungsbeschluss eröffnet einem Antragsteller keine neue Beschwerde- 4157
möglichkeit gegen den berichtigten Beschluss. Vielmehr wirkt die Berichtigung in
**unmittelbarer oder entsprechender Anwendung der §§ 118 VwGO, 319 ZPO auf den
Erlass oder die Verkündung der Entscheidung zurück**, so dass die berichtigte Entscheidung als erlassen oder verkündet gilt. Eine **andere rechtliche Beurteilung ist nur veranlasst, sofern sich erst aus der berichtigten Fassung der Entscheidung die Beschwer
der Partei oder des Verfahrensbeteiligten ergibt**. Ein so gelagerter Ausnahmefall liegt nicht
vor, wenn z. B. die von der Vergabekammer vorgenommene Berichtigung die Ablehnung des
Nachprüfungsantrags und die Identität der Verfahrensbeteiligten unangetastet gelassen hat und
wenn lediglich die Vertretungsverhältnisse des Antragsgegners berichtigt worden sind. Bei dieser
Sachlage kann aus Anlass der Berichtigung im Rechtsmittelweg nicht die Entscheidung in der
Hauptsache erneut zur Überprüfung gestellt werden. In solchen Fällen bleibt der von der Berichtigung betroffene Verfahrensbeteiligte hiernach darauf beschränkt, durch sofortige Beschwer-
de eine unzulässige Berichtigung zu bekämpfen (OLG Düsseldorf, B. v. 17. 3. 2009 – Az.: VII-
Verg 1/09).

4158 25.4.2.5.4 Entscheidung über die Gewährung von Prozesskostenhilfe. 25.4.2.5.4.1 **Zuständigkeit der Vergabekammer.** Über die Gewährung von Prozesskostenhilfe hat die Vergabekammer zu entscheiden. Dies ergibt sich aus einer sachgerechten Auslegung des § 127 Abs. 1 Satz 2 ZPO (in Verbindung mit § 166 VwGO). Nach § 127 Abs. 1 Satz 2 ZPO hat das jeweils angerufene Gericht über einen Prozesskostenhilfeantrag zu entscheiden. Aus § 119 Abs. 1 Satz 1 ZPO ergibt sich, dass Prozesskostenhilfe nur für die jeweilige Instanz bewilligt werden kann. Das bedeutet letztlich, dass nur das angerufene Gericht originär Prozesskostenhilfe für das vor ihm anhängige (oder noch anhängig zu machende) Verfahren bewilligen kann; andere Gerichte können nicht originär, sondern nur auf Rechtsmittel über Prozesskostenhilfe entscheiden. Bereits diese Überlegung schließt aus, dass der Vergabesenat originär über die Gewährung von Prozesskostenhilfe für das Nachprüfungsverfahren vor der Vergabekammer zu entscheiden hat. Das Wort „Gericht" steht dem nicht entgegen. **Wird beispielsweise Prozesskostenhilfe für ein Verwaltungsverfahren oder ein Widerspruchsverfahren begehrt, obwohl die dafür maßgeblichen Vorschriften die Bewilligung von Prozesskostenhilfe nicht vorsehen, hat die betreffende Behörde zu entscheiden, und nicht etwa die Entscheidung nach § 168 VwGO i.V.m § 127 Abs. 1 S. 2 ZPO dem Verwaltungsgericht zu überlassen.** Entscheidungen der Verwaltungsgerichte über Prozesskostenhilfe erfassen das vorgelagerte Verwaltungsverfahren (einschließlich des Widerspruchsverfahrens) nicht (vgl. VGH Baden-Württemberg NVwZ-RR 1995, 303). Das Wort „Gericht" steht deswegen im Gesetz, weil es danach nur für Verfahren vor einem „Gericht" Prozesskostenhilfe gibt, hat aber keine weitergehende Bedeutung (OLG Düsseldorf, B. v. 28. 5. 2008 – Az.: VII – Verg 31/08).

4159 25.4.2.5.4.2 **Möglichkeit der Gewährung von Prozesskostenhilfe. Für einen bei der Vergabekammer anhängigen Nachprüfungsantrag kann Prozesskostenhilfe bewilligt werden.** Zwar sieht das GWB dies nicht ausdrücklich vor, dies ergibt sich aber aus den für die Prozesskostenhilfe maßgeblichen Grundsätzen. Nach ständiger Rechtsprechung des Bundesverfassungsgerichts gebietet Art. 3 Abs. 1 i.V.m. Art. 20 Abs. 3 GG eine weitgehende Angleichung der Situation von Bemittelten und Unbemittelten bei der Verwirklichung des Rechtsschutzes. Zwar wird **außerhalb des gerichtlichen Rechtsschutzes diesem Grundsatz im Allgemeinen durch die Gewährung von Beratungshilfe Rechnung getragen. Das ist jedoch für ein Vergabenachprüfungsverfahren nicht ausreichend.** Der Gesetzgeber hat das Vergabenachprüfungsverfahren vor der Vergabekammer als „Prozess" ausgestaltet. Zwar ist die Vergabekammer verfassungsrechtlich kein Gericht, sondern eine Behörde, das Verfahren ist jedoch praktisch ein gerichtliches Verfahren. Die Mitglieder der Vergabekammer entscheiden unabhängig. Das Verfahren wird auf einen Antrag hin eingeleitet, die Vergabekammer entscheidet darüber nach Gewährung rechtlichen Gehörs – im Allgemeinen nach mündlicher Verhandlung – bindend. Es findet im Unterliegensfall eine Kostenerstattung statt. Bereits die Gesetzesbegründung zum Vergaberechtsänderungsgesetz (BT-Drs. 13/9340) hatte zum jetzigen § 104 Abs. 2 GWB von einem „Rechtsweg" gesprochen. Der Bundesgerichtshof hat aus diesem Grunde in gewissem Umfange die entsprechende Anwendung von Grundsätzen des Verwaltungsgerichtsprozesses befürwortet. Für dieses gerichtsähnlich ausgestaltete Verfahren passen die Vorschriften über Beratungshilfe nicht (OLG Düsseldorf, B. v. 17. 11. 2008 – Az.: VII-Verg 53/08; B. v. 28. 5. 2008 – Az.: VII – Verg 31/08).

4160 25.4.2.5.4.3 **Verfahrens- und Entscheidungshinweise.** Allerdings wird die **Bewilligung von Prozesskostenhilfe nur ausnahmsweise in Betracht** kommen. Unternehmen, die nicht in der Lage sind, das Vergabenachprüfungsverfahren zu finanzieren, sind im Allgemeinen aus finanziellen Gründen leistungsunfähig; anders kann es bei Aufträgen im sozialen Bereich sein (OLG Düsseldorf, B. v. 28. 5. 2008 – Az.: VII – Verg 31/08).

4161 Über die Prozesskostenhilfe ist nach **Anhörung der Gegenseite** zu entscheiden (§ 118 Abs. 1 ZPO). Da die Vorschriften der ZPO über die Prozesskostenhilfe nur entsprechend anzuwenden sind, dürfte **auch eine Anhörung beizuladender Personen notwendig** sein. Die Unterlagen des Antragstellers über seine persönlichen und wirtschaftlichen Verhältnisse dürfen allerdings nur mit seiner Zustimmung der Gegenseite zugänglich gemacht werden, vgl. § 117 Abs. 2 S. 2 ZPO, vgl. auch § 127 Abs. 1 S. 3 ZPO (OLG Düsseldorf, B. v. 28. 5. 2008 – Az.: VII – Verg 31/08).

4162 Einer juristischen Person kann Prozesskostenhilfe nur nach Maßgabe des § 116 S. 1 Nr. 2 ZPO bewilligt werden. Bei der Frage, ob die Unterlassung der Rechtsverfolgung allgemeinen Interessen zuwiderlaufen würde, ist auch den **Zielsetzungen des Vergabenachprüfungsverfahrens nach dem GWB und der Rechtsmittelrichtlinie Rechnung zu tragen** (OLG Düsseldorf, B. v. 28. 5. 2008 – Az.: VII – Verg 31/08).

Gesetz gegen Wettbewerbsbeschränkungen GWB § 114 **Teil 1**

Es ist **nicht Sache des Prozesskostenhilfeverfahrens, komplexe Rechts- und Tatfragen** 4163
zu klären; dies ist einem Hauptsacheverfahren vorbehalten (OLG Düsseldorf, B. v. 28. 5. 2008
– Az.: VII – Verg 31/08).

25.4.2.5.5 Entscheidung bei Rücknahme des Nachprüfungsantrags. Die sich **aus der** 4164
Rücknahme des Nachprüfungsantrags ergebenden Rechtsfolgen sind von der Vergabekammer nach den verfahrensrechtlichen Rechtsgedanken der § 92 Abs. 3 Satz 1 VwGO, § 269
Abs. 3, 4 ZPO durch Beschluss gemäß § 114 Abs. 3 Satz 1 GWB auszusprechen. Dies gilt insbesondere für die Verpflichtung zur Tragung der Kosten des Nachprüfungsverfahrens und der
zur zweckentsprechenden Rechtsverfolgung notwendigen Aufwendungen, § 128 Abs. 1, 4
GWB (VK Brandenburg, B. v. 25. 4. 2003 – Az.: VK 21/03; VK Schleswig-Holstein, B. v.
21. 6. 2007 – Az.: VK-SH 12/07; B. v. 12. 7. 2005 – Az.: VK-SH 18/05). Nach Rücknahme
des Nachprüfungsantrags ist also die **Einstellung des Verfahrens auszusprechen** (§ 92 Abs. 3
VwGO analog); außerdem sind **von Amts wegen die Kosten der Vergabekammer festzusetzen** sowie über die **Kostentragung der Verfahrensbeteiligten (Kostengrundentscheidung) und die Notwendigkeit der Hinzuziehung eines Bevollmächtigten zu entscheiden** (VK Baden-Württemberg, B. v. 15. 2. 2006 – Az.: 1 VK 3/06; VK Düsseldorf, B. v.
2. 3. 2006 – Az.: VK-06/2006-B; VK Hessen, B. v. 29. 7. 2004 – Az.: 69 d – VK – 82/2003;
VK Münster, B. v. 1. 3. 2006 – Az.: VK 1/06; 3. VK Saarland, B. v. 18. 12. 2009 – Az.: 3 VK
02/2009; VK Schleswig-Holstein, B. v. 20. 8. 2009 – Az.: VK-SH 12/09; B. v. 28. 8. 2007 –
Az.: VK-SH 19/07; B. v. 19. 7. 2006 – Az.: VK-SH 19/06; B. v. 11. 7. 2006 – Az.: VK-SH 13/
06; B. v. 6. 6. 2006 – Az.: VK-SH 16/06; B. v. 26. 4. 2006 – Az.: VK-SH 09/06; B. v. 26. 4.
2006 – Az.: VK-SH 08/06; B. v. 12. 7. 2005 – Az.: VK-SH 18/05; VK Thüringen, B. v. 15. 10.
2008 – Az.: 250–4002.20–4513/2008-013-SM; B. v. 16. 6. 2008 – Az.: 250–4002.20–1465/
2008-012-SLF, B. v. 6. 6. 2008 – Az.: 250–4002.20–1494/2008-022-EF; B v. 25. 1. 2008 – Az.:
360–4003.20–148/2008-003-EF).

Die „**Einstellung**" des Nachprüfungsverfahrens seitens der Vergabekammer hat **lediglich** 4165
deklaratorischen Charakter, ohne dass hierdurch eine Beschwer in der Hauptsache und/oder
der Kostenentscheidung entstanden ist (OLG Rostock, B. v. 2. 8. 2005 – Az.: 17 Verg 7/05).

Zu den Einzelheiten der sich hieraus ergebenden Kostenentscheidung vgl. die Kommentie- 4166
rung zu § 128 GWB.

25.4.2.5.6 Einstellung des Vollstreckungsverfahrens. Erledigt sich ein Vollstreckungsver- 4167
fahren durch die Rücknahme des Antrages im Sinne von § 128 Abs. 3 Satz 3 des Gesetzes gegen
Wettbewerbsbeschränkungen (GWB), so ist es **durch Beschluss einzustellen** (OLG Naumburg, B. v. 27. 4. 2005 – Az.: 1 Verg 3/05; VK Magdeburg, B. v. 15. 4. 2003 – Az.: 33–32571/
07 VK 15/02 MD).

Dasselbe gilt, wenn es **an einem zulässigen Antrag auf Einleitung von Vollstreckungs-** 4168
maßnahmen fehlt (OLG Naumburg, B. v. 27. 4. 2005 – Az.: 1 Verg 3/05).

25.4.2.5.7 Entscheidung über einen Vorabgestattungsantrag bei Erlass einer Haupt- 4169
sacheentscheidung. Die **Rechtsprechung** ist hierzu **nicht einheitlich.**

Nach einer Auffassung kann, wenn das Nachprüfungsverfahren mit der Hauptsacheentschei- 4170
dung abgeschlossen wird, die **Entscheidung über den Vorabgestattungsantrag entfallen**
(VK Hessen, B. v. 26. 3. 2003 – Az.: 69 d – VK – 13/2003).

Nach einer anderen Meinung ist hinsichtlich des Antrags auf Gestattung des Zuschlags die 4171
Erledigung infolge des Erlasses der Entscheidung der Vergabekammer in der Hauptsache eingetreten. Gemäß § 115 Abs. 1 GWB kann der Zuschlag grundsätzlich mit dem Ablauf der Rechtsmittelfrist, also binnen zwei Wochen nach Zustellung der Hauptsacheentscheidung, ergehen. Der Antrag auf Zuschlagsgestattung nach § 115 Abs. 2 Satz 1 GWB ermöglicht
demgegenüber in einem Nachprüfungsverfahren keine schnellere Zuschlagsgestattung, da nach
der gesetzlichen Regelung **auch in diesem Fall der Zuschlag erst binnen zwei Wochen**
nach Bekanntgabe der Entscheidung ergehen kann. Mögliche Verzögerungen hinsichtlich
der Zuschlagserteilung infolge eines sich eventuell anschließenden Beschwerdeverfahrens sind
hypothetischer Natur und nicht zu berücksichtigen. Der Antrag auf Zuschlagsgestattung läuft
seit Erlass der Hauptsacheentscheidung ins Leere und hat sich damit erledigt (OLG Düsseldorf,
B. v. 22. 9. 2005 – Az.: Verg 48/05, Verg 50/05; BayObLG, B. v. 16. 7. 2004, Az.: Verg 016/
04; VK Brandenburg, B. v. 21. 12. 2004 – Az.: VK 64/04; 1. VK Bund, B. v. 11. 11. 2003 –
Az.: VK 1–103/03; VK Nordbayern, B. v. 4. 12. 2007 – Az.: 21.VK – 3194 – 16/07).

Dies gilt auch dann, wenn sich die **Möglichkeit abzeichnet**, dass sich die Sperrwirkung 4172
durch Einlegung einer sofortigen Beschwerde verlängert und es **zu weiteren Verzögerungen**

Teil 1 GWB § 114   Gesetz gegen Wettbewerbsbeschränkungen

der Vergabe kommen wird. Denn im Beschwerdeverfahren hat der Auftraggeber die **Möglichkeit, einen Antrag auf Gestattung des Zuschlags nach § 121 GWB zu stellen** (OLG Düsseldorf, B. v. 22. 9. 2005 – Az.: Verg 48/05, Verg 50/05).

4173 Nach einer weiteren Meinung ist eine **positive Entscheidung über den Antrag auf Gestattung parallel zu einer Entscheidung in der Hauptsache möglich** (VK Brandenburg, B. v. 16. 12. 2004 – Az.: VK 70/04; B. v. 24. 9. 2004 – Az.: VK 47/04).

25.4.3 Sonstige Entscheidungen

25.4.3.1 Rückabwicklung nichtiger Verträge?

4174 Sind **Verträge entsprechend § 101 b GWB nichtig mit der Folge, dass sie zivilrechtlich grundsätzlich zurückabzuwickeln sind, bedeutet dies jedoch nicht, dass deren Rückabwicklung im Vergabenachprüfungsverfahren zwingend anzuordnen** ist. Der Ausspruch der Rückabwicklung ist **keine geeignete und verhältnismäßige Maßnahme im Sinn des § 114 Abs. 1 GWB**. Um die festgestellte Vergaberechtsverletzung zu beseitigen und eine Schädigung der betroffenen Bieterinteressen zu verhindern, ist die Anordnung der Rückabwicklung nicht erforderlich. Vielmehr genügt die Feststellung der Nichtigkeit der Verträge. Sanktionen, die über die Anordnung der Nichtigkeit eines vergaberechtswidrigen und unter Verstoß gegen § 13 VgV zustande gekommenen Vertrags hinausgehen, sieht § 13 Satz 6 VgV nicht vor. Gesetzgeber und Verordnungsgeber gehen davon aus, dass sich der öffentliche Auftraggeber rechtstreu verhält, die Rechtsfolgen der Vertragsnichtigkeit eigenständig beachtet und die erforderlichen Konsequenzen zieht. Anhaltspunkte dafür, dass die Antragsgegnerin die Nichtigkeit und die daraus resultierenden Rechtsfolgen insbesondere das Fehlen einer Rechtsgrundlage dafür, dass die Antragsgegnerin die beschafften Altpapiertonnen behalten und benutzen darf – ignorieren könnte, liegen nicht vor. Einen **Anspruch auf Rückabwicklung nichtiger Verträge gewährt auch die Vorschrift des § 97 Abs. 7 GWB nicht** (OLG Karlsruhe, B. v. 12. 11. 2008 – Az.: 15 Verg 4/08).

4175 Es kann Fälle geben, bei denen eine **Rückabwicklung der nichtigen Verträge aus faktischen Gründen nahezu ausgeschlossen ist** (z. B. Schulbuchaufträge nach Unterrichtsbeginn oder eine bereits durchgeführte Entsorgung kontaminierter Bodenmassen). **Genügt es** in solchen Fällen **dem rechtlichen Interesse des Antragstellers, im Rahmen von Schadensersatzansprüchen entschädigt zu werden** und zugleich über die Feststellung der Entscheidungen der Vergabekammer die Grundlage für eine **Beteiligung an einem ordnungsgemäßen Vergabeverfahren im nächsten Jahr zu erhalten**, ist die Vergabekammer nicht gehalten, darüber hinausgehende Maßnahmen zu treffen. Zwar wäre rechtlich die Rückabwicklung der bisherigen Leistungen grundsätzlich möglich, um wenigstens in Teilbereichen eine ordnungsgemäße Vergabe zu ermöglichen, jedoch ist praktisch der Zeitablauf zu berücksichtigen. Vor diesem Hintergrund könnte es **in Einzelfällen unverhältnismäßig sein, den Auftraggeber unter Zurückstellung aller anderen öffentlich-rechtlichen Bedenken dazu anzuhalten, Verträge rückabzuwickeln** (VK Hamburg, B. v. 24. 7. 2007 – Az.: VgK FB 4/07; VK Arnsberg, B. v. 27. 10. 2003 – Az.: VK 2–22/2003; VK Düsseldorf, B. v. 15. 8. 2003 – Az.: VK 23/2003 – L).

25.4.3.2 Feststellung der Nichtigkeit eines Vertrages außerhalb eines Feststellungsverfahrens nach § 114 Abs. 2 Satz 2 GWB

4176 Eine **Vergabekammer hat** auch – obwohl es sich um eine zivilrechtliche Entscheidung handelt – die **Nichtigkeit eines Vertrages** in einem Nachprüfungsverfahren gemäß den §§ 107 ff. GWB festzustellen, wenn die **Beurteilung dieser zivilrechtlichen Frage** untrennbar mit einem geltend gemachten Verstoß gegen Bestimmungen über das Vergabeverfahren zusammen hängt, auf deren Einhaltung die Antragstellerin gemäß § 97 Abs. 7 GWB einen Anspruch hat. **Vorsorglich und zur Klarstellung** kann die Vergabekammer die **Nichtigkeit des Vertrages im Tenor aussprechen** (VK Münster, B. v. 4. 12. 2003 – Az.: VK 21/03; im Ergebnis ebenso OLG Düsseldorf, B. v. 16. 6. 2008 – Az.: VII-Verg 13/08 unter Hinweis auf die entsprechende Anwendung von § 256 Abs. 2 ZPO; VK Lüneburg, B. v. 20. 1. 2004 – Az.: 203-VgK-38/2003).

4177 **Nach der Neufassung des GWB** durch das Vergaberechtsmodernisierungsgesetz hat die Vergabekammer dann, wenn die **Voraussetzungen des § 101 b Abs. 2 GWB vorliegen,** die **Feststellung der Unwirksamkeit auszusprechen** (VK Arnsberg, B. v. 16. 12. 2009 – Az.: VK 36/09).

25.4.3.3 Entscheidung über den Entzug der Präqualifikation

Der **Entzug der Präqualifikation** (§ 6 Abs. 3 Nr. 2. VOB/A bzw. § 7 EG Abs. 4 VOL/A bzw. 4178
§ 24 SektVO) kann auch über das konkrete Vergabeverfahren hinaus und damit **isoliert Gegenstand einer Nachprüfung** sein. Der Begriff „Bestimmungen über das Vergabeverfahren" in § 97 Abs. 7 GWB ist nicht in dem engen Sinn zu verstehen, dass das Vergabeverfahren erst mit der Aufforderung des Auftraggebers zum Wettbewerb für die Vergabe eines bestimmten Auftrags beginnt. Der **Zweck der EG-Rechtsmittelrichtlinien**, den Unternehmen im Wettbewerb um öffentliche Aufträge einen umfassenden und effektiven Rechtsschutz gegenüber Auftraggebern zu gewähren, würde nicht erreicht, wenn das Präqualifikationsverfahren vom Vergabeschutz grundsätzlich ausgeklammert wäre (VK Detmold, B. v. 4. 5. 2001 – Az.: VK.21-11/01).

25.4.3.4 Untersagungsgebote und Feststellungsmaßnahmen (Sachsen-Anhalt)

Nach § 114 Abs. 3 Satz 2 des Gesetzes gegen Wettbewerbsbeschränkungen (GWB) richtet 4179
sich die Vollstreckung von Entscheidungen der Vergabekammer, auch gegen einen Hoheitsträger, nach den Verwaltungsvollstreckungsgesetzen des Bundes und der Länder. Der Katalog möglicher Zwangsmittel umfasst (in Sachsen-Anhalt) weder **Untersagungsgebote** noch **Feststellungsmaßnahmen**. Damit können diese **im Wege der Verwaltungsvollstreckung nicht geltend gemacht werden** (VK Magdeburg, B. v. 3. 2. 2003 – Az: 33–32571/07 VK 05/02 MD (V)).

25.4.3.5 Kompetenz zur Verwerfung einer Tariftreueregelung?

Artikel 100 Abs. 1 GG entzieht nicht nur den Gerichten, sondern selbstverständlich 4180
auch der Verwaltung die Kompetenz zur Verwerfung einer angeblich verfassungswidrigen landesgesetzlichen Regelung und weist das **Normverwerfungsmonopol** ausdrücklich dem Bundesverfassungsgericht zu. Daher sind **sowohl die öffentlichen Auftraggeber als auch die Vergabekammern an die rechtswirksamen Regelungen eines Landesvergabegesetzes** (z. B. des Niedersächsischen Landesvergabegesetzes) **gebunden** (VK Lüneburg, B. v. 18. 6. 2004 – Az.: 203-VgK-29/2004; ebenso – für das saarländische Bauaufträge-Vergabegesetz – VK Saarland, B. v. 4. 8. 2004 – Az.: 1 VK 04/2004).

25.4.3.6 Verpflichtung des Auftraggebers zu kurzfristigen Beschaffungen zur Überbrückung der Laufzeit eines Nachprüfungsverfahrens bzw. einer neuen Ausschreibung

Das **Zuschlagsverbot ist ein zentrales Element des transparenten, auch Bieter schützenden Vergabeverfahrens**. Nur dadurch kann der primäre Rechtsschutz gesichert werden. 4181
Die **Beseitigung des Zuschlagsverbotes ist an enge Voraussetzungen und eine Interessenabwägung gebunden**, bei der der Auftraggeber dartun muss, dass das Allgemeininteresse am raschen Abschluss des Vergabeverfahrens die nachteiligen Folgen der Verzögerung überwiegen. Die Notwendigkeit wird als Allgemeininteresse anerkannt, **für die öffentliche Sicherheit z. B. BSE-Tests durchführen zu müssen**. Auch besteht nach Ablauf des letzten Rahmenvertrages ein vertragsloser Zustand und der Auftraggeber hat glaubhaft versichert, dass die Vorräte zu Ende gehen, also neue Testkits beschafft werden müssen. Eine sachgerechte Abwägung der beiderseitigen Interessen kann zwar nicht die Aufhebung des gesetzlichen Zuschlagsverbotes, d. h. den Abschluss des ausgeschriebenen Rahmenvertrages rechtfertigen. Die Aufhebung würde eine sofortige Beschaffung der erforderlichen Testkits für die Erfüllung der gesetzlichen Aufgaben des Auftraggebers auch nicht ermöglichen, weil diese Freigabe erst 14 Tage nach Erlass der Entscheidung wirksam wird, § 115 Abs. 2 Satz 1 GWB. Damit **ist aber nicht ausgeschlossen, dass sich der Auftraggeber für einen Zeitraum von jeweils einem Monat auf dem Markt mit der erforderlichen Menge an Testkits versorgt** (2. VK Brandenburg, B. v. 1. 2. 2007 – Az.: 2 VK 56/06).

25.4.3.7 Zwischenentscheidung über die Erledigung infolge Zuschlagserteilung bei einem Antrag auf Primärrechtsschutz

Vgl. dazu die Kommentierung → Rdn. 259. 4182

25.4.4 Weitere Beispiele aus der Rechtsprechung

– **verpflichtet sich die Vergabestelle** dazu, das Vergabeverfahren aufzuheben, in den Verfah- 4183
rensstand vor Aufforderung zur Abgabe eines Angebotes an die ausgewählten Erwerber zu-

rückzuversetzen und das Verfahren zu wiederholen, sind die Feststellung der Erledigung des Nachprüfungsverfahrens, die Einstellung des Nachprüfungsverfahrens und die entsprechenden Verpflichtungen der Vergabestelle im Tenor auszusprechen (VK Thüringen, B. v. 26. 1. 2009 – Az.: 250–4004.20–7106/2008-034-J)

– zur Beseitigung der Rechtsverletzung und zur Gewährleistung der Gleichbehandlung aller Bieter hat der Auftraggeber allen Bietern, die sich am Verhandlungsverfahren durch Abgabe eines Angebots beteiligt haben, die **Berechnungsgrundlagen für die Ermittlung des in die Wertung einfließenden Angebotspreises mitzuteilen** und anschließend den **Bietern unter Wahrung einer hierfür angemessenen Frist die erneute Abgabe eines Preisangebots zu ermöglichen** (VK Bund, B. v. 18. 1. 2007 – Az.: VK 1–148/06)

25.5 Keine Bindung an die Anträge (§ 114 Abs. 1 Satz 2)

25.5.1 Grundsatz

4184   Gemäß § 114 Abs. 1 Satz 2 GWB ist die Vergabekammer nicht an die Anträge gebunden und wirkt auch unabhängig davon auf die Rechtmäßigkeit des Vergabeverfahrens hin. Stellt die Vergabekammer daher andere als die von der Antragstellerin ausdrücklich gerügten Rechtsverletzungen fest, kann sie diese Verstöße prüfen und ihrer Entscheidung zugrunde legen. Ziel Ihrer Entscheidung ist in jedem Fall die **Einwirkung auf die Rechtmäßigkeit des Vergabeverfahrens** (BSG, B. v. 22. 4. 2009 – Az.: B 3 KR 2/09 D; VK Saarland, B. v. 23. 1. 2006 – Az.: 1 VK 06/2005; VK Südbayern, B. v. 28. 5. 2002 – Az.: 15-04/02).

25.5.2 Prüfung nur solcher Verstöße, die den Antragsteller in subjektiven Rechten verletzen

4185   Auch wenn man eine umfassende Kontrollmöglichkeit bejaht, ermächtigt sie die Vergabekammer nur dazu, vom Antragsteller zur Begründung seines Nachprüfungsantrages nicht herangezogene, ihn aber gleichwohl belastende **Rechtsverstöße** der Kammerentscheidung zugrunde zu legen; es muss sich dabei also um Rechtsverstöße handeln, die den Antragsteller – auch wenn er sie unter Umständen nicht gesehen hat – **in seinen Rechten verletzt** haben (OLG Stuttgart, B. v. 28. 11. 2002 – Az.: 2 Verg 14/02; VK Schleswig-Holstein, B. v. 9. 7. 2010 – Az.: VK-SH 11/10). Eine darüber hinausgehende Auslegung des § 114 Abs. 1 Satz 2 GWB wäre mit dem auf den Schutz subjektiver Rechte ausgerichteten Charakter des Nachprüfungsverfahrens im Ergebnis nicht vereinbar (OLG Dresden, B. v. 6. 4. 2004 – Az.: WVerg 1/04; B. v. 29. 5. 2001 – Az.: WVerg 0003/01; OLG München, B. v. 9. 8. 2010 – Az.: Verg 13/10; 2. VK Bund, B. v. 24. 6. 2003 – Az.: VK 2–46/03; VK Hessen, B. v. 25. 8. 2004 – Az.: 69 d – VK – 52/2004; B. v. 9. 7. 2010 – Az.: VK-SH 11/10; VK Südbayern, B. v. 7. 11. 2005 – Az.: Z3-3-3194-1-40-09/05).

4186   Die **Einbeziehung nicht wertungsfähiger Konkurrenzangebote** in eine Vergabeentscheidung ist stets geeignet, subjektive Bieterrechte zu verletzen, sofern das Nachprüfungsverfahren überhaupt zulässig betrieben wird (OLG Dresden, B. v. 8. 11. 2002 – Az.: WVerg 0019/02).

25.5.3 Prüfung nur solcher Verstöße, die nicht präkludiert sind

4187   Vgl. hierzu im Einzelnen die Kommentierung zu → § 110 GWB Rdn. 12.

25.5.4 Prüfung von Verstößen bei einem unzulässigen Nachprüfungsantrag

4188   Vgl. hierzu im Einzelnen die Kommentierung zu → § 110 GWB Rdn. 12.

25.5.5 Berücksichtigung anderer bestandskräftiger vergaberechtlicher Entscheidungen

4189   **Bestandskräftige Entscheidungen sind** ungeachtet der Frage **zu berücksichtigen**, ob die Antragstellerin den insoweit das Ergebnis tragenden Vergabeverstoß ihrerseits gegenüber der Vergabestelle rechtzeitig gerügt hatte. Der Gesichtspunkt des subjektiven Rechtsschutzes im Vergabenachprüfungsrecht würde überspannt, wenn man ein zulässiges Vorgehen eines Antragstellers davon abhängig machen würde, dass die zunächst mit ihrem Angebot besser platzierte Beigeladene

Gesetz gegen Wettbewerbsbeschränkungen GWB § 114 **Teil 1**

zu 2) aufgrund einer dagegen gerichteten Beanstandung gerade des Antragstellers – und nicht aus sonstigen, anderweit festgestellten Gründen – aus der Wertung ausscheidet (OLG Dresden, B. v. 8. 11. 2002 – Az.: WVerg 0019/02).

25.5.6 Berücksichtigung des Hilfsantrags bei der Beurteilung des Hauptantrages

Da die Vergabekammer gemäß § 114 Abs. 1 S. 2 GWB an die Anträge nicht gebunden ist, sondern auch unabhängig davon auf die Rechtmäßigkeit des Vergabeverfahrens einwirken kann, ist sie **nicht etwa gehalten, den Hilfsvortrag bei der Beurteilung des Hauptantrages außer Betracht zu lassen**. Dies gilt erst recht in einem Fall, in dem sich beispielsweise **die mit dem Hilfsvorbringen zu Recht beanstandete Vermengung von Eignungs- und Zuschlagskriterien auf die Angebote ausgewirkt haben**. Die bloße Nichtberücksichtigung der eignungsbezogenen Zuschlagskriterien im Rahmen einer neuen Wertung würde daher das Wettbewerbsergebnis verzerren, während eine erneute Wertung dieser Kriterien im Sinne des Hauptvorbringens die Rechtswidrigkeit dieser Zuschlagskriterien ignorierte und damit ihrerseits mit dem Vergaberecht nicht zu vereinbaren wäre. Zum anderen sind in einem solchen Fall der Haupt- und der Hilfsvortrag im Rahmen der Bewertung der Funktionalität nicht vollständig voneinander zu trennen. Ordnete die Vergabekammer auf den Hauptantrag hin lediglich an, dass die Angebote erneut gewertet werden müssten und dabei die nicht in der gebotenen Weise bekannt gegebenen Gesichtspunkte außer Betracht zu bleiben hätten, so wäre der Auftraggeber möglicherweise genötigt, auf der Grundlage einer solchermaßen gleichsam zum Torso geratenden Wertung den Zuschlag auf ein Angebot zu erteilen, das ihrem tatsächlichen Beschaffungsinteresse nicht gerecht wird. Mit dem Sinn des verletzten Transparenzgebots, die Voraussetzung für einen Bieterwettbewerb auf einheitlicher Grundlage um die Erbringung der vom Auftraggeber gemäß seinem Bedarf ausgeschriebenen Leistung zu schaffen und auf diese Weise ein wirtschaftliches Ergebnis der Ausschreibung zu fördern, wäre dies nicht vereinbar. Die Vergabefehler erfordern daher in einem solchen Fall eine Wiederholung des Vergabeverfahrens spätestens ab der Aufforderung zur Angebotsabgabe. Einer sich anschließenden neuerlichen Wertung werden neue Angebote zugrunde liegen, die den von dem Auftraggeber vollständig anzugebenden Zuschlagskriterien – und einer ggf. geänderten Leistungsbeschreibung – angepasst sind und möglicherweise in wesentlichen Aspekten von den derzeit vorliegenden Angeboten abweichen. Einer näheren Auseinandersetzung mit den bisherigen Angeboten bedarf es daher nicht. Der Hauptantrag kann daher keinen Erfolg haben (2. VK Bund, B. v. 30. 4. 2008 – Az.: VK 2–43/08). 4190

25.5.7 Bindung an die Anträge im Beschwerdeverfahren?

Zur vergleichbaren Problematik der Bindung an die Anträge im Beschwerdeverfahren vgl. die Kommentierung zu § 123 GWB. 4191

25.6 Keine Aufhebung eines wirksam erteilten Zuschlages (§ 114 Abs. 2 Satz 1)

25.6.1 Vergaberechtsmodernisierungsgesetz 2009

Durch die **Einfügung des Wortes „wirksam"** in § 114 Abs. 2 wird die Rechtsfolge der Unwirksamkeit nach § 101b auf den Zuschlag erstreckt. 4192

25.6.2 Grundsatz

Ein wirksam erteilter Zuschlag kann mittels eines Vergabenachprüfungsverfahrens nicht aufgehoben werden (vgl. im Einzelnen die Kommentierung zu → § 102 GWB Rdn. 32 – auch hinsichtlich der Frage, ob diese Aussage **angesichts der Rechtsprechung des EuGH noch aufrecht erhalten** werden kann). 4193

25.6.3 Wirksamer Zuschlag

§ 114 Abs. 2 Satz 1 setzt einen wirksamen Zuschlag voraus. Entscheidend ist nicht der formelle Zuschlag; das **Vergabeverfahren wird erst durch einen zivilrechtlich wirksamen Vertrag beendet** (OLG Naumburg, B. v. 30. 5. 2002 – Az.: 1 Verg 14/01). 4194

Teil 1 GWB § 114 Gesetz gegen Wettbewerbsbeschränkungen

25.6.3.1 Begriff des Zuschlags

4195 Der Begriff des Zuschlags im Sinne von § 114 Abs. 2 GWB wird in der Rechtsprechung unterschiedlich verstanden.

4196 Nach einer Auffassung stellt der in den Verdingungsordnungen verwendete Begriff des **Zuschlags nichts anderes als die Annahmeerklärung im allgemeinen bürgerlichen Vertragsrecht** (§§ 146 ff. BGB) dar (OLG Naumburg, B. v. 16. 10. 2007 – Az.: 1 Verg 6/07; VK Berlin, B. v. 9. 11. 2004 – Az.: VK – B 1–59/04; VK Schleswig-Holstein, B. v. 14. 5. 2008 – Az.: VK-SH 06/08; B. v. 28. 1. 2008 – Az.: VK-SH 27/07). Wie sonst auch kommt der Vertrag zustande, wenn auf ein Angebot eines Bieters rechtzeitig, also innerhalb der Zuschlagsfrist und ohne Abänderungen der Zuschlag erteilt wird (OLG Düsseldorf, B. v. 14. 3. 2001 – Az.: Verg 30/00; OLG Naumburg, B. v. 16. 10. 2007 – Az.: 1 Verg 6/07; OLG Thüringen, B. v. 29. 5. 2002 – Az.: 6 Verg 2/02; VK Rheinland-Pfalz, B. v. 12. 5. 2005 – Az.: VK 17/05; VK Schleswig-Holstein, B. v. 28. 1. 2008 – Az.: VK-SH 27/07). Demnach wird der **rechtliche Vorgang der Angebotsannahme im Vergaberecht lediglich mit dem Ausdruck des „Zuschlags" bezeichnet** (OLG Düsseldorf, B. v. 14. 3. 2001 – Az.: Verg 30/00; OLG Naumburg, B. v. 16. 10. 2007 – Az.: 1 Verg 6/07; VK Schleswig-Holstein, B. v. 14. 5. 2008 – Az.: VK-SH 06/08; B. v. 28. 1. 2008 – Az.: VK-SH 27/07; im Ergebnis ebenso VK Baden-Württemberg, B. v. 26. 10. 2007 – Az.: 1 VK 40/07).

4197 Aus den zivilrechtlichen Grundsätzen folgt nichts anderes: Gegenstand und Inhalt eines Vertrages müssen derart bestimmt sein, dass die Annahme eines Vertragsangebotes **durch ein einfaches „Ja"** erfolgen kann (VK Schleswig-Holstein, B. v. 28. 1. 2008 – Az.: VK-SH 27/07; VK Südbayern, B. v. 16. 7. 2007 – Az.: Z3-3-3194-1-28-06/07).

4198 Nach einer anderen Auffassung (VK Bremen, B. v. 16. 7. 2003 – Az.: VK 12/03) ist der **Zeitpunkt des Vertragsabschlusses nicht mit dem des Zuschlages gleichzusetzen**, da der Vertragsschluss nur dann mit dem Zuschlag zusammenfällt, wenn auf ein abgegebenes Angebot rechtzeitig und ohne Abänderung der Zuschlag erteilt wird. Auch aus § 28 Nr. 2 Abs. 2 VOB/A 2006 wird deutlich, dass nach der Systematik des Vergaberechts der VOB/A der Zeitpunkt des Vertragsschlusses nicht identisch ist mit dem des Zuschlages.

4199 Die **Unterscheidung zwischen „Zuschlag" und „Vertragsschluss"** wird in § 114 Abs. 2 GWB nicht aufgegriffen, vielmehr stellt diese Vorschrift ausschließlich auf den „Zuschlag" ab, so dass es nach dem Wortlaut und der Systematik des Gesetzes auf das Zustandekommen eines Vertrages nicht ankommt, sondern lediglich darauf, ob der Zuschlag (im Sinne einer unbedingten Annahme oder auch im Sinne eines erneuten Angebots) erteilt wurde (VK Schleswig-Holstein, B. v. 10. 2. 2005 – VK-SH 02/05). Für eine **Interpretation oder eine teleologische Reduktion des § 114 Abs. 2 Satz 1 GWB in dem Sinne**, dass es **entgegen dem Wortlaut dieser Vorschrift** nicht auf den Zeitpunkt des „Zuschlages", sondern **auf den des „Vertragsschlusses" ankommt**, besteht **keine Veranlassung**. Es ist insoweit nämlich nicht zu übersehen, dass auch ein Zuschlag, der nicht als Annahme, sondern als neuer Antrag zu werten ist, für den Auftraggeber gem. § 145 BGB bereits Bindungswirkung entfaltet und der Abschluss des Vertrages nicht mehr in seiner Rechtssphäre, sondern in der Rechtssphäre desjenigen, der den Antrag annehmen kann, liegt. Die Einwirkungsmöglichkeit des Auftraggebers ist dann nicht mehr gegeben, wenn der Zuschlag dem Auftragnehmer zugegangen ist, da der Auftraggeber bis zu dem Zeitpunkt, an dem der Auftragnehmer den Zuschlag noch annehmen kann, an den Zuschlag gebunden ist.

4200 Eine Interpretation oder eine teleologische Reduktion des § 114 Abs. 2 Satz 1 GWB in dem Sinne, dass es auf den Zeitpunkt des Vertragsabschlusses ankomme, würde zu der vom Gesetzgeber nicht gewollten Konsequenz führen, dass im Falle der Einleitung eines Vergabenachprüfungsverfahrens der öffentliche Auftraggeber zivilrechtlich an sein Angebot gebunden wäre und dieses (zivilrechtlich) vom Auftragnehmer angenommen werden kann, mit der Folge, dass in diesem Verhältnis ein wirksamer Vertragsschluss erfolgt ist. Sollte der Mitbewerber mit seinem Vorbringen im Vergabenachprüfungsverfahren aber erfolgreich sein, so wäre dieser geschlossene Vertrag nicht unwirksam (die Nichtigkeitsfolge des § 13 VgV tritt nur ein, wenn ein Vertrag innerhalb der dort geregelten Frist von 14 Kalendertagen geschlossen wird und das Zuschlagsverbot nach § 115 Abs. 1 GWB betrifft eben nicht die Annahmeerklärung durch den Auftragnehmer), und der öffentliche Auftraggeber wäre dann möglicherweise in der Situation, denselben Auftrag nochmals an einen anderen Bieter erteilen zu müssen. Dies kann vom Gesetzgeber nicht gewollt sein (VK Bremen, B. v. 16. 7. 2003 – Az.: VK 12/03).

4201 Ähnlich argumentiert das **OLG Dresden für die VOF**. Dem **VOF-Verfahren ist der Begriff des Zuschlags fremd**. Ein solches Vergabeverfahren wird gemäß § 11 VOF allein durch

Gesetz gegen Wettbewerbsbeschränkungen GWB § 114 **Teil 1**

die Erteilung eines Auftrags beendet, dessen Zustandekommen nach allgemeinem Zivilrecht zu beurteilen ist (OLG Dresden, B. v. 21. 10. 2005 – Az.: WVerg 0005/05; B. v. 11. 4. 2005 – Az.: WVerg 05/05; B. v. 11. 7. 2000 – Az.: WVerg 5/00; 1. VK Saarland, B. v. 20. 2. 2008 – Az.: 1 VK 07/2007; 1. VK Sachsen, B. v. 19. 8. 2005 – Az.: 1/SVK/096-05).

Der Zuschlag als Annahmeerklärung ist **nicht auf den Fall reduziert**, in dem mit Vertragsschluss ein **förmliches Vergabeverfahren** abgeschlossen wird; er erfasst auch den Fall, in dem ein öffentlicher Auftraggeber einen bestehenden Bedarf extern im Vertragswege ohne vorherige Durchführung eines Vergabeverfahrens deckt (1. VK Bund, B. v. 13. 7. 2001 – Az.: 1–19/01; VK Schleswig-Holstein, B. v. 10. 2. 2005 – VK-SH 02/05). 4202

25.6.3.2 Inhalt des Zuschlags

25.6.3.2.1 Grundsatz.
Wird der Zuschlag innerhalb der Zuschlags- und Bindefrist ohne Änderungen erteilt, ist der Vertrag mit Zugang der Zuschlagserklärung beim Bieter geschlossen. 4203

25.6.3.2.2 Erweiterungen, Einschränkungen usw.
Eine **Annahme des Angebots unter Erweiterungen, Einschränkungen und sonstigen Änderungen gilt nach § 150 Abs. 2 BGB als Ablehnung, verbunden mit einem neuen Antrag** (OLG Naumburg, B. v. 16. 10. 2007 – Az.: 1 Verg 6/07; OLG Thüringen, B. v. 30. 10. 2006 – Az.: 9 Verg 4/06). Dieser Antrag des Auftraggebers auf Abschluss eines abgeänderten Vertrages **bedarf zu seiner Wirksamkeit** deshalb noch einer **Annahmeerklärung des Bieters**, die dem **Auftraggeber auch noch zugehen muss** (OLG Naumburg, B. v. 16. 10. 2007 – Az.: 1 Verg 6/07; 1. VK Sachsen, B. v. 12. 6. 2003 – Az.: 1/SVK/054-03). 4204

Vgl. beispielsweise zu der typischen Fallkonstellation des Zuschlags nach Ablauf der Zuschlags- und Bindefrist die Kommentierung zu § 10 VOB/A bzw. § 10 VOL/A. 4205

Nimmt der Auftraggeber in seinem Zuschlagsschreiben **Bezug auf schriftliche Protokolle zu Angebotsverhandlungen nach § 15 VOB/A bzw. § 18 EG VOL/A, handelt es sich hierbei nicht um Erweiterungen bzw. Änderungen**. Vielmehr kann bei der Zuschlagserteilung dann sowohl auf das Angebot als auch das schriftlich festgehaltene Verhandlungsergebnis Bezug genommen werden, wodurch auch diese Vertragsbestandteil werden (VK Südbayern, B. v. 30. 5. 2001 – Az.: 11-04/01). 4206

Ob die Annahmeerklärung **Änderungen** bzw. eine von § 150 Abs. 2 BGB erfasste Abweichung enthält, ist durch **Auslegung nach Maßgabe der §§ 133, 157 BGB nach Treu und Glauben und unter Berücksichtigung der Verkehrssitte zu ermitteln**. Ob unbeschränkte oder beschränkte Annahme vorliegt, hängt somit vom Einzelfall ab. Hinsichtlich des inhaltlichen Ausmaßes der Änderungen ist der Anwendungsbereich des § 150 Abs. 2 BGB nur dann eröffnet, wenn die Neuregelungen wesentliche Vertragsbestandteile zum Gegenstand haben, beispielsweise die **Bitte um Zustimmung zu einer Skontogewährung, die erstmalige Bestimmung einer Ausführungsfrist oder gar die Änderung einzelner Leistungen** (VK Rheinland-Pfalz, B. v. 12. 5. 2005 – Az.: VK 17/05). 4207

25.6.3.3 Form des Zuschlags

25.6.3.3.1 VOB.
Die VOB setzt in § 18 VOB/A **keine bestimmte Form** – z. B. die Schriftform – voraus. Der **Zuschlag kann also auch mündlich erteilt** werden (1. VK Sachsen, B. v. 4. 8. 2003 – Az.: 1/SVK/084-03). Möglich ist auch die Übersendung eines Telefaxes (BGH, B. v. 9. 2. 2004 – Az.: X ZB 44/03; OLG Düsseldorf, B. v. 23. 5. 2007 – Az.: VII – Verg 14/07; 2. VK Bund, B. v. 13. 6. 2007 – Az.: VK 2–48/07). Der Umstand, dass der Auftraggeber die Originalvorlage des Fax-Schreibens später nicht einmal dem Auftragnehmer überbringen lässt, **entwertet das Fax-Schreiben nicht zur bloßen Ankündigung der beabsichtigten Angebotsannahme**, Dieser Vorgang ist nicht anders zu beurteilen als die Übersendung eines bestimmenden Anwaltsschriftsatzes per Fax, der mit Zugang beim Adressaten sofort wirksam wird, wenn das Original alsbald nachfolgt (Hanseatisches OLG Bremen, B. v. 18. 8. 2003 – Az.: Verg 6/2003; 2. VK Bund, B. v. 24. 4. 2007 – Az.: VK 2–21/07). 4208

Die im Wirtschafts- und Rechtsverkehr allgemein übliche Nutzung von Faxgeräten und die hohe Zuverlässigkeit bei der Übermittlung von Telefaxnachrichten rechtfertigt es, dem **Sendeprotokoll des Absenders ein widerlegbares Indiz zukommen zu lassen** (2. VK Bund, B. v. 13. 6. 2007 – Az.: VK 2–48/07). 4209

25.6.3.3.2 VOL.
Im Gegensatz zur VOB/A verpflichtet die VOL/A in § 21 EG Abs. 2 den Auftraggeber, den Zuschlag in Schriftform, elektronischer Form oder mittels Telefax zu erteilen. 4210

Teil 1 GWB § 114 Gesetz gegen Wettbewerbsbeschränkungen

4211 Verwendet der Auftraggeber die Schriftform, handelt es sich nach der Neufassung der VOL/A 2009 um ein **zwingendes gesetzliches Schriftformerfordernis i. S. d. § 126 Abs. 1 BGB.**

25.6.3.4 Zugang der Zuschlagserklärung

4212 **25.6.3.4.1 Allgemeines.** Bei der Zuschlagserklärung handelt es sich um eine **empfangsbedürftige Willenserklärung**, die zu ihrer Wirksamkeit nach § 130 Abs. 1 Satz 1 BGB dem betreffenden Bieter innerhalb der Zuschlagsfrist zugehen muss (BGH, B. v. 9. 2. 2004 – Az.: X ZB 44/03; OLG Thüringen, B. v. 29. 5. 2002 – Az.: 6 Verg 2/02, B. v. 7. 10. 2003 – Az.: 6 Verg 6/03; VK Berlin, B. v. 9. 11. 2004 – Az.: VK – B 1–59/04; VK Halle, B. v. 13. 3. 2001 – Az.: VK Hal 23/99; 1. VK Sachsen, B. v. 4. 6. 2002 – Az.: 1/SVK/048-02).

4213 **Vertretungsregelungen** bei der Abgabe von Angeboten gelten auch für die Frage der Wirksamkeit des Zugangs der Zuschlagserklärung (OLG Thüringen, B. v. 7. 10. 2003 – Az.: 6 Verg 6/03).

4214 **25.6.3.4.2 Bedeutung einer Empfangsbestätigung.** Bei einer vom Auftraggeber verlangten Empfangsbestätigung des Zuschlags handelt es sich **nicht um ein Wirksamkeitskriterium, sondern um eine Beweisurkunde über den erteilten Zuschlag**, wenn der Vertrag nach allgemeinen zivilrechtlichen Grundsätzen bereits durch den Zugang der Annahmeerklärung des Auftraggebers zustande gekommen ist (Hanseatisches OLG Bremen, B. v. 18. 8. 2003 – Az.: Verg 6/2003).

25.6.3.5 Weitere Anforderungen an einen wirksamen Zuschlag

4215 **25.6.3.5.1 Grundsatz. Fehlt** es dem Zuschlagsschreiben an **jedweder Bestimmtheit des Zuschlags- und Vertragsgegenstandes sowie des Vertragspreises**, so ist kein wirksamer Vertrag zustande gekommen. Außerdem muss das Zuschlagsschreiben von einer Person mit einer **entsprechenden Vertretungsmacht** unterzeichnet sein (OLG Düsseldorf, B. v. 14. 3. 2001 – Az.: Verg 30/00; 2. VK Bund, B. v. 23. 11. 2000 – Az.: VK 2–36/00).

4216 **25.6.3.5.2 Fehlende Regelung der Vergütung bei einem Architekten- bzw. Bauingenieurvertrag bei Vertragsschluss.** Anders als bei Kauf- oder Lieferungsverträgen, wo das Zustandekommen eines Vertrages mit der Einigung über den frei verhandelbaren Preis steht und fällt, muss **die Frage der Vergütung bei HOAI-Verträgen weder im Stadium der Vertragsanbahnung angesprochen noch bei Vertragsschluss ausdrücklich geregelt werden**. Das hat seinen Grund darin, dass dort, wo die Vergütung sich aus der HOAI bestimmt, mit dieser eine gesetzlich fixierte Honorarordnung zur Verfügung steht, die das Spektrum der zu erbringenden Leistung sowie die Höhe der Vergütung bis ins Einzelne regelt. Haben die Vertragspartner keine individuelle Vereinbarung im Sinne der HOAI getroffen, gelten die Mindestsätze als vereinbart (OLG Thüringen, B. v. 7. 10. 2003 – Az.: 6 Verg 6/03).

25.6.3.6 Unwirksamkeit eines Zuschlages nach § 138 BGB

4217 Gemäß § 138 Abs. 1 BGB ist ein Rechtsgeschäft, das gegen die guten Sitten verstößt, nichtig und damit unwirksam.

4218 **25.6.3.6.1 Verstoß gegen die guten Sitten.** Eine **Sittenwidrigkeit** ergibt sich **nicht** daraus, dass die Vergabestelle den Zuschlag erteilt hat, obwohl ihr **bekannt** war, dass der Antragsteller zu diesem Zeitpunkt **bereits einen Nachprüfungsantrag bei der Vergabekammer** gestellt hatte. Fraglich erscheint bereits, ob dieses Verhalten der Vergabestelle gegen die Grundsätze von Treu und Glauben verstößt. Dagegen spricht insbesondere, dass nach der eindeutigen gesetzlichen Regelung des § 115 Abs. 1 GWB das Zuschlagsverbot erst mit der Zustellung des Nachprüfungsantrages eintritt. Vor dieser Zustellung kann die Vergabestelle den Zuschlag grundsätzlich wirksam erteilen, insbesondere begründet die Kenntnis von der Einreichung des Nachprüfungsantrages kein Zuschlagsverbot (1. VK Bund, B. v. 27. 9. 2002 – Az.: VK 1–63/02).

4219 **25.6.3.6.2 Kollusives Zusammenwirken.** Einer Nichtigkeit des Vertrages gemäß § 138 Abs. 1 BGB steht entgegen, wenn ein – unterstelltes – sittenwidriges Verhalten nur der Vergabestelle vorgeworfen werden kann. Die **sittenwidrige Vorgehensweise nur einer Vertragspartei reicht** zur Annahme der Nichtigkeit eines Vertrages **nicht aus** (OLG Brandenburg, B. v. 22. 4. 2010 – Az.: Verg W 5/10; B. v. 29. 1. 2002 – Az.: Verg W 8/01; OLG Celle, B. v. 25. 8. 2005 – Az.: 13 Verg 8/05; OLG Hamburg, B. v. 25. 1. 2007 – Az.: 1 Verg 5/06; LG München, Urteil v. 20. 12. 2005 – Az.: 33 O 16465/05; VK Arnsberg, B. v. 28. 10. 2008 – Az.: VK 24/08; B. v. 22. 10. 2004 – Az.: VK 2–20/2004; 1. VK Bund, B. v. 27. 9. 2002 – Az.: VK 1–63/02; 2. VK Bund, B. v. 22. 12. 2004 – Az.: VK 2–157/04; B. v. 13. 10. 2004 – Az.: VK 2–184/

Gesetz gegen Wettbewerbsbeschränkungen GWB § 114 **Teil 1**

04; 3. VK Bund, B. v. 11. 9. 2009 – Az.: VK 3–157/09; B. v. 30. 9. 2004 – Az.: VK 3–116/04; VK Hessen, B. v. 27. 2. 2003 – Az.: 69 d VK – 70/2002; VK Münster, B. v. 26. 9. 2007 – Az.: VK 17/07).

§ 138 ist bei Verletzung von Interessen der Allgemeinheit oder Drittbetroffener **nur dann anwendbar, wenn der subjektive Tatbestand bei allen Beteiligten vorliegt**, die die Tatsachen, welche die Sittenwidrigkeit begründen, kennen oder sich ihrer Kenntnis grob fahrlässig verschließen (OLG Düsseldorf, B. v. 18. 6. 2008 – Az.: VII – Verg 23/08; B. v. 30. 4. 2008 – Az.: VII – Verg 23/08; 1. VK Bund, B. v. 5. 2. 2009 – Az.: VK 1–186/08). Ein im Rahmen des § 138 BGB schädliches **grob fahrlässiges Sich-Verschließen** gegenüber der Erlangung der Kenntnis setzt ein Handeln voraus, bei dem die **erforderliche Sorgfalt nach den gesamten Umständen in ungewöhnlich großem Maße verletzt** worden ist und bei dem **dasjenige unbeachtet geblieben ist, was im gegebenen Falle jedem hätte einleuchten müssen** (VK Düsseldorf, B. v. 20. 11. 2006 – Az.: VK – 46/2006 – L; VK Münster, B. v. 26. 9. 2007 – Az.: VK 17/07). 4220

Es **kann sein, dass ein ohne Ausschreibung und Durchführung eines förmlichen Vergabeverfahrens vergaberechtswidrig geschlossener Vertrag auch sittenwidrig im Sinn des § 138 BGB ist**. Das setzt jedoch voraus, dass der öffentliche Auftraggeber in bewusster Missachtung des Vergaberechts handelt, also entweder weiß, dass der betreffende Auftrag dem nach den §§ 97 ff. zu überprüfenden Vergaberecht unterfällt oder sich einer solchen Kenntnis mutwillig verschließt, **auch kollusiv mit dem Auftragnehmer zusammenarbeitet** (OLG Celle, B. v. 25. 8. 2005 – Az.: 13 Verg 8/05; OLG Hamburg, B. v. 25. 1. 2007 – Az.: 1 Verg 5/06). Zum Tatbestand der Sittenwidrigkeit gehört **zusätzlich ein Umstand, der dem Vertrag ein sittlich verwerfliches Gepräge gibt**, z. B. ein Vertragsabschluss in beiderseitiger Kenntnis von dessen Unwirtschaftlichkeit, die durch einen Wettbewerb offenkundig werden könnte (VK Düsseldorf, B. v. 20. 11. 2006 – Az.: VK – 46/2006 – L). 4221

Von einem **kollusiven Zusammenwirken** kann man **ausgehen**, wenn eine Vergabestelle nicht begründet darlegen kann, warum sie von der **Durchführung des Vergabeverfahrens abgesehen** hat, obwohl sie diese **Frage offensichtlich gestellt** hat. An das kollusive Zusammenwirken dürfen **keine allzu hohen Anforderungen** gestellt werden. Allein die gemeinsamen wirtschaftlichen Interessen und Verflechtungen eines öffentlichen Auftraggebers mit einem Bieter legen dies nahe. Hier weiter gehende Nachweise zu fordern, dürfte die Möglichkeiten der meisten Bieter bei weitem übersteigen. Bei einem anwaltlich beratenen Auftraggeber darf die Sachkenntnis zur Frage der prinzipiellen Notwendigkeit von Ausschreibungen nach dem Vergaberecht vorausgesetzt werden. Dies zeigt z. B. die durchgehende Anpassung der Vertragsentwürfe an den jeweiligen Stand der Rechtsprechung und die sorgfältige Vermeidung aller Dokumentationen zu dieser Frage. Ein Irrtum kann daher ausgeschlossen werden (VK Arnsberg, B. v. 17. 6. 2004 – Az.: VK 2–06/2004). 4222

Die Vermutung liegt nahe, dass namentlich **durch eine Aufspaltung der Beschaffungsvorgänge** in einer Weise zum Nachteil eines Bieters oder potenziellen Bieters zusammengewirkt wird, die als kollusiv beurteilt zu werden verdient. Hat z. B. ein Auftraggeber mit einem Unternehmen einen Beschaffungsvertrag geschlossen, der unter den Schwellenwerten liegt und hat ein anderer Auftraggeber, der mit dem ersten Auftraggeber zusammenarbeitet, mit dem gleichen Unternehmen ebenfalls einen Beschaffungsvertrag geschlossen, der unter den Schwellenwerten liegt und benötigt der zweite Auftraggeber den Beschaffungsgegenstand nicht in Gänze, sondern leitet ihn an den ersten Auftraggeber weiter und hat das **Unternehmen bei dem gesonderten Angebot „mitgespielt" und die Kalkulation an das von dem ersten Auftraggeber angestrebte Auftragsvolumen angepasst, liegt ein Fall der kollusiven Zusammenarbeit vor** (OLG Düsseldorf, B. v. 25. 1. 2005 – Az.: VII – Verg 93/04). 4223

Von der **Sittenwidrigkeit eines Rechtsgeschäftes** ist auch auszugehen, wenn die Vertragsparteien kollusiv zusammenwirken, **um das Vergaberechtsregime zu umgehen**. Die Nichtigkeit des ohne ein Vergabeverfahren erteilten Auftrages ist im Ergebnis dort anzunehmen, wo der **öffentliche Auftraggeber in bewusster Missachtung des Vergaberechts handelt**, er also entweder weiß, dass der betreffende Auftrag dem Kartellvergaberecht unterfällt, oder er sich einer solchen **Kenntnis mutwillig verschließt**, und er überdies **kollusiv mit dem Auftragnehmer zusammenwirkt**. Eine solche Konstellation ist z. B. dann anzunehmen, wenn der **Auftraggeber** trotz vorauszusetzender Kenntnis **sich nicht mit der neuesten Vergaberechtsprechung** etwa des EuGH **auseinandersetzt** und der **Vertragspartner ein in öffentlichen Aufträgen erfahrenes Unternehmen** ist (VK Münster, B. v. 26. 9. 2007 – Az.: VK 17/07). 4224

Teil 1 GWB § 114 Gesetz gegen Wettbewerbsbeschränkungen

25.6.3.7 Unwirksamkeit eines Zuschlages nach § 134 BGB

4225 Gemäß § 134 BGB ist ein Rechtsgeschäft, das gegen ein gesetzliches Verbot verstößt, nichtig, sofern sich aus dem Gesetz nichts anderes ergibt. Gesetzliche Verbote ergeben sich aus den verschiedensten Vorschriften.

4226 **25.6.3.7.1 Grundsatz.** In der Literatur wird die Ansicht vertreten, die in den § 97 Abs. 1, § 101 Abs. 1 GWB normierte Pflicht zur Beachtung der vergaberechtlichen Bestimmungen stelle ein gesetzliches Verbot dar mit der Folge, dass jeder Vertrag, den der öffentliche Auftraggeber ohne das an sich gebotene Vergabeverfahren abschließe, gemäß § 134 BGB nichtig sei. Dem **folgt die Rechtsprechung nicht**. Der Gesetzgeber hat in § 115 Abs. 1 GWB das gesetzliche Verbot der Zuschlagserteilung an die Voraussetzung geknüpft, dass wegen des Beschaffungsvorhabens ein Nachprüfungsverfahren eingeleitet und dem öffentlichen Auftraggeber der Nachprüfungsantrag zugestellt worden ist. Nach dem **Willen des Gesetzgebers löst folglich die Missachtung der Vergaberegeln als solche noch kein Zuschlagsverbot aus.** Das Zuschlagsverbot entsteht vielmehr erst mit der Zustellung eines Nachprüfungsantrags an den öffentlichen Auftraggeber und es gilt überdies unabhängig davon, ob das Verfahren zur Auftragsvergabe vergaberechtlich zu beanstanden ist oder nicht. Diese **gesetzgeberische Entscheidung ist zu respektieren**. Sie schließt es aus anzunehmen, alleine die Nichtbeachtung des Vergaberechts verbiete eine Zuschlagserteilung und hindere den Auftraggeber an einer rechtswirksamen Beauftragung. Dabei ist es **ohne Bedeutung, ob der öffentliche Auftraggeber nur einzelne Vergabebestimmungen nicht beachtet oder er von der Durchführung des gebotenen Vergabeverfahrens gänzlich absieht.** Denn weder § 97 Abs. 1, § 101 Abs. 1 GWB noch § 115 Abs. 1 GWB treffen eine diesbezügliche Unterscheidung.

4227 **Vergaberechtsverstöße führen also nicht zur Nichtigkeit**, es sei denn, diese **Sanktion ist** wie in § 101b GWB **ausdrücklich angeordnet** (OLG Hamburg, B. v. 25. 1. 2007 – Az.: 1 Verg 5/06).

4228 **25.6.3.7.2 Beispiele aus der Rechtsprechung**
– bei einem Verstoß gegen **§ 41 Abs. 1 Satz 2 GWB** ist der Zuschlag unwirksam (VK Arnsberg, B. v. 29. 5. 2002 – Az.: VK 2–11/2002)
– eine Nichtigkeit ergibt sich **nicht aus handels- und gesellschaftsrechtlichen Gesichtspunkten**, insbesondere der Pflicht zur Firmenwahrheit (1. VK Bund, B. v. 27. 9. 2002 – Az.: VK 1–63/02)

4229 **25.6.3.7.3 Fälle der § 115 Abs. 1, § 118 Abs. 3.** Grundsätzlich bedingen zwar Verstöße gegen Vergabevorschriften nicht gemäß § 134 BGB die Nichtigkeit des Zuschlags. Eine **gesetzliche Ausnahme bilden jedoch § 115 Abs. 1, § 118 Abs. 3 GWB**. Hiernach führt die Missachtung eines gerichtlichen Zuschlagsverbots zur Nichtigkeit des damit abgeschlossenen zivilrechtlichen Vertrags nach § 134 BGB (OLG Frankfurt, B. v. 7. 9. 2004 – Az.: 11 Verg 11/04 und 12/04; 2. VK Bund, B. v. 7. 6. 2010 – Az.: VK 3–54/10). Aus Gründen eines effektiven Rechtsschutzes sind dem die Fälle gleichzusetzen, in denen die Vergabestelle unter Missachtung der zur Beseitigung der Rechtsverletzung des Bieters angeordneten Maßnahmen der Vergabekammer den Zuschlag erteilt. Insoweit steht die Erteilung des Zuschlags unter der Voraussetzung, dass die Vergabestelle zunächst den von der Vergabekammer angeordneten Maßnahmen nachkommt (BayObLG, B. v. 1. 10. 2001 – Az.: Verg 6/01; OLG Düsseldorf, B. v. 14. 2. 2001 – Az.: Verg 13/00 – für § 115 Abs. 1).

4230 Das **OLG Naumburg** (B. v. 16. 1. 2003 – Az.: 1 Verg 10/02) **schränkt** diese Rechtsprechung **ein**. Danach normiert die **Vorschrift des § 118 Abs. 1 GWB kein eigenständiges gesetzliches Verbot**. Ein Verbotsgesetz im Sinne des § 134 BGB ist die Vorschrift des § 115 Abs. 1 GWB. Durch § 118 Abs. 1 Satz 1 und 3 GWB soll **dieses** gesetzliche Verbot der Zuschlagserteilung **unter bestimmten Voraussetzungen** zeitlich verlängert werden. Die **Verbotswirkung des § 118 Abs. 1 GWB ist mithin stets abhängig vom Vorliegen eines vorherigen Zuschlagverbotes nach § 115 Abs. 1 GWB**, d. h. von einer Zustellung des Nachprüfungsantrages durch die Vergabekammer, obwohl diese Tatbestandsvoraussetzung dem Wortlaut des § 118 Abs. 1 GWB expressis verbis nicht entnommen werden kann.

4231 **25.6.3.7.4 Nichtigkeit wegen der Rechtsprechung des EuGH zur Verpflichtung der Beendigung eines vergaberechtswidrigen Zustands.** Nach der **Rechtsprechung des Europäischen Gerichtshofs** (vgl. die Kommentierung zu → § 102 GWB Rdn. 36) obliegt es dem Mitgliedstaat bei **fortwährenden Vergaberechtsverstößen**, innerhalb der ihm gesetzten Frist zu handeln, den Vertrag zu kündigen oder eine andere geeignete Maßnahme zu ergreifen, um das **Fortdauern der Vertragsverletzung zu beenden**. Diese Erwägung hat jedoch **nicht zu der**

Aussage geführt, dass der **Vertrag nichtig** ist. Diese Rechtsprechung enthält ebenfalls **keine Aussagen zur gemeinschaftsrechtskonformen Auslegung von Vorschriften des nationalen Vergabe- und/oder Zivilrechts**. Sie kann deshalb nicht herangezogen werden, um die nationale Vorschrift aus § 114 Abs. 2 Satz 1 GWB entgegen ihrem Wortlaut so auszulegen, dass Verträge, die unter Verletzung von Vorschriften der reglementierten Vergabe zustande gekommen seien, **von der Vergabekammer aufgehoben werden könnten bzw. als nichtig zu gelten haben**. Es besteht ein Unterschied zwischen dem rechtlichen Verhältnis eines Mitgliedstaates zur Gemeinschaft und der Rechtsstellung eines Bürgers/Unternehmens innerhalb der Rechtsordnung dieses Mitgliedstaates. Zu den Rechten eines Konkurrenten bzw. dessen Rechtsschutzmöglichkeiten verhält sich die Entscheidung des EuGH nicht (VK Düsseldorf, B. v. 12. 3. 2008 – Az.: VK – 03/2008 – B).

25.6.3.7.5 Nichtigkeit eines Vertrages nach § 134 BGB, Art. 88 Abs. 3 Satz 3 EG-Vertrag wegen einer öffentlichen Förderung der Altlastensanierung. Zwar hat der Bundesgerichtshof im Ergebnis ausgesprochen, dass **der unter Verstoß gegen das Durchführungsverbot aus Art. 88 Abs. 3 Satz 3 EG Vertrag geschlossene Vertrag nichtig ist**, wobei nach Auffassung des Gerichtshofes diese Rechtsfolge wohl nicht nur im Rahmen einer eingeleiteten Notifizierung, sondern auch ohne Einleitung eintreten soll. Eine unvereinbare **Beihilfe** im Sinne Art. 87 EG Vertrag (jetzt Art. 107 AEUV) wird den Erwerbern eines Grundstücks jedoch **nicht gewährt**, wenn eine **öffentliche Förderung der Altlastensanierung** erfolgt ist und diese **Sanierung nicht erfolgte, um ein an sich nutzbares Grundstück einer höherwertigen Nutzung unter Begünstigung des Nutzungswilligen zuzuführen, sondern um Gesundheitsgefährdungen abzustellen und damit überhaupt irgendeine Nutzung zu ermöglichen**. Auf einen bestimmten Gewerbezweig oder Erwerber hat diese Sanierung nicht abgestellt. Auch eine Regelung zur Freistellung von Mehraufwendungen für Altlasten ist nicht als Beihilfe zu qualifizieren, wenn sie das von den Erwerbern aufzubringende Investitionsvolumen nicht verringert, sondern lediglich bewirkt, dass Mängel des Grundstücks dieses Volumen nicht erhöhen (VK Düsseldorf, B. v. 12. 3. 2008 – Az.: VK – 03/2008 – B).

4232

25.6.3.7.6 Nichtigkeit eines Vertrages nach § 134 BGB, Art. 88 Abs. 3 Satz 3 EG-Vertrag (jetzt Art. 108 AEUV) wegen eines zu niedrigen Kaufpreises. Nach der „Mitteilung der Kommission betreffend Elemente staatlicher Beihilfe bei Verkäufen von Bauten oder Grundstücken durch die öffentliche Hand" (97/C 209/03) ist als **wichtiges Element das „bedingungsfreie Bietverfahren"** anzusehen, das z. B. dann durchgeführt wird, wenn die Kommune auf zwei Foren des Internet und auf Grundstücksmessen das Grundstück bedingungsfrei anbietet und es durch einen Makler vermarkten lässt. Damit **kann die Verkaufsabsicht allen potentiellen Käufern zur Kenntnis gelangen**. Ergeben sich auch aus den sonstigen erkennbaren Umstände keine Anhaltspunkte dafür, dass weitere und/oder wirtschaftlich bessere Angebote überhaupt erhalten bzw. ausgeschlagen worden sind, um dann die Veräußerung selektiv und wettbewerbsverzerrend vorzunehmen, ist der in Verhandlungen erzielte Kaufpreis und weitere Vertragsinhalt (Fälligkeitsregelung) deshalb als marktgerecht anzusehen, so dass es **nach den Mitteilungen der Kommission nicht erforderlich ist, zusätzlich eine sachverständige Bewertung des Grundstückes durchzuführen**. Weist jedoch ein entsprechendes Gutachten den erzielten Kaufpreis als marktgerecht aus, wobei es nachvollziehbar erscheint, dass bei schadstoffbelasteten Grundstücken selbst nach einer Sanierung keine genaue gutachterliche Aussage getroffen werden kann, welcher Kaufpreis erzielbar sein wird, weil es der Lebenswahrscheinlichkeit entspricht, dass jeder Kaufinteressent eine Risikohaftung eines Grundstückes anführen wird, insbesondere, wenn eine derart langwierige Sanierung und „Brachliegen" stattgefunden haben, **fehlt** auch insoweit **jeder Anhaltspunkt, dass ein Verkauf erkennbar unter dem erzielbaren Marktwert stattgefunden** hat (VK Düsseldorf, B. v. 12. 3. 2008 – Az.: VK – 03/2008 – B).

4233

25.6.3.8 Unwirksamkeit eines Zuschlages nach § 101 b GWB

Ein Zuschlag bzw. ein Vertrag können auch nichtig sein, wenn die Informationspflicht nach § 101 b GWB nicht beachtet worden ist. Die näheren Einzelheiten ergeben sich aus der Kommentierung zu § 101 b GWB.

4234

25.6.3.9 Unwirksamkeit wegen Nichteinhaltung von kommunalen Formvorschriften

25.6.3.9.1 Grundsatz. Bei Verträgen mit „klassischen" öffentlichen Auftraggebern, also insbesondere Gemeinden und Gemeindeverbänden, ist für die Frage, ob ein Vertrag rechtswirksam geschlossen worden ist, **entscheidend, ob die kommunalrechtlichen Formvorschriften**

4235

Teil 1 GWB § 114 Gesetz gegen Wettbewerbsbeschränkungen

eingehalten worden sind. „Politische Entscheidungen" in solchen Angelegenheiten **ermächtigen in aller Regel nur die jeweilige Verwaltung**, Verträge rechtswirksam abzuschließen; sie können diese Formvorschriften jedoch nur in Ausnahmefällen ersetzen (OLG Dresden, B. v. 21. 7. 2000 – Az.: WVerg 0005/00; OLG Stuttgart, Urteil v. 15. 2. 2000 – Az.: 10 U 118/99; 1. VK Brandenburg, B. v. 19. 9. 2001 – Az.: 1 VK 85/01; 1. VK Sachsen, B. v. 19. 8. 2005 – Az.: 1/SVK/096-05).

4236 Das Vergabeverfahren nach VOF wird durch Auftragsvergabe im Sinne von § 11 VOF, d. h. durch **Abschluss eines zivilrechtlichen Vertrages beendet**. Die **Entscheidung** einer **Gemeindevertretung beschränkt sich auf die Auswahl des Bewerbers**, mit dem der Vertrag nach § 11 VOF abgeschlossen werden soll (1. VK Brandenburg, B. v. 17. 7. 2001 – Az.: 2 VK 56/01, B. v. 19. 9. 2001 – Az.: 1 VK 85/01).

4237 **25.6.3.9.2 Beispiele aus der Rechtsprechung**

– ein **Grundstücksgeschäft mit einem erheblichen Auftragsvolumen und der eRealisierung von grundlegenden baulichen Entwicklungen an zentraler Stelle der Gemeinde gehört nicht zu den laufenden Geschäften einer Verwaltung**. Ein solches Geschäft kommt nicht mit mehr oder weniger regelmäßiger Wiederkehr vor und ist auch nach Größe, Umfang der Verwaltungstätigkeit und Finanzkraft der Gemeinde nicht von sachlich geringer Bedeutung (VK Münster, B. v. 25. 6. 2009 – Az.: VK 7/09)

– zwar ist **§ 64 GO NW für sich genommen keine Vergabevorschrift**. **Über § 114 Abs. 2 GWB ist aber zu prüfen, ob ein Vertrag aufgrund anderer Vorschriften, wie beispielsweise §§ 134, 138 BGB oder § 126 BGB usw. unwirksam sein könnte**, wobei es sich dabei nicht unbedingt und ausschließlich um Vorschriften aus dem Bereich des Vergaberechts handeln muss. Auch Verstöße, die nicht mit dem Vergaberecht an sich zusammenhängen, unterliegen gegebenenfalls der Nachprüfung einer Vergabekammer, wenn davon Fragen des Rechtsschutzes betroffen sind. Mittelbar ist dies bei § 64 GO NW vorliegend der Fall. Die **Zurückweisung des Antrages gemäß § 114 Abs. 2 S. 1 GWB als nicht statthaft, kann nur erfolgen, wenn zuvor über die Wirksamkeit des im Streit stehenden Vertrages entschieden** wird (VK Münster, B. v. 25. 6. 2009 – Az.: VK 7/09)

– ein Werkvertrag mit einem Landkreis in Rheinland-Pfalz bedarf zwar nach der Landkreisordnung **grundsätzlich der Schriftform**. Jedoch kann ein Vertrag trotz Nichteinhaltung der Schriftform **gleichwohl wirksam** sein, wenn der bezweckte Schutz der Formvorschrift deshalb bedeutungslos geworden ist, weil das für die Willensbildung nach öffentlich-rechtlichen Vorschriften **zuständige Organ der Gebietskörperschaft** (hier: Kreistag bzw. Vergabeausschuss) den **Zuschlag bereits beschlossen** hat (OLG Koblenz, Urteil v. 14. 1. 2003 – Az: 3 U 1685/01).

25.6.3.10 Bedingter Zuschlag

4238 Ein **bedingter Zuschlag** z. B. dahingehend, dass bei einem einheitlichen Bauvorhaben, das in Losen ausgeschrieben ist, der Auftraggeber berechtigt ist, die Zuschlagserteilung eines Loses unter die aufschiebende Bedingung der Zuschlagserteilung der anderen Lose zu stellen, **überträgt dem Bieter ein ungewöhnliches Wagnis und ist daher unzulässig** (3. VK Bund, B. v. 28. 1. 2008 – Az.: VK 3–154/07; B. v. 24. 1. 2008 – Az.: VK 3–151/07). Zu den **Einzelheiten vgl. die Kommentierung zu → § 7 VOB/A Rdn. 174**.

25.7 Feststellungsverfahren (§ 114 Abs. 2 Satz 2)

4239 § 114 Abs. 2 Satz 2 GWB sieht ein Feststellungsverfahren in Fällen vor, in denen **zwischen Eingang des Nachprüfungsantrages bei der Vergabekammer und dessen Zustellung bei der Vergabestelle der Zuschlag erteilt** wurde. Dagegen ist ein solcher Antrag nicht zulässig, wenn die Vergabestelle den Zuschlag vor Einleitung des Nachprüfungsverfahrens erteilt hat (2. VK Sachsen-Anhalt, B. v. 15. 1. 2008 – Az.: VK 2 LVwA LSA – 28/07).

25.7.1 Sinn und Zweck des Feststellungsverfahrens

4240 Die in § 114 Abs. 2 Satz 2 GWB ermögliche Überleitung von einem Nachprüfungsverfahren in ein Verfahren zur Feststellung einer Rechtsverletzung **bezweckt** grundsätzlich, die in dem erstgenannten Verfahren **bereits erarbeiteten Ergebnisse zu erhalten** und so eine **nochmalige zivilgerichtliche Überprüfung** derselben Sach- und Rechtslage **zu vermeiden** (OLG

Düsseldorf, B. v. 28. 4. 2004 – Az.: VII – Verg 8/04; VK Arnsberg, B. v. 13. 8. 2009 – Az.: VK 18/09; 2. VK Bund, B. v. 2. 9. 2005 – Az.: VK 2–57/05; B. v. 8. 6. 2005 – Az.: VK 2–48/05; VK Magdeburg, B. v. 22. 2. 2001 – Az.: 33–32571/07 VK 15/00 MD; VK Münster, B. v. 22. 9. 2009 – Az.: VK 13/09; VK Schleswig-Holstein, B. v. 4. 2. 2008 – Az.: VK-SH 28/07; B. v. 2. 2. 2005 – Az.: VK-SH 01/05; VK Südbayern, B. v. 17. 8. 2004 – Az.: 20-04/04). Außerdem soll ein Antragsteller nicht um den **Ertrag der Früchte seiner bisherigen Verfahrensführung gebracht werden**, wenn sich das Nachprüfungsverfahren durch Beendigung des Vergabeverfahrens erledigt hat (OLG Düsseldorf, B. v. 4. 5. 2009 – Az.: VII-Verg 68/08; B. v. 28. 4. 2004 – Az.: VII – Verg 8/04; 2. VK Bund, B. v. 28. 2. 2006 – Az.: VK 2–154/04; VK Schleswig-Holstein, B. v. 4. 2. 2008 – Az.: VK-SH 28/07; VK Südbayern, B. v. 23. 11. 2004 – Az.: 45-06/04; B. v. 17. 8. 2004 – Az.: 20-04/04); insbesondere dann nicht, wenn das Verfahren unter entsprechendem Aufwand einen bestimmten Stand erreicht hat (VK Schleswig-Holstein, B. v. 4. 2. 2008 – Az.: VK-SH 28/07; VK Südbayern, B. v. 8. 2. 2002 – Az.: 41-11/01).

Die in § 114 Abs. 2 Satz 2 GWB eröffnete Möglichkeit eines Feststellungsantrages stellt unter dem Gesichtspunkt des Primärrechtsschutzes eine **Ausnahmevorschrift dar** (VK Schleswig-Holstein, B. v. 4. 2. 2008 – Az.: VK-SH 28/07; VK Südbayern, B. v. 8. 2. 2002 – Az.: 41-11/01). 4241

25.7.2 Voraussetzungen

Im Zeitpunkt der Entscheidung der Vergabekammer müssen sämtliche Sachentscheidungsvoraussetzungen vorliegen. Auch wenn im Zeitpunkt der Einreichung des Nachprüfungsantrags dem Antragsteller noch ein Schaden gedroht haben sollte, vermag dies z. B. nach der Abhilfe durch den Auftraggeber ein Feststellungsinteresse nicht zu begründen (2. VK Bund, B. v. 21. 5. 2008 – Az.: VK 2–40/08). 4242

25.7.2.1 Begonnenes Nachprüfungsverfahren

Nach § 114 Abs. 2 GWB stellt die Vergabekammer auf Antrag eines Beteiligten fest, ob eine Rechtsverletzung vorgelegen hat, wenn sich das Nachprüfungsverfahren u. a. durch Erteilung des Zuschlags oder durch eine entsprechende Erklärung des Antragstellers erledigt hat. Entsprechend dem Wortlaut dieser Vorschrift muss die **Erledigung während eines laufenden Nachprüfungsverfahrens eintreten, das Verfahren also bereits begonnen haben** (2. VK Brandenburg, B. v. 10. 6. 2005 – Az.: VK 18/05; VK Schleswig-Holstein, B. v. 31. 5. 2005 – Az.: VK-SH 09/05). 4243

Wann das Nachprüfungsverfahren beginnt, ist **im GWB (und auch an anderer Stelle) nicht geregelt**. Es wird in der Literatur insoweit die Auffassung vertreten, dass das Nachprüfungsverfahren vor der Vergabekammer nicht mit Antragstellung, sondern **erst dann** beginnt, **wenn die Vergabekammer eine nach außen wirkende Tätigkeit aufnimmt**, die auf die Prüfung der Voraussetzungen, die Vorbereitung und den Erlass der durch Verwaltungsakt zu treffenden Entscheidung gerichtet ist. Demgegenüber stellt die **Rechtsprechung** (OLG Düsseldorf, B. v. 13. 4. 1999 – Az.: Verg 1/99; 1. VK des Bundes, B. v. 17. 11. 1999 – Az.: VK 1–17/99) auf die **Rechtshängigkeit des Antrages** ab, wobei der Zeitpunkt der Rechtshängigkeit aus der VwGO entnommen wird, wonach **Rechtshängigkeit schon im Zeitpunkt des Einganges der Klageschrift bei Gericht** und nicht erst (wie im Zivilprozess) mit Zustellung der Klage an den Beklagten eintritt. Es würde zu einer nicht zu vertretenden Rechtsunsicherheit führen, wollte man bei der Ermittlung der Frage, wann das Nachprüfungsverfahren vor der Vergabekammer beginnt, tatsächlich darauf abstellen, wann die Vergabekammer eine nach außen wirkende Tätigkeit aufnimmt (VK Bremen, B. v. 16. 7. 2003 – Az.: VK 12/03). 4244

25.7.2.2 Erledigung des Nachprüfungsverfahrens

Nur in den Fällen, in denen sich das Nachprüfungsverfahren **bereits erledigt** hat, ist die **Vergabekammer befugt, isoliert festzustellen, ob eine Rechtsverletzung vorgelegen hat**. Ist ein Vergabeverfahren noch nicht abgeschlossen, kann die bloße Feststellung einer Rechtsverletzung nicht geeignet sein, die beanstandete Rechtsverletzung zu beseitigen (VK Schleswig-Holstein, B. v. 17. 9. 2008 – Az.: VK-SH 10/08). 4245

Bei Erledigung der Hauptsache ist die **Einstellung des Verfahrens auszusprechen** (§ 92 Abs. 3 VwGO analog); außerdem sind von Amts wegen die **Kosten der Vergabekammer festzusetzen** sowie **über die Kostentragung der Verfahrensbeteiligten** (Kostengrundentscheidung) und grundsätzlich über die **Notwendigkeit der Hinzuziehung eines Bevollmäch-** 4246

Teil 1 GWB § 114 Gesetz gegen Wettbewerbsbeschränkungen

tigten zu entscheiden (VK Arnsberg, B. v. 10. 11. 2008 – Az.: VK 22/08; B. v. 12. 2. 2008 – Az.: VK 44/07; VK Baden-Württemberg, B. v. 12. 4. 2006 – Az.: 1 VK 12/06; VK Hessen, B. v. 2. 6. 2004 – Az.: 69 d VK – 69/2002; VK Nordbayern, B. v. 22. 9. 2010 – Az.: 21.VK – 3194 – 24/10; VK Saarland, B. v. 20. 8. 2007 – Az.: 1 VK 01/2007; VK Schleswig-Holstein, B. v. 7. 3. 2007 – Az.: VK-SH 03/07; VK Südbayern, B. v. 28. 1. 2003 – Az.: 52-11/02; VK Thüringen, B. v. 4. 3. 2009 – Az.: 250–4003.20–5545/2008-032-GRZ).

4247 **Für die Feststellung der Erledigung** eines vergaberechtlichen Nachprüfungsverfahrens **kommt es auf die ursprüngliche Zulässigkeit und Begründetheit des Nachprüfungsantrages nicht an** (OLG Naumburg, B. v. 23. 4. 2009 – Az.: 1 Verg 5/08).

4248 **25.7.2.2.1 Erledigung durch Zuschlag.** Unter den Begriff des Zuschlags im Sinne von § 114 Abs. 2 Satz 1 GWB fällt **jeder Vertragsschluss, mit dem ein öffentlicher Auftrag vergeben wird**, auch wenn dies unter Verstoß gegen eine Vergabebestimmung wie der Ausschreibungspflicht geschieht. Der Zuschlag als Annahmeerklärung ist nicht auf den Fall reduziert, in dem mit Vertragsschluss ein förmliches Vergabeverfahren abgeschlossen wird; er erfasst auch den Fall, in dem ein öffentlicher Auftraggeber einen bestehenden Bedarf extern im Vertragswege ohne vorherige Durchführung eines Vergabeverfahrens deckt (1. VK Bund, B. v. 13. 7. 2001 – Az.: 1–19/01).

4249 **25.7.2.2.2 Erledigung durch Aufhebung.** Der Auftraggeber kann das Ausschreibungsverfahren auch noch während eines Vergabenachprüfungsverfahrens aufheben. Diese **Kompetenz ist Ausfluss seiner (vergabe-)verfahrensrechtlichen Dispositionsbefugnis**: Zivilrechtlich betrachtet stellt die Ausschreibung nämlich eine Aufforderung zur Angebotsabgabe dar, die **keine Bindung und keinen Kontrahierungszwang für die Vergabestelle** in dem Sinne begründet, auf eines der eingehenden Angebote einen Zuschlag erteilen und damit einen Vertrag abschließen zu müssen. **Ebenso wenig besteht auf Seiten der Bieter ein Anspruch darauf, dass die Vergabestelle das Verfahren mit einem Zuschlag abschließt.** An dieser zu Grunde liegenden zivilrechtlichen Konstellation ändert z. B. § 17 VOB/A nichts. Die Frage, ob die Aufhebung durch einen der z. B. in § 17 VOB/A normierten Gründe gedeckt ist, erhält lediglich Bedeutung für mögliche Ansprüche auf Ersatz des Vertrauensschadens (1. VK Saarland, B. v. 1. 10. 2007 – Az.: 1 VK 02/2007). Wenden sich die Bieter nicht gegen die Aufhebung oder wird die Wirksamkeit der Aufhebung in einem Nachprüfungsverfahren bestätigt, hat sich das Ausschreibungsverfahren erledigt (VK Südbayern, B. v. 5. 3. 2007 – Az.: Z3-3-3194-1-01-01/07).

4250 Hat ein Unternehmen mit dem Ziel der Erlangung primären Vergaberechtsschutzes die Aufhebung des ausgeschriebenen Vergabeverfahrens zum Gegenstand einer Nachprüfung gemacht, ist die **Vergabekammer bei Vorliegen eines Feststellungsinteresses** des Unternehmens auf dessen Antrag **auch zur Feststellung der durch die Aufhebung eingetretenen Rechtsverletzung befugt**, wenn sich herausstellt, dass trotz des Vergabeverstoßes **aufgrund des dem Auftraggeber zustehenden Entscheidungsspielraums eine auf die Fortsetzung des aufgehobenen Vergabeverfahrens gerichtete Anordnung nicht ergehen kann** (OLG Düsseldorf, B. v. 23. 3. 2005 – Az.: VII – Verg 76/04; B. v. 8. 3. 2005 – Az.: VII – Verg 40/04). **Für eine solche Befugnis sprechen zudem Gründe der Prozessökonomie**, denn mit der Kernfrage der Rechtmäßigkeit der angefochtenen Aufhebung werden die Vergabekammer oder das Beschwerdegericht zuständigkeitshalber bereits im Rahmen der Gewährung primären Vergaberechtsschutzes befasst (OLG Düsseldorf, B. v. 23. 3. 2005 – Az.: VII – Verg 76/04).

4251 In einem solchen Fall muss der Antragsteller seinen Antrag vom Primärrechtsschutz auf den Sekundärrechtsschutz umstellen. **Unterlässt** dies ein Antragsteller, hat dies zur Folge, dass **mangels Antrags die Vergabekammer den Nachprüfungsantrag nur noch zurückweisen kann**, weil er sich „in sonstiger Weise" erledigt hat (1. VK Saarland, B. v. 1. 10. 2007 – Az.: 1 VK 02/2007).

4252 Eine **vergaberechtswidrige Aufhebung hat zwar grundsätzlich keine Erledigungswirkung**, jedoch stellt eine gleichwohl erfolgte, wirksame Abstandnahme vom Vergabeverfahren eine Erledigung „in sonstiger Weise" dar (OLG Düsseldorf, B. v. 16. 2. 2005 – Az.: VII – Verg 72/04; 1. VK Saarland, B. v. 1. 10. 2007 – Az.: 1 VK 02/2007). Dies **folgt aus § 114 Abs. 2 Satz 2 GWB**, der besagt, dass, für den Fall, dass sich das Nachprüfungsverfahren durch Erteilung des Zuschlags, durch Aufhebung oder durch Einstellung des Vergabeverfahrens oder in sonstiger Weise erledigt hat, die Vergabekammer auf Antrag eines Beteiligten feststellt, ob eine Rechtsverletzung vorgelegen hat; mit anderen Worten: **Auch dann, wenn das Vergabeverfahren nicht durch Erteilung des Zuschlages, sondern durch Aufhebung, Einstellung oder in sonstiger Weise schon abgeschlossen ist, macht das Vergabenachprüfungsverfahren, das dem**

Gesetz gegen Wettbewerbsbeschränkungen GWB § 114 **Teil 1**

Primärrechtsschutz des einzelnen Antragstellers dient, keinen Sinn mehr. Zwar ist die Aufhebung der Ausschreibung bei einem Vergaberechtsverstoß an sich wieder rückgängig zu machen, gleichwohl kann aber eine Anordnung an den öffentlichen Auftraggeber, mit dem Ausschreibungsverfahren fortzufahren, ausgeschlossen sein. Dies ist beispielsweise **der Fall, wenn der öffentliche Auftraggeber den ausgeschriebenen Auftrag endgültig nicht vergeben will oder nicht kann und deshalb die Aufhebung der Ausschreibung veranlasst** (1. VK Saarland, B. v. 1. 10. 2007 – Az.: 1 VK 02/2007).

25.7.2.2.3 Erledigung durch Einstellung eines Vergabeverfahrens. Zwar führt die Einstellung des Vergabeverfahrens nicht schon aufgrund § 114 Abs. 2 Satz 2 GWB **zwingend auch zur Erledigung des anhängigen Nachprüfungsverfahrens**, sondern es ist jeweils anhand der Umstände des Einzelfalls zu prüfen, ob sich das anhängige Nachprüfungsverfahren erledigt hat. Denn neben der Fortführung des Nachprüfungsverfahrens im Wege eines Fortsetzungsfeststellungsantrags nach § 114 Abs. 2 Satz 2 GWB – bei entsprechender Umstellung des Antrags – kann auch noch in Fortführung des anhängigen Nachprüfungsverfahrens die Rechtmäßigkeit der Einstellung des Vergabeverfahrens überprüft werden (1. VK Bund, B. v. 23. 12. 2003 – Az.: VK 1–119/03). 4253

25.7.2.2.4 Erledigung in sonstiger Weise. 25.7.2.2.4.1 Allgemeines. Eine Erledigung in sonstiger Weise liegt – ebenso wie bei den gesetzlich ausdrücklich genannten Fällen – dann vor, wenn das Nachprüfungsverfahren gegenstandslos wird, wenn also der auf Vornahme oder Unterlassung gerichtete **Antrag des Antragstellers durch ein Ereignis, das nach der Verfahrenseinleitung eingetreten ist, gegenstandslos** wird und Primärrechtsschutz mithin nicht mehr stattfinden kann (OLG Naumburg, B. v. 21. 6. 2010 – Az.: 1 Verg 12/09). Dies kommt vor allem **bei einer Nachbesserung des Vergabeverfahrens durch die Vergabestelle vor Abschluss des Nachprüfungsverfahrens in Betracht,** durch die dem Antragsteller seine Beschwer genommen wird (OLG Naumburg, B. v. 21. 6. 2010 – Az.: 1 Verg 12/09; VK Niedersachsen, B. v. 21. 8. 2009 – Az.: VgK-43/2009; B. v. 21. 8. 2009 – Az.: VgK-42/2009; VK Lüneburg, B. v. 26. 6. 2007 – Az.: VgK-29/2007; B. v. 17. 10. 2006 – Az.: VgK-25/2006; B. v. 5. 1. 2006 – Az.: VgK-43/2005; B. v. 5. 1. 2006 – Az.: VgK-41/2005). Vgl. dazu aber die Kommentierung → Rdn. 222. 4254

Eine **Erledigung ist auch dann eingetreten,** wenn der **Antragsteller seinen Nachprüfungsantrag teilweise zurücknimmt** und hinsichtlich des **verbleibenden Teils** der **Auftraggeber den Antragsteller klaglos stellt** (VK Schleswig-Holstein, B. v. 17. 7. 2007 – Az.: VK-SH 05/07). 4255

Als eine Erledigung im Sinne der Vorschrift des § 114 Abs. 2 ist es **nicht anzusehen,** wenn ein Bieter, der im Nachprüfungsverfahren ursprünglich die Erteilung des Zuschlages auf sein Angebot begehrt hat, nach ihm von der Vergabekammer gewährter Akteneinsicht in die Unterlagen der Vergabestelle dieses **Begehren wegen fehlender Erfolgsaussicht aufgibt** (OLG Naumburg, B. v. 4. 9. 2001 – Az.: 1 Verg 8/01). 4256

Eine **Erledigung kann** – unabhängig davon, ob der Zuschlag auf ein Angebot wirksam oder nach § 101b GWB nichtig ist – **jedenfalls dadurch eintreten, dass die ausgeschriebenen Arbeiten inzwischen weitgehend abgeschlossen sind.** Der Bedarf des Auftraggebers, der mit der Ausschreibung gedeckt werden sollte, besteht daher nicht mehr fort (2. VK Bund, B. v. 24. 7. 2007 – Az.: VK 2–69/07). 4257

25.7.2.2.4.2 **Erledigung durch übereinstimmende Erklärung von Antragsteller und Antragsgegner.** Erklären der Antragsteller und der Antragsgegner das Verfahren für erledigt, dann ist die Vergabekammer daran gebunden. Denn beide verzichten mit der Erledigungserklärung auf die Sachentscheidung. Ein solcher Verzicht gehört zur **Dispositionsbefugnis der Beteiligten**, die dem für die Vergabekammer geltenden Untersuchungsgrundsatz vorgeschaltet ist. Eine Überprüfung, ob eine Erledigung tatsächlich eingetreten ist, scheidet daher aus (VK Arnsberg, B. v. 12. 2. 2008 – Az.: VK 44/07; VK Hamburg, B. v. 19. 9. 2003 – Az.: VgK FB 5/03; VK Saarland, B. v. 20. 8. 2007 – Az.: 1 VK 01/2007; VK Schleswig-Holstein, B. v. 11. 6. 2010 – Az.: VK-SH 10/10; B. v. 7. 3. 2007 – Az.: VK-SH 03/07). Eine **einseitige Erledigungserklärung** hingegen führt nicht ohne weiteres zum Fortfall des Streitgegenstandes, so dass die **Vergabekammer zu prüfen hat, ob tatsächlich eine Erledigung eingetreten ist** (2. VK Bund, B. v. 14. 2. 2007 – Az.: VK 2–158/06). 4258

Die **weiteren Verfahrensbeteiligten im Sinne von § 109 müssen Erledigungserklärungen weder zustimmen noch können sie widersprechen**, da sie allein durch die Beendigung des Verfahrens nicht materiell beschwert sind (OLG Naumburg, B. v. 21. 6. 2010 – Az.: 4259

1 Verg 12/09; VK Hessen, B. v. 10. 3. 2003 – Az.: 69 d VK – 06/2003). Allenfalls kommt es daher für sie in Betracht, gegen die neu eingetretenen tatsächlichen Umstände, die der Erledigung zugrunde liegen, eigenständig vorzugehen, wenn sie sich dadurch beschwert fühlen (OLG Naumburg, B. v. 21. 6. 2010 – Az.: 1 Verg 12/09; VK Südbayern, B. v. 30. 1. 2001 – Az.: 09-05/00).

4260 **25.7.2.2.4.3 Erledigung durch eine auf § 115 Abs. 3 GWB beruhende Entscheidung?** Die **Erledigung eines Nachprüfungsantrages ist nicht bereits mit einem Beschluss der Vergabekammer eingetreten, der auf § 115 Abs. 3 GWB beruht.** Die entsprechende Anordnung hat zwar dazu geführt, dass der Antragsteller (vorerst) nicht damit rechnen musste, dass der Auftraggeber die Arbeiten für einen längeren Zeitraum freihändig vergeben würde. Sie ist indessen nicht geeignet, das Rechtsschutzbedürfnis für einen nachfolgenden Nachprüfungsantrag entfallen zu lassen. Denn die Entscheidung der Vergabekammer ist vorläufiger Natur. Es ist nicht auszuschließen, dass die Vergabekammer den Nachprüfungsantrag im offenen Verfahren im Ergebnis dennoch zurückweisen und ihre Eilanordnung gemäß § 115 Abs. 3 wieder aufheben würde (OLG Celle, B. v. 29. 8. 2003 – Az.: 13 Verg 15/03).

4261 **25.7.2.2.4.4 Erledigung durch Beseitigung des gerügten Rechtsverstoßes durch den Auftraggeber.** Die **Rechtsprechung** ist insoweit **nicht einheitlich.**

4262 Nach einer Auffassung hat sich das Nachprüfungsverfahren vor der Vergabekammer erledigt, wenn ein Verstoß gegen Vergabevorschriften im Zusammenhang mit der Wertung z. B. eines Nebenangebots eines Beigeladenen im Raum steht und der **Auftraggeber den gerügten Rechtsverstoß beseitigt.** Dann ist die Rechtmäßigkeit des Vergabeverfahrens bereits auf andere Weise als durch Entscheidung der Vergabekammer wieder hergestellt, so dass vor der Vergabekammer das **primäre Rechtsschutzziel nicht mehr erreicht werden kann** (BayObLG, B. v. 20. 9. 2004 – Az.: Verg 021/04; OLG Naumburg, B. v. 21. 6. 2010 – Az.: 1 Verg 12/09; VK Nordbayern, B. v. 22. 9. 2010 – Az.: 21.VK – 3194 – 24/10). Die Erledigung tritt zwischen den Hauptbeteiligten des Nachprüfungsverfahrens (Antragsteller und Antragsgegner) ein und ist **vom Beigeladenen prozessual hinzunehmen** (OLG Naumburg, B. v. 21. 6. 2010 – Az.: 1 Verg 12/09).

4263 Nach anderer Meinung wird dadurch, dass sich der **Auftraggeber dem Antrag des Antragstellers anschließt,** also nunmehr im Ergebnis den Zuschlag z. B. auf das Angebot des Antragstellers erteilen will, **keine Erledigung des Verfahrens** wie etwa bei einer Rücknahme des Nachprüfungsantrages **erreicht.** Die Kammer bleibt durch den bestehenden Nachprüfungsantrag zur Entscheidung befugt. Das Sachentscheidungsinteresse des Antragstellers ist zwar in der Hauptsache hinfällig geworden, aber der **Beigeladene hat weiterhin das Interesse an der Entscheidung in der Hauptsache, denn er soll den Auftrag nunmehr nicht erhalten** (VK Hannover, B. v. 17. 11. 2004 – Az.: 26 045 – VgK 11/2004).

4264 **Umfasst die Änderung der Verdingungsunterlagen nicht alle von einem Antragsteller erhobenen Rügen, liegt keine vollständige Abhilfe durch den Auftraggeber** vor. Eine vollständige Abhilfe lässt sich auch nicht damit begründen, der Antragsteller habe mit den unterschiedlichen Rügen letztlich nur ein Ziel, die Wiederholung der Angebotsphase, verfolgt und dieses auch vollständig erreicht. Vielmehr sollte die Angebotsphase auf der Grundlage von Verdingungsunterlagen wiederholt werden, die im Sinne des Antragstellers geändert werden und allen insoweit erhobenen Rügen Rechnung tragen sollten. Letzteres ist bezüglich einiger Rügen gerade nicht geschehen. Jedoch hat der Antragsteller diejenigen Rügen, denen nicht abgeholfen wurde, nicht weiter verfolgt, sondern erklärt, sein Verfahrensziel erreicht zu haben. **Unabhängig davon, ob hierin eine Teilrücknahme zu sehen ist, bedarf es hinsichtlich dieser Rügen jedenfalls keiner Sachentscheidung mehr.** Ihre ursprüngliche Geltendmachung steht der Erledigung des Nachprüfungsverfahrens in der Hauptsache daher nicht entgegen (2. VK Bund, B. v. 3. 4. 2009 – Az.: VK 2–100/08).

4265 Eine **Erledigung liegt dann vor, wenn die Verdingungsunterlagen nicht nur durch die Abhilfe bezüglich einzelner Beanstandungen, sondern auch darüber hinaus erheblich modifiziert wurden, und zwar in einem solchen Maße, dass der Antragsteller ein erneutes Angebot für chancenlos hält.** Nachdem seinen Rügen insbesondere gegen die aus seiner Sicht vorgenommene Verschärfung der Anforderungen hinsichtlich der beizubringenden Referenzen nicht abgeholfen worden war, sah er daher von der Abgabe eines neuen Angebotes ab. Dass für den Antragsteller angesichts der neugefassten Eignungsanforderungen, die er nicht erfüllen zu können glaubte, jede weitere Auseinandersetzung darüber sinnlos geworden ist, ob weitere, unverändert gebliebene Elemente der Ausschreibung, etwa die Gewichtung des Preises mit nur 30%, gegen das Vergaberecht verstoßen, liegt auf der Hand. Die mit den bisherigen, von dem Auftraggeber nicht ausgeräumten Beanstandungen verbundene Beschwer ist somit durch die neuen Vergabebedingungen entfallen. Sie hätte erst dann wieder Bedeutung gewinnen können, wenn der Auftraggeber die zusätzlichen, von dem Antragsteller nach deren Einschätzung nicht erfüllbaren Voraussetzungen hätte fallen lassen, was er indes nicht tat. Hätte der Antragsteller diese neuen Voraussetzungen im Nachprüfungswege angreifen wollen, hätte dies unzweifelhaft einen neuen Streitgegenstand gebildet. Es kann dahinstehen, ob der Antragsteller die Möglichkeit gehabt hätte, diesen in das vorliegende Verfahren einzubeziehen, denn hierin läge jedenfalls eine Klageänderung, zu der der Antragsteller keineswegs verpflichtet war. Die **Beschränkung der Angriffe auf die ursprünglichen Verdingungsunterlagen ist vielmehr zu akzeptieren; sie kann nicht dazu führen, dass trotz der von dem Auftraggeber vorgenommenen Rückversetzung des Ausschreibungsverfahrens in eine Phase vor Versendung der Verdingungsunterlagen, durch die sämtliche Angebote und deren Wertung gegenstandslos geworden sind, ein Wegfall des ursprünglichen Streitgegenstandes zu verneinen wäre** (2. VK Bund, B. v. 3. 4. 2009 – Az.: VK 2–100/08).

25.7.2.2.5 Weitere Beispiele aus der Rechtsprechung 4266

– die **Zurückweisung des Nachprüfungsantrages als unbegründet stellt keinen Fall der wirksamen Beendigung des Nachprüfungsverfahrens** im Sinne von § 114 Abs. 2 GWB dar (1. VK Brandenburg, B. v. 16. 5. 2007 – Az.: 1 VK 13/07)

– der Hilfsantrag des Antragstellers hat sich in sonstiger Weise erledigt, indem der Auftraggeber die Entscheidung aktenkundig gemacht hat, ein förmliches Vergabeverfahren durchführen zu wollen „**Erledigung durch Heilung**" – (VK Düsseldorf, B. v. 12. 9. 2006 – Az.: VK – 37/ 2006 – L)

25.7.2.3 Feststellungsinteresse

25.7.2.3.1 Ungeschriebenes Tatbestandsmerkmal. Als **ungeschriebenes Tatbestands-** 4267 **merkmal** ist ein Feststellungsinteresse notwendig (OLG Celle, B. v. 4. 3. 2010 – Az.: 13 Verg 1/10; B. v. 8. 12. 2005 – Az.: 13 Verg 2/05; OLG Düsseldorf, B. v. 4. 5. 2009 – Az.: VII-Verg 68/08; OLG Koblenz, B. v. 4. 2. 2009 – Az.: 1 Verg 4/08; Saarländisches OLG, B. v. 6. 4. 2005 – Az.: 1 Verg 1/05; OLG Thüringen, B. v. 30. 3. 2009 – Az.: 9 Verg 12/08; LSG Nordrhein-Westfalen, B. v. 8. 10. 2009 – Az.: L 21 KR 44/09 SFB; B. v. 8. 10. 2009 – Az.: L 21 KR 36/ 09 SFB; 1. VK Brandenburg, B. v. 18. 1. 2007 – Az.: 1 VK 41/06; B. v. 9. 9. 2005 – Az.: VK 33/05; 1. VK Bund, B. v. 19. 11. 2008 – Az.: VK 1–135/08; B. v. 19. 11. 2008 – Az.: VK 1– 126/08; 2. VK Bund, B. v. 3. 4. 2009 – Az.: VK 2–100/08; B. v. 21. 5. 2008 – Az.: VK 2–40/ 08; B. v. 14. 2. 2007 – Az.: VK 2–158/06; B. v. 2. 9. 2005 – Az.: VK 2–57/05; B. v. 29. 12. 2004 – Az.: VK 2–136/03; B. v. 13. 10. 2004 – Az.: VK 2–151/04; B. v. 16. 8. 2004 – Az.: VK 2–06/04; B. v. 2. 7. 2004 – Az.: VK 2–28/04; B. v. 16. 2. 2004 – Az.: VK 2–22/04; 3. VK Bund, B. v. 18. 2. 2009 – Az.: VK 3–158/08; VK Lüneburg, B. v. 30. 6. 2008 – Az.: VgK-07/ 2008; B. v. 17. 10. 2006 – Az.: VgK-25/2006; B. v. 5. 1. 2006 – Az.: VgK-43/2005; B. v. 5. 1. 2006 – Az.: VgK-41/2005; VK Münster, B. v. 22. 9. 2009 – Az.: VK 13/09; VK Niedersachsen, B. v. 21. 8. 2009 – Az.: VgK-43/2009; B. v. 21. 8. 2009 – Az.: VgK-42/2009; VK Nordbayern, B. v. 27. 6. 2008 – Az.: 21.VK – 3194 – 10/08; 1. VK Sachsen, B. v. 17. 1. 2007 – Az.: 1/SVK/002–05; VK Südbayern, B. v. 5. 3. 2007 – Az.: Z3-3-3194-1-01-01/07; VK Thüringen, B. v. 23. 9. 2005 – Az.: 360–4002.20-007/05-NDH). Dies ergibt sich bereits aus den allgemeinen prozessualen Grundsätzen, nach denen die Inanspruchnahme eines Gerichts bzw. der Vergabekammer nicht zulässig ist, wenn kein berechtigtes Interesse vorliegt. Zur Bestimmung eines solchen Feststellungsinteresses kann auf die Grundsätze anderer Verfahrensordnungen, insbesondere zur Fortsetzungsfeststellungsklage nach der Verwaltungsgerichtsordnung zurückgegriffen werden (VK Hessen, B. v. 31. 7. 2002 – Az.: 69 d VK – 14/2002).

25.7.2.3.2 Notwendiger Inhalt. 25.7.2.3.2.1 Allgemeines. Ein solches Feststellungsinte- 4268 resse rechtfertigt sich **durch jedes nach vernünftigen Erwägungen und nach Lage des Falles anzuerkennende Interesse rechtlicher, wirtschaftlicher oder auch ideeller Art**, wobei die beantragte Feststellung geeignet sein muss, die Rechtsposition der Antragstellerin in einem der genannten Bereiche zu verbessern und eine Beeinträchtigung seiner Rechte auszugleichen oder wenigstens zu mildern (OLG Celle, B. v. 4. 3. 2010 – Az.: 13 Verg 1/10; B. v. 8. 12. 2005 – Az.: 13 Verg 2/05; OLG Düsseldorf, B. v. 4. 5. 2009 – Az.: VII-Verg 68/08; B. v. 23. 3. 2005 – Az.: VII – Verg 77/04; B. v. 2. 3. 2005 – Az.: VII – Verg 70/04; OLG Thüringen, B. v. 30. 3. 2009 – Az.: 9 Verg 12/08; 1. VK Brandenburg, B. v. 18. 1. 2007 – Az.: 1 VK 41/ 06; B. v. 9. 9. 2005 – Az.: VK 33/05; 2. VK Bund, B. v. 21. 5. 2008 – Az.: VK 2–40/08; B. v. 14. 2. 2007 – Az.: VK 2–158/06; B. v. 28. 2. 2005 – Az.: VK 2–154/04; B. v. 2. 9. 2005 – Az.:

Teil 1 GWB § 114   Gesetz gegen Wettbewerbsbeschränkungen

VK 2–57/05; B. v. 29. 12. 2004 – Az.: VK 2–136/03; B. v. 16. 8. 2004 – Az.: VK 2–06/04; B. v. 2. 7. 2004 – Az.: VK 2–28/04; B. v. 16. 2. 2004 – Az.: VK 2–22/04; 3. VK Bund, B. v. 18. 2. 2009 – Az.: VK 3–158/08; VK Düsseldorf, B. v. 23. 5. 2008 – Az.: VK – 7/2008 – L; VK Lüneburg, B. v. 30. 6. 2008 – Az.: VgK-07/2008; B. v. 26. 6. 2007 – Az.: VgK-29/2007; B. v. 17. 10. 2006 – Az.: VgK-25/2006; B. v. 5. 1. 2006 – Az.: VgK-43/2005; B. v. 5. 1. 2006 – Az.: VgK-41/2005; VK Münster, B. v. 22. 9. 2009 – Az.: VK 13/09; B. v. 24. 1. 2002 – Az.: VK 24/01; VK Niedersachsen, B. v. 21. 8. 2009 – Az.: VgK-43/2009; B. v. 21. 8. 2009 – Az.: VgK-42/2009; VK Nordbayern, B. v. 27. 6. 2008 – Az.: 21.VK – 3194 – 10/08; 1. VK Sachsen, B. v. 17. 1. 2007 – Az.: 1/SVK/002–05; VK Südbayern, B. v. 5. 3. 2007 – Az.: Z3-3-3194-1-01-01/07; B. v. 23. 11. 2004 – Az.: 45-06/04).

4269 25.7.2.3.2.2 **Vorbereitung eines Schadenersatzanspruches.** Ein solches Feststellungsinteresse ist **gegeben**, wenn die **Feststellung zur Vorbereitung eines Schadensersatzanspruchs** dient (OLG Düsseldorf, B. v. 4. 5. 2009 – Az.: VII-Verg 68/08; B. v. 2. 10. 2008 – Az.: VII – Verg 25/08; B. v. 22. 6. 2006 – Az.: VII – Verg 2/06; B. v. 2. 3. 2005 – Az.: VII – Verg 84/04; OLG Koblenz, B. v. 4. 2. 2009 – Az.: 1 Verg 4/08; Saarländisches OLG, B. v. 5. 7. 2006 – Az.: 1 Verg 6/05; OLG Thüringen, B. v. 30. 3. 2009 – Az.: 9 Verg 12/08; LSG Nordrhein-Westfalen, B. v. 8. 10. 2009 – Az.: L 21 KR 44/09 SFB; B. v. 8. 10. 2009 – Az.: L 21 KR 39/09 SFB; B. v. 8. 10. 2009 – Az.: L 21 KR 36/09 SFB; 1. VK Bund, B. v. 31. 8. 2009 – Az.: VK 1–152/09; B. v. 19. 11. 2008 – Az.: VK 1–135/08; B. v. 19. 11. 2008 – Az.: VK 1–126/08; B. v. 11. 6. 2008 – Az.: VK 1–63/08; 2. VK Bund, B. v. 3. 4. 2009 – Az.: VK 2–100/08; B. v. 15. 9. 2008 – Az.: VK 2–91/08; B. v. 21. 5. 2008 – Az.: VK 2–40/08; B. v. 14. 2. 2007 – Az.: VK 2–158/06; 3. VK Bund, B. v. 18. 2. 2009 – Az.: VK 3–158/08; VK Nordbayern, B. v. 27. 6. 2008 – Az.: 21.VK – 3194 – 10/08; VK Münster, B. v. 22. 9. 2009 – Az.: VK 13/09; VK Niedersachsen, B. v. 21. 8. 2009 – Az.: VgK-43/2009; B. v. 21. 8. 2009 – Az.: VgK-42/2009; VK Südbayern, B. v. 5. 3. 2007 – Az.: Z3-3-3194-1-01-01/07) und ein solcher **Prozess mit hinreichender Sicherheit zu erwarten ist und nicht offenbar aussichtslos erscheint** (OLG Celle, B. v. 4. 3. 2010 – Az.: 13 Verg 1/10; B. v. 8. 12. 2005 – Az.: 13 Verg 2/05; OLG Düsseldorf, B. v. 19. 10. 2005 – Az.: VII – Verg 38/05; B. v. 23. 3. 2005 – Az.: VII – Verg 77/04; B. v. 2. 3. 2005 – Az.: VII – Verg 70/04; OLG Koblenz, B. v. 4. 2. 2009 – Az.: 1 Verg 4/08; OLG Thüringen, B. v. 30. 3. 2009 – Az.: 9 Verg 12/08; 1. VK Brandenburg, B. v. 18. 1. 2007 – Az.: 1 VK 41/06; B. v. 9. 9. 2005 – Az.: VK 33/05; VK Bremen, B. v. 16. 7. 2003 – Az.: VK 12/03; 1. VK Bund, B. v. 17. 5. 2005 – Az.: VK 1–26/05; B. v. 9. 5. 2005 – Az.: VK 2–20/05; 2. VK Bund, B. v. 3. 4. 2009 – Az.: VK 2–100/08; B. v. 8. 6. 2006 – Az.: VK 2–114/05; B. v. 28. 2. 2006 – Az.: VK 2–154/04; B. v. 2. 9. 2005 – Az.: VK 2–57/05; B. v. 29. 12. 2004 – Az.: VK 2–136/03; B. v. 13. 10. 2004 – Az.: VK 2–151/04; 3. VK Bund, B. v. 18. 2. 2009 – Az.: VK 3–158/08; VK Lüneburg, B. v. 30. 6. 2008 – Az.: VgK-07/2008; B. v. 17. 10. 2006 – Az.: VgK-25/2006; B. v. 5. 1. 2006 – Az.: VgK-43/2005; B. v. 5. 1. 2006 – Az.: VgK-41/2005; VK Nordbayern, B. v. 27. 6. 2008 – Az.: 21.VK – 3194 – 10/08; 1. VK Sachsen, B. v. 17. 1. 2007 – Az.: 1/SVK/002–05; VK Südbayern, B. v. 23. 11. 2004 – Az.: 45-06/04; VK Thüringen, B. v. 23. 9. 2005 – Az.: 360–4002.20-007/05-NDH).

4270 Ein Schadensersatzanspruch kommt nicht nur dann in Betracht, wenn dem übergangenen Bieter bei einer Fortsetzung des Vergabeverfahrens der Zuschlag zwingend zu erteilen gewesen wäre. Dies ist nur Voraussetzung für die Zuerkennung des positiven Schadensersatzinteresses eines Bieters, nicht aber **für den Ersatz des Vertrauensschadens. Für diesen genügt das Bestehen einer „echten Zuschlagschance" im Sinn von § 126 S. 1 GWB** (OLG Düsseldorf, B. v. 8. 3. 2005 – Az.: VII – Verg 40/04; VK Brandenburg, B. v. 30. 8. 2004 – Az.: VK 34/04).

4271 25.7.2.3.2.3 **Feststellungsinteresse bei dem alleinigen Ziel der Geltendmachung von Schadenersatzansprüchen bei Einleitung des Nachprüfungsverfahrens.** Das **Nachprüfungsverfahren gewährleistet den Primärrechtsschutz** der Bieter. Nur soweit dieses ursprünglich verfolgte Ziel der Zuschlagserteilung oder der Verbesserung der Chancen auf die Zuschlagserteilung auf Grund eins nach Einleitung des Nachprüfungsverfahrens eingetretenen Umstandes objektiv nicht mehr erreicht werden kann, mithin sich das Nachprüfungsverfahren wegen zwischenzeitlicher wirksamer Zuschlagserteilung oder aus anderen Gründen (§ 114 Abs. 2 GWB) erledigt hat, kann hinsichtlich der gerügten Vergaberechtsverletzungen zulässig ein Fortsetzungsfeststellungsantrag gestellt und die Feststellung der Verletzung in subjektiven Rechten begehrt werden (§§ 123 S. 3 und 4, 114 Abs. 2 GWB). Eine solche **Feststellung kann mithin nur hinsichtlich solcher Rechtsverletzungen zulässig begehrt werden, die bei Annahme ihrer Begründetheit zum Erfolg des Nachprüfungsantrages in der Sache führen würden.** Trifft der Auftraggeber die Entscheidung über die Verlängerung der Angebotsfrist so kurzfristig, dass dem Antragsteller entstandene Aufwendungen zur Einhaltung der ursprünglichen Frist nutzlos werden, kann im Nachprüfungsverfahren nicht die Feststellung begehrt werden, dass den Auftraggeber insoweit eine Schadensersatzpflicht trifft (OLG Brandenburg, B. v. 12. 1. 2010 – Az.: Verg W 5/09).

Wenn ein **Antragsteller** bereits mit der Stellung des Nachprüfungsantrags **kein Interesse mehr an einer Zuschlagserteilung auf sein Angebot** hat, kann er auch keinen zulässigen **Fortsetzungsfeststellungsantrag stellen**; er ist auf Schadenersatzansprüche beschränkt, die im Zivilrechtsweg zu verfolgen sind (2. VK Bund, B. v. 8. 6. 2005 – Az.: VK 2–48/05). 4272

Für die **Feststellung des Bestehens einer Schadenersatzpflicht** des Antragsgegners ist weder die Vergabekammer noch der Vergabesenat zuständig; dies ist **Sache der Zivilgerichte**. Ein entsprechender **Antrag ist deshalb unzulässig** (OLG Naumburg, B. v. 16. 10. 2007 – Az.: 1 Verg 6/07). 4273

25.7.2.3.2.4 **Hinreichend konkrete Wiederholungsgefahr**. Ein solches Feststellungsinteresse ist auch **gegeben**, wenn eine **hinreichende konkrete Wiederholungsgefahr** besteht (OLG Düsseldorf, B. v. 19. 5. 2010 – Az.: VII-Verg 3/10; B. v. 4. 5. 2009 – Az.: VII-Verg 68/08; B. v. 22. 6. 2006 – Az.: VII – Verg 2/06; B. v. 23. 3. 2005 – Az.: VII – Verg 77/04; B. v. 2. 3. 2005 – Az.: VII – Verg 70/04; Saarländisches OLG, B. v. 5. 7. 2006 – Az.: 1 Verg 6/05; 1. VK Brandenburg, B. v. 9. 9. 2005 – Az.: VK 33/05; 1. VK Bund, B. v. 19. 11. 2008 – Az.: VK 1–135/08; B. v. 19. 11. 2008 – Az.: VK 1–126/08; 2. VK Bund, B. v. 21. 5. 2008 – Az.: VK 2–40/08; B. v. 14. 2. 2007 – Az.: VK 2–158/06; B. v. 28. 2. 2006 – Az.: VK 2–154/04; B. v. 2. 9. 2005 – Az.: VK 2–57/05; B. v. 29. 12. 2004 – Az.: VK 2–136/03; B. v. 13. 10. 2004 – Az.: VK 2–151/04; VK Düsseldorf, B. v. 23. 5. 2008 – Az.: VK – 7/2008 – L; B. v. 12. 9. 2006 – Az.: VK – 37/2006 – L; VK Lüneburg, B. v. 30. 6. 2008 – Az.: VgK-07/2008; B. v. 17. 10. 2006 – Az.: VgK-25/2006; VK Münster, B. v. 22. 9. 2009 – Az.: VK 13/09; VK Niedersachsen, B. v. 21. 8. 2009 – Az.: VgK-43/2009; B. v. 21. 8. 2009 – Az.: VgK-42/2009; VK Nordbayern, B. v. 27. 6. 2008 – Az.: 21.VK – 3194 – 10/08; 1. VK Sachsen, B. v. 17. 1. 2007 – Az.: 1/SVK/002–05; VK Südbayern, B. v. 5. 3. 2007 – Az.: Z3-3-3194-1-01-01/07) 4274

Es besteht nach wirksamem Zuschlag an ein Drittunternehmen und damit einer Erledigung des Primärrechtsantrages (§ 123 S. 4, § 114 Abs. 2 S. 1 GWB) grundsätzlich ein Interesse für eine Feststellung (§ 123 S. 4, § 114 Abs. 2 S. 2 GWB) unter dem Gesichtspunkt der **Wiederholungsgefahr**, wenn **erhebliche Meinungsunterschiede der Verfahrensbeteiligten darüber bestehen, wie ein Angebot zu behandeln ist und der Streit aufgrund von Formularen des Auftraggebers entstanden ist, die er auch in weiteren Vergabeverfahren einzusetzen beabsichtigt** (OLG Düsseldorf, B. v. 19. 5. 2010 – Az.: VII-Verg 3/10). 4275

25.7.2.3.2.5 **Feststellung als Genugtuung bzw. Rehabilitation**. Ein solches Feststellungsinteresse ist auch **gegeben**, wenn, die **Feststellung als „Genugtuung" bzw. Rehabilitation erforderlich ist**, weil der angegriffenen Entscheidung ein diskriminierender Charakter zukommt und sich aus ihr eine Beeinträchtigung des Persönlichkeitsrechts des Betroffenen ergibt (1. VK Brandenburg, B. v. 9. 9. 2005 – Az.: VK 33/05; 2. VK Bund, B. v. 21. 5. 2008 – Az.: VK 2–40/08; B. v. 14. 2. 2007 – Az.: VK 2–158/06; VK Hessen, B. v. 31. 7. 2002 – Az.: 69 d VK – 14/2002) oder durch die Feststellung der Rechtswidrigkeit des Vergabeverfahrens eine „**Schadensbegrenzung**" im Hinblick auf zukünftige Vergabeentscheidungen anderer **Auftraggeber** erzielt werden soll (2. VK Bund, B. v. 8. 6. 2006 – Az.: VK 2–114/05). 4276

25.7.2.3.2.6 **Feststellungsinteresse bei einer Aufhebung**. Die Vergabekammer ist im Rahmen der Nachprüfung der Aufhebung eines Vergabeverfahrens bei Vorliegen eines Feststellungsinteresses des Unternehmens auf dessen Antrag **auch zur Feststellung der durch eine Aufhebung eingetretenen Rechtsverletzung befugt, sofern eine Anordnung der Rückgängigmachung der Aufhebung des Verfahrens nicht in Betracht kommt, wenn sich herausstellt, dass trotz des Vergabeverstoßes aufgrund des dem Auftraggeber zustehenden Entscheidungsspielraums eine auf die Fortsetzung des aufgehobenen Verfahrens gerichtete Anordnung nicht ergehen kann**. Dies ist dann der Fall, wenn kein Aufhebungsgrund nach § 26 Nr. 1 VOB/A bzw. VOL/A, jedoch **ein sonstiger sachlich gerechtfertigter Aufhebungsgrund vorliegt und es sich nicht um eine Scheinaufhebung des Verfahrens oder eine Aufhebung mit dem Zweck der Diskriminierung eines einzelnen Bieters handelt**. Da die Anordnung der Aufhebung der Aufhebung einen schwerwiegenden Eingriff in die Privatautonomie darstellt, ist diese Maßnahme nur ausnahmsweise gerechtfertigt. Das entsprechende **Feststellungsinteresse des Antragstellers resultiert aus der Bindungswirkung der getroffenen Feststellung für einen späteren Schadensersatzprozess** (VK Düsseldorf, B. v. 28. 9. 2007 – Az.: VK – 27/2007 – B). 4277

4278　**Anderer Auffassung** ist insoweit die **VK Schleswig-Holstein**. Nimmt ein Bieter erst die **Aufhebung selbst zum Anlass, überhaupt das Nachprüfungsverfahren einzuleiten, hat sich demnach nicht das Nachprüfungsverfahren durch die angegriffene Aufhebung erledigt**. Der Bieter kann sich infolgedessen nicht auf ein gemäß § 114 Abs. 2 Satz 2 GWB ohnehin nur ausnahmsweise anerkanntes Fortsetzungsfeststellungsinteresse berufen. Dies ist auch insofern sachgerecht, als der **Bieter noch auf gar keine „Früchte" zurückgreifen kann**, das Verfahren gerade noch nicht unter entsprechendem Aufwand einen bestimmten Stand erreicht hat. Mit dem **Gedanken der Prozessökonomie nicht vereinbar** wäre es, gleich **zwei bzw. drei Nachprüfungsinstanzen** – nämlich die Vergabekammer und ggfs. den Vergabesenat sowie das für einen etwaigen Schadensersatzanspruch zuständige Zivilgericht – **mit dem Begehren des Bieters zu beschäftigen**, da die Vergabekammer naturgemäß über den hinter dem Feststellungsantrag stehenden begehrten Schadensersatz gar nicht entscheiden kann. Dem **Bieter wird auch kein Rechtsschutz abgeschnitten**. Die beantragte **Feststellung kann ohne Weiteres im Schadensersatzprozess inzident getroffen werden**. So ist dies gerade der einfachere Weg zur Erreichung des Rechtsschutzziels, der eine angesichts der endgültigen Aufgabe der Vergabeabsicht unnötige Anrufung der Vergabekammer vermeidet. Zudem ist der Rechtsschutz durch die Zivilgerichte im Vergleich zu dem durch die Vergabekammer gewährten insbesondere deshalb nicht geringer, weil ein Ausspruch, den Auftraggeber zu einer bestimmten Handlung im Vergabeverfahren zu zwingen, wegen der endgültigen Aufgabe der Vergabeabsicht ohnehin ausscheidet (VK Schleswig-Holstein, B. v. 4. 2. 2008 – Az.: VK-SH 28/07).

4279　25.7.2.3.2.7 **Feststellungsinteresse bei dem Ziel einer Kostenentscheidung**. **Nicht ausreichend** ist hingegen, wenn mit dem Feststellungsantrag **allein eine Entscheidung in der Sache angestrebt wird, damit die Vergabekammer eine – für den Antragsteller günstige – Kostenentscheidung trifft**. Der Umstand, dass bei Erledigung des Nachprüfungsverfahrens vor einer Sachentscheidung der Vergabekammer es für die Kostenentscheidung auf die Erfolgsaussichten des Nachprüfungsantrags nicht ankommt, kann kein eigenes Feststellungsinteresse begründen. **Nachprüfungsverfahren dienen allein dem Primärrechtsschutz und der Verhinderung eines dem Bieter infolge rechtswidriger Vergabe entstehenden Schadens**. Die Kostenregelung in § 128 Abs. 2 Satz 2 GWB in Verbindung mit § 13 Verwaltungskostengesetz, nach der Kostenschuldner des Nachprüfungsverfahrens derjenige ist, der durch Stellung eines Nachprüfungsantrags das Verfahren in Gang gesetzt hat, führt nicht zu einem Ausschluss effektiven Rechtsschutzes im Nachprüfverfahren (1. VK Brandenburg, B. v. 9. 9. 2005 – Az.: VK 33/05; 2. VK Bund, B. v. 21. 5. 2008 – Az.: VK 2–40/08; B. v. 14. 2. 2007 – Az.: VK 2–158/06; B. v. 2. 9. 2005 – Az.: VK 2–57/05; B. v. 29. 12. 2004 – Az.: VK 2–136/03; B. v. 16. 2. 2004 – Az.: VK 2–22/04; 1. VK Sachsen, B. v. 17. 1. 2007 – Az.: 1/SVK/002–05; im Ergebnis ebenso OLG Düsseldorf, B. v. 23. 3. 2005 – Az.: VII – Verg 77/04; B. v. 2. 3. 2005 – Az.: VII – Verg 70/04). Es **widerspräche auch den Grundsätzen der Prozessökonomie**, den in der Hauptsache erledigten Rechtsstreit allein im Hinblick auf die Verfahrenskosten eines Antragstellers noch einer eingehenden sachlichen und rechtlichen Prüfung zu unterziehen, obwohl der Antragsgegner den gerügten Vergabefehler beseitigt hat. Im Übrigen würde die **Bejahung eines Fortsetzungsfeststellungsinteresses im Hinblick auf die Kostenfolge die Rechtsprechung des BGH bezüglich der Nichtbeachtlichkeit der Erfolgsaussichten eines Nachprüfungsantrags bei nachfolgender Erledigung leer laufen** lassen (2. VK Bund, B. v. 21. 5. 2008 – Az.: VK 2–40/08).

4280　**Nach anderer Auffassung** ergibt sich das anzuerkennende wirtschaftliche Interesse eines Antragstellers aus der Tatsache, dass der Antragsteller durch die Erledigung des Nachprüfungsverfahrens aufgrund des Regelungsgehalts des § 128 GWB und der dazu ergangenen Rechtsprechung des Bundesgerichtshofs seine eigenen Rechtsanwaltskosten selbst tragen muss, wenn er keinen Fortsetzungsfeststellungsbeschluss der Vergabekammer herbeiführt. Der Bundesgerichtshof hat in seinem Beschluss vom 9. 12. 2003 (Az. X ZB 14/03) grundsätzlich entschieden, dass im Falle einer Verfahrensbeendigung ohne Entscheidung der Vergabekammer zur Sache der Antragsteller die für die Tätigkeit der Vergabekammer entstandenen Kosten zu tragen hat und eine Erstattung der außergerichtlichen Kosten der Beteiligung nicht stattfindet. Auf die Erfolgsaussichten des Nachprüfungsantrags komme es für die Kostenentscheidung nicht an. Etwas anderes ergibt sich auch nicht aus § 128 Abs. 3 Satz 1 GWB. Danach hat die Kosten abweichend von § 128 Abs. 1 Satz 2 GWB i. V. m. § 13 Abs. 1 Nr. 1 VwKostG der Beteiligte zu tragen, der im Verfahren unterliegt. Ein solcher Tatbestand liegt nach Auffassung des Bundesgerichtshofs im Falle der Erledigung des Nachprüfungsverfahrens ohne Entscheidung der Vergabekammer aber nicht vor. Ein **Antragsteller kann diese für ihn negative Kostenfolge des § 128 GWB daher nur im Wege eines stattgebenden Fortsetzungsfeststellungsbeschlusses abwenden** (VK Düsseldorf, B. v. 23. 5.

Gesetz gegen Wettbewerbsbeschränkungen GWB § 114 **Teil 1**

2008 – Az.: VK – 7/2008 – L; VK Lüneburg, B. v. 26. 6. 2007 – Az.: VgK-29/2007; B. v. 17. 10. 2006 – Az.: VgK-25/2006; B. v. 5. 1. 2006 – Az.: VgK-43/2005; B. v. 5. 1. 2006 – Az.: VgK-41/2005; VK Münster, B. v. 22. 9. 2009 – Az.: VK 13/09; VK Niedersachsen, B. v. 21. 8. 2009 – Az.: VgK-43/2009; B. v. 21. 8. 2009 – Az.: VgK-42/2009; VK Südbayern, B. v. 5. 3. 2007 – Az.: Z3-3-3194-1-01-01/07).

Mit der **Novellierung des § 128 Abs. 3 GWB**, wonach die Entscheidung, wer die Kosten bei einer Erledigung zu tragen hat, nach billigem Ermessen erfolgt, hat sich dieser **Streit erledigt**. 4281

25.7.2.3.2.8 Feststellungsinteresse bei dem Ziel der Klärung abstrakter Rechtsfragen. Ein Rechtsschutzbedürfnis fehlt, wenn die **Feststellung nur der Klärung abstrakter Rechtsfragen – wie der zivilrechtlichen Wirksamkeit eines Vertrages – dienen soll** und mit ihr die Position desjenigen, der die Feststellung begehrt, nicht verbessert werden kann (OLG Düsseldorf, B. v. 4. 5. 2009 – Az.: VII-Verg 68/08; B. v. 23. 3. 2005 – Az.: VII – Verg 77/04; B. v. 2. 3. 2005 – Az.: VII – Verg 70/04; 2. VK Bund, B. v. 29. 12. 2004 – Az.: VK 2-136/03). 4282

25.7.2.4 Zulässiger Nachprüfungsantrag

Für die Zulässigkeit eines Feststellungsantrages ist Voraussetzung, dass der **Nachprüfungsantrag überhaupt zulässig** war, denn einem Antragsteller soll kein Vorteil daraus erwachsen, dass ein von vornherein unzulässiger Antrag gegenstandslos geworden ist (OLG Koblenz, B. v. 4. 2. 2009 – Az.: 1 Verg 4/08; OLG Naumburg, B. v. 17. 5. 2006 – Az.: 1 Verg 3/06; BayObLG, B. v. 1. 7. 2003 – Az.: Verg 3/03; VK Baden-Württemberg, B. v. 3. 5. 2004 – Az.: 1 VK 14/04; 2. VK Brandenburg, B. v. 20. 12. 2001 – Az.: VK 108/01; 2. VK Bund, B. v. 3. 4. 2009 – Az.: VK 2-100/08; B. v. 9. 5. 2005 – Az.: VK 2-20/05; B. v. 8. 6. 2005 – Az.: VK 2-48/05; VK Hessen, B. v. 13. 5. 2009 – Az.: 69 d VK – 10/2009; B. v. 30. 3. 2009 – Az.: 69 d VK – 66/2008; VK Nordbayern, B. v. 27. 6. 2008 – Az.: 21.VK – 3194 – 10/08; VK Schleswig-Holstein, B. v. 2. 2. 2005 – Az.: VK-SH 01/05). 4283

Dies bedeutet, dass für den erledigten Nachprüfungsantrag auch die **Antragsbefugnis im Sinne von § 107 Abs. 2 GWB vorgelegen** haben muss und die gemäß § 107 Abs. 3 GWB bestehende **Rügeobliegenheit erfüllt** gewesen sein muss (OLG Frankfurt, B. v. 2. 11. 2004 – Az.: 11 Verg. 16/04). 4284

25.7.2.5 Ursprünglich begründeter Nachprüfungsantrag

Grundvoraussetzung für die Feststellung der Rechtsverletzung ist weiterhin, dass ein Antragsteller mit seinem ursprünglich gestellten Nachprüfungsantrag Erfolg gehabt hätte. Denn die Rechtswidrigkeitsfeststellung stellt die Fortsetzung des Primärrechtsschutzes dar. Hätte der Nachprüfungsantrag bzw. die sofortige Beschwerde als unbegründet zurückgewiesen werden müssen, kann der Antragsteller nicht in seinen Rechten nach § 97 Abs. 7 GWB verletzt worden sein (BayObLG, B. v. 8. 12. 2004 – Az.: Verg 019/04; VK Nordbayern, B. v. 27. 6. 2008 – Az.: 21.VK – 3194 – 10/08; 1. VK Saarland, B. v. 1. 10. 2007 – Az.: 1 VK 02/2007). 4285

25.7.2.6 Begründetheit eines Schadensersatzanspruchs?

Die für die Entscheidung über Schadensersatzansprüche zuständigen ordentlichen Gerichte sind an die eine Rechtsverletzung bestandskräftig feststellende Entscheidung der Vergabenachprüfungsinstanzen gebunden (§ 124 Abs. 1 GWB). Dagegen **ist im Vergabenachprüfungsverfahren kein Raum für eine Prüfung der Erfolgsaussichten eines Schadensersatzbegehrens**. Abgesehen von einer dem Grunde nach eintretenden Bindungswirkung an die Vergabenachprüfungsentscheidung **obliegt die diesbezügliche Prüfung dem mit einer Schadensersatzklage befassten ordentlichen Gericht** (OLG Düsseldorf, B. v. 2. 10. 2008 – Az.: VII – Verg 25/08). 4286

25.7.2.7 Kein wirksamer Vertragsschluss

§ 114 Abs. 2 Satz 2 GWB sieht – soweit eine Beendigung des Vergabeverfahrens durch Zuschlagserteilung inmitten steht – die Feststellung einer Rechtsverletzung nur in Fällen vor, in denen der Nachprüfungsantrag vor wirksamer Erteilung des Auftrags angebracht worden ist und **während des Nachprüfungsverfahrens der Zuschlag** erfolgt (BayObLG, B. v. 2. 8. 2001 – Az.: Verg 8/01). Zweck der von § 114 Abs. 2 Satz 2 GWB ermöglichten Überleitung in ein Feststellungsverfahren ist es, in einem Nachprüfungsverfahren bereits erarbeitete Ergebnisse zu 4287

909

erhalten und so eine nochmalige gerichtliche Überprüfung derselben Sach- und Rechtsfragen zu vermeiden. Dagegen ist es nicht Aufgabe des Nachprüfungsverfahrens, außerhalb des Primärrechtsschutzes auch über Schadenersatzansprüche eines am Vergabeverfahren beteiligten Unternehmens zu befinden (BayObLG, B. v. 19. 12. 2000 – Az.: Verg 7/00; VK Schleswig-Holstein, B. v. 2. 2. 2005 – Az.: VK-SH 01/05).

4288   Ein Feststellungsantrag nach § 114 Abs. 2 Satz 2 GWB ist also **dann unzulässig**, wenn ein Vergabeverfahren **zum Zeitpunkt des Einreichens des Antrags durch bereits erfolgte wirksame Erteilung eines Auftrags beendet** wurde (OLG Naumburg, B. v. 30. 5. 2002 – Az.: 1 Verg 14/01; Saarländisches OLG, B. v. 6. 4. 2005 – Az.: 1 Verg 1/05). Dies gilt auch für eine wirksame Auftragserteilung außerhalb eines förmlichen Vergabeverfahrens (VK Baden-Württemberg, B. v. 26. 3. 2002 – Az.: 1 VK 7/02; VK Schleswig-Holstein, B. v. 2. 2. 2005 – Az.: VK-SH 01/05).

4289   Im Fall der Aufhebung einer Ausschreibung ist ein Feststellungsantrag aber auch dann **zulässig**, wenn die **Aufhebung der Ausschreibung vor der Anrufung der Vergabekammer erfolgt** (OLG Düsseldorf, B. v. 27. 7. 2005 – Az.: VII – Verg 108/04; VK Südbayern, B. v. 17. 8. 2004 – Az.: 20-04/04). In solchen Fällen ermöglicht § 114 Abs. 2 S. 2 GWB den Beteiligten den Antrag auf Feststellung einer Rechtsverletzung. Dies gilt **unabhängig davon, ob ein Aufhebungsgrund nach § 20 EG VOL/A bzw. § 17 VOB/A gegeben ist oder nicht** (OLG Düsseldorf, B. v. 27. 7. 2005 – Az.: VII – Verg 108/04).

25.7.3 Unzulässigkeit eines Antrages auf Feststellung, dass die Durchführung des Verhandlungsverfahrens rechtmäßig war

4290   Ein **Antrag, festzustellen, dass die Durchführung des Verhandlungsverfahrens rechtmäßig war, ist unzulässig,** weil ein solcher Antrag weder gemäß §§ 107 ff., 114 GWB vorgesehen ist, noch im Hinblick auf § 125 GWB als zulässig angesehen werden kann. Diesem Antrag **kann auch keine eigenständige Bedeutung zugemessen werden**, da ausschließlich der – in diesem Antrag enthaltene – Abweisungsantrag maßgeblich ist (VK Hessen, B. v. 21. 3. 2003 – Az.: 69 d VK – 11/2003, B. v. 29. 11. 2001 – Az.: 69 d VK – 42/2001).

25.7.4 Unzulässigkeit eines Antrages auf Feststellung einer eventuellen Vertragsnichtigkeit

4291   Ein Antrag, festzustellen, dass „die Zuschlagserteilung ebenso nichtig ist wie ein daraufhin etwa abgeschlossener Bauwerksvertrag", ist als Fortsetzungsfeststellungsantrag unzulässig. Gemäß §§ 114 Abs. 2 Satz 2, 123 Satz 3, 4 GWB stellt die Vergabekammer/der Vergabesenat, wenn sich das Nachprüfungsverfahren durch die Erteilung des Zuschlags erledigt hat, auf Antrag fest, ob eine Rechtsverletzung vorgelegen hat. Nur diese Feststellung ist zu treffen, und zwar mit der Angabe, durch welches Verhalten des Auftraggebers der Antragsteller in seinen Rechten verletzt wurde. Die **Feststellung umfasst indes nicht die sich aus dem Vergaberechtsfehler ergebenden Rechtsfolgen. Deshalb ist ein Antrag, festzustellen, dass die durch die Vergabestelle ausgesprochene Zuschlagserteilung nichtig war, nicht statthaft** (OLG Celle, B. v. 8. 12. 2005 – Az.: 13 Verg 2/05).

25.7.5 Unzulässigkeit eines Antrages auf Feststellung einer bereits erfolgten Beauftragung

4292   Ein **Antrag auf Feststellung einer bereits erfolgten Beauftragung ist im vergaberechtlichen Nachprüfungsverfahren unstatthaft**. Es ist nicht unmittelbar auf ein Eingreifen der Nachprüfungsinstanz in ein schon und noch laufendes Vergabeverfahren, also auf Primärrechtsschutz gerichtet, sondern lediglich auf eine Feststellung. Feststellungsanträge sind jedoch nur eingeschränkt unter den Voraussetzungen des § 114 Abs. 2 GWB zulässig, also bei wirksamer Beendigung des Vergabeverfahrens während des laufenden Nachprüfungsverfahrens. Hier wird dem gegenüber von Anfang an nur Feststellung begehrt. Hinzu kommt, dass die **begehrte Feststellung sich nicht auf die Feststellung einer Verletzung von vergaberechtlichen Vorschriften bezieht**, wie es § 107 Abs. 2 GWB verlangt, sondern **auf die Klärung einer Rechtsfrage aus dem Bereich des zivilrechtlichen Vertragsrechts**. Zu einer solchen Feststellung sind die Nachprüfungsinstanzen nach §§ 104 Abs. 2, 114 Abs. 1 und Abs. 2 GWB nicht befugt. Hierfür ist **allein der Rechtsweg zur ordentlichen Gerichtsbarkeit gegeben** (OLG Naumburg, B. v. 18. 7. 2006 – Az.: 1 Verg 4/06).

25.7.6 Statthaftigkeit eines Antrages auf Feststellung, dass kein Zuschlagsverbot besteht

Die Rechtsprechung erkennt über den Wortlaut des § 114 Abs. 2 in Zusammenhang mit § 115 auch die **Statthaftigkeit eines Feststellungsantrages** an, der darauf gerichtet ist, dass **kein Zuschlagsverbot besteht**. 4293

Die Statthaftigkeit eines solchen Feststellungsantrags ist in den Vorschriften der §§ 107 ff. GWB nicht ausdrücklich geregelt. Sie **ergibt sich aber aus einem Schluss a maiore ad minus zu § 115 Abs. 2 Satz 1 und Abs. 1 GWB**. Denn wenn § 115 Abs. 2 Satz 1 GWB unter den näher bestimmten Voraussetzungen die Gestattung des Zuschlags eines Antrags als Ausnahme zum grundsätzlich durch die Zustellung eines Nachprüfungsantrags ausgelösten Zuschlagsverbot nach § 115 Abs. 1 GWB geregelt ist, dann ist als Mittel, um überhaupt erst einmal die Anwendbarkeit des § 115 Abs. 2 Satz 1 GWB zu klären, auch ein Antrag zulässig, der auf die Feststellung gerichtet ist, dass das Zuschlagsverbot durch die Zustellung eines Nachprüfungsantrags nicht ausgelöst wurde. Diese Situation kann gerade in solchen Sachverhalten gegeben sein, wenn der Auftraggeber davon ausgeht, bei einer Beauftragung eines öffentlichen Unternehmens nach Aufhebung eines Vergabeverfahrens ausnahmsweise keinen öffentlichen Auftrag bzw. kein Vergabeverfahren im Sinne der §§ 99, 101 GWB durchführen zu müssen (VK Brandenburg, B. v. 30. 7. 2002 – Az.: VK 38/02). 4294

25.7.7 Zeitliche Befristung eines Feststellungsantrags?

Zu der **Frage, ob der Feststellungsantrag einer zeitlichen Befristung unterliegt**, vgl. im Einzelnen die Kommentierung zu § 123 GWB. 4295

25.7.8 Inhalt des Feststellungsantrags

25.7.8.1 Vorliegen einer Rechtsverletzung

Die Entscheidung im Nachprüfungsverfahren dreht sich allein um den **Punkt der Rechtsverletzung**. Daher kann eine Feststellung, dass dem Antragsteller der Zuschlag zu erteilen gewesen wäre, nicht im Feststellungsverfahren vor der Vergabekammer entschieden werden, sondern muss von dem Antragsteller als Anspruchsvoraussetzung im Zivilprozess nachgewiesen werden (VK Südbayern, B. v. 8. 2. 2002 – Az.: 41-11/01). 4296

25.7.8.2 Beispiele aus der Rechtsprechung

– unterlassene Mitteilung nach § 13 VgV (2. VK Brandenburg, B. v. 10. 6. 2005 – Az.: VK 18/05) 4297

– unterlassene Bekanntmachung der Wertungskriterien nach § 9a VOL/A (VK Münster, B. v. 21. 12. 2001 – Az.: VK 22/01)

25.7.9 Zwischenentscheidung über die Erledigung infolge Zuschlagserteilung bei einem Antrag auf Primärrechtsschutz

Eine **Zwischenentscheidung der Vergabekammer** in einem Nachprüfungsverfahren, das auf Primärrechtsschutz gerichtet ist, **dass sich das Vergabeüberprüfungsverfahren** – soweit auf die Gewährung von Primärrechtsschutz gerichtet – infolge Zuschlagserteilung **erledigt hat** (§ 114 Abs. 2 GWB) ist im Gesetz ausdrücklich nicht vorgesehen. Gleichwohl ist eine solche Zwischenentscheidung bei Streit der Beteiligten über die Wirksamkeit eines erteilten Zuschlags **aus verfahrensökonomischen Gründen zulässig und sachdienlich**, weil damit das regelmäßig eilbedürftige Primärrechtsschutzverfahren einer schnellen Klärung zugeführt werden kann und die Vergabekammer sodann, ohne unter dem Zeitdruck der Frist des § 113 Abs. 1 GWB zu stehen, über den Antrag eines Beteiligten entscheiden kann, ob eine Rechtsverletzung vorgelegen hat (OLG Thüringen, B. v. 9. 9. 2002 – Az.: 6 Verg 4/02, B. v. 16. 7. 2003 – Az.: 6 Verg 3/03; VK Baden-Württemberg, B. v. 24. 3. 2004 – Az.: 1 VK 14/04; VK Rheinland-Pfalz, B. v. 12. 5. 2005 – Az.: VK 17/05; VK Südbayern, B. v. 13. 3. 2003 – Az.: 05-02/03; VK Thüringen, B. v. 9. 1. 2006 – Az.: 360-4002.20-063/05-EF-S). 4298

25.7.10 Bindungswirkung

25.7.10.1 Grundsatz

4299   Eine Sachentscheidung über den Feststellungsantrag nach § 114 Abs. 2 GWB entfaltet nach § 124 Abs. 1 GWB **Bindungswirkung in einem späteren Zivilprozess über Schadensersatzansprüche**, die damit bereits dem Grunde nach feststehen (OLG Thüringen, B. v. 19. 10. 2000 – Az.: 6 Verg 3/00).

25.7.10.2 Zulässigkeit zweier Entscheidungsträger

4300   Eine **Aufteilung der Befugnis** nach Art. 2 Abs. 1 Buchstabe c) der Richtlinie 89/665 (Feststellung eines Vergabeverstoßes und Zuerkennung von Schadensersatz) **auf mehrere zuständige Instanzen** (Vergabekammer/Vergabesenat sowie Zivilgerichte) **verstößt nicht gegen die Vorschriften dieser Richtlinie**, da Art. 2 Abs. 2 der Richtlinie die Mitgliedstaaten ausdrücklich ermächtigt, die in Absatz 1 dieses Artikels genannten Befugnisse getrennt mehreren Instanzen zu übertragen, die für das Nachprüfungsverfahren unter verschiedenen Gesichtspunkten zuständig sind (EuGH, Urteil v. 19. 6. 2003 – Rechtssache C-315/01).

25.7.11 Literatur

– Antweiler, Clemens, Erledigung des Nachprüfungsverfahrens i. S. von § 114 II 2 GWB, NZBau 2005, 35

25.7.12 Ablehnungsfiktion des § 116 Abs. 2 im Feststellungsverfahren (§ 114 Abs. 2 Satz 3)

4301   Im Fortsetzungsfeststellungsverfahren ist nach § 114 Abs. 2 Satz 3 GWB die **Beschleunigungsvorgabe des § 113 Abs. 1 GWB außer Kraft gesetzt** und mithin auch die zu ihrer Durchsetzung geschaffene gesetzliche Fiktion der Antragsablehnung (OLG Naumburg, B. v. 4. 9. 2001 – Az.: 1 Verg 8/01).

25.7.13 Feststellung eines Verstoßes gegen den Vertrag über die Arbeitsweise der Europäischen Union (vormals EG-Vertrag) bei Feststellungsverfahren vor dem EuGH

4302   Es ist im Rahmen eines Vertragsverletzungsverfahrens **Sache des Europäischen Gerichtshofes, festzustellen, ob die beanstandete Vertragsverletzung vorliegt oder nicht, selbst wenn der betreffende Mitgliedstaat sie nicht mehr bestreitet**. Andernfalls können die Mitgliedstaaten dadurch, dass sie die Vertragsverletzung einräumen und die sich möglicherweise daraus ergebende Haftung anerkennen, ein beim Gerichtshof anhängiges Vertragsverletzungsverfahren jederzeit beenden, ohne dass das Vorliegen der Vertragsverletzung und der Grund für ihre Haftung jemals gerichtlich festgestellt werden kann (EuGH, Urteil v. 3. 3. 2005 – Az.: C-414/03).

25.7.14 Fortbestehen eines Verstoßes gegen das Ausschreibungsrecht bei Feststellungsverfahren vor dem EuGH

25.7.14.1 Rechtsprechung

4303   Wenngleich der Gerichtshof im Bereich der Vergabe öffentlicher Aufträge entschieden hat, dass bei Ablauf der in der mit Gründen versehenen Stellungnahme der Kommission gesetzten Frist ein Verstoß dann nicht mehr besteht, **wenn alle Wirkungen der fraglichen Ausschreibung zu diesem Zeitpunkt schon erschöpft** sind, ergibt sich jedoch ebenfalls aus der Rechtsprechung, dass ein **Verstoß zu diesem Zeitpunkt fortbesteht, wenn die unter Verletzung der Gemeinschaftsbestimmungen über öffentliche Aufträge geschlossenen Verträge weiter fortwirken**. Sind z. B. Müllentsorgungsverträge zum Zeitpunkt des Ablaufs der in der mit Gründen versehenen Stellungnahme gesetzten Frist nicht abgeschlossen, besteht der vermeintliche Verstoß zu diesem Zeitpunkt noch fort und wird erst zum Zeitpunkt des Ablaufs dieser Verträge beendet (EuGH, Urteil v. 18. 7. 2007 – Az.: C-503/04; Urteil v. 9. 9. 2004 – Az.: C-125/03).

Allerdings **folgt aus der Rechtsprechung des EuGH nicht, dass ein wirksam geschlos-** 4304
sener Vertrag im Vergabenachprüfungsverfahren unbeachtlich wäre. Der EuGH hat ausgeführt, es bestehe eine primärrechtliche Verpflichtung des Mitgliedstaates gegenüber den Europäischen Gemeinschaften, die Folgen von Rechtsverstößen gegen Gemeinschaftsrecht zu beseitigen. Dass Art. 2 Abs. 6 UA 2 der Rechtsmittelrichtlinie den Mitgliedstaaten erlaubt, die Wirkungen geschlossener Verträge aufrechtzuerhalten, ändert an jener primärrechtlichen Verpflichtung nichts. Dies **bedeutet, dass** – wie es Art. 2 Abs. 6 der Rechtsmittelrichtlinie und § 114 Abs. 2 Satz 1 GWB vorsehen – der **Vertrag vergaberechtlich als wirksam anzusehen ist und sich ein übergangener Bieter auf das vergaberechtswidrige Zustandekommen des Vertrages nicht mit dem Ziel der Aufhebung/Beendigung des Vertrages berufen kann, eine Verpflichtung zur Aufhebung des Vertrages mithin allein primärrechtlich gegenüber der Europäischen Gemeinschaft bestehen kann** (OLG Düsseldorf, B. v. 30. 4. 2009 – Az.: VII-Verg 50/08).

25.7.14.2 Literatur

– Heuvels, Klaus, Fortwirkender Richtlinienverstoß nach De-facto-Vergaben, NZBau 2005, 32   4305

25.7.15 Subjektiver Anspruch auf Einleitung eines Vertragsverletzungsverfahrens vor dem EuGH

Nach ständiger Rechtsprechung ist die in Art. 230 Abs. 4 EG (jetzt Art. 263 Abs. 4 AEUV) 4306
genannte Voraussetzung, dass eine **natürliche oder juristische Person von der mit der Klage angefochtenen Entscheidung unmittelbar betroffen sein muss,** nur dann erfüllt, **wenn die beanstandete Maßnahme der Gemeinschaft sich auf die Rechtsstellung dieser Person unmittelbar auswirkt und ihren Adressaten, die mit ihrer Durchführung betraut sind, keinerlei Ermessensspielraum lässt,** ihr Erlass vielmehr rein automatisch erfolgt und sich allein aus der Gemeinschaftsregelung ergibt, ohne dass weitere Durchführungsvorschriften angewandt werden (EuGH, Urteil v. 3. 4. 2009 – Az.: C-387/08 P).

Zu Sinn und Zweck der Richtlinie 89/665 ist festzustellen, dass aus dem Wortlaut ihres Art. 3 4307
hervorgeht, dass zum einen **das dort vorgesehene Verfahren ausschließlich die Kommission, den betreffenden Mitgliedstaat und die betreffende Vergabebehörde dieses Mitgliedstaats betrifft** und zum anderen die in Art. 3 Abs. 2 der Richtlinie vorgesehene Mitteilung den betreffenden Mitgliedstaat gemäß Absatz 3 dieses Artikels verpflichtet, innerhalb von 21 Kalendertagen nach ihrem Eingang der Kommission eine Mitteilung zu übermitteln. Der **Umstand, dass die Richtlinie 89/665 dazu beiträgt, die Rechte der Unternehmen durchzuführen, stellt nicht die Tatsache in Frage,** dass das vom Gemeinschaftsgesetzgeber in Art. 3 der Richtlinie vorgesehene Verfahren ausschließlich die Kommission, den Mitgliedstaat und die betreffende Vergabebehörde dieses Mitgliedstaats betrifft (EuGH, Urteil v. 3. 4. 2009 – Az.: C-387/08 P).

Was das Vorbringen betrifft, dass eine Mitteilung der Kommission für die Bundesrepublik 4308
Deutschland eine Pflicht zu einer rein automatischen Durchführung begründet hätte, ohne dass sie von den Möglichkeiten von Art. 3 Abs. 3 der Richtlinie 89/665 hätte Gebrauch machen können, so **geht aus dem Wortlaut von Art. 3 der Richtlinie 89/665 keineswegs hervor, dass ein Mitgliedstaat bei der Reaktion auf eine Mitteilung der Kommission, in der diese die Gründe anführt, aus denen sie einen klaren und eindeutigen Verstoß als gegeben ansieht, kein Ermessen** hat. Vielmehr sieht Art. 3 Abs. 3 Buchst. b der Richtlinie 89/665 ausdrücklich vor, dass der **betreffende Mitgliedstaat der Kommission eine Begründung dafür übermitteln kann, weshalb der Verstoß nicht beseitigt wurde.** Folglich verfügen die Mitgliedstaaten im Rahmen des Verfahrens nach Art. 3 der Richtlinie 89/665 über ein gewisses Ermessen, so dass Rechtsmittelführer nicht als von dem Gemeinschaftsrechtsakt, hinsichtlich dessen sie der Kommission Untätigkeit vorwerfen, im Sinne der in Randnr. 20 des vorliegenden Beschlusses angeführten Rechtsprechung unmittelbar betroffen angesehen werden können. Deshalb begründet die Mitteilung nach Art. 3 Abs. 2 der Richtlinie 89/665 keine Pflicht zu einer rein automatischen Durchführung durch den betreffenden Mitgliedstaat, sondern lässt diesem mit diesem im Auswahlermessen in Bezug auf das weitere Vorgehen (EuGH, Urteil v. 3. 4. 2009 – Az.: C-387/08 P).

25.8 Entscheidung der Vergabekammer durch Verwaltungsakt (§ 114 Abs. 3 Satz 1)

Die Entscheidung der Vergabekammer erfolgt durch Verwaltungsakt. Dementsprechend knüp- 4309
fen sich bestimmte Regelungen an das für Verwaltungsakte geltende Recht.

Teil 1 GWB § 114 Gesetz gegen Wettbewerbsbeschränkungen

4310 So ist z. B. der **verfahrensabschließende Verwaltungsakt** (= die Entscheidung) **auch nach Eintritt seiner Unanfechtbarkeit (Bestandskraft) von der Vergabekammer noch abänderbar**. Dies ergibt sich vorbehaltlich der speziellen Vorschriften in §§ 107 ff. GWB aus dem (allgemeinen) Verwaltungsverfahrensrecht, also dem jeweiligen Bundes- bzw. Landesverwaltungsgesetz (OLG Schleswig-Holstein, B. v. 2. 8. 2004 – Az.: 6 Verg 15/03).

25.8.1 Widerruf der Entscheidung der Vergabekammer

4311 Der **Widerruf einer Entscheidung der Vergabekammer** (als Verwaltungsakt) erfolgt **grundsätzlich entsprechend § 49 VwVfG**, wobei diese Vorschrift danach differenziert, ob es sich um einen begünstigenden (Abs. 2) oder einen belastenden (Abs. 1) Verwaltungsakt handelt. Hat der von der Vergabekammer ursprünglich erlassene Beschluss sowohl begünstigenden (gegenüber der Antragstellerin) als auch belastenden (gegenüber der Auftraggeberin) Charakter, ist dieser Fall im VwVfG nicht geregelt, da dieses Gesetz von zweiseitigen Verwaltungsakten ausgeht, während das Verfahren nach dem 4. Abschnitt des GWB durchweg als dreiseitiges Verfahren (Antragsteller, Auftraggeber, Vergabekammer) ausgestaltet ist.

4312 Für den Widerruf eines begünstigenden Verwaltungsakts gilt aber, dass bestimmte Voraussetzungen vorliegen müssen, wohingegen der Widerruf eines belastenden Verwaltungsaktes nach behördlichem Ermessen nahezu unbegrenzt möglich ist. Entsprechend den obigen Überlegungen kann davon ausgegangen werden, dass ein Widerruf nach der (strengeren) Alternative des § 49 Abs. 2 VwVfG auch den Anforderungen an den Widerruf eines belastenden Verwaltungsaktes gem. § 49 Abs. 1 VwVfG genügt (1. VK Sachsen, B. v. 14. 3. 2002 – Az.: 1/SVK/119-01w).

25.8.2 Auswirkungen der Rücknahme eines Nachprüfungsantrages nach einer Entscheidung der Vergabekammer

4313 Durch die **Rücknahme des Nachprüfungsantrags wird ein Beschluss der Vergabekammer insgesamt wirkungslos**. Da die Entscheidung der Vergabekammer durch Verwaltungsakt ergeht (§ 114 Abs. 3 Satz 1 GWB), ist es gerechtfertigt, bei Zweifeln und Regelungslücken auf die allgemeinen Bestimmungen des Verwaltungsverfahrensgesetzes und dessen Rechtsgrundsätze über die Behandlung von Verwaltungsakten zurückzugreifen. Danach können Anträge auf Erlass eines Verwaltungsaktes, soweit nichts anderes geregelt ist, noch bis zum Abschluss des Verfahrens zurückgenommen werden, das heißt **bis zum Eintritt der Unanfechtbarkeit der Entscheidung**, und zwar selbst dann, wenn in der Zwischenzeit gegen den ergangenen Verwaltungsakt Rechtsbehelfe eingelegt worden sind. Ein ergangener und noch nicht bestandskräftig gewordener Verwaltungsakt wird jedenfalls in den reinen Antragsverfahren durch Antragsrücknahme wirkungslos. Entsprechendes gilt für den Beschluss der Vergabekammer, der (als Verwaltungsakt) seine Grundlage in dem Nachprüfungsantrag des Antragstellers hat (OLG Brandenburg, B. v. 18. 5. 2010 – Az.: Verg W 1/08; OLG Düsseldorf, B. v. 9. 12. 2002 – Az.: Verg 35/02).

4314 Zu dem gleichen Ergebnis gelangt die VK Münster über eine **analoge Anwendung von § 269 Abs. 3 ZPO**. Wird der Antrag bzw. im Sinne von § 269 Abs. 3 ZPO die Klage zurückgenommen, so ist der **Rechtsstreit nicht mehr anhängig; ein bereits ergangenes, noch nicht rechtskräftiges Urteil wird wirkungslos**, ohne dass es seiner ausdrücklichen Aufhebung bedarf, und zwar auch noch in der Berufungs- oder Beschwerdeinstanz. Überträgt man diese Vorschriften auf die Entscheidung der Vergabekammer und das Vergabekammerverfahren, so ist durch die **Rücknahme des Antrages auf Nachprüfung durch den Antragsteller, was auch noch in der Beschwerdeinstanz erfolgen kann, der Rechtsstreit nicht mehr anhängig und der bereits bekannt gegebene Beschluss der Vergabekammer wird damit – entgegen § 43 Abs. 2 VwVfG – wirkungslos** (VK Münster, B. v. 26. 10. 2007 – Az.: VK 25/07).

4315 Sieht man das **Vergabekammerverfahren als ein mit dem Verfahren vor den Oberlandesgerichten zusammenhängendes Nachprüfungsverfahren und damit als ein gerichtsähnlich konzipiertes Verfahren** an, so muss man **unter entsprechender Anwendung des § 269 Abs. 3 ZPO** die Rücknahme des Antrages (Klage) – und zwar unabhängig, ob dies vor der Vergabekammer oder dem Oberlandesgericht erfolgt – als Beseitigung der Rechtshängigkeit ansehen, und zwar mit der Konsequenz, dass bereits ergangene, noch nicht bestandskräftige (rechtskräftige) Vergabekammerbeschlüsse (Urteile) wirkungslos werden. Da ausdrücklich die Rechtshängigkeit rückwirkend entfällt, **entfällt auch das durch die Zustellung des An-**

trags ausgelöste Zuschlagsverbot aus § 115 Abs. 1 GWB. In diesen Fällen hat dann die prozessuale Einstellung des Beschwerdeverfahrens nur noch deklaratorische Bedeutung. Denn die Rechtshängigkeit des Prozessverhältnisses ist bereits durch § 269 Abs. 3 ZPO kraft Gesetzes beendet worden (VK Münster, B. v. 26. 10. 2007 – Az.: VK 25/07).

Zu einem anderen Ergebnis kommt die VK Münster für den **Fall einer Rücknahme erst nach Erlass des Vergabekammerbeschlusses**. Die Vergabekammerbeschlüsse sind nach § 114 Abs. 3 GWB Verwaltungsakte, so dass die Wirksamkeit sich nach VwVfG richtet. Gemäß § 9 VwVfG ist mit Erlass des Verwaltungsaktes das Verwaltungsverfahren abgeschlossen. Da das **Verwaltungsverfahren beendet ist, fehlt für eine nach Erlass des VA ausgesprochene Antragsrücknahme das Verfahrensverhältnis, in dem sich die Rücknahme noch auswirken konnte. Eine der Vorschrift des § 269 ZPO entsprechende Regelung fehlt im Verwaltungsverfahren und die Erklärung eines Verwaltungsaktes als gegenstandslos ist jedenfalls in mehrpoligen Entscheidungen, bei denen auch die Interessen Dritter berührt werden, nicht unproblematisch möglich. Ausgehend von diesen Grundsätzen kann die Antragsrücknahme nach Erlass somit nicht mehr berücksichtigt werden**. Damit existiert aber eine behördliche Entscheidung in der Sache, die z. B. das Begehren der Antragstellerin als unbegründet zurückweist. Folglich hat der im Verfahren unterliegende Beteiligte gemäß § 128 Abs. 4 Satz 2 GWB die zur zweckentsprechenden Rechtsverfolgung notwendigen Aufwendungen der Antragsgegner, wozu auch die Aufwendungen der Beigeladenen gehören können, zu tragen. Nach Erlass einer Sachentscheidung kann ein Antragsteller die für ihn ungünstigen Folgen aus einem Kammerbeschluss nur dann rückgängig machen, indem er sofortige Beschwerde einlegt (VK Münster, B. v. 9. 9. 2009 – Az.: VK 7/09K). 4316

Wird das Verfahren durch Antragsrücknahme erledigt, so kann die Vergabestelle sofort den Zuschlag erteilen (VK Münster, B. v. 26. 10. 2007 – Az.: VK 25/07). 4317

Nach einer anderen Auffassung bleibt dann, wenn die **Vergabekammer einen Nachprüfungsantrag zurückgewiesen** und dem **Antragsteller die Verfahrenskosten** – gegebenenfalls einschließlich der außergerichtlichen Kosten des Auftraggebers – **auferlegt hat, diese Kostenentscheidung unberührt, wenn der Antragsteller sein Nachprüfungsbegehren im darauf folgenden Beschwerderechtszug zurücknimmt** (OLG Dresden, B. v. 16. 11. 2006 – Az.: WVerg 15/06; in diese Richtung ebenfalls OLG Karlsruhe, B. v. 11. 7. 2008 – Az.: 15 Verg 5/08). 4318

25.8.3 Unterschriftserfordernis

25.8.3.1 § 114 Abs. 3 Satz 3 GWB

Weder aus § 61 GWB noch aus § 86 a Satz 2 GWB, die gemäß § 114 Abs. 3 Satz 3 GWB im Vergabenachprüfungsverfahren entsprechend anzuwenden sind, lässt sich etwas für die Frage des Unterschriftserfordernisses entnehmen. 4319

25.8.3.2 Rechtsprechung

25.8.3.2.1 Unterschrift des/der Vorsitzenden. Die **Wirksamkeit** der Vergabekammerentscheidung **hängt** von der **Unterschrift ihres Vorsitzenden ab**. Nur diese Sichtweise bietet auch für die Abgrenzung zu bloßen Entwürfen ein ausreichendes Maß an Rechtssicherheit (BayObLG, B. v. 6. 2. 2004 – Az.: Verg 24/03). 4320

25.8.3.2.2 Unterschrift des ehrenamtlichen Beisitzers. Es **fehlt** eine **bundesgesetzliche Regelung**, wonach der ehrenamtliche Beisitzer Beschlüsse der Vergabekammer, die unter seiner Mitwirkung gefasst wurden, zu unterzeichnen hat. Aus § 113 Abs. 1 Satz 1 GWB folgt nur, dass die Entscheidungen der Vergabekammer in schriftlicher Form ergehen. Aus der Vorschrift lässt sich aber nicht herleiten, dass unter Einschluss des ehrenamtlichen Beisitzers alle drei Mitglieder der Vergabekammer (§ 105 Abs. 2 Satz 1 GWB) den von ihr gefassten Beschluss unterschreiben müssen. Die Unterschrift des ehrenamtlichen Beisitzers der Vergabekammer ist nicht so bedeutsam, dass sie auch ohne eine dies anordnende Regelung, also gleichsam von der Sache her vorgegeben neben den Unterschriften der hauptamtlichen Mitglieder notwendig erscheinen könnte. **Ob der schriftliche Beschluss der Vergabekammer auch von dem ehrenamtlichen Beisitzer unterschrieben werden muss**, ist danach eine **Frage, die dem Bereich der Organisation der Vergabekammer zugeordnet** werden kann (BGH, Urteil v. 12. 6. 2001 – Az.: X ZB 10/01; Thüringer OLG, B. v. 18. 5. 2009 – Az: 9 Verg 4/09; BayObLG, B. v. 1. 10. 2001 – Az.: Verg 6/01, B. v. 6. 2. 2004 – Az.: Verg 24/03). 4321

25.8.4 Rechtsschutz gegen die Entscheidung der Vergabekammer

4322 Der Rechtsschutz gegen die Entscheidung der Vergabekammer erfolgt nach § 116 GWB. Diese Vorschrift stellt eine **Sonderregelung gegenüber den Vorschriften der Verwaltungsgerichtsordnung** dar, die im Regelfall für den Rechtsschutz gegen Verwaltungsakte anzuwenden sind.

25.9 Vollstreckung der Entscheidung der Vergabekammer (§ 114 Abs. 3 Satz 2)

25.9.1 Allgemeines

4323 Nach § 114 Abs. 3 Satz 2 GWB richtet sich die Vollstreckung der Entscheidung der Vergabekammer nach den Verwaltungsvollstreckungsgesetzen des Bundes und der Länder. Dies gilt auch für die **Vollstreckung gegen einen Hoheitsträger** (VK Münster, B. v. 6. 12. 2001 – Az.: VK 1/01–8/01 Vs; VK Magdeburg, B. v. 3. 2. 2003 – Az: 33–32571/07 VK 05/02 MD (V)).

4324 Im Rahmen eines Nachprüfungsverfahrens **kann die Vergabekammer also auch die Durchführung eines Vollstreckungsverfahrens anordnen und nötigenfalls auch mit dem Einsatz von Zwangsmitteln die Durchsetzung bestandskräftiger Entscheidungen betreiben** (VK Thüringen, B. v. 19. 7. 2004 – Az.: 360–4003.20-003/03-ABG-V).

4325 Die **Vergabekammer kann in ihrer Entscheidung auch Zwangsgelder androhen** (OLG Naumburg, B. v. 13. 10. 2006 – Az.: 1 Verg 7/06; B. v. 13. 10. 2006 – Az.: 1 Verg 6/06 – für die Befugnis eines Vergabesenats – (**instruktive Fälle**); 1. VK Sachsen, B. v. 2. 8. 2001 – Az.: 1/SVK/70-01).

25.9.2 Voraussetzungen der Vollstreckung

4326 Die Voraussetzungen der Vollstreckung richten sich nach den **Verwaltungsvollstreckungsgesetzen des Bundes und der Länder** (OLG Düsseldorf, B. v. 30. 4. 2008 – Az.: VII – Verg 57/07).

25.9.2.1 Wirksamer Verwaltungsakt

4327 Gegebenfalls kann ein **Verwaltungsakt unwirksam werden**. Dabei bedarf es keiner Entscheidung, ob dafür die **Grundsätze des Verwaltungsverfahrensrechts oder die des Prozessrechts anzuwenden** sind. Ein **Verstoß** ist jedoch **auch dann noch möglich, nachdem der Auftraggeber das Vergabeverfahren aufgehoben hat**. Es besteht grundsätzlich die Möglichkeit, dass der Auftraggeber Aufträge vergibt, ohne dass z. B. die von einer Vergabekammer gerügten Vergaberechtsverstöße zuvor abgestellt werden. Die Entscheidung der Vergabekammer verliert auch nicht allein dadurch ihre Wirkung, dass die Vergabestelle formal das Vergabeverfahren aufhebt, aber in der Sache doch fortsetzt. Auf die von der Entscheidung der Vergabekammer ausgesprochene Unterlassungsverpflichtung dürften vielmehr **zur Vermeidung von Umgehungen die von der Rechtsprechung in Wettbewerbssachen entwickelte Kerntheorie** Anwendung finden; danach führt eine **Änderung der Sachlage in unwesentlichen Punkten noch nicht aus dem Unterlassungstitel hinaus** (OLG Düsseldorf, B. v. 16. 6. 2008 – Az.: VII-Verg 7/08; B. v. 30. 4. 2008 – Az.: VII-Verg 4/08; B. v. 30. 4. 2008 – Az.: VII-Verg 3/08; B. v. 30. 4. 2008 – Az.: VII – Verg 57/07).

4328 Es kann offen bleiben, ob hinsichtlich der Unwirksamkeit die **Regelung des § 44 VwVfG oder die Grundsätze über die Nichtigkeit von Urteilen anzuwenden** sind. Liegt der allein mögliche Rechtsmangel möglicherweise in der Entscheidung in einer Sache, für die die Vergabekammer z. B. im Hinblick auf § 51 SGG, § 130a Abs. 8 SGB V nicht zuständig war, ist er **nicht derart offensichtlich, dass dies zur Nichtigkeit führen könnte**, wie sich bereits aus den gegensätzlichen Entscheidungen des Senats und des Landessozialgerichts Baden-Württemberg ergibt (OLG Düsseldorf, B. v. 16. 6. 2008 – Az.: VII-Verg 7/08; B. v. 30. 4. 2008 – Az.: VII-Verg 4/08; B. v. 30. 4. 2008 – Az.: VII-Verg 3/08; B. v. 30. 4. 2008 – Az.: VII – Verg 57/07).

25.9.2.2 Fortdauer des Zuschlagsverbots

4329 Die **Fortdauer des Zuschlagsverbots nach § 118 Abs. 3 GWB knüpft formell allein daran, dass die Vergabekammer ein solches ausgesprochen** hat. Ob die Vergabekammer für die Entscheidung über den Nachprüfungsantrag in der Sache überhaupt zuständig war oder

Gesetz gegen Wettbewerbsbeschränkungen GWB § 114 **Teil 1**

nicht, spielt dabei keine Rolle. Dementsprechend ist für die eng damit zusammenhängende Frage des Eintritts eines Zuschlagsverbots nach § 115 Abs. 1 GWB und die Zulässigkeit eines Antrages auf Verlängerung der aufschiebenden Wirkung einer Beschwerde nach § 118 Abs. 1 S. 3 GWB (was in der Sache vielfach eine Verlängerung des Zuschlagsverbots des § 115 Abs. 1 GWB bedeutet) allein **formal daran angeknüpft, dass die Vergabekammer den Nachprüfungsantrag zugestellt und über ihn entschieden** hat. Auch hier gilt, dass eine Anknüpfung daran, ob die Vergabekammer überhaupt für die Entscheidung über den Nachprüfungsantrag zuständig war, zu unzumutbaren Rechtsunklarheiten führen würde, z. B. bei Fallgestaltungen, in denen die Abgrenzung von Dienstleistungskonzession und Dienstleistungsauftrag oder die Frage streitig ist, ob der Auftragswert den Schwellenwert erreicht (OLG Düsseldorf, B. v. 16. 6. 2008 – Az.: VII-Verg 7/08; B. v. 30. 4. 2008 – Az.: VII-Verg 4/08; B. v. 30. 4. 2008 – Az.: VII-Verg 3/08; B. v. 30. 4. 2008 – Az.: VII – Verg 57/07).

25.9.2.3 Rechtsschutzbedürfnis bei zwei Vollstreckungstiteln

Liegen **zwei Titel** vor, kann dem Gläubiger das **Rechtsschutzbedürfnis** für die Vollstreckung aus einem der beiden Titel **nicht mit der Begründung abgesprochen werden, er könne aus dem jeweils anderen vollstrecken** (OLG Düsseldorf, B. v. 16. 6. 2008 – Az.: VII-Verg 7/08; B. v. 30. 4. 2008 – Az.: VII-Verg 4/08; B. v. 30. 4. 2008 – Az.: VII-Verg 3/08; B. v. 30. 4. 2008 – Az.: VII – Verg 57/07). 4330

25.9.2.4 Gefahr einer Hinwegsetzung über eine Entscheidung der Vergabekammer?

Ob die **Gefahr** bestand oder noch besteht, dass sich ein **Auftraggeber rechtswidrig über den Beschluss der Vergabekammer hinwegsetzt**, kann dahingestellt bleiben. Eine derartige **Gefahr ist nämlich nicht Voraussetzung für die Androhung eines Zwangsmittels** (OLG Düsseldorf, B. v. 16. 6. 2008 – Az.: VII-Verg 7/08; B. v. 30. 4. 2008 – Az.: VII-Verg 4/08; B. v. 30. 4. 2008 – Az.: VII-Verg 3/08; B. v. 30. 4. 2008 – Az.: VII – Verg 57/07). 4331

Die Verwaltungsvollstreckung kann im Falle von Unterlassungen eingeleitet werden, wenn **konkrete Anhaltspunkte für einen gegenwärtigen oder künftigen Verstoß gegen die durchsetzbare Unterlassungspflicht** vorliegen. Stellt ein öffentlicher Auftraggeber, dem die Auftragserteilung durch die Vergabekammer untersagt worden ist und der gegen diese Entscheidung sofortige Beschwerde zum Oberlandesgericht eingelegt hat, einen **Antrag auf Vorabentscheidung über den Zuschlag nach § 121 GWB** und macht er damit von der in der einschlägigen Prozessordnung vorgesehenen Möglichkeit Gebrauch, beim angerufenen Gericht der Hauptsache einstweilige Anordnungen in Bezug auf den Streitgegenstand zu erwirken, **kann dies von einem anderen Beteiligten grundsätzlich nicht in der Weise bekämpft werden, dass dem Antragsteller das Handeln, dessen gerichtliche Gestattung mittels des Eilantrags herbeigeführt werden soll, durch Vollstreckungsmaßnahmen aus dem angefochtenen Verwaltungsakt untersagt wird**, der zudem zur Überprüfung durch das Gericht der Hauptsache steht. Vielmehr ist das Eilverfahren selbst die richtige Plattform, auf der andere Beteiligte ihren Standpunkt und ihre Interessen in Bezug auf die begehrte einstweilige Anordnung zur Geltung zu bringen haben (BGH, B. v. 29. 6. 2010 – Az.: X ZB 15/08). 4332

25.9.3 Vollstreckung nur auf Antrag

Die Vorschrift des § 114 Abs. 3 Satz 2 GWB verweist auf die Verwaltungsvollstreckungsgesetze der Länder, wonach eine **Vollstreckung antragsunabhängig** erfolgt (vgl. für das Land Sachsen-Anhalt § 53 Abs. 1 SOG LSA). **Gegen diese Auslegung sprechen jedoch systematische Erwägungen**: Das Nachprüfungsverfahren vor der Vergabekammer ist gerichtsähnlich ausgestaltet. Das Nachprüfungsverfahren bezweckt wie das verwaltungsgerichtliche Verfahren (vgl. § 113 Abs. 1 und 5 der Verwaltungsgerichtsordnung – VwGO) primär die Gewährung subjektiven Rechtsschutzes für die Betroffenen. Auch die Vollstreckung der Entscheidungen der Vergabekammern dient dem Schutz der Interessen der Unternehmen am Auftrag. Von daher unterscheidet sich die Ausgangslage grundsätzlich gegenüber der Vollstreckung gewöhnlicher Verwaltungsakte, die zumeist in erster Linie im öffentlichen Interesse erfolgen. Diese Überlegungen sprechen dafür, dass entsprechend der verwaltungsprozessualen Regelungen der §§ 170, 172 **VwGO auch die Vollstreckung der Entscheidungen von Vergabekammern nur auf Antrag eingeleitet werden** kann, auch wenn dies im Wortlaut des § 114 Abs. 3 Satz 2 GWB keinen Ausdruck gefunden hat (OLG Naumburg, B. v. 27. 4. 2005 – Az.: 1 Verg 3/05; VK Magdeburg, B. v. 3. 2. 2003 – Az.: 33–32571/07 VK 05/02 MD (V)). 4333

917

Teil 1 GWB § 114   Gesetz gegen Wettbewerbsbeschränkungen

25.9.4 Verwirkung der Vollstreckung

4334   Unternimmt ein Antragsteller **mindestens sieben Wochen**, nachdem er von der Vergabestelle über den bevorstehenden Abschluss des Vertrages mit einer Mitbewerberin in Kenntnis gesetzt wird, nichts zur Durchsetzung seines vermeintlichen Rechts, kann die **Vergabestelle nach Treu und Glauben** daraus **schließen**, er werde dahingehend nichts mehr unternehmen. Es ist nicht vertretbar, dass der Antragsteller einen so erheblichen Zeitraum verstreichen lässt, um mit der Einreichung des Vollstreckungsantrages seine vermeintlichen Rechte gegenüber der Vergabestelle durchzusetzen (VK Magdeburg, B. v. 3. 2. 2003 – Az.: 33–32571/07 VK 05/02 MD (V)).

25.9.5 Antrag auf Verlängerung der aufschiebenden Wirkung einer Beschwerde nach dem Vollstreckungsrecht

4335   Ist Gegenstand der Vollstreckung im Sinne von § 114 Abs. 3 Satz 2 GWB die Entscheidung einer nordrhein-westfälischen Vergabekammer, ist dementsprechend das Verwaltungsvollstreckungsgesetz für das Land Nordrhein-Westfalen (VwVG NW) anzuwenden. § 8 des nordrhein-westfälischen Gesetzes zur Ausführung der Verwaltungsgerichtsordnung (AGVWGO NW) bestimmt, dass Rechtsbehelfe, die sich gegen Maßnahmen der Vollstreckungsbehörden des Landes Nordrhein-Westfalen in der Verwaltungsvollstreckung richten, keine aufschiebende Wirkung haben. Die Vorschrift ordnet in Satz 2 zugleich die analoge Geltung des § 80 Abs. 5 VwGO an. Das **bedeutet, dass gegen derartige Zwangsvollstreckungsmaßnahmen um vorläufigen Rechtsschutz nachgesucht werden kann mit dem Antrag, die aufschiebende Wirkung einer Beschwerde gegen die Vollstreckungsmaßnahme anzuordnen** (OLG Düsseldorf, B. v. 8. 11. 2004 – Az.: VII – Verg 75/04; B. v. 25. 7. 2002 – Az.: Verg 33/02; OLG Naumburg, B. v. 17. 3. 2005 – Az.: 1 Verg 3/05 – für Sachsen-Anhalt).

4336   Der Antrag auf vorläufigen Rechtsschutz gegen Vollstreckungsmaßnahmen ist **begründet, wenn das Interesse an der Vollziehung der rechtskräftigen Entscheidung der Vergabekammer nicht das Interesse des Antragsgegners, die Vollziehung bis zur Entscheidung über seine Beschwerde auszusetzen, überwiegt**. Entscheidend hierfür sind die Erfolgsaussichten des von dem Antragsgegner gegen die Zwangsgeldandrohung eingelegten Rechtsmittels. Insoweit ist eine summarische Prüfung der Sach- und Rechtslage geboten (OLG Düsseldorf, B. v. 8. 11. 2004 – Az.: VII – Verg 75/04).

4337   Das nach dem Gesetz als vorrangig bewertete öffentliche Interesse an der sofortigen Durchsetzbarkeit einer bestandskräftigen Entscheidung tritt jedoch ausnahmsweise gegenüber dem Interesse des Rechtsmittelführers an der Gewährung effektiven Rechtsschutzes gegen eine Vollstreckungsmaßnahme auch dann zurück, **wenn die sofortige Vollziehung für den Rechtsmittelführer eine unbillige, nicht durch das überwiegende öffentliche Interesse an der sofortigen Durchsetzung gebotene Härte zur Folge hätte** (OLG Naumburg, B. v. 17. 3. 2005 – Az.: 1 Verg 3/05).

25.9.6 Mögliche Zwangsmittel

4338   Der Katalog möglicher Zwangsmittel umfasst (in Sachsen-Anhalt) weder **Untersagungsgebote noch Feststellungsmaßnahmen**. Damit können diese **im Wege der Verwaltungsvollstreckung nicht geltend gemacht werden** (VK Magdeburg, B. v. 3. 2. 2003 – Az: 33–32571/07 VK 05/02 MD (V)).

25.9.7 Höhe des Zwangsgeldes (§ 114 Abs. 3 Satz 3)

25.9.7.1 Vergaberechtsmodernisierungsgesetz 2009

4339   Die Praxis der Vergabekammern hat gezeigt, dass **vereinzelt öffentliche Auftraggeber die Anordnungen der Vergabekammern schlicht ignorieren** (1. Vergabekammer des Bundes, Beschluss vom 17. November 2004, Az.: VK1-83/02). Eine effektive Durchsetzung von Anordnungen der Vergabekammern setzt voraus, dass geeignete Zwangsmittel zur Verfügung stehen. **Nach alter Gesetzeslage** waren mangels spezialgesetzlicher Regelung für die Durchsetzung von Entscheidungen der Vergabekammern die allgemeinen Verwaltungsvollstreckungsgesetze des Bundes und der Länder maßgeblich. Gemäß § 11 Abs. 3 des Verwaltungsvollstreckungsgesetzes Bund (VwVG Bund) können **Zwangsgelder lediglich in einer Spanne von 1,5 € bis höchs-

Gesetz gegen Wettbewerbsbeschränkungen   GWB § 114   **Teil 1**

tens 1.000 € verhängt werden. Ein solcher Zwangsgeldrahmen ist angesichts der Auftragsvolumina, die den Gegenstand eines Nachprüfungsverfahrens bilden können, **als effektives Zwangsinstrumentarium wirkungslos**. Außerdem bedeutet eine solche Rechtslage eine Benachteiligung gegenüber solchen Bietern, die erst in einem Verfahren vor den Oberlandesgerichten erfolgreich waren. Denn Beschlüsse der Oberlandesgerichte können über die Instrumentarien der ZPO vollstreckt werden (§§ 704 ff., 888 ZPO), indem zur Vollstreckung unvertretbarer Handlungen – mehrfach – Zwangshaft und Zwangsgelder bis 25.000 € angeordnet werden können.

In gleicher Weise wurde auch im Rahmen der 7. GWB-Novelle anerkannt, dass ein Verwaltungszwang entsprechend den allgemeinen Vorschriften zur Verwaltungsvollstreckung nicht ausreichend ist. Denn **auch in Bezug auf kartellbehördliche Verfügungen, die ebenso wie das öffentliche Auftragswesen Sachverhalte von erheblicher Bedeutung betreffen**, waren die niedrigen Zwangsgelder des allgemeinen Verwaltungsvollstreckungsrechts nicht ausreichend. So entschied der Gesetzgeber im Rahmen der 7. GWB-Novelle, **Zwangsgelder in einer Spanne von 1.000 bis 10 Millionen €** zuzulassen. Deswegen ist es sachgerecht, diese Regelung auch für den Vierten Teil des GWB zu übernehmen, indem dort auf den § 86 a verwiesen wird. 4340

25.10 Zustellung der Entscheidung der Vergabekammer (§ 114 Abs. 3 Satz 3)

Vgl. dazu die **Kommentierung zu** → **§ 110 GWB Rdn. 36** (zur Zustellung des Nachprüfungsantrags, die ebenfalls nach den Verwaltungszustellungsgesetzen erfolgt). 4341

25.11 Rechtskraft der Entscheidung der Vergabekammer

25.11.1 Grundsatz

Der Beschluss einer Vergabekammer entfaltet **materielle Rechtskraft**, so dass zurückgewiesene Rügen in späteren Vergabenachprüfungsverfahren derselben Beteiligten um dieselbe Vergabe grundsätzlich nicht mehr zu beachten sind (OLG Celle, B. v. 5. 9. 2003 – Az.: 13 Verg 19/03). 4342

25.11.2 Vereinbarkeit der Rechtskraftwirkung mit europäischem bzw. deutschem Recht

Der **Feststellung einer materiellen Rechtskraftwirkung steht weder Europäisches noch deutsches Recht entgegen**. Weder aus der Rechtsmittelrichtlinie 89/665/EWG noch aus § 110 GWB ist das Gebot herzuleiten, in jeder Phase eines Verfahrens jedes Vorbringen deshalb zu berücksichtigen, weil es ursprünglich von Amts wegen verfolgt werden musste. Es ist mit den Grundsätzen eines geregelten Gerichtsverfahrens nicht zu vereinbaren, dass bereits erledigte und beschiedene Begehren im späteren Verfahrensstand erneut und ohne neue Argumente aufgegriffen werden. Es **entspricht vielmehr der Natur gerichtlicher Verfahren, dass diese über einzelne Verfahrensabschnitte endgültige Entscheidungen treffen**. Anderes könnte allenfalls gelten, wenn Gründe für die Wiederaufnahme des Verfahrens (§ 580 ZPO) vorlägen. Es mag sein, dass dann die §§ 110, 114, 123 GWB eine erneute Befassung mit den Rügen eines Antragstellers erfordern (OLG Celle, B. v. 5. 9. 2003 – Az.: 13 Verg 19/03). 4343

25.11.3 Rechtskraftwirkung bei identischem Streitgegenstand

Die Vergabekammer ist auf Grund der **Bindungswirkung eines Beschlusses** an einer erneuten Entscheidung über den Antrag auf Einleitung eines Nachprüfungsverfahrens eines der Beteiligten jenes vorangegangenen Nachprüfungsverfahrens gehindert, wenn sich der **nunmehr gestellte Antrag inhaltlich ausschließlich auf tatsächliche Feststellungen und rechtliche Wertungen der Kammer im vorangegangenen Verfahren und nicht auf ein davon abweichendes Verhalten des Auftraggebers bezieht**. In letzterem Falle wäre die Möglichkeit der Zulässigkeit eines Antrages auf Einleitung eines Nachprüfungsverfahrens durch einen Beteiligten eines bereits vorausgegangenen Nachprüfungsverfahrens grundsätzlich gegeben. 4344

Der **Streitgegenstand wird durch den Antrag und den mit ihm zur Beurteilung gestellten Lebenssachverhalt gebildet**. Grenzt man den Streitgegenstand eng ab und geht man 4345

Teil 1 GWB § 114 Gesetz gegen Wettbewerbsbeschränkungen

von unterschiedlichen Streitgegenständen aus, sobald eine Wertung wiederholt worden ist, und zwar unabhängig davon, ob sich für den Antragsteller durch die neue Wertung eine Änderung ergeben hat, ist eine – und sei es **nur teilweise – Identität der Streitgegenstände zu verneinen** (2. VK Bund, B. v. 6. 6. 2008 – Az.: VK 2–46/08).

4346 Die **Bindungswirkung** eines solchen Beschlusses, welcher als Verwaltungsakt zu erlassen ist, § 114 Abs. 3 Satz 1 GWB, erstreckt sich **grundsätzlich nur auf den Tenor der Entscheidung, der jedoch auch aus den Entscheidungsgründen heraus auszulegen ist**.

4347 Hierbei spielt es keine Rolle, wenn der **Antragsteller im neuen Verfahren in dem vorangegangen Verfahren selbst nicht als Antragsteller** auftritt. Als ordnungsgemäß **Beigeladener** war er ebenfalls Beteiligter dieses Verfahrens (VK Halle, B. v. 20. 3. 2003 – Az.: VK Hal 07/03).

4348 Eine irgendwie geartete Rechtskraftwirkung einer ohne Beteiligung eines Antragstellers ergangenen Entscheidung kommt nicht in Betracht. Auch der **Rechtsschutz im Vergabeverfahren wirkt nur inter partes** (KG Berlin, B. v. 13. 3. 2008 – Az.: 2 VERG 18/07).

25.11.4 Rechtskraftwirkung bei Erledigung des Nachprüfungsverfahrens

4349 Die Vorschriften über das Nachprüfungsverfahren und das Verwaltungsverfahrensgesetz enthalten **keine ausdrückliche Regelung darüber, ob eine Rüge in einem vorhergehenden Nachprüfungsverfahren Teil des Streitgegenstands in einem nachfolgenden Verfahren ist und auf Grund der Erledigung des ersten Verfahrens generell nicht mehr in einem neuen Verfahren aufgegriffen werden darf.** Deshalb ist analog auf die Vorschriften über einen Verwaltungs- und Zivilprozess bzw. deren Auslegung zurückzugreifen. Bei einem Zivilprozess, der sich durch übereinstimmende Erklärungen erledigt hat, kann keine innere Rechtskraft in der Hauptsachefrage entstehen. Aus diesem Grund ist ein neuer Prozess über denselben Streitgegenstand der Hauptsache grundsätzlich jederzeit zulässig. Es ist kein Grund, insbesondere keine andersartige Interessenlage, ersichtlich, wonach diese Grundsätze nicht auch auf das Nachprüfungsverfahren übertragen werden können. Das heißt, die **Erledigung eines Nachprüfungsverfahrens hindert die Beteiligten grundsätzlich nicht daran, den Streitgegenstand und somit auch die Rügen in einem neuen Verfahren wieder aufzugreifen** (VK Hessen, B. v. 1. 9. 2003 – Az.: 69 d VK – 44/2003).

25.11.5 Rechtskraftwirkung einer Kostenentscheidung

4350 Auch **Kostenfestsetzungsbeschlüsse** können **bestandskräftig werden** und in Rechtskraft erwachsen. Die Bestands- oder Rechtskraft reicht aber nur soweit, als über geltend gemachte Aufwendungen entschieden wurde, diese also entweder zugesprochen oder aberkannt wurden. **Rechtskraftfähig sind nur die einzelnen Posten, nicht der Gesamtbetrag. Bisher nicht angemeldete Kosten werden von der Rechtskraftwirkung nicht erfasst**; insoweit ist die prinzipielle Zulässigkeit der Nachfestsetzung allgemein anerkannt. Allerdings wird man den **Rechtsanwalt als an seine ursprüngliche Berechnung gebunden** anzusehen haben, wenn er die **Gebührenhöhe in Ausübung seines Ermessens** bestimmt hat. Ungeachtet eingetretener Unanfechtbarkeit des Kostenfestsetzungsbeschlusses findet eine Änderungsfestsetzung ferner dann statt, wenn der für die Gebührenberechnung des Rechtsanwalts zugrunde gelegte Streitwert vom Gericht nachträglich abweichend festgesetzt wird (BayObLG, B. v. 6. 2. 2004 – Az.: 25/03).

4351 Hat die Vergabekammer bei den Ausführungen zur Gebührenhöhe in den Gründen der Nachprüfungsentscheidung nur **inzidenter eine Prüfung des Geschäftswerts vorgenommen, nehmen derartige Ausführungen, welche die eigentliche Entscheidung lediglich vorbereiten und begründen, an der Bestandskraft der Entscheidung nicht teil**. Aus diesem Grund kann auch eine nur teilweise erfolgte Anfechtung des Beschlusses der Vergabekammer nicht dazu führen, dass die Ausführungen der Vergabekammer zum Geschäftswert in Teilrechtskraft erwachsen (BayObLG, B. v. 23. 3. 2004 – Az.: Verg 22/03).

25.11.6 Relative Rechtskraftwirkung

4352 Hat die Vergabekammer den Auftraggeber mit dem (nur) von dem Antragsteller angefochtenen Beschluss – und zwar ausdrücklich im Ausspruch – angewiesen, das Angebot eines Beigeladenen von der Wertung auszuschließen und ist diese Entscheidung bestandskräftig, da sie von

Gesetz gegen Wettbewerbsbeschränkungen   GWB § 115   **Teil 1**

dem Beigeladenen nicht angegriffen wurde, ist das **Beschwerdegericht aus prozessualen Gründen daran gehindert, die Entscheidung der Vergabekammer in diesem Punkt wieder aufzugreifen**. Die sofortige Beschwerde des Antragstellers stellt keineswegs ohne Weiteres die gesamte Entscheidung der Vergabekammer erneut zur Disposition. **Der Ausspruch der Entscheidung der Vergabekammer ist teilbar**. Soweit die Vergabekammer darin den Ausschluss des Angebots des Beigeladenen verfügt hat, bleibt diese (Teil-) Entscheidung für das Beschwerdeverfahren gültig, weil sie von dem dazu allein berufenen Beigeladenen nicht angefochten worden ist (OLG Düsseldorf, B. v. 27. 4. 2005 – Az.: VII – Verg 10/05).

Die relative Rechtskraftwirkung bedeutet daher, dass **Entscheidungen nur gegenüber denjenigen Beteiligten Rechtskraftwirkung entfalten**, die an den jeweiligen **Vergabenachprüfungsverfahren beteiligt** waren (OLG Düsseldorf, B. v. 22. 9. 2005 – Az.: Verg 48/05, Verg 50/05).   4353

Hinsichtlich der **Kostenentscheidung** ist das **Rechtsmittelgericht jedoch nicht gehindert**, im Rechtsmittelverfahren die **Kostenentscheidung der Vergabekammer insgesamt zu überprüfen und gegebenenfalls abzuändern**, auch soweit sie einen **am Rechtsmittelverfahren nicht mehr Beteiligten betrifft** (OLG Düsseldorf, B. v. 26. 11. 2007 – Az.: VII – Verg 53/05).   4354

25.12 Berichtigung des Rubrums der Entscheidung nach § 42 VwVfG

Die Ermessensvorschrift des § 42 VwVfG knüpft einen Anspruch auf Berichtigung eines Verwaltungsaktes an das **Vorliegen eines Schreibfehlers, eines Rechenfehlers oder einer ähnlichen offenbaren Unrichtigkeit**. Bei dem Beschluss einer Vergabekammer handelt es sich um einen Verwaltungsakt, da nach § 114 Abs. 3 Satz 1 GWB die Entscheidung der Vergabekammer durch Verwaltungsakt ergeht (1. VK Sachsen, B. v. 5. 8. 2003 – Az.: 1/SVK/092-03b).   4355

25.13 Literatur

– Fett, Bernhard, Die Hauptsacheentscheidung durch die Vergabekammer, NZBau 2005, S. 141   4356

26. § 115 GWB – Aussetzung des Vergabeverfahrens

(1) Informiert die Vergabekammer den öffentlichen Auftraggeber in Textform über den Antrag auf Nachprüfung, darf dieser vor einer Entscheidung der Vergabekammer und dem Ablauf der Beschwerdefrist nach § 117 Abs. 1 den Zuschlag nicht erteilen.

(2) Die Vergabekammer kann dem Auftraggeber auf seinen Antrag oder auf Antrag des Unternehmens, das nach § 101a vom Auftraggeber als das Unternehmen benannt ist, das den Zuschlag erhalten soll, gestatten, den Zuschlag nach Ablauf von zwei Wochen seit Bekanntgabe dieser Entscheidung zu erteilen, wenn unter Berücksichtigung aller möglicherweise geschädigten Interessen sowie des Interesses der Allgemeinheit an einem raschen Abschluss des Vergabeverfahrens die nachteiligen Folgen einer Verzögerung der Vergabe bis zum Abschluss der Nachprüfung die damit verbundenen Vorteile überwiegen. Bei der Abwägung ist das Interesse der Allgemeinheit an einer wirtschaftlichen Erfüllung der Aufgaben des Auftraggebers zu berücksichtigen. Die Vergabekammer berücksichtigt dabei auch die allgemeinen Aussichten des Antragstellers im Vergabeverfahren, den Auftrag zu erhalten. Die Erfolgsaussichten des Nachprüfungsantrags müssen nicht in jedem Falle Gegenstand der Abwägung sein. Das Beschwerdegericht kann auf Antrag das Verbot des Zuschlags nach Absatz 1 wiederherstellen; § 114 Abs. 2 Satz 1 bleibt unberührt. Wenn die Vergabekammer den Zuschlag nicht gestattet, kann das Beschwerdegericht auf Antrag des Auftraggebers unter den Voraussetzungen der Sätze 1 bis 4 den sofortigen Zuschlag gestatten. Für das Verfahren vor dem Beschwerdegericht gilt § 121 Abs. 2 Satz 1 und 2 und Absatz 3 entsprechend. Eine sofortige Beschwerde nach § 116 Abs. 1 ist gegen Entscheidungen der Vergabekammer nach diesem Absatz nicht zulässig.

Teil 1 GWB § 115   Gesetz gegen Wettbewerbsbeschränkungen

(3) Sind Rechte des Antragstellers aus § 97 Abs. 7 im Vergabeverfahren auf andere Weise als durch den drohenden Zuschlag gefährdet, kann die Kammer auf besonderen Antrag mit weiteren vorläufige n Maßnahmen in das Vergabeverfahren eingreifen. Sie legt dabei den Beurteilungsmaßstab des Absatzes 2 Satz 1 zugrunde. Diese Entscheidung ist nicht selbständig anfechtbar. Die Vergabekammer kann die von ihr getroffenen weiteren vorläufigen Maßnahmen nach den Verwaltungsvollstreckungsgesetzen des Bundes und der Länder durchsetzen; die Maßnahmen sind sofort vollziehbar. § 86a Satz 2 gilt entsprechend.

(4) Macht der Auftraggeber das Vorliegen der Voraussetzungen nach § 100 Abs. 2 Buchstabe d geltend, entfällt das Verbot des Zuschlages nach Absatz 1 zwei Kalendertage nach Zustellung eines entsprechenden Schriftsatzes an den Antragsteller; die Zustellung ist durch die Vergabekammer unverzüglich nach Eingang des Schriftsatzes vorzunehmen. Auf Antrag kann das Beschwerdegericht das Verbot des Zuschlages wiederherstellen. § 121 Abs. 1 Satz 1, Abs. 2 Satz 1 sowie Abs. 3 und 4 finden entsprechende Anwendung.

26.1 Vergaberechtsmodernisierungsgesetz 2009

4357   Der neu gefasste Absatz 2 soll es **dem öffentlichen Auftraggeber einfacher machen**, zur Beschleunigung des Verfahrens bei der Vergabekammer einen **Antrag auf Vorabgestattung des Zuschlags zu stellen**.

4358   Diese **Antragsbefugnis bekommt auch das Unternehmen**, das den Zuschlag erhalten soll (Abs. 2 Satz 1).

4359   § 115 nennt bestimmte **Ansatzpunkte für die Abwägungsentscheidung** (Abs. 2 Satz 2).

4360   Die **Vollstreckung** von vorläufigen Maßnahmen wird **effizienter** (Abs. 3 Satz 4).

4361   Bei **sicherheitsrelevanten Beschaffungen entfällt die Automatik des Suspensiveffekts** nach Absatz 1 zugunsten eines sofortigen Antragsrechts auf Wiederherstellung des Zuschlagsverbotes vor dem Beschwerdegericht.

26.2 Zuschlagsverbot (§ 115 Abs. 1)

26.2.1 Grundsatz

4362   Nach Information des Auftraggebers über einen Antrag auf Nachprüfung darf dieser vor einer Entscheidung der Vergabekammer und dem Ablauf der Beschwerdefrist nach § 117 Abs. 1 den Zuschlag nicht erteilen. Ein **dennoch geschlossener Vertrag** ist **nichtig**. Dieses automatische Zuschlagsverbot dient der **effektiven Durchsetzung des Primärrechtsschutzes** (OLG Celle, B. v. 21. 3. 2001 – Az.: 13 Verg 4/01; OLG München, B. v. 19. 1. 2010 – Az.: Verg 1/10). Die Vorschrift entspricht damit Art. 1 und Art. 2 Abs. 1a der Rechtsmittelrichtlinie, die ebenso wie Art. 19 Abs. 4 GG einen effektiven Rechtsschutz im Nachprüfungsverfahren fordern (BayObLG, B. v. 13. 8. 2004, Az.: Verg 017/04).

4363   Deshalb ist es auch nicht zulässig, vor einem Antrag auf Nachprüfung die vorherige Erhebung einer Klage zur Hauptsache zu verlangen (EuGH, Urteil v. 15. 5. 2003 – Az.: C-214/00).

26.2.2 Information des Auftraggebers über den Antrag auf Nachprüfung

26.2.2.1 Vergaberechtsmodernisierungsgesetz 2009

4364   § 115 Abs. 1 GWB fordert nicht mehr die Zustellung des Nachprüfungsantrags an den öffentlichen Auftraggeber. Es **genügt die Information des Auftraggebers in Textform** über den Nachprüfungsantrag. Die Änderung ermöglicht eine **Vereinfachung des Nachprüfungsverfahrens**. Damit ist die **Rechtsprechung zu § 115 Abs. 1 GWB (alte Fassung) nur noch bedingt verwertbar**.

26.2.2.2 Textform

4365   Vgl. zum **Begriff der Textform** die **Kommentierung zu** → § 101a GWB Rdn. 112.

26.2.2.3 Information des Auftraggebers

Voraussetzung für die Entstehung der Zuschlagssperre des § 115 Abs. 1 GWB ist die **Information des Auftraggebers**; solange diese nicht erfolgt ist, darf die Vergabestelle den Auftrag ungeachtet des begonnenen Nachprüfungsverfahrens erteilen. Hält die Vergabekammer den Antrag **für offensichtlich unzulässig oder unbegründet**, so **unterbleibt dessen Zustellung** (vgl. § 110 Abs. 2 GWB), und das Zuschlagsverbot entsteht nicht; das hält den Auftraggeber frei von Bindungen, die der Gesetzgeber angesichts der Beurteilung der Erfolgsaussichten des Nachprüfungsantrags durch das in diesem Verfahrensstadium dafür zuständige Kontrollorgan im Lichte des Interesses der Allgemeinheit an einer zügigen Vergabe öffentlicher Aufträge nicht für angemessen gehalten hat. Ob die Vergabekammer zu Recht angenommen hat, der Nachprüfungsantrag müsse offensichtlich ohne Erfolg bleiben, unterliegt der richterlichen Kontrolle im Beschwerdeverfahren nach den §§ 116 ff. GWB (OLG Dresden, B. v. 4. 7. 2002 – Az.: WVerg 0011/02). 4366

Eine § 115 Abs. 1 GWB vergleichbare Regel dahin, dass es dem öffentlichen Auftraggeber verboten sei, auf die **Ankündigung eines Bieters ein Nachprüfungsverfahren einzuleiten**, die vorgesehene Vergabeentscheidung zu treffen, gibt es nicht (VK Brandenburg, B. v. 12. 8. 2002 – Az.: 43/02). 4367

Nicht gefolgt werden kann der Auffassung, dass das Zuschlagsverbot entgegen dem Wortlaut des § 115 Abs. 1 GWB nicht erst nach Information des Auftraggebers über den Nachprüfungsantrag, sondern bereits zum Zeitpunkt des Einreichens des Nachprüfungsantrags bei der Vergabekammer wirksam wird. Der Wortlaut von § 115 Abs. 1 GWB ist eindeutig. Eine Regelung wie sie § 167 ZPO bzw. § 173 VwGO in Verbindung mit § 167 ZPO für das zivil- und verwaltungsrechtliche Verfahren vorsieht, wonach die Wirkung der Information, wenigstens für die dort genannten Fälle, bereits mit dem Eingang des Antrags erfolgen kann, ist für das Vergabenachprüfungsverfahren ausdrücklich nicht aufgenommen worden. Es fehlt an einer planwidrigen Lücke, die eine analoge Anwendung des § 167 ZPO rechtfertigen würde. Der Gesetzgeber hat eine klare Regelung dahingehend getroffen, dass das Zuschlagsverbot erst mit der Information eintritt und nicht schon mit Einreichen des Nachprüfungsantrags (VK Baden-Württemberg, B. v. 24. 3. 2004 – Az.: 1 VK 14/04). 4368

Ein **Zuschlag** ist gemäß § 115 Abs. 1 GWB i. V. m. § 134 BGB **auch dann nichtig**, wenn die **Information des Auftraggebers über den Nachprüfungsantrag durch eine unzuständige Vergabekammer erfolgte**. Das Eintreten des Zuschlagsverbots ist dem Wortlaut des § 115 Abs. 1 GWB nach allein davon abhängig, dass eine Vergabekammer einen Nachprüfungsantrag zugestellt hat, anderenfalls bestünde unzumutbare Rechtsunklarheit (3. VK Bund, B. v. 18. 9. 2008 – Az.: VK 3–122/08; B. v. 18. 9. 2008 – Az.: VK 3–119/08). 4369

Die Voraussetzungen für ein Zuschlagsverbot nach § 115 Abs. 1 GWB liegen zu dem Zeitpunkt vor, an dem die Vergabekammer mit Schreiben und dem Nachprüfungsantrag als Anlage den Auftraggeber per Fax und damit in Textform über den Nachprüfungsantrag informiert hat. **Dem steht nicht entgegen, dass das fragliche Fax des Auftraggebers das Übermittlungsschreiben der Vergabekammer erst am übernächsten Tag ausdruckte, nachdem der Papiervorrat des Faxes erst dann wieder aufgefüllt wurde. Denn mit vollständigem Empfang des Datensatzes durch das fragliche Fax ist das Schreiben als zugegangen anzusehen, auch wenn der Ausdruck erst später erfolgte.** Dass es für den (fristgerechten) Zugang von Faxen auf den vollständigen Empfang (Speicherung) im fraglichen Faxgerät ankommt, ist für bei Gericht einzureichende Schriftsätze durch den BGH bereits entschieden. Dass für die Kenntnisnahme erst ein Ausdruck erforderlich ist, ist insoweit mit einer **Übermittlung per Post vergleichbar, wo der Zugang nicht daran scheitert, dass bei Einwurf in den Briefkasten für eine Kenntnisnahme das Schreiben auch erst aus dem Briefkasten herausgeholt und gegebenenfalls ein Umschlag geöffnet werden muss** (1. VK Bund, B. v. 5. 3. 2010 – Az.: VK 1–16/10). 4370

26.2.2.4 Zuschlagsverbot durch eine Information des Vergabesenats bei einer durch die Vergabekammer nicht durchgeführte Information

Verwirft die Vergabekammer den Nachprüfungsantrag ohne eine Information an den Antragsgegner als offensichtlich unzulässig, tritt kein Zuschlagsverbot ein, das in der Beschwerdeinstanz verlängert werden könnte. **Vorläufiger Rechtsschutz** kann dann nur durch **erstmaliges Inkraftsetzen eines Zuschlagsverbots**, entsprechend § 115 Abs. 1 GWB mit Nachholung der Information des Auftraggebers über den Nachprüfungsantrag **durch das Beschwerdegericht**, gewährt werden (OLG Koblenz, B. v. 25. 3. 2002 – Az.: 1 Verg. 1/02). 4371

26.2.2.5 Zuschlagsverbot durch eine Information des Vergabesenats ohne Entscheidung der Vergabekammer?

4372 Ist eine Entscheidung der Vergabekammer noch nicht ergangen, ist der potentielle Beschwerdeführer im rechtstechnischen Sinne nicht beschwert. Wendet sich ein Beschwerdeführer in diesem Verfahrensstadium an den Vergabesenat, läuft sein Rechtsbehelf auf eine „**Untätigkeitsbeschwerde**" hinaus, die in den §§ 116 ff. GWB jedoch nicht vorgesehen ist. Offensichtlich ist, dass dem Beschwerdeführer rein tatsächlich an einer Herbeiführung des Zuschlagsverbots gelegen sein muss, wenn mit Ablauf der Frist des § 101a GWB die Auftragserteilung an einen Mitbewerber droht; dies kann im Ergebnis dazu führen, dass der Primärrechtsschutz des Beschwerdeführers aus Zeitgründen leer läuft. Diese **Gefahr ist aber in der Fristenregelung des § 101a GWB angelegt**, die einen effektiven Schutz des Bieters nur dann gewährleistet, wenn es diesem gelingt, innerhalb der Frist ein Zuschlagsverbot herbeizuführen. Dass dies in direkter Anwendung von § 115 Abs. 1 GWB nur zu erzielen ist, wenn die Vergabekammer den Nachprüfungsantrag nicht für offensichtlich unzulässig oder unbegründet hält, folgt ebenfalls unmittelbar aus dem Gesetz, das dem Antragsteller eben dieses Risiko aufbürdet. Wenn damit letztlich nur wenige Tage zur Verfügung stehen, um zumindest die Auftragsvergabe vorläufig zu verhindern, so **rechtfertigt diese zeitliche Enge es grundsätzlich nicht, dass das Beschwerdegericht hierüber unter Verzicht auf eine beschwerdefähige Entscheidung der Vergabekammer unmittelbar befindet** (OLG Dresden, B. v. 4. 7. 2002 – Az.: WVerg 0011/02).

26.2.2.6 Zuschlagsverbot bei einer teilweisen Ablehnung des Nachprüfungsantrags

4373 Gibt die Vergabekammer dem Nachprüfungsantrag **nur teilweise** – im Sinne einer Verpflichtung zur Angebots-Neubewertung – **statt und lehnt ihn „im Übrigen" ab**, bleibt – insoweit – das Zuschlagsverbot (§ 115 Abs. 1 GWB) bis zum Ablauf der Beschwerdefrist (§ 117 Abs. 1 GWB) erhalten (Schleswig-Holsteinisches OLG, B. v. 4. 5. 2001 – Az.: 6 Verg 2/2001).

26.2.2.7 Zuschlagsverbot bei einer Zurückverweisung durch den Vergabesenat

4374 Infolge einer vom Vergabesenat angeordneten **Zurückverweisung eines Verfahrens an die Vergabekammer ist der Nachprüfungsantrag dort wieder anhängig** und tritt das Zuschlagsverbot nach § 115 Abs. 1 GWB wieder in Kraft, ohne dass es einer erneuten Information des Auftraggebers über den Nachprüfungsantrag bedarf (BayObLG, B. v. 9. 8. 2004 – Az.: Verg 015/04).

26.2.3 Sonstige Wirkung des Zuschlagsverbots

4375 Ungeachtet eines laufenden Nachprüfungsverfahrens ist die **Vergabestelle**, abgesehen vom Zuschlagsverbot nach § 115 Abs. 1 GWB, **nicht gehindert, das Vergabeverfahren fortzusetzen** (vgl. § 115 Abs. 3 GWB) und z. B. die ergänzende Wertung eines Angebots nachzuholen (BayObLG, B. v. 20. 9. 2004 – Az.: Verg 021/04).

26.2.4 Beseitigung des Zuschlagsverbots

26.2.4.1 Beseitigung des Zuschlagsverbots durch rückwirkende Genehmigung einer Willenserklärung

4376 Die **Rechtsprechung** zu der Frage, ob eine Beseitigung des Zuschlagsverbots durch eine rückwirkende Genehmigung einer Willenserklärung, mit der z. B. ein Vertrag geschlossen werden sollte, möglich ist, ist **nicht einheitlich**.

4377 Die **überwiegende Meinung** ist der Auffassung, dass dann, wenn die vollmachtlose mündliche Auftragserteilung nach Inkrafttreten des Zuschlagsverbotes nach § 115 GWB genehmigt wird, **die Auftragserteilung nicht mehr wirksam wird**. Dieses Ergebnis wird bestätigt durch die Vorschrift des § 184 Abs. 2 BGB, die auf die Genehmigung eines ohne Vertretungsmacht eingegangenen Vertrages anzuwenden ist. Danach werden durch die an sich zurückwirkende Genehmigung unter anderem solche Verfügungen nicht unwirksam, die vor der Genehmigung im Wege der Zwangsvollstreckung oder der Arrestvollziehung vorgenommen worden sind. Das gesetzliche Zuschlagsverbot des § 115 Abs. 1 GWB ist eine damit vergleichbare Zwangsmaßnahme. Es richtet sich nicht nur gegen die Vergabestelle selbst, sondern in gleicher Weise gegen die übergeordnete Behörde. Auch unter Berücksichtigung des in § 184 Abs. 2 BGB zum Ausdruck kommenden Rechtsgedankens konnte daher eine spätere Genehmigung die Wirkung des Zuschlagsverbots nicht beseitigen (OLG Düsseldorf, B. v. 14. 3. 2001 – Az.: Verg 30/00; VK Brandenburg, B. v. 26. 3. 2002 – Az.: VK 4/02; B. v. 23. 8. 2001 – Az.: 2 VK 82/01).

Demgegenüber wird die **Meinung** vertreten, dass die **Rückwirkung** laut § 184 Abs. 1 Halbsatz 2 BGB **nur dann nicht greift, wenn etwas anderes bestimmt** ist. Diese andere Bestimmung könnte sich aus § 115 GWB ergeben. Dieser Gedanke führt jedoch nicht zur Nichtigkeit des Rechtsgeschäftes, da es hier um die nachträgliche Genehmigung durch den Auftragnehmer geht, an den sich aufgrund seiner bieterschützenden Eigenschaft § 115 GWB nicht wendet (VK Südbayern, B. v. 30. 5. 2001 – Az.: 11-04/01). 4378

26.2.4.2 Beseitigung des Zuschlagsverbots durch Erfüllung der Vergabekammerentscheidung

Ein **Zuschlagsverbot** – als Voraussetzung für einen Antrag nach § 121 – **dauert solange fort, wie die Entscheidung der Vergabekammer nicht nach § 123 GWB aufgehoben oder der Zuschlag gemäß § 121 GWB gestattet ist, oder bis die nach § 114 Abs. 1 Satz 1 GWB angeordneten Maßnahmen vollzogen sind. Die Erfüllung der angeordneten Maßnahmen bringt das im Vergabekammerbeschluss enthaltene Zuschlagsverbot zum Erlöschen. Ein Antragsgegner unterliegt seit diesem Zeitpunkt dem Zuschlagsverbot nicht mehr**; der Auftraggeber bedarf also in zweiter Instanz einer Vorabgestattung gemäß § 121 Abs. 1 S. 1 GWB nicht mehr (OLG Düsseldorf, B. v. 29. 11. 2005 – Az.: VII – Verg 82/05). 4379

26.2.5 Literatur

– Dieckmann, Martin, Effektiver Primärrechtsschutz durch Zuschlagsverbote im deutschen Vergaberecht – Reichweite und Regelungsdefizite im Lichte praktischer Erfahrungen, VergabeR 2005, 10 4380

– Kus, Alexander, Das Zuschlagsverbot, NZBau 2005, S. 96

26.3 Vorzeitige Gestattung des Zuschlags (§ 115 Abs. 2)

26.3.1 Vergaberechtsmodernisierungsgesetz 2009

Der **neu gefasste Absatz 2** ermöglicht es dem öffentlichen Auftraggeber zur Beschleunigung des Verfahrens bei der Vergabekammer einen Antrag auf Vorabgestattung des Zuschlags zu stellen. Die **Praxis der Vergabekammern des Bundes und der Länder zeigt, dass Anträge auf Vorabgestattung des Zuschlags kaum gestellt** werden. Statistisch beläuft sich die Zahl der Anträge auf ein bis vier Prozent der Nachprüfungsverfahren seit dem Jahre 2002. Der Anteil der stattgegebenen Anträge beträgt im Jahre 2006 rund 0,3 Prozent [2005 rund 2 Prozent; 2004 rund 0,5 Prozent]. Als Gründe dafür werden insbesondere eine verspätete Vorlage der Akten durch den öffentlichen Auftraggeber und die umfangreiche Prüfung der Erfolgsaussichten des Nachprüfungsverfahrens im Rahmen der Interessenabwägung angeführt. Die **Änderung soll diese Situation zugunsten der im öffentlichen Interesse liegenden Auftragsvergabe verbessern.** 4381

26.3.2 Grundsätze der Rechtsprechung zur alten Fassung des § 115 GWB

Ausgangspunkt aller im Zusammenhang mit der nach § 115 Absatz 2 Satz 1 und 2 vorzunehmenden Interessenabwägung anzustellenden Überlegungen muss sein, dass nach der **gesetzgeberischen Grundentscheidung** in § 115 Abs. 1 GWB nach Zustellung eines Antrags auf Nachprüfung an den Auftraggeber dieser vor einer Entscheidung der Vergabekammer und dem Ablauf der Beschwerdefrist nach § 117 Abs. 1 GWB den Zuschlag nicht erteilen darf. Diese **Rechtsfolge stellt somit die Regel, § 115 Abs. 2 Satz 1 und 2 GWB demgegenüber den Ausnahmetatbestand dar, dessen Annahme des Vorliegens besonderer Umstände** bedarf (LSG Nordrhein-Westfalen, B. v. 19. 2. 2009 – Az.: L 21 KR 16/09 SFB). 4382

Allen Bietern, die Nachprüfungsanträge gestellt haben, wird **durch den Zuschlag der Primärrechtsschutz genommen**; alle werden auf den Sekundärrechtsschutz verwiesen. Wegen dieses schwerwiegenden Eingriffs kann § 115 Abs. 2 Satz 1 und 2 GWB nur dahingehend verstanden werden, dass **grundsätzlich nur in besonderen Ausnahmefällen eine Gestattung des Zuschlags erfolgen darf**, wenn also ein dringendes Interesse besteht, welches deutlich das Interesse an einer ordnungsgemäßen Durchführung des Nachprüfungsverfahrens übersteigt (OLG München, B. v. 9. 9. 2010 – Az.: Verg 16/10; VK Arnsberg, B. v. 11. 9. 2008 – Az.: VK 19/08; B. v. 10. 1. 2008 – Az.: VK 42/07; VK Baden-Württemberg, B. v. 17. 3. 2007 4383

Teil 1 GWB § 115   Gesetz gegen Wettbewerbsbeschränkungen

– Az.: 1 VK 07/07, 08/07; 2. VK Bund, B. v. 21. 7. 2005 – Az.: VK 2–60/05; B. v. 7. 7. 2005 – Az.: VK 2–66/05; B. v. 7. 7. 2005 – Az.: VK 2–63/05; 1. VK Sachsen, B. v. 5. 4. 2006 – Az.: 1/SVK/027-06; B. v. 23. 6. 2005 – Az.: 1/SVK/068-05, 068-05G; VK Schleswig-Holstein, B. v. 15. 2. 2007 – Az.: VK-SH 03/07; B. v. 8. 7. 2005 – Az.: VK-SH 18/05; VK Südbayern, B. v. 29. 7. 2010 – Az.: Z3-3-3194-1-39-06/10). Für diese Auslegung spricht auch die knappe Frist von zwei Wochen, die für eine Entscheidung im vorliegenden summarischen Verfahren zur Verfügung steht und welche offensichtlich die rasche Beseitigung von Not- und Problemlagen kurzfristig ermöglichen soll (BayObLG, B. v. 23. 1. 2003 – Az.: Verg 2/03).

4384   Daraus folgt, dass der effektive Primärrechtsschutz des § 97 Abs. 7 GWB nur dann ausnahmsweise durch Gestattung der Erteilung des Zuschlags durchbrochen werden darf, wenn das **Interesse des Auftraggebers und der Allgemeinheit an einer sofortigen Erteilung des Zuschlags das gesetzlich festgeschriebene Interesse an der Zuschlagssperre deutlich überwiegt** (OLG München, B. v. 9. 9. 2010 – Az.: Verg 16/10; VK Arnsberg, B. v. 11. 9. 2008 – Az.: VK 19/08; B. v. 10. 1. 2008 – Az.: VK 42/07; VK Baden-Württemberg, B. v. 17. 3. 2007 – Az.: 1 VK 07/07, 08/07; VK Düsseldorf, B. v. 6. 10. 2005 – Az.: VK – 30/2005 – B (Z); B. v. 27. 7. 2005 – Az.: VK – 24/2005 – Z, VK – 20/2005 – Z; B. v. 29. 6. 2005 – Az.: VK 16–2005 – Z; VK Hamburg, B. v. 27. 10. 2005 – Az.: VK BSU-3/05; B. v. 22. 4. 2005 – Az.: VK BSU-2/05; 1. VK Sachsen, B. v. 5. 4. 2006 – Az.: 1/SVK/027-06; B. v. 23. 6. 2005 – Az.: 1/SVK/068-05, 068-05G; B. v. 12. 2. 2004 – Az.: 1/SVK/164-03, 1/SVK/164-03G; VK Schleswig-Holstein, B. v. 15. 2. 2007 – Az.: VK-SH 03/07; B. v. 8. 7. 2005 – Az.: VK-SH 18/05; VK Südbayern, B. v. 29. 7. 2010 – Az.: Z3-3-3194-1-39-06/10).

4385   Hinzu kommt, dass sich **mit der Erteilung eines Auftrages die Marktposition eines Unternehmens festigt.** Die **Durchführung eines Auftrages hat wegen der dabei begründeten Geschäftsverbindungen und des erworbenen Know-hows nicht selten zur Folge, dass der Unternehmer weitere Aufträge akquirieren kann**. Ein Unternehmen, das einen Auftrag nicht erhält, verliert dagegen nicht nur den Gewinn, den es bei Durchführung des Auftrages erwirtschaftet hätte, was grundsätzlich, allerdings mit einer mitunter fatalen zeitlichen Verzögerung, im Wege des sekundären Rechtsschutzes ausgeglichen werden kann, sondern es erleidet auch eine schadensersatzrechtlich kaum quali- und quantifizierbare Einbuße an seiner Marktposition. Außerdem muss ein Unternehmen, das einen Auftrag nicht erhält, möglicherweise Arbeitnehmer entlassen und von Investitionen in sachliche Betriebsmittel absehen, was sich nachteilig auf die Wettbewerbsfähigkeit des Unternehmens in der Zukunft auswirken kann. Der Sekundärrechtsschutz vermag deshalb auch im Erfolgsfall nur einen Teil der Nachteile wettzumachen, die mit dem Verlust eines Auftrages verbunden sind (OLG München, B. v. 9. 9. 2010 – Az.: Verg 16/10).

4386   Diese Überlegungen **gelten auch für die Neufassung** des § 115 GWB (OLG München, B. v. 9. 9. 2010 – Az.: Verg 16/10; VK Schleswig-Holstein, B. v. 11. 9. 2009 – Az.: VK-SH 14/09; VK Südbayern, B. v. 29. 7. 2010 – Az.: Z3-3-3194-1-39-06/10; im Ergebnis ebenso VK Münster, B. v. 22. 1. 2010 – Az.: VK 29/09 E).

4387   Ziel und Zweck des vorläufigen Rechtsschutzes nach § 115 Abs. 2 GWB kann nicht sein, Vergabeentscheidungen der Entwicklung rechtlicher, politischer oder verwaltungsorganisatorischer Entscheidungsprozesse anzupassen. Es **ist Sache des öffentlichen Auftraggebers, für ein Beschaffungsvorhaben die Realisierungsvoraussetzungen insgesamt einzuschätzen und dabei auch Zeiträume zu berücksichtigen, die für ein vergaberechtliches Prüfungsverfahren benötigt werden**. Deswegen können Anträge nach § 115 Abs. 2 GWB grundsätzlich nur dann Erfolg haben, wenn sie auf Umstände gestützt sind, die sich einer Planung von vornherein entzogen hatten (OLG Thüringen, B. v. 24. 10. 2003 – Az.: 6 Verg 9/03; VK Düsseldorf, B. v. 6. 10. 2005 – Az.: VK – 30/2005 – B (Z); B. v. 27. 7. 2005 – Az.: VK – 24/2005 – Z, VK – 20/2005 – Z; B. v. 29. 6. 2005 – Az.: VK 16–2005 – Z; VK Schleswig-Holstein, B. v. 15. 2. 2007 – Az.: VK-SH 03/07).

4388   **Der vierte Teil des GWB unterscheidet nicht zwischen den drei Gewalten**, so dass ein Auftraggeber in seinem fiskalischen Handeln kein besonders zu berücksichtigendes Interesse daraus herleiten kann, dass der **Einkauf der Legislative zu Gute kommen soll** (VK Düsseldorf, B. v. 29. 6. 2005 – Az.: VK 16–2005 – Z).

26.3.3 Ermessensentscheidung

4389   Die Entscheidung der Vergabekammer über die Gestattung des Zuschlags ist eine **Ermessensentscheidung nach Interessenabwägung** (VK Hamburg, B. v. 27. 10. 2005 – Az.: VK BSU-3/05; B. v. 22. 4. 2005 – Az.: VK BSU-2/05; VK Lüneburg, B. v. 19. 6. 2001 – Az.: 203-VgK-12/2001).

Gesetz gegen Wettbewerbsbeschränkungen   GWB § 115   **Teil 1**

26.3.4 Rechtsprechung zur neuen Fassung

26.3.4.1 Restriktive Auslegung

Nach der **Rechtsprechung der bis zum 24. 4. 2009 geltenden Rechtslage** sprach, wenn   4390
ein Auftraggeber die Zeitnot, unter der er steht, selbst herbeigeführt hat, dies im Rahmen der
vorzunehmenden Abwägung jedenfalls nicht entscheidend für eine Gestattung des Zuschlags.
Dies gilt insbesondere dann, wenn die für die Verwirklichung des öffentlichen Auftrags zur Verfügung stehende Zeit von Anfang an „extrem knapp bemessen" war. Dann ist der Auftraggeber
damit ein hohes wirtschaftliches Risiko eingegangen. Dieses Risiko muss der Auftraggeber tragen und kann es nicht in der Weise auf Dritte verlagern, dass diesen im Rahmen des erforderlichen Vergabeverfahrens der Primärrechtsschutz praktisch abgeschnitten wird. Deswegen können
Anträge nach § 115 Abs. 2 Satz 1 GWB grundsätzlich nur Erfolg haben, wenn sie sich auf Umstände stützen, die sich einer Planung von vornherein entziehen. **Unter Berücksichtigung
der Neuregelung könnte man dazu kommen, dass dieser Rechtsprechung nicht mehr
das gleiche Gewicht zukäme. So sind zusätzliche Aspekte bei der Abwägung zu berücksichtigen.** Insbesondere ist hier das Interesse der Allgemeinheit an einer wirtschaftlichen
Erfüllung der Aufgaben des Auftraggebers, die Erfolgsaussichten des Vergabeverfahrens und die
zumindest nicht zwingende Berücksichtigung der Erfolgsaussichten des Vergabenachprüfungsverfahrens zu betrachten. Nach Auffassung der Vergabekammer stärkt dies die Rechte des Auftraggebers. **Jedoch können zeitliche Verzögerungen, die durch den Auftraggeber verursacht worden sind, nicht gänzlich ausgeblendet werden.** Auch wenn die Rechte desjenigen, der den Zuschlag begehrt, nunmehr gestärkt sind, ist nach Auffassung der Vergabekammer
nach wie vor ein **Gestattungsantrag restriktiv auszulegen, denn er schafft vollendete
Tatsachen.** Es kann gerade mit Blick auf die Irreversibilität der Zuschlagsentscheidung im Regelfall davon ausgegangen werden, dass die kurzen Fristen im Nachprüfungsverfahren und das
Beschleunigungsverbot des § 113 Abs. 1 GWB den Interessen des Auftraggebers und der Allgemeinheit hinreichend Rechnung tragen. Würde man nicht bei der Abwägung nicht berücksichtigen, ob eine zeitliche Verzögerung, die einen schnellen Zuschlag erfordert sich auf Umstände
stützt, die sich einer Planung von vornherein entzogen haben, so würde man den Auftraggeber
privilegieren, der zögerlich und schleppend die Vergabe betreibt. Wenn in einem späten Verfahrensstadium ein Vergabenachprüfungsantrag gestellt würde, dürfte der Auftraggeber immer unwiderruflich den Zuschlag erteilen. Der **Auftraggeber, der zügig eine Vergabe betreut und
ausreichende Zeitschienen schafft, würde hingegen „bestraft"**, da seine Zuschlagsentscheidung nun zur Überprüfung anstünde. Gleichwohl schafft das neue Recht nach
Auffassung der Vergabekammer bei einer zeitlichen Verzögerung, die der Auftraggeber selbst herbeigeführt hat, dennoch die Möglichkeit nach erfolgter Abwägung eine
Zuschlagsgestattung zu beschließen. Es sind Fallkonstellationen denkbar**, in denen der
Antragstellerin bei der Submission schlecht platziert ist, einen offensichtlich unzulässigen Vergabenachprüfungsantrag gestellt hat oder durch die Verzögerung des Zuschlags immense Kosten
entstehen (1. VK Sachsen, B. v. 13. 8. 2009 – Az.: 1/SVK/034-09, 1/SVK/034-09G).

26.3.4.2 Keine Anhörung der im Hauptsacheverfahren beizuladenden Bieter

Im Rahmen der Entscheidung über eine vorzeitige Gestattung des Zuschlags ist der **Bieter, der**   4391
im Hauptsachenverfahren beizuladen ist, nicht zu hören, da dessen Interessen hiervon
nicht berührt werden. Der Gesetzgeber hat dieses Verfahren im Interesse der Allgemeinheit an
einer sofortigen Erteilung des Zuschlags vorgesehen, um diese Interessen mit dem gesetzlich festgeschriebene Interesse an der Zuschlagssperre abzuwägen. Die Interessen des Beizuladenden oder
Beigeladenen sind dabei gesetzlich nicht zu berücksichtigen. **Auch wenn nunmehr nach neuem Recht auch der Beigeladene die Interessen der Allgemeinheit im Rahmen des § 115
Abs. 2 GWB geltend machen darf, bleiben es lediglich die Interessen der Allgemeinheit und nicht die des Beigeladenen.** Dem steht nicht entgegen, dass bei der Abwägung auch
die allgemeinen Aussichten des Antragstellers im Vergabeverfahren, den Auftrag zu erhalten, zu
berücksichtigen sind (VK Schleswig-Holstein, B. v. 11. 9. 2009 – Az.: VK-SH 14/09).

26.3.5 Antrag des Auftraggebers oder des für den Zuschlag vorgesehenen Unternehmens

26.3.5.1 Vergaberechtsmodernisierungsgesetz 2009

Über die bisherige **Antragsbefugnis nur des Auftraggebers hinaus** räumt das Vergabe-   4392
rechtsmodernisierungsgesetz 2009 **auch dem für den Zuschlag vorgesehenen Unterneh-**

men ein Recht auf Stellung eines Vorabgestattungsantrags ein. Nach der Gesetzesbegründung kann es hilfreich sein, auch dem Unternehmen, das nach der gemäß § 101a bekannt gemachten Absicht des öffentlichen Auftragebers den Zuschlag erhalten sollen, ein entsprechendes Antragsrecht einzuräumen.

26.3.6 Antrag auf Gestattung des Zuschlags für einen Teil der Leistung

4393 Ein Antrag auf Gestattung eines **Teilzuschlags ist vergaberechtlich nicht zulässig**. Die Verdingungsordnungen gehen sämtlich von dem Prinzip aus, dass die ausgeschriebene Leistung als Ganzes oder in Losen beauftragt wird. Ist eine Losvergabe aufgrund der Ausschreibung jedoch ausgeschlossen, kann der Auftraggeber von dieser Festlegung nicht nachträglich abrücken (1. VK Sachsen, B. v. 6. 11. 2001 – Az.: 1/SVK/115-01g).

4393/1 **Anderer Auffassung** ist die **VK Münster**- allerdings ohne nähere Auseinandersetzung mit der Rechtsauffassung der VK Sachsen (VK Münster, B. v. 22. 1. 2010 – Az.: VK 29/09 E).

26.3.7 Inhaltliche Voraussetzungen (§ 115 Abs. 2 Satz 1–4)

26.3.7.1 Überwiegende nachteilige Folgen einer Zuschlagsverzögerung (§ 115 Abs. 2 Satz 1)

4394 **26.3.7.1.1 Zeitnot des Auftraggebers.** Hat ein Auftraggeber die Zeitnot, unter der er steht, **selbst herbeigeführt**, spricht dies im Rahmen der vorzunehmenden Abwägung jedenfalls **nicht entscheidend für eine Gestattung** des Zuschlags. Dies gilt insbesondere dann, wenn die für die Verwirklichung des öffentlichen Auftrags zur Verfügung stehende Zeit von Anfang an „extrem knapp bemessen" war. Dann ist der Auftraggeber damit ein hohes wirtschaftliches Risiko eingegangen. Dieses **Risiko muss der Auftraggeber tragen** und kann es nicht in der Weise auf Dritte verlagern, dass diesen im Rahmen der erforderlichen Vergabeverfahrens der Primärrechtsschutz praktisch abgeschnitten wird (OLG Celle, B. v. 17. 1. 2003 – Az.: 13 Verg 2/03; VK Baden-Württemberg, B. v. 17. 3. 2007 – Az.: 1 VK 07/07, 08/07; VK Düsseldorf, B. v. 6. 10. 2005 – Az.: VK – 30/2005 – B (Z); VK Lüneburg, B. v. 2. 4. 2003 – Az.: 203-VgK-08/2003; 1. VK Sachsen, B. v. 5. 4. 2006 – Az.: 1/SVK/027-06; B. v. 28. 11. 2001, Az.: 1/SVK/124g-01; VK Schleswig-Holstein, B. v. 11. 9. 2009 – Az.: VK-SH 14/09; B. v. 15. 2. 2007 – Az.: VK-SH 03/07). Deswegen können Anträge nach § 115 Abs. 2 Satz 1 GWB grundsätzlich nur Erfolg haben, wenn sie sich **auf Umstände stützen, die sich einer Planung von vornherein entziehen** (VK Baden-Württemberg, B. v. 17. 3. 2007 – Az.: 1 VK 07/07, 08/07; VK Schleswig-Holstein, B. v. 11. 9. 2009 – Az.: VK-SH 14/09).

4395 Im Rahmen der zu treffenden Interessenabwägung muss – auch bei objektiver Zeitnot – berücksichtigt werden, **ob der Auftraggeber andere Handlungsmöglichkeiten hatte, diese Handlungsmöglichkeiten nicht z. B. einem Kammerbeschluss zuwiderlaufen und der Auftraggeber dennoch diese Handlungsmöglichkeiten nicht genutzt** hat (VK Münster, B. v. 10. 11. 2004 – Az.: VK 29/04).

4396 Im Rahmen der Interessenabwägung kann hinsichtlich der durch eine zeitliche Verzögerung entstehenden Nachteile für den Auftraggeber **entsprechend der gesetzlichen Regelung nur der Zeitraum bis zum Abschluss des Nachprüfungsverfahrens in der jeweiligen Instanz** betrachtet werden (LSG Nordrhein-Westfalen, B. v. 30. 1. 2009 – Az.: L 21 KR 1/08 SFB).

4397 Soweit der Auftraggeber sich auf Nachteile beruft, die dadurch entstehen, dass das Zuschlagsverbot weiterhin besteht, ist auch das **Verhältnis zur bisherigen Dauer des Vergabeverfahrens und des zeitlichen Rahmens des Gesamtprojekts zu berücksichtigen**. Sofern von der Ausschreibung des Vorhabens bis zum Nachprüfungsantrag mehr als ein Jahr vergangen ist und die zunächst vorgesehene Zuschlagsfrist auf Veranlassung des Auftraggebers bis zur Einreichung des Nachprüfungsantrags dreimal, insgesamt um mehrere Monate, verlängert wurde, ist es nicht gerechtfertigt, den aufgetretenen Zeitverlust auf Kosten des Rechtsschutzes im Nachprüfungsverfahren (teilweise) zu kompensieren. Dies gilt selbst dann, wenn es richtig ist, dass dieser zeitliche Ablauf ein zögerliches Vorgehen der Auftraggeberseite zurückzuführen ist (OLG Celle, B. v. 21. 3. 2001 – Az.: 13 Verg 4/01).

4398 Im Falle einer nationalen Ausschreibung ist ein Nachprüfungsverfahren nach den Vorschriften des GWB nicht möglich, also braucht der Auftraggeber ein solches auch nicht einzukalkulieren. **Öffentliche Stellen sind keinesfalls grundsätzlich angehalten, auch bei Ausschreibun-**

gen unterhalb des Schwellenwertes des § 2 VgV mögliche zeitliche Verzögerungen deswegen einzuplanen, weil Interessenten an dem jeweiligen Auftrag die fehlende europaweite Ausschreibung angreifen könnten (VK Hessen, B. v. 13. 5. 2009 – Az.: 69d VK – 10/2009).

26.3.7.1.2 Zeitverlust durch das Nachprüfungsverfahren. 26.3.7.1.2.1 Grundsätze. 4399
Die zeitliche Verzögerung um die **Dauer des maximal fünfwöchigen Nachprüfungsverfahrens sowie der sich anschließenden Rechtsmittelfrist von zwei Wochen** – und auf diesen Zeitraum ist maßgeblich abzustellen – sind **nicht per se geeignet**, einen **vorzeitigen Zuschlag zu begründen** (OLG München, B. v. 9. 9. 2010 – Az.: Verg 16/10; OLG Thüringen, B. v. 14. 11. 2001 – Az.: 6 Verg 6/01; VK Arnsberg, B. v. 10. 1. 2008 – Az.: VK 42/07; 1. VK Bund, B. v. 6. 5. 2002 – Az.: VK 1–17/02 – Z, B. v. 6. 5. 2002 – Az.: VK 2–34/02 – Z; 2. VK Bund, B. v. 21. 7. 2005 – Az.: VK 2–60/05; B. v. 7. 7. 2005 – Az.: VK 2–66/05; B. v. 7. 7. 2005 – Az.: VK 2–63/05; VK Düsseldorf, B. v. 6. 10. 2005 – Az.: VK – 30/2005 – B (Z); VK Hamburg, B. v. 22. 4. 2005 – Az.: VK BSU-2/05; VK Münster, B. v. 22. 1. 2010 – Az.: VK 29/09 E; 1. VK Sachsen, B. v. 23. 6. 2005 – Az.: 1/SVK/068-05, 068-05G; B. v. 13. 12. 2002 – Az.: 1/SVK/109-02g; VK Schleswig-Holstein, B. v. 15. 2. 2007 – Az.: VK-SH 03/07; VK Thüringen, B. v. 25. 3. 2003 – Az.: 216–402.20-002/03-J-S-G).

Soweit sich das Zeitmoment noch dadurch verschärft hat, dass die Vergabekammer die ihr 4400
gemäß § 113 Abs. 1 Satz 1 GWB **eingeräumte Entscheidungsfrist in grenzwertigem Umfang verlängert hat, fällt auch dies in den Risikobereich der Antragsgegnerin.** Die Antragsgegnerin trägt das Risiko, dass ihr Projekt durch das mit aufschiebender Wirkung verbundene Nachprüfungsverfahren verzögert wird. Dies gilt auch für den Fall, dass die Vergabekammer mit der ihr vom Gesetzgeber eingeräumten Frist nicht auskommt (OLG München, B. v. 9. 9. 2010 – Az.: Verg 16/10).

Es ist dem Nachprüfungsverfahren immanent, dass Verzögerungen gegenüber dem geplanten 4401
Vertragsschluss entstehen. Je nach Bedeutsamkeit des streitgegenständlichen Vorhabens ergibt sich dadurch für die Beteiligten, vor allem die Vergabestelle, ein zusätzlicher Aufwand an Arbeitskraft für Koordination, Projektumsteuerung, ggf. auch für Finanzierung. **Solche Nachteile nimmt die gesetzliche Regelung durch die Suspensivwirkung der Zustellung bewusst in Kauf.** Im Einzelfall müssen sie erhebliche Ausmaße erreichen, um das Interesse an der Offenhaltung des Wettbewerbs bis zur Entscheidung der Vergabekammer zu überwiegen. Dies könnte anzunehmen sein, wenn der vorgestellte Erfolg der Maßnahme nicht mehr in einem vernünftigen Verhältnis zu dem durch die Verzögerung eintretenden Schaden stehen würde (VK Düsseldorf, B. v. 1. 6. 2001 – Az.: VK – 13/2001 – Z).

26.3.7.1.2.2 Beispiele aus der Rechtsprechung 4402

– im **Falle einer nationalen Ausschreibung ist ein Nachprüfungsverfahren nach den Vorschriften des GWB nicht möglich, also brauchte die Antragsgegnerin ein solches auch nicht einzukalkulieren.** Öffentliche Stellen sind keinesfalls grundsätzlich angehalten, auch bei Ausschreibungen unterhalb des Schwellenwertes des § 2 VgV mögliche zeitliche Verzögerungen deswegen einzuplanen, weil Interessenten an dem jeweiligen Auftrag die fehlende europaweite Ausschreibung angreifen könnten (VK Hessen, B. v. 27. 4. 2009 – Az.: 69d VK – 10/2009)

– im übrigen **kann es nicht Ziel des vorläufigen Rechtsschutzes nach § 115 Abs. 2 GWB sein, Vergabeentscheidungen der Entwicklung verwaltungsorganisatorischer Entscheidungsprozesse anzupassen.** Es ist **Sache des öffentlichen Auftraggebers** für ein Beschaffungsvorhaben die Realisierungsvoraussetzungen insgesamt einzuschätzen und dabei auch die **Zeiträume zu berücksichtigen, die für ein eventuelles vergaberechtliches Prüfungsverfahren benötigt werden.** Vorliegend hat die Antragsgegnerin offenbar für das Vergabeverfahren keine Zeit eingeplant (VK Arnsberg, B. v. 10. 1. 2008 – Az.: VK 42/ 07)

– eine **Verzögerung von maximal 19 Tagen** vermag eine **unmittelbare Gefährdung eines Bauvorhabens nicht zu begründen** (OLG Thüringen, B. v. 24. 10. 2003 – Az.: 6 Verg 9/ 03)

26.3.7.1.3 Mehrkosten durch ein Nachprüfungsverfahren. 26.3.7.1.3.1 Rechtspre- 4403
chung. Mehrkosten, die durch ein Nachprüfungsverfahren entstehen können, können nur dann ein Argument für die Gestattung des Zuschlags sein, wenn sie in erheblicher Höhe anfallen (1. VK Sachsen, B. v. 25. 2. 2002 – 1/SVK/012-02g, B. v. 27. 2. 2003 – Az.: 1/SVK/005-03; VK Südbayern, B. v. 29. 7. 2010 – Az.: Z3-3-3194-1-39-06/10).

4404 26.3.7.1.3.2 Literatur

– Dabringhausen, Gerhard, Preissteigerungen bei Bauzeitverzögrung infolge vergaberechtlicher Nachprüfungsverfahren, VergabeR 2007, 176

– Gröning, Jochem, Vergaberechtliche Bewältigung nachprüfungsbedingter Bauzeitverschiebungen und dadurch verursachter Preiserhöhungen, BauR 2004, 199

– Heilfort, Thomas/Zipfel, Carsten, Ermittlung terminlicher und monetärer Ansprüche des Bauunternehmers bei vom Auftraggeber zu vertretender Verzögerung der Zuschlagserteilung, VergabeR 2005, 38

– Schlösser, Jürgen, Zivilrechtliche Folgen nachprüfungsbedingter Bauzeitverschiebung, -verlängerung und Materialpreiserhöhung, ZfBR 8/2005, S. 733

4405 26.3.7.1.4 Finanzielle Nachteile des Auftraggebers. Geldwerte Verzögerungsschäden können für sich allein einen Antrag auf vorzeitige Gestattung des Zuschlags **allenfalls dann rechtfertigen, wenn sie eine ganz außergewöhnliche wirtschaftliche Belastung** der Auftraggeberseite darstellen würden (OLG Dresden, B. v. 14. 6. 2001 – Az.: WVerg 0004/01).

4406 Erleidet der Auftraggeber durch die Hinderung an der Zuschlagserteilung einen erheblichen finanziellen Verlust (z. B. in Höhe von mehr als 30 Mio. Euro monatlich), ist aber die **Höhe dieses Betrages zunächst einmal die zwangsläufige Folge des von dem Auftraggeber selbst festgelegten finanziellen Umfangs der Ausschreibung**, kann diesem Gesichtspunkt bereits deshalb **keine besondere oder gar ausschlaggebende Bedeutung beigemessen** werden, da dies anderenfalls das Ergebnis zeitigte, dass in Fällen mit erheblichen finanziellem Umfang und wirtschaftlicher Bedeutung für den Auftraggeber der Grundsatz des § 115 Absatz 1 GWB regelmäßig außer Kraft gesetzt wäre (LSG Nordrhein-Westfalen, B. v. 30. 1. 2009 – Az.: L 21 KR 1/08 SFB).

4407 26.3.7.1.5 Abwasserbeseitigung. Die **Sicherung des Transports von Schmutzwasser ist überragend.** Sie duldet keinen Aufschub. Andernfalls kann es zu Überschwemmungen u. a. von Kellern und zu unangenehmen Gerüchen kommen. Außerdem haben die Haushalte ein erhebliches Interesse daran, rechtzeitig über die Neuorganisation der Entsorgungsgebiete informiert zu werden. Schließlich bedeutet auch z. B. die Senkung der Gebühr für die dezentrale Entsorgung für die Haushalte – die erst nach Abschluss der Vergabenachprüfung beschlossen werden kann – eine finanzielle Erleichterung (1. VK Brandenburg, B. v. 28. 11. 2001 – Az.: 1 VK 113/01).

4408 26.3.7.1.6 Abfallentsorgung. Besteht die **Gefahr, dass die Abfallentsorgung nicht fristgemäß sichergestellt** und somit die gesetzlich konkretisierten Pflichten der gemeinwohlverträglichen Abfallbeseitigung (§ 10 Abs. 4 Satz 2 Nr. 6 Krw-/AbfG) der jeweils gemäß § 15 Abs. 1 Krw-/AbfG zuständigen öffentlich-rechtlichen Entsorgungsträger nicht eingehalten werden können, haben die **Interessen eines Antragstellers** gegenüber den derart gesetzlich konkretisierten Interessen der Allgemeinheit **zurückzutreten** (VK Brandenburg, B. v. 12. 4. 2002 – Az.: VK 15/02).

4409 Eine **ordnungsgemäße Lagerung und Verwertung von Klärschlamm** muss aus umwelt- und gesundheitsrechtlichen Gründen gewährleistet sein, insbesondere dann, wenn aus Kapazitätsgründen keine Möglichkeit mehr besteht, weiteren Klärschlamm zwischen zu lagern (VK Hessen, B. v. 19. 9. 2002 – Az.: 69 d VK – 46/2002).

4410 26.3.7.1.7 Verbesserung der medizinischen Versorgung der Bevölkerung. Wenn ein Auftraggeber sich darauf beruft, dass mit dem Bau einer Klinik eine Verbesserung und Sicherung der medizinischen Versorgung beabsichtigt sei, ist dies zwar nachvollziehbar. Dennoch ist nicht davon auszugehen, dass durch eine Verzögerung des Zuschlags ein **Versorgungsengpass oder gar eine Versorgungslücke** entsteht. Dass das Bauvorhaben einem engen Kostenrahmen unterliegt und unter hohem Zeitdruck steht, liegt bei Bauvorhaben dieser Art gewissermaßen in der Natur der Sache. Dies begründet jedoch kein besonderes Interesse, das über das normale Interesse an der Beschleunigung des Vergabeverfahrens hinausgeht. Unter diesen Umständen ist es dem Auftraggeber zuzumuten, die normalen Rechtsschutzmöglichkeiten und deren Fristen auszuschöpfen (VK Hessen, B. v. 11. 2. 2002 – Az.: 69 d – VK 48/2001).

4411 26.3.7.1.8 Drohender Fördermittelverlust. Die Gestattung auf eine Erteilung des Zuschlages nach § 115 Abs. 2 GWB erhöht die Chance auf einen rechtzeitigen Abruf der für dieses Jahr bereit gestellten Mittel, welche jedoch nicht den vollständigen Mittelabfluss garantiert. Aus diesem Grunde ist die **vorzeitige Gestattung** des Zuschlages die **geeignete und erforderliche Maßnahme**, um die bewilligten Fördermittel zu erhalten. Dieses öffentliche Interesse

Gesetz gegen Wettbewerbsbeschränkungen GWB § 115 **Teil 1**

an der Vergabe überwiegt das Primärrechtsschutzinteresse der Antragstellerin (1. VK Sachsen, B. v. 4. 10. 2001 – Az.: 1/SVK/98-01g).

26.3.7.1.9 Anti-Terror-Maßnahmen. Sind die zu beschaffenden Waren Teil des von Regierung und Parlament beschlossenen so genannten zweiten Anti-Terror-Pakets und sollen sie zusammen mit anderen in diesem Zusammenhang beschlossenen Maßnahmen dazu dienen, terroristischen Anschlägen, die auch der Bundesrepublik Deutschland als Folge der Ereignisse vom 11. 9. 2001 drohen, entgegenzuwirken und geht die Bundesregierung, namentlich die ihr unterstellten Sicherheitsbehörden, von einer entsprechenden Gefährdungslage aus haben sie im Rahmen ihrer Beurteilung eine **Einschätzungsprärogative mit der Folge, dass ihre Beurteilung der Sicherheitslage von den Betroffenen hingenommen werden muss**. Das von dieser Gefahrenlage ausgehende Bedrohungspotential für hochwertige immaterielle und materielle Rechtsgüter ist außergewöhnlich groß. Dies rechtfertigt die Gestattung des Zuschlags (2. VK Bund, B. v. 5. 9. 2002 – Az.: VK 2–68/02). 4412

26.3.7.1.10 Unfallgefahren. Soweit die Vergabestelle vorträgt, dass die zweispurige Brückenführung Nadelöhr und **Unfallschwerpunkt sei, führt auch diese Argumentation nicht zur Gestattung des Zuschlags**. Bei einer Bauzeit von mehr als drei Jahren fällt die Verzögerung um zwei bis drei Wochen auch bezüglich dieses Argumentes nicht ins Gewicht (VK Thüringen, B. v. 25. 3. 2003 – Az.: 216–402.20-002/03-J-S-G). 4413

26.3.7.1.11 Aufrechterhaltung und Verbesserung des Verkehrsflusses. Der **Elbtunnel ist mit einer durchschnittlichen täglichen Verkehrsstärke von 110.000 Fahrzeugen von herausragender Bedeutung für die Abwicklung des nationalen und internationalen Verkehrs in Norddeutschland**. Behinderungen der Befahrbarkeit führen stets zu gravierenden Auswirkungen für die Wirtschaft und die Bevölkerung. Es liegt daher im Interesse des Auftraggebers sowie der Allgemeinheit, dass die BAB A 7 in den Hauptreisezeiten sowie der Fußballweltmeisterschaft frei durch den Elbtunnel befahrbar ist. Insbesondere die am 9. 6. 2006 beginnende Fußballweltmeisterschaft als weltweit bedeutendes Ereignis erfordert die ungehinderte Erreichbarkeit Hamburgs als Austragungsort. Dieses ist nur bei einem Vier-Röhren-Betrieb zu gewährleisten. Anderenfalls ist die notwendige Leistungsfähigkeit des Tunnels für die Bewältigung des erhöhten Verkehrs in den Sommermonaten des nächsten Jahres nicht sichergestellt. Bei einem auf drei Röhren beschränkten Betrieb sind in dieser Zeit mit Sicherheit häufige und kilometerlange Staus vor den Zufahrten des Elbtunnels die Folge (VK Hamburg, B. v. 27. 10. 2005 – Az.: VK BSU-3/05). 4414

26.3.7.1.12 Kurz bevorstehendes Großereignis (z. B. Fußballweltmeisterschaft). Der Auftraggeber **macht hinreichend glaubhaft, dass weitere, durch die Dauer des Nachprüfungsverfahrens und die nach Zuschlagserteilung erforderliche Vorlaufzeit bedingte Verzögerungen die Erreichung der Ziele des ausgeschriebenen Auftrags wenn zwar nicht per se vereiteln, so aber doch so wesentlich erschweren, dass der Erfolg der gesamten Kampagne ernsthaft in Frage gestellt wird**: Bereits jetzt finden zahlreiche Veranstaltungen insbesondere der deutschen Tourismusbranche und sonstige mediale Großereignisse statt, die – selbst wenn die Fußballweltmeisterschaft nicht Hauptgegenstand dieser Veranstaltungen sein sollte – aufgrund ihrer erheblichen Breitenwirkung in der Öffentlichkeit und in den speziellen Zielgruppen der Ausschreibung wesentlich zur Zielerreichung der ausgeschriebenen Kampagne beitragen können, indem sie geeignet erscheinen, das zu erstellende Key Visual zu verbreiten und das Kommunikations-, Multiplikatoren- und PR-Konzepts umzusetzen. **Diese Interessen der Allgemeinheit und des Auftraggebers an einer zügigen Vergabe sind gegenüber den Interessen des Antragstellers vorrangig, weil der Nachprüfungsantrag nach dem derzeitigen Sach- und Streitstand keine hinreichende Aussicht auf Erfolg besitzt** (3. VK Bund, B. v. 30. 9. 2005 – Az.: VK 3–130/05 – Z). 4415

Das gewichtige Interesse der Allgemeinheit, dass eine Großveranstaltung (wie z. B. der Hessentag 2009) wie geplant durchgeführt werden kann, wozu die Bereitstellung der erforderlichen Sanitärcontainer und Sicherheitseinrichtungen unabdingbare Voraussetzung ist, überwiegt das Interesse der Antragstellerin an Gewährung des Primärrechtsschutzes. Dies gilt, obwohl bei Erteilung des Zuschlages auf Grund der Gestattung für sie keine Möglichkeit mehr besteht, die ausgeschriebenen Aufträge zu erhalten, auch wenn ihr Nachprüfungsantrag zulässig und begründet sein sollte. **Ohne das Vorhandensein der genannten Einrichtungen sind die meisten der geplanten Veranstaltungen überhaupt nicht oder nur mit erheblichen Einschränkungen durchführbar, was die Attraktivität und damit die Durchführung der gesamten Großveranstaltung in Frage stellen würde**. Hierdurch würde sowohl der Vergabestelle als auch den einzelnen Veranstaltern ein erhebli- 4416 cher Schaden entstehen; demgegenüber muss der mögliche Schaden bei der Antragsstellerin zurückstehen. Ist der für die Zuschlagserteilung, den Vertragsabschluss und die Lieferung und Aufbau der erforderlichen Einrichtungen noch verbleibende Zeitraum mit Sicherheit zu kurz bemessen, um noch die ordnungsgemäße Durchführung der Großveranstaltung und aller enthaltenen Veranstaltungen gewährleisten zu können, sind nicht nur die Interessen der Vergabestelle an einem reibungslosen Ablauf der Großveranstaltung erheblich beeinträchtigt. Auch die von ihr erbrachten erheblichen Aufwendungen, personellen und organisatorischen Vorleistungen werden dadurch in Frage gestellt. Ferner werden auch die **Belange der Allgemeinheit und deren Interesse an der Durchführung dieses traditionellen Großereignisses erheblich tangiert** (VK Hessen, B. v. 27. 4. 2009 – Az.: 69 d VK – 10/2009).

4417   **26.3.7.1.13 Besondere Berücksichtigung des Versorgungsauftrags der gesetzlichen Krankenkassen.** Das **Regel-Ausnahmeprinzip** des **§ 115 Abs. 1** erfährt keine Änderung durch die in § 69 Absatz 2 Satz 3 SGB V erwähnte „besondere Berücksichtigung des Versorgungsauftrags der gesetzlichen Krankenkassen" bei der Anwendung der Vorschriften des Vergaberechts. Es erscheint schon fraglich, ob es zulässig wäre, eine eindeutige Entscheidung des Gesetzgebers aufgrund eines (allgemeinen) Gesichtspunkts nachhaltig zu ändern oder sogar ins Gegenteil zu verkehren. Hierzu besteht aber auch keinerlei Anlass, weil dieser **Gesichtspunkt (Versorgungsauftrag) zwanglos im Rahmen der (umfassenden) Interessenabwägung Berücksichtigung finden kann und muss** (LSG Nordrhein-Westfalen, B. v. 19. 2. 2009 – Az.: L 21 KR 16/09 SFB).

4418   **26.3.7.1.14 Möglichkeit eines Interimsvertrages.** Der **Auftraggeber hat nicht ausreichend dargelegt, dass die im Interesse des Gemeinwohls liegende Versorgung der Krankenhäuser mit Textilien nach dem 1. 10. 2009 gefährdet wäre, wenn er selbst vorträgt, dass der bisherige Auftragnehmer (die ASt) eine Interimslösung dahingehend angeboten hat, die Versorgung bis zu einer bestandskräftigen Entscheidung in vollem Umfang weiter zu übernehmen und dies von der ASt bestätigt** wird. Der Auftraggeber hätte also die tatsächliche Möglichkeit, die Interessen der Allgemeinheit an einem ordnungsgemäßen Klinikablauf zu wahren, wenn auch zu einem höheren Preis als bisher. Er kann sich daher nicht auf die Gefährdung des Gemeinwohls berufen, wenn er es in der Hand hat, dieses auch weiterhin zu garantieren. **Die finanziellen „Mehrkosten",** die dem Auftraggeber dadurch entstehen würden, dass für die Interimslösung nicht die Preise der Bietergemeinschaft, sondern die in diesem Vergabeverfahren angebotenen Preise der ASt zu Grunde gelegt werden müssten, wenn keine anderweitige Einigung mit der ASt erfolgt, **hat der Auftraggeber hinzunehmen, da es weder einen Rechtsanspruch auf Verlängerung der alten Verträge zu den alten Bedingungen noch zu den Bedingungen der Bietergemeinschaft gibt und die Kosten des Interimsvertrags nur für einen Monat bei einer Gesamtlaufzeit des abzuschließenden Vertrages von 60 Monaten anfallen.** Hinzu kommt bei der Betrachtung der Wirtschaftlichkeit, dass das Interesse der Allgemeinheit an einer wirtschaftlichen Aufgabenerfüllung durch den Auftraggeber dann zurückzustehen muss, wenn dies durch das gleichfalls zu berücksichtigende dringliche Interesse der Allgemeinheit an einem ordnungsgemäßen Klinikablauf aufgrund der Gefahr für Leib und Leben der Patienten überlagert wird und der öffentliche Auftraggeber die Eilbedürftigkeit selbst verursacht hat (VK Schleswig-Holstein, B. v. 11. 9. 2009 – Az.: VK-SH 14/09).

4419   **26.3.7.1.15 Vorgreiflichkeit von Leistungen.** Umfasst der **Auftragswert ca. 12 Mio. € insgesamt und ist die Baufeldräumung ist mit einem Anteil von ca. 100.000 € nur ein sehr geringfügiger Teil dieser Gesamtbaumaßnahme, stellen die Vorabgestattung des Zuschlags keine nennenswerten wirtschaftlichen Einbußen für die Bieter dar.** Entscheidend ist aber, dass keine Vorgreiflichkeit entsteht, weil das Fällen der Bäume als auch die Gehölzrodung eine Leistung ist, die ohne Beeinträchtigung des Gesamtauftrages vorab erledigt werden muss. In der Praxis werden dafür häufig auch Nachunternehmer beauftragt. Erst im Anschluss an diese Arbeiten erfolgt die Einrichtung der Baustelle, die mit entsprechendem Aufwand verbunden ist, so dass mit dem Schwerpunkt der ausgeschriebenen Leistung auch erst dann begonnen wird. Auch die Antragstellerin würde somit – wenn diese Arbeiten abgeschlossen sind – immer noch die Ausführung des Gesamtauftrages ohne wesentliche wirtschaftliche Einbußen übernehmen können. **Insofern wird durch die Vorabgestattung der Primärrechtsrechtsschutz der Antragstellerin nicht irreversibel beseitigt, sondern vorliegend ist weiterhin im Hauptsacheverfahren zu entscheiden, auf welches Angebot der Zuschlag zu erteilen ist** (VK Münster, B. v. 22. 1. 2010 – Az.: VK 29/09 E).

4419/1 **26.3.7.1.16 Naturschutzrechtliche Belange.** Die Interessen des Auftraggebers an einer Vorabgestattung des Zuschlags für den von ihm beantragten Teil der Gesamtbaumaßnahme

Gesetz gegen Wettbewerbsbeschränkungen   GWB § 115   **Teil 1**

rechtfertigen ausnahmsweise die Vorabgestattung, wenn der **Auftraggeber letztlich die naturschutzrechtlichen Belange** bei der Durchführung der Deponiesanierung zu berücksichtigen hat, so dass er dann, wenn die vorbereitenden Maßnahmen auf dem Gelände vor März nicht erfolgen, diese **wohl erst wieder ab September in Angriff nehmen kann**, um die Brutzeit der dort ansässigen Vögel nicht unzulässigerweise zu beeinträchtigen (VK Münster, B. v. 22. 1. 2010 – Az.: VK 29/09 E).

26.3.7.2 Berücksichtigung des Interesses der Allgemeinheit an einer wirtschaftlichen Erfüllung der Aufgaben des Auftraggebers (§ 115 Abs. 2 Satz 2)

26.3.7.2.1 Vergaberechtsmodernisierungsgesetz 2009. Im neuen Satz 2 **konkretisiert** 4420 der Gesetzgeber das **überwiegende Interesse der Allgemeinheit durch die Benennung eines weiteren Beispiels**. In Übereinstimmung mit den Wertungen des Bundesverfassungsgerichtes (BVerfGE vom 13. 6. 2006) soll hier **auf Gesetzesebene das Interesse des öffentlichen Auftraggebers an der Erfüllung seiner öffentlichen Aufgabe in wirtschaftlicher und verzögerungsfreier Weise gestärkt werden**. Gerade bei großen Bauvorhaben können Nachprüfungsverfahren zu Zeitverlusten führen, die das Vorhaben erheblich verteuern. Dann kann die Interessenabwägung ergeben, dass das Interesse des Bieters an der Verhinderung des Zuschlags und seiner Beauftragung gegenüber dem öffentlichen Interesse des Auftraggebers an der zügigen Fertigstellung unter Einhaltung des Kostenrahmens zurückstehen muss.

Satz 2 erhielt seine **endgültige Fassung erst im Laufe des Gesetzgebungsverfahrens**. 4421

26.3.7.2.2 Rechtsprechung. Zu den öffentlichen Belange im Sinne des § 118 Abs. 2 GWB 4422 – und damit auch des § 115 Abs. 2 GWB – gehört auch die **Vergabe des Auftrages an den kostengünstigsten Bieter** (OLG Düsseldorf, B. v. 23. 3. 2010 – Az.: VII-Verg 61/09).

26.3.7.3 Berücksichtigung der allgemeinen Erfolgsaussichten des Antragstellers auf Auftragserhalt (§ 115 Abs. 2 Satz 3)

26.3.7.3.1 Vergaberechtsmodernisierungsgesetz 2009. Die im neuen Satz 3 des § 115 4423 Absatz 2 neu in Bezug genommenen Erfolgsaussichten im Vergabeverfahren sind ein **wichtiges Indiz** für die Entscheidungsfindung nach Satz 1. Dabei geht es **zum Beispiel um die Platzierung und der Chance des unterlegenen Bieters, den Zuschlag zu erhalten**.

26.3.7.4 Berücksichtigung der Erfolgsaussichten des Nachprüfungsantrags im Hauptsacheverfahren (§ 115 Abs. 2 Satz 4)

26.3.7.4.1 Vergaberechtsmodernisierungsgesetz 2009. Es sind Konstellationen denkbar, 4424 in denen die summarische Prüfung der Erfolgsaussichten im Nachprüfungsverfahren die Erteilung des Vorabzuschlags ungebührlich verzögern würde und damit dem überwiegenden Interesse der Allgemeinheit an einem raschen Abschluss des Vergabeverfahrens nicht ausreichend Rechnung getragen würde. **§ 115 Abs. 2 S. 4 neu stellt deshalb klar, dass die Vergabekammer die Erfolgsaussichten des Nachprüfungsverfahrens berücksichtigen kann, dazu allerdings nicht verpflichtet** ist und deshalb auf der Grundlage der Abwägung der beteiligten Interessen die Voraberteilung des Zuschlags erteilen darf. Dabei ist die prozessuale Durchsetzung des subjektiv-öffentlichen Rechts auf Einhaltung der Vergabevorschriften durch die Möglichkeit der Beschwerde zum Oberlandesgericht sichergestellt.

26.3.7.4.2 Neue Rechtsprechung. § 115 Abs. 2 GWB ist mittlerweile neu gefasst 4425 worden, so dass jedenfalls nach Satz 4 der Vorschrift die Erfolgsaussichten des Nachprüfungsantrages (des Rechtsmittels) nicht in jedem Fall Gegenstand der Abwägung sein müssen. In der amtlichen Gesetzesbegründung wird dazu ausgeführt, dass Konstellationen denkbar sind, in denen die summarische Prüfung der Erfolgsaussichten im Nachprüfungsverfahren die Erteilung des Vorabzuschlags ungebührlich verzögern würde und damit dem überwiegenden Interesse der Allgemeinheit an einem raschen Abschluss des Vergabeverfahrens nicht ausreichend Rechnung getragen würde. **Satz 4 stelle deshalb klar, dass die Vergabekammer die Erfolgsaussichten des Nachprüfungsverfahrens berücksichtigen kann, dazu allerdings nicht verpflichtet ist und deshalb auf der Grundlage der Abwägung der beteiligten Interessen die Voraberteilung des Zuschlags erteilen darf** (VK Münster, B. v. 22. 1. 2010 – Az.: VK 29/09 E).

Unter Berücksichtigung dieser Neufassung **sind die Erfolgsaussichten des Nachprü-** 4426 **fungsverfahrens nicht zu berücksichtigen, wenn streitentscheidend u. a. Behauptungen** der Antragstellerin in Bezug auf die Zuverlässigkeit und Eignung der Beigeladenen sind, die im Einzelnen nachzuweisen und zu belegen sind, was auch bei nur summarischer Prüfung, die Entscheidung über den Vorabzuschlag ungebührlich verzögern würde, so dass nur auf die in § 115 Abs. 2 Satz 1 GWB genannten Interessen der Verfahrensbeteiligten abgestellt wird (VK Münster, B. v. 22. 1. 2010 – Az.: VK 29/09 E).

4427 26.3.7.4.3 **Ältere Rechtsprechung.** Die bisherige Rechtsprechung zu der Frage, ob die Erfolgsaussichten des Nachprüfungsantrags im Hauptsacheverfahren im Rahmen der Interessensabwägung zu berücksichtigen sind, ist nicht einheitlich.

4428 Nach einer Auffassung **sind** in die Interessenabwägung des § 115 Abs. 2 GWB auch die Erfolgschancen des Nachprüfungsantrags **einzubeziehen**. Nur dann ist der gesetzlichen Forderung Genüge getan, wonach die Entscheidung der Vergabekammer über die Vorabgestattung des Zuschlags unter Berücksichtigung „aller möglicherweise geschädigten Interessen" zu erfolgen hat. Es liegt auf der Hand, dass zu jenen in die Interessenabwägung einzustellenden Belangen auch (und vor allem) der in § 97 Abs. 7 GWB normierte Anspruch auf Einhaltung der Vergabebestimmungen zählt und die Interessen des Antragstellers infolgedessen wesentlich auch durch die Erfolgsaussichten seines Nachprüfungsantrags bestimmt werden. Aus der Tatsache, dass der Gesetzgeber die Erfolgsaussicht des Nachprüfungsbegehrens als ein (wichtiges) Entscheidungskriterium lediglich in § 118 Abs. 1 Satz 3 GWB und nicht auch in § 115 Abs. 2 Satz 1 GWB besonders erwähnt hat, lässt sich Gegenteiliges nicht herleiten (OLG Düsseldorf, B. v. 1. 10. 2009 – Az.: VII-Verg 31/09; B. v. 28. 4. 2008 – Az.: VII-Verg 30/08; B. v. 23. 8. 2002 – Az.: Verg 44/02; VK Baden-Württemberg, B. v. 8. 8. 2003 – Az.: 1 VK 44/03; VK Brandenburg, B. v. 16. 12. 2004 – Az.: VK 70/04; B. v. 24. 9. 2004 – Az.: VK 47/04; B. v. 19. 7. 2004 – Az.: VK 41/04; 2. VK Bund, B. v. 21. 7. 2005 – Az.: VK 2–60/05; B. v. 7. 7. 2005 – Az.: VK 2–66/05; B. v. 7. 7. 2005 – Az.: VK 2–63/05; 3. VK Bund, B. v. 30. 9. 2005 – Az.: VK 3–130/05 – Z; VK Hessen, B. v. 27. 4. 2009 – Az.: 69d VK – 10/2009; VK Münster, B. v. 10. 11. 2004 – Az.: VK 29/04).

4429 Nach einer anderen Auffassung sind die Erfolgsaussichten des Nachprüfungsantrags im Hauptsacheverfahren **nur im Ausnahmefall mit einzubeziehen**, und zwar dann, wenn der zu beurteilende Sachverhalt bei der Entscheidung über die Gestattung des Zuschlags bereits offen zu Tage liegt und im Eilverfahren unschwer berücksichtigt werden kann (OLG Thüringen, B. v. 14. 11. 2001 – Az.: 6 Verg 6/01; VK Arnsberg, B. v. 10. 1. 2008 – Az.: VK 42/07; VK Hamburg, B. v. 27. 10. 2005 – Az.: VK BSU-3/05; B. v. 22. 4. 2005 – Az.: VK BSU-2/05; 1. VK Sachsen, B. v. 5. 4. 2006 – Az.: 1/SVK/027-06; B. v. 25. 2. 2002 – 1/SVK/012-02g; VK Schleswig-Holstein, B. v. 11. 9. 2009 – Az.: VK-SH 14/09; B. v. 8. 7. 2005 – Az.: VK-SH 18/05).

4430 Die Bestimmung des **§ 115 Abs. 2 Satz 1 GWB ist auch erkennbar den §§ 80, 80a VwGO nachgebildet**, wenn auch die Entscheidung einen endgültigen Zuschlag ermöglichen soll. Es ist somit nicht zulässig, dass die Vergabekammer ihre Entscheidung über den Antrag auf vorzeitige Zuschlagsgestattung zurückstellt, um zunächst den Sachverhalt abschließend aufzuklären. Die Ermittlungen müssen nicht so umfangreich sein wie die für das Hauptsacheverfahren, da ansonsten § 115 Abs. 2 Satz 1 GWB keine praktische Bedeutung zukäme. Es liegt daher **im pflichtgemäßen Ermessen der Vergabekammer, ob und in welchem Umfang sie die Erfolgsaussichten in der Hauptsache würdigen will**. Selbst ein prognostizierbarer Erfolg des Nachprüfungsverfahrens stellt keinen zwingenden Abwägungsgesichtspunkt dar (VK Schleswig-Holstein, B. v. 8. 7. 2005 – Az.: VK-SH 18/05).

4431 Daher kann die Gestattung des vorzeitigen Zuschlags mit einer fehlenden Erfolgsaussicht dann begründet werden, wenn sich die Unzulässigkeit oder Unbegründetheit des Nachprüfungsantrages **auf den ersten Blick erschließt** (LSG Nordrhein-Westfalen, B. v. 19. 2. 2009 – Az.: L 21 KR 16/09 SFB; VK Arnsberg, B. v. 10. 1. 2008 – Az.: VK 42/07; VK Brandenburg, B. v. 30. 4. 2004 – Az.: VK 13/04; B. v. 4. 4. 2002 – Az.: VK 12/02; VK Lüneburg, B. v. 15. 7. 2003 – Az.: 203-VgK-15/2003). Eine **weitergehende Berücksichtigung fehlender Erfolgsaussichten** im Verfahren nach § 115 Abs. 2 GWB würde das Recht des Antragstellers verletzen, seine Rügen in dem vorgesehenen Nachprüfungsverfahren mit dem Ziel des Primärrechtsschutzes überprüfen zu lassen. Sie würde auch dem Ziel der Beschleunigung des Nachprüfungsverfahrens zuwider laufen (OLG Celle, B. v. 19. 8. 2003 – Az.: 13 Verg 20/03).

4432 Eine dritte Meinung schließlich **berücksichtigt** die Erfolgsaussichten des Antrages im Hauptsacheverfahren bei der Interessenabwägung **überhaupt nicht**, wie sich im Umkehrschluss aus § 121 Absatz 1 Satz 1 GWB ergibt (VK Düsseldorf, B. v. 1. 6. 2001 – Az.: VK – 13/2001 – Z). Diese **Auffassung** ist **nach der Neufassung des § 115 Abs. 2 überholt**.

Jedenfalls kann **bei offensichtlicher Begründetheit des Nachprüfungsantrags oder offensichtlicher Rechtswidrigkeit des Vergabeverfahrens** in aller Regel eine vorzeitige Zuschlagserteilung **nicht in Betracht kommen**. Denn das Interesse der Allgemeinheit am raschen Abschluss von Vergabeverfahrens kann sich nur auf den gesetzeskonformen Abschluss eines Vergabeverfahrens beziehen, nicht aber auf die vorzeitige Zuschlagserteilung im Rahmen eines vergaberechtswidrigen Verfahrens (OLG Naumburg, B. v. 10. 11. 2003 – Az.: 1 Verg 14/ 03; VK Hessen, B. v. 27. 4. 2009 – Az.: 69 d VK – 10/2009; VK Münster, B. v. 21. 8. 2003 – Az.: VK 18/03; VK Schleswig-Holstein, B. v. 15. 2. 2007 – Az.: VK-SH 03/07). Das bedeutet, dass das Interesse an einem raschen Abschluss des Vergabeverfahrens im Rahmen des § 115 Abs. 2 GWB somit nur dann und insoweit mit dem Allgemeininteresse verbunden sein kann, **als bei der summarischen Überprüfung des Vergabeverfahrens keine durchgreifenden Anhaltspunkte für erhebliche Vergabeverstöße bestehen** (VK Schleswig-Holstein, B. v. 15. 2. 2007 – Az.: VK-SH 03/07).   4433

26.3.7.5 Rechtsschutzinteresse

Für einen Antrag nach § 115 Abs. 2 benötigt der Auftraggeber ein Rechtsschutzinteresse. Dieses **Rechtsschutzinteresse fehlt, wenn der Auftraggeber ein Ausschreibungsverfahren aufgehoben hat, nur gegen diese Entscheidung ein Nachprüfungsverfahren anhängig ist und der Auftraggeber beabsichtigt, die im aufgehobenen Verfahren ausgeschriebene Leistung im Verhandlungsverfahren zu vergeben**. Im Verhandlungsverfahren zu Unrecht übergangene und nach § 101 a GWB nicht benachrichtigte Unternehmen können auch nach einem erteilten Zuschlag mit Erfolg die Vergabenachprüfung einleiten, und zwar auch mit dem Ziel eines Primärrechtsschutzes (OLG Düsseldorf, B. v. 26. 7. 2005 – Az.: VII – Verg 44/05).   4434

26.3.8 Weitere Beispiele aus der Rechtsprechung

– bei der **Schutzeinrichtung im Mittelstreifen handelt es sich um das Leitgewerk**, welches nach Abschluss der Asphaltierungsarbeiten und vor Errichtung der weiteren Ausstattungsgewerke, wie Beschilderung, Markierung und Schutzeinrichtungen im Außenbereich für die Verkehrsfreigabe abgeschlossen sein muss. Soll die **Verkehrsfreigabe** eines Autobahnabschnitts ab Ende November 2010 erfolgen, um die dringend erforderliche Entlastung einer Ortsdurchfahrt insbesondere vom Schwerverkehr herbeizuführen und führt die **Reduzierung der Fahrstrecke** zu einer Verminderung der Verkehrsmenge von mehreren tausend Fahrzeugen pro Tag und wird durch die Entlastung der Ortsdurchfahrt eine **wesentliche Reduzierung von Lärm- und Umweltbelastungen** erzielt sowie die Verkehrssicherheit erhöht und ist eine Verkehrsfreigabe ohne Schutzeinrichtungen im Mittelstreifen gemäß der RPS 2009, Ziffer 3.4.1 (1) aus Gründen der Verkehrssicherheit nicht möglich und entstehen durch die Verlängerung der Bauzeit für die Erstellung der Betonschutzwände bis in den Winter 2010/2011 **erhebliche Mehrkosten** und entstehen weitere Mehrkosten durch Erschwernisse beim Einbau von Schilderbrücken oder Schutzplanken, die vom Auftraggeber zur Minimierung der eintretenden Verzögerung vergeben werden müssen und ergeben sich auch Ansprüche des zu beauftragenden Unternehmens auf Zusatzvergütung bezüglich der durch die Verzögerung eingetretenen Bauzeitverlängerungskosten und entstehen **Zusatzkosten auch für zusätzliche Maßnahmen** wegen durch den Zeitablauf bereits eintretenden Verschmutzungen der vorab hergestellten Markierungsarbeiten, sind die Voraussetzungen einer vorzeitigen Zuschlagsgestattung erfüllt (VK Südbayern, B. v. 29. 7. 2010 – Az.: Z3-3-3194-1-39-06/ 10)   4435

– eine **vorzeitige Gestattung des Zuschlags**, der zu einem Verlust des – aussichtsreichen – Primärrechtsschutzes führen würde, kommt nur ausnahmsweise in Betracht, wenn ein dringendes Interesse an der Auftragsvergabe besteht, welches deutlich das Interesse an einer ordnungsgemäßen Durchführung des Nachprüfungsverfahrens übersteigt. Der **Auftraggeber hat nicht belegt, dass bereits das Erfordernis, in ein geordnetes Verhandlungsverfahren einzutreten, zu einer so nachhaltigen zeitlichen Verzögerung führen würde, dass die durch das Konjunkturpaket II vorgegebenen zeitlichen Förderungsgrenzen nicht eingehalten werden können**. In diesem Zusammenhang ist zudem zu berücksichtigen, dass in dem durch § 5 des Zukunftsinvestitionsgesetzes bestimmten Förderzeitraum bis Ende des Jahres 2011 der **Mittelabruf** gemäß § 11 Abs. 1 des Gesetzes zur Umsetzung des Zukunftsinvestitionsgesetzes in NRW **sukzessive erfolgen kann**, sobald die Fördermittel zur Begleichung erforderlicher Zahlungen benötigt werden. **Selbst wenn eine Gesamtabrechnung bis Ende 2011** nicht vorliegt, hätte das keineswegs den Verlust sämtlicher Fördermittel zur Folge (OLG Düsseldorf, B. v. 1. 10. 2009 – Az.: VII-Verg 31/09)

26.3.9 Darlegungs- und Beweislast

4436 Die für eine vorzeitige Gestattung notwendigen **Tatsachen hat der Auftraggeber im einzelnen vorzutragen** (OLG Celle, B. v. 21. 3. 2001 – Az.: 13 Verg 4/01; OLG Thüringen, B. v. 24. 10. 2003 – Az.: 6 Verg 9/03; VK Schleswig-Holstein, B. v. 11. 9. 2009 – Az.: VK-SH 14/09; B. v. 15. 2. 2007 – Az.: VK-SH 03/07).

26.3.10 Auswirkung einer Mitteilung des Auftraggebers, den Zuschlag nicht vor Abschluss anhängiger Nachprüfungsverfahren zu erteilen

4437 Da die **Entscheidung der Vergabekammer nach § 115 Abs. 2 GWB allein unter Berücksichtigung der gesetzlichen Vorgaben ergeht**, können **Gespräche oder etwaige Abreden zwischen Auftraggeber und Antragsteller über den Zeitpunkt der Zuschlagserteilung, z. B. den Zuschlag nicht vor Abschluss anhängiger Nachprüfungsverfahren zu erteilen, weder der Statthaftigkeit dieses Verfahrens entgegenstehen noch etwa die im Rahmen der Begründetheit vorzunehmende Interessenabwägung beeinflussen** – zumindest nicht, wenn die voraussichtlich mangelnden Erfolgsaussichten des Nachprüfungsantrags die Abwägung entscheidend beeinflussen. Etwaige zivilrechtliche (Schadensersatz-) Ansprüche sind für die Entscheidung der Vergabekammer unerheblich (3. VK Bund, B. v. 30. 9. 2005 – Az.: VK 3–130/05 – Z).

26.3.11 Kosten des Verfahrens auf Gestattung des Zuschlags

4438 Die **Kosten des vorläufigen Verfahrens** behandelt der Senat in ständiger Rechtsprechung als **Kosten der Hauptsache**. So kann auch im Verfahren nach § 115 Abs. 2 GWB verfahren werden, wenn zugleich Beschwerde in der Hauptsache eingelegt ist. Einer gesonderten Kostenentscheidung bedarf es deshalb an dieser Stelle nicht (BayObLG, B. v. 16. 7. 2004 – Az.: Verg 016/04).

26.3.12 Rechtsschutz gegen Entscheidungen nach § 115 Abs. 2

4439 Gemäß § 115 Abs. 2 Satz 4 ist eine sofortige Beschwerde nach § 116 GWB nicht zulässig.

26.3.13 Entscheidung über den Vorabgestattungsantrag bei Erlass einer Hauptsacheentscheidung

4440 Vgl. dazu im Einzelnen die Kommentierung zu → § 114 GWB Rdn. 130.

26.3.14 Literatur

4441 – Byok, Jan/Goodarzi, Ramin, Rechtsmittel gegen die Zurückweisung von Eilanträgen im Nachprüfungsverfahren, WuW 2004, 1024
– Erdmann, Joachim, Die Interessenabwägung im vergaberechtlichen Eilrechtsschutz gemäß §§ 115 Abs. 2 Satz 1, 118 Abs. 2 Satz 2 und § 121 Abs. 1 Satz 2 GWB, VergabeR 2008, 908
– Opitz, Marc, Das Eilverfahren, NZBau 2005, 213

26.4 Weitere vorläufige Maßnahmen (§ 115 Abs. 3)

26.4.1 Grundsätze

4442 Ein Antrag nach § 115 Abs. 3 GWB kommt grundsätzlich in den Fällen in Betracht, in denen die Chancen des Antragstellers, den Auftrag zu erhalten, durch rechtswidrige Maßnahmen im Rahmen des Vergabeverfahrens gemindert werden.

4443 **Anordnungen entsprechend § 115 Abs. 3 GWB** sollen der Sicherung einer noch ergehenden Entscheidung der Vergabekammer bzw. des Vergabesenats nach § 114 GWB bzw. § 123

Gesetz gegen Wettbewerbsbeschränkungen   GWB § 115   **Teil 1**

GWB dienen. Sie **können mithin nicht weiter reichen als die hiernach mögliche endgültige Entscheidung** (OLG Düsseldorf, B. v. 20. 10. 2008 – Az.: VII-Verg 46/08).

26.4.2 Voraussetzungen

26.4.2.1 Gefährdung von Rechten eines Unternehmens aus § 97 Abs. 7

Entscheidungen nach § 115 Abs. 3 GWB kommen **nur dann** in Betracht, wenn **Rechte eines Unternehmens aus § 97 Abs. 7 GWB** durch andere Maßnahmen als den Zuschlag **gefährdet** sind. Somit fehlt einem derartigen Antrag das Rechtsschutzbedürfnis, wenn der Antragsteller seine Rechtsposition durch eine Entscheidung nach § 115 Abs. 3 GWB offensichtlich nicht mehr verbessern kann (1. VK Sachsen, B. v. 22. 8. 2001 – Az.: 1/SVK/79-01). 4444

26.4.2.2 Rechtsschutzbedürfnis

Ein **Eilantrag setzt ein Rechtsschutzbedürfnis voraus**. Dieses liegt nur vor, wenn die **Rechte des Antragstellers nicht bereits durch das bestehende Zuschlagsverbot gem. § 115 Abs. 1 GWB ausreichend geschützt** sind und der **Antragsteller seine Rechtsposition durch eine Entscheidung nach § 115 Abs. 3 GWB verbessern könnte**. Sollte z. B. die Vergabekammer im Zuge des Hauptsacheverfahrens zu dem Ergebnis gelangen, dass die Entscheidung des Auftraggebers, einen Antragsteller nicht zur Abgabe eines Angebotes aufzufordern, vergaberechtswidrig ist und den Antragsteller in seinen Rechten verletzt, so kann sie den Auftraggeber im Hauptsachebeschluss gem. § 114 Abs. 1 GWB verpflichten, erneut in das Vergabeverfahren – bis hin zum Stadium des Teilnahmewettbewerbs – einzutreten, dabei die Rechtsauffassung der Vergabekammer zu berücksichtigen und insbesondere auch den Antragsteller zur Abgabe eines Angebotes aufzufordern. Der Anordnung weiterer vorläufiger Maßnahmen gem. § 115 Abs. 3 GWB bedarf es daher nicht (VK Lüneburg, B. v. 21. 8. 2006 – Az.: VgK-18/2006). 4445

26.4.3 Entscheidungsmaßstab des § 115 Abs. 2 Satz 1

An dem Entscheidungsmaßstab des § 115 Abs. 2 Satz 1 GWB hat sich **durch das Vergaberechtsmodernisierungsgesetz 2009 nichts geändert**. 4446

Bei der Ermessensentscheidung der Vergabekammer, ob diese Voraussetzungen vorliegen, hat sie den **Entscheidungsmaßstab des § 115 Abs. 2 Satz 1 GWB zugrunde zu legen**. Somit setzt ein positiver Antrag voraus, dass die beantragte Maßnahme unter Abwägung aller betroffenen Interessen zur Sicherung der Interessen notwendig ist. Dabei können – entgegen der Handhabung in § 115 Abs. 2 Satz 1 GWB – **auch die Erfolgsaussichten in der Hauptsache als zusätzlicher Abwägungsgesichtspunkt** eine Rolle spielen (VK Lüneburg, B. v. 21. 8. 2006 – Az.: VgK-18/2006; B. v. 29. 4. 2005 – Az.: VgK-19/2005; 1. VK Sachsen, B. v. 22. 8. 2001 – Az.: 1/SVK/79-01). 4447

Die Beachtung der Erfolgsaussichten des Hauptsacheantrages leitet sich dabei aus zwei Gesichtspunkten ab. Zum einen bestimmt § 115 Abs. 3 Satz 2 GWB, dass die Vergabekammer den Beurteilungsmaßstab des Abs. 2 Satz 1 zu Grunde zu legen hat. Dies bedeutet im Umkehrschluss jedoch nicht, dass nicht auch zusätzlich erstgenannter Gesichtspunkt einzubeziehen ist. Da § 115 Abs. 3 GWB eine vorläufige Sicherung von Rechten des Antragstellers bewirken soll, scheidet diese zum zweiten aus, wenn im Hauptsacheverfahren Rechte des Antragstellers nicht verletzt sind oder voraussichtlich nicht verletzt zu sein scheinen. **Wie jedes Instrument des einstweiligen Rechtsschutzes** – § 115 Abs. 3 GWB kommt den Parallelregelungen in §§ 935, 940 ZPO und § 123 VwGO nahe – **bedarf es für einen erfolgreichen Antrag eines Anordnungsgrundes und eines Anordnungsanspruchs**. Scheidet letztgenannter erkennbar oder sehr wahrscheinlich aus, so verbietet sich eine Anordnung gemäß § 115 Abs. 3 GWB (VK Lüneburg, B. v. 21. 8. 2006 – Az.: VgK-18/2006; B. v. 29. 4. 2005 – Az.: VgK-19/2005; 1. VK Sachsen, B. v. 23. 5. 2001 – Az.: 1/SVK/34-01). 4448

26.4.4 Keine Anhörungspflicht

Wegen des absoluten Eilcharakters des vorläufigen Verbots der Aufhebung der Ausschreibung und der Wirkungslosigkeit der im Übrigen ebenfalls schon durch die Vergabekammer veranlassten Information des Auftraggebers über den Nachprüfungsantrag gegen eine derartige faktische Aufhebung gemäß § 115 Abs. 1, § 110 Abs. 2 GWB, ist in entsprechender Anwendung des § 28 Abs. 2 Nr. 1 VwVfG des Bundes eine **Anhörung entbehrlich und nicht veranlasst**. Nach 4449 dieser Regelung kann von einer Anhörung abgesehen werden, sie nach den Umständen des Einzelfalles nicht geboten ist, insbesondere eine sofortige Entscheidung wegen Gefahr im Verzug notwendig erscheint.

26.4.5 Maßnahmen auch gegen ein (unwirksam) von der Vergabestelle beauftragtes Unternehmen

4450 Statthaft sind auch Anträge, soweit sie sich gegen die jeweiligen Auftragnehmer richten. Die **Rechtsmittelrichtlinie zwingt die Nachprüfungsstellen zur Gewährung wirksamen einstweiligen Rechtsschutzes. Dazu gehören notfalls auch Anordnungen gegen den (unwirksam) von der Vergabestelle Beauftragten.** Zur Auslegung des § 115 Abs. 3 GWB kann die Rechtslage bei Verwaltungsakten mit Drittwirkung nicht unbesehen übernommen werden. Zwar wird auch dort das Problem der Unterbindung eines Vollzugs eines angefochtenen Verwaltungsakts durch den begünstigten Dritten erörtert; danach ist es möglich, dass das Gericht der Behörde aufgibt, die notwendigen Maßnahmen gegen diesen Dritten zu unternehmen, eine direkte Anordnung des Gerichts gegen ihn soll allerdings nicht möglich sein; **Grundlage einer solchen Anordnung der Behörde gegen den Dritten sind die §§ 80, 80 a VwGO,** die derartige Anordnungen ausdrücklich vorsehen, so dass die Behörde zur Begründung derartiger Anordnungen auf das materielle Recht nicht zurückzugreifen braucht. **An einer solchen, den Eingriff der Vergabestelle gegen den Dritten rechtfertigenden Vorschrift fehlt es jedoch im GWB.** Ob der Vergabestelle anderweitige – öffentlich-rechtliche oder materiell-rechtliche – Anspruchsgrundlagen für derartige Anordnungen zur Verfügung stehen, hängt vielfach vom Zufall ab. **Wirksamer Rechtsschutz des übergangenen Bieters lässt sich mithin nur durch die Möglichkeit von Anordnungen auch gegen den Auftragnehmer erreichen.** Derartiges lässt der Wortlaut des § 115 Abs. 3 GWB auch zu. Dieser **Verfahrensweg ist auch erheblich einfacher als die bloße Anordnung gegenüber der Vergabestelle, ihrerseits Maßnahmen gegen den Auftragnehmer zu ergreifen;** dieser Umweg führte nämlich ggebenenfalls zu weiteren Rechtsstreitigkeiten im Verhältnis zwischen Vergabestelle und Auftragnehmer, zudem müsste der Vergabesenat vielfach inzident prüfen, ob und inwieweit der Vergabestelle Möglichkeiten zu Maßnahmen gegen den Auftragnehmer zur Verfügung stehen (OLG Düsseldorf, B. v. 30. 4. 2008 – Az.: VII – Verg 23/08).

26.4.6 Erlass so genannter Zwischenverfügungen („Hängebeschlüsse")

4451 Auch das **Begehren auf Erlass so genannter Zwischenverfügungen ist statthaft.** Derartige **Zwischenverfügungen sind in § 115 GWB zwar nicht ausdrücklich vorgesehen, sind aber dennoch zur Gewährleistung wirksamen Rechtsschutzes statthaft.** Die Rechtsprechung der Verwaltungsgerichte hat solche Zwischenverfügungen (auch Zwischenregelungen oder Hängebeschlüsse genannt) in Verfahren des einstweiligen Rechtsschutzes **für die Fallgestaltung entwickelt, dass zur Gewährleistung effektiven Rechtsschutzes dringend eine Regelung notwendig ist, obwohl das rechtliche Gehör Beteiligter nicht gewahrt oder der Sachverhalt** – auch für ein summarisches Verfahren – **unzureichend aufbereitet erscheint.** Auch in Vergabenachprüfungsverfahren sind „Hängebeschlüsse" in den Fallgestaltungen anerkannt, in denen ein Beschluss nach § 118 Abs. 1 S. 3 GWB aus diesen Gründen noch nicht ergehen kann (OLG Düsseldorf, B. v. 30. 4. 2008 – Az.: VII – Verg 23/08).

26.4.7 Weitere Beispiele aus der Rechtsprechung

4452 – **§ 115 Abs. 3 GWB bietet (anders als § 80 a VwGO) keine Rechtsgrundlage für eine Anordnung der Antragsgegnerin gegenüber der Beigeladenen – etwa auf einen Baustopp –;** der Antragsgegner ist daher auf **bürgerlich-rechtliche Anspruchsgrundlagen** (bei Nichtigkeit des Kaufvertrages etwa aus § 812 BGB, bei Nichtigkeit auch der Auflassung aus §§ 985, 1004 BGB) angewiesen (OLG Düsseldorf, B. v. 14. 5. 2008 – Az.: VII – Verg 27/08)

– stellt ein **Bieter einen Eilantrag zu einem Zeitpunkt, als die Angebotsfrist im Vergabeverfahren noch nicht abgelaufen ist,** weil er vermeiden will, fristwahrend ein Angebot auf eine Ausschreibung abgeben zu müssen, die er vom Ansatz her für rechtsfehlerhaft hält, **bedarf es zur Wahrung seiner Rechte aus § 97 Abs. 7 GWB jedoch keines Angebots und somit auch nicht der Aussetzung des Verfahrens durch die Vergabekammer.** Denn der Bieter ist nicht verpflichtet, ein Angebot in einem von Anfang an rechtswidrigen Vergabeverfahren abzugeben. Bei einer Begründetheit seines Nachprüfungsantrages wäre das rechtswidrige Vergabeverfahren aufzuheben bzw. von einem Zeitpunkt an neu zu beginnen,

Gesetz gegen Wettbewerbsbeschränkungen GWB § 115 **Teil 1**

an dem der Vergaberechtsfehler aufgetreten ist. Die Angebotsfrist im laufenden Vergabeverfahren wäre dann ohnehin obsolet. Für den Fall, dass der Bieter mit seinem Nachprüfungsantrag nicht durchdringt, kommt eine Verletzung seiner Rechte durch den Auftraggeber, die durch die Vergabekammer im Wege einer vorläufigen Maßnahme zu schützen wären, ohnehin nicht in Betracht (1. VK Bund, B. v. 20. 4. 2006 – Az.: VK 1–19/06)

– hinsichtlich der zu treffenden Anordnungen ist der Senat nicht an den Antrag des Antragstellers gebunden. Dieser möchte erreichen, dass er bis zur Entscheidung über sein Rechtsmittel nicht gehalten ist, zur Wahrung der Chancen auf einen Zuschlag für diesen Bauauftrag ein neues Angebot einzureichen. Diesem **Anliegen ist nach Ansicht des Senats dadurch Rechnung zu tragen, dass der Schlusstermin zur Abgabe eines Angebots verlegt wird, was zwangsläufig eine Verlegung des Submissionstermins und ggf. auch eine Verlängerung der Zuschlagsfrist zur Folge hat** (OLG Naumburg, B. v. 9. 8. 2006 – Az.: 1 Verg 11/06)

– Anträge nach § 115 Abs. 3 GWB sind zulässig, da sie immer dann statthaft sind, wenn das Verfahren in der Hauptsache vor der Vergabekammer – wie im vorliegenden Fall – anhängig ist. Dem Antrag fehlt allerdings das erforderliche Rechtsschutzbedürfnis, wenn die Rechte des Antragstellers bereits durch das bestehende Zuschlagsverbot gem. § 115 Abs. 1 GWB ausreichend geschützt sind und der Antragsteller seine Rechtsposition durch eine Entscheidung nach § 115 Abs. 3 GWB nicht verbessern kann. Dieser **Schutz greift aber nicht, wenn gerade eine bereits erfolgte Nachtragsbeauftragung und die Aufhebung eines parallel geführten Verhandlungsverfahrens Streitgegenstand sind**. Ein Eilantrag, der darauf gerichtet ist, die Fortführung der streitgegenständlichen Leistungen bis zum Abschluss des Nachprüfungsverfahrens zu untersagen, damit das potentielle Auftragsvolumen nicht verringert wird, ist daher grundsätzlich gemäß § 115 Abs. 3 GWB zulässig (VK Lüneburg, B. v. 29. 4. 2005 – Az.: VgK-19/2005)

– trotz der von der Vergabekammer zulässigerweise gemäß § 114 Abs. 1 S. 2 GWB über den Antrag der Antragstellerin hinaus gehenden Verpflichtung zur Aufhebung der Ausschreibung fehlt dieser zur Sicherung einer gleichberechtigten Angebotsabgabe beantragten Maßnahme nicht das Rechtsschutzinteresse. Die Entscheidung der Vergabekammer zur Aufhebung der Ausschreibung ist nämlich noch binnen zwei Wochen ab Zustellung dieses Beschlusses beim Oberlandesgericht mit der sofortigen Beschwerde nach § 116 GWB angreifbar. Während dieses Zeitraums, in den die geplante Submission am 27. 4. 2004 fällt, entfaltet der Beschluss somit keine endgültige Wirkung. **Auch im Hinblick auf ein nachfolgendes neues Ausschreibungsverfahren erscheint es der Vergabekammer notwendig und angemessen, dass die möglichen Angebotssummen weiterer Bewerber und die Tatsache und die Anzahl von Nebenangeboten nicht in einem öffentlichen Submissionstermin publik werden und potenzielle Mitbewerber dadurch nicht mehr auszugleichende Wettbewerbsvorteile erlangen können**. Dem gemäß war die nicht mehr mit Rechtsmitteln angreifbare **einstweilige Maßnahme der Verschiebung des Submissionstermins** bis zu einer rechtskräftigen Entscheidung in dieser Sache zu verfügen (1. VK Sachsen, B. v. 23. 4. 2004 – Az.: 1/SVK/026-04)

– als vorläufige Maßnahme gemäß § 115 Abs. 3 GWB kommt bei einer beabsichtigten Aufhebung der Ausschreibung nur das einstweilige Verbot dieser endgültig wirkenden und das Verfahren beendenden Aufhebung in Betracht. Vorläufig ist diese Maßnahme deshalb, weil sie lediglich bis zur unter Beachtung des Beschleunigungsgrundsatzes des § 113 GWB zu treffenden Hauptsacheentscheidung gelten soll (1. VK Sachsen, B. v. 4. 3. 2002 – Az.: 1/SVK/019-02)

– beabsichtigt ein Auftraggeber, die **Arbeiten demnächst freihändig zu vergeben**, fällt eine Entscheidung im ordentlichen Vergabeverfahren – also ohne vorherige Eilanordnung – aller Voraussicht nach zu spät, um die Rechte eines Antragstellers zu wahren; dann sind diese Rechte „in anderer Weise als durch den Zuschlag" gefährdet (OLG Celle, B. v. 29. 8. 2003 – Az.: 13 Verg 15/03)

26.4.8 Vollstreckung weiterer vorläufiger Maßnahmen (§ 115 Abs. 3 Satz 4)

26.4.8.1 Vergaberechtsmodernisierungsgesetz 2009

Mit der Ergänzung in § 115 Absatz 3 wird klargestellt, dass **weitere vorläufige Maßnahmen** nach § 115 Abs. 3 **mit den Mitteln der Verwaltungsvollstreckung durchgesetzt werden können**. Ebenso wie in Bezug auf § 114 Abs. 3 GWB ist es auch hier sachgerecht, den

4453

Zwangsgeldrahmen des § 86a zu übernehmen. Vgl. insoweit die Kommentierung zu → § 114 GWB Rdn. 1.

26.5 Ausnahme des Suspensiveffekts für sicherheitsrelevante Beschaffungen (§ 115 Abs. 4)

26.5.1 Vergaberechtsmodernisierungsgesetz 2009

4454   Da der **automatische Suspensiveffekt** nach Absatz 1 für Sachverhalte, in denen streitig ist, ob eine Ausnahme nach § 100 Absatz 2 Buchstabe d) vorliegt, zu **unangemessenen Zeitverzögerungen zu Lasten der wesentlichen Sicherheitsinteressen des Staates** führen kann, entfällt die Automatik des Suspensiveffekts nach Absatz 1 zugunsten eines sofortigen Antragsrechts auf Wiederherstellung des Zuschlagsverbotes vor dem Beschwerdegericht.

26.5.2 Rechtsprechung

26.5.2.1 Vereinbarkeit mit den Rechtsmittelrichtlinien

4455   Das **OLG Koblenz** äußert deutliche Zweifel an der Vereinbarkeit des **§ 115 Abs. 4 Satz 1 mit den Rechtsmittelrichtlinien** 89/665/EWG und 92/13/EWG (in der Fassung der Richtlinie 2007/66/EG v. 11. Dezember 2007), weil das Gebot eines wirksamen Rechtsschutzes missachtet wird (OLG Koblenz, B. v. 15. 9. 10 – Az.: 1 Verg 7/10).

26.5.2.2 Wiederherstellung des Zuschlagsverbots durch den Vergabesenat gemäß § 115 Abs. 4 Satz 2

4456   Ist ein **Nachprüfungsantrag** nach den Umständen nicht offensichtlich ohne eine **Erfolgsaussicht** und ist eine abschließende **Entscheidung** dem Beschwerdegericht über diesen Antrag **derzeit nicht möglich**, weil dazu die dem Gericht noch nicht vorliegenden Vergabeakten ausgewertet werden müssen und muss der Vortrag der Verfahrensbeteiligten danach überprüft werden und **kommen andererseits ohne die einstweilige Anordnung eine Erteilung des Zuschlags und ein Verlust des Primärrechtsschutzes der Antragstellerin in Betracht**, ist einem Antrag auf Wiederherstellung des Zuschlagsverbots zur Sicherstellung des Primärrechtsschutzes des Antragstellers, und zwar der Dringlichkeit halber ohne vorherige Anhörung des Auftraggebers, jedoch unter Nachholung rechtlichen Gehörs, nach dem Ermessen des Gerichts einstweilen in der Weise zu entsprechen, dass das Zuschlagsverbot einstweilen bis zur Entscheidung über den Antrag des Antragstellers nach § 115 Abs. 4 Satz 2 GWB wiederhergestellt wird. Zur Sicherung des Primärrechtsschutzes kann auch in einer Situation des § 115 Abs. 4 Satz 2 GWB vorsorglich eine entsprechende Entscheidung ergehen (OLG Düsseldorf, B. v. 7. 6. 2010 – Az.: VII-Verg 26/10).

26.5.2.3 Prüfungsmaßstäbe

4457   Wegen der Kürze der dem Vergabesenat zur Verfügung stehenden Zeit ist **in der Regel nur eine oberflächliche Prüfung möglich**, in deren **Mittelpunkt** die Frage stehen muss, ob gewichtige Gründe dafür sprechen, dass **tatsächlich einer der in § 100 Abs. 2 lit. d) GWB normierten Ausnahmetatbestände** einschlägig ist. Wird dies verneint, ist dem Eilantrag zu entsprechen (OLG Koblenz, B. v. 15. 9. 10 – Az.: 1 Verg 7/10).

26.5.2.4 Frist für die Entscheidung des Vergabesenats gemäß § 115 Abs. 4 Satz 2

4458   Entgegen dem missverständlichen Wortlaut des Gesetzes – und der unverständlichen Verweisung auf die 5-Wochen-Frist des § 121 Abs. 3 GWB – ist nicht erst nach Ablauf der 2-Tages-Frist entfallendes Zuschlagsverbot wiederherzustellen. Vielmehr kann es vernünftigerweise nur Ziel eines Antrags nach § 115 Abs. 4 Satz 2 GWB sein, den Wegfall des Zuschlagsverbots und damit eine nach nationalem Recht wirksame Auftragsvergabe unmittelbar nach Fristablauf zu verhindern. **Dementsprechend muss der Vergabesenat nach Möglichkeit auch vor Ablauf der 2-Tages-Frist entscheiden** (OLG Koblenz, B. v. 15. 9. 10 – Az.: 1 Verg 7/10).

26.5.2.5 Entsprechende Anwendung des § 121 Abs. 1 Satz 1 GWB (§ 115 Abs. 4 Satz 4)

4459   Soweit in § 115 Abs. 4 Satz 4 GWB eine entsprechende Anwendung des § 121 Abs. 1 Satz 1 GWB vorgegeben wird, ist eine **sehr zurückhaltende Anwendung** geboten. Ist der 4. Teil des

Gesetz gegen Wettbewerbsbeschränkungen GWB § 116 **Teil 1**

GWB nicht anwendbar, weil die Voraussetzungen eines Ausnahmetatbestands nach § 100 Abs. 2 GWB vorliegen, bedarf es allerdings überhaupt keiner Interessenabwägung entsprechend § 121 Abs. 1 Satz 1 GWB, weil das Zuschlagsverbot des § 115 Abs. 1 GWB dann von vorn herein nicht gilt. Demgegenüber ist bei Anwendbarkeit der §§ 97 f. GWB die Regelung des § 115 Abs. 2 GWB vorrangig, wonach zunächst die **Vergabekammer darüber zu entscheiden hat**, ob dem Auftraggeber der Zuschlag vor Abschluss des Nachprüfungsverfahrens gestattet werden kann. Für eine **entsprechende Anwendung des § 121 Abs. 1 Satz 1 GWB bleibt allenfalls Raum, wenn im Eilverfahren nach § 115 Abs. 4 Satz 2 GWB offenbleibt, ob der 4. Teil des GWB (un-)anwendbar** ist. Dem Antrag auf Wiederherstellung des Zuschlagsverbots kann dann möglicherweise der Erfolg versagt werden, wenn die Unanwendbarkeit eher wahrscheinlich, der Nachprüfungsantrag also wahrscheinlich unzulässig ist und der Auftrag aus objektiven Gründen sofort vergeben werden muss (OLG Koblenz, B. v. 15. 9. 10 – Az.: 1 Verg 7/10).

27. § 115 a GWB – Ausschluss von abweichendem Landesrecht

Soweit dieser Unterabschnitt Regelungen zum Verwaltungsverfahren enthält, darf hiervon durch Landesrecht nicht abgewichen werden.

27.1 Vergaberechtsmodernisierungsgesetz 2009

Die Vorschrift ist im Vergleich zum Gesetzentwurf der Bundesregierung im Gesetzgebungsverfahren **inhaltlich angepasst** und nach § 115 GWB **als § 115 a GWB eingefügt** worden. 4460

Der Bundesgesetzgeber **macht mit § 115 a GWB von der Möglichkeit des Art. 84 Abs. 1 Satz 5 GG Gebrauch**, eine bundeseinheitliche Regelung des Verwaltungsverfahrens zu treffen, indem Abweichungen von den §§ 107 bis 115 GWB durch Landesrecht ausgeschlossen werden. 4461

Abweichungen der Länder bei den Verfahren zur Nachprüfung der Vergabeverfahren würden für die Rechtsunterworfenen ein **hohes Maß an Rechtsunsicherheit** bedeuten. Denkbar wären unterschiedliche Ausgestaltungen in 16 Ländern und beim Bund. Ein besonderes Bedürfnis für eine bundeseinheitliche Regelung des Nachprüfungsverfahrens vor den Vergabekammern der Länder besteht, weil Unternehmen sich länderübergreifend bei Öffentlichen Auftraggebern auf Landesebene und kommunaler Ebene bewerben und das Erfordernis, sich auf eine Vielzahl unterschiedlicher landesrechtlicher Regelungen des Nachprüfungsverfahrens einzustellen eine erhebliche wirtschaftliche Belastung – insbesondere für kleine und mittlere Unternehmen – darstellen bzw. die Wahrnehmung des Rechtsschutzes faktisch behindern würde. 4462

28. § 116 GWB – Zulässigkeit, Zuständigkeit

(1) **Gegen Entscheidungen der Vergabekammer ist die sofortige Beschwerde zulässig.** Sie steht den am Verfahren vor der Vergabekammer Beteiligten zu.

(2) **Die sofortige Beschwerde ist auch zulässig, wenn die Vergabekammer über einen Antrag auf Nachprüfung nicht innerhalb der Frist des § 113 Abs. 1 entschieden hat**; in diesem Fall gilt der Antrag als abgelehnt.

(3) Über die sofortige Beschwerde entscheidet ausschließlich das für den Sitz der Vergabekammer zuständige Oberlandesgericht; für Streitigkeiten über Entscheidungen von Vergabekammern, die Rechtsbeziehungen nach § 69 des Fünften Buches Sozialgesetzbuch betreffen, sind die Landessozialgerichte zuständig. Bei den Oberlandesgerichten wird ein Vergabesenat gebildet.

(4) Rechtssachen nach den Absätzen 1 und 2 können von den Landesregierungen durch Rechtsverordnung anderen Oberlandesgerichten oder dem Obersten Landesgericht zugewiesen werden. Die Landesregierungen können die Ermächtigung auf die Landesjustizverwaltungen übertragen.

28.1 Vergaberechtsmodernisierungsgesetz 2009

4463 § 116 GWB ist **durch das Vergaberechtsmodernisierungsgesetz 2009 nicht geändert** worden.

28.2 GKV-OrgWG

4464 Im Gesetz zur Weiterentwicklung der Organisationsstrukturen in der gesetzlichen Krankenversicherung – GKV-OrgWG – (Bundesgesetzblatt 2008 Teil I Nr. 58 vom 17. 12. 2008, S. 2426) wurde der **Rechtsweg bei Streitigkeiten über Einzelvertragsbeziehungen zwischen öffentlichrechtlichen Krankenkassen und Leistungserbringern geregelt**, und zwar dergestalt, dass **für Rechtsstreitigkeiten erstinstanzlich grundsätzlich die Vergabekammern zuständig** sind und eine **erst- und letztinstanzliche Zuständigkeit der Landessozialgerichte für die Überprüfung der Entscheidungen der Vergabekammern** festgelegt ist (LSG Berlin-Brandenburg, B. v. 7. 5. 2010 – Az.: L 1 SF 95/10 B Verg). Die vergaberechtlichen Regelungen des GKV-OrgWG sind **am 18. 12. 2008 in Kraft getreten**.

28.3 Entscheidungen der Vergabekammer (§ 116 Abs. 1 Satz 1)

4465 § 116 GWB ist die **Grundnorm für den Zugang zur zweiten, gerichtlichen Stufe** des Vergabenachprüfungsverfahrens. Demgemäß unterliegen **alle Endentscheidungen** der Vergabekammer der sofortigen Beschwerde gemäß § 116 Abs. 1 GWB. Mit Endentscheidung ist die „Entscheidung der Vergabekammer „ (siehe sowohl den Wortlaut des § 114 Abs. 3 Satz 1 GWB als auch den Wortlaut des § 116 Abs. 1 GWB) gemeint, deren Rechtsnatur als Verwaltungsakt § 114 Abs. 3 Satz 1 GWB besonders heraushebt sowie klarstellt und mit der die Vergabekammer die erste Instanz des Nachprüfungsverfahrens abschließt (OLG Düsseldorf, B. v. 18. 1. 2000 – Az.: Verg 2/00).

4466 Die Entscheidungen müssen rechtswirksam erlassen worden sein; vgl. dazu die Kommentierung zu § 114 GWB.

28.3.1 Endentscheidungen

28.3.1.1 „Materielle" Entscheidungen

4467 Unter die Endentscheidungen fallen unstreitig alle Entscheidungen, mit denen die Vergabekammer **nach materiellen Vorschriften des Vergaberechts** über einen Nachprüfungsantrag entscheidet. Zur möglichen Bandbreite der Entscheidungen vgl. die Kommentierung zu → § 114 GWB Rdn. 6 ff.

28.3.1.2 Zurückweisung des Nachprüfungsantrags als offensichtlich unzulässig oder offensichtlich unbegründet

4468 Eine die erste Instanz abschließende Entscheidung ist auch die Zurückweisung des Nachprüfungsantrags als offensichtlich unzulässig oder offensichtlich unbegründet gemäß § 110 Abs. 2 Satz 1 GWB; **auch diese Entscheidungsart unterliegt daher der sofortigen Beschwerde gemäß § 116 Abs. 1 GWB**.

28.3.1.3 Kostenentscheidung der Vergabekammer

4469 Es entspricht der soweit ersichtlich einhelligen Auffassung aller Oberlandesgerichte, dass die **Kostenentscheidung der Vergabekammer isoliert mit der sofortigen Beschwerde anfechtbar** ist (Brandenburgisches OLG, B. v. 11. 12. 2007 – Az.: Verg W 6/07; B. v. 8. 5. 2005 – Az.: Verg W 13/04; OLG Celle, B. v. 4. 3. 2010 – Az.: 13 Verg 1/10; B. v. 23. 1. 2004 – Az.: 13 Verg 1/04, B. v. 14. 7. 2003 – Az.: 13 Verg 12/03; B. v. 13. 3. 2002 – Az.: 13 Verg 2/02; OLG Dresden, B. v. 27. 7. 2010 – Az.: WVerg 0007/10; B. v. 25. 1. 2005 – Az.: WVerg 14/04; OLG Düsseldorf, B. v. 11. 1. 2010 – Az.: VII-Verg 49/09; B. v. 18. 12. 2006 – Az.: VII – Verg 51/06; B. v. 18. 12. 2006 – Az.: VII – Verg 43/06; B. v. 27. 7. 2005 – Az.: VII – Verg 20/05; B. v. 27. 7. 2005 – Az.: VII – Verg 18/05; B. v. 27. 7. 2005 – Az.: VII – Verg 17/05; B. v. 27. 7. 2005 – Az.: VII – Verg 103/04; B. v. 5. 7. 2004 – Az.: VII – Verg 17/04; B. v. 20. 4. 2004 – Az.: VII – Verg 9/04; OLG Frankfurt, B. v. 4. 6. 2008 – Az.: 11 Verg 8/07; B. v. 1. 2. 2006 – Az.: 11 Verg 18/05; OLG Karlsruhe, B. v. 14. 7. 2005 – Az.: 6 W 56/05 Verg.; OLG München,

Gesetz gegen Wettbewerbsbeschränkungen GWB § 116 **Teil 1**

B. v. 23. 9. 2010 – Az.: Verg 18/10; B. v. 27. 8. 2009 – Az.: Verg 04/09; B. v. 13. 8. 2008 – Az.: Verg 8/08; B. v. 11. 6. 2008 – Az.: Verg 6/08; B. v. 1. 4. 2008 – Az.: Verg 17/07; B. v. 16. 11. 2006 – Az.: Verg 14/06; B. v. 13. 11. 2006 – Az.: Verg 13/06; B. v. 14. 9. 2005 – Az.: Verg 015/05; B. v. 29. 6. 2005 – Verg 010/05; B. v. 8. 6. 2005 – Az.: Verg 003/05; BayObLG, B. v. 16. 2. 2005 – Az.: Verg 028/04; B. v. 13. 5. 2004 – Az.: Verg 004/04, B. v. 13. 4. 2004 – Az.: Verg 005/04, B. v. 23. 3. 2004 – Az.: Verg 22/03, B. v. 13. 4. 2004 – Az.: Verg 005/04, B. v. 6. 2. 2004 – Az.: Verg 24/03, B. v. 6. 2. 2004 – Az.: Verg 23/03, B. v. 25. 6. 2003 – Az.: Verg 9/03; B. v. 27. 9. 2002 – Az.: Verg 18/02; OLG Naumburg, B. v. 25. 2. 2010 – Az.: 1 Verg 14/09; B. v. 9. 4. 2009 – Az.: 1 Verg 1/09; B. v. 9. 10. 2008 – Az.: 1 Verg 8/08; B. v. 3. 4. 2007 – Az.: 1 Verg 2/07; B. v. 22. 2. 2007 – Az.: 1 Verg 15/06; B. v. 15. 6. 2006 – Az.: 1 Verg 5/06; B. v. 23. 8. 2005 – Az.: 1 Verg 4/05; B. v. 4. 1. 2005 – Az.: 1 Verg 19/04; B. v. 6. 10. 2004 – Az.: 1 Verg 12/04; B. v. 28. 6. 2004 – Az.: 1 Verg 8/04, B. v. 28. 6. 2004 – Az.: 1 Verg 5/04, B. v. 23. 4. 2003 – Az.: 1 Verg 1/03, B. v. 22. 9. 2003 – Az.: 1 Verg 10/03; OLG Rostock, B. v. 2. 8. 2005 – Az.: 17 Verg 7/05; Saarländisches OLG, B. v. 15. 5. 2009 – Az.: 1 Verg 1/09; B. v. 9. 1. 2009 – Az.: 1 Verg 1/08; B. v. 17. 8. 2006 – Az.: 1 Verg 2/06; B. v. 29. 9. 2005 – Az.: 1 Verg 2/05; B. v. 26. 3. 2004 – Az.: 1 Verg 3/04; OLG Schleswig-Holstein, B. v. 12. 1. 2007 – Az.: 1 (6) Verg 14/05; B. v. 5. 1. 2007 – Az.: 1 Verg 9/06; B. v. 5. 1. 2007 – Az.: 1 (6) Verg 11/05; B. v. 2. 8. 2004 – Az.: 6 Verg 15/03; OLG Thüringen, B. v. 14. 10. 2003 – Az.: 6 Verg 8/03). Dies betrifft **sowohl Kostengrundentscheidungen als auch Kostenfestsetzungsbeschlüsse** (BGH, B. v. 23. 9. 2008 – Az.: X ZB 19/07; OLG München, B. v. 16. 11. 2006 – Az.: Verg 14/06; B. v. 13. 11. 2006 – Az.: Verg 13/06; BayObLG, B. v. 6. 2. 2004 – Az.: Verg 25/03, B. v. 20. 1. 2004 – Az.: Verg 21/03; OLG Naumburg, B. v. 25. 2. 2010 – Az.: 1 Verg 14/09).

Auch der **BGH hat diese Auffassung bestätigt** (BGH, B. v. 25. 10. 2005 – Az.: X ZB 26/05; B. v. 25. 10. 2005 – Az.: X ZB 25/05; B. v. 25. 10. 2005 – Az.: X ZB 24/05; B. v. 25. 10. 2005 – Az.: X ZB 22/05). 4470

Unerheblich ist, ob die Beschwerde von Anfang an nur im Kostenpunkt erhoben war oder ob der Beschwerdegegenstand **nachträglich auf die Kostenentscheidung beschränkt** worden ist (OLG Dresden, B. v. 14. 2. 2003 – Az.: WVerg 0011/01). 4471

Eine **analoge Anwendung von § 99 ZPO**, der die Anfechtung einer Kostenentscheidung nur zusammen mit einem Rechtsmittel in der Hauptsache zulässt, findet im Verfahren der Vergabenachprüfung **keine Anwendung**. Eine besondere Regelung der Kostenentscheidung im Beschwerdeverfahren der Vergabenachprüfung fehlt zwar in §§ 97 ff. GWB; § 128 GWB regelt unmittelbar nur die Kosten des Verfahrens vor der Vergabekammer. Jedoch ist eine analoge Anwendung des § 128 GWB jedenfalls insoweit gerechtfertigt, als damit die selbständige Anfechtung einer Kostenentscheidung entsprechend §§ 22 VwKostG ermöglicht wird, auf den § 128 Abs. 1 Satz 2 GWB verweist (OLG Rostock, B. v. 16. 5. 2001 – Az.: 17 W 1/01, 17 W 2/01; im Ergebnis ebenso OLG Celle, B. v. 4. 4. 3. 2010 – Az.: 13 Verg 1/10). 4472

§ 99 Abs. 1 ZPO findet **auch deshalb keine entsprechende Anwendung**, weil bei einer Versagung der isolierten Anfechtung die Kostenentscheidung nicht durch ein unabhängiges Gericht überprüft werden könnte. In den Fällen des § 99 Abs. 1 ZPO hat demgegenüber bereits ein unabhängiges Gericht über die Kosten entschieden; dies ist **bei der Entscheidung durch die Vergabekammer, welche zwar in einem gerichtsähnlichen Verfahren entscheidet, aber kein unabhängiges Gericht darstellt, nicht der Fall** (OLG München, B. v. 11. 6. 2008 – Az.: Verg 6/08). 4473

Der Statthaftigkeit einer sofortigen Beschwerde nach § 116 Abs. 1 Satz 1 GWB steht auch nicht entgegen, wenn sich ein **Beteiligter mit der Beschwerde nur gegen einen Teil der Kostenentscheidung der Vergabekammer wendet** (OLG Dresden, B. v. 27. 7. 2010 – Az.: WVerg 0007/10; OLG Düsseldorf, B. v. 11. 1. 2010 – Az.: VII-Verg 49/09; OLG Frankfurt, B. v. 4. 6. 2008 – Az.: 11 Verg 8/07; OLG Naumburg, B. v. 9. 4. 2009 – Az.: 1 Verg 1/09; B. v. 15. 6. 2006 – Az.: 1 Verg 5/06; B. v. 6. 4. 2005 – Az.: 1 Verg 2/05). Nach ständiger Rechtsprechung ist nicht nur die in der das Nachprüfungsverfahren abschließenden Entscheidung der Vergabekammer enthaltene Kostenentscheidung selbständig mit der sofortigen Beschwerde anfechtbar, sondern **auch der zur Kostengrundentscheidung gehörende Ausspruch, mit dem z. B. die Hinzuziehung eines Bevollmächtigten nicht für notwendig erklärt wird** (OLG Düsseldorf, B. v. 11. 1. 2010 – Az.: VII-Verg 49/09; B. v. 29. 10. 2003 – Az.: Verg 1/03). 4474

Die **Entscheidung hierüber bedarf keiner mündlichen Verhandlung** (OLG Düsseldorf, B. v. 11. 1. 2010 – Az.: VII-Verg 49/09; OLG Schleswig-Holstein, B. v. 5. 1. 2007 – Az.: 1 Verg 9/06; B. v. 5. 1. 2007 – Az.: 1 (6) Verg 11/05). 4475

28.3.1.4 Kostenentscheidung für Maßnahmen nach § 115 Abs. 3 GWB

4476 Zwar ist nach § 116 Abs. 1 GWB gegen Entscheidungen der Vergabekammer die sofortige Beschwerde zulässig. Das **gilt aber nicht für die Kostenentscheidung für Maßnahmen nach § 115 Abs. 3 GWB, da gemäß § 115 Abs. 3 Satz 3 GWB gegen die „Hauptsache", d. h. die Entscheidung über den Antrag auf Anordnung weiterer vorläufiger Maßnahmen ein Rechtsbehelf nicht gegeben ist.** Es kann keinen Unterschied machen, ob die Kostenentscheidung für das einstweilige Anordnungsverfahren in dem – insgesamt – unanfechtbaren Beschluss über den Erlass oder die Ablehnung der einstweiligen Anordnung enthalten ist, oder in einem selbstständigen nachfolgenden Beschluss, der die Kosten des Nachprüfungsverfahrens insgesamt erfasst, ergeht (OLG Frankfurt, B. v. 22. 7. 2008 – Az.: 11 Verg 7/08).

28.3.1.5 Nichtiger Kostenfestsetzungsbescheid

4477 Selbst wenn ein Kostenfestsetzungsbescheid der Vergabekammer wegen des Fehlens der Unterschrift **unwirksam und nichtig sein sollte** (vgl. Art. 44 VwVfG), wird durch das zur Zustellung hinausgegebene Schriftstück der **Anschein eines wirksamen Verwaltungsakts** mit einer verbindlichen Leistungsaufforderung an die Antragstellerin erzeugt. **Gegen ihn kann mit dem für existente Bescheide vorgesehenen Rechtsmittel vorgegangen werden.** Untermauert wird dies durch die Regelung in § 116 Abs. 2 GWB, nach der die sofortige Beschwerde auch zulässig ist, wenn die Vergabekammer über einen Antrag auf Nachprüfung nicht innerhalb der Frist des § 113 Abs. 1 GWB entschieden hat und in diesem Fall der Antrag als abgelehnt gilt, obwohl ein schriftlicher Bescheid überhaupt nicht ergangen ist (BayObLG, B. v. 6. 2. 2004 – Az.: Verg 24/03).

28.3.1.6 Gegenstandswertfestsetzungsbescheid

4478 Gegenstandswertfestsetzungen sind zumindest dann „Entscheidungen" der Vergabekammer, gegen die die sofortige Beschwerde gemäß § 116 Abs. 1 GWB stattfindet, wenn die **Vergabekammer mit einer solchen Festsetzung eine Regelung treffen will, die geeignet ist, in Rechte von Verfahrensbeteiligten einzugreifen** (OLG Düsseldorf, B. v. 3. 7. 2003 – Az.: Verg 29/00).

4479 Zwar **setzt die Vergabekammer einerseits keinen Gegenstands- oder Streitwert fest, sondern überprüft nur den Wertansatz**, den ein Rechtsanwalt hinsichtlich des Streitwertes beantragt hat. Vorliegend hat der Antragsgegner aber keinen Wertansatz vorgenommen, sondern beantragt, dass dies die Vergabekammer veranlassen solle. **Im Hinblick auf den Beschleunigungsgrundsatz** des Verfahrens vor der Vergabekammer und der ohnehin gebotenen Überprüfung des Streitwertes ist die Vergabekammer der Auffassung, dass sie die Überprüfung auch ohne genannten Wertansatz **vorab zur Klarstellung für die Beteiligten vornehmen und so auch die Möglichkeit zur sofortigen Beschwerde eröffnen kann** (VK Südbayern, B. v. 9. 9. 2003 – Az.: 39-08/03).

28.3.1.7 Entscheidung über die Nachfestsetzung von Kosten

4480 **Kostenfestsetzungsbeschlüsse** können **bestandskräftig** werden und **in Rechtskraft erwachsen**. Die Bestands- oder Rechtskraft reicht aber nur soweit, als über geltend gemachte Aufwendungen entschieden wurde, diese also entweder zugesprochen oder aberkannt wurden. **Rechtskraftfähig** sind **nur die einzelnen Posten, nicht der Gesamtbetrag. Bisher nicht angemeldete Kosten** werden von der Rechtskraftwirkung **nicht erfasst**; insoweit ist die prinzipielle Zulässigkeit der Nachfestsetzung allgemein anerkannt. Verschiedentlich wird die Nachfestsetzung nur für möglich gehalten, die bisher noch nicht genannt waren, wenn es sich also um neue selbständige Posten bzw. Rechnungsbeträge selbständiger Art handelt. Demgegenüber geht eine **breite Meinung dahin, dass eine Nachfestsetzung auch für die Forderung von Mehrbeträgen von schon geltend gemachten Ansätzen zulässig sein kann.** Allerdings wird man einen Rechtsanwalt als an seine ursprüngliche Berechnung gebunden anzusehen haben, wenn er die Gebührenhöhe in Ausübung seines Ermessens bestimmt hat. Ungeachtet eingetretener Unanfechtbarkeit des Kostenfestsetzungsbeschlusses findet eine Änderungsfestsetzung ferner dann statt, wenn der für die Gebührenberechnung des Rechtsanwalts zugrunde gelegte Streitwert vom Gericht nachträglich abweichend festgesetzt wird – § 107 ZPO – (OLG München, B. v. 30. 1. 2007 – Az.: Verg 20/06; BayObLG, B. v. 6. 2. 2004 – Az.: Verg 25/03).

4481 In solchen Fällen **fehlt das Rechtsschutzbedürfnis** für eine sofortige Beschwerde, da das **Ziel einer Korrektur des Kostenfestsetzungsbeschlusses einfacher und billiger erreicht** werden kann (OLG München, B. v. 30. 1. 2007 – Az.: Verg 20/06).

Gesetz gegen Wettbewerbsbeschränkungen GWB § 116 **Teil 1**

28.3.1.8 Zwischenentscheidung über die Erledigung infolge Zuschlagsentscheidung

Eine solche Zwischenentscheidung ist – obwohl im Gesetz nicht vorgesehen – **nach der** 4482 **Rechtsprechung zulässig** (vgl. die Kommentierung zu → § 114 GWB Rdn. 259). Als einen den Streitgegenstand beendende Entscheidung ist dagegen die **sofortige Beschwerde zulässig** (OLG Thüringen, B. v. 9. 9. 2002 – Az.: 5 Verg 4/02).

28.3.1.9 Entscheidung der Aussetzung des Verfahrens

Die von der Vergabekammer ausgesprochene Aussetzung des Verfahrens ist eine „**Entschei-** 4483 **dung der Vergabekammer", gegen die die sofortige Beschwerde gemäß § 116 Abs. 1 GWB statthaft** ist. Die Verfahrensaussetzung kann nicht als eine so genannte Zwischenentscheidung, gegen die die sofortige Beschwerde unstatthaft wäre, gewertet werden (OLG Düsseldorf, B. v. 11. 3. 2002 – Az.: Verg 43/01). Zur Zulässigkeit einer Aussetzungsentscheidung vgl. die Kommentierung zu → § 114 GWB Rdn. 6.

28.3.2 Verfahrensleitende Zwischenentscheidungen

Zwischenentscheidungen sind **behördliche oder gerichtliche Verfahrenshandlungen,** 4484 die keine **Endentscheidungen** darstellen, sondern diese **nur vorbereiten** sollen (OLG Düsseldorf, B. v. 28. 12. 2007 – Az.: VII – Verg 40/07).

28.3.2.1 Grundsatz: Keine Möglichkeit der Beschwerde nach den Regelungen des GWB

Mit „Entscheidungen der Vergabekammer" ist **grundsätzlich die Hauptsacheentschei-** 4484/1 **dung, also der die „Instanz" abschließende Beschluss über den Nachprüfungsantrag** gemeint. **Zwischenentscheidungen sowie das Unterlassen von Zwischenentscheidungen sind nur in den wenigen gesetzlich geregelten Fällen (§ 111 GWB – Akteneinsicht, § 115 GWB – Aussetzung des Vergabeverfahrens) mit der sofortigen Beschwerde angreifbar** (OLG Celle, B. v. 25. 5. 2010 – Az.: 13 Verg 7/10; OLG Düsseldorf, B. v. 18. 2. 2010 – Az.: VII-Verg 18/10; B. v. 10. 6. 2009 – Az.: VII-Verg 17/09; VG Köln, B. v. 6. 4. 2009 – Az.: 4 K 6606/08).

Der Gesetzgeber hat für folgende Arten von Zwischenentscheidungen, für die sich die Un- 4485 statthaftigkeit der (isolierten) Beschwerde möglicherweise nicht von selbst verstanden hätte, dies **ausdrücklich hervorgehoben**:

– für die Entscheidung über die Beiladung (§ 109 Satz 2 GWB),
– für die Versagung der Akteneinsicht (§ 111 Abs. 4 GWB),
– für die Eilentscheidungen der Vergabekammer gemäß § 115 Abs. 2 GWB (vgl. dort Satz 5; der in Satz 2 und Satz 3 vorgesehene Antrag zum Beschwerdegericht ist ein spezieller und anderer Rechtsbehelf als die sofortige Beschwerde),
– für vorläufige Maßnahmen der Vergabekammer gemäß § 115 Abs. 3 GWB.

Die **restriktive Behandlung einer isolierten Beschwerde gegen Zwischenentschei-** 4486 **dungen** ist dem in Vergabenachprüfungsverfahren durch § 113 GWB mit besonderer Geltungskraft ausgestatteten **Beschleunigungsgebot geschuldet** (OLG Celle, B. v. 25. 5. 2010 – Az.: 13 Verg 7/10; OLG Düsseldorf, B. v. 28. 12. 2007 – Az.: VII – Verg 40/07).

28.3.2.2 Ausschluss eines Mitglieds der Vergabekammer wegen der Besorgnis der Befangenheit

Auch die **Entscheidung über den Ausschluss eines Mitglieds der Vergabekammer we-** 4487 **gen der Besorgnis der Befangenheit** kann nur gleichzeitig mit den gegen die Sachentscheidung zulässigen Rechtsbehelfen geltend gemacht werden (OLG Düsseldorf, B. v. 28. 4. 2008 – Az.: VII-Verg 24/08; B. v. 23. 1. 2006 – Az.: VII – Verg 96/05, VK Münster, B. v. 21. 3. 2005 – Az.: VK 07/05). Allein der Umstand, dass ein Antragsteller durch die Entscheidung der Vergabekammer, ein Ablehnungsgesuch zurückzuweisen, beschwert wird, vermag die Statthaftigkeit der Beschwerde nicht zu begründen. In gerichtlichen und gerichtsähnlichen Verfahren werden die Verfahrensbeteiligten **in der Regel Verfahrenspflichten oder Obliegenheiten ausgesetzt, die Beschwerlichkeiten mit sich bringen können**, ohne dass gegen jede einzelne Maßnahme der gerichtlichen oder gerichtsähnlichen Instanz eine Anfechtungsmöglichkeit eröffnet werden kann, weil sich sonst die Verfahrensdauer u. U. ins Uferlose verlängern würde. **Insbesondere im**

Teil 1 GWB § 116 Gesetz gegen Wettbewerbsbeschränkungen

Nachprüfungsverfahren vor der Vergabekammer stünde eine gesonderte Anfechtungsmöglichkeit in einem unvereinbaren Widerspruch zu dem Beschleunigungsgrundsatz des § 113 Abs. 1 GWB. Bei Ausnutzung der Beschwerdemöglichkeit gegen Zwischenentscheidungen wäre die **Regelfrist von fünf Wochen zwischen Antragseingang und Entscheidung der Vergabekammer kaum je einzuhalten** (OLG Düsseldorf; B. v. 23. 1. 2006 – Az.: VII – Verg 96/05).

4488 Weder eine etwaige Einordnung des Beschlusses als Verwaltungsakt im Sinne des § 114 Abs. 3 S. 1 GWB, § 35 VwVfG noch rechtsstaatliche Gründe machen – anders als bei der Entscheidung der Vergabekammer über die Gewährung von Akteneinsicht – die Anfechtbarkeit einer Entscheidung über die Ablehnung von Mitgliedern der Vergabekammer notwendig. Es handelt sich im Hinblick auf § 114 Abs. 3 S. 1 GWB nicht um einen anfechtbaren Verwaltungsakt. Diese Vorschrift bezieht sich zunächst vor allem auf Endentscheidungen. Die Einordnung der Entscheidung der Vergabekammer als Verwaltungsakt erfolgte lediglich im Hinblick auf die damit gegebene Vollstreckungsmöglichkeit. **Auch im allgemeinen Verwaltungsrecht wird die Entscheidung über die Ablehnung des (Mit-) Entscheidenden nicht als Verwaltungsakt angesehen.** Das gilt sogar dann, wenn – anders als im Allgemeinen (§ 21 VwVfG) – Verfahrensbeteiligten ein ausdrückliches Ablehnungsrecht zugestanden wird (z. B. § 71 Abs. 3 VwVfG), wobei über ein derartiges Gesuch gesondert und vorab entschieden werden muss (OLG Düsseldorf, B. v. 28. 4. 2008 – Az.: VII-Verg 24/08).

28.3.2.3 Statthaftigkeit einer sofortigen Beschwerde mit dem Ziel der Ergänzung eines lückenhaften Beschlusses der Vergabekammer

4489 Bei dem vergaberechtlichen Beschwerdeverfahren handelt es sich um ein streitiges Verfahren vor einem ordentlichen Gericht; folglich enthält **§ 321 ZPO** die sachgerechte **Regelung für die Ergänzung eines lückenhaften Beschlusses**. Die entsprechende Anwendung dieser Vorschrift ist damit geboten (BayObLG, B. v. 8. 3. 2001 – Az.: Verg 5/01).

4490 So besteht z. B. die Möglichkeit, eine nachträgliche Ergänzung der Kostengrundentscheidung durch die Vergabekammer herbeizuführen. Diese Ergänzung kann auch nach Ablauf der Fünf-Wochen-Frist des § 113 Abs. 1 Satz 1 GWB beantragt werden. Die Fiktion des § 116 Abs. 2 Halbsatz 2 GWB ist wegen der Entscheidung der Vergabekammer in der Hauptsache nicht eingetreten. Weder Wortlaut noch Zweck dieser beiden Bestimmungen sprechen dagegen, die Ergänzung einer versehentlich im Kostenpunkt unvollständig gebliebenen Entscheidung der Vergabekammer auch nach Ablauf der Fünf-Wochen-Frist zuzulassen (BayObLG, B. v. 27. 9. 2002 – Az.: Verg 18/02).

28.3.2.4 Ablehnung eines Antrags auf Berichtigung des Sachverhalts einer Nachprüfungsentscheidung

4491 Auch die **Entscheidung über die Ablehnung eines Antrags auf Berichtigung des Sachverhalts** einer Nachprüfungsentscheidung ist **keine Entscheidung** im Sinn von § 116 Abs. 1 GWB (Saarländisches OLG, B. v. 29. 9. 2005 – Az.: 1 Verg 5/05).

28.3.2.5 Ablehnung eines Antrags auf Zuziehung von Akten

4492 Wendet sich die Klägerin dagegen, dass die Beklagte (= Vergabekammer) zum Nachprüfungsverfahren nicht die Nachunternehmerverträge beigezogen hat, also **gegen das Unterlassen einer Zwischenentscheidung**, ist zwar damit keiner der skizzierten Fälle der sofortigen Beschwerde nach §§ 111, 115 und 116 GWB gegeben; dies **führt jedoch nicht dazu, dass insoweit – ergänzend – der Verwaltungsrechtsweg eröffnet ist. Vielmehr verdrängt die Rechtswegzuweisung des § 116 Abs. 1 und 3 GWB den Verwaltungsrechtsweg insgesamt.** Dies ergibt sich schon daraus, dass durch die sofortige Beschwerde trotz der aufgezeigten – vermeintlichen – Lücke umfassender Rechtsschutz gewährleistet ist. Dies ergibt sich schon daraus, dass eine sofortige Beschwerde nach § 116 GWB dann begründet ist, wenn die Entscheidung der Vergabekammer „unrichtig" ist. Dabei kann die Fehlerhaftigkeit auf einer falschen Rechtsanwendung oder auch auf einer unrichtig bzw. falsch ermittelten Sachverhaltsgrundlage beruhen. Die Klägerin kann daher im Beschwerdeverfahren nach § 116 GWB geltend machen, der Beschluss der Beklagten sei schon deshalb unrichtig, weil der Sachverhalt von der Beklagten nicht hineichend aufgeklärt worden sei. Darüber hinaus kann sie beim Beschwerdegericht anregen, die von ihr für maßgeblich erachteten Unterlagen beizuziehen, denn das Beschwerdegericht geht nicht von dem von der Vergabekammer festgestellten Sachverhalt aus, sondern hat nach §§ 120, 70 GWB selbst im Wege der Amtsermittlung den Sachverhalt umfassend aufzuklären. **Da-**

rüber hinaus ist der Ausschluss der sofortigen Beschwerde gegen Zwischenentscheidungen (bzw. gegen das Unterlassen von Zwischenentscheidungen) dem Rechtsschutzsystem insgesamt auch nicht fremd. Vielmehr finden sich den §§ 116, 111, 115 GWB entsprechende Beschränkungen etwa in § 146 Abs. 2 VwGO. Insbesondere schließt für den Verwaltungsrechtsschutz § 44a VwGO isolierte Rechtsbehelfe gegen behördliche Verfahrenshandlungen im Grundsatz aus (VG Köln, B. v. 6. 4. 2009 – Az.: 4 K 6606/08).

Beschwerden gegen Zwischenentscheidungen der Vergabekammer sind im Allgemeinen unzulässig. Dies folgt aus der Regelung des § 44a VwGO und dem daraus zu ziehenden allgemeinen Schluss, dass Verfahrenshandlungen der Vergabekammer im Regelfall nicht gesondert anfechtbar sind. **Entsprechend den zu § 44a VwGO anerkannten Grundsätzen ist davon lediglich dann eine Ausnahme zu machen, wenn ein Verfahrensbeteiligter durch die Verfahrenshandlung irreparabel in seinen Rechten verletzt worden ist oder verletzt zu werden droht** (OLG Düsseldorf, B. v. 18. 2. 2010 – Az.: VII-Verg 18/10). Für den Fall, dass die **Vergabekammer ihrer Verpflichtung zur hinreichenden Aufklärung des Sachverhalts nicht Genüge getan haben sollte – z.B. durch die Nichtbeschlagnahme von Akten –, so kann dies von dem Antragsteller nur im Rahmen eines Beschwerdeverfahrens gegen die Entscheidung in der Hauptsache gerügt** werden. Dabei spielt keine Rolle, ob der Vergabesenat selbst – ebenso wie die Vergabekammer – gegebenenfalls die Akte entsprechend § 58 GWB beschlagnahmen könnte oder nicht. In letztgenanntem Falle könnte der Senat das Vergabenachprüfungsverfahren notfalls an die Vergabekammer zwecks Vornahme der notwendigen Handlungen zurückverweisen, § 123 Satz 2, 2. Hs. GWB (OLG Düsseldorf, B. v. 10. 6. 2009 – Az.: VII-Verg 17/09). 4493

28.3.2.6 Anordnung der Zustellung bzw. Nichtzustellung des Nachprüfungsantrags

Die Anordnung der Zustellung des Nachprüfungsantrags ist nicht nach § 116 GWB anfechtbar. Die Anfechtbarkeit kann **nicht aus § 116 Abs. 2 GWB** geschlossen werden. Unter dem Aspekt der Begrenzung der Verfahrensdauer spricht auch folgendes Argument dagegen, die isolierte Anfechtung der Anordnung der Zustellung des Nachprüfungsantrags zuzulassen: Die besondere Anfechtbarkeit stünde in einem **unvereinbaren Widerspruch zum Beschleunigungsgrundsatz** des § 113 Abs. 1 GWB; denn bei Ausnutzung der von der Antragsgegnerin für richtig gehaltenen Beschwerdemöglichkeit wäre die Regelfrist von fünf Wochen zwischen Antragseingang und Entscheidung der Vergabekammer kaum je einzuhalten (OLG Düsseldorf, B. v. 18. 1. 2000 – Az.: Verg 2/00). 4494

Die **Entschließung der Vergabekammer, einen Nachprüfungsantrag nicht zuzustellen, ist eine bloße Zwischenentscheidung, die grundsätzlich nicht selbstständig anfechtbar**. Dem Antragsteller ist in einem solchen Fall zuzumuten, die – nach den gesetzlichen Vorschriften zügig zu treffende – Entscheidung der Vergabekammer in der Sache abzuwarten und gegen die dann ergehende Sachentscheidung vorzugehen. Dies gilt **jedenfalls dann, wenn die Vergabekammer die Sachentscheidung nicht sachwidrig verzögert**. Auch unter dem Gesichtspunkt von Art. 19 Abs. 4 GG und der auch europarechtlich zu gewährleistenden effektiven Überprüfung von Vergabeverfahren besteht **keine Rechtsschutzlücke**. Zuständig für die Gewährleistung dieses Rechtsschutzes ist derzeit die Vergabekammer. Im Rahmen des vor ihr durchzuführenden Verfahrens hat sie im Zielkonflikt zwischen dem Bieterschutz und dem Interesse der Allgemeinheit an einem raschen Abschluss der Vergabeverfahren zu entscheiden. Dass die Vergabekammer auf der Grundlage der einem Antragsteller bereits mitgeteilten Rechtsauffassung eine – nach Auffassung eines Antragstellers – absehbar unrichtige Entscheidung zu treffen beabsichtigt, ist **ein allgemein und bei jeder Entscheidung bestehendes Risiko**, dessen Verwirklichung immer zum Verlust des Primärschutzes führen kann. Daraus lässt sich nicht folgern, dass die Einlegung eines Rechtsmittels immer schon dann möglich sein muss, wenn die für falsch gehaltene Entscheidung sich durch eine Zwischenentscheidung ankündigt. Die Nichtzustellung des Antrags durch die Vergabekammer erfolgt in solchen Fällen im Kontext der dann allerdings unverzüglich noch zu treffenden Entscheidung der Vergabekammer in der Sache. **Erst auf Grundlage einer solchen begründeten Entscheidung ist der Senat berufen, die Beurteilung der Vergabekammer einer rechtlichen Überprüfung zu unterziehen. Allein ein solches Verfahren ist prozesswirtschaftlich und entspricht dem im Nachprüfungsverfahren geltenden Beschleunigungsgrundsatz** (KG Berlin, B. v. 29. 3. 2007 – Az.: 2 Verg 6/07). 4495

Über die **endgültige Nichtzustellung** hat die Vergabekammer durch Beschluss mit Begründung zu entscheiden, gegen den die sofortige Beschwerde möglich ist. Insoweit handelt es sich hier **nicht um eine unselbstständige Zwischenentscheidung, sondern einen die** 4496 erste Instanz verfahrensbeendenden Beschluss. Obwohl das GWB diesen Fall nicht ausdrücklich regelt, ist der **rechtsmittelfähige Beschluss dem Anspruch auf rechtliches Gehör geschuldet** (VK Schleswig-Holstein, B. v. 5. 9. 2007 – Az.: VK-SH 21/07).

28.3.2.7 Abhängigmachung der Zustellung von der Zahlung eines Kostenvorschusses

4497   Mangels besonderer Vorschriften im GWB sind Zwischenentscheidungen der Vergabekammer in entsprechender Anwendung des § 44a S. 1 VwGO im Allgemeinen nicht anfechtbar. Dies gilt aber **nicht für Entscheidungen, durch die ein Verfahrensbeteiligter irreparabel in seinen Rechten verletzt zu werden droht. Das ist bei der Entscheidung der Vergabekammer, die Übermittlung des Nachprüfungsantrages von der Einzahlung eines bestimmten Kostenvorschusses abhängig zu machen, der Fall**, weil eine Sachentscheidung ohne vorherige Einzahlung nicht erfolgen wird (OLG Düsseldorf, B. v. 18. 2. 2010 – Az.: VII-Verg 18/10).

28.3.2.8 Verweisung an eine andere Vergabekammer

4498   Bei der die Verweisung des Nachprüfungsverfahrens an eine andere Vergabekammer betreffenden Entscheidung handelt es sich um eine Zwischenentscheidung der Vergabekammer. **Gegen Zwischenentscheidungen ist die (isolierte) sofortige Beschwerde nach § 116 Abs. 1 Satz 1 GWB grundsätzlich nicht statthaft**. Der Umstand, dass das GWB selbst die (isolierte) Beschwerde gegen die Verweisungsentscheidung der Vergabekammer nicht ausdrücklich für unstatthaft erklärt, gibt für die Zulässigkeit einer solchen Beschwerde nichts her. Das GWB enthält keine Vorschriften über die Verweisung des Nachprüfungsverfahrens wegen Unzuständigkeit der angerufenen Vergabekammer. Darum ist dem Gesetz selbst auch nichts über die Zulässigkeit einer (isolierten) Beschwerde gegen die Verweisungsentscheidung zu entnehmen. Die **Unstatthaftigkeit** eines solchen gegen eine Zwischenentscheidung der Nachprüfungsinstanz gerichteten Rechtsmittels rechtfertigt sich vielmehr aus dem allgemeinen Rechtssatz, dass einer Anfechtung grundsätzlich – und zwar um der Verfahrensdauer zu begrenzen – **nur die instanzabschließenden Endentscheidungen** unterliegen (OLG Düsseldorf, B. v. 18. 1. 2005 – Az.: VII – Verg 104/04; VK Baden-Württemberg, B. v. 19. 12. 2008 – Az.: 1 VK 67/08; VK Sachsen, B. v. 12. 2. 2010 – Az.: 1/SVK/002–10; B. v. 19. 12. 2008 – Az.: 1/SVK/064-08; B. v. 19. 12. 2008 – Az.: 1/SVK/061-08).

28.3.2.9 Weitere Beispiele aus der Rechtsprechung

4499   Die Rechtsprechung sieht folgende weitere Fälle als Zwischenentscheidung an, gegen die eine sofortige Beschwerde nicht statthaft ist:

– **Gestattung von Akteneinsicht** (OLG Thüringen, B. v. 9. 9. 2002 – Az.: 6 Verg 4/02)

– **Erlass eines Beweisbeschlusses** (OLG Thüringen, B. v. 9. 9. 2002 – Az.: 6 Verg 4/02)

28.3.2.10 Möglichkeit der Beschwerde nach den Regelungen des GWB

4500   **28.3.2.10.1 Grundsätze.** Die **restriktive Behandlung einer isolierten Beschwerde gegen Zwischenentscheidungen** ist dem in Vergabenachprüfungsverfahren durch § 113 GWB mit besonderer Geltungskraft ausgestatteten **Beschleunigungsgebot geschuldet**. Der **Beschleunigungsgrundsatz gilt freilich gleichermaßen auch in anderen Verfahrensordnungen**. So bestimmt § 44a S. 1 VwGO aus demselben Grund, dass Rechtsbehelfe gegen belastende behördliche Verfahrensentscheidungen nur gleichzeitig mit den gegen die Sachentscheidung zulässigen Rechtsbehelfen geltend gemacht werden können. Jedoch lässt gerade jene, funktional auf das Verfahren der Vergabekammer übertragbare Norm auch erkennen, dass der **Grundsatz der Unzulässigkeit von Rechtsbehelfen gegen Zwischenentscheidungen, ohne dass dadurch das Beschleunigungsgebot ausgehöhlt oder entwertet würde, ebenso wenig frei von Durchbrechungen**. Nach § 44a S. 2 VwGO ist die (isolierte) Beschwerde gegen Zwischenentscheidungen nämlich dann statthaft, wenn behördliche Verfahrenshandlungen vollstreckt werden können oder gegen einen Nichtbeteiligten ergehen. Die **Rechtsprechung der Verwaltungsgerichte** unterwirft belastende behördliche Verfahrenshandlungen (Zwischenentscheidungen) über den Wortlaut von § 44a S. 2 VwGO hinaus **allgemein einer isolierten Anfechtbarkeit, wenn mit ihr selbständige nachteilige Rechtsfolgen für den davon Betroffenen verbunden sind und nicht sicher zu stellen ist, dass diese durch eine künftige Sachentscheidung ausreichend rückgängig gemacht werden können**. Vereinzelte Entscheidungen der Vergabesenate gehen in dieselbe Richtung. So hat das OLG Düsseldorf eine **Verfahrensaussetzung durch die Vergabekammer** – wegen des dadurch tatsächlich eintretenden und nicht

Gesetz gegen Wettbewerbsbeschränkungen GWB § 116 **Teil 1**

mehr korrigierbaren Effekts einer den Antragsteller vergaberechtswidrig beschwerenden Antragsablehnung auf Zeit – **als mit der sofortigen Beschwerde nach § 116 Abs. 1 GWB anfechtbar** angesehen (Beschl. v. 11. 3. 2002 – Verg 43/01). Das **Thüringer OLG hat eine Zwischenentscheidung, mit der die Vergabekammer festgestellt hat, das Nachprüfungsverfahren habe sich durch wirksame Zuschlagserteilung erledigt**, womit die Entscheidungsfrist des § 113 Abs. 1 GWB außer Kraft gesetzt worden sei, **aufgehoben und die Sache an die Vergabekammer zurückverwiesen**, da der Antragsteller bei der Entscheidung durch tief greifende und anders nicht wieder gutzumachende Verfahrensfehler in seinen Rechten verletzt worden war (Beschl. v. 9. 9. 2002 – 6 Verg 4/02). Die genannten Entscheidungen des OLG Düsseldorf und des Thüringer OLG qualifizieren die **angefochtenen Beschlüsse wörtlich zwar nicht als Zwischenentscheidungen**, sondern messen ihnen wegen der Rechtswirkungen einen zumindest sachscheidungsähnlichen und infolgedessen die Anfechtung (erst) eröffnenden **Charakter** zu. Auf die Bezeichnung kommt es indes nicht an. Denn der Sache nach standen jeweils die Hauptsacheentscheidung vorbereitende Verfahrensentscheidungen der Vergabekammer im Streit, die – ohne Zulassung der Beschwerde – irreparabel nachteilige Rechtsfolgen für den Betroffenen mit sich brachten. Hinzu kommt, dass **in vergaberechtlichen Nachprüfungsverfahren** zur Schließung von Regelungslücken im Vierten Teil des GWB **Analogien zur Rechtslage nach der VwGO eher angezeigt sind als solche zu anderen Verfahrensordnungen**, da dieses Verfahren dem Kartellverwaltungsverfahren nachgebildet ist (OLG Düsseldorf, B. v. 28. 12. 2007 – Az.: VII – Verg 40/07).

28.3.2.10.2 Sofortige Beschwerde gegen die Entscheidung zur Erteilung von Akteneinsicht. Eine **von der Vergabekammer verfügte Erteilung von Akteneinsicht** ist – im Wege einer Beschwerde nach § 116 Abs. 1 GWB – **selbständig anfechtbar, sofern durch einen Vollzug**, namentlich durch eine faktisch gestattete Einsichtnahme in die Akten, **Rechte des von der Akteneinsicht Betroffenen in einer durch die Hauptsacheentscheidung nicht wieder gutzumachenden Weise beeinträchtigt werden können**. Dabei bleibt darauf hinzuweisen, dass eine Rechtsverletzung im Rahmen der Zulässigkeitsprüfung auf eine vom Betroffenen angebrachte Beschwerde nicht festgestellt werden muss, sondern es – um den gebotenen materiellen Rechtsschutz gegen die angegriffene Entscheidung nicht zu verkürzen – **lediglich einer Darlegung des Betroffenen bedarf, die den Schluss auf die geltend gemachte Rechtsverletzung erlaubt**. Bei einer solchen Darlegung ist auch die Beschwerdebefugnis des Betroffenen nicht zu verneinen. Davon ausgehend ist **nicht ernsthaft mit einer ungerechtfertigten Beschwerdeflut gegen eine Gewährung von Akteneinsicht zu rechnen**. Betroffene Auftraggeber oder Beigeladene sind an diesbezüglichen Zwischenstreit in der Regel nicht interessiert, sondern streben eine möglichst rasche Auftragserteilung an. Von daher besteht **kein Grund, das Beschwerderecht des Betroffenen gegen eine Gewährung von Akteneinsicht zu beschränken**. Die mit einer solchen Beschwerde verbundene, in der Regel nicht unzumutbare Verzögerung der Auftragsvergabe ist im Interesse eines effektiven Rechtsschutzes hinzunehmen (OLG Düsseldorf, B. v. 5. 3. 2008 – Az.: VII-Verg 12/08; B. v. 28. 12. 2007 – Az.: VII – Verg 40/07; 2. VK Mecklenburg-Vorpommern, B. v. 28. 11. 2008 – Az.: 2 VK 7/08). 4501

Es **kann für den Rechtsschutz keinen Unterschied machen, ob bei Einlegung der sofortigen Beschwerde die Vergabekammer bereits Akteneinsicht gewährt hat oder nicht**. Die Vergabekammer hätte zur Gewährleistung eines effektiven Rechtsschutzes abwarten müssen, ob der Beschluss über die Gewährung von – unbeschränkter oder nach Auffassung eines Verfahrensbeteiligten nicht hinreichend beschränkter – **Akteneinsicht bestandskräftig würde oder nicht**. Sie konnte nicht dadurch vollendete Tatsachen schaffen, dass sie sofort nach ihrem Beschluss tatsächlich Akteneinsicht gewährte; dadurch würde dem betreffenden Verfahrensbeteiligten, der schützenswerte Geheimnisse geltend macht, ein wirksamer gerichtlicher Schutz unmöglich gemacht. Dieser Gesichtspunkt gilt unabhängig davon, wann die Akteneinsicht tatsächlich gewährt worden ist. Aus diesem Grunde steht dem betroffenen Verfahrensbeteiligten ein Rechtsschutzbedürfnis auch gegen bereits faktisch vollzogene Handlungen der Vergabekammer zu, und zwar auch dann, wenn die Folgen rein tatsächlich nicht wieder rückgängig gemacht werden können. **Für diesen Fall, in dem die Vergabekammer einer Beschwerde durch eigenes Handeln zuvorkommt, gilt die Rechtsprechung des Bundesverfassungsgerichts zur Gewährung effektiven Rechtsschutzes erst recht** (OLG Düsseldorf, B. v. 5. 3. 2008 – Az.: VII-Verg 12/08). 4502

In einem entsprechenden Beschwerdeverfahren **kann sich der Auftraggeber nicht mit Erfolg darauf berufen**, ein **Angebot sei aus bislang nicht entdeckten formalen Gründen**, und zwar wegen Fehlens geforderter Angaben, Erklärungen oder Eignungsnachweise, oder in Ermangelung einer Eignung, den ausgeschriebenen Auftrag ordnungsgemäß auszuführen, 4503 gemäß § 16 VOB/A **von der Wertung auszunehmen, mit der Folge, dass eine Erteilung von Akteneinsicht nicht erforderlich sei.** Derartige **Ausschließungsgründe, mit denen sich die Vergabekammer in der Sache noch nicht befasst hat, sind in dem die Gewährung von Akteneinsicht betreffenden Beschwerdeverfahren von einer Prüfung ausgeschlossen.** Eine dahingehende Beurteilung und Entscheidung durch das Beschwerdegericht nähme die in erster Instanz der Vergabekammer obliegende Sachentscheidung vorweg und ermöglichte den Verfahrensbeteiligten, im Beschwerdeverfahren über die Erteilung von Akteneinsicht die Hauptsacheentscheidung präjudizieren zu lassen. Dies ist **mit dem vom Gesetzgeber geschaffenen Instanzenzug nicht zu vereinbaren.** Danach ist den Vergabekammern vorbehalten, erstinstanzlich in eigener Zuständigkeit über den sachlichen Erfolg oder Misserfolg eines Nachprüfungsantrags zu befinden. Das Beschwerdegericht übt hinsichtlich der Sachentscheidungen der Vergabekammer nur eine Kontrollfunktion aus (OLG Düsseldorf, B. v. 28. 12. 2007 – Az.: VII – Verg 40/07).

4504   **28.3.2.10.3 Ablehnung eines Sachverständigen. Bei der Entscheidung der Vergabekammer, mit der die Ablehnung eines Sachverständigen für unbegründet erklärt worden ist, handelt es sich um einen gesetzlich geregelten Fall einer Zwischenentscheidung,** die **ausnahmsweise isoliert mit der sofortigen Beschwerde angefochten** werden kann. Nach §§ 110 Abs. 2 S. 5, 57 Abs. 2 GWB, § 406 Abs. 5 ZPO ist für die Entscheidung über die Beschwerde das Oberlandesgericht zuständig (OLG Celle, B. v. 25. 5. 2010 – Az.: 13 Verg 7/10).

28.3.3 Vollstreckungsentscheidungen

4505   § 116 GWB erfasst schon nach seinem Wortlaut nicht nur die Hauptsacheentscheidung, welche die Vergabekammer im Verfahren nach §§ 104, 107 ff. GWB über einen Nachprüfungsantrag trifft. Sie eröffnet die Beschwerde zum Oberlandesgericht vielmehr auch für **alle sonstigen instanzabschließenden Erkenntnisse der Vergabekammer, mithin auch für Entscheidungen der Vergabekammer im Rahmen der Vollstreckung** nach § 114 Abs. 3 Satz 2 GWB (OLG Düsseldorf, B. v. 29. 4. 2003 – Az.: Verg 53/02).

28.3.4 Unselbständige Anschlussbeschwerde

28.3.4.1 Grundsatz

4506   Eine Anschlussbeschwerde gibt **begrifflich nur dem Beschwerdegegner die Möglichkeit, trotz Ablaufs der Beschwerdefrist die vom Gegner angefochtene Entscheidung auch zu seinen Gunsten zur Überprüfung zu stellen** (OLG München, B. v. 21. 5. 2010 – Az.: Verg 02/10; OLG Frankfurt am Main, B. v. 8. 2. 2005 – Az.: 11 Verg 24/04).

4507   Die **Anschlussbeschwerde** ist eine **Antragstellung innerhalb eines fremden Rechtsmittels und kann sich deshalb nur gegen den Rechtsmittelführer richten, nicht gegen Dritte.** Sie gibt dem Beschwerdegegner die Möglichkeit, trotz Ablaufs der Beschwerdefrist die vom Gegner angefochtene Entscheidung auch zu seinen Gunsten zur Überprüfung zu stellen. Aufgrund der Besonderheiten des Vergabeverfahrens eröffnet zwar sowohl die Beschwerde des Beigeladenen als auch des Antragsgegners für den Antragsteller die Möglichkeit einer Anschlussbeschwerde. Dies folgt aus der Tatsache, dass der öffentliche Auftraggeber die Entscheidung über die strittige Auftragsvergabe trifft und Antragsteller und Beigeladener um diesen Auftrag konkurrieren. **Erforderlich sind für eine zulässige Anschlussbeschwerde jedoch stets gegenläufige Interessen zwischen dem Beschwerdeführer einerseits und dem Anschlussbeschwerdeführer andererseits.** Hat also die Vergabekammer auf Nachprüfungsantrag eines Bieters eine Wiederholung des Vergabeverfahrens für mehrere Lose einer Ausschreibung angeordnet und legt nur ein Beigeladener sofortige Beschwerde ein, wird die Entscheidung der Vergabekammer bezüglich der Lose bestandskräftig, für die der beigeladene Beschwerdeführer kein Angebot abgegeben hat. Der **Antragsteller kann nicht im Wege einer unselbständigen Anschlussbeschwerde den Ausschluss anderer Beigeladener erreichen** (OLG München, B. v. 21. 5. 2010 – Az.: Verg 02/10).

4508   Die **Zulässigkeit** unselbständiger Anschlussbeschwerden im vergaberechtlichen Beschwerdeverfahren (§§ 116 ff. GWB) ist **nicht ausdrücklich geregelt,** jedoch **aus allgemeinen Verfahrensgrundsätzen** (vgl. § 524 ZPO n. F., § 127 VwGO n. F.) **herleitbar** (OLG Düsseldorf, B. v. 23. 12. 2009 – Az.: VII-Verg 30/09; B. v. 25. 2. 2004 – Az.: Verg 9/02, B. v. 8. 5. 2002 –

Az.: Verg 8–15/01; OLG Frankfurt, B. v. 28. 2. 2006 – Az.: 11 Verg 15/05 und 16/05; BayObLG, B. v. 5. 11. 2002 – Az.: Verg 22/02, B. v. 6. 2. 2004 – Az.: Verg 24/03).

Die **Zulässigkeit** der unselbständigen Anschlussbeschwerde im Vergaberecht ist im Grundsatz in der Rechtsprechung **nicht mehr umstritten** (OLG Celle, B. v. 5. 9. 2007 – Az.: 13 Verg 9/07; OLG Dresden, B. v. 4. 7. 2008 – Az.: WVerg 3/08; OLG München, B. v. 21. 5. 2010 – Az.: Verg 02/10; OLG Naumburg, B. v. 4. 9. 2008 – Az.: 1 Verg 4/08; B. v. 17. 2. 2004 – Az.: 1 Verg 15/03). 4509

Dies gilt auch **im Verhältnis von beigeladener Partei und Hauptpartei**. Zwar bestehen Ansprüche der Bieter auf Einhaltung vergaberechtlicher Bestimmungen nur gegen den öffentlichen Auftraggeber, niemals aber gegen andere am Auftrag interessierte Unternehmen. **Entscheidend ist jedoch bei der Frage der Zulässigkeit der Anschlussbeschwerde** nicht die Anspruchsbeziehung der Verfahrensbeteiligten untereinander, sondern vielmehr **die Frage, ob sie gegenläufige Rechtsschutzziele verfolgen** (OLG Celle, B. v. 5. 9. 2007 – Az.: 13 Verg 9/07). 4510

28.3.4.2 Kostenfestsetzungsverfahren

Für ein Nebenverfahren, wozu die Kostenfestsetzung rechnet, ist die Zulässigkeit des (unselbständigen) Anschlusses noch weniger bedenklich, weil hier der Beschleunigungsgedanke regelmäßig nicht im Mittelpunkt steht. Ob eine zeitliche Schranke von zwei Wochen für die Anschließung besteht, wie es die Bestimmungen der § 524 Abs. 2 Satz 2 ZPO, § 127 Abs. 2 Satz 2 VwGO und § 117 Abs. 1 und 2 GWB in analoger Anwendung für das Hauptsacheverfahren vorschreiben, kann offen bleiben (BayObLG, B. v. 6. 2. 2004 – Az.: Verg 24/03). 4511

28.3.4.3 Reichweite einer unselbständigen Anschlussbeschwerde

In der vergaberechtlichen Literatur wird die Auffassung vertreten, die Anschlussbeschwerde sei nur im Verhältnis zwischen Antragsteller und Auftraggeber oder zwischen Beigeladenem und Auftraggeber zulässig. Das soll sich sinngemäß aus den Grundsätzen, die für die Anschließung im Berufungsrechtszug vor den Zivil- oder Verwaltungsgerichten gelten, ergeben, weil dort mit der Anschlussberufung nur Ansprüche geltend gemacht werden könnten, die gegen den Berufungskläger gerichtet sind. Ansprüche auf Einhaltung vergaberechtlicher Bestimmungen bestünden aber nur gegen den öffentlichen Auftraggeber, niemals aber gegen andere am Auftrag interessierte Unternehmen. Indessen kann jedenfalls der VwGO den Grundsatz, dass die Anschlussberufung nur für die Geltendmachung von Ansprüchen zulässig ist, die sich gegen den Berufungskläger richten, nicht entnommen werden; **vielmehr steht dort das Rechtsmittel der Anschlussberufung allen Beteiligten, also auch einem Beigeladenen zu**, §§ 127, 63 Nr. 3 VwGO. Danach kommt es im Verwaltungsgerichtsverfahren nicht darauf an, ob zwischen dem Kläger und dem Beigeladenen – öffentlich-rechtliche – Ansprüche bestehen, was regelmäßig nicht der Fall sein dürfte, sondern **lediglich darauf, dass mit der Berufung und der Anschlussberufung gegenläufige Rechtsschutzziele verfolgt** werden (OLG Thüringen, B. v. 5. 12. 2001 – Az.: 6 Verg 4/01). 4512

28.3.4.4 Bedingte unselbständige Anschlussbeschwerde

Der Zulässigkeit der Anschlussbeschwerde steht auch nicht entgegen, wenn der Antragsgegner im Hauptantrag die Zurückweisung der sofortigen Beschwerde begehrt und die **Anschlussbeschwerde nur hilfsweise erhebt**. Für die unselbstständige Anschlussberufung im Zivilprozess ist anerkannt, dass diese auch bedingt erhoben werden kann für den Fall, dass dem in erster Linie gestellten Antrag auf Zurückweisung des Rechtsmittels nicht entsprochen wird. Denn die **unselbstständige Anschließung ist kein Rechtsmittel im eigentlichen Sinn, sondern lediglich ein Antrag innerhalb des vom Rechtsmittelführer eingelegten Rechtsmittels; die Gründe, die die bedingte Erhebung von Klagen und die bedingte Einlegung von Rechtsmitteln grundsätzlich ausschließen, greifen hier nicht**. Diese Rechtsprechung kann auf die vergaberechtliche Anschlussbeschwerde übertragen werden (OLG Düsseldorf, B. v. 23. 12. 2009 – Az.: VII-Verg 30/09; OLG Frankfurt, B. v. 19. 12. 2006 – Az.: 11 Verg 7/06; BayObLG, B. v. 9. 8. 2004, Az.: Verg 015/04). 4513

28.3.4.5 Auswirkungen einer Vorlage an den BGH auf eine unselbständige Anschlussbeschwerde

Aufgrund der Unselbständigkeit der Anschlussbeschwerde darf über sie grundsätzlich nicht vorweg entschieden werden. Die Anschließung ist kein Rechtsmittel im eigentli- 4514

Teil 1 GWB § 116 Gesetz gegen Wettbewerbsbeschränkungen

chen Sinne, sondern lediglich ein angriffsweise wirkender, **gleichsam akzessorischer Antrag** innerhalb des gegnerischen Rechtsmittels. Sie verliert ihre Wirkungen, wenn das Rechtsmittel zurückgenommen oder verworfen wird. Solches bestimmen gleichlautend §§ 524 Abs. 4, 554 Abs. 4, 567 Abs. 3 Satz 2 ZPO für zivilprozessuale Rechtsmittel und §§ 127 Abs. 4, 141 Satz 1 VwGO für die Anschließung an die gegnerische Berufung bzw. Revision im verwaltungsgerichtlichen Verfahren. Für eine Anschließung im Beschwerdeverfahren gem. §§ 116 ff. GWB kann ersichtlich nichts anderes gelten. **Über die Anschlussbeschwerde ist daher nach Abschluss des Vorlageverfahrens über die Beschwerde befinden** (OLG Dresden, B. v. 4. 7. 2008 – Az.: WVerg 3/08).

28.3.4.6 Anschließungsfrist

4515   Die **Rechtsprechung** ist insoweit **nicht einheitlich**.

4516   Der das Vergabeverfahren prägende Beschleunigungsgrundsatz mit der daraus folgenden strikten zeitlichen Beschränkung des Rechtsmittels widerspricht der Zulässigkeit jedenfalls auf der Grundlage des seit 1. 1. 2002 maßgeblichen Rechtszustands nicht. Denn die Anschließung ist im Zivil- wie im Verwaltungsprozess nur zulässig bis zum Ablauf eines Monats nach der Zustellung der Berufungsbegründungsschrift (§ 524 Abs. 2 Satz 2 ZPO n. F.; § 127 Abs. 2 Satz 2 VwGO n. F.). Zwanglos lassen sich diese Regelungen auf die sofortige Beschwerde als berufungsähnliches Rechtsmittel übertragen, so dass die **Anschlussbeschwerde nur statthaft ist, wenn sie innerhalb von zwei Wochen nach Zustellung der Beschwerdebegründung eingelegt wird** (OLG Düsseldorf, B. v. 25. 2. 2004 – Az.: Verg 9/02, B. v. 8. 5. 2002 – Az.: Verg 8–15/01; OLG Frankfurt, B. v. 28. 2. 2006 – Az.: 11 Verg 15/05 und 16/05; BayObLG, B. v. 5. 11. 2002 – Az.: Verg 22/02, B. v. 6. 2. 2004 – Az.: Verg 24/03).

4517   Nach einer anderen Auffassung ist es vorzugswürdig, die **Möglichkeit der Anschließung zeitlich zu begrenzen** und entsprechend der sachnächsten Vorschrift des § 524 Abs. 2 Satz 2 ZPO **die dem Beschwerdegegner zur Beschwerdeerwiderung gesetzte Frist für maßgeblich zu erachten**, also insoweit weder auf die jeweils anders lautenden Regelungen in §§ 554 Abs. 2 Satz 2, 567 Abs. 3 ZPO, §§ 127 Abs. 2 Satz 2, § 141 Satz 1 VwGO abzustellen noch die Anschließungsfrist auf zwei Wochen nach Zustellung der Beschwerdeschrift festzulegen (OLG Dresden, B. v. 4. 7. 2008 – Az.: WVerg 3/08).

4518   Nach der **neueren Rechtsprechung des OLG Düsseldorf** kann die Anschlussbeschwerde **einmal innerhalb** der in der älteren Rechtsprechung vielfach angesprochenen **zweiwöchigen Frist nach Zustellung der Beschwerde** eingelegt, sie kann aber auch nach dem analog anzuwendenden § 524 Abs. 2 ZPO n. F. **innerhalb der Frist zur Stellungnahme zur Berufung** eingelegt werden (OLG Düsseldorf, B. v. 22. 10. 2008 – Az.: VII-Verg 48/08; im Ergebnis ebenso OLG Düsseldorf, B. v. 21. 7. 2010 – Az.: VII-Verg 19/10).

28.3.5 Untätigkeitsbeschwerde

4519   Das **Gesetz gegen Wettbewerbsbeschränkungen sieht die Untätigkeitsbeschwerde nicht vor**. Auch in der **Zivilprozessordnung ist sie nicht erwähnt**. Sowohl gemäß § 116 Abs. 1 GWB als auch gemäß § 567 ZPO ist die sofortige Beschwerde gegen eine Entscheidung, nicht aber gegen eine unterbliebene Entscheidung vorgesehen. Selbst in dem in § 116 Abs. 2 GWB geregelten Fall wird eine Entscheidung der Vergabekammer lediglich fingiert. Demgegenüber sehen § 75 VwGO und § 27 EGGVG einen Rechtsbehelf gegen die Untätigkeit von Behörden ausdrücklich vor. Allerdings wird **für die Zivilprozessordnung die Untätigkeitsbeschwerde in Rechtsprechung und Literatur in entsprechender Anwendung von § 567 ZPO oder § 252 ZPO** zur Sicherung des aus dem Rechtsstaatsprinzip (Art. 2 Abs. 1 i. V. m. Art. 20 Abs. 3 GG) folgenden Justizgewährleistungsanspruchs **teilweise für zulässig gehalten**. Es kann dahingestellt bleiben, ob eine derartige Untätigkeitsbeschwerde im Vergabenachprüfungsverfahren statthaft ist. Sie kann – mangels gesetzlicher Regelung – jedenfalls **nur als ultima ratio in Betracht kommen**. Vor der Einlegung einer solchen Beschwerde müssen sämtliche Möglichkeiten, die Vergabekammer zu einer Entscheidung bzw. der Fortsetzung des Verfahrens zu bewegen, ausgeschöpft sein. Dazu gehört auch die **Erhebung einer Dienstaufsichtsbeschwerde gegen die Mitglieder der Vergabekammer**. Diese Möglichkeit kommt jedenfalls in Fällen in Betracht, in denen die Vergabekammer über einen langen Zeitraum untätig bleibt. Das Dienstaufsichtsverfahren ist aufgrund der größeren Sachnähe eher als das Beschwerdeverfahren geeignet, die Gründe für die Untätigkeit der Vergabekammer aufzudecken und gegebenenfalls durch geeignete

Gesetz gegen Wettbewerbsbeschränkungen GWB § 116 **Teil 1**

Maßnahmen – notfalls durch Entfernung der untätigen Mitglieder – abzustellen. Erst wenn das Dienstaufsichtsverfahren nicht in angemessener Zeit zum Fortgang des Verfahrens geführt hat, kann die Zulässigkeit der Untätigkeitsbeschwerde in Betracht kommen (OLG Bremen, B. v. 12. 3. 2007 – Az.: Verg 3/06).

Es kann auch Fälle geben, in denen nach Ablauf der Informationsfrist des § 101a GWB ein Zuschlag droht und die Vergabekammer noch nicht über die Zustellung des Nachprüfungsantrags entschieden hat. Wendet sich ein Beschwerdeführer zu diesem Zeitpunkt an den Vergabesenat, läuft sein Rechtsbehelf der Sache nach auf eine „**Untätigkeitsbeschwerde**" hinaus, die **in den §§ 116 ff. GWB jedoch nicht vorgesehen** ist. Die Rechtsprechung verkennt nicht, dass dem Beschwerdeführer rein tatsächlich an einer Herbeiführung des Zuschlagsverbots gelegen sein muss, da mit Ablauf der Frist des § 101a GWB die Auftragserteilung an einen Mitbewerber droht; dies kann im Ergebnis dazu führen, dass der Primärrechtsschutz des Beschwerdeführers aus Zeitgründen leer läuft. Diese **Gefahr ist aber in der Fristenregelung des § 101a GWB angelegt**, die einen effektiven Schutz des Bieters nur dann gewährleistet, wenn es diesem gelingt, innerhalb der Frist ein Zuschlagsverbot herbeizuführen. Dass dies in direkter Anwendung von § 115 Abs. 1 GWB nur zu erzielen ist, wenn die Vergabekammer den Nachprüfungsantrag nicht für offensichtlich unzulässig oder unbegründet hält, folgt ebenfalls unmittelbar aus dem Gesetz, das dem Antragsteller eben dieses Risiko aufbürdet. Wenn damit letztlich nur wenige Tage zur Verfügung stehen, um zumindest die Auftragsvergabe vorläufig zu verhindern, so **rechtfertigt diese zeitliche Enge es grundsätzlich nicht, dass das Beschwerdegericht hierüber unter Verzicht auf eine beschwerdefähige Entscheidung der Vergabekammer unmittelbar befindet** (OLG Dresden, B. v. 4. 7. 2002 – Az.: WVerg 0011/02).

4520

28.3.6 Statthaftigkeit einer sofortigen Beschwerde wegen einer falschen Rechtsbehelfsbelehrung?

Die Statthaftigkeit des Rechtsbehelfs der sofortigen Beschwerde ergibt sich nicht aus dem Inhalt einer Rechtsbehelfsbelehrung, in die der Vergabekammer auf die Möglichkeit der Einlegung der sofortigen Beschwerde hinweist. Eine **falsche Rechtsbehelfsbelehrung vermag einen nicht statthaften Rechtsbehelf nicht konstitutiv zu begründen** (OLG Düsseldorf, B. v. 23. 1. 2006 – Az.: VII – Verg 96/05; OLG Frankfurt, B. v. 22. 7. 2008 – Az.: 11 Verg 7/08).

4521

28.4 Am Verfahren vor der Vergabekammer Beteiligte (§ 116 Abs. 1 Satz 2)

Nach § 116 Abs. 1 Satz 2 steht den am Verfahren vor der Vergabekammer Beteiligten die sofortige Beschwerde zu. **Beteiligte sind gemäß § 109 GWB** alle Unternehmen, deren Interessen durch die Entscheidung schwerwiegend berührt und die deswegen von der Vergabekammer beigeladen werden.

4522

Als im Nachprüfungsverfahren durch Beschluss beigeladene Partei steht der Beigeladenen **ein eigenes Beschwerderecht** gegen den Beschluss der Vergabekammer nach §§ 116 Abs. 1 Satz 2, 109 Abs. 1, 119 GWB zu (OLG Naumburg, B. v. 21. 6. 2010 – Az.: 1 Verg 12/09).

4523

28.5 Zulässigkeitsvoraussetzungen

28.5.1 Beschwerdebefugnis

28.5.1.1 Allgemeines

Die Zulässigkeit der sofortigen Beschwerde **setzt eine Beschwer voraus.** Sie kann z.B. auch in einer Kostenbelastung bestehen (OLG Frankfurt, B. v. 16. 5. 2000 – Az.: 11 Verg 1/99).

4524

28.5.1.2 Beschwerdebefugnis des öffentlichen Auftraggebers

Art. 2 Abs. 8 der Richtlinie 89/665/EWG des Rates vom 21. Dezember 1989 zur Koordinierung der Rechts- und Verwaltungsvorschriften für die Anwendung der Nachprüfungsverfahren im Rahmen der Vergabe öffentlicher Liefer- und Bauaufträge in der durch die Richtlinie 92/50/EWG des Rates vom 18. Juni 1992 geänderten Fassung ist dahin auszulegen, dass er **für die Mitgliedstaaten keine Verpflichtung schafft, auch zugunsten öffentlicher Auftrag-**

4525

geber gerichtlichen Rechtsschutz gegen die Entscheidungen der für Nachprüfungsverfahren auf dem Gebiet der Vergabe öffentlicher Aufträge zuständigen Grundinstanzen, die keine Gerichte sind, vorzusehen. Diese Bestimmung hindert die Mitgliedstaaten jedoch nicht daran, in ihren jeweiligen Rechtsordnungen gegebenenfalls einen derartigen Rechtsschutz zugunsten öffentlicher Auftraggeber vorzusehen (EuGH, Urteil v. 21. 10. 2010 – Az.: C-570/08). Dies ist **über § 116 GWB zugunsten des öffentlichen Auftraggebers erfolgt** (OLG Thüringen, B. v. 19. 10. 2010 – Az.: 9 Verg 5/10).

28.5.1.3 Beschwerdebefugnis des Beigeladenen

4526 Zwar verlangt § 107 Abs. 2 Satz 1 GWB nur für das Verfahren vor der Vergabekammer und auch da nur für den Antragsteller die Geltendmachung der Verletzung eigener Rechte. Jedenfalls **für Beschwerden eines Beigeladenen kann aber nichts anderes gelten**. Denn er wendet sich gegen einen zwar an ihn zuzustellenden (§ 114 Abs. 3 Satz 3, § 61 GWB), gleichwohl aber nicht an ihn, sondern die Vergabestelle adressierten und ihn damit zunächst nur **mittelbar belastenden Verwaltungsakt** (OLG Dresden, B. v. 14. 4. 2000 – Az.: Wverg 0001/00).

4527 Die Beschwerdeberechtigung eines Beigeladenen hängt nicht davon ab, ob der Beigeladene im Nachprüfungsverfahren Anträge gestellt oder sich überhaupt vor der Vergabekammer geäußert hat. Vielmehr kommt es in Fällen der **fehlenden formellen Beschwer** darauf an, ob der Beschwerdeführer geltend machen kann, durch die angefochtene Entscheidung **materiell in seinen Rechten verletzt** zu sein (OLG Dresden, B. v. 5. 1. 2001 – Az.: WVerg 0011/00, WVerg 0012/00; OLG Düsseldorf, B. v. 23. 12. 2009 – Az.: VII-Verg 30/09; OLG München, B. v. 21. 5. 2010 – Az.: Verg 02/10; B. v. 10. 12. 2009 – Az.: Verg 16/09; OLG Naumburg, B. v. 21. 6. 2010 – Az.: 1 Verg 12/09; B. v. 5. 5. 2004 – Az.: 1 Verg 7/04, B. v. 17. 6. 2003 – Az.: 1 Verg 09/03; OLG Saarbrücken, B. v. 27. 5. 2009 – Az.: 1 Verg 2/09; B. v. 29. 5. 2002 – Az.: 5 Verg 1/01; OLG Thüringen, B. v. 22. 4. 2004 – Az.: 6 Verg 2/04, B. v. 7. 10. 2003 – Az.: 6 Verg 6/03). Der Beigeladene ist aufgrund der angefochtenen Entscheidung dann materiell beschwert, wenn er geltend machen kann, **dadurch unmittelbar in seinen subjektiven Rechten – also nicht lediglich in seinen wirtschaftlichen Interessen – verletzt** zu sein. Dieser im verwaltungsgerichtlichen Verfahren anerkannte Rechtssatz ist der Sache nach auf die rechtsähnlich gelagerten Vergabenachprüfungsverfahren zu übertragen (OLG Naumburg, B. v. 21. 6. 2010 – Az.: 1 Verg 12/09). Von einer **materiellen Beschwer** ist auszugehen, wenn der **Beschwerdeführer damit rechnen muss, den Zuschlag nicht mehr zu erhalten**, den er ohne Entscheidung der Vergabekammer mit hinreichender Wahrscheinlichkeit erhalten hätte (OLG München, B. v. 21. 5. 2010 – Az.: Verg 02/10; B. v. 10. 12. 2009 – Az.: Verg 16/09; OLG Saarbrücken, B. v. 27. 5. 2009 – Az.: 1 Verg 2/09). Die **Entscheidung** der Vergabekammer, dem **Auftraggeber zu untersagen, den Zuschlag auf das Angebot der Beigeladenen zu erteilen, ist mit dem erheblichen Nachteil** des Auftragsverlusts verbunden, so dass die Beigeladene materiell beschwert ist (OLG Düsseldorf, B. v. 23. 12. 2009 – Az.: VII-Verg 30/09).

4528 Hat sich ein Beigeladener angesichts dessen, dass die Vergabestelle eine europaweite Neuausschreibung beabsichtigt, **auf eine Interimsbeauftragung eingelassen**, so kann er nicht geltend machen, durch die Verpflichtung zur Neuausschreibung in einer subjektiven Rechtsposition verletzt zu werden (OLG Naumburg, B. v. 21. 6. 2010 – Az.: 1 Verg 12/09).

4529 **Kleidet die Vergabekammer ihre Feststellung der Vergaberechtswidrigkeit in die Gestalt eines „rechtlichen Hinweises" („Segelanweisung"), hat es die Vergabekammer in der Hand, auf das weitere Vergabeverfahren entscheidend Einfluss zu nehmen, ohne dass der betroffene Bieter die ihm nachteilige Vorgabe zeitnah einer gerichtlichen Überprüfung unterziehen könnte.** Die Vergabekammer könnte somit, indem sie eine förmliche Tenorierung unterlässt, gezielt den effektiven Rechtsschutz der Verfahrensbeteiligten beeinträchtigen. Der betroffene Bieter müsste abwarten, ob der Antragsgegner der Anweisung der Vergabekammer folgt, er müsste, falls dies der Fall ist, nochmals eine Entscheidung der Vergabekammer erwirken, die ihre Rechtsauffassung bereits kundgetan hat, und könnte erst dann den Senat anrufen. Der Bieter würde außerdem Gefahr laufen, dass der erteilte Hinweis der Vergabekammer vom Senat oder einer anderen, zur Kontrolle eines ordnungsgemäßen Vergabeverfahrens berufenen Stelle ohne Einlegung eines Rechtsmittels als bindend und bestandskräftig beurteilt wird. Diese **Betrachtungsweise würde zu einer unzumutbaren Erschwerung des Rechtsschutzes des Bieters führen**. Vom Bieter und den übrigen Verfahrensbeteiligten ein Abwarten und eine Anfechtung der Weisung der Vergabekammer in einem zweiten Verfahren zu verlangen, wäre zudem nicht mit dem Grundsatz der Verfahrensbeschleunigung vereinbar. Außerdem würde dies zu einer unnötigen zusätzlichen Gebührenlast für die Beteiligten führen. Insoweit liegt eine Beschwerdebefugnis vor (OLG München, B. v. 10. 12. 2009 – Az.: Verg 16/09).

28.5.1.4 Beschwerdebefugnis des Auftraggebers eines Verfahrensbevollmächtigten

Ein **Auftraggeber eines Verfahrensbevollmächtigten ist auch dann beschwert, wenn es nur um die Gebührenansprüche seines Verfahrensbevollmächtigten geht.** Gegenstand des Streits ist die Erstattung der Auslagen eines Verfahrensbeteiligten, der seinerseits die berechtigten Gebührenansprüche seiner Bevollmächtigten zu erfüllen hat. Z. B. durch die aus seiner Sicht zu niedrige Festsetzung der ihm zu erstattenden Kosten ist der Verfahrensbeteiligte daher selbst beschwert (OLG Naumburg, B. v. 6. 4. 2005 – Az.: 1 Verg 2/05). 4530

28.5.1.5 Beschwerdebefugnis trotz des Unterlassens der Stellung eines Antrags nach § 118 Abs. 1 Satz 3 GWB

Aus dem **Unterlassen eines Antrags nach § 118 Abs. 1 Satz 3 GWB kann nicht entnommen werden, dass einem Antragsteller an effektivem Rechtsschutz nicht ernsthaft gelegen ist.** Zwar führt das Unterlassen des Antrags dazu, dass das Zuschlagsverbot des § 115 Abs. 1 GWB nicht greift; denn dieses endet mit Ablauf der Beschwerdefrist, und die aufschiebende Wirkung der Beschwerde gegen den den Nachprüfungsantrag zurückweisenden Beschluss der Vergabekammer endet nach § 118 Abs. 1 Satz 2 GWB zwei Wochen nach Ablauf der Beschwerdefrist, sofern eine Verlängerung nach § 118 Abs. 1 Satz 3 GWB nicht angeordnet worden ist. Jedoch **besteht keine Obliegenheit zur Beantragung vorläufigen Rechtsschutzes**, zumal die **Möglichkeit der Fortsetzungsfeststellungsklage nach § 114 Abs. 2 Satz 2 GWB** auch im Fall eines wirksamen Zuschlags während des Nachprüfungsverfahrens verbleibt (KG Berlin, B. v. 13. 3. 2008 – Az.: 2 VERG 18/07). 4531

28.5.2 Sonstige Zulässigkeitsvoraussetzungen

28.5.2.1 Allgemeines

Da sich die Beschwerde gegen die Entscheidung der Vergabekammer richtet (§ 116 Abs. 1 Satz 1 GWB), sind auch im Beschwerdeverfahren hinsichtlich der Überprüfung von Rechtsverletzungen **die Einschränkungen zu beachten, die bereits im Verfahren vor der Vergabekammer gelten.** Zur Überprüfung gestellt werden können daher nur (behauptete) Verstöße gegen Vergabevorschriften, die weder wegen Verletzung der Rügepflicht ausgeschlossen sind (§ 107 Abs. 3 GWB), noch deshalb ausscheiden, weil der Bieter den ihm entstandenen oder drohenden Schaden nicht dargelegt hat (§ 107 Abs. 2 Satz 2 GWB – BayObLG, B. v. 21. 5. 1999 – Az.: Verg 1/99). 4532

28.5.2.2 Antragsbefugnis

Ein **Antragsteller ist nicht gehindert, den behaupteten Vergaberechtsverstoß zum Gegenstand des Nachprüfungsverfahrens zu machen, obwohl er noch nicht Gegenstand des Verfahrens vor der Vergabekammer war.** Der Umstand, dass ein Antragsteller eine Rechtsverletzung erst im Beschwerdeverfahren behauptet hat, führt auch nicht dazu, dass der bei der Einreichung unzulässige Nachprüfungsantrag abzulehnen ist. Die **unterbliebene Darlegung einer Rechtsverletzung kann bis zum Schluss der mündlichen Verhandlung vor dem Beschwerdegericht nachgeholt werden.** Die Antragsbefugnis ist ebenso wie die Klagebefugnis im Sinne des § 42 Abs. 2 VwGO und die Prozessführungsbefugnis im Zivilprozess eine von Amts wegen zu prüfende Prozessvoraussetzung. **Maßgeblicher Zeitpunkt, in dem diese vorliegen muss, ist aber nicht der der Einreichung der Klage, sondern der Schluss der letzten mündlichen Verhandlung vor dem Tatsachengericht.** Die insoweit im Zivil- und Verwaltungsgerichtsprozess geltenden Grundsätze sind auch im Vergabenachprüfungsverfahren anzuwenden. Anderenfalls wäre der erste Nachprüfungsantrag wegen unzureichender Darlegung einer Rechtsverletzung mangels Antragsbefugnis als unzulässig abzulehnen und ein Bieter wegen erst während des Nachprüfungsverfahrens erkannter Vergaberechtsverstöße auf eine erneute Rüge und im Anschluss daran auf die Beantragung eines neuen Nachprüfungsverfahrens zu verweisen. Indes **liefe dies dem Beschleunigungsgebot und der Prozessökonomie zuwider. Mithin genügt es, wenn die Antragsbefugnis im Sinne des § 107 Abs. 2 GWB jedenfalls in der mündlichen Verhandlung vor dem Beschwerdegericht gegeben ist** (OLG Düsseldorf, B. v. 11. 2. 2009 – Az.: VII-Verg 69/08). 4533

Teil 1 GWB § 116　　　　　　　　　　　Gesetz gegen Wettbewerbsbeschränkungen

28.5.2.3 Rechtsschutzbedürfnis bei mehrdeutigen Entscheidungen der Vergabekammer

4534　Enthält der **Wortlaut des Beschlusses der Vergabekammer die Verpflichtung, einem Bieter zu gestatten, innerhalb eines Monats ab Zustellung des Beschlusses ein Angebot abzugeben und – sofern ein solches Angebot innerhalb der Frist gemacht wird – wird dem Auftraggeber aufgegeben, die Wertung unter Berücksichtigung dieses Angebots zu wiederholen, kann daraus im Umkehrschluss gefolgert werden, dass der Auftraggeber nicht verpflichtet ist, die Wertung zu wiederholen**, sondern den Zuschlag entsprechend der bisherigen Wertung vornehmen dürfen, wenn der Bieter innerhalb der von der Vergabekammer eingeräumten Frist **kein Angebot abgibt**. Bedeutet anderseits die Entscheidung der Vergabekammer der Sache nach, dass der Auftraggeber verpflichtet ist, die Ausschreibung z. B. bezüglich des Wirkstoffs Tamsulosin neu durchzuführen, fehlt bei einer solchen **nicht eindeutigen Entscheidung der Vergabekammer bei Nichtabgabe eines entsprechenden Angebots dennoch nicht das Rechtsschutzbedürfnis** für eine sofortige Beschwerde gegen die Entscheidung der Vergabekammer (LSG Baden-Württemberg, B. v. 17. 2. 2009 – Az.: L 11 WB 381/09).

28.6 Ablehnungsfiktion (§ 116 Abs. 2)

28.6.1 Allgemeines

4535　Die sofortige Beschwerde ist auch zulässig, wenn die Vergabekammer über einen Antrag auf Nachprüfung nicht innerhalb der Frist des § 113 Abs. 1 entschieden hat; in diesem Fall gilt der Antrag als abgelehnt (OLG Frankfurt, B. v. 6. 3. 2006 – 11 Verg 11/05 und 12/05).

4536　Mit der Ablehnungsfiktion des § 116 Abs. 2 GWB wollte der Gesetzgeber für die Antragstellerseite die Möglichkeit schaffen, sich **beschleunigt gegen eine etwaige Untätigkeit der Vergabekammer effektiv zur Wehr zu setzen** (KG Berlin, B. v. 7. 11. 2001 – Az.: KartVerg 7/01, B. v. 4. 4. 2002 – Az.: KartVerg 5/02).

4537　Die Rechtsfolge des § 116 Abs. 2 GWB tritt kraft Gesetzes ein. Einer **ausdrücklichen Feststellung des Eintritts der Rechtsfolge bedarf es nicht**. Durch die gesetzliche Fiktion soll der zu Lasten des Antragsgegners eingetretene Zustand beendet werden, der nach Zustellung des Nachprüfungsantrags kraft Gesetzes zum Stopp des Zuschlags geführt hat (VK Baden-Württemberg, B. v. 3. 8. 2004 – Az.: 1 VK 37/04).

28.6.2 Bestehen einer nach den gesetzlichen Vorschriften eingerichteten Vergabekammer

4538　Die **funktionelle Zuständigkeit des Vergabesenats** nach § 116 Abs. 2 GWB setzt das **Bestehen einer** nach den gesetzlichen Vorschriften eingerichteten **Vergabekammer voraus** (Hanseatisches OLG, B. v. 10. 10. 2003 – Az.: 1 Verg 2/03).

28.6.3 Unzulässigkeit in Kostensachen

4539　Die **Beschwerdemöglichkeit des § 116 Abs. 2 GWB ist in Kostensachen schon nach dem Wortlaut, aber auch nach Sinn und Zweck der Regelung des § 116 Abs. 2 nicht eröffnet**. Denn gemäß § 116 Abs. 2 GWB ist, auch ohne dass ein beschwerdefähiger Beschluss ergangen ist, die Beschwerde (nur) statthaft, wenn die Vergabekammer nicht innerhalb der Frist des § 113 Abs. 1 GWB „über einen Antrag auf Nachprüfung" entschieden hat. Die **Vorschrift beschränkt die Möglichkeit der „Untätigkeitsbeschwerde" also auf Fälle, in denen innerhalb der Frist keine Entscheidung in der Hauptsache ergangen ist**, d. h. die Kammer zum Nachprüfungsbegehren selbst nicht abschließend Stellung genommen hat. Das wird auch dem Sinn der Regelung gerecht, Beschaffungsvorhaben öffentlicher Auftraggeber nicht länger als den Umständen nach unvermeidbar dem Risiko einer vergabenachprüfungsrechtlichen Blockade auszusetzen. Vor diesem Hintergrund gilt § 113 Abs. 1 GWB schon in den Fortsetzungsfeststellungsverfahren nach § 114 Abs. 2 GWB nicht (vgl. dort die ausdrückliche Regelung in Satz 3). Erst recht sind Gesichtspunkte des vergaberechtlichen Beschleunigungsgebots insgesamt nicht einschlägig, wenn das Vergabekontrollverfahren (hier durch Antragsrücknahme) abgeschlossen, mithin auch das Zuschlagsverbot nach § 115 Abs. 1 GWB erloschen ist und nur noch die kostenmäßige Abwicklung des erledigten Verfahrens in Rede steht (OLG Dresden, B. v. 14. 3. 2005 – Az.: WVerg 03/05).

28.6.4 Zeitpunkt der Entscheidung

Beschieden ist der Antrag dann, wenn ein **instanzbeendender Beschluss** und dessen Verkündung oder deren sonstige Bekanntgabe vorliegt (OLG Naumburg, B. v. 13. 10. 2006 – Az.: 1 Verg 7/06; B. v. 13. 10. 2006 – Az.: 1 Verg 6/06) bzw. wenn die Entscheidung von dem **letzten zur Unterzeichnung berufenen Kammermitglied** auf den Weg zur für die weitere Bearbeitung zuständigen Dienststelle gebracht worden ist (Saarländisches OLG, B. v. 29. 4. 2003 – Az.: 5 Verg 4/02). Für eine solche **autonome Auslegung** der Vorschrift des § 116 Abs. 2 GWB **spricht schon der Wortlaut der Norm**. Dort ist allein von „der Entscheidung", nicht von ihrer Bekanntgabe bzw. von ihrer Wirksamkeit die Rede. Auch in **historischer und teleologischer Hinsicht** liegt diese Auslegung nahe. Denn die Fristsetzung des § 113 Abs. 1 GWB ist vom Gesetzgeber sehr ehrgeizig gewählt, d. h. sie ist angesichts des häufig umfangreichen Prozessstoffes und der zum Teil schwierigen Rechtsfragen außerordentlich kurz bemessen, um die öffentliche Beschaffung nicht über Gebühr zu behindern. Angesichts dieser Prämisse und der angeordneten Unabwendbarkeit der Rechtsfolge einer Fristversäumnis kann die Einhaltung der Frist nicht mit zusätzlichen Unsicherheiten, wie oben angeführt, aber auch mit der Unsicherheit eines manipulierten Empfangsbekenntnisses, zusätzlich belastet werden. Für eine sichere und schnelle Feststellung des Umstandes, ob die Entscheidungsfrist gewahrt ist, ist das Abstellen auf das aktenkundige Absetzen der Entscheidung nicht nur ausreichend, sondern sogar besser geeignet als das Abstellen auf deren Bekanntgabe (OLG Naumburg, B. v. 13. 10. 2006 – Az.: 1 Verg 7/06; B. v. 13. 10. 2006 – Az.: 1 Verg 6/06). 4540

Erhalten also der Verfahrensbeteiligten eine Erklärung über die Verlängerung der Entscheidungsfrist durch die Vergabekammer per Telefax innerhalb der noch laufenden Entscheidungsfrist, ist es **unerheblich, ob die Mitteilung z. B. wegen des Zeitpunkts (etwa 23.00 Uhr) an diesem Tag nicht mehr wahrgenommen werden kann**. Die Verlängerung ist unzweifelhaft innerhalb der noch laufenden Entscheidungsfrist ausgesprochen worden, was als **ausreichend für die wirksame Verlängerung** anzusehen ist (VK Düsseldorf, B. v. 28. 1. 2010 – Az.: VK – 37/2009 – B). 4541

Für die **gegenteilige Auffassung, dass es für eine wirksame Entscheidung die nach den allgemeinen Grundsätzen zur Wirksamkeit eines Verwaltungsaktes Bekanntgabe an den Adressaten der Regelung bedarf**, spricht zwar auf den ersten Blick, dass sie aus Sicht der Beteiligten des Nachprüfungsverfahrens ein höheres Maß an Rechtssicherheit zu gewähren scheint; dieser **Schein ist aber trügerisch**. Denn es ist nicht ohne Weiteres davon auszugehen, dass alle Beteiligten eines Nachprüfungsverfahrens von einer in diesem Verfahren ergangenen Entscheidung zum selben Zeitpunkt Kenntnis erlangen. Mit anderen Worten: **Aus der Bekanntgabe einer Entscheidung der Vergabekammer ihm selbst gegenüber kann ein Beteiligter nicht auf den Zeitpunkt der Bekanntgabe dieser Entscheidung gegenüber anderen Beteiligten schließen**. Um diesen in Erfahrung zu bringen, bedürfte es der Nachforschung bei der Vergabekammer und eines Zuwartens, bis die Vergabekammer verifiziert hat, wann die Entscheidung jeweils den einzelnen Verfahrensbeteiligten tatsächlich bekannt gegeben worden ist. Gerade dann, wenn an einem Nachprüfungsverfahren mehr als nur zwei Personen beteiligt sind, wenn gar Bietergemeinschaften ohne einheitlichen Empfangsbevollmächtigten oder ausländische Unternehmen Verfahrensbeteiligte sind, kann ein Abstellen auf die Bekanntgabe erhebliche Unsicherheiten in sich bergen (OLG Naumburg, B. v. 13. 10. 2006 – Az.: 1 Verg 7/06; B. v. 13. 10. 2006 – Az.: 1 Verg 6/06). 4542

28.6.5 Ablehnungsfiktion im Feststellungsverfahren

Im Fortsetzungsfeststellungsverfahren ist nach § 114 Abs. 2 Satz 3 GWB die **Beschleunigungsvorgabe des § 113 Abs. 1 GWB außer Kraft gesetzt** und mithin auch die zu ihrer Durchsetzung geschaffene gesetzliche Fiktion der Antragsablehnung des § 116 Abs. 2 (OLG Naumburg, B. v. 4. 9. 2001 – Az.: 1 Verg 8/01). 4543

28.6.6 Fortsetzung des Vergabekammerverfahrens nach einer „Nichtentscheidung" der Vergabekammer?

Die Vergabekammer hat nicht die Befugnis, ihre für den Zeitpunkt des Fristablaufs fingierte Ablehnungsentscheidung danach durch eine wirkliche Entscheidung zu korrigieren, was in der Konsequenz die Befugnis der Vergabekammer zur Fortsetzung des Verfahrens trotz Fristablaufs einschlösse. **Die Vergabekammer ist selbst an ihre (End-)Entscheidungen gebunden**; das 4544 setzen die gesetzlichen Regelungen der § 116, § 117 Abs. 1, § 124 Abs. 1 GWB als selbstverständlich voraus. Nur das Beschwerdegericht, das von einem beschwerten Verfahrensbeteiligten mit sofortiger Beschwerde angerufen wird, kann (End-)Entscheidungen der Vergabekammer aufheben oder abändern. Eine gegenteilige Literaturmeinung behandelt die vom Gesetz in § 116 Abs. 2 Halbsatz 2 GWB bei Fristversäumnis angeordnete Antragsablehnung letztlich als nur bedingt wirksam und stellt sie zur Disposition der Vergabekammer. Dafür fehlt es im Gesetz an jeder Grundlage. Diese Meinung hat überdies die missliche (und untragbare) **Konsequenz, dass nach der Fristversäumnis zwei Nachprüfungsinstanzen für den Nachprüfungsantrag zuständig sind**: die Vergabekammer, die sich zur Fortsetzung des Verfahrens entschließen kann, und der gemäß § 116 Abs. 2 GWB angerufene Vergabesenat. Schließlich läuft die Gegenansicht auch dem Gesetzeszweck des § 116 Abs. 2 GWB zuwider: Die Norm soll dem Beschleunigungsgebot des § 113 Abs. 1 GWB besonderen Nachdruck verleihen und stellt eine scharfe Sanktion für die Nichteinhaltung des Gebots dar. Diese Sanktion würde entkräftet, wenn die Vergabekammer trotz Fristversäumnis das Verfahren fortsetzen dürfte (OLG Dresden, B. v. 17. 6. 2005 – Az.: WVerg 8/05; OLG Düsseldorf, B. v. 20. 6. 2001 – Az.: Verg 3/01).

4545 § 116 Abs. 2 2. Halbs. GWB enthält mit der Aussage, dass der Antrag „als abgelehnt gelte", also **nicht nur eine verfahrenstechnische Fiktion** für das Beschwerdeverfahren, sondern eine **materiellrechtliche Regelung** dahingehend, dass mit Ablauf der Fünfwochenfrist der Nachprüfungsantrag in der Sache abgelehnt wird und der Vergabekammer jede weitere Entscheidung (auch eine nachträgliche Verlängerung der Fünfwochenfrist) untersagt ist (OLG Celle, B. v. 20. 4. 2001 – Az.: 13 Verg 7/01; OLG Dresden, B. v. 17. 6. 2005 – Az.: WVerg 8/05; OLG München, B. v. 4. 4. 2008 – Az.: Verg 04/08; offen gelassen vom Saarländischen OLG, B. v. 29. 4. 2003 – Az.: 5 Verg 4/02).

28.6.7 Rechtsschutz gegen eine trotz der Ablehnungsfiktion ergangene Entscheidung der Vergabekammer

4546 Hat die Vergabekammer trotz der Ablehnungsfiktion z. B. den Beteiligten die Abschrift eines Beschlusses zugestellt, mit dem sie die Vergabestelle angewiesen hat, das Vergabeverfahren unter Berücksichtigung der Rechtsauffassung der Vergabekammer weiterzuführen, erzeugt dieser Beschluss den **Anschein einer wirksamen, von der Vergabestelle zu beachtenden Entscheidung**. Die Vergabestelle hat ein rechtlich schutzwürdiges Interesse daran, dass die **Anscheinswirkung** des zugestellten Beschlusses die Vergabekammer **beseitigt** und dass die wirkliche Rechtslage, die sich aus § 116 Abs. 2 GWB ergibt, für alle Beteiligten klar und verbindlich festgestellt wird. Der **Beschluss der Vergabekammer ist daher klarstellend** aufzuheben. Eine der Rechtslage widersprechende, aber anscheinend wirksame Entscheidung weiterhin tatsächlich existent zu lassen, ist mit den Geboten der Rechtssicherheit und Rechtsklarheit nicht zu vereinbaren (BayObLG, B. v. 30. 3. 2001 – Az.: Verg 03/01; im Ergebnis ebenso OLG München, B. v. 4. 4. 2008 – Az.: Verg 04/08).

4547 Ist die fiktive Ablehnungsentscheidung bereits in Rechtskraft erwachsen, wenn die nachträgliche Entscheidung wirksam wird, **eröffnet die fiktive Entscheidung keine an eine neuerliche Sachprüfung durch die Vergabekammer geknüpften zusätzlichen Rechtsschutzmöglichkeiten für den unterlegenen Antragsteller**. Das gilt unabhängig davon, ob die Vergabekammer nachträglich die fingierte Entscheidung nach § 116 Abs. 2 GWB tatsächlich bestätigt oder ob sie umgekehrt in der Sache zugunsten des Antragstellers erkennt. Im zweiten Fall mag man den Kammerbeschluss als konkludenten Widerruf der vorangegangenen (und notwendigerweise rechtmäßigen, da im Gesetz für diesen Fall ausdrücklich so vorgesehenen) Ablehnungsfiktion ansehen; da die in § 49 VwVfG geregelten Widerrufsvoraussetzungen aber sämtlich nicht vorlägen, müsste die spätere, mithin rechtswidrige Entscheidung allein deshalb auf die Beschwerde eines anderen Beteiligten aufgehoben werden, so dass dies die nach § 116 Abs. 2 GWB maßgebende Rechtslage wiederhergestellt wäre. Der **Beschwerdeführer kann aber im Ergebnis nicht besser stehen,** wenn die Vergabekammer diese Rechtslage mit der nachgeschobenen Entscheidung explizit bekräftigt. Auch in diesem Fall könnte die Aufhebung des späteren tatsächlichen Beschlusses, selbst wenn er sich bei isolierter Betrachtung als in der Sache unzutreffend erweisen würde, nur dazu führen, dass der Beschwerdeführer sich auf die rechtskräftige fiktive Ablehnung seines Nachprüfungsbegehrens verwiesen sähe. An der Herbeiführung eines solchen Verfahrensergebnisses im Beschwerderechtszug kann der Beschwerdeführer jedoch kein schützenswertes Interesse haben. Infolgedessen scheidet auch die Verlängerung der aufschiebenden Wirkung für ein mit dieser Zielrichtung betriebenes Rechtsmittel aus (OLG Dresden, B. v. 17. 6. 2005 – Az.: WVerg 8/05).

28.6.8 Zulässigkeit der sofortigen Beschwerde bei Nichtentscheidung der Vergabekammer infolge Aufhebung der Ausschreibung

Eine **sofortige Beschwerde** mit dem Ziel, die Aufhebung der Ausschreibung anzugreifen, ist auch dann möglich, wenn die Vergabekammer noch nicht entschieden hat, **die Aufhebung erst ein Tag vor der beabsichtigten Entscheidung erfolgt und unter diesen Umständen keine Möglichkeit besteht, über diese Frage zu befinden.** Denn anderenfalls hätte die Aufhebung der Ausschreibung kurz vor Ablauf der Frist des § 113 GWB die Folge, dass ein Antragsteller, obwohl das Nachprüfungsverfahren, das bisher wegen anderer möglicher vergaberechtlicher Fehler eingeleitet worden war, in der bisherigen Form nicht mehr weiter betrieben werden kann und mangels Entscheidung der Vergabekammer nicht abgeschlossen ist, deshalb gezwungen ist, ein neues und damit zusätzliches Nachprüfungsverfahren hinsichtlich der Frage einer rechtmäßigen Aufhebung der Ausschreibung in die Wege zu leiten. Dies ist weder aus den maßgeblichen Vorschriften der §§ 107 ff. GWB, insbesondere § 114 GWB, abzuleiten noch wird dies der Gewährung effektiven Rechtsschutzes ausreichend gerecht und ist auch nicht verfahrensökonomisch, so dass ein Antragsteller mit seiner sofortigen Beschwerde zugleich die Aufhebung der Ausschreibung zur Überprüfung durch den Senat stellen kann und die von ihm gewählte Vorgehensweise als zulässig anzusehen ist (OLG Frankfurt, B. v. 7. 10. 2003 – Az.: 11 Verg. 7/03).

4548

28.6.9 Neues Nachprüfungsverfahren nach Eintritt der Ablehnungsfiktion

Da ein Nachprüfungsantrag der nicht disponiblen Fiktion aus § 116 Abs. 2 GWB unterliegt und damit nach 5 Wochen als abgelehnt gilt, das Verfahren auch nicht mit der Begründung etwa von Vergleichsverhandlungen verlängert werden kann, **muss ein erneuter Antrag zulässig sein**, wenn die Vergabekammer über den ersten Antrag in der Sache nicht entschieden hatte und die Beschwerde nicht erhoben wurde. Ansonsten können tatsächlich eintretende Ablaufverzögerungen oder sonstige unübliche Entwicklungen zu einem Verlust des primären Rechtsschutzes führen, obwohl nach wie vor das Vergabeverfahren andauert (VK Düsseldorf, B. v. 24. 1. 2001 – Az.: VK – 31/2000 – B).

4549

28.6.10 Rücknahme der sofortigen Beschwerde

28.6.10.1 Anzuwendende Regelungen im Verfahren vor dem OLG

Für die Rücknahme der sofortigen Beschwerde findet sich in den Vorschriften des GWB (vierter Teil §§ 116 ff.) über das Vergabenachprüfungsverfahren keine spezielle Regelung und auch in den § 120 Abs. 2, § 73 Nr. 2 keine ausdrückliche Verweisung. Diese **Gesetzeslücke muss sachgerecht mit der Methode der Analogie** zu vergleichbaren Rechtsregeln geschlossen werden. Hierzu bietet sich entweder an, auf die **Rechtslage im Kartellverwaltungsverfahren** zurückzugreifen, weil der Instanzenzug und die Art des Hauptrechtsmittels im Vergabenachprüfungsverfahren in Anlehnung an das Kartellverwaltungsverfahren – zudem ebenfalls im GWB – gesetzlich geregelt worden sind. Oder aber man wendet für die Schließung der zahlreichen Lücken der §§ 116 ff. GWB – wie der Senat in ständiger Rechtsprechung verfährt – die **entsprechenden Vorschriften der VwGO** wegen ihrer Sachnähe an (OLG Düsseldorf, B. v. 28. 8. 2001 – Az.: Verg 27/01).

4550

28.6.10.2 Anzuwendende Regelungen im Verfahren vor dem LSG bzw. OLG

Für die Rücknahme der sofortigen Beschwerde findet sich **in den Vorschriften des GWB** (Vierter Teil, §§ 116 ff.) über das Vergabenachprüfungsverfahren **keine spezielle Regelung** und **auch in § 120 Abs. 2 GWB, auf den § 142a Abs. 1 SGG verweist, keine ausdrückliche Verweisung.** Der Senat des LSG Baden-Württemberg vertritt daher eine **planwidrige, durch Analogie zu anderen Verfahrensvorschriften zu schließende Gesetzeslücke**, weil die Regelung in § 102 SGG über die Klagerücknahme jedenfalls keine direkte Anwendung finden kann. Denn die sofortige Beschwerde ist keine Klage, sondern ein Rechtsbehelf eigener Art. Der Senat ist mit dem OLG Düsseldorf der Auffassung, dass diese **Gesetzeslücke sachgerecht mit der Methode der Analogie zu vergleichbaren Rechtsregeln geschlossen werden muss**. Hierzu bietet sich entweder an, auf die Rechtslage im Kartellverwaltungsverfahren zurückzugreifen, weil der Instanzenzug und die Art des Hauptrechtsmittels im Vergabenachprüfungsverfahren in Anlehnung an das Kartellverwaltungsverfahren – zudem ebenfalls im GWB – gesetzlich geregelt worden sind. Oder aber man wendet für die Schließung der zahlreichen Lü-

4551

cken der §§ 116 ff. GWB die entsprechenden Vorschriften der VwGO wegen ihrer Sachnähe an. Für die letztgenannte methodische Alternative spricht, dass der Beschluss der Vergabekammer ein Verwaltungsakt ist, über dessen Rechtmäßigkeit mit dem Landessozialgericht ein besonderes Verwaltungsgericht entscheidet. Der Senat hält allerdings die **Anwendung des § 269 Abs. 1 ZPO für geboten.** Dies bedeutet, dass die sofortige Beschwerde nach dem Beginn der mündlichen Verhandlung wirksam nur noch mit Zustimmung des Beschwerdegegners zurückgenommen werden kann (OLG Brandenburg, B. v. 18. 5. 2010 – Az.: Verg W 1/08; LSG Baden-Württemberg, B. v. 23. 1. 2009 – Az.: L 11 WB 5971/08).

28.6.10.3 Wirksamkeit nach Stellung der Anträge in der mündlichen Verhandlung vor dem OLG

4552   Beide methodischen Alternativen führen zu demselben Ergebnis, dass die Wirksamkeit der Rücknahme der sofortigen Beschwerde (§ 116 GWB) nach der Stellung der Anträge in mündlicher Verhandlung **von der Zustimmung des Beschwerdegegners** abhängt:

4553   Für das Kartellverwaltungsverfahren wird im Schrifttum, soweit es sich mit diesem Thema befasst, übereinstimmend die Ansicht vertreten, dass § 92 Abs. 1 VwGO analog anzuwenden sei. Gemäß § 92 Abs. 1 Satz 2 VwGO setzt die Zurücknahme der verwaltungsgerichtlichen Klage nach Stellung der Anträge in der mündlichen Verhandlung die **Einwilligung des Beklagten** voraus. Diese Rechtsregel wird auf das Kartellverwaltungsverfahren übertragen: Der Beschwerdeführer kann seine Beschwerde, wenn in der mündlichen Verhandlung die Anträge gestellt worden sind, wirksam nur mit Einwilligung der gegnerischen Kartellbehörde zurücknehmen. Dass man zum selben Ergebnis gelangt, wenn man für die Schließung der Lücke der §§ 116 ff. GWB die geeignete, entsprechende Vorschrift der VwGO – hier eben § 92 Abs. 1 VwGO – heranzieht, versteht sich von selbst (OLG Düsseldorf, B. v. 28. 8. 2001 – Az.: Verg 27/01).

28.6.10.4 Wirksamkeit nach Beginn der mündlichen Verhandlung vor dem LSG bzw. OLG

4554   Hält man die **Anwendung des § 269 Abs. 1 ZPO für geboten,** bedeutet dies, dass die sofortige Beschwerde nach dem Beginn der mündlichen Verhandlung **wirksam nur noch mit Zustimmung des Beschwerdegegners** zurückgenommen werden kann. Die **Anwendung dieser Bestimmung folgt aus § 202 SGG,** der vorsieht, dass die ZPO entsprechend anzuwenden ist, wenn dass SGG keine Bestimmungen über das Verfahren enthält. Da die Rücknahme der sofortigen Beschwerde im SGG nicht geregelt ist, ist der Anwendungsbereich des § 202 SGG eröffnet. Dem steht nicht entgegen, dass eine Anwendung der ZPO nach § 202 SGG nicht erfolgen darf, wenn die grundsätzlichen Unterschiede der beiden Verfahrensarten (Sozialgerichtsprozess einerseits, Zivilprozess andererseits) dies ausschließen. Denn mit „Verfahrensarten" sind hier die Klage-, Berufungs- und Beschwerdeverfahren gemeint, die im SGG geregelt sind. Für das Verfahren der sofortigen Beschwerde verweist das SGG aber in § 142 a Abs. 1 SGG auf die Vorschriften des GWB. Das Verfahren der sofortigen Beschwerde ist also im SGG gerade nicht geregelt. Eine **analoge Anwendung von § 516 ZPO scheidet aus, da die sofortige Beschwerde keine Rechtsmittel gegen eine gerichtliche Entscheidung ist, sondern ein Rechtsbehelf sui generis gegen einen Verwaltungsakt und daher einer Klage eher vergleichbar ist als einer Berufung** (LSG Baden-Württemberg, B. v. 23. 1. 2009 – Az.: L 11 WB 5971/08).

4555   Zwar macht § 269 Abs. 1 ZPO die Wirksamkeit der bis zur Beendigung des Prozessrechtsverhältnisses zulässigen Klagerücknahme von der Zustimmung des Gegners abhängig. Grund dieser Einschränkung ist jedoch, dass bei Klagerücknahme das einmal entstandene Prozessrechtsverhältnis rückwirkend fortfällt und deshalb die Klage wegen desselben Streitgegenstandes neu angestrengt werden kann. Unter diesen Umständen hat der Gegner ein schutzwürdiges Interesse daran, selbst darüber zu entscheiden, ob er sich den mit gerichtlicher Inanspruchnahme verbundenen Unannehmlichkeiten eventuell erneut aussetzen will. Das **gilt aber bereits nur dann, wenn der Beklagte schon mündlich zur Klage verhandelt hat.** Als die eine etwaige Zustimmungspflicht auslösende mündliche Verhandlung im Sinne des § 269 Abs. 1 ZPO kann aber **allenfalls die mündliche Verhandlung vor dem Vergabesenat, nicht hingegen die mündliche Verhandlung vor der Vergabekammer angesehen werden.** Denn erst das vergaberechtliche Beschwerdeverfahren ist ein streitiges Verfahren vor dem ordentlichen Gericht, in dem mündliche Verhandlungen im Sinne der Bestimmungen über gerichtliche Verfahren stattfinden. Im Nachprüfungsverfahren vor der Vergabekammer kann der Antragsteller, weil die Rücknahme einschränkende Bestimmungen im vierten Teil des GWB

Gesetz gegen Wettbewerbsbeschränkungen GWB § 116 **Teil 1**

fehlen, den Nachprüfungsantrag bis zur formellen Bestandskraft der Entscheidung der Vergabekammer jederzeit zurücknehmen (OLG Brandenburg, B. v. 18. 5. 2010 – Az.: Verg W 1/08).

28.7 Wiedereinsetzung in den vorigen Stand

28.7.1 Grundsatz

Das Recht Betroffener, die unverschuldet Fristen, die für die Wahrung ihrer Rechte in einem 4556
Verwaltungsverfahren wesentlich sind, versäumt haben, auf Wiedereinsetzung ist ein **grundlegendes Erfordernis jedes rechtsstaatlichen Verfahrens**, insbesondere auch des Anspruchs auf rechtliches Gehör in diesem Verfahren. Durch die Beschränkungen dieses Rechts ist auch dem Erfordernis der Effektivität staatlichen Handelns sowie des Rechtsschutzes Dritter hinsichtlich der Rechtssicherheit und des rechtlichen Friedens Genüge getan. **Innerhalb dieser Beschränkungen gilt § 32 VwVfG für alle gesetzlichen Fristen.**

Die Wiedereinsetzung in den vorigen Stand in Vergabenachprüfungsverfahren – und zwar **im** 4557
Beschwerdeverfahren – **richtet sich nach den Vorschriften der Zivilprozessordnung** (vgl. § 73 Nr. 2, § 120 Abs. 2 GWB) – (OLG Düsseldorf, B. v. 18. 7. 2007 – Az.: VII – Verg 18/07; B. v. 18. 9. 2006 – Az.: VII – Verg 87/05; B. v. 29. 3. 2006 – Az.: VII – Verg 77/05; B. v. 5. 9. 2001 – Az.: Verg 18/01; OLG Frankfurt, B. v. 16. 2. 2009 – Az.: 11 Verg 17/08; OLG Koblenz, B. v. 5. 12. 2005 – Az.: 1 Verg 5/05; BayObLG, B. v. 13. 8. 2004, Az.: Verg 017/04). Im wettbewerblichen Beschwerdeverfahren nach §§ 116 ff. GWB sind die Bestimmungen der §§ 222 ff. ZPO also entsprechend anwendbar. Hierbei ist **für jede Frist zu prüfen, ob eine Wiedereinsetzung möglich ist oder nicht** (BayObLG, B. v. 10. 9. 2004 – Az.: Verg 019/04).

28.7.2 Unanfechtbarkeit der Entscheidung über die Wiedereinsetzung

Das im vierten Teil des Gesetzes gegen Wettbewerbsbeschränkungen (GWB) geregelte Verga- 4558
benachprüfungsverfahren sieht vor, dass die Vergabesenate der Oberlandesgerichte über sofortige Beschwerden gegen die Entscheidungen der Vergabekammern abschließend entscheiden. Ein vom BGH zu bescheidendes Rechtsmittel gegen die Entscheidungen der Vergabesenate ist im Gesetz nicht vorgesehen. Wird die im Vergabenachprüfungsverfahren gegen eine Entscheidung der Vergabekammer erhobene Beschwerde als unzulässig verworfen oder als unbegründet zurückgewiesen, endet daher das Nachprüfungsverfahren mit der Entscheidung des Vergabesenats. Daraus folgt, dass **eine nach § 238 Abs. 1 Satz 2 ZPO vorab getroffene Entscheidung des Beschwerdegerichts über den Antrag auf Wiedereinsetzung in den vorigen Stand unanfechtbar** ist (BGH, B. v. 16. 9. 2003 – Az.: X ZB 12/03).

28.7.3 Frist für den Antrag auf Verlängerung der aufschiebenden Wirkung einer sofortigen Beschwerde

Im wettbewerblichen Beschwerdeverfahren nach §§ 116 ff. GWB sind die Bestimmungen der 4559
§§ 222 ff. ZPO entsprechend anwendbar (§ 120 Abs. 2 GWB, § 73 Nr. 2 GWB in Verbindung mit §§ 233 ff. ZPO). Nach § 233 ZPO kann Wiedereinsetzung in den vorigen Stand nur gegen Versäumung von Notfristen oder Fristen zur Begründung von bereits eingelegten Rechtsmitteln gewährt werden. **Nach § 224 Abs. 1 Satz 2 ZPO sind Notfristen nur diejenigen Fristen, die im Gesetz als solche bezeichnet sind. Der Zeitraum von zwei Wochen in § 118 Abs. 1 Satz 2 GWB zählt nicht hierzu**; dies ist schon deshalb nicht möglich, weil die Frist nicht für eine Handlung der Partei bestimmt ist (BayObLG, B. v. 10. 9. 2004 – Az.: Verg 019/04).

28.7.4 Beispiele aus der Rechtsprechung

– der Ablauf der Entscheidungsfrist, ohne dass bis dahin die Vergabekammer eine Entscheidung 4560
getroffen hätte, gilt gemäß § 116 Abs. 2 2. Hs. GWB als Ablehnung des Nachprüfungsantrages; an diesem Tage beginnt gemäß § 117 Abs. 1 2. Hs. GWB die zweiwöchige Frist zur Einlegung einer sofortigen Beschwerde. **Diesen Rechtsfolgen muss die Verfahrensweise bei der Fristenkontrolle Rechnung tragen.** Entsprechend den allgemeinen Regeln bei Rechtsbehelfsfristen ist **dementsprechend die Einlegungsfrist für den Rechtsbehelf sowie im Hinblick auf das Begründungserfordernis des § 117 Abs. 2 GWB eine Vor-**

Teil 1 GWB § 116   Gesetz gegen Wettbewerbsbeschränkungen

frist zu notieren. Die **stattdessen gewählte Eintragung einer Frist, und zwar für den Tag des Ablaufs der Entscheidungsfrist, nicht aber für den Tag des Ablaufs der Rechtsmittelfrist, reichte nicht aus**, um die Einhaltung der Beschwerdefrist hinreichend sicherzustellen. Am Tage des Ablaufs der Entscheidungsfrist brauchte für den Antragsteller noch nicht festzustehen, ob eine Entscheidung tatsächlich ergangen war oder nicht und ob damit etwas zu veranlassen war. Damit **konnte in der Folgezeit die Kontrolle der Frist des § 117 Abs. 1 2. Hs. GWB leicht außer Kontrolle geraten**. Eine **Wiedereinsetzung scheidet deshalb aus** (OLG Düsseldorf, B. v. 11. 11. 2009 – Az.: VII-Verg 23/09)

– **Wiedereinsetzung in den vorigen Stand** kann gemäß § 233 ZPO nur gewährt werden, wenn ein Beteiligter ohne Verschulden verhindert war, die versäumte Frist einzuhalten. Dabei kommt es **nicht nur auf persönliches Verschulden eines Beteiligten, sondern auch auf das Verschulden seines Bevollmächtigten** (§§ 120 Abs. 2, 73 Nr. 2 GWB, § 85 Abs. 2 ZPO) an. Nach ständiger Rechtsprechung des Bundesgerichtshofs darf der Rechtsanwalt zwar die Berechnung und Notierung einfacher und in seinem Büro geläufiger Fristen einer gut ausgebildeten, als zuverlässig erprobten und sorgfältig überwachten Bürokraft überlassen. Er hat jedoch durch geeignete organisatorische Maßnahmen sicherzustellen, dass die Fristen zuverlässig festgehalten und kontrolliert werden. Der **Rechtsanwalt darf das Empfangsbekenntnis über eine Zustellung erst unterzeichnen und zurückgeben, wenn in den Handakten die Rechtsmittelfrist festgehalten und vermerkt ist, dass die Frist im Fristenkalender notiert** worden ist (OLG Frankfurt, B. v. 16. 2. 2009 – Az.: 11 Verg 17/08)

– **bleiben die Vorgänge um die Zustellung am 16. Mai 2007 vollständig im Dunkeln** und gibt es keine Erklärungen dazu, wer den Briefkasten geleert hat und was mit dem Umschlag nebst Inhalt geschehen ist und **fehlt eine Darlegung, dass nicht nur der Umschlag, sondern auch der Inhalt mit der Beschlussausfertigung aus von dem Verfahrensbevollmächtigten nicht zu vertretenden Umständen möglicherweise verloren gegangen** ist und geht der Wiedereinsetzungsantrag auf diesen allein maßgeblichen Gesichtspunkt überhaupt nicht ein, obwohl auf die am 16. Mai 2007 erfolgte Zustellung ausdrücklich hingewiesen worden ist, kann **keine Wiedereinsetzung** gewährt werden (OLG Düsseldorf, B. v. 18. 7. 2007 – Az.: VII – Verg 18/07)

– für den Fall, dass die **Telefax-Übermittlung eines fristgebundenen Schriftsatzes fehlschlägt** und nicht zuverlässig beurteilt werden kann, ob der Schriftsatz noch innerhalb der Frist noch zugehen wird, bedarf es deshalb einer **Anweisung des Rechtsanwalts an sein Büropersonal, die sicherstellt, dass die verwendete Telefax-Nummer** anhand einer objektiven Erkenntnisquelle, d. h. z. B. anhand eines allgemein zugänglichen Verzeichnisses oder eines gerichtlichen Schreibens, auf ihre Richtigkeit **überprüft** wird. Dies hat jedenfalls dann zu gelten, wenn die Telefax-Nummer nicht aus einem marktüblichen EDV-Programm aktueller Fassung abgerufen wurde (OLG Düsseldorf, B. v. 25. 7. 2006 – Az.: VII – Verg 97/05)

– wenn eine **Telefax-Übermittlung fehlschlägt** und deshalb Anlass zu zweifeln besteht, ob ein Schriftsatz noch innerhalb einer Rechtsmittelfrist noch übermittelt werden kann, muss in der **Anwaltskanzlei durch eine allgemeine Anweisung sichergestellt** werden, dass der **Sendevorgang innerhalb der Frist mit der erforderlichen Gewissheit erfolgreich abgeschlossen werden kann**. Auch von ansonsten zuverlässigen Bürokräften kann nicht erwartet werden, zu beurteilen, welche Maßnahmen geeignet sind, in solchen Fällen Fristversäumungen zu vermeiden (OLG Düsseldorf, B. v. 25. 7. 2006 – Az.: VII – Verg 97/05)

– bei gründlicher Prüfung der Rechtsprechung des Bundesgerichtshofes hätten zumindest Zweifel an der Richtigkeit der bisherigen Rechtsprechung der Vergabesenate der Oberlandesgerichte, insbesondere auch der früheren Rechtsprechung des Oberlandesgerichts Düsseldorf aufkommen müssen. **Auch in der vergaberechtlichen Literatur wurde seit langem die Auffassung vertreten, dass im Falle der Antragsrücknahme kein Anspruch des Antragsgegners auf Erstattung von Aufwendungen im Nachprüfungsverfahren besteht**, weil Solches nach dem Wortlaut des § 128 Abs. 4 Satz 2 GWB lediglich im Falle des Unterliegens eines Beteiligten vorgesehen sei. Die unterschiedlichen Rechtsauffassungen der Oberlandesgerichte und der Literatur werden in der Kommentarliteratur erwähnt. Bei dieser Rechtslage und nicht abschließend geklärter Rechtsprechung hat der Rechtsanwalt im Interesse seines Mandanten den sichersten Weg zu gehen und ein Rechtsmittel einzulegen, um den Vorwurf schuldhaften Verhaltens zu vermeiden. Der Verfahrensbevollmächtigte kann sich nicht durch den Hinweis darauf entlasten, er habe sich an die bisherige Rechtsauffassung des

Gesetz gegen Wettbewerbsbeschränkungen GWB § 116 **Teil 1**

zuständigen Beschwerdegerichts gehalten habe. Die frühere Auffassung des Senats war schon vom Juli 2005 an nicht mehr von Bestand (OLG Düsseldorf, B. v. 18. 9. 2006 – Az.: VII – Verg 87/05)

– ein **Verfahrensbevollmächtigter darf einfache Bürotätigkeiten auf sein geschultes und zuverlässiges Büropersonal zur selbständigen Erledigung übertragen**. Zu den übertragbaren einfachen Tätigkeiten zählen nach der Rechtsprechung auch die **Absendung eines fristwahrenden Schriftsatzes per Telefax und die Kontrolle des Fax-Sendeberichtes**. Beide Tätigkeiten hatte Rechtsanwalt Dr. A... im Streitfall der seit dem Jahr 2002 fertig ausgebildeten und ihm als zuverlässig bekannten Rechtsanwaltsfachangestellten E. am 20. Oktober 2005 übertragen. Mit Anlagen hatte die zu übersendende Beschwerdeschrift einen Umfang von 76 Seiten, darunter die von Rechtsanwalt Dr. A... unterzeichnete Seite 25 des Beschwerdeschriftsatzes. Frau E. hat das gesamte Konvolut in das Faxgerät des Rechtsanwaltsbüros zum Versenden eingelegt und die Fax-Nummer des OLG Düsseldorf gewählt, **bei der anschließenden Kontrolle des Sendeberichtes jedoch übersehen, dass tatsächlich nur 75 Seiten an das Gericht übermittelt worden waren**. Ein solches Versehen war ihr bis dahin bei der Ausübung ihres Berufes noch nicht unterlaufen; deshalb ist eine **Wiedereinsetzung zu gewähren** (OLG Düsseldorf, B. v. 29. 3. 2006 – Az.: VII – Verg 77/05)

– der **Rechtsanwalt bleibt verpflichtet, für eine Büroorganisation zu sorgen, die eine wirksame Ausgangskontrolle gewährleistet**. Das erfordert eine Weisung an die Mitarbeiter, sich nach Übermittlung eines Schriftsatzes per Telefax einen Einzelnachweis ausdrucken zu lassen, auf dieser Grundlage die Vollständigkeit der Übermittlung zu prüfen und die Notfrist erst nach Kontrolle des Sendeberichts zu löschen. Bei dieser abschließenden Überprüfung ist auch auf die korrekte Angabe des Adressaten zu achten. Dazu gehört die Überprüfung, ob die richtige Empfängernummer verwendet worden ist. Das ist vor allem dann erforderlich, wenn das Risiko eines Versehens bei Ermittlung der richtigen Telefaxnummer besonders hoch ist, etwa weil diese im Einzelfall aus gedruckten Listen herausgesucht werden muss und an ein und demselben Ort mehrere Empfänger in Betracht kommen. Die Gefahr, beim Ablesen in die falsche Zeile zu geraten, ist dann besonders groß. Wird ein fristgebundener Schriftsatz auch noch zeitlich so knapp vor Fristablauf abgesandt, dass nicht mehr damit gerechnet werden kann, eine etwaige Fehlsendung an eine falsche Nummer werde vom tatsächlichen Empfänger noch rechtzeitig bemerkt und durch Weiterleitung an den vorgesehenen Empfänger korrigiert, ist eine **wirksame Endkontrolle der Telefaxnummer unerlässlich** (OLG Koblenz, B. v. 5. 12. 2005 – Az.: 1 Verg 5/05)

– soweit die Antragsteller darauf abheben, dass die Vergabekammer durch widersprüchliche Auskünfte gegen das Gebot des fairen Verfahrens verstoßen habe, wäre dem dadurch Rechnung zu tragen, dass ihnen (**auch ohne ausdrücklichen Antrag, § 120 Abs. 2, § 73 GWB, § 236 Abs. 2 Satz 2 ZPO**) Wiedereinsetzung zu gewähren wäre, wenn sie deshalb das Fristversäumnis nicht verschuldet hätten (OLG Celle, B. v. 20. 4. 2001 – Az.: 13 Verg 7/01)

– die **Wiedereinsetzung setzt voraus**, dass die **Fristversäumung unverschuldet** ist (BayObLG, B. v. 2. 12. 2002 – Az.: Verg 24/02)

28.8 Zuständiges Oberlandesgericht und zuständiges Landessozialgericht (§ 116 Abs. 3 Satz 1)

28.8.1 Allgemeines

In der Vergangenheit war **sehr umstritten**, ob bei **Streitigkeiten über Einzelvertragsbeziehungen zwischen öffentlichrechtlichen Krankenkassen und Leistungserbringern das Oberlandesgericht oder die Sozialgerichtsbarkeit zuständig** war (vgl. dazu die Kommentierung zu § 116 GWB – 2. Auflage). Diesen Streit hat der **Gesetzgeber** im Gesetz zur Weiterentwicklung der Organisationsstrukturen in der gesetzlichen Krankenversicherung – GKV-OrgWG – **entschieden**. 4561

Im Gesetz zur Weiterentwicklung der Organisationsstrukturen in der gesetzlichen Krankenversicherung – GKV-OrgWG – (Bundesgesetzblatt 2008 Teil I Nr. 58 vom 17. 12. 2008, S. 2426) wurde der **Rechtsweg bei Streitigkeiten über Einzelvertragsbeziehungen zwischen öffentlichrechtlichen Krankenkassen und Leistungserbringern geregelt**, und zwar dergestalt, dass **für Rechtsstreitigkeiten erstinstanzlich grundsätzlich die Vergabekammern zuständig** sind und eine **erst- und letztinstanzliche Zuständigkeit der Landessozialgerichte** für die Überprüfung der Entscheidungen der Vergabekammern festgelegt 4562 ist. Die vergaberechtlichen Regelungen des GKV-OrgWG sind **am 18. 12. 2008 in Kraft getreten.**

28.8.2 Die gesetzlichen Regelungen

28.8.2.1 Grundsatz

4563 **In § 29 SGG ist folgender Absatz 5 angefügt**: *„(5) In Streitigkeiten über Entscheidungen von Vergabekammern, die Rechtsbeziehungen nach § 69 des Fünften Buches Sozialgesetzbuch betreffen, entscheidet ausschließlich das für den Sitz der Vergabekammer zuständige Landessozialgericht. Mehrere Länder können durch Vereinbarung die den Landessozialgerichten nach Satz 1 zugewiesenen Aufgaben dem zuständigen Gericht eines Landes auch für das Gebiet eines anderen Landes übertragen."* Damit wird eine erst- und **letztinstanzliche Zuständigkeit der Landessozialgerichte für die Überprüfung der Entscheidungen der Vergabekammern** bei Rechtsstreitigkeiten über Rabattausschreibungen festgelegt.

4564 Die **Regelung dient der Entlastung der Sozialgerichte** und **verkürzt die Phase der Unsicherheit**, mit der die Beteiligten während des Rechtsstreits belastet sind. Insbesondere vergaberechtliche Entscheidungen sollen schnellstmöglich zu einem Abschluss gebracht werden, um damit zügig zu einer wirtschaftlichen Versorgung der Versicherten beizutragen.

28.8.2.2 Örtliche Zuständigkeit

4565 Abweichend von den allgemeinen Regelungen **richtet sich die örtliche Zuständigkeit des Landessozialgerichts nach dem Sitz der Vergabekammer.** Dies **entspricht der Parallelregelung bezüglich der örtlichen Zuständigkeit der Oberlandesgerichte nach § 116 GWB.** Durch § 29 Satz 2 SGG wird den Ländern die Möglichkeit eröffnet, die Rechtssachen anderen Landessozialgerichten zuzuweisen. Damit wird für den Bereich der Landessozialgerichte dem praktischen Bedürfnis nach örtlicher Zuständigkeitskonzentration Rechnung getragen, die hier stets länderübergreifenden Charakter hat, weil es pro Bundesland höchstens ein Landessozialgericht gibt. Dies entspricht der Regelungsintention des § 116 Abs. 4 GWB, der für Vergabestreitigkeiten vor den Oberlandesgerichten eine landesinterne Zuständigkeitskonzentration durch Rechtsverordnung erlaubt.

28.8.2.3 Verfahrensvorschriften

4566 Nach § 142 SGG ist folgender Sechster Unterabschnitt eingefügt: **Sechster Unterabschnitt – Verfahren in vergaberechtlichen Streitigkeiten – § 142a:**

(1) In Streitigkeiten über Entscheidungen von Vergabekammern, die Rechtsbeziehungen nach § 69 des Fünften Buches Sozialgesetzbuch betreffen, sind § 115 Abs. 2 Satz 2 bis 5, § 116 Abs. 1 und 2, die §§ 117 bis 123 sowie §§ 125 und 126 des Gesetzes gegen Wettbewerbsbeschränkungen entsprechend anzuwenden.

(2) Bei der Entscheidung des Beschwerdegerichts über die sofortige Beschwerde wirken die ehrenamtlichen Richter nicht mit.

(3) Wird wegen eines Verstoßes gegen Vergabevorschriften Schadensersatz begehrt und hat ein Verfahren vor der Vergabekammer stattgefunden, ist das zuständige Gericht an die bestandskräftige Entscheidung der Vergabekammer und die Entscheidung des Landessozialgerichts sowie gegebenenfalls des nach Absatz 4 angerufenen Bundessozialgerichts über die Beschwerde gebunden.

(4) Will ein Landessozialgericht von einer Entscheidung eines anderen Landessozialgerichts oder des Bundessozialgerichts abweichen oder hält es den Rechtsstreit wegen beabsichtigter Abweichung von Entscheidungen eines Oberlandesgerichts oder des Bundesgerichtshofs für grundsätzlich bedeutsam, so legt es die Sache dem Bundessozialgericht vor. Das Bundessozialgericht entscheidet anstelle des Landessozialgerichts. § 124 Abs. 2 Satz 3 des Gesetzes gegen Wettbewerbsbeschränkungen gilt entsprechend."

4567 Die **Regelung dient der Anpassung des sozialgerichtlichen Verfahrens in vergaberechtlichen Streitigkeiten im Bereich der gesetzlichen Krankenversicherung**. Aufgrund der besonderen Eilbedürftigkeit von Vergabesachen wird für die vergaberechtliche Nachprüfung ein beschleunigtes Verfahren zur Verfügung gestellt.

4568 Zur Beschleunigung des Verfahrens sowie zur Konzentration des Streitstoffes enthält Absatz 1 unter Verweis auf die entsprechenden Vorschriften des Gesetzes gegen Wettbewerbsbeschränkungen (GWB) unter anderem folgende Regelungsinhalte:

- die Einführung der sofortigen Beschwerde als Rechtsmittel gegen die Entscheidung der Vergabekammer auch bei vergaberechtlichen Streitigkeiten im Bereich der gesetzlichen Krankenversicherung (vgl. § 116 Abs. 1 und 2 GWB),
- gegenüber dem allgemeinen sozialgerichtlichen Verfahren erhöhte Anforderungen an Form und Frist der sofortigen Beschwerde (§ 117 GWB),
- ein den besonderen Gegebenheiten im Vergaberecht angepasstes System von Eilverfahren im Vergaberecht (§ § 115 Abs. 2 Satz 2 bis 5, 118, 121 und 122 GWB),
- die Einführung eines Anwaltszwangs vor den Vergabesenaten mit der üblichen Ausnahme für juristische Personen des öffentlichen Rechts (§ 120 Abs. 1 GWB),
- Bestimmungen zum Verfahren (§ 120 Abs. 2 GWB) sowie zum Entscheidungsinhalt (§ 123 GWB),
- Bestimmungen zum Schadensersatz bei Rechtsmissbrauch (§ 125 GWB) sowie zum Anspruch auf Ersatz des Vertrauensschadens (§ 126 GWB).

Zur weiteren Beschleunigung des Verfahrens regelt Absatz 2 den **Ausschluss der ehrenamtlichen Richter bei der Entscheidung des Beschwerdegerichts** über die sofortige Beschwerde in vergaberechtlichen Streitigkeiten. 4569

Die Gerichte der Sozialgerichtsbarkeit entscheiden in Angelegenheiten der gesetzlichen Krankenversicherung **auch über Schadensersatz entsprechend den §§ 125, 126 GWB**. Durch die in Absatz 3 angeordnete Bindungswirkung der Entscheidungen von Vergabekammer, Landessozialgerichten sowie des Bundessozialgerichts wird entsprechend der Regelung in § 124 Abs. 1 GWB die Doppelprüfung von Sach- und Rechtsfragen vermieden. 4570

Die in Absatz 4 angeordnete **Vorlagepflicht** dient entsprechend der Regelung in § 124 Abs. 2 GWB der Wahrung der Rechtseinheit in vergaberechtlichen Streitigkeiten innerhalb der Sozialgerichtsbarkeit und im Verhältnis zur Zivilgerichtsbarkeit. Eine Verzögerung des Vergabeverfahrens ist hiermit nicht verbunden, da die zu erwartenden Fälle gerichtlicher Divergenz in der Regel gering sind. 4571

Hier wird auch ein **gravierender Nachteil der gesetzlichen Lösung** deutlich. Es gibt jetzt zwei oberste Gerichte, die in vergaberechtlichen Streitigkeiten entscheiden. Die **bisherige Vereinheitlichung des Vergaberechts über den BGH geht verloren**. 4572

Für die Rechtsprechung ab dem Inkrafttreten des GKV-OrgWG vgl. die **Kommentierung der speziellen vergaberechtlichen Regelungen des SGG in § 142a SGG**. 4573

28.8.2.4 Übergangsregelung

Nach § 206 SGG ist folgender § 207 eingefügt: „§ 207: Verfahren in Streitigkeiten über Entscheidungen von Vergabekammern, die Rechtsbeziehungen nach § 69 des Fünften Buches Sozialgesetzbuch betreffen und die am 19. 12. 2008 bei den Oberlandesgerichten anhängig sind, gehen in dem Stadium, in dem sie sich befinden, auf das für den Sitz der Vergabekammer zuständige Landessozialgericht und in den Fällen des § 124 Abs. 2 Satz 1 des Gesetzes gegen Wettbewerbsbeschränkungen auf das Bundessozialgericht über. Dies gilt nicht für Verfahren, die sich in der Hauptsache erledigt haben. Soweit ein Oberlandesgericht an eine Frist nach § 121 Abs. 3 des Gesetzes gegen Wettbewerbsbeschränkungen gebunden ist, beginnt der Lauf dieser Frist mit dem Eingang der Akten bei dem zuständigen Landessozialgericht von neuem. Die Sätze 1 bis 3 gelten für Verfahren in Streitigkeiten über Entscheidungen von Vergabekammern, die Rechtsbeziehungen nach § 69 des Fünften Buches Sozialgesetzbuch betreffen und die am 18. Dezember 2008 bei den Sozialgerichten anhängig sind, entsprechend." **§ 207 SGG enthält also Übergangsregelungen für laufende Verfahren** (die eine deutlich verfahrensverlängernde Wirkung haben werden). 4574

28.8.3 Literatur

- Amelung, Steffen/Heise, Svend, Zuständigkeit der Sozialgerichtsbarkeit für die Überprüfung von Vergabekammer-Entscheidungen, NZBau 2008, 489
- Goodarzi, Ramin/Jansen, Johannes, Die Rechtsprechung der Landessozialgerichte auf dem Gebiet des öffentlichen Auftragswesens, NZS 2010, 427
- Meyer-Hofmann, Bettina/Wenig, Nils-Alexander, MIT AMNOG volle Kraft zurück! – Kabinettsentwurf für Vergaben im Gesundheitsbereich, Behörden Spiegel August 2010, 23

4575

Teil 1 GWB § 117 Gesetz gegen Wettbewerbsbeschränkungen

- Schabel, Thomas, Salomon als Gesetzgeber – Rechtswege bei der Gesundheitsvergabe, Behörden Spiegel Dezember 2008, 16
- Schabel, Thomas, Zu Lasten der Versicherten – Rechtswegedickicht beim Kampf um Rabattverträge, Behörden Spiegel September 2008, 26
- Thüsing, Gregor/Granetzny, Thomas, Der Rechtsweg in Vergabefragen des Leistungserbringungsrechts nach dem SGB V, NJW 2008, 3188

28.9 Allgemeine Literatur

4576
- Wilke, Reinhard, Das Beschwerdeverfahren vor dem Vergabesenat beim Oberlandesgericht, NZBau 2005, Heft 6, S. 326
- Giedinghagen, Jan/Schoop, Christian, Zwingendes Ende vor dem Oberlandesgericht? – Zu den Rechtsschutzmöglichkeiten gegen eine ablehnende Entscheidung des Oberlandesgerichts im Beschwerdeverfahren gem. §§ 116 ff. GWB, VergabeR 2007, 32

29. § 117 GWB – Frist, Form

(1) **Die sofortige Beschwerde ist binnen einer Notfrist von zwei Wochen, die mit der Zustellung der Entscheidung, im Fall des § 116 Abs. 2 mit dem Ablauf der Frist beginnt, schriftlich bei dem Beschwerdegericht einzulegen.**

(2) **Die sofortige Beschwerde ist zugleich mit ihrer Einlegung zu begründen. Die Beschwerdebegründung muss enthalten:**
1. **die Erklärung, inwieweit die Entscheidung der Vergabekammer angefochten und eine abweichende Entscheidung beantragt wird,**
2. **die Angabe der Tatsachen und Beweismittel, auf die sich die Beschwerde stützt.**

(3) **Die Beschwerdeschrift muss durch einen Rechtsanwalt unterzeichnet sein. Dies gilt nicht für Beschwerden von juristischen Personen des öffentlichen Rechts.**

(4) **Mit der Einlegung der Beschwerde sind die anderen Beteiligten des Verfahrens vor der Vergabekammer vom Beschwerdeführer durch Übermittlung einer Ausfertigung der Beschwerdeschrift zu unterrichten.**

29.1 Vergaberechtsmodernisierungsgesetz 2009

4577   § 117 GWB ist **durch das Vergaberechtsmodernisierungsgesetz 2009 nicht geändert** worden.

29.2 Beschwerdefrist (§ 117 Abs. 1)

4578   Die sofortige Beschwerde ist binnen einer Notfrist von zwei Wochen, die mit der Zustellung der Entscheidung, im Fall des § 116 Abs. 2 mit dem Ablauf der Frist beginnt, schriftlich bei dem Beschwerdegericht einzulegen.

29.2.1 Notfrist

4579   Notfristen sind nach der Regelung des **§ 224 Abs. 1 Satz 2 ZPO** nur diejenigen Fristen, die in einem Gesetz als solche bezeichnet sind; der Gesetzgeber hat dies für den Bereich des GWB in § 117 Abs. 1 gemacht.

4580   Eine Notfrist hat **folgende Besonderheiten**:
- eine Notfrist duldet keine Verkürzung oder Verlängerung (OLG Koblenz, B. v. 15. 3. 2006 – Az.: 1 Verg 1/06)
- eine Wiedereinsetzung in den vorigen Stand ist möglich
- eine Notfrist läuft trotz eines etwaigen Ruhens des Verfahrens weiter
- eine Notfrist lässt sich durch einen Zugang trotz mangelhafter Zustellung heilen

Gesetz gegen Wettbewerbsbeschränkungen GWB § 117 **Teil 1**

29.2.2 Zustellung des Beschlusses der Vergabekammer

Vgl. **zur Zustellung** des Beschlusses der Vergabekammer die Kommentierung zu → § 110   **4581**
GWB Rdn. 35.

29.2.3 Fehlende Zustellung des Beschlusses der Vergabekammer

Die **Rechtsprechung** hierzu ist **nicht einheitlich**.   **4582**

Nach einer Auffassung können nach der **Neuregelung der ZPO in § 189** („Lässt sich die   **4583**
formgerechte Zustellung eines Schriftstücks nicht nachweisen oder ist das Schriftstück unter
Verletzung zwingender Zustellungsvorschriften zugegangen, so gilt es in dem Zeitpunkt als zugestellt, in dem das Schriftstück der Person, an die die Zustellung dem Gesetz gemäß gerichtet
war oder gerichtet werden konnte, tatsächlich zugegangen ist") **Zustellungsmängel geheilt**
werden.

Die **ältere Rechtsprechung**, wonach dann, wenn die Vergabekammer davon abgesehen hat,   **4584**
den Beschluss der Antragsgegnerin von sich aus mitzuteilen; insbesondere ihn nicht hat zustellen
lassen, die Frist zur Einlegung der sofortigen Beschwerde nicht in Gang gesetzt worden ist, und
zwar auch nicht durch den Zugang einer Kopie des Beschlusses (KG Berlin, B. v. 23. 7. 2001 –
Az.: KartVerg 18/00), ist damit **überholt**.

Demgegenüber vertritt das OLG Koblenz (B. v. 15. 5. 2003 – Az.: 1 Verg. 3/03) die Auffas-   **4585**
sung, dass für den Beginn der Beschwerdefrist mangels eines entsprechenden Zustellungswillens
der Vergabekammer **nicht die Telefaxübermittlung** der angefochtenen Entscheidung an den
Beschwerdeführer **maßgeblich** ist (B. v. 15. 3. 2001 – Az.: 1 Verg. 1/03), **sondern die Zustellung mit Zustellungsurkunde**.

29.2.4 Beschwerdefrist im Fall der Untätigkeit

Die gesetzliche Regelung des § 117 Abs. 1 GWB führt zum Verlust des Rechtsschutzes im   **4586**
Vergabeverfahren, **ohne dass der jeweilige Antragsteller** im Fall der Untätigkeit auf die Notwendigkeit **hingewiesen** wird, innerhalb bestimmter Frist Rechtsmittel einzulegen. Das Gesetz
hebt diese Konsequenzen nicht deutlich hervor, sondern sie **erschließen sich erst nach sorgfältiger, durch mehrfache Verweisungen erschwerter Lektüre**. Das erscheint deshalb besonders unbefriedigend, weil der Antragsteller nur deshalb sofortige Beschwerde erheben muss,
weil die Vergabekammer ihrer gesetzlichen Pflicht nicht nachgekommen ist, innerhalb der
Fünfwochenfrist zu entscheiden oder zumindest diese Frist zu verlängern. Der – möglicherweise
nicht anwaltlich vertretene – Antragsteller kann den genauen Fristablauf auch nicht ohne Rückfragen (Eingang des Antrags, Fristverlängerung) zuverlässig ermitteln. Schließlich steht diese
Regelung im Widerspruch dazu, dass § 114 Abs. 3 Satz 3, § 61 Abs. 1 Satz 1 GWB für den
Normalfall einer sofortigen Beschwerde eine Rechtsmittelbelehrung ausdrücklich vorschreiben
mit der Folge, dass die Beschwerdefrist nicht zu laufen beginnt, wenn diese Belehrung unterblieben ist.

Es wurde deshalb geprüft, ob **auch im Fall der Untätigkeitsklage die Beschwerdefrist erst**   **4587**
nach einer Rechtsmittelbelehrung zu laufen beginnt; diese **Frage wurde aber letztlich
verneint**. Das Nachprüfungsverfahren soll zwar dem Bieter effektiven Primärrechtsschutz gewähren, ist aber andererseits **auf Konzentration und Beschleunigung ausgerichtet**, um das Interesse der Vergabestelle und der Allgemeinheit an einem zügigen Ablauf des Vergabeverfahrens
sicherzustellen. Gerade diesem Beschleunigungsinteresse will das Gesetz durch das (im Gegensatz
zum normalen Kartellverfahren, vgl. § 63 Abs. 3, § 66 Abs. 2 GWB) befristete Rechtsmittel auch
im Falle der Untätigkeitsklage Rechnung tragen. Würde man den Fristenlauf von einer Rechtsmittelbelehrung abhängig machen, liefe die gesetzliche Regelung praktisch leer. Ob und ggf.
wann eine Vergabekammer, die die gesetzlich vorgegebenen Fristen nicht einhält, Rechtsmittelbelehrungen erteilt, wäre weitgehend dem Zufall überlassen. Damit würde nicht nur das Beschleunigungsgebot unterlaufen; unberechenbar bliebe auch, wie lange das durch das Nachprüfungsverfahren ausgelöste Zuschlagsverbot des § 115 Abs. 1 GWB gilt. Nach allem erscheint es **nicht
gerechtfertigt, ohne ausdrückliche gesetzliche Regelung auch für den Fall der Untätigkeitsklage eine Rechtsmittelbelehrung** zu verlangen (OLG Celle, B. v. 20. 4. 2001 – Az.: 13
Verg 7/01; OLG Düsseldorf, B. v. 18. 1. 2000 – Az.: Verg 2/00, B. v. 5. 9. 2001 – Az.: Verg
18/01).

Teil 1 GWB § 117 Gesetz gegen Wettbewerbsbeschränkungen

29.2.5 Beginn der Frist

4588 **Mit der Zustellung** (vgl. dazu die Kommentierung zu → § 110 GWB Rdn. 35) **beginnt die Beschwerdefrist** des § 117 Abs. 1, 1. Alt. GWB (OLG Düsseldorf, B. v. 18. 7. 2007 – Az.: VII – Verg 18/07).

4589 Hat die Vergabekammer eine Entscheidungsfrist nach § 113 Abs. 1 Satz 2 GWB gesetzt und noch vor Ablauf dieser Frist entschieden, **bemisst sich die Frist für die Einlegung der sofortigen Beschwerde auch dann ab dem Zeitpunkt der Zustellung der Entscheidung der Vergabekammer gemäß § 117 Abs. 1, 1. Fall GWB, wenn die Entscheidung erst nach Ablauf der Entscheidungsfrist dem Beschwerdeführer zugestellt** wird. Es widerspricht jedenfalls in Fällen, in denen die Vergabestelle vor Ablauf der Entscheidungsfrist entscheidet, dem Zweck der **§§ 116 ff.** GWB, einen effektiven Rechtsmittelschutz gegen Entscheidungen der Vergabekammer zur Verfügung zu stellen, wenn die Beschwerdefrist schon mit dem Ablauf der Entscheidungsfrist und nicht erst mit Zustellung der Entscheidung anliefe. Würde nämlich erst nach Ablauf der Entscheidungsfrist zugestellt, wäre die Zeit, die dem Beschwerdeführer für die Formulierung seiner inhaltlichen Einwände gegen die Entscheidung zur Verfügung steht, entsprechend verkürzt. Diese Verkürzung könnte bei Verzögerung der Zustellung so weit gehen, dass dem Beschwerdeführer nur noch wenige Tage oder gar Stunden zur Verfügung stehen. Das kann von den §§ 116 ff. GWB sinnvollerweise nicht gewollt sein. Zu vollends unhaltbaren Ergebnissen würde es schließlich dann führen, wenn die Zustellung mehr als 2 Wochen nach Ablauf der Entscheidungsfrist erfolgt. Dann nämlich **wäre die Beschwerdefrist bereits abgelaufen, bevor der Beschwerdeführer inhaltliche Kenntnis von der Entscheidung, gegen die er sich wendet, nehmen kann.** Ggf. müsste man ihm daher in diesen Fällen die Möglichkeit einräumen, vorsorgliche Beschwerde, gestützt auf den Umstand der Nichtzustellung innerhalb der Beschwerdefrist, einzulegen, um ihm des weiteren zu gestatten – etwaige – inhaltliche Einwendungen gegen die ihm später zugestellte Entscheidung nachzuschieben. Abgesehen von Zweifeln, ob das GWB hierfür eine hinreichende rechtliche Grundlage bietet, würde dies jedoch dann, wenn der Beschwerdeführer mit der Entscheidung der Vergabekammer letztlich inhaltlich einverstanden ist, zu nutzlos eingelegten Beschwerden führen, die die Beschwerdegerichte unnötig belasten; und im umgekehrten Fall, dass der Beschwerdeführer mit der Entscheidung der Vergabekammer letztlich nicht inhaltlich einverstanden ist, wäre kein Vorteil – etwa in Form eines Verfahrensbeschleunigungseffektes – zu erkennen (KG Berlin, B. v. 20. 8. 2009 – Az.: 2 Verg 4/09).

29.2.6 Berechnung der Frist

4590 Da die Frist eine **Ereignisfrist im Sinne des § 187 Abs. 1 BGB** ist, zählt der Tag der Zustellung bei der Fristbestimmung nicht mit. Die **Frist beginnt** daher gemäß § 120 Abs. 2, § 73 Nr. 2 GWB, § 222 Abs. 1 ZPO, § 187 Abs. 1 BGB **erst am darauf folgenden Tag** zu laufen. Sie **endet** gemäß § 120 Abs. 2, § 73 Nr. 2 GWB, § 222 Abs. 1 ZPO, § 188 Abs. 2 Alt. 1 BGB **mit Ablauf des Tages der übernächsten Woche**, dem dem Tag entspricht, an dem die Zustellung bewirkt wurde. Fällt das Fristende auf einen allgemeinen Feiertag, ist § 222 Abs. 2 ZPO anzuwenden. Die Beschwerdefrist endet danach mit Ablauf des nächsten Werktags. Die sich anschließende Frist des § 118 Abs. 1 Satz 2 GWB beginnt nach derselben Verweisungskette (OLG Koblenz, B. v. 15. 5. 2003 – Az.: 1 Verg. 3/03).

29.2.7 Schriftlichkeit der sofortigen Beschwerde

4591 Der Eingang des unterschriebenen Beschwerdeschriftsatzes **per Telefax** innerhalb der Frist des § 117 Abs. 1 GWB **reicht zur Fristwahrung aus** (BayObLG, B. v. 19. 12. 2000 – Az.: Verg 7/00).

29.3 Begründung (§ 117 Abs. 2)

29.3.1 Allgemeines

4592 Nach § 117 Abs. 2 Satz 1 GWB ist die sofortige Beschwerde zugleich mit ihrer Einlegung zu begründen. Die Beschwerdebegründung muss nach § 117 Abs. 2 GWB die Erklärung enthalten, inwieweit die Entscheidung der Vergabekammer angefochten und eine abweichende Entscheidung beantragt wird. Zudem müssen die Tatsachen und Beweismittel angegeben werden, auf die sich die Beschwerde stützt. An die **Begründungspflicht** sind aber keine zu hohen Anforderungen zu stellen. Es **gelten die Grundsätze entsprechend, die auch bei der Begründung der Berufung Anwendung finden – § 520 ZPO analog** – (OLG Düsseldorf, B. v. 10. 12. 2008 – Az.: VII-Verg 51/08).

Eine notwendige **Begründung** liegt z. B. **dann nicht** vor, wenn der Beschwerdeführer sich darauf beschränkt, die von der Vergabekammer ausgesprochene Zurückweisung des Vergabenachprüfungsantrags als unzulässig als rechtsfehlerhaft anzugreifen und sich mit der Begründung der Vergabekammer auseinandersetzt, der Bietergemeinschaft fehle mangels Darlegung einer Vertretungsvollmacht beider Partner die Antragsbefugnis und der Vergabeverstoß sei nicht rechtzeitig vorab gerügt worden, **ohne zu erkennen zu geben, was den Vorwurf eines Rechtsverstoßes im Vergabeverfahren gegen die Vergabestelle überhaupt begründen soll**. 4593

Eine **notwendige Begründung fehlt** auch dann, wenn der **Beschwerdeführer lediglich eine pauschale Bezugnahme auf Schriftsätze aus dem Verfahren vor der Vergabekammer vornimmt**. Denn die Vergabekammer hat sich in ihrer Beschwerde mit diesen Beanstandungen auseinandergesetzt und sie als nicht durchgreifend erachtet. Der Beschwerdeführer muss, für jeden Anspruch eine Begründung liefern (Brandenburgisches OLG, B. v. 5. 1. 2006 – Az.: Verg W 12/05). 4594

29.3.2 Erklärung über die Reichweite der Anfechtung und Beantragung einer abweichenden Entscheidung (§ 117 Abs. 2 Satz 2 Nr. 1)

Bei der Anwendung des § 117 GWB sind **keine strengeren Anforderungen** an die Bestimmtheit des Beschwerdeantrags zu stellen, **als sie zu § 66 Abs. 4 Nr. 1 GWB** gestellt werden. Danach genügt es, dass das **Rechtsmittelziel aus der Beschwerdebegründung erkennbar** wird (OLG Frankfurt, B. v. 18. 4. 2006 – Az.: 11 Verg 1/06; OLG Naumburg, B. v. 16. 9. 2002 – Az.: 1 Verg 02/02). Ausreichend ist auch die Bezugnahme auf einen – seinerseits hinreichend bestimmten – Antrag vor der Vergabekammer. Ein **fehlender förmlicher Sachantrag schadet also grundsätzlich nicht** (Kammergericht, B. v. 28. 9. 2009 – Az.: 2 Verg 8/09; OLG Thüringen, B. v. 22. 12. 1999 – Az.: 6 Verg 3/99; BayObLG, B. v. 12. 9. 2000 – Az.: Verg 4/00). 4595

Zudem können **an die Begründung** der sofortigen Beschwerde in dem durch den Amtsermittlungsgrundsatz beherrschten Verfahren nach den §§ 116 ff. GWB **keinesfalls höhere Anforderungen** gestellt werden, **als** dies die Rechtsprechung hinsichtlich der **Berufungsbegründung nach § 519 Abs. 3 Nr. 1 ZPO** getan hat. Für diese Vorschrift ist jedoch anerkannt, dass selbst ein nur auf Aufhebung und Zurückverweisung gerichteter Antrag in der Regel als Rechtsmittelziel die Weiterverfolgung des in der Vorinstanz gestellten Sachantrags erkennen lässt (Kammergericht, B. v. 28. 9. 2009 – Az.: 2 Verg 8/09; OLG Thüringen, B. v. 22. 12. 1999 – Az.: 6 Verg 3/99). 4596

Zwingend erforderlich ist aber, dass sich das **Beschwerdebegehren** – auch seinem Umfang nach – **hinreichend bestimmt** aus der **Beschwerdebegründung** ergibt (OLG Frankfurt, B. v. 18. 4. 2006 – Az.: 11 Verg 1/06). 4597

29.3.3 Angabe der Tatsachen und Beweismittel, auf die sich die Beschwerde stützt (§ 117 Abs. 2 Satz 2 Nr. 2)

Danach hat die vorgeschriebene Rechtsmittelbegründung auch die Angabe der Tatsachen und Beweismittel zu enthalten, auf die sich die Beschwerde stützt. Die Vorschrift ist **gleichlautend mit dem die Kartellbeschwerde betreffenden § 66 Abs. 4 Nr. 2 GWB**, so dass auf die für diese Bestimmung entwickelten Grundsätze zurückgegriffen werden kann (OLG Koblenz, B. v. 3. 4. 2008 – Az.: 1 Verg 1/08; B. v. 13. 2. 2006 – Az.: 1 Verg 1/06). 4598

Sinn und Zweck dieser Begründungsvorschrift ist die Beschleunigung des Beschwerdeverfahrens. Sie ist Ausdruck der Verfahrensförderungspflicht der Beteiligten (vgl. § 113 Abs. 2 Satz 1 GWB) und dient der Klarstellung des Streitstoffes. Im Gegensatz zu § 519 Abs. 3 Nr. 2 ZPO sind nicht bloß neue, sondern alle Tatsachen und Beweismittel anzuführen, die der Beschwerdeführer im Beschwerdeverfahren als kontrovers erachtet. Zwar soll die Anwendung dieser Vorschrift nicht in einem Rechtsschutz schmälernden Formalismus erstarren, jedoch führt eine **Begründung, in der Tatsachen und Beweismittel überhaupt nicht angegeben sind**, in jedem Fall zur **Unzulässigkeit** des Rechtsmittels. Als unzureichend wird u. a. die pauschale 4599

Bezugnahme auf das Vorbringen in erster Instanz angesehen (OLG Koblenz, B. v. 3. 4. 2008 – Az.: 1 Verg 1/08; B. v. 13. 2. 2006 – Az.: 1 Verg 1/06; B. v. 15. 3. 2001 – Az.: 1 Verg 1/01).

4600 Eine **Beschwerdebegründung, die jeglicher Tatsachendarstellung entbehrt** und sich auf Angriffe gegen die im angefochtenen Beschluss geäußerte Auffassung der Vergabekammer beschränkt, ist **unzulässig**; auch eine ausdrückliche oder konkludente Bezugnahme auf das erstinstanzliche Vorbringen und den Inhalt der Vergabeakten ersetzt die geforderte Angabe von Tatsachen und Beweismitteln nicht (OLG Koblenz, B. v. 3. 4. 2008 – Az.: 1 Verg 1/08; B. v. 13. 2. 2006 – Az.: 1 Verg 1/06.).

4601 Besteht jedoch der **Streitgegenstand nur aus der Frage nach der Erfüllung einer einzigen Position des Leistungsverzeichnisses** und ist **der ihn umschreibende Sachverhalt als solcher unstreitig**, kann der Beschwerdegegenstand auch auf Grundlage einer **Rechtsmittelbegründung, die sich auf Angriffe gegen die im angefochtenen Beschluss geäußerte Auffassung der Vergabekammer beschränkt** und die für sich gesehen, ohne vorherige Kenntnisnahme der Entscheidungsgründe unverständlich sind (in Verbindung mit den Gründen des angefochtenen Kammerbeschlusses), gerade noch mit hinreichender Deutlichkeit bestimmt werden (OLG Koblenz, B. v. 3. 4. 2008 – Az.: 1 Verg 1/08).

4602 Trotz der Bezugnahmen in der Beschwerdebegründung auf den von der Vergabekammer festgestellten Sachverhalt und auf das „erstinstanzliche" Vorbringen **fehlt nicht jegliche Sachverhaltsdarstellung, wenn ein Verfahrensbeteiligter den von der Vergabekammer festgestellten Sachverhalt zur Grundlage seiner Beschwerdebegründungen macht** (LSG Nordrhein-Westfalen, B. v. 10. 9. 2009 – Az.: L 21 KR 53/09 SFB).

4603 Nach § 117 GWB hat der Beschwerdeführer **Tatsachen jedoch lediglich insofern in der Beschwerdeschrift vorzutragen, als diese streitig sind und daher eine Beweiserhebung in Betracht kommt.** Sofern der Sachverhalt, der der Entscheidung der Vergabekammer zu Grunde lag, nicht im Streit steht und es dem Beschwerdeführer lediglich um eine abweichende Beurteilung von Rechtsfragen geht, **genügt** es, in der Beschwerdeschrift deutlich zu machen, **inwieweit der Auffassung der Vergabekammer widersprochen** wird. Damit hat der Beschwerdeführer seiner allgemeinen Begründungspflicht gemäß § 117 Abs. 2 Satz 1 Genüge getan. Die zusätzliche Begründungsanforderung des § 117 Abs. 2 Nr. 2 GWB greift in diesem Fall nicht ein, denn die Beschwerde wird nicht auf „Tatsachen und Beweismittel gestützt" (Kammergericht, B. v. 28. 9. 2009 – Az.: 2 Verg 8/09).

29.3.4 Konsequenz einer formal unzureichenden Begründung

4604 Zwar **muss ein entsprechender Formfehler nicht sogleich zur Verwerfung des Rechtsmittels** führen. Er gibt zunächst **nur Anlass, den Beschwerdeführer auf die Unvollständigkeit seiner Beschwerdebegründung hinzuweisen und ihm Gelegenheit zur Ergänzung zu geben.** Eine **Vervollständigung kann jedoch nur innerhalb der zweiwöchigen Beschwerdefrist** nach § 117 Abs. 1 GWB **erfolgen.** Sie ist eine Notfrist, die – anders als die Kartellbeschwerdefrist (§ 66 Abs. 3 S. 3 GWB) – nicht verlängert werden kann. Das bedeutet, dass sämtliche Formanforderungen, die das Gesetz verlangt, fristgerecht erfüllt sein müssen. Schöpft der Beschwerdeführer die Frist mit Einlegung des Rechtsmittels nahezu vollständig aus, ist die Erteilung eines Hinweises und eine ihm folgende Nachbesserung innerhalb der Beschwerdefrist nicht mehr möglich mit der Folge, dass eine formwidrige Beschwerde ohne weiteres als unzulässig zu verwerfen ist (OLG Koblenz, B. v. 13. 2. 2006 – Az.: 1 Verg 1/06.).

29.3.5 Abschrift des angefochtenen Vergabekammerbeschlusses?

4605 § 117 Abs. 2 GWB bestimmt abschließend, was eine Beschwerdebegründung enthalten „muss". Die **Beifügung der angefochtenen Entscheidung ist dort nicht erwähnt.** Ihr **Fehlen** mag andere Verfahrensnachteile hervorrufen, z. B. die rechtzeitige Entscheidung des Beschwerdegerichts über die Fortdauer der aufschiebenden Wirkung einer Beschwerde nach § 118 Abs. 1 Satz 3 GWB behindern, **führt jedoch nicht zur Unzulässigkeit des Rechtsmittels** (OLG Düsseldorf, B. v. 28. 1. 2004 – Az.: Verg 35/03).

29.3.6 Vorlage aller Schriftstücke des Vergabekammerverfahrens?

4606 Mit der Beschwerde **müssen nicht erneut alle Schriftstücke vorgelegt werden, die bereits im Vergabenachprüfungsverfahren vorgelegt worden** oder **durch Beiziehung der**

Akten der Vergabestelle Gegenstand des Verfahrens vor der Vergabekammer gewesen sind. Eine solche Auffassung findet in den Regelungen des § 117 GWB keine Stütze (BGH, B. v. 18. 5. 2004 – Az.: X ZB 7/04).

29.3.7 Nachreichung der Beschwerdebegründung

Reicht ein Antragsteller, der sofortige Beschwerde ohne eine Begründung eingelegt hat, am gleichen Tag oder noch innerhalb der Beschwerdefrist **eine Begründung nach, liegt darin jedenfalls eine zulässige, erneute sofortige Beschwerde mit Begründung** (OLG Brandenburg, B. v. 2. 12. 2003 – Az.: Verg W 6/03). 4607

29.4 Unterzeichnung der Beschwerdeschrift (§ 117 Abs. 3)

Für Beschwerden von juristischen Personen des öffentlichen Rechts, insbesondere Gebietskörperschaften (Bund, Länder und Kommunen) gilt die Verpflichtung zur Unterzeichnung durch einen Rechtsanwalt nicht (§ 117 Abs. 3 Satz 2). Es kommen dann die allgemeinen Vertretungsregeln der jeweiligen internen Organisation zur Anwendung. 4608

29.5 Unterrichtungspflicht (§ 117 Abs. 4)

29.5.1 Sinn und Zweck

Soweit § 117 Abs. 4 GWB vorschreibt, dass mit der Einlegung der Beschwerde die anderen Beteiligten des Verfahrens vor der Vergabekammer vom Beschwerdeführer durch Übermittlung einer Ausfertigung der Beschwerdeschrift zu unterrichten sind, **dient die Bestimmung der Beschleunigung des Verfahrens und der Konzentration des Streitstoffes**. Die amtliche Zustellung der Beschwerdeschrift erübrigt sich dadurch nicht; oftmals kommt es jedoch hierbei zu Verzögerungen in der Unterrichtung der Beteiligten. Dies soll vermieden und zugleich darauf hingewirkt werden, dass die **Beteiligten frühzeitig im gerichtlichen Verfahren ihre Interessen vertreten und sich zur Sache äußern können** (BayObLG, B. v. 22. 1. 2002 – Az.: Verg 18/01). 4609

29.5.2 Rechtsfolgen einer unterlassenen Unterrichtung

29.5.2.1 Unzulässigkeit der Beschwerde?

Die Nichtbeachtung der gesetzlichen Pflicht, die übrigen Beteiligten unmittelbar zu unterrichten, führt **nicht zur Unzulässigkeit der Beschwerde** (OLG Celle, B. v. 2. 9. 2004 – Az.: 13 Verg 14/04; OLG Düsseldorf, B. v. 9. 6. 2004 – Az.: VII – Verg 11/04; OLG Naumburg, B. v. 1. 9. 2004 – Az.: 1 Verg 11/04; B. v. 16. 1. 2003 – Az.: 1 Verg 10/02; OLG Saarland, B. v. 7. 5. 2008 – Az.: 1 Verg 5/07; OLG Stuttgart, B. v. 24. 3. 2000 – Az.: 2 Verg 2/99; OLG Thüringen, B. v. 20. 6. 2005 – Az.: 9 Verg 3/05; BayObLG, B. v. 28. 5. 2003 – Az.: Verg 6/03; B. v. 22. 1. 2002 – Az.: Verg 18/01). 4610

Die Ansicht, ein öffentlicher Auftraggeber könne, solange ein die Vergabebeschwerde betreibender Bieter seiner Unterrichtungsverpflichtung nach § 117 Abs. 4 GWB nicht nachkomme, den Auftrag ohne Verstoß gegen das im vorangegangenen Kammerverfahren gemäß § 115 Abs. 1 GWB begründete Zuschlagsverbot wirksam erteilen, bis er tatsächlich von der erhobenen Beschwerde Kenntnis erlange, ist **mit grundlegenden Prinzipien des deutschen Rechtsmittelverfahrensrechts nicht in Einklang zu bringen**. Der mit einem Rechtsmittel verbundene **Suspensiveffekt ist nämlich generell nicht davon abhängig, dass der Rechtsmittelgegner von dem eingelegten Rechtsmittel weiß**. § 118 Abs. 1 GWB ändert, wie Satz 1 der Vorschrift deutlich zeigt, auch nichts an dieser mit der bloßen Einlegung des Rechtsmittels verbundenen Rechtsfolge; Satz 2 schränkt den (ohne Rücksicht auf Kenntnis des Beschwerdegegners, die in diesem Zusammenhang keine Erwähnung findet) eingetretenen Suspensiveffekt im Interesse der Beschleunigung des Nachprüfungsverfahrens nur zeitlich ein, und Satz 3 gleicht dies durch eine auf Antrag des Beschwerdeführers zu prüfende Verlängerungsmöglichkeit über die vorgenannte Einschränkung hinaus wieder aus. **Die gesetzliche Regelungssystematik ergibt keinen Anhaltspunkt dafür, dass die dem Vergabesenat damit – nach Maßgabe seiner Beurteilung der Erfolgsaussichten der Beschwerde und seiner Einschätzung der nach § 118 Abs. 2 GWB ggf. veranlassten Interessenabwägung – eröffneten Steuerungsmög- 4611

Teil 1 GWB § 118 Gesetz gegen Wettbewerbsbeschränkungen

lichkeiten im Ansatz von der Erfüllung der Unterrichtungsverpflichtung des Beschwerdeführers nach § 117 Abs. 4 GWB gegenüber den übrigen Verfahrensbeteiligten abhängig sein sollten. § 117 Abs. 4 GWB stellt vielmehr nach fast allgemeiner Auffassung eine **formale Ordnungsvorschrift** dar, die der beschleunigten Durchführung des Vergabebeschwerdeverfahrens zu dienen bestimmt ist, ohne die kraft Gesetzes (§ 118 Abs. 1 S. 1 GWB) mit der Einlegung der Beschwerde eingetretene aufschiebende Wirkung und die damit automatisch verbundene Aufrechterhaltung des Zuschlagsverbots zu berühren (OLG Dresden, B. v. 17. 6. 2005 – Az.: WVerg 8/05; im Ergebnis ebenso OLG Saarland, B. v. 7. 5. 2008 – Az.: 1 Verg 5/07).

29.6 Verpflichtung der Vergabestelle zur Informationseinholung über eventuell eingelegte Rechtsmittel?

4612   Die **Vergabestelle ist nicht verpflichtet, sich vor der Zuschlagserteilung zu vergewissern, dass ein Antragsteller kein Rechtsmittel gegen die Entscheidung der Vergabekammer eingelegt hat.** Eine derartige Verpflichtung der Vergabestelle ist gesetzlich nicht geregelt. Demgegenüber ist jedoch ausdrücklich normiert, dass der Beschwerdeführer die am Verfahren vor der Vergabekammer Beteiligten mit der Einlegung der Beschwerde zu unterrichten hat. Dabei ist die Formulierung „Mit der Einlegung" im Hinblick auf den Beschleunigungsgrundsatz wie „zeitgleich" zu lesen. Die Vergabestelle kann nach Ablauf der Rechtsmittelfrist den Zuschlag erteilen, wenn sie keine Kenntnis von dem Rechtsmittel hatte, weil der Beschwerdeführer die ihm zwingend obliegende Unterrichtung der Vergabestelle unterlassen hat. Die dagegen in der Literatur angeführten Bedenken überzeugen nicht (OLG Naumburg, B. v. 16. 7. 2002 – Az.: 1 Verg 10/02).

30. § 118 GWB – Wirkung

(1) Die sofortige Beschwerde hat aufschiebende Wirkung gegenüber der Entscheidung der Vergabekammer. Die aufschiebende Wirkung entfällt zwei Wochen nach Ablauf der Beschwerdefrist. Hat die Vergabekammer den Antrag auf Nachprüfung abgelehnt, so kann das Beschwerdegericht auf Antrag des Beschwerdeführers die aufschiebende Wirkung bis zur Entscheidung über die Beschwerde verlängern.

(2) Das Gericht lehnt den Antrag nach Absatz 1 Satz 3 ab, wenn unter Berücksichtigung aller möglicherweise geschädigten Interessen die nachteiligen Folgen einer Verzögerung der Vergabe bis zur Entscheidung über die Beschwerde die damit verbundenen Vorteile überwiegen. Bei der Abwägung ist das Interesse der Allgemeinheit an einer wirtschaftlichen Erfüllung der Aufgaben des Auftraggebers zu berücksichtigen. Das Gericht berücksichtigt bei seiner Entscheidung auch die Erfolgsaussichten der Beschwerde, die allgemeinen Aussichten des Antragstellers im Vergabeverfahren, den Auftrag zu erhalten, und das Interesse der Allgemeinheit an einem raschen Abschluss des Vergabeverfahrens.

(3) Hat die Vergabekammer dem Antrag auf Nachprüfung durch Untersagung des Zuschlags stattgegeben, so unterbleibt dieser, solange nicht das Beschwerdegericht die Entscheidung der Vergabekammer nach § 121 oder § 123 aufhebt.

30.1 Vergaberechtsmodernisierungsgesetz 2009

4613   Die **Kriterien** für die Abwägungsentscheidung nach § 118 Abs. 2 sind **konkretisiert** worden. **Mit dieser Änderung des § 118 Abs. 2** sollten die Kriterien für Entscheidung des **Beschwerdegerichts** über die Fortsetzung der aufschiebenden Wirkung der Entscheidung der Vergabekammer auch **an die Kriterien für die Entscheidung über die Gestattung der Zuschlagserteilung nach § 115 Abs. 2 angepasst** werden. Dies ist jedoch **nicht gelungen**.

30.2 Inhalt der Regelung

4614   Das Zuschlagsverbot des § 115 Abs. 1 GWB wird über § 118 Abs. 1 GWB in das Beschwerdeverfahren transportiert. Für die **Dauer des Vergabenachprüfungsverfahrens**, die **Dauer** der **Beschwerdefrist** sowie eine sich daran anschließende **Dauer von zwei Wochen** besteht grundsätzlich das Zuschlagsverbot.

Aus diesem Grund hat der Gesetzgeber an die formelle Verfahrenshandlung der Beschwerdeeinlegung materielle Rechtswirkungen in Form des Zuschlagsverbots geknüpft. Dem **steht weder der Umstand entgegen, dass Dritte am Vergabeverfahren beteiligt sind und auf die Rechtmäßigkeit des Zuschlags vertrauen, noch, dass der Zuschlag bei seiner Erteilung zunächst rechtmäßig war.** Das gesetzliche Zuschlagsverbot besteht unabhängig davon, ob die Vergabestelle Kenntnis von der Einlegung einer Beschwerde hat. Dies zeigen der Wortlaut des § 118 Abs. 1 GWB, der die aufschiebende Wirkung an die sofortige Beschwerde knüpft, und der Wortlaut des § 117 Abs. 1 GWB, der die Einlegung der sofortigen Beschwerde bei Gericht vorsieht. Das Zuschlagsverbot hängt damit von objektiven Tatsachen, nämlich der Einlegung der sofortigen Beschwerde, und nicht von subjektiven Gegebenheiten ab (BayObLG, B. v. 13. 8. 2004, Az.: Verg 017/04). 4615

Ein öffentlicher **Auftraggeber** ist aufgrund einer sofortigen Beschwerde jedoch **nicht daran gehindert, der Entscheidung der Vergabekammer noch während des Beschwerdeverfahrens nachzukommen und die Wertung unter Beachtung der Rechtsauffassung der Kammer zu wiederholen** – er darf lediglich nicht den Zuschlag erteilen, da das Zuschlagsverbot gemäß § 118 Abs. 1 S. 1 GWB fortbesteht. Das **Zuschlagsverbot beinhaltet jedoch kein Verbot, das Vergabeverfahren als solches weiterzuführen** (3. VK Bund, B. v. 6. 7. 2007 – Az.: VK 3–58/07; B. v. 30. 9. 2005 – Az.: VK 3–130/05 – Z). 4616

30.3 Zuschlagsverbot durch Wiedereinsetzung in den vorigen Stand

Folge der Wiedereinsetzung in den vorigen Stand ist die Fiktion, dass die versäumte Rechtshandlung als rechtzeitig vorgenommen gilt. Dies bedeutet, dass eine sofortige Beschwerde als rechtzeitig eingelegt gelten kann. Die sofortige Beschwerde hat aufschiebende Wirkung gegenüber der Entscheidung der Vergabekammer. Daraus folgt, dass bis zum Ablauf der Frist des § 118 Abs. 1 Satz 2 GWB ein Zuschlag nicht erteilt werden darf, § 115 Abs. 1 GWB. Mit der Einlegung der sofortigen Beschwerde setzt sich das Zuschlagsverbot in Form der aufschiebenden Wirkung fort. Ein dennoch erteilter Zuschlag ist nichtig, § 134 BGB (BayObLG, B. v. 13. 8. 2004, Az.: Verg 017/04). 4617

30.4 Dauer der aufschiebenden Wirkung der Beschwerde (§ 118 Abs. 1 Satz 2)

Die **Zwei-Wochen-Frist** des § 118 Abs. 1 Satz 1 GWB hat **keine eigenständige, sondern eine dienende Funktion**, nämlich dem Gericht zeitlich die Möglichkeit zu verschaffen, über einen entsprechenden Eilantrag des Bieters sachgerecht und nach Gewährung des rechtlichen Gehörs zu entscheiden. So kann es keinem Zweifel unterliegen, dass die Formulierung „aufschiebende Wirkung" auch dahin auszulegen ist, dass das **Zuschlagverbot** nach § 115 Abs. 1 in Verbindung mit § 118 Abs. 1 Satz 1 GWB **vor Ablauf der Zwei-Wochen-Frist endet**, soweit der Vergabesenat **eine abschließende Entscheidung im Beschwerdeverfahren bereits innerhalb dieser Frist trifft** (etwa bei offensichtlich unzulässiger bzw. offensichtlich unbegründeter sofortiger Beschwerde). Dieser – gegenüber einer automatischen Verlängerung des Zuschlagverbots kraft Gesetzes – flexibleren Regelung zur Gewährleistung effektiven Rechtsschutzes liegt der gesetzgeberische Wille zugrunde, ein Gleichgewicht zwischen dem individuellen Interesse eines Bieters an effektivem Rechtsschutz und dem Interesse der Vergabestelle, anderer Bieter und der Allgemeinheit an einem raschen Abschluss des Vergabeverfahrens herzustellen, also eine beiden zum Teil widerstreitenden Interessen ausgewogen Rechnung zu tragen (OLG Naumburg, B. v. 16. 1. 2003 – Az.: 1 Verg 10/02). 4618

30.5 Antrag auf Verlängerung der aufschiebenden Wirkung (§ 118 Abs. 1 Satz 3)

30.5.1 Ablehnung des Nachprüfungsantrags als Voraussetzung

Die **Verlängerung** der aufschiebenden Wirkung einer sofortigen Beschwerde nach dieser Norm **setzt voraus**, dass die angegriffene Vergabekammerentscheidung den **Nachprüfungsantrag (ganz oder je nach Fallgestaltung teilweise) abgelehnt** hat (OLG Düsseldorf, B. v. 4619

Teil 1 GWB § 118 Gesetz gegen Wettbewerbsbeschränkungen

27. 7. 2006 – Az.: VII – Verg 33/06; B. v. 27. 7. 2006 – Az.: VII – Verg 32/06; OLG Naumburg, B. v. 16. 1. 2003 – Az.: 1 Verg 10/02). Der **Zweck** des beim Beschwerdegericht gemäß § 118 Abs. 1 Satz 3 GWB nachgesuchten einstweiligen Rechtsschutzes besteht darin, die durch die Zustellung des Nachprüfungsantrags bewirkte Zuschlagssperre (§ 115 Abs. 1 GWB) über den in § 118 Abs. 1 Satz 2 GWB bezeichneten Zeitpunkt hinaus für die Dauer des Beschwerdeverfahrens aufrecht zu erhalten (OLG Düsseldorf, B. v. 27. 7. 2006 – Az.: VII – Verg 33/06; B. v. 27. 7. 2006 – Az.: VII – Verg 32/06; B. v. 13. 1. 2003 – Az.: Verg 67/02; OLG München, B. v. 17. 5. 2005 – Az.: Verg 009/05). Es **soll verhindert werden**, dass der öffentliche Auftraggeber nach Ablauf der Frist des § 118 Abs. 1 Satz 2 GWB **vollendete Tatsachen durch Erteilung des Zuschlags an einen anderen Bieter schafft**. Denn ein einmal erteilter Zuschlag kann nach § 114 Abs. 2 Satz 1 GWB nicht mehr aufgehoben werden, so dass der Primärrechtsschutz für den jeweiligen Antragsteller beendet ist; er bliebe dann nur noch auf Schadensersatzansprüche, also den so genannten Sekundärrechtsschutz angewiesen. Die Regelung des § 118 Abs. 1 GWB enthält damit ein gesetzliches Zuschlagsverbot, welches das zunächst für das Verfahren vor der Vergabekammer geltende gesetzliche Zuschlagsverbot des § 115 Abs. 1 GWB für das Beschwerdeverfahren fortsetzt (OLG München, B. v. 5. 11. 2007 – Az.: Verg 12/07). Die Verlängerung des Zuschlagsverbots, das gemäß § 115 Abs. 1 GWB bis zum Ablauf der Beschwerdefrist nach der Entscheidung der Vergabekammer andauert und im Falle rechtzeitiger Beschwerdeeinlegung seitens des (erstinstanzlich unterlegenen) Antragstellers von Gesetzes wegen (§ 118 Abs. 1 Satz 1 und 2 GWB) um weitere zwei Wochen aufrecht erhalten wird, **kann über diesen Zeitraum hinaus nur durch gerichtliche Entscheidung**, die vom Beschwerdeführer beantragt werden muss, bewirkt werden (OLG Düsseldorf, B. v. 6. 8. 2001 – Az.: Verg 28/01).

30.5.2 Verpflichtung des Auftraggebers zur erneuten Wertung als Ablehnung des Nachprüfungsantrags?

4620 Ein **Fall der Ablehnung liegt dann nicht vor, wenn die Vergabekammer einem Nachprüfungsantrag stattgibt und dem Auftraggeber untersagt, den Zuschlag z. B. auf das Angebot eines Beigeladenen zu erteilen oder den Auftraggeber verpflichtet, eine neue Wertung durchzuführen**. Für diese Konstellation sieht § 118 Abs. 3 GWB vor, dass der Zuschlag zu unterbleiben hat, bis der Vergabesenat die Entscheidung der Vergabekammer nach § 121 GWB oder § 123 GWB aufhebt. Eine frühere Zuschlagserteilung wäre unwirksam. Da die ursprüngliche Wertung der Angebote durch die Vergabestelle der Überprüfung durch die Vergabekammer nicht standgehalten hat, müsste vor erneuter Zuschlagserteilung nicht nur eine neue Wertung, sondern auch eine neue Vorabinformation erfolgen. Würde nun dennoch ein Zuschlag erteilt, würde dieser nicht nur dem Zuschlagsverbot des § 118 Abs. 3 GWB, sondern auch dem Zuschlagsverbot des § 101a GWB widersprechen. In beiden Fällen wäre der Zuschlag nach § 134 BGB wegen Verstoßes gegen ein gesetzliches Verbot nichtig (OLG Düsseldorf, B. v. 3. 7. 2008 – Az.: VII-Verg 41/08; B. v. 14. 4. 2008 – Az.: VII-Verg 22/08; OLG München, B. v. 17. 5. 2005 – Az.: Verg 009/05; Schleswig-Holsteinisches OLG, B. v. 1. 12. 2005 – Az.: 6 Verg 9/05; OLG Thüringen, B. v. 24. 5. 2007 – Az.: 13 Verg 5/07). Der erneuerten Wertung kann also der **Beigeladene**, wenn sie ihn denn in seinen Rechten verletzt, mit einem Nachprüfungsantrag entgegentreten (OLG Düsseldorf, B. v. 3. 7. 2008 – Az.: VII-Verg 41/08; B. v. 14. 4. 2008 – Az.: VII-Verg 22/08; B. v. 9. 3. 2007 – Az.: VII – Verg 5/07).

4621 Das Zuschlagsverbot **dauert** aufgrund der Anordnung der Vergabekammer zur Wiederholung der Wertung **bereits kraft Gesetzes bis zum Abschluss des Beschwerdeverfahrens** (OLG Düsseldorf, B. v. 9. 3. 2007 – Az.: VII – Verg 5/07; B. v. 27. 7. 2006 – Az.: VII – Verg 33/06; B. v. 27. 7. 2006 – Az.: VII – Verg 32/06), **mindestens aber bis zu einer erneuten Angebotswertung** des Auftraggebers ohnehin an. Infolgedessen **bedarf der Antragsteller keines Schutzes durch eine Verlängerung der aufschiebenden Wirkung seines Rechtsmittels**. Der ausgeschriebene Auftrag kann ihm, auch wenn der Auftraggeber die Angebotswertung wiederholen sollte, nicht durch Zuschlag an einen anderen Bieter verloren gehen, weil er eine erneuerte Wertung auf die Bieterinformation nach § 13 VgV mit einem Nachprüfungsantrag angreifen kann, dessen Zustellung abermals ein Zuschlagsverbot nach § 115 Abs. 1 GWB bewirkt (OLG Düsseldorf, B. v. 3. 7. 2008 – Az.: VII-Verg 41/08; B. v. 14. 4. 2008 – Az.: VII-Verg 22/08; B. v. 6. 3. 2008 – Az.: VII – Verg 15/08). Ein entsprechender **Eilantrag** ist **unzulässig**. Ihm **mangelt** es am **Rechtsschutzbedürfnis** (OLG Düsseldorf, B. v. 3. 7. 2008 – Az.: VII-Verg 41/08; B. v. 14. 4. 2008 – Az.: VII-Verg 22/08).

4622 **Eine analoge Anwendung des § 118 Abs. 1 Satz 3 GWB ist in einem solchen Fall nicht veranlasst.** Schon der Gesetzeswortlaut des § 118 Abs. 3 GWB spricht von „dem" Zuschlag allgemein, der unterbleiben soll. Eine Differenzierung nach verschiedenen Zuschlagsmöglichkeiten sieht das Gesetz nicht vor (OLG München, B. v. 17. 5. 2005 – Az.: Verg 009/05; OLG Thüringen, B. v. 24. 5. 2007 – Az.: 13 Verg 5/07).

Nach einer anderen Auffassung besteht das **Antragsrecht auch dann, wenn die Vergabekammer eine Wiederholung der Wertung angeordnet** hat, weil dieser **Entscheidungsausspruch einem generellen Zuschlagsverbot i. S. v. § 118 Abs. 3 GWB nicht gleich** steht (OLG Naumburg, B. v. 13. 10. 2008 – Az.: 1 Verg 10/08). 4623

Hat jedoch die **Vergabekammer den Auftraggeber** nicht lediglich **verpflichtet**, die Angebotswertung zu wiederholen, sondern dem Auftraggeber aufgegeben, den **Zuschlag** – falls das Vergabeverfahren fortgesetzt werden soll – **auf das Angebot eines Antragstellers zu erteilen, hat der Beigeladene bei dieser Konstellation keine rechtliche Möglichkeit**, die Erteilung des Zuschlags durch einen Nachprüfungsantrag zu **unterbinden**. Da in solchen Fällen die Vergabekammer (inzident) auch kein Zuschlagsverbot erlassen hat, kann es **zur Sicherung des Primärrechtsschutzes nahe liegen, das Rechtsschutzbedürfnis des Beigeladenen an einem Eilantrag ausnahmsweise zu bejahen** (OLG Düsseldorf, B. v. 9. 3. 2007 – Az.: VII – Verg 5/07; in der Tendenz ebenso OLG Frankfurt, B. v. 5. 5. 2008 – Az.: 11 Verg 1/08). 4624

30.5.3 Fehlendes Rechtsschutzbedürfnis

Ein Fall des § 118 Abs. 1 Satz 3 liegt **ebenfalls nicht vor, wenn sich das Vergabeverfahren in einem Stadium** befindet, in welchem **es nicht oder zumindest auf absehbare Zeit nicht zu einem wirksamen Zuschlag kommen kann**; dann verliert die Verlängerung der aufschiebenden Wirkung als Zuschlagsverbot ihren Sinn. Ein Rechtsschutzbedürfnis für einen Antrag auf Verlängerung der aufschiebenden Wirkung kann daher bei derartigen Konstellationen nicht bejaht werden. Hat z. B. ausweislich der Vergabeakte der Auftraggeber das Vergabeverfahren gestoppt und ist bisher noch nicht einmal die Wertung der Angebote durchgeführt worden und demzufolge auch noch kein Vorabinformationsschreiben nach § 101a GWB an die Bieter versandt worden mit der Mitteilung der beabsichtigten Zuschlagserteilung, **fehlt für einen „Eilantrag" das Rechtsschutzbedürfnis** (OLG Celle, B. v. 26. 4. 2010 – Az.: 13 Verg 4/10; OLG München, B. v. 5. 11. 2007 – Az.: Verg 12/07). 4625

Es **besteht auch kein Rechtsschutzbedürfnis des Antragstellers** für einen Antrag nach § 118 Abs. 1 Satz 3 GWB, wenn die **Vergabekammer zwar den Zuschlag** ohne vorherige **Wiederholung** bestimmter Verfahrensteile **untersagt** hat, die **Anordnungen der Vergabekammer aber nach Auffassung des Antragstellers nicht weit genug gehen und er deswegen sofortige Beschwerde einlegt**; auch in derartigen Fallgestaltungen ist es dem **Antragsteller zuzumuten, gegen eine erneute** (nach Ansicht des Antragstellers wiederum rechtswidrige) **Vergabeentscheidung der Vergabestelle ein weiteres Nachprüfungsverfahren** einzuleiten (OLG Düsseldorf, B. v. 20. 10. 2008 – Az.: VII-Verg 46/08). 4626

Bittet der Auftraggeber – z.B. unter Hinweis auf die Abwesenheit eines Verfahrensbevollmächtigten – um **Verlängerung der Frist zur Stellungnahme** zu dem Eilantrag eines Antragstellers und **sichert er zu**, vor einem bestimmten Zeitpunkt den **Zuschlag nicht zu erteilen**, und **erklärt sich der Antragsteller mit einer Verschiebung** der Entscheidung nach § 118 Abs. 1 Satz 3 GWB **einverstanden**, ist – nach Ablauf der Frist des § 118 Abs. 1 Satz 2 GWB – darüber **zu entscheiden, ob die aufschiebende Wirkung der Beschwerde wiederherzustellen** ist (OLG Koblenz, B. v. 6. 11. 2008 – Az.: 1 Verg 3/08). 4627

30.5.4 Statthaftigkeit eines entsprechenden Antrags

30.5.4.1 Antrag mit dem Ziel der Auftragsausführung

Begehrt der Beschwerdeführer **nicht die Aufrechterhaltung der Zuschlagssperre**, sondern die **Gestattung, den umstrittenen Auftrag weiter auszuführen**, kann ein solches Rechtsschutzziel auf Grund der Vorschrift des § 118 Abs. 1 GWB nicht erreicht werden, sondern allenfalls in einem Eilverfahren gemäß § 121 GWB „auf Vorabentscheidung über den Zuschlag" (OLG Düsseldorf, B. v. 13. 1. 2003 – Az.: Verg 67/02). 4628

30.5.4.2 Antrag gegen einen Kostenfestsetzungsbeschluss

§ 118 GWB bezweckt, dass nicht durch eine „voreilige" Zuschlagserteilung endgültige Verhältnisse geschaffen werden und der übergangene Bieter auf Schadensersatzansprüche verwiesen 4629

Teil 1 GWB § 118 Gesetz gegen Wettbewerbsbeschränkungen

werden muss. Ausgehend von dieser Zweckbestimmung findet **§ 118 GWB auf eine sich gegen eine Kostenfestsetzung gemäß § 128 GWB richtende sofortige Beschwerde keine Anwendung** (OLG Rostock, B. v. 17. 5. 2000 – Az.: 17 W 7/00).

30.5.4.3 Antrag mit dem Ziel der Geltendmachung der Unwirksamkeit des Zuschlags

4630 Hat der Auftraggeber den Zuschlag erteilt und wird die **Unwirksamkeit des Zuschlags von einem Beteiligten geltend gemacht**, hat ungeachtet der materiell-rechtlichen Rückwirkung der Nichtigkeit dieser Verfahrensabschluss zumindest bis zur Entscheidung des Senats in der Hauptsache Bestand (OLG Naumburg, B. v. 16. 1. 2001 – Az.: 1 Verg 12/00).

4631 Hat ein Nachprüfungsverfahren also gerade die **Frage zum Gegenstand, ob der Zuschlag rechtswirksam erteilt ist oder nicht, dann ist der Weg des einstweiligen Rechtsschutzes eröffnet**. Ein berechtigtes Interesse hierfür besteht aus Sicht eines Antragstellers bereits insofern, als die Vergabestelle auf diese Weise daran gehindert ist, durch Wiederholung oder Bestätigung des umstrittenen Zuschlags einseitig die Sachlage so zu verändern, dass ein vergaberechtlicher Primärrechtsschutz unwiderruflich ausgeschlossen ist (OLG Thüringen, B. v. 14. 2. 2005 – Az.: 9 Verg 1/05).

30.5.4.4 Wirksame Auftragserteilung

4632 Der Antrag auf Verlängerung der aufschiebenden Wirkung der sofortigen Beschwerde ist gemäß § 118 Abs. 1 Satz 3 GWB nicht statthaft, wenn das Vergabeverfahren inzwischen durch **wirksame Zuschlagerteilung abgeschlossen** ist (OLG Düsseldorf, B. v. 6. 8. 2001 – Az.: Verg 28/01; OLG Naumburg, B. v. 16. 7. 2002 – Az.: 1 Verg 10/02).

30.5.4.5 Wirksame Aufhebung

4633 Nach Sinn und Zweck des § 118 Abs. 1 Satz 3 GWB ist der auf § 118 Abs. 1 Satz 3 GWB gestützte Eilantrag unzulässig, wenn die **Ausschreibung wirksam aufgehoben** ist und daher ein Zuschlag nicht mehr erteilt werden kann. Auch dann, wenn der Auftraggeber den Auftrag wirksam erteilt hat, kommt die Verlängerung des Zuschlagsverbots nicht (mehr) in Betracht (OLG Düsseldorf, B. v. 6. 8. 2001 – Az.: Verg 28/01; OLG Frankfurt, B. vom 28. 6. 2005 – Az.: 11 Verg 21/04).

30.5.4.6 Erneuter Antrag nach Ablehnung

4634 Hat ein **Beschwerdesenat** einen **Antrag** auf Verlängerung der aufschiebenden Wirkung der Beschwerde mangels Rechtsschutzbedürfnis **abgelehnt** und ist die in § 118 Abs. 1 Satz 2 GWB genannte **Zwei-Wochen-Frist** abgelaufen, ist ein **erneuter Antrag auf Verlängerung der aufschiebenden Wirkung der Beschwerde nicht (mehr) statthaft** (LSG Nordrhein-Westfalen, B. v. 30. 1. 2009 – Az.: L 21 KR 1/08 SFB).

30.5.5 Zulässigkeitsvoraussetzungen

30.5.5.1 Zuschlagsverbot

4635 Die Verbotswirkung des § 118 Abs. 1 GWB ist **stets abhängig vom Vorliegen eines vorherigen Zuschlagsverbotes nach § 115 Abs. 1 GWB**, d.h. von einer Information des Auftraggebers über den Nachprüfungsantrag durch die Vergabekammer, obwohl diese Tatbestandsvoraussetzung dem Wortlaut des § 118 Abs. 1 GWB expressis verbis nicht entnommen werden kann (OLG Düsseldorf, B. v. 19. 3. 2008 – Az.: VII-Verg 13/08; OLG Naumburg, B. v. 16. 1. 2003 – Az.: 1 Verg 10/02).

30.5.5.2 Zuschlagsverbot durch den Vergabesenat bei einem durch die Vergabekammer nicht zugestellten Nachprüfungsantrag

4636 Verwirft die Vergabekammer den Nachprüfungsantrag ohne dessen Zustellung an den Antragsgegner als offensichtlich unzulässig, tritt kein Zuschlagsverbot ein, das in der Beschwerdeinstanz verlängert werden könnte. **Vorläufiger Rechtsschutz** kann dann nur durch **erstmaliges Inkraftsetzen eines Zuschlagsverbots**, entsprechend § 115 Abs. 1 GWB mit Nachholung der Zustellung des Nachprüfungsantrags **durch das Beschwerdegericht**, gewährt werden (KG Berlin, B. v. 10. 12. 2002 – Az.: KartVerg 16/02; OLG Dresden, B. v. 4. 7. 2002 – Az.: WVerg 0011/02; OLG Düsseldorf, B. v. 19. 3. 2008 – Az.: VII-Verg 13/08; OLG Koblenz, B. v. 25. 3. 2002 – Az.: 1 Verg. 1/02).

Die **Zustellung des Nachprüfungsantrags durch den Vergabesenat** zum Zwecke der 4637
Herstellung und Verlängerung des Zuschlagsverbots ist **nur unter den Voraussetzungen des
§ 118 Abs. 2 zu veranlassen, nicht unter denen des § 110 Abs. 2 Satz 1 GWB**. Um
diese Maßnahme innerhalb des Beschwerdeverfahrens zu ergreifen, reicht es nicht aus, dass der
Vergabesenat den Antrag lediglich als nicht offensichtlich unzulässig oder unbegründet ansieht.
Da das Nachprüfungsverfahren in der Hauptsache in den Beschwerderechtszug gelangt ist, wäre
es nicht sachgerecht, für die Herstellung und Verlängerung des Suspensiveffekts auf die für die
erste Instanz geltenden Kriterien abzustellen. Diese müssen vielmehr einheitlich den für das
Beschwerdeverfahren geltenden Maßstäben entnommen werden, also den Regelungen in § 118
Abs. 2 Satz 1 und 2 GWB. Der sofortigen Beschwerde müssen also in erster Linie rechtlich
überwiegende Erfolgsaussichten beigemessen werden können; ist dies der Fall, kann die Zustellung gleichwohl unterbleiben, wenn auf Grund der nach § 118 Abs. 2 Satz 2 vorgesehenen Interessenabwägung das Interesse der Allgemeinheit an einem raschen Abschluss des Vergabeverfahrens überwiegt (KG Berlin, B. v. 10. 12. 2002 – Az.: KartVerg 16/02).

30.5.5.3 Frist für die Einlegung der Beschwerde

Die **Rechtsprechung** zu der Frage, ob die sofortige Beschwerde nach § 116 GWB so recht- 4638
zeitig einzulegen ist, dass der Vergabesenat über einen mit dem Rechtsmittel verbundenen Antrag auf Verlängerung des Zuschlagsverbots (§ 118 Abs. 1 Satz 3 GWB) innerhalb der Zwei-Wochen-Frist des § 118 Abs. 1 Satz 2 GWB entscheiden kann, ist **nicht einheitlich**.

Einerseits wird vertreten, dass ein Beschwerdeführer **nicht gehalten** ist, die sofortige Be- 4639
schwerde nach § 116 GWB **so rechtzeitig einzulegen**, dass der Vergabesenat über einen mit
dem Rechtsmittel verbundenen **Antrag auf Verlängerung des Zuschlagsverbots (§ 118
Abs. 1 Satz 3 GWB) innerhalb der Zwei-Wochen-Frist des § 118 Abs. 1 Satz 2 GWB**
entscheiden kann. Da jedoch der Vergabesenat die ihm nach § 118 Abs. 2 GWB obliegende
summarische Prüfung des Rechtsmittels mit der gebotenen Sorgfalt vornehmen muss, kann das
Rechtsmittelgericht zur Vermeidung sonst unvermeidlicher rechtlicher Unzuträglichkeiten
einstweilen die Verlängerung des Zuschlagsverbots für das Verfahren nach § 118 GWB anordnen
(OLG Thüringen, B. v. 26. 4. 2000 – Az.: 6 Verg 1/00).

Nach der **Gegenmeinung** ist auch vor Eilentscheidungen im Sinne des § 118 Abs. 1 Satz 3 4640
der Gegenseite rechtliches Gehör zu gewähren. Es besteht ebenso kein Anlass, insoweit den
übrigen Beteiligten eine unzumutbar kurze Frist zur Stellungnahme zu setzen. Mit einer einstweiligen Verlängerung der aufschiebenden Wirkung würde das erkennende Gericht einseitig die
Interessen des Antragstellers wahrnehmen, der es durch **frühzeitigere Antragstellung** in der
Hand hätte, dem Gericht eine angemessene Gewährung rechtlichen Gehörs und ein Mindestmaß an sachlicher Prüfung zu ermöglichen. Deshalb sieht das Bayerische Oberste Landesgericht
davon ab, vor Ablauf der in § 118 Abs. 1 Satz 2 GWB bestimmten Frist eine Entscheidung über
den Antrag auf Verlängerung der aufschiebenden Wirkung zu treffen (BayObLG, B. v. 4. 2.
2002 – Az.: Verg 1/02).

30.5.5.4 Beschwer

Voraussetzung eines Antrags nach § 118 Abs. 1 Satz 3 GWB ist eine formelle und 4641
materielle Beschwer des Antragstellers. Sie liegt u. a. dann vor, wenn die Vergabekammer
eine **Wiederholung der gesamten Wertung**, nicht nur der Wirtschaftlichkeitsbewertung,
unter Beachtung der von ihr geäußerten Rechtsansichten angeordnet hat. Nach Auffassung der
Vergabekammer ist eine erneute Prüfung der Eignung der Antragstellerin sowie der Angemessenheit des Gesamtpreises ihres Hauptangebotes erforderlich, was **stets die Gefahr eines Angebotsausschlusses beinhaltet**. Sie liegt auch dann vor, wenn die Vergabekammer den **Ausschluss eines sonst offensichtlich aussichtsreichen Nebenangebotes als vergaberechtskonform angesehen** hat (OLG Naumburg, B. v. 7. 3. 2008 – Az.: 1 Verg 1/08).

30.5.5.5 Wegfall des Rechtsschutzinteresses

Mit einer Sachentscheidung des Vergabesenats hinfällig ist der ausdrückliche Antrag 4642
auf Verlängerung der aufschiebenden Wirkung nach § 118 Abs. 1 Satz 3 GWB (BayObLG, B. v.
6. 6. 2002 – Az.: Verg 12/02; OLG Düsseldorf, B. v. 26. 7. 2002 – Az.: Verg 28/02).

Über den Antrag auf Verlängerung der aufschiebenden Wirkung nach § 118 Abs. 1 S. 3 4643
GWB wird im Wesentlichen nach denselben Kriterien entschieden wie über einen Antrag auf
Gestattung des vorzeitigen Zuschlags. Ein **Rechtsschutzbedürfnis für einen derartigen
Antrag besteht daher allenfalls für den Zeitraum vor Ablauf der in § 118 Abs. 1 S. 2**

GWB genannten Frist oder – bei Änderung der Sach- und Rechtslage – nach erfolgter Verlängerung der aufschiebenden Wirkung der Beschwerde (OLG Düsseldorf, B. v. 29. 9. 2008 – Az.: VII-Verg 50/08).

30.5.6 Formale Antragsberechtigung

30.5.6.1 Antrag eines Auftraggebers?

4644 Aus dem Wortlaut des § 118 Abs. 1 Satz 3 GWB ist zu entnehmen, dass der **Verlängerungsantrag nur von dem vor der Vergabekammer unterlegenen Bieter** gestellt werden kann. Antragsbefugt sind deshalb lediglich der Antragsteller nach § 107 Abs. 1 oder ein nach § 109 Satz 1 beteiligtes Unternehmen, dessen Interessen durch die Entscheidung schwerwiegend berührt werden. Eine **Antragstellung durch den Auftraggeber scheidet dagegen aus**. Die Auffassung, wonach der im Verfahren vor der Vergabekammer unterlegene Auftraggeber im Beschwerdeverfahren ebenfalls einen Verlängerungsantrag stellen kann, wird, soweit ersichtlich, nirgendwo vertreten. Seine Interessen werden vielmehr durch die Bestimmungen der § 115 Abs. 2 Satz 1, § 118 Abs. 1 Satz 1 und § 121 Abs. 1 Satz 1 GWB ausreichend gewahrt (OLG Stuttgart, B. v. 28. 6. 2001 – Az.: 2 Verg 2/01).

30.5.6.2 Antrag eines beigeladenen Bieters

4645 Nach dem Wortlaut von § 118 Abs. 1 Satz 2 GWB setzt die Zulässigkeit des Antrags auf Verlängerung der aufschiebenden Wirkung voraus, dass die Vergabekammer den Nachprüfungsantrag abgelehnt hat. Daraus wird deutlich, dass der Gesetzgeber des Vergaberechtsänderungsgesetzes offensichtlich lediglich den Fall in Betracht gezogen hat, dass der bei der Vergabekammer antragstellende und unterlegene Bieter auch der Beschwerdeführer ist. Was gelten soll, wenn der Nachprüfungsantrag zumindest mit dem Hilfsantrag Erfolg hatte, die **Entscheidung der Vergabekammer aber in die Rechte eines nach § 109 GWB bereits von der Vergabekammer beigeladenen Bieters eingreift, ergibt sich aus dem Wortlaut von § 118 GWB nicht**. Das mag damit zusammenhängen, dass nach dem ursprünglichen Regierungsentwurf der Vorschrift die Einlegung der sofortigen Beschwerde automatisch zur Verlängerung des Zuschlagsverbots bis zur Hauptsacheentscheidung des Beschwerdegerichts führen sollte. Mithin besteht für einen beigeladenen beschwerdeführenden Bieter im Hinblick auf die Verlängerung des Zuschlagsverbots in § 118 GWB eine **Regelungslücke, die im Wege der Auslegung nach Sinn und Zweck der Vorschrift auszufüllen ist**. Das führt dazu, einem **beigeladenen Bieter in entsprechender Anwendung von § 118 Abs. 1 Satz 2 GWB die Antragsbefugnis zuzubilligen**, wenn er beschwerdebefugt ist und anderenfalls die Möglichkeit bestünde, dass die Vergabestelle durch Zuschlagserteilung vollende Tatsachen schafft. Das dem Vierten Teil des GWB immanente Beschleunigungsgebot, das auch in § 118 GWB seinen Ausdruck findet, steht dieser Auslegung nicht entgegen, weil die Anordnung der aufschiebenden Wirkung nicht automatisch, sondern nur nach Prüfung der Voraussetzungen des § 118 Abs. 2 GWB erfolgt (OLG München, B. v. 17. 5. 2005 – Az.: Verg 009/05; OLG Naumburg, B. v. 5. 2. 2007 – Az.: 1 Verg 1/07; B. v. 5. 5. 2004 – Az.: 1 Verg 7/04; OLG Thüringen, B. v. 22. 4. 2004 – Az.: 6 Verg 2/04, B. v. 30. 10. 2001 – Az.: 6 Verg 3/01).

4646 Der **gesetzlichen Regelung des § 118 GWB liegt die verkürzte Sicht auf ein Zwei-Beteiligten-Verhältnis zugrunde**, wonach nur der Antragsteller ein Interesse an der Verlängerung des zu ihren Gunsten nach §§ 110 Abs. 2 Satz 1, 115 Abs. 1 GWB ausgelösten Zuschlagverbots haben könne. Ein Interesse an der Verhinderung der Zuschlagserteilung kann aber auch ein anderer Bieter haben, wenn dessen Rechtsstellung und insbesondere dessen Zuschlagschance durch die Entscheidung der Vergabekammer beeinträchtigt sind. Das individuelle Interesse dieses „dritten" Bieters ist schützenswert, denn für ihn geht es in gleicher Weise, wie für einen vor der Vergabekammer unterlegenen Antragsteller, um die Effektivität seines Rechtsschutzes. Hinzu kommt, dass nach der geltenden Regelung im GWB von der rechtlichen Anerkennung einer Antragsbefugnis für die Beigeladene auch abhängt, ob dem Vergabesenat die Möglichkeit einer effektiven Nachprüfung des Vergabeverfahrens durch Untersagung der Zuschlagserteilung bis zum Abschluss des Nachprüfungsverfahrens eröffnet wird. Die **Schließung der Regelungslücke durch analoge Anwendung dient mithin auch der Ausstattung der Nachprüfungsinstanz mit ausreichenden Kompetenzen zur Gewährleistung der Effektivität des Nachprüfungsverfahrens, wie sie Art. 2 Abs. 1 lit. a) der Richtlinie 89/665/EWG – Rechtsmittelkoordinierungsrichtlinie – von den Mitgliedstaaten verlangt**. Die Regelungslücke ist zu schließen, indem auch der Beigeladene die Befugnis zur Antragstellung nach § 118 Abs. 1

Satz 3 GWB erhält, wenn er durch die Entscheidung der Vergabekammer materiell beschwert wird (OLG Naumburg, B. v. 5. 2. 2007 – Az.: 1 Verg 1/07).

30.5.7 Analoge Anwendung von § 118 Abs. 1 Satz 3 für den Fall der Verpflichtung des Auftraggebers zur Aufhebung

§ 118 Abs. 1 S. 3 GWB ist zwar dem Wortlaut nach nicht erfüllt, wenn die Vergabestelle den Antrag auf Nachprüfung nicht abgelehnt und z.B. **den Auftraggeber zur Aufhebung verpflichtet hat.** In diesen Fällen **wird durch § 118 Abs. 3 GWB keine Sicherheit geschaffen**, dass eine Auftragsvergabe an Konkurrenten bis zum Abschluss des Beschwerdeverfahrens unterbleibt. Dass nach Ablauf der Frist des § 118 Abs. 1 S. 1 GWB die Vergabestelle in formaler Befolgung des Beschlusses der Vergabekammer die Ausschreibung aufhebt und den Auftrag „freihändig" vergibt, erscheint nicht ausgeschlossen. Bei dieser Sachlage ist **effektiver Rechtsschutz nur über eine entsprechende Anwendung von § 118 Abs. 1 S. 3 GWB möglich.** Auf eine zusätzliche Auseinandersetzung über die Wirksamkeit eines derartigen Vertragsschlusses, der durch die Entscheidung der Vergabekammer gerechtfertigt erscheint, braucht sich ein Antragsteller nicht verweisen zu lassen (OLG München, B. v. 24. 5. 2006 – Az.: Verg 12/06). 4647

30.5.8 Erneuter Antrag auf Verlängerung der aufschiebenden Wirkung der Beschwerde als Antrag auf Wiederherstellung der aufschiebenden Wirkung der sofortigen Beschwerde?

Eine **Anordnung der aufschiebenden Wirkung kommt auch dann nicht in Betracht, wenn man einen erneuten Antrag auf Verlängerung der aufschiebenden Wirkung der Beschwerde als einen Antrag auf Wiederherstellung der aufschiebenden Wirkung der sofortigen Beschwerde auslegt.** Denn es ist zu berücksichtigen, dass das **GWB einen derartigen Rechtsbehelf nicht vorsieht,** so dass – insbesondere vor dem Hintergrund des Grundsatzes der Rechtsmittelklarheit – ein Antrag auf Wiederherstellung der aufschiebenden Wirkung der sofortigen Beschwerde nicht statthaft ist. Denn **es fehlt für eine Analogie bereits an einer planwidrigen Regelungslücke.** Unter Berücksichtigung des gegenwärtigen Sach- und Streitstandes ist nämlich nicht anzunehmen, dass der Gesetzgeber die hier vorliegende Konstellation bei der Regelung der Rechtsmittel im Vergabeverfahren übersehen hat. Vielmehr ist davon auszugehen, dass der **Gesetzgeber dem Beschleunigungsgrundsatz im Nachprüfungs- und Beschwerdeverfahren eine überragende Stellung einräumt.** Hierfür spricht insbesondere, dass im Entwurf eines Gesetzes zur Modernisierung des Vergaberechts vom 13. 8. 2008 einen Wegfall der durch § 118 Abs. 1 Satz 2 GWB angeordneten aufschiebenden Wirkung aus Gründen der Verfahrensbeschleunigung bereits nach einer Woche nach Ablauf der Beschwerdefrist vorsieht (vgl. BT-Drs. 16/10117, S. 9. und 24). Eine analoge Anwendung des § 118 Abs. 1 Satz 3 GWB in der Konstellation der Verpflichtung eines Auftraggebers zu Maßnahmen nach § 114 Abs. 1 Satz 1 GWB ist **auch nicht erforderlich,** um die im Hinblick auf Art. 19 Abs. 4 GG erforderliche Effektivität des gerichtlichen Rechtsschutzes zu gewährleisten. Es ist daran festzuhalten, dass die **Vergabekammer erneut mit einem Nachprüfungsbegehren angerufen werden kann, sofern die Vergabestelle beabsichtigt, nach Erfüllung von Auflagen i.S.d. § 114 Abs. 1 GWB den Zuschlag nunmehr zu erteilen** (LSG Nordrhein-Westfalen, B. v. 30. 1. 2009 – Az.: L 21 KR 1/08 SFB). 4648

30.5.9 Entscheidung ohne mündliche Verhandlung

Über den Antrag betreffend die Anordnung der Fortdauer der aufschiebenden Wirkung der sofortigen Beschwerde (§ 118 Abs. 1 Satz 3 GWB) kann **ohne mündliche Verhandlung** entschieden werden, weil der Grundsatz, dass über die Beschwerde in Vergabesachen gemäß § 120 Abs. 2, § 69 Abs. 1 GWB aufgrund mündlicher Verhandlung zu entscheiden ist, nicht für die im Vorfeld zu treffenden Entscheidungen gilt (OLG Thüringen, B. v. 8. 6. 2000 – Az.: 6 Verg 2/00). 4649

30.5.10 Feststellung der Wirkungslosigkeit einer nach § 118 Abs. 1 Satz 3 getroffenen Entscheidung

Hat ein Vergabesenat die aufschiebende Wirkung der sofortigen Beschwerde verlängert und hat der Antragsteller dann die sofortige Beschwerde gegen die Entscheidung der Vergabekam- 4650

Teil 1 GWB § 118 Gesetz gegen Wettbewerbsbeschränkungen

mer zurückgenommen, so ist **auf Antrag der Vergabestelle deklaratorisch die Wirkungslosigkeit der Zwischenentscheidung nach § 118 Abs. 1 Satz 3 GWB festzustellen**. Die Zulässigkeit einer solchen – im GWB nicht ausdrücklich vorgesehenen – Entscheidung ergibt sich aus der entsprechenden Anwendung zivilprozessualer Bestimmungen, etwa der § 269 Abs. 4, § 620f Abs. 1 Satz 2 ZPO (OLG Thüringen, B. v. 22. 8. 2002 – Az.: 6 Verg 3/02).

30.5.11 Rücknahme des Antrags

4651   Die **Folgen der Rücknahme** ergeben sich aus § 269 Abs. 3 ZPO (OLG Frankfurt, B. v. 10. 4. 2008 – Az.: 11 Verg 10/07, 11 Verg 13/07; OLG Karlsruhe, B. v. 11. 7. 2008 – Az.: 15 Verg 5/08; Schleswig-Holsteinisches OLG, B. v. 4. 4. 2005 – Az.: 6 Verg 4/05).

30.5.12 Verhältnis von § 118 Abs. 1 Satz 3 zu § 101a GWB

4652   Das **Rechtsschutzbedürfnis eines Bieters an einer Anordnung der Verlängerung des prozessualen Zuschlagsverbots entfällt auch nicht etwa im Hinblick auf § 101a GWB.** Die Vorschrift konstituiert ein materielles Zuschlagsverbot, dessen Wirksamwerden davon abhängig ist, dass der betroffene Bieter vom (erneuten) Zuschlag möglichst frühzeitig Kenntnis erhält und die Unwirksamkeit des Zuschlags rechtzeitig und in zulässiger Weise, überwiegend sogar in einem neuen Nachprüfungsverfahren und mithin mit erneutem zeitlichen, intellektuellen und finanziellen Aufwand, geltend macht. Der Bieter trägt dabei zusätzlich die Risiken, die sich aus der Tendenz in der Rechtsprechung zur teleologischen Reduktion des § 101a GWB ergeben. Dem gegenüber **stellt sich ein zum laufenden Beschwerdeverfahren akzessorischer Eilrechtsschutz für alle Beteiligten, insbesondere aber für den den Antrag stellenden Bieter, als wesentlich einfacherer Weg zum effektiven Rechtsschutz dar** (OLG Naumburg, B. v. 7. 3. 2008 – Az.: 1 Verg 1/08).

30.5.13 Weitere Beispiele aus der Rechtsprechung

4653   – ob das Vergabeverfahren über Rettungsdienstleistungen dem sachlichen Anwendungsbereich der Richtlinie 2004/18/EG unterfällt, muss im Eilverfahren nach § 118 Abs. 1 Satz 3 GWB nicht entschieden werden. Es **kann ungeklärt bleiben, wenn die Verfahrensbeteiligten im vorliegenden Verfahren darüber nicht streiten, die Entscheidung über den Eilantrag keine materielle Rechtskraftwirkung entfaltet, der Nachprüfungsantrag in der Sache selbst mit hoher Wahrscheinlichkeit erfolglos ist und deshalb im Interesse der Allgemeinheit an einem raschen Abschluss des Vergabeverfahrens das Zuschlagsverbot dann nicht weiter andauern darf** (vgl. § 115 Abs. 1 GWB, § 118 Abs. 3 GWB und § 121 GWB). Diese Sachbehandlung erscheint mit Blick darauf, dass so unter Umständen lang anhaltende Verzögerungen der Auftragsvergabe durch eine Aussetzung des Vergabeverfahrens vermieden werden können, sachgerecht. **Steht mit der im Eilverfahren erforderlichen Gewissheit fest, dass der Nachprüfungsantrag unbegründet ist, wäre es sinnwidrig, den Auftraggeber weiter an einem Zuschlag zu hindern, weil die Zulässigkeit des Nachprüfungsantrags noch nicht höchstrichterlich geklärt ist.** Der unterlegene Verfahrensbeteiligte wird dadurch nicht gesetzwidrig beschwert, da die Eilentscheidung nicht in Rechtskraft erwächst. Zwar geht der Auftrag verloren. Doch dies beruht auf der nach den Maßstäben des § 118 GWB zu treffenden Eilentscheidung. Zudem kann der Antragsteller einen Feststellungsantrag stellen (OLG Düsseldorf, B. v. 29. 9. 2008 – Az.: VII-Verg 50/08).

30.6 Entscheidungskriterien (§ 118 Abs. 2)

30.6.1 Vergaberechtsmodernisierungsgesetz 2009

30.6.1.1 Allgemeines

4654   Einmal sind die **Kriterien** für die Abwägungsentscheidung nach § 118 Abs. 2 **konkretisiert** worden. Außerdem sollten **mit dieser Änderung des § 118 Abs. 2 die Kriterien für Entscheidung des Beschwerdegerichts** über die Fortsetzung der aufschiebenden Wirkung der Entscheidung der Vergabekammer auch **an die Kriterien für die Entscheidung über die Gestattung der Zuschlagserteilung nach § 115 Abs. 2 angepasst** werden. Dies ist jedoch **nicht gelungen**.

30.6.1.2 Streichung der zweistufigen Prüfung

Nach der bisherigen Fassung des § 118 Abs. 2 GWB ging die Rechtsprechung von einer zweistufigen Prüfung aus. Das Beschwerdegericht beurteilte – gemessen an dem im Entscheidungszeitpunkt vorliegenden Sach- und Streitstand – zunächst die Erfolgsaussichten des Rechtsmittels (§ 118 Abs. 2 Satz 1 GWB a. F.). Ergab die dem Beschwerdegericht insoweit obliegende summarische Prüfung, dass das Rechtsmittel voraussichtlich unzulässig oder unbegründet ist, blieb dem Antrag, die aufschiebende Wirkung der Beschwerde zu verlängern, aus diesem Grund der Erfolg versagt. Das Beschwerdegericht gelangte dann gar nicht erst **auf die zweite Prüfungsstufe, auf der zu untersuchen ist, ob einer nach Lage der Dinge voraussichtlich erfolgreichen Beschwerde dennoch die Verlängerung der aufschiebenden Wirkung vorenthalten bleiben muss**, weil unter Berücksichtigung aller möglicherweise geschädigten Interessen sowie des Interesses der Allgemeinheit an einem raschen Abschluss des Vergabeverfahrens die nachteiligen Folgen einer Verzögerung der Vergabe bis zur Entscheidung über die Beschwerde die damit verbundenen Vorteile überwiegen – § 118 Abs. 2 Satz 2 GWB – (OLG Brandenburg, B. v. 7. 8. 2008 – Az.: Verg W 12/08; B. v. 7. 8. 2008 – Az.: Verg W 11/08; OLG Koblenz, B. v. 5. 12. 2007 – Az.: 1 Verg 7/07; OLG Düsseldorf, B. v. 24. 5. 2005 – Az.: VII – Verg 28/05; B. v. 8. 2. 2005 – Az.: VII – Verg 100/04; B. v. 6. 12. 2004 – Az.: VII – Verg 79/04; OLG Naumburg, B. v. 15. 7. 2008 – Az.: 1 Verg 5/08; B. v. 13. 5. 2008 – Az.: 1 Verg 3/08; B. v. 26. 10. 2005 – Az.: 1 Verg 12/05; B. v. 18. 7. 2005 – Az.: 1 Verg 5/05; B. v. 30. 7. 2004 – Az.: 1 Verg 10/04; LSG Nordrhein-Westfalen, B. v. 29. 4. 2009 – Az.: L 21 KR 42/09 SFB; B. v. 29. 4. 2009 – Az.: L 21 KR 41/09 SFB; B. v. 29. 4. 2009 – Az.: L 21 KR 40/09 SFB; B. v. 23. 4. 2009 – Az.: L 21 KR 36/09 SFB; B. v. 8. 4. 2009 – Az.: L 21 KR 27/09 SFB).

4655

Nach dem **neuen Wortlaut** von § 118 Abs. 2 GWB ist diese **Zweistufigkeit gestrichen**. Der **Vergabesenat ist verpflichtet, schon im ersten Schritt eine Abwägungsentscheidung** zu treffen, **in deren Rahmen auch die Erfolgsaussichten zu berücksichtigen** sind.

4656

Anderer Auffassung ist das **LSG Hessen**. Verspricht die Beschwerde auf der Grundlage des der Entscheidung zugrunde zu legenden Sach- und Streitstandes **keine hinreichende Aussicht auf Erfolg, ist der Antrag abzulehnen, ohne dass es einer Interessenabwägung nach § 118 Abs. 2 Satz 2 GWB bedarf**. Hiervon war bereits nach § 118 GWB in der Fassung vom 15. Juli 2005 (BGBl. I S. 2114) auszugehen und dies **gilt umso mehr gemäß der seit 24. April 2009 gültigen Fassung** (LSG Hessen, B. v. 15. 12. 2009 – Az.: L 1 KR 337/09 ER Verg).

4657

30.6.2 Abwägungsentscheidung (§ 118 Abs. 2)

30.6.2.1 Allgemeines

Im Rahmen der Abwägungsentscheidung kommt dem **Interesse des übergangenen Bieters** im Rahmen der Abwägung allein deshalb ein **besonderes Gewicht** zu, weil die Gestattung des Zuschlags im Regelfall **irreversible Zustände schafft und damit die Hauptsache vorweg nimmt**. Mit der Erteilung des Zuschlags erledigt sich das Nachprüfungsverfahren, so dass der Bieter auf das Fortsetzungsfeststellungsverfahren und die Geltendmachung von Schadensersatzansprüchen verwiesen wird. Das Gebot des effektiven Rechtsschutzes gebietet daher auch unter Berücksichtigung des in § 113 GWB für das Verfahren vor der Vergabekammer und dem in § 118 Abs. 2, § 121 GWB für das gerichtliche Beschwerdeverfahren zum Ausdruck gebrachten Beschleunigungsgebot die aufschiebende Wirkung der Beschwerde **grundsätzlich nur zu versagen**, wenn eine summarische Überprüfung ergibt, dass **gewichtige Belange der Allgemeinheit einen raschen Abschluss des Vergabeverfahrens erfordern** (OLG Stuttgart, B. v. 9. 8. 2001 – Az.: 2 Verg 3/01; im Ergebnis ebenso OLG Frankfurt, B. v. 23. 12. 2005 – Az.: 11 Verg 13/05).

4658

In einem Fall, in dem der Erfolg des Nachprüfungsantrags bereits im Eilverfahren sicher ist, gebührt dem effektiven Primärrechtsschutz der Vorrang vor den vom Antragsgegner geltend gemachten wirtschaftlichen Belangen (OLG Düsseldorf, B. v. 25. 9. 2008 – Az.: VII-Verg 57/08; B. v. 25. 11. 2002 – Az.: Verg 56/02).

4659

Wer sich auf besondere Interessen beruft, muss diese nicht nur behaupten, sondern **detailliert darlegen** (OLG Düsseldorf, B. v. 5. 10. 2000 – Az.: Verg 14/00).

4660

30.6.2.2 Weitere Beispiele aus der Rechtsprechung

– auf der Seite der **Antragstellerin** ist deren **Interesse an der Beseitigung eines vergaberechtswidrigen Auswahlverfahrens** zu berücksichtigen. Auf der Seite des **Antragsgegners**

4661

ist zwar das **Interesse** zu berücksichtigen, zügig zu einem Abschluss des Vergabeverfahrens zu gelangen und **insbesondere die kritische Lage in den Berliner Haftanstalten durch Bau einer neuen Justizvollzugsanstalt zu entspannen**. Es ist für den Senat jedoch nicht erkennbar, dass die Tatsachen, aus denen sich dieses Eilbedürfnis ergibt, dem Antragsgegner nicht schon seit geraumer Zeit bekannt waren und dass der **Antragsgegner das Vergabeverfahren daher nicht schon hätte entsprechend früher einleiten können**. Vor diesem Hintergrund vermag der Senat auch **keine durchgreifenden Gründe** zu erkennen, **warum ein weiteres Zuwarten mit der Durchführung der Neubaumaßnahme für den Antragsgegner unerträglich** sein sollte. Insgesamt ist daher dem Interesse der Antragstellerin der Vorrang einzuräumen (KG Berlin, B. v. 21. 12. 2009 – Az.: 2 Verg 11/09)

– das Los D ist Teil des Gesamtvorhabens „Citytunnel Leipzig". Bei einer Verzögerung könnten die Gesamtbauarbeiten zunächst nicht abgeschlossen werden. Wegen der Verschränkung mit Folgearbeiten beträfe eine Verzögerung nicht nur das Los D, sondern auch Folgearbeiten. **Könnte Los D auf absehbare Zeit nicht vergeben werden, könnten auch die Folgeaufträge nicht ausgeschrieben und vergeben** werden. Bei dem **Gesamtprojekt handelt es sich um einen wichtigen Bestandteil zur Verbesserung des öffentlichen Personenverkehrs im Raume Leipzig. Durch eine weitere Verzögerung der Vergabe des Loses D wird eine Ingebrauchnahme des Citytunnels insgesamt verzögert, wobei in das Projekt bereits erhebliche öffentliche Mittel geflossen** sind. Dabei kommt es nicht darauf an, ob der ins Auge gefasste Termin für eine Inbetriebnahme des Citytunnels im Dezember 2012 jetzt noch haltbar ist oder nicht. Der **Zeitraum einer Verzögerung wird nämlich unabsehbar, wenn wegen der Frage der Zulässigkeit des Unterkriteriums „Projektspezifischer Personaleinsatz" ein Vorlageverfahren nach Art. 267 Abs. 3 des Vertrages über die Arbeitsweise der Europäischen Union (früher Art. 234 EG) notwendig** wird. Der kritische Punkt fließt lediglich mit 1% in die Gesamtbewertung ein. Demgegenüber treten die Belange der Antragstellerin, die sich ersichtlich durch ihre späte Anforderung der Verdingungsunterlagen in erhebliche Zeitnöte gebracht und nicht einmal die Angebotsunterlagen vollständig durchgearbeitet hat, zurück (OLG Düsseldorf, B. v. 30. 11. 2009 – Az.: VII-Verg 41/09)

– für die Entscheidung über den Antrag gemäß § 118 Abs. 1 Satz 3 GWB ist es **unerheblich, ob der Nachprüfungsantrag unzulässig oder unbegründet ist** (KG Berlin, B. v. 20. 8. 2009 – Az.: 2 Verg 4/09)

– hat nach derzeitiger Bewertung ein **Nachprüfungsantrag keine Aussicht auf Erfolg, überwiegen in dieser Konstellation die Interessen der Allgemeinheit und der Antragsgegnerin an einem raschen Abschluss des Vergabeverfahrens gegenüber dem möglicherweise geschädigten Erwerbsinteresse der Antragstellerin**. Dabei hat der Senat berücksichtigt, dass grundsätzlich die Effektivität des individuellen Rechtsschutzes auch im allgemeinen Interesse an der Durchsetzung des Vergaberechts liegt. Ist jedoch ein Bieter mit einzelnen Rügen materiell präkludiert, weil er sich nicht aktiv und rechtzeitig um die Wahrung seiner vermeintlich verletzten subjektiven Rechte bemüht hat, oder sind die erhobenen Rügen offensichtlich unbegründet, so kommt dem letztgenannten Aspekt der Rechtsverwirklichung auch im Interesse der Allgemeinheit ein sehr viel geringeres Gewicht zu (OLG Naumburg, B. v. 8. 10. 2009 – Az.: 1 Verg 9/09)

– die Anordnung der Verlängerung des prozessualen Zuschlagsverbots kommt **ausnahmsweise auch bei geringen Erfolgsaussichten der sofortigen Beschwerde in Betracht**, wenn die Abwägung aller möglicherweise geschädigten Interessen, auch des Interesses der Allgemeinheit an einem raschen Abschluss des Vergabeverfahrens, gleichwohl zu Gunsten der Antragstellerin ausfällt. Dies **kann der Fall sein, wenn die Vergabestelle den öffentlichen Auftrag bereits erteilt und die Auftragsausführung bereits begonnen hat und wenn der Antragsteller lediglich die Untersagung eines weiteren (bestätigenden) Vertragsschlusses verhindern möchte** (OLG Naumburg, B. v. 3. 7. 2009 – 1 Verg 4/09)

– nach § 118 Abs. 2 GWB berücksichtigt das Gericht die Erfolgsaussichten der Beschwerde. Es lehnt den Antrag auf Verlängerung der aufschiebenden Wirkung ab, wenn unter Berücksichtigung aller möglicherweise geschädigten Interessen sowie des Interesses der Allgemeinheit an einem raschen Abschluss des Vergabeverfahrens die nachteiligen Folgen einer Verzögerung der Vergabe bis zur Entscheidung über die Beschwerde die damit verbundenen Vorteile überwiegen. Dies ist hier der Fall. Die **Rettungsdienstleistungen müssen im Interesse der Bevölkerung und der Allgemeinheit vergeben und durchgeführt werden** (OLG München, B. v. 2. 7. 2009 – Az.: Verg 5/09)

Gesetz gegen Wettbewerbsbeschränkungen GWB § 118 **Teil 1**

– die **Sicherung eines flächendeckend funktionierenden Rettungsdienstes hat Priorität**. Das Risiko, dass wegen der Rechtsbehelfe eines Antragstellers ab dem 1. 1. 2009 kein voll funktionstüchtiger Rettungsdienst mehr besteht, kann nicht in Kauf genommen werden. Abgesehen von der **existenziellen Bedeutung**, welche die Notfallrettung für die Bevölkerung hat, besteht auch ein gesetzliches Gebot (§ 2 Abs. 1 RettDG-LSA), den Rettungsdienst ohne Unterbrechung weiterzuführen. Daher kann eine Zuschlagserteilung an den neuen Leistungserbringer nicht bis zur Entscheidung des BGH oder des EuGH aufgeschoben werden. Die demgegenüber bei dem Beschwerdeführer **zu erwartenden wirtschaftlichen Nachteile haben gegenüber dem schwerwiegenden Interesse der unmittelbaren Gefahrenabwehr zurückzustehen**. Dies gilt auch für das berechtigte Interesse des Antragstellers an möglichst effektivem Rechtsschutz. Bei notwendigen Maßnahmen der Gefahrenabwehr wie der Notfallrettung überwiegt das Interesse der Allgemeinheit das Rechtsschutzinteresse eines unterlegenen Bieters auch dann, wenn dies zur Folge hat, dass der Bieter nach Erteilung des Zuschlags allenfalls Schadensersatzansprüche (§ 126 S. 2 GWB) geltend machen kann. Eine **befristete Auftragserteilung, die auf einen wesentlich kürzeren Zeitraum beschränkt wäre, kommt als Alternative nicht in Betracht**, wenn sich nicht abschätzen lässt, **wie lange die maßgeblichen Verfahren vor dem EuGH und dem BGH andauern** werden, so dass eine **sinnvolle Alternativfrist nicht bestimmt werden kann**. Hinzu kommt, dass die Beigeladene, die den Zuschlag erhalten soll, ihre Preiskalkulation im Hinblick auf die volle Vertragslaufzeit erstellt hat. Diese Laufzeit liegt auch den vorgesehenen Kreditaufnahmen zu Grunde, die zur Erneuerung und Erweiterung des Bestandes an Rettungsmitteln erforderlich sind. Es leuchtet ein, wenn der Antragsteller vorträgt, im **Fall einer weiteren Verzögerung des Vergabeverfahrens könnten sich die Kreditsätze und damit die Kalkulationsgrundlage ändern**. Dies gilt erst Recht im Falle einer gravierenden Reduzierung der ausgeschriebenen Leistungszeit. In einem solchen Fall könnte die kreditfinanzierte Erneuerung des Fuhrparks gefährdet sein (OLG Naumburg, B. v. 15. 7. 2008 – Az.: 1 Verg 5/08)

– die vom Antragsgegner vorgebrachten Befürchtungen, dass bei der Verlängerung der aufschiebenden Wirkung erhebliche finanzielle Nachteile durch Fehlen einer winterdichten Fassade und Verzögerung der Verlegung der Schule um 1 Jahr zu befürchten seien, rechtfertigen nicht die Ablehnung des Antrags nach § 118 Abs. 1 GWB. **Jede Bauverzögerung führt für den Auftraggeber zu finanziellen Nachteilen. Im Interesse des effektiven Rechtsschutzes für den Bieter hat der öffentliche Auftraggeber, dessen Vergabeverfahren erhebliche rechtliche Bedenken begründet, in gewissem Umfang hinzunehmen, dass dadurch höhere Kosten entstehen**. Ein überwiegendes Interesse der Allgemeinheit, die Zuschlagserteilung bereits jetzt zu ermöglichen und nicht die Entscheidung des Senats in der Hauptsache abzuwarten, ist nicht gegeben. Die **Verlängerung der aufschiebenden Wirkung führt zu einer Zeitverzögerung von 4 bis maximal 6 Wochen**, da der Senat das Verfahren noch in den ersten Augustwochen terminieren und in der Hauptsache entscheiden wird. Dass es für die Verfahrensbeteiligten wegen dieser kurzen Verzögerung nicht mehr möglich sein soll, bis zum Einbruch des Winters die erforderlichen Arbeiten durchzuführen, das Bauvorhaben im übrigen bis zum Sommer 2009 fertig zu stellen und den Rückumzug der Schule im wesentlichen noch vor Beginn des Schuljahres 2009/2010 zu bewerkstelligen, ist **vom Antragsgegner nicht hinreichend glaubhaft gemacht** (OLG München, B. v. 18. 7. 2008 – Az.: Verg 13/08)

– der Auftraggeber, der die Verantwortung für ein ordnungsgemäßes Vergabeverfahren trägt, hat mit der **Neubewertung der Angebote im Anschluss an die Verhandlung vor der Vergabekammer am 16. 11. 2005 mehr als vier Monate zugewartet**. Im Hinblick auf diesen Zeitablauf kann er sich **nicht auf eine – nunmehr angeblich bestehende – besondere Eilbedürftigkeit im Allgemeininteresse berufen** und damit eine Nachprüfung der Vergabe im Primärrechtsschutz gewährleistenden Verfahren unterbinden (OLG Frankfurt, B. v. 16. 8. 2006 – Az.: 11 Verg 3/06)

– allein der Umstand, dass das **Bauvorhaben inzwischen unter Zeitdruck geraten** und der **ursprünglich vorgesehene Zeitplan ggf. nicht mehr einzuhalten** ist, reicht für eine Ablehnung der Verlängerung des Zuschlagsverbots nicht aus, sondern ist **als zwangsläufige und typische Folge eines Nachprüfungsverfahrens in Kauf zu nehmen** (OLG Naumburg, B. v. 5. 2. 2007 – Az.: 1 Verg 1/07)

– handelt es sich bei dem streitgegenständlichen Gewerk um den **Rohbau für eine Schule**, verzögert eine Verzögerung des Beginns der entsprechenden Arbeiten den gesamten nachfolgenden Ablauf der Errichtung des Schulgebäudes. Insbesondere sollten die Tiefengründungs-

Teil 1 GWB § 118

arbeiten vor Einbruch des Winters abgeschlossen sein. Bei **Nichteinhaltung der vorgesehenen Fristen sind die Fertigstellung des Schulgebäudes und der Bezug der Schule zum Schuljahresbeginn September 2007 gefährdet**. Die damit verbundenen Nachteile für die Allgemeinheit (Schüler, Eltern und Lehrer) überwiegen die etwaigen mit einer Hinausschiebung der Vergabe bis zur Entscheidung über die Beschwerde verbundenen Vorteile (OLG Karlsruhe, B. v. 31. 8. 2005 – Az.: 6 W 88/05 Verg.)

– eine besondere Dringlichkeit ist nicht zu bejahen, wenn sich die Bauausführung offensichtlich über mehrere Jahre erstrecken soll (BayObLG, B. v. 19. 9. 2000 – Az.: Verg 9/00

– besteht ein Interesse der Allgemeinheit an der baldigen Auftragsvergabe, kann dieses Interesse jedoch in Anbetracht der bereits erfolgten **Bestimmung eines zeitnahen Termins zur mündlichen Verhandlung** im Beschwerdeverfahren nicht als so gravierend angesehen werden, dass der mit einer Zuschlagsfreigabe verbundene Verlust des Primärrechtsschutzes des übergangenen Bieters hinzunehmen wäre (OLG Stuttgart, B. v. 9. 8. 2001 – Az.: 2 Verg 3/01)

– maßgebend ist jedoch, dass die geltend gemachte **zeitliche Dringlichkeit nicht aus der Natur des Auftrags selbst** resultiert, sondern daraus, dass der Zeitplan für die Ausschreibung und für die Ausführung der Arbeiten angesichts der beabsichtigten Inbetriebnahme **von Anfang an äußerst eng gesteckt** war. Ließe die Rechtsprechung eine solche Konstellation bereits für eine Eröffnung der vorzeitigen Zuschlagerteilung ausreichen, dann hätte es ein öffentlicher Auftraggeber stets in der Hand, einen effektiven Rechtsschutz der Bieter allein durch zeitlich knappe Planungen zu verhindern. Dies widerspräche der Intension der Eröffnung des Zugangs der Bieter zu einem so genannten Primärrechtsschutz (OLG Koblenz, B. v. 23. 11. 2004 – Az.: 1 Verg 6/04; OLG Naumburg, B. v. 17. 6. 2003 – Az.: 1 Verg 09/03)

– dem öffentlichen Interesse an einer raschen Vergabe öffentlicher Aufträge wird demgegenüber grundsätzlich bereits durch die **starke Beschleunigung des Nachprüfungsverfahrens** Rechnung getragen (OLG Koblenz, B. v. 23. 11. 2004 – Az.: 1 Verg 6/04; OLG Brandenburg, B. v. 24. 7. 2003 – Az.: Verg W 6/03)

30.6.2.3 Berücksichtigung des Interesses der Allgemeinheit an einer wirtschaftlichen Erfüllung der Aufgaben des Auftraggebers (§ 118 Abs. 2 Satz 2)

4662   Vgl. dazu die Kommentierung zu → § 115 GWB Rdn. 66.

30.6.2.4 Berücksichtigung der Erfolgsaussichten der Beschwerde (§ 118 Abs. 2 Satz 3)

4663   **30.6.2.4.1 Allgemeines.** Bei seiner Entscheidung über den Antrag auf Verlängerung der aufschiebenden Wirkung der sofortigen Beschwerde hat der Senat auch die **Erfolgsaussichten des Rechtsmittels** zu berücksichtigen. Die Prüfung muss sich **auf vorliegende oder binnen kürzester Zeit verfügbare Beweismittel** beschränken. Dieser Gesichtspunkt kann auch einer abschließenden Klärung von Rechtsfragen im Wege stehen (BayObLG, B. v. 23. 11. 2000 – Az.: Verg 12/00).

4664   Die **Rechtsprechung** der Oberlandesgerichte ist **nicht einheitlich**, soweit es um die Intensität dieser Prüfung geht:

– teilweise wird vertreten, dass der Antrag zurückzuweisen ist, wenn sich nach summarischer Überprüfung des Vergabeverfahrens **keine Anhaltspunkte für gewichtige Vergabeverstöße** ergeben (OLG Naumburg, B. v. 11. 6. 2003 – Az.: 1 Verg 06/03; Schleswig-Holsteinisches OLG, B. v. 4. 5. 2001 – Az.: 6 Verg 2/2001)

– das OLG Thüringen lehnt in ständiger Rechtsprechung wegen der irreparablen Folgen der Zuschlagsfreigabe für den Primärrechtsschutz der Auftragsbewerber die Verlängerung der aufschiebenden Wirkung einer sofortigen Beschwerde nur ab, wenn das **Rechtsmittel mit hoher Wahrscheinlichkeit zurückgewiesen** werden wird (OLG Thüringen, B. v. 17. 3. 2003 – Az.: 6 Verg 2/03)

– bei einem **offenen Ausgang des Nachprüfungsverfahrens** ist regelmäßig die Verlängerung der aufschiebenden Wirkung der sofortigen Beschwerde anzuordnen (OLG Brandenburg, B. v. 24. 7. 2003 – Az.: Verg W 6/03; OLG Frankfurt, B. v. 6. 3. 2006 – 11 Verg 11/05 und 12/05; B. v. 23. 12. 2005 – Az.: 11 Verg 13/05; OLG Naumburg, B. v. 5. 8. 2005 – Az.: 1 Verg 7/05; B. v. 17. 6. 2003 – Az.: 1 Verg 09/03)

– nach der Rechtsprechung des Oberlandesgerichts Düsseldorf – zum alten Recht – (B. v. 19. 9. 2002 – Az.: Verg 41/02; ähnlich Brandenburgisches OLG, B. v. 21. 4. 2006 – Az.: Verg W 1/

Gesetz gegen Wettbewerbsbeschränkungen GWB § 118 **Teil 1**

06) bedarf es **keiner Interessenabwägung** gemäß § 118 Abs. 2 GWB, **wenn die sofortige Beschwerde nach derzeitigem Sach- und Streitstand unbegründet** ist. Der Antrag auf Verlängerung der aufschiebenden Wirkung ist dann zurückzuweisen

– nach der Rechtsprechung des Oberlandesgerichts Koblenz – zum alten Recht – (B. v. 9. 6. 2004 – Az.: 1 Verg 4/04, B. v. 15. 5. 2003 – Az.: 1 Verg. 3/03) kann bereits dann, wenn eine **vorläufige Prüfung** ergibt, dass sich das **Rechtsmittel aller Wahrscheinlichkeit nach als unzulässig oder unbegründet erweisen wird**, dem Antrag schon deswegen nicht entsprochen werden

30.6.2.4.2 Weitere Beispiele aus der Rechtsprechung 4665

– ist nach dem derzeitigen Sach- und Streitstand ein **Erfolg** der mit der Beschwerde geführten Angriffe gegen die Wertung des Nebenangebots der Beigeladenen **nicht auszuschließen**, weil die von der Antragstellerin vorgebrachten Gesichtspunkte, insbesondere der Vorwurf einer mangelnden technischen Gleichwertigkeit des für den Zuschlag vorgesehenen **Nebenangebots einer sorgfältigen Prüfung und Abwägung, gegebenenfalls auch einer Klärung durch Beweisaufnahme, bedürfen, ist die Suspensivwirkung der sofortigen Beschwerde zu verlängern** (OLG Düsseldorf, B. v. 25. 6. 2009 – Az.: VII-Verg 22/09)

– ist der **Sachverhalt** vom Senat – unter Umständen auch unter Zuziehung eines **Sachverständigen** – **sehr eingehend zu prüfen** und mit den Verfahrensbeteiligten zu **erörtern**, ist die **Sache ungeeignet, zu Lasten des Primärrechtsschutzes** für die Antragstellerin faktisch im Verfahren nach § 118 Abs. 1 Satz 3 GWB **entschieden zu werden** (OLG Düsseldorf, B. v. 14. 4. 2009 – Az.: VII-Verg 11/09)

– die sofortige **Beschwerde** der Antragstellerin hat nach derzeitiger Bewertung des Senats **keine Aussicht auf Erfolg. In dieser Konstellation überwiegen ausnahmsweise die Interessen der Allgemeinheit, des Antragsgegners und auch der Beigeladenen an einem raschen Abschluss des Vergabeverfahrens** gegenüber dem möglicherweise geschädigten Erwerbsinteresse der Antragstellerin. Dabei hat der Senat berücksichtigt, dass grundsätzlich die Effektivität des individuellen Rechtsschutzes auch im allgemeinen Interesse an der Durchsetzung des Vergaberechts liegt. Ist jedoch ein **Bieter mit einzelnen Rügen materiell präkludiert, weil er sich nicht aktiv und rechtzeitig um die Wahrung seiner vermeintlich verletzten subjektiven Rechte bemüht hat, oder sind die erhobenen Rügen offensichtlich unbegründet, so kommt dem letztgenannten Aspekt der Rechtsverwirklichung** auch im Interesse der Allgemeinheit ein **sehr viel geringeres Gewicht** zu (OLG Naumburg, B. v. 13. 5. 2008 – Az.: 1 Verg 3/08)

30.6.2.5 Berücksichtigung der allgemeinen Erfolgsaussichten des Antragstellers auf Auftragserhalt

30.6.2.5.1 Vergaberechtsmodernisierungsgesetz 2009. Vgl. dazu die Kommentierung zu 4666
→ § 115 GWB Rdn. 69.

30.7 Wirkung der sofortigen Beschwerde bei Untersagung des sofortigen Zuschlags durch die Vergabekammer (§ 118 Abs. 3)

30.7.1 Schutz des Zuschlagsverbots

Durch § 118 Abs. 3 GWB wird die **Fallgestaltung geregelt**, dass der **Bieter im Rahmen** 4667 **des Nachprüfungsverfahrens vor der Vergabekammer einen Erfolg verbuchen konnte**. Denn ohne diese Regelung könnte die Entscheidung der Vergabekammer durch die Einlegung der sofortigen Beschwerde unterlaufen werden, da die Einlegung der Beschwerde aufschiebende Wirkung hat. Aufgrund dieser aufschiebenden Wirkung könnte der Zuschlag dann dennoch erteilt werden. Genau dies wird durch § 118 Abs. 3 GWB ausdrücklich ausgeschlossen. Wird der Zuschlag dennoch erteilt, so wäre der Vertrag gemäß § 134 BGB nichtig (VK Münster, B. v. 6. 12. 2001 – Az.: VK 1/01–8/01 Vs).

30.7.2 Schutz vergleichbarer Rechtspositionen des Bieters

Aus § 118 Abs. 3 GWB lässt sich herleiten, dass die aufschiebende Wirkung der Beschwerde 4668 **auch dann entfällt, wenn der Bieter in anderer Weise obsiegt hat**. In Betracht kommt z. B. der Fall, dass der Vergabestelle aufgegeben worden ist, bestimmte Leistungen nicht ohne

Teil 1 GWB § 118 Gesetz gegen Wettbewerbsbeschränkungen

Beachtung des Vierten Teils des GWB zu vergeben. Diese Rechtsposition des Bieters soll geschützt werden, und zwar so lange bis das Beschwerdegericht entweder in der Hauptsache entschieden hat (§ 123 GWB) oder nach § 121 GWB eine Vorabentscheidung über den Zuschlag gefallen ist (VK Münster, B. v. 6. 12. 2001 – Az.: VK 1/01–8/01 Vs).

30.7.3 Schutz des Zuschlagsverbots bei nur teilweiser Untersagung des Zuschlags

4669   § 118 Abs. 3 GWB setzt voraus, dass die Vergabekammer dem Nachprüfungsantrag dergestalt stattgegeben hat, dass der Zuschlag generell untersagt worden ist. **Wird jedoch lediglich der Zuschlag auf ein bestimmtes Angebot untersagt und im Übrigen die Wiederholung der Wertung angeordnet, so besteht ein Rechtsschutzbedürfnis an der Anordnung eines vorläufigen Zuschlagsverbots** (OLG Naumburg, B. v. 5. 5. 2004 – Az.: 1 Verg 7/04).

4670   Denn die **Anordnung der Wiederholung der Wertung beinhaltet kein generelles Zuschlagsverbot im Sinn von § 118 Abs. 3 GWB, sondern macht einen Zuschlag lediglich von weiteren vorherigen Maßnahmen abhängig**. Die **Wertungswiederholung kann durchaus während des laufenden Vergabenachprüfungsverfahrens erfolgen**, so dass eine ausreichende prozessuale Sicherung der Effektivität des Rechtsschutzes nicht während des gesamten Nachprüfungsverfahrens gewährleistet ist. Die gleiche prozessuale Unsicherheit besteht für den Antragsteller, wenn ihm ein **Rechtsschutzbedürfnis an einer Entscheidung nach § 118 Abs. 1 Satz 3, Abs. 2 GWB versagt** wird, weil sich das **Vergabeverfahren nach Einschätzung des Vergabesenats in einem Stadium befindet, in welchem es nicht oder zumindest nicht auf absehbare Zeit zu einem wirksamen Zuschlag kommen kann**. Auch hierbei ist nicht ausgeschlossen, dass die **Vergabereife entgegen der Prognose des Vergabesenats vor Abschluss des Beschwerdeverfahrens erreicht** wird. Für beide Konstellationen ist schließlich auch zu berücksichtigen, dass ein Antrag auf Verlängerung des prozessualen Zuschlagsverbots des § 115 Abs. 1 GWB grundsätzlich bis zum Ablauf der Frist des § 118 Abs. 1 Satz 2 GWB gestellt werden muss, d. h. dass dem Antragsteller bei späterer Änderung der Sachlage keine Möglichkeit der Erlangung von Eilrechtsschutz zur Verfügung steht (OLG Naumburg, B. v. 7. 3. 2008 – Az.: 1 Verg 1/08).

4671   In den Fällen, in denen die **Vergabekammer Maßnahmen i. S. d. § 114 Abs. 1 Satz 1 GWB anordnet**, spricht sie damit **implizit auch ein Zuschlagsverbot** aus. Das Zuschlagsverbot dauert gemäß § 118 Abs. 3 GWB so lange fort, wie die Entscheidung nicht nach § 123 GWB aufgehoben oder der Zuschlag gemäß § 121 GWB gestattet wird oder bis die Vergabestelle den nach § 114 Abs. 1 Satz 1 GWB angeordneten Maßnahmen nachkommt. **Kommt der Auftraggeber den von der Vergabekammer verfügten Auflagen nach, besteht das Zuschlagsverbot nicht mehr** (LSG Nordrhein-Westfalen, B. v. 30. 1. 2009 – Az.: L 21 KR 1/08 SFB).

30.8 Zulässigkeit einer unselbständigen Anschlussbeschwerde bei fehlender Freigabe des Zuschlags

4672   Eine unselbständige Anschlussbeschwerde hat – zumindest bei fehlender Freigabe des Zuschlags – **keine aufschiebende Wirkung** gegenüber der Entscheidung der Vergabekammer, weil sie keine „sofortige Beschwerde" im Sinne des § 118 Abs. 1 S. 1 GWB darstellt und dieser weder in den rechtlichen Voraussetzungen noch in den Folgen gleichgestellt werden kann. Ein Antrag auf Verlängerung der aufschiebenden Wirkung gem. § 118 Abs. 1 S. 3 GWB ist danach nicht statthaft. Für eine analoge Anwendung dieser Vorschrift ist kein Raum. Die **Interessen eines Antragstellers sind bereits aufgrund der Regelung des § 118 Abs. 3 GWB hinreichend geschützt**. Hat nach dieser Bestimmung die Vergabekammer durch Untersagung des Zuschlags dem Nachprüfungsantrag stattgegeben, so unterbleibt dieser, solange nicht das Beschwerdegericht die Entscheidung der Vergabekammer nach § 121 oder § 123 GWB aufhebt (OLG Thüringen, B. v. 4. 5. 2005 – Az.: 9 Verg 3/05).

30.9 Anordnung weiterer vorläufiger Maßnahmen im Sinn von § 115 Abs. 3 Satz 1 GWB im Beschwerdeverfahren

4673   Ein **Antrag auf Anordnung weiterer vorläufiger Maßnahmen** im Sinn von § 115 Abs. 3 Satz 1 GWB ist **auch im Beschwerdeverfahren statthaft;** der Vergabesenat besitzt dieselben

Gesetz gegen Wettbewerbsbeschränkungen GWB § 118 **Teil 1**

Befugnisse wie die Vergabekammer im Hinblick auf die Anordnung solcher vorläufiger Maßnahmen. Die **Vorschrift des § 115 Abs. 3 GWB** bezieht sich nach ihrem Wortlaut und nach ihrer systematischen Stellung lediglich auf das Nachprüfungsverfahren vor der Vergabekammer. Sie ist jedoch **analog auch auf das Beschwerdeverfahren anwendbar**. Denn sie **dient der Umsetzung des gemeinschaftsrechtlichen Gebots der Gewährung effektiven Rechtsschutzes**, welches nach Art. 2 Abs. 1 lit. a) der Richtlinie 89/665/EWG des Rates vom 21. Dezember 1989 auch erfordert, dass die Mitgliedsstaaten für ihre Nachprüfungsinstanzen Befugnisse zur Anordnung vorläufiger rechtssichernder Maßnahmen vorsehen. Das Gebot der Gewährung effektiven Rechtsschutzes gilt für alle Instanzen unterschiedslos. Das Fehlen einer entsprechenden Vorschrift in den Vorschriften zum Beschwerdeverfahren bzw. eines Verweises in § 120 Abs. 2 GWB erscheint planwidrig. Der deutsche Gesetzgeber hat die Befugnisse des Vergabesenats sowohl in der Hauptsache (vgl. § 123 GWB) als auch hinsichtlich der Anordnung bzw. Verlängerung des Zuschlagverbots (vgl. §§ 115 Abs. 2 Satz 2, 118 GWB) als auch hinsichtlich der Gestattung des vorzeitigen Zuschlags (vgl. §§ 115 Abs. 2 Satz 3, 121 f.) denjenigen der Vergabekammer gleich gestaltet. Die Voraussetzungen für die Notwendigkeit der Anordnung vorläufiger Maßnahmen im Sinn von § 115 Abs. 3 Satz 1 GWB können ebenso während des Beschwerdeverfahrens vorliegen bzw. erst während des Laufes des Beschwerdeverfahrens entstehen (OLG Düsseldorf, B. v. 20. 10. 2008 – Az.: VII-Verg 46/08; B. v. 26. 5. 2008 – Az.: VII – Verg 14/08; B. v. 14. 5. 2008 – Az.: VII – Verg 27/08; B. v. 30. 4. 2008 – Az.: VII – Verg 23/08; B. v. 18. 12. 2007 – Az.: VII – Verg 47/07; OLG Naumburg, B. v. 9. 8. 2006 – Az.: 1 Verg 11/06; B. v. 31. 7. 2006 – Az.: 1 Verg 6/06). In Betracht kommen **z. B.** die Verlängerung der Angebotsfrist (OLG Naumburg, B. v. 9. 8. 2006 – Az.: 1 Verg 11/06) oder **Unterlassungsanordnungen gegen den Auftraggeber sowie gegen den Auftragnehmer** (OLG Düsseldorf, B. v. 26. 5. 2008 – Az.: VII – Verg 14/08).

Anordnungen entsprechend § 115 Abs. 3 GWB sollen der Sicherung einer noch ergehenden Entscheidung der Vergabekammer bzw. des Vergabesenats nach § 114 GWB bzw. § 123 GWB dienen. Sie **können mithin nicht weiter reichen als die hiernach mögliche endgültige Entscheidung** (OLG Düsseldorf, B. v. 20. 10. 2008 – Az.: VII-Verg 46/08). 4674

30.10 Rechtliches Gehör im vorläufigen Verfahren

Der **Vergabesenat verletzt das Recht eines Antragstellers auf rechtliches Gehör nicht dadurch, dass er in einem Beschluss im Rahmen eines vorläufigen Verfahrens seine vorläufige Rechtsauffassung darlegt**, z. B. dass und aus welchen Gründen er Bedenken gegen die Begründetheit des Nachprüfungsantrages in diesem Punkt hegt; **im Gegenteil**: Der **Senat kommt dadurch seiner in § 139 ZPO gesetzlich verankerten Hinweispflicht gegenüber dem Antragsteller nach**. Der Antragsteller wird dadurch in die Lage versetzt, die vorläufige Auffassung des Senates und die Gründe für diese Auffassung zur Kenntnis zu nehmen sowie in Kenntnis dessen seine weitere Entscheidung zur Verfahrensführung zu treffen. Er ist dadurch insbesondere in der Lage, die Gründe für die vorläufige Auffassung des Senates auf deren Stichhaltigkeit zu prüfen und für den Fall, dass er diese für überzeugend oder jedenfalls nicht entkräftbar hält, ggf. kostengünstig die sofortige Beschwerde noch vor der mündlichen Verhandlung zurückzunehmen. Er ist anderenfalls dadurch in der Lage, Gegenargumente gegen die Gründe des Senates zusammenzutragen, um dadurch die vorläufige Auffassung des Senates in der mündlichen Verhandlung zu revidieren (OLG Brandenburg, B. v. 12. 1. 2010 – Az.: Verg W 5/09). 4675

30.11 Kosten des Verfahrens nach § 118 Abs. 1 Satz 3

30.11.1 Grundsatz

Bei den Kosten des Verfahrens nach § 118 Abs. 1 Satz 3 GWB handelt es sich um **Kosten des Beschwerdeverfahrens**, über die im Rahmen der Endentscheidung nach Maßgabe des § 128 Abs. 3 GWB zu befinden ist (OLG Brandenburg, B. v. 19. 1. 2009 – Az.: Verg W 2/09; B. v. 17. 12. 2008 – Az.: Verg W 17/08; B. v. 7. 8. 2008 – Az.: Verg W 12/08; B. v. 4. 3. 2008 – Az.: Verg W 3/08; B. v. 5. 10. 2004 – Az.: Verg W 12/04; B. v. 18. 5. 2004 – Az.: Verg W 03/04; OLG Celle, B. v. 7. 6. 2007 – Az.: 13 Verg 5/07; OLG Düsseldorf, B. v. 30. 11. 2009 – Az.: VII-Verg 41/09; B. v. 19. 3. 2009 – Az.: VII-Verg 8/09; B. v. 25. 2. 2009 – Az.: VII-Verg 6/09; B. v. 29. 9. 2008 – Az.: VII-Verg 50/08; B. v. 3. 7. 2008 – Az.: VII-Verg 41/08; B. v. 14. 4. 2008 – Az.: VII-Verg 22/08; B. v. 18. 9. 2006 – Az.: VII – Verg 45/06; B. v. 9. 11. 2005 4676

Teil 1 GWB § 118 Gesetz gegen Wettbewerbsbeschränkungen

– Az.: VII – Verg 78/05; B. v. 28. 7. 2005 – Az.: VII – Verg 42/05; B. v. 3. 1. 2005 – Az.: VII – Verg 82/04; B. v. 3. 1. 2005 – Az.: VII – Verg 72/04; B. v. 16. 9. 2003 – Az.: VII – Verg 52/03; B. v. 9. 1. 2003 – Az.: Verg 57/02; OLG Karlsruhe, B. v. 9. 3. 2007 – Az.: 17 Verg 3/07; OLG Koblenz, B. v. 20. 2. 2009 – Az.: 1 Verg 1/09; B. v. 23. 11. 2004 – Az.: 1 Verg 6/04; OLG München, B. v. 2. 9. 2010 – Az.: Verg 17/10; B. v. 23. 6. 2009 – Az.: Verg 08/09; B. v. 8. 5. 2009 – Az.: Verg 06/09; B. v. 2. 3. 2009 – Az.: Verg 01/09; B. v. 24. 11. 2008 – Az.: Verg 23/08; B. v. 11. 8. 2008 – Az.: Verg 16/08; B. v. 5. 11. 2007 – Az.: Verg 12/07; B. v. 17. 9. 2007 – Az.: Verg 10/07; B. v. 7. 8. 2007 – Az.: Verg 08/07; B. v. 28. 2. 2007 – Az.: Verg 01/07; B. v. 6. 11. 2006 – Az.: Verg 17/06; B. v. 21. 4. 2006 – Az.: Verg 8/06; B. v. 27. 1. 2006 – Az.: VII – Verg 1/06; B. v. 20. 4. 2005 – Az.: Verg 008/05; BayObLG, B. v. 10. 9. 2004 – Az.: Verg 019/04; B. v. 9. 9. 2004 – Az.: Verg 018/04; B. v. 22. 6. 2004 – Az.: Verg 013/04; B. v. 10. 9. 2002 – Az.: Verg 23/02; OLG Naumburg, B. v. 26. 10. 2005 – Az.: 1 Verg 12/05; Schleswig-Holsteinisches OLG, B. v. 26. 7. 2007 – Az.: 1 Verg 3/07; B. v. 8. 5. 2007 – Az.: 1 Verg 2/07; B. v. 11. 8. 2006 – Az.: 1 Verg 1/06; B. v. 31. 3. 2006 – Az.: 1 Verg 3/06; B. v. 5. 4. 2005 – Az.: 6 Verg 1/05; B. v. 4. 4. 2005 – Az.: 6 Verg 4/05).

30.11.2 Einzelheiten

4677 Vgl. dazu die **Kommentierung zu § 128 GWB**.

30.12 Untersagung der Gestattung des Zuschlags nach § 940 ZPO?

4678 Ein auf § 940 ZPO gestützter Antrag, die durch Beschluss des Vergabesenats gestattete Erteilung des Zuschlags bis zur Entscheidung über die sofortige Beschwerde zu untersagen, ist **von vornherein nicht statthaft**. § 940 ZPO gehört nicht zu den Vorschriften, auf die in § 120 Abs. 2 GWB i. V. m. § 73 GWB verwiesen wird. Ein Rückgriff auf weitere Vorschriften der ZPO über die in § 73 GWB genannten hinaus kommt allenfalls zur Schließung von **Regelungslücken** in Betracht; eine solche **liegt hier nicht vor**. Der einstweilige Rechtsschutz im Beschwerdeverfahren ist in §§ 118, 121 GWB geregelt, so dass für ergänzende einstweilige Anordnungen nach § 940 ZPO kein Raum bleibt (BayObLG, B. v. 18. 9. 2001 – Az.: Verg 10/01).

30.13 Auswirkungen eines abschließenden Beschlusses in der Hauptsache

4679 Mit einer abschließenden Entscheidung des Senats in einer Vergabesache ist ein im Verfahren nach § 118 GWB ergangener Beschluss hinfällig (BayObLG, B. v. 28. 5. 2003 – Az.: Verg 6/03).

30.14 Antrag, unter Aufhebung eines ablehnenden Beschlusses des Oberlandesgericht die aufschiebende Wirkung der sofortigen Beschwerde zu verlängern

4680 Gegen einen Beschluss, mit dem der Vergabesenat die beantragte Verlängerung der aufschiebenden Wirkung der sofortigen Beschwerde abgelehnt hat, sehen **weder die Vorschriften der §§ 97 ff. GWB selbst noch die in § 120 Abs. 2 GWB in Bezug genommenen Verfahrensvorschriften der §§ 69–73 GWB ein Rechtsmittel oder einen Rechtsbehelf vor**. Als Rechtsmittel oder Rechtsbehelf kann ein Antrag, unter Aufhebung des Beschlusses des Oberlandesgerichts die aufschiebende Wirkung der sofortigen Beschwerde zu verlängern, daher nicht aufgefasst werden (OLG Brandenburg, B. v. 25. 8. 2008 – Az.: Verg W 12/08).

4681 Ein solcher Antrag **kann auch nicht als Antrag auf Wiederherstellung der aufschiebenden Wirkung aufgefasst werden, weil er mit einem derartigen Rechtsschutzziel unstatthaft ist**. Der Auffassung, auch nach Ablehnung des Antrags auf Verlängerung der aufschiebenden Wirkung sei ein Antrag auf Abänderung dieser Entscheidung statthaft, wenn der Auftraggeber noch nicht zugeschlagen habe und neue Erkenntnisse nach der Zurückweisung des Antrags zutage getreten seien, ist nicht zu folgen. **Gegen die Auffassung sprechen zunächst verfassungsrechtliche Bedenken**. Mit der Zurückweisung des Verlängerungsantrages fällt die in § 118 Abs. 1 S. 1 GWB angeordnete Einschränkung der allgemeinen Handlungsfreiheit des öffentlichen Auftraggebers fort; der Auftraggeber kann zuschlagen, ist also hinsichtlich des ausgeschriebenen Auftrags unbeschränkt handlungsfähig. Die Dauer der Einschränkung kann – weil sie ja nicht mehr besteht – unter diesen Umständen nicht verlängert werden. Die Einschränkung der Handlungsfreiheit müsste vielmehr neu angeordnet werden. **Für diese neuerliche Einschränkung fehlt es aber an der gemäß Art. 2 Abs. 2 S. 2 GG, der im Rahmen fiskalischer Tätigkeit auch den öffentlichen Auftraggeber schützt, erforderlichen gesetzlichen Grundlage.** Eine ausdrückliche gesetzliche Regelung, die die Wiederherstellung der aufschiebenden Wirkung ermöglichen würde, fehlt. Die Wiederherstellung der aufschiebenden Wirkung lässt sich aber auch nicht aus dem Gesamtzusammenhang der gesetzlichen Regelung rechtfertigen. Dass dem Bieter gemäß § 97 Abs. 7 GWB ein subjektives Recht auf Einhaltung der Bestimmungen über das Vergabeverfahren durch den Auftraggeber zusteht, ändert daran nichts. Denn dieses Recht besteht nur innerhalb der durch die Vorschriften für das Vergabe- und Vergabenachprüfungsverfahren geltenden Normen, in denen sich außer in § 118 Abs. 1 GWB gerade keine weiterreichende rechtliche Grundlage für eine Einschränkung der Handlungsfreiheit des Auftraggebers findet (OLG Brandenburg, B. v. 25. 8. 2008 – Az.: Verg W 12/08).

Der **Auffassung, der Bieter könne die Wiederherstellung der aufschiebenden Wirkung durch analoge Anwendung der Vorschriften über die einstweilige Verfügung erreichen, stehen darüber hinaus systematische Bedenken** entgegen. Da die Einräumung des subjektiven Rechts gemäß § 97 Abs. 7 GWB in die ansonsten generell geschützte Handlungsfreiheit des öffentlichen Auftragebers eingreift, kommt ihr der Charakter einer eng auszulegenden Ausnahmeregelung zu. Das eingeräumte subjektive Recht kann deshalb gerade nicht durch prozessuales Vorgehen nach oder analog den allgemeinen Regeln des Zivilprozesses oder des Prozesses vor den Verwaltungsgerichten, sondern nur nach den Vorschriften der § 97 ff. GWB geltend gemacht werden, die hier gerade schweigen. Zudem **trägt der Normzweck des § 118 GWB eine derartige Analogie nicht**. Aus der Tatsache, dass der Gesetzgeber mit der speziellen Regelung des § 118 GWB und in dessen Rahmen einen gegen Vergabebestimmungen verstoßenden Zuschlag verhindern und die Chancen des Bieters auf den Zuschlag erhalten will, kann nicht auf eine gleichartige generelle gesetzgeberische Intention geschlossen werden. Vielmehr **zeigt die Regelung der §§ 97 ff. GWB allenthalben, dass der Gesetzgeber dem Beschleunigungsgebot im Vergabeverfahren Vorrang einräumt**, so exemplarisch wenn er den nicht rechtzeitig rügenden Bieter auch bei manifester Fehlerhaftigkeit des Vergabeverfahrens mit seiner Rüge ausschließt und damit den Weg für einen „fehlerbehafteten" Zuschlag freimacht. Dem **entspricht es, dass dem Bieter bei Nichtverlängerung der aufschiebenden Wirkung ein Rechtsbehelf auch dann nicht zur Verfügung gestellt wird, wenn neue Erkenntnisse auftauchen**, die wenn bekannt möglicherweise zu einer Verlängerung der aufschiebenden Wirkung geführt haben würden. Hier **wird dem Bieter im Interesse der Beschleunigung zugemutet, sich mit der Entscheidung abzufinden und sich mit der Geltendmachung von Schadensersatzansprüchen zu begnügen** (OLG Brandenburg, B. v. 25. 8. 2008 – Az.: Verg W 12/08). 4682

Sieht man in dem **Antrag eine Gegenvorstellung**, ist er nur statthaft **bei durch § 321 a ZPO nicht abgedeckten Verstößen gegen Verfahrensgrundrechte**, etwa das Willkürverbot, sowie **bei greifbarer Gesetzwidrigkeit der Entscheidung** und dann, wenn eine **Wiederaufnahme des Verfahrens in Betracht kommt** (OLG Brandenburg, B. v. 25. 8. 2008 – Az.: Verg W 12/08). 4683

30.15 Literatur

– Erdmann, Joachim, Die Interessenabwägung im vergaberechtlichen Eilrechtsschutz gemäß §§ 115 Abs. 2 Satz 1, 118 Abs. 2 Satz 2 und § 121 Abs. 1 Satz 2 GWB, VergabeR 2008, 908 4684
– Opitz, Marc, Das Eilverfahren, NZBau 2005, 213

31. § 119 GWB – Beteiligte am Beschwerdeverfahren

An dem Verfahren vor dem Beschwerdegericht beteiligt sind die an dem Verfahren vor der Vergabekammer Beteiligten.

31.1 Vergaberechtsmodernisierungsgesetz 2009

§ 119 GWB ist **durch das Vergaberechtsmodernisierungsgesetz 2009 nicht geändert** worden. 4685

Teil 1 GWB § 119 Gesetz gegen Wettbewerbsbeschränkungen

31.2 Allgemeines

4686 An dem Verfahren vor dem Beschwerdegericht **beteiligt sind** die an dem Verfahren vor der Vergabekammer Beteiligten. Diese sind

– der Antragsteller,

– die Vergabestelle und

– die nach § 109 GWB Beigeladenen.

31.3 Beiladung im Beschwerdeverfahren vor dem OLG

4687 Ob im Beschwerdeverfahren noch eine Beiladung erfolgen kann, wird in der **Rechtsprechung nicht einheitlich** beantwortet.

4688 **Teilweise erfolgt eine Beiladung** im Beschwerdeverfahren (BayObLG, B. v. 20. 8. 2001 – Az.: Verg 9/01; KG Berlin, B. v. 7. 12. 2009 – Az.: 2 Verg 10/09; B. v. 15. 4. 2002 – Az.: Kart-Verg 3/02 – für den Fall der notwendigen Beiladung im Vergabekammerverfahren).

4689 Einer **Beiladung durch den Vergabesenat steht der Wortlaut der Vorschrift des § 119 GWB nicht entgegen**, wonach die Beteiligten des Beschwerdeverfahrens identisch sind mit denen des Verfahrens vor der Vergabekammer. Nach dem Verständnis des Senats soll diese Norm die Kontinuität der Beteiligung am Verfahren sichern, d. h. bewirken, dass eine nochmalige Beiladung im Verfahren vor dem Senat nicht erforderlich ist. Wird **ein Bieter** durch die Entscheidung der Vergabekammer jedoch **erstmalig beschwert**, ohne von dieser beigeladen worden zu sein, bzw. besteht die Möglichkeit, dass er durch die Entscheidung des Senats materiell beschwert wird, so muss er hierzu im förmlichen Verfahren **rechtliches Gehör** haben; hierzu muss auch der Senat die Möglichkeit der Beiladung gegeben sein (OLG Koblenz, B. v. 23. 11. 2004 – Az.: 1 Verg 6/04; OLG Naumburg, B. v. 15. 7. 2008 – Az.: 1 Verg 5/08; B. v. 9. 12. 2004 – Az.: 1 Verg 21/04; B. v. 9. 9. 2003 – Az.: 1 Verg 5/03; LSG Baden-Württemberg, B. v. 23. 1. 2009 – Az.: L 11 WB 5971/08).

4690 Der **Vergabesenat kann also eine Beiladung in entsprechender Anwendung des § 109 GWB anordnen, wenn die Interessen der Beigeladenen durch die Entscheidung des Vergabesenates schwerwiegend berührt** werden. Eine schwerwiegende Interessenberührung liegt hinsichtlich der Unternehmen vor, deren Angebote in die engere Wahl kommen, insbesondere dann, wenn ihre Angebote nach einer bereits vorliegenden Wertung des Auftraggebers dem Angebot des Antragstellers vorgehen. Sollte die Beschwerde der Auftraggeberin keinen Erfolg haben, so wäre sie verpflichtet, erneut unter Einbeziehung weiterer bereits vom weiteren Vergabeverfahren ausgeschlossener Unternehmen, die einen Teilnahmeantrag gestellt hatten, darüber zu entscheiden, wer am Verhandlungsverfahren beteiligt werden soll. Die Teilnahme der bereits zum Verhandlungsverfahren eingeladenen Beigeladenen wäre damit wieder ungewiss und ihre Rechtsposition verschlechtert. Gleiches würde gelten, wenn zwar die Beigeladenen weiterhin am Verhandlungsverfahren beteiligt bleiben würden, nunmehr jedoch die Antragstellerin auf Grund der Entscheidung über ihren Nachprüfungsantrag noch hinzukäme oder noch hinzukommen könnte (OLG Brandenburg, B. v. 21. 1. 2003 – Az.: Verg W 15/02; OLG Schleswig-Holstein, B. v. 19. 1. 2007 – Az.: 1 Verg 14/06).

4691 Eine **schwerwiegende Berührung der Interessen des Beigeladenen** ergibt sich überdies dann, wenn er mit einem **Ausschluss vom weiteren Vergabeverfahren rechnen müsste**, sofern die Entscheidung der Vergabekammer in Rechtskraft erwachsen sollte (OLG Brandenburg, B. v. 21. 1. 2003 – Az.: Verg W 15/02).

4692 Für die Auffassung, dass eine Beiladung auch im Verfahren vor dem Vergabesenat erfolgen kann, **spricht auch, dass die Entscheidung des Oberlandesgerichts im Beschwerdeverfahren rechtsgestaltend zu Lasten Dritter** – namentlich zu Lasten dritter Bieter – wirken kann. Die Beiladung dieser Bieter im Beschwerdeverfahren dient daher der Verwirklichung ihres Anspruches auf rechtliches Gehör aus **Art. 19 Abs. 4 GG**. Diese **verfassungsrechtliche Vorgabe ist bei der Auslegung der einfachgesetzlichen Regelung des § 119 GWB maßgeblich zu berücksichtigen** (KG Berlin, B. v. 7. 12. 2009 – Az.: 2 Verg 10/09).

4693 **Teilweise lässt die Rechtsprechung diese Frage offen** (OLG Koblenz, B. v. 22. 3. 2001 – Az.: 1 Verg. 9/00; Schleswig-Holsteinisches OLG, B. v. 16. 4. 2002 – Az.: 6 Verg 11/02).

31.4 Beiladung im Beschwerdeverfahren vor dem LSG

Die **Notwendigkeit einer Beiladung zum Beschwerdeverfahren vor dem LSG** beurteilt sich nach den §§ 119, 109 GWB, nicht nach § 75 SGG. Dies folgt aus § 119 GWB, der nach § 142a Abs. 1 SGG entsprechend anzuwenden ist und der vorschreibt, dass an dem Verfahren vor dem Beschwerdegericht die an dem Verfahren vor der Vergabekammer Beteiligten beteiligt sind. Damit wird der **Kreis der am Beschwerdeverfahren Beteiligten abweichend von § 69 SGG bestimmt.** Im sozialgerichtlichen Verfahren muss die Beiladung durch das Gericht ausgesprochen worden sein. Die Hinzuziehung eines Dritten durch die Verwaltung nach § 12 Abs. 2 Zehntes Buch Sozialgesetzbuch (SGB X) macht diesen noch nicht zu einem am Sozialgerichtsprozess Beteiligten. Daraus folgt, dass sich **nicht nur die Frage, wer Beteiligter des Beschwerdeverfahrens ist, sondern auch die Frage, wie die Rechtsstellung als Beteiligter erlangt werden kann, nach den Vorschriften des GWB beurteilt** (LSG Baden-Württemberg, B. v. 23. 1. 2009 – Az.: L 11 WB 5971/08). 4694

Zu den **allgemeinen Voraussetzungen einer Beiladung** vgl. die Kommentierung → § 109 GWB Rdn. 4ff. 4695

Die Interessen eines Bieters i.S.v. § 109 GWB werden **bei Beschwerdeverfahren, in denen die Aufhebung einer Ausschreibung von Rabattverträgen nach § 130a Abs. 8 SGB V für bestimmte Wirkstoffe geltend gemacht wird, aufgrund der bei der Arzneimittelversorgung von Versicherten der gesetzlichen Krankenkassen bestehenden Besonderheiten nicht so schwerwiegend berührt, dass eine Beiladung der Bieter im Beschwerdeverfahren erfolgen muss.** Bei der ambulanten Versorgung von gesetzlich Krankenversicherten bieten die pharmazeutischen Unternehmer Waren (Arzneimittel) zu einem von ihnen festgelegten Preis an, der (abgesehen von Arzneimittel, für die Festbeträge gelten) letztlich von den Krankenkassen bezahlt werden muss, wenn Dritte (Vertragsärzte) die Versorgung der Versicherten mit diesen Waren für notwendig erachten. Denn bei der Auslieferung von Arzneimitteln an Versicherte der gesetzlichen Krankenkasse kommt ein Kaufvertrag zwischen der Krankenkasse und dem Apotheker zustande, der die Krankenkassen zur Zahlung des Preises (bzw. des Festpreises) abzüglich etwaiger vom Versicherten zu tragenden Zuzahlungen oder Verordnungsgebühren verpflichtet. Bei dem Vertragsabschluss agieren dabei auf Seiten der Krankenkasse nur der Vertragsarzt bei der Ausstellung der Arzneimittelverordnung (als Vertreter der Krankenkasse) und der Versicherte (ebenfalls als Vertreter bei der Auswahl der Apotheke, im Übrigen als Bote). Aufgrund der dadurch bestehenden Aussicht der Arzneimittelhersteller, Abnehmer für ihre Waren zu erhalten, unterscheidet sich die vergaberechtliche Ausgangssituation bei der Ausschreibung von Rabattverträgen nach § 130a Abs. 8 SGB V deutlich von anderen Beschaffungsvorgängen öffentlicher Auftraggeber. Während bei anderen Aufträgen der öffentlichen Hand Leistungen von Unternehmen nur erbracht und vergütet werden können, wenn nach einer Ausschreibung ein Zuschlag erteilt wird, können die Arzneimittelhersteller jedenfalls Arzneien mit Wirkstoffen, für die kein Rabattvertrag besteht, im Rahmen der ambulanten Versorgung von Versicherten der gesetzlichen Krankenkassen an die Krankenkassen veräußern, ohne dass sie in einem Vergabeverfahren einen Zuschlag erhalten haben. Eine Aufhebung der Ausschreibung von Rabattverträgen führt daher zwar für denjenigen Bieter, der die besten Aussichten auf den Zuschlag hat, insofern zu einem Nachteil, als er die mit einer Zuschlagserteilung verbundenen Vorteile nicht in Anspruch nehmen kann. Der Nachteil wird aber dadurch abgemildert, dass er trotz der Aufhebung der Ausschreibung weiterhin Arzneimittel zu Lasten der Krankenkassen abgeben kann und dies – da ein Rabattvertrag gerade nicht zustande kommt – ohne Nachlass auf den bisherigen Preis (LSG Baden-Württemberg, B. v. 23. 1. 2009 – Az.: L 11 WB 5971/08). 4696

31.5 Erneute förmliche Beiladung bei Verbindung von Beschwerdeverfahren

Verbindet ein Vergabesenat mehrere Verfahren und trifft er infolge der Verbindung der beiden Verfahren eine einheitliche Entscheidung, **bedarf es einer förmlichen Beiladung** von Beteiligten, die bisher in einem der verbundenen Verfahren nicht beteiligt waren, **nicht** (OLG Thüringen, B. v. 2. 8. 2000 – Az.: 6 Verg 4/00, 6 Verg 5/00). 4697

31.6 Antragstellung durch einen Beigeladenen im Beschwerdeverfahren

Ein **Beigeladener kann sich als Rechtsmittelführer in einem laufenden Beschwerdeverfahren** z.B. darauf berufen, dass auch das Angebot eines anderen Bieters auszuschließen sei. 4698

Teil 1 GWB § 120 Gesetz gegen Wettbewerbsbeschränkungen

Er ist nicht gezwungen, ein eigenes Nachprüfungsverfahren in Gang zu setzen. Ein **neues Nachprüfungsverfahren muss nur dann eingeleitet werden, wenn der Antrag auf Ausschluss eines Angebotes von einem Beigeladenen gestellt wird, der nicht selbst Rechtsmittelführer ist**. In diesem Fall reicht sein Rechtsschutzbegehren nicht über das des Rechtsmittelführers hinaus. Nimmt beispielsweise der Rechtsmittelführer seine Beschwerde zurück, bricht der Antrag des Beigeladenen in sich zusammen (OLG München, B. v. 29. 11. 2007 – Az.: Verg 13/07).

32. § 120 GWB – Verfahrensvorschriften

(1) **Vor dem Beschwerdegericht müssen sich die Beteiligten durch einen Rechtsanwalt als Bevollmächtigten vertreten lassen.** Juristische Personen des öffentlichen Rechts können sich durch Beamte oder Angestellte mit Befähigung zum Richteramt vertreten lassen.

(2) **Die §§ 69, 70 Abs.1 bis 3, § 71 Abs. 1 und 6, §§ 71a, 72, 73, mit Ausnahme der Verweisung auf § 227 Abs. 3 der Zivilprozessordnung, die §§ 78, 111 und 113 Abs. 2 Satz 1 finden entsprechende Anwendung.**

32.1 Vergaberechtsmodernisierungsgesetz 2009

4699 In die Verweisungsregelung des § 120 Abs. 2 ist die **Vorschrift des § 71a und des § 78 GWB aufgenommen** worden.

32.2 Bestimmung des Rechtsmittelführers

4700 Nach der Rechtsprechung des Bundesgerichtshofs **können auch die Bezeichnungen von Rechtsmittelführern ausgelegt werden.** Voraussetzung dafür ist allerdings, dass bei verständiger Würdigung des gesamten Vorgangs jeder Zweifel an der Person des Rechtsmittelführers ausgeschlossen ist. Für die Auslegung können auch die vorgelegten Unterlagen herangezogen werden (OLG Düsseldorf, B. v. 16. 2. 2010 – Az.: VII-Verg 7/10).

32.3 Anwaltszwang (§ 120 Abs. 1)

32.3.1 Grundsatz

4701 Die Hinzuziehung eines Rechtsanwalts im Beschwerdeverfahren für die nicht § 120 Abs. 1 Satz 2 GWB unterfallenden Beteiligten ist immer notwendig (BayObLG, B. v. 24. 10. 2001 – Az.: Verg 14/01).

32.3.2 Ausnahme

4702 Nach § 120 Abs. 1 Satz 2 GWB können sich juristische Personen des öffentlichen Rechts durch Beamte oder Angestellte mit der Befähigung zum Richteramt vertreten lassen.

32.4 Verweisung auf die Vorschriften des GWB (§ 120 Abs. 2)

32.4.1 Notwendigkeit einer mündlichen Verhandlung und Ausnahmen (§§ 120 Abs. 2, 69)

4703 Nach den § 120 Abs. 2, § 69 GWB kann in bestimmten Fällen unter **Verzicht auf eine mündliche Verhandlung** entschieden werden:

32.4.1.1 Sofortige Beschwerde gegen die Kostengrundentscheidung

4704 Wird z. B. **nur die Kostengrundentscheidung angegriffen**, kann der Vergabesenat im schriftlichen Verfahren entscheiden, da eine mündliche Verhandlung nur bei Entscheidungen in der Hauptsache obligatorisch ist. Über die einer Nebenentscheidung der Vergabekammer geltenden Rechtsmittel kann im schriftlichen Verfahren befunden werden (OLG Celle, B. v. 14. 7.

2003 – Az.: 13 Verg 12/03; OLG Düsseldorf, B. v. 27. 7. 2005 – Az.: VII – Verg 20/05; B. v. 27. 7. 2005 – Az.: VII – Verg 18/05; B. v. 27. 7. 2005 – Az.: VII – Verg 17/05; B. v. 27. 7. 2005 – Az.: VII – Verg 103/04; B. v. 26. 9. 2003 – Az.: VII – Verg 31/01; Saarländisches OLG, B. v. 15. 5. 2009 – Az.: 1 Verg 1/09; B. v. 9. 1. 2009 – Az.: 1 Verg 1/08; B. v. 17. 8. 2006 – Az.: 1 Verg 2/06; B. v. 29. 9. 2005 – Az.: 1 Verg 2/05; B. v. 26. 3. 2004 – Az.: 1 Verg 3/04; OLG Thüringen, B. v. 4. 4. 2003 – Az.: 6 Verg 4/03, B. v. 14. 10. 2003 – Az.: 6 Verg 8/03).

32.4.1.2 Sofortige Beschwerde gegen die Zwischenentscheidung über die Erledigung infolge Zuschlagsentscheidung

Eine solche Zwischenentscheidung ist – obwohl im Gesetz nicht vorgesehen – **nach der Rechtsprechung zulässig** (vgl. die Kommentierung zu § 114). Als einen den Streitgegenstand beendende Entscheidung ist dagegen die **sofortige Beschwerde zulässig** (OLG Thüringen, B. v. 9. 9. 2002 – Az.: 5 Verg 4/02). Sie muss **aufgrund mündlicher Verhandlung** getroffen werden (OLG Thüringen, B. v. 9. 9. 2002 – Az.: 6 Verg 4/02). 4705

32.4.1.3 Sofortige Beschwerde gegen die Entscheidung über die Statthaftigkeit der Beschwerde

Es ist zum Kartellverwaltungsverfahrensrecht, dem die Verfahrensvorschriften des Vergabebeschwerdeverfahrens weitgehend nachgebildet sind (vgl. nur § 120 Abs. 2 GWB) allgemein anerkannt, dass das Beschwerdegericht in Analogie zu § 519b ZPO befugt ist, über die **Frage, ob die Beschwerde an sich statthaft und in der gesetzlichen Form und Frist eingelegt und begründet worden ist, ohne vorherige mündliche Verhandlung** zu entscheiden (OLG Düsseldorf, B. v. 18. 1. 2000 – Az.: Verg 2/00). 4706

32.4.1.4 Sofortige Beschwerde gegen die Verwerfung der sofortigen Beschwerde als unzulässig

Einer vorherigen mündlichen Verhandlung (§ 120 Abs. 2, § 69 Abs. 1 GWB) bedarf es in diesem Fall nicht, da es sich bei der **Verwerfung um eine reine Prozessentscheidung** handelt (OLG Düsseldorf, B. v. 18. 7. 2007 – Az.: VII – Verg 18/07; OLG Koblenz, B. v. 22. 4. 2002 – Az.: 1 Verg. 1/02 – E). 4707

Ist die Beschwerde nicht in der gebotenen Form oder Frist eingelegt oder begründet worden, erfüllt die Begründung nicht die Mindestanforderungen des § 117 Abs. 2 Satz 2 GWB oder **ist sie aus sonstigen Gründen unzulässig, verwirft das OLG die Beschwerde ohne Sachprüfung. In Analogie zu § 522 ZPO, § 69 GWB (über § 120 Abs. 2 GWB) bedarf es dazu keiner mündlichen Verhandlung** (OLG Düsseldorf, B. v. 17. 3. 2009 – Az.: VII-Verg 1/09). 4708

32.4.1.5 Sofortige Beschwerde gegen die Kostenentscheidung

Über die sofortige Beschwerde betreffend die **Kostenentscheidung** kann der Vergabesenat **ohne mündliche Verhandlung** entscheiden, weil die § 120 Abs. 2, § 69 Abs. 1 GWB die mündliche Verhandlung nur für die Entscheidung in der Hauptsache anordnen (OLG Thüringen, B. v. 30. 1. 2002 – Az.: 6 Verg 9/01). 4709

32.4.1.6 Antrag auf Akteneinsicht

Über ein **Akteneinsichtsgesuch kann ohne mündliche Verhandlung** entschieden werden, weil der Grundsatz, dass über die Beschwerde in Vergabesachen gemäß § 120 Abs. 2, § 69 Abs. 1 GWB aufgrund mündlicher Verhandlung zu entscheiden ist, nicht für die im Vorfeld zu treffenden Entscheidungen gilt (OLG Thüringen, B. v. 8. 6. 2000 – Az.: 6 Verg 2/00). 4710

32.4.1.7 Anordnung der Fortdauer der aufschiebenden Wirkung der sofortigen Beschwerde

Über den **Antrag betreffend die Anordnung der Fortdauer der aufschiebenden Wirkung** der sofortigen Beschwerde (§ 118 Abs. 1 Satz 3 GWB) kann **ohne mündliche Verhandlung** entschieden werden, weil der Grundsatz, dass über die Beschwerde in Vergabesachen gemäß § 120 Abs. 2, § 69 Abs. 1 GWB aufgrund mündlicher Verhandlung zu entscheiden ist, nicht für die im Vorfeld zu treffenden Entscheidungen gilt (OLG Thüringen, B. v. 8. 6. 2000 – Az.: 6 Verg 2/00). 4711

Teil 1 GWB § 120 Gesetz gegen Wettbewerbsbeschränkungen

32.4.1.8 Verwerfung eines Antrags auf Wiedereinsetzung

4712　Einer vorherigen **mündlichen Verhandlung bedarf es bei der Verwerfung eines Antrags auf Wiedereinsetzung nicht**, da es sich bei der Verwerfung um eine reine Prozessentscheidung handelt (OLG Koblenz, B. v. 5. 12. 2005 – Az.: 1 Verg 5/05).

32.4.1.9 Verzicht auf eine mündliche Verhandlung

4713　Wenn die Beteiligten auf eine mündliche Verhandlung **verzichten**, kann gemäß § 120 Abs. 2, § 69 Abs. 1 GWB **ohne mündliche Verhandlung** entschieden werden (OLG Thüringen vom 16. 1. 2002 – Az.: 6 Verg 7/01). Der **Verzicht kann sich** auch **aus dem Verhalten der Beteiligten** ergeben (BayObLG, B. v. 1. 2. 2001 – Az.: Verg 6/01).

32.4.2 Verhandlung und Entscheidung trotz nicht ordnungsgemäßer Vertretung des Antragstellers

4714　**Auch wenn ein Antragsteller** im Termin zur mündlichen Verhandlung über eine sofortige Beschwerde **nicht ordnungsgemäß vertreten** ist, kann der **Vergabesenat** gemäß § 120 Abs. 2 in Verbindung mit § 69 Abs. 2 GWB gleichwohl **in der Sache verhandeln und entscheiden** (OLG Brandenburg, B. v. 17. 6. 2003 – Az.: Verg W 2/03).

32.4.3 Wiederaufnahme der mündlichen Verhandlung

4715　Die mündliche Verhandlung ist wieder zu eröffnen, **wenn das Gericht eine Verletzung des rechtlichen Gehörs feststellt**. Dagegen ist eine Wiedereröffnung nicht geboten, wenn die mündliche Verhandlung ohne Verfahrensfehler geschlossen wurde – dem Antragsteller wurde z. B. Gelegenheit gegeben, sich zu dem Vergabevermerk zu erklären – und wenn erst nach Schluss der mündlichen Verhandlung neue Tatsachen vorgetragen und Beanstandungen betreffend das Vergabeverfahren erhoben werden, die bisher nicht Gegenstand der mündlichen Verhandlung waren (OLG Naumburg, B. v. 2. 4. 2009 – Az.: 1 Verg 10/08; Saarländisches OLG, B. v. 6. 4. 2005 – Az.: 1 Verg 1/05).

32.4.4 Reichweite des Untersuchungsgrundsatzes

4716　Nach § 120 Abs. 2, § 70 GWB erforscht das Beschwerdegericht den Sachverhalt von Amts wegen.

4717　Das Beschwerdegericht hat den Sachverhalt nur so weit aufzuklären, als der **Vortrag der Beteiligten oder der Sachverhalt** als solcher bei sorgfältiger Überlegung **dazu Anlass gibt** (BGH, Urteil vom 12. 6. 2001 – Az: X ZB 10/01). Der Untersuchungsgrundsatz zwingt nicht dazu, allen denkbaren Möglichkeiten zur Aufklärung des Sachverhalts (z. B. allen nur denkbaren rechnerischen und sachlichen Fehlern in der Angebotsauswertung) von Amts wegen nachzugehen. Das gilt im Vergabenachprüfungsverfahren umso mehr in Anbetracht der in den § 113 Abs. 2, § 120 Abs. 2 GWB geregelten **Mitwirkungs- und Förderungspflichten der Beteiligten**; danach muss insbesondere der Antragsteller zu den sein Begehren rechtfertigenden Tatsachen vortragen und Beweismöglichkeiten aufzeigen (OLG Düsseldorf, B. v. 18. 7. 2001 – Az.: Verg 16/01, B. v. 28. 8. 2001 – Az.: Verg 27/01; OLG Frankfurt, B. v. 8. 2. 2005 – Az.: 11 Verg 24/04; Saarländisches OLG, B. v. 6. 4. 2005 – Az.: 1 Verg 1/05).

4718　Zu der dadurch entstehenden Gefahr der Nichtberücksichtigung von verspätetem Vorbringen vgl. die Kommentierung zu § 113.

4719　Eines formellen Beweisantrittes bedarf es daher nicht, wenn Beweismöglichkeiten deutlich gemacht worden sind (OLG Rostock, B. v. 25. 10. 2000 – Az.: 17 W 3/99).

4720　Auch **entscheidungserhebliches Vorbringen ist nur bis zum Schluss der mündlichen Verhandlung** vor dem Vergabesenat zu berücksichtigen (Saarländisches OLG, B. v. 6. 4. 2005 – Az.: 1 Verg 1/05). Hat jedoch die **Vergabekammer ein nach Schluss der mündlichen Verhandlung angebrachtes Vorbringen wegen Verletzung der aus § 113 Abs. 2 Satz 1 GWB folgenden Verfahrensförderungspflicht ausgeschlossen**, sind nach den im Beschwerdeverfahren anzuwendenden **Bestimmungen der Zivilprozessordnung die Verspätungsvorschriften nicht auf einen Vortrag nach Schluss der mündlichen Verhandlung vor der Vergabekammer anzuwenden** (OLG Düsseldorf, B. v. 14. 10. 2009 – Az.: VII-Verg 9/09).

Gesetz gegen Wettbewerbsbeschränkungen　　　　　　　　　　　　GWB § 120　**Teil 1**

Das **Nachschieben von Beanstandungen erst im Laufe des Beschwerdeverfahrens ist** 4721
grundsätzlich nicht möglich, weil die Beschwerdebegründung – vgl. § 117 Abs. 2 GWB –
den Verfahrensstoff umgrenzt (OLG Karlsruhe, B. v. 16. 3. 2007 – Az.: 17 Verg 4/07).

Gibt schon der **tatbestandliche Teil des Beschlusses der Vergabekammer Anlass, die** 4722
objektive Rechtslage mit Blick auf bestimmte Punkte zu überprüfen, muss der Verga-
besenat Vergaberechtsfehler aufgreifen. Jedes andere Verständnis des Untersuchungsgrundsatzes wäre insbesondere dann, wenn sich der Vergaberechtsverstoß objektiv aufdrängt, grob fehlerhaft und ermöglicht willkürliche Nachprüfungsentscheidungen (OLG Düsseldorf, B. v. 5. 5. 2008
– Az.: VII – Verg 5/08; B. v. 28. 4. 2008 – Az.: VII – Verg 1/08).

32.4.5 Rechtsmittelbelehrung

Eine Rechtsmittelbelehrung (vgl. die § 120 Abs. 2, § 71 Abs. 6 GWB) ist nicht veranlasst. 4723
Die **Beschwerdeentscheidung ist nicht anfechtbar**, wie sich aus § 124 Abs. 2 GWB sowie
auch daraus ergibt, dass auf die §§ 74 ff. GWB (Zulässigkeit der Rechtsbeschwerde oder der
Nichtzulassungsbeschwerde) in § 120 Abs. 2 GWB nicht verwiesen wird (OLG Düsseldorf, B.
v. 5. 7. 2000 – Az.: Verg 5/99).

32.4.6 Verbindung von Nachprüfungsverfahren

Der Vergabesenat kann von der Vergabekammer getrennt behandelte Verfahren nach den 4724
§ 120 Abs. 2, § 73 Nr. 2 GWB, § 147 ZPO **zur gemeinsamen Verhandlung und Ent-**
scheidung verbinden, wenn es in beiden Verfahren um dasselbe Vergabeverfahren und – soweit für die Entscheidung erheblich – auch um dieselben Vergabeverstöße geht. Es dürfte daher
im Regelfall geboten sein, ein **einheitliches Vergabeüberprüfungsverfahren vor der Ver-**
gabekammer auch dann durchzuführen, wenn mehrere Bieter Vergaberechtsverstöße – auch
unterschiedliche – mit Anträgen an die Vergabekammer geltend machen. Etwas anderes mag
gelten, wenn einer der Anträge unzulässig oder offensichtlich unbegründet ist (OLG Thüringen,
B. v. 2. 8. 2000 – Az.: 6 Verg 4/00, 6 Verg 5/00).

32.4.7 Kostentragung und Kostenfestsetzung

32.4.7.1 Vergaberechtsmodernisierungsgesetz 2009

In § 120 Abs. 2 ist eine **Bezugnahme auf § 78 GWB neu eingefügt** worden. Mit dieser 4725
Verweisung auf den § 78 wird es **ermöglicht, auch die notwendigen Kosten einem Betei-**
ligten nach Billigkeit aufzuerlegen.

32.4.7.2 Inhalt der Regelung

Im Beschwerdeverfahren und im Rechtsbeschwerdeverfahren kann das Gericht anordnen, dass 4726
die Kosten, die zur zweckentsprechenden Erledigung der Angelegenheit notwendig waren, von
einem Beteiligten ganz oder teilweise zu erstatten sind, wenn dies der Billigkeit entspricht. Hat
ein **Beteiligter Kosten durch ein unbegründetes Rechtsmittel oder durch grobes Ver-**
schulden veranlasst, so sind ihm die Kosten aufzuerlegen. Im Übrigen gelten die Vorschriften der Zivilprozessordnung über das Kostenfestsetzungsverfahren und die Zwangsvollstreckung aus Kostenfestsetzungsbeschlüssen entsprechend.

32.5 Verweisung auf die Vorschriften der ZPO

32.5.1 Grundsatz

In einem Vergabenachprüfungsverfahren werden in der Beschwerdeinstanz besondere prozes- 4727
suale Regelungen durch das Gesetz gegen Wettbewerbsbeschränkungen (GWB) getroffen. Nach
§ 120 GWB finden die §§ 69, 70 Abs. 1 bis 3., § 71 Abs. 1 und 6, §§ 72, 73 mit Ausnahme der
Verweisung auf § 227 Abs. 3 der Zivilprozessordnung und die §§ 78, 111 und 113 Abs. 2 Satz 1
entsprechende Anwendung. Diese **Aufzählung ist jedoch nicht abschließend**. Das Beschwerdeverfahren vor den Vergabesenaten ist trotz der unmittelbaren und mittelbaren Verweisungen in § 120 Abs. 2 GWB nicht vollständig geregelt. **Um Rechtslücken zu schließen, ist**
wegen der Nähe zum Kartellverfahrensrecht zunächst auf diese Bestimmungen zu-
rückzugreifen. Jedenfalls darf aus dem fehlenden Verweis in § 120 GWB auf andere Normen

995

des kartellrechtlichen Beschwerdeverfahrens nicht auf die Nichtanwendbarkeit dieser Normen geschlossen werden. Die **Frage der Schließung solcher Lücken muss allerdings für jede einzelne Verfahrensfrage gesondert geprüft werden** (OLG Naumburg, B. v. 22. 4. 2010 – Az.: 1 Verg 11/09).

32.5.2 Analoge Anwendbarkeit von § 240 ZPO

4728 **§ 240 ZPO in analoger Anwendung** findet – sofern seine sonstigen Voraussetzungen gegeben sind – **auch Anwendung im Vergabenachprüfungsverfahren, wenn die Vergabestelle insolvent** wird (OLG Naumburg, B. v. 22. 4. 2010 – Az.: 1 Verg 11/09).

4729 Die **Bedeutung des § 240 ZPO geht unbestritten über das Zivilverfahren hinaus**. Denn die Regelung beruht auf verfassungsrechtlichen Vorgaben, insbesondere dem Gesichtspunkt der Rechtsstaatlichkeit nach Art. 20 Abs. 3 GG mit dem Gebot eines fairen Verfahrens und des Anspruchs auf rechtliches Gehör gemäß Art. 103 Abs. 1 GG, deren Einhaltung auch in anderen gerichtlichen Verfahrensarten zu gewährleisten ist. Mit § 240 reagiert das Gesetz auf einen außerhalb des jeweiligen gerichtlichen Verfahrens eintretenden Umstand, nämlich die Insolvenz einer Partei. § 240 ZPO trägt dabei dem Umstand Rechnung, dass mit der Eröffnung des Insolvenzverfahrens der Gemeinschuldner seine Verwaltungs- und Verfügungsbefugnis und damit auch seine Prozessführungsbefugnis verliert und diese gemäß § 80 InsO auf den **Insolvenzverwalter** übergeht. Dieser **soll ausreichend Bedenkzeit haben, über die Fortsetzung des Prozesses zu entscheiden**. Dieser Zweck ist tangiert, wenn der Gemeinschuldner Partei des Verfahrens mit eigenen Rechten ist (OLG Naumburg, B. v. 22. 4. 2010 – Az.: 1 Verg 11/09).

4730 Da diese **Situation unabhängig von der Verfahrensordnung in allen kontradiktorischen Verfahren auftreten kann, wird § 240 ZPO auch in allen Urteilsverfahren jeder zivilen Prozessart und in allen Instanzen angewendet**. Die §§ 239 ff. ZPO gelten auch für solche Verfahren, die eine mündliche Verhandlung nicht notwendig voraussetzen, wie Mahnverfahren, Kostenfestsetzungsverfahren, Beschwerdeverfahren. § 240 ZPO gilt auch in besonders eiligen Verfahren wie Arrest- und einstweilige Verfügungsverfahren sowie selbständigen Beweisverfahren. Eine entsprechende Anwendung findet auch in arbeitsgerichtlichen (§§ 46 Abs. 2, 64 VI, 72 V ArbGG) und sozialgerichtlichen Verfahren statt sowie schon vor dessen Normierung im Verwaltungsprozess und im steuerrechtlichen Streitverfahren (OLG Naumburg, B. v. 22. 4. 2010 – Az.: 1 Verg 11/09).

4731 **Im Vergabeverfahren liegen die Interessen der Beteiligten zumindest dann ähnlich, wenn die Vergabestelle insolvent wird.** Dies wird vergleichsweise selten geschehen, weil öffentliche Aufträge überwiegend nicht von Privaten erteilt werden. Mit der **zunehmenden Wahrnehmung öffentlicher Aufgaben in privaten Rechtsformen, der § 98 Nr. 2 GWB Rechnung trägt, kann aber auch die Insolvenz einer privatrechtlich organisierten Vergabestelle an Bedeutung gewinnen**. Bei der Prüfung der Zulässigkeit einer Analogie kann die Frage, ob § 240 ZPO angewandt werden soll, nicht von Fall zu Fall anhand der individuellen Interessenlage entschieden werden, sondern nur allgemein für eine abstrakt abzugrenzende Verfahrenssituation. Das **Vergabeverfahren bleibt von der Insolvenz der Vergabestelle nicht unberührt**. Wird sie insolvent, kann die Vergabestelle den ausgeschriebenen oder bereits erteilten Auftrag nicht mehr ohne weiteres erfüllen. Zumindest ist ihre Geschäftsführung rechtlich daran gehindert. An ihre Stelle tritt der Insolvenzverwalter, der seine Funktion im öffentlichen Interesse ausübt. Er braucht Bedenkzeit, um über die Fortsetzung des Verfahrens zu entscheiden. Im Vergabeverfahren stellt sich dabei nicht nur die Frage, ob die Ansprüche des Bieters im konkreten Vergabeverfahren berechtigt sind und gegebenenfalls gegenüber der insolventen Vergabestelle durchgesetzt werden könnten. Vielmehr **muss der Insolvenzverwalter zunächst klären, ob die Vergabestelle das ausgeschriebene Projekt überhaupt noch durchführen kann**. Dass gegenüber dieser Interessenlage der insolventen Vergabestelle und ihrer Gläubiger dem Interesse der Bieter an einem effektiven Rechtsschutz (Art. 1 Abs. 1 UA 3, Art. 2 Abs. 1 a) der Richtlinie 2007/66/EG **durch unverzügliche Fortsetzung des Beschwerdeverfahrens trotz Insolvenz der Vergabestelle der Vorrang zu gewähren wäre, ist nicht erkennbar**. Typischerweise dient das von einem unterlegenen Bieter eingeleitete Nachprüfungsverfahren dem Zweck, die Erteilung eines beabsichtigten Zuschlags an einen Mitbieter zu verhindern, die Wiederholung der Vergabeentscheidung bzw. der gesamten Ausschreibung zu erreichen oder zumindest eine Verletzung der Rechte des Antragstellers festzustellen. Die wirksame Durchsetzung dieser und anderer durch § 97 GWB geschützter Bieterinteressen kann aber ihre Grenze finden, wenn die Vergabestelle insolvent wird.

Gesetz gegen Wettbewerbsbeschränkungen GWB § 120 **Teil 1**

Ein **vergaberechtlicher Anspruch gegenüber einer insolventen Vergabestelle** unter Umständen kann aber dauerhaft nicht mehr durchgesetzt werden. Damit teilt der im Vergaberecht begründete Anspruch das mögliche Schicksal anderer **Verwaltungs- oder zivilrechtlicher Ansprüche**. Diese Folge beruht aber allein auf der Insolvenz der privatrechtlich organisierten Vergabestelle. Wie Ansprüche und Rechte gegen insolvente private juristische Personen durchgesetzt werden können, regelt das nationale Insolvenzrecht abschließend (OLG Naumburg, B. v. 22. 4. 2010 – Az.: 1 Verg 11/09).

Im Regelfall wird das Interesse eines unterlegenen Bieters an dem Zuschlag eher sinken, wenn der Auftraggeber insolvent wird und damit die Erteilung des ausgeschriebenen Auftrages ungewiss ist. Sollte die Zuschlagserteilung noch möglich werden, weil die Insolvenz der Vergabestelle überwunden wird, so entfiele mit dem Ende des Insolvenzverfahrens auch die unterbrechende Wirkung des § 240 ZPO, so dass der Antragsteller seine Ansprüche in dem fortzusetzenden Beschwerdeverfahren weiterverfolgen könnte. Sollte andererseits der Insolvenzverwalter das Verfahren aufnehmen, weil er den Auftrag trotz Insolvenz der Vergabestelle erteilen möchte, müsste das Verfahren ebenfalls fortgesetzt werden. Selbst der Feststellungsantrag dient nur der Vorbereitung eines möglichen Schadensersatzanspruchs des unterlegenen Bieters gegen die insolvente Vergabestelle, den dieser im Obsiegensfall nur zur Tabelle anmelden könnte (OLG Naumburg, B. v. 22. 4. 2010 – Az.: 1 Verg 11/09). 4732

In einem Nachprüfungsverfahren, das sich regelmäßig auf die Erteilung oder Nichterteilung des Zuschlags bezieht, kann die insolvente Vergabestelle in der Regel kein berechtigtes Interesse haben, das Verfahren weiter zu führen, bevor der Insolvenzverwalter sich ein Bild über die Zukunftsaussichten des Betriebes gemacht und gegebenenfalls für eine Aufnahme des Nachprüfungsverfahrens entschieden hat. § 240 ZPO dient auch dem Schutz der Gläubiger, deren Interesse darauf gerichtet ist, keine Vermögenswerte der Gemeinschuldnerin in Einzelverfahren zu verlieren. Dies gilt erst Recht im Passivprozess der insolventen Vergabestelle. Auch den am Nachprüfungsverfahren beteiligten Bietern kann nicht zugemutet werden, sich „aus Gründen der Verfahrensbeschleunigung" noch an eine insolvente Vergabestelle zu binden. **Insgesamt sprechen also die Interessen der Beteiligten grundsätzlich eher für eine Unterbrechung nach § 240 ZPO** (OLG Naumburg, B. v. 22. 4. 2010 – Az.: 1 Verg 11/09). 4733

32.6 Unselbständige Anschlussbeschwerde

Zur Zulässigkeit der unselbständigen Anschlussbeschwerde vgl. die Kommentierung zu § 116. 4734

32.7 Wiedereinsetzung in den vorigen Stand

Zur Wiedereinsetzung in den vorigen Stand vgl. die Kommentierung zu § 116. 4735

32.8 Grundsatz des rechtlichen Gehörs

Der Grundsatz des rechtlichen Gehörs stellt **keinen Selbstzweck** dar, sondern ist – wie § 321a Abs. 1 Nr. 1 ZPO zeigt – **nur dann berührt, wenn** die ohne hinreichende Gewährung rechtlichen Gehörs getroffene **Entscheidung nicht mehr in der Rechtsmittelinstanz anfechtbar** ist und der **Verfahrensbeteiligte somit auch nachträglich kein Gehör findet** (OLG Düsseldorf, B. v. 30. 11. 2009 – Az.: VII-Verg 41/09; OLG Thüringen, B. v. 14. 10. 2003 – Az.: 6 Verg 8/03). 4736

Vgl. im Einzelnen die Kommentierung zu § 112 GWB. 4737

32.9 Zulässigkeit einer Anhörungsrüge

Die Vorschriften der §§ 116 ff. GWB enthalten **keine eigenständige Regelung zum Anhörungsrügeverfahren**. Jedoch verweist § 120 Abs. 2 GWB auf eine Anzahl von Vorschriften zum Beschwerdeverfahren gegen Verfügungen der Kartellbehörde (§§ 63 ff. GWB). In seiner durch das **Anhörungsrügengesetz vom 9. Dezember 2004**, dort Art. 20 Nr. 3 geänderten Fassung **verweist § 120 GWB auch auf § 71a GWB, der die Anhörungsrüge regelt**. Diese Änderung von § 120 GWB ist im Bundesgesetzblatt Teil I vom 14. Dezember 2004, S. 3220, 3229 f. bekannt gemacht worden. Allerdings veröffentlichte der Bundesminister für 4738

Teil 1 GWB § 120   Gesetz gegen Wettbewerbsbeschränkungen

Wirtschaft und Arbeit im Bundesgesetzblatt Teil I vom 20. Juli 2005, S. 2114ff., eine „**Bekanntmachung der Neufassung des Gesetzes gegen Wettbewerbsbeschränkungen**". **Ausweislich ihrer Präambel, dort Nr. 14, berücksichtigt diese Neubekanntmachung auch das Anhörungsrügengesetz. Jedoch fehlt in § 120 Abs. 2 dieser Neubekanntmachung die Verweisung auf § 71 a GWB.** Dieser Fehler hatte zur Folge, dass in den verbreiteten Gesetzestexten und auch in der Kommentarliteratur die Verweisung des § 120 GWB auf die Vorschrift über die Anhörungsrüge nicht enthalten ist. **Gemessen an der objektiven Rechtslage ist eine Regelungslücke nicht gegeben**, da mit der ausdrücklichen Verweisung von § 120 GWB auf die Vorschrift des § 71 a GWB der **Rechtsbehelf der Anhörungsrüge ausdrücklich im Gesetz geregelt** war. Eine Regelungslücke bestand allenfalls, wenn man den veröffentlichten und damit fehlerhaften Gesetzestext zugrunde legt (BVerfG, Beschluss v. 26. 2. 2008 – Az.: 1 BvR 2327/07). Der **Rechtsbehelf der Anhörungsrüge ist also zulässig** (OLG Düsseldorf, B. v. 4. 3. 2009 – Az.: VII-Verg 67/08).

4739   Für eine **Anhörungsrüge hinsichtlich einer Entscheidung über die Versagung der Akteneinsicht im Eilverfahren** besteht deswegen **kein Bedürfnis, weil Beschlüsse des Senats über die Gewährung von Akteneinsicht nicht in Rechtskraft erwachsen** und daher jederzeit abgeändert werden können (OLG Düsseldorf, B. v. 4. 3. 2009 – Az.: VII-Verg 67/08).

32.10 Verschlechterungsverbot

4740   Ein **angefochtener Beschluss der Vergabekammer unterliegt in vollem Umfange der Überprüfung durch den Senat.** Der **Senat ist nicht etwa an die Bejahung bestimmter Tatbestandselemente durch die Vergabekammer gebunden und darauf beschränkt, lediglich die von ihr verneinten Tatbestandsmerkmale zu überprüfen.** Zwar gilt das Verschlechterungsverbot auch in Verfahren, in denen – wie im Vergabenachprüfungsverfahren (vgl. § 114 Abs. 1 S. 1 GWB) – die verfahrensrechtliche Dispositionsbefugnis eingeschränkt ist. Das **Verschlechterungsverbot bezieht sich jedoch auf den geltend gemachten Anspruch als solchen, nicht auf einzelne Tatbestandsmerkmale.** Selbst wenn (auch) aus § 117 Abs. 2 Satz 2 Nr. 1 GWB zu schließen sein sollte, dass das Beschwerdegericht an die Anträge des Beschwerdeführers gebunden sein sollte, ändert dies nichts daran, dass sich der Antrag auf das Rechtsschutzbegehren, nicht auf dessen einzelne Tatbestandselemente bezieht. Die Vorschrift des § 117 Abs. 2 Satz 2 Nr. 1 GWB ist der des § 520 Abs. 3 S. 2 Nr. 1 ZPO nachempfunden. Dennoch kann dies, wie aus den obigen Ausführungen hervorgeht, das **Berufungsgericht bei einem klageabweisenden erstinstanzlichen Urteil nicht daran hindern, die von der ersten Instanz bejahte Zulässigkeit der Klage oder einzelne bejahte Tatbestandsmerkmale anders zu beurteilen** (OLG Düsseldorf, B. v. 4. 3. 2009 – Az.: VII-Verg 67/08).

32.11 Zustellung

4741   Die **vom Gericht veranlasste Zustellung der Beschwerdeschrift ist Voraussetzung für die Entstehung eines Prozessrechtsverhältnisses in der Beschwerdeinstanz des Vergabenachprüfungsverfahrens.** Da dem Beschwerdegegner aus dem Prozessrechtsverhältnis prozessuale Pflichten entstehen, **muss die Entstehung des Prozessrechtsverhältnisses an feststehende, regelmäßig zweifelsfrei und unschwer festzustellende Ereignisse geknüpft werden; die Existenz eines Prozessrechtsverhältnisses zwischen den Parteien darf nicht ungewiss** sein. Entsprechend dem für den Zivilprozess geltenden Rechtsgedanken kann die erforderliche Sicherheit, dass die Sache rechtshängig geworden ist, **im Regelfall nur durch die vom Prozessgericht aktenkundig veranlasste und durch Zustellungsurkunde oder Empfangsbekenntnis nachgewiesene Zustellung der Klageschrift oder Rechtsmittelschrift an die beklagte Partei oder den Rechtsmittelgegner gewährleistet** werden. Für den Fall der sofortigen Beschwerde im Vergabenachprüfungsverfahren kommt trotz dem dieses Verfahren bestimmenden Beschleunigungsgrundsatz eine Ausnahme von diesem Grundsatz – zeitliche Vorverlagerung des Eintritts der Rechtshängigkeit auf den Zeitpunkt des Eingangs der Beschwerde bei Gericht oder den Zeitpunkt des Eingangs der vorab gem. § 117 Abs. 4, 119 GWB übermittelten Beschwerdeschrift beim Antragsgegner – nicht in Betracht (OLG Brandenburg, B. v. 18. 5. 2010 – Az.: Verg W 1/08).

4742   **Auf den Zeitpunkt der Übermittlung der Beschwerdeschrift im Parteibetrieb gemäß §§ 117 Abs. 4, 119 GWB kann für den Eintritt der Rechtshängigkeit schon des-**

halb nicht zurückgegriffen werden, weil sich mangels zwingend erforderlicher Dokumentation in den Gerichtsakten weder die Tatsache der Übermittlung noch deren Zeitpunkt in jedem Falle zweifelsfrei und eindeutig für das Gericht feststellen lassen. Da die Frage, ob ein Prozessrechtsverhältnis entstanden ist, einheitlich und nicht von Fall zu Fall entschieden werden kann, führt die Tatsache, dass ein Antragsteller dem Auftraggeber die Beschwerdeschrift im Parteibetrieb zugestellt und damit für eine ausreichende Dokumentation gesorgt hat, zu keinem anderen Ergebnis (OLG Brandenburg, B. v. 18. 5. 2010 – Az.: Verg W 1/08).

33. § 121 GWB – Vorabentscheidung über den Zuschlag

(1) Auf Antrag des Auftraggebers oder auf Antrag des Unternehmens, das nach § 101a vom Auftraggeber als das Unternehmen benannt ist, das den Zuschlag erhalten soll, kann das Gericht den weiteren Fortgang des Vergabeverfahrens und den Zuschlag gestatten, wenn unter Berücksichtigung aller möglicherweise geschädigten Interessen die nachteiligen Folgen einer Verzögerung der Vergabe bis zur Entscheidung über die Beschwerde die damit verbundenen Vorteile überwiegen. Bei der Abwägung ist das Interesse der Allgemeinheit an einer wirtschaftlichen Erfüllung der Aufgaben des Auftraggebers zu berücksichtigen. Das Gericht berücksichtigt bei seiner Entscheidung auch die Erfolgsaussichten der sofortigen Beschwerde, die allgemeinen Aussichten des Antragstellers im Vergabeverfahren, den Auftrag zu erhalten, und das Interesse der Allgemeinheit an einem raschen Abschluss des Vergabeverfahrens.

(2) Der Antrag ist schriftlich zu stellen und gleichzeitig zu begründen. Die zur Begründung des Antrags vorzutragenden Tatsachen sowie der Grund für die Eilbedürftigkeit sind glaubhaft zu machen. Bis zur Entscheidung über den Antrag kann das Verfahren über die Beschwerde ausgesetzt werden.

(3) Die Entscheidung ist unverzüglich längstens innerhalb von fünf Wochen nach Eingang des Antrags zu treffen und zu begründen; bei besonderen tatsächlichen oder rechtlichen Schwierigkeiten kann der Vorsitzende im Ausnahmefall die Frist durch begründete Mitteilung an die Beteiligten um den erforderlichen Zeitraum verlängern. Die Entscheidung kann ohne mündliche Verhandlung ergehen. Ihre Begründung erläutert Rechtmäßigkeit oder Rechtswidrigkeit des Vergabeverfahrens. § 120 findet Anwendung.

(4) Gegen eine Entscheidung nach dieser Vorschrift ist ein Rechtsmittel nicht zulässig.

33.1 Vergaberechtsmodernisierungsgesetz 2009

Ebenso wie in § 115 GWB wird der **Kreis der Berechtigten für einen Antrag auf Vorabstattung des Zuschlags auf das für den Zuschlag vorgesehene Unternehmen** erweitert. 4743

Die **Entscheidungskriterien** für die Entscheidung des Beschwerdegerichts sind **an § 118 Abs. 2 GWB angepasst** worden. 4744

33.2 Vorläufiger Rechtsschutz des Auftraggebers in Sozialrechtsstreitigkeiten

Der **vorläufige Rechtsschutz des vor der Vergabekammer unterlegenen Auftraggebers richtet sich auch nach der Neuregelung** des Gesetzes zur Weiterentwicklung der Organisationsstrukturen in der gesetzlichen Krankenversicherung (**GKV-OrgWG**) nach dem in § 121 GWB geregelten Vorabentscheidungsverfahren (LSG Baden-Württemberg, B. v. 28. 10. 2008 – Az.: L 11 KR 4810/08 ER-B). 4745

33.3 Rechtmäßigkeit der Vorschrift

Die Rechtsprechung sieht die Regelung des § 121 GWB **in Übereinstimmung mit dem Europäischen Recht, insbesondere der Richtlinie 89/665**. Einerseits mussten nämlich wirk- 4746 same Regelungen gefunden werden, um Vergaberechtsverstöße zu ahnden, andererseits sollten aber Entscheidungen vor allem möglichst rasch erfolgen. Dazu gehört auch eine gesetzliche Regelung wie die des § 121 GWB, die die Bundesrepublik Deutschland getroffen hat. Denn auch die Richtlinie sieht ausdrücklich solche vorläufigen Maßnahmen vor (vgl. Erwägungen), die das Vergabeverfahren oder die Durchführung etwaiger Beschlüsse der Vergabebehörde aussetzen.

4747 Nicht nur diese hat allerdings der Richtliniengeber für sinnvoll gehalten, sondern lediglich ausgeführt, dass angesichts der Kürze der Verfahren zur Vergabe öffentlicher Aufträge die für die Nachprüfung zuständigen Stellen „vor allem befugt" sein müssten, aussetzende vorläufige Maßnahmen zu treffen. Dies zeigt aber auch, dass auch andere vorläufige Maßnahmen, zu denen die für die Nachprüfung zuständigen Stellen nicht „vor allem", aber gleichwohl befugt sein müssen, möglich sind. Von eben dieser Möglichkeit hat die Bundesrepublik Deutschland mit der Regelung des § 121 GWB Gebrauch gemacht (OLG Celle, B. v. 13. 3. 2002 – Az.: 13 Verg 4/02).

33.4 Zulässigkeitsvoraussetzungen eines Antrags auf Vorabentscheidung

33.4.1 Ablehnung des Nachprüfungsantrages

33.4.1.1 Grundsatz

4748 **§ 121 knüpft an** die Regelung des **§ 118 Abs. 3** an. Wie sich aus dem Verhältnis von § 118 Abs. 3 GWB und § 121 Abs. 1 GWB ergibt, kommt eine **Entscheidung nach dieser Vorschrift** nur dann in Betracht, **wenn die Vergabestelle vor der Vergabekammer unterlegen** und so die Erteilung des Zuschlages bis auf Weiteres gemäß § 118 Abs. 3 GWB untersagt ist (OLG Naumburg, B. v. 30. 6. 2000 – Az.: 1 Verg 4/00; B. v. 29. 9. 1999 – Az.: 10 Verg 3/99).

33.4.1.2 Ausnahmen

4749 Das OLG Naumburg ist zwar in seiner bisherigen Rechtsprechung davon ausgegangen, dass ein Antrag der Vergabestelle nach § 121 Abs. 1 GWB nicht statthaft ist, wenn die Vergabestelle im Verfahren vor der Vergabekammer obsiegt hat. Hieran hält der Senat grundsätzlich fest. Der Senat erwägt aber, **für den Fall einer atypischen Verlängerung des Beschwerdeverfahrens** durch dessen Aussetzung in Ergänzung und teilweiser Abänderung dieser Rechtsprechung einen Antrag der Vergabestelle nach § 121 Abs. 1 GWB ausnahmsweise für zulässig zu erachten (OLG Naumburg, B. v. 28. 10. 2002 – Az.: 1 Verg 9/02).

4750 Nach dem Sinn der Regelung erfasst diese nicht nur die Fälle eines nicht ausgesprochenen ausdrücklichen Zuschlagsverbots, sondern **greift auch dann ein**, wenn der Antragsgegner ein Interesse daran hat, das Vergabeverfahren ohne Erfüllung der von der Vergabekammer gemachten, meist zu Verzögerungen im Verfahrensablauf führenden Anordnungen fortzusetzen (BayObLG, B. v. 1. 10. 2001 – Az.: Verg 6/01).

33.4.2 Antrag

33.4.2.1 Antragsbefugnis

4751 **33.4.2.1.1 Antrag des Auftraggebers oder des für den Zuschlag vorgesehenen Unternehmens. 33.4.2.1.1.1 Vergaberechtsmodernisierungsgesetz 2009.** Über die **bisherige Antragsbefugnis nur des Auftraggebers hinaus** räumt das Vergaberechtsmodernisierungsgesetz 2009 **auch dem für den Zuschlag vorgesehenen Unternehmen ein Recht auf Stellung eines Vorabgestattungsantrags** ein. Nach der Gesetzesbegründung kann es hilfreich sein, auch dem Unternehmen, das nach der gemäß § 101a bekannt gemachten Absicht des öffentlichen Auftragebers den Zuschlag erhalten sollen, ein entsprechendes Antragsrecht einzuräumen.

4752 **33.4.2.2 Stellung des Antrages als Hilfsantrag.** Nach der Rechtsprechung ist offen, ob ein Antrag nach § 121 Abs. 1 GWB in statthafter Weise überhaupt **hilfsweise für den Fall des Unterliegens mit dem Hauptantrag** gestellt werden kann. Das ist zweifelhaft, weil viel dafür spricht, dass der Regelungszweck des § 121 GWB, der eine solche Gestattung im Beschwerdeverfahren allenfalls rechtfertigen könnte, nicht mehr erfüllbar ist, nachdem die Beschwerde in der Hauptsache entscheidungsreif ist; zu einem früheren Zeitpunkt dürfte der Senat über den „Eilantrag" nach Maßgabe des Verhältnisses von Haupt- und Hilfsantrag aber nicht befinden (weshalb zumindest die Frist des § 121 Abs. 3 Satz 1 GWB ins Leere geht). Dass sich ein Be-

Gesetz gegen Wettbewerbsbeschränkungen GWB § 121 **Teil 1**

dürfnis nach beschleunigter Zuschlagsgestattung erst aus dem endgültigen Unterliegen der Vergabestelle im Vergabebeschwerdeverfahren ergibt, wird dem Gesetzgeber bei Schaffung des § 121 GWB schon nach dessen Wortlaut nicht vor Augen gestanden haben (OLG Dresden, B. v. 16. 10. 2001 – Az.: WVerg 0007/01).

33.4.2.3 Wegfall des Rechtsschutzinteresses für den Antrag

Mit einer **Entscheidung in der Hauptsache** ist der die Vorabentscheidung über den Zuschlag gemäß § 121 GWB betreffende Antrag gegenstandslos (OLG Düsseldorf, B. v. 17. 7. 2002 – Az.: Verg 30/02; OLG Rostock, B. v. 20. 8. 2003 – Az.: 17 Verg 9/03). 4753

Ein **Zuschlagsverbot** – als Voraussetzung für einen Antrag nach § 121 – **dauert solange fort, wie die Entscheidung der Vergabekammer nicht nach § 123 GWB aufgehoben oder der Zuschlag gemäß § 121 GWB gestattet ist, oder bis die nach § 114 Abs. 1 Satz 1 GWB angeordneten Maßnahmen vollzogen sind. Die Erfüllung der angeordneten Maßnahmen bringt das im Vergabekammerbeschluss enthaltene Zuschlagsverbot zum Erlöschen.** Ein Antragsgegner unterliegt seit diesem Zeitpunkt dem Zuschlagsverbot nicht mehr (LSG Nordrhein-Westfalen, B. v. 30. 1. 2009 – Az.: L 21 KR 1/08 SFB); der Auftraggeber bedarf also in zweiter Instanz einer Vorabgestattung gemäß § 121 Abs. 1 Satz 1 GWB nicht mehr. Dies gilt ungeachtet eines eventuell von dem Antragsgegner womöglich inzwischen anhängig gemachten weiteren Nachprüfungsantrages gegen eine neue Vergabeentscheidung des Auftraggebers, dessen Zustellung gemäß § 115 Abs. 1 GWB ein neues Zuschlagsverbot auslösen kann. Ein solches Zuschlagsverbot muss ein Antragsteller vor der Vergabekammer (zunächst) mit einem Antrag gemäß § 115 Abs. 2 GWB bekämpfen (OLG Düsseldorf, B. v. 29. 11. 2005 – Az.: VII – Verg 82/05). 4754

33.4.2.4 Frühester Zeitpunkt der Antragstellung

Begehrt ein Beteiligter eine **Entscheidung über den Zuschlag schon vor Ablauf der 14-tägigen Verfallsdauer der aufschiebenden Wirkung**, muss er einen Antrag nach § 121 GWB auf Gestattung des Zuschlags trotz noch nicht vorliegender (Hauptsache-) Entscheidung über die sofortige Beschwerde stellen. Weder der Wortlaut noch die Systematik des § 121 GWB sprechen zwingend dagegen, dieses Verfahren auch mit dem Ziel zuzulassen, die Suspensivwirkung des § 118 Abs. 1 Satz 2 GWB zu verkürzen. Die **Rechtsprechung hält aber einen solchen Antrag nicht für statthaft.** Nach Sinn und Zweck dieser Vorschrift soll verhindert werden, dass es durch die Gewährung gerichtlichen Rechtsschutzes zu unerträglichen Verzögerungen des Vergabeverfahrens kommt, da „die vergleichbaren regulären Verfahren vor dem OLG bis zu neun Monaten dauern können". Dies ist auch der Grund, warum den Oberlandesgerichten eine Entscheidungsfrist von fünf Wochen vorgegeben wird (§ 121 Abs. 3 GWB). Die Gefahr einer unerträglichen Verzögerung des Vergabeverfahrens besteht aber dann von vornherein nicht, wenn nach vollständigem oder teilweisem Obsiegen der Vergabestelle vor der Vergabekammer der Suspensiveffekt einer Beschwerde ohnehin in angemessener Frist, nämlich zwei Wochen nach Ablauf der Beschwerdefrist entfällt (OLG Naumburg, B. v. 30. 6. 2000 – Az.: 1 Verg 4/00). 4755

Die Rechtsprechung verkennt nicht, dass es **ausnahmsweise auch Konstellationen** geben kann, in denen eine Erteilung des Zuschlags bereits innerhalb der Frist des § 118 Abs. 1 Satz 2 GWB geboten sein kann. Soweit dies der Fall ist – etwa bei einem überragenden öffentlichen Interesse an einer kurzfristigen Erteilung des Zuschlags bei gleichzeitig geringen Erfolgsaussichten der Beschwerde – ist die Vergabestelle jedoch nicht, wie sie meint, ohne Rechtsschutz oder gar schlechter gestellt, als im Falle des Unterliegens vor der Vergabekammer. Zwar ist nicht ausgeschlossen, dass der Senat nach einem Unterliegen der Vergabestelle vor der Vergabekammer auf einen Antrag nach § 121 GWB so frühzeitig entscheidet, dass der Suspensiveffekt des § 118 Abs. 1 Satz 2 GWB noch andauern würde. Dennoch greift die Argumentation zu kurz. Liegt nämlich die hier geltend gemachte besondere Eilbedürftigkeit vor, so hat die Vergabestelle bereits in dem Verfahren vor der Vergabekammer **die Möglichkeit, einen Antrag nach § 115 Abs. 2 GWB** zu stellen (OLG Naumburg, B. v. 30. 6. 2000 – Az.: 1 Verg 4/00). 4756

33.4.2.5 Rechtsschutzbedürfnis für einen Antrag auch nach Verlängerung der aufschiebenden Wirkung?

Hat der Vergabesenat im Beschwerdeverfahren auf Antrag des die Beschwerde führenden Bieters sowie nach Anhörung der Vergabestelle **eine Verlängerung der aufschiebenden Wirkung des Rechtsmittels** bis zur endgültigen Entscheidung über die sofortige Beschwerde an- 4757

1001

geordnet, so hat er die nach § 121 Abs. 1 Satz 1 und Satz 2 GWB **maßgeblichen Sach- und Rechtsfragen**, die den Voraussetzungen nach § 118 Abs. 2 GWB nahezu entsprechen, **bereits geprüft und hierüber entschieden**. Ein Rechtsschutzbedürfnis für eine erneute Entscheidung dieser Fragen im Rahmen eines förmlichen Antragsverfahrens besteht allenfalls, wenn nach der Entscheidung nach § 118 Abs. 2 GWB **neue Tatsachen auftreten bzw. der Vergabestelle bekannt werden**, die Einfluss auf die Sach- und Rechtslage haben könnten (OLG Naumburg, B. v. 21. 8. 2003 – Az.: 1 Verg 9/03).

33.5 Entscheidungskriterien (§ 121 Abs. 1 Satz 1–3)

33.5.1 Vergaberechtsmodernisierungsgesetz 2009

33.5.1.1 Allgemeines

4758   Die **Kriterien** für die Abwägungsentscheidung nach § 121 Abs. 1 sind **konkretisiert** worden.

33.5.1.2 Streichung der zweistufigen Prüfung

4759   **Nach der bisherigen Rechtsprechung** waren im Rahmen der inhaltlichen Prüfung eines Antrags auf Vorabgestattung **zunächst die Erfolgsaussichten der sofortigen Beschwerde zu prüfen** (OLG Düsseldorf, B. v. 17. 4. 2008 – Az.: VII – Verg 15/08; B. v. 24. 5. 2007 – Az.: VII – Verg 12/07; B. v. 1. 8. 2005 – Az.: VII – Verg 41/05; OLG Frankfurt, B. v. 10. 7. 2007 – Az.: 11 Verg 5/07; OLG Rostock, B. v. 6. 3. 2009 – Az.: 17 Verg 1/09).

4760   Nach dem **neuen Wortlaut** von § 121 Abs. 1 GWB ist – wie bei § 118 Abs. 2 GWB – diese **Zweistufigkeit gestrichen**. Der **Vergabesenat ist verpflichtet, schon im ersten Schritt eine Abwägungsentscheidung** zu treffen, **in deren Rahmen auch die Erfolgsaussichten zu berücksichtigen** sind.

33.5.2 Abwägungsentscheidung (§ 121 Abs. 1 Satz 1–3)

33.5.2.1 Allgemeines

4761   Nach den Vorstellungen der Verfasser des Vierten Teils des GWB soll der **vorzeitige Zuschlag selbst dann gestattet werden können**, wenn im Vergabeverfahren eine **Rechtsverletzung des Antragstellers** eingetreten ist, die Gründe für eine rasche Vergabe jedoch besonders schwer wiegen. Indes **kann sich das Allgemeininteresse an einem raschen Abschluss des Vergabeverfahrens gegenüber dem Bieterschutz nur in solchen Ausnahmefällen durchsetzen, in denen sein Gewicht dasjenige des festgestellten Vergaberechtsverstoßes übertrifft**, mit anderen Worten **dann, wenn der Rechtsverstoß nicht besonders schwerwiegend zu qualifizieren ist**. Davon kann in einem Fall, in dem unter gleichzeitiger Verletzung des Wettbewerbsgrundsatzes (§ 97 Abs. 1 GWB) ein nicht näher bestimmbarer Bieterkreis durch den Rechtsverstoß von einer Teilnahme am Vergabeverfahren ausgeschlossen worden ist, nicht gesprochen werden (OLG Düsseldorf, B. v. 1. 8. 2005 – Az.: VII – Verg 41/05).

33.5.2.2 Berücksichtigung des Interesses der Allgemeinheit an einer wirtschaftlichen Erfüllung der Aufgaben des Auftraggebers (§ 121 Abs. 1 Satz 2)

4762   Vgl. dazu die Kommentierung zu → § 115 GWB Rdn. 66.

33.5.2.3 Berücksichtigung der Erfolgsaussichten der Beschwerde (§ 121 Abs. 1 Satz 3)

4763   **33.5.2.3.1 Allgemeines.** Abzuwägen sind die Folgen der Gestattung des Zuschlages gegenüber dem Interesse der Beschwerdegegnerin an der Aufrechterhaltung des Beschlusses der Vergabekammer. Dabei sind die **Erfolgsaussichten in diesem Stadium des Gerichtsverfahrens entscheidend**. Die nachteiligen Folgen einer Verzögerung der Vergabe sind von vornherein gering zu gewichten, wenn wahrscheinlich ist, dass das Beschwerdegericht in der Hauptsacheentscheidung die Erteilung des Zuschlages verbieten wird und umgekehrt hoch, wenn die gegenteilige Entscheidung wahrscheinlich ist (OLG Celle, B. v. 13. 3. 2002 – Az.: 13 Verg 4/02).

4764   Die Erfolgsaussichten eines Rechtsmittels und die Interessen der Verfahrensbeteiligten stehen also bei der nach § 121 GWB zu treffenden Eilentscheidung in der Weise in einer **Wechselbe-**

Gesetz gegen Wettbewerbsbeschränkungen GWB § 121 **Teil 1**

ziehung, dass das Interesse des Auftraggebers an einer alsbaldigen Zuschlagserteilung um so weniger ausgeprägt und gewichtig sein muss, je höher die Wahrscheinlichkeit ist, dass die Beschwerdeentscheidung (in der Hauptsache) seinen Rechtsstandpunkt bestätigen und daher im Ergebnis zu seinen Gunsten ergeben wird (OLG Düsseldorf, B. v. 24. 5. 2007 – Az.: VII – Verg 12/07; B. v. 16. 3. 2005 – Az.: VII – Verg 05/05). Außerdem muss der **Grund für die Eilbedürftigkeit feststehen oder glaubhaft gemacht** worden sein (OLG Düsseldorf, B. v. 17. 4. 2008 – Az.: VII – Verg 15/08).

Auf eine Abwägung der widerstreitenden Interessen im Sinne von § 121 Abs. 1 Satz 2 GWB unter besonderer Berücksichtigung einer besonderen Eilbedürftigkeit der Auftragserteilung kommt es daher in solchen Fällen nicht an (OLG Dresden, B. v. 11. 7. 2000 – Az.: WVerg 0005/00). **4765**

Eine Entscheidung über die Erfolgsaussichten ist dann nicht möglich, wenn eine entscheidungserhebliche Rechtsfrage dem EuGH vorgelegt worden ist (OLG Düsseldorf, B. v. 11. 9. 2000 – Az.: Verg 7/00). **4766**

Dem Auftraggeber ist auch nach der Neuformulierung des § 121 Abs. 1 Satz 1 GWB der Zuschlag zu gestatten, wenn sein **Rechtsmittel mit hoher Wahrscheinlichkeit Erfolg haben wird** (OLG Celle, B. v. 3. 6. 2010 – Az.: 13 Verg 6/10). **4767**

33.5.2.3.2 Analoge Anwendung? Eine unmittelbare Anwendung der Vorschrift kommt nicht in Betracht, wenn ein **Vertrag über die zu beschaffenden Leistungen bereits geschlossen ist, dieser aber nach § 101 a GWB nichtig** ist. In einer solchen Situation kann man der Auffassung sein, dass eine Gestattung des Vertragsabschlusses analog § 121 Abs. 1 Satz 2 GWB möglich sein muss, weil die Nichtigkeit der Verträge z. B. zu einer existentiellen Bedrohung von 16.000 ALG II-Empfängern führt. Für den **Ausgang der erforderlichen Interessenabwägung könne es keinen Unterschied machen, ob der Vertragsschluss erst noch erfolgen solle oder bereits geschehen sei**. Denn wenn es überragende Gründe für eine schnelle Vergabe eines Auftrags gebe, blieben diese auch nach Vertragsschluss bestehen. Die Regelungslücke für die nachträgliche Gestattung von besonders dringenden Vertragsabschlüssen könne durch eine analoge Anwendung des § 121 Abs. 1 GWB geschlossen werden, da eine ähnliche Interessenlage vorliege. **Gegen eine analoge Anwendung** des § 121 GWB in der hier vorliegenden Fallkonstellation dürfte schon sprechen, dass die **gesetzlich bestimmte Nichtigkeitsfolge bei Verletzung der Informationspflicht gemäß § 101a GWB nicht durch eine gerichtliche Entscheidung außer Kraft gesetzt werden kann**. Selbst eine Gestattung des Zuschlags durch das Gericht und ein nochmaliger Vertragsschluss könnten deshalb nicht zur Wirksamkeit der Verträge führen. Ungeachtet dessen wäre ein solches Verfahren mit Sinn und Zweck der in § 101b GWB angeordneten Nichtigkeitsfolge unvereinbar. Diese Frage bleibt aber dahingestellt (OLG Frankfurt, B. v. 10. 7. 2007 – Az.: 11 Verg 5/07). **4768**

Das LSG Baden-Württemberg ist der Auffassung, dass von ihrem **Wortlaut her § 121 GWB einen solchen Sachverhalt nicht umfasst** (LSG Baden-Württemberg, B. v. 28. 10. 2008 – Az.: L 11 KR 4810/08 ER-B). **4769**

33.5.2.4 Berücksichtigung der allgemeinen Erfolgsaussichten des Antragstellers auf Auftragserhalt (§ 121 Abs. 1 Satz 3)

33.5.2.4.1 Vergaberechtsmodernisierungsgesetz 2009. Vgl. dazu die Kommentierung zu → § 115 GWB Rdn. 69. **4770**

33.5.2.5 Beispiele aus der Rechtsprechung

– angesichts der bislang verstrichenen **erheblichen Planungs- und Vorbereitungszeit** sieht der Senat keinen Anlass, dass ausgerechnet die bis zur Beschwerdeentscheidung noch vergehende Zeit zu nachteiligen Folgen bei der Antragsgegnerin führen könnte, die die mit einem Aufschub verbundenen Vorteile überwiegen könnte, § 121 Abs. 1 S. 1 GWB (OLG Düsseldorf, B. v. 18. 10. 2010 – Az.: VII-Verg 39/10) **4771**

– daran gemessen, dass für die beantragte Vorabentscheidung bei dem im Streitfall hinsichtlich der Erfolgsaussicht des Rechtsmittels festzustellenden Befund **ein weniger gewichtiges Interesse des Auftraggebers genügt**, mithin keineswegs ein unabweisbares Interesse an einer alsbaldigen Erteilung des Zuschlags zu fordern ist, **reicht es** im Sinn eines die antragsgemäße Entscheidung begründenden Interesses jedoch **aus**, wenn **Impfungen und Augenuntersuchungen der dargestellten Art lediglich zu einem zahlenmäßigen Bruchteil des behaupteten Umfangs derzeit unmittelbar notwendig sind**, dann aber auch ungehindert

Teil 1 GWB § 121 Gesetz gegen Wettbewerbsbeschränkungen

durchgeführt werden können, und dass der Antragsgegner durch die Gestattung des Zuschlags nicht nur eine in einzelnen Fällen anstehende, sondern eine regelmäßige betriebsärztliche Versorgung von Bediensteten im Rahmen seiner laufenden Verwaltung, d. h. ohne einen zusätzlichen verwaltungstechnischen Aufwand, sicherstellen kann. Allein dies rechtfertigt die beantragte Entscheidung (OLG Düsseldorf, B. v. 16. 3. 2005 – Az.: VII – Verg 05/05)

– eine (zeitlich überschaubare) Verzögerung hat die Antragsgegnerin im Interesse eines effektiven Primärrechtsschutz der Antragstellerin hinzunehmen (OLG Düsseldorf, B. v. 20. 3. 2003 – Az.: Verg 08/03)

– letztendlich wäre unter Umständen zu befürchten, dass im Lande Bremen eine **nennenswerte Anzahl von Arbeitsplätzen verloren gehen** würde. Auf der anderen Seite sind die möglichen Nachteile der Antragstellerin unter Berücksichtigung der vorstehenden Ausführungen äußerst gering. Zu Lasten der Antragstellerin wurden formale Rechtsverletzungen begangen, die sich im Ergebnis aber nicht ausgewirkt haben (Hanseatisches OLG in Bremen, B. v. 18. 8. 2003 – Az.: Verg 7/2003)

33.6 Inhalt der Entscheidung (§ 121 Abs. 3 Satz 1)

4772   Bei **längerfristigen Aufträgen** kann es angebracht sein, den **Zuschlag nur für eine bestimmte Zeit zu gestatten** (OLG Düsseldorf, B. v. 11. 9. 2000 – Az.: Verg 7/00).

33.7 Mündliche Verhandlung (§ 121 Abs. 3 Satz 2)

4773   Ist in einem Verfahren nach § 121 GWB **keine weitere Sachverhaltsaufklärung** erforderlich, bedarf es für diese Entscheidung **keiner vorherigen mündlichen Verhandlung** (Hanseatisches OLG Bremen, B. v. 20. 7. 2000 – Az.: Verg 1/2000).

33.8 Kosten der Entscheidung nach § 121 Abs. 1

4774   Eine **gesonderte Kostenentscheidung ist nicht angezeigt**. Bei den Kosten des Verfahrens nach 121 Abs. 1 GWB handelt es sich um Kosten des Beschwerdeverfahrens, über die gemäß § 128 GWB einheitlich im Rahmen der Entscheidung über die Hauptsache zu befinden ist (OLG Düsseldorf, B. v. 24. 5. 2007 – Az.: VII – Verg 12/07; B. v. 1. 8. 2005 – Az.: VII – Verg 41/05; B. v. 11. 9. 2000 – Az.: Verg 7/00; OLG Karlsruhe, B. v. 4. 5. 2007 – Az.: 17 Verg 5/07).

33.9 Rechtsmittel gegen eine Entscheidung nach § 121

4775   Gegen eine Entscheidung nach § 121 ist gemäß § 121 Abs. 4 GWB ein **Rechtsmittel nicht zulässig** (OLG Celle, B. v. 13. 3. 2002 – Az.: 13 Verg 4/02).

33.10 Einseitige Erledigung des Antrags

4776   Die **einseitig gebliebene Erledigungserklärung enthält** – entsprechend den im Zivilprozess geltenden Grundsätzen – **den Antrag, die Erledigung des Antrags gem. § 121 GWB festzustellen**. Die Feststellung der Erledigung ist auszusprechen, der Feststellungsantrag mithin begründet, wenn der ursprüngliche Antrag zunächst zulässig und begründet war, sodann aber durch ein erledigendes Ereignis gegenstandslos geworden ist (Saarländisches OLG, B. v. 20. 9. 2006 – Az.: 1 Verg 3/06).

33.11 Literatur

4777   – Erdmann, Joachim, Die Interessenabwägung im vergaberechtlichen Eilrechtsschutz gemäß §§ 115 Abs. 2 Satz 1, 118 Abs. 2 Satz 2 und § 121 Abs. 1 Satz 2 GWB, VergabeR 2008, 908
– Opitz, Marc, Das Eilverfahren, NZBau 2005, 213

34. § 122 GWB – Ende des Vergabeverfahrens nach Entscheidung des Beschwerdegerichts

Ist der Auftraggeber mit einem Antrag nach § 121 vor dem Beschwerdegericht unterlegen, gilt das Vergabeverfahren nach Ablauf von 10 Tagen nach Zustellung der Entscheidung als beendet, wenn der Auftraggeber nicht die Maßnahmen zur Herstellung der Rechtmäßigkeit des Verfahrens ergreift, die sich aus der Entscheidung ergeben; das Verfahren darf nicht fortgeführt werden.

34.1 Vergaberechtsmodernisierungsgesetz 2009

§ 122 GWB ist **durch das Vergaberechtsmodernisierungsgesetz 2009 nicht geändert** 4778
worden.

34.2 Allgemeines

Das Gesetz knüpft an das Unterliegen mit einem Antrag nach § 121 GWB eine **besondere** 4779
Rechtsfolge. Nach § 122 GWB gilt das Vergabeverfahren nach Ablauf von 10 Tagen nach Zustellung der Entscheidung als beendet, wenn der Auftraggeber nicht die Maßnahmen zur Herstellung der Rechtmäßigkeit des Verfahrens ergreift, die sich aus der Entscheidung ergeben; das Verfahren darf nicht fortgeführt werden. Dem liegt die **Erwägung zugrunde**, dass es nach Prüfung durch die Vergabekammer und nach einer obergerichtlichen Entscheidung zuungunsten des Auftraggebers im Vorabentscheidungsverfahren über den Zuschlag äußerst unwahrscheinlich ist, dass die zweite Entscheidung des Gerichts anders ausfallen würde und das Beschwerdegericht nach weiterer Prüfung auch in der Hauptsache zu einem für den Auftraggeber günstigen Ergebnis kommt (KG Berlin, B. v. 9. 11. 1999 – Az.: KartVerg 12/99).

34.3 Beendigungsfiktion

Sind die Voraussetzungen des § 122 erfüllt, ist das Vergabeverfahren wirksam beendet (OLG 4780
Naumburg, B. v. 4. 9. 2001 – Az.: 1 Verg 8/01).

35. § 123 GWB – Beschwerdeentscheidung

Hält das Gericht die Beschwerde für begründet, so hebt es die Entscheidung der Vergabekammer auf. In diesem Fall entscheidet das Gericht in der Sache selbst oder spricht die Verpflichtung der Vergabekammer aus, unter Berücksichtigung der Rechtsauffassung des Gerichts über die Sache erneut zu entscheiden. Auf Antrag stellt es fest, ob das Unternehmen, das die Nachprüfung beantragt hat, durch den Auftraggeber in seinen Rechten verletzt ist. § 114 Abs. 2 gilt entsprechend.

35.1 Vergaberechtsmodernisierungsgesetz 2009

§ 123 GWB ist **durch das Vergaberechtsmodernisierungsgesetz 2009 nicht geändert** 4781
worden.

35.2 Streitgegenstand

Mit dem Inhalt der Beschwerdebegründung entscheidet der allein dispositionsbe- 4782
fugte Beschwerdeführer darüber, was Gegenstand der Entscheidungsfindung des Beschwerdeverfahrens sein soll (OLG Brandenburg, B. v. 12. 1. 2010 – Az.: Verg W 5/09). Ist z.B. Gegenstand des Beschwerdeverfahrens die Aufhebung des offenen Ausschreibungsverfahrens sowie der Ausschluss eines Antragstellers wegen Nichtvorlage eines Eignungsnachweises, kann der Antragsgegner im Beschwerdeverfahren nicht die Ergebnisse eines vollständig neuen

Wertungsvorgangs – zu Lasten des Antragstellers – in das Verfahren einbringen; ansonsten erlangt er die Dispositionsbefugnis über den Streitgegenstand. Es gibt insoweit **keinen prozessual zulässigen Weg für den Antragsgegner, seinerseits den Streitgegenstand über den von dem Beschwerdeführer vorgegeben Umfang hinaus zu erweitern** (OLG Frankfurt, B. v. 15. 7. 2008 – Az.: 11 Verg 4/08).

4783 Auch **mit dem Feststellungsantrag bestimmt der Antragsteller, in welcher Hinsicht eine Verletzung seiner Rechte nach § 97 Abs. 7 GWB festgestellt werden soll**. An das im Beschwerdeantrag, und zwar jedenfalls in einem Feststellungsantrag, zum Ausdruck gebrachte Begehren des Antragstellers ist der Senat als Beschwerdegericht insoweit gebunden, als z. B. nur die Aufhebung eines offenen Verfahren und nicht auch die Durchführung des Verhandlungsverfahrens einer vergaberechtlichen Kontrolle zu unterziehen ist (OLG Düsseldorf, B. v. 29. 4. 2009 – Az.: VII-Verg 73/08).

35.3 Keine Bindung an die Anträge

35.3.1 Grundsätze

4784 Der Vergabesenat kann und muss in dem Beschwerdeverfahren **auch die Rügen mit überprüfen, die im Vergabekammerverfahren nicht geprüft worden sind**. Das gebieten schon die Grundsätze der Verfahrensökonomie, weil ein Antragsteller mit seinen ergänzenden Rügen sonst auf ein neues Verfahren vor der Vergabekammer verwiesen werden müsste. Dem Beschleunigungsgebot liefe dies zuwider. Auch § 117 Abs. 2 GWB steht nicht entgegen, weil sich die Bestimmung naturgemäß nur auf schon vor der Vergabekammer behandelte Verstöße beziehen kann. Die Vorschrift schließt es nicht aus, den durch die konkrete Vergabe umschriebenen Verfahrensgegenstand auch durch neue Rügen zu erweitern, **soweit ihnen die Verspätungsregeln der § 107 Abs. 3, § 113 Abs. 2 Satz 2 GWB nicht entgegenstehen oder soweit sie Verfahrensverstöße der Vergabekammer selbst betreffen** (BayObLG, B. v. 28. 5. 2003 – Az.: Verg 6/03). Dies gilt **auch für die Voraussetzungen des § 107 Abs. 2 GWB** (OLG Saarland, B. v. 7. 5. 2008 – Az.: 1 Verg 5/07).

4785 Die der Vergabekammer nach dem Wortlaut des Gesetzes verliehene **Entscheidungsmacht, unabhängig von einem konkreten Sachantrag auf die Rechtmäßigkeit des Vergabeverfahrens einzuwirken, erstreckt sich also gemäß § 123 Satz 1 1. Alternative GWB auf den Vergabesenat, soweit er in der Sache selbst entscheidet**. Die Überwindung der Hürde der Antragsbefugnis eröffnet mithin den Raum für eine umfassende Prüfung sowohl auf der Tatbestandsseite hinsichtlich etwaiger Vergaberechtsverletzungen – eine entsprechende Rüge vorausgesetzt – als auch auf der Rechtsfolgeseite hinsichtlich der zur Beseitigung derartiger Verletzungen geeigneten Maßnahmen (KG Berlin, B. v. 15. 4. 2004 – Az.: 2 Verg 22/03; OLG Düsseldorf, B. v. 28. 4. 2008 – Az.: VII – Verg 1/08; B. v. 13. 6. 2007 – Az.: VII – Verg 2/07; OLG Thüringen, B. v. 20. 6. 2005 – Az.: 9 Verg 3/05).

4786 Zwar verweist § 123 GWB nicht ausdrücklich auch auf die Vorschrift des § 114 Abs. 1 GWB. Es sind aber **keine Sachgründe dafür ersichtlich, der Vergabekammer einen weitergehenden Entscheidungsspielraum zuzugestehen als dem Vergabesenat, obwohl beiden dieselbe Aufgabe zukommt, nämlich die Sicherstellung der Rechte des Bieters in einem Vergabeverfahren**. Dass die Verweisung in §§ 120 und 123 GWB nicht abschließend ist, zeigt sich bereits darin, dass die Rechtsprechung mit Zustimmung der Literatur auch Beiladungsbeschlüsse gemäß § 109 GWB vornimmt. Soweit **vorgeschlagen** wird, der **Senat solle stattdessen die Entscheidung der Vergabekammer aufheben und ihre Verpflichtung aussprechen, unter Berücksichtigung der Rechtsauffassung des Senats erneut zu entscheiden** (§ 123 Satz 2, 2. Alt. GWB), ist dies **prozessunökonomisch**. Dies führt nur zu einer unnötigen Verlängerung des Vergabeverfahrens, über welches so möglich wie möglich abschließend entschieden werden soll. Aus diesem Grunde hat es der Senat auch für zulässig erachtet, dass das Beschwerdegericht selbst eine Beiladung ausspricht, statt lediglich eine Beiladung durch die Vergabekammer anzuregen (OLG Düsseldorf, B. v. 30. 4. 2008 – Az.: VII – Verg 23/08; B. v. 9. 4. 2008 – Az.: VII-Verg 2/08; B. v. 13. 6. 2007 – Az.: VII – Verg 2/07; im Ergebnis ebenso BSG, B. v. 22. 4. 2009 – Az.: B 3 KR 2/09 D; OLG Celle, B. v. 10. 1. 2008 – Az.: 13 Verg 11/07).

4787 Auch nach der Rechtsprechung des **Europäischen Gerichtshofes** (Urteil v. 19. 6. 2003 – Rechtssache C-315/01) verstößt es nicht gegen europäisches Recht, wenn im Rahmen eines von einem Bieter zwecks späterer Erlangung von Schadensersatz eingereichten Antrags auf Feststellung der Rechtswidrigkeit der Entscheidung über die Vergabe eines öffentlichen Auftrags die

Gesetz gegen Wettbewerbsbeschränkungen GWB § 123 **Teil 1**

für das Nachprüfungsverfahren zuständige Instanz **von Amts wegen die rechtswidrigen Aspekte einer anderen Auftraggeberentscheidung als der vom Bieter angefochtenen** aufgreift. In Ermangelung einer spezifischen Vorschrift im europäischen Recht ist es jedoch auch Sache jedes Mitgliedstaats, in seiner internen Rechtsordnung zu bestimmen, ob und unter welchen Voraussetzungen eine für die genannten Nachprüfungsverfahren zuständige Instanz von Amts wegen Rechtsverstöße aufgreifen kann, die von den Parteien des bei ihr anhängigen Verfahrens nicht geltend gemacht worden sind. Insoweit ist also z. B. die **Rügevorschrift des § 107 GWB zulässig und zu beachten**.

35.3.2 Ausnahme

Das KG Berlin lässt von **den oben dargestellten Grundsätzen – solche Verstöße nicht zu** 4788 **überprüfen, die ein Antragsteller erkannt hat oder die ihm doch erkennbar waren, ohne dass er diese Mängel rechtzeitig gemäß § 107 Abs. 3 GWB gerügt hat – eine Ausnahme** zu, wenn der Vergabesenat gleichsam sehenden Auges durch seine Entscheidung an einem Vergaberechtsverfahren mitzuwirken hätte, das sich von vornherein außerhalb des Rahmens der dafür vorgesehenen Vorschriften bewegt (KG Berlin, B. v. 15. 4. 2004 – Az.: 2 Verg 22/03).

Vgl. hierzu auch die Kommentierung zu § 114 GWB. 4789

35.4 Prüfung der Zuständigkeit der Vergabekammer

35.4.1 Allgemeines

Der Senat ist **befugt und verpflichtet, die Zuständigkeit der Vergabekammer zu** 4790 **überprüfen** auch wenn diese sie bereits festgestellt hat. Gemäß **§ 17 a Abs. 5 GVG** wird die Rechtswegfrage in erster Instanz zwar mit bindender Wirkung für die Rechtsmittelinstanzen entschieden. Diese **Regelung gilt jedoch hier nicht**, weil die Vergabekammer kein Gericht ist (OLG Brandenburg, B. v. 7. 8. 2008 – Az.: Verg W 12/08; OLG Rostock, Beschluss vom 2. 7. 2008 – Az.: 17 Verg 2/08;).

Es kann offen bleiben, ob sich die Zulässigkeit dieser Prüfung **aus einer analogen Anwen-** 4791 **dung des § 55 Abs. 2 GWB oder allgemeinen verwaltungsrechtlichen Vorschriften** ergibt. Die erstgenannte Auffassung hat für sich, dass **§ 120 Abs. 2 GWB für das vergaberechtliche Beschwerdeverfahren die Anwendung bestimmter kartellverwaltungsrechtlicher Beschwerdevorschriften vorsieht**, woraus man auf eine gewisse Ähnlichkeit beider Beschwerdeverfahren schließen könnte. **Dagegen** könnte aber sprechen, dass § 55 Abs. 2 GWB an die Vorschrift des Abs. 1 über das Verfahren vor der Kartellbehörde anschließt und eine analoge Anwendung dieser Vorschrift im Verfahren vor der Vergabekammer an der Eigenständigkeit der Regelungen dieses Verfahrens sowie an dem Beschleunigungsgrundsatz des § 113 Abs. 1 GWB scheitern könnte. Eine **analoge Anwendung des § 55 Abs. 2 GWB hindert den Senat** – ebenso wenig wie die Anwendung allgemeiner Grundsätze, wie noch auszuführen sein wird – **nicht an der Überprüfung der von der Vergabekammer für sich in Anspruch genommenen Zuständigkeit**. Auch nach **allgemeinen verwaltungsrechtlichen Vorschriften ist eine Überprüfung nicht ausgeschlossen**. § 46 VwVfG schließt – bei gebundenen Entscheidungen – die Aufhebung eines Verwaltungsakts nur bei Fehlbeurteilungen hinsichtlich der örtlichen Zuständigkeit aus; für andere Zuständigkeitsmängel gilt dies nicht. Bei der **Frage der Abgrenzung der Zuständigkeiten der verschiedenen Vergabekammern nach §§ 104 Abs. 1, 106 a GWB handelt es sich** – jedenfalls im Verhältnis von Bund und Ländern – **nicht um eine Frage der örtlichen Zuständigkeit**. Auf die Frage, ob es sich bei der Entscheidung der Vergabekammer um eine gebundene Entscheidung im Sinne des § 46 VwVfG handelt, kommt es danach nicht an. **§ 513 Abs. 2 ZPO kann bereits deswegen nicht entsprechend angewendet werden, weil die Vergabekammer zwar in einem gerichtsähnlich ausgestalteten Verfahren entscheidet, es sich aber bei ihnen nicht um Gerichte im Sinne dieser Vorschrift** handelt (OLG Düsseldorf, B. v. 19. 12. 2007 – Az.: VII – Verg 51/07).

35.4.2 Möglichkeit der Zulassung der Rechtsbeschwerde in Fragen der Zuständigkeit nach § 17 a GVG

Dass gegen Entscheidungen des Vergabesenats grundsätzlich ein Rechtsmittel zum Bundes- 4792 gerichtshof nicht statthaft ist, **ändert an der Möglichkeit der Zulassung einer Rechtsbe-**

1007

Teil 1 GWB § 123   Gesetz gegen Wettbewerbsbeschränkungen

schwerde in Fragen der Zuständigkeit nach § 17 a GVG nichts. Für die **Rechtsbeschwerde gelten die Regeln der §§ 574 ff. ZPO**. Die kartellrechtlichen Vorschriften über das Rechtsbeschwerdeverfahren (§ 74 ff. GWB) sind den Vorschriften über ein Revisionsverfahren nachempfunden und passen daher zu dem Zwischenverfahren nach § 17 a Abs. 4 GVG nicht. Nach Auffassung des BGH sind im Übrigen mangels Sondervorschriften auf das Beschwerdeverfahren in Vergaberechtsstreitigkeiten die Regeln der ZPO anzuwenden (OLG Düsseldorf, B. v. 20. 2. 2008 – Az.: VII – Verg 7/08).

35.5 Aufhebung der Entscheidung der Vergabekammer bei Begründetheit der Beschwerde (§ 123 Satz 1)

4793   Es ist nicht notwendig, dass die Entscheidung der Vergabekammer **inhaltlich insgesamt**, d. h. auch im Hinblick auf die die Entscheidung tragenden Gründe zutreffend ist. Ausreichend ist vielmehr, dass die **Entscheidung in ihrem erkennenden Teil im Ergebnis aufrechterhalten werden kann**. Die Beschwerde ist daher auch dann unbegründet, wenn das Beschwerdegericht die Begründung inhaltlich auf einen anderen Gesichtspunkt stützt, in der Sache aber zum gleichen Ergebnis kommt wie die Vergabekammer (OLG Rostock, B. v. 6. 6. 2001 – Az.: 17 W 6/01).

4794   Der Vergabesenat kann also bei Entscheidungsreife z. B. im Rahmen des vom Auftraggeber gestellten Antrags auf Abweisung des Nachprüfungsantrags das vom Auftraggeber verwendete, jedoch nicht durchschlagende Wertungskriterium **durch einen anderen einschlägigen Wertungsgesichtspunkt ersetzen** (BayObLG, B. v. 2. 12. 2002 – Az.: Verg 24/02).

35.6 Entscheidung des Beschwerdegerichts (§ 123 Satz 2)

35.6.1 Grundsätze

4795   § 123 Satz 2 GWB eröffnet dem Beschwerdegericht alleine **die Wahl**, entweder die Verpflichtung der Vergabekammer auszusprechen, unter Beachtung der Rechtsauffassung des Gerichts über die Sache **erneut zu verhandeln und entscheiden**, oder an Stelle der Vergabekammer **selbst in der Sache zu entscheiden** (OLG Brandenburg, B. v. 12. 1. 2010 – Az.: Verg W 5/09; OLG Düsseldorf, B. v. 10. 5. 2000 – Az.: Verg 5/00).

4796   Die **Entscheidungsalternativen stehen dabei entgegen der Formulierung des Gesetzes nicht gleichberechtigt nebeneinander. Der Grundsatz der Beschleunigung des Vergabeverfahrens lässt vielmehr eine Aufhebung und Zurückverweisung nur in Ausnahmefällen zu**. Dessen ungeachtet steht dem Gericht eine Ermessensentscheidung dahingehend, ob es in der Hauptsache selbst entscheidet oder die Sache zurückverweist, nur zu, soweit keine Entscheidungsreife besteht. Ist die Sache dagegen spruchreif, muss das Gericht selbst entscheiden (OLG Brandenburg, B. v. 12. 1. 2010 – Az.: Verg W 5/09).

4797   Das Beschwerdegericht kann schon wegen der Eilbedürftigkeit von Vergabesachen **grundsätzlich selbst entscheiden** und **von einer Zurückverweisung regelmäßig absehen** (Schleswig-Holsteinisches OLG, B. v. 19. 1. 2007 – Az.: 1 Verg 14/06; B. v. 30. 6. 2005 – Az.: 6 Verg 5/05; BayObLG, B. v. 2. 12. 2002 – Az.: Verg 24/02). Eine „**Zurückverweisung**" muss im vergaberechtlichen Beschwerdeverfahren daher **auf seltene Ausnahmefälle beschränkt** bleiben (OLG Düsseldorf, B. v. 21. 12. 2005 – Az.: VII – Verg 69/05; Schleswig-Holsteinisches OLG, B. v. 19. 1. 2007 – Az.: 1 Verg 14/06; B. v. 30. 6. 2005 – Az.: 6 Verg 5/05).

35.6.2 Entscheidung in der Sache selbst

35.6.2.1 Gestaltungsmöglichkeiten für den Vergabesenat bei eigener Entscheidung

4798   Das **Gesetz regelt** in **§ 123 GWB nicht ausdrücklich, welche Gestaltungsmöglichkeiten** dem Beschwerdegericht zur Verfügung stehen, wenn es die Beschwerde für begründet hält und unter Aufhebung der Entscheidung der Vergabekammer in der Sache selbst entscheidet. Insoweit findet sich auch **keine ausdrückliche Verweisung auf § 114 Abs. 1 GWB**, der die Entscheidungsbefugnisse der Vergabekammer regelt. Es kann jedoch keinem Zweifel unterliegen, dass dem Beschwerdegericht, wenn es in der Sache selbst entscheidet, **die gleichen Befugnisse wie der Vergabekammer** zu Gebote stehen. Im Rahmen des bei ihm angefallenen Beschwerdegegenstands hat das Beschwerdegericht die geeigneten Maßnahmen zu treffen, um

Gesetz gegen Wettbewerbsbeschränkungen GWB § 123 **Teil 1**

eine Rechtsverletzung zu beseitigen und eine Schädigung der betroffenen Interessen zu verhindern; es ist **nicht an die Anträge gebunden** und kann auch unabhängig davon auf die Rechtmäßigkeit des Vergabeverfahrens einwirken (OLG Celle, B. v. 10. 1. 2008 – Az.: 13 Verg 11/07; BayObLG, B. v. 5. 11. 2002 – Az.: Verg 22/02).

35.6.2.2 Entscheidung in der Sache selbst bei Entscheidungsreife

Ist die **Sache entscheidungsreif** ist, hält der Senat es für **unangemessen**, die Entscheidung 4799 der Vergabekammer lediglich aufzuheben und die Sache gemäß § 123 Satz 2 Halbsatz 2 GWB zur erneuten Entscheidung an die Vergabekammer zurückzuverweisen (OLG Celle, B. v. 2. 7. 2002 – Az.: 13 Verg 6/02; OLG Düsseldorf, B. v. 11. 3. 2002 – Az.: Verg 43/01).

Rügt ein Bieter ein aus seiner Sicht falsch bewertetes Unterkriterium (technischer Wert) und 4800 ergibt die Prüfung der Wertung durch den Vergabesenat, dass der **Bieter auch bei Zurechnung des höchstmöglichen Punktwertes für dieses Unterkriterium nicht das wirtschaftlichste Angebot abgegeben hat, kann dieses Angebot nicht den Zuschlag erhalten**. Dies **kann der Vergabesenat** auch ohne Gewährung von Akteneinsicht für diesen Bieter **entscheiden** (OLG Düsseldorf, B. v. 18. 3. 2010 – Az.: VII-Verg 3/10).

35.6.2.3 Entscheidung in der Sache selbst trotz fehlender Entscheidung der Vergabekammer

Der Senat kann über die Begründetheit des Nachprüfungsantrages selbst entscheiden, auch 4801 **wenn die Vergabekammer insoweit noch nicht entschieden** hat, wenn der entscheidungsrelevante Sachverhalt aufgeklärt ist, so dass eine Selbstentscheidung des Senats dem Beschleunigungsgrundsatz und der Prozessökonomie besser entspricht (OLG Naumburg, B. v. 7. 5. 2002 – Az.: 1 Verg 19/01).

35.6.2.4 Entscheidung in der Sache selbst trotz Zurückverweisungsantrag

Der Vergabesenat kann **zur Vermeidung einer weiteren Verzögerung des Vergabeverfahrens** 4802 in der Sache selbst entscheiden und das Verfahren nicht – trotz eines entsprechenden Hauptantrags – an die Vergabekammer zurück verweisen. Es ist damit eine Entscheidung über die mit dem Hauptantrag beantragte Feststellung entbehrlich, der Antragsteller sei durch den Antragsgegner in seinen Rechten verletzt worden. Der Antragsteller begehrt eine dahingehende Feststellung ersichtlich nur im Zusammenhang mit seinem Zurückverweisungsantrag, so dass – da der Senat die Sache nicht zurück verweist – auch eine Entscheidung über den Feststellungsantrag hinfällig ist (OLG Düsseldorf, B. v. 29. 12. 2001 – Az.: Verg 22/01).

35.6.2.5 Entscheidung in der Sache selbst durch Verurteilung zur Zuschlagserteilung

Steht eine Beendigung des Verfahrens auf andere Weise als durch Zuschlag nicht im Raum 4803 und kann der Auftraggeber den Auftrag in rechtmäßiger Weise nur durch Zuschlagserteilung an den Antragsteller erteilen, ist der Senat nicht gehindert, den **Auftraggeber zur Zuschlagserteilung an den Antragsteller zu verurteilen** (OLG Celle, B. v. 10. 1. 2008 – Az.: 13 Verg 11/07; BayObLG, B. v. 5. 11. 2002 – Az.: Verg 22/02).

35.6.2.6 Entscheidung in der Sache selbst über die Eignung

Ist es bei klarer Sachlage **lediglich eine unnötige Förmelei**, das Vergabeverfahren aufzuheben 4804 und den öffentlichen Auftraggeber zu verpflichten, die Eignung eines Bieters zu wiederholen, kann die **Beurteilung der Eignung sogleich einer Überprüfung durch die Vergabenachprüfungsinstanzen unterzogen** werden (OLG Düsseldorf, B. v. 15. 8. 2003 – Az.: Verg VII – 34/03).

35.6.2.7 Entscheidung in der Sache selbst und Verpflichtung des Auftraggebers zur Anwendung des Vergaberechts

Hat der Auftraggeber zu Unrecht das Vergaberecht nicht angewendet, kann angeordnet werden, 4805 dass der **Auftraggeber die benötigten Leistungen im Falle einer Drittbeauftragung im Wettbewerb und im Wege eines transparenten Vergabeverfahrens** gemäß den §§ 97 ff. GWB beschafft (OLG Düsseldorf, B. v. 5. 5. 2004 – Az.: VII – Verg 78/03).

35.6.2.8 Entscheidung in der Sache selbst bei etwaiger fehlerhafter Besetzung der Vergabekammer

Eine etwaige fehlerhafte Besetzung der Vergabekammer, die nicht auf verfahrensfremden 4806 Überlegungen beruht, erfordert als Verfahrensfehler eine **Zurückverweisung jedenfalls dann** nicht, wenn die Sache im übrigen entscheidungsreif ist (BayObLG, B. v. 2. 12. 2002 – Az.: Verg 24/02).

35.6.2.9 Entscheidung in der Sache selbst durch Vergleich

4807 Die **Beteiligten eines Nachprüfungsverfahrens können auch vor dem Vergabesenat einen Vergleich abschließen** (OLG Düsseldorf, B. v. 2. 7. 2008 – Az.: VII – Verg 37/08; OLG Schleswig-Holstein, B. v. 23. 7. 2007 – Az.: 1 Verg 11/06). Dabei handelt es sich um einen **Prozessvergleich, der wie ein Prozessvergleich im normalen Zivilprozess zugleich Rechtsgeschäft des bürgerlichen Rechts und Prozesshandlung** ist. So können sich z.B. die Beteiligten des Vergleichs hinsichtlich der neu vorzunehmenden alleinigen Preiswertung dem Gutachten eines vom Gericht zu bestimmenden Sachverständigen unterwerfen. Sinn dieser Vereinbarung ist es dann, ein zweites Nachprüfungsverfahren auszuschließen. Daran müssen sich die Beteiligten festhalten lassen. Strengt einer der Beteiligten im Nachhinein dennoch ein Nachprüfungsverfahren an, ist ein entsprechender Nachprüfungsantrag unzulässig (OLG Brandenburg, B. v. 18. 5. 2004 – Az.: Verg W 03/04).

35.6.2.10 Entscheidung in der Sache selbst durch Verpflichtung des Auftraggebers zur Aufhebung der Ausschreibung

4808 Nicht nur die Vergabekammer, sondern auch der Vergabesenat kann die „**Verpflichtung zur Aufhebung des gesamten Vergabeverfahrens" aussprechen**. Dabei ist allerdings der Verhältnismäßigkeitsgrundsatz strikt zu beachten; eine Aufhebung der Ausschreibung darf nur angeordnet werden, wenn keine mildere, gleich geeignete Maßnahme zur Verfügung steht. Dies erfordert auch die Richtlinie des Rates vom 21. 12. 1989 – 89/665/EWG (ABl. EG Nr. L 395 v. 30. 12. 1989, S. 33) –, die in Art. 2 Abs. 1 lit. b den Nachprüfungsinstanzen – ausdrücklich – die Möglichkeit gibt, vergaberechtlich fehlerhafte Teile einer Ausschreibung zu eliminieren, sofern der „Rest" noch taugliche Grundlage einer Vergabeentscheidung bleibt (Schleswig-Holsteinisches OLG, B. v. 6. 3. 2008 – Az.: 1 Verg 6/07; B. v. 30. 6. 2005 – Az.: 6 Verg 5/05).

4809 **Voraussetzung einer im Nachprüfungsverfahren erfolgenden Aufhebung** des Vergabeverfahrens durch das Beschwerdegericht ist, dass das **bisherige Verfahren an schweren, auch durch eine Nachholung oder Wiederholung einzelner Verfahrensschritte des Vergabeverfahrens nicht (mehr) heilbaren Mängeln** leidet. Das kann etwa der Fall sein **bei unklaren Leistungsbeschreibungen, Preisermittlungsgrundlagen oder Zuschlagskriterien, auf die von vornherein ein sachgerechtes Angebot nicht abgegeben werden** kann, oder wenn **eine von vornherein fehlerhafte Vergabeart** gewählt wird (OLG Schleswig-Holstein, B. v. 6. 3. 2008 – Az.: 1 Verg 6/07).

4810 Die **Verletzung des Wettbewerbsprinzips und des Gleichbehandlungsgebots** stellt einen **schwerwiegenden Verstoß** darstellt, der **nur durch eine Aufhebung des Vergabeverfahrens beseitigt** werden kann (OLG Celle, B. v. 22. 5. 2008 – Az.: 13 Verg 1/08).

35.6.2.11 Entscheidung in der Sache selbst durch Ausspruch eines Zuschlagsverbots

4811 **Kann derzeit abschließend nur festgestellt** werden, dass der **Auftraggeber auf der Grundlage der bisherigen Ausschreibungsunterlagen keinem Bieter den Zuschlag erteilen darf**, stellt ein **entsprechendes Verbot** die zur Erledigung des Streits der Beteiligten gebotene Maßnahme dar, die für die erforderliche Rechtmäßigkeit des eingeleiteten Vergabeverfahrens sorgt und eine Rechtsbeeinträchtigung des Antragstellers verhindert (OLG Frankfurt, B. v. 7. 8. 2007 – Az.: 11 Verg 3/07, 4/07; OLG München, B. v. 29. 11. 2007 – Az.: Verg 13/07).

4812 Ist z.B. die **Auswahl der Zuschlagskriterien** dadurch **fehlerhaft** erfolgt, dass **Eignungs- und Zuschlagskriterien vermischt** worden sind, ist dem **Auftraggeber die Erteilung des Zuschlags zu untersagen**. Das Vergabeverfahren ist ab Übersendung der Verdingungsunterlagen einschließlich einer Bekanntgabe zulässiger Zuschlagskriterien aufzuheben, das heißt zurückzuversetzen (OLG Düsseldorf, B. v. 28. 4. 2008 – Az.: VII – Verg 1/08).

35.6.3 Zurückverweisung

4813 Wenn die Vergabekammer sich mit den zahlreichen verfahrens- und materiellrechtlichen Fragen des Nachprüfungsverfahrens bislang nicht auseinandergesetzt hat, erscheint eine **abschließende Sachentscheidung des Senats untunlich** (OLG Thüringen, B. v. 29. 11. 2002 – Az.: 6 Verg 11/02).

Entscheidung des Vergabesenats kann auch die Zurückverweisung an die Vergabekaammer 4814
sein, wenn ein **Nachprüfungsantrag von der Vergabekammer zu Unrecht bereits als
unzulässig angesehen** wurde, eine **Befassung mit den Rügen in der Sache nicht erfolgt**
ist, eine **Sachaufklärung von Amts wegen** (§ 110 Abs. 1 GWB) **nicht stattgefunden** hat
und die als Regelfall vorgesehene **mündliche Verhandlung nach § 112 GWB bislang ebenfalls unterblieben** ist, sodass beide Seiten Gelegenheit haben sollten, die Relevanz der Rügen
von der in Vergabesachen erfahrenen und zunächst berufenen Stelle geklärt zu erhalten (LSG
Berlin-Brandenburg, B. v. 7. 5. 2010 – Az.: L 1 SF 95/10 B Verg).

35.6.3.1 Zurückversetzung des Vergabeverfahrens in das Stadium vor Angebotsabgabe

Hat der Auftraggeber in **die Leistungsbeschreibung mehrdeutige Positionen** aufgenom- 4815
men, kann der Vergabesenat entscheiden, das **Vergabeverfahren in das Stadium vor Angebotsabgabe zurückzuversetzen**. Die Vergabestelle hat dann gegenüber den **beteiligten Bietern die mehrdeutigen Positionen klarzustellen** und den Bietern **Gelegenheit** zu geben,
ihre Angebote zu überprüfen und gegebenenfalls anzupassen und/oder zu erneuern. Sodann hat
der Auftraggeber die **Angebotswertung zu wiederholen** (OLG Düsseldorf, B. v. 28. 1. 2004
– Az.: Verg 35/03).

35.6.4 Vorabentscheidung über den zulässigen Rechtsweg

Bei Streitigkeiten über den zulässigen Rechtsweg **kann auch eine Vorabentscheidung** 4816
nach § 17a Abs. 3 Satz 2 GVG getroffen werden. Das Rechtsmittelgericht muss grundsätz-
lich dann selbst in das Vorabentscheidungsverfahren eintreten, wenn das Erstgericht eine solche
Entscheidung rechtswidrig unterlassen hat oder aus Rechtsgründen dazu nicht in der Lage war.
In der Rechtsmittelinstanz erübrigt sich ein Vorabverfahren nach § 17a GVG jedoch, wenn das
Gericht die Zulässigkeit des Rechtsweges zu sich bejaht und wegen der Eindeutigkeit der
Rechtslage keinen Anlass für eine Zulassung der weiteren Beschwerde an den BGH hat (OLG
Brandenburg, B. v. 2. 9. 2003 – Az.: Verg W 03/05 und 05/03).

35.6.5 Entscheidung bei übereinstimmender Erledigungserklärung in der Beschwerdeinstanz

Nachdem die Verfahrensbeteiligten den Nachprüfungsantrag übereinstimmend für in der 4817
Hauptsache erledigt erklärt haben, ist **nur noch über die Kosten des Nachprüfungsverfah-
rens in beiden Instanzen zu entscheiden**. Analog § 161 Abs. 2 VwGO (für das Verfah-
ren vor der Vergabekammer) und § 91a ZPO (für das Beschwerdeverfahren) ist die
**Kostenentscheidung auf der Grundlage des bisherigen Sach- und Streitstandes unter
Berücksichtigung billigen Ermessens zu treffen**. Die Kosten des Nachprüfungsverfahrens
hat danach derjenige Verfahrensbeteiligte zu tragen, der bei kontradiktorischer Entscheidung der
Sache voraussichtlich unterlegen gewesen wäre (OLG Düsseldorf, B. v. 26. 5. 2008 – Az.: VII –
Verg 14/08; B. v. 13. 8. 2007 – Az.: VII-Verg 16/07).

Nach Auffassung des KG Berlin ist **hinsichtlich der Kosten und Aufwendungen**, die im 4818
Verfahren vor der Vergabekammer entstanden sind, gemäß **§ 128 Abs. 1 Satz 2 GWB**
i. V. m. § 13 Abs. 1 Nr. 1 VwKostG zu entscheiden. Hinsichtlich der **Kosten für die Beschwerdeinstanz** wendet das KG Berlin **ebenfalls § 91a ZPO analog** an (KG Berlin, B. v.
18. 3. 2010 – Az: 2 Verg 7/09).

Die – deklaratorische – Feststellung der Wirkungslosigkeit des angefochtenen Be- 4819
schlusses der Vergabekammer und die Einstellung des Vergabenachprüfungsverfahrens nach übereinstimmender Erklärung der Erledigung beruht auf einer **analogen Anwendung von § 269 Abs. 3 Satz 1 ZPO** (KG Berlin, B. v. 18. 3. 2010 – Az: 2 Verg 7/09).

35.6.6 Entscheidung bei Rücknahme des Nachprüfungsantrags

Infolge der Rücknahme des Nachprüfungsantrags wird der **Beschluss der Vergabekammer** 4820
insgesamt wirkungslos. Da die Entscheidung der Vergabekammer durch Verwaltungsakt ergeht (§ 114 Abs. 3 Satz 1 GWB), ist es gerechtfertigt, bei Zweifeln und Regelungslücken auf
die allgemeinen Bestimmungen des Verwaltungsverfahrensgesetzes und dessen Rechtsgrundsätze
über die Behandlung von Verwaltungsakten zurückzugreifen. Danach können Anträge auf Erlass

eines Verwaltungsaktes, soweit nichts anderes geregelt ist, noch bis zum Abschluss des Verfahrens zurückgenommen werden, das heißt bis zum Eintritt der Unanfechtbarkeit der Entscheidung, und zwar selbst dann, wenn in der Zwischenzeit gegen den ergangenen Verwaltungsakt Rechtsbehelfe eingelegt worden sind. Ein ergangener und noch nicht bestandskräftig gewordener Verwaltungsakt wird – jedenfalls in den reinen Antragsverfahren – durch Antragsrücknahme wirkungslos. Entsprechendes gilt für den Beschluss der Vergabekammer, der (als Verwaltungsakt) seine Grundlage in dem Nachprüfungsantrag des Antragstellers hat (OLG Düsseldorf, B. v. 29. 4. 2003 – Az.: Verg 47/02; VK Schleswig-Holstein, B. v. 12. 7. 2005 – Az.: VK-SH 18/05).

35.6.7 Entscheidung auch bei einem unwirksamen Vergabekammerbeschluss

4821   Auch wenn **unwirksame Ausgangsentscheidungen** nur selten eine geeignete **Grundlage für eine abschließende Sachentscheidung** des Beschwerdegerichts bilden dürften, ist dies **nicht grundsätzlich ausgeschlossen**. Dafür spricht schon § 123 GWB, der in Fällen der Aufhebung grundsätzlich eine Sachentscheidung des Gerichts anordnet. Im Übrigen ist die Zurückverweisung auch nach anderen Verfahrensordnungen grundsätzlich die Ausnahme und bei Entscheidungsreife in der Regel nicht zulässig (BayObLG, B. v. 6. 2. 2004 – Az.: Verg 24/03).

35.7 Feststellung der Rechtswidrigkeit (§ 123 Satz 3)

4822   Die Feststellungsentscheidung ergeht **im Interesse arbeitsteiliger Prozessökonomie** mit Blick auf entsprechende Auseinandersetzungen vor dem Zivilgericht, das an die Entscheidung der Vergabekammer oder des Vergabesenats gebunden ist (KG Berlin, B. v. 20. 12. 2000 – Az.: KartVerg 14/00).

35.7.1 Zulässigkeitsvoraussetzungen

35.7.1.1 Stellung des Feststellungsantrags erstmals im Beschwerdeverfahren

4823   Ein Antragsteller ist aus allgemeinen verfahrensrechtlichen Überlegungen **nicht gehindert, den Fortsetzungsfeststellungsantrag** nach § 123 Satz 3, § 114 Abs. 2 Satz 2 GWB **erstmals im Beschwerdeverfahren zur Entscheidung zu stellen**. Bleibt der Streitgegenstand des Nachprüfungsverfahrens in der Beschwerdeinstanz unverändert, weil sich die antragstellende Partei gegen ein und dieselbe Ausschreibung wendet und die Beanstandungen, die zur Begründung des Fortsetzungsfeststellungsantrags vorgetragen werden, auch bereits Gegenstand des Verfahrens vor der Vergabekammer waren, besteht kein rechtfertigender Grund, dem Antragsteller, der dies mit Rücksicht auf die aktuelle Verfahrenslage und die Erfolgsaussichten seines ursprünglichen Begehrens in der Beschwerdeinstanz für geboten hält, ein Überwechseln auf das Fortsetzungsfeststellungsbegehren zu versagen. Wollte man anders entscheiden, würde man der das Nachprüfungsverfahren betreibenden Partei im Ergebnis die Stellung sachdienlicher Verfahrensanträge verweigern (OLG Düsseldorf, B. v. 28. 2. 2002 – Az.: Verg 37/01).

35.7.1.2 Rechtsschutzinteresse

4824   Feststellungsanträge, deren sachliche Rechtfertigung sich aus den § 114 Abs. 2 Satz 2 und § 123 Satz 3 GWB ergibt, sind **nicht nur mit Blick auf die in § 124 GWB normierte Bindungswirkung, die eine antragsgemäße Feststellung für Schadenersatzprozesse vor den ordentlichen Gerichten entfaltet, statthaft**. Das erforderliche Feststellungsinteresse kann vielmehr genauso gegeben sein, wenn es dem Antragsteller darum geht, mittels der beantragten Feststellung einer **drohenden Wiederholungsgefahr** zu begegnen (OLG Düsseldorf, B. v. 10. 4. 2002 – Az.: Verg 6/02).

4825   Einem Beschwerdeführer **fehlt** es an einem **Rechtsschutzbedürfnis**, wenn die Vergabestelle **rechtswirksam den Zuschlag** erteilt hat. Ein bereits erteilter Zuschlag kann – auch durch den Senat – nicht aufgehoben werden (OLG Naumburg, B. v. 11. 10. 1999 – Az.: 10 Verg 1/99).

4826   Der **auf Feststellung gerichtete Antrag eines Auftraggebers, dass ein Antragsteller die Rechte aus dem Nachprüfungsantrag verloren hat, ist unstatthaft**. Gesetzlich ist eine solche Feststellung in den verfahrensrechtlichen Regelungen des vierten Teils des Gesetzes gegen Wettbewerbsbeschränkungen nicht vorgesehen. Die entsprechende Anwendung von § 516 Abs. 3 ZPO kommt nicht in Betracht, weil der Nachprüfungsantrag nicht dem Rechtsmittel der Berufung vergleichbar ist, sondern einer Klage. Der die Folgen der Klagerücknahme

Gesetz gegen Wettbewerbsbeschränkungen GWB § 123 **Teil 1**

regelnde § 269 ZPO sieht ebenfalls eine solche Feststellung nicht vor (OLG Brandenburg, B. v. 18. 5. 2010 – Az.: Verg W 1/08).

35.7.1.3 Erledigung des Nachprüfungsverfahrens

Gemäß § 123 Satz 3 GWB stellt das Beschwerdegericht auf Antrag fest, ob das Unternehmen, das die Nachprüfung beantragt hat, durch den Auftraggeber in seinen Rechten verletzt ist. § 114 Abs. 2 GWB gilt entsprechend (§ 123 Satz 4 GWB). Nach dieser Vorschrift setzt eine **Feststellungsentscheidung voraus**, dass sich das **Nachprüfungsverfahren durch Zuschlag oder in sonstiger Weise erledigt hat** (OLG Celle, B. v. 30. 4. 1999 – Az.: 13 Verg 1/99; OLG Dresden, B. v. 14. 4. 2000 – Az.: WVerg 0001/00; Saarländisches OLG, B. v. 6. 4. 2005 – Az.: 1 Verg 1/05). 4827

Nach **Auffassung des OLG Düsseldorf** kann gemäß § 123 Satz 3 GWB ein Feststellungsantrag – gewissermaßen als **Zwischenfeststellungsantrag** – im Beschwerdeverfahren **zulässigerweise auch ohne eine Erledigung des Nachprüfungsverfahrens** (wie nach § 114 Abs. 2 GWB erforderlich) **angebracht werden**. Das erforderliche Feststellungsinteresse ergibt sich aus der Bindungswirkung der Feststellung für einen späteren Schadensersatzprozess (§ 124 Abs. 1 GWB), aber auch z. B. aus der Gefahr einer Wiederholung des beanstandeten Rechtsverstoßes (OLG Düsseldorf, B. v. 29. 7. 2009 – Az.: VII-Verg 18/09; B. v. 4. 5. 2009 – Az.: VII-Verg 68/08; B. v. 29. 4. 2009 – Az.: VII-Verg 76/08). 4828

35.7.1.4 Feststellungsantrag

35.7.1.4.1 Antragsbefugnis. 35.7.1.4.1.1 Allgemeines. Ein Feststellungsantrag ist **auch zulässig bei Nichtbescheidung aller geltend gemachten Rechtsverletzungen durch die Vergabekammer**, wenn also der Ausspruch der angefochtenen Entscheidung nicht alle in den Nachprüfungsanträgen genannten Gründe umfasst (OLG Düsseldorf, B. v. 23. 3. 2005 – Az.: VII – Verg 77/04). 4829

35.7.1.4.1.2 Antragsbefugnis des Beigeladenen. Ob ein Beigeladener nach Erledigung des Vergabeverfahrens im Beschwerdeverfahren die Feststellung, in seinen Rechten verletzt zu sein, beantragen kann, **bleibt offen** (OLG Frankfurt am Main, B. v. 16. 5. 2000 – Az.: 11 Verg 1/99). 4830

35.7.1.4.2 Inhalt des Antrags. 35.7.1.4.2.1 Feststellung der Nichtigkeit des Zuschlags? Ein Antrag, festzustellen, dass die durch die Vergabestelle ausgesprochene **Zuschlagserteilung nichtig war**, ist als solcher im Gesetz nicht vorgesehen (vgl. § 116, 123 GWB) und daher nicht statthaft. Für eine isolierte Feststellung der Nichtigkeit der Vergabe besteht überdies kein Rechtsschutzbedürfnis, da im Rahmen der Prüfung, ob sich das Vergabeverfahren durch Zuschlag erledigt hat, ohnehin auf diese Frage einzugehen ist (OLG Hamburg, B. v. 14. 3. 2008 – Vgk FB 1/08; OLG Naumburg, B. v. 11. 10. 1999 – Az.: 10 Verg 1/99). 4831

35.7.1.4.2.2 Einleitung eines neuen Vergabeverfahrens vor Aufhebung des alten Vergabeverfahrens. Steht urkundlich belegt fest, dass ein Vergabeverfahren vor Aufhebung des vorhergehenden Verfahrens eingeleitet worden ist, kann der Antragsteller die darin liegende **Rechtsverletzung festgestellt verlangen** (OLG Düsseldorf, B. v. 13. 6. 2001 – Az.: Verg 2/01). 4832

35.7.1.4.2.3 Antrag als Hilfsantrag. Ein Antrag auf Feststellung, dass ein Beschwerdeführer in seinen Rechten verletzt ist, **kann auch als Hilfsantrag gestellt werden** (OLG Düsseldorf, B. v. 7. 7. 2004 – Az.: VII – Verg 15/04). 4833

35.7.1.4.3 Zeitliche Befristung? 35.7.1.4.3.1 Problemstellung. Die **Rechtsprechung** hat **bisher noch nicht entschieden**, ob es Zulässigkeitsvoraussetzung eines Feststellungsantrages nach § 123 Satz 3 GWB ist, dass der Antrag in angemessener Frist nach Kenntniserlangung von der Zuschlagserteilung gestellt wird, **ob** also ein **Feststellungsantrag nach Abschluss des Vergabeverfahrens und Erledigung der Hauptsache zeitlich unbefristet möglich und mit dem Beschleunigungsgebot vereinbar** ist (Saarländisches OLG, B. v. 6. 4. 2005 – Az.: 1 Verg 1/05). 4834

35.7.1.4.3.2 Stellungnahme. Die Rechtsprechung erkennt zu § 114 Abs. 2 Satz 2 GWB an, dass eine **Zwischenentscheidung** bei Streit der Beteiligten über die Wirksamkeit eines erteilten Zuschlags **aus verfahrensökonomischen Gründen zulässig und sachdienlich ist**, weil damit das regelmäßig eilbedürftige Primärrechtsschutzverfahren einer schnellen Klärung zugeführt werden kann und die Vergabekammer sodann, ohne unter dem Zeitdruck der Frist des § 113 Abs. 1 GWB zu stehen, über den Antrag eines Beteiligten entscheiden kann, ob eine 4835

Rechtsverletzung vorgelegen hat (vgl. im Einzelnen). Daraus ergibt sich, dass ein **Feststellungsantrag zeitlich unbefristet möglich** ist; in **Einzelfällen** kann auch die **Anwendung der Grundsätze über die Verwirkung** zu sachgerechten Ergebnissen führen (vgl. im Einzelnen).

35.8 Zwischenentscheidungen

35.8.1 Aussetzung und Vorlage an den Europäischen Gerichtshof

35.8.1.1 Allgemeines

4836 Nach **Art. 234 Abs. 3 in Verbindung mit Abs. 1 lit. b) EG-Vertrag (jetzt Art. 267 AEUV)** ist der Vergabesenat gehalten, in bestimmten Fällen eine **Vorabentscheidung des Gerichtshofes der Europäischen Gemeinschaften herbeizuführen**, wenn es z. B. in einem laufenden Vergabenachprüfungsverfahren um die Auslegung des europäischen Gemeinschaftsrechts geht. Bis zur Erledigung wird das Beschwerdeverfahren ausgesetzt (OLG Brandenburg, B. v. 12. 2. 2008 – Az.: Verg W 18/07; OLG Naumburg, B. v. 8. 1. 2003 – Az.: 1 Verg 7/02)

4837 Es ist nach ständiger Rechtsprechung des EuGH **grundsätzlich allein Sache des mit dem Rechtsstreit befassten nationalen Gerichts**, das die Verantwortung für die zu erlassende gerichtliche Entscheidung übernehmen muss, im Hinblick auf die Besonderheiten des Falles sowohl die Erforderlichkeit einer Vorabentscheidung für den Erlass seines Urteils als auch die Erheblichkeit der dem Gerichtshof vorgelegten Fragen zu beurteilen. Der Gerichtshof kann die Entscheidung über eine Vorlagefrage eines nationalen Gerichts nur dann ablehnen, wenn die erbetene Auslegung des Gemeinschaftsrechts offensichtlich in keinem Zusammenhang mit der Realität oder dem Gegenstand des Ausgangsverfahrens steht, **wenn das Problem hypothetischer Natur ist oder wenn er nicht über die tatsächlichen oder rechtlichen Angaben verfügt, die für eine sachdienliche Beantwortung der ihm vorgelegten Fragen erforderlich sind** (EuGH, Urteil v. 16. 6. 2005 – Az.: C-462/03, C-463/03; Urteil v. 2. 6. 2005 – Az.: C-15/04).

4838 Die **Vorlagepflicht** wird **insbesondere in den Fällen offensichtlich unhaltbar gehandhabt**, in denen **ein letztinstanzliches Gericht eine Vorlage trotz** der – seiner Auffassung nach bestehenden – **Entscheidungserheblichkeit der gemeinschaftsrechtlichen Frage überhaupt nicht in Erwägung zieht, obwohl es selbst Zweifel hinsichtlich der richtigen Beantwortung der Frage hat** – grundsätzliche Verkennung der Vorlagepflicht. Gleiches gilt in den Fällen, in denen das letztinstanzliche Gericht in seiner Entscheidung bewusst von der Rechtsprechung des Europäischen Gerichtshofs zu entscheidungserheblichen Fragen abweicht und gleichwohl nicht oder nicht neuerlich vorlegt – **bewusstes Abweichen von der Rechtsprechung des Europäischen Gerichtshofs ohne Vorlagebereitschaft** (BVerfG, B. v. 6. 12. 2006 – Az.: 1 BvR 2085/03).

4839 Liegt zu einer entscheidungserheblichen Frage des Gemeinschaftsrechts **einschlägige Rechtsprechung des Europäischen Gerichtshofs noch nicht vor** oder hat er die entscheidungserhebliche Frage **möglicherweise noch nicht erschöpfend beantwortet** oder erscheint eine **Fortentwicklung der Rechtsprechung des Europäischen Gerichtshofs nicht nur als entfernte Möglichkeit – Unvollständigkeit der Rechtsprechung –**, so wird Art. 101 Abs. 1 Satz 2 GG nur dann verletzt, wenn das **letztinstanzliche Hauptsachegericht den ihm in solchen Fällen notwendig zukommenden Beurteilungsrahmen in unvertretbarer Weise überschritten** hat. Dies kann insbesondere dann der Fall sein, wenn mögliche Gegenauffassungen zu der entscheidungserheblichen Frage des Gemeinschaftsrechts gegenüber der vom Gericht vertretenen Meinung eindeutig vorzuziehen sind. Zu verneinen ist in diesen Fällen ein Verstoß gegen Art. 101 Abs. 1 Satz 2 GG deshalb bereits dann, wenn das Gericht die gemeinschaftsrechtliche Rechtsfrage in zumindest vertretbarer Weise beantwortet hat (BVerfG, B. v. 6. 12. 2006 – Az.: 1 BvR 2085/03).

35.8.1.2 Aussetzung und Vorlage bei bereits erfolgter Vorlage

4840 Das Beschwerdeverfahren ist **nach § 148 ZPO, § 94 VwGO entsprechend auszusetzen** bis zur Entscheidung des Europäischen Gerichtshofes, wenn eine entscheidungserhebliche Frage bereits dem Europäischen Gerichtshof vorgelegt worden ist (OLG Brandenburg, B. v. 12. 2. 2008 – Az.: Verg W 18/07; B. v. 1. 4. 2003 – Az.: Verg W 14/02; OLG Düsseldorf, B. v. 19. 12. 2007 – Az.: VII – Verg 51/07).

4841 Wird es **voraussichtlich schon auf Grund eines Klageverfahrens der Europäischen Kommission gegen die Bundesrepublik Deutschland zu einer Entscheidung des EuGH**

Gesetz gegen Wettbewerbsbeschränkungen　　　　　　　　　　GWB § 123　**Teil 1**

in einer vergleichbaren streitigen Vergabeangelegenheit kommen und ist **außerdem zu berücksichtigen**, dass schon ein **anderes Oberlandesgericht zwei Verfahren, die einen vergleichbaren Sachverhalt betreffen, dem BGH zur Entscheidung vorgelegt** hat, ist eine **weitere Vorlage an den EuGH nicht erforderlich und auch nicht sinnvoll**. Allerdings erscheint es sachgerecht, die Entscheidung über die Hauptsache gegebenenfalls auf Antrag der Parteien **bis zur Entscheidung des BGH auszusetzen** (OLG Naumburg, B. v. 15. 7. 2008 – Az.: 1 Verg 5/08).

35.8.1.3 Aussetzung und Vorlage bei aussichtsloser Beschwerde

Eine Aussetzung des Verfahrens **analog § 148 ZPO** bis zur Entscheidung des Europäischen Gerichtshofs in einem Vorabentscheidungsverfahren **kommt nicht in Betracht**, wenn die Beschwerde unabhängig von der künftigen Antwort des Gerichtshofs auf die gestellten Fragen keinen Erfolg haben kann (BayObLG, B. v. 28. 5. 2003 – Az.: Verg 7/03). 　4842

35.8.1.4 Aussetzung und Vorlage bei Kostenfragen

Für eine Vorlage an den Europäischen Gerichtshof gemäß Art. 234 EG (jetzt Art. 267 AEUV) zu der Frage, ob die Auslegung des § 12a Abs. 2 GKG mit den „einschlägigen gemeinschaftsrechtlichen Richtlinien" zu vereinbaren ist, sieht der Senat **keinen hinreichenden Grund**. Die nach Wortlaut und Zweck des **§ 12a Abs. 2 GKG** gebotene **Auslegung dieser Vorschrift behindert** den – richtig verstandenen – **effektiven Rechtsschutz** gegenüber Vergaberechtsfehlern des öffentlichen Auftraggebers **nicht** (OLG Düsseldorf, B. v. 3. 7. 2003 – Az.: Verg 22/00). 　4843

35.8.1.5 Aussetzung für ein Eilverfahren

Eine **Aussetzung kann naturgemäß nicht für das Eilverfahren nach § 118 Abs. 2 Satz 3 GWB gelten**. Insoweit ist eine rasche Entscheidung über die Verlängerung des Zuschlagsverbotes gesetzlich geboten (OLG Naumburg, B. v. 15. 7. 2008 – Az.: 1 Verg 5/08). 　4844

35.8.1.6 Weitere Beispiele aus der Rechtsprechung

– die Frage, ob das **Gemeinschaftsrecht vor Abschluss eines Verkehrsvertrags über SPNV-Leistungen die Durchführung eines förmlichen Vergabeverfahrens, wie es in Deutschland in den §§ 97 ff. GWB geregelt ist, verlangt, hat der Europäische Gerichtshof bislang nicht entschieden**. Mit seiner Entscheidung, die Frage, ob gemeinschaftsrechtlich die Anwendung der Vorschriften des im Vierten Teil des Gesetzes gegen Wettbewerbsbeschränkungen geregelten Vergaberechts auf einen Verkehrsvertrag über Leistungen des Schienenpersonennahverkehrs geboten ist, nicht dem Europäischen Gerichtshof zur Vorabentscheidung vorzulegen, hat das Oberlandesgericht seinen Beurteilungsspielraum nicht in unvertretbarer Weise überschritten (BVerfG, B. v. 6. 12. 2006 – Az.: 1 BvR 2085/03). 　4845

– hätte das Oberlandesgericht die gebotene Analyse vorgenommen, so hätte es ausgehend von seiner Rechtsauffassung dem Gerichtshof der Europäischen Gemeinschaften die Frage vorlegen müssen, **ob Art. 1 Abs. 3 der Richtlinie 89/665/EWG in der Weise auszulegen ist, dass einem Bieter, der die Verletzung der Chancengleichheit durch unklare und missverständliche Ausschreibungsunterlagen sowie eine unterlassene hinreichende Aufklärung durch die Vergabestelle rügt**, auch dann ein Schaden entstanden ist oder zu entstehen droht und ihm deshalb das Nachprüfungsverfahren zur Verfügung stehen muss, wenn er im Rahmen der Beantragung des Nachprüfungsverfahrens eine Neukalkulation seines Angebotes unter Beachtung der zwischenzeitlichen Klarstellungen der Vergabestelle unterlässt (BVerfG, B. v. 29. 7. 2004 – Az.: 2 BvR 2248/03).

35.8.2 Aussetzung bis zu einer Entscheidung des BGH

Entscheidung des Vergabesenats kann es auch sein, zur Vermeidung weiterer Kosten **keine Divergenzvorlage an den BGH** zu machen, sondern ein **Verfahren solange auszusetzen, bis der BGH über die Frage, die bereits ein anderer Vergabesenat vorgelegt hat, entschieden hat** (OLG Frankfurt, B. v. 3. 2. 2009 – Az.: 11 Verg 14/08). 　4846

35.9 Auswirkungen eines abschließenden Beschlusses in der Hauptsache auf eine Entscheidung nach § 118

Mit einer abschließenden Entscheidung des Senats in einer Vergabesache ist ein im Verfahren nach § 118 GWB ergangener Beschluss hinfällig (BayObLG, B. v. 28. 5. 2003 – Az.: Verg 6/03). 　4847

35.10 Literatur

4848 – Wilke, Reinhard, Die Beschwerdeentscheidung im Vergaberecht, NZBau 2005, 380

36. § 124 GWB – Bindungswirkung und Vorlagepflicht

(1) **Wird wegen eines Verstoßes gegen Vergabevorschriften Schadensersatz begehrt und hat ein Verfahren vor der Vergabekammer stattgefunden, ist das ordentliche Gericht an die bestandskräftige Entscheidung der Vergabekammer und die Entscheidung des Oberlandesgerichts sowie gegebenenfalls des nach Absatz 2 angerufenen Bundesgerichtshofs über die Beschwerde gebunden.**

(2) **Will ein Oberlandesgericht von einer Entscheidung eines anderen Oberlandesgerichts oder des Bundesgerichtshofs abweichen oder hält es den Rechtsstreit wegen beabsichtigter Abweichung von Entscheidungen eines Landessozialgerichts oder des Bundessozialgerichts für grundsätzlich bedeutsam, so legt es die Sache dem Bundesgerichtshof vor. Der Bundesgerichtshof entscheidet anstelle des Oberlandesgerichts. Der Bundesgerichtshof kann sich auf die Entscheidung der Divergenzfrage beschränken und dem Beschwerdegericht die Entscheidung in der Hauptsache übertragen, wenn dies nach dem Sach- und Streitstand des Beschwerdeverfahrens angezeigt scheint. Die Vorlagepflicht gilt nicht im Verfahren nach § 118 Abs. 1 Satz 3 und nach § 121.**

36.1 Vergaberechtsmodernisierungsgesetz 2009

4849 In § **124 Abs. 2** wurde nach Satz 2 **Satz 3 eingefügt**, wonach sich der Bundesgerichtshof auf die Entscheidung der Divergenzfrage beschränken und dem Beschwerdegericht die Entscheidung in der Hauptsache übertragen kann, wenn dies nach dem Sach- und Streitstand des Beschwerdeverfahrens angezeigt scheint.

36.2 Änderung durch das GKV-OrgWG

4850 Im Gesetz zur Weiterentwicklung der Organisationsstrukturen in der gesetzlichen Krankenversicherung – GKV-OrgWG – (Bundesgesetzblatt 2008 Teil I Nr. 58 vom 17. 12. 2008, S. 2426) wurde der **Rechtsweg bei Streitigkeiten über Einzelvertragsbeziehungen zwischen öffentlichrechtlichen Krankenkassen und Leistungserbringern sowie eine Ergänzung der Vorlagepflicht** geregelt. Die vergaberechtlichen Regelungen des GKV-OrgWG sind **am 18. 12. 2008 in Kraft getreten**.

4851 Die **Erweiterung der Vorlagepflicht** für die Fälle der Abweichung von Entscheidungen eines Landessozialgerichts oder des Bundessozialgerichts **diente nach der Gesetzesbegründung der Wahrung der Rechtseinheit in vergaberechtlichen Streitigkeiten** im Verhältnis zur Sozialgerichtsbarkeit.

36.3 Bindungswirkung (§ 124 Abs. 1)

36.3.1 Allgemeines

4852 Die Entscheidung über nach Zuschlagserteilung nur noch in Betracht kommende Schadensersatzansprüche eines Bieters ist den ordentlichen Gerichten zugewiesen (§ 13 GVG).

4853 Die **Entscheidung darüber**, ob die Voraussetzungen eines solchen Schadensersatzanspruchs gegeben sind, ist, wie sich auch aus § 124 Abs. 1 GWB ergibt, **weiterhin von den ordentlichen Gerichten zu treffen**. Das mit der Schadensersatzforderung befasste Gericht ist allerdings nach den genannten Vorschriften bei seiner Beurteilung **in gewissem Umfang** an eine bestandskräftige Entscheidung der Vergabekammer oder die Entscheidung des Vergabesenats im Nachprüfungsverfahren **gebunden**. Dieses Verfahren beschränkt sich jedoch auf die **Prüfung**, ob der Antragsteller (d. h. das Unternehmen im Sinne des § 126 GWB) in seinen Rechten verletzt ist (§ 114 Abs. 1 Satz 1 Halbsatz 1 GWB), gegebenenfalls auf weitere Maßnahmen zur

Herstellung eines rechtmäßigen Vergabeverfahrens (§ 114 Abs. 1 Satz 1 Halbsatz 2 und Satz 2 GWB). Nur in diesem Rahmen kann eine Bindung eintreten. Dagegen ist nicht Gegenstand des Verfahrens, ob das Unternehmen ohne einen festgestellten Verstoß eine echte Chance gehabt hätte, den Zuschlag zu erhalten. Deshalb ist es auch insoweit nicht Aufgabe dieses Verfahrens, über Schadensersatzansprüche des verletzten Unternehmens zu befinden. Die in § 124 Abs. 1 GWB vorgesehene **Bindung** des für den Schadensersatzanspruch zuständigen Gerichts **soll lediglich der nochmaligen gerichtlichen Überprüfung derselben Sach- und Rechtsfragen vorbeugen**, nicht aber Fragen des Schadensersatzverfahrens in das Nachprüfungsverfahren verlagern (BayObLG, B. v. 21. 5. 1999 – Az.: Verg 1/99).

In diesem Zusammenhang haben die Zivilgerichte auch die – nur durch § 124 Abs. 1 GWB eingeschränkte – Kompetenz, über die Frage der Einhaltung der bis zur wirksamen Auftragserteilung zu beachtenden Vergaberegeln zu befinden (BayObLG, B. v. 2. 8. 2001 – Az.: Verg 8/01).   4854

36.3.2 Gegenstand der Bindungswirkung

36.3.2.1 Allgemeines

Gegenstand der Bindungswirkung ist die Entscheidung der Vergabekammer oder des Vergabesenates zu der Frage, ob der Antragsteller in seinen Rechten aus § 97 Abs. 7 GWB verletzt ist, ob der Auftraggeber also die Bestimmungen über das Vergabeverfahren, soweit sie den Schutz der Unternehmen bezwecken, eingehalten hat oder nicht. Der **Streitpunkt im Nachprüfungsverfahren und im Schadensersatzprozess überschneidet sich in diesem Punkt**. Die Entscheidung im Nachprüfungsverfahren dreht sich allein um den Punkt der Rechtsverletzung. **Im Zivilprozess** ist die Anspruchsgrundlage noch nicht allein mit Darlegung eines Vergabeverstoßes abgedeckt, sondern es **müssen weitere Anspruchsvoraussetzungen dargelegt werden**, etwa dass der Kläger ohne den Verstoß eine echte Chance auf den Zuschlag gehabt hätte (§ 126 GWB) oder dass der wirtschaftlich identische Auftrag später anderweitig vergeben wurde (VK Südbayern, B. v. 8. 2. 2002 – Az.: 41-11/01).   4855

36.3.2.2 Beispiele aus der Rechtsprechung

– die **Bindungswirkung** nach § 124 Abs. 1 GWB **erstreckt sich bei Identität der Verfahrensbeteiligten** auf die – bestands- oder rechtskräftige – Entscheidung der Vergabenachprüfungsinstanzen über den gerügten Verstoß gegen Vergabevorschriften (d.h. **auf die tragenden Erwägungen hinsichtlich der insoweit bestehenden Rechtslage nebst den dazugehörigen Tatsachenfeststellungen**) sowie auf die **Frage, ob ein im Vergabeverfahren benachteiligtes Unternehmen in bieterschützenden Rechten verletzt** worden ist (OLG Düsseldorf, Urteil v. 15. 12. 2008 – Az.: I-27 U 1/07)   4856

– im Schadensersatzprozess entfaltet die Feststellung des schuldhaften Vergaberechtsverstoßes durch den Vergabesenat für das Prozessgericht Bindungswirkung (§ 124 Abs. 1 GWB), so dass **ein z. T. neues Vorbringen der Beklagten zum Themenkomplex „Pflichtverletzung" unerheblich** ist (OLG Naumburg, Urteil v. 23. 4. 2007 – Az.: 1 U 47/06)

36.3.3 Zulässigkeit zweier Entscheidungsträger

Eine **Aufteilung der Befugnis** nach Art. 2 Abs. 1 Buchstabe c der Richtlinie 89/665 (Feststellung eines Vergabeverstoßes und Zuerkennung von Schadensersatz) **auf mehrere zuständige Instanzen** (Vergabekammer/Vergabesenat sowie Zivilgerichte) **verstößt nicht gegen die Vorschriften dieser Richtlinie**, da Art. 2 Abs. 2 der Richtlinie die Mitgliedstaaten ausdrücklich ermächtigt, die in Abs. 1 dieses Artikels genannten Befugnisse getrennt mehreren Instanzen zu übertragen, die für das Nachprüfungsverfahren unter verschiedenen Gesichtspunkten zuständig sind (EuGH, Urteil v. 19. 6. 2003 – Rechtssache C-315/01).   4857

36.3.4 Bindungswirkung der Entscheidung von Vergabeprüfstellen bzw. eines Vergabeüberwachungsausschusses bzw. der Aufsichtsbehörde des öffentlichen Auftraggebers

Auch nach der Änderung des Vergaberechtsmodernisierungsgesetzes können öffentliche Auftraggeber Vergabeprüfstellen einrichten. Diese üben **der Sache nach Rechtsaufsicht** über die   4858

Teil 1 GWB § 124 Gesetz gegen Wettbewerbsbeschränkungen

Vergabeverfahren durchführenden Stellen aus. Ihre Entscheidungen wenden sich daher ausschließlich an den betroffenen öffentlichen Auftraggeber. Eine **Bindungswirkung besteht nicht** (BGH, Urteil v. 28. 10. 2003 – Az.: X ZB 14/03 – für das alte Recht; OLG Naumburg, Urteil v. 26. 10. 2004 – Az.: 1 U 30/04).

4859   Das **Zivilgericht** stellt die Voraussetzungen für das Vorliegen eines schuldrechtlichen Schadenersatzanspruches selbst fest, es **ist an etwaige Entscheidungen der Vergabeprüfstelle bzw. eines Vergabeüberwachungsausschusses bzw. der Aufsichtsbehörde des öffentlichen Auftraggebers nicht gebunden.** Etwas Anderes gilt nach § 124 Abs. 1 GWB lediglich für bestandskräftige Entscheidungen der Vergabekammern bzw. rechtskräftige Entscheidungen der Vergabesenate der Oberlandesgerichte bzw. des nach § 124 Abs. 2 GWB angerufenen Bundesgerichtshofs (OLG Naumburg, Urteil v. 26. 10. 2004 – Az.: 1 U 30/04).

36.3.5 Mittelbare Bindungswirkung

4860   Ein Kläger in einem Schadenersatzprozess kann sich zur Rechtfertigung seines Anspruchs in der Sache auf die Ergebnisse eines Vergabekontrollverfahrens berufen, und zwar **auch dann, wenn er hieran nicht beteiligt ist.** Dies schließt zwar eine **formelle Bindungswirkung** an die seinerzeit getroffene Entscheidung im Sinne des § 124 Abs. 1 GWB **aus.** Es gibt keine Veranlassung, von einer damaligen Einschätzung des rechtswidrigen Vergabeverhaltens, die z. B. zur Aufhebung des späteren Planungswettbewerbs und zur Verpflichtung der Beklagten auf eine Neubewertung der Teilnehmeranträge im Rahmen des ursprünglichen Verhandlungsverfahrens geführt hat, abzurücken (OLG Dresden, Urteil v. 10. 2. 2004 – Az.: 20 U 1697/03).

36.3.6 Bindungswirkung rechtskräftiger Entscheidungen von Verwaltungsgerichten

4861   Entscheidet ein **Verwaltungsgericht** über Fragen, die auch in einem Vergabenachprüfungsverfahren eine Rolle spielen, **endgültig und rechtskräftig**, ist es der **Vergabekammer** bzw. dem **Vergabesenat** allein aus diesem Grund **verwehrt**, diese **Fragen erneut aufzugreifen.** Gemäß § 121 VwGO binden rechtskräftige Urteile, soweit über den Streitgegenstand entschieden worden ist, die Beteiligten und ihre Rechtsnachfolger. Auch Beschlüsse, die in einem verwaltungsgerichtlichen Verfahren nach § 123 VwGO ergehen, sind einer Rechtskraft fähig (OLG Düsseldorf, B. v. 22. 12. 2004 – Az.: VII – Verg 81/04).

36.4 Vorlagepflicht (§ 124 Abs. 2)

36.4.1 Allgemeines

4862   Es liegt in der **Gestaltungsfreiheit des Gesetzgebers, wie viele Gerichtsinstanzen er für den Rechtsschutz anordnet.** Nach dem Willen des Gesetzgebers soll die Vorlagepflicht gemäß § 124 Abs. 2 GWB „eine bundeseinheitliche Rechtsprechung in Vergabesachen gewährleisten". Dabei trägt die Vorschrift dem Umstand Rechnung, dass die Rechtseinheit in Vergabesachen – wegen des für dieses Rechtsgebiet typischen erhöhten Beschleunigungsbedürfnisses – nicht in einem dreistufigen Instanzenzug von der Vergabekammer über das Oberlandesgericht bis zum Bundesgerichtshof hergestellt wird. Die **Entscheidungen der Vergabesenate sind unanfechtbar; die Vergabesenate können auch nicht die weitere Beschwerde oder Rechtsbeschwerde gegen ihre Entscheidungen zulassen.** Daher stellt die Divergenzvorlage gemäß § 124 Abs. 2 Satz 2 GWB, die zugleich mit einer Übertragung der Entscheidungskompetenz auf den Bundesgerichtshof in der zweiten Entscheidungsstufe (nach der Vergabekammer) verbunden ist, die **Ersatzlösung dafür dar, dass es eine drittinstanzliche Kompetenz des Bundesgerichtshofs in Vergabesachen für Sachentscheidungen nicht gibt**, während bei gleichartiger Bedeutung der Sachentscheidung in Zivilprozessen (durch die Revision) und in Kartellverwaltungsverfahren (durch die Rechtsbeschwerde – sofern man die Entscheidung der Kartellbehörde analog derjenigen der Vergabekammer als erstinstanzliche Entscheidung definiert) eine drittinstanzliche Entscheidung des Bundesgerichtshofs erwirkt werden kann (OLG Düsseldorf, B. v. 9. 5. 2003 – Az.: Verg 42/01).

4863   Aus dem Umstand, dass nach § 124 Abs. 2 GWB im Falle der Divergenz die Sache dem Bundesgerichtshof vorzulegen ist und dieser anstelle des Beschwerdegerichts entscheidet, kann also **nicht hergeleitet** werden, dass den Parteien **ein in den Verfahrensvorschriften nicht vor-**

Gesetz gegen Wettbewerbsbeschränkungen GWB § 124 **Teil 1**

gesehenes Rechtsmittel gegen eine Beschwerdeentscheidung des Vergabesenats einzuräumen wäre. Eine solche Auslegung der Vorschrift würde gegen das aus dem Rechtsstaatsprinzip abgeleiteten verfassungsrechtlichen Gebot der Rechtsmittelklarheit verstoßen (BGH, B. v. 16. 9. 2003 – Az.: X ZB 12/03).

Sinn und Zweck des § 124 Abs. 2 GWB – ebenso wie der parallelen Rechtsvorschriften des 4864 § 28 Abs. 2 FGG und des § 121 Abs. 2 GVG – ist es, die **Einheitlichkeit der Rechtsprechung herbeizuführen oder zu bewahren** (OLG Düsseldorf, B. v. 16. 6. 2008 – Az.: VII-Verg 13/ 08; B. v. 16. 6. 2008 – Az.: VII-Verg 7/08; B. v. 30. 4. 2008 – Az.: VII-Verg 4/08; B. v. 30. 4. 2008 – Az.: VII-Verg 3/08; B. v. 23. 1. 2008 – Az.: VII – Verg 31/07).

36.4.2 Konkretisierungen der Vorlagepflicht

36.4.2.1 Abweichende ergebnisrelevante Entscheidung

Nur eine **ergebnisrelevante Abweichung** in der Anwendung der Vergabenachprüfungsvor- 4865 schriften von der Rechtsprechung eines anderen Oberlandesgerichts macht die Vorlage des Verfahrens an den Bundesgerichtshof erforderlich (OLG Brandenburg, B. v. 9. 8. 2010 – Az.: Verg W 5/09; OLG Dresden, B. v. 3. 12. 2002 – Az.: WVerg 0015/02; OLG Düsseldorf, B. v. 13. 8. 2008 – Az.: VII – Verg 42/07; B. v. 7. 5. 2007 – Az.: VII – Verg 7/07; B. v. 26. 7. 2006 – Az.: VII – Verg 19/06; OLG Naumburg, B. v. 23. 8. 2005 – Az.: 1 Verg 4/05; OLG Rostock, B. v. 2. 7. 2008, Az.: 17 Verg 2/08; OLG Thüringen, B. v. 30. 5. 2002 – Az.: 6 Verg 3/02). Dies ist **dann der Fall**, wenn das vorlegende Gericht als **tragende Begründung** seiner Entscheidung einen Rechtssatz zu Grunde legen will, der mit einem die Entscheidung eines anderen Oberlandesgerichts oder des Bundesgerichtshofs tragenden Rechtssatz nicht übereinstimmt (BGH, B. v. 29. 9. 2009 – Az.: X ZB 1/09; B. v. 18. 2. 2003 – Az.: X ZB 43/02, OLG Brandenburg, B. v. 9. 8. 2010 – Az.: Verg W 5/09; B. v. 2. 12. 2003 – Az.: Verg W 6/03; OLG Celle, B. v. 17. 7. 2009 – Az.: 13 Verg 3/09; OLG Dresden, B. v. 4. 7. 2008 – Az.: WVerg 3/08; OLG Düsseldorf, B. v. 3. 3. 2010 – Az.: VII-Verg 46/09; B. v. 17. 2. 2010 – Az.: VII-Verg 42/09; B. v. 16. 12. 2009 – Az.: VII-Verg 32/09; B. v. 2. 12. 2009 – Az.: VII-Verg 39/09; B. v. 21. 10. 2009 – Az.: VII-Verg 28/09; B. v. 29. 4. 2009 – Az.: VII-Verg 73/08; B. v. 23. 1. 2008 – Az.: VII – Verg 31/07; B. v. 17. 5. 2004 – Az.: VII – Verg 72/03; B. v. 18. 5. 2004 – Az.: X ZB 7/ 04; OLG Rostock, B. v. 2. 7. 2008, Az.: 17 Verg 2/08; Saarländisches OLG, B. v. 20. 9. 2006 – Az.: 1 Verg 3/06; OLG Schleswig-Holstein, B. v. 5. 1. 2007 – Az.: 1 Verg 12/06). Eine Divergenzvorlage kommt daher nicht nur dann in Betracht, wenn das vorlegende Gericht lediglich zu einem anderen Ergebnis gelangen möchte als das Gericht, von dessen Entscheidung abgewichen werden soll, sondern **ggf. auch bei identischen Ergebnissen** (OLG Rostock, B. v. 2. 7. 2008, Az.: 17 Verg 2/08).

Kann die Rechtsfrage, zu der ein Oberlandesgericht im Vergleich zur Rechtsprechung ei- 4866 nes anderen Oberlandesgerichts eine andere Auffassung vertritt, **offen bleiben**, ist **keine Vorlage an den Bundesgerichtshof erforderlich** (OLG Düsseldorf, B. v. 4. 9. 2002 – Az.: Verg 37/02).

Von der Entscheidung eines anderen Oberlandesgerichts wird nur dann in einer die Vorlage 4867 an den Bundesgerichtshof gebietenden Weise abgewichen, wenn eine **Rechtsfrage bei im Wesentlichen gleich oder vergleichbar gelagertem Sachverhalt anders beurteilt werden soll** (OLG Dresden, B. v. 4. 7. 2008 – Az.: WVerg 3/08; OLG Düsseldorf, B. v. 23. 1. 2006 – Az.: VII – Verg 96/05; OLG Thüringen, B. v. 7. 10. 2003 – Az.: 6 Verg 6/03). Die abstrakte, vom Sachverhalt losgelöste Beantwortung einer Rechtsfrage durch den anderen Senat bindet nicht. Inwieweit die Sachverhalte gleich oder vergleichbar gelagert sind, ist eine Frage der einzelnen Fälle (KG Berlin, B. v. 15. 4. 2002 – Az.: KartVerg 3/02).

Einer **Vorlagepflicht steht nicht entgegen, dass die Entscheidung, von welcher ab-** 4868 **gewichen werden soll, ihren Ausgangspunkt in einem bestimmten Landesrecht hat, während in dem aktuellen Verfahren eine Regelung, die auf einem anderen Landesrecht beruht, zu beurteilen ist**, wenn die maßgeblichen Kriterien – auf den aktuellen Fall angewendet – zum gegenteiligen Ergebnis dessen führen, was der vorlegende Senat für richtig hält. Der Senat beabsichtigt dann insoweit, inhaltlich von tragenden Erwägungen des früheren Beschlusses abzuweichen; das rechtfertigt ungeachtet der Anknüpfung in unterschiedlichen Landesrechten die Vorlage gemäß § 124 GWB (OLG Dresden, B. v. 4. 7. 2008 – Az.: WVerg 3/ 08).

1019

36.4.2.2 Abweichende Entscheidung in einem Vergabeverfahren

4869 Voraussetzung für eine Vorlage nach § 124 Abs. 2 GWB ist weiter, dass die **Entscheidung, von der abgewichen werden soll, in einem Vergabenachprüfungsverfahren ergangen** ist. Diese Auslegung der Vorschrift ergibt sich aus dem Gesamtzusammenhang des § 124 GWB: In Abs. 1 ist geregelt, dass das ordentliche Gericht, das über einen Schadensersatzanspruch zu entscheiden hat, an die bestandskräftige Entscheidung der Vergabekammer sowie die Entscheidung des Oberlandesgerichts sowie gegebenenfalls des nach Abs. 2 angerufenen Bundesgerichtshofs über die Beschwerde gebunden ist. Daraus, dass nach Abs. 1 der Vorschrift die Zivilgerichte nur an Entscheidungen der Instanzen im Vergaberechtszug gebunden sind und dabei hinsichtlich des Bundesgerichtshofs auf die Entscheidung nach Abs. 2 Bezug genommen wird, ergibt sich, dass mit **Entscheidung des Bundesgerichtshofs im Sinne des Abs. 2 nur diejenigen gemeint sind, die im Vergabeverfahren ergangen sind.** Das steht auch im Einklang mit der parallelen Regelung in § 28 FGG. Die Voraussetzungen für eine Vorlage an den Bundesgerichtshof gem. § 124 Abs. 2 GWB liegen also dann nicht vor, wenn der Senat von einer Entscheidung des Bundesgerichtshofs abweicht, die z. B. in einem zivilprozessualen Verfahren gemäß § 133 GVG ergangen ist (Hanseatisches OLG Hamburg, B. v. 4. 11. 2002 – Az.: 1 Verg 3/02).

36.4.2.3 Abweichende Entscheidung in kostenrechtlichen Fragen

4870 **36.4.2.3.1 Streitwertfestsetzung und Höhe der Rechtsanwaltsgebühr.** Die Vorlagepflicht nach § 124 Abs. 2 Satz 1 GWB auf im Kostenfestsetzungsverfahren ergangene Entscheidungen der Vergabekammern **nicht anzuwenden, besteht nach der systematischen Stellung dieser Norm, ihrem Wortlaut sowie Sinn und Zweck der Regelung keine Veranlassung.** Die Bestimmung gehört zu den Regelungen über die sofortige Beschwerde und bezieht sich wörtlich allgemein auf vom Oberlandesgericht zu treffende Beschwerdeentscheidungen. Die Vorlage nach § 124 Abs. 2 Satz 1 GWB dient dem Ziel einer bundeseinheitlichen Rechtsprechung in Vergabesachen (vgl. BT-Drucks. 13/9340, S. 22 zu RegE § 133 GWB). Diese **Zwecksetzung schließt die bundeseinheitliche Beurteilung von vergaberechtsbezogenen Gebührenfragen zwanglos ein**, zumal auch das Gesetz zur Reform des Zivilprozesses vom 27. Juli 2001 durch die Neuordnung der Bestimmungen über das Rechtsmittel der Beschwerde eine bundeseinheitliche Rechtsprechung in zivilprozessualen Gebührenstreitigkeiten ermöglicht (BGH, B. v. 29. 9. 2009 – Az.: X ZB 1/09; B. v. 23. 9. 2008 – Az.: X ZB 19/07).

4870/1 Die **Vorschrift des § 124 Abs. 2 GWB ist auch auf Erinnerungen gegen Kostenfestsetzungsbeschlüsse des Rechtspflegers beim Oberlandesgericht entsprechend anzuwenden, um eine planwidrige Lücke im Anwendungsbereich von § 124 Abs. 2 GWB zu vermeiden.** Der Sinn und Zweck dieser Regelung, eine bundeseinheitliche Rechtsprechung in Vergabesachen zu gewährleisten, schließt vergaberechtsbezogene Gebührenfragen ein. Dass davon solche Entscheidungen ausgenommen sein sollen, die ein Vergabesenat aufgrund der Regelung in § 11 Abs. 1 und 2 RPflG im Erinnerungsverfahren trifft, ist nicht anzunehmen (BGH, B. v. 29. 9. 2009 – Az.: X ZB 1/09).

4871 Zwar wird vielfach vertreten, die Vorschrift des § 124 Abs. 2 GWB beziehe sich nicht auf abweichende kostenrechtliche Beurteilungen durch die Oberlandesgerichte. Der Senat sieht jedoch **keinen Anlass für eine derartige, von dem Wortlaut der Vorschrift nicht umfasste Auslegung.** Soweit verlangt wird, dass die Entscheidungsdivergenz die Hauptsache betrifft, ist dieses Erfordernis bei Beschwerden im Kostenfestsetzungsverfahren erfüllt, da in derartigen Verfahren die Kostenerstattungspflicht die Hauptsache ist. Der **Bundesgerichtshof ist auch grundsätzlich von einer Vorlagefähigkeit von Kostenfragen ausgegangen** (OLG Düsseldorf, B. v. 26. 1. 2009 – Az.: VII-Verg 17/08; B. v. 7. 5. 2007 – Az.: VII – Verg 7/07; OLG Karlsruhe, B. v. 11. 7. 2008 – Az.: 15 Verg 5/08).

4872 Die **entgegenstehende ältere Rechtsprechung einiger Vergabesenate** ist damit **gegenstandslos.**

4873 Auch wenn ein **Beschwerdesenat zwar nicht in einem unmittelbaren Rahmen eines Beschwerdeverfahrens zu entscheiden hat, sondern auf die Erinnerung gegen die Entscheidung eines Rechtspflegers des Gerichts, gilt die Vorlagepflicht des § 124 Abs. 2 GWB.** Aus der Vorschrift des § 124 Abs. 2 GWB ergibt sich nichts dafür, dass eine Vorlage nur dann zulässig ist, wenn das Oberlandesgericht unmittelbar über eine Beschwerde zu entscheiden hat. Auch in Verfahren über die Erinnerung in Vergabesachen bedarf es einer bundeseinheitlichen Rechtsprechung. Das gilt umso mehr, als das Kostenfestsetzungsverfahren Folge eines Beschwerdeverfahrens ist (OLG Düsseldorf, B. v. 26. 1. 2009 – Az.: VII-Verg 17/08).

Gesetz gegen Wettbewerbsbeschränkungen GWB § 124 **Teil 1**

36.4.2.3.2 Kostentragungspflicht nach Rücknahme eines Nachprüfungsantrags. Zwar 4874
wird die Vorlagepflicht nach § 124 Abs. 2 Satz 1 GWB in der Rechtsprechung der Vergabesenate einschränkend dahin ausgelegt, dass sie nur für Abweichungen bei einer die Hauptsache betreffenden Beschwerdeentscheidung besteht. **Jedoch kann auch ein Kostenstreit „Hauptsache" des Beschwerdeverfahrens sein** (OLG Düsseldorf, B. v. 27. 7. 2005 – Az.: VII – Verg 20/05).

36.4.2.3.3 Weitere Beispiele aus der Rechtsprechung 4875

– durch eine **divergierende Rechtsprechung zum Anwendungsbereich des § 128 Abs. 4 Satz 2 GWB** wird das vom Gesetzgeber mit der Einführung der Vorlagepflicht verfolgte Ziel gefährdet. Die Frage, unter welchen Voraussetzungen Antragsteller und Beigeladene Kostenerstattungsansprüche gegen den Antragsteller aus § 128 Abs. 4 Satz 2 GWB zustehen, **stellt sich ausschließlich in Vergabeverfahren**. Angesichts der **erheblichen wirtschaftlichen Bedeutung dieser Frage** – der Gegenstandswert von Vergabenachprüfungsverfahren ist in aller Regel sehr hoch – **erscheinen Divergenzen in der Rechtsprechung verschiedener Oberlandesgerichte nicht hinnehmbar** (OLG Karlsruhe, B. v. 11. 7. 2008 – Az.: 15 Verg 5/08)

36.4.2.4 Vorlagepflicht im Eilverfahren nach § 118 Abs. 1 Satz 3 (§ 124 Abs. 2 Satz 4)

Eine **Vorlage an den Bundesgerichtshof im Eilverfahren** nach § 118 Abs. 1 Satz 3 4876
GWB kommt nach § 124 Abs. 2 Satz 4 GWB **nicht in Betracht** (OLG Düsseldorf, B. v. 3. 7. 2008 – Az.: VII-Verg 41/08; B. v. 14. 4. 2008 – Az.: VII-Verg 22/08; B. v. 28. 12. 2007 – Az.: VII – Verg 40/07; B. v. 28. 9. 2006 – Az.: VII – Verg 49/06; B. v. 5. 7. 2006 – Az.: VII – Verg 21/06; B. v. 6. 12. 2004 – Az.: VII – Verg 79/04; OLG München, B. v. 17. 5. 2005 – Az.: Verg 009/05; BayObLG, B. v. 27. 4. 2001 – Az.: Verg 5/01).

Dieser Wortlaut **umfasst auch den Fall, dass die Entscheidung, von der abgewichen** 4877
werden soll, eine solche nach § 118 Abs. 1 Satz 3 GWB ist (OLG Celle, B. v. 1. 7. 2004 – Az.: 13 Verg 8/04; OLG München, B. v. 17. 5. 2005 – Az.: Verg 009/05). **Anderer Ansicht** ist insoweit das **OLG Düsseldorf**. Die **Ausnahmevorschrift des § 124 Abs. 2 Satz 4 GWB soll dem Eilcharakter** der dort genannten Verfahren Rechnung tragen, die durch eine Vorlage an den Bundesgerichtshof und die damit verbundene Verzögerung einer Entscheidung konterkariert würde. Dieser **Grund gilt aber von vornherein dann nicht, wenn ein Vergabesenat in einer Hauptsacheentscheidung von einer in einem Eilverfahren ergangenen Entscheidung abweichen will**. Auch der Wortlaut des § 124 Abs. 2 Satz 4 GWB spricht eher dafür, dass eine Vorlagepflicht nur im Verfahren nach § 118 Abs. 1 Satz 3 bzw. § 121 GWB nicht besteht (OLG Düsseldorf, B. v. 16. 6. 2008 – Az.: VII-Verg 7/08; B. v. 30. 4. 2008 – Az.: VII-Verg 4/08; B. v. 30. 4. 2008 – Az.: VII-Verg 3/08; B. v. 30. 4. 2008 – Az.: VII – Verg 57/07).

36.4.2.5 Keine Vorlagepflicht in Verfahren der Beschwerde gegen eine Gewährung von Akteneinsicht

Der Anwendungsbereich des § 124 Abs. 2 Satz 1 GWB ist dahin eingeschränkt, dass eine 4878
Vorlagepflicht nur bei Abweichungen in einer die Hauptsache betreffenden Beschwerdeentscheidung besteht. In **Zwischenverfahren, namentlich in solchen, in denen ein besonderes Eilbedürfnis im Vordergrund steht** (wie insbesondere in Verfahren nach den §§ 118 Abs. 1 Satz 3, 121 GWB), **gilt die Vorlagepflicht nicht** (so u. a. die Gesetzesbegründung der BReg zu § 133 [124] GWB, BT-Drucks. 13/9340, S. 22: „In diesen Eilverfahren werden im Interesse der Beschleunigung Divergenzen hingenommen; sie werden die Ausnahme bleiben und sich durch gerichtliche Entscheidungen nach § 132 [§ 123] oder in Schadensersatzprozessen auflösen."). Dies **trifft auch auf das Verfahren der Beschwerde gegen eine Gewährung von Akteneinsicht zu**. In derartigen Zwischenverfahren ist zwar ein anders gelagertes, den Eilverfahren nach den §§ 118 Abs. 1 Satz 3, 121 GWB im Ergebnis aber vergleichbares **Beschleunigungsbedürfnis zu erkennen**. Denn die Beschwerde gegen die Erteilung von Akteneinsicht **bringt das erstinstanzliche Nachprüfungsverfahren faktisch zum Ruhen**. Da sowohl das Oberlandesgericht für eine Vorlageentscheidung als auch der Bundesgerichtshof für die Beschwerdeentscheidung einige Zeit benötigen werden, würde das **Verfahren durch eine Vorlage die Sachentscheidung der Vergabekammer über Gebühr verzögert** werden (OLG Düsseldorf, B. v. 28. 12. 2007 – Az.: VII – Verg 40/07).

36.4.3 Umfang der Vorlagepflicht und Vorlage einer konkret formulierten Rechtsfrage

4879 Wenn es in § 124 Abs. 2 GWB heißt, im Falle einer Divergenz lege das Oberlandesgericht die Sache dem Bundesgerichtshof vor, so bedeutet dies nicht, dass **immer und ausnahmslos der gesamte noch anhängige Nachprüfungsstreit dem Bundesgerichtshof vorzulegen** ist. Die **Vorlagepflicht besteht nur**, soweit **die Entscheidung des Bundesgerichtshofs anstelle des Oberlandesgerichts notwendig ist, um den abtrennbaren Teil des Streits zu erledigen**, dessen Bescheidung nach Ansicht des vorlegenden Oberlandesgerichts von der zum Anlass der Vorlage genommenen Divergenz abhängt (BGH, B. v. 1. 12. 2008 – Az.: X ZB 31/08).

4880 Die Statthaftigkeit einer Vorlage wird nicht dadurch berührt, dass diese nach dem Tenor des Vorlagebeschlusses lediglich der **Beantwortung einer konkret formulierten Rechtsfrage** dienen soll, was im Gesetz nicht vorgesehen ist. Auch in einem solchen Fall ist der Bundesgerichtshof, sofern die Vorlage im Übrigen zulässig ist, nach § 124 Abs. 2 Satz 2 GWB insgesamt zur Entscheidung an Stelle des Oberlandesgerichts berufen (BGH, B. v. 24. 2. 2003 – Az.: X ZB 12/02).

36.4.4 Vorlage erst nach Gewährung rechtlichen Gehörs

4881 Ob eine Beschwerdesache dem Bundesgerichtshof gemäß § 124 Abs. 2 Satz 1 GWB vorgelegt werden soll, hat das Oberlandesgericht nicht allein auf der Grundlage der Ausführungen zu entscheiden, die die Beteiligten in der Beschwerdebegründung bzw. -erwiderung gemacht haben. **Maßgeblich ist** vielmehr, ob das Oberlandesgericht **nach ordnungsgemäßer Durchführung des Beschwerdeverfahrens**, unter Berücksichtigung aller dabei gewonnenen tatsächlichen und rechtlichen Erkenntnisse eine bestimmte Rechtsfrage für entscheidungserheblich hält und bei deren Beantwortung von der Entscheidung eines anderen Oberlandesgerichts oder des Bundesgerichtshofs abweichen will. Die für das Beschwerdeverfahren gültigen Verfahrensgrundsätze hat das Oberlandesgericht unabhängig davon zu beachten, ob es das Verfahren selbst zu einem Ende bringt oder ob es die Sache dem Bundesgerichtshof vorlegt.

4882 Zu den genannten **Verfahrensgrundsätzen gehört** nach § 120 Abs. 2 i. V. m. § 69 Abs. 1 GWB im Regelfall die **Durchführung einer mündlichen Verhandlung**. Diese dient auch der **Sicherung des rechtlichen Gehörs**. Hält das Oberlandesgericht eine Vorlage für erforderlich, so muss es deshalb im Rahmen der mündlichen Verhandlung oder in sonstiger geeigneter Weise den Beteiligten auch Gelegenheit geben, sich zu den dafür ausschlaggebenden Umständen zu äußern, d. h. insbesondere zur Entscheidungserheblichkeit einer Rechtsfrage und zum Vorhandensein einer Entscheidung, von der nach Meinung des Gerichts abgewichen werden soll (BGH, B. v. 24. 2. 2003 – Az.: X ZB 12/02).

36.4.5 Vorlage bei streitigen Rechtsfragen, die vom EuGH bereits entschieden sind

4883 Es ist nicht die Aufgabe des Bundesgerichtshofs, die Auslegung des Gemeinschaftsrechts, die das Verständnis des nationalen Vergaberechts bestimmt und um die es in einem Streitfall geht, klarzustellen. Die verbindliche Auslegung des EG-Rechts steht dem Gerichtshof der Europäischen Gemeinschaften zu. Die **Vorlagepflicht nach § 124 Abs. 2 GWB** ist darum **dahin einschränkend zu auszulegen, dass das nationale Gericht ohne eine Vorlage an den Bundesgerichtshof in der Sache selbst zu entscheiden hat, wenn der Gerichtshof der Europäischen Gemeinschaften die streitige Rechtsfrage in einem anderen Verfahren bereits, und zwar so entschieden hat, wie das nationale Gericht sie entscheiden will**. Dies folgt aus dem Vorrang des Gemeinschaftsrechts (OLG Bremen, B. v. 13. 3. 2008 – Az.: Verg 5/07; OLG Düsseldorf, B. v. 6. 2. 2008 – Az.: VII – Verg 37/07; B. v. 23. 1. 2008 – Az.: VII – Verg 31/07).

36.4.6 Analoge Anwendung des § 124 Abs. 2 GWB auf beabsichtigte Abweichungen von Entscheidungen in anderen Gerichtszweigen

4884 Die **Rechtsprechung** hat sich mit dieser Frage befasst, als der **Rechtsweg bei Rabattausschreibungen noch nicht gesetzlich geregelt** war. Insoweit ist die nachfolgende Darstellung **von den konkreten Fällen her** überholt. Vom **Grundsatz her kann das Problem allerdings auch bei anderen Fallkonstellationen auftreten**, sodass die unterschiedlichen Auffassungen in der Rechtsprechung trotzdem erläutert werden.

Gesetz gegen Wettbewerbsbeschränkungen GWB § 124 **Teil 1**

Nach § 124 Abs. 2 GWB ist eine Vorlage an den BGH nur dann zulässig, wenn ein Oberlandesgericht von einer Entscheidung eines anderen Oberlandesgerichts oder des Bundesgerichtshofs abweichen will. Diese Vorschrift trägt der Besonderheit des Rechtsmittelzuges in Vergabesachen nach dem vierten Buch des GWB Rechnung. Eine **analoge Anwendung dieser Vorschrift auf beabsichtigte Abweichungen von Entscheidungen in anderen Gerichtszweigen ist weder geboten noch zulässig**. Genauso wenig wie z.B. gegen Entscheidungen der Vergabekammern die Sozialgerichte angerufen werden können, kann der BGH auf eine Divergenzvorlage gemäß § 124 Abs. 2 GWB hin ohne gesetzliche Grundlage mit Wirkung für ein oberstes Bundesgericht in einem anderen Rechtsweg die Auslegung des EU-Vergaberechts festlegen. Die **Zuständigkeit des BGH besteht nur innerhalb des Rechtsmittelzuges, nicht über die Grenzen der Gerichtsbarkeiten hinweg**. Seine Entscheidungen binden auch nur die Vergabesenate der Oberlandesgerichte, nicht z.B. die Sozialgerichte (OLG Brandenburg, B. v. 9. 8. 2010 – Az.: Verg W 5/09; B. v. 7. 8. 2008 – Az.: Verg W 12/08; B. v. 7. 8. 2008 – Az.: Verg W 11/08). Auch eine **beabsichtigte Abweichung von Entscheidungen des BVerwG oder des BVerfG** begründet **keine Pflicht zur Vorlage** gemäß § 124 Abs. 2 GWB (OLG Brandenburg, B. v. 9. 8. 2010 – Az.: Verg W 5/09). 4885

Nach einer anderen Auffassung ist **§ 124 Abs. 2 hingegen analogiefähig**. Eine Analogie setzt eine **planwidrige Regelungslücke** voraus, die der Gesetzgeber, hätte er die Lücke erkannt, mit derselben Rechtsfolge wie in der analog anzuwendenden Vorschrift geregelten Tatbestand geschlossen hätte. Der Gesetzgeber ging bei der Verabschiedung des GWB-Vergabeverfahrensrechts davon aus, dass **Vergabesachen ausschließlich dem Verfahren nach den §§ 102 ff. GWB unterliegen**, so dass abschließende Entscheidungen nur von den Oberlandesgerichten zu treffen wären. Dass **Vergabeverfahren auch durch andere Gerichtszweige zu kontrollieren sein könnten** und es damit zu anderen abschließenden Entscheidungen als denjenigen der Oberlandesgerichte kommen könnte, ist erst **später aktuell geworden, als Vergabeverfahren auch im Sozialrecht eingeführt** wurden. Weil der Gesetzgeber für alle Vergabeverfahren zu einer einheitlichen Rechtsprechung kommen wollte, ist die Regelungslücke auch planwidrig. Um das Ziel einer einheitlichen Rechtsprechung zu erreichen, kommt nur die analoge Anwendung des § 124 Abs. 2 GWB in Betracht. Das **Problem bei der Abweichung von einer anderen höchstrichterlichen Entscheidung ist das gleiche wie bei der Abweichung von der Entscheidung eines anderen Oberlandesgerichts**. Auch hier muss das Ziel der einheitlichen Rechtsprechung erreicht werden. Die Divergenz kann aus der Sicht eines Oberlandesgerichts nur durch Vorlage an den Bundesgerichtshof aufgelöst werden, denn das Oberlandesgericht kann nicht selbst einen Spruchkörper anrufen, der über Divergenzen zwischen den Gerichtszweigen entscheidet. Dieses Recht steht ausschließlich dem Bundesgerichtshof zu, der ggf. den Gemeinsamen Senat der obersten Bundesgerichte einzuschalten hat. Um dazu in der Lage zu sein, muss ihm die Sache, bei der eine Divergenz droht, jedoch zunächst vorgelegt werden, wenn, wie im Vergabeverfahren, die **Parteien nicht durch eigene Rechtsmittel eine Entscheidung des Bundesgerichtshofs herbeiführen können**. Diese zwingende **Notwendigkeit besteht auch dann, wenn ein Oberlandesgericht von einem abschließend entscheidenden Gericht einer anderen Gerichtsbarkeit abweichen möchte**. Ein anderes Mittel, die drohende Divergenz zu verhindern, ist nicht zu erkennen, so dass davon auszugehen ist, dass der Gesetzgeber die Vorlagepflicht nach § 124 Abs. 2 GWB auf die Abweichungen von anderen abschließend entscheidenden Gerichten erstreckt hätte, wäre ihm bewusst gewesen, dass auch andere Gerichte in Vergabesachen entscheiden könnten (OLG Düsseldorf, B. v. 13. 8. 2008 – Az.: VII – Verg 42/07; B. v. 16. 6. 2008 – Az.: VII-Verg 13/08; B. v. 30. 4. 2008 – Az.: VII-Verg 4/08; B. v. 30. 4. 2008 – Az.: VII-Verg 3/08; B. v. 30. 4. 2008 – Az.: VII – Verg 57/07; OLG Rostock, B. v. 2. 7. 2008, Az.: 17 Verg 2/08). 4886

36.4.7 Keine Vorlage nach § 124 Abs. 2 an den EuGH

§ 124 Abs. 2 GWB regelt ausschließlich die Divergenzvorlage an den BGH, nicht die Vorlage an den EuGH. Die **Vorlage an den EuGH kommt allein nach Art. 234 EGV (jetzt Art. 267 AEUV) in Betracht** (OLG Brandenburg, B. v. 9. 8. 2010 – Az.: Verg W 5/09). 4887

36.4.8 Entscheidung des Bundesgerichtshofs (§ 124 Abs. 2 Satz 2–3)

36.4.8.1 Allgemeines

Bei zulässiger Vorlage hat der **BGH grundsätzlich über die sofortige Beschwerde zu entscheiden** (BGH, B. v. 9. 12. 2003 – Az.: X ZB 14/03). Dies folgt aus § 124 Abs. 2 Satz 2 4888

GWB, weil er dahin formuliert ist, dass der Bundesgerichtshof anstelle des Oberlandesgerichts entscheidet. Auch die Bindungswirkung für einen etwaigen Schadensersatzprozess, die nach § 124 Abs. 1 GWB der Entscheidung des Bundesgerichtshofs zukommt, verlangt und bestätigt, dass der auf zulässige Vorlage hin mit dem Nachprüfungsverfahren befasste Senat grundsätzlich in der Sache entscheidet (BGH, B. v. 19. 12. 2000 – Az.: X ZB 14/00).

4889 Die Klärung der Frage, ob es – etwa bei tatrichterlichem Aufklärungsbedarf – in Anbetracht der sonstigen Funktionen des Bundesgerichtshofs eine durch § 124 Abs. 1 GWB gleichwohl nicht ausgeschlossene Möglichkeit ist, nur die entscheidungserheblichen Rechtsfragen eines Falles zu beantworten und im übrigen die Sache an das vorlegende Oberlandesgericht zurückzuverweisen, bleibt offen (BGH, B. v. 19. 12. 2000 – Az.: X ZB 14/00). Diese **Frage** ist **durch das Vergaberechtsmodernisierungsgesetz 2009 entschieden** worden.

36.4.8.2 Vergaberechtsmodernisierungsgesetz 2009

4890 In **§ 124 Abs. 2** wurde nach Satz 2 **Satz 3 eingefügt**, wonach sich der Bundesgerichtshof auf die Entscheidung der Divergenzfrage beschränken und dem Beschwerdegericht die Entscheidung in der Hauptsache übertragen kann, wenn dies nach dem Sach- und Streitstand des Beschwerdeverfahrens angezeigt scheint.

4891 Diese Änderung ermöglicht es dem BGH, sich auf die Entscheidung über die vorgelegte Divergenzfrage zu beschränken. Dies kann z.B. der Fall sein, wenn nach Auffassung des BGH der vorgelegte Fall der weiteren Sachverhaltsaufklärung bedarf. Dann kann er die Divergenzfrage entscheiden und die Entscheidung über die Hauptsache an das vorlegende Oberlandesgericht übertragen.

36.4.8.3 Verfahren vor dem Bundesgerichtshof

4892 Für das Verfahren vor dem Bundesgerichtshof **fehlt eine § 120 Abs. 2 GWB entsprechende Verweisung auf § 69 GWB**. Die Notwendigkeit der dort vorgeschriebenen mündlichen Verhandlung ergibt sich auch nicht aus dem Umstand, dass der Bundesgerichtshof gemäß § 124 Abs. 2 Satz 2 GWB anstelle des vorlegenden Oberlandesgerichts entscheidet. Dadurch wird dem Senat die Entscheidungskompetenz zugewiesen, nicht aber das von ihm als Beschwerdegericht zu beachtende Verfahren geregelt. Mangels näherer Ausgestaltung durch das GWB ist dieses Verfahren vielmehr unter Beachtung der rechtsstaatlichen Grundsätze und unter Heranziehung der ansonsten das Verfahren vor dem Bundesgerichtshof bestimmenden Regeln **so zu gestalten, dass es dem jeweiligen Streitfall gerecht wird**. Bei einem beschränkten Prüfungsumfang bedarf es einer mündlichen Verhandlung nicht (BGH, B. v. 19. 12. 2000 – Az.: X ZB 14/00).

36.4.8.4 Entscheidung des BGH über die Kosten des Nachprüfungsverfahrens

4893 Nach einer zulässigen Vorlage erstreckt sich die **Entscheidungskompetenz des Bundesgerichtshofs** nicht nur auf die Divergenzfrage, die Grund der Vorlage ist, sondern **grundsätzlich auf das gesamte Nachprüfungsverfahren**. Bei Rücknahme des Nachprüfungsantrags tritt an die Stelle der Sachentscheidung die Kostenentscheidung. Wird ein **Nachprüfungsantrag im Anschluss an eine Vorlage an den BGH gemäß § 124 Abs. 2 GWB zurückgenommen, trifft daher dieser die Kostenentscheidung** (BGH, B. v. 25. 10. 2005 – Az.: X ZB 15/05).

36.4.8.5 Vorlage an den Europäischen Gerichtshof

4894 Vgl. dazu die Kommentierung zu § 123 GWB, die **grundsätzlich auch für den BGH** gilt.

36.5 Möglichkeit der Gegenvorstellung

4895 Gegen die Entscheidungen der Oberlandesgerichte in Vergabesachen gibt es kein Rechtsmittel. Der Rechtsweg zum Bundesgerichtshof ist nur in Fällen der Entscheidungsdivergenz nach § 124 Abs. 2 GWB eröffnet. Verschiedene Vergabesenate **lassen – ohne nähere Begründung – zusätzlich noch die Möglichkeit der Gegenvorstellung zu** (OLG Dresden, B. v. 21. 7. 2008 – Az.: WVerg 3/08, B. v. 21. 7. 2008 – Az.: WVerg 4/08; OLG München, B. v. 12. 8. 2008 – Az.: Verg 6/08), die im Zivilprozessrecht nach der Rechtsprechung des BGH **anerkannt** ist, wenn ein **Verfahrensgrundrecht des Beschwerdeführers verletzt oder aus sonstigen Gründen „greifbar gesetzwidrig"** ist. Vgl. zu den **Voraussetzungen der Gegenvorstellung auch** die Kommentierung zu § 118.

36.6 Literatur

– Summa, Hermann, § 124 Abs. 2 GWB – oder wie das OLG Düsseldorf Verfahrensbeteiligte 4896
ihrem gesetzlichen Richter entzieht, ZfBR 2008, 350

37. § 125 GWB – Schadensersatz bei Rechtsmissbrauch

(1) Erweist sich der Antrag nach § 107 oder die sofortige Beschwerde nach § 116 als von Anfang an ungerechtfertigt, ist der Antragsteller oder der Beschwerdeführer verpflichtet, dem Gegner und den Beteiligten den Schaden zu ersetzen, der ihnen durch den Missbrauch des Antrags- oder Beschwerderechts entstanden ist.

(2) Ein Missbrauch ist es insbesondere,
1. die Aussetzung oder die weitere Aussetzung des Vergabeverfahrens durch vorsätzlich oder grob fahrlässig vorgetragene falsche Angaben zu erwirken;
2. die Überprüfung mit dem Ziel zu beantragen, das Vergabeverfahren zu behindern oder Konkurrenten zu schädigen;
3. einen Antrag in der Absicht zu stellen, ihn später gegen Geld oder andere Vorteile zurückzunehmen.

(3) Erweisen sich die von der Vergabekammer entsprechend einem besonderen Antrag nach § 115 Abs. 3 getroffenen vorläufigen Maßnahmen als von Anfang an ungerechtfertigt, hat der Antragsteller dem Auftraggeber den aus der Vollziehung der angeordneten Maßnahme entstandenen Schaden zu ersetzen.

37.1 Vergaberechtsmodernisierungsgesetz 2009

§ 125 GWB ist **durch das Vergaberechtsmodernisierungsgesetz 2009 nicht geändert** 4897
worden.

37.2 Allgemeines

§ 125 Abs. 1 GWB sieht als Sanktion für missbräuchliches Verhalten, welches in § 125 Abs. 2 4898
GWB beispielhaft erläutert wird, einen Schadensersatzanspruch vor. Die Vorschrift setzt voraus, dass der Nachprüfungsantrag von Anfang an materiell ungerechtfertigt ist, **sieht die Treuwidrigkeit also in der rücksichtslosen Ausnutzung einer formellen Rechtsposition**. Dies schließt allerdings nicht aus, dass in besonders gelagerten Fällen der Bieter in einem Nachprüfungsverfahren seine Rechte missbräuchlich einsetzt. In Ausnahmefällen mag es daher auch in Betracht kommen, dass der **Primärrechtsschutz zu versagen ist**, etwa wenn das Nachprüfungsverfahren dazu verwendet wird, die Vergabestelle in grob eigennütziger Weise zu einer Leistung zu veranlassen, auf die kein Anspruch besteht und billigerweise auch nicht erhoben werden kann (BayObLG, B. v. 20. 12. 1999 – Az.: Verg 8/99).

In der Rechtsprechung spielt die Vorschrift bisher keine Rolle. 4899

37.3 Missbrauch

§ 125 Abs. 2 GWB enthält **keine abschließende Aufzählung von Missbrauchstatbe-** 4900
ständen, sondern zählt **nur beispielhaft** auf, was als missbräuchlich im Sinne der Vorschrift anzusehen ist. Allerdings müssen **andere unbenannte Gründe ebenso schwer wiegen und mit den benannten Tatbeständen durchaus vergleichbar** sein (VK Baden-Württemberg, B. v. 16. 1. 2009 – Az.: 1 VK 65/08).

Ein Missbrauch des Antrags- und Beschwerderechts liegt vor, wenn ein Antrag in der Absicht 4901
gestellt wurde, ihn später gegen Geld oder andere Vorteile zurück zu nehmen. Dies setzt jedoch eine **nachweisbare Kausalität zwischen Antragstellung und Rücknahme aus pekuniären Motiven voraus** (1. VK Sachsen, B. v. 21. 3. 2002 – Az.: 1/SVK/011-02; B. v. 12. 7. 2000 – Az.: 1/SVK/52-00).

4902 Die Situation, die § 125 Abs. 2 Nr. 3 GWB beschreibt, liegt **dem Wortlaut nach nicht vor, wenn die nachweisbare Kausalität zwischen einer Antragstellung und der Rücknahmeabsicht aus pekuniären Motiven fehlt.** Aus einem vor Einleitung des Verfahrens unterbreiteten Vorschlag kann nicht zwingend geschlossen werden, dass der nun doch gestellte Nachprüfungsantrag nur aus dem Motiv heraus eingereicht wurde, grob eigennützig Geld aus einer Rücknahme zu erzielen. **Es gibt immer wieder Situationen, in denen es im Sinne beider Parteien sein könnte, sich im Vorfeld eines Nachprüfungsverfahrens zu einigen.** Der **Versuch einer einvernehmlichen Einigung bleibt als solcher zunächst grundsätzlich unsanktioniert.** Es ist durchaus ein Unterschied darin zu sehen, ob ein solches „Vergleichsangebot" vor Stellung eines Nachprüfungsantrags unterbreitet wird, oder ob dann tatsächlich ein Verfahren eingeleitet wird, in der nachweisbaren Absicht, sich die Rücknahme „abkaufen" zu lassen. Der Vorschrift des § 125 GWB liegt insbesondere der Rechtsgedanke zugrunde, dass die Treuwidrigkeit in der rücksichtslosen Ausnutzung einer formellen Rechtsposition zu sehen ist (VK Baden-Württemberg, B. v. 16. 1. 2009 – Az.: 1 VK 65/08).

37.4 Versagung des Primärrechtsschutzes als Missbrauchsfolge

4903 § 125 Abs. 1 GWB sieht als Sanktion für missbräuchliches Verhalten, welches in § 125 Abs. 2 GWB beispielhaft erläutert wird, einen Schadensersatzanspruch vor. Dies schließt allerdings nicht aus, dass in besonders gelagerten Fällen der Bieter in einem Nachprüfungsverfahren seine Rechte missbräuchlich einsetzt. **In Ausnahmefällen kommt es daher in Betracht, dass der Primärrechtsschutz zu versagen ist, etwa wenn das Nachprüfungsverfahren dazu verwendet wird, die Vergabestelle in grob eigennütziger Weise zu einer Leistung zu veranlassen, auf die kein Anspruch besteht und billigerweise auch nicht erhoben werden kann.** Ein solcher Ausnahmefall kann z. B. dann vorliegen, wenn ein Antragsteller anbietet, sich gegen eine Geldzahlung aus dem Verfahren endgültig zurückzuziehen und der Antragsteller weder einen Anspruch hat noch der Betrag der Höhe nach gerechtfertigt ist und der zeitliche Ablauf zwischen Geltendmachung der Forderung und der Einreichung des Nachprüfungsantrages den Schluss auf ein rechtsmissbräuchliches Verhalten zulässt (1. VK Brandenburg, B. v. 20. 12. 2005 – Az.: 1 VK 75/05).

4904 Es ist also durchaus denkbar, die **Vorschrift des § 125 GWB, die Rechtsgrundlage für einen Schadensersatzanspruch ist, heranzuziehen, um in Ausnahmefällen den Primärrechtsschutz zu versagen,** beispielsweise dann, wenn das Nachprüfungsverfahren dazu verwendet wird, die Vergabestelle in grob eigennütziger Weise zu einer Leistung zu veranlassen, auf die kein Anspruch besteht und billigerweise auch nicht erhoben werden kann (VK Baden-Württemberg, B. v. 16. 1. 2009 – Az.: 1 VK 65/08).

4905 Erfüllt ein **Tatbestand, nämlich die Absicht, sich das „Klagerecht" abkaufen zu lassen, die Voraussetzungen des § 125 Abs. 2 Nr. 3 GWB, führt dies zur Unzulässigkeit des Nachprüfungsantrages** (OLG Düsseldorf, B. v. 14. 5. 2008 – Az.: VII – Verg 27/08). Vgl. dazu die Kommentierung zu § 107 GWB.

37.5 Literatur

4906 – Hesshaus, Matthias, Schadenersatzansprüche des Auftraggebers wegen Blockierung der Auftragsvergabe durch Nachprüfungsverfahren, VergabeR 2008, 372

– Horn, Lutz/Graef, Andreas, Vergaberechtliche Sekundäransprüche, NZBau 2005, 505

– Wagner, Volkmar, Haftung der Bieter für Culpa in Contrahendo in Vergabeverfahren, NZBau 2005, 436

38. § 126 GWB – Anspruch auf Ersatz des Vertrauensschadens

Hat der Auftraggeber gegen eine den Schutz von Unternehmen bezweckende Vorschrift verstoßen und hätte das Unternehmen ohne diesen Verstoß bei der Wertung der Angebote eine echte Chance gehabt, den Zuschlag zu erhalten, die aber durch den Rechtsverstoß beeinträchtigt wurde, so kann das Unternehmen Schadensersatz für die Kosten der Vorbereitung des Angebots oder der Teilnahme an einem Vergabeverfahren verlangen. **Weiterreichende Ansprüche auf Schadensersatz bleiben unberührt.**

38.1 Vergaberechtsmodernisierungsgesetz 2009

§ 126 GWB ist **durch das Vergaberechtsmodernisierungsgesetz 2009 nicht geändert** worden. 4907

38.2 Allgemeines

Schadenersatzansprüche (als Sekundärrechtsschutz) können sich je nach dem Ziel des Schadenersatzanspruches auf **§ 126 Satz 1 GWB** gründen. Über diese Regelung können nämlich die **Kosten für die Vorbereitung des Angebots oder der Teilnahme an einem Vergabeverfahren** verlangt werden. **Weitergehende Schadensersatzansprüche**, insbesondere auf Ersatz des entgangenen Gewinns, bleiben nach § 126 Satz 2 unberührt. Diese Ansprüche sind **vor den ordentlichen Gerichten** geltend zu machen. 4908

Zu den Einzelheiten der Überprüfungsmöglichkeiten vgl. die Kommentierung zu § 102 GWB. 4909

38.3 § 126 als Anspruchsgrundlage

Die dem so genannten Sekundärrechtsschutz angehörende, ausdrücklich auf den Ersatz des Vertrauensschadens gerichtete Vorschrift ist durch das 4. Vergaberechtsänderungsgesetz als Bestandteil des vierten Teiles des Gesetzes gegen Wettbewerbsbeschränkungen mit Wirkung vom 1. Januar 1999 in das genannte Regelwerk eingefügt worden. Diese **Vorschrift stellt, nachdem sie zunächst als Kausalitätsregel für einen anderweitig vorausgesetzten Schadensersatzanspruch konzipiert war, eine eigenständige Schadensersatzregelung dar** (OLG Koblenz, B. v. 15. 1. 2007 – Az.: 12 U 1016/05; VK Südbayern, B. v. 8. 2. 2002 – Az.: 41-11/01). 4910

38.4 Anspruchsvoraussetzungen

38.4.1 Allgemeine Voraussetzungen für die Anwendbarkeit von § 126

Maßgebend ist zunächst die Anwendbarkeitsvoraussetzung des **§ 100 Abs. 1 GWB**, der bestimmt, dass der Vierte Teil des GWB für alle Aufträge gilt, welche die durch Rechtsverordnung festgelegten so genannten Schwellenwerte erreichen bzw. übersteigen (OLG Stuttgart, Urteil v. 30. 4. 2007 – Az.: 5 U 4/06). Die **Anwendbarkeit des § 126 GWB scheidet auch nicht bereits deshalb aus, weil die Vergabestelle ein Verfahren nach den §§ 97 ff. GWB nicht eingeleitet** hat. Ansonsten würde es **im Belieben der Vergabestelle stehen**, sich den im Vierten Teil des GWB dem **Auftraggeber auferlegten Pflichten einschließlich der erweiterten Schadensersatzpflicht zu entziehen**. Es würden dann gerade die grundlegenden Verfahrensverstöße nicht im Lichte der §§ 97 ff GWB überprüft werden können. Dies kann nicht rechtens sein. **Es widerspricht auch juristischem Grundverständnis** anzunehmen, ein **Rechtsschutz**, der in einem für ein bestimmtes Verfahren aufgestellten Regelwerk eingesetzt ist, **solle nicht auch für dessen Einleitung und Beendigung zur Verfügung stehen** (OLG Koblenz, B. v. 15. 1. 2007 – Az.: 12 U 1016/05). 4911

38.4.2 Verstoß gegen eine bieterschützende Vorschrift

Voraussetzung für die Zubilligung eines Schadensersatzanspruches ist nach § 126, dass der **Auftraggeber gegen eine den Schutz von Unternehmen bezweckende Vorschrift (§ 97 Abs. 7 GWB) verstoßen** hat. Im Hinblick auf das Erfordernis der bieterschützenden Eigenschaft einer Vorschrift besteht Einigkeit, dass **diese Eigenschaft nicht allen Normen des Vergaberechts zugemessen werden kann**, und zwar insbesondere dann nicht, wenn sie haushaltsrechtlichen, ordnungsrechtlichen oder gesamtwirtschaftspolitischen Charakter haben. **Bieterschützend sind aber diejenigen Vorschriften, die dem Gebot der Fairness, der Transparenz und der Gleichbehandlung dienen und Ausdruck der in § 97 Abs. 1–5 GWB dargestellten Grundsätze sind**. Das gilt jedoch **nicht nur für den genannten primären** 4912

Schutzzweck dieser Normen, sondern auch hinsichtlich ihrer sekundären Auswirkung, die darin besteht, dass ein dennoch nur national ausgeschriebenes Verfahren sofort und unabänderlich an einem schweren Verfahrensfehler leidet, der, sobald er erkannt wird, zur Verfahrensaufhebung führen muss. Dies hat eine von vornherein feststehende Verschlechterung der Chance eines jeden Bieters zur Folge, die er nicht hinnehmen muss. Zwar hat jeder Teilnehmer einer öffentlichen Ausschreibung mit den im Vergaberecht selbst bereits enthaltenen Risiken zu rechnen. Er muss sich deshalb darauf einstellen, dass es auch für den öffentlichen Auftraggeber keinen Zuschlagszwang gibt, dass eine baurechtliche Ausschreibung nach § 17 VOB/A aus den dort aufgeführten Gründen rechtmäßig aufgehoben werden kann und dass im Falle der Durchführung des Verfahrens nur ein Bieter den Zuschlag erhalten und dadurch seine Angebotskosten amortisieren kann. Auf der anderen Seite darf innerhalb dieses Rahmens jeder Bieter darauf vertrauen, dass der den Weg der öffentlichen Ausschreibung wählende Auftraggeber die Vorschriften des öffentlichen Vergaberechts einhält, damit sich für den Bieter nicht zusätzliche, nicht schon im Verfahren selbst liegende Risiken verwirklichen und er innerhalb der Ausschreibung sich selbst eine realistische Chance auf den Zuschlag erarbeiten kann. Davor, dass sich in der geschilderten Weise die Chancen des Bieters verschlechtern, ist er zu schützen. **Diejenigen Vorschriften, deren Einhaltung dies verhindert, müssen demnach im Sinne der § 97 Abs. 7 GWB jedenfalls als auch bieterschützend angesehen werden, Die Unternehmen dürfen erwarten, dass eine Ausschreibung in der rechtmäßigen Form durchgeführt wird, damit nicht schon auf Grund rechtswidriger Ausschreibung das Nutzloswerden der auf das Angebot verwandten Kosten droht.** Diese, im Recht der culpa in contrahendo (Verschulden bei Vertragsschluss) entwickelten Rechtsgrundsätze helfen daher bei der Entscheidung der Frage, welche Verfahrensvorschriften bieterschützend sind. Im Übrigen normiert § 126 GWB immerhin ausdrücklich den Ersatz des „Vertrauens"schadens (OLG Koblenz, B. v. 15.1.2007 – Az.: 12 U 1016/05).

4913   Der **Verstoß gegen die Pflicht zur gemeinschaftsweiten Ausschreibung wird vom Schutzzweck des § 126 Satz 1 GWB erfasst**. Für ein einschränkendes Verständnis der Bestimmung dahingehend, dass bei einem fälschlicherweise auf nationaler Ebene eingeleiteten Verfahren zwar im Primärrechtsschutz die gemeinschaftsweite Vergabe durchgesetzt werden könne, jedoch einem Teilnehmer des nationalen Vergabeverfahrens der Weg, über § 126 Satz 1 GWB Schadensersatz zu verlangen, verschlossen sei, bieten die Stellung der Vorschrift im Gesetz, ihr Wortlaut, die Entstehungsgeschichte der Norm und ihr Sinn und Zweck keinen Raum. Die Bestimmung ist Bestandteil des Vierten Teils des GWB, der – vorbehaltlich des hier nicht einschlägigen Ausnahmekatalogs in § 100 Abs. 2 GWB – für alle von § 100 Abs. 1 GWB i. V. mit der Verordnung nach § 127 GWB erfassten Aufträge gilt. Der **Wortlaut von § 126 Satz 1 GWB bietet keine Anhaltspunkte dafür, dass die Vorschrift bei bestimmten Verstößen gegen bieterschützende Vergabebestimmungen nicht eingreifen und dass insbesondere die Durchführung eines gemeinschaftsweiten Vergabeverfahrens Voraussetzung für ihre Anwendung sein soll**. Dahinstehen kann, inwieweit die Bestimmung zur Umsetzung von Gemeinschaftsrecht zwingend erforderlich war. Die Mitgliedstaaten haben nach Art. 2 Abs. 1 lit. c der Rechtsmittelrichtlinie 89/665/EWG vom 21. Dezember 1989 (ABl. Nr. L 395 v. 30. 12. 1989, S. 33) lediglich sicherzustellen, dass den durch einen Vergaberechtsverstoß Geschädigten Schadensersatz zuerkannt werden kann, was durch das Institut der culpa in contrahendo gewährleistet ist. Nur im Sektorenbereich sind Beweiserleichterungen zugunsten der Auftragnehmerseite vorgesehen (vgl. Art. 2 Abs. 7 der Sektorenüberwachungsrichtlinie 92/13/EWG v. 25. 2. 1992, ABl. Nr. L 76 v. 23. 3. 1992, S. 14). Da die Vergaberichtlinien des Gemeinschaftsrechts generell dem Schutz der Bieter gelten, **verstößt es nicht gegen Gemeinschaftsrecht, wenn der deutsche Gesetzgeber eine bieterschützende Bestimmung wie § 126 Satz 1 GWB weiter fasst, als es gemeinschaftsrechtlich möglicherweise veranlasst war** (BGH, Urteil v. 27. 11. 2007 – Az.: X ZR 18/07).

4914   Welche Vorschriften bieterschützenden Charakter haben, ist in der Kommentierung zu § 97 zusammenfassend dargestellt.

38.4.3 Anwendbarkeit des § 126 GWB bei Aufhebung eines Vergabeverfahrens und Nichterreichung der Wertungsphase

4915   Die **Auffassung, dass § 126 Satz 1 GWB nach seinem Wortlaut („bei Wertung der Angebote") nicht anwendbar ist, wenn das Vergabeverfahren infolge eines beanstandeten Verstoßes gegen eine bieterschützende Bestimmung aufgehoben und die Wertungsphase deshalb gar nicht erreicht wird** und – die fehlerhafte Ausschreibung hinweggedacht – es läge überhaupt kein Vergabewettbewerb vor und es dürfe ein hypothetischer Sachverhalt nicht hinzugedacht werden, ist **nicht begründet**. Bei der Prüfung, ob ein Kläger „bei der Wertung" eine echte Chance gehabt hätte, kann hypothetisch angenommen werden, dass die Vergabestelle eine gemeinschaftsweite Ausschreibung durchgeführt hätte, wenn sie deren Erforderlichkeit rechtzeitig erkannt hätte. Außerdem kann die hypothetische Annahme zugrunde gelegt werden, dass das konkret in der nationalen Ausschreibung abgegebene Angebot des Klägers bei der gedachten Wertung in dem hypothetischen gemeinschaftsweiten Verfahren eine echte Chance gehabt hätte. Diese Auslegung steht mit § 126 Satz 1 GWB in Einklang. **Ob ein erstattungsfähiger Schaden entstanden ist, setzt nach dessen Wortlaut („... und hätte das Unternehmen ohne diesen Verstoß ...") eine hypothetische Ermittlung des Handlungsverlaufs voraus, der sich ohne den Verstoß zugetragen hätte**. Wenn die Vergabestelle bei korrekter Handhabung gemeinschaftsweit ausgeschrieben hätte, ist es mit dem Wortlaut von § 126 Satz 1 GWB vereinbar, darauf abzustellen, ob das abgegebene Gebot in diesem hypothetischen Verfahren eine echte Chance gehabt hätte (BGH, Urteil v. 27. 11. 2007 – Az.: X ZR 18/07).

Die **Annahme, die Vergabestelle hätte bei richtiger Schätzung des Auftragswertes gemeinschaftsweit ausgeschrieben, verstößt nicht gegen die Grundsätze der Schadenszurechnung**. Deren Grundvoraussetzung ist die Verursachung des Schadens im logisch-naturwissenschaftlichen Sinn. Nach der Äquivalenztheorie ist jede Bedingung kausal, die nicht hinweggedacht werden kann, ohne dass der Erfolg entfiele. In diesem Zusammenhang gilt der **Grundsatz, dass zur Feststellung des Ursachenzusammenhangs nur die pflichtwidrige Handlung hinweggedacht, aber kein weiterer Umstand hinzugedacht werden darf**. Damit sind hypothetische Handlungen des Geschädigten oder des Schädigers gemeint, deren Hinzudenken den Erfolg bei ansonsten gegebener Kausalität des schadenstiftenden Verhaltens entfallen ließe. Insoweit wird dem Umstand Rechnung getragen, dass ein **Schadensersatzanspruch ausgeschlossen sein kann, wenn der Schaden bei gedachtem rechtmäßigem Alternativverhalten ebenfalls entstanden wäre, sodass zu prüfen ist**, wie sich der Auftraggeber verhalten hätte, wenn ihm die Notwendigkeit der gemeinschaftsweiten Ausschreibung bewusst gewesen wäre (BGH, Urteil v. 27. 11. 2007 – Az.: X ZR 18/07). 4916

38.4.4 Echte Chance auf Erhalt des Zuschlags

38.4.4.1 Begriff

Die Formulierung ist Art. 2 Abs. 7 der Sektorenrechtsmittelrichtlinie entnommen. 4917

Wie dieses Tatbestandsmerkmal zu konkretisieren ist, beurteilt die Fachliteratur unterschiedlich. Eine Gleichsetzung mit dem aus der Angebotswertung nach der VOB/A bekannten Begriff der engeren Wahl wird überwiegend abgelehnt. Zum Teil wird vertreten, es reiche aus, wenn das fragliche Angebot zu einer nahe zusammenliegenden Spitzengruppe gehört. **Vielfach wird darauf abgestellt, ob das Angebot nach dem dem Auftraggeber zustehenden Wertungsspielraum den Zuschlag hätte erhalten können. Der BGH schließt sich dieser Auffassung an**. Mit dem Attribut „echt" bringt das Gesetz zum Ausdruck, dass das **Angebot besonders qualifizierte Aussichten auf die Zuschlagserteilung hätte haben müssen**. Dafür reicht es nicht aus, wenn das fragliche Angebot in die engere Wahl gelangt wäre. Das ergibt bereits die historische Auslegung. Der Bundesrat hatte in seiner Stellungnahme zum Regierungsentwurf für das VgRÄG vorgeschlagen, diesen Begriff durch den der echten Chance zu ersetzen, weil Ersterer darüber hinausgehe, was Art. 2 Abs. 7 der Sektorenüberwachungsrichtlinie verlange (vgl. BT-Drucks. 13/9340, S. 44 zu Nr. 37). Dem hatte die Bundesregierung in ihrer Gegenäußerung bezüglich des Tatbestandsmerkmals der echten Chance zugestimmt (vgl. BT-Drucks. 13/9340, S. 51 zu Nr. 37) und mit dieser Änderung ist der Gesetzentwurf verabschiedet worden. **Hinzu kommt, dass das Kriterium der engeren Wahl sich zwar in § 16 Abs. 6 Nr. 3 VOB/A findet, nicht aber in den entsprechenden Regelungen der anderen Vergabeordnungen VOL/A und VOF, was ersichtlich damit zusammenhängt, dass es sich nicht überall als eigenständige Wertungsstufe eignet**. Selbst nach der Systematik des Wertungsprozesses nach der VOB/A handelt es sich bei der engeren Wahl erst um eine Vorsicht, die noch keinen Rückschluss darauf zulässt, ob jedes darin einbezogene Angebot große Aussichten auf den Zuschlag hat. Die Zugehörigkeit zu einer nahe zusammenliegenden Spitzengruppe ist generell wenig aussagekräftig dafür, ob tatsächlich die vom Gesetz vorausgesetzten Aussichten auf den Zuschlag bestehen. In Verfahren mit wenigen Teilnehmern ist dieses Kriterium schon von seinen Voraussetzungen her unpassend. **Dass ein Angebot eine** 4918

Teil 1 GWB § 126 Gesetz gegen Wettbewerbsbeschränkungen

echte Chance auf den Zuschlag gehabt hätte, kann vielmehr erst dann angenommen werden, wenn der Auftraggeber darauf im Rahmen des ihm zustehenden Wertungsspielraums den Zuschlag hätte erteilen dürfen (BGH, Urteil v. 27. 11. 2007 – Az.: X ZR 18/07; OLG Düsseldorf, B. v. 22. 6. 2006 – Az.: VII – Verg 2/06; OLG Koblenz, B. v. 4. 2. 2009 – Az.: 1 Verg 4/08).

4919   Ob die Erteilung des Zuschlags an den Schadensersatz begehrenden Bieter innerhalb des dem Auftraggeber eröffneten Wertungsspielraums gelegen hätte, ist eine **Frage des Einzelfalls, die nur unter Berücksichtigung der für die Auftragserteilung vorgesehenen Wertungskriterien (§§ 16, 16a VOB/A, § 19 EG Abs. 8, Abs. 9 VOL/A, § 11 Abs. 4, Abs. 5 VOF, § 25 Abs. 4 SektVO) und deren Gewichtung** (Marge, Matrix, Punktsystem, o. Ä.) **beantwortet werden kann.** Erst durch die Wertungsmaßstäbe und ihre ermessensfehlerfreie Anwendung kann der wirkliche Rang der einzelnen Angebote bestimmt und zuverlässig festgestellt werden, welches davon eine echte Chance auf den Zuschlag gehabt hätte (BGH, Urteil v. 27. 11. 2007 – Az.: X ZR 18/07).

4920   An einer **echten Chance fehlt es jedoch, wenn die Leistungsbeschreibung fehlerhaft war und es deshalb an einer Vergleichbarkeit der abgegebenen Angebote und damit an einer Grundlage für die Beurteilung der echten Chance fehlt.** Die fehlerhafte Leistungsbeschreibung stellt eine solche Grundlage dann nicht dar, weil auf die daraufhin abgegebenen Angebote von vornherein kein Zuschlag erteilt werden darf (BGH, Urteil v. 1. 8. 2006 – Az.: X ZR 146/03).

4921   Der **Einwand, dass bei einer durch die Vergabekammer angeordneten Aufhebung des Verfahrens wegen nicht europaweiter Ausschreibung die teilnehmenden Bieter niemals eine echte, beeinträchtigungsfähige Chance hatten, weil es dies in einem rechtswidrigen Verfahren nicht geben könne, ist nicht zutreffend.** Denn dann würden gerade einige der schwerwiegendsten Fehler im Lichte des § 126 GWB gar nicht geprüft werden können. Im Übrigen kann mit den Folgen, die ein rechtswidriges Verhalten seinerseits erst hervorgebracht hat, in der Regel nicht die Frage beantwortet werden, ob es die zum Schadensersatz verpflichtenden Voraussetzungen erfüllt oder nicht. **Macht die Beeinträchtigung einer Chance schadensersatzpflichtig, so kann nicht die Tatsache, dass der Schädiger (zunächst unerkannt) bewirkt hat, dass sie überhaupt nicht entstanden ist, dazu führen, die entsprechende Schadenersatznorm gar nicht erst anzuwenden.** Vielmehr muss die Frage, ob ein Bieter eine Chance gehabt hat, die die Vergabestelle beeinträchtigt hat, unter Betrachtung des Sachverhalts beantwortet werden, der sich ergibt, wenn die **rechtswidrige, beeinträchtigende Maßnahme (und nur sie) hinweggedacht wird.** Auch **darf ohne konkrete Anhaltspunkte für sonstige Entwicklungen** im Rahmen einer ggf. hypothetischen Ausschreibung bei feststehender Rechtsverletzung im Rahmen der Prüfung des hypothetischen Kausalverlaufs beispielsweise nicht unterstellt werden, dass sich bei europaweiter Ausschreibung mehr und internationale Bieter beteiligt hätten, die die Klägerin aus der Position einer Bieterin mit einer echten Chance auf den Zuschlag hinausgedrängt hatten. Ähnlich wie beim Einwand der Vorteilsausgleichung wäre **vom Schädiger, dessen Vergaberechtsverstoß gegenüber einem eine echte Chance besitzenden Bieter feststeht, zu verlangen, dass er Umstände darlegt und beweist, die im Rahmen der Prüfung des hypothetischen Kausalverlaufs den Verlust der Chance bei von vornherein rechtmäßigem Handeln belegen.** Da das **Gesetz nur die Beeinträchtigung einer Chance, nicht aber die Vereitelung des Zuschlags, als Tatbestandsmerkmal voraussetzt,** spielt es im übrigen keine Rolle, dass bei dieser Struktur der Vorschrift ein Bieter, dem gegenüber kein Vergaberechtsverstoß begangen wurde, der aber den Zuschlag auch nicht erhalten hätte, gegenüber dem in der Chance gleich zu bewertenden, aber von einem Rechtsverstoß betroffenen Bieter leer ausgeht. Allein an den die Chance vermindernden Vergaberechtsverstoß ist die Schadensersatzpflicht geknüpft (OLG Koblenz, B. v. 15. 1. 2007 – Az.: 12 U 1016/05).

38.4.4.2 Darlegungs- und Beweislast

4922   Im Rahmen des Anspruchs aus § 126 Satz 1 GWB hat der **Kläger** nach allgemeinen Grundsätzen **darzulegen und zu beweisen, dass die Zuschlagserteilung an sie innerhalb des Bewertungsspielraums der Vergabestelle gelegen hätte.** Den öffentlichen **Auftraggeber** trifft aber nach den Grundsätzen der **sekundären Darlegungslast** (vgl. BGHZ 140, 156, 158 f.) die **Pflicht,** die **zugrunde gelegten Wertungskriterien,** sofern sie nicht in der Bekanntmachung oder in den Vergabeunterlagen mitgeteilt worden sind, **sowie ggf. deren Gewichtung vorzutragen** und **ggf. substanziiert darzulegen, warum er dem Angebot des nach § 126**

Satz 1 GWB Schadensersatz begehrenden Bieters den Zuschlag nicht wertungsfehlerfrei hätte erteilen können (BGH, Urteil v. 27. 11. 2007 – Az.: X ZR 18/07).

38.4.5 Kausalität

38.4.5.1 Allgemeines

Ein Schadenersatzanspruch nach § 126 besteht, wenn der **Auftraggeber gegen eine den** 4923 **Schutz von Unternehmen bezweckende Vorschrift verstoßen hat** und das **Unternehmen, das bei der Wertung eine echte Chance gehabt hätte, den Zuschlag zu erhalten, hierdurch beeinträchtigt** wird. Voraussetzung für einen Schadensersatzanspruch ist somit ein **Kausalzusammenhang zwischen dem Verstoß und der Beeinträchtigung einer „echten Chance" auf den Zuschlag.** Kausal ist der Verstoß nur dann, wenn er nicht hinweggedacht werden kann, ohne das die Beeinträchtigung der „echten Chance" in ihrer konkreten Gestalt entfiele (1. VK Brandenburg, B. v. 9. 9. 2005 – Az.: VK 33/05; 2. VK Bund, B. v. 13. 10. 2004 – Az.: VK 2–151/04).

38.4.5.2 Weitere Beispiele aus der Rechtsprechung

– nimmt ein **Kläger erfolgreich Primärrechtsschutz in Anspruch, wird der Kausalzu-** 4924 **sammenhang zwischen der festgestellten Rechtsverletzung und dem Eintritt des (behaupteten) Vertrauensschadens unterbrochen.** § 126 Satz 1 GWB setzt voraus, dass die echte Chance auf Zuschlagserteilung durch den Rechtsverstoß beeinträchtigt wird. Dies ist nicht der Fall, wenn der Verstoß gegen Vergaberecht im Nachprüfungsverfahren beseitigt wird. Auch **Ansprüche aus culpa in contrahendo (§§ 311 Abs. 2, 280 Abs. 1 BGB) und unerlaubter Handlung scheiden insoweit aus** (LG Leipzig, Urteil v. 24. 1. 2007 – Az.: 06HK O 1866/06)

– eine „**echte Chance" auf Zuschlagserteilung besteht nicht mehr, wenn der Auftraggeber die Ausschreibung aufgehoben** hat. Hierdurch wird die Kausalkette zwischen einer möglichen Verletzung von Rechten der beteiligten Bieter im ursprünglichen Vergabeverfahren und der erforderlichen „echten Chance" unterbrochen (1. VK Brandenburg, B. v. 9. 9. 2005 – Az.: VK 33/05); vgl. dazu aber die Kommentierung

– eine „echte Chance" auf Zuschlagserteilung besteht nicht mehr, wenn der Auftraggeber die **Aufhebung der Ausschreibung in rechtmäßiger Weise** vorgenommen hat. Ein Bieter kann deshalb aus der Aufhebung der Ausschreibung keinen Schadensersatzanspruch ableiten, weil es insoweit schon an einer Rechtsverletzung fehlt (2. VK Bund, B. v. 13. 10. 2004 – Az.: VK 2–151/04).

38.4.6 Verschulden

38.4.6.1 Rechtsprechung des EuGH

Die Richtlinie 89/665/EWG des Rates vom 21. Dezember 1989 zur Koordinierung der 4925 Rechts- und Verwaltungsvorschriften für die Anwendung der Nachprüfungsverfahren im Rahmen der Vergabe öffentlicher Liefer- und Bauaufträge in der durch die Richtlinie 92/50/EWG des Rates vom 18. Juni 1992 geänderten Fassung ist **dahin auszulegen, dass sie einer nationalen Regelung, die den Schadensersatzanspruch wegen Verstoßes eines öffentlichen Auftraggebers gegen Vergaberecht von der Schuldhaftigkeit des Verstoßes abhängig macht, auch dann entgegensteht**, wenn bei der Anwendung dieser Regelung ein Verschulden des öffentlichen Auftraggebers vermutet wird und er sich nicht auf das Fehlen individueller Fähigkeiten und damit auf mangelnde subjektive Vorwerfbarkeit des behaupteten Verstoßes berufen kann. Ein **Verschulden ist also nicht erforderlich** (EuGH, Urteil v. 30. 9. 2010 – Az.: C-314/09).

38.4.6.2 Nationale Rechtsprechung

Die **Haftung des Auftraggebers aus § 126 Satz 1 GWB setzt kein Verschulden vor-** 4926 **aus**. Diese **Auffassung entspricht der in der Fachliteratur überwiegenden Meinung.** Die **Gegenauffassung** stellt im Wesentlichen darauf ab, der Gesetzgeber hätte eine etwa gewollte verschuldensunabhängige Haftung eindeutig zum Ausdruck bringen müssen, weil es sich dabei um eine weder europarechtlich vorgegebene noch im Gesetzgebungsverfahren auch nur angesprochene Verschärfung der Haftung des Auftraggebers handele bzw. weil eine Schadensersatzhaftung nach deutschem Recht grundsätzlich Verschulden voraussetze. **§ 126 Satz 1 GWB** erfordert seinem Wortlaut nach kein Verschulden. Die vom Gesetzgeber gewählte **Formulierung entspricht mit Blick auf die Verschuldensunabhängigkeit derjenigen in gesetzlichen Bestimmungen**, in denen eine solche Haftungsverschärfung des Schuldners angeordnet ist. Die **Entstehungsgeschichte der Norm zeigt zudem, dass der Gesetzgeber von Anfang an eine verschuldensunabhängig konzipierte spezialgesetzliche Regelung schaffen wollte**. Nach § 135 des Regierungsentwurfs für das Vergaberechtsänderungsgesetz (VgRÄG), aus dem § 126 Satz 1 GWB hervorgegangen ist, sollte ein Schadensersatz für die Kosten des Angebots oder die Teilnahme am Vergabeverfahren verlangendes Unternehmen lediglich nachweisen müssen, dass eine seinen Schutz bezweckende Vergabevorschrift verletzt worden ist und dass es ohne diesen Rechtsverstoß bei der Wertung der Angebote in die engere Wahl gekommen wäre (vgl. BT-Drucks. 13/9340, S. 9). Soweit die Bestimmung im Verlauf des Gesetzgebungsverfahrens umformuliert worden ist, diente das dem Zweck, den eigentlichen Charakter der Norm als Anspruchsgrundlage zum Ausdruck zu bringen (vgl. BT-Drucks. 13/9340, S. 44 zu Nr. 36) und dazu, den Begriff der engeren Wahl durch den der echten Chance zu ersetzen. Dass der Nachweis des Verschuldens der Auftraggeberseite nicht vorgesehen war, wurde dagegen nicht infrage gestellt und nicht korrigiert (BGH, Urteil v. 27. 11. 2007 – Az.: X ZR 18/07; ähnlich OLG Koblenz, B. v. 15. 1. 2007 – Az.: 12 U 1016/05).

38.4.7 Mitglieder einer Bietergemeinschaft als Anspruchsinhaber

4927   Das Unionsrecht, insbesondere das **Recht auf effektiven Rechtsschutz, steht einer nationalen Regelung entgegen, die dahin ausgelegt wird, dass die Mitglieder einer in einem Verfahren zur Vergabe eines öffentlichen Auftrags als Bieterin aufgetretenen Gelegenheitsgesellschaft nicht die Möglichkeit haben, individuell Ersatz des Schadens zu verlangen**, den sie aufgrund einer Entscheidung individuell erlitten zu haben behaupten, die von einer anderen Behörde als dem öffentlichen Auftraggeber, welche nach den geltenden nationalen Rechtsvorschriften an diesem Verfahren beteiligt gewesen ist, getroffen worden ist und den Ablauf des Verfahrens beeinflussen konnte (EuGH, Urteil v. 6. 5. 2010 – Az.: C-145/08 und C-149/08).

38.5 Umfang des Ersatzanspruchs

4928   Nach einhelliger Meinung **umfasst diese Anspruchsgrundlage** trotz des anders klingenden Wortlauts **alle insoweit angefallenen Aufwendungen**, also alle mit der Angebotsabgabe verbundenen Kosten (OLG Koblenz, B. v. 15. 1. 2007 – Az.: 12 U 1016/05). **§ 126 GWB** gewährt also **nur einen Anspruch auf Ersatz des negativen Interesses** (OLG Karlsruhe, B. v. 17. 4. 2008 – Az.: 8 U 228/06).

4929   Der **Ersatz der Angebotskosten als Vertrauensschaden kommt aber grundsätzlich allein für den Bieter** in Betracht, der **als Sieger aus dem Vergabeverfahren hervorgegangen** wäre (OLG Celle, B. v. 4. 3. 2010 – Az.: 13 Verg 1/10).

38.6 Weitergehende Ansprüche auf Schadenersatz (§ 126 Satz 2)

4930   Nach § 126 Satz 2 bleiben Ansprüche, die über § 126 Satz 1 hinausgehen, unberührt. Mit § 126 Satz 2 GWB, wonach weitergehende Ansprüche auf Schadensersatz unberührt bleiben, **stellt das Gesetz nur deklaratorisch klar, dass der im Vergabeverfahren benachteiligte Bieter nicht auf die Geltendmachung des negativen Interesses beschränkt** ist. Eine wie auch immer zu verstehende **Exklusivität des Satzes 1 der Bestimmung für Ansprüche auf Ersatz des Vertrauensschadens ist der Regelung nicht zu entnehmen** (BGH, Urteil v. 27. 11. 2007 – Az.: X ZR 18/07).

38.6.1 § 311 Abs. 2 BGB als Anspruchsgrundlage

38.6.1.1 Grundsatz

4931   Aufgrund einer öffentlichen Ausschreibung entsteht ein **vorvertragliches Vertrauensverhältnis** (BGH, Urteil v. 10. 9. 2009 – Az.: VII ZR 152/08; OLG Celle, Urteil v. 25. 6. 2008 – Az.: 14 U 14/08; OLG Zweibrücken, Urteil v. 24. 1. 2008 – Az.: 6 U 25/06), das bei Verletzung der Ausschreibungsregeln und -bedingungen zu einem Schadensersatzanspruch aus Verschulden bei Vertragsschluss führen kann, wenn der Bieter in seinem Vertrauen enttäuscht wird,

Gesetz gegen Wettbewerbsbeschränkungen GWB § 126 **Teil 1**

das Vergabeverfahren werde nach den maßgeblichen Bestimmungen der Verdingungsordnungen abgewickelt (BGH, Urteil v. 11. 3. 2008 – Az.: X ZR 134/05; Urteil v. 18. 9. 2007 – Az.: X ZR 89/04; Urteil v. 27. 6. 2007 – Az.: X ZR 34/04; Urteil v. 3. 4. 2007 – Az.: X ZR 19/06; Urteil v. 1. 8. 2006 – Az.: X ZR 146/03; Urteil v. 7. 6. 2005 – Az.: X ZR 19/02; Urteil v. 3. 6. 2004 – Az.: X ZR 30/03, Urteil v. 6. 2. 2002 – Az.: X ZR 185/99; OLG Dresden, Urteil v. 27. 1. 2006 – Az.: 20 U 1873/05; Urteil v. 9. 3. 2004 – Az.: 20 U 1544/03; 10. 2. 2004 – Az.: 20 U 1697/03; OLG Düsseldorf, Urteil v. 25. 1. 2006 – Az.: 2 U (Kart) 1/05; Hanseatisches OLG Hamburg, Urteil v. 22. 5. 2003 – Az.: 3 U 122/01; OLG Hamm, B. v. 25. 10. 2005 – Az.: 24 U 39/05; OLG Koblenz, B. v. 15. 1. 2007 – Az.: 12 U 1016/05; OLG Naumburg, Urteil v. 2. 7. 2009 – Az.: 1 U 5/09; Urteil v. 26. 10. 2004 – Az.: 1 U 30/04; OLG Stuttgart, Urteil v. 24. 11. 2008 – Az.: 10 U 97/08; Urteil v. 30. 4. 2007 – Az.: 5 U 4/06; OLG Zweibrücken, Urteil v. 24. 1. 2008 – Az.: 6 U 25/06; LG Chemnitz, Urteil v. 23. 5. 2002 – Az.: 1 O 4857/01; LG Berlin, B. v. 19. 10. 2007 – Az.: 13 O 479/07; LG Essen, Urteil v. 15. 11. 2007 – Az.: 4 O 168/07; LG Köln, Urteil v. 23. 2. 2005 – Az: 28 O (Kart) 561/04; im Grundsatz ebenso Europäisches Gericht 1. Instanz, Urteil v. 17. 3. 2005 – Az.: T-160/03; 1. VK Brandenburg, B. v. 26. 8. 2005 – Az.: 1 VK 49/05 – für Eignungsfragen).

Spätestens mit der Anforderung der Ausschreibungsunterlagen – bzw. durch **Stellung eines Teilnahmeantrags** (OLG Düsseldorf, Urteil v. 15. 12. 2008 – Az.: I-27 U 1/07) – durch die Bieter wird zwischen diesen und dem Ausschreibenden ein vertragliches Vertrauensverhältnis begründet (BGH, Urteil v. 10. 9. 2009 – Az.: VII ZR 152/08; Urteil v. 10. 9. 2009 – Az.: VII ZR 82/08; Urteil v. 7. 6. 2005 – Az.: X ZR 19/02; OLG Düsseldorf, Urteil v. 25. 1. 2006 – Az.: 2 U (Kart) 1/05; OLG Stuttgart, Urteil v. 30. 4. 2007 – Az.: 5 U 4/06; OLG Thüringen, Urteil v. 27. 2. 2002 – Az.: 6 U 360/01; LG Frankfurt (Oder), Urteil v. 14. 11. 2007 – Az.: 13 O 360/07). 4932

Diese **vergaberechtliche „Sonderrechtsbeziehung"** konstituiert zwischen öffentlichem Auftraggeber und Bewerber eine **Reihe von Schutz-, Rücksichts- und Vertrauenspflichten**, die dem Anbahnungsverhältnis im Sinne des § 311 BGB entsprechen und deren Verletzung nach den Grundsätzen der c. i. c. Schadensersatzansprüche auslösen können. Im Mittelpunkt dieser vorvertraglichen, auf einen Auftragsabschluss abzielenden Sonderrechtsbeziehung steht als in den Verdingungsordnungen und in den Vorschriften des GWB bzw. der Vergabeverordnung geregelte Gefüge gegenseitiger (primärer) Rechte und Pflichten von Auftraggeber und Bieter. In diesem Sinne verpflichtet z.B. § 97 Abs. 2 GWB den Auftraggeber zur Gleichbehandlung der am konkreten Vergabeverfahren teilnehmenden Unternehmen (OLG Thüringen, B. v. 20. 6. 2005 – Az.: 9 Verg 3/05). 4933

Ein solcher **Schadenersatzanspruch kann einem Bieter gegen den öffentlichen Auftraggeber** zustehen. Die **gleiche Rechtsfolge gilt, wenn sich ein Privater bei einer Ausschreibung den Regeln der VOB/A unterstellt** hat (BGH, Urteil v. 20. 1. 2009 – Az.: X ZR 113/07; Urteil v. 15. 4. 2008 – Az.: X ZR 129/06). 4934

38.6.1.2 Formelle Rechtsgrundlage

Diese Rechtsprechung zu möglichen Schadenersatzansprüchen, die **in der Vergangenheit aus dem gewohnheitsrechtlich anerkannten Rechtsinstitut der culpa in contrahendo hergeleitet** wurde, **ist jetzt auf § 311 Abs. 2 BGB** zu stützen, nachdem die Haftung aus culpa in contrahendo mit dieser am 1. Januar 2002 in Kraft getretenen Vorschrift eine normative Grundlage erhalten hat. Der Sache nach ist an der bisherigen Rechtsprechung aber festzuhalten, weil § 311 Abs. 2 BGB an dem bisher angewandten Recht inhaltlich nichts ändern wollte (BGH, Urteil v. 26. 1. 2010 – Az.: X ZR 86/08; Urteil v. 10. 9. 2009 – Az.: VII ZR 82/08; Urteil v. 27. 6. 2007 – Az.: X ZR 34/04; Urteil v. 3. 4. 2007 – Az.: X ZR 19/06; LG Leipzig, Urteil v. 30. 4. 2008 – Az.: 7 O 915/07; LG Berlin, B. v. 19. 10. 2007 – Az.: 13 O 479/07). 4935

38.6.1.3 Anspruchsvoraussetzungen

38.6.1.3.1 Beteiligung am Verfahren durch Abgabe eines Angebots. Einer **rechtlichen Ungleichbehandlung von Bietern, die erst dann auftritt, wenn der Auftraggeber – auch insoweit unter Verletzung der Vorgaben durch das Ausschreibungsrecht – in Vertragsverhandlungen allein mit einem Bieter** über einen inhaltlich von dem rechtzeitig eingereichten Angebot abweichenden Gegenstand eintritt **und andere Bieter von diesen Verhandlungen ausschließt, fehlt es** insoweit bereits wegen der mangelnden Beteiligung der anderen Bieter **an einem berücksichtigungsfähigen Angebot** dieser Bieter, bei dem eine 4936

Rechtspflicht zum Zuschlag hätte bestehen können (BGH, Urteil v. 3. 4. 2007 – Az.: X ZR 19/06).

4937 Diese Rechtsprechung kann im Ergebnis auf eine nur schwer nachvollziehbare **Privilegierung desjenigen öffentlichen Auftraggebers, der bewusst gegen Vergaberecht verstößt**, hinauslaufen. Bei **solchen Fallkonstellationen** wäre ein – wenigstens rudimentärer – **Vergaberechtsschutz auch unterhalb der Schwellenwerte hilfreich**.

4938 **38.6.1.3.2 Enttäuschtes und schutzwürdiges Vertrauen. 38.6.1.3.2.1 Grundsatz.** Die **Schadensersatzpflicht des Auftraggebers**, die ihren Grund in der Verletzung des Vertrauens des Bieters darauf findet, dass das Vergabeverfahren nach den einschlägigen Vorschriften des Vergaberechts abgewickelt wird, **setzt ein berechtigtes und schutzwürdiges Vertrauen voraus.** Die Schutzwürdigkeit des Vertrauens entfällt, wenn der Bieter bei der ihm im jeweiligen Fall zumutbaren Prüfung erkannt hat oder hätte erkennen müssen, dass der Auftraggeber von den für ihn geltenden Regeln abweicht. Darüber hinaus verdient sein Vertrauen aber auch dann keinen Schutz, wenn sich ihm die ernsthafte Gefahr eines Regelverstoßes des Auftraggebers aufdrängen muss, ohne dass die Abweichung schon sicher erscheint (BGH, Urteil v. 27. 6. 2007 – Az.: X ZR 34/04; Urteil v. 1. 8. 2006 – Az.: X ZR 146/03; Urteil v. 3. 6. 2004 – Az.: X ZR 30/03; OLG Düsseldorf, Urteil v. 15. 12. 2008 – Az.: I-27 U 1/07; OLG Stuttgart, Urteil v. 24. 11. 2008 – Az.: 10 U 97/08; Urteil v. 30. 4. 2007 – Az.: 5 U 4/06).

4939 Schreibt ein **Auftraggeber eine patentrechtlich geschützte Leistung** aus, ohne in den Leistungsverzeichnisfunktionen die Formulierung „oder gleichwertige Art" einzufügen und teilt der Auftraggeber dem Patentinhaber, der sich an der Ausschreibung ebenfalls beteiligt hatte, mit, dass eine **Konkurrenzfirma den Zuschlag erhalten** soll, kann der **Patentinhaber insoweit davon ausgehen**, dass der **Auftraggeber dennoch VOB/A-konform vorgeht**, indem er auch gleichwertige Angebote, die nicht dem Patent entsprechen, bei der Vergabe berücksichtigt (LG Leipzig, Urteil v. 30. 4. 2008 – Az.: 7 O 915/07).

4940 Ein **Bieter** hat auch deshalb **Anlass, in die richtige Vergabe durch einen Auftraggeber zu vertrauen,** wenn die **Aufsichtsbehörde des Auftraggebers diesem im Rahmen eines formlosen Beschwerdeverfahrens aufgegeben hatte, eine Neubewertung aller nicht ausgeschlossenen Angebote unter Berücksichtigung der Beschwerdebelange** vorzunehmen (LG Leipzig, Urteil v. 30. 4. 2008 – Az.: 7 O 915/07).

4941 Kann und muss ein **bauerfahrenes Unternehmen**, das sich in der Vergangenheit bereits an Vergabeverfahren beteiligt hat, ohne weiteres erkennen, dass ein **bestimmtes Produkt das Referenzprodukt der Ausschreibung** ist und dass die **Nennung des Markennamens des Produktherstellers in der Ausschreibung evtl. einen Fehler im Vergabeverfahren begründet**, weil die Nennung eines Markennamens nach der VOB/A nur unter ganz engen Voraussetzungen zulässig ist **und lässt sich dieses Unternehmen trotzdem auf das Vergabeverfahren ein,** kann es **unter diesen Umständen nicht mehr damit gehört werden, es habe bei der Vergabe ein mit Recht und Gesetz übereinstimmendes Verhalten der Gegenseite erwartet** (OLG Stuttgart, Urteil v. 30. 4. 2007 – Az.: 5 U 4/06).

4942 Ein **Bieter darf sich auch nicht ohne eigene Prüfung auf nach seinem vorauszusetzenden Fachwissen erkennbare unvollständige Leistungsverzeichnisse einlassen. Tut er es doch, fehlt es ebenfalls an einem enttäuschten Vertrauen** als Grundlage eines Schadensersatzanspruches wegen Verschuldens bei Vertragsabschluss. Vielmehr bestehen insoweit Klärungs- und Hinweispflichten des Bieters (OLG Stuttgart, Urteil v. 30. 4. 2007 – Az.: 5 U 4/06).

4943 Ein enttäuschtes schutzwürdiges Vertrauen eines Bieters, der nicht das wirtschaftlichste Angebot abgegeben hat, liegt dann nicht vor, wenn der Bieter ohne Vertrauen auf die – nicht gegebene – Rechtmäßigkeit der Einleitung gar kein Angebot oder ein solches nur unter anderen Voraussetzungen eingereicht hätte. In einer solchen Fallgestaltung wären die Angebotskosten bei hinweggedachtem Vertrauenstatbestand unabhängig vom Ausgang des Wettbewerbs nicht entstanden. Deshalb kommen bei einer solchen Sachlage auch solche Bieter als Gläubiger eines auf das negative Interesse gerichteten Schadensersatzanspruchs in Betracht, die den Zuschlag nicht erhalten oder keine echte Chance darauf gehabt hätten. Dieser **Anspruch steht einem Bieter – seiner Ableitung entsprechend – aber nur dann zu, wenn er die Kosten ohne Vertrauen auf die Rechtmäßigkeit nicht oder nicht so wie geschehen aufgewendet hätte.** Die Haftung des Auftraggebers knüpft an das schutzwürdige Vertrauen des Bieter in den rechtmäßigen Ablauf des Vergabeverfahrens an (BGH, Urteil v. 27. 11. 2007 – Az.: X ZR 18/07; OLG Koblenz, B. v. 15. 1. 2007 – Az.: 12 U 1016/05).

Gesetz gegen Wettbewerbsbeschränkungen GWB § 126 **Teil 1**

Nach **Lebenserfahrung und wirtschaftlicher Vernunft ist kaum zu erwarten**, dass ein 4944 Bieter **gänzlich von der Bewerbung um einen Auftrag Abstand nehmen wird, wenn und bloß weil er erkennt, dass dieser fälschlicherweise nach Abschnitt 1 der VOB/A ausgeschrieben worden ist** anstatt gemeinschaftsweit. Als nahe liegende hypothetische Reaktionsmöglichkeit ist vielmehr zum einen in Erwägung zu ziehen, dass der Bieter die „Vorteile" des Verstoßes, etwa eine mangels internationaler Publizität erhoffte Abwesenheit ausländischer Konkurrenz, gegen Nachteile wie Defizite im Rechtsschutz und geringere Verfahrenstransparenz abwägen und sich – ggf. unter Spekulation auf die Möglichkeit einer nachträglichen Rüge – auf den nationalen Wettbewerb einlassen könnte. **Dann vertraute er aber nicht mehr auf die Rechtmäßigkeit des Vergabeverfahrens und würde**, wenn dieses wegen des von ihm erkannten Mangels nicht mit der Zuschlagserteilung endet, **keinen Schaden im Vertrauen auf die Rechtmäßigkeit des Vergabeverfahrens erleiden**. Zum anderen kommt als Reaktion infrage, dass der Bieter die als falsch erkannte nationale Ausschreibung im Nachprüfungsverfahren angreifen könnte. **Nur wenn hypothetisch davon ausgegangen werden kann, dass er sich – abgesehen von der unwahrscheinlichen Möglichkeit der völligen Abstandnahme vom Vergabeverfahren – so verhält, kommt ein Anspruch auf Ersatz des Vertrauensschadens infrage** (BGH, Urteil v. 27. 11. 2007 – Az.: X ZR 18/07).

Ein Schadenersatzanspruch wegen fehlerhafter nicht losweiser Vergabe eines öffentlichen Auf- 4945 trages setzt voraus, dass der **Kläger auf eine losweise Vergabe des Auftrages hätte vertrauen dürfen**, d. h. dass sich aus den Entäußerungen der Vergabestelle ergeben durfte, dass eine Gesamtlosvergabe nicht in Betracht kommt. Ist **zweifelhaft, ob sich die Vergabestelle eine Gesamtvergabe der in Lose aufgeteilten Leistung vorbehalten hat oder nicht**, kann sich ein Bieter nicht eine von mehreren möglichen Auslegungsvarianten auswählen. Er **muss bei der Vergabestelle um sachdienliche Auskunft nachsuchen oder in Kauf nehmen, mit der Vergabeentscheidung in seiner subjektiven Erwartung (nicht in seinem berechtigten Vertrauen) enttäuscht zu werden** (OLG Naumburg, Urteil v. 2. 7. 2009 – Az.: 1 U 5/09).

38.6.1.3.2.2 Abgabe eines nicht zuschlagsfähigen Angebots. Hat ein **Bieter ein nicht** 4946 **zuschlagsfähiges Angebot abgegeben**, kann die **Nichtberücksichtigung eines solchen Angebotes nicht zu einem auf enttäuschtes Vertrauen basierenden und auf das positive oder negative Interesse gerichteten Schadensersatzanspruch führen**, weil unter Zugrundelegung der Vergabevorschriften des Gesetzes gegen Wettbewerbsbeschränkungen, der Vergabeverordnung und der VOB/A 2006 (Abschnitt 2) nach keiner nur denkbaren Betrachtung **ein Vertrauen eines am Vergabeverfahren beteiligten Bieters darauf bestehen kann, ein nicht zuschlagsfähiges Angebot bezuschlagt zu erhalten**. Soweit der Vergabeverstoß auf die Verletzung des Gleichbehandlungsgrundsatzes gestützt wird, führt dies – auch im Hinblick auf § 126 GWB – zu keinem anderen Ergebnis. Insoweit ist nicht ersichtlich, dass ein nicht zuschlagsfähiges Angebot ohne eine Chance auf die Zuschlagserteilung kausal einen Vermögensschaden bedingen kann; im Hinblick auf eine unter Verstoß gegen das Gleichbehandlungsgebot unterbliebene Aufhebung lässt sich eine kausale Schadensverursachung in Bezug auf hypothetisches neues Verfahren nicht nachvollziehen (BGH, Urteil v. 18. 9. 2007 – Az.: X ZR 89/04; Urteil v. 1. 8. 2006 – Az.: X ZR 115/04; Urteil v. 7. 6. 2005 – Az.: X ZR 19/02; OLG Frankfurt, Urteil v. 3. 7. 2007 – Az.: 11 U 54/06; KG Berlin, B. v. 7. 5. 2007 – Az.: 23 U 31/06; OLG Düsseldorf, B. v. 29. 4. 2009 – Az.: VII-Verg 73/08; Urteil v. 25. 1. 2006 – Az.: 2 U (Kart) 1/05; OLG Koblenz, B. v. 4. 2. 2009 – Az.: 1 Verg 4/08; 1. VK Sachsen, B. v. 17. 1. 2007 – Az.: 1/SVK/002–05; VK Hessen, B. v. 31. 7. 2002 – Az.: 69 d VK – 14/2002).

38.6.1.3.2.3 Fehlerhafter Planungswettbewerb. Sind die als Ergebnis eines Planungswett- 4947 bewerbes vorliegenden **Wettbewerbsarbeiten als Entscheidungsgrundlage für ein gleichzeitig laufendes VOF-Vergabeverfahren aus Rechtsgründen irrelevant**, so haben die Wettbewerbsteilnehmer von vornherein für ihre Aufwendungen keine Amortisationschance; die Kosten sind vielmehr von vornherein nutzlos. In solchen Konstellationen einer irrealen Amortisationschance, deretwegen jeder Teilnehmer Kosten nicht aufgewendet hätte, ist **jeder Bewerber oder Bieter zur Geltendmachung seiner „umsonst" getätigten Aufwendungen legitimiert**, weil er das Kostenrisiko nur wegen einer seinen Aufwendungen äquivalenten Chance eingeht, an der es gerade fehlt, wenn das Vergabeverfahren – oder der Verfahrensabschnitt, in dem die Kosten ausschließlich entstanden sind – mit einem „Anfangsfehler" behaftet ist, der einer Vergabenachprüfung nicht standhält (OLG Dresden, Urteil v. 10. 2. 2004 – Az.: 20 U 1697/03).

Eine solche Konstellation **schließt die Verpflichtung einer Partei ein, auf Risiken mit** 4948 **Bezug zum Gegenstand der Vertragsverhandlungen, die in ihrer eigenen Sphäre ent-**

standen sind und die die Vermögensinteressen des anderen Teils berühren und beeinträchtigen können, hinzuweisen. Der potenziell gefährdete Vertragspartner muss über solche Risiken aufgeklärt werden, damit er seine weiteren Dispositionen in Kenntnis aller erheblichen Umstände treffen kann. Deshalb ist ein öffentlicher Auftraggeber z. B. verpflichtet, den Teilnehmer eines Architektenwettbewerbes, der parallel zu einem VOF-Verfahren läuft, über die von einem bei der Teilnehmerauswahl zu dem VOF-Verfahren nicht zum Zuge gekommenen Mitbewerber erhobene Rüge im Sinne von § 107 Abs. 3 Satz 1 GWB zu unterrichten. Er **muss dadurch allen Wettbewerbsteilnehmern Gelegenheit geben, das mögliche Risiko abzuwägen, dass weitere Investitionen in den Wettbewerb nutzlos sein könnten**, um gegebenenfalls die **Konsequenz ziehen zu können, weitere Aufwendungen für den Wettbewerb deshalb nicht mehr zu tätigen** (BGH, Urteil v. 27. 6. 2007 – Az.: X ZR 34/04).

4949 Der aus einem solchen Verhalten resultierende Ersatzanspruch steht einem **Kläger** aber nur dann zu, wenn er die Aufwendungen, für die er jetzt Schadensersatz verlangt, bei erteilter Information nicht getätigt hätte. Hierfür trägt er die **Darlegungs- und Beweislast**, da es sich insoweit um Voraussetzungen seines Ersatzanspruchs handelt (BGH, Urteil v. 27. 6. 2007 – Az.: X ZR 34/04).

4950 **38.6.1.3.2.4 Fehlerhafte Leistungsbeschreibung.** Nach § 7 Abs. 1 Nr. 3 VOB/A ist der Auftraggeber verpflichtet, dem Auftragnehmer nicht bewusst ein außergewöhnliches Wagnis aufzubürden für Umstände und Ereignisse, auf die er keinen Einfluss hat und deren Entwicklung auf die Preise und Fristen er nicht im Voraus schätzen kann. **Eine nicht ordnungsgemäße und daher unvollständige Beschreibung einer Leistung in einem Leistungsverzeichnis kann deshalb grundsätzlich Ansprüche unter dem Gesichtspunkt der c. i. c. auslösen.** Dies gilt erst Recht, wenn der Auftraggeber schuldhaft falsche oder unvollständige Angaben über solche ihm bekannte Umstände macht, die für die Preisermittlung von Bedeutung sind (OLG Naumburg, Urteil v. 15. 12. 2005 – Az.: 1 U 5/05).

4951 Erkennt ein Bieter jedoch, dass die Ausschreibung nicht den Anforderungen z. B. der §§ 2 EG, 8 EG VOL/A entspricht und dass die Abgabe eines mit den Angeboten anderer Bieter vergleichbaren Angebots nicht möglich gewesen ist, **veranlasst der Bieter auf eigenes Risiko die Aufwendungen für die Erstellung des Angebots**, was einen Anspruch aus culpa in contrahendo ausschließt. Voraussetzung eines Anspruchs aus culpa in contrahendo ist nämlich, dass der Bieter sein Angebot tatsächlich im Vertrauen darauf abgibt, dass die Vorschriften des Vergabeverfahrens eingehalten werden. An diesem **Vertrauenstatbestand fehlt es, soweit dem Bieter bekannt ist, dass die Ausschreibung fehlerhaft ist**. Er vertraut dann nicht berechtigterweise darauf, dass der mit der Erstellung des Angebots und der Teilnahme am Verfahren verbundene Aufwand nicht nutzlos ist. Erkennt der Bieter, dass die Leistung nicht ordnungsgemäß ausgeschrieben ist, so handelt er bei der Abgabe des Angebots nicht im Vertrauen darauf, dass das Vergabeverfahren insoweit nach den einschlägigen Vorschriften des Vergaberechts abgewickelt werden kann. Ein etwaiges **Vertrauen darauf, dass gleichwohl sein Angebot Berücksichtigung finden könnte, ist jedenfalls nicht schutzwürdig** (BGH, Urteil v. 1. 8. 2006 – Az.: X ZR 146/03; OLG Stuttgart, Urteil v. 30. 4. 2007 – Az.: 5 U 4/06).

4952 **38.6.1.3.2.5 Anforderungen an ein zuschlagsfähiges fiktives Nebenangebot.** Steht fest, dass der **Bieter durch den Auftraggeber schuldhaft von der Abgabe eines Nebenangebots abgehalten** worden ist, **muss der Bieter im Schadenersatzprozess das Gericht davon überzeugen, dass das fiktive Nebenangebot insbesondere von der Höhe her den Zuschlag hätte erhalten müssen**. Diese tatsächliche Bewertung ist im Rahmen von § 287 ZPO zu treffen war (OLG Naumburg, Urteil v. 23. 4. 2007 – Az.: 1 U 47/06 – instruktive Entscheidung).

4953 **38.6.1.3.2.6 Anforderungen an einen fiktiven Nachunternehmereinsatz.** Hat ein **Auftraggeber fehlerhaft einen Bieter wegen der Nichtnennung der Namen von Nachunternehmern ausgeschlossen**, obliegt es dem **Kläger** insbesondere auch **darzulegen**, dass er **zur Übernahme der Nachunternehmerarbeiten bereite und befähigte Betriebe als Subunternehmer hätte beauftragen können**. An den **hypothetischen Nachweis**, ob die in diesem Zusammenhang benannten Unternehmen bereit gewesen wären, die Nachunternehmeraufträge anzunehmen und auszuführen, wird im **Gericht im Bestreitensfall allerdings keine überspannten Anforderungen stellen dürfen**. Darüber hinaus ist dem **Auftraggeber der Einwand**, er hätte den oder die vorgesehenen Nachunternehmer seinerzeit **ermessensfehlerfrei als ungeeignet ablehnen können, nicht abgeschnitten** (BGH, Urteil v. 10. 6. 2008 – Az.: X ZR 78/07).

Gesetz gegen Wettbewerbsbeschränkungen GWB § 126 **Teil 1**

38.6.1.3.2.7 Rechtmäßige Aufhebung einer Ausschreibung. Eine Entschädigung we- 4954
gen der Aufhebung einer Ausschreibung ist dann nicht zu zahlen, wenn die Ausschreibungsaufhebung rechtmäßig, also im Einklang mit dem Vergaberecht erfolgt
ist. Diese Folge tritt auch beim Vorliegen eines objektiv schwerwiegenden Grundes im Sinne
des § 17 Abs. 1 Nr. 3 VOB/A **nur dann ein, wenn der Auftraggeber den Aufhebungsgrund
nicht selbst zu vertreten hat oder ihn vor Einleitung des Verfahrens nicht kannte.**
Andernfalls bleibt es grundsätzlich bei der Schadensersatzpflicht. Würde nämlich ein Fehler des
Ausschreibenden schon genügen, ihm eine entschädigungsfreie Aufhebung zu ermöglichen, so
hätte er es in der Hand, durch Verstöße gegen das Vergaberecht sich bei der Vergabe öffentlicher Aufträge bestehenden Bindungen zu entziehen. So ist beispielsweise bei der **Frage der
Finanzierbarkeit des Auftrags** die Aufhebung wegen mangelnder Mittel **nur rechtmäßig
im Sinne des § 17 VOB/A und schadensersatzfrei, wenn vor der Ausschreibung der Kostenbedarf sorgfältig ermittelt** worden ist (OLG Koblenz, B. v. 15. 1. 2007 – Az.: 12 U
1016/05).

Allerdings kann daraus, dass **in einem vorher durchgeführten Vergabenachprüfungsver-** 4955
fahren nur unzulängliche Unterlagen zur Schätzung des Auftragswertes eingereicht
worden waren, **nicht ohne Weiteres auf eine vorsätzlich oder fahrlässig falsche Fehleinschätzung des Auftragswerts unterhalb des Schwellenwerts geschlossen** werden (BGH,
Urteil v. 27. 11. 2007 – Az.: X ZR 18/07).

38.6.1.3.2.8 Nicht durch die Voraussetzungen der §§ 17 VOBA, 20 EG VOL/A ge- 4956
deckte Aufhebung. Zu Schadenersatzansprüchen wegen einer nicht durch die Voraussetzungen
der §§ 17 VOBA, 20 EG VOL/A gedeckten Aufhebung vgl. die Kommentierung zu den jeweiligen Vorschriften.

38.6.1.3.3 Zwingender Zuschlag auf das Angebot. Ein auf Ersatz des positiven Interes- 4957
ses gerichteter Schadensersatzanspruch eines Bieters nach der Erteilung des ausgeschriebenen
Auftrages an einen anderen Bieter setzt voraus, dass **der Auftrag bei richtiger, d. h. rechtmäßiger Handhabung des Verfahrens unter Beachtung des der Vergabestelle ggfs.
zukommenden Wertungsspielraumes dem Gläubiger des Ersatzanspruches hätte erteilt werden müssen.** Dies ist **nur dann der Fall, wenn das Angebot des Gläubigers
unter Berücksichtigung aller relevanten Gesichtspunkte das wirtschaftlichste Angebot
im Sinne von § 16 VOB/A bzw. §§ 19 EG, 21 EG VOL/A war** (BGH, Urteil v. 26. 1.
2010 – Az.: X ZR 86/08; Urteil v. 10. 6. 2008 – Az.: X ZR 78/07; Saarländisches OLG, Urteil
v. 24. 6. 2008 – Az.: 4 U 478/07; OLG Koblenz, B. v. 4. 2. 2009 – Az.: 1 Verg 4/08; OLG
Zweibrücken, Urteil v. 24. 1. 2008 – Az.: 6 U 25/06). Insoweit kommt es für die Erteilung des
Zuschlages z.B. auf ein Nebenangebot nicht auf die objektiven Verhältnisse an, d.h. der Auftraggeber muss keine restlose Aufklärung aller Zweifelsfragen im Hinblick auf die Gleichwertigkeit vornehmen, sondern lediglich eine innerhalb der Zuschlagsfrist vorzunehmende Prüfung
mit der den Umständen angemessenen Sorgfalt und Genauigkeit, womöglich auch mit Hinzuziehung von Beratern und Sachverständigen entsprechend z.B. § 7 VOB/A 2006. Es ist dabei allein Sache des Bieters, den Nachweis der Gleichwertigkeit zu erbringen; er trägt hierfür die
volle Beweislast (OLG Stuttgart, Urteil v. 30. 4. 2007 – Az.: 5 U 4/06; vgl. zu Beweislasterleichterungen nach der Rechtsprechung des BGH im Rahmen von § 126 GWB die Kommentierung zu § 126 GWB).

Hat die auf Schadensersatz klagende Partei den Auftrag tatsächlich erhalten, greift 4958
**auch in einem solchen Fall der der bisherigen Rechtsprechung zugrunde liegende
Gesichtspunkt,** dass die Aussicht, einen bestimmten Vorteil zu realisieren, regelmäßig nur dann
zum Vermögen des sich an einer Ausschreibung Beteiligenden gehört haben kann, **wenn es bei
ordnungsgemäßer Vergabe der Anspruchsteller gewesen wäre, der den diesen Vorteil
einschließenden Auftrag hätte erhalten müssen.** Dies ergibt sich daraus, dass ein Auftrag
nur einmal vergeben werden kann (BGH, Urteil v. 26. 1. 2010 – Az.: X ZR 86/08).

38.6.1.3.4 Pflicht zur vergaberechtlichen Nachprüfung als Anspruchsvoraussetzung? 4959
Ein Schadensersatzverlangen ist nicht daran gebunden, dass der Bieter zuvor über ein – erfolgloses
– Nachprüfungsverfahren versucht haben müsste, den Eintritt seines Schadens zu verhindern; eine
„Pflicht zur Nachprüfung" lässt sich dem Gesetz ausdrücklich nicht entnehmen. Das
ergibt sich auch daraus, dass die Bindungswirkung des § 124 Abs. 1 GWB ansonsten praktisch nur
noch bei positiven Fortsetzungsfeststellungsentscheidungen der Nachprüfungsorgane entstehen
würde, weil ein Bieter, der mit Erfolg der Fortsetzung eines Vergabeverfahrens in seinem Rechtssinne gegen die Vergabestelle durchgesetzt hat, keinen Schaden haben könnte und gegenüber
einem unterlegenen Bieter kein Fehlverhalten der Vergabestelle würde festgestellt werden kön-

nen. Es spricht mithin alles dafür, dass sich **aus dem Einwand fehlender „Schadensabwendung" auch aus Rechtsgründen kein Mitverschuldenseinwand ergibt, der zu Lasten eines Klägers zu berücksichtigen wäre** (OLG Dresden, Urteil v. 10. 2. 2004 – Az.: 20 U 1697/03).

4960 **38.6.1.3.5 Verschulden. 38.6.1.3.5.1 Rechtsprechung des EuGH.** Die Richtlinie 89/665/EWG des Rates vom 21. Dezember 1989 zur Koordinierung der Rechts- und Verwaltungsvorschriften für die Anwendung der Nachprüfungsverfahren im Rahmen der Vergabe öffentlicher Liefer- und Bauaufträge in der durch die Richtlinie 92/50/EWG des Rates vom 18. Juni 1992 geänderten Fassung ist **dahin auszulegen, dass sie einer nationalen Regelung, die den Schadensersatzanspruch wegen Verstoßes eines öffentlichen Auftraggebers gegen Vergaberecht von der Schuldhaftigkeit des Verstoßes abhängig macht, auch dann entgegensteht**, wenn bei der Anwendung dieser Regelung ein Verschulden des öffentlichen Auftraggebers vermutet wird und er sich nicht auf das Fehlen individueller Fähigkeiten und damit auf mangelnde subjektive Vorwerfbarkeit des behaupteten Verstoßes berufen kann. Ein **Verschulden ist also nicht erforderlich** (EuGH, Urteil v. 30. 9. 2010 – Az.: C-314/09).

4961 **38.6.1.3.5.2 Ältere nationale Rechtsprechung.** Ein entsprechender **Schadenersatzanspruch setzt ein Verschulden voraus**.

4962 Läuft der Auftraggeber bei seiner im Vergabeverfahren zügig zu treffenden Entscheidung über den Zuschlag **Gefahr, die Rechte entweder des einen oder des anderen Bieters zu verletzen, weil die rechtliche Beurteilung durch die Gerichte nicht prognostizierbar** ist, kann in dieser besonderen Situation die **Befolgung der Empfehlung des Rechtsgutachtens eines als sachkundig ausgewiesenen Gutachters nicht als schuldhaft pflichtwidrig** gewertet werden (BGH, Urteil v. 20. 1. 2009 – Az.: X ZR 113/07).

4963 Einer Vergabestelle ist auch dann **kein schuldhaftes Fehlverhalten** anzulasten, welches ein Schadensersatzanspruch voraussetzt, wenn die **Vergabestelle vor Einleitung der Ausschreibung die Entscheidung eines Kollegialgerichts abwartet, erst nach einer positiven Entscheidung die Ausschreibung einleitet und dann aufgrund einer Änderung der Rechtsprechung die Ausschreibung aufheben muss**. Auf z. B. einen höchstrichterlichen Beschluss, den die Vergabestelle vor der Ausschreibung bewusst abgewartet hatte, darf z. B. die in einem Vergabeverfahren tätige Straßenbaubehörde sich ungeachtet der Tatsache verlassen, dass er nach summarischer Prüfung in einem Verfahren des einstweiligen Rechtsschutzes ergangen war und seinerseits unter Umständen hinter damals schon erkennbaren europarechtlichen Maßstäben zurückblieb. Zwar gilt die dem Amtshaftungsrecht entlehnte Kollegialgerichtsregel, wonach die öffentliche Hand sich nicht vorwerfbar rechtswidrig verhält, wenn ein mit mehreren Rechtskundigen besetztes Kollegialgericht unrichtigerweise die Rechtmäßigkeit dieses Behördenverhaltens bejaht hat, **nur eingeschränkt, wenn das Gericht im summarischen Verfahren entschieden hat**. Denn der in der Sache tragende Grund dieser Regel, dass von der handelnden Stelle eine bessere Rechtseinsicht als von einem Kollegialgericht nicht erwartet und verlangt werden könne, passt nicht ohne weiteres, wenn dem Gericht schon nach der verfahrensrechtlichen Struktur seines Erkenntnisprozesses nur eine begrenzte Erkenntnisgrundlage zur Verfügung steht. Daraus folgt aber zugleich, dass immer dann, wenn das Gebot effektiven Rechtsschutzes von einem Gericht schon im Eilverfahren eine eingehende tatsächliche und rechtliche Prüfung des Antragsbegehrens fordert, weil bereits aufgrund der Eilentscheidung i. d. R. weitgehend irreversible Sachzwänge geschaffen werden, diese Entscheidung als geeignete Grundlage der o. g. Kollegialgerichtsregel jedenfalls dann anzusehen ist, wenn die geforderte eingehende Prüfung im gerichtlichen Verfahren tatsächlich stattgefunden hat (OLG Dresden, B. v. 19. 10. 2007 – Az.: 20 U 1047/07).

38.6.1.4 Höhe des Schadenersatzanspruches

4964 **38.6.1.4.1 Grundsatz.** Auch der Bieter, der im Rahmen einer geschehenen Ausschreibung das annehmbarste Angebot abgegeben hat, hat deshalb nicht von vornherein Anlass, darauf zu vertrauen, dass **ihm der ausgeschriebene Auftrag erteilt wird und er sein positives Interesse hieran realisieren kann**. Regelmäßig kann vielmehr ein sachlich gerechtfertigter Vertrauenstatbestand, der zu einem Ersatz entgangenen Gewinns einschließenden Anspruch führen kann, erst dann gegeben sein, wenn der ausgeschriebene Auftrag tatsächlich – wenn auch unter Verstoß gegen die Vergaberegeln – erteilt wurde. Erst durch die Erteilung des Auftrags erweist es sich als berechtigt, auf die Realisierung von Gewinn einschließende Durchführung der ausgeschriebenen Maßnahme vertraut zu haben. **Unterbleibt die Vergabe des Auftrags**, kommt hingegen regelmäßig nur eine **Entschädigung im Hinblick auf Vertrauen** in Be-

Gesetz gegen Wettbewerbsbeschränkungen GWB § 126 **Teil 1**

tracht, **nicht im Ergebnis nutzlose Aufwendungen** für die Erstellung des Angebots und die Teilnahme am Ausschreibungsverfahren tätigen zu müssen (BGH, Urteil v. 5. 11. 2002 – Az.: X ZR 232/00; OLG Naumburg, Urteil v. 26. 10. 2004 – Az.: 1 U 30/04; OLG Dresden, B. v. 10. 7. 2003 – Az.: WVerg 0015/02; im Grundsatz ebenso EuG, Urteil v. 17. 3. 2005 – Az.: T-160/03).

38.6.1.4.2 Negatives Interesse. 38.6.1.4.2.1 Inhalt des Anspruchs. Es gibt Fälle, in denen der Ausschreibende einen **sachlichen Grund** geltend machen kann, die **begonnene Ausschreibung nicht fortzusetzen**, und es deshalb zu einer Erteilung des ausgeschriebenen Auftrags nicht kommt. Wie in den Fällen, in denen die Ausschreibung unberechtigterweise aufgehoben und der Auftraggeber erst nach einer erneuten Ausschreibung einen Auftrag erteilt, könnte der nach dem Vorgesagten maßgebliche Rückschluss, dass der annehmbarste Bieter berechtigterweise darauf vertrauen durfte, den Auftrag zu erhalten, gleichwohl dann gezogen werden, wenn **der später tatsächlich erteilte Auftrag bei wirtschaftlicher Betrachtungsweise das gleiche Vorhaben und den gleichen Auftragsgegenstand betrifft**. Bestehen insoweit erhebliche Unterschiede, kommt ein solcher Schluss hingegen regelmäßig nicht in Betracht. Die Unterschiede stehen dann dafür, dass der ausgeschriebene Auftrag nicht zur Ausführung gelangt ist. Ein Anspruch, der den Ersatz entgangenen Gewinns einschließt, kann deshalb in diesen Fällen regelmäßig nur dann bestehen, wenn der sich übergangen fühlende Bieter auf Besonderheiten verweisen kann, die den Auftraggeber hätten veranlassen müssen, ihm – auch – den geänderten Auftrag zu erteilen (BGH, Urteil v. 5. 11. 2002 – Az.: X ZR 232/00). 4965

Es ist insoweit auch nicht erforderlich, dass der Auftraggeber das **Beschaffungsvorhaben überhaupt aufgibt**. Gegenstand der Rechtsanwendung ist der in der konkreten Ausschreibung zutage getretene Bedarf, wobei allerdings die Frage, ob ein von der Vergabestelle etwa „weiter" verfolgtes Vorhaben mit dem ausgeschriebenen **identisch ist** oder nicht, **nach wirtschaftlichen und technischen Kriterien und nicht unter formalen Aspekten zu beurteilen** ist. Dass ein Auftraggeber z. B. an der vorgesehenen Stelle weiterhin eine Justizvollzugsanstalt errichten will, steht mithin der Annahme, er habe von dem ausgeschriebenen Vorhaben endgültig Abstand genommen, nicht ohne weiteres entgegen. Ob die von ihm mitgeteilten, durch Bedarfsänderungen infolge Zeitablaufs ausgelösten Planänderungen nach Art und Umfang den Schluss zulassen, es fehle an der Identität zwischen dem ausgeschriebenen und dem nunmehr projektierten Vorhaben, ist Sache des Einzelfalls (vgl. instruktiv OLG Dresden, Urteil v. 9. 3. 2004 – Az.: 20 U 1544/03). 4966

Kann ein Kläger nicht dartun, dass er den Auftrag ohnehin hätte erhalten müssen, **so kann er als tatsächlich zum Zuge gekommener Bieter geltend machen, dass es ohne den Vergabefehler nicht zum Vertragsschluss mit ihm gekommen wäre. Dann verbietet sich aber eine Schadensberechnung auf der Grundlage des tatsächlich abgeschlossenen Vertrags.** Im Falle einer vorvertraglichen Aufklärungspflichtverletzung durch den Auftragnehmer soll nach Rechtsprechung des Bundesgerichtshofs zwar der Auftraggeber als Ersatz seines negativen Interesses unter Aufrechterhaltung des geschlossenen Vertrags den Betrag fordern können, um den er die Leistung zu teuer erworben hat. Angesichts der Wettbewerbssituation, die ein dann auf Schadensersatz verklagter Auftraggeber bei einer Ausschreibung ausnutzen will und auf die sich alle Bieter einlassen, ist aber weder für den zum Zuge gekommenen Bieter ein günstigeres Ergebnis vorgezeichnet, noch ein Sachverhalt gegeben, in dem ohne das beanstandete Verhalten typischer Weise kein Vertrag zustande gekommen wäre. **Eine Einbuße beim negativen Interesse lässt sich hier mithin nur im konkreten Vergleich mit der Vermögenssituation feststellen, die ohne den Vergabefehler des Auftraggebers bestanden hätte** (BGH, Urteil v. 26. 1. 2010 – Az.: X ZR 86/08). 4967

38.6.1.4.2.2 Anspruchsinhaber. Bei bestimmten Fallkonstellationen, z. B. bei einem Verfahrensfehler, der die Einleitung des Vergabeverfahrens als solche betrifft, **kann ein in seinem Vertrauen auf die Rechtmäßigkeit dieses Schrittes enttäuschter Bieter Schadensersatz wegen nutzlos aufgewendeter Angebotskosten auch dann verlangen, wenn er nicht das wirtschaftlichste Angebot abgegeben oder zumindest eine echte Chance auf den Zuschlag i. S. von § 126 Satz 1 GWB gehabt hat**. Die Unternehmen, die sich an einer Ausschreibung beteiligen, bei der die Regeln der VOB/A anzuwenden sind, können erwarten, dass dies schon bei den im Vorfeld der Ausschreibung liegenden Schritten geschehen ist. Vom Schutzbereich des Anspruchs aus culpa in contrahendo ist demnach auch die richtige Wahl der Verfahrensart umfasst. Allerdings **kommt ein Anspruch aus culpa in contrahendo aus Gründen, die in der Natur der Sache liegen, regelmäßig allein für den Bieter in Betracht, der ohne den Verstoß den Zuschlag erhalten hätte**. Das Ausschreibungsverfahren 4968

Teil 1 GWB § 126 Gesetz gegen Wettbewerbsbeschränkungen

ist seinem Gegenstand nach ein Wettbewerbsverfahren, bei dem sich die unter Umständen beträchtlichen Aufwendungen der Bieter für die Erstellung der Angebotskosten nur beim Gewinner amortisieren, während sie bei den übrigen Teilnehmern regelmäßig kompensationslos verloren sind. Ein Verstoß gegen bieterschützende Bestimmungen zum Nachteil eines nachrangigen Bewerbers wird deshalb regelmäßig nicht kausal für den bei ihm durch die Angebotsaufwendungen zu verzeichnenden Vermögensverlust sein. Dies gilt aber nicht ausnahmslos. **Einem Bieter, der den Zuschlag nicht erhalten hat, kann gleichwohl ein Anspruch auf Ersatz solcher Aufwendungen zustehen, die er nicht getätigt hätte, wenn die Vergabestelle ihm rechtzeitig bestimmte Informationen erteilt hätte** (BGH, Urteil v. 27. 11. 2007 – Az.: X ZR 18/07; OLG Celle, B. v. 4. 3. 2010 – Az.: 13 Verg 1/10; OLG Koblenz, B. v. 15. 1. 2007 – Az.: 12 U 1016/05). Die **Aufwendungen für die Angebotserstellung** sind in diesen Fällen aber **nur dann erstattungsfähig, wenn der Bieter sich in Kenntnis des tatsächlichen Ausschreibungsinhaltes mit an Sicherheit grenzender Wahrscheinlichkeit nicht am Vergabeverfahren beteiligt** und kein Angebot abgegeben hätte (OLG Celle, B. v. 4. 3. 2010 – Az.: 13 Verg 1/10). Zu den Anforderungen an den Nachweis eines enttäuschten Vertrauens vgl. die Kommentierung → Rdn. 32.

4969 **38.6.1.4.3 Positives Interesse.** Liegt der Fall so, dass bei einem Vergabeverfahren, das mit dem Zuschlag abgeschlossen wurde, nur einem bestimmten Bieter der Zuschlag hätte erteilt werden dürfen, kann dieser Bieter, wenn ihm der Auftrag nicht erteilt wird, **Ersatz seines positiven Interesses** beanspruchen. Er kann Ersatz des Gewinnausfalls und der Rechtsanwaltskosten verlangen (BGH, Urteil v. 18. 9. 2007 – Az.: X ZR 89/04; Urteil v. 27. 6. 2007 – Az.: X ZR 34/04; Urteil v. 30. 3. 2006 – Az.: VII ZR 44/05; Urteil v. 3. 6. 2004 – Az.: X ZR 30/03; Urteil v. 6. 2. 2002 – Az.: X ZR 185/99; Urteil v. 16. 10. 2001 – Az.: X ZR 100/99; OLG Frankfurt, Urteil v. 3. 7. 2007 – Az.: 11 U 54/06; OLG Hamm, B. v. 25. 10. 2005 – Az.: 24 U 39/05; OLG Naumburg, Urteil v. 26. 10. 2004 – Az.: 1 U 30/04; OLG Dresden, Urteil v. 9. 3. 2004 – Az.: 20 U 1544/03; Pfälzisches OLG Zweibrücken, Urteil v. 20. 11. 2003 – Az.: 4 U 184/02; OLG Düsseldorf, Urteil v. 31. 1. 2001 – Az.: U (Kart) 9/00).

4970 Dies **gilt auch bei einem Architektenwettbewerb** (BGH, Urteil v. 27. 6. 2007 – Az.: X ZR 34/04).

4971 Der Schadensersatzanspruch aus culpa in contrahendo **umfasst mit dem positiven Interesse gemäß § 249 Satz 1 BGB auch die Allgemeinen Geschäftskosten**. Die Allgemeinen Geschäftskosten entstehen durch Produktionsfaktoren, die nicht unmittelbar auf Baustellen zum Einsatz kommen, z. B. Buchhalter, Bürogebäude, Personal des Bauhofs etc. Diese Kosten sind **erstattungsfähig, außer wenn der Auftragnehmer nachweislich einen Ersatzauftrag angenommen hat, um gerade diese durch die Nichtbeauftragung entstandene Finanzierungslücke auszufüllen** (Saarländisches OLG, Urteil v. 24. 6. 2008 – Az.: 4 U 478/07).

4972 **Nach § 252 BGB umfasst der zu ersetzende Schaden auch den entgangenen Gewinn**, welcher nach dem gewöhnlichen Lauf der Dinge oder nach den besonderen Umständen, insbesondere nach den getroffenen Anstalten und Vorkehrungen, mit Wahrscheinlichkeit erwartet werden könnte. **Hat jedoch ein Bieter in seinem Angebot eine Anlagenkonzeption zur Müllentsorgung angeboten, die nicht mit Gewinn umsetzbar ist, besteht auch kein Schaden, der in einem Schadenersatzprozess zugesprochen werden kann.** Ein ggf. einvernehmliches – Abweichen vom Inhalt dieses Vertrags mit dem Ziel, den Beschaffungsbedarf des Auftraggebers auf andere Weise zu decken, als es dem Ergebnis des vorangegangenen Vergabeverfahrens entsprochen hätte, ist ohne erneute Ausschreibung vergaberechtlich ausgeschlossen (OLG Dresden, Urteil v. 2. 2. 2010 – Az.: 16 U 1373/09).

4973 **38.6.1.4.4 Ersatz sowohl des positiven als auch des negativen Interesses?** Als Schadensersatz kann **nicht sowohl das negative als auch das positive Interesse** gefordert werden. Nach § 249 Satz 1 BGB ist ein Kläger so zu stellen, als wäre der zum Ersatz verpflichtende Umstand – die Nichterteilung des Zuschlags auf sein Angebot – nicht eingetreten. Hätte der Auftraggeber dem Kläger pflichtgemäß den Zuschlag erteilt, so hätte der Kläger aus dem Auftrag allerdings mit hoher Wahrscheinlichkeit Gewinn erzielt. Die Aufwendungen für die Teilnahme an der Ausschreibung wären dem Kläger aber auch bei rechtmäßigem Verhalten des Auftraggebers entstanden (OLG Thüringen, Urteil v. 27. 2. 2002 – Az.: 6 U 360/01).

38.6.1.5 Mitverschulden

4974 Ob ein Mitverschulden des Bieters darin bestehen kann, dass er seiner **Rügepflicht nach § 107 Abs. 3 GWB nicht nachkommt** oder von der Möglichkeit des **Primärrechtsschut-**

Gesetz gegen Wettbewerbsbeschränkungen GWB § 126 **Teil 1**

zes durch Anrufung der Vergabekammer **keinen Gebrauch macht**, bleibt offen (OLG Thüringen, Urteil v. 27. 2. 2002 – Az.: 6 U 360/01).

38.6.2 Keine Anspruchsgrundlage für Mehrvergütungsansprüche

Bereits mit der Anforderung der Ausschreibungsunterlagen kommt zwischen Auftraggeber 4975 und Bieter ein vertragsähnliches Vertrauensverhältnis zustande, das die Parteien zu gegenseitiger Rücksichtnahme und Sorgfalt verpflichtet. Bei schuldhafter Verletzung dieses Vertrauensverhältnisses durch den Ausschreibenden können nach den Grundsätzen einer Haftung für Verschulden bei den Vertragsverhandlungen Schadensersatzansprüche des Bieters entstehen, die grundsätzlich auf den Ersatz des negativen Interesses gerichtet sind. **Daraus lässt sich weder ein Mehrvergütungsanspruch nach § 2 Abs. 5 VOB/B noch ein Vertragsanpassungsanspruch nach den Grundsätzen der Störung der Geschäftsgrundlage, § 313 Abs. 1 BGB, ableiten. Dies gilt auch dann, wenn die Verzögerung der Zuschlagserteilung teilweise dadurch bedingt ist, dass die Ausschreibung entgegen § 2 VOB/A erfolgte**, weil mangels Bereitstellung der Haushaltsmittel die Finanzierung des Vorhabens noch nicht gesichert und deshalb nicht sicher war, dass innerhalb der angegebenen Frist mit der Ausführung würde begonnen werden können (BGH, Urteil v. 10. 9. 2009 – Az.: VII ZR 152/08).

38.6.3 § 823 Abs. 2 BGB als Anspruchsgrundlage

Die § 97 ff. GWB enthalten ein **subjektives Recht des Bieters auf Einhaltung der Ver-** 4976 **fahrensvorschriften** (§ 97 Abs. 7 GWB) und stellen damit ein **Schutzgesetz i. S. des § 823 Abs. 2 BGB** dar (OLG Karlsruhe, B. v. 17. 4. 2008 – Az.: 8 U 228/06).

Die **VOL/A** ist, soweit es um einen **öffentlichen Auftrag unter dem Schwellenwert** geht, 4977 **kein Schutzgesetz i. S. d. § 823 Abs. 2 BGB.** Die VOL/A ist kein Gesetz, sondern bloß eine **interne Verwaltungsvorschrift** (OLG Oldenburg, B. v. 2. 9. 2008 – Az.: 8 W 117/08).

38.7 Schadenersatzanspruch auch bei Nichtanwendbarkeit des Vergaberechts (z. B. bei Vermietung)

Auch wenn die Ausschreibung nicht dem Vergaberecht unterliegt, bedeutet das nicht, dass die 4978 Ausschreibung keinerlei Pflichten begründet. **Ist für den Ausschreibenden ersichtlich, dass die sich an der Ausschreibung beteiligenden Bewerber keine unerheblichen Aufwendungen haben**, um z. B. Bewerbungsunterlagen einzureichen; dann **betreiben die Bewerber diesen Aufwand in dem schutzwürdigen Vertrauen darauf, dass ein Vertragspartner** (z. B. als Mieter) **entsprechend den in der Ausschreibung genannten Kriterien ausgewählt wird** (LG Berlin, B. v. 19. 10. 2007 – Az.: 13 O 479/07).

38.8 Schadenersatzanspruch gegen eine Stadtwerke-GmbH

Auch eine **Stadtwerke-GmbH nimmt staatliche Aufgaben der öffentlichen Daseins-** 4979 **vorsorge** wahr. Sie unterliegt dabei denselben rechtlichen **Bindungen wie jeder andere öffentliche Auftraggeber auch, der zur Einhaltung der VOB/A stets verpflichtet** ist (Saarländisches OLG, Urteil v. 24. 6. 2008 – Az.: 4 U 478/07).

38.9 Schadenersatzanspruch des Auftraggebers bei Manipulationen

Hat sich der Ausschreibende wegen des Fehlens der persönlichen Zuverlässigkeit eines Bieters 4980 – z. B. wegen strafbarer Manipulationen – gegen dessen Gebot entschieden, beruhen die nachteiligen wirtschaftlichen Folgen, insbesondere die **Unmöglichkeit, den von diesem gebotenen niedrigen Preis in Anspruch zu nehmen, auf der eigenen Entscheidung** des Ausschreibenden. Diese kann er dem Bieter, dessen Gebot er zurückgewiesen hat, auch im Rahmen des Schadensersatzspruches aus culpa in contrahendo nicht in Rechnung stellen (BGH, Urteil v. 18. 9. 2001 – Az: X ZR 51/00).

38.10 Vertragsverletzungsverfahren der EU-Kommission und daraus resultierende mögliche Zahlungsverpflichtungen

Die EU-Kommission hat mehrere Verfahren gegen die Bundesrepublik Deutschland wegen 4981 Verstößen gegen das EU-Vergaberecht eingeleitet.

Teil 1 GWB § 126   Gesetz gegen Wettbewerbsbeschränkungen

4982 Diese Verfahren laufen nach Artikel 226 EG-Vertrag (jetzt Art. 258 ff. AEUV) in verschiedenen Stufen ab. In der **ersten Stufe** stellt die Kommission einen möglichen Verstoß gegen EU-Vergaberecht dar und fordert den Mitgliedstaat, also immer die Bundesrepublik Deutschland – gleichgültig, welcher öffentliche Auftraggeber tatsächlich sich eventuell nicht korrekt verhalten hat – zu einer Stellungnahme auf. Kann der mögliche Verstoß mittels der Stellungnahme nicht ausgeräumt werden, **fordert die Kommission in einer zweiten Stufe den Mitgliedstaat förmlich auf**, Verstöße gegen das EU-Vergaberecht zu beseitigen. Die Aufforderungen ergehen **in Form so genannter mit Gründen versehener Stellungnahmen**. Kommt der Staat dieser Stellungnahme innerhalb der von der Kommission gesetzten Frist nicht nach, so kann die Kommission **in einer dritten Stufe** den Europäischen Gerichtshof anrufen.

4983 Die Klage richtet sich regelmäßig auf die **Feststellung, dass der Mitgliedstaat das EU-Vergaberecht verletzt hat**. Stellt der Gerichtshof – **als vierte Stufe** – fest, dass ein Mitgliedstaat gegen das EU-Vergaberecht verstoßen hat, muss dieser **Staat die Maßnahmen ergreifen, die sich aus dem Urteil des Gerichtshofes ergeben** – Artikel 228 EG-Vertrag – jetzt Art. 260 AEUV – (EuGH, Urteil v. 18. 11. 2004 – Az.: C-126/03). Dies bedeutet **bei noch anhaltenden Verletzungen des EU-Vergaberechts**, dass der Mitgliedstaat die **vergaberechtswidrigen Verträge kündigen muss**. Der in der deutschen Rechtspraxis geltende Grundsatz „pacta sunt servanda" hat also keine Gültigkeit (EuGH, Urteil v. 18. 7. 2007 – Az.: VK Münster, B. v. 25. 6. 2009 – Az.: VK 7/09).

4984 Hat nach Auffassung der Kommission der betreffende **Mitgliedstaat diese Maßnahmen** (in der Regel Kündigung der Verträge) **nicht ergriffen**, so gibt sie ihm – **in einer fünften Stufe** – wiederum Gelegenheit zur Stellungnahme. Führt diese Stellungnahme nicht zu einer Beendigung des Verfahrens, gibt die Kommission – **in einer sechsten Stufe** – eine mit Gründen versehene Stellungnahme ab, in der sie aufführt, in welchen Punkten der betreffende Mitgliedstaat dem Urteil des Gerichtshofes nicht nachgekommen ist. Trifft der betreffende Mitgliedstaat die Maßnahmen, die sich aus dem Urteil des Gerichtshofes ergeben, nicht innerhalb der von der Kommission gesetzten Frist, so kann die Kommission – **in einer siebten Stufe** – den Europäischen Gerichtshof anrufen.

4985 Mit der Klage benennt die Kommission die **Höhe des von dem betreffenden Mitgliedstaat zu zahlenden Pauschalbetrags und/oder Zwangsgelds**, die sie den Umständen nach für angemessen hält; Grundlage hierfür ist das **Verfahren für die Berechnung des Zwangsgeldes nach Artikel 228 EG-Verfahren** – jetzt Art. 260 AEUV (Mitteilung der Kommission SEK82005) 1658). Stellt der Europäische Gerichtshof – **in einer achten Stufe** – fest, dass der betreffende Mitgliedstaat seinem Urteil nicht nachgekommen ist, so kann er die Zahlung eines Pauschalbetrags oder Zwangsgelds verhängen.

4986 Die Verurteilung zur Zahlung eines Zwangsgelds und/oder eines Pauschalbetrags **soll auf den Mitgliedstaat**, der ein Urteil, mit dem eine Vertragsverletzung festgestellt worden ist, nicht durchführt, **wirtschaftlichen Zwang ausüben**, der ihn **dazu veranlasst, die festgestellte Vertragsverletzung abzustellen**. Die **finanziellen Sanktionen** sind daher **danach zu bemessen, welcher Überzeugungsdruck erforderlich ist**, damit der fragliche Mitgliedstaat sein Verhalten ändert (EuGH, Urteil v. 10. 1. 2008 – Az.: C-70/06).

4987 Was die **Art und Weise der Berechnung dieses Zwangsgelds** angeht, hat der Gerichtshof bei der Ausübung seines Ermessens das **Zwangsgeld so festzusetzen, dass es den Umständen angepasst** ist und in **einem angemessenen Verhältnis zur festgestellten Vertragsverletzung und zur Zahlungsfähigkeit des betreffenden Mitgliedstaats** steht. Um den **Charakter des Zwangsgelds als Druckmittel** im Hinblick auf die einheitliche und wirksame Anwendung des Gemeinschaftsrechts sicherzustellen, sind dabei **grundsätzlich die Dauer des Verstoßes, der Grad seiner Schwere und die Zahlungsfähigkeit des betreffenden Mitgliedstaats als Grundkriterien heranzuziehen**. Bei der Anwendung dieser Kriterien ist insbesondere **zu berücksichtigen, welche Folgen die Nichterfüllung der Verpflichtungen für die privaten und die öffentlichen Interessen** hat und **wie dringend es ist, den betreffenden Mitgliedstaat zu veranlassen, seinen Verpflichtungen nachzukommen** (EuGH, Urteil v. 10. 1. 2008 – Az.: C-70/06).

4988 Die Europäische Kommission hat die Bundesrepublik Deutschland vor dem Gerichtshof der Europäischen Gemeinschaften u. a. deshalb verklagt, weil das Land einem früheren Urteil des Gerichtshofs nicht Folge geleistet hat, wonach es die **unrechtmäßige Vergabe von Aufträgen für die Abwassersammlung in Bockhorn und die Abfallbeseitigung in Braunschweig (jeweils in Niedersachsen)** hätte berichtigen müssen. Die Kommission beantragte, dass der Gerichtshof **Zwangsgelder in Tagessätzen zu 31 680 EUR bzw. 126.720 EUR** (!) verhängt.

Zwischenzeitlich ist **in beiden Fällen der Vergaberechtsverstoß aus der Welt gebracht** worden. 4989

In einem Vertragsverletzungsverfahren gegen Frankreich aus dem Fischereibereich hat der **EuGH erstmals einen Mitgliedstaat** wegen Verletzungen des EG-Vertrages (jetzt des Vertrags über die Arbeitsweise der Europäischen Union) **sowohl zu einem Zwangsgeld (ca. 58 Mio. EUR pro sechs Monate) als auch zu einer Pauschale (20 Mio. EUR)** verurteilt. Im Grundsatz ist **auch bei Vergaberechtsverletzungen eine solche Sanktion möglich**, insbesondere wenn die Vertragsverletzung sowohl von langer Dauer ist als auch die Tendenz hat, sich fortzusetzen (EuGH, Urteil v. 12. 7. 2005 – Az.: C-304/02). 4990

Der **EuGH hat mit Urteil vom 10. 1. 2008 die Portugiesische Republik verurteilt**, der Kommission der Europäischen Gemeinschaften auf das Konto „Eigenmittel der Europäischen Gemeinschaft" ein **Zwangsgeld in Höhe von 19.392 Euro für jeden Tag des Verzugs bei der Durchführung der Maßnahmen zu zahlen**, die erforderlich sind, um dem Urteil vom 14. Oktober 2004, Kommission/Portugal, nachzukommen, und zwar von der Verkündung des vorliegenden Urteils bis zur Durchführung des Urteils vom 14. 10. 2004 (EuGH, Urteil v. 10. 1. 2008 – Az.: C-70/06). Mit dem Urteil vom 14. 10. 2004 war die **Portugiesische Republik verurteilt** worden, ein **Gesetzesdekret aufzuheben**, das die Gewährung von Schadensersatz an die Personen, die durch einen Verstoß gegen das Gemeinschaftsrecht über öffentliche Aufträge oder die dieses Recht umsetzenden nationalen Bestimmungen geschädigt worden sind, davon abhängig machte, dass ein Verschulden oder Arglist nachgewiesen wird. 4991

38.11 Weitere Beispiele aus der Rechtsprechung

– **Rechtsanwaltskosten für die außergerichtliche Vertretung** des rechtswidrig ausgeschlossenen Bieters stellen einen erstattungsfähigen Schaden dar (LG Leipzig, Urteil v. 19. 8. 2005 – Az.: 01HK O 7069/04). 4992

38.12 Schadenersatzansprüche wegen Verletzung der Pflicht zur öffentlichen Ausschreibung

Unterlässt der Geschäftsführer einer GmbH eine öffentliche VOB/A-Ausschreibung, obwohl **eine solche zwingend in den der Subventionsbewilligung** zu Grunde liegenden **Nebenbestimmungen vorgesehen** ist, so **haftet er** der GmbH nach § 43 Abs. 2 GmbHG **für den aus seiner Obliegenheitsverletzung folgenden Schaden** (LG Münster, Urteil v. 18. 5. 2006 – Az.: 12 O 484/05). 4993

38.13 Literatur

– Adam, Jürgen, Öffentliche Auftragsvergabe und culpa in contrahendo, Dissertation, Berlin 2005 4994

– Alexander, Christian, Vergaberechtlicher Schadensersatz gemäß § 126 GWB – Zugleich eine Anmerkung zu den Entscheidungen BGH vom 1. 8. 2006 – X ZR 146/03, WRP 2006, 1531 und BGH vom 27. 11. 2007 – X ZR 18/07, WRP 2008, 370, WRP 2009, 28

– Arztmann, Franz Josef, Schadenersatz im Vergaberecht in Deutschland und Österreich: Schadenersatzansprüche nach mangelhafter Auftragsvergabe sowie nach rechtmäßigem und unrechtmäßigem Widerruf der Ausschreibung, Dissertation, Frankfurt am Main, 2005

– Beyeler, Martin, Öffentliche Beschaffung, Vergaberecht und Schadensersatz: ein Beitrag zur Dogmatik der Marktteilnahme des Gemeinwesens, Dissertation, Zürich, 2004

– Dähne, Horst, Sekundärer Rechtsschutz gegen Vergabeverstöße – Welcher Schaden ist zu ersetzen? NZBau 2003, 489

– Gröning, Jochem, Ersatz des Vertrauensschadens ohne Vertrauen? – Zur Dogmatik des vergaberechtlichen Schadensersatzanspruchs auf das negative Interesse, VergabeR 2009, 839

– Gröning, Jochem, Ersatz des Vertrauensschadens ohne Vertrauen? – Zur Dogmatik des vergaberechtlichen Schadensersatzanspruchs auf das negative Interesse, GRUR 2009, 266

– Heuvels, Klaus, Fortwirkender Richtlinienverstoß nach De-facto-Vergaben, NZBau 2005, 32

– Horn, Lutz/Graef, Andreas, Vergaberechtliche Sekundäransprüche, NZBau 2005, 505

- Hüttinger, Stefan, Bieterschutz durch Schadensersatz im deutschen und europäischen Vergaberecht: Verschulden bei Vertragsverhandlungen, § 126 GWB und Rechtsmittelrichtlinien, Dissertation, Würzburg, 2005
- Irmer, Wolfram, Sekundärrechtsschutz und Schadensersatz im Vergaberecht – die Notwendigkeit der Neuordnung des Primär- und Sekundärrechtsschutzes im Vergaberecht, Dissertation, Frankfurt am Main, 2004
- Jennert, Carsten/Räuchle, Robert, Beendigungspflicht für vergaberechtswidrige Verträge, NZBau 2007, 555
- Recker, Engelbert, Glück gehabt – EuGH verhängt kein Zwangsgeld, Behörden Spiegel September 2007, 23

39. § 127 GWB – Ermächtigungen

Die Bundesregierung kann durch Rechtsverordnung mit Zustimmung des Bundesrates Regelungen erlassen

1. zur Umsetzung der vergaberechtlichen Schwellenwerte der Richtlinien der Europäischen Union in ihrer jeweils geltenden Fassung;
2. über das bei der Vergabe durch Auftraggeber, die auf dem Gebiet der Trinkwasser- oder Energieversorgung oder des Verkehrs tätig sind, einzuhaltende Verfahren, über die Auswahl und die Prüfung der Unternehmen und der Angebote, über den Abschluss des Vertrags und sonstige Regelungen des Vergabeverfahrens;
3. bis 5. *(aufgehoben)*
6. über ein Verfahren, nach dem öffentliche Auftraggeber durch unabhängige Prüfer eine Bescheinigung erhalten können, dass ihr Vergabeverhalten mit den Regeln dieses Gesetzes und den auf Grund dieses Gesetzes erlassenen Vorschriften übereinstimmt;
7. über ein freiwilliges Streitschlichtungsverfahren der Europäischen Kommission gemäß Kapitel 4 der Richtlinie 92/13/EWG des Rates der Europäischen Gemeinschaft vom 25. Februar 1992 (ABl. EG Nr. L 76 S. 14);
8. über die Informationen, die von den Auftraggebern dem Bundesministerium für Wirtschaft und Technologie zu übermitteln sind, um Verpflichtungen aus Richtlinien des Rates der Europäischen Gemeinschaft zu erfüllen;
9. über die Voraussetzungen, nach denen Auftraggeber, die auf dem Gebiet der Trinkwasser- oder der Energieversorgung oder des Verkehrs tätig sind, sowie Auftraggeber nach dem Bundesberggesetz von der Verpflichtung zur Anwendung dieses Teils befreit werden können, sowie über das dabei anzuwendende Verfahren einschließlich der erforderlichen Ermittlungsbefugnisse des Bundeskartellamtes.

39.1 Vergaberechtsmodernisierungsgesetz 2009

4995　Die Änderungen sind Folge der Übernahme der Regelungen über die Nachprüfungsverfahren und über die Tätigkeiten auf dem Gebiet der Trinkwasser- und Energieversorgung sowie des Verkehrs aus der Vergabeverordnung in das GWB.

39.2 Umsetzung der vergaberechtlichen Schwellenwerte (§ 127 Nr. 1)

39.2.1 Vergaberechtsmodernisierungsgesetz 2009

4996　Die Verordnungsermächtigung zur Umsetzung der **durch Richtlinien der Europäischen Union festgelegten Schwellenwerte** bezieht sich **zukünftig als dynamische Rechtsverweisung** auf die jeweils geltende Fassung der Vergaberichtlinien. Die Umsetzung ist in der VgV 2010 nicht erfolgt.

Gesetz gegen Wettbewerbsbeschränkungen GWB § 127 **Teil 1**

39.3 Ermächtigung zum Erlass der Sektorenverordnung und zum Erlass der Vergabeverordnung (§ 127 Nr. 2)

39.3.1 Ermächtigung zum Erlass der Sektorenverordnung

39.3.1.1 Vergaberechtsmodernisierungsgesetz 2009

Die bisher geltende Nummer 2 des § 127 GWB enthielt eine Ermächtigung zum Erlass einer 4997 Verordnung über die Definition der Tätigkeiten auf dem Gebiet der Trinkwasser- und Energieversorgung sowie des Verkehrs. Dies ist **jetzt in § 100 Abs. 2 Buchstaben f) und o) GWB geregelt**. Aufgenommen wurde dafür die **Ermächtigung zum Erlass einer eigenständigen Verordnung in diesen Bereichen**. Ziel ist eine Eins-zu-Eins-Umsetzung der EG-Richtlinie 2004/17/EG (Sektorenrichtlinie).

39.3.1.2 Erlass der Verordnung zur Neuregelung der für die Vergabe von Aufträgen im Bereich des Verkehrs, der Trinkwasserversorgung und der Energieversorgung anzuwendenden Regeln – Sektorenverordnung (SektVO)

Die Bundesregierung hat die Verordnung zur Neuregelung der für die Vergabe von Aufträgen 4998 im Bereich des Verkehrs, der Trinkwasserversorgung und der Energieversorgung anzuwendenden Regeln vom 23. 9. 2009 im **BGBl. 2009 I vom 28. 9. 2009, Nr. 62, S. 3110**, bekannt gemacht. Die **Verordnung ist am Tag nach der Verkündung, also am 29. 9. 2009, in Kraft getreten**.

Zu den Einzelheiten der Sektorenverordnung vgl. die entsprechende Kommentierung. 4999

39.3.2 Ermächtigung zum Erlass der Vergabeverordnung (VgV)

Auf der Basis der Vorschrift des § 127 hat die Bundesregierung die Verordnung über die Ver- 5000 gabe öffentlicher Aufträge (Vergabeverordnung – VgV) erlassen.

Die **Vergabeverordnung – VgV –** (Verordnung über die Vergabe öffentlicher Aufträge) in 5001 der Fassung der Bekanntmachung vom 11. 2. 2003, BGBl. I S. 169, zuletzt geändert durch Gesetz vom 7. 6. 2010, BGBl. I S. 724, ist mit **Wirkung vom 11. 6. 2010** in Kraft getreten.

Zu den Einzelheiten der Vergabeverordnung vgl. die entsprechende Kommentierung. 5002

39.3.3 Reichweite der Verordnungsermächtigung des § 127 Nr. 2

Der nationale Gesetzgeber ist zwar durch Europäisches Recht nicht an der Einführung von 5003 Primärrechtsschutz auch unterhalb der Schwellenwerte der Richtlinien der Europäischen Gemeinschaften über die Koordinierung der Verfahren zur Vergabe öffentlicher Aufträge gehindert. Er hat sich jedoch bei Erlass der Verordnungsermächtigung des § 127 Nr. 1 GWB – jetzt § 127 Nr. 2 GWB – **eindeutig gegen eine solche Erweiterung des Primärrechtsschutzes über den Regelungsbereich der einschlägigen EG-Richtlinien hinaus entschieden und damit den Verordnungsgeber gebunden**. Zwar mag der Wortlaut von § 127 Nr. 1 GWB die Deutung zulassen, der Gesetzgeber habe die Entscheidung für oder gegen die Einführung von Primärrechtsschutz unterhalb der Schwellenwerte dem Verordnungsgeber überlassen, weil „Regelungen zur Umsetzung der Schwellenwerte der Richtlinien der Europäischen Gemeinschaften" auch solche sein können, die über den Anwendungsbereich der Richtlinien hinausgehen. Nach der Entstehungsgeschichte der Vorschrift war dies jedoch eindeutig nicht gewollt.

Zu den Einzelheiten der Diskussion über die Verfassungsgemäßheit der Beschränkung des 5004 Primärrechtsschutzes auf Vergaben ab den Schwellenwerten vgl. die Kommentierung zu § 100 GWB.

39.4 Streichung der Verordnungsermächtigungen nach § 127 Nr. 3, 4, 5 GWB a. F.

39.4.1 Vergaberechtsmodernisierungsgesetz 2009

Die **Nummern 3 und 4** des § 127 GWB a. F. enthielten die Ermächtigung zum Erlass einer 5005 Verordnung über bestimmte Ausnahmen. Diese **Ausnahmen sind jetzt im § 100 Abs. 2**

1045

Buchstabe p) bis s) GWB n. F. geregelt. Die **Nummer 5** enthielt eine Verordnungsermächtigung für eine Regelung der Abgrenzung der Zuständigkeiten der Vergabekammern. Auch diese ist **nicht mehr erforderlich, da die Regelung künftig im § 106 GWB n. F. erfolgt.** Die Verordnungsermächtigungen können daher gestrichen werden.

39.5 Streichung der Verordnungsermächtigung nach § 127 Nr. 7 GWB a. F. hinsichtlich eines Korrekturmechanismus

39.5.1 Vergaberechtsmodernisierungsgesetz 2009

5006   Die **Regelung über den Korrekturmechanismus der Kommission** wurde ebenso wie die **Unterrichtungspflichten der Nachprüfungsbehörden in das GWB aufgenommen**, eine Ermächtigungsgrundlage ist daher nicht mehr erforderlich.

39.6 Aufnahme der Ermächtigung zur Regelung der Voraussetzungen für eine Befreiung von der Anwendungsverpflichtung der Vergaberegeln für die Sektorenauftraggeber (§ 127 Nr. 9 GWB)

39.6.1 Vergaberechtsmodernisierungsgesetz 2009

5007   Neu aufgenommen wurde eine **Ermächtigung zur Regelung der Voraussetzungen für eine Befreiung von der Anwendungsverpflichtung der Vergaberegeln für die Auftraggeber, die auf dem Gebiet der Trinkwasser- und Energieversorgung sowie des Verkehrs tätig** sind. Die Ermächtigung schließt auch die Regelung des Verfahrens ein, mit dem diese Befreiung erreicht werden kann, und die hierfür erforderlichen Ermittlungsbefugnisse des Bundeskartellamtes.

40. § 128 GWB – Kosten des Verfahrens vor der Vergabekammer

(1) Für Amtshandlungen der Vergabekammern werden Kosten (Gebühren und Auslagen) zur Deckung des Verwaltungsaufwandes erhoben. Das Verwaltungskostengesetz findet Anwendung.

(2) Die Gebühr beträgt mindestens 2 500 Euro; dieser Betrag kann aus Gründen der Billigkeit bis auf ein Zehntel ermäßigt werden. Die Gebühr soll den Betrag von 50 000 Euro nicht überschreiten; sie kann im Einzelfall, wenn der Aufwand oder die wirtschaftliche Bedeutung außergewöhnlich hoch sind, bis zu einem Betrag von 100 000 Euro erhöht werden.

(3) Soweit ein Beteiligter im Verfahren unterliegt, hat er die Kosten zu tragen. Mehrere Kostenschuldner haften als Gesamtschuldner. Kosten, die durch Verschulden eines Beteiligten entstanden sind, können diesem auferlegt werden. Hat sich der Antrag vor Entscheidung der Vergabekammer durch Rücknahme oder anderweitig erledigt, hat der Antragsteller die Hälfte der Gebühr zu entrichten. Die Entscheidung, wer die Kosten zu tragen hat, erfolgt nach billigem Ermessen. Aus Gründen der Billigkeit kann von der Erhebung von Gebühren ganz oder teilweise abgesehen werden.

(4) Soweit ein Beteiligter im Nachprüfungsverfahren unterliegt, hat er die zur zweckentsprechenden Rechtsverfolgung oder Rechtsverteidigung notwendigen Aufwendungen des Antragsgegners zu tragen. Die Aufwendungen der Beigeladenen sind nur erstattungsfähig, soweit sie die Vergabekammer aus Billigkeit der unterlegenen Partei auferlegt. Nimmt der Antragsteller seinen Antrag zurück, hat er die zur zweckentsprechenden Rechtsverfolgung notwendigen Aufwendungen des Antragsgegners und der Beigeladenen zu erstatten. § 80 Abs. 1, 2 und 3 Satz 2 des Verwaltungsverfahrensgesetzes und die entsprechenden Vorschriften der Verwaltungsverfahrensgesetze der Länder gelten entsprechend. Ein gesondertes Kostenfestsetzungsverfahren findet nicht statt.

Gesetz gegen Wettbewerbsbeschränkungen   GWB § 128   **Teil 1**

40.1 Vergaberechtsmodernisierungsgesetz 2009

In § 128 Abs. 2 wurden die **Regelhöchstgebühr von 25 000 EUR auf 50 000 EUR** und   5008
die **absolute Höchstgebühr von 50.000 EUR auf 100 000 EUR** erhöht. Die **Mindestgebühr von 2500 EUR** blieb **unverändert**.

In § 128 Abs. 3 wurde der Satz 3 eingefügt, dass **Kosten, die durch Verschulden eines Be-**   5009
teiligten entstanden sind, diesem auferlegt werden können. In § 128 Abs. 3 wurde außerdem der Satz 5 eingefügt, dass die **Entscheidung, wer die Kosten zu tragen hat, nach billigem Ermessen** erfolgt.

In § 128 Abs. 4 wurde eine **besondere Regelung zur Erstattung der Aufwendungen**   5010
eines Beigeladenen eingefügt. Außerdem ist nach § 128 Abs. 4 Satz 3 nunmehr der **Antragsteller bei der Rücknahme seines Nachprüfungsantrags verpflichtet, die zweckentsprechenden Aufwendungen des Antragsgegners zu tragen**.

40.2 Grundsätzlicher Aufbau der Vorschrift des § 128 GWB

Entgegen der Überschrift **regelt § 128 GWB zwei Materien**, nämlich einmal die **Kosten**   5011
des Verfahrens vor der Vergabekammer (§ 128 Abs. 1–3) und zum anderen die **Tragung der Aufwendungen der Beteiligten eines Vergabenachprüfungsverfahrens** (§ 128 Abs. 4).

40.3 Erhebung von Kosten für Amtshandlungen der Vergabekammer (§ 128 Abs. 1 Satz 1)

40.3.1 Grundsatz

Für Amtshandlungen der Vergabekammern werden Kosten, und zwar Gebühren und Ausla-   5012
gen, zur Deckung des Verwaltungsaufwandes erhoben. Das Verwaltungskostengesetz findet Anwendung.

40.3.2 Kostenfreiheit des Rügeverfahrens

Das **Widerspruchsverfahren beginnt** bereits mit der Erhebung des Widerspruchs bei der   5013
Ausgangsbehörde (§§ 69, 72 VwGO). Hält sie ihn für begründet, hilft sie dem Widerspruch ab (§ 72 VwGO), andernfalls legt sie die Sache der Widerspruchsbehörde vor, die entscheidet (§ 73 VwGO). Dies bedeutet, dass der **Widerspruch bereits dann erfolgreich ist, wenn entweder die Ausgangsbehörde oder die Widerspruchsbehörde den Widerspruch für zulässig und begründet hält**; in beiden Fällen gilt die Kostenerstattungsvorschrift des § 80 VwVfG. **Demgegenüber hat zwar der Antragsteller bei der Vergabestelle Vergaberechtsfehler zu rügen (§ 107 Abs. 3 GWB). Dies leitet aber nicht das Vergabenachprüfungsverfahren ein**, dies erfolgt vielmehr auf alleinige Initiative des Antragstellers durch Einreichen eines Nachprüfungsantrages bei der Vergabekammer. **Nach § 128 Abs. 4 Satz 3 GWB i. V. m. § 80 VwVfG findet eine Kostenerstattung erst für das Vergabenachprüfungsverfahren, nicht bereits für das Rügeverfahren statt**. Dies bedeutet, dass ein **Erfolg des Antragstellers bereits im Rügeverfahren** – anders als dies bei Abhilfe eines Widerspruchs durch die Ausgangsbehörde der Fall wäre – die **Rechtsfolgen des § 80 VwVfG nicht auszulösen vermag**. Die Rügeobliegenheit nach § 107 Abs. 3 GWB soll es der Vergabestelle ermöglichen, einen Vergabefehler selbst zu beseitigen, ohne dass eine Kostenerstattungspflicht bestünde. Insoweit **unterscheidet sich die Rechtslage von derjenigen im Widerspruchsverfahren** (OLG Düsseldorf, B. v. 21. 7. 2008 – Az.: VII-Verg 40/08).

40.3.3 Umfang des Auslagenersatzes

Für Amtshandlungen der Vergabekammern werden Kosten (Gebühren und Auslagen) „zur   5014
Deckung des Verwaltungsaufwandes" erhoben. **Bei den Auslagen** (z. B. Entschädigungen für Zeugen und Sachverständige) **gilt das strikte Kostendeckungsprinzip**, d. h. dem Kostenschuldner darf nur der Betrag in Rechnung gestellt werden, der tatsächlich verauslagt wurde (Hanseatisches OLG Hamburg, B. v. 3. 11. 2008 – Az.: 1 Verg 3/08; OLG Koblenz, B. v. 16. 2. 2006 – Az.: 1 Verg 2/06).

1047

40.3.4 Anwendung des Verwaltungskostengesetzes (§ 128 Abs. 1 Satz 2)

5015 Zwar bezieht sich der Verweis auf das „Verwaltungskostengesetz" in § 128 Abs. 1 GWB aus kompetenzrechtlichen Gründen lediglich auf das **Bundesverwaltungskostengesetz**. **Gleiches muss aber auch für die Landesverwaltungskostengesetze** im Kompetenzbereich der Länder gelten. Denn das Vergabenachprüfungsverfahren ist seinem Charakter nach letztlich ein Verwaltungsverfahren (OLG Naumburg, B. v. 17. 9. 2002 – Az.: 1 Verg 08/02).

5016 **Anderer Auffassung** ist die **VK Sachsen**. Das Recht des Vergabenachprüfungsverfahrens ist bundesrechtlich geregelt. Hätte der **Bundesgesetzgeber für die Länder eine Anwendung ihrer Verwaltungskostengesetze vorsehen wollen**, so hätte er einen **Verweis auf diese Regelungen anbringen können** oder die Regelungen des VwKostG auf die Vergabekammern des Bundes beschränken können. Dies hat der **Bundesgesetzgeber jedoch nicht gemacht** (VK Sachsen, B. v. 28. 10. 2008 – Az.: 1/SVK/054-08).

40.3.5 Höhe der Gebühren für Amtshandlungen der Vergabekammer (§ 128 Abs. 2)

40.3.5.1 Mindestgebühr (§ 128 Abs. 2 Satz 1)

5017 **40.3.5.1.1 Vergaberechtsmodernisierungsgesetz 2009.** Durch das **Vergaberechtsmodernisierungsgesetz 2009** wurde der **Ausgangspunkt für die Bemessung der Gebühr**, dass sich nämlich die Höhe der Gebühren nach dem personellen und sachlichen Aufwand der Vergabekammer unter Berücksichtigung der wirtschaftlichen Bedeutung des Gegenstands des Nachprüfungsverfahrens bestimmt, **gestrichen**. Andererseits knüpft § 128 Abs. 2 Satz 2 GWB **auch in seiner aktuellen Fassung an die Punkte „Aufwand" und „wirtschaftliche Bedeutung" an**, sodass die bisherige Rechtsprechung zu den Grundsätzen der Bemessung der Gebühr weiterhin verwendet werden kann.

5018 **40.3.5.1.2 Allgemeines.** Für Amtshandlungen der Vergabekammern werden Kosten (Gebühren und Auslagen) „zur Deckung des Verwaltungsaufwandes" erhoben. **Bei den Auslagen** (z.B. Entschädigungen für Zeugen und Sachverständige) **gilt das strikte Kostendeckungsprinzip**, d.h. dem Kostenschuldner darf nur der Betrag in Rechnung gestellt werden, der tatsächlich verauslagt wurde. **Bei den Gebühren (§ 128 Abs. 2 GWB) ist das in dieser Strenge nicht möglich**, weil sich nicht exakt berechnen lässt, wie viel ein bestimmtes Verfahren den Staat gekostet hat. Deshalb tritt zu dem – für den konkreten Einzelfall in den Hintergrund tretenden – **Kostendeckungsprinzip das Äquivalenzprinzip. Es bedeutet, dass zwischen der Gebühr für die Tätigkeit der Vergabekammer und dem Wert dieser Tätigkeit für die Beteiligten ein angemessenes Verhältnis bestehen** muss (Hanseatisches OLG Hamburg, B. v. 3. 11. 2008 – Az.: 1 Verg 3/08; OLG Koblenz, B. v. 16. 2. 2006 – Az.: 1 Verg 2/06).

5019 § 128 Abs. 2 GWB enthält also den **Grundsatz, dass sich die Höhe der für die Amtshandlungen der Vergabekammer zu erhebenden Gebühren nach dem personellen und sachlichen Aufwand der Vergabekammer unter Berücksichtigung der wirtschaftlichen Bedeutung des Gegenstands des Nachprüfungsverfahrens bestimmt**. Ähnlich wie bei der das Kartellverwaltungsverfahren betreffenden Bestimmung in § 80 Abs. 2 Satz 1 GWB legt die Voranstellung des „personellen und sachlichen Aufwandes" im Wortlaut der Vorschrift die Auslegung nahe, dieses Kriterium habe den Vorrang vor dem nur zu „berücksichtigenden" Kriterium der wirtschaftlichen Bedeutung des Gegenstands des Nachprüfungsverfahrens. **Tatsächlich kommt dem personellen und sachlichen Aufwand (als Ausdruck des sog. Kostendeckungsprinzips) – ebenso wie im Kartellverwaltungsverfahren – jedoch kein Vorrang vor der wirtschaftlichen Bedeutung der Sache zu, sondern stellt die wirtschaftliche Bedeutung des Gegenstands des Nachprüfungsverfahrens** (und mit ihr das sog. Äquivalenzprinzip) **den in erster Linie maßgebenden Anknüpfungspunkt für die Gebührenbemessung dar** (OLG Düsseldorf, B. v. 7. 1. 2004 – Az.: VII – Verg 55/02).

5020 Einzelfällen, in denen die Erfahrung eines dem Auftragswert entsprechenden Aufwands sich nicht bestätigt (oder in denen sie sogar widerlegt ist), **kann (bzw. muss) durch eine Ermäßigung der Gebühr entsprochen werden**. Das folgt aus dem Kostendeckungsgrundsatz, wonach dem im jeweiligen Nachprüfungsverfahren konkret angefallenen personellen und sachlichen Aufwand der Vergabekammer gegenüber dem typisierenden Gebührenansatz nach der wirtschaftlichen Bedeutung der Sache eine korrigierende Funktion zukommen kann und muss (VK Schleswig-Holstein, B. v. 5. 10. 2005 – Az.: VK-SH 23/05).

Gesetz gegen Wettbewerbsbeschränkungen GWB § 128 **Teil 1**

Bei der Gebührenbemessung ist also von der **wirtschaftlichen Bedeutung des Verfah- 5021 rensgegenstandes** auszugehen (BayObLG, B. v. 13. 4. 2004 – Az.: Verg 005/04, B. v. 20. 1. 2004 – Az.: Verg 21/03). Entspricht die wirtschaftliche Bedeutung dem Durchschnitt, so ist grundsätzlich eine mittlere Gebühr angemessen. Von diesem Mittelwert sind in Abhängigkeit von der jeweiligen wirtschaftlichen Bedeutung und dem personellen und sachlichen Arbeitsaufwand Zu- und Abschläge vorzunehmen, deren **Höhe im pflichtgemäßen Ermessen der Vergabekammer** liegt (VK Hessen, B. v. 8. 5. 2001 – Az.: VK 69 d 04/2001).

40.3.5.1.3 Anwendung von Gebührenstaffeln. 40.3.5.1.3.1 Grundsätzliche Anwend- 5022 barkeit. Es bestehen keine rechtlichen Bedenken, **für die Bemessung der Gebühr der Vergabekammer** – aus Gründen der Transparenz und im Interesse einer Gleichbehandlung von rechtssuchenden Bietern – **im Ausgangspunkt auf eine Gebührenstaffel zurückzugreifen** (OLG Düsseldorf, B. v. 9. 2. 2006 – Az.: VII – Verg 80/05; OLG Frankfurt, B. v. 4. 6. 2008 – Az.: 11 Verg 8/07; Hanseatisches OLG Hamburg, B. v. 3. 11. 2008 – Az.: 1 Verg 3/08; OLG Koblenz, B. v. 16. 2. 2006 – Az.: 1 Verg 2/06; BayObLG, B. v. 20. 1. 2004 – Az.: Verg 21/03). Zwar trägt eine Gebührenstaffel mit der Anknüpfung an die jeweilige Auftragssumme in erster Linie der wirtschaftlichen Bedeutung der im Nachprüfungsverfahren zu kontrollierenden Auftragsvergabe Rechnung. Mit der Anbindung an die streitbefangene Auftragssumme wird im Allgemeinen aber zugleich auch der personelle und sachlichen Aufwand, den die Vergabekammer zur Erledigung des Nachprüfungsbegehrens aufzuwenden hat, in hinreichender Weise berücksichtigt. Denn in aller Regel steigt mit der Höhe der Auftragssumme auch die Komplexität und Schwierigkeit des Streitfalles in tatsächlicher und in rechtlicher Hinsicht und mithin auch der zur Bewältigung des Nachprüfungsverfahrens erforderliche Aufwand der Vergabekammer. Sofern im Einzelfall der Sach- und Personalaufwand aus dem Rahmen dessen fällt, was ein Nachprüfungsantrag der betreffenden wirtschaftlichen Größenordnung und Bedeutung üblicherweise mit sich bringt, kann (und muss) dem durch eine angemessene Erhöhung oder Herabsetzung der in der Gebührenstaffel ausgewiesenen Basisgebühr Rechnung getragen werden (OLG Düsseldorf, B. v. 9. 2. 2006 – Az.: VII – Verg 80/05; B. v. 31. 5. 2005 – Az.: VII – Verg 107/04; B. v. 12. 5. 2004 – Az.: VII – Verg 23/04; B. v. 12. 5. 2004 – Az.: VII – Verg 24/04; B. v. 12. 5. 2004 – Az.: VII – Verg 25/04; B. v. 12. 5. 2004 – Az.: VII – Verg 26/04; B. v. 12. 5. 2004 – Az.: VII – Verg 27/04; B. v. 12. 5. 2004 – Az.: VII – Verg 28/04; B. v. 20. 4. 2004 – Az.: VII – Verg 9/04, B. v. 7. 1. 2004 – Az.: VII – Verg 55/02, B. v. 6. 10. 2003 – Az.: VII – Verg 33/03, B. v. 27. 11. 2003 – Az.: VII – Verg 63/03; VK Schleswig-Holstein, B. v. 20. 10. 2010 – Az.: VK-SH 16/10; B. v. 20. 8. 2009 – Az.: VK-SH 12/09; B. v. 20. 1. 2009 – Az.: VK-SH 17/08; B. v. 17. 9. 2008 – Az.: VK-SH 10/08; B. v. 28. 8. 2007 – Az.: VK-SH 19/07; B. v. 17. 7. 2007 – Az.: VK-SH 05/07; B. v. 5. 7. 2007 – Az.: VK-SH 13/07; B. v. 21. 6. 2007 – Az.: VK-SH 12/07; B. v. 6. 6. 2007 – Az.: VK-SH 10/07; B. v. 28. 3. 2007 – Az.: VK-SH 04/07; B. v. 7. 3. 2007 – Az.: VK-SH 03/07; B. v. 21. 2. 2007 – Az.: VK-SH 02/07; B. v. 16. 10. 2006 – Az.: VK-SH 24/06; B. v. 12. 9. 2006 – Az.: VK-SH 23/06; B. v. 30. 8. 2006 – Az.: VK-SH 20/06; B. v. 28. 7. 2006 – Az.: VK-SH 18/06; B. v. 27. 7. 2006 – Az.: VK-SH 17/06; B. v. 19. 7. 2006 – Az.: VK-SH 19/06; B. v. 13. 7. 2006 – Az.: VK-SH 15/06; B. v. 11. 7. 2006 – Az.: VK-SH 13/06; B. v. 12. 6. 2006 – Az.: VK-SH 12/06; B. v. 6. 6. 2006 – Az.: VK-SH 16/06; B. v. 15. 5. 2006 – Az.: VK-SH 10/06; B. v. 28. 4. 2006 – Az.: VK-SH 05/06; B. v. 28. 4. 2006 – Az.: VK-SH 04/06; B. v. 28. 4. 2006 – Az.: VK-SH 03/06; B. v. 17. 3. 2006 – Az.: VK-SH 02/06; B. v. 31. 1. 2006 – Az.: VK-SH 33/05; B. v. 24. 1. 2006 – Az.: VK-SH 33/05; B. v. 17. 1. 2006 – Az.: VK-SH 32/05; B. v. 11. 1. 2006 – Az.: VK-SH 28/05; B. v. 10. 1. 2006 – Az.: VK-SH 30/05; B. v. 5. 1. 2006 – Az.: VK-SH 31/05; B. v. 21. 12. 2005 – Az.: VK-SH 29/05; B. v. 19. 10. 2005 – Az.: VK-SH 25/05; B. v. 6. 10. 2005 – Az.: VK-SH 27/05; B. v. 5. 10. 2005 – Az.: VK-SH 23/05; B. v. 16. 9. 2005 – Az.: VK-SH 22/05; B. v. 12. 7. 2005 – Az.: VK-SH 18/05).

Voraussetzung für die Anwendung von Gebührentabellen ist, dass die **Gebührentabelle** 5023 **nicht als starre Regelung, sondern als Richtlinie angesehen wird und die Vergabekammer ihr Ermessen dadurch ausübt, dass sie Besonderheiten des Einzelfalles durch Zu- oder Abschläge Rechnung trägt.** Um die ermessensfehlerfreie Festsetzung der Gebühr im Rahmen des Beschwerdeverfahrens kontrollieren zu können, ist es deshalb erforderlich, dass die Entscheidung über die Festsetzung der Gebühr nachvollziehbar begründet wird (OLG Frankfurt, B. v. 4. 6. 2008 – Az.: 11 Verg 8/07).

40.3.5.1.3.2 Anknüpfung des Gebührenrahmens an bestimmte Auftragswerte. Eine 5024 Gebührenstaffel unterliegt auch insoweit **keinen rechtlichen Bedenken, wie sie den gesetzlich vorgegebenen Gebührenrahmen (2500 EUR bis 50 000 EUR) z. B. an Auftragswerte zwischen 80 000 EUR und 70 Mio. EUR anknüpft.** Die **Untergrenze von 80 000 EUR**

Teil 1 GWB § 128 Gesetz gegen Wettbewerbsbeschränkungen

findet ihre Rechtfertigung in der Tatsache, dass – wie sich aus **§ 2 Nr. 8 VgV** ergibt – Auftragsvergaben erst ab diesem Betrag dem Vergaberechtsregime unterworfen sein und bei den Nachprüfungsinstanzen zur Überprüfung gestellt werden können. Die **Obergrenze von 70 Mio. EUR** trägt der **Erfahrung Rechnung, dass Vergaben mit einem höheren Auftragsvolumen in der Praxis so gut wie nicht vorkommen** und bei der Verteilung des gesetzlichen Gebührenrahmens deshalb außer Betracht bleiben können. Sofern im Einzelfall eine streitbefangene Auftragssumme den Betrag von 70 Mio. EUR übersteigt, kann dem dadurch Rechnung getragen werden, dass die Vergabekammer die Gebühr gemäß § 128 Abs. 2 Satz 3 2. Alt. GWB wegen des außergewöhnlichen Aufwands oder der außergewöhnlich hohen wirtschaftlichen Bedeutung der Angelegenheit auf bis zu 100 000 EUR erhöht.

5025   **40.3.5.1.3.3 Bestimmung des Auftragswertes.** Vgl. dazu die Kommentierung → Rdn. 265 ff.

5026   **40.3.5.1.3.4 Gebührentabelle der Vergabekammern des Bundes.** Die **Vergabekammern des Bundes** haben eine **Gebührentabelle** erarbeitet, die im Interesse einer einheitlichen Praxis von der **Mehrzahl der Vergabekammern** verwendet wird (z. B. VK Hessen, B. v. 3. 2. 2003 – Az.: 69 d VK – 74/2002; VK Nordbayern, B. v. 14. 2. 2003 – Az.: 320.VK-3194-02/03; VK Niedersachsen, B. v. 3. 7. 2009 – Az.: VgK-30/2009; 1. VK Sachsen, B. v. 18. 6. 2009 – Az.: 1/SVK/017-09; 1. VK Saarland, B. v. 13. 3. 2010 – Az.: 1 VK 01/2010; VK Südbayern, B. v. 17. 6. 2009 – Az.: Z3-3-3194-1-21-05/09; VK Thüringen, B. v. 18. 3. 2003 – Az.: 216–402.20-001/03-MHL).

5027   Es ist **nicht zu beanstanden, dass andere Vergabekammern keine eigene Gebührentabelle entwickelt, sondern ihrer Gebührenbemessung die Gebührenstaffel der Vergabekammern des Bundes zugrunde legen.** Da der verfahrensbezogene Personal- und Sachaufwand nicht wesentlich davon abhängt, in welchem Bundesland eine Vergabekammer ihren Sitz hat bzw. ob sie in Vergabeverfahren des Bundes oder eines den Ländern zuzuordnenden Auftraggebers tätig wird, ist diese **Verfahrensweise im Interesse einer bundeseinheitlichen Praxis sogar wünschenswert, wenn auch rechtlich nicht geboten** (OLG Koblenz, B. v. 16. 2. 2006 – Az.: 1 Verg 2/06; im Ergebnis ebenso Hanseatisches OLG Hamburg, B. v. 3. 11. 2008 – Az.: 1 Verg 3/08).

5028   **40.3.5.1.3.5 Gebührentabelle in Sachsen-Anhalt.** Es stellt **keinen Ermessensfehlgebrauch** dar, dass im Lande Sachsen-Anhalt eine **Gebührentabelle Richtwerte** für die zu erhebenden Gebühren in Nachprüfungsverfahren vor der Vergabekammer vorgibt und die Vergabekammer diese Tabelle anwendet. Eine solche Vorgehensweise ist sowohl im Bereich der Gerichtskosten- als auch im Bereich der Verwaltungskosten-Ermittlung üblich und führt über die damit einhergehende Selbstbindung der Vergabekammern des Landes zu einer **höheren Transparenz des Kostenrisikos** für die Beteiligten eines Vergabenachprüfungsverfahrens. Unter Berücksichtigung der gesetzgeberischen Vorgabe, dass die wirtschaftliche Bedeutung der Angelegenheit ein für die Gebührenhöhe maßgeblicher Umstand sein soll, ist auch die grundsätzliche Anknüpfung dieser Tabellenwerte am Auftragswert der verfahrensgegenständlichen Vergabe nicht zu beanstanden (OLG Naumburg, B. v. 3. 9. 2001 – Az.: 1 Verg 6/00, B. v. 23. 4. 2003 – Az.: 1 Verg 1/03).

5029   Der **Bestimmung der Richtwerte für die Verfahrensgebühren** innerhalb des durch § 128 Abs. 2 GWB vorgegebenen Rahmens **liegt in Sachsen-Anhalt zu Grunde**, dass dem niedrigsten Gebührenwert (2 500 €) in Anknüpfung an § 2 Nr. 1 VgV 2001 ein Sperrwert von 400 000 € und dem oberen Gebührenwert (25 000 €) der höchste Auftragswert einer Ausschreibung der letzten Jahre im Lande Sachsen-Anhalt, nämlich 45 Mio. €, zugeordnet wurden. Der Anstieg der Gebühren erfolgt linear zum Anstieg der Auftragswerte (OLG Naumburg, B. v. 22. 9. 2003 – Az.: 1 Verg 10/03). Diese **Rechtsprechung galt für die alte Fassung des § 128 GWB.**

5030   **40.3.5.1.3.6 Unterschiedlichkeit der Gebührentabellen beim Bund und in Sachsen-Anhalt und daraus resultierende unterschiedliche Gebühren.** Der Anwendbarkeit der Gebührentabelle in Sachsen-Anhalt steht nicht entgegen, dass für ein gleichartiges Nachprüfungsverfahren vor der Vergabekammer des Bundes bei identischer Auftragssumme geringere Gebühren angefallen wären. Die Einrichtung und Organisation sowie die konkrete Ausgestaltung der Gebührenerhebung obliegt den einzelnen Bundesländern und im Zuständigkeitsbereich der Vergabekammern des Bundes diesem selbst, §§ 104 bis 106, 128 GWB, so dass eine bundeseinheitliche Gebührenregelung nicht bestehen kann. Bei der Aufstellung der Gebührentabellen hat in den einzelnen Bundesländern und beim Bund jeweils Berücksichtigung gefunden, welche Auftragssummen die im eigenen Zuständigkeitsbereich zur Nach-

Gesetz gegen Wettbewerbsbeschränkungen GWB § 128 **Teil 1**

prüfung gestellten Ausschreibungen in den letzten Jahren ausgewiesen hatten, mithin ist eine **Relation zum Rahmen der Auftragswerte der zu beurteilenden Ausschreibungen** hergestellt worden. Dies ist nicht zu beanstanden (OLG Naumburg, B. v. 23. 4. 2003 – Az.: 1 Verg 1/03).

40.3.5.1.4 Betrag der Gebühr. Die Gebühr beträgt **mindestens 2500 EUR**; dieser Betrag 5031 kann aus Gründen der Billigkeit bis auf ein Zehntel ermäßigt werden.

Die **Bundesregierung** hatte im Rahmen des Vergaberechtsmodernisierungsgesetzes 2009 5032 geplant, die **Mindestgebühr auf 5000 EUR zu verdoppeln**. Der **Bundestag** gelangte im Rahmen der Anhörung zum Vergaberechtsmodernisierungsgesetz 2009 zur Auffassung, dass die **Verdoppelung der Mindestgebühr die Wahrnehmung des Rechtsschutzes gerade für kleine und mittlere Unternehmen unangemessen erschweren** würde und strich die Verdoppelung.

40.3.5.1.5 Ermäßigung der Gebühr (§ 128 Abs. 2 Satz 1). 40.3.5.1.5.1 Ermäßigung 5033 **der Gebühr im Fall der Verbindung von Nachprüfungsverfahren.** Werden die Nachprüfungsanträge zweier Bieter eines Vergabeverfahrens nach deren Eingang durch die Vergabekammer zur gemeinsamen Verhandlung und Entscheidung förmlich verbunden und bis zum Abschluss des Verfahrens nicht wieder getrennt, ist **eine getrennte Kostenentscheidung und eine doppelte Gebührenerhebung grundsätzlich unzulässig**. Für die Kostenentscheidung kommt es nach dem Wortlaut des Gesetzes nicht auf die Zahl der Nachprüfungsanträge, sondern auf die Zahl der Verfahren an. Der Gesetzgeber spricht nicht von den Kosten des einzelnen Nachprüfungsantrages, sondern ausdrücklich von den Kosten des „Verfahrens" (§ 128 Abs. 3 GWB) und ordnet an, dass mehrere Kostenschuldner als Gesamtschuldner haften. **Auch der Sinn und Zweck der gesetzlichen Kostenregelung lässt keine doppelte Kostenerhebung zu.** § 128 Abs. 2 GWB bestimmt, dass sich die Höhe der Gebühren nach dem sachlichen und personellen Aufwand der Vergabekammer unter Berücksichtigung der wirtschaftlichen Bedeutung des Nachprüfungsverfahrens richtet. Diese Faktoren rechtfertigen keine Verdoppelung der Gebühren in einem verbundenen Verfahren. Der Verwaltungsaufwand ist jedenfalls dann wesentlich geringer als bei einer getrennten Entscheidung, wenn die Verbindung zu einem sehr frühen Zeitpunkt des Verfahrens erfolgt, so dass die Bearbeitung, einschließlich der Verhandlung und Beweisaufnahme, für beide Nachprüfungsanträge gemeinsam erfolgen kann. **Auch die wirtschaftliche Bedeutung des Verfahrens erhöht sich nicht.** Zwar geht es in dem verbundenen Verfahren um konkurrierende Angebote zweier Bieter, jedoch kann jeweils nur eines der Angebote den Zuschlag erhalten. Es kann daher auch nicht davon gesprochen werden, dass sich die wirtschaftliche Bedeutung des Verfahrens verdoppelt, wenn zwei Nachprüfungsanträge vorliegen (OLG Naumburg, B. v. 22. 2. 2007 – Az.: 1 Verg 15/06; B. v. 28. 6. 2004 – Az.: 1 Verg 5/04; 1. VK Sachsen-Anhalt, B. v. 27. 10. 2006 – Az.: 1 VK LVwA 16/06 K).

Können **Vergabenachprüfungsverfahren verbunden** werden und ist somit nur eine Ver- 5034 handlung erforderlich, können die **Gebühren um jeweils 30% reduziert** werden (VK Nordbayern, B. v. 21. 5. 2003 – Az.: 320.VK-3194-14/03, 320.VK-3194-15/03).

40.3.5.1.5.2 Ermäßigung der Gebühr im Fall der Unzulässigkeit eines Nachprü- 5035 **fungsantrags.** Die Vergabekammer kann zwar **bei unzulässigen Nachprüfungsanträgen** gemäß § 112 Abs. 1 Satz 3 GWB grundsätzlich **nach Lage der Akten entscheiden und somit Einsparungen** im personellen und im sachlichen Aufwand **bewirken**. Jedenfalls **bei nicht offensichtlich unzulässigen Anträgen** steht der Vergabekammer für die gewählte Verfahrensart jedoch ein **Ermessensspielraum** zu. Dieser ist nicht überschritten, wenn im Rahmen von § 107 Abs. 2 GWB nicht einfach gelagerte Fragen zur vergaberechtlichen Konformität des abgegebenen Angebots zu behandeln sind (BayObLG, B. v. 13. 4. 2004 – Az.: Verg 005/04) bzw. wenn es um die Präklusion nach § 107 Abs. 3 GWB geht und es erforderlich ist, tatsächliche Feststellungen nicht unbeträchtlichen Umfangs zu treffen und daraus anhand offener Rechtsbegriffe (wie das Erkennen des gerügten Verstoßes, die Erforderlichkeit sowie die Unverzüglichkeit der Rüge) wertende Schlüsse zu ziehen. Diese gestalten sich oftmals vielschichtig und schwierig, ohne dass die Vergabekammer deshalb gehalten sein müsste, die Einzelschritte ausführlich und unter Auseinandersetzung mit dem Vorbringen von Beteiligten schriftlich im Beschluss niederzulegen (BayObLG, B. v. 20. 1. 2004 – Az.: Verg 21/03).

40.3.5.1.5.3 Ermäßigung der Gebühr im Fall mehrerer Nachprüfungsanträge. Der 5036 Umstand, dass **eine Ausschreibung mehrere Nachprüfungsanträge auslöst**, lässt **nicht den generalisierenden Schluss zu, der durchschnittliche personelle und sachliche Aufwand für den Einzelfall werde dadurch merklich reduziert**. Die Einarbeitung in die Ausschreibungsunterlagen findet im Allgemeinen unter Berücksichtigung der konkreten und individuell vom einzelnen Bieter erhobenen Rügen statt. Deshalb entsteht bei jedem Verfahren ein neuer, gesonderter Aufwand sowohl für die Vergabekammer wie für den Auftraggeber. Nur wenn die von verschiedenen Bietern erhobenen Rügen denselben vergaberechtlichen Verstoß betreffen, kann im Einzelfall eine andere Beurteilung geboten sein (OLG Koblenz, B. v. 16. 2. 2006 – Az.: 1 Verg 2/06; BayObLG, B. v. 13. 4. 2004 – Az.: Verg 005/04).

5037 **40.3.5.1.5.4 Ermäßigung der Gebühr bei unterdurchschnittlichem Aufwand der Vergabekammer.** Die Gebühr kann gemäß § 128 Abs. 2 Satz 2 2. Halbsatz aus Gründen der Billigkeit bis auf ein Zehntel ermäßigt werden. Als **Billigkeitsgründe sind dabei nur solche Gesichtspunkte zu berücksichtigen, die im Zusammenhang mit der wirtschaftlichen Bedeutung sowie dem erforderlichen Verwaltungsaufwand stehen** (VK Schleswig-Holstein, B. v. 14. 5. 2008 – Az.: VK-SH 06/08; B. v. 26. 4. 2006 – Az.: VK-SH 09/06; B. v. 26. 4. 2006 – Az.: VK-SH 08/06; B. v. 5. 10. 2005 – Az.: VK-SH 23/05). Ein solcher Fall kommt in Betracht, wenn die **sachliche und personelle Verwaltungsaufwand bei der Vergabekammer als unterdurchschnittlich anzusehen** ist, weil die Antragsrücknahme vor der mündlichen Verhandlung erfolgt, ferner weil der Umfang der Schriftsätze der Beteiligten gering ist (VK Hamburg, B. v. 21. 3. 2005 – Az.: VK BSU-1/05) oder weil die Antragsrücknahme vor der Erstellung und Verkündung der Entscheidung erfolgte (VK Hamburg, B. v. 4. 5. 2005 – Az.: VK BSU-2/05) oder weil **auf die Durchführung einer mündlichen Verhandlung verzichtet** worden ist (VK Schleswig-Holstein, B. v. 14. 5. 2008 – Az.: VK-SH 06/08 – **Ermäßigung um 20%**).

5038 Es **stellt keine ermessensfehlerfreie Gebührenfestsetzung dar, wenn die Vergabekammer ohne jede Begründung die Mindestgebühr überschreitet und die in der Gebührenstaffel ausgewiesene Basisgebühr anwendet, ohne zu prüfen, ob Anhaltspunkte für ein Abweichen von diesem Richtwert vorliegen.** Ein solcher Fall ist nämlich dann gegeben, wenn ein Nachprüfungsverfahren einen unterdurchschnittlichen sachlichen und personellen Aufwand erfordert hat (Hanseatisches OLG Hamburg, B. v. 3. 11. 2008 – Az.: 1 Verg 3/08).

5039 Hat eine Vergabekammer **wegen des Beschlusses der Nichtzustellung keine verfahrenseinleitenden Maßnahmen zu treffen**, kann auch eine **Mindestgebühr um die Hälfte reduziert** werden (VK Schleswig-Holstein, B. v. 5. 9. 2007 – Az.: VK-SH 21/07).

40.3.5.2 Höchstgebühr (§ 128 Abs. 2 Satz 2)

5040 Gemäß § 128 Abs. 2 Satz 2 GWB kann die Gebühr im Einzelfall auf bis zu 100 000 EUR erhöht werden, wenn der Aufwand oder die wirtschaftliche Bedeutung außergewöhnlich hoch ist. Diese Ausnahmevoraussetzung hat **die Rechtsprechung – für die alte Höchstgebühr von 50 000 EUR – bejaht**, wenn **drei fast ganztägige mündliche Verhandlungen mit nahezu zehn Zeugenvernehmungen sowie fünf mehrstündige Akteneinsichten von Antragsteller und Beigeladenem** stattfinden (1. VK Sachsen, B. v. 29. 2. 2004 – Az.: 1/SVK/157-03).

40.3.5.3 Auswirkung des Zeitpunkts der Stellung des Nachprüfungsantrags auf die Höhe der Gebühr

5041 Es ist bei der Festsetzung der Gebühr nach § 128 Abs. 1 GWB – sofern besondere Fallumstände dies nicht gebieten – **ebenso wenig zwingend danach zu differenzieren, ob der Nachprüfungsantrag im Stadium eines Teilnahmewettbewerbs gestellt worden ist, oder ob der Antragsteller nach entsprechender Aufforderung durch die Vergabestelle überhaupt ein Angebot eingereicht oder bei losweiser Vergabe ein Angebot auf bestimmte Lose beschränkt hätte.** Einer solchen Handhabung steht u. a. die Abgabe einer in einem generalisierenden Sinn einheitlichen wertmäßigen Beurteilung des Nachprüfungsantrags entgegen. Das Ergebnis, wonach für die Bemessung der Gebühr in solchen Fällen der Wert des Gesamtauftrags heranzuziehen ist, kann nicht mit der Überlegung korrigiert werden, dass Nachprüfungsanträge gegen Vergabeentscheidungen für den Antragsteller mit einem schwerwiegenden wirtschaftlichen Risiko behaftet sein können. Der auch unter dem rechtlichen Gesichtspunkt der Effektivität des Vergaberechtsschutzes erforderlichen Begrenzung der Kostenrisiken ist dadurch, dass die wirtschaftliche Bedeutung der Sache anzusetzende Gebühr nach § 128 Abs. 1 GWB lediglich einen Bruchteil des Auftragswerts bildet, hinreichend, und zwar auch mit Blick auf die verfassungsrechtliche Rechtsweggarantie in Art. 19 Abs. 4 GG, Rechnung getragen (OLG Düsseldorf, B. v. 7. 1. 2004 – Az.: VII – Verg 55/02).

40.3.5.4 Weitere Beispiele aus der Rechtsprechung

– es ist **nicht als ermessensfehlerhaft zu beanstanden, wenn eine Vergabekammer wegen der Nichtdurchführung einer mündlichen Verhandlung „nur" 500 € abzieht.** Der **weitaus größte**, von der Gebühr nach § 128 Abs. 2 GWB abgedeckte **Aufwand** (wie Einarbeitung in den Sach- und Streitstand, Vorbereitung der Erörterung mit den Verfahrensbeteiligten und Abfassung der schriftlichen Entscheidungsgründe) **fällt regelmäßig außerhalb der mündlichen Verhandlung an**. Zusätzliche Kosten entstehen in erster Linie aus den – entsprechend Nr. 9005/1 der Anlage 1 zum GKG nicht als Auslagen gesondert umlagefähigen – Aufwandsentschädigungen für die an der mündlichen Verhandlung mitwirkenden Beisitzer, die allerdings im Regelfall deutlich unter 500 € liegen (OLG Koblenz, B. v. 16. 2. 2006 – Az.: 1 Verg 2/06) 5042

– nach der Praxis der Vergabekammern des Bundes ist bei Ausschreibungssummen bis einschließlich 2 Mio. € die Mindestgebühr von 2 500 € als grundsätzlich angemessen anzusehen. Dies macht Aufträge im unteren Bereich der Schwellenwerte überproportional teurer als solche mit sehr hohen Volumina. Es entspricht deshalb im Einzelfall der **Billigkeit, bei unter 1 Mio. € liegenden Auftragswerten einen Abschlag von der Basisgebühr** vorzunehmen (BayObLG, B. v. 6. 6. 2002 – Az.: Verg 12/02).

40.3.5.5 Gebühren für das Gestattungsverfahren vor der Vergabekammer

Die **Rechtsprechung** ist insoweit **nicht einheitlich**. 5043

Die **Gebühren für die Hauptsacheentscheidung und die für das Eilverfahren gemäß § 115 Abs. 2 Satz 1 GWB sind gesondert zu ermitteln**, da das Verfahren gemäß § 115 Abs. 2 Satz 1 GWB ein selbständiges Zwischenverfahren – vergleichbar mit dem Aussetzungsverfahren gemäß § 80 Abs. 5 VwGO – ist (VK Schleswig-Holstein, B. v. 12. 7. 2005 – Az.: VK-SH 18/05). 5044

Das Gestattungsverfahren ist gegenüber dem Hauptsacheverfahren jedoch ein **rechtliches Minus**, so dass für das Gestattungsverfahren **nur die Hälfte der Gebühr in der Hauptsache** zu erheben ist (VK Berlin, B. v. 20. 5. 2010 – Az.: VK-B 2–3/10; 1. VK Sachsen, B. v. 17. 9. 2007 – Az.: 1/SVK/058-07; B. v. 5. 10. 2004 – Az.: 1/SVK/092-04, 1/SVK/092-04G; B. v. 6. 8. 2004 – Az.: 1/SVK/062-04, 1/SVK/062-04G; B. v. 3. 7. 2003 – Az.: 1/SVK/067-03; im Ergebnis ebenso VK Schleswig-Holstein, B. v. 12. 7. 2005 – Az.: VK-SH 18/05). 5045

Im **Einzelfall kann für das Gestattungsverfahren auch keine Gebühr anfallen**, wenn z. B. ein Nachprüfungsantrag der Vergabekammer am Freitag Nachmittag zusammen mit den Originalunterlagen übergeben und bereits am folgenden Montag die Vergabekammer ein Fax erreicht, in dem der Auftraggeber den Gestattungsantrag zurück zieht. Der **personelle und sachliche Aufwand für diesen Gestattungsantrag war zu diesem Zeitpunkt minimal** (1. VK Sachsen, B. v. 18. 7. 2003 – Az.: 1/SVK/082-03). 5046

Nach einer **anderen Auffassung** wird durch den **Antrag nach § 115 Abs. 2 Satz 1 GWB keine gesonderte Gebühr ausgelöst**. Anders als bei der Entscheidung des Vergabesenats nach § 115 Abs. 2 Satz 2 GWB handelt es sich **bei einer unangefochtenen Entscheidung der Vergabekammer nach § 115 Abs. 2 Satz 1 GWB nicht um die Entscheidung über einen Rechtsbehelf**. In der einstweiligen Maßnahme nach § 115 Abs. 2 Satz 1 GWB ist **lediglich ein „Anhängsel" des Verfahrens vor der Vergabekammer** zu sehen. Dementsprechend handelt es sich hierbei um **dieselbe Angelegenheit im Sinn von § 16 Nr. 1 RVG**, so dass eine zusätzliche Gebühr gemäß § 15 Abs. 2 Satz 1 RVG nicht verlangt werden kann. Die Anordnung der Zustellung des Nachprüfungsantrages nach § 110 Abs. 1 GWB löst kraft Gesetzes das Zuschlagsverbot aus, § 115 Abs. 1 GWB. Das Verfahren nach § 115 Abs. 2 Satz 1 GWB dient der Abänderung dieser vorläufigen Sicherungsmaßnahme entsprechend § 16 Nr. 1 Halbs. 2 RVG (OLG Naumburg, B. v. 15. 6. 2006 – Az.: 1 Verg 5/06). 5047

40.3.5.6 Ermessensentscheidung der Vergabekammer über die Gebührenhöhe und Überprüfbarkeit dieser Entscheidung

Die Entscheidung über die Gebührenhöhe ist nach § 128 Abs. 2 GWB eine im pflichtgemäßen Ermessen der Vergabekammer liegende Entscheidung; dem Vergabesenat ist insoweit **lediglich eine Kontrolle dahin eröffnet, ob die erfolgte Gebührenfestsetzung frei von Ermessensfehlern** ist (OLG Frankfurt, B. v. 4. 6. 2008 – Az.: 11 Verg 8/07; Hanseatisches OLG Hamburg, B. v. 3. 11. 2008 – Az.: 1 Verg 3/08; OLG Karlsruhe, B. v. 15. 10. 2008 – Az.: 15 5048

Verg 9/08; OLG München, B. v. 15. 11. 2007 – Az.: Verg 10/07; OLG Naumburg, B. v. 9. 4. 2009 – Az.: 1 Verg 1/09; B. v. 25. 10. 2003 – Az.: 1 Verg 11/03).

40.3.6 Kostentragungspflicht des unterliegenden Beteiligten im Verfahren (§ 128 Abs. 3 Satz 1)

40.3.6.1 Kostengrundentscheidung

5049   **40.3.6.1.1 Kostengrundentscheidung von Amts wegen.** Die **Kostengrundentscheidung** ist **von der Vergabekammer von Amts wegen zu treffen** (BayObLG, B. v. 27. 9. 2002 – Az.: Verg 18/02).

5050   **40.3.6.1.2** Kostengrundentscheidung durch die Vergabekammer als Spruchkörper. Die **Kostengrundentscheidung muss die Vergabekammer als Spruchkörper treffen** (§ 105 Abs. 2 S. 1 GWB); eine **Entscheidung des Vorsitzenden genügt nicht**. Dies gilt auch dann, wenn wegen Antragsrücknahme, Erledigung oder des Eintritts der Ablehnungsfiktion nur noch eine isolierte Kostenentscheidung zu treffen ist. Erst mit der Kostengrundentscheidung ist das Verfahren vor dem Spruchkörper beendet. Eine andere Frage ist, wer auf der Grundlage einer Kostengrundentscheidung Gebühren und Auslagen festsetzt. Dies kann in der Geschäftsordnung der Vergabekammer geregelt werden (OLG Koblenz, B. v. 1. 4. 2004 – Az.: 1 Verg 3/04).

5051   **40.3.6.1.3 Notwendiger Inhalt.** Die Kostengrundentscheidung **muss eine Aussage darüber** enthalten, **wer die Kosten (Gebühren und Auslagen) zu tragen** hat.

5052   Die **Kostengrundentscheidung muss** auch die Aufwendungen der Beigeladenen umfassen; sie hat auch darüber zu befinden, ob die Hinzuziehung eines Rechtsanwalts notwendig war und die Anwaltskosten somit erstattungsfähig sind (BayObLG, B. v. 27. 9. 2002 – Az.: Verg 18/02).

5053   Lautet die **Kostenentscheidung der Vergabekammer allgemein dahin, dass die Kosten (Gebühren und Auslagen) der Antragsteller trägt**, lässt dieser **Tenor** und eine eventuelle Begründung, dass die Kostenentscheidung auf § 128 III und IV GWB beruht, **darauf schließen, dass damit nur eine Entscheidung über die Kosten des Verfahrens vor der Vergabekammer** (§ 128 III 1 GWB), die aus Gebühren und Auslagen bestehen (§ 128 I 1 GWB), **getroffen** worden ist. Damit ist **allenfalls lediglich eine Kostengrundentscheidung zugunsten des Auftraggebers getroffen** worden. Denn die Feststellung, dass die Hinzuziehung eines Rechtsbeistandes auf Seiten des Auftraggebers erforderlich war, setzt ein Rechtsschutzbedürfnis voraus, das nur gegeben ist, wenn dem Auftraggeber auf Grund einer entsprechenden Kostenentscheidung ein Kostenerstattungsanspruch zusteht. Die Feststellung der Erforderlichkeit der Hinzuziehung eines Rechtsbeistandes des Auftraggebers ergibt nur Sinn, wenn dem Auftraggeber die zur zweckentsprechenden Rechtsverfolgung notwendigen Aufwendungen auch zu erstatten sind. Eine **vergleichbare Entscheidung zugunsten der Beigeladenen ist damit jedoch nicht getroffen** (OLG Brandenburg, B. v. 16. 5. 2008 – Az.: Verg W 11/06).

5054   Eine **Kostengrundentscheidung darüber, ob die Hinzuziehung eines Rechtsanwalts notwendig ist**, hat die Vergabekammer (bzw. der Senat) im Rahmen der Kostenlastentscheidung **von Amts wegen zu treffen**, ohne dass insoweit zu prüfen Anlass ist, ob die Vergabestelle sich tatsächlich der Hilfe eines Anwalts – bzw. eines Bevollmächtigten – bedient hatte. Dies kann der anschließenden Kostenfestsetzung überlassen bleiben.

5055   Die **Frage einer Notwendigkeit von Aufwendungen im Detail** muss von der Vergabekammer bzw. dem Vergabesenat schon deswegen nicht angesprochen werden, weil **diese Feststellung** nicht Bestandteil der Kostengrundentscheidung ist, sondern **erst im Rahmen des Kostenfestsetzungsverfahrens zu treffen** ist (OLG Thüringen, B. v. 14. 10. 2003 – Az.: 6 Verg 8/03).

5056   Die **Entscheidung über die Erstattung von Rechtsanwaltskosten, die zur nur Beratung, also nicht förmlich, im Vergabekammerverfahren entstanden sind, kann erst im Verfahren der Kostenfestsetzung erfolgen**; eine Aussage hierüber in der Kostengrundentscheidung ist nicht notwendig (Saarländisches OLG, B. v. 29. 9. 2005 – Az.: 1 Verg 2/05).

5057   Die **Vergabekammer** ist in entsprechender Anwendung von § 88 VwGO (vgl. auch § 308 Abs. 1 ZPO) **bei der Kostenfestsetzung nicht befugt, einem Beteiligten etwas zuzusprechen, was nicht beantragt worden** ist (OLG Düsseldorf, B. v. 24. 10. 2005 – Az.: VII – Verg 30/05). Auch wenn die Vergabekammer einen Verwaltungsakt und keinen Vollstreckungstitel wie im Zivilprozess erlässt, sind die Grundsätze der Kostenfestsetzung nach ZPO auf das Verfahren vor der Vergabekammer zu übertragen. **Auch die Vergabekammer darf nicht mehr zusprechen als beantragt**, weil dieser Ausspruch zu Lasten der weiteren am Verfahren beteiligten Partei wirkt. Diese **Einschränkung gilt jedoch nur für die Endsumme, nicht für die einzelnen Posten** (OLG München, B. v. 22. 3. 2010 – Az.: Verg 20/09). **Anderer Auffassung** ist insoweit die **2. VK Bund**. Die **Notwendigkeit einer Hinzuziehung eines Bevollmächtigten** z. B. für die Beigeladene kann gem. § 128 Abs. 2 Satz 3 GWB, § 80 Abs. 3 Verwaltungsverfahrensgesetz **auch ohne ausdrücklichen Antrag** festgestellt werden (2. VK Bund, B. v. 3. 5. 2007 – Az.: VK 2–27/07; B. v. 15. 3. 2007 – Az.: VK 2–12/07).

Tritt eine **Vergabestelle** einem **Nachprüfungsantrag** im Verfahren vor der Vergabekammer **formal-rechtlich und sachlich-inhaltlich zu keinem Zeitpunkt entgegen** und übersendet sie lediglich eine Kopie der Antwort des Verfahrensbevollmächtigten der Vergabestelle auf ein Rügeschreiben des Antragstellers im Vorfeld eines möglichen Nachprüfungsantrages, wird sie nicht vor der Vergabekammer tätig. Ein **Antrag auf Festsetzung der geltend gemachten Kosten des Nachprüfungsverfahrens ist daher insgesamt abzulehnen** (VK Thüringen, B. v. 7. 7. 2008 – Az.: 250–4005.20–1717/2008-024-EF). 5058

40.3.6.1.4 Regelung der Kostengrundentscheidung durch Vergleich. 40.3.6.1.4.1 Grundsatz. § 128 Abs. 3 Satz 1 GWB ist abdingbar und **kann durch eine Parteiabrede ersetzt** werden (1. VK Sachsen, B. v. 25. 6. 2003 – Az.: 1/SVK/015-03; VK Schleswig-Holstein, B. v. 21. 2. 2007 – Az.: VK-SH 02/07). 5059

40.3.6.1.4.2 Auswirkungen eines Vergleiches außerhalb des Nachprüfungsverfahrens. Schließen **Auftraggeber und Antragsteller einen Vergleich**, in dem sie u. a. auch Vereinbarungen über die Übernahme der Verfahrenskosten der Vergabekammer und der „außergerichtlichen" Kosten (bezüglich der Bevollmächtigten) getroffen haben, **wirken diese Vereinbarungen nur im Innenverhältnis** zwischen den beiden Parteien, **wenn der Vergleich außerhalb des Nachprüfungsverfahrens zustande** kam. Die Kostenentscheidung der Vergabekammer ist in diesem Fall nach den gesetzlichen Grundlagen zu treffen; sodann wird ein interner Ausgleich zwischen den Parteien auf der Grundlage des Vergleichs vorzunehmen sein (VK Hessen, B. v. 15. 9. 2003 – Az.: 69 d VK – 45/2003; VK Schleswig-Holstein, B. v. 21. 2. 2007 – Az.: VK-SH 02/07). 5060

40.3.6.1.5 Fehlende Kostengrundentscheidung. Fehlt eine **Kostengrundentscheidung**, ist **für eine Kostenfestsetzung kein Raum** (BayObLG, B. v. 27. 9. 2002 – Az.: Verg 18/02). Eine dennoch vorgenommene Festsetzung ist wirkungslos und aus Rechtsgründen förmlich aufzuheben (OLG Düsseldorf, B. v. 25. 2. 2004 – Az.: Verg 9/02). 5061

Die Kostengrundentscheidung kann **im Kostenfestsetzungsverfahren nicht nachgeholt** werden. Dem widersprechen die unterschiedlichen Verfahrensziele und die Tatsache, dass die Festsetzung der Kosten in ihrer Höhe die Kostengrundentscheidung voraussetzt. In einem von einer Grundentscheidung abhängigen Verfahren kann aber nicht die fehlende Grundlage für das eigene Verfahren geschaffen werden (BayObLG, B. v. 27. 9. 2002 – Az.: Verg 18/02). 5062

40.3.6.1.6 Ergänzung einer Kostengrundentscheidung. Die **Vergabekammer kann** ihre Kostenentscheidung nachträglich um einen zunächst unterbliebenen Ausspruch über den Kostenerstattungsanspruch eines Beigeladenen und über die Notwendigkeit der Zuziehung eines Bevollmächtigten **ergänzen** (BayObLG, B. v. 15. 4. 2003 – Az.: Verg 4/03; B. v. 29. 3. 2001 – Az.: Verg 2/01). 5063

Eine **Ergänzung** kann nach herrschender Meinung **auch nach Ablauf der Fünf-Wochen-Frist des § 113 Abs. 1 Satz 1 GWB** beantragt werden. Die Fiktion des § 116 Abs. 2 Halbsatz 2 GWB über die Bestandskraft der Entscheidung der Vergabekammer in der Hauptsache ist nicht eingetreten. Weder Wortlaut noch Zweck dieser beiden Bestimmungen sprechen dagegen, die Ergänzung einer versehentlich im Kostenpunkt unvollständig gebliebenen Entscheidung der Vergabekammer auch nach Ablauf der Fünf-Wochen-Frist zuzulassen (BayObLG, B. v. 27. 9. 2002 – Az.: Verg 18/02). Die Ergänzung kann auch – anders als zur Rechtslage bei Ergänzung gerichtlicher Entscheidungen nach § 321 ZPO – von Amts wegen und nicht erst auf fristgebundenen Antrag erfolgen (OLG Düsseldorf, B. v. 25. 2. 2004 – Az.: Verg 9/02). 5064

40.3.6.2 Unterliegender Beteiligter

40.3.6.2.1 Allgemeines. Die **Rechtsprechung** ist insoweit **nicht einheitlich**. 5065

Nach einer Auffassung ist für die Beurteilung des Obsiegens bzw. Unterliegens eines Beteiligten **allein auf den Ausgang des Nachprüfungsverfahrens im Verhältnis zu dem von** 5066

Teil 1 GWB § 128   Gesetz gegen Wettbewerbsbeschränkungen

dem betreffenden Beteiligten gestellten Antrag abzustellen (OLG Naumburg, B. v. 9. 10. 2008 – Az.: 1 Verg 8/08; B. v. 23. 4. 2003 – Az.: 1 Verg 1/03), und zwar auf den **materiellen Ausgang des Verfahrens**, also darauf, ob und gegebenenfalls in welchem Umfang die Beteiligten das mit ihrem jeweiligen Antrag verfolgte Verfahrensziel erreicht haben (OLG Thüringen, B. v. 30. 1. 2002 – Az.: 6 Verg 9/01; 2. VK Bund, B. v. 9. 12. 2009 – Az.: VK 2–192/09; VK Hessen, B. v. 10. 9. 2007 – Az.: 69 d VK – 37/2007; B. v. 10. 9. 2007 – Az.: 69 d VK – 29/2007). Der **anzustellende Vergleich zwischen Antragszielen und Verfahrensausgang** erfordert eine **wertende Betrachtung** der Antragsziele im Hinblick auf ihren Inhalt und auf ein etwaiges Stufenverhältnis zwischen mehreren Antragszielen (OLG Naumburg, B. v. 9. 10. 2008 – Az.: 1 Verg 8/08). Ein Antragsteller obsiegt daher im Verfahren vor der Vergabekammer auch dann, wenn sein **Begehren auf eine Aufhebung der Ausschreibung gerichtet** ist und die Vergabekammer – als minus – die **Verpflichtung zu einer neuen Wertung** ausspricht. Die Abweichung der Vergabekammer bzw. des Vergabesenats vom Antrag hinsichtlich der Auswahl einer zur Wiederherstellung der Rechtmäßigkeit des Vergabeverfahrens geeigneten Maßnahme ist nicht nur nach § 114 Abs. 1 GWB zulässig; sie fällt dem Antragsteller auch kostenmäßig nicht zur Last – arg. ex. § 92 Abs. 2 Nr. 2 ZPO – (OLG Naumburg, B. v. 31. 3. 2004 – Az.: 1 Verg 1/04).

5067   Die **Kostentragung hat sich nicht schematisch an den im Verfahren gestellten Anträgen zu orientieren**, denn die Vergabekammer ist nach § 114 Abs. 1 Satz 2 GWB an die Anträge nicht gebunden. Im Nachprüfungsverfahren haben die Anträge deshalb nicht die Funktion, den Streitgegenstand oder den Umfang des Nachprüfungsverfahrens mitzubestimmen. Entscheidend ist, ob hinsichtlich des Streitgegenstands, wie er in der Antragsschrift und den Schriftsätzen der Antragsteller zum Ausdruck gekommen ist, von der Vergabekammer eine Rechtsverletzung festgestellt und behoben worden ist. **Aus diesem Grunde kann die Vergabekammer die Kosten vollständig der Vergabestelle auferlegen, auch wenn der Antragsteller nur mit seinem Hilfsantrag durchdringt**. Auch aus denjenigen Entscheidungen, die für die Beurteilung des Obsiegens bzw. Unterliegens eines Beteiligten auf den Ausgang des Nachprüfungsverfahrens im Verhältnis zu dem von dem betreffenden Beteiligten gestellten Anträgen abstellen, ergibt sich nichts anderes, weil auch danach der materielle Ausgang des Verfahrens von Bedeutung ist. Erreicht der Antragsteller z. B., dass der Beigeladenen der Zuschlag nicht erteilt werden darf, weil sie mit ihrem Angebot auszuschließen ist und scheidet ein Zuschlag ohne erneute Wertung an einen Dritten ebenfalls aus, hat der Antragsteller damit erreicht, dass der von ihm beanstandete Vergabefehler beseitigt und das Vergabeverfahren nunmehr vergaberechtsfehlerfrei fortgeführt werden kann. Bei der **gebotenen materiell-rechtlichen Gesamtbetrachtung** erweist sich der Nachprüfungsantrag damit als erfolgreich und hat die **Vergabekammer zutreffend davon abgesehen, auch den Antragsteller mit einem Teil der entstandenen Verfahrenskosten zu belasten** (OLG Frankfurt, B. v. 1. 2. 2006 – Az.: 11 Verg 18/05; VK Hessen, B. v. 10. 9. 2007 – Az.: 69 d VK – 37/2007; B. v. 10. 9. 2007 – Az.: 69 d VK – 29/2007).

5068   Der **Inhalt des jeweiligen Antrages ist durch Auslegung zu ermitteln**, insbesondere wenn beantragt wird, die Auftraggeberin müsse „nach der Rechtsauffassung der Vergabekammer" weiter verfahren. Die dazu dargestellte Rechtsauffassung wird nämlich der Antragsteller als eigene durchsetzen (OLG Celle, B. v. 14. 7. 2003 – Az.: 13 Verg 12/03).

5069   Nach einer anderen Auffassung liegt dann, wenn das **Begehren des Antragstellers** eines Nachprüfungsverfahrens **gegen die beabsichtigte Bewertung eines Angebots** des Beigeladenen gerichtet und die **Vergabekammer stattdessen die Ausschreibung (zu Recht) aufhebt, hierin ein Teilunterliegen** des Antragstellers, das dem Unterliegensanteil der übrigen Verfahrensbeteiligten regelmäßig gleichwertig ist und dann zu einer **Aufhebung der wechselseitig entstandenen notwendigen Kosten der Rechtsverfolgung führen kann** (OLG Dresden, B. v. 25. 1. 2005 – Az.: WVerg 14/04).

5070   40.3.6.2.2 Berücksichtigung des Erfolgs von Haupt- und Hilfsantrag. Verfolgt ein Antragsteller mit seinem Nachprüfungsantrag **in erster Linie das Ziel, nach einer erneuten Wertung gemäß seinen Vorstellungen auf das vorliegende Angebot den Zuschlag zu erhalten** und hat er mit diesem Hauptbegehren keinen Erfolg, **eröffnet die mit dem Hilfsantrag verfolgte Rückversetzung der Ausschreibung in das Stadium vor Aufforderung zur Angebotsabgabe dem Antragsteller zwar die Chance**, mit einem neuen Angebot zum Zuge zu kommen; seine mit dem bisherigen Angebot erreichte – aus Sicht des Antragstellers günstige – Ausgangsposition würde damit nicht gewahrt, vielmehr kann sich die Bieterreihenfolge gänzlich anders gestalten. Die von der Vergabekammer getroffene Anordnung (Erfolg des Hilfsantrags) vermittelt dem Antragsteller daher **gemessen an seinem wirtschaftli-**

Gesetz gegen Wettbewerbsbeschränkungen GWB § 128 **Teil 1**

chen Ziel nur einen Teilerfolg, was im Kostenausspruch (hälftige Kostentragung) zu berücksichtigen ist (OLG Düsseldorf, B. v. 22. 2. 2010 – Az.: VII-Verg 62/09; 2. VK Bund, B. v. 9. 12. 2009 – Az.: VK 2–192/09; B. v. 30. 4. 2008 – Az.: VK 2–43/08).

Ist ein **Antragsteller mit seinem Hauptantrag vor der Vergabekammer durchge-** 5071 **drungen**, wobei es ihm nicht darum ging, den Zuschlag an sich zu erwirken, sondern er verhindern will, dass einem anderen Unternehmen der Zuschlag erteilt wird, hat der Antragsteller, wenn die Vergabekammer ein Zuschlagsverbot erlassen hat, **auch Erfolg**. Hierbei darf allerdings nicht außer Acht bleiben, dass der **Antragsteller mit seinem weitergehenden so genannten Hilfsantrag**, der es ihm ermöglicht hätte, unter Berücksichtigung der im Zuge der aufgehobenen Ausschreibung gewonnenen Erkenntnisse sein Angebot neu zu fassen und zu kalkulieren, **nicht durchgedrungen** ist. Der **Antragsteller muss deshalb 1/3 der Kosten des Verfahrens vor der Vergabekammer tragen** (OLG München, B. v. 28. 7. 2008 – Az.: Verg 9/08).

40.3.6.2.3 Mehrere unterliegende Beteiligte. Beantragen **mehrere Verfahrensbeteilig-** 5072 **te** die Abweisung eines Nachprüfungsantrages und wird dem Nachprüfungsantrag im Ergebnis stattgegeben, so sind diese **Beteiligten gemeinsam als Unterlegene** im Sinne des § 128 Abs. 3 GWB anzusehen (OLG Naumburg, B. v. 17. 1. 2001 – Az.: 1 Verg 1/01 – K; 3. VK Bund, B. v. 11. 3. 2010 – Az.: VK 3–18/10; B. v. 21. 8. 2008 – Az.: VK 3–113/08; B. v. 15. 8. 2008 – Az.: VK 3–107/08; VK Schleswig-Holstein, B. v. 22. 1. 2010 – Az.: VK-SH 26/09).

40.3.6.2.4 Beigeladener als unterliegender Beteiligter. Es entspricht mittlerweile gefes- 5073 tigter Rechtsprechung, dass in analoger Anwendung der Vorschrift des § 154 Abs. 3 VwGO jedenfalls ein **Beigeladener**, der sich **mit eigenen Sachanträgen aktiv** am Verfahren vor der Vergabekammer **beteiligt**, den entsprechenden Kostenanteil trägt (OLG Brandenburg, B. v. 16. 5. 2008 – Az.: Verg W 11/06 – mit ausführlicher Begründung; OLG Dresden, B. v. 16. 3. 2010 – Az.: WVerg 0002/10; VK Baden-Württemberg, B. v. 19. 5. 2009 – Az.: 1 VK 19/09; 1.VK Bund, B. v. 27. 11. 2009 – Az.: VK 1–194/09; B. v. 4. 6. 2007 – Az.: VK 1–47/07; B. v. 4. 6. 2007 – Az.: VK 1–44/07; B. v. 1. 6. 2007 – Az.: VK 1–41/07; B. v. 13. 10. 2005 – Az.: VK 1–125/05; B. v. 28. 9. 2005 – VK 1–119/05; 2. VK Bund, B. v. 14. 10. 2009 – Az.: VK 2–174/09; B. v. 24. 10. 2008 – Az.: VK 2–109/08; B. v. 2. 10. 2008 – Az.: VK 2–106/08; B. v. 15. 9. 2008 – Az.: VK 2–91/08; B. v. 1. 8. 2008 – Az.: VK 2–88/08; B. v. 30. 5. 2008 – Az.: VK 2–55/08; B. v. 29. 5. 2008 – Az.: VK 2–58/08; B. v. 26. 5. 2008 – Az.: VK 2–49/08; B. v. 30. 4. 2008 – Az.: VK 2–43/08; B. v. 10. 4. 2008 – Az.: VK 2–37/08; B. v. 29. 2. 2008 – Az.: VK 2–16/08; B. v. 13. 6. 2007 – Az.: VK 2–51/07; B. v. 3. 5. 2007 – Az.: VK 2–33/07; 3. VK Bund, B. v. 11. 3. 2010 – Az.: VK 3–18/10; B. v. 23. 11. 2009 – Az.: VK 3–199/09; B. v. 12. 11. 2009 – Az.: VK 3–208/09; B. v. 12. 11. 2009 – Az.: VK 3–193/09; B. v. 28. 10. 2009 – Az.: VK 1–182/09; B. v. 30. 4. 2009 – Az.: VK 3–82/09; B. v. 12. 5. 2009 – VK 3–109/09; B. v. 29. 4. 2009 – Az.: VK 3–76/09; B. v. 18. 9. 2008 – Az.: VK 3–122/08; B. v. 18. 9. 2008 – Az.: VK 3–119/08; B. v. 21. 8. 2008 – Az.: VK 3–113/08; B. v. 15. 8. 2008 – Az.: VK 3–107/08; B. v. 26. 5. 2008 – Az.: VK 3–59/08; B. v. 14. 4. 2008 – Az.: VK 3–38/08; B. v. 8. 1. 2008 – Az.: VK 3–148/07; B. v. 20. 6. 2007 – Az.: VK 3–55/07; B. v. 20. 6. 2007 – Az.: VK 3–52/07; B. v. 8. 5. 2007 – Az.: VK 3–37/07; B. v. 7. 2. 2007 – Az.: VK 3–07/07; B. v. 12. 12. 2006 – Az.: VK 3–141/06; B. v. 25. 10. 2006 – Az.: VK 3–114/06; VK Lüneburg, B. v. 29. 5. 2007 – Az.: VgK-19/2007; VK Nordbayern, B. v. 23. 4. 2008 – Az.: 21.VK – 3194 – 15/08; B. v. 24. 11. 2006 – Az.: 21.VK – 3194 – 38/06; VK Rheinland-Pfalz, B. v. 29. 1. 2010 – Az.: VK 1–62/09; 3. VK Saarland, B. v. 23. 4. 2007 – Az.: 3 VK 02/2007, 3 VK 03/2007; VK Schleswig-Holstein, B. v. 22. 4. 2008 – Az.: VK-SH 03/08; VK Südbayern, B. v. 15. 12. 2006 – Az.: Z3-3-3194-1-34-11/06; B. v. 23. 11. 2006 – Az.: 32-10/06; VK Thüringen, B. v. 12. 3. 2008 – Az.: 360–4002.20–414/2008-001-NDH). **Für Billigkeitserwägungen** hinsichtlich der Höhe des Kostenanteils bietet § 154 Abs. 3 VwGO **keinen Raum** (OLG Thüringen, B. v. 4. 4. 2003 – Az.: 6 Verg 4/03).

Hinzu kommt als weitere Voraussetzung, **dass (und soweit) in der Hauptsache entgegen** 5074 **dem Antrag des Beigeladenen entschieden** worden ist. Dies hat zur Folge, dass der Beigeladene an den Kosten des Nachprüfungsverfahrens zu beteiligen ist und notwendige Aufwendungen des obsiegenden Gegners zu erstatten hat (OLG Düsseldorf, B. v. 23. 11. 2004 – Az.: VII – Verg 69/04; B. v. 13. 8. 2003 – Az.: Verg 1/02; VK Brandenburg, B. v. 26. 1. 2005 – VK 81/04; 1. VK Bund, B. v. 27. 11. 2009 – Az.: VK 1–194/09; B. v. 13. 10. 2005 – Az.: VK 1–125/05; B. v. 20. 4. 2005 – Az.: VK 1–23/05; 2. VK Bund, B. v. 3. 5. 2007 – Az.: VK 2–33/07; 3.VK Bund, B. v. 21. 8. 2008 – Az.: VK 3–113/08; B. v. 20. 6. 2007 – Az.: VK 3–55/07; B.

Teil 1 GWB § 128   Gesetz gegen Wettbewerbsbeschränkungen

v. 20. 6. 2007 – Az.: VK 3–52/07; B. v. 25. 10. 2006 – Az.: VK 3–114/06; B. v. 12. 1. 2005 – Az.: VK 3–218/04; VK Lüneburg, B. v. 29. 5. 2007 – Az.: VgK-19/2007; VK Schleswig-Holstein, B. v. 16. 9. 2005 – Az.: VK-SH 22/05).

5075   Das **OLG Düsseldorf lässt genügen**, dass sich der **Nachprüfungsantrag** eines Antragstellers **in einen direkten Gegensatz zu den Interessen des Beigeladenen stellt** und dass der **Beigeladene das Nachprüfungsverfahren** sowohl durch schriftsätzlichen Vortrag als auch durch Vortrag im Verhandlungstermin vor der Vergabekammer **fördert und am Verfahren teilnimmt**, indem er die Standpunkte des Antragstellers verteidigt. **Einer Antragstellung durch den Beigeladenen bedarf es nicht**, um ihn zu den Verfahrenskosten und den Aufwendungen des Antragstellers heranzuziehen, wenn das Begehren des Beigeladenen, nämlich eine Ablehnung des Nachprüfungsantrags, aufgrund seines Sachvortrags klar erkennbar ist. Ohnedies können die Beteiligten im Verfahren vor der Vergabekammer von einer Antragstellung absehen (OLG Düsseldorf, B. v. 27. 6. 2007 – Az.: VII – Verg 8/07; im Ergebnis ebenso 2. VK Bund, B. v. 30. 4. 2008 – Az.: VK 2–43/08; B. v. 29. 2. 2008 – Az.: VK 2–16/08).

5076   40.3.6.2.5 **Unterliegender Beteiligter bei Eintritt der Ablehnungsfiktion des § 116 Abs. 2 GWB.** Die **gesetzliche Unterstellung einer Ablehnung des Nachprüfungsantrags führt kostenrechtlich zum Unterliegen des Antragstellers**. Ein Grund, die Ablehnungsfiktion nicht dem Unterliegen zuzuordnen oder die Kostenlast von den vor dem Eintritt der Ablehnungsfiktion bestehenden Erfolgsaussichten abhängig zu machen, ist nicht ersichtlich. Demzufolge spielen die Gründe, die zum Eintritt der Ablehnungsfiktion geführt haben, für die Kostentragung keine Rolle. Die **gesetzliche Fiktion der Ablehnung tritt an die Stelle der Erfolgsaussichten des Nachprüfungsantrags, so dass es auf diese nicht ankommt**. Der fiktive Erfolgsfall reicht hinsichtlich der Interessenlage aus, dass der Antragsteller für die Deckung des Verwaltungsaufwandes (Gebühren und Auslagen) der Kammer aufzukommen hat. Will ein von der Ablehnungsfiktion betroffener Antragsteller die damit verbundene Kostenpflicht nicht hinnehmen, so steht es ihm frei, sofortige Beschwerde zu erheben und damit sein Begehren in der Rechtsmittelinstanz weiter zu verfolgen (OLG Rostock, B. v. 2. 8. 2005 – Az.: 17 Verg 7/05; VK Baden-Württemberg, B. v. 3. 8. 2004 – Az.: 1 VK 37/04).

5077   40.3.6.2.6 **Unterliegender Beteiligter bei subjektiver Antragsänderung.** Die **subjektive Antragsänderung wirkt für den ausscheidenden Antragsgegner wie eine Antragsrücknahme**. Die Antragsänderung ist daher auch **im Rahmen der Kostenentscheidung wie eine Antragsrücknahme zu behandeln** (VK Düsseldorf, B. v. 30. 10. 2006 – Az.: VK – 44/2006 – B – K).

5078   40.3.6.2.7 **Unterliegender Beteiligter und Auswirkungen des Untersuchungsgrundsatzes.** Das **Nachprüfungsverfahren zeichnet sich dadurch aus**, dass dem es betreibenden Beteiligten aufgrund der Regelung in § 111 Abs. 2 GWB **nur in teilweise sehr eingeschränktem Umfang Akteneinsicht** gewährt wird. Dementsprechend sind dem **Antragsteller Erkenntnismöglichkeiten im Hinblick auf sonstige, Mitbieter betreffende Mängel des Vergabeverfahrens weitestgehend verschlossen**. Gemäß § 110 GWB **erforscht die Vergabekammer den Sachverhalt von Amts wegen**. Sie entscheidet gemäß § 114 Abs. 1 Satz 1 GWB, ob der Antragsteller in seinen Rechten verletzt ist und trifft die geeigneten Maßnahmen, um eine Rechtsverletzung zu beseitigen und eine Schädigung der betroffenen Interessen zu verhindern. Gemäß § 114 Abs. 1 Satz 2 GWB ist die **Vergabekammer an die Anträge nicht gebunden und kann auch unabhängig davon auf die Rechtmäßigkeit des Vergabeverfahrens einwirken**. Diese **Pflichten wirken damit auch als Korrektiv zu der einem Antragsteller nur eingeschränkt gewährten Akteneinsicht**. Dieser **darf davon ausgehen, dass die Vergabekammer ihren gesetzlichen Pflichten nachkommt** und jedenfalls dann, wenn sie Mängel des Vergabeverfahrens feststellt, auch darauf hinwirkt, dass dadurch entstandene Rechtsverletzungen beseitigt werden. Dies schließt es ein, **dem Antragsteller rechtzeitig in geeigneter Weise davon Kenntnis zu geben, damit er seine Anträge ggf. darauf ausrichten kann**. Nur auf diese Weise wird der in jedem Stadium des Vergabeverfahrens zu beachtende Gleichheitsgrundsatz gewahrt. Würde man kostenmäßig zu einem anderen Ergebnis gelangen, hieße dies, dass zur Vermeidung von Kostennachteilen dann jeder Antragsteller – mangels näherer Erkenntnisse gewissermaßen ins Blaue hinein – vorsorglich mit seinem Hauptantrag auch den Hilfsantrag zu verbinden hätte, den von der Vergabestelle beabsichtigten Zuschlag zu untersagen, da auch sämtliche anderen Bieter auszuschließen seien. Hinsichtlich der Substanziiertheit eines solchen Antrags vor dem Hintergrund der zur Akteneinsicht im GWB getroffenen Regelung wäre Streit vorprogrammiert. **Dies kann indessen nicht** der Zweck eines geordneten Nachprüfungsverfahrens sein. Hat deshalb eine Vergabekammer entsprechende Antragshinweise unterlassen, muss dies Auswirkungen auf die Kostenverteilung haben (OLG München, B. v. 23. 11. 2006 – Az.: Verg 16/06).

40.3.6.2.8 Ermessensausübung der Vergabekammer bei ihrer Entscheidung. Grundsätzlich ist **kostenrechtlich irrelevant**, ob sich die von der Nachprüfungsinstanz ausgewählte Maßnahme zur Wiederherstellung der Rechtmäßigkeit des Vergabeverfahrens mit jener deckt, die der Antragsteller anregt; nach dem Grundgedanken des § 92 Abs. 2 Nr. 2 ZPO sind einem Antragsteller Abweichungen zwischen Antragsziel und Verfahrensausgang dann kostenrechtlich nicht zuzurechnen, wenn sie auf einer **Ermessensausübung des Gerichts** bzw. hier der Nachprüfungsinstanz im Rahmen von **§ 114 Abs. 1 GWB** beruhen (OLG Naumburg, B. v. 9. 10. 2008 – Az.: 1 Verg 8/08).

5079

40.3.6.2.9 Weitere Beispiele aus der Rechtsprechung

5080

– eine **einheitliche Kostenentscheidung** erscheint angezeigt, wenn der Antragsteller seinen Antrag auf etliche Vergaberechtsverstöße stützt, mit denen er zwar nicht vollumfänglich obsiegt, er aber sein Nachprüfungsziel (Ausschluss eines Mitkonkurrenten, Besserbewertung seines Angebots samt Zuschlag) dennoch in Gänze erwirkt (1. VK Sachsen, B. v. 1. 10. 2002 – Az.: 1/SVK/084-02)

– haben letztlich **alle** im Nachprüfungsverfahren gestellten **Anträge keinen Erfolg**, so ist eine **Aufteilung der Verfahrenskosten unter allen Beteiligten**, die einen Antrag gestellt haben, geboten (OLG Naumburg, B. v. 23. 4. 2003 – Az.: 1 Verg 1/03)

– bei **teilweisem Obsiegen und Unterliegen** werden die **Kosten verhältnismäßig** geteilt, wobei grundsätzlich das Verhältnis der Kostenteile der Verfahrenserfolge entscheidungserheblich ist, § 92 Abs. 1 ZPO analog. Verteilungsmaßstab ist der Kostenwert (OLG Naumburg, B. v. 23. 4. 2003 – Az.: 1 Verg 1/03)

– die Kosten sind gem. § 128 Abs. 3 Satz 1 GWB in Abweichung zu § 128 Abs. 1 Satz 2 GWB nicht dem Antragsteller, sondern einem anderen Verfahrensbeteiligten aufzuerlegen, soweit dieser im Verfahren unterliegt. Das ist der Fall, wenn sich die Rüge des Vergaberechtsverstoßes als erfolgreich erweist. Die am verwaltungsrechtlichen Widerspruchsverfahren orientierte Kostenregelung des § 128 GWB setzt insoweit eine behördliche Entscheidung voraus. Diese kann in der Abhilfeentscheidung der Ausgangsbehörde oder in der Entscheidung der Widerspruchsbehörde liegen. **Kommt daher die Vergabestelle dem Rechtsschutzbegehren des Antragstellers nach, so war die Rüge des Vergaberechtsverstoßes i. S. v. § 128 Abs. 3 Satz 1 GWB im Verfahren erfolgreich; die Vergabestelle trägt die Kosten** (2. VK Bund, B. v. 2. 1. 2006 – Az.: VK 2–162/05)

– auch die **Verwerfung des Nachprüfungsantrags wegen Nichteröffnung des Vergaberegimes ist ein „Unterliegen im Verfahren"**. Darüber kann auch der Hinweis, der Auftraggeber habe seine Beschaffungsmaßnahme selbst vergaberechtlich unzutreffend qualifiziert, nicht hinweghelfen. Auf Billigkeitsüberlegungen stellt die Kostengrundentscheidung nach § 128 Abs. 3 Satz 1 GWB nicht ab (ungeachtet der Möglichkeit des Absehens von der Gebührenerhebung gemäß § 128 Abs. 3 Satz 4 GWB). Die Kostenlast ist zwingende Rechtsfolge des Unterliegens eines Beteiligten. Etwaige materiellrechtliche (Freistellungs-) Ansprüche der Beteiligten sind auf den dafür vorgesehenen Rechtswegen zu verfolgen (OLG Düsseldorf, B. v. 2. 7. 2003 – Az.: Verg 29/03).

40.3.7 Gesamtschuldnerische Haftung mehrerer Kostenschuldner (§ 128 Abs. 3 Satz 2)

40.3.7.1 Allgemeines

Die gesamtschuldnerische Haftung mehrerer Kostenschuldner ist zwingende Rechtsfolge der Erhebung der Gebühren. Das der nach § 128 Abs. 3 Satz 4 der Vergabekammer eingeräumte Ermessen („kann"), von der (ganzen oder teilweisen) Erhebung der Gebühren abzusehen, erstreckt sich nicht auf die vom Gesetz angeordnete gesamtschuldnerische Haftung („haften"). Für Billigkeitserwägungen ist im Rahmen der **kraft Gesetzes zu erfolgenden Anordnung der gesamtschuldnerischen Haftung für die Kosten** kein Raum (OLG Düsseldorf, B. v. 23. 11. 2004 – Az.: VII – Verg 69/04).

5081

Bei gesamtschuldnerischer Haftung der Kostenschuldner ist die **Vergabekammer** als Kostengläubigerin in der **Wahl der Inanspruchnahme frei** (1. VK Brandenburg, B. v. 7. 3. 2002 – Az.: 1 VK 113/01 – K).

5082

40.3.7.2 Berücksichtigung der Gebührenfreiheit des Auftraggebers bei gesamtschuldnerischer Haftung

5083 Zwar regelt das **Verwaltungskostengesetz**, welches gemäß § 128 Abs. 1 Satz 2 GWB Anwendung findet, **nicht explizit**, wie es sich auf die Höhe der festzusetzenden Gebühren auswirkt, wenn einer der dem Grunde nach haftenden Streitgenossen gemäß § 8 VwKostG von der Zahlung der Gebühren für Amtshandlungen befreit ist. § 13 Abs. 2 VwKostG bestimmt indes, dass mehrere Kostenschuldner als Gesamtschuldner haften und verweist damit auf die sich aus § 426 BGB ergebenden Ausgleichspflichten von Gesamtschuldnern untereinander. Wird der **gesetzgeberische Zweck der in § 8 VwKostG geregelten persönlichen Gebührenfreiheit berücksichtigt** (der Begünstigte soll in keinem Fall zur Zahlung von Gebühren verpflichtet sein), so ergibt sich, dass dieses gesetzgeberische Ziel unter Beachtung der Ausgleichsgrundsätze des § 426 BGB nur erreicht wird, **wenn der nicht befreite Gesamtschuldner um den Gebührenanteil des befreiten Gesamtschuldners vermindert haftet**. Es ist daher die Heranziehung des § 2 Abs. 4 Satz 1 GKG zugrunde liegenden allgemeinen Rechtsgedankens im Rahmen einer ergänzenden Auslegung des § 8 VwKostG dahingehend geboten, dass **Verfahrenskosten nicht zu erheben sind, soweit ein Kostenschuldner von Kosten befreit ist**. Nur diese ergänzende Auslegung des § 8 VwKostG vermeidet sonst auftretende Wertungswidersprüche: Im Rechtsstreit vor dem Vergabesenat wäre die persönliche Kostenbefreiung eines Gesamtschuldners gemäß § 1 Abs. 1 lit. a GKG in Verbindung mit § 2 Abs. 4 GKG zu berücksichtigen. Es erschiene als systemfremd, wenn dies im vorgeschalteten justizförmig ausgeprägten Nachprüfungsverfahren nicht der Fall wäre (OLG Düsseldorf, B. v. 14. 9. 2009 – Az.: VII-Verg 20/09; B. v. 23. 11. 2004 – Az.: VII – Verg 69/04; OLG Rostock, B. v. 22. 10. 2002 – Az.: 17 Verg 7/02; OLG Thüringen, B. v. 4. 4. 2003 – Az.: 6 Verg 4/03; VK Sachsen, B. v. 10. 4. 2007 – Az.: 1/SVK/020-07).

5084 Dieses Ergebnis gewährleistet außerdem, dass **der mit einer persönlichen Gebührenbefreiung zugunsten eines öffentlichen Auftraggebers verbundene Zweck erfüllt bleibt, Zahlungstransfers zwischen verschiedenen öffentlichen Kassen zu vermeiden**, ohne dass daraus wirtschaftlich eine Zusatzbelastung für einen anderen Verfahrensbeteiligten erwächst, der für das Unterliegen in einem Vergabenachprüfungsverfahren vor der Kammer allenfalls neben dem Auftraggeber, nicht aber allein verantwortlich ist (OLG Dresden, B. v. 25. 1. 2005 – Az.: WVerg 14/04; VK Sachsen, B. v. 10. 4. 2007 – Az.: 1/SVK/020-07).

40.3.7.3 Gebührenbefreiung gilt nicht für die in einem Vergleich übernommene hälftige Kostentragung

5085 Erfolgt die Beendigung des Verfahrens durch eine **vergleichsweise Lösung**, müssen die in diesem Vergleich getroffenen Bestimmungen über die Kosten vor der Vergabekammer gelten. Die **Grenze derartiger vergleichsweiser Erledigungen des Nachprüfungsverfahrens markiert lediglich § 125 Abs. 2 Nr. 3 GWB**. Da die Verfahrensbeteiligten die grundsätzliche hälftige Kostentragungspflicht zwischen Antragsteller und Auftraggeber – z. T. auch entgegen einer ansonsten persönlichen Gebührenbefreiung des Auftraggebers zumindest hinsichtlich der Kammergebühr nach dem Verwaltungskostengesetz des Bundes – in Punkt 1 des Vergleiches geregelt haben, sind sie jeweils zur Hälfte **zur Tragung der Vergabekammergebühren** gemäß § 128 Abs. 3 Satz 3 GWB verpflichtet (1. VK Sachsen, B. v. 21. 3. 2002 – Az.: 1/SVK/011-02, B. v. 25. 6. 2003 – Az.: 1/SVK/015-03; VK Schleswig-Holstein, B. v. 21. 2. 2007 – Az.: VK-SH 02/07).

40.3.8 Berücksichtigung eines schuldhaften Verhaltens eines Beteiligten (§ 128 Abs. 3 Satz 3)

40.3.8.1 Vergaberechtsmodernisierungsgesetz 2009

5086 Durch das **Vergaberechtsmodernisierungsgesetz 2009** ist in § 128 Abs. 3 der **Satz 3 eingefügt** worden, wonach **Kosten, die durch Verschulden eines Beteiligten entstanden sind, diesem auferlegt werden können**. Mit dieser Änderung soll es nach der Gesetzesbegründung möglich werden, auch z. B. das „Verschulden" einer Antragstellung bei der Kostenfestsetzung zu berücksichtigen und die Kosten aufzuteilen.

40.3.8.2 Beispiele aus der Rechtsprechung nach dem Vergaberechtsmodernisierungsgesetz

5087 – in der EU-Bekanntmachung hat die Antragsgegnerin in Nr. IV.1.1) als Verfahrensart das Offene Verfahren und unter Nr. VI.4.1) als zuständige Stelle für Nachprüfungsverfahren die Ver-

Gesetz gegen Wettbewerbsbeschränkungen GWB § 128 **Teil 1**

gabekammer bei der Bezirksregierung Köln angegeben. Die **Antragsgegnerin hat damit bei den übrigen Beteiligten den Anschein erweckt, dass der einschlägige Schwellenwert erreicht bzw. überschritten wird und damit der Vergaberechtsweg eröffnet sowie die Zuständigkeit der Kammer gegeben ist**, was – wie der Antragsgegnerin von ihrer Kostenschätzung her bekannt war – nicht der Fall ist. Das aber kann nach Überzeugung der Kammer **hinsichtlich der Kosten nur dazu führen, dass abweichend von der Regelung des § 128 Abs. 3 Satz 1 GWB die Antragsgegnerin die zur zweckentsprechenden Rechtsverfolgung notwendigen Aufwendungen der Antragstellerin und der Beigeladenen zu tragen** hat (VK Köln, B. v. 3. 9. 2009 – Az.: VK VOB 13/2009)

– nach Auswertung der Vergabeunterlagen steht zur Überzeugung der Kammer fest, dass die Ausschreibung keinen Bestand haben konnte. Die **Vermengung von Eignungs- und Zuschlagskriterien in der Bewertungsmatrix für die Verpflegung aber auch die Forderungen im Zusammenhang mit der Alternativen B waren, ohne dass es einer weiteren Sachverhaltsaufklärung bedurfte, vergaberechtlich zu beanstanden.** Die Antragsgegnerin hat zu Recht die Ausschreibung gemäß § 26 VOL/A aufgehoben. Gemäß § 16 Nr. 1 VOL/A hat der Auftraggeber erst dann auszuschreiben, wenn alle Verdingungsunterlagen fertig gestellt sind und die Leistung aus der Sicht des Auftraggebers innerhalb der angegebenen Frist ausgeführt werden kann. Dabei ist der Auftraggeber für eine ordnungsgemäße Leistungsbeschreibung im Sinne von § 8 VOL/A und auch für eine den Anforderungen der §§ 9, 9a VOL/A entsprechende Zusammenstellung der Vergabeunterlagen verantwortlich. Dabei handelt es sich ausschließlich um Anforderungen, die allein in den Risikobereich des öffentlichen Auftraggebers fallen. Dieser bestimmt Art und Umfang des Auftrages und hat somit auch die dafür erforderlichen Vergabeunterlagen den Bietern so zur Verfügung zu stellen, dass diese ordnungsgemäße Angebote abgeben können. Diese **Verpflichtung bleibt auch beim öffentlichen Auftraggeber, auch wenn bereits in einem frühen Verfahrensstadium Verstöße gegen Vergabevorschriften, die in der Bekanntmachung oder in den Vergabeunterlagen erkennbar sind, gemäß § 107 Abs. 3 Nr. 2 und Nr. 3 GWB von Interessenten zu rügen sind.** Diese Vorschriften dienen lediglich dazu, dem öffentlichen Auftraggeber eher Gelegenheit zu geben, etwaige Verfahrensfehler zu beheben und so im Interesse aller Beteiligten unnötige Nachprüfungsverfahren zu vermeiden. Dies führt aber nicht zu einem Risikoübergang auf denjenigen Bieter, der gerügt hat. Da die Aufhebung der Ausschreibung somit von der Antragsgegnerin zu vertreten ist, hat diese grundsätzlich gemäß § 128 Abs. 3 Satz 3 GWB die Kosten der Kammer zu tragen (VK Münster, B. v. 22. 9. 2009 – Az.: VK 13/09)

40.3.8.3 Rechtsprechung zu § 128 GWB a. F.

Auch in der **Rechtsprechung zu § 128 a. F.** – vor dem Vergaberechtsmodernisierungsgesetz – gab es **Entscheidungen, die ein schuldhaftes Verhalten eines Beteiligten unter Billigkeitsüberlegungen bei der Kostenverteilung berücksichtigten**. Diese **Rechtsprechung kann in der Begründung weiterhin verwendet** werden; Rechtsgrundlage für eine Berücksichtigung ist nunmehr eindeutig § 128 Abs. 3 Satz 3. 5088

Hat der **Auftraggeber** durch eine unzureichende Information den Antragsteller zur **Einleitung eines Nachprüfungsverfahrens veranlasst** und nimmt der Antragsteller nach Kenntnis des Sachverhalts den Antrag zurück, hat der Auftraggeber die Kosten des Nachprüfungsverfahrens einschließlich der Kosten der anwaltlichen Vertretung der anderen Verfahrensbeteiligten zu tragen (VK Baden-Württemberg, B. v. 4. 4. 2002 – Az.: 1 VK 8/02; 2. VK Brandenburg, B. v. 29. 5. 2006 – Az.: 2 VK 16/06; VK Düsseldorf, B. v. 2. 3. 2006 – Az.: VK-06/2006-B – für den Fall der Rücknahme; VK Hannover, B. v. 18. 1. 2002 – Az.: 26 045 – VgK – 9/2001). Diese **Fallkonstellation wird nun durch § 128 Abs. 3 Satz 5 GWB erfasst.** 5089

Ähnlich argumentiert das OLG Dresden (B. v. 14. 2. 2003 – Az.: WVerg 0011/01) für den **Fall einer Verletzung der Informationspflicht nach § 13 VgV – jetzt § 101 a GWB –**, wodurch bestimmte Kosten entstanden sind, die bei richtiger Information nicht entstanden wären. 5090

Die **2. VK Bund wendet in solchen Fällen § 155 Abs. 4 VwGO an.** Danach hat der Auftraggeber die Kosten des Rechtsstreits zu tragen, wenn durch sein Verschulden ein Bieter zur Einleitung des Nachprüfungsverfahrens veranlasst worden ist, z.B. dadurch dass er die mangelnde Dokumentation der Vergabeentscheidung erst schrittweise im Nachprüfungsverfahren und dezidiert schließlich in der mündlichen Verhandlung durch entsprechenden Vortrag nachgeholt und den Verfahrensfehler insofern geheilt hat. Grundsätzlich bezieht sich § 155 Abs. 4 VwGO 5091

Teil 1 GWB § 128

auf zusätzliche, ausscheidbare Mehrkosten. Hat das Verschulden eines Beteiligten jedoch ein Rechtsmittel an sich verursacht, so erfasst § 155 Abs. 4 VwGO auch die Kosten des gesamten Prozesses. Die Kostenverteilung nach § 155 Abs. 4 geht als lex specialis allen sonstigen Kostenregelungen vor (2. VK Bund, B. v. 10. 12. 2003 – Az.: VK 1–116/03).

5092   Die VK Brandenburg (B. v. 25. 4. 2003 – Az.: VK 21/03) kommt über die **analoge Anwendung des § 269 Abs. 3 ZPO** zu einem vergleichbaren Ergebnis. Diese Vorschrift ist als **allgemeiner verfahrensrechtlicher Grundsatz**, der in dieser Vorschrift lediglich seine spezielle Ausprägung gefunden hat, **auch im Nachprüfungsverfahren anzuwenden**. Bislang ist dies zwar lediglich für die sich aus § 269 Abs. 3 Satz 1 ZPO sowie aus § 155 Abs. 2 VwGO ergebende Rechtsfolge, dass derjenige, der seinen Antrag zurücknimmt, als Unterliegender zu behandeln ist, anerkannt (VK Köln, B. v. 18. 1. 2000 – Az.: VK – 10/99 m. w. N.). Hiervon geht auch die das Nachprüfungsverfahren regelnde Kostenvorschrift des § 128 Abs. 3 GWB aus. Es ist aber nicht erkennbar, dass dieser Grundsatz nicht auch für § 269 Abs. 3 Satz 2 letzter Halbsatz ZPO gilt, zumal nicht ersichtlich ist, dass § 128 Abs. 3 GWB an die Vorschriften in den Prozessordnungen nur selektiv, nicht aber insgesamt anknüpfen will. § 269 Abs. 3 Satz 2 letzter Halbsatz ZPO dient der Prozessökonomie, was sich auch aus dem systematischen Zusammenhang zu § 269 Abs. 3 Satz 3 ZPO ergibt. Mit diesen kostenrechtlichen Ausnahmevorschriften soll vermieden werden, dass ein gesonderter Prozess zur Durchsetzung eines materiellrechtlichen Kostenerstattungsanspruchs geführt werden muss. Diese Rechtsgrundsätze lassen sich auf das Nachprüfungsverfahrensrecht des vierten Teils des GWB übertragen. Danach **können die Kosten des Nachprüfungsverfahrens dem Auftraggeber nach billigem Ermessen auferlegt werden**, wenn der Auftraggeber durch Verletzung vergabeverfahrensrechtlicher Pflichten zur Stellung eines Nachprüfungsantrags Anlass gegeben hat (VK Brandenburg, a. a. O.); im Ergebnis ebenso VK Südbayern, B. v. 16. 6. 2003 – Az.: 21-06/3.

5093   Auch die VK Thüringen (B. v. 12. 6. 2003 – Az.: 216–404.20-005/03-SCZ) **lässt im Ergebnis Billigkeitsgesichtspunkte zu**, indem sie Fehler des Auftraggebers bei dem Vergabeverfahren im Rahmen der Kostenentscheidung berücksichtigt, obwohl der Nachprüfungsantrag mangels rechtzeitiger Rüge unzulässig war.

5094   **Stimmt ein Antragsteller der Auftragserteilung an einen anderen Bieter zu**, ist die Übertragung der Kostenlast auf den Antragsteller deswegen billig, weil er durch eigenen Willensentschluss das Ereignis herbeigeführt hat, das die Hauptsache erledigt hat; dies insbesondere dann, wenn er bei guten Erfolgsaussichten in der Hauptsache der Auftragserteilung an den anderen Bieter zugestimmt hat, ohne dass sich z. B. nach einem Eilbeschluss der Vergabekammer neue, seine Position belastende Gesichtspunkte ergeben hätten (VK Münster, B. v. 13. 10. 2003 – Az.: VK 18/03).

5095   Die **VK Sachsen lässt im Ergebnis Verursachungs- und damit ebenfalls Billigkeitsgesichtspunkte entscheiden**, wenn der Auftraggeber durch die **fehlerhafte Benennung der Vergabekammer als Nachprüfungsinstanz den Antragsteller in das Verfahren gedrängt und folglich das Nachprüfungsverfahren verursacht hat**. Üblicherweise bestimmt sich zwar die Kostentragung nach dem Verursacherprinzip, wobei als Verursacher regelmäßig der Antragsteller anzusehen ist. Ist jedoch die Einleitung eines Nachprüfungsverfahrens durch die falsche Bezeichnung der Vergabekammer als Nachprüfungsstelle in den vom Auftraggeber verwendeten Formularen verursacht und wäre die Bezeichnung der Nachprüfungsstelle korrekt gewesen, hätte sich der Antragsteller zweifellos an diese gewendet und die Einleitung eines Nachprüfungsverfahrens bei der Vergabekammer unterlassen (1. VK Sachsen, B. v. 3. 6. 2004 – Az.: 1/SVK/002–04).

40.3.9 Unterliegender Beteiligter bei Rücknahme oder anderweitiger Erledigung (§ 128 Abs. 3 Satz 4)

40.3.9.1 Vergaberechtsmodernisierungsgesetz 2009

5096   Mit dem Vergaberechtsmodernisierungsgesetz 2009 ist **klargestellt** worden, dass bei Rücknahme oder anderweitiger Erledigung der **Antragsteller die Hälfte der Gebühr zu entrichten** hat.

5097   Die bisherige Rechtsprechung, wonach in diesen Fällen den **Antragsteller insoweit die volle Kostenlast trifft, weil er durch Stellung des Nachprüfungsantrags das Verfahren in Gang gesetzt** hat, ist insoweit obsolet. Diese Rechtsfolge galt sowohl für den Fall, dass das Nachprüfungsverfahren sich in der Hauptsache erledigt hat; sie galt gleichermaßen aber auch dann, wenn und soweit der Nachprüfungsantrag zurückgenommen worden ist (BGH, B. v. 24. 3. 2009 – Az.: X ZB 29/08).

40.3.9.2 Höhe der Gebühren bei Erledigung

§ 128 Abs. 3 Satz 4 GWB ordnet ergänzend an, dass sich die zu zahlende **Gebühr auf die Hälfte reduziert**, wenn sich der Antrag vor einer Entscheidung der Vergabekammer durch Rücknahme oder anderweitig erledigt hat (OLG Düsseldorf, B. v. 9. 8. 2001 – Az.: Verg 1/01). Nimmt der Antragsteller also z. B. den Nachprüfungsantrag vor der Entscheidung der Vergabekammer zurück, **trägt das Gesetz in § 128 Abs. 3 Satz 4 GWB dem Umstand, dass in solchen Fällen in der Regel kein dem Auftragswert äquivalenter Aufwand entsteht**, sondern der Erledigungsaufwand typischerweise geringer ist, in der Weise Rechnung, dass die **Gebühr pauschal auf die Hälfte zu ermäßigen** ist (OLG Düsseldorf, B. v. 9. 2. 2006 – Az.: VII – Verg 80/05; VK Köln, B. v. 12. 3. 2007 – Az.: VK VOB 2/2007; VK Schleswig-Holstein, B. v. 17. 7. 2007 – Az.: VK-SH 05/07). 5098

Unter der „Hälfte der Gebühr" ist die Hälfte der ansonsten angemessenen Gebühr zu verstehen. Das bedeutet, dass **vor dem Rechenschritt der Halbierung der Gebühr gemäß dem Kostendeckungsprinzip unter den Gesichtspunkten des personellen und sachlichen Aufwands mögliche Ermäßigungen (aber auch mögliche Erhöhungen) der Gebühr zu prüfen** sind (OLG Düsseldorf, B. v. 9. 2. 2006 – Az.: VII – Verg 80/05; B. v. 7. 1. 2004 – Az.: VII – Verg 55/02). 5099

Diese Vorschrift ist dann einer **telelogischen Reduktion zu unterwerfen**, wenn die **Sache derart entscheidungsreif ist, dass die Bekanntgabe des Beschlusses bereits unmittelbar bevorsteht und allein zur Vermeidung eines weiteren Nachprüfungsverfahrens** die Kammer die sachliche Klaglosstellung zum Gegenstand des bereits anhängigen und jetzt beendeten Verfahrens macht. Damit liegen die Voraussetzungen, unter denen der Gesetzgeber eine pauschale Halbierung der Gebühr gemäß § 128 Abs. 3 Satz 3 GWB als gerechtfertigt angesehen hat, nicht vor, so dass es **gerechtfertigt ist, die angeordnete Rechtsfolge nicht eintreten zu lassen** (VK Schleswig-Holstein, B. v. 17. 7. 2007 – Az.: VK-SH 05/07). 5100

40.3.9.3 Nachrangigkeit des § 128 Abs. 3 Satz 4 GWB im Verhältnis zu § 128 Abs. 3 Satz 3 GWB

Die **Regelung in § 128 Abs. 3 Satz 4 GWB ist nachrangig zum Satz 3.** Danach hat der Antragsteller die Hälfte der Gebühr zu entrichten, wenn sich der Antrag vor Entscheidung der Vergabekammer durch Rücknahme oder anderweitig erledigt hat. Diese **Regelung ist Ausfluss des Rechtsgedankens, dass der Antrag bei einer Erledigung oder einer Rücknahme eine geringere wirtschaftliche Bedeutung für den Antragsteller haben wird.** Dies kann nicht festgestellt werden, wenn die rügende Antragstellerin sehr wohl an der Ausschreibung ein Interesse hatte und einen Auftrag aufgrund der Ausschreibung erhalten möchte. Wenn aber die Ausschreibung aufgehoben werden muss, dann ist die Antragstellerin zunächst einmal gezwungen die neue Ausschreibung abzuwarten. Bei dieser Sachlage ist die **Beendigung eines Verfahrens vor der Vergabekammer lediglich eine prozessbeendende Maßnahme, die aber keine Rückschlüsse auf die tatsächlichen Interessen des Bieters zulässt** (VK Münster, B. v. 17. 12. 2009 – Az.: VK 21/09; B. v. 22. 9. 2009 – Az.: VK 13/09). 5101

40.3.9.4 Geltung des § 128 Abs. 3 Satz 4 auch für die Kosten des Beschwerdeverfahrens

Für die Kosten des Beschwerdeverfahrens gilt ebenfalls § 128 Abs. 3 Satz 4 GWB. Die frühere, anders lautende Rechtsprechung des BGH ist durch die Neuregelung überholt. Es kann keinen Unterschied machen, ob der Nachprüfungsantrag im Nachprüfungsverfahren oder im Beschwerdeverfahren zurückgenommen wird. §§ 120 Abs. 2, 78 GWB regeln zudem nicht die Kostentragungspflicht für die gerichtlichen Kosten, weil in § 78 Satz 1 GWB von den zur „zweckentsprechenden Erledigung der Angelegenheit" notwendigen Kosten die Rede ist. Damit können nur die „außergerichtlichen" Kosten gemeint sein, da sich die Gerichtskosten unabhängig vom Zweck nach dem Streitwert richten. Im Übrigen ähnelt die Formulierung des Gesetzestextes den Formulierungen in § 128 Abs. 4 Satz 1 und Satz 3 GWB, welche unstreitig nicht die Gerichtskosten betreffen (OLG München, B. v. 10. 8. 2010 – Az.: Verg 07/10). 5102

40.3.10 Berücksichtigung von Billigkeitsüberlegungen (§ 128 Abs. 3 Satz 5)

40.3.10.1 Vergaberechtsmodernisierungsgesetz 2009

5103 § 128 Abs. 3 Satz 5 ist auf Drängen des Bundesrates in das Vergaberechtsmodernisierungsgesetz 2009 aufgenommen worden. Die **Änderung in § 128 Abs. 3 Satz 4**, wonach der Antragsteller bei einer Rücknahme oder anderweitigen Erledigung stets die Hälfte der Gebühr zu tragen hat, **berücksichtigt nicht die Fälle**, in denen der öffentliche Auftraggeber nach Einleitung des Nachprüfungsverfahrens dem Begehren des Antragstellers abhilft und das Verfahren durch eine beiderseitige Erledigungserklärung der Parteien beendet wird. In einem derartigen Fall **kann es unbillig sein, dem Antragsteller die Kosten aufzulegen, da er in einem materiellen Sinne obsiegt** hat. Eine Regelung, nach der die Kostenentscheidung nach billigem Ermessen erfolgt, ist deshalb vorzugswürdig.

40.3.10.2 Rechtsprechung

5103/1 Hat der **Auftraggeber infolge eines fehlerhaften Absageschreibens** maßgeblich die Verfahrenseinleitung veranlasst und ist er **in der Folge dem beantragten Begehr des Antragstellers vollumfänglich nachgekommen**, sind die Kosten aus Billigkeitserwägungen dem Auftraggeber aufzuerlegen (VK Nordbayern, B. v. 22. 9. 2010 – Az.: 21.VK – 3194 – 24/10).

5104 Bei Antragsrücknahme vor einer Entscheidung durch die Vergabekammer hat der Antragsteller grundsätzlich die Hälfte der anfallenden Verfahrensgebühr zu tragen; eine weitere Ermäßigung ist aus Gründen der Billigkeit aber möglich. Bei **Antragsrücknahme zum frühestmöglichen Zeitpunkt**, nämlich direkt nach Erhalt einer Aufklärungsverfügung der Kammer und so rechtzeitig, dass ein bereits anberaumter Termin zur mündlichen Verhandlung noch aufgehoben werden konnte, ist es angemessen, die Verfahrenskosten auf **ein Viertel der vollen Gebühr** festzusetzen (3. VK Saarland, B. v. 18. 12. 2009 – Az.: 3 VK 02/2009).

5105 Gemäß § 128 Abs. 3 Satz 4 hat bei Rücknahme oder Erledigung der Antragsteller die Hälfte der Kosten zu entrichten, wobei gemäß Satz 5 die Entscheidung, wer die Kosten zutragen hat, nach billigem Ermessen erfolgt. Diese **Widersprüchlichkeit ist nur unter Anwendung der Rechtsgedanken des § 91 a ZPO aufzulösen**. Hätte aus Billigkeitserwägungen die Antragsgegnerin die Kosten zu tragen, da sie sich nach Überprüfung im Rahmen des Nachprüfungsverfahrens entschlossen hat, ihre **Vergabeentscheidung zu Gunsten der Antragstellerin zu revidieren**, ist jedoch die Antragsgegnerin § 8 GebG NW von der Kostentragungspflicht befreit, können ihr die Kosten mithin nicht auferlegt werden. Es wäre **allerdings grob unbillig, die in der Sache obsiegende Antragstellerin mit den Kosten zu belasten so dass eine Gebührenfestsetzung entfällt** (VK Arnsberg, B. v. 10. 11. 2009 – Az.: VK 28/09).

40.3.10.3 Rechtsprechung zu § 128 a. F.

5106 Auch in der **Rechtsprechung zu § 128 a. F.** gab es **Entscheidungen, die Billigkeitsüberlegungen bei der Kostenverteilung berücksichtigten**. Diese **Rechtsprechung kann in der Begründung weiterhin verwendet** werden; Rechtsgrundlage für eine Berücksichtigung ist nunmehr eindeutig § 128 Abs. 3 Satz 5.

5107 In der Regel sind bei der Erledigung die Kosten demjenigen aufzuerlegen, der ohne das erledigende Ereignis **voraussichtlich unterlegen** wäre (OLG Schleswig-Holstein, B. v. 22. 1. 2007 – Az.: 1 Verg 2/06; 1. VK Bund, B. v. 23. 12. 2003 – Az.: VK 1–119/03; B. v. 2. 1. 2002 – Az.: VK 1–9/01; 2. VK Bund, B. v. 16. 2. 2004 – Az.: VK 2–24/04; VK Hamburg, B. v. 19. 9. 2003 – Az.: VgK FB 5/03; VK Hessen, B. v. 10. 3. 2003 – Az.: 69d VK – 06/2003; VK Münster, B. v. 13. 8. 2008 – Az.: VK 15/08; B. v. 13. 10. 2003 – Az.: VK 18/03; VK Schleswig-Holstein, B. v. 17. 7. 2007 – Az.: VK-SH 05/07; B. v. 7. 3. 2007 – Az.: VK-SH 03/07; im Ergebnis ebenso VK Arnsberg, B. v. 26. 6. 2009 – VK 13/09; B. v. 10. 11. 2008 – Az.: VK 22/08; B. v. 12. 2. 2008 – Az.: VK 44/07; 1. VK Saarland, B. v. 20. 8. 2007 – Az.: 1 VK 01/2007; 3. VK Saarland, B. v. 26. 6. 2007 – Az.: 3 VK 05/2007; VK Thüringen, B. v. 20. 5. 2008 – Az.: 250-4003.20–1121/2008-011-EF). Ein Verständnis von § 128 Abs. 3 Satz 3 GWB a. F. dahingehend, dass der Antragsteller zwingend immer dann als unterlegen anzusehen ist und die Kosten des Verfahrens zu tragen hat, wenn sich sein Antrag auf andere Weise als durch eine – von ihm selbst bewirkte – Rücknahme erledigt, **widerspräche dem Sinn und Zweck einer Erledigung**. Dieser ist darin zu sehen, dass ein Verfahren, dessen Veranlassung entfällt, schlicht beendet bzw. abgebrochen werden kann. Eine **zwingende Kostenfolge zu Lasten des Antragstellers** würde diesen regelmäßig dazu veranlassen, einen Fortsetzungsfeststellungsantrag

Gesetz gegen Wettbewerbsbeschränkungen　　　　　　　　　　　　　　　GWB § 128　**Teil 1**

zu stellen, um der – ohne Erledigung möglicherweise nicht entstandenen – Kostentragungspflicht zu entgehen (VK Arnsberg, B. v. 2. 6. 2009 – VK 13/09; 2. VK Bund, B. v. 16. 2. 2004 – Az.: VK Münster; B. v. 13. 8. 2008 – Az.: VK 15/08; VK 2–24/04; VK Schleswig-Holstein, B. v. 17. 7. 2007 – Az.: VK-SH 05/07; B. v. 7. 3. 2007 – Az.: VK-SH 03/07; im Ergebnis ebenso VK Thüringen, B. v. 20. 5. 2008 – Az.: 250–4003.20–1121/2008-011-EF – für den **Fall der Aufhebung des Vergabeverfahrens durch den Auftraggeber**).

40.3.10.4 Weitere Beispiele aus der Rechtsprechung

– nach § 128 GWB erfolgt die Entscheidung, wer die Kosten zu tragen hat, nach billigem Ermessen, wobei zusätzlich zu berücksichtigen ist, wer die Kosten zu vertreten hat. Der **Antragsgegnerin werden die Gebühren der Kammer auferlegt, weil sie in diesem Nachprüfungsverfahren mit hoher Wahrscheinlichkeit unterlegen wäre**. Einerseits fehlte die Gewichtung der Zuschlagskriterien nach § 10a VOB/A und andererseits war die sich anschließende Wertung vergaberechtswidrig, weil hier nur noch der Preis als Zuschlagskriterium berücksichtigt wurde. Dies allein würde die Vergaberechtswidrigkeit begründen, zumal der Nachprüfungsantrag auch zulässig war (VK Münster, B. v. 17. 12. 2009 – Az.: VK 21/09)

5108

– verfolgt die Antragstellerin im Vergabenachprüfungsverfahren primär das Ziel einer erneuten Wertung ihres bereits vorliegenden (preisgünstigsten) Angebots und begehrt sie daneben ganz allgemein eine Erhaltung einer Chance auf Auftragserteilung im materiellen Beschaffungsvorgang, z. Bsp. durch Einräumung einer Gelegenheit zur Erstellung eines neuen Angebotes, so liegen **zwei nicht identische Antragsziele vor, die zueinander in einem Stufenverhältnis, wie Haupt- und Hilfsantrag**, stehen (OLG Naumburg, B. v. 9. 10. 2008 – Az.: 1 Verg 8/08)

– ist in einem Nachprüfungsverfahren insbesondere auf die wohl eher zweifelhaften Erfolgsaussichten des Antrags auf Verpflichtung des Auftraggebers zur unbedingten Zuschlagserteilung sowie den evidenten Interessengegensatz zwischen Beigeladenem und Antragsteller hinzuweisen, erscheint es aus diesem Grunde es der Kammer als sachgerecht, sowohl die teilweise obsiegende Antragstellerin als auch den teilweise obsiegenden Auftrageber an den Kosten zu beteiligen, wobei nicht verkannt wird, dass eine genaue prozentuale Aufteilung der Kosten aufgrund der besonderen Lage dieses Falles nicht möglich ist. Es wäre gleichsam untunlich, die Beigeladene von sämtlichen Verfahrenskosten freizuhalten: Zwar befindet sich die Beigeladene im Hinblick auf die Anträge der Antragstellerin in keinem (zwingenden) Interessengegensatz zur (mit diesen Anträgen materiell obsiegenden) Antragstellerin; gleichwohl kann die Beigeladene insoweit auch als Unterliegender angesehen werden, als das Nachprüfungsverfahren gerade nicht mit einer Bestätigung der beabsichtigten Zuschlagsentscheidung zu ihren Gunsten durch die Kammer geendet hat. Aufgrund der atypischen Besonderheiten des vorliegenden Nachprüfungsverfahrens erscheint es der Kammer daher sachgerecht, dass die Beteiligten die **Gebühren der Kammer zu jeweils einem Drittel tragen und dass eine wechselseitige Erstattung von Kosten der zweckentsprechenden Rechtsverfolgen nicht stattfindet**, sondern dass jeder Beteiligte seine Kosten insoweit selbst trägt (VK Schleswig-Holstein, B. v. 17. 7. 2007 – Az.: VK-SH 05/07)

– hat ein **Antragsteller seinen Hauptantrag so formuliert**, dass dem Antragsgegner aufgegeben werden soll, den **wettbewerblichen Dialog mit dem Antragsteller unter Ausschluss des Beigeladenen fortzuführen**, und hat die Vergabekammer den Hauptantrag inzident als unbegründet zurückgewiesen, hat der **Antragsteller sein mit dem Nachprüfungsantrag in erster Linie verfolgtes wirtschaftliches Ziel**, den wettbewerblichen Dialog mit ihm allein – unter Ausschluss des Teilnahmeantrags des Beigeladenen – fortzusetzen und faktisch den Zuschlag auf sein Angebot zu erhalten, **mit seinem Hauptantrag nicht erreicht**. Er hat **lediglich mit seinem Hilfsantrag erzielt**, dass – da das Vergabeverfahren aufzuheben ist – eine Zuschlagserteilung auf das Angebot des Beigeladenen unterbleibt und er die Chance auf die Einreichung eines neuen Angebots in einem neuen Vergabeverfahren erhält, sofern der Antragsgegner am Beschaffungsvorhaben festhält. Dann ist es geboten, den Antragsteller zur Hälfte mit den Verfahrenskosten und mit den eigenen Aufwendungen (Rechtsanwaltskosten) zu belasten (OLG Düsseldorf, B. v. 18. 12. 2006 – Az.: VII – Verg 43/06)

– hat ein Antragsteller durch die **Stellung des Nachprüfungsantrages das Verfahren in Gang gesetzt und damit die Kosten verursacht**, trägt er **als Kostenschuldner die Gebühren** für die Amtshandlung der VK (VK Münster, B. v. 14. 10. 2004 – Az.: VK 15/04)

– unterlegen im Sinne des § 128 Abs. 3 GWB ist auch die Vergabestelle, die ihr – im Regelfall mit dem Antrag, den Nachprüfungsantrag des nicht für den Auftrag vorgesehenen Bieters ab-

1065

zuweisen, verfolgtes – Ziel, die Auftragsvergabe durch Zuschlag zum Abschluss zu bringen, nicht erreicht (OLG Thüringen, B. v. 30. 1. 2002 – Az.: 6 Verg 9/01)

– hat die Vergabestelle ihren ursprünglichen Antrag nach § 115 Abs. 2 GWB zurückgenommen und erfolgte die Rücknahme, nachdem der Antragsteller seinen Nachprüfungsantrag inhaltlich so eingeschränkt hatte, dass dem Zuschlag insoweit nichts mehr im Wege stand, stellt sich die **Rücknahme als Erledigungserklärung eines Antrags, der durch eine unzulässig weite Fassung des Nachprüfungsantrags ausgelöst worden war** (§ 161 Abs. 2 VWGO, § 91a ZPO analog), dar. Der Antragsteller hat daher die Kosten zu tragen (2. VK Bund, B. v. 13. 2. 2003 – Az.: VK 2–98/02)

40.3.10.5 Nachrangigkeit des § 128 Abs. 3 Satz 4 GWB im Verhältnis zu § 128 Abs. 3 Satz 5 GWB

5109   Die **Regelung in § 128 Abs. 3 Satz 4 GWB ist nachrangig zum Satz 5** (VK Münster, B. v. 17. 12. 2009 – Az.: VK 21/09). Nach § 128 Abs. 3 Satz 4 GWB hat zwar für den Fall, dass sich der Antrag vor Entscheidung durch Rücknahme oder anderweitig erledigt, stets der Antragsteller die Hälfte der Gebühr zu entrichten. Eine **Korrektur dieser pauschalen Kostenzuweisung zu Lasten des Antragstellers bildet jedoch Satz 5 dieser Vorschrift.** Danach erfolgt die Entscheidung, wer die Kosten zu tragen hat, nach billigem Ermessen. **Sinn und Zweck des § 128 Abs. 3 Satz 5 GWB besteht darin, eine unbillige Kostentragung zu Lasten des Antragstellers für den Fall zu verhindern, dass der Antragsgegner dem Begehren des Antragstellers abhilft und das Verfahren durch beiderseitige Erledigungserklärung der Parteien beendet** wird (VK Schleswig-Holstein, B. v. 11. 6. 2010 – Az.: VK-SH 10/10; im Ergebnis ebenso 3. VK Bund, B. v. 24. 8. 2010 – Az.: VK 3–78/09).

5110   Im Falle einer übereinstimmenden Erledigungserklärung im Verfahren vor der Vergabekammer **eröffnet § 128 Abs. 3 Satz 5 GWB die Möglichkeit einer Ermessensentscheidung sowohl für die Kosten der Vergabekammer als auch die Kosten der Beteiligten.** Nach dem heutigen Wortlaut des § 128 Abs. 3 GWB ist in den Sätzen 1 bis 4 umfassend geregelt, wer in welchen Verfahrenskonstellationen Kostenschuldner ist; **wäre diese Regelung abschließend, so wäre für eine Entscheidung nach billigem Ermessen über die Kostentragungspflicht (Satz 5) gar kein Raum mehr.** Satz 5 lässt sich im Lichte der verschiedenen Formulierungsalternativen aus dem Gesetzgebungsverfahren sinnvoll mithin nur so verstehen, dass jedenfalls für den Fall der anderweitigen Erledigung des Nachprüfungsbegehrens von den im Einzelnen vorgesehenen gesetzlichen Kostenregelungen nach billigem Ermessen abgewichen werden darf (OLG Dresden, B. v. 10. 8. 2010 – Az.:Verg 0008/10).

5111   § 128 Abs. 3 GWB betrifft seiner systematischen Stellung im Gesetz nach allerdings nur die Kosten i. S. v. § 128 Abs. 1 GWB, also die Gebühren und Auslagen des Verwaltungsverfahrens vor der Kammer. Die im Gesetzgebungsverfahren diskutierten Formulierungsalternativen und insbesondere die vom Bundesrat für seine Anregung gegebene Begründung, machen indes deutlich, dass die dort angestellten **Erwägungen zugunsten einer Kostenregelung nach Billigkeitsgrundsätzen für den Fall der Hauptsacheerledigung nicht auf die Verwaltungsgebühren und -auslagen beschränkt sein sollten, sondern die Kosten des Nachprüfungsverfahrens allgemein betreffen, also auch die den Beteiligten entstandenen Aufwendungen erfassen sollten** (OLG Dresden, B. v. 10. 8. 2010 – Az.:Verg 0008/10).

5112   **Anderer Auffassung** ist die **VK Berlin. Für die Ansicht, die Kostenregelung in § 128 Abs. 3 Satz 4 GWB sei zu den Regelungen in Satz 3 und Satz 5 nachrangig, gibt ihr eindeutiger Wortlaut nichts her.** Bereits für die alte Fassung des § 128 Abs. 3 GWB, die keine dem Satz 4 entsprechende Regelung enthielt, galt die Kostentragungspflicht für den Antragsteller, der ein Nachprüfungsverfahren in Gang setzt, das sich durch Antragsrücknahme erledigt. Mit dem neuen § 128 Abs. 3 Satz 4 GWB, der nunmehr ausdrücklich den Antragsteller als Kostenpflichtigen erwähnt, sollte dies klargestellt werden. In Entsprechung hierzu ist der neue § 128 Abs. 4 Satz 3 GWB formuliert, der den Antragsteller bei Rücknahme des Nachprüfungsantrags verpflichtet, auch die zweckentsprechenden Aufwendungen des Antragsgegners zu tragen (VK Berlin, B. v. 20. 5. 2010 – Az.: VK-B 2–3/10).

5113   Die systematische Stellung des Satzes 4, eingebettet in die allgemeinen Grundsätze einer verschuldensabhängigen (Satz 3) oder billigem Ermessen (Satz 5) folgenden Kostenzuordnung, könnte zwar eine Auslegung nahelegen, die diese Prinzipien als vorrangig gegenüber der konkreten Kostenfolge in § 128 Abs. 3 Satz 4 GWB ansieht. **Damit wäre aber der neue Satz 4 im Grunde entbehrlich – die Kostenentscheidung könnte sich stets an den wertungsbedürftigen Grundsätzen orientieren.** Dies hätte wiederum regelmäßig eine Prüfung der **Erfolgsaussichten des zurückgenommenen Antrags zur Folge**: Verdichteten sich Anhaltspunkte für seinen Erfolg, wäre das Verschulden des Antragsgegners zu bejahen und ihm wären aus Billigkeitsgründen die Kosten aufzuerlegen. Das **entspräche nicht der gesetzgeberischen Intention, das Nachprüfungsverfahren weiter zu beschleunigen** und von zusätzlichem, nicht erforderlichem Verfahrensaufwand freizuhalten (VK Berlin, B. v. 20. 5. 2010 – Az.: VK-B 2–3/10).

Eine vom Grundsatz der Kostentragungspflicht des Antragstellers **abweichende Entscheidung kann bei groben vergaberechtlichen Verstößen des Auftraggebers**, die nicht allein auf einer rechtlichen Fehleinschätzung beruhen, **in Betracht kommen**; etwa wenn der Auftraggeber die nach den Umständen erforderliche Sorgfalt in ungewöhnlich groben Maße unter Außerachtlassung dessen, was jedem einleuchtet, nicht eingehalten hätte (VK Berlin, B. v. 20. 5. 2010 – Az.: VK-B 2–3/10). 5114

40.3.11 Absehen von der Erhebung von Gebühren (§ 128 Abs. 3 Satz 6)

40.3.11.1 Grundsatz

Aus Gründen der Billigkeit kann ganz oder teilweise nach § 128 Abs. 3 Satz 6 GWB von der Erhebung von Gebühren abgesehen werden. Einzubeziehen sind insoweit **Gesichtspunkte, die nicht schon im Rahmen des § 128 Abs. 2 Satz 1 Halbsatz 2 GWB berücksichtigt werden können oder gemäß § 128 Abs. 3 Satz 4 GWB zwingend zu beachten sind**. Dabei kann es eine Rolle spielen, dass über den durch Rücknahme bedingten typischerweise reduzierten Verwaltungsaufwand hinaus bei der Vergabekammer ein erheblich unterdurchschnittlicher personeller und sachlicher Aufwand angefallen ist, etwa weil der **Antrag ersichtlich unzulässig** war (BayObLG, B. v. 6. 6. 2002 – Az.: Verg 12/02; OLG Düsseldorf, B. v. 7. 1. 2004 – Az.: VII – Verg 55/02) oder bereits **in einem sehr frühen Verfahrensstadium** (z. B. unmittelbar nach Übersendung der Antragserwiderung oder unmittelbar nach Antragstellung und einem Telefonat mit dem Vorsitzenden der Vergabekammer) **zurückgenommen** wurde (OLG Düsseldorf, B. v. 9. 2. 2006 – Az.: VII – Verg 80/05; VK Köln, B. v. 24. 7. 2007 – Az.: VK VOF 18/2007; B. v. 18. 5. 2007 – Az.: VK VOL 10/2007; B. v. 12. 3. 2007 – Az.: VK VOB 2/2007). **Bis zu diesem Zeitpunkt besteht für die Vergabekammer lediglich Veranlassung zu einer eingeschränkten Prüfung des Nachprüfungsantrags**. Sie beschränkt sich gemäß § 110 Abs. 2 Satz 1 GWB auf die Frage, ob das Nachprüfungsbegehren eines Antragstellers offensichtlich unzulässig oder unbegründet ist, so dass von einer Zustellung der Antragsschrift abzusehen ist (OLG Düsseldorf, B. v. 12. 5. 2004 – Az.: VII – Verg 23/04; B. v. 12. 5. 2004 – Az.: VII – Verg 24/04; B. v. 12. 5. 2004 – Az.: VII – Verg 25/04; B. v. 12. 5. 2004 – Az.: VII – Verg 26/04; B. v. 12. 5. 2004 – Az.: VII – Verg 27/04; B. v. 12. 5. 2004 – Az.: VII – Verg 28/04; VK Südbayern, B. v. 23. 9. 2004, Az.: 120.3-3194.1-52-07/04). Das gleiche gilt bei mehreren inhaltlich weitgehend übereinstimmenden Nachprüfungsanträgen (OLG Düsseldorf, B. v. 12. 5. 2004 – Az.: VII – Verg 23/04; B. v. 12. 5. 2004 – Az.: VII – Verg 24/04; B. v. 12. 5. 2004 – Az.: VII – Verg 25/04; B. v. 12. 5. 2004 – Az.: VII – Verg 26/04; B. v. 12. 5. 2004 – Az.: VII – Verg 27/04; B. v. 12. 5. 2004 – Az.: VII – Verg 28/04). 5115

Ein völliges Absehen von der Erhebung von Gebühren kann auch in Betracht kommen, wenn bis zur Rücknahme eines Antrages wegen offensichtlicher Unzulässigkeit **kein irgendwie ins Gewicht fallender personeller und sachlicher Aufwand bei der Vergabekammer erforderlich geworden ist** (Saarländisches OLG, B. v. 26. 11. 2004 – Az.: 1 Verg 7/04). 5116

Ein solcher Fall kommt auch in Betracht, wenn der **Antragsteller das Nachprüfungsverfahren aufgrund einer Fehlinformation oder eines sonstigen Fehlverhaltens des Antragsgegners eingeleitet** hat oder die **allgemein angespannte wirtschaftliche Lage der ganzen Branche eine Ermäßigung indiziert** (VK Schleswig-Holstein, B. v. 23. 2. 2005 – Az.: VK-SH 04/05). 5117

Nach dem Wortlaut von § 128 Abs. 3 Satz 6 GWB („kann") hat die **Vergabekammer** bei der Entscheidung **ein Ermessen** (OLG Düsseldorf, B. v. 7. 1. 2004 – Az.: VII – Verg 55/02). 5118

40.3.11.2 Weitere Beispiele aus der Rechtsprechung

– der Antragsteller, der einen **Nachprüfungsantrag erst am Tag vor der mündlichen Verhandlung zurücknimmt**, kann im Übrigen auch nicht ernstlich erwarten, dadurch zu einer fühlbaren Entlastung der Vergabekammer beigetragen zu haben; eine Ablehnung, nicht von der Gebührenerhebung abzusehen, ist nicht ermessensfehlerhaft (OLG Düsseldorf, B. v. 7. 1. 2004 – Az.: VII – Verg 55/02) 5119

Teil 1 GWB § 128 Gesetz gegen Wettbewerbsbeschränkungen

- von der Erhebung von Verfahrenskosten kann aus Billigkeitsgründen auch abgesehen werden, wenn das **Nachprüfungsverfahren ohne mündliche Verhandlung beendet werden kann** (VK Hamburg, B. v. 18. 9. 2003 – Az.: VgK FB 4/03)
- bedarf es **keiner Durchführung einer mündlichen Verhandlung** und zieht der Antragsteller **unmittelbar nach Auswertung der Erkenntnisse aus der Akteneinsicht** bzw. nach einer dreitägigen Bedenkzeit noch vor Absendung der Beiladung und Ladung zur mündlichen Verhandlung seinen Antrag zurück, kann teilweise von der Erhebung von Verfahrenskosten abgesehen werden (1. VK Sachsen, B. v. 5. 6. 2003 – Az.: 1/SVK/044-03)
- hat der **Auftraggeber fälschlicherweise die Vergabekammer als zuständige Nachprüfbehörde benannt**, kann teilweise von der Erhebung von Verfahrenskosten abgesehen werden (1. VK Sachsen, B. v. 17. 6. 2003 – Az.: 1/SVK/050-03)
- zieht ein Antragsteller seinen Antrag zu einem Zeitpunkt zurück, zu dem die **mündliche Verhandlung noch nicht durchgeführt** ist und die **Ladungen noch für gegenstandslos erklärt werden können**, kann teilweise von der Erhebung von Verfahrenskosten abgesehen werden (1. VK Sachsen, B. v. 14. 11. 2003 – Az.: 1/SVK/143-03)
- für eine Kostenreduzierung spricht, dass der Erfüllungsgehilfe des Auftraggebers das Absageschreiben derart formelhaft reduzierte, dass die **Antragstellerin förmlich in das Verfahren gedrängt** wurde. Daher wird die Gebühr ein weiteres Mal um die Hälfte reduziert (1. VK Sachsen, B. v. 22. 8. 2003 – Az.: 1/SVK/091-03)

40.3.12 Gebührenbefreiung nach dem Verwaltungskostengesetz?

40.3.12.1 Grundsätze

5120 Das **Nachprüfungsverfahren** ist seinem Charakter nach letztlich ein **Verwaltungsverfahren im Kompetenzbereich des Bundes bzw. des jeweiligen Bundeslandes**. Aus diesem Grunde richtet sich die **Frage der persönlichen Gebührenfreiheit nach dem Verwaltungskostengesetz des Bundes bzw. des jeweiligen Bundeslandes** (OLG Schleswig-Holstein, B. v. 5. 1. 2007 – Az.: 1 (6) Verg 11/05).

5121 Die **Rechtsprechung** hierzu ist **nicht einheitlich**.

5122 Nach Auffassung der **VK Magdeburg** (B. v. 6. 6. 2002 – Az.: 33–32571/07 VK 05/02 MD) ist eine Vergabestelle **nicht** von der Zahlung der Gebühr nach **§ 8 Abs. 1 Nr. 2 VwKostG** befreit. **§ 128 Abs. 3 Satz 1** GWB trifft insoweit eine **speziellere Regelung**. Nach dieser Vorschrift entsteht die Kostenschuld unabhängig von dem Befreiungstatbestand nach § 8 Abs. 1 VwKostG. Hätte der Gesetzgeber die entsprechenden Beteiligten von der Gebührenpflicht freistellen wollen, ist davon auszugehen, dass er dies bei der Regelung der Kostenpflicht unmittelbar zum Ausdruck gebracht hätte.

5123 Dieses Ergebnis wird **außerdem darauf gestützt**, dass die Regelung über die Gebührenbefreiung (§ 2 Abs. 1 Nr. 1 Verwaltungskostengesetz des Landes Sachsen-Anhalt) nicht anzuwenden ist bei Entscheidungen über förmliche Rechtsbehelfe (z.B. Widerspruch). Dieser Ausnahmetatbestand liegt hier vor. Das Nachprüfungsverfahren ist insoweit mit einem Widerspruchsverfahren vergleichbar (VK Magdeburg, B. v. 24. 2. 2003 – Az.: 33–32571/07 VK 15/02 MD).

5124 Demgegenüber gehen die **übrigen Vergabekammern** (u. a. VK Baden-Württemberg, B. v. 22. 10. 2002 – Az.: 1 VK 51/02; VK Hessen, B. v. 22. 4. 2002 – Az.: 69 d VK – 11/2002; VK Südbayern, B. v. 6. 5. 2002 – Az.: 12-04/02) **und die Vergabesenate** insbesondere in Entscheidungen zum Gesamtschuldnerausgleich (vgl. die Kommentierung → Rdn. 74 ff) **von einer Gebührenbefreiung aus**, ohne auf die Entscheidungspraxis der VK Magdeburg einzugehen.

40.3.12.2 Beispiele aus der Rechtsprechung

5125 - der **Landesbetrieb Straßenbau NRW ist nicht erwerbswirtschaftlich ausgerichtet**. Er nimmt nicht durch ein Angebot von Waren oder Dienstleistungen gegen Entgelt am Marktgeschehen teil, sondern erfüllt als untere Straßenbaubehörde die mit der Straßenbaulast bei Landesstraßen und Bundesfernstraßen im Land Nordrhein-Westfalen verbundenen hoheitlichen Aufgaben. Er ist ausschließlich Nachfrager auf Märkten u. a. für Straßen- und Tiefbauleistungen, Ingenieurbauwerke und Planungsleistungen. Er ist als Nachfrager auf den einschlägigen Märkten nur für die Beschaffungsaufgabe zuständig und hat dementsprechend nur Ausgaben. Der Umstand, dass auch der Landesbetrieb Straßenbau NRW bei seiner Aufgabenerfüllung aus der Erwerbswirtschaft bekannte betriebliche Steuerungsinstrumente anwenden mag, ist für

Gesetz gegen Wettbewerbsbeschränkungen GWB § 128 **Teil 1**

sich allein genommen nicht geeignet, die Annahme einer erwerbswirtschaftlichen Betätigung zu begründen. Der **Landesbetrieb Straßenbau NRW ist deshalb keine einem Sondervermögen oder Bundesbetrieb im Sinne des Art. 110 Abs. 1 GG gleichartige Einrichtung. Auch deshalb kommt die Ausnahmebestimmung des § 8 Abs. 3 VwKostG, wonach Gebührenfreiheit nach Absatz 1 nicht für Sondervermögen oder Bundesbetriebe im Sinne des Art. 110 Abs. 1 GG gleichgeartete Einrichtungen der Länder besteht, nicht zur Anwendung.** Das Land Nordrhein-Westfalen – als Träger der rechtlich unselbständigen, nur organisatorisch ausgegliederten Verwaltungseinheit Landesbetrieb Straßenbau NRW – genießt im Nachprüfungsverfahren vor der Vergabekammer Kostenfreiheit nach § 8 Abs. 1 Nr. 2 VwKostG in Verbindung mit § 128 Abs. 1 Satz 2 GWB (OLG Düsseldorf, B. v. 14. 9. 2009 – Az.: VII-Verg 20/09).

40.3.12.3 Gebührenbefreiung auch für privatrechtlich organisierte öffentliche Auftraggeber

Zwar knüpft § 8 VwKostG nach seinem **Wortlaut an die öffentlich-rechtliche Organisationsform** des Verfahrensbeteiligten an. Die Auftraggeberin ist als gemeinnützige GmbH und damit in Privatrechtsform organisiert. **Sinn und Zweck der Vorschrift ist es aber nicht, an die Rechtsformprivatisierung einer öffentlichen Einrichtung negative Kostenfolgen zu knüpfen** (VK Niedersachsen, B. v. 17. 8. 2009 – Az.: VgK – 36/2009). 5126

Anderer Auffassung ist die **VK Münster**. Von der Zahlung der Gebühren für Amtshandlungen sind gemäß § 128 Abs. 1 GWB in Verbindung mit § 8 Abs. 1 Nr. 3 VwKostG die Gemeinden und Gemeindeverbände befreit. Das **gilt aber nicht für die Amtshandlungen ihrer wirtschaftlichen Unternehmen** (VK Münster, B. v. 17. 12. 2009 – Az.: VK 21/09). 5127

40.3.13 Verjährung

Das **Nachprüfungsverfahren vor der Vergabekammer** ist ungeachtet seiner gerichtsförmigen Ausgestaltung ein **Verwaltungsverfahren**, auf dessen Kosten nach der ausdrücklichen Regelung in § 128 Abs. 1 GWB das **Verwaltungskostengesetz Anwendung findet.** Danach **verjährt der Anspruch auf Zahlung von Kosten** (mit der Folge, dass er mit Ablauf der Verjährungsfrist erlischt, § 20 Abs. 1 Satz 3 VwKostG) **entweder nach drei Jahren, beginnend mit dem Ablauf des Kalenderjahres der Fälligstellung der Gebührenschuld** durch Bekanntgabe der Kostenentscheidung an den Kostenschuldner (§ 20 Abs. 1 Satz 1, 1. Alt. i. V. m. § 17 VwKostG), **oder spätestens mit dem Ablauf des 4. Jahres nach Entstehung der Kostenschuld** (§ 20 Abs. 1 Satz 1, 2. Alternative VwKostG), die sich wiederum nach § 11 VwKostG richtet. In der verwaltungsrechtlichen Rechtsprechung und Literatur besteht insoweit Einigkeit darüber, dass § 20 Abs. 1 VwKostG zwei in ihren Voraussetzungen voneinander unabhängige und deshalb separat zu prüfende Verjährungstatbestände enthält, wobei maßgebend für den wegen § 20 Abs. 1 S. 3 VwKostG von Amts wegen zu beachtenden Verjährungseintritt das für den Kostenschuldner günstigere Ergebnis ist (OLG Dresden, B. v. 4. 4. 2006 – Az.: WVerg 0001/06). 5128

40.4 Tragung der zweckentsprechenden und notwendigen Aufwendungen (§ 128 Abs. 4)

40.4.1 Abdingbarkeit der Regelung des § 128 Abs. 4

Die Bestimmungen des § 128 Abs. 4 GWB sind **grundsätzlich abdingbar** und können daher **durch eine Parteiabrede** (z. B. im Wege eines Vergleiches) **ersetzt werden** (VK Schleswig-Holstein, B. v. 21. 2. 2007 – Az.: VK-SH 02/07). 5129

40.4.2 Tragung der zweckentsprechenden und notwendigen Aufwendungen des Antragsgegners durch den unterliegenden Beteiligten (§ 128 Abs. 4 Satz 1)

40.4.2.1 Begriff des Antragsgegners

Die Position des „Antragsgegners" **hängt nicht davon ab, ob die zur Überprüfung stehenden Maßnahmen von Amts wegen oder auf Antrag eines Verfahrensbeteiligten** 5130

Teil 1 GWB § 128

eingeleitet worden sind. Entscheidend ist vielmehr, ob sich der Antragsgegner mit seinem Begehren in einen **direkten Interessengegensatz zu dem Antragsteller** gestellt hat (OLG Düsseldorf, B. v. 27. 10. 2003 – Az.: Verg 23/03).

40.4.2.2 Unterliegender Beteiligter

5131   **40.4.2.2.1 Allgemeines.** Vgl. zunächst die **Kommentierung zu → § 128 GWB Rdn. 58**.

5132   Der Antragsteller hat im Fall der Antragsrücknahme die zur zweckentsprechenden Rechtsverfolgung **notwendigen Aufwendungen des Antragsgegners und der Beigeladenen zu erstatten**. Hier kann ggf. eine differenzierende Betrachtungsweise betreffend die Kosten für die Beauftragung eines Bevollmächtigten durch den Antragsgegner einerseits und durch die Beigeladenen andererseits **geboten** sein (3. VK Saarland, B. v. 18. 12. 2009 – Az.: 3 VK 02/2009).

5133   Das **GWB sieht eine Erstattung von Auslagen, die ein Antragsteller im Verfahren vor der Vergabekammer gehabt habt, nicht vor, wenn dieses Verfahren nicht durch eine für den Antragsteller günstige Entscheidung der Vergabekammer über den Nachprüfungsantrag, sondern durch Erledigung und infolgedessen durch Einstellung des Nachprüfungsverfahrens beendet wurde und der Antragsgegner demnach nicht im Sinne von § 128 Abs. 4 Satz 1 GWB „unterliegt". Für Billigkeitserwägungen ist –** anders als im Bereich der Gebühren der Kammer – **kein Raum**. Aus § 128 Abs. 3 Satz 4 GWB ist zu ersehen, dass der Gesetzgeber nicht nur den Fall der Beendigung des Nachprüfungsverfahrens durch Rücknahme des Antrags, sondern auch den Fall der Beendigung des Nachprüfungsverfahrens durch anderweitige Erledigung gesehen hat. Gleichwohl hat er darauf verzichtet, eine an § 128 Abs. 3 Satz 5 GWB angelehnte Regelung auch für Abs. 4 dahingehend zu treffen, dass auch die Erstattung von Auslagen im Falle der (anderweitigen) Erledigung nach billigem Ermessen erfolgt. Unter diesen Umständen kann auch eine **planwidrige Regelungslücke, die für eine Heranziehung der Grundsätze über die Analogie notwendig wäre, nicht angenommen** werden (VK Schleswig-Holstein, B. v. 11. 6. 2010 – Az.: VK-SH 10/10).

5134   **40.4.2.2.2 Sonderfall: Unterstützung des Antragstellers durch den Auftraggeber.** Ist der Auftraggeber zwar formal Gegner im Nachprüfungsverfahren, hat er aber materiell den Nachprüfungsantrag des Antragstellers unterstützt, entspricht es in dieser Konstellation wohl eher der Billigkeit, dass der Antragsteller nicht die notwendigen Aufwendungen des Auftraggebers zu tragen hat, sondern dieser sie selber trägt. In Anbetracht des klaren Gesetzeswortlautes ist es dem **Senat aber nicht möglich, den Antragsteller von der Tragung der „außergerichtlichen" Kosten des Auftraggebers freizustellen, obwohl dieser seinen Nachprüfungsantrag unterstützt hat und damit sozusagen im Lager des Antragstellers stand** (OLG München, B. v. 10. 8. 2010 – Az.: Verg 07/10).

5135   In einem solchen Fall wäre es aber **unbillig, dem Antragsteller die Tragung der notwendigen Aufwendungen des Auftraggebers aufzuerlegen**, weil dieser ebenfalls unterlegen ist. Dies entspricht auch dem Gedanken des § 101 ZPO, wonach der unterliegende Teil niemals die Kosten des ihn unterstützenden **Nebenintervenienten** zu tragen hat (OLG München, B. v. 10. 8. 2010 – Az.: Verg 07/10).

40.4.2.3 Erforderlichkeit einer zurückweisenden Entscheidung

5136   Nach der Rechtsprechung des Bundesgerichtshofs ist **ein Unterliegen im Sinne von § 128 Abs. 4 Satz 1 GWB nur gegeben, wenn die Vergabekammer eine Entscheidung getroffen hat, die das Begehren des Antragstellers ganz oder teilweise als unzulässig oder unbegründet zurückweist**. Das Erfordernis einer zurückweisenden Entscheidung steht in Einklang mit anderen Verfahrensgesetzen. **Auch das in § 128 Abs. 3 Satz 1 GWB vorausgesetzte Unterliegen eines Beteiligten kann nur gegeben sein, wenn die Vergabekammer im Nachprüfungsverfahren eine Entscheidung über den Antrag getroffen hat**. Wird das Nachprüfungsverfahren auf andere Weise beendet, beantwortet sich die Frage, wer die Kosten für Amtshandlungen der Vergabekammer (Gebühren und Auslagen) zu tragen hat, nach **§ 128 Abs. 1 Satz 2 GWB**. Nach § 13 Abs. 1 Nr. 1 des dort in Bezug genommenen Verwaltungskostengesetzes trifft in diesen Fällen den **Antragsteller insoweit die Kostenlast, weil er durch Stellung des Nachprüfungsantrags das Verfahren in Gang gesetzt** hat. Das hat der Senat bereits für den Fall ausgesprochen, dass das Nachprüfungsverfahren sich in der Hauptsache erledigt hat; es gilt gleichermaßen aber auch dann, wenn und soweit der Nachprüfungsantrag zurückgenommen worden ist. Das **Gesetz sieht also eine Erstattung von Aus-**

Gesetz gegen Wettbewerbsbeschränkungen GWB § 128 **Teil 1**

lagen, die der Antragsgegner im Verfahren vor der Vergabekammer gehabt hat, nicht vor, wenn dieses Verfahren nicht durch eine dem Antragsgegner günstige Entscheidung der Vergabekammer über den Nachprüfungsantrag, sondern z. B. durch dessen **Rücknahme und Einstellung des Nachprüfungsverfahrens geendet hat** (BGH, B. v. 24. 3. 2009 – Az.: X ZB 29/08; B. v. 25. 10. 2005 – Az.: X ZB 26/05; B. v. 25. 10. 2005 – Az.: X ZB 25/05; B. v. 25. 10. 2005 – Az.: X ZB 24/05; B. v. 25. 10. 2005 – Az.: X ZB 22/05; B. v. 25. 10. 2005 – Az.: X ZB 15/05; OLG Brandenburg, B. v. 8. 1. 2008 – Az.: Verg W 10/07; OLG Celle, B. v. 27. 8. 2008 – Az.: 13 Verg 2/08; OLG Düsseldorf, B. v. 10. 1. 2008 – Az.: VII-Verg 9/07; B. v. 18. 12. 2006 – Az.: VII – Verg 51/06 – mit ausführlicher Begründung; B. v. 25. 7. 2006 – Az.: VII – Verg 91/05; OLG Karlsruhe, B. v. 11. 7. 2008 – Az.: 15 Verg 5/08; OLG Naumburg, B. v. 17. 8. 2007 – Az.: 1 Verg 5/07; OLG Schleswig-Holstein, B. v. 16. 7. 2009 – Az.: 1 Verg 1/09; VK Baden-Württemberg, B. v. 4. 4. 2007 – Az.: 1 VK 16/07; B. v. 15. 2. 2006 – Az.: 1 VK 3/06; VK Köln, B. v. 20. 6. 2007 – Az.: VK VOB 14/2007; B. v. 20. 6. 2007 – Az.: VK VOB 12/2007; B. v. 18. 5. 2007 – Az.: VK VOL 10/2007; B. v. 20. 4. 2007 – Az.: VK VOL 5/2007; B. v. 17. 4. 2007 – Az.: VK VOF 9/2007; VK Münster, B. v. 25. 9. 2008 – Az.: VK 16/08; B. v. 4. 9. 2008 – Az.: VK 13/08; B. v. 13. 8. 2008 – Az.: VK 15/08; B. v. 3. 9. 2008 – Az.: VK 11/08; B. v. 13. 8. 2008 – Az.: VK 15/08; B. v. 15. 7. 2008 – Az.: VK 09/08; B. v. 15. 5. 2008 – Az.: VK 07/08; B. v. 23. 4. 2008 – Az.: VK 05/08; B. v. 13. 3. 2008 – Az.: VK 01/08; B. v. 1. 3. 2006 – Az.: VK 1/06; 1. VK Saarland, B. v. 6. 8. 2007 – Az.: 1 VK 03/2007; B. v. 11. 5. 2006 – Az.: 1 VK 05/2004; 3. VK Saarland, B. v. 10. 8. 2009 – Az.: 3 VK 03/2008; B. v. 26. 9. 2007 – Az.: 3 VK 06/2007; 1. VK Sachsen-Anhalt, B. v. 16. 10. 2006 – Az.: 1 VK LVwA 14/06-K; B. v. 21. 9. 2006 – Az.: 1 VK LVwA 07/06-K; VK Schleswig-Holstein, B. v. 20. 8. 2009 – Az.: VK-SH 12/09; B. v. 28. 8. 2007 – Az.: VK-SH 19/07; B. v. 21. 6. 2007 – Az.: VK-SH 12/07; B. v. 21. 2. 2007 – Az.: VK-SH 02/07; B. v. 16. 10. 2006 – Az.: VK-SH 24/06; B. v. 12. 9. 2006 – Az.: VK-SH 23/06; B. v. 19. 7. 2006 – Az.: VK-SH 19/06; B. v. 11. 7. 2006 – Az.: VK-SH 13/06; B. v. 26. 4. 2006 – Az.: VK-SH 09/06; B. v. 26. 4. 2006 – Az.: VK-SH 08/06; B. v. 24. 1. 2006 – Az.: VK-SH 33/05; B. v. 7. 4. 2005 – Az.: VK-SH 06/05; VK Thüringen, B. v. 4. 3. 2009 – Az.: 250–4003.20–5545/2008-032-GRZ; B. v. 16. 3. 2007 – Az.: 360–4002.20–733/2007-003-IK; bereits früher 1. VK Sachsen, B. v. 23. 8. 2005 – Az.: 1/SVK/040-05).

Diese **Rechtsprechung ist insbesondere unter dem Gesichtspunkt der prozessualen Waffen- und Chancengleichheit nicht zu beanstanden**. Aus dem **Gleichheitssatz** (Art. 3 Abs. 1 GG) und aus dem **Rechtsstaatsgebot** (Art. 20 Abs. 3 GG) ist zwar abzuleiten, dass in Bezug auf den Auslagenersatz unter den Beteiligten eines gerichtlichen oder behördlichen Verfahrens grundsätzlich eine vergleichbare Rechtslage herzustellen ist. Ein allgemeingültiges Prinzip der Kosten- und Auslagenerstattung ist in den Verfahrensordnungen jedoch weder festgeschrieben, noch **besteht von Rechts wegen eine Verpflichtung, in jedem Fall einer Verfahrensbeendigung eine Erstattung von Kosten und Auslagen vorzusehen**. Bei der Regelung der Erstattungstatbestände steht dem Gesetzgeber vielmehr ein **weiter Gestaltungsspielraum** zu. Davon ist in der Weise Gebrauch gemacht worden, dass in Anlehnung an das verwaltungsrechtliche Widerspruchsverfahren (§ 80 Abs. 1 VwVfG) im Vergabenachprüfungsverfahren eine Auslagenerstattung nur vorgesehen ist, sofern die Vergabekammer eine Entscheidung getroffen hat, mit der das sachliche Begehren des Antragstellers ganz oder teilweise als unzulässig oder unbegründet abgelehnt worden ist. Nach der Vorstellung des Gesetzgebers sollte die in § 128 GWB getroffene Kostenregelung neben einer Ausrichtung am Kostendeckungsprinzip bei der Inanspruchnahme der Nachprüfung keine abschreckende Wirkung entfalten (OLG Düsseldorf, B. v. 18. 12. 2006 – Az.: VII – Verg 51/06). 5137

Für den Fall der Rücknahme des Nachprüfungsantrags hat der Gesetzgeber im Vergaberechtsmodernisierungsgesetz 2009 in § 128 Abs. 4 Satz 3 GWB nun eine ausdrückliche Regelung getroffen, so dass für diesen Fall die **Rechtsprechung des BGH keine Gültigkeit mehr** hat. Vgl. insoweit die Kommentierung → Rdn. 214 ff. 5138

40.4.2.4 Zur zweckentsprechenden Rechtsverfolgung oder Rechtsverteidigung notwendige Aufwendungen des Antragsgegners

40.4.2.4.1 Aufwendungen für die Hinzuziehung eines Rechtsanwaltes durch den öffentlichen Auftraggeber. 40.4.2.4.1.1 Rechtsanwaltskosten als notwendige Aufwendungen. Die **Rechtsprechung** hierzu ist **nicht einheitlich**. 5139

Für die Frage, ob die **Zuziehung eines Bevollmächtigten notwendig ist** und die hieraus entstehenden Kosten im Sinne von § 80 Abs. 1 Satz 3 VwVfG zu den notwendigen Auslagen 5140 gehören, ist **auf die spezifischen Besonderheiten des Vergabenachprüfungsverfahrens Rücksicht zu nehmen**. Es handelt sich um eine immer noch nicht zum (weder juristischen noch unternehmerischen) Allgemeingut zählenden, auch aufgrund vielfältiger europarechtlicher Überlagerung wenig übersichtliche und zudem steten Veränderungen unterworfene Rechtsmaterie, die wegen des gerichtsähnlich ausgestalteten Verfahrens bei der Vergabekammer bereits dort prozessrechtliche Kenntnisse verlangt. Die verfahrensrechtliche Ausgangssituation unterscheidet sich daher schon wegen ihrer kontradiktorischen Ausgestaltung von einem „normalen" verwaltungsrechtlichen Verfahren. Infolge dessen ist die Notwendigkeit der Zuziehung eines anwaltlichen Bevollmächtigten **jeweils nach den individuellen Umständen des einzelnen Nachprüfungsverfahrens zu beurteilen** (OLG Dresden, B. v. 7. 2. 2003 – Az.: WVerg 0021/02; 1. VK Sachsen, B. v. 11. 12. 2009 – Az.: 1/SVK/054-09; B. v. 13. 9. 2004 – Az.: 1/SVK/080-04; B. v. 21. 5. 2004 – Az.: 1/SVK/036-04; B. v. 23. 1. 2004 – Az.: 1/SVK/160-03, B. v. 13. 9. 2002 – Az.: 1/SVK/082-02).

5141   Die Frage, ob die Zuziehung eines anwaltlichen Vertreters im erstinstanzlichen Nachprüfungsverfahren für den öffentlichen Auftraggeber notwendig ist, kann also **nicht schematisch, sondern aus prognostischer Sicht (ex ante) stets anhand der Umstände des einzelnen Falles** beurteilt werden (OLG Brandenburg; B. v. 30. 5. 2008 – Az.: Verg W 5/08; B. v. 11. 12. 2007 – Az.: Verg W 6/07; OLG Düsseldorf, B. v. 11. 1. 2010 – Az.: VII-Verg 49/09; B. v. 16. 4. 2007 – Az.: VII – Verg 55/06; OLG Karlsruhe, B. v. 16. 6. 2010 – Az.: 15 Verg 4/10; OLG Koblenz, B. v. 8. 6. 2006 – Az.: 1 Verg 4 und 5/06; OLG München, B. v. 11. 6. 2008 – Az.: Verg 6/08; VK Brandenburg, B. v. 8. 4. 2009 – Az.: VK 17/09; B. v. 19. 12. 2008 – Az.: VK 40/08; B. v. 22. 9. 2008 – Az.: VK 27/08; B. v. 23. 7. 2007 – Az.: 1 VK 26/07; B. v. 16. 5. 2007 – Az.: 1 VK 13/07; B. v. 8. 12. 2005 – Az.: 2 VK 72/05; B. v. 11. 11. 2005 – Az.: 2 VK 68/05; B. v. 18. 10. 2005 – Az.: 2 VK 56/05; B. v. 30. 5. 2005 – Az.: VK 27/05; B. v. 30. 5. 2005 – Az.: VK 21/05; 3. VK Bund, B. v. 19. 3. 2007 – Az.: VK 3–16/07; 1. VK Saarland, B. v. 16. 12. 2009 – Az.: 1 VK 13/2009; 3. VK Saarland, B. v. 18. 12. 2009 – Az.: 3 VK 02/2009; 1. VK Sachsen, B. v. 11. 12. 2009 – Az.: 1/SVK/054-09; B. v. 15. 3. 2007 – Az.: 1/SVK/007-07; B. v. 14. 3. 2007 – Az.: 1/SVK/006–07; B. v. 5. 2. 2007 – Az.: 1/SVK/125-06; B. v. 13. 4. 2006 – Az.: 1/SVK/028-06; B. v. 27. 3. 2006 – Az.: 1/SVK/021-06; B. v. 28. 12. 2005 – Az.: 1/SVK/147-05; B. v. 21. 7. 2005 – Az.: 1/SVK/076-05; VK Schleswig-Holstein, B. v. 20. 4. 2010 – Az.: VK-SH 03/10; B. v. 23. 10. 2009 – Az.: VK-SH 14/09; B. v. 7. 7. 2009 – Az.: VK-SH 05/09; B. v. 26. 5. 2009 – Az.: VK-SH 04/09; B. v. 20. 1. 2009 – Az.: VK-SH 17/08; B. v. 14. 5. 2008 – Az.: VK-SH 06/08; B. v. 25. 4. 2008 – Az.: VK-SH 04/08; B. v. 5. 7. 2007 – Az.: VK-SH 13/07; B. v. 6. 6. 2007 – Az.: VK-SH 10/07; B. v. 21. 2. 2007 – Az.: VK-SH 02/07; B. v. 28. 11. 2006 – Az.: VK-SH 25/06; B. v. 30. 8. 2006 – Az.: VK-SH 20/06; B. v. 28. 7. 2006 – Az.: VK-SH 18/06; B. v. 12. 6. 2006 – Az.: VK-SH 12/06; B. v. 15. 5. 2006 – Az.: VK-SH 10/06; B. v. 28. 4. 2006 – Az.: VK-SH 05/06; B. v. 28. 4. 2006 – Az.: VK-SH 04/06; B. v. 28. 4. 2006 – Az.: VK-SH 03/06; B. v. 31. 1. 2006 – Az.: VK-SH 33/05; B. v. 17. 1. 2006 – Az.: VK-SH 32/05; B. v. 10. 1. 2006 – Az.: VK-SH 30/05; B. v. 5. 1. 2006 – Az.: VK-SH 31/05; B. v. 6. 10. 2005 – Az.: VK-SH 27/05; B. v. 5. 10. 2005 – Az.: VK-SH 23/05; B. v. 31. 3. 2005 – Az.: VK-SH 05/05; B. v. 7. 3. 2005 – Az.: VK-SH 03/05; B. v. 23. 2. 2005 – Az.: VK-SH 04/05; VK Südbayern, B. v. 29. 5. 2006 – Az.: 09–04/06; B. v. 27. 4. 2006 – Az.: 04–02/06; B. v. 29. 11. 2005 – Az.: Z3-3-3194-1-46–09/05; B. v. 24. 11. 2005 – Az. Az.: Z3-3-3194-1-42–09/05; B. v. 11. 8. 2005 – Az.: 35–07/05; B. v. 10. 6. 2005 – Az.: 20-04/05; B. v. 19. 4. 2005 – Az.: 10–03/05; B. v. 14. 12. 2004 – Az.: 70-10/04; B. v. 14. 12. 2004 – Az.: 69-10/04; B. v. 14. 12. 2004 – Az.: 68-10/04). Bei der **jeweiligen Einzelfallentscheidung** darf weder die restriktive Tendenz bei der Erstattung von Rechtsanwaltsgebühren im Vorverfahren nach § 80 Abs. 2 VwVfG – der in § 128 Abs. 4 Satz 3 GWB nur für entsprechend anwendbar erklärt ist – unbesehen auf das Vergabekammerverfahren übertragen werden noch lässt sich – praktisch in Umkehrung der Praxis zu § 80 Abs. 2 VwVfG – davon ausgehen, die Hinzuziehung eines anwaltlichen Bevollmächtigten sei für den öffentlichen Auftraggeber regelmäßig notwendig (OLG Düsseldorf, B. v. 14. 4. 2004 – Az.: VII – Verg 66/03, B. v. 25. 2. 2004 – Az.: VII Verg 12/00, B. v. 7. 1. 2004 – Az. – Verg 55/02, B. v. 26. 9. 2003 – Az.: VII Verg 31/01; OLG München, B. v. 11. 6. 2008 – Az.: Verg 6/08; VK Brandenburg, B. v. 16. 5. 2007 – Az.: 1 VK 13/07; B. v. 30. 5. 2005 – Az.: VK 27/05; B. v. 30. 5. 2005 – Az.: VK 21/05; VK Südbayern, B. v. 29. 5. 2006 – Az.: 09–04/06; B. v. 27. 4. 2006 – Az.: 04–02/06; B. v. 29. 11. 2005 – Az.: Z3-3-3194-1-46–09/05; B. v. 24. 11. 2005 – Az. Az.: Z3-3-3194-1-42–09/05; B. v. 11. 8. 2005 – Az.: 35–07/05; B. v. 10. 6. 2005 – Az.: 20-04/05; B. v. 19. 4. 2005 – Az.: 10–03/05; B. v. 14. 12. 2004 – Az.: 70-10/04; B. v. 14. 12. 2004 – Az.: 69-10/04; B. v. 14. 12. 2004 – Az.: 68-10/04).

Gesetz gegen Wettbewerbsbeschränkungen GWB § 128 **Teil 1**

Eine notwendig differenzierte Betrachtungsweise **orientiert sich an folgenden Gesichts-** 5142
punkten: Konzentriert sich die Problematik eines Nachprüfungsverfahrens auf **auftragsbezogene Sach- und Rechtsfragen** einschließlich der dazugehörigen Vergaberegeln, spricht im allgemeinen mehr für die Annahme, dass der öffentliche Auftraggeber die erforderlichen Sach- und Rechtskenntnisse in seinem originären Aufgabenkreis ohnehin organisieren muss und daher auch im Nachprüfungsverfahren keines anwaltlichen Bevollmächtigten „notwendig" bedarf (OLG Brandenburg; B. v. 11. 12. 2007 – Az.: Verg W 6/07; OLG Düsseldorf, B. v. 11. 1. 2010 – Az.: VII-Verg 49/09; B. v. 16. 4. 2007 – Az.: VII – Verg 55/06; B. v. 25. 2. 2004 – Az.: VII – Verg 12/00; B. v. 7. 1. 2004 – Az.: VII – Verg 55/02; B. v. 29. 10. 2003 – Az.: Verg 1/03; OLG München, B. v. 11. 6. 2008 – Az.: Verg 6/08; OLG Rostock, B. v. 29. 12. 2003 – Az.: 17 Verg 11/03; VK Baden-Württemberg, B. v. 15. 3. 2007 – Az.: 1 VK 03/07; 2. VK Bund, B. v. 14. 12. 2004 – Az.: VK 2–208/04; 3. VK Bund, B. v. 8. 2. 2008 – Az.: VK 3–29/08; B. v. 5. 2. 2008 – Az.: VK 3–17/08; B. v. 29. 1. 2007 – Az.: VK 3–04/07; B. v. 18. 1. 2007 – Az.: VK 3–150/06; B. v. 26. 9. 2005 – Az.: VK 3–118/05; B. v. 19. 10. 2004 – Az.: VK 3–191/04; VK Brandenburg, B. v. 8. 4. 2009 – Az.: VK 17/09; B. v. 19. 12. 2008 – Az.: VK 40/08; B. v. 22. 9. 2008 – Az.: VK 27/08; B. v. 30. 1. 2008 – Az.: VK 56/07, VK 58/07; B. v. 16. 5. 2007 – Az.: 1 VK 13/07; B. v. 8. 12. 2005 – Az.: 2 VK 72/05; B. v. 11. 11. 2005 – Az.: 2 VK 68/05; B. v. 18. 10. 2005 – Az.: 2 VK 56/05; B. v. 30. 5. 2005 – Az.: VK 27/05; B. v. 30. 5. 2005 – Az.: VK 21/05; 1. VK Saarland, B. v. 16. 12. 2009 – Az.: 1 VK 13/2009; 3. VK Saarland, B. v. 18. 12. 2009 – Az.: 3 VK 02/2009; B. v. 16. 3. 2004 – Az.: 3 VK 09/2003; 1. VK Sachsen, B. v. 11. 12. 2009 – Az.: 1/SVK/054-09; B. v. 14. 3. 2007 – Az.: 1/SVK/006–07; B. v. 21. 7. 2005 – Az.: 1/SVK/076-05; B. v. 21. 12. 2004 – Az.: 1/SVK/112-04; B. v. 25. 11. 2004 – Az.: 1/SVK/110-04; B. v. 20. 7. 2004 – Az.: 1/SVK/051-04; B. v. 21. 5. 2004 – Az.: 1/SVK/036-04; VK Südbayern, B. v. 29. 5. 2006 – Az.: 09-04/06; B. v. 27. 4. 2006 – Az.: 04-02/06; B. v. 29. 11. 2005 – Az.: Z3-3-3194-1-46–09/05; B. v. 24. 11. 2005 – Az. Az.: Z3-3-3194-1-42–09/05; B. v. 11. 8. 2005 – Az.: 35-07/05; B. v. 10. 6. 2005 – Az.: 20-04/05; B. v. 19. 4. 2005 – Az.: 10-03/05; B. v. 14. 12. 2004 – Az.: 70-10/04; B. v. 14. 12. 2004 – Az.: 69-10/04; B. v. 14. 12. 2004 – Az.: 68-10/04; B. v. 23. 9. 2004, Az.: 120.3–3194.1–52-07/04; B. v. 21. 9. 2004, Az.: 120.3–3194.1–54-08/04). Kommen **darüber hinaus weitere, nicht einfach gelagerte Rechtsfragen** (namentlich solche des Nachprüfungsverfahrens) hinzu, wird dem öffentlichen Auftraggeber oftmals die Hinzuziehung eines anwaltlichen Vertreters als „notwendig" zuzubilligen sein, wobei keine kleinliche Beurteilung angezeigt ist. **Zu berücksichtigen ist zudem, ob das beim öffentlichen Auftraggeber verfügbare Personal juristisch hinreichend geschult und zur Bearbeitung der im jeweiligen Nachprüfungsverfahren relevanten Sach- und Rechtsfragen in der Lage ist oder nicht** (OLG Düsseldorf, B. v. 29. 10. 2003 – Az.: Verg 1/03; OLG Karlsruhe, B. v. 16. 6. 2010 – Az.: 15 Verg 4/10; OLG München, B. v. 11. 6. 2008 – Az.: Verg 6/08; VK Brandenburg, B. v. 8. 4. 2009 – Az.: VK 17/09; B. v. 22. 9. 2008 – Az.: VK 27/08; 2. VK Bund, B. v. 2. 2. 2006 – Az.: VK 2 – 02/06; 3. VK Bund, B. v. 8. 2. 2008 – Az.: VK 3–29/08; B. v. 5. 2. 2008 – Az.: VK 3–17/08; B. v. 6. 7. 2007 – Az.: VK 3–58/07; B. v. 19. 3. 2007 – Az.: VK 3–16/07; 1. VK Sachsen, B. v. 15. 3. 2007 – Az.: 1/SVK/007-07; B. v. 14. 3. 2007 – Az.: 1/SVK/006–07; B. v. 11. 1. 2007 – Az.: 1/SVK/116-06; VK Schleswig-Holstein, B. v. 21. 2. 2007 – Az.: VK-SH 02/07; VK Südbayern, B. v. 29. 5. 2006 – Az.: 09-04/06; B. v. 27. 4. 2006 – Az.: 04-02/06). Ferner ist die **Bedeutung und das Gewicht des in Rede stehenden Auftrags für den Aufgabenbereich der Vergabestelle** in die Beurteilung einzubeziehen, so dass eine herausragende Bedeutung des Auftrags schon für sich alleine die Hinzuziehung eines Rechtsanwalts als „notwendig" erscheinen lassen kann. Schließlich ist auch **den im Vergabenachprüfungsverfahren geltenden kurzen Fristen** (§ 113 Abs. 1, Abs. 2 Satz 1 und 2 GWB) Rechnung zu tragen. Die zur Verfügung stehende knappe Zeit in Verbindung mit dem begrenzten eigenen Personal können es rechtfertigen, dass für den öffentlichen Auftraggeber die Beiziehung eines anwaltlichen Vertreters „notwendig" ist, um seine Verfahrenspflichten und Obliegenheiten sach- und zeitgerecht wahrnehmen zu können (OLG Dresden, B. v. 7. 2. 2003 – Az.: WVerg 0021/02; OLG Düsseldorf, B. v. 16. 4. 2007 – Az.: VII – Verg 55/06; B. v. 14. 4. 2004 – Az.: VII – Verg 66/03; B. v. 25. 2. 2004 – Az.: VII – Verg 12/00, B. v. 5. 2. 2004 – Az.: VII – Verg 25/03; B. v. 7. 1. 2004 – Az.: VII – Verg 55/02, B. v. 28. 2. 2002 – Az.: Verg 37/01; B. v. 15. 5. 2002 – Az.: Verg 10/02, B. v. 26. 9. 2003 – Az.: VII Verg 31/01; B. v. 29. 10. 2003 – Az.: Verg 1/03; OLG München, B. v. 11. 6. 2008 – Az.: Verg 6/08; OLG Thüringen, B. v. 6. 11. 2002 – Az.: 6 Verg 8/02; VK Brandenburg, B. v. 23. 7. 2007 – Az.: 1 VK 26/07; B. v. 8. 12. 2005 – Az.: 2 VK 72/05; B. v. 30. 5. 2005 – Az.: VK 27/05; B. v. 30. 5. 2005 – Az.: VK 21/05; 3. VK Bund, B. v. 8. 2. 2008 – Az.: VK 3–29/08; B. v. 5. 2. 2008 – Az.: VK 3–17/08; B. v. 29. 7. 2005 – Az.: VK 3–76/05; B. v. 26. 7. 2005 – Az.: VK 3–73/05; VK Lüneburg, B. v. 26. 4. 2004 – Az.: 203-VgK-10/2004; VK Südbayern,

Teil 1 GWB § 128   Gesetz gegen Wettbewerbsbeschränkungen

B. v. 29. 5. 2006 – Az.: 09-04/06; B. v. 27. 4. 2006 – Az.: 04-02/06; B. v. 24. 11. 2005 – Az. Az.: Z3-3-3194-1-42–09/05; B. v. 11. 8. 2005 – Az.: 35-07/05; B. v. 10. 6. 2005 – Az.: 20-04/05; B. v. 19. 4. 2005 – Az.: 10-03/05; B. v. 14. 12. 2004 – Az.: 70-10/04; B. v. 14. 12. 2004 – Az.: 69-10/04; B. v. 14. 12. 2004 – Az.: 68-10/04; B. v. 23. 9. 2004, Az.: 120.3–3194.1–52-07/04; B. v. 3. 8. 2004 – Az.: 43-06/04; B. v. 13. 7. 2004 – Az.: 39-05/04).

5143 Nach einer **anderen Auffassung** ist die anwaltliche Vertretung einer Vergabestelle erforderlich, da die Komplexität der Rechtsmaterie, die regelmäßig gebotene Eile der Schriftsatzerstellung sowie die Herstellung der „Waffengleichheit" vor der Vergabekammer die Hinzuziehung eines Bevollmächtigten **in der Regel notwendig machen, um der Vergabestelle eine sachgerechte Vertretung zu ermöglichen** (OLG Karlsruhe, B. v. 14. 7. 2005 – Az.: 6 W 56/05 Verg.; OLG Naumburg, B. v. 14. 12. 2004 – Az.: 1 Verg 17/04; B. v. 6. 10. 2004 – Az.: 1 Verg 12/04; B. v. 28. 6. 2004 – Az.: 1 Verg 8/04; Saarländisches OLG, B. v. 13. 9. 2007 – Az.: 1 Verg 3/07; B. v. 29. 9. 2004 – Az.: 1 Verg 5/04; B. v. 26. 3. 2004 – Az.: 1 Verg 3/04; VK Lüneburg, B. v. 30. 6. 2008 – Az.: VgK-07/2008; B. v. 12. 6. 2007 – Az.: VgK-23/2007; B. v. 4. 6. 2007 – Az.: VgK-22/2007; B. v. 27. 4. 2007 – Az.: VgK-15/2007; B. v. 26. 4. 2007 – Az.: VgK-16/2007; B. v. 23. 2. 2007 – Az.: VgK-06/2007; B. v. 10. 10. 2006 – Az.: VgK-23/2006; B. v. 6. 6. 2006 – Az.: VgK-11/2006; B. v. 8. 5. 2006 – Az.: VgK-07/2006; B. v. 22. 3. 2006 – Az.: VgK-05/2006; B. v. 10. 3. 2006 – Az.: VgK-06/2006; B. v. 3. 11. 2005 – Az.: VgK-49/2005; B. v. 18. 10. 2005 – Az.: VgK-47/2005; B. v. 11. 10. 2005 – Az.: VgK-45/2005; B. v. 5. 10. 2005 – Az.: VgK-44/2005; B. v. 14. 9. 2005 – Az.: VgK-40/2005; B. v. 7. 9. 2005 – Az.: VgK-38/2005; B. v. 26. 5. 2005 – Az.: VgK-20/2005; B. v. 17. 5. 2005 – Az.: VgK-16/2005; B. v. 12. 5. 2005 – Az.: VgK-15/2005; B. v. 10. 3. 2005 – Az.: VgK-04/2005; B. v. 4. 3. 2005 – Az.: VgK-03/2005; B. v. 18. 3. 2004 – Az.: 203-VgK-06/2004; VK Niedersachsen, B. v. 10. 6. 2010 – Az.: VgK-17/2010; B. v. 16. 4. 2010 – Az.: VgK-10/2010; B. v. 15. 1. 2010 – Az.: VgK-74/2009; B. v. 22. 10. 2009 – Az.: VgK-49/2009; B. v. 27. 8. 2009 – Az.: VgK-35/2009; B. v. 7. 8. 2009 – Az.: VgK – 32/2009; B. v. 8. 7. 2009 – Az.: VgK-29/2009; B. v. 16. 3. 2009 – Az.: VgK-04/2009; VK Nordbayern, B. v. 24. 10. 2007 – Az.: 21.VK – 3194 – 38/07; VK Schleswig-Holstein, B. v. 20. 10. 2010 – Az.: VK-SH 16/10; B. v. 20. 4. 2010 – Az.: VK-SH 03/10; B. v. 23. 10. 2009 – Az.: VK-SH 14/09; B. v. 7. 7. 2009 – Az.: VK-SH 05/09; B. v. 26. 5. 2009 – Az.: VK-SH 04/09; B. v. 23. 1. 2009 – Az.: VK-SH 18/08; B. v. 20. 1. 2009 – Az.: VK-SH 17/08; B. v. 14. 5. 2008 – Az.: VK-SH 06/08; B. v. 25. 4. 2008 – Az.: VK-SH 04/08; B. v. 5. 7. 2007 – Az.: VK-SH 13/07; B. v. 6. 6. 2007 – Az.: VK-SH 10/07; B. v. 21. 2. 2007 – Az.: VK-SH 02/07; B. v. 28. 11. 2006 – Az.: VK-SH 25/06; B. v. 30. 8. 2006 – Az.: VK-SH 20/06; B. v. 28. 7. 2006 – Az.: VK-SH 18/06; B. v. 12. 6. 2006 – Az.: VK-SH 12/06; B. v. 15. 5. 2006 – Az.: VK-SH 10/06; B. v. 28. 4. 2006 – Az.: VK-SH 05/06; B. v. 28. 4. 2006 – Az.: VK-SH 04/06; B. v. 28. 4. 2006 – Az.: VK-SH 03/06; B. v. 31. 1. 2006 – Az.: VK-SH 33/05; B. v. 10. 1. 2006 – Az.: VK-SH 30/05; B. v. 5. 1. 2006 – Az.: VK-SH 31/05; B. v. 6. 10. 2005 – Az.: VK-SH 27/05; B. v. 5. 10. 2005 – Az.: VK-SH 23/05; B. v. 31. 5. 2005 – Az.: VK-SH 09/05; B. v. 31. 3. 2005 – Az.: VK-SH 05/05; B. v. 7. 3. 2005 – Az.: VK-SH 03/05; B. v. 23. 2. 2005 – Az.: VK-SH 04/05; B. v. 21. 12. 2004 – Az.: VK-SH 35/04; ähnlich 2. VK Bund, B. v. 20. 5. 2004 – Az.: VK 2–30/05; 3. VK Bund, B. v. 26. 7. 2005 – Az.: VK 3-73/05; B. v. 12. 7. 2005 – Az.: VK 3–67/05; B. v. 12. 7. 2005 – Az.: VK 3–64/05).

5144 Aus all diesen Gründen ist es nicht angebracht, die zum verwaltungsgerichtlichen Vorverfahren bestehende restriktive Rechtspraxis zur Erstattung von Rechtsanwaltskosten auf das Nachprüfungsverfahren vor der Vergabekammer zu übertragen. Es kann also **kein Grundsatz anerkannt werden, dass die Hinzuziehung eines anwaltlichen Bevollmächtigten durch die Vergabestelle nur ausnahmsweise erforderlich ist** und es ist auch nicht ersichtlich, dass ein solcher Grundsatz „weit verbreitete Ansicht" wäre (BayObLG, B. v. 19. 9. 2003 – Az.: Verg 11/03; OLG Naumburg, B. v. 6. 10. 2004 – Az.: 1 Verg 12/04; B. v. 28. 6. 2004 – Az.: 1 Verg 8/04; VK Nordbayern, B. v. 16. 1. 2007 – Az.: 21.VK – 3194 – 43/06; B. v. 24. 11. 2006 – Az.: 21.VK – 3194 – 38/06; B. v. 9. 5. 2006 – Az.: 21.VK – 3194 – 13/06; B. v. 4. 4. 2006 – Az.: 21.VK – 3194 – 09/06; B. v. 25. 11. 2005 – Az.: 320.VK – 3194 – 38/05; B. v. 26. 7. 2005 – Az.: 320.VK – 3194 – 26/05).

5145 Dies **gilt ganz besonders**, wenn es sich um das **erste Verfahren einer Vergabestelle vor der Vergabekammer** handelt, die **Vergabe von herausragender Bedeutung für die Vergabestelle** ist und der Antragsteller **nach der Akteneinsicht erstmals ein vollkommen neues Vorbringen** hinsichtlich z. B. einer Umsatzsteuerbefreiung ins Verfahren einbringt (VK Nordbayern, B. v. 24. 11. 2006 – Az.: 21.VK – 3194 – 38/06).

5146 **Ausnahmen** hiervon sind nur dann anzunehmen, wenn **im Einzelfall lediglich über einfache tatsächliche oder ohne weiteres zu beantwortende rechtliche Fragen** zu entscheiden ist. Eine Einschränkung auf „in besonderem Maße schwierige und bedeutsame" Nachprüfungsverfahren erscheint weder geboten noch praktisch brauchbar, weil sich eine Grenze für die besondere Schwierigkeit oder Bedeutung solcher Verfahren kaum angeben lässt und auch im Interesse einer unverzüglichen und sachgerechten Erfüllung von verfahrensrechtlichen Mitwirkungspflichten der Vergabestellen die Beurteilung der Notwendigkeit im Einzelfall nicht zu streng ausfallen darf (OLG Naumburg, B. v. 6. 10. 2004 – Az.: 1 Verg 12/04; Saarländisches OLG; B. v. 13. 9. 2007 – Az.: 1 Verg 3/07; VK Schleswig-Holstein, B. v. 20. 10. 2010 – Az.: VK-SH 16/10; B. v. 20. 4. 2010 – Az.: VK-SH 03/10; B. v. 7. 7. 2009 – Az.: VK-SH 05/09; B. v. 23. 1. 2009 – Az.: VK-SH 18/08; B. v. 20. 1. 2009 – Az.: VK-SH 17/08; B. v. 14. 5. 2008 – Az.: VK-SH 06/08; B. v. 25. 4. 2008 – Az.: VK-SH 04/08; B. v. 6. 6. 2007 – Az.: VK-SH 10/07; B. v. 28. 11. 2006 – Az.: VK-SH 25/06; B. v. 30. 8. 2006 – Az.: VK-SH 20/06; B. v. 28. 7. 2006 – Az.: VK-SH 18/06; B. v. 28. 4. 2006 – Az.: VK-SH 05/06; B. v. 28. 4. 2006 – Az.: VK-SH 04/06; B. v. 28. 4. 2006 – Az.: VK-SH 03/06; B. v. 10. 1. 2006 – Az.: VK-SH 30/05).

Demgegenüber vertritt das OLG Koblenz die Auffassung, dass die Notwendigkeit 5147 der Hinzuziehung eines Rechtsanwalts durch die Vergabestelle im Nachprüfungsverfahren nicht mit fehlenden Rechtskenntnissen der Vergabestelle begründet werden kann; so wie jeder Amtsträger die zur Führung seines Amtes notwendigen Rechtskenntnisse haben oder sich verschaffen muss, ist von einem öffentlichen Auftraggeber, der mit der Vergabe öffentlicher Aufträge befasst ist, zu erwarten, dass er die dafür maßgeblichen Rechtsvorschriften kennt, die mit einer Auftragsvergabe verbundenen Rechtsfragen, auch schwierigerer Art, beantworten kann und weiter in der Lage ist, seinen Standpunkt vor der Vergabekammer zu vertreten, wenn diese seine Vergabetätigkeit auf die Einhaltung der Vergabevorschriften überprüft; jedenfalls die Kenntnis der vergabespezifischen Vorschriften des nationalen Gesetz- und Verordnungsgebers ist regelmäßig vorauszusetzen. Die **unzureichende Ausstattung der Vergabestelle mit qualifiziertem Personal begründet aus verständiger Sicht ebenfalls regelmäßig nicht die Notwendigkeit der Hinzuziehung eines Rechtsanwalts** im Nachprüfungsverfahren. Daran ist trotz abweichender Rechtsprechung anderer Vergabesenate festzuhalten. Aus demselben Grund hält es der Senat **auch für nicht sachgerecht, die Beantwortung der Frage nach der Notwendigkeit der Hinzuziehung eines Bevollmächtigten von einer Einzelfallprüfung** nur auf Grundlage allgemein gehaltener, aus der gebotenen ex-ante-Sicht konkret nicht einschätzbarer Kriterien **abhängig zu machen** (OLG Koblenz, B. v. 7. 7. 2004 – Az.: 1 Verg 1 und 2/04).

Diese Überlegungen sind **erst recht anzuwenden**, wenn es sich bei dem Auftraggeber um 5148 eine **Anstalt des öffentlichen Rechts mit einem eigenen Dezernat „Einkauf und Logistik"** handelt. Es ist dann zu erwarten, dass ihre für die **Beschaffung verantwortlichen Mitarbeiter die wesentlichen vergaberechtlichen Normen kennen**, die mit einer Auftragsvergabe verbundenen Rechtsfragen, auch schwierigerer Art, beantworten können und weiter **in der Lage sind, ihren Standpunkt vor der Vergabekammer zu vertreten**, wenn diese ihre Vergabetätigkeit auf die Einhaltung der Vergabevorschriften überprüft; jedenfalls die **Kenntnis der vergabespezifischen Vorschriften des nationalen Gesetz- und Verordnungsgebers ist regelmäßig vorauszusetzen** (OLG Koblenz, B. v. 8. 6. 2006 – Az.: 1 Verg 4 und 5/06).

Diese **Grundsätze sind aber nur eingeschränkt anwendbar**, wenn die **Auftragsvergabe** 5149 **durch natürliche oder juristische Personen des Privatrechts erfolgt**, die nicht aufgrund ihrer inneren Struktur und der in ihrer Natur begründeten Aufgabenerfüllung, sondern durch äußere Umstände, wie z.B. die von der öffentlichen Hand übernommene Teilfinanzierung des Vorhabens (§ 98 Nr. 5 GWB), nur ausnahmsweise einmal die Position eines öffentlichen Auftraggebers erlangt haben (OLG Koblenz, B. v. 7. 7. 2004 – Az.: 1 Verg 1 und 2/04).

40.4.2.4.1.2 Beurteilungszeitpunkt für die Notwendigkeit einer anwaltlichen Ver- 5150 **tretung**. Maßgeblich ist bei der Beurteilung des Schwierigkeitsgrades nicht, worauf die Vergabekammer und der Vergabesenat später ihre Entscheidung stützen (Betrachtung ex post), sondern welche ernsthaften Rechtsfragen ein Antragsteller mit seinem Nachprüfungsantrag aufgeworfen hat. **Denn für die Entscheidung der Vergabestelle, einen Rechtsanwalt hinzuzuziehen, kommt es auf die rechtliche Bewertung aus Sicht der Vergabestelle zum Zeitpunkt der Verfahrenseinleitung an – Betrachtung ex ante** – (OLG Naumburg, B. v. 28. 6. 2004 – Az.: 1 Verg 8/04).

40.4.2.4.1.3 Einheitliche Beurteilung. Bei der Frage, ob die Hinzuziehung eines Rechts- 5151 anwaltes für die Vergabestelle unter Berücksichtigung aller Umstände notwendig ist oder nicht, kann **grundsätzlich nicht nach Losen oder sonstigen Kriterien innerhalb eines Verfah-

Teil 1 GWB § 128

rens differenziert werden. Eine andere Ansicht hätte zur Folge, dass die Vergabestelle sich innerhalb eines Nachprüfungsverfahrens nur nicht hinsichtlich eines (schwierigen) Teils des streitigen Sachverhaltes durch einen Rechtsanwalt vertreten lassen könnte, während sie einen anderen (leichteren) Teil selbst bearbeiten müsste. Eine **derartige unsinnige Aufteilung** sieht das Gesetz aber nicht vor. Entweder das eingeleitete Nachprüfungsverfahren rechtfertigt insgesamt die Beauftragung eines Rechtsanwalts, oder nicht. Hat die **Notwendigkeit** der Hinzuziehung eines Bevollmächtigten **zu Beginn des Nachprüfungsverfahrens bestanden, entfällt sie auch nicht später durch eine nachträglich Beschränkung der Nachprüfungsanträge im Laufe des Verfahrens** (OLG Naumburg, B. v. 22. 2. 2007 – Az.: 1 Verg 15/06).

5152 **40.4.2.4.1.4 Weitere Beispiele aus der Rechtsprechung**

- **beschränkt sich die Rechtsverteidigung des Auftraggebers im Wesentlichen darauf, seine eigene Wertungsentscheidung darzustellen**, wobei maßgeblich die Punktewertung in einem Unterkriterium war, und gehört die angesprochene Wertungsfrage zum materiellen Vergaberecht ohne auffällige Schwierigkeiten, ist es nicht ersichtlich, weshalb diese Wertungsfrage, die im Rahmen der Vergabe ohnehin zu prüfen war, die Hinzuziehung eines Prozessbevollmächtigten notwendig erscheinen lassen. Es handelt sich insgesamt um **Fragen, mit denen sich der Auftraggeber, der vergaberechtlich erfahren ist und Volljuristen auch mit dem Vergaberecht beschäftigt, auch schon im Auswahlverfahren auseinandersetzten musste. Darüber hinaus gehende vergaberechtliche, komplexe Fragestellungen**, insbesondere schwierige Fragen der Zulässigkeit, die für den Auftraggeber die Beauftragung eines Rechtsanwaltes erforderlich gemacht hätte, waren mithin **nicht erkennbar**. In dem Zusammenhang war auch die Ausstattung des Auftraggebers mit juristischem Sachverstand zu betrachten. **Beschäftigt der Auftraggeber 3 Justiziare**, wobei die Arbeit unter den drei Justiziaren dergestalt aufgeteilt ist, dass die Leiterin der Rechtsabteilung überwiegend die Geschäftsführung berate und die anderen zwei Justiziare sich punktuell auch um Vergabeverfahren kümmerten, wobei es vom Arbeitsumfang nicht zu gewährleisten sei, in der vollen Arbeitszeit ein Vergabeverfahren zu betreuen, rechtfertigt – auch wenn die Arbeitsbelastung hoch war – dies die Hinzuziehung eines Rechtsanwaltes nicht, zumal die zuständigen Sachbearbeiter des Auftraggebers bereits in den Sachstand eingearbeitet waren und auf ihre diesbezüglichen Kenntnisse zurückgreifen konnten (1. VK Sachsen, B. v. 16. 3. 2010 – Az.: 1/SVK/003–10)

- im vorliegenden Nachprüfungsverfahren war die **einzige streitige Rechtsfrage die Angemessenheit der Frist zur Überarbeitung der Lösungsvorschläge**. Sie **betrifft den materiellen Kernbereich eines Vergabeverfahrens und muss deshalb vom Auftraggeber beantwortet werden, weil anders eine vorschriftsmäßige Verfahrensführung nicht möglich** ist. Hier hatte außerdem der Auftraggeber die Verlängerung der Überarbeitungsfrist im Vorfeld durch seine Verfahrensbevollmächtigten, die den gesamten wettbewerblichen Dialog begleiten, prüfen lassen. Es hätte ausgereicht, deren Überlegungen vorzutragen. Die Verfahrensbevollmächtigten des Auftraggebers haben konsequenterweise ihren Vortrag nur auf sachliche Erwägungen beschränkt. **Darüber hinaus spricht auch gegen eine Hinzuziehung die Tatsache, dass der Auftraggeber über ein Justiziariat verfügt, dessen Mitarbeiter die vergaberechtlichen Normen kennen** und den Auftraggeber in anderen Vergabenachprüfungsverfahren bereits vor der Vergabekammer vertreten haben (VK Brandenburg, B. v. 8. 4. 2009 – Az.: VK 17/09)

- die Hinzuziehung eines Verfahrensbevollmächtigten **auf Seiten der Auftraggeberin** und der Beigeladenen war gemäß § 128 Abs. 4 S. 2 GWB i. V. m. § 80 VwVfG **notwendig**. Beim Vergaberecht handelt es sich auch aufgrund vielfältiger europarechtlicher Überlagerung um eine **wenig übersichtliche und zudem stetigen Veränderungen unterworfene Rechtsmaterie, die wegen des gerichtsähnlich ausgestalteten Verfahrens bei der Vergabekammer bereits prozessrechtliche Kenntnisse verlangt**. Hinzu kommt, dass hier **umfassende Fragen zur Wertung der Angebote unter Bezugnahme zur neuesten vergaberechtlichen Rechtsprechung der bieterschützenden Wirkung des § 25 VOL/A** Gegenstand des Vergabenachprüfungsverfahrens waren (1. VK Sachsen, B. v. 25. 11. 2009 – Az.: 1/SVK/051-09)

- führt die **Auftraggeberin des Öfteren europaweite Ausschreibungen** durch und **verfügt die Auftraggeberin über eine eigene Rechtsabteilung**, in der ein zugelassener Rechtsanwalt tätig ist, der die Auftraggeberin sowohl in vergaberechtlichen Angelegenheiten berät als auch in sonstigen Rechtsgeschäften berät und auch vor Gerichten etc., vertritt und arbeitet darüber hinaus eine weitere Assessorin in der Rechtsabteilung, ist **vor diesem Hintergrund**

Gesetz gegen Wettbewerbsbeschränkungen   GWB § 128   **Teil 1**

die Hinzuziehung eines Verfahrensbevollmächtigten auf Seiten der Auftraggeberin als nicht notwendig anzusehen (1. VK Sachsen, B. v. 11. 12. 2009 – Az.: 1/SVK/054-09)

– für die Frage, ob die Zuziehung eines Bevollmächtigten für den Auftraggeber notwendig ist und die hieraus entstehenden Kosten im Sinne von § 80 Abs. 1 Satz 3 SVwVfG zu den notwendigen Auslagen gehören, ist auf die spezifischen Besonderheiten des Vergabenachprüfungsverfahrens Rücksicht zu nehmen. Die Hinzuziehung eines Rechtsbeistandes ist **nicht notwendig, wenn der Auftraggeber hausintern über die notwendigen Ressourcen verfügt, um die relevanten Sach- und Rechtsfragen angemessen zu behandeln. Führt der Auftraggeber laufend Vergabeverfahren der gleichen Art und von ähnlichen Dimensionen durch, ist er mit den in diesem Zusammenhang auftretenden Rechtsproblemen vertraut,** soweit es sich nicht um grundsätzliche neue oder ungeklärte Fragen handelt, oder um Problemkreise, die üblicherweise in Vergabeverfahren nicht berührt werden (3. VK Saarland, B. v. 18. 12. 2009 – Az.: 3 VK 02/2009)

– dass die **Zuziehung eines Rechtsanwalts durch die Antragstellerin im Nachprüfungsverfahren notwendig** war, folgt daraus, dass die Antragstellerin ungeachtet der Tatsache, dass das GWB für das Nachprüfungsverfahren 1. Instanz vor der Vergabekammer keine rechtsanwaltliche Vertretung vorschreibt, **gleichwohl wegen der Komplexität des Vergaberechts und des das Nachprüfungsverfahren regelnden Verfahrensrechts einerseits sowie auch der Komplexität des konkreten streitbefangenen Vergabeverfahrens** rechtsanwaltlicher Beratung und Begleitung bedurfte (VK Niedersachsen, B. v. 7. 8. 2009 – Az.: VgK – 32/2009)

– die Erstattungspflicht bezüglich der Kosten der Auftraggeberin, die dieser zur zweckentsprechenden Rechtsverfolgung entstanden sind, folgt aus § 128 Abs. 4 GWB i. V. m. § 80 VwVfG. Danach war festzustellen, dass die Hinzuziehung eines Rechtsanwaltes durch die Auftraggeberin im konkreten Verfahren erforderlich war. Auch wenn man von öffentlichen Auftraggebern grundsätzlich verlangen darf, dass sie über das notwendige personelle Know-how bezüglich der für eine Ausschreibung erforderlichen Rechtsgrundlagen, insbesondere der VOL/A und der VOB/A verfügen, **bedurfte die Auftraggeberin für eine angemessene Reaktion in der auch für einen erfahrenen öffentlichen Auftraggeber ungewohnten Situation eines vergaberechtlichen Nachprüfungsverfahrens besonderen rechtskundigen Beistandes.** Schon beim materiellen Vergaberecht handelt es sich um eine überdurchschnittlich komplizierte Materie, die nicht nur in kurzer Zeit zahlreiche Veränderungen und Neuregelungen erfahren hat, sondern auch durch komplexe gemeinschaftsrechtliche Fragen überlagert ist. Entscheidend aber ist, dass das **Nachprüfungsverfahren gerichtsähnlich ausgebildet ist, die Beteiligten also auch prozessuale Kenntnisse haben müssen, um ihre Rechte umfassend zu wahren.** Deshalb ist im vergaberechtlichen Nachprüfungsverfahren die nach § 80 VwVfG gebotene Rechtspraxis zur Erstattung der Rechtsanwaltskosten nicht übertragbar. Denn durch seinen Charakter als gerichtsähnlich ausgestaltetes Verfahren unterscheidet sich das Vergabenachprüfungsverfahren vor der Vergabekammer eben grundlegend von dem Widerspruchsverfahren nach der VwGO (VK Niedersachsen, B. v. 27. 8. 2009 – Az.: VgK-35/2009)

– beim **Vergaberecht** handelt es sich auch aufgrund vielfältiger europarechtlicher Überlagerung **um eine wenig übersichtliche und zudem stetigen Veränderungen unterworfene Rechtsmaterie, die wegen des gerichtsähnlich ausgestalteten Verfahrens bei der Vergabekammer bereits prozessrechtliche Kenntnisse verlangt.** Die Notwendigkeit der Hinzuziehung einer anwaltlichen Bevollmächtigten ist dabei nach den individuellen Umständen des einzelnen Nachprüfungsverfahrens zu beurteilen. Vorliegend war eine erhöhte rechtliche Schwierigkeit dahingehend gegeben, dass **Abgrenzungsschwierigkeiten zwischen Dienstleistungsauftrag und Dienstleistungskonzession rechtlich zu beurteilen waren. Zur Beurteilung dieser Frage erscheint die Kenntnis und die Auswertung der einschlägigen Rechtsprechung der Vergabekammern und der OLG erforderlich** (1. VK Sachsen, B. v. 13. 8. 2009 – Az.: 1/SVK/034-09, 1/SVK/034-09G)

– ist die **entscheidende Rechtsfrage, ob es sich bei dem zu vergebenden Auftrag um einen dem Kartellvergaberecht und damit der vergaberechtlichen Nachprüfung unterliegenden Dienstleistungsauftrag oder eine Baukonzession handelt oder um eine nicht dem Kartellvergaberecht unterliegende Dienstleistungskonzession, weist diese Rechtsfrage erhebliche gemeinschaftsrechtliche Bezüge** auf, wie die Vielzahl der zitierten und erörterten EuGH-Entscheidungen und die von der Antragstellerin angeregte Vorlage an den EuGH belegen. Die besondere Schwierigkeit dieser Rechtsfrage ergibt sich auch dar-

Teil 1 GWB § 128 Gesetz gegen Wettbewerbsbeschränkungen

aus, dass eine **soweit ersichtlich bisher einmalige Vertragsgestaltung zu beurteilen** war. Zudem ist der zu vergebende **Auftrag von herausragender Bedeutung für die Region um den ....** Danach durfte ein verständiger Auftraggeber trotz bereits im Vergabeverfahren in Anspruch genommener anwaltlicher Beratung unter Beachtung seiner Pflicht, die Kosten so gering wie möglich zu halten, die Beauftragung eines Bevollmächtigten **für notwendig erachten** (OLG Brandenburg; B. v. 30. 5. 2008 – Az.: Verg W 5/08)

– die Hinzuziehung von anwaltlichen Bevollmächtigten ist **trotz der jeweils vorhandenen eigenen Rechtsämter auch für öffentliche Auftraggeber erforderlich**, da die Behandlung der so genannten **Investorenwettbewerbe** innerhalb des Vergaberechts aufgrund neuester Rechtsprechung **besondere Probleme** aufweist und das Projekt **wirtschaftlich eine herausragende Bedeutung** hat (VK Düsseldorf, B. v. 31. 10. 2008 – Az.: VK – 22/2008 – B)

– werden durch den Nachprüfungsantrag **nicht nur einfach gelagerte, auftragsbezogene Sach- und Rechtsfragen aufgeworfen, sondern hierüber hinausgehende Rechtsfragen zum Ausschluss von Angeboten aus der Wertung**, ist die Hinzuziehung für den Auftraggeber notwendig. Hierüber hinaus war die Zuziehung eines anwaltlichen Bevollmächtigten erforderlich, um die erforderliche „**Waffengleichheit**" gegenüber dem anwaltlich vertretenen Bieter herzustellen (3. VK Bund, B. v. 6. 5. 2008 – Az.: VK 3–53/08)

– stellt sich in dem Nachprüfungsverfahren insbesondere die **Rechtsfrage, ob der Ausnahmetatbestand des § 100 Abs. 2 lit. d) GWB einschlägig ist**, macht die Komplexität und Schwierigkeiten der Frage die **anwaltliche Vertretung notwendig** (1. VK Bund, B. v. 30. 5. 2008 – Az.: VK 1–48/08)

– handelt es sich um **eine der umfangreichsten Ausschreibungen im Rahmen des bayerischen Schienenpersonennnahverkehrs**, nicht nur in Bezug auf die ausgeschriebenen Zugkilometer, sondern auch den sonstigen Auftragsumfang und **wirft das Ausschreibungsverfahren nicht nur Fragen** auf, welche mit dem Auftrag selbst zusammenhingen, sondern **auch Fragen grundsätzlicher Art** wie die nach der **Abgrenzung Dienstleistungskonzession/Dienstleistungsauftrag**, der Frage eines **unzulässigen Bieterwechsels** bzw. der **Abweichung von den Vorgaben des Leistungsverzeichnisses** und der Frage nach der Feststellung und Behandlung der Unangemessenheit von Preisen, hat der **Auftraggeber zur Sicherstellung einer rechtzeitigen Aufnahme des Schienenverkehrs**, welche umfangreiche zeitgerechte Investitionen voraussetzt, ein **berechtigtes Interesse an einer möglichst wirkungsvollen und schnellen Abwehr der erhobenen Rügen und Nachprüfungsanträge und damit an einer versierten rechtlichen Vertretung**. Selbst wenn sie über eine eigene Rechtsabteilung und juristisch geschultes Personal verfügen sollte, ist **bei einem konkreten umfangreichen Projekt die Vertretung durch einen Rechtsanwalt geboten, der die rechtlichen Probleme entsprechend aufbereiten und die Interessen der Vergabestelle vor der Vergabekammer effektiv vertreten** kann (OLG München, B. v. 11. 6. 2008 – Az.: Verg 6/08)

– die vorliegenden Nachprüfungsanträge betreffen **Fragen des Angebotsinhalts sowie der Eindeutigkeit und des Inhalts der Verdingungsunterlagen. Diese gehören ihrer Art nach zum überkommenen Aufgabenbereich der Vergabestelle**. Nach Zustellung des Nachprüfungsantrages zu Baulos 3 hatte die der Vergabestelle übergeordnete Behörde, das Ministerium ..., das Verfahren zunächst an sich gezogen und den Auftraggeber vor der Vergabekammer vertreten; die **vom Ministerium zum genannten Nachprüfungsantrag abgegebene Stellungnahme ist sachlich fundiert und umfassend**. Das Parallelverfahren zu Baulos 6 weist **keine neuen tatsächlichen oder rechtlichen Aspekte** auf, sodass nach dem Zuständigkeitswechsel in der Vertretung des Auftraggebers unter Bezugnahme auf den Inhalt der bereits vorhandenen Stellungnahme dem Nachprüfungsantrag zu Baulos 6 von der Vergabestelle **selbst adäquat hätte entgegengetreten werden können** (VK Brandenburg, B. v. 30. 1. 2008 – Az.: VK 56/07, VK 58/07)

– die **Hinzuziehung von anwaltlichen Bevollmächtigten war für die Beteiligten notwendig**, da die **Behandlung der so genannten Investorenwettbewerbe innerhalb des Vergaberechts aufgrund neuester Rechtsprechung besondere Probleme** aufweist. Weiterhin erscheint die Hinzuziehung aufgrund der wirtschaftlichen Bedeutung des Grundstücksgeschäftes notwendig (VK Düsseldorf, B. v. 10. 4. 2008 – Az.: VK – 05/2008 – B; B. v. 12. 3. 2008 – Az.: VK – 03/2008 – B)

– das Nachprüfungsverfahren betraf **nicht ausschließlich auftragsbezogene Sach- und Rechtsfragen**. Diese waren zudem insgesamt **nicht lediglich einfacher Natur** und auch

aufgrund ihres Umfangs innerhalb der zur Verfügung stehenden kurzen Frist **nicht notwendigerweise mit vorhandenem, für die übliche Verwaltungstätigkeit vorgesehenem Personal** zu bearbeiten. Schließlich spricht auch das **Gewicht und die Bedeutung des Auftrags** sowie der Gesichtspunkt der **Waffengleichheit** hier dafür, die Hinzuziehung des Verfahrensbevollmächtigten durch die Ag hier für notwendig zu erachten (3. VK Bund, B. v. 8. 2. 2008 – Az.: VK 3–29/08; B. v. 5. 2. 2008 – Az.: VK 3–17/08)
- hat die Vergabestelle ein **Nebenangebot wegen mangelnder Gleichwertigkeit mit dem Leitfabrikat nicht berücksichtigt** und **teilt die Vergabekammer mit**, dass der Nachprüfungsantrag schon deshalb keinen Erfolg haben könne, weil das **Nebenangebot wegen der vom Auftraggeber unterlassenen Angaben zu Mindestbedingungen überhaupt nicht hätte berücksichtigt werden dürfen**, hat die Vergabekammer damit zum Ausdruck gebracht, dass – selbst wenn die Behauptung der Antragstellerin zur Gleichwertigkeit ihres Nebenangebots zutreffend wäre – sie auf ihr Nebenangebot den Zuschlag nicht erhalten könne und ihr nahe gelegt zu prüfen, ob sie das Nachprüfungsverfahren weiterverfolgen will. Für die **Auftraggeberin war aufgrund des Hinweises der Vergabekammer erkennbar, dass die Antragstellerin schon aus Gründen, die von der Auftraggeberin selbst nicht gesehen worden waren, mit ihrem Nebenangebot keine Chance auf den Zuschlag und damit auch im Nachprüfungsverfahren keine Aussicht auf Erfolg haben konnte**. Der Hinweis der Vergabekammer ließ erkennen, dass es auf die Frage, ob das Nebenangebot der Antragstellerin gleichwertig gewesen ist oder nicht, nicht einmal ankommen würde. Streng genommen hätte die Auftraggeberin diesen Hinweis der Vergabekammer zum Anlass nehmen können, überhaupt nichts weiter vorzutragen. Dann ist eine **anwaltliche Vertretung nicht notwendig** (OLG Brandenburg; B. v. 11. 12. 2007 – Az.: Verg W 6/07)
- sind die durch den Nachprüfungsantrag aufgeworfenen **Sach- und Rechtsfragen nicht nur einfach gelagerter, auftragsbezogener Natur** und **betreffen die sich stellenden Rechtsfragen mindestens zwei verschiedene Rechtsebenen des Vergaberechts**, ist dem **Auftraggeber auch unter dem Gebot der Waffengleichheit zuzubilligen**, sich zur Verteidigung gegen einen Nachprüfungsantrag – und zwar auch mit Rücksicht auf die Eilbedürftigkeit der Sachbearbeitung – anwaltlichen Beistands zu versichern. (OLG Düsseldorf, B. v. 16. 4. 2007 – Az.: VII – Verg 55/06)
- die Hinzuziehung eines Verfahrensbevollmächtigten durch die Ag war erforderlich. Gegenstand des Nachprüfungsverfahrens waren aus der maßgeblichen ex-ante-Sicht **nicht ausschließlich auftragsbezogene Sach- und Rechtsfragen**, die innerhalb der zur Verfügung stehenden Frist nicht notwendigerweise mit vorhandenem, für die übliche Verwaltungstätigkeit vorgesehenem Personal zu bearbeiten waren. Auch das **Gewicht und die Bedeutung des Auftrags** sowie die Tatsache, dass es sich **bereits um den zweiten Nachprüfungsantrag im Rahmen desselben Vergabeverfahrens** handelt, sprechen dafür, die Hinzuziehung des Verfahrensbevollmächtigten durch die Ag hier für notwendig zu erachten (3. VK Bund, B. v. 21. 5. 2007 – Az.: VK 3–40/07)
- die Zuziehung eines anwaltlichen Bevollmächtigten durch die Ag war notwendig. Durch den Nachprüfungsantrag wurden **nicht nur einfach gelagerte, auftragsbezogene Sach- und Rechtsfragen aufgeworfen, sondern hierüber hinausgehende nicht einfach gelagerte Rechtsfragen zur Durchführung des Vergabeverfahrens**. Hierüber hinaus war die Zuziehung eines anwaltlichen Bevollmächtigten erforderlich, um die **erforderliche „Waffengleichheit"** gegenüber der anwaltlich vertretenen ASt herzustellen (3. VK Bund, B. v. 6. 7. 2007 – Az.: VK 3–58/07)
- zwar wurde das Vergabeverfahren **durch die Stabsstelle Justiziariat – Vergabestelle – begleitet**, die sich auch mit den Beanstandungen der Antragstellerin auseinandergesetzt hat. **Für die Notwendigkeit, einen Verfahrensbevollmächtigten hinzuzuziehen, spricht jedoch entscheidend**, dass sich in dem Nachprüfungsverfahren im Zusammenhang mit den von der Antragstellerin erhobenen umfangreichen Rügen **Rechtsfragen stellten, deren Komplexität und Schwierigkeiten** anwaltliche Vertretung im Sinne einer sach- und zeitgerechten Wahrnehmung der Verfahrenspflichten und Obliegenheiten der Auftraggeberin **erforderlich gemacht haben**. Hinzu kommen die Bedeutung und das Gewicht des in Rede stehenden Auftrages (1. VK Brandenburg, B. v. 23. 7. 2007 – Az.: 1 VK 26/07)
- handelt es sich insgesamt im Nachprüfungsverfahren um **auftragsbezogene Fragen des materiellen Vergaberechts**, das **vertiefte Kenntnisse im Recht des Vergabenachprüfungsverfahrens nicht erfordert**, ist die Hinzuziehung eines Rechtsbestandes durch den

Auftraggeber im Nachprüfungsverfahren **nicht notwendig** (1. VK Brandenburg, B. v. 16. 5. 2007 – Az.: 1 VK 13/07)

– die Hinzuziehung eines Rechtsbestandes durch den Auftraggeber im Nachprüfungsverfahren war **nicht notwendig**. Aus den der Vergabekammer vorliegenden **detaillierten und kenntnisreichen Rechtsausführungen des Auftraggebers** im Zusammenhang mit der Rüge im Vorfeld des Nachprüfungsverfahren, geht hervor, dass der **Auftraggeber hausintern über die notwendigen Ressourcen verfügte**, um die in diesem Nachprüfungsverfahren relevanten Sach- und Rechtsfragen angemessen zu behandeln (1. VK Bund, B. v. 4. 4. 2007 – Az.: VK 1–23/07)

– die Hinzuziehung eines Rechtsbestandes durch den Auftraggeber und den Beigeladenen im Nachprüfungsverfahren war **notwendig**. **Streitgegenständlich waren komplizierte rechtliche Fragen zur Rechtmäßigkeit der Wertungskriterien** sowie zur **Wertung selbst**. Hierbei handelte es sich nicht um einfach gelagerte rechtliche Fragen, die eine Vergabestelle ohne weiteres selbst beantworten kann (1. VK Bund, B. v. 26. 4. 2007 – Az.: VK 1–29/07)

– betrifft das Nachprüfungsverfahren **allein die einfach gelagerte Rechtsfrage, ob ein Angebot zu Recht wegen fehlender Eignungsnachweise nicht berücksichtigt wird**, ist der zugrunde liegende **Sachverhalt unstreitig** darüber hinaus das Verfahren angesichts der kurzen Auftragsdauer (fünf Monate) und des entsprechend geringen Auftragswerts **nicht von herausragender wirtschaftlicher Bedeutung**, ist davon auszugehen, dass der **Auftraggeber mit der ihm zur Verfügung stehenden Rechtsabteilung auch ohne anwaltlichen Bevollmächtigten in der Lage ist**, selbst den entscheidungserheblichen Sachverhalt zu erfassen, hieraus die für eine sinnvolle Rechtswahrung und -verteidigung nötigen Schlüsse zu ziehen und das danach Gebotene gegenüber der Vergabekammer vorzubringen (3. VK Bund, B. v. 19. 3. 2007 – Az.: VK 3–16/07)

– auch der öffentliche Auftraggeber kann externen juristischen Rat in Anspruch nehmen, wenn der Beschaffungsgegenstand von besonderer Bedeutung ist oder das Vergabe- bzw. Nachprüfungsverfahren besondere Schwierigkeiten aufweist. Letzteres kann vorliegend **angenommen werden, da die hier zu behandelnden Probleme der de-facto-Vergabe und der wirtschaftlichen Betätigung öffentlich beherrschter Unternehmen auch in der vergaberechtlichen Entscheidungspraxis und Literatur umfänglich und kontrovers behandelt** werden (VK Düsseldorf, B. v. 20. 11. 2006 – Az.: VK – 46/2006 – L)

– werden von dem Antragsteller eine **Vielzahl von Vorwürfen zum Wertungsvorgang und zur Anwendbarkeit der europarechtlichen Rechtsprechung auf die vorliegende nationale öffentliche Ausschreibung** geäußert ist aufgrund der Komplexität des Sach- und Streitandes die Zuhilfenahme eines Anwaltes **für den Auftraggeber notwendig**, um der Argumentation der Antragstellerin umfassend entgegenzutreten (1. VK Sachsen, B. v. 5. 2. 2007 – Az.: 1/SVK/125-06)

– die **Notwendigkeit der Hinzuziehung einer anwaltlichen Bevollmächtigten** ist **jeweils nach den individuellen Umständen** des einzelnen Nachprüfungsverfahrens zu beurteilen. Die Antragstellerin erklärte auf Befragen in der mündlichen Verhandlung über eine **eigene Rechtsabteilung, in der drei Juristen tätig sind**, zu verfügen. Weiterhin räumte sie auf Befragen ein, **auch bereits in Vergabeverfahren involviert gewesen** zu sein. Damit hätte die Antragstellerin das Nachprüfungsverfahren nach Auffassung der Vergabekammer auch **mit eigenen Bordmitteln** bestreiten können (1. VK Sachsen, B. v. 11. 1. 2007 – Az.: 1/SVK/116-06)

– der **Auftraggeber**, der das **Vergabeverfahren** durch seine **Verfahrensbevollmächtigten** rechtlich begleiten lässt, muss sich diesen genutzten **Sachverstand eines Rechtsanwalts als eigenen zurechnen** lassen (Brandenburgisches OLG, B. v. 29. 9. 2005 – Az.: Verg W 15/04, Verg W 11/05; 2. VK Brandenburg, B. v. 8. 12. 2005 – Az.: 2 VK 72/05)

– geht es **neben dem umstrittenen nachprüfungsrelevanten Problem der (unverzüglichen) Rüge um im bereits abgeschlossenen Teilnahmeverfahren vorgelegte Eignungsnachweise**, die nach Ansicht des Antragsteller **nicht den in der Bekanntmachung verlautbarten entsprechen**, sind dies **über den Normalfall hinaus gehende Fragestellungen** bzw. nachprüfungsspezifische Rechtsmaterien, die von einer als Bietergemeinschaft zusammen agierenden Beigeladenen nicht mit eigenen Bordmitteln bewältigt werden können. Eine Hinzuziehung eines fachlich geeigneten Bevollmächtigten ist daher für diese Verfahrensbeteiligten **notwendig** (1. VK Sachsen, B. v. 22. 7. 2005 – Az.: 1/SVK/080-05; im Ergebnis ebenso 1. VK Sachsen, B. v. 5. 4. 2006 – Az.: 1/SVK/027-06)

Gesetz gegen Wettbewerbsbeschränkungen GWB § 128 **Teil 1**

- liegt der Schwerpunkt der Entscheidung auf der **vielschichtigen Frage der vergaberechtlichen Eignungsprüfung** eines Bieters und **streiten** die Parteien um **Fragen eines möglichen Dokumentationsfehlers**, ist die Beurteilung dieser komplizierten Materien ohne rechtlichen Beistand den Parteien nicht zuzumuten, weshalb die Hinzuziehung eines Rechtsanwaltes notwendig ist (1. VK Sachsen, B. v. 21. 7. 2005 – Az.: 1/SVK/076-05)
- hat das Nachprüfungsverfahren **nicht nur einfach gelagerte Rechtsfragen der VOB/A, sondern auch die des GWB (§ 107 Abs. 2 GWB) aufgeworfen**, ist zur gebotenen umfassenden rechtlichen Aufbereitung des Streitstoffs – unter Berücksichtigung der Bedeutung der Sache sowie der auch den Antragsgegner treffenden Pflicht zur Beschleunigung und Verfahrensförderung (§ 113 Abs. 2 GWB) und des daraus resultierenden Zeitdrucks die Inanspruchnahme anwaltlicher Hilfe notwendig (VK Südbayern, B. v. 29. 11. 2005 – Az.: Z3-3-3194-1-46–09/05; B. v. 24. 11. 2005 – Az. Az.: Z3-3-3194-1-42–09/05)
- sind im wesentlichen **Fragen des Umgangs mit Angeboten, die entweder auf der ersten Wertungsstufe oder auf der zweiten Wertungsstufe vom Verfahren auszuschließen waren**, Gegenstand des Verfahrens und führt der öffentliche Auftraggeber seit Jahren solche Vergabeverfahren durch, ist das **Verfahren nicht von so einer besonderen vergaberechtlichen Problematik durchdrungen**, dass sie nicht mit eigenen Bordmitteln auch zu bewältigen gewesen wäre (1. VK Sachsen, B. v. 13. 4. 2006 – Az.: 1/SVK/028-06)
- insbesondere **Fragen der vergaberechtlich richtigen Bewertung von Parallelbewerbungen eines Bieters** und die Fragen der Prüfungspflicht eines Auftraggebers im Rahmen der dritten Wertungsstufe sowie letztlich die **Fragen zum Vorliegen einer Mischkalkulation** machen eine Hinzuziehung eines fachlich geeigneten Bevollmächtigten für die Auftraggeberin und die Beigeladene notwendig (1. VK Sachsen, B. v. 27. 3. 2006 – Az.: 1/SVK/021-06)
- die Hinzuziehung eines anwaltlichen Bevollmächtigten durch den Auftraggeber ist **nicht notwendig**, wenn der anhängige Rechtsstreit zunächst **nur die Frage des für die Zulässigkeit entscheidenden Schwellenwertes berührt** (2. VK Brandenburg, B. v. 11. 11. 2005 – Az.: 2 VK 68/05)
- die Hinzuziehung eines anwaltlichen Bevollmächtigten durch den Auftraggeber ist notwendig, um die **erforderliche „Waffengleichheit" gegenüber dem anwaltlich vertretenen Bieter herzustellen**, wenn der Auftraggeber, der sich als Kreditanstalt im Regelfall nicht mit Fragen der öffentlichen Beschaffung befasst, **in seinem Justitiariat nicht über juristisch hinreichend geschultes Personal** – und zwar auch in einem die „Waffengleichheit" sichernden Maß – zur Bearbeitung der in diesem Nachprüfungsverfahren relevanten Sach- und Rechtsfragen **verfügt** (1. VK Bund, B. v. 1. 9. 2005 – Az.: VK 1–98/05)
- ist das Vergabeverfahren für den Auftraggeber **von herausragender wirtschaftlicher Bedeutung** (die Vertragsdauer soll mehr als drei Jahre betragen) und werden des Weiteren durch den Nachprüfungsantrag nur auftragsbezogene Sach- und Rechtsfragen aufgeworfen, sondern hierüber hinausgehende, **nicht einfach gelagerte Rechtsfragen zur Durchführung eines Verhandlungsverfahrens** und ist die Zuziehung eines anwaltlichen Bevollmächtigten erforderlich, um die erforderliche **„Waffengleichheit"** gegenüber einem anwaltlich vertretenen Antragsteller **herzustellen**, ist die Hinzuziehung eines Verfahrensbevollmächtigten notwendig (3. VK Bund, B. v. 29. 7. 2005 – Az.: VK 3–76/05)
- sind **primär Zulässigkeitsfragen des Nachprüfungsantrages streitgegenständlich** und handelt es sich bei Vergabestelle nicht um eine originäre öffentlich-rechtliche Verwaltungseinheit, sondern um **eine GmbH**, ist die Hinzuziehung eines Verfahrensbevollmächtigten für die Vergabestelle notwendig (VK Rheinland-Pfalz, B. v. 27. 5. 2005 – Az.: VK 15/05; B. v. 24. 5. 2005 – Az.: VK 14/05)
- stehen im Mittelpunkt des Nachprüfungsverfahrens u. a. **Fragen der Einhaltung der Rügeobliegenheit, der Beibringung von Nachweisen und Erklärungen und der vergaberechtswidrigen Doppelteilnahme eines Bieters als Einzelbewerber und als Bewerber mit einem anderen Unternehmen** und beschränkt sich die Problematik nicht auf ganz einfache auftragsbezogene Sach- und Rechtsfragen mit den dazugehörenden Vergaberegeln, ist die Hinzuziehung eines Verfahrensbevollmächtigten für die Vergabestelle notwendig (OLG Düsseldorf, B. v. 31. 5. 2005 – Az.: VII – Verg 107/04)
- die Hinzuziehung eines Verfahrensbevollmächtigten ist für die Vergabestelle notwendig, wenn es sich bei ihr um eine **kleinere Verwaltungseinheit handelt, die selber keinen Juristen beschäftigt** (VK Rheinland-Pfalz, B. v. 14. 4. 2005 – Az.: VK 12/05)

Teil 1 GWB § 128

Gesetz gegen Wettbewerbsbeschränkungen

- sind **primär Zulässigkeitsfragen des Nachprüfungsantrages** streitgegenständlich und **handelt es sich bei Vergabestelle** nicht um eine originäre öffentlich-rechtliche Verwaltungseinheit, sondern **um eine GmbH**, ist die Hinzuziehung eines Verfahrensbevollmächtigten auf Seiten der Vergabestelle notwendig (VK Rheinland-Pfalz, B. v. 12. 4. 2005 – Az.: VK 11/05)
- **wertet die Vergabestelle ein Angebot richtig, verfügt sie über** die für eine sachgerechte Behandlung des Nachprüfungsantrags erforderlichen **Rechtskenntnisse im eigenen Geschäftsbereich** und bedarf nicht „notwendig" eines anwaltlichen Bevollmächtigte (OLG Düsseldorf, B. v. 2. 5. 2005 – Az.: VII – Verg 6/04)
- hat das Nachprüfungsverfahren neben vergaberechtlichen Problemen auch **schwierige Rechtsfragen der VgV, insbesondere der Auswirkungen von Geschäftsbeziehungen zwischen Projektanten und Bietern zum Inhalt**, ist der Auftraggeber zur Durchsetzung seiner Rechte auf anwaltliche Vertretung angewiesen (VK Südbayern, B. v. 21. 9. 2004, Az.: 120.3–3194.1-54-08/04)
- stützt ein Antragsteller den Nachprüfungsantrag **ausschließlich auf den Vorwurf, dass die Wertung nicht entsprechend den vorgegebenen Kriterien erfolgt**, ist es für den **Auftraggeber nicht notwendig**, sich zur Verteidigung gegen den Nachprüfungsantrag anwaltlicher Hilfe zu bedienen. Es hätte vielmehr ausgereicht, dass von dem Auftraggeber mit der Angebotsprüfung beauftragte Mitarbeiter diese fachlichen Fragen klären (VK Südbayern, B. v. 23. 9. 2004, Az.: 120.3–3194.1-52-07/04)
- konzentriert sich das Nachprüfungsverfahren nicht nur auf einfache fachliche Details in den Ausschreibungsunterlagen, sondern sind **allgemeine Grundsätze aus dem Vergaberecht und Fragen aus dem Bereich des Tariftreuerechts streitentscheidend**, ist die Hinzuziehung von Verfahrensbevollmächtigten durch den öffentlichen Auftraggeber notwendig (VK Münster, B. v. 10. 2. 2005 – Az.: VK 35/04)
- konzentriert sich das Nachprüfungsverfahren **nicht nur auf fachliche Details in den Ausschreibungsunterlagen**, sondern stehen **allgemeine Grundsätze aus dem Vergaberecht, und zwar die Antragsbefugnis und Rügeobliegenheit**, und dem allgemeinen Verfahrensrecht im Streit, ist die Hinzuziehung von Verfahrensbevollmächtigten durch den öffentlichen Auftraggeber notwendig (VK Münster, B. v. 10. 3. 2005 – Az.: VK 03/05)
- geht es **neben dem Kernbereich der Zulässigkeit von Angeboten von Bietergemeinschaften auch um Zulässigkeitsfragen wie der Rechtzeitigkeit der Rüge nach § 107 Abs. 3 GWB**, sind dies nachprüfungsspezifische Rechtsmaterien, die sowohl von dem Auftraggeber als auch einem Bieterunternehmen nicht mit eigenen Kräften bewältigt werden können. Eine Hinzuziehung eines fachlich geeigneten Bevollmächtigten ist notwendig (1. VK Sachsen, B. v. 20. 1. 2005 – Az.: 1/SVK/127-04)
- streiten die Parteien um die **Zulässigkeit der Rüge nach § 107 Abs. 3 GWB sowie um Aufhebungsfragen**, sind dies nachprüfungsspezifische Rechtsmaterien, die sowohl von der mit neuen Vergabeaufgaben frisch belehnten Auftraggeberin als auch einem Bieterunternehmen nicht mit eigenen Bordmitteln bewältigt werden können. Eine **Hinzuziehung eines fachlich geeigneten Bevollmächtigten war daher für beide Verfahrensbeteiligte notwendig** (1. VK Sachsen, B. v. 21. 12. 2004 – Az.: 1/SVK/112-04)
- liegt der **Schwerpunkt der Entscheidung auf der Frage der Anwendbarkeit des § 6 Absatz 2 VOF** und der hierzu entwickelten Rechtsprechung und streiten die Parteien um **Fragen der Beweislast hinsichtlich einer möglichen Vorbefasstheit**, spielen außerdem **auch handelsrechtliche und gesellschaftsrechtliche Fragen** eine Rolle, ist auch dem öffentlichen Auftraggeber die Beurteilung dieser komplizierten Materien ohne rechtlichen Beistand nicht zuzumuten, weshalb die Kammer die **Hinzuziehung eines Rechtsanwaltes für notwendig erachtet** (1. VK Sachsen, B. v. 25. 11. 2004 – Az.: 1/SVK/110-04)
- liegt die Angelegenheit so, dass **im wesentlichen um einen Ausschlussgrund nach der VOL/A gestritten wird**, handelt es sich dabei um keine Sondermaterie des Nachprüfungsverfahrens vor der VK, dessen Kenntnisse auf Auftraggeberseite nicht erwartet werden kann (1. VK Sachsen, B. v. 20. 7. 2004 – Az.: 1/SVK/051-04)
- ist in einem Vergabenachprüfungsverfahren **weder der Auftraggeber noch der anwaltliche Vertreter aufgetreten, ist die Beiziehung ausnahmsweise nicht notwendig** (VK Thüringen, B. v. 3. 2. 2005 – Az.: 360–4005.20-002/05-G-S)
- ist das Vergabeverfahren für den Antragsgegner (= Auftraggeber) von **herausragender wirtschaftlicher Bedeutung** und werden durch den Nachprüfungsantrag **nicht lediglich ein-**

Gesetz gegen Wettbewerbsbeschränkungen **GWB § 128 Teil 1**

fach gelagerte auftragsbezogene Sach- und Rechtsfragen aufgeworfen, sondern geht es neben der Einhaltung der Rügeobliegenheit um die Zulässigkeit einer Änderung in der Zusammensetzung einer konkurrierenden Bietergemeinschaft und um kartellrechtliche Beanstandungen, genügt dies festzustellen, dass die Zuziehung eines anwaltlichen Bevollmächtigten einer zweckentsprechenden Rechtsverteidigung des Auftraggebers angemessen ist (OLG Düsseldorf, B. v. 13. 8. 2004 – Az.: VII – Verg 12 und 14/02)

– so stellt ein Beispiel, in dem die Bewältigung eines Nachprüfungsverfahrens in eigener Zuständigkeit von der Vergabestelle nicht ohne weiteres zu erwarten ist, etwa der Fall dar, dass **die verschiedenen im Vergaberecht ineinander greifenden Rechtsebenen im Verfahren eine Rolle spielen**, und zwar die Verdingungsordnungen, die Vergabeverordnung, die §§ 97 ff. GWB und/oder die Richtlinien der Europäischen Gemeinschaften (OLG Düsseldorf, B. v. 25. 2. 2004 – Az.: VV – Verg 12/00)

– treten nicht alltägliche Rechtsprobleme auf, so wird es vielfach sachgerecht sein, dass auch der öffentliche Auftraggeber seine bisherige Vorgehensweise unter Hinzuziehung eines Rechtsanwalts überprüft und darstellt. Von **besonderer Bedeutung ist dabei auch das Gewicht des in Rede stehenden Auftrages**, das bereits für sich allein die Hinzuziehung eines Rechtsanwalts rechtfertigen kann. Angesichts des erheblichen Auftragsgewichts war die Hinzuziehung anwaltlichen Beistandes gerechtfertigt, zumal sich bei der **vergaberechtlich erforderlichen Bewertung des Finanzierungskonzeptes komplexe Rechtsfragen stellen konnten** (OLG Rostock, B. v. 29. 12. 2003 – Az.: 17 Verg 11/03)

– sind nicht die „prozessualen" Aspekte des Nachprüfungsverfahrens Gegenstand des Verfahrens, sondern **Fragen der normalen Angebotsbewertung** und wird der Auftraggeber bereits durch einen Architekten und einen Projektsteuerer unterstützt, bedarf es keines rechtlichen Beistandes (1. VK Sachsen, B. v. 7. 4. 2003 – Az.: 1/SVK/021-03)

– hat der Auftraggeber sich **mit einem in gleicher Sache getroffenen Beschluss** der Vergabekammer auseinander zu setzen und hat die Vergabekammer dabei der Auftraggeberin bereits Vorgaben für die weiteren Entscheidungsschritte gegeben, welche ihr die vergaberechtlich korrekte Vorgehensweise bereits in Grundzügen aufriss und ist auch das Rechtsamt der Auftraggeberin bereits eingeschaltet gewesen, welches die zu entscheidenden Fragen mit der erforderlichen Kompetenz lösen konnte, bedurfte es nicht der Beiziehung eines Rechtsanwaltes (1. VK Sachsen, B. v. 13. 9. 2002 – Az.: 1/SVK/082-02)

– führt der **Auftraggeber laufend Vergabeverfahren dieser Art und von ähnlichen Dimensionen** durch, ist er mit den in diesem Zusammenhang auftretenden Rechtsproblemen vertraut, soweit es sich nicht um grundsätzlich neue oder ungeklärte Fragen handelt, oder um Problemkreise, die üblicherweise in Vergabeverfahren nicht berührt werden; Fragen der Eignung eines Bieters oder der Wertung von Nebenangeboten kommen in Vergabeverfahren geradezu typischerweise vor. Dabei geht es um auftragsbezogene Sach- bzw. Rechtsfragen, deren Beantwortung der Auftraggeber durch das Vorhandensein der erforderlichen Sachkunde und Rechtskenntnis ohnehin organisieren muss; die Einschaltung eines externen Rechtsanwaltes ist nicht notwendig (1. VK Bund, B. v. 30. 1. 2002 – Az.: VK 01 – 01/02)

– hat der **Auftraggeber eine eigene Rechtsabteilung**, die häufig mit Fragen des Vergaberechts befasst wird, ist er weder aus Mangel an qualifiziertem juristischen Personal noch aus Mangel an konkreten Erfahrungswissen im Bereich des Vergaberechts auf die Beauftragung eines außenstehenden Rechtsanwalts angewiesen (1. VK Bund, B. v. 30. 1. 2002 – Az.: VK 01 – 01/02; 1. VK Bund, B. v. 1. 7. 2002 – Az.: VK 1–33/02; im Ergebnis ebenso VK Rheinland-Pfalz, B. v. 10. 6. 2003 – Az.: VK 10/03)

– die Hinzuziehung eines Verfahrensbevollmächtigten durch die Vergabestelle ist erforderlich, wenn die **speziellen Rechtsfragen des Vergabeverfahrens durch einen bestimmten Juristen bearbeitet werden, der zu der Zeit in Urlaub war**, das übrige juristische Personal der Vergabestelle aber mit den speziellen Verfahrens- und Rechtsfragen des Vergaberechts regelmäßig nicht beschäftigt wurde;. bei der Eilbedürftigkeit der Nachprüfungsverfahren ist es dann regelmäßig nicht möglich, kurzfristig einen Vertreter in die Spezialmaterie des Vergaberechts einzuarbeiten (VK Arnsberg, B. v. 29. 4. 2002 – Az.: VK 2–06/2002 – K)

– die anwaltliche Vertretung war erforderlich, da der **einzige** für eine Vertretung vor der Vergabekammer **mögliche Mitarbeiter** der Antragsgegnerin **für die Dauer des Nachprüfungsverfahrens abwesend** war. Auch das Beschleunigungsgebot machte die Hinzuziehung eines Bevollmächtigten notwendig, um der Vergabestelle eine sachgerechte Vertretung zu ermöglichen (VK Südbayern, B. v. 19. 3. 2003 – Az.: 06-02/03)

Teil 1 GWB § 128

- wirft der Streitfall nicht einfach gelagerte **Rechtsfragen sowohl zum materiellen Vergaberecht wie auch zum Nachprüfungsverfahren** auf (Handelt es sich bei der Antragsgegnerin um einen öffentlichen Auftraggeber im Sinne von § 98 Nr. 2 GWB? Hat die Antragstellerin ihre Antragsbefugnis im Sinne von § 107 Abs. 2 GWB dargelegt? Findet § 174 BGB auf die Rüge nach § 107 Abs. 3 GWB Anwendung?) und verfügt der Auftraggeber nicht über eigenes juristisch geschultes Personal, ist die Hinzuziehung notwendig (OLG Düsseldorf, B. v. 19. 2. 2002 – Az.: Verg 33/01)

- die Durchführung eines **Gestattungsverfahrens nach § 115 GWB** kann es als sinnvoll und geboten erscheinen lassen, einen Rechtsanwalt zu beauftragen (OLG Dresden, B. v. 11. 12. 2001 – Az.: WVerg 0010/01)

- sind nicht nur Fragen des Ausschreibungsverfahrens, sondern auch **der Antragszulässigkeit und des Ablaufs des Nachprüfungsverfahrens**, insbesondere auch des Antrags nach § 115 Abs. 2 Satz 1 GWB, zu erörtern und kommt es darüber hinaus auf die **Auslegung des Angebotes der Antragstellerin** an, die für die Frage der Antragsbefugnis von ausschlaggebender Bedeutung ist, ist bei einer solchen Sachlage deshalb die Hinzuziehung eines Bevollmächtigten auf Seiten der Vergabestelle als gerechtfertigt und notwendig anzusehen (VK Südbayern, B. v. 14. 2. 2003 – Az.: 02-01/03)

- hat die **Vergabestelle bereits vor der Zustellung des Nachprüfungsantrags einen Rechtsanwalt eingeschaltet** und nimmt der Antragsteller auf einen Hinweis der VK **vor der Zustellung den Antrag zurück**, ist die Einschaltung eines Rechtsanwaltes durch den öffentlichen Auftraggeber **nicht als notwendig anzusehen** (OLG Düsseldorf, B. v. 21. 5. 2003 – Az.: Verg 63/02)

- angesichts eines komplizierten und vielschichtigen Sachverhalts und der noch **ungeklärten Rechtsfragen im Bereich des § 13 VgV** ist die Hinzuziehung von Verfahrensbevollmächtigten notwendig (2. VK Bund, B. v. 11. 4. 2003 – Az.: VK 2–10/03)

- bei **klar formulierter Rechtsansicht der VK zur (fehlenden) Antragsbefugnis** des Antragstellers ist die Hinzuziehung von Verfahrensbevollmächtigten nicht notwendig (1. VK Sachsen, B. v. 16. 5. 2003 – 1/SVK/035-03)

5153   40.4.2.4.2 Aufwendungen für die Hinzuziehung eines Projektsteuerungsbüros oder eines Vergabebetreuers durch den öffentlichen Auftraggeber. Ein Auftraggeber kann sich entschließen, die ihm zustehende und von ihm zu erfüllende Aufgabe der Projektsteuerung auf ein privates Unternehmen zu übertragen. Wenn in diesem Rahmen sich das Projektsteuerungsbüro an den Auswahlentscheidungen und den Beschlüssen des Auftraggebers beteiligt, **das Nachprüfungsverfahren betreut** und insgesamt bauherrenähnliche Funktion inne hat, darf dies **nicht zu Lasten des Bieters** gehen. Hätte die Vergabestelle die Projektsteuerung selbst übernommen, wären die ihr entstandenen Aufwendungen nicht ersetzbar, weil der übliche Zeitaufwand im Nachprüfungsverfahren nicht zu erstatten ist. **Entschließt sich die Vergabestelle, die an sich ihr zukommenden Aufgaben auf einen Dritten zu übertragen, kann sie die dadurch entstandenen Kosten regelmäßig nicht ersetzt verlangen**, es sei denn, dass sie selbst zu einer solchen Tätigkeit nicht in der Lage ist (Hanseatisches OLG in Bremen, B. v. 2. 9. 2004 – Verg 3/2003; OLG Düsseldorf, B. v. 15. 12. 2005 – Az.: VII – Verg 74/05; B. v. 8. 3. 2005 – Az.: VII – Verg 04/05; BayObLG, B. v. 9. 4. 2002 – Az.: Verg 4/02; VK Schleswig-Holstein, B. v. 23. 2. 2005 – Az.: VK-SH 05/04).

5154   Selbst wenn man zu Gunsten des Auftraggebers unterstellt, dass er nicht über das nötige Wissen zum Betreiben des konkreten Vergabeverfahrens verfügte, muss er **aus Gründen der Kostenersparnis ein ortsnahes Unternehmen beauftragen**. Entscheidet er sich für ein auswärtiges Unternehmen, sind z. B. **Reisekosten für die Teilnahme einer Auskunftsperson des auswärtigen Unternehmens im Verhandlungstermin vor der Vergabekammer nicht erstattungsfähig** (OLG Düsseldorf, B. v. 15. 12. 2005 – Az.: VII – Verg 74/05).

5155   Eine Erstattungspflicht ist also lediglich denkbar, wenn die **Kosten des Projektsteuerers dem Grund und der Höhe nach durch die Beratung der Vergabestelle im Nachprüfungsverfahren entstanden** sind (Hanseatisches OLG in Bremen, B. v. 2. 9. 2004 – Verg 3/2003).

5156   **Honorarforderungen eines** im Vergabeverfahren gem. § 6 VOF tätig gewesenen **Vergabebetreuers** sind **grundsätzlich keine notwendige Kosten der Rechtsverfolgung** der Vergabestelle, wenn der **Sachverständige sich erkennbar zur Verteidigung seiner Vortätigkeit quasi als Streithelfer vor der Vergabekammer betätigt** (OLG Thüringen, B. v. 14. 10. 2003 – Az.: 6 Verg 8/03).

40.4.2.4.3 Aufwendungen für die Hinzuziehung eines sachverständigen Ingenieurs 5157
durch den öffentlichen Auftraggeber als Antragsgegner. Fehlt einer Vergabestelle das erforderliche technische Wissen im nötigen Umfang zur Durchführung eines Nachprüfungsverfahrens, kann sie **ausnahmsweise die Aufwendungen für diesen Beistand erstattet bekommen** (VK Münster, B. v. 28. 5. 2004 – Az.: VK 12/01).

§ 128 GWB regelt nur die Tragung von Kosten, die durch ein Gerichtsverfahren oder ein ge- 5158
richtsähnliches Verfahren angefallen sind. **Zu diesem zählen nicht die Stellungnahmen zu Rügen, welche die Bieter noch im Verlauf des Ausschreibungsverfahrens erheben.** Dass diese Rügen nicht zum Verfahren vor der Vergabekammer gehören, zeigt auch § 107 Abs. 1 GWB, der den Beginn des Verfahrens an die Stellung eines Nachprüfungsantrages knüpft (OLG Frankfurt, B. v. 13. 7. 2009 – Az.: 11 Verg 1/09; OLG München, B. v. 7. 10. 2005 – Az.: Verg 007/05).

Die **Teilnahme an einem Nachprüfungsverfahren stellt gegenüber dem Auftragge-** 5159
ber eine besondere Leistung im Sinne der HOAI dar. Sie entspricht der Leistung „fachliche und organisatorische Unterstützung des Bauherrn im Widerspruchsverfahren, Klageverfahren o. ä." aus dem Katalog der besonderen Leistungen in der Leistungsphase 4 zu § 15 HOAI (Leistungsbild Objektplanung für Gebäude, Freianlagen und raumbildende Ausbauten). Damit kann sie auch zu den besonderen Leistungen des hier einschlägigen Leistungsbildes Objektplanung für Ingenieurbauwerke und Verkehrsanlagen (§ 55 HOAI) gezählt werden (§ 2 Abs. 3 S. 3 HOAI).

Es handelt sich bei den von dem beratenden Ingenieur durchgeführten Tätigkeiten **nicht um** 5160
Tätigkeiten der Mitwirkung bei der Vergabe. Dies gilt für die mündliche Verhandlung insbesondere deswegen, weil das Auftreten vor einem Spruchkörper mit gerichtsähnlichem Verfahren und die Darstellung von Zusammenhängen und Erkenntnissen vor diesem Entscheidungsorgan und anderen Beteiligten sowie das Eingehen auf dabei entstehende Fragen und Kritikpunkte nicht zu den Tätigkeiten, die einer Grundleistung in Leistungsphase 7 zu § 55 HOAI – Mitwirkung bei der Vergabe – entsprechen, gehören. Insbesondere gehört es nicht zu der Grundleistung „Mitwirkung bei Verhandlungen mit Bietern", weil dies die Verhandlung für Entscheidungen durch die Vergabestelle in Bezug nimmt, nicht aber die mündliche Verhandlung vor der Vergabekammer, in der diese ihre Entscheidung vorbereitet (VK Münster, B. v. 28. 5. 2004 – Az.: VK 12/01; im Ergebnis ebenfalls VK Schleswig-Holstein, B. v. 23. 2. 2005 – Az.: VK-SH 05/04).

Steht allerdings fest, dass **ausnahmsweise** die Kosten für die Heranziehung eines Ingenieur- 5161
büros als zweckentsprechend notwendige Auslagen dem Grunde nach erstattungsfähig sind, so ist deren **Höhe durch das Kostenbegrenzungsgebot eingeschränkt.** Hierbei ist insbesondere der Fall denkbar, dass die Vergabestelle die Kosten für zwei Drittunternehmen im Rahmen des Nachprüfungsverfahrens geltend macht, obwohl dasselbe Fachwissen bei zumindest einem der beiden Drittunternehmen vorhanden ist. In einem solchen Fall **darf auch nur eines dieser Unternehmen herangezogen werden** (VK Schleswig-Holstein, B. v. 23. 2. 2005 – Az.: VK-SH 05/04).

40.4.2.4.4 Aufwendungen für die Hinzuziehung eines Rechtsanwaltes durch einen 5162
Bieter. 40.4.2.4.4.1 Grundsätze. Da das Gesetz insoweit keine Regel vorgibt, kann die **Frage der Notwendigkeit der Hinzuziehung eines Rechtsanwalts nicht schematisch beantwortet werden**; es ist – wie auch sonst, wenn es um die Notwendigkeit verursachter Kosten geht – eine **Entscheidung geboten, die den Umständen des Einzelfalls gerecht wird.** Hierzu ist die Frage zu beantworten, ob der Beteiligte unter den Umständen des Falles auch selbst in der Lage gewesen wäre, aufgrund der bekannten oder erkennbaren Tatsachen den Sachverhalt zu erfassen, der im Hinblick auf eine Missachtung von Bestimmungen über das Vergabeverfahren von Bedeutung ist, hieraus die für eine sinnvolle Rechtswahrung oder -verteidigung nötigen Schlüsse zu ziehen und das danach Gebotene gegenüber der Vergabekammer vorzubringen. Hierfür können neben **Gesichtspunkten wie der Einfachheit oder Komplexität des Sachverhalts,** der **Überschaubarkeit oder Schwierigkeit der zu beurteilenden Rechtsfragen** auch rein persönliche Umstände bestimmend sein wie etwa die **sachliche und personelle Ausstattung des Beteiligten,** also beispielsweise, ob er über eine Rechtsabteilung oder andere Mitarbeiter verfügt, von denen erwartet werden kann, dass sie gerade oder auch Fragen des Vergaberechts sachgerecht bearbeiten können, oder ob allein der kaufmännisch gebildete Geschäftsinhaber sich des Falls annehmen muss (BGH, B. v. 26. 9. 2006 – Az.: X ZB 14/06; OLG Brandenburg, B. v. 19. 2. 2008 – Az.: Verg W 22/07; B. v. 6. 11. 2007 – Az.: Verg W 12/07; OLG Dresden, B. v. 27. 7. 2010 – Az.: WVerg 0007/10; 2. VK Brandenburg, B. v.

Teil 1 GWB § 128 Gesetz gegen Wettbewerbsbeschränkungen

8. 3. 2007 – Az.: 2 VK 4/07; VK Nordbayern, B. v. 22. 9. 2010 – Az.: 21.VK – 3194 – 24/10; 3. VK Saarland, B. v. 18. 12. 2009 – Az.: 3 VK 02/2009; VK Schleswig-Holstein, B. v. 7. 3. 2007 – Az.: VK-SH 03/07).

5163 Die anwaltliche Vertretung des Bieters ist erforderlich, wenn eine umfassende Rechtskenntnis und damit eine zweckentsprechende Rechtsverfolgung im Rahmen des Nachprüfungsverfahrens nach GWB von ihm nicht erwartet werden kann. Von einem verständigen Bieter können Kenntnisse der VOB/A nur insoweit erwartet werden, wie er sie z. B. zur Abgabe eines VOB-konformen Angebotes und eventuell auch zur Rüge von Verfahrensmängeln bei der Vergabestelle benötigt. **Detaillierteres Wissen zum Vergaberecht, insbesondere auch über das Nachprüfungsverfahren nach §§ 102 ff. GWB, kann nicht vorausgesetzt werden** (1. VK Sachsen, B. v. 13. 6. 2007 – Az.: 1/SVK/039-07; B. v. 31. 1. 2007 – Az.: 1/SVK/124-06; VK Südbayern, B. v. 22. 2. 2002 – Az.: 42-11/01). Ein Bieter bedarf also für eine angemessene Reaktion in der **auch für einen erfahrenen Bieter ungewohnten Situation eines vergaberechtlichen Nachprüfungsverfahrens** besonderen rechtskundigen Beistandes (VK Lüneburg, B. v. 6. 9. 2007 – Az.: VgK-36/2007; B. v. 29. 5. 2007 – Az.: VgK-19/2007; B. v. 7. 7. 2005 – Az.: VgK-27/2005; B. v. 5. 7. 2005 – Az.: VgK-26/2005; B. v. 27. 6. 2005 – Az.: VgK-23/2005; B. v. 11. 1. 2005 – Az.: 203-VgK-55/2004; B. v. 2. 4. 2003 – Az.: 203-VgK-08/2003). **Schon beim materiellen Vergaberecht handelt es sich um eine überdurchschnittlich komplizierte Materie**, die nicht nur in kurzer Zeit zahlreiche Veränderungen und Neuregelungen erfahren hat, sondern auch durch komplexe gemeinschaftsrechtliche Fragen überlagert ist. Entscheidend aber ist, dass das **Nachprüfungsverfahren gerichtsähnlich ausgebildet ist, die Beteiligten also auch prozessuale Kenntnisse haben müssen**, um ihre Rechte umfassend zu wahren. Deshalb ist im vergaberechtlichen Nachprüfungsverfahren die nach § 80 VwVfG gebotene Rechtspraxis zur Erstattung der Rechtsanwaltskosten nicht übertragbar. Denn durch seinen Charakter als gerichtsähnlich ausgestaltetes Verfahren unterscheidet sich das Vergabenachprüfungsverfahren vor der Vergabekammer eben grundlegend vom Widerspruchsverfahren nach der VwGO (VK Lüneburg, B. v. 7. 7. 2005 – Az.: VgK-27/2005; B. v. 11. 1. 2005 – Az.: 203-VgK-55/2004; B. v. 12. 10. 2004 – Az.: 203-VgK-45/2004; 1. VK Sachsen, B. v. 17. 7. 2007 – Az.: 1/SVK/046-07; VK Schleswig-Holstein, B. v. 22. 1. 2010 – Az.: VK-SH 26/09; B. v. 21. 2. 2007 – Az.: VK-SH 02/07; B. v. 28. 7. 2006 – Az.: VK-SH 18/06).

5164 Von daher ist es sachgerecht, auf Seiten des Antragstellers eines Nachprüfungsverfahrens die Notwendigkeit der Hinzuziehung eines Bevollmächtigten **im Regelfall anzuerkennen** und **Ausnahmen im Einzelfall nur für einfache tatsächliche oder ohne weiteres zu beantwortende rechtliche Fragen vorzubehalten** (OLG Schleswig-Holstein, B. v. 22. 1. 2007 – Az.: 1 Verg 2/06; VK Schleswig-Holstein, B. v. 22. 1. 2010 – Az.: VK-SH 26/09; B. v. 28. 1. 2008 – Az.: VK-SH 27/07; B. v. 7. 3. 2007 – Az.: VK-SH 03/07; B. v. 21. 2. 2007 – Az.: VK-SH 02/07).

5165 Die **VK Sachsen** differenziert ähnlich wie bei der Hinzuziehung eines Rechtsanwaltes durch den öffentlichen Auftraggeber: sind nicht die „prozessualen" Aspekte des Nachprüfungsverfahrens oder umsatzsteuerrechtliche Fragen Gegenstand des Verfahrens, sondern **Fragen der normalen Angebotsbewertung,** bedarf es keines rechtlichen Beistandes (1. VK Sachsen, B. v. 13. 6. 2007 – Az.: 1/SVK/039-07; B. v. 7. 12. 2006 – Az.: 1/SVK/100-06; B. v. 8. 6. 2006 – Az.: 1/SVK/047-06; B. v. 7. 4. 2003 – Az.: 1/SVK-024-03).

5166 Die hinter der Frage des Ausschlusses liegende **Frage einer Veränderung der Verdingungsunterlagen sprengt durch die Bezugnahme auf Steuervorschriften** den normalen Rahmen der rein vergaberechtlichen Auseinandersetzung. Zudem ist auch die **Zulässigkeitsfrage zum sog. 20%-Kontingent eine Spezialproblematik** des Vergabenachprüfungsverfahrens vor der Vergabekammer in EU-weiten Ausschreibungsverfahren, deren Beherrschung von einem Bauunternehmen nicht vorausgesetzt werden kann. In diesen Fällen ist die Hinzuziehung eines Verfahrensbevollmächtigten notwendig (1. VK Sachsen, B. v. 13. 9. 2004 – Az.: 1/SVK/080-04).

5167 **40.4.2.4.4.2 Weitere Beispiele aus der Rechtsprechung**

– wenn die ASt als **internationaler Konzern über eigene Rechtsabteilungen** verfügt und bei der ASt **aufgrund langjähriger Betätigung in einem üblicher Weise mit öffentlichen Auftraggebern und Ausschreibungen agierenden Geschäftsfeld vergaberechtlich versierte Mitarbeiter vorhanden** sind, so dass ein Rückgriff auf den firmeninternen Sachverstand zumutbar erscheint, ist die **Hinzuziehung eines Rechtsanwalts durch die ASt als nicht notwendig anzusehen**. Für einen solchen Fall kann der Umstand sprechen, dass ein ASt das Rügeschreiben mit umfangreichen rechtlichen Ausführungen, die

bereits sämtliche Erwägungen des späteren Nachprüfungsantrages aufführen, ohne Rechtsbeistand selbst erstellt hat (VK Nordbayern, B. v. 22. 9. 2010 – Az.: 21.VK – 3194 – 24/10)
- geht es im Vergaberechtsstreit um die **Auskömmlichkeit von abgegebenen Angebote, insbesondere deren Kalkulation unter Berücksichtigung eines Betriebsüberganges** und hält der Antragsteller dem Auftraggeber u. a. vor, er habe die Angebote nicht ausreichend aufgeklärt und eine fehlerhafte Wertung vorgenommen und haben sowohl **Antragsteller als auch Auftraggeber sehr umfassend im Vergabenachprüfungsverfahren Stellung genommen**, ist es im Hinblick auf die Komplexität der Angelegenheit der **Beigeladenen** daher **nicht verwehrt, einen anwaltlichen Berater hinzuzuziehen**. Anhaltspunkte dafür, dass sie über eine Rechtsabteilung verfügt, die sich im Schwerpunkt mit Vergaberecht beschäftigt, und dass sie aus diesem Grund ihre Interessen auch ohne anwaltlichen Vertreter hätte wahren können, sind nicht ersichtlich (OLG Dresden, B. v. 27. 7. 2010 – Az.: WVerg 0007/10)
- die Hinziehung von anwaltlichen Bevollmächtigten war für die Antragstellerin notwendig, da sie **als Unternehmen in dem Gewerbe Gebäudereinigung keinen unternehmerischen Schwerpunkt in der Durchführung von rechtlichen Auseinandersetzungen, insbesondere Vergabenachprüfungsverfahren, hat** (VK Düsseldorf, B. v. 8. 9. 2009 – Az.: VK – 17/2009 – L)
- die Erstattungsfähigkeit der Kosten der Beigeladenen beurteilt sich **im Saarland gemäß § 128 Abs. 4 Satz 4 GWB i. V. m. § 80 Abs. 1 Satz 5 SVwVfG. Danach ist – anders als bei § 80 VwVfG des Bundes – über die Kosten nach „billigem Ermessen" zu entscheiden**. Eine Erstattungspflicht kann allein schon deshalb geboten sein, weil **im Nachprüfungsverfahren ein besonderer Zeitdruck besteht**, unter dem sich der Antragsteller gezielt gegen die Zuschlagserteilung an den Beigeladenen wehrt. Darüber hinaus erscheint die Hinziehung eines anwaltlichen Beistandes, **jedenfalls bei mittelständischen Unternehmen, die keine eigene Rechtsabteilung unterhalten, auch schon aus Gründen der „Waffengleichheit"** gegenüber dem anwaltlich vertretenen Antragsteller geboten (3. VK Saarland, B. v. 18. 12. 2009 – Az.: 3 VK 02/2009)
- beim **Vergaberecht** handelt es sich auch aufgrund vielfältiger europarechtlicher Überlagerung **um eine wenig übersichtliche und zudem stetigen Veränderungen unterworfene Rechtsmaterie**, die wegen des gerichtsähnlich ausgestalteten Verfahrens bei der Vergabekammer bereits prozessrechtliche Kenntnisse verlangt. Die Notwendigkeit der Hinziehung eines anwaltlichen Bevollmächtigten ist dabei **nach den individuellen Umständen des einzelnen Nachprüfungsverfahrens zu beurteilen**. Im vorliegenden Nachprüfungsverfahren ging es um die **komplexe Frage der Beurteilung der Eindeutigkeit eines Abforderungsprofiles bezogen auf Eignungsunterlagen**. Eine Hinziehung eines fachlich geeigneten Bevollmächtigten war daher für die Antragstellerin **notwendig** (1. VK Sachsen, B. v. 18. 6. 2009 – Az.: 1/SVK/017-09)
- die Hinziehung von anwaltlichen Bevollmächtigten ist **für einen Antragsteller notwendig**, wenn er nicht seinen unternehmerischen Schwerpunkt in der Durchführung von gerichtlichen Verfahren hat und die **Angelegenheit durch die Verknüpfung von vergabe- und abfallrechtlichen Gesichtspunkten eine besondere Schwierigkeit** aufweist (VK Düsseldorf, B. v. 15. 8. 2008 – Az.: VK – 18/2008 – L)
- die **Hinziehung von anwaltlichen Bevollmächtigten war für die Beteiligten notwendig**, da die **Behandlung der so genannten Investorenwettbewerbe innerhalb des Vergaberechts aufgrund neuester Rechtsprechung besondere Probleme** aufweist. Weiterhin erscheint die Hinziehung aufgrund der wirtschaftlichen Bedeutung des Grundstücksgeschäftes notwendig (VK Düsseldorf, B. v. 12. 3. 2008 – Az.: VK – 03/2008 – B)
- die Frage der Notwendigkeit der Hinziehung eines anwaltlichen Bevollmächtigten durch einen Bieter ist **einzelfallbezogen zu prüfen**, wobei sich die Entscheidung an folgenden Grundsätzen ausrichtet: In der Regel ist die Beauftragung eines Rechtsanwaltes durch eine Antragstellerin **auch deshalb als notwendig** i. S. d. §§ 128 Abs. 4 Satz 3 GWB, 120 Abs. 3 Satz 2 LVwG anzuerkennen, da eine Einschränkung auf in besonderem Maße schwierige und bedeutsame Nachprüfungsverfahren weder geboten scheint noch praktisch brauchbar ist, sich eine **Grenze für Schwierigkeit oder Bedeutung solcher Verfahren kaum angeben** lässt und im Interesse einer zeitnahen Erfüllung von verfahrensrechtlichen Mitwirkungspflichten der ASt **Kleinlichkeit bei der Beurteilung der Notwendigkeit fehl am Platz** ist. Von daher ist es sachgerecht, auf Seiten der ASt die Notwen-

Teil 1 GWB § 128 Gesetz gegen Wettbewerbsbeschränkungen

digkeit der Hinzuziehung eines Bevollmächtigten im Regelfall anzuerkennen und **Ausnahmen im Einzelfall nur für einfache tatsächliche oder ohne weiteres zu beantwortende rechtliche Fragen vorzubehalten** (VK Schleswig-Holstein, B. v. 28. 1. 2008 – Az.: VK-SH 27/07)

– die **Frage, ob sich ein Bieter in einem Nachprüfungsverfahren überhaupt auf die entsprechende Vorschrift in der Verdingungsordnung berufen kann**, war und ist **umstritten**. Es war deshalb erforderlich, anhand der teilweise divergierenden Rechtsprechung der Oberlandesgerichte zu ermitteln, welcher Sachvortrag notwendig war, um die Zulässigkeitshürde vor der Vergabekammer zu nehmen. Was dabei vorzutragen war, **erschloss sich erst aus einer Recherche der bis heute in Bewegung befindlichen Rechtsprechung der Oberlandesgerichte zur Frage des bieterschützenden Charakters der in den Verdingungsordnungen vorgesehenen Option des Auftraggebers, nicht auskömmliche Angebote von der Vergabe auszuschließen**. Wenn es tatsächlich auf diese Frage angekommen wäre, wie die Antragstellerin dies bei Einleitung des Verfahrens vor der Vergabekammer annehmen musste, erschien es **möglich, dass die Sache im Wege der Divergenzvorlage dem Bundesgerichtshof zugänglich gemacht werden musste**. Aus diesem Grunde und weil offensichtlich die Antragstellerin nicht auf eigenes Personal zugreifen konnte, um das Verfahren vor der Vergabekammer durchzuführen, **bejaht der Senat die Notwendigkeit der Hinzuziehung der Verfahrensbevollmächtigten der Antragstellerin** (OLG Brandenburg, B. v. 6. 11. 2007 – Az.: Verg W 12/07)

– die Zuziehung eines Bevollmächtigten der Antragstellerin wird als notwendig angesehen. Die **anwaltliche Vertretung war erforderlich, da eine umfassende Rechtskenntnis und damit eine zweckentsprechende Rechtsverfolgung** im Rahmen des Nachprüfungsverfahrens nach dem GWB von ihr **nicht erwartet werden** kann. Zur Durchsetzung ihrer Rechte ist die Antragstellerin hier aufgrund der komplexen Rechtsmaterie **auf anwaltliche Vertretung angewiesen** (VK Südbayern, B. v. 15. 12. 2006 – Az.: Z3-3-3194-1-34–11/06; B. v. 23. 11. 2006 – Az.: 32-10/06; B. v. 6. 4. 2006 – Az.: 06-03/06)

– die Hinzuziehung von Verfahrensbevollmächtigten durch den Bieter **ist notwendig**, weil das Nachprüfungsverfahren sich nicht nur auf fachliche Details in den Ausschreibungsunterlagen konzentrierte, sondern **allgemeine Grundsätze aus dem Kartellvergaberecht und dem Gemeinderecht streitentscheidend** waren (VK Münster, B. v. 21. 11. 2007 – Az.: VK 24/07; B. v. 31. 10. 2007 – Az.: VK 23/07; B. v. 31. 10. 2007 – Az.: VK 22/07)

– die Zuziehung eines Rechtsanwalts war im Nachprüfungsverfahren **notwendig**. Der Verfahrensbevollmächtigte der Antragstellerin erklärte auf Befragen in der mündlichen Verhandlung, dass das Unternehmen XXX über zwei Juristen im Unternehmen verfügen würde. Deren Aufgaben wären ihm nicht bekannt. Hinsichtlich des hier anhängigen Vergabenachprüfungsverfahrens wären diese Juristen weder im Vorfeld noch während des Verfahrens tätig geworden. Der Auftrag sei unmittelbar ihm übertragen worden. Damit **geht die Vergabekammer davon aus, dass es der Antragstellerin offensichtlich nicht möglich war, dieses Nachprüfungsverfahren mit eigenen Mitteln bestreiten zu können** (1. VK Sachsen, B. v. 17. 9. 2007 – Az.: 1/SVK/058-07)

– die Zuziehung eines Rechtsanwalts durch die Antragstellerin war im Nachprüfungsverfahren **notwendig**. Das folgt daraus, dass die Antragstellerin ungeachtet der Tatsache, dass das GWB für das Nachprüfungsverfahren 1. Instanz vor der Vergabekammer keine rechtsanwaltliche Vertretung vorschreibt, gleichwohl **wegen der Komplexität des Vergaberechts und des das Nachprüfungsverfahren regelnden Verfahrensrechts einerseits sowie auch der Komplexität des konkreten streitbefangenen Vergabeverfahrens** rechtsanwaltlicher Beratung und Begleitung bedurfte (VK Lüneburg, B. v. 6. 9. 2007 – Az.: VgK-36/2007)

– angesichts der Schwierigkeit der im Nachprüfungsverfahren aufgeworfenen Rechtsfragen, insbesondere der **Frage nach der Eigenschaft der Ag als öffentlicher Auftraggeber, bei der es sich nicht um eine rein auftragsbezogene Frage handelt**, war die Hinzuziehung eines Verfahrensbevollmächtigten durch die ASt notwendig (3. VK Bund, B. v. 3. 5. 2007 – Az.: VK 3-31/07)

– beim Vergaberecht handelt es sich auch aufgrund **vielfältiger europarechtlicher Überlagerung um eine wenig übersichtliche und zudem stetigen Veränderungen unterworfene Rechtsmaterie**, die wegen des gerichtsähnlich ausgestalteten Verfahrens bei der Vergabekammer bereits prozessrechtliche Kenntnisse verlangt. Die Notwendigkeit der Hinzuziehung eines anwaltlichen Bevollmächtigten ist dabei **nach den individuellen Umständen des einzelnen Nachprüfungsverfahrens zu beurteilen**. Im vorliegenden Nachprüfungsverfah-

Gesetz gegen Wettbewerbsbeschränkungen GWB § 128 **Teil 1**

ren ging es um die **komplexe Frage der Beurteilung der Zuverlässigkeit eines Bieters, im Zusammenhang mit einem früheren Bauvertrag**. Eine **Hinzuziehung** eines fachlich geeigneten Bevollmächtigten war daher für die Antragstellerin **notwendig** (1. VK Sachsen, B. v. 17. 7. 2007 – Az.: 1/SVK/046-07)

– beim Vergaberecht handelt es sich **auch aufgrund vielfältiger europarechtlicher Überlagerung um eine wenig übersichtliche und zudem stetigen Veränderungen unterworfene Rechtsmaterie**, die wegen des gerichtsähnlich ausgestalteten Verfahrens bei der Vergabekammer bereits prozessrechtliche Kenntnisse verlangt. Vorliegend war **eine erhöhte rechtliche Schwierigkeit dahingehend gegeben**, dass neben der ohnehin umfassenden Rechtsproblematik des europäischen Vergaberechtes auch **vergaberechtliche Wertungsfragen vertiefend Gegenstand des Verfahrens waren;** die Hinzuziehung eines Verfahrensbevollmächtigten ist **als notwendig anzuerkennen** (1. VK Sachsen, B. v. 17. 9. 2007 – Az.: 1/SVK/058-07; B. v. 13. 6. 2007 – Az.: 1/SVK/039-07)

– die Hinzuziehung eines Verfahrensbevollmächtigten ist **nicht als notwendig anzuerkennen**, wenn der **Bieter innerhalb seines Konzerns über juristisch geschultes Personal verfügt** und sich der **Verfahrensbevollmächtigte** des Bieters gegenüber der Vergabekammer **erst unmittelbar vor der mündlichen Verhandlung legitimiert** und über den zu diesem Zeitpunkt bereits bekannten Vortrag des Bieters hinausgehende **entscheidungserhebliche tatsächliche oder rechtliche Ausführungen durch diesen nicht erfolgten** (2. VK Brandenburg, B. v. 8. 3. 2007 – Az.: 2 VK 4/07)

– beim Vergaberecht handelt es sich auch **aufgrund vielfältiger europarechtlicher Überlagerung um eine wenig übersichtliche und zudem stetigen Veränderungen unterworfene Rechtsmaterie**, die wegen des gerichtsähnlich ausgestalteten Verfahrens bei der Vergabekammer bereits prozessrechtliche Kenntnisse verlangt. Die Notwendigkeit der Hinzuziehung eines anwaltlichen Bevollmächtigten ist dabei **nach den individuellen Umständen des einzelnen Nachprüfungsverfahrens zu beurteilen**. Geht es um einen **komplexen vergaberechtlichen Sachverhalt**, der insbesondere durch spezielle Probleme aus dem Bereich der Gewerbeordnung und der Zulässigkeit von geforderten Eignungsnachweisen geprägt war, ist eine Hinzuziehung eines fachlich geeigneten Bevollmächtigten daher für den Antragsteller notwendig (VK Sachsen, B. v. 10. 4. 2007 – Az.: 1/SVK/020-07)

– in Anbetracht der zu erörternden vergaberechtlichen Probleme war die Hinzuziehung eines Bevollmächtigten durch die Beigeladene notwendig, da diese **als mittelständisches Unternehmen nicht auf vergaberechtlich spezialisierten hauseigenen Sachverstand zurückgreifen kann** (VK Baden-Württemberg, B. v. 15. 3. 2007 – Az.: 1 VK 03/07)

– geht es im Nachprüfungsverfahren um einen **komplexen vergaberechtlichen Sachverhalt**, der insbesondere **durch spezielle Probleme aus dem Bereich der vergaberechtlich richtigen Wertung von Zuschlagskriterien geprägt** ist, ist eine Hinzuziehung eines fachlich geeigneten Bevollmächtigten daher für die Antragstellerin notwendig (VK Sachsen, B. v. 7. 12. 2006 – Az.: 1/SVK/100-06)

– im Streitfall ist **der Umstand, dass eine Rechtsfrage zu beantworten war, derentwegen das Oberlandesgericht zu Recht eine Vorlage an den Bundesgerichtshof für gesetzlich geboten gehalten hat, ein starkes Indiz dafür**, dass jedenfalls auf Seiten eines Bieters, zur Beantwortung vergaberechtlicher Fragen nicht auf besondere eigene Ressourcen zurückgreifen kann, ein außenstehender Rechtsanwalt zur sachgerechten Rechtswahrung erforderlich war. Da für etwas Gegenteiliges nichts ersichtlich oder dargetan ist, bejaht der Senat deshalb die Notwendigkeit der Hinzuziehung des Verfahrensbevollmächtigten der Antragstellerin (BGH, B. v. 26. 9. 2006 – Az.: X ZB 14/06)

– **geht es um die Beurteilung der Ausübung des vergaberechtlich vorzunehmenden Bewertungsermessens des Auftraggebers** und ist der Auftraggeber ohne ausdrückliche anwaltliche Vertretung dennoch durch einen solchen vertreten, was sich aus dem sonstigen Tätigkeitsfeld eines Oberverwaltungsgerichtes ergibt, ist im Hinblick auf die „**Waffengleichheit**" die anwaltliche Vertretung des Antragstellers für notwendig zu erklären (1. VK Sachsen, B. v. 28. 12. 2005 – Az.: 1/SVK/147-05)

– die Vergabekammer hält die Hinzuziehung von Verfahrensbevollmächtigten durch den Antragsteller für **notwendig**, weil das Nachprüfungsverfahren sich nicht nur auf fachliche Details in den Ausschreibungsunterlagen konzentrierte, sondern **allgemeine Grundsätze aus dem Vergaberecht, dem Versicherungsrecht und dem allgemeinen Verfahrensrecht** streitentscheidend waren (VK Münster, B. v. 5. 10. 2005 – Az.: VK 19/05)

Teil 1 GWB § 128 Gesetz gegen Wettbewerbsbeschränkungen

– die Vergabekammer hält es für sachgerecht, die Notwendigkeit der Hinzuziehung eines Bevollmächtigten im Nachprüfungsverfahren entsprechend der zwischenzeitlich allgemeinen Rechtsprechung **bei einem derart komplexen vergaberechtlichen Sachverhalt wie der Behandlung so genannter Cent-Positionen** anzuerkennen. Diese selbst in der obergerichtlichen Rechtsprechung hoch umstrittene Materie kann und muss der Antragsteller nicht mit eigenen Bordmitteln bewältigen (1. VK Sachsen, B. v. 27. 4. 2005 – Az.: 1/SVK/032-05)

– angesichts eines komplizierten und vielschichtigen Sachverhalts und der noch **ungeklärten Rechtsfragen im Bereich des § 13 VgV** ist die Hinzuziehung von Verfahrensbevollmächtigten notwendig (2. VK Bund, B. v. 11. 4. 2003 – Az.: VK 2–10/03)

– auch von einem **größeren Ingenieurbüro** kann nicht erwartet werden, dass es umfassende Kenntnisse des Verfahrensrechts **im VOF-Vergabeverfahren** und insbesondere im Nachprüfungsverfahren nach GWB besitzt (VK Hessen, B. v. 10. 3. 2003 – Az.: 69 d VK – 06/2003)

5168 **40.4.2.4.5 Aufwendungen für die Hinzuziehung eines Rechtsbeistandes.** Zu den zur zweckentsprechenden Rechtsverfolgung und Rechtsverteidigung notwendigen Auslagen zählen nicht nur die Kosten für einen anwaltlichen Bevollmächtigten, sondern dabei **kann es sich auch um Kosten für Rechtsbeistände oder andere zum Zwecke einer Beratung beigezogene Dritte des obsiegenden Beteiligten handeln.** Jedenfalls können die Aufwendungen für einen Beistand im Einzelfall notwendige Aufwendungen im Sinne von § 80 Abs. 1 sein (VK Münster, B. v. 28. 5. 2004 – Az.: VK 12/01).

5169 **40.4.2.4.6 Aufwendungen für vorsorgliche Prüfungs- bzw. Beratungskosten.** Mit Beschlussfassung der Vergabekammer und der anschließenden Zustellung der Entscheidung endet das Verfahren vor der Vergabekammer. **Aufträge zur Prüfung, ob eine möglicherweise durch einen Antragsteller einzulegende Beschwerde Aussicht auf Erfolg haben könnte, gehören nicht mehr zu dieser Instanz.** Sie sind im Übrigen auch zur zweckentsprechenden Rechtsverteidigung nicht notwendig, solange nicht klar ist, ob es zu einem Rechtsmittelverfahren kommen wird. **Vorsorgliche Prüfungen hat der Auftraggeber selbst zu tragen** (OLG München, B. v. 7. 10. 2005 – Az.: Verg 007/05).

5170 **40.4.2.4.7 Aufwendungen für die nur beratende Hinzuziehung eines Rechtsanwaltes.** Zunächst spielt es **keine Rolle, ob der Rechtsanwalt während des laufenden Vergabenachprüfungsverfahrens für die Vergabekammer erkennbar in Erscheinung getreten** ist. Entscheidend ist vielmehr, dass er tatsächlich beratend hinzugezogen worden ist. Soweit eine Feststellung des „Ob" und des „Wie viel" der Tätigkeit des Hinzugezogenen tatsächliche Schwierigkeiten bereiten kann, begründen diese im Ergebnis keine Missbrauchsgefahr, weil insoweit verbleibende Zweifel zu Lasten desjenigen gehen, der die Notwendigkeit entsprechender Aufwendungen geltend macht und hierfür zunächst einmal den Nachweis erbringen muss, dass, sowie in welcher Weise und in welchem Umfang ein Rechtsanwalt tatsächlich für ihn tätig geworden ist.

5171 Die **Erstattungsfähigkeit** von geltend gemachten Beratungskosten, von deren tatsächlichem Anfall auszugehen ist, ist dem Grunde nach **bereits deshalb anzuerkennen, wenn diese auch im Falle einer förmlichen Bevollmächtigung eines Rechtsanwalts für notwendig hätten erklärt werden müssen.** Denn insoweit gelten grundsätzlich die gleichen Maßstäbe (Saarländisches OLG, B. v. 29. 9. 2005 – Az.: 1 Verg 2/05).

40.4.2.5 Umfang der notwendigen Aufwendungen

5172 **40.4.2.5.1 Grundsatz.** Welche Aufwendungen unter den Begriff der notwendigen Auslagen fallen, beantwortet die Rechtsprechung nicht einheitlich. Die Notwendigkeit der Aufwendungen beurteilt sich danach, **was ein verständiger, weder ängstlicher noch besonders unbesorgter Beteiligter im Hinblick auf die Bedeutung und rechtliche oder sachliche Schwierigkeit der Sache vernünftigerweise für erforderlich halten** durfte (VK Schleswig-Holstein, B. v. 15. 1. 2004 – Az.: VII VK1–611.511/21, VK-SH 21/03). Maßgeblich ist dabei die **Sichtweise einer verständigen Partei, die bemüht ist, die Kosten so niedrig wie möglich zu halten – sog. Verbilligungsgrundsatz –** (OLG München, B. v. 23. 1. 2006 – Az.: Verg 22/05; 2. VK Saarland, B. v. 27. 1. 2009 – Az.: 2 VK 01/2008).

5173 Nach § 128 Abs. 4 Satz 1 GWB hat der **Unterlegene die notwendigen Auslagen des Antragsgegners zu tragen.** Hat ein Antragsteller mit seinem Nachprüfungsantrag keinen Erfolg, muss er der Vergabestelle die **notwendigen Auslagen erstatten.** Insoweit kommt die **Berücksichtigung von Billigkeitserwägungen nicht in Betracht** (OLG Koblenz, B. v. 28. 1. 2009 – Az: 1 Verg 5/08).

40.4.2.5.2 Reisekosten des Rechtsanwaltes für die Terminwahrnehmung. Die **Rei-** 5174
sekosten für die Teilnahme an der mündlichen Verhandlung sind erstattungsfähig.
Notwendig sind Aufwendungen, die ein verständiger Beteiligter unter Berücksichtigung der
Bedeutung und der rechtlichen oder tatsächlichen Schwierigkeit des Verfahrensgegenstandes zur
Durchsetzung seines Standpunktes vernünftigerweise für erforderlich halten durfte. Die Vergabekammer hat die Hinzuziehung eines anwaltlichen Verfahrensbevollmächtigten ausdrücklich
für notwendig erklärt. Zum Aufgabenbereich dieses Bevollmächtigten gehört damit nicht nur
die Beratung des Mandanten, sondern auch die Wahrnehmung des Verhandlungstermins vor der
Vergabekammer (1. VK Bremen, B. v. 27. 12. 2001 – Az.: VK 5/01 (K)).

Die **Reisekosten eines zweiten auswärtigen Anwalts sind jedoch nicht erstattungs-** 5175
fähig, da sie zur zweckentsprechenden Rechtsverfolgung eines Beigeladenen nicht notwendig
sind, wenn der Beigeladene in der mündlichen Verhandlung sachgerecht durch einen Rechtsanwalt vertreten ist (OLG Düsseldorf, B. v. 30. 8. 2005 – Az.: VII – Verg 60/03).

40.4.2.5.3 Hinzuziehung eines auswärtigen Rechtsanwaltes. 40.4.2.5.3.1 Grundsatz. 5176
Die **Rechtsprechung** hierzu ist **nicht einheitlich.**

Einerseits wird die Auffassung vertreten, dass wegen der besonderen rechtlichen Schwierig- 5177
keiten des in Gestalt des Vierten Teils des GWB neuartigen Vergaberechts sich keine der Beteiligten bei der Auswahl ihres Rechtsbeistandes auf einen lokal ansässigen Rechtsanwalt beschränken muss, sondern im Bestreben um Mandatierung eines mit dem Vergaberecht vertrauten
Rechtsanwalts **auch einen auswärtigen Rechtsanwalt hinzuziehen darf** (OLG Naumburg,
B. v. 30. 5. 2002 – Az: 1 Verg 14/01; im Ergebnis ebenso VK Münster, B. v. 18. 3. 2004 – Az.:
VK 22/03).

Nach **anderer Auffassung** beurteilt sich die Notwendigkeit einer Aufwendung aus der Sicht 5178
einer verständigen Partei, die bemüht ist, die Kosten so niedrig wie möglich zu halten (sog.
„**Verbilligungsgrundsatz**"). Reisekosten eines Rechtsanwalts zum behördlichen oder verwaltungsgerichtlichen Termin sind als Auslagen gemäß § 28 BRAGO in der Regel, sofern nicht
besondere Gesichtspunkte vorliegen, nur dann in voller Höhe erstattungsfähig, wenn er seine
**Kanzlei am Sitz oder im Bezirk der angerufenen Nachprüfungsinstanz oder wenigs-
tens am Wohnsitz bzw. Sitz des Mandanten oder in dessen Nähe** hat (1. VK Sachsen-
Anhalt, B. v. 25. 2. 2008 – Az: 1 VK LVwA 24/07 K).

Die für das Verwaltungsgerichtsverfahren verschiedentlich vertretene Auffassung, Reisekosten 5179
eines prozessbevollmächtigten Rechtsanwalts seien bis zur Grenze von Treu und Glauben stets
erstattungsfähig, da § 162 Abs. 2 VwGO eine Einschränkung wie in § 91 Abs. 2 ZPO nicht
kenne, lehnen einige Vergabesenate jedenfalls für das Nachprüfungsverfahren vor der Vergabekammer ab. Hier sind **Mehrkosten,** die sich aus der Zuziehung von (im vorgenannten Sinn)
„auswärtigen" Rechtsanwälten ergeben, **nur aus besonderen Gesichtspunkten des Einzelfalles als notwendig und damit erstattungsfähig anzuerkennen.** Solche Gesichtspunkte
können etwa spezialisierte Fachkenntnisse des beauftragten Rechtsanwalts sein, die im konkreten
Falle eine Rolle spielen und nicht im gleichen Maße bei örtlichen Anwälten vorausgesetzt werden können, oder ein aufgrund besonderer Umstände, die mit der Streitsache im Zusammenhang stehen, bestehendes besonderes Vertrauensverhältnis (OLG Düsseldorf, B. v. 15. 12. 2005 –
Az.: VII – Verg 74/05; BayObLG, B. v. 16. 2. 2005 – Az.: Verg 028/04; B. v. 20. 1. 2003 – Az.:
Verg 28/02).

Ansonsten kann **allenfalls der Ansatz von Reisekosten bis zur Höhe fiktiver Reise-** 5180
kosten eines ortsnahen Rechtsanwalts anerkannt werden (OLG Düsseldorf, B. v. 15. 12.
2005 – Az.: VII – Verg 74/05; OLG Naumburg, B. v. 23. 12. 2008 – Az.: 1 Verg 11/08; 2. VK
Saarland, B. v. 27. 1. 2009 – Az.: 2 VK 01/2008; 1. VK Sachsen-Anhalt, B. v. 25. 2. 2008 – Az:
1 VK LVwA 24/07 K; B. v. 3. 5. 2007 – Az.: 1 VK LVwA 11/06-K). Auch die **Festsetzung
des Tage- und Abwesenheitsgeldes kann ebenfalls nur auf der Grundlage einer fiktiven Beauftragung** eines am Sitz der erkennenden Kammer ansässigen Rechtsanwaltes erfolgen
(2. VK Saarland, B. v. 27. 1. 2009 – Az.: 2 VK 01/2008; 1. VK Sachsen-Anhalt, B. v. 25. 2.
2008 – Az: 1 VK LVwA 24/07 K).

Das Hanseatische OLG Bremen (B. v. 21. 1. 2004 – Verg 4/03) gesteht dem **Bieter im** 5181
Grundsatz das Recht zu, auch einen auswärtigen Rechtsanwalt zu beauftragen und
vergleicht dann hinsichtlich der Erstattungsfähigkeit der Kosten die **geltend gemachten Kosten mit den Kosten für Informationsreisen und den Kosten für einen zusätzlichen
Korrespondenzanwalt.**

Teil 1 GWB § 128 Gesetz gegen Wettbewerbsbeschränkungen

5182 **40.4.2.5.3.2 Weitere Beispiele aus der Rechtsprechung**
- die Reisekosten eines auswärtigen anwaltlichen Verfahrensbevollmächtigten werden nicht ohne weiteres als erstattungsfähig anerkannt, sondern ein Verfahrensbeteiligter hat in der Regel einen im Bezirk der angerufenen Nachprüfungsinstanz oder einen an seinem Wohn- bzw. Geschäftssitz ansässigen Verfahrensbevollmächtigten zu beauftragen, um unnötige Reisekosten zu sparen. Allerdings ist der Ansatz von Reisekosten bis zur Höhe fiktiver Reisekosten eines ortsnahen Rechtsanwalts anerkannt. Auf ein besonderes Vertrauensverhältnis kommt es dabei überhaupt nicht an. Dabei legt die Kammer den Begriff der Ortsnähe weit aus, weil im Vergaberecht oftmals spezialisierte Anwälte tätig sind, die sich nicht unbedingt im unmittelbaren Umfeld einer Nachprüfungsinstanz oder am Sitz der antragstellenden Firma niedergelassen haben. **Ein Beteiligter ist nicht verpflichtet, Anwälte direkt vor Ort zu beauftragen, sondern diesbezüglich hat er in einem bestimmten räumlichen Radius die Möglichkeit, sich spezialisierte Anwälte auszusuchen** (VK Münster, B. v. 9. 9. 2009 – Az.: VK 7/09K)

- die Beauftragung eines **auswärtigen Rechtsanwaltes aus Köln** war für den **Antragsteller mit Sitz in Schweinitz (Jessen) in diesem Verfahren nicht notwendig.** Dabei wird kammerseitig nicht verkannt, dass es **dem Antragssteller selbstverständlich unbenommen bleiben muss, seinen Rechtsbeistand frei zu wählen.** Er hat jedoch die zusätzlichen Kosten seiner Entscheidung selbst zu tragen. Ein Abwälzen dieser Verpflichtung auf die Antragsgegnerseite erscheint hier unbillig. Denn zum einen kann hier davon ausgegangen werden, dass **angesichts einer Vielzahl renommierter Kanzleien am Ort der Vergabekammer** es sicherlich möglich gewesen wäre, einen zur sachgerechten Bearbeitung von Vergabesachen befähigten örtlich ansässigen Rechtsanwalt mit dem Verfahren zu beauftragen. Zum anderen ist **kein Grund erkennbar, der ausnahmsweise die Beauftragung des konkret mandatierten Rechtsanwaltes als zwingend** erscheinen lassen könnte (1. VK Sachsen-Anhalt, B. v. 3. 5. 2007 – Az.: 1 VK LVwA 11/06-K)

- im **Großraum München** stehen genügend Anwaltskanzleien mit Spezialwissen im Vergaberecht zur Verfügung, so dass es der Einschaltung eines auswärtigen Rechtsanwaltes nicht bedarf (BayObLG, B. v. 16. 2. 2005 – Az.: Verg 028/04; B. v. 20. 1. 2003 – Az.: Verg 28/02).

5183 **40.4.2.5.4 Reisekosten des auswärtigen Anwalts bei unverschuldeter Terminversäumung.** Gemäß § 28 Abs. 1 BRAGO sind dem Rechtsanwalt für Reisen, deren Ziel außerhalb der Gemeinde liegt, in der sich die Kanzlei oder die Wohnung des Rechtsanwalts befindet, die Fahrtkosten zu erstatten; ferner erhält er ein Tage- und Abwesenheitsgeld. **Auslagen für Fahrten zu einem auswärtigen Verhandlungstermin sind auch dann erstattungsfähig, wenn der Rechtsanwalt den Termin wegen unvorhergesehener Verkehrsschwierigkeiten nicht wahrnehmen kann.** Eine mehrstündige Sperrung der Autobahn wegen eines Verkehrsunfalls stellt ein unvorhergesehenes Verkehrshindernis dar. Mit ihr muss bei der Anreise zu einem Gerichtstermin jedenfalls dann nicht gerechnet werden, wenn die Sperrung erst nach Antritt der Fahrt erfolgt ist (OLG Celle, B. v. 23. 1. 2004 – Az.: 13 Verg 1/04).

5184 **40.4.2.5.5 Sonstige notwendige Aufwendungen des Auftraggebers. 40.4.2.5.5.1 Reisekosten für eigenes Personal.** Die **Rechtsprechung** zur Erstattung von Reisekosten ist **nicht einheitlich.**

5185 Nach Auffassung des OLG Dresden (B. v. 29. 6. 2001 – Az.: WVerg 0009/00) gehört zur zweckentsprechenden Rechtswahrnehmung für die Partei eines Verfahrens (dazu zählt auch die stets vertretungsbedürftige juristische Person) ungeachtet ihrer zusätzlichen anwaltlichen Vertretung **grundsätzlich die Teilnahme an dem Termin, in dem über die geltend gemachten Ansprüche verhandelt wird.** Das gilt auch dann, wenn ihr persönliches Erscheinen nicht ausdrücklich angeordnet ist; jedenfalls ist ihre Teilnahme an mündlichen Verhandlungen in Vergabenachprüfungsverfahren sinnvoll und geboten, weil hier regelmäßig nicht einfach überschaubare und zudem unter beträchtlichem Zeitdruck aufklärungsbedürftige Sachverhalte zur Erörterung im Termin anstehen. Ob dies anders zu beurteilen wäre, wenn vor dem Termin offenkundig wäre, dass ausschließlich Rechtsfragen Gegenstand der Verhandlung sind, zu deren Klärung die Partei selbst nichts beitragen kann, mag dahinstehen (ebenso OLG Düsseldorf, B. v. 12. 1. 2005 – Az.: VII – Verg 96/04; VK Sachsen-Anhalt, B. v. 17. 10. 2008 – Az: 1 VK LVwA 24/07 K; B. v. 25. 2. 2008 – Az: 1 VK LVwA 24/07 K; B. v. 1. 8. 2007 – Az.: 1 VK LVwA 04/07-K; VK Schleswig-Holstein, B. v. 23. 2. 2005 – Az.: VK-SH 05/04).

5186 Nach einer anderen Meinung sind die Kosten für die Abwesenheit im Amt und die Fahrtkosten von Mitarbeitern der Vergabestelle **nicht erstattungsfähig, wenn** die Vergabestelle auf-

Gesetz gegen Wettbewerbsbeschränkungen GWB § 128 **Teil 1**

grund der komplexen Rechtsmaterie zur Durchsetzung ihrer Rechte im Verfahren vor der Vergabekammer **von Rechtsanwälten vertreten** wird. Darüber hinaus ist zu beachten, dass jeder Verfahrensbeteiligte verpflichtet ist, die Kosten im Rahmen des Verständigen nach Möglichkeit niedrig zu halten (VK Südbayern, B. v. 8. 2. 2002 – Az.: 04-02/01 – K).

40.4.2.5.5.2 Personalkosten für eigenes Personal. Die **Rechtsprechung** hierzu ist 5187 **nicht einheitlich.**

Nach einer Auffassung schließt der Kostenerstattungsanspruch des in einem Vergabenachprü- 5188 fungsverfahren obsiegenden Auftraggebers **nicht dessen anteilige Personalkosten ein**, die ihm infolge Zeitversäumnis durch Terminwahrnehmung eines Behördenvertreters entstehen (OLG Dresden, B. v. 29. 6. 2001 – Az.: WVerg 0009/00; VK Südbayern, B. v. 8. 2. 2002 – Az.: 04-02/01 – K).

Das OLG Düsseldorf hingegen hält **auch die Aufwendungen für eigenes Personal des** 5189 **Auftraggebers als weiteren Terminsvertreter** – neben einem Rechtsanwalt – **für erstattungsfähig**, wenn die Anwesenheit in der mündlichen Verhandlung vor der Vergabekammer **sachlich angezeigt** ist. Steht z. B. im Mittelpunkt des Nachprüfungsverfahrens die Frage, ob bestimmte von einem Bieter in seinem Angebot verwendete Fachbegriffe („Normalbetonarbeiten" und „Baumeisterarbeiten") hinreichend bestimmt sind, konnten im Rahmen einer Erörterung vor der Vergabekammer nicht nur rechtliche, sondern auch baufachliche Aspekte zur Sprache kommen und entsprechende Kenntnisse gefordert sein. Jedenfalls ist dies aus der Sicht einer keineswegs übervorsichtigen, sondern sorgfältigen und letztlich auch auf eine Förderung des Verfahrens bedachten Partei zu erwarten. Der **Architekt und Leiter eines Baureferats des Auftraggebers ist insoweit eine für die fachliche Terminsvertretung geeignete Person**. Die Auslagen seiner Hinzuziehung sind mithin für die zweckentsprechende Rechtsverfolgung des Auftraggebers notwendig im Sinne der §§ 128 Abs. 4 GWB, 80 Abs. 1 VwVfG (OLG Düsseldorf, B. v. 12. 1. 2005 – Az.: VII – Verg 96/04).

In Betracht kommen gegebenenfalls ein **Tagegeld und die Entschädigung für den Ver-** 5190 **dienstausfall** zur Akteneinsicht und zur mündlichen Verhandlung (1. VK Sachsen-Anhalt, B. v. 17. 10. 2008 – Az: 1 VK LVwA 24/07 K).

Demgegenüber hat nach Auffassung des Oberlandesgerichts München der Kostenschuldner 5191 nur die zur zweckentsprechenden Rechtsverfolgung oder Rechtsverteidigung notwendigen Aufwendungen des Gegners zu tragen. **Erforderlich ist dafür ein durch das Verfahren konkret verursachtes Vermögensopfer. Für den Verlust an Zeit für die Abfassung und Begründung von Schreiben im Zusammenhang mit dem Verfahren kann ein Beteiligter keinen Ersatz verlangen**, in der Regel auch nicht für die Zeit und Mühe eines Angestellten. Gleiches gilt für die Arbeitszeit, die das Personal einer Behörde im Zusammenhang mit einem Verwaltungsverfahren oder einem Rechtsstreit einsetzt. Im Nachprüfungsverfahren ist dies nicht anders zu beurteilen. Die **allgemeinen Personalkosten für einen Bediensteten haben keinen konkreten Bezug zu einem bestimmten Verfahren, vielmehr wären die Kosten auch entstanden, wenn das Nachprüfungsverfahren nicht eingeleitet worden wäre. Sie sind damit keine verfahrensbezogenen Aufwendungen, die Gegenstand eines prozessualen Kostenerstattungsanspruchs sein könnten.** Der Auftraggeber ist verpflichtet, das Gehalt des eingesetzten Beamten zu bezahlen, unabhängig davon, ob dieser seine Arbeitszeit für Schreiben im Zusammenhang mit dem Nachprüfungsverfahren oder für andere behördliche Aufgaben verwendet (OLG München, B. v. 8. 6. 2005 – Az.: Verg 003/05; VK Schleswig-Holstein, B. v. 17. 3. 2006 – Az.: VK-SH 02/06; VK Thüringen, B. v. 5. 5. 2006 – Az.: 360–4005.20-020/06-EF-S – für Personalkosten des Beigeladenen).

40.4.2.5.5.3 Kosten für Kurierdienste. Da der Auftraggeber die **Vergabeakte im Origi-** 5192 **nal** gem. § 110 Abs. 2 Satz 3 GWB der **Vergabekammer zur Verfügung zu stellen hat**, darf sie sich je nach Umfang der Vergabeakte **auch eines Kurierdienstes bedienen** (VK Schleswig-Holstein, B. v. 23. 2. 2005 – Az.: VK-SH 05/04).

40.4.2.5.6 Schadenersatzansprüche. Schadenersatzansprüche für die Aufwendungen 5193 von Aktenstudium, Recherche, Schriftsätzen und die Erstattung der Kalkulations- und Präsentationskosten im Rahmen der Angebotserstellung sind **durch die Kammer nicht festzusetzen und somit nicht erstattungsfähig**. Hierbei handelt es sich um einen eigenen Anspruch, dessen Bestehen ggf. im Rahmen eines gesonderten Verfahrens (hier: zivilrechtlich) festzustellen ist (1. VK Sachsen-Anhalt, B. v. 17. 10. 2008 – Az: 1 VK LVwA 24/07 K).

40.4.3 Erstattung der notwendigen Aufwendungen eines Beigeladenen (§ 128 Abs. 4 Satz 2)

40.4.3.1 Vergaberechtsmodernisierungsgesetz 2009

5194   Mit dem **Vergaberechtsmodernisierungsgesetz 2009** wurde in § 128 Abs. 4 der **Satz 2 eingefügt**, wonach die Aufwendungen der Beigeladenen nur erstattungsfähig sind, soweit sie die **Vergabekammer aus Billigkeit der unterlegenen Partei auferlegt**. Nach der **Begründung zum Vergaberechtsmodernisierungsgesetz 2009** hat sich die Rechtsprechung hinsichtlich der Kosten der Beigeladenen unterschiedlich entwickelt. Mit der Änderung **wird den Vergabekammern ermöglicht, zu berücksichtigen, wie sich ein Beigeladener am Verfahren beteiligt** hat.

5195   Damit hat sich der **Streit** darüber, ob die **Aufwendungen der Beigeladenen überhaupt** und wenn ja **auf welcher Rechtsgrundlage erstattungsfähig sind, erledigt**.

40.4.3.2 Voraussetzungen

5196   **40.4.3.2.1 Allgemeines.** § 128 Abs. 4 Satz 2 definiert als **einzige Voraussetzung der Erstattungsfähigkeit Billigkeitsüberlegungen**. Zur **näheren Konkretisierung** wird man die **bisherige Rechtsprechung zur analogen Anwendung von § 162 Abs. 3 GWB weiter berücksichtigen** können, da auch diese Rechtsprechung eine Erstattung dann als gerechtfertigt ansah, **wenn dies der Billigkeit entspricht**, soweit es um die Erstattung von Rechtsanwaltsgebühren oder -auslagen geht, wenn die Zuziehung eines Rechtsanwalts notwendig war.

5197   **40.4.3.2.2 Billigkeitsüberlegungen. 40.4.3.2.2.1 Interessengegensatz.** Es entspricht billigem Ermessen, die Erstattung der außergerichtlichen Kosten eines Beigeladenen anzuordnen, **wenn sich die unterliegende Partei ausdrücklich in einen Interessengegensatz zum Beigeladenen gestellt** hat (OLG Brandenburg, B. v. 16. 5. 2008 – Az.: Verg W 11/06; B. v. 27. 11. 2007 – Az.: Verg W 10/06; OLG Celle, B. v. 27. 5. 2003 – Az.: 13 Verg 11/03; OLG Düsseldorf, B. v. 8. 2. 2006 – Az.: VII – Verg 61/05; B. v. 8. 2. 2006 – Az.: VII – Verg 57/05; B. v. 12. 1. 2006 – Az.: VII – Verg 86/05; B. v. 30. 8. 2005 – Az.: VII – Verg 61/03; B. v. 5. 8. 2005 – Az.: VII – Verg 31/05; B. v. 4. 8. 2005 – Az.: VII – Verg 51/05; B. v. 22. 7. 2005 – Az.: VII – Verg 28/05; VK Arnsberg, B. v. 25. 3. 2009 – Az.: VK 04/09; B. v. 10. 1. 2008 – Az.: VK 42/07; VK Baden-Württemberg, B. v. 15. 3. 2007 – Az.: 1 VK 03/07; B. v. 18. 10. 2005 – Az.: 1 VK 62/05; B. v. 2. 8. 2005 – Az.: 1 VK 43/05; VK Berlin, B. v. 18. 3. 2009 – Az.: VK B 2 30/08; 1. VK Brandenburg, B. v. 3. 4. 2007 – Az.: 1 VK 9/07; B. v. 13. 3. 2007 – Az.: 1 VK 7/07; B. v. 1. 2. 2006 – Az.: 1 VK 81/05; 2. VK Brandenburg, B. v. 15. 2. 2008 – Az.: VK 2/08; 1. VK Bund, B. v. 16. 7. 2010 – Az.: VK 1–58/10; B. v. 5. 3. 2010 – Az.: VK 1–16/10; B. v. 20. 1. 2010 – Az.: VK 1–233/09; B. v. 27. 10. 2009 – Az.: VK 1–179/09; B. v. 11. 8. 2009 – Az.: VK 1–131/09; B. v. 5. 8. 2009 – Az.: VK 1–128/09; B. v. 7. 4. 2009 – Az.: VK 1–32/09; B. v. 5. 2. 2009 – Az.: VK 1–186/08; B. v. 29. 1. 2009 – Az.: VK 1–180/08; B. v. 20. 8. 2008 – Az.: VK 1–108/08; B. v. 30. 7. 2008 – Az.: VK 1–90/08; B. v. 29. 7. 2008 – Az.: VK 1–81/08; B. v. 30. 10. 2007 – Az.: VK 1–113/07; B. v. 29. 10. 2007 – Az.: VK 1–110/07; B. v. 4. 9. 2007 – Az.: VK 1–89/07; B. v. 13. 8. 2007 – Az.: VK 1–86/07; B. v. 23. 1. 2007 – Az.: VK 1–08/07; B. v. 23. 1. 2007 – Az.: VK 1–05/07; B. v. 23. 1. 2007 – Az.: VK 1–166/06; B. v. 23. 1. 2007 – Az.: VK 1–163/06; B. v. 13. 6. 2006 – Az.: VK 1–10/06; B. v. 8. 3. 2006 – Az.: VK 1–07/06; B. v. 7. 12. 2005 – Az.: VK 1–146/05; B. v. 1. 9. 2005 – Az.: VK 1–98/05; B. v. 30. 8. 2005 – Az.: VK 1–104/05; B. v. 27. 1. 2005 – Az.: VK 1–225/04; 2. VK Bund, B. v. 6. 5. 2010 – Az.: VK 2–26/10; B. v. 19. 4. 2010 – Az.: VK 2–23/10; B. v. 22. 12. 2009 – Az.: VK 2–204/09; B. v. 9. 12. 2009 – Az.: VK 2–192/09; B. v. 30. 11. 2009 – Az.: VK 2–195/09; B. v. 30. 10. 2009 – Az.: VK 2–180/09; B. v. 21. 9. 2009 – Az.: VK 2–126/09; B. v. 16. 3. 2009 – Az.: VK 2–7/09; B. v. 24. 10. 2008 – Az.: VK 2–109/08; B. v. 2. 10. 2008 – Az.: VK 2–106/08; B. v. 15. 9. 2008 – Az.: VK 2–91/08; B. v. 1. 8. 2008 – Az.: VK 2–88/08; B. v. 17. 7. 2008 – Az.: VK 2–67/08; B. v. 6. 6. 2008 – Az.: VK 2–46/08; B. v. 30. 4. 2008 – Az.: VK 2–43/08; B. v. 7. 3. 2008 – Az.: VK 2–13/08; B. v. 6. 8. 2007 – Az.: VK 2–78/07; B. v. 6. 8. 2007 – Az.: VK 2–75/07; B. v. 13. 7. 2007 – Az.: VK 2–66/07; B. v. 3. 5. 2007 – Az.: VK 2–27/07; B. v. 27. 3. 2007 – Az.: VK 2–18/07; B. v. 15. 3. 2007 – Az.: VK 2–12/07; B. v. 20. 12. 2005 – Az.: VK 2–159/05; B. v. 20. 12. 2005 – Az.: VK 2–156/05; B. v. 4. 5. 2005 – Az.: VK 2–27/05; 3. VK Bund, B. v. 10. 6. 2010 – Az.: VK 3–51/10; B. v. 4. 6. 2010 – Az.: VK 3–48/10; B. v. 2. 3. 2010 – Az.: VK 3–12/10; B. v. 3. 2. 2010 – Az.: VK 3 – 1/10; B. v. 16. 12. 2009 – Az.: VK 3–223/09; B. v. 10. 12. 2009 – Az.: VK 3–211/09; B. v. 1. 12. 2009 – Az.: VK 3–205/09; B. v. 20. 11. 2009 – Az.: VK 3–202/09; B. v. 4. 11. 2009 – Az.: VK 3–190/09; B. v. 20. 3. 2009 – Az.: VK 3–34/09; B. v. 20. 3. 2009 – Az.: VK 3–22/09; B. v. 17. 12. 2008 – Az.: VK 3–167/

08; B. v. 24. 7. 2008 – Az.: VK 3–95/08; B. v. 26. 6. 2008 – Az.: VK 3–71/08; B. v. 8. 2. 2008 – Az.: VK 3–29/08; B. v. 20. 11. 2007 – Az.: VK 3–136/07; B. v. 20. 11. 2007 – Az.: VK 3–127/07; B. v. 14. 11. 2007 – Az.: VK 3–124/07; B. v. 6. 7. 2007 – Az.: VK 3–58/07; B. v. 3. 7. 2007 – Az.: VK 3–64/07; B. v. 21. 5. 2007 – Az.: VK 3–40/07; B. v. 19. 3. 2007 – Az.: VK 3–16/07; B. v. 29. 1. 2007 – Az.: VK 3–04/07; B. v. 18. 1. 2007 – Az.: VK 3–153/06; B. v. 18. 1. 2007 – Az.: VK 3–150/06; B. v. 12. 8. 2005 – Az.: VK 3–94/05; B. v. 29. 7. 2005 – Az.: VK 3–76/05; B. v. 12. 7. 2005 – Az.: VK 3–67/05; B. v. 12. 7. 2005 – Az.: VK 3–64/05; B. v. 6. 5. 2005 – Az.: VK 3–28/05; VK Düsseldorf, B. v. 26. 6. 2007 – Az.: VK – 18/2007 – B; B. v. 18. 6. 2007 – Az.: VK – 14/2007 – L; VK Hessen, B. v. 2. 6. 2004 – Az.: 69 d – VK – 24/2004, B. v. 9. 2. 2004 – Az.: 69 d – VK – 79/2003 + 80/2003; VK Münster, B. v. 16. 1. 2008 – Az.: VK 28/07; B. v. 26. 10. 2007 – Az.: VK 25/07; B. v. 28. 8. 2007 – Az.: VK 14/07, VK 15/07; B. v. 15. 8. 2007 – Az.: VK 13/07; VK Nordbayern, B. v. 18. 9. 2008 – Az.: 21.VK – 3194 – 43/08; B. v. 24. 10. 2007 – Az.: 21.VK – 3194 – 38/07; B. v. 12. 4. 2007 – Az.: 21.VK – 3194 – 16/07; VK Schleswig-Holstein, B. v. 20. 10. 2010 – Az.: VK-SH 16/10; B. v. 26. 5. 2010 – Az.: VK-SH 01/10; B. v. 11. 2. 2010 – Az.: VK-SH 29/09; B. v. 7. 7. 2009 – Az.: VK-SH 05/09; B. v. 20. 1. 2009 – Az.: VK-SH 17/08; B. v. 7. 5. 2008 – Az.: VK-SH 05/08; B. v. 28. 3. 2007 – Az.: VK-SH 04/07; B. v. 30. 8. 2006 – Az.: VK-SH 20/06; B. v. 10. 1. 2006 – Az.: VK-SH 30/05; B. v. 5. 1. 2006 – Az.: VK-SH 31/05; B. v. 12. 7. 2005 – Az.: VK-SH 14/05).

Bekämpft ein Antragsteller nur seinen eigenen Ausschluss aus dem Verfahren, den 5198 **ein Beigeladener gemeinsam mit dem Antragsgegner (= Auftraggeber) verteidigt, besteht der eigentliche Interessengegensatz nur im Verhältnis zwischen Antragsteller und Auftraggeber.** Dass ein Beigeladener durch den endgültigen Ausschluss eines Antragstellers in seiner Wettbewerbsposition im Vergabeverfahren begünstigt wird, ist insoweit lediglich als Reflex zu werten, der es nicht rechtfertigt, dem Antragsteller, der erfolglos gegen den Ausschluss seines Angebots prozessiert hat, aus Gründen der Billigkeit (§ 162 Abs. 3 VwGO analog) die Kosten des Beigeladenen aufzuerlegen (OLG Brandenburg, B. v. 27. 11. 2007 – Az.: Verg W 10/06; OLG Düsseldorf, B. v. 22. 7. 2005 – Az.: VII – Verg 28/05; VK Münster, B. v. 15. 8. 2007 – Az.: VK 13/07; 1. VK Bund, B. v. 23. 1. 2007 – Az.: VK 1–08/07; B. v. 23. 1. 2007 – Az.: VK 1–05/07; B. v. 23. 1. 2007 – Az.: VK 1–163/06; im Ergebnis ebenso 1. VK Brandenburg, B. v. 13. 3. 2007 – Az.: 1 VK 7/07; VK Düsseldorf, B. v. 30. 10. 2006 – Az.: VK – 44/2006 – B).

Es entsteht auch **dann kein ausdrücklicher Interessengegensatz**, wenn der Antragsteller 5199 nur einen Ausschluss seines Angebots von der Wertung rückgängig gemacht sehen und eine erneute Angebotswertung erreichen will, sich aber **nicht ausdrücklich dagegen wendet, dass auf das Angebot der Beigeladenen der Zuschlag erteilt werden soll** (OLG Düsseldorf, B. v. 5. 8. 2005 – Az.: VII – Verg 31/05; VK Münster, B. v. 15. 8. 2007 – Az.: VK 13/07).

Ist hingegen der **Nachprüfungsantrag darauf gerichtet, das Angebot der Beigelade-** 5200 **nen von der Wertung auszuschließen**, hat sich mit diesem Antrag der Antragsteller in einen ausdrücklichen Interessengegensatz zur Beigeladenen gestellt (OLG Düsseldorf, B. v. 30. 8. 2005 – Az.: VII – Verg 61/03).

An einem **Interessengegensatz fehlt** es, wenn **im Zeitpunkt der Zustellung des Nach-** 5201 **prüfungsantrags der Zuschlag bereits erteilt** und der Vertrag mit der Beigeladenen schon wirksam geschlossen worden war (OLG Düsseldorf, B. v. 8. 2. 2006 – Az.: VII – Verg 61/05).

An einem **Interessengegensatz fehlt es auch, wenn der öffentliche Auftraggeber im** 5202 **Nachprüfungsverfahren vor der Vergabekammer unterliegt, mit Blick auf die notwendigen Aufwendungen der beigeladenen Bieter, welche die geplante Zuschlagsentscheidung des Auftraggebers verteidigen.** Denn die Beigeladenen stehen in seinem Lager, da sie im Gegensatz zu dem antragstellenden Bieter den vorgesehenen Zuschlag an sich oder die weitere Teilnahme am Ausschreibungsverfahren erreichen wollen. Wenn der Auftraggeber verliert, unterliegen sie daher mittelbar auch. Hier **greift der Rechtsgedanke des § 101 ZPO** ein: es entspricht nicht der Billigkeit, dass Verfahrensbeteiligte, welche auf dergleichen Seite stehen und sich gemeinsam gegen einen Nachprüfungsantrag zur Wehr setzen, Kosten der auf ihrer Seite stehenden Verfahrensbeteiligten übernehmen sollen (OLG München, B. v. 23. 9. 2010 – Az.: Verg 18/10).

40.4.3.2.2.2 Wesentliche Förderung des Verfahrens. Es entspricht außerdem billigem 5203 Ermessen, die Erstattung der außergerichtlichen Kosten eines Beigeladenen anzuordnen, wenn der Beigeladene sich **aktiv und mit eigenen Anträgen am Verfahren beteiligt** (BayObLG, B. v. 13. 5. 2004 – Az.: Verg 004/04; B. v. 3. 7. 2002 – Az.: Verg 13/02; B. v. 2. 12. 2002 –

Az.: Verg 24/02; OLG Brandenburg, B. v. 16. 5. 2008 – Az.: Verg W 11/06; OLG Celle, B. v. 12. 5. 2010 – Az.: 13 Verg 3/10; OLG Dresden, B. v. 16. 3. 2010 – Az.: WVerg 0002/10; OLG Düsseldorf, B. v. 8. 2. 2006 – Az.: VII – Verg 61/05; B. v. 8. 2. 2006 – Az.: VII – Verg 57/05; B. v. 12. 1. 2006 – Az.: VII – Verg 86/05; B. v. 5. 8. 2005 – Az.: VII – Verg 31/05; B. v. 4. 8. 2005 – Az.: VII – Verg 51/05; B. v. 22. 7. 2005 – Az.: VII – Verg 28/05; Hanseatisches OLG Hamburg, B. v. 21. 1. 2004 – Az.: 1 Verg 5/03; VK Arnsberg, B. v. 25. 3. 2009 – Az.: VK 04/09; B. v. 10. 1. 2008 – Az.: VK 42/07; B. v. 16. 6. 2004 – Az.: VK 1–07/2004; VK Baden-Württemberg, B. v. 1. 4. 2010 – Az.: 1 VK 13/10; B. v. 10. 9. 2009 – Az.: 1 VK 41/09; B. v. 7. 3. 2008 – Az.: 1 VK 1/08; B. v. 15. 3. 2007 – Az.: 1 VK 03/07; B. v. 18. 10. 2005 – Az.: 1 VK 62/05; B. v. 2. 8. 2005 – Az.: 1 VK 43/05; VK Berlin, B. v. 18. 3. 2009 – Az.: VK B 2 30/08; 1. VK Brandenburg, B. v. 3. 4. 2007 – Az.: 1 VK 9/07; B. v. 13. 3. 2007 – Az.: 1 VK 7/07; B. v. 1. 2. 2006 – Az.: 1 VK 81/05; B. v. 8. 9. 2004 – Az.: VK 33/04; 2. VK Brandenburg, B. v. 15. 2. 2008 – Az.: VK 2/08; 1. VK Bund, B. v. 16. 7. 2010 – Az.: VK 1–58/10; B. v. 21. 4. 2010 – Az.: VK 1–31/10; B. v. 5. 3. 2010 – Az.: VK 1–16/10; B. v. 20. 1. 2010 – Az.: VK 1–233/09; B. v. 20. 1. 2010 – Az.: VK 1–230/09; B. v. 11. 8. 2009 – Az.: VK 1–131/09; B. v. 5. 8. 2009 – Az.: VK 1–128/09; B. v. 7. 4. 2009 – Az.: VK 1–32/09; B. v. 12. 2. 2009 – Az.: VK 1–189/08; B. v. 5. 2. 2009 – Az.: VK 1–186/08; B. v. 29. 1. 2009 – Az.: VK 1–180/08; B. v. 20. 8. 2008 – Az.: VK 1–108/08; B. v. 30. 7. 2008 – Az.: VK 1–90/08; B. v. 29. 7. 2008 – Az.: VK 1–81/08; B. v. 4. 1. 2008 – Az.: VK 1–146/07; B. v. 30. 10. 2007 – Az.: VK 1–113/07; B. v. 29. 10. 2007 – Az.: VK 1–110/07; B. v. 4. 9. 2007 – Az.: VK 1–89/07; B. v. 26. 4. 2007 – Az.: VK 1–29/07; B. v. 23. 1. 2007 – Az.: VK 1–08/07; B. v. 23. 1. 2007 – Az.: VK 1–05/07; B. v. 23. 1. 2007 – Az.: VK 1–166/06; B. v. 23. 1. 2007 – Az.: VK 1–163/06; B. v. 16. 3. 2006 – Az.: VK 1–10/06; B. v. 8. 3. 2006 – Az.: VK 1–07/06; B. v. 7. 12. 2005 – Az.: VK 1–146/05; B. v. 30. 8. 2005 – Az.: VK 1–104/05; B. v. 5. 8. 2005 – Az.: VK 1–83/05; B. v. 20. 4. 2005 – Az.: VK 1–23/05; 2. VK Bund, B. v. 6. 5. 2010 – Az.: VK 2–26/10; B. v. 19. 4. 2010 – Az.: VK 2–23/10; B. v. 22. 12. 2009 – Az.: VK 2–204/09; B. v. 9. 12. 2009 – Az.: VK 2–192/09; B. v. 30. 11. 2009 – Az.: VK 2–195/09; B. v. 30. 10. 2009 – Az.: VK 2–180/09; B. v. 14. 10. 2009 – Az.: VK 2–174/09; B. v. 21. 9. 2009 – Az.: VK 2–126/09; B. v. 3. 4. 2009 – Az.: VK 2–100/08; B. v. 16. 3. 2009 – Az.: VK 2–7/09; B. v. 24. 10. 2008 – Az.: VK 2–109/08; B. v. 2. 10. 2008 – Az.: VK 2–106/08; B. v. 15. 9. 2008 – Az.: VK 2–91/08; B. v. 1. 8. 2008 – Az.: VK 2–88/08; B. v. 22. 8. 2008 – Az.: VK 2–73/08; B. v. 17. 7. 2008 – Az.: VK 2–67/08; B. v. 6. 6. 2008 – Az.: VK 2–46/08; B. v. 7. 3. 2008 – Az.: VK 2–13/08; B. v. 6. 8. 2007 – Az.: VK 2–78/07; B. v. 6. 8. 2007 – Az.: VK 2–75/07; B. v. 13. 7. 2007 – Az.: VK 2–66/07; B. v. 3. 7. 2007 – Az.: VK 2–45/07, VK 2–57/07; B. v. 30. 5. 2007 – Az.: VK 2–39/07; B. v. 22. 5. 2007 – Az.: VK 1–35/07; B. v. 3. 5. 2007 – Az.: VK 2–27/07; B. v. 27. 3. 2007 – Az.: VK 2–18/07; B. v. 20. 12. 2005 – Az.: VK 2–159/05; B. v. 20. 12. 2005 – Az.: VK 2–156/05; B. v. 4. 5. 2005 – Az.: VK 2–27/05; B. v. 14. 12. 2004 – Az.: VK 2–208/04; 3. VK Bund, B. v. 10. 6. 2010 – Az.: VK 3–51/10; B. v. 4. 6. 2010 – Az.: VK 3–48/10; B. v. 2. 3. 2010 – Az.: VK 3–12/10; B. v. 3. 2. 2010 – Az.: VK 3 – 1/10; B. v. 16. 12. 2009 – Az.: VK 3–223/09; B. v. 10. 12. 2009 – Az.: VK 3–211/09; B. v. 1. 12. 2009 – Az.: VK 3–205/09; B. v. 20. 11. 2009 – Az.: VK 3–202/09; B. v. 4. 11. 2009 – Az.: VK 3–190/09; B. v. 29. 4. 2009 – Az.: VK 3–85/09; B. v. 20. 3. 2009 – Az.: VK 3–34/09; B. v. 20. 3. 2009 – Az.: VK 3–22/09; B. v. 17. 12. 2008 – Az.: VK 3–167/08; B. v. 24. 7. 2008 – Az.: VK 3–95/08; B. v. 26. 6. 2008 – Az.: VK 3–71/08; B. v. 5. 2. 2008 – Az.: VK 3–17/08; B. v. 20. 11. 2007 – Az.: VK 3–136/07; B. v. 20. 11. 2007 – Az.: VK 3–127/07; B. v. 14. 11. 2007 – Az.: VK 3–124/07; B. v. 19. 3. 2007 – Az.: VK 3–16/07; B. v. 18. 1. 2007 – Az.: VK 3–153/06; B. v. 12. 8. 2005 – Az.: VK 3–94/05; B. v. 29. 7. 2005 – Az.: VK 3–76/05; B. v. 12. 7. 2005 – Az.: VK 3–67/05; B. v. 12. 7. 2005 – Az.: VK 3–64/05; B. v. 6. 5. 2005 – Az.: VK 3–28/05; B. v. 3. 5. 2005 – Az.: VK 3–19/05; B. v. 19. 10. 2004 – Az.: VK 3–191/04; B. v. 21. 9. 2004 – Az.: VK 3–110/04; B. v. 16. 9. 2004 – Az.: VK 3–104/04; B. v. 29. 7. 2004 – Az.: VK 3–89/04; VK Hessen, B. v. 21. 3. 2003 – Az.: 69 d VK – 11/2003, B. v. 9. 2. 2004 – Az.: 69 d – VK – 79/2003 + 80/2003; VK Münster, B. v. 16. 1. 2008 – Az.: VK 28/07; B. v. 26. 10. 2007 – Az.: VK 25/07; B. v. 28. 8. 2007 – Az.: VK 14/07, VK 15/07; B. v. 15. 8. 2007 – Az.: VK 13/07; VK Nordbayern, B. v. 23. 4. 2008 – Az.: 21.VK – 3194 – 15/08; B. v. 18. 12. 2007 – Az.: 21.VK – 3194 – 47/07; B. v. 24. 10. 2007 – Az.: 21.VK – 3194 – 38/07; B. v. 12. 4. 2007 – Az.: 21.VK – 3194 – 16/07; 1. VK Sachsen, B. v. 17. 9. 2007 – Az.: 1/SVK/058-07; B. v. 31. 1. 2007 – Az.: 1/SVK/124-06; VK Nordbayern, B. v. 18. 9. 2008 – Az.: 21.VK – 3194 – 43/08; VK Rheinland-Pfalz, B. v. 8. 11. 2007 – Az.: VK 43/07; VK Schleswig-Holstein, B. v. 20. 10. 2010 – Az.: VK-SH 16/10; B. v. 26. 5. 2010 – Az.: VK-SH 01/10; B. v. 11. 2. 2010 – Az.: VK-SH 29/09; B. v. 7. 7. 2009 – Az.: VK-SH 05/09; B. v. 20. 1. 2009 – Az.: VK-SH 17/08; B. v. 7. 5. 2008 – Az.: VK-SH 05/08; B. v. 22. 4. 2008 – Az.: VK-SH 03/08; B. v. 28. 3. 2007 – Az.: VK-SH 04/07; B. v. 30. 8. 2006 – Az.: VK-

Gesetz gegen Wettbewerbsbeschränkungen GWB § 128 **Teil 1**

SH 20/06; B. v. 10. 1. 2006 – Az.: VK-SH 30/05; B. v. 5. 1. 2006 – Az.: VK-SH 31/05; B. v. 12. 7. 2005 – Az.: VK-SH 14/05; VK Südbayern, B. v. 25. 7. 2007 – Az.: Z3-3-3194-1-30–06/ 07; B. v. 23. 10. 2006 – Az.: 30–09/06; B. v. 21. 7. 2006 – Az.: 21–06/06; B. v. 29. 5. 2006 – Az.: 12–04/06; B. v. 28. 4. 2005 – Az.: 09–03/05; B. v. 19. 3. 2003 – Az.: 06–02/03; VK Thüringen, B. v. 11. 2. 2010 – Az.: 250–4002.20–253/2010-001-EF; B. v. 7. 5. 2009 – Az.: 250–4003.20–2304/2009-007-SHK) oder **das Verfahren sonst wesentlich gefördert** hat (OLG Brandenburg, B. v. 16. 5. 2008 – Az.: Verg W 11/06; OLG Celle, B. v. 12. 5. 2010 – Az.: 13 Verg 3/10; OLG Düsseldorf, B. v. 8. 2. 2006 – Az.: VII – Verg 61/05; B. v. 8. 2. 2006 – Az.: VII – Verg 57/05; B. v. 12. 1. 2006 – Az.: VII – Verg 86/05; B. v. 30. 8. 2005 – Az.: VII – Verg 61/05; B. v. 17. 5. 2004 – Az.: VII – Verg 12/03; B. v. 15. 5. 2002 – Az.: Verg 10/02; B. v. 29. 4. 2003 – Az.: Verg 47/02; VK Arnsberg, B. v. 25. 3. 2009 – Az.: VK 04/09; B. v. 10. 1. 2008 – Az.: VK 42/07; VK Baden-Württemberg, B. v. 1. 4. 2010 – Az.: 1 VK 13/10; B. v. 10. 9. 2009 – Az.: 1 VK 41/09; B. v. 18. 10. 2005 – Az.: 1 VK 62/05; B. v. 11. 9. 2003 – Az.: 1 VK 52/03; VK Berlin, B. v. 18. 3. 2009 – Az.: VK B 2 30/08; 2. VK Brandenburg, B. v. 15. 2. 2008 – Az.: VK 2/08; 1. VK Bund, B. v. 16. 7. 2010 – Az.: VK 1–58/10; B. v. 21. 4. 2010 – Az.: VK 1–31/10; B. v. 5. 3. 2010 – Az.: VK 1–16/10; B. v. 20. 1. 2010 – Az.: VK 1–233/09; B. v. 20. 1. 2010 – Az.: VK 1–230/09; B. v. 11. 8. 2009 – Az.: VK 1–131/09; B. v. 5. 8. 2009 – Az.: VK 1–128/09; B. v. 29. 1. 2009 – Az.: VK 1–180/08; B. v. 20. 8. 2008 – Az.: VK 1–108/08; B. v. 29. 10. 2007 – Az.: VK 1–110/07; B. v. 4. 9. 2007 – Az.: VK 1–89/07; B. v. 13. 8. 2007 – Az.: VK 1–86/07; B. v. 26. 4. 2007 – Az.: VK 1–29/07; B. v. 23. 1. 2007 – Az.: VK 1–08/07; B. v. 23. 1. 2007 – Az.: VK 1–05/07; B. v. 23. 1. 2007 – Az.: VK 1–166/06; B. v. 23. 1. 2007 – Az.: VK 1–163/06; B. v. 16. 3. 2006 – Az.: VK 1–10/06; B. v. 8. 3. 2006 – Az.: VK 1–07/06; B. v. 27. 1. 2005 – Az.: VK 1–225/04; B. v. 4. 8. 2004 – Az.: VK 1–87/04; B. v. 25. 5. 2004 – Az.: VK 1–54/04; B. v. 23. 4. 2004 – Az.: VK 1–33/04, B. v. 17. 3. 2004 – Az.: VK 1–07/04; 2. VK Bund, B. v. 19. 4. 2010 – Az.: VK 2–23/10; B. v. 22. 12. 2009 – Az.: VK 2–204/09; B. v. 9. 12. 2009 – Az.: VK 2–192/09; B. v. 30. 10. 2009 – Az.: VK 2–180/09; B. v. 14. 10. 2009 – Az.: VK 2–174/09; B. v. 21. 9. 2009 – Az.: VK 2–126/09; B. v. 3. 4. 2009 – Az.: VK 2–100/08; B. v. 16. 3. 2009 – Az.: VK 2–7/09; B. v. 24. 10. 2008 – Az.: VK 2–109/ 08; B. v. 2. 10. 2008 – Az.: VK 2–106/08; B. v. 15. 9. 2008 – Az.: VK 2–91/08; B. v. 1. 8. 2008 – Az.: VK 2–88/08; B. v. 22. 8. 2008 – Az.: VK 2–73/08; B. v. 17. 7. 2008 – Az.: VK 2–67/08; B. v. 6. 6. 2008 – Az.: VK 2–46/08; B. v. 30. 4. 2008 – Az.: VK 2–43/08; B. v. 7. 3. 2008 – Az.: VK 2–13/08; B. v. 6. 8. 2007 – Az.: VK 2–78/07; B. v. 6. 8. 2007 – Az.: VK 2–75/ 07; B. v. 13. 7. 2007 – Az.: VK 2–66/07; B. v. 30. 5. 2007 – Az.: VK 2–39/07; B. v. 22. 5. 2007 – Az.: VK 1–35/07; B. v. 3. 5. 2007 – Az.: VK 2–27/07; B. v. 27. 3. 2007 – Az.: VK 2–18/07; B. v. 20. 12. 2005 – Az.: VK 2–159/05; B. v. 20. 12. 2005 – Az.: VK 2–156/05; B. v. 24. 6. 2003 – Az.: VK 2–46/03; 3. VK Bund, B. v. 10. 6. 2010 – Az.: VK 3–51/10; B. v. 4. 6. 2010 – Az.: VK 3–48/10; B. v. 2. 3. 2010 – Az.: VK 3–12/10; B. v. 3. 2. 2010 – Az.: VK 3–1/10; B. v. 16. 12. 2009 – Az.: VK 3–223/09; B. v. 1. 12. 2009 – Az.: VK 3–205/09; B. v. 20. 11. 2009 – Az.: VK 3–202/09; B. v. 4. 11. 2009 – Az.: VK 3–190/09; B. v. 29. 4. 2009 – Az.: VK 3–85/09; B. v. 26. 6. 2008 – Az.: VK 3–71/08; B. v. 5. 2. 2008 – Az.: VK 3–17/08; B. v. 14. 11. 2007 – Az.: VK 3–124/07; B. v. 6. 7. 2007 – Az.: VK 3–58/07; B. v. 3. 7. 2007 – Az.: VK 3–64/07; B. v. 21. 5. 2007 – Az.: VK 3–40/07; B. v. 19. 3. 2007 – Az.: VK 3–16/07; B. v. 18. 1. 2007 – Az.: VK 3–153/06; VK Münster, B. v. 16. 1. 2008 – Az.: VK 28/07; B. v. 26. 10. 2007 – Az.: VK 25/07; B. v. 28. 8. 2007 – Az.: VK 14/07, VK 15/07; B. v. 15. 8. 2007 – Az.: VK 13/07; VK Nordbayern, B. v. 18. 9. 2008 – Az.: 21.VK – 3194 – 43/08; B. v. 23. 4. 2008 – Az.: 21.VK – 3194 – 15/08; B. v. 24. 10. 2007 – Az.: 21.VK – 3194 – 38/07; B. v. 12. 4. 2007 – Az.: 21.VK – 3194 – 16/07; VK Rheinland-Pfalz, B. v. 8. 11. 2007 – Az.: VK 43/07; VK Schleswig-Holstein, B. v. 20. 10. 2010 – Az.: VK-SH 16/10; B. v. 26. 5. 2010 – Az.: VK-SH 01/10; B. v. 11. 2. 2010 – Az.: VK-SH 29/09; B. v. 7. 7. 2009 – Az.: VK-SH 05/ 09; B. v. 20. 1. 2009 – Az.: VK-SH 17/08; B. v. 7. 5. 2008 – Az.: VK-SH 05/08; B. v. 28. 3. 2007 – Az.: VK-SH 04/07; B. v. 30. 8. 2006 – Az.: VK-SH 20/06; B. v. 12. 7. 2005 – Az.: VK-SH 14/05; VK Südbayern, B. v. 25. 7. 2007 – Az.: Z3-3-3194-1-30–06/07; B. v. 21. 7. 2006 – Az.: 21–06/06; B. v. 29. 5. 2006 – Az.: B. v. 28. 4. 2005 – Az.: 09–03/05; VK Thüringen, B. v. 11. 2. 2010 – Az.: 250–4002.20–253/2010-001-EF; B. v. 7. 5. 2009 – Az.: 250–4003.20–2304/2009-007-SHK). Dies ist **z. B. der Fall**, wenn der Beigeladene die Zurückweisung des Nachprüfungsantrags beantragt, sich schriftsätzlich sowie im Rahmen der mündlichen Verhandlung aktiv am Verfahren beteiligt und dadurch ein eigenes Prozessrechtsverhältnis zur Antragstellerin begründet. Dadurch hat sich die Antragstellerin mit ihrem Nachprüfungsantrag ausdrücklich, bewusst und gewollt in einen Interessengegensatz zur Beigeladenen gestellt. Deshalb entspricht es der Billigkeit, der unterliegenden Antragstellerin auch die zur zweckentsprechenden Rechtsverfolgung notwendigen Auslagen der Beigeladenen nach § 162 Abs. 3 VwGO

Teil 1 GWB § 128 Gesetz gegen Wettbewerbsbeschränkungen

analog aufzuerlegen (2. VK Bund, B. v. 15. 3. 2007 – Az.: VK 2–12/07; VK Brandenburg, B. v. 7. 5. 2002 – Az.: VK 14/02).

5204 Etwas **restriktiver** beurteilt die VK Baden-Württemberg die Kostenerstattungspflicht, wenn zwar ein Konkurrenzverhältnis zwischen den Verfahrensbeteiligten des Nachprüfungsverfahrens besteht, der Beigeladene auch schriftsätzlich vorträgt und in der mündlichen Verhandlung eigene Sachanträge stellt, er aber **das Verfahren nicht so fördert, dass eine Kostenübernahme gerechtfertigt** ist (VK Baden-Württemberg, B. v. 2. 12. 2004 – Az.: 1 VK 73/04). **Ähnlich restriktiv** beurteilt die VK Baden-Württemberg die Kostenerstattungspflicht, wenn zwar ein Interessensgegensatz besteht, die Beigeladene auch schriftsätzlich vorträgt, sie **aber keinen Antrag stellt** (VK Baden-Württemberg, B. v. 2. 8. 2005 – Az.: 1 VK 43/05; im Ergebnis ebenso 3. VK Bund, B. v. 29. 9. 2005 – Az.: VK 3–121/05).

5205 Demgegenüber lässt das OLG München es genügen, wenn der **Beigeladene entweder eigene Sachanträge gestellt oder ein eigenes Rechtsmittel eingelegt oder zumindest das Verfahren wesentlich gefördert** hat (OLG München, B. v. 1. 4. 2008 – Az.: Verg 17/07; B. v. 6. 2. 2006 – Az.: Verg 23/05; im Ergebnis ebenso VK Südbayern, B. v. 10. 5. 2005 – Az.: 14-03/05).

5206 Hat sich die Beigeladene **lediglich der Auffassung der Auftraggeberin angeschlossen**, hat sie durch ihren Vortrag das Verfahren nicht wesentlich gefördert, scheidet eine Erstattung der Kosten aus (VK Brandenburg, B. v. 27. 5. 2002 – Az.: 2 VK 94/01).

5207 Ebenso rechtfertigt es die **bloße Beteiligung an der mündlichen Verhandlung nicht**, einem Antragsteller die Auslagen eines Beigeladenen aufzuerlegen (OLG Karlsruhe, B. v. 24. 7. 2007 – Az.: 17 Verg 6/07; 1. VK Bund, B. v. 25. 7. 2003 – Az.: VK 1–57/03).

5208 Auch **eine alleinige schriftliche Stellungnahme** der Beigeladenen ohne eigenen Sachantrag **rechtfertigt es nicht**, die Auslagen zu erstatten (2. VK Bund, B. v. 14. 8. 2003 – Az.: VK 2–62/03, B. v. 16. 9. 2003 – Az.: VK 2–70/03).

5209 Selbst in dem Fall, dass auch das **Angebot der Beigeladenen vom Wettbewerb auszuschließen gewesen wäre**, dies aber mangels eines zulässigen Nachprüfungsantrags durch die Vergabekammer nicht angeordnet werden und dieser Punkt deshalb auch bei der Feststellung des Unterliegens und Obsiegens keine Berücksichtigung finden kann, sind die Auslagen der Beigeladenen zu erstatten (VK Düsseldorf, B. v. 30. 9. 2003 – Az.: VK – 25/2003 – B).

5210 Dass ein **Beigeladener in seinen rechtlichen und wirtschaftlichen Belangen** durch die zu erwartende Entscheidung erheblich **tangiert werden kann, genügt für sich allein nicht**, um eine Auferlegung der außergerichtlichen Auslagen auf einen Antragsteller zu rechtfertigen. Denn die **mögliche Beeinträchtigung ist gemäß § 109 GWB bereits Voraussetzung für die Beiladung** und daher allein nicht geeignet, die Erstattung der außergerichtlichen Auslagen ausnahmsweise aus Billigkeitsgründen zu rechtfertigen (OLG Brandenburg, B. v. 27. 11. 2007 – Az.: Verg W 10/06).

5211 40.4.3.2.2.3 Berücksichtigung des Kostenrisikos für den Antragsteller. Die **VK Lüneburg unterscheidet danach**, dass einerseits zwar **für den Antragsteller** durch (mögliche) Beiladungen **kein unkalkulierbares und damit abschreckendes Kostenrisiko entstehen** darf und andererseits aber auch **Kosten des Beigeladenen nicht zu einer Waffenungleichheit zu seinen Lasten** führen dürfen (VK Lüneburg, B. v. 12. 6. 2007 – Az.: VgK-23/2007; B. v. 4. 6. 2007 – Az.: VgK-22/2007).

5212 Nach **Auffassung der VK Düsseldorf** ist im Rahmen der Billigkeitsentscheidung auch das allgemein **für einen Antragsteller im Nachprüfungsverfahren bestehende hohe Kostenrisiko** und die damit verbundene Schwelle zur Erlangung von Rechtsschutz zu berücksichtigen (VK Düsseldorf, B. v. 26. 6. 2007 – Az.: VK – 18/2007 – B; B. v. 18. 6. 2007 – Az.: VK – 14/2007 – L).

40.4.3.3 Erstattungsfähigkeit bei einem Beschluss über die Zurückweisung eines Antrages eines Antragstellers auf Verlängerung der sofortigen Beschwerde

5213 Eine Erstattung der Kosten des Beigeladenen scheidet aus, auch wenn dieser den siegreichen Auftraggeber unterstützt hat, sofern in **dem Zeitpunkt, in dem der Beigeladene Anträge im Beschwerdeverfahren gestellt hat, ein Beschluss des Vergabesenates über die Zurückweisung des Antrages eines Antragstellers auf Verlängerung der sofortigen Beschwerde mangels Erfolgsaussicht bereits ergangen war** und die Frist, innerhalb derer sich

Gesetz gegen Wettbewerbsbeschränkungen   GWB § 128   **Teil 1**

der Antragsteller über die Rücknahme der sofortigen Beschwerde erklären sollte, noch nicht abgelaufen war (OLG Brandenburg, B. v. 20. 5. 2003 – Az.: Verg W 17/02).

40.4.3.4 Erstattungsfähigkeit bei später Antragstellung und Ersichtlichkeit der Erfolgsaussicht?

Eine **Abwägung danach, inwieweit die Beigeladene aus dem Ablauf des Nachprü-** 5214
fungsverfahrens vor Antragstellung ihre Erfolgsaussichten einschätzen konnte, ist
weder praktisch handhabbar noch rechtlich geboten. Beigeladene können selbst dann, wenn sie – etwa aufgrund eindeutiger Hinweise der Vergabekammer – eine Entscheidung zu ihren Gunsten erwarten und deshalb einen eigenen Sachantrag stellen, nicht sicher sein, ob nicht die Gegenseite Rechtsmittel einlegt und das Beschwerdegericht die Sache anders beurteilt. Sie gehen daher mit ihrer Antragstellung vor der Vergabekammer stets ein gewisses Kostenrisiko ein. Die Überlegung, für Beigeladene bestehe faktisch kein Kostenrisiko mehr, wenn sie ihren Antrag erst nach Offenlegung der Einschätzung der Erfolgsaussichten durch die Nachprüfungsinstanz stellen, könnte insoweit allenfalls in der letzten Instanz Platz greifen. Dort stellt sich das Problem aber nicht mehr; die Kostenentscheidung richtet sich hier auch hinsichtlich der Aufwendungen eines Beigeladenen allein nach §§ 91 ff. ZPO (BayObLG, B. v. 13. 5. 2004 – Az.: Verg 004/04).

40.4.3.5 Umfang

40.4.3.5.1 Hinzuziehung eines Rechtsanwaltes durch einen Beigeladenen. 5215
40.4.3.5.1.1 Allgemeines. Der mit seinem Nachprüfungsantrag **unterliegende Antragsteller hat dem Beigeladenen bei Vorliegen der notwendigen Voraussetzungen alle wegen seiner Teilnahme an dem Nachprüfungsverfahren entstehenden Kosten zu erstatten, also auch dessen Anwaltskosten.** Es besteht die Grundregel, dass Anwaltskosten einer obsiegenden Partei stets zu erstatten sind (§ 91 II 1 ZPO, § 162 I 1 VwGO); diese Grundregel gilt in Vergabesachen erweiternd auch für den beigeladenen „Beteiligten" (§ 109 GWB), dem aus Billigkeitsgründen ein Kostenerstattungsanspruch gegen den Antragsteller zugebilligt worden ist (OLG Brandenburg, B. v. 16. 5. 2008 – Az.: Verg W 11/06; BayObLG, B. v. 3. 7. 2002 – Az.: Verg 13/02).

Je nach Einzelfall **kann auch die Rechtsprechung zur Zulässigkeit der Hinzuziehung** 5216
eines Rechtsanwalts durch einen Antragsteller herangezogen werden; vgl. insoweit die Kommentierung → Rdn. 156 ff.

40.4.3.5.1.2 Weitere Beispiele aus der Rechtsprechung 5217

– die Frage der Notwendigkeit der Hinzuziehung eines Verfahrensbevollmächtigten durch einen Beigeladenen ist **auf den Einzelfall bezogen zu prüfen**, wobei sich die **Entscheidung an folgenden Grundsätzen ausrichtet**: In der Regel ist die Beauftragung eines Verfahrensbevollmächtigten durch den Beigeladenen auch deshalb als notwendig i. S. d. §§ 128 Abs. 4 Satz 1 GWB, 120 Abs. 3 Satz 2 LVwG anzuerkennen, da eine **Einschränkung auf in besonderem Maße schwierige und bedeutsame Nachprüfungsverfahren weder geboten scheint noch praktisch brauchbar ist**, sich eine Grenze für Schwierigkeit oder Bedeutung solcher Verfahren kaum angeben lässt und im Interesse einer zeitnahen Erfüllung von verfahrensrechtlichen Mitwirkungspflichten Kleinlichkeit bei der Beurteilung der Notwendigkeit fehl am Platze ist. Von daher ist es **sachgerecht, auf Seiten der Beigeladenen die Notwendigkeit der Hinzuziehung eines Verfahrensbevollmächtigten im Regelfall anzuerkennen und Ausnahmen im Einzelfall nur für einfache tatsächliche oder ohne Weiteres zu beantwortende rechtliche Fragen vorzubehalten** (VK Schleswig-Holstein, B. v. 26. 5. 2010 – Az.: VK-SH 01/10)

– die Hinzuziehung eines anwaltlichen Verfahrensbevollmächtigten durch den Beigeladenen war notwendig, um die **erforderliche „Waffengleichheit" gegenüber der anwaltlich vertretenen ASt herzustellen**, die sich mit ihrem Nachprüfungsantrag gezielt (auch) gegen den Zuschlag an die Beigeladene richtete (2. VK Bund, B. v. 16. 3. 2009 – Az.: VK 2–7/09; 3. VK Bund, B. v. 10. 6. 2010 – Az.: VK 3–51/10; B. v. 4. 6. 2010 – Az.: VK 3–48/10)

– die Frage der Notwendigkeit der Hinzuziehung eines anwaltlichen Bevollmächtigten **durch den Beigeladenen ist auf den Einzelfall bezogen zu prüfen**, wobei sich die Entscheidung an folgenden Grundsätzen ausrichtet: In der Regel ist die Beauftragung eines Rechtsanwaltes durch den Beigeladenen auch deshalb als notwendig i. S. d. §§ 128 Abs. 4 Satz 3 GWB, 120 Abs. 3 Satz 2 LVwG anzuerkennen, weil eine **Einschränkung auf in besonderem**

Teil 1 GWB § 128   Gesetz gegen Wettbewerbsbeschränkungen

Maße schwierige und bedeutsame Nachprüfungsverfahren weder geboten scheint noch praktisch brauchbar ist und sich eine Grenze für Schwierigkeit oder Bedeutung solcher Verfahren kaum angeben lässt. Von daher ist es sachgerecht, auf Seiten des Beigeladenen die Notwendigkeit der Hinzuziehung eines Bevollmächtigten **im Regelfall anzuerkennen und Ausnahmen im Einzelfall nur für einfache tatsächliche oder ohne Weiteres zu beantwortende rechtliche Fragen vorzubehalten** (VK Schleswig-Holstein, B. v. 11. 2. 2010 – Az.: VK-SH 29/09)

– die Zuziehung eines anwaltlichen Bevollmächtigten durch die Bg war **notwendig, um die erforderliche „Waffengleichheit" gegenüber der anwaltlich vertretenen ASt herzustellen**, die sich mit ihrem Nachprüfungsantrag gezielt gegen den Zuschlag an die Bg richtete (3. VK Bund, B. v. 17. 12. 2008 – Az.: VK 3–167/08; B. v. 12. 8. 2008 – Az.: VK 3–110/08; B. v. 24. 7. 2008 – Az.: VK 3–95/08)

– die **Notwendigkeit der Hinzuziehung eines anwaltlichen Bevollmächtigten** ist dabei **nach den individuellen Umständen des einzelnen Nachprüfungsverfahrens zu beurteilen**. Im vorliegenden Nachprüfungsverfahren ging es **vorrangig um die Frage der Änderung der Verdingungsunterlagen durch Anbieten eines, vom Leistungsverzeichnis abweichenden Angebotes sowie um die Grenzen der Zulässigkeit von Aufklärungsgesprächen**. Diese **Rechtsthematik** wird **in der Rechtsprechung häufig mit unterschiedlichen Tendenzen entschieden** weshalb sie vom Auftraggeber **ohne anwaltlichen Rat nicht ohne weiteres zu bewältigen** gewesen war. Eine Hinzuziehung eines fachlich geeigneten Bevollmächtigten war daher für die Beigeladene notwendig (1. VK Sachsen, B. v. 17. 12. 2007 – Az.: 1/SVK/074-07)

– auch **für die Bg war die Hinzuziehung** eines anwaltlichen Bevollmächtigten notwendig, **um die erforderliche „Waffengleichheit" gegenüber der anwaltlich vertretenen ASt herzustellen**, die sich mit ihrem Nachprüfungsantrag gezielt gegen den Zuschlag an die Bg richtete (3. VK Bund, B. v. 6. 7. 2007 – Az.: VK 3–58/07)

– die Hinzuziehung eines Verfahrensbevollmächtigten durch die Beigeladene war **wegen der schwierigen Sach- und Rechtsfragen** sowie **des bestehenden Zeitdrucks** notwendig und diente der **Herstellung der Waffengleichheit** zur ebenfalls anwaltlich vertretenen Antragstellerin (1. VK Brandenburg, B. v. 1. 2. 2006 – Az.: 1 VK 81/05)

– die **Hinzuziehung eines Bevollmächtigten durch die Beigeladene war angesichts der sachlichen und rechtlichen Schwierigkeiten des Falles sowie aus Gründen der Waffengleichheit notwendig**. Art. 80 BayVwVfG regelt die Kostenentscheidung für das Vorverfahren nach der Verwaltungsgerichtsordnung. In diesem Rahmen neigt die Praxis hinsichtlich der Beiziehung eines Rechtsanwaltes durch die Behörde zu einer restriktiven Handhabung. Diese Grundsätze können auf das Nachprüfungsverfahren vor der Vergabekammer nicht übertragen werden. Denn das Verfahren vor der Vergabekammer ist – anders als das Vorverfahren – bereits als kontradiktorisches gerichtsähnliches Verfahren ausgestaltet. Die **Beigeladene ist deshalb für eine sachgerechte Wahrnehmung ihrer Belange nicht nur auf die Kenntnis der für sie maßgeblichen Vergaberegeln angewiesen**. Vielmehr müsste sie auch mit dem Nachprüfungsverfahren selbst und seinen Regeln vertraut sein (VK Nordbayern, B. v. 9. 5. 2006 – Az.: 21.VK – 3194 – 13/06)

– in der Rechtsprechung ist anerkannt, dass **ein Unternehmen, das sich mit einiger Regelmäßigkeit um Öffentliche Aufträge bemüht**, in der Lage sein muss, das Verfahren bis zur Zuschlagserteilung einschätzen zu können und **keine Anwalts bedarf**. Dies ändert sich jedoch dann, wenn die „prozessualen" Anforderungen des Nachprüfungsrechts Verfahrensbestandteil sind (1. VK Sachsen, B. v. 14. 5. 2003 – Az.: 1/SVK/039-03). Geht es also auch um Fragen wie die Unverzüglichkeit der Rüge, ferner um die öffentliche Auftraggeberschaft der Auftraggeberin, sind dies rechtliche bzw. prozessuale Aspekte, die ein Verfahrensbeteiligter, der nicht Auftraggeber ist, nicht umfassend kennen und bewerten können muss. Hinzu kommt, dass die Entscheidungen des Auftraggebers bei der Angebotswertung von zahlreichen Entscheidungen der Oberlandesgerichte geprägt sind, die zu durchdringen ein fundiertes Fachwissen erfordert. Dies **kann von einem am Markt tätigen Unternehmen nicht erwartet werden** (1. VK Sachsen, B. v. 23. 1. 2004 – Az.: 1/SVK/160-03)

5218   **40.4.3.5.2 Verdienstausfall und Fahrtkosten eines Parteivertreters** neben einem Rechtsanwalt. Im Verfahren vor der Vergabekammer sind **Verdienstausfall und Fahrtkosten für die Anreise einer Partei aus einer 250 km entfernten Stadt zur Wahrnehmung von Akteneinsicht in die Akten der Vergabestelle jedenfalls dann keine notwendigen

Gesetz gegen Wettbewerbsbeschränkungen　　　　　　　　　GWB § 128　**Teil 1**

Auslagen, wenn zugleich ein im Vergaberecht versierter Rechtsanwalt für die Partei Akteneinsicht nimmt, von dem nach den Umständen erwartet werden kann, dass er eigenständig die für die Vertretung des Mandanten nötigen bzw. hilfreichen Unterlagen ausfindig macht und kopiert (OLG München, B. v. 23. 1. 2006 – Az.: Verg 22/05).

Hinsichtlich Parteireisekosten sind **allein die Fahrtkosten zu berücksichtigen und festzusetzen**. Eine **Aufwandsentschädigung und eine Entschädigung für das Zeitversäumnis waren dagegen nicht vorzusehen und damit auch nicht festzusetzen**. Schließlich gehört es zu den originären Aufgaben des Geschäftsführers der Beigeladenen, diese auch in Verfahren vor der Vergabekammer zu vertreten. Eine Aufwandsentschädigung und eine Entschädigung für Zeitversäumnis standen dem Geschäftsführer der Beigeladenen damit nicht zu. Dem Geschäftsführer ist offensichtlich kein Nachteil entstanden. Ihre Anerkennung und Festsetzung hatte daher zu unterbleiben (VK Thüringen, B. v. 1. 10. 2008 – Az.: 360–4002.20–709/ 2008-024-ABG; B. v. 9. 5. 2008 – Az.: 250–4005.20–1029/2008-003-NDH).

40.4.4 Erstattung außergerichtlicher Aufwendungen für den Fall der Rücknahme des Nachprüfungsantrags (§ 128 Abs. 4 Satz 3 und 4 GWB)

40.4.4.1 Vergaberechtsmodernisierungsgesetz 2009

Bislang sah das Gesetz **für den Fall der Rücknahme eine Erstattung von Auslagen, die der öffentliche Auftraggeber im Nachprüfungsverfahren gehabt hat, nicht vor**. Die Zahl der Rücknahmen seitens des Antragstellers betreffen seit dem Jahre 2001 allerdings rund 34 bis 40 Prozent der Nachprüfungsverfahren. Die Einführung der Aufwendungsersatzregelung § 128 Absatz 4 Satz 3 GWB ist daher geboten. **Nunmehr sind Antragsteller bei der Rücknahme ihres Nachprüfungsantrags verpflichtet, die zweckentsprechenden Aufwendungen des Antragsgegners zu tragen.**

Diese Aufwendungsregelung entspricht dem verwaltungsrechtlichen Kostengrundsatz nach § 155 Absatz 2, 162 Absatz 1 VwGO. Dabei wird dem Gedanken Rechnung getragen, dass die **Rücknahme des Nachprüfungsantrags regelmäßig nur in den Fällen erfolgt, in denen die Abweisung des Nachprüfungsantrags vermieden werden soll**. Die Einführung einer Billigkeitserwägungen entsprechend § 269 Absatz 3 ZPO war deshalb nicht geboten. Das Nachprüfungsverfahren ist, trotz seiner gerichtsähnlichen Ausgestaltung, ein Verwaltungsverfahren, so dass auch die verwaltungsrechtlichen Kostengrundsätze entsprechend anzuwenden sind.

Die **neue gesetzliche Regelung zur Aufwendungsersatzpflicht benachteiligt den Antragsteller nicht unangemessen**. Die von dem Antragsteller zu tragenden **Aufwendungen sind durch das Kriterium „zweckentsprechend" begrenzt**. So besteht für den Antragsgegner bei der Klärung von rein auftragsbezogenen Sach- und Rechtsfragen oftmals keine Notwendigkeit der anwaltlichen Beratung, so dass etwaige Aufwendungen nicht mehr „zweckentsprechend" im Sinne dieser Vorschrift wären.

40.4.4.2 Rechtsprechung

40.4.4.2.1 Sinn und Zweck der Neuregelung.
Die Entscheidung über die notwendigen Aufwendungen beruht auf § 128 Abs. 4 Satz 3 GWB. Danach hat bei Antragsrücknahme der Antragsteller sowohl dem Antragsgegner als auch dem Beigeladenen die notwendigen Aufwendungen zu erstatten. **Mit dieser gesetzlichen Regelung ist die als unbillig empfundene Rechtsprechung, die bisher für diese Konstellation wegen einer fehlenden ergangenen Sachentscheidung eine Erstattung der Aufwendungen verneint hat, abgelöst worden.** Die gesetzliche Regelung geht nun von dem Normalfall aus, dass der Antragsteller im Gegensatz zu Antragsgegner und Beigeladenem seinen Nachprüfungsantrag verfolgt (OLG München, B. v. 10. 8. 2010 – Az.: Verg 07/10).

40.4.4.2.2 Erstattungsfähigkeit der Aufwendungen des Beigeladenen bei Rücknahme des Nachprüfungsantrags.
Nach § 128 Abs. 4 Satz 2 GWB sind Aufwendungen des Beigeladenen zu Lasten des unterliegenden Verfahrensbeteiligten nur erstattungsfähig, wenn die Vergabekammer sie als billig erachtet. Dabei setzt die Erstattungsfähigkeit jedenfalls voraus, dass der Beigeladene sich mit demselben Rechtsschutzziel wie der obsiegende Verfahrensbeteiligte aktiv am Nachprüfungsverfahren beteiligt. **Dieser für die kostenrechtliche Berücksichtigung des Beigeladenen maßgebende Grundsatz ist auch bei der Kostenentscheidung nach Rücknahme des Nachprüfungsantrags von entscheidender Bedeutung** (OLG Celle, B. v. 29. 6. 2010 – Az.: 13 Verg 4/10).

5225 Dem **steht der Wortlaut des § 128 Abs. 4 Satz 3 GWB**, wonach der Antragsteller nach Rücknahme seines Nachprüfungsantrages die zur zweckentsprechenden Rechtsverfolgung notwendigen Aufwendungen des Antragsgegners und der Beigeladenen zu erstatten hat, **nicht entgegen. Die verfahrensrechtliche Stellung des Beigeladenen hat sich dadurch nicht geändert.** Es bleibt ihm weiter überlassen, sich aktiv auf Seiten des Antragsstellers oder der Vergabestelle am Nachprüfungsverfahren zu beteiligen oder eine rein passive Rolle einzunehmen. Vor diesem Hintergrund hat die bisherige Rechtsprechung der Vergabesenate den Beigeladenen kostenrechtlich nur dann wie einen Antragsteller oder Antragsgegner behandelt, wenn er die durch die Beiladung begründete Stellung im Verfahren auch nutzt, indem er sich an dem Verfahren beteiligt. Dafür muss eine dem Beitritt eines Streithelfers vergleichbare Unterstützungshandlung erkennbar sein, an Hand derer festzustellen ist, welches (Rechtsschutz)Ziel ein Beigeladener in der Sache verfolgt. Ist eine solche nicht ersichtlich, handelt es sich bei den entstandenen Aufwendungen des Beigeladenen nicht um solche zur zweckentsprechenden Rechtsverfolgung (OLG Celle, B. v. 29. 6. 2010 – Az.: 13 Verg 4/10).

5226 **Dass der Gesetzgeber an diesem Grundsatz durch das Gesetz zur Modernisierung des Vergaberechts etwas ändern wollte, ist der amtlichen Begründung des Regierungsentwurfes** (BTDrucksache 16/10117, S. 25), **nicht zu entnehmen.** Dieser hatte mit § 128 Abs. 4 Satz 3 GWB vielmehr die Einführung der nach altem Recht nicht vorgesehenen Verpflichtung des Antragstellers im Blick, im Fall der Antragsrücknahme dem Antragsgegner seine notwendigen Auslagen zu erstatten (BTDrucks. 16/10117 S. 10). Die Aufnahme auch der Beigeladenen in diese Regelung beruht auf einem Änderungsvorschlag des Bundesrates, da ihre Schlechterstellung vermieden werden sollte (vgl. BRDrucks. 349/08 S. 28). Auch insoweit gilt aber die Begründung des Regierungsentwurfs (a.a. O. S. 25) fort, wonach die Aufwendungsregelung dem verwaltungsrechtlichen Kostengrundsatz für die Antragsrücknahme entspreche und auf dem Gedanken beruhe, dass die Rücknahme des Nachprüfungsantrags regelmäßig nur in den Fällen erfolge, in denen seine Abweisung vermieden werden solle, weshalb die Einführung einer Billigkeitserwägung nach § 269 Abs. 3 ZPO nicht geboten gewesen sei. Nach den in Bezug genommenen verwaltungsrechtlichen Kostengrundsätzen (§ 155 Abs. 2 i.V.m. § 163 Abs. 3 VwGO) **kommt eine Erstattung der außergerichtlichen Kosten des Beigeladenen aber regelmäßig nur in Betracht, wenn er erfolgreich Anträge stellt oder das Verfahren sonst wesentlich fördert.** Daher bleibt durch die Neuregelung des § 128 Abs. 4 Satz 3 GWB die für eine kostenrechtliche Beteiligung des Beigeladenen zunächst maßgebliche Frage, ob er sich aktiv an dem Nachprüfungsverfahren beteiligt und welche Partei er dabei unterstützt, unberührt (OLG Celle, B. v. 29. 6. 2010 – Az.: 13 Verg 4/10).

40.4.4.3 Rechtsprechung zu § 128 Abs. 4 GWB a. F.

5227 **40.4.4.3.1 Rechtsprechung des BGH.** Die bisherige Rechtsprechung insbesondere des Bundesgerichtshofs, wonach das **Gesetz eine Erstattung von Auslagen, die der Antragsgegner im Verfahren vor der Vergabekammer hatte, nicht vorsieht, weil dieses Verfahren nicht durch eine dem Antragsgegner günstige Entscheidung der Vergabekammer über den Nachprüfungsantrag, sondern durch dessen Rücknahme und Einstellung des Nachprüfungsverfahrens geendet hat** (BGH, B. v. 25. 10. 2005 – Az.: X ZB 26/05; B. v. 25. 10. 2005 – Az.: X ZB 25/05; B. v. 25. 10. 2005 – Az.: X ZB 24/05; B. v. 25. 10. 2005 – Az.: X ZB 22/05; B. v. 25. 10. 2005 – Az.: X ZB 15/05; OLG Naumburg, B. v. 17. 8. 2007 – Az.: 1 Verg 5/07; VK Schleswig-Holstein, B. v. 24. 1. 2006 – Az.: VK-SH 33/05; 1. VK Brandenburg, B. v. 1. 11. 2005 – Az.: 1 VK 53/05), ist durch die Gesetzesänderung **obsolet**.

5228 **40.4.4.3.2 Rechtsprechung für Nachprüfungsverfahren der Vergabekammer Baden-Württemberg.** Während die Vergabekammer Baden-Württemberg eine Anwendung des **§ 80 Abs. 1 Satz 5 LVwVfG**, der eine Kostenentscheidung nach billigem Ermessen unter Berücksichtigung des bisherigen Sachstandes vorsieht, ablehnte (VK Baden-Württemberg, B. v. 4. 4. 2007 – Az.: 1 VK 16/07; B. v. 15. 2. 2006 – Az.: 1 VK 3/06), vertrat das OLG Karlsruhe für den Antragsgegner – zumindest teilweise – eine andere Auffassung. Nach der Bestimmung des **§ 128 Abs. 4 Satz 3 GWB in Verbindung mit § 80 Abs. 1 Satz 5 VwVfG Baden-Württemberg** ist dann, wenn der Widerspruch, d. h. hier der Nachprüfungsantrag, nicht erfolgreich oder erfolglos geblieben ist, sondern sich auf andere Weise erledigt hat, über die Kosten nach billigem Ermessen unter Berücksichtigung des bisherigen Sachstands zu entscheiden. Wenn ein **Antragsteller im Beschwerdeverfahren unterlegen** wäre, hätte er die **dem Antragsgegner im Verfahren vor der Vergabekammer entstandenen außergerichtlichen Kosten zu tragen** (OLG Karlsruhe, B. v. 11. 7. 2008 – Az.: 15 Verg 5/08).

Diese **Rechtsprechung gilt für den Fall der Rücknahme erst recht nach der Änderung des § 128 Abs. 4 GWB** durch das Vergaberechtsmodernisierungsgesetz 2009.

40.4.4.3.3 Rechtsprechung für Nachprüfungsverfahren der bayerischen Vergabekammern. Im **Nachprüfungsverfahren der bayerischen Vergabekammern** kam, wenn der Antrag auf Durchführung des Nachprüfungsverfahrens zurückgenommen wird, gemäß § 128 Abs. 4 Satz 2 und 3 GWB a. F., Art. 80 Abs. 1 Satz 2, Abs. 2 Satz 2 BayVwVfG **grundsätzlich ein Anspruch des Antragsgegners und der Beigeladenen auf Erstattung ihrer Auslagen gegen den Antragsteller in Betracht**. Nach Art. 80 Abs. 1 Satz 2, Abs. 2 Satz 2 BayVwVfG, auf den § 128 Abs. 4 Satz 3 GWB verweist, muss der Antragsteller, wenn er seinen Antrag zurücknimmt, anders als nach der bundesgesetzlichen Regelung in § 80 VwVfG im Rahmen die Kosten des Antragstellers und der Beigeladenen tragen (OLG München, B. v. 6. 2. 2006 – Az.: Verg 23/05).

Diese **Rechtsprechung gilt für den Fall der Rücknahme erst recht nach der Änderung des § 128 Abs. 4 GWB** durch das Vergaberechtsmodernisierungsgesetz 2009.

40.4.4.3.4 Rechtsprechung für Nachprüfungsverfahren der Vergabekammer Rheinland-Pfalz. Auch **in Nachprüfungsverfahren der Vergabekammer Rheinland-Pfalz** kommt im Falle, dass der Antrag auf Durchführung des Nachprüfungsverfahrens zurückgenommen wird, gemäß § 128 Abs. 4 Satz 2 und 3 GWB, § 19 Abs. 1 Satz 5 AGVwGO-RP **grundsätzlich auch ein Anspruch der Vergabestelle auf Erstattung ihrer Auslagen in Betracht** (OLG Koblenz, B. v. 8. 6. 2006 – Az.: 1 Verg 4 und 5/06).

Diese **Rechtsprechung gilt für den Fall der Rücknahme erst recht nach der Änderung des § 128 Abs. 4 GWB** durch das Vergaberechtsmodernisierungsgesetz 2009.

40.4.4.3.5 Rechtsprechung für Nachprüfungsverfahren der Vergabekammern des Saarlandes. Die **Erstattungspflicht** bezüglich der Auslagen, die sowohl dem Antragsgegner als auch dem Beigeladenen im Verfahren vor der Vergabekammer durch die notwendige Beauftragung eines Bevollmächtigten entstanden sind, **folgt aus § 128 Abs. 4 Satz 2 GWB i. V. m. § 80 Abs. 1 Satz 5 des Saarländischen Verwaltungsverfahrensgesetzes (SVwVfG)**. Die Regelung besagt, dass, wenn sich der „Widerspruch" bzw. infolge der entsprechenden Anwendbarkeit hier das Vergabenachprüfungsverfahren auf andere Weise erledigt, **über die Kosten nach billigem Ermessen entschieden wird**, wobei der bisherige Sachstand zu berücksichtigen ist (Saarländisches OLG, B. v. 9. 1. 2009 – Az.: 1 Verg 1/08; 1. VK Saarland, B. v. 20. 8. 2007 – Az.: 1 VK 01/2007; B. v. 6. 8. 2007 – Az.: 1 VK 03/2007).

Diese **Rechtsprechung gilt für den Fall der Rücknahme erst recht nach der Änderung des § 128 Abs. 4 GWB** durch das Vergaberechtsmodernisierungsgesetz 2009.

40.4.4.3.6 Rechtsprechung für Nachprüfungsverfahren der Vergabekammer des Freistaates Thüringen. Auch **in Nachprüfungsverfahren der Vergabekammer des Freistaates Thüringen** kommt, im Falle dass der Antrag auf Durchführung des Nachprüfungsverfahrens zurückgenommen wird, gemäß § 128 Abs. 4 Satz 2 und 3 GWB, § 80 Abs. 1 Satz 6 ThürVwVfG **grundsätzlich auch ein Anspruch der Vergabestelle auf Erstattung ihrer Auslagen in Betracht**. Nach § 80 Abs. 1 Satz 6 ThürVwVfG, auf den § 128 Abs. 4 Satz 3 GWB verweist, ist bei Erledigung des Widerspruchs auf andere Weise, über die Kosten nach billigem Ermessen zu entscheiden; der bisherige Sachstand ist zu berücksichtigen (VK Thüringen, B. v. 4. 3. 2009 – Az.: 250–4003.20–5545/2008-032-GRZ; B. v. 16. 6. 2008 – Az.: 250–4002.20–1465/2008-012-SLF; B. v. 16. 6. 2008 – Az.: 250–4002.20–1465/2008-012-SLF, B. v. 6. 6. 2008 – Az.: 250–4002.20–1494/2008-022-EF; B. v. 16. 3. 2007 – Az.: 360–4002.20–733/2007-003-IK; B. v. 2. 2. 2007 – Az.: 360–4002.20–4968/2006-046-WE; B. v. 31. 1. 2007 – Az.: 360–4004.20–7/2007-001-WAK; B. v. 15. 6. 2006 – Az.: 360–4002.20-B/06-ESA-S).

Diese **Rechtsprechung gilt für den Fall der Rücknahme erst recht nach der Änderung des § 128 Abs. 4 GWB** durch das Vergaberechtsmodernisierungsgesetz 2009.

40.4.4.4 Rücknahme des Nachprüfungsantrags vor dem Beschwerdesenat

Der Nachprüfungsantrag steht zur freien Disposition des Unternehmens, das sich in dem Anspruch darauf verletzt fühlt, dass der öffentliche Auftraggeber die Bestimmungen über das Vergabeverfahren einhält. Denn gemäß § 107 Abs. 1 GWB findet ohne Antrag kein Nachprüfungsverfahren statt. Das **schließt als selbstverständliche Folge ein, dass der Antragsteller seinen Antrag jederzeit wieder zurücknehmen kann, solange und soweit noch eine formell bestandskräftige sachliche Entscheidung über diesen Antrag aussteht**. Anders verhielte es sich erst, wenn die verfahrensrechtlichen Vorschriften des Vierten Teils des

Teil 1 GWB § 128 Gesetz gegen Wettbewerbsbeschränkungen

Gesetzes gegen Wettbewerbsbeschränkungen die Möglichkeit der Rücknahme einschränkten, wie dies beispielsweise § 269 Abs. 1 ZPO für die Klagerücknahme vorsieht. Eine solche **Einschränkung enthält das Gesetz jedoch nicht** (BGH, B. v. 24. 3. 2009 – Az.: X ZB 29/08; OLG Brandenburg, B. v. 18. 5. 2010 – Az.: Verg W 1/08).

5239 Deshalb **gilt § 128 Abs. 4 Satz GWB auch dann**, wenn der **Antragsteller den Nachprüfungsantrag erst vor dem Beschwerdesenat zurücknimmt**.

40.4.4.5 Zweckentsprechende Aufwendungen

5240 **40.4.4.5.1 Vergaberechtsmodernisierungsgesetz 2009.** Die **neue gesetzliche Regelung zur Aufwendungsersatzpflicht benachteiligt nach der Gesetzesbegründung den Antragsteller nicht unangemessen**. Die von dem Antragsteller zu tragenden **Aufwendungen sind durch das Kriterium „zweckentsprechend" begrenzt**. So besteht für den Antragsgegner bei der Klärung von rein auftragsbezogenen Sach- und Rechtsfragen oftmals keine Notwendigkeit der anwaltlichen Beratung, so dass etwaige Aufwendungen nicht mehr „zweckentsprechend" im Sinne dieser Vorschrift wären.

5241 Im Ergebnis sind damit **für die Auslegung des Tatbestandsmerkmals „zweckentsprechend"** wiederum **Billigkeitserwägungen** entscheidend.

5242 **40.4.4.5.2 Rechtsprechung zu § 128 Abs. 4 GWB a. F..Teile der älteren Rechtsprechung**, die **Billigkeitsaspekte berücksichtigten** (OLG Celle, B. v. 13. 3. 2002 – Az.: 13 Verg 2/02; VK Schleswig-Holstein, B. v. 6. 6. 2005 – Az.: VK-SH 12/05; B. v. 7. 4. 2005 – Az.: VK-SH 06/05; B. v. 23. 2. 2005 – Az.: VK-SH 04/05; B. v. 21. 12. 2004 – Az.: VK-SH 35/04; ebenso OLG Naumburg, B. v. 4. 1. 2005 – Az.: 1 Verg 19/04; VK Münster, B. v. 10. 3. 2005 – Az.: VK 03/05; B. v. 15. 2. 2005 – Az.: VK 34/04; B. v. 4. 2. 2005 – VK 33/04; B. v. 18. 10. 2004 – Az.: VK 23/04; VK Südbayern, B. v. 22. 2. 2002 – Az.: 42-11/01; im Ergebnis ebenso OLG Düsseldorf, B. v. 29. 4. 2003 – Az.: Verg 47/02), können deshalb **weiter verwendet** werden; Einzelfälle sind nachfolgend dargestellt.

5243 Das OLG Düsseldorf zog **auch im Fall der Rücknahme in Erwägung**, in Abweichung von dem in § 128 Abs. 1 Satz 2 GWB normierten Veranlasserprinzip und in entsprechender Anwendung des § 156 VwGO (vgl. § 93 ZPO) eine **Kostengrundentscheidung zu Lasten des Antragsgegners** zu treffen, wenn ein Bieter vor dem Hintergrund einer unzureichenden Bieterinformation einen Nachprüfungsantrag stellt, den er aufgrund nachgeholter Unterrichtung dann **als aussichtslos erkennt und sofort zurücknimmt**. Eine **sofortige Rücknahme liegt nur vor, wenn die Rücknahme spätestens vor Antragstellung oder vor Erörterung der Sache in der mündlichen Verhandlung erklärt wird**, vorausgesetzt, dass dem Antragsteller die Begründung für den Ausschluss seines Angebot schon bekannt und ihm nach den Umständen des Falles die sofortige Rücknahme zumutbar war. Von einer im Sinne des § 156 VwGO „sofortigen" Zurücknahme des Nachprüfungsantrags nach Information über das Vorliegen des vermeintlichen Ausschlusstatbestandes und einem Erkennen der Aussichtslosigkeit des Rechtsmittels durch die Antragstellerin **kann dann nicht die Rede sein, wenn die Rücknahme erst im Anschluss an die ausführliche Erörterung der Sach- und Rechtslage in der mündlichen Verhandlung vor der Vergabekammer** erfolgt. Eine erst **in Kenntnis der ihr ungünstigen Rechtsauffassung der Vergabekammer erklärte Rücknahme reicht ebenso wie ein unter dem Druck gerichtlicher Hinweise erklärtes Anerkenntnis nicht aus**, um das Tatbestandsmerkmal „sofort" zu erfüllen (OLG Düsseldorf, B. v. 10. 1. 2008 – Az.: VII – Verg 9/07).

5244 Hat ein Antragsteller auf eine veränderte Sachlage reagiert, nachdem die Vergabestelle das getan hat, was der Antragsteller mit seinem Nachprüfungsantrag erreichen wollte, ist eine differenzierende Betrachtung geboten. Dies gilt insbesondere, da die Vorschriften aus § 128 Abs. 3 GWB eine unterschiedliche Behandlung von Erledigung und Antragsrücknahme nicht vorsehen bzw. überhaupt nicht regeln. Eine Entscheidung ist hier nach Billigkeitserwägungen analog der Vorschrift aus § 161 VwGO zu treffen. **Ausschlaggebend** ist damit, dass der **Auftraggeber dem Begehren des Antragstellers nachgekommen ist, diesen also „klaglos" gestellt hat** und der Antragsteller darauf gar nicht anders reagieren kann als durch die Aufgabe seines ursprünglichen Nachprüfungsantrages. Der Auftraggeber ist damit als unterliegender Verfahrensbeteiligter anzusehen, ohne dass es auf eine überschlägige Bewertung der Erfolgsaussichten des ursprünglichen Nachprüfungsbegehrens noch ankäme. Der **Auftraggeber** ist deshalb auch **zur Kostenerstattung gegenüber dem Antragsteller verpflichtet** (VK Düsseldorf, B. v. 30. 5. 2003 – Az.: VK – 12/2003 – L).

Bei den **Aufwendungen** normiert zwar § 128 Abs. 4 Satz 1 GWB a. F. vergleichbar zu § 128 Abs. 3 Satz 1 GWB den Grundsatz, dass eine Erstattung der Kosten der zweckentsprechenden Rechtsverfolgung notwendigen Aufwendungen stattfindet, soweit die Anrufung der Vergabekammer erfolgreich ist oder dem Antrag durch die Vergabeprüfstelle abgeholfen wird. Allerdings bestimmt § 128 Abs. 4 Satz 3 GWB, dass § 80 VwVfG und die entsprechenden Vorschriften der Länder (§ 120 Landesverwaltungsgesetz – LVwG) entsprechend gelten. Gemäß **§ 120 Abs. 1 Satz 2 LVwG** Schleswig-Holstein hat der Träger der öffentlichen Verwaltung, dessen Behörde den angefochtenen Verwaltungsakt erlassen hat, derjenigen Person, die Widerspruch erhoben hat, auch dann die Kosten der zweckentsprechenden Rechtsverfolgung zu erstatten, wenn der Widerspruch nur deshalb keinen Erfolg hat, weil die Verletzung einer Verfahrens- oder Formvorschrift nach § 114 unbeachtlich ist. **Nach § 114 Abs. 1 Nr. 2 LVwG ist eine Verletzung von Verfahrens- oder Formvorschrift unbeachtlich, wenn die erforderliche Begründung nachträglich gegeben wird.** Es entspricht daher der Billigkeit, dass der Auftraggeber einem Antragsteller unter entsprechender Anwendung von § 120 Abs. 1 Satz 2 in Verbindung mit § 114 Abs. 1 Nr. 2 LVwG die Kosten der zweckentsprechenden Rechtsverfolgung zu erstatten hat, wenn sich der Antragsteller aufgrund der mangelhaften Vorabinformation des Auftraggebers zur Einleitung des Nachprüfungsverfahrens veranlasst sah und der Auftraggeber die erforderlichen Entscheidungsgründe über die Nichtberücksichtigung des Angebotes eines Antragstellers erst im Nachprüfungsverfahren offenbart hat (VK Schleswig-Holstein, B. v. 27. 5. 2004 – Az.: VK-SH 14/04; im Ergebnis ebenso VK Rheinland-Pfalz, B. v. 14. 4. 2005 – Az.: VK 12/05; B. v. 21. 12. 2004 – Az.: VK 26/04). 5245

Über den Ersatz der Rechtsverfolgungskosten des Beigeladenen nach einer Antragsrücknahme ist **nach einer Billigkeitsprüfung im Einzelfall** zu entscheiden. Dabei ist das **allgemein für einen Antragsteller im Nachprüfungsverfahren bestehende hohe Kostenrisiko und die damit verbundene Schwelle zur Erlangung von Rechtsschutz zu berücksichtigen sowie der Inhalt seines Vorbringens**. Richtet sich das Vorbringen des Antragstellers direkt gegen den Beigeladenen, etwa gegen dessen Eignung oder die Bewertung der von diesem angebotenen Leistung, hat der Antragsteller im Unterliegensfall im Allgemeinen nach Billigkeit auch die Kosten des Beigeladenen zu übernehmen (VK Düsseldorf, B. v. 7. 7. 2004 – Az.: VK – 23/2004-L). 5246

40.4.4.6 Subjektive Antragsänderung

Die **subjektive Antragsänderung wirkt für den ausscheidenden Antragsgegner wie eine Antragsrücknahme.** Die Antragsänderung ist daher auch **im Rahmen der Kostenentscheidung wie eine Antragsrücknahme zu behandeln** (VK Düsseldorf, B. v. 30. 10. 2006 – Az.: VK – 44/2006 – B – K). 5247

40.4.4.7 Literatur

– Kayser, Karsten, Die Erstattung der Aufwendungen des Auftragsgegners bei Rücknahme des Nachprüfungsantrags, VergabeR 2006, 41 5248

40.4.5 Erstattung außergerichtlicher Aufwendungen für den Fall der anderweitigen Erledigung des Nachprüfungsantrags

40.4.5.1 Vergaberechtsmodernisierungsgesetz 2009

Auch nach der Neufassung des § 128 Abs. 4 GWB durch das Vergaberechtsmodernisierungsgesetz 2009 sieht § 128 Abs. 4 GWB **für den Fall der anderweitigen Erledigung keine der Rücknahme vergleichbare Regelung** vor. Deshalb **kann die Rechtsprechung zu § 128 Abs. 4 GWB a. F. weiter verwendet** werden. 5249

40.4.5.2 Rechtsprechung

40.4.5.2.1 Rechtsprechung des BGH. Nach der Rechtsprechung des Bundesgerichtshofs ist **ein Unterliegen im Sinne von § 128 Abs. 4 Satz 2 GWB nur gegeben, wenn die Vergabekammer eine Entscheidung getroffen hat, die das Begehren des Antragstellers ganz oder teilweise als unzulässig oder unbegründet zurückweist**. Das Erfordernis einer zurückweisenden Entscheidung steht in Einklang mit anderen Verfahrensgesetzen. **Auch das in § 128 Abs. 3 Satz 1 GWB vorausgesetzte Unterliegen eines Beteiligten kann nur gegeben sein, wenn die Vergabekammer im Nachprüfungsverfahren eine Entscheidung über den Antrag getroffen hat.** Wird das Nachprüfungsverfahren auf andere Weise beendet, 5250

Teil 1 GWB § 128   Gesetz gegen Wettbewerbsbeschränkungen

beantwortet sich die Frage, wer die Kosten für Amtshandlungen der Vergabekammer (Gebühren und Auslagen) zu tragen hat, nach **§ 128 Abs. 1 Satz 2 GWB**. Nach § 13 Abs. 1 Nr. 1 des dort in Bezug genommenen Verwaltungskostengesetzes trifft in diesen Fällen den **Antragsteller insoweit die Kostenlast, weil er durch Stellung des Nachprüfungsantrags das Verfahren in Gang gesetzt** hat. Das gilt insbesondere für den Fall, dass das Nachprüfungsverfahren sich in der Hauptsache erledigt hat. Das **Gesetz sieht also eine Erstattung von Auslagen, die der Antragsgegner im Verfahren vor der Vergabekammer gehabt hat, nicht vor, weil dieses Verfahren nicht durch eine dem Antragsgegner günstige Entscheidung der Vergabekammer über den Nachprüfungsantrag, sondern durch dessen anderweitige Erledigung geendet hat** (BGH, B. v. 25. 10. 2005 – Az.: X ZB 26/05; B. v. 25. 10. 2005 – Az.: X ZB 25/05; B. v. 25. 10. 2005 – Az.: X ZB 24/05; B. v. 25. 10. 2005 – Az.: X ZB 22/05; B. v. 25. 10. 2005 – Az.: X ZB 15/05; OLG Naumburg, B. v. 17. 8. 2007 – Az.: 1 Verg 5/07; VK Schleswig-Holstein, B. v. 24. 1. 2006 – Az.: VK-SH 33/05; 1. VK Brandenburg, B. v. 1. 11. 2005 – Az.: 1 VK 53/05).

5251   Aus § 128 Abs. 3 Satz 3 GWB ergibt sich, dass der **Gesetzgeber den Fall der Beendigung des Nachprüfungsverfahrens durch Rücknahme des Nachprüfungsantrags oder dessen anderweitige Erledigung gesehen hat**. Gleichwohl hat er nur eine Regelung für den Fall der Rücknahme getroffen. **Unter diesen Umständen kann eine planwidrige Regelungslücke, die für die Heranziehung der Grundsätze über die Analogie notwendig wäre, nicht darin gesehen werden**, dass für das Nachprüfungsverfahren vor der Vergabekammer eine Kostenerstattung nur für den Fall der Antragsrücknahme vorgesehen ist (so im Ergebnis BGH, B. v. 25. 10. 2005 – Az.: X ZB 26/05; B. v. 25. 10. 2005 – Az.: X ZB 25/05; B. v. 25. 10. 2005 – Az.: X ZB 24/05; B. v. 25. 10. 2005 – Az.: X ZB 22/05; B. v. 25. 10. 2005 – Az.: X ZB 15/05; OLG Düsseldorf, B. v. 27. 7. 2005 – Az.: VII – Verg 20/05; B. v. 27. 7. 2005 – Az.: VII – Verg 18/05; B. v. 27. 7. 2005 – Az.: VII – Verg 17/05; B. v. 27. 7. 2005 – Az.: VII – Verg 103/04; B. v. 13. 8. 2004 – Az.: VII – Verg 12 und 14/02; B. v. 9. 8. 2001 – Az.: Verg 1/01; B. v. 29. 4. 2003 – Az.: Verg 47/02; OLG Karlsruhe, B. v. 14. 7. 2005 – Az.: 6 W 56/05 Verg.; OLG Naumburg, B. v. 4. 1. 2005 – Az.: 1 Verg 19/04; B. v. 6. 10. 2004 – Az.: 1 Verg 12/04; OLG Rostock, B. v. 2. 8. 2005 – Az.: 17 Verg 7/05; Saarländisches OLG, B. v. 26. 11. 2004 – Az.: 1 Verg 7/04; 1. VK Brandenburg, B. v. 1. 11. 2005 – Az.: 1 VK 53/05; VK Hamburg, B. v. 4. 5. 2005 – Az.: VK BSU-2/05; B. v. 21. 3. 2005 – Az.: VK BSU-1/05; VK Hessen, B. v. 29. 7. 2004 – Az.: 69 d – VK – 82/2003; VK Münster, B. v. 4. 2. 2005 – VK 33/04; B. v. 18. 10. 2004 – Az.: VK 23/04; 1. VK Sachsen, B. v. 28. 8. 2005 – Az.: 1/SVK/059-05; B. v. 19. 7. 2004 – Az.: 1/SVK/055-04; VK Schleswig-Holstein, B. v. 16. 10. 2006 – Az.: VK-SH 24/06; B. v. 12. 9. 2006 – Az.: VK-SH 23/06; B. v. 24. 1. 2006 – Az.: VK-SH 33/05; B. v. 12. 7. 2005 – Az.: VK-SH 18/05; B. v. 7. 4. 2004 – Az.: VK-SH 06/04, B. v. 5. 4. 2004 – Az.: VK-SH 07/04, B. v. 23. 3. 2004 – Az.: VK-SH 11/04; VK Südbayern, B. v. 23. 9. 2004, Az.: 120.3–3194.1–52-07/04).

5252   40.4.5.2.2 Rechtsprechung für Nachprüfungsverfahren der Vergabekammer Baden-Württemberg. Eine Abweichung von der Rechtsprechung des BGH ergibt sich **in Nachprüfungsverfahren der Vergabekammer Baden-Württemberg auch nicht aus § 80 Abs. 1 Satz 5 LVwVfG**, der eine Kostenentscheidung nach billigem Ermessen unter Berücksichtigung des bisherigen Sachstandes vorsieht, da § 80 LVwVfG nicht anwendbar ist (VK Baden-Württemberg, B. v. 4. 4. 2007 – Az.: 1 VK 16/07; B. v. 15. 2. 2006 – Az.: 1 VK 3/06). Bei einem **Nachprüfungsverfahren handelt es sich nicht um ein Vorverfahren im Sinne dieser Norm**. Entscheidungen im Vergabeverfahren sind keine Verwaltungsakte. Die Vergabekammer wird nicht in einem Widerspruchsverfahren tätig. Das **Nachprüfungsverfahren dient auch nicht der Prüfung einer Verwaltungsentscheidung vor Durchführung einer Anfechtungs- oder Verpflichtungsklage** gem. § 68 VwGO. Zudem lässt sich aus der Verweisung in § 128 Abs. 4 Satz 3 GWB entnehmen, dass der Gesetzgeber § 80 LVwVfG nicht für unmittelbar anwendbar gehalten hat (VK Baden-Württemberg, B. v. 4. 4. 2007 – Az.: 1 VK 16/07).

5253   Eine **andere Auffassung** vertritt für den Antragsgegner – zumindest teilweise – das **OLG Karlsruhe**. Nach der Bestimmung des **§ 128 Abs. 4 Satz 3 GWB in Verbindung mit § 80 Abs. 1 Satz 5 VwVfG Baden-Württemberg** ist dann, wenn der Widerspruch, d. h. hier der Nachprüfungsantrag, nicht erfolgreich oder erfolglos geblieben ist, sondern sich auf andere Weise erledigt hat, über die Kosten nach billigem Ermessen unter Berücksichtigung des bisherigen Sachstands zu entscheiden. Wenn ein **Antragsteller im Beschwerdeverfahren unterlegen** wäre, hätte er die **dem Antragsgegner im Verfahren vor der Vergabekammer entstandenen außergerichtlichen Kosten zu tragen** (OLG Karlsruhe, B. v. 11. 7. 2008 – Az.: 15 Verg 5/08).

Anders stellt sich dagegen die Situation für einen Beigeladenen dar. Nach der 5254 Rechtsprechung des Bundesgerichtshofs steht dem Beigeladenen aus § 128 Abs. 4 Satz 2 GWB – auch wenn diese Bestimmung ausdrücklich nur den Antragsgegner als Anspruchsberechtigten nennt – ein Anspruch auf Erstattung der ihm im Verfahren vor der Vergabekammer entstandenen außergerichtlichen Kosten gegen den Antragsteller **dann zu, wenn dieser im Verfahren vor der Vergabekammer unterlegen war.** Der **Beigeladene kann dagegen keine Kostenerstattung beanspruchen, wenn man ein Unterliegen des Antragstellers verneint.** Ein Erstattungsanspruch ergibt sich insbesondere nicht aus § 128 Abs. 4 Satz 3 GWB in Verbindung mit § 80 Abs. 1 Satz 5 VwVfG Baden-Württemberg. Denn anders als Artikel 80 BayVwVfG sieht § 80 Abs. 1 Satz 5 VwVfG Baden-Württemberg **nur Erstattungsansprüche des Antragstellers gegen den Antragsgegner und umgekehrt vor, nicht aber Ansprüche anderer Beteiligter.** § 80 Abs. 1 Satz 5 VwVfG Baden-Württemberg ist im Regelungszusammenhang des § 80 Abs. 1 VwVfG Baden-Württemberg zu sehen. Abs. 1 und 2 dieser Bestimmung sehen einen Anspruch des Antragstellers auf Erstattung der ihm entstandenen notwendigen Aufwendungen vor, soweit sein Widerspruch erfolgreich ist. Abs. 1 Satz 3 und 4 regeln einen Anspruch der Behörde gegen den Antragsteller auf Erstattung der der Behörde entstandenen notwendigen Aufwendungen, soweit der Widerspruch erfolglos geblieben ist. Gemäß Abs. 1 Satz 5 ist über „die Kosten" nach billigem Ermessen zu entscheiden, wenn sich der Widerspruch auf andere Weise erledigt. Unter den „Kosten" in diesem Sinne sind auf Grund des Regelungszusammenhangs und der Stellung im Gesetz die **in den Sätzen zuvor genannten Kosten, d. h. die zur zweckentsprechenden Rechtsverfolgung oder Rechtsverteidigung notwendigen Aufwendungen entweder des Antragstellers oder der Behörde, nicht aber die Kosten anderer dort nicht genannter Beteiligter zu verstehen** (OLG Karlsruhe, B. v. 11. 7. 2008 – Az.: 15 Verg 5/08).

40.4.5.2.3 Rechtsprechung für Nachprüfungsverfahren der bayerischen Vergabe- 5255 **kammern.** Im **Nachprüfungsverfahren der bayerischen Vergabekammern** kommt dagegen, wenn der Antrag auf Durchführung des Nachprüfungsverfahrens zurückgenommen wird, gemäß § 128 Abs. 4 Satz 2 und 3 GWB, Art. 80 Abs. 1 Satz 2, Abs. 2 Satz 2 BayVwVfG **grundsätzlich ein Anspruch der Beigeladenen auf Erstattung ihrer Auslagen gegen den Antragsteller in Betracht.** Dieser Anspruch wird durch die neueste Rechtsprechung des Bundesgerichtshofs nicht berührt. Nach Art. 80 Abs. 1 Satz 2, Abs. 2 Satz 2 BayVwVfG, auf den § 128 Abs. 4 Satz 3 GWB verweist, muss der Antragsteller, wenn er seinen Antrag zurücknimmt, anders als nach der bundesgesetzlichen Regelung in § 80 VwVfG im Rahmen der Billigkeit die Kosten der Beigeladenen tragen. Hätte der Bundesgerichtshof eine Aussage auch für die Länder, in denen die Erstattung von Kosten im Verwaltungsverfahren abweichend geregelt ist, treffen wollen, hätte er sich bei seiner Argumentation nicht auf die bundesgesetzliche Regelung gestützt und sich mit dem Verhältnis von § 128 Abs. 4 GWB, insbesondere der Reichweite der Verweisung des § 128 Abs. 4 Satz 3 GWB, zu den Verwaltungsverfahrensgesetzen der Länder auseinandergesetzt. Die Entscheidungen des Bundesgerichtshofs hätten für den Aufwendungsersatzanspruch der Beigeladenen in Bayern deshalb nur dann Aussagekraft, **wenn die Verweisung des § 128 Abs. 4 Satz 3 GWB nur für Antragsteller und Antragsgegner, nicht aber für den Beigeladenen gelten würde.** Dieser zum Teil in der Literatur vertretenen Meinung ist der Bundesgerichtshof jedoch nicht gefolgt. Wie sich aus dem Beschluss vom 25. 10. 2005 – X ZB 26/05 ergibt, **bezieht er die Verweisungsnorm des § 128 Abs. 4 Satz 3 GWB auch auf den Beigeladenen.** Der Bundesgerichtshof führt in seinen beiden Beschlüssen vom 25. 10. 2005 zudem aus, es spreche nichts dafür, dass der Gesetzgeber in § 128 Abs. 4 Satz 2 GWB eine vom Verwaltungsverfahrensrecht abweichende Kostenregelung habe treffen wollen. Eine **unterschiedliche Behandlung der einzelnen Verfahrensbeteiligten wäre noch weniger einleuchtend** (OLG München, B. v. 6. 2. 2006 – Az.: Verg 23/05).

40.4.5.2.4 Rechtsprechung für Nachprüfungsverfahren der Vergabekammern in 5256 **Nordrhein-Westfalen.** Ein Anspruch eines Antragsgegners oder eines Beigeladenen auf Kostentragung durch einen Antragsteller folgt in **Nordrhein-Westfalen auch nicht aus § 80 Abs. 1 VwVfG NRW,** den § 128 Abs. 4 Satz 3 GWB für entsprechend anwendbar erklärt. Eine Erstattung der zur zweckentsprechenden Rechtsverfolgung notwendigen Aufwendungen des Widerspruchsführers bzw. der Behörde, die den angefochtenen Verwaltungsakt erlassen hat, ist danach nur in den Fällen vorgesehen, in denen sich der Widerspruch als erfolgreich bzw. als erfolglos erweist (§ 80 Abs. 1 VwVfG NRW). Erledigt sich das Widerspruchsverfahren durch Rücknahme des Widerspruchs, kommt eine Kostenerstattung dagegen nach ständiger Rechtsprechung des Bundesverwaltungsgerichts zu § 80 VwVfG grundsätzlich nicht in Betracht. Dies **gilt in entsprechender Anwendung von § 80 VwVfG auch für das erstinstanzliche Nachprü-**

Teil 1 GWB § 128   Gesetz gegen Wettbewerbsbeschränkungen

fungsverfahren vor den Vergabekammern. Der Wortlaut von § 80 VwVfG NRW stimmt mit dem von § 80 VwVfG des Bundes überein. Zwar hat das Bundesverwaltungsgericht **in Umgehungsfällen** die Anordnung einer Kostenerstattung zu Gunsten des Widerspruchsführers ausnahmsweise für zulässig gehalten. Dies betraf jedoch einen Fall, dass die Ausgangsbehörde den Widerspruchsführer, der eine Verletzung in seinen Rechten geltend machte und im Widerspruchsverfahren obsiegt hätte, ohne tragfähigen Grund durch Rücknahme des Verwaltungsaktes um den an sich nach § 80 Abs. 1 Satz 1 VwVfG gegebenen Kostenerstattungsanspruch gebracht hatte. Ein Ausweichen in die Rücknahme oder Aufhebung des Verwaltungsakts, um einer Kostenlast nach § 80 Abs. 1 Satz 1 VwVfG zu entgehen, widerspricht nach Ansicht des Bundesverwaltungsgerichts dem zugunsten des Bürgers geltenden Grundsatz der fairen Verfahrensgestaltung und dem Grundsatz von Treu und Glauben (OLG Düsseldorf, B. v. 25. 7. 2006 – Az.: VII – Verg 91/05).

5257 **40.4.5.2.5 Rechtsprechung für Nachprüfungsverfahren der Vergabekammer Rheinland-Pfalz.** Auch **in Nachprüfungsverfahren der Vergabekammer Rheinland-Pfalz** kommt, im Falle, dass der Antrag auf Durchführung des Nachprüfungsverfahrens zurückgenommen wird, gemäß § 128 Abs. 4 Satz 2 und 3 GWB, § 19 Abs. 1 Satz 5 AGVwGO-RP **grundsätzlich auch ein Anspruch der Vergabestelle auf Erstattung ihrer Auslagen in Betracht** (OLG Koblenz, B. v. 8. 6. 2006 – Az.: 1 Verg 4 und 5/06).

5258 Eine **Kostengrundentscheidung zugunsten der Vergabestelle ist in Rheinland-Pfalz auch nicht nach § 128 Abs. 4 Satz 3 i. V. m. der § 80 Abs. 1 Satz 4 VwVfG entsprechenden landesgesetzlichen Regelung des § 19 Abs. 1 Satz 4 AGVwGO ausgeschlossen.** Diese Vorschrift regelt überhaupt nicht die grundsätzliche Kostentragungspflicht, sondern bestimmt, dass ein Erstattungsberechtigter die durch sein Verschulden entstandenen Aufwendungen selbst zu tragen hat. Gemeint sind also einzelne ausscheidbare Aufwendungen, die im Verfahren entstanden sind und vermeidbar gewesen wären. § 19 Abs. 1 Satz 4 AGVwGO bietet somit keine Rechtsgrundlage für eine von § 128 Abs. 2 GWB abweichende Kostengrundentscheidung mit der Begründung, das Nachprüfungsverfahren als solches sei vermeidbar gewesen (OLG Koblenz, B. v. 28. 1. 2009 – Az: 1 Verg 5/08).

5259 **40.4.5.2.6 Rechtsprechung für Nachprüfungsverfahren der Vergabekammern des Saarlandes.** Die **Erstattungspflicht** bezüglich der Auslagen, die sowohl der Antragsgegnerin als auch der Beigeladenen im Verfahren vor der Vergabekammer durch die notwendige Beauftragung eines Bevollmächtigten entstanden sind, **folgt aus § 128 Abs. 4 Satz 2 GWB i. V. m. § 80 Abs. 1 Satz 5 des Saarländischen Verwaltungsverfahrensgesetzes (SVwVfG)**. Die Regelung besagt, dass, wenn sich der „Widerspruch" bzw. infolge der entsprechenden Anwendbarkeit hier das Vergabenachprüfungsverfahren auf andere Weise erledigt, **über die Kosten nach billigem Ermessen entschieden wird**, wobei der bisherige Sachstand zu berücksichtigen ist. Mit dieser Entscheidung stellt sich die Kammer auch nicht in Widerspruch zur Rechtsprechung des BGH und des OLG Düsseldorf, das durch Vorlagebeschluss diese BGH-Entscheidungen initiiert hatte. Ein Widerspruch zur vorliegenden Entscheidung ist deshalb nicht gegeben, weil sowohl den Entscheidungen des BGH als auch des OLG Düsseldorf **andere verwaltungsverfahrensgesetzliche Regelungen zu Grunde lagen, als diese im Saarland existieren** (Saarländisches OLG, B. v. 9. 1. 2009 – Az.: 1 Verg 1/08; 1. VK Saarland, B. v. 20. 8. 2007 – Az.: 1 VK 01/2007; B. v. 6. 8. 2007 – Az.: 1 VK 03/2007).

5260 **40.4.5.2.7 Rechtsprechung für Nachprüfungsverfahren der Vergabekammer Schleswig-Holstein.** Die VK Schleswig-Holstein (B. v. 27. 5. 2004 – Az.: VK-SH 14/04) **trennt bei dem Kostensatz zwischen den Verfahrenskosten und den Aufwendungen**. Die **Verfahrenskosten**, das heißt die bei der Vergabekammer entstandenen Gebühren und Auslagen (§ 128 Abs. 1 Satz 1 GWB), sind von dem unterliegenden Beteiligten zu tragen. § 128 Abs. 3 Satz 1 GWB knüpft nach seinem klaren Wortlaut die Kostenverteilung ausschließlich an den Erfolg oder Misserfolg des Nachprüfungsantrags. Die **Norm räumt nicht die Befugnis ein, davon abweichend die Kosten der Vergabekammer auch nach Billigkeits**erwägungen **zu verteilen** (VK Schleswig-Holstein, B. v. 19. 10. 2005 – Az.: VK-SH 25/05; B. v. 14. 9. 2005 – Az.: VK-SH 21/05; B. v. 12. 7. 2005 – Az.: VK-SH 18/05). Eine Billigkeitsentscheidung sieht das Gesetz in § 128 Abs. 3 Satz 4 GWB lediglich insoweit vor, als die Vergabekammer aus Gründen der Billigkeit von der Erhebung von Gebühren (ganz oder teilweise) absehen kann. Eine Analogie zu § 155 Abs. 4 VwGO ist nicht möglich, weil das Gesetz für das Verfahren vor der VK – anders als für das Beschwerdeverfahren beim OLG – eine ausdrückliche Regelung enthält. Bei den **Aufwendungen** normiert zwar § 128 Abs. 4 Satz 1 GWB vergleichbar zu § 128 Abs. 3 Satz 1 GWB den Grundsatz, dass eine Erstattung der Kosten der zweckentsprechenden Rechtsverfolgung notwendigen Aufwendungen stattfindet, soweit die Anrufung der Vergabekammer erfolgreich ist oder dem Antrag durch die Vergabeprüfstelle abgeholfen wird. Allerdings bestimmt § 128 Abs. 4 Satz 3 GWB, dass § 80 VwVfG und die entsprechenden Vorschriften der Länder (§ 120 Landesverwaltungsgesetz – LVwG) entsprechend gelten. Gemäß § 120 Abs. 1 Satz 2 LVwG hat der Träger der öffentlichen Verwaltung, dessen Behörde den angefochtenen Verwaltungsakt erlassen hat, derjenigen Person, die Widerspruch erhoben hat, auch dann die Kosten der zweckentsprechenden Rechtsverfolgung zu erstatten, wenn der Widerspruch nur deshalb keinen Erfolg hat, weil die Verletzung einer Verfahrens- oder Formvorschrift nach § 114 unbeachtlich ist. **Nach § 114 Abs. 1 Nr. 2 LVwG ist eine Verletzung von Verfahrens- oder Formvorschrift unbeachtlich, wenn die erforderliche Begründung nachträglich gegeben wird.** Es entspricht daher der Billigkeit, dass der Auftraggeber einem Antragsteller unter entsprechender Anwendung von § 120 Abs. 1 Satz 2 in Verbindung mit § 114 Abs. 1 Nr. 2 LVwG die Kosten der zweckentsprechenden Rechtsverfolgung zu erstatten hat, wenn sich der Antragsteller aufgrund der mangelhaften Vorabinformation des Auftraggebers zur Einleitung des Nachprüfungsverfahrens veranlasst sah und der Auftraggeber die erforderlichen Entscheidungsgründe über die Nichtberücksichtigung des Angebotes eines Antragstellers erst im Nachprüfungsverfahren offenbart hat (VK Schleswig-Holstein, B. v. 27. 5. 2004 – Az.: VK-SH 14/04; im Ergebnis ebenso VK Rheinland-Pfalz, B. v. 14. 4. 2005 – Az.: VK 12/05; B. v. 21. 12. 2004 – Az.: VK 26/04).

40.4.5.2.8 Rechtsprechung für Nachprüfungsverfahren der Vergabekammer des Freistaates Thüringen. Auch in Nachprüfungsverfahren der Vergabekammer des Freistaates **Thüringen** kommt, im Falle dass der Antrag auf Durchführung des Nachprüfungsverfahrens zurückgenommen wird, gemäß § 128 Abs. 4 Satz 2 und 3 GWB, § 80 Abs. 1 Satz 6 **ThürVwVfG grundsätzlich auch ein Anspruch der Vergabestelle auf Erstattung ihrer Auslagen in Betracht.** Nach § 80 Abs. 1 Satz 6 ThürVwVfG, auf den § 128 Abs. 4 Satz 3 GWB verweist, ist bei Erledigung des Widerspruchs auf andere Weise, über die Kosten nach billigem Ermessen zu entscheiden; der bisherige Sachstand ist zu berücksichtigen. Der **BGH äußert sich dagegen nicht zum Thüringer Verwaltungsverfahrensgesetz.** Er behandelt ausdrücklich § 80 VwVfG des Bundes. Hätte der BGH eine Aussage auch für die Länder, in denen die Erstattung von Kosten im Verwaltungsverfahren abweichend geregelt ist, treffen wollen, hätte er sich bei seiner Argumentation nicht auf die bundesgesetzliche Regelung gestützt und sich im Verhältnis zu § 128 Abs. 4 GWB, insbesondere der Reichweite der Verweisung des § 128 Abs. 4 S. 3 GWB, zu den Verwaltungsverfahrensgesetzen der Länder auseinandergesetzt (VK Thüringen, B. v. 4. 3. 2009 – Az.: 250-4003.20-5545/2008-032-GRZ; B. v. 16. 6. 2008 – Az.: 250-4002.20-1465/2008-012-SLF; B. v. 16. 6. 2008 – Az.: 250-4002.20-1465/2008-012-SLF, B. v. 6. 6. 2008 – Az.: 250-4002.20-1494/2008-022-EF; B. v. 16. 3. 2007 – Az.: 360-4002.20-733/2007-003-IK; B. v. 2. 2. 2007 – Az.: 360-4002.20-4968/2006-046-WE; B. v. 31. 1. 2007 – Az.: 360-4004.20-7/2007-001-WAK; B. v. 15. 6. 2006 – Az.: 360-4002.20-006/06-ESA-S).

40.4.6 Kostenfestsetzungsverfahren (§ 128 Abs. 4 Satz 5)

40.4.6.1 Vergaberechtsmodernisierungsgesetz 2009

Die **Vergabekammer setzt** nach dem Vergaberechtsmodernisierungsgesetz 2009 gemäß § 128 Abs. 4 Satz 3 **nur noch die eigenen Kosten**, also die Auslagen und die Gebühren, **fest**. § 128 Abs. 4 Satz 3 enthält keine Verweisung mehr auf § 80 Abs. 3 Satz 1 Verwaltungsverfahrensgesetz des Bundes und die Verwaltungsverfahrensgesetze der Länder. Ein **Kostenfestsetzungsverfahren hinsichtlich der Aufwendungen findet nicht mehr statt.** Dies wird **durch § 128 Abs. 4 Satz 5 unterstrichen**, wonach ein gesondertes Kostenfestsetzungsverfahren nicht stattfindet (OLG Celle, B. v. 8. 12. 2009 – Az.: 13 Verg 11/09; VK Baden-Württemberg, B. v. 21. 10. 2009 – Az.: 1 VK 51/09).

Dies wiederum hat zur **Konsequenz**, dass dann, wenn sich die Beteiligten eines Nachprüfungsverfahrens sich nicht über die zu erstattenden Aufwendungen einigen können, ein **Verfahren vor den Zivilgerichten** erforderlich wird. Angesichts der doch häufigen Auseinandersetzungen um die Höhe der Aufwendungen **produziert der Gesetzgeber mit dieser Regelung aller Voraussicht nach eine Vielzahl von Zivilprozessen**, bei denen sich der jeweilige Richter nochmals mit dem gesamten Vergabeverfahren beschäftigen muss. Nach dem alten Rechtszustand war es hingegen für die Vergabekammer relativ einfach, aufgrund ihrer „Vorbefasstheit" ein zügiges Kostenfestsetzungsverfahren durchzuführen. Zwar war das Ergebnis eines solchen Kosten-

Teil 1 GWB § 128   Gesetz gegen Wettbewerbsbeschränkungen

festsetzungsverfahrens nicht vollstreckbar, **hatte aber nach aller Erfahrung doch eine „streitbeendende" Funktion** (im Ergebnis ebenso OLG Celle, B. v. 8. 12. 2009 – Az.: 13 Verg 11/09).

5264 Die **rechtlichen Konsequenzen des Wegfalls eines Kostenfestsetzungsverfahrens vor der Vergabekammer sind dagegen gering**, weil schon nach der alten Rechtslage ein Kostenfestsetzungsbeschluss der Vergabekammer trotz seines vollstreckbaren Inhalts nicht als Vollstreckungstitel anzusehen war (OLG Celle, B. v. 8. 12. 2009 – Az.: 13 Verg 11/09).

5265 Aufgrund der **Vielzahl der möglichen Zivilgerichte** wird es **nach dem neuen Recht auch fast unmöglich** werden, einen **Gesamtüberblick über die Materie des Aufwendungsersatzes in Vergabeverfahren zu behalten**, was nach dem alten Recht sehr viel eher leistbar war.

5266 **Kostenfestsetzungsanträge gehen mit Rücksicht auf § 128 Abs. 4 Satz 5 GWB** (Neuregelung seit 24.04 2009), wonach ein gesondertes Kostenfestsetzungsverfahren nicht (mehr) stattfindet, **ins Leere; sie sind mangels Rechtsschutzbedürfnisses unzulässig. Gleiches gilt für Streitwertfestsetzungsanträge**, da im Nachprüfungsverfahren eine Streitwertfestsetzung nicht stattfindet. Als Anhaltspunkt insoweit kann für die Beteiligten der im Beschluss der Kammer angegebene Bruttoauftragswert herangezogen werden (3. VK Saarland, B. v. 18. 12. 2009 – Az.: 3 VK 02/2009).

40.4.6.2 Gebühren des Rechtsanwaltes im Vergabekammerverfahren

5267 Nach § 2 RVG werden die Gebühren, soweit dieses Gesetz nichts anderes bestimmt, nach dem Wert berechnet, den der Gegenstand der anwaltlichen Tätigkeit hat (**Gegenstandswert**). Die Höhe der Vergütung bestimmt sich nach dem Vergütungsverzeichnis der Anlage 1 zu diesem Gesetz.

5268 **40.4.6.2.1 Gegenstandswert bzw. Streitwert für die Berechnung der im vergaberechtlichen Nachprüfungsverfahren vor der Vergabekammer und dem Vergabesenat angefallenen Rechtsanwaltsgebühren. 40.4.6.2.1.1 Grundsatz.** Die **Streitwerte des erstinstanzlichen Nachprüfungsverfahrens (der Gegenstandswert) und des Beschwerdeverfahrens (der Streitwert) sind** – soweit es zu keinen streitwertrelevanten Ereignissen gekommen ist – **übereinstimmend festzusetzen**, wobei § 50 Abs. 2 GKG für das Verfahren vor der Vergabekammer entsprechend oder seinem Rechtsgedanken nach anzuwenden ist (BGH, B. v. 25. 10. 2005 – Az.: X ZB 15/05; OLG Düsseldorf, B. v. 17. 1. 2006 – Az.: VII – Verg 63/05; B. v. 17. 1. 2006 – Az.: VII – Verg 29/05; OLG München, B. v. 22. 3. 2010 – Az.: Verg 20/09; B. v. 13. 8. 2008 – Az.: Verg 8/08; VK Saarland, B. v. 3. 7. 2009 – Az.: 1 VK 07/2008; B. v. 11. 5. 2006 – Az.: 1 VK 06/2005).

5269 Das Nachprüfungsverfahren hat den Zweck, Bietern den Zugang zu öffentlichen Aufträgen, die für sie von Interesse sind, zu eröffnen. Deshalb bestimmt **ihre Perspektive** nicht nur, ob der maßgebliche Auftrag den Schwellenwert erreicht, sondern **auch den Auftragswert**. Geht der die Nachprüfung beantragende **Bieter davon aus, dass eine Baukonzession vergeben wird, muss der Streitwert nach diesem behaupteten vergabepflichtigen Vorgang bemessen werden**. Es kommt dann nicht darauf an, ob im Nachprüfungsverfahren das Vorliegen einer solchen Baukonzession festgestellt wird oder nicht (OLG Brandenburg, B. v. 27. 6. 2008 – Az.: Verg W 4/08).

5270 Der Geschäftswert für das Beschwerdeverfahren über eine Kostenentscheidung bestimmt sich gemäß §§ 47 Abs. 1 Satz 1, 48 Abs. 1 GKG in Verbindung mit § 3 ZPO nach dem Kosteninteresse des Beschwerdeführers (OLG München, B. v. 22. 3. 2010 – Az.: Verg 20/09; OLG Naumburg, B. v. 24. 2. 2005 – Az.: 1 Verg 1/05). Dieses ergibt sich aus der **Differenz zwischen dem von der Antragstellerin begehrten und dem von der Vergabekammer festgesetzten Betrag** (BayObLG, B. v. 19. 2. 2003 – Az.: Verg 32/02, B. v. 25. 6. 2003 – Az.: Verg 9/03).

5271 **40.4.6.2.1.2 Höhe.** Der Streitwert für die Berechnung der im vergaberechtlichen Nachprüfungsverfahren vor der Vergabekammer und dem Vergabesenat angefallenen Rechtsanwaltsgebühren bestimmt sich nach § 50 Abs. 2 GKG n. F. i. V. m. § 23 Abs. 1 Satz 3 RVG und **beträgt 5% der Auftragssumme** (OLG Brandenburg, B. v. 8. 4. 2010 – Az.: Verg W 2/10; B. v. 7. 4. 2009 – Az.: Verg W 14/08; B. v. 27. 6. 2008 – Az.: Verg W 4/08; OLG Düsseldorf, B. v. 17. 1. 2006 – Az.: VII – Verg 63/05; B. v. 17. 1. 2006 – Az.: VII – Verg 29/05; B. v. 24. 10. 2005 – Az.: VII – Verg 30/05; B. v. 20. 7. 2005 – Az.: Verg 102/04; OLG Frankfurt, B. v. 24. 2. 2009 – Az.: 11 Verg 19/08; OLG Karlsruhe, B. v. 13. 6. 2008 – Az.: 15 Verg 3/08; OLG München, B. v. 22. 3. 2010 – Az.: Verg 20/09; B. v. 22. 1. 2009 – Az.: Verg 26/08; B. v. 13. 8. 2008 – Az.: Verg 8/08; B. v. 12. 8. 2008 – Az.: Verg 6/08; B. v. 29. 11. 2007

Gesetz gegen Wettbewerbsbeschränkungen GWB § 128 **Teil 1**

– Az.: Verg 13/07; B. v. 20. 3. 2006 – Az.: Verg 04/06; B. v. 14. 9. 2005 – Az.: Verg 015/05; OLG Naumburg, B. v. 31. 3. 2010 – Az.: 1 Verg 7/10; B. v. 25. 2. 2010 – Az.: 1 Verg 14/09; B. v. 5. 12. 2008 – Az.: 1 Verg 9/08; B. v. 3. 4. 2007 – Az.: 1 Verg 2/07; B. v. 6. 4. 2005 – Az.: 1 Verg 2/05; Schleswig-Holsteinisches OLG, B. v. 12. 1. 2007 – Az.: 1 Verg 14/05; B. v. 18. 7. 2006 – Az.: 1 Verg 8/06; Thüringer OLG, B. v. 5. 3. 2010 – Az.: 9 Verg 2/08; B. v. 23. 1. 2006 – Az.: 9 Verg 8/05; VK Baden-Württemberg, B. v. 27. 3. 2007 – Az.: 1 VK 78/06; 1. VK Hessen, B. v. 15. 1. 2007 – Az.: 69 d VK 33/2006; VK Münster, B. v. 9. 9. 2009 – Az.: VK 7/09K; B. v. 5. 4. 2005 – Az.: VK 34/04; VK Saarland, B. v. 3. 7. 2009 – Az.: 1 VK 07/2008; B. v. 11. 5. 2006 – Az.: 1 VK 06/2005; 1. VK Sachsen-Anhalt, B. v. 25. 2. 2008 – Az: 1 VK LVwA 24/07 K; B. v. 9. 2. 2005 – Az.: 1 VK LVwA 56/04; VK Schleswig-Holstein, B. v. 4. 2. 2008 – Az.: VK-SH 28/07).

40.4.6.2.1.3 Streitwertbemessung. 40.4.6.2.1.3.1 Bruttoauftragssumme. Gemäß § 50 **5272** Abs. 2 GKG ist die Bruttoauftragssumme maßgebend (OLG Brandenburg, B. v. 9. 2. 2010 – Az.: Verg W 10/09; B. v. 27. 6. 2008 – Az.: Verg W 4/08; OLG Celle, B. v. 10. 1. 2008 – Az.: 13 Verg 11/07; OLG Düsseldorf, B. v. 17. 1. 2006 – Az.: VII – Verg 63/05; B. v. 17. 1. 2006 – Az.: VII – Verg 29/05; B. v. 24. 10. 2005 – Az.: VII – Verg 30/05; B. v. 24. 5. 2005 – Az.: VII – Verg 98/04; OLG München, B. v. 8. 11. 2010 – Az.: Verg 20/10; B. v. 22. 3. 2010 – Az.: Verg 20/09; B. v. 13. 8. 2008 – Az.: Verg 8/08; B. v. 12. 8. 2008 – Az.: Verg 6/08; B. v. 29. 11. 2007 – Az.: Verg 13/07; B. v. 14. 9. 2005 – Az.: Verg 015/05; OLG Naumburg, B. v. 31. 3. 2010 – Az.: 1 Verg 7/10; B. v. 25. 2. 2010 – Az.: 1 Verg 14/09; B. v. 1. 10. 2009 – Az.: 1 Verg 6/09; B. v. 5. 12. 2008 – Az.: 1 Verg 9/08; B. v. 23. 8. 2005 – Az.: 1 Verg 4/05; Saarländisches OLG, B. v. 29. 9. 2005 – Az.: 1 Verg 2/05; Thüringer OLG, Thüringer OLG, B. v. 5. 3. 2010 – Az.: 9 Verg 2/08; B. v. 23. 1. 2006 – Az.: 9 Verg 8/05; VK Brandenburg, B. v. 19. 12. 2008 – Az.: VK 40/08; 1. VK Hessen, B. v. 15. 1. 2007 – Az.: 69 d VK 33/2006; VK Köln, B. v. 20. 6. 2007 – Az.: VK VOB 14/2007; B. v. 17. 4. 2007 – Az.: VK VOF 9/2007; 3. VK Saarland, B. v. 5. 3. 2008 – Az.: 3 VK 09/2007; 1. VK Sachsen-Anhalt, B. v. 25. 2. 2008 – Az: 1 VK LVwA 24/07 K; VK Schleswig-Holstein, B. v. 9. 7. 2010 – Az.: VK-SH 11/10; B. v. 26. 5. 2010 – Az.: VK-SH 01/10; B. v. 4. 2. 2008 – Az.: VK-SH 28/07; VK Thüringen, B. v. 22. 1. 2008 – Az.: 360–4003.20–155/2008-002-WE). Die **gesetzliche Regelung** des § 23 Abs. 1 S. 3 RVG i. V. m. § 50 Abs. 2 GKG ist Ausdruck der zugrunde liegenden Überlegung, dass das **wirtschaftliche Interesse des rechtsuchenden Bieters an dem Auftrag auch sein Interesse am Rechtsschutz widerspiegelt** und deshalb für die Streitwertberechnung herangezogen werden kann (OLG Naumburg, B. v. 25. 2. 2010 – Az.: 1 Verg 14/09; im Ergebnis ebenso OLG Brandenburg, B. v. 8. 4. 2010 – Az.: Verg W 2/10; OLG München, B. v. 22. 3. 2010 – Az.: Verg 20/09).

Der **Auftragswert ist nicht um durchlaufende Kosten in Form der Mehrwertsteuer 5273 zu kürzen**. Eine **solche Vorgehensweise ist in § 50 Abs. 2 GKG nicht vorgesehen**. Eine solche Vorgehensweise ist in § 50 Abs. 2 GKG nicht vorgesehen. Soweit einmal ein Oberlandesgericht die Auffassung vertreten hat, der Auftragswert sei um die Mehrwertsteuer als durchlaufenden Posten zu kürzen, so ist diese Entscheidung noch zu § 12a Abs. 2 GKG a. F. ergangen. Danach war maßgeblich für die Streitwertfestsetzung die „Auftragssumme". Nach nunmehr geltenden § 50 Abs. 2 GKG ist dagegen **auf die „Bruttoauftragssumme" abzustellen, so dass eine Kürzung des Streitwertes um Mehrwertsteuerbeträge angesichts der klaren gesetzlichen Vorgaben ausscheidet** (OLG Brandenburg, B. v. 8. 4. 2010 – Az.: Verg W 2/10).

Die Bruttoangebotssumme ist grundsätzlich der Preis, welchen der Bieter für seine Leistung **5274** vom Auftraggeber als Gegenleistung fordert. Sie ist das Ergebnis seiner Kalkulation, in welche er **die ihm entstehenden Unkosten und laufenden Betriebskosten** einsetzt. Sie ist aber **nicht mit dem Gewinn gleichzusetzen**, den der Auftragnehmer mit seinem Auftrag erzielen will. Vielmehr fordert der Auftragnehmer mit seinem Angebotspreis auch die Beträge, die er selbst für die Leistung aufbringen muss und auf welche er seinen kalkulierten Gewinn noch hinzurechnet (OLG München, B. v. 12. 8. 2008 – Az.: Verg 6/08).

Die **für die Kostenfestsetzung maßgebliche Bruttoauftragssumme bestimmt sich 5275 grundsätzlich nach dem objektiven Wert derjenigen Leistungen, von deren Vergabe an einen Dritten der Antragsteller bei Einleitung des Vergabeverfahrens ausgehen durfte**. Unerheblich ist dagegen, ob und inwieweit der Antragsgegner intern u. U. von der ursprünglichen Vergabeabsicht abgerückt ist und diese vermindert hat, wenn mit der Vergabenachprüfung letztlich eine Verbesserung der Chancen des Antragstellers zur Erteilung des ursprünglich ausgeschriebenen Auftrages angestrebt wird. Bei der **Ermittlung** des Umfangs des

Teil 1 GWB § 128   Gesetz gegen Wettbewerbsbeschränkungen

ursprünglich ausgeschriebenen Auftrages **kommt der verbalen Bezeichnung des Auftrags Vorrang vor widersprüchlichen Angaben zu den Leistungskategorien und den CPV-Kennziffern** zu (OLG Naumburg, B. v. 9. 4. 2009 – Az.: 1 Verg 1/09).

5276   Ist ein Nachprüfungsantrag auf die Fortsetzung von Auftragsverhandlungen zur **Vergabe einer Baukonzession für ein Fußballstadion und eine Sportarena** gerichtet, so ist für die Gebührenberechnung im Nachprüfungsverfahren der **Bruttoauftragswert der gesamten Baukonzession maßgeblich**. Ob der **Auftraggeber inzwischen von der Absicht der Beschaffung einer Sportarena Abstand genommen hat, ist kostenrechtlich unerheblich** (OLG Naumburg, B. v. 3. 4. 2007 – Az.: 1 Verg 2/07; VK Sachsen-Anhalt, B. v. 2. 2. 2007 – Az.: 1 VK LVwA 39/06).

5277   Ob die Voraussetzungen für eine Steuerbefreiung vorliegen, ist bei der Ermittlung des Brutto-Auftragswertes jedenfalls dann nicht erheblich, wenn eine Steuerbefreiung zum Zeitpunkt der Angebotsabgabe tatsächlich nicht beantragt ist. Die **bloße Möglichkeit einer Steuerbefreiung für den ausgeschriebenen Auftrag hat auf die Ermittlung des Auftragswertes keinen Einfluss** (VK Schleswig-Holstein, B. v. 18. 2. 2005 – Az.: VK-SH 18/03).

5278   Für die **Berechnung der Bruttoangebotssumme ist ergänzend § 3 VgV heranzuziehen**, der die allgemeinen Regelungen zur Schätzung der Auftragswerte enthält, welche grundsätzlich auch zur Berechnung des Streitwerts herangezogen werden (OLG München, B. v. 22. 3. 2010 – Az.: Verg 20/09; B. v. 12. 8. 2008 – Az.: Verg 6/08).

5279   **40.4.6.2.1.3.2 Wert der Auftragssumme. Auszugehen ist vom Wert der Auftragssumme**, hilfsweise der **Angebotssumme**, also demjenigen Betrag, für den der Bieter den Zuschlag erhalten hat oder erhalten will (OLG Brandenburg, B. v. 27. 6. 2008 – Az.: Verg W 4/08; OLG Düsseldorf, B. v. 7. 1. 2010 – Az.: VII-Verg 40/09; OLG München, B. v. 22. 3. 2010 – Az.: Verg 20/09; B. v. 13. 8. 2008 – Az.: Verg 8/08; B. v. 12. 8. 2008 – Az.: Verg 6/08; B. v. 13. 8. 2007 – Az.: Verg 09/07; B. v. 14. 9. 2005 – Az.: Verg 015/05; OLG Naumburg, B. v. 31. 3. 2010 – Az.: 1 Verg 7/10; OLG Thüringen, Thüringer OLG, B. v. 5. 3. 2010 – Az.: 9 Verg 2/08; 2. VK Brandenburg, B. v. 8. 3. 2007 – Az.: 2 VK 4/07; 1. VK Sachsen-Anhalt, B. v. 25. 2. 2008 – Az: 1 VK LVwA 24/07 K; VK Schleswig-Holstein, B. v. 22. 4. 2008 – Az.: VK-SH 03/08).

5280   Solange kein Auftrag erteilt wurde, ist die Bruttoangebotssumme des Bieters maßgeblich, der das Nachprüfungsverfahren eingeleitet hat (OLG Celle, B. v. 10. 1. 2008 – Az.: 13 Verg 11/07).

5281   **40.4.6.2.1.3.3 Streitwert bei fehlenden Angeboten**. Die **Rechtsprechung** hierzu ist **nicht einheitlich.**

5282   Bei **fehlenden Angeboten** ist der Streitwert nach § 3 Zivilprozessordnung (ZPO) **nach freiem Ermessen durch die Vergabekammer zu bestimmen** (VK Magdeburg, B. v. 23. 1. 2002 – Az.: 33–32571/07 VK 18/01 MD). Für die Berechnung kann man sich **an den Grundsätzen** orientieren, die **§ 100 Abs. 1 GWB** in Verbindung mit den Verdingungsordnungen zur Berechnung dieses Schätzwerts normiert, um festzustellen, ob die Schätzwerte erreicht oder überschritten werden und damit das Vergabenachprüfungsverfahren eröffnet ist (OLG Dresden, B. v. 5. 4. 2001 – Az.: WVerg 0008/00; OLG Düsseldorf, B. v. 17. 1. 2006 – Az.: VII – Verg 63/05). Fehlt es an einer solchen Vergütungsschätzung des Auftraggebers, so ist **mangels anderweitiger**, nicht der Geheimhaltung unterliegender **Anknüpfungspunkte allein auf die Angaben des Bieters** zum Auftragswert abzustellen (OLG Düsseldorf, B. v. 22. 10. 2003 – Az.: VII – Verg 55/03).

5283   Hat eine antragstellende Partei kein eigenes Angebot abgegeben, kann ihr mit dem Nachprüfungsantrag verfolgtes wirtschaftliches Interesse nur **geschätzt** werden. Dieser Schätzung ist in erster Linie das Preisniveau zugrunde zulegen, wie es sich in den von anderen Teilnehmern am Vergabeverfahren abgegebenen Angeboten widerspiegelt (OLG Naumburg, B. v. 30. 8. 2005 – Az.: 1 Verg 6/05; B. v. 23. 8. 2005 – Az.: 1 Verg 4/05; 1. VK Brandenburg, B. v. 22. 5. 2008 – Az.: VK 11/08; B. v. 14. 5. 2007 – Az.: 2 VK 14/07). Dabei ist regelmäßig **nicht auf das preisgünstigste Angebot, sondern auf den Durchschnittspreis aller eingegangenen Angebote abzustellen** (1. VK Brandenburg, B. v. 14. 5. 2007 – Az.: 2 VK 14/07). Auf die Kostenschätzung des öffentlichen Auftraggebers kann demgegenüber nur dann zurückgegriffen werden, wenn im Zeitpunkt der Gebührenfestsetzung entweder überhaupt keine Angebote eingegangen sind oder nur eine nicht hinreichend aussagekräftige Anzahl von Angeboten vorliegt (VK Münster, B. v. 4. 2. 2005 – VK 33/04). Dann bietet die Kostenschätzung zumindest einen Anhaltspunkt (OLG Naumburg, B. v. 30. 8. 2005 – Az.: 1 Verg 6/05; B. v. 23. 8. 2005 – Az.: 1 Verg 4/05).

5284   Ist **Gegenstand des Nachprüfungsverfahrens die Veräußerung von Gesellschaftsanteilen in Verbindung mit der Vergabe von Aufträgen zur Personenbeförderung**, ist der

Vergütungsstreitwert nicht auf der Grundlage des angebotenen Kaufpreises für die zu erwerbenden Gesellschaftsanteile zu ermitteln, sondern **nach dem objektiven Anschaffungswert der** vom Auftraggeber als Gewährsträger nach den Personenbeförderungsgesetzen **zu beschaffenden Dienstleistung**. Welcher Betrag für die Beschaffung der auf diesen Zeitraum entfallenden Beförderungsdienstleistungen seitens der Auftraggeber am Markt aufzuwenden gewesen wäre, **lässt sich indessen nur schätzen**. Jener **Aufwand entspricht jedenfalls nicht dem Kaufpreis der Anteile** und ebenso wenig der Summe der zu erwartenden Fahrentgelte. Das **zu erwartende Fahrgeldaufkommen** gibt jedoch einen **geeigneten Anhaltspunkt für eine Schätzung** des Interesses. Insoweit erscheint ein **Ansatz von 30% der voraussichtlichen Fahrentgelte während der Laufzeit des Rahmenvertrages** angemessen, aber auch ausreichend (OLG Düsseldorf, B. v. 20. 7. 2005 – Az.: Verg 102/04).

Das wirtschaftliche Risiko der Verfahrensbeteiligung ist regelmäßig in der Höhe des Brutto-Preises des Angebotes zu sehen, mit dem der jeweilige Verfahrensbeteiligte letztendlich im Verfahren der Nachprüfung des Vergabeverfahrens selbst unterlegen ist. Ist der **Brutto-Auftragswert noch nicht Gegenstand des Nachprüfungsverfahrens, ist unter Zugrundelegung der dazu entwickelten und regelmäßig angewandten Gebührentabelle der Vergabekammer Freistaat Thüringen** (Stand 1. 1. 2003), von einer angefallenen **Mindestgebühr in Höhe von 2.500,00 EUR auszugehen** (VK Thüringen, B. v. 22. 1. 2008 – Az.: 360–4003.20–155/2008-002-WE). 5285

Wendet sich ein Bieter bei einer **Vergabe im wettbewerblichen Dialog** mit einem Nachprüfungsantrag gegen die Verfahrensgestaltung **in der Dialogphase**, ist der Streitwertfestsetzung die **Auftragswertschätzung des Auftraggebers zugrunde zu legen**, nicht dagegen die Preisangaben des Bieters für seinen Lösungsvorschlag. **Bis zur Aufforderung zur Abgabe eines Angebots nach Abschluss des Dialogs existieren keine Angebote**, sondern lediglich Lösungsvorschläge (OLG Brandenburg, B. v. 7. 4. 2009 – Az.: Verg W 14/08). 5286

Es ist im wettbewerblichen Dialog zulässig, der **Ermittlung des Auftragswertes den sog. Public Sector Comparator (PS C), vermindert um einen Abschlag von 10%, zugrunde zu legen**. Zur Ermittlung des PS C bestimmt der Auftraggeber, welche Kosten ihm bei einer konventionellen Beschaffung außerhalb eines ÖPP-Modells entstehen würden. Dieser Vergleichswert bestimmt den PS C. Der Abzug von 10% trägt dem Umstand Rechnung, dass sich der Auftraggeber durch die Vergabe im Rahmen eines ÖPP-Modells eine Kostenersparnis gegenüber einen konventionellen Beschaffung verspricht. Bestimmt der PS C die Auftragswertschätzung, **kommt es nicht darauf an, ob § 3 VgV**, der die Bestimmung der Schwellenwerte betrifft, **auch bei der Auftragswertschätzung heranzuziehen** ist (OLG Brandenburg, B. v. 7. 4. 2009 – Az.: Verg W 14/08). 5287

40.4.6.2.1.3.4 Streitwert bei einer losweisen Vergabe. Maßgeblich ist das wirtschaftliche Interesse eines Antragstellers am Verfahrensergebnis im Vergabeverfahren. Will ein Antragsteller mit seinem Nachprüfungsantrag erreichen, dass sein Angebot zu allen Losen nicht auszuschließen ist und in der Wertung verbleiben soll, bildet somit **die Summe der drei Auftragswerte die Grundlage des Bruttoauftragswerts** (OLG Schleswig-Holstein, B. v. 12. 1. 2007 – Az.: 1 Verg 14/05). 5288

40.4.6.2.1.3.5 Streitwert bei einer de-facto-Vergabe. Wenn eine Bruttoangebotssumme nicht festgestellt werden kann, weil der Bieter, der den Nachprüfungsantrag stellt, nie ein Angebot abgegeben hat, ist **auf den objektiven Wert des ausgeschriebenen Auftrags abzustellen. Dies ist insbesondere bei einer behaupteten „de-facto-Vergabe" der Fall** (OLG Naumburg, B. v. 25. 2. 2010 – Az.: 1 Verg 14/09; VK Schleswig-Holstein, B. v. 26. 5. 2010 – Az.: VK-SH 01/10). 5289

40.4.6.2.1.3.6 Streitwert bei einer losweisen de-facto-Vergabe. In einem Nachprüfungsverfahren bezüglich einer De-facto-Vergabe fehlt es ebenfalls an einer Auftragssumme. Zur Ermittlung derselben ist daher **zunächst auf den geschätzten Wert der Leistungen** zurückzugreifen, die der Auftraggeber außerhalb eines Vergabeverfahrens zu beauftragen beabsichtigt (VK Baden-Württemberg, B. v. 18. 3. 2004 – Az.: 1 VK 07/04). Im Beschwerdeverfahren bei einer de-facto-Vergabe kann dieser Wert aber **nur dann uneingeschränkt** als Auftragssumme im Sinne von § 12a GKG dienen, wenn die Begehr des Antragstellers darauf gerichtet ist, innerhalb eines (anzuordnenden) Vergabeverfahrens eine **Zuschlagschance auf den vollen Auftragswert** erlangen zu können. Nur ein solches Begehr ist derjenigen vergleichbar, die ein Antragsteller mit einem Nachprüfungsantrag bei laufendem förmlichem Vergabeverfahren zeigt. Im typischen Nachprüfungsverfahren ist das Interesse des Bieters darauf gerichtet, den Zuschlag auf sein, die ausgeschriebenen Leistungen komplett umfassendes Angebot zu erhalten, also die 5290 von ihm ermittelte Auftragssumme für das gesamte Vertragsvolumen auslösen zu können. Dieses Interesse ist als integraler Bestandteil im Begriff „Auftragssumme" (§ 12a GKG) enthalten.

5291 Zielt nun ein Nachprüfungsantrag auf eine De-facto-Vergabe mit dem formulierten Begehr, **einen Teil (Los) des gesamten Auftragsvolumens** in dem anzuordnenden förmlichen Vergabeverfahren für sich in Anspruch nehmen zu können, ist bei Bemessung der erstrebten „Auftragssumme" auf dieses Interesse des Antragstellers abzustellen, andernfalls es an einer Gleichbehandlung mit dem klassischen Nachprüfungsverfahren, auf welches § 12a GKG zielt, fehlen würde (OLG Brandenburg, B. v. 2. 9. 2003 – Az.: Verg W 03/05, Verg W 05/03). Das **Interesse kann** – sofern nicht anderweitige Anhaltspunkte vorliegen – **anhand der (verantwortlichen) Vergütungsschätzung des öffentlichen Auftraggebers** ermittelt werden. Fehlt eine solche sind die von Auftraggeber mit den auserschenen Geschäftspartner ausgehandelten Preise heranzuziehen (OLG Düsseldorf, B. v. 20. 4. 2004 – Az.: VII – Verg 9/04).

5292 **40.4.6.2.1.3.7 Streitwert bei planmäßigen Losverfahren.** Soweit bei absehbarem Eingang ganz überwiegend gleichwertiger Angebote von **vornherein eine Verlosung von Teillosen vorgesehen** ist (wobei jeder Bieter maximal ein Los erhalten kann), erscheint es sachgerecht, bei der Kostenentscheidung im Regelfall derart zu differenzieren, dass die Verfahrensgebühren der Vergabekammer und der **Gegenstandswert einer anwaltlichen Vertretung des Antragsgegners nach dem Gesamtauftragswert aller Lose bemessen werden und der** Berechnung des Gegenstandswertes für eine anwaltliche Vertretung der anderen Beteiligten die Summe des wertmäßig größten Loses zu Grunde gelegt wird (Frankenstein, ibr-online 08/2005, www.ibr-online.de/2007-8).

5293 **40.4.6.2.1.3.8 Streitwert bei Verträgen mit fester Laufzeit über 48 Monate.** Mit Blick auf den Normzweck des § 12a Abs. 2 GKG, das durch den Vergaberechtsfehler (potentiell) geschädigte Interesse des Antragstellers insbesondere im Hinblick auf die Ertrags- oder Gewinnchancen des umworbenen Auftrags angemessen zu bewerten, ist **bei Verträgen mit fester Laufzeit über 48 Monaten die Summe der dem Antragsteller zuzurechnenden Vergütung für die gesamte vorgesehene feste Vertragslaufzeit als Berechnungsgrundlage** (gegebenenfalls einschließlich von Optionen) maßgebend (OLG Naumburg, B. v. 6. 4. 2005 – Az.: 1 Verg 2/05; BayObLG, B. v. 9. 10. 2003 – Az.: Verg 8/03; Thüringer OLG, B. v. 5. 3. 2010 – Az.: 9 Verg 2/08; VK Schleswig-Holstein, B. v. 4. 2. 2008 – Az.: VK-SH 28/07).

5294 Dieses aus der Auslegung des § 12a Abs. 2 GKG nach seinem Wortlaut und Zweck folgende Ergebnis kann nicht mit der Erwägung korrigiert werden, die „Auftragssumme" stiege, wenn man für ihre Bestimmung im Sinne von § 12a Abs. 2 GKG bei langfristigen Verträgen auf die gesamte Laufzeit abstellen würde, in Höhen, die Rechtsmittel gegen die Vergabeentscheidung zu einem schwerwiegenden Risiko machen würden, zumal da regelmäßig dasjenige Unternehmen, das der Auftraggeber für den Zuschlag auserschen habe, beigeladen werde. Der Gesetzgeber hat der für die Aufrechterhaltung der Effektivität des vergaberechtlichen Rechtsschutzes notwendigen Begrenzung des Kostenrisikos mit der **generalisierenden Beschränkung des Streitwerts auf 5% der Auftragssumme** in (auch verfassungsrechtlich, Art. 19 Abs. 4 GG) ausreichender Weise Rechnung getragen. Nicht nur langfristige Dienstleistungsaufträge, sondern auch Bauleistungsaufträge können ein sehr hohes Volumen haben; bei ihnen wird von niemandem – soweit ersichtlich – ernsthaft erwogen, bei der Anwendung des Begriffs der „Auftragssumme" von dem Verständnis abzuweichen, dass dieser Begriff den Gesamtauftrag erfasst – unter der selbstverständlichen Voraussetzung, dass sich der Antragsteller auch um den Gesamtauftrag beworben hat – (OLG Düsseldorf, B. v. 7. 1. 2004 – Az.: VII – Verg 55/02, B. v. 3. 7. 2003 – Az.: Verg 29/00, B. v. 3. 7. 2003 – Az.: Verg 22/00).

5295 Die **zeitliche Schranke für die Schätzung des Auftragswerts bei unbefristeten Verträgen gilt insoweit nicht.** Dem steht auch nicht entgegen, wenn ein Antragsteller im Nachprüfungsverfahren in erster Linie **nicht die Erteilung des Auftrags, sondern die Aufhebung der Aufschreibung beantragt** hat. Zum einen kommt es nach § 50 Abs. 2 GKG grundsätzlich nicht auf die Formulierung des Antrages, sondern nur auf die Bruttoauftragssumme an, zum anderen lag das wirtschaftliche Interesse der Antragstellerin letztlich darin, mit ihrem Angebot nachträglich noch zum Zuge zu kommen (VK Schleswig-Holstein, B. v. 4. 2. 2008 – Az.: VK-SH 28/07).

5296 Inzwischen hat das **OLG Düsseldorf** seine **Rechtsprechung geändert**. Der Streitwertfestsetzung zugrunde zu legen ist – wenn ein solches vorhanden ist – das Angebot, das der Antragsteller in dem Vergabeverfahren eingereicht hat, das zu dem Vergabenachprüfungsverfahren geführt hat. Dabei ist grundsätzlich die gesamte Auftragsdauer zu berücksichtigen. **Bei Dienstleistungsaufträgen ist jedoch zu berücksichtigen, dass nach den Regeln über die Schwellen-**

Gesetz gegen Wettbewerbsbeschränkungen GWB § 128 **Teil 1**

wertberechnung eine Kappung bei 48 Monaten stattzufinden hat. Zwar sieht § 3 Abs. 3 S. 3 VgV nach seinem Wortlaut eine derartige Kappung bei Dienstleistungsverträgen mit bestimmter Vertragslaufzeit nicht vor, sondern nur bei Aufträgen mit unbestimmter Vertragslaufzeit. Jedoch nimmt Art. 9 Abs. 8 lit. b) ii) der Richtlinie 2004/18/EG auch für befristete Dienstleistungsverträge mit einer Dauer von mehr als 48 Monaten eine Kappung bei 48 Monaten vor. Insoweit ist die **nationale Vorschrift richtlinienkonform auszulegen.** Der Senat hält es für angemessen, sich auch im Rahmen der Streitwertfestsetzung an den Regeln über die Berechnung des Auftragswertes soweit wie möglich zu orientieren (OLG Düsseldorf, B. v. 7. 1. 2010 – Az.: VII-Verg 40/09).

Nach Auffassung des OLG Brandenburg ist es zweifelhaft, ob § 3 VgV, der nicht den 5297 Streitwert, sondern die Voraussetzungen für die Anwendung des Vergaberechtsregimes der §§ 97 ff. GWB regelt, im Rahmen von § 50 Abs. 2 GKG zur Anwendung gelangen und streitwertbegrenzende Wirkung haben kann. § 3 VgV **trifft jedoch für den Fall eines länger als 48 Monate laufenden, aber nicht unbefristeten Dienstleistungsauftrages keine Regelung.** In derartigen Fällen **kann zwar Art. 9 Abs. 8 b ii der RL 2004/18/EG unmittelbar anzuwenden sein**, wonach bei Dienstleistungsaufträgen, für die kein Gesamtpreis angegeben wird, mit einer Laufzeit von mehr als 48 Monaten der geschätzte Auftragswert auf der Basis des Monatswerts multipliziert mit 48 zu berechnen ist. Die Richtlinie regelt den Auftragswert jedoch nur für solche Dienstleistungsaufträge, für die ein Gesamtpreis nicht angegeben wird. **Kann dagegen ein Gesamtpreis angegeben werden, ist auf die gesamte Vertragszeit, auch wenn sie länger als 48 Monate ist, abzustellen** (OLG Brandenburg, B. v. 8. 4. 2010 – Az.: Verg W 2/10).

40.4.6.2.1.3.9 Berechnung des Streitwerts unter Einbeziehung von Optionen? 5298
40.4.6.2.1.3.9.1 Begriff der Option. Vgl. im Einzelnen die Kommentierung zu → § 3 VgV Rdn. 48 ff.

40.4.6.2.1.3.9.2 Berechnung. Die **Rechtsprechung** hierzu ist **nicht einheitlich**. 5299

Nach einer Auffassung ist die Auftragssumme nach § 12 a Abs. 2 GKG aus dem Vertragswert 5300 für die gesamte Vertragslaufzeit unter Einbeziehung der Optionsrechte zu ermitteln. Die **Einbeziehung der Optionsrechte** ergibt sich daraus, dass der Gesetzgeber für die Streitwertberechnung im Rahmen des § 12 a Abs. 2 GKG auf den allgemeinen Grundsatz des wirtschaftlichen Interesses an einer Entscheidung abzielte. Dieses wirtschaftliche Interesse der Antragstellerin liegt darin, den Auftrag für den Zeitraum einschließlich der vom optional angebotenen Vertragslaufzeit zu erhalten (KG Berlin, B. v. 2. 12. 2009 – Az.: 2 Verg 8/09; OLG Brandenburg, B. v. 9. 2. 2010 – Az.: Verg W 10/09; OLG Frankfurt, B. v. 24. 2. 2009 – Az.: 11 Verg 19/08; OLG München, B. v. 22. 3. 2010 – Az.: Verg 20/09; B. v. 13. 8. 2008 – Az.: Verg 8/08; B. v. 29. 11. 2007 – Az.: Verg 13/07; B. v. 4. 9. 2007 – Az.: Verg 08/07; B. v. 13. 8. 2007 – Az.: Verg 09/07; B. v. 14. 9. 2005 – Az.: Verg 015/05; BayObLG, B. v. 23. 3. 2004 – Az.: Verg 22/03; B. v. 9. 10. 2003 – Az.: Verg 8/03; OLG Naumburg, B. v. 31. 3. 2010 – Az.: 1 Verg 7/10; B. v. 6. 4. 2005 – Az.: 1 Verg 2/05; 1. VK Sachsen, B. v. 6. 4. 2009 – Az.: 1/SVK/005–09).

Mit seinem Angebot räumt der Unternehmer dem Auftraggeber das bindende Recht ein, 5301 durch einseitige gestaltende Erklärung eine Verlängerung des Vertrags zustande zu bringen. In dem Angebot zum Ausdruck gebrachte Bereitschaft, die Vertragsleistung auch für den Optionszeitraum erbringen und durch die dafür gewährte Gegenleistung einen wirtschaftlichen Vorteil erzielen zu wollen, **rechtfertigt es, die Option in die Streitwertberechnung einzubeziehen. Die Frage, ob der Auftraggeber die Option schließlich ausüben wird, ist hingegen für die Bewertung des wirtschaftlichen Interesses des Auftragnehmers unerheblich.** Die Einbeziehung von Optionsrechten verlangt übrigens auch § 3 Abs. 6 VgV (OLG München, B. v. 22. 3. 2010 – Az.: Verg 20/09; B. v. 13. 8. 2008 – Az.: Verg 8/08; B. v. 29. 11. 2007 – Az.: Verg 13/07; B. v. 4. 9. 2007 – Az.: Verg 08/07; B. v. 13. 8. 2007 – Az.: Verg 09/07; BayObLG, B. v. 23. 3. 2004 – Az.: Verg 22/03; B. v. 21. 11. 2003 – Az.: Verg 18/03, B. v. 21. 11. 2003 – Az.: Verg 19/03; 1. VK Sachsen-Anhalt, B. v. 25. 2. 2008 – Az: 1 VK LVwA 24/07 K).

Die **gleichen Überlegungen gelten für andere Möglichkeiten einer Vertragsverlängerung. Nur eine Verlängerungsmöglichkeit durch einseitige rechtsgeschäftliche Erklärung einer Vertragspartei führt bereits zum Zeitpunkt des Zuschlages zu einer Bindung der anderen Vertragspartei und damit zu einer streitwertrelevanten Bindung über einen längeren Vertragszeitraum.** Wird z. B. ein Vertrag fest für ein Jahr abgeschlossen und verlängert sich der Vertrag bis zu dreimal um ein weiteres Jahr, wenn nicht einer der Vertragsparteien den Vertrag fristgerecht vor Ende der jährlichen Vertragslaufzeit kündigt, bindet

Teil 1 GWB § 128 Gesetz gegen Wettbewerbsbeschränkungen

sich der Bieter demnach zum Zeitpunkt der Zuschlagserteilung bereits für einen vierjährigen Zeitraum, da er, wenn keine Kündigung ausgesprochen wird, seine Leistung weiter zu erbringen hat. **Auch wenn die Einräumung eines Kündigungsrechtes sich von der Einräumung einer Option dadurch unterscheidet, dass die Kündigung den an sich weiter laufenden Vertrag beendet, während die Option nach Ablauf des Vertragszeitraumes eine Verlängerung ermöglicht, sind Folgen und Interessenlagen in beiden Fällen gleich gelagert**: der Bieter verpflichtet sich bei Vertragsschluss grundsätzlich für eine Leistung über den gesamten möglichen Vertragszeitraum. Zudem sieht § 3 Abs. 6 VgV vor, dass der geschätzte Auftragswert die Vertragsverlängerungen mitumfasst. Die Verlängerungszeiträume sind somit in die Streitwertberechnung einzubeziehen (OLG München, B. v. 13. 8. 2008 – Az.: Verg 8/08; B. v. 29. 11. 2007 – Az.: Verg 13/07).

5303 Demgegenüber vertritt das OLG Düsseldorf die Meinung, dass ein **Optionszeitraum nicht hinzugerechnet werden kann**. Das Gegenteil kann auch nicht etwa aus § 1a Nr. 4 Abs. 4 VOL/A a. F. oder aus § 3 Abs. 6 VgV hergeleitet werden. Diese beiden Vorschriften sahen bzw. sehen (nur) für die Schwellenwertberechnung vor, dass der voraussichtliche Vertragswert dann, wenn der beabsichtigte Auftrag Optionsrechte enthält, auf Grund des größtmöglichen Auftragswertes unter Einbeziehung der Optionsrechte zu berechnen bzw. zu schätzen ist. Auch hier ist zu beachten, dass § 1a VOL/A a. F. seinerzeit sowie jetzt § 3 VgV nicht bezweckt(e), mit ihrer Hilfe den gebührenrechtlichen Gegenstandswert zu bestimmen, dass vielmehr **§ 12a Abs. 2 GKG insoweit eine autonome Regelung** darstellt. Geht man bei der Frage der Anwendung der Norm auf Optionsfälle vom Wortlaut des § 12a Abs. 2 GKG aus, so ist darauf hinzuweisen, dass in der Gegenwart, in der die Streitwertbemessung vorgenommen werden muss, ein „Auftrag" für die Optionszeit noch nicht sogleich „fest" vergeben werden sollte und auch noch nicht erteilt worden ist. Die Vertragsparteien haben gerade davon abgesehen, das schon fest zu vereinbaren. Folglich kann das während der etwaigen „Optionsverlängerungszeit" zu zahlende Entgelt schwerlich heute schon als Teil der „Auftrags"-Summe angesehen werden. Niemand weiß heute, ob eine der Vertragsparteien ihre Option auch ausüben wird (B. v. 3. 7. 2003 – Az.: Verg 22/00).

5304 Diese Auffassung vertritt das OLG Düsseldorf **auch für das neue Kostenrecht** (OLG Düsseldorf, B. v. 24. 10. 2005 – Az.: VII – Verg 30/05) bzw. differenziert: **auf eine Vertragsverlängerung gerichtete Aussichten sind nicht in die Streitwertberechnung einzubeziehen**. Lediglich **eine Verlängerung durch einseitige rechtsgeschäftliche Erklärung einer Vertragspartei, eine Option, ist streitwertrelevant** (OLG Düsseldorf, B. v. 17. 1. 2006 – Az.: VII – Verg 63/05).

5305 Ist der **Vertrag gekoppelt mit einem einseitigen Optionsrecht des Auftraggebers**, den Vertrag zweimal um 12 Monate zu verlängern, erscheint es **angesichts der bestehenden Anwartschaft grundsätzlich nicht angemessen**, im Rahmen der Ermittlung des Auftragsvolumens die **mögliche Laufzeit des Vertrages über weitere zwei Jahre gänzlich außer Betracht** zu lassen. Allerdings kann **nicht mit der notwendigen Sicherheit** davon ausgegangen werden, dass der **Vertrag auch über einen weiteren Zeitraum von zwei Jahren Bestand** haben würde, weshalb für den Bieter für diese zwei Jahre **keine gesicherte Gewinnerwartung** besteht. Insoweit erscheint die **Berücksichtigung der Hälfte des Optionszeitraums angemessen** (VK Schleswig-Holstein, B. v. 22. 4. 2008 – Az.: VK-SH 03/08).

5306 **40.4.6.2.1.3.10 Streitwert bei VOF-Leistungen.** Bei **VOF-Verfahren** bestimmt sich der Streitwert nach dem **geschätzten Auftragswert**, der von der Vergabestelle für die Planungskosten ermittelt worden ist (VK Arnsberg, B. v. 15. 7. 2003 – Az.: VK 3–16/2003; 1. VK Sachsen, B. v. 14. 4. 2008 – Az.: 1/SVK/013-08). Dabei sind **alle die Leistungen**, die im Inhalt der Vergabebedingungen vom öffentlichen Auftraggeber **vorbehaltlos ausgeschrieben** worden sind, einzubeziehen (OLG Düsseldorf, B. v. 27. 6. 2003 – Az.: Verg 62/02).

5307 Hat ein Bewerber noch kein Angebot mit einer Honorarforderung unterbreitet, ist als Auftragssumme damit der vom Auftraggeber geschätzte Auftragswert zugrunde zu legen. Hiernach ist **das nach der HOAI maßgebende Architektenhonorar** zu ermitteln, von dem bei der Streitwertbemessung auszugehen ist (OLG Düsseldorf, B. v. 17. 1. 2006 – Az.: VII – Verg 29/05).

5308 **40.4.6.2.1.3.11 (Fiktiver) Streitwert.** Der **Kostenwert** eines auf Primärrechtsschutz gerichteten **Nachprüfungsantrages** wird bei der gerichtlichen und anwaltlichen Gebührenberechnung pauschal und ohne Differenzierung des Gegenstands im Einzelnen **nach der Auftragssumme** ermittelt. Denselben (fiktiven) Kostenwert hat aber auch die Entscheidung der Vergabekammer, soweit sie über den gestellten Nachprüfungsantrag hinausgeht. Denn insoweit ist vom **Kostenwert eines fiktiven Nachprüfungsantrages** auszugehen, der auf die erkannte Entscheidung der Vergabekammer gerichtet ist; dieser Kostenwert wird ebenfalls auf der Grundlage der Auftragssumme ermittelt (OLG Naumburg, B. v. 23. 4. 2003 – Az.: 1 Verg 1/03).

40.4.6.2.1.3.12 Einbeziehung von beim Auftragnehmer durchlaufenden Posten. Die **Rechtsprechung** ist **nicht einheitlich**.

Nach einer Auffassung stellt der **Begriff der „Auftragssumme" in § 12a Abs. 2 GKG, wie der Begriff des „Auftragswertes" in § 100 Abs. 1 GWB, auf die Gesamtvergütung ab, mithin auf das Entgelt einschließlich aller „Durchlauf"-Posten**. Dies entspricht dem – für das Kostenrecht gewollten – Vereinfachungsprinzip ebenso wie der für die ordnungsgemäße Auftragswertschätzung in § 3 Abs. 1 VgV 2001 getroffenen Regelung. Zum gleichen Ergebnis führt auch die Berücksichtigung der **Rechtsprechung der Vergabesenate, soweit diese bei der Bestimmung der Auftragssumme Bruttopreise zugrunde** legen. Da Aufträge zu Bruttopreisen vergeben werden, muss der Bieter die Umsatzsteuer in sein Angebot aufnehmen, damit sie Vertragsinhalt wird und er durch die Einnahme dieses Betrages wiederum die durch seine Leistung entstehende Umsatzsteuerpflicht gegenüber dem Fiskus ausgleichen kann. **Genauso liegt es aber auch in Bezug auf die Infrastrukturkosten**: Der Bieter muss diese in sein Angebot aufnehmen, damit er sie als Vertragsbestandteil vom Auftraggeber vereinnahmen und alsdann an den Netzbetreiber weiterleiten kann. Dass der Bieter durch den Auftraggeber vom wirtschaftlichen Risiko der Infrastrukturkosten als durchlaufende Kosten befreit wird und er insoweit an diesen kein ureigenes wirtschaftliches Interesse hat, hindert jedoch nicht die Tatsache, dass es für die Realisierung des mit dem Ausgleichsbetrag einhergehenden wirtschaftlichen Interesses des Bieters unabdingbar ist, **dass auch die Infrastrukturkosten Bestandteil des Vertrages und damit der Auftragssumme i. S. v. § 12a Abs. 2 GKG werden** (VK Schleswig-Holstein, B. v. 15. 1. 2004 – Az.: VII VK1–611.511/21; VK-SH 21/03).

Nach einer anderen Ansicht reflektiert die Höhe einer zur Auftragsdurchführung gehörenden Anschubfinanzierung (von 46 Mio. €!) den Wert des Auftrages nicht (OLG Rostock, B. v. 29. 12. 2003 – Az.: 17 Verg 11/03).

Von der Streitwertberechnung auszunehmen sind auch die aus Rechtsgründen, nämlich **nach § 2 Abs. 3 oder § 14 Abs. 4 AEG anfallenden Infrastrukturentgelte**. Diese entstehen beim Betrieb des Schienenverkehrs und sind nicht „angebotsbedingt" (OLG Düsseldorf, B. v. 27. 9. 2006 – Az.: VII – Verg 36/06; OLG München, B. v. 12. 8. 2008 – Az.: Verg 6/08). Vgl. im Einzelnen → Rdn. 317.

40.4.6.2.1.3.13 Hinzurechnung von Verwertungserlösen. Erhält ein Antragsteller für eine ausgeschriebene Dienstleistung kein Entgelt vom Auftraggeber, sondern erzielt er einen Erlös aus der Verwertung, z. B. durch den Verkauf von Altpapier, der die entstandenen Kosten für das Einsammeln- und Befördern des Altpapieres mindestens deckt, in der Regel übersteigt, ist **aus vergaberechtlicher Sicht der Verkauf des Altpapiers das rechtliche Gewand, in dem sich der Auftraggeber die Leistungen des Einsammelns- und Beförderns des Altpapieres beschafft, und somit die ihr obliegende geordnete Abfall- resp. Altpapierentsorgung sicherstellt.** Dementsprechend ist die an den Auftraggeber zu zahlende Vergütung für das zur Verfügungstellen des „geldwerten" Altpapieres Mittel zur Beschaffung der Leistung „Altpapierentsorgung". Aus diesem Grund ist auch die Vergütungssumme an den Auftraggeber nicht vom Verwertungserlös für das Altpapier getrennt zu betrachten. Deshalb ist der **Verwertungserlös unter Abzug der an den Auftraggeber zu zahlenden Vergütung zu berücksichtigen** (VK Münster, B. v. 28. 8. 2007 – Az.: VK 14/07, VK 15/07; 1. VK Sachsen, B. v. 17. 11. 2006 – Az.: 1/SVK/128-04-K).

40.4.6.2.1.3.14 Streitwert bei Errichtung eines Bauwerks im Mietkaufmodell. Bildet Gegenstand des Auftrags die **Beschaffung eines geeigneten Geländes mit guter Verkehrsanbindung sowie die Finanzierung und Errichtung eines Schulgebäudes**, das der Auftraggeber nach Ablauf einer bestimmten Mietzeit entsprechend einer ihm eingeräumten Option zu Eigentum übernehmen kann, erscheint es gerechtfertigt, als **Bruttoauftragssumme die Mietkaufraten einschließlich des Restkaufpreises anzusetzen, weil die so errechnete Gesamtsumme bei wirtschaftlicher Betrachtung im Wesentlichen den nach Kostenrichtwert zu ermittelnden Baukosten für einen vergleichbaren Neubau zuzüglich Grundstückskosten entsprechen** wird. Als neutraler Durchlaufposten in Abzug zu bringen ist jedoch ein angemessener Refinanzierungszins, also der Betrag, den der Auftragnehmer seinerseits zur Vorfinanzierung seiner Leistung aufzubringen hat. Denn die Gegenleistung fließt ihm nicht bereits mit der Fertigstellung und Übergabe des Bauwerks, sondern erst erheblich zeitversetzt zu, was das wirtschaftliche Interesse des Auftragnehmers am Erhalt des Auftrags entsprechend herabsetzt. Dieser Zins bemisst sich mit 5% des Gesamtwerts; aus dem Restbetrag errechnet sich der Streitwert (BayObLG, B. v. 18. 11. 2004 – Az.: Verg 022/04).

5315   40.4.6.2.1.3.15 Streitwert bei verbundenen Nachprüfungsverfahren. Der **Streitgegenstand** bestimmt sich **zum einen aus dem dem Gericht zur Entscheidung gestellten Antrag, zum zweiten aus dem der Antragsbegründung** zugrunde liegenden **Sachverhalt** und **zum dritten aus den Personen, die nach der Antragstellung des Antragstellers aktiv- bzw. passivlegitimiert** sein sollen. Danach können in verbundenen Verfahren zwei unterschiedliche Streitgegenstände schon deshalb vorliegen, wenn auf der Aktivseite jeweils unterschiedliche Antragsteller vorhanden und die Anträge in den beiden Nachprüfungsverfahren nicht auf das gleiche Ziel gerichtet sind. **Hieran ändert sich auch durch die Verbindung von Verfahren nichts**, insbesondere dann, wenn die Vergabekammer gegenüber den Antragstellern eine jeweils eigenständige Entscheidung getroffen hat. In solchen Fällen **berechnet sich der Streitwert nach den zusammengerechneten Gegenstandswerten** (OLG Schleswig-Holstein, B. v. 5. 1. 2007 – Az.: 1 Verg 9/06).

5316   Anderer Auffassung ist anscheinend das OLG Naumburg. **Der Gegenstandswert eines Nachprüfungsverfahrens vervielfacht sich nicht durch das Hinzutreten weiterer Nachprüfungsanträge**, wenn sie z.B. dieselben Lose betreffen. Zwar geht es in dem verbundenen Verfahren um konkurrierende Angebote zweier Bieter, jedoch kann jeweils nur eines der Angebote den Zuschlag erhalten. Es kann daher auch nicht davon gesprochen werden, dass sich die wirtschaftliche Bedeutung des Verfahrens für die Vergabestelle verdoppelt, wenn zwei Nachprüfungsanträge vorliegen. **Deshalb kommt auch eine Addition der Streitwerte beider Angebote nicht in Betracht** (OLG Naumburg, B. v. 22. 2. 2007 – Az.: 1 Verg 15/06).

5317   40.4.6.2.1.3.16 Streitwert bei einer Baukonzession. Wesentliches Merkmal der öffentlichen Baukonzessionsverträge ist es, dass die „Gegenleistung" für die Arbeiten des Baukonzessionärs zur Gänze oder wenigstens zum Teil von Dritten stammt. Dabei handelt es sich im Regelfall nicht um eine direkte Vergütung für die Bauleistung, sondern um ein Entgelt für die Nutzung des Bauwerks, aus dem der Konzessionär die Aufwendungen für die Bauleistungen erwirtschaftet. Es **entspricht dem Ziel und System der dem Vergaberecht zugrunde liegenden europäischen Vorgaben, dass auch die von Dritten stammenden Beträge bei der Berechnung des Auftragswertes berücksichtigt werden**. Diese Argumentation muss **einheitlich für die Berechnung des Schwellenwertes und diejenige des Streitwertes in Beschwerdeverfahren** gelten. Allerdings ergeben sich im Falle der Vergabe einer Baukonzession wegen des Fehlens einer vom Auftraggeber in Geld entrichteten Vergütung und wegen der nicht unmittelbar für die Erstellung des Bauwerks von Dritten gezahlten Vergütung besondere Schwierigkeiten bei der Ermittlung des Beschwerdewertes. Bei einer Baukonzession erhält der Baukonzessionär vom Auftraggeber statt einer Vergütung das Recht zur Nutzung des von ihm errichteten Bauwerkes ggfs. zuzüglich der Zahlung eines Preises, § 98 Nr. 6 GWB. Das **Nutzungsrecht stellt damit die „Vergütung" des Konzessionärs dar**. Bei einem Nachprüfungsverfahren, das eine Baukonzession zum Gegenstand hat, bemisst sich der Beschwerdewert deshalb am Wert dieses Nutzungsrechts, der nur geschätzt werden kann. Bei der Schätzung kann **mangels anderweitiger Anhaltspunkte auf den Wert der vom Konzessionär zu erbringenden Bauleistungen** zurückgegriffen werden. Denn das wirtschaftliche Volumen der Bauleistungen ist das, was der Konzessionär mindestens von den Nutzern erwirtschaften muss, damit sich die Investition in Form von Bauleistungen rentiert. Dabei stellt allerdings der **Wert der Bauleistung nur die Untergrenze des Wertes des Nutzungsrechts dar**, weil ein wirtschaftlich denkender Konzessionär auch eine angemessene Gewinnmarge erzielen will. Da im Regelfall zur Bemessung der Gewinnmarge keine konkreten Anhaltspunkte vorgetragen werden, gilt es, auch diese Gewinnmarge zu schätzen. § 50 Abs. 2 GKG liegt der Gedanke zugrunde, dass ein Bieter in seinem Angebot einen angemessenen Gewinn einkalkuliert, der sein eigentliches Interesse am Auftrag ausmacht. Dieses Interesse hat der Gesetzgeber pauschalisiert mit 5% bemessen. Den **Wert einer Baukonzession bemisst der Senat deshalb am Wert der Bauleistung zuzüglich einer zu kalkulierenden Gewinnspanne von 5%**. Aus der Summe dieser Beträge ist gemäß § 50 Abs. 2 GKG der Beschwerdewert zu ermitteln (OLG Brandenburg, B. v. 27. 6. 2008 – Az.: Verg W 4/08).

5318   Nach Auffassung des OLG Düsseldorf ist **grundsätzlich auf den Verwertungserlös abzustellen**. Dabei ist jedoch **nur der Teil des Vertrages zu berücksichtigen, der sich auf die Bauleistungen bezieht**; der Grundstückskaufvertrag als solcher unterliegt nicht dem Vergaberecht, der Kaufpreis und der darauf bezügliche Erlös sind daher nicht zu berücksichtigen (OLG Düsseldorf, B. v. 21. 7. 2008 – Az.: VII-Verg 27/08).

Soweit es den **Grundstückskaufpreis** angeht, ist dieser **im Rahmen des Beschwerdewertes nicht zu berücksichtigen** (OLG Düsseldorf, B. v. 21. 7. 2008 – Az.: VII-Verg 27/08), genauso wenig wie Planungs-, Vermietungs- und weitere Kosten. Es existieren divergierende Entscheidungen zu der Frage, inwieweit bei Baukonzessionen in Form von Grundstückskaufverträgen mit Bauverpflichtungen der Kaufpreis für das Grundstück bei der Bemessung des Beschwerdewertes zu berücksichtigen ist. Das OLG Düsseldorf hat in einem Verfahren den Streitwert am Wert der allein vergabepflichtigen Bauleistung bemessen und weitere mit den Verträgen verbundene, nicht vergabepflichtige Elemente bei der Streitwertbemessung nicht berücksichtigt, insbesondere nicht den Grundstückskaufpreis. In seiner Entscheidung VII –Verg 37/07 hat es dagegen bei der Streitwertfestsetzung von Planungs- und Erstellungskosten Erstehungskosten abgesetzt. Das OLG Karlsruhe hat in einem vergleichbaren Fall (Beschluss vom 13. 6. 2008, 15 Verg 3/08) die Kosten für den Grundstückserwerb mit einbezogen. Das **OLG Brandenburg** hält es für sachgerecht, den **Streitwert des Nachprüfungsverfahrens allein nach dem Wert des vergabepflichtigen Vorgangs** zu bemessen (OLG Brandenburg, B. v. 27. 6. 2008 – Az.: Verg W 4/08). 5319

Für den **Fall einer Konzession für die Konzeption und den Betrieb eines Mobilitäts-Erlebniszentrums** treten an die Stelle der Vergütung die Eintrittsgelder, die der Konzessionär unmittelbar erhebt. Hinzuzurechnen ist die unmittelbar von dem Auftraggeber zu zahlende Vergütung für die Planungsleistungen. Hinzuzurechnen sind die weiteren Einnahmen, welche der Konzessionär aus seinen Aktivitäten von Dritten erzielt und die ebenfalls an die Stelle der Vergütung treten. Abzuziehen sind die Pachtzinszahlungen, die die erhaltene „Vergütung" aus den Eintrittsgeldern schmälert (VK Baden-Württemberg, B. v. 28. 1. 2009 – Az.: 1 VK 58/08). 5320

Vgl. zur **gleich gelagerten Problematik im Rahmen der Ermittlung des Schwellenwerts** die Kommentierung zu → § 3 VgV Rdn. 104 ff. 5321

40.4.6.2.1.3.17 Streitwert bei einer Dienstleistungskonzession. Bei einer **Dienstleistungskonzession erfolgt ähnlich wie bei der Baukonzession** keine unmittelbare Vergütung durch den Auftraggeber, weil der Auftragnehmer als Gegenleistung das Recht zur Verwertung der Dienstleistung erhält. Für die Ermittlung des Auftragswerts ist daher **auf diejenigen Erlöse abzustellen, die der Auftragnehmer – nach dem Inhalt seines Angebots – aus der Verwertung seiner Leistung voraussichtlich während der Vertragsdauer erzielen wird** (Thüringer OLG, B. v. 5. 3. 2010 – Az.: 9 Verg 2/08). 5322

40.4.6.2.1.3.18 Streitwert bei Durchführung des Schienenverkehrs. Bei der Durchführung des Schienenverkehrs sind bei der Berechnung des Streitwerts zunächst die **Zuschüsse, welche der Auftraggeber für die auftretenden Defizite an die Betreiber des Schienenverkehrs leistet, zu berücksichtigen.** Außerdem ist das Recht, Fahrgelder einzunehmen, zu berücksichtigen. Diese Posten sind letztlich der Preis, den der Auftraggeber für die Durchführung des Schienenverkehrs zu zahlen hat. Dass die Fahrgeldeinnahmen von dritten Personen, nämlich den Zugreisenden stammen, steht dem nicht entgegen. Der Auftraggeber hätte an sich die Aufgabe, den Schienenverkehr selbst durchzuführen; dann würde er auch die Fahrgelder einnehmen. Mit der Übertragung der Aufgabe Schienenverkehr überträgt der Auftraggeber auch die Nutzungsmöglichkeit in Form der Fahrgeldeinnahmen (ähnlich wie bei einer Konzession). Die **Fahrgeldeinnahmen sind daher bei der Streitwertberechung zu berücksichtigen. Sie sind echte Gegenleistungen für die Durchführung des Schienenverkehrs** (OLG München, B. v. 12. 8. 2008 – Az.: Verg 6/08). 5323

Eine **Berücksichtigung der Infrastrukturentgelte bei der Streitwertberechnung scheidet demgegenüber aus**, weil diese **keine Gegenleistung für die Durchführung des Schienenverkehrs** darstellen. Die Infrastrukturentgelte muss der Auftragnehmer an die Netzbetreiber abführen, er bekommt diese jedoch von dem Auftraggeber erstattet. Die Erstattungsbeträge sind damit **kostenneutrale durchlaufende Posten, die sich in der Kalkulation des Bieters nicht auswirken und nicht in seinem Vermögen verbleiben sollen**. Eine Gegenleistung des Auftraggebers für die Leistung des Auftragnehmers sind sie nicht, sondern die Gegenleistung des Auftraggebers an die Netzbetreiber für die Überlassung der vorhandenen Infrastruktur; der Bieter reicht diese Entgelte sozusagen nur im Auftrag des Auftraggebers an die Dritten weiter. Insofern unterscheiden sich die Infrastrukturentgelte auch von anderen durchlaufenden Posten wie der Umsatzsteuer (OLG München, B. v. 12. 8. 2008 – Az.: Verg 6/08). 5324

40.4.6.2.1.3.19 Streitwert bei Verfahren vor dem Landessozialgericht und Bundessozialgericht. Die Festsetzung des Streitwerts bei **Verfahren vor dem Landessozialgericht und Bundessozialgericht** beruht auf den §§ 50 Abs. 2, 52 Abs. 4 Gerichtskostengesetz (GKG). Danach **darf in Verfahren vor den Sozialgerichten der Streitwert nicht über** 5325

2,5 Mio. Euro angenommen werden. Diese Obergrenze ist zu beachten, obwohl der Streitwert nach § 50 Abs. 2 GKG nur 5 Prozent der Bruttoauftragssumme beträgt, wenn der Bruttoauftragswert für die Ausschreibung den Wert von 50 Mio. Euro übersteigt (LSG Baden-Württemberg, B. v. 23. 1. 2009 – Az.: L 11 WB 5971/08 – instruktives Beispiel).

5326   **40.4.6.2.1.3.20 Streitwert bei einer Antragsänderung im Nachprüfungsverfahren, gerichtet auf Feststellung einer Rechtsverletzung.** Ändert der Antragsteller während des Beschwerdeverfahrens seinen Antrag dahin, festzustellen, dass er in seinen Rechten auf Einhaltung des Vergaberechts verletzt sei, hat das **keinen Einfluss auf den Streitwert.** § 50 Abs. 2 GKG stellt ebenso wie die Vorgängervorschrift des § 12a Abs. 2 GKG allgemein auf Beschwerdeverfahren gegen Entscheidungen der Vergabekammern ab (Thüringer OLG, B. v. 5. 3. 2010 – Az.: 9 Verg 2/08).

5327   **40.4.6.2.1.3.21 Streitwert bei einem Verfahren der Verlängerung der aufschiebenden Wirkung.** Der **Streitwert für das Beschwerdeverfahren und das Verfahren der Verlängerung der aufschiebenden Wirkung ist einheitlich festzusetzen.** Insbesondere konnte der Streitwert des Verfahrens der Verlängerung der aufschiebenden Wirkung nicht mit einem Bruchteil der Hauptsache gewertet werden. Dem steht der ausdrückliche Wortlaut des § 50 Abs. 2 GKG entgegen, wonach im Verfahren über die Beschwerde gegen die Entscheidung der Vergabekammer einschließlich des Verfahrens über den Antrag nach § 118 Abs. 1 Satz 3 GWB der Streitwert 5% der Bruttoauftragssumme beträgt (OLG Brandenburg, B. v. 8. 4. 2010 – Az.: Verg W 2/10; OLG München, B. v. 9. 9. 2010 – Az.: Verg 16/10).

5328   **40.4.6.2.1.3.22 Streitwert bei Vergabeverfahren unterhalb der Schwellenwerte.** Nach § 3 ZPO i.V.m. §§ 47, 48 Abs. 1 Satz 1 GKG ist der Streitwert nach freiem Ermessen nach dem Interesse des Rechtsmittelführers am Erlass der begehrten Entscheidung festzusetzen, wobei Anhaltspunkt für die Wertfestsetzung die von dem Antragsteller getätigte Wertangabe sein kann. Zwar ist zutreffend, dass die **Regelung des § 50 Abs. 2 GKG in Vergabeverfahren unterhalb der Schwellenwerte nicht unmittelbar anwendbar** ist, weil es sich vorliegend nicht um ein Vergabenachprüfungsverfahren nach §§ 116 ff. GWB handelt. Dies **schließt jedoch nicht aus, bei der Bemessung des Gegenstandswertes im Rahmen der Ausübung des zustehenden Ermessens auf den Grundgedanken dieser Regelung zurückzugreifen** (OLG Brandenburg, B. v. 4. 12. 2008 – Az.: 12 U 91/08).

5329   **40.4.6.2.1.3.23 Weitere Beispiele aus der Rechtsprechung**

– auch wenn ein **Antragsteller lediglich die Feststellung einer Rechtsverletzung beantragt**, und die **Verpflichtung, die Verhandlung mit ihm fortzuführen, begehrt**, so ist das dahinter stehende wirtschaftliche Interesse des Antragstellers letztlich ebenfalls **auf das Ziel gerichtet, im Verhandlungsverfahren zum Zuge zu kommen oder zumindest einen Schadensersatzanspruch in entsprechender Höhe vorzubereiten** (OLG Naumburg, B. v. 3. 4. 2007 – Az.: 1 Verg 2/07)

– besteht die vorgesehene **Leistung in der Planung, der Sanierung, der Finanzierung und dem Betrieb eines Freizeitbades** und beinhaltet der vorgesehene Vertrag unter anderem Komponenten einer Dienstleistungskonzession und eines Bauvertrages wird es bei einer solchen Fallgestaltung, bei der sich der Auftragnehmer nicht nur aus der vom Auftraggeber zu zahlenden Vergütung, also dem Zuschuss finanziert, sondern auch aus den von den Badbesuchern zu zahlenden Entgelten, der Sache nicht gerecht, ausschließlich den Zuschuss des Auftraggebers bei der Ermittlung der Auftragssumme heranzuziehen. **Maßgebend ist der gesamte Erlös, den der Antragsteller aufgrund der Durchführung des Auftrags erhält.** Dementsprechend ist die Bruttoauftragssumme im Sinne des § 50 Abs. 2 GKG **unter Zugrundelegung des von dem Antragsteller veranschlagten Umsatzes an Besucherentgelten und des von dem Auftraggeber hierzu noch zu zahlenden Zuschusses zu ermitteln** (VK Baden-Württemberg, B. v. 27. 3. 2007 – Az.: 1 VK 78/06)

– für die Gebühren der Vergabekammer ist daher anerkannt, dass die wirtschaftliche Bedeutung des Nachprüfungsgegenstandes den in erster Linie maßgebenden Anknüpfungspunkt für die Gebührenbemessung darstellt. Hierfür erscheint in Fällen wie diesem die **Anknüpfung an den Gesamtwert aller Lose sachgerecht**, da es der wirtschaftlichen Bedeutung nicht gerecht würde, lediglich ein Los in den Blick zu nehmen. **Gegenstand des Nachprüfungsverfahrens ist vielmehr der Ausschreibungsgegenstand in Gänze** (VK Schleswig-Holstein, B. v. 13. 7. 2006 – Az.: VK-SH 15/06)

– hat der Auftraggeber zwar einen Zeitraum von zwei Jahren als Vertragslaufzeit angegeben, gleichzeitig aber die Beendigung des Vertragsverhältnisses unter die Bedingung gestellt, dass

Gesetz gegen Wettbewerbsbeschränkungen GWB § 128 **Teil 1**

eine Vertragspartei die Kündigung erklärt, bedeutet dies, dass die Vertragslaufzeit grundsätzlich unbefristet ausgeschrieben wurde, wenn auch mit einer Möglichkeit zur Kündigung für beide Vertragspartner. Dennoch ist das Vertragsende nicht absehbar. Bei **einem solchen Vertragsverhältnis berechnet sich der Auftragswert aus einer monatlichen Zahlung multipliziert mit 48** (VK Düsseldorf, B. v. 5. 1. 2006 – Az.: VK – 52/2005 – L)

– bei einer **Ausschreibung über die Veräußerung eines prozentualen Anteils an einer Gesellschaft verbunden mit einem öffentlichen Auftrag ist für den Gegenstandswert auch nur der prozentuale Anteil an dem öffentlichen Auftrag zugrunde zu legen** (OLG Düsseldorf, B. v. 24. 10. 2005 – Az.: VII – Verg 30/05)

– bei einem Verstoß gegen das Nachverhandlungsverbot ist entscheidend die Höhe des ohne den Verstoß unterbreiteten Angebots (VK Münster, B. v. 5. 10. 2001 – Az.: VK 20/01)

– zum **Streitwert in einem Vollstreckungsverfahren** vgl. OLG Düsseldorf, B. v. 27. 10. 2003 – Az.: Verg 23/3

40.4.6.2.1.4 Streitwert für den Beigeordneten. Ist ein **Beigeordneter Kostengläubiger, ist dessen Angebotssumme bei der Bestimmung des Gegenstandswertes heranzuziehen**. Denn nach RVG sind die Gebühren grundsätzlich nach dem Wert zu berechnen, den der Gegenstand der anwaltlichen Tätigkeit hat. Gegenstand der anwaltlichen Tätigkeit ist, solange kein gerichtliches Verfahren vorliegt, das Angebot derjenigen Person, die vom Rechtsanwalt vertreten wird. Angebotssummen anderer Unternehmen, die sich um denselben Auftrag bemühen, zu denen aber zunächst keine Rechtsbeziehung besteht, sind von der Tätigkeit des Rechtsanwaltes nicht erfasst und somit auch nicht Gegenstand der anwaltlichen Tätigkeit. Bei der **Auslegung des Begriffes „Auftragssumme" ist ebenfalls zu berücksichtigen**, dass es in einem Vergabenachprüfungsverfahren um den Rechtsschutz für die subjektiven unternehmerischen Interessen der Bieter geht und dass deren durch etwaige Vergaberechtsfehler potentiell geschädigte Interessen angemessen zu bewerten sind. Das **Interesse der Bieter wird dabei durch die von ihnen abgegebenen Angebote definiert**. Für einen im Nachprüfungsverfahren beigeladenen Bieter geht es regelmäßig darum, sein Angebot gegen das Begehren eines Antragstellers zu verteidigen, da eine abgeänderte Vergabeentscheidung zugunsten des Antragstellers – zumindest nach der subjektiven Vorstellung eines Beigeladenen – wiederum durch etwaige dann vorliegende Verstöße gegen das Vergaberecht die Interessen des Beigeordneten schädigen würde (VK Schleswig-Holstein, B. v. 14. 1. 2004 – Az.: VII VK1–611.511–2003; VK-SH 21/03). 5330

Die Auffassung, dass die **Festsetzung zweier Streitwerte für ein und dasselbe Verfahren** auch den im GKG niedergelegten allgemeinen Maßstäben zur Bestimmung des Streitwertes widerspreche und dass der Streitwert grundsätzlich nach der sich aus dem Antrag des Klägers/Antragstellers für ihn ergebenden Bedeutung der Sache zu bestimmen sei, geht fehl. Zu beachten ist nämlich, dass es sich bei den **Nachprüfungsverfahren vor der Vergabekammer nicht um ein gerichtliches Verfahren** handelt; § 12a Abs. 2 GKG wird insoweit nur analog angewandt (VK Schleswig-Holstein, B. v. 14. 1. 2004 – Az.: VII VK1–611.511–2003; VK-SH 21/03). 5331

40.4.6.2.1.5 Unkenntnis eines Beteiligten mit einem Kostenerstattungsanspruch über den Gegenstandswert. Ist einem **Verfahrensbeteiligten**, der Anspruch auf Kostenerstattung gegen einen Antragsteller hat, der **Gegenstandswert nicht bekannt** (z. B. einem Beigeladenen), so **darf er diesen Wert** im Rahmen seines Kostenfestsetzungsantrages **schätzen**. Es obliegt dem Antragsteller, einen etwaigen niedrigeren Wert darzulegen (OLG Naumburg, B. v. 1. 10. 2009 – Az.: 1 Verg 6/09). 5332

40.4.6.2.2 Höhe der Rechtsanwaltsgebühr (§ 2 Abs. 2 RVG). 40.4.6.2.2.1 Allgemeines. Wird der Rechtsanwalt im Vergabenachprüfungsverfahren nach den §§ 97 ff. GWB tätig, so richtet sich seine Vergütung in Ermangelung eines konkreten Gebührentatbestands nach Teil 2 Abschnitt 3 des Vergütungsverzeichnisses (VV) zu § 2 Abs. 2 RVG. Denn **es handelt sich um eine außergerichtliche Tätigkeit** (BGH, B. v. 29. 9. 2009 – Az.: X ZB 1/09; B. v. 23. 9. 2008 – Az.: X ZB 19/07; OLG Frankfurt, B. v. 23. 3. 2010 – Az.: 11 Verg 9/09; B. v. 15. 10. 2009 – Az.: 11 Verg 3/09; B. v. 13. 7. 2009 – Az.: 11 Verg 1/09; OLG München, B. v. 27. 8. 2009 – Az.: Verg 04/09; B. v. 16. 11. 2006 – Az.: Verg 14/06; B. v. 13. 11. 2006 – Az.: Verg 13/06; B. v. 11. 1. 2006 – Az.: Verg 21/05; B. v. 23. 1. 2006 – Az.: Verg 22/05; BayObLG, B. v. 16. 2. 2005 – Az.: Verg 028/04; Saarländisches OLG, B. v. 15. 5. 2009 – Az.: 1 Verg 1/09). 5333

Zwar ist in der Überschrift des Teils 2, zu dem der betreffende Abschnitt des Vergütungsverzeichnisses gehört, nur von „Außergerichtlichen Tätigkeiten einschließlich der Vertretung in Verwaltungsverfahren" die Rede; **mit Blick darauf, dass die Vergabekammern der Innenver-** 5334 waltung der Länder eingegliedert sind, kann jedoch das dort im ersten Rechtszug angesiedelte vergaberechtliche Primärrechtsschutzverfahren nur als ein Verwaltungsverfahren besonderer Art eingestuft werden. Der in Nr. 2300 VV geregelte Vergütungstatbestand ist daher anwendbar (OLG München, B. v. 27. 8. 2009 – Az.: Verg 04/09; OLG Naumburg, B. v. 23. 12. 2008 – Az.: 1 Verg 11/08; OLG Thüringen, B. v. 2. 2. 2005 – Az.: 9 Verg 6/04).

5335   **40.4.6.2.2.2 Rahmengebühr.** Die Gebühr nach Nr. 2300 VV RVG ist eine Rahmengebühr im Sinn von § 14 RVG; sie reicht von 0,5 bis 2,5.

5336   **40.4.6.2.2.3 Bestimmung der Rahmengebühr durch den Rechtsanwalt nach billigem Ermessen.** Bei **Rahmengebühren** bestimmt der **Rechtsanwalt** im Einzelfall die **Gebühr unter Berücksichtigung aller Umstände**, vor allem des Umfangs und der Schwierigkeit der anwaltlichen Tätigkeit, der Bedeutung der Angelegenheit sowie der Einkommens- und Vermögensverhältnisse des Auftraggebers nach billigem Ermessen (§ 14 Abs. 1 Satz 1 RVG).

5337   Der beantragende Rechtsanwalt muss Gelegenheit erhalten, dieses **sein Ermessen** nach § 14 RVG auch auszuüben (OLG Naumburg, B. v. 23. 12. 2008 – Az.: 1 Verg 11/08).

5338   Steht dem Verfahrensbevollmächtigten ein **Ermessen** zu, erfolgt die Bestimmung durch **Erklärung gegenüber dem anderen Teil**, § 315 Abs. 2 BGB. „Anderer Teil" im Sinne dieser Vorschrift ist nicht die Vergabekammer, sondern der Mandant des Verfahrensbevollmächtigten (OLG Düsseldorf, B. v. 12. 3. 2008 – Az.: VII-Verg 8/08).

5339   Hat der Verfahrensbevollmächtigte eines Antragstellers sein **Bestimmungsermessen mit dem Kostenfestsetzungsantrag ausgeübt,** ist er hieran auch selbst gebunden. Eine nachträgliche – hilfsweise – Neuausübung **ist grundsätzlich nicht zulässig** (OLG Naumburg, B. v. 22. 10. 2009 – Az.: 1 Verg 8/09).

5340   **40.4.6.2.2.4 Unbillige Bestimmung der Rahmengebühr durch den Rechtsanwalt. 40.4.6.2.2.4.1 Allgemeines.** Allerdings ist die **Bestimmung durch den Anwalt gegenüber einem erstattungspflichtigen Dritten nicht verbindlich, wenn sie unbillig ist.** An die Stelle der unverbindlichen Gebührenberechnung tritt daher eine **gerichtliche Bestimmung des angemessenen Gebührenansatzes** (OLG Naumburg, B. v. 29. 8. 2008 – Az.: 1 Verg 1/08). **Ermessensfehler** liegen wiederum dann vor, wenn der **Gebührenbestimmung unzutreffende Tatsachen zugrunde gelegt** worden sind, oder sie **nach den Umständen nicht mehr vertretbar erscheint,** insbesondere dann, wenn das Maß des Angemessenen deutlich überschritten worden ist (OLG München, B. v. 22. 3. 2010 – Az.: Verg 20/09; 1. VK Sachsen, B. v. 17. 11. 2006 – Az.: 1/SVK/128-04-K).

5341   In der Praxis hat sich die Faustregel herausgebildet, dass ein **anwaltlicher Ansatz, der sich um nicht mehr als 20% von der Vorstellung des Gerichts unterscheidet, noch nicht als unbillig anzusehen** ist (OLG München, B. v. 22. 3. 2010 – Az.: Verg 20/09; B. v. 27. 8. 2009 – Az.: Verg 04/09; OLG Naumburg, B. v. 23. 12. 2008 – Az.: 1 Verg 11/08; B. v. 29. 8. 2008 – Az.: 1 Verg 1/08; B. v. 22. 2. 2007 – Az.: 1 Verg 15/06; 1. VK Hessen, B. v. 15. 1. 2007 – Az.: 69 d VK 33/2006; 1. VK Sachsen-Anhalt, B. v. 25. 2. 2008 – Az: 1 VK LVwA 24/07 K). Wird eine solche **Toleranzgrenze überschritten**, so ist die **anwaltliche Bestimmung unbillig und damit völlig unverbindlich. Das Gericht setzt die Gebühr** nicht herab, sondern **vollständig neu fest,** wobei es **seinen eigenen Maßstab anlegen darf** und nicht etwa gezwungen ist, den höchsten gerade noch nicht unbilligen Betrag anzunehmen (OLG Naumburg, B. v. 29. 8. 2008 – Az.: 1 Verg 1/08; VK Saarland, B. v. 11. 5. 2006 – Az.: 1 VK 06/2005).

5342   **40.4.6.2.2.4.2 Darlegungs- und Beweislast.** Im Rahmen des § 14 Abs. 1 Satz 4 RVG liegt – anders als im Rechtsstreit zwischen dem Rechtsanwalt und dessen Auftraggeber (vgl. § 315 Abs. 3 S. 1 BGB) – die **Beweislast** für die **Unbilligkeit der vom Rechtsanwalt bestimmten Gebühr auf Seiten des Dritten bzw. der Kostenfestsetzungsbehörde.** Damit ist aber **keine Aussage über die Darlegungslast** getroffen. Diese liegt zwangsläufig **bei demjenigen, der Ermessen** nicht nur ausüben kann, sondern – sofern er sich auf dieses Recht beruft – **auch ausüben muss** (1. VK Hessen, B. v. 15. 1. 2007 – Az.: 69 d VK 33/2006).

5343   **40.4.6.2.2.5 Berücksichtigungsfähige Überlegungen für die Ausübung des Ermessens. 40.4.6.2.2.5.1 Regelgebühr und Kappungsgrenze von 1,3.** Die Geschäftsgebühr nach Nr. 2300 VV sieht einen Gebührensatz von 0,5 bis 2,5 vor mit dem Zusatz: „Eine Gebühr von mehr als 1,3 kann nur gefordert werden, wenn die Tätigkeit umfangreich oder schwierig war." Damit ist gemeint, dass Umfang oder Schwierigkeit der Sache über dem Durchschnitt liegen (vgl. die Begründung des Regierungsentwurfes, BTDrs. 15/1971, S. 207 linke Sp.2. Absatz). Die **Anmerkung zur Geschäftsgebühr nach Nr. 2300 VV ist dahin auszulegen,** dass sie eine Kappungsgrenze enthält. Nicht zu folgen ist dagegen der Auffassung, dass die Vorschrift zwei Gebührenrahmen in dem Sinne enthält, dass bei umfangreichen oder schwierigen Sachen ein Gebührenrahmen zwischen 1,3 und 2,5 (Mittelgebühr 1,9) und bei nicht umfangreichen oder schwierigen Sachen ein Gebührenrahmen zwischen 0,5 und 1,3 (Mittelgebühr 0,9) gilt (OLG Düsseldorf, B. v. 22. 7. 2005 – Az.: VII – Verg 83/04).

Anderer Auffassung ist insoweit die 1. VK Hessen. **Ausgangspunkt bei der Bemessung der im Einzelfall angemessenen Gebühr ist eine Mittelgebühr von 1,9**. Grundsätzlich beträgt die Mittelgebühr bei Nr. 2300 VV- RVG ((0,5 + 2,5)/2 =) zwar 1,5. Die Kammer geht jedoch davon aus, dass die Tätigkeit des Rechtsanwaltes im Nachprüfungsverfahren in einer großen Mehrzahl von Fällen umfangreich oder schwierig ist, so dass gemäß der Anmerkung zu Nr. 2300 VV-RVG regelmäßig eine Gebühr von mehr als 1,3 gerechtfertigt ist. Daraus **ergibt sich eine maßgebliche Mittelgebühr von ((1,3 + 2,5)/2 =) 1,9**. Der in zahlreichen Entscheidungen angenommene Ausgangspunkt von 2,0 mag einprägsamer und „ästhetischer" („eine runde Sache") sein, lässt sich nach Auffassung der Kammer rational aber nicht begründen (1. VK Hessen, B. v. 15. 1. 2007 – Az.: 69 d VK 33/2006). 5344

40.4.6.2.2.6 Höhere Gebühr als die Regelgebühr. Eine höhere Gebühr als die Regelgebühr in Höhe von 1,3 kann nur dann gefordert werden, wenn die Tätigkeit des Verfahrensbevollmächtigten umfangreich und schwierig ist (vgl. Nr. 2300 VV), d.h. der Umfang oder der Schwierigkeitsgrad muss über dem Durchschnitt liegen (vgl. Begründung zum Entwurf des RVG, BT-Drucksache 15/1972´1, S. 207). Ist die Gebühr von einem Dritten zu ersetzen, so ist die vom Rechtsanwalt getroffene Bestimmung nur dann nicht verbindlich, wenn sie unbillig ist (§ 14 Abs. 1 S. 4 RVG). Angesichts des einem Rechtsanwalt somit eingeräumten Spielraums ist Unbilligkeit anzunehmen, wenn die Gebührenbestimmung ermessensfehlerhaft vorgenommen worden ist. Ermessensfehler liegen wiederum dann vor, wenn der Gebührenbestimmung unzutreffende Tatsachen zugrunde gelegt worden sind oder sie nach den Umständen nicht mehr vertretbar erscheint, insbesondere dann, wenn das Maß des Angemessenen **deutlich überschritten** worden ist (OLG Düsseldorf, B. v. 22. 7. 2005 – Az.: VII – Verg 83/04; OLG München, B. v. 22. 3. 2010 – Az.: Verg 20/09; VK Münster, B. v. 5. 4. 2005 – Az.: VK 34/04; 1. VK Sachsen-Anhalt, B. v. 5. 4. 2005 – Az.: 1 VK LVwA 58/04; VK Thüringen, B. v. 22. 2. 2005 – Az.: 360–4005.20-007/05-EF-S). 5345

Für **Vergabesachen spielt die Kappungsgrenze (1,3) im Allgemeinen keine Rolle**. Denn in der **großen Mehrzahl der Fälle sind Vergabenachprüfungsverfahren umfangreich oder schwierig, oftmals auch beides** (OLG Düsseldorf, B. v. 23. 11. 2005 – Az.: VII – Verg 25/05; OLG Frankfurt, B. v. 23. 3. 2010 – Az.: 11 Verg 9/09; OLG München, B. v. 22. 3. 2010 – Az.: Verg 20/09; B. v. 27. 8. 2009 – Az.: Verg 04/09; B. v. 11. 1. 2006 – Az.: Verg 21/05; B. v. 23. 1. 2006 – Az.: Verg 22/05; BayObLG, B. v. 16. 2. 2005 – Az.: Verg 028/04; OLG Naumburg, B. v. 22. 10. 2009 – Az.: 1 Verg 8/09; B. v. 23. 12. 2008 – Az.: 1 Verg 11/08; B. v. 22. 2. 2007 – Az.: 1 Verg 15/06; B. v. 15. 6. 2006 – Az.: 1 Verg 5/06; OLG Saarland, B. v. 17. 8. 2006 – Az.: 1 Verg 2/06; OLG Schleswig-Holstein, B. v. 12. 1. 2007 – Az.: 1 Verg 14/05; B. v. 5. 1. 2007 – Az.: 1 Verg 12/06; 1. VK Sachsen-Anhalt, B. v. 25. 2. 2008 – Az: 1 VK LVwA 24/07 K; B. v. 3. 5. 2007 – Az.: 1 VK LVwA 11/06-K; VK Thüringen, B. v. 29. 9. 2008 – Az.: 250-4005.20–3019/2008-026-GRZ; differenzierend OLG Thüringen, B. v. 2. 2. 2005 – Az.: 9 Verg 6/04). 5346

40.4.6.2.2.7 Regelgebühr von 2,0. Das **Vergaberecht ist eine von Haus aus unübersichtliche und schwierige Rechtsmaterie**. Ungeachtet einer Beiladung anderer Bieter oder Bewerber durch die Vergabekammer sind in einem Nachprüfungsverfahren von Beginn an die Interessen der Mitbewerber und deren Angebote betroffen und ist deren sowie tatsächliche und rechtliche Argumentation von den Verfahrensbeteiligten zu berücksichtigen. Besondere Schwierigkeiten treten bei der Klärung des Sachverhalts auf, weil ein Geheimwettbewerb stattfindet und fremde Geschäftsgeheimnisse gewahrt werden müssen. Dennoch ist in der Regel umfangreich und umfassend (vgl. § 113 Abs. 2 GWB) sowie stets unter einem erheblichen Zeitdruck vorzutragen. Im **Regelfall erscheint es daher im Sinne von § 14 Abs. 1 RVG nicht unbillig, wenn der Rechtsanwalt für seine Tätigkeit im Verfahren vor der Vergabekammer mit mündlicher Verhandlung eine 2,0-fache Geschäftsgebühr ansetzt** (OLG Düsseldorf, B. v. 12. 3. 2008 – Az.: VII – Verg 8/08; B. v. 8. 2. 2006 – Az.: VII – Verg 85/05; B. v. 23. 11. 2005 – Az.: VII – Verg 25/05; B. v. 4. 11. 2005 – Az.: VII – Verg 9/05; B. v. 4. 11. 2005 – Az.: VII – Verg 3/05; B. v. 22. 7. 2005 – Az.: VII – Verg 83/04; B. v. 20. 7. 2005 – Az.: Verg 102/04; B. v. 24. 5. 2005 – Az.: VII – Verg 98/04; OLG München, B. v. 22. 3. 2010 – Az.: Verg 20/09; B. v. 27. 8. 2009 – Az.: Verg 04/09; OLG Saarland, B. v. 17. 8. 2006 – Az.: 1 5347

Verg 2/06; OLG Schleswig-Holstein, B. v. 12. 1. 2007 – Az.: 1 Verg 14/05; 1. VK Sachsen-Anhalt, B. v. 15. 6. 2007 – Az.: 1 VK LVwA 29/06 K; B. v. 4. 12. 2006 – Az.: 1 VK LVwA 28/06 K; B. v. 27. 10. 2006 – Az.: 1 VK LVwA 16/06 K; B. v. 5. 4. 2005 – Az.: 1 VK LVwA 58/04; VK Thüringen, B. v. 1. 10. 2008 – Az.: 360–4002.20–709/2008-024-ABG; B. v. 9. 7. 2008 – Az.: 250–4005.20–1746/2008-025-EF).

5348   **40.4.6.2.2.8 Keine Regelgebühr von 2,5.** In Vergabesachen ist zwar in gewissen Grenzen eine typisierende Betrachtung der Bemessung des Gebührenansatzes geboten. So wird regelmäßig eine überdurchschnittliche Schwierigkeit der anwaltlichen Tätigkeit anzuerkennen sein, weil das nationale Vergaberecht eine komplexe, vom Gemeinschaftsrecht überlagerte Rechtsmaterie ist, die zur Zeit einer sehr dynamischen Entwicklung unterliegt. Überdurchschnittlich wird regelmäßig auch der Aufwand der anwaltlichen Tätigkeit sein wegen des häufig erheblichen Umfangs der durchzusehenden Unterlagen, wegen des unter Umständen hohen personellen Aufwandes der Mandatsbearbeitung (bei Einbeziehung mehrerer Rechtsanwälte) und zum Teil auch wegen der Vielzahl der zu prüfenden Sach- und Rechtsfragen – hierin stecken jedoch bereits Differenzierungspotenziale. Als besonderer für einen überdurchschnittlichen Gebührenansatz sprechender Umstand wird grundsätzlich der enorme Zeitdruck für die Mandatsbearbeitung zu berücksichtigen sein, der unter Umständen mangels Vorhersehbarkeit auch erhebliche organisatorische Aufwendungen in der Kanzlei verursachen kann. Dem gegenüber werden die Einkommens- und Vermögensverhältnisse des Auftraggebers regelmäßig eine sehr untergeordnete Rolle spielen. Auch die Bedeutung der Angelegenheit und die Haftungsrisiken werden selten überdurchschnittlich sein. Hierfür hat unter Umständen hohe Auftragswert des begehrten öffentlichen Auftrages außer Betracht zu bleiben, weil er über den Gegenstandswert bereits in die Bemessung der einfachen Gebühr einfließt. Soweit in der Rechtsprechung und in der Literatur teilweise die Ansicht vertreten wird, dass die **Abrechnung des Höchstgebührensatzes in Höhe einer 2,5-fachen Gebühr bereits dann nicht unbillig sei, wenn der Nachprüfungsantrag zulässig war und eine mündliche Verhandlung stattgefunden hat**, ist dem nicht zu folgen. Die genannten Umstände mögen regelmäßig die Bewertung der Schwierigkeit der Angelegenheit und des Aufwandes der anwaltlichen Tätigkeit als überdurchschnittlich zu stützen. Insbesondere hebt eine gerichtsähnliche mündliche Verhandlung den Aufwand in der Sache über den Durchschnitt der Mandate zur außergerichtlichen Vertretung, die von Nr. 2300 VV RVG erfasst werden. **Gleichwohl muss jedoch auch eine Differenzierung nach dem Umfang der auszuwertenden Unterlagen des Vergabeverfahrens, des unter Umständen nötigen Aufwandes zur Sachverhaltsaufklärung durch den hinzugezogenen Rechtsanwalt oder die Rechtsanwälte bzw. durch die Vergabekammer – ggf. in mehreren Verhandlungsterminen mit Beweisaufnahme – bzw. nach Zahl und Gewicht der aufgeworfenen vergaberechtlichen Fragestellungen erfolgen.** Ein überdurchschnittlicher Gebührenansatz ist schon jeder Gebührenansatz über der gesetzlich vorgegebenen Kappungsgrenze in Höhe einer 1,3-fachen Gebühr. **Ein quasi fixer Ansatz von 2,5-fachen Gebühren in jedwedem Fall mündlicher Verhandlung vor der Vergabekammer** – dem in § 112 Abs. 1 GWB gesetzlich vorgesehenen Regelfall – **würde den vom Gesetzgeber mit Nr. 2300 VV RVG intendierten Spielraum unzulässig verengen.** Dies gilt auch im Hinblick auf die von diesem Gebührentatbestand erfassten anderen Mandate zur außergerichtlichen Vertretung: Es sind durchaus Mandate vorstellbar, die den Aufwand und die Schwierigkeit einer Vertretung in einer Vergabesache mit mündlicher Verhandlung übersteigen können, z. Bsp. im Rahmen umfangreicher, komplexer Vertragsverhandlungen und -gestaltungen (OLG München, B. v. 11. 1. 2006 – Az.: Verg 21/05; B. v. 23. 1. 2006 – Az.: Verg 22/05; OLG Naumburg, B. v. 1. 10. 2009 – Az.: 1 Verg 6/09 – instruktiver Fall für Postdienstleistungen; B. v. 29. 8. 2008 – Az.: 1 Verg 1/08; B. v. 22. 2. 2007 – Az.: 1 Verg 15/06; B. v. 15. 6. 2006 – Az.: 1 Verg 5/06; B. v. 2. 3. 2006 – Az.: 1 Verg 13/05; B. v. 30. 8. 2005 – Az.: 1 Verg 6/05; B. v. 23. 8. 2005 – Az.: 1 Verg 4/05; OLG Saarland, B. v. 17. 8. 2006 – Az.: 1 Verg 2/06; 1. VK Sachsen, B. v. 17. 11. 2006 – Az.: 1/SVK/128-04-K; 1. VK Sachsen-Anhalt, B. v. 25. 2. 2008 – Az: 1 VK LVwA 24/07 K; B. v. 15. 6. 2007 – Az.: 1 VK LVwA 29/06 K; B. v. 3. 5. 2007 – Az.: 1 VK LVwA 11/06-K; B. v. 4. 12. 2006 – Az.: 1 VK LVwA 28/06 K; B. v. 27. 10. 2006 – Az.: 1 VK LVwA 16/06 K).

5349   Es ist also **nicht zwangsläufig so, dass für Tätigkeiten in Nachprüfungsverfahren stets die Höchstgebühr von 2,5 gerechtfertigt** ist. Zwischen der Kappungsgrenze von 1,3 und dem Höchstsatz von 2,5 liegt ein Bereich, in dem trotz der grundsätzlich vorhandenen Schwierigkeit der Nachprüfungsverfahren nach der unterschiedlichen Komplexität, rechtlich und tatsächlich gegebenen Problematik sowie des notwendigen Zeitaufwands zu differenzieren ist. **Im Rahmen des Zeitaufwands hat auch Berücksichtigung zu finden, ob dem Rechtsan-

Gesetz gegen Wettbewerbsbeschränkungen GWB § 128 **Teil 1**

walt die Tätigkeit, die er abrechnet, dadurch erleichtert wurde, dass er bereits mit der Materie vorbefasst war**. Die volle Ausschöpfung des nach Nr. 2300 VV RVG eröffneten Gebührenrahmens bedarf der näheren Begründung sowie der Bewertung aller Umstände des Einzelfalls, insbesondere des Umfangs und der Schwierigkeit des konkreten Nachprüfungsverfahrens, wobei dem zu tolerierenden Ermessen des Anwalts innerhalb des von der Rechtsprechung entwickelten Toleranzbereiches Rechnung zu tragen ist (OLG Frankfurt, B. v. 23. 3. 2010 – Az.: 11 Verg 9/09; OLG München, B. v. 16. 11. 2006 – Az.: Verg 14/06; B. v. 13. 11. 2006 – Az.: Verg 13/06; 1. VK Sachsen-Anhalt, B. v. 4. 12. 2006 – Az.: 1 VK LVwA 28/06 K; B. v. 27. 10. 2006 – Az.: 1 VK LVwA 16/06 K; VK Thüringen, B. v. 1. 10. 2008 – Az.: 360–4002.20–709/2008-024-ABG; B. v. 8. 3. 2007 – Az.: 360–4005.20–951/2007-005-WAK; B. v. 8. 3. 2007 – Az.: 360–4005.20–949/2007-003-J; B. v. 23. 2. 2007 – Az.: 360–4005.20–649/2007-001-SLF; B. v. 23. 1. 2007 – Az.: 360–4005.20–237/2007-002-IK).

Für das alte Gebührenrecht hatte die **Rechtsprechung die Festsetzung einer 10/10- Gebühr** nach dem damals maßgeblichen § 118 Abs. 1 Satz 1 BRAGO mit den Besonderheiten des Rechtsgebiets und dem Umfang, insbesondere dem zeitlichen Arbeitsaufwand des Anwalts gerechtfertigt. Den Maßstab bildet insoweit das verwaltungsrechtliche Widerspruchsverfahren. Maßgeblich ist nicht, ob die Sache für einen Vergaberechtsspezialisten schwierig war oder nicht. Gegenüber den üblichen Verwaltungsverfahren ist das Nachprüfungsverfahren vor der Vergabekammer gerichtsähnlich ausgestaltet. Es findet in der Regel eine mündliche Verhandlung statt (§ 112 Abs. 1 GWB). Regelmäßig ist umfangreich und umfassend unter einem erheblichen Zeitdruck (vgl. § 113 GWB) vorzutragen. Hinzu kommen die Erschwernisse, die sich aus einer meist nur beschränkt gewährten Akteneinsicht (vgl. § 111 Abs. 2 GWB, § 72 Abs. 2 GWB) ergeben. **Das hatte nach der früheren Rechtslage zur Folge, dass die Ausschöpfung des Gebührenrahmens im Regelfall sachgerecht, zumindest aber nicht unbillig war.** Schwierigkeit und Umfang der anwaltlichen Tätigkeit im Vergabenachprüfungsverfahren sind heute nicht anders als seinerzeit zu beurteilen. Die Rechtsmaterie ist zwar nicht mehr neu; sie ist aber an sich schwierig, nämlich vielschichtig und kompliziert (BayObLG, B. v. 16. 2. 2005 – Az.: Verg 028/04). 5350

Hinzu kommt noch Folgendes: **Mit der neuen Gebührenstruktur des RVG wollte der Gesetzgeber die wirtschaftliche Situation der Anwaltschaft verbessern.** Insoweit wäre es nicht verständlich, im Nachprüfungsverfahren nur eine Gebühr knapp oberhalb des 1,3-fachen zuzuerkennen, weil die Tätigkeit des Anwalts dann im Allgemeinen schlechter honoriert würde als nach dem alten Rechtszustand bei Zuerkennung zweier 10/10-Gebühren nach § 118 Abs. 1 Nr. 1 und Nr. 2 BRAGO (a.F). Der 2,5-fache Satz rechtfertigt sich aus dem Wegfall der Beweisaufnahmegebühr des § 118 Abs. 1 Nr. 3 BRAGO (a.F). Er ist nach der neuen Rechtslage jedenfalls nicht dann angemessen, wenn tatsächlich eine Beweisaufnahme stattgefunden hat, die Tätigkeit des Rechtsanwalts also vergleichbar wäre mit einer solchen vor dem 1. 7. 2004, bei der drei Gebühren angefallen wären (BayObLG, B. v. 16. 2. 2005 – Az.: Verg 028/04). 5351

40.4.6.2.2.9 Komplexität des Vergaberechts. Zwar ist die **Materie nicht mehr neu, aber nach wie vor vielschichtig und kompliziert** (OLG Düsseldorf, B. v. 12. 3. 2008 – Az.: VII – Verg 8/08; OLG München, B. v. 27. 8. 2009 – Az.: Verg 04/09; OLG Naumburg, B. v. 22. 10. 2009 – Az.: 1 Verg 8/09; B. v. 1. 10. 2009 – Az.: 1 Verg 6/09; B. v. 23. 12. 2008 – Az.: 1 Verg 11/08; B. v. 29. 8. 2008 – Az.: 1 Verg 1/08; B. v. 22. 2. 2007 – Az.: 1 Verg 15/06; VK Baden-Württemberg, B. v. 27. 7. 2007 – Az.: 1 VK 78/06; 1. VK Sachsen-Anhalt, B. v. 25. 2. 2008 – Az.: 1 VK LVwA 24/07 K; B. v. 15. 6. 2007 – Az.: 1 VK LVwA 29/06 K; B. v. 4. 12. 2006 – Az.: 1 VK LVwA 28/06 K; B. v. 27. 10. 2006 – Az.: 1 VK LVwA 16/06 K). Auch ein durchschnittliches Nachprüfungsverfahren erfordert die Sichtung und Beurteilung von Unterlagen in einem oft erheblichen Umfang und in der Regel darüber hinaus die Beantwortung einer Vielzahl tatsächlicher und rechtlicher Fragen. **Abzustellen bei der Einstufung als schwierig ist auf den Durchschnittsanwalt; es darf nicht danach gefragt werden, ob die Sache für einen Vergabespezialisten schwierig war oder nicht.** Weiter ist zu bedenken, dass die **Bearbeitung eines Nachprüfungsfalles unter einem enormen Zeitdruck steht** und schon von daher **besondere organisatorische Aufwendungen in der Anwaltskanzlei** erforderlich sind (OLG München, B. v. 27. 8. 2009 – Az.: Verg 04/09; B. v. 16. 11. 2006 – Az.: Verg 14/06; B. v. 13. 11. 2006 – Az.: Verg 13/06; B. v. 11. 1. 2006 – Az.: Verg 21/05; B. v. 23. 1. 2006 – Az.: Verg 22/05; OLG Naumburg, B. v. 29. 8. 2008 – Az.: 1 Verg 1/08; B. v. 15. 6. 2006 – Az.: 1 Verg 5/06; B. v. 2. 3. 2006 – Az.: 1 Verg 13/05; OLG Schleswig-Holstein, B. v. 12. 1. 2007 – Az.: 1 Verg 14/05; B. v. 5. 1. 2007 – Az.: 1 Verg 12/06; 1. VK Sachsen-Anhalt, B. v. 25. 2. 2008 – Az: 1 VK LVwA 24/07 K; VK Baden-Württemberg, B. v. 27. 3. 2007 – Az.: 1 VK 78/06). 5352

Teil 1 GWB § 128   Gesetz gegen Wettbewerbsbeschränkungen

5353   **40.4.6.2.2.10 Haftungsrisiko und Zeitdruck.** Durch die Neuregelung des Rechtsanwaltsvergütungsrechts sind die für die Bemessung einer Rahmengebühr berücksichtigungsfähigen Umstände erweitert worden, so dass beispielsweise **auch das Haftungsrisiko** (BGH, B. v. 23. 9. 2008 – Az.: X ZB 19/07; OLG München, B. v. 27. 8. 2009 – Az.: Verg 04/09; B. v. 16. 11. 2006 – Az.: Verg 14/06; B. v. 13. 11. 2006 – Az.: Verg 13/06; OLG Naumburg, B. v. 22. 10. 2009 – Az.: 1 Verg 8/09; B. v. 1. 10. 2009 – Az.: 1 Verg 6/09; B. v. 15. 6. 2006 – Az.: 1 Verg 5/06; B. v. 2. 3. 2006 – Az.: 1 Verg 13/05) **oder aber der Zeitdruck bei der Bearbeitung des Mandats herangezogen werden können** (OLG Naumburg, B. v. 29. 8. 2008 – Az.: 1 Verg 1/08; B. v. 15. 6. 2006 – Az.: 1 Verg 5/06; B. v. 30. 8. 2005 – Az.: 1 Verg 6/05; B. v. 23. 8. 2005 – Az.: 1 Verg 4/05; 1. VK Sachsen-Anhalt, B. v. 20. 6. 2006 – Az.: 1 VK LVwA 51/05; B. v. 23. 3. 2006 – Az.: 1 VK LVwA 44/05).

5354   **40.4.6.2.2.11 Durchführung einer mündlichen Verhandlung. Allein die Tatsache der mündlichen Verhandlung vor der Vergabekammer rechtfertigt wegen des größeren Aufwands für den Rechtsanwalt den Ansatz einer 2,5 Geschäftsgebühr nicht.** Zwar ist der Höchstsatz nicht von einem lückenlosen Zusammentreffen sämtlicher Erhöhungsmerkmale abhängig. Gleichwohl setzt er besondere Anforderungen an die anwaltliche Tätigkeit voraus, die allein mit der Mehrbeanspruchung durch eine mündliche Verhandlung noch nicht gegeben sind. Zudem hat der Gesetzgeber den Gebührensatzrahmen gemäß Nr. 2300 VV – bis zum 30. 6. 2006: 2400 VV – bewusst weit gewählt, um eine flexiblere Handhabung zu ermöglichen. Ein fixer Ansatz des Höchstsatzes in jedem Fall der mündlichen Verhandlung vor der Vergabekammer – dem nach § 112 Abs. 1 GWB gesetzlich vorgesehenen Regelfall – würde den vom Gesetzgeber intendierten Spielraum insoweit weithin verengen (OLG München, B. v. 16. 11. 2006 – Az.: Verg 14/06; B. v. 13. 11. 2006 – Az.: Verg 13/06; OLG Düsseldorf, B. v. 20. 7. 2005 – Az.: Verg 102/04).

5355   **40.4.6.2.2.12 Prüfungsschema.** Die Rechtsprechung hält zur Überprüfung der Angemessenheit der Rechtsanwaltsgebühr ein **zweistufiges Prüfungsverfahren** für praktikabel. In einem **ersten Untersuchungsschritt** ist **der für den Streitfall jeweils geltende Rahmen einschließlich der Grenze der Regelgebühr abzustecken** und der Gebührenbestimmung des Anwalts gegenüber zu stellen. Im Falle einer Divergenz ist letztere ohne weiteres hinfällig, ohne dass insoweit ein Ermessen zum Tragen kommt. Innerhalb des so bestimmten Rahmens haben die Kostenfestsetzungsinstanzen (nach dem neuen § 128 Abs. 4 GWB die Zivilgerichte bzw. die Vergabesenate) sodann in einem **zweiten Prüfschritt anhand aller Umstände des Einzelfalls die aus ihrer Warte maßgebliche Gebührenhöhe festzulegen**, wobei dem zu tolerierenden Ermessen des Anwalts innerhalb des von der Rechtsprechung entwickelten **Toleranzbereichs Rechnung zu tragen** ist (OLG Thüringen, B. v. 2. 2. 2005 – Az.: 9 Verg 6/04).

5356   Nach der Vorstellung des Gesetzgebers hat also der **Rechtsanwalt in einem ersten Prüfungsschritt die dem billigen Ermessen – unter Berücksichtigung aller Ermessenskriterien des § 14 RVG – entsprechende Gebühr aus dem vollen Gebührenrahmen von 0,5 bis 2,5 unter Berücksichtigung der Schwellengebühr von 1,3 (entsprechend der Kappungsgrenze) in ihrer Funktion als abgesenkte Mittelgebühr zu ermitteln.** Der Durchschnittsfall ist damit bei einer Gebühr von 1,3 und damit um 0,2 unter der Mittelgebühr von 1,5 anzusiedeln. Liegt unter Berücksichtigung aller Bemessungskriterien des § 14 RVG die Gebühr über 1,3 kann der Rechtsanwalt diese Gebühr nur fordern, wenn die Tätigkeit im Sinne der Anmerkung zu Nr. 2300 VV „umfangreich oder schwierig" war. In einem **zweiten Prüfungsschritt hat der Rechtsanwalt für den Fall, dass die Schwellengebühr von 1,3 über- oder unterschritten ist, zu prüfen, ob die Tätigkeit umfangreich oder schwierig war. Dabei genügt die Erfüllung einer der beiden genannten Kriterien**. War die Tätigkeit weder umfangreich noch schwierig, so kann der Rechtsanwalt keine Gebühr von mehr als 1,3 fordern, das heißt die Höhe der Gebühr ist auf die Höhe der Schwellengebühr begrenzt (OLG Düsseldorf, B. v. 22. 7. 2005 – Az.: VII – Verg 83/04).

5357   Im **ersten Prüfungsschritt** sind im Rahmen des § 14 RVG **grundsätzlich neben dem Umfang und der Schwierigkeit der anwaltlichen Tätigkeit die Bedeutung der Angelegenheit, die Vermögens- und Einkommensverhältnisse des Auftragsgebers und unter Umständen nach § 14 Abs. 1 Satz 2 RVG ein im Einzelfall besonderes Haftungsrisiko des Rechtsanwalts zu beachten.** Richten sich die Gebühren nicht nach dem Wert, so soll dass Haftungsrisiko grundsätzlich Berücksichtigung (Satz 3) finden, weil das Haftungsrisiko in diesen Fällen, anders als bei Wertgebühren, ansonsten keinen Eingang in die Höhe der Gebühr finden würde. In Vergabenachprüfungsverfahren richtet sich die Gebühr nach dem Wert, weil nach § 50 Abs. 2 GKG ein Bruchteil des Auftragswertes, nämlich 5% der Bruttoauftrags-

Gesetz gegen Wettbewerbsbeschränkungen GWB § 128 **Teil 1**

summe, den Gegenstandswert bildet. Für die **Bedeutung der Angelegenheit kommt es unter anderem auf das an einer Auftragserteilung bestehende wirtschaftliche Interesse der Beteiligten des Verfahrens** an. Insoweit kommt es **nicht** nur darauf an, ob der Wert des Vergabenachprüfungsverfahrens den Wert allgemeiner zivilrechtlicher Streitigkeiten vor einem Amts- oder Landgericht übersteigt; vielmehr ist überdies ein Vergleich mit anderen Vergabenachprüfungsverfahren vorzunehmen. Ein Prestigehalt des zu vergebenden Auftrags schlägt sich in der Bedeutung der Sache kaum messbar wieder (OLG Düsseldorf, B. v. 22. 7. 2005 – Az.: VII – Verg 83/04).

40.4.6.2.2.13 Ermessensreduzierung auf Null. Dem Rechtsanwalt ist **jedoch nicht in jedem Fall ein entsprechender Ermessensspielraum einzuräumen**. Ein solcher besteht nur, wenn Anhaltspunkte gegeben sind, die ein Überschreiten der Mittelgebühr rechtfertigen. Weicht der zu beurteilende Einzelfall durch nichts vom „Normalfall" ab, kann der Rechtsanwalt mangels in die Ermessensentscheidung einzustellender Erwägungen kein Ermessen ausüben. Das **Ermessen des Rechtsanwaltes ist in diesen Fällen gleichsam auf Null reduziert, d. h. allein die Bestimmung der Mittelgebühr ist rechtmäßig** und damit billig im Sinne des § 14 Abs. 1 S. 4 RVG (1. VK Hessen, B. v. 15. 1. 2007 – Az.: 69d VK 33/2006). 5358

40.4.6.2.2.14 Überprüfung der Ermessensausübung. Nach Meinung der VK Hessen hat eine **Überprüfung der Ermessensausübung** zu erfolgen, **ohne in den Ermessensspielraum des Rechtsanwaltes einzugreifen**; deshalb spricht nichts dagegen, bei dieser Prüfung **die zu § 114 VwGO entwickelten Grundsätze zu übernehmen**. Daher ist **jede Gebührenbestimmung** des Rechtsanwaltes **unverbindlich**, die 5359

– ohne jede Begründung die Mittelgebühr von 1,9 überschreitet (**Ermessensnichtgebrauch**);

– den Gebührenrahmen über- oder unterschreitet (**Ermessensüberschreitung**);

– gemäß § 14 Abs. 1 RVG offensichtlich zu berücksichtigende Kriterien unberücksichtigt lässt (**Ermessensdefizit**);

– auf offenkundig unsinnigen Kriterien beruht, die nicht in § 14 Abs. 1 RVG genannt werden (**Ermessensmissbrauch**), oder die

– innerhalb der zulässigerweise gewürdigten Kriterien Fehlgewichtungen vornimmt (**Ermessensfehlgebrauch**).

(1. VK Hessen, B. v. 15. 1. 2007 – Az.: 69d VK 33/2006 – zu § 128 Abs. 4 a. F.).

40.4.6.2.3 Gebührenhöhe bei vorangegangener Tätigkeit im Vergabeverfahren. 40.4.6.2.3.1 Rechtsprechung des BGH. Der Gebührenrahmen für die Gebühr des Rechtsanwalts richtet sich nach Nr. 2301 VV RVG, wenn die Verfahrensbevollmächtigten z. B. eines Antragsgegners schon in dem vorausgegangenen Vergabeverfahren für den Antragsgegner tätig geworden sind (BGH, B. v. 29. 9. 2009 – Az.: X ZB 1/09; B. v. 23. 9. 2008 – Az.: X ZB 19/07; OLG Frankfurt, B. v. 15. 10. 2009 – Az.: 11 Verg 3/09; B. v. 13. 7. 2009 – Az.: 11 Verg 1/09; OLG Naumburg, B. v. 31. 3. 2010 – Az.: 1 Verg 7/10; 1. VK Saarland, B. v. 3. 7. 2009 – Az.: 1 VK 07/2008; 2. VK Saarland, B. v. 27. 1. 2009 – Az.: 2 VK 01/2008). Ob sich diese Tätigkeit gerade gegen den Antragsteller richtete oder allgemeiner Natur war, ist nicht entscheidend. Der Erläuterungstext zu Nr. 2301 VV RVG differenziert insoweit nicht. Der Einwand, dass der Gebührenrahmen gemäß Nr. 2301 VV RVG nur für das Innenverhältnis zwischen Mandant und Rechtsanwalt Bedeutung hat, trifft nicht zu. **Jede Partei ist verpflichtet, ihre Auslagen so gering wie möglich zu halten, und nur im Rahmen der insoweit notwendigen Kosten steht ihr ein Erstattungsanspruch zu** (OLG Düsseldorf, B. v. 2. 5. 2007 – Az.: VII – Verg 1/07; B. v. 16. 10. 2006 – Az.: VII – Verg 11/06; B. v. 26. 1. 2006 – Az.: VII – Verg 84/05). 5360

Die **Gebührentatbestände Nr. 2300 und Nr. 2301 RVG VV sind im Nachprüfungsverfahren genauso anzuwenden, wie sie im verwaltungsrechtlichen Vorverfahren anzuwenden wären**. Für die Erstattung der dem obsiegenden Bieter im Nachprüfungsverfahren entstandenen Kosten gelten nämlich § 80 des Verwaltungsverfahrensgesetzes und die entsprechenden Vorschriften der Verwaltungsverfahrensgesetze der Länder entsprechend (§ 128 Abs. 4 Satz 3 GWB). Das schließt die entsprechende Anwendung der für das Widerspruchsverfahren geltenden Gebührentatbestände ein (BGH, B. v. 23. 9. 2008 – Az.: X ZB 19/07; OLG Frankfurt, B. v. 23. 3. 2010 – Az.: 11 Verg 9/09; B. v. 13. 7. 2009 – Az.: 11 Verg 1/09; 1. VK Saarland, B. v. 3. 7. 2009 – Az.: 1 VK 07/2008; 2. VK Saarland, B. v. 27. 1. 2009 – Az.: 2 VK 01/2008). 5361

Die in § 128 Abs. 4 Satz 3 GWB zum Ausdruck kommende Gleichsetzung des erstinstanzlichen Nachprüfungsverfahrens mit dem Widerspruchsverfahren erstreckt sich für die Anwendung der 5362

Kosten- und Gebührenregelungen auf das vor dem Nachprüfungsverfahren durchgeführte Vergabeverfahren. Es wäre **sinnwidrig, die analoge Anwendung der Gebührentatbestände auf das Nachprüfungsverfahren zu beschränken, ohne das Ausgangsverfahren einzubeziehen, wenn das Gesetz die Vergütung für das Widerspruchsverfahren ebenfalls nicht losgelöst von dem ihm vorangegangenen Verwaltungsverfahren regelt**. Deshalb ist im Nachprüfungsverfahren wie im Widerspruchsverfahren vor Zuerkennung des Gebührentatbestands Nr. 2300 stets zu prüfen, ob die Voraussetzungen für die Anwendung von Nr. 2301 RVG-VV vorliegen (BGH, B. v. 23. 9. 2008 – Az.: X ZB 19/07; 1. VK Saarland, B. v. 3. 7. 2009 – Az.: 1 VK 07/2008; 2. VK Saarland, B. v. 27. 1. 2009 – Az.: 2 VK 01/2008).

5363   Im verwaltungsrechtlichen Widerspruchsverfahren lägen die Voraussetzungen für eine Anwendung des Gebührentatbestands Nr. 2301 RVG VV vor, wenn der Rechtsanwalt bereits im vorangegangenen Verwaltungsverfahren vertreten hat. Beim Widerspruchsverfahren handelt es sich um ein Verwaltungsverfahren, das der Nachprüfung eines Verwaltungsaktes dient, welcher in einem vorangegangenen Verwaltungsverfahren ergangen ist. Dementsprechend ist die **Gebühr nach Nr. 2301 RVG VV einschlägig, wenn die Verfahrensbevollmächtigten der Antragstellerin diese bereits im Vergabeverfahren vertreten haben**. Dass im vergaberechtlichen Verfahren kein Verwaltungsakt ergeht, weil es auf den zivilrechtlichen Abschluss von Beschaffungsverträgen zielt, ist für die entsprechende Anwendung des Gebührentatbestands Nr. 2301 RVG VV unerheblich, nachdem das Gesetz die entsprechende Geltung der für das Widerspruchsverfahren gültigen Regelungen unbeschadet dieses Umstands vorsieht (§ 128 Abs. 4 Satz 3 GWB). Auf die Frage, ob dem im Nachprüfungsverfahren vertretenden Rechtsanwalt seine Tätigkeit im vorangegangen Vergabeverfahren regelmäßig in gleichem Maße zugute kommt, wie im Widerspruchsverfahren seine vorangegangene Betätigung im Verwaltungsverfahren, kommt es danach ebenfalls nicht an (BGH, B. v. 23. 9. 2008 – Az.: X ZB 19/07; OLG Frankfurt, B. v. 23. 3. 2010 – Az.: 11 Verg 9/09; 1. VK Saarland, B. v. 3. 7. 2009 – Az.: 1 VK 07/2008; 2. VK Saarland, B. v. 27. 1. 2009 – Az.: 2 VK 01/2008).

5364   **40.4.6.2.3.2 Weitere Rechtsprechung.** Hinsichtlich der Höhe der jeweiligen Gebühren bzw. zunächst hinsichtlich des dafür anzusetzenden Gebührenrahmens hat es der **Gesetzgeber für unbillig angesehen**, dass die Arbeit eines in einem Verwaltungsverfahren tätigen Rechtsanwalts, der bereits eine Geschäftsgebühr gemäß Nr. 2300 RVG verdient hat, in der **nachfolgenden**, vom RVG für verschieden angesehenen **Angelegenheit nochmals unter Zugrundelegung desselben**, von 0,5 bis 2,5 reichenden **Gebührenrahmens entlohnt werden soll**. Hierfür wurde die Nummer 2301 des Vergütungsverzeichnisses geschaffen, die bestimmt, dass bei einer vorausgegangenen Tätigkeit des Rechtsanwalts im Verwaltungsverfahren die Gebühr für das weitere, der Nachprüfung des Verwaltungsakts dienende Verwaltungsverfahren aus einem nur von 0,5 bis 1,3 reichenden Gebührenrahmen zu entnehmen ist. Dieser **reduzierte Gebührenansatz bezieht seine Rechtfertigung aus der Vorbefassung des Rechtsanwalts und letztlich dem Umstand, dass die weitere gebührenrechtlich selbständig zu bewertende Tätigkeit für ihn mit geringerem Zeit- und Arbeitsaufwand verbunden** ist, wobei es dann nach einhelliger Auffassung unzulässig ist, diesen Umstand bei Ausfüllung des Rahmens nach Nr. 2301 nochmals gebührenmindernd zu berücksichtigen (OLG München, B. v. 16. 11. 2006 – Az.: Verg 14/06; B. v. 13. 11. 2006 – Az.: Verg 13/06).

5365   Es spricht auch vieles dafür, dass das **Vergabeverfahren**, dessen Nachprüfung das Verfahren vor der Vergabekammer dient, **in verfahrensrechtlicher Hinsicht kein Verwaltungsverfahren** darstellt, welches **mit dem Erlass eines Verwaltungsakts endet**; selbst nach Auffassung des OVG NW (Beschlüsse vom 11. 8. 2006 – 15 E 880/06 und vom 12. 1. 2007 – 15 E 1/07), welches von einem öffentlich-rechtlichen Verhältnis zwischen Vergabestelle und Bieter ausgeht, endet das Verwaltungsverfahren nicht mit einem Verwaltungsakt, **sondern mit dem privatrechtlichen Zuschlag**. Das **bedeutet aber nicht, dass das Vergabeverfahren nicht in kostenrechtlicher Hinsicht wie ein auf Erlass eines Verwaltungsakts gerichtetes Verwaltungsverfahren zu behandeln** ist. Wie aus § 128 Abs. 4 GWB, insbesondere dem Verweis auf § 80 des jeweiligen Verwaltungsverfahrensgesetzes, hervorgeht, hat der **Gesetzgeber das Nachprüfungsverfahren vor der Vergabekammer einem Widerspruchsverfahren gegen einen Verwaltungsakt kostenrechtlich gleichstellen wollen**. Ist das Vergabenachprüfungsverfahren kostenrechtlich einem Widerspruchsverfahren gleichgestellt, ist **folgerichtig auch Nr. 2301 VV RVG** anzuwenden. Diese Gleichstellung ist auch nicht derart unsachlich, **dass die Anwendung von Nr. 2301 VV RVG als offensichtlich unbillig anzusehen wäre** (OLG Düsseldorf, B. v. 7. 5. 2007 – Az.: VII – Verg 7/07).

5366   Der Gebührenrahmen nach dem Gebührentatbestand RVG VV 2300 liegt zwischen 0,5 und 1,3, wobei eine Gebühr von mehr als 0,7 nur dann gefordert werden kann, wenn die Tätigkeit umfangreich oder schwierig war. Demgegenüber ist bei der Gebühr nicht zu berücksichtigen, dass der Umfang der Tätigkeit infolge der Tätigkeit im Verwaltungsverfahren geringer ist (Anm. 1 u. 2. zu RVG VV Nr. 2301). Daraus folgt: **Ein Überschreiten der 0,7 Geschäftsgebühr ist wegen des Umfangs der Tätigkeit gerechtfertigt, wenn die Vermutung des Gesetzgebers**, dass der Umfang der Tätigkeit im Nachprüfungsverfahren infolge der vorausgegangenen Tätigkeit im Verwaltungsverfahren geringer ist, **nicht eintritt**. Umgekehrt gilt: Hat die **Tätigkeit im Nachprüfungsverfahren einen Umfang, der dem Umfang bei einer ausschließlichen Tätigkeit im Nachprüfungsverfahren entspricht, so wird in Anbetracht des reduzierten Gebührenrahmens der Ansatz der 1,3 Geschäftsgebühr gerechtfertigt** sein (OLG Naumburg, B. v. 31. 3. 2010 – Az.: 1 Verg 7/10).

Die **Regelung in Vorbemerkung 3 Abs. 4 VV RVG ist auf die Gebühr, die der Rechtsanwalt für seine Tätigkeit im Nachprüfungsverfahren vor der Vergabekammer erhält, anzuwenden**. Nach dieser Regelung wird, soweit wegen desselben Gegenstands eine Geschäftsgebühr nach den Nrn. 2300 bis 2303 entsteht, diese Gebühr zur Hälfte, jedoch höchstens mit einem Gebührensatz von 0,75, auf die Verfahrensgebühr des gerichtlichen Verfahrens angerechnet. Im Verfahren vor der Vergabekammer verdient der Rechtsanwalt in Ermangelung eines konkreten Gebührentatbestands eine Geschäftsgebühr nach Teil 2 Abschn. 3 des Vergütungsverzeichnisses zum Rechtsanwaltsvergütungsgesetz, namentlich nach den Gebührentatbeständen 2300 und 2301. Der **Gebührentatbestand von Nr. 2300 VV RVG betrifft grundsätzlich die gesamte außergerichtliche Tätigkeit des Rechtsanwalts**. Die gesetzliche Regelung sieht lediglich eine einschränkende Modifikation des Gebührenrahmens von Nr. 2300 VV RVG vor, wenn eine Tätigkeit im Verwaltungsverfahren vorausgegangen ist, die nach der Rechtsprechung des Senats auch bei Vertretung im vergaberechtlichen Nachprüfungsverfahren anzuwenden ist, die aber nichts daran ändert, dass diese Gebühr dem Geltungsbereich von Vorbemerkung 3 Abs. 4 VV RVG unterliegt. Es **trifft zwar zu, dass das Nachprüfungsverfahren vor den Vergabekammern Rechtsschutz in einem gerichtsähnlich ausgestalteten Verfahren gewährleisten soll**. Gleichwohl handelt es sich dabei um ein in die Exekutive eingebettetes Verwaltungsverfahren. Kostenrechtlich ist es, wie sich aus der Regelung in § 128 Abs. 4 Satz 4 GWB n. F. ergibt, dem verwaltungsrechtlichen Widerspruchsverfahren gleichgesetzt. Dass die Vergabekammern eine streitentscheidende Tätigkeit ausüben und diese kostenrechtlich gleichwohl als Verwaltungstätigkeit behandelt und nicht einem Gerichtsverfahren gleichgesetzt wird, steht im Übrigen in Einklang mit allgemeiner verwaltungsrechtlicher Anschauung. Auch außerhalb des Vierten Teils des Gesetzes gegen Wettbewerbsbeschränkungen werden bisweilen unparteiische, aber ebenfalls in die Exekutive eingebundene Stellen in ähnlicher Weise tätig wie die Vergabekammern, indem sie im Konflikt zwischen Bürgern und Behörden in einem möglichst gerichtsähnlichen Verfahren durch gestaltenden, streitentscheidenden Verwaltungsakt eine Regelung treffen, ohne dass der Charakter dieser Entscheidungen als Maßnahmen der Exekutive angezweifelt und die gerichtliche Überprüfung solcher streitentscheidenden Verwaltungsakte als justizielles Rechtsmittelverfahren aufgefasst würde. Das **Verhältnis zwischen der Vergabekammer und dem Vergabesenat lässt sich auch nicht deswegen demjenigen zwischen einem Eingangs- und einem Rechtsmittelgericht gleichsetzen, weil kostenrechtlich für das Verfahren vor dem Vergabesenat die für das Berufungsverfahren erhobenen Gebühren gelten** (Vorbemerkung 3.2.1 Abs. 1 Nr. 4 VV RVG). Diese Bestimmung gilt nämlich nicht nur für Beschwerden nach § 116 GWB, sondern gleichermaßen für Beschwerden gegen erlassene oder unterlassene Verfügungen der Kartellbehörden (§ 63 Abs. 1 und 2 GWB). Die Kartellbehörde wird im Kartellverwaltungsverfahren nicht streitentscheidend, sondern originär als Organ der vollziehenden Gewalt tätig und erlässt eine Abschlussverfügung durch Verwaltungsakt oder unterlässt es, eine Einzelfallregelung zu treffen. Die Beschwerde dagegen tritt an die Stelle der Klage vor dem Verwaltungsgericht. Die **gebührenrechtliche Regelung in Vorbemerkung 3.2.1 Abs. 1 Nr. 4 VV RVG erklärt sich dementsprechend nicht aus der vermeintlichen Natur des Beschwerdeverfahrens als eines Rechtsmittelverfahrens, sondern vielmehr durch den Umstand, dass das (erstinstanzliche) gerichtliche Verfahren vor einem Gericht im Range eines Oberlandesgerichts stattfindet** (BGH, B. v. 29. 9. 2009 – Az.: X ZB 1/09).

5367

Nach der gefestigten Rechtsprechung des Bundesgerichtshofs wird die **Geschäftsgebühr auf die Verfahrensgebühr angerechnet und nicht umgekehrt**. Auf der Grundlage dieser Rechtsprechung **entsteht die Verfahrensgebühr nur in der um den Anrechnungsbetrag verminderten Höhe** (BGH, B. v. 29. 9. 2009 – Az.: X ZB 1/09).

5368

Die **Erwiderung eines Verfahrensbevollmächtigten eines Auftraggebers auf die Rüge eines Antragstellers stellt eine Tätigkeit im Vergabeverfahren** dar. Die Rüge eines An-

5369

tragstellers zählt noch zum Vergabeverfahren und nicht schon zum Nachprüfungsverfahren (OLG Frankfurt, B. v. 15. 10. 2009 – Az.: 11 Verg 3/09).

5370 **40.4.6.2.3.3 § 15a RVG.** Mit § 15a RVG (enthalten im Gesetz zur Modernisierung von Verfahren im anwaltlichen und notariellen Berufsrecht, zur Errichtung einer Schlichtungsstelle der Rechtsanwaltschaft sowie zur Änderung sonstiger Vorschriften vom 15. 8. 2009) **beseitigt der Gesetzgeber die Probleme, die in der Praxis aufgrund von Entscheidungen des Bundesgerichtshofs zur Anrechnung der anwaltlichen Geschäftsgebühr auf die Verfahrensgebühr aufgetreten sind.** Die Geschäftsgebühr entsteht für die außergerichtliche Vertretung des Mandanten, die Verfahrensgebühr für die Vertretung des Mandanten im Prozess. Hat der Rechtsanwalt den Mandanten in einem Streitfall bereits außergerichtlich vertreten, muss er sich einen Teil der Geschäftsgebühr auf die Verfahrensgebühr anrechnen lassen. Der Grund liegt darin, dass er sich durch die vorgerichtliche Tätigkeit bereits in den Fall eingearbeitet hat.

5371 Durch § 15a RVG wird die **Wirkung der Anrechnung sowohl im Innenverhältnis zwischen Anwalt und Mandant als auch gegenüber Dritten, also insbesondere im gerichtlichen Kostenfestsetzungsverfahren, nunmehr ausdrücklich geregelt.** Insbesondere ist klargestellt, dass sich die Anrechnung im Verhältnis zu Dritten grundsätzlich nicht auswirkt. In der Kostenfestsetzung muss also etwa eine Verfahrensgebühr auch dann in voller Höhe festgesetzt werden, wenn eine Geschäftsgebühr entstanden ist, die auf sie angerechnet wird. Sichergestellt wird jedoch, dass ein Dritter nicht über den Betrag hinaus auf Ersatz oder Erstattung in Anspruch genommen werden kann, den der Rechtsanwalt von seinem Mandanten verlangen kann.

5372 Zur Frage der Anrechnung der für das Verfahren vor der Vergabekammer entstandenen Geschäftsgebühr auf die Verfahrensgebühr nach Nr. 3200 VV RVG vgl. die Kommentierung → Rdn. 354.

5373 **40.4.6.2.4 Erhöhung der vollen Gebühr wegen Tätigkeit für mehrere Auftraggeber.** Bündeln mehrere Auftraggeber ihren Beschaffungsbedarf und schließen sie sich **für die Dauer und die Durchführung des Vergabeverfahrens zu einer Auftraggebergemeinschaft** zusammen, sind sie **kostenrechtlich wie ein Auftraggeber** zu behandeln. Eine **Gebührenerhöhung nach Nr. 1008 VV zum RVG ist in solchen Fällen ausgeschlossen.** Diese Fallgestaltung gleicht so weitgehend der Beteiligung einer Bietergemeinschaft an einem Vergabeverfahren, dass kostenrechtlich eine Gleichbehandlung angezeigt ist. Die Antragsgegner bildeten für die Dauer und die Durchführung des Vergabeverfahrens eine Auftraggebergemeinschaft mit gesellschaftsähnlichen Zügen. Ihre Interessen waren auf dasselbe Ziel, nämlich die Durchführung und den Abschluss eines einheitlichen Vergabeverfahrens ausgerichtet. Von einer Bietergemeinschaft unterschied sich der von ihnen eingegangene Zusammenschluss nur dadurch, dass er auf der Auftraggeberseite stattfand und der gemeinsame Leistungszweck sich auf die Durchführung des Vergabeverfahrens beschränkte. Schon dies rechtfertigt es aber, die Antragsgegner im Vergabeverfahren und im Nachprüfungsverfahren – genauso wie die Bietergemeinschaft – kostenrechtlich wie einen einzigen Auftraggeber zu behandeln (OLG Düsseldorf, B. v. 9. 1. 2008 – Az.: VII-Verg 33/07; B. v. 29. 5. 2006 – Az.: VII – Verg 79/04).

5374 **40.4.6.2.5 Erhöhung der Gebühr nach Nr. 1008 VV RVG wegen Tätigkeit für eine Bietergemeinschaft.** Der **Umstand, dass es sich bei einem Beteiligten um eine aus zwei oder mehreren Unternehmen bestehende Bietergemeinschaft handelt, kann nicht das Inansatzbringen einer Erhöhungsgebühr begründen.** Als Bietergemeinschaft nimmt der Beteiligte im Vergabeverfahren als Einheit teil (§§ 21 Nr. 5, 25 Nr. 6 VOB/A 2006). Auch im Nachprüfungsverfahren werden Bietergemeinschaften als ein einheitliches beteiligungsfähiges Unternehmen nach den §§ 107, Abs. 2 S. 1, 109 Abs. 1 GWB behandelt (OLG Düsseldorf, B. v. 9. 1. 2008 – Az.: VII-Verg 33/07; 2. VK Saarland, B. v. 27. 1. 2009 – Az.: 2 VK 01/2008).

5375 **40.4.6.2.6 Einigungsgebühr auf der Grundlage von Nr. 1000 VV RVG.** Der Festsetzung **einer Einigungsgebühr auf der Grundlage von Nr. 1000 VV RVG für die Mitwirkung an dem im Vergabenachprüfungsverfahren geschlossenen Vergleich kann aus grundsätzlichen Erwägungen nicht entsprochen werden.** Denn diese Tätigkeit ist bereits durch die Geschäftsgebühr gemäß Nr. 2300 VV RVG abgegolten. Dies ergibt sich zum einen aus der Tatsache, dass das Verfahren vor der Vergabekammer, auch wenn es gerichtsähnlich ausgestaltet ist, dennoch ein Verwaltungsverfahren darstellt, welches nach § 114 Abs. 3 Satz 1 GWB mit dem Erlass eines Verwaltungsaktes endet. Die anwaltliche Vertretung im Verfahren vor der Vergabekammer gehört daher richtigerweise zu den außergerichtlichen Tätigkeiten einschließlich der Vertretung in Verwaltungsverfahren, deren Vergütung bereits im Teil 2 des VV abschließend geregelt ist. Zum anderen folgt dies aus der Vorbemerkung 2.3 Absatz 3 zu Teil 2 „Außer-

Gesetz gegen Wettbewerbsbeschränkungen GWB § 128 **Teil 1**

gerichtliche Tätigkeiten einschließlich der der Vertretung im Verwaltungsverfahren", Abschnitt 3 „Vertretung", wo es heißt: „Die Geschäftsgebühr entsteht für das Betreiben des Geschäfts einschließlich der Information und für die Mitwirkung bei der Gestaltung eines Vertrags." (2. VK Saarland, B. v. 27. 1. 2009 – Az.: 2 VK 01/2008).

Anderer Auffassung ist das **Saarländische OLG.** Neben den Gebühren nach Nr. 2300 und 2301 kann der Rechtsanwalt **grds. zusätzlich auch im Rahmen einer außergerichtlichen Tätigkeit die Einigungsgebühr Nr. 1000 RVG VV verlangen, sofern deren Voraussetzungen im Übrigen gegeben sind.** Für die Annahme, dass dies für die Tätigkeit des Rechtsanwalts im Rahmen des vergaberechtlichen Nachprüfungsverfahrens nicht gelten soll, die zu den „außergerichtlichen Tätigkeiten einschließlich der Vertretung in Verwaltungsverfahren" gehört", lassen sich weder zwingende Gründe finden, noch spricht der zitierte Wortlaut der Nr. 2300 RVG-VV hierfür. Die Ausarbeitung eines Entwurfs eines Vertrages, der danach abgeschlossen wird, kann – sofern damit eine auf ein Rechtsverhältnis bezogene Unsicherheit beseitigt wird – eine Mitwirkung beim Abschluss eines Einigungsvertrages im Sinne der Nr. 1000 RVG-VV bedeuten. **Wer als Anwalt an der Gestaltung eines Vertrages mitwirkt, der zugleich und unmittelbar zu einer Einigung der Vertragsparteien führt, kann sowohl die Tätigkeitsgebühr der Nr. 2300 RVG-VV als auch die auf einen Erfolg gerichtete Zusatzgebühr der Nr. 1000 RVG-VV verdienen** (Saarländisches OLG, B. v. 15. 5. 2009 – Az.: 1 Verg 1/09). 5376

40.4.6.2.7 Terminsgebühr nach Nummer 3104 VV RVG. Der Festsetzung einer Terminsgebühr gemäß Nummer 3104 VV RVG kann aus grundsätzlichen Erwägungen nicht entsprochen werden. Denn eine derartige Gebühr kann nur für jene Verfahren in Betracht kommen, die in der Überschrift zu Teil 3 aufgeführt sind, so für bürgerliche Rechtsstreitigkeiten, Verfahren der freiwilligen Gerichtsbarkeit, der öffentlich-rechtlichen Gerichtsbarkeiten, Verfahren nach dem Strafvollzugsgesetz und ähnliche Verfahren. Zwar erfasst Teil 3 auch bestimmte Verfahren nach dem GWB (vgl. Abschnitt 2 Unterabschnitt 1, Vorbemerkung 3.2.1, Abs. 1 Nr. 4), jedoch auch hier nur die Vertretung in gerichtlichen Verfahren. Das **Verfahren vor der Vergabekammer mag zwar gerichtsähnlich ausgestaltet sein, stellt aber dennoch ein Verwaltungsverfahren** dar, welches nach § 114 Abs. 3 Satz 1 GWB mit dem Erlass eines Verwaltungsaktes endet. Die **anwaltliche Vertretung im Verfahren vor der Vergabekammer gehört** daher richtigerweise zu den außergerichtlichen Tätigkeiten einschließlich der Vertretung in Verwaltungsverfahren, deren Vergütung bereits in Teil 2 des VV abschließend geregelt ist (1. VK Sachsen-Anhalt, B. v. 15. 6. 2007 – Az.: 1 VK LVwA 29/06 K). 5377

40.4.6.2.8 Weitere Beispiele aus der Rechtsprechung 5378

– in Vergabesachen ist **regelmäßig eine überdurchschnittliche Schwierigkeit der anwaltlichen Tätigkeit anzunehmen.** Es ist **nicht ersichtlich, worin die Erleichterung der Tätigkeit eines Verfahrensbevollmächtigten allein durch seine Beteiligung am Vergabeverfahren eingetreten sein soll.** Die rechtliche Problematik (z. B. Abgrenzung danach, welche Rügen bereits im Vergabeverfahren [insbesondere in bezug auf die Abwehr von Rügen zugunsten der Antragsgegnerin] und welche noch im Nachprüfungsverfahren erhoben werden müssen/können) muss im Nachprüfungsverfahren unter einem anderen Blickwinkel erfolgen. Gerade hier ist die Sichtung und Auswertung der einschlägigen Rechtsprechung erforderlich. Der Gesichtspunkt der fehlenden mündlichen Verhandlung vor der Vergabekammer ist vor diesem Hintergrund allenfalls geeignet, die Berechtigung der Höchstgebühr von 1,3 zu verneinen. Dem Gesichtspunkt, dass dadurch u. U. eine Reduzierung des Umfangs der Tätigkeit eintreten kann, hat die Vergabekammer dadurch, dass sie lediglich eine 1,0 Geschäftsgebühr angesetzt hat, angemessen Rechnung getragen (OLG Naumburg, B. v. 31. 3. 2010 – Az.: 1 Verg 7/10)

– die Tätigkeit eines anwaltlichen Verfahrensbevollmächtigten ist im Verfahren vor der Vergabekammer **weder umfangreich** (Antragsschrift: fünf Seiten und Schriftsatz vom 2. Oktober 2007: fünfeinhalb Seiten) **noch schwierig,** wenn die Zulässigkeitsfrage, die sich in der Hauptsache stellte, der Gerichtshof der Europäischen Gemeinschaften schon im Wesentlichen entschieden hat. Zu **Recht hat deshalb die Vergabekammer die Geschäftsgebühr Nr. 2300 VV RVG unter Anwendung des Faktors 1,3 festgesetzt** (OLG Düsseldorf, B. v. 27. 1. 2009 – Az.: VII-Verg 71/08)

– die **Bestimmung einer 2,3 Geschäftsgebühr** hält sich noch im Rahmen des dem Rechtsanwalt zuzubilligenden Ermessens, **wenn sich die Vergabekammer außer Stande sah,** über die vielfältigen, von der Antragstellerin aufgeworfenen Fragen **innerhalb der Fünf-Wochen-Frist zu entscheiden,** mit Beschluss vom 27. 11. 2008 wegen besonderer rechtli-

Teil 1 GWB § 128 Gesetz gegen Wettbewerbsbeschränkungen

cher und tatsächlicher Schwierigkeiten die Frist bis 6. 2. 2009 verlängert hat, die **Akten der Vergabekammer bis zum Beschluss vom 28. 1. 2009 4 Bände bzw. annähernd 600 Seiten umfassten**, eine ca. **einstündige Verhandlung vor der Vergabekammer** stattfand, **Gegenstand des Verfahrens eine Vielzahl von Streitpunkten war**, Rügeobliegenheiten, mögliche Fehler bei der Bekanntmachung, die Zulässigkeit der Forderung einer Mindestvergütung und nachträgliche Streichung dieser Anforderung, die ordnungsgemäße Einforderung von Erklärungen und Nachweise zur Eignungsprüfung, die Zulassung einer Loskombination mit Nachlassmöglichkeit, die vergaberechtskonforme Einschaltung eines externen Fachplaners sowie Dokumentationsmängel **kontrovers erörtert** wurden, außerdem die technische Leistungsfähigkeit der Antragstellerin sowie der Wertungsfähigkeit des Angebots der Beigeladenen unter den Aspekten Vollständigkeit des Angebotes, Eignung der Beigeladenen und Abgabe eines Unterangebotes in Verdrängungsabsicht in Frage standen. Wenngleich es Vergabefälle gibt, die in rechtlicher und tatsächlicher Hinsicht noch anspruchsvoller sind, bestehen angesichts des Umfangs des streitgegenständlichen Verfahrens sowie der Vielfalt und der Schwierigkeit der aufgeworfenen Fragen keine Zweifel daran, dass die Angelegenheit und die erforderliche anwaltliche Tätigkeit überdurchschnittlich schwierig und umfangreich waren. Im Vergleich zu den von der Rechtsprechung veröffentlichten Fällen sowie den Fällen, die dem Senat aufgrund seiner Praxis bekannt sind, erscheint deshalb in Übereinstimmung mit der Vergabekammer vorliegend für die anwaltliche Tätigkeit eine Geschäftsgebühr von 2,0 angemessen (OLG München, B. v. 27. 8. 2009 – Az.: Verg 04/09)

– ist das **Nachprüfungsverfahren in der Sache nicht so umfangreich** und **befasste es sich inhaltlich mit einer Rechtsfrage in Bezug auf Vertretungsregelungen in der Gemeindeordnung**, die nicht typisch für ein Nachprüfungsverfahren sind, auch nicht ständig vorkommen und waren Schwerpunkt des Verfahrens Fragen im Zusammenhang mit § 64 GO NW, einer Vorschrift, die üblicherweise nicht Prüfgegenstand einer vergaberechtlichen Nachprüfung ist, was für die Verfahrensbevollmächtigten erschwerend hinzu kam und **war der maßgebliche Sachverhalt allen Verfahrensbeteiligten bereits aus einem vorhergehenden Nachprüfungsverfahren bekannt** und hat gerade die Antragstellerin zu der Frage, ob der geschlossene städtebauliche Vertrag nichtig ist, neue rechtliche Gesichtspunkte vorgetragen und sich dabei auf eine Entscheidung des BGH berufen, die zum Zeitpunkt der erstinstanzlichen Entscheidung im ersten Nachprüfungsverfahren überhaupt noch nicht ergangen war, sodass die Rechtsfragen somit keinesfalls dieselben waren und **hat eine mündliche Verhandlung stattgefunden**, die aber zeitlich wie sachlich dem üblichen Rahmen entsprach, hält die Kammer die **Festsetzung einer 2,0 fachen Gebühr für gerechtfertigt** (VK Münster, B. v. 9. 9. 2009 – Az.: VK 7/09K)

– die im Nachprüfungsverfahren **maßgeblich zu klärende Frage, ob die vom Auftraggeber aufgrund des Urteils des EuGH zum Landesvergabegesetz** (das von den Bietern eine bestimmte Tariftreueerklärung verlangt) **des Landes Niedersachsen verfügte Aufhebung des im Nachprüfungsverfahren in Frage gestellten Vergabeverfahrens rechtens war oder nicht**, hatte **weder Standardcharakter noch sprengte sie hinsichtlich der Schwierigkeit oder gar des Umfangs den Rahmen**. Auf einer Skala von 0,5 bis 1,3 erscheint es der Kammer unter Berücksichtigung aller hierfür relevanten Umstände als durchaus gerechtfertigt aber auch ausreichend, – denn der Regelsatz von 0,7 wird um 0,4 überschritten – **der Bevollmächtigten der Antragstellerin für ihre Tätigkeit im vorliegenden Nachprüfungsverfahren den 1,1 fachen Satz zuzugestehen** (2. VK Saarland, B. v. 27. 1. 2009 – Az.: 2 VK 01/2008)

– eine **Festsetzung des 2,0-fachen Gebührensatzes** überschreitet nicht das dem Verfahrensbevollmächtigten eines Antragstellers eingeräumte Ermessen bei der Bestimmung der Höhe dieses Satzes, wenn der Umfang und die Schwierigkeit des Verfahrens über dem Durchschnitt lagen, weil **auch ohne mündliche Verhandlung** eine **Vielzahl von Schriftsätzen gewechselt** wurden, das **Verfahren selbst zeitlich umfangreich** war, da die Vergabestelle mehrmals aufgefordert werden musste, bis die Verfahrensakten zur Akteneinsicht und zur Beurteilung vorlagen bis hin zur Androhung einer Sicherungsanordnung und im Verfahren selbst eine **Reihe von Rechtsfragen angesprochen und kontrovers unter den Beteiligten diskutiert** wurden, wobei die **Ermittlung der Überschreitung des Schwellenwerts eine besondere Schwierigkeit** in der Sachverhaltsermittlung für den Antragsteller darstellte (VK Thüringen, B. v. 9. 7. 2008 – Az.: 250–4005.20–1746/2008-025-EF)

– die **Vermögensverhältnisse** stehen einer Bestimmung einer überdurchschnittlichen Rahmengebühr nicht entgegen, wenn angesichts des **hohen wirtschaftlichen Werts des erstreb-**

Gesetz gegen Wettbewerbsbeschränkungen GWB § 128 **Teil 1**

ten Auftrages für zwanzig Jahre ein **weit überdurchschnittliches, ggfs. sogar gesondert abzusicherndes Haftungsrisiko des Bevollmächtigten** besteht, dem bei der Bestimmung der Gebühren der anwaltlichen Tätigkeit auch Rechnung zu tragen ist (OLG Naumburg, B. v. 29. 8. 2008 – Az.: 1 Verg 1/08)

– für die Bestimmung der Rahmengebühr ist **zu berücksichtigen**, dass die Ausschreibung sich nicht nur auf einen Auftrag mit einem hohen Auftragswert bezog, was gebührenrechtlich bereits bei der Festsetzung des Gegenstandswertes Beachtung findet, sondern dass es um die **Vergabe eines Auftrages u. U. für zwanzig Jahre ging**, d. h. dass mit der Auftragsvergabe die Leistungserbringung im Einzugsbereich des Verbandes für einen sehr langen Zeitraum aus dem weiteren Wettbewerb genommen wird. Dies rechtfertigt es, die **Angelegenheit als höchst bedeutsam einzustufen** (OLG Naumburg, B. v. 29. 8. 2008 – Az.: 1 Verg 1/08)

– auch der **Umfang** der anwaltlichen Tätigkeit ist als **überdurchschnittlich**, aber nicht als an der Obergrenze liegend zu bewerten, wenn eine **Vielzahl von Unterlagen unter nicht unerheblichem Zeitdruck zu sichten und auszuwerten** ist und die **Tätigkeit mehrere Besprechungen mit dem Mandaten** zur Klärung technischer und wirtschaftlicher Einzelheiten erforderte und im Verfahren vor der Vergabekammer **auch eine mündliche Verhandlung** stattfindet (OLG Naumburg, B. v. 29. 8. 2008 – Az.: 1 Verg 1/08)

– im vorliegenden Fall ist von einer überdurchschnittlichen Schwierigkeit auszugehen, es sind allerdings noch weit schwierigere Fallgestaltungen vorstellbar. Das Mandat der Antragstellerin an ihre Verfahrensbevollmächtigten bezog sich auf eine Nachprüfung der Angebotswertung eines **komplexen Ausschreibungsverfahrens**, betreffend die **vollständige technische und kaufmännische Betriebsführung sowie die Geschäftsbesorgung der laufenden Verbandsgeschäfte eines Zweckverbandes zur Wasserversorgung und Abwasserentsorgung**. Neben mehreren vergaberechtlichen Problemstellungen, insbesondere hinsichtlich der **Pflichten der Vergabestelle bei der Verwahrung der Angebote** und im Submissionstermin sowie im Zusammenhang mit der Bewertung der **Konformität der eingereichten Angebote mit den Vorgaben der Verdingungsunterlagen**, waren **arbeitsrechtliche, mietrechtliche sowie auch strafrechtliche Aspekte der Verdingungsunterlagen zu beurteilen** sowie allgemeine wirtschaftliche und spezielle betriebswirtschaftliche Fragestellungen zu durchdringen. Die vergaberechtlichen Fragen ließen sich jedoch unter ausschließlicher Betrachtung des nationalen Vergaberechts lösen; sie erreichten auch nicht den Schwierigkeitsgrad, wie er beispielsweise z. T. in Verhandlungsverfahren zu komplexen Baukonzessionen oder PPP-Projekten auftritt (OLG Naumburg, B. v. 29. 8. 2008 – Az.: 1 Verg 1/08)

– da **dem Verfahrensbevollmächtigten ein vom Gericht nicht überprüfbarer Spielraum** zusteht, innerhalb dessen er die Gebühr festsetzt, führt nicht jedwede Abweichung von der vom Gericht für angemessen erachteten Gebühr zu einer Unbilligkeit im Sinne des § 14 Abs. 1 S. 4 RVG. Selbst wenn das Gericht (nur) eine Gebühr von 2,0 für angemessen halten sollte, **hält sich jedenfalls in diesem Falle die Festsetzung von 2,3 noch im vertretbaren Rahmen** (OLG Düsseldorf, B. v. 12. 3. 2008 – Az.: VII – Verg 8/08)

– ein Verfahren bezüglich der **Vergabe der Lieferung von 160 eBordrechnern/Fahrausweisdruckern einschließlich der Sende- und Empfangseinheiten** für die Sprach- und Datenübertragung sowie eines zentralen Datenverwaltungssystems weist durchaus einen **überdurchschnittlichen Schwierigkeitsgrad** auf. Liegen die **Schwerpunkte der vergaberechtlichen Problemlösung** bei der **Überprüfung des Auswahlermessens des Auftraggebers**, inklusive seiner Bewertungsmatrix, der Einhaltung der Anforderungen hinsichtlich der Erstellung eines Vergabevermerkes, der ausreichenden Beantwortung von Bieteranfragen sowie der Unverzüglichkeit der Rüge und handelt es sich um ein Sektorenverfahren, sind die **rechtlich zu klärenden Fragen durchaus komplex**; sie fallen jedoch nicht aus dem Rahmen heraus, die im Nachprüfungsverfahren als üblich zu bezeichnen ist, sodass die Ausschöpfung des Gebührenrahmens nicht angemessen erscheint, sondern **eine 2,0-fache Geschäftsgebühr ausreicht** (1. VK Sachsen-Anhalt, B. v. 25. 2. 2008 – Az: 1 VK LVwA 24/07 K)

– das Vergabeverfahren betraf die **fehlerhafte Wertung der Angebote und den damit verbundenen auftraggeberseitig zu Unrecht nicht erfolgten Ausschluss der Beigeladenen**. Die Kammer hält daher innerhalb des von einer Geschäftsgebühr von 0,5 bis 2,5 reichenden Gebührenrahmens unter Berücksichtigung aller hierfür relevanten Umstände die Tätigkeit des anwaltlichen Vertreters der Antragstellerin im vorliegenden Nachprüfungsverfahren **mit einer 2,0-fachen Geschäftsgebühr für angemessen abgegolten**. (1. VK Sachsen-Anhalt, B. v. 15. 6. 2007 – Az.: 1 VK LVwA 29/06 K)

– war der **Rechtsstreit** unter Berücksichtigung aller Umstände als **nicht besonders umfangreich und schwierig** einzustufen, hat auch eine **mündliche Verhandlung nicht stattgefunden** und ist mit der **Rücknahme des Nachprüfungsantrages** durch die AST das Verfahren vorher beendet worden, ist eine Geschäftsgebühr von **2,5 nicht gerechtfertigt, sondern nur von 2,0** (VK Thüringen, B. v. 8. 3. 2007 – Az.: 360–4005.20–951/2007-005-WAK)

– war eine **Vielzahl von Vergaberechtsverstößen** im Hinblick sowohl auf das Angebot AST als auch auf das Angebot der BEI Gegenstand des Nachprüfungsverfahrens und war **eine gegenständlich und inhaltlich komplexe mündliche Verhandlung dazu durchzuführen** und haben die geltend gemachten Vergaberechtsverstöße die **Auseinandersetzung mit Rechtsfragen erfordert hat, die in der vergaberechtlichen Rechtsprechung noch ungeklärt und in der Literatur stark umstritten** sind, ist eine Geschäftsgebühr von **2,5 gerechtfertigt** (VK Thüringen, B. v. 8. 3. 2007 – Az.: 360–4005.20–949/2007-003-J)

– das vorliegende Verfahren betraf die **fehlerhafte Wertung der Angebote und den damit verbundenen auftraggeberseitig nicht erfolgten Ausschluss der Beigeladenen**. Die Kammer hält daher innerhalb des von einer Geschäftsgebühr von 0,5 bis 2,5 reichenden Gebührenrahmens unter Berücksichtigung aller hierfür relevanten Umstände die Tätigkeit des anwaltlichen Vertreters der Antragstellerin im vorliegenden Nachprüfungsverfahren mit einer **2,0-fachen Geschäftsgebühr für angemessen abgegolten** (1. VK Sachsen-Anhalt, B. v. 3. 5. 2007 – Az.: 1 VK LVwA 11/06-K)

– es ist aber auch festzustellen, dass es **regelmäßig noch wesentlich komplexere und schwierigere Vergabenachprüfungsverfahren** gibt, so dass nach Überzeugung der Vergabekammer es zwar gerechtfertigt ist, die **Mittelgebühr von 1,3 deutlich zu überschreiten**, hingegen der **Ansatz der Höchstgebühr von 2,5 nicht gerechtfertigt** ist. Es wird deshalb der Ansatz einer Gebühr von 2,3 des Gebührenverzeichnisses für billig angesehen (VK Baden-Württemberg, B. v. 27. 3. 2007 – Az.: 1 VK 78/06)

– betrifft das Verfahren die **Voraussetzungen einer ordnungsgemäßen Gleichwertigkeitsprüfung im Zusammenhang mit einem Nebenangebot**, ist innerhalb des von einer Geschäftsgebühr von 0,5 bis 2,5 reichenden Gebührenrahmens unter Berücksichtigung aller hierfür relevanten Umstände die **Tätigkeit des anwaltlichen Vertreters mit einer 2,0-fachen Geschäftsgebühr angemessen abgegolten** (1. VK Sachsen-Anhalt, B. v. 4. 12. 2006 – Az.: 1 VK LVwA 28/06 K)

– auch die konkreten Umstände des Einzelfalls lassen den Ansatz einer 2,0-fachen Gebühr noch als billig erscheinen. Die **Erwiderung** der Verfahrensbevollmächtigten auf den Nachprüfungsantrag der Antragstellerin **musste innerhalb von vier Arbeitstagen erfolgen**. Innerhalb dieser Zeit musste die Frage der behaupteten Rügen bezüglich der Lose 1 bis 3 ebenso geklärt werden wie zahlreiche inhaltliche Fragen zu den Angeboten der Antragstellerin. Es musste eine Auseinandersetzung mit den inhaltlichen, sehr unterschiedlich beurteilten Fragen erfolgen. Die Angelegenheit war sowohl für die Antragstellerin als auch für die Antragsgegnerin von großer Bedeutung. Es ging um einen Beschaffungsvorgang größeren Umfangs (rd. 4,124 Mio. €), der **zur Deckung des Bedarfs zeitgerecht abgeschlossen werden sollte** (OLG Schleswig-Holstein, B. v. 12. 1. 2007 – Az.: 1 Verg 14/05)

– **im Einzelfall kann die Vorbefassung des Anwalts im Vergabeverfahren einen niedrigeren Vergütungsansatz als 2,0 rechtfertigen**. In Anbetracht des überdurchschnittlich hohen tatsächlichen und rechtlichen Klärungs- und Aufbereitungsbedarfs im vorliegenden Nachprüfungsverfahren besteht jedoch kein Anlass, an der Angemessenheit des Vergütungssatzes von 2,0 zu zweifeln. Ausgehend von der Komplexität der mit der Vergabe verbundenen technischen, organisatorischen und rechtlichen Fragen und den Anforderungen, die durch die mündliche Verhandlung vor der Vergabekammer bedingt waren, ist vom Höchstsatz einer 2,5 Geschäftsgebühr auszugehen. **Mit dem verminderten Ansatz von 2,0 ist der Vorbefassung des auf Seiten der Antragsgegnerin tätigen Rechtsanwaltes und einer dadurch bewirkten – begrenzten – Arbeitserleichterung ausreichend Rechnung getragen.** (OLG Schleswig-Holstein, B. v. 5. 1. 2007 – Az.: 1 Verg 12/06)

– bei der Ausfüllung des Gebührenrahmens gemäß Nr. 2400 (2300) VV RVG hat auch Berücksichtigung zu finden, dass die **anwaltlichen Vertreter in dem vorangegangenen Vergabeverfahren bereits tätig waren**. Zu prüfen ist, ob und ggf. in welchem Umfang sich dies auf ihre Tätigkeit im Nachprüfungsverfahren arbeitserleichternd ausgewirkt hat (OLG München, B. v. 16. 11. 2006 – Az.: Verg 14/06; B. v. 13. 11. 2006 – Az.: Verg 13/06)

Gesetz gegen Wettbewerbsbeschränkungen GWB § 128 **Teil 1**

- im Hinblick auf den **eher durchschnittlichen Umfang der ausgetauschten Schriftsätze** und **einer einzigen relevanten rechtlichen Fragestellung** des Sachverhaltes erscheint die Gebührenbestimmung des Rechtsanwaltes in Höhe der max. Rahmengebühr von 2,5 als ermessensfehlerhaft, so dass die erstattungsfähige Gebühr auf das 2,0-fache der angefallenen Wertgebühr festzusetzen war. Zudem ist anzumerken, dass im Vergleich zu anderen Nachprüfungsverfahren **kein hoher Auftragswert und keine Langfristigkeit der in Rede stehenden Vertragsbeziehung** zu verzeichnen ist, welche die volle Ausschöpfung der Rahmengebühr rechtfertigen würden (1. VK Sachsen-Anhalt, B. v. 5. 4. 2005 – Az.: 1 VK LVwA 58/04)

- unter Einbeziehung des für ein **Nachprüfungsverfahren eher durchschnittlichen Umfanges der ausgetauschten Schriftsätze** und **lediglich zwei relevanter rechtlicher Fragestellungen**, erscheint die Gebührenbestimmung des Verfahrensbevollmächtigten der Antragstellerin in Höhe der max. Rahmengebühr von 2,5 im oben genannten Sinne als ermessensfehlerhaft. **Umfang und Schwierigkeitsgrad der anwaltlichen Vertretung** wird durch die **Festsetzung der Geschäftsgebühr in Höhe des 2,0-fachen der Wertgebühr** ausreichend Rechnung getragen (1. VK Sachsen-Anhalt, B. v. 8. 3. 2006 – AZ: 1 VK LVwA 03/05 K)

- ein **besonders hoher terminlicher Druck** ist dem **Beschleunigungsgrundsatz** im Nachprüfungsverfahren **geschuldet** und kann daher als **kennzeichnend für derartige Kammerverfahren** bezeichnet werden. Ähnlich verhält es sich hinsichtlich des **Abstimmungsbedarfes im Zusammenhang mit der Vertretung des Auftraggebers** in diesem Nachprüfungsverfahren. Im Vergleich zu anderen Fällen der anwaltlichen Vertretung außerhalb des Bereiches des Vergabewesens kann der **Abstimmungsbedarf sicherlich als erhöht** bezeichnet werden. Innerhalb einer regelmäßigen anwaltlichen Tätigkeit im Rahmen des Vergabewesens ist der **Koordinierungsaufwand jedoch immer noch als charakteristisch für derartige Verfahren vor den Vergabekammern einzustufen** und kann daher **durch die 1,8-fache Wertgebühr als abgegolten** gelten (VK Sachsen-Anhalt, B. v. 23. 3. 2006 – Az.: 1 VK LVwA 44/05)

- die Antragsgegnerseite vermochte auch nicht mit der Argumentation durchzudringen, dass der **besondere Zeitdruck sowie drohende Schadensersatzforderungen die Bedeutung der streitbefangenen Sache erhöhen**. Grundsätzlich hat der öffentliche **Auftraggeber die Möglichkeit der Anrufung der Vergabekammern in seine zeitlichen Planungen einzubeziehen**. Kommt er dem **nicht nach**, so kann dieses selbst gewählte Los nicht dazu führen, dass die **im Nachprüfungsverfahren unterliegende Gegenseite ein erhöhtes Kostenrisiko trägt**. Dies gilt selbstverständlich auch für damit verbundene Risiken der Geltendmachung von Schadensersatzforderungen. Der Antrag auf Festsetzung von mehr als dem 2,0-fachen der Wertgebühr musste demnach zurückgewiesen werden (1. VK Sachsen-Anhalt, B. v. 20. 6. 2006 – Az.: 1 VK LVwA 51/05)

- **weder** ist die Tätigkeit der Bevollmächtigten **überdurchschnittlich umfangreich, noch** weist die Sache **besondere rechtliche Schwierigkeiten** auf, wenn der **Nachprüfungsantrag schon an der formellen Vollständigkeit des Angebots scheitert**, so dass die Vergabekammer ihn ohne Prüfung weiterer Angebote zurückgewiesen hat; ebenso ist **zu berücksichtigen**, dass die Vergabekammer wegen offensichtlicher Unbegründetheit des Nachprüfungsantrages **ohne mündliche Verhandlung entschieden** hat, so dass ein **höherer Satz als 1,8** im Rahmen der notwendigen Gesamtschau **in jedem Fall unbillig** erscheint. Ein **Antrag nach § 115 Abs. 2 S. 1 GWB rechtfertigt allein eine Erhöhung nicht** (OLG Naumburg, B. v. 15. 6. 2006 – Az.: 1 Verg 5/06)

- **ändert ein Bieter die Verdingungsunterlagen und ist dies einfach und rasch zu erkennen und nimmt dieser Bieter den Nachprüfungsantrags vor Eintritt der Vergabekammer in die mündliche Verhandlung zurück**, begrenzt dies den Aufwand für die Verfahrensbevollmächtigten; infolgedessen ist es nicht gerechtfertigt, eine 2-fache Geschäftsgebühr anzusetzen; **der angemessene Gebührensatz liegt beim 1,3-fachen** (OLG Düsseldorf, B. v. 24. 10. 2005 – Az.: VII – Verg 30/05)

- das streitgegenständliche Nachprüfungsverfahren betrifft **zwar einen umfangreicheren Ausschreibungsgegenstand** (Küchentechnik für eine umzubauende und zu sanierende Zentralküche eines Krankenhauses) mit einem Auftragswert von ca. 1,17 Mio. €. Auf der anderen Seite aber waren **nur wenige zweifelhafte Rechtsfragen** zu klären. Hinzu kommt, dass die **Verfahrensbeteiligten auf eine mündliche Verhandlung vor der Vergabekammer verzichtet** haben. Die Entscheidung der Vergabekammer, eine 2,0 – fache Gebühr festzuset-

Teil 1 GWB § 128   Gesetz gegen Wettbewerbsbeschränkungen

zen, ist daher auch unter Berücksichtigung des dem Anwalt eingeräumten Ermessens und ihm zur Verfügung stehenden Toleranzrahmens nicht zu beanstanden (OLG München, B. v. 11. 1. 2006 – Az.: Verg 21/05; B. v. 23. 1. 2006 – Az.: Verg 22/05)

– das **Vergaberecht** ist **eine von Haus aus unübersichtliche und schwierige Rechtsmaterie**. Ungeachtet einer Beiladung anderer Bieter oder Bewerber durch die Vergabekammer sind in einem Nachprüfungsverfahren von Beginn an die Interessen der Mitbewerber und deren Angebote betroffen und ist deren tatsächliche und rechtliche Argumentation von den Verfahrensbeteiligten zu berücksichtigen. **Besondere Schwierigkeiten treten bei der Klärung des Sachverhalts auf, weil ein Geheimwettbewerb stattfindet** und fremde Geschäftsgeheimnisse gewahrt werden müssen. Dennoch ist in der Regel umfangreich und umfassend (vgl. § 113 Abs. 2 GWB) sowie stets unter erheblichen Zeitdruck vorzutragen. Im **Regelfall erscheint es daher im Sinne von § 14 Abs. 1 RVG nicht unbillig, wenn der Rechtsanwalt für seine Tätigkeit im Verfahren vor der VK mit mündlicher Verhandlung eine 2,0-fache Gebühr ansetzt**. Eine **mündliche Verhandlung vor der Vergabekammer** ist hierfür **nicht in jedem Fall vorauszusetzen** (OLG Düsseldorf, B. v. 22. 7. 2005 – Az.: VII – Verg 83/04)

– in Vergabesachen ist bei einer mündlichen Verhandlung vor der Vergabekammer im **Regelfall eine 2,0 Geschäftsgebühr** gemäß Nr. 2400 VV RVG **nicht unbillig** (OLG Düsseldorf, B. v. 31. 5. 2005 – Az.: VII – Verg 107/04; B. v. 24. 5. 2005 – Az.: VII – Verg 98/04)

– werden **keine umfangreichen Schriftsätze** ausgetauscht, findet auch **keine mündliche Verhandlung** statt und **konzentriert sich das Verfahren inhaltlich auf die Zulässigkeit**, ist die Festsetzung einer Geschäftsgebühr **in Höhe von 1,3 gerechtfertigt** (VK Münster, B. v. 5. 4. 2005 – Az.: VK 34/04)

– wenn die Vergabe einen **komplexen Auftrag mit hohen Auftragswerten und langfristigen gegenseitigen Bindungen in einem so genannten PPP-Modell** betrifft, lassen diese Umstände nicht nur die Überschreitung der Kappungsgrenze, sondern die **volle Ausschöpfung des gesetzlich vorgegebenen Rahmens** als nicht unbillig erscheinen. Ohne maßgebliche Bedeutung ist hingegen, ob das gegenständliche Nachprüfungsverfahren im Verhältnis zu anderen vor der Vergabekammer verhandelten Nachprüfungsverfahren als schwierig einzustufen ist (BayObLG, B. v. 16. 2. 2005 – Az.: Verg 028/04)

– die Tätigkeit des Verfahrenbevollmächtigten für das vorliegende Nachprüfungsverfahren war **allein auf Grund der Tatsache schwierig, da es sich um eine Spezialmaterie hier das Vergaberecht handelt und lag über dem Durchschnitt** dessen, was ein Verfahrensbevollmächtigter in einem außergerichtlichen Verfahren tun und leisten muss. Daher ist eine höhere Gebühr als die Regelgebühr von 1,3 anzusetzen (VK Thüringen, B. v. 22. 2. 2005 – Az.: 360–4005.20-007/05-EF-S)

– im Hinblick auf den **eher durchschnittlichen Umfang** der in diesem Verfahren ausgetauschten Schriftsätze und **einer einzigen relevanten rechtlichen Fragestellung** des diesem Verfahren zugrunde liegenden Sachverhalt und **keiner technischen Problemen** erscheint die Gebührenbestimmung des Rechtsanwaltes in Höhe der maximalen Rahmengebühr von 2,5 als ermessensfehlerhaft, so dass die erstattungsfähige Gebühr auf das 2,0-fache der angefallenen Wertgebühr festzusetzen war (VK Thüringen, B. v. 22. 2. 2005 – Az.: 360–4005.20-007/05-EF-S)

– angesichts der Bedeutung der Angelegenheit, der Schwierigkeit und des Umfangs der Tätigkeit des Verfahrensbevollmächtigten der Vergabestelle ist die von ihr beantragte Geschäftsgebühr in Höhe von 2,0 gerechtfertigt. Hierbei ist auch von Bedeutung, dass er **an der mündlichen Verhandlung mitgewirkt sowie umfassende Schriftsätze verfasst** hatte (2. VK beim Landesverwaltungsamt Sachsen-Anhalt, B. v. 18. 11. 2004 – Az.: VK 2 – LVwA 26/04)

– erweist sich ein Verfahren als **umfangreich und schwierig**, rechtfertigt dies die Festsetzung einer Geschäftsgebühr in Höhe des **2,3-fachen der angefallenen Wertgebühr**. Eine Geschäftsgebühr in Höhe des **2,5-fachen der entstandenen Wertgebühr ist nicht** anzusetzen, wenn das durchgeführte umfangreiche Nachprüfungsverfahren **u. a. der Durchführung einer Beweisaufnahme entbehrt**; dann ist der zur Verfügung stehende Gebührenrahmen nicht vollständig auszuschöpfen (VK Thüringen, B. v. 3. 2. 2005 – Az.: 360–4005.20-002/05-ABG).

5379   **40.4.6.2.9 Verzinsung des Kostenerstattungsbetrages.** Nach der Änderung des § 128 Abs. 4 GWB **gilt das allgemeine Zivilrecht**.

40.4.6.2.10 Haftung nach Kopfteilen. Tragen mehrere Beteiligte gemäß § 128 Abs. 4   **5380**
GWB als die Unterliegenden des Verfahrens die zur zweckentsprechenden Rechtsverfolgung notwendigen Aufwendungen, ist, da § 128 Abs. 4 GWB im Gegensatz zu § 128 Abs. 3 Satz 2 GWB keine gesamtschuldnerische Haftung anordnet, **§ 159 VwGO analog anzuwenden.** Entsprechend dem dort in Bezug genommenen § 100 Abs. 1 ZPO haften sie für die Kostenerstattung nach Kopfteilen (BGH, B. v. 26. 9. 2006 – Az.: X ZB 14/06; OLG München, B. v. 29. 6. 2005 – Verg 010/05; 1. VK Brandenburg, B. v. 3. 4. 2007 – Az.: 1 VK 9/07; 1. VK Bund, B. v. 13. 10. 2005 – Az.: VK 1–125/05; B. v. 28. 9. 2005 – VK 1–119/05; B. v. 20. 4. 2005 – Az.: VK 1–23/05; B. v. 24. 3. 2005 – Az.: VK 1–14/05; 2. VK Bund, B. v. 3. 5. 2007 – Az.: VK 2–33/07; 3. VK Bund, B. v. 11. 3. 2010 – Az.: VK 3–18/10; B. v. 21. 8. 2008 – Az.: VK 3–113/08; B. v. 15. 8. 2008 – Az.: VK 3–107/08; B. v. 26. 5. 2008 – Az.: VK 3–59/08; B. v. 6. 2. 2008 – Az.: VK 3–11/08; B. v. 5. 2. 2008 – Az.: VK 3–08/08; B. v. 20. 6. 2007 – Az.: VK 3–52/07; B. v. 7. 2. 2007 – Az.: VK 3–07/07; B. v. 7. 8. 2006 – Az.: VK 3–78/06; VK Sachsen, B. v. 10. 4. 2007 – Az.: 1/SVK/020-07). Hierbei ist immer zu prüfen, ob eine **erhebliche Verschiedenheit der Beteiligung am Verfahren** vorliegt, die eine Abweichung von der Grundregel des § 100 Abs. 1 ZPO und damit **eine andere Quotelung gebietet** (3. VK Bund, B. v. 6. 2. 2008 – Az.: VK 3–11/08).

40.4.6.3 Literatur

– **Schneider,** Rechtsanwaltsgebühren nach dem RVG für die Vertretung in Vergabesachen,   **5381**
IBR 2004, 725

– **Schneider,** Die neuen Vorschriften des RVG in der baurechtlichen Praxis, IBR 2004, 666

40.5 Kosten im Beschwerdeverfahren

40.5.1 Rechtsgrundlage

Mit der **Verweisung auf § 78 GWB in § 120 Abs. 2 GWB gibt es nun eine gesetzliche Grundlage für die Anwendung der §§ 91 ff. ZPO.** Eine analoge Anwendung, die bis Vergaberechtsmodernisierungsgesetz Stand der Rechtsprechung war, ist nicht mehr erforderlich (BGH, B. v. 26. 9. 2006 – Az.: X ZB 14/06; B. v. 25. 10. 2005 – Az.: X ZB 15/05; B. v. 19. 12. 2000 – Az.: X ZB 14/00; OLG Celle, B. v. 27. 8. 2008 – Az.: 13 Verg 2/08; OLG Düsseldorf, B. v. 26. 11. 2007 – Az.: VII – Verg 53/05; OLG Karlsruhe, B. v. 13. 6. 2008 – Az.: 15 Verg 3/08; OLG München, B. v. 22. 1. 2009 – Az.: Verg 26/08; B. v. 23. 11. 2006 – Az.: Verg 16/06; B. v. 2. 6. 2006 – Az.: Verg 12/06; BayObLG, B. v. 28. 5. 2003 – Az.: Verg 6/03; OLG Naumburg, B. v. 25. 9. 2008 – Az.: 1 Verg 3/08; B. v. 17. 2. 2004 – Az.: 1 Verg 15/03; OLG Schleswig-Holstein, B. v. 16. 7. 2009 – Az.: 1 Verg 1/09; OLG Thüringen, B. v. 30. 3. 2009 – Az.: 9 Verg 12/08). Dies gilt **auch für die Kosten Beigeladener** (OLG Celle, B. v. 27. 8. 2008 – Az.: 13 Verg 2/08; OLG Schleswig-Holstein, B. v. 16. 7. 2009 – Az.: 1 Verg 1/09).   **5382**

Nach der gesetzlichen Regelung – und der **Rechtsprechung des BGH** zum alten Rechtszustand – richtet sich die **Kostenentscheidung** im vergaberechtlichen Beschwerdeverfahren **allein nach der ZPO.** Diese **verlangt für die Kostenerstattung nicht die Stellung von Sach- oder Verfahrensanträgen** (OLG München, B. v. 2. 6. 2006 – Az.: Verg 12/06).   **5383**

40.5.2 Zuständigkeit für die Kostenfestsetzung im Beschwerdeverfahren

40.5.2.1 Rechtsprechung

Die **Rechtsprechung** hierzu ist **nicht einheitlich.**   **5384**

Die **§§ 102 bis 129 GWB enthalten keine eigene Vorschrift,** welche Stelle für die Kostenfestsetzung – nach getroffener Kostengrundentscheidung – hinsichtlich der im Beschwerdeverfahren entstandenen und einem Verfahrensbeteiligten zu erstattenden Kosten zuständig ist. § 128 Abs. 4 Satz 3 GWB enthält keine Regelung dieser Frage. Diese Vorschrift ergänzt nur die vorstehenden Bestimmungen der Sätze 1 und 2 des § 128 Abs. 4 GWB, die hinsichtlich der den Verfahrensbeteiligten selbst im erstinstanzlichen Nachprüfungsverfahren entstandenen Aufwendungen Regelungen für die Kostengrundentscheidung über die Erstattung enthalten, und ordnet für diesen Regelungsbereich an, dass § 80 (insbesondere Abs. 3) VwVfG des Bundes und die entsprechenden Vorschriften der Verwaltungsverfahrensgesetze der Länder entsprechend gelten. Daraus folgt, dass die **Vergabekammer nur für die Festsetzung der in ihrer Instanz entstandenen Aufwendungen zuständig** ist.   **5385**

Teil 1 GWB § 128 Gesetz gegen Wettbewerbsbeschränkungen

5386 Für den **Fall, dass das Oberlandesgericht auf Beschwerde hin in der Hauptsache entscheidet, ist die Zuständigkeit zur Kostenfestsetzung also nicht gesetzlich geregelt**. § 80 Abs. 3 VwVfG greift in dieser Konstellation unabhängig von Erfolg oder Misserfolg der Beschwerde nicht. Vielmehr wird, sofern sich dem verwaltungsrechtlichen Widerspruchsverfahren ein Klageverfahren anschließt, die Kostenentscheidung des Widerspruchsbescheids durch die gerichtliche Kostenentscheidung verdrängt. Nach § 162 Abs. 1 VwGO hat das Verwaltungsgericht auch über die Kosten des Vorverfahrens zu entscheiden. Damit ist § 80 Abs. 3 VwVfG in der verfahrensgegenständlichen Konstellation nicht (entsprechend) anwendbar. Es besteht eine Regelungslücke (OLG München, B. v. 26. 11. 2008 – Az.: Verg 21/08).

5387 In der Regelung des § 128 Abs. 4 Satz 3 GWB kommt die **Gleichsetzung des Nachprüfungsverfahrens vor der Vergabekammer mit dem verwaltungsrechtlichen Widerspruchsverfahren zum Ausdruck**. Die **Strukturen des verwaltungsrechtlichen Rechtsschutzes** – Widerspruchsverfahren vor der Verwaltungsbehörde mit anschließendem gerichtlichen Rechtsschutz vor den Verwaltungsgerichten – sind insoweit **dem zweistufigen Vergabenachprüfungsverfahren vor der Vergabekammer und dem Oberlandesgericht näher wie das System der Zivilprozessordnung**, dem ein dem gerichtlichen Rechtsschutz vorgeschaltetes Verfahren vor einer Behörde fremd ist. Folglich ist die Regelungslücke durch eine entsprechende Anwendung der Vorschriften der Verwaltungsgerichtsordnung zu schließen (OLG München, B. v. 26. 11. 2008 – Az.: Verg 21/08).

5388 Nach **Auffassung des OLG Düsseldorf ist hingegen „erster Rechtszug" im Sinne des § 103 Abs. 2 S. 1 ZPO** (vgl. auch § 164 VwGO) **nicht das Verfahren vor der Vergabekammer, sondern das Beschwerdeverfahren vor dem Vergabesenat**; bei der Vergabekammer handelt es sich sowohl organisationsrechtlich als auch kostenrechtlich nicht um ein Gericht. Mangels besonderer Vorschriften im GWB sind – soweit nicht Besonderheiten des Beschwerdeverfahrens etwas anderes erfordern – zur Lückenfüllung – auch über die in § 120 Abs. 2 i. V. m. § 73 Nr. 2 GWB ausdrücklich aufgeführten Vorschriften hinaus – die Regeln der ZPO anzuwenden. **Für das Kostenfestsetzungsverfahren gelten damit die §§ 103 ff. ZPO und ergänzend dazu § 21 Nr. 1 RPflG** (OLG Düsseldorf, B. v. 26. 1. 2009 – Az.: VII-Verg 17/08).

5389 **Entscheidend für die Zuständigkeit des Rechtspflegers beim OLG** ist nicht, dass überhaupt ein Beschwerdeverfahren statt gefunden hat. Voraussetzung ist vielmehr, **dass die Entscheidung der Vergabekammer in der Hauptsache angegriffen worden ist** und nicht nur eine zusätzlich zur Kostengrundentscheidung zu treffende Nebenentscheidung über die Notwendigkeit der Hinzuziehung eines Verfahrensbevollmächtigten (OLG Düsseldorf, B. v. 24. 11. 2004 – Az.: VII – Verg 80/04; B. v. 10. 11. 2004 – Az.: VII – Verg 50/04; B. v. 20. 10. 2004 – Az.: VII – Verg 65/04; B. v. 20. 10. 2004 – Az.: VII – Verg 66/04; B. v. 20. 10. 2004 – Az.: VII – Verg 67/04; B. v. 20. 10. 2004 – Az.: VII – Verg 59/04; B. v. 20. 10. 2004 – Az.: VII – Verg 51/04; B. v. 20. 10. 2004 – Az.: VII – Verg 49/04).

5390 Hinsichtlich des Umfangs der Zuständigkeit hält das OLG Düsseldorf es aufgrund der in § 128 Abs. 4 Satz 3 GWB angeordneten „entsprechenden" Geltung des § 80 VwfG für geboten, die dortige Regelung mit ihren Einschränkungen und Ersetzungen für den Fall des Anrufung des Gerichts, bei dem der Vergabesenat eingerichtet ist, für die Festsetzung der zu erstattenden Kosten zuständig ist. Die Übertragung der im Zusammenhang mit § 80 VwVfG geltenden Rechtslage in entsprechender Weise auf das zweistufige Nachprüfungsverfahren bedeutet ferner, dass der **Rechtspfleger des Oberlandesgerichtes nicht nur für das Beschwerdeverfahren (wenn ein solches stattgefunden hat), sondern auch für das vorausgegangene Verfahren bei der Vergabekammer die zu erstattenden Kosten aufgrund der rechtskräftig gewordenen Kostengrundentscheidung(en) festzusetzen hat** (OLG Düsseldorf, B. v. 24. 11. 2004 – Az.: VII – Verg 80/04; B. v. 10. 11. 2004 – Az.: VII – Verg 50/04; B. v. 20. 10. 2004 – Az.: VII – Verg 65/04; B. v. 20. 10. 2004 – Az.: VII – Verg 66/04; B. v. 20. 10. 2004 – Az.: VII – Verg 67/04; B. v. 20. 10. 2004 – Az.: VII – Verg 59/04; B. v. 20. 10. 2004 – Az.: VII – Verg 51/04; B. v. 20. 10. 2004 – Az.: VII – Verg 49/04; B. v. 5. 2. 2001 – Az.: Verg 26/00).

5391 Ebenso spricht die **Prozessökonomie dafür, dass der Rechtspfleger beim Oberlandesgericht auch die Kosten aus dem Nachprüfungsverfahren vor der Vergabekammer mit festsetzt**. Der Rechtspfleger beim Oberlandesgericht ist ohnehin für die Festsetzung der im Beschwerdeverfahren vor dem Oberlandesgericht angefallenen Kosten zuständig. Es ist sinnvoll, das Kostenfestsetzungsverfahren nicht in zwei Teile aufzuspalten, sondern in einem beim Oberlandesgericht zu erledigen. Außerdem **schafft nur die Kostenfestsetzung durch den Rechtspfleger beim Oberlandesgericht einen Vollstreckungstitel** (§ 168 Abs. 1 Nr. 4 VwGO bzw. § 794

Gesetz gegen Wettbewerbsbeschränkungen   GWB § 128 **Teil 1**

Abs. 1 Satz 1 Nr. 1 ZPO). Die Kostenfestsetzung durch die Vergabekammer erfolgt dagegen durch (anfechtbaren) Verwaltungsakt (OLG München, B. v. 26. 11. 2008 – Az.: Verg 21/08).

Demgegenüber vertritt die VK Münster (B. v. 19. 11. 2001 – Az.: VK 11/01) eine andere   5392
Auffassung. Eine **Übertragung der Entscheidungskompetenz** von der Vergabekammer, bei der Verwaltungsaufwand angefallen ist, der bei der Festsetzung der Höhe der Kosten zu berücksichtigen ist (§ 128 Abs. 1 GWB), **auf das Beschwerdegericht** wäre **nicht im Sinne einer einheitlichen Anwendung des der Vergabekammer eingeräumten Ermessens** über die Regeln, nach welchen die Kosten des Nachprüfungsverfahrens festgesetzt werden. Ein solches Ermessen räumt das Verwaltungskostengesetz des Bundes, auf das § 128 Abs. 1 GWB verweist, ein (vgl. §§ 5, 6, 9 und 10 VwKostG).

40.5.2.2 Vergaberechtsmodernisierungsgesetz 2009

Eine der Änderung des § 128 Abs. 4 GWB **durch das Vergaberechtsmodernisierungsge-**   5393
setz vergleichbare Klarstellung bzw. Änderung ist nicht erfolgt.

40.5.3 Kostenverteilung nach dem Verhältnis des Obsiegens bzw. Unterliegens der Verfahrensbeteiligten

40.5.3.1 Allgemeines

Nach den Kostenvorschriften der Zivilprozessordnung, die hier analog anzuwenden sind, sind   5394
die **Kosten nach dem Verhältnis des Obsiegens bzw. Unterliegens der Verfahrensbeteiligten zu verteilen.** Für die Beurteilung des Obsiegens bzw. Unterliegens eines Beteiligten ist **allein der Ausgang des Nachprüfungsverfahrens im Verhältnis zu dem von ihm gestellten Antrag** in diesem Verfahren maßgeblich. Haben letztlich alle im gerichtlichen Beschwerdeverfahren gestellten Anträge in der Hauptsache keinen Erfolg, so ist eine Aufteilung der Verfahrenskosten unter allen Beteiligten, die einen Antrag gestellt haben geboten. Bei **teilweisem Obsiegen und Unterliegen werden die Kosten verhältnismäßig geteilt**, wobei grundsätzlich das Verhältnis der Kostenteile der Verfahrenserfolge entscheidungserheblich ist, § 92 Abs. 1 ZPO analog. Verteilungsmaßstab ist der Kostenwert (OLG Naumburg, B. v. 17. 2. 2004 – Az.: 1 Verg 15/03).

Zu einem **vergleichbaren Ergebnis** kommt das Schleswig-Holsteinische OLG in **analoger**   5395
Anwendung von § 155 Abs. 4 VwGO (Schleswig-Holsteinisches OLG, B. v. 30. 3. 2004 – Az.: 6 Verg 1/03).

40.5.3.2 Weitere Beispiele aus der Rechtsprechung

– der Hauptantrag der Antragstellerin war darauf gerichtet festzustellen, dass sie durch die von   5396
der Antragsgegnerin beabsichtigte Ausschließung ihres Angebots im Vergabeverfahren in ihren Rechten verletzt sei. Bezweckt hat die Antragstellerin mit diesem Antrag, wie auch in ihren Schriftsätzen zum Ausdruck kommt, selbst den Zuschlag zu erhalten. Dieses Ziel hat die Antragstellerin nicht erreicht. Es verbleibt auch nach Durchführung des Beschwerdeverfahrens dabei, dass die Antragstellerin zu Recht vom Vergabeverfahren ausgeschlossen wurde und deshalb in dem vorliegenden Vergabeverfahren nicht zum Zug kommen kann. Die **Antragstellerin hat jedoch einen Teilerfolg erzielt, indem auf ihren Nachprüfungsantrag und ihre Beschwerde hin der Antragsgegnerin untersagt wurde, der Beigeladenen zu 1) den Zuschlag zu erteilen** und im Übrigen auch keiner der sonstigen Bieter des vorliegenden Vergabeverfahrens zu berücksichtigen ist. Damit besteht für die Antragstellerin die Chance, in einem neu durchzuführenden Vergabeverfahren, das die Antragsgegnerin auch bereits in Aussicht gestellt hat, Erfolg zu haben. Der Senat bewertet den Anteil des Obsiegens der Antragstellerin im Verhältnis zu ihren gestellten Anträgen mit 50%. Hieraus ergibt sich ohne Weiteres die Kostenquotelung für das Beschwerdeverfahren (OLG München, B. v. 23. 11. 2006 – Az.: Verg 16/06)

40.5.4 Streitwert für das Beschwerdeverfahren

Vgl. dazu die Kommentierung → Rdn. 262 ff.   5397

40.5.5 Kosten bei Zurücknahme der sofortigen Beschwerde

Die Zurücknahme der sofortigen Beschwerde hat in **entsprechender Anwendung des**   5398
§ 516 Abs. 3 ZPO den Verlust des eingelegten Rechtsmittels und die Verpflichtung zur Folge,

Teil 1 GWB § 128 Gesetz gegen Wettbewerbsbeschränkungen

die Kosten des Beschwerdeverfahrens einschließlich der Kosten des Verfahrens nach § 118 Abs. 1 Satz 3 GWB zu tragen. Zu diesen Kosten gehören auch die außergerichtlichen Kosten des Antragsgegners – vgl. § 91 ZPO – (OLG Brandenburg, B. v. 7. 4. 2009 – Az.: Verg W 14/08; B. v. 27. 6. 2008 – Az.: Verg W 4/08; OLG Karlsruhe, B. v. 4. 6. 2007 – Az.: 17 Verg 1/07; OLG München, B. v. 8. 11. 2010 – Az.: Verg 20/10; B. v. 23. 9. 2010 – Az.: Verg 18/10; B. v. 4. 9. 2007 – Az.: Verg 08/07; B. v. 13. 8. 2007 – Az.: Verg 09/07; B. v. 4. 12. 2006 – Az.: Verg 18/06; B. v. 9. 5. 2006 – Az.: Verg 11/06; B. v. 20. 3. 2006 – Az.: Verg 04/06; BayObLG, B. v. 13. 1. 2005, Az.: Verg 025/04; B. v. 26. 9. 2002 – Az.: Verg 23/02, B. v. 27. 11. 2002 – Az.: Verg 27/02; Schleswig-Holsteinisches OLG, B. v. 23. 5. 2007 – Az.: 1 Verg 1/07).

5399 Die Kostenentscheidung bezieht sich **auch auf das Verfahren nach § 118 Abs. 1 Satz 3 GWB** (OLG Brandenburg, B. v. 27. 6. 2008 – Az.: Verg W 4/08; OLG München, B. v. 4. 9. 2007 – Az.: Verg 08/07; B. v. 13. 8. 2007 – Az.: Verg 09/07; B. v. 4. 12. 2006 – Az.: Verg 18/06; B. v. 20. 3. 2006 – Az.: Verg 04/06; Schleswig-Holsteinisches OLG, B. v. 23. 5. 2007 – Az.: 1 Verg 1/07).

40.5.6 Kosten bei Zurücknahme des Nachprüfungsantrags

5400 Nach Rücknahme des Nachprüfungsantrags trägt der Antragsteller gem. § 269 Abs. 3 Satz 2 ZPO analog die Kosten des Verfahrens, da eine **kostenpflichtige Rücknahme des Erstantrags – wie § 269 Abs. 3 Satz 1 ZPO zeigt – auch noch in der Rechtsmittelinstanz** möglich ist (BGH, B. v. 24. 3. 2009 – Az.: X ZB 29/08; B. v. 25. 10. 2005 – Az.: X ZB 15/05; OLG Brandenburg, B. v. 18. 5. 2010 – Az.: Verg W 1/08; B. v. 8. 1. 2008 – Az.: Verg W 10/07; OLG Celle, B. v. 29. 6. 2010 – Az.: 13 Verg 4/10; OLG Düsseldorf, B. v. 10. 11. 2008 – Az.: VII-Verg 42/08; OLG Frankfurt, B. v. 10. 4. 2008 – Az.: 11 Verg 10/07, 11 Verg 13/07; OLG Karlsruhe, B. v. 11. 7. 2008 – Az.: 15 Verg 5/08; OLG Naumburg, B. v. 17. 8. 2007 – Az.: 1 Verg 5/07; Schleswig-Holsteinisches OLG, B. v. 18. 7. 2006 – Az.: 1 Verg 8/06; OLG Thüringen, B. v. 19. 12. 2003 – Az.: 6 Verg 10/02).

5401 **Der Nachprüfungsantrag steht zur freien Disposition des Unternehmens**, das sich in dem Anspruch darauf verletzt fühlt, dass der öffentliche Auftraggeber die Bestimmungen über das Vergabeverfahren einhält. Denn gemäß § 107 Abs. 1 GWB findet ohne Antrag kein Nachprüfungsverfahren statt. Das **schließt als selbstverständliche Folge ein, dass der Antragsteller seinen Antrag jederzeit wieder zurücknehmen kann, solange und soweit noch eine formell bestandskräftige sachliche Entscheidung über diesen Antrag aussteht**. Anders verhielte es sich erst, wenn die verfahrensrechtlichen Vorschriften des Vierten Teils des Gesetzes gegen Wettbewerbsbeschränkungen die Möglichkeit der Rücknahme einschränkten, wie dies beispielsweise § 269 Abs. 1 ZPO für die Klagerücknahme vorsieht. Eine solche **Einschränkung enthält das Gesetz jedoch nicht** (BGH, B. v. 24. 3. 2009 – Az.: X ZB 29/08; OLG Brandenburg, B. v. 18. 5. 2010 – Az.: Verg W 1/08).

40.5.7 Kosten bei Zurücknahme der sofortigen Beschwerde und Rücknahme des Nachprüfungsantrags

5402 Durch eine **gleichzeitig mit der Rücknahme der sofortigen Beschwerde erklärte Rücknahme** des Nachprüfungsantrages ist die Entscheidung der Vergabekammer auch im Kostenpunkt wirkungslos geworden, so dass der **Senat über die Kosten beider Rechtszüge zu befinden** hat (OLG Brandenburg, B. v. 18. 5. 2010 – Az.: Verg W 1/08; OLG Naumburg, B. v. 17. 8. 2007 – Az.: 1 Verg 5/07; Saarländisches OLG, B. v. 29. 9. 2004 – Az.: 1 Verg 5/04).

5403 Nach Auffassung des OLG Dresden bleibt dann, wenn die **Vergabekammer einen Nachprüfungsantrag zurückgewiesen** und dem **Antragsteller die Verfahrenskosten** – gegebenenfalls einschließlich der außergerichtlichen Kosten des Auftraggebers – **auferlegt** hat, **diese Kostenentscheidung unberührt, wenn der Antragsteller sein Nachprüfungsbegehren im darauf folgenden Beschwerderechtszug zurücknimmt** (OLG Dresden, B. v. 16. 11. 2006 – Az.: WVerg 15/06).

5404 **Für die Kosten des Beschwerdeverfahrens gilt ebenfalls § 128 Abs. 3 Satz 4 GWB. Die frühere, anders lautende Rechtsprechung des BGH ist durch die Neuregelung überholt. Es kann keinen Unterschied machen, ob der Nachprüfungsantrag im Nachprüfungsverfahren oder im Beschwerdeverfahren zurückgenommen wird.** §§ 120 Abs. 2, 78 GWB regeln zudem nicht die Kostentragungspflicht für die gerichtlichen Kosten, weil in § 78 Satz 1 GWB von den zur „zweckentsprechenden Erledigung der Angelegenheit" notwendigen Kosten die Rede ist. Damit können nur die „außergerichtlichen" Kosten gemeint sein, da sich die Gerichtskosten unabhängig vom Zweck nur nach dem Streitwert richten. Im Übrigen ähnelt die Formulierung des Gesetzestextes den Formulierungen in § 128 Abs. 4 Satz 1 und Satz 3 GWB, welche unstreitig nicht die Gerichtskosten betreffen (OLG München, B. v. 10. 8. 2010 – Az.: Verg 07/10).

40.5.8 Kosten bei Abschluss eines Vergleichs

Haben die Beteiligten vor dem Vergabesenat in einem **Vergleich** vereinbart, die **Kostentscheidung dem Gericht zu überlassen**, findet für die zu treffende Kostenentscheidung nicht § 98 ZPO, sondern **§ 91 a ZPO Anwendung** (OLG Schleswig-Holstein, B. v. 4. 3. 2008 – Az.: 1 (6) Verg 3/05). 5405

40.5.9 Erstattung der außergerichtlichen Auslagen eines Beigeladenen

40.5.9.1 Erstattung der außergerichtlichen Auslagen eines Beigeladenen bei aktiver Beteiligung

Nach der Rechtsprechung des Bundesgerichtshofs ist das **vergaberechtliche Beschwerdeverfahren** anders als das erstinstanzlich vor der Vergabekammer durchzuführende Nachprüfungsverfahren ein **streitiges Verfahren vor einem ordentlichen Gericht**. Das hat zur Folge, dass auch das Unternehmen, das gemäß § 109 GWB von der Vergabekammer beigeladen worden ist und das die damit durch § 119 GWB begründete Stellung als Beteiligte am Beschwerdeverfahren auch nutzt, indem es beim Beschwerdegericht Schriftsätze einreicht, an einer mündlichen Verhandlung vor diesem Zivilgericht teilnimmt oder sich sonst wie in außergerichtliche Kosten verursachender Weise am Beschwerdeverfahren beteiligt, in entsprechender Anwendung von § 101 ZPO (OLG Celle, B. v. 31. 7. 2008 – Az.: 13 Verg 3/08; OLG München, B. v. 22. 1. 2009 – Az.: Verg 26/08) die Grundsätze in Anspruch nehmen kann, die für dieses Prozessverfahren hinsichtlich der Kostentragung gelten (BGH, B. v. 26. 9. 2006 – Az.: X ZB 14/06; OLG Brandenburg, B. v. 16. 5. 2008 – Az.: Verg W 11/06; B. v. 8. 1. 2008 – Az.: Verg W 10/07; OLG Celle, B. v. 27. 8. 2008 – Az.: 13 Verg 2/08; B. v. 31. 7. 2008 – Az.: 13 Verg 3/08; OLG Dresden, B. v. 8. 4. 2009 – Az.: WVerg 6/08). Auf eine **Billigkeitsentscheidung, wie sie § 162 Abs. 3 VwGO bei außergerichtlichen Kosten eines im Verwaltungsprozess Beigeladenen vorsieht, kommt es deshalb nicht an.** Da sich gemäß § 120 Abs. 1 GWB Beteiligte, soweit sie juristische Personen des öffentlichen Rechts sind, vor dem Beschwerdegericht durch einen bei einem deutschen Gericht zugelassenen Rechtsanwalt vertreten lassen müssen, **gehören zu den zur zweckentsprechenden Rechtsverteidigung im Beschwerdeverfahren notwendigen Kosten die insoweit aufzuwendenden Gebühren des von der Beigeladenen hinzugezogenen Rechtsanwalts, ohne dass dies eines besonderen Ausspruchs bedürfte** (BGH, B. v. 25. 10. 2005 – Az.: X ZB 15/05; B. v. 9. 2. 2004 – Az.: X ZB 44/03; OLG Brandenburg, B. v. 16. 5. 2008 – Az.: Verg W 11/06; B. v. 8. 1. 2008 – Az.: Verg W 10/07; OLG Celle, B. v. 27. 8. 2008 – Az.: 13 Verg 2/08; OLG München, B. v. 22. 1. 2009 – Az.: Verg 26/08; B. v. 2. 6. 2006 – Az.: Verg 12/06; BayObLG, B. v. 11. 5. 2004 – Az.: Verg 003/04; OLG Naumburg, B. v. 17. 8. 2007 – Az.: 1 Verg 5/07; Saarländisches OLG, B. v. 29. 9. 2004 – Az.: 1 Verg 5/04). Die **Stellung förmlicher Anträge** ist **nicht notwendig** (OLG Celle, B. v. 31. 7. 2008 – Az.: 13 Verg 3/08). 5406

Ein **Beigeladener** ist kostenrechtlich nur dann wie ein Antragsteller oder Antragsgegner zu behandeln, **wenn er die durch die Beiladung begründete Stellung im Verfahren auch nutzt, indem er sich an dem Verfahren beteiligt.** Ist ein Beigeladener lediglich in der mündlichen Verhandlung vor dem Vergabesenat anwesend, ohne sich bis zu der von dem Antragsteller erklärten Antragsrücknahme durch die Einreichung von Schriftsätzen, die Stellung von Anträgen oder die Abgabe von sonstigen Erklärungen in der mündlichen Verhandlung in irgendeiner Weise am Beschwerdeverfahren zu beteiligen, ist mangels inhaltlicher Beteiligung in dem Beschwerdeverfahren vor dem Vergabesenat keine – einem Beitritt eines Streithelfers vergleichbare – Unterstützungshandlung erkennbar und daher nicht feststellbar, welches (Rechtsschutz)Ziel ein Beigeladener in der Sache verfolgt. Deshalb kommt eine **kostenrechtliche Beteiligung im Nachprüfungsverfahren, sei es in Form einer zu ihren Gunsten ausgesprochenen Kostenerstattung, sei es durch eine ihm auferlegte Kostenhaftung nach §§ 91, 100 Abs. 1 ZPO, nicht in Betracht.** Allein auf bloße Informationsverschaffung gerichtete Tätigkeiten, wie Akteneinsichtnahme oder die sich auf die Rolle eines Zuhörers beschränkende Teilnahme 5407 an der mündlichen Verhandlung, genügen dafür nicht (OLG Celle, B. v. 27. 8. 2008 – Az.: 13 Verg 2/08).

5408 **Anderer Auffassung ist das OLG Dresden.** Eine **aktive Beteiligung eines Beigeladenen am Beschwerdeverfahren ist keine Voraussetzung** für die Erstattung von außergerichtlichen Kosten. Dem Beigeladenen müssen nur noch notwendige außergerichtliche Kosten daraus erwachsen sein, dass er seine **Rolle als Verfahrensbeteiligter in irgendeiner Weise tatsächlich wahrgenommen** hat. Dazu **genügt, die Teilnahme des anwaltlichen Bevollmächtigten an der mündlichen Verhandlung.** Dazu **reicht aber auch** die gemäß § 120 Abs. 1 Satz 1 GWB unvermeidbare **Mandatierung eines Rechtsanwalts,** der sich für einen Beigeladenen bestellt, dann jedoch auf die Terminsteilnahme verzichtet (OLG Dresden, B. v. 8. 4. 2009 – Az.: WVerg 6/08).

40.5.9.2 Erstattung der außergerichtlichen Auslagen eines Beigeladenen, der selbst kein Rechtsmittel eingelegt hat

5409 Eine **gesetzliche Regelung**, wonach die außergerichtlichen Auslagen der Beigeladenen, die selbst kein Rechtsmittel eingelegt hat, dem im Vergabenachprüfungsverfahren unterlegenen Teil auferlegt werden könnten, **fehlt.** Eine **entsprechende Anwendung der Kostenregelung der ZPO** mit der Folge, dass dem im Vergabenachprüfungsverfahren unterlegenen Teil generell auch die außergerichtlichen Auslagen der nicht selbst als Antragsteller oder Beschwerdeführer beteiligten Beigeladenen auferlegt werden müssten, **verbietet sich** bereits deshalb, weil sie im Einzelfall das wegen der hohen Verfahrenswerte im Nachprüfungsverfahren ohnehin bereits erhebliche Kostenrisiko des Antragstellers so stark erhöhen kann, dass sich die Ingangsetzung des Nachprüfungsverfahrens aus wirtschaftlichen Gründen verbietet; dies etwa dann, wenn der Nachprüfungsantrag in einer frühen Phase des Vergabeverfahrens gestellt wird, in der noch mehrere oder gar alle Bieter beigeladen werden könnten. Eine Erstattungspflicht lässt sich **auch nicht aus einer entsprechenden Anwendung des § 162 Abs. 3 VwGO** begründen. Denn es erscheint nicht unbillig, dass die Beigeladene ihre eigenen außergerichtlichen Auslagen selbst trägt. Die Beigeladene hatte es in der Hand, sich am Nachprüfungs-, bzw. Beschwerdeverfahren zu beteiligen; die durch die Beauftragung eines Verfahrensbevollmächtigten entstehenden Kosten konnte sie abschätzen. Dass die Beigeladene in ihren rechtlichen und wirtschaftlichen Belangen durch die zu erwartende Entscheidung erheblich tangiert werden konnte, genügt für sich allein nicht, um eine Auferlegung ihrer außergerichtlichen Auslagen auf die Antragstellerin zu rechtfertigen. Denn die mögliche Beeinträchtigung ist gem. § 109 GWB bereits Voraussetzung für die Beiladung und daher allein nicht geeignet, die Erstattung der außergerichtlichen Auslagen ausnahmsweise aus Billigkeitsgründen zu rechtfertigen (OLG Brandenburg, B. v. 17. 6. 2003 – Az.: Verg W 2/03).

5410 Vgl. zu der entsprechenden Frage im Vergabekammerverfahren die Kommentierung → Rdn. 188 ff.

40.5.10 Kostentragungspflicht eines Beigeladenen

5411 Ein **Beigeladener ist kostenrechtlich wie der Antragsteller oder Antragsgegner eines Nachprüfungsverfahrens zu behandeln,** wenn er die durch die Beiladung begründete **Stellung im Beschwerdeverfahren auch nutzt,** indem er sich an diesem Verfahren beteiligt, z. B. durch eine **Stellungnahme zur sofortigen Beschwerde** eines Antragstellers. Mithin hat **auch der Beigeladene als im Wesentlichen unterliegende Partei die in der Beschwerdeinstanz entstandenen Kosten zu tragen,** und zwar in entsprechender Anwendung der §§ 91, 92 Abs. 2 ZPO (BGH, B. v. 26. 9. 2006 – Az.: X ZB 14/06; OLG Celle, B. v. 27. 8. 2008 – Az.: 13 Verg 2/08).

40.5.11 Haftung nach Kopfteilen

5412 Für die **Kostenerstattung haften** für den Fall des **gemeinsamen Unterliegens** der Antragsgegner und der Beigeladene in entsprechender Anwendung von § 100 Abs. 1 ZPO **nach Kopfteilen** (BGH, B. v. 26. 9. 2006 – Az.: X ZB 14/06; 1. VK Brandenburg, B. v. 3. 4. 2007 – Az.: 1 VK 9/07).

40.5.12 Kosten des Kostenfestsetzungsverfahrens

5413 In **Kostenfestsetzungsverfahren** stehen sich **Kostengläubiger** und **Kostenschuldner kontradiktorisch gegenüber.** Antragsteller und Beigeladene nehmen hier im Verhältnis zum –

insoweit antragstellenden und beschwerdeführenden – Beigeladenen die Stellung von Antragsgegnern und Beschwerdegegnern ein. Deshalb trifft beide die Kostenlast für ihr Unterliegen im Beschwerdeverfahren (§ 91, § 100 Abs. 1 ZPO analog). Dass ein Beigeladener keine Anträge gestellt und auch sonst im Verfahren nicht hervorgetreten ist, ändert daran nichts; § 154 Abs. 3 VwGO findet keine entsprechende Anwendung (BayObLG, B. v. 6. 2. 2004 – Az.: 25/03).

40.5.13 Erinnerung gegen die Kostenfestsetzung

Eine sofortige Beschwerde gegen die Kostenfestsetzung ist in entsprechender Anwendung der § 151 Satz 1, § 164 und § 165 Satz 1 VwGO als **Erinnerung** gegen die gemäß § 21 Nr. 1 RPflG dem Rechtspfleger als Urkundsbeamten der Geschäftsstelle übertragene Kostenfestsetzung aufzufassen. Zur **Ergänzung der lückenhaften Verfahrensvorschriften der §§ 116 ff. GWB** zieht der Senat in ständiger Rechtsprechung in erster Linie die Bestimmungen der VwGO entsprechend heran. Gerichtskosten werden nicht erhoben (OLG Düsseldorf, B. v. 14. 8. 2003 – Az.: Verg 42/01). 5414

Das OLG Koblenz erachtet **für das Erinnerungsverfahren eine entsprechende Anwendung des § 5 Abs. 6 GKG als sachgerecht**. Das GWB enthält keine Regelung über die Kosten des Verfahrens nach Anfechtung einer Kostenfestsetzung. Die sonst im Beschwerdeverfahren übliche Anwendung der Kostenvorschriften der §§ 91 ff. ZPO ist unpassend, weil sich keine verfahrensbeteiligten Parteien gegenüberstehen. Vielmehr geht es um die Frage, ob das „Gericht" erster Instanz die Kosten dem Gesetz entsprechend festgesetzt hat (OLG Koblenz, B. v. 16. 2. 2006 – Az.: 1 Verg 2/06; B. v. 1. 4. 2004 – Az.: 1 Verg 3/04). 5415

Nach Auffassung des OLG Frankfurts ist auf eine sofortige Beschwerde gegen die Kostenfestsetzung **§ 66 Abs. 8 GKG analog** anzuwenden, mit der Folge der **Gebührenfreiheit des Beschwerdeverfahrens und der Nichterstattung von Kosten** (OLG Frankfurt, B. v. 16. 2. 2009 – Az.: 11 Verg 17/08). 5416

Das OLG Naumburg hatte bei Beschwerden gegen die von den Vergabekammern festgesetzten Gebühren bisher die Vorschriften der ZPO, insbesondere § 97 ZPO, analog angewandt. Der Senat hält hieran jedenfalls **in solchen Fällen, in denen sich die Beschwerde ausschließlich auf die Bemessung des Streitwertes erstreckt und weder die Kostengrundentscheidung angegriffen noch eine konkrete Gebührenfestsetzung begehrt wird**, nicht länger fest. Für **eine solche Streitwertbeschwerde gilt § 68 Abs. 3 GKG analog** (OLG Naumburg, B. v. 25. 2. 2010 – Az.: 1 Verg 14/09). 5417

40.5.14 Kosten des Verfahrens nach § 118 Abs. 1 Satz 3

40.5.14.1 Grundsatz

Vgl. dazu die Kommentierung zu → § 118 GWB Rdn. 64. 5418

40.5.14.2 Kostenrechtliche Unterschiedlichkeit des Verfahrens nach § 118 und des Beschwerdeverfahren

Das Verfahren nach § 118 GWB ist im Verhältnis zum Beschwerdeverfahren nach § 116 ff. GWB im kostenrechtlichen Sinne eine verschiedene Angelegenheit. Zwar werden die genannten Verfahren nicht ausdrücklich im Katalog der §§ 16 bis 19 RVG aufgeführt, in dem der Gesetzgeber beispielhaft aufgeführt hat, welche Angelegenheiten er als einheitliche und welche als verschiedene Angelegenheiten im Sinne von § 15 Abs. 2 RVG ansieht. Das Verfahren nach § 118 GWB entzieht sich auch einer klaren Einordnung nach diesen Vorschriften: In Betracht kommt eine Analogie zu § 17 Nr. 4 RVG, wonach Verfahren auf einstweiligen Rechtsschutz gegenüber dem Hauptsacheverfahren getrennte Verfahren sind. Die dort aufgeführten Verfahren können jedoch isoliert vom Hauptsacheverfahren eingeleitet werden, anders als das Verfahren nach § 118 GWB, welches die Erhebung der sofortigen Beschwerde in der Hauptsache voraussetzt. Erwägenswert ist unter Umständen auch eine analoge Anwendung des Rechtsgedankens aus § 19 Abs. 1 Nrn. 11 und 16 RVG, wonach unselbständige einstweilige Maßnahmen kostenrechtlich als Bestandteil des Hauptsacheverfahrens behandelt werden. Diese Auffassung vertrat die Rechtsprechung nach alter Rechtslage vor Änderung der Kostenvorschriften ganz überwiegend. **Dem gegenüber behandeln die Bestimmungen des Kostenverzeichnisses zum Gerichtskostengesetz (KV, Anlage 1 z. GKG) und des Vergütungsverzeichnisses zum Rechtsanwaltsvergütungsgesetz (VV, Anlage 1 z. RVG) das Hauptsacheverfahren nach § 116 GWB und das Eilverfahren nach § 118 GWB** (gleiches gilt für das 5419

Teil 1 GWB § 128   Gesetz gegen Wettbewerbsbeschränkungen

Eilverfahren nach § 121 GWB) **als verschiedene Verfahren**. So enthält das Kostenverzeichnis zum Gerichtskostengesetz neben den Kostenregelungen zum Verfahren nach § 116 GWB (KV Nr. 1220 bis 1223) auch gesonderte Kostenregelungen zu den Eilverfahren nach § 118 GWB bzw. § 121 GWB (KV Nr. 1640 und 1641). Im Vergütungsverzeichnis zum Rechtsanwaltsvergütungsgesetz sind getrennte Gebührensätze (VV Nr. 3200 bis 3203 und VV Nr. 3300 und 3301) ausgewiesen. Während das Verfahren nach § 116 GWB in diesen Regelungen jeweils zutreffend als besonderes zweitinstanzliches Verfahren bewertet und bezeichnet wird, sollen die Verfahren nach § 118 GWB bzw. § 121 GWB aus kostenrechtlicher Sicht besondere erstinstanzliche Verfahren sein. Unabhängig davon, ob dieser Einschätzung zu folgen ist, **zeigt sich auch hierin der gesetzgeberische Wille einer gesonderten kostenrechtlichen Betrachtung der Verfahren nach § 118 GWB bzw. nach § 121 GWB gegenüber dem Hauptsacheverfahren** (KG Berlin, B. v. 14. 2. 2005 – Az.: 2 Verg 13/04; 2 Verg 14/04; OLG Brandenburg, B. v. 8. 8. 2006 – Az.: Verg W 7/05; OLG Naumburg, B. v. 26. 6. 2006 – Az.: 1 Verg 7/05; BayObLG, B. v. 19. 1. 2006 – Az.: Verg 22/04).

40.5.14.3 Kostenentscheidung im Falle eines ablehnenden Beschlusses

5420   Der Antragsgegner, der die Ablehnung eines Antrages nach § 118 Abs. 1 Satz 3 verlangt, kann sein Ziel, den Zuschlag zu erteilen, im Falle eines Obsiegens endgültig verwirklichen. Mit dem Zuschlag tritt eine Erledigung des primären Rechtsschutzes auch dann ein, wenn in der Entscheidung über die sofortige Beschwerde eine Verletzung vergaberechtlicher Bestimmungen festgestellt würde. Deshalb ist es gerechtfertigt, in diesem Fall den Antrag nach § 118 Abs. 1 Satz 3 bezüglich der Kosten **als selbständiges Verfahren zu behandeln**. In einem ablehnenden Beschluss ist infolgedessen auch über die Kosten zu entscheiden (OLG Stuttgart, B. v. 16. 9. 2002 – Az.: 2 Verg 12/02).

40.5.14.4 Unterliegender Beteiligter

5421   In **Abkehr von seiner bisherigen Rechtsprechung** vertritt das **OLG Celle** die Auffassung, dass **der Beteiligte, der in der abschließenden Entscheidung unterliegt, nicht immer die Kosten des von einem anderen Beteiligten angestrengten Eilverfahrens zu tragen hat**. In den meisten Fällen allerdings wird die Erfolgsaussicht in der Sache auch dafür entscheidend sein, ob ein Eilantrag begründet ist mit der Folge, dass die Kostenentscheidungen parallel laufen, wenn man auf den endgültigen Verfahrensausgang abstellt. Es sind aber **auch andere Konstellationen denkbar**. Die Kosten des Eilverfahrens dem in der Hauptsache Unterliegenden aufzuerlegen, ist **dann unbillig, wenn der Eilantrag seines Gegners aus Gründen erfolglos geblieben ist, die allein ihm (dem Gegner) zuzurechnen sind**. Dies ist zum Beispiel der Fall, wenn der **Gegner den Antrag zurücknimmt** oder einen **unzulässigen Antrag** stellt (OLG Celle, B. v. 10. 6. 2010 – Az.: 13 Verg 18/09; B. v. 7. 6. 2007 – Az.: 13 Verg 5/07).

5422   Das OLG Naumburg erachtet ebenfalls **eine von der Kostenentscheidung in der Hauptsache des Beschwerdeverfahrens getrennte Kostenentscheidung für das Verfahren auf Anordnung der Verlängerung der aufschiebenden Wirkung des Rechtsmittels eines Antragstellers in entsprechender Anwendung des § 96 ZPO für zulässig** (vgl. zu ähnlichen Konstellationen §§ 641d Abs. 4, 620g ZPO). Eine Kostentrennung kann geboten sein, wenn der Antragsteller mit seinem Antrag auf Eilrechtsschutz vollständig unterlegen war und das Verfahren zusätzliche, im Beschwerdeverfahren sonst nicht anfallende Kosten verursacht hat (vgl. KV Nr. 1640, Anlage 1 z. GKG sowie VV Nr. 3100 i. V. m. Vorb. 3.2. Abs. 2 Satz 3, Anlage 1 z. RVG) und der Antragsteller im Hauptsacheverfahren obsiegt; dann trägt der Antragsteller die Kosten des Verfahrens nach § 118 GWB. Neben dem Auftraggeber kann in diesen Fällen **auch der Beigeladene einen Anspruch auf Erstattung der im Eilverfahren entstandenen zusätzlichen Auslagen** haben, wenn er einen Antrag gestellt und das Eilverfahren gefördert hat (OLG Naumburg, B. v. 25. 9. 2008 – Az.: 1 Verg 3/08).

40.5.14.5 Keine eigene Erörterungsgebühr für den Antrag nach § 118 Abs. 1 Satz 3

5423   Nach § 65a Satz 2 GWB erhöht sich „die" Prozessgebühr um die Hälfte, wenn ein Antrag nach § 118 Abs. 1 Satz 3 GWB gestellt worden ist. Gemeint ist damit eine Erhöhung der Prozessgebühr für das Beschwerdeverfahren, dessen Prozessgebühr bereits auf 13/10 erhöht ist und somit bei einem Antrag nach § 118 Abs. 1 Satz 3 GWB auf 19,5/10 anwächst. **Darin erschöpft sich die gebührenrechtliche Folge des Antrages nach § 118 Abs. 1 Satz 3 GWB. Gesonderte Gebühren fallen nicht an.** Die Tatsache, dass der Gesetzgeber das Verfahren nach § 118 Abs. 1

Gesetz gegen Wettbewerbsbeschränkungen GWB § 128 **Teil 1**

Satz 3 gebührenrechtlich gesehen und dennoch – nur – die Erhöhung der Prozessgebühr für die Beschwerde angeordnet hat, spricht unzweideutig dafür, dass er es hiermit bewenden lassen wollte. Letzteres findet zudem seine sachliche Rechtfertigung darin, dass es auch bei dem Antrag nach § 118 Abs. 1 Satz 3 GWB im Wesentlichen (nur) um die (voraussichtliche) Begründetheit der Beschwerde geht (OLG Düsseldorf, B. v. 14. 8. 2003 – Az.: Verg 42/01, B. v. 8. 9. 2003 – Az.: Verg 42/02).

40.5.14.6 Anrechnung der Gebühr für den Antrag nach § 118 Abs. 1 Satz 3 auf die Verfahrensgebühr für das Beschwerdeverfahren

Vgl. dazu die Kommentierung zu → § 128 GWB Rdn. 369. 5424

40.5.15 Kosten des Verfahrens nach § 121 Abs. 1

Bei den Kosten des Verfahrens nach § 121 Abs. 1 GWB handelt es sich um **Kosten des Beschwerdeverfahrens**, über die **im Rahmen der Entscheidung nach Maßgabe des § 128 GWB zu befinden** ist (OLG Düsseldorf, B. v. 20. 3. 2003 – Az.: Verg 08/03). 5425

40.5.16 Kosten des Verfahrens nach § 115 Abs. 2 Satz 2

Die **Kosten des vorläufigen Verfahrens** behandelt der Senat in ständiger Rechtsprechung als **Kosten der Hauptsache**. So kann **auch im Verfahren nach § 115 Abs. 2 Satz 2 GWB** verfahren werden, wenn zugleich Beschwerde in der Hauptsache eingelegt ist. Einer gesonderten Kostenentscheidung bedarf es deshalb an dieser Stelle nicht (BayObLG, B. v. 16. 7. 2004, Az.: Verg 016/04). 5426

40.5.17 Erstattungsfähigkeit der Kosten so genannter Schutzschriften

In Anbetracht der Besonderheiten des Vergabeüberprüfungsverfahrens neigt die Rechtsprechung dazu, die **von der Rechtsprechung entwickelten Grundsätze für die Erstattungsfähigkeit der Kosten so genannter Schutzschriften auf das Beschwerdeverfahren** nach dem Vierten Teil des GWB jedenfalls **dann zu übertragen, wenn Eilentscheidungen jeglicher Art**, etwa nach den §§ 118, 121 GWB oder über die erstmalige Herstellung des Zuschlagsverbots durch Zustellung des Nachprüfungsantrags, **zu treffen sind**. Das ist indessen nicht Gegenstand der Kostengrundentscheidung; über die Notwendigkeit geltend gemachter Kosten ist vielmehr **im Kostenfestsetzungsverfahren** zu befinden (OLG Thüringen, B. v. 6. 11. 2002 – Az.: 6 Verg 8/02). 5427

40.5.18 Anrechnung der für das Verfahren vor der Vergabekammer entstandenen Geschäftsgebühr auf die Verfahrensgebühr nach Nr. 3200 VV RVG

Vgl. dazu die Kommentierung zu → § 128 GWB Rdn. 369. 5428

40.5.19 Kosten des Beschwerdeverfahren über die Bewilligung von Prozesskostenhilfe

Bei einem Beschwerdeverfahren über die Bewilligung von Prozesskostenhilfe für ein Vergabenachprüfungsverfahren ist eine **Kostenentscheidung analog § 127 Abs. 4 ZPO nicht veranlasst** (OLG Düsseldorf, B. v. 17. 11. 2008 – Az.: VII-Verg 53/08). 5429

40.6 Kosten des Vollstreckungsverfahrens

40.6.1 Grundsatz

§ 128 GWB regelt die Kostentragungspflicht im Verfahren vor der Vergabekammer. Die **Vorschrift kommt nicht nur im eigentlichen Vergabenachprüfungsverfahren** nach den §§ 104 ff. GWB zur Anwendung, **sondern gilt gleichermaßen auch im Verfahren**, das die Vergabekammer gemäß § 114 Abs. 3 Satz 2 GWB **zur Vollstreckung der im Nachprüfungsverfahren ergangenen Entscheidungen** durchführt. Das folgt schon aus dem weit gefassten Wortlaut der Vorschrift, die in Absatz 1 im Zusammenhang mit den Kosten der Vergabekammer 5430

Teil 1 GWB § 128 Gesetz gegen Wettbewerbsbeschränkungen

ganz allgemein von den „Amtshandlungen der Vergabekammern" spricht, die in Absatz 3 Satz 1 der „im Verfahren" unterlegenen Partei die Kosten der Vergabekammer aufbürdet und die schließlich in Abs. 4 Satz 2 anordnet, dass der „im Verfahren" Unterlegene dem Antragsgegner zur Kostenerstattung verpflichtet ist (OLG Düsseldorf, B. v. 27. 10. 2003 – Az.: Verg 23/03; OLG Naumburg, B. v. 27. 4. 2005 – Az.: 1 Verg 3/05).

40.6.2 Kostentragungspflicht

5431 Nach der subsidiär anzuwendenden Vorschrift des § 5 Abs. 1 VwKostG (Bund bzw. Bundesland) hat **derjenige die Kosten zu tragen, der das Vollstreckungsverfahren „veranlasst"** hat. Als **„Veranlasser"** eines Vollstreckungsverfahrens ist nach dem Rechtsgedanken des § 788 ZPO, der auch im verwaltungsgerichtlichen Vollstreckungsverfahren zur Anwendung kommt, der Vollstreckungsschuldner **jedenfalls dann** anzusehen, wenn der **Antragsteller** z. Zt. seiner Antragstellung **von der Notwendigkeit eines Vollstreckungsverfahrens** zur Durchsetzung der Entscheidung der Vergabekammer bzw. des Vergabesenats **ausgehen durfte** (OLG Naumburg, B. v. 27. 4. 2005 – Az.: 1 Verg 3/05).

40.6.3 Gegenstandswert des Vollstreckungsverfahrens

5432 Die wirtschaftliche Bedeutung des Gegenstandes des Nachprüfungsverfahrens bestimmt sich regelmäßig danach, **welches wirtschaftliche Risiko der Verfahrensbeteiligte übernommen hat**, der im Verfahren selbst nach dem Entscheidungsausspruch der Unterlegene ist. Das wirtschaftliche Risiko der Verfahrensbeteiligung ist dabei regelmäßig in der Höhe des Brutto-Preises des Angebotes zu sehen, mit dem der jeweilige Verfahrensbeteiligte letztendlich im Verfahren der Nachprüfung des Vergabeverfahrens selbst unterlegen ist.

5433 Demgegenüber ist **für ein Vollstreckungsverfahren dieser Ansatz insoweit zu korrigieren, weil es sich hierbei um ein unselbständiges Zwischen- bzw. Zwangsverfahren** handelt. Mit der Einleitung eines solchen Verfahrens und nötigenfalls mit dem Einsatz von Zwangsmitteln soll hierbei z. B. ein bestimmtes Handeln der Vergabestelle erzwungen werden. Der Wert des Streitgegenstands ist damit nicht an ein wirtschaftliches Risiko der Verfahrensbeteiligung zu binden. **Mangels einer entgegenstehen Regelung ist in solchen Fällen die festzusetzende Gebühr, allein ausgehend von der gesetzlich angeordneten Mindestgebühr (§ 128 Abs. 2 GWB), zu bestimmen** (OLG Naumburg, B. v. 27. 4. 2005 – Az.: 1 Verg 3/05; VK Thüringen, B. v. 19. 7. 2004 – Az.: 360–4003.20-003/03-ABG-V).

40.7 Zulässigkeit einer Vereinbarung über die Stellung von Kostenanträgen

5434 Schließen die Beteiligten eines Nachprüfungsverfahrens eine **schriftliche Vereinbarung**, wonach ein Beteiligter sich verpflichtet, **keinen Kostenantrag im Nachprüfungsverfahren** zu stellen, gehen **derartige außergerichtliche Parteiabreden** nach allgemeiner Ansicht sogar **der gesetzlichen Kostenfolge des § 269 Abs. 3 ZPO vor**. Erst recht hat der Vergabesenat sie im Rahmen der auf Billigkeitserwägungen gründenden Prüfung des § 162 Abs. 2 VwGO zu beachten. Eine Kostenerstattung kommt insoweit nicht in Betracht (OLG Thüringen, B. v. 19. 12. 2003 – Az.: 6 Verg 10/02).

40.8 Literatur

5435 – Diemer, Stefan/Maier, Clemens, Rechtsanwaltsgebühren im Vergabenachprüfungsverfahren nach altem und neuen Kostenrecht, NZBau 2004, 536

– Gatawis, Siegbert, Anwalts- und Verwaltungskosten in Verfahren vor der Vergabekammer, NZBau 2004, S. 380

– Hardraht, Karsten, Die Kosten des Nachprüfungsverfahrens und der sofortigen Beschwerde, NZBau 2004, 189

– Kast, Michael, Kostenerstattung in Vergabenachprüfungs- und Beschwerdeverfahren, BauRB 2004, 88

– Lausen, Irene, Kosten im Nachprüfungsverfahren, NZBau 2005, 440

41. § 129 GWB – Korrekturmechanismus der Kommission

(1) Erhält die Bundesregierung im Laufe eines Vergabeverfahrens vor Abschluss des Vertrages eine Mitteilung der Kommission der Europäischen Gemeinschaften, dass diese der Auffassung ist, es liege ein schwerer Verstoß gegen das Gemeinschaftsrecht im Bereich der öffentlichen Aufträge vor, der zu beseitigen sei, teilt das Bundesministerium für Wirtschaft und Technologie dies dem Auftraggeber mit.

(2) Der Auftraggeber ist verpflichtet, innerhalb von 14 Kalendertagen nach Eingang dieser Mitteilung dem Bundesministerium für Wirtschaft und Technologie eine umfassende Darstellung des Sachverhaltes zu geben und darzulegen, ob der behauptete Verstoß beseitigt wurde, oder zu begründen, warum er nicht beseitigt wurde, ob das Vergabeverfahren Gegenstand eines Nachprüfungsverfahrens ist oder aus sonstigen Gründen ausgesetzt wurde.

(3) Ist das Vergabeverfahren Gegenstand eines Nachprüfungsverfahrens oder wurde es ausgesetzt, so ist der Auftraggeber verpflichtet, das Bundesministerium für Wirtschaft und Technologie unverzüglich über den Ausgang des Nachprüfungsverfahrens zu informieren.

41.1 Vergaberechtsmodernisierungsgesetz 2009

Der **bisherige § 129 regelte die Kosten vor der Vergabeprüfstelle**. Da die Regelungen zu den Vergabeprüfstellen aufgehoben werden, ist auch die Kostenregelung aufzuheben. 5436

Im neuen § 129 GWB ist die **Regelung** zur Umsetzung des Artikels 3 der Richtlinie 89/665/EWG und des Artikels 8 der Richtlinie 92/13/EWG **über den Korrekturmechanismus der Europäischen Kommission** übernommen, die sich bislang in **§ 21 Vergabeverordnung befand**. Damit soll die künftige Vergabeverordnung nicht mehr mit Regelungen über Nachprüfungsmöglichkeiten überfrachtet sein. Sie sind künftig allein im GWB enthalten. 5437

41.2 Bedeutung

Die Vorschrift hat bisher weder in der Rechtsprechung noch in der Verwaltungspraxis eine praktische Bedeutung. 5438

42. § 129 a GWB – Unterrichtungspflichten der Nachprüfungsinstanzen

Die Vergabekammern und die Oberlandesgerichte unterrichten das Bundesministerium für Wirtschaft und Technologie bis zum 31. Januar eines jeden Jahres über die Anzahl der Nachprüfungsverfahren des Vorjahres und deren Ergebnisse.

42.1 Vergaberechtsmodernisierungsgesetz 2009

Der **neue § 129 a übernimmt die bisherige Regelung** zu den Statistikpflichten der Nachprüfungsbehörden und der Oberlandesgerichte **aus der Vergabeverordnung (§ 22 VgV)**. 5439

43. § 129 b GWB – Regelung für Auftraggeber nach dem Bundesberggesetz

(1) Auftraggeber, die nach dem Bundesberggesetz berechtigt sind, Erdöl, Gas, Kohle oder andere Festbrennstoffe aufzusuchen oder zu gewinnen, müssen bei der Vergabe von Liefer-, Bau- oder Dienstleistungsaufträgen oberhalb der in Artikel 16 der

Teil 1 GWB § 129b   Gesetz gegen Wettbewerbsbeschränkungen

Richtlinie 2004/17/EG des Europäischen Parlaments und des Rates vom 31. März 2004 zur Koordinierung der Zuschlagserteilung durch Auftraggeber im Bereich der Wasser-, Energie- und Verkehrsversorgung sowie der Postdienste (ABl. EU Nr. L 134 S. 1), die zuletzt durch die Verordnung (EG) Nr. 1422/2007 der Kommission vom 4. Dezember 2007 (ABl. EU Nr. L 317 S. 34) geändert worden ist, festgelegten Schwellenwerte zur Durchführung der Aufsuchung oder Gewinnung von Erdöl, Gas, Kohle oder anderen Festbrennstoffen den Grundsatz der Nichtdiskriminierung und der wettbewerbsorientierten Auftragsvergabe beachten. Insbesondere müssen sie Unternehmen, die ein Interesse an einem solchen Auftrag haben können, ausreichend informieren und bei der Auftragsvergabe objektive Kriterien zugrunde legen. Dies gilt nicht für die Vergabe von Aufträgen, deren Gegenstand die Beschaffung von Energie oder Brennstoffen zur Energieerzeugung ist.

(2) Die Auftraggeber nach Absatz 1 erteilen der Europäischen Kommission über das Bundesministerium für Wirtschaft und Technologie Auskunft über die Vergabe der unter diese Vorschrift fallenden Aufträge nach Maßgabe der Entscheidung 93/327/EWG der Kommission vom 13. Mai 1993 zur Festlegung der Voraussetzungen, unter denen die öffentlichen Auftraggeber, die geographisch abgegrenzte Gebiete zum Zwecke der Aufsuchung oder Förderung von Erdöl, Gas, Kohle oder anderen Festbrennstoffen nutzen, der Kommission Auskunft über die von ihnen vergebenen Aufträge zu erteilen haben (ABl. EG Nr. L 129 S. 25). Sie können über das Verfahren gemäß der Rechtsverordnung nach § 127 Nr. 9 unter den dort geregelten Voraussetzungen eine Befreiung von der Pflicht zur Anwendung dieser Bestimmung erreichen.

43.1 Vergaberechtsmodernisierungsgesetz 2009

5440   Der **Bereich des Aufsuchens und der Förderung von Brennstoffen wird grundsätzlich von der EG-Sektorenrichtlinie 2004/17/EG (Art. 7 lit. a) erfasst**. Unternehmen, die in Deutschland in diesem Bereich tätig sind und die sonstigen Anforderungen an öffentliche Auftraggeber erfüllen (§ 98 Nr. 1 bis 3 oder öffentliches Unternehmen oder Tätigkeit aufgrund besonderer und ausschließlicher Rechte), **haben jedoch aufgrund einer (auf Artikel 3 der Richtlinie 93/38/EWG gestützten) Entscheidung der Kommission eine weitgehende Befreiung von der Anwendungsverpflichtung**. Sie sind lediglich gehalten, bei Auftragsvergaben oberhalb der Schwellenwerte den Grundsatz der Nichtdiskriminierung und der wettbewerbsorientierten Auftragserteilung einzuhalten. § 129b Abs. 1 verpflichtet zur Einhaltung dieser Grundsätze. Diese **Verpflichtung ergibt sich künftig allein aus dem Gesetz, bislang war dies im § 11 VgV geregelt**. Gleichzeitig wird diesen Auftraggebern in § 129b Abs. 2 die Möglichkeit eröffnet, sich gänzlich von der Anwendungsverpflichtung dieser Vorschrift zu befreien.

43.2 Rechtsprechung

43.2.1 Allgemeines

5441   Auftraggeber nach dem Bundesberggesetz genießen eine **weitgehende Freiheit bei der Gestaltung der Auftragsvergabe**. Sie haben nach dem Wortlaut des § 129b den **Grundsatz der Nichtdiskriminierung und der wettbewerbsorientierten Auftragsvergabe** zu beachten. Dabei haben sie insbesondere den beteiligten Unternehmen ausreichende Informationen zur Verfügung zu stellen und bei der Auftragsvergabe objektive Kriterien zu Grunde zu legen (VK Arnsberg, B. v. 10. 1. 2008 – Az.: VK 42/07; B. v. 11. 4. 2002 – Az.: VK 2–06/2002).

43.2.2 Verpflichtung, die Bestimmungen des GWB und der VgV einzuhalten

5442   Die Vorschrift des § 129b enthält eine Privilegierung dieser Auftraggeber hinsichtlich der von ihr durchzuführenden Vergabeverfahren. Der **§ 129b enthält nicht eine vollständige Freistellung von dem GWB und der VgV**. § 129b GWB stellt die unveränderte Übernahme des § 11 der alten Vergabeverordnung in das GWB dar (VK Arnsberg, B. v. 11. 4. 2002 – Az.: VK 2–06/2002).

5443   Zwar sind nach der **Richtlinie 2004/17/EG** des Europäischen Parlaments und des Rates laut dem **Erwägungsgrund Nr. 25** Rechte, die auf der Grundlage objektiver, verhältnismäßi-

Gesetz gegen Wettbewerbsbeschränkungen GWB § 130 **Teil 1**

ger und nicht diskriminierender Kriterien eingeräumt worden sind, die allen interessierten Kreisen, die sie erfüllen, die Möglichkeit zur Inanspruchnahme solcher Rechte bietet, **nicht als besondere oder ausschließliche Rechte zu betrachten.** Jedoch hat die **Kommission in einer Entscheidung vom 15.** Januar 2004 über einen Befreiungsantrag Deutschlands nach Artikel 3 der Richtlinie 93/38/EWG (Vorgängerrichtlinie) darauf hingewiesen, dass eine solche **Befreiung nur erfolgen kann, wenn der erforderliche Rechtsschutz dennoch sichergestellt ist.** Die Bundesrepublik hat dann mit dem in § 11 der Vergabeverordnung statuierten Grundsatz, wonach Auftraggeber nach dem Bundesberggesetz verpflichtet sind, bei der Vergabe von Aufträgen zum Zwecke der Durchführung ihrer Tätigkeiten den Grundsatz der Nichtdiskriminierung und der wettbewerbsorientierten Auftragsvergabe zu beachten, diesen Basisrechtsschutz festgelegt. Erst daraufhin hat die Kommission diesem Antrag stattgegeben unter Hinweis darauf, dass sie davon ausgeht, dass über die der Vergabeverordnung zugrunde liegenden Regelungen des GWB nach § 97 Abs. 6 und § 127 der notwendige Rechtsschutz gewährleistet ist. Unter Ziffer 4 dieser Entscheidung der Kommission heißt es: „Nachdem die Vergabeverordnung auf § 97 Abs. 6 und § 127 des geänderten Gesetzes gegen Wettbewerbsbeschränkungen gestützt ist, wurden hiermit die von der Kommission in ihrem Schreiben vom 30. November 1992 geäußerten Bedenken beseitigt." Damit **hat die EU-Kommission der Befreiung von dem Status des öffentlichen Auftraggebers erkennbar nur unter der Prämisse zugestimmt, dass die Verpflichtung zur Nichtdiskriminierung und der wettbewerbsorientierten Auftragsvergabe einschließlich der dazu gehörigen Rechtsschutzfolge gesichert bleibt.** Mit der gefundenen rechtlichen Lösung der Eintragung der Bergbautreibenden in der VgV werden diese in dem dort umschriebenen Rahmen den öffentlichen Auftraggebern des § 98 GWB gleichgestellt. Damit ergeben sich **zumindest für die Bergbautreibenden in der Bundesrepublik als Auftraggeber nach dem Bundesberggesetz die Verpflichtung, die Bestimmungen des GWB und der VgV einzuhalten** (VK Arnsberg, B. v. 10. 1. 2008 – Az.: VK 42/07).

Gemäß § 129b GWB hat der Auftraggeber bei der Vergabe von Aufträgen zum Zwecke der Durchführung seiner Aufgaben den Grundsatz der Nichtdiskriminierung und der wettbewerbsorientierten Auftragsvergabe zu beachten. Insbesondere hat er Unternehmen, die ein Interesse an einem solchen Auftrag haben können, ausreichende Informationen zur Verfügung zu stellen und bei der Auftragsvergabe objektive Kriterien zugrunde zu legen. Daraus folgt, dass der **Auftraggeber zur Anwendung des Wettbewerbsgrundsatzes verpflichtet ist. Die Anwendung des Wettbewerbsgrundsatzes erfordert zunächst die Öffnung des Verfahrens für alle potentiellen Bieter und das Unterlassen aller den Wettbewerb einschränkenden Maßnahmen, soweit sie nicht sachlich gerechtfertigt und notwendig sind, um dem Ziel eines transparenten und den Gleichbehandlungsgrundsatz wahrenden Wettbewerb zu stützen** (VK Arnsberg, B. v. 11. 3. 2010 – Az.: VK 01/10). 5444

43.2.3 Anwendbarkeit des § 101a GWB

Die **Anwendung des § 101a GWB bleibt vollständig unberührt.** Auch nach dem Sinn und Zweck des **§ 101a GWB** ist nichts anderes möglich. Gerade in einem (Verhandlungs-)-Verfahren, das die weitgehend bieterschützenden Regelungen der Verdingungsordnungen ausschließt, ist das Minimum der Rechtsschutzgarantie des § 101a GWB von besonderer Bedeutung. **§ 101a GWB** ist entwickelt worden, um den grundsätzlichen Bieterschutz in jeder Art von Vergabeverfahren zu gewährleisten. Die bislang ergangenen Entscheidungen zu **§ 101a GWB** spiegeln regelmäßig die Erkenntnis, dass **§ 101a GWB auf grundsätzlich jedes Verfahren Anwendung finden muss** (VK Arnsberg, B. v. 11. 4. 2002 – Az.: VK 2–06/2002). 5445

44. § 130 GWB – Unternehmen der öffentlichen Hand, Geltungsbereich

(1) Dieses Gesetz findet auch Anwendung auf Unternehmen, die ganz oder teilweise im Eigentum der öffentlichen Hand stehen oder die von ihr verwaltet oder betrieben werden. Die Vorschriften des Ersten bis Dritten Teils dieses Gesetzes finden keine Anwendung auf die Deutsche Bundesbank und die Kreditanstalt für Wiederaufbau.

Teil 1 GWB § 131 Gesetz gegen Wettbewerbsbeschränkungen

(2) Dieses Gesetz findet Anwendung auf alle Wettbewerbsbeschränkungen, die sich im Geltungsbereich dieses Gesetzes auswirken, auch wenn sie außerhalb des Geltungsbereichs dieses Gesetzes veranlasst werden.

(3) Die Vorschriften des Energiewirtschaftsgesetzes stehen der Anwendung der §§ 19, 20 und 29 nicht entgegen, soweit in § 111 des Energiewirtschaftsgesetzes keine andere Regelung getroffen ist.

44.1 Vergaberechtsmodernisierungsgesetz 2009

5446 § 130 ist durch das Vergaberechtsmodernisierungsgesetz **nicht geändert** worden.

45. § 131 GWB – Übergangsbestimmungen

(1) Freistellungen von Vereinbarungen und Beschlüssen nach § 4 Abs. 2 und § 9 Abs. 3 Satz 1 und 4, und Freistellungen von Mittelstandsempfehlungen nach § 22 Abs. 2 in der am 30. Juni 2005 geltenden Fassung werden am 31. Dezember 2007 unwirksam. Bis dahin sind § 11 Abs. 1, §§ 12 und 22 Abs. 6 in der am 30. Juni 2005 geltenden Fassung weiter anzuwenden.

(2) Verfügungen der Kartellbehörde, durch die Vereinbarungen und Beschlüsse nach § 10 Abs. 1 in der am 30. Juni 2005 geltenden Fassung freigestellt sind, und Freistellungen von Lizenzverträgen nach § 17 Abs. 3 in der am 30. Juni 2005 geltenden Fassung werden am 31. Dezember 2007 unwirksam. Ist die Freistellungsverfügung der Kartellbehörde kürzer befristet, bleibt es dabei. Bis zum in Satz 1 genannten Zeitpunkt sind § 11 Abs. 1 und § 12 in der am 30. Juni 2005 geltenden Fassung weiter anzuwenden.

(3) Absatz 2 Satz 1 gilt entsprechend für Verfügungen der Kartellbehörde, durch die Wettbewerbsregeln nach § 26 Abs. 1 und 2 Satz 1 in der am 30. Juni 2005 geltenden Fassung freigestellt sind.

(4) Auf einen Verstoß gegen eine wettbewerbsrechtliche Vorschrift oder eine Verfügung der Kartellbehörde, der bis zum 30. Juni 2005 begangen worden ist, ist anstelle der §§ 34 und 34a nur § 34 in der am 30. Juni 2005 geltenden Fassung anzuwenden.

(5) § 82a Abs. 1 findet auf Verfahren Anwendung, in denen das Gericht bis zum Inkrafttreten dieses Gesetzes noch keine mündliche Verhandlung terminiert hat. § 82a Abs. 2 gilt für alle Urteile, die nach dem 30. Juni 2009 ergangen sind.

(6) Soweit sie die öffentliche Versorgung mit Wasser regeln, sind die §§ 103, 103a und 105 sowie die auf sie verweisenden anderen Vorschriften des Gesetzes gegen Wettbewerbsbeschränkungen in der Fassung der Bekanntmachung vom 20. Februar 1990 (BGBl. I S. 235), zuletzt geändert durch Artikel 2 Abs. 3 des Gesetzes vom 26. August 1998 (BGBl. I S. 2512), weiter anzuwenden. Das gilt insoweit auch für die Vorschriften, auf welche die genannten Vorschriften verweisen.

(7) § 29 ist nach dem 31. Dezember 2012 nicht mehr anzuwenden.

(8) Vergabeverfahren, die vor dem 24. April 2009 begonnen haben, einschließlich der sich an diese anschließenden Nachprüfungsverfahren sowie am 24. April 2009 anhängige Nachprüfungsverfahren sind nach den hierfür bisher geltenden Vorschriften zu beenden.

Anlage(zu § 98 Nr. 4)

45.1 Vergaberechtsmodernisierungsgesetz 2009

5447 In § 131 ist ein **neuer Absatz 8 mit einer Übergangsregelung** für zum Zeitpunkt des **Inkrafttretens des Gesetzes (24. 4. 2009)** bereits begonnene Vergabe- oder Nachprüfungsverfahren aufgenommen.

Gesetz gegen Wettbewerbsbeschränkungen GWB § 131 **Teil 1**

45.2 § 131 Abs. 8

45.2.1 Vergleichbare Vorschrift
§ 131 Abs. 8 entspricht materiell dem § 23 Satz 1 VgV 2010. 5448

45.2.2 Rechtsprechung

Der **Beginn eines Vergabeverfahrens ist im GWB nicht legaldefiniert.** Er bedarf daher 5449 seiner Bestimmung durch Auslegung. Für seine Auslegung ist bereits die semantische Bedeutung des Begriffs zielführend: Ein **Vergabeverfahren ist eine nach außen wirkende Tätigkeit der Vergabestelle i. S.** eines Verwaltungsverfahrens, **die auf den Abschluss eines privatrechtlichen Vertrages gerichtet** ist. Ein Vergabeverfahren wird regelmäßig durch die Vergabestelle selbst eingeleitet. Zur Abgrenzung zwischen der – überwiegend intern vorgenommenen – Vorbereitung des Vergabeverfahrens und dem Beginn seiner Durchführung ist ggfs. auf eine förmliche Entscheidung über die Einleitung des Vergabeverfahrens oder auf eine konkludente Einleitung durch Ergreifen einer Maßnahme abzustellen, die auf die Herbeiführung eines Vertragsschlusses gerichtet ist (OLG München, B. v. 12. 11. 2010 – Az.: Verg 21/10; OLG Naumburg, B. v. 8. 10. 2009 – Az.: 1 Verg 9/09).

In **förmlichen Vergabeverfahren mit Vergabebekanntmachung** ist die **Absendung der-** 5450 **selben an das Veröffentlichungsorgan,** in Fällen der EU-weiten Ausschreibungspflicht die Absendung an das EU-Amtsblatt entscheidend, in anderen Vergabevorgängen **bei materieller Betrachtung diejenige Maßnahme der Vergabestelle, mit der ein erster Schritt zur Herbeiführung eines konkreten Vertragsabschlusses unternommen wird** und die deshalb einer förmlichen Einleitung eines Vergabeverfahrens funktional gleich steht (OLG Celle, B. v. 4. 3. 2010 – Az.: 13 Verg 1/10; B. v. 11. 2. 2010 – Az.: 13 Verg 16/09; OLG Düsseldorf, B. v. 21. 7. 2010 – Az.: VII-Verg 19/10; B. v. 9. 12. 2009 – Az.: VII-Verg 37/09; OLG München, B. v. 12. 11. 2010 – Az.: Verg 21/10; OLG Naumburg, B. v. 29. 4. 2010 – Az.: 1 Verg 3/10; VK Baden-Württemberg, B. v. 2. 2. 2010 – Az.: 1 VK 75/09; B. v. 8. 10. 2009 – Az.: 1 Verg 9/09; 2. VK Bund, B. v. 22. 12. 2009 – Az.: VK 2–204/09; 3. VK Bund, B. v. 4. 11. 2009 – Az.: VK 3–190/09; 1. VK Sachsen, B. v. 11. 12. 2009 – Az.: 1/SVK/054-09; VK Schleswig-Holstein, B. v. 23. 10. 2009 – Az.: VK-SH 14/09; B. v. 11. 9. 2009 – Az.: VK-SH 14/09; VK Thüringen, B. v. 28. 5. 2001 – Az.: 216–4002.20–028/01-GTH – für § 23 VgV a. F.).

Ein Vergabeverfahren gilt im Sinne der Übergangsregelung **auch bereits als begonnen,** wenn 5451 bislang nur eine **Aufforderung zur Beteiligung an einem Teilnahmewettbewerb oder eine Aufforderung zu Verhandlungen ohne vorherigen Teilnahmewettbewerb ergangen** ist (1. VK Bund, B. v. 21. 8. 2009 – Az.: VK 1–146/09).

Demgegenüber wird ein **Vergabeverfahren nicht schon begonnen durch** die Vornahme 5452 von Maßnahmen zur **Markterkundung,** von **Machbarkeitsstudien,** von vergleichenden **Wirtschaftlichkeitsberechnungen,** durch Selbstauskünfte der Vergabestelle über künftige Beschaffungsvorhaben, z. Bsp. im Rahmen eines sog. „Beschafferprofils" und grundsätzlich **auch nicht durch die Bekanntmachung einer Vorinformation** (OLG München, B. v. 12. 11. 2010 – Az.: Verg 21/10; OLG Naumburg, B. v. 29. 4. 2010 – Az.: 1 Verg 3/10; B. v. 8. 10. 2009 – Az.: 1 Verg 9/09; 1. VK Sachsen, B. v. 11. 12. 2009 – Az.: 1/SVK/054-09).

Grundsätzlich stellt auch die Bekanntmachung einer Vorinformation i. S. von § 12a Abs. 1 5453 VOB/A noch nicht den Beginn eines konkreten Vergabeverfahrens dar. Schon nach seinem Wortlaut ist die **Vorinformation eine vor dem Beginn des Vergabeverfahrens liegende Maßnahme. Sie kann dem Primärrechtsschutz zugänglich sein, leitet aber das konkrete Vergabeverfahren noch nicht ein.** Dieses Wortverständnis widerspiegelt sich auch in den bei EU-weiter Ausschreibungspflicht vorgegebenen Bekanntmachungsmustern. Diese Auslegung wird auch dem Sinn der Vorinformation gerecht, der darin besteht, dass die Vergabestelle so bald wie irgend möglich (vgl. Art. 35 Abs. 2 und 3 VKR) das Vergabeverfahren den potentiellen Interessenten am Auftrag ankündigt, damit auch diese sich auf das Verfahren vorbereiten können, **ohne dass die Vergabestelle hierdurch bereits zeitlich, inhaltlich oder hinsichtlich der Rahmenbedingungen des künftigen Verfahrens gebunden** wird (OLG Naumburg, B. v. 8. 10. 2009 – Az.: 1 Verg 9/09; 1. VK Sachsen, B. v. 11. 12. 2009 – Az.: 1/SVK/ 054-09; B. v. 23. 5. 2001 – Az.: 1/SVK/34-01).

Nach dem Normzweck ist zu berücksichtigen, dass die Bestimmung des Beginns des Ver- 5454 gabeverfahrens hier eine Rückwirkung neuen Rechts und insbesondere u. U. neuer Verhaltensanforderungen an die Vergabestelle zur hinreichenden Organisation eines fairen, nicht diskriminierenden und transparenten Wettbewerbs vermeiden soll. Hieraus ergibt sich, dass der **Beginn des Vergabeverfahrens im Sinne des § 131 Abs. 8 GWB und des § 23 VgV ein klar bestimmbarer Zeitpunkt sein muss**. Diesem Normzweck widerspräche es, wenn die durch die erste Alternative – Beginn mit Absendung der Vergabebekanntmachung – geschaffene Rechtsklarheit durch die zweite Alternative – sonstige Einleitung – wieder aufgehoben werden würde. In **teleologischer Auslegung macht die zweite Alternative nur Sinn, als eine Auffangregelung für diejenigen „sonstigen" Vergabeverfahren, in denen keine Vergabebekanntmachung abgesendet** wird. Der Beginn des Vergabeverfahrens muss des weiteren ein **Zeitpunkt sein, der eine Zäsur darstellt**, und zwar in dem Sinne, dass die Vergabestelle ab diesem Zeitpunkt an den objektiven Erklärungswert ihrer Handlungen selbst gebunden ist und hiervon nicht mehr ohne Weiteres abweichen kann (OLG Naumburg, B. v. 8. 10. 2009 – Az.: 1 Verg 9/09).

5455   **Anderer Auffassung für einen Sonderfall der Vorinformation** ist die VK Saarland. Macht der Auftraggeber mit einer **Vorinformation** von der Möglichkeit Gebrauch, die Fristen für den Eingang der Gebote zu verkürzen, **hat er damit auf Gemeinschaftsebene den Wettbewerb auf dem Gebiet des öffentlichen Auftragswesens bereits eingeleitet** (VK Saarland, B. v. 23. 4. 2007 – Az.: 3 VK 02/2007, 3 VK 03/2007).

5456   Gemäß § 131 Abs. 8 GWB gelten die Regelungen für Vergabeverfahren, die **nach dem 24. 4. 2009 begonnen** haben. **Maßgeblich ist insoweit der objektiv nach außen wirkende und erkennbare Beginn eines solchen Vergabeverfahrens**, weil anderenfalls im Hinblick auf die potentiellen Beteiligten eines solchen Verfahrens nicht mit der gebotenen Sicherheit deutlich werden würde, ob das Gesetz zur Modernisierung des Vergaberechts Anwendung findet. Unter diesen Voraussetzungen ist der **Beginn des Vergabeverfahrens auf die nach außen wirkende Bekanntmachung im Amtsblatt der EU festzulegen** (VK Hessen, B. v. 17. 8. 2009 – Az.: 69 d VK – 25/2009).

5457   Bei einer **Vergabe ohne förmliches Vergabeverfahren** ist die Ermittlung des Anfangszeitpunktes des Vergabeverfahrens zwar mit größeren Schwierigkeiten verbunden als bei einem förmlichen Vergabeverfahren. Es ist eine **materielle Betrachtung anzustellen und dabei an diejenigen Maßnahmen anzuknüpfen, mit der der erste Schritt zur Herbeiführung eines konkreten Vertragsabschlusses unternommen wird** und die deshalb einer förmlichen Einleitung eines Vergabeverfahrens gleich zu erachten sind (OLG Düsseldorf, B. v. 21. 7. 2010 – Az.: VII-Verg 19/10; OLG Naumburg, B. v. 29. 4. 2010 – Az.: 1 Verg 3/10).

5458   Gemäß § 131 Abs. 8 GWB, angefügt durch Art. 1 Nr. 27 des Gesetzes zur Modernisierung des Vergaberechts vom 20. 4. 2009 (BGBl. I, S. 790) und in Kraft getreten gemäß dessen Art. 4 am 24. 4. 2009, sind für Vergabeverfahren, die vor dem 24. 4. 2009 begonnen haben, die zu jenem Zeitpunkt geltenden Vorschriften des GWB maßgeblich. **Ist ein vergaberechtsförmiges Verfahren bisher nicht eingeleitet worden, liegt es schon nach dem Wortlaut der Vorschrift damit nahe, dass das GWB in seiner aktuellen Fassung anzuwenden** ist. Denn der Begriff des Vergabeverfahrens deutet an, dass der Gesetzgeber nur auf einen vergaberechtlich strukturierten Vorgang Bezug nimmt und nicht jede faktische Bedarfsdeckung der öffentlichen Hand meinte. **Erst recht spricht der Sinn und Zweck der Übergangsvorschrift dafür, hier das GWB in seiner aktuellen Fassung anzuwenden. Denn die Übergangsvorschrift des § 131 Abs. 8 GWB dient dem Vertrauensschutz.** Vergabestellen und Bieter sollen darauf vertrauen dürfen, dass sich der rechtliche Rahmen eines konkreten Vergabeverfahrens durch die Novellierung des Vierten Teiles des GWB nicht ändert und damit neue Dispositionen erforderlich macht. Vielmehr sollen die im Verlauf eines Vergabeverfahrens anwendbaren Vorschriften identisch bleiben. Vorliegend aber wurde von einem vergaberechtsförmigen Verfahren gänzlich abgesehen und die Vergabe eines öffentlichen Auftrags gleichsam informell betrieben, mithin keine vergaberechtlichen Vorschriften angewandt. Es besteht kein gleichermaßen schützenswertes Interesse daran, dass ein solches informelles Verfahren am Maßstab des zu jenem Zeitpunkt geltenden Rechts beurteilt wird (VK Niedersachsen, B. v. 17. 8. 2009 – Az.: VgK – 36/2009).

5459   Bei Auftragsvergaben ohne geregeltes Vergabeverfahren ist auf die nach außen wahrnehmbar hervorgetretenen Anstalten des öffentlichen Auftraggebers abzustellen, einen Auftragnehmer mit dem Ziel eines Vertragsabschlusses auszuwählen. Allerdings **kann im Allgemeinen spätestens mit dem Beginn von Verhandlungen des Auftraggebers mit dem Auftragnehmer über eine Auftragsvergabe von dem Beginn des Vergabeverfahrens gesprochen** werden. Dann hat sich nämlich der Auftraggeber im Regelfall bereits zu einer Auftragsvergabe entschlossen. Jedoch kann **bei Vergleichsverhandlungen nicht auf die Aufnahme erster

Gesetz gegen Wettbewerbsbeschränkungen Anlage **Teil 1**

noch unverbindlicher Gespräche abgestellt werden. Der Auftraggeber ist sich zu diesem Zeitpunkt noch im Unklaren darüber, ob er überhaupt einen Vergleich abschließen will. Die Gespräche dienen – ähnlich einer Erkundung – zunächst dem Ziel auszuloten, ob überhaupt eine Lösung möglich ist. **Erst in dem Augenblick, in dem der Auftraggeber entschlossen ist, die Leistungsbeschaffung zu tätigen und den – hier unterstellt, als Vergabe anzusehenden – Vergleich abzuschließen, kann von dem Beginn eines Vergabeverfahrens gesprochen** werden (OLG Düsseldorf, B. v. 21. 7. 2010 – Az.: VII-Verg 19/10).

46. Anlage (zu § 98 Nr. 4 GWB)

1. Trinkwasserversorgung:

Das Bereitstellen und Betreiben fester Netze zur Versorgung der Allgemeinheit im Zusammenhang mit der Gewinnung, dem Transport oder der Verteilung von Trinkwasser sowie die Versorgung dieser Netze mit Trinkwasser; dies gilt auch, wenn diese Tätigkeit mit der Ableitung und Klärung von Abwässern oder mit Wasserbauvorhaben sowie Vorhaben auf dem Gebiet der Bewässerung und der Entwässerung im Zusammenhang steht, sofern die zur Trinkwasserversorgung bestimmte Wassermenge mehr als 20 Prozent der mit dem Vorhaben oder den Bewässerungs- oder Entwässerungsanlagen zur Verfügung gestellten Gesamtwassermenge ausmacht; bei Auftraggebern nach § 98 Nr. 4 ist es keine Tätigkeit der Trinkwasserversorgung, sofern die Gewinnung von Trinkwasser für die Ausübung einer anderen Tätigkeit als der Trinkwasser- oder Energieversorgung oder des Verkehrs erforderlich ist, die Lieferung an das öffentliche Netz nur vom Eigenverbrauch des Auftraggebers nach § 98 Nr. 4 abhängt und unter Zugrundelegung des Mittels der letzten drei Jahre einschließlich des laufenden Jahres nicht mehr als 30 Prozent der gesamten Trinkwassergewinnung des Auftraggebers nach § 98 Nr. 4 ausmacht;

2. Elektrizitäts- und Gasversorgung:

Das Bereitstellen und Betreiben fester Netze zur Versorgung der Allgemeinheit im Zusammenhang mit der Erzeugung, dem Transport oder der Verteilung von Strom oder der Gewinnung von Gas sowie die Versorgung dieser Netze mit Strom oder Gas; die Tätigkeit von Auftraggebern nach § 98 Nr. 4 gilt nicht als eine Tätigkeit der Elektrizitäts- und Gasversorgung, sofern die Erzeugung von Strom oder Gas für die Ausübung einer anderen Tätigkeit als der Trinkwasser- oder Energieversorgung oder des Verkehrs erforderlich ist, die Lieferung von Strom oder Gas an das öffentliche Netz nur vom Eigenverbrauch abhängt, bei der Lieferung von Gas auch nur darauf abzielt, diese Erzeugung wirtschaftlich zu nutzen, wenn unter Zugrundelegung des Mittels der letzten drei Jahre einschließlich des laufenden Jahres bei der Lieferung von Strom nicht mehr als 30 Prozent der gesamten Energieerzeugung des Auftraggebers nach § 98 Nr. 4 ausmacht, bei der Lieferung von Gas nicht mehr als 20 Prozent des Umsatzes des Auftraggebers nach § 98 Nr. 4;

3. Wärmeversorgung:

Das Bereitstellen und Betreiben fester Netze zur Versorgung der Allgemeinheit im Zusammenhang mit der Erzeugung, dem Transport oder der Verteilung von Wärme sowie die Versorgung dieser Netze mit Wärme; die Tätigkeit gilt nicht als eine Tätigkeit der Wärmeversorgung, sofern die Erzeugung von Wärme durch Auftraggeber nach § 98 Nr. 4 sich zwangsläufig aus der Ausübung einer anderen Tätigkeit als auf dem Gebiet der Trinkwasser- oder Energieversorgung oder des Verkehrs ergibt, die Lieferung an das öffentliche Netz nur darauf abzielt, diese Erzeugung wirtschaftlich zu nutzen und unter Zugrundelegung des Mittels der letzten drei Jahre einschließlich des laufenden Jahres nicht mehr als 20 Prozent des Umsatzes des Auftraggebers nach § 98 Nr. 4 ausmacht;

4. Verkehr:

Die Bereitstellung und der Betrieb von Flughäfen zum Zwecke der Versorgung von Beförderungsunternehmen im Luftverkehr durch Flughafenunternehmen, die insbesondere eine Ge-

Teil 1 Anlage Gesetz gegen Wettbewerbsbeschränkungen

nehmigung nach § 38 Abs. 2 Nr. 1 der Luftverkehrs-Zulassungs-Ordnung in der Fassung der Bekanntmachung vom 10. Juli 2008 (BGBl. I S. 1229) erhalten haben oder einer solchen bedürfen;

die Bereitstellung und der Betrieb von Häfen oder anderen Verkehrsendeinrichtungen zum Zwecke der Versorgung von Beförderungsunternehmen im See- oder Binnenschiffsverkehr;

das Erbringen von Verkehrsleistungen, die Bereitstellung oder das Betreiben von Infrastruktureinrichtungen zur Versorgung der Allgemeinheit im Eisenbahn-, Straßenbahn- oder sonstigen Schienenverkehr, mit Seilbahnen sowie mit automatischen Systemen, im öffentlichen Personenverkehr im Sinne des Personenbeförderungsgesetzes auch mit Kraftomnibussen und Oberleitungsbussen.

46.1 Vergaberechtsmodernisierungsgesetz 2009

5460 **In der Anlage werden die bislang in der Vergabeverordnung (§§ 8, 9 Abs. 1 VgV) aufgeführten Tätigkeiten** auf dem Gebiet der Trinkwasser- und Energieversorgung und des Verkehrs entsprechend der Richtlinie 2004/17/EG des Europäischen Parlamentes und des Rates zur Koordinierung der Zuschlagserteilung durch Auftraggeber im Bereich der Wasser-, Energie- und Verkehrsversorgung sowie der Postdienste **aufgeführt. Aus rechtssystematischen Gründen wird dies mit Ausnahme der Postdienste in das GWB übernommen.**

Teil 2
Vergabeverordnung (VgV)

Inhaltsverzeichnis

Die Angaben beziehen sich auf Seitenzahlen

47.	Einführung zur VgV	1161
47.1	Ermächtigungsgrundlage	1161
47.2	Aktuelle Fassung und Änderungen	1161
47.3	Änderungen der VgV durch die Sektorenverordnung	1161
47.4	Änderungen der VgV durch das Vergaberechtsmodernisierungsgesetz 2009	1161
47.5	Änderungen der VgV durch die VgV-AnpassungsVO 2010	1161
47.6	Literatur	1162
48.	§ 1 VgV – Zweck der Verordnung	1162
48.1	Änderungen durch die VgV/SektVO-AnpassungsVO 2010	1162
48.2	Verfahrensregelungen für Vergaben ab den Schwellenwerten (§ 1 Abs. 1)	1162
48.2.1	Änderungen durch die VgV/SektVO-AnpassungsVO 2010	1162
48.2.2	Scharnierfunktion der VgV	1162
48.3	Abgrenzung zur SektVO (§ 1 Abs. 2)	1162
48.3.1	Änderungen durch die VgV/SektVO-AnpassungsVO 2010	1162
49.	§ 2 VgV – Schwellenwerte	1163
49.1	Änderungen durch die VgV/SektVO-AnpassungsVO 2010	1163
49.2	Allgemeines	1163
49.3	Grundlage der Schwellenwerte	1163
49.3.1	Änderungen durch die VgV/SektVO-AnpassungsVO 2010	1163
49.3.2	Allgemeines	1164
49.3.3	Seit dem 1. 1. 2010 geltende Schwellenwerte	1164
49.4	Vereinbarkeit der Schwellenwerte mit dem Grundgesetz	1165
49.5	Schwellenwert für Bauaufträge (§ 2 Nr. 3)	1166
49.6	Schwellenwert für Lose von Bauaufträgen (§ 2 Nr. 6)	1166
49.6.1	Nach der VgV europaweit auszuschreibende Lose	1166
49.6.2	Wahlrecht des Auftraggebers für die Bestimmung der nur national auszuschreibenden Lose (Bagatellklausel)	1166
49.6.3	Ausübung des Wahlrechts durch eine nationale Ausschreibung und Benennung einer Vergabekammer als Nachprüfungsbehörde	1166
49.6.4	Ausübung des Wahlrechts durch eine EU-weite Ausschreibung und Benennung einer Vergabekammer als Nachprüfungsbehörde	1167
49.6.5	Ausübung des Wahlrechts durch eine EU-weite Ausschreibung und Nichtbenennung einer Vergabekammer als Nachprüfungsbehörde	1167
49.6.6	Ausübung des Wahlrechts durch eine EU-weite Ausschreibung und eine Mitteilung nach § 101 a GWB	1168
49.6.7	Ausübung des Wahlrechts durch eine nationale und eine EU-weite Ausschreibung	1168
49.6.8	Ausschreibung von Losen mit einem Wert von mindestens 1 Mio. € und einem Gesamtauftragswert unterhalb von 5 Mio. €	1168
49.6.9	Ausübung des Wahlrechts im Nachprüfungsverfahren	1168
49.7	Schwellenwert für Lose von Dienstleistungsaufträgen (§ 2 Nr. 8)	1168
49.7.1	Grundsatz	1168
49.7.2	Nach der VgV europaweit auszuschreibende Lose	1168
49.7.3	Ausübung des Wahlrechts	1169
49.8	Wegfall des Schwellenwertes bei einer Teilaufhebung?	1169
50.	§ 3 VgV – Schätzung des Auftragswertes	1169
50.1	Änderungen durch die VgV/SektVO-AnpassungsVO 2010	1170
50.2	Bieterschützende Regelung	1170
50.3	Geschätzte Gesamtvergütung für die vorgesehene Leistung (§ 3 Abs. 1)	1170
50.3.1	Grundsätze	1170
50.3.2	Anforderungen an die Schätzung	1171

Teil 2 Inhaltsverzeichnis   Vergabeverordnung

50.3.3	Beurteilungsspielraum des Auftraggebers	1172
50.3.4	Erhebliche Differenzen zwischen der Schätzung des Auftragswertes und dem Inhalt des Leistungsverzeichnisses	1172
50.3.5	Fehlende oder nicht ordnungsgemäße Schätzung des Auftraggebers	1173
50.3.6	Erreichung des Schwellenwertes durch die Angebote bei einer Schätzung unterhalb des Schwellenwertes	1174
50.3.7	Nichterreichung des geschätzten Schwellenwertes durch die Angebote	1174
50.3.8	Gesamtvergütung	1175
50.3.9	Vorgesehene Leistung	1179
50.4	**Manipulationen bei der Schätzung oder Aufteilung des Auftragswertes (§ 3 Abs. 2)**	**1180**
50.4.1	Grundsätze	1180
50.4.2	Differenz zwischen Schätzung und Angeboten	1180
50.4.3	Befristung eines Auftrags	1180
50.4.4	Reduzierung der Laufzeit eines Vertrages zur Umgehung des Schwellenwertes	1181
50.4.5	Verbotene Umgehung im Baubereich	1181
50.4.6	Umgehung bei grundloser Differenzierung zwischen verschiedenen Leistungsanbietern	1182
50.4.7	Umgehung bei grundloser Differenzierung und der Möglichkeit einer losweisen Ausschreibung	1182
50.4.8	Umgehung durch Parzellierung von Grundflächen	1182
50.4.9	Weitere Beispiele aus der Rechtsprechung	1182
50.5	**Berücksichtigung der Laufzeit von Liefer- und Dienstleistungsaufträgen bei der Schätzung (§ 3 Abs. 4)**	**1183**
50.5.1	Änderungen durch die VgV/SektVO-AnpassungsVO 2010	1183
50.5.2	Zeitlich begrenzte Liefer- und Dienstleistungsaufträge mit einer Laufzeit bis zu 48 Monaten (§ 3 Abs. 4 Nr. 1)	1183
50.5.3	Zeitlich begrenzte Liefer- und Dienstleistungsaufträge mit einer Laufzeit von mehr als 48 Monaten (§ 3 Abs. 4 Nr. 2)	1183
50.5.4	Unbefristete Verträge oder nicht absehbare Vertragsdauer (§ 3 Abs. 4 Nr. 2)	1183
50.6	**Schätzung des Auftragswertes von Bauleistungen (§ 3 Abs. 5)**	**1184**
50.6.1	Grundsatz	1184
50.6.2	Keine Berücksichtigung des Wertes der Baunebenkosten	1184
50.6.3	Keine Berücksichtigung des Grundstückswertes	1184
50.6.4	Keine Berücksichtigung des Wertes von beweglichen Ausstattungsgegenständen	1184
50.6.5	Keine Berücksichtigung des Wertes von Planungsleistungen	1184
50.6.6	Berücksichtigung des Wertes der Bauleitung	1185
50.6.7	Berücksichtigung der Kosten für die vom Auftraggeber durchgeführte Bauüberwachung	1185
50.6.8	Berücksichtigung von zusammengefassten Auftragswerten eines öffentlichen und eines privaten Auftraggebers	1185
50.6.9	Annex: Auftragswert bei einer Baukonzession im Rahmen einer Grundstücksveräußerung	1185
50.7	**Schätzung des Auftragswerts bei Sammelbestellungen, Rahmenvereinbarungen und einem dynamischen elektronischen Beschaffungssystem (§ 3 Abs. 6)**	**1187**
50.7.1	Allgemeines	1187
50.7.2	Schätzung des Auftragswerts bei Beschaffungen mehrerer öffentlicher Auftraggeber	1187
50.8	**Schätzung des Auftragswerts bei Losen (§ 3 Abs. 7)**	**1187**
50.8.1	Grundsatz	1187
50.8.2	Lose bei Lieferleistungen	1188
50.8.3	Lose bei freiberuflichen Dienstleistungsaufträgen nach der VOF	1188
50.9	**Sonstige in der VgV nicht geregelte Fälle**	**1190**
50.9.1	Schätzung des Auftragswerts bei einem kombinierten Erbbaurechts- und Mietvertrag	1190
50.9.2	Schätzung des Auftragswerts bei freiberuflichen Dienstleistungen ohne eine Honorarordnung	1190
50.10	**Schätzung des Auftragswerts bei freiberuflichen Dienstleistungsaufträgen nach der VOF**	**1190**
50.10.1	Schätzung des Auftragswerts bei freiberuflichen Dienstleistungsaufträgen nach der VOF und abschnittsweiser Beauftragung	1190
50.10.2	Berücksichtigung der Nebenkosten	1190
50.10.3	Schwellenwert bei einer einheitlichen Bau- und Lieferausschreibung, wobei nur der – geringere – Lieferauftrag den Schwellenwert erreicht	1190
50.11	**Schwellenwert bei Auslobungsverfahren (§ 3 Abs. 8)**	**1191**
50.12	**Maßgeblicher Zeitpunkt für die Schätzung des Auftragswerts (§ 3 Abs. 9)**	**1191**
50.13	**Darlegungs- und Beweislast für das Erreichen des Schwellenwerts**	**1192**
50.14	**Literatur**	**1192**

Vergabeverordnung   Inhaltsverzeichnis **Teil 2**

51.	**§ 4 VgV – Vergabe von Liefer- und Dienstleistungsaufträgen**	1192
51.1	Änderungen durch die VgV/SektVO-AnpassungsVO 2010	1193
51.2	Verweisungs- und Scharnierfunktion hinsichtlich der VOL/A 2009 (§ 4 Abs. 1)	1193
51.3	Verweisungs- und Scharnierfunktion hinsichtlich der VOL/A 2009 (§ 4 Abs. 2)	1193
51.4	Personennahverkehrsleistungen der Kategorie Eisenbahnen (§ 4 Abs. 3)	1194
51.4.1	Allgemeines	1194
51.4.2	Vereinbarkeit der Änderung mit dem materiellen Vergaberecht	1194
51.4.3	Vereinbarkeit der Änderung mit dem formellen Vergaberecht	1194
51.4.4	Frist des § 4 Abs. 3 Nr. 2	1194
51.4.5	Freihändige Vergabe „ohne sonstige Voraussetzungen"	1195
51.5	**Anwendbare Vorschriften für die Vergabe von Aufträgen, deren Gegenstand Dienstleistungen nach Anhang I Teil B sind (§ 4 Abs. 4)**	1195
51.5.1	Änderungen durch die VgV/SektVO-AnpassungsVO 2010	1195
51.5.2	Hinweis	1196
51.6	**Vergabe von Aufträgen, deren Gegenstand sowohl Dienstleistungen nach Anhang I A als auch Dienstleistungen nach Anhang I B sind (§ 4 Abs. 5)**	1196
51.6.1	Änderungen durch die VgV/SektVO-AnpassungsVO 2010	1196
51.6.2	Hinweis	1196
51.7	**Modifizierung der VOL/A für den Kauf oder bei Ersetzung oder Nachrüstung technischer Geräte und Ausrüstungen (§ 4 Abs. 6)**	1196
51.7.1	Änderungen durch die VgV/SektVO-AnpassungsVO 2010	1196
51.7.2	Hinweise	1196
52.	**§ 5 VgV – Vergabe freiberuflicher Dienstleistungen**	1197
52.1	Änderungen durch die VgV/SektVO-AnpassungsVO 2010	1197
52.2	Verweisungs- und Scharnierfunktion hinsichtlich der VOF 2009	1197
53.	**§ 6 VgV – Vergabe von Bauleistungen**	1197
53.1	Änderungen durch die VgV/SektVO-AnpassungsVO 2010	1198
53.2	Verweisungs- und Scharnierfunktion hinsichtlich der VOB/A 2009 (§ 6 Abs. 1)	1198
53.3	Anwendbares Recht für Auftraggeber nach § 98 Nr. 6 – Baukonzessionäre – (§ 6 Abs. 1 Satz 1 Halbsatz 2)	1198
53.4	Modifizierung der VOB/A für Herstellung, Instandsetzung, Instandhaltung oder Änderung von Gebäuden oder Gebäudeteilen (§ 6 Abs. 2)	1198
53.4.1	Änderungen durch die VgV/SektVO-AnpassungsVO 2010	1198
53.4.2	Hinweise	1198
54.	**§§ 6 a–13 VgV**	1199
55.	**§ 14 VgV – Bekanntmachungen**	1199
55.1	Änderungen durch die VgV/SektVO-AnpassungsVO 2010	1199
55.2	**Angabe der Vergabekammer (§ 14 Abs. 1)**	1199
55.2.1	Änderungen durch die VgV/SektVO-AnpassungsVO 2010	1199
55.2.2	Allgemeines	1199
55.2.3	Rechtsfolge der unterlassenen Angabe der Vergabekammer	1199
55.3	**Verwendung des CPV bei Bekanntmachungen (§ 14 Abs. 2)**	1199
55.3.1	Inhalt des CPV	1199
55.3.2	Verbindliche einheitliche Einführung des CPV	1200
55.4	**Bekanntmachung des CPV (§ 14 Abs. 3)**	1200
55.4.1	Änderungen durch die VgV/SektVO-AnpassungsVO 2010	1200
56.	**§ 15 VgV**	1200
57.	**§ 16 VgV – Ausgeschlossene Personen**	1200
57.1	Änderungen durch die VgV/SektVO-AnpassungsVO 2010	1201
57.2	Sinn und Zweck der Regelung	1201
57.3	Kein Ausschlussgrund des „bösen Scheines"	1201
57.4	**Persönlicher Anwendungsbereich**	1202
57.4.1	Grundsatz	1202
57.4.2	Mitglieder von Gemeindevertretungen	1202
57.4.3	Projektanten	1202

57.4.4	Interessensbeziehung zu einem Bieter	1202
57.4.5	Interessensbeziehung bei lediglich beratenden Beiräten	1203
57.4.6	Analoge Anwendung bei lediglich beratenden Beiräten	1203
57.4.7	Qualität der beratenden Tätigkeit	1203
57.4.8	Personen mit beruflichen Kontakten zu potenziellen Bietern	1203
57.4.9	Mitglieder des Aufsichtsrats eines Gesellschafters eines Bieters	1203
57.5	**Sachliche Reichweite des Mitwirkungsverbotes**	**1204**
57.5.1	Bescheidung einer Rüge	1204
57.5.2	Ausschreibungsvorbereitungen	1204
57.5.3	Informationserteilung	1204
57.5.4	Mitwirkung an einem Leitfaden oder Ausschreibungsmuster	1204
57.5.5	Zeitungsinterview	1205
57.6	**Darlegungslast und Beweislastverteilung für einen Interessenkonflikt**	**1205**
57.7	**Rechtsfolge eines Verstoßes gegen § 16**	**1205**
57.7.1	Allgemeines	1205
57.7.2	Heilung des Verstoßes	1205
57.7.3	Ausschluss des betroffenen Bieters	1206
57.7.4	Aufhebung des Ausschreibungsverfahrens	1206
57.8	**Generelle Unvereinbarkeit von bestimmten Wirtschaftssektoren?**	**1206**
57.9	**Literatur**	**1207**
58.	**§ 17 VgV – Melde- und Berichtspflichten**	**1207**
58.1	Änderungen durch die VgV/SektVO-AnpassungsVO 2010	1208
58.2	Zuständige Stelle (§ 17 Abs. 1)	1208
58.3	**Hinweis**	**1208**
59.	**§§ 18–22 VgV**	**1208**
60.	**§ 23 VgV – Übergangsbestimmungen**	**1208**
60.1	Änderungen durch die VgV/SektVO-AnpassungsVO 2010	1208
60.2	Beginn des Vergabeverfahrens (§ 23 Satz 1)	1208
60.3	Sonderregelung für Vergabeverfahren, bei denen eine elektronische Angebotsabgabe zugelassen ist (§ 23 Satz 2)	1208
60.3.1	Änderungen durch die VgV/SektVO-AnpassungsVO 2010	1208

Vergabeverordnung VgV **Teil 2**

47. Einführung zur VgV

47.1 Ermächtigungsgrundlage

Die Verordnung über die Vergabe öffentlicher Aufträge (Vergabeverordnung – VgV) beruht rechtlich auf der Ermächtigungsgrundlage der § 97 Abs. 6 und § 127 des Gesetzes gegen Wettbewerbsbeschränkungen (GWB). 5461

Die in diesen Vorschriften genannten Regelungsmöglichkeiten sind in der Praxis 5462
– über die Vergabeverordnung, aber auch
– über die Vergabe- und Vertragsordnung für Bauleistungen (VOB),
– die Vergabe- und Vertragsordnung für Leistungen (VOL) und
– die Vergabeordnung für freiberufliche Leistungen (VOF)
umgesetzt worden.

§ 97 Abs. 6 GWB ist auch eine hinreichende Ermächtigungsgrundlage, Regelungen über Fragen des Vergabeverfahrens in der Vergabeverordnung zu treffen (OLG Düsseldorf, B. v. 30. 4. 2003 – Az.: Verg 67/02). 5463

47.2 Aktuelle Fassung und Änderungen

Die Verordnung über die Vergabe öffentlicher Aufträge (Vergabeverordnung – VgV) vom 9. 1. 2001 (BGBl. I S. 110) wurde **geändert durch** 5464
– das Gesetz über Rahmenbedingungen für elektronische Signaturen und zur Änderung weiterer Vorschriften vom 16. Mai 2001 (BGBl. I S. 876),
– die Erste Verordnung zur Änderung der Vergabeverordnung vom 7. November 2002 (BGBl. I S. 4338),
– die Zweite Verordnung zur Änderung der Vergabeverordnung vom 11. Februar 2003 (BGBl. I S. 168) und
– die Achte Zuständigkeitsanpassungsverordnung vom 25. 11. 2003 (BGBl. I S. 2304)
– Art. 2 des Gesetzes vom 1. 9. 2005 (BGBl. I S. 2676)
– die Dritte Verordnung zur Änderung der Vergabeverordnung vom 23. 10. 2006 (BGBl. I S. 2334)
– Artikel 2 des Gesetzes zur Modernisierung des Vergaberechts vom 20. April 2009 (BGBl. I S. 790)
– Verordnung zur Neuregelung der für die Vergabe von Aufträgen im Bereich des Verkehrs, der Trinkwasserversorgung und der Energieversorgung anzuwendenden Regeln vom 23. September 2009 – SektVO – (BGBl. I S. 3110)
– Verordnung zur Anpassung der Verordnung über die Vergabe öffentlicher Aufträge (Vergabeverordnung – VgV) sowie der Verordnung über die Vergabe von Aufträgen im Bereich des Verkehrs, der Trinkwasserversorgung und der Energieversorgung (VgV/SektVOAnpV) vom 7. Juni 2010 (BGBl. I S. 724).

Mit Artikel 2 der Dritten Verordnung zur Änderung der Vergabeverordnung wurde die **Regelung, dass die VgV am 31. 12. 2014 außer Kraft tritt, aufgehoben.** 5465

Die **materiellen Änderungen** durch die Dritte Verordnung zur Änderung der Vergabeverordnung sind **bei den jeweiligen Vorschriften erläutert.** 5466

47.3 Änderungen der VgV durch die Sektorenverordnung

§ 2 Nr. 1 VgV und die §§ 7, 12 VgV wurden aufgehoben. 5467

47.4 Änderungen der VgV durch das Vergaberechtsmodernisierungsgesetz 2009

Die **§§ 8 bis 11, 13 und 18 bis 22 sind aufgehoben** worden. Die Aufhebung ist eine Folgeänderung zu § 100 Abs. 2, §§ 106a, 129, 129a und 129b und der Anlage zu § 98 GWB. 5468

Bei den nicht aufgehobenen Vorschriften der VgV gab es **keine formalen oder inhaltlichen Änderungen.** 5469

47.5 Änderungen der VgV durch die VgV-AnpassungsVO 2010

Durch die VgV-AnpassungsVO wurden **in § 4 Abs. 6 und in § 6 Abs. 2 Regelungen zur Berücksichtigung des Energieverbrauchs aufgenommen.** 5470

Teil 2 VgV § 1 Vergabeverordnung

47.6 Literatur

5471
- Hattig-Maibaum, Praxiskommentar Kartellvergaberecht, Bundesanzeiger Verlag, 2010
- Just, Christoph/Sailer, Daniel, Die neue Vergabeverordnung, NVwZ 2010, 937
- Leinemann, Ralf, Die Vergabe öffentlicher Aufträge, Carl Heymanns Verlag, 3. Auflage, 2004
- Reidt/Stickler/Glahs, Vergaberecht/Kommentar, Verlag Dr. Otto Schmidt, Köln, 2. Auflage, 2003
- Schneider, Matthias/Reichert, Friedhelm, Änderungen in der neuen Vergabeverordnung (VgV), ibr-online (www.ibr-online.de/2007-9)

48. § 1 VgV – Zweck der Verordnung

(1) **Die Verordnung trifft nähere Bestimmungen über das einzuhaltende Verfahren bei der Vergabe öffentlicher Aufträge, deren geschätzte Auftragswerte ohne Umsatzsteuer die in § 2 geregelten Schwellenwerte erreichen oder übersteigen.**

(2) Bei Auftraggebern nach § 98 Nummer 1 bis 4 des Gesetzes gegen Wettbewerbsbeschränkungen gilt für Aufträge, die im Zusammenhang mit Tätigkeiten auf dem Gebiet der Trinkwasser- oder Energieversorgung oder des Verkehrs (Sektorentätigkeiten) vergeben werden, die Sektorenverordnung vom 23. September 2009 (BGBl. I S. 3110).

48.1 Änderungen durch die VgV/SektVO-AnpassungsVO 2010

5472 In § 1 Abs. 1 VgV wurde der **Hinweis auf die Zuständigkeits- und Verfahrensregelungen für das Nachprüfungsverfahren gestrichen.**

5473 § 1 Abs. 2 wurde zur **Abgrenzung zur SektVO** neu aufgenommen.

48.2 Verfahrensregelungen für Vergaben ab den Schwellenwerten (§ 1 Abs. 1)

48.2.1 Änderungen durch die VgV/SektVO-AnpassungsVO 2010

5474 Gemäß Artikel 2 des Gesetzes zur Modernisierung des Vergaberechts wurden Vorschriften der Vergabeverordnung gestrichen (§ 6 Abs. 1 Satz 2, die §§ 8 bis 11, 13, 18, 19, 20, 21 und 22) und teilweise gemäß Art. 1, Änderungsbefehle 5, 7, 12, 24 und 28 in das Gesetz gegen Wettbewerbsbeschränkungen (GWB) übernommen (§§ 8 bis 11, 13, 18, 21). Als **Folge dieser Änderungen beschränkt sich die Vergabeverordnung nunmehr im Wesentlichen auf eine Scharnierfunktion zu den Vergabe- und Vertragsordnungen,** die die Vorschriften enthalten für das Verfahren der öffentlichen Auftragsvergabe.

48.2.2 Scharnierfunktion der VgV

5475 Die VgV übernimmt im **Kaskadenaufbaus des Vergaberechts** (GWB – VgV – VOB/VOL/VOF) im Wesentlichen die Scharnierfunktion zwischen GWB einerseits und VOB/A 2009, VOL/A 2009 und VOF 2009 andererseits, mit anderen Worten **sind die zweiten Abschnitte von VOB/A 2009 und VOL/A 2009 sowie die VOF** – die keine Abschnitte kennt – **erst über die VgV verbindlich anwendbar.**

5476 Einen solchen **Kaskadenaufbau kennt das Vergaberecht für die Sektorenaufträge nicht.** Dort gelten nur das GWB und die SektVO.

48.3 Abgrenzung zur SektVO (§ 1 Abs. 2)

48.3.1 Änderungen durch die VgV/SektVO-AnpassungsVO 2010

5477 Der **Anwendungsbereich dieser Verordnung** ist **von dem Anwendungsbereich der** Verordnung über die Vergabe von Aufträgen im Bereich des Verkehrs, der Trinkwasserversorgung und der Energieversorgung **(Sektorenverordnung – SektVO) streng abzugrenzen**, die das für Auftraggeber i. S. v. § 98 Nr. 1 bis 4 GWB anzuwendende Verfahren zur Vergabe von Aufträgen im Zusammenhang mit Sektorentätigkeiten nunmehr abschließend regelt.

49. § 2 VgV – Schwellenwerte

Der Schwellenwert beträgt

1. für Liefer- und Dienstleistungsaufträge der obersten oder oberen Bundesbehörden sowie vergleichbarer Bundeseinrichtungen 125 000 Euro; im Verteidigungsbereich gilt dies bei Lieferaufträgen nur für Waren, die im Anhang V der Richtlinie 2004/18/EG des Europäischen Parlaments und des Rates vom 31. März 2004 über die Koordinierung der Verfahren zur Vergabe öffentlicher Bauaufträge, Lieferaufträge und Dienstleistungsaufträge (ABl. L 134 vom 30. 4. 2004, S. 114, L 351 vom 26. 11. 2004, S. 44), die zuletzt durch die Verordnung (EG) Nr. 1177/2009 der Kommission der Europäischen Gemeinschaft vom 30. November 2009 (ABl. L 314 vom 1. 12. 2009, S. 64) geändert worden ist, aufgeführt sind. Dieser Schwellenwert gilt nicht für

   a) Dienstleistungen des Anhangs II Teil A Kategorie 5 der Richtlinie 2004/18/EG, deren Code nach der Verordnung (EG) Nr. 2195/2002 des Europäischen Parlaments und des Rates vom 5. November 2002 über das Gemeinsame Vokabular für öffentliche Aufträge (CPV) (ABl. L 340 vom 16.12.2002, S. 1), geändert durch die Verordnung (EG) Nr. 213/2008 der Kommission der Europäischen Gemeinschaft vom 28. November 2007 (ABl. L 74 vom 15. 3. 2008, S. 1) (CPV-Code), den CPC-Referenznummern 7524 (CPV-Referenznummer 64228000-0), 7525 (CPV-Referenznummer 64221000-1) und 7526 (CPV-Referenznummer 64227000-3) entspricht, sowie des Anhangs II Teil A Kategorie 8 der Richtlinie 2004/18/EG oder

   b) Dienstleistungen des Anhangs II Teil B der Richtlinie 2004/18/EG;

   für diese Dienstleistungen gilt der Schwellenwert nach Nummer 2;

2. für alle anderen Liefer- und Dienstleistungsaufträge 193 000 Euro;
3. für Bauaufträge 4 845 000 Euro;
4. für Auslobungsverfahren, die zu einem Dienstleistungsauftrag führen sollen, dessen Schwellenwert;
5. für die übrigen Auslobungsverfahren der Wert, der bei Dienstleistungsaufträgen gilt;
6. für Lose von Bauaufträgen nach Nummer 3: 1 Million Euro oder bei Losen unterhalb von 1 Million Euro deren addierter Wert ab 20 vom Hundert des Gesamtwertes aller Lose und
7. für Lose von Dienstleistungsaufträgen nach Nummer 1 oder 2: 80 000 Euro oder bei Losen unterhalb von 80 000 Euro deren addierter Wert ab 20 vom Hundert des Gesamtwertes aller Lose.

49.1 Änderungen durch die VgV/SektVO-AnpassungsVO 2010

Die Höhe der Schwellenwerte wurde an die Verordnung der EG zur Regelung der Schwellenwerte – Verordnung (EG) Nr. 1177/2009 vom 30. November 2009 (ABl. L 314 vom 1. 12. 2009, S. 64 – angepasst.

49.2 Allgemeines

Das Vergaberecht des GWB und der VgV – und damit der Primärrechtsschutz – gilt nach § 100 GWB nur für Aufträge, welche die **Auftragswerte erreichen oder überschreiten**, die durch Rechtsverordnung nach § 127 GWB festgelegt sind (Schwellenwerte). **§ 2 VgV legt diese Schwellenwerte fest**; § 3 VgV enthält Regelungen zur Berechnung der Schwellenwerte.

Vgl. dazu im Einzelnen die Kommentierung zu → § 100 GWB Rdn. 2ff.

49.3 Grundlage der Schwellenwerte

49.3.1 Änderungen durch die VgV/SektVO-AnpassungsVO 2010

Die in der Richtlinie 2004/18/EG festgelegten Schwellenwerte werden für die dem Geltungsbereich dieser Richtlinie unterfallenden Vergabeverfahren regelmäßig durch Verordnung der EU-Kommission der Europäischen Gemeinschaft geändert. Die Werte sind im WTO-Be-

Teil 2 VgV § 2   Vergabeverordnung

schaffungsübereinkommen in Sonderziehungsrechten ausgedrückt und werden alle zwei Jahre hinsichtlich der Gegenwerte in Euro überprüft und gegebenenfalls angepasst.

5482 Mit der Änderung wird die jüngste Verordnung der EG zur Regelung der Schwellenwerte ab 1. 1. 2010, Verordnung (EG) Nr. 1177/2009 vom 30. November 2009 (ABl. L 314 vom 1. 12. 2009, S. 64) in deutsches Recht umgesetzt.

49.3.2 Allgemeines

5483 Die Festlegung der Schwellenwerte und des sich daran anknüpfenden Vergabeverfahrens setzt die entsprechenden Vorgaben der Vergaberichtlinien (**Vergabekoordinierungsrichtlinie** sowie **Sektorenrichtlinie**) um, die als **zentrale Bestimmungen im öffentlichen Auftragswesen** die Herstellung eines echten Wettbewerbs in der Europäischen Union und damit die Verwirklichung der innerhalb der Gemeinschaft geltenden Grundfreiheiten (Dienstleistungs-, Niederlassungs- und Warenverkehrsfreiheit) zum Ziel haben. Art. 10 EG-Vertrag legt den Organen der Mitgliedstaaten die umfassende Pflicht zu gemeinschaftsrechtskonformem Verhalten auf und verlangt damit von ihnen, die nationalen Umsetzungsvorschriften im Sinne des Wortlauts und des Zwecks der zugrunde liegenden Richtlinienbestimmungen auszulegen und anzuwenden. Der in dem Versäumnis einer EU-weiten Ausschreibung liegende Verstoß gegen maßgebliche Wettbewerbsvorschriften auf zwei Rechtsebenen und das Gebot zu gemeinschaftskonformem Verhalten wiegt schwer (OLG Koblenz, B. v. 10. 4. 2003 – Az.: 1 Verg 1/03).

49.3.3 Seit dem 1. 1. 2010 geltende Schwellenwerte

5484 Mit VERORDNUNG (EG) Nr. 1177/2009 DER KOMMISSION vom 30. November 2009 zur Änderung der Richtlinien 2004/17/EG, 2004/18/EG und 2009/81/EG des Europäischen Parlaments und des Rates im Hinblick auf die Schwellenwerte für Auftragsvergabeverfahren (Amtsblatt der Europäischen Union L 314/64 vom 1. 12. 2009) sind die **Schwellenwerte für die Anwendung des EU-Vergaberechts neu festgesetzt worden. Die Schwellenwerte betragen ab dem 1. 1. 2010**:

80 000 EUR	BGN	Neuer Bulgarischer Lew	156 464
	CZK	Tschechische Krone	2 071 440
	DKK	Dänische Krone	596 248
	EEK	Estnische Krone	1 251 728
	GBP	Pfund Sterling	64 846
	HUF	Ungarischer Forint	21 031 200
	LTL	Litauischer Litas	276 224
	LVL	Lettischer Lats	56 248
	PLN	Neuer Polnischer Zloty	307 120
	RON	Neuer Rumänischer Leu	305 720
	SEK	Schwedische Krone	795 760
125 000 EUR	BGN	Neuer Bulgarischer Lew	244 475
	CZK	Tschechische Krone	3 236 625
	DKK	Dänische Krone	931 638
	EEK	Estnische Krone	1 955 825
	GBP	Pfund Sterling	101 323
	HUF	Ungarischer Forint	32 861 250
193 000 EUR	LTL	Litauischer Litas	431 600
	LVL	Lettischer Lats	87 888
	PLN	Neuer Polnischer Zloty	479 875
	RON	Neuer Rumänischer Leu	477 688
	SEK	Schwedische Krone	1 243 375
	BGN	Neuer Bulgarischer Lew	377 469
	CZK	Tschechische Krone	4 997 349
	DKK	Dänische Krone	1 438 448

Vergabeverordnung VgV § 2 **Teil 2**

	EEK	Estnische Krone	3 019 794
	GBP	Pfund Sterling	156 442
	HUF	Ungarischer Forint	50 737 770
	LTL	Litauischer Litas	666 390
	LVL	Lettischer Lats	135 698
	PLN	Neuer Polnischer Zloty	740 927
	RON	Neuer Rumänischer Leu	737 550
	SEK	Schwedische Krone	1 919 771
387 000 EUR	BGN	Neuer Bulgarischer Lew	756 895
	CZK	Tschechische Krone	10 020 591
	DKK	Dänische Krone	2 884 350
	EEK	Estnische Krone	6 055 234
	GBP	Pfund Sterling	313 694
	HUF	Ungarischer Forint	101 738 430
	LTL	Litauischer Litas	1 336 234
	LVL	Lettischer Lats	2 722 100
	PLN	Neuer Polnischer Zloty	1 485 693
	RON	Neuer Rumänischer Leu	1 478 921
	SEK	Schwedische Krone	3 849 489
1 000 000	BGN	Neuer Bulgarischer Lew	1 955 800
	CZK	Tschechische Krone	25 893 000
	DKK	Dänische Krone	7 453 100
	EEK	Estnische Krone	15 646 600
	GBP	Pfund Sterling	810 580
	HUF	Ungarischer Forint	262 890 000
	LTL	Litauischer Litas	3 452 800
	LVL	Lettischer Lats	703 100
	PLN	Neuer Polnischer Zloty	3 839 000
	RON	Neuer Rumänischer Leu	3 821 500
	SEK	Schwedische Krone	9 947 000
4 845 000 EUR	BGN	Neuer Bulgarischer Lew	9 475 851
	CZK	Tschechische Krone	125 451 585
	DKK	Dänische Krone	36 110 270
	EEK	Estnische Krone	75 807 777
	GBP	Pfund Sterling	3 927 260
	HUF	Ungarischer Forint	1 273 702 050
	LTL	Litauischer Litas	16 728 816
	LVL	Lettischer Lats	3 806 520
	PLN	Neuer Polnischer Zloty	18 599 955
	RON	Neuer Rumänischer Leu	18 515 168

Für die **Mitgliedstaaten, die nicht am Euro teilnehmen**, hat die Kommission im Amtsblatt der Europäischen Union (C 292/1 vom 2. 12. 2009) die Gegenwerte der Schwellenwerte mitgeteilt.

49.4 Vereinbarkeit der Schwellenwerte mit dem Grundgesetz

Die **Begrenzung des Primärrechtsschutzes verstößt nicht gegen das Grundgesetz**; 5485
vgl. im Einzelnen die Kommentierung zu → § 100 GWB Rdn. 9 ff.

Teil 2 VgV § 2

49.5 Schwellenwert für Bauaufträge (§ 2 Nr. 3)

5486 Vgl. für den Begriff des Bauauftrags die Kommentierung zu → § 99 GWB Rdn. 72 ff.

5487 Vgl. zur Ermittlung des Schwellenwertes im Einzelnen die **Kommentierung zu § 3 VgV**.

49.6 Schwellenwert für Lose von Bauaufträgen (§ 2 Nr. 6)

49.6.1 Nach der VgV europaweit auszuschreibende Lose

5488 Nach § 2 Nr. 6 sind Lose von Bauaufträgen dann europaweit auszuschreiben, wenn
- ihr **einzelner Wert 1 Mio. €** beträgt oder
- bei **Losen unterhalb von 1 Million €** deren addierter Wert ab 20 vom Hundert des Gesamtwertes aller Lose beträgt; in diesen Fällen hat der Auftraggeber also die Möglichkeit, bis zu 20% der Bauleistungen nur national auszuschreiben.

5489 **Maßgebend für den Schwellenwert** ist bei der Aufteilung eines Auftrags in Lose grundsätzlich nicht der Wert des Loses, das zu erhalten ein antragstellender Bieter anstrebt, sondern der **Auftragswert des gesamten zur Ausschreibung anstehenden Auftrags** (VK Baden-Württemberg, B. v. 30. 3. 2007 – Az.: 1 VK 13/07).

49.6.2 Wahlrecht des Auftraggebers für die Bestimmung der nur national auszuschreibenden Lose (Bagatellklausel)

5490 Die Regelung des § 2 Nr. 6 soll es dem Auftraggeber ermöglichen, **kleinere Lose nicht EU-weit ausschreiben zu müssen**, da solche Lose in der Regel nur für Bieter im nationalen Bereich von Interesse sind und für den EU-weiten Wettbewerb außer acht gelassen werden können.

5491 Kleinere Lose können auch am Anfang eines Bauvorhabens stehen (Vorwegmaßnahmen, Abrissarbeiten, Erdaushub). Es ergäbe wenig Sinn, dem Auftraggeber eine EU-weite Ausschreibung kleiner Lose nur deshalb vorzuschreiben, weil sie in die Anfangsphase seiner Ausschreibungen fallen, während vergleichbar kleine Lose in der Endphase der Ausschreibungen von der Pflicht zur EU-weiten Ausschreibung freigestellt sind. Die Auslegung, dass **dem Auftraggeber keine bestimmte Reihenfolge für EU-weite und nationale Vergaben vorgeschrieben ist, solange die nationalen Vergaben von Losen unter 1 Mio. € insgesamt nicht mehr als 20% der Gesamtauftragssumme ausmachen** (sog. 20%-Kontingent), wird durch die gemeinschaftsrechtliche Regelung bestätigt. In Art. 9 Abs. 5 Buchstabe a) der Vergabekoordinierungsrichtlinie wird den Auftraggebern ein Abweichen von den Bestimmungen der Richtlinie bei Losen unter 1 Mio. € gestattet, sofern der kumulierte Auftragswert dieser Lose 20% des kumulierten Wertes aller Lose nicht übersteigt. Eine bestimmte zeitliche Reihenfolge in dem Sinne, dass zunächst alle Lose unabhängig von ihrem Auftragswert ausgeschrieben werden müssten, bis 80% des Gesamtauftragswertes erreicht sind, lässt sich dieser Richtlinienbestimmung nicht entnehmen (BayObLG, B. v. 27. 4. 2001 – Az.: Verg 5/01).

5492 **Anderer Auffassung** ist die **VK Baden-Württemberg**. **Kleinlose einer Baumaßnahme** unter einer Million € sind **europaweit auszuschreiben** und unterliegen damit der Vergabenachprüfung, **bis mindestens 80% des Gesamtauftragswertes im Rahmen europaweiter Vergaben vergeben wurden** (VK Baden-Württemberg, B. v. 28. 5. 2009 – Az.: 1 VK 22/09).

5493 Auch das OLG Düsseldorf spricht sich **für eine anfängliche Festlegung des 20%-Kontingents** aus. Die Ausnahmevorschrift (20% Regelung) des § 2 Nr. 6 VgV greift aber nicht ein, da die **Festlegung der Lose, die unter die 20% Grenze fallen sollen, zum Zeitpunkt der Einleitung der Vergabeverfahren, Schätzung des Auftragswerts und der Bildung der Lose zu erfolgen** hat (vgl. Art. 9 Abs. 2 Richtlinie 2004/18/EG). Nur auf diese Weise können Umgehungen des Vergaberechts vermieden werden (OLG Düsseldorf, B. v. 11. 2. 2009 – Az.: VII-Verg 69/08).

49.6.3 Ausübung des Wahlrechts durch eine nationale Ausschreibung und Benennung einer Vergabekammer als Nachprüfungsbehörde

5494 Der Auftraggeber muss sich spätestens bei der Bekanntmachung der Ausschreibung dafür entscheiden, ob er das Los nur national oder europaweit ausschreiben und damit einem Nachprüfungsverfahren zugänglich machen will. Eine Zuordnung zum 20%-Kontingent ist aus **Gründen der Transparenz allerdings nur zulässig, soweit sie eine nach außen erkennbare**

Vergabeverordnung VgV § 2 **Teil 2**

klare Zuordnung zu diesem Kontingent getroffen hat (VK Berlin, B. v. 2. 1. 2006 – Az.: VK – B 2 57/05).

Ordnet die Vergabestelle einen Bauauftrag als Einzellos unter 1 Mio. € dem 20%-Kontingent 5495 zu und **schreibt ihn national aus**, ist die **Angabe** in der Vergabebekanntmachung, die zur Nachprüfung von Vergabeverstößen zuständige Stelle sei die **Vergabekammer, regelmäßig nur ein fehlerhafter Hinweis** auf einen nicht vorhandenen Rechtsweg, durch den der Anwendungsbereich des Vierten Teils des GWB nicht eröffnet wird (BayObLG, B. v. 23. 5. 2002 – Az.: Verg 7/02).

49.6.4 Ausübung des Wahlrechts durch eine EU-weite Ausschreibung und Benennung einer Vergabekammer als Nachprüfungsbehörde

Gibt die Vergabestelle in der europaweiten Bekanntmachung als **Nachprüfungsbehörde** 5496 **eine Vergabekammer** an, hat die Vergabestelle den rechtlichen Rahmen für die Nachprüfung festgelegt. Die Wirkung dieser Festlegung besteht in einer **Selbstbindung der Verwaltung** im Rahmen des ihr eingeräumten Ermessens, ob sie ein Los dem 20%-Kontingent zuordnet, das nicht EU-weit ausgeschrieben werden muss. Die Vergabestelle kann in einem solchen Fall im Beschwerdeverfahren wirksam nicht mehr erklären, ein Nachprüfungsverfahren stehe nicht zur Verfügung, weil die Vergabe des Loses dem 20%-Kontingent zugerechnet werde. Damit ist der **Anwendungsbereich des vierten Abschnitts des GWB eröffnet** (BayObLG, B. v. 1. 10. 2001 – Az.: Verg 6/01; VK Baden-Württemberg, B. v. 27. 12. 2004 – Az.: 1 VK 79/04; B. v. 7. 4. 2004 – Az.: 1 VK 13/04; VK Berlin, B. v. 5. 11. 2009 – Az.: VK – B 2–35/09; VK Brandenburg, B. v. 7. 11. 2007 – Az.: VK 42/07; B. v. 16. 5. 2007 – Az.: 1 VK 13/07; B. v. 5. 7. 2006 – Az.: 1 VK 23/06; B. v. 25. 2. 2005 – Az.: VK 4/05; B. v. 25. 2. 2005 – Az.: VK 3/05; VK Bremen, B. v. 15. 11. 2006 – Az.: VK 2/06; B. v. 21. 9. 2005 – Az.: VK 10/05; VK Lüneburg, B. v. 21. 7. 2008 – Az.: VgK-25/2008; B. v. 1. 2. 2008 – Az.: VgK-48/2007; B. v. 11. 12. 2006 – Az.: VgK-31/2006; B. v. 5. 7. 2005 – Az.: VgK-26/2005; B. v. 3. 5. 2005 – Az.: VgK-14/2005; B. v. 26. 1. 2005 – Az.: 203-VgK-56/2004; B. v. 11. 1. 2005 – Az.: 203-VgK-55/2004; B. v. 20. 12. 2004 – Az.: 203-VgK-54/2004; B. v. 3. 12. 2004 – Az.: 203-VgK-52/2004; B. v. 21. 10. 2004 – Az.: 203-VgK-47/2004; B. v. 20. 8. 2004 – Az.: 203-VgK-41/2004; B. v. 29. 1. 2004 – Az.: 203-VgK-40/2003; B. v. 26. 1. 2004 – Az.: 203-VgK-39/2003; B. v. 15. 9. 2003 – Az.: 203-VgK-22/2003; B. v. 10. 3. 2003 – Az.: 203-VgK-01/2003; B. v. 29. 8. 2002 – Az.: 203-VgK-13/2002; VK Rheinland-Pfalz, B. v. 11. 4. 2003 – Az.: VK 4/03; VK Saarland, B. v. 1. 3. 2005 – Az.: 1 VK 01/2005; 1. VK Sachsen, B. v. 17. 12. 2007 – Az.: 1/SVK/073-07; B. v. 9. 11. 2006 – Az.: 1/SVK/095-06; B. v. 10. 5. 2006 – Az.: 1/SVK/037-06; B. v. 11. 11. 2005 – Az.: 1/SVK/130-05; VK Schleswig-Holstein, B. v. 31. 1. 2006 – Az.: VK-SH 33/05; B. v. 21. 12. 2005 – Az.: VK-SH 29/05; VK Südbayern, B. v. 29. 1. 2007 – Az.: 39-12/06; B. v. 15. 12. 2006 – Az.: 34-11/06; B. v. 6. 10. 2006 – Az.: 27-08/06; B. v. 6. 10. 2006 – Az.: 26-08/06; B. v. 29. 5. 2006 – Az.: 12-04/06; B. v. 27. 4. 2006 – Az.: 04-02/06; B. v. 10. 6. 2005 – Az.: 20-04/05; B. v. 28. 4. 2005 – Az.: 09-03/05; B. v. 16. 7. 2003 – Az.: 25-06/03).

49.6.5 Ausübung des Wahlrechts durch eine EU-weite Ausschreibung und Nichtbenennung einer Vergabekammer als Nachprüfungsbehörde

Schreibt die Vergabestelle **europaweit aus** und gibt sie in der Bekanntmachung als **Nach-** 5497 **prüfungsbehörde die VOB-Stelle oder eine falsche Vergabekammer an**, kann die Ausschreibung auch nicht dem 20%-Kontingent zugeordnet werden, sondern fällt unter das 80%-Kontingent – § 2 Nr. 6 VgV – (VK Nordbayern, B. v. 24. 7. 2001 – Az.: 320.VK-3194-21/01; VK Schleswig-Holstein, B. v. 13. 12. 2004 – Az.: VK-SH-33/04).

Ob es der Auftraggeber **auch dann, wenn bereits mehr als 80% des Gesamtauftrags-** 5498 **werts aller Bauaufträge für die bauliche Anlage vergeben ist**, allein durch die Art der Vergabe, nämlich bei Bauleistungen im europaweiten Offenen Verfahren nach § 3a VOB/A oder im nationalen Verfahren durch Öffentliche Ausschreibung nach § 3 Abs. 1 VOB/A, noch in der Hand hat, den Anwendungsbereich der §§ 97 ff. GWB zu eröffnen, ist umstritten. Die Vergabekammer Südbayern (B. v. 5. 8. 2003 – Az.: 29-07/03) neigt hierbei zu der Auffassung, **erst bei bereits erfolgter Vergabe von mehr als 80% des Gesamtauftragswertes in EU-weiten Verfahren auch bei Benennung der Kammer nicht mehr zuständig zu sein**. Sind zum Zeitpunkt der Absendung einer Bekanntmachung jedoch ca. 74% aller Aufträge durch EU-weite Verfahren vergeben, stellt die Kammer nicht auf den Anteil der bei Einleitung des streitgegenständlichen Vergabeverfahrens EU-weit bereits veröffentlichten Aufträge ab, da es der Auftraggeber bei Aufträgen unterhalb des Los-Schwellenwertes nach einer Aufhebung des

Teil 2 VgV § 2 Vergabeverordnung

EU-weiten Verfahrens in der Hand hätte, dieses dann in der Folge nur noch national auszuschreiben. Die Kammer ist insoweit der Ansicht, **trotz Nichtbenennung der Kammer als Nachprüfungsbehörde für die Überprüfung zuständig zu sein**. Der von der Antragsgegnerin durch die Anwendung der a-Paragrafen gesetzte Vertrauenstatbestand begründet nach Meinung der Kammer unter Berücksichtigung, dass erst ca. 74% der Aufträge EU-weit vergeben sind, einen Anspruch auf Durchführung eines Nachprüfungsverfahrens.

49.6.6 Ausübung des Wahlrechts durch eine EU-weite Ausschreibung und eine Mitteilung nach § 101 a GWB

5499   Handelt es sich bei einem Einzellos um einen Auftragswert unter 1 Mio. €, besteht für den Auftraggeber grundsätzlich die Möglichkeit, unter Anwendung der Bagatellklausel ein Kontingent von bis zu 20% nicht der Anwendung der A-Paragraphen zu unterstellen. Die **Ausschreibung im „Offenen Verfahren" und die Mitteilung nach § 101 a GWB indizieren insoweit die Zuordnung zum 80%-Kontingent**, weshalb der 4. Teil des GWB anwendbar ist (VK Berlin, B. v. 2. 1. 2006 – Az.: VK – B 2 57/05; VK Rheinland-Pfalz, B. v. 29. 11. 2004 – Az.: VK 20/04).

49.6.7 Ausübung des Wahlrechts durch eine nationale und eine EU-weite Ausschreibung

5500   Die **Anwendbarkeit des 4. Teils des GWB kann nicht dadurch hergestellt** werden, dass der Auftraggeber das streitige **Gewerk parallel zur nationalen Öffentlichen Ausschreibung auch europaweit im Offenen Verfahren ausschreibt**, obwohl er das Gewerk schon **vor der Ausschreibung dem 20%-Kontingent zugeordnet** hat (1. VK Brandenburg, B. v. 30. 5. 2007 – Az.: 1 VK 15/07).

49.6.8 Ausschreibung von Losen mit einem Wert von mindestens 1 Mio. € und einem Gesamtauftragswert unterhalb von 5 Mio. €

5501   Ein Einzelauftrag über 1 Mio. € führt zwar zur Anwendung der „a"-Paragrafen der VOB, **nicht aber zur Zuständigkeit der Vergabekammer**, wenn der maßgebliche Schwellenwert des § 2 Nr. 3 VgV nicht erreicht wird. Die Ausführungen in § 2 Nr. 6 VgV kommen nur zur Anwendung, wenn es sich um Lose von Bauaufträgen nach der Nr. 3 des § 2 VgV handelt. Der vierte Teil des GWB ist somit nicht eröffnet, wenn die durch Rechtsverordnung festgelegten Schwellenwerte nicht erreicht werden (VK Südbayern, B. v. 12. 6. 2002 – Az.: 21-05/02).

49.6.9 Ausübung des Wahlrechts im Nachprüfungsverfahren

5502   Der **Auftraggeber muss sich bereits bei der Ausschreibung und im Vergabeverfahren im Klaren darüber sein, nach welchen Vorschriften er ausschreibt**. Der Auftraggeber kann sonst nicht wissen, welche Vorschriften er einhalten soll. Aber auch die Bieter wissen sonst nicht, worauf sie sich mit der Angebotsabgabe einlassen. Es ist unfair, wenn der Auftraggeber erst abwarten kann, welche Vergabe erfolgreich angegriffen wird, um diese dann durch nachträgliche Zuordnung zum 20%-Kontingent der Nachprüfung zu entziehen. **Im Beschwerdeverfahren kann die Vergabestelle nicht mehr wirksam bestimmen, die Vergabe des Auftrages werde dem 20%-Kontingent zugeordnet** (2. VK Brandenburg, B. v. 14. 9. 2006 – Az.: 2 VK 36/06).

49.7 Schwellenwert für Lose von Dienstleistungsaufträgen (§ 2 Nr. 8)

49.7.1 Grundsatz

5503   **Maßgebend für den Schwellenwert** ist bei der Aufteilung eines Auftrags in Lose grundsätzlich nicht der Wert des Loses, das zu erhalten ein antragstellender Bieter anstrebt, sondern der **Auftragswert des gesamten zur Ausschreibung anstehenden Auftrags** (VK Baden-Württemberg, B. v. 30. 3. 2007 – Az.: 1 VK 13/07).

49.7.2 Nach der VgV europaweit auszuschreibende Lose

5504   Nach § 2 Nr. 7 sind Lose von Dienstleistungsaufträgen dann europaweit auszuschreiben, wenn
– ihr **einzelner Wert 80 000 €** beträgt oder
– bei Losen unterhalb von 80 000 € deren addierter Wert ab 20 vom Hundert des Gesamtwertes aller Lose beträgt; in diesen Fällen hat der Auftraggeber also die Möglichkeit, bis zu 20% der Dienstleistungen nur national auszuschreiben.

Vergabeverordnung VgV § 3 **Teil 2**

49.7.3 Ausübung des Wahlrechts

Vgl. dazu zunächst die **Kommentierung zu § 2 Nr. 6**. 5505

Gibt die Vergabestelle in der europaweiten Bekanntmachung als **Nachprüfungsbehörde** 5506 **eine Vergabekammer** an, hat die Vergabestelle den rechtlichen Rahmen für die Nachprüfung festgelegt. Die Wirkung dieser Festlegung besteht – wie bei Losen von Bauaufträgen – in einer **Selbstbindung der Verwaltung** im Rahmen des ihr eingeräumten Ermessens, ob sie ein Los dem 20%-Kontingent zuordnet, das nicht EU-weit ausgeschrieben werden muss. Die Vergabestelle hat damit das Los dem maßgeblichen Schwellenwert von 80 000 € zugeordnet (VK Brandenburg, B. v. 28. 8. 2002 – Az.: VK 49/02).

49.8 Wegfall des Schwellenwertes bei einer Teilaufhebung?

Die Rechtsprechung hierzu ist nicht einheitlich. 5507

Die VK Münster (B. v. 17. 1. 2002 – Az.: VK 23/01) hält es für zulässig, nach der Aufhebung 5508 eines Loses einer Ausschreibung – wodurch der Schwellenwert nicht mehr erreicht wird – **für das weitere Vergabeverfahren den geringeren Auftragswert zu Grunde zu legen**.

Demgegenüber vertritt die 2. VK Bund (B. v. 27. 8. 2002 – Az.: VK 2–60/02) die Auffas- 5509 sung, das ein **einmal erreichter Schwellenwert nicht dadurch infrage gestellt** werden kann, dass sich der geschätzte Auftragswert des bekannt gemachten Vergabeverfahrens nachträglich **durch Teilaufhebung der Ausschreibung verringert**. Diese Aufhebung, mag sie auch ex-tunc-Wirkung entfalten, ist letztlich nicht dazu führen, den nach § 3 Abs. 9 VgV maßgebliche Schätzung zu ändern. An diese Schätzung ist der öffentliche Auftraggeber nach dem Willen des Gesetzgebers gebunden, unabhängig davon, dass sich zu einem späteren Zeitpunkt, aus welchen Gründen auch immer, ein anderer Auftragswert ergibt.

Im Ergebnis ist auch das KG Berlin (B. v. 7. 11. 2001 – Az.: KartVerg 8/01) der Meinung, 5510 dass sich die Vergabestelle dem Wettbewerb nicht dadurch entziehen und die Voraussetzungen für eine weniger wettbewerbsintensive Vergabe schaffen darf, dass sie den Auftrag teilweise abgewickelt hat.

Genauso ist der Fall zu beurteilen, dass **bei der Ausschreibung von Planungsleistungen** 5511 **im Rahmen eines VOF-Verfahrens einzelne Leistungsphasen der HOAI aus der Auftragsvergabe herausgenommen** werden und sich dadurch der Auftragswert entsprechend verringert (VK Schleswig-Holstein, B. v. 31. 5. 2005 – Az.: VK-SH 09/05).

50. § 3 VgV – Schätzung des Auftragswertes

(1) Bei der Schätzung des Auftragswertes ist von der geschätzten Gesamtvergütung für die vorgesehene Leistung einschließlich etwaiger Prämien oder Zahlungen an Bewerber oder Bieter auszugehen. Dabei sind alle Optionen oder etwaige Vertragsverlängerungen zu berücksichtigen.

(2) Der Wert eines beabsichtigten Auftrages darf nicht in der Absicht geschätzt oder aufgeteilt werden, den Auftrag der Anwendung dieser Verordnung zu entziehen.

(3) Bei regelmäßig wiederkehrenden Aufträgen oder Daueraufträgen über Liefer- oder Dienstleistungen ist der Auftragswert zu schätzen

1. entweder auf der Grundlage des tatsächlichen Gesamtwertes entsprechender aufeinander folgender Aufträge aus dem vorangegangenen Haushaltsjahr; dabei sind voraussichtliche Änderungen bei Mengen oder Kosten möglichst zu berücksichtigen, die während der zwölf Monate zu erwarten sind, die auf den ursprünglichen Auftrag folgen, oder

2. auf der Grundlage des geschätzten Gesamtwertes aufeinander folgender Aufträge, die während der auf die erste Lieferung folgenden zwölf Monate oder während des auf die erste Lieferung folgenden Haushaltsjahres, wenn dieses länger als zwölf Monate ist, vergeben werden.

(4) Bei Aufträgen über Liefer- oder Dienstleistungen, für die kein Gesamtpreis angegeben wird, ist Berechnungsgrundlage für den geschätzten Auftragswert

Teil 2 VgV § 3   Vergabeverordnung

1. bei zeitlich begrenzten Aufträgen mit einer Laufzeit von bis zu 48 Monaten der Gesamtwert für die Laufzeit dieser Aufträge;
2. bei Aufträgen mit unbestimmter Laufzeit oder mit einer Laufzeit von mehr als 48 Monaten der 48-fache Monatswert.

(5) Bei Bauleistungen ist neben dem Auftragswert der Bauaufträge der geschätzte Wert aller Lieferleistungen zu berücksichtigen, die für die Ausführungen der Bauleistungen erforderlich sind und vom Auftraggeber zur Verfügung gestellt werden.

(6) Der Wert einer Rahmenvereinbarung oder eines dynamischen elektronischen Beschaffungssystems wird auf der Grundlage des geschätzten Gesamtwertes aller Einzelaufträge berechnet, die während deren Laufzeit geplant sind.

(7) Besteht die beabsichtigte Beschaffung aus mehreren Losen, für die jeweils ein gesonderter Auftrag vergeben wird, ist der Wert aller Lose zugrunde zu legen. Bei Lieferaufträgen gilt dies nur für Lose über gleichartige Lieferungen.

(8) Bei Auslobungsverfahren, die zu einem Dienstleistungsauftrag führen sollen, ist der Wert des Dienstleistungsauftrags zu schätzen zuzüglich etwaiger Preisgelder und Zahlungen an Teilnehmer. Bei allen übrigen Auslobungsverfahren entspricht der Wert der Summe aller Preisgelder und sonstigen Zahlungen an Teilnehmer sowie des Wertes des Dienstleistungsauftrags, der vergebenwerden könnte, soweit der Auftraggeber dies in der Bekanntmachung des Auslobungsverfahrens nicht ausschließt.

(9) Maßgeblicher Zeitpunkt für die Schätzung des Auftragswertes ist der Tag, an dem die Bekanntmachung der beabsichtigten Auftragsvergabe abgesendet oder das Vergabeverfahren auf andere Weise eingeleitet wird.

50.1 Änderungen durch die VgV/SektVO-AnpassungsVO 2010

5512   Der Inhalt des § 3 wird sprachlich neu gefasst. Materiell wird jedoch dasselbe geregelt wie in der bisherigen Fassung. Es erfolgt lediglich eine engere Anlehnung an den Text der Richtlinie 2004/18/EG, womit eine strukturelle Übereinstimmung mit der Sektorenverordnung entsteht. Dies trägt zur Vereinheitlichung der Vergaberegeln insgesamt bei und fördert damit deren Anwenderfreundlichkeit.

5513   Die Überschrift wurde von „Auftragswerte" in „Auftragswertes" geändert. Es ist für jeden Auftrag der Auftragswert zu schätzen. Dabei handelt es sich stets um *einen* Auftragswert. Daher wird die Überschrift sprachlich angepasst (Singular). Zudem wird Identität mit der Überschrift des § 2 SektVO hergestellt.

5514   In Absatz 1 wurden die **Optionen oder Vertragsverlängerungen** des Abs. 6 a. F. aufgenommen.

5515   § 3 Abs. 4 a. F. wurde zu § 3 Abs. 3 und § 3 Abs. 3 a. F. zu § 3 Abs. 4.

5516   § 3 Abs. 5 a. F. wurde zu § 3 Abs. 7.

5517   § 3 Abs. 7 a. F. wurde zu § 3 Abs. 5.

5518   § 3 Abs. 8 a. F. wurde zu § 3 Abs. 6, wobei die **Definition der Rahmenvereinbarung entfallen** ist.

5519   § 3 Abs. 9 a. F. wurde zu § 3 Abs. 8.

5520   § 3 Abs. 10 wurde zu § 3 Abs. 9.

50.2 Bieterschützende Regelung

5521   Die **ordnungsgemäße Schätzung der Auftragswerte** und ihre **nachvollziehbare Dokumentation** sind **Verpflichtungen des Auftraggebers mit bieterschützenden Charakter** (VK Arnsberg, B. v. 4. 11. 2008 – Az.: VK 23/08).

50.3 Geschätzte Gesamtvergütung für die vorgesehene Leistung (§ 3 Abs. 1)

50.3.1 Grundsätze

5522   Nach der **Rechtsprechung des EuGH ist die Schätzung und Wertermittlung aus der Perspektive eines potenziellen Bieters heraus vorzunehmen**, da der Zweck der Verfahren

Vergabeverordnung   VgV § 3   **Teil 2**

zur Vergabe öffentlicher Aufträge nach dieser Richtlinie gerade den in der Europäischen Gemeinschaft niedergelassenen potenziellen Bietern den Zugang zu öffentlichen Aufträgen, die für sie von Interesse sind, garantieren soll (EuGH, Urteil v. 18. 1. 2007 – Az.: C-220/05; OLG Karlsruhe, B. v. 12. 11. 2008 – Az.: 15 Verg 4/08; VK Brandenburg, B. v. 3. 11. 2008 – Az.: VK 33/08; VK Südbayern, B. v. 3. 4. 2008 – Az.: Z3-3-3194-1-09-02/08).

Die Vergabestelle muss eine **ernsthafte Prognose über den voraussichtlichen Auftrags-** 5523 **wert anstellen oder erstellen lassen**. Diese **Prognose hat zum Gegenstand, zu welchem Preis die in den Verdingungsunterlagen beschriebene Leistung voraussichtlich unter Wettbewerbsbedingungen beschafft werden kann**. Da öffentliche Auftraggeber Bau-, Liefer- und Dienstleistungen im Wettbewerb beschaffen – und zwar nicht nur im Geltungsbereich des Vierten Teils des GWB (vgl. § 97 Abs. 1 GWB), sondern auch im Unterschwellenbereich – kann der **Wettbewerb als preisbeeinflussender Faktor bei der Schätzung nicht unberücksichtigt bleiben** (BGH, Urteil v. 27. 11. 2007 – Az.: X ZR 18/07; 3. VK Bund, B. v. 6. 8. 2010 – Az.: VK 3–72/10).

50.3.2 Anforderungen an die Schätzung

An die erforderliche Schätzung des Auftragswertes durch den Auftraggeber dürfen **keine** 5524 **übertriebenen Anforderungen** gestellt werden (BayObLG, B. v. 18. 6. 2002 – Az.: Verg 8/02; OLG Karlsruhe, B. v. 12. 11. 2008 – Az.: 15 Verg 4/08; VK Baden-Württemberg, B. v. 21. 10. 2009 – Az.: 1 VK 51/09; VK Brandenburg, B. v. 5. 4. 2006 – Az.: 1 VK 3/06; B. v. 25. 4. 2003 – Az.: VK 21/03; 3. VK Bund, B. v. 6. 8. 2010 – Az.: VK 3–72/10; 1. VK Sachsen, B. v. 12. 7. 2007 – Az.: 1/SVK/049-07; VK Südbayern, B. v. 17. 2. 2006 – Az.: 01-01/06). Ein **pflichtgemäß geschätzter Auftragswert** ist jener Wert, den ein umsichtiger und sachkundiger öffentlicher Auftraggeber nach sorgfältiger Prüfung des relevanten Marktsegmentes und im Einklang mit den Erfordernissen betriebswirtschaftlicher Finanzplanung bei der Anschaffung der vergabegegenständlichen Sachen veranschlagen würde (OLG Celle, B. v. 19. 8. 2009 – Az.: 13 Verg 4/09; B. v. 12. 7. 2007 – Az.: 13 Verg 6/07; OLG Düsseldorf, B. v. 30. 7. 2003 – Az.: Verg 5/03; OLG Karlsruhe, B. v. 12. 11. 2008 – Az.: 15 Verg 4/08; OLG Naumburg, B. v. 16. 10. 2007 – Az.: 1 Verg 6/07; VK Baden-Württemberg, B. v. 21. 10. 2009 – Az.: 1 VK 51/09; VK Brandenburg, B. v. 3. 11. 2008 – Az.: VK 33/08; 2. VK Bund, B. v. 24. 7. 2007 – Az.: VK 2–69/07; B. v. 17. 8. 2005 – Az.: VK 2–81/05; 3. VK Bund, B. v. 6. 8. 2010 – Az.: VK 3–72/10; VK Münster, B. v. 15. 11. 2006 – Az.: VK 13/06; VK Niedersachsen, B. v. 21. 8. 2009 – Az.: VgK-43/2009; VK Nordbayern, B. v. 26. 3. 2002 – Az.: 320.VK-3194-05/02; 1. VK Sachsen, B. v. 12. 7. 2007 – Az.: 1/SVK/049-07; VK Südbayern, B. v. 17. 2. 2006 – Az.: 01-01/06; B. v. 29. 11. 2005 – Az.: Z3-3-3194-1-46–09/05; B. v. 22. 7. 2005 – Az.: 27-05/05). Die Schätzung hat also **nach rein objektiven Kriterien** zu erfolgen (OLG Düsseldorf, B. v. 8. 5. 2002 – Az.: Verg 5/02; VK Brandenburg, B. v. 28. 2. 2007 – Az.: 2 VK 8/07; B. v. 5. 4. 2006 – Az.: 1 VK 3/06; B. v. 11. 11. 2005 – Az.: 2 VK 68/05; 2. VK Bund, B. v. 24. 7. 2007 – Az.: VK 2–69/07; B. v. 17. 8. 2005 – Az.: VK 2–81/05; 3. VK Bund, B. v. 6. 8. 2010 – Az.: VK 3–72/10; VK Düsseldorf, B. v. 30. 9. 2005 – Az.: VK – 25/2005 – L; VK Münster, B. v. 15. 11. 2006 – Az.: VK 13/06; VK Südbayern, B. v. 29. 11. 2005 – Az.: Z3-3-3194-1-46–09/05; B. v. 22. 7. 2005 – Az.: 27-05/05; B. v. 3. 8. 2004 – Az.: 43-06/04). Zwar dürfen an die Schätzung selbst keine übertriebenen Anforderungen gestellt werden. Die **Anforderungen an die Genauigkeit der Wertermittlung und der Dokumentation steigen** aber, **je mehr sich der Auftragswert an den Schwellenwert annähert** (OLG Celle, B. v. 19. 8. 2009 – Az.: 13 Verg 4/09; 3. VK Bund, B. v. 6. 8. 2010 – Az.: VK 3–72/10).

Zur ordnungsgemäßen Schätzung gehört auch die ordentliche Ermittlung der 5525 **Schätzungsgrundlage**. Zur Grundlage müssen insbesondere auch **realistische Mengen** gemacht werden. Die zu beschaffende Menge muss mit der gleichen Sorgfalt wie die, die für die Erkundung der Marktpreise anzuwenden ist, ermittelt werden (OLG Celle, B. v. 19. 8. 2009 – Az.: 13 Verg 4/09; OLG Karlsruhe, B. v. 12. 11. 2008 – Az.: 15 Verg 4/08; VK Baden-Württemberg, B. v. 21. 10. 2009 – Az.: 1 VK 51/09).

Der Auftraggeber soll sich bei seiner Schätzung des Auftragswerts am Markt orientieren. 5526 Wenn er aber **bei seiner Schätzung nicht in jeder Einzelposition den Marktwert trifft, aber insgesamt das Marktergebnis widerspiegelt**, reicht das für die Ermittlung des geschätzten Auftragswertes **aus** (OLG Naumburg, B. v. 16. 10. 2007 – Az.: 1 Verg 6/07; 2. VK Brandenburg, B. v. 28. 2. 2007 – Az.: 2 VK 8/07).

Etwas weiter geht die VK Lüneburg. Danach haben die Beteiligten eines Vergabeverfahrens 5527 eine **Kostenschätzung dann hinzunehmen**, wenn sie **aufgrund objektiv vorliegender und**

Teil 2 VgV § 3   Vergabeverordnung

erkennbarer Daten als vertretbar erscheint. Daran fehlt es etwa, wenn die Kostenschätzung auf erkennbar unrichtigen Daten beruht oder wichtige Aspekte außer Betracht lässt oder pauschal und auf ungeprüft anderen Kalkulationsgrundlagen beruhende Werte übernimmt. Die **Kostenschätzung** ist als ein der eigentlichen Ausschreibung vorgeschalteter Vorgang **mit Unsicherheiten und Unwägbarkeiten behaftet**; sie kann nicht an den gleichen Maßstäben wie das Angebot der Teilnehmer am Ausschreibungsverfahren gemessen werden, d. h. sie **kann also aus nachträglicher Sicht durchaus unvollkommen sein** (VK Lüneburg, B. v. 27. 4. 2007 – Az.: VgK-15/2007).

5528   Noch weiter geht die **VK Düsseldorf**. Bei der Schätzung kommt es nicht darauf an, ob ein Wert plausibel ist, der oberhalb des Schwellenwertes liegt, sondern **ob jede andere Schätzung, die der Auftraggeber vorgenommen hat bzw. hätte vornehmen müssen, als rechtsfehlerhaft zu bezeichnen wäre**. Auch bei entgeltlichen Geschäften muss der **Auftraggeber die Schätzung nicht an den höchsten Marktpreisen orientieren, sondern an Mittelpreisen**, u. U. kann er sich sogar rechtsfehlerfrei an besonders günstigen Angeboten orientieren, wenn einer solche Angebotsstruktur sicher erwartet werden darf (VK Düsseldorf, B. v. 10. 4. 2008 – Az.: VK – 05/2008 – B).

5529   **Auftragswertschätzungen nach Kostenrichtwerten**, z. B. dem Kostenrichtwert der Bayerischen Richtlinien für Zuwendungen zu wasserwirtschaftlichen Vorhaben, **sind für die Schätzung des Auftragswerts nach § 3 VgV untauglich**. Kostenrichtwerte für Abwasseranlagen dienen der Ermittlung einer Kostenpauschale bei Fördermaßnahmen im Bereich der Wasserwirtschaft und geben lediglich einen Anhaltspunkt über die durchschnittlich zu erwartenden Kosten von Kläranlagen in Bayern. Im Kostenrichtwert ist lediglich die Größe einer Kläranlage (Einwohnerwerte) berücksichtigt. **Konkret projektbezogene Kostenfaktoren** – wie z. B. ortsübliche Preise, konjunkturelle Einflüsse, Erreichbarkeit der Baustelle, Verwirklichungszeitraum, etc. – **werden von Kostenrichtwerten nicht erfasst** (VK Nordbayern, B. v. 26. 7. 2005 – Az.: 320.VK – 3194 – 26/05).

5530   Die **Befragung mehrerer relevanter Marktteilnehmer stellt eine zulässige Möglichkeit für den Auftraggeber zur Ermittlung des Marktwertes einer zu beschaffenden Leistung** dar und führt zu einer realistischen und nachvollziehbaren Prognose des geschätzten Auftragswertes (VK Brandenburg, B. v. 3. 11. 2008 – Az.: VK 33/08).

5531   Holt der **Auftraggeber zur Markterkundung Angebote ein** und liegen die **Angebote äußerst knapp unter 200.000,- Euro**, wobei ein Angebot noch als „Sonderangebot" bezeichnet wird, hätte eine **objektive und sorgfältige Prüfung des Marktsegments ergeben, dass die von dem Auftraggeber geforderte Leistung nicht zu einem Preis unter 200 000,- Euro zu erhalten sein wird**. Das bestätigen letztlich auch die Preise der nach Ausschreibung eingegangenen Angebote, die mit mehreren 100 000,- Euro weit über dem Schwellenwert liegen. Eine solche Schätzung kann nicht dazu führen, dass das Vergaberecht keine Anwendung findet (VK Düsseldorf, B. v. 30. 9. 2005 – Az.: VK – 25/2005 – L).

5532   Bei der Prognoseentscheidung über das Erreichen des Schwellenwertes trifft den **Auftraggeber gerade dann die Pflicht zur besonders sorgfältigen Ermittlung** des zu erwartenden Auftragsvolumens, wenn **für die Vergangenheit bereits eine Überschreitung des Schwellenwertes festgestellt** wurde (VK Baden-Württemberg, B. v. 21. 10. 2009 – Az.: 1 VK 51/09).

50.3.3 Beurteilungsspielraum des Auftraggebers

5533   Hält sich der Auftraggeber innerhalb des oben skizzierten Rahmens, steht ihm ein **Beurteilungsspielraum zu, der von den Nachprüfungsinstanzen beachtet werden muss** (OLG Celle, B. v. 19. 8. 2009 – Az.: 13 Verg 4/09; B. v. 12. 7. 2007 – Az.: 13 Verg 6/07; 2. VK Bund, B. v. 24. 7. 2007 – Az.: VK 2–69/07; 3. VK Bund, B. v. 6. 8. 2010 – Az.: VK 3–72/10).

50.3.4 Erhebliche Differenzen zwischen der Schätzung des Auftragswertes und dem Inhalt des Leistungsverzeichnisses

5534   Bleibt das Ergebnis der Kostenschätzung unterhalb des Schwellenwertes, ergibt sich aber aus dem Leistungsverzeichnis eine Überschreitung des Schwellenwertes, so ist **das Leistungsverzeichnis maßgebend**. Zwar können bei der Ermittlung des Schwellenwertes gewisse rechnerische Ungenauigkeiten, Abweichungen des Leistungsverzeichnisses von den Kostenermittlungen

Vergabeverordnung VgV § 3 **Teil 2**

und so genannte **Fehlertoleranzen zugestanden** werden. Werden aber **wesentliche** und die Auftragssumme betragsmäßig merklich beeinflussende **Leistungsanteile**, die in das Leistungsverzeichnis Eingang gefunden haben, in einer Kostenermittlung **nicht berücksichtigt, kann dies nicht hingenommen** werden. Denn die Kostenermittlungen sollen − vor allem deswegen, weil sie dem Auftraggeber einen möglichst genauen und zuverlässigen Überblick über die zu erwartenden Kosten geben sollen − ihrerseits so genau, planungsaktuell und vollständig sein, wie dies nach den Umständen, insbesondere nach dem Stadium, in dem sich die Planungen im Zeitpunkt der Kostenermittlung befinden, darstellbar ist (OLG Düsseldorf, B. v. 4. 7. 2001 − Az.: Verg 20/01).

50.3.5 Fehlende oder nicht ordnungsgemäße Schätzung des Auftraggebers

Grundsätzlich ist der **Auftraggeber** zur Beurteilung der Überschreitung des EU-Schwellen- 5535 wertes **verpflichtet, den Vertragswert zu schätzen**. Kommt er dieser Verpflichtung nicht nach, **ist die Vergabekammer** bzw. der **Vergabesenat** mangels vorliegender Einschätzung des Auftraggebers zur Bestimmung ihrer Zuständigkeit **zur eigenständigen Wertermittlung verpflichtet und berechtigt** (OLG Celle, B. v. 19. 8. 2009 − Az.: 13 Verg 4/09; OLG Karlsruhe, B. v. 12. 11. 2008 − Az.: 15 Verg 4/08; VK Baden-Württemberg, B. v. 21. 10. 2009 − Az.: 1 VK 51/09; VK Brandenburg, B. v. 3. 4. 2009 − Az.: VK 8/09; B. v. 3. 11. 2008 − Az.: VK 33/08; VK Hessen, B. v. 13. 5. 2009 − Az.: 69d VK − 10/2009; VK Niedersachsen, B. v. vom 16. 10. 2008 − Az.: VgK-30/2008; 1. VK Sachsen-Anhalt, B. v. 22. 2. 2008 − Az: 1 VK LVwA 30/07; VK Schleswig-Holstein, B. v. 20. 10. 2010 − Az.: VK-SH 16/10; B. v. 20. 1. 2009 − Az.: VK-SH 17/08; VK Südbayern, B. v. 12. 6. 2009 − Az.: Z3-3-3194-1-20−05/09). Sie **kann sich dabei am angebotenen Kostenvolumen des preisgünstigsten Anbieters orientieren** (OLG Celle, B. v. 12. 7. 2007 − Az.: 13 Verg 6/07; VK Baden-Württemberg, B. v. 21. 10. 2009 − Az.: 1 VK 51/09; VK Brandenburg, B. v. 3. 11. 2008 − Az.: VK 33/08; B. v. 11. 11. 2005 − Az.: 2 VK 68/05; VK Halle, B. v. 16. 8. 2001 − Az.: VK Hal 14/01; VK Hessen, B. v. 27. 4. 2007 − Az.: 69d VK − 11/2007; 1. VK Sachsen, B. v. 25. 6. 2001 − Az.: 1/SVK/55- 01; VK Schleswig-Holstein, B. v. 20. 10. 2010 − Az.: VK-SH 16/10; B. v. 20. 1. 2009 − Az.: VK-SH 17/08), aber auch die übrigen Angebotspreise berücksichtigen (VK Brandenburg, B. v. 3. 4. 2009 − Az.: VK 8/09; B. v. 3. 11. 2008 − Az.: VK 33/08; B. v. 11. 11. 2005 − Az.: 2 VK 68/05; VK Hessen, B. v. 27. 4. 2007 − Az.: 69d VK − 11/2007; B. v. 24. 3. 2004 − Az.: 69d − VK − 09/2004; VK Schleswig-Holstein, B. v. 20. 10. 2010 − Az.: VK-SH 16/10; B. v. 20. 1. 2009 − Az.: VK-SH 17/08; B. v. 5. 1. 2006 − Az.: VK-SH 31/05). Bei einer **abschnittsweisen Beauftragung** kommt für einen nachfolgenden Abschnitt vor allem dem **Angebot, das in dem ersten Vergabeverfahren den Zuschlag erhalten hat, entscheidende Bedeutung** zu (OLG Celle, B. v. 19. 8. 2009 − Az.: 13 Verg 4/09). Die Vergabekammer kann auch **andere Erkenntnisse, beispielsweise aus früheren Nachprüfungsverfahren, berücksichtigen** (VK Hessen, B. v. 13. 5. 2009 − Az.: 69d VK − 10/2009).

Nach Auffassung der VK Brandenburg (B. v. 25. 4. 2003 − Az.: VK 21/03) führt die fehlende 5536 Schätzung nicht dazu, dass **angesichts der vom Auftraggeber ohnehin vorgenommenen europaweiten Ausschreibung** z. B. des Bauauftrags die Überschreitung des Schwellenwertes unterstellt werden kann. Wenn sich **aus den Vergabeakten Anhaltspunkte für die voraussichtlichen Bauerrichtungskosten** ergeben und der **Auftraggeber diese Kosten** erkennbar **zur Grundlage seiner Vergabekonzeption gemacht** hat, so ist davon auszugehen, dass er diese Kosten zur Grundlage einer ordnungsgemäßen Kostenschätzung gemacht hätte, wenn ihm bewusst gewesen wäre, dass er eine solche wegen § 3 Abs. 1, 10 VgV durchzuführen gehabt hätte.

Werden im Leistungsverzeichnis bei den Grundpositionen keine konkreten Massen angege- 5537 ben und weist das Leistungsverzeichnis Spannen aus, so kann die Vergabestelle bei der Wertung der Angebote die jeweiligen Mittelwerte berücksichtigen (VK Baden-Württemberg, B. v. 27. 6. 2003 − Az.: 1 VK 29/03).

Die Vergabekammer muss sich bei der Prüfung, ob der Schwellenwert überschritten ist, **bei** 5538 **freiberuflichen Leistungen ohne Honorarordnung an dem aktuellen Marktpreis − nicht aber an der Palette der angebotenen Preise − für vergleichbare Leistungen orientieren**, der sich aus dem Zusammenfinden von Angebot und Nachfrage ergibt. Dabei müssen auch im Bereich der Unternehmensberatung **Teilmärkt**e − etwa ein aktuell besonders umkämpfter Teilmarkt ÖPP-Beratung für öffentliche Auftraggeber − **differenziert betrachtet werden** (2. VK Brandenburg, B. v. 11. 11. 2005 − Az.: 2 VK 68/05).

50.3.6 Erreichung des Schwellenwertes durch die Angebote bei einer Schätzung unterhalb des Schwellenwertes

5539 Nach § 3 Abs. 9 VgV muss die Vergabestelle eine Vorab-Schätzung vornehmen. Dabei muss sie eine **realistische, seriöse und nachvollziehbare Prognose** treffen. Hat sich eine Vergabestelle an diese Vorgaben gehalten und ist nach einer nicht zu beanstandenden Schätzung von einem Auftragswert unter 5 Mio. € ausgegangen, dann wird **nicht etwa deswegen (nachträglich) eine Pflicht zur europaweiten Ausschreibung** begründet, wenn sich die eingegangenen Angebote über 5 Mio. € bewegen. Etwas anderes hätte nur dann zu gelten, wenn die Auftraggeber bewusst den Auftragswert unterhalb der Grenze der Schwellenwerte für die europaweite Ausschreibung ansetzt, um eine derartige Ausschreibung zu vermeiden (Hanseatisches OLG Bremen, B. v. 26. 6. 2009 – Az.: Verg 3/2005; B. v. 18. 5. 2006 – Az.: Verg 3/2005; VK Brandenburg, B. v. 11. 11. 2005 – Az.: 2 VK 68/05; 2. VK Bund, B. v. 12. 5. 2003 – Az.: VK 2-20/03; VK Südbayern, B. v. 29. 11. 2005 – Az.: Z3-3-3194-1-46-09/05).

5540 **In solchen Fällen ist es der Vergabekammer nicht verwehrt, die Kostenschätzung selbst zu überprüfen.** Die Überschreitung des maßgeblichen Schwellenwerts ist eine Anwendungsvoraussetzung des vergaberechtlichen Nachprüfungs- und Beschwerdeverfahrens und daher jederzeit von Amts wegen zu prüfen. Diese Prüfung bleibt unbeeinflusst von dem Verhalten der Verfahrensbeteiligten (VK Lüneburg, B. v. 10. 10. 2006 – Az.: VgK-23/2006 – **instruktives Beispiel**). Vgl. insoweit auch die Kommentierung zu → § 100 GWB Rdn. 5ff.

5541 Allein die Tatsache, dass die auf die Ausschreibung ergangenen Angebotssummen überwiegend den Schwellenwert deutlich überschritten haben, lässt noch nicht den Schluss auf eine von vornherein missbräuchlich niedrige Schätzung der Vergabestelle zu. Lässt sich dies angesichts der angebotenen Auftragssummen jedoch nicht mit Sicherheit ausschließen, so muss, um den Rechtsschutz des Antragstellers nicht abzuschneiden, **das Erreichen der Schwellenwerte (für die Frage der Zustellung des Nachprüfungsantrags durch die Kammer) unterstellt werden** (2. VK Bund, B. v. 10. 7. 2002 – Az.: VK 2-24/02).

5542 Aus der Tatsache, dass **von 17 Angeboten lediglich 3 Angebote einen Auftragswert von über 5 Millionen Euro veranschlagten,** lässt sich nachträglich nicht schließen, dass die Schätzung nicht offensichtlich ordnungsgemäß und sachlich zutreffend war (VK Münster, B. v. 6. 4. 2005 – Az.: VK 07/05).

5543 Überschreitet im Rahmen eines im Wettbewerb um die ausgeschriebene Leistung zustande gekommenen Preisniveaus und -gefüges **nur eines von vier Angeboten den Schwellenwert und weist dieses Angebot einen sehr großen Abstand zu den übrigen Geboten** auf, während die übrigen diesen Wert zum Teil deutlich unterschreiten, ist es **rechtsfehlerhaft**, allein aus einem vom Sachverständigen ermittelten Schätzwert **auf eine schuldhafte Fehlschätzung des Gesamtauftragswertes zu schließen** (BGH, Urteil v. 27. 11. 2007 – Az.: X ZR 18/07).

50.3.7 Nichterreichung des geschätzten Schwellenwertes durch die Angebote

5544 Hat der Auftraggeber die Schätzung des Auftragswertes unter Berücksichtigung der damals bekannten Marktgegebenheiten in seriöser, nachvollziehbarer Weise vollzogen, hat die Tatsache, dass einige der eingegangenen Angebote den Schwellenwert nicht erreichen, auf **die Wahl des Vergabeverfahrens keinen Einfluss** und beseitigt **nicht die Zulässigkeit der Anrufung der Vergabekammer.** (Hanseatisches OLG Bremen, B. v. 18. 5. 2006 – Az.: Verg 3/2005; OLG Celle, B. v. 18. 12. 2003 – Az.: 13 Verg 22/03; OLG Naumburg, B. v. 30. 5. 2002 – Az.: 1 Verg 14/01; 2. VK Bund, B. v. 12. 11. 2002 – Az.: VK 2-86/02; VK Lüneburg, B. v. 18. 11. 2004 – Az.: 203-VgK-49/2004; B. v. 12. 10. 2004 – Az.: 203-VgK-45/2004).

5545 **Dasselbe gilt, wenn alle Angebote den Schwellenwert nicht erreichen.** Maßgebend für die Nachprüfbarkeit des Vergabeverfahrens durch die Kammer ist nämlich nach § 3 Abs. 1 VgV der geschätzte Auftragswert. Um die für den Schwellenwert maßgebliche Schätzung des Auftragswertes von schädlichen Einflüssen freizuhalten, bestimmt § 3 Abs. 9 VgV als maßgeblichen Zeitpunkt für die Schätzung des Auftragswertes die Absendung der Bekanntmachung oder die Einleitung des Vergabeverfahrens, also einen Zeitpunkt, der es ausschließt, dass bereits das Angebot irgendeines Bieters vorliegt. **Damit ist sichergestellt, dass eine pflichtgemäße Schätzung nach rein objektiven Gesichtspunkten in der Art erfolgt,** die auch ein privatwirtschaftlicher Auftraggeber nach sorgfältiger Prüfung des relevanten Marktsegments und im Einklang mit den Erfordernissen betriebswirtschaftlicher Finanzplanung ver-

Vergabeverordnung VgV § 3 **Teil 2**

anschlagen würde (VK Baden-Württemberg, B. v. 21. 6. 2005 – Az.: 1 VK 33/05; VK Schleswig-Holstein, B. v. 22. 12. 2004 – Az.: VK-SH 34/04).

Ist **nur ein Angebot abgegeben worden, kann dieses Angebot nicht automatisch zu der Feststellung führen, dass der Schwellenwert nicht erreicht wird und der Antrag damit unstatthaft** ist. In einem solchen Fall kann hinsichtlich der „Marktüblichkeit" der Preise kein Vergleich mit weiteren Angeboten gezogen werden. Auf der anderen Seite kann dieses eingegangene Angebot, auf das der Zuschlag erteilt wurde, nicht ganz unberücksichtigt bleiben. Es ist ein **starkes Indiz dafür, wie sich die Preise entwickeln, wenn von einer freihändigen Vergabe Abstand genommen wird und die Auftragsvergabe stattdessen ausgeschrieben** wird (VK Baden-Württemberg, B. v. 21. 10. 2009 – Az.: 1 VK 51/09). 5546

50.3.8 Gesamtvergütung

50.3.8.1 Verkehrs- oder Marktwert als Ausgangspunkt

Bei der Schätzung des Auftragswertes ist von der geschätzten Gesamtvergütung für die vorgesehene Leistung auszugehen. **Maßgebend ist der Verkehrs- oder Marktwert, zu dem eine bestimmte Leistung zum maßgebenden Zeitpunkt bezogen werden kann** (OLG Celle, B. v. 5. 2. 2004 – Az.: 13 Verg 26/03; VK Brandenburg, B. v. 3. 11. 2008 – Az.: VK 33/08). 5547

50.3.8.2 Umsatzsteuer

Die **Umsatzsteuer bleibt** nach § 1 VgV bei der Schätzung des Auftragswertes **außer Betracht** (OLG Düsseldorf, B. v. 9. 11. 2001 – Az.: Verg 38/01). Da die Höhe der Umsatzsteuer in den einzelnen Mitgliedsländern unterschiedlich ist, darf sie zur Berechnung der Schwellenwerte, die in der EG einheitlich gelten sollen, nicht herangezogen werden (BayObLG, B. v. 19. 2. 2003 – Az.: Verg 32/02). 5548

50.3.8.3 Versicherungssteuer

Die **Rechtsprechung hat noch nicht eindeutig beantwortet**, ob bei der Ausschreibung von Versicherungsdienstleistungen die **Bruttoangebotssummen** bei der Ermittlung des (geschätzten) Auftragswertes **möglicherweise analog zu § 1 VgV um den Versicherungssteueranteil zu mindern** sind, da auf die Versicherungsleistungen keine Umsatzsteuer, jedoch die Versicherungssteuer erhoben wird (OLG Celle, B. v. 18. 12. 2003 – Az.: 13 Verg 22/03; VK Schleswig-Holstein, B. v. 5. 1. 2006 – Az.: VK-SH 31/05). 5549

50.3.8.4 Berücksichtigung von Prämien oder sonstigen Zahlungen von Dritten an den Bewerber oder Bieter

50.3.8.4.1 Allgemeines. Der geschätzte Auftragswert ist nichts anderes als ein durch die Vergabestelle simuliertes Angebot. Dieses stellt nichts anderes dar als die Vergütung, welche der Auftragnehmer für die im Rahmen der Ausschreibung enthaltenen Leistungen voraussichtlich fordern würde, das finanzielle Pendant zur zu erbringenden Leistung. Die **Form, Art und Weise, auf welche der Auftragnehmer seine Vergütung im Rahmen der Vertragsabwicklung erhält, ist ohne jeden Einfluss auf die Höhe der Ermittlung der voraussichtlichen Kosten (Kostenberechnung)**. Falls der Auftragnehmer einen Teil seiner Vergütung über sonstige Erlöse erhalten würde, wäre auch dieses nichts anderes als eine mögliche Form der Vergütung für die erbrachte Leistung. Wäre die anteilige Vergütung des Auftragnehmers über Erlöse auftragssummenmindernd, würde dieses dazu führen, dass das Entgelt (Erlöse sind auch nicht anderes als Entgelt) immer den voraussichtlichen Kosten gegenzurechnen wäre, damit sich permanent ein voraussichtlicher Auftragswert von Null ergeben würde (2. VK Brandenburg, B. v. 10. 11. 2006 – Az.: 2 VK 44/06; B. v. 2. 10. 2006 – Az.: 2 VK 38/06; VK Thüringen, B. v. 28. 3. 2003 – Az.: 216–4003.20-003/03-ABG). Das **Entgelt erfasst also jede Art von Vergütung**, die einen Geldwert darstellen kann (OLG Celle, B. v. 5. 2. 2004 – Az.: 13 Verg 26/03; VK Lüneburg, B. v. 12. 11. 2003 – Az.: 203-VgK-27/2003). 5550

Dies kann aber nur dann gelten, wenn dem Auftragnehmer die **sonstigen Erlöse im wirtschaftlichen Sinne auch endgültig verbleiben**; sind sie nur durchlaufender Posten, können sie bei dem Auftragswert nicht berücksichtigt werden (VK Detmold, B. v. 24. 1. 2003 – Az.: VK.21–42/02). 5551

Ebenfalls ist bei einer Schätzung des Auftragswertes nur einzurechnen, was **rechtlich zulässigerweise** von dem öffentlichen Auftraggeber im Rahmen der beabsichtigten Vergabe **beschafft** 5552

Teil 2 VgV § 3   Vergabeverordnung

und damit übertragen werden kann sowie das, was von ihm **nicht schon anderweitig vergeben** worden ist (OLG Düsseldorf, B. v. 30. 7. 2003 – Az.: Verg 5/03).

5553   **50.3.8.4.2 Änderung durch die Dritte Verordnung zur Änderung der VgV.** Mit der Änderung durch die Dritte Verordnung zur Änderung der VgV ist in Übereinstimmung mit der neuen Basis- und Sektorenrichtlinie klargestellt worden, dass **auch etwaige Prämien oder Zahlungen an Bewerber oder Bieter zur Leistung** und damit **zum Schwellenwert zu rechnen** sind. Dies spricht dafür, auch **Erlöse des Auftragnehmers von Dritten** zur Leistung zu zählen (im Ergebnis ebenso EuGH, Urteil v. 18. 1. 2007 – Az.: C-220/05; VK Düsseldorf, B. v. 10. 4. 2008 – Az.: VK – 05/2008 – B).

5554   **50.3.8.4.3 Weitere Beispiele aus der Rechtsprechung**

– bei Einhaltung der erforderlichen **Sorgfalt für die Schätzung der benötigten Altpapiertonnen verbietet sich die von dem Auftraggeber vorgenommene Orientierung an der Anzahl der im Stadtgebiet vorhandenen Wertstofftonnen**. Für die Entscheidung des Bürgers über die Anforderung einer Altpapiertonne lag ein wesentlicher Unterschied zur Wertstofftonne darin, dass der Auftraggeber für die Bestellung von Altpapiertonnen damit warb, dass er, der Auftraggeber, aus der Verwertung des Altpapiers Erlöse erzielen würde, die zur Stabilisierung der Abfallgebühren eingesetzt würden, und die Altpapierentsorgung dauerhaft gesichert sei. Den mit der gemeindlichen Sammlung des Altpapiers zu erzielenden Kostenvorteil stellte der Auftraggeber im Informationsschreiben und der Altpapiertonnenbestellkarte stark heraus. Der Vermögensvorteil, der in Form der Stabilisierung der Abfallgebühren jedem Bürger zu Gute kommen sollte, bot diesem einen erheblich ins Gewicht fallenden Anreiz für die Bestellung der Altpapiertonne, den der Auftraggeber bei der Bedarfsschätzung neben den weiteren Faktoren nicht vernachlässigen durfte und der schließlich dazu führte, dass der Auftraggeber nicht die Anzahl der voraussichtlichen Altpapiertonnenbestellungen mit den vorhandenen Wertstofftonnen ungefähr gleichsetzen durfte (OLG Karlsruhe, B. v. 12. 11. 2008 – Az.: 15 Verg 4/08)

– der **Begriff des Auftrags** im Sinne der §§ 97 ff. GWB und der Richtlinie 2004/18/EG des Europäischen Parlaments und des Rates vom 31. März 2004 ist autonom nach dem Zweck des europäischen Vergaberechts, potentiellen Bietern den Zugang zu öffentlichen Aufträgen zu garantieren, die für sie von Interesse sind, auszulegen und daher **funktional zu verstehen. Nach diesem Grundsatz sind die Kosten von Montage und Verteilung der Altpapiertonnen in die Schätzung des Auftragswertes für Beschaffung einzubeziehen. Zwischen der Lieferung einerseits und der Montage und Verteilung andererseits bestand ein funktionaler Zusammenhang in technischer und wirtschaftlicher Hinsicht**; die Aufträge sollten auch in unmittelbarem zeitlichem Zusammenhang ausgeführt werden. Montage und Verteilung der Altpapiertonnen stellten keinen von deren Lieferung abtrennbaren Beschaffungsvorgang dar. Die Altpapiertonnen sollten nach dem Willen der Antragsgegnerin an die Haushalte des Stadtgebiets verteilt werden, um dort für die Altpapierentsorgung eingesetzt zu werden. Montage und Verteilung vervollständigten somit nur die vorgesehene Leistung der Versorgung der Haushalte mit Altpapiertonnen. Die Tonnen wurden nur deshalb ohne Achsen und Räder angeliefert, um den Transport zu vereinfachen. Ohne Montage und Verteilung waren die Tonnen nicht nutzbar und die Altpapiertonnenbeschaffung im Rahmen des Aufbaus des Altpapier-Holsytems unvollständig (OLG Karlsruhe, B. v. 12. 11. 2008 – Az.: 15 Verg 4/08)

– die **Altpapierverwertung und die Veräußerung von Altpapier stellen nicht zwei voneinander trennbare Leistungsaustauschgeschäfte** dar. Aus vergaberechtlicher Sicht ist der **Verkauf des Altpapiers das rechtliche Gewand, in dem sich die VSt die Leistungen beschafft, die die ihr obliegende geordnete Altpapierverwertung nach Maßgabe von § 4 Abs. 1 KrW-/AbfG sicherstellen oder zumindest fördern** sollen. Damit ist der Vertrag als Ganzes für die Ermittlung des Schwellenwerts zu betrachten und damit dessen **Gesamtwert maßgebend** (VK Nordbayern, B. v. 9. 9. 2008 – Az.: 21.VK – 3194 – 42/08)

– zur Bestimmung des Wertes eines Bauauftrags im Sinne von Art. 6 der Richtlinie ist der **Gesamtwert des Bauauftrags aus der Perspektive eines potenziellen Bieters** zu berücksichtigen, was nicht nur **alle Beträge einschließt**, die der öffentliche Auftraggeber zu zahlen hat, sondern auch **alle Zahlungen von Dritten** (EuGH, Urteil v. 18. 1. 2007 – Az.: C-220/05)

– der Auftraggeber vergütet dem Bieter seine zu erbringende Leistung dadurch, dass er ihm die **geldwerten Beträge, die er für das Verwerten und den Verkauf des Altpapiers erzielt,** überlässt. Diese erzielbaren Erlöse sind dem vereinbarten Preis in Höhe von 0 € hinzuzurechnen (OLG Celle, B. v. 5. 2. 2004 – Az.: 13 Verg 26/03; VK Lüneburg, B. v. 12. 11. 2003 – Az.: 203-VgK-27/2003).

50.3.8.4.4 Berücksichtigung von Förderungen Dritter bzw. eines „Eigenanteils". Bei der Ermittlung des Gesamtauftragswertes ist der **„Wert"** der **angebotenen Dienstleistung ohne Abzug** in Ansatz zu bringen. Es ist insbesondere auch dann kein Abzug vorzunehmen, weil ein Teil der Dienstleistung (möglicherweise) eine **Förderung z. B. durch das Arbeitsamt** erfährt. Eine solche Förderung mindert nicht den „Wert" der erbrachten Dienstleistung. Es ist auch kein Abzug vorzunehmen, weil die zu erbringende Leistung einen Mehrwertsteueranteil nicht beinhaltet. Es ist schließlich **kein Abzug in Höhe eines geforderten Einbehaltes eines Eigenanteils** von 10% zu machen. Auch ein solcher „Einbehalt" berührt, unabhängig von der Frage der Zulässigkeit einer solchen Forderung, nicht den Wert der erbrachten Leistung selbst. Für die Ermittlung des Gesamtauftragswertes ist daher ein solcher Abzug nicht zu berücksichtigen (VK Thüringen, B. v. 27. 2. 2002 – Az.: 216–4003.20-007/02-ESA-S; im **Ergebnis ebenso für Zuzahlungen von krankenversicherten Personen** OLG Düsseldorf, B. v. 23. 5. 2007 – Az.: VII – Verg 50/06; VK Düsseldorf, B. v. 31. 8. 2006 – Az.: VK – 38/2006 – L). 5555

Mit der Änderung durch die Dritte Verordnung zur Änderung der VgV ist in Übereinstimmung mit der neuen Basis- und Sektorenrichtlinie klargestellt worden, dass **auch etwaige Prämien oder Zahlungen an Bewerber oder Bieter zur Leistung** und damit **zum Schwellenwert zu rechnen** sind. Dies spricht dafür, auch **Förderungen Dritter** zur Leistung zu zählen. 5556

50.3.8.4.5 Berücksichtigung von Eventualpositionen. Der Schwellenwert ist unter Berücksichtigung der nach der Leistungsbeschreibung größtmöglichen Auftragssumme zu schätzen. Dies bedeutet, dass **auch der Wert von Eventualpositionen in die Schätzung einzubeziehen** ist (VK Baden-Württemberg, B. v. 27. 6. 2003 – Az.: 1 VK 29/03). 5557

Dies gilt auch für die **Einbeziehung von Dienstleistungsoptionen** (z. B. Facility-Management-Leistungen oder Wartungsleistungen) **bei der Ausschreibung eines Bauauftrages** z. B. als PPP-Modell (VK Arnsberg, B. v. 7. 3. 2005 – Az.: VK 2/2005). 5558

50.3.8.5 Einbeziehung von Optionsrechten oder Vertragsverlängerungen (§ 3 Abs. 1 Satz 2)

Sieht der beabsichtigte Auftrag Optionsrechte oder Vertragsverlängerungen vor, so ist der voraussichtliche Vertragswert aufgrund des größtmöglichen Auftragswertes **unter Einbeziehung der Optionsrechte und der Vertragsverlängerungen** zu schätzen. 5559

50.3.8.5.1 Begriff des Optionsrechtes und Einbeziehung von Bedarfspositionen. Der Begriff der Optionsrechte wird weder im Abschnitt 2 der VOL/A noch in der Vergabekoordinierungsrichtlinie definiert. Es kann daher ohne weiteres **der allgemein übliche Begriff des Optionsrechts** zugrunde gelegt werden (VK Baden-Württemberg, B. v. 10. 7. 2001 – Az.: 1 VK 10/01). 5560

Das Optionsrecht ist **das Recht, durch einseitige Erklärung einen Vertrag zustande zu bringen**. Da die Vergabestelle durch eine spätere Erklärung, sie wolle die **Bedarfsposition** in Auftrag geben, einen entsprechenden Liefervertrag mit dem Auftragnehmer, der nach dem Zuschlag an sein Angebot gebunden ist, schließen kann, sind diese Positionen bei der Berechnung des Schwellenwertes zu berücksichtigen (BayObLG, B. v. 18. 6. 2002 – Az.: Verg 8/02). 5561

Eine **Klausel des Inhalts, dass „bei Bedarf und unter der Berücksichtigung der bisherigen Erfahrungen mit der Maßnahmedurchführung – soweit entsprechende Haushaltsmittel verfügbar sind – der Vertragszeitraum um jeweils ein Jahr bis zu einer Gesamtlaufzeit von drei Jahren verlängert werden kann, wenn die Maßnahme zu angemessenen Kostenansätzen angeboten wird", stellt keine Option** dar. Nach dieser Klausel ist weder der Auftragnehmer des ausgeschriebenen Auftrags noch der Auftraggeber berechtigt, die Vertragslaufzeit durch einseitige Erklärung zu verlängern. Vielmehr bedarf es dazu einer vertraglichen Einigung der Vertragspartner, die überdies unter dem Vorbehalt steht, dass ein entsprechender Beschaffungsbedarf des Auftraggebers vorhanden ist, die erforderlichen Haushaltsmittel bewilligt sind, der Auftragnehmer sich bewährt hat und die Leistungen für die Verlängerungszeit vom Auftragnehmer zu angemessenen Kostenansätzen angeboten wird. Die Vertragsklausel be- 5562

Teil 2 VgV § 3   Vergabeverordnung

inhaltet damit im Ergebnis kein Optionsrecht, sondern stellt lediglich eine einvernehmlich zu vereinbarende Verlängerung der Vertragslaufzeit in Aussicht (OLG Düsseldorf, B. v. 17. 1. 2006 – Az.: VII – Verg 63/05; B. v. 27. 11. 2003 – Az.: VII – Verg 63/03).

5563   Inzwischen unterwirft das OLG Düsseldorf **auch solche Optionen dem Geltungsbereich des § 3 Abs. 1 Satz 2 VgV** (OLG Düsseldorf, B. v. 10. 11. 2008 – Az.: VII-Verg 45/08).

5564   **Verlängerungsoptionen sind** – wie § 3 Abs. 1 Satz 2 VgV zeigt – **zulässig**; es gibt **keinen Rechtssatz**, wonach eine **Verlängerung 10% der Laufzeit eines Rahmenvertrags nicht überschreiten dürfe**. Für eine Übertragung der von der Rechtsprechung entwickelten **Begrenzung des Umfangs von Eventualpositionen auch auf Vertragsverlängerungsoptionen fehlt es an der erforderlichen Gleichartigkeit der Sachverhalte**. Während Verlängerungsoptionen den ursprünglichen Leistungsinhalt nicht abändern, sondern nur den Leistungserbringungszeitraum erweitern, begründen Eventualpositionen bei entsprechendem Bedarf u. U. völlig neue Leistungsinhalte. Um solche Leistungsänderungen nicht zu Veränderungen des Auftragscharakters ausufern zu lassen, hat die Rechtsprechung ihr zulässiges Ausmaß auf die genannten zehn Prozent des Auftragswertes begrenzt. Bei der Vertragsverlängerungsoption stellt sich diese Problematik jedoch nicht, da der Bieter hier keine andere, sondern die ursprünglich festgelegte Leistung lediglich länger erbringen soll (2. VK Bund, B. v. 29. 9. 2009 – Az.: VK 2–162/09). Mit einer maximalen Gesamtlaufzeit von z. B. 27 Monaten hält sich die Laufzeit vollumfänglich im Rahmen der zulässigen Maximallaufzeit von vier Jahren. **Bedeutsam** ist bei der Verlängerungsoption, dass **diese von vornherein Bestandteil der Ausschreibung** ist. Die Gründe für die Option – Abfangen eines sich bei einer Anschlussausschreibung ergebenden Nachprüfungsverfahrens und dessen zeitlicher Dauer – sind absolut nachvollziehbar und begründen auch kein ungewöhnliches Wagnis zu Lasten des Auftragnehmers: In der Regel wirkt sich eine verlängerte Laufzeit zugunsten des Auftragnehmers aus, der ja seinerseits Interesse am Auftrag hat. Ist **ferner die Option mit einem zeitlichen Vorlauf zu ziehen, hat der Auftragnehmer ausreichend Gelegenheit, sich hierauf einzustellen** (3. VK Bund, B. v. 20. 3. 2009 – Az. VK 3–34/09; B. v. 20. 3. 2009 – Az.: VK 3–22/09; B. v. 29. 1. 2009 – Az.: VK 3–200/08; B. v. 29. 1. 2009 – Az.: VK 3–197/08; B. v. 23. 1. 2009 – Az.: VK 3–194/08).

5565   **50.3.8.5.2 Einbeziehung von Optionsrechten bei Bauverträgen.** Während **vor der Geltung der VgV 2010 die Einbeziehung von Optionsrechten und Vertragsverlängerungen im Baubereich einer** – in der Rechtsprechung unstreitigen – **Analogie** bedurfte (OLG Stuttgart, B. v. 9. 8. 2001 – Az.: 2 Verg 3/01; VK Baden-Württemberg, B. v. 9. 10. 2001 – Az.: 1 VK 27/01), **gilt § 3 Abs. 1 Satz 2 VgV 2010 ausdrücklich auch für Bauaufträge**.

5566   **Art. 9 Abs. 1 der neuen Vergabekoordinierungsrichtlinie (2004/17/EG) gilt ausdrücklich sowohl für Bau- als auch für Liefer- als auch für Dienstleistungen**, sodass die o. a. Rechtsprechung bestätigt ist.

5567   **50.3.8.5.3 Einbeziehung von Optionsrechten, deren Umsetzung völlig offen ist.** Sind Optionen und die damit zusammenhängenden Kosten **vom zuständigen Gremium noch nicht genehmigt** worden und ist eine **Verwirklichung dieser Optionen in naher Zukunft auch nicht beabsichtigt** und ist vielmehr z. B. aufgrund der angespannten Haushaltslage noch **völlig offen, ob diese Optionen überhaupt verwirklicht werden**, ist der Wert der Optionen bei der Berechnung des Schwellenwerts nicht zu berücksichtigen (VK Münster, B. v. 15. 11. 2006 – Az.: VK 13/06).

5568   **50.3.8.5.4 Vertragsverlängerungen.** Mit der Dritten Verordnung zur Änderung der VgV sind **Vertragsverlängerungen ausdrücklich in § 3 Abs. 6 aufgenommen** worden. **Absatz 6 ist insoweit an Artikel 17 Abs. 1 erster Unterabsatz der Richtlinie 2004/17/EG und Artikel 9 Abs. 1 erster Unterabsatz der Richtlinie 2004/18/EG angepasst** worden (im Ergebnis ebenso OLG Düsseldorf, B. v. 10. 11. 2008 – Az.: VII-Verg 45/08).

5569   **50.3.8.5.5 Weitere Beispiele aus der Rechtsprechung**

– besteht **für den Auftraggeber eine Kündigungsoption bei ansonsten automatischer Verlängerung und einer Bindung des Auftragnehmers auf mindestens 5 Jahre**, sind diese **Verlängerungsoptionen** bei der Berechnung der Laufzeit und des Schwellenwertes **einzubeziehen** (VK Arnsberg, B. v. 16. 12. 2009 – Az.: VK 36/09).

50.3.8.6 Berücksichtigung der Kosten für Unvorhergesehenes

5570   Die **Kosten für Unvorhergesehenes müssen vollständig in den Gesamtauftragswert eingehen**. Dass ein genereller Zuschlag für Unvorhergesehenes auf den ermittelten Schätzwert

Vergabeverordnung VgV § 3 **Teil 2**

grundsätzlich nicht mit einzurechnen ist, kann nur dann gelten, wenn diese Kosten eigens ausgewiesen werden und nicht in die einzelnen Kostengruppen der Kostenberechnung eingerechnet wurden (VK Südbayern, B. v. 3. 8. 2004 – Az.: 43-06/04).

50.3.8.7 Keine Berücksichtigung des Wertes von Planungsleistungen

Sowohl bei Bauleistungen **als auch bei öffentlichen Liefer- und Dienstleistungsaufträgen sind Planungskosten z. B. gemäß § 17 HOAI (Freianlagen) nicht in die Berechnung des Auftragswertes einzubeziehen.** Mit der Ausschreibung von Planungsleistungen wird in der Regel ein anderer Interessentenkreis am Markt erfasst, und zwar die Architektur- und Ingenieurbüros oder Projektsteuerer bzw. im Falle der gemeinsamen Ausschreibung der Interessentenkreis der Generalunternehmer oder Generalübernehmer. Der Wille des Gesetzgebers, Aufträge im Wettbewerb zu vergeben, wird dadurch nicht unterlaufen. Vor diesem Hintergrund sind **Gründe, die eine andere Behandlung von Planungsleistungen bei öffentlichen Liefer- und Dienstleistungsaufträgen rechtfertigen, nicht ersichtlich** (2. VK Brandenburg, B. v. 28. 2. 2007 – Az.: 2 VK 8/07). Vgl. für Bauleistungen die Kommentierung → Rdn. 60. 5571

50.3.8.8 Keine Berücksichtigung von Zahlungen des Auftraggebers bei einem gemischten Veräußerungs- und Dienstleistungsvertrag

Schreibt der öffentliche Auftraggeber ein Veräußerungsgeschäft verbunden mit einem Bau- bzw. Dienstleistungsauftrag aus (z. B. Veräußerung von Maschinen mit Demontage und Entsorgungsleistungen), **haben die vom Käufer angebotenen Zahlungen außer Betracht zu bleiben.** Bei ihnen handelt es sich zum einen nicht um ein Entgelt für eine Leistung des Auftragnehmers, sondern **um die Vergütung einer Leistung des Auftraggebers** (2. VK Bund, B. v. 24. 7. 2007 – Az.: VK 2–69/07; VK Schleswig-Holstein, B. v. 25. 4. 2008 – Az.: VK-SH 04/08). 5572

50.3.9 Vorgesehene Leistung

50.3.9.1 Zusammenfassung mehrerer Bauvorhaben

Fasst der Auftraggeber **in einer Ausschreibung mehrere Bauvorhaben zusammen** und fordert er zur Abgabe von Angeboten für alle Vorhaben auf, sind die **jeweiligen Auftragswerte für die Berechnung des Schwellenwerts zusammenzurechnen.** Diese Auslegung entspricht der Funktion der Schwellenwerte, größere Aufträge, die für ausländische Bieter regelmäßig von Interesse sind und eine grenzüberschreitende Relevanz aufweisen, dem Anwendungsbereich der EG-Vergaberichtlinie zuzuordnen (OLG Stuttgart, B. v. 9. 8. 2001 – Az.: 2 Verg 3/01). 5573

50.3.9.2 Funktionale Betrachtungsweise bei Bauvorhaben

Zur Berechnung des Schwellenwertes kommt es nicht darauf an, ob die Teile der Gesamtmaßnahme (technisch oder zeitlich) aufeinander aufbauen und daher möglicherweise nacheinander (u. U. basierend auf den Ergebnissen der vorangegangen Ausschreibung) ausgeschrieben werden. Auch dass eine „Systemausschreibung" und eine „Bauausschreibung" womöglich unterschiedliche Märkte ansprechen, ist zunächst eine subjektive Wahrnehmung und führt – die Richtigkeit dieser Annahme unterstellt – nicht zur Zulässigkeit der Trennung beider Maßnahmen in Bezug auf die Schwellenwertberechnung. Vielmehr ist eine **funktionale Betrachtungsweise angezeigt, d. h. macht die Beschaffung des einen Teils ohne den anderen Teil einen Sinn** (VK Lüneburg, B. v. 10. 10. 2006 – Az.: VgK-23/2006; VK Schleswig-Holstein, B. v. 30. 8. 2006 – Az.: VK-SH 20/06). 5574

Liegt bei einer **Gesamtbaumaßnahme, die sich über mehrere Jahre und mehrere Bauabschnitte erstreckt, keine nachvollziehbare Darstellung** der einzelnen Bauabschnitte vor, ist zur Ermittlung des Auftragswerts und damit des Schwellenwerts **von der Gesamtbaumaßnahme auszugehen** (VK Arnsberg, B. v. 4. 11. 2008 – Az.: VK 23/08). 5575

50.3.9.3 Lieferaufträge unselbständiger Behörden eines öffentlichen Auftraggebers

Schließen **unselbständige Behörden** (z. B. Schulen als nicht rechtsfähige Einrichtungen eines Landes) **zum annähernd gleichen Zeitpunkt und mit grundsätzlich gleichem In-** 5576

Teil 2 VgV § 3   Vergabeverordnung

halt **Lieferverträge** (z. B. über Schulbücher), so werden **diese Verträge im Namen einer juristischen Person des öffentlichen Rechts** (z. B. des – gemeinsamen – Schulträgers) geschlossen; die jeweiligen **Auftragswerte sind zur Ermittlung des Schwellenwertes zusammen zu rechnen** (VK Arnsberg, B. v. 27. 10. 2003 – Az.: VK 2–22/2003).

50.4 Manipulationen bei der Schätzung oder Aufteilung des Auftragswertes (§ 3 Abs. 2)

50.4.1 Grundsätze

5577   Der Wert eines beabsichtigten Auftrages darf nicht in der Absicht geschätzt oder aufgeteilt werden, ihn der Anwendung dieser Bestimmungen zu entziehen. **Verboten ist** dem öffentlichen Auftraggeber folglich **nicht per se eine Anschaffungsmaßnahme unterhalb der Schwellenwerte**, sondern **nur eine Manipulation des Auftragswertes** mit dem Ziel der Umgehung der vergaberechtlichen Bestimmungen (OLG Düsseldorf, B. v. 9. 11. 2001 – Az.: Verg 38/01; VK Südbayern, B. v. 3. 4. 2008 – Az.: Z3-3-3194-1-09-02/08; B. v. 22. 9. 2003 – Az.: 41-08/03).

5578   Es ist auch **grundsätzlich nicht zu beanstanden**, wenn der Auftraggeber den Nebengedanken hegt, eine **finanziell aufwändige Ausschreibung zu vermeiden** (OLG Frankfurt, B. v. 7. 9. 2004 – Az.: 11 Verg 11/04 und 12/04).

5579   **Absicht** im Sinn von § 3 Abs. 2 VgV heißt, dass die Schätzung oder die Aufteilung mit dem bewussten und gewollten Ziel vorgenommen wird, den Auftrag nicht unter die Bestimmungen der Vorschriften der VgV und der §§ 97 ff. GWB einzuordnen. Hierbei ist zu berücksichtigen, dass dem **Auftraggeber bei seiner Entscheidung, wie er ein Beschaffungsvorhaben umsetzt, ein Ermessensspielraum zukommt**. Dieser Ermessensspielraum kann von der Kammer nur eingeschränkt auf schwere Fehler hin überprüft werden (VK Südbayern, B. v. 3. 4. 2008 – Az.: Z3-3-3194-1-09-02/08).

5580   Sind die **Beträge einer Kostenschätzung erheblich niedriger als der Schwellenwert**, kann die **Absicht**, zu einem möglichst geringen Auftragswert zu gelangen, um die **Vorgaben des Vierten Teils des GWB zu umgehen, nicht unterstellt** werden (VK Hessen, B. v. 13. 5. 2009 – Az.: 69 d VK – 10/2009).

50.4.2 Differenz zwischen Schätzung und Angeboten

5581   Vgl. dazu die Kommentierung → Rdn. 28 ff.

50.4.3 Befristung eines Auftrags

5582   Allein die **Befristung eines Auftrages** ist **noch kein Indiz** dafür, dass ein Vergabevorgang durch Aufteilung des Auftrages dem **Vergaberecht entzogen** wird; nur der regelmäßige Abschluss befristeter Verträge mit **unüblich kurzen Vertragslaufzeiten** könnte auf eine Umgehung des EG-Vergaberechts hindeuten (VK Münster, B. v. 17. 1. 2002 – Az.: VK 23/01).

5583   **Begründet ein Auftraggeber die auf ein Jahr begrenzte Laufzeit von Versicherungsverträgen damit, dass er den Versicherer gewechselt hat und dass die Begrenzung der Laufzeit auf ein Jahr sowohl im Interesse des Versicherungsgebers als auch des Auftraggebers gewesen sei, weil** für den Versicherer der Geschäftsbereich Gebäudeversicherung nicht ohne Risiko sei, da die Schadensquoten grundsätzlich schwierig abzuschätzen seien, eintretende Schäden im Einzelfall hoch sein könnten, die Refinanzierung durch das Prämienaufkommen oft im Missverhältnis zur Schadensquote stehe und das Engagement des Versicherers daher im hohen Maße an die konkrete Situation gebunden sei, ist dies vertretbar. Alle die genannten Faktoren einzuschätzen, sei die Motivation des Versicherers gewesen, zunächst ein Jahr die Entwicklung zu beobachten. Auch der Auftraggeber habe auf den Abschluss von Einjahresverträgen bestanden. Gerade angesichts der Erfahrung mit dem Altversicherer und der Entwicklung des Prämienvolumens bei angespannter Marktlage auf dem Wohnungsmarkt sei eine effektive Haushaltung wichtig. Diese **Erwägungen des Auftraggebers tragen die Entscheidung, zumindest die Erstversicherung mit einem neuen Versicherungsgeber in der Laufzeit auf ein Jahr zu begrenzen.** Ein Verstoß gegen § 3 Abs. 2 VgV liegt nicht vor (VK Niedersachsen, B. v. 25. 2. 2010 – Az.: VgK-82/2009).

50.4.4 Reduzierung der Laufzeit eines Vertrages zur Umgehung des Schwellenwertes

Die **Rechtsprechung** hierzu **orientiert sich sehr stark an den Umständen des Einzelfalles**. 5584

Von einer Überschreitung des Schwellenwertes ist auszugehen, wenn die ausschreibende Stelle die **Vertragslaufzeit nur deshalb auf zwei Jahre begrenzt hat, um die Auftragsvergabe den Vergaberechtsbestimmungen zu entziehen** (§ 3 Abs. 2 VgV). Die ursprünglich vorgesehene Vertragslaufzeit von fünf Jahren war mit Rücksicht auf die zur Vertragsdurchführung erforderlichen Investitionen der Auftragnehmer sachlich geboten. Von dieser – nachvollziehbaren – Einschätzung ist die Vergabestelle im weiteren Verlauf des Vergabeverfahrens ohne erkennbaren rechtfertigenden Grund abgerückt. Irgendeine sachliche Rechtfertigung, die Vertragslaufzeit von fünf auf zwei Jahre zu verkürzen, ist der Vergabeakte nicht zu entnehmen. Dazu ist auch sonst nichts ersichtlich. Nach Lage der Dinge ist die Reduzierung der Vertragsdauer vielmehr durch die Absicht motiviert, rechnerisch den Schwellenwert zu unterschreiten und die Auftragsvergabe damit dem Vergaberechtsregime zu entziehen. Die darauf beruhende **Unterschreitung des Schwellenwertes ist rechtlich unbeachtlich und steht der Geltung der Vergaberechtsregeln nicht entgegen** (OLG Düsseldorf, B. v. 25. 5. 2002 – Az.: 5 Verg/02; OLG Frankfurt, B. v. 7. 9. 2004 – Az.: 11 Verg 11/04 und 12/04). 5585

Die Annahme einer sachwidrigen Aufteilung des Auftrages durch Verkürzung der Laufzeit z.B. auf zwei Jahre bedarf einer **besonderen Begründung**. Diese kann beispielsweise in einer durchlaufenden **Modell-/Testphase** liegen, wenn ein für die Bürger ungewohntes Abfall-Bringsystem eingeführt werden soll. Der Auftraggeber hat ein weites Ermessen, wie er sein Vorhaben in solchen Fällen angeht. Was andernorts funktioniert, muss nicht notwendig in gleichem Maße auch an dem in Rede stehenden Standort Akzeptanz finden. Die **Grenze ist bei der Sachwidrigkeit zu ziehen**, die in Bezug auf die zweijährige Vertragsdauer nicht erreicht ist. Auch hier greift das Argument, eine zweijährige Beauftragung würde sich nicht amortisieren, mit Blick auf die ersichtlich längerfristigeren unternehmerischen Zielsetzungen potentieller Bieter zu kurz und ändert nichts daran, dass der öffentliche Auftraggeber berechtigt ist, den Modellgedanken zum Tragen zu bringen. Es ist auch nicht zu beanstanden, wenn der Auftraggeber den Nebengedanken hegt, eine Ausschreibung, die finanziell aufwendig ist, zu vermeiden. Unzulässig ist nach § 3 Abs. 2 VgV nur, einen Auftrag in der Absicht zu schätzen oder aufzuteilen, ihn der Anwendung der Vergabebestimmungen zu entziehen (OLG Düsseldorf, B. v. 30. 7. 2003 – Az.: Verg 5/03). 5586

50.4.5 Verbotene Umgehung im Baubereich

§ 3 Abs. 2 VgV untersagt dem Auftraggeber, den Wert eines beabsichtigten Auftrages bewusst abweichend von den Vorgaben der VOB/A zu schätzen oder aufzuteilen zu dem Zwecke, den Auftrag dem Geltungsbereich des vergaberechtlichen Nachprüfungsverfahrens bzw. den Vorschriften der a-Paragrafen der VOB/A zu entziehen. 5587

Eine **verbotene Umgehung liegt danach vor**, wenn 5588

– eine einzige Baumaßnahme dergestalt aufgeteilt wird, dass einzelne, sich in Wirklichkeit als Los eines einzigen Bauwerkes darstellende Aufträge vergeben werden und

– die Aufteilung dieser einen baulichen Anlage nicht durch objektive Gründe gerechtfertigt ist

(VK Brandenburg, B. v. 11. 6. 2004 – Az.: VK 19/04; B. v. 25. 4. 2003 – Az.: VK 21/03; VK Düsseldorf, B. v. 30. 10. 2006 – Az.: VK – 44/2006 – B; VK Lüneburg, B. v. 10. 10. 2006 – Az.: VgK-23/2006; 1. VK Sachsen, B. v. 14. 9. 2009 – Az.: 1/SVK/042-09).

Weder eine **gewisse zeitliche Streckung eines Bauverlaufes** noch eine **Teilung in unterschiedlichste Gewerke oder sonstige „objektive" Vielfältigkeit** bedingen eine wertmäßige Aufteilung einer einheitlichen Baumaßnahme. Hier kann der Bauherr schlicht Lose innerhalb einer Bekanntmachung bilden oder mehrere Bekanntmachungen veröffentlichen (VK Düsseldorf, B. v. 14. 8. 2006 – Az.: VK – 32/2006 – B; 1. VK Sachsen, B. v. 14. 9. 2009 – Az.: 1/SVK/042-09). 5589

Absicht heißt, dass die **Schätzung oder die Aufteilung mit dem bewussten und gewollten Ziel vorgenommen wird, den Auftrag nicht unter die Bestimmungen des Abschnitts 2 der VOB/A und damit unter die Vorschriften der VgV und der §§ 97 ff. GWB einzuordnen**. Hierbei ist zu berücksichtigen, dass dem **Auftraggeber bei seiner Ent-** 5590 scheidung, wie er ein Beschaffungsvorhaben umsetzt, ein Ermessensspielraum zukommt. Dieser Ermessensspielraum kann von der Kammer nur eingeschränkt auf schwere Fehler hin überprüft werden (VK Südbayern, B. v. 29. 11. 2005 – Az.: Z3-3-3194-1-46–09/05).

50.4.6 Umgehung bei grundloser Differenzierung zwischen verschiedenen Leistungsanbietern

5591 Schließt ein öffentlicher Auftraggeber im Rahmen **vergleichbarer Ausschreibungen Verträge durchweg mit Verlängerungsklauseln** ab und schließt er **allein über eine Leistung einen Vertrag ohne Verlängerungsmöglichkeit**, um einen weiteren Wettbewerb gegebenenfalls zeitlich später durchzuführen, erscheint **eine solche Vorgehensweise als willkürliche Aufteilung** eines beabsichtigten Auftrages (VK Düsseldorf, B. v. 31. 8. 2006 – Az.: VK – 38/2006 – L).

50.4.7 Umgehung bei grundloser Differenzierung und der Möglichkeit einer losweisen Ausschreibung

5592 Der **öffentliche Auftraggeber kann durchaus sachlich nachvollziehbare Überlegungen und Erwägungen** haben, die zur **Unterschreitung des Schwellenwerts** führen können. **Berücksichtigt der Auftraggeber jedoch nicht, dass er sämtlichen Erwägungen** – z. B. sowohl hinsichtlich der unterschiedlichen Organisation des Unterrichts in den betroffenen Schulen wie etwa der Stundenpläne als auch hinsichtlich des Interesses der Bieter, sich möglicherweise nur für die Beförderungsleistungen für eine der beiden Schulen am Vergabeverfahren zu beteiligen –, **dadurch Rechnung tragen kann, dass die Leistungen im Rahmen einer Gesamtausschreibung, getrennt nach Losen ausgeschrieben** werden, ist eine **getrennte Ausschreibung unter keinem Gesichtspunkt geboten** und im Hinblick auf § 3 Abs. 2 VgV unzulässig. Auch spricht die Tatsache, dass der Auftraggeber beide Aufträge in einer gemeinsamen Bekanntmachung für die identische Laufzeit ausgeschrieben hat, dafür, die ausgeschriebenen Leistungen als Gesamtauftrag zu werten (VK Niedersachsen, B. v. 21. 8. 2009 – Az.: VgK-43/2009; VK Lüneburg, B. v. 12. 1. 2007 – Az.: VgK-33/2006).

5593 § 3 Abs. 2 VgV untersagt es dem Auftraggeber, den Wert eines beabsichtigten Auftrages bewusst abweichend von den Vorgaben der VOL/A zu schätzen oder aufzuteilen zu dem Zwecke, den Auftrag dem Geltungsbereich des vergaberechtlichen Nachprüfungsverfahrens zu entziehen. Eine **verbotene Umgehung** liegt danach vor, wenn ein Lieferauftrag dergestalt aufgeteilt wird, dass einzelne, sich in Wirklichkeit als Los eines einzigen Lieferauftrages darstellende Aufträge vergeben werden und die Aufteilung nicht durch objektive Gründe gerechtfertigt ist (1. VK Sachsen, B. v. 15. 1. 2010 – Az.: 1/SVK/068-09).

50.4.8 Umgehung durch Parzellierung von Grundflächen

5594 Bei einer **geplanten Veräußerung von Grundflächen** durch einen öffentlichen Auftraggeber kann eine **Umgehung der Ausschreibungspflicht nicht allein in einer vorgenommenen Parzellierung** gesehen werden, wenn die Parzellierung und Bauplanung einer geordneten städtebaulichen Entwicklung entsprechen (VK Düsseldorf, B. v. 10. 4. 2008 – Az.: VK – 05/2008 – B).

50.4.9 Weitere Beispiele aus der Rechtsprechung

5595 – es ist **nicht zu fordern, dass alle Regierungsbezirke gemeinsam die Beseitigung von Ölspuren ausschreiben müssen** und so alle zu erwartenden Auftragswerte im gesamten Autobahnnetz innerhalb Baden-Württembergs zu addieren wären. Eine solche Pflicht lässt sich nicht aus § 3 Abs. 2 VgV herleiten. Für eine Aufteilung nach Regierungsbezirken gibt es bereits aufgrund der gesetzlichen Zuständigkeitsregelungen als Straßenbaubehörde nach § 53b Abs. 2 Straßengesetz für Baden-Württemberg (StrG) einen sachlichen Grund. Das jeweilige Regierungspräsidium ist für die in seinem Bezirk verlaufenden Bundesautobahnen zuständig (VK Baden-Württemberg, B. v. 21. 10. 2009 – Az.: 1 VK 51/09)

– eine **verbotene Umgehung** liegt demnach nur dann vor, wenn **eine einzige Baumaßnahme** dergestalt **aufgeteilt** wird, dass **einzelne, sich in Wirklichkeit als Lose** eines ein-

Vergabeverordnung VgV § 3 **Teil 2**

zigen Bauwerkes darstellende Aufträge vergeben werden. Für die Beurteilung, ob verschiedene Maßnahmen unterschiedlichen Bauwerken dienen, ist nach dem Wortlaut von § 99 Abs. 3 GWB i. V. m. Art. 1 Abs. 2b der Richtlinie 2004/18/EG darauf abzustellen, ob die **Ergebnisse der jeweiligen Aufträge unterschiedliche wirtschaftliche und technische Funktionen erfüllen** (VK Düsseldorf, B. v. 30. 10. 2006 – Az.: VK – 44/2006 – B)

– das Einsammeln, das Transportieren, das Sortieren und das Verwerten von **Elektronikschrott** ist als ein Auftrag im Sinne des Vergaberechts zu betrachten (VK Baden-Württemberg, B. v. 17. 7. 2001 – Az.: 1 VK 13/01).

50.5 Berücksichtigung der Laufzeit von Liefer- und Dienstleistungsaufträgen bei der Schätzung (§ 3 Abs. 4)

50.5.1 Änderungen durch die VgV/SektVO-AnpassungsVO 2010

§ 3 Abs. 4 wurde **klarer gefasst**; inhaltlich werden **alle Liefer- und Dienstleistungsaufträge erfasst**. 5596

50.5.2 Zeitlich begrenzte Liefer- und Dienstleistungsaufträge mit einer Laufzeit bis zu 48 Monaten (§ 3 Abs. 4 Nr. 1)

Hat die Vergabestelle in den Besonderen Vertragsbestimmungen eine **begrenzte Vertragslaufzeit und gleichzeitig nach Ablauf dieser Frist eine Kündigungsfrist von einem Monat** festgelegt, so ist der Vertrag als **unbefristeter Vertrag** zu qualifizieren mit der Folge, dass gem. § 3 Abs. 3 Satz 3 VgV für die Schätzung des Auftragswertes der Vertragswert aus der monatlichen Zahlung multipliziert mit 48 zu berücksichtigen ist (VK Nordbayern, B. v. 23. 1. 2003 – Az.: 320.VK-3194-47/02). 5597

50.5.3 Zeitlich begrenzte Liefer- und Dienstleistungsaufträge mit einer Laufzeit von mehr als 48 Monaten (§ 3 Abs. 4 Nr. 2)

50.5.3.1 Änderungen durch die VgV/SektVO-AnpassungsVO 2010

Zeitlich begrenzte Liefer- und Dienstleistungsaufträge mit einer Laufzeit von mehr als 48 Monaten wurden unbefristeten Liefer- und Dienstleistungsaufträgen gleichgestellt; für diese Verträge ist **Berechnungsgrundlage für den geschätzten Auftragswert der 48-fache Monatswert**. 5598

50.5.3.2 Grundsätze

Vgl. die Kommentierung → Rdn. 91 ff. 5599

50.5.3.3 Ältere und im Ergebnis noch verwertbare Rechtsprechung

§ 3 VgV enthält für befristete Dienstleistungsverträge, für die eine längere Laufzeit als 48 Monate vorgesehen ist, **unmittelbar keine Regelung**. Diese Vorschrift ist jedoch im Lichte des Art. 9 Abs. 6 Buchstabe b) der Richtlinie 2004/18/EG auszulegen, da durch diese Vorschrift die Richtlinie insoweit in deutsches Recht umgesetzt wurde. Danach ist bei Verträgen mit einer **Laufzeit von mehr als 48 Monaten der Vertragswert aus der monatlichen Zahlung multipliziert mit 48 zugrunde zu legen**. Dieses Auslegungsergebnis wird auch durch folgende Überlegung gestützt: Nach § 3 Abs. 3 Satz 3 VgV folgt bei unbefristeten Verträgen oder bei nicht absehbarer Vertragsdauer „der Vertragswert aus der monatlichen Zahlung multipliziert mit 48". Es wäre systemwidrig, wenn bei einem befristeten Vertrag, der eine längere Laufzeit als 48 Monate aufweist, die gesamte Laufzeit der Berechnung zugrunde gelegt wird. In diesem Fall würde bei einem befristeten Vertrag eine längere Laufzeit angenommen als bei einem unbefristeten (OLG Düsseldorf, B. v. 7. 1. 2010 – Az.: VII-Verg 40/09; OLG München, B. v. 12. 8. 2008 – Az.: Verg 6/08; VK Magdeburg, B. v. 23. 1. 2002 – Az.: 33–32571/07 VK 18/01 MD; VK Schleswig-Holstein, B. v. 14. 5. 2008 – Az.: VK-SH 06/08; B. v. 25. 4. 2008 – Az.: VK-SH 04/08). 5600

50.5.4 Unbefristete Verträge oder nicht absehbare Vertragsdauer (§ 3 Abs. 4 Nr. 2)

Bei Aufträgen mit unbestimmter Laufzeit ist **Berechnungsgrundlage für den geschätzten Auftragswert der 48-fache Monatswert**. 5601

Teil 2 VgV § 3   Vergabeverordnung

5602   Will der Auftraggeber die **Laufzeit beschränken, ergibt sich aber aus den Vergabeunterlagen nur der Beginn der Leistung und kein Ende,** folgt der Vertragswert aus der monatlichen Zahlung multipliziert mit 48 (1. VK Sachsen-Anhalt, B. v. 22. 2. 2008 – Az: 1 VK LVwA 30/07).

5603   **Steht nicht fest, ob vertragliche Leistungen zum Jahresende gekündigt werden oder nicht, werden diese Vertragsleistungen somit auf der Grundlage eines unbefristeten Vertragsverhältnisses,** das z. B. lediglich jederzeit mit dreimonatiger Kündigungsfrist jeweils zum Jahresende gekündigt werden kann. Gemäß § 3 Abs. 4 Nr. 2 VgV folgt aber bei unbefristeten Verträgen oder bei nicht absehbarer Vertragsdauer der Vertragswert aus der monatlichen Zahlung multipliziert mit 48 (VK Niedersachsen, B. v. 17. 4. 2009 – Az.: VgK-12/2009).

50.6 Schätzung des Auftragswertes von Bauleistungen (§ 3 Abs. 5)

50.6.1 Grundsatz

5604   Beim öffentlichen Bauauftrag ist zur **Feststellung des Auftragswerts der Gesamtwert der Arbeiten zu veranschlagen,** der die **vom öffentlichen Auftraggeber etwaig gezahlten Geldbeträge** und die **von Dritten als Gegenleistung für die für ihre Rechnung errichteten Bauwerke geleisteten Beträge umfasst** (OLG Düsseldorf, B. v. 2. 10. 2008 – Az.: VII – Verg 25/08).

50.6.2 Keine Berücksichtigung des Wertes der Baunebenkosten

5605   Der insoweit maßgebliche Gesamtauftragswert errechnet sich aus der **Summe aller für die Erstellung der baulichen Anlage erforderlichen Leistungen ohne Umsatzsteuer;** nicht zum Gesamtauftragswert gehören unter anderem die **Baunebenkosten** (OLG Stuttgart, B. v. 12. 8. 2002 – Az.: 2 Verg. 9/02; OLG Celle, B. v. 14. 11. 2002 – Az.: 13 Verg 8/02; VK Baden-Württemberg, B. v. 7. 3. 2008 – Az.: 1 VK 1/08; VK Münster, B. v. 15. 11. 2006 – Az.: VK 13/06).

5606   Zu den **Baunebenkosten** gehören alle Kosten, die neben der Vergütung für die ausgeschriebene Bauleistung im Zusammenhang mit dem Bauvorhaben entstehen, wie z. B. **Kosten für Architekten- und Ingenieurleistungen** (soweit diese nicht ausnahmsweise auch zum ausgeschriebenen Bauauftrag gehören), für **Verwaltungsleistungen des Auftraggebers** bei Vorbereitung und Durchführung des Bauvorhabens, für die **Baugenehmigung, für die Bauversicherung, Finanzierungskosten,** etc. (VK Südbayern, B. v. 3. 8. 2004 – Az.: 43-06/04; für Planungsleistungen ebenso VK Nordbayern, B. v. 26. 7. 2005 – Az.: 320.VK – 3194 – 26/05), Kosten für **Altlastenbeseitigung**, für die **Erstellung des Bebauungsplanes, Baugenehmigungsgebühren** und dergleichen (VK Baden-Württemberg, B. v. 7. 3. 2008 – Az.: 1 VK 1/08).

50.6.3 Keine Berücksichtigung des Grundstückswertes

5607   **Unberücksichtigt** bei den Gesamtkosten bleiben der **Wert des zu bebauenden Grundstückes**, die Baunebenkosten und weitere, begrifflich nicht zur Bauerrichtung zählende Kosten (OLG Brandenburg, B. v. 20. 8. 2002 – Az.: Verg W 4/02; VK Brandenburg, B. v. 25. 4. 2003 – Az.: VK 21/03; VK Düsseldorf, B. v. 11. 9. 2001 – Az.: VK – 19/2001 – B).

50.6.4 Keine Berücksichtigung des Wertes von beweglichen Ausstattungsgegenständen

5608   Baunebenkosten und **bewegliche Ausstattungsgegenstände rechnen nicht zum Auftragswert einer baulichen Anlage** (VK Baden-Württemberg, B. v. 15. 7. 2002 – Az.: 1 VK 35/02).

5609   **Nicht zu berücksichtigen sind bewegliche Ausrüstungsgegenstände** wie z. B. Stühle, Tische, etc. (VK Südbayern, B. v. 3. 8. 2004 – Az.: 43-06/04).

50.6.5 Keine Berücksichtigung des Wertes von Planungsleistungen

5610   **Architekten-, Ingenieur- und Statikerleistungen fallen nicht unter den Begriff des Bauwerkes** nach § 99 Abs. 3 GWB **oder der Bauleistung** gemäß § 1 VOB/A. Sie werden

Vergabeverordnung VgV § 3 **Teil 2**

nicht nach dem Regelwerk der VOB beauftragt und deshalb auch nicht nach VOB/A vergeben. Sie bleiben folglich für die Berechnung des Gesamtwertes einer Bauleistung außer Acht, es sei denn, dass der zu vergebende Auftrag Planung und Ausführung gleichzeitig beinhaltet (§ 99 Abs. 3 GWB). Zwar sind die vom Auftraggeber beigestellten Lieferleistungen grundsätzlich in den Gesamtwert aufzunehmen (§ 3 Abs. 5). Es muss sich jedoch um Lieferleistungen, nicht um Dienstleistungen handeln. Entweder vom Auftraggeber oder von Dritten erbrachte Planungsleistungen sind überwiegend nicht als unselbständige Planungsbestandteile einer eigentlichen Bauleistung anzusehen, sondern **stellen eigenständige Planungsleistungen dar, die nicht unter den Begriff einer Bauleistung oder eines Bauwerkes zu fassen sind**. Allein der Umstand, dass der Bauherr sie selbst ausführt, macht sie nicht zu Bauleistungen (VK Düsseldorf, B. v. 11. 9. 2001 – Az.: VK – 19/2001 – B; VK Münster, B. v. 15. 11. 2006 – Az.: VK 13/06).

Die **Planungskosten** z.B. für Freianlagen sind **nicht in die Berechnung des Auftrags- 5611 wertes einzubeziehen**. Mit der **Ausschreibung von Planungsleistungen** wird in der Regel **ein anderer Interessentenkreis am Markt erfasst**, und zwar die Architektur- und Ingenieurbüros oder Projektsteuerer bzw. im Falle der gemeinsamen Ausschreibung der Interessentenkreis der Generalunternehmer oder Generalübernehmer. Der **Wille des Gesetzgebers, Aufträge im Wettbewerb zu vergeben, wird dadurch nicht unterlaufen** (2. VK Brandenburg, B. v. 28. 2. 2007 – Az.: 2 VK 8/07).

50.6.6 Berücksichtigung des Wertes der Bauleitung

Übernimmt der Bauherr die **Bauleitung** selbst, **stellt** diese Leistung **einen werthaltigen** 5612 **Bestandteil der Bauleistung** dar, die als beigestellte Leistung zu beziffern und **auf den Gesamtauftragswert anzurechnen** ist. Nach den Honorartafeln der HOAI ist die Bauüberwachung (überschlägig berechnet) mit etwa 30% eines Zehntels der (ex-ante geschätzten) anrechenbaren Bausumme anzusetzen (VK Düsseldorf, B. v. 11. 9. 2001 – Az.: VK – 19/2001 – B).

50.6.7 Berücksichtigung der Kosten für die vom Auftraggeber durchgeführte Baubewachung

Auch die Kosten für die Baubewachung (KGR 6.2.7) sind in den Gesamtauftrags- 5613 wert einzubeziehen. Es handelt sich dabei nicht um Baunebenkosten. Gemäß § 4 Abs. 5 VOB/B hat der Auftragnehmer die von ihm ausgeführten Leistungen bis zur Abnahme vor Beschädigung und Diebstahl zu schützen. Die Bieter haben dies bei ihrer Kalkulation zu berücksichtigen. Übernimmt der Auftraggeber diese Leistungen, handelt es sich um „etwaige vom Auftraggeber bereitgestellte Leistungen" im Sinn von § 1a Abs. 1 Nr. 1 VOB/A, die zum Gesamtauftragswert hinzuzurechnen sind (VK Südbayern, B. v. 3. 8. 2004 – Az.: 43-06/04).

50.6.8 Berücksichtigung von zusammengefassten Auftragswerten eines öffentlichen und eines privaten Auftraggebers

Der Schwellenwert einer Bauleistung bestimmt sich nur dann nach den **zusammengefass-** 5614 **ten Auftragswerten eines öffentlichen und eines privaten Auftraggebers**, wenn **auch die Maßnahme des privaten Bauherrn überwiegend öffentlich finanziert oder ein sonstiges Merkmal aus § 98 Nr. 1–6 GWB erfüllt** ist. Ein bloßes entgeltliches Nutzungsverhältnis zwischen dem öffentlichen und dem privaten Auftraggeber (hier: Weiterleitung vorgeklärter Abwässer in eine gleichzeitig ausgebaute private Industriekläranlage) reicht dafür nicht aus (VK Düsseldorf, B. v. 11. 9. 2001 – Az.: VK – 19/2001 – B).

50.6.9 Annex: Auftragswert bei einer Baukonzession im Rahmen einer Grundstücksveräußerung

Der **Auftragswert** bestimmt sich bei einer Baukonzession nach dem **wirtschaftli-** 5615 **chen Interesse des Erwerbers**, wobei von Dritten gezahlte Entgelte zu berücksichtigen sind. Somit kann der **Auftragswert nicht an dem für den Erwerb des Grundstücks zu zahlenden Entgelt festgemacht werden**, da diese Zahlung nicht das wirtschaftliche Interesse des Erwerbers darstellt. Richtet sich das **wirtschaftliche Interesse darauf, auf dem erworbenen Grundstück Wohnbebauung zu errichten** und diese, aufgeteilt in Eigentumswohnungen, zu veräußern, **bemisst sich das Geschäftsvolumen für den Erwerber also nach den von** ihm zu tätigenden Aufwendungen und dem erwarteten Ertrag. Andererseits ist es auch nicht allein der erwartete Gewinn, der den Auftragswert ausmacht. Auch im Normalfall der öffentlichen Auftragsvergabe, bei der der öffentliche Auftraggeber dem Vertragspartner ein Entgelt für eine Lieferung oder Leistung/Bauleistung zahlt, berechnet sich der Auftragswert nach diesem Entgelt, obwohl es nicht gleichzusetzen ist mit dem Gewinn, den der Vertragspartner aus diesem Geschäft erzielt, sondern zum größten Teil seine eigenen Kosten abdeckt. Es **kann deshalb auch im Falle einer Baukonzession nicht allein auf den erwarteten Gewinn abgestellt** werden. Jeder Investor wird im Rahmen der Veräußerung z.B. von Wohnungen die ihm entstandenen Errichtungskosten hereinholen wollen und möglichst auch einen Unternehmensgewinn realisieren wollen. Diese Faktoren sind – im Normalfall – gleichermaßen in den erzielbaren Veräußerungspreisen beinhaltet (VK Düsseldorf, B. v. 31. 10. 2008 – Az.: VK – 22/2008 – B; B. v. 10. 4. 2008 – Az.: VK – 05/2008 – B). Das **Geschäftsvolumen und damit das wirtschaftliche Interesse für den Erwerber bemisst sich bei der Baukonzession im Regelfall deshalb nach den von ihm zu tätigenden Aufwendungen und dem erwarteten Ertrag** – „Verwertungseinkünfte" – (VK Düsseldorf, B. v. 31. 10. 2008 – Az.: VK – 22/2008 – B; VK Münster, B. v. 27. 1. 2010 – Az.: VK 25/09).

5616 Ob die **Umsatzsteuer bei Baukonzessionen in Einzelfällen bei der Wertermittlung einfließen kann, begegnet bereits grundsätzlichen Bedenken**. Die Umsatzsteuer bleibt jedenfalls **dann außer Betracht, wenn zum Zeitpunkt der Schätzung in keiner Weise vorhersehbar war, ob der Erwerber seinerseits zum Vorsteuerabzug berechtigt sein würde oder nicht**, wenn z.B. weder die Bewerbungsbedingungen im Rahmen einer Grundstücksmesse noch die weiteren in den Unterlagen des Auftraggebers zu den Grundstücksverkäufen niedergelegten Äußerungen (Musterkaufvertrag, Ratsprotokolle) erkennen lassen, dass die Erwerber der „Investorengrundstücke" zu einer unternehmerischen Vorgehensweise verpflichtet werden sollten, die bei ihnen zwangsläufig zu einem Umsatzsteuerverlust führen würde (direkte Veräußerung an lediglich grunderwerbsteuerpflichtige Private). Dagegen spricht auch die ausdrückliche Unterscheidung zwischen „Investoren" und „Bauträgern" als angesprochene Unternehmen. Wie der Erwerber unternehmerisch mit dem Grundstück umging, sollte ihm überlassen bleiben, solange die vorgestellte Wohnbebauung innerhalb der vorgegebenen Frist (abgesichert durch eine Rückfallklausel im Kaufvertrag) in Angriff genommen würde (VK Düsseldorf, B. v. 10. 4. 2008 – Az.: VK – 05/2008 – B).

5617 Als **Unternehmensgewinn** kann richtigerweise nur ein **durchschnittlicher, sich an der Kapitalverzinsung orientierender Wert** angesetzt werden, da der Auftraggeber nicht die bei allen Unternehmen unterschiedlichen, den Gewinn bestimmenden Faktoren kennen und berücksichtigen kann. Insoweit erscheint der Ansatz von 5% nicht fehlerhaft (VK Düsseldorf, B. v. 10. 4. 2008 – Az.: VK – 05/2008 – B).

5618 Es besteht **kein Anlass, bei einer Baukonzession die Errichtungskosten für ein Bauwerk anders zu berechnen als bei einem entgeltlichen Bauauftrag, nämlich nach DIN 276**. Auch bei einem entgeltlichen Bauauftrag muss der Bauunternehmer ggf. Aufwendungen vorfinanzieren, bevor Abschlagszahlungen geleistet werden; andererseits erhält ein Bauträger von den Erwerbern u. U. ebenfalls Abschlagszahlungen nach Baufortschritt, ebenfalls fallen bei jedem Unternehmen Kosten für Vermarktung an (VK Düsseldorf, B. v. 10. 4. 2008 – Az.: VK – 05/2008 – B).

5619 Einen **anderen Weg** geht die **2. VK Bund**. Für die Berechnung des Wertes von Bauaufträgen enthält § 3 VgV Abs. 5 zwar keine zeitliche Grenze, wie § 3 Abs. 3 und Abs. 4 VgV sie für Liefer- bzw. Dienstleistungsaufträge vorsieht. Bedenkt man jedoch, dass **bei Baukonzessionen das Entgelt zwar in dem Recht zur Nutzung des Bauwerks besteht, die Einnahmen aus der Verwertung dieses Nutzungsrecht jedoch erst aus den Zahlungen Dritter für Lieferungen und Leistungen resultieren, so liegt es nahe, für die Betrachtung des Auftragswertes eine zeitliche Grenze in Anlehnung an § 3 Abs. 4 VgV anzunehmen**. Danach wäre entweder auf den Wert der Bauleistungen oder auf den Wert der damit zu erzielenden Einnahmen in den vier Jahren nach Erteilung der Baukonzession abzustellen (2. VK Bund, B. v. 28. 3. 2008 – Az.: VK 2–28/08). Diese Auffassung wird **vom OLG Düsseldorf abgelehnt. Für eine derartige Begrenzung sind sachliche Gründe nicht zu erkennen**. So ist bei umfangreichen Bauprojekten, die wegen nach und nach eingehender Aufträge oftmals zudem sukzessiv durchgeführt werden, eine unter Umständen **bedeutend längere Realisierungsdauer nicht ungewöhnlich**. Davon ausgehend ist **bei der Auftragswertermittlung auf die Vermarktung des fertig gestellten Bauwerks abzustellen**. Ob dies anders zu beurteilen sein kann, wenn die Umsetzung einer Baumaßnahme in zeitlicher (und dann häufig

Vergabeverordnung VgV § 3 **Teil 2**

auch in sachlicher) Hinsicht unter Ausschöpfung aller zu Gebote stehenden Erkenntnismöglichkeiten die Grenzen der Überschaubarkeit übersteigt, kann dahingestellt bleiben. Eine **Realisierungsdauer von zehn Jahren ist überschaubar** (OLG Düsseldorf, B. v. 2. 10. 2008 – Az.: VII – Verg 25/08).

Zur **Rechtsprechung des OLG Brandenburg im Rahmen der Bestimmung des Gegenstandswerts nach § 50 Abs. 2 GKG** – ein vergleichbares Problem – vgl. die Kommentierung zu → § 128 GWB Rdn. 291. 5620

Nach Auffassung des OLG Düsseldorf ist bei einer öffentlichen Baukonzession zur Feststellung des Auftragswerts **auf die voraussichtlichen Verwertungseinkünfte abzustellen**. Die Verwertung kann in einer Selbstnutzung, in einer Vermietung oder Verpachtung oder in einer Veräußerung bestehen (OLG Düsseldorf, B. v. 2. 10. 2008 – Az.: VII – Verg 25/08). 5621

Ist der **Erwerber eines zweiten Grundstücks bereits Eigentümer eines ersten Grundstücks**, über das im Zusammenhang mit dem Erwerb des zweiten Grundstücks ebenfalls eine einheitliche Bauverpflichtung geschlossen wird, sodass hinsichtlich des Erwerbs des zweiten Grundstücks ein öffentlicher Auftrag zu bejahen ist, **spielt für die Ermittlung des Schwellenwerts nach § 2 Nr. 3 VgV nur das zweite Grundstück eine Rolle** (VK Baden-Württemberg, B. v. 13. 11. 2008 – Az.: 1 VK 45/08). 5622

50.7 Schätzung des Auftragswerts bei Sammelbestellungen, Rahmenvereinbarungen und einem dynamischen elektronischen Beschaffungssystem (§ 3 Abs. 6)

50.7.1 Allgemeines

Bei Sammelbestellungen ist für die Bemessung des Auftragswertes **auf den (gebündelten) Bedarf abzustellen** und im Nachprüfungsverfahren bei jedem Auftraggeber der volle Auftragswert des in Aussicht genommenen Rahmenvertrages in Ansatz zu bringen (OLG Düsseldorf, B. v. 26. 7. 2002 – Az.: Verg 28/02). 5623

Eine Schätzung für gemeinsame Bestellungen von mehreren Städten kann **auf die Ergebnisse vorangegangener „Sammelbestellungen"** gestützt werden und muss nicht fiktiv auf die Summen der denkbaren Einzelbestellungen oder auf den Preis für ein optimales Produkt abstellen (VK Arnsberg, B. v. 15. 2. 2002 – Az.: VK 2-01/2002). 5624

Der Wert einer Rahmenvereinbarung wird auf der Grundlage des geschätzten **Höchstwertes aller für diesen Zeitraum geplanten Aufträge** berechnet (VK Arnsberg, B. v. 21. 5. 2002 – Az.: VK 7–10/2003; VK Brandenburg, B. v. 3. 4. 2009 – Az.: VK 8/09). Schließen **mehrere Auftraggeber eine Rahmenvereinbarung** zur gemeinsamen Beschaffung ab, ist auch für die **Bemessung des Auftragswertes auf den (gebündelten) Bedarf abzustellen** und **jedem der Auftraggeber gegenüber** der volle Auftragswert des in Aussicht genommenen Rahmenvertrages **in Ansatz zu bringen** (OLG Düsseldorf, B. v. 26. 7. 2002 – Az.: Verg 28/02). 5625

50.7.2 Schätzung des Auftragswerts bei Beschaffungen mehrerer öffentlicher Auftraggeber

Aufträge verschiedener öffentlicher Auftraggeber sind bei der Schätzung des Auftragswerts auch dann selbständig zu bewerten, wenn bei den Aufträgen sachliche Zusammenhänge bestehen. Anders kann es **ausnahmsweise sein, wenn zwei öffentliche Auftraggeber davon ausgehen, dass die benötigte Leistung aus technischen oder anderen Gründen von demselben Anbieter beschafft werden soll**, und wenn die **Auftraggeber deshalb die Beschaffungsvorhaben koordinieren und Angebote für den gemeinsamen Bedarf einholen**. Entschließen die Auftraggeber sich dann unmittelbar vor der Auftragsvergabe zu gesonderten Verträgen, müssen sie eine nachvollziehbare Erklärung dafür liefern, aus welchem Grund dies geschehen ist, wenn nicht zur Vermeidung eines förmlichen Vergabeverfahrens (OLG Celle, B. v. 12. 7. 2007 – Az.: 13 Verg 6/07). 5626

50.8 Schätzung des Auftragswerts bei Losen (§ 3 Abs. 7)

50.8.1 Grundsatz

Bestehen die zu vergebenden Aufträge aus mehreren Losen, für die jeweils ein gesonderter Auftrag vergeben wird, müssen gemäß § 3 Abs. 7 Satz 1 **bei der Schätzung alle Lose berücksichtigt** werden (VK Münster, B. v. 17. 1. 2002 – Az.: VK 23/01). 5627

50.8.2 Lose bei Lieferleistungen

5628 Zwar müssen gemäß § 3 Abs. 7 Satz 1 VgV bei der Schätzung alle Lose berücksichtigt werden, wenn die zu vergebenden Aufträge aus mehreren Losen bestehen, für die jeweils ein gesonderter Auftrag vergeben wird. Bei Lieferaufträgen gilt dies jedoch nur für **Lose über gleichartige Lieferungen** (§ 3 Abs. 7 Satz 2 VgV). Die Lieferungen müssen also in einem inneren Zusammenhang stehen (VK Nordbayern, B. v. 26. 3. 2002 – Az.: 320.VK-3194-05/02).

5629 Zwar sind **Montage und Lieferungen nach allgemeinem Sprachverständnis andere Leistungen als eine Lieferung.** Sie sind **aber nicht im Sinn von § 3 Abs. 7 Satz 2 VgV andersartig als die Altpapiertonnenlieferung, wenn es um die Vorbereitung der Altpapierentsorgung durch den öffentlichen Auftraggeber geht.** § 3 Abs. 7 Satz 2 VgV differenziert nämlich danach, ob Leistungen über die gleichartige oder über andersartige Waren vorgesehen sind. Die Montage der Achsen und Räder sowie die Verteilung der Tonnen waren dabei nur untergeordnete Nebenleistungen der Altpapiertonnenlieferung (vgl. § 99 Abs. 2 Satz 2 GWB, Art. 1 Abs. 2 Buchstabe c der Richtlinie 2004/18/EG). Sie sind **Teil des Lieferauftrags über die Beschaffung der „kompletten Altpapiertonne", die ohne Montage und Verteilung nicht als Altpapiersammelbehälter einsatzfähig** ist (OLG Karlsruhe, B. v. 12. 11. 2008 – Az.: 15 Verg 4/08).

50.8.3 Lose bei freiberuflichen Dienstleistungsaufträgen nach der VOF

50.8.3.1 Abschnittsweise Beauftragung eines Vollauftrages von Architekten- und Ingenieurleistungen an einen Auftragnehmer

5630 Schon aufgrund haushaltsrechtlicher Notwendigkeiten **beauftragen** viele öffentliche Auftraggeber die **einzelnen Leistungsphasen der HOAI nicht insgesamt, sondern abschnittsweise.** Obwohl die Übertragung erst nach Genehmigung der Haushaltsunterlage Bau und durch schriftliche, zusätzliche Beauftragung erfolgen soll und **ein Rechtsanspruch auf Übertragung weiterer Leistungen nicht besteht,** führt die im Grundsatz getroffene Entscheidung der Vergabestelle, die Leistung insgesamt ausgeführt haben zu wollen, dazu, dass die **beabsichtigte Beauftragung weiterer Leistungsphasen in die Berechnung des Schwellenwertes eingeht.** Wäre dies nicht so, dann würde Umgehungsversuchen Tür und Tor geöffnet. Insoweit wird auch auf § 3 Abs. 6 VgV verwiesen, wobei dahingestellt bleiben kann, ob es sich bei der in Aussicht genommenen Beauftragung weiterer Leistungsphasen um ein Optionsrecht handelt oder nicht (VK Bremen, B. v. 25. 10. 2001 – Az.: VK 5/01; VK Thüringen, B. v. 22. 1. 2003 – Az.: 216–4004.20–067/02-EF-S).

50.8.3.2 Nach verschiedenen Auftragnehmern gesplittete Beauftragung von Leistungen, die z.B. eine einheitliche Baumaßnahme betreffen

5631 50.8.3.2.1 Problemstellung bei Architekten- und Ingenieurleistungen. Bei Architekten- und Ingenieurleistungen für eine einheitliche Baumaßnahme – dort wird das Problem am häufigsten auch praktisch werden – stellt sich die **Frage, ob die einzelnen freiberuflichen Dienstleistungen Teile und damit Lose einer möglichen Gesamtdienstleistung** sind und damit **der für alle freiberuflichen Dienstleistungen errechnete Auftragswert entscheidend für den Schwellenwert** ist oder ob man **für die Berechnung des Schwellenwertes z.B. zwischen Architekten und Ingenieurleistungen** als unterschiedliche Dienstleistungen trennen kann.

5632 50.8.3.2.2 VgV. Der **Wortlaut der VgV unterscheidet** – im Gegensatz zu Losen bei Lieferleistungen – **nicht zwischen gleichartigen und „ungleichartigen" Dienstleistungen.**

5633 50.8.3.2.3 VOF 2009/2006. Die in **§ 3 VOF 2006** enthaltene Regelung über die Berechnung des Auftragswertes – insbesondere § 3 Abs. 3, der von Teilaufträgen derselben freiberuflichen Leistungen sprach – ist in der VOF 2009 **ersatzlos gestrichen** worden, sodass **unmittelbar auf §§ 2, 3 VgV zurückzugreifen** ist.

5634 50.8.3.2.4 Ältere Rechtsprechung. 50.8.3.2.4.1 Grundsatz. Die **gesplittete Beauftragung von Architekten- und Ingenieurleistungen – die an einen Auftragnehmer vergeben werden könnten – an mehrere Auftragnehmer** stellt im Ergebnis eine **losweise Vergabe von Teilaufträgen** derselben freiberuflichen Leistungen dar. Eine Aufteilung in selbständige Unteraufträge und damit eine Umgehung der Verpflichtung zur europaweiten Ausschreibung ist nicht zulässig (VK Thüringen, B. v. 22. 1. 2003 – Az.: 216–4004.20–067/02-EF-S; 1. VK Sachsen, B. v. 30. 4. 2001 – Az.: 1/SVK/23-01, B. v. 5. 5. 2000 – Az.: 1/SVK/33-00; VK Südbayern, B. v. 25. 7. 2000 – Az.: 13-06/00).

Vergabeverordnung   VgV § 3   **Teil 2**

Da auch im Bereich der freiberuflichen Architekten- und Ingenieurleistungen die **Unter-** 5635
nehmereinsatzform des Generalplaners, der alle Architekten- und Ingenieurleistungen abdeckt, **nicht unüblich ist**, sind nach dieser Auffassung **die einzelnen Fachsparten von Architekten- und Ingenieurleistungen Fachlose einer einheitlichen Dienstleistung**.

50.8.3.2.4.2 Rückgriff auf § 3 Abs. 3 VOF 2006. U.a. die VK Schleswig-Holstein orien- 5636
tierte sich zur Bestimmung derselben freiberuflichen Leistung an der **Differenzierung der Teile der Honorarordnung für Architekten und Ingenieure – HOAI –** (VK Schleswig-Holstein, B. v. 11. 1. 2006 – Az.: VK-SH 28/05).

50.8.3.2.4.3 Weitere Beispiele aus der Rechtsprechung 5637

– soweit die zu vergebende Leistung in mehrere Teilaufträge derselben freiberuflichen Leistungen aufgeteilt wird, muss ihr Wert bei der Berechnung des geschätzten Gesamtwertes addiert werden (§ 3 Abs. 3 VOF). **Werden Leistungen nachgefragt, die verschiedenen Fachbereichen der HOAI zuzuordnen sind (Los 1: Teil II, Los 2: Teil VIII, Los 3: Teil IX), handelt es sich jedoch grundsätzlich nicht um Teilaufträge derselben freiberuflichen Leistung**. Sehen die Ausschreibungsbedingungen daher vor, dass die „Fachlose" nur einzeln vergeben werden, ist hinsichtlich des Schwellenwertes folglich das einzelne Los zu betrachten, während bei der Beauftragung eines Generalplaners für die Ermittlung des Schwellenwerts dessen Gesamthonorar heranzuziehen und nicht etwa eine Unterteilung in einzelne Fachplanungsleistungen vorzunehmen wäre (VK Schleswig-Holstein, B. v. 11. 1. 2006 – Az.: VK-SH 28/05)

– **Objektplanung einer Freianlage, Tragwerksplanung sowie Baugrund- und Gründungsberatung eines Gebäudes und bauphysikalische Leistungen** als unterschiedliche Leistungen (VK Nordbayern, B. v. 27. 4. 2005 – Az.: 320.VK – 3194 – 13/05)

– **Technische Ausrüstung** (VK Südbayern, B. v. 25. 7. 2000 – Az.: 13-06/00; 1. VK Sachsen, B. v. 5. 5. 2000 – Az.: 1/SVK/33-00)

– **Vermessungsdienstleistungen** (VK Thüringen, B. v. 29. 5. 2000 – Az.: 216–4004.20-002/02EIS)

– **Objektplanung – Ingenieurleistungen** (VK Südbayern, B. v. 31. 10. 2002 – Az.: 42-10/02)

50.8.3.2.5 Ältere Rechtsprechung außerhalb des Architekten- und Ingenieurbe- 5638
reichs. Verschiedene freiberufliche Leistungen, die **verschiedene Auftragnehmer ausführen** sollen, sind **jeweils für sich zu betrachten**, auch wenn sie sich auf ein Objekt beziehen. Will der **Auftraggeber unterschiedliche fachspezifische Leistungen zusammengefasst an einen Auftragnehmer vergeben** oder **behält er sich dies im Vergabeverfahren vor**, verbleibt es wiederum bei dem Grundsatz, dass auf die Summe der Leistungen abzustellen ist. Der **Auftraggeber** hat insoweit also eine **Steuerungsmöglichkeit**. Will er beispielsweise im Rahmen einer Ausschreibung für Beratungsleistungen hinsichtlich einer ÖPP-Maßnahme eine wirtschaftliche, technische und juristische Beratung erhalten, können dies je nach Gestaltung der Vergabeunterlagen drei verschiedene Leistungen – mit gegebenenfalls unterschiedlichem Schwellenwert – oder eine einheitliche Leistung – mit einem zusammen zu fassenden Schwellenwert sein (OLG München, B. v. 28. 4. 2006 – Az.: Verg 6/06).

50.8.3.2.6 Bewertung. 50.8.3.2.6.1 Grundsatz. Zumindest bei Architekten- und In- 5639
genieurleistungen sprechen der ersatzlose Wegfall von § 3 Abs. 3 VOF 2006 und eine dem § 3 Abs. 7 Satz 2 VgV entsprechende einschränkende Regelung für Dienstleistungsaufträge **eindeutig für den Willen des Gesetzgebers, dass alle für eine einheitliche Baumaßnahme erforderlichen Architekten- und Ingenieurleistungen, die der Auftraggeber nicht selbst erbringt, als Fachlose einer Gesamtdienstleistung zu betrachten** sind und der Schwellenwert sich aus dem voraussichtlichen Auftragswert der Gesamtdienstleistung errechnet.

Damit wird auch **dem verstärkten Mittelstandsschutz gemäß § 97 Abs. 3 GWB Rech-** 5640
nung getragen; vgl. insoweit die Kommentierung zu → § 97 GWB Rdn. 306 ff.

50.8.3.2.6.2 Konsequenz. Teile eines Auftrags, deren geschätzte Vergütung unter 80 000 € 5641
liegen, können ohne Anwendung der VOF bis zu einem Anteil von 20 v. H. der geschätzten Gesamtvergütung der Summe aller Auftragsanteile vergeben werden (VK Südbayern, B. v. 31. 10. 2002 – Az.: 42-10/02).

50.9 Sonstige in der VgV nicht geregelte Fälle

50.9.1 Schätzung des Auftragswerts bei einem kombinierten Erbbaurechts- und Mietvertrag

5642 Da sich die Frage des öffentlichen Bauauftrages ausschließlich auf die Neu- und Umbaumaßnahmen selbst beziehen kann, bleibt der **Wert des Miet- bzw. Erbbauzinses, welcher der Vergabestelle wirtschaftlich zufließen wird, bei der Beurteilung des Schwellenwertes außer Betracht.** Entscheidend ist der **Wert der Umbaumaßnahmen** (VK Nordbayern, B. v. 27. 3. 2008 – Az.: 21.VK – 3194 – 48/07).

50.9.2 Schätzung des Auftragswerts bei freiberuflichen Dienstleistungen ohne eine Honorarordnung

5643 Bezugspunkte für die Schätzung solcher Leistungen müssen **einerseits der geforderte Beratungsaufwand** und **andererseits das am Markt für vergleichbare Leistungen durchgesetzte Honorar**, d. h. der Marktpreis sein. Unbeachtlich ist dagegen, dass für vergleichbare Leistungen auch Angebote mit deutlich höheren Preisen eingereicht werden (2. VK Brandenburg, B. v. 11. 11. 2005 – Az.: 2 VK 68/05).

50.10 Schätzung des Auftragswerts bei freiberuflichen Dienstleistungsaufträgen nach der VOF

50.10.1 Schätzung des Auftragswerts bei freiberuflichen Dienstleistungsaufträgen nach der VOF und abschnittsweiser Beauftragung

5644 Gibt die Vergabestelle in der Ausschreibung an, dass zwar die Beauftragung über die Leistungsphasen 1 bis 3 HOAI erfolgt, aber eine Weiterbeauftragung für Phase 4 vorgesehen ist und erfolgt die Übertragung dieser weiteren Leistung erst z. B. nach Genehmigung der Haushaltsunterlage Bau und durch schriftliche, zusätzliche Beauftragung und soll ein Rechtsanspruch seitens der Beigeladenen auf Übertragung weiterer Leistungen nicht bestehen, führt **die im Grundsatz getroffene Entscheidung** der Vergabestelle, die **Leistung insgesamt ausgeführt haben zu wollen**, dazu, dass die **beabsichtigte Beauftragung der Leistungsphase 4 in die Berechnung des Schwellenwertes eingeht**. Wäre dies nicht so, dann würde Umgehungsversuchen Tür und Tor geöffnet. Vergaberechtlich ist entscheidend, dass in der Ausschreibung „eine Weiterbeauftragung für Phase 4" in Aussicht gestellt worden ist und dass die Vergabestelle ihre Absicht bekundet hat, „dem Auftragnehmer bei Fortsetzung der Planung weitere Leistungen (z. B. Leistungsphase 4 § 64 HOAI) zu übertragen". Dass die spätere Übertragung von finanziellen und haushaltsrechtlichen Bedingungen abhängig ist und dass kein Rechtsanspruch besteht, ändert daran nichts (1. VK Bremen, B. v. 25. 10. 2001 – Az.: VK 5/01).

50.10.2 Berücksichtigung der Nebenkosten

5645 Die **Rechtsprechung** zu dieser Frage ist **nicht einheitlich**.

5646 Nach Auffassung der VK Bund ist es im Rahmen der Prüfung des Auswahlkriteriums „Preis" bei einem VOF-Verfahren nicht zu beanstanden, wenn der Auftraggeber die Nebenkosten beim Preis mit hineinrechnet. Auch eine **Nebenkostenpauschale, die in ihrer jeweils angebotenen Höhe durchaus stark differieren kann, ist durch den Auftraggeber zu bezahlen und zählt daher zu dem Wertungskriterium „Preis"** (1. VK Bund, B. v. 11. 11. 2003 – Az.: VK 1–101/03). Nach dieser Argumentation sind **auch die Nebenkosten im Rahmen eines VOF-Auftrages in den Schwellenwert einzubeziehen.**

5647 Nach einer anderen Auffassung **sind die Nebenkosten (§ 7 Abs. 2 HOAI) ein Ausgleich für Aufwand im Zusammenhang mit der Auftragsdurchführung**, folglich **nicht Teil des Honorars** und damit bei der Schätzung des Auftragswertes **nicht zu berücksichtigen** (OLG Schleswig, B. v. 30. 3. 2004 – Az.: 6 Verg 1/03; VK Schleswig-Holstein, B. v. 5. 7. 2007 – Az.: VK-SH 13/07).

50.10.3 Schwellenwert bei einer einheitlichen Bau- und Lieferausschreibung, wobei nur der – geringere – Lieferauftrag den Schwellenwert erreicht

5648 Schreibt ein Auftraggeber in einem **einheitlichen Verfahren Bau- und Lieferleistungen** aus und **erreicht nur der – zahlenmäßig geringere – Lieferanteil den Schwellenwert**, ist

Vergabeverordnung   VgV § 3 **Teil 2**

die **gesamte Ausschreibung einer Nachprüfung** durch die Vergabekammer grundsätzlich **zugänglich** (VK Lüneburg, B. v. 25. 2. 2004 – Az.: 203-VgK-02/2004).

50.11 Schwellenwert bei Auslobungsverfahren (§ 3 Abs. 8)

§ 3 Absatz 8 entspricht **Artikel 61 der Richtlinie 2004/17/EG und Artikel 67 Abs. 2 der Richtlinie 2004/18/EG.**   5649

50.12 Maßgeblicher Zeitpunkt für die Schätzung des Auftragswerts (§ 3 Abs. 9)

Es muss sich um eine **aktuelle Schätzung im unmittelbaren zeitlichen Vorfeld des Ver-** 5650 **gabeverfahrens** handeln (OLG Celle, B. v. 19. 8. 2009 – Az.: 13 Verg 4/09; VK Niedersachsen, B. v. vom 16. 10. 2008 – Az.: VgK-30/2008).

Maßgeblicher Zeitpunkt für die Schätzung des Auftragswertes ist der **Tag der Absendung** 5651 **der Bekanntmachung der beabsichtigten Auftragsvergabe** oder die **sonstige Einleitung des Vergabeverfahrens.** Der **Begriff des Vergabeverfahrens ist dabei nicht formell, sondern materiell zu verstehen** (OLG Celle, B. v. 12. 7. 2007 – Az.: 13 Verg 6/07). In Ermangelung einer formellen Bekanntmachung ist auf die **erste das Bauvorhaben oder die Lieferleistung betreffende nichtförmliche Ausschreibung** abzustellen (OLG Celle, B. v. 19. 8. 2009 – Az.: 13 Verg 4/09; B. v. 12. 7. 2007 – Az.: 13 Verg 6/07; VK Baden-Württemberg, B. v. 9. 10. 2001 – Az.: 1 VK 27/01).

Die **Formulierung „oder die sonstige Einleitung des Vergabeverfahrens" ist nicht** 5652 **auf die interne Entscheidung der Vergabestelle, ein Vergabeverfahren durchführen zu wollen, zu beziehen,** denn dann wäre, da eine solche Entscheidung zwangslogisch am Anfang jedes Vergabeverfahrens steht, in keinem denkbaren Fall der Tag der Absendung der Vergabebekanntmachung maßgeblich. Vielmehr ist die **sonstige Einleitung des Vergabeverfahrens –** und hier der Tag der Absendung der Angebotsaufforderung – **nur dann maßgeblich, wenn es gar nicht zu einer Vergabebekanntmachung kommt,** was vergaberechtskonform bei einem Verhandlungsverfahren ohne öffentliche Vergabebekanntmachung gemäß § 3a Abs. 6 VOB/A sowie vergaberechtswidrig dann der Fall ist, wenn gar kein Vergabeverfahren durchgeführt wird, obwohl die Vergabestelle hierzu verpflichtet gewesen wäre (VK Köln, B. v. 10. 2. 2009 – Az.: VK VOB 39/2008).

Ist eine Kostenberechnung bereits frühzeitig erfolgt, ist grundsätzlich eine **Aktualisierung** 5653 **zum Zeitpunkt der Einleitung des Vergabeverfahrens erforderlich.** Dies gilt jedoch nur dann zwingend in den Fällen in denen zweifelhaft ist, ob der Schwellenwert über- oder unterschritten wird, wenn es sich also um einen **Grenzfall** handelt (OLG Celle, B. v. 19. 8. 2009 – Az.: 13 Verg 4/09; VK Baden-Württemberg, B. v. 15. 7. 2002 – Az.: 1 VK 35/02).

Gleiches gilt für den Fall, dass der Auftraggeber keine Schätzung vorgenommen 5654 und dokumentiert hat, weil er vor der Beschaffung angenommen hat, dass der maßgebliche Schwellenwert keinesfalls überschritten wird. Selbst wenn diese Überlegungen zutreffen, **müssen sie jedoch spätestens zu dem Zeitpunkt revidiert werden, als der Auftraggeber sich entschließt,** z. B. eine Vielzahl weiterer Lizenzen zu beschaffen und **damit der Schwellenwert überschritten** wird. Dann **muss die für den Schwellenwert maßgebliche Schätzung der Auftragssumme nach § 3 Abs. 9 VgV vor Beginn der Durchführung der „erweiterten" Beschaffung aktualisiert** werden. Die gegenteilige Ansicht, wonach eine einmal begonnene innerstaatliche Ausschreibung bei Erhöhung des Auftragswertes aufgrund einer umfangreicheren Beschaffung weiter durchgeführt werden kann, auch wenn zwischenzeitlich der Schwellenwert überschritten ist, würde dazu führen, dass die §§ 97 ff. GWB nicht zur Anwendung kommen. Dies entspräche einer Interessenlage, die der Gesetzgeber ausdrücklich mit der Regelung des § 3 Abs. 2 VgV ausschließen wollte (OLG Frankfurt, B. v. 10. 7. 2007 – Az.: 11 Verg 5/07; VK Hessen, B. v. 27. 4. 2007 – Az.: 69 d VK – 11/2007).

Vergibt ein öffentlicher Auftraggeber für die ordnungsgemäß geschätzte Dauer eines Nach- 5655 prüfungsverfahrens bzw. nach Abschluss eines Nachprüfungsverfahrens für die ordnungsgemäß geschätzte Dauer eines nachfolgenden Vergabeverfahrens die **benötigten Leistungen vorübergehend und verzögert sich das Nachprüfungsverfahren bzw. das nachfolgende Vergabeverfahren so, dass der Schwellenwert erst durch die Verzögerung erreicht wird,** ist der **Vergaberechtsweg nicht eröffnet;** die erste ordnungsgemäße Schätzung nach § 3 Abs. 9 VgV ist entscheidend (3. VK Bund, B. v. 8. 5. 2007 – Az.: VK 3–37/07).

Teil 2 VgV § 4

5656 Der zum Zeitpunkt der Einleitung des ersten Vergabeverfahrens **gültige Schwellenwert bleibt auch dann maßgebend**, wenn sich das Vergabeverfahren in seiner Abwicklung über einen **längeren Zeitraum hinzieht** und der **Schwellenwert sich in diesem Zeitraum ändert** (VK Thüringen, B. v. 10. 6. 2008 – Az.: 250–4002.20–1323/2008-020-EF).

50.13 Darlegungs- und Beweislast für das Erreichen des Schwellenwerts

5657 Da es sich bei dem **Schwellenwert** um eine Zulässigkeitsvoraussetzung für den Nachprüfungsantrag handelt, **trägt der Antragsteller eines Nachprüfungsantrags die Darlegungs- und Beweislast** dafür, dass der **Schwellenwert erreicht** ist. Darf ein Auftraggeber davon ausgehen, die Ausschreibung hat bereits keinen öffentlichen Auftrag zum Gegenstand, weshalb auch keine Verpflichtung zur Schätzung des Auftragswertes besteht, kann man der Verteilung der Darlegungs- und Beweislast nicht entgegenhalten, der Auftraggeber habe es versäumt, eine Schätzung des Auftragswertes vorzunehmen, so dass eine Beweislastumkehr eintritt (1. VK Sachsen, B. v. 15. 1. 2010 – Az.: 1/SVK/068-09; 2. VK Bund, B. v. 28. 3. 2008 – Az.: VK 2–28/08).

50.14 Literatur

5658 – Koenig, Christian/Schreiber, Kristina, Zur EG-vergaberechtlichen Schwellenwertberechnung im Rahmen der öffentlichen Beschaffung von Waren und Dienstleistungen über Internetplattformen, WuW 2009, 1118

– Noch, Rainer, Schwierige Schwellenwerte – Wie berechnen sie sich? Wie ist mit Ihnen umzugehen?, Behörden Spiegel August 2007, 22

51. § 4 VgV – Vergabe von Liefer- und Dienstleistungsaufträgen

(1) **Auftraggeber nach § 98 Nr. 1 bis 3 des Gesetzes gegen Wettbewerbsbeschränkungen haben bei der Vergabe von Liefer- und Dienstleistungsaufträgen sowie bei der Durchführung von Auslobungsverfahren, die zu Dienstleistungen führen sollen, die Bestimmungen des 2. Abschnittes des Teiles A der Vergabe- und Vertragsordnung für Leistungen (VOL/A) in der Fassung der Bekanntmachung vom 20. November 2009 (BAnz. Nr. 196a vom 29. Dezember 2009), geändert durch Bekanntmachung vom 19. Februar 2010 (BAnz. Nr. 32 vom 26. Februar 2010, BAnz. S. 755) anzuwenden, wenn in den §§ 5 und 6 nichts anderes bestimmt ist.**

(2) **Für Auftraggeber nach § 98 Nr. 5 des Gesetzes gegen Wettbewerbsbeschränkungen gilt Absatz 1 hinsichtlich der Vergabe von Dienstleistungsaufträgen und für Auslobungsverfahren, die zu Dienstleistungen führen sollen.**

(3) **Bei Aufträgen, deren Gegenstand Personennahverkehrsleistungen der Kategorie Eisenbahnen sind, gilt Absatz 1 mit folgenden Maßgaben:**

1. **Bei Verträgen über einzelne Linien mit einer Laufzeit von bis zu drei Jahren ist einmalig auch eine freihändige Vergabe ohne sonstige Voraussetzungen zulässig.**

2. **Bei längerfristigen Verträgen ist eine freihändige Vergabe ohne sonstige Voraussetzungen im Rahmen des § 15 Abs. 2 des Allgemeinen Eisenbahngesetzes zulässig, wenn ein wesentlicher Teil der durch den Vertrag bestellten Leistungen während der Vertragslaufzeit ausläuft und anschließend im Wettbewerb vergeben wird. Die Laufzeit des Vertrages soll zwölf Jahre nicht überschreiten. Der Umfang und die vorgesehenen Modalitäten des Auslaufens des Vertrages sind nach Abschluss des Vertrages in geeigneter Weise öffentlich bekannt zu machen.**

(4) **Für die Vergabe von Aufträgen, deren Gegenstand Dienstleistungen nach Anhang I Teil B der VOL/A sind, gelten § 8 EG, § 15 EG Absatz 10 und § 23 EG VOL/A sowie die Regelungen des Abschnitts 1 der VOL/A mit Ausnahme von § 7 VOL/A.**

(5) **Aufträge, die sowohl Dienstleistungen nach Anhang I Teil A der VOL/A als auch Dienstleistungen nach Anhang I Teil B der VOL/A zum Gegenstand haben, wer-**

den nach Abschnitt 2 der VOL/A vergeben, wenn der Wert der Dienstleistung nach Anhang I Teil A überwiegt.

(6) Beim Kauf technischer Geräte und Ausrüstungen oder bei Ersetzung oder Nachrüstung vorhandener technischer Geräte und Ausrüstungen sind im Falle des Absatzes 1 die Bestimmungen des Abschnittes 2 des Teiles A der VOL/A mit folgenden Maßgaben anzuwenden:

1. § 8 EG VOL/A findet mit der Maßgabe Anwendung, dass mit der Leistungsbeschreibung im Rahmen der technischen Anforderungen von den Bietern Angaben zum Energieverbrauch von technischen Geräten und Ausrüstungen zu fordern sind; dabei ist in geeigneten Fällen eine Analyse minimierter Lebenszykluskosten oder eine vergleichbare Methode zur Gewährleistung der Wirtschaftlichkeit vom Bieter zu fordern;

2. § 19 EG VOL/A findet mit der Maßgabe Anwendung, dass der Energieverbrauch von technischen Geräten und Ausrüstungen als Kriterium bei der Entscheidung über den Zuschlag berücksichtigt werden kann.

51.1 Änderungen durch die VgV/SektVO-AnpassungsVO 2010

In § 4 Abs. 1 wird der **statische Verweis** auf die **Bekanntmachung der VOL/A 2009** einschließlich der Änderungsbekanntmachung aktualisiert. 5659

§ 4 Abs. 4 a. F. – der Auftragnehmer kann sich bei der Erfüllung der Leistung der Fähigkeiten anderer Unternehmen bedienen – wurde **gestrichen** und in die **VOL/A 2009 aufgenommen** (§ 7 EG Abs. 9). 5660

§ 4 Abs. 5 a. F. – Unterstützung des Auftraggebers vor Einleitung des Vergabeverfahrens – wurde **gestrichen** und in die VOL/A 2009 aufgenommen (§ 6 EG Abs. 7). 5661

§ 4 Abs. 4 VgV 2010 enthält neu **Regelungen über die anzuwendenden Vorschriften bei der Vergabe von Aufträgen nach der VOL/A Anhang I B.** 5662

§ 4 Abs. 5 VgV 2010 enthält neu **Regelungen über die anzuwendenden Vorschriften bei der Vergabe von Dienstleistungsaufträgen nach der VOL/A sowohl nach Anhang I A als auch nach Anhang I B.** 5663

§ 4 Abs. 6 VgV 2010 enthält neu **Sonderregelungen für technische Geräte und Ausrüstungen.** 5664

51.2 Verweisungs- und Scharnierfunktion hinsichtlich der VOL/A 2009 (§ 4 Abs. 1)

Im Wege einer **statischen Verweisung** regelt § 4 Abs. 1 VgV, dass öffentliche **Auftraggeber nach § 98 Nr. 1–3 GWB** bei der Vergabe von Liefer- und Dienstleistungsaufträgen – bei Aufträgen ab den Schwellenwerten – die **VOL/A 2009 anzuwenden** haben, sofern nicht die VOB/A 2009 bzw. die VOF 2009 anzuwenden sind (**Vorrang der §§ 5, 6 VgV**). 5665

§ 4 hat damit im Kaskadenaufbau des Vergaberechts Scharnierfunktion zwischen GWB und VOB/VOL/VOF. 5666

51.3 Verweisungs- und Scharnierfunktion hinsichtlich der VOL/A 2009 (§ 4 Abs. 2)

Im Wege einer **statischen Verweisung** regelt § 4 Abs. 2 VgV, dass öffentliche **Auftraggeber nach § 98 Nr. 5 GWB** (**bestimmte Zuwendungsempfänger** – vgl. die Kommentierung zu → § 98 GWB Rdn. 144) bei der Vergabe von Dienstleistungsaufträgen und für Auslobungsverfahren, die zu Dienstleistungen führen sollen – bei Aufträgen ab den Schwellenwerten – die **VOL/A 2009 anzuwenden** haben, sofern nicht die VOB/A 2009 bzw. die VOF 2009 anzuwenden sind (**Vorrang der §§ 5, 6 VgV**). 5667

§ 4 Abs. 2 befreit also – in Übereinstimmung mit § 98 Nr. 5 GWB – **die Auftraggeber nach § 98 Nr. 5 GWB von der Anwendungsverpflichtung der VOL/A 2009 – 2. Abschnitt – für Lieferaufträge.** 5668

Teil 2 VgV § 4 Vergabeverordnung

5669 § 4 hat im Kaskadenaufbau des Vergaberechts Scharnierfunktion zwischen GWB und VOB/VOL/VOF.

51.4 Personennahverkehrsleistungen der Kategorie Eisenbahnen (§ 4 Abs. 3)

51.4.1 Allgemeines

5670 Mit der Ersten Verordnung zur Änderung der Vergabeverordnung vom 7. November 2002 (BGBl. I S. 4338) sind besondere Regelungen für Aufträge über Personennahverkehrsleistungen der Kategorie Eisenbahnen eingefügt worden.

5671 Nach der Begründung der Änderungsverordnung dient die Änderungsverordnung der **Anpassung des Vergaberechtes an die verkehrspolitischen Erfordernisse des Schienenpersonennahverkehrs** unter Festschreibung eines Übergangs in den Wettbewerb. Die Bundesländer erhalten für einen Übergangszeitraum den erforderlichen Ermessensspielraum, eine geeignete Wettbewerbsstrategie zu entwickeln

5672 Vergabemittel zur Erreichung dieses Zweckes ist der Einsatz des Verhandlungsverfahrens (der in der Änderungsverordnung benutzte Terminus der freihändigen Vergabe ist nicht völlig korrekt).

5673 Die Änderung selbst ist wirtschaftspolitisch nicht unumstritten.

51.4.2 Vereinbarkeit der Änderung mit dem materiellen Vergaberecht

5674 Inwieweit die **Änderung** der Vergabeverordnung **mit dem Vergaberecht vereinbar** ist, wird erst die künftige Rechtsprechung zeigen. Zum **Rechtszustand vor der Änderung** hat jedenfalls das OLG Koblenz die Auffassung geäußert, dass das Verhandlungsverfahren nach heutigem nationalem und europäischem Recht nur unter engen, bei der Vergabe von Verkehrsdienstleistungen regelmäßig nicht vorliegenden Voraussetzungen zulässig ist (B. v. 5. 9. 2002 – Az.: 1 Verg. 2/02).

51.4.3 Vereinbarkeit der Änderung mit dem formellen Vergaberecht

5675 Nach Auffassung der VK Brandenburg (B. v. 14. 3. 2003 – Az.: VK 14/03) ist der neu eingefügte **§ 4 Abs. 3 VgV von der Ermächtigungsgrundlage des § 97 Abs. 6 GWB nicht gedeckt**, soweit gemeinwirtschaftliche Leistungen im Sinne des § 15 AEG, 4 RegG betroffen sind. Denn das Normprogramm des § 97 Abs. 6 GWB ist nur auf die **Ausgestaltung des allgemeinen Vergabeverfahrensrechts** im Sinne des Vierten Teils des GWB der §§ 97 ff., 102 ff. GWB ausgerichtet. § 97 Abs. 6 GWB gilt nicht für die Konkretisierung von nicht dem Anwendungsbereich der §§ 97 ff. GWB unterfallenden spezialgesetzlich geregelten Sachverhalten wie der Vergabe von gemeinwirtschaftlichen Personenverkehrsleistungen nach § 15 Abs. 2 AEG in Verbindung mit § 4 RegG § 4 Abs. 3 VgV kann als Rechtsverordnung auch nicht die vom Gesetzgeber vorgenommene Zuordnung der Vergabe von gemeinwirtschaftlichen Dienstleistungen im Sinne von § 15 AEG, § 4 RegG zu dem speziellen vergabeverfahrensrechtlichen Gesetz des § 15 Abs. 2 AEG verdrängen (zum Hintergrund vgl. die Kommentierung zu → § 100 GWB Rdn. 180).

5676 § 4 Abs. 3 VgV greift zunächst die Regelung in § 15 Abs. 2 AEG auf, in dem außerhalb der Vorgaben des § 100 Abs. 2 GWB bestimmt wird, unter welchen Voraussetzungen Kartellvergaberecht zur Anwendung kommen soll. Es ist eine Sonderregelung, die die besondere Situation auf den Markt „Schienenpersonennahverkehr" berücksichtigt. Die Vorschrift ist für eine Übergangszeit geschaffen worden und wird im Jahre 2014 außer Kraft treten. **Den öffentlichen Auftraggeber trifft die Verpflichtung, die Leistungen stufenweise in den Wettbewerb zu geben.** Soweit sich somit ein öffentlicher Auftraggeber gegen ein förmliches Vergabeverfahren entscheidet, kann er dies nur unter Berücksichtigung der **Vorgaben des § 4 Abs. 3 Nr. 2 VgV** tun (VK Münster, B. v. 18. 3. 2010 – Az.: VK 1/10).

51.4.4 Frist des § 4 Abs. 3 Nr. 2

5677 Die Regelung des § 4 Abs. 3 VgV bestimmt, dass die Laufzeit des Vertrages, den der öffentliche Auftraggeber vergibt, **12 Jahre nicht überschreiten** sollte. Diese **Sollvorschrift kann nicht unter Berücksichtigung der Verordnung (EG) Nr. 1370/2007 in der Weise ausgelegt werden, dass der Zeitraum von 12 Jahren, wenn auch geringfügig, einfach überschritten wird. Die Verordnung (EG) gab es bei Inkrafttreten des § 4 Abs. 3 VgV im Jahre 2002 überhaupt noch nicht. Weiterhin ist eine längere Vertragsdauer aufgrund des Ausnahmecharakters der Vorschrift nur in Ausnahmefällen zulässig, wenn besondere und vom Auftraggeber nicht zu vertretende Gründe eine längere Vertragsbindung des Verkehrsunternehmens rechtfertigen (VK Münster, B. v. 18. 3. 2010 – Az.: VK 1/10).

51.4.5 Freihändige Vergabe „ohne sonstige Voraussetzungen"

§ 4 Abs. 3 Nr. 2 VgV bestimmt, dass eine **freihändige Vergabe „ohne sonstige Voraussetzungen" durchzuführen** ist. § 4 Abs. 3 Nr. 2 VgV öffnet somit den Weg zu einer freihändigen Vergabe (Vergabeart) nach § 3 Abs. 5 VOL/A, ohne sonstige Voraussetzungen, das heißt ohne Vorliegen einer der in § 3 Nr. 4 lit. a) bis l) VOL/A genannten Fälle und aufgrund formloser Vertragsverhandlungen ohne Einhaltung eines besonderen Verfahrens. **Eine freihändige Vergabe hat aber grundsätzlich unter Beteiligung mehrerer Unternehmen im Rahmen eines Bieterwettbewerbs zu erfolgen, wobei die Vergabestelle nicht besondere (förmliche) Verfahrensvorschriften zu beachten hat.** Bei der Vergabe von Schienenpersonennahverkehrsleistungen haben die Vergabestellen somit die Möglichkeit, sich einfach mehrere Angebote von Eisenbahnverkehrsunternehmen einzuholen, ohne dass es dafür Rechtfertigungsgründe gibt, wie beispielsweise das Bestehen von gewerblichen Schutzrechten oder die Dringlichkeit der Leistung. Sind somit mehrere Unternehmen vorhanden, die aufgrund ihrer Fachkunde, Leistungsfähigkeit und Zuverlässigkeit für die Übernahme des Auftrags in Betracht kommen, so soll der Auftraggeber auch im Rahmen der freihändigen Vergabe Wettbewerb gewährleisten. Im Bereich oberhalb der Schwellen soll die Zahl der zu beteiligenden Unternehmen nicht unter drei liegen. Freihändige Vergabe bedeutet somit nicht, dass nur mit einem Bieter verhandelt werden kann. Die **Beteiligung mehrerer Unternehmen ist nur dann entbehrlich, wenn dies im Einzelfall nicht möglich oder nicht zweckmäßig** ist. Das ist vor allem dann der Fall, wenn aus besonderen objektiven Gründen nur ein Unternehmen für die Ausführung der Leistung in Betracht kommt, so § 3 Abs. 5 lit. l) VOL/A (VK Münster, B. v. 18. 3. 2010 – Az.: VK 1/10). 5678

§ 4 Abs. 3 Nr. 2 VgV ermöglicht nur eine von § 101 GWB abweichende Vergabeart, aber **keine Direktvergabe an nur ein Unternehmen.** Der Wortlaut bestimmt eindeutig, dass eine freihändige Vergabe ohne sonstige Voraussetzungen möglich ist, aber nicht, dass entgegen den Vorgaben eines förmlichen Gesetzes, wie dem GWB, überhaupt keine „Vergabehandlung" mehr stattfindet. Der nationale Gesetzgeber würde damit ohne Rechtfertigungsgrund von den Vorgaben der Richtlinie 2004/17/EG abweichen, wenn entgegen dem Wortlaut des § 4 Abs. 3 Nr. 2 VgV statt einer freihändigen Vergabe eine Direktvergabe zulässig sein sollte. Eine **solche Auslegung des § 4 Abs. 3 Nr. 2 VgV ist unter Berücksichtigung des Vorbehalts und des Vorrangs des Gesetzes unzulässig** (VK Münster, B. v. 18. 3. 2010 – Az.: VK 1/10). 5679

51.5 Anwendbare Vorschriften für die Vergabe von Aufträgen, deren Gegenstand Dienstleistungen nach Anhang I Teil B sind (§ 4 Abs. 4)

51.5.1 Änderungen durch die VgV/SektVO-AnpassungsVO 2010

Die novellierte VOL/A besteht nunmehr aus zwei in sich geschlossenen und voneinander unabhängigen Abschnitten. Abschnitt 1 regelt die Vergaben unterhalb der Schwellenwerte, während Abschnitt 2 die Vergaben oberhalb der Schwellenwerte regelt. Das bisherige System von miteinander korrespondierenden Basisparagrafen und a-Paragrafen wurde aus Gründen der Rechtssicherheit und Anwenderfreundlichkeit abgeschafft. 5680

Um die klare Trennung und Unabhängigkeit der Abschnitte 1 und 2 in der VOL/A nicht zu durchbrechen, ist der Hinweis auf die Geltung der Regelungen des Abschnitts 1 für die Vergabe von Dienstleistungen des Anhangs I Teil B der VOL/A (nachrangige Dienstleistungen) aus dem 2. Abschnitt der VOL/A zu streichen (bisher § 1a Nr. 2 Abs. 2 VOL/A) und in die VgV einzugliedern. 5681

Ergänzend zu den nach der Richtlinie 2004/18/EG verpflichtend anzuwendenden Vorschriften (Leistungsbeschreibung und Transparenz) für die nachrangigen Dienstleistungen, soll die Stelle, an die sich der Bewerber oder Bieter zur Nachprüfung von Vergabeverstößen wenden kann, in der Bekanntmachung verpflichtend anzugeben sein (§ 15 EG Abs. 10 VOL/A). 5682

Teil 2 VgV § 4   Vergabeverordnung

51.5.2 Hinweis

5683   Vgl. insoweit die Kommentierung zu → § 100 GWB Rdn. 63 ff.

51.6 Vergabe von Aufträgen, deren Gegenstand sowohl Dienstleistungen nach Anhang I A als auch Dienstleistungen nach Anhang I B sind (§ 4 Abs. 5)

51.6.1 Änderungen durch die VgV/SektVO-AnpassungsVO 2010

5684   Die **endgültige Fassung** des § 4 Abs. 5 **geht auf den Bundesrat zurück.**

5685   Die Vorschrift regelt, dass bei so genannten gemischten Aufträgen der überwiegende Wertanteil darüber entscheidet, welche Bestimmungen anzuwenden sind. Eine Regelung für Aufträge mit Liefer- und Dienstleistungsanteilen ist in der Vergabeverordnung wegen der entsprechenden Regelung in § 99 Absatz 7 Satz 1 des Gesetzes gegen Wettbewerbsbeschränkungen nicht mehr erforderlich. § 4 Absatz 5 kann sich auf Aufträge mit unterschiedlichen Dienstleistungsarten beschränken. Die Neuformulierung erfasst auch die in der Praxis nicht seltenen Fälle, dass bei der Auftragsschätzung vom gleichen Wert der Leistungsanteile ausgegangen wird und verhindert Probleme wegen der Anwendung falscher Vorschriften. In Anlehnung an Artikel 22 der Richtlinie 2004/18/EG des Europäischen Parlaments und des Rates vom 31. März 2004 über die Koordinierung der Verfahren zur Vergabe öffentlicher Bauaufträge, Lieferaufträge und Dienstleistungsaufträge wird bei gleichen Wertanteilen die Anwendung des Abschnitts 2 der VOL/A nicht vorgeschrieben (Umsetzung 1:1).

51.6.2 Hinweis

5686   Vgl. zu **§ 99 Abs. 7 und darüber hinausgehende gemischte Aufträge** die Kommentierung zu → § 99 GWB Rdn. 530 ff.

51.7 Modifizierung der VOL/A für den Kauf oder bei Ersetzung oder Nachrüstung technischer Geräte und Ausrüstungen (§ 4 Abs. 6)

51.7.1 Änderungen durch die VgV/SektVO-AnpassungsVO 2010

5687   Die Regelung des § 4 Abs. 6 ist **neu eingefügt** worden.

5688   Zur Sicherstellung der Vorbildfunktion der öffentlichen Hand auf dem Gebiet der Energieeffizienz werden in Absatz 6 der vergaberelevante Teil der Richtlinie 2006/32/EG des Europäischen Parlaments und des Rates vom 05. April 2006 über Energieeffizienz und Energiedienstleistungen und zur Aufhebung der Richtlinie 93/76/EWG des Rates (ABl. L 114 vom 5. 4. 2006, S. 64) (Energieeffizienzrichtlinie), nämlich Artikel 5 sowie der Anhang VI, Buchstabe c) und Buchstabe d) Maßnahmen aus der Liste der förderungsfähigen Maßnahmen im Bereich der energieeffizienten öffentlichen Beschaffung), umgesetzt.

5689   Um ein Aufsplitterung vergaberechtlicher Regelungen zu vermeiden, werden diese Vorgaben in die VgV übernommen. Dies dient zum einen der Anwenderfreundlichkeit, und zum anderen wird so die Anwendung von Energieeffizienzkriterien in Vergabeverfahren am besten gewährleistet. Gleichzeitig wird dem Beschluss der Bundesregierung vom 28. 6. 2006 zur Vereinheitlichung des Vergaberechts Rechnung getragen. Entsprechende Regelungen finden sich in § 7 Abs. 4 SektVO.

5690   Die Aufnahme dieser Regelung soll die Bedeutung der Berücksichtigung von Energieeffizienzkriterien bei der Beschaffung hervorheben. Die Berücksichtigung weiterer, insbesondere umweltbezogener Kriterien, ist keinesfalls ausgeschlossen. Im Gegenteil, es können auch andere umweltbezogenen Kriterien Berücksichtigung finden.

5691   Bezüglich der noch ausstehenden Umsetzung der Richtlinie „saubere Fahrzeuge" haben BMWi und BMU folgendes vereinbart: Die Bundesregierung geht in Übereinstimmung mit der Rechtsauffassung der Europäischen Kommission davon aus, dass die energieeffiziente Beschaffung von Fahrzeugen im Rahmen der Umsetzung der Richtlinie 2009/33/EG in nationales Recht erfolgen wird.

51.7.2 Hinweise

5692   Zu den **Einzelheiten hinsichtlich der Leistungsbeschreibung** vgl. die **Kommentierung** zu → § 8 EG Rdn. 25 ff.

Vergabeverordnung VgV § 6 **Teil 2**

Zu den **Einzelheiten** hinsichtlich des Zuschlagskriteriums „Energieverbrauch" vgl. 5693
die Kommentierung zu → § 97 GWB Rdn. 1049.

52. § 5 VgV – Vergabe freiberuflicher Dienstleistungen

Auftraggeber nach § 98 Nr. 1 bis 3 und 5 des Gesetzes gegen Wettbewerbsbeschränkungen haben bei der Vergabe von Dienstleistungen, die im Rahmen einer freiberuflichen Tätigkeit erbracht oder im Wettbewerb mit freiberuflich Tätigen angeboten werden, sowie bei Auslobungsverfahren, die zu solchen Dienstleistungen führen sollen, die Vergabeordnung für freiberufliche Leistungen (VOF) in der Fassung der Bekanntmachung vom 18. November 2009 (BAnz. Nr. 185 a vom 8. Dezember 2009) anzuwenden. Dies gilt nicht für Dienstleistungen, deren Gegenstand eine Aufgabe ist, deren Lösung vorab eindeutig und erschöpfend beschrieben werden kann.

52.1 Änderungen durch die VgV/SektVO-AnpassungsVO 2010

In § 5 Satz 1 wird der **statische Verweis** auf die **Bekanntmachung der VOF 2009** aktua- 5694
lisiert.

§ 5 Satz 3 a. F. wurde gestrichen, da die Anwendungsregeln für Sektorenauftraggeber in 5695
der SektVO aufgeführt sind.

52.2 Verweisungs- und Scharnierfunktion hinsichtlich der VOF 2009

Im Wege einer **statischen Verweisung** regelt § 5 VgV, dass öffentliche **Auftraggeber nach** 5696
§ 98 Nr. 1–3 und Nr. 5 GWB bei der Vergabe von freiberuflichen Dienstleistungen – bei
Aufträgen ab den Schwellenwerten – die **VOF 2009 anzuwenden** haben, sofern es sich nicht
um Dienstleistungen handelt, deren Gegenstand eine Aufgabe ist, deren Lösung vorab eindeutig
und erschöpfend beschrieben werden kann; für diese Dienstleistungen gilt die VOL/A 2009;
vgl. insoweit die Kommentierung zu → § 1 VOF Rdn. 7 ff.

§ 5 hat damit im Kaskadenaufbau des Vergaberechts Scharnierfunktion zwischen GWB und 5697
VOL/VOF.

53. § 6 VgV – Vergabe von Bauleistungen

(1) Auftraggeber nach § 98 Nr. 1 bis 3, 5 und 6 des Gesetzes gegen Wettbewerbsbeschränkungen haben bei der Vergabe von Bauaufträgen und Baukonzessionen die Bestimmungen des 2. Abschnittes des Teiles A der Vergabe- und Vertragsordnung für Bauleistungen (VOB/A) in der Fassung der Bekanntmachung vom 31. Juli 2009 (BAnz. Nr. 155a vom 15. Oktober 2009), geändert durch Bekanntmachung vom 19. Februar 2010 (BAnz. Nr. 36 vom 5. März 2010, BAnz. S. 940) anzuwenden; für die in § 98 Nr. 6 des Gesetzes gegen Wettbewerbsbeschränkungen genannten Auftraggeber gilt dies nur hinsichtlich der Bestimmungen, die auf diese Auftraggeber Bezug nehmen.

(2) Bei der Herstellung, Instandsetzung, Instandhaltung oder Änderung von Gebäuden oder Gebäudeteilen sind im Falle des Absatzes 1 die Bestimmungen des Abschnittes 2 des Teiles A der Vergabe- und Vertragsordnung für Bauleistungen (VOB/A) mit folgenden Maßgaben anzuwenden:
1. § 7 VOB/A findet mit der Maßgabe Anwendung, dass mit der Leistungsbeschreibung im Rahmen der technischen Spezifikationen von den Bietern Angaben zum Energieverbrauch der technischen Geräte und Ausrüstungen, deren Lieferung Bestandteil einer Bauleistung ist, zu fordern sind, es sei denn, die auf dem Markt angebotenen Geräte und Ausrüstungen unterscheiden sich im rechtlich zulässigen Energieverbrauch nur geringfügig; dabei ist in geeigneten Fällen eine Analyse minimierter Lebenszykluskosten oder eine vergleichbare Methode zur Gewährleistung der Wirtschaftlichkeit vom Bieter zu fordern;

Teil 2 VgV § 6   Vergabeverordnung

2. § 16 VOB/A findet mit der Maßgabe Anwendung, dass der Energieverbrauch von technischen Geräten und Ausrüstungen, deren Lieferung Bestandteil einer Bauleistung ist, als Kriterium bei der Wertung der Angebote berücksichtigt werden kann.

53.1 Änderungen durch die VgV/SektVO-AnpassungsVO 2010

5698   In § 6 Abs. 1 wird der **statische Verweis** auf die **Bekanntmachung der VOB/A 2009 einschließlich der Änderungsbekanntmachung aktualisiert**.

5699   Die **Definition der Baukonzession in § 6 Abs. 1 Satz 2 a. F.** wurde **ersatzlos gestrichen** und als § 99 Abs. 6 in das GWB aufgenommen.

5700   **§ 6 Abs. 1 Satz 3 a. F. wurde gestrichen**, da die Anwendungsregeln für Sektorenauftraggeber in der SektVO aufgeführt sind.

5701   **§ 6 Abs. 2 a. F.** – Annahme einer bestimmten Rechtsform für Bietergemeinschaften, Möglichkeit des Zugriffs auf Ressourcen Dritter, Regelungen bei Weitergabe von Bauleistungen an Dritte – wurde **gestrichen** und in die **VOB 2009 aufgenommen (§ 6a Abs. 8, Abs. 10 VOB/A, 4 Abs. 8 Nr. 2)**.

5702   **§ 6 Abs. 2 VgV 2010** enthält neu **Sonderregelungen für technische Geräte und Ausrüstungen, deren Lieferung Bestandteil einer Bauleistung ist.**

53.2 Verweisungs- und Scharnierfunktion hinsichtlich der VOB/A 2009 (§ 6 Abs. 1)

5703   Im Wege einer **statischen Verweisung** regelt § 6 Abs. 1 VgV, dass öffentliche **Auftraggeber nach § 98 Nr. 1–3, 5 und 6 GWB** bei der Vergabe von Bauaufträgen und Baukonzessionen – bei Aufträgen ab den Schwellenwerten – die **VOB/A 2009 anzuwenden** haben.

5704   § 6 hat damit im Kaskadenaufbau des Vergaberechts Scharnierfunktion zwischen GWB und VOB.

53.3 Anwendbares Recht für Auftraggeber nach § 98 Nr. 6 – Baukonzessionäre – (§ 6 Abs. 1 Satz 1 Halbsatz 2)

5705   Gemäß § 6 Abs. 1 Satz 1 Halbsatz 2 **gilt der Anwendungsbefehl für die VOB/A nur** hinsichtlich der Bestimmungen, die auf diese Auftraggeber Bezug nehmen; dies sind **§§ 22, 22a VOB/A**; vgl. insoweit die Kommentierung zu § 22 VOB/A und zu § 22a VOB/A.

5706   Zu den **Auftraggebern nach § 98 Nr. 6 GWB** vgl. die Kommentierung zu → § 98 GWB Rdn. 167 ff.

53.4 Modifizierung der VOB/A für Herstellung, Instandsetzung, Instandhaltung oder Änderung von Gebäuden oder Gebäudeteilen (§ 6 Abs. 2)

53.4.1 Änderungen durch die VgV/SektVO-AnpassungsVO 2010

5707   Die Regelung des **§ 6 Abs. 2 ist neu eingefügt** worden.

5708   § 6 Abs. 2 hat den gleichen Hintergrund wie § 4 Abs. 6 VgV. Der Absatz dient der Umsetzung des vergaberelevanten Teils der Energieeffizienzrichtlinie. Vgl. insoweit die Kommentierung → § 4 VgV Rdn. 29 ff.

53.4.2 Hinweise

5709   Zu den **Einzelheiten hinsichtlich der Leistungsbeschreibung** vgl. die **Kommentierung zu → § 7 VOB/A Rdn. 312 ff**.

5710   Zu den **Einzelheiten hinsichtlich des Zuschlagskriteriums „Energieverbrauch"** vgl. die Kommentierung zu → § 97 GWB Rdn. 1049.

Vergabeverordnung VgV § 14 **Teil 2**

54. §§ 6a–13 VgV

Die **Vorschriften sind aufgehoben** worden. 5711

55. § 14 VgV – Bekanntmachungen

(1) **Die Auftraggeber geben in der Bekanntmachung und den Vergabeunterlagen die Anschrift der Vergabekammer an, der die Nachprüfung obliegt.**

(2) **Bei Bekanntmachungen im Amtsblatt der Europäischen Union nach diesen Bestimmungen haben die Auftraggeber die Bezeichnungen des Gemeinsamen Vokabulars für das öffentliche Auftragswesen (Common Procurement Vocabulary – CPV) zur Beschreibung des Auftragsgegenstandes zu verwenden.**

(3) **Das Bundesministerium für Wirtschaft und Technologie gibt im Bundesanzeiger einen Hinweis auf die Rechtsvorschrift zur Änderung der CPV bekannt.**

55.1 Änderungen durch die VgV/SektVO-AnpassungsVO 2010

Die **Regelung des § 17 VgV a. F.** – Angabe der Vergabekammer – **wird § 14 Abs. 1 VgV** 5712
2010.

§ 14 Satz 2 VgV a. F. – Bekanntmachung des CPV durch das Bundesministerium für Wirt- 5713
schaft und Technologie – wurde **gestrichen.**

§ 14 Abs. 3 VgV 2010 wurde **neu aufgenommen.** 5714

55.2 Angabe der Vergabekammer (§ 14 Abs. 1)

55.2.1 Änderungen durch die VgV/SektVO-AnpassungsVO 2010

Da es sich bei der Vorschrift des § 17 VgV a. F. um eine Bekanntmachungspflicht des Auftrag- 5715
gebers handelt und nicht um Verfahrensvorschriften zum Nachprüfungsverfahren, wurde diese
Regelung aus systematischen Gründen in § 14 „Bekanntmachungen" verschoben.

55.2.2 Allgemeines

Einrichtung und Organisation der Vergabekammern beruhen auf **§ 106 GWB**; vgl. die 5716
Kommentierung zu → § 106 GWB Rdn. 1ff.

Die **Abgrenzung der Zuständigkeiten** der Vergabekammern ergibt sich aus **§ 106a** 5717
GWB; vgl. die Kommentierung zu → § 106a GWB Rdn. 1ff.

55.2.3 Rechtsfolge der unterlassenen Angabe der Vergabekammer

Vgl. insoweit die **Kommentierung zu** → **§ 107 GWB Rdn. 229.** 5718

55.3 Verwendung des CPV bei Bekanntmachungen (§ 14 Abs. 2)

55.3.1 Inhalt des CPV

Das Gemeinsame Vokabular für öffentliche Aufträge (Common Procurement Vocabulary – 5719
CPV) stellt eine **Weiterentwicklung und Verbesserung der CPA-Nomenklatur** (Statistische Güterklassifikation in Verbindung mit den Wirtschaftszweigen in der Europäischen Wirtschaftsgemeinschaft) **und der NACE Rev. 1** (Allgemeine Systematik der Wirtschaftszweige in
den Europäischen Gemeinschaften) im Sinne einer besseren Anpassung an die Besonderheiten
des öffentlichen Beschaffungswesens dar. Es ist speziell auf das Vergabeverfahren ausgerichtet,
während das CPA eine rein statistische Nomenklatur darstellt.

Teil 2 VgV §§ 15, 16 Vergabeverordnung

5720 Das CPV besteht aus einem **Hauptteil**, der die wesentlichen Elemente für die Definition des Auftragsgegenstandes enthält, sowie einem **Zusatzteil**, der die Festlegung ergänzender Qualitätsmerkmale ermöglicht. Der weitere **Aufbau wird im Vorspann des CPV eingehend dargestellt**.

5721 Der CPV-Code wird vom **Amt für amtliche Veröffentlichungen** in Luxemburg **bei allen Vergabebekanntmachungen**, die im Supplement des EG-Amtsblattes erscheinen, benutzt. Die Veröffentlichung von Bekanntmachungen im Supplement des EG-Amtsblatts in den elf Gemeinschaftssprachen für sämtliche öffentliche Aufträge, die in den Anwendungsbereich der EG-Richtlinien über offene und faire Vergabeverfahren fallen, ist Vorschrift. Sie ist wichtig, um zu gewährleisten, dass potentielle Bieter über die Auftragsmöglichkeiten in sämtlichen Mitgliedstaaten unterrichtet sind, und **trägt auf diese Weise zur Öffnung der Beschaffungsmärkte bei**. Durch die Verwendung der Standardbegriffe des CPV können potentielle Bewerber und Bieter die Bekanntmachungen besser verstehen und die Art von Aufträgen, an denen sie interessiert sind, leichter identifizieren. Außerdem können die Bekanntmachungen zum Zwecke ihrer Veröffentlichung im EG-Amtsblatt schneller und genauer übersetzt werden.

5722 Die Verwendung des CPV ist besonders wichtig, um mit Hilfe der Datenbank Tenders Electronic Daily (TED), die im EG-Amtsblatt veröffentlichte Bekanntmachungen online anbietet, interessante Aufträge zu identifizieren.

55.3.2 Verbindliche einheitliche Einführung des CPV

5723 Im **Amtsblatt** der Europäischen Union **vom 15. 3. 2008 (L 74/1) ist die Verordnung (EG) über das CPV bekannt gemacht** worden. Damit war es auch notwendig, die Vergabekoordinierungsrichtlinie (Richtlinie 2004/18/EG) und die Sektorenrichtlinie (Richtlinie 2004/17/EG) zu ändern. Die **Verordnung gilt seit dem 29. September 2008**. Die Verordnung ist in allen ihren Teilen verbindlich und gilt unmittelbar in jedem Mitgliedstaat.

5724 Der Text des CPV ist in Anhang I der Verordnung enthalten.

5725 Die **indikativen Tabellen der Entsprechungen** zwischen dem CPV und der „Güterklassifikation in Verbindung mit den Wirtschaftszweigen in den Europäischen Wirtschaftsgemeinschaft" (CPA), der „Zentralen Gütersystematik" (CPC Prov.) der Vereinten Nationen, der „Allgemeinen Systematik der Wirtschaftszweige in den Europäischen Gemeinschaften" (NACE Rev. 1) und der „Kombinierten Nomenklatur" (KN) **sind in den Anhängen II, III, IV bzw. V der** Verordnung enthalten.

55.4 Bekanntmachung des CPV (§ 14 Abs. 3)

55.4.1 Änderungen durch die VgV/SektVO-AnpassungsVO 2010

5726 Beim CPV-Code (Verordnung EG Nr. 213/2008 der Kommission der Europäischen Gemeinschaft vom 28. November 2007) handelt es sich um national unmittelbar geltendes Recht der Europäischen Gemeinschaft. Die Veröffentlichung durch die Kommission der Europäischen Gemeinschaft ist ausreichend. Eine gesonderte Bekanntmachung des CPV-Codes im Bundesanzeiger soll künftig entfallen. Stattdessen soll **lediglich bei Neuregelungen durch die Kommission der Europäischen Gemeinschaft ein Hinweis auf die Änderung des CPV-Codes erfolgen** (§ 14 Abs. 3).

56. § 15 VgV

5727 Die **Vorschrift ist aufgehoben**.

57. § 16 VgV – Ausgeschlossene Personen

(1) **Als Organmitglied oder Mitarbeiter eines Auftraggebers oder als Beauftragter oder als Mitarbeiter eines Beauftragten eines Auftraggebers dürfen bei Entscheidungen in einem Vergabeverfahren für einen Auftraggeber als voreingenommen geltende natürliche Personen nicht mitwirken, soweit sie in diesem Verfahren**

Vergabeverordnung　　　　　　　　　　　　　　　　　　　　　VgV § 16　**Teil 2**

1. Bieter oder Bewerber sind,

2. einen Bieter oder Bewerber beraten oder sonst unterstützen oder als gesetzlicher Vertreter oder nur in dem Vergabeverfahren vertreten,

3. a) bei einem Bieter oder Bewerber gegen Entgelt beschäftigt oder bei ihm als Mitglied des Vorstandes, Aufsichtsrates oder gleichartigen Organs tätig sind oder

　b) für ein in das Vergabeverfahren eingeschaltetes Unternehmen tätig sind, wenn dieses Unternehmen zugleich geschäftliche Beziehungen zum Auftraggeber und zum Bieter oder Bewerber hat,

es sei denn, dass dadurch für die Personen kein Interessenkonflikt besteht oder sich die Tätigkeiten nicht auf die Entscheidungen in dem Vergabeverfahren auswirken.

(2) Als voreingenommen gelten auch die Personen, deren Angehörige die Voraussetzungen nach Absatz 1 Nr. 1 bis 3 erfüllen. Angehörige sind der Verlobte, der Ehegatte, Lebenspartner, Verwandte und Verschwägerte gerader Linie, Geschwister, Kinder der Geschwister, Ehegatten und Lebenspartner der Geschwister und Geschwister der Ehegatten und Lebenspartner, Geschwister der Eltern, sowie Pflegeeltern und Pflegekinder.

57.1 Änderungen durch die VgV/SektVO-AnpassungsVO 2010

§ 16 VgV ist im Zuge der VgV/SektVO-AnpassungsVO 2010 **nicht geändert** worden.　　　　5728

57.2 Sinn und Zweck der Regelung

Nach § 16 VgV dürfen bei Entscheidungen in einem Vergabeverfahren für den Auftraggeber　5729
als voreingenommen geltende natürliche Personen nicht mitwirken, soweit sie in diesem Verfahren Bieter oder Bewerber sind, es sei denn, dass dadurch für die Personen kein Interessenkonflikt besteht oder sich die Tätigkeiten nicht auf die Entscheidungen in dem Vergabeverfahren auswirken. **Geboten** ist die **Einhaltung des vergaberechtlichen Gleichbehandlungsprinzips** und **verboten** ist eine **tatsächliche relevante Diskriminierung**.

Die Regelung ist eine **Konkretisierung des mit dem vergaberechtlichen Gleichbe-　5730
handlungsgebot in engem Zusammenhang stehenden Neutralitätsgebots**. Der das gesamte Vergaberecht bestimmende Gleichbehandlungsgrundsatz erfordert es sicherzustellen, dass für den Auftraggeber nur Personen tätig werden, deren Interessen weder mit denen eines Bieters noch mit den Interessen eines Beauftragten des Bieters verknüpft sind (2. VK Bund, B. v. 1. 8. 2008 – Az.: VK 2–88/08). Als voreingenommen in diesem Sinne gelten der Bieter und der Bewerber, die ihn in diesem Verfahren vertretenden oder beratenden Personen sowie deren nähere Verwandte. Bei diesen Personen wird unwiderleglich vermutet, dass sie voreingenommen sind. Sie können nicht „neutral" sein (VK Lüneburg, B. v. 6. 9. 2004 – Az.: 203-VgK-39/2004).

==Die Regelung bezweckt nicht==, die ==bloße Beteiligung einer Kommune als Gebiets-==　5731
==körperschaft sowohl an einem Unternehmen, das als Bieter auftritt als auch an der==
==Vergabestelle zu verbieten==, denn dann könnten sich auch die eigenen Betriebe einer Kommune nie bei einer Ausschreibung ihrer Kommune bewerben. Die Vergabestelle muss „nur" darauf achten, dass durch die bei der Vergabeentscheidung handelnden Personen auf ihrer Seite kein Interessenskonflikt mit einer Bieterin entsteht. Dies würde **zwingend zum Ausschluss dieser Personen an der Entscheidungsfindung** führen, nicht aber zum Ausschluss der Bieterin (VK Nordbayern, B. v. 27. 6. 2008 – Az.: 21.VK – 3194 – 10/08).

§ 16 VgV regelt die **Voreingenommenheit von natürlichen Personen**, die auf Auf-　5732
traggeberseite die Entscheidungen des Vergabeverfahrens beeinflussen. Für die Anwendung des § 16 VgV ist also entscheidend, dass sich die **widerstreitenden Interessen des Auftraggebers und des Bieters/Bewerbers in einer natürlichen Person treffen, nicht in einer organisatorischen Einheit** (1. VK Sachsen, B. v. 26. 6. 2009 – Az.: 1/SVK/024-09).

57.3 Kein Ausschlussgrund des „bösen Scheines"

§ 16 VgV **enthält keine Generalklausel**, aufgrund derer Personen stets dann von der Mit-　5733
wirkung bei den Entscheidungen im Vergabeverfahren ausgeschlossen werden können, wenn ihr

Teil 2 VgV § 16 — Vergabeverordnung

Verhalten den Schluss auf ihre Voreingenommenheit rechtfertigt. Vielmehr ist der **Ausschluss an das Vorliegen bestimmter Tatbestandsvoraussetzungen geknüpft** (OLG Celle, B. v. 9. 4. 2009 – Az.: 13 Verg 7/08; 1. VK Sachsen, B. v. 11. 6. 2010 – Az.: 1/SVK/016-10; B. v. 26. 6. 2009 – Az.: 1/SVK/024-09).

5734   Der Neutralitätsgrundsatz ist nur dann verletzt, wenn Anhaltspunkte vorliegen, dass der **öffentliche Auftraggeber** tatsächlich einen der Bieter im Vergabeverfahren **ungerechtfertigt bevorzugt** hat. Der „böse Schein" der Parteilichkeit, der durch ein Doppelmandat eines Verwaltungsbeamten oder eines Politikers erweckt wird, reicht danach allein nicht aus (3. VK Saarland, B. v. 12. 12. 2005 – Az.: 3 VK 03/2005 und 3 VK 04/2005; 1. VK Sachsen, B. v. 11. 6. 2010 – Az.: 1/SVK/016-10). § 16 VgV ist, wie auch der gesamte für das Vergabeverfahren maßgebliche Vierte Teil des GWB, die mitgliedstaatliche Umsetzung europäischen Vergaberechts. Das **europäische Vergaberecht will** aber nicht einen imaginären „bösen Schein", sondern **tatsächliche Diskriminierungen vermeiden**.

5735   Nach der Regelung des § 16 Abs. 1 VgV ist eine **Doppelmandatschaft dann vergaberechtlich unschädlich**, wenn für die Personen kein Interessenkonflikt besteht oder sich die Tätigkeiten nicht auf die Entscheidungen in dem Vergabeverfahren auswirken. Der Gesetzgeber ist somit der früheren strengen Auslegung der Rechtsprechung, wonach bereits der „böse Schein" der Parteilichkeit für den Ausschluss aus dem Vergabeverfahren genügen soll, ausdrücklich nicht gefolgt (VK Lüneburg, B. v. 6. 9. 2004 – Az.: 203-VgK-39/2004; B. v. 14. 1. 2002 – Az.: 203-VgK-22/2001, B. v. 21. 1. 2003 – Az.: 203-VgK-30/2002).

5736   Der Wortlaut des § 16 VgV lässt sich darüber hinaus nur dahingehend auslegen, dass **nur solche Personen** als voreingenommen im Sinne dieser Vorschrift gelten können, die **in ein und demselben Vergabeverfahren sowohl auf Seiten des Auftraggebers wie auch auf Seiten eines in diesem Vergabeverfahren beteiligten Bieters tätig** werden (VK Lüneburg, B. v. 6. 9. 2004 – Az.: 203-VgK-39/2004; 1. VK Sachsen, B. v. 11. 6. 2010 – Az.: 1/SVK/016-10; B. v. 26. 6. 2009 – Az.: 1/SVK/024-09).

57.4 Persönlicher Anwendungsbereich

57.4.1 Grundsatz

5737   Der Wortlaut des § 16 VgV lässt sich nur dahingehend auslegen, dass **lediglich solche Personen** als voreingenommen im Sinne dieser Vorschrift gelten können, die **in ein und demselben Vergabeverfahren sowohl auf Seiten des Auftraggebers wie auch auf Seiten eines in diesem Vergabeverfahren beteiligten Bieters tätig** werden (VK Lüneburg, B. v. 6. 9. 2004 – Az.: 203-VgK-39/2004).

57.4.2 Mitglieder von Gemeindevertretungen

5738   Ein **Mitglied der Gemeindevertretung ist ein Organmitglied im Sinne von § 16 VgV**, da die Gemeindevertretung als Volksvertretung ein Organ der Gemeinde ist (1. VK Brandenburg, B. v. 19. 9. 2001 – Az.: 1 VK 85/01).

57.4.3 Projektanten

5739   Das Problem der Projektantenstellung eines am Vergabeverfahren Beteiligten liegt weniger im Bereich des § 16 VgV als bei den **Sonderregelungen der § 6a Abs. 9 VOB/A, § 6 EG Abs. 7 VOL/A und § 4 Abs. 5 VOF**. Problemstellung, Voraussetzungen und mögliche Rechtsfolgen sind daher bei der Kommentierung zu diesen Vorschriften erläutert.

57.4.4 Interessensbeziehung zu einem Bieter

5740   § 16 VgV **setzt eine Interessensbeziehung zu einem Bieter voraus**. Besteht eine solche Interessensbeziehung (z. B. die Mandatsbeziehung eines Rechtsanwaltes) nicht zu dem Bieter, sondern zu dessen Gesellschafter, der in das Vergabeverfahren selbst nicht involviert ist, wird eine solche Konstellation von keiner der Tatbestandsalternativen des § 16 VgV erfasst (OLG Dresden, B. v. 23. 7. 2002 – Az.: WVerg 0007/02).

5741   § 16 Abs. 1 Nr. 2 VgV setzt die Beratung eines Bieters oder Bewerbers voraus. Dieser Fall wird durch **die isolierte Einholung eines Honorarangebotes durch einen Bieter bei ei-

57.4.5 Interessensbeziehung bei lediglich beratenden Beiräten

Gleichartige Organe im Sinne von § 16 Abs. 1 Nr. 3 Buchstabe a) VgV sind wie die ausdrücklich genannten Vorstände und Aufsichtsräte **nur solche, die vertreten und kontrollieren**. Lediglich beratende Beiräte fallen daher nicht in den Anwendungsbereich des § 16 Abs. 1 Nr. 3 lit. a VgV. Bei ihnen **besteht jedoch grundsätzlich die Ausschlussmöglichkeit nach § 16 Nr. 2 VgV** (OLG Celle, B. v. 9. 4. 2009 – Az.: 13 Verg 7/08; VK Lüneburg, B. v. 14. 6. 2005 – Az.: VgK-22/2005). 5742

57.4.6 Analoge Anwendung bei lediglich beratenden Beiräten

Beraten z.B. die betreffenden Ratsmitglieder **nicht den Bewerber selbst, sondern nur dessen Gesellschafter**, ist die Vorschrift des § 16 Abs. 1 Nr. 2 VgV entsprechend anwendbar, wenn dieser Gesellschafter einen **erheblichen Anteil** (mit 49% nahezu die Hälfte der Anteile) des Bewerbers hält, sich der **Bewerber im Vergabeverfahren für den Nachweis seiner Eignung auf die Eignung (zumindest auch) dieses Gesellschafters stützt** und auch die **Abwicklung der ausgeschriebenen Dienstleistung in erheblichem Umfang über deren Personal, Organisation und Ressourcen erfolgen soll**. Die analoge Anwendung des § 16 Abs. 1 Nr. 2 VgV scheitert auch nicht daran, dass dem Sachverhalt keine Anhaltspunkte für eine Beratungstätigkeit im konkreten Vergabeverfahren zu entnehmen sind. Die Beratung muss nicht unbedingt in sachlichem Zusammenhang mit dem Vergabeverfahren stehen. Erforderlich ist nur, dass sie im zeitlichen Zusammenhang mit dem Vergabeverfahren erfolgt. Würde man das Tatbestandsmerkmal „in diesem Verfahren" anders auslegen, wäre es beispielsweise möglich, dass bei der Bewerbung einer GmbH mit zwei alleinvertretungsberechtigten Geschäftsführern, deren einer zugleich Organmitglied des Auftraggebers ist, dieser Geschäftsführer bei der Vergabeentscheidung des Auftraggebers mitwirken dürfte, sofern er nur die GmbH im Vergabeverfahren nicht vertritt. § 16 Abs. 1 Nr. 2 VgV wäre dann nicht anwendbar. Ein solches Verständnis wäre offensichtlich nicht interessengerecht (OLG Celle, B. v. 9. 4. 2009 – Az.: 13 Verg 7/08). 5743

57.4.7 Qualität der beratenden Tätigkeit

Der **Tatbestand des § 16 Abs. 1 Nr. 2 VgV** umfasst Personen, die den Bieter **selbstständig beraten oder unterstützen** (z.B. Beratungsunternehmen, Anwälte), **nicht dagegen Personen, die insofern lediglich als Bedienstete für den jeweiligen Auftraggeber tätig sind**. § 16 Abs. 1 Nr. 2 VgV kann nur für solche Mitarbeiter eines Auftraggebers gelten, die unabhängig von ihrer Einbindung in die Struktur des Auftraggebers beratend oder unterstützend für einen Bieter oder Bewerber tätig sind (OLG Celle, B. v. 9. 4. 2009 – Az.: 13 Verg 7/08). 5744

57.4.8 Personen mit beruflichen Kontakten zu potenziellen Bietern

Die **Tatsache, dass Personen, die einer ausschreibenden Stelle angehören, berufliche Kontakte zu potenziellen Bietern haben** (etwa im Bereich der Arbeitsvermittlung), **erfüllt keinen der in § 16 VgV normierten Tatbestände**. Die Betreuung im Rahmen dieser Aufgabe ist eine Aufgabe, die sich aus der Anstellung der Personen ergibt. So stellen z.B. die Mitarbeiter der Agentur für Arbeit bei erfolgreichen Bietern sicher, dass die an sie vergebenen Maßnahmen von diesen auch ordnungsgemäß durchgeführt werden. Dies geschieht im Interesse der Agentur bzw. der Maßnahmeteilnehmer. Die persönlichen Beziehungen allein, die sich aus diesen beruflichen Kontakten ergeben, erfüllen somit nicht den Tatbestand des § 16 VgV (1. VK Bund, B. v. 3. 7. 2006 – Az.: VK 1–43/06). 5745

57.4.9 Mitglieder des Aufsichtsrats eines Gesellschafters eines Bieters

Eine **analoge Anwendung des § 16 Abs. 1 Nr. 3a VgV** ist auch für **Aufsichtsratsmitglieder**, die nicht dem Aufsichtsrat des Bieters selbst, sondern **dem eines (gegebenenfalls sogar: Mehrheits) Gesellschafters des Bieters angehören**, geboten. Insofern kann nichts anderes gelten als für Mitglieder des Beirats eines Gesellschafters (OLG Celle, B. v. 9. 4. 2009 – Az.: 13 Verg 7/08). 5746

57.5 Sachliche Reichweite des Mitwirkungsverbotes

57.5.1 Bescheidung einer Rüge

5747 Die **Bescheidung einer Rüge ist in aller Regel eine Entscheidung im Sinne des § 16 VgV**, an der ein Mitarbeiter, dessen Vater dem Aufsichtsrat eines Bewerbers/Bieters angehört, nicht mitwirken darf – § 16 Abs. 1 Nr. 3 lit. a VgV – (OLG Koblenz, B. v. 5. 9. 2002 – Az.: 1 Verg. 2/02).

57.5.2 Ausschreibungsvorbereitungen

57.5.2.1 Allgemeines

5748 Die **Rechtsprechung** hierzu ist **nicht einheitlich**.

5749 Da nach dem Wortlaut das Mitwirkungsverbot Bieter oder Personen betrifft, welche Bieter nach Maßgabe eines der in § 16 VgV näher bestimmten Verhältnisses unterstützen, **setzt § 16 VgV die Existenz von Bietern** voraus. Diese ist erst dann möglich, wenn das **Vergabeverfahren durch eine Ausschreibungsbekanntmachung eingeleitet** ist (VK Lüneburg, B. v. 17. 10. 2003 – Az.: 203-VgK-23/2003). **Die Entscheidung**, ein Beschaffungsprojekt in ein Vergabeverfahren überzuleiten, also **die Ausschreibung** nicht nur zu konzipieren, sondern sie **nach außen zu veröffentlichen**, mag eine „Entscheidung in einem Vergabeverfahren" sein. Sie **fällt indessen nicht in den Geltungsbereich des § 16 VgV**, weil es an Bietern fehlt, welche an dieser Entscheidung mitgewirkt haben können (Thüringer OLG, B. v. 8. 4. 2003 – Az.: 6 Verg 9/02; 1. VK Sachsen, B. v. 28. 10. 2008 – Az.: 1/SVK/054-08). **Weder der Wortlaut noch der Sinn und Zweck der Norm** lassen bei einer Ausschreibung im Offenen Verfahren eine **Erstreckung des Mitwirkungsverbots auf das Vorbereitungsstadium** zu (OLG Koblenz, B. v. 5. 9. 2002 – Az.: 1 Verg. 2/02; 1. VK Sachsen, B. v. 28. 10. 2008 – Az.: 1/SVK/054-08).

5750 Nach der Gegenmeinung fallen jedoch auch **Vorbereitungsmaßnahmen für eine Ausschreibung**, z.B. die Erarbeitung der technischen Leistungsbeschreibung, **in den Geltungsbereich des § 16 VgV** (Hanseatisches OLG Hamburg, B. v. 4. 11. 2002 – Az.: 1 Verg 3/02; 1. VK Brandenburg, B. v. 19. 9. 2001 – Az.: 1 VK 85/01).

5751 #### 57.5.2.2 Weitere Beispiele aus der Rechtsprechung

- die **Anwendung des § 16 VgV setzt die förmliche Einleitung eines Vergabeverfahrens voraus. Im Vorfeld eines Beschaffungsprojekts liegende Handlungen eines Projektanten sind vom Geltungsbereich des § 16 VgV ausgeschlossen**, weil er zu diesem Zeitpunkt noch nicht die Rechtsstellung eines Bewerbers in einem Vergabeverfahren hat (2. VK Bund, B. v. 6. 6. 2005 – Az.: VK 2–33/05)

- die **Entscheidung, einen Förderantrag in ein Vergabeverfahren** (Verhandlungsverfahren nach Teilnahmewettbewerb) **überzuleiten**, also die Unterlagen für die Beantragung von Fördermitteln nicht nur zu konzipieren, sondern sie nach außen zu veröffentlichen (vgl. § 17 VOL/A, § 5 Abs. 1 VOF), mag eine „Entscheidung in einem Vergabeverfahren" sein. Sie **fällt indessen nicht in den Geltungsbereich des § 16 VgV**, weil es an Bietern fehlt, welche an dieser Entscheidung mitgewirkt haben können.

57.5.3 Informationserteilung

5752 Die bloße Unterrichtung eines Aufsichtsrats erfüllt den Ausschlusstatbestand nicht. § 16 Abs. 1 Nr. 3 VgV untersagt schon nach seinem klaren Wortlaut lediglich, dass die näher bezeichneten (voreingenommenen) Personen an „Entscheidungen" in einem Vergabeverfahren mitwirken. Die **schlichte Informationserteilung wird von dem Mitwirkungsverbot nicht erfasst**. Das entspricht im Übrigen auch ausdrücklich der Begründung des Regierungsentwurfs zur Vergabeverordnung (OLG Düsseldorf, B. v. 9. 4. 2003 – Az.: Verg 66/02).

57.5.4 Mitwirkung an einem Leitfaden oder Ausschreibungsmuster

5753 Die **Mitwirkung eines Unternehmens an der Erstellung eines Leitfadens oder eines Ausschreibungsmusters** ist **keine Mitwirkung an Entscheidungen** in einem Vergabeverfahren im Sinne des § 16 Abs. 1 VgV (VK Lüneburg, B. v. 7. 9. 2005 – Az.: VgK-38/2005).

57.5.5 Zeitungsinterview

Der **Tatbestand des § 16 Abs. 1 Nr. 2 VgV setzt eine unmittelbar fördernde Tätigkeit voraus**, die in ihrer Intensität mit der Alternative des „Beratens" gleichgesetzt werden kann. Eine solche intensive fördernde Tätigkeit kann **aufgrund eines bloßen Zeitungsinterviews nicht angenommen** werden (OLG Celle, B. v. 9. 4. 2009 – Az.: 13 Verg 7/08).   5754

57.6 Darlegungslast und Beweislastverteilung für einen Interessenkonflikt

Nach dem Wortlaut von § 16 VgV sind bestimmte Personen vom Vergabeverfahren ausgeschlossen, es sei denn, dass dadurch für die Personen kein Interessenkonflikt besteht oder sich die Tätigkeiten nicht auf die Entscheidungen in dem Vergabeverfahren auswirken. Damit hat **derjenige, der einen Interessenkonflikt behauptet, die entsprechende Darlegungslast**; die **Beweislast für das Fehlen eines Interessenskonflikts** kann nur an einen **konkreten Vortrag anknüpfen**, der zu widerlegen wäre (VK Baden-Württemberg, B. v. 3. 6. 2002 – Az.: 1 VK 20/02).   5755

Ist dann nur die Feststellung möglich, dass – durch die Beteiligten eines Vergabeverfahrens – **Handlungen oder Maßnahmen nicht ersichtlich oder nachgewiesen** sind, die als solche den Schluss auf die Voreingenommenheit zulassen könnten, besteht **kein Anlass, Personen** vom Vergabeverfahren **auszuschließen** (VK Thüringen, B. v. 29. 11. 2002 – Az.: 216–4004.20-015/02-SON).   5756

Liegt ein **Interessenkonflikt** – z. B. aufgrund einer doppelten Beschäftigung – vor, wird eine **Voreingenommenheit – widerlegbar – vermutet**. Das Mitwirkungsverbot ist lediglich dann unbeachtlich („es sei denn"), wenn dadurch für die betroffene Person kein Interessenkonflikt besteht oder sich die Tätigkeiten auf die Entscheidungen im Vergabeverfahren nicht auswirken (Kausalität). Die **Beweislast hierfür trägt der Auftraggeber** (VK Lüneburg, B. v. 14. 6. 2005 – Az.: VgK-22/2005). Sind dann **konkrete Anhaltspunkte für das Fehlen eines Interessenkonflikts** oder eine **mangelnde Einflussnahme nicht ersichtlich** ist eine Voreingenommenheit **zu unterstellen** und von einem Verstoß gegen § 16 VgV auszugehen (VK Hamburg, B. v. 25. 7. 2002 – Az.: VgK FB 1/02).   5757

Die **Vermutung** des § 16 Abs. 1 VgV gilt bereits dann als **widerlegt**, wenn **sicher gestellt ist**, dass die fragliche **Person keinen Einfluss auf das Vergabeverfahren** haben konnte. Dies ist z.B. mit dem faktischen Ausscheiden eines Gesellschafters der Fall, wenn zu diesem Zeitpunkt das Vergabeverfahren bereits eingeleitet war und die maßgeblichen Entscheidungen über die Bewertung der vorgelegten Angebote zu diesem Zeitpunkt noch weit in der Zukunft lagen (1. VK Sachsen, B. v. 13. 5. 2002 – Az.: 1/SVK/029-02)   5758

Erscheint eine **konkrete Wettbewerbsverfälschung** bei sachlicher Betrachtung der ausgeschriebenen Leistung **möglich**, so **obliegt dem betreffenden Unternehmen der Nachweis**, dass ihm durch die Vorbefassung kein ungerechtfertigter Vorteil erwachsen ist. Dem Auftraggeber obliegt daneben die Verpflichtung, den Wissensvorsprung des einen Bieters auszugleichen durch Information aller anderen Bieter. Gelingt beides nicht, so kann zur Wahrung der Grundsätze aus § 97 GWB der Ausschluss des vorbefassten Unternehmens erfolgen (OLG Brandenburg, B. v. 22. 5. 2007 – Az.: Verg W 13/06).   5759

57.7 Rechtsfolge eines Verstoßes gegen § 16

57.7.1 Allgemeines

Hat der öffentliche Auftraggeber eine Interessenkollision zwischen dem Auftraggeber und einem der Bieter festgestellt, so ist er verpflichtet, **bei der Vorbereitung und dem Erlass der Entscheidung über die Folgen des fraglichen Vergabeverfahrens mit aller erforderlichen Sorgfalt vorzugehen und die Entscheidung auf der Grundlage aller einschlägigen Informationen zu treffen**. Diese Verpflichtung ergibt sich insbesondere aus den Grundsätzen der ordnungsgemäßen Verwaltung und der Gleichbehandlung (Europäisches Gericht 1. Instanz, Urteil v. 17. 3. 2005 – Az.: T-160/03).   5760

57.7.2 Heilung des Verstoßes

Das geltende **Recht enthält keine Regelung** darüber, wie sich die Vergabestelle verhalten soll, wenn sie feststellt oder darauf aufmerksam gemacht wird, dass ein Verstoß gegen § 16 VgV   5761 vorliegt. Die Mitwirkung eines als voreingenommen geltenden Mitarbeiters macht die betreffende Entscheidung verfahrensfehlerhaft.

5762 Die **Rechtsordnung lässt die Heilung auch schwerwiegender Verfahrensfehler durch Nachholung oder Neuvornahme zu** (z. B. § 41 SGB X, § 45 VwVfG: Unterlassen der erforderlichen Anhörung eines Beteiligten; § 29 Abs. 2 Satz 2 StPO: Mitwirkung eines befangenen Richters). Die gegen die Zulassung einer Heilungsmöglichkeit im Vergabeverfahren gerichtete Argumentation lässt sich auch auf das Verwaltungsverfahren übertragen: Die Verwaltungsbehörde könnte faktisch weitgehend risikolos ihre verfahrensrechtlichen, teils aus dem Grundgesetz abgeleiteten Pflichten ignorieren und abwarten, ob dies auffällt und von einen Anfechtungsberechtigten beanstandet wird. Trotzdem hat sich der Gesetzgeber nicht nur entschlossen, die Heilung grundsätzlich zuzulassen. Er hat vielmehr im Interesse der Beschleunigung verwaltungsrechtlicher Verfahren mit Änderung des § 45 Abs. 2 VwVfG durch das GenBschlG 1996 der Verwaltungsbehörde sogar die Möglichkeit eingeräumt, der aussichtsreichen Klage eines Verfahrensbeteiligten durch Heilung bis zum Abschluss des verwaltungsgerichtlichen Verfahrens die Grundlage zu entziehen. Dass dem Beschleunigungsgrundsatz gerade auch im Vergaberecht ein hoher Stellenwert zukommt, ergibt sich u. a. aus den § 110 Abs. 1 Satz 2, § 113 GWB (OLG Koblenz, B. v. 5. 9. 2002 – Az.: 1 Verg. 2/02).

5763 Eine **Heilung des Verfahrensverstoßes ist also möglich** (VK Lüneburg, B. v. 14. 6. 2005 – Az.: VgK-22/2005).

57.7.3 Ausschluss des betroffenen Bieters

5764 Als Konsequenz eines Interessenskonflikts ist **auch der Ausschluss des betroffenen Bieters aus dem Vergabeverfahren denkbar** (VK Köln, B. v. 11. 12. 2001 – Az.: VK 20/2001; im Ergebnis ebenso Thüringer OLG, B. v. 20. 6. 2005 – Az.: 9 Verg 3/05).

57.7.4 Aufhebung des Ausschreibungsverfahrens

5765 Der **Verstoß gegen § 16 VgV legt eine Aufhebung nahe**, da ein Auftraggeber eine Ausschreibung grundsätzlich z. B. gemäß § 17 Abs. 1 lit. d) bzw. § 20 EG Abs. 1 lit. d) VOL/A aufzuheben hat, wenn ein Bieter mit Entwurfs- oder Planungsaufgaben betraut wurde und er hierdurch im Vergabeverfahren einen den Wettbewerb verzerrenden Informationsvorsprung erhält. Auch wenn offen ist, ob es tatsächlich zu einem Wettbewerbsvorsprung gekommen ist, liegt gleichwohl ein Verstoß gegen den vom Gleichbehandlungsgebot des § 97 Abs. 2 GWB geschützten Neutralitätsgrundsatz vor (Hanseatisches OLG Hamburg, B. v. 4. 11. 2002 – Az.: 1 Verg 3/02; VK Hamburg, B. v. 25. 7. 2002 – Az.: VgK FB 1/02).

5766 Diese Ansicht wird vom Thüringer OLG (B. v. 20. 6. 2005 – Az.: 9 Verg 3/05) **ausdrücklich abgelehnt**.

57.8 Generelle Unvereinbarkeit von bestimmten Wirtschaftssektoren?

5767 Die **Absicht eines Mitgliedstaats, Gefahren einer Einwirkung der Macht der Informationsmedien auf die Verfahren zur Vergabe öffentlicher Aufträge vorzubeugen, entspricht dem im Allgemeininteresse liegenden Ziel der Aufrechterhaltung des Pluralismus und der Unabhängigkeit der Informationsmedien**. Überdies dient sie in besonderem Maße einem anderen Ziel dieser Art, nämlich dem der Bekämpfung von Betrug und Korruption. Folglich steht das Gemeinschaftsrecht dem Erlass von nationalen Maßnahmen nicht entgegen, mit denen in den Verfahren zur Vergabe öffentlicher Bauaufträge die Gefahr ausgeschlossen werden soll, dass es zu Praktiken kommt, die geeignet sind, die Transparenz zu beeinträchtigen und den Wettbewerb zu verfälschen, eine Gefahr, die sich daraus ergeben könnte, dass sich unter den Bietern ein Unternehmer befindet, der im Sektor der Informationsmedien tätig ist oder Verbindungen zu einer Person hat, die in diesem Sektor engagiert ist, und mit denen somit Betrug und Korruption verhindert bzw. unterbunden werden sollen (EuGH, Urteil v. 16. 12. 2008 – Az.: C-213/07).

5768 Allerdings hat eine nationale Vorschrift, die eine allgemeine Unvereinbarkeit des Sektors der öffentlichen Bauarbeiten mit dem der Informationsmedien einführt, zur Folge, dass **Unternehmer, die öffentliche Bauaufträge durchführen und außerdem im Sektor der Informationsmedien aufgrund einer Rechtsstellung als Eigentümer, Hauptaktionär, Gesellschafter oder Führungskraft engagiert sind, von der Vergabe öffentlicher Aufträge**

Vergabeverordnung VgV § 17 **Teil 2**

ausgeschlossen werden, ohne dass ihnen eine Möglichkeit gegeben wird, gegenüber etwa von einem Konkurrenten gegebenen Hinweisen nachzuweisen, dass in ihrem **Fall keine tatsächliche Gefahr,** dass es zu Praktiken kommt, die geeignet sind, die Transparenz zu beeinträchtigen und den Wettbewerb zu verfälschen, **besteht.** Eine solche **Vorschrift geht über das hinaus, was zur Erreichung der angeführten Ziele der Transparenz und der Gleichbehandlung erforderlich** ist, indem sie eine ganze Kategorie von Unternehmern, die öffentliche Bauarbeiten durchführen, aufgrund der unwiderlegbaren Vermutung ausschließt, dass, wenn sich unter den Bietern ein Unternehmer befindet, der außerdem im Sektor der Informationsmedien engagiert ist, dies notwendig geeignet ist, zu einer Beeinträchtigung des Wettbewerbs zulasten der anderen Bieter zu führen (EuGH, Urteil v. 16. 12. 2008 – Az.: C-213/07).

57.9 Literatur

– Drömann, Dietrich/Finke, Mathias, PPP-Vergaben und Kompetenzzentren – Zur Tatbe- 5769 standsmäßigkeit von § 16 I Nr. 2 Alt. 2 VgV im Falle von Doppelfunktionen, NZBau 2006, 79

– Kirch, Thomas, Zwingender Ausschluss? – § 16 VgV und Gesellschaftsmitglieder kommunaler Unternehmen, ZfBR 2004, 769

– Lange, Martin, Der Begriff des „eingeschalteten Unternehmens" i. S. des § 16 I Nr. 3 lit. b VgV, NZBau 2008, 422

– Winnes, Michael, Verbietet § 16 VgV die „umgekehrte Befangenheit"?, NZBau 2004, 423

58. § 17 VgV – Melde- und Berichtspflichten

(1) **Die Auftraggeber übermitteln der zuständigen Stelle eine jährliche statistische Aufstellung der im Vorjahr vergebenen Aufträge, und zwar getrennt nach öffentlichen Liefer-, Dienstleistungs- und Bauaufträgen (§§ 4 bis 6).**

(2) **Für jeden Auftraggeber enthält die statistische Aufstellung mindestens die Anzahl und den Wert der vergebenen Aufträge. Die Daten werden soweit möglich wie folgt aufgeschlüsselt:**

a) **nach den jeweiligen Vergabeverfahren,**

b) **nach Waren, Dienstleistungen und Bauarbeiten gemäß den Kategorien der CPV-Nomenklatur,**

c) **nach der Staatsangehörigkeit des Bieters, an den der Auftrag vergeben wurde.**

(3) **Werden die Aufträge im Verhandlungsverfahren vergeben, so werden die Daten auch nach den in § 3 EG Absatz 3 und 4 VOL/A, § 3 Absatz 1 und 4 VOF und § 3a Absatz 5 und 6 VOB/A genannten Fallgruppen aufgeschlüsselt und enthalten die Anzahl und den Wert der vergebenen Aufträge nach Staatszugehörigkeit der erfolgreichen Bieter zu einem Mitgliedstaat der EU oder einem Drittstaat.**

(4) **Die Daten enthalten zudem die Anzahl und den Gesamtwert der Aufträge, die auf Grund der Ausnahmeregelungen zum Beschaffungsübereinkommen vergeben wurden.**

(5) **Die statistischen Aufstellungen für oberste und obere Bundesbehörden und vergleichbare Bundeseinrichtungen enthalten auch den geschätzten Gesamtwert der Aufträge unterhalb der EU-Schwellenwerte sowie nach Anzahl und Gesamtwert der Aufträge, die auf Grund der Ausnahmeregelungen zum Beschaffungsübereinkommen vergeben wurden. Sie enthalten keine Angaben über Dienstleistungen der Kategorie 8 des Anhangs I Teil A und über Fernmeldedienstleistungen der Kategorie 5, deren CPC-Referenznummern 7524 (CPV-Referenznummer 64228000-0), 7525 (CPV-Referenznummer 64221000-1) und 7526 (CPV-Referenznummer 64227000-3) lauten, sowie über Dienstleistungen des Anhangs I Teil B, sofern der geschätzte Wert ohne Umsatzsteuer unter 193 000 Euro liegt.**

Teil 2 VgV §§ 18–23

58.1 Änderungen durch die VgV/SektVO-AnpassungsVO 2010

5770 Der **bisherige Inhalt des § 17 VgV a. F.** wurde **in § 14 Abs. 1 VgV 2010 aufgenommen**.

5771 Die bisher in § 30a VOL/A und § 19 VOF geregelten statistischen Pflichten der öffentlichen Auftraggeber werden aus systematischen Gründen in der VgV zusammengefasst und in den neu gefassten § 17 eingefügt. Die Berichtspflichten sind nicht Gegenstand des Vergabeverfahrens, sondern diesem nachgelagert. Es erfolgte eine enge Anlehnung an den Text der Artikel 75 und 76 der Richtlinie 2004/18/EG.

58.2 Zuständige Stelle (§ 17 Abs. 1)

5772 Die „zuständige Stelle" ist zurzeit das Bundesministerium für Wirtschaft und Technologie.

58.3 Hinweis

5773 **Für den Bereich der VOB/A** finden sich **ähnliche Regelungen in § 23a VOB/A**. Vgl. insoweit die Kommentierung zu § 23a VOB/A.

5774 Nach **Auffassung des Bundesrats** ist **nicht nachvollziehbar, warum die Statistikpflichten und Aufschlüsselungsvorgaben im Bauvergabebereich nicht** auch aus den benannten systematischen Gründen als dem eigentlichen Vergabeverfahren lediglich nachgelagerte Pflichten **in der VOB/A 2009 (§ 23a) gestrichen und ebenfalls in § 17 VgV verankert wurden**.

59. §§ 18–22 VgV

5775 Die **Vorschriften sind aufgehoben**.

60. § 23 VgV – Übergangsbestimmungen

Bereits begonnene Vergabeverfahren werden nach dem Recht, das zum Zeitpunkt des Beginns des Verfahrens galt, beendet. Bis zu drei Monaten nach Inkrafttreten dieser Verordnung begonnene Vergabeverfahren, bei denen eine elektronische Angebotsabgabe zugelassen ist, können nach den Verfahrensvorschriften, welche vor Inkrafttreten dieser Verordnung galten, abgewickelt werden, wenn dies in der Bekanntmachung festgelegt ist.

60.1 Änderungen durch die VgV/SektVO-AnpassungsVO 2010

5776 § 23 VgV Satz 2 – eine Sonderregelung für Vergabeverfahren, bei denen eine elektronische Angebotsabgabe zugelassen ist – ist **neu eingefügt** worden.

60.2 Beginn des Vergabeverfahrens (§ 23 Satz 1)

5777 § 23 Satz 1 **entspricht materiell dem § 131 Abs. 8 GWB**; vgl. daher die Kommentierung zu → § 131 GWB Rdn. 3.

60.3 Sonderregelung für Vergabeverfahren, bei denen eine elektronische Angebotsabgabe zugelassen ist (§ 23 Satz 2)

60.3.1 Änderungen durch die VgV/SektVO-AnpassungsVO 2010

5778 Die mit Inkrafttreten dieser Verordnung notwendige Um- bzw. Neuprogrammierung elektronischer Vergabesoftware zur Sicherstellung der Rechtskonformität elektronischer Vergabeverfahren wird erfahrungsgemäß einen längeren Zeitraum in Anspruch nehmen. Sie kann rechtssicher erst nach Inkrafttreten dieser Verordnung begonnen werden. Daher ist eine ausreichende Übergangsfrist für elektronische Vergaben erforderlich. Ohne diese Übergangsfrist müssten elektronische Vergabeverfahren bis zur abgeschlossenen Neuprogrammierung eingestellt werden. Dies ist nicht gewollt.

Teil 3
Vergabe- und Vertragsordnung für Bauleistungen Teil A (VOB/A)

Inhaltsverzeichnis

Die Angaben beziehen sich auf Seitenzahlen

61.	**Einführung zur VOB/A**	1231
61.1	**Allgemeines**	1231
61.2	**Aktuelle Fassung**	1231
61.3	**Inhalt und Aufbau**	1231
61.4	**Überblick der wichtigsten Änderungen**	1231
61.4.1	Formale Änderungen	1231
61.4.2	Vereinheitlichung des Vokabulars	1232
61.4.3	Inhaltliche Änderungen (Zusammenfassung)	1232
61.5	**Fortschreibung**	1232
61.6	**Über die Rechtsprechung hinausgehende Bestandteile der Kommentierung der VOB/A**	1232
61.6.1	Vergabe- und Vertragshandbuch für die Baumaßnahmen des Bundes (VHB)	1232
61.6.2	Handbuch für die Vergabe und Ausführung von Bauleistungen im Straßen- und Brückenbau (HVA B-StB)	1233
61.7	**Literatur**	1233
62.	**§ 1 VOB/A – Bauleistungen**	1233
62.1	**Änderungen in der VOB/A 2009**	1234
62.2	**Vergleichbare Regelungen**	1234
62.2.1	§ 99 Abs. 3 GWB	1234
62.2.2	VOL/VOF	1234
63.	**§ 1 a VOB/A – Anwendung der a-Paragraphen**	1234
63.1	**Änderungen in der VOB/A 2009**	1235
63.2	**Zusätzliche Anwendung der a-Paragraphen (§ 1 a Abs. 1 Nr. 1)**	1235
63.3	**Auftraggeber (§ 1 a Abs. 1 Nr. 1)**	1235
63.4	**Schwellenwert (§ 1 a Abs. 1 Nr. 1)**	1235
63.4.1	Verhältnis des § 1 a VOB/A zu § 2 VgV	1235
63.4.2	Höhe der Schwellenwerte (§ 1 a Abs. 1 Nr. 1, Nr. 2)	1235
63.5	**Begriffe des Bauauftrages, der Baumaßnahmen und des Bauwerkes (§ 1 a Abs. 1 Nr. 1)**	1235
63.6	**Bauauftrag mit überwiegendem Lieferanteil (§ 1 a Abs. 2)**	1235
63.6.1	Sinn und Zweck der Regelung	1235
63.6.2	Nebenarbeit	1235
63.7	**Maßgeblicher Zeitpunkt für die Schätzung des Gesamtauftragswerts (§ 1 a Abs. 3)**	1236
63.8	**Verbot der Aufteilung einer baulichen Anlage zur Umgehung des Schwellenwertes**	1236
63.9	**Richtlinie des VHB 2008**	1236
63.10	**Richtlinie des HVA StB-B 04/2010**	1236
64.	**§ 2 VOB/A – Grundsätze**	1236
64.1	**Änderungen in der VOB/A 2009**	1237
64.2	**Bieterschützende Vorschrift**	1237
64.3	**Fachkundige, leistungsfähige und zuverlässige Unternehmen (§ 2 Abs. 1 Nr. 1)**	1237
64.3.1	Allgemeiner Inhalt der Eignung und der Eignungskriterien „Fachkunde, Leistungsfähigkeit und Zuverlässigkeit"	1237
64.3.2	Baubezogene Einzelheiten der Eignungskriterien	1237
64.4	**Vergabe zu angemessenen Preisen (§ 2 Abs. 1 Nr. 1)**	1237
64.5	**Transparente Vergabeverfahren (§ 2 Abs. 1 Nr. 1)**	1237
64.5.1	Allgemeines	1237
64.5.2	Hinweis	1237

Teil 3 Inhaltsverzeichnis Vergabe- und Vertragsordnung für Bauleistungen Teil A

64.6	**Wettbewerbsprinzip (§ 2 Abs. 1 Nr. 2)**	1237
64.6.1	Allgemeines	1237
64.6.2	Hinweis	1238
64.7	**Diskriminierungsverbot (§ 2 Abs. 2)**	1238
64.8	**Förderung der ganzjährigen Bautätigkeit (§ 2 Abs. 3)**	1238
64.9	**Unzulässigkeit der Durchführung von Vergabeverfahren zur Markterkundung (§ 2 Abs. 4)**	1238
64.9.1	Änderung in der VOB/A 2009	1238
64.9.2	Allgemeines	1238
64.9.3	Konkrete Vergabeabsicht	1238
64.9.4	Markterkundung	1238
64.9.5	Weitere Beispiele aus der Rechtsprechung	1239
64.9.6	Literatur	1239
64.9.7	Parallelausschreibungen	1239
64.10	**Fertigstellung aller Vergabeunterlagen und Möglichkeit der Ausführung der Leistung (§ 2 Abs. 5)**	1242
64.10.1	Änderung in der VOB/A 2009	1242
64.10.2	Bieterschützende Vorschrift	1242
64.10.3	Sollvorschrift	1242
64.10.4	Fertigstellung aller Vergabeunterlagen	1242
64.10.5	Möglichkeit der Ausführung der Leistung	1244
65.	**§ 3 VOB/A – Arten der Vergabe**	1244
65.1	**Änderungen in der VOB/A 2009**	1245
65.2	**Vergleichbare Regelungen**	1245
65.3	**Bieterschützende Vorschrift**	1245
65.4	**Öffentliche Ausschreibung (§ 3 Abs. 1 Satz 1)**	1245
65.5	**Beschränkte Ausschreibung (§ 3 Abs. 1 Satz 2)**	1245
65.5.1	Wesentlicher Unterschied zum Nichtoffenen Verfahren des § 101 Abs. 3 GWB	1245
65.5.2	Öffentlicher Teilnahmewettbewerb	1245
65.5.3	Richtlinie des VHB 2008	1245
65.6	**Freihändige Vergabe (§ 3 Abs. 1 Satz 3)**	1246
65.7	**Vorrang der Öffentlichen Ausschreibung (§ 3 Abs. 2)**	1246
65.7.1	Rechtsprechung	1246
65.7.2	Richtlinie des VHB 2008	1246
65.8	**Zulässigkeit einer Beschränkten Ausschreibung ohne Teilnahmewettbewerb (§ 3 Abs. 3)**	1246
65.8.1	Schwellenwertregelung (§ 3 Abs. 3 Nr. 1)	1246
65.8.2	Fehlendes annehmbares Ergebnis einer Öffentlichen Ausschreibung (§ 3 Abs. 3 Nr. 2)	1247
65.8.3	Andere Gründe, z. B. Dringlichkeit, Geheimhaltung (§ 3 Abs. 3 Nr. 3)	1248
65.9	**Zulässigkeit einer Beschränkten Ausschreibung ohne Teilnahmewettbewerb gemäß den Verwaltungsregelungen zur Umsetzung der Konjunkturpakete**	1248
65.9.1	Allgemeines	1248
65.9.2	Literatur	1248
65.10	**Zulässigkeit einer Beschränkten Ausschreibung mit Teilnahmewettbewerb (§ 3 Abs. 4)**	1248
65.10.1	Eignung nur eines beschränkten Kreises von Unternehmen (§ 3 Abs. 4 Nr. 1)	1248
65.11	**Zulässigkeit einer Freihändigen Vergabe (§ 3 Abs. 5)**	1249
65.11.1	Allgemeines	1249
65.11.2	Unzweckmäßigkeit	1249
65.11.3	Durchführung nur von einem bestimmten Unternehmen (§ 3 Abs. 5 Satz 1 Nr. 1)	1249
65.11.4	Besondere Dringlichkeit (§ 3 Abs. 5 Satz 1 Nr. 2)	1250
65.11.5	Unmöglichkeit der eindeutigen und erschöpfenden Festlegung vor der Vergabe (§ 3 Abs. 5 Satz 1 Nr. 3)	1251
65.11.6	Auftragsvergabe im Insolvenzfall (§ 3 Abs. 5 Satz 1 Nr. 1)	1251
65.11.7	Schwellenwertregelung (§ 3 Abs. 5 Satz 2)	1252
65.12	**Zulässigkeit einer freihändigen Vergabe gemäß den Verwaltungsregelungen zur Umsetzung der Konjunkturpakete**	1252
65.13	**Richtlinie des VHB 2008**	1252
65.14	**Literatur**	1252

Vergabe- und Vertragsordnung für Bauleistungen Teil A   **Inhaltsverzeichnis Teil 3**

66.	§ 3a VOB/A – Arten der Vergabe	1252
66.1	Änderungen in der VOB/A 2009	1255
66.2	Bieterschützende Vorschrift	1255
66.3	Vergabeart des offenen Verfahrens (§ 3a Abs. 1 Nr. 1)	1255
66.4	Vergabeart des nichtoffenen Verfahrens (§ 3a Abs. 1 Nr. 2)	1255
66.5	Vergabeart des wettbewerblichen Dialogs (§ 3a Abs. 1 Nr. 3)	1255
66.6	Vergabeart des Verhandlungsverfahrens (§ 3a Abs. 1 Nr. 4)	1255
66.7	Vorrang des offenen Verfahrens (§ 3a Abs. 2)	1255
66.8	Zulässigkeit eines nichtoffenen Verfahrens (§ 3a Abs. 3)	1256
66.8.1	Vorliegen der Voraussetzungen des § 3a Abs. 3	1256
66.8.2	Vorliegen der Voraussetzungen des § 3a Abs. 4	1256
66.8.3	Aufhebung eines offenen oder nichtoffenen Verfahrens, sofern nicht das Verhandlungsverfahren zulässig ist	1256
66.9	Wettbewerblicher Dialog (§ 3a Abs. 4)	1256
66.9.1	Hinweis	1256
66.10	Zulässigkeit eines Verhandlungsverfahrens nach Öffentlicher Vergabebekanntmachung (§ 3a Abs. 5)	1256
66.10.1	Hinweis	1256
66.10.2	Enumerative Aufzählung	1256
66.10.3	Keine wirtschaftlichen Angebote in einem offenen oder nichtoffenen Verfahren und keine grundlegenden Änderungen der ursprünglichen Vertragsunterlagen (§ 3a Abs. 5 Nr. 1)	1256
66.10.4	Bauvorhaben zu Forschungs-, Versuchs- und Entwicklungszwecken	1258
66.11	Zulässigkeit eines Verhandlungsverfahrens ohne Öffentliche Vergabebekanntmachung (§ 3a Abs. 6)	1258
66.11.1	Hinweis	1258
66.11.2	Enumerative Aufzählung und enge Auslegung	1258
66.11.3	Keine wirtschaftlichen Angebote in einem offenen oder nichtoffenen Verfahren, keine grundlegenden Änderungen der ursprünglichen Vertragsunterlagen und Einbeziehung aller geeigneten Bieter (§ 3a Abs. 6 Nr. 1)	1259
66.11.4	Änderung durch die VOB/A 2009	1259
66.11.5	Keine oder nur nach § 16 Absatz 1 Nummern 2 und 3 auszuschließende Angebote und keine grundlegenden Änderungen der ursprünglichen Vertragsunterlagen (§ 3a Abs. 6 Nr. 2)	1260
66.11.6	Durchführung nur von einem bestimmten Unternehmen (§ 3a Abs. 6 Nr. 3)	1261
66.11.7	Dringlichkeit der Leistung (§ 3a Abs. 6 Nr. 4)	1261
66.11.8	Fristen bei einem Verhandlungsverfahren ohne öffentliche Vergabebekanntmachung	1263
66.11.9	Zulässigkeit von Verhandlungen nur mit einem „preferred Bidder"?	1263
67.	§ 4 VOB/A – Vertragsarten	1263
67.1	Änderungen in der VOB/A 2009	1263
67.2	Bieterschützende Vorschrift	1263
67.2.1	§ 4 Abs. 1 Nr. 2	1263
67.3	Leistungsvertrag	1264
67.3.1	Einheitspreisvertrag (§ 4 Abs. 1 Nr. 1)	1264
67.3.2	Pauschalvertrag (§ 4 Abs. 1 Nr. 2)	1264
67.4	Stundenlohnvertrag (§ 4 Abs. 2)	1268
67.5	Angebotsverfahren (§ 4 Abs. 3)	1268
67.5.1	Verknüpfung zu § 13 Abs. 1 Nr. 3	1268
67.5.2	Auf- und Abgebotsverfahren (§ 4 Abs. 4)	1268
68.	§ 5 VOB/A – Vergabe nach Losen, Einheitliche Vergabe	1270
68.1	Änderungen in der VOB/A 2009	1270
68.2	Vergleichbare Regelungen	1270
68.3	Bieterschützende Vorschrift	1270
68.3.1	§ 5 Abs. 2	1270
68.4	Einheitliche Vergabe (§ 5 Abs. 1)	1270
68.4.1	Allgemeines	1270
68.5	Vergabe nach Losen (§ 5 Abs. 2)	1271
68.5.1	Änderung in der VOB/A 2009	1271
68.5.2	Inhalt	1271

1213

Teil 3 Inhaltsverzeichnis Vergabe- und Vertragsordnung für Bauleistungen Teil A

69.	§ 5 a VOB/A – Vergabe nach Losen	1271
69.1	Änderungen in der VOB/A 2009	1271
70.	**§ 6 VOB/A – Teilnehmer am Wettbewerb**	**1271**
70.1	Änderungen in der VOB/A 2009	1272
70.2	Vergleichbare Vorschriften	1272
70.3	Bieterschützende Regelung	1273
70.4	Örtliches Diskriminierungsverbot (§ 6 Abs. 1 Nr. 1)	1273
70.5	Gleichsetzung von Bietergemeinschaften und Einzelbietern (§ 6 Abs. 1 Nr. 2)	1273
70.5.1	Grundsatz	1273
70.5.2	Bewerbergemeinschaften	1273
70.5.3	Begriff der Bietergemeinschaften	1273
70.5.4	Unterschied zur Arbeitsgemeinschaft	1274
70.5.5	Rechtsform der Bietergemeinschaften	1274
70.5.6	Verdeckte Bietergemeinschaften	1274
70.5.7	Bildung einer nachträglichen Bietergemeinschaft	1274
70.5.8	Forderung des Auftraggebers nach Annahme einer bestimmten Rechtsform von Bietergemeinschaften	1276
70.5.9	Grundsätzliche Zulässigkeit der Forderung nach einer gesamtschuldnerischen Haftung einer Bietergemeinschaft	1277
70.5.10	Forderung nach Aufschlüsselung der Leistungsteile einer Bietergemeinschaft bezogen auf die Mitglieder der Bietergemeinschaft	1277
70.5.11	Einstimmigkeitserfordernis bei Entscheidungen einer Bietergemeinschaft	1278
70.5.12	Benennung der Mitglieder und Bezeichnung eines bevollmächtigten Vertreters bei Bietergemeinschaften	1278
70.5.13	Muster Bietererklärung HVA StB-B	1278
70.5.14	Literatur	1278
70.6	**Verbot der Beteiligung nicht erwerbswirtschaftlich orientierter Institutionen am Wettbewerb (§ 6 Abs. 1 Nr. 3)**	**1278**
70.6.1	Allgemeines	1278
70.6.2	Die Rechtsprechung des EuGH	1278
70.6.3	Sinn und Zweck der Regelung	1279
70.6.4	Ausgeschlossene Institutionen	1279
70.6.5	Verstoß gegen Art. 12 Abs. 1 Grundgesetz?	1283
70.6.6	Weitere Beispiele aus der Rechtsprechung (zu § 7 Nr. 6 VOL/A 2006)	1284
70.6.7	Richtlinie des VHB 2008	1286
70.6.8	Literatur	1286
70.6.9	Richtlinien des Bundes für die Berücksichtigung von Werkstätten für Behinderte und Blindenwerkstätten bei der Vergabe öffentlicher Aufträge (Richtlinien Bevorzugte Bewerber)	1286
70.7	**Abgabe der Unterlagen bei Öffentlicher Ausschreibung (§ 6 Abs. 2 Nr. 1)**	**1286**
70.7.1	Begriff des Bewerbers und des Bieters	1286
70.7.2	Bewerbergemeinschaften	1287
70.7.3	Keine vorgezogene Eignungsprüfung im Stadium der Abgabe der Unterlagen	1287
70.7.4	Richtlinie des VHB 2008	1287
70.8	**Auswahl der Teilnehmer bei einer beschränkten Ausschreibung (§ 6 Abs. 2 Nr. 2 und 3)**	**1287**
70.8.1	Änderung in der VOB/A 2009	1287
70.8.2	Allgemeines	1287
70.8.3	Richtlinie des VHB 2008	1288
70.9	**Nachweis der Eignung (§ 6 Abs. 3 Nr. 1)**	**1288**
70.10	**Begriff und Inhalt der Eignung**	**1288**
70.11	**Möglichkeiten der Feststellung der Eignung (§ 6 Abs. 3 Nr. 2)**	**1288**
70.11.1	Bisherige Rechtsprechung	1288
70.11.2	Terminologie	1289
70.11.3	Eintragung in das Präqualifikationsverzeichnis (§ 6 Abs. 3 Nr. 2 Satz 1)	1289
70.11.4	Angaben durch Einzelnachweise (§ 6 Abs. 3 Nr. 2 Satz 2)	1305
70.11.5	Andere Angaben z. B. für die Prüfung der Fachkunde (§ 6 Abs. 3 Nr. 3)	1308
70.11.6	Andere Angaben für die Prüfung der Zuverlässigkeit	1309
70.11.7	Andere Angaben über die technische Leistungsfähigkeit	1311
70.11.8	Andere Nachweise der wirtschaftlichen und finanziellen Leistungsfähigkeit (§ 6 Abs. 3 Nr. 4)	1313

70.12	Allgemeine Anforderungen an vom Auftraggeber geforderte Angaben und Nachweise (Rechtfertigung durch den Gegenstand des Auftrags)	1315
70.13	Bezeichnung der Nachweise (§ 6 Abs. 3 Nr. 5)	1315
70.13.1	Grundsatz	1315
70.13.2	Kein Pauschaler Bezug auf § 6 Abs. 3 Nr. 5	1315
70.14	Zeitpunkt und Inhalt der Prüfung der Eignung (§ 6 Abs. 3 Nr. 6)	1315
71.	§ 6a VOB/A – Teilnehmer am Wettbewerb	1316
71.1	Änderungen in der VOB/A 2009	1318
71.2	Vergleichbare Regelungen	1318
71.3	Allgemeines	1318
71.4	Zwingende Ausschlussgründe (§ 6a Abs. 1 Nr. 1)	1318
71.4.1	Allgemeines	1318
71.4.2	Keine Verpflichtung zur Vorlage einer Bestätigung nach § 6a Abs. 1 Nr. 1	1318
71.4.3	Über die Aufzählung in § 6a Abs. 1 Nr. 1 hinausgehende Straftatbestände	1318
71.4.4	Kein Verbot der Forderung nach Vorlage eines Führungszeugnisses bereits mit dem Angebot	1319
71.4.5	Literatur	1319
71.5	Abgabe der Unterlagen beim offenen Verfahren (§ 6a Abs. 2)	1319
71.5.1	Änderung in der VOB/A 2009	1319
71.5.2	Abgabe der Unterlagen an Dritte nach einer Entscheidung der Vergabekammer, den bisherigen Bietern überarbeitete Vergabeunterlagen zuzusenden	1319
71.6	Anzahl der Bewerber beim nichtoffenen Verfahren (§ 6a Abs. 3 Satz 1–3)	1320
71.7	Eignungsprüfung beim nichtoffenen Verfahren (§ 6a Abs. 3 Satz 4)	1320
71.8	Anzahl der zu Verhandlungen aufzufordernden Bewerber beim Verhandlungsverfahren und beim Wettbewerblichen Dialog (§ 6a Abs. 4)	1320
71.9	Begrenzung der Anzahl der Teilnehmer (§ 6a Abs. 6)	1320
71.9.1	Bekanntmachung der Mindestzahl der Teilnehmer, die zur Angebotsabgabe aufgefordert werden?	1320
71.9.2	Bekanntmachung der Höchstzahl der Teilnehmer, die zur Angebotsabgabe aufgefordert werden?	1321
71.9.3	Nennung der objektiven Auswahlkriterien bereits in der Bekanntmachung	1321
71.10	Angemessenheit der Eignungsnachweise und Nachweis der Eignung auf andere Art (§ 6a Abs. 7)	1321
71.10.1	Änderung in der VOB/A 2009	1321
71.10.2	Angemessenheit der Eignungsnachweise	1321
71.10.3	Nachweis der Eignung auf andere Art	1321
71.11	Rechtsform von Bietergemeinschaften (§ 6a Abs. 8)	1321
71.12	Beteiligung von vorbefassten Bietern oder Bewerbern (§ 6a Abs. 9)	1322
71.12.1	Allgemeines	1322
71.12.2	Sinn und Zweck der Regelung – Gesetzesbegründung zu § 4 Abs. 5 VgV (a. F.)	1322
71.12.3	Rechtsprechung	1322
71.12.4	Literatur	1325
71.13	Berücksichtigung der Kapazitäten Dritter (§ 6a Abs. 10)	1326
71.13.1	Änderung in der VOB/A 2009	1326
71.13.2	Allgemeines	1326
71.13.3	Zeitpunkt der Vorlage des Verfügbarkeitsnachweises (§ 6a Abs. 10 Satz 2)	1326
71.14	Umweltmanagement (§ 6a Abs. 11 Nr. 1)	1326
71.15	Qualitätssicherung (§ 6a Abs. 11 Nr. 2)	1327
72.	§ 7 VOB/A – Leistungsbeschreibung	1327
72.1	Änderungen in der VOB/A 2009	1330
72.2	Vergleichbare Regelungen	1330
72.3	Bieterschützende Vorschrift	1330
72.3.1	§ 7 Abs. 1 Nr. 1	1330
72.3.2	§ 7 Abs. 1 Nr. 2, Abs. 1 Nr. 3, Abs. 2, Abs. 8	1330
72.4	Grundsätze	1330
72.5	Festlegung der Bauaufgabe und damit Festlegung des Inhalts der Leistungsbeschreibung	1331
72.5.1	Grundsätze	1331

Teil 3 Inhaltsverzeichnis — Vergabe- und Vertragsordnung für Bauleistungen Teil A

72.5.2	Funktion der Nachprüfungsinstanzen	1333
72.5.3	Begrenzung der Definitionsmacht des Auftraggebers	1334
72.6	**Festlegung des Sicherheitsniveaus einer Leistungsbeschreibung**	**1335**
72.7	**Notwendigkeit der Festlegung strategischer Ziele und Leistungsanforderungen in der Leistungsbeschreibung**	**1335**
72.8	**Pflicht der Vergabestelle, bestehende Wettbewerbsvorteile und -nachteile potentieller Bieter durch die Gestaltung der Vergabeunterlagen „auszugleichen"?**	**1335**
72.8.1	Grundsätze	1335
72.8.2	Weitere Beispiele aus der Rechtsprechung	1336
72.9	**Positionsarten einer Leistungsbeschreibung**	**1337**
72.9.1	Allgemeines	1337
72.9.2	Normalpositionen	1337
72.9.3	Grundpositionen	1337
72.9.4	Bedarfspositionen/Eventualpositionen/Optionen (§ 7 Abs. 1 Nr. 4)	1338
72.9.5	Wahlpositionen/Alternativpositionen	1339
72.9.6	Zulagepositionen	1341
72.10	**Auslegung der Leistungsbeschreibung**	**1341**
72.10.1	Notwendigkeit einer Auslegung	1341
72.10.2	Objektiver Empfängerhorizont	1341
72.10.3	Sonstige Anhaltspunkte	1342
72.10.4	Vergaberechtskonforme Auslegung	1343
72.10.5	VOB-konforme Auslegung	1343
72.10.6	Kein Vorrang des Leistungsverzeichnisses vor den Vorbemerkungen	1343
72.10.7	Heranziehung der Eigenschaften von Leitfabrikaten	1344
72.10.8	Auslegung von Soll-Vorgaben	1344
72.10.9	Weitere Beispiele aus der Rechtsprechung	1344
72.10.10	Literatur	1345
72.11	**Eindeutigkeit der Leistungsbeschreibung (§ 7 Abs. 1 Nr. 1)**	**1345**
72.11.1	Grundsätze	1345
72.11.2	Fehlerhafte Leistungsbeschreibungen	1347
72.11.3	Weitere Zweifelsfragen hinsichtlich der notwendigen Inhalte einer klaren und eindeutigen Leistungsbeschreibung	1351
72.11.4	Weitere Beispiele aus der Rechtsprechung	1351
72.11.5	Richtlinie des VHB 2008	1353
72.12	**Angabe aller die Preisermittlung beeinflussenden Umstände (§ 7 Abs. 1 Nr. 2)**	**1353**
72.12.1	Umfangreiche Prüfungen durch den Auftraggeber	1353
72.12.2	Einzelfälle	1354
72.12.3	Ausnahme von der Verpflichtung des § 7 Abs. 1 Nr. 2	1354
72.12.4	Richtlinie des VHB 2008	1355
72.13	**Verbot der Aufbürdung eines ungewöhnlichen Wagnisses auf den Auftragnehmer (§ 7 Abs. 1 Nr. 3)**	**1355**
72.13.1	Sinn und Zweck der Regelung	1355
72.13.2	Grundsätze	1355
72.13.3	Weite Auslegung zugunsten des Bieters	1357
72.13.4	Absicherung eines Risikos über die Vergütung	1357
72.13.5	Einzelfälle	1357
72.13.6	Richtlinie des VHB 2008	1366
72.13.7	Literatur	1367
72.14	**Bedarfspositionen (§ 7 Abs. 1 Nr. 4 Satz 1)**	**1367**
72.15	**Angehängte Stundenlohnarbeiten (§ 7 Abs. 1 Nr. 4 Satz 2)**	**1367**
72.15.1	Richtlinie des VHB 2008	1367
72.16	**Hinweise für das Aufstellen der Leistungsbeschreibung in den DIN 18299 ff. (§ 7 Abs. 1 Nr. 7)**	**1367**
72.16.1	Aufbringen einer Haftbrücke	1367
72.16.2	Literatur	1367
72.17	**Technische Spezifikationen (§ 7 Abs. 3–8)**	**1367**
72.17.1	Begriff	1367
72.17.2	Formulierung von technischen Spezifikationen unter Bezugnahme auf die in Anhang TS definierten technischen Spezifikationen (§ 7 Abs. 4)	1369
72.17.3	Ersetzung von nationalen Normen (§ 7 Abs. 5)	1369
72.17.4	Ersetzung von Leistungs- oder Funktionsanforderungen (§ 7 Abs. 6)	1369
72.17.5	Spezifikationen für Umwelteigenschaften (§ 7 Abs. 7)	1370

72.18	**Verweis auf Produktion oder Herkunft oder ein besonderes Verfahren oder auf Marken, Patente, Typen eines bestimmten Ursprungs oder einer bestimmten Produktion (§ 7 Abs. 8)**	1370
72.18.1	Sinn und Zweck der Regelung	1370
72.18.2	Grundsätze	1370
72.18.3	Die zwei Ausnahmen vom Grundsatz der Produkt- und Verfahrensneutralität	1371
72.18.4	Vergleichbare Formen der Verengung des Wettbewerbes durch Definitionen der Leistungsbeschreibung	1378
72.18.5	Literatur	1378
72.19	**Leistungsbeschreibung mit Leistungsverzeichnis (§ 7 Abs. 9–12)**	1379
72.19.1	Änderungen in der VOB/A 2009	1379
72.19.2	Richtlinie des VHB 2008	1379
72.19.3	Baubeschreibung (§ 7 Abs. 9)	1379
72.19.4	In Teilleistungen gegliedertes Leistungsverzeichnis (§ 7 Abs. 9)	1380
72.19.5	Zeichnerische Darstellung der Leistung oder durch Probestücke (§ 7 Abs. 10)	1380
72.19.6	Nebenleistungen/Besondere Leistungen (§ 7 Abs. 11)	1381
72.20	**Leistungsbeschreibung mit Leistungsprogramm (§ 7 Abs. 13–15)**	1381
72.20.1	Begriffe	1381
72.20.2	Grundsätze	1381
72.20.3	Anforderungen an die Transparenz des Verfahrens	1382
72.20.4	Anforderungen an die Bestimmtheit des Verfahrens	1383
72.20.5	Richtlinie des VHB 2008	1384
72.20.6	Notwendiger Inhalt des Leistungsprogramms (§ 7 Abs. 14)	1384
72.20.7	Auslegung der Leistungsbeschreibung mit Leistungsprogramm	1385
72.20.8	Richtlinie des VHB 2008	1385
72.20.9	Notwendiger Inhalt des Angebots des Bieters (§ 7 Abs. 15)	1386
72.20.10	Anforderungen an die Unklarheit einer Leistungsbeschreibung mit Leistungsprogramm	1387
72.20.11	Funktionale Leistungsbeschreibung bei der Ausschreibung von Pionierprojekten	1387
72.20.12	Funktionale Leistungsbeschreibung bei der Ausschreibung von Komplettabriss und Komplettentsorgung	1387
72.20.13	Beurteilungsspielraum bei der Wertung	1388
72.21	**Modifizierung der VOB/A für Herstellung, Instandsetzung, Instandhaltung oder Änderung von Gebäuden oder Gebäudeteilen durch § 6 Abs. 2 VgV**	1388
72.21.1	Text	1388
72.21.2	Hintergrund (Verordnungsbegründung zu § 6 Abs. 2 VgV)	1388
72.21.3	Regelungstechnischer Anwendungsbereich	1389
72.21.4	Sachlicher Anwendungsbereich	1389
72.21.5	Grundsätzlich zwingende Berücksichtigung im Rahmen der Leistungsbeschreibung	1389
72.22	**Änderung des Leistungsverzeichnisses durch den Auftraggeber**	1389
72.22.1	Änderung des Leistungsverzeichnisses während der Ausschreibung	1389
72.22.2	Änderung des Leistungsverzeichnisses nach Angebotsabgabe	1393
72.22.3	Änderung des Leistungsverzeichnisses gemäß der Vorgabe der Vergabekammer bzw. des Vergabesenats	1393
72.23	**Schadenersatzansprüche und Nachforderungen wegen Verletzung der Regelungen des § 7**	1394
72.23.1	Grundsätze	1394
72.23.2	Weitere Beispiele aus der Rechtsprechung	1394
72.23.3	Literatur	1395
73.	**§ 8 VOB/A – Vergabeunterlagen**	1395
73.1	**Änderungen in der VOB/A 2009**	1397
73.2	**Vergleichbare Regelungen**	1397
73.3	**Vergabeunterlagen (§ 8 Abs. 1)**	1398
73.3.1	Begriffsbestimmung des § 8	1398
73.3.2	Begriffsverwendung im Vergabenachprüfungsverfahren	1398
73.4	**Anschreiben (Aufforderung zur Angebotsabgabe) – § 8 Abs. 2**	1398
73.4.1	Muster	1398
73.4.2	Zwingender Bestandteil des Anschreibens – Angaben nach § 12 Abs. 1 Nr. 2 (§ 8 Abs. 2 Nr. 1)	1398
73.4.3	Fakultativer Bestandteil des Anschreibens – Angaben über Nachunternehmerleistungen (§ 8 Abs. 2 Nr. 2)	1399
73.4.4	Weitere fakultative Bestandteile des Anschreibens	1400

Teil 3 Inhaltsverzeichnis Vergabe- und Vertragsordnung für Bauleistungen Teil A

73.4.5	Zwingender Bestandteil des Anschreibens – Angaben über Nebenangebote (§ 8 Abs. 2 Nr. 3)	1401
73.4.6	Fakultativer Bestandteil des Anschreibens – Bewerbungsbedingungen (§ 8 Abs. 2 Nr. 4)	1406
73.4.7	Vertragsunterlagen (§ 8 Abs. 1 Nr. 2)	1406
73.4.8	Nicht erforderliche Angaben	1409
73.5	**Kostenerstattung für die Leistungsbeschreibung und die anderen Unterlagen (§ 8 Abs. 7)**	**1409**
73.5.1	Änderung in der VOB/A 2009	1409
73.5.2	Bieterschützende Vorschrift	1409
73.5.3	Kostenerstattung bei öffentlicher Ausschreibung (§ 8 Abs. 7 Nr. 1)	1409
73.5.4	Kostenerstattung bei beschränkter Ausschreibung und freihändiger Vergabe (§ 8 Abs. 7 Nr. 2)	1411
73.6	**Entschädigung für die Bearbeitung des Angebots (§ 8 Abs. 8)**	**1411**
73.6.1	Änderung in der VOB/A 2009	1411
73.6.2	Sinn und Zweck	1411
73.6.3	Allgemeines	1411
73.6.4	Inhalt der Regelung	1411
73.6.5	Nebenangebote und Nachträge	1412
73.6.6	Beispiele aus der Rechtsprechung	1412
73.6.7	Schadensersatzansprüche bei fehlender, aber notwendiger Entschädigungsregelung	1412
73.7	**Urheberrecht des Bieters (§ 8 Abs. 9)**	**1412**
74.	**§ 8 a VOB/A – Vergabeunterlagen**	**1412**
74.1	**Änderungen in der VOB/A 2009**	**1412**
74.2	**Vergleichbare Regelungen**	**1412**
74.3	**Anwendungsbereich**	**1413**
74.4	**Muss-Vorschrift**	**1413**
74.5	**Zwingender Bestandteil des Anschreibens – Angaben nach § 12 Abs. 1 Nr. 2 VOB/A**	**1413**
74.6	**Zwingender Bestandteil des Anschreibens – in Anhang II der Verordnung (EG) Nummer 1564/2005 geforderte Informationen**	**1413**
74.6.1	Grundsätze	1413
74.6.2	Wertung	1413
74.6.3	Ältere Rechtsprechung	1413
75.	**§ 9 VOB/A – Vertragsbedingungen**	**1414**
75.1	**Änderungen in der VOB/A 2009**	**1415**
75.2	**Bieterschützende Vorschrift**	**1415**
75.2.1	§ 9 Abs. 1 (Ausführungsfristen)	1415
75.2.2	§ 9 Abs. 5 (Vertragsstrafen)	1415
75.2.3	§ 9 Abs. 9 (Preisänderungen)	1415
75.3	**Bemessung der Ausführungsfristen (§ 9 Abs. 1 Nr. 1 und 2)**	**1415**
75.3.1	Grundsatz	1415
75.3.2	Indizien für eine nicht ausreichende Bemessung der Ausführungsfristen	1416
75.3.3	Änderung der Ausführungsfrist durch eine Verlängerung der Bindefrist?	1416
75.3.4	Möglichkeit der Nachverhandlung über Ausführungsfristen?	1416
75.3.5	Richtlinie des VHB 2008	1416
75.4	**Ausführung erst nach Aufforderung durch den Auftraggeber (§ 9 Abs. 1 Nr. 3)**	**1416**
75.4.1	Grundsatz	1416
75.4.2	Folge einer unzumutbaren Frist	1417
75.5	**Festlegung der Ausführungsfrist nach dem VHB 2008**	**1417**
75.6	**Bauzeitenplan (§ 9 Abs. 2 Nr. 2)**	**1417**
75.6.1	Sinn und Zweck des Bauzeitenplans	1417
75.6.2	Forderung nach einem Bauzeitenplan zur Angebotsabgabe	1418
75.7	**Pauschalierung des Verzugsschadens (§ 9 Abs. 4)**	**1419**
75.7.1	Richtlinie des VHB 2008	1419
75.8	**Vertragsstrafen und Beschleunigungsvergütungen (§ 9 Abs. 5)**	**1419**
75.8.1	Vertragsstrafen	1419
75.8.2	Vom Auftraggeber vorgegebene Vertraulichkeitserklärung	1420
75.8.3	Ziffer 1.7.4 der ZTV-Asphalt-StB 94 als Vertragsstrafenregelung?	1420
75.8.4	Angemessene Höhe der Vertragsstrafe	1420

Vergabe- und Vertragsordnung für Bauleistungen Teil A **Inhaltsverzeichnis Teil 3**

75.8.5	Vertragsstrafe mit dem Inhalt, dass die Höhe der Vertragsstrafe im billigen Ermessen des Auftraggebers steht	1421
75.8.6	Geltendmachung der Vertragsstrafe nur bei tatsächlichen Nachteilen für den Auftraggeber	1421
75.8.7	Zulässigkeit bei abstrakter Möglichkeit eines erheblichen Nachteils	1422
75.8.8	Zulässigkeit bei drohenden Ansprüchen eines Nachunternehmers	1422
75.8.9	Richtlinie des VHB 2008	1422
75.9	**Beschleunigungsvergütung (§ 9 Abs. 5)**	1422
75.9.1	Inhalt	1422
75.9.2	Umsatzsteuerpflicht	1422
75.9.3	Beispiele aus der Rechtsprechung	1423
75.9.4	Regelungen des HVA StB-B 04/2010	1423
75.9.5	Literatur	1423
75.10	**Verjährung der Mängelansprüche (§ 9 Abs. 6)**	1423
75.10.1	Verjährungsfristen nach § 13 Abs. 4 VOB/B	1423
75.10.2	Verlängerung der Verjährungsfristen	1423
75.10.3	Rechtsprechung des Bundesgerichtshofes zur Privilegierung der VOB/B	1424
75.10.4	Hemmung der Verjährung durch Anrufung einer VOB-Schiedsstelle	1424
75.10.5	Richtlinie des VHB 2008	1424
75.11	**Sicherheitsleistung (§ 9 Abs. 7 und 8)**	1425
75.11.1	Änderung in der VOB/A 2009	1425
75.11.2	Restriktive Handhabung	1425
75.11.3	Forderung einer Bürgschaft für den Fall der Insolvenz	1425
75.11.4	Hinweis	1425
75.11.5	Richtlinie des VHB 2008	1425
75.12	**Änderung der Vergütung (§ 9 Abs. 9)**	1426
75.12.1	Allgemeines	1426
75.12.2	Ermessensregelung	1426
75.12.3	Unzulässigkeit des völligen Ausschlusses jeder Preisänderung	1427
75.12.4	Preisvorbehalte nur für den ausgeschriebenen Auftrag	1427
75.12.5	Vorgabe von Preisvorbehalten nur durch den Auftraggeber	1427
75.12.6	Wesentliche Änderungen der Preisermittlungsgrundlagen (Bagatell- und Selbstbehaltsklausel)	1427
75.12.7	Längerfristige Verträge	1428
75.12.8	Möglichkeiten der Festlegung der Änderung der Vergütung in den Verdingungsunterlagen	1429
75.12.9	Preisänderungen nach Versendung der Vergabeunterlagen und vor Zuschlag	1430
75.12.10	Grundsätze zur Anwendung von Preisvorbehalten bei öffentlichen Aufträgen	1431
75.12.11	Stoffpreisgleitklauseln für Stahl	1431
75.12.12	Stoffpreisgleitklauseln für Nichteisenmetalle (Kupfer u. a.)	1431
75.12.13	Literatur	1431
76.	**§ 10 VOB/A – Fristen**	1432
76.1	**Änderungen in der VOB/A 2009**	1432
76.2	**Bieterschützende Vorschrift**	1432
76.2.1	§ 10 Abs. 1	1432
76.2.2	§ 10 Abs. 5	1432
76.3	**Vergleichbare Regelungen**	1432
76.4	**Angebotsfrist (§ 10 Abs. 1)**	1433
76.4.1	Rechtscharakter der Angebotsfrist	1433
76.4.2	Wiedereinsetzung in den vorigen Stand bei Versäumung der Frist	1433
76.4.3	Begriff der Angebotsfrist	1433
76.4.4	Mindestdauer (§ 10 Abs. 1)	1433
76.4.5	Angemessenheit der Dauer der Angebotsfrist	1434
76.4.6	Engagement und Personaleinsatz der Bewerber	1434
76.4.7	Dauer der Angebotsfrist bei Parallelausschreibungen (einschließlich eines Generalunternehmerangebots)	1434
76.4.8	Dauer der Angebotsfrist bei ÖPP-Projekten	1434
76.4.9	Dauer der Angebotsfrist bei Leistungsbeschreibung mit Leistungsprogramm	1435
76.4.10	Heilung einer zu kurz bemessenen Angebotsfrist?	1435
76.4.11	Sofortige Prüfungspflicht der Vergabeunterlagen durch die Bewerber?	1435
76.4.12	Obliegenheit der interessierten Unternehmen zur Vorbeugung der Verkürzung der Kalkulationsfrist	1435
76.4.13	Verlängerung der Angebotsfrist	1435

Teil 3 Inhaltsverzeichnis Vergabe- und Vertragsordnung für Bauleistungen Teil A

76.4.14	Ende der Angebotsfrist (§ 10 Abs. 2)	1436
76.4.15	Nennung unterschiedlicher Angebotsfristen durch den Auftraggeber	1437
76.5	**Zurückziehung von Angeboten (§ 10 Abs. 3)**	**1437**
76.5.1	Allgemeines	1437
76.5.2	Möglichkeit der Zurückziehung durch Abgabe eines unvollständigen Angebots?	1438
76.5.3	Änderung von Angeboten	1438
76.6	**Zuschlagsfrist (§ 10 Abs. 5)**	**1438**
76.6.1	Begriff	1438
76.6.2	Sinn und Zweck	1438
76.6.3	Dauer der Zuschlagsfrist (§ 10 Abs. 6)	1438
76.6.4	Fehlende Zuschlagsfristbestimmung	1439
76.7	**Bindefrist (§ 10 Abs. 7)**	**1439**
76.7.1	Begriff	1439
76.7.2	Ausnahme von der Bindefrist	1440
76.7.3	Verbot der Manipulation des Vergabeverfahrens über die Verlängerung der Zuschlags- und Bindefristen	1440
76.7.4	Verlängerung der Bindefrist vor Ablauf	1441
76.7.5	Generelle Ausdehnung der Zuschlags- und Bindefrist bis zum rechtskräftigen Abschluss eventueller Vergabenachprüfungsverfahren	1447
76.7.6	Folge des Ablaufs der Zuschlags- und Bindefrist	1448
76.7.7	Verlängerung der Zuschlags- und Bindefrist nach Ablauf	1448
76.7.8	Literatur	1450
77.	**§ 10 a VOB/A – Fristen**	**1451**
77.1	**Änderungen in der VOB/A 2009**	**1452**
77.2	**Vergleichbare Regelungen**	**1453**
77.3	**Bieterschützende Vorschrift**	**1453**
77.4	**Inhalt der Vorschrift**	**1453**
77.5	**Berechnung der Fristen**	**1453**
77.6	**Dauer der Angebotsfrist beim Offenen Verfahren (§ 10 a Abs. 1)**	**1453**
77.6.1	Regelfrist (§ 10 a Abs. 1 Nr. 1)	1453
77.6.2	Abkürzung der Regelfrist bei einer Vorinformation (§ 10 a Abs. 1 Nr. 2)	1453
77.6.3	Abkürzung der Fristen bei elektronischen Bekanntmachungen (§ 10 a Abs. 1 Nr. 4)	1454
77.6.4	Abkürzung der Fristen bei freier, direkter und vollständiger Verfügbarkeit der Vertragsunterlagen und zusätzlicher Unterlagen (§ 10 a Abs. 1 Nr. 5)	1454
77.6.5	Maximale Kumulierung der Abkürzung der Fristen bei Offenen Verfahren (§ 10 a Abs. 1 Nr. 6)	1455
77.6.6	Verkürzung der Fristen im Rahmen der Regelungen zum Konjunkturpaket II	1455
77.7	**Dauer der Bewerbungsfrist beim Nichtoffenen Verfahren (§ 10 a Abs. 2)**	**1455**
77.7.1	Begriff der Bewerbungsfrist	1455
77.7.2	Regelfrist (§ 10 a Abs. 2 Nr. 1 Satz 1)	1455
77.7.3	Abkürzung der Regelfrist aus Gründen der Dringlichkeit (§ 10 a Abs. 2 Nr. 1 Satz 2)	1455
77.7.4	Abkürzung der Regelfrist bei elektronischen Bekanntmachungen (§ 10 a Abs. 2 Nr. 2)	1456
77.7.5	Abkürzung der Fristen wegen Dringlichkeit und bei elektronischer Bekanntmachung (§ 10 a Abs. 2 Nr. 4 lit. a)	1457
77.8	**Dauer der Angebotsfrist beim Nichtoffenen Verfahren (§ 10 a Abs. 2 Nr. 3)**	**1457**
77.8.1	Regelfrist (§ 10 a Abs. 2 Nr. 3 Satz 1)	1457
77.8.2	Abkürzung der Regelfrist bei Vorinformation (§ 10 a Abs. 2 Nr. 3 Satz 2, 3)	1457
77.8.3	Abkürzung der Regelfrist wegen Dringlichkeit (§ 10 a Abs. 2 Nr. 4 lit. b)	1457
77.8.4	Abkürzung der Angebotsfristen bei freier, direkter und vollständiger Verfügbarkeit der Vertragsunterlagen und zusätzlicher Unterlagen (§ 10 a Abs. 2 Nr. 5)	1458
77.9	**Dauer der Bewerbungsfrist beim wettbewerblichen Dialog (§ 10 a Abs. 3)**	**1458**
77.10	**Dauer der Bewerbungsfrist beim Verhandlungsverfahren mit Vergabebekanntmachung (§ 10 a Abs. 3)**	**1458**
78.	**§ 11 VOB/A – Grundsätze der Informationsübermittlung**	**1458**
78.1	**Änderungen in der VOB/A 2009**	**1459**
78.2	**Angabe der Kommunikationsmittel (§ 11 Abs. 1)**	**1459**
78.2.1	Inhalt	1459
78.2.2	Auswahl der Kommunikationsmittel	1459
78.2.3	Information der auf einer Vergabeplattform registrierten Nutzer	1459

Vergabe- und Vertragsordnung für Bauleistungen Teil A **Inhaltsverzeichnis Teil 3**

78.3	Beschafferprofil (§ 11 Abs. 2)	1460
78.4	Literatur	1460
79.	§ 11a VOB/A – Anforderungen an Teilnahmeanträge	1460
79.1	Änderungen in der VOB/A 2009	1460
79.2	Vergleichbare Regelungen	1460
79.3	Sinn und Zweck der Vorschrift	1460
79.4	Anforderungen an die Auftraggeber bei direkt, per Post oder elektronisch übermittelten Teilnahmeanträgen (§ 11a Abs. 1)	1460
79.5	Anforderungen an die Bewerber bei direkt, per Post oder elektronisch übermittelten Teilnahmeanträgen (§ 11a Abs. 1)	1461
79.6	Anforderungen an die Bewerber bei per Telefax oder telefonisch übermittelten Teilnahmeanträgen (§ 11a Abs. 2)	1461
79.7	Unterzeichnung der Teilnahmeanträge	1461
79.7.1	Fehlende ausdrückliche Regelung in der VOB/A	1461
79.7.2	Notwendigkeit einer Unterschrift?	1461
79.8	Geltung für alle Verfahren mit Teilnahmeanträgen	1461
79.9	Literatur	1461
80.	§ 12 VOB/A – Bekanntmachung, Versand der Vergabeunterlagen	1461
80.1	Änderungen in der VOB/A 2009	1463
80.2	Vergleichbare Regelungen	1463
80.3	Bieterschützende Vorschrift	1463
80.3.1	Grundsatz	1463
80.3.2	§ 12 Abs. 5	1464
80.4	Sinn und Zweck der Vorschriften über die Vergabebekanntmachung	1464
80.5	Rechtsprechung des EuGH und des EuG zu Bekanntmachungen von Ausschreibungen unterhalb der Schwellenwerte	1464
80.6	Auslegung der Vergabebekanntmachung	1464
80.6.1	Allgemeines	1464
80.6.2	Beispiele aus der Rechtsprechung	1465
80.7	Bindung des Auftraggebers an die Bekanntmachung	1465
80.8	Bekanntmachung öffentlicher Ausschreibungen (§ 12 Abs. 1 Nr. 1)	1466
80.8.1	Änderung in der VOB/A 2009	1466
80.8.2	Begriff der Bekanntmachung	1466
80.8.3	Wahl des Bekanntmachungsmediums	1466
80.8.4	Unterschiedliche Inhalte von Bekanntmachungen derselben Ausschreibung	1468
80.8.5	Bezeichnung einer „Öffentlichen Ausschreibung" als „Offenes Verfahren"	1468
80.8.6	Vorrang des Inhalts der Bekanntmachung gegenüber den Vertragsunterlagen	1468
80.8.7	Literatur	1468
80.8.8	Umfang der Bekanntmachung (§ 12 Abs. 1 Nr. 2)	1469
80.9	Bekanntmachung Beschränkter Ausschreibungen nach Öffentlichem Teilnahmewettbewerb (§ 12 Abs. 2 Nr. 1)	1476
80.9.1	Änderung in der VOB/A 2009	1476
80.9.2	Begriff der Bekanntmachung	1476
80.9.3	Wahl des Bekanntmachungsmediums	1476
80.9.4	Unterschiedliche Inhalte von Bekanntmachungen derselben Ausschreibung	1476
80.9.5	Umfang der Bekanntmachung (§ 12 Abs. 2 Nr. 2)	1476
80.10	Übermittlung der Vergabeunterlagen (§ 12 Abs. 4)	1477
80.10.1	Änderung in der VOB/A 2009	1477
80.10.2	Anforderung der Vergabeunterlagen (§ 12 Abs. 4 Nr. 1)	1477
80.10.3	Übermittlung der Vergabeunterlagen (§ 12 Abs. 4 Nr. 1)	1477
80.11	Auskünfte an die Bewerber (§ 12 Abs. 7)	1479
80.11.1	Änderung in der VOB/A 2009	1479
80.11.2	Auskunftspflicht des Auftraggebers	1479
80.11.3	Sinn und Zweck der Regelung	1479
80.11.4	Form der Erteilung der Auskünfte	1479
80.11.5	Begriff der „zusätzlichen Auskünfte"	1479
80.11.6	Begriff der „sachdienlichen" Auskünfte	1480
80.11.7	Begriff der „wichtigen Aufklärungen"	1480

Teil 3 Inhaltsverzeichnis Vergabe- und Vertragsordnung für Bauleistungen Teil A

80.11.8	Unverzügliche Erteilung der Auskünfte	1480
80.11.9	Beachtung des Gleichheitsgrundsatzes	1480
80.11.10	Festlegung einer Frist durch den Auftraggeber für die Beantwortung von Fragen	1481
80.11.11	Rechtsfolge einer durch den Bewerber nicht erfolgten Erkundigung	1481
80.11.12	Reaktionsmöglichkeiten des Auftraggebers bei einer unklaren Leistungsbeschreibung	1481
81.	**§ 12 a VOB/A – Vorinformation, Bekanntmachung, Versand der Vergabeunterlagen**	**1481**
81.1	Änderungen in der VOB/A 2009	1483
81.2	Vergleichbare Regelungen	1483
81.3	Bieterschützende Vorschrift	1483
81.3.1	Grundsätze	1483
81.3.2	§ 12 a Abs. 2	1483
81.4	Sinn und Zweck der Vorschriften über die Vergabebekanntmachung	1483
81.5	Auslegung der Vergabebekanntmachung	1483
81.6	Bindung des Auftraggebers an die Bekanntmachung	1483
81.7	Bekanntmachungsmuster	1483
81.8	Vorinformation (§ 12 a Abs. 1)	1484
81.8.1	Sinn und Zweck der Vorinformation	1484
81.8.2	Bedeutung der Vorinformation	1484
81.8.3	Verpflichtung zur Vorinformation für Aufträge über bauliche Anlagen (§ 12 a Abs. 1 Nr. 1 lit. a)	1485
81.8.4	Verpflichtung zur Vorinformation für Bauaufträge mit überwiegendem Lieferanteil (§ 12 a Abs. 1 Nr. 1 lit. b)	1485
81.8.5	Zwingende Vorinformation (§ 12 a Abs. 1 Nr. 2)	1485
81.8.6	Form der Vorinformation (§ 12 a Abs. 1 Nr. 3)	1485
81.8.7	Richtlinie des VHB 2008 zur Form der Vorinformation	1485
81.8.8	Ausfüllanleitung des VHB 2008 zur Vorinformation	1486
81.8.9	Zeitpunkt der Vorinformation (§ 12 a Abs. 1 Nr. 4)	1486
81.8.10	Übermittlung der Vorinformation	1486
81.8.11	Fakultative Übermittlung der Vorinformation an andere Bekanntmachungsblätter (§ 12 a Abs. 1 Nr. 4 Satz 2)	1486
81.9	Bekanntmachung Offener Verfahren, Nichtoffener Verfahren, eines Wettbewerblichen Dialogs oder eines Verhandlungsverfahrens mit Vergabebekanntmachung (§ 12 a Abs. 2)	1486
81.9.1	Notwendiger Inhalt der Bekanntmachungen (§ 12 a Abs. 2 Nr. 2 Satz 1)	1486
81.9.2	Zwingende Veröffentlichung der Bekanntmachungen im Amtsblatt der Europäischen Gemeinschaften (§ 12 a Abs. 2 Nr. 2 Satz 1)	1487
81.9.3	Form der Übermittlung der Bekanntmachungen an das Amt für amtliche Veröffentlichungen der Europäischen Gemeinschaften (§ 12 a Abs. 2 Nr. 2 Satz 2)	1487
81.9.4	Umfang der Übermittlung der Bekanntmachungen an das Amt für amtliche Veröffentlichungen der Europäischen Gemeinschaften (§ 12 a Abs. 2 Nr. 2 Satz 2)	1487
81.9.5	Veröffentlichung der Bekanntmachungen im Supplement zum Amtsblatt der Europäischen Gemeinschaften (§ 12 a Abs. 2 Nr. 4)	1487
81.9.6	Inländische Veröffentlichung der Bekanntmachungen (§ 12 a Abs. 2 Nr. 5)	1488
81.9.7	Veröffentlichung elektronischer Bekanntmachungen (§ 12 a Abs. 2 Nr. 6)	1488
81.9.8	Literatur	1488
81.9.9	Inhalt der Bekanntmachung (§ 12 a Abs. 3)	1488
81.9.10	Anforderung der Vergabeunterlagen (§ 12 a Abs. 4)	1488
81.9.11	Auskünfte über die Vergabeunterlagen (§ 12 a Abs. 5)	1489
81.9.12	Literatur	1489
82.	**§ 13 VOB/A – Form und Inhalt der Angebote**	**1490**
82.1	Änderungen in der VOB/A 2009	1490
82.2	Vergleichbare Regelungen	1491
82.3	Bieterschützende Vorschrift	1491
82.3.1	§ 13	1491
82.3.2	§ 13 Abs. 1 Nr. 1	1491
82.3.3	§ 13 Abs. 1 Nr. 4	1491
82.3.4	§ 13 Abs. 3 Satz 2	1491
82.4	Allgemeine Anforderungen des § 13 an die Bieter	1491

82.5	Auslegung des Angebots	1492
82.5.1	Notwendigkeit einer Auslegung	1492
82.5.2	Verpflichtung zur Auslegung	1492
82.5.3	Grundsätze der Auslegung	1492
82.5.4	Beispiele aus der Rechtsprechung	1494
82.6	Form der Angebote (§ 13 Abs. 1 Nr. 1)	1495
82.6.1	Grundsatz (§ 13 Abs. 1 Nr. 1 Satz 1)	1495
82.6.2	Schriftliche Angebote (§ 13 Abs. 1 Nr. 1 Satz 2)	1495
82.6.3	Elektronische Angebote (§ 13 Abs. 1 Nr. 1 Satz 4)	1501
82.7	Gewährleistung der Integrität der Daten und der Vertraulichkeit der Angebote (§ 13 Abs. 1 Nr. 2)	1503
82.7.1	Schriftliche Angebote (§ 13 Abs. 1 Nr. 2 Satz 2)	1503
82.7.2	Elektronische Angebote (§ 13 Abs. 1 Nr. 2 Satz 3, 4)	1505
82.8	Angabe der geforderten Preise (§ 13 Abs. 1 Nr. 3)	1506
82.8.1	Sinn und Zweck	1506
82.8.2	Muss-Regelung	1506
82.8.3	Minus-Preise	1506
82.8.4	Umrechnungszeitpunkt bei Angeboten mit anderer Währung	1506
82.8.5	Hinweis zur Kommentierung	1507
82.9	Angabe der geforderten Erklärungen und Nachweise (§ 13 Abs. 1 Nr. 4)	1507
82.9.1	Änderung in der VOB/A	1507
82.9.2	Sinn und Zweck	1507
82.9.3	Muss-Regelung	1507
82.9.4	Hinweis zur Kommentierung	1507
82.10	Änderungen an den Vergabeunterlagen und Änderungen des Bieters an seinen Eintragungen (§ 13 Abs. 1 Nr. 5)	1507
82.10.1	Änderung in der VOB/A 2009	1507
82.10.2	Hinweis zur Kommentierung	1507
82.11	Sonstige Formerfordernisse	1507
82.11.1	Forderung nach Einreichung des Angebots in all seinen Bestandteilen in deutscher Sprache	1507
82.12	Selbstgefertigte Abschrift oder Kurzfassung des Leistungsverzeichnisses (§ 13 Abs. 1 Nr. 6)	1508
82.12.1	Änderung in der VOB/A 2009	1508
82.12.2	Sinn und Zweck der Regelung	1508
82.12.3	Notwendiger Inhalt der Kurzfassung	1508
82.13	Muster und Proben (§ 13 Abs. 1 Nr. 7)	1509
82.13.1	Sinn und Zweck	1509
82.13.2	Rechtsnatur	1509
82.14	Abweichungen von technischen Spezifikationen (§ 13 Abs. 2)	1509
82.14.1	Hinweis zur Kommentierung	1509
82.15	Anzahl an Nebenangeboten und Formvorschriften für Nebenangebote (§ 13 Abs. 3)	1509
82.15.1	Hinweis zur Kommentierung	1509
82.16	Preisnachlässe (§ 13 Abs. 4)	1509
82.16.1	Hinweis zur Kommentierung	1509
82.17	Benennung der Mitglieder und Bezeichnung eines bevollmächtigten Vertreters bei Bietergemeinschaften (§ 13 Abs. 5)	1509
82.17.1	Begriff der Bietergemeinschaft	1509
82.17.2	Benennung der Mitglieder einer Bietergemeinschaft	1509
82.17.3	Bezeichnung eines bevollmächtigten Vertreters	1509
82.18	Muster VHB 2008/HVA StB-B 04/2010	1510
83.	§ 13 a VOB/A – Form der Angebote	1510
83.1	Änderung in der VOB/A	1510
83.2	Vergleichbare Regelungen	1510
83.3	Keine zwingende Zulassung von schriftlichen Angeboten bei Vergaben ab den Schwellenwerten	1510
83.4	Literatur	1510
84.	§ 14 VOB/A – Öffnung der Angebote, Eröffnungstermin	1510
84.1	Änderungen in der VOB/A 2009	1511

Teil 3 Inhaltsverzeichnis Vergabe- und Vertragsordnung für Bauleistungen Teil A

84.2	**Vergleichbare Regelungen**	1512
84.3	**Bieterschützende Vorschrift**	1512
84.3.1	Allgemeines	1512
84.3.2	§ 14 Abs. 4	1512
84.4	**Eröffnungstermin (§ 14 Abs. 1)**	1512
84.4.1	Grundsatz	1512
84.4.2	Gestaffelte Eröffnungstermine bei Parallelausschreibungen	1512
84.4.3	Verlegung des Eröffnungstermins	1512
84.4.4	Richtlinie des VHB 2008 zum Eröffnungstermin	1513
84.4.5	Regelungen des HVA StB-B 04/2010	1513
84.5	**Behandlung schriftlicher Angebote (§ 14 Abs. 1 Satz 2)**	1513
84.5.1	Angebote in einem verschlossenen Umschlag	1513
84.5.2	Anbringung eines Eingangsvermerks	1513
84.6	**Behandlung elektronischer Angebote (§ 14 Abs. 1 Satz 3)**	1513
84.6.1	Änderung in der VOB/A 2009	1513
84.6.2	Anforderungen an elektronische Angebote	1513
84.7	**Zulassung nur von rechtzeitig vorliegenden Angeboten (§ 14 Abs. 2)**	1514
84.8	**Ablauf des Eröffnungstermins (§ 14 Abs. 3)**	1514
84.8.1	Leitung des Eröffnungstermins	1514
84.8.2	Prüfung der Identität der am Eröffnungstermin teilnehmenden Personen	1514
84.8.3	Prüfung des Verschlusses der schriftlichen Angebote bzw. der Verschlüsselung der elektronischen Angebote (§ 14 Abs. 3 Nr. 1)	1514
84.8.4	Öffnung der Angebote (§ 14 Abs. 3 Nr. 2 Satz 1)	1515
84.8.5	Kennzeichnung der Angebote im Eröffnungstermin (§ 14 Abs. 3 Nr. 2 Satz 1)	1515
84.8.6	Verlesung (§ 14 Abs. 3 Nr. 2 Satz 2)	1517
84.8.7	Muster und Proben (§ 14 Abs. 3 Nr. 3)	1518
84.8.8	Niederschrift (§ 14 Abs. 4)	1518
84.9	**Verspätete, aber noch zuzulassende Angebote (§ 14 Abs. 6)**	1519
84.9.1	Grundsatz	1519
84.9.2	Begriff des Zugangs	1519
84.9.3	Analoge Anwendung?	1521
84.9.4	Übermittlungsrisiko des Bieters für die Rechtzeitigkeit	1521
84.9.5	(Nur) Mitverschulden des Bieters an der Verspätung	1522
84.9.6	Ausnahme vom Übermittlungsrisiko des Bieters für die Rechtzeitigkeit bei sonstigem Verschulden des Auftraggebers	1522
84.9.7	Teilweise verspätetes Angebot	1522
84.9.8	Neues Angebot nach Ablauf der Bindefrist	1522
84.9.9	Darlegungs- und Beweislast für den rechtzeitigen Zugang eines Angebotes	1523
84.9.10	Darlegungs- und Beweislast für den vollständigen Zugang eines Angebotes und Umkehr der Beweislast	1523
84.9.11	Annahmeverweigerung durch den Auftraggeber	1524
84.9.12	Zurückversetzung des Vergabeverfahrens und Zulassung verspäteter Angebote	1524
84.9.13	Schadenersatzansprüche wegen verspäteter Zustellung	1524
84.9.14	Weitere Beispiele aus der Rechtsprechung	1524
84.9.15	Benachrichtigungspflicht (§ 14 Abs. 6 Nr. 2)	1525
84.9.16	Richtlinie des VHB 2008 zu verspäteten Angeboten	1525
84.10	**Einsichtnahme bzw. Mitteilungen (§ 14 Abs. 7)**	1525
84.10.1	Mitteilungspflicht bei Parallelausschreibungen	1525
84.10.2	Richtlinie des VHB 2008	1525
84.11	**Geheimhaltungsgebot (§ 14 Abs. 8)**	1525
84.11.1	Sinn und Zweck des Geheimhaltungsgebots	1525
84.11.2	Beispiele aus der Rechtsprechung	1526
84.11.3	Geheimhaltungsgebot im kommunalen Bereich	1526
84.11.4	Richtlinie des VHB 2008	1527
84.12	**Pflicht zur Aufbewahrung von Briefumschlägen, Paketverpackungen u. ä.**	1527
84.13	**Öffnung von Teilnahmeanträgen**	1527
84.14	**Kein Eröffnungstermin für nachgeforderte Unterlagen**	1528
85.	**§ 15 VOB/A – Aufklärung des Angebotsinhalts**	1528
85.1	Änderungen in der VOB/A 2009	1528
85.2	**Vergleichbare Regelungen**	1528

85.3	Bieterschützende Vorschrift	1528
85.3.1	Grundsatz	1528
85.3.2	Bieterschützende Vorschrift für den Bieter, mit dem unstatthafte Verhandlungen geführt werden?	1529
85.4	Sinn und Zweck der Vorschrift	1529
85.5	Keine Verpflichtung des Auftraggebers zur Führung von Aufklärungsgesprächen	1529
85.5.1	Grundsatz	1529
85.5.2	Ausnahmen	1530
85.6	Aufklärungsbedarf	1531
85.7	Aufklärungsgespräche (§ 15 Abs. 1 Nr. 1)	1531
85.7.1	Änderung in der VOB/A 2009	1531
85.7.2	Ausnahmevorschrift	1531
85.7.3	Aufklärungsmaßnahme im engeren Sinn	1532
85.7.4	Ansprechpartner	1532
85.7.5	Gleichbehandlung der Bieter	1533
85.7.6	Beschränkung der Gespräche auf aussichtsreiche Bieter	1533
85.7.7	Anspruch auf Wiederholung von Aufklärungsgesprächen	1533
85.7.8	Möglicher Inhalt von Aufklärungsgesprächen	1533
85.7.9	Dokumentation und Geheimhaltung der Ergebnisse (§ 15 Abs. 1 Nr. 2)	1539
85.7.10	Richtlinie des VHB 2008	1539
85.8	Verweigerung von Aufklärungen und Angaben durch den Bieter (§ 15 Abs. 2)	1539
85.9	Fruchtloser Ablauf einer Frist (§ 15 Abs. 2)	1540
85.9.1	Änderung in der VOB/A 2009	1540
85.9.2	Ältere Rechtsprechung	1540
85.9.3	Setzung einer Ausschlussfrist	1540
85.9.4	Begründungspflicht	1541
85.9.5	Weitere Beispiele aus der Rechtsprechung	1541
85.9.6	Richtlinie des VHB 2008	1541
85.9.7	Geltung des § 15 Abs. 2 VOB/A im Verhandlungsverfahren	1542
85.10	Unstatthafte Nachverhandlungen (§ 15 Abs. 3)	1542
85.10.1	Sinn und Zweck	1542
85.10.2	Initiator von unstatthaften Nachverhandlungen	1542
85.10.3	Beispiele aus der Rechtsprechung für unzulässige Nachverhandlungen	1542
85.10.4	Rechtsfolge einer unstatthaften Nachverhandlung	1544
85.11	Statthafte Nachverhandlungen nach § 15 Abs. 3	1545
85.11.1	Nachverhandlungen über Nebenangebote	1545
85.11.2	Nachverhandlungen bei Leistungsbeschreibungen mittels Leistungsprogramm	1545
85.11.3	Verbindung eines Leistungsprogramms und eines Bemusterungstermins	1546
85.11.4	Notwendigkeit von unumgänglichen technischen Änderungen geringen Umfangs und daraus sich ergebende Änderungen der Preise	1546
85.11.5	Sonstige statthafte Nachverhandlungen	1547
85.11.6	Verhandlungsverbot im Teilnahmewettbewerb	1547
85.12	Abgrenzung der Ausschlusstatbestände der §§ 13 Abs. 1 Nr. 3, 4, 16 Abs. 1 Nr. 1 lit. c), Nr. 3 VOB/A und § 15 VOB/A	1548
85.13	Zeitpunkt der Anwendbarkeit des § 15 VOB/A	1548
85.14	Regelung des HVA StB-B 04/2010	1548
85.15	Literatur	1549
86.	§ 16 VOB/A – Prüfung und Wertung der Angebote	1549
86.1	Änderungen in der VOB/A 2009	1551
86.2	Vergleichbare Regelungen	1551
86.3	Bieterschützende Vorschrift	1551
86.3.1	§ 16	1551
86.3.2	§ 16 Abs. 1 Nr. 1 lit. b)	1551
86.3.3	§ 16 Abs. 2	1551
86.3.4	§ 16 Abs. 3	1551
86.3.5	§ 16 Abs. 6	1551
86.3.6	§ 16 Abs. 6 Nr. 1	1551
86.3.7	§ 16 Abs. 6 Nr. 2	1552
86.4	Wertungsstufen	1553
86.4.1	Änderung durch die VOB/A 2009	1553

Teil 3 Inhaltsverzeichnis Vergabe- und Vertragsordnung für Bauleistungen Teil A

86.4.2	Rechtsprechung zu den Wertungsstufen nach § 25 VOB/A	1553
86.4.3	Grundsätzliche Trennung der einzelnen Stufen bei der Wertung	1554
86.4.4	Verpflichtung zur umfassenden Prüfung und Wertung aller Angebote?	1554
86.4.5	Prüfungsreihenfolge der einzelnen Stufen	1554
86.4.6	Verpflichtung des öffentlichen Auftraggebers, zwingend auszuschließende Angebote auf den weiteren Wertungsstufen weiter zu prüfen und zu werten?	1555
86.4.7	Verpflichtung des öffentlichen Auftraggebers zur Schaffung eines Informationskreislaufs bei einer arbeitsteiligen Organisation der Prüfung und Wertung	1555
86.4.8	Abschließende positive Regelung der Ausschlussgründe im Vergaberecht?	1556
86.5	**Grundsatz der Wahrheit der Bieterangaben**	**1557**
86.6	**1. Wertungsstufe: Prüfung und Ausschluss nach § 16 Abs. 1**	**1557**
86.6.1	Gegenstand der 1. Wertungsstufe	1557
86.6.2	Besondere Prüfungspflicht bei einer Häufung von formalen Fehlern der Bieter	1558
86.6.3	Zwingender Ausschluss von Angeboten (§ 16 Abs. 1 Nr. 1)	1558
86.6.4	Fakultativer Ausschluss (§ 16 Abs. 1 Nr. 2)	1611
86.6.5	Ausschluss wegen fehlender geforderter Erklärungen oder Nachweise (§ 16 Abs. 1 Nr. 3)	1615
86.6.6	Literatur	1662
86.7	**2. Wertungsstufe: Eignungsprüfung (§ 16 Abs. 2)**	**1663**
86.8	**3. Wertungsstufe: Rechnerische, technische und wirtschaftliche Prüfung (§ 16 Abs. 3–5)**	**1663**
86.8.1	Änderungen in der VOB/A 2009	1663
86.8.2	Rechnerische, technische und wirtschaftliche Prüfung (§ 16 Abs. 3)	1663
86.9	**4. Wertungsstufe: Prüfung der Angemessenheit des Preises und wirtschaftlichstes Angebot (§ 16 Abs. 6 Nr. 1–3)**	**1668**
86.9.1	Änderung in der VOB/A 2009	1668
86.9.2	Angebote mit einem unangemessen hohen oder niedrigen Preis (§ 16 Abs. 6 Nr. 1)	1669
86.9.3	Auswahl des wirtschaftlichsten Angebots (§ 16 Abs. 6 Nr. 3)	1688
86.10	**Auslegung des Angebots als Mittel zur Behebung von Fehlern oder Unvollständigkeiten**	**1689**
86.11	**Angebote mit Abweichungen von technischen Spezifikationen (§ 16 Abs. 7)**	**1689**
86.11.1	Sinn und Zweck der Vorschrift	1689
86.11.2	Begriff der technischen Spezifikation	1690
86.11.3	Eindeutige Bezeichnung der Abweichung im Angebot	1690
86.11.4	Nachweis der Gleichwertigkeit	1690
86.11.5	Richtlinie des VHB 2008 zu Abweichungen von technischen Spezifikationen	1692
86.12	**Wertung von Nebenangeboten (§ 16 Abs. 8)**	**1692**
86.12.1	Hinweis	1692
86.12.2	Prüfungsstufen für ein Nebenangebot	1692
86.12.3	Wertungskriterien für Nebenangebote	1693
86.12.4	Beurteilungsspielraum bei der Wertung von Nebenangeboten und Grenzen der Überprüfbarkeit der Wertungsentscheidung	1712
86.12.5	Unterschiedliche Gutachteräußerungen	1713
86.12.6	Einheitliche Wertung eines Nebenangebotes?	1713
86.12.7	Rechtsfolge der fehlenden Gleichwertigkeit	1713
86.12.8	Wertung eines Pauschalpreisangebotes als Nebenangebot	1713
86.12.9	Umdeutung eines wegen Änderungen unzulässigen Angebots in ein Nebenangebot	1714
86.12.10	Umdeutung eines Nebenangebots in ein zweites Hauptangebot	1714
86.12.11	Richtlinie des VHB 2008 zu Nebenangeboten	1714
86.12.12	Literatur	1714
86.13	**Wertung von Preisnachlässen (§ 16 Abs. 9)**	**1715**
86.13.1	Änderung in der VOB/A 2009	1715
86.13.2	Begriff	1715
86.13.3	Zulässigkeit von Preisnachlässen	1715
86.13.4	Preisnachlässe ohne Bedingungen (§ 13 Abs. 9 Satz 1)	1715
86.13.5	Preisnachlässe mit Bedingungen	1716
86.13.6	Missverständliche und widersprüchliche Preisnachlässe	1718
86.13.7	Vom Auftraggeber ausgeschlossene Pauschalnachlässe	1718
86.13.8	Richtlinie des VHB 2008 zu Preisnachlässen	1718
86.14	**Geltung von bestimmten Regelungen des § 16 bei freihändigen Vergaben (§ 16 Abs. 10)**	**1719**
86.14.1	Änderung in der VOB/A 2009	1719

87.	§ 16 a VOB/A – Wertung der Angebote	1719
87.1	Änderungen in der VOB/A 2009	1719
87.2	Vergleichbare Regelungen	1719
87.3	Bieterschützende Vorschrift	1719
87.4	Bindung des Auftraggebers an die veröffentlichten Zuschlagskriterien einschließlich der Gewichtung	1719
87.4.1	Änderung in der VOB/A 2009	1719
87.4.2	Inhalt	1719
87.4.3	Geltung des § 16 a nur für Ausschreibungen ab den Schwellenwerten	1719
87.5	Aufgrund einer staatlichen Beihilfe ungewöhnlich niedrige Angebote (§ 16 a Abs. 2)	1720
87.5.1	Allgemeines	1720
87.5.2	§ 16 a Abs. 2 VOB/A als Verfahrensregelung	1720
87.5.3	Rechtsfolge eines aufgrund einer staatlichen Beihilfe ungewöhnlich niedrigen Angebots	1720
87.6	Mindestanforderungen an Nebenangebote (§ 16 a Abs. 3)	1720
87.6.1	Allgemeines	1720
87.6.2	Hinweis	1720
88.	§ 17 VOB/A – Aufhebung der Ausschreibung	1721
88.1	Änderungen in der VOB/A 2009	1721
88.2	Vergleichbare Regelungen	1721
88.3	Bieterschützende Vorschrift	1721
88.4	Sinn und Zweck der Vorschrift	1722
88.5	Geltungsbereich	1722
88.5.1	Ausschreibungen	1722
88.5.2	Freihändige Vergabe bzw. Verhandlungsverfahren oder Wettbewerblicher Dialog oder elektronische Auktion oder dynamisches elektronisches Verfahren	1722
88.6	Aufhebung als Ermessensentscheidung	1723
88.7	Pflicht zur Aufhebung	1723
88.7.1	Rechtsprechung	1723
88.7.2	Literatur	1725
88.8	Alternative zur Aufhebung	1726
88.9	Teilaufhebung	1727
88.9.1	Teilaufhebung von einzelnen Losen	1727
88.9.2	Teilaufhebung von einzelnen Positionen	1727
88.10	Enge Auslegung der Voraussetzungen einer Aufhebung	1728
88.11	Aufhebungsgründe des § 17 VOB/A	1728
88.11.1	Abschließende Aufzählung	1728
88.11.2	Strenger Maßstab und restriktive Auslegung	1728
88.11.3	Kein den Ausschreibungsbedingungen entsprechendes Angebot (§ 17 Abs. 1 Nr. 1)	1728
88.11.4	Notwendigkeit der grundlegenden Änderung der Vergabeunterlagen (§ 17 Abs. 1 Nr. 2)	1729
88.11.5	Andere schwerwiegende Gründe (§ 17 Abs. 1 Nr. 3)	1732
88.12	Sonstige Aufhebungsgründe und Rechtsfolgen	1744
88.12.1	Kein Kontrahierungszwang	1744
88.12.2	Rechtsfolge einer sonstigen Aufhebung (Schadenersatz)	1744
88.13	Beweislast für das Vorliegen von Aufhebungsgründen	1746
88.14	Rechtsnatur der Aufhebung	1746
88.15	Bekanntmachung der Aufhebung	1746
88.16	Rechtsfolge der Bekanntmachung	1747
88.17	Unterrichtungspflicht (§ 17 Abs. 2)	1747
88.17.1	Änderung in der VOB/A	1747
88.17.2	Sinn und Zweck der Unterrichtungspflicht	1747
88.17.3	Notwendiger Inhalt bei einer Aufhebung nach § 17 Abs. 1 Nr. 1	1747
88.17.4	Unterrichtungspflicht über den Verzicht auf eine Auftragsvergabe bzw. eine erneute Einleitung	1748
88.18	Rücknahme der Aufhebung	1748
88.19	Missbrauch der Aufhebungsmöglichkeit (Scheinaufhebung)	1748
88.20	Neues Vergabeverfahren im Anschluss an die Aufhebung	1748

Teil 3 Inhaltsverzeichnis Vergabe- und Vertragsordnung für Bauleistungen Teil A

88.21	Überprüfung der Aufhebungsentscheidung in einem Vergabenachprüfungsverfahren	1748
88.22	Richtlinie des VHB 2008	1749
88.23	Literatur	1749
89.	§ 17 a VOB/A – Aufhebung der Ausschreibung	1749
89.1	Änderungen in der VOB/A 2009	1749
89.2	Vergleichbare Regelungen	1750
89.3	Bieterschützende Vorschrift	1750
89.4	Literatur	1750
90.	§ 18 VOB/A – Zuschlag	1750
90.1	Änderungen in der VOB/A	1750
90.2	Vergleichbare Regelungen	1750
90.3	Begriff des Zuschlags	1750
90.4	Begriff des Zugangs	1750
90.5	Zuschlag mit Erweiterungen, Einschränkungen, Änderungen oder Verspätung (§ 18 Abs. 2)	1750
90.5.1	Sinn und Zweck der Regelung	1750
90.5.2	Rechtliche Bedeutung	1751
90.6	Vergaberechtskonforme Auslegung	1751
90.7	Richtlinie des VHB 2008	1751
91.	§ 18 a VOB/A – Bekanntmachung der Auftragserteilung	1752
91.1	Änderungen in der VOB/A 2009	1752
91.2	Vergleichbare Regelungen	1752
91.3	Bieterschützende Regelung	1753
91.4	Literatur	1753
91.5	Richtlinie des VHB 2008	1753
92.	§ 19 VOB/A – Nicht berücksichtigte Bewerbungen und Angebote	1753
92.1	Änderungen in der VOB/A 2009	1753
92.2	Vergleichbare Regelungen	1754
92.3	Optionsrecht des Bieters bzw. des Bewerbers	1754
92.4	Nachträglicher Informationsanspruch	1754
92.5	Verhältnis zu § 101 a GWB	1754
92.6	Benachrichtigung der Bieter (§ 19 Abs. 1)	1754
92.6.1	Änderung in der VOB/A 2009	1754
92.6.2	Rechtsfolge bei unterlassener Benachrichtigung	1754
92.6.3	Forderung nach einem frankierten Rückumschlag	1754
92.7	Mitteilung der Gründe für die Nichtberücksichtigung bzw. Nennung des Namens des Auftragnehmers (§ 19 Abs. 2)	1755
92.7.1	Form der Information	1755
92.7.2	Umfang der Information	1755
92.8	Ex-ante-Transparenzpflicht (§ 19 Abs. 5)	1755
92.8.1	Änderung in der VOB/A 2009	1755
92.8.2	Sinn und Zweck der Regelung	1755
92.8.3	Informationsmedium	1755
92.8.4	Zeitlicher Vorlauf der Information zur Ausschreibung	1756
92.8.5	Schwellenwert	1756
92.8.6	Inhalt der Information	1756
92.8.7	Verhältnis zu den Regelungen über Aufträge, die dem Konjunkturpaket II unterfallen	1756
92.8.8	Wirkungen der Regelung gegenüber Bietern und Bewerbern und der Vergabestelle	1756
92.9	Antrag auf Feststellung einer Verletzung des § 19 VOB/A	1756
92.10	Presserechtliche Auskunftsansprüche	1756
92.11	Richtlinie des VHB 2008	1757
92.12	Literatur	1757

93.	§ 19 a VOB/A – Nicht berücksichtigte Bewerbungen	1757
93.1	Änderungen in der VOB/A 2009	1757
93.2	Vergleichbare Regelungen	1757
93.3	Nachträglicher Informationsanspruch	1757
93.4	Verhältnis zu § 101 a GWB	1758
93.5	Mitteilung der Entscheidung über den Vertragsabschluss, der Gründe für die Nichtberücksichtigung bzw. Nennung des Namens des Auftraggebers (§ 19 a Abs. 1)	1758
93.5.1	Allgemeines	1758
93.5.2	Richtlinie des VHB	1758
93.6	Literatur	1759
94.	§ 20 VOB/A – Dokumentation	1759
94.1	Änderungen in der VOB/A	1759
94.2	Vergleichbare Regelungen	1760
94.3	Bieterschützende Vorschrift	1760
94.4	Materieller und formeller Inhalt der Dokumentation (§ 20 Abs. 1 und Abs. 2)	1760
94.5	Ex-post-Transparenz (§ 20 Abs. 3)	1760
94.5.1	Änderung in der VOB/A 2009	1760
94.5.2	Sinn und Zweck der Regelung	1760
94.5.3	Informationsmedium	1760
94.5.4	Zeitlicher Nachlauf der Information zur Auftragsvergabe	1761
94.5.5	Schwellenwert	1761
94.5.6	Inhalt und zeitliche Bereitstellung der Information	1761
94.5.7	Verhältnis zu den Regelungen über Aufträge, die dem Konjunkturpaket II unterfallen	1761
94.6	Richtlinie des VHB 2008	1761
94.6.1	VHB 008	1761
94.6.2	Rechtsprechung	1762
95.	§ 21 VOB/A – Nachprüfungsstellen	1762
95.1	Änderungen in der VOB/A 2009	1762
95.2	Vergleichbare Regelungen	1762
95.3	Anwendungsbereich	1763
95.4	Nachprüfungsstellen	1763
95.5	Konkrete Angabe	1763
95.6	Bindung der Vergabestelle an Anordnungen der Aufsichtsbehörde	1763
95.7	Richtlinie des VHB 2008	1763
96.	§ 21 a VOB/A – Nachprüfungsbehörden	1763
96.1	Änderungen in der VOB/A 2009	1763
96.2	Vergleichbare Regelungen	1763
96.3	Anwendungsbereich	1763
96.4	Aufbau der Nachprüfungsbehörden	1764
96.4.1	Vergabekammern (§ 104 GWB)	1764
96.4.2	Vergabesenate (§ 116 Abs. 3 GWB)	1764
96.5	Konkrete Angabe	1764
96.6	Nachprüfungsbehörden bei der Ausschreibung von Losen von Bauaufträgen	1764
96.7	Fehler bei der Nennung der Nachprüfungsbehörde	1764
96.7.1	Verspätete Bekanntgabe der Anschrift der zuständigen Vergabekammer	1764
96.7.2	Kausalität zwischen einer fehlerhaften Bekanntgabe und einem eventuellen Schaden	1764
96.8	Richtlinie des VHB 2008	1764
97.	§ 22 VOB/A – Baukonzessionen	1765
97.1	Änderungen in der VOB/A 2009	1765
97.2	Vergleichbare Regelungen	1765
97.3	Hinweis	1765

97.4	**Ausschreibung und Vergabe der Baukonzession (§ 22 Abs. 2)**	1765
97.4.1	Grundsatz	1765
97.4.2	Beispiele aus der Rechtsprechung	1766
97.5	**Literatur**	1766
98.	**§ 22 a VOB/A – Baukonzessionen**	1766
98.1	**Änderungen in der VOB/A 2009**	1767
98.2	**Vergleichbare Regelungen**	1767
98.3	**Hinweis**	1767
98.4	**Ausschreibung und Vergabe der Baukonzession (§ 22 a Nr. 1)**	1767
98.4.1	Grundsatz	1767
98.4.2	Beispiele aus der Rechtsprechung	1767
98.5	**Ausschreibung und Vergabe von Bauaufträgen des Konzessionärs an Dritte (§ 22 a Abs. 2, Abs. 3)**	1767
98.5.1	Private Konzessionäre (§ 22 a Abs. 2)	1767
98.5.2	Begriff des „Dritten"	1767
98.5.3	Öffentlich-rechtliche Konzessionäre (§ 22 a Abs. 3)	1768
98.6	**Literatur**	1768
99.	**§ 23 a VOB/A – Melde- und Berichtspflichten**	1768
99.1	**Änderungen in der VOB/A 2009**	1768
99.2	**Vergleichbare Regelungen**	1768
99.3	**Literatur**	1768

61. Einführung zur VOB/A

61.1 Allgemeines

Die Vergabe- und Vertragsordnung für Bauleistungen (VOB) ist neben der Vergabe- und Vertragsordnung für freiberufliche Leistungen (VOF) und der Vergabe- und Vertragsordnung für Leistungen (VOL) die dritte große Säule innerhalb der Vergabe- und Vertragsordnungen. 5779

61.2 Aktuelle Fassung

Im Zuge des neuen Vergaberechts wurde auch die VOB/A geändert. Die VOB/A 2009 vom 31. 7. 2009 wurde im **Bundesanzeiger Nr. 155 vom 15. 10. 2009** bekannt gemacht. Im **Bundesanzeiger Ausgabe Nr. 36 vom 5. März 2010** ist eine **Berichtigung** der VOB/A/B 2009 erschienen 5780

Die VOB/A 2009 ist mit dem Abschnitt 2 **am 11. 6. 2010 – bundesweit – in Kraft getreten.** Die Anwendbarkeit des 1. Abschnittes bestimmt sich nach der jeweiligen Einführungsregelung z. B. des Bundes bzw. der einzelnen Bundesländer. Das **Bundesministerium für Verkehr, Bau und Stadtentwicklung** etwa hat mit Erlass vom 10. 6. 2010 (Az.: B 15 – 8163.6/1) geregelt, dass die ihm nachgeordneten Bauverwaltungen sowie die Bauverwaltungen der Länder, die Bauaufgaben für den Bund ausführen, die VOB/A 2009 – 1. Abschnitt – ab dem 11. 6. 2010 anwenden müssen. 5781

61.3 Inhalt und Aufbau

Die VOB regelt die Vergabe von Bauaufträgen. 5782

Sie ist in drei Teile gegliedert: 5783

- **VOB Teil A: Allgemeine Bestimmungen für die Vergabe von Bauleistungen** (Verfahren von der Erstellung der Ausschreibungsunterlagen bis zur Vergabe bzw. Aufhebung der Ausschreibung)
- **VOB Teil B: Allgemeine Vertragsbedingungen für die Ausführung von Bauleistungen** (Verfahren der Abwicklung eines rechtsverbindlich abgeschlossenen Bauvertrages)
- **VOB Teil C: Allgemeine Technische Vertragsbedingungen für Bauleistungen – ATV'en** – (gewerkespezifische Hinweise für das Aufstellen der Leistungsbeschreibung, den Geltungsbereich, die Stoffe und Bauteile, die Ausführung, die Nebenleistungen und besonderen Leistungen sowie die Abrechnung).

61.4 Überblick der wichtigsten Änderungen

61.4.1 Formale Änderungen

Beibehalten wurde die Gliederung der VOB/A in Abschnitte (so genanntes Schubladensystem), wobei die **Abschnitte 3 und 4 aufgrund der neuen Sektorenverordnung entfallen** sind. Der Abschnitt 2 sieht, wie bisher, eine Gliederung in Basis- und a-Paragrafen vor. Diese Aufteilung wurde beim Abschnitt 2 der VOL aufgegeben und soll in einer späteren Novellierungsstufe gegebenenfalls bei der VOB/A aufgegeben werden ebenfalls zugunsten einer Angleichung. 5784

Wesentliche formale Änderungen ergaben sich durch die **Straffung der Struktur, der Abschnitt 1 umfasst nunmehr nur noch 22 statt bisher 32 Paragrafen und der Abschnitt 2 23 statt 33 Paragrafen**. Die Straffung wurde dadurch erzielt, dass Bestimmungen, die thematisch zusammengehören, wie beispielsweise die §§ 11 (Ausführungsfristen), 12 (Vertragsstrafen und Beschleunigungsvergütung), 13 (Verjährung der Mängelansprüche), 14 (Sicherheitsleistung) und 15 (Änderung der Vergütung) der VOB 2006 einheitlich in einem neuen § 9 (Vertragsbedingungen) zusammengefasst wurden. Andere vergleichbare Beispiele betreffen die Regelungen über die Fristen und die Regelungen über die Prüfung und Wertung von Angeboten, die ebenfalls jeweils in einem Paragrafen zusammengefasst wurden. 5785

Teil 3 VOB/A Vergabe- und Vertragsordnung für Bauleistungen Teil A

5786 Die **neue Struktur** wurde im Zuge des Vereinheitlichungsprozesses **mit dem Deutschen Verdingungsausschuss für Leistungen (DVAL)** und dem federführend zuständigen Bundesministerium abgestimmt und bei der Vergabe- und Vertragsordnung für Leistungen (VOL) **nahezu identisch umgesetzt.**

61.4.2 Vereinheitlichung des Vokabulars

5787 Neben der Anpassung der Struktur der Vergabeordnungen **wurde auch das verwendete vergaberechtlich relevante Vokabular, soweit wie möglich, vereinheitlicht.** Die **Änderung der Nummerierung der Paragrafen in Absätze und in der weiteren Abstufung in Nummern und in Buchstaben folgt Rechtsförmlichkeitsvorgaben** und entspricht dem Nummerierungsaufbau von Gesetzen und Verordnungen.

61.4.3 Inhaltliche Änderungen (Zusammenfassung)

5788 Zu den wesentlichen inhaltlichen Änderungen zählen u. a. die **zur Vereinfachung und Vereinheitlichung eingeführten Schwellenwerte als Ausnahmetatbestände für die Durchführung von Beschränkten Ausschreibungen oder Freihändigen Vergaben.**

5789 Ferner wurden aufgrund von Erfahrungswerten aus der Praxis, im Interesse eines umfassenden Wettbewerbs, Regelungen aufgenommen, nach denen **fehlende Erklärungen und Nachweise nachgereicht werden können.** Eine einzelne fehlende Preisangabe führt nicht mehr zwangsläufig zum Ausschluss des Angebots, vielmehr kann das betreffende Angebot unter bestimmten Voraussetzungen dennoch gewertet werden. Mit diesen Regelungen soll der Ausschluss von Angeboten aus vielfach rein formalen Gründen verhindert und damit die Anzahl der am Wettbewerb teilnehmenden Angebote nicht unnötig reduziert werden.

5790 Weitere wesentliche inhaltliche Änderungen sind u. a. die **Einschränkung der Möglichkeit Sicherheitsleistungen zu verlangen.** Diese Regelung dient insbesondere der Entlastung von kleinen und mittleren Unternehmen.

5791 Zur Erhöhung der Transparenz auch im Bereich der nationalen Vergaben wurden **Regelungen über eine ex-ante und ex-post Transparenz eingeführt.**

5792 Die **Einzelheiten** der Änderung sind bei den jeweiligen Vorschriften näher dargestellt.

61.5 Fortschreibung

5793 Verantwortlich für die inhaltliche Fortschreibung der VOB ist der Deutsche Vergabe- und Vertragsausschuss für Bauleistungen (DVA); die Geschäftsführung liegt beim Bundesministerium für Verkehr, Bau und Stadtentwicklung.

61.6 Über die Rechtsprechung hinausgehende Bestandteile der Kommentierung der VOB/A

5794 Um den Kommentar für die Praxis **noch aktueller und anwendungsfreundlicher** zu gestalten, sind in die Kommentierung

- das Vergabehandbuch für die Durchführung von Bauaufgaben des Bundes im Zuständigkeitsbereich der Finanzbauverwaltungen (**VHB 2008**) und
- das Handbuch für die Vergabe und Ausführung von Bauleistungen im Straßen- und Brückenbau (**HVA B-StB 04/2010**) (Hinweis: Mit Urteil vom 6. 7. 2006 – Az.: I ZR 175/03 hat der BGH entschieden, dass das dieses Handbuch, soweit es von Mitgliedern des Ausschusses geschaffen worden ist, ein amtliches Werk im Sinne des § 5 Abs. 1 UrhG ist und dementsprechend keinen urheberrechtlichen Schutz genießt)

eingearbeitet worden.

61.6.1 Vergabe- und Vertragshandbuch für die Baumaßnahmen des Bundes (VHB)

5795 Seit der Einführung des Vergabehandbuches für alle Baumaßnahmen des Bundes im Zuständigkeitsbereich der Finanzbauverwaltungen zum 1. Januar 1974 hat sich das von der Bund –

Länder – Arbeitsgruppe des Ausschusses „Verdingungswesen" erstellte Werk zu einem **umfassenden Arbeitsmittel für die Vergabe und vertragliche Abwicklung von Bauleistungen entwickelt**. Dabei ist der **Anwendungskreis weit über die Bundeshochbaumaßnahmen hinaus gewachsen**. Sowohl die **Länder**, die teilweise ihre landesspezifischen Regelungen hinzufügen, als auch **Gemeinden** nutzen sowohl die Formblätter als auch die Richtlinien zur Vorbereitung und Durchführung ihrer Hochbaumaßnahmen.

Weitreichende vergaberechtliche Änderungen, insbesondere die Umsetzung EG-rechtlicher Vorschriften, führten über die Jahre immer wieder zur Herausgabe kompletter Neufassungen. Seit Einführung der Fassung 2002 des VHB wurden erforderliche Änderungen im Wege von Aktualisierungen umgesetzt. In diesem Zuge hat das VHB **auch einen neuen Titel** (Vergabe- und Vertragshandbuch für die Baumaßnahmen des Bundes) erhalten. Damit erfolgt zum einen eine Angleichung an die VOB, zum anderen wird der neue Titel dem Inhalt des VHB besser gerecht. 5796

Im Mittelpunkt des VHB 2008 steht die neue Struktur, die die Arbeit mit dem VHB erleichtern soll; die Sortierung erfolgte entsprechend dem Ablauf der Baumaßnahmen, die Richtlinien sind nicht mehr in einem Teil zusammengefasst, sondern den Formblättern (soweit möglich) direkt zugeordnet. Dadurch wird eine weitere Vereinheitlichung mit den Bereichen Straßen- und Wasserbau erreicht. 5797

Mit **Erlass vom 10. 6. 2010** (Az.: B 15–8164.2/2) erfolgte der **elektronische Austausch zum Stand Mai 2010** der vom Bundesministerium für Verkehr, Bau und Stadtentwicklung zum 1. 7. 2008 eingeführten **kompletten Neufassung des VHB 2008**. 5798

61.6.2 Handbuch für die Vergabe und Ausführung von Bauleistungen im Straßen- und Brückenbau (HVA B-StB)

Das „Handbuch für die Vergabe und Ausführung von Bauleistungen im Straßen- und Brückenbau (HVA B-StB)" ist eine vom Bundesministerium für Verkehr, Bau und Stadtentwicklung (BMVBS), Abteilung Straßenbau, Straßenverkehr (S), herausgegebene **Loseblatt-Sammlung von Regelungen zur Vertragsgestaltung für die Vergabe von Aufträgen und die Abwicklung von Verträgen über Bauleistungen** nach der „Vergabe- und Vertragsordnung für Bauleistungen (VOB)". 5799

Es wurde vom BMVBS, Abteilung S, und den Straßenbauverwaltungen der Länder im „Hauptausschuss Verdingungswesen im Straßen- und Brückenbau (HAV StB)" erarbeitet. Das **Handbuch ist vom BMVBW für die Bundesfernstraßen und von den Ländern für die in ihrem Zuständigkeitsbereich liegenden Straßen eingeführt**. 5800

Das **jetzt gültige HVA B-StB (Ausgabe April 2010)** wurde mit **Allgemeinem Rundschreiben Straßenbau (ARS) Nr. 09/2010 vom 11. 6. 2010** eingeführt. 5801

61.7 Literatur

- Gröning, Jochem, Die VOB/A 2009 – ein erster Überblick, VergabeR 2009, 117
- Ingenstau/Korbion, VOB Teile A und B, Kommentar, 17. Auflage, Werner Verlag, 2009
- Kratzenberg, Rüdiger, Neues bei der Bauvergabe – Zum Inkrafttreten der VOB 2009 und des aktualisierten Vergabehandbuchs, Behörden Spiegel Juni 2010, 20
- Lenhart, Katharina, Aktuelle Fragen bei Unterschwellenverfahren nach VOB/A, VergabeR 2010, 336
- Werner, Michael, Die neue VOB/A aus Sicht der Bauindustrie, VergabeR 2010, 328

5802

62. § 1 VOB/A – Bauleistungen

Bauleistungen sind Arbeiten jeder Art, durch die eine bauliche Anlage hergestellt, instand gehalten, geändert oder beseitigt wird.

62.1 Änderungen in der VOB/A 2009

5803 § 1 VOB/A 2009 wurde **nicht geändert**.

62.2 Vergleichbare Regelungen

62.2.1 § 99 Abs. 3 GWB

5804 Die **Anwendungsbereiche von § 99 Abs. 3 GWB und § 1 VOB/A** decken sich weitgehend; bei Widersprüchen oder Unvereinbarkeiten ist der gemeinschaftsrechtlich geprägt **Begriff in § 99 Abs. 3 GWB vorrangig**.

5805 Vgl. daher zum **Begriffsinhalt** die Kommentierung zu → § 99 GWB Rdn. 82 ff.

62.2.2 VOL/VOF

5806 Der **Vorschrift des § 1 VOB – als Abgrenzungsregelungen – im Grundsatz vergleichbar** sind im Bereich der VOL §§ 1 VOL/A, 1 EG VOL/A und im Bereich der VOF § 1 VOF. Die Kommentierungen zu diesen Vorschriften können daher ergänzend zu der Kommentierung des § 1 herangezogen werden.

63. § 1a VOB/A – Anwendung der a-Paragraphen

(1)

1. Die Bestimmungen der a-Paragrafen sind zusätzlich zu den Basisparagrafen von Auftraggebern im Sinne von § 98 Nummer 1 bis 3, 5 und 6 des Gesetzes gegen Wettbewerbsbeschränkungen für Bauaufträge anzuwenden, bei denen der geschätzte Gesamtauftragswert der Baumaßnahme bzw. des Bauwerks (alle Bauaufträge für eine bauliche Anlage) mindestens dem in § 2 Nummer 3 der Vergabeverordnung (VgV) genannten Schwellenwert ohne Umsatzsteuer entspricht. Der Gesamtauftragswert umfasst auch den geschätzten Wert der vom Auftraggeber beigestellten Stoffe, Bauteile und Leistungen. Bauaufträge sind Verträge über die Ausführung oder die gleichzeitige Planung und Ausführung eines Bauvorhabens oder eines Bauwerkes für den öffentlichen Auftraggeber, das Ergebnis von Tief- oder Hochbauarbeiten ist und eine wirtschaftliche oder technische Funktion erfüllen soll, oder einer dem Auftraggeber unmittelbar wirtschaftlich zugute kommenden Bauleistung durch Dritte gemäß den vom Auftraggeber genannten Erfordernissen.

2. Werden die Bauaufträge im Sinne von Absatz 1 für eine bauliche Anlage in Losen vergeben, sind die Bestimmungen der a-Paragrafen anzuwenden

   a) bei jedem Los mit einem geschätzten Auftragswert von 1 Million € und mehr,

   b) unabhängig davon für alle Bauaufträge, bis mindestens 80 v. H. des geschätzten Gesamtauftragswertes aller Bauaufträge für die bauliche Anlage erreicht sind.

(2) Die Bestimmungen der a-Paragrafen sind auch anzuwenden,

1. von den im Anhang IV der Richtlinie 2004/18/EG genannten Beschaffungsstellen, wenn eine Baumaßnahme aus nur einem Bauauftrag mit mindestens einem Auftragswert nach § 2 Nummer 1 VgV ohne Umsatzsteuer besteht,

2. von allen übrigen Auftraggebern, wenn eine Baumaßnahme aus nur einem Bauauftrag mit mindestens einem Auftragswert nach § 2 Nummer 2 VgV ohne Umsatzsteuer besteht, und bei dem die Lieferung so überwiegt, dass das Verlegen und Anbringen lediglich eine Nebenarbeit darstellt.

(3) Maßgebender Zeitpunkt für die Schätzung des Gesamtauftragswerts ist die Einleitung des ersten Vergabeverfahrens für die bauliche Anlage.

(4) Eine bauliche Anlage darf für die Schwellenwertermittlung nicht in der Absicht aufgeteilt werden, sie der Anwendung der a-Paragrafen zu entziehen.

63.1 Änderungen in der VOB/A 2009

Die **Definition des Begriffs der Bauaufträge ist an die geänderte Definition nach § 99 Absatz 3 GWB** angepasst worden (§ 1a Abs. 1 Nr. 1 Satz 3). Ansonsten gibt es **noch einige redaktionelle Änderungen**. 5807

63.2 Zusätzliche Anwendung der a-Paragraphen (§ 1a Abs. 1 Nr. 1)

Die Bestimmungen der a-Paragraphen sind zusätzlich zu den Basisparagraphen **von bestimmten Auftraggebern** anzuwenden, sofern **bestimmte Schwellenwerte überschritten** sind. 5808

63.3 Auftraggeber (§ 1a Abs. 1 Nr. 1)

Wer zur Anwendung des Vierten Teils des GWB, der VgV und der a-Paragraphen der VOB/A verpflichtet ist, **ergibt sich aus § 98 Nr. 1 bis 3, 5 und 6 GWB**. Vgl. insoweit die entsprechenden Kommentierungen → Rdn. 10 ff. 5809

63.4 Schwellenwert (§ 1a Abs. 1 Nr. 1)

63.4.1 Verhältnis des § 1a VOB/A zu § 2 VgV

Nach Inkrafttreten der Vergabeverordnung richten sich die einschlägigen **Schwellenwerte ausschließlich nach § 2 VgV** (1. VK Bund, B. v. 2. 5. 2003 – Az.: VK 1–25/03; VK Nordbayern, B. v. 24. 9. 2003 – Az.: 320.VK-3194-30/03). **Entscheidend sind die Regelungen der Vergabeverordnung**. § 1a VOB/A hat also insoweit keine eigenständige Bedeutung mehr (BayObLG, B. v. 23. 7. 2002 – Az.: Verg 17/02).

63.4.2 Höhe der Schwellenwerte (§ 1a Abs. 1 Nr. 1, Nr. 2)

Zur Höhe der Schwellenwerte – auch für Lose von Bauleistungen – vgl. die Kommentierung zu → § 2 VgV Rdn. 7. 5810

63.5 Begriffe des Bauauftrages, der Baumaßnahmen und des Bauwerkes (§ 1a Abs. 1 Nr. 1)

Vgl. hierzu die Kommentierung zu → § 99 GWB Rdn. 82 ff. bzw. 94 ff. 5811

63.6 Bauauftrag mit überwiegendem Lieferanteil (§ 1a Abs. 2)

63.6.1 Sinn und Zweck der Regelung

Der Bestimmung in § 1a Nr. 2 VOB/A liegt der Gedanke zugrunde, dass Lieferungen nicht dadurch dem Anwendungsbereich der Vergabekoordinierungsrichtlinie und den dort festgesetzten, niedrigeren Schwellenwerten für Lieferungen entzogen werden, dass sie infolge des Einbaus, der nur eine Nebenarbeit darstellt, zu Bauleistungen im Sinne der VOB werden; auch in diesen Fällen sollten die Schwellenwerte für Lieferungen maßgebend sein. **§ 1a Abs. 2 VOB/A soll somit auch als Korrektiv dafür gedacht sein, dass derartige Aufträge nach nationalem Recht als Bauaufträge, nach Gemeinschaftsrecht aber unter Umständen als Lieferaufträge einzustufen sind.** 5812

63.6.2 Nebenarbeit

Die **VOB/A definiert nicht**, wann die **Lieferung so überwiegt**, dass das Verlegen und Anbringen **lediglich eine Nebenarbeit** darstellt. Gemäß dem Primat des GWB und der europarechtlichen Regelungen sowie der Rechtsprechung gerade des EuGH **entscheidet nach dem Sinn und Zweck der Regelung der Schwerpunkt der Leistung**. Vgl. dazu die Kommentierung zu → § 99 GWB Rdn. 79. 5813

63.7 Maßgeblicher Zeitpunkt für die Schätzung des Gesamtauftragswerts (§ 1a Abs. 3)

5814 Maßgebender Zeitpunkt für die Schätzung des Gesamtauftragswerts ist die Einleitung des ersten Vergabeverfahrens für die bauliche Anlage. Diese **Bestimmung weicht** im Wortlaut **von der Regelung des § 3 Abs. 9 VgV ab** und hat mit Blick auf die Rechtsprechung zur Vorrangigkeit der Vergabeverordnung **ergänzende Funktion, als sie auf die bauliche Anlage abstellt.** Ansonsten bestimmt sich der **maßgebliche Zeitpunkt nach § 3 Abs. 9 VgV** (vgl. die Kommentierung zu → § 3 VgV Rdn. 139).

63.8 Verbot der Aufteilung einer baulichen Anlage zur Umgehung des Schwellenwertes

5815 Eine bauliche Anlage darf für die Schwellenwertermittlung nicht in der Absicht aufgeteilt werden, sie der Anwendung der a-Paragraphen zu entziehen. Diese Bestimmung entspricht von ihrer Zielrichtung her § 3 Abs. 2 VgV und hat mit Blick auf die Rechtsprechung zur Vorrangigkeit der Vergabeverordnung **ergänzende Funktion, als sie auf die bauliche Anlage abstellt.** Ansonsten bestimmt sich eine **eventuelle Umgehung nach § 3 Abs. 2 VgV** (vgl. die Kommentierung zu → § 3 VgV Rdn. 66).

63.9 Richtlinie des VHB 2008

5816 Der Gesamtauftragswert der baulichen Anlage nach § 1a Abs. 1 VOB/A ist deren geschätzte Gesamtvergütung (§ 3 VgV). Diese errechnet sich aus den Gesamtkosten (Summe aller Bauaufträge), abzüglich

- der einmaligen Abgaben und Gebühren,
- der Kosten der beweglichen Ausstattungs- und Einrichtungsgegenstände,
- der Baunebenkosten (soweit sie gesondert vergütet werden),
- der Umsatzsteuer.

63.10 Richtlinie des HVA StB-B 04/2010

5817 Bei der beabsichtigten Vergabe von Bauaufträgen ist nach § 2 VgV bzw. § 1a VOB/A zu prüfen, ob die voraussichtliche Auftragssumme die EG-Schwellenwerte überschreitet und daher für das Vergabeverfahren die Bestimmungen des 4. Teils des GWB, der VgV und des Abschnittes 2 der VOB/A anzuwenden sind (Richtlinien für das Durchführen der Vergabeverfahren, 2.0 Allgemeines, Nr. 2).

64. § 2 VOB/A – Grundsätze

(1)
1. Bauleistungen werden an fachkundige, leistungsfähige und zuverlässige Unternehmen zu angemessenen Preisen in transparenten Vergabeverfahren vergeben.
2. Der Wettbewerb soll die Regel sein. Wettbewerbsbeschränkende und unlautere Verhaltensweisen sind zu bekämpfen.

(2) Bei der Vergabe von Bauleistungen darf kein Unternehmen diskriminiert werden.

(3) Es ist anzustreben, die Aufträge so zu erteilen, dass die ganzjährige Bautätigkeit gefördert wird.

(4) **Die Durchführung von Vergabeverfahren zum Zwecke der Markterkundung ist unzulässig.**

(5) **Der Auftraggeber soll erst dann ausschreiben, wenn alle Vergabeunterlagen fertig gestellt sind und wenn innerhalb der angegebenen Fristen mit der Ausführung begonnen werden kann.**

64.1 Änderungen in der VOB/A 2009

In § 2 Abs. 1 Nr. 1 wurde das **Transparenzgebot des § 97 Abs. 1 GWB ausdrücklich** aufgenommen. 5818

In § 2 Abs. 4 wurde das in § 16 Nr. 2 VOB/A 2006 enthaltene **Verbot der Durchführung von Vergabeverfahren zu Zwecken der Markterkundung** aufgenommen. 5819

In § 2 Abs. 5 wurde das in § 16 Nr. 1 VOB/A 2006 enthaltene **Gebot, dass erst nach Fertigstellung der Vergabeunterlagen und realistischer Festlegung der Fristen ausgeschrieben werden darf,** aufgenommen. 5820

64.2 Bieterschützende Vorschrift

§ 2 Abs. 1 Nr. 1 Satz 1 dient dem Schutz des Auftraggebers. Die Einhaltung dieser Vorschrift **begründet aber auch für die Bieter subjektive Rechte**, da sie einen Anspruch darauf haben, sich im Wettbewerb grundsätzlich nur mit geeigneten Konkurrenten messen zu müssen (VK Südbayern, B. v. 6. 5. 2002 – Az.: 12-04/02). 5821

Die umfassend zu verstehende **Durchsetzung des wettbewerblichen Prinzips** bei der Bedarfsdeckung der öffentlichen Hand (§ 2 Abs. 1 Nr. 2) liegt – was stets zu beachten ist – nicht nur im Interesse des jeweiligen öffentlichen Auftraggebers, sondern auch des potentiellen Auftragnehmers, **soll also auch den Bewerber oder Bieter im Vergabeverfahren schützen** (OLG Düsseldorf, B. v. 17. 6. 2002 – Az.: Verg 18/02). 5822

64.3 Fachkundige, leistungsfähige und zuverlässige Unternehmen (§ 2 Abs. 1 Nr. 1)

64.3.1 Allgemeiner Inhalt der Eignung und der Eignungskriterien „Fachkunde, Leistungsfähigkeit und Zuverlässigkeit"

Zu dem **allgemeinen Inhalt** der Eignung und der Eignungskriterien „Fachkunde, Leistungsfähigkeit und Zuverlässigkeit" sowie zum **rechtlichen Inhalt und zur Nachprüfbarkeit** vgl. die **Kommentierung zu** → § 97 GWB Rdn. 554 ff. 5823

64.3.2 Baubezogene Einzelheiten der Eignungskriterien

Zu den **baubezogenen Einzelheiten der Eignungskriterien** vgl. die Kommentierung zu § 6 VOB/A. 5824

64.4 Vergabe zu angemessenen Preisen (§ 2 Abs. 1 Nr. 1)

Das **Tatbestandsmerkmal** des „angemessenen Preises" wird **konkretisiert in § 16 Abs. 6 VOB/A**; vgl. deshalb zum Inhalt die Kommentierung zu § 16 Abs. 6 VOB/A. 5825

64.5 Transparente Vergabeverfahren (§ 2 Abs. 1 Nr. 1)

64.5.1 Allgemeines

Das **Transparenzgebot wurde mit der VOB/A 2009 ausdrücklich in den Grundsätzen der Vergabe verankert**. Der Wettbewerb wird durch transparente Vergabeverfahren hergestellt, d. h. Transparenz ist ein Mittel zur Herstellung des Wettbewerbs. 5826

64.5.2 Hinweis

Vgl. **zu Inhalt und Reichweite, zu wichtigen Ausprägungen und zu Beispielen** die Kommentierung zu → § 97 GWB Rdn. 167 ff. 5827

64.6 Wettbewerbsprinzip (§ 2 Abs. 1 Nr. 2)

64.6.1 Allgemeines

§ 2 Abs. 1 Nr. 2 wurde **redaktionell neu gefasst**. 5828

Teil 3 VOB/A § 2 Vergabe- und Vertragsordnung für Bauleistungen Teil A

64.6.2 Hinweis

5829   Vgl. **zu Inhalt und Reichweite, zu wichtigen Ausprägungen und zu Beispielen** die Kommentierung zu → § 97 GWB Rdn. 8 ff.

64.7 Diskriminierungsverbot (§ 2 Abs. 2)

5830   Das Diskriminierungsverbot ist die **negative Ausformulierung des Gleichbehandlungsgebots des § 97 Abs. 2 GWB**. Vgl. **zu Inhalt und Reichweite, zu wichtigen Ausprägungen und zu Beispielen** die Kommentierung zu → § 97 GWB Rdn. 276 ff.

64.8 Förderung der ganzjährigen Bautätigkeit (§ 2 Abs. 3)

5831   Es ist anzustreben, die Aufträge so zu erteilen, dass die ganzjährige Bautätigkeit gefördert wird. Die **Vorschrift spielt in der Rechtsprechung keine Rolle.**

64.9 Unzulässigkeit der Durchführung von Vergabeverfahren zur Markterkundung (§ 2 Abs. 4)

64.9.1 Änderung in der VOB/A 2009

5832   Den Grundsätzen des § 2 wurde **auch die Regelung, nach der ein Vergabeverfahren nicht zum Zwecke der Markterkundung erfolgen darf,** zugeordnet. § 2 Abs. 4 ist inhaltlich deckungsgleich mit § 16 Nr. 2 VOB/A 2006.

64.9.2 Allgemeines

5833   Ausschreibungen für vergabefremde Zwecke (z. B. Ertragsberechnungen bzw. Markterkundungen) sind unzulässig. Hierunter sind alle Fälle zu verstehen, in denen die **Vergabestelle** ihren **im Vorfeld der Ausschreibung zukommenden Pflichten** (Markterkundung, Wirtschaftlichkeitsermittlungen, resultierende Vorentscheidungen) **nicht nachkommt**, sondern diese **eigenen Vorleistungen den Bietern auferlegt** (1. VK Sachsen, B. v. 16. 1. 2008 – Az. 1/SVK/084–07; VK Thüringen, B. v. 20. 3. 2001 – Az.: 216–4003.20-001/01-SHL-S).

64.9.3 Konkrete Vergabeabsicht

5834   Ausschreibungen für vergabefremde Zwecke (u. a. für eine Markterkundung) sind unzulässig. Es muss also eine **konkrete Vergabeabsicht** und auch die **tatsächliche Möglichkeit der (unbedingten) Zuschlagserteilung** bestehen. Dies lässt sich für die konkrete Vergabeabsicht aus § 2 Abs. 4, 5 VOB/A und für die unbedingte Zuschlagserteilung aus dem Sinn und Zweck eines Vergabeverfahrens ableiten (VK Hessen, B. v. 20. 2. 2002 – Az.: 69 d VK – 47/2001; 1. VK Sachsen, B. v. 16. 1. 2008 – Az.: 1/SVK/084-07). Der **Tatbestand einer Scheinausschreibung** ist also nur dann gegeben, wenn die Ausschreibung erkennbar in der Absicht durchgeführt wird, lediglich Preislisten und Kostenanschläge einzuholen, **ohne** dass dahinter der **ernsthafte Wille zur Einholung von Angeboten und zur Vergabe** steht (OLG Dresden, B. v. 23. 4. 2009 – Az.: WVerg 0011/08; OLG Frankfurt, B. v. 20. 2. 2003 – Az.: 11 Verg 1/02; VK Detmold, B. v. 19. 12. 2002 – Az.: VK.21–41/02; VK Lüneburg, B. v. 29. 4. 2005 – Az.: VgK-19/2005; 1. VK Sachsen, B. v. 16. 1. 2008 – Az.: 1/SVK/084-07).

5835   Grundsätzlich kann es auch gegen § 97 Abs. 1, Abs. 5 GWB und § 2 Abs. 4 VOB/A verstoßen, wenn die **Zuschlagserteilung letztlich von einem Zugeständnis abhängig gemacht wird, das mit dem eigentlich ausgeschriebenen Vertragsgegenstand nichts zu tun hat** (VK Lüneburg, B. v. 12. 11. 2001 – Az.: 203-VgK-19/2001).

64.9.4 Markterkundung

5836   Hat ein **Auftraggeber Zweifel**, ob die zurzeit angebotenen **Qualitäten und Preise** für eine Beschaffung in Frage kommen oder **im bereitstehenden Budget noch enthalten sind,** und will er Erkenntnisse dieser Art erlangen, muss er **vor der Ausschreibung eine Markterkundung** durchführen. Die **Einbindung von Markterkundungselementen in die Aus-**

schreibung ist rechtlich ausgeschlossen (VK Düsseldorf, B. v. 4. 8. 2000 – Az.: VK – 14/ 2000 – L; VK Lüneburg, B. v. 29. 4. 2005 – Az.: VgK-19/2005).

Darunter fällt **auch die Marktinformation für Dritte**. Steht z.B. für den Gewinner einer Ausschreibung in keiner Weise fest, ob er in Ausfüllung eines abgeschlossenen Rahmenvertrages auch nur einen einzelnen der von ihm vorzuhaltenden Bauleistungen tatsächlich veräußern kann und hat die ausschreibende Stelle hierauf auch keinen Einfluss und erlangt der Gewinner der Ausschreibung nicht mehr als die mehr oder weniger realistische Chance, die sich mit der Aufnahme der von ihm angebotenen Bauleistungen in einen Katalog oder ein elektronisches Bestellsystem verbindet und fällt die Entscheidung über eine Bestellung allein bei den „Kunden" der ausschreibenden Stelle, **ist für diese der Katalog nicht mehr als ein Mittel zur Erkundung des Marktes**: Haben sie Beschaffungen vor, werden sie sich – das liegt jedenfalls nicht fern – zunächst an den im Katalog befindlichen Angeboten orientieren und anhand der hier gefundenen Maßstäbe nach Einholung von Vergleichsangeboten die Entscheidung treffen, ob sie die Bauleistungen über die ausschreibende Stelle beziehen, sie bei Dritten erwerben oder aber – einen entsprechenden Umfang der Beschaffung vorausgesetzt – selbst ein Ausschreibungsverfahren durchführen. Den Abnehmern dienen die in den Katalog aufgenommenen Bauleistungen jedenfalls dem Zwecke der Markterkundung, indem sie sie mit Informationen darüber versorgen, welche Angebote sich in einer schon einmal durchgeführten Ausschreibung durchgesetzt haben. Damit **ist der Zweck der durchgeführten Ausschreibung nicht auf die Vergabe der ausgeschriebenen Leistung gerichtet, sondern darauf, die Angebote des erfolgreichen Unternehmens ihren potenziellen Interessenten zu präsentieren; eine zu einem solchen Zweck durchgeführte Ausschreibung ist unzulässig** (KG Berlin, B. v. 15. 4. 2004 – Az.: 2 Verg 22/03).

5837

64.9.5 Weitere Beispiele aus der Rechtsprechung

– eine **Scheinausschreibung** ist **nicht schon dann** anzunehmen, wenn der **Auftragswert von der Vergabestelle zu niedrig angesetzt** worden ist (OLG Dresden, B. v. 23. 4. 2009 – Az.: WVerg 0011/08)

5838

– erfolgt die **Abfrage von Preisen für bestimmte Leistungen aus rein informatorischen Gründen** und ist eine **Verpflichtung des Leistungserbringers, diese Leistung zu diesem Preis abzugeben, nicht Gegenstand des beabsichtigten Vertrages**, dient die Abfrage des Preises mithin vergabefremden Zwecken – hier der **Markterkundung** – im Sinne des § 16 VOB/A 2006 – jetzt § 2 Abs. 4 VOB/A 2009 – und ist daher **vergaberechtswidrig** (1. VK Bund, B. v. 9. 5. 2007 – Az.: VK 1–26/07)

– das **Einholen von Angeboten geht über die Markterkundung hinaus** (VK Düsseldorf, B. v. 12. 9. 2006 – Az.: VK – 37/2006 – L – **instruktives Beispiel**)

– ein **vorsorglich und zu „Preisvergleichszwecken" geführtes Verhandlungsverfahren** über die bereits in einer Ausschreibung enthaltenen identischen Leistungen verstößt gegen das in § 16 Nr. 2 VOB/A – jetzt § 2 Abs. 4 VOB/A 2009 – geregelte Verbot einer Ausschreibung für vergabefremde Zwecke (VK Lüneburg, B. v. 29. 4. 2005 – Az.: VgK-19/2005)

– **Forderung des Auftraggebers an die Bieter, kostenlos Werbeflächen zur Verfügung zu stellen** (VK Lüneburg, B. v. 12. 11. 2001 – Az.: 203-VgK-19/2001)

– ist **Ziel einer Ausschreibung die Feststellung, ob und auf welcher tatsächlichen und preislichen Grundlage eine landwirtschaftliche Verwertung von Klärschlamm in Betracht kommen** könnte, wird das unbedingte Ziel einer Zuschlagserteilung bei Vorliegen eines zuschlagsfähigen Angebots nicht verfolgt (VK Hessen, B. v. 20. 2. 2002 – Az.: 69 d VK – 47/2001; zweifelnd OLG Frankfurt, B. v. 20. 2. 2003 – Az.: 11 Verg 1/02)

64.9.6 Literatur

– Kühn, Burkhard, Wer suchet, der findet! – Markterkundung als Schlüssel zum Erfolg für den Einkauf, Behörden Spiegel November 2007, 27

5839

64.9.7 Parallelausschreibungen

64.9.7.1 Erscheinungsformen

Parallelausschreibungen treten in mehreren Erscheinungsformen auf.

5840

5841 **64.9.7.1.1 Ausschreibung derselben Leistung als Generalunternehmervergabe und Fach- bzw. Teillosvergabe.** Die in der Praxis am häufigsten verwendete Erscheinungsform der Parallelausschreibung ist die Ausschreibung derselben Leistung einmal als Generalunternehmerpaket und zum anderen als einzelne Fach- bzw. Teillospakete.

5842 Eine solche durch die Ausschreibung ermöglichte **wahlweise Abgabe von Angeboten für einzelne Fachlose und/oder für zusammengefasste Gruppen von Einzellosen bzw. für alle Lose** enthält keinen Verstoß gegen das Transparenzgebot (§ 2 Abs. 1 Nr. 1 VOB/A). Insbesondere handelt es sich **nicht um eine unzulässige Doppelausschreibung identischer Leistungen** als Teilleistung in mehreren Losen, weil die **Vergabeeinheiten** für die Generalunternehmer- und die Einzelangebote **sich inhaltlich nicht überschneiden, sondern decken** (OLG Bremen, B. v. 22. 10. 2001 – Az.: Verg 2/2001; im Ergebnis ebenso OLG Naumburg, B. v. 13. 10. 2006 – Az.: 1 Verg 12/06; VK Magdeburg, B. v. 23. 6. 1999 – Az.: VK-OFD LSA 1/99; VK Nordbayern, B. v. 27. 11. 2000 – Az.: 320.VK-3194-30/00).

5843 **64.9.7.1.2 Ausschreibung einer Bauleistung verbunden mit einer Finanzierungsleistung.** Bei einer solchen Ausschreibung wird üblicherweise in einem Ausschreibungsverfahren als **ein Los die Bauleistung** ausgeschrieben, als **ein weiteres Los die Finanzierungsleistung für diese Bauleistung** und als **weiteres Los die Kombination der Bauleistung und der Finanzierungsleistung**. Die Wertung der einzelnen Angebote erfolgt wie bei jeder losweisen Ausschreibung (vgl. im Einzelnen die Kommentierung zu § 16 VOB/A).

5844 Die Literatur verwendet für diese Variante auch den Begriff der „**Doppelausschreibung**" (**Gutachten PPP im öffentlichen Hochbau**, 19. 9. 2003, Band II: Rechtliche Rahmenbedingungen, Teilband 2: Vergaberecht, Steuerrecht, Recht der öffentlichen Förderung, Kapitel 7.8).

5845 In der Rechtsprechung noch nicht dezidiert beantwortet ist die Frage, ob bei solchen Ausschreibungen die VOB/A oder die VOL/A anzuwenden ist; die Beantwortung dieser Frage ist entscheidend u. a. dafür, ob der Schwellenwert für Bauleistungen oder für Dienstleistungen anzuwenden ist. Entsprechend den allgemeinen Regeln entscheidet darüber die **überwiegende wirtschaftliche Bedeutung entweder der Bau- oder Finanzierungsleistung (§ 99 Abs. 7 GWB)**; vgl. im Einzelnen die Kommentierung zu → § 99 GWB Rdn. 530 ff.

5846 **64.9.7.1.3 A-B-C-Modell.** Bei diesem Modell werden im Rahmen einer einheitlichen Ausschreibung als **ein Los die Baumaßnahmen**, als **ein weiteres Los die Finanzierung dieser Baumaßnahme** und **als drittes Los die Betriebsführung für das mit der Baumaßnahme umzusetzende Projekt** ausgeschrieben. Anwendung findet dieses Modell insbesondere im Abfall- und Abwasserbereich.

5847 **64.9.7.1.4 Parallelausschreibung bei nur zwei technischen Systemen.** Bei nur zwei **technischen Systemen auf dem Markt** kann eine **Parallelausschreibung dergestalt** erfolgen, dass die **beiden Systeme in zwei ansonsten identischen Ausschreibungen ausgeschrieben werden** und den **Bietern** die **Entscheidung** überlassen bleibt, ob sie **zu beiden Ausschreibungen oder nur zu einer Ausschreibung ein Angebot abgeben**. Ziel der Parallelausschreibung ist es in einem solchen Fall, aus zwei technologisch verschiedenen, aber gleichwertigen Ausführungsvarianten, die wirtschaftlichste Ausführung zu ermitteln (OLG Düsseldorf, B. v. 26. 7. 2006 – Az.: VII – Verg 19/06).

64.9.7.2 Zulässigkeit einer Parallelausschreibung

5848 **64.9.7.2.1 Doppelte Ausschreibung des identischen Leistungsgegenstands.** Die VOB/A bzw. die VOL/A gehen in ihrem gesamten Aufbau und Inhalt **von einer konkret zu vergebenden Leistung** und dem dazugehörigen Vergabeverfahren zur Findung des Angebotes aus, das den Zuschlag erhalten soll. Vergabeverfahren, die nicht die Auftragsvergabe unmittelbar zum Ziel haben, also auch solche, die zu anderen Verfahren zur vergleichenden Wertung herangezogen werden, sind nach § 2 Abs. 4 VOB/A bzw. § 2 Abs. 3 VOL/A unzulässig. Bei **Beachtung der Einheit von beabsichtigter Leistungsvergabe/Leistungsgegenstand und Vergabeverfahren ist eine doppelte Ausschreibung zum gleichen Leistungsgegenstand nicht zulässig**, da bereits mit Ausschreibungsbeginn feststehen würde, dass zu einem der beiden Vergabeverfahren die zu vergebende Leistung fehlt (dieselbe Leistung kann nicht zweimal vergeben werden), ebenso wäre die Aufhebung der zweiten Ausschreibung problematisch, da diese für sich betrachtet im Normalfall ein bezuschlagungsfähiges Angebot beinhalten würde, der Aufhebungsgrund „fehlender Wirtschaftlichkeit" für dieses konkrete, separate Vergabeverfahren nicht zuträfe (OLG Frankfurt, B. v. 15. 7. 2008 – Az.: 11 Verg 6/08; VK Lüneburg, B. v.

9. 5. 2001 – Az.: 203-VgK-04/2001; VK Thüringen, B. v. 20. 3. 2001 – Az.: 216–4003.20-001/01-SHL-S; im Ergebnis ebenso OLG Naumburg, B. v. 13. 10. 2006 – Az.: 1 Verg 12/06; B. v. 13. 10. 2006 – Az.: 1 Verg 11/06).

64.9.7.2.2 Durchführung nur eines Ausschreibungsverfahrens. Gegen Parallelausschreibungen in einem Verfahren bestehen keine durchgreifenden Bedenken (BayObLG, B. v. 21. 12. 2000 – Az.: Verg 13/00; VK Lüneburg, B. v. 8. 3. 2004 – Az.: 203-VgK-03/2004, B. v. 9. 5. 2001 – Az.: 203-VgK-04/2001; VK Niedersachsen, B. v. 22. 10. 2009 – Az.: VgK-49/2009; 1. VK Sachsen, B. v. 1. 2. 2002 – Az.: 1/SVK/131-01, B. v. 1. 2. 2002 – Az.: 1/SVK/135-01, B. v. 1. 2. 2002 – Az.: 1/SVK/139-01, B. v. 13. 2. 2002 – Az.: 1/SVK/003-02), **sofern** die berechtigten Interessen der Bieter im Hinblick auf einen zumutbaren Arbeitsaufwand gewahrt werden, das Verfahren für die Beteiligten hinreichend transparent ist und sichergestellt ist, dass die wirtschaftlichste Verfahrensweise zum Zuge kommt (KG Berlin, B. v. 22. 8. 2001 – Az.: KartVerg 03/01; OLG Bremen, B. v. 10. 10. 2001 – Az.: Verg 2/2001; im Ergebnis ebenso VK Lüneburg, B. v. 8. 3. 2004 – Az.: 203-VgK03/2004, B. v. 12. 11. 2001 – Az.: 203-VgK-19/2001; VK Niedersachsen, B. v. 22. 10. 2009 – Az.: VgK-49/2009).

5849

Eine Parallelausschreibung **kann daher unzulässig** sein, wenn **berechtigte Interessen der Bieter im Hinblick auf einen unzumutbaren Arbeitsaufwand nicht gewahrt** werden bzw. **für die Bieter** trotz der Darstellung in den Angebotsunterlagen **nicht erkennbar ist, nach welchen Kriterien letztlich vergeben** wird. So können z.B. Bauunternehmen in einem Ausschreibungsverfahren für Bau und Betrieb einer Abwasserbeseitigungsanlage ihre Chancen in einem solchen Verfahren auf Erhalt des Auftrags deshalb nicht einschätzen, weil Bauunternehmen üblicherweise die betriebswirtschaftlichen und kalkulatorischen Grundlagen der Abwasserbeseitigung, einem streng in öffentlich-rechtliche Vorgaben und Notwendigkeiten eingebundenen Bereich, nicht kennen. Es ist **unzumutbar für einen Bieter, mit Dritten, die nach unbekannten Kriterien arbeiten und von ihm nicht eingeschätzt werden können, in Wettbewerb zu treten** und für die Hergabe eines Angebotes erhebliche Aufwendungen zu machen. Eine so angelegte Vergabe wird intransparent und stellt im Übrigen einen Verstoß gegen das Gleichbehandlungsgebot des § 97 Abs. 2 GWB dar, da die gewählte Vergabeform einen Vergleich von Angeboten mit unterschiedlichen Leistungsinhalten und Leistungszielen voraussetzt, mithin Ungleiches gleich behandelt (OLG Celle, B. v. 8. 11. 2001 – Az.: 13 Verg 11/01, B. v. 8. 11. 2001 – Az.: 13 Verg 10/01, B. v. 8. 11. 2001 – Az.: 13 Verg 9/01).

5850

Der Umstand, dass eine **Vergabestelle der Ausschreibung in technischer Hinsicht unterschiedliche Leistungsvarianten zugrunde legt**, ist **in bestimmten Fällen vergaberechtlich nicht zu beanstanden**. Der Leistungsgegenstand unterliegt der autonomen Bestimmung des Auftraggebers. Dabei hat der öffentliche Auftraggeber im Prinzip freilich technikoffen auszuschreiben. Dem wird von der Vergabestelle jedoch entsprochen, wenn **die aufgrund sachverständiger Beratung als technisch machbar in Betracht kommenden Bauarten** (z.B. Ersatz der vorhandenen Betondecke und der oberen HGT-Lage durch einen bituminösen Aufbau = Ausschreibung 05T0536 sowie Ersatz der vorhandenen Betondecke und HGT-Schicht durch Schottertragschicht und bituminösen Aufbau = Ausschreibung 05T0537) **parallel ausgeschrieben** werden. Die Parallelausschreibung sichert einen größtmöglichen Wettbewerb. Sie soll eine Auftragsvergabe auf das in jeder Hinsicht wirtschaftlichste Angebot vorbereiten (OLG Düsseldorf, B. v. 26. 7. 2006 – Az.: VII – Verg 19/06).

5851

64.9.7.2.3 Weitere Beispiele aus der Rechtsprechung

5852

– **Parallelausschreibungen** sind dann **zulässig, wenn sie geeignet sind, das wirtschaftlichste Angebot zu ermitteln und nicht primär dem vergabefremden Zweck dient, dem Auftraggeber zunächst die Grundlagen für die Ermittlung der für ihn günstigsten Leistungsvariante zu verschaffen und hierdurch für die Bieter ein unzumutbarer Aufwand bei der Angebotskalkulation entsteht.** Diese Voraussetzung ist im vorliegenden Fall gegeben. Denn hier ging es dem Auftraggeber lediglich darum, festzustellen, ob ein von vornherein feststehendes Leistungsziel – nämlich Abholung und Zustellung der Postsendungen – wirtschaftlicher durch Einkauf einer reinen Konsolidierungsleistung, bei der der Auftraggeber die Frankierungskosten gemäß den Tarifen der Deutschen Post AG trägt, oder durch Einkauf einer Gesamtleistung (Auftragnehmer übernimmt zusätzlich Frankierung und Zustellung) beschafft werden kann. Den hierzu erforderlichen Wirtschaftlichkeitsvergleich konnte der Auftraggeber, ohne dass dies bei den Bietern einen unzumutbaren Aufwand verursacht hätte, nur durch Einholung entsprechender Angebote durchführen. Dabei hat die **Vergabekammer auch keine grundsätzlichen Bedenken gegen die Durchführbarkeit eines solchen Vergleichs, bei dem die bei dem Auftraggeber anfallenden**

Teil 3 VOB/A § 2 Vergabe- und Vertragsordnung für Bauleistungen Teil A

Kosten der beiden Leistungsvarianten einander gegenübergestellt werden (1. VK Bund, B. v. 13. 2. 2007 – Az.: VK 1–157/06)

5853 **64.9.7.2.4 Verwaltungsregelungen zur Parallelausschreibung.** Verschiedene Bundesländer haben **Verwaltungsregelungen zur Parallelausschreibung** getroffen:

5854 **Niedersachsen:** → Runderlass des Niedersächsischen Ministeriums für Wirtschaft und Verkehr vom 15. 11. 1996 („Schlüsselfertiges Bauen"), Ministerialblatt 1996, S. 1904 (Zulassung des Verfahrens der Ausschreibung von Losen und eines Generalunternehmerangebots)

5855 **Baden-Württemberg:** → Parallelausschreibungen werden auch zukünftig in geeigneten Fällen durchgeführt

5856 **Bayern:** → Gemeinsame Bekanntmachung der Staatsministerien des Innern, der Finanzen und für Landesentwicklung und für Umweltfragen vom 20. 3. 2001, AllMBl. Nr. 4/2001, S. 148 ff. (Parallelausschreibung nur im Grundmodell Los- und Gesamtvergabe)

5857 **Nordrhein-Westfalen:** → Bekanntmachung der baupolitischen Ziele des Landes Nordrhein-Westfalen, Runderlasse des Ministeriums für Städtebau und Wohnen, Kultur und Sport vom 19. 10. 2002, Ministerialblatt NRW Nr. 57 vom 8. 11. 2002 (in geeigneten Fällen Anwendung aller oben genannten Arten der Parallelausschreibung).

5858 **64.9.7.2.5 Angebotsfristen für Parallelausschreibungen.** Zu den Anforderungen an die Festlegung von Angebotsfristen bei Parallelausschreibungen vgl. die Kommentierung zu → § 10 VOB/A Rdn. 16.

5859 **64.9.7.2.6 Festlegung gestaffelter Eröffnungstermine.** Zur Festlegung gestaffelter Eröffnungstermine bei Parallelausschreibungen vgl. die Kommentierung zu → § 14 VOB/A Rdn. 9.

5860 **64.9.7.2.7 Wertung von Parallelausschreibungen.** Neben der Notwendigkeit der Erstellung von komplexen Vergabeunterlagen ist **das wesentliche Problem der Parallelausschreibung die Wertung der Angebote**; vgl. hierzu die Kommentierung zu → § 97 GWB Rdn. 1263 ff.

64.10 Fertigstellung aller Vergabeunterlagen und Möglichkeit der Ausführung der Leistung (§ 2 Abs. 5)

64.10.1 Änderung in der VOB/A 2009

5861 Den Grundsätzen des § 2 wurde **auch die Regelung, wonach der Auftraggeber erst dann ausschreiben soll, wenn alle Vergabeunterlagen fertig gestellt sind und wenn innerhalb der angegebenen Fristen mit der Ausführung begonnen werden kann**, zugeordnet. § 2 Abs. 5 ist inhaltlich deckungsgleich mit § 16 Nr. 1 VOB/A 2006.

64.10.2 Bieterschützende Vorschrift

5862 § 2 Abs. 5 VOB/A ist eine **bieterschützende Regelung** (OLG Düsseldorf, B. v. 17. 11. 2008 – Az.: VII-Verg 52/08; B. v. 8. 9. 2005 – Az.: Verg 35/04; VG Potsdam, Urteil v. 17. 8. 2010 – Az.: 3 K 1383/05).

64.10.3 Sollvorschrift

5863 Zwar handelt es sich bei § 2 Abs. 5 VOB/A um eine **Sollvorschrift** und es kommt gemäß der Formulierung zuerst einmal auf die **subjektive Einschätzung des Auftraggebers** an, jedoch ist dies anders zu beurteilen, **wenn von vorneherein objektiv die Möglichkeit einer fristgemäßen Ausführung fehlt** (VK Thüringen, B. v. 1. 2. 2002 – Az.: 216–4003.20–077/01-SLZ).

64.10.4 Fertigstellung aller Vergabeunterlagen

64.10.4.1 Grundsatz

5864 Der Auftraggeber soll erst dann ausschreiben, wenn alle Vergabeunterlagen fertig gestellt sind. Die **Vergabestelle muss sich darüber Klarheit** verschafft haben, dass die **Leistung innerhalb der in den Verdingungsunterlagen angegebenen Frist auch durchgeführt werden**

Vergabe- und Vertragsordnung für Bauleistungen Teil A   VOB/A § 2   **Teil 3**

kann. Es kommt dabei **vor allem auf den subjektiven Eindruck** und in zweiter Linie darauf an, ob die Leistung in tatsächlicher Hinsicht aufgrund der technischen Möglichkeiten auch tatsächlich fristgerecht erbracht werden kann. In **rechtlicher Hinsicht** ist die **Vergabestelle verpflichtet, alle privatrechtlichen und öffentlich-rechtlichen Voraussetzungen** dafür **zu schaffen**, dass mit den ausgeschriebenen Leistungen **innerhalb der angegebenen Fristen begonnen** werden kann (OLG Düsseldorf, B. v. 8. 9. 2005 – Az.: Verg 35/04).

64.10.4.2 Sonderfall der funktionalen Leistungsbeschreibung

Auch die funktionale Leistungsbeschreibung unterliegt **gewissen Anforderungen an die Bestimmtheit.** Der Auftraggeber **darf nicht von jeder eigenen Planungstätigkeit absehen** und diese – etwa um Kostenaufwand, Zeit und/oder Personal einzusparen – **gänzlich den Bietern übertragen.** Die **eigene Planung** des Auftraggebers muss vor einer Ausschreibung vielmehr insoweit feststehen, als die **Kriterien für die spätere Angebotsbewertung festliegen und das Leistungsziel, die Rahmenbedingungen sowie die wesentlichen Einzelheiten der Leistung in der Weise bekannt sind, dass mit Veränderungen nicht mehr zu rechnen ist.** Dies folgt aus dem selbstverständlichen Gebot, dass auch die funktionale Leistungsbeschreibung Missverständnisse bei den Bietern vermeiden und damit letztlich sicherstellen soll, dass miteinander vergleichbare Angebote abgegeben werden, die nachher einer ordnungsgemäßen Bewertung zugänglich sind. **Erfüllt** eine funktionale Leistungsbeschreibung **diese Anforderungen nicht, fehlt es** der Ausschreibung **an der Vergabereife**; sie kann keine Grundlage für einen Zuschlag auf das wirtschaftlichste Angebot sein (OLG Düsseldorf, B. v. 14. 2. 2001 – Az.: Verg 14/00; OLG Naumburg, B. v. 16. 9. 2002 – Az.: 1 Verg 02/02).   5865

64.10.4.3 Fehlende Finanzierung eines ausgeschriebenen Projektes

64.10.4.3.1 Grundsatz. Der öffentliche Auftraggeber soll erst ausschreiben, wenn die Finanzierung einer Beschaffungsmaßnahme gesichert ist.   5866

64.10.4.3.2 Richtlinie des VHB 2008. Mit dem Ausschreibungsverfahren darf erst begonnen werden, wenn die erforderlichen Ausgabemittel zugewiesen sind und/oder eine Verpflichtungsermächtigung erteilt ist. Ausnahmen bedürfen der Zustimmung der zuständigen obersten Bundesbehörde (Allgemeine Richtlinien Vergabeverfahren Nr. 4.1).   5867

64.10.4.3.3 Rechtsfolgen einer fehlenden Finanzierung. 64.10.4.3.3.1 Vergaberecht. Die **fehlende finanzielle Sicherung eines ausgeschriebenen Projekts** kann aus Gründen, die in der Natur der Sache liegen, **nicht zum Gegenstand eines Nachprüfungsverfahrens nach dem Vierten Teil des GWB gemacht werden.** Den Bietern steht insoweit kein anerkennenswertes Bedürfnis zur Inanspruchnahme von vergaberechtlichern Primärrechtsschutz zu. Das Verfahren nach den §§ 107 ff. GWB ist darauf ausgerichtet, auftretende Unregelmäßigkeiten noch im laufenden Vergabeverfahren abzustellen. Stehen die für die Durchführung des Vorhabens nötigen finanziellen Mittel nicht bereit, kann dieser Mangel nicht durch eine Entscheidung der Vergabekammer nach § 114 Abs. 1 GWB behoben werden. Der in seiner diesbezüglichen Erwartung **enttäuschte Bieter ist vielmehr von vornherein auf die Geltendmachung von Schadensersatz angewiesen,** wenn die Vergabestelle nicht auf die fehlende Finanzierung hingewiesen hat (KG Berlin, B. v. 22. 8. 2001 – Az.: KartVerg 03/01).   5868

64.10.4.3.3.2 Schadenersatz. Da die Finanzierung für die spätere Auftragsvergabe ein wesentlicher Umstand ist, darf jeder Bewerber auch ohne besondere Rückfrage und unabhängig von der Regelung des § 2 Abs. 5 VOB/A erwarten, **zusammen mit der Ausschreibung informiert zu werden, wenn die Finanzierung nicht sichergestellt und damit die Durchführung des Vorhabens im Ergebnis noch völlig offen ist.** Demgemäß ist der Ausschreibende zur Aufklärung über diesen Umstand verpflichtet; eine Verletzung dieser Verpflichtung kann Ersatzansprüche der betroffenen Unternehmen auslösen (BGH, Urteil vom 8. 9. 1998 – Az: X ZR 48/97).   5869

Zu eventuellen Schadenersatzansprüchen aufgrund einer von § 17 VOB/A nicht gedeckten Aufhebung einer Ausschreibung wegen mangelnder Finanzierung vgl. die Kommentierung zu § 17 VOB/A.   5870

64.10.4.4 Vergabereife bei komplexen Beschaffungen

In **Fällen, in denen die Vorbereitung einer Ausschreibung mehrschichtige Prüfungen, insbesondere solche abfallrechtlicher Art erfordert,** genügt der öffentliche Auftraggeber seiner Verpflichtung, die Vergabereife herzustellen, wenn er die Zulässigkeit   5871

Teil 3 VOB/A § 3 Vergabe- und Vertragsordnung für Bauleistungen Teil A

des Beschaffungsvorhabens unter allen bei der Vorbereitung (oder gegebenenfalls auch später) erkennbaren Gesichtspunkten überprüft und dem **Prüfungsergebnis angemessen Rechnung getragen** hat. Sonderrechtliche Fragen, namentlich solche abfallrechtlicher Art, deren Beantwortung nicht von einer vorherigen öffentlich-rechtlichen Genehmigung abhängig ist, müssen von ihm zuvor nicht im Benehmen mit der zuständigen Fachbehörde geklärt werden (OLG Düsseldorf, B. v. 17. 11. 2008 – Az.: VII-Verg 52/08).

64.10.5 Möglichkeit der Ausführung der Leistung

5872 Auf Grund dieser Vorschrift muss der **Auftraggeber alles erforderliche tun, damit der Bieter innerhalb der vorgesehenen Frist mit der Ausführung seiner Leistung beginnen** kann. Hierzu gehören alle Maßnahmen, die dem Auftraggeber obliegen wie z.B. die **Zurverfügungstellung des Gebäudes oder des Grundstücks** (VK Thüringen, B. v. 1. 2. 2002 – Az.: 216–4003.20–077/01-SLZ).

65. § 3 VOB/A – Arten der Vergabe

(1) **Bei Öffentlicher Ausschreibung werden Bauleistungen im vorgeschriebenen Verfahren nach öffentlicher Aufforderung einer unbeschränkten Zahl von Unternehmen zur Einreichung von Angeboten vergeben. Bei Beschränkter Ausschreibung werden Bauleistungen im vorgeschriebenen Verfahren nach Aufforderung einer beschränkten Zahl von Unternehmen zur Einreichung von Angeboten vergeben, gegebenenfalls nach öffentlicher Aufforderung, Teilnahmeanträge zu stellen (Beschränkte Ausschreibung nach Öffentlichem Teilnahmewettbewerb). Bei Freihändiger Vergabe werden Bauleistungen ohne ein förmliches Verfahren vergeben.**

(2) Öffentliche Ausschreibung muss stattfinden, soweit nicht die Eigenart der Leistung oder besondere Umstände eine Abweichung rechtfertigen.

(3) Beschränkte Ausschreibung kann erfolgen,

1. bis zu folgendem Auftragswert der Bauleistung ohne Umsatzsteuer:

   a) 50 000 € für Ausbaugewerke (ohne Energie- und Gebäudetechnik), Landschaftsbau und Straßenausstattung,

   b) 150 000 € für Tief-, Verkehrswege- und Ingenieurbau,

   c) 100 000 € für alle übrigen Gewerke,

2. wenn eine Öffentliche Ausschreibung kein annehmbares Ergebnis gehabt hat,

3. wenn die Öffentliche Ausschreibung aus anderen Gründen (z.B. Dringlichkeit, Geheimhaltung) unzweckmäßig ist.

(4) Beschränkte Ausschreibung nach Öffentlichem Teilnahmewettbewerb ist zulässig,

1. wenn die Leistung nach ihrer Eigenart nur von einem beschränkten Kreis von Unternehmen in geeigneter Weise ausgeführt werden kann, besonders wenn außergewöhnliche Zuverlässigkeit oder Leistungsfähigkeit (z.B. Erfahrung, technische Einrichtungen oder fachkundige Arbeitskräfte) erforderlich ist,

2. wenn die Bearbeitung des Angebots wegen der Eigenart der Leistung einen außergewöhnlich hohen Aufwand erfordert.

(5) Freihändige Vergabe ist zulässig, wenn die Öffentliche Ausschreibung oder Beschränkte Ausschreibung unzweckmäßig ist, besonders

1. wenn für die Leistung aus besonderen Gründen (z.B. Patentschutz, besondere Erfahrung oder Geräte) nur ein bestimmtes Unternehmen in Betracht kommt,

2. wenn die Leistung besonders dringlich ist,

3. wenn die Leistung nach Art und Umfang vor der Vergabe nicht so eindeutig und erschöpfend festgelegt werden kann, dass hinreichend vergleichbare Angebote erwartet werden können,

4. wenn nach Aufhebung einer Öffentlichen Ausschreibung oder Beschränkten Ausschreibung eine erneute Ausschreibung kein annehmbares Ergebnis verspricht,
5. wenn es aus Gründen der Geheimhaltung erforderlich ist,
6. wenn sich eine kleine Leistung von einer vergebenen größeren Leistung nicht ohne Nachteil trennen lässt.

Freihändige Vergabe kann außerdem bis zu einem Auftragswert von 10 000 € ohne Umsatzsteuer erfolgen.

65.1 Änderungen in der VOB/A 2009

Für die **Durchführung von Beschränkten Ausschreibungen** (§ 3 Absatz 3) **und Freihändigen Vergaben** (§ 3 Absatz 4) wurden zur Vereinfachung und Vereinheitlichung **Schwellenwerte als Ausnahmetatbestände** aufgenommen.

Ansonsten erfolgten **noch einige redaktionelle Änderungen**.

65.2 Vergleichbare Regelungen

Der **Vorschrift des § 3 VOB/A vergleichbar** sind im Bereich des GWB § 101, im Bereich der VOB § 3 a und im Bereich der VOL §§ 3, 3 a. Die Kommentierungen zu diesen Vorschriften können daher ergänzend zu der Kommentierung des § 3 herangezogen werden.

65.3 Bieterschützende Vorschrift

Vgl. dazu die **Kommentierung zu** → § 101 GWB Rdn. 7 ff.

65.4 Öffentliche Ausschreibung (§ 3 Abs. 1 Satz 1)

Bei öffentlicher Ausschreibung werden Bauleistungen im vorgeschriebenen Verfahren nach öffentlicher Aufforderung einer unbeschränkten Zahl von Unternehmen zur Einreichung von Angeboten vergeben. Die **Vorschrift deckt sich im Wesentlichen mit der Regelung des § 101 Abs. 2 GWB.** Vgl. insoweit die Kommentierung → zu § 101 GWB Rdn. 11 ff.

65.5 Beschränkte Ausschreibung (§ 3 Abs. 1 Satz 2)

Bei Beschränkter Ausschreibung werden Bauleistungen im vorgeschriebenen Verfahren nach Aufforderung einer beschränkten Zahl von Unternehmern zur Einreichung von Angeboten vergeben, ggf. nach öffentlicher Aufforderung, Teilnahmeanträge zu stellen (Beschränkte Ausschreibung nach Öffentlichem Teilnahmewettbewerb).

65.5.1 Wesentlicher Unterschied zum Nichtoffenen Verfahren des § 101 Abs. 3 GWB

Die **Vorschrift über die Beschränkte Ausschreibung unterscheidet sich von der Regelung des § 101 Abs. 3 GWB über das Nichtoffene Verfahren** dadurch, dass der Öffentliche Teilnahmewettbewerb bei der Beschränkten Ausschreibung fakultativ, beim Nichtoffenen Verfahren jedoch zwingender Bestandteil des Vergabeverfahrens ist.

65.5.2 Öffentlicher Teilnahmewettbewerb

Vgl. insoweit die Kommentierung zu → § 101 GWB Rdn. 20 ff.

65.5.3 Richtlinie des VHB 2008

Ein Öffentlicher Teilnahmewettbewerb vor einer Beschränkten Ausschreibung kann eine Öffentliche Ausschreibung nicht ersetzen (Richtlinien zu 111 – Vergabevermerk: Wahl der Vergabeart – Ziffer 1.1.2).

65.6 Freihändige Vergabe (§ 3 Abs. 1 Satz 3)

5882   Bei Freihändiger Vergabe werden Bauleistungen ohne ein förmliches Verfahren vergeben. § 3 Abs. 1 Satz 3 deckt sich von seinem Inhalt her im Wesentlichen mit der Regelung des § 101 Abs. 5 GWB über das Verhandlungsverfahren. Vgl. insoweit die Kommentierung zu → § 101 GWB Rdn. 99 ff.

65.7 Vorrang der Öffentlichen Ausschreibung (§ 3 Abs. 2)

65.7.1 Rechtsprechung

5883   Auch für Vergaben, die nicht europaweit nach Abschnitt 2, sondern nur national nach den Basisparagraphen des 1. Abschnitts der VOB/A erfolgen, gilt gemäß **§ 3 Abs. 2 VOB/A der Vorrang der öffentlichen Ausschreibung**, um so einen möglichst freien Wettbewerb zu gewährleisten. Der Vorrang der öffentlichen Ausschreibung ergibt sich für öffentliche Auftraggeber **außerdem aus haushaltsrechtlichen Restriktionen**. Die § 30 Haushaltsgrundsätzegesetz, § 55 Abs. 1 der Bundes- und Landeshaushaltsordnungen sowie die Regelungen der Gemeindehaushaltsverordnungen bestimmen, dass dem Abschluss von Verträgen über Lieferungen und Leistungen eine öffentliche Ausschreibung vorauszugehen hat, sofern nicht besondere Umstände eine Ausnahme rechtfertigen (VK Lüneburg, B. v. 25. 8. 2003 – Az.: 203-VgK-18/2003).

5884   Die **Entscheidung, eine beschränkte Ausschreibung oder eine Freihändige Vergabe durchzuführen, beinhaltet einen durch die Nachprüfungsinstanzen nur beschränkt überprüfbaren Beurteilungsspielraum der Vergabestelle**. Die Nachprüfungsinstanzen sind **daher lediglich befugt, die Einhaltung der Grenzen dieses Beurteilungsspielraums und dabei insbesondere zu überprüfen**, ob das vorgeschriebene Verfahren eingehalten wurde, die Vergabestelle von einem zutreffend und vollständig ermittelten Sachverhalt ausgegangen ist, den ihr eingeräumten Beurteilungsspielraum zutreffend interpretiert hat und ob die Einschätzung auf unsachgemäßen bzw. willkürlichen Erwägungen beruht. Die **Nachprüfungsinstanzen dürfen ihre Wertung hierbei jedoch grundsätzlich nicht an die Stelle der Vergabestelle setzen** (2. VK Bund, B. v. 1. 9. 2005 – Az.: VK 2–99/05).

65.7.2 Richtlinie des VHB 2008

5885   Die Öffentliche Ausschreibung von Leistungen ist der Regelfall. Nach § 55 BHO muss dem Abschluss von Verträgen für Lieferungen und Leistungen eine Öffentliche Ausschreibung vorangehen, sofern nicht die Natur des Geschäfts oder besondere Umstände eine Ausnahme rechtfertigen.

65.8 Zulässigkeit einer Beschränkten Ausschreibung ohne Teilnahmewettbewerb (§ 3 Abs. 3)

65.8.1 Schwellenwertregelung (§ 3 Abs. 3 Nr. 1)

65.8.1.1 Änderung durch die VOB/A 2009

5886   Für die **Durchführung von Beschränkten Ausschreibungen** wurden zur Vereinfachung und Vereinheitlichung **Schwellenwerte als Ausnahmetatbestände** aufgenommen. Bis zu den in § 3 Abs. 3 Nr. 1 genannten Schwellenwerten ist ohne weitere Begründung eine beschränkte Ausschreibung ohne Teilnahmewettbewerb zulässig.

5887   Mit der Einführung von Schellenwerten wurde die **Regelung gestrichen**, dass eine beschränkte Ausschreibung ohne Teilnahmewettbewerb zulässig ist, wenn die öffentliche Ausschreibung für den Auftraggeber oder die Bewerber einen Aufwand verursachen würde, der zu dem erreichbaren Vorteil oder dem Wert der Leistung im Missverhältnis steht.

65.8.1.2 Auftragswert der Bauleistung (Schwellenwerte)

5888   Zur Berechnung des Auftragswerts können die **Grundsätze des § 3 VgV herangezogen** werden. Vgl. insoweit die Kommentierung zu → § 3 VgV Rdn. 11 ff.

65.8.1.3 Schwellenwert von 50 000 Euro für Ausbaugewerke, Landschaftsbau und Straßenausstattung (§ 3 Abs. 3 Nr. 1 lit. a)

65.8.1.3.1 Ausbaugewerke. Ausbaugewerke sind die **nach Fertigstellung des Rohbaus anfallenden Gewerke** (OLG Frankfurt, Urteil v. 17. 8. 2006 – Az.: 26 U 20/05). 5889

Ausgenommen sind allerdings die **Ausbaugewerke der Energie- und Gebäudetechnik**; für diese Gewerke gilt der **Schwellenwert von 100 000 Euro** (§ 3 Abs. 3 Nr. 1 lit. c) VOB/A). 5890

65.8.1.3.2 Landschaftsbau. Dafür, ob **Arbeiten zum Landschaftsbau gehören**, ist zunächst zu prüfen, ob eine landschaftsgärtnerische Prägung einer Anlage vorliegt; dafür wiederum ist **auf den Gesamtcharakter der Anlage abzustellen**. Zunächst ist zwischen **typisch (landschafts-)gärtnerischen und sonstigen Anlagen** zu differenzieren. **Zu den ersteren gehören Garten-, Park-, Grün- und Friedhofsanlagen.** Diese sind nach der Verkehrsanschauung dem Garten- und Landschaftsbau zuzurechnen, weil sie üblicherweise gärtnerisch geprägt sind. Kann eine Anlage **nicht ohne weiteres als für den Garten- und Landschaftsbau typisch angesehen werden**, so ist **im Einzelfall zu prüfen, ob sie unter Berücksichtigung ihrer Umgebung nach ihrem äußeren Erscheinungsbild landschaftsgärtnerisch geprägt ist**. Dabei kommt der **Flächenverteilung Indizfunktion** zu: Unter Einbeziehung der jeweiligen Funktion ist das Verhältnis von gärtnerisch gestalteten, d. h. bepflanzten Flächen und sonstigen, insbesondere Weg- und Parkplatzflächen zu berücksichtigen. Allerdings gilt insoweit kein starrer Maßstab in der Weise, dass die gärtnerisch gestalteten Teilflächen stets überwiegen müssten- Die Grenze für die Annahme einer landschaftsgärtnerischen Prägung ist indessen nicht erst erreicht, wenn die reinen Verkehrsflächen soweit überwiegen, dass die verbleibenden Grünflächen nur noch den Charakter bloßer Verzierungen oder Auflockerungen haben (BVerwG, Urteil v. 30. 3. 1993 – Az.: 1 C 26.91). 5891

65.8.1.3.3 Straßenausstattung. Unter die Straßenausstattung fallen nach der Literatur **Zäune, Schutz- und Leiteinrichtungen** sowie **Verkehrsschilder**. 5892

65.8.1.4 Schwellenwert von 150 000 Euro für Tief-, Verkehrswege- und Ingenieurbau (§ 3 Abs. 3 Nr. 1 lit. b)

65.8.1.4.1 Tiefbau. Zum Tiefbau zählen nach der Literatur **Bauwerke in und unter der Erde**, ebenerdige Bauwerke (Straßen- und Eisenbahnbau) und Bauwerke des **Siedlungswasserbaus**. 5893

65.8.1.4.2 Verkehrswegebau. Der Verkehrswegebau ist ein **Teilbereich des Tiefbaus**; zu ihm gehören nach der Literatur z. B. **Straßen, Eisenbahnen und Flugplätze**. 5894

65.8.1.4.3 Ingenieurbau. Ingenieurbauwerke sind nach der **Definition des § 40 HOAI 2009** Bauwerke und Anlagen der Wasserversorgung, Bauwerke und Anlagen der Abwasserentsorgung, Bauwerke und Anlagen des Wasserbaus, ausgenommen Freianlagen nach § 2 Nummer 11, Bauwerke und Anlagen für Ver- und Entsorgung mit Gasen, Feststoffen einschließlich wassergefährdenden Flüssigkeiten, ausgenommen Anlagen nach § 51 HOAI 2009, Bauwerke und Anlagen der Abfallentsorgung, konstruktive Ingenieurbauwerke für Verkehrsanlagen, und sonstige Einzelbauwerke, ausgenommen Gebäude und Freileitungsmaste. 5895

65.8.1.5 Schwellenwert von 100 000 Euro für alle übrigen Gewerke (§ 3 Abs. 3 Nr. 3 lit. c)

Alle Gewerke, die nicht von § 3 Abs. 3 Nr. 1 lit. a und b umfasst sind, fallen unter die **Auffangklausel des § 3 Abs. 3 Nr. 3 lit. c**. 5896

65.8.2 Fehlendes annehmbares Ergebnis einer Öffentlichen Ausschreibung (§ 3 Abs. 3 Nr. 2)

Nach § 3 Abs. 3 Nr. 2) ist eine Beschränkte Ausschreibung zulässig, wenn eine Öffentliche Ausschreibung kein annehmbares Ergebnis gehabt hat. **Voraussetzung** ist somit, dass **ausschließlich Angebote in der Öffentlichen Ausschreibung** vorgelegen haben müssen, die nach Prüfung, unter Zugrundelegung allgemeiner Erfahrungssätze sowie der in der Ausschreibung genannten Wirtschaftlichkeitskriterien, **nicht annehmbar** waren. Hierfür ist der Auftraggeber grundsätzlich darlegungs- und beweispflichtig. Der bloße Hinweis, dass die finanziellen Mittel nicht ausreichen, vermag diese Darlegungs- und Beweispflicht nicht zu begründen (VK Südbayern, B. v. 21. 8. 2003 – Az.: 32-07/03). 5897

Teil 3 VOB/A § 3 Vergabe- und Vertragsordnung für Bauleistungen Teil A

5898 Der Vergabestelle ist aber der **Zugang zu der „nachrangigen" Beschränkten Ausschreibung nur dann** ohne weiteres **eröffnet, wenn ihr nicht das Scheitern des vorangegangenen** – und an sich vorrangigen – **Verfahrens zuzurechnen** ist, weil die von ihr zu verantwortenden Ausschreibungsbedingungen die Erfüllung des ausgeschriebenen Auftrags bis an die Grenze der Unmöglichkeit erschweren und deshalb keine oder keine wirtschaftlichen Angebote eingegangen sind (OLG Dresden, B. v. 16. 10. 2001 – Az.: WVerg 0007/01).

65.8.3 Andere Gründe, z. B. Dringlichkeit, Geheimhaltung (§ 3 Abs. 3 Nr. 3)

65.8.3.1 Allgemeines

5899 Eine beschränkte Ausschreibung ohne Teilnahmewettbewerb kann nach § 3 Abs. 3 Nr. 3 außerdem erfolgen, wenn die **Öffentliche Ausschreibung aus anderen Gründen (z. B. Dringlichkeit, Geheimhaltung) unzweckmäßig** ist.

5900 Die Regelung hat **Auffangfunktion**.

65.8.3.2 Dringlichkeit

5901 Vgl. dazu die **Kommentierung zu § 3 Abs. 5 Nr. 2**, die sinngemäß angewendet werden kann.

65.9 Zulässigkeit einer Beschränkten Ausschreibung ohne Teilnahmewettbewerb gemäß den Verwaltungsregelungen zur Umsetzung der Konjunkturpakete

65.9.1 Allgemeines

5902 Der **Bund hat zur Beschleunigung investiver Maßnahmen**, die Bestandteil des Paktes für Beschäftigung und Stabilität in Deutschland zur Sicherung der Arbeitsplätze, Stärkung der Wachstumskräfte und Modernisierung des Landes (Konjunkturpakete) sind, **Schwellenwerte für Beschränkte Ausschreibungen ohne Teilnahmewettbewerb definiert**. Danach sind seit Anfang 2009 **beschränkte Ausschreibungen ohne nähere Begründungen zugelassen**, wenn bei einer zu vergebenden Leistung der **geschätzte Auftragswert einen Schwellenwert bis 1 000 000 Euro ohne Umsatzsteuer nicht überschreitet**.

5903 **Alle Bundesländer** haben für ihren eigenen Zuständigkeitsbereich, für die Kommunen und die Zuwendungsempfänger **vergleichbare Regelungen** getroffen.

5904 Diese Verwaltungsregelungen sind insgesamt **bis zum 31. 12. 2010 befristet**.

5905 **Einige Bundesländer** (Rheinland-Pfalz, Saarland) haben diese **Verwaltungsregelungen bis zum 31. 12. 2011 verlängert**.

65.9.2 Literatur

5906 – Braun, Christian, Konjunkturpaket II – Konsequenzen für das Vergaberecht: Ist jetzt alles erlaubt?, VergabeR 2010, 379

– Köster, Bernd, Kommunale Wirtschaftsförderung durch Vergabe öffentlicher Aufträge?, NZBau 2010, 473

– Thormann, Martin, Vergaberecht: in der Krise suspendiert? – Zur Erhöhung der Wertgrenzen für Beschränkte Ausschreibungen und Freihändige Vergaben im Rahmen des Konjunkturpakets II, NZBau 2010, 14

65.10 Zulässigkeit einer Beschränkten Ausschreibung mit Teilnahmewettbewerb (§ 3 Abs. 4)

65.10.1 Eignung nur eines beschränkten Kreises von Unternehmen (§ 3 Abs. 4 Nr. 1)

65.10.1.1 Grundsatz

5907 Gemäß § 3 Abs. 4 Nr. 1 ist eine Beschränkte Ausschreibung zulässig, wenn die Leistung nach ihrer Eigenart nur von einem beschränkten Kreis von Unternehmen in geeigneter Weise ausgeführt werden kann, besonders, wenn außergewöhnliche Fachkunde, Leistungsfähigkeit und Zuverlässigkeit erforderlich ist. Die Vorschrift **betrifft nur ganz spezielle Leistungen, die objektiv aus der Sicht eines neutralen Dritten nur von einem oder zumindest sehr wenigen spezialisierten Unternehmen erbracht werden können**. Anknüpfungspunkt für diese Sonderbeschaffung muss dabei eine Eigenart der zu beschaffenden Leistung sein, die eine sachgerechte Ausführung nur von einem auf diese Eigenart spezialisierten, besonders geeigneten Unternehmen möglich erscheinen lässt. Die **rein subjektive Einschätzung des Auftraggebers spielt insoweit keine entscheidende Rolle**. Aufgrund seines Ausnahmecharakters ist § 3 Abs. 4 Nr. 1 eng auszulegen (OLG Naumburg, B. v. 10. 11. 2003 – Az.: 1 Verg 14/03).

65.10.1.2 Komplexe PPP-Ausschreibungen

Vom offenen Verfahren kann unter anderem abgewichen werden, wenn die Leistung nach ihrer Eigenart nur von einem beschränkten Kreis von Unternehmen in geeigneter Weise ausgeführt werden kann, besonders, wenn außergewöhnliche Fachkunde oder Leistungsfähigkeit oder Zuverlässigkeit erforderlich ist. Dies ist **bei einem komplexen Kooperationsvertrag im Rahmen einer Public Private Partnership (PPP)** zumindest regelmäßig der Fall. Dabei dürfte für solche Kooperationsmodelle nicht nur das nichtoffenes Verfahren, sondern häufig sogar das Verhandlungsverfahren nach vorheriger Vergabebekanntmachung gerechtfertigt sein. Dies gilt erst recht, wenn es sich z. B. um einen **anspruchsvollen und sensiblen Dienstleistungsbereich wie den Betrieb eines Krankenhauses** handelt (VK Lüneburg, B. v. 5. 11. 2004 – Az.: 203-VgK-48/2004).

Mit einer **ähnlichen Begründung bejaht das OLG München die Zulässigkeit eines VOF-Verfahrens** (OLG München, B. v. 28. 4. 2006 – Az.: Verg 6/06).

65.10.1.3 Richtlinie des VHB 2008

Ob eine Beschränkte Ausschreibung gerechtfertigt ist, richtet sich nach den Verhältnissen des Einzelfalls. Bis zu den in § 3 Abs. 3 VOB/A genannten Auftragswerten kann aus Gründen der Verhältnismäßigkeit eine Beschränkte Ausschreibung in Frage kommen. Die Vergabestelle hat dennoch zu prüfen, ob auch unterhalb der in § 3 Abs. 3 genannten Auftragswerte eine Öffentliche Ausschreibung geboten ist. Das Ergebnis der Prüfung ist zu dokumentieren.

Die in § 3 Abs. 3 Nr. 1 genannten Auftragswerte beziehen sich auf das jeweilige Vergabeverfahren. Werden mehrere der in § 3 Abs. 3 Nr. 1a bis c genannten Gewerke in einem Vergabeverfahren zusammengefasst, so gilt die jeweils höchste Wertgrenze.

Dringlichkeit kann eine Beschränkte Ausschreibung nur begründen, wenn die Ursache der Dringlichkeit nicht dem Verantwortungsbereich des Auftraggebers zuzurechnen ist.

65.11 Zulässigkeit einer Freihändigen Vergabe (§ 3 Abs. 5)

65.11.1 Allgemeines

Die freihändige Vergabe **gibt dem Auftraggeber eine sehr hohe Flexibilität** bei der Vergabe von öffentlichen Aufträgen, da er grundsätzlich nicht an formelle Vorgaben gebunden ist. Darin liegt aber die Gefahr einer freihändigen Vergabe, da auch bei dieser Vergabeart eine **Bindung an die Grundsätze des Vergaberechts (insbesondere Transparenz, Diskriminierungsverbot) besteht**.

Der Auftraggeber hat die **Möglichkeit**, einer freihändigen Vergabe einen **Teilnahmewettbewerb vorzuschalten**.

65.11.2 Unzweckmäßigkeit

Freihändige Vergabe ist zulässig, **wenn die Öffentliche Ausschreibung oder Beschränkte Ausschreibung unzweckmäßig** ist. Diese **Generalklausel** wird beispielhaft durch § 3 Abs. 5 Nr. 1 bis 6 sowie eine Schwellenwertregelung erläutert. Der Begriff „insbesondere" macht deutlich, dass es **auch andere Fallkonstellationen für die Zulässigkeit einer freihändigen Vergabe** geben kann.

65.11.3 Durchführung nur von einem bestimmten Unternehmen (§ 3 Abs. 5 Satz 1 Nr. 1)

Diese Ausnahmevorschrift **umfasst abschließend** die Fälle, in denen bereits vor der Auftragsvergabe die Person des Auftragnehmers feststeht, so dass ein Wettbewerb um den Auftrag

Teil 3 VOB/A § 3 Vergabe- und Vertragsordnung für Bauleistungen Teil A

von vornherein ausscheidet. Die **Ausnahmevorschrift ist eng auszulegen**. Der Beweis dafür, dass die erforderlichen außergewöhnlichen Umstände vorliegen, ist von demjenigen zu erbringen, der sich auf sie beruft, das heißt in der Regel vom Auftraggeber (OLG Karlsruhe, B. v. 21. 7. 2010 – Az.: 15 Verg 6/10). Der Auftraggeber kommt dieser Beweislast nicht bereits dadurch nach, indem er beweist, dass ein bestimmter Anbieter den Auftrag am besten ausführen kann, sondern er **muss beweisen, dass alleine dieser Anbieter für die Ausführung des Auftrages in Betracht kommt** (EuGH, Urteil v. 15. 10. 2009 – Az.: C-275/08; Urteil vom 2. 6. 2005 – Az.: C-394/02; VK Brandenburg, B. v. 22. 5. 2008 – Az.: VK 11/08; 1. VK Bund, B. v. 20. 5. 2003 – Az.: VK 1–35/03).

5917   Die Anwendung dieser Bestimmung erfordert nach der Rechtsprechung zwei **Voraussetzungen, die kumulativ zu erfüllen** sind: Zum einen müssen die **Arbeiten**, die Gegenstand des Auftrags sind, **eine technische Besonderheit aufweisen**, und zum anderen muss es **aufgrund dieser technischen Besonderheit unbedingt erforderlich sein, den Auftrag an ein bestimmtes Unternehmen zu vergeben** (EuGH, Urteil v. 2. 6. 2005 – Az.: C-394/02).

5918   Dass ausschließlich nur ein Unternehmen zur Auftragsdurchführung in der Lage ist, muss der **Auftraggeber vorab mittels einer sorgfältigen Markterforschung feststellen**). Der Auftraggeber ist insbesondere verpflichtet, sich eine **europaweite Marktübersicht** zu verschaffen. Die Markterforschung muss zu dem Ergebnis kommen, dass ein **Unternehmen gleichsam Monopolist** für die Erbringung der nachgefragten Leistung ist. **Nicht ausreichend** ist, wenn der **Auftraggeber lediglich subjektiv** zu der Auffassung gelangt, dass nur ein bestimmtes Unternehmen die wirtschaftlichste Leistungserbringung erwarten lässt (EuGH, Urteil v. 15. 10. 2009 – Az.: C-275/08; VK Brandenburg, B. v. 22. 5. 2008 – Az.: VK 11/08; VK Hessen, B. v. 27. 4. 2007 – Az.: 69 d VK – 11/2007).

5919   Beruft sich ein Auftraggeber darauf, dass ein Auftrag aufgrund des Schutzes eines Ausschließlichkeitsrechts (Patentrecht) nur von einem bestimmten Unternehmen durchgeführt werden kann, **müssen die Patentvoraussetzungen erfüllt sein und im konkreten Fall von der technischen Lehre des Patents Gebrauch gemacht werden** (OLG Düsseldorf, B. v. 28. 5. 2003 – Az.: Verg 10/03).

5920   Die **Voraussetzungen** einer Anwendung des § 3 Abs. 5 Satz 1 Nr. 1 sind **von dem Auftraggeber darzulegen und zu beweisen** (OLG Karlsruhe, B. v. 21. 7. 2010 – Az.: 15 Verg 6/10).

65.11.4 Besondere Dringlichkeit (§ 3 Abs. 5 Satz 1 Nr. 2)
65.11.4.1 Objektive besondere Dringlichkeit

5921   Die Vorschrift setzt voraus, dass für den Auftraggeber ein unvorhergesehenes Ereignis vorliegt, dass **dringende und zwingende Gründe** gegeben sind, welche die Einhaltung der vorgeschriebenen Fristen nicht zulassen und **dass zwischen dem unvorhergesehenen Ereignis und den sich daraus ergebenden dringlichen, zwingenden Gründen ein Kausalzusammenhang** besteht. Gründe, die dem Verantwortungsbereich des Auftraggebers zuzurechnen sind, **scheiden** als Rechtfertigung **aus** (OLG Düsseldorf, B. v. 25. 9. 2008 – Az.: VII-Verg 57/08; 1. VK Bund, B. v. 20. 5. 2003 – Az.: VK 1–35/03).

5922   Das Erfordernis einer besonderen Dringlichkeit ist nur dann erfüllt, wenn **akute Gefahrensituationen oder unvorhergesehene Katastrophenfälle** abzuwenden sind. Gleiches gilt für einen **drohenden vertraglosen Zustand in Fällen der Daseinsvorsorge** (OLG Düsseldorf, B. v. 19. 11. 2003 – Az.: VII – Verg 59/03).

5923   Einen unbefristeten Vertrag **aus einer punktuellen Engpasslage** im Verhandlungsverfahren **ohne vorherige Bekanntmachung an zumeist lokale Anbieter** zu vergeben, **sprengt den Ausnahmetatbestand** des § 3 Abs. 5 Nr. 2 VOB/A (1. VK Sachsen, B. v. 7. 4. 2004 – Az.: 1/SVK/023-04).

5924   Hat ein Auftraggeber seit geraumer Zeit auf eine entsprechende Auftragsvergabe hingearbeitet, war er aber aus internen Gründen (Finanznot, Vorrang der Suche nach einem privaten Investor) an einer früheren Bekanntmachung des Wettbewerbes gehindert, **rechtfertigen solche internen Gründe es nicht, dann später den Wettbewerb für die Bieter einzuschränken** (VK Düsseldorf, B. v. 30. 9. 2002 – Az.: VK – 26/2002 – L).

65.11.4.2 Vergleich der Fristen

5925   Die **jeweiligen Fristen für die unterschiedlichen Verfahren sind miteinander zu vergleichen**, ob überhaupt ein Zeitgewinn zu erzielen ist (2. VK Bund, B. v. 31. 5. 2002 – Az.: VK 2–20/02).

65.11.4.3 Abrufbarkeit von Fördermitteln

Die **Abrufbarkeit von Fördermitteln bis zu einem bestimmten Termin kann nicht als Enddatum einer Projektplanung die Wahl der Vergabeart bestimmen**. Die Gewährung von Fördermitteln ist ein innerhalb der öffentlichen Verwaltung ablaufender, steuerbarer Vorgang. Er kann, ebenso wenig wie etwa ein von einer vorgesetzten Behörde gesetzter Termin oder der Ablauf des Haushaltsjahres, nicht die objektive Dringlichkeit einer Beschaffungsmaßnahme und damit die Begrenzung des Wettbewerbs begründen. Anderenfalls hätten es die öffentlichen Auftraggeber in der Hand, selbst eine Dringlichkeit zu erzeugen, etwa durch den Zeitpunkt der Beantragung von Fördermitteln oder deren Begründung. Diese **Dringlichkeit kann sich nur aus dem Bedarf und/oder dem angestrebten Zweck selbst ergeben** (VK Düsseldorf, B. v. 31. 3. 2000 – Az.: VK – 3/2000 – B).

65.11.4.4 Hochwasserbedingte Beschaffungen

Nach § 3 Abs. 5 Nr. 2 können Leistungen freihändig vergeben werden, wenn die Leistung besonders dringlich ist. Eine solche Dringlichkeit ist gegeben, wenn sich aus einer nicht vorher erkennbaren Lage heraus die Notwendigkeit der unverzüglichen Leistungserbringung ergibt, um aufgrund eines unvorhersehbaren Ereignisses entstandene Schäden zu beseitigen oder weitergehende Schäden zu verhindern. Hierbei muss die Leistung so dringlich sein, dass selbst eine Beschränkte Ausschreibung nicht durchgeführt werden kann. **Mit dem Hochwasserereignis liegt ein vom öffentlichen Auftraggeber nicht verursachtes und nicht voraussehbares Ereignis vor.** Leistungen, die im Zusammenhang mit der Hochwasserkatastrophe erforderlich sind, um nicht vorhersehbare Schäden oder Gefahren zu verhindern, können im Wege der Freihändigen Vergabe beauftragt werden (Bundesministerium für Verkehr, Bau und Stadtentwicklung, Erlass vom 20. 8. 2002 – Az.: BS 11 – 0 1082 – 103/5).

65.11.5 Unmöglichkeit der eindeutigen und erschöpfenden Festlegung vor der Vergabe (§ 3 Abs. 5 Satz 1 Nr. 3)

Eine freihändige Vergabe ist auch dann zulässig, wenn die Leistung nach Art und Umfang vor der Vergabe **nicht so eindeutig und erschöpfend festgelegt werden kann, dass hinreichend vergleichbare Angebote erwartet** werden können.

Zur Verpflichtung des Auftraggebers, die Leistung eindeutig und erschöpfend zu beschreiben und zum Inhalt dieser Forderung, vgl. die **Kommentierung zu § 7**.

65.11.6 Auftragsvergabe im Insolvenzfall (§ 3 Abs. 5 Satz 1)

Kündigt ein Auftraggeber einen Bauvertrag z. B. wegen Beantragung eines Insolvenzverfahrens, macht oftmals schon die Tatsache des laufenden Bauvorhabens oder die zeitliche und logistische Verknüpfung mehrerer Fach- bzw. Teillose eine **öffentliche Ausschreibung der gekündigten Leistungen unmöglich. In aller Regel wird bei diesen Konstellationen nur eine freihändige Vergabe** in Betracht kommen (3. VK Bund, B. v. 29. 6. 2005 – Az.: VK 3–52/05).

Die Auftragsvergabe im Insolvenzfall ist also **einer der nicht ausdrücklich in § 3 Abs. 5 Satz 1 geregelten Fälle, in denen eine freihändige Vergabe zweckmäßig** und damit **zulässig** ist.

Es gibt zwar keine Vorschrift, die es dem Auftraggeber bei einer freihändigen Vergabe auferlegt, mit einer bestimmten Mindestanzahl von Bietern zu verhandeln. Auch bei der freihändigen Vergabe gilt jedoch der allgemeine Wettbewerbs- und der Gleichbehandlungsgrundsatz. Diese allgemeinen Grundsätze gebieten es, bei der Auftragsvergabe im Insolvenzfall die Tatsache zu berücksichtigen, dass **der freihändigen Vergabe eine öffentliche Ausschreibung vorangegangen** war, aus dem interessierte und für das Bauvorhaben geeignete Bieter bekannt waren. Im Ergebnis stellt sich die Situation dann so dar, als hätte der Auftraggeber die beabsichtigte Vergabe öffentlich bekannt gemacht. Vor diesem Hintergrund ist es unter Berücksichtigung der genannten Grundsätze **geboten, die für das Verhandlungsverfahren mit vorangegangener Vergabebekanntmachung geltende Vorschrift des § 8a Nr. 3 VOB/A analog anzuwenden; der Auftraggeber ist also verpflichtet, mindestens drei Bewerber, darunter auch die in der öffentlichen Ausschreibung zweit- und drittplatzierten Bieter, in die freihändige Vergabe mit einzubeziehen** (3. VK Bund, B. v. 29. 6. 2005 – Az.: VK 3–52/05).

Teil 3 VOB/A § 3a Vergabe- und Vertragsordnung für Bauleistungen Teil A

65.11.7 Schwellenwertregelung (§ 3 Abs. 5 Satz 2)

65.11.7.1 Änderung durch die VOB/A 2009

5933 Für die **Durchführung von Freihändigen Vergaben** wurde zur Vereinfachung und Vereinheitlichung ein **Schwellenwert als Ausnahmetatbestand** aufgenommen. Bis zu dem in § 3 Abs. 5 Satz 1 genannten Schwellenwert ist ohne weitere Begründung eine freihändige Vergabe zulässig.

65.11.7.2 Auftragswert der Bauleistung (Schwellenwert)

5934 Der **Auftragswert beträgt einheitlich und ohne eine gewerkeweise Unterscheidung 10 000 Euro.** Die Regelung folgt damit der Praxis der Bauverwaltungen, die z.B. in diesem Rahmen schon seit langem ein so genanntes Bestellscheinverfahren eingeführt haben.

5935 Zur Berechnung des Auftragswerts können die **Grundsätze des § 3 VgV herangezogen** werden. Vgl. insoweit die Kommentierung zu → § 3 VgV Rdn. 11.

65.12 Zulässigkeit einer freihändigen Vergabe gemäß den Verwaltungsregelungen zur Umsetzung der Konjunkturpakete

5936 Der **Bund hat zur Beschleunigung investiver Maßnahmen**, die Bestandteil des Paktes für Beschäftigung und Stabilität in Deutschland zur Sicherung der Arbeitsplätze, Stärkung der Wachstumskräfte und Modernisierung des Landes (Konjunkturpakete) sind, **Schwellenwerte für freihändige Vergaben definiert.** Danach sind seit Anfang 2009 **freihändige Vergaben ohne nähere Begründungen zugelassen,** wenn bei einer zu vergebenden Leistung der **geschätzte Auftragswert einen Schwellenwert bis 100 000 Euro ohne Umsatzsteuer nicht überschreitet.**

5937 **Alle Bundesländer** haben für ihren eigenen Zuständigkeitsbereich, für die Kommunen und die Zuwendungsempfänger **vergleichbare Regelungen** getroffen.

5938 Diese Verwaltungsregelungen sind insgesamt **bis zum 31. 12. 2010** befristet.

5939 **Einige Bundesländer** (Rheinland-Pfalz, Saarland) haben diese **Verwaltungsregelungen bis zum 31. 12. 2011 verlängert.**

65.13 Richtlinie des VHB 2008

5940 Auch bei einer zulässigen Freihändigen Vergabe sind grundsätzlich mehrere Unternehmen zur Angebotsabgabe aufzufordern. Bei Anwendung der Wertgrenze nach § 3 Abs. 5 VOB/A gilt dies ausnahmslos (Richtlinien zu 111 – Vergabevermerk: Wahl der Vergabeart – Ziffer 1.1.3).

65.14 Literatur

5941 – Thormann, Martin, Vergaberecht: in der Krise suspendiert? – Zur Erhöhung der Wertgrenzen für Beschränkte Ausschreibungen und Freihändige Vergaben im Rahmen des Konjunkturpakets II, NZBau 2010, 14

66. § 3a VOB/A – Arten der Vergabe

(1) Bauaufträge im Sinne von § 1a werden vergeben:
1. im Offenen Verfahren, das der Öffentlichen Ausschreibung (§ 3 Absatz 1 Satz 1) entspricht,
2. im Nichtoffenen Verfahren, das der Beschränkten Ausschreibung nach Öffentlichem Teilnahmewettbewerb (§ 3 Absatz 1 Satz 2) entspricht,
3. im Wettbewerblichen Dialog; ein Wettbewerblicher Dialog ist ein Verfahren zur Vergabe besonders komplexer Aufträge.
4. im Verhandlungsverfahren, das an die Stelle der Freihändigen Vergabe (§ 3 Absatz 1 Satz 3) tritt. Beim Verhandlungsverfahren wendet sich der Auftraggeber an ausge-

wählte Unternehmen und verhandelt mit einem oder mehreren dieser Unternehmen über die von diesen unterbreiteten Angebote, um sie entsprechend den in der Bekanntmachung, den Vergabeunterlagen und etwaigen sonstigen Unterlagen angegebenen Anforderungen anzupassen, gegebenenfalls nach Öffentlicher Vergabebekanntmachung.

(2) Das Offene Verfahren muss angewendet werden, wenn die Voraussetzungen des § 3 Absatz 2 vorliegen.

(3) Das Nichtoffene Verfahren ist zulässig, wenn die Voraussetzungen des § 3 Absatz 3 und 4 vorliegen sowie nach Aufhebung eines Offenen Verfahrens oder Nichtoffenen Verfahrens, sofern nicht das Verhandlungsverfahren zulässig ist.

(4)

1. Der Wettbewerbliche Dialog ist zulässig, wenn der Auftraggeber objektiv nicht in der Lage ist,

    a) die technischen Mittel anzugeben, mit denen seine Bedürfnisse und Ziele erfüllt werden können oder

    b) die rechtlichen oder finanziellen Bedingungen des Vorhabens anzugeben.

2. Der Auftraggeber hat seine Bedürfnisse und Anforderungen bekannt zu machen; die Erläuterung dieser Anforderungen erfolgt in der Bekanntmachung oder in einer Beschreibung.

3. Mit den im Anschluss an die Bekanntmachung nach Nummer 2 ausgewählten Unternehmen ist ein Dialog zu eröffnen, in dem der Auftraggeber ermittelt und festlegt, wie seine Bedürfnisse am besten erfüllt werden können. Bei diesem Dialog kann er mit den ausgewählten Unternehmen alle Einzelheiten des Auftrags erörtern. Der Auftraggeber hat dafür zu sorgen, dass alle Unternehmen bei dem Dialog gleich behandelt werden. Insbesondere darf er nicht Informationen so weitergeben, dass bestimmte Unternehmen begünstigt werden könnten. Der Auftraggeber darf Lösungsvorschläge oder vertrauliche Informationen eines Unternehmens nicht ohne dessen Zustimmung an die anderen Unternehmen weitergeben und diese nur im Rahmen des Vergabeverfahrens verwenden.

4. Der Auftraggeber kann vorsehen, dass der Dialog in verschiedenen aufeinanderfolgenden Phasen abgewickelt wird, um die Zahl der in der Dialogphase zu erörternden Lösungen anhand der in der Bekanntmachung oder in den Vergabeunterlagen angegebenen Zuschlagskriterien zu verringern. Der Auftraggeber hat die Unternehmen, deren Lösungen nicht für die nächstfolgende Dialogphase vorgesehen sind, darüber zu informieren. In der Schlussphase müssen noch so viele Angebote vorliegen, dass ein echter Wettbewerb gewährleistet ist.

5. Der Auftraggeber hat den Dialog für abgeschlossen zu erklären, wenn

    a) eine Lösung gefunden worden ist, die seine Bedürfnisse erfüllt oder

    b) erkennbar ist, dass keine Lösung gefunden werden kann;

    er hat die Unternehmen darüber zu informieren. Im Fall von Buchstabe a hat er die Unternehmen aufzufordern, auf der Grundlage der eingereichten und in der Dialogphase näher ausgeführten Lösungen ihr endgültiges Angebot vorzulegen. Die Angebote müssen alle zur Ausführung des Projekts erforderlichen Einzelheiten enthalten. Der Auftraggeber kann verlangen, dass Präzisierungen, Klarstellungen und Ergänzungen zu diesen Angeboten gemacht werden. Diese Präzisierungen, Klarstellungen oder Ergänzungen dürfen jedoch keine Änderung der grundlegenden Elemente des Angebots oder der Ausschreibung zur Folge haben, die den Wettbewerb verfälschen oder diskriminierend wirken könnte.

6. Der Auftraggeber hat die Angebote aufgrund der in der Bekanntmachung oder in der Beschreibung festgelegten Zuschlagskriterien zu bewerten und das wirtschaftlichste Angebot auszuwählen. Der Auftraggeber darf das Unternehmen, dessen Angebot als das wirtschaftlichste ermittelt wurde, auffordern, bestimmte Einzelheiten des Angebots näher zu erläutern oder im Angebot enthaltene Zusagen zu bestätigen. Dies darf nicht dazu führen, dass wesentliche Aspekte des Angebots oder der Ausschreibung geändert werden, und dass der Wettbewerb verzerrt wird oder andere am Verfahren beteiligte Unternehmen diskriminiert werden.

7. Verlangt der Auftraggeber, dass die am Wettbewerblichen Dialog teilnehmenden Unternehmen Entwürfe, Pläne, Zeichnungen, Berechnungen oder andere Unterlagen ausarbeiten, muss er einheitlich für alle Unternehmen, die die geforderte Unterlage rechtzeitig vorgelegt haben, eine angemessene Kostenerstattung hierfür gewähren.

(5) Das Verhandlungsverfahren ist zulässig nach Öffentlicher Vergabebekanntmachung,

1. wenn bei einem Offenen Verfahren oder Nichtoffenen Verfahren keine wirtschaftlichen Angebote abgegeben worden sind, sofern die ursprünglichen Vertragsunterlagen nicht grundlegend geändert werden,

2. wenn die betroffenen Bauvorhaben nur zu Forschungs-, Versuchs- oder Entwicklungszwecken und nicht mit dem Ziel der Rentabilität oder der Deckung der Entwicklungskosten durchgeführt werden,

3. wenn im Ausnahmefall die Leistung nach Art und Umfang oder wegen der damit verbundenen Wagnisse nicht eindeutig und so erschöpfend beschrieben werden kann, dass eine einwandfreie Preisermittlung zwecks Vereinbarung einer festen Vergütung möglich ist.

(6) Das Verhandlungsverfahren ist zulässig ohne Öffentliche Vergabebekanntmachung,

1. wenn bei einem Offenen Verfahren oder Nichtoffenen Verfahren keine wirtschaftlichen Angebote abgegeben worden sind, sofern die ursprünglichen Vertragsunterlagen nicht grundlegend geändert werden und in das Verhandlungsverfahren alle Bieter aus den vorausgegangenen Verfahren einbezogen werden, die fachkundig, zuverlässig und leistungsfähig sind,

2. wenn bei einem Offenen Verfahren oder Nichtoffenen Verfahren keine oder nur nach § 16 Absatz 1 Nummer 2 und 3 auszuschließende Angebote abgegeben worden sind, sofern die ursprünglichen Vertragsunterlagen nicht grundlegend geändert werden (wegen der Berichtspflicht siehe § 23 a),

3. wenn die Arbeiten aus technischen oder künstlerischen Gründen oder aufgrund des Schutzes von Ausschließlichkeitsrechten nur von einem bestimmten Unternehmen ausgeführt werden können,

4. wenn wegen der Dringlichkeit der Leistung aus zwingenden Gründen infolge von Ereignissen, die der Auftraggeber nicht verursacht hat und nicht voraussehen konnte, die in § 10a Absatz 1, 2 und 3 vorgeschriebenen Fristen nicht eingehalten werden können,

5. wenn an einen Auftragnehmer zusätzliche Leistungen vergeben werden sollen, die weder in seinem Vertrag noch in dem ihm zugrunde liegenden Entwurf enthalten sind, jedoch wegen eines unvorhergesehenen Ereignisses zur Ausführung der im Hauptauftrag beschriebenen Leistung erforderlich sind, sofern diese Leistungen

    a) sich entweder aus technischen oder wirtschaftlichen Gründen nicht ohne wesentliche Nachteile für den Auftraggeber vom Hauptauftrag trennen lassen oder

    b) für die Vollendung der im Hauptauftrag beschriebenen Leistung unbedingt erforderlich sind, auch wenn sie getrennt vergeben werden könnten,

vorausgesetzt, dass die geschätzte Vergütung für alle solche zusätzlichen Leistungen die Hälfte der Vergütung der Leistung nach dem Hauptauftrag nicht überschreitet,

6. wenn gleichartige Bauleistungen wiederholt werden, die durch denselben Auftraggeber an den Auftragnehmer vergeben werden, der den ersten Auftrag erhalten hat, sofern sie einem Grundentwurf entsprechen und dieser Entwurf Gegenstand des ersten Auftrags war, der nach den in § 3a genannten Verfahren vergeben wurde. Die Möglichkeit der Anwendung dieses Verfahrens muss bereits bei der Ausschreibung des ersten Bauabschnitts angegeben werden; der für die Fortsetzung der Bauarbeiten in Aussicht genommene Gesamtauftragswert wird vom öffentlichen Auftraggeber bei der Anwendung von § 1a berücksichtigt. Dieses Verfahren darf jedoch nur binnen drei Jahren nach Abschluss des ersten Auftrags angewandt werden.

7. bei zusätzlichen Leistungen des ursprünglichen Auftragnehmers, die zur teilweisen Erneuerung von gelieferten Waren oder Einrichtungen zur laufenden Benutzung oder zur Erweiterung von Lieferungen oder bestehenden Einrichtungen bestimmt sind, wenn ein Wechsel des Unternehmens dazu führen würde, dass der Auftraggeber Waren mit unterschiedlichen technischen Merkmalen kaufen müsste und dies eine technische Unvereinbarkeit oder unverhältnismäßige technische Schwierigkeiten bei Gebrauch, Betrieb oder Wartung mit sich bringen würde. Die Laufzeit dieser Aufträge darf in der Regel drei Jahre nicht überschreiten.

Die Fälle der Nummern 5 und 6 finden nur Anwendung bei der Vergabe von Aufträgen mit einem Schwellenwert nach § 1a Absatz 1 Nummer 2. Der Fall der Nummer 7 findet nur Anwendung bei der Vergabe von Aufträgen mit einem Schwellenwert nach § 1a Absatz 2.

(7)

1. Der Auftraggeber enthält sich beim Verhandlungsverfahren jeder diskriminierenden Weitergabe von Informationen, durch die bestimmte Bieter gegenüber anderen begünstigt werden können.

2. Der Auftraggeber kann vorsehen, dass das Verhandlungsverfahren in verschiedenen aufeinander folgenden Phasen abgewickelt wird, um so die Zahl der Angebote, über die verhandelt wird, anhand der in der Bekanntmachung oder in den Vertragsunterlagen angegebenen Zuschlagskriterien zu verringern. In der Schlussphase müssen noch so viele Angebote vorliegen, dass ein echter Wettbewerb gewährleistet ist.

66.1 Änderungen in der VOB/A 2009

§ 3a Abs. 1 Nr. 4 wurde **inhaltlich klarer gefasst**. Ansonsten erfolgten **redaktionelle Anpassungen**. 5942

66.2 Bieterschützende Vorschrift

Vgl. dazu die **Kommentierung zu** → § 101 GWB Rdn. 7 ff. 5943

66.3 Vergabeart des offenen Verfahrens (§ 3a Abs. 1 Nr. 1)

Das **offene Verfahren** entspricht im Grundsatz der öffentlichen Ausschreibung. Vgl. zu den Einzelheiten die **Kommentierung zu** → § 101 GWB Rdn. 11 ff. 5944

66.4 Vergabeart des nichtoffenen Verfahrens (§ 3a Abs. 1 Nr. 2)

Das **nichtoffene Verfahren** entspricht im Grundsatz der beschränkten Ausschreibung nach öffentlichem Teilnahmewettbewerb. Vgl. zu den Einzelheiten die **Kommentierung zu** → § 101 GWB Rdn. 17 ff. 5945

66.5 Vergabeart des wettbewerblichen Dialogs (§ 3a Abs. 1 Nr. 3)

Vgl. zu den Einzelheiten die **Kommentierung zu** → § 101 GWB Rdn. 80 ff. 5946

66.6 Vergabeart des Verhandlungsverfahrens (§ 3a Abs. 1 Nr. 4)

Das **Verhandlungsverfahren tritt an die Stelle der freihändigen Vergabe**. Vgl. zu den Einzelheiten die **Kommentierung zu** → § 101 GWB Rdn. 99 ff. 5947

66.7 Vorrang des offenen Verfahrens (§ 3a Abs. 2)

Der Vorrang des offenen Verfahrens ist – **höherrangig** – definiert in § 101 Abs. 7 GWB. Vgl. zu den Einzelheiten die **Kommentierung zu** → § 101 GWB Rdn. 210 ff. 5948

66.8 Zulässigkeit eines nichtoffenen Verfahrens (§ 3a Abs. 3)

66.8.1 Vorliegen der Voraussetzungen des § 3 Abs. 3

5949   Das Nichtoffene Verfahren ist einmal zulässig, wenn die Voraussetzungen des § 3 Absatz 3 vorliegen, wenn **also einzelne Gewerke einer Baumaßnahme, deren Gesamtwert den europarechtlichen Schwellenwert von 4 845 000 Euro erreicht oder übersteigt, die in § 3 Abs. 3 definierten Schwellenwerte nicht erreichen.**

5950   Der Begriff des nichtoffenen Verfahrens impliziert auch, dass ein **Teilnahmewettbewerb zu erfolgen** hat.

66.8.2 Vorliegen der Voraussetzungen des § 3 Abs. 4

66.8.2.1 Eignung nur eines beschränkten Kreises von Unternehmen (§ 3 Abs. 4 Nr. 1)

5951   Vgl. dazu allgemein die Kommentierung zu → § 3 VOB/A Rdn. 35.

66.8.2.2 Weitere Beispiele aus der Rechtsprechung

5952   – das nichtoffene Verfahren mit vorangestelltem Teilnahmewettbewerb ist **für die Planung und den Bau einer Kläranlage zulässig**, da eine solche Leistung nur von einem beschränkten Kreis von Unternehmern in geeigneter Weise ausgefüllt werden kann, und eine außergewöhnliche Zuverlässigkeit bzw. Leistungsfähigkeit des Auftragnehmers (z. B. besondere Erfahrung, technische Einrichtungen oder fachkundige Arbeitskräfte) erforderlich ist (Saarländisches OLG, B. v. 23. 11. 2005 – Az.: 1 Verg 3/05; VK Saarland, B. v. 27. 5. 2005 – Az.: 3 VK 02/2005).

66.8.3 Aufhebung eines offenen oder nichtoffenen Verfahrens, sofern nicht das Verhandlungsverfahren zulässig ist

5953   Die Regelung setzt voraus, dass **einmal ein offenes oder nichtoffenes Verfahren wirksam aufgehoben** wurde und dass **zum zweiten der Auftraggeber keine rechtliche Möglichkeit hat, nach der Aufhebung in ein Verhandlungsverfahren nach § 3a Abs. 5 Nr. 1 bzw. § 3a Abs. 6 Nr. 1 oder Nr. 2 überzugehen.** Vgl. insoweit die Kommentierung zu § 3a Abs. 5 Nr. 1 bzw. § 3a Abs. 6 Nr. 1 oder Nr. 2.

66.9 Wettbewerblicher Dialog (§ 3a Abs. 4)

66.9.1 Hinweis

5954   Vgl. zu den Einzelheiten die **Kommentierung zu → § 101 GWB Rdn. 80 ff.**

66.10 Zulässigkeit eines Verhandlungsverfahrens nach Öffentlicher Vergabebekanntmachung (§ 3a Abs. 5)

66.10.1 Hinweis

5955   Vgl. zu den **grundsätzlichen Einzelheiten des Verhandlungsverfahrens** die Kommentierung zu → § 101 GWB Rdn. 99 ff.

66.10.2 Enumerative Aufzählung

5956   § 3a Abs. 5 nennt in den Nummern 1–3 abschließend die Fallkonstellationen, nach denen ein Verhandlungsverfahren nach öffentlicher Vergabebekanntmachung zulässig ist.

66.10.3 Keine wirtschaftlichen Angebote in einem offenen oder nichtoffenen Verfahren und keine grundlegenden Änderungen der ursprünglichen Vertragsunterlagen (§ 3a Abs. 5 Nr. 1)

66.10.3.1 Keine wirtschaftlichen Angebote in einem offenen oder nichtoffenen Verfahren

5957   Nach § 3a Abs. 5 Nr. 1 ist ein Verhandlungsverfahren mit vorheriger Öffentlicher Bekanntmachung dann zulässig, wenn u. a. bei einem Offenen Verfahren oder Nichtoffenen Verfahren

Vergabe- und Vertragsordnung für Bauleistungen Teil A   VOB/A § 3a **Teil 3**

keine wirtschaftlichen Angebote abgegeben worden sind, sofern die ursprünglichen Verdingungsunterlagen nicht grundlegend geändert werden. **Erste Voraussetzung** ist somit, dass **ausschließlich Angebote im Offenen oder Nichtoffenen Verfahren** vorgelegen haben müssen, die nach Prüfung, unter Zugrundelegung allgemeiner Erfahrungssätze sowie der in der Ausschreibung genannten Wirtschaftlichkeitskriterien, **unwirtschaftlich waren**. Für das Vorliegen unwirtschaftlicher Angebote ist der Auftraggeber grundsätzlich darlegungs- und beweispflichtig. Der bloße Hinweis, dass die finanziellen Mittel nicht ausreichen, vermag diese Darlegungs- und Beweispflicht nicht zu begründen (VK Südbayern, B. v. 21. 8. 2003 – Az.: 32-07/03).

Die **Wirtschaftlichkeit eines Angebots** bestimmt sich nach **§ 16 Abs. 6 VOB/A 2009**. 5958
Vgl. insoweit die Kommentierung zu § 16 VOB/A 2009.

Voraussetzung für nicht wirtschaftliche Angebote ist ein unangemessenes Preis- 5959
Leistungs-Verhältnis der eingegangenen Angebote. Ob die Angebote ein solches Missverhältnis zwischen angebotener Leistung und Preis aufweisen, kann **jedoch nicht allein anhand eines Vergleichs mit den bisherigen Kosten eines Auftraggebers** entschieden werden. Denn die bisher von dem Auftraggeber aufgewandten Kosten bemessen sich auf Grundlage der bestehenden Verträge mit den bisherigen Vertragspartnern. Zwar **mögen diese Kosten ein Indiz für den Wert der erbrachten Dienstleistungen sein**. Sie spiegeln jedoch nicht zwangsläufig den heutigen Wert der erbrachten Dienstleistung wieder. Dies gilt umso mehr, als **Preisanpassungen der bestehenden Verträge teilweise bereits mehrere Jahre zurückliegen**. Bei der **Prüfung, ob ein Missverhältnis zwischen Preis und Leistung vorliegt, muss aber auf den aktuellen Wert der angebotenen Leistung abgestellt** werden. D. h. der Auftraggeber muss anhand einer aktuellen und nachvollziehbaren Schätzung des heutigen Wertes der ausgeschriebenen Leistung überprüfen, ob die Angebotspreise als unwirtschaftlich anzusehen sind. Dies ergibt sich bereits daraus, dass der aktuell für die geforderten Leistungen zu zahlende Preis nicht zwingend niedriger sein muss, als der bisher gezahlte, z. B. wegen möglicher Steigerungen der angebotsrelevanten Kosten (VK Baden-Württemberg, B. v. 26. 9. 2008 – Az.: 1 VK 33/08).

66.10.3.2 Keine grundlegenden Änderungen der ursprünglichen Vertragsunterlagen

Der **Begriff der Vertragsunterlagen** ist definiert in § 8 Abs. 1 Nr. 2; vgl. insoweit die 5960
Kommentierung zu → § 8 VOB/A Rdn. 72 ff.

Der **Begriff der ursprünglichen Bedingungen des Auftrags** bezieht sich in erster Li- 5961
nie auf die Vergabeunterlagen einschließlich der Leistungsbeschreibung, als auch die **Eignungs- und Zuschlagskriterien**. Im Einzelfall betrifft dies aber auch die **Änderung der rechtlichen Rahmenbedingungen**. Für eine grundlegende Änderung der ursprünglichen Bedingungen ist eine **derartige Änderung erforderlich, dass eine Auftragsvergabe auf der Grundlage der bisherigen Verdingungsunterlagen für den Auftraggeber oder die Bieter unzumutbar geworden ist, oder gar ein aliud beschafft** wird (VK Sachsen, B. v. 7. 1. 2008 – Az.: 1/SVK/077-07).

Vertragsunterlagen müssen beispielsweise dann **grundlegend geändert** werden, wenn ur- 5962
sprünglich etatmäßig eingesetzte **Baumittel nachträglich gekürzt oder ganz gestrichen** werden, das vorgesehene **Bauprojekt an anderer Stelle errichtet** werden soll oder **Änderungen des Bauentwurfes notwendig** werden (VK Nordbayern, B. v. 27. 6. 2001 – Az.: 320.VK-3194-16/01).

Wird ein **Leistungsverzeichnis im Wesentlichen in identischer Fassung aus dem of-** 5963
fenen Verfahren übernommen und ergibt sich eine **Änderung lediglich hinsichtlich der Vorlage des Gewerbezentralregisterauszuges**, der im Verhandlungsverfahren nunmehr nur auf Verlangen gefordert wird, ist vor dem Hintergrund der geänderten Abforderung von Eignungsnachweisen, die insbesondere nicht die Qualität des Nachweises betreffen, **keine grundlegende Änderung der Vertragsunterlagen** vorhanden (1. VK Sachsen, B. v. 17. 12. 2007 – Az.: 1/SVK/073-07).

66.10.3.3 Rechtmäßige Aufhebung eines offenen oder nichtoffenen Verfahrens

Als **ungeschriebenes Tatbestandsmerkmal** setzt § 3a Abs. 5 voraus, dass ein **offenes oder** 5964
nichtoffenes Verfahren rechtmäßig aufgehoben wurde, da insbesondere aus Sicht des Auftraggebers **nur dann ein weiteres Vergabeverfahren über den gleichen Leistungsgegenstand** begonnen werden soll und kann.

Der Vergabestelle ist der **Zugang zu dem „nachrangigen" Verhandlungsverfahren nur** 5965
dann ohne weiteres **eröffnet, wenn ihr nicht das Scheitern des vorangegangenen** – und

1257

Teil 3 VOB/A § 3a Vergabe- und Vertragsordnung für Bauleistungen Teil A

an sich vorrangigen – **Verfahrens zuzurechnen** ist, weil die von ihr zu verantwortenden Ausschreibungsbedingungen die Erfüllung des ausgeschriebenen Auftrags bis an die Grenze der Unmöglichkeit erschwerten und deshalb keine oder keine wirtschaftlichen Angebote eingegangen sind (OLG Dresden, B. v. 16. 10. 2001 – Az.: WVerg 0007/01; VK Sachsen, B. v. 7. 1. 2008 – Az.: 1/SVK/077-07).

66.10.3.4 Bindung an das aufgehobene Verfahren

5966 Die **Rechtsprechung** ist insoweit **nicht einheitlich**.

5967 Der **Auftraggeber ist an die Zuschlagskriterien eines aufgehobenen Offenen Verfahrens auch im nachfolgenden Verhandlungsverfahren gebunden**. Die Vergabestelle weicht von diesen selbst aufgestellten Kriterien ab, wenn sie neue Kriterien in die Wertung einführt. Dies macht die Wertungsentscheidung intransparent und im Ergebnis fehlerhaft. Der Rechtsgedanke, der dem § 9a VOL/A 2006 zugrunde liegt und wonach die Zuschlagsentscheidung nicht auf Kriterien gestützt werden darf, die nicht vorher bekannt gegeben wurden, greift auch hier (VK Südbayern, B. v. 21. 4. 2004 – Az.: 24-04/04).

5968 Der Auftraggeber ist nach einer Aufhebung **nicht an die Leistungsbeschreibung und den Inhalt der Vergabeunterlagen des aufgehobenen Vergabeverfahrens gebunden** (OLG Düsseldorf, B. v. 3. 3. 2010 – Az.: VII-Verg 46/09).

66.10.4 Bauvorhaben zu Forschungs-, Versuchs- und Entwicklungszwecken

5969 Vgl. dazu die **Kommentierung zu** → § 100 GWB Rdn. 166 ff.

66.11 Zulässigkeit eines Verhandlungsverfahrens ohne Öffentliche Vergabebekanntmachung (§ 3a Abs. 6)

66.11.1 Hinweis

5970 Vgl. zu den **grundsätzlichen Einzelheiten des Verhandlungsverfahrens** die Kommentierung zu → § 101 GWB Rdn. 99 ff.

66.11.2 Enumerative Aufzählung und enge Auslegung

5971 Wie sich insbesondere aus der zwölften Begründungserwägung der Richtlinie 93/36 und der achten Begründungserwägung der Richtlinie 93/37 ergibt, hat das Verhandlungsverfahren Ausnahmecharakter und darf nur in bestimmten, genau festgelegten Fällen zur Anwendung gelangen. **Aus diesem Grund bestimmen die Artikel 6 Absatz 3 Buchstabe a der Richtlinie 93/36 und 7 Absatz 3 Buchstabe a der Richtlinie 93/37 abschließend die Fälle, in denen das Verhandlungsverfahren ohne vorherige öffentliche Vergabebekanntmachung angewandt werden kann**. Nach der Rechtsprechung sind die Ausnahmen von den Vorschriften, die die Wirksamkeit der Rechte nach dem Vertrag im Bereich der öffentlichen Bauaufträge gewährleisten sollen, **eng auszulegen**; die **Beweislast** dafür, dass die außergewöhnlichen Umstände, die die Ausnahme rechtfertigen, tatsächlich vorliegen, obliegt **demjenigen, der sich auf sie berufen will** (EuGH, Urteil v. 15. 10. 2009 – Az.: C-275/08; Urteil v. 18. 11. 2004 – Az.: C-126/03). Die **Mitgliedstaaten** können daher **weder Tatbestände für die Anwendung des Verhandlungsverfahrens schaffen**, die in den genannten Richtlinien nicht vorgesehen sind, noch die ausdrücklich in diesen Richtlinien vorgesehenen **Tatbestände um neue Bestimmungen ergänzen**, die die Anwendung des genannten Verfahrens erleichtern, da sie sonst die praktische Wirksamkeit der betreffenden Richtlinien beseitigen würden, z. B. die Anwendung des Verhandlungsverfahrens zulassen, wenn ein Auftrag nicht in einem offenen oder nicht offenen Verfahren vergeben werden konnte oder die Bewerber nicht zum Vergabeverfahren zugelassen wurden, und die ursprünglichen Bedingungen des Auftrags bis auf den Preis, der nicht um mehr als 10% erhöht werden darf, nicht geändert werden (EuGH, Urteil v. 8. 4. 2008 – Az.: C-337/05; Urteil vom 13. 1. 2005 – Az.: C-84/03; 1. VK Sachsen, B. v. 7. 1. 2008 – Az.: 1/SVK/077-07; B. v. 17. 12. 2007 – Az.: 1/SVK/073-07).

5972 Die vom EuGH genannten Begründungserwägungen sind in der neuen Vergabekoordinierungsrichtlinie (2004/18/EG) nicht mehr ausdrücklich enthalten. Der **Ausnahmecharakter des Verhandlungsverfahrens ergibt sich aber eindeutig und zwingend aus dem Stufenverhältnis der Ausschreibungsarten** (VK Sachsen, B. v. 7. 1. 2008 – Az.: 1/SVK/077-07).

Die Zulässigkeit der Durchführung eines Verhandlungsverfahrens ohne Vergabebekanntma- 5973
chung richtet sich **ausschließlich nach § 3 a Abs. 6 VOB/A 2. Abschnitt, ein Rückgriff
auf die Vorschriften des § 3 Abs. 5 VOB/A ist nicht zulässig** (1. VK Bund, B. v. 20. 5.
2003 – Az.: VK 1–35/03; 1. VK Sachsen, B. v. 17. 12. 2007 – Az.: 1/SVK/073-07).

66.11.3 Keine wirtschaftlichen Angebote in einem offenen oder nichtoffenen Verfahren, keine grundlegenden Änderungen der ursprünglichen Vertragsunterlagen und Einbeziehung aller geeigneten Bieter (§ 3 a Abs. 6 Nr. 1)

66.11.4 Änderung durch die VOB/A 2009

Während § 3 a Abs. 6 Nr. 1 VOB/A n. F. in Entsprechung zu Art. 31 Nr. 1 lit. a) 5974
VKR (Richtlinie 2004/18/EG) die Durchführung eines Verhandlungsverfahrens ohne Öffentliche Bekanntmachung gestattet, wenn bei einem Offenen oder Nichtoffenen Verfahren keine wirtschaftlichen Angebote angegeben worden sind, sofern die ursprünglichen Vertragsunterlagen nicht grundlegend geändert und in das Verhandlungsverfahren alle geeigneten Bieter aus den vorausgegangenen Verfahren einbezogen werden, ist gemäß § 3 a Nr. 6 lit. a) VOB/A a. F. die Einleitung eines Verhandlungsverfahrens ohne Öffentliche Bekanntmachung nur unter der Voraussetzung zulässig, dass keine oder keine annehmbaren Angebote eingegangen sind. **Mit der Neufassung ist keine inhaltliche Änderung der Vorschrift verbunden.** Wirtschaftliche Angebote sind dann nicht abgegeben worden, wenn überhaupt kein Angebot eingeht oder alle Angebote ausgeschlossen werden müssen, d. h. **kein Angebot in die vierte Wertungsstufe gelangt**. Ein sachlicher Unterschied zu der Konstellation, in der kein annehmbares Angebot eingegangen ist, d. h. kein Angebot den Ausschreibungsbedingungen entspricht, besteht demnach nicht. **Beide Formulierungen umschreiben die Situation, dass kein Angebot die Wertungsstufen eins bis drei unbeanstandet passiert hat und vom Auftraggeber bezuschlagt werden könnte.** Der Regelungsgehalt der Vorschriften ist somit trotz des unterschiedlichen Wortlauts inhaltsgleich (OLG Düsseldorf, B. v. 6. 10. 2010 – Az.: VII-Verg 44/10).

66.11.4.1 Keine wirtschaftlichen Angebote in einem offenen oder nichtoffenen Verfahren

Nach § 3 a Abs. 6 Nr. 1 VOB/A ist ein Verhandlungsverfahren ohne öffentliche Vergabebe- 5975
kanntmachung dann zulässig, wenn bei einem Offenen Verfahren oder Nichtoffenen Verfahren keine wirtschaftlichen Angebote abgegeben worden sind, sofern die ursprünglichen Vertragsunterlagen nicht grundlegend geändert werden. Erste **Voraussetzung** ist somit, dass **ausschließlich Angebote** vorgelegen haben müssen, die nach Prüfung, unter Zugrundelegung allgemeiner Erfahrungssätze sowie der in der Ausschreibung genannten Wirtschaftlichkeitskriterien, **in einem unangemessenen Preis-Leistungs-Verhältnis** standen. Für das Vorliegen eines unangemessenen Verhältnisses ist der **Auftraggeber grundsätzlich darlegungs- und beweispflichtig**. Der bloße Hinweis, dass die finanziellen Mittel nicht ausreichen, vermag diese Darlegungs- und Beweispflicht nicht zu begründen (VK Sachsen, B. v. 7. 1. 2008 – Az.: 1/SVK/077-07; VK Südbayern, B. v. 21. 8. 2003 – Az.: 32-07/03).

Voraussetzung für nicht wirtschaftliche Angebote ist ein unangemessenes Preis- 5976
Leistungs-Verhältnis der eingegangenen Angebote. Ob die Angebote ein solches Missverhältnis zwischen angebotener Leistung und Preis aufweisen, kann **jedoch nicht allein anhand eines Vergleichs mit den bisherigen Kosten eines Auftraggebers** entschieden werden. Bei der **Prüfung, ob ein Missverhältnis zwischen Preis und Leistung vorliegt, muss auf den aktuellen Wert der angebotenen Leistung abgestellt** werden. D. h. der Auftraggeber muss anhand einer aktuellen und nachvollziehbaren Schätzung des heutigen Wertes der ausgeschriebenen Leistung überprüfen, ob die Angebotspreise als unwirtschaftlich anzusehen sind. Dies ergibt sich bereits daraus, dass der aktuell für die geforderten Leistungen zu zahlende Preis nicht zwingend niedriger sein muss, als der bisher gezahlte, z. B. wegen möglicher Steigerungen der angebotsrelevanten Kosten (VK Baden-Württemberg, B. v. 26. 9. 2008 – Az.: 1 VK 33/08).

Vgl. zu einem **wirtschaftlichen Angebot** allgemein die Kommentierung zu → § 16 5977
VOB/A Rdn. 669.

66.11.4.2 Keine grundlegenden Änderungen der ursprünglichen Vertragsunterlagen

Vgl. dazu die Kommentierung → Rdn. 19 ff. 5978

Teil 3 VOB/A § 3a   Vergabe- und Vertragsordnung für Bauleistungen Teil A

66.11.4.3 Einbeziehung aller geeigneten Bieter

5979   Im Vergleich zu § 3a Abs. 5 Nr. 1 statuiert § 3a Abs. 6 Nr. 1 als zusätzliche Voraussetzung die **Einbeziehung aller Bieter aus dem vorausgegangenen Verfahren, die fachkundig, zuverlässig und leistungsfähig** sind.

5980   Zur **Eignung** vgl. die Kommentierung zu → § 97 GWB Rdn. 543 ff.

66.11.4.4 Rechtmäßige Aufhebung eines offenen oder nichtoffenen Verfahrens

5981   Vgl. dazu die Kommentierung → Rdn. 23.

66.11.4.5 Bindung an das aufgehobene Verfahren

5982   Vgl. dazu die Kommentierung → Rdn. 25 ff.

66.11.4.6 Notwendigkeit eines ausreichenden Wettbewerbs

5983   Die Vorschrift des § 3a Abs. 6 Nr. 1 ist in EU-rechtskonformer Auslegung dahin zu ergänzen, dass eine **Beschränkung der Teilnehmer des Verhandlungsverfahrens nur zulässig** ist, wenn bei Rückgriff auf alle Bieter, die im vorangegangenen Offenen Verfahren ein vollständiges und rechtzeitiges Angebot abgegeben haben und als geeignet angesehen worden sind, ein **ausreichender Wettbewerb** gewährleistet ist. Die Vorschrift des § 3a Abs. 6 Nr. 1 stellt eine textlich unvollständige Umsetzung von Art. 30 lit. a) Abs. 2 VKR dar. Entspricht keines der Angebote im Offenen oder Nichtoffenen Verfahren den formalen Voraussetzungen und kommt mithin keiner der Bieter als Teilnehmer für ein Verhandlungsverfahren nach § 3a Abs. 6 Nr. 1 in Betracht, ist die Anwendung des § 3a Abs. 6 Nr. 1 ausgeschlossen (OLG Naumburg, B. v. 25. 9. 2008 – Az.: 1 Verg 3/08).

66.11.5 Keine oder nur nach § 16 Absatz 1 Nummern 2 und 3 auszuschließende Angebote und keine grundlegenden Änderungen der ursprünglichen Vertragsunterlagen (§ 3a Abs. 6 Nr. 2)

66.11.5.1 Keine oder nur nach § 16 Absatz 1 Nummern 2 und 3 auszuschließende Angebote

5984   **Erste Voraussetzung** für die Anwendbarkeit von § 3a Abs. 6 Nr. 2 ist, dass es in einem offenen oder nichtoffenen Verfahren **entweder keine Angebote** gab **oder die Bieter wegen fehlender Eignung nach § 16 Abs. 1 Nr. 2** (z.B. keine Anmeldung bei der Berufsgenossenschaft) **oder die Angebote wegen fehlender Erklärungen oder Nachweise** – einschließlich eines nicht erfüllten Nachforderungsverlangens – ausgeschlossen wurden.

66.11.5.2 Keine grundlegenden Änderungen der ursprünglichen Vertragsunterlagen

5985   Vgl. dazu die Kommentierung → Rdn. 19 ff.

66.11.5.3 Rechtmäßige Aufhebung eines offenen oder nichtoffenen Verfahrens

5986   Vgl. dazu die Kommentierung → Rdn. 23.

66.11.5.4 Bindung an die Zuschlagskriterien des aufgehobenen Verfahrens

5987   Vgl. dazu die Kommentierung → Rdn. 25.

66.11.5.5 Teilnehmer des Verhandlungsverfahrens

5988   Eine **Verpflichtung, alle geeigneten Bieter aus dem Vorverfahren wieder einzubeziehen**, besteht nach dem Wortlaut des § 3a Abs. 6 Nr. 2 nicht. Die Vergabestelle hat das Recht, den nunmehr aufzufordernden Bewerberkreis neu festzulegen. Die Bieter aus dem Vorverfahren haben somit keinen Rechtsanspruch auf Beteiligung am Verhandlungsverfahren. Aus welchen Gründen die Vergabestelle einen Bieter trotz seines mindestfordernden Angebotes im Offenen Verfahren nicht wieder zur Angebotsabgabe aufgefordert hat, kann in diesem Fall dahinstehen (VK Magdeburg, B. v. 27. 12. 2001 – Az.: VK-OFD LSA-07/01).

5989   Die **Entscheidung des Auftraggebers, wie viele und welche Bewerber er zur Angebotsabgabe auffordert, muss auf sachlichen und nachvollziehbaren Erwägungen** beruhen. Sind solche Gründe nicht ersichtlich, insbesondere weder im Rahmen eines Vergabevermerks dokumentiert noch im Verfahren dargelegt, hat der Auftraggeber sein Auswahlermessen nicht ordnungsgemäß ausgeübt (1. VK Sachsen, B. v. 17. 12. 2007 – Az.: 1/SVK/073-07).

66.11.5.6 Verhältnis der Regelungen des § 3 a Abs. 6 Nr. 1 und Nr. 2

Auch wenn der Auftraggeber auf das Verhandlungsverfahren nach § 3 a Abs. 6 Nr. 1 mit begrenzter Teilnehmerzahl zugreifen darf, so **unterliegt es grundsätzlich allein seiner Dispositionsbefugnis, mehr oder weniger Wettbewerb durch die Festlegung des Teilnehmerfeldes** entweder nach Nr. 2 oder nach Nr. 1 **zu organisieren**. Dieses Ermessen wird lediglich durch die allgemeinen Verfahrensgrundsätze, insbesondere durch den Wettbewerbsgrundsatz begrenzt. Die Wahl eines Verfahrens mit mehr Wettbewerb ist danach vergaberechtlich eher wünschenswert und keinesfalls rechtswidrig. Ein **Bieter hat kein subjektives Recht auf Schutz vor Konkurrenz in einem fairen wettbewerblichen Verfahren** (OLG Naumburg, B. v. 25. 9. 2008 – Az.: 1 Verg 3/08; B. v. 13. 5. 2008 – Az.: 1 Verg 3/08). 5990

66.11.6 Durchführung nur von einem bestimmten Unternehmen (§ 3 a Abs. 6 Nr. 3)

Vgl. insoweit die Kommentierung zu → § 3 VOB/A Rdn. 44 ff. 5991

66.11.7 Dringlichkeit der Leistung (§ 3 a Abs. 6 Nr. 4)

66.11.7.1 Rechtsprechung des EuGH

Ein Verhandlungsverfahren ohne Vergabebekanntmachung wegen Dringlichkeit ist nach europäischem Recht **nur anwendbar**, wenn **kumulativ drei Voraussetzungen** erfüllt sind. Es müssen ein **unvorhersehbares Ereignis, dringliche und zwingende Gründe**, die die Einhaltung der in anderen Verfahren vorgeschriebenen Fristen nicht zulassen, und ein **Kausalzusammenhang zwischen dem unvorhersehbaren Ereignis und den sich daraus ergebenden dringlichen, zwingenden Gründen** gegeben sein (EuGH, Urteil v. 15. 10. 2009 – Az.: C-275/08; Urteil v. 2. 6. 2005 – Az.: C-394/02; Urteil v. 18. 11. 2004 – Az.: C-126/03). 5992

66.11.7.2 Zwingende und dringende Gründe

An das **Vorliegen des Ausnahmetatbestandes nach § 3 a Abs. 6 Nr. 4 sind hohe Anforderungen zu stellen.** Als zwingende und dringende Gründe kommen **nur akute Gefahrensituationen und höhere Gewalt**, z. B. durch Katastrophenfälle in Betracht, die **zur Vermeidung von Schäden für Leib und Leben der Allgemeinheit ein schnelles, die Einhaltung der Fristen ausschließendes Handeln erfordern. Latente oder durch regelmäßige Wiederkehr** (z. B. Frühlingshochwasser) **vorhersehbare Gefahren sind daher in der Regel keine zwingenden Gründe**. Latent vorhersehbare Gefahren können durch das Hinzutreten unvorhersehbarer Ereignisse allerdings zu akuten Gefahren werden, die einen dringlichen Handlungsbedarf begründen können. Dem Auftraggeber steht bei der Einschätzung der Gefahrenlage ein Beurteilungsspielraum zu, der sich aber an den Wertsetzungen des Vergaberechts orientieren und dem Ausnahmecharakter einer formlosen Vergabe Rechnung tragen muss. 5993

Zwingende Dringlichkeitsgründe mit einer **Berechtigung zur Vergabe im Verhandlungsverfahren mit nur einem Bieter liegen dann vor**, wenn **nach einer Vertragskündigung** eine Verzögerung von Baumaßnahmen durch den Beginn des Winters einen ohnehin knappen Zeitplan in einem Maße verengt, dass eine **Fertigstellung zum vorgesehenen Zeitpunkt ausgeschlossen ist und daher ein durch die Baumaßnahme geschaffenes Projekt**, z. B. eine Landesgartenschau, **aufgegeben werden muss**. Dies ist insbesondere zu bejahen, wenn der **Auftraggeber die Dringlichkeit auch nicht selbst herbeigeführt hat** – etwa durch eine Kündigung –, sondern auf dem Verhandlungswege alles unternommen hat, einen Antragsteller noch zur Erfüllung der streitigen Restarbeiten zu bewegen und erst nach Abbruch der Verhandlungen durch den Antragsteller sich zum Abschluss der Vertrages gezwungen sieht (VK Arnsberg, B. v. 28. 10. 2008 – Az.: VK 24/08). 5994

Bloße finanzielle Gründe bzw. wirtschaftliche Erwägungen werden diesen **Anforderungen regelmäßig nicht gerecht** (OLG Celle, B. v. 29. 10. 2009 – Az.: 13 Verg 8/09). 5995

66.11.7.3 Unvorhersehbarkeit

Ebenso sind **an die Unvorhersehbarkeit hohe Anforderungen zu stellen** (OLG Celle, B. v. 29. 10. 2009 – Az.: 13 Verg 8/09; 3. VK Saarland, B. v. 24. 10. 2008 – Az.: 3 VK 02/ 5996

2008). Vorhersehbar sind alle Umstände, die bei einer sorgfältigen Risikoabwägung unter Berücksichtigung der aktuellen Situation und deren möglicher Fortentwicklung nicht ganz unwahrscheinlich sind. Vorhersehbar sind dabei nicht nur Umstände, die nach dem gewöhnlichen Lauf der Dinge eintreten können, sondern auch nicht ganz lebensfremde Abweichungen vom üblichen Verlauf.

66.11.7.4 Kausalität

5997 **Zwischen den unvorhersehbaren Ereignissen und den zwingenden Gründen für die Unmöglichkeit der Einhaltung der Fristen muss ein Kausalzusammenhang bestehen.** Die Unmöglichkeit der Einhaltung der Fristen muss sich aus den unvorhersehbaren Ereignissen ergeben. Dabei ist zu berücksichtigen, dass eine Einhaltung auch der verkürzten Fristen nicht mehr möglich sein darf, da auch eine Veröffentlichung mit verkürzten Fristen dem Verhandlungsverfahren ohne Vergabebekanntmachung vorgeht.

66.11.7.5 Keine Zurechnung der Gründe für die Dringlichkeit zu einem Verhalten des Auftraggebers

5998 Dass die **die Dringlichkeit auslösenden Umstände auf keinen Fall dem Verhalten des Auftraggebers zuzurechnen sein** dürfen, **setzt kein Verschulden beim Auftraggeber** voraus. Es geht nicht um subjektive Vorwerfbarkeit, sondern darum, ob sie in der Sphäre des Auftraggebers begründet sind. Dazu gehören auch Verzögerungen, die sich aus der Abhängigkeit von Entscheidungen anderer Behörden ergeben (VK Düsseldorf, B. v. 15. 8. 2003 – Az.: VK – 23/2003 – L).

66.11.7.6 Vergleich der Fristen

5999 Vgl. die Kommentierung zu → § 3 VOB/A Rdn. 53.

66.11.7.7 Abrufbarkeit von Fördermitteln

6000 Vgl. die Kommentierung zu → § 3 VOB/A Rdn. 54.

66.11.7.8 Eilbedürftigkeit während der Dauer eines Nachprüfungsverfahrens oder eines notwendigen Vorverfahrens

6001 Ein **Auftraggeber ist bei dringenden, unaufschiebbaren Dienstleistungen** wie etwa bei Krankentransporten oder Schülerfreistellungsverkehren oder BSE-Tests, **berechtigt und gegebenenfalls faktisch gezwungen, diese Dienstleistungen zeitlich befristet, bis zum rechtskräftigen Abschluss eines Nachprüfungsverfahrens im Verhandlungsverfahren ohne vorherige öffentliche Vergabebekanntmachung zu vergeben.** Die Alternative, die ausgeschriebenen Dienstleistungen während des schwebenden Nachprüfungs- oder zweitinstanzlichen Beschwerdeverfahrens gar nicht durchführen zu lassen, besteht für den Auftraggeber in diesen Fällen regelmäßig nicht. Auch über eigenes Personal zur vorübergehenden Durchführung der ausgeschriebenen Dienstleistungen verfügt ein Auftraggeber regelmäßig nicht. Dieses Interesse des Auftraggebers und ein eventuelles öffentliches Interesse überwiegen das Interesse der Antragstellerin, nach rechtskräftigem Abschluss des Nachprüfungsverfahrens einen möglichst ungeschmälerten Auftrag zu erhalten, jedoch nur, soweit die Verzögerung des Zuschlags durch das Nachprüfungsverfahren oder ein sich daran anschließendes Beschwerdeverfahren veranlasst ist (2. VK Brandenburg, B. v. 1. 2. 2007 – Az.: 2 VK 56/06; VK Lüneburg, B. v. 27. 6. 2003 – Az.: 203-VgK-14/2003).

6002 Auch kann z.B. die Aussetzung eines Vergabeverfahrens zur Durchführung eines Schutzverfahrens nach der Richtlinie 93/42 für die Lieferung von Medizinprodukten zu Verzögerungen führen, die für den Betrieb eines Krankenhauses Probleme verursachen können. Entsprechend Art. 14b der Richtlinie 93/42 ist jedoch das Ziel des Schutzes der öffentlichen Gesundheit ein zwingendes Erfordernis des Allgemeininteresses, das die Mitgliedstaaten zu Ausnahmen vom Grundsatz des freien Warenverkehrs berechtigt, sofern die getroffenen Maßnahmen dem Grundsatz der Verhältnismäßigkeit entsprechen. **Im Dringlichkeitsfall wäre ein Krankenhaus daher berechtigt, alle vorläufigen Maßnahmen zu treffen, die geboten sind, damit es die für seinen Betrieb notwendigen Medizinprodukte beschaffen kann. Es müsste jedoch gegebenenfalls beweisen, dass dringliche Umstände vorliegen, die eine solche Ausnahme vom Grundsatz des freien Warenverkehrs rechtfertigen können, und dartun, dass die getroffenen Maßnahmen verhältnismäßig sind** (EuGH, Urteil v. 14. 6. 2007 – Az.: C-6/05).

Diese **Rechtsprechung zur VOL/A** kann auch im Grundsatz **für Leistungen nach der VOB/A übernommen** werden.

66.11.7.9 Hochwasserbedingte Beschaffungen

Vgl. dazu die Kommentierung zu → § 3 VOB/A Rdn. 55.

66.11.7.10 Auftragsvergabe im Insolvenzfall

Vgl. dazu die Kommentierung zu → § 3 VOB/A Rdn. 58 ff.

66.11.8 Fristen bei einem Verhandlungsverfahren ohne öffentliche Vergabebekanntmachung

Zu den **Mindestfristen für die Angebotsabgabe im Rahmen von Verhandlungsverfahren ohne Vergabebekanntmachung** vgl. die Kommentierung zu → § 101 GWB Rdn. 171.

66.11.9 Zulässigkeit von Verhandlungen nur mit einem „preferred Bidder"?

Zur Zulässigkeit von Verhandlungen mit einem „preferred Bidder" vgl. die Kommentierung zu → § 101 GWB Rdn. 194.

67. § 4 VOB/A – Vertragsarten

(1) Bauleistungen sind so zu vergeben, dass die Vergütung nach Leistung bemessen wird (Leistungsvertrag), und zwar:
1. in der Regel zu Einheitspreisen für technisch und wirtschaftlich einheitliche Teilleistungen, deren Menge nach Maß, Gewicht oder Stückzahl vom Auftraggeber in den Vertragsunterlagen anzugeben ist (Einheitspreisvertrag),
2. in geeigneten Fällen für eine Pauschalsumme, wenn die Leistung nach Ausführungsart und Umfang genau bestimmt ist und mit einer Änderung bei der Ausführung nicht zu rechnen ist (Pauschalvertrag).

(2) Abweichend von Absatz 1 können Bauleistungen geringeren Umfangs, die überwiegend Lohnkosten verursachen, im Stundenlohn vergeben werden (Stundenlohnvertrag).

(3) Das Angebotsverfahren ist darauf abzustellen, dass der Bieter die Preise, die er für seine Leistungen fordert, in die Leistungsbeschreibung einzusetzen oder in anderer Weise im Angebot anzugeben hat.

(4) Das Auf- und Abgebotsverfahren, bei dem vom Auftraggeber angegebene Preise dem Auf- und Abgebot der Bieter unterstellt werden, soll nur ausnahmsweise bei regelmäßig wiederkehrenden Unterhaltungsarbeiten, deren Umfang möglichst zu umgrenzen ist, angewandt werden.

67.1 Änderungen in der VOB/A 2009

Die **§§ 5 und 6 VOB/A 2006** wurden in dem neuen **§ 4 zusammengefasst**; gleichzeitig wurde die **Überschrift geändert**.

Die bisherigen **Regelungen zum Selbstkostenerstattungsvertrag** finden kaum Anwendung und wurden daher **gestrichen**.

Ansonsten erfolgten **redaktionelle Anpassungen**.

67.2 Bieterschützende Vorschrift

67.2.1 § 4 Abs. 1 Nr. 2

Die **Verletzung des § 5 Nr. 1 lit. b) VOB/A** kann im Nachprüfungsverfahren geltend gemacht werden. § 97 Abs. 7 GWB ist wegen der grundlegenden Bedeutung der Prin-

Teil 3 VOB/A § 4 Vergabe- und Vertragsordnung für Bauleistungen Teil A

zipien der Gleichbehandlung und des Wettbewerbs für das gesamte Vergaberecht weit auszulegen. Es ist daher eher als Ausnahme anzusehen, dass auf die Einhaltung einer „Bestimmung über das Vergabeverfahren" von Seiten der Bieter kein Anspruch, mithin kein eigenes Recht besteht (2. VK Mecklenburg-Vorpommern, B. v. 27. 11. 2001 – Az.: 2 VK 15/01).

6012   **Etwas restriktiver** beurteilt die **2. VK Bund** die bieterschützende Wirkung. **§ 4 Abs. 1 Nr. 2 VOB/A zielt nicht allein auf den Schutz von Bietern vor der Überbürdung von Risiken** ab, sondern **soll auch den öffentlichen Auftraggeber im eigenen Interesse davon abhalten, auf unsicherer Grundlage Pauschalierungen zuzulassen**. Denn für den Fall, dass geringere Mengen als veranschlagt auszuführen sind, kann ein Pauschalangebot sich gegenüber einem Einheitspreisangebot als teurer erweisen, sofern die Voraussetzungen für eine Preisanpassung nach § 2 Abs. 7 Nr. 1 S. 2 VOB/B nicht vorliegen. Überdies kann die Gefahr bestehen, dass ein Bieter, wenn die vereinbarte Pauschale sich für ihn als ungünstig herausstellt, im Zuge der Bauausführung etwa durch Mehrforderungen bei anderen Positionen eine Kompensation anstrebt. Diese **Schutzrichtung des § 4 Abs. 1 Nr. 2 erinnert an die Vorschrift des § 16 Abs. 6 Nr. 1 VOB/A, der ebenfalls den Auftraggeber vor den wirtschaftlichen Nachteilen vermeintlich günstiger Angebote bewahren sollen**. Es liegt daher nahe, ebenso wie diesen Vorschriften **§ 4 Abs. 1 Nr. 2 drittschützenden Charakter nur ausnahmsweise zuzuerkennen**. Ein solcher Ausnahmefall wird bei den genannten Vorschriften angenommen, wenn ein unangemessen niedriges Angebot in der Absicht abgegeben wird bzw. die Gefahr begründet, die Wettbewerber vom Markt zu verdrängen oder den Bieter des Unterkostenangebots in die Insolvenz fallen zu lassen (2. VK Bund, B. v. 26. 2. 2007 – Az.: VK 2–09/07).

67.3 Leistungsvertrag

67.3.1 Einheitspreisvertrag (§ 4 Abs. 1 Nr. 1)

6013   Bauleistungen sollen in der Regel zu Einheitspreisen für technisch und wirtschaftlich einheitliche Teilleistungen, deren Menge nach Maß, Gewicht oder Stückzahl vom Auftraggeber in den Verdingungsunterlagen anzugeben ist (Einheitspreisvertrag), vergeben werden. Der **Einheitspreisvertrag stellt also den Regelfall des Leistungsvertrages** dar (BayObLG, B. v. 2. 12. 2002 – Az.: Verg 24/02; VK Thüringen, B. v. 11. 5. 2000 – Az.: 216–4002.20–051/00-SLF).

67.3.1.1 Verbindlichkeit von Zwischensummen in einem Einheitspreisangebot

6014   **Zwischensummen** sind bei einem Angebot für einen Einheitspreisvertrag **nicht verbindlich** (1. VK Bund, B. v. 16. 5. 2002 – Az.: VK 1–21/02).

67.3.1.2 Richtlinie des VHB 2008

6015   In der Regel ist zu Einheitspreisen auszuschreiben und zu vergeben (Richtlinien zu 100 – Allgemeine Richtlinien Vergabeverfahren – Ziffer 4.2.6).

67.3.2 Pauschalvertrag (§ 4 Abs. 1 Nr. 2)

67.3.2.1 Inhalt

6016   Während bei Einheitspreisverträgen Mehrleistungen und zusätzlich zum Leistungsverzeichnis ausgeführte Leistungen vergütet werden (§ 2 Abs. 2 VOB/B), zeichnen sich **Pauschalverträge** dadurch aus, dass die **Vergütung** – abgesehen vom Fall des § 2 Abs. 7 VOB/B – **nicht abhängig von der tatsächlich ausgeführten Leistung** ist, sondern **vorweg festgelegt** wird. Die den **Einheitspreisvertrag kennzeichnenden Feststellungen des Umfangs der tatsächlich ausgeführten Leistung** (Aufmaß) werden **überflüssig** (VK Baden-Württemberg, B. v. 7. 3. 2003 – Az.: 1 VK 06/03, 1 VK 11/03). Die **Abrechnung der Arbeiten** wegen eines Verzichts auf Mengennachweise werden also **erheblich vereinfacht** (BayObLG, B. v. 2. 12. 2002 – Az.: Verg 24/02).

6017   Pauschalverträge dürfen aus verschiedenen Erwägungen nur unter den in § 4 genannten Voraussetzungen geschlossen werden. Zunächst soll die **Gefahr vermieden** werden, dass bei der Bauausführung erkannt wird, dass zusätzliche Leistungen oder Mehrleistungen erforderlich werden und die Vertragspartner darüber in Streit geraten, **wem die Abweichungen zuzurechnen sind** – dem Auftraggeber, weil er die Grundlagen für die Bauausführung falsch ermittelt hat oder dem Auftragnehmer, weil er das Angebot falsch zusammengestellt hat. Hinzu kommt die **Gefahr**, dass der Auftragnehmer versucht sein kann, **überraschende Mehrleistungen durch unbemerkte oder geduldete Schlechtleistung auszugleichen** (BayObLG, B. v. 2. 12. 2002 – Az.: Verg 24/02; VK Münster, B. v. 22. 8. 2002 – Az.: VK 07/02, B. v. 10. 2. 2004 – Az.: VK 01/04).

67.3.2.2 Pauschalvertrag auch für Teile einer Leistung

Erlaubt sind Pauschalpreisvereinbarungen **auch für Teile einer Bauleistung** (BayObLG, B. v. 2. 12. 2002 – Az.: Verg 24/02; VK Berlin, B. v. 4. 5. 2009 – Az.: VK – B 2–5/09; im Ergebnis ebenso 2. VK Bund, B. v. 26. 2. 2007 – Az.: VK 2–09/07). 6018

67.3.2.3 Leistung genau bestimmt und keine Änderungen bei der Ausführung

67.3.2.3.1 Allgemeines. Ein Pauschalvertrag darf u. a. nur dann geschlossen werden, wenn die **Leistung nach ihrem Umfang genau bestimmt** ist und **mit einer Änderung bei der Ausführung nicht zu rechnen ist** (VK Baden-Württemberg, B. v. 3. 12. 2001 – Az.: 1 VK 38/01; 2. VK Mecklenburg-Vorpommern, B. v. 27. 11. 2001 – Az.: 2 VK 15/01). 6019

Diese **strengen Anforderungen** beruhen darauf, dass mit der Pauschalpreisvereinbarung die Vordersätze sozusagen „festgeschrieben" werden, der **Auftragnehmer also die vorgesehene Leistung grundsätzlich ohne Rücksicht darauf auszuführen hat, welche Mengen dafür tatsächlich erforderlich sind**, was aber auch zum Nachteil des Auftraggebers im Falle von Mindermengen ausschlagen kann (VK Baden-Württemberg, B. v. 3. 12. 2001 – Az.: 1 VK 38/01). 6020

67.3.2.3.2 Bedeutung von Alternativ- oder Eventualpositionen im Leistungsverzeichnis. 67.3.2.3.2.1 Grundsatz. Die **Rechtsprechung** ist insoweit **nicht einheitlich**. 6021

Nach einer Auffassung steht das **Vorhandensein von Alternativ- oder Eventualpositionen** im Leistungsverzeichnis der Überzeugung des Auftraggebers, wonach mit Änderungen bei der Ausführung nicht zu rechnen ist, nicht entgegen (1. VK Bund, B. v. 11. 6. 2002 – Az.: VK 1–25/02). 6022

Demgegenüber steht die Auffassung, dass Eventualpositionen nur solche Leistungen beschreiben, die erfahrungsgemäß bei der Ausführung der vertraglichen Leistung erforderlich werden können, über deren Notwendigkeit aber trotz aller örtlichen und fachlichen Kenntnisse erst bei der Durchführung der Leistung entschieden werden kann. Die Vergütung erfolgt nach dem angebotenen Einheitspreis und der tatsächlich ausgeführten Leistung (§ 2 Abs. 2 VOB/B). Bei Vereinbarung einer Pauschalsumme ist dagegen eine Leistung unabhängig von der tatsächlichen Ausführung zu vergüten. Daher **kann eine mit Eventualpositionen beschriebene Leistung grundsätzlich nicht durch eine Pauschalsumme ersetzt werden, wenn die Bieterreihung von der Berücksichtigung der Eventualpositionen abhängt und damit ein preislicher Vergleich zwischen einem Pauschalangebot und einem Angebot mit Eventualpositionen letztendlich nicht möglich ist** (VK Nordbayern, B. v. 23. 2. 2004 – Az.: 320.VK – 3194 – 03/04). 6023

67.3.2.3.2.2 Vergütungsänderung bei Ausführung von Alternativ- oder Eventualpositionen eines Detail-Pauschalpreisvertrages? Weicht im Rahmen der Bauausführung die ausgeführte Leistung von der vertraglich vorgesehenen ab, so bleibt die Vergütung nach der in § 2 Abs. 7 Nr. 1 VOB/B enthaltenen Regelung beim **Pauschalpreisvertrag bis zur Grenze der Zumutbarkeit – § 313 BGB – und damit grundsätzlich unverändert**. Bei einer Konstellation, wo sich der Auftragnehmer aufgrund der Eventualpositionen im Leistungsverzeichnis von vornherein auch bei der **Pauschalpreiskalkulation auf die Eventualpositionen einrichten kann**, wird er sich im Falle von deren Realisation **nicht auf die Unzumutbarkeit des vereinbarten Pauschalpreises berufen können** (1. VK Bund, B. v. 11. 6. 2002 – Az.: VK 1–25/02). 6024

67.3.2.4 Kalkulationsirrtümer bei Ermittlung des Pauschalpreises

Während der öffentliche Auftraggeber bei der Prüfung der Angebote gemäß § 16 Abs. 4 Nr. 1 VOB/A gehalten ist, bei widersprüchlichen Angaben zwischen Gesamtbetrag und Einheitspreis anhand des Einheitspreises den korrekten Preis zu ermitteln und ggf. aus Billigkeitsgründen sogar verpflichtet sein kann, Einheitspreise, die in offensichtlichem Missverhältnis zu der verlangten Leistung stehen, in einem Aufklärungsgespräch mit dem Bieter gem. § 15 Abs. 1 Nr. 1 VOB/A aufzuklären, ist dies **bei einem Pauschalangebot weder geboten noch gestattet**. Gemäß § 16 Abs. 4 Nr. 2 VOB/A gilt bei Vergabe für eine Pauschalsumme diese ohne 6025

Rücksicht auf etwa angegebene Einzelpreise. Diese Regel gründet sich darauf, dass bei einem Pauschalpreis seitens des Auftraggebers nicht festgestellt werden kann, inwieweit er auf detailliert ermittelten Einzelpreisen basiert. Selbst der Bieter, der irrtümlich eine von ihm rechnerisch z. B. aus unrichtigen Einzelpreisen ermittelte Pauschalsumme offeriert, ist an sie gebunden. Es verbliebe ihm nur die Möglichkeit der Anfechtung seines Angebotes, sofern die hierzu erforderlichen Voraussetzungen der §§ 119 ff. BGB gegeben sind. Diese sind aber bei einem Kalkulationsirrtum nur in den seltensten Fällen vorhanden. **Jeder Unternehmer, der eine entsprechende Pauschalsumme anbietet, muss wissen, auf welches unternehmerische Risiko er sich einlässt.** Der **Bieter muss also den eingetragenen Pauschalpreis gegen sich gelten lassen und die Auftraggeberin ist gehalten, diesen Preis zu berücksichtigen, ungeachtet der Tatsache, dass er auf einem Kalkulationsirrtum beruht** (VK Lüneburg, B. v. 4. 7. 2003 – Az.: 203-VgK-11/2003).

67.3.2.5 Pauschalangebot als Nebenangebot

6026   67.3.2.5.1 Inhalt. Ein **Pauschalangebot auf die Ausschreibung eines Einheitspreisvertrages** beinhaltet keine technisch vom Leistungsverzeichnis abweichende Lösung, sondern vielmehr eine **Abweichung hinsichtlich des Bauvertragstyps**: Angebot eines Pauschalvertrages statt – wie in der Ausschreibung vorgesehen – eines Einheitspreisvertrages. Der Sache nach handelt es sich um ein **Nebenangebot** (1. VK Bund, B. v. 11. 6. 2002 – Az.: VK 1–25/02; 1. VK Sachsen, B. v. 1. 2. 2002 – Az.: 1/SVK/131-01).

6027   67.3.2.5.2 Zulässigkeit. Die **Voraussetzungen für einen Pauschalvertrag bestehen unabhängig davon, ob die Pauschalierung auf die Leistungsbeschreibung des Auftraggebers oder auf ein Nebenangebot eines Bieters zurückgeht.** Der Wortlaut des § 4 Abs. 1 Nr. 2 unterscheidet nicht zwischen Haupt- und Nebenangeboten. Das wäre auch nicht sachgerecht, weil die Gefahren eines Pauschalangebots unabhängig davon sind, auf wen die Pauschalierung zurückzuführen ist (VK Münster, B. v. 22. 8. 2002 – Az.: VK 07/02; im Ergebnis ebenso OLG Düsseldorf, B. v. 30. 7. 2009 – Az.: VII-Verg 10/09).

6028   67.3.2.5.3 Pauschalvergabe von Brückenbauleistungen im Bundesfernstraßenbau. **Pauschalpreisvereinbarungen können zwar auch bei Nebenangeboten im Interesse des Auftraggebers liegen**, weil die Verantwortung für die Ausführbarkeit der Leistung auf der Grundlage eines Nebenangebots mit den darin enthaltenen Mengen ausschließlich der Bieter trägt. Eine **Ausnahme** kann sich jedoch ergeben, wenn die ausgeführte Leistung von der vertraglichen so erheblich abweicht, dass ein Festhalten an der Pauschalsumme nach Treu und Glauben unzumutbar ist (§ 2 Abs. 7 VOB/B). So soll eine **Pauschalvergabe von Brückenbauleistungen im Bundesfernstraßenbau nur** vorgesehen werden, **wenn bei Vertragsabschluß alle technisch und preislich bedeutsamen Abmessungen und Baustoffmengen für das Bauwerk festgelegt werden können**. Das gilt auch für die Fälle, in denen ein Bieter ein Nebenangebot für den Verwaltungsentwurf mit etwaigen korrigierten Mengen zu einer Pauschalsumme angeboten hat. Um das Risiko einer nachträglichen Preisanpassung bei Pauschalvergaben auszuschließen, ist zumindest in aller Regel Voraussetzung für eine Pauschalvereinbarung, dass der Auftragnehmer die volle Verantwortung für die von ihm erstellten Unterlagen übernimmt und vertraglich festgelegt wird, dass eine Preisanpassung im Sinne von § 2 Abs. 7 VOB/B ausgeschlossen ist. Eine Nachverhandlung über eine solche Vereinbarung ist ohne Verstoß gegen § 15 Abs. 3 VOB/A nicht möglich.

6029   Wird das **Risiko** einer Anpassung der vereinbarten Pauschale gem. § 2 Abs. 7 VOB/B **nicht ausgeschlossen**, so liefern für den unerwarteten, jedoch nicht auszuschließenden Fall der erheblichen Abweichung der ausgeführten von der vereinbarten Leistung die Einheitspreise (bei einem Detail-Pauschalvertrag) den Anhaltspunkte für eine angemessene Änderung der Vergütung – § 2 Abs. 7 VOB/B – (OLG Frankfurt, B. v. 26. 3. 2002 – Az.: 11 Verg 3/01).

6030   67.3.2.5.4 Leistung genau bestimmt und keine Änderungen bei der Ausführung. Ein Pauschalvertrag darf u. a. nur dann geschlossen werden, wenn die **Leistung nach ihrem Umfang genau bestimmt** ist und **mit einer Änderung bei der Ausführung nicht zu rechnen ist.** Diese Voraussetzungen gelten auch für ein Pauschalangebot als Nebenangebot (OLG Düsseldorf, B. v. 30. 7. 2009 – Az.: VII-Verg 10/09; VK Baden-Württemberg, B. v. 3. 12. 2001 – Az.: 1 VK 38/01; 2. VK Bund, B. v. 26. 2. 2007 – Az.: VK 2–09/07; 2. VK Mecklenburg-Vorpommern, B. v. 27. 11. 2001 – Az.: 2 VK 15/01).

6031   In einem Pauschalpreis-Nebenangebot müssen also – schon zum Vergleich bei der Angebotswertung nach § 16 VOB/A – **alle Fakten enthalten sein, die zur einwandfreien Ausführung der Leistung erforderlich werden.** Fehlt es an dieser Voraussetzung, ist es nicht wertbar.

Vergabe- und Vertragsordnung für Bauleistungen Teil A **VOB/A § 4 Teil 3**

Die genaue Bestimmtheit der Ausführungsart erfordert, dass **zwischen Auftraggeber und Auftragnehmer zur Zeit des Vertragsschlusses völlige Klarheit darüber herrscht, in welcher Art und Weise das Bauvorhaben und seine Einzelheiten auszuführen sind.** Hierzu gehören nicht nur die Gestaltung, sondern auch alle damit zusammenhängenden Entscheidungen wie der hinreichenden Ermittlung der Vordersätze, der Materialart, des Arbeitseinsatzes und der Konstruktion, vor allem in statischer Hinsicht. Diese Forderung erhöht den vom Auftraggeber vorgegebenen Anspruch der eindeutigen und erschöpfenden Beschreibung der Leistung (2. VK Bund, B. v. 26. 2. 2007 – Az.: VK 2–09/07; 1. VK Sachsen, B. v. 1. 2. 2002 – Az.: 1/SVK/131-01, B. v. 13. 2. 2002 – Az.: 1/SVK/002-02, B. v. 13. 2. 2002 – Az.: 1/SVK/003-02).

Es obliegt deshalb der **Pflicht des Auftraggebers, eingehend zu prüfen, ob diese Voraussetzungen,** nämlich einer genauen Bestimmbarkeit der Leistung nach Ausführungsart und -umfang einerseits und das Ausscheiden einer Änderung bei der Ausführung andererseits, **tatsächlich gegeben sind.** Die **Begründung, dass bei Pauschalierung die Kostensicherheit für den Auftraggeber gegeben sei, genügt dem nicht** und stellt keine Begründung zur Angemessenheit des Pauschalpreises dar (VK Halle, B. v. 25. 4. 2001 – Az.: VK Hal 04/01). 6032

Preislich vorteilhafter ist für den Auftraggeber **eine Pauschalierung vielmehr in der Regel nur, wenn die Ersparnis in jeder denkbaren Variante einer noch vertragsgerechten Leistungserbringung größer ist, als wenn nach Einheitspreisen abgerechnet würde.** Ist dies nach den Berechnungen der Vergabestelle nicht der Fall, kann das Nebenangebot unberücksichtigt bleiben (BayObLG, B. v. 2. 12. 2002 – Az.: Verg 24/02). 6033

67.3.2.6 Prognose und Beurteilungsspielraum des Auftraggebers

Der **Auftraggeber** hat dafür, ob die Voraussetzungen einer Pauschalierung vorliegen, insoweit eine **Prognose anzustellen, für die ihm ein Beurteilungsspielraum zuzubilligen** ist (2. VK Bund, B. v. 26. 2. 2007 – Az.: VK 2–09/07). 6034

67.3.2.7 Weitere Beispiele aus der Rechtsprechung

– die Voraussetzungen einer Pauschalierung **dürften bei der Wasserhaltung in der Regel nicht vorliegen** (VK Nordbayern, B. v. 22. 12. 2004 – Az.: 320.VK – 3194 – 49/04) 6035

– der **Auftraggeber kann Nebenangebote mit Pauschalierungen für Leistungen im Erdbau nicht zulassen.** Fasst ein Bieter jeweils in zwei Positionen ausgeschriebene **Maßnahmen zur Bodenverbesserung zusammen und übernimmt hierbei das Mengenrisiko der Bindemittelzugabe und die Gewährleistung der Tragfähigkeit, wobei zwar ein ausdrücklicher Pauschalpreis fehlt**, weil nach Mengeneinheiten abgerechnet und die Kalkulationsgrundlage jeweils offen gelegt werde, sodass für den Auftraggeber kein Mengenrisiko bei der Bindemittelzugabe bestehe, **liegt es im Ermessen des Auftraggebers**, angesichts der Formulierung der Nebenangebote, die ausdrücklich das Mengenrisiko für die Bindemittelzugabe übernehmen und insoweit im Widerspruch zur spitzen Abrechnung des § 2 Nr. 5 VOB/B zu stehen scheinen, **eine Pauschalierung für Leistungen des Erdbaus zu vermuten.** Anders betrachtet, hätte die Antragstellerin bei ihrem in der mündlichen Verhandlung erläuterten Verständnis die Abrechnungsmodalitäten bereits in ihren Nebenangeboten aufklären müssen. Es **bleibt offen, wie Massengarantie mit spitzer Abrechnung zu vereinbaren ist, bzw. letztlich, wie für eine Position, die gar nicht mehr abgerechnet wird, eine Preisanpassung erfolgen kann** (VK Lüneburg, B. v. 18. 10. 2007 – Az.: VgK-40/2007)

– soweit es um die **pauschalierten Leistungen für die Baustelleneinrichtung, den Einsatz des Kampfmitteltechnikers und die Planungsleistungen für den Verbau** geht, ist eine Pauschalierung zulässig (2. VK Bund, B. v. 26. 2. 2007 – Az.: VK 2–09/07)

– ist streitig, ob **Düsenstrahlarbeiten bei der Unterfangung**, die etwa 30% des gesamten Angebotspreises ausmachen, **pauschalierbar** sind, und der Antragsteller hierin eine unzulässige Verlagerung eines Bodenrisikos auf den Bieter sieht, und der Auftraggeber ausführt, der Boden sei zwar nur stichpunktartig, aber in so dichtem Raster beprobt worden, dass hinsichtlich der Düsenstrahlarbeiten, für die der Statiker detaillierte Einstichpläne erarbeitet habe, keine nennenswerten Mengenänderungen zu erwarten seien, hat der Auftraggeber mit dieser Einschätzung seinen **Beurteilungsspielraum nach Auffassung der Vergabekammer nicht überschritten** (2. VK Bund, B. v. 26. 2. 2007 – Az.: VK 2–09/07)

67.3.2.8 Beweislast für das Zustandekommen eines Pauschalpreises

Der **Unternehmer hat die Beweislast, wenn er die Vereinbarung einer bestimmten Vergütung behauptet und diese Vergütung einklagt.** Behauptet der Besteller, es sei eine 6036 andere, niedrigere Vergütung vereinbart, so muss der Unternehmer seine eigene Behauptung beweisen und die Behauptung des Bestellers widerlegen. Das folgt aus dem Grundsatz, dass der **Kläger die seinen Anspruch begründenden Tatsachen zu beweisen hat**. Diese **Verteilung der Beweislast** gilt auch bei einem Bauvertrag, für den die Geltung der VOB vereinbart ist und **gilt für die Frage, ob ein Pauschal- oder ein Einheitspreisvertrag geschlossen worden** ist. Der VOB ist nicht zu entnehmen, dass nach Einheitspreisen immer dann abzurechnen wäre, wenn sich eine Vereinbarung über die Berechnungsart der Vergütung nicht feststellen lässt. In einem Bauvertrag wird nämlich in der Regel sowohl die Art der Berechnung als auch die Höhe der Vergütung vereinbart. Es lässt sich daher nicht sagen, im Baugewerbe würden die Vertragsteile schon deshalb im Regelfall keine Vereinbarung über die Berechnungsart treffen, weil die Abrechnung nach Einheitspreisen von ihnen als selbstverständlich vorausgesetzt werde. Vielmehr ist der Einheitspreisvertrag lediglich eine von mehreren in der VOB zur Wahl gestellten und auch von den Vertragsparteien genutzten Möglichkeiten für die Gestaltung von Bauverträgen. Die Abrechnung nach Einheitspreisen beruht somit nicht auf einem Handelsbrauch, dessen Wesen darin besteht, ohne Weiteres Vertragsinhalt zu werden. Sie setzt vielmehr eine entsprechende Abrede voraus (BGH, Urteil vom 9. 4. 1981 – Az: VII ZR 262/80).

67.3.2.9 VHB 2008

6037   **67.3.2.9.1 Richtlinie.** Zu Pauschalpreisen ist nur auszuschreiben und zu vergeben, wenn
– die Leistungen nach Ausführungsart und Umfang genau bestimmt und
– Änderungen bei der Ausführung nicht zu erwarten
sind.

6038   Erd- oder Gründungsarbeiten sind grundsätzlich zu Einheitspreisen zu vergeben (Richtlinien zu 100 – Allgemeine Richtlinien Vergabeverfahren – Ziffer 4.2.6).

6039   **67.3.2.9.2 Bewerbungsbedingungen.** Nach Ziffer 5.4 der Bewerbungsbedingungen für die Vergabe von Bauleistungen sind Nebenangebote, soweit sie Teilleistungen (Positionen) des Leistungsverzeichnisses beeinflussen (ändern, ersetzen, entfallen lassen, zusätzlich erfordern), **nach Mengenansätzen und Einzelpreisen aufzugliedern (auch bei Vergütung durch Pauschalsumme)**.

67.4 Stundenlohnvertrag (§ 4 Abs. 2)

6040   Der **Stundenlohnvertrag spielt in der Vergaberechtsprechung keine Rolle**. In aller Regel werden **Stundenlohnarbeiten als Bestandteil eines Leistungsvertrags vergeben**. Die Abrechnung solcher Stundenlohnarbeiten (VOB/B) beschäftigt jedoch häufiger die Gerichte.

67.5 Angebotsverfahren (§ 4 Abs. 3)

67.5.1 Verknüpfung zu § 13 Abs. 1 Nr. 3

6041   Das **Erfordernis der Preisangabe** findet sich **nicht nur in § 13 Abs. 1 Nr. 3 VOB/A, sondern auch in § 4 Abs. 3 VOB/A.** Danach ist das Angebotsverfahren so auszugestalten, dass der Bewerber die Preise, die er für seine Leistungen erfordert, in das Leistungsverzeichnis einzusetzen oder in anderer Weise im Angebot anzugeben hat (VK Lüneburg, B. v. 25. 11. 2002 – Az.: 203-VgK-27/2002; VK Südbayern, B. v. 15. 6. 2001 – Az.: 18-05/01).

67.5.2 Auf- und Abgebotsverfahren (§ 4 Abs. 4)
67.5.2.1 Inhalt

6042   Beim Auf- und Abgebotsverfahren nach § 4 Abs. 4 VOB/A sind vom Auftraggeber die Art der Leistung und die Preise vorzugeben. Der Bieter hat das Auf- und Abgebot, also die preislichen Änderungen, sowie die Stundenverrechnungssätze anzugeben.

6043   Der öffentliche Auftraggeber **bündelt** beim Auf- und Abgebotsverfahren **kleine und kleinste Baumaßnahmen**, um
– sie einem geordneten Wettbewerb zuzuführen, den Verwaltungsaufwand zu minimieren,
– einen wirtschaftlichen Preis zu erzielen und
– eine Vielzahl von freihändigen Vergaben zu vermeiden.

67.5.2.2 Bedeutung in der Rechtsprechung

Das Auf- und Abgebotsverfahren des § 4 Abs. 4 VOB/A **spielt in der Rechtsprechung keine Rolle**. Dies liegt im Wesentlichen daran, dass das Auf- und Abgebotsverfahren in der Praxis nur bei regelmäßig wiederkehrenden Unterhaltungsarbeiten – im Rahmen so genannter Zeitverträge – Anwendung findet und **bei diesen Zeitverträgen die Auftragswerte deutlich unter den Schwellenwerten der Vergabeverordnung** liegen.

Die Anwendung des Auf- und Abgebotsverfahren muss **im Umfang begrenzt** bleiben. Ein Betrag von 600 000–700 000 Euro überschreitet bei weitem die **Geringfügigkeitsgrenze**, bei der die Ausnahmeregelung des § 4 Abs. 4 VOB/A Anwendung finden darf. Als Indiz dafür kann die Obergrenze von **10 000 € brutto** im Vergabehandbuch des Bundes dienen (VK Berlin, B. v. 10. 2. 2005 – Az.: VK – B 2–74/04).

67.5.2.3 Bindung des Auftraggebers

Leistungen, die im Rahmenvertrag enthalten sind, dürfen grundsätzlich keinem anderen Unternehmer in Auftrag gegeben werden, als dem, mit dem der Rahmenvertrag abgeschlossen wurde. Der **Auftraggeber ist also an den Rahmenvertrag gebunden**.

67.5.2.4 Auf- und Abgebotsverfahren als Zeitverträge in der Form von Rahmenvereinbarungen

67.5.2.4.1 Allgemeines. Das Auf- und Abgebotsverfahren findet in der Praxis nur bei regelmäßig wiederkehrenden Unterhaltungsarbeiten – im Rahmen so genannter Zeitverträge – Anwendung. **Insbesondere die Finanzbauverwaltungen der Länder**, die für die Hochbauaufgaben des Bundes verantwortlich sind, setzen dieses Instrument ein.

67.5.2.4.2 Rahmenvereinbarungen. 67.5.2.4.2.1 Grundsatz. Zeitverträge sind inhaltlich Rahmenvereinbarungen und öffentliche Aufträge im Sinne des § 99 GWB.

67.5.2.4.2.2 Zulässigkeit von Rahmenvereinbarungen ab den Schwellenwerten. Nach einer Auffassung können Rahmenvereinbarungen aufgrund der unmittelbar geltenden **neuen Vergabekoordinierungsrichtlinie (Richtlinie 200/18/EG) auch für Baumaßnahmen abgeschlossen** werden (VK Arnsberg, B. v. 21. 2. 2006 – Az.: VK 29/05).

Nach Auffassung der 1. VK Sachsen hingegen sind **Rahmenvereinbarungen für Bauleistungen nach der VOB/A nach derzeit geltender Rechtslage unzulässig** (1. VK Sachsen, B. v. 25. 1. 2008 – Az.: 1/SVK/088-07).

67.5.2.4.3 Richtlinie des VHB 2008. Die wichtigsten Regelungen der Richtlinie zu § 4 Abs. 4 VOB/A sind:

Bei Rahmenverträgen für Zeitvertragsarbeiten werden die Auftragnehmer für eine bestimmte Zeit verpflichtet, definierte Leistungen auf Abruf (Einzelauftrag) zu den im Rahmenvertrag festgelegten Bedingungen auszuführen. Rahmenverträge für Zeitvertragsarbeiten können entweder im

– Angebotsverfahren nach § 4 Abs. 3 VOB/A (Angabe der Preise durch den Bieter) oder
– im Auf- und Abgebotsverfahren nach § 4 Abs. 4 VOB/A (Auf- bzw. Abgebot des Bieters zu vom Auftraggeber standardisiert vorgegebenen Preisen)

vergeben werden. Das Angebotsverfahren nach § 4 Abs. 3 VOB/A ist das Regelverfahren (Richtlinien zu 611.1 und 611.2 – Rahmenverträge für Zeitvertragsarbeiten – Ziffer 1).

Beim Angebotsverfahren nach § 4 Abs. 3 VOB/A ist Bestandteil des Rahmenvertrages ein Leistungsverzeichnis, das in der Regel aus standardisierten Texten (z. B. StLB-Bau, StLB-BauZ) besteht und sich aus Texten mehrerer Leistungsbereiche zusammensetzen kann. Art und Umfang der Leistung sind vom Auftraggeber vorzugeben; Preise sind vom Bieter anzugeben. Beim Auf- und Abgebotsverfahren nach § 4 Abs. 4 VOB/A sind vom Auftraggeber die Art der Leistung und die Preise vorzugeben.

67.5.2.5 Zulässigkeit von Umsatzrabatten

Im Grundsatz ist es **sachgerecht und nicht zu beanstanden**, dass der öffentliche Auftraggeber **Umsatzrabatte nach bestimmten Jahresumsatzzahlen gestaffelt bei den Bietern abfragt**. Je nachdem, ob und welche Angaben die Bieter hierzu machen, kann sich ein bestimmtes Angebot als wirtschaftlich vorzugswürdig erweisen. **Voraussetzung** für eine verga-

Teil 3 VOB/A § 5   Vergabe- und Vertragsordnung für Bauleistungen Teil A

berechtskonforme Angebotswertung ist dann jedoch, dass **die den Rabatten zugrunde gelegten (gestaffelten) Umsätze** im Rahmen der von der Vergabestelle vorzunehmenden Prognose genügend abgesichert sind, das heißt, **mit genügender Wahrscheinlichkeit auch erreicht werden können** (OLG Düsseldorf, B. v. 1. 10. 2003 – Az.: Verg 45/03).

68. § 5 VOB/A – Vergabe nach Losen, Einheitliche Vergabe

(1) **Bauleistungen sollen so vergeben werden, dass eine einheitliche Ausführung und zweifelsfreie umfassende Haftung für Mängelansprüche erreicht wird; sie sollen daher in der Regel mit den zur Leistung gehörigen Lieferungen vergeben werden.**

(2) **Bauleistungen sind in der Menge aufgeteilt (Teillose) und getrennt nach Art oder Fachgebiet (Fachlose) zu vergeben. Bei der Vergabe kann aus wirtschaftlichen oder technischen Gründen auf eine Aufteilung oder Trennung verzichtet werden.**

68.1 Änderungen in der VOB/A 2009

6055   Die Regelung über die Trennung in Fachlose sowie Aufteilung in Lose wurde **der Regelung des § 97 Absatz 3 GWB angenähert**.

68.2 Vergleichbare Regelungen

6056   Der **Vorschrift des § 5 Abs. 2 VOB/A vergleichbar** sind im Bereich des **GWB (teilweise) § 97 Abs. 3**, im Bereich der VOL **§§ 2 Abs. 2, 2 EG VOL/A** und im Bereich der VOF **§ 2 Abs. 4 VOF**. Die Kommentierungen zu diesen Vorschriften können daher ergänzend zu der Kommentierung des § 5 herangezogen werden.

68.3 Bieterschützende Vorschrift

68.3.1 § 5 Abs. 2

6057   Die Vorschrift des § 97 Abs. 3 GWB hat nicht nur den Charakter eines Programmsatzes, sondern gehört zu den **Vorschriften, auf deren Beachtung der Bieter nach § 97 Abs. 7 GWB** infolge der Prinzipien der Gleichbehandlung und des Wettbewerbs einen Anspruch hat. Daraus folgt, dass ein mittelständischer Bieter subjektive Rechte auf Beachtung der Losvergabe gegenüber dem Auftraggeber geltend machen kann. Vgl. dazu ausführlich die Kommentierung zu → § 97 GWB Rdn. 310ff.

6058   Diese **Rechtsprechung gilt auch für § 5 Abs. 2 VOB/A** (VK Düsseldorf, B. v. 19. 3. 2007 – Az.: VK – 07/2007 – B).

68.4 Einheitliche Vergabe (§ 5 Abs. 1)

68.4.1 Allgemeines

6059   Mit der Regelung des § 5 Abs. 1 werden **klare und voneinander abgrenzbare Verantwortungsbereiche geschaffen**, für eine einheitliche Gewährleistung gesorgt und Streitpunkte über die Zuordnung etwaiger Mängel vermieden. Demgegenüber **können jedoch auch wirtschaftliche oder technische Überlegungen Anlass für eine Trennung zwischen der Beschaffung von Gegenständen und deren Einbau in das Bauwerk sein.** Beispielsweise ermöglicht die gesonderte Ausschreibung von Beleuchtungskörpern auch reinen Herstellerfirmen die Teilnahme am Wettbewerb. Zudem dürfte der Einbau von montagefertig gelieferten Leuchten keine großen handwerklichen oder organisatorischen Probleme aufwerfen, so dass auch insoweit eine gemeinsame Ausschreibung von Lieferung und Montage fachlich nicht geboten ist (OLG München, B. v. 28. 9. 2005 – Az.: Verg 019/05).

68.5 Vergabe nach Losen (§ 5 Abs. 2)

68.5.1 Änderung in der VOB/A 2009

Die Regelung über die Trennung in Fachlose sowie Aufteilung in Lose wurde **der Regelung** 6060
des § 97 Absatz 3 GWB angenähert.

68.5.2 Inhalt

Da sich § 5 Abs. 2 VOB/A in den wesentlichen Punkten mit § 97 Abs. 3 GWB deckt, 6061
erfolgt eine **einheitliche Kommentierung bei § 97 Abs. 3 GWB**. Vgl. dazu die Kommentierung zu → § 97 GWB Rdn. 306 ff.

69. § 5 a VOB/A – Vergabe nach Losen

§ 5 Absatz 2 gilt nicht.

69.1 Änderungen in der VOB/A 2009

Da die **Regelung über die Aufteilung und Trennung in Fach- und Teillose im Ba-** 6062
sisparagraphen nicht vollumfänglich der des § 97 Absatz 3 GWB entspricht, ist § 5
Absatz 2 für Vergaben ab Erreichen der Schwellenwerte nach der Vergabeverordnung
nicht anzuwenden. In diesen Fällen gilt die Regelung des GWB. Vgl. dazu die **Kommentierung zu** → § 97 GWB Rdn. 306 ff.

70. § 6 VOB/A – Teilnehmer am Wettbewerb

(1)
1. Der Wettbewerb darf nicht auf Unternehmen beschränkt werden, die in bestimmten Regionen oder Orten ansässig sind.
2. Bietergemeinschaften sind Einzelbietern gleichzusetzen, wenn sie die Arbeiten im eigenen Betrieb oder in den Betrieben der Mitglieder ausführen.
3. Justizvollzugsanstalten, Einrichtungen der Jugendhilfe, Aus- und Fortbildungsstätten und ähnliche Einrichtungen sowie Betriebe der öffentlichen Hand und Verwaltungen sind zum Wettbewerb mit gewerblichen Unternehmen nicht zuzulassen.

(2)
1. Bei Öffentlicher Ausschreibung sind die Unterlagen an alle Bewerber abzugeben, die sich gewerbsmäßig mit der Ausführung von Leistungen der ausgeschriebenen Art befassen.
2. Bei Beschränkter Ausschreibung sollen mehrere, im Allgemeinen mindestens 3 geeignete Bewerber aufgefordert werden.
3. Bei Beschränkter Ausschreibung und Freihändiger Vergabe soll unter den Bewerbern möglichst gewechselt werden.

(3)
1. Zum Nachweis ihrer Eignung ist die Fachkunde, Leistungsfähigkeit und Zuverlässigkeit der Bewerber oder Bieter zu prüfen.
2. Dieser Nachweis kann mit der vom Auftraggeber direkt abrufbaren Eintragung in die allgemein zugängliche Liste des Vereins für die Präqualifikation von Bauunternehmen e. V. (Präqualifikationsverzeichnis) erfolgen und umfasst die folgenden Angaben:
    a) den Umsatz des Unternehmens jeweils bezogen auf die letzten drei abgeschlossenen Geschäftsjahre, soweit er Bauleistungen und andere Leistungen betrifft,

die mit der zu vergebenden Leistung vergleichbar sind, unter Einschluss des Anteils bei gemeinsam mit anderen Unternehmen ausgeführten Aufträgen,

b) die Ausführung von Leistungen in den letzten drei abgeschlossenen Geschäftsjahren, die mit der zu vergebenden Leistung vergleichbar sind,

c) die Zahl der in den letzten drei abgeschlossenen Geschäftsjahren jahresdurchschnittlich beschäftigten Arbeitskräfte, gegliedert nach Lohngruppen mit gesondert ausgewiesenem technischen Leitungspersonal,

d) die Eintragung in das Berufsregister ihres Sitzes oder Wohnsitzes,

sowie Angaben,

e) ob ein Insolvenzverfahren oder ein vergleichbares gesetzlich geregeltes Verfahren eröffnet oder die Eröffnung beantragt worden ist oder der Antrag mangels Masse abgelehnt wurde oder ein Insolvenzplan rechtskräftig bestätigt wurde,

f) ob sich das Unternehmen in Liquidation befindet,

g) dass nachweislich keine schwere Verfehlung begangen wurde, die die Zuverlässigkeit als Bewerber in Frage stellt,

h) dass die Verpflichtung zur Zahlung von Steuern und Abgaben sowie der Beiträge zur gesetzlichen Sozialversicherung ordnungsgemäß erfüllt wurde,

i) dass sich das Unternehmen bei der Berufsgenossenschaft angemeldet hat.

Diese Angaben können die Bewerber oder Bieter auch durch Einzelnachweise erbringen. Der Auftraggeber kann dabei vorsehen, dass für einzelne Angaben Eigenerklärungen ausreichend sind. Diese sind von den Bietern, deren Angebote in die engere Wahl kommen, durch entsprechende Bescheinigungen der zuständigen Stellen zu bestätigen.

3. Andere, auf den konkreten Auftrag bezogene zusätzliche, insbesondere für die Prüfung der Fachkunde geeignete Angaben können verlangt werden.

4. Der Auftraggeber wird andere ihm geeignet erscheinende Nachweise der wirtschaftlichen und finanziellen Leistungsfähigkeit zulassen, wenn er feststellt, dass stichhaltige Gründe dafür bestehen.

5. Bei Öffentlicher Ausschreibung sind in der Aufforderung zur Angebotsabgabe die Nachweise zu bezeichnen, deren Vorlage mit dem Angebot verlangt oder deren spätere Anforderung vorbehalten wird. Bei Beschränkter Ausschreibung nach Öffentlichem Teilnahmewettbewerb ist zu verlangen, dass die Nachweise bereits mit dem Teilnahmeantrag vorgelegt werden.

6. Bei Beschränkter Ausschreibung und Freihändiger Vergabe ist vor der Aufforderung zur Angebotsabgabe die Eignung der Bewerber zu prüfen. Dabei sind die Bewerber auszuwählen, deren Eignung die für die Erfüllung der vertraglichen Verpflichtungen notwendige Sicherheit bietet; dies bedeutet, dass sie die erforderliche Fachkunde, Leistungsfähigkeit und Zuverlässigkeit besitzen und über ausreichende technische und wirtschaftliche Mittel verfügen.

70.1 Änderungen in der VOB/A 2009

6063 § 6 VOB/A 2009 entspricht im Wesentlichen § 8 VOB/A 2006.

6064 In § 6 Abs. 1 Nr. 1 ist der in § 8 Abs. 1 VOB/A 2006 enthaltene **Gleichbehandlungsgrundsatz gestrichen.** Der Gleichbehandlungsgrundsatz steckt bereits in dem Diskriminierungsverbot des § 2 Abs. 2 VOB/A 2009.

6065 In § 6 Abs. 1 Nr. 2 ist die **bisher in § 25 Nr. 6 VOB/A 2006 enthaltene Gleichsetzung von Einzelbietern und Bietergemeinschaften** aufgenommen.

6066 In § 6 Abs. 3 Nr. 2 soll durch **Umkehrung der Reihenfolge** der Regelungen die **Bedeutung des Präqualifikationsverfahrens beim Nachweis der Eignung betont und gestärkt** werden.

70.2 Vergleichbare Vorschriften

6067 Der **Vorschrift des § 6 VOB/A** vergleichbar sind im Bereich des GWB **§ 97 Abs. 4 GWB**, im Bereich der VOB **§ 6a VOB/A**, im Bereich der VOF **§§ 4, 5 VOF** und im Bereich der VOL §§ 6, 6 EG VOL/A. Die Kommentierungen zu diesen Vorschriften können daher ergänzend zu der Kommentierung des § 6 herangezogen werden.

70.3 Bieterschützende Regelung

Die Vorschrift aus § 6 Abs. 3 Nr. 5 VOB/A **schützt die Bieter** in ihren Rechten auf ein 6068
diskriminierungsfreies Verfahren. Es handelt sich nicht um eine bloße an die Vergabestelle gerichtete Ordnungsvorschrift. Die abschließende Benennung der Eignungsnachweise schützt die Bieter einerseits davor, dass nachträglich höhere Anforderungen gestellt werden und davor, dass ein Wettbewerber durch nachträgliche Zulassung eines auf ihn zugeschnittenen Nachweises besser gestellt wird. Die Vorschrift unterliegt aufgrund ihrer auf aller Bieter gerichteten Schutzwirkung **nicht der Disposition einzelner Bieter und/oder der Vergabestelle** (OLG Düsseldorf, B. v. 18. 7. 2001 – Az.: Verg 16/01; VK Düsseldorf, B. v. 24. 1. 2001 – Az.: VK – 31/2000 – B; VK Südbayern, B. v. 7. 12. 2007 – Az.: Z3-3-3194-1-49–10/07).

70.4 Örtliches Diskriminierungsverbot (§ 6 Abs. 1 Nr. 1)

Das örtliche Diskriminierungsverbot des § 6 Abs. 1 Nr. 1 deckt sich inhaltlich mit der Regelung des § 97 Abs. 2 GWB. Vgl. insoweit die Kommentierung zu → § 97 GWB Rdn. 276 ff. 6069

70.5 Gleichsetzung von Bietergemeinschaften und Einzelbietern (§ 6 Abs. 1 Nr. 2)

70.5.1 Grundsatz

Teilnehmer am Vergabeverfahren können auch Bietergemeinschaften sein. Die **Rechtsform** 6070
eines Bieters ist grundsätzlich kein Kriterium für die Zulassung bzw. für den Ausschluss seines Angebotes; ein Angebot darf nicht deshalb ausgeschlossen werden, weil es von einer Bietergemeinschaft stammt (VK Brandenburg, B. v. 1. 2. 2002 – Az.: 2 VK 119/01).

Bietergemeinschaft dürfen zwar Einzelbietern gegenüber nicht benachteiligt werden (vgl. 6071
Art. 2, Art. 4 Abs. 2 VKR), sie **brauchen ihnen gegenüber aber auch nicht bevorzugt zu werden. Bietergemeinschaften können z. B. verpflichtet werden, wie Einzelbieter einen einheitlichen Änderungssatz für eine Lohngleitklausel anzugeben**. Die Zulassung unterschiedlicher Änderungssätze führte zu praktischen Schwierigkeiten bei der Bewertung der Änderungssätze im Vergabeverfahren sowie bei der späteren Abrechnung. Die Bildung eines Durchschnittssatzes bei der Bewertung eines Angebotes mit unterschiedlichen Änderungssätzen würde dem Angebot nicht gerecht, weil die Mitgliedsunternehmen die Arbeiten nicht gleichzeitig, sondern phasenverschoben durchführen und sich das Gewicht der Arbeiten mit einem hohen Änderungssatz dadurch verstärken kann (OLG Düsseldorf, B. v. 19. 5. 2010 – Az.: VII-Verg 3/10).

70.5.2 Bewerbergemeinschaften

Die **VOB/A 2009** enthält im Gegensatz zur VOL/A 2009 (§ 6 Abs. 1) **keine ausdrückli-** 6072
che Regelung der Gleichsetzung von Bewerbergemeinschaften mit Einzelbewerbern. Es ergibt sich aber aus der Natur der Vergabearten, die eine Bewerbung voraussetzen (z. B. beschränkte Ausschreibung oder freihändige Vergabe mit vorhergehendem Teilnahmewettbewerb), dass bei diesen Verfahren **Bewerbergemeinschaften den Einzelbewerbern gleichgestellt** sind.

70.5.3 Begriff der Bietergemeinschaften

Bietergemeinschaften sind **Zusammenschlüsse mehrerer Unternehmen zur gemein-** 6073
schaftlichen Abgabe eines Angebots mit dem Ziel, den durch die Verdingungsunterlagen beschriebenen Auftrag gemeinschaftlich zu erhalten und auszuführen (VK Arnsberg, B. v. 2. 2. 2006 – Az.: VK 30/05; 3. VK Bund, B. v. 4. 10. 2004 – Az.: VK 3–152/04; VK Lüneburg, B. v. 14. 1. 2002 – Az.: 203-VgK-22/2001; VK Rheinland-Pfalz, B. v. 14. 6. 2005 – Az.: VK 16/05; 1. VK Sachsen, B. v. 20. 9. 2006 – Az.: 1/SVK/085-06). Damit haben auch kleine und mittlere Unternehmen die Möglichkeit, sich zusammen mit andern Unternehmen um Aufträge zu bewerben, die ihre Leistungsfähigkeit im Einzelfall überschreiten würden (OLG Düsseldorf,

B. v. 9. 1. 2008 – Az.: VII-Verg 33/07; 1. VK Sachsen, B. v. 20. 9. 2006 – Az.: 1/SVK/085-06; VK Südbayern, B. v. 13. 9. 2002 – Az.: 37-08/02). Bei der Bietergemeinschaft erfolgt in der Regel eine **Arbeitsteilung im Sinne einer Bündelung der gemeinsamen Fähigkeiten**, indem beispielsweise ein Unternehmen die **kaufmännische Seite des Auftrags betreut**, während das andere Unternehmen sich dadurch einbringt, indem es die **baulichen Ausführungen übernimmt** (OLG Düsseldorf, B. v. 9. 1. 2008 – Az.: VII-Verg 33/07).

70.5.4 Unterschied zur Arbeitsgemeinschaft

6074 Als Arbeitsgemeinschaft wird der Zusammenschluss von Fachunternehmen bezeichnet, mit dem Ziel, den erhaltenen Auftrag gemeinsam auszuführen (VK Arnsberg, B. v. 2. 2. 2006 – Az.: VK 30/05). **Üblicherweise wandelt sich eine Bietergemeinschaft im Falle einer Auftragserteilung in eine Arbeitsgemeinschaft.** Sowohl Bietergemeinschaften als auch Arbeitsgemeinschaften sind Gesellschaften des bürgerlichen Rechts gemäß §§ 705 ff. BGB (VK Südbayern, B. v. 17. 7. 2001 – Az.: 23-06/01).

70.5.5 Rechtsform der Bietergemeinschaften

6075 Bei einer Bietergemeinschaft handelt es sich **grundsätzlich um eine Gesellschaft bürgerlichen Rechts gemäß §§ 705 ff. BGB**, durch die sich mehrere Unternehmen zusammengeschlossen haben, um ein gemeinsames Angebot abzugeben und **im Auftragsfall den Vertrag gemeinsam als ARGE auszuführen** (KG Berlin, B. v. 7. 5. 2007 – Az.: 23 U 31/06).

70.5.6 Verdeckte Bietergemeinschaften
70.5.6.1 Allgemeines

6076 Firmen können sich zusammenschließen, um gemeinschaftlich ein Angebot abzugeben, auch wenn dies nach außen nicht sichtbar wird, weil gegenüber der Vergabestelle nur eine Firma als Bieter auftritt. Das **Vorliegen einer verdeckten Bietergemeinschaft muss aus objektiven Umständen ableitbar sein**, z. B. einem „Letter of Intent", in denen dargelegt ist, dass die Parteien beabsichtigen, „gemeinschaftlich eine Leistung zu erbringen" und zusammen ein Angebot zu erstellen, wobei alle Kostensätze, Mengengerüste und Gewinnaufschläge „einvernehmlich" festgelegt werden sollen. Eine solche Vertragsgestaltung geht über das normale Verhältnis von Haupt- und Subunternehmer hinaus, welches in der Regel dadurch geprägt ist, dass der Subunternehmer einzelne Teilleistungen im Auftrag und auf Rechnung des Hauptunternehmers ausführt. Es liegt in solchen Fällen mithin eine Bietergemeinschaft zur gemeinschaftlichen Abgabe eines Angebots mit dem Ziel der gemeinschaftlichen Erbringung der Leistungen vor (VK Rheinland-Pfalz, B. v. 14. 6. 2005 – Az.: VK 16/05; VK Schleswig-Holstein, B. v. 17. 9. 2008 – Az.: VK-SH 10/08).

70.5.6.2 Ausschluss von verdeckten Bietergemeinschaften

6077 Die Gewährleistung eines Geheimwettbewerbs zwingt zum **Ausschluss von Angeboten von Bietern, die nach den Umständen eine verdeckte Bietergemeinschaft eingegangen sind** (VK Rheinland-Pfalz, B. v. 14. 6. 2005 – Az.: VK 16/05; VK Schleswig-Holstein, B. v. 17. 9. 2008 – Az.: VK-SH 10/08). Vgl. insoweit auch die **Kommentierung zu** → **§ 97 GWB Rdn. 56**.

70.5.7 Bildung einer nachträglichen Bietergemeinschaft
70.5.7.1 Bildung einer nachträglichen Bietergemeinschaft im Zeitraum zwischen abgeschlossenem Teilnahmewettbewerb und Aufforderung zur Angebotsabgabe

6078 Die **Zulässigkeit der Bildung einer nachträglichen Bietergemeinschaft ist davon abhängig**, ob die **Grundsätze eines wettbewerbsmäßigen und nicht diskriminierenden Vergabeverfahrens durch den Zusammenschluss verletzt** werden. Insbesondere ist die Bildung einer Bietergemeinschaft nur dann gestattet, wenn derjenige Bieter, der sich nachträglich mit einem weiteren Unternehmen zu einer Arbeitsgemeinschaft zusammenschließt, auch ohne den Zusammenschluss den Auftrag erhalten hätte. Dies ist aber nur möglich, wenn der **Zusammenschluss mit einem Unternehmen erfolgt, das wenigstens am Vergabever-**

fahren teilgenommen hat. Ein Zusammenschluss mit einem außenstehenden Unternehmen widerspricht den Grundsätzen einer wettbewerbsmäßigen Vergabe. Generell ist die nachträgliche Bildung einer Bietergemeinschaft vom Auftraggeber **restriktiv zu handhaben**, da sie den Wettbewerb zwischen den Bietern um einen öffentlichen Auftrag eingrenzt. Aus dieser Formulierung ergibt sich, dass eine Billigung der nachträglichen Bildung der Bietergemeinschaft im Ermessen des Auftraggebers steht und von dessen Einverständnis abhängig ist (VK Südbayern, B. v. 17. 7. 2001 – Az.: 23-06/01).

Nach einer anderen Auffassung gilt die **Unzulässigkeit der Bildung von Bietergemein-** 6079 **schaften z. B. nach Abschluss des Teilnahmewettbewerbs und erfolgter Aufforderung zur Angebotsabgabe auch für den Fall, dass eine Bietergemeinschaft allein aus mehreren vom Auftraggeber zur Angebotsabgabe aufgeforderten Teilnehmern nachträglich gebildet wurde**. Zwar haben diese Teilnehmer einzeln die Kriterien des Teilnahmewettbewerbs erfüllt und die im Teilnahmewettbewerb vorgelagerte Eignungsprüfung einzeln erfolgreich durchlaufen. Dies **ändert jedoch nichts an der Tatsache, dass die Bietergemeinschaft selbst nicht am Teilnahmewettbewerb teilgenommen** hat, keine eigene Eignungsprüfung durchlaufen hat und nicht zur Angebotsabgabe aufgefordert wurde bzw. aufgefordert werden konnte. Auch insoweit ist die Verletzung des Gleichbehandlungsgrundsatzes in Bezug auf andere Bieter aus den oben genannten Gründen zu besorgen. Zudem ist in der nachträglichen Bildung einer Bietergemeinschaft aus zur Angebotsabgabe aufgeforderten Teilnehmern eine **unzulässige Beschränkung des Wettbewerbs zu sehen**. Denn die ohnehin nach Auswahl durch den Auftraggeber beschränkte Anzahl von Bietern bei der Angebotsabgabe (nach erfolgtem Teilnahmewettbewerb) wird durch Bildung einer Bietergemeinschaft aus zwei oder mehreren einzeln aufgeforderten Bietern weiter beschränkt. § 8 a Nr. 3 VOB/A sieht gerade vor, dass eine ausreichend große Anzahl von Bietern zur Angebotsabgabe aufgefordert wird, um hinreichenden Wettbewerb zu sichern. Den **ausgewählten Bietern wird dementsprechend auch nicht mitgeteilt, wen der Auftraggeber im Übrigen zur Angebotsabgabe aufgefordert** hat. Die nachträgliche Bildung von Bietergemeinschaften zwischen aufgeforderten Bietern schränkt demgegenüber den vorgesehenen Wettbewerb ein (1. VK Bund, B. v. 22. 2. 2008 – Az.: VK 1–4/08).

70.5.7.2 Bildung einer nachträglichen Bietergemeinschaft im Zeitraum zwischen Angebotsabgabe und Zuschlagserteilung

70.5.7.2.1 Rechtsprechung. Im Zeitraum zwischen Angebotsabgabe und Zuschlagsertei- 6080 lung sind **Angebotsänderungen in sachlicher wie auch in personeller Hinsicht grundsätzlich unstatthaft. Das Verbot einer Änderung des Angebots erstreckt sich auch auf die Zusammensetzung einer Bietergemeinschaft**. Bietergemeinschaften können – wie der sinngemäßen Auslegung von § 13 Abs. 5 VOB/A zu entnehmen ist – nur bis zur Angebotsabgabe gebildet und geändert werden. Die Angebotsabgabe bildet hierfür eine zeitliche Zäsur. Nach der Angebotsabgabe bis zur Erteilung des Zuschlags sind Änderungen, namentlich Auswechslungen, grundsätzlich nicht mehr zuzulassen, da in ihnen eine unzulässige Änderung des Angebots liegt. **Bietergemeinschaften können grundsätzlich nur in der Zeit bis zum Einreichen des Angebots gebildet werden. Dasselbe hat für Veränderungen in der Zusammensetzung der Bietergemeinschaft (für ein Hinzutreten, einen Wegfall von Mitgliedern oder die Veräußerung eines Betriebsteils) in der Zeit nach Abgabe des Angebots bis zur Zuschlagserteilung zu gelten** (OLG Düsseldorf, B. v. 24. 5. 2005 – Az.: VII – Verg 28/05; B. v. 26. 1. 2005 – Az.: VII – Verg 45/04; 1. VK Bund, B. v. 22. 2. 2008 – Az.: VK 1–4/08; VK Hessen, B. v. 30. 7. 2008 – Az.: 69 d VK – 34/2008; B. v. 28. 6. 2005 – Az.: 69 d VK – 07/2005; VK Nordbayern, B. v. 14. 4. 2005 – Az.: 320.VK – 3194 – 09/05; 3. VK Saarland, B. v. 9. 3. 2007 – Az.: 3 VK 01/2007).

Die **Zulässigkeit der Bildung einer nachträglichen Bietergemeinschaft ist davon ab-** 6081 **hängig**, ob die **Grundsätze eines wettbewerbsmäßigen und nicht diskriminierenden Vergabeverfahrens durch den Zusammenschluss verletzt** werden. Unter Zugrundelegung dieses zutreffenden Maßstabs wäre es unzulässig, einem vorn liegenden Bieter mit einem angemessenen Preis, aber ungenügender Leistungsfähigkeit, zu gestatten, sich nachträglich durch den Zusammenschluss mit einem weiteren Unternehmen die erforderliche Leistungsfähigkeit zu verschaffen und dieser Arbeitsgemeinschaft dann den Auftrag zu erteilen. In diesem Fall würden die Wertungsgrundsätze dadurch verletzt, dass ein **Bieter**, dessen **Angebot wegen mangelnder Eignung auszuscheiden** ist, nur durch eben diese Maßnahme zum Auftrag verholfen wird, während der **Bieter**, der die **Eignungsvoraussetzungen erfüllt und dem aufgrund des Wettbewerbsergebnisses insgesamt daher der Auftrag zustehen würde, leer ausgeht**

Teil 3 VOB/A § 6   Vergabe- und Vertragsordnung für Bauleistungen Teil A

(1. VK Bund, B. v. 22. 2. 2008 – Az.: VK 1–4/08; VK Lüneburg, B. v. 28. 8. 2001 – Az.: 203-VgK-17/2001).

6082 **70.5.7.2.2 Standpunkt des DVA.** Der **Wunsch, eine Arbeitsgemeinschaft noch zwischen Angebotsabgabe und Erteilung des Zuschlages zu bilden**, um die Leistungsfähigkeit des Bieters, der das wirtschaftlichste Angebot abgegeben hat und auf dessen Angebot der Zuschlag erteilt werden soll, durch Hinzunahme eines weiteren Bieters zu vergrößern, ist **zulässig**. Der Deutsche Verdingungsausschuss (DVA) hat sich hierzu u. a. wie folgt geäußert: „… Auch zu der Frage, ob und unter welchen Voraussetzungen die Bildung von Bietergemeinschaften nach Angebotsabgabe noch zulässig sein sollen oder nicht, erscheint eine Regelung nicht zweckmäßig, um den Bedürfnissen der Einzelfälle – die sehr verschieden gelagert sein können – Rechnung zu tragen". Dieser Aussage ist zu entnehmen, dass eine Arbeitsgemeinschaft nachträglich im Einzelfall auch erst im Falle einer Zuschlagserteilung gebildet werden kann, also nicht unvereinbar mit der VOB/A ist. Das Bestehen einer Bietergemeinschaft im Wettbewerb ist also nicht zwingend erforderlich und somit auch keine Voraussetzung für den Zusammenschluss zu einer Arbeitsgemeinschaft.

6083 **70.5.7.2.3 Verbot durch den Auftraggeber.** Verwendet ein öffentlicher Auftraggeber in seinen Bewerbungsbedingungen die **Regelung, dass beim Nichtoffenen Verfahren Angebote von Bietergemeinschaften, die sich erst nach Aufforderung zur Angebotsabgabe aus aufgeforderten Unternehmen gebildet haben, nicht zugelassen sind**, ist diese **Regelung auch mit den in § 2 VOB/A verankerten Prinzipien eines fairen und diskriminierungsfreien Wettbewerbs zu vereinbaren**. Im Bereich des Nichtoffenen Verfahrens hat es der Auftraggeber, selbstverständlich unter Beachtung des Gleichbehandlungsgrundsatzes, in der Hand, den potentiellen Auftragnehmer – und auch bereits den Bieterkreis und damit unmittelbar den konkreten Wettbewerb für das durchzuführende Objekt durch die Aufforderung von unter bestimmten Kriterien ausgesuchten Unternehmen zur Angebotsabgabe festzulegen. Inhaltlich stellt die Regelung in den Bewerbungsbedingungen eine weitere Angabe zu § 12 Abs. 2 VOB/A dar. Wenn der Auftraggeber vorgeben kann, welche Rechtsform eine Bietergemeinschaft haben muss, in der Auftrag evtl. vergeben wird, schließt dies den Hinweis auf die – an sich selbstverständliche – Möglichkeit der Teilnahme als Bietergemeinschaft bzw. Unzulässigkeit eines nach Angebotsaufforderung erfolgten Zusammenschlusses ein (VK Brandenburg, B. v. 1. 2. 2002 – Az.: 2 VK 119/01).

6084 **70.5.7.2.4 Beispiele aus der Rechtsprechung**
- **veräußert ein Mitglied einer Bietergemeinschaft einen Teilbetrieb** an einen Dritten, **bleibt aber Mitglied der Bietergemeinschaft** und tritt der Erwerber des Teilbetriebs nicht in die Bietergemeinschaft ein, bleibt die **rechtliche Identität der Bietergemeinschaft erhalten** (OLG Düsseldorf, B. v. 26. 1. 2005 – Az.: VII – Verg 45/04)

70.5.8 Forderung des Auftraggebers nach Annahme einer bestimmten Rechtsform von Bietergemeinschaften

70.5.8.1 Regelungslücke und analoge Anwendung des § 6a Abs. 8

6085 Für **Ausschreibungsverfahren ab den Schwellenwerten** schreibt § 6a Abs. 8 VOB/A 2009 vor, dass der **Auftraggeber von Bietergemeinschaften die Annahme einer bestimmten Rechtsform nur für den Fall der Auftragserteilung verlangen kann und sofern dies für die ordnungsgemäße Durchführung des Auftrages notwendig** ist. Es ist **kein Grund** ersichtlich, dass öffentliche Auftraggeber Bietergemeinschaften bei Ausschreibungsverfahren unterhalb der Schwellenwerte **schlechter behandeln** dürfen. Im **Gegensatz zur VOB/A 2009** sieht dies auch § 6 Abs. 1 Satz 2 VOL/A 2009 ausdrücklich vor.

70.5.8.2 Rechtsprechung

6086 Von **Bietergemeinschaften kann nicht verlangt werden, dass sie zwecks Einreichung des Angebots eine bestimmte Rechtsform annehmen**; dies kann jedoch verlangt werden, wenn ihnen der Auftrag erteilt worden ist. Diese Regelung ist **Ausdruck eines gerechten Ausgleichs zwischen den Interessen von Bietergemeinschaften und den Belangen der öffentlichen Auftraggeber**. Ersteren würde die Teilnahme am Wettbewerb über Gebühr erschweren, müssten sie stets schon für die Abgabe von Angeboten eine andere Rechtsform annehmen, als die, in der sie typischerweise auftreten, also als GbR, ggf. OHG. Letzteren kann es nicht verwehrt sein, auf die Annahme einer bestimmten Rechtsform zu bestehen, sofern dies für die ordnungsgemäße Durchführung des Auftrags notwendig ist (KG Berlin, B. v. 13. 8. 2002 – Az.: KartVerg 8/02).

Der Auftraggeber kann also verlangen, dass die Bieter die rechtlichen Voraussetzungen dafür 6087 erbringen müssen, um in der Rechtsform des beliehenen Unternehmens (z. B. gemäß § 44 Abs. 3 LHO für das Land Berlin) tätig werden zu können, also **für den Fall der Auftragserteilung die Rechtsform einer juristischen Person annehmen** (KG Berlin, B. v. 13. 8. 002 – Az.: KartVerg 8/02).

Auch der EuGH hat in der Rechtssache C-57/01 (Makedonio Metro) entschieden, dass bei 6088 der Vergabe einer öffentlichen Baukonzession von einer Bietergemeinschaft die Annahme einer bestimmten Rechtsform erst nach Zuschlagserteilung verlangt werden kann. Diese **Rechtsprechung bestätigt der EuGH mit Urteil vom 18. 12. 2007:** Nach Art. 26 Abs. 2 der Richtlinie 92/50 (DKR) – identisch mit Art. 4 Abs. 1 VKR – dürfen die öffentlichen Auftraggeber Bewerber oder Bieter, die gemäß den Rechtsvorschriften des Mitgliedstaats, in dem sie ansässig sind, zur Erbringung einer Dienstleistung berechtigt sind, nicht allein deshalb zurückweisen, weil sie gemäß den Rechtsvorschriften des Mitgliedstaats, in dem der Auftrag vergeben wird, entweder eine natürliche oder eine juristische Person sein müssten. Aus dieser Vorschrift ergibt sich, dass die **öffentlichen Auftraggeber die Bewerber oder Bieter, die gemäß den Rechtsvorschriften des betreffenden Mitgliedstaats zur Erbringung der betreffenden Dienstleistung berechtigt sind, auch nicht allein deshalb von einem Ausschreibungsverfahren ausschließen dürfen, weil ihre Rechtsform nicht einer spezifischen Kategorie von juristischen Personen entspricht.** Daraus ergibt sich, dass die fragliche Vorschrift jeder nationalen Regelung entgegensteht, die Bewerber oder Bieter, die gemäß den Rechtsvorschriften des betreffenden Mitgliedstaats zur Erbringung der betreffenden Dienstleistung berechtigt sind, von der Vergabe öffentlicher Dienstleistungsaufträge, deren Wert den Schwellenwert für die Anwendung der Richtlinie 92/50 überschreitet, allein deshalb ausschließt, weil sie nicht die einer bestimmten Kategorie von juristischen Personen entsprechende Rechtsform haben. Folglich sind **nationale Bestimmungen, die die Vergabe von wirtschaftlich bedeutsamen lokalen öffentlichen Dienstleistungsaufträgen, deren Wert den Schwellenwert für die Anwendung der Richtlinie 92/50 – und damit auch der VKR – überschreiten, auf Kapitalgesellschaften beschränken, nicht mit Art. 26 Abs. 2 der Richtlinie 92/50 – damit auch Art. Abs. 1 VKR – vereinbar** (EuGH, Urteil v. 18. 12. 2007 – Az.: C-220/06).

70.5.9 Grundsätzliche Zulässigkeit der Forderung nach einer gesamtschuldnerischen Haftung einer Bietergemeinschaft

Zur Zulässigkeit der Forderung nach einer gesamtschuldnerischen Haftung genügt es 6089 darauf hinzuweisen, dass die **geforderte Erklärung die Bieter nicht unzumutbar belastet, dass dem Antragsgegner die Entscheidung darüber obliegt,** ob und gegebenenfalls welche Vorgaben er hinsichtlich einer Haftung des Auftragnehmers machen will, und dass eine **gesamtschuldnerische Haftung z. B. in Schadensfällen zweckmäßig sein kann.** Rechtliche Hindernisse, von einer Bietermehrheit eine gesamtschuldnerische Haftung zu verlangen, bestehen grundsätzlich nicht (OLG Düsseldorf, B. v. 29. 3. 2006 – Az.: VII – Verg 77/05).

70.5.10 Forderung nach Aufschlüsselung der Leistungsteile einer Bietergemeinschaft bezogen auf die Mitglieder der Bietergemeinschaft

Der **Auftraggeber kann von einer Bietergemeinschaft verlangen, dass sie auflistet,** 6090 **welcher Leistungsteil von welchem Mitglied der Bietergemeinschaft ausgeführt wird.** Eine Antwort, aus der sich eine entsprechende inhaltliche Aufteilung der Gesamtleistung ergäbe, **kann eine Bietergemeinschaft allerdings nur dann erteilen, wenn bei ihr intern eine solche Aufteilung auch beabsichtigt ist.** Dies mag erfahrungsgemäß der Regelfall sein; ein notwendiges und einer Bietergemeinschaft wesensmäßiges Strukturmerkmal, ohne das eine vergaberechtlich statthafte Bietergemeinschaft nicht gebildet werden könnte, ist darin aber nicht zu sehen. Eine **zulässige Bietergemeinschaft liegt nicht nur dann vor, wenn ihre Mitglieder voneinander abgrenzbare, aber aufeinander bezogene Teilleistungen einer ausgeschriebenen Gesamtleistung erbringen, sondern auch dann, wenn zwei Unternehmen – bei identischen Leistungsspektrum** – nicht jedes für sich, etwa aus Kapazitätsgründen, wohl aber gemeinsam Interesse an dem zu vergebenden Auftrag haben und ungeachtet ihrer unternehmensrechtlichen Trennung **bei der Erfüllung des Vertrags als operative geschäftli-**

che Einheit handeln wollen und können (OLG Dresden, B. v. 16. 3. 2010 – Az.: WVerg 0002/10).

70.5.11 Einstimmigkeitserfordernis bei Entscheidungen einer Bietergemeinschaft

6091 **Grundsätzlich sind alle Entscheidungen während der Angebotsvorbereitung bis zur Abgabe einschließlich der Verhandlung und alle Entscheidungen in Bezug auf das Angebot einstimmig von den Parteien zu treffen.** Damit soll sichergestellt werden, dass kein Gesellschafter im Rahmen seiner gesamtschuldnerischen Haftung in eine Angebotsbindung hinein gerät, mit welcher er sich nicht identifizieren kann. Die Notwendigkeit der Zustimmung aller Gesellschafter zum Angebot bezieht sich nicht nur auf die Angebotssumme, sondern auch **auf sämtliche Bestandteile und Inhalte des Angebots wie z. B. Preisvorstellungen und Aufgabenverteilung.** Ein Anspruch eines Gesellschafters auf Zustimmung gegen andere Gesellschafter wird nur ausnahmsweise angenommen, wenn es sich um eine notwendige Geschäftsführungsmaßnahme im Sinne des § 744 Abs. 2 BGB handelt oder sich der betroffene Gesellschafter ohne vertretbaren Grund weigert zuzustimmen, obgleich der Gesellschaftszweck und das Interesse der Gesellschaft es erfordern (KG Berlin, B. v. 7. 5. 2007 – Az.: 23 U 31/06).

70.5.12 Benennung der Mitglieder und Bezeichnung eines bevollmächtigten Vertreters bei Bietergemeinschaften

6092 Vgl. dazu die Kommentierung zu → § 13 VOB/A Rdn. 113 ff.

70.5.13 Muster Bietererklärung HVA StB-B

6093 Im HVA StB-B 04/2010 befindet sich ein Muster (1.0–6) „Erklärung der Bieter-/Arbeitsgemeinschaft".

70.5.14 Literatur

6094 – Noch, Rainer, Gemeinsam sind sie stärker – Bietergemeinschaften zu Lasten der öffentlichen Hand?, Behörden Spiegel Februar 2007, S. 19

– Ohrtmann, Nicola, Bietergemeinschaften – Chancen und Risiken, VergabeR 2008, 426

70.6 Verbot der Beteiligung nicht erwerbswirtschaftlich orientierter Institutionen am Wettbewerb (§ 6 Abs. 1 Nr. 3)

70.6.1 Allgemeines

6095 Nach § 6 Abs. 1 Nr. 3 VOB/A sind Justizvollzugsanstalten, Einrichtungen der Jugendhilfe, Aus- und Fortbildungsstätten und ähnliche Einrichtungen sowie Betriebe der öffentlichen Hand und Verwaltungen zum Wettbewerb mit gewerblichen Unternehmern nicht zuzulassen.

6096 Die bisherige **im Wesentlichen einheitliche Formulierung in VOB/A und VOL/A 2006 wurde aufgegeben.** Die **Ausschlussgründe** des § 6 Abs. 1 Nr. 3 VOB/A 2009 sind im Vergleich zu § 6 Abs. 7 VOL/A 2009 **weiter gefasst** und entsprechen der alten Regelung von VOB/A 2006 und VOL/A 2006.

70.6.2 Die Rechtsprechung des EuGH

6097 Die **Mitgliedstaaten sind**, wie sich aus Art. 4 Abs. 1 der Richtlinie 2004/18 ergibt, **befugt, bestimmten Kategorien von Wirtschaftsteilnehmern die Erbringung bestimmter Leistungen zu gestatten oder zu verwehren.** Daher können die Mitgliedstaaten auch die Tätigkeiten von Einrichtungen wie Universitäten und Forschungsinstituten regeln, die keine Gewinnerzielung anstreben und deren Zweck hauptsächlich auf Forschung und Lehre gerichtet ist. Sie können insbesondere solchen Einrichtungen gestatten oder verwehren, auf dem Markt tätig zu sein, je nachdem, ob diese Tätigkeit mit ihren institutionellen und satzungsmäßigen Zielen vereinbar ist oder nicht. Wenn und soweit diese Einrichtungen jedoch berechtigt sind, bestimmte Leistungen auf dem Markt anzubieten, kann ihnen die nationale Regelung zur Umsetzung der Richtlinie 2004/18 in das innerstaatliche

Recht nicht untersagen, an Verfahren zur Vergabe öffentlicher Aufträge teilzunehmen, die die Erbringung eben dieser Leistungen betreffen. Ein solches Verbot wäre nämlich nicht mit den Bestimmungen der Richtlinie 2004/18 vereinbar. In einem solchen Fall ist es Sache des vorlegenden Gerichts, sein innerstaatliches Recht so weit wie möglich im Licht des Wortlauts und des Zwecks der Richtlinie 2004/18 auszulegen, um die mit ihr angestrebten Ergebnisse zu erreichen, indem es die diesem Zweck am besten entsprechende Auslegung der nationalen Rechtsvorschriften wählt und damit zu einer mit den Bestimmungen dieser Richtlinie vereinbaren Lösung gelangt und indem es jede möglicherweise entgegenstehende Bestimmung des nationalen Rechts unangewendet lässt (EuGH, Urteil vom 23. 1. 2009 – Az.: C-305/08).

70.6.3 Sinn und Zweck der Regelung

Hintergrund der Ausschlussvorschrift ist, dass die dort genannten Einrichtungen andere als erwerbswirtschaftliche Ziele verfolgen und häufig steuerliche Vorteile genießen oder öffentliche Zuschusszahlungen erhalten. Sie sind daher aufgrund dieser Vorteile in der Lage, **mit günstigeren Angeboten als private Konkurrenten in den Wettbewerb zu gehen und diese aufgrund ungleicher Wettbewerbsbedingungen zu verdrängen**. Diesen Effekt wollen die Ausschlussvorschriften verhindern (OLG Düsseldorf, B. v. 17. 11. 2004 – Az.: VII – Verg 46/04; B. v. 14. 7. 2004 – Az.: VII – Verg 33/04; B. v. 4. 3. 2004 – Az.: VII – Verg 8/04, B. v. 23. 12. 2003 – Az.: Verg 58/03; VK Arnsberg, B. v. 29. 5. 2002 – Az.: VK 2–11/2002; VK Baden-Württemberg, B. v. 16. 1. 2009 – Az.: 1 VK 65/08; 1. VK Bund, B. v. 20. 8. 2008 – Az.: VK 1–111/08; B. v. 6. 6. 2007 – Az.: VK 1–38/07; B. v. 23. 5. 2006 – Az.: VK 1–28/06; B. v. 13. 10. 2005 – Az.: VK 1–125/05; B. v. 13. 5. 2004 – Az.: VK 1–42/04, B. v. 7. 4. 2004 – Az.: VK 1–15/04, B. v. 30. 3. 2004 – Az.: VK 1–05/04, B. v. 17. 3. 2004 – Az.: VK 1–07/04, B. v. 19. 9. 2003 – Az.: VK 1–77/03; 2. VK Bund, B. v. 28. 2. 2006 – Az.: VK 2–154/04; B. v. 17. 8. 2005 – Az.: VK 2–81/05; B. v. 11. 11. 2004 – Az.: VK 2–196/04; B. v. 24. 8. 2004 – Az.: VK 2–115/04; B. v. 19. 5. 2004 – Az.: VK 2–52/04; 3. VK Bund, B. v. 16. 6. 2008 – Az.: VK 3–65/08; B. v. 7. 7. 2004 – Az.: VK 3–68/04; B. v. 18. 5. 2004 – Az.: VK 3–50/04; VK Lüneburg, B. v. 14. 6. 2005 – Az.: VgK-22/2005; VK Münster, B. v. 2. 7. 2004 – Az.: VK 13/04; 1. VK Sachsen, B. v. 10. 4. 2007 – Az.: 1/SVK/020-07; VK Schleswig-Holstein, B. v. 26. 10. 2004 – Az.: VK-SH 26/04).

70.6.4 Ausgeschlossene Institutionen

70.6.4.1 Hinweis

Die **nachfolgend dargestellte Rechtsprechung** hat sich im Wesentlichen **für den Anwendungsbereich der VOL/A 2006** entwickelt. Sie **kann grundsätzlich auf den Anwendungsbereich der VOB/A 2009 übertragen** werden, wird aber nicht mehr diese praktische Bedeutung haben.

70.6.4.2 Begriff der Aus- und Fortbildungsstätte

Der Begriff der „Aus- und Fortbildungsstätte" ist ein unbestimmter Rechtsbegriff, welcher der Auslegung bedarf. Unter den **Begriff der „Aus- und Fortbildungsstätte" lassen sich dem Wortlaut nach zahllose Unternehmen bzw. Einrichtungen subsumieren**, beispielhaft seien nur Universitäten, Bildungsinstitute aller Art (Fremdsprachen, EDV, Kommunikationstraining etc.), Volkshochschulen sowie Ausbildungszentren von Industrieunternehmen genannt. Diese Aufzählung verdeutlicht, dass eine nur am Wortlaut des § 6 Abs. 1 Nr. 3 VOB/A orientierte Auslegung den Kreis der nicht zum Vergabewettbewerb zuzulassenden Unternehmen ohne sachlichen Grund ins Uferlose ausdehnen würde. **Maßgeblich im Rahmen einer Auslegung des § 6 Abs. 1 Nr. 3 VOB/A ist daher der Normzweck der Vorschrift** (1. VK Bund, B. v. 13. 5. 2004 – Az.: VK 1–42/04; 2. VK Bund, B. v. 19. 5. 2004 – Az.: VK 2–52/04).

Die Vorschrift des § 7 Nr. 6 VOL/A 2006 hatte der **Deutsche Verdingungsausschuss für Leistungen (DVAL)** folgendermaßen erläutert:

Die genannten Einrichtungen verfolgen primär andere als erwerbswirtschaftliche Ziele. Aufgrund ihrer vielfach günstigeren Angebote ist damit zu rechnen, dass diese Einrichtungen im Falle einer wettbewerblichen Vergabe private Unternehmen verdrängen.

Unter den Begriff „ähnliche Einrichtungen" können folglich auch nur solche Institutionen gefasst werden, die eine vergleichbare sozialpolitische Zielsetzung verfolgen und bei denen mit einer Verdrängung privater

Unternehmen gerechnet werden muss. Diese Voraussetzungen sind in der Regel bei Regiebetrieben nicht gegeben; sie sind daher dem Wettbewerb zu unterstellen.

Die Erläuterungen des DVAL bildeten die **Begründung und zugleich eine authentische Interpretation der Vorschriften der VOL/A durch die Autoren dieses Bedingungswerks**. Sie sind bei der Auslegung – auch von § 7 Nr. 6 VOL/A – nach allgemeinen Auslegungsgrundsätzen heranzuziehen (OLG Düsseldorf, B. v. 17. 11. 2004 – Az.: VII – Verg 46/04; 1. VK Bund, B. v. 23. 5. 2006 – Az.: VK 1–28/06).

6102 Diese **Rechtsprechung gilt im Ergebnis auch für § 6 Abs. 1 Nr. 3 VOB/A 2009**.

70.6.4.3 Ähnliche Einrichtungen

6103 Die Rechtsprechung stellt für die Frage, ob es sich hier um eine „ähnliche Einrichtung" im Sinne des § 6 Abs. 1 Nr. 3 VOB/A handelt, darauf ab, ob es sich **einerseits um eine Einrichtung zur Verfolgung sozialer Belange** handelt und **andererseits die öffentlich gewährten finanziellen Vorteile dieser Einrichtung so maßgeblich** sind, dass sie diesen Einrichtungen einen (zumindest abstrakten) finanziellen Wettbewerbsvorteil gegenüber gewerblichen Anbietern verschaffen. Nur unter diesen Voraussetzungen ist es vergaberechtlich gerechtfertigt, diese Einrichtungen vom Vergabewettbewerb auszunehmen und im Wege der freihändigen Vergabe zu privilegieren. Zu der Frage, wann ein maßgeblicher Vorteil im Preiswettbewerb indiziert ist, gibt es **drei Kriterien, nämlich steuerliche Vorteile, die Gewährträgerschaft der öffentlichen Hand und finanzielle Zuschüsse der öffentlichen Hand** (OLG Düsseldorf, B. v. 17. 11. 2004 – Az.: VII – Verg 46/04; B. v. 14. 7. 2004 – Az.: VII – Verg 33/04; B. v. 4. 3. 2004 – Az.: VII – Verg 8/04; 1. VK Bund, B. v. 13. 10. 2005 – Az.: VK 1–125/05; B. v. 7. 4. 2004 – Az.: VK 1–15/04, B. v. 30. 3. 2004 – Az.: VK 1–05/04; 2. VK Bund, B. v. 28. 2. 2006 – Az.: VK 2–154/04; 3. VK Bund, B. v. 16. 6. 2008 – Az.: VK 3–65/08; B. v. 7. 7. 2004 – Az.: VK 3–68/04; B. v. 18. 5. 2004 – Az.: VK 3–50/04; VK Schleswig-Holstein, B. v. 26. 10. 2004 – Az.: VK-SH 26/04).

6104 Diese Indizien sind indes **nicht isoliert und losgelöst von den übrigen Tatbestandsmerkmalen des § 6 Abs. 1 Nr. 3 VOB/A für einen Ausschluss vom Wettbewerb heranzuziehen**. Darauf, ob ein Wettbewerber z. B. Steuerbefreiungen genießt (wie eine gemeinnützige GmbH), kommt es für sich allein genommen nicht an, wenn er in dem vorhin dargestellten Sinn nicht zugleich eine öffentliche Einrichtung mit primär sozialpolitischer Zielsetzung ist (OLG Düsseldorf, B. v. 17. 11. 2004 – Az.: VII – Verg 46/04).

6105 **Potentiell kalkulationserhebliche Unterschiede, die sich aus der Vielfalt privatrechtlicher Organisationsformen** (wie Kapitalgesellschaft, Personengesellschaft oder Verein) **mit verschiedenen Steuerregeln ergeben, können mit dem Instrumentarium des Vergaberechts ebenso wenig beseitigt werden** wie standortabhängige Steuernachteile – z.B. wegen unterschiedlicher Hebesätze bei der Gewerbesteuer oder niedriger Besteuerung ausländischer Konkurrenten (OLG Koblenz, B. v. 28. 10. 2009 – Az.: 1 Verg 8/09; B. v. 29. 12. 2004 – Az.: 1 Verg 6/04; B. v. 23. 11. 2004 – Az.: 1 Verg 6/04; 2. VK Bund, B. v. 17. 8. 2005 – Az.: VK 2–81/05; im Ergebnis ebenso 2. VK Bund, B. v. 7. 3. 2008 – Az.: VK 2–13/08 für das **Umsatzsteuerprivileg der Deutschen Post**; 1. VK Sachsen, B. v. 24. 4. 2008 – Az.: 1/SVK/015-08).

6106 Bei der Frage, ob ein Wettbewerber unter den Begriff der „ähnlichen Einrichtung" zu fassen ist, ist auch der **Ausnahmecharakter der Vorschrift zu bedenken. Ausnahmevorschriften sind eng auszulegen und einer Analogie grundsätzlich nicht fähig** (OLG Düsseldorf, B. v. 22. 6. 2006 – Az.: VII – Verg 2/06; B. v. 29. 3. 2006 – Az.: VII – Verg 77/05; B. v. 23. 3. 2005 – Az.: VII – Verg 68/04; OLG München, B. v. 21. 5. 2008 – Az.: Verg 05/08; 1. VK Bund, B. v. 6. 6. 2007 – Az.: VK 1–38/07; B. v. 20. 8. 2008 – Az.: VK 1–111/08; 2. VK Bund, B. v. 7. 3. 2008 – Az.: VK 2–13/08; B. v. 28. 2. 2006 – Az.: VK 2–154/04; B. v. 17. 8. 2005 – Az.: VK 2–81/05; 3. VK Bund, B. v. 16. 6. 2008 – Az.: VK 3–65/08; VK Münster, B. v. 5. 10. 2005 – Az.: VK 19/05; 1. VK Sachsen, B. v. 10. 4. 2007 – Az.: 1/SVK/020-07). Dennoch sollen Regiebetriebe (und Eigenbetriebe) der öffentlichen Hand (ausgegliederte Sondervermögen der Gemeinden ohne eigene Rechtspersönlichkeit) im Anwendungsbereich der VOB/A einem Ausschluss vom Wettbewerb unterliegen (OLG Düsseldorf, B. v. 17. 11. 2004 – Az.: VII – Verg 46/04).

6107 Einige Vergabekammern stellen darauf ab, ob die **Wettbewerbsvorteile eine gewisse Erheblichkeit haben oder nicht. Die steuerliche Behandlung gemeinnütziger Unternehmen, die ansonsten im Wettbewerb stehen**, vermag danach bei abstrakter Betrachtung jedenfalls **keinen erheblichen Wettbewerbsvorteil** gegenüber gewerblichen Unternehmen zu indizieren, der die Gefahr einer Verdrängung dieser Unternehmen begründen kann. Die **rein steuerlichen Vorteile einer gemeinnützigen GmbH**, die ansonsten im Wettbewerb steht, bedeuten **keinen erheblichen Wettbewerbsvorteil** im Sinn von § 6 Abs. 1 Nr. 3 VOB/A (1. VK Bund, B. v. 13. 5. 2004 – Az.: VK 1–42/04; 2. VK Bund, B. v. 19. 5. 2004 – Az.: VK 2–52/04; VK Sachsen, B. v. 24. 4. 2008 – Az.: 1/SVK/015-08; VK Schleswig-Holstein, B. v. 26. 10. 2004 – Az.: VK-SH 26/04).

Bestehen außerdem **im Zeitpunkt der Angebotskalkulation Unsicherheiten über die Möglichkeit, theoretisch gegebene steuerliche Vorteile auch tatsächlich realisieren zu können** (z. B. bei einer Unsicherheit darüber, ob die angebotene Tätigkeit dem steuerbegünstigten Zweckbetrieb oder einem steuerpflichtigen Geschäftsbetrieb zuzurechnen ist), so kann **nicht davon ausgegangen werden, dass die Kalkulation von Angebotspreisen im Rahmen eines Vergabeverfahrens maßgeblich hiervon beeinflusst wird** und somit eine Gefahr der Verdrängung gewerblicher Konkurrenten im Preiswettbewerb begründet. Es kann daher offen bleiben, ob die Befreiung von der Körperschaft- und Gewerbesteuer aufgrund der steuerrechtlich gebotenen Wettbewerbsneutralität der Besteuerung überhaupt einen Wettbewerbsvorteil darstellt, der die Nichtzulassung eines Bieters zum Wettbewerb gemäß § 6 Abs. 1 Nr. 3 VOB/A rechtfertigt (3. VK Bund, B. v. 18. 5. 2004 – Az.: VK 3–50/04). 6108

Ein **privatrechtlicher Verein steht infolge der Vereinsmitgliedschaft einiger Kommunen** (Gebietskörperschaften des öffentlichen Rechts) **nicht in öffentlicher Trägerschaft**, insbesondere dann, wenn keinerlei Anhaltspunkt dafür zu erkennen ist, dass diese Kommunen, welche die Rechtsstellung gewöhnlicher Vereinsmitglieder haben, auf die Geschäftsführung des Beigeladenen, und zwar über die ihnen zustehenden Mitgliedsrechte hinaus, einen maßgebenden Einfluss ausüben (OLG Düsseldorf, B. v. 22. 6. 2006 – Az.: VII – Verg 2/06; B. v. 29. 3. 2006 – Az.: VII – Verg 77/05; B. v. 23. 3. 2005 – Az.: VII – Verg 68/04; 1. VK Bund, B. v. 20. 8. 2008 – Az.: VK 1–111/08; VK Münster, B. v. 5. 10. 2005 – Az.: VK 19/05). 6109

Eine privatrechtliche juristische Person, die weder mittelbar noch unmittelbar in staatlicher oder kommunaler Trägerschaft steht, unterfällt nicht § 6 Abs. 1 Nr. 3 VOB/A. Eine solche Trägerschaft ergibt sich auch nicht aufgrund der Gesellschafterstruktur, wenn die öffentliche Hand nicht Gesellschafterin ist. Auch die **Tatsache, dass z. B. Kirchenbezirke Gesellschafter der Alleingesellschafterin der Institution sind, führt zu keiner anderen Wertung. Denn die Kirchenbezirke sind trotz ihrer Sonderrechte nicht als Teil des Staates zu qualifizieren.** Sie sind vom Staat zu trennen und selbst keine öffentlichen Einrichtungen (VK Baden-Württemberg, B. v. 16. 1. 2009 – Az.: 1 VK 65/08). 6110

70.6.4.4 Öffentliche Institutionen

Vom Sinn und Zweck der Ausschlussregelung her werden nur öffentliche Institutionen erfasst. Der **Ausschluss nur öffentlicher Einrichtungen vom Wettbewerb** macht auch aus einem weiteren Grund Sinn. Im Privatrecht ist es jedermann – unter Beachtung der jeweiligen Voraussetzungen – freigestellt, in welcher Rechtsform er sich organisiert, um gerade auch aus dieser Wahl wirtschaftliche Vorteile für seine Unternehmungen ziehen zu können. Es kann nicht Sinn und Zweck des Vergaberechts sein, der öffentlichen Vergabestelle aufzugeben, vermeintliche Vorteile einer privatrechtlichen Organisationsform einer anderen privatrechtlichen gegenüberzustellen, abzuwägen und letztlich nur wegen dieser vermeintlichen Vorteile vom Wettbewerb auszuschließen (OLG Düsseldorf, B. v. 29. 3. 2006 – Az.: VII – Verg 77/05; B. v. 14. 7. 2004 – Az.: VII – Verg 33/04; VK Baden-Württemberg, B. v. 7. 10. 2005 – Az.: 1 VK 56/05; 1. VK Bund, B. v. 20. 8. 2008 – Az.: VK 1–111/08; B. v. 6. 6. 2007 – Az.: VK 1–38/07; B. v. 13. 10. 2005 – Az.: VK 1–125/05; 2. VK Bund, B. v. 7. 3. 2008 – Az.: VK 2–13/08; B. v. 17. 8. 2005 – Az.: VK 2–81/05; B. v. 6. 10. 2003 – Az.: VK 2–94/03; 3. VK Bund, B. v. 15. 7. 2008 – Az.: VK 3–89/08; B. v. 16. 6. 2008 – Az.: VK 3–65/08; VK Münster, B. v. 7. 7. 2004 – Az.: VK 13/04, B. v. 28. 5. 2004 – Az.: VK 10/04; VK Schleswig-Holstein, B. v. 26. 10. 2004 – Az.: VK-SH 26/04; VK Thüringen, B. v. 6. 12. 2005 – Az.: 360–4003.20–026/05-SLZ). 6111

Der **Geltungsbereich** von § 6 Abs. 1 Nr. 3 VOB/A ist also in jedem Fall **auf Einrichtungen der öffentlichen Hand beschränkt; private Unternehmen unterfallen ihr von vornherein nicht.** Dass gemeinnützige Kapitalgesellschaften aufgrund ihrer Gemeinnützigkeit Steuerbefreiungen genießen sowie erwirtschaftete Gewinne nicht an ihre Gesellschafter ausschütten, spielt für § 6 Abs. 1 Nr. 3 VOB/A keine Rolle. **Solche Gesellschaften sind auch nicht in analoger Anwendung des § 6 Abs. 1 Nr. 3 VOB/A vom Bieterwettbewerb auszuschließen.** Als Ausnahmevorschrift ist § 6 Abs. 1 Nr. 3 VOB/A eng auszulegen und einer Analogie nicht zugänglich (OLG Düsseldorf, B. v. 29. 3. 2006 – Az.: VII – Verg 77/05; B. v. 6112

Teil 3 VOB/A § 6   Vergabe- und Vertragsordnung für Bauleistungen Teil A

8. 2. 2005 – Az.: VII – Verg 100/04; B. v. 14. 7. 2004 – Az.: VII – Verg 33/04; OLG Koblenz, B. v. 28. 10. 2009 – Az.: 1 Verg 8/09; 1. VK Bund, B. v. 6. 6. 2007 – Az.: VK 1–38/07; B. v. 13. 10. 2005 – Az.: VK 1–125/05; 2. VK Bund, B. v. 7. 3. 2008 – Az.: VK 2–13/08; 3. VK Bund, B. v. 16. 6. 2008 – Az.: VK 3–65/08).

6113   Gemäß dem Wortlaut, den Motiven der Verfasser und dem Zweck der Norm sind von einem Ausschluss betroffen **nur öffentliche Einrichtungen, die rechtlich unselbständig in der Trägerschaft der öffentlichen Hand** (des Staates oder der Kommunen) stehen (OLG Düsseldorf, B. v. 17. 11. 2004 – Az.: VII – Verg 46/04; 1. VK Bund, B. v. 23. 5. 2006 – Az.: VK 1–28/06; 2. VK Bund, B. v. 17. 8. 2005 – Az.: VK 2–81/05; B. v. 11. 11. 2004 – Az.: VK 2–196/04), die zudem entweder **auf dem Gebiet der Jugendhilfe oder der Aus- und Fortbildung tätig sein oder als „ähnliche Einrichtung" einem vergleichbaren sozialpolitischen Zweck** dienen müssen (VK Münster, B. v. 4. 10. 2004 – Az.: VK 21/04).

6114   § 6 Abs. 1 Nr. 3 VOB/A **erfasst außerdem nur Institutionen, bei denen Produkte nicht gewerblich hergestellt werden.** Erfasst werden nur öffentliche Einrichtungen, bei denen es um die Förderung eingegliederter Personen geht und bei denen im Rahmen der Förderung Produkte als sogenannte Nebenprodukte hergestellt werden. Die Produkte werden hierbei nicht unter wirtschaftlichen Gesichtspunkten produziert. Es besteht deshalb die Gefahr, dass private gewerbliche Unternehmen, die wirtschaftlich zu kalkulieren haben, um am Markt bestehen zu können, von solchen öffentlichen Einrichtungen verdrängt werden (VK Baden-Württemberg, B. v. 7. 10. 2005 – Az.: 1 VK 56/05; 1. VK Sachsen, B. v. 10. 4. 2007 – Az.: 1/SVK/020-07).

70.6.4.5 Privatrechtlich organisierte Unternehmen der öffentlichen Hand

6115   Ist ein **Unternehmen der öffentlichen Hand z. B. als GmbH organisiert, ist seine Teilnahme an öffentlichen Ausschreibungen** auch außerhalb des eigenen Hoheitsbereichs seines kommunalen Trägers **grundsätzlich nicht zu beanstanden** (OLG München, B. v. 21. 5. 2008 – Az.: Verg 05/08). Für eine Übertragung des Verbots der Zulassung von Betrieben der öffentlichen Hand zum Wettbewerb gemäß § 6 Abs. 1 Nr. 3 VOB/A auch auf Dienstleistungs-Vergabeverfahren gemäß VOF ist daher kein Raum, wenn die GmbH grundsätzlich dem gleichen Insolvenzrisiko ausgesetzt ist wie die anderen im Wettbewerb stehenden Unternehmen auch (VK Lüneburg, B. v. 10. 2. 2004 – Az.: 203-VgK-43/2003, B. v. 7. 10. 2003 – Az.: 203-VgK-19/2003).

70.6.4.6 Einschränkende Auslegung?

6116   Angesichts des **klaren Wortlauts des § 6 Abs. 1 Nr. 3 VOB/A verbleibt kein Raum für eine einschränkende Auslegung der Norm**. Namentlich ist **nicht darauf abzustellen, ob sich die Gefahr, die dem Normzweck des § 6 Abs. 1 Nr. 3 VOB/A zugrunde liegt, bezogen auf den konkreten Vergabewettbewerb, realisieren würde**. Die Bestimmung enthält eine obligatorische, abstrakt getroffene Ausschlussregelung, da anderenfalls ein echter Wettbewerb, der die Einhaltung gleicher Grundbedingungen für alle Bewerber erfordert, mangels Chancengleichheit nicht gegeben wäre oder zumindest diese Gefahr droht. Die Frage, von welchen öffentlichen Einrichtungen im Falle ihrer Zulassung zum Vergabewettbewerb eine Verdrängungsgefahr für private Unternehmen ausgehen würde, hat der Verordnungsgeber in § 6 VgV in Verbindung mit § 6 Abs. 1 Nr. 3 VOB/A verbindlich entschieden. Die Vergabestelle hat daher nur zu prüfen, ob es sich bei dem Bieter um eine in § 7 Nr. 6 VOL/A ausdrücklich genannte oder ähnliche Einrichtung handelt. Dabei können im konkreten Vergabevorgang festgestellte Kalkulationsvorteile (oder deren Fehlen) nur indizielle Bedeutung haben. Eine **Pflicht zur Kalkulationskontrolle würde die Vergabestellen zudem meist überfordern** (OLG Düsseldorf, B. v. 17. 11. 2004 – Az.: VII – Verg 46/04; B. v. 23. 12. 2003 – Az.: Verg 58/03; 1. VK Bund, B. v. 13. 5. 2004 – Az.: VK 1–42/04, B. v. 7. 4. 2004 – Az.: VK 1–15/04, B. v. 17. 3. 2004 – Az.: VK 1–07/04; 2. VK Bund, B. v. 28. 2. 2006 – Az.: VK 2–154/04; B. v. 19. 5. 2004 – Az.: VK 2–52/04; 3. VK Bund, B. v. 7. 7. 2004 – Az.: VK 3–68/04; VK Thüringen, B. v. 6. 12. 2005 – Az.: 360–4003.20–026/05-SLZ).

6117   Demgegenüber hatte die VK Bund argumentiert, dass dann, wenn man alle Einrichtungen, die dem Ausschluss unterfallen, gänzlich und von vornherein von der Teilnahme am Wettbewerb um öffentliche Aufträge ausschließen will, dies in vielen Bereichen **zu einer erheblichen Reduzierung der Angebote** führen und damit den Wettbewerb stark einschränken würde, was wiederum vor dem Hintergrund des Gebots zu einer Vergabe öffentlicher Aufträge im Wettbewerb problematisch wäre. Es würde **über den Schutzzweck der Norm hinausgehen**, diese Einrichtungen pauschal vom Wettbewerb auszuschließen; auch kann ein legitimes und damit schutzwürdiges Interesse privater Konkurrenten nur so weit gehen, als der Schutzzweck der Norm tangiert ist. Der Schutzzweck der Norm beinhaltet nicht eine Freistellung von Konkurrenz, deren Angebote ebenso wettbewerblich kalkuliert sind wie die eigenen. Eine Berücksichtigung sowohl des dem gesamten Vergaberecht zugrunde liegenden zentralen Wettbewerbsgrundsatzes als auch des nicht minder zentralen Gleichbehandlungsprinzips für alle Bieter ist im Sinne einer Herstellung praktischer Konkordanz beider Gesichtspunkte vor diesem Hintergrund möglich, indem die **Ausschlussregelungen einschränkend dahin auszulegen sind, dass es nicht auf die bloße abstrakte Gefahr, sondern auf deren Realisierung abzustellen ist.** Konkret bedeutet dies, dass es nicht darauf ankommt, ob es sich generell um eine Einrichtung im Sinne der Vorschrift handelt, sondern ob bezogen auf das konkrete Vergabeverfahren erkennbar ist, dass sich die denkbaren Wettbewerbsvorteile, die der Gesetzgeber im Auge gehabt hat, tatsächlich realisiert haben (1. VK Bund, B. v. 19. 9. 2003 – Az.: VK 1–77/03; aufgehoben durch OLG Düsseldorf, B. v. 23. 12. 2003 – Az.: Verg 58/03). **Ähnlich** argumentieren die VK Brandenburg (B. v. 8. 12. 2003 – Az.: VK 75/03) und die VK Münster (B. v. 2. 7. 2004 – Az.: VK 13/04).

70.6.4.7 Existenzgefährdung dieser Institutionen

Soweit argumentiert wird, entsprechende Institutionen wären in ihrer Existenz gefährdet, wenn sich ihre Träger nicht mehr an öffentlichen Ausschreibungen beteiligen dürften, oder wenn damit zu rechnen wäre, dass sich private Anbieter in größerem Umfange im Aufgabenbereich z. B. der Jugendhilfe betätigten, kann dieser **Gesichtspunkt vergaberechtlich keine Berücksichtigung finden, sondern ist einer politischen oder gesetzgeberischen Lösung anheim zu geben.** Zu denken wäre dabei an den Einsatz von Organisationsformen, die mit Blick auf den (privaten) Bieterwettbewerb unbedenklich sind. Eine Erteilung von Aufträgen an die öffentlichen Einrichtungen des § 6 Abs. 1 Nr. 3 VOB/A ist **im Übrigen nach geltendem Recht nicht durchweg ausgeschlossen.** Die Vorschrift verbietet nur die Auftragsvergabe im Wettbewerb, nicht aber die **Erteilung von Aufträgen im Wege der freihändigen Vergabe.** Im Falle der Durchführung eines förmlichen Vergabeverfahrens haben die privaten Bieter indes einen Anspruch auf die Einhaltung der Vergabebestimmungen (§ 97 Abs. 7 GWB) und damit auch, wie sich aus der Verweisung gemäß § 6 VgV ergibt, auf die Anwendung des (bieterschützenden) § 6 Abs. 1 Nr. 3 VOB/A (OLG Düsseldorf, B. v. 23. 12. 2003 – Az.: Verg 58/03).

70.6.4.8 Bietergemeinschaften unter Einschluss einer Institution nach § 6 Abs. 1 Nr. 3

Sinn und Zweck des § 6 Abs. 1 Nr. 3 VOB/A gebieten die **Anwendung auch auf eine Bietergemeinschaft, an der eine Einrichtung im Sinne dieser Vorschrift beteiligt** ist. Eine andere Auslegung führt ansonsten zu einer Umgehung des § 6 Abs. 1 Nr. 3 VOB/A, da der Bietergemeinschaft die Vorteile einer Einrichtung im Sinne dieser Vorschrift zugute kommen (1. VK Bund, B. v. 17. 3. 2004 – Az.: VK 1–07/04).

70.6.5 Verstoß gegen Art. 12 Abs. 1 Grundgesetz?

§ 6 Abs. 1 Nr. 3 VOB/A **verstößt nicht gegen das Grundrecht der Berufsfreiheit des Art. 12 Abs. 1 GG** – worauf sich im Rahmen einer erwerbswirtschaftlichen Tätigkeit ihrer Einrichtungen grundsätzlich auch die öffentliche Hand berufen kann –. Die Vorschrift des **§ 6 Abs. 1 Nr. 3 VOB/A trifft** für die öffentliche Hand, sofern sie sich erwerbswirtschaftlich betätigt, sowie für die in der Vorschrift genannten Einrichtungen **eine die Berufsausübung betreffende Regelung,** da hierdurch lediglich eine Modalität beruflichen Tätigwerdens ausgeschlossen wird. Regelungen solcher Art unterliegen nach Art. 12 Abs. 1 Satz 2 GG einem Vorbehalt „durch Gesetz oder auf Grund eines Gesetzes". Die Regelung des **§ 6 Abs. 1 Nr. 3 VOB/A ist aufgrund eines Gesetzes ergangen, nämlich aufgrund von § 97 Abs. 6 GWB.** Diese Bestimmung ermächtigt die Bundesregierung, durch Rechtsverordnung nähere Bestimmungen über das bei der Vergabe einzuhaltende Verfahren zu treffen. Von dieser Ermächtigung hat die Bundesregierung durch § 6 VgV Gebrauch gemacht. Von ihr ist die Anordnung, bestimmte Wettbewerber von Vergabeverfahren auszunehmen, umfasst.

Bei der verfassungsrechtlichen Überprüfung der Berufsausübung regelnden Entscheidungen des Gesetz- oder Verordnungsgebers ist **der diesem zu Gebote stehende erhebliche Beurteilungs- und Gestaltungsspielraum zu beachten,** dessen Grenzen im Rahmen wirtschafts- und wettbewerbspolitischer sowie sozialpolitischer Zielsetzungen tendenziell weit zu ziehen sind. **Berufsausübungsbeschränkungen der vorliegenden Art sind bei diesem Vorverständnis nicht zu beanstanden, sofern sie durch vernünftige Erwägungen des Gemeinwohls legitimiert sind.** Hierbei dürfen vom Gesetz- oder Verordnungsgeber auch Zweckmäßigkeitserwägungen angestellt werden. Er hat freilich auch den Grundsatz der Verhältnismäßigkeit zu wahren, aus dem folgt, dass – je höher die aus der getroffenen Regelung folgende Belastung für den hiervon Betroffenen ist – desto gewichtigere Gründe für das in der zu überprüfenden Regelung zur Geltung gebrachte Gemeinwohlinteresse (einschließlich der wirtschafts- oder sozialpolitischen Gründe im oben genannten Sinn) sprechen müssen.

6122 Daran gemessen ist in der Regelung des § 6 Abs. 1 Nr. 3 VOB/A ein Verstoß gegen das Grundrecht der Berufsausübungsfreiheit nicht zu erkennen. Die Vorschrift ist im Zusammenhang mit § 97 Abs. 1 GWB zu sehen und zu würdigen, die den Grundsatz des Wettbewerbs zu einem in Vergabeverfahren maßgebenden Prinzip erhebt. Hiervon ausgehend hat der Verordnungsgeber bestimmte in § 6 Abs. 1 Nr. 3 VOB/A genannte öffentliche Einrichtungen zum Wettbewerb nicht zugelassen, weil ihre Zulassung aufgrund wirtschaftlicher Erfahrung dazu geeignet ist, den Wettbewerb zu verfälschen. Diese **ordnungspolitische Zielsetzung der Norm ist nicht als unvernünftig zu beanstanden.** Die dieser Vorstellung geltende Regelung greift auch nicht übermäßig in die Betätigungsmöglichkeiten solcher Einrichtungen der öffentlichen Hand ein, die dadurch vom Wettbewerb ausgenommen werden (OLG Düsseldorf, B. v. 17. 11. 2004 – Az.: VII – Verg 46/04).

70.6.6 Weitere Beispiele aus der Rechtsprechung (zu § 7 Nr. 6 VOL/A 2006)

6123 – **genießt ein Bieter steuerliche Vorteile** und kann er insbesondere zum **ermäßigten Steuersatz von 7% anbieten** und profitiert er auch dadurch von mittelbaren Zuschüssen der öffentlichen Hand, dass er von den Gerichten Bußgelder zugewiesen erhält und ist er ferner **durch die Subvention durch die Rehabilitationsträger begünstigt, unterscheidet sich die wettbewerbliche Situation dieses Bieters in dieser Hinsicht von derjenigen eines üblichen Marktteilnehmers** und ist auch davon auszugehen, dass das niedrige Lohnniveau sowie die steuerlichen Vorteile Gründe für die günstigen Angebotspreise des Bieters darstellen, **rechtfertigen diese wettbewerblichen Vorteile es nicht, diesen Bieter als ähnliche Einrichtung nach § 7 Nr. 6 VOL/A zu qualifizieren.** Denn der Bieter steht im Übrigen im normalen Wettbewerb der Marktteilnehmer. Er ist nicht davor geschützt, bei fortlaufender Misswirtschaft Insolvenz anmelden zu müssen. Eine **staatliche Bestandsgarantie gibt es gerade nicht.** Er unterliegt damit dem Zwang, wirtschaftlich zu kalkulieren und kostendeckend zu arbeiten. Damit unterscheidet sich der Bieter nicht grundlegend von allen anderen Marktteilnehmern. Er ist **nicht gehindert, Kostenvorteile, die er rechtmäßig nutzen darf (z. B. Steuervorteile) bei seiner Angebotskalkulation zu berücksichtigen** (VK Baden-Württemberg, B. v. 16. 1. 2009 – Az.: 1 VK 65/08)

– auch im konkreten Fall der Bg ist diese **nicht besser gestellt als andere gewerbliche Unternehmen**: Die Bg finanziert sich im Wesentlichen aus den Einlagen ihrer Gesellschafter sowie den Einnahmen aus ihrer Geschäftstätigkeit. Gemäß § 5 Abs. 4 ihres Gesellschaftsvertrags besteht **ausdrücklich keine Nachschusspflicht** ihres größten Anteilseigners, des Kreises.... Ein Verlustausgleich ist hiernach lediglich „beabsichtigt" und von der Beschlussfassung der zuständigen Gremien abhängig. Darüber hinaus hat der Kreis ... erklärt, seit 2007 tatsächlich auch keine Verluste der Bg aus Maßnahmen für erwerbsfähige Arbeitslose mehr auszugleichen. **Allein, dass der Großteil der Gesellschafter einer privaten Kapitalgesellschaft wie im Falle der Bg Landkreise oder Kommunen sind, macht diese also ebenso wenig zu einer Einrichtung i. S. d. § 7 Nr. 6 VOL/A wie die mit der Gemeinnützigkeit der Bg zusammenhängenden Aspekte** (Steuervorteile, Nichtausschüttung der Gewinne an die Gesellschafter) (3. VK Bund, B. v. 16. 6. 2008 – Az.: VK 3-65/08)

– **Einrichtungen wie das in der Trägerschaft einer Kreishandwerkschaft stehende Berufsbildungszentrum unterfallen nicht dem Begriff der Aus- und Fortbildungsstätten** oder ähnlichen Einrichtungen, die gemäß § 7 Nr. 6 VOL/A zum Vergabeverfahren nicht zuzulassen sind. Nach dieser Vorschrift sind von einem Ausschluss **nur solche Einrichtungen betroffen sind, die – unmittelbar oder mittelbar – in staatlicher oder kommunaler Trägerschaft stehen.** Kreishandwerkschaften i. S. d. §§ 86 ff. HandwO und deren Berufsbildungseinrichtungen unterliegen keiner derartigen Trägerschaft. **Kreishandwerkschaften sind – genauso wie Handwerkskammern – zwar Körperschaften des öffentlichen Rechts, in der Sache aber Selbstverwaltungsorganisationen** der priva-

Vergabe- und Vertragsordnung für Bauleistungen Teil A   VOB/A § 6   **Teil 3**

ten Wirtschaft. Deshalb ist zum Beispiel die Berufsbildungseinrichtung einer Handwerkskammer vom Anwendungsbereich des § 7 Nr. 6 VOL/A ausgenommen (OLG Düsseldorf, B. v. 4. 3. 2004 – Az.: Verg 8/04). Für die Berufsbildungseinrichtung einer Kreishandwerkerschaft hat nichts anderes zu gelten (OLG Düsseldorf, B. v. 24. 5. 2006 – Az.: VII – Verg 16/06; 1. VK Bund, B. v. 23. 5. 2006 – Az.: VK 1–28/06; 2. VK Bund, B. v. 28. 2. 2006 – Az.: VK 2–154/04)

– gemessen an diesen Vorüberlegungen handelt es sich beim **Berufsbildungswerk** des Beigeladenen um eine der Aus- und Fortbildung gewidmete ähnliche Einrichtung im Sinn von § 7 Nr. 6 VOL/A. Das Berufsbildungswerk stellt einen rechtlich unselbständigen Zweig eines kommunalen Verbandes dar. Als Einrichtung der beruflichen Rehabilitation für Blinde und Sehbehinderte untersteht es einer vorrangigen sozialpolitischen Zielsetzung, die auch in der gesetzlichen Regelung des § 35 SGB IX Ausdruck findet. Die Einrichtung und Unterhaltung eines Berufsbildungswerks für Blinde und Sehbehinderte ist von ihrer Zwecksetzung her nicht erwerbswirtschaftlich ausgerichtet (OLG Düsseldorf, B. v. 17. 11. 2004 – Az.: VII – Verg 46/04)

– von den öffentlichen Einrichtungen nach § 7 Nr. 6 VOL/A sind z. B. die Berufsbildungseinrichtungen der Handwerkskammern zu unterscheiden. Bei den **Handwerkskammern** handelt es sich (trotz ihrer rechtlichen Natur als Körperschaften des öffentlichen Rechts, vgl. § 90 Abs. 1 HandwO) um Organisationen der Selbstverwaltung der privaten Wirtschaft, die sich aus den Beiträgen ihrer Mitglieder finanzieren. Auch die **Wohlfahrtseinrichtungen** der (privatwirtschaftlich organisierten) Verbände der Caritas fallen nicht unter § 7 Nr. 6 VOL/A. Genauso wenig sind (private) gemeinnützige Kapitalgesellschaften als Einrichtungen im Sinne von § 7 Nr. 6 VOL/A anzusehen (OLG Düsseldorf, B. v. 24. 5. 2006 – Az.: VII – Verg 16/06; B. v. 17. 11. 2004 – Az.: VII – Verg 46/04)

– eine **Volkshochschule im Sinne des § 10 Abs. 4 in Verbindung mit Abs. 1 nwWbG ist eine Aus- und Fortbildungseinrichtung im Sinne des § 7 Nr. 6 VOL/A**. Nach Sinn und Zweck dieser Vorschrift wird sie hiervon erfasst, weil sie insgesamt eine Einrichtung darstellt, die gemäß den gesetzlich definierten allgemeinen Aufgaben der Weiterbildung in § 3 Abs. 1 nwWbG und der speziell durch die Volkshochschulen der Kommunen zu gewährleistenden Grundversorgung der Weiterbildung gemäß § 11 Abs. 2 nwWbG ausschließlich einen sozial- und kulturstaatlichen, mithin altruistisch-sozialpolitisch motivierten Zweck verfolgt. Erwerbswirtschaftliche Zielsetzungen sind einer solchen Einrichtung kraft des gesetzlich definierten Aufgabenrahmens für Volkshochschulen fremd (3. VK Bund, B. v. 18. 5. 2004 – Az.: VK 3–50/04)

– als selbständige Stiftung ist der Bieter eine **Ausgründung einer Kreishandwerkerschaft, Körperschaft des öffentlichen Rechts**, die durch das Stiftungsgeschäft mit eigenen finanziellen und sachlichen Mitteln ausgestattet worden ist und sich aus den Erträgen ihres Kapitals sowie ihrer wirtschaftlichen Aktivitäten trägt. Dass die Kreishandwerkerschaft als Körperschaft des öffentlichen Rechts als Stifterin gleichsam hinter dem Bieter steht, führt nicht dazu, eine finanzielle Gewährträgerschaft annehmen zu können. Eine hierfür in erster Linie erforderliche dauerhafte Finanzierung wie z. B. im Fall einer sich aus allgemeinen Steuereinnahmen finanzierenden Gebietskörperschaft liegt bei ihr nicht vor. Hieran fehlt es bereits deshalb, weil es – anders als bei Handwerkskammern – an einer Rechtsgrundlage für eine Pflichtmitgliedschaft mit entsprechenden Pflichtbeiträgen der Mitglieder fehlt. Die **Kreishandwerkerschaft ist nach § 86 HandwO lediglich ein Zusammenschluss von Handwerksinnungen** im Sinne der §§ 52 ff. HandwO. Die Kreishandwerkerschaften finanzieren sich nach § 89 Abs. 1 Nr. 5 in Verbindung mit § 73 HandwO aus den Beiträgen ihrer Mitglieder. Entsprechendes gilt nach § 73 HandwO für die Handwerksinnungen. **Die Mitgliedschaft in den Innungen ist jedoch nach den gesetzlichen Vorschriften keine Pflichtmitgliedschaft** (3. VK Bund, B. v. 18. 5. 2004 – Az.: VK 3–50/04)

– die **Rechtsform des Regiebetriebs für eine Einrichtung führt nicht dazu, dass diese Einrichtung zum Wettbewerb mit gewerblichen Unternehmen zuzulassen ist**. Der Regiebetrieb kann sich insoweit nicht zu seinen Gunsten auf die Erläuterungen zu § 7 Nr. 6 VOL/A berufen, die den Hinweis enthalten, Regiebetriebe seien zum Wettbewerb zuzulassen, weil bei ihnen mit einer Verdrängung privater Unternehmen „in der Regel" nicht zu rechnen sei (vgl. die Fassung der Bekanntmachung der VOL/A vom 17. November 2002, BAnZ Jahrgang 54, 2002, Nr. 216a). Grund für die grundsätzliche Ausnahme der Regiebetriebe aus dem Anwendungsbereich des § 7 Nr. 6 VOL/A war, dass ihre wirtschaftliche Struktur den Eintritt in den Wettbewerb erlauben soll. **Maßgebend für die Auslegung des**

Teil 3 VOB/A § 6 Vergabe- und Vertragsordnung für Bauleistungen Teil A

§ 7 Nr. 6 VOL/A ist jedoch der bereits festgestellte Sinn und Zweck der Vorschrift, wonach die Verdrängung privater Unternehmen durch Einrichtungen verhindert werden soll, die aufgrund ihres fehlenden erwerbswirtschaftlichen Zwecks Kalkulations- und Wettbewerbsvorteile in Gestalt vielfältiger öffentlicher finanzieller und/oder institutioneller Förderung genießen (3. VK Bund, B. v. 7. 7. 2004 – Az.: VK 3–68/04)

– das **Berufsbildungswerk** ist eine Einrichtung, die sich ausschließlich mit der Aus- und Fortbildung blinder und sehbehinderter Personen befasst. Neben Förderlehrgängen für blinde und sehbehinderte Jugendliche zur Entscheidung der Berufswahl bzw. Vorbereitung auf eine berufliche Ausbildung bildet das Berufsbildungswerk in 16 anerkannten Ausbildungsberufen aus. Das **Berufsbildungswerk ist danach eine Einrichtung im Sinne des § 7 Nr. 6 VOL/A**, die aufgrund ihrer vorwiegend sozialpolitischen Motivation Kalkulations- und Wettbewerbsvorteile genießt, nach denen eine Verdrängung gewerblicher Unternehmen zu befürchten ist (3. VK Bund, B. v. 7. 7. 2004 – Az.: VK 3–68/04)

– bei **Verbänden in kirchlicher Trägerschaft** handelt es sich um vom Staat zu trennende Verbände, die zwar soziale Belange verfolgen, aber **nicht um eine öffentliche Einrichtung im Sinne von § 7 Nr. 6 VOL/A** (VK Münster, B. v. 28. 5. 2004 – Az.: VK 10/04)

– Bildungseinrichtungen im **Bereich der ausbildungsbegleitenden Hilfen für Jugendliche**, wo aus entwicklungshistorischen Gegebenheiten heraus häufig auch von öffentlichen Trägern getragene Einrichtungen am Wettbewerb teilnehmen (1. VK Bund, B. v. 19. 9. 2003 – Az.: VK 1–77/03; aufgehoben durch OLG Düsseldorf, B. v. 23. 12. 2003 – Az.: Verg 58/03)

– **Anstalten des öffentlichen Rechts** (OLG Celle, B. v. 8. 11. 2001 – Az.: 13 Verg 9/01)

– **kommunale Entsorgungsunternehmen** fallen nicht unter § 7 Nr. 6 VOL/A, weil unter den Begriff „ähnliche Einrichtungen" nur solche Institutionen gefasst werden können, die eine vergleichbare sozialpolitische Zielsetzung verfolgen und bei denen mit einer Verdrängung privater Unternehmen gerechnet werden muss. In diesem Fall **fehlt** es zum einen an der **vergleichbaren sozialpolitischen Zielsetzung**, zum anderen aber auch an der vom OLG Celle offenbar pauschal unterstellten **Gefahr einer Verdrängung privater Unternehmen allein durch das reduzierte Insolvenzrisiko** (VK Arnsberg, B. v. 29. 5. 2002 – Az.: VK 2–11/2002)

70.6.7 Richtlinie des VHB 2008

6124 Justizvollzugsanstalten, Einrichtungen der Jugendhilfe, Aus- und Fortbildungsstätten und ähnliche Einrichtungen sowie Betriebe der öffentlichen Hand und Verwaltungen sind zum Wettbewerb mit gewerblichen Unternehmern nicht zuzulassen; siehe § 6 Abs. 1 Nr. 3 VOB/A, sondern können im Einzelfall ohne Wettbewerb unmittelbar beauftragt werden.

70.6.8 Literatur

6125 – Hertwig, Stefan, Der Staat als Bieter, NZBau 2008, 355

– Zimmermann, Eric, Die Teilnahme der gGmbH an öffentlichen Ausschreibungen, ZfBR 2008, 778

– Zimmermann, Eric, Einfluss des § 7 Nr. 6 VOL/A auf § 8 Nr. 6 VOB/A, ZfBR 2006, 220

70.6.9 Richtlinien des Bundes für die Berücksichtigung von Werkstätten für Behinderte und Blindenwerkstätten bei der Vergabe öffentlicher Aufträge (Richtlinien Bevorzugte Bewerber)

6126 Vgl. dazu die Kommentierung zu → § 97 GWB Rdn. 903.

70.7 Abgabe der Unterlagen bei Öffentlicher Ausschreibung (§ 6 Abs. 2 Nr. 1)

70.7.1 Begriff des Bewerbers und des Bieters

6127 Als „Bewerber" werden herkömmlicherweise **um Aufträge bemühte Unternehmen** bezeichnet, solange sie noch kein Angebot abgegeben haben, also noch nicht zum „Bieter" geworden sind (BayObLG, B. v. 4. 2. 2003 – Az.: Verg 31/02; OLG Koblenz, B. v. 5. 9. 2002 – Az.: 1 Verg. 2/02; VK Südbayern, B. v. 26. 11. 2002 – Az.: 46-11/02).

Bieter ist, wer bereits ein Angebot abgegeben hat (OLG Koblenz, B. v. 5. 9. 2002 – Az.: 1 Verg. 2/02). 6128

70.7.2 Bewerbergemeinschaften

Um öffentliche Aufträge **können sich auch Bewerbergemeinschaften bewerben**. Sie werden **im Fall einer Angebotsabgabe zu Bietergemeinschaften**. Vgl. dazu die Kommentierung → Rdn. 10 ff. 6129

70.7.3 Keine vorgezogene Eignungsprüfung im Stadium der Abgabe der Unterlagen

Grundsätzlich bestimmt § 6 Abs. 2 Nr. 1 VOB/A, dass bei Offenem Verfahren/Öffentlicher Ausschreibung die Unterlagen an alle Bewerber abzugeben sind, die sich gewerbsmäßig mit der Ausführung der Leistungen der ausgeschriebenen Art befassen. Dabei liegt es im Wesen des Offenen Verfahrens/Öffentlichen Ausschreibung – im Gegensatz zum Nichtoffenen Verfahren/Beschränkten Ausschreibung und zum Verhandlungsverfahren – dass **gerade keine vorgezogene Eignungsprüfung in diesem Stadium stattfindet**, sondern diese erst als zweite Wertungsstufe nach Abgabe der Angebote bzw. in der ersten Wertungsstufe als fakultativer Ausschlussgrund stattfindet. Demgemäß ist ein Auftraggeber **auch nicht berechtigt, einem Unternehmen, das die Voraussetzungen des Abs. 2 Nr. 1 erfüllt, die Verdingungsunterlagen zu verweigern und damit faktisch eine Angebotsabgabe von vorn herein unmöglich zu machen** (1. VK Sachsen, B. v. 25. 6. 2003 – Az.: 1/SVK/051-03). 6130

70.7.4 Richtlinie des VHB 2008

Am Wettbewerb dürfen sich Bieter, die gewerbsmäßig Bauleistungen der geforderten Art ausführen, einzeln oder gemeinschaftlich beteiligen. Gewerbsmäßig befasst sich derjenige mit einer Leistung, der sich selbständig und nachhaltig am allgemeinen wirtschaftlichen Verkehr mit der Absicht beteiligt, einen Gewinn zu erzielen. Hat die Vergabestelle Anhaltspunkte dafür, dass die gewerberechtlichen Voraussetzungen nicht erfüllt sind, muss sie im Rahmen der Prüfung von Fachkunde, Leistungsfähigkeit und Zuverlässigkeit Aufklärung herbeiführen (Richtlinien zu 311–312 – Firmenlisten alle Verfahren – Ziffer 1.1). 6131

Bietergemeinschaften sind grundsätzlich unter den gleichen Bedingungen wie einzelne Bieter zum Wettbewerb zuzulassen bzw. zur Teilnahme aufzufordern. Bei allen Vergabeverfahren mit Ausnahme Öffentlicher Ausschreibungen/Offenen Verfahren sind Angebote von Bietergemeinschaften, die sich erst nach der Aufforderung zur Angebotsabgabe aus aufgeforderten Unternehmen gebildet haben, nicht zuzulassen (Richtlinien zu 311–312 – Firmenlisten alle Verfahren – Ziffer 1.2). 6132

70.8 Auswahl der Teilnehmer bei einer beschränkten Ausschreibung (§ 6 Abs. 2 Nr. 2 und 3)

70.8.1 Änderung in der VOB/A 2009

In § 6 Abs. 2 Nr. 2 ist die **Beschränkung** der VOB/A 2006 **auf bis zu 8 geeignete Bewerber weggefallen**. 6133

Weggefallen ist ebenfalls die Regelung, dass dann, wenn von den Bewerbern umfangreiche Vorarbeiten verlangt werden, die einen besonderen Aufwand erfordern, die Zahl der Bewerber möglichst eingeschränkt werden soll. 6134

70.8.2 Allgemeines

Bei Beschränkter Ausschreibung sollen mehrere, im Allgemeinen mindestens 3 geeignete Bewerber aufgefordert werden (Abs. 2 Nr. 2); bei Beschränkter Ausschreibung und Freihändiger Vergabe soll unter den Bewerbern möglichst gewechselt werden (Abs. 2 Nr. 3). 6135

Teil 3 VOB/A § 6   Vergabe- und Vertragsordnung für Bauleistungen Teil A

6136   Die VOB/A 2009 gibt dem öffentlichen Auftraggeber mit der Vorgabe lediglich einer Mindestzahl von aufzufordernden Bewerbern einen **größeren Ermessensspielraum hinsichtlich der Zahl der aufzufordernden Bewerber**; diese kann je nach Sachverhalt auch über der grundsätzlichen Begrenzung der VOB/A 2006 auf 8 Bewerber liegen.

6137   Grundsätzlich ist der Auftraggeber gehalten, **bei der Auswahl der Teilnehmer einer beschränkten Ausschreibung nach sachgerechten Gesichtspunkten vorzugehen und willkürliche Ungleichbehandlungen zu unterlassen** (Schleswig-Holsteinisches OLG, B. v. 4. 5. 2001 – Az.: 6 Verg 2/2001).

6138   **Trotz des Wegfalls der ausdrücklichen Regelung**, dass dann, wenn von den Bewerbern umfangreiche Vorarbeiten verlangt werden, die einen besonderen Aufwand erfordern, die Zahl der Bewerber möglichst eingeschränkt werden soll, tut der **Auftraggeber gut daran, die Anzahl der Bewerber in solchen Fällen aus allgemeinen Wirtschaftlichkeitsgründen heraus weiterhin zu limitieren.**

70.8.3 Richtlinie des VHB 2008

6139   Bei Beschränkten Ausschreibungen bzw. Nichtoffenen Verfahren ist eine **Liste der aufzufordernden Unternehmer zu erstellen. Die Liste ist vertraulich zu behandeln und darf nicht allgemein zugänglich gemacht werden.**

6140   Die **Festlegung der aufzufordernden Unternehmer erfolgt auf Leitungsebene oder einem von ihr Beauftragten** aus der Vergabestelle, indem der **vorgeschlagene Bewerberkreis durch Streichung und/oder Ergänzung verändert wird.** Wenn auf Änderungen verzichtet wird, ist das im Vergabevermerk zu begründen. **Freiberuflich Tätige dürfen die aufzufordernden Unternehmer nicht bestimmen.** Sie können der Vergabestelle lediglich Vorschläge unterbreiten (Richtlinien zu 111 – Vergabevermerk: Wahl der Vergabeart – Ziffer 6, 7).

70.9 Nachweis der Eignung (§ 6 Abs. 3 Nr. 1)

6141   Nach § 6 Abs. 3 Nr. 1 ist zum Nachweis ihrer Eignung die Fachkunde, Leistungsfähigkeit und Zuverlässigkeit der Bewerber oder Bieter zu prüfen. Diese **Formulierung** ist **missverständlich.** Im Rahmen des § 6 erfolgt noch keine Prüfung der Eignung; diese erfolgt erst im Rahmen des § 16. § 6 Abs. 3 befasst sich vielmehr mit den Angaben, die ein Bieter oder Bewerber dem öffentlichen Auftraggeber zum Nachweis seiner Eignung liefern muss.

70.10 Begriff und Inhalt der Eignung

6142   Vgl. dazu die Kommentierung zu → § 97 GWB Rdn. 543 ff.

70.11 Möglichkeiten der Feststellung der Eignung (§ 6 Abs. 3 Nr. 2)

6143   **§ 6 Abs. 3 Nr. 2 VOB/A 2009 gibt den Auftraggebern zwei gleichrangige Möglichkeiten**, Eignungsnachweise zu verlangen, nämlich einmal den Bezug auf die Eintragung in das Präqualifikationsverzeichnis und zum andern durch Einzelnachweise.

70.11.1 Bisherige Rechtsprechung

6144   Die **bisherige Rechtsprechung** zu den Möglichkeiten des Auftraggebers, die Eignung der Bieter festzustellen, **kann daher für den Bereich der VOB/A weiter verwendet** werden.

6145   Bei der Eignungsprüfung steht es öffentlichen Auftraggebern **grundsätzlich frei, auf welche Art und Weise** sie sich Kenntnis über die Eignung der Bieter verschaffen (OLG Frankfurt, B. v. 24. 2. 2009 – Az.: 11 Verg 19/08; VK Baden-Württemberg, B. v. 14. 1. 2005 – Az.: 1 VK 87/04). Allerdings müssen die geforderten Unterlagen als Nachweis geeignet sein und bereits in den Ausschreibungsbedingungen bekannt gemacht werden (1. VK Bund, B. v. 22. 7. 2002 – Az.: VK 1–59/02).

6146   Es ist auch **nicht Aufgabe der Vergabekammern und -senate, die Verfahrensweise** des Auftraggebers hinsichtlich der **Bestimmung von Eignungskriterien und der Forderung von Eignungsnachweisen auf Zweckmäßigkeit zu untersuchen** (OLG Koblenz, B. v. 4. 7. 2007 – Az.: 1 Verg 3/07).

70.11.2 Terminologie

Die §§ 6 und 6a VOB/A, in denen insbesondere auch die Vorlage von Eignungsnachweisen geregelt ist, **benutzen den Begriff des Nachweises durchgängig als Oberbegriff und subsumieren hierunter verschiedene Formen der Nachweisführung**. So kann der Eignungsnachweis gemäß §§ 6 und 6a VOB/A zum Beispiel **durch Angaben des Bieters** (§ 6 Abs. 3 Nr. 2 Abs. 1 lit. a bis d VOB/A), **Bescheinigungen zuständiger Stellen** (§ 6 Abs. 3 Nr. 2 Satz 4 VOB/A), **direkte Abrufe des Auftraggebers im Präqualifikationsverzeichnis** (§ 6 Abs. 3 Nr. 2 Satz 2 VOB/A) sowie **durch Eigenerklärungen des Bieters** (§ 6a Abs. 1 Nr. 2 VOB/A) geführt werden. Aufgrund dieser klaren Terminologie der VOB/A darf ein mit öffentlichen Vergaben vertrauter Bieter nicht annehmen, dass unter den in der Auftragsbekanntmachung geforderten Erklärungen etwas anderes zu verstehen sei als unter „in der Bekanntmachung geforderten Nachweise" (1. VK Bund, B. v. 21. 5. 2007 – Az.: VK 1–32/07). 6147

Der **Begriff „Nachweis" stellt ein Synonym für die Begriffe „Beweis" und „Beleg" dar**. Der Nachweis als das Ergebnis einer Beweisführung kann mit unterschiedlichen Mitteln oder Belegen geführt werden. Der **Begriff Nachweis stellt einen Oberbegriff dar. Er erfasst sämtlich Arten von Belegen und Beweismitteln** (notarielle Urkunden, amtliche Bescheinigungen, Eigen- und Fremderklärungen, Vertragsurkunden). Die VOB/A und die VOL/A lassen zum „Nachweis" der wirtschaftlichen Leistungsfähigkeit des Bieters neben Fremderklärungen (Bankauskünfte, Bankerklärungen, Nachweis einer Berufshaftpflichtversicherung, Bilanzen und Bilanzauszügen) auch Eigenerklärungen über den Gesamtumsatz des Unternehmens sowie den Umsatz bezüglich der besonderen Leistungsart genügen. Entsprechendes gilt auch für den Nachweis der fachlichen und technischen Leistungsfähigkeit. Für den Nachweis der Zuverlässigkeit eines Unternehmens gilt nichts anderes (OLG Düsseldorf, B. v. 4. 6. 2008 – Az.: VII-Verg 21/08). 6148

Der **Begriff der „Bescheinigung" umfasst ausschließlich Fremderklärungen, nicht aber Eigenerklärungen**. Dies ergibt sich sowohl aus dem allgemeinen Sprachgebrauch als auch aus der in den Vergabeordnungen verwandten Begrifflichkeit. So legt § 7 EG Abs. 7, 2. Spiegelstrich, Satz 2 VOL/A fest, dass der Auftraggeber, wenn er einen Nachweis nach § 6 EG Abs. 6 VOL/A fordert, eine Bescheinigung der zuständigen Behörde zu akzeptieren hat. Sofern eine solche nicht ausgestellt wird, kann sie gemäß Satz 3 der Vorschrift durch eine eidesstattliche Erklärung des Unternehmens ersetzt werden. Hierin **kommt eine klare Unterscheidung zwischen von Dritten auszustellenden Bescheinigungen einerseits und Eigenerklärungen des Bieters andererseits** zum Ausdruck. **Für einen verständigen Bieter kann daher kein Zweifel daran bestehen, dass eine Eigenerklärung dem Nachweiserfordernis nicht genügt**. Der Umstand, dass die Bekanntmachung und die Verdingungsunterlagen gegebenenfalls nur von einer „Bescheinigung" sprechen, ohne „der zuständigen Behörde" hinzuzusetzen, begründet keine Unklarheiten. **Dass nur eine Bescheinigung einer zuständigen Stelle geeignet ist, den Nachweis über die Erfüllung der Verpflichtungen zu erbringen, bedarf keines besonderen Hinweises, sondern versteht sich von selbst** (2. VK Bund, B. v. 12. 10. 2009 – Az.: VK 2–177/09). 6149

70.11.3 Eintragung in das Präqualifikationsverzeichnis (§ 6 Abs. 3 Nr. 2 Satz 1)

70.11.3.1 Änderung in der VOB/A 2009

Durch **Umkehrung der Reihenfolge der Regelungen über die Möglichkeiten des Nachweises der Eignung** wird die Bedeutung des Präqualifikationsverfahrens beim Nachweis der Eignung betont und gestärkt. Dies kommt u. a. auch dadurch zum Ausdruck, dass die zum Nachweis der Eignung vorzulegenden Erklärungen, deckungsgleich sind mit denen, die im Rahmen des Präqualifikationsverfahrens vorzulegen sind. 6150

70.11.3.2 Gesetzliche Basis

Mit dem Vergaberechtsmodernisierungsgesetz 2009 wurde **§ 97 Abs. 4a in das GWB aufgenommen**. Danach können Auftraggeber Präqualifikationssysteme einrichten oder zulassen, mit denen die Eignung von Unternehmen nachgewiesen werden kann. 6151

70.11.3.3 Präqualifikationsverzeichnis

70.11.3.3.1 Historie. Im September 2003 hat die Unternehmensberatung BearingPoint GmbH im **Auftrag des Bundesministeriums für Wirtschaft und Technologie** die Ergeb- 6152

Teil 3 VOB/A § 6   Vergabe- und Vertragsordnung für Bauleistungen Teil A

nisse eines Gutachtens zur Frage: „Können Präqualifikationsverfahren (PQV) einen Beitrag zum Bürokratieabbau leisten, und wie sollte ein Verfahren gestaltet werden, um dies effizient zu erreichen?" vorgestellt.

6153 Öffentliche Aufträge dürfen nach den geltenden Vergabevorschriften nur an geeignete, d. h. „fachkundige, zuverlässige und leistungsfähige" Unternehmen vergeben werden. Die **Eignung ist bei jedem öffentlichen Auftrag durch umfangreiche Nachweise zu belegen**. Dies führt sowohl bei Unternehmen, die sich um einen öffentlichen Auftrag bewerben, als auch bei den Behörden zu enormem bürokratischen Aufwand. Hier könnten Präqualifikationsverfahren abhelfen: Unternehmer weisen ihre Eignung periodisch etwa gegenüber einer Agentur oder einer Behörde nach, und „präqualifizieren" sich dadurch für bestimmte Produkt- oder Gewerbekategorien. Auftraggeber können dann im einzelnen Vergabeverfahren bei präqualifizierten Unternehmen weitgehend auf eigene Eignungsprüfungen verzichten.

6154 Bearing Point hat dazu mehrere **bestehende PQV** (u. a. in Belgien, Großbritannien, Frankreich und Österreich) **untersucht** und kam zu dem Ergebnis, dass **durch ein Präqualifikationsverfahren auf Seiten der Unternehmen Kosten in Höhe von etwa 2% des Gesamtauftragsvolumens eingespart werden könnten**. Bei einem Bau-Vergabevolumen von ca. 30 Milliarden € (im Jahr 2001) wären das insgesamt rund 600 Mio. €. Die prozentuale Einsparung sei für kleinere Unternehmen eher noch höher.

6155 **70.11.3.3.2 Formale Umsetzung.** Ein privatrechtlich organisierter „Verein für die Präqualifikation von Bauunternehmen" – unter dem Vorsitz des Bundesministeriums für Verkehr, Bau und Stadtentwicklung – führt auf der Grundlage von durch Präqualifizierungsstellen zur Verfügung gestellten Daten eine bundesweit einheitliche Liste von präqualifizierten Bauunternehmen (der **Liefer- und Dienstleistungsbereich hat ein eigenes Verfahren zur Präqualifizierung**). Die Eintragungen in die Liste können auf der Internet-Seite des Vereins **www.pq-verein.de** unter der Registriernummer des Unternehmens nachgesehen werden.

6156 Für die Einsicht in die konkreten Nachweise erhalten **Vergabestellen der öffentlichen Auftraggeber auf Anforderung per Email unter: info@pq-vob-verein.de vom Verein ein Passwort**. Näheres zu den Bedingungen enthält die Homepage des Vereins. Mit dem durch den Verein erteilten Passwort werden die Detailansichten der Eignungsnachweise für die jeweiligen Leistungsbereiche zugänglich und können auch herunter geladen werden (ggf. für die Vergabeakten).

6157 **70.11.3.3.3 Materieller Inhalt.** Unter Präqualifikation ist eine der Auftragsvergabe **vorgelagerte, auftragsunabhängige Prüfung der Eignungsnachweise auf der Basis der in § 6 VOB/A definierten Anforderungen und gegebenenfalls zusätzlicher Kriterien zu verstehen** (1. VK Sachsen, B. v. 19. 5. 2010 – Az.: 1/SVK/011-10).

6158 **Aus der Präqualifikation** ergibt sich die **Erfüllung der in § 6 Abs. 3 Nr. 2 lit. a) bis i) genannten Anforderungen sowie weitere Eignungsnachweise**.

6159 Die **zeitliche Gültigkeit der Nachweise** ergibt sich aus dem aktuellen Internetauszug und beträgt maximal ein Jahr.

6160 Von der Präqualifikation unbenommen bleibt die **Berücksichtigung aktuellerer Erkenntnisse** der Vergabestellen mit dem betreffenden Unternehmen.

6161 **70.11.3.3.4 Rechtsprechung. 70.11.3.3.4.1 Verbindlichkeit für den Auftraggeber.** Der mit der VOB/A implementierte § 6 Abs. 3 VOB/A, der Eignungsnachweise mittels Eintragung in das PQ-Verzeichnis zulässt, sieht nach seinem Wortlaut vor, dass **alle öffentlichen Auftraggeber, die zur Anwendung der VOB/A verpflichtet sind, den Eintrag in die Liste der Vereins für die Präqualifikation von Bauunternehmen (PQ-Verzeichnis) als Eignungsnachweise verbindlich anerkennen**. Daher haben lediglich die Bewerber die Option, zwischen der aufwändigeren Eignungsprüfung per Einzelnachweis oder dem einfacheren Nachweis durch Präqualifikation wählen zu können. Ein Wahlrecht auf Seiten der Auftraggeber besteht nicht. Daher setzt der Hinweis des Bewerbers auf seine durch PQ nachgewiesene Eignung keineswegs das Einverständnis des Auftraggebers voraus. Vielmehr verstößt der Auftraggeber, der weiterhin Eignungsnachweise per Einzelnachweis fordert, gegen § 6 Abs. 3 Nr. 2 VOB/A und muss die Folgen dieses fehlerhaften Verhaltens tragen (1. VK Sachsen, B. v. 19. 5. 2010 – Az.: 1/SVK/011-10).

6162 **70.11.3.3.4.2 Sonstiges.** Zur **Ersetzung von Referenzen durch einen Präqualifikationsnachweis** vgl. die Kommentierung zu → § 97 GWB Rdn. 724.

Eine **Präqualifikationsurkunde belegt nur die Eignung bezogen auf die präqualifi- 6163 zierten Leistungsbereiche** (2. VK Bund, B. v. 30. 11. 2009 – Az.: VK 2–195/09).

70.11.3.3.4.3 Aktualität. Das Präqualifizierungsverfahren dient der Entbürokratisierung und 6164 Vereinfachung des Vergabeverfahrens und soll dem Bieter die zeit- und kostenaufwändige Mühe ersparen, für jede neue Ausschreibung um die er sich bewirbt erneut die geforderten Eignungsunterlagen zusammenzustellen. Dieses dem Grunde nach **begrüßenswerte System der Präqualifikation würde ad absurdum geführt, wenn Nachweislücken, die sich lediglich aufgrund der noch nicht durch die Präqualifizierungsstelle erfolgten jährlichen Aktualisierungen ergeben, zu Lasten eines Bieters gingen**. Denn dann wäre dieser wiederum vor jeder neuen Ausschreibung gehalten, zu überprüfen, ob die hinterlegten Dokumente noch dem aktuellen Anforderungsniveau entsprechen. **Etwas anderes gilt generell für den Fall, dass der Auftraggeber gesonderte, auftragsbezogene Eignungsnachweise fordert, die nicht in dem PQ-System hinterlegt sind.** Hier ist und bleibt es Sache des Bieters darauf zu achten, dass er diese zusätzlichen Nachweise fristgerecht und anforderungsgemäß erbringt, da anderenfalls das Angebot vom Ausschluss bedroht ist (1. VK Sachsen, B. v. 19. 5. 2010 – Az.: 1/SVK/011-10).

Die **Präqualifikation wird zu einem gewissen Stichtag erteilt**. Selbst wenn in diesem 6165 Präqualifikationsverfahren die Referenzen geprüft worden sein sollten, würden diejenigen vergleichbaren Aufträge, die nach dessen Abschluss vom jeweiligen Bieter zusätzlich übernommen oder erledigt worden wären, von der Präqualifikationsurkunde nicht erfasst. Es ergibt sich also eine **zeitliche Lücke ab dem in der Urkunde genannten Stichtag** (2. VK Bund, B. v. 30. 11. 2009 – Az.: VK 2–195/09).

70.11.3.3.5 Literatur 6166

– Braun, Peter/Petersen, Zsofia, Präqualifikation und Prüfungssysteme, VergabeR 2010, 433

– Kossens, Michael, Präqualifizierung in der Bauwirtschaft – Haftungsbefreiung für Generalunternehmer, NZBau 2009, 419

– Maier, Frank/Tetzlaff, Thilo, Modifizierung der Generalunternehmerhaftung nach § 28e SGB IV – Beauftragung von präqualifizierten Nachunternehmern und das Präqualifizierungsverfahren nach VOB/A 2009, NZBau 2010, 283

– Welter, Ulrich, Präqualifikation auf dem Vormarsch – Zwischen PQ-Verein und Datenbanken; Begriffe – Missverständnisse – Risiken, VergabeR 2008, 904

– Werner, Michael, Einführung eines nationalen Präqualifizierungssystems am deutschen Baumarkt, NZBau 2006, 12

70.11.3.4 Durch die Präqualifikation abgedeckte Angaben

70.11.3.4.1 Umsatz des Unternehmens in den letzten 3 abgeschlossenen Geschäfts- 6167 **jahren (§ 6 Abs. 3 Nr. 2 lit. a). 70.11.3.4.1.1 Zulässiger Eignungsnachweis.** Die **Mitteilung von Umsatzzahlen bezogen auf die besondere Leistungsart** ist ein zum Nachweis der finanziellen und wirtschaftlichen Leistungsfähigkeit **geeigneter Nachweis** (OLG Brandenburg, B. v. 9. 2. 2010 – Az.: Verg W 10/09; B. v. 9. 2. 2010 – Az.: Verg W 9/09).

70.11.3.4.1.2 Ausschluss von Newcomern. Zur mit einer entsprechenden Forderung 6168 verbundenen **Problematik des Ausschlusses von Newcomern** vgl. die Kommentierung zu → § 97 GWB Rdn. 772 ff.

70.11.3.4.1.3 Inhalt der Forderung nach Angaben zum Umsatz in den letzten drei 6169 **abgeschlossenen Geschäftsjahren, soweit dieser Bauleistungen oder andere Leistungen betrifft, die mit der zu vergebenden Leistung vergleichbar sind. Erforderlich ist danach die Angabe des gesamten mit vergleichbaren Leistungen erzielten Umsatzes in dem betreffenden Zeitraum.** Dies **ergibt sich aus dem Wortlaut**. Die Angabe des gesamten Umsatzes und nicht nur eines Teils desselben ist **auch nach dem Sinn und Zweck der Anforderung erforderlich:** Der Auftraggeber will in die Lage versetzt werden, die wirtschaftliche und finanzielle Leistungsfähigkeit der Unternehmen beurteilen zu können, die sich mit einem Angebot am Wettbewerb um einen wirtschaftlich bedeutenden Bauauftrag beteiligen. Die Beurteilung der wirtschaftlichen und finanziellen Leistungsfähigkeit der jeweiligen Unternehmen erfordert aber aus Sicht des Auftraggebers offensichtlich nicht nur die Angabe ausgewählter Projekte und der mit diesen erzielten Umsätze, sondern der gesamten mit vergleichbaren Projekten erzielten Umsätze innerhalb des angegebenen Zeitraums. **Ansonsten** kann der Auftraggeber **ggf. nur die Angabe einiger Referenzprojekte mit entsprechenden Umsätzen,**

nicht aber „seinen Umsatz in den letzten drei abgeschlossenen Geschäftsjahren" fordern (3. VK Bund, B. v. 6. 7. 2006 – Az.: VK 3–54/06).

6170 Fordert der Auftraggeber in der Bekanntmachung und in der Angebotsaufforderung von den Bietern Angaben gemäß § 6 Abs. 3 Nr. 2 lit. a) VOB/A zum „Umsatz des Unternehmers in den letzten drei abgeschlossenen Geschäftsjahren, soweit er Bauleistungen und andere Leistungen betrifft, die mit der zu vergebenden Leistung vergleichbar sind …" und gibt der **Bieter die „Betriebsleistung" einer Firmengruppe, zu der der Bieter gehört, für drei Jahre an, genügt dies schon deshalb nicht, weil er keine Angaben über seine eigene Leistungsfähigkeit**, sondern über den Umsatz und die Anzahl der Mitarbeiter der Firmengruppe macht, die neben dem Bieter weitere Unternehmen an mehreren Standorten umfasst. Außerdem ist fraglich, ob die Betriebsleistung identisch mit dem vergleichbaren Umsatz ist (3. VK Bund, B. v. 26. 6. 2008 – Az.: VK 3–71/08).

6171 Die Eignung ist in Bezug auf den konkreten Bieter zu prüfen, der öffentliche Auftraggeber gibt hierbei eine Prognose ab, ob vom künftigen Auftragnehmer eine vertragsgemäße Ausführung der Leistung erwartet werden kann. Eine solche **Prüfung ist jedoch nicht möglich, wenn eine selbstständige juristische Person Umsatzangaben für eine andere Person macht**. Zwar kann ein Bieter zum Nachweis seiner Eignung grundsätzlich auch auf die Fähigkeiten verbundener Unternehmen verweisen. Dies muss der Bieter **dem Auftraggeber gegenüber zumindest offen legen** (3. VK Bund, B. v. 17. 12. 2008 – Az.: VK 3–167/08).

6172 Verlangt der Auftraggeber nach § 6 Abs. 3 Nr. 2 Buchstabe a) Angaben über den Umsatz des Unternehmens **in den letzten drei abgeschlossenen Geschäftsjahren**, soweit diese Bauleistungen und andere Leistungen betrifft, die mit der zu vergebenden Leistung vergleichbar sind und **liegen die Leistungen außerhalb des geforderten Zeitraums der letzten 3 abgeschlossenen Geschäftsjahre**, weil sie entweder älteren Datums sind oder es sich hierbei um solche Leistungen handelt, die selbst erst z.B. in 2009 abgeschlossen wurden oder bis heute nicht abgeschlossen und damit noch nicht beendet sind und handelt es sich bei Referenzen tatsächlich um keine eigenen Leistungen, sondern betreffen sie vielmehr die Leistungen Dritter, wird die **Eignungsforderung nicht erfüllt** (VK Thüringen, B. v. 24. 6. 2009 – Az.: 250–4002.20–3114/2009-005-SOK).

6173 Fordert der Auftraggeber eine „**Erklärung über den Umsatz …, bezogen auf die letzten 3 Geschäftsjahre**", ergibt sich aus diesem Wortlaut nicht, dass die Umsatzangaben sich auf die jeweiligen Geschäftsjahre beziehen und auf diese aufgeteilt werden sollen. Ein verständiger Bieter darf diese Forderung zumindest auch auf den Gesamtzeitraum der letzten drei Geschäftsjahre beziehen (OLG Düsseldorf, B. v. 31. 10. 2007 – Az.: VII – Verg 24/07).

6174 Fordert der Auftraggeber eine „**Erklärung über den Umsatz …, bezogen auf die letzten 3 Geschäftsjahre**", sind **solche Erklärungen nicht unvollständig, die innerhalb der drei Jahre nur einen geringeren als den vollen Jahreszeitraum umfassen** (z.B. November 200X bis Dezember 200X), weil ein Bieter z.B. seine Geschäftstätigkeit nicht unmittelbar zu Beginn eines Jahres aufgenommen hat. **Art. 47 Abs. 1 c) der Richtlinie 2004/18/EG** bestimmt für die Angabe der Gesamtumsätze insoweit ergänzend, dass die Angaben entsprechend dem Gründungsdatum oder aber dem Datum der Tätigkeitsaufnahme des Wirtschaftsteilnehmers gemacht werden sollen, sofern diese verfügbar sind. Die Richtlinienvorschrift ist so zu verstehen, dass sich die Umsatzangaben eines neu auf dem Markt auftretenden Unternehmens jedenfalls dann, wenn der öffentliche Auftraggeber nicht klar und eindeutig vorgibt, dass nur Wirtschaftsteilnehmer (Unternehmen) zu einer Angebotsabgabe zugelassen sein sollen, welche die geforderten Umsatzangaben für die jeweils genannten vollen Geschäftsjahre machen können, **auf den Zeitraum des tatsächlichen Tätigseins auf dem betreffenden Markt beschränken** können. Die Regelungen der VOB/A und der VOL/A sind richtlinienkonform dahin auszulegen (OLG Düsseldorf, B. v. 31. 10. 2007 – Az.: VII – Verg 24/07; 2. VK Bund, B. v. 30. 10. 2009 – Az.: VK 2–180/09).

6175 70.11.3.4.1.4 Einschluss des Anteils bei gemeinsam mit anderen Unternehmen ausgeführten Aufträgen. Bei dem **Kriterium „Gesamtumsatz der letzten drei Jahre" ist es nicht zulässig, in die entsprechende Berechnung auch die Umsätze von Nachunternehmern einzubeziehen**. Die Berücksichtigung der Daten von Nachunternehmern für die Beurteilung der finanziellen und wirtschaftlichen Leistungsfähigkeit eines Bewerbers z.B. im Sinn von § 12 VOF ist nicht sachgerecht: Im Haftungsfall kann der Auftraggeber nur auf seinen Vertragspartner und dessen eigene Haftungsmasse zurückgreifen. Vertragspartner ist jedoch nur der Einzelbieter selbst bzw. sämtliche Mitglieder einer Bietergemeinschaft, nicht jedoch hierüber hinaus etwaige Nachunternehmer (3. VK Bund, B. v. 13. 9. 2005 – Az.: VK 3–82/05).

Es ist auch nicht zulässig, hinsichtlich der Umsatzangaben einer rechtlich selbständigen Zweigniederlassung auf Angaben zur Hauptniederlassung zu verweisen (1. VK Sachsen-Anhalt, B. v. 31. 7. 2008 – Az.: 1 VK LVwA 04/08). 6176

70.11.3.4.1.5 Begriff der Vergleichbarkeit. Vgl. dazu die Kommentierung zu → § 97 GWB Rdn. 692 ff. 6177

70.11.3.4.1.6 Vorgabe eines bestimmten Jahresumsatzes. Anerkannt ist, dass eine Vergabestelle zur Frage der Leistungsfähigkeit Umsätze der Bieter abfragen darf. Wenn sie **aus den benannten Umsätzen Ausschlussgründe konstruiert, so bedürfen diese einer sachlichen Rechtfertigung**, um nicht einzelne Bieter zu diskriminieren (2. VK Bund, B. v. 16. 12. 2004 – Az.: VK 2–205/04; 2. VK Sachsen-Anhalt, B. v. 10. 6. 2009 – Az.: VK 2 LVwA LSA – 13/09). 6178

Der **Auftraggeber ist auch grundsätzlich nicht daran gehindert, als Nachweis der wirtschaftlichen und finanziellen Leistungsfähigkeit einen Mindestumsatz von den Bewerbern zu fordern.** Diese **Entscheidung liegt in seinem Ermessen.** In z. B. § 6 a VOB/A sind die zu fordernden Eignungsnachweise in finanzieller und wirtschaftlicher Hinsicht nicht abschließend benannt. Die Auftraggeber haben die Möglichkeit, noch weitere Nachweise zu fordern, soweit dies sachgerecht ist. Die Angabe eines Mindestumsatzes lässt erkennen, dass das Unternehmen eine bestimmte Größe aufweist. Der Auftraggeber hat grundsätzlich die Möglichkeit, kleinen Unternehmen den Zugang zum Wettbewerb zu verwehren, wenn er einschätzt, dass diese nicht gewährleisten können, die Leistung ordnungsgemäß zu erbringen. Allerdings **überschreitet der Auftraggeber sein Ermessen, wenn er einen Mindestumsatz fordert, der in keinem angemessenen Verhältnis zur Leistung steht** (2. VK Sachsen-Anhalt, B. v. 10. 6. 2009 – Az.: VK 2 LVwA LSA – 13/09). 6179

Das Erfordernis eines bestimmten Jahresumsatzes (Mindestumsatzes) in den letzten drei Jahren kann sehr hoch erscheinen insbesondere angesichts der Marktstruktur auf einem relevanten Markt. Zumal für den Fall einer weiteren Losunterteilung erscheint es weder als gerechtfertigt noch als erforderlich, um die Leistungsfähigkeit des Auftragnehmers sicher zu stellen. Der **Wettbewerbsgrundsatz – § 97 Abs. 1 GWB – gebietet, den Kreis der Bieter nicht durch überzogen hohe Anforderungen an deren Leistungsfähigkeit über Gebühr einzuschränken** (1. VK Bund, B. v. 21. 9. 2001 – Az.: VK 1–33/01). 6180

Das **Ermessen des Auftraggebers rechtfertigt es nicht, einen vielfach höheren Mindestumsatz (z. B. das 18-fache des geschätzten jährlichen Leistungsumfanges) von den Bewerbern zu verlangen.** Hierdurch wird der Wettbewerb in unzulässiger Weise verengt. Es muss gewährleistet werden, dass Unternehmen, die die Leistung in tatsächlicher Hinsicht erbringen können, nicht vom Vergabeverfahren ausgeschlossen werden. Es ist dabei dem Auftraggeber auch möglich, einen höheren Mindestumsatz als den jährlich geschätzten Auftragswert zu fordern. Dabei ist jedoch ein Missverhältnis nicht vertretbar (2. VK Sachsen-Anhalt, B. v. 10. 6. 2009 – Az.: VK 2 LVwA LSA – 13/09). 6181

70.11.3.4.1.7 Forderung nach Angabe von Auftragswerten. Fordert der Auftraggeber eine **Liste von Referenzen mit Angabe u. a. des Auftragswertes**, so kann das Wort „Auftragswert" auch als **Aussage über tatsächlich erbrachte Leistungen** im Rahmen der als Referenzen angegebenen Aufträge verstanden werden. Es ist **keinesfalls zwingend, die Formulierung „Auftragswerte" nur in der Form von Umsatzzahlen und mithin als Geldbeträge zu verstehen** (VK Münster, B. v. 28. 6. 2007 – Az.: VK 10/07). 6182

70.11.3.4.2 Zahl der in den letzten 3 abgeschlossenen Geschäftsjahren jahresdurchschnittlich beschäftigten Arbeitskräfte, gegliedert nach Lohngruppen (§ 6 Abs. 3 Nr. 2 lit. c). 70.11.3.4.2.1 Änderung in der VOB/A 2009. § 6 Abs. 3 Nr. 2 lit. c) stellt **nicht mehr auf Berufsgruppen, sondern auf Lohngruppen und gesondert ausgewiesenem technischen Leitungspersonal** ab. Dies ist auch **sachgerecht**, da gerade das technische Leitungspersonal über die Qualität einer Leistung entscheidet. Der **Auftraggeber kann selbstverständlich die Arbeitskräfte auch anders gegliedert abfragen.** 6183

70.11.3.4.2.2 Rechtsprechung. Fragt ein Auftraggeber nach **Berufsgruppen** ab und gibt der Bieter eine bestimmte Anzahl an Personen für die **Berufsgruppe der Baufacharbeiter/Werker** an, **gehören zu dieser Berufsgruppe auch die Bewehrer.** Eine gesonderte Angabe der Bewehrer ist nicht erforderlich (2. VK Bund, B. v. 26. 5. 2008 – Az.: VK 2–49/08). 6184

Fordert der Auftraggeber in der Bekanntmachung und in der Angebotsaufforderung von den Bietern die **Angabe der „Zahl der in den letzten drei abgeschlossenen Geschäftsjahren jahresdurchschnittlich beschäftigten Arbeitskräfte, gegliedert nach Berufsgruppen"** und gibt der Bieter die Anzahl der Mitarbeiter der Firmengruppe, zu der der Bieter gehört, ge- 6185 gliedert nach Berufsgruppen, für 2007 an, genügt dies schon deshalb nicht, weil er keine **Angaben über seine eigene Mitarbeiteranzahl, sondern über die Anzahl der Mitarbeiter der Firmengruppe** macht, die neben dem Bieter weitere Unternehmen an mehreren Standorten umfasst. Die Angaben sind auch deshalb unvollständig, weil **im Gegensatz zur Forderung des Auftraggebers nur ein Jahr dargestellt** wird (3. VK Bund, B. v. 26. 6. 2008 – Az.: VK 3–71/08).

6186 Eine **geforderte Aufgliederung** der im Falle einer Zuschlagserteilung zum Einsatz kommenden Arbeitskräfte **kann durch eine bloße Unterscheidung zwischen Angestellten und Facharbeitern nicht erfüllt** werden. Dies entspricht nicht dem für alle Bieter erkennbaren Informationsinteresse der Auftraggeberseite im Hinblick auf die fachliche Qualität der vorhandenen Arbeitskräfte (1. VK Sachsen-Anhalt, B. v. 31. 7. 2008 – Az.: 1 VK LVwA 04/08).

6187 Der Auftraggeber hat die Möglichkeit, eine Erklärung über die Benennung der einzusetzenden Führungskräfte auf der Baustelle zu fordern. Dass **Führungskräfte auf der Baustelle erforderlich sind, ist unstrittig**, der Bieter kann die Baustelle nicht ohne diese betreiben, schon im Eigeninteresse nicht. Da die **Führungskräfte zwingend erforderlich** sind, besteht für den Bieter **keine Wahlmöglichkeit hinsichtlich Einsatz oder Nichteinsatz** (VK Thüringen, B. v. 29. 8. 2002 – Az.: 216–4002.20–036/02-J-S).

6188 70.11.3.4.3 Eintragung in das Berufsregister (§ 6 Abs. 3 Nr. 2 lit. d). 70.11.3.4.3.1 **Allgemeines.** Gemäß § 16 Abs. 2 VOB/A sind bei der Auswahl der Angebote für den Zuschlag nur solche Bieter zu berücksichtigen, die für die Erfüllung der vertraglichen Verpflichtungen die notwendigen Sicherheiten bieten, wozu u. a. der Nachweis über die erforderliche Leistungsfähigkeit und Zuverlässigkeit gehört. Hieran **kann es fehlen, wenn die ausgeschriebenen Leistungen von einem Bieter nicht ausgeführt werden dürfen, weil sie ein Handwerk betreffen, für das der Bieter nicht in die Handwerksrolle eingetragen ist**. Denn dann kann der Bieter die Ausführungen der Leistungen nicht sicherstellen, weil die **Gefahr besteht**, dass er **von Wettbewerbern auf Unterlassung in Anspruch genommen** wird (§ 1 UWG, § 1 Handwerksordnung) oder dass die **zuständige Behörde ihm die Betriebsfortsetzung von Amts wegen oder auf Antrag untersagt** (OLG Celle, Urteil vom 27. 12. 2001 – Az.: 13 U 126/01).

6189 Bauleistungen dürfen also nur von Unternehmen ausgeführt werden, die hierzu nach den gewerberechtlichen Bestimmungen berechtigt sind. Unternehmen müssen somit die zwingende Voraussetzung erfüllen, dass sie nachweislich „gewerbsmäßig" Bauleistungen ausführen, das heißt sich mit Bauleistungen im Sinne der VOB/A (§ 1) und im Sinne einer gewerbsmäßigen Betätigung befassen. Es **besteht zwar grundsätzlich Gewerbefreiheit, diese ist jedoch durch öffentlich-rechtliche Bestimmungen wie die Gewerbeordnung und die Handwerksordnung eingeschränkt**. Im Baubereich darf nur derjenige Unternehmer tätig werden, der bezüglich der auszuführenden Leistungen entweder in der Handwerksrolle eingetragen ist oder der Industrie- und Handelskammer angehört (VK Halle, B. v. 30. 4. 2001 – Az.: VK Hal 06/00).

6190 Bei dem Nachweis der Eintragung in ein Berufsregister handelt es sich um eine formelle Eignungskriterium, dessen **Zweck** darin besteht, eine **verlässliche Auskunft über die Existenz und sonstige wichtige Rechtsverhältnisse des Unternehmens** zu erhalten (OLG Düsseldorf, B. v. 16. 1. 2006 – Az.: VII – Verg 92/05; B. v. 9. 6. 2004 – Az.: VII – Verg 11/04). Für den Nachweis der Eintragung der Bewerber in das Handelsregister am Sitz ihrer Gesellschaft besteht beispielsweise ein **Informationsbedürfnis der Vergabestelle, wenn es in der Vergangenheit wiederholt zu Umstrukturierungen, Neugründungen und Insolvenzen bei den auf dem Markt befindlichen Bewerbern gekommen** ist (OLG Düsseldorf, B. v. 16. 1. 2006 – Az.: VII – Verg 92/05). Durch den Handelsregisterauszug **informiert sich der Auftraggeber verlässlich über die rechtliche Existenz eines Unternehmens soweit über sonstige wichtige Rechtsverhältnisse des Unternehmens bzw. deren Änderung** (wie z. B. die Eigentümerverhältnisse, den Eintritt von Insolvenz u. a.). Der Auftraggeber **darf** zur Erhöhung der Glaubwürdigkeit des von dem Bieter vorzulegenden Dokuments **auch die Beglaubigung des Handelsregisterauszuges verlangen**. Eine solche Forderung ist **nicht ungewöhnlich und ohne großen Aufwand zu erfüllen** (2. VK Bund, B. v. 13. 6. 2007 – Az.: VK 2–51/07; 1. VK Bund, B. v. 4. 4. 2007 – Az.: VK 1–23/07).

6191 Neben der Vorlage einer **Abschrift der Handelsregistereintragung** (vgl. § 9 Abs. 2 HGB) oder einer **Bestätigung** (vgl. § 9 Abs. 3 HGB) der **Eintragung durch das registerführende Amtsgericht** genügt aus Sicht des verständigen Bewerbers auch ein gleichwertiger schriftlicher Nachweis – z. B. ein Ausdruck einer elektronischen Datei. Diesen herkömmlichen (schriftlichen)

Beweismitteln ist gemeinsam, dass es sich jeweils um Fremdbelege handelt. Auch die **Fotokopie des Ausdrucks einer vom zuständigen Amtsgericht erstellten pdf-Datei des Handelsregisterblattes ist zwar als Beweismittel grundsätzlich geeignet**, den Nachweis der Tatsache der Eintragung in das Handelsregister zu führen, da Aussteller (bzw. Urheber) der pdf-Datei das Amtsgericht ist. Der Nachweis der Eintragung setzt aber voraus, dass sich **aus der Fotokopie des Ausdrucks ergibt, dass der Bewerber unter seiner Firma im Handelsregister tatsächlich eingetragen** ist (OLG Düsseldorf, B. v. 16. 1. 2006 – Az.: VII – Verg 92/05).

Bei der **Handwerksrolle** im Sinne der §§ 6ff. Handwerksordnung (HwO) **handelt es sich um ein Berufsregister** gemäß § 6 Abs. 3 Nr. 2 lit. d) VOB/A (OLG Düsseldorf, B. v. 5. 7. 2006 – Az.: VII – Verg 21/06). 6192

70.11.3.4.3.2 Gebäudereinigerinnung. Nicht maßgebend sein kann, ob eine **Firma Mitglied der Gebäudereinigerinnung** ist. Maßgebend ist nur, dass die Firma die Tätigkeit gewerbsmäßig ausführt. Dieser Nachweis ist geführt, wenn die Firma im Handelsregister als Reinigungsbetrieb eingetragen ist. Abgesehen davon ist nicht nachvollziehbar, weshalb für die Reinigung von Außenflächen notwendig sein soll, der Gebäudereinigerinnung anzugehören (VK Baden-Württemberg, B. v. 31. 10. 2003 – Az.: 1 VK 63/03). 6193

70.11.3.4.3.3 Pflicht eines ausländischen Unternehmens zur Eintragung in die Handwerksrolle. In Bezug auf die Eintragung in die Handwerksrolle stellt es eine **Beschränkung im Sinne von Art. 49 EG (jetzt Art. 56 AEUV)** dar, wenn einem Unternehmen, das in einem Mitgliedstaat ansässig ist und in einem anderen Mitgliedstaat als Dienstleistender eine handwerkliche Tätigkeit ausüben möchte, die **Verpflichtung, sich in die Handwerksrolle des letztgenannten Mitgliedstaats eintragen zu lassen, auferlegt wird**. Eine Beschränkung der Dienstleistungsfreiheit kann zwar durch zwingende Gründe des Allgemeininteresses gerechtfertigt sein, etwa durch das Ziel, die Qualität der durchgeführten handwerklichen Arbeiten zu sichern und deren Abnehmer vor Schäden zu bewahren, doch muss die Anwendung der nationalen Regelungen eines Mitgliedstaats auf die in anderen Mitgliedstaaten niedergelassenen Dienstleistenden geeignet sein, die Verwirklichung des mit ihnen verfolgten Zieles zu gewährleisten, und darf nicht über das hinausgehen, was zur Erreichung dieses Zieles erforderlich ist. Folglich darf **das durch das Aufnahmeland eingerichtete Verfahren zur Erteilung der Erlaubnis die Ausübung des Rechts einer in einem anderen Mitgliedstaat ansässigen Person, ihre Dienstleistungen im Hoheitsgebiet des erstgenannten Staates zu erbringen, weder verzögern noch erschweren, nachdem die Voraussetzungen für die Aufnahme der betreffenden Tätigkeiten bereits geprüft worden sind und festgestellt** worden ist, dass diese Voraussetzungen erfüllt sind. Sind diese Voraussetzungen erfüllt, kann eine etwa erforderliche Eintragung in die Handwerksrolle des Aufnahmemitgliedstaats nur noch automatisch erfolgen, sie kann weder eine Voraussetzung für die Erbringung der Dienstleistung ein noch Verwaltungskosten für den betroffenen Leistenden verursachen, noch die obligatorische Zahlung von Beiträgen an die Handwerkskammern nach sich ziehen. 6194

Dies gilt **nicht nur für Leistende**, die die Absicht haben, **nur gelegentlich oder sogar nur ein einziges Mal** in einem Aufnahmemitgliedstaat Dienstleistungen zu erbringen, sondern **auch für Leistende, die wiederholt oder mehr oder weniger regelmäßig Dienstleistungen erbringen oder erbringen wollen** (EuGH, Urteil vom 11. 12. 2003 – Az.: C-215/01). 6195

70.11.3.4.3.4 Prüfungspflicht des Auftraggebers der Eintragung in die Handwerksrolle. Bauleistungen sind nur an fachkundige, leistungsfähige und zuverlässige Unternehmer zu vergeben. Hierzu gehört grundsätzlich auch, dass der Bieter überhaupt berechtigt ist, die angebotene Leistung auszuführen. Der **Auftraggeber ist folglich verpflichtet zu prüfen, ob derjenige, der einen geforderten Einbau vornimmt, für diese Tätigkeit in der Handwerksrolle eingetragen ist** (1. VK Sachsen, B. v. 9. 5. 2003 – Az.: 1/SVK/034-03; B. v. 4. 10. 2002 – Az.: 1/SVK/085-02). Ist ein Bieter **wegen seiner fehlenden Eintragung in der Handwerksrolle** zur Ausführung der ausgeschriebenen Handwerksleistungen nicht fähig, ist sein **Angebot wegen fehlender Eignung auszuschließen** (BayObLG, B. v. 24. 1. 2003 – Az.: Verg 30/02). 6196

Eine **Registrierung bei der Handwerkskammer** ist also – anders als die Registrierung bei der Industrie- und Handelskammer – eine **rechtliche Voraussetzung für die Ausübung einer Tätigkeit** (2. VK Brandenburg, B. v. 9. 8. 2005 – Az.: 2 VK 38/05). 6197

70.11.3.4.3.5 Abgrenzung des Berufsbildes des Straßenbauer-Handwerks von dem des Garten- und Landschaftsbaus. Gehören die **ausgeschriebenen Leistungen im We- 6198

Teil 3 VOB/A § 6   Vergabe- und Vertragsordnung für Bauleistungen Teil A

sentlichen zum **Straßenbauer-Handwerk** (Herstellung von Parkplätzen, Fahrbahnen und Gehwegen durch Pflasterarbeiten im Rahmen einer Innenhofgestaltung), ist **streitig, ob derartige Arbeiten von einem Garten- und Landschaftsbauunternehmen mit ausgeführt werden dürfen.** Nach der Rechtsprechung des Bundesverwaltungsgerichts ist ein Garten- und Landschaftsbauunternehmen schon dann zum Anlegen von Wegen und Plätzen berechtigt, wenn nur die herzustellende Anlage nach ihrem **Gesamtcharakter eine landschaftsgärtnerische Prägung** aufweist (Bundesverwaltungsgericht, Urteil vom 30. 3. 1993 – Az.: 1 C 26.91). Demgegenüber hält das OLG Köln für die Abgrenzung den **Schwerpunkt der Tätigkeit, den Eindruck, den die Gesamtfläche beim Betrachter hinterlässt, den Zweck, dem die Fläche dienen soll und auch das Verhältnis der der entstehenden Kosten für maßgeblich** (OLG Celle, Urteil vom 27. 12. 2001 – Az.: 13 U 126/01).

6199   70.11.3.4.3.6 Erdbewegungsarbeiten. Die **Tätigkeit der Erdbewegung ist kein bauhandwerkliches Berufsbild, so dass es hierzu keiner Eintragung in die Handwerksrolle bedarf.** Soweit ein Bieter beabsichtigt, Ausschachtungsarbeiten als Vorarbeiten für andere Gewerke (Straßenbau, Betonbau) zu verrichten, handelt es sich dabei nicht um einen Teil eines Berufsbildes, der wesentliche Kenntnisse und Fertigkeiten nach handwerklicher Ausbildung erfordert und dieses Berufsbild im Kernbereich prägt. Das **Lösen und Fördern von Erdmassen begleitet das Tätigkeitsbild einiger (Bau-)Handwerke, ist aber nicht im Kernbereich prägend** (2. VK Brandenburg, B. v. 9. 8. 2005 – Az.: 2 VK 38/05; VK Düsseldorf, B. v. 12. 8. 2003 – Az.: VK – 22/2003 – B).

6200   70.11.3.4.4 **Unternehmen im Insolvenzverfahren und vergleichbare Fälle (§ 6 Abs. 3 Nr. 2 lit. e) und lit. f). 70.11.3.4.4.1 Allgemeines.** § 6 Abs. 3 Nr. 2 lit. e) bis lit. i) **korrespondiert mit der fakultativen Ausschlussregelung** des § 16 Abs. 1 Nr. 2 lit. a) bis e).

6201   70.11.3.4.4.2 **Durchführung eines Verlustausgleichs.** Ein **durchgeführter Verlustausgleich durch einen Gesellschafter stellt keine Insolvenzsituation** dar (2. VK Bund, B. v. 17. 8. 2005 – Az.: VK 2–81/05).

6202   70.11.3.4.4.3 **Insolvenz eines Mitgliedes einer Bietergemeinschaft.** Vgl. dazu die Kommentierung zu → § 16 VOB/A Rdn. 136 ff.

6203   70.11.3.4.4.4 **Nachweis für das Nichtvorliegen der Insolvenz und Liquidation.** Grundsätzlich ist es unbedenklich, von Bewerbern Erklärungen, die sich auf die Ausschlussgründe des § 6 Abs. 3 Nr. 2 lit. e)–i) VOB/A beziehen, zu verlangen. Voraussetzung dazu ist nicht bereits ein Anfangsverdacht oder gar ein schon konkretisierter Verdacht, der auf das Bestehen eines Ausschlussgrundes hindeutet. Aus § 6 Abs. 3 Nr. 2 VOB/A ergibt sich diese Einschränkung nicht (OLG München, B. v. 27. 1. 2005 – Az.: Verg 002/05).

6204   **Grundsätzlich genügt als Nachweis für das Nichtvorliegen der Insolvenz und Liquidation** – und damit das Nichtvorliegen des Ausschlusstatbestandes nach § 6 Abs. 3 Nr. 2 lit. e) VOB/A – eine **einfache Eigenerklärung (Selbstauskunft)**, es sei denn, der Auftraggeber fordert ausdrücklich eine qualifizierte (Fremd-)Erklärung (OLG Düsseldorf, B. v. 4. 6. 2008 – Az.: VII-Verg 21/08).

6205   70.11.3.4.5 **Keine nachweislich festgestellte schwere Verfehlung (§ 6 Abs. 3 Nr. 2 lit. g). 70.11.3.4.5.1 Begriff der schweren Verfehlung. 70.11.3.4.5.1.1 Allgemeines.** Beim Begriff der „schweren Verfehlung" handelt es sich um einen **unbestimmten Rechtsbegriff, bei dessen Auslegung der Vergabestelle ein Beurteilungsspielraum zukommt** (OLG München, B. v. 21. 5. 2010 – Az.: Verg 02/10).

6206   Eine schwere Verfehlung im Sinne des § 6 Abs. 3 Nr. 2 lit. g) VOB/A muss **bei wertender Betrachtung vom Gewicht her** den **zwingenden Ausschlussgründen** des § 6a Nr. 1 Abs. 1 VOB/A **zumindest nahe kommen** (OLG Düsseldorf, B. v. 9. 4. 2008 – Az.: VII-Verg 2/08; im Ergebnis ebenso 2. VK Bund, B. v. 15. 5. 2009 – Az.: VK 2–21/09). „Schwere Verfehlungen" sind also **erhebliche Rechtsverstöße**, die geeignet sind, die Zuverlässigkeit eines Bewerbers grundlegend in Frage zu stellen. Sie müssen schuldhaft begangen worden sein und erhebliche Auswirkungen haben (OLG München, B. v. 21. 5. 2010 – Az.: Verg 02/10).

6207   70.11.3.4.5.1.2 **Unspezifizierte Vorwürfe, Vermutungen oder vage Verdachtsgründe.** Es besteht in Rechtsprechung und Schrifttum Einigkeit, dass **unspezifizierte Vorwürfe, Vermutungen oder vage Verdachtsgründe nicht ausreichen** (Hanseatisches OLG Bremen, B. v. 24. 5. 2006 – Az.: Verg 1/2006; OLG Düsseldorf, B. v. 28. 7. 2005 – Az.: VII – Verg 42/05; OLG München, B. v. 21. 5. 2010 – Az.: Verg 02/10; VK Baden-Württemberg, B. v. 28. 1. 2009 – Az.: 1 VK 58/08; VK Düsseldorf, B. v. 13. 3. 2006 – Az.: VK – 08/2006 – L; VK

Münster, B. v. 26. 8. 2009 – Az.: VK 11/09). Vielmehr müssen die schwere Verfehlungen belegenden **Indiztatsachen einiges Gewicht** haben (LG Düsseldorf, Urteil v. 16. 3. 2005 – Az.: 12 O 225/04; VK Düsseldorf, B. v. 31. 10. 2005 – Az.: VK – 30/2005 – B). Sie müssen kritischer Prüfung durch ein mit der Sache befasstes Gericht standhalten und die Zuverlässigkeit des Bieters nachvollziehbar in Frage stellen. Voraussetzung für einen Ausschluss ist, dass **konkrete**, z. B. durch schriftlich fixierte Zeugenaussagen, sonstige Aufzeichnungen, Belege oder Schriftstücke **objektivierte Anhaltspunkte für schwere Verfehlungen bestehen** (VK Nordbayern, B. v. 22. 1. 2007 – Az.: 21.VK – 3194 – 44/06). Die verdachtbegründenden Umstände müssen zudem **aus seriösen Quellen** stammen und der Verdacht muss einen gewissen Grad an „Erhärtung" erfahren haben. Das **Vorliegen eines rechtskräftigen Urteils** ist demgegenüber **nicht erforderlich** (VK Düsseldorf, B. v. 13. 3. 2006 – Az.: VK – 08/2006 – L; VK Nordbayern, B. v. 22. 1. 2007 – Az.: 21.VK – 3194 – 44/06). Auch die **Anklageerhebung und die Eröffnung des Hauptverfahrens brauchen nicht abgewartet zu werden**. Wollte man in Fällen, bei denen die zum Ausschluss führenden Verfehlungen ein strafrechtlich relevantes Verhalten zum Gegenstand haben, verlangen, dass eine Anklageerhebung oder gar eine rechtskräftige Verurteilung erfolgt ist, würde das in der Praxis zu schwer erträglichen Ergebnissen führen. Zwischen dem Bekannt werden strafbarer Handlungen, der Anklageerhebung und dem rechtskräftiger Aburteilung liegen – gerade bei Straftaten mit wirtschaftlichem Bezug – oft Jahre. Dem öffentlichen **Auftraggeber** kann bei dringenden Verdachtsmomenten, zumal, wenn sich die vorgeworfenen Taten gegen ihn selbst oder ihm nahe stehenden Unternehmen richten, **nicht zugemutet werden**, mit dem betreffenden Bewerber dessen ungeachtet **weiter ohne Einschränkungen in Geschäftsverkehr zu treten**, denn dies setzt gegenseitiges Vertrauen voraus (Saarländisches OLG, B. v. 18. 12. 2003 – Az.: 1 Verg 4/03; LG Berlin, Urteil v. 22. 3. 2006 – Az.: 23 O 118/04).

Allein die **Angaben von Zeugen, die ein unmittelbares oder mittelbares Eigeninteresse am Ausschluss eines Bieters haben**, etwa weil sie oder deren Arbeitgeber mit dem Bieter in Konkurrenz stehen, sind deshalb **nicht ausreichend**, erforderlich sind vielmehr darüber hinausgehende objektive Belege (OLG München, B. v. 21. 5. 2010 – Az.: Verg 02/10). 6208

70.11.3.4.5.1.3 Tatbestände. Nicht jedes Fehlverhalten eines Bieters führt zwingend zum Ausschluss seines Angebots. Eine Verfehlung ist nur dann **schwer, wenn sie schuldhaft begangen wird und erhebliche Auswirkungen hat** (LG Düsseldorf, Urteil v. 16. 3. 2005 – Az.: 12 O 225/04; 2. VK Bund, B. v. 15. 5. 2009 – Az.: VK 2–21/09; B. v. 13. 7. 2005 – Az.: VK 2–75/05; VK Düsseldorf, B. v. 31. 10. 2005 – Az.: VK – 30/2005 – B; VK Nordbayern, B. v. 22. 1. 2007 – Az.: 21.VK – 3194 – 44/06). 6209

Unter schweren Verfehlungen sind nur folgende Umstände zu fassen: **Verstöße gegen strafrechtliche Vorschriften** (z. B. Beamtenbestechung, Vorteilsgewährung, Diebstahl, Unterschlagung, Erpressung, Betrug, Untreue und Urkundenfälschung, die noch zu einer – zumindest erstinstanzlichen – Verurteilung geführt haben, **Verstöße gegen das GWB** (z. B. Preisabsprachen) **und UWG** sowie **Verstöße gegen zivil- und arbeitsrechtliche Vorschriften**, wie z. B. nach §§ 823, 826, 123, 134, 138 BGB (1. VK Sachsen, B. v. 25. 6. 2003 – Az.: 1/SVK/051-03). 6210

Ein **Verstoß gegen § 266 a StGB** (Vorenthalten und Veruntreuen von Arbeitsentgelt) ist **keine schwere Verfehlung**, für die ohne weiteres ein Ausschluss wegen Unzuverlässigkeit nach **§ 6 a Abs. 1 Nr. 1 VOB/A 2009** vorgegeben ist (VK Nordbayern, B. v. 22. 1. 2007 – Az.: 21.VK – 3194 – 44/06). 6211

Streitige **Tarifverstöße stellen** zurzeit **keine nachgewiesene schwere Verfehlung dar.** Soweit ein Unternehmer sich per Erklärung verpflichtet seine Beschäftigten nach dem in einem Bundesland geltenden Tarif zu bezahlen und weitergehend auch der Nachunternehmer dazu verpflichtet wird, stellt ein Verstoß gegen dieses Erklärung keinen Straftatbestand dar. Das **Fehlverhalten geht über das Niveau der Vertragsverletzung nicht hinaus.** Die Merkmale einer schweren Verfehlung werden nicht erfüllt (VK Hannover, B. v. 3. 9. 2003 – Az.: 26045 – VgK – 13/2003). 6212

Sachliche Meinungsverschiedenheiten reichen nicht aus, erst recht nicht etwa ein Streit über die Gewährleistungs- oder Abrechnungsfragen (LG Düsseldorf, Urteil v. 16. 3. 2005 – Az.: 12 O 225/04; VK Düsseldorf, B. v. 31. 10. 2005 – Az.: VK – 30/2005 – B; 1. VK Sachsen, B. v. 17. 7. 2007 – Az.: 1/SVK/046-07) oder Mängel bei der Postzustellung oder ein gegenüber einem Wettbewerber erhöhter Rücklauf von Zustellsendungen bei einem vorausgehenden Auftrag. Der Ausschluss von einem Vergabeverfahren darf **keine Sanktion für Probleme in der** 6213

Vertragsabwicklung bei einem anderen Vorhaben sein (1. VK Sachsen, B. v. 25. 6. 2003 – Az.: 1/SVK/051-03).

6214 Der **Vorschlag eines Bieters, die Vergabekammer nicht einzuschalten, sofern der Auftraggeber bereit ist, den Bieter im weiteren Verfahren zu beteiligen, stellt keine schwere Verfehlung dar,** wenn es zu Recht gerügte Verfahrensfehler gibt, die sich nur dadurch beseitigen lassen, dass der Auftraggeber von sich aus oder nach Anweisung durch die Vergabekammer den Bieter am weiteren Vergabeverfahren beteiligt (OLG Düsseldorf, B. v. 7. 12. 2005 – Az.: VII – Verg 68/05).

6215 Der **Vorschlag eines Bieters, die Vergabekammer nicht einzuschalten, sofern der Auftraggeber bereit ist, dem Bieter sonstige Aufträge zu erteilen, stellt keine nachweisbare schwere Verfehlung** dar, wenn es nach **Auffassung des Bieters darum geht, in einen Pool von Bietern zu gelangen,** an die z. B. Planungsaufträge üblicherweise und rechtmäßig freihändig vergeben werden (OLG Düsseldorf, B. v. 7. 12. 2005 – Az.: VII – Verg 68/05).

6216 Der Versuch eines Antragstellers, einen Beigeladenen, auf dessen Angebot der Zuschlag erteilt werden soll, **zu einer wettbewerbswidrigen Absprache zu Lasten der Vergabestelle zu bewegen, in dem er zu einer wie auch immer gearteten Zusammenarbeit veranlasst werden soll mit dem Ziel, den Zuschlag auf sein eigenes Angebot zu erhalten und den Mehrpreis in geeigneter Form zwischen sich und dem Beigeladenen aufzuteilen,** ist wettbewerbswidrig und erfüllt auch zugleich den Tatbestand der schweren Verfehlung nach § 6 Abs. 3 Nr. 2 lit. g) VOB/A. Das **Fehlverhalten kann auch nur durch Ausschluss aus diesem Verfahren beantwortet werden,** weil die Zuverlässigkeit anders nicht wieder hergestellt werden kann. Die Vergabestelle muss davon ausgehen, dass dieser Antragsteller bereit ist, auch bei Abwicklung eines eigenen Auftrags mit allen anderen Nachunternehmern ebenfalls zu ihren Lasten zu kooperieren. Damit entfällt seine Zuverlässigkeit (VK Arnsberg, B. v. 2. 5. 2008 – Az.: VK 08/08).

6217 Auch kann ein besonders vorwerfbares Verhalten, wie z. B. **die bewusste Nichterfüllung einer vertraglichen Verpflichtung, eine schwere Verfehlung darstellen,** sofern dem **Auftraggeber** angesichts des Verhaltens des Bieters unter Berücksichtigung der Grundsätze des Vergabeverfahrens **nicht zugemutet werden kann, mit diesem in vertragliche Beziehung zu treten und somit eine schwerwiegende Störung des für Vertragspartner unabdingbaren Vertrauensverhältnisses vorliegt.** Insbesondere eine schuldhafte Verletzung vertraglicher Beziehungen kann jedoch nur dann einen zulässigen Ausschlussgrund darstellen, wenn die Vertragsverletzung aufgrund einseitigen Verschuldens des Auftragnehmers eingetreten ist und der Auftragnehmer durch sein Verhalten das erneute Eingehen einer Vertragsbeziehung für den Auftraggeber unzumutbar gemacht hat. Andernfalls wäre ein genereller Ausschluss des Bieters vom Verfahren unangemessen (VK Düsseldorf, B. v. 31. 10. 2005 – Az.: VK – 30/2005 – B).

6218 Auch **eine bruchstückhafte und erst auf Nachfrage sukzessive Offenlegung der Verhältnisse in einem für die Vergabestelle erkennbar sensiblen Punkt** stellt bereits ein Fehlverhalten dar, das die Zuverlässigkeit in Frage stellt (VK Düsseldorf, B. v. 13. 3. 2006 – Az.: VK – 08/2006 – L).

6219 Eine schwere Verfehlung kann darin liegen, dass ein Bieter sich Geschäftsgeheimnisse im Sinn von § 17 Abs. 2 UWG dadurch verschafft, dass er selbst oder sein Informant irgendwelche Mittel im Sinne des § 17 Abs. 2 Nr. 1 UWG einsetzt oder gezielte Mitteilungen aus dem internen Geschäftsbereich der Vergabestelle im Sinne des § 17 Abs. 1 UWG empfängt. Das Tatbestandsmerkmal des „sonst" Sich-Verschaffens in § 17 Abs. 2 Nr. 2 UWG muss den kasuistisch aufgeführten Varianten gleichwertig sein bzw. einen diesen entsprechenden Unrechtsgehalt aufweisen, mithin **genügt die bloße passive Entgegennahme eines Geschäftsgeheimnisses nicht;** es fehlt an einem objektiv tatbestandsmäßigen Fehlverhalten (OLG Thüringen, B. v. 16. 7. 2007 – Az.: 9 Verg 4/07).

6220 Gibt ein Beteiligter eines Vergabeverfahrens an eine politische Institution wie eine Staatskanzlei den Hinweis, dass der von einer Vergabestelle präferierte Zuschlagsaspirant „75% der Leistungen in Österreich" erbringen lasse, kann der Sinn dieser Äußerung nach allgemeiner Lebenserfahrung **nur so verstanden** werden, dass die **Staatskanzlei ihren (politischen) Einfluss einsetzen solle, sich für eine Auftragsvergabe an ein heimisches Unternehmen statt an eine überwiegend mit ausländischen Fachkräften besetzte Bietergemeinschaft zu verwenden.** Intendiert ist damit ersichtlich, die Staatskanzlei als maßgebende und einflussreiche staatliche Institution an ihre Verantwortung für regionale bzw. nationale Wirtschaftsinteressen

(Arbeitsplätze, Wirtschaftswachstum, Steueraufkommen usw.) zu erinnern und diese zu veranlassen, zugunsten des Bieters zu intervenieren. Hierzu ist zu bemerken, dass im Rahmen eines nach Gemeinschaftsrecht auszuschreibenden Vorhabens **alle Bewerber, unabhängig von ihrer Herkunft oder des Sitzes bzw. räumlichen Tätigkeitsschwerpunkts eines Unternehmens, gleich zu behandeln sind** (Art. 49 EGV – jetzt Art. 56 AEUV, § 97 Abs. 2 GWB). Das **Diskriminierungsverbot ist eine der tragenden Säulen des geltenden Vergaberechts.** Wie insbesondere der EuGH bereits ausdrücklich entschieden hat, steht gerade die Dienstleistungsfreiheit im Sinne einer strikten Chancengleichheit aller im Gebiet der Europäischen Union angesiedelten Unternehmen unter dem besonderen Schutz des Vergaberechts. **Art. 49 EGV (jetzt Art. 56 AEUV) verbietet auch alle versteckten Formen der Diskriminierung,** die durch die formale Anwendung anderer Unterscheidungsmerkmale tatsächlich zum gleichen Ergebnis führen wie eine offensichtliche Diskriminierung aufgrund der Staatsangehörigkeit. Der **hohe Stellenwert dieser Grundsätze, über deren Einhaltung die Vergabeprüfungsinstanzen zu wachen haben, wird allerdings seitens politischer Gremien und Einrichtungen** – die zugegebenermaßen nicht nur rechtliche, sondern auch andere Belange des Gemeinwohls, etwa ökonomischer, sozialer, gesellschaftlicher Art, in ihre Gestaltungsentscheidungen in den Blick zu nehmen haben – **nicht ausnahmslos hinreichend berücksichtigt**. So kann, wie auch Erfahrungen in der Vergangenheit gezeigt haben, nicht immer ausgeschlossen werden, dass politischer Einfluss im Sinne protektionistischer Maßnahmen zugunsten regionaler oder nationaler Unternehmen ausgeübt wird statt auf eine den gesetzlichen Regeln folgende neutrale europaweite Bestenauslese zu vertrauen. Gerade vor diesem Hintergrund kann aber **ein Verhalten, mit dem offen zum Bruch eines der tragenden Prinzipien des Vergaberechts aufgerufen wird, wie es das Diskriminierungsverbot darstellt, nur als – versuchte – grob rechtswidrige Einflussnahme auf ein laufendes Vergabeverfahren gewertet** werden. Dabei spricht viel dafür, dass schon dies das Merkmal einer schweren Verfehlung erfüllt. Mag man ggf. noch über die Frage streiten, ob ein Mittel, das auf einem wettbewerbswidrigem Informationsvorsprung gründet, nicht einmal zu erlaubten Zwecken eingesetzt werden darf, mag man ferner ggf. unterschiedlicher Meinung darüber sein, ob ein Fehlverhalten nicht bereits daraus resultiert, dass der Teilnehmer eines Vergabeverfahrens staatliche Stellen offen zur Diskriminierung eines ausländischen Mitbewerbers auffordert, so ist bei einer Konstellation, in der beide Verfehlungen zusammentreffen, kein Zweifel an der schweren Verfehlung (OLG Thüringen, B. v. 16. 7. 2007 – Az.: 9 Verg 4/07).

Wer – zumal vor Jahren – einen privaten (Groß-)Auftraggeber mit Schmiergeldern gefügig gemacht hat, muss **deshalb noch nicht notwendig** – selbst wenn eine „Selbstreinigung" noch nicht stattgefunden haben sollte – **die für die anstehende Abwicklung eines Bauauftrags erforderliche Zuverlässigkeit vermissen** lassen (KG Berlin, B. v. 13. 3. 2008 – Az.: 2 Verg 18/07). 6221

Eine schwere Verfehlung kann **bei schwerwiegenden Verstößen gegen die Grundsätze des Geheimwettbewerbs** vorliegen, insbesondere bei Preisabsprachen oder sonst weitgehender, den Kernbereich des Angebots oder zugehöriger Kalkulationsgrundlagen betreffender Offenlegung von Angeboten (OLG Düsseldorf, B. v. 9. 4. 2008 – Az.: VII-Verg 2/08). 6222

Die – wenn auch sachlich unbegründete – **anwaltliche Geltendmachung von Ansprüchen z. B. auf Abgabe einer Unterlassungserklärung,** ist als solche eine grundsätzlich zulässige Maßnahme zivilrechtlicher Rechtsverfolgung und **kann** daher **nicht als eine mit Preisabsprachen oder korruptivem Verhalten gleichzusetzende Verfehlung qualifiziert werden** (2. VK Bund, B. v. 15. 5. 2009 – Az.: VK 2–21/09). 6223

Angesichts des Umstandes, dass ein **Bieter über einen langen Zeitraum seiner Verpflichtung zur Zahlung von Tariflöhnen sowie zur Abführung von Sozialversicherungsbeiträgen in erheblichem Umfang nicht nachgekommen** ist sowie des entsprechend unrichtigen Inhalts der Eigenerklärungen, in der der Bieter diese Vorgänge nicht offen gelegt, sondern versichert hat, gegenwärtig und auch in der Vergangenheit seinen diesbezüglichen Verpflichtungen nachgekommen zu sein, nicht ausräumbare Zweifel an der Zuverlässigkeit dieses Bieters (OLG Düsseldorf, B. v. 9. 6. 2010 – Az.: VII-Verg 14/10). 6224

70.11.3.4.5.1.4 Tatbestände nach dem Hamburgischen Korruptionsregistergesetz. Nach § 1 Abs. 1 Hamburgisches Gesetz zur Einrichtung und Führung eines Korruptionsregisters – HmbKorRegG – vom 18. 2. 2004 (Hamburgisches Gesetz- und Verordnungsblatt, Teil I, Nr. 12 vom 3. 3. 2004, Seite 98) liegt eine Verfehlung vor, wenn im Falle eines Selbstständigen durch denjenigen in eigener Person, im Falle eines sonstigen Unternehmens durch einen verantwortlich Handelnden im Rahmen der wirtschaftlichen Betätigung 6225

Teil 3 VOB/A § 6 Vergabe- und Vertragsordnung für Bauleistungen Teil A

- eine Straftat nach §§ 334, 335 (Bestechung, besonders schwere Fälle der Bestechung), § 333 (Vorteilsgewährung), § 253 (Erpressung), § 261 (Geldwäsche, Verschleierung unrechtmäßig erlangter Vermögenswerte), § 263 (Betrug), § 264 (Subventionsbetrug), § 265 b (Kreditbetrug), § 266 a (Vorenthalten und Veruntreuen von Arbeitsentgelt), § 267 (Urkundenfälschung), § 298 (Wettbewerbsbeschränkende Absprachen bei Ausschreibungen), § 299 (Bestechlichkeit und Bestechung im geschäftlichen Verkehr) Strafgesetzbuch (StGB), §§ 19, 20, 20 a oder 22 des Gesetzes über die Kontrolle von Kriegswaffen,

- ein Verstoß gegen § 81 des Gesetzes gegen Wettbewerbsbeschränkungen (GWB), insbesondere nach § 14 GWB durch Preisabsprachen und Absprachen über die Teilnahme am Wettbewerb oder

- ein Verstoß gegen § 5 Schwarzarbeitsgesetz, gegen § 6 Arbeitnehmer-Entsendegesetz, § 16 Arbeitnehmer-Überlassungsgesetz und §§ 3 und 4 des Hamburgischen Vergabegesetzes

begangen wurde.

6226 **70.11.3.4.5.2 Fälle schnell feststellbarer, objektiv nachweisbarer Eignungsdefizite.** Weil der Anwendungsbereich des § 6 Abs. 3 Nr. 2 lit. g) VOB/A aus Gründen der praktischen Handhabbarkeit **auf Fälle schnell feststellbarer, objektiv nachweisbarer Eignungsdefizite beschränkt** ist, kommt der Ausschluss eines Bieters nach dieser Vorschrift nur in Betracht, wenn bereits nach Aktenlage ein konkreter, ohne weiteres greifbarer Verdacht besteht. Sind die vom Auftraggeber zum Nachweis der Unzuverlässigkeit unterbreiteten Indiztatsachen so schwach und zweifelhaft, dass sie nur durch umfangreiche Beweiserhebungen erhärtet und konkretisiert werden könnten, wäre ein Ausschluss nach § 6 Abs. 3 Nr. 2 lit. g) VOB/A nicht gerechtfertigt. Es ist **mit dem Sinn des unter dem Beschleunigungsgrundsatz stehenden Vergabenachprüfungsverfahrens nicht vereinbar, wenn eine ausufernde Beweisaufnahme zwecks Feststellung, ob schwere Verfehlungen „nachweislich" sind, durchgeführt werden müsste** (OLG Frankfurt, B. v. 24. 6. 2004 – Az.: 11 Verg 6/04; Saarländisches OLG, B. v. 18. 12. 2003 – Az.: 1 Verg 4/03, B. v. 8. 7. 2003 – Az.: 5 Verg 5/02).

6227 Voraussetzung für einen Ausschluss von der Teilnahme am Wettbewerb wegen einer schweren Verfehlung ist, dass es **zumindest konkrete Anhaltspunkte gibt**, z. B. durch entsprechende Aufzeichnungen, Belege oder andere Schriftstücke, wobei allerdings reine Verdachtsmomente nicht ausreichend sind. **Nicht erforderlich ist das Vorliegen eines rechtskräftigen Bußgeldbescheides oder Urteils. Auch das Vorliegen einer Anklageschrift oder eines Eröffnungsbeschlusses muss nicht abgewartet werden** (OLG Frankfurt, B. v. 24. 6. 2004 – Az.: 11 Verg 6/04; LG Berlin, Urteil v. 22. 3. 2006 – Az.: 23 O 118/04; VK Düsseldorf, B. v. 16. 2. 2006 – Az.: VK – 02/2006 – L; VK Lüneburg, B. v. 18. 10. 2005 – Az.: VgK-47/2005; VK Nordbayern, B. v. 22. 1. 2007 – Az.: 21.VK – 3194 – 44/06).

6228 Ist eine Person, der eine schwere Verfehlung vorgeworfen wird, **in der ersten Instanz freigesprochen** worden, **kann der Auftraggeber den erfolgten Freispruch zum Anlass nehmen, den Verdächtigen nicht wegen einer schweren Verfehlung für unzuverlässig zu halten.** Es erscheint nicht ermessensfehlerhaft, wenn eine Vergabestelle sich an einem strafgerichtlichen Freispruch orientiert. Dabei ist dem **Auftraggeber zuzugestehen, dass er selbst keine weitergehenden Ermittlungen als eine Ermittlungsbehörde vornehmen kann.** Auch wenn z. B. die **Staatsanwaltschaft im Strafverfahren Berufung eingelegt hat, erscheint es nicht ermessensfehlerhaft, dass sich eine Vergabestelle an der Unschuldsvermutung orientiert und den erstinstanzlich erfolgten Freispruch ihrer Entscheidung zu Grunde legt.** Sie muss nicht den weiteren Fortgang des Verfahrens abwarten und damit das eigene Vergabeverfahren verzögern. Insbesondere eine Anhörung der beschuldigten Person wird nur bedingt brauchbar sein, da im Falle einer schweren Verfehlung nicht zwangsläufig von einer Selbstbelastung der angehörten Person auszugehen ist (VK Düsseldorf, B. v. 16. 2. 2006 – Az.: VK – 02/2006 – L).

6229 **70.11.3.4.5.3 Unschuldsvermutung.** Die Unschuldsvermutung als Ausprägung des Rechtsanspruches auf ein faires Verfahren (Art 6 Abs. 2 MRK) will sicherstellen, dass niemand als schuldig behandelt wird, ohne dass ihm in einem gesetzlich geregelten Verfahren seine Schuld nachgewiesen ist. Daraus folgt, dass Maßnahmen, die den vollen Nachweis der Schuld erfordern, nicht getroffen werden dürfen, bevor jener erbracht ist. **Schwere, die Zuverlässigkeit in Frage stellende Verfehlungen im Sinne von § 6 Abs. 3 Nr. 2 lit. g) VOB/A müssen nicht unbedingt strafbare Handlungen sein.** Ihre Annahme setzt, auch wenn ein kriminelles Verhalten im Raum steht, **nicht den vollen Nachweis strafrechtlicher Schuld** voraus. Die Unschuldsvermutung besagt im Übrigen nicht, dass einem Tatverdächtigen bis zur rechtskräftigen Verurteilung als Folge der Straftaten, deren er verdächtig ist, überhaupt keine Nachteile entstehen dürfen. So berührt die Unschuldsvermutung beispielsweise nicht die Zulässigkeit von Strafverfolgungsmaßnahmen. Selbst ein so einschneidender freiheitsbeschränkender Eingriff wie die Anordnung von Untersuchungshaft ist zulässig, sofern ein dringender Tatverdacht besteht und ein Haftgrund vorliegt. Die **Unschuldsvermutung hindert dementsprechend auch nicht geschäftliche Nachteile als Folge eines durch den dringenden Verdacht strafbarer Handlungen provozierten Vertrauensverlustes** (Saarländisches OLG, B. v. 18. 12. 2003 – Az.: 1 Verg 4/03).

70.11.3.4.5.4 Diskriminierungsverbot. Das **Diskriminierungsverbot** – eines der Grundprinzipien des Vergaberechtes –, das für öffentliche Auftraggeber schon aus Art. 3 Grundgesetz folgt, weil die Grundrechte nach allgemeiner Auffassung fiskalische Hilfsgeschäfte der öffentlichen Verwaltung und hiermit zusammenhängende öffentliche Auftragsvergaben erfassen, **steht der Berücksichtigung noch nicht rechtskräftig abgeurteilter strafbarer Handlungen ebenfalls nicht entgegen.** Das Gebot der Gleichbehandlung besagt nur, dass allen Bewerbern die gleichen Chancen eingeräumt werden müssen und dass kein Bewerber ohne sachliche Gründe bevorzugt oder benachteiligt werden darf. Steht ein Bewerber im dringenden Verdacht, strafbare Handlungen zum Nachteil des Auftraggebers begangen zu haben, liegt ein sachlicher Grund für dessen Ausschluss vor (Saarländisches OLG, B. v. 18. 12. 2003 – Az.: 1 Verg 4/03). 6230

70.11.3.4.5.5 Verantwortung für die schwere Verfehlung bei juristischen Personen. Wegen des Ausschlussgrundes kommt es bei juristischen Personen selbstverständlich nicht auf diese selbst, sondern auf die verantwortlich Handelnden an, bei einer GmbH also auf den **Geschäftsführer** (OLG Düsseldorf, B. v. 28. 7. 2005 – Az.: VII – Verg 42/05; Saarländisches OLG, B. v. 18. 12. 2003 – Az.: 1 Verg 4/03). 6231

70.11.3.4.5.6 Nachträgliche Berücksichtigung von schweren Verfehlungen. Wenn die Vergabestelle von schweren Verfehlungen erst nachträglich – also z. B. zu einem Zeitpunkt, in dem ein neu gegründetes Unternehmen nach dem Teilnahmewettbewerb bei Beschränkter Ausschreibung bereits zum weiteren Angebotswettbewerb zugelassen worden ist – **erfährt, ist sie nicht gehindert und sogar verpflichtet, die Zuverlässigkeits- und Zulassungsprüfung nochmals aufzugreifen.** Sollte nämlich die Vergabestelle bei Beschränkter Ausschreibung erst nach dem Abschluss des Teilnahmewettbewerbs von schweren Verfehlungen eines – inzwischen bereits zugelassenen – Bewerbers erfahren, so dass sie ihr Ermessen nach dieser Vorschrift bis zur Zulassungsentscheidung gar nicht hat ausüben können, würde es dem Zweck dieser Bestimmung in unerträglicher Weise widersprechen, wenn die Vergabestelle an ihre Zulassungsentscheidung in dem Sinne gebunden wäre, dass sie die Zuverlässigkeitsprüfung in der Phase unmittelbar vor der Wertung der Angebote nicht mehr nachholen könnte (OLG Düsseldorf, B. v. 18. 7. 2001 – Az.: Verg 16/01). 6232

70.11.3.4.5.7 Beweislast für das Vorliegen einer schweren Verfehlung und rechtliches Gehör. Für das Vorliegen einer schweren Verfehlung ist der **Auftraggeber beweispflichtig** (VK Hessen, B. v. 9. 2. 2004 – Az.: 69 d – VK – 79/2003 + 80/2003; VK Lüneburg, B. v. 18. 10. 2005 – Az.: VgK-47/2005; VK Nordbayern, B. v. 22. 1. 2007 – Az.: 21. VK – 3194 – 44/06). Soweit **Grundlage eine nicht rechtskräftige Entscheidung** ist, ist dem **Bewerber**, der ausgeschlossen werden soll, **rechtliches Gehör zu gewähren**, in dem ihm unter Nennung der maßgeblichen Tatsachen, Gelegenheit zur Stellungnahme gegeben wird. Für das Tatbestandsmerkmal „**nachweislich**" sind **hohe Anforderungen** zu stellen. Bestehen **begründete Zweifel**, kann von einem **Nachweis nicht gesprochen werden** (1. VK Sachsen, B. v. 25. 6. 2003 – Az.: 1/SVK/051-03). 6233

70.11.3.4.5.8 Notwendigkeit einer umfassenden Aufklärung. Die Vergabestelle ist im Rahmen der Ermittlung des Sachverhalts einer angenommenen schweren Verfehlung bzw. anschließender Selbstreinigung **innerhalb des ihr zumutbaren Rahmens auch verpflichtet, die zugrunde liegenden Tatsachen aufzuklären und zu berücksichtigen und die Besonderheiten des Einzelfalls in ihre Entscheidung mit einzubeziehen** (VK Düsseldorf, B. v. 13. 3. 2006 – Az.: VK – 08/2006 – L). 6234

70.11.3.4.5.9 Notwendigkeit einer Zeugenvernehmung. Trotz Geltung des Untersuchungsgrundsatzes (§ 110 GWB) und der in § 120 Abs. 2 GWB vorgenommenen Verweisung auf Verfahrensvorschriften der ZPO ist es **nicht unbedingt notwendig**, dass der **Nachweis der Unzuverlässigkeit**, soweit er auch auf Angaben von Zeugen gründet, **ausnahmslos durch unmittelbare Vernehmung der Zeugen im Vergabenachprüfungsverfahren zu führen** ist. Es können im Wege des Urkundenbeweises auch **polizeiliche Vernehmungsprotokolle verwertet** werden, aus denen sich der Inhalt von Zeugenaussagen in anderen Verfahren ergibt. 6235

Teil 3 VOB/A § 6   Vergabe- und Vertragsordnung für Bauleistungen Teil A

Eine **Vernehmung kann allerdings geboten sein**, wenn der vom Auftraggeber zu führende Nachweis mit einer **einzigen belastenden Zeugenaussage „steht oder fällt"** und wenn es entscheidend auf die persönliche Glaubwürdigkeit gerade dieses Zeugen ankommt (Saarländisches OLG, B. v. 18. 12. 2003 – Az.: 1 Verg 4/03).

6236   **70.11.3.4.5.10 Rechtliches Gehör für den Bieter.** Dem **betroffenen Bieter ist rechtliches Gehör zu gewähren.** Er hat die Möglichkeit, organisatorische Maßnahmen darzulegen, die die Befürchtung künftigen Fehlverhaltens ausräumen (OLG München, B. v. 21. 5. 2010 – Az.: Verg 02/10).

6237   **70.11.3.4.5.11 Abschließende Regelung.** Die Vorschrift des § 6 Abs. 3 Nr. 2 lit. g) VOB/A enthält jedenfalls in ihrem wortsinngemäßen Anwendungsbereich, der eine einzelne Verfehlung des Bewerbers zum Gegenstand hat, eine **abschließende Regelung** (OLG Düsseldorf, B. v. 7. 12. 2005 – Az.: VII – Verg 68/05).

6238   **70.11.3.4.5.12 Forderung des Auftraggebers nach einer Erklärung gemäß § 6 Abs. 3 Nr. 2 lit. g).** Die Forderung des Auftraggebers nach einer pauschalen Erklärung des Bieters zu dem möglichen Ausschlussgrund des § 6 Abs. 1 Nr. 2 lit. g) VOB/A ist viel zu unbestimmt, als dass sie **sinnvoll außer mit „nein"** beantwortet werden könnte (2. VK Brandenburg, B. v. 15. 2. 2006 – Az.: 2 VK 82/05).

6239   **70.11.3.4.5.13 Entwurf eines Gesetzes zur Einrichtung eines Registers über unzuverlässige Unternehmen.** Die Bundesregierung hatte am 11. 6. 2002 den **Entwurf eines Gesetzes zur Einrichtung eines Registers über unzuverlässige Unternehmen** in den Bundestag eingebracht. Der Bundesrat hat am 27. 9. 2002 dieses Gesetz zur Einrichtung eines Registers über unzuverlässige Unternehmen („Korruptionsregister") abgelehnt, nachdem zuvor im Vermittlungsausschuss keine Einigung erzielt worden war.

6240   **70.11.3.4.5.14 Literatur**

- Battis, Ulrich/Kersten, Jens, Die Deutsche Bahn AG als Untersuchungsrichter in eigener Sache? – Zur Verfassungswidrigkeit der „Verdachtssperre" in der Richtlinie der Deutschen Bahn AG zur Sperrung von Auftragnehmern und Lieferanten vom 4. 11. 2003, NZBau 2004, 303
- Freund, Matthias, Korruption in der Auftragsvergabe, VergabeR 2007, 311
- Gabriel, Marc, Einflussnahme von Unternehmen auf öffentliche Auftragsvergaben: Persuasion, Kollusion oder Korruption?, VergabeR 2006, 173
- Ohle, Mario/Gregoritza, Anna, Grenzen des Anwendungsbereichs von Auftragssperren der öffentlichen Hand – am Beispiel der Gesetzes- und Verordnungslage des Landes Berlin –, ZfBR 2004, 16
- Ohrtmann, Nicola, Korruption im Vergaberecht, Konsequenzen und Prävention – Teil 1: Ausschlussgründe, NZBau 2007, 201
- Ohrtmann, Nicola, Korruption im Vergaberecht, Konsequenzen und Prävention – Teil 2: Konsequenzen und Selbstreinigung, NZBau 2007, 278
- Pietzcker, Jost, Die Richtlinien der Deutschen Bahn AG über die Sperrung von Auftragnehmern, NZBau 2004, 530
- Prieß, Hans-Joachim, Exclusio corruptoris? – Die gemeinschaftsrechtlichen Grenzen des Ausschlusses vom Vergabeverfahren wegen Korruptionsdelikten, NZBau 2009, 587
- Prieß, Hans-Joachim/Stein, Roland, Nicht nur sauber, sondern rein: Die Wiederherstellung der Zuverlässigkeit durch Selbstreinigung, NZBau 2008, 230
- Stein, Roland/Friton, Pascal, Internationale Korruption, zwingender Ausschluss und Selbstreinigung, VergabeR 2010, 151

6241   **70.11.3.4.6 Erfüllung der Verpflichtung zur Zahlung der Steuern und Abgaben u. ä. (§ 6 Abs. 3 Nr. 2 Buchstabe h). 70.11.3.4.6.1 Spielraum des Gesetzgebers.** Die **EU-Vergaberichtlinien stehen einer nationalen Regelung oder Verwaltungspraxis nicht entgegen**, nach der ein Leistungserbringer, der bei Ablauf der Frist für die Einreichung des Antrags auf Teilnahme am Vergabeverfahren seine **Verpflichtungen im Bereich der Sozialbeiträge sowie der Steuern und Abgaben nicht durch vollständige Zahlung der entsprechenden Beträge erfüllt hat**, seine Situation

- aufgrund staatlicher Maßnahmen der Steueramnestie oder der steuerlichen Milde oder
- aufgrund einer mit der Verwaltung getroffenen Vereinbarung über Ratenzahlung oder Schuldenentlastung oder
- durch Einlegung eines verwaltungsrechtlichen oder gerichtlichen Rechtsbehelfs

nachträglich regularisieren kann, sofern er innerhalb der in der nationalen Regelung oder durch die Verwaltungspraxis festgelegten Frist nachweist, dass er Begünstigter solcher Maßnahmen oder einer solchen Vereinbarung war oder dass er innerhalb dieser Frist ein solches Rechtsmittel eingelegt hat (EuGH, Urteil v. 9. 2. 2006 – Az.: C-228/04, C-226/04).

70.11.3.4.6.2 Unbedenklichkeitsbescheinigung des Finanzamts. § 6 Abs. 3 Nr. 2 lit. h) gestattet dem Auftraggeber, von der Teilnahme am Wettbewerb (u. a.) solche Unternehmen auszuschließen, die ihre Verpflichtung zur Zahlung von Steuern und Abgaben nicht ordnungsgemäß erfüllt haben. Der Auftraggeber darf von den Bewerbern oder Bietern entsprechende Bescheinigungen der zuständigen Stelle oder Erklärungen verlangen. Nach dieser Vorschrift ist ein Auftraggeber **(zwar nicht gezwungen, aber) befugt, bereits in der Bekanntmachung der Ausschreibung von den Bietern die Vorlage einer „gültigen Freistellungsbescheinigung" oder – mit anderen Worten – einer gültigen Unbedenklichkeitsbescheinigung des zuständigen Finanzamts zu verlangen,** um sich auf diese Weise rasch und verhältnismäßig sicher über einen wichtigen Aspekt der Zuverlässigkeit des jeweiligen Bieters vergewissern zu können. Denn die Nichtzahlung oder die säumige Zahlung von Steuern mit einem Auflaufenlassen von Steuerrückständen ist ein Indiz für das Fehlen genügender wirtschaftlicher Leistungsfähigkeit. Ferner bezweckt § 6 Abs. 3 Nr. 2 lit. h) VOB/A, dass der **öffentliche Auftraggeber möglichst nur mit solchen Bieterunternehmen in vertragliche Beziehungen tritt, die sich gesetzmäßig verhalten und auch ihre steuerrechtlichen Pflichten erfüllen** (BGH, Urteil v. 21. 3. 1985 – Az: VII ZR 192/83; OLG Koblenz, B. v. 4. 7. 2007 – Az.: 1 Verg 3/07). Es ist schließlich auch der Zweck der Vorschrift, dass sich der Auftraggeber schon im Vorfeld bei der Angebotsprüfung vor der möglichen Inanspruchnahme durch Zwangsvollstreckungsmaßnahmen schützt, die das Finanzamt wegen der Steuerschulden des potentiellen Auftragnehmers verhängt (OLG Düsseldorf, B. v. 24. 6. 2002 – Az.: Verg 26/02).

Die Unbedenklichkeitsbescheinigung des Finanzamtes kann allerdings Bedenken gegen die Eignung grundsätzlich nicht ausräumen, da die **Unbedenklichkeitsbescheinigung nicht besagt, dass keine Steuerschulden bestehen**; die Steuerschulden können z.B. auch gestundet sein (VK Nordbayern, B. v. 28. 8. 2000 – Az.: 320.VK-3194-19/00).

Die **Forderung** eines Auftraggebers nach einem „**Nachweis über die Erfüllung der Verpflichtung zur Zahlung von Steuern und Abgaben**" bedeutet die **Pflicht zur Vorlage einer Bescheinigung über alle Steuerarten, die beim Bieter anfallen** (OLG Koblenz, B. v. 4. 7. 2007 – Az.: 1 Verg 3/07).

Nach Auffassung des **OLG Düsseldorf hingegen** erscheint es dann, wenn der **Auftraggeber ohne genaue Spezifizierung** eine „Bescheinigung der zuständigen Stelle(n), aus denen hervorgeht, dass der Bieter seine Verpflichtungen zur Zahlung der Steuern, Abgaben und Beiträge zur Sozialversicherung nach den Rechtsvorschriften des Landes, in dem er ansässig ist, erfüllt hat" fordert, **aus der maßgeblichen Sicht eines verständigen Bieters erforderlich, aber auch ausreichend,** durch die **Bescheinigung des zuständigen Finanzamtes** nachzuweisen, dass **bei der Abführung von Umsatz- und Lohnsteuer, d.h. bei den wirtschaftlich und damit für die Beurteilung der Zuverlässigkeit bedeutendsten Steuerarten keine Rückstände** bestehen (OLG Düsseldorf, B. v. 23. 1. 2008 – Az.: VII – Verg 36/07).

Legt ein Bieter von dem für ihn zuständigen Finanzamt am Unternehmenssitz die Bescheinigung vor, dass im Hinblick auf die dort abgeführte Umsatzsteuer, Gewerbesteuer, Körperschaftsteuer und Kapitalertragsteuer keine Rückstände bestehen und **ergeben sich keine Hinweise oder Erklärungen zur Abführung der Lohnsteuer aus dieser Bescheinigung, ist die Forderung des Auftraggebers nach Vorlage der Bescheinigung einer zuständigen Behörde** (Finanzamt) bzw. einer großen Krankenkasse, dass der Bewerber seiner Verpflichtung zur Zahlung von Steuern und Abgaben sowie der Beiträge zur gesetzlichen Sozialversicherung ordnungsgemäß nachgekommen sei, **nicht erfüllt. Die von dem Auftraggeber erhobene Forderung ist dahingehend zu verstehen, dass auch die ordnungsgemäße Abführung der wichtigen Steuerarten Umsatz- und Lohnsteuer nachgewiesen** werden soll. Auch wenn es sich bei der Lohnsteuer nicht um eine Unternehmenssteuer handelt, ist es **für die Beurteilung der Zuverlässigkeit erkennbar von besonderer Bedeutung, dass die wirtschaftlich wichtigen Steuerarten, zu denen die Lohnsteuer gehört, abgeführt worden sind.** Dies entspricht auch der Sichtweise eines verständigen Bieters (OLG Düsseldorf, B. v. 16. 12. 2009 – Az.: VII-Verg 32/09).

Das **Finanzamt** darf die **Ausstellung einer Unbedenklichkeitsbescheinigung nur dann von einer Gegenleistung abhängig machen, wenn diese in einem inneren Zusammenhang mit der beantragten Bescheinigung** steht. Der Bundesgerichtshof hat es bisher offen gelassen, ob ein solcher Zusammenhang zu bejahen ist, wenn die verlangte Gegenleistung dazu dient, die Voraussetzungen für die Erteilung der Bescheinigung zu schaffen, insbesondere ein der Erteilung entgegenstehendes Hindernis zu beseitigen. Er ist deshalb auch nicht darauf eingegangen, **ob es möglich ist, bei einem Bewerber, der mit Steuerzahlungen in Rückstand ist, die Ausstellung der Bescheinigung an die Erfüllung fälliger Steuerschulden zu knüpfen. Nicht zulässig** ist es jedenfalls, wenn die **Erteilung einer Unbedenklichkeitsbescheinigung** nicht der Sicherung bereits fälliger Steuerschulden dient, sondern **in erster Linie künftige Steuerschulden sichern soll** (BGH, Urteil v. 21. 3. 1985 – Az: VII ZR 192/83).

6248 Die Bescheinigung eines Amtsgerichts für die **Forderung einer „Unbedenklichkeitsbescheinigung zur Erteilung öffentlicher Aufträge"** ohne nähere Angaben kann nicht mit der Begründung zurückgewiesen werden, man habe die Bescheinigung einer Stadtkasse erwartet (VK Arnsberg, B. v. 28. 1. 2009 – Az.: VK 35/08).

6249 **70.11.3.4.6.3 Unbedenklichkeitsbescheinigungen von Sozialversicherungsträgern.** Die **Zahlung der gesetzlichen Sozialversicherungsbeiträge erfolgt** zum (überwiegenden) Teil an die **Krankenkassen**, die für den Einzug bestimmter Sozialversicherungsbeiträge zuständig sind, nämlich die Beiträge zur Kranken-, Renten-, Pflege- und Arbeitslosenversicherung. Ein weiterer (geringerer) **Teil der Sozialversicherungsbeiträge**, nämlich die Unfallversicherungsbeiträge, werden von den **Berufsgenossenschaften** eingezogen. Die **Unbedenklichkeitsbescheinigungen der Krankenkasse sowie der Berufsgenossenschaft geben somit Aufschluss darüber, ob der Bieter jeweils seiner Verpflichtung zur Entrichtung der vorgenannten Beiträge vollständig nachgekommen** ist. Sie lassen erkennen, ob er über die erforderlichen finanziellen Mittel und die notwendige Zuverlässigkeit verfügt, indem er seinen Verpflichtungen regelmäßig und umfassend nachkommt (OLG Koblenz, B. v. 4. 7. 2007 – Az.: 1 Verg 3/07; 1. VK Bund, B. v. 20. 4. 2005 – Az.: VK 1–23/05).

6250 Das **Verlangen einer Bescheinigung des Unfallversicherungsträgers verstößt nicht gegen § 6 Abs. 3 Nr. 2 lit. h) VOB/A**. Der Auffassung, die Vorlage einer Bescheinigung der Krankenkasse über die Abführung von Sozialversicherungsbeiträgen sei ausreichend, während die Vorlage einer Bescheinigung des Unfallversicherungsträgers nicht mehr erforderlich und damit unverhältnismäßig sei, kann nicht gefolgt werden. Es steht gemäß § 6 Abs. 3 Nr. 2 VOB/A **grundsätzlich im Ermessen des Auftraggebers, ob und welche Eignungsnachweise er verlangt**, wobei der Grundsatz der Verhältnismäßigkeit Anwendung findet (OLG Koblenz, B. v. 4. 7. 2007 – Az.: 1 Verg 3/07; 1. VK Bund, B. v. 20. 4. 2005 – Az.: VK 1–23/05).

6251 Verlangt ein Auftraggeber den **„Nachweis über die Erfüllung der gesetzlichen Verpflichtung in der Sozialversicherung"**, kann das vernünftigerweise nur bedeuten, dass jeder Bieter belegen soll, dass er in der Vergangenheit alle Sozialabgaben pünktlich und gewissenhaft gezahlt hat. Dies wiederum bedeutet die **Pflicht zur Vorlage von Bescheinigungen aller beim Bieter vertretenen Krankenkassen**. Würde ein „repräsentativer Nachweis" ausreichen, wäre der Willkür Tür und Tor geöffnet, weil es einem Auftraggeber faktisch freigestellt wäre, ob er die Bescheinigung einer Krankenkasse als repräsentativ ansieht oder nicht (OLG Koblenz, B. v. 4. 7. 2007 – Az.: 1 Verg 3/07). Die **Vorlage sämtlicher Krankenversicherungsbescheinigungen** ist auch **nicht als schlechterdings unzumutbar** zu werten; sie zu fordern, ist durch das Ermessen des Auftraggebers gedeckt (2. VK Bund, B. v. 12. 10. 2009 – Az.: VK 2–177/09).

6252 **Teilweise anderer Auffassung** ist die **3. VK Bund**. Gibt ein **öffentlicher Auftraggeber nicht vor, wann und durch welche Bescheinigungen oder Erklärungen er den Nachweis der Zahlung der Beiträge zur gesetzlichen Krankenversicherung als erbracht ansieht, kann** die Nachweisforderung durchaus so verstanden werden, dass – wie es wohl auch der bisher gängigen Praxis entspricht – die **exemplarische Bescheinigung einer einzigen gesetzlichen Krankenkasse genügt**. Selbst wenn man es unter dem Grundsatz der Verhältnismäßigkeit überhaupt für zulässig hielte, die Vorlage von Bescheinigungen der Krankenkassen aller bei einem Bieter beschäftigten Arbeitnehmer zu fordern, so muss diese **Forderung, die ja mit der Konsequenz des zwingenden Ausschlusses bei Fehlen einer einzigen – und sei es auch noch so unwichtigen – Bescheinigung behaftet ist, jedenfalls in der Bekanntmachung klar und eindeutig bezeichnet** sein (3. VK Bund, B. v. 15. 7. 2008 – Az.: VK 3–89/08; B. v. 24. 1. 2008 – Az.: VK 3–151/07).

6253 In einigen Bundesländern haben die Vergabestellen aufgrund der jeweiligen Vergabegesetze die Möglichkeit bzw. die Verpflichtung, **bei dem Einsatz von Nachunternehmern den**

Nachweis zu verlangen, in vollständigem Umfang die Beiträge an die zuständige Sozialversicherung des Baugewerbes geleistet zu haben. Wird dieser Nachweis nicht geführt und kalkuliert ein Beter **auf der Basis der Lohnnebenkosten eines Landschafts- und Gartenbauunternehmens als Nachunternehmer, fehlt an der Vergleichbarkeit der eingereichten Angebote; das Angebot ist auszuschließen** (Hanseatisches OLG Bremen, Urteil v. 23. 3. 2005 – Az.: 1 U 71/04).

70.11.4 Angaben durch Einzelnachweise (§ 6 Abs. 3 Nr. 2 Satz 2)

70.11.4.1 Änderung in der VOB/A 2009

Nach den Motiven der Verfasser der VOB/A 2009 sind **Angaben durch Einzelnachweise** 6254 zwar zulässig; die öffentlichen Auftraggeber sollen aber **vorrangig das Präqualifikationsverzeichnis benutzen**.

70.11.4.2 Art der Angaben (§ 6 Abs. 3 Nr. 2 Satz 3 und 4)

70.11.4.2.1 Änderung in der VOB/A 2009. Der Auftraggeber kann für geforderte Angaben vorsehen, dass **für einzelne Angaben Eigenerklärungen ausreichend** sind. Diese sind von den Bietern, deren Angebote in die engere Wahl kommen, **durch entsprechende Bescheinigungen der zuständigen Stellen zu bestätigen**. **Hintergrund** dieser Regelung ist, den **Nachweisaufwand der Bieter zu verringern**. 6255

Nach dem Wortlaut der Vorschrift bleibt es dem **Auftraggeber jedoch unbenommen**, 6256 entweder **Eigenerklärungen und später Bescheinigungen** der zuständigen Stellen zu verlangen **oder von Anfang an Fremdnachweise zu fordern**. Beide Möglichkeiten stehen **gleichrangig** nebeneinander (anders als in § 6 Abs. 3 Satz 2 VOL/A).

Daher kann auch die **bisherige Rechtsprechung** zu dieser Frage **weiter verwendet** werden. 6257

70.11.4.2.2 Bisherige Rechtsprechung. 70.11.4.2.2.1 Ermessens- und Beurteilungsspielraum des Auftraggebers. Die Vergabestelle **kann bestimmen, welche Qualität von Nachweisen** sie im konkreten Vergabeverfahren genügen lässt. Sie ist in der **Entscheidung frei, ob sie offizielle Bescheinigungen verlangt oder inoffizielle, insbesondere Eigenerklärungen, genügen lässt** (VK Hessen, B. v. 21. 4. 2008 – Az.: 69 d VK – 15/2008; 1. VK Sachsen, 30. 4. 2008 – Az.: 1/SVK/020-08). **Unklarheiten und Widersprüchlichkeiten** in den Anforderungen bezüglich der geforderten Eignungsnachweise **gehen jedoch zu ihren Lasten**, wobei der **Empfängerhorizont entscheidend** ist (OLG Düsseldorf, B. v. 9. 6. 2004 – Az.: VII – Verg 11/04; im Ergebnis ebenso 2. VK Bund, B. v. 16. 9. 2008 – Az.: VK 2–97/08; VK Hessen, B. v. 21. 4. 2008 – Az.: 69 d VK – 15/2008; VK Schleswig-Holstein, B. v. 28. 1. 2008 – Az.: VK-SH 27/07). 6258

Der **Auftraggeber hat** also **bei der Festlegung, welche Angaben und/oder Nachweise** 6259 **in finanzieller und wirtschaftlicher Hinsicht von Bietern gefordert werden, einen Ermessensspielraum**, dessen Nachprüfung sich lediglich auf die **Kontrolle von Beurteilungsfehlern** zu beschränken hat (VK Arnsberg, B. v. 29. 12. 2006 – Az.: VK 31/06; 3. VK Bund, B. v. 29. 1. 2007 – Az.: VK 3–04/07; B. v. 18. 1. 2007 – Az.: VK 3–150/06; VK Münster, B. v. 12. 5. 2009 – Az.: VK 5/09; VK Nordbayern, B. v. 28. 1. 2009 – Az.: 21.VK – 3194 – 55/08). Die insoweit in den Vergabe- und Vertragsordnungen aufgestellten Regeln sollen vornehmlich willkürliche Bewertungen verhindern und die Gleichbehandlung der Bieter sicherstellen. **Im Rahmen seines Ermessens kann der Auftraggeber deswegen auf exakte Vorgaben hinsichtlich der zum Nachweis von Eignungsmerkmalen vorzulegenden Unterlagen oder abzugebenden Erklärungen verzichten, sofern** – was aus der Sicht eines verständigen Bieters zu bestimmen ist – **die Mittel, derer sich am Auftrag interessierte Unternehmen zu Zwecken des Nachweises bedienen dürfen**, in der Vergabebekanntmachung nach ihrer Art und Zielrichtung **bestimmbar angegeben sind**, und darüber hinaus **unmissverständlich klar gestellt** ist, dass mit den einzureichenden Unterlagen oder Angaben **bestimmte Eignungsmerkmale nachzuweisen** sind (OLG Düsseldorf, B. v. 13. 1. 2006 – Az.: VII – Verg 83/05; VK Düsseldorf, B. v. 21. 5. 2007 – Az.: VK – 13/2007 – B).

Ist die Art der Belege in der Bekanntmachung nicht definiert, sind **Fremd- und Eigenbelege** 6260 **zulässig**. Bei der Wahl von Eigenbelegen sind mangels näherer Bestimmung selbst hergestellte Urkunden und Eigenerklärungen zugelassen. **Eigenerklärungen müssen** die Voraussetzungen eines „Nachweises" erfüllen, d. h. richtig, **vollständig und aus sich heraus verständlich sein**

(OLG Düsseldorf, B. v. 6. 7. 2005 – Az.: VII – Verg 22/05). Hat der Auftraggeber aber eindeutig **Nachweise von Dritten gefordert, ist eine Eigenerklärung nicht ausreichend** (VK Münster, B. v. 27. 4. 2007 – Az.: VK 06/07).

6261   **70.11.4.2.2.2 Eigenerklärungen.** Sich bei Eignungsanforderungen **allein auf Eigenerklärungen der Bieter zu verlassen, birgt grundsätzlich zwar ein gewisses Risiko, ist aber weder unüblich noch zu beanstanden.** Zum einen kann ein Bieter bei vorsätzlicher Abgabe einer unzutreffenden Erklärung ohne weiteres z. B. nach § 16 Abs. 1 Nr. 1 lit. g) VOB/A ausgeschlossen werden, zum anderen dient dies dem vergaberechtlichen Beschleunigungsgrundsatz. Durch die Einholung von Eigenerklärungen kann der **Aufwand**, der auf Seiten der Bieter für die Einholung und auf Seiten des Auftraggebers für die Überprüfung etwaiger Bestätigungen von Seiten Dritter anfallen würde, **deutlich reduziert** werden (2. VK Bund, B. v. 16. 9. 2008 – Az.: VK 2-97/08).

6262   Eine **Eigenerklärung des Bieters** z. B. zu seiner wirtschaftlichen Leistungsfähigkeit **bedarf nicht per se der Unterzeichnung**. Daran ändert der Umstand nichts, dass eine „Erklärung" z. B. zu den Gesamtumsätzen gefordert wird. Der **Begriff der Erklärung verlangt aus sich selbst heraus keine Unterzeichnung durch den Bieter, um als Eignungsnachweis dienen zu können**. Auch nicht unterzeichnete Erklärungen haben Erklärungswert, wenn sie – wie hier – dem Angebot bestimmungsgemäß als Anlage beigefügt sind und sie – was regelmäßig der Fall sein wird – **von der Unterschrift auf dem Angebotsblankett gedeckt** sind. Will der Auftraggeber, dass Eigenerklärungen gesondert unterzeichnet werden, muss er dies in der Vergabebekanntmachung oder – konkretisierend – mit der Aufforderung zur Abgabe eines Angebots oder in den Verdingungsunterlagen verlangen (OLG Düsseldorf, B. v. 2. 5. 2007 – Az.: VII – Verg 1/07).

6263   Für die vom öffentlichen **Auftraggeber anzuwendende Prüfungstiefe bei der Verifizierung und Kontrolle von Eigenerklärungen gilt zunächst**, dass Eignungsentscheidungen, bei denen **dem Auftraggeber eine Einschätzungsprärogative zukommt**, grundsätzlich nur auf der Grundlage gesicherter Erkenntnisse ergehen dürfen. Die Anforderungen an den Grad der Erkenntnissicherheit sind aber nicht nur an den vergaberechtlichen Grundsätzen der Transparenz und Diskriminierungsfreiheit, sondern **auch am Interesse des öffentlichen Auftraggebers an einer zügigen Umsetzung von Beschaffungsabsichten und einem raschen Abschluss von Vergabeverfahren zu messen**. Dem öffentlicher Auftraggeber kommt insoweit zu Gute, dass sich **aus dem auch im Vergaberecht geltenden Grundsatz von Treu und Glauben Zumutbarkeitsgrenzen für Überprüfungs- und Kontrollpflichten ergeben**. In dem durch die Beteiligung an einer Ausschreibung gemäß §§ 311 Abs. 2, 241 Abs. 2 BGB begründeten Schuldverhältnis sind im Rahmen der Eignungsprüfung die Belange der anderen am Auftrag interessierten Unternehmen nur im Rahmen des Zumutbaren zu berücksichtigen. Die **Grenzen der Zumutbarkeit werden durch den kurzen Zeitraum, in dem die Entscheidung über die Auftragsvergabe zu treffen ist sowie durch die begrenzten Ressourcen und administrativen Möglichkeiten des öffentlichen Auftraggebers, weitere Überprüfungen vorzunehmen, bestimmt**. Für die Entscheidung, ob Bewerber oder ein Bieter auf Grund seiner Eigenerklärungen als geeignet bzw. ungeeignet zu beurteilen ist, ist demnach **nicht erforderlich, dass der öffentliche Auftraggeber sämtliche in Betracht kommenden Erkenntnisquellen ausschöpft**, um die gemachten Angaben zu verifizieren. Vielmehr darf er seine Entscheidung auf eine methodisch vertretbar erarbeitete, befriedigende Erkenntnislage stützen und von einer Überprüfung von Eigenerklärungen absehen, wenn und soweit sich keine objektiv begründeten, konkreten Zweifel an der Richtigkeit ergeben. Nur in diesem Fall ist er gehalten, weitere Nachforschungen anzustellen und gegebenenfalls von neuem in die Eignungsprüfung einzutreten. Ansonsten ist die Entscheidung des öffentlichen Auftraggebers über die Eignung eines Bewerbers (oder Bieters) **bereits dann hinzunehmen, wenn sie unter Berücksichtigung der schon bei Aufstellung der Prognose aufgrund zumutbarer Aufklärung gewonnenen Erkenntnisse (noch) vertretbar erscheint** (OLG Düsseldorf, B. v. 2. 12. 2009 – Az.: VII-Verg 39/09).

6264   **70.11.4.2.2.3 Einzelfälle.** Wenn Unterlagen von Dritten als Eignungsnachweise gefordert werden, ist davon auszugehen, dass es sich bei diesen **Unterlagen um von den Dritten ausgestellte Dokumente handeln muss**; eigene Erklärungen der Bieter sind dementsprechend nicht ausreichend (1. VK Bund, B. v. 4. 8. 2004 – Az.: VK 1–87/04).

6265   Haben die **Aussteller von Nachweisen** – z. B. Finanzämter – **auf dem Original unmissverständlich zum Ausdruck gebracht, dass sie sich von (unbeglaubigten) Fotokopien distanzieren** und solche im Rechtsverkehr gerade nicht als von ihnen stammende „Bescheini-

Vergabe- und Vertragsordnung für Bauleistungen Teil A VOB/A § 6 **Teil 3**

gung der zuständigen Behörde" gelten lassen wollen (z. B. durch den Zusatz auf dem Nachweis, er sei nur im Original bzw. als beglaubigte Fotokopie gültig), legt ein Bieter mit Beifügung von
– **unbeglaubigten – Fotokopien rechtlich nur Eigenerklärungen vor, die einen Hinweis darauf enthalten, dass die geforderten, aber nicht vorgelegten Belege existieren** (OLG Koblenz, B. v. 4. 7. 2007 – Az.: 1 Verg 3/07). Deshalb **genügt die Vorlage einer einfachen Kopie dieser Fremderklärung nicht**, wenn der Aussteller der Fremderklärung deren Gültigkeit ausdrücklich auf die Vorlage des Originals oder einer beglaubigten Kopie beschränkt hat (OLG Naumburg, B. v. 8. 10. 2009 – Az.: 1 Verg 9/09).

Das **Verlangen nach beglaubigten Kopien von Eignungsnachweisen stellt keine unzumutbare Belastung für die Bieter** dar, solange es **sachlich gerechtfertigt und verhältnismäßig erscheint**. Bewegt sich z. B. der ausgeschriebene Dienstleistungsauftrag in einem **sehr sensiblen Bereich der Postbeförderung**, ist dem Auftraggeber **mit Blick auf das zu wahrende Briefgeheimnis** dem Auftraggeber zuzugestehen, dass die Anforderungen an die Zuverlässigkeitsprüfung im Verhältnis zu anderweitigen Dienstleistungen erhöht sind (1. VK Sachsen, 30. 4. 2008 – Az.: 1/SVK/020-08). 6266

Fordert der Auftraggeber bestimmte Eignungsnachweise, z. B. Angaben zu der Ausführung von Leistungen in den letzten drei abgeschlossenen Geschäftsjahren, die mit der zu vergebenden Leistung vergleichbar sind, **muss er auch klar sagen, welche Eignungsmerkmale anhand welcher Nachweise geprüft werden sollen**. Macht er dies nicht, kann keiner der Bieter wegen fehlender Nachweise ausgeschlossen werden (1. VK Bund, B. v. 4. 9. 2007 – Az.: VK 1–89/07). 6267

70.11.4.2.2.4 Gültigkeitsdauer und Unterschrift bei geforderten Nachweisen. Sehen die Ausschreibungsunterlagen zwingend vor, dass die Bieter ihre Eignung zur Auftragsdurchführung innerhalb der Frist zur Angebotsabgabe nachzuweisen haben, und ist ein bestimmter Termin zur Abgabe der geforderten Eignungsnachweise vorgesehen, **kommt es darauf an, dass die Unterlagen zu diesem Zeitpunkt Gültigkeit haben** (OLG Düsseldorf, B. v. 9. 6. 2004 – Az.: VII – Verg 11/04; 1. VK Sachsen, B. v. 23. 2. 2009 – Az.: 1/SVK/003–09; B. v. 14. 3. 2007 – Az.: 1/SVK/006–07). 6268

Schreibt der öffentliche Auftraggeber einen **Auftrag mit einer Leistungszeit von 36 Monaten** aus und fordert er zulässigerweise bestimmte Eignungsnachweise (z. B. Forderung nach einem Grundbuchauszug oder Mietvertrag, Forderung nach einer Erlaubnis gemäß § 3 GüKG), müssen die **Eignungsnachweise auch ohne besonderen Hinweis die gesamte Vertragslaufzeit abdecken** (OLG Düsseldorf, B. v. 24. 5. 2006 – Az.: VII – Verg 14/06). 6269

Sofern in der Vergabebekanntmachung und den Vergabeunterlagen **als Eignungsnachweis ein durch eine Zertifizierungsstelle ausgestelltes Zertifikat gefordert** wird, **muss dieses zum Zeitpunkt der Angebotsabgabe noch Gültigkeit** besitzen. Ansonsten ist der Nachweis nachzufordern und gegebenenfalls das Angebot zwingend auszuschließen (1. VK Sachsen, B. v. 23. 2. 2009 – Az.: 1/SVK/003–09). 6270

In Ausschreibungsbedingungen werden oftmals pauschal **aktuelle Nachweise** z. B. der Sozialversicherungsträger oder der Finanzbehörden gefordert, und zwar **ohne dass das Merkmal der Aktualität konkretisiert ist. Je länger das Ausstellungsdatum zurückliegt, desto mehr verliert die Urkunde an Beweiskraft, weil mit dem nicht belegten Zeitraum auch die – zumindest theoretische – Möglichkeit einer falschen Darstellung der Wirklichkeit steigt** (VK Berlin, B. v. 1. 11. 2004 – Az.: VK – B 2–52/04). Auf der anderen Seite ist **zugunsten der Bieter zu berücksichtigen, dass die Ausstellung aktueller Nachweise manchmal länger als die Angebotsfrist dauert**. In diesen Fällen genügt es, wenn der Bieter nachweist, dass er den aktuellen Nachweis unverzüglich beantragt hat und der Vergabestelle zusagt, ihn unverzüglich nachzureichen. **Spätester Zeitpunkt für die Ergänzung der Vergabeunterlagen ist jedoch die Entscheidung über das wirtschaftlichste Angebot** im Sinn von § 16 VOB/A durch den Auftraggeber. Ein **späterer Zeitpunkt ist mit dem legitimen Interesse des Auftraggebers an einer korrekten Vergabeentscheidung nicht zu vereinbaren**. 6271

Fügt ein Antragsteller seinem Angebot keine Kopie eines aktuellen Handelsregisterauszuges bei, sondern einen **selbst abgerufenen Ausdruck über die „Wiedergabe des aktuellen Registerinhalts"**, Handelsregister B des Amtsgerichts, handelt es sich **hierbei um einen Nachweis, der mit der Vorlage einer Kopie aus dem Handelsregister gleichwertig** ist. Verfasser des vorgelegten Dokumentes ist nicht der Antragsteller selbst. Es handelt sich vielmehr um einen mittels Computer bei dem zuständigen Handelsregister abgerufenen Ausdruck über den aktuellen Registerinhalt, der ebenso wie eine Kopie eines aktuellen Handelsregisterauszuges 6272

Teil 3 VOB/A § 6 Vergabe- und Vertragsordnung für Bauleistungen Teil A

die Richtigkeit der darin enthaltenen Angaben belegt (OLG Düsseldorf, B. v. 9. 6. 2004 – Az.: VII – Verg 11/04).

6273 **70.11.4.2.2.5 Anforderungen an den Inhalt der geforderten Nachweise.** Es obliegt dem Bewerber bzw. Bieter selbst, die **geforderten Nachweise so vorzulegen, dass der Auftraggeber dessen Eignung ohne weitere Nachforschungen prüfen kann**. Es würde wiederum den Grundsätzen eines transparenten, chancengleichen Bieterwettbewerbs widersprechen, wenn ein Auftraggeber verpflichtet wäre, unvollständige Angaben eines Bewerbers durch weitere Recherchen zu vervollständigen. **Die Darlegungs- und Beweislast trägt nach allgemeinen Grundsätzen der Bewerber bzw. der Bieter selbst**, ebenso gehen Unklarheiten seiner Bewerbung zu seinen Lasten (3. VK Bund, B. v. 19. 10. 2004 – Az.: VK 3–191/04).

70.11.4.3 Engere Wahl und Nachforderung

6274 **Können die an der Ausschreibung interessierten Unternehmen bereits aus der Bekanntmachung ersehen, welche Unterlagen gegebenenfalls bereitzuhalten sind, haben sie von diesem Zeitpunkt an die Möglichkeit, Vorkehrungen für den Fall zu treffen, dass der Auftraggeber die genannten Unterlagen anfordert**. Hingegen können ein solcher Bekanntmachungstext und das Aufforderungsschreiben nicht so verstanden werden, dass die Bieter erst einmal im Hinblick auf eventuell geforderte Eignungsnachweise nichts unternehmen sollten und nach Aufforderung durch den Auftraggeber eine mehrwöchige Frist erhalten würden, um die notwendigen Unterlagen zu beschaffen. Gegen die Richtigkeit dieser Auslegung kann bereits sprechen, wenn nur ein einziger Bieter den Text so verstanden hat und den anderen Bietern offenbar klar war, dass sie einerseits nicht verpflichtet sein sollten, sämtliche Eignungsnachweise bereits mit dem Angebot vorzulegen, **andererseits aber jederzeit mit einer Anforderung innerhalb einer kurzen Frist rechnen mussten**. Ein Unternehmen, dem Vergabeverfahren nicht völlig fremd sind, muss zudem angesichts der Verpflichtung der Vergabestellen, Vergabeverfahren zügig durchzuführen, klar sein, dass ihm z. B. zur Beschaffung der Gewerbezentralregisterauszüge nicht eine Frist von über drei Wochen eingeräumt werden würde (1. VK Bund, B. v. 30. 10. 2007 – Az.: VK 1–113/07).

6275 Vgl. dazu weiterhin die Kommentierung zu § 16 Abs. 1 Nr. 3.

70.11.4.4 HVA StB-B 04/2010

6276 Die Bauverwaltungen des Bundes haben Muster für die Erklärung zu Nachunternehmerleistungen entwickelt:

– **HVA B-StB**: HVA B-StB 1.0–7 Muster Eigenerklärung Eignung

70.11.5 Andere Angaben z. B. für die Prüfung der Fachkunde (§ 6 Abs. 3 Nr. 3)

6277 Der Auftraggeber kann andere, auf den konkreten Auftrag bezogene zusätzliche, insbesondere für die Prüfung der Fachkunde geeignete Angaben verlangen.

70.11.5.1 Allgemeine Anforderungen an die Konkretheit des Verlangens von Angaben nach § 6 Abs. 3 Nr. 3

6278 Die in § 6 Abs. 3 Nr. 3 zugelassenen „sonstigen" Angaben sind **vom Auftraggeber zu konkretisieren**. Ohne die erforderliche Konkretisierung ist die Anforderung zu unbestimmt und deshalb für die Bieter unbeachtlich. Der Auftraggeber muss also sagen, was er will (OLG München, B. v. 18. 7. 2008 – Az.: Verg 13/08; 1. VK Bund, B. v. 4. 9. 2007 – Az.: VK 1–89/07; VK Düsseldorf, B. v. 21. 5. 2007 – Az.: VK – 13/2007 – B). Dies folgt **aus dem Transparenz- und Gleichbehandlungsgebot**, da andernfalls ein vergaberechtswidriger Spielraum für Willkürentscheidungen eröffnet würde (1. VK Bund, B. v. 4. 9. 2007 – Az.: VK 1–89/07).

6279 Verlangt der Auftraggeber Nachweise oder Erklärungen im Sinn von § 6 Abs. 3 Nr. 3 VOB/A, muss jeder Unternehmer für die Art der Arbeiten, die er durchführen soll, einen entsprechenden Nachweis vorlegen. Eine andere Lesart widerspricht der Vernunft und ist unsinnig. Wenn die Vorlage eines bestimmten Nachweises verlangt wird, um die technische Leistungsfähigkeit für die Durchführung ausgeschriebener Arbeiten überprüfen zu können, **muss der Nachweis auch den Bieter bzw. den Subunternehmer betreffen, der diese Arbeiten ausführen will**. Einen Eignungsnachweis durch den Bieter bzw. einen dritten Unternehmer, der diese Arbeit gar nicht ausführen soll, interessiert den Auftraggeber nicht (OLG Karlsruhe, B. v. 25. 4. 2008 – Az.: 15 Verg 2/08).

Vergabe- und Vertragsordnung für Bauleistungen Teil A VOB/A § 6 **Teil 3**

70.11.5.2 Zertifizierung

Zur Frage, ob eine Vergabestelle die Zertifizierung nach DIN EN ISO 9001 als Eignungsnachweis für die Fachkunde fordern darf, vergleiche die Kommentierung zu → § 97 GWB Rdn. 801 ff. 6280

70.11.5.3 Referenzen

Vgl. zu Referenzen die Kommentierung zu → § 97 GWB Rdn. 678 ff. 6281

70.11.5.4 Vorlage eines Meisterbriefs

Nach § 97 Abs. 4 GWB gilt, dass Aufträge an fachkundige, leistungsfähige und zuverlässige Unternehmen vergeben werden; andere oder weitergehende Anforderungen dürfen an Auftragnehmer nur gestellt werden, wenn dies durch Bundes- oder Landesrecht vorgesehen ist. Diese **Anforderungen müssen mit den Vorschriften des EG-Vertrages (jetzt des Vertrags über die Arbeitsweise der Europäischen Union) zum Diskriminierungsverbot sowie zum freien Waren- und Dienstleistungsverkehr vereinbar sein.** Nachdem die **deutsche Handwerksordnung hinsichtlich ihrer Regeln zur Eintragung in die Handwerksrolle in § 7 Abs. 2 a an das europäische Recht angepasst** wurde, besteht auch für Personen aus Mitgliedsstaaten der Europäischen Gemeinschaft die Möglichkeit, in die Handwerksrolle eingetragen zu werden. Auch besteht gem. § 8 Handwerksordnung die Möglichkeit der Ausnahmebewilligung zur Eintragung in die Handwerksrolle. Daneben darf gem. §§ 7 a und 7 b Handwerksordnung mittlerweile unter bestimmten Voraussetzungen auch ohne Eintragung in die Handwerksrolle ein Handwerk ausgeübt werden. **Verschärft der Auftraggeber** mit der **zusätzlichen Anforderung eines Meisterbriefes die Regelungen der Handwerksordnung** zur Eintragung in die Handwerksrolle, so versperrt er damit über das gesetzlich angeordnete Maß hinaus den Zugang zu einer europaweit ausgeschriebenen Bauleistung. Der Auftraggeber darf daher nicht die Vorlage eines Meisterbriefs fordern (1. VK Bund, B. v. 9. 2. 2005 – Az.: VK 2–03/05). 6282

70.11.5.5 Schweißnachweis

Der **Schweißnachweis**, Klasse B ist eine **unternehmensbezogene Bescheinigung, die eine spezielle Fachkunde nachweist.** Es handelt sich dabei um einen sonstigen Nachweis im Sinne von § 6 Abs. 3 Nr. 3 VOB/A (OLG Düsseldorf, B. v. 30. 11. 2009 – Az.: VII-Verg 41/09; OLG München, B. v. 21. 8. 2008 – Az.: Verg 13/08; B. v. 18. 7. 2008 – Az.: Verg 13/08; 2. VK Bund, B. v. 21. 9. 2009 – Az.: VK 2–126/09). 6283

Welche Anforderungen in materieller Hinsicht an das vorzulegende Zertifikat (Schweißnachweis) zu richten sind, ergibt sich ausschließlich aus den tatsächlichen Erfordernissen des Auftrags. Alles andere würde bedeuten, dass der Auftraggeber Anforderungen aufstellen dürfte, die für die Durchführung des Auftrags gar nicht erforderlich sind. Ist z. B. ausweislich des Leistungsverzeichnisses ein Brandgasentrauchungsauslass zu liefern, der unstreitig lediglich dem Abmessungsbereich II für entsprechende Stahlschornsteine zuzuordnen ist, ist folglich ein **Eignungsschweißnachweis mit Geltung nur für Stahlschornsteine des Abmessungsbereichs II** sachlich ausreichend (2. VK Bund, B. v. 21. 9. 2009 – Az.: VK 2–126/09). 6284

70.11.6 Andere Angaben für die Prüfung der Zuverlässigkeit

§ 6 Abs. 3 Nr. 3 nennt beispielhaft andere Angaben für die Prüfung der Fachkunde und lässt damit auch die Forderung nach anderen Angaben für die Prüfung der Zuverlässigkeit zu. 6285

70.11.6.1 Auszug aus dem Bundeszentralregister

Im Bundeszentralregister werden rechtskräftige Entscheidungen der Strafgerichte eingetragen, wobei sich **diese Eintragungen ausschließlich auf natürliche Personen beziehen**, weil nur diese – im Gegensatz zu den juristischen Personen – straffällig werden können. Das **Bundeszentralregister gibt somit Auskunft darüber, ob die betreffende Person vorbestraft ist oder nicht.** Vor diesem Hintergrund wird in § 32 BZRG von einem „Führungszeugnis" gesprochen, dass in unterschiedlicher Belegart, entweder Belegart N oder Belegart O, das für die Vorlage bei einer deutschen Behörde bestimmt ist, ausgestellt wird. Der Hinweis „Bundeszentralregisterauszug" führt somit zwangsläufig zu dem Begriff des Führungszeugnisses. 6286

Teil 3 VOB/A § 6 Vergabe- und Vertragsordnung für Bauleistungen Teil A

6287 Gemäß § 1 BZRG **führt das Bundesamt für Justiz seit dem 1. 1. 2007** das **Bundeszentralregister**, das Gewerbezentralregister und das Zentrale Staatsanwaltliche Verfahrensregister als Registerbehörde und hat damit diese Aufgabe vom Generalbundesanwalt beim Bundesgerichtshof zuständigkeitshalber übernommen.

6288 **Gegen die Forderung eines Bundeszentralregisterauszuges** bestehen grundsätzlich **keine Bedenken** (VK Münster, B. v. 27. 4. 2007 – Az.: VK 06/07). Die Beibringung eines Auszuges aus dem Bundeszentralregister stellt **keine unverhältnismäßige Anforderung an die Bieter**, wenn die Vergabestelle die **Bearbeitungsfrist zur Erteilung eines Auszuges ausreichend berücksichtigt**. Dem kann die Vergabestelle dadurch Rechnung tragen, dass sie die Beantragung eines Auszugs akzeptiert, wenn dieser zeitnah nachgereicht wird. Sofern ein solcher Auszug gefordert wird, versteht es sich aus dem Sachzusammenhang von selbst, **dass dieser auch aktuell sein muss**. Denn je länger das Ausstellungsdatum zurückliegt, desto mehr verliert die Urkunde an Beweiskraft, weil mit dem nicht belegten Zeitraum auch die – zumindest theoretische – Möglichkeit einer nicht erfassten Straftat wächst. Dementsprechend bestimmt § 5 Abs. 1 Satz 3 SchwArbG, dass bei Bauaufträgen Auszüge aus dem Gewerbe- oder Bundeszentralregister nicht älter als drei Monate sein dürfen. Das Erfordernis der Aktualität ergibt sich auch aus § 30 Abs. 5 BRZG, wonach Führungszeugnisse zur Vorlage bei Behörden, nach Antragstellung direkt an diese übermittelt werden (VK Berlin, B. v. 1. 11. 2004 – Az.: VK – B 2–52/04).

6289 Verlangt der öffentliche Auftraggeber als **Eignungsnachweis einen Bundeszentralregisterauszug der Einzelunternehmer** bzw. **sämtlicher natürlicher Vertreter der juristischen Person**, müssen diejenigen Bieter, die nicht Einzelunternehmer sind, einen **Bundeszentralregisterauszug hinsichtlich ihrer Vertreter**, was wiederum natürliche Personen sind, vorlegen (VK Münster, B. v. 27. 4. 2007 – Az.: VK 06/07).

70.11.6.2 Auszug aus dem Gewerbezentralregister

6290 **70.11.6.2.1 Allgemeines.** Das **Gewerbezentralregister betrifft** – im Gegensatz zum Bundeszentralregister – **sowohl natürliche als auch juristische Personen** und enthält gemäß § 149 Abs. 2 GewO u. a. **Eintragungen über bestimmte strafgerichtliche Verurteilungen**, die im Zusammenhang mit der Gewerbeausübung begangen wurden.

6291 Gemäß § 1 BZRG **führt das Bundesamt für Justiz seit dem 1. 1. 2007** das Bundeszentralregister, das **Gewerbezentralregister** und das Zentrale Staatsanwaltliche Verfahrensregister als Registerbehörde und hat damit diese Aufgabe vom Generalbundesanwalt beim Bundesgerichtshof zuständigkeitshalber übernommen.

6292 **Gegen die Forderung eines Gewerbezentralregisterauszuges** bestehen grundsätzlich **keine Bedenken** (VK Baden-Württemberg, B. v. 5. 11. 2008 – Az.: 1 VK 42/08; 3. VK Bund, B. v. 24. 1. 2008 – Az.: VK 3–151/07; VK Münster, B. v. 27. 4. 2007 – Az.: VK 06/07; VK Nordbayern, B. v. 26. 2. 2008 – Az.: 21.VK – 3194 – 02/08). Der **Gewerbezentralregisterauszug** (§ 150 GWO) ist für den Auftraggeber ein **Hilfsmittel zur Beurteilung der Zuverlässigkeit** eines Bieters oder Bewerbers (VK Baden-Württemberg, B. v. 5. 11. 2008 – Az.: 1 VK 42/08; 3. VK Bund, B. v. 24. 1. 2008 – Az.: VK 3–151/07; VK Bund, B. v. 18. 1. 2007 – Az.: VK 3-153/06; VK Lüneburg, B. v. 27. 10. 2006 – Az.: VgK-26/2006; VK Südbayern, B. v. 7. 4. 2006 – Az.: 07-03/06). Eingetragen werden z. B. **Verwaltungsentscheidungen der Gewerbebehörden** wegen Unzuverlässigkeit oder Ungeeignetheit sowie **Bußgeldentscheidungen** gegen Gewerbetreibende (VK Südbayern, B. v. 7. 4. 2006 – Az.: 07-03/06).

6293 Durch das Inkrafttreten der Änderungen im **Zweiten Gesetz zum Abbau bürokratischer Hemmnisse insbesondere in der mittelständischen Wirtschaft (MEG II** – BGBl 2007 Teil 1 Nr. 47 vom 13. 9. 2007) am 14. 9. 2007 im Bereich des § 21 SchwarzArbG sollten bei öffentlichen Bauaufträgen und im Bereich des § 6 Satz 4 AEntG bei Liefer-, Bau- oder Dienstleistungsaufträgen **insbesondere mittelständische Betriebe mit der Wiederzulassung von Eigenerklärungen von zusätzlichen Kosten und Aufwand entlastet** werden. Dies bezieht sich aber ausschließlich darauf, dass bisher der Nachweis für das Fehlen des entsprechenden Ausschlussgrundes für die Teilnahme am öffentlichen Wettbewerb durch die gesetzliche Vorgabe in § 21 SchwarzArbG und § 6 Satz 4 AEntG zwingend nur mit einem GZR-Auszug, der nicht älter als 3 Monate sein durfte, geführt werden konnte. Die **Vergabestelle konnte allerdings insoweit auch bisher schon eine eigene Auskunft nach § 150a GewO einholen. Diese dient nunmehr nur noch der Überwachung der mit dem MEG II wieder zugelassenen Eigenerklärungen der Bieter. Daraus kann keine Beschränkung der öffentlichen Auftraggeber für die Prüfung der Zuverlässigkeit von Bietern auf den § 150a Abs. 1**

Vergabe- und Vertragsordnung für Bauleistungen Teil A VOB/A § 6 **Teil 3**

Nr. 4 GewO gefolgert werden. Der Gesetzgeber zielte mit dem MEG II darauf ab, dass den Bietern bei einer Beteiligung am öffentlichen Wettbewerb nicht für jede Bewerbung um einen öffentlichen Auftrag durch die Regelungen in § 21 SchwarzArbG und § 6 Satz 4 AEntG per Gesetz die Vorlage aktueller GZR-Auszüge nicht älter als 3 Monate auferlegt wird. Nur insoweit sollte eine Entlastung erfolgen. Dies ergibt sich auch aus der Bundestagsdrucksache 16/4764, S. 10f. **Aus der Begründung zu den Änderungen in § 21 SchwarzArbG und § 6 Satz 4 AEntG im MEG II ist nicht zu entnehmen, dass generell die Vergabestellen keine GZR-Auszüge mehr nach § 150 GewO von den Bietern verlangen dürften.** Es sollten nicht die Prüfungsumfänge für die öffentlichen Auftraggeber im Hinblick auf die Zuverlässigkeit der Bieter eingeschränkt werden. Diese Frage wurde überhaupt nicht thematisiert. Dies zeigt auch, dass der eigene GZR-Auskunftsanspruch der öffentlichen Auftraggeber nach § 150a Abs. 1 Nr. 4 GewO genau auf die korrespondierenden wieder zugelassenen Eigenerklärungen abgestimmt ist. Für eine weitergehende Interpretation besteht kein Raum (VK Nordbayern, B. v. 26. 2. 2008 – Az.: 21.VK – 3194 – 02/08; 1. VK Sachsen, B. v. 28. 7. 2008 – Az.: 1/SVK/037-08).

Die **Beifügung eines Auszugs aus dem Gewerbezentralregister darf zumindest bei Aufträgen im Baubereich aufgrund** Art. 4a und § 21a des Zweiten Gesetzes zum Abbau bürokratischer Hemmnisse insbesondere in der mittelständischen Wirtschaft (**MEG II**) vom 7. 9. 2007 (BGBl. I, Nr. 47 vom 13. 9. 2007, in Kraft seit 14. 9. 2007) **nicht mehr gefordert werden.** In Niedersachsen wurde diese Regelung umgesetzt durch Gem. RdErl. des MW und MF vom 19. 11. 2007 – 24-01404/0090 – VORIS 72080 (Nds. MBl. 49/2007 vom 5. 12. 2007). Danach muss der Auftraggeber nunmehr ab einem Auftragswert von 30 000 € von den Bietern eine Eigenerklärung anfordern und er **muss selbst – allerdings nur für den Bieter, der nach dem Ergebnis des Vergabeverfahrens den Zuschlag erhalten soll – eine Auskunft aus dem Gewerbezentralregister nach § 150a der GewO anfordern**. Für die Anfrage steht nunmehr ein **Online-Anfragesystem des Bundesjustizamtes** (www.bundesjustizamt.de) zur Verfügung (VK Niedersachsen, B. v. 15. 12. 2009 – Az.: VgK-63/2009). 6294

70.11.6.2.2 Weitere Beispiele aus der Rechtsprechung 6295

– die Forderung nach einem Gewerbezentralregisterauszug ist **im Hinblick auf die besondere Sicherheitsrelevanz der zu vergebenden Bewachungsdienste** neben den polizeilichen Führungszeugnissen, welche die Eintragungen aus dem Bundeszentralregister abdecken, **zulässig**. Auszüge aus dem Bundeszentralregister und Auszüge aus dem GZR decken unterschiedliche Bereiche ab (§ 10 Abs. 2 BZRG) und sind daher nicht identisch (VK Nordbayern, B. v. 26. 2. 2008 – Az.: 21.VK – 3194 – 02/08)

70.11.6.2.3 Literatur 6296

– Kühnen, Jürgen, Nochmals: Gewerbezentralregisterauszug und Vergabeverfahren, NZBau 2007, 762
– Uwer, Dirk/Hübschen, Nikolas, Gewerbezentralregisterauszug und Vergabeverfahren – Zur Umgehung beschränkter Auskunftsansprüche öffentlicher Auftraggeber, NZBau 2007, 757

70.11.6.3 Vorlage einer Gewerbeanmeldung

Fordert der Auftraggeber eine **Gewerbeanmeldung – nicht älter als drei Monate –**, ergibt sich bei verständiger Würdigung der Anforderung, dass nicht eine längstens drei Monate zurückliegende Gewerbeanmeldung gefordert ist, sondern **ein höchstens drei Monate alter Nachweis über die Gewerbeanmeldung** (OLG Brandenburg, B. v. 17. 12. 2008 – Az.: Verg W 17/08). 6297

70.11.7 Andere Angaben über die technische Leistungsfähigkeit

§ 6 Abs. 3 Nr. 3 nennt beispielhaft andere Angaben für die Prüfung der Fachkunde und lässt damit auch die Forderung nach anderen Angaben für die Prüfung der technischen Leistungsfähigkeit zu. **§ 6 Abs. 3 Nr. 4 greift nicht ein**, da die Vorschrift nur die wirtschaftliche und finanzielle Leistungsfähigkeit betrifft. 6298

70.11.7.1 Die zur Verfügung stehende technische Ausrüstung

70.11.7.1.1 Hinweis. Die Möglichkeit, Angaben über die zur Verfügung stehende technische Ausrüstung zu verlangen, war **in § 8 Nr. 3 Abs. 1 lit. d) VOB/A 2006** enthalten und ist **in der VOB/A 2009 gestrichen** worden. 6299

6300 **70.11.7.1.2 Behördliche Genehmigungen.** Der Auftraggeber kann zum Nachweis der fachlichen Eignung und Leistungsfähigkeit des Bieters eine Beschreibung der zur Auftragsdurchführung vorgesehenen technischen Ausrüstung fordern. **Bedarf der Bieter zur Errichtung oder zum Einsatz dieser technischen Ausrüstung (oder von Teilen derselben) einer behördlichen Genehmigung, darf der Auftraggeber darüber hinaus auch den Nachweis dieser Genehmigung verlangen.** Benötigt der Bieter für die Herrichtung oder den Betrieb seiner technischen Ausrüstung eine behördliche Genehmigung, ist er nur bei Vorliegen dieser Genehmigung leistungsfähig. Das bedeutet, dass der Bieter in solchen Fällen seine Leistungsfähigkeit nur durch eine Beschreibung seiner technischen Ausrüstung in Verbindung mit der Vorlage der zum Einsatz der Gerätschaften erforderlichen Genehmigungen und Erlaubnisse nachweisen kann, und dass sich umgekehrt auch der Auftraggeber nur durch die Beschreibung der technischen Ausrüstung und die Vorlage der zum Betrieb der Ausrüstung erforderlichen Genehmigungen von der Leistungsfähigkeit des Bieters überzeugen kann. Bei verständiger Auslegung der Norm ist deshalb auch die Anforderung einer zur Errichtung und/oder zum Betrieb der technischen Ausrüstung benötigten behördlichen Erlaubnis von § 6 Abs. 3 Nr. 3 gedeckt (OLG Düsseldorf, B. v. 9. 7. 2003 – Az.: Verg 26/03 – Genehmigung einer Abfallbehandlungsanlage).

6301 **70.11.7.1.3 Zeitpunkt des Vorliegens der technischen Ausrüstung.** Nach einer Auffassung muss dann, wenn zum Nachweis der Eignung vom Bieter Angaben über die **zur Ausführung der zu vergebenden Leistung zur Verfügung stehende technische Ausrüstung** verlangt werden, diese **technische Ausrüstung nicht schon zum Zeitpunkt der Angebotsabgabe zur Verfügung stehen**, denn es ist unerheblich, ob diese Geräte später angemietet oder angekauft werden oder sich bereits jetzt im Besitz des Bewerbers befinden (VK Südbayern, B. v. 5. 3. 2001 – Az.: 02-02/01).

6302 Nach der Gegenmeinung sind ausschließlich die Angaben im Geräteverzeichnis zugrunde zu legen. Der **Auftraggeber muss unberücksichtigt lassen, ob der Bieter in der Lage wäre, bei Bedarf zusätzliches Gerät kurzfristig zu erwerben oder anzumieten.** Dass derartige hypothetische Erwägungen unstatthaft sind, folgt schon aus dem **Sinn und Zweck einer Geräteliste**. Sie soll dem öffentlichen Auftraggeber einen Überblick über diejenige technische Ausrüstung geben, die der Bieter zur Auftragsausführung zum Einsatz bringen will und über die er im Zeitpunkt der Auftragsdurchführung auch sicher verfügen wird. Nur auf der Grundlage dieser Daten kann der öffentliche Auftraggeber verantwortlich und zuverlässig überprüfen, ob dem jeweiligen Bieter aus technischer Sicht die vertragsgerechte Erledigung der ausgeschriebenen Leistungen möglich ist. Für den Bieter folgt daraus die Notwendigkeit, in das Geräteverzeichnis alle für die Auftragserledigung vorgesehenen Gerätschaften aufzuführen (2. VK Bund, B. v. 7. 7. 2005 – Az.: VK 2–66/05; B. v. 11. 1. 2005 – Az.: VK 2–220/04). **Handelt es sich um fremdes Gerät, muss überdies dargelegt werden, dass dem Bieter jene technische Ausrüstung im Zeitpunkt der Auftragsdurchführung mit hinreichender Gewissheit zur Verfügung stehen wird** (OLG Düsseldorf, B. v. 25. 2. 2004 – Az.: VII – Verg 77/03).

6303 **70.11.7.1.4 Beispiele aus der Rechtsprechung**

- unter „**Verfügbarkeit**" ist lediglich zu verstehen, dass derjenige oder diejenige, der oder die den Auftrag erhält, in der Lage sein muss, während des Jahres die genannten Geräte zur Erfüllung des erteilten Auftrages einzusetzen. Damit ist jedoch **nicht zugleich verlangt**, dass der Auftragnehmer schon im Zeitpunkt der Abgabe des Angebots entweder **Eigentümer dieser Maschinen sein müsse** oder kraft eines bereits zu diesem Zeitpunkt – unter Umständen aufschiebend bedingt – bestehenden schuldrechtlichen Verhältnisses die **(rechtliche) Sicherheit haben müsse**, diese Gerätschaften im Zeitraum auch tatsächlich nutzen zu können (Hanseatisches OLG Bremen, B. v. 24. 5. 2006 – Az.: Verg 1/2006)

- aufgrund des Umfangs und der Bedeutung der zu vergebenden Leistung war es der Vergabestelle nicht verwehrt, den **Nachweis der Kompetenzen und den Hintergrund des Investitionsinteresses** zu fordern. Sie beabsichtigt, den Entsorgungsvertrag für einen Zeitraum von 15 Jahren zunächst an ihre Eigengesellschaft zu vergeben, deren Geschäftsanteile zu 49% an ein privates Unternehmen veräußert werden sollen. Um die Leistungsfähigkeit der Bewerber beurteilen zu können, war es für die Vergabestelle von Bedeutung, zu erfahren, mit welcher Motivation und mit welchem strategischen Ziel die Unternehmen sich gerade um diesen Auftrag bewerben (VK Magdeburg, B. v. 24. 10. 2001 – Az.: 33–32571/07 VK 18/01 MD)

- besteht die **zu erbringende Leistung in Abfalltransporten**, die jedenfalls zu einem erheblichen Teil durch das Unternehmen selbst durchzuführen sind, hat die Vergabestelle ein berechtigtes Interesse daran zu erfahren, ob der Bewerber über das technische Gerät verfügt, um die anfallenden Transportleistungen zu einem erheblichen Teil selbst durchzuführen. Hierfür ist der **Nachweis über die auf den Bewerber zugelassenen Hakenliftfahrzeuge durch Vorlage einer Kopie des Fahrzeugbriefs** ein geeignetes Mittel (BayObLG, B. v. 12. 4. 2000 – Az.: Verg 1/00).

70.11.7.2 Erklärung zur Qualitätssicherung und Qualifikation Entwässerungsanlagen

Eine solche Erklärung ermöglicht es dem Auftraggeber, die für ausgeschriebene Entwässerungsarbeiten von ihm erwartete technische Leistungsfähigkeit des Bieters oder Nachunternehmers zu prüfen. Grundsätzlich hat der Unternehmer, der die Entwässerungsarbeiten erbringen will, zu erklären, dass er **aufgrund seiner die ausgeschriebenen Entwässerungsarbeiten betreffenden technischen Leistungsfähigkeit berechtigt ist, ein RAL-Gütezeichen Kanalbau zu führen** (vgl. dazu Nr. 5 der Gütesicherung Kanalbau RALGZ 961, I 207). Sollte ein Unternehmer nicht zur Führung des RAL-Gütezeichens berechtigt sein, kann er am Bietverfahren trotzdem teilnehmen, wenn er bzw. sein Nachunternehmer („ersatzweise") die **für die Durchführung der Arbeiten geforderte technische Leistungsfähigkeit dadurch nachweist, dass er einen fachkundigen Dritten, nämlich die Gütegemeinschaft Kanalbau oder eine andere unabhängige technische Überwachungsorganisation, seine Arbeiten überwachen lässt**. Aus dem Nachweis einer Vereinbarung über den Abschluss eines solchen Überwachungsvertrags kann der Auftraggeber zulässigerweise Rückschlüsse auf die technische Leistungsfähigkeit des Bieters ziehen und damit die Qualität von dessen Leistungen sichern (OLG Karlsruhe, B. v. 25. 4. 2008 – Az.: 15 Verg 2/08). 6304

70.11.8 Andere Nachweise der wirtschaftlichen und finanziellen Leistungsfähigkeit (§ 6 Abs. 3 Nr. 4)

Der Auftraggeber wird andere ihm geeignet erscheinende Nachweise der wirtschaftlichen und finanziellen Leistungsfähigkeit zulassen, wenn er feststellt, dass stichhaltige Gründe dafür bestehen. 6305

70.11.8.1 Bestätigungsvermerk eines Wirtschaftsprüfers

Bei dem **Bestätigungsvermerk einer Wirtschaftsprüfergesellschaft handelt es sich um die Zusammenfassung der Prüfung des Jahresabschlusses einer Kapitalgesellschaft**. Der Abschlussprüfer ist gemäß § 323 Abs. 1 Handelsgesetzbuch (HGB) zur gewissenhaften und unparteiischen Prüfung verpflichtet. Der Bestätigungsvermerk ist gemäß § 322 Abs. 2 HGB in geeigneter Weise zu ergänzen, wenn zusätzliche Bemerkungen erforderlich erscheinen, um einen falschen Eindruck über den Inhalt der Prüfung und die Tragweite des Bestätigungsvermerks zu vermeiden. In einem derartigen Bestätigungsvermerk sind gemäß § 322 Abs. 3 Satz 2 HGB insbesondere die Risiken der künftigen Entwicklung des Unternehmens zutreffend darzustellen. Ein **Bestätigungsvermerk ist aufgrund der handelsrechtlichen Vorschriften eine ausreichend gesicherte Information**, die von einem Auftraggeber für die eigene Einschätzung der finanziellen Leistungsfähigkeit eines Bieters zugrunde gelegt werden kann. Auch der Lagebericht, auf den der Bestätigungsvermerk Bezug nimmt, ist eine ausreichend sichere Informationsquelle. Nach § 289 HGB ist im Lagebericht der Geschäftsverlauf und die Lage der Kapitalgesellschaft so darzustellen, dass ein den tatsächlichen Verhältnissen entsprechendes Bild vermittelt wird (2. VK Bund, B. v. 10. 2. 2004 – Az.: VK 2–150/03). 6306

70.11.8.2 Vorlage einer Bankerklärung

Definiert der Auftraggeber nicht genau, welche Bankerklärung mit welchem Inhalt er möchte, kommt es darauf an, was ein durchschnittlicher Bieter darunter verstehen konnte und durfte. **Konkretisiert der Auftraggeber seine Nachweisforderung nicht, bleibt es den Bietern überlassen, mit welchem Inhalt solche Bankerklärungen abgegeben werden** (OLG Düsseldorf, B. v. 6. 7. 2005 – Az.: VII – Verg 22/05; VK Düsseldorf, B. v. 28. 10. 2005 – Az.: VK – 34/2005 – L). 6307

70.11.8.3 Bonitätsindex bei Auskunfteien (Creditreform)

Auch wenn der Bonitätsindex eines Bewerbers nach den Definitionen der Creditreform bedeutet, dass eine „**sehr schwache Bonität**" vorliegt, führt dies **nicht an sich zur Verneinung der Eignung**. Dabei kann dahinstehen, inwieweit eine Auskunft der Creditreform grundsätzlich ge- 6308 eignet ist, aussagekräftige Informationen zur Frage der Eignung eines Bewerbers zu geben. Aber selbst eine – unterstellte – „sehr schwache Bonität" bedeutet nicht automatisch, dass das Unternehmen nicht geeignet ist. Insbesondere ist aufgrund dieser Einschätzung nicht zu erwarten, dass der Bewerber die Leistung nicht erfüllen und den Auftrag nicht einwandfrei ausführen wird (1. VK Bund, B. v. 27. 9. 2002 – Az.: VK 1–63/02).

70.11.8.4 Nachweis einer Berufshaftpflichtversicherung

6309   Der **Auftraggeber** ist **berechtigt, umfassenden Berufshaftpflichtversicherungsschutz** für die zu vergebende Leistung zu verlangen (OLG Thüringen, B. v. 6. 6. 2007 – Az.: 9 Verg 3/07; VK Baden-Württemberg, B. v. 13. 11. 2008 – Az.: 1 VK 41/08; VK Südbayern, B. v. 7. 7. 2006 – Az.: 11-04/06). Eine entsprechende **Forderung ist insbesondere nicht unzumutbar oder sachfremd.** Der Auftraggeber verlangt die Vorlage zum Nachweis der wirtschaftlichen und finanziellen Leistungsfähigkeit des Bieters, mithin als Eignungsnachweis. Auch die **Forderung nach summenmäßigem Ausweis der Deckungssummen im Nachweis ist nicht unzumutbar.** Durch sie will der Auftraggeber Nachforschungen zur Höhe der Deckung vermeiden. Dem Bieter wird es regelmäßig leichter möglich sein, die Deckungssummen zu ermitteln und bestätigen zu lassen (VK Baden-Württemberg, B. v. 13. 11. 2008 – Az.: 1 VK 41/08).

6310   Der **Forderung nach einem Versicherungsnachweis** liegt regelmäßig das **Interesse des Auftraggebers** zugrunde, durch die Forderung eines entsprechenden Versicherungsnachweises **einer haftpflichtschadensbedingten Gefährdung der ordnungsgemäßen Leistungserbringung durch eine vermeidbare Verschlechterung der wirtschaftlichen Lage des Leistungserbringers ebenso entgegenzuwirken,** wie die **Realisierung der eigenen Ansprüche auf Schadensersatz durch die Existenz eines solventen Schuldners abzusichern.** Die insoweit regelmäßig auftraggeberseitig ausgelöste Pflicht zur Nachweisführung umfasst für alle potentiellen Bieter daher erkennbar das Erfordernis, den Beweis für das Bestehen einer Haftpflichtversicherung zumindest bis zum Zeitpunkt des avisierten Ausführungsbeginns – besser noch bis zum eingeplanten Ausführungsende – der eigentlichen Leistungserbringung mit der Angebotsabgabe vorzulegen (1. VK Sachsen-Anhalt, B. v. 31. 7. 2008 – Az.: 1 VK LVwA 04/08).

6311   Die **Forderung „Nachweis über die Haftpflichtversicherung und deren Deckungsrisiken und Deckungssummen bei einem in der EU zugelassenen Versicherungsunternehmen"** reicht grundsätzlich für eine vergaberechtskonforme Bekanntmachung von Mindestanforderungen **aus.** Fügt der Auftraggeber jedoch in dem Bekanntmachungsformular den **Nachsatz** „Möglicherweise geforderte Mindeststandards: **Siehe hierzu die in den Verdingungsunterlagen beschriebenen Anforderungen"** hinzu, wird unklar, ob die zuvor genannten Erklärungen bzw. Nachweise wirklich zwingend sind; die Vergabestelle hält sich damit ihre Entscheidung offen, ob und welche Mindeststandards (= Mindestanforderungen) sie stellen will. Dies ist **unzulässig** (OLG Düsseldorf, B. v. 12. 3. 2008 – Az.: VII – Verg 56/07).

6312   Fordert der Auftraggeber eine **Eigenerklärung über das Bestehen einer Betriebshaftpflichtversicherung oder die Bereitschaft eines Versicherungsunternehmens, im Falle der Zuschlagserteilung auf ein Los eine solche Versicherung mit dem Bieter abzuschließen und legt der Bieter ein Schreiben der Stadtverwaltung Xxx des Inhaltes vor, dass bestätigt (wird), dass der Kommunalservice Xxx – als Bieter – über den Versicherungsvertrag der Stadt Xxx beim Kommunalen Schadensausgleich (KSA) .., haftpflichtversichert ist, hat der Bieter die mit der Abgabe des Angebots geforderte Erklärung damit nicht abgegeben** (formale Nichterfüllung der geforderten Nachweis- und Erklärungsführung). Die abgegebene Erklärung und der beigefügte Nachweis genügen auch inhaltlich nicht den Anforderungen, die die Vergabestelle mit ihren Forderungen nach entsprechenden Nachweisen und Erklärungen gestellt hat (materielle Nichterfüllung der geforderten Nachweis- und Erklärungsführung). Die Mitversicherung über die Stadt Xxx beim „Kommunalen Schadenausgleich (KSA)stellt substantiell etwas anderes dar, als das, was die Vergabestelle mit der Ausschreibung gefordert hat. Sie stellt ein „aliud" dar, das deshalb nicht dazu führt, dass der Bieter mit seinem Angebot den Anforderungen genügt hat (VK Thüringen, B. v. 7. 5. 2009 – Az.: 250–4003.20–2304/2009-007-SHK).

6313   Die **Anforderung „Nachweis einer Berufshaftpflichtversicherungsdeckung durch Vorlage einer Bestätigung der Versicherung"** kann nur auf eine einzige Weise sinnvoll ausgelegt werden, nämlich die, dass der Begriff „Versicherung" als das **versichernde Unternehmen aufzufassen** ist. Die Formulierung im Ganzen ergibt lediglich dann einen

Sinn, wenn mit „Versicherung" das Versicherungsunternehmen gemeint ist. Legt man hingegen das Verständnis zugrunde, wonach Versicherung hier praktisch den Bestand der Versicherung beinhalten soll, „das Versicherte" also, so hätte für eine derartige Auffassung der erste Teil der Anforderung („Nachweis einer Berufshaftpflichtversicherungsdeckung") bereits für sich alleine ausgereicht. Der Zusatz „durch Vorlage einer Bestätigung der Versicherung" macht in Erweiterung der Grundanforderung ergänzend deutlich, „wer" nach der Vorstellung des Auftraggebers Urheber des Nachweises sein muss (VK Berlin, B. v. 15. 7. 2009 – Az.: VK – B 1–16/09).

70.11.8.5 Eigenerklärung bezogen auf außerordentlich gekündigte Vertragsverhältnisse

Die Forderung nach einer **Eigenerklärung bezogen auf außerordentlich gekündigte Vertragsverhältnisse** ist **ungewöhnlich**, aber **zumutbar** (VK Arnsberg, B. v. 15. 1. 2009 – Az.: VK 31/08; B. v. 15. 1. 2009 – Az.: VK 30/08). 6314

70.12 Allgemeine Anforderungen an vom Auftraggeber geforderte Angaben und Nachweise (Rechtfertigung durch den Gegenstand des Auftrags)

Mit der **Pflicht des Auftraggebers**, die **Eignung** der am Auftrag interessierten Unternehmen zu **prüfen**, korrespondiert das **Recht, die Vorlage von Eignungsnachweisen zu fordern** (OLG Koblenz, B. v. 3. 9. 2010 – Az.: VK 2–28/10). 6315

Der öffentliche Auftraggeber darf von den Bewerbern oder Bietern die Vorlage von Angaben, Bescheinigungen oder Nachweisen verlangen, die **durch den Gegenstand des ausgeschriebenen Auftrags gerechtfertigt** erscheinen. Entscheidend ist, ob aus verständiger Sicht der Vergabestelle ein **berechtigtes Interesse an den in der Ausschreibung aufgestellten Forderungen** besteht, so dass diese als **sachlich gerechtfertigt und verhältnismäßig** erscheinen und den **Bieterwettbewerb nicht unnötig einschränken** (VK Arnsberg, B. v. 29. 12. 2006 – Az.: VK 31/06; 3. VK Bund, B. v. 29. 1. 2007 – Az.: VK 3–04/07; B. v. 18. 1. 2007 – Az.: VK 3–150/06; VK Münster, B. v. 12. 5. 2009 – Az.: VK 5/09; B. v. 23. 10. 2003 – Az.: VK 19/03; VK Schleswig-Holstein, B. v. 28. 1. 2008 – Az.: VK-SH 27/07). 6316

70.13 Bezeichnung der Nachweise (§ 6 Abs. 3 Nr. 5)

70.13.1 Grundsatz

Bei Öffentlicher Ausschreibung sind in der Aufforderung zur Angebotsabgabe die Nachweise zu bezeichnen, deren Vorlage mit dem Angebot verlangt oder deren spätere Anforderung vorbehalten wird. Bei Beschränkter Ausschreibung nach Öffentlichem Teilnahmewettbewerb ist zu verlangen, dass die Nachweise bereits mit dem Teilnahmeantrag vorgelegt werden (2. VK Bund, B. v. 13. 2. 2003 – Az.: VK 2–98/02; 3. VK Bund, B. v. 19. 10. 2004 – Az.: VK 3–191/04). 6317

70.13.2 Kein Pauschaler Bezug auf § 6 Abs. 3 Nr. 5

Macht der Auftraggeber bezüglich der zur Eignungsbeurteilung vorzulegenden Unterlagen oder Erklärungen mehrdeutige Vorgaben oder **fordert er pauschal Nachweise nach § 6 Abs. 3 Nr. 5**, entbehrt dies der notwendigen Anpassung der in § 6 aufgeführten Nachweise auf die konkret nachgefragte Leistung. Diese Anpassung kann nicht von jedem Bieter nach dessen individuellem Verständnis erfolgen, sondern muss vom Auftraggeber zur Wahrung der Transparenz und Gleichbehandlung vorgegeben werden. **Unterlässt der Auftraggeber diese bewusste Auswahl, kann keiner der in der Vorschrift aufgeführten Nachweise als gefordert gelten** (VK Düsseldorf, B. v. 21. 11. 2003 – Az.: VK – 33/2003 – L). 6318

70.14 Zeitpunkt und Inhalt der Prüfung der Eignung (§ 6 Abs. 3 Nr. 6)

Vgl. zum **Zeitpunkt** die Kommentierung zu → § 97 GWB Rdn. 623 ff. **Hinsichtlich des Inhalts der Eignungsprüfung** gibt es grundsätzlich keine Unterschiede zur öffentlichen Ausschreibung (Feststellung der Eignung); vgl. dazu die Kommentierung zu → § 97 GWB Rdn. 741 ff. 6319

71. § 6 a VOB/A – Teilnehmer am Wettbewerb

(1)
1. Ein Unternehmen ist von der Teilnahme an einem Vergabeverfahren wegen Unzuverlässigkeit auszuschließen, wenn der Auftraggeber Kenntnis davon hat, dass eine Person, deren Verhalten dem Unternehmen zuzurechnen ist, rechtskräftig wegen Verstoßes gegen eine der folgenden Vorschriften verurteilt worden ist:

a) § 129 des Strafgesetzbuches (Bildung krimineller Vereinigungen), § 129 a des Strafgesetzbuches (Bildung terroristischer Vereinigungen), § 129 b des Strafgesetzbuches (kriminelle und terroristische Vereinigungen im Ausland),

b) § 261 des Strafgesetzbuches (Geldwäsche, Verschleierung unrechtmäßig erlangter Vermögenswerte),

c) § 263 des Strafgesetzbuches (Betrug), soweit sich die Straftat gegen den Haushalt der EG oder gegen Haushalte richtet, die von der EG oder in ihrem Auftrag verwaltet werden,

d) § 264 des Strafgesetzbuches (Subventionsbetrug), soweit sich die Straftat gegen den Haushalt der EG oder gegen Haushalte richtet, die von der EG oder in ihrem Auftrag verwaltet werden,

e) § 334 des Strafgesetzbuches (Bestechung), auch in Verbindung mit Artikel 2 des EU-Bestechungsgesetzes, Artikel 2 § 1 des Gesetzes zur Bekämpfung internationaler Bestechung, Artikel 7 Absatz 2 Nummer 10 des Vierten Strafrechtsänderungsgesetzes und § 2 des Gesetzes über das Ruhen der Verfolgungsverjährung und die Gleichstellung der Richter und Bediensteten des Internationalen Strafgerichtshofes,

f) Artikel 2 § 2 des Gesetzes zur Bekämpfung internationaler Bestechung (Bestechung ausländischer Abgeordneter im Zusammenhang mit internationalem Geschäftsverkehr),

g) § 370 der Abgabenordnung, auch in Verbindung mit § 12 des Gesetzes zur Durchführung der gemeinsamen Marktorganisationen und der Direktzahlungen (MOG), soweit sich die Straftat gegen den Haushalt der EG oder gegen Haushalte richtet, die von der EG oder in ihrem Auftrag verwaltet werden.

Einem Verstoß gegen diese Vorschriften gleichgesetzt sind Verstöße gegen entsprechende Strafnormen anderer Staaten. Ein Verhalten ist einem Unternehmen zuzurechnen, wenn eine für dieses Unternehmen für die Führung der Geschäfte verantwortlich handelnde Person selbst gehandelt hat oder ein Aufsichts- oder Organisationsverschulden gemäß § 130 des Gesetzes über Ordnungswidrigkeiten (OWiG) dieser Person im Hinblick auf das Verhalten einer anderen für den Bewerber handelnden Person vorliegt.

2. Als Nachweis, dass die Kenntnis nach Nummer 1 unrichtig ist, akzeptiert der Auftraggeber eine Urkunde einer zuständigen Gerichts- oder Verwaltungsbehörde des Herkunftslands. Wenn eine Urkunde oder Bescheinigung vom Herkunftsland nicht ausgestellt ist oder nicht vollständig alle vorgesehenen Fälle erwähnt, kann dies durch eine eidesstattliche Erklärung oder eine förmliche Erklärung vor einer zuständigen Gerichts- oder Verwaltungsbehörde, einem Notar oder einer dafür qualifizierten Berufsorganisation des Herkunftslands ersetzt werden.

3. Von einem Ausschluss nach Nummer 1 kann nur abgesehen werden, wenn zwingende Gründe des Allgemeininteresses vorliegen und andere die Leistung nicht angemessen erbringen können oder wenn aufgrund besonderer Umstände des Einzelfalls der Verstoß die Zuverlässigkeit des Unternehmens nicht in Frage stellt.

(2) Beim Offenen Verfahren sind die Unterlagen an alle Bewerber abzugeben.

(3) Beim Nichtoffenen Verfahren müssen mindestens 5 geeignete Bewerber aufgefordert werden. § 6 Absatz 2 Nummer 2 gilt nicht. Auf jeden Fall muss die Zahl der aufgeforderten Bewerber einen echten Wettbewerb sicherstellen. Die Eignung ist anhand der mit dem Teilnahmeantrag vorgelegten Nachweise zu prüfen.

(4) Beim Verhandlungsverfahren mit Vergabebekanntmachung und beim Wettbewerblichen Dialog darf bei einer hinreichenden Anzahl geeigneter Bewerber die Zahl der zu Verhandlungen aufzufordernden Bewerber nicht unter drei liegen. Es sind jedoch so viele Bewerber zu berücksichtigen, dass ein Wettbewerb gewährleistet ist.

(5) Beim Verhandlungsverfahren gilt § 6 Absatz 3.

(6) Will der Auftraggeber im Nichtoffenen Verfahren, im Wettbewerblichen Dialog oder im Verhandlungsverfahren die Zahl der Teilnehmer begrenzen, so gibt er in der Bekanntmachung die von ihm vorgesehenen objektiven und nicht diskriminierenden, auftragsbezogenen Kriterien, die vorgesehene Mindestzahl und gegebenenfalls auch die Höchstzahl an einzuladenden Bewerbern an.

(7)
1. Der Umfang der geforderten Eignungsnachweise sowie die ggf. gestellten Mindestanforderungen an die Leistungsfähigkeit müssen mit dem Auftragsgegenstand zusammenhängen und ihm angemessen sein.
2. Kann ein Unternehmen aus einem berechtigten Grund die geforderten Nachweise nicht beibringen, so kann es den Nachweis seiner Eignung durch Vorlage jedes anderen vom Auftraggeber als geeignet erachteten Belegs erbringen.

(8) Der Auftraggeber kann von Bietergemeinschaften die Annahme einer bestimmten Rechtsform nur für den Fall der Auftragserteilung verlangen und sofern dies für die ordnungsgemäße Durchführung des Auftrages notwendig ist.

(9) Hat ein Bieter oder Bewerber vor Einleitung des Vergabeverfahrens den Auftraggeber beraten oder sonst unterstützt, so hat der Auftraggeber sicherzustellen, dass der Wettbewerb durch die Teilnahme des Bieters oder Bewerbers nicht verfälscht wird.

(10) Ein Bieter kann sich, ggf. auch als Mitglied einer Bietergemeinschaft, bei der Erfüllung eines Auftrags der Fähigkeiten anderer Unternehmen bedienen, ungeachtet des rechtlichen Charakters der zwischen ihm und diesen Unternehmen bestehenden Verbindungen. In diesem Fall fordert der Auftraggeber von den in der engeren Wahl befindlichen Bietern den Nachweis darüber, dass ihnen die erforderlichen Mittel zur Verfügung stehen, indem sie beispielsweise entsprechende Verpflichtungserklärungen dieser Unternehmen vorlegen.

(11)
1. Auftraggeber können zusätzlich Angaben über Umweltmanagementverfahren verlangen, die der Bewerber oder Bieter bei der Ausführung des Auftrags gegebenenfalls anwenden will. In diesen Fällen kann der Auftraggeber zum Nachweis dafür, dass der Bewerber oder Bieter bestimmte Normen für das Umweltmanagement erfüllt, die Vorlage von Bescheinigungen unabhängiger Stellen verlangen. In diesen Fällen nehmen sie auf das Gemeinschaftssystem für das Umweltmanagement und die Umweltbetriebsprüfung (EMAS) oder auf Normen für das Umweltmanagement Bezug, die auf den einschlägigen europäischen oder internationalen Normen beruhen und von entsprechenden Stellen zertifiziert sind, die dem Gemeinschaftsrecht oder einschlägigen europäischen oder internationalen Zertifizierungsnormen entsprechen. Gleichwertige Bescheinigungen von Stellen in anderen Mitgliedstaaten sind anzuerkennen. Die Auftraggeber erkennen auch andere Nachweise für gleichwertige Umweltmanagement-Maßnahmen an, die von Bewerbern oder Bietern vorgelegt werden.
2. Auftraggeber können zum Nachweis dafür, dass der Bewerber oder Bieter bestimmte Qualitätssicherungsnormen erfüllt, die Vorlage von Bescheinigungen unabhängiger Stellen verlangen. In diesen Fällen nehmen sie auf Qualitätssicherungsverfahren Bezug, die den einschlägigen europäischen Normen genügen und von entsprechenden Stellen zertifiziert sind, die den europäischen Zertifizierungsnormen entsprechen. Gleichwertige Bescheinigungen von Stellen aus anderen Mitgliedstaaten sind anzuerkennen. Die Auftraggeber erkennen auch andere gleichwertige Nachweise für Qualitätssicherungsmaßnahmen an.

Teil 3 VOB/A § 6a Vergabe- und Vertragsordnung für Bauleistungen Teil A

71.1 Änderungen in der VOB/A 2009

6320 Zur weiteren Umsetzung von Bestimmungen der Vergabekoordinierungsrichtlinie wurden **einige Anpassungen und Ergänzungen** vorgenommen. Dies betrifft **Absatz 2 und 7**. Ferner wurde **Absatz 10 umformuliert**, da die ursprüngliche Fassung dahingehend interpretiert wurde, dass alle Fähigkeiten der Nachunternehmer sogleich mit Angebotsabgabe nachzuweisen sind. Nunmehr **reicht es aus, wenn der Nachweis innerhalb einer festzusetzenden Frist erbracht wird**.

71.2 Vergleichbare Regelungen

6321 Der **Vorschrift des § 6a VOB/A** vergleichbar sind im Bereich des GWB **§ 97 Abs. 4 GWB**, im Bereich der VOB **§ 8 VOB/A**, im Bereich der VOF **§ 4 VOF** und im Bereich der VOL **§§ 6, 6 EG VOL/A**. Die Kommentierungen zu diesen Vorschriften können daher ergänzend zu der Kommentierung des § 6a herangezogen werden.

71.3 Allgemeines

6322 Soweit § 6a keine von § 6 abweichenden Regelungen trifft, gilt § 6 auch bei Verfahren ab den Schwellenwerten.

71.4 Zwingende Ausschlussgründe (§ 6a Abs. 1 Nr. 1)

71.4.1 Allgemeines

6323 § 6a Abs. 1 Nr. 1 legt fest, dass Unternehmen von der Teilnahme an einem Vergabeverfahren **wegen Unzuverlässigkeit auszuschließen** sind, wenn der Auftraggeber Kenntnis davon hat, dass eine Person, deren Verhalten dem Unternehmen zuzurechnen ist, rechtskräftig wegen Verstoßes gegen bestimmte Vorschriften verurteilt worden ist. Ein **Verhalten einer rechtskräftig verurteilten Person ist einem Unternehmen zuzurechnen**, wenn sie für dieses Unternehmen bei der Führung der Geschäfte selbst verantwortlich gehandelt hat oder ein Aufsichts- oder Organisationsverschulden gemäß § 130 des Gesetzes über Ordnungswidrigkeiten (OWiG) einer Person im Hinblick auf das Verhalten einer anderen für das Unternehmen handelnden, rechtskräftig verurteilten Person vorliegt.

6324 Diese **Regelung entspricht der zwingenden Vorschrift des Art. 45 Abs. 1 der Vergabekoordinierungsrichtlinie**, die in die nationalen Straf- und Ordnungswidrigkeitsbestimmungen umgesetzt wurde.

71.4.2 Keine Verpflichtung zur Vorlage einer Bestätigung nach § 6a Abs. 1 Nr. 1

6325 **§ 6a Abs. 1 Nr. 1 VOB/A regelt einen Ausschlusstatbestand, jedoch nicht die Frage, ob und welche Nachweise sich ein öffentlicher Auftraggeber von den Bietern zum Beleg ihrer Zuverlässigkeit vorlegen lassen muss**. Ebenso wenig wie bei anderen Vergabeverfahren erscheint es auch bei der Vergabe von Rabattverträgen über Arzneimittel nicht angezeigt, ohne weitere Anhaltspunkte die potentiellen Bieter von vornherein gleichsam unter einen Generalverdacht zu stellen, die in § 6a Abs. 1 Nr. 1 VOB/A genannten schwerwiegenden Tatbestände verwirklicht zu haben. Ein **öffentlicher Auftraggeber braucht sich daher weder hier noch in anderen Vergabeverfahren von einem Bieter grundsätzlich ausdrücklich bestätigen oder bescheinigen zu lassen**, dass dieser nicht wegen einer solchen Tat rechtskräftig verurteilt wurde (1. VK Bund, B. v. 26. 11. 2009 – Az.: VK 1–197/09).

71.4.3 Über die Aufzählung in § 6a Abs. 1 Nr. 1 hinausgehende Straftatbestände

6326 Ein **Verstoß gegen § 266a StGB** (Vorenthalten und Veruntreuen von Arbeitsentgelt) ist **keine schwere Verfehlung**, für die ohne weiteres ein Ausschluss wegen Unzuverlässigkeit **nach § 8 a Nr. 1 VOB/A 2006** vorgegeben ist (VK Nordbayern, B. v. 22. 1. 2007 – Az.: 21.VK – 3194 – 44/06).

71.4.4 Kein Verbot der Forderung nach Vorlage eines Führungszeugnisses bereits mit dem Angebot

§ 6a Abs. 1 Nr. 1 VOB/A bzw. Art. 45 der Richtlinie 2004/18/EG verbietet es den Auftraggebern nicht, bereits mit der Vorlage des Angebots Führungszeugnisse zu verlangen. Eine **Auslegung** des Art. 45 der EU-Richtlinie dahingehend, dass ein Auftraggeber nur dann berechtigt sei, ein Führungszeugnis von den Bewerbern zu verlangen, wenn er bereits Kenntnis davon habe, dass einer der in § 45 Abs. 1 genannten Ausschlussgründe vorliegt, lässt sich weder dem Wortlaut der Richtlinie entnehmen noch ist dies mit Sinn und Zweck der Regelung vereinbar. Nach Art. 45 Abs. 1 Satz 1 der Richtlinie ist ein Bieter von der Teilnahme an einem Vergabeverfahren auszuschließen, wenn der Auftraggeber Kenntnis davon hat, dass der Bieter wegen einer der dort genannten Straftatbestände rechtskräftig verurteilt wurde. Der nachfolgende Text, § 45 Abs. 1 letzter Absatz, lautet dann ganz neutral, dass der Auftraggeber zum Zwecke der Anwendung dieses Absatzes gegebenenfalls Unterlagen verlangen kann. Es erschließt sich nicht, weshalb man angesichts dieses Wortlauts dem Text entnehmen will, dass der Auftraggeber erst nach Kenntnis soll Unterlagen verlangen dürfen. Diese Textzeilen so zu verstehen, dass es dem Auftraggeber gestattet ist, Nachweise zu fordern, um zu ermitteln, ob der Ausschlussgrund gegeben ist. Der Formulierung in § 8a Nr. 1 Abs. 2 VOB/A bzw. § 45 Abs. 3 der Richtlinie kann ebenfalls nicht entnommen werden, dass es dem Auftraggeber nicht gestattet sein sollte, Führungszeugnisse bereits mit dem Angebot zu verlangen. Mit der Formulierung, dass der Auftraggeber zum Nachweis dafür, dass ein Bewerber wegen der genannten Delikte nicht vorbestraft ist bzw. dass die Kenntnis hiervon unrichtig ist, ein Strafregisterauszug oder eine gleichwertige Urkunde zu akzeptieren habe, wird lediglich zum Ausdruck gebracht, dass der Bewerber mit diesen Mitteln den Gegenbeweis führen kann, wenn der Auftraggeber nicht schon zuvor eigene Ermittlungen mit diesen Nachweisen angestellt hat. Und es wird hiermit zum Ausdruck gebracht, dass diese Nachweise zwingende Aussagekraft genießen (VK Baden-Württemberg, B. v. 10. 10. 2008 – Az.: 1 VK 31/08).

6327

71.4.5 Literatur

– Ohrtmann, Nicola, Korruption im Vergaberecht, Konsequenzen und Prävention – Teil 1: Ausschlussgründe, NZBau 2007, 201

6328

71.5 Abgabe der Unterlagen beim offenen Verfahren (§ 6a Abs. 2)

71.5.1 Änderung in der VOB/A 2009

Nach § 6a Abs. 2 sind beim offenen Verfahren die Unterlagen an alle Bewerber abzugeben. Der **Verweis auf § 8 Nr. 2 Abs. 1 VOB/A 2006 wurde gestrichen**. Dieser Verweis hätte die Einschränkung bedeutet, dass die Unterlagen nur an solche Bewerber abzugeben sind, die sich **gewerbsmäßig mit der Ausführung von Leistungen der ausgeschriebenen Art befassen**. Dies wiederum würde einen **Verstoß gegen die Zulässigkeit der Berufung auf die Ressourcen dritter Unternehmen** (insbesondere gegen die Zulässigkeit eines Generalunternehmer- bzw. Generalübernehmereinsatzes) bedeuten. Vgl. dazu allgemein die **Kommentierung zu** → **§ 97 GWB Rdn. 360 ff. und Rdn. 501 ff.**

6329

Die Formulierung des § 6a Abs. 2 macht auch deutlich, dass **es nicht auf den Geschäfts- oder Wohnsitz z. B. innerhalb der EU ankommt**.

6330

71.5.2 Abgabe der Unterlagen an Dritte nach einer Entscheidung der Vergabekammer, den bisherigen Bietern überarbeitete Vergabeunterlagen zuzusenden

Ein Unternehmen hat nach Ablauf der Angebotsfrist keinen Anspruch auf Übersendung der Verdingungsunterlagen, wenn er weder innerhalb der Angebotsfrist die Verdingungsunterlagen angefordert noch ein Angebot abgegeben hat und die Frist zur Anforderungen der Unterlagen nicht verlängert wurde und das **Verfahren von der Vergabekammer nicht aufgehoben wurde, sondern dem Auftraggeber lediglich aufgegeben wurde, den Bietern, d. h. den Firmen, die ein Angebot abgegeben haben, nach Überarbeitung der Verdingungsunterlagen, die Unterlagen zuzusenden und die Bieter zu einer erneuten Angebotsabgabe aufzufordern.** Die Argumentation, dass der Auftraggeber durch die Änderung der Zu-

6331

schlagskriterien das Verfahren auf völlig neue Füße gestellt hat, vermag keine Beteiligung am laufenden Vergabeverfahren zu rechtfertigen. Eine erneute Ausschreibung ist nicht erfolgt (OLG München, B. v. 30. 4. 2010 – Az.: Verg 05/10).

71.6 Anzahl der Bewerber beim nichtoffenen Verfahren (§ 6a Abs. 3 Satz 1–3)

6332 Nach § 6a Abs. 3 Satz 1 VOB/A müssen beim Nichtoffenen Verfahren **mindestens 5 geeignete Bewerber zur Angebotsabgabe aufgefordert werden**. Die analoge Bestimmung in § 6 VOB/A, wonach bei Beschränkter Ausschreibung im Allgemeinen mindestens 3 Bewerber aufgefordert werden sollen, gilt hier nicht, da dies in § 6a Abs. 3 Satz 2 VOB/A ausdrücklich für europaweite Ausschreibungen ausgeschlossen ist. Beim **Nichtoffenen Verfahren** ist eine **deutlich höhere Zahl von aufzufordernden Bewerbern erwünscht**. 5 Bewerber sind die absolute Untergrenze. In der Regel werden deutlich mehr als 5 Bewerber aufzufordern sein, oftmals wird die Zahl zwischen 10 und 20 Bewerbern liegen. **Entscheidend für die angemessene Anzahl ist das jeweilige Ergebnis des vorausgegangenen Teilnahmewettbewerbes**. Haben sehr viele Bewerber ihr Interesse bekundet, so sind entsprechend viele zur Angebotsabgabe aufzufordern. Nach § 6a Abs. 3 Satz 3 VOB/A muss die Zahl der aufgeforderten Bewerber auf jeden Fall einen echten Wettbewerb sicherstellen. Unter Gewährleistung des Wettbewerbsgrundsatzes kann der öffentliche Auftraggeber nach Art 44 Abs. 3 VKR für die Vergabe eines Auftrages im Nichtoffenen Verfahren **eine Marge bestimmen**, innerhalb derer die Zahl der zur Angebotsabgabe aufzufordernden Unternehmen liegen wird. In einem solchen Fall ist die **Marge stets in der Bekanntmachung anzugeben** (BayObLG, B. v. 20. 4. 2005 – Az.: Verg 026/04; VK Halle, B. v. 22. 10. 2001 – Az.: VK Hal 19/01).

6333 **Mögliche Kriterien** für die angemessene Anzahl von zu beteiligenden Unternehmen können die **Art des anstehenden Bauvorhabens** und das **Ergebnis des vorausgegangenen Teilnahmewettbewerbs** sein (BayObLG, B. v. 20. 4. 2005 – Az.: Verg 026/04).

71.7 Eignungsprüfung beim nichtoffenen Verfahren (§ 6a Abs. 3 Satz 4)

6334 Vgl. dazu die Kommentierung zu → § 101 GWB Rdn. 20 ff.

71.8 Anzahl der zu Verhandlungen aufzufordernden Bewerber beim Verhandlungsverfahren und beim Wettbewerblichen Dialog (§ 6a Abs. 4)

6335 Gemäß § 6a Abs. 4 VOB/A darf bei einer geeigneten Anzahl von Bewerbern die **Zahl derjenigen, die zu Verhandlungen aufzufordern sind, nicht unter drei** liegen. Es sind jedoch so viele Bewerber zu berücksichtigen, dass ein Wettbewerb gewährleistet ist. Diese **Regelung entspricht der zwingenden Vorschrift des Art. 44 Abs. 3 Unterabsatz 2 Satz 2 und 3 der Vergabekoordinierungsrichtlinie**.

6336 Vgl. im Einzelnen dazu die Kommentierung zu → § 101 GWB Rdn. 103.

6337 Zum **Ablauf des Verhandlungsverfahrens** usw. vgl. ebenfalls die Kommentierung zu → § 101 GWB Rdn. 106 ff.

71.9 Begrenzung der Anzahl der Teilnehmer (§ 6a Abs. 6)

71.9.1 Bekanntmachung der Mindestzahl der Teilnehmer, die zur Angebotsabgabe aufgefordert werden?

6338 Nach § 6a Abs. 6 muss der Auftraggeber dann, wenn er im Nichtoffenen Verfahren, im Wettbewerblichen Dialog oder im Verhandlungsverfahren die Zahl der Teilnehmer begrenzen will, in der Bekanntmachung die von ihm vorgesehenen objektiven und nicht diskriminierenden, auftragsbezogenen Kriterien, die vorgesehene Mindestzahl und gegebenenfalls auch die Höchstzahl an einzuladenden Bewerbern angeben. Diese **Regelung entspricht der zwingenden Vorschrift des Art. 44 Abs. 3 Unterabsatz 1 der Vergabekoordinierungsrichtlinie**. Vgl. im Einzelnen die Kommentierung zu → § 101 GWB Rdn. 33 ff.

71.9.2 Bekanntmachung der Höchstzahl der Teilnehmer, die zur Angebotsabgabe aufgefordert werden?

Vgl. dazu die Kommentierung zu → § 101 GWB Rdn. 36 ff. 6339

71.9.3 Nennung der objektiven Auswahlkriterien bereits in der Bekanntmachung

Vgl. dazu die Kommentierung zu → § 101 GWB Rdn. 25 ff. 6340

71.10 Angemessenheit der Eignungsnachweise und Nachweis der Eignung auf andere Art (§ 6 a Abs. 7)

71.10.1 Änderung in der VOB/A 2009

In § 6 a Abs. 7 ist die Nr. 1 eingefügt, wonach der Umfang der geforderten Eignungs- 6341
nachweise sowie die ggf. gestellten Mindestanforderungen an die Leistungsfähigkeit mit dem Auftragsgegenstand zusammenhängen müssen und ihm angemessen sein. Diese **Regelung entspricht der zwingenden Vorschrift des Art. 44 Abs. 2 Unterabsatz 2 der Vergabekoordinierungsrichtlinie**.

71.10.2 Angemessenheit der Eignungsnachweise

Vgl. dazu die **Kommentierung** zu → § 97 GWB Rdn. 548 ff. 6342

71.10.3 Nachweis der Eignung auf andere Art

71.10.3.1 Allgemeines

Nach § 6 a Abs. 7 kann ein Unternehmen dann, wenn es aus einem berechtigten Grund die ge- 6343
forderten Nachweise nicht beibringen kann, den Nachweis seiner Eignung durch Vorlage jedes anderen vom Auftraggeber als geeignet erachteten Belegs erbringen. Diese **Regelung entspricht der zwingenden Vorschrift des Art. 47 Abs. 5 der Vergabekoordinierungsrichtlinie**. Der **Auftraggeber** ist **verpflichtet**, die von ihm als geeignet erachteten **Belege anzuerkennen**.

71.10.3.2 Voraussetzungen

Der **berechtigte Grund und die Vorlage eines anderen geeigneten Nachweises** sind 6344
die kumulativen Voraussetzungen dafür, dass die Eignung anders als mit den geforderten Nachweisen belegt werden darf. Sie ermöglichen lediglich ein anderes Mittel für den Nachweis, **erlauben es dagegen nicht, den Nachweis erst zu einem späteren Zeitpunkt zu erbringen** (2. VK Bund, B. v. 13. 6. 2007 – Az.: VK 2–51/07).

Eine **Rechtfertigung** wird dem Bieter auch **nur aus solchen Umständen** erwachsen kön- 6345
nen, die **er nicht selbst** z. B. durch verspätete Antragstellung hinsichtlich eines Gewerbezentralregisterauszugs **verursacht** hat (2. VK Bund, B. v. 13. 6. 2007 – Az.: VK 2–51/07).

Fordert der Auftraggeber **Nachweise von Sozialversicherungsträgern über die Beitrags-** 6346
zahlungen und sind **alle für einen Bieter tätigen Personen einschließlich der Geschäftsführer bei einer ihrer Muttergesellschaften angestellte „Leiharbeitnehmer"**, stellt dies einen stichhaltigen Grund im Sinne des § 6 a Abs. 7 VOB/A dar, denn es **gibt niemanden, der dem Bieter die geforderten Unbedenklichkeitsbescheinigungen ausstellen könnte**. Die Grundsätze des Vergaberechts, insbesondere das Transparenz- und Gleichbehandlungsgebot, **gebieten allerdings, dass ein Bieter die Voraussetzungen der die Notwendigkeit der Vorlage geforderter Nachweise suspendierenden Ausnahmenorm innerhalb der Vorlagefrist darlegt und zugleich geeignete Belege** – wie etwa den Gestellungsvertrag – **beifügt**. Ansonsten ist das Angebot unvollständig und gegebenenfalls zwingend auszuschließen (OLG Koblenz, B. v. 4. 7. 2007 – Az.: 1 Verg 3/07).

71.11 Rechtsform von Bietergemeinschaften (§ 6 a Abs. 8)

Nach § 6 a Abs. 8 kann der Auftraggeber von Bietergemeinschaften die Annahme einer be- 6347
stimmten Rechtsform nur für den Fall der Auftragserteilung verlangen und sofern dies für die

ordnungsgemäße Durchführung des Auftrages notwendig ist. Der Text entspricht im Wesentlichen **der zwingenden Vorschrift des Art. 4 Abs. 2 Satz 2 der Vergabekoordinierungsrichtlinie.**

6348 Zum **Inhalt** vgl. die **Kommentierung zu** → § 6 VOB/A Rdn. 23 ff.

71.12 Beteiligung von vorbefassten Bietern oder Bewerbern (§ 6a Abs. 9)

71.12.1 Allgemeines

6349 Nach § 6a Abs. 9 hat der Auftraggeber dann, wenn ein Bieter oder Bewerber vor Einleitung des Vergabeverfahrens den Auftraggeber beraten oder sonst unterstützt hat, sicherzustellen, dass der Wettbewerb durch die Teilnahme des Bieters oder Bewerbers nicht verfälscht wird.

6350 Diese Regelung war bisher in **§ 4 Abs. 5 VgV** enthalten.

71.12.2 Sinn und Zweck der Regelung – Gesetzesbegründung zu § 4 Abs. 5 VgV (a. F.)

6351 Die Vorschrift sollte **die so genannte Projektantenproblematik klären**. Sie betrifft die Frage, wie mit Unternehmen und Beratern umzugehen ist, die den Auftraggeber zunächst bei der Vorbereitung des Vergabeverfahrens beraten oder unterstützen und anschließend, nach Beginn des Vergabeverfahrens, als Bewerber bzw. Bieter am Vergabeverfahren teilnehmen möchten. In diesen Fällen können Gefahren für den Vergabewettbewerb bestehen, denn einerseits verfügt der Projektant durch seine vorbereitende Tätigkeit möglicherweise über einen (erheblichen) Informationsvorsprung. Zum andern kann ein Projektant möglicherweise durch seine vorbereitende Tätigkeit das Vergabeverfahren so beeinflussen, dass ihn z. B. die Leistungsbeschreibung einseitig begünstigt.

6352 **In ÖPP-Vorhaben stellt sich die Projektantenproblematik häufig in besonderem Maße, da die Auftraggeber frühzeitig auf externen spezialisierten Sachverstand angewiesen sind.** Darüber hinaus greifen öffentliche Auftraggeber bei ÖPP-Vorhaben häufig im Vorfeld auf die Kompetenz späterer Bieter zurück, um die Marktfähigkeit und Realisierbarkeit des Vorhabens frühzeitig sicherzustellen. In vielen Fällen beruhen ÖPP-Vorhaben auch auf der Initiative potentieller Anbieter.

6353 Die deutsche Rechtsprechung zur Projektantenproblematik ist bislang uneinheitlich. Auf europäischer Ebene hat der EuGH mit Urteil vom 3. März 2005 über eine explizite Regelung zur Projektantenproblematik im belgischen Recht entschieden (Az.: C-21/03 und C-34/03). Der **EuGH kam zunächst zu dem Ergebnis, dass die Beteiligung von Projektanten auf Bieterseite im Vergabeverfahren grundsätzlich geeignet ist, den ordnungsgemäßen Vergabewettbewerb zu gefährden.** Er hielt jedoch eine Regelung für unverhältnismäßig und gemeinschaftsrechtswidrig, nach der jeder, der an der Vorbereitung des Vergabeverfahrens mitgewirkt habe, generell vom Vergabeverfahren auszuschließen sei. Es sei vielmehr geboten, in jedem Einzelfall zu hinterfragen, ob die Beteiligung im Vorfeld den Vergabewettbewerb nachhaltig negativ beeinflussen könne.

71.12.3 Rechtsprechung

71.12.3.1 Begriff der Beratung

6354 Die Anwendung des § 6a Abs. 9 VOB/A setzt eine Beratung oder sonstige Unterstützung des Auftraggebers durch den Bieter im Vorfeld des Vergabeverfahrens voraus. Eine **Beratung stellt einen kommunikativen Austausch oder auch eine praktische Anleitung dar, die zum Ziel hat, eine Aufgabe oder ein Problem zu lösen**. Diese Voraussetzungen sind nicht erfüllt, wenn der Betreffende in **keinem entsprechenden Auftragsverhältnis zu der Vergabestelle** steht und weder ein rechtliches Verhältnis noch eine sonstige Beziehung bestand, innerhalb derer ein fachlicher Austausch zwischen dem Betreffenden und der Vergabestelle stattgefunden hat, der das Ziel hatte, auf die Lösung einer Aufgabe der Vergabestelle hinzuwirken (VK Hessen, B. v. 12. 2. 2008 – Az.: 69d VK – 01/2008).

71.12.3.2 Begriff der sonstigen Unterstützung

6355 Der **Begriff der „Unterstützung"** ist zwar **weiter gefasst** als der Begriff der „Beratung". Er umfasst aber nur **jede Tätigkeit im Vorfeld eines Vergabeverfahrens, die einen Bezug** gerade zu diesem Verfahren aufweist. Eine **Tätigkeit setzt ein Auftragsverhältnis zwischen den Beteiligten voraus**, das z. B. durch die bloße Beteiligung des Betreffenden an einem zwei Jahre zurückliegenden Planungswettbewerb nicht gegeben ist, insbesondere dann, der Wettbewerb weder eine Vorbereitung noch eine Art Vorstufe zu dem jetzigen Verfahren ist. Entscheidend ist, dass die Projektantenproblematik, die durch § 4 Abs. 5 VgV gelöst werden soll, nur dann zum tragen kommt, wenn der Auftraggeber vor dem Vergabeverfahren externen, spezialisierten Sachverstand eingeholt hat, um gerade das Vergabeverfahren vorzubereiten und die bestehenden Aufgaben in dessen Zusammenhang zu lösen (VK Hessen, B. v. 12. 2. 2008 – Az.: 69 d VK – 01/2008).

71.12.3.3 Begriff der Vorbefasstheit

Teilweise arbeitet die Rechtsprechung in solchen Fällen auch mit dem **Begriff der Vorbefasstheit**. Von einer „Vorbefassung" in einem begrifflichen Sinne kann nur dann gesprochen werden, wenn auch der **Gegenstand des streitgegenständlichen Verhandlungsverfahrens mit dem der Vorbefassung identisch** ist. Die Identität des Ausschreibungsgegenstandes z. B. in einem VOF-Verfahren ist dabei nicht bereits dadurch gegeben, dass Objekt des ausgelobten Planungsauftrages das Gebäude ist, wie es auch vorher Gegenstand einer Studie war. Vielmehr ist es für die Entscheidung, ob mit der Aufgabenstellung z. B. 2008 eine gegenständliche Identität mit der Ausschreibung im Jahre z. B. 2002 gegeben ist, erforderlich, **die jeweilige Aufgabenstellung zum Gegenstand einer vergleichenden Betrachtung zu machen** (VK Thüringen, B. v. 12. 12. 2008 – Az.: 250–4004.20–5909/2008-015-SM). 6356

71.12.3.4 Wissensvorsprung

§ 6 a Abs. 9 VOB/A ist weit gefasst und umfasst damit jede Tätigkeit im Vorfeld eines Vergabeverfahrens, die einen Bezug zu diesem Verfahren aufweist. Darunter **fällt z. B. auch die Tätigkeit desjenigen, der die Leistungsphasen 1–7 ausführt**, denn dabei werden aufgrund einer dem Vergabeverfahren vorgelagerten Tätigkeit Informationsvorsprünge erworben, die eine Wettbewerbsverzerrung darstellen können. Dies **charakterisiert die Stellung eines Projektanten** (OLG Brandenburg, B. v. 22. 5. 2007 – Az.: Verg W 13/06; VK Baden-Württemberg, B. v. 30. 3. 2007 – Az.: 1 VK 06/07; VK Nordbayern, B. v. 4. 5. 2009 – Az.: 21.VK – 3194 – 06/09). 6357

Es ist **unerheblich, ob die Vergabestelle Auftraggeberin der Tätigkeit**, die zu einem Wettbewerbsvorsprung geführt hat, war. Es **kommt auch nicht darauf an, ob der Vergabestelle der Sachverhalt**, der zu einem Wettbewerbsvorsprung geführt hat, **bekannt** war (VK Nordbayern, B. v. 9. 8. 2007 – Az.: 21.VK – 3194 – 32/07). 6358

71.12.3.5 Ausgleich eines Wissensvorsprungs

71.12.3.5.1 Allgemeines. Gemäß § 6 a Abs. 9 VOB/A muss der Auftraggeber sicherstellen, dass der Wettbewerb durch die Teilnahme des vorbefassten Bieters nicht verfälscht wird. Daraus folgt, dass **der Auftraggeber bestehende Zweifel bezüglich einer Wettbewerbsverfälschung auszuräumen hat**. Denn die Verpflichtung, sicherzustellen, dass der Wettbewerb nicht verfälscht wird, umfasst notwendig auch die Pflicht, den Erfolg der Sicherstellungsbemühungen darzulegen. **Bestehen Zweifel, ist die Sicherstellung misslungen** (VK Baden-Württemberg, B. v. 30. 3. 2007 – Az.: 1 VK 06/07; VK Thüringen, B. v. 19. 9. 2008 – Az.: 250–4003. 20–2110/2008-008-SHK). 6359

Die Egalisierungs- oder Sicherstellungsbemühungen zur Schaffung eines Wettbewerbs unter gleich informierten Bietern setzen voraus, dass der **Auftraggeber Indizien hat oder zumindest eine auf greifbaren Tatsachen beruhende Vermutung für eine Wettbewerbsverzerrung hegt**, aus der sich weitere Maßnahmen ergeben könnten (VK Sachsen, B. v. 28. 10. 2008 – Az.: 1/SVK/054-08). 6360

71.12.3.5.2 Ethikerklärung. Manche öffentlichen Auftraggeber versuchen die **Projektantenproblematik über den Weg einer Ethikerklärung auszuräumen**. Die in einer solchen **Ethikerklärung geforderte Angabe, ob ein Bieter in den letzten 18 Monaten für den Auftraggeber Beratungsleistungen erbracht hat, dient der Sicherung des Wettbewerbs**. Indem der Auftraggeber den Abschluss von Verträgen mit solchen Bietern ausschließt, die innerhalb des genannten Zeitraums beratend für ihn tätig waren, wird vermieden, dass diese Bieter aufgrund eines durch ihre Beratungstätigkeit erlangten Informationsvorsprungs Kalkulationsvorteile gegenüber anderen Bietern haben oder im Rahmen ihrer Beratungstätigkeit bei der 6361

Ausgestaltung der ausgeschriebenen Maßnahme mitgewirkt und infolge dessen die jeweiligen Anforderungen eher erfüllen als andere Bieter. Die aktuelle **Rechtsprechung hat keine Bedenken gegen die Forderung nach einer solchen Erklärung geäußert** (2. VK Bund, B. v. 27. 3. 2007 – Az.: VK 2–18/07). Vgl. insoweit auch die Kommentierung zu → § 16 VOB/A Rdn. 477.

6362 **71.12.3.5.3 Ausschluss eines Bewerbers oder Bieters.** In Übereinstimmung mit den Vorgaben des europäischen Rechts **verpflichtet die Regelung in § 6 a Abs. 9 den Auftraggeber, bei einem Einsatz von sog. Projektanten sicherzustellen, dass der Wettbewerb nicht verfälscht wird.** Dies kann insbesondere bedeuten, dass der Auftraggeber einen etwaigen Informationsvorsprung des Projektanten gegenüber anderen Bietern oder Bewerbern ausgleicht. Nur wenn keine geeigneten Maßnahmen in Betracht kommen, die eine Verfälschung des Wettbewerbs verhindern, kommt ein Ausschluss des Projektanten vom Vergabeverfahren in Betracht (OLG Düsseldorf, B. v. 4. 5. 2009 – Az.: VII-Verg 68/08; VK Baden-Württemberg, B. v. 30. 3. 2007 – Az.: 1 VK 06/07; 1. VK Bund, B. v. 9. 10. 2009 – Az.: VK 1–176/09; 3. VK Bund, B. v. 4. 11. 2009 – Az.: VK 3–190/09; VK Sachsen, B. v. 26. 6. 2009 – Az.: 1/SVK/024-09; B. v. 28. 10. 2008 – Az.: 1/SVK/054-08). Der **Ausschluss** des „vorbefassten Bewerbers" ist **ultima ratio** (VK Sachsen, B. v. 26. 6. 2009 – Az.: 1/SVK/024-09; B. v. 28. 10. 2008 – Az.: 1/SVK/054-08). Die Gründe, die für den im Einzelfall in Betracht kommenden Ausschluss eines Unternehmens aus dem Wettbewerb sprechen könnten, **bestehen auch in einem Verhandlungsverfahren** darin, dass wegen des aus den vorbereitenden Planungsarbeiten erlangten Informationsvorsprungs die Gefahr einer Begünstigung des Angebots des planenden Unternehmens im Vergabeverfahren bestehen kann bzw. das planende Unternehmen unbeabsichtigt versuchen kann, die Bedingungen für den öffentlichen Auftrag in seinem Sinn zu beeinflussen (OLG Düsseldorf, B. v. 4. 5. 2009 – Az.: VII-Verg 68/08).

6363 **71.12.3.6 Gestufte Verteilung der Beweislast.** Hinsichtlich einer möglichen Wettbewerbsverzerrung ergibt sich daraus folgende **gestufte Verteilung der Beweislast**:

1. Zunächst muss **eine auf Tatsachen oder Indizien beruhende, greifbare Vermutung für eine Wettbewerbsverzerrung** bestehen.

2. Weiter muss dann eine **Kausalität zwischen der Unterstützungsleistung und der möglichen Wettbewerbsverzerrung** bestehen. Damit sind die Wettbewerbsverzerrungen, die nicht mit der Beratungs-/Unterstützungsleistung zusammenhängen, wie beispielsweise eine reine Konzernverbundenheit oder Personenidentität, nicht unter § 4 Abs. 5 VgV zu subsumieren, denn in diesen Fällen besteht die Möglichkeit des Ausschlusses nach § 97 Abs. 1 GWB i.V.m. §§ 25 Nr. 1 Abs. 1 lit. f), 2 Nr. 1 Abs. 2 VOL/A.

3. Erst dann ist der „**vorbefasste Bewerber" aufgefordert, nachzuweisen**, dass ihm durch die Vorbefassung kein ungerechtfertigter Vorteil erwachsen ist. Gelingt ihm dies nicht, so hat der Auftraggeber zur Wahrung der Grundsätze aus § 97 GWB die geeigneten Maßnahmen zu treffen. Gelingt hingegen dem Auftraggeber auf der zuvorigen Stufe bereits nicht eine konkrete, greifbare Wettbewerbsverfälschung zu benennen, so entsteht schon keine Entlastungspflicht des Bieters. Andernfalls würde hierdurch dem **Bieter zugemutet, sich gegen einen konturlosen Schatten zu verteidigen**

(VK Sachsen, B. v. 28. 10. 2008 – Az.: 1/SVK/054-08).

71.12.3.7 Weitere Beispiele aus der Rechtsprechung

6364 – grundsätzlich gilt, dass ein vorbefasster Bieter oder Bewerber gem. § 4 Abs. 5 VgV **nur dann auszuschließen ist, wenn die durch seine Beteiligung eingetretene Wettbewerbsverfälschung durch andere Maßnahmen, so z. B. durch Herstellung eines Informationsgleichstandes aller Bieter nicht hergestellt werden kann.** Dabei trifft die **VSt die Darlegungs- und Beweislast, dass sie ihrer Pflicht, den Wettbewerb sicher zu stellen, nachgekommen** ist. Kann die VSt nicht darstellen, dass ein Ausgleich des Wissensvorsprungs durch eine angemessene Einsicht in die vorhandenen Unterlagen nicht ausreichend ausgeglichen werden könnte, kommt ein Ausschluss – der das letzte Mittel ist, wenn der Wettbewerb nicht anders sichergestellt werden kann – nicht in Betracht (VK Nordbayern, B. v. 4. 5. 2009 – Az.: 21.VK – 3194 – 06/09)

– eine **Vorbefassung** mit dem Gesamtprojekt durch die von einem Bewerber seinerzeit durchgeführte Begutachtung der Stromversorgung der genannten Rechenzentren und dem Aufzeigen möglicher Lösungswege zur Erhöhung der Versorgungssicherheit ist **vergaberechtlich unschädlich**, solange der **Auftraggeber gewährleistet, dass im Zuge des Verhandlungs-**

verfahrens alle (ausgewählten) Bewerber den gleichen Informationsstand erhalten, indem **allen Bewerbern insbesondere auch die Ergebnisse der seinerzeitigen Sachverständigentätigkeit offen gelegt** werden. Dazu ist der Auftrageber nach der im Rahmen des ÖPP-Beschleunigungsgesetzes 2006 eingefügten Regelung des § 4 Abs. 5 VgV ausdrücklich verpflichtet (VK Niedersachsen, B. v. 11. 2. 2009 – Az.: VgK-56/2008)

- die **Identität des Gegenstandes** des Verhandlungsverfahrens 2008 mit dem der Studie 2002 ist nicht mehr gegeben, wenn ein **erheblicher zeitlicher Abstand** der zu bearbeitenden Aufgaben (z. B. aus 2002 und 2008) besteht, wenn sich die **inhaltlichen Vorgaben wesentlich geändert** haben und wenn die **Zielstellung unterschiedlich** ist. Bestand z. B. eine Aufgabenstellung darin, den Inhalt und den voraussichtlichen Umfang von Baumaßnahmen, einschließlich der dabei entstehenden Kosten für eine Generalsanierung zu ermitteln, und stehen bei der neuen Aufgabenstellung im Mittelpunkt des Verhandlungsverfahrens die Teilnehmer selbst, fehlt die Identität (VK Thüringen, B. v. 19. 9. 2008 – Az.: 250–4003.20–2110/2008-008-SHK)

- aus §§ 4 Abs. 5, 6 Abs. 3 VgV in Verbindung mit dem Urteil des EuGH vom 3. März 2005 (C-21/03 u. C-34/03 – Fabricom) folgt, dass **allein der Umstand, dass ein Bieter bereits vor Einleitung des Vergabeverfahrens für den Auftraggeber mit dem Gegenstand der Ausschreibung befasst gewesen war, nicht dessen Ausschluss rechtfertigt**. Im konkreten Fall hat die **Vergabestelle einem möglichen Informationsvorsprung** des Beigeladenen dadurch **Rechnung getragen**, dass sie **allen Interessenten** nicht nur **sämtliche Unterlagen zur Verfügung** stellte, die unter Mitwirkung des Beigeladenen entstanden waren. Den **Bietern war es sogar ausdrücklich erlaubt, Ergebnisse der vorbefassten Planer**, also auch des Beigeladenen, **in ihr Konzept einfließen** zu lassen. Außerdem hatten alle Bieter die **Möglichkeit zu einer eingehenden Besichtigung der Bestandsimmobilie** (OLG Koblenz, B. v. 6. 11. 2008 – Az.: 1 Verg 3/08)

- die **abstrakte Möglichkeit der Vorteilserlangung reicht nicht aus**. Nur derjenige Wissensvorsprung, der konkret für die ausgeschriebenen Leistungen von Vorteil ist, ist vergaberechtlich bedeutsam. Wollte man die abstrakte Möglichkeit der Wettbewerbsbeeinträchtigung ausreichen, also „den bösen Schein" genügen lassen, läge darin ein Verstoß gegen den Grundsatz, dass Gegenstand des Nachprüfungsverfahrens immer nur Vergabeverstöße sein können, welche konkret geeignet sind, sich auf Angebot und/oder Wertung im jeweiligen Einzelfall auszuwirken. Erscheint eine konkrete Wettbewerbsverfälschung bei sachlicher Betrachtung der ausgeschriebenen Leistung möglich, so obliegt dem betreffenden Unternehmen der Nachweis, dass ihm durch die Vorbefassung kein ungerechtfertigter Vorteil erwachsen ist. Dem Auftraggeber obliegt daneben die Verpflichtung, den Wissensvorsprung des einen Bieters auszugleichen durch Information aller anderen Bieter. Gelingt beides nicht, so kann zur Wahrung der Grundsätze aus § 97 GWB der Ausschluss des vorbefassten Unternehmens erfolgen (OLG Brandenburg, B. v. 22. 5. 2007 – Az.: Verg W 13/06)

- besteht der **Wissensvorsprung in einer ausgeführten Ausführungsplanung**, ist zum Ausgleich ein intensives Durcharbeiten der Unterlagen erforderlich. Diese umfassen 11 Ordner mit jeweils etwa 10–20 Plänen. 7,5 Tage reichen hier nach Überzeugung der Kammer nicht aus. Die Kammer ist vielmehr der Ansicht, dass allein, um sich das bei der Beantwortung der Fragen im Vergabegespräch vorteilhafte Wissen der Beigeladenen u. a. über Schnittstellen und Planungen von Drittanbietern zu erarbeiten, ein **Zeitraum von drei bis vier Wochen notwendig** ist (VK Baden-Württemberg, B. v. 30. 3. 2007 – Az.: 1 VK 06/07).

71.12.4 Literatur

- Behrens, Hans-Werner, Zulassung zum Vergabewettbewerb bei vorausgegangener Beratung des Auftraggebers – Zur Projektantenproblematik auf der Grundlage der Neuregelung des § 4 V VgV, NZBau 2006, 752 **6365**

- Kolpatzik, Christoph, „Berater als Bieter" vs „Bieter als Berater", VergabeR 2007, 279

- Kupczyk, Björn, Die Projektantenproblematik im Vergaberecht, NZBau 2010, 21

- Müller-Wrede, Malte/Lux, Johannes, Die Behandlung von Projektanten im Vergabeverfahren – Zugleich eine Anmerkung zu OLG Düsseldorf, Beschl. vom 25. 10. 2005 – Verg 67/05 und VK Bund, Beschl. vom 6. 6. 2005 – VK 2-33/05, ZfBR 2006, 327

- Prieß, Hans-Joachim/Frinton, Pascal, Ausschluss bleibt Ausnahme, NZBau 2009, 300

71.13 Berücksichtigung der Kapazitäten Dritter (§ 6a Abs. 10)

71.13.1 Änderung in der VOB/A 2009

6366 § 6a Abs. 10 wurde in Satz 2 **umformuliert**, da die ursprüngliche Fassung dahingehend interpretiert wurde, dass alle Fähigkeiten der Nachunternehmer sogleich mit Angebotsabgabe nachzuweisen sind. **Nunmehr reicht es aus, wenn der Nachweis innerhalb einer festzusetzenden Frist erbracht** wird.

71.13.2 Allgemeines

6367 Nach § 6a Abs. 10 können Bieter sich, gegebenenfalls auch als Mitglied einer Bietergemeinschaft, bei der Erfüllung eines Auftrags der Fähigkeiten anderer Unternehmen bedienen, ungeachtet des rechtlichen Charakters der zwischen ihm und diesen Unternehmen bestehenden Verbindungen. Er muss in diesem Fall dem Auftraggeber gegenüber nachweisen, dass ihm die erforderlichen Mittel zur Verfügung stehen, indem er beispielsweise eine entsprechende Verpflichtungserklärung dieser Unternehmen vorlegt. Die Regelung setzt die **Rechtsprechung des EuGH zur Zulässigkeit eines Generalunternehmer- bzw. Generalübernehmereinsatzes um**; vgl. insoweit die **Kommentierung** zu → § 97 GWB Rdn. 438ff. und Rdn. 501ff.

71.13.3 Zeitpunkt der Vorlage des Verfügbarkeitsnachweises (§ 6a Abs. 10 Satz 2)

6368 Nach § 6a Abs. 10 Satz 2 reicht es aus, wenn der **Nachweis, dass ein Bieter über die Kapazitäten Dritter verfügen kann, innerhalb einer vom Auftraggeber festzusetzenden Frist erbracht** wird. Dies entspricht auch der Rechtsprechung.

6369 Schon nach dem **Wortlaut des § 8a Nr. 10 VOB/A a. F. musste der Verfügbarkeitsnachweis nicht mit dem Angebot vorgelegt** werden. Die **Vorschrift dient der Umsetzung der Europäischen Richtlinie 2004/18/EG** des Europäischen Parlaments und des Rates vom 31. März 2004. Nach dem Inhalt des § 8a Nr. 10 VOB/A und in dem Verständnis, dass mit dieser Vorschrift die Umsetzung der entsprechenden Vorschriften der Europäischen Richtlinie 2004/18/EG, Art 48 Abs. 3 und 4 erfolgte, ist damit **festzustellen, dass der Nachweis, dass dem Bieter die Mittel aller Mitglieder der Gemeinschaft oder die der zur Auftragsdurchführung Nachunternehmer zur Verfügung stehen, nicht allein auf die Abgabe von entsprechenden „Verpflichtungserklärungen" beschränkt ist, dass einen bestimmten Zeitpunkt, bis zu dem dieser Nachweis zu führen ist, weder die nationale, noch die europäische Vorschrift festlegt** und dass **auch Mitglieder von Bietergemeinschaften den Nachweis der Verfügbarkeit der Leistungen des jeweils anderen Mitglieds gegenüber der Vergabestelle zu führen** haben. Daraus folgt weiterhin, dass, soweit die Vergabestelle nicht eine andere Vorgabe gemacht hat, die **Nachweisführung** für die in Frage stehenden Tatsachen **also nicht auf den Zeitpunkt der Angebotsabgabe verkürzt** ist. **Auch nach Angebotsabgabe** kann damit ein entsprechender Nachweis – insbesondere dann, wenn die Vergabestelle einen Anlass für eine entsprechende Aufforderung des Bieters dazu hat – geführt werden (VK Münster, B. v. 28. 8. 2007 – Az.: VK 14/07, VK 15/07; VK Thüringen, B. v. 11. 2. 2008 – Az.: 360–4003.20–149/2008-004-EF).

71.14 Umweltmanagement (§ 6a Abs. 11 Nr. 1)

6370 Nach § 6a Abs. 11 Nr. 1 können Auftraggeber zusätzlich Angaben über Umweltmanagementverfahren verlangen, die der Bewerber oder Bieter bei der Ausführung des Auftrags gegebenenfalls anwenden will. Diese **Regelung entspricht der fakultativen Vorschrift des Art. 50 der Vergabekoordinierungsrichtlinie**.

6371 Der Auftraggeber kann zum Nachweis dafür, dass der Bewerber oder Bieter bestimmte Normen für das Umweltmanagement erfüllt, die Vorlage von Bescheinigungen unabhängiger Stellen verlangen. In diesen Fällen kann er u. a. **auf das Gemeinschaftssystem für das Umweltmanagement und die Umweltbetriebsprüfung (EMAS)** Bezug nehmen.

6372 Der **Begriff EMAS steht für „Eco-Management and Audit Scheme". EMAS ist die höchste europäische Auszeichnung für betriebliches Umweltmanagement. Sie beruht auf der **EG-Umwelt-Audit-Verordnung (Verordnung (EG) Nr. 761/2001).** Das Bundesumweltministerium wirbt zusammen mit dem Bundeswirtschaftsministerium dafür, dass die Bundesbehörden in geeigneten Fällen die Teilnahme am europäischen Umweltmanagementsystem EMAS berücksichtigen. Mit einem gemeinsamen **Schreiben vom 30. 8. 2004** haben sich die beiden Ministerien an alle Bundesbehörden gewandt. In dem Schreiben der beiden Ministerien an die Bundesbehörden wird erläutert, wie EMAS bei der öffentlichen Auftragsvergabe berücksichtigt werden kann. Dem Schreiben liegen detaillierte Hinweise des Bundesumweltministeriums zum rechtlichen Rahmen bei.

Die **Zertifizierung nach der DIN EN ISO 9001: 2000 ist keine Zertifizierung über ein Umweltmanagement.** Ein **Umweltmanagement ist der Teilbereich des Managements einer Organisation, der sich mit den betrieblichen und behördlichen Umweltschutzbelangen der Organisation beschäftigt.** Es dient zur Sicherung einer nachhaltigen Umweltverträglichkeit der betrieblichen Produkte und Prozesse einerseits sowie der Verhaltensweisen der Mitarbeiter andererseits. Die **Zertifizierung nach der DIN EN ISO 9001: 2000 bezieht sich hingegen auf ein Qualitätsmanagement**; die genannte DIN ist eine Qualitätsmanagementnorm. Die DIN beschreibt modellhaft das gesamte Qualitätsmanagementsystem einer Organisation. Das **Umweltmanagement kann Bestandteil des Qualitätsmanagements sein, ist dies jedoch nicht notwendig.** Rückschlüsse auf ein Umweltmanagement lassen sich deshalb aus einer Zertifizierung nach einer Qualitätsmanagementnorm nicht ziehen (VK Schleswig-Holstein, B. v. 22. 4. 2008 – Az.: VK-SH 03/08). 6373

71.15 Qualitätssicherung (§ 6a Abs. 11 Nr. 2)

Nach § 6a Abs. 11 Nr. 2 können Auftraggeber zum Nachweis dafür, dass der Bewerber oder Bieter bestimmte Qualitätssicherungsnormen erfüllt, die Vorlage von Bescheinigungen unabhängiger Stellen verlangen. Diese **Regelung entspricht der fakultativen Vorschrift des Art. 49 der Vergabekoordinierungsrichtlinie.** 6374

72. § 7 VOB/A – Leistungsbeschreibung

Allgemeines (1)

1. Die Leistung ist eindeutig und so erschöpfend zu beschreiben, dass alle Bewerber die Beschreibung im gleichen Sinne verstehen müssen und ihre Preise sicher und ohne umfangreiche Vorarbeiten berechnen können.

2. Um eine einwandfreie Preisermittlung zu ermöglichen, sind alle sie beeinflussenden Umstände festzustellen und in den Vergabeunterlagen anzugeben.

3. Dem Auftragnehmer darf kein ungewöhnliches Wagnis aufgebürdet werden für Umstände und Ereignisse, auf die er keinen Einfluss hat und deren Einwirkung auf die Preise und Fristen er nicht im Voraus schätzen kann.

4. Bedarfspositionen sind grundsätzlich nicht in die Leistungsbeschreibung aufzunehmen. Angehängte Stundenlohnarbeiten dürfen nur in dem unbedingt erforderlichen Umfang in die Leistungsbeschreibung aufgenommen werden.

5. Erforderlichenfalls sind auch der Zweck und die vorgesehene Beanspruchung der fertigen Leistung anzugeben.

6. Die für die Ausführung der Leistung wesentlichen Verhältnisse der Baustelle, z.B. Boden- und Wasserverhältnisse, sind so zu beschreiben, dass der Bewerber ihre Auswirkungen auf die bauliche Anlage und die Bauausführung hinreichend beurteilen kann.

7. Die „Hinweise für das Aufstellen der Leistungsbeschreibung" in Abschnitt 0 der Allgemeinen Technischen Vertragsbedingungen für Bauleistungen, DIN 18299 ff., sind zu beachten.

(2) Bei der Beschreibung der Leistung sind die verkehrsüblichen Bezeichnungen zu beachten.

Technische Spezifikationen (3) Die technischen Anforderungen (Spezifikationen – siehe Anhang TS Nummer 1) an den Auftragsgegenstand müssen allen Bewerbern gleichermaßen zugänglich sein.

(4) Die technischen Spezifikationen sind in den Vergabeunterlagen zu formulieren:
1. entweder unter Bezugnahme auf die in Anhang TS definierten technischen Spezifikationen in der Rangfolge
   a) nationale Normen, mit denen europäische Normen umgesetzt werden,
   b) europäische technische Zulassungen,
   c) gemeinsame technische Spezifikationen,
   d) internationale Normen und andere technische Bezugsysteme, die von den europäischen Normungsgremien erarbeitet wurden oder,
   e) falls solche Normen und Spezifikationen fehlen, nationale Normen, nationale technische Zulassungen oder nationale technische Spezifikationen für die Planung, Berechnung und Ausführung von Bauwerken und den Einsatz von Produkten.

Jede Bezugnahme ist mit dem Zusatz „oder gleichwertig" zu versehen;

2. oder in Form von Leistungs- oder Funktionsanforderungen, die so genau zu fassen sind, dass sie den Unternehmen ein klares Bild vom Auftragsgegenstand vermitteln und dem Auftraggeber die Erteilung des Zuschlags ermöglichen;
3. oder in Kombination von Nummer 1 und Nummer 2, d. h.
   a) in Form von Leistungs- oder Funktionsanforderungen unter Bezugnahme auf die Spezifikationen gemäß Nummer 1 als Mittel zur Vermutung der Konformität mit diesen Leistungs- oder Funktionsanforderungen;
   b) oder mit Bezugnahme auf die Spezifikationen gemäß Nummer 1 hinsichtlich bestimmter Merkmale und mit Bezugnahme auf die Leistungs- oder Funktionsanforderungen gemäß Nummer 2 hinsichtlich anderer Merkmale.

(5) Verweist der Auftraggeber in der Leistungsbeschreibung auf die in Absatz 4 Nummer 1 genannten Spezifikationen, so darf er ein Angebot nicht mit der Begründung ablehnen, die angebotene Leistung entspräche nicht den herangezogenen Spezifikationen, sofern der Bieter in seinem Angebot dem Auftraggeber nachweist, dass die von ihm vorgeschlagenen Lösungen den Anforderungen der technischen Spezifikation, auf die Bezug genommen wurde, gleichermaßen entsprechen. Als geeignetes Mittel kann eine technische Beschreibung des Herstellers oder ein Prüfbericht einer anerkannten Stelle gelten.

(6) Legt der Auftraggeber die technischen Spezifikationen in Form von Leistungs- oder Funktionsanforderungen fest, so darf er ein Angebot, das einer nationalen Norm entspricht, mit der eine europäische Norm umgesetzt wird, einer europäischen technischen Zulassung, einer gemeinsamen technischen Spezifikation, einer internationalen Norm oder einem technischen Bezugssystem, das von den europäischen Normungsgremien erarbeitet wurde, entspricht, nicht zurückweisen, wenn diese Spezifikationen die geforderten Leistungs- oder Funktionsanforderungen betreffen. Der Bieter muss in seinem Angebot mit geeigneten Mitteln dem Auftraggeber nachweisen, dass die der Norm entsprechende jeweilige Leistung den Leistungs- oder Funktionsanforderungen des Auftraggebers entspricht. Als geeignetes Mittel kann eine technische Beschreibung des Herstellers oder ein Prüfbericht einer anerkannten Stelle gelten.

(7) Schreibt der Auftraggeber Umwelteigenschaften in Form von Leistungs- oder Funktionsanforderungen vor, so kann er die Spezifikationen verwenden, die in europäischen, multinationalen oder anderen Umweltzeichen definiert sind, wenn
1. sie sich zur Definition der Merkmale des Auftragsgegenstands eignen,
2. die Anforderungen des Umweltzeichens auf Grundlage von wissenschaftlich abgesicherten Informationen ausgearbeitet werden,
3. die Umweltzeichen im Rahmen eines Verfahrens erlassen werden, an dem interessierte Kreise – wie z. B. staatliche Stellen, Verbraucher, Hersteller, Händler und Umweltorganisationen – teilnehmen können, und
4. wenn das Umweltzeichen für alle Betroffenen zugänglich und verfügbar ist.

Der Auftraggeber kann in den Vergabeunterlagen angeben, dass bei Leistungen, die mit einem Umweltzeichen ausgestattet sind, vermutet wird, dass sie den in der Leistungsbeschreibung festgelegten technischen Spezifikationen genügen. Der Auftraggeber muss jedoch auch jedes andere geeignete Beweismittel, wie technische Unterlagen des Herstellers oder Prüfberichte anerkannter Stellen, akzeptieren. Anerkannte Stellen sind die Prüf- und Eichlaboratorien sowie die Inspektions- und Zertifizierungsstellen, die mit den anwendbaren europäischen Normen übereinstimmen. Der Auftraggeber erkennt Bescheinigungen von in anderen Mitgliedstaaten ansässigen anerkannten Stellen an.

(8) Soweit es nicht durch den Auftragsgegenstand gerechtfertigt ist, darf in technischen Spezifikationen nicht auf eine bestimmte Produktion oder Herkunft oder ein besonderes Verfahren oder auf Marken, Patente, Typen eines bestimmten Ursprungs oder einer bestimmten Produktion verwiesen werden, wenn dadurch bestimmte Unternehmen oder bestimmte Produkte begünstigt oder ausgeschlossen werden. Solche Verweise sind jedoch ausnahmsweise zulässig, wenn der Auftragsgegenstand nicht hinreichend genau und allgemein verständlich beschrieben werden kann; solche Verweise sind mit dem Zusatz „oder gleichwertig" zu versehen.

Leistungsbeschreibung mit Leistungsverzeichnis (9) Die Leistung ist in der Regel durch eine allgemeine Darstellung der Bauaufgabe (Baubeschreibung) und ein in Teilleistungen gegliedertes Leistungsverzeichnis zu beschreiben.

(10) Erforderlichenfalls ist die Leistung auch zeichnerisch oder durch Probestücke darzustellen oder anders zu erklären, z. B. durch Hinweise auf ähnliche Leistungen, durch Mengen- oder statische Berechnungen. Zeichnungen und Proben, die für die Ausführung maßgebend sein sollen, sind eindeutig zu bezeichnen.

(11) Leistungen, die nach den Vertragsbedingungen, den Technischen Vertragsbedingungen oder der gewerblichen Verkehrssitte zu der geforderten Leistung gehören (§ 2 Absatz 1 VOB/B), brauchen nicht besonders aufgeführt zu werden.

(12) Im Leistungsverzeichnis ist die Leistung derart aufzugliedern, dass unter einer Ordnungszahl (Position) nur solche Leistungen aufgenommen werden, die nach ihrer technischen Beschaffenheit und für die Preisbildung als in sich gleichartig anzusehen sind. Ungleichartige Leistungen sollen unter einer Ordnungszahl (Sammelposition) nur zusammengefasst werden, wenn eine Teilleistung gegenüber einer anderen für die Bildung eines Durchschnittspreises ohne nennenswerten Einfluss ist.

Leistungsbeschreibung mit Leistungsprogramm (13) Wenn es nach Abwägen aller Umstände zweckmäßig ist, abweichend von Absatz 9 zusammen mit der Bauausführung auch den Entwurf für die Leistung dem Wettbewerb zu unterstellen, um die technisch, wirtschaftlich und gestalterisch beste sowie funktionsgerechteste Lösung der Bauaufgabe zu ermitteln, kann die Leistung durch ein Leistungsprogramm dargestellt werden.

(14)
1. Das Leistungsprogramm umfasst eine Beschreibung der Bauaufgabe, aus der die Bewerber alle für die Entwurfsbearbeitung und ihr Angebot maßgebenden Bedingungen und Umstände erkennen können und in der sowohl der Zweck der fertigen Leistung als auch die an sie gestellten technischen, wirtschaftlichen, gestalterischen und funktionsbedingten Anforderungen angegeben sind, sowie gegebenenfalls ein Musterleistungsverzeichnis, in dem die Mengenangaben ganz oder teilweise offen gelassen sind.
2. Die Absätze 10 bis 12 gelten sinngemäß.

(15) Von dem Bieter ist ein Angebot zu verlangen, das außer der Ausführung der Leistung den Entwurf nebst eingehender Erläuterung und eine Darstellung der Bauausführung sowie eine eingehende und zweckmäßig gegliederte Beschreibung der Leistung – gegebenenfalls mit Mengen- und Preisangaben für Teile der Leistung – umfasst. Bei Beschreibung der Leistung mit Mengen- und Preisangaben ist vom Bieter zu verlangen, dass er

1. die Vollständigkeit seiner Angaben, insbesondere die von ihm selbst ermittelten Mengen, entweder ohne Einschränkung oder im Rahmen einer in den Vergabeunterlagen anzugebenden Mengentoleranz vertritt, und dass er
2. etwaige Annahmen, zu denen er in besonderen Fällen gezwungen ist, weil zum Zeitpunkt der Angebotsabgabe einzelne Teilleistungen nach Art und Menge noch

nicht bestimmt werden können (z.B. Aushub-, Abbruch- oder Wasserhaltungsarbeiten) – erforderlichenfalls anhand von Plänen und Mengenermittlungen – begründet.

72.1 Änderungen in der VOB/A 2009

6375 In § 7 Abs. 1 Nr. 4 wurde zur Vermeidung einer möglichen Wettbewerbsverzerrung durch Bedarfspositionen in Leistungsverzeichnissen, die **Regelung über Bedarfspositionen verschärft**. Danach sind Bedarfspositionen nunmehr grundsätzlich nicht in Leistungsverzeichnissen vorzusehen.

6376 Ansonsten gab es **redaktionelle Änderungen**.

72.2 Vergleichbare Regelungen

6377 Der **Vorschrift des § 7 VOB/A vergleichbar** sind im Bereich der VOF § 6 VOF und im Bereich der VOL §§ 7, 8 EG VOL/A. Die Kommentierungen zu diesen Vorschriften können daher ergänzend zu der Kommentierung des § 7 herangezogen werden.

72.3 Bieterschützende Vorschrift

72.3.1 § 7 Abs. 1 Nr. 1

6378 Die **Vorschrift zielt** darauf ab, den **Bietern eine klare Kalkulationsgrundlage zu liefern**. Zugleich – und damit korrespondierend – hat sie den **Zweck, die Vergleichbarkeit der Angebote zu sichern**. Dass die eindeutige und erschöpfende Leistungsbeschreibung auch zutreffend in dem Sinne sein muss, dass die Ausführung der beschriebenen Leistung aller Voraussicht nach zur Erreichung des seitens des Auftraggebers mit dem Auftrag verfolgten Zwecks führt, wird in § 7 VOB/A zwar zumindest nicht ausdrücklich gesagt, kann jedoch die Grundvoraussetzung dafür sein, dass die Beschreibung der Leistungen eine hinreichende Kalkulationsgrundlage bildet. Soweit Leistungen wegen ersichtlicher Unausführbarkeit nicht verlässlich kalkuliert werden können, stellen sie keine hinreichende Basis für einen Vergleich der Angebote dar. Eine **unzutreffende Leistungsbeschreibung kann insoweit Bieterrechte verletzen** (Saarländisches OLG, B. v. 23. 11. 2005 – Az.: 1 Verg 3/05; B. v. 29. 9. 2004 – Az.: 1 Verg 6/04; VK Baden-Württemberg, B. v. 26. 7. 2005 – Az.: 1 VK 39/05; VK Brandenburg, B. v. 18. 1. 2007 – Az.: 1 VK 41/06 für den vergleichbaren § 7 Abs. 1 VOL/A; 1. VK Bund, B. v. 6. 3. 2002 – Az.: VK 1–05/02; 2. VK Bund, B. v. 16. 2. 2004 – Az.: VK 2–22/04; VK Hamburg, B. v. 30. 7. 2007 – Az.: VgK FB 6/07; VK Südbayern, B. v. 8. 6. 2006 – Az.: 14-05/06). Der **Wortlaut des Abs. 1 Nr. 1 des § 7 VOB/A hat also eindeutig eine bieterschützende Tendenz**. Ist das Nachprüfungsverfahren im Falle europaweiter Publizität des Vergabeverfahrens eröffnet, so kann ein Bieter im Falle eines Verstoßes gegen § 7 Abs. 1 Nr. 1 VOB/A die Wiederholung des Vergabeverfahrens erzwingen (VK Lüneburg, B. v. 29. 1. 2004 – Az.: 203-VgK-40/2003, B. v. 30. 10. 2003 – Az.: 203-VgK-21/2003).

72.3.2 § 7 Abs. 1 Nr. 2, Abs. 1 Nr. 3, Abs. 2, Abs. 8

6379 Die entsprechenden Vorschriften der VOB/A **dienen der Chancengleichheit der Bieter und dem Schutz vor einer unangemessenen Überbürdung von Risiken** durch den Auftraggeber (OLG Düsseldorf, B. v. 5. 12. 2001 – Az.: Verg 32/01; Saarländisches OLG, B. v. 29. 9. 2004 – Az.: 1 Verg 6/04; 2. VK Bund, B. v. 21. 6. 2010 – Az.: VK 2–53/10).

6380 § 7 Abs. 8 VOB/A hat bieterschützende Funktion. Die **Aufrechterhaltung eines funktionierenden Wettbewerbes dient der Wahrung der Bieterrechte**; diese können sich auf die Verletzung des Gebots zur produktneutralen Ausschreibung berufen (BayObLG, B. v. 15. 9. 2004 – Az.: Verg 026/03; VK Hessen, B. v. 19. 10. 2006 – Az.: 69 d VK – 51/2006; im Ergebnis ebenso VK Südbayern, B. v. 29. 1. 2007 – Az.: 39-12/06; B. v. 28. 4. 2005 – Az.: 13-03/05).

72.4 Grundsätze

6381 Die in § 7 geregelten **Anforderungen an die Gestaltung der Leistungsbeschreibung** sind sowohl für das Vergabeverfahren als auch für die spätere Vertragsdurchführung

Vergabe- und Vertragsordnung für Bauleistungen Teil A VOB/A § 7 **Teil 3**

mit dem erfolgreichen Bieter von fundamentaler Bedeutung. Die **Leistungsbeschreibung bildet dabei das Kernstück der Vergabeunterlagen** (VK Lüneburg, B. v. 12. 1. 2007 – Az.: VgK-33/2006; B. v. 12. 4. 2002 – Az.: 203-VgK-05/2002; VK Südbayern, B. v. 26. 6. 2008 – Az.: Z3-3-3194-1-16-04/08).

Die Regelung des **§ 7 Abs. 1 Nr. 1 VOB/A** zählt zu den **Zentralnormen des Vergabe- 6382 rechts**. Sie stellt nicht nur inhaltliche Anforderungen an die Beschreibung der Leistung, die als „invitatio ad offerendum" den wesentlichen Inhalt des zu schließenden Vertrages bestimmt. § 7 VOB/A ist darüber hinaus **unmittelbarer Ausfluss der in § 97 Abs. 1 und 2 GWB enthaltenen Grundsätze einer transparenten, die Bieter gleich behandelnden Vergabe im Wettbewerb** (2. VK Hessen, B. v. 26. 4. 2007 – Az.: 69 d VK – 08/2007; VK Südbayern, B. v. 26. 6. 2008 – Az.: Z3-3-3194-1-16-04/08).

Kennzeichnend für den Inhalt einer Leistungsbeschreibung sind **individuell aufgestellte 6383 Regelungen zur Bauausführung, zur Verwendung und zum Einbau von Materialien und Stoffen, die sich in einer solchen Ausführlichkeit nicht im Leistungsverzeichnis wieder finden. Die Leistungsbeschreibung ist daher unverzichtbarer Erklärungsinhalt jeden Angebotes** (1. VK Sachsen-Anhalt, B. v. 17. 4. 2007 – Az.: 1 VK LVwA 04/07).

72.5 Festlegung der Bauaufgabe und damit Festlegung des Inhalts der Leistungsbeschreibung

72.5.1 Grundsätze

Es ist **Sache des Auftraggebers**, zu entscheiden, **welche Bauaufgabe verwirklicht** wer- 6384 den soll. Der öffentliche **Auftraggeber ist also grundsätzlich frei in der Definition** dessen, was er beschaffen möchte (OLG Düsseldorf, B. v. 15. 6. 2010 – Az.: VII-Verg 10/10; B. v. 14. 4. 2010 – Az.: VII-Verg 60/09; B. v. 3. 3. 2010 – Az.: VII-Verg 46/09; B. v. 17. 2. 2010 – Az.: VII-Verg 42/09; B. v. 9. 12. 2009 – Az.: VII-Verg 37/09; B. v. 22. 10. 2009 – Az.: VII-Verg 25/09; B. v. 4. 3. 2009 – Az.: VII-Verg 67/08; B. v. 17. 11. 2008 – Az.: VII-Verg 52/08; B. v. 26. 7. 2006 – Az.: VII – Verg 19/06; B. v. 14. 4. 2005 – Az.: VII – Verg 93/04; OLG Koblenz, B. v. 10. 6. 2010 – Az.: 1 Verg 3/10; OLG München, B. v. 31. 8. 2010 – Az.: Verg 12/10; B. v. 5. 11. 2009 – Az.: Verg 15/09; B. v. 2. 3. 2009 – Az.: Verg 01/09; B. v. 28. 7. 2008 – Az.: Verg 10/08; OLG Naumburg, B. v. 5. 12. 2008 – Az.: 1 Verg 9/08; OLG Schleswig-Holstein, B. v. 19. 1. 2007 – Az.: 1 Verg 14/06; Thüringer OLG, B. v. 6. 6. 2007 – Az.: 9 Verg 3/07; B. v. 26. 6. 2006 – Az.: 9 Verg 2/06; LSG Baden-Württemberg, B. v. 17. 2. 2009 – Az.: L 11 WB 381/09; LSG Nordrhein-Westfalen, B. v. 19. 11. 2009 – Az.: L 21 KR 55/09 SFB; B. v. 8. 10. 2009 – Az.: L 21 KR 39/09 SFB; B. v. 24. 8. 2009 – Az.: L 21 KR 45/09 SFB; VK Baden-Württemberg, B. v. 28. 5. 2009 – Az.: 1 VK 21/09; VK Berlin, B. v. 9. 2. 2009 – Az.: VK-B 1–28/08; VK Brandenburg, B. v. 17. 12. 2009 – Az.: VK 21/09; B. v. 15. 2. 2006 – Az.: 2 VK 82/05; B. v. 21. 9. 2005 – Az.: 2 VK 54/05; 1. VK Bund, B. v. 20. 1. 2010 – Az.: VK 1–233/09; B. v. 20. 1. 2010 – Az.: VK 1–230/09; B. v. 10. 12. 2009 – Az.: VK 1–188/09; B. v. 4. 12. 2009 – Az.: VK 1–203/09; B. v. 26. 11. 2009 – Az.: VK 1–197/09; B. v. 10. 11. 2009 – Az.: VK 1–191/09; B. v. 30. 7. 2008 – Az.: VK 1–90/08; 2. VK Bund, B. v. 9. 12. 2009 – Az.: VK 2–192/09; B. v. 14. 10. 2009 – Az.: VK 2–174/09; B. v. 31. 8. 2009 – Az.: VK 2–108/09; B. v. 15. 5. 2009 – Az.: VK 2–21/09; B. v. 20. 4. 2009 – Az.: VK 1–13/09; B. v. 15. 9. 2008 – Az.: VK 2–94/08; B. v. 22. 8. 2008 – Az.: VK 2–73/08; 3. VK Bund, B. v. 24. 8. 2010 – Az.: VK 3–78/10; B. v. 10. 5. 2010 – Az.: VK 3–42/10; B. v. 1. 10. 2009 – Az.: VK 3–172/09; B. v. 21. 8. 2009 – Az.: VK 3–154/09; B. v. 26. 3. 2009 – Az.: VK 3–43/09; B. v. 20. 3. 2009 – Az.: VK 3–40/09; B. v. 20. 3. 2009 – Az.: VK 3–34/09; B. v. 20. 3. 2009 – Az.: VK 3–22/09; B. v. 23. 1. 2009 – Az.: VK 3–194/08; B. v. 5. 3. 2008 – Az.: VK 3–32/08; VK Hessen, B. v. 10. 9. 2007 – Az.: 69 d VK – 37/2007; B. v. 10. 9. 2007 – Az.: 69 d VK – 29/2007; VK Münster, B. v. 18. 3. 2010 – Az.: VK 1/10; B. v. 7. 10. 2009 – Az.: VK 18/09; B. v. 20. 4. 2005 – Az.: VK 6/05; VK Niedersachsen, B. v. 25. 3. 2010 – Az.: VgK-07/2010; B. v. 16. 11. 2009 – Az.: VgK-62/2009; VK Nordbayern, B. v. 22. 7. 2010 – Az.: 21.VK – 3194 – 26/10; B. v. 10. 2. 2010 – Az.: 21.VK – 3194 – 01/10; B. v. 28. 10. 2009 – Az.: 21.VK – 3194 – 46/09; B. v. 21. 4. 2009 – Az.: 21.VK – 3194 – 10/09; B. v. 16. 4. 2008 – Az.: 21.VK – 3194 – 14/08; B. v. 13. 2. 2007 – Az.: 21.VK – 3194 – 02/07; B. v. 16. 1. 2007 – Az.: 21.VK – 3194 – 43/06; 3. VK Saarland, B. v. 7. 9. 2009 – Az.: 3 VK 01/2009; 1. VK Sachsen, B. v. 6. 3. 2009 – Az.: 1/SVK/001–09; B. v. 29. 8. 2008 – Az.: 1/SVK/042-08; B. v. 29. 8. 2008 – Az.: 1/SVK/041- 08; VK Schleswig-Holstein, B. v. 9. 7. 2010 – Az.: VK-SH 11/10; B. v. 22. 7. 2009 – Az.: VK-SH 06/09; B. v. 28. 11. 2006 – Az.: VK-SH 25/06; VK Südbayern, B. v. 21. 7. 2008 – Az.: Z3-

3-3194-1-23–06/08; B. v. 29. 1. 2007 – Az.: 39-12/06; B. v. 29. 5. 2006 – Az.: 12-04/06). Das Risiko, dass der von ihm bestimmte Leistungsgegenstand sich als nicht geeignet zur Erreichung der mit ihm verfolgten Zwecke erweist, trägt der Auftraggeber (1. VK Bund, B. v. 6. 3. 2002 – Az.: VK 1–05/02; im Ergebnis ebenso VK Lüneburg, B. v. 18. 6. 2004 – Az.: 203-VgK-29/2004, B. v. 18. 12. 2003 – Az.: 203-VgK-35/2003). Weder im Vergabeverfahren noch im Nachprüfungsverfahren ist **für die am Auftrag interessierten Unternehmen Raum, eigene,** insbesondere abändernde **Vorstellungen hinsichtlich des Auftragsgegenstandes anzubringen** oder gar gegen den Auftraggeber durchzusetzen (OLG Düsseldorf, B. v. 15. 6. 2010 – Az.: VII-Verg 10/10; B. v. 14. 4. 2010 – Az.: VII-Verg 60/09; B. v. 17. 2. 2010 – Az.: VII-Verg 42/09; B. v. 4. 3. 2009 – Az.: VII-Verg 67/08).

6385 Das **Vergabeverfahren** und ein sich daran anschließendes Vergabenachprüfungsverfahren **dienen grundsätzlich allein dazu, den Vertragspartner für den vom Auftraggeber einseitig festgesetzten Auftragsgegenstand zu finden. Sie können nicht dazu benutzt werden, um Vorstellungen des Unternehmers über einen anderen Auftragsgegenstand zu verfolgen oder gar durchzusetzen.** Anders ist dies in gewissem Umfange nur dann, wenn der Auftraggeber den Auftragsgegenstand nicht vollständig selbst beschreibt und dem Unternehmer Raum für eigene Vorstellungen (z. B. mittels der Zulassung von Nebenangeboten, Alternativpositionen oder einer funktionellen Ausschreibung) zubilligt (OLG Düsseldorf, B. v. 4. 3. 2009 – Az.: VII-Verg 67/08).

6386 Das Leistungsverzeichnis gibt die Vorstellungen des Auftraggebers von der gewünschten Leistung in Bezug auf technische Merkmale oder Funktionen, Menge und Qualität für den Auftragnehmer so deutlich vor, dass dieser Gegenstand, Art und Umfang der Leistung zweifelsfrei zu erkennen ist. **Mit dem Leistungsverzeichnis werden dagegen nicht die Vorstellungen der potentiellen Bieter abgefragt.** Denn nur der Auftraggeber setzt den Rahmen für das Leistungsverzeichnis (VK Schleswig-Holstein, B. v. 9. 7. 2010 – Az.: VK-SH 11/10).

6387 Was ein öffentlicher Auftraggeber beschafft, obliegt grundsätzlich allein seiner Entscheidung, er bestimmt, welche Leistungseigenschaften und -inhalte der Auftragsgegenstand seiner Auffassung nach haben soll und umgekehrt, welche weiteren Kriterien für ihn möglicherweise nicht relevant sind. Ein **Vergaberechtsverstoß liegt also nicht bereits darin, dass ein öffentlicher Auftraggeber Vorgaben an den Inhalt der Angebote stellt, die auch solche Angebote erfüllen, die aus Sicht eines Bieters die Besonderheiten des von ihm angebotenen Produkts nicht hinreichend berücksichtigen** (1. VK Bund, B. v. 26. 11. 2009 – Az.: VK 1–197/09).

6388 Ausgangspunkt der Angebotsvergleichbarkeit ist die Leistungsbeschreibung, deren Erstellung Sache des öffentlichen Auftraggebers ist, der sich an seinem Beschaffungsbedarf orientiert. Daher **obliegt es zunächst ihm allein festzulegen, welche Leistungseigenschaften und -inhalte der Auftragsgegenstand seiner Auffassung nach haben soll und umgekehrt, welche weiteren Kriterien für ihn möglicherweise nicht relevant sind,** soweit dies nur für alle Bieter hinreichend deutlich und transparent wird. Solche **weiteren Kriterien, die für den öffentlichen Auftraggeber nicht relevant sind, können bei objektiver Betrachtung daher durchaus Produktunterschiede charakterisieren;** sie führen jedoch nicht dazu, dass diese Produkte im Rahmen der betreffenden Ausschreibung nicht miteinander verglichen werden könnten – vorausgesetzt, die angebotenen Güter genügen gleichermaßen den Anforderungen des öffentlichen Auftraggebers. Ein Vergaberechtsverstoß liegt also nicht bereits darin, dass ein öffentlicher Auftraggeber Vorgaben an den Inhalt der Angebote stellt, die auch solche Angebote erfüllen, die aus Sicht eines Bieters unterschiedliche Eigenschaften aufweisen und somit (ebenfalls aus Sicht des Bieters) nicht untereinander vergleichbar sind. Maßgeblich ist vielmehr die Sicht des öffentlichen Auftraggebers als Nachfrager. Die **abgegebenen Angebote müssen daher lediglich geeignet sein, den in der Leistungsbeschreibung eindeutig und erschöpfend beschriebenen Bedarf des öffentlichen Auftraggebers zu decken** (1. VK Bund, B. v. 20. 1. 2010 – Az.: VK 1–233/09).

6389 Die **Bestimmung des Auftragsgegenstands ist einer etwaigen Ausschreibung und Vergabe vorgelagert** und muss vom öffentlichen Auftraggeber erst einmal in einer zu einer Nachfrage führenden Weise getroffen werden, bevor die Vergabe und das Vergabeverfahren betreffende Belange der an der Leistungserbringung interessierten Unternehmen berührt sein können. Dagegen können Bieter nicht mit Erfolg beanspruchen, dem Auftraggeber eine andere Leistung mit anderen Beschaffungsmerkmalen und Eigenschaften, als von ihm in den Verdingungsunterlagen festgelegt worden ist, anzudienen (OLG Düsseldorf, B. v. 15. 6. 2010 – Az.: VII-Verg 10/10; B. v. 3. 3. 2010 – Az.: VII-Verg 46/09; B. v. 17. 2. 2010 – Az.: VII-Verg 42/09; 3. VK Bund, B. v. 24. 8. 2010 – Az.: VK 3–78/10; B. v. 10. 5. 2010 – Az.: VK 3–42/10).

Anders als z. B. bei der Frage, in welcher Weise die Leistung auszuschreiben ist oder welcher 6390
Bieter im Einklang mit dem Vergaberecht den Zuschlag erhalten darf, ist der Auftraggeber bei
der Formulierung des Bedarfs grundsätzlich autonom. Der **öffentliche Auftraggeber muss
als späterer Nutzer der nachgefragten Leistung schließlich am besten wissen, was er
braucht** (VK Baden-Württemberg, B. v. 17. 3. 2004 – Az.: 1 VK 12/04; 1. VK Bund, B. v.
30. 7. 2008 – Az.: VK 1–90/08; B. v. 8. 1. 2004 – Az.: VK 1–117/03; 2. VK Bund, B. v. 15. 9.
2008 – Az.: VK 2–94/08; B. v. 22. 8. 2008 – Az.: VK 2–73/08; 3. VK Bund, B. v. 5. 3. 2008 –
Az.: VK 3–32/08; 1. VK Sachsen, B. v. 6. 3. 2009 – Az.: 1/SVK/001–09; B. v. 29. 8. 2008 –
Az.: 1/SVK/042-08; B. v. 29. 8. 2008 – Az.: 1/SVK/041-08; VK Südbayern, B. v. 29. 1. 2007
– Az.: 39-12/06).

Dies gilt selbst dann, wenn eine vom Bieter angebotene Technologie zwar nicht 6391
den sich aus dem Leistungsverzeichnis konkludent ergebenden, objektiven gesetzlichen Konsequenzen, wohl aber den im Leistungsverzeichnis niedergelegten Anforderungen entspricht. Beschließt also beispielsweise eine Vergabestelle, ein Auto zu beschaffen,
ohne im Leistungsverzeichnis eine TÜV-Zulassung zu verlangen, so braucht auch nur ein Auto
ohne TÜV-Zulassung angeboten zu werden, auch wenn die Vergabestelle erkennbar vorhat,
später damit am öffentlichen Straßenverkehr teilzunehmen. Ob und wie sich die Vergabestelle
diese TÜV-Zulassung später besorgt, ist nicht Sache des Bieters (VK Baden-Württemberg, B. v.
17. 3. 2004 – Az.: 1 VK 12/04).

Die Vergabestelle ist auch **nicht verpflichtet**, ihren **Bedarf so auszurichten, dass möglichst alle auf dem Markt agierenden Teilnehmer leistungs- und angebotsfähig** sind 6392
(LSG Nordrhein-Westfalen, B. v. 19. 11. 2009 – Az.: L 21 KR 55/09 SFB; VK Hessen, B. v.
10. 9. 2007 – Az.: 69 d VK – 37/2007; B. v. 10. 9. 2007 – Az.: 69 d VK – 29/2007; VK Münster, B. v. 20. 4. 2005 – Az.: VK 6/05; VK Nordbayern, B. v. 16. 4. 2008 – Az.: 21.VK – 3194 –
14/08; 3. VK Saarland, B. v. 7. 9. 2009 – Az.: 3 VK 01/2009; 1. VK Sachsen, B. v. 6. 3. 2009 –
Az.: 1/SVK/001–09; B. v. 29. 8. 2008 – Az.: 1/SVK/042-08; B. v. 29. 8. 2008 – Az.: 1/SVK/
041-08; VK Schleswig-Holstein, B. v. 22. 7. 2009 – Az.: VK-SH 06/09; B. v. 28. 11. 2006 –
Az.: VK-SH 25/06; VK Südbayern, B. v. 29. 1. 2007 – Az.: 39-12/06; VK Thüringen, B. v.
8. 5. 2008 – Az.: 250–4002.20–899/2008-006-G).

Dies gilt **auch im Rahmen eines Teilnahmewettbewerbs** (OLG Schleswig-Holstein, B. 6393
v. 19. 1. 2007 – Az.: 1 Verg 14/06; VK Schleswig-Holstein, B. v. 28. 11. 2006 – Az.: VK-SH
25/06).

Der Auftraggeber **darf in der Anforderung zur Beschaffenheit seines Produktes auch** 6394
von technischen Regelwerken abweichen (VK Brandenburg, B. v. 17. 12. 2009 – Az.: VK
21/09).

Dem öffentlichen **Auftraggeber muss es darüber hinaus möglich sein, im Verlaufe** 6395
des Verfahrens gewonnenen Erkenntnisse zu verwerten; anderenfalls würde der Auftraggeber dazu verpflichtet, ein Produkt zu kaufen, von dem er bereits im Zeitpunkt
der Zuschlagserteilung weiß, dass es seine Bedürfnisse nicht optimal befriedigt. Ein
derartiges Ergebnis stünde nicht im Einklang mit den Grundsätzen der Wirtschaftlichkeit und
Sparsamkeit, zu deren Einhaltung öffentliche Stellen verpflichtet sind (3. VK Bund, B. v. 21. 8.
2009 – Az.: VK 3–154/09).

72.5.2 Funktion der Nachprüfungsinstanzen

Das **Vergaberecht regelt grundsätzlich nicht das „Ob" oder „Was" einer Beschaf-** 6396
fung, sondern lediglich das „Wie". Sofern an die Beschaffenheit der Leistung keine ungewöhnlichen Anforderungen gestellt werden, ist es deshalb **vergaberechtlich auch nicht zu
beanstanden, wenn der Auftraggeber mit der bisherigen Bedarfsdeckung zufrieden ist
und daher den nunmehr zu vergebenden neuen öffentlichen Auftrag unter Verwendung ähnlicher oder gleicher Bedingungen dem Wettbewerb unterstellt** (VK Lüneburg,
B. v. 7. 9. 2005 – Az.: VgK-38/2005).

Schon in Ermangelung entsprechender vergaberechtlicher Vorschriften, deren Einhaltung 6397
überprüft werden könnte, ist es **nicht Aufgabe vergaberechtlicher Nachprüfungsinstanzen und liegt auch nicht in deren Kompetenz, zu überprüfen, ob der vom Auftraggeber definierte Bedarf in sinnvoller Weise definiert wurde oder ob andere als die
nachgefragten Varianten vorteilhafter bzw. wirtschaftlicher wären** (OLG Düsseldorf, B.
v. 9. 12. 2009 – Az.: VII-Verg 37/09; B. v. 17. 11. 2008 – Az.: VII-Verg 52/08; B. v. 6. 7. 2005

Teil 3 VOB/A § 7 Vergabe- und Vertragsordnung für Bauleistungen Teil A

– Az.: VII – Verg 26/05; B. v. 14. 4. 2005 – Az.: VII – Verg 93/04; OLG München, B. v. 2. 3. 2009 – Az.: Verg 01/09; B. v. 28. 7. 2008 – Az.: Verg 10/08; VK Baden-Württemberg, B. v. 28. 5. 2009 – Az.: 1 VK 21/09; 3. VK Bund, B. v. 26. 3. 2009 – Az.: VK 3–43/09; VK Hessen, B. v. 10. 9. 2007 – Az.: 69 d VK – 37/2007; B. v. 10. 9. 2007 – Az.: 69 d VK – 29/2007; 2. VK Bund, B. v. 15. 9. 2008 – Az.: VK 2–94/08; VK Münster, B. v. 20. 4. 2005 – Az.: VK 6/05; 1. VK Sachsen, B. v. 29. 8. 2008 – Az.: 1/SVK/042-08; B. v. 29. 8. 2008 – Az.: 1/SVK/041-08; VK Schleswig-Holstein, B. v. 22. 7. 2009 – Az.: VK-SH 06/09; B. v. 28. 11. 2006 – Az.: VK-SH 25/06; VK Südbayern, B. v. 21. 7. 2008 – Az.: Z3-3-3194-1-23–06/08; B. v. 29. 1. 2007 – Az.: 39-12/06; VK Thüringen, B. v. 8. 5. 2008 – Az.: 250–4002.20–899/2008-006-G).

6398 Die **Vergabenachprüfungsinstanzen haben weder eine bestmögliche noch eine möglichst risikolose Beschaffung durch den öffentlichen Auftraggeber sicherzustellen**. Wie ein Privater hat der öffentliche Auftraggeber allein die Art der zu vergebenden Leistung und den Auftragsgegenstand zu bestimmen. Wenn der Auftraggeber durch die Beschreibung der Leistung – z.B. durch Aufstellen bestimmter, von den Angeboten (lediglich) einzuhaltender Mindestanforderungen – gewisse Risiken im Hinblick auf den angestrebten Leistungserfolg in Kauf nehmen will, ist dies von den Vergabenachprüfungsinstanzen hinzunehmen (OLG Düsseldorf, B. v. 9. 12. 2009 – Az.: VII-Verg 37/09).

72.5.3 Begrenzung der Definitionsmacht des Auftraggebers

72.5.3.1 Begrenzung der Definitionsmacht des Auftraggebers durch die Grundsätze des Wettbewerbs, der Transparenz und der Gleichbehandlung

6399 Die Definitionsmacht des öffentlichen Auftraggebers hinsichtlich des Beschaffungsgegenstandes wird **begrenzt durch die Verpflichtung, den vergaberechtlichen Grundsätzen des Wettbewerbs, der Transparenz und der Gleichbehandlung Rechnung zu tragen** (OLG Karlsruhe, B. v. 21. 7. 2010 – Az.: 15 Verg 6/10; VK Baden-Württemberg, B. v. 28. 5. 2009 – Az.: 1 VK 21/09; 2. VK Bund, B. v. 9. 12. 2009 – Az.: VK 2–192/09; B. v. 31. 8. 2009 – Az.: VK 2–108/09; B. v. 15. 5. 2009 – Az.: VK 2–21/09; B. v. 20. 4. 2009 – Az.: VK 1–13/09B. v. 22. 8. 2008 – Az.: VK 2–73/08; 3. VK Bund, B. v. 1. 10. 2009 – Az.: VK 3–172/09; VK Hessen, B. v. 10. 9. 2007 – Az.: 69 d VK – 37/2007; B. v. 10. 9. 2007 – Az.: 69 d VK – 29/2007; VK Nordbayern, B. v. 10. 2. 2010 – Az.: 21.VK – 3194 – 01/10; B. v. 16. 4. 2008 – Az.: 21.VK – 3194 – 14/08; 1. VK Sachsen, B. v. 6. 3. 2009 – Az.: 1/SVK/001–09; VK Schleswig-Holstein, B. v. 22. 7. 2009 – Az.: VK-SH 06/09). Eine **willkürliche Diskriminierung von Bietern im Wege der Leistungsbeschreibung ist daher unzulässig**, und eine Leistungsbeschreibung darf nicht in solchem Maße fehlerhaft sein, dass eine Vergleichbarkeit der auf ihr basierenden Angebote schlechterdings ausgeschlossen erscheint (1. VK Bund, B. v. 6. 3. 2002 – Az.: VK 1–05/02; 2. VK Bund, B. v. 22. 8. 2008 – Az.: VK 2–73/08; VK Lüneburg, B. v. 18. 12. 2003 – Az.: 203-VgK-35/2003).

72.5.3.2 Begrenzung der Definitionsmacht des Auftraggebers durch das Gebot der Losaufteilung

6400 Seine **Grenzen findet die Dispositionsfreiheit auch im Gebot der Losaufteilung**, wie er in § 97 Abs. 3 GWB bzw. § 5 Abs. 2 VOB/A niedergelegt ist (2. VK Bund, B. v. 15. 9. 2008 – Az.: VK 2–94/08). Vgl. dazu die **Kommentierung zu** → **§ 97 GWB Rdn. 306 ff.**

72.5.3.3 Begrenzung der Definitionsmacht des Auftraggebers durch den Grundsatz der produktneutralen Ausschreibung

6401 Die Freiheit des öffentlichen Auftraggebers, seinen Bedarf autonom zu definieren, besteht nur innerhalb der Grenzen des Vergaberechts. Diese **Grenzen** sind **überschritten**, wenn die **Bestimmung des Beschaffungsgegenstandes gegen den Grundsatz der produktneutralen Ausschreibung verstößt** (OLG Koblenz, B. v. 10. 6. 2010 – Az.: 1 Verg 3/10; OLG München, B. v. 5. 11. 2009 – Az.: Verg 15/09; 2. VK Bund, B. v. 9. 12. 2009 – Az.: VK 2–192/09; B. v. 14. 10. 2009 – Az.: VK 2–174/09; B. v. 20. 4. 2009 – Az.: VK 1–13/09).

6402 Der öffentliche Auftraggeber und die Vergabenachprüfungsinstanzen müssen **auch auf die Abgrenzung achten, ob das einer Ausschreibung zugrunde gelegte Leistungsprofil der allein der Disposition der Vergabestelle überlassenen „Bauleistung"** im Sinn von § 1 VOB/A zuzurechnen ist **oder** aber innerhalb dieses Rahmens **als produkt- bzw. verfahrensspezifische Beschränkung zu gelten hat**, die den bieterschützenden Anforderungen des § 7 Abs. 8 VOB/A unterliegt. Maßgebend für diese Abgrenzung sind die – anhand der Einzelfallumstände zu ermittelnden – mit dem Beschaffungsprojekt verfolgten Ziele und Zwecke (Thüringer OLG, B. v. 26. 6. 2006 – Az.: 9 Verg 2/06; VK Nordbayern, B. v. 16. 4. 2008 – Az.: 21.VK – 3194 – 14/08).

72.6 Festlegung des Sicherheitsniveaus einer Leistungsbeschreibung

Es ist **Aufgabe der Vergabestelle bereits in der Vorphase eines Vergabeverfahrens, das Sicherheitsniveau festzulegen, nach dem die ausgeschriebenen Bauarbeiten auszuführen sind.** Diese Festlegung gilt in allererster Linie bereits für das der Ausschreibungskonzeption zugrunde zu legende Sicherheitskonzept. 6403

Hierbei **verbleibt der Vergabestelle** bei allen die Sicherheit der Baumaßnahmen z. B. im Kanalbau betreffenden Fragen auch nach Klärung der technischen Aspekte, die mit einzelnen Lösungsvorschlägen verbunden sind, **grundsätzlich ein Beurteilungsspielraum, den sie mit ihren Wertungen ausfüllen kann.** Die Vergabestelle kann sich ohne Verstoß gegen vergaberechtliche Vorschriften **unter mehreren möglichen Lösungen**, die alle technisch durchführbar und innerhalb einer bestimmten Bandbreite sicher sind, **entweder für die eher konservative**, dafür aber bewährte Lösung **oder für die eher fortschrittliche**, dafür aber aus Sicht der Vergabestelle mit gewissen Risiken behaftete **Lösung** entscheiden (2. VK Bund, B. v. 8. 10. 2003 – Az.: VK 2–78/03; VK Schleswig-Holstein, B. v. 28. 11. 2006 – Az.: VK-SH 25/06). 6404

72.7 Notwendigkeit der Festlegung strategischer Ziele und Leistungsanforderungen in der Leistungsbeschreibung

Ein **Auftraggeber**, der **im Vorfeld einer Ausschreibung**, noch unbeeinflusst von der Kenntnis möglicher Angebote der Bieter, **nicht zumindest eigene strategische Ziele und Leistungsanforderungen definiert**, ist im Rahmen einer späteren Wertung der Angebote regelmäßig auch nicht in der Lage, die für ihn wesentlichen Nutzen- und Kostenaspekte der einzelnen Angebote zu analysieren. Er setzt sich der Gefahr aus, seine Zuschlagentscheidung letztlich fremdbestimmt zu treffen. Hierin liegt eine **Verletzung des Wettbewerbsprinzips und auch des Diskriminierungsverbotes**, weil eine Gleichbehandlung aller Angebote auf dieser Grundlage nicht gewährleistet ist (OLG Naumburg, B. v. 16. 9. 2002 – Az.: 1 Verg 02/02; VK Schleswig-Holstein, B. v. 28. 11. 2006 – Az.: VK-SH 25/06). 6405

72.8 Pflicht der Vergabestelle, bestehende Wettbewerbsvorteile und -nachteile potentieller Bieter durch die Gestaltung der Vergabeunterlagen „auszugleichen"?

72.8.1 Grundsätze

Es ist letztlich Sache der Unternehmen, auf welche technischen Verfahren sie sich am Markt spezialisieren. Dies **kann in Vergabeverfahren grundsätzlich nicht dazu führen, dass ihnen eine wirtschaftliche Ausnutzung eines möglicherweise bestehenden Marktvorteils zum Nachteil ausgelegt wird und ihre Teilnahmechancen am vergaberechtlichen Wettbewerb beschnitten werden.** Dies liefe dem Wettbewerbsprinzip des § 97 Abs. 1 GWB gerade zuwider (OLG Naumburg, B. v. 5. 12. 2008 – Az.: 1 Verg 9/08; VK Baden-Württemberg, B. v. 28. 5. 2009 – Az.: 1 VK 21/09; 2. VK Bund, B. v. 10. 9. 2009 – Az.: VK 2–174/09; B. v. 8. 10. 2003 – Az.: VK 2–78/03; VK Hessen, B. v. 10. 9. 2007 – Az.: 69 d VK – 37/2007; B. v. 10. 9. 2007 – Az.: 69 d VK – 29/2007; VK Schleswig-Holstein, B. v. 28. 11. 2006 – Az.: VK-SH 25/06). 6406

Auch ist ein **Informationsvorsprung nicht per se wettbewerbswidrig** (BayObLG, B. v. 5. 11. 2002 – Az.: Verg 22/02; LSG Berlin-Brandenburg, B. v. 7. 5. 2010 – Az.: L 1 SF 95/10 B Verg; VK Baden-Württemberg, B. v. 28. 5. 2009 – Az.: 1 VK 21/09). Es ist eine **Tatsache, die weder abänderbar noch zu beanstanden, sondern im Gegenteil wünschenswert ist, dass die Bieter in einem Vergabeverfahren unterschiedliche Wettbewerbsvoraussetzungen mitbringen.** Es ist die praktische Umsetzung des auch dem Vergaberecht zugrunde liegenden allgemeinen Wettbewerbsgedankens, § 97 Abs. 1 GWB, dass diese vorhandenen Wettbewerbs- 6407

Teil 3 VOB/A § 7   Vergabe- und Vertragsordnung für Bauleistungen Teil A

vorteile bei der Angebotserstellung – und zwar auch im Rahmen von Nebenangeboten – nutzbar gemacht werden. Es wäre **lebensfremd** und würde dem Wettbewerbsprinzip zuwiderlaufen, die **Ausnutzung eines derartigen Wettbewerbsvorteils zu bestrafen**, indem der Vergabestelle verboten wird, ein darauf basierendes Angebot zu werten und gegebenenfalls den Zuschlag hierauf zu erteilen, solange die Vergabestelle nicht ihrerseits den Wettbewerbsvorteil in diskriminierender Weise verschafft hat (OLG Naumburg, B. v. 5. 12. 2008 – Az.: 1 Verg 9/08; LSG Berlin-Brandenburg, B. v. 7. 5. 2010 – Az.: L 1 SF 95/10 B Verg; 1. VK Bund, B. v. 11. 6. 2002 – Az.: VK 1–25/02; 2. VK Bund, B. v. 14. 10. 2009 – Az.: VK 2–174/09; VK Hessen, B. v. 13. 10. 2005 – Az.: 69 d VK – 69/2005; VK Schleswig-Holstein, B. v. 28. 11. 2006 – Az.: VK-SH 25/06).

6408   Ebenso ist ein **Kostenvorteil durch mehrere Aufträge nicht zu beanstanden** (2. VK Bund, B. v. 18. 11. 2004 – Az.: VK 2–169/04).

6409   Die **Verpflichtung der Vergabestelle, den Auftrag in einem fairen Wettbewerb zu vergeben, beinhaltet nicht die Schaffung identischer Ausgangsbedingungen**. Potentiell kalkulationserhebliche Unterschiede, die sich aus der **Vielfalt privatrechtlicher Organisationsformen mit verschiedenen Steuerregeln** ergeben, können mit dem Instrumentarium des Vergaberechts ebenso wenig beseitigt werden wie standortabhängige Unterschiede, z. B. unterschiedliche Hebesätze bei der Gewerbesteuer oder niedrigere Steuern im Ausland (OLG Koblenz, B. v. 28. 10. 2009 – Az.: 1 Verg 8/09).

6410   Dies **gilt auch für den Fall, dass der Auftraggeber eine bestimmte Leistung, die vorher von einem Dritten erbracht worden ist, neu ausschreibt und sich der Vorauftragnehmer an diesem Wettbewerb beteiligt**. Zwar hat der Vorauftragnehmer unzweifelhaft einen Informationsvorsprung vor Wettbewerbern, da er die Gegebenheiten bei dem Auftraggeber bereits kennt. Dies ist allerdings in Bezug auf den Vorauftragnehmer immer der Fall, wenn ein Auftraggeber einen Auftrag nach Ablauf der Vertragslaufzeit durch Neuausschreibung in den Wettbewerb gibt. Ein **generelles Bewerbungsverbot des bisherigen Auftragnehmers kann daraus aber nicht abgeleitet werden**. Jedoch gilt nach der Rechtsprechung, dass ein Unternehmen, das einen Informationsvorsprung vor den übrigen Bietern hat, zur Einreichung eines Angebots grundsätzlich zuzulassen ist, es sei denn der Vorsprung lässt sich nicht durch geeignete Maßnahmen zum Schutze der anderen Bieter (z. B. Informationserteilung) ausgleichen (3. VK Bund, B. v. 16. 7. 2010 – Az.: VK 3–66/10).

72.8.2 Weitere Beispiele aus der Rechtsprechung

6411   – sind vom **früheren Betriebsinhaber betriebliche Versorgungsanwartschaften für Arbeitnehmer begründet** worden, so **haftet dieser im Falle eines Betriebsübergangs nach § 613 a Abs. 2 Satz 1 BGB nur für die innerhalb eines Jahres nach dem Betriebsübergang fällig werdenden Betriebsrentenansprüche**. Dies **gilt auch**, wenn der (Teil-)**Betriebsübergang (hier: Neubereederung eines Forschungsschiffes) auf der Grundlage eines vergaberechtlichen Ausschreibungsverfahrens erfolgt ist**. Der Betriebsübernehmer ist den ihn treffenden nachteiligen Folgen in einem solchen Fall nicht schutzlos ausgeliefert. **Zwar können der Betriebsübernehmer und der alte Betriebsinhaber die zu erwartenden Versorgungslasten nicht** – wie bei einem direkten Erwerb – bei der **Gestaltung des Kaufpreises berücksichtigen**. Jedoch bleibt es dem **Übernehmer im Rahmen des Vergabeverfahrens unbenommen, die mit dem Betriebsübergang einhergehenden Belastungen bei seinem Angebot zu berücksichtigen**. Der Einwand, ein Bieter sei dann aber bei der Kalkulierung seines Angebots gegenüber einem anderen Bieter, der bereits entsprechende Rückstellungen getroffen habe, im Nachteil, hätte, **wenn überhaupt, allenfalls im Vergabeverfahren von Bedeutung sein** können (BGH, B. v. 19. 3. 2009 – Az.: III ZR 106/08)

– aus der **Möglichkeit sowohl neue als auch gebrauchte Abfallbehälter in die Angebote der Lose 1 und 2 aufzunehmen, ergibt sich kein unzulässiger Wettbewerbsvorteil**. Grundsätzlich bleibt es allen Bietern unbenommen, ganz oder teilweise neue oder gebrauche Behälter aus dem eigenen Unternehmen zur Verfügung zu stellen oder – neu oder gebraucht – zu erwerben. Möglicherweise entsteht hieraus ein Vorteil für diejenigen Bewerber, die bereits über einen ausreichenden Vorrat gebrauchter Behälter auch in den erforderlichen Farben und Erhaltungszustand verfügen. Allerdings müssten auch diese die Behälter zu einem früheren Zeitpunkt angeschafft und die Kosten hierfür aufgewendet haben (VK Hessen, B. v. 1. 6. 2005 – Az.: 69 d VK – 33/200)

Vergabe- und Vertragsordnung für Bauleistungen Teil A   VOB/A § 7   **Teil 3**

- der Auftraggeber ist **nicht verpflichtet**, Leistungen, die er aufgrund eigener Erfahrungen in der Vergangenheit bedarfsgerecht ausgeschrieben und bewertet hat, **bei jeder Neuausschreibung abzuändern** nur um den bisherigen Anbietern keinen (vermeintlichen) Wettbewerbsvorteil zu eröffnen (3. VK Bund, B. v. 28. 1. 2005 – Az.: VK 3–221/04 – für den Bereich der VOL/A)
- **patentrechtlich gesicherte Bauverfahren** (2. VK Bund, B. v. 8. 10. 2003 – Az.: VK 2–78/03)
- ein **aufgrund besonderer Geschäftsbeziehungen erlangter Informationsvorsprung** der hier in Frage stehenden Art ist nicht per se wettbewerbswidrig. Besondere Umstände, die das Verhalten etwa als unlauter oder kartellrechtswidrig erscheinen lassen könnten, sind weder dem Sachvortrag der Beteiligten noch dem sonstigen Akteninhalt zu entnehmen (BayObLG, B. v. 5. 11. 2002 – Az.: Verg 22/02)
- allein die Tatsache, dass **ein Bieter bereits durch frühere Forschungstätigkeit Erfahrungen gesammelt hat** und damit im Gegensatz zu anderen Bietern einen Wettbewerbsvorteil besitzt, bedeutet noch keinen Verstoß gegen das Gleichbehandlungsgebot. Denn bei derartigen Erfahrungen handelt es sich um Werte, die **aufgrund eigener wirtschaftlicher Leistung erworben wurden und damit auch in der Vergabeentscheidung positiv berücksichtigt werden können** (2. VK Bund, B. v. 26. 9. 2003 – Az.: VK 2–66/03)
- die **Möglichkeit, ein Pauschalangebot zu kalkulieren**, hatte lediglich der Bieter, der aufgrund der bei ihm vorhandenen Kenntnisse – **allgemeine Ortskenntnis infolge vorangegangener Aufträge, konkrete Kenntnisse bezüglich des Auftrags infolge Ortsbesichtigung** – über Informationen verfügte, die über die Leistungsbeschreibung hinausgingen. Ihm kam ein – zulässiger – Wissensvorsprung und damit ein Wettbewerbsvorteil im Verhältnis zu den Konkurrenten um den Auftrag zu (1. VK Bund, B. v. 11. 6. 2002 – Az.: VK 1–25/02)
- der **Eignungsgrad und die unternehmensspezifischen Kosten**, die mit einer Auftragsübernahme verbunden wären, differieren je nach personeller und materieller Ausstattung, Lage der Betriebsstätten, der Auslastung und unternehmensspezifischen Erfahrungen. Ein an den Auftraggeber gerichtetes Gebot, derartige Wettbewerbsvorteile bereits bei der Entscheidung über die Leistung, die beschafft werden soll, auszugleichen, gibt es grundsätzlich nicht. Vielmehr **kann ein Auftraggeber**, wenn es vernünftige Gründe dafür gibt, den **Leistungsinhalt so bestimmen, dass einzelne Bieter Wettbewerbsvorteile gegenüber anderen haben**. Der Auftraggeber darf sich dabei z. B. von Erwägungen der Wirtschaftlichkeit leiten lassen, selbstredend jedoch nicht von der Absicht der Bevorzugung eines bestimmten Unternehmens (VK Münster, B. v. 14. 11. 2002 – Az.: VK 16/02).

72.9 Positionsarten einer Leistungsbeschreibung

72.9.1 Allgemeines

In einer Leistungsbeschreibung **können mehrere Positionsarten verwendet** werden. Man **kann unterscheiden** zwischen: 6412

- Normalpositionen,
- Grundpositionen,
- Bedarfspositionen (Eventualpositionen)
- Wahlpositionen (Alternativpositionen)
- Zulagepositionen.

72.9.2 Normalpositionen

Sie sind **in der VOB/A nicht ausdrücklich geregelt**. Mit „Normalpositionen" sind alle Teilleistungen zu beschreiben, die ausgeführt werden sollen. Sie werden nicht besonders gekennzeichnet. 6413

72.9.3 Grundpositionen

„**Grundpositionen**" beschreiben Teilleistungen, die durch „**Wahlpositionen**" ersetzt werden können. Grund- und Wahlpositionen werden als solche gekennzeichnet; der jeweiligen Ordnungszahl (OZ) können z. B. ein „G" bzw. „W" beigefügt werden. 6414

Teil 3 VOB/A § 7 Vergabe- und Vertragsordnung für Bauleistungen Teil A

72.9.4 Bedarfspositionen/Eventualpositionen/Optionen (§ 7 Abs. 1 Nr. 4)

72.9.4.1 Änderung in der VOB/A 2009

6415 Zur Vermeidung einer möglichen Wettbewerbsverzerrung durch Bedarfspositionen in Leistungsverzeichnissen, wurde die **Regelung über Bedarfspositionen verschärft**. Danach sind Bedarfspositionen nunmehr **grundsätzlich nicht in Leistungsverzeichnissen vorzusehen**.

72.9.4.2 Allgemeines

6416 Bedarfsleistungen beinhalten Leistungen mit dem Vorbehalt, dass sie **unter Umständen zusätzlich zu einer im Leistungsverzeichnis enthaltenen Leistung auszuführen** sind. Es handelt sich um Leistungen mit dem Anspruch des Auftraggebers, auf ihre Ausführung verzichten zu können, ohne dass dadurch die Notwendigkeit einer Teilkündigung entsteht. Deshalb sind die **Bedarfspositionen nicht mit dem Zuschlag, sondern erst bei Bedarf in Auftrag zu geben** (VK Nordbayern, B. v. 4. 10. 2005 – Az.: 320.VK – 3194 – 30/05).

6417 Nur solche Positionen, bei denen **trotz Ausschöpfung aller örtlichen und technischen Erkenntnismöglichkeiten** im Zeitpunkt der Ausschreibung **objektiv nicht feststellbar** ist, ob und in welchem Umfang **Leistungen zur Ausführung gelangen** (BGH, Urteil v. 23. 1. 2003 – Az.: VII ZR 10/01; OLG München, B. v. 15. 7. 2005 – Az.: Verg 014/05; Saarländisches OLG, Urteil v. 24. 6. 2008 – Az.: 4 U 478/07; 2. VK Bremen, B. v. 10. 9. 2004 – Az.: VK 03/04) dürfen als Eventualpositionen ausgeschrieben und bei der Wertung berücksichtigt werden (VK Arnsberg, B. v. 28. 1. 2004 – Az.: VK 1–30/2003; VK Baden-Württemberg, B. v. 15. 1. 2003 – Az.: 1 VK 71/02; VK Hessen, B. v. 5. 5. 2003 – Az.: 69 d VK – 16/2003; 2. VK Mecklenburg-Vorpommern, B. v. 27. 11. 2001 – Az.: 2 VK 15/01VK Nordbayern, B. v. 4. 10. 2005 – Az.: 320.VK – 3194 – 30/05; VK Schleswig-Holstein, B. v. 3. 11. 2004 – Az.: VK-SH 28/04).

6418 Der Auftraggeber befindet hierüber **nach pflichtgemäßem Ermessen** (VK Nordbayern, B. v. 4. 10. 2005 – Az.: 320.VK – 3194 – 30/05).

72.9.4.3 Bezeichnung als „nEP-Position"

6419 Es ist verbreitet, mit der Abkürzung „nEP" Eventualpositionen zu bezeichnen (BGH, Urteil vom 23. 1. 2003 – Az.: VII ZR 10/01).

72.9.4.4 Zulässigkeit in einer Leistungsbeschreibung

6420 **72.9.4.4.1 VOB/A 2009.** Vgl. die Kommentierung → Rdn. 41 ff.

6421 **72.9.4.4.2 Rechtsprechung.** Zwar dürfen **Bedarfs- oder Eventualpositionen nur im Ausnahmefall und in begrenztem Umfang** ausgeschrieben werden, deren **grundsätzliche Zulässigkeit steht aber nicht mehr außer Zweifel**. Sie dürfen allerdings nicht dazu führen, Mängel einer unzureichenden Planung auszugleichen. Ein Grund für eine restriktive Handhabung von Bedarfspositionen ist, dass sie den Grundsätzen einer eindeutigen und erschöpfenden Leistungsbeschreibung widersprechen, die den Bieter in die Lage versetzen soll, seine Preise sicher zu berechnen. Der **Auftraggeber soll nicht das Risiko von Fehlbestellungen auf den Auftragnehmer abwälzen können** (VK Schleswig-Holstein, B. v. 3. 11. 2004 – Az.: VK-SH 28/04; im Ergebnis ebenso Saarländisches OLG, Urteil v. 24. 6. 2008 – Az.: 4 U 478/07; VK Berlin, B. v. 4. 5. 2009 – Az.: VK – B 2–5/09).

6422 Bedarfspositionen sind unzulässig, wenn sie **von der Zahl oder ihrem Gewicht her** keine sichere Beurteilung mehr erlauben, welches Angebot das wirtschaftlichste ist, insbesondere dann, wenn diese Bestandteile der Ausschreibung ein solches Gewicht in der Wertung erhalten sollen, dass sie der **Bedeutung der Haupt- und Grundpositionen für die Zuschlagserteilungen gleichkommen** (OLG Celle, B. v. 18. 12. 2003 – Az.: 13 Verg 22/03). Außerdem muss der Auftraggeber hinsichtlich der Ausübung der Bedarfsposition eine **ernsthafte Durchführungsabsicht** haben (1. VK Bund, B. v. 15. 7. 2003 – Az.: VK 1–53/03).

6423 Gegen die Ausschreibung von Wahl- oder Bedarfspositionen sind außerdem Bedenken angebracht, wenn sie den **Grundsätzen einer eindeutigen und erschöpfenden Leistungsbeschreibung widersprechen**, die **Gefahr von Angebotsmanipulationen erhöhen** oder zur **Undurchsichtigkeit der Transparenz des Wettbewerbes** führen können (VK Hessen, B. v. 28. 7. 2004 – Az.: 69 d VK – 49/2004).

6424 Unabhängig davon, ob man die Zulässigkeitsgrenze für Bedarfspositionen nun bei in der Regel 10% des geschätzten Auftragsvolumens ansetzt, wird **eine absolute, keine Ausnahme mehr** zulassende Obergrenze jedenfalls bei 15% anzusetzen sein (1. VK Bund, B. v. 14. 7. 2005 – Az.: VK 1–50/05).

72.9.4.5 Wartung als Bedarfsposition

In einem solchen Fall widerspricht bereits die **Angabe der Wartung als Zuschlagskriterium dem Verständnis der Bedarfsposition**, denn das Zuschlagskriterium selbst kann nicht je nach Bedarf wegfallen oder zur Anwendung gelangen (VK Hessen, B. v. 5. 5. 2003 – Az.: 69 d VK – 16/2003). 6425

Die VK Südbayern geht ins soweit davon aus, dass die **Wartung rechtlich als Bedarfsposition einzuordnen** ist, da die Leistungen des Wartungsvertrages zum Vertragssoll des künftigen Auftragnehmers gehören können, dies aber von einer weiteren Anordnung der Vergabestelle bzw. des späteren Nutzers abhängt. Es ist **nicht nur zulässig, Bedarfspositionen zu werten, sondern deren Wertung ist aus Gründen der Transparenz und der Wettbewerbsgerechtigkeit zwingend geboten** (VK Südbayern, B. v. 7. 4. 2006 – Az.: 07-03/06). 6426

72.9.4.6 Keine eindeutige Bezeichnung von Bedarfspositionen

Behandelt ein Auftraggeber verschiedene **Einzelpositionen** eines Leistungsverzeichnisses **als Bedarfspositionen, obwohl er diese im Leistungsverzeichnis nicht als Bedarfspositionen gekennzeichnet** hat, **verstößt er** sowohl **gegen die Verpflichtung** gemäß § 7 Abs. 1 Nr. 1 VOB/A, die **Leistung eindeutig und so erschöpfend zu beschreiben**, dass alle Bewerber die Beschreibung im gleichen Sinne verstehen müssen und ihre Preise sicher und ohne umfangreiche Vorarbeiten berechnen zu können. Er verstößt ferner gegen das Gebot gemäß § 7 Abs. 1 Nr. 3 VOB/A, dem Auftragnehmer kein ungewöhnliches Wagnis aufzubürden für Umstände und Ereignisse, auf die er keinen Einfluss hat und deren Einwirkung auf die Preise und Fristen er nicht im Voraus schätzen kann. Der Auftraggeber hat ferner gemäß § 7 Abs. 1 Nr. 2 VOB/A zur Ermöglichung einer einwandfreien Preisermittlung alle sie beeinflussenden Umstände festzustellen und in den Verdingungsunterlagen anzugeben. Dazu gehört zweifelsohne auch die Kennzeichnung sämtlicher Bedarfspositionen, da der Bieter bei der Kalkulation seines Gesamtangebotes wissen muss, von welchem Umfang einer Beauftragung er ausgehen kann bzw. welche abgefragten Positionen gegebenenfalls entfallen können (VK Lüneburg, B. v. 10. 3. 2003 – Az.: 203-VgK-01/2003). 6427

72.9.4.7 Beauftragung einer Bedarfsposition

Die **Option bei der Beauftragung einer Wahlposition liegt für den Auftraggeber allein darin, dass es ihm freigestellt ist, die Eventualposition überhaupt in Auftrag zu geben**; wenn er sie aber in Anspruch nimmt, muss er sie bei seinem Vertragspartner abrufen, es sei denn, er entzieht ihm den Auftrag. Nur in diesem Sinne ist eine Eventualposition als „Angebotsblanken" zu begreifen, für deren Ausführung es einer Anordnung des Auftraggebers bedarf. **Meinungsstreit besteht in der Literatur auch nur darüber**, ob die Eventualposition bei der Auftragsvergabe bereits als zusätzliche Leistung aufschiebend bedingt beauftragt worden ist oder ob dies durch gesonderte Anordnung des Auftraggebers während der Bauausführung bei Bedarf zu erfolgen hat (Hanseatisches OLG Hamburg, Urteil v. 7. 11. 2003 – Az.: 1 U 108/02). 6428

72.9.4.8 Richtlinie des VHB 2008

Bedarfs- und Wahlpositionen dürfen weder in das Leistungsverzeichnis noch in die übrigen Vergabeunterlagen aufgenommen werden (Richtlinien zu 100 – Allgemeine Richtlinien Vergabeverfahren – Ziffer 4.6). 6429

72.9.5 Wahlpositionen/Alternativpositionen

72.9.5.1 Keine ausdrückliche Regelung in der VOB/A

Wahlpositionen/Alternativpositionen sind **in § 7 nicht ausdrücklich geregelt**. 6430

72.9.5.2 Begriff

Wahl- oder Alternativleistungen sind generell **dadurch gekennzeichnet, dass bei Fertigstellung der Vergabeunterlagen noch nicht feststeht, ob die Leistung in der einen oder anderen Ausführungsart tatsächlich erbracht werden soll, und der Auftraggeber sich** – darin liegt der wirt- 6431

Teil 3 VOB/A § 7 Vergabe- und Vertragsordnung für Bauleistungen Teil A

schaftliche Sinn – die **dahingehende Entscheidung bis zur Auftragserteilung vorbehalten will** – Wahlschuldverhältnis – (OLG Düsseldorf, B. v. 2. 8. 2002 – Az.: Verg 25/02; Schleswig-Holsteinisches OLG, Urteil v. 17. 2. 2000 – Az: 11 U 91/98; VK Arnsberg, B. v. 28. 1. 2004 – Az.: VK 1–30/2003).

6432 Wahlpositionen kommen **grundsätzlich nur an Stelle der alternativ im Leistungsverzeichnis aufgeführten Grundposition zur Ausführung**. Werden Wahlpositionen ausgeführt, verdrängen sie somit die entsprechende Hauptposition (OLG München, B. v. 27. 1. 2006 – Az.: VII – Verg 1/06; VK Nordbayern, B. v. 12. 12. 2001 – Az.: 320.VK-3194-41/01).

72.9.5.3 Zulässigkeit in einer Leistungsbeschreibung

6433 **72.9.5.3.1 Grundsätze.** Die Aufnahme von Wahlpositionen in das Leistungsverzeichnis ist **nicht per se vergaberechtlich unstatthaft**. Sie beeinträchtigt allerdings die Bestimmtheit und Eindeutigkeit der Leistungsbeschreibung. Die Verwendung von Wahlpositionen tangiert überdies die Transparenz des Vergabeverfahrens. Denn sie versetzt den öffentlichen Auftraggeber in die Lage, vermöge seiner Entscheidung für oder gegen eine Wahlposition das Wertungsergebnis aus vergaberechtsfremden Erwägungen zu beeinflussen. Aus diesem Grund ist der **Ansatz von Wahlpositionen nur unter engen Voraussetzungen statthaft**. Er kommt nur in Betracht, wenn und soweit ein berechtigtes Bedürfnis des öffentlichen Auftraggebers besteht, die zu beauftragende Leistung in den betreffenden Punkten einstweilen offen zu halten (OLG Düsseldorf, B. v. 24. 3. 2004 – Az.: Verg 7/04; OLG München, B. v. 27. 1. 2006 – Az.: VII – Verg 1/06) bzw. wenn **diese mehr oder weniger geringfügige Teile der ausgeschriebenen Leistung betreffen** und ihnen weder in Bezug auf den Leistungsumfang noch auf die Zuschlagsentscheidung ein gleich großes Gewicht wie den Grundleistungen zukommt (VK Münster, B. v. 11. 2. 2010 – Az.: VK 29/09).

6434 Eine Ausschreibung von Leistungspositionen als Grund- und Alternativpositionen ist **unzulässig, wenn bei ordnungsgemäßer Vorbereitung der Ausschreibung eine Festlegung auf eine der beiden Alternativen möglich und zumutbar** ist (OLG Naumburg, B. v. 1. 2. 2008 – Az.: 1 U 99/07).

6435 Alternativpositionen in Leistungsbeschreibungen sind nicht zulässig, um **Mängel einer unzureichenden Planung auszugleichen** (Schleswig-Holsteinisches OLG, Urteil v. 17. 2. 2000 – Az: 11 U 91/98; VK Arnsberg, B. v. 28. 1. 2004 – Az.: VK 1–30/2003). Ebenso sind sie unzulässig, wenn sie **von der Zahl oder ihrem Gewicht her** keine sichere Beurteilung mehr erlauben, welches Angebot das wirtschaftlichste ist (Schleswig-Holsteinisches OLG, Urteil v. 17. 2. 2000 – Az: 11 U 91/98), insbesondere dann, wenn diese Bestandteile der Ausschreibung ein solches Gewicht in der Wertung erhalten sollen, dass sie der **Bedeutung der Haupt- und Grundpositionen für die Zuschlagserteilungen gleichkommen** (VK Lüneburg, B. v. 17. 9. 2001 – Az.: 203-VgK-18/2001).

6436 Gegen die Ausschreibung von Wahl- oder Bedarfspositionen sind außerdem Bedenken angebracht, wenn sie die **Gefahr von Angebotsmanipulationen erhöhen** (VK Hessen, B. v. 28. 7. 2004 – Az.: 69 d VK – 49/2004).

6437 Eine Bedarfsposition muss sich außerdem an den Erfordernissen des § 7 Abs. 1 Nr. 3 VOB/A messen lassen. Sie darf somit **kein ungewöhnliches Wagnis** darstellen (1. VK Bund, B. v. 23. 9. 2004 – Az.: VK 1–132/04).

6438 Eröffnet das Leistungsverzeichnis das Angebot von **Wahlpositionen, müssen auch diese den technischen Mindestbedingungen entsprechen, die das Leistungsverzeichnis fordert**, und zwar zum Zeitpunkt der Angebotsabgabe (OLG München, B. v. 27. 1. 2006 – Az.: VII – Verg 1/06).

6439 **72.9.5.3.2 Regelung des HVA StB-B 04/2010.** „Wahlpositionen" sind nur vorzusehen, wenn sich von mehreren brauchbaren und technisch gleichwertigen Bauweisen nicht von vornherein die wirtschaftlichste bestimmen lässt.

72.9.5.4 Formale Anforderungen

6440 Da das Austauschen und Zusammenstellen verschiedener Alternativen sehr wohl mit dem Blick auf einen favorisierten Bieter erfolgen kann und Manipulationsmöglichkeiten damit eröffnet werden, sind sie **sorgfältig zu kennzeichnen, möglichst genaue Mengen anzugeben** und auf keinen Fall in den Gesamtbetrag einzubeziehen. Aus diesem Grunde muss die **Gesamtbetragsspalte bei der Aufstellung des Leistungsverzeichnisses entsprechend gesperrt** werden (VK Arnsberg, B. v. 28. 1. 2004 – Az.: VK 1–30/2003).

72.9.5.5 Bekanntgabe der Kriterien, die für die Inanspruchnahme der ausgeschriebenen Wahlpositionen maßgebend sein sollen

Zur Gewährleistung eines transparenten Vergabeverfahrens bei Verwendung einer nicht unbe- 6441
achtlichen Anzahl von Wahlpositionen **muss der Auftraggeber dem Bieterkreis vorab die Kriterien bekannt geben, die für die Inanspruchnahme der ausgeschriebenen Wahlpositionen maßgebend sein sollen.** Er muss dazu z. B. in den Vergabeunterlagen auf begrenzte Haushaltsmittel als entscheidenden Maßstab für die Inanspruchnahme der Grund- oder einer der Wahlpositionen hinweisen sowie festlegen, in welcher Reihenfolge die aufgrund der Wahlpositionen in Betracht kommenden Ausführungsvarianten von ihm bevorzugt werden. Hierdurch wird nicht nur die Transparenz des Vergabeverfahrens gewährleistet, sondern auch ausgeschlossen, dass die Zuschlagsentscheidung mit Hilfe der Wahlpositionen manipuliert werden kann. Überdies stehen bei einer solchen Vorgehensweise die Bieter letztlich nicht anders, als wenn der Auftraggeber die von ihm in Aussicht genommenen Ausführungsvarianten nacheinander in jeweils separaten Vergabeverfahren ausschreibt (OLG Düsseldorf, B. v. 24. 3. 2004 – Az.: Verg 7/04).

72.9.5.6 Richtlinie des VHB 2008

Bedarfs- und Wahlpositionen dürfen weder in das Leistungsverzeichnis noch in die übrigen 6442
Vergabeunterlagen aufgenommen werden (Richtlinien zu 100 – Allgemeine Richtlinien Vergabeverfahren – Ziffer 4.6).

72.9.6 Zulagepositionen

Zulagen sind Positionen, bei denen bestimmte Voraussetzungen festgelegt sind, 6443
unter denen eine zusätzliche Vergütung gezahlt werden soll. Im Fall einer Zulagenposition wird der **Auftrag zur Hauptposition unter der aufschiebenden Bedingung** (§ 158 BGB) erteilt, dass die zusätzliche Vergütung bezahlt wird, wenn im einzelnen vom späteren Auftragnehmer nachgewiesen wird, dass und inwieweit die von der Zulage erfassten Erschwernisse eingetreten sind. Die **Zulagenpositionen weisen also bedingte Mehrkosten aus**, die auf der vierten Wertungsstufe bei Beurteilung der Frage, welches Angebot das wirtschaftlichste ist, sowie in der Phase der Abrechnung der Leistung eine Bedeutung erlangen können (OLG Düsseldorf, B. v. 5. 4. 2006 – Az.: VII – Verg 3/06).

72.10 Auslegung der Leistungsbeschreibung

72.10.1 Notwendigkeit einer Auslegung

Fügt der Bieter die mit Firmenstempel versehene und unterschriebene Leistungsbeschreibung 6444
seinem Angebot bei, **erkennt er damit den Inhalt der Leistungsbeschreibung vollumfänglich an und erklärt damit objektiv, dass das von ihm angebotene Produkt die darin beschriebenen technischen Merkmale und damit die Vorgaben und Bedingungen des Auftraggebers auch tatsächlich erfüllt.** Ein solches Angebot ist weder unklar noch bedarf es einer Auslegung (VK Schleswig-Holstein, B. v. 9. 7. 2010 – Az.: VK-SH 11/10).

Nur eine **Leistungsbeschreibung, die unklar** ist, muss ausgelegt werden. Erweist sich die 6445
Leistungsbeschreibung in den strittigen Punkten aber als **eindeutig**, ist **für die Auslegung kein Raum** (VK Brandenburg, B. v. 30. 1. 2008 – Az.: VK 56/07, VK 58/07; VK Südbayern, B. v. 7. 4. 2006 – Az.: 07-03/06).

72.10.2 Objektiver Empfängerhorizont

Beim **Vergabeverfahren nach der VOB/A ist maßgebend der objektive Empfänger-** 6446
horizont, also die **Sicht der potentiellen Bieter** (BGH, Urteil v. 23. 1. 2003 – Az.: VII ZR 10/01, Urteil v. 18. 4. 2002 – Az: VII ZR 38/01, Urteil v. 28. 2. 2002 – Az.: VII ZR 376/00; Brandenburgisches OLG, B. v. 5. 1. 2006 – Az.: Verg W 12/05; OLG Celle, B. v. 13. 12. 2007 – Az.: 13 Verg 10/07; OLG Düsseldorf, B. v. 31. 7. 2007 – Az.: VII – Verg 25/07; OLG Frankfurt, Urteil vom 3. 7. 2007 – Az.: 11 U 54/06; OLG Koblenz, B. v. 5. 12. 2007 – Az.: 1 Verg 7/07; Urteil v. 19. 5. 2006 – Az.: 8 U 69/05; OLG Köln, B. v. 23. 12. 2009 – Az.: 11 U 173/09; OLG München, B. v. 10. 9. 2009 – Az.: Verg 10/09; B. v. 19. 12. 2007 – Az.: Verg 12/07; B. v. 29. 11. 2007 – Az.: Verg 13/07; B. v. 11. 8. 2005 – Az.: Verg 012/05; OLG Saar-

Teil 3 VOB/A § 7 Vergabe- und Vertragsordnung für Bauleistungen Teil A

brücken, Urteil v. 24. 6. 2008 – Az.: 4 U 478/07; B. v. 13. 11. 2002 – Az.: 5 Verg 1/02; Thüringer OLG, B. v. 30. 3. 2009 – Az.: 9 Verg 12/08; B. v. 29. 8. 2008 – Az.: 9 Verg 5/08; LSG Hessen, B. v. 15. 12. 2009 – Az.: L 1 KR 337/09 ER Verg; 1. VK Bund, B. v. 11. 11. 2003 – Az.: VK 1–103/03; 3. VK Bund, B. v. 4. 2. 2010 – Az.: VK 3 – 3/10; B. v. 14. 7. 2006 – Az.: VK 3–63/06; VK Lüneburg, B. v. 12. 1. 2007 – Az.: VgK-33/2006; VK Münster, B. v. 11. 2. 2010 – Az.: VK 29/09; B. v. 14. 1. 2010 – Az.: VK 26/09; B. v. 22. 9. 2009 – Az.: VK 16/09; B. v. 16. 1. 2008 – Az.: VK 28/07; VK Rheinland-Pfalz, B. v. 7. 12. 2007 – Az.: VK 39/07; B. v. 8. 11. 2007 – Az.: VK 43/07; 1. VK Sachsen, B. v. 23. 4. 2010 – Az.: 1/SVK/008–10; B. v. 7. 3. 2008 – Az.: 1/SVK/003–08; VK Schleswig-Holstein, B. v. 12. 2. 2010 – Az.: VK-SH 27/09; B. v. 26. 5. 2009 – Az.: VK-SH 04/09; B. v. 14. 5. 2008 – Az.: VK-SH 06/08; B. v. 12. 6. 2006 – Az.: VK-SH 12/06; B. v. 28. 4. 2006 – Az.: VK-SH 05/06; VK Südbayern, B. v. 26. 6. 2008 – Az.: Z3-3-3194-1-16-04/08; B. v. 3. 8. 2007 – Az.: Z3-3-3194-1-32-07/07; B. v. 8. 6. 2006 – Az.: 14-05/06; B. v. 27. 4. 2006 – Az.: 04-02/06; B. v. 7. 4. 2006 – Az.: 07-03/06; B. v. 13. 7. 2004 – Az.: 46-06/04), **die mit der geforderten Leistung in technischer Hinsicht vertraut sind** (Brandenburgisches OLG, B. v. 14. 9. 2004 – Az.: Verg W 5/04; OLG Celle, B. v. 13. 12. 2007 – Az.: 13 Verg 10/07; OLG Düsseldorf, B. v. 18. 11. 2009 – Az.: VII-Verg 19/09; B. v. 8. 2. 2005 – Az.: VII – Verg 100/04; B. v. 15. 5. 2002 – Az.: Verg 4/01; B. v. 29. 12. 2001 – Az.: Verg 22/01; OLG Frankfurt, Urteil vom 3. 7. 2007 – Az.: 11 U 54/06; OLG Koblenz, B. v. 5. 12. 2007 – Az.: 1 Verg 7/07; OLG München, B. v. 29. 3. 2007 – Az.: Verg 02/07; B. v. 11. 8. 2005 – Az.: Verg 012/05; BayObLG, B. v. 17. 2. 2005 – Verg 027/04; Saarländisches OLG, Urteil v. 24. 6. 2008 – Az.: 4 U 478/07; Thüringer OLG, B. v. 30. 3. 2009 – Az.: 9 Verg 12/08; B. v. 29. 8. 2008 – Az.: 9 Verg 5/08; LSG Hessen, B. v. 15. 12. 2009 – Az.: L 1 KR 337/09 ER Verg; 3. VK Bund, B. v. 1. 8. 2006 – Az.: VK 3–72/06; B. v. 14. 7. 2006 – Az.: VK 3–63/06; B. v. 22. 3. 2005 – Az.: VK 3–13/05; VK Münster, B. v. 11. 2. 2010 – Az.: VK 29/09; B. v. 14. 1. 2010 – Az.: VK 26/09; B. v. 22. 9. 2009 – Az.: VK 16/09; B. v. 16. 1. 2008 – Az.: VK 28/07; B. v. 19. 6. 2007 – Az.: VK 12/07; B. v. 5. 4. 2006 – Az.: VK 5/06; ; B. v. 17. 11. 2005 – Az.: VK 21/05; 1. VK Sachsen, B. v. 23. 4. 2010 – Az.: 1/SVK/008–10; B. v. 7. 3. 2008 – Az.: 1/SVK/003–08; VK Schleswig-Holstein, B. v. 26. 5. 2009 – Az.: VK-SH 04/09; B. v. 12. 6. 2006 – Az.: VK-SH 12/06; B. v. 28. 4. 2006 – Az.: VK-SH 05/06; VK Südbayern, B. v. 26. 6. 2008 – Az.: Z3-3-3194-1-16-04/08; B. v. 3. 8. 2007 – Az.: Z3-3-3194-1-32-07/07; B. v. 8. 6. 2006 – Az.: 14-05/06; B. v. 27. 4. 2006 – Az.: 04-02/06; B. v. 7. 4. 2006 – Az.: 07-03/06; B. v. 10. 5. 2007 – Az.: 14-03/05). Das **mögliche Verständnis nur einzelner Empfänger kann nicht berücksichtigt** werden (OLG Düsseldorf, B. v. 23. 3. 2005 – Az.: VII – Verg 02/05; OLG Koblenz, B. v. 5. 12. 2007 – Az.: 1 Verg 7/07; Urteil v. 19. 5. 2006 – Az.: 8 U 69/05; B. v. 26. 10. 2005 – Az.: 1 Verg 4/05; 1. VK Sachsen, B. v. 23. 4. 2010 – Az.: 1/SVK/008–10; VK Schleswig-Holstein, B. v. 28. 4. 2006 – Az.: VK-SH 05/06; VK Südbayern, B. v. 26. 6. 2008 – Az.: Z3-3-3194-1-16-04/08).

6447 Dabei ist zu berücksichtigen, dass der **jeweils für die Abgabe eines Angebots in Frage kommende Bieterkreis über ein erhebliches Fachwissen verfügen muss**. Das bedeutet, dass beispielsweise **selbstverständliche fachliche Zusammenhänge, die für jeden Bieter offensichtlich sind oder von ihm ohne weiteres erkannt werden können, nicht eigens dargestellt und erläutert zu werden brauchen**. Dies gilt umso mehr, weil es der Bieter in der Hand hat, vor Abgabe seines Angebots etwaige für ihn bestehende Unklarheiten zum Inhalt der Leistungsbeschreibung durch eine Anfrage bei der Vergabestelle aufzuklären (VK Lüneburg, B. v. 12. 1. 2007 – Az.: VgK-33/2006; VK Münster, B. v. 17. 11. 2005 – Az.: VK 21/05; VK Schleswig-Holstein, B. v. 26. 5. 2009 – Az.: VK-SH 04/09; B. v. 12. 6. 2006 – Az.: VK-SH 12/06; B. v. 28. 4. 2006 – Az.: VK-SH 05/06; B. v. 14. 9. 2005 – Az.: VK-SH 21/05; VK Südbayern, B. v. 26. 6. 2008 – Az.: Z3-3-3194-1-16-04/08).

72.10.3 Sonstige Anhaltspunkte

6448 Neben dem Wortlaut sind bei der Auslegung die **Umstände des Einzelfalls**, unter anderem die konkreten Verhältnisse des Bauwerks **zu berücksichtigen** (BGH, Urteil v. 13. 3. 2008 – Az.: VII ZR 194/06; Urteil v. 18. 4. 2002 – Az: VII ZR 38/01; 1. VK Bund, B. v. 11. 11. 2003 – Az.: VK 1–103/03; VK Münster, B. v. 22. 9. 2009 – Az.: VK 16/09; VK Schleswig-Holstein, B. v. 28. 4. 2006 – Az.: VK-SH 05/06). **Besonders bedeutsam** ist auch der **Wortlaut** (BGH, Urteil v. 13. 3. 2008 – Az.: VII ZR 194/06; Urteil v. 9. 1. 1997 – Az.: VII ZR 259/95; KG Berlin, B. v. 1. 12. 2009 – Az.: 2 Verg 11/09; Brandenburgisches OLG, B. v. 14. 9. 2004 – Az.: Verg W 5/04; OLG Braunschweig, Urteil vom 19. 7. 2001 – Az.: 8 U 134/00; OLG Düsseldorf, Urteil vom 31. 1. 2001 – Az.: U (Kart) 9/00; OLG Koblenz, B. v. 5. 12.

2007 – Az.: 1 Verg 7/07; Urteil v. 19. 5. 2006 – Az.: 8 U 69/05; B. v. 26. 10. 2005 – Az.: 1 Verg 4/05; Thüringer OLG, B. v. 30. 3. 2009 – Az.: 9 Verg 12/08; B. v. 29. 8. 2008 – Az.: 9 Verg 5/08; VK Schleswig-Holstein, B. v. 28. 4. 2006 – Az.: VK-SH 05/06; VK Südbayern, B. v. 13. 7. 2004 – Az.: 46-06/04).

Bei der **Frage, wie ein Leistungsverzeichnis zu verstehen ist**, darf der **Bieter nicht** 6449 **einfach von der für ihn günstigsten Auslegungsmöglichkeit ausgehen** und unterstellen, nur diese könnte gemeint sein. Er muss sich stattdessen **ernsthaft fragen, was die Vergabestelle aus ihrer Interessenlage heraus wirklich gewollt** hat. Wenn ihm bei dieser Überlegung Zweifel kommen müssen, ob seine Auslegung tatsächlich dem Willen der Vergabestelle entspricht, ist es ihm zumutbar, diese **Zweifel durch eine Anfrage bei der Vergabestelle aufzuklären** (OLG Brandenburg, B. v. 4. 3. 2008 – Az.: Verg W 3/08; OLG Köln, B. v. 23. 12. 2009 – Az.: 11 U 173/09; 2. VK Bund, B. v. 22. 1. 2003 – Az.: VK 2–94/02; VK Schleswig-Holstein, B. v. 11. 2. 2010 – Az.: VK-SH 29/09; B. v. 26. 5. 2009 – Az.: VK-SH 04/09; B. v. 14. 5. 2008 – Az.: VK-SH 06/08; B. v. 12. 6. 2006 – Az.: VK-SH 12/06; B. v. 28. 4. 2006 – Az.: VK-SH 05/06; VK Südbayern, B. v. 26. 6. 2008 – Az.: Z3-3-3194-1-16-04/08). Um die Abgabe vergleichbarer Angebote sicherzustellen und damit einen **fairen Wettbewerb zu gewährleisten**, ist es nämlich zwingend erforderlich, dass sämtliche Bieter eines Vergabeverfahrens die ausgeschriebenen Leistungsmerkmale in gleicher Weise verstehen und demzufolge vergleichbare Angebote abgeben können. Dieser das Vergabeverfahren tragende Grundsatz würde ausgehebelt werden, wollte man jedem Bieter bei Zweifeln am Wortlaut der Ausschreibungsunterlagen zugestehen, diese nach eigenem Gutdünken auszulegen und sein Angebot darauf abzustellen (OLG Brandenburg, B. v. 4. 3. 2008 – Az.: Verg W 3/08; VK Südbayern, B. v. 26. 6. 2008 – Az.: Z3-3-3194-1-16-04/08).

Erkennt z. B. ein Bieter, dass ein bestimmtes Produkt verlangt und damit anzubieten ist und 6450 ist ihm nur ein Hersteller bekannt, dessen Produkt die Vorgaben erfüllen kann, **darf er aus dem vermeintlichen Vergaberechtsverstoß einer verdeckten Leitfabrikatsausschreibung nicht schließen, dass er diesen Umstand nicht rügen muss, sondern – die Vergabeunterlagen auslegend – ein abweichendes Produkt anbieten darf**. Die gegenüber dem Auftraggeber unverzüglich zu erhebene Rüge gemäß § 107 Abs. 3 GWB dient der möglichst frühzeitigen Beseitigung erkannter Vergaberechtsverstöße. Diese **Obliegenheit kann nicht durch Auslegung der Verdingungsunterlagen ersetzt werden** (VK Brandenburg, B. v. 30. 1. 2008 – Az.: VK 56/07, VK 58/07).

Intensive Auslegungsbemühungen, wie sie im Streitfall einem Gericht obliegen, sind von 6451 einem **Bieter regelmäßig nicht zu erwarten** (OLG Koblenz, B. v. 26. 10. 2005 – Az.: 1 Verg 4/05).

Nachträglich – z.B. im Laufe eines Vergabenachprüfungsverfahrens – **auftretende Zweifel** 6452 bei der Auslegung der Verdingungsunterlagen gehen **zu Lasten der Vergabestelle** (Thüringer OLG, B. v. 29. 8. 2008 – Az.: 9 Verg 5/08).

72.10.4 Vergaberechtskonforme Auslegung

Zu den allgemein anerkannten Auslegungsregeln gehört der **Grundsatz einer nach beiden** 6453 **Seiten interessengerechten und im Zweifel vergaberechtskonformen Auslegung** (BGH, Urteil v. 22. 7. 2010 – Az.: VII ZR 213/08).

72.10.5 VOB-konforme Auslegung

Der Bieter einer Ausschreibung nach der VOB/A darf **bei möglichen Auslegungszweifeln** 6454 **eine Ausschreibung als den Anforderungen der VOB/A entsprechend verstehen**. Kann also beispielsweise ein Leistungsverzeichnis unter anderem auch in einer Weise verstanden werden, dass dem Bieter kein ungewöhnliches Wagnis zugemutet wird, so darf der Bieter die Ausschreibung in diesem, mit den Anforderungen der VOB/A übereinstimmenden Sinne verstehen (BGH, Urteil v. 9. 1. 1997 – Az.: VII ZR 259/95, Urteil v. 11. 11. 1993 – VII ZR 47/93; OLG Koblenz, Urteil v. 19. 5. 2006 – Az.: 8 U 69/05; VK Schleswig-Holstein, B. v. 12. 6. 2006 – Az.: VK-SH 12/06).

72.10.6 Kein Vorrang des Leistungsverzeichnisses vor den Vorbemerkungen

Es gibt **innerhalb der Leistungsbeschreibung keinen grundsätzlichen Vorrang des** 6455 **Leistungsverzeichnisses vor den Vorbemerkungen**. Zur Leistungsbeschreibung gehören sowohl die Vorbemerkungen als auch die einzelnen Positionen des Leistungsverzeichnisses. In aller Regel enthalten die Vorbemerkungen wesentliche Angaben, die zum Verständnis der Bauaufgabe und zur Preisermittlung erforderlich sind. Diese Angaben sind in Verbindung mit dem Leistungsverzeichnis und auch anderen vertraglichen Unterlagen als sinnvolles Ganzes auszulegen. Konkret auf das Bauvorhaben bezogenen Vorbemerkungen kann bei der Auslegung der Leistungsbeschreibung allerdings größeres Gewicht zukommen als nicht genügend angepasste Formulierungen eines Standardleistungsverzeichnisses (BGH, Urteil v. 11. 3. 1999 – Az.: VII ZR 179/98).

72.10.7 Heranziehung der Eigenschaften von Leitfabrikaten

6456   Soweit die verbale Leistungsbeschreibung über eine wesentliche Eigenschaft eines zu liefernden Produkts keine ausreichend differenzierte Aussage trifft, ist **im Zweifel auf die entsprechende Produkteigenschaft des Leitfabrikats zurückzugreifen** (OLG Naumburg, B. v. 8. 2. 2005 – Az.: 1 Verg 20/04).

6457   Werden Anforderungen an eine Leistung durch nicht genannte Eigenschaften von Leitfabrikaten beschrieben, sind **diejenigen Eigenschaften dieser Leitfabrikate, die Bezug zu Gebrauchstauglichkeit, Sicherheit und Gesundheit haben, zwingend für die ausgeschriebene Leistung**. Sonst wäre durch ausdrückliche Benennung deutlich zu machen müssen, welche Eigenschaften zwingend und welche entbehrlich sind (VK Berlin, B. v. 5. 11. 2009 – Az.: VK – B 2–35/09).

72.10.8 Auslegung von Soll-Vorgaben

6458   Zwar geht die Rechtsterminologie davon aus, dass eine **„Soll-Vorschrift" eine gesetzliche Bestimmung ist, die ein Tun oder Unterlassen für den Regelfall, aber nicht zwingend vorschreibt**. Hier steht jedoch gerade nicht eine Vorschrift in Rede, sondern eine Vorgabe eines Leistungsverzeichnisses, die letztlich Vertragsbestandteil werden soll. Hier ist auf den objektiven Empfängerhorizont abzustellen. Der durchschnittliche Bieter weiß, dass ein Leistungsverzeichnis eindeutige Vorgaben enthält. Auch der Sprachgebrauch bezeichnet mit „Soll" eine Vorgabe, einen Auftrag, der zu beachten ist. Das Modalverb „sollen" benutzt man im Regelfall, um einen Auftrag weiterzugeben, einen Befehl zu äußern, ein Gebot/Gesetz einzuhalten oder einen Zweck verfolgen. Ist daher eine **„Soll-Vorgabe" Bestandteil des Leistungsverzeichnisses, so ist diese als zwingend zu verstehen, wenn keine Abweichung von diesem Regelfall zugelassen wird**. Eine Soll-Vorgabe führt nicht dazu, dass es in das Belieben des Bieters gestellt wird, ob er diese erfüllt oder nicht (1. VK Sachsen, B. v. 23. 4. 2010 – Az.: 1/SVK/008–10).

72.10.9 Weitere Beispiele aus der Rechtsprechung

6459   – aus der Sicht des potentiellen Bieter ist es eindeutig oder zumindest nahe liegend, dass mit der im Leistungsverzeichnis enthaltenen Kennzeichnung der Fugenspalten mit den Maßen „28–30 mm" bzw. „8–40 mm" die Minimal- und Maximalbreite der Fugespalten bezeichnet worden ist. **Für einen potentiellen Bieter ist es offenkundig, dass bei einer zu sanierenden Fahrbahn infolge der langjährigen Abnutzung die Fugenspaltbreite nicht – wie beim Neubau – konstant, sondern variabel** ist (OLG Köln, B. v. 23. 12. 2009 – Az.: 11 U 173/09)

– fordert der Auftraggeber ein **funktionales Angebot des Auftragnehmers** zur Erstellung einer technischen Anlage für ein Bauwerk **unter Vorlage der von ihm bis zu diesem Zeitpunkt erstellten Bauwerksplanung, so wird diese grundsätzlich Gegenstand des Angebots** (BGH, Urteil vom 13. 3. 2008 – Az.: VII ZR 194/06)

– verwendet die Straßenbauverwaltung für die Leistungsbeschreibung der Position „Verkehrssicherung" bei der Erstellung von Vergabeunterlagen die Textbausteine des Standardleistungskataloges für den Straßen- und Brückenbau, Leistungsbereich 105 – Verkehrssicherung, Ausgabe 1974 (und ist danach die Vergütung für die Maßnahmen der Verkehrssicherung automatisch gemäß dem Wortlaut der Ausschreibung pauschaliert) und wird zum 10. 5. 2005 das AVA-Programm „Arriba planen Version V 11.1" eingeführt, wobei gleichzeitig der bereits im August 2003 neu eingeführte Standardleistungskatalog Leistungsbereich 105 – Verkehrssicherung an Arbeitsstellen – für jeden Anwender in der öffentlichen Verwaltung verbindlich wird, gemäß dem grundsätzlich ein Wechsel von der Pauschalierung hin zu Einheitspreisen erfolgte und gibt anders als in den weiteren Ausschreibungen die Straßenbauverwaltung die Stückzahl in den streitgegenständlichen Ausschreibungen allerdings mit „1,00" und nicht mit einer größeren Mengenangabe an (vgl. die Langtextverzeichnisse für die Projekte 03–05-001V1 [B...], 05_106 [Be...] und 05_106 [Br...], Bl. 30, 59f., 72f. d.A.), weil sie versehentlich entgegen behördeninternen Vorgaben die Angabe „Stück" nicht in „pauschal" änderte, **bleibt es hinsichtlich der Abrechnung bei der Mengeneinheit „1 Stück"; eine Pauschalierung kann darin nicht gesehen werden** (OLG Brandenburg, Urteil v. 4. 6. 2008 – Az.: 4 U 122/07).

72.10.10 Literatur

– Erdl, Cornelia, Unklare Leistungsbeschreibung des öffentlichen Auftraggebers im Vergabe- und im Nachprüfungsverfahren, BauR 2004, 166 6460

– Kenter, Carolin,/Brügmann, Klaus, Dominierendes Bestimmungsrecht des Auftraggebers, BauR 2004, 395

– Kummermehr, Wolfgang, Angebotsbearbeitung und Kalkulation des Bieters bei unklarer Leistungsbeschreibung, BauR 2004, 161

– Markus, Jochen, Ansprüche des Auftragnehmers nach wirksamer Zuschlagserteilung bei „unklarer Leistungsbeschreibung" des Auftraggebers, BauR 2004, 180

– Noch, Rainer, nicht immer zwingend – Leistungsbeschreibung und subjektive Rechte, Behörden Spiegel, September 2005, 21

– Prieß, Hans-Joachim, Die Leistungsbeschreibung – Kernstück des Vergabeverfahrens (Teil 1), NZBau 2004, 20

– Prieß, Hans-Joachim, Die Leistungsbeschreibung – Kernstück des Vergabeverfahrens (Teil 2), NZBau 2004, 87

– Quack, Friedrich, Über die Eindeutigkeit von Gesetzen, Vertragstexten und sonstigen Beschreibungen einschließlich der Leistungsbeschreibungen, ZfBR 2009, 411

72.11 Eindeutigkeit der Leistungsbeschreibung (§ 7 Abs. 1 Nr. 1)

72.11.1 Grundsätze

72.11.1.1 Sinn und Zweck des Gebots der Eindeutigkeit

Nach § 7 Abs. 1 Nr. 1 VOB/A **bezweckt** das Gebot der eindeutigen und erschöpfenden Leistungsbeschreibung, die **Vorstellungen des Auftraggebers von der gewünschten Leistung in Bezug auf technische Merkmale oder Funktionen, Menge und Qualität für den Auftragnehmer so deutlich werden zu lassen, dass dieser Gegenstand, Art und Umfang der Leistung zweifelsfrei erkennen kann**. Dieses Gebot hat sich an der Durchführbarkeit der Leistung zu orientieren und soll die exakte Preisermittlung sowie die Vergleichbarkeit der Angebote gewährleisten (1. VK Bund, B. v. 7. 4. 2004 – Az.: VK 1–15/04, B. v. 1. 4. 2004 – Az.: VK 1–11/04, B. v. 30. 3. 2004 – Az.: VK 1–05/04). 6461

Nur wenn die Leistung eindeutig und so erschöpfend beschrieben ist, dass alle Bewerber die Beschreibung im gleichen Sinne verstehen müssen und die Angebote miteinander verglichen werden können und alle kalkulationsrelevanten Umstände in den Verdingungsunterlagen angegeben sind, **können die Verdingungsunterlagen ihrer Funktion genügen, eine klare und unzweifelhafte Grundlage für die vom Auftragnehmer erwartete Leistung und deren Kalkulation zu bilden**. Darüber hinaus **sollen diese Regelungen gewährleisten, dass die Angebote aller Bieter überhaupt vergleichbar sind, was wiederum unabdingbare Voraussetzung für eine faire und transparente Entscheidung über den Zuschlag ist** (OLG Koblenz, B. v. 5. 12. 2007 – Az.: 1 Verg 7/07; im Ergebnis ebenso 1. VK Bund, B. v. 10. 12. 2009 – Az.: VK 1–188/09; 3. VK Bund, B. v. 28. 10. 2009 – Az.: VK 3–187/09). 6462

72.11.1.2 Eindeutige und erschöpfende Beschreibung

Leistungsbeschreibungen sind so **klar und eindeutig abzufassen**, dass – **abgestellt auf einen durchschnittlichen und mit der Art der ausgeschriebenen Leistung vertrauten Empfänger** – alle Bewerber sie notwendig in einem **gleichen Sinn verstehen** müssen (OLG 6463

Düsseldorf, B. v. 2. 8. 2002 – Az.: Verg 25/02; 3. VK Bund, B. v. 29. 3. 2006 – Az.: VK 3–15/06; VK Hamburg, B. v. 30. 7. 2007 – Az.: VgK FB 6/07; VK Niedersachsen, B. v. 22. 10. 2009 – Az.: VgK-49/2009; VK Nordbayern, B. v. 30. 11. 2009 – Az.: 21.VK – 3194 – 41/09; B. v. 30. 11. 2009 – Az.: 21.VK – 3194 – 40/09). Diese Anforderungen sind nicht erfüllt, wenn die **Leistungsbeschreibung Angaben lediglich allgemeiner Natur enthält oder verschiedene Auslegungsmöglichkeiten zulässt oder Zweifelsfragen aufkommen lässt** (2. VK Bund, B. v. 11. 11. 2004 – Az.: VK 2–196/04). Es ist außerdem zu berücksichtigen, dass **der jeweils für die Abgabe eines Angebots in Frage kommende Bieterkreis über ein erhebliches Fachwissen verfügen muss.** Das bedeutet, dass **selbstverständliche fachliche Zusammenhänge**, die für jeden Bieter offensichtlich sind oder von ihm ohne weiteres erkannt werden können, **nicht eigens dargestellt und erläutert zu werden brauchen** (VK Nordbayern, B. v. 30. 11. 2009 – Az.: 21.VK – 3194 – 41/09; B. v. 30. 11. 2009 – Az.: 21.VK – 3194 – 40/09).

6464   Eindeutig und erschöpfend bedeutet, dass die Leistungsbeschreibung klar und unmissverständlich, aber auch **gründlich und vollständig** sein muss (VK Düsseldorf, B. v. 22. 7. 2002 – Az.: VK – 19/2002 – L). Es gilt somit der Grundsatz: **Je detaillierter, desto besser** (OLG Koblenz, B. v. 5. 9. 2002 – Az.: 1 Verg. 2/02). Eindeutig heißt auch, dass die Leistungsbeschreibung so beschaffen sein muss, dass **aus der Perspektive des Bieters bei Anlegung eines professionellen Sorgfaltsmaßstabes auch ohne „intensive Auslegungsbemühungen" ohne weiteres klar ist, welche Leistung von ihm in welcher Form gefordert wird.** Erschöpfend bedeutet, dass **keine Restbereiche** verbleiben dürfen, die **seitens der Vergabestelle nicht schon klar umrissen** sind (Saarländisches OLG, B. v. 29. 9. 2004 – Az.: 1 Verg 6/04; 3. VK Bund, B. v. 23. 11. 2009 – Az.: VK 3–199/09; B. v. 28. 10. 2009 – Az.: VK 3–187/09; VK Niedersachsen, B. v. 22. 10. 2009 – Az.: VgK-49/2009). Allerdings liegt **allein darin, dass der Inhalt der Leistungsbeschreibung auslegungsfähig ist, noch kein Verstoß gegen § 7 VOB/A.** Auch bei sorgfältiger Erstellung eines Leistungsverzeichnisses kann nie ausgeschlossen werden, dass geringe Unklarheiten auftreten, da jeder Begriff der Sprache auslegungsfähig ist und das genaue Verständnis stets vom Empfängerhorizont abhängt. Würde man bei jeder noch so geringen Unklarheit dem Auftraggeber die Verantwortung aufbürden, bestünde die Gefahr, dass die Bieter durch geschickte Argumentation nachträglich Unklarheiten in die Leistungsbeschreibung hineininterpretieren könnten, um Vorteile aus diesem „Fehler" der Vergabestelle bei der Erstellung des Leistungsverzeichnisses unverhältnismäßig zu erhöhen (Brandenburgisches OLG, B. v. 14. 9. 2004 – Az.: Verg W 5/04). Der **Auftraggeber** muss also **den Bietern alle Angaben und Daten** mitteilen, die **für eine sachgerechte Kalkulation** einerseits und **für eine Vergleichbarkeit und Wertbarkeit der Angebote** andererseits **erforderlich** sind (3. VK Bund, B. v. 23. 11. 2009 – Az.: VK 3–199/09; B. v. 29. 3. 2006 – Az.: VK 3–15/06).

6465   Die **Leistungsbeschreibung ist also dann eindeutig und vollständig**, wenn sie Art und Umfang der geforderten Leistung mit allen dafür maßgebenden Bedingungen zur Ermittlung des Leistungsumfangs zweifelsfrei erkennen lässt, keine Widersprüche in sich oder zu anderen Regelungen enthält und für die Leistung spezifische Bedingungen und Anforderungen darstellt (VK Münster, B. v. 22. 9. 2009 – Az.: VK 16/09).

6466   Die **Vorschrift des § 7 Abs. 1 Nr. 1 VOB/A soll lediglich sicherstellen, dass die Bieter die Leistungsbeschreibung in gleicher Weise verstehen und daher miteinander vergleichbare Angebote einreichen.** Nur so ist gewährleistet, dass der Auftraggeber die Angebote unter Berücksichtigung der Zuschlagskriterien diskriminierungsfrei werten kann. **Mängel der Leistungsbeschreibung sind daher vergaberechtlich nur insoweit relevant, als sie diese Funktion beeinträchtigen. Soweit allgemein eine Kontrolle daraufhin vorgenommen wird, ob die Leistungsbeschreibung den allgemein anerkannten technischen Regeln entspricht, insbesondere nicht zu Sachmängeln des geplanten Baus (§ 633 Abs. 2 BGB) führt, ist dem nicht zu folgen.** Es ist allein Sache des Auftraggebers, den Gegenstand des Auftrages zu bestimmen. Das **Vergaberecht** dient, **jedenfalls soweit es den Schutz der Bieter betrifft, nicht dazu, den Auftraggeber vor technisch oder wirtschaftlich unsinnigen Aufträgen zu schützen.** Wenn die Leistungsbeschreibung zu technischen Mängeln des Werks führt, hat dies der Auftragnehmer – nach Anmeldung seiner Bedenken (vgl. nach Vertragsabschluss § 4 Nr. 3 VOB/B und im Vergabeverfahren gemäß der vorvertraglichen Hinweispflicht) – ebenso hinzunehmen wie die Ausschreibung einer – überflüssigen und den haushaltsrechtlichen Vorschriften widerstreitenden – Luxusausführung. Der Auftraggeber trägt dann die sich daraus ergebenden Risiken, und zwar unabhängig davon, ob er sie bewusst übernimmt oder die Risiken – möglicherweise zu Unrecht – leugnet. In jedem Falle kann der Auftraggeber aus etwaigen auf seine Leistungsbeschreibung zurückzuführende technische Mängel keine Rechte gegen den Auftragnehmer herleiten (vgl. § 13 Nr. 3 VOB/B) und vielmehr nur die Herstellung eines Werks entsprechend den konkreten Angaben in der Leistungsbeschreibung verlangen, und zwar auch dann, wenn diese mit dem Risiko z. B. des Entstehens von Durchfeuchtung und der Nichteinhaltung der – in der Leistungsbeschreibung allgemein als einzuhaltend aufgeführten – EnVO verbunden ist. Die **Angebote bleiben damit vergleichbar, und zwar auch dann, wenn die Leistungsbeschreibung – unweigerlich oder möglicherweise – zu technischen Mängeln des Werks führt** (OLG Düsseldorf, B. v. 13. 1. 2010 – Az.: I-27 U 1/09).

Ist in den Vergabeunterlagen die **Zertifizierung eines komplexen Systems mit verschiedenen Komponenten gefordert**, so hat der Auftraggeber im Sinne der Eindeutigkeit der Leistungsbeschreibung nach § 7 Abs. 1 Nr. 1 VOB/A **zu bezeichnen, welche Komponenten nach welchen Prüfnormen zu zertifizieren sind** (1. VK Sachsen, B. v. 23. 4. 2010 – Az.: 1/SVK/008–10). 6467

72.11.1.3 Geltung auch im Verhandlungsverfahren

Das **Gebot der eindeutigen und erschöpfenden Leistungsbeschreibung** gilt auch für das Verhandlungsverfahren (OLG Düsseldorf, B. v. 2. 8. 2002 – Az.: Verg 25/02) und die funktionale Leistungsbeschreibung (1. VK Bund, B. v. 7. 4. 2004 – Az.: VK 1–15/04). 6468

72.11.2 Fehlerhafte Leistungsbeschreibungen

72.11.2.1 Leistungsbeschreibungen mit einer unerfüllbaren Forderung

Enthält das **Leistungsverzeichnis eine unerfüllbare Forderung**, muss der Auftraggeber das eingeleitete Vergabeverfahren entweder gemäß § 17 Abs. 1 VOB/A **aufheben oder** diskriminierungsfrei das Leistungsprogramm, soweit zur Beseitigung unerfüllbarer Anforderungen erforderlich, **ändern** und den **Bietern angemessene Gelegenheit zur Abgabe neuer Angebote** auf der Basis des veränderten Leistungsprogramms geben (BGH, B. v. 26. 9. 2006 – Az.: X ZB 14/06; Urteil v. 1. 8. 2006 – Az.: X ZR 115/04; OLG Düsseldorf, B. v. 5. 7. 2007 – Az.: VII – Verg 12/07; B. v. 24. 5. 2007 – Az.: VII – Verg 12/07; OLG Karlsruhe, B. v. 6. 2. 2007 – Az.: 17 Verg 5/06; OLG München, B. v. 10. 12. 2009 – Az.: Verg 18/09; B. v. 28. 7. 2008 – Az.: Verg 12/08; LG Frankfurt (Oder), Urteil v. 14. 11. 2007 – Az.: 13 O 360/07; VK Baden-Württemberg, B. v. 29. 6. 2009 – Az.: 1 VK 27/09; VK Brandenburg, B. v. 19. 12. 2008 – Az.: VK 40/08; VK Düsseldorf, B. v. 29. 3. 2007 – Az.: VK – 08/2007 – B; B. v. 2. 3. 2007 – Az.: VK – 05/2007 – L; 1. VK Sachsen, B. v. 10. 10. 2008 – Az.: 1/SVK/051-08; VK Schleswig-Holstein, B. v. 7. 3. 2008 – Az.: VK-SH 02/08; VK Thüringen, B. v. 11. 2. 2010 – Az.: 250–4002.20–253/2010-001-EF). Ein **Ausschluss** des Angebots **darf nicht erfolgen** (VK Baden-Württemberg, B. v. 29. 6. 2009 – Az.: 1 VK 27/09; VK Düsseldorf, B. v. 29. 3. 2007 – Az.: VK – 08/2007 – B; 1. VK Sachsen, B. v. 10. 4. 2007 – Az.: 1/SVK/020-07; VK Schleswig-Holstein, B. v. 7. 3. 2008 – Az.: VK-SH 02/08; VK Thüringen, B. v. 11. 2. 2010 – Az.: 250–4002.20–253/2010-001-EF). Es **kann einem Bieter auch nicht zugemutet** werden, für eine nicht baubare Position dennoch kommentarlos einen Preis anzubieten und die **Frage der Herstellbarkeit auf einen eventuellen Rechtsstreit mit dem Auftraggeber nach Zuschlagserteilung zu verlagern** (VK Baden-Württemberg, B. v. 29. 6. 2009 – Az.: 1 VK 27/09). 6469

Das **gilt gleichermaßen**, wenn **bestimmte Nachweise über die Beschaffenheit der angebotenen Leistung verlangt werden, aber nicht rechtzeitig beigebracht werden können**. Denn auch dann fehlt eine vom öffentlichen Auftraggeber für wesentlich gehaltene Grundlage für den Vergleich der abgegebenen Angebote und damit für die sachgerechte Entscheidung, das das eingeleitete Vergabeverfahren dienen soll. In einem unter anderem eine unmöglich zu erfüllende Vorgabe gekennzeichneten Vergabeverfahren darf deshalb auch in einem solchen Fall kein Auftrag vergeben werden. **Kann der grundlegende Mangel des eingeleiteten Vergabeverfahrens nicht durch transparente und diskriminierungsfreie Änderung der betreffenden Vorgabe behoben werden und/oder macht der öffentliche Auftraggeber von dieser Möglichkeit keinen Gebrauch, ist er deshalb gehalten, die Ausschreibung wegen des ihr anhaftenden Mangels aufzuheben** (OLG Karlsruhe, B. v. 6. 2. 2007 – Az.: 17 Verg 5/06; 1. VK Sachsen, B. v. 11. 12. 2009 – Az.: 1/SVK/054-09). 6470

Das **gilt gleichermaßen**, wenn sonstige **Nachweise über die Beschaffenheit der angebotenen Leistung verlangt werden, aber überhaupt nicht beigebracht werden können**. Der öffentliche Auftraggeber ist gehalten, die **Änderung** und damit auch die Abstandnahme 6471

Teil 3 VOB/A § 7 Vergabe- und Vertragsordnung für Bauleistungen Teil A

von einer objektiv unmöglichen Anforderung **in einem transparenten und diskriminierungsfreien Verfahren vorzunehmen,** z. B. durch den **Verzicht auf die Vorlage einer geforderten Bestätigung** (OLG Düsseldorf, B. v. 5. 7. 2007 – Az.: VII – Verg 12/07; B. v. 24. 5. 2007 – Az.: VII – Verg 12/07; OLG München, B. v. 28. 7. 2008 – Az.: Verg 12/08; VK Düsseldorf, B. v. 2. 6. 2008 – Az.: VK – 15/2008 – L; VK Schleswig-Holstein, B. v. 7. 3. 2008 – Az.: VK-SH 02/08).

6472   Das **gilt gleichermaßen,** wenn der **Auftraggeber eine zunächst eindeutige Leitungsbeschreibung durch Mitteilungen an die Bieter während der Ausschreibung mehrdeutig macht** (3. VK Bund, B. v. 26. 5. 2008 – Az.: VK 3–59/08).

72.11.2.2 Leistungsbeschreibungen mit Fehlern, die von Bietern erkannt werden

6473   **72.11.2.2.1 Pflicht zur Erkundigung.** Nach einer – älteren – Auffassung hat bei **widersprüchlichen, unverständlichen oder in sich nicht schlüssigen Leistungsbeschreibungen** der Bieter **unterschiedliche Möglichkeiten,** darauf zu reagieren. Er kann **erstens eine Aufklärungsfrage** an die Vergabestelle richten. Zweitens kann er, wenn er befürchtet, dass ihm durch die – von der Vergabestelle allen Bietern bekannt zu gebende – Aufklärungsfrage und deren Beantwortung einen Wettbewerbsvorsprung vor seinen Wettbewerbern verlieren würde, **mehrere Angebote** (z. B. Haupt- und Nebenangebot) **auf der Basis jeweils eines unterschiedlichen Verständnisses von den Angebotsbedingungen** abgeben (2. VK Bund, B. v. 22. 1. 2003 – Az.: VK 2–94/02).

6474   Nach einer anderen Meinung **darf der Bieter eine Leistungsbeschreibung, die nach seiner Auffassung den Vorschriften des § 7 VOB/A zuwiderläuft, nicht einfach hinnehmen. Vielmehr muss er sich aus der Leistungsbeschreibung ergebende Zweifelsfragen vor Abgabe seines Angebotes klären,** notfalls auch durch Hinzuziehung rechtlichen Beistandes (OLG Düsseldorf, B. v. 14. 4. 2010 – Az.: VII-Verg 60/09; OLG Frankfurt, B. v. 23. 12. 2005 – Az.: 11 Verg 13/05; LG Frankfurt (Oder), Urteil v. 14. 11. 2007 – Az.: 13 O 360/07; VK Baden-Württemberg, B. v. 29. 1. 2010 – Az.: 1 VK 73/09; 1. VK Saarland, B. v. 14. 7. 2010 – Az.: 1 VK 08/2010; 1. VK Sachsen, B. v. 7. 7. 2005 – Az.: 1/SVK/061-05; VK Schleswig-Holstein, B. v. 21. 12. 2005 – Az.: VK-SH 29/05; VK Südbayern, B. v. 29. 5. 2006 – Az.: 12-04/06). Er hat Erkundigungen einzuholen und ggf. den öffentlichen Auftraggeber aufzufordern, notwendige Konkretisierungen vorzunehmen. Diese Verpflichtung der Kontaktaufnahme zur Vergabestelle bei Ungereimtheiten in den Vergabeunterlagen ist zwingend geboten, da nur so etwaige Unklarheiten unmittelbar aufgeklärt und korrigiert werden können (LG Frankfurt (Oder), Urteil v. 14. 11. 2007 – Az.: 13 O 360/07; VK Schleswig-Holstein, B. v. 21. 12. 2005 – Az.: VK-SH 29/05). Unverzüglichkeit verlangt daher in diesen Fällen (vor Abgabe des Angebotes), dass sich der Bieter umgehend mit der Vergabestelle in Verbindung setzt (VK Lüneburg, B. v. 26. 1. 2005 – Az.: 203-VgK-56/2004; VK Schleswig-Holstein, B. v. 5. 3. 2004 – Az.: VK-SH 03/04).

6475   Regelmäßig enthalten die **Bewerbungsbedingungen öffentlicher Auftraggeber** auch eine **Verpflichtung, den Auftraggeber auf solche Fehler hinzuweisen** (BayObLG, B. v. 22. 6. 2004 – Az.: Verg 013/04; VK Lüneburg, B. v. 29. 10. 2002 – Az.: 23/02; VK Nordbayern, B. v. 9. 4. 2003 – Az.: 320.VK-3194-10/03; 1. VK Saarland, B. v. 14. 7. 2010 – Az.: 1 VK 08/2010; VK Südbayern, B. v. 29. 5. 2006 – Az.: 12-04/06).

6476   Liegt ein **Ausschreibungsfehler der Vergabestelle** vor, die „versehentlich" den Leistungstext für Einheitspreise statt eines Pauschalpreises in die Ausschreibung aufnimmt, besteht **keine Nachfrageverpflichtung** der Bieter. Ein **Versehen der ausschreibenden Behörde, das nach objektivem Empfängerhorizont zu einem in unzutreffende Richtung gehenden, aber eindeutigen Verständnis des Erklärungsempfängers führt, kann keine Verpflichtung zu klärender Nachfrage auslösen** (OLG Brandenburg, Urteil v. 4. 6. 2008 – Az.: 4 U 122/07).

6477   Bei Ausschreibungen ab den Schwellenwerten kann der Bieter gegebenenfalls die **unverzügliche Rüge der mangelnden Transparenz der Ausschreibung** innerhalb der Angebotsfrist (wegen § 107 Abs. 3 GWB) aussprechen (OLG Naumburg, B. v. 29. 10. 2001 – Az.: 1 Verg 11/01).

6478   **72.11.2.2.2 Unterlassene Erkundigung.** Unterbleibt eine **Nachfrage, muss der Bieter die versäumte Sachaufklärung gegen sich gelten lassen** und kann dem Leistungsverzeichnis nicht eigenmächtig seine Version aufdrängen (BayObLG, B. v. 22. 6. 2004 – Az.: Verg 013/04; LG Frankfurt (Oder), Urteil v. 14. 11. 2007 – Az.: 13 O 360/07; VK Nordbayern, B. v.

9. 4. 2003 – Az.: 320.VK-3194-10/03; 1. VK Sachsen, B. v. 28. 5. 2003 – Az.: 1/SVK/046-03). Die unterbliebene Sachaufklärung muss also ein Bieter gegen sich gelten lassen. Er ist daher mit seinem Angebot so zu werten, wie es bei Submission vorliegt (1. VK Sachsen, B. v. 17. 7. 2002 – Az.: 1/SVK/069-02).

72.11.2.2.3 Unterlassene Erkundigung bei unvollständigen Vergabeunterlagen. 6479
Grundsätzlich trägt der Bieter nach den allgemeinen Grundsätzen die Darlegungs- und Beweislast dafür, dass er ein vollständiges Angebot eingereicht hat. Etwas anderes muss aber gelten, wenn der Bieter ein unvollständiges Angebot nur deshalb einreicht, weil er selbst keine vollständigen Vergabeunterlagen von der Vergabestelle erhalten hat. Die **Vergabestelle trägt insoweit grundsätzlich die Beweislast dafür, dass die von ihr zur Verfügung gestellten Unterlagen vollständig** waren. Diese Beweislast spielt aber dann keine Rolle, wenn der Bieter aufgrund des Inhalts der Vergabeunterlagen erkennen musste, dass die Unterlagen **nicht vollständig sind**; dann besteht eine Erkundigungspflicht des Bieters (2. VK Bund, B. v. 9. 2. 2005 – Az.: VK 2–12/05).

72.11.2.2.4 Erkundigung durch Dritte. Es steht einem **Bieter frei**, mit der Durchfüh- 6480
rung der Bieteranfragen **dritte Personen zu beauftragen** (OLG München, B. v. 21. 5. 2008 – Az.: Verg 05/08).

72.11.2.3 Leistungsbeschreibungen mit Fehlern, die von Bietern nicht erkannt werden

In solchen Fällen ist diejenige **bieterfreundliche und praktikable Anpassung** des fehler- 6481
haften Textes der Leistungsbeschreibung vorzunehmen, die den **Interessen eines objektiven Betrachters entgegen kommt**. Vergabeunterlagen müssen nach dieser Entscheidung nur insoweit unverändert bleiben wie sie rechtmäßig sind. Danach kann bei einem Leistungsverzeichnis, was eine längst außer Kraft getretene DIN benennt, **entweder nur eine Aufhebung der Ausschreibung wegen fehlerhaften Leistungsverzeichnisses** erfolgen oder die **Anforderung nach der DIN muss vollständig bei der Bewertung der Angebote entfallen**. Eine nur teilweise Geltung dieser Vorgabe erscheint nicht sachgerecht (1. VK Sachsen, B. v. 9. 4. 2002 – Az.: 1/SVK/021-02).

In Betracht kommt auch, die **Bieter auf fehlerhafte Erklärungen im Angebot**, die auf 6482
einer fehlerhaften Leistungsbeschreibung beruhen, **hinzuweisen und** ihnen im Rahmen der Prüfung und Wertung **Gelegenheit zur Nachbesserung zu geben**. Dem steht auch nicht eine in den Vergabeunterlagen gesetzte Nachfragefrist entgegen, die die Bewerber einhalten mussten, wenn die Vergabeunterlagen nach ihrer Auffassung Unklarheiten enthielten. Mit dieser Vergabebestimmung kann sich der Auftraggeber nicht seiner Verantwortung für objektiv nicht eindeutig genug formulierte Vergabebedingungen entledigen (OLG Düsseldorf, B. v. 19. 12. 2001 – Az.: Verg 42/01).

Jedenfalls erfordert es in **Fällen, in denen wegen Unklarheiten der Ausschreibungsun-** 6483
terlagen Bieter aufgrund einer nachvollziehbaren unterschiedlichen Interpretation der Anforderungen voneinander abweichende Angebote unterbreiten, das Prinzip der Gleichbehandlung, die **objektive Mehrdeutigkeit der Ausschreibungsunterlagen nicht zum Nachteil eines Bieters ausschlagen** zu lassen (VK Nordbayern, B. v. 30. 11. 2009 – Az.: 21.VK – 3194 – 41/09; B. v. 30. 11. 2009 – Az.: 21.VK – 3194 – 40/09).

72.11.2.4 Unschädlichkeit einer fehlerhaften Leistungsbeschreibung

Eine **unzureichende Leistungsbeschreibung** kann ausnahmsweise dann, wenn **alle Bieter** 6484
sie einheitlich und richtig verstehen, für das Vergabeverfahren **unschädlich** sein (OLG Naumburg, B. v. 16. 9. 2002 – Az.: 1 Verg 02/02; VK Düsseldorf, B. v. 22. 7. 2002 – Az.: VK – 19/2002 – L).

72.11.2.5 Beispiele einer fehlerhaften Leistungsbeschreibung

72.11.2.5.1 Verwendung eines nicht mehr am Markt erhältlichen Fabrikates. Der 6485
Auftraggeber **verstößt** zu Lasten der Bieter **gegen das Gebot der eindeutigen Leistungsbeschreibung** gemäß § 7 Abs. 1 Nr. 1 VOB/A und damit gegen das Transparenzgebot gemäß § 97 Abs. 1 GWB, wenn **er für eine Position ein Leitfabrikat vorgibt, das nicht nur am Markt nicht mehr erhältlich ist**, sondern mit dem sich vor allem das von ihr gleichfalls in den Verdingungsunterlagen geforderte Leistungsziel (z. B. ein bestimmtes Schalldämmmaß) faktisch nicht einhalten lässt (VK Lüneburg, B. v. 30. 10. 2003 – Az.: 203-VgK-21/2003).

Teil 3 VOB/A § 7   Vergabe- und Vertragsordnung für Bauleistungen Teil A

6486   Der **Bieter darf** in solchen Fällen jedoch **nicht von sich aus ein anderes Fabrikat in das Leistungsverzeichnis einsetzen.** Er ist vielmehr gehalten, den **Auftraggeber auf diesen Umstand hinzuweisen** und eine **entsprechende Änderung der Verdingungsunterlagen zu erwirken** (VK Lüneburg, B. v. 29. 10. 2002 – Az.: 23/02).

6487   **72.11.2.5.2 Fehlende Vorgabe der Lieferung von Bauteilen aus ungebrauchtem Material?** Enthalten **weder die Leistungsbeschreibung noch der Leistungsverzeichnistext selbst Angaben dazu, ob die zu liefernden Bauteile** (z. B. Schienen, Betonschwellen und Bremsprellböcke) **aus neuem oder altem Material sein müssen, ist dies kein Verstoß gegen das Gebot der eindeutigen Leistungsbeschreibung.** Nach § 7 Abs. 11 VOB/A brauchen Leistungen, die nach den Technischen Vertragsbedingungen zu der geforderten Leistung gehören, nicht besonders in der Leistungsbeschreibung aufgeführt werden. Die **Vorgabe der Lieferung von Bauteilen aus ungebrauchtem Material ergibt sich aus der VOB/C, Ziffer 2.3.1 der ATV DIN 18299**, welche nach der Leistungsbeschreibung (Ziffer 0.10.4) – entsprechend § 8 Abs. 3 VOB/A – Vertragsbestandteil sein soll. Dabei gelten als ungebrauchte Materialien auch wiederaufbereitete (Recycling-) Stoffe unter der Voraussetzung, dass sie für den jeweiligen Verwendungszweck geeignet und aufeinander abgestimmt sind. Die ATV DIN 18299 unterscheiden jedoch ausdrücklich zwischen solchermaßen wiederaufbereiteten und gebrauchten Stoffen. Letztere sind eindeutig nicht zugelassen. Im Folgenden sind mit ungebrauchten Materialien auch wiederaufbereitete gemeint, die die genannten Voraussetzungen erfüllen (1. VK Bund, B. v. 19. 4. 2002 – Az.: VK 1–09/02).

6488   **72.11.2.5.3 Unzulässig hoher Umfang von Wahl- oder Alternativpositionen.** Eine Ausschreibung von **Wahl- oder Alternativleistungen** stellt deswegen jedenfalls dann einen **Verstoß gegen das Vergaberecht** dar, wenn diese – was ihren aus der Leistungsbeschreibung ersichtlichen Umfang und die Wertung der Angebote anbelangt – keinen mehr oder minder geringfügigen Teil der Leistungen betreffen, sondern **im Vergleich zu den Haupt- oder Grundleistungen ein gleich großes Gewicht erhalten**, und sie der Bedeutung der Haupt- oder Grundleistungen für die Zuschlagsentscheidung daher gleich gestellt sind. In einem solchen Fall ist das Gebot einer eindeutigen und erschöpfenden Leistungsbeschreibung verletzt (OLG Düsseldorf, B. v. 2. 8. 2002 – Az.: Verg 25/02; VK Magdeburg, B. v. 22. 2. 2001 – Az: 33–32571/07 VK 15/00 MD).

6489   Das Gebot der eindeutigen und erschöpfenden Leistungsbeschreibung ist auch dann verletzt, wenn die **Ausschreibung mit zahlreichen Leistungsvarianten erst dazu diese soll, ein Konzept für die erwartete Leistung zu erarbeiten**, das im Zeitpunkt der Ausschreibung noch nicht vorliegt (z. B. 80 unterschiedliche Varianten für ein Stadtbuslinie). In einem solchen Fall liegt **kein anerkennenswertes Bedürfnis des Auftraggebers für die Ausschreibung verschiedener Wahlleistungen** vor (VK Hessen, B. v. 28. 7. 2004 – Az.: 69 d VK – 49/2004).

6490   **72.11.2.5.4 Keine eindeutige Bezeichnung von Bedarfspositionen.** Bedarfspositionen **müssen als Bedarfspositionen gekennzeichnet sein**; ansonsten verstößt der Auftraggeber mindestens gegen das Gebot der eindeutigen und erschöpfenden Leistungsbeschreibung; vgl. **im Einzelnen die Kommentierung** → Rdn. 53.

6491   **72.11.2.5.5 Bezeichnung von Alternativpositionen als Bedarfspositionen.** Können die Bieter **aus der Formulierung der Positionen erkennen**, dass es sich hier **nicht um Bedarfspositionen, sondern um Alternativpositionen** handelt, verletzt die Tatsache, dass der Auftraggeber einige Positionen als Alternativpositionen gewertet hat, obwohl er diese irrtümlich im Leistungsverzeichnis als Bedarfspositionen bezeichnet hat, die Bieter nicht in ihren Rechten (VK Lüneburg, B. v. 17. 9. 2001 – Az.: 203-VgK-18/2001).

6492   **72.11.2.5.6 Keine eindeutigen Zuschlagskriterien. Bei unklaren Zuschlagskriterien** (z. B. Preis- und Zahlungsbedingungen) **sowie widersprüchlichen Kriterien** (z. B. fehlende Abgrenzung zwischen „Lieferbedingungen" und „logistische Abwicklung der Lieferung in die einzelnen Anlieferungsstellen") fehlt es an einer eindeutigen und erschöpfenden Leistungsbeschreibung (VK Düsseldorf, B. v. 22. 7. 2002 – Az.: VK – 19/2002 – L).

6493   **72.11.2.5.7 Keine eindeutigen Eignungskriterien. Bei unklaren Eignungskriterien** (z. B. wechselweise Forderung der Eignungsnachweise gleichzeitig mit dem Angebot oder teilweise auf Verlangen) fehlt es an einer eindeutigen und erschöpfenden Leistungsbeschreibung. Der **Auftraggeber** hätte es in der Hand, **sich nach Belieben** auf die Forderung nach gleichzeitiger Vorlage oder die Vorlage auf Verlangen zu berufen. Der **Bieter kann nicht erkennen**, ob er mit seinem Angebot Gefahr läuft, wegen Unvollständigkeit ausgeschlossen zu werden oder ob er seine Reaktionszeit voll zur kaufmännischen Erstellung des Angebotes nutzen kann, weil ihm für die Beschaffung der Eignungsnachweise noch nach dem Angebotsabgabetermin Zeit genug bleibt (VK Düsseldorf, B. v. 22. 7. 2002 – Az.: VK – 19/2002 – L).

72.11.2.5.8 Keine eindeutigen Kriterien für einen Wartungsvertrag. Ist der Inhalt eines Wartungsvertrages nicht vorgegeben, sind die Vertragsangebote per se nicht vergleichbar. Soweit sie allerdings vorgelegt werden, enthalten sie selbstverständlich Preisangebote. Diese Preise aber sind Grundlage der Kalkulation des jeweiligen Bieters. Damit sind die Angebote mit und ohne Wartungsvertrag nicht mehr vergleichbar. Die zwingende Forderung nach einem Wartungsvertrag mag zum Einen weitere Bieter, die nicht im unmittelbaren Umfeld von dem Leistungsort ihren Sitz haben, zum Angebot abschrecken, weil die Wartung über mehrere Jahre auf längere Distanz kaum kalkulierbar und leistbar ist. Dies schränkt den Wettbewerb also auf ortsnahe Bieter ein noch dazu, wo der Bieterkreis für diese Art Aufträge in der Regel den kleinen und mittelständischen Unternehmen zuzurechnen ist. Soweit die Bieter dann ohne Wartungsangebote anbieten, riskieren sie den Ausschluss, so dass sich die Erarbeitung eines Angebots als unsinnig oder als unrentabel darstellt. **Diese Forderung des Leistungsverzeichnisses ist mithin wettbewerbsverzerrend** (VK Arnsberg, B. v. 5. 4. 2004 – Az.: VK 1–4/04).

6494

72.11.3 Weitere Zweifelsfragen hinsichtlich der notwendigen Inhalte einer klaren und eindeutigen Leistungsbeschreibung

72.11.3.1 Keine Verpflichtung, alle denkbaren Rahmenbedingungen für eventuelle Nebenangebote aufzuführen

Wenn ein **Bieter im Rahmen eines Nebenangebots Annahmen** – sei es in negativer oder positiver Ausprägung – **trifft**, die durch den Inhalt der Ausschreibung nicht bzw. nicht eindeutig bestimmt werden, so **trägt allein er das Risiko entsprechender Fehleinschätzungen**. Er weicht in einem solchen Falle – bei späterer Konkretisierung möglicher bzw. nicht erkennbarer ausgeschlossener Vorstellungen durch den Auftraggeber – mit seinem Angebot vom Inhalt des Leistungsverzeichnisses und den darin enthaltenen Zielbestimmungen des Auftraggebers ab. Will er dies vermeiden, besteht die **Möglichkeit** im Hinblick auf von ihm beabsichtigte Änderungen im Nebenangebot **entsprechende Informationen zum Zwecke der Verifizierung seiner – zunächst spekulativen – Annahme einzuholen** (VK Baden-Württemberg, B. v. 21. 5. 2001 – Az.: 1 VK 7/01; VK Hessen, B. v. 14. 3. 2002 – Az.: 69 d VK – 07/2002).

6495

72.11.3.2 Begriff der Baustelleneinrichtung

Der **Begriff der Baustelleneinrichtung ist nicht gesetzlich definiert.** Er wird in Leistungsverzeichnissen auch nicht stets in übereinstimmender Bedeutung gebraucht. Anhand der Definitionen der Baustelleneinrichtung in der Literatur kann keine zwingende Ableitung hinsichtlich der Zuordnung einzelner Leistungen erfolgen (2. VK Bund, B. v. 3. 5. 2007 – Az.: VK 2–33/07; B. v. 3. 5. 2007 – Az.: VK 2–27/07). Nach einer verbreiteten Definition **umfasst die Baustelleneinrichtung die Bereitstellung, Aufstellung, Instandhaltung und den Abbau aller Gerüste, Geräte und Maschinen und Einrichtungen, die für die vertragsgemäße Ausführung der Leistung erforderlich sind** (OLG München, B. v. 10. 11. 2010 – Az.: Verg 19/10). Nach dieser Definition wäre der Betrieb eines Kranes während der Bauzeit nicht erfasst (OLG München, B. v.24. 5. 2006 – Az.: Verg 10/06).

6496

Abzustellen ist bei Streitfällen z. B. über den Inhalt des Begriffs im Rahmen einer Leistungsbeschreibung daher **allein auf die in der jeweiligen Ausschreibung gewählte Leistungsbeschreibung** (2. VK Bund, B. v. 3. 5. 2007 – Az.: VK 2–33/07; B. v. 3. 5. 2007 – Az.: VK 2–27/07).

6497

72.11.4 Weitere Beispiele aus der Rechtsprechung

– ist die **Differenzierung nach unterschiedlichen Tagesleistungen zwar Grundlage für die Kalkulierung der Einheitspreise, anschließend aber nicht Abrechnungsgrundlage**, weil für die Abrechnungsgrundlage das Wegeschauprotokoll mit der Angabe der verbauten Gesamttonnage in der jeweiligen Gemeinde gilt, kann diese Regelung nur so verstanden werden, dass der Einheitspreis, nach dem ein Bieter seine Leistungen auf dem Gebiet einer bestimmten Gemeinde abrechnen kann, ausschließlich davon abhängt, welche Gesamttonnage in dieser Gemeinde anfällt. Ob diese Tonnage nach den konkreten örtlichen Verhältnissen in kürzerer oder längerer Zeit verbaut werden kann, schlägt sich in der Vergütung nicht nieder. Daraus folgt, dass der Bieter in Wahrheit nicht einen Einheitspreis für Tagesleistungen von bis

6498

zu 20 Tonnen, einen Einheitspreis für Tagesleistungen von 20 bis 40 Tonnen usw. kalkulieren und anbieten muss, sondern einen Einheitspreis für Gemeinden mit einer Gesamttonnage bis zu 20 Tonnen, einen Einheitspreis für Gemeinden mit einer Gesamttonnagen von 20 bis 40 Tonnen usw. Solche **Einheitspreise sind aber ohne konkrete Kenntnis der örtlichen Gegebenheiten schlechterdings nicht kalkulierbar**, weil die Bezugsgröße „Gesamttonnage in der Gemeinde" nichts mit denjenigen Faktoren zu tun hat, die den tatsächlichen Zeit- und Kostenaufwand eines Unternehmens für derartige Arbeiten bestimmen. Auf dieser Grundlage kann ein Bieter allenfalls dann seine Preise kalkulieren, wenn er weiß, welche konkreten Gemeinden jeweils in welche Gesamttonnage-Kategorie fallen und von welcher Art, Größe und Lage die Schadensstellen in diesen Gemeinden sind. Erst dann kann er abschätzen, welcher tatsächliche Zeit- und Kostenaufwand in den Gemeinden der jeweiligen Gesamttonnage-Kategorie auf ihn zukommt, und danach einen für ihn auskömmlichen Einheitspreis berechnen. Diese **notwendigen Informationen werden den Bietern in der Ausschreibung aber gerade nicht gegeben, weil sie dem Auftraggeber selbst noch gar nicht bekannt sind**. Die entsprechenden tatsächlichen Feststellungen sollen ja erst im Rahmen der Wegeschauen getroffen werden, die nach Zuschlagserteilung und teilweise sogar erst nach Beginn der Arbeiten durchgeführt werden sollen. Das **Fehlen dieser maßgeblichen Kalkulationsgrundlagen kann auch nicht dadurch ausgeglichen werden, dass man die Bieter auf ihre Kenntnisse und Erfahrungen aus den Vorjahren verweist, und dass im Leistungsverzeichnis die Vordersätze aus dem Vorjahr angegeben** sind. Zum einen kann nicht bei jedem Bieter eine entsprechende Kenntnis aus früheren Jahren erwartet werden, zum anderen ist gerade nach diesem ungewöhnlich strengen Winter mit einem sehr viel größeren Umfang von Straßenschäden zu rechnen, als nach den milden Wintern der vergangenen Jahre. Die Vordersätze aus früheren Jahren geben deshalb schon im Ausgangspunkt kein realistisches Bild über die nunmehr zu erwartenden Arbeiten. Darüber hinaus differenzieren sie im Leistungsverzeichnis ja auch nicht nach den einzelnen Gemeindegebieten, auf die es aber – wie oben dargelegt – letztlich entscheidend ankommt (LG Flensburg, Urteil v. 22. 3. 2010 – Az.: 4 O 67/10)

– die **Bestimmung der Leistung**, z. B. des Materials des geforderten Schotters, **kann** gerade in einer EU-weiten Ausschreibung **nicht in einer Form erfolgen, die den Bieter zwingt, umfangreiche Nachforschungen potentiell anwendbarer Erlasse und Regelwerke aus der deutschen Fachwelt zu betreiben und ggf. gutachterlich zu klären**, was gemeint sein könnte. Die notwendige Ermittlung derartiger fachlicher Begriffe über Gutachten ist auch als nicht zulässige umfangreiche Vorarbeit anzusehen. Die Anforderung in einer Leistungsbeschreibung „Tragschichtschotter liefern, einbauen 2200 m³ Schottertragschicht ZTV-T-STB, Verformungsmodul EV 2 mind. 120 MM/m² aus Schottersplitt-Brechsand-Gemisch, Körnung 0/56, Schichtdicke bis 45 cm" **lässt nicht eindeutig erkennen, dass Naturschotter geliefert und eingebaut werden muss. Auch ein Recycling-Schotter** erfüllt die Anforderung der Leistungsbeschreibung (VK Arnsberg, B. v. 4. 9. 2009 – Az.: VK 20/09)

– ein **widersprüchliches Leistungsverzeichnis** (hier: konkrete Produktvorgabe oder Leitfabrikat) ist **anhand einer Zusammenschau aller relevanten Bestandteile aus Sicht eines verständigen, fachkundigen und mit Leistungen der ausgeschriebenen Art vertrauten Bieters auszulegen** (VK Berlin, B. v. 5. 11. 2009 – Az.: VK – B 2-35/09)

– durch die **Formulierung, dass ein Bauprodukt „eine CE-Zertifizierung nachweisen" müsse, tritt zu Lasten der Bieter eine Unklarheit dahingehend ein, ob das Produkt (z. B. eine Dichtungsmatte) zum Zeitpunkt der Angebotsabgabe „nur" ein CE-Kennzeichen aufweisen oder ob ein anderweitiger „Zertifizierungsnachweis" geführt werden muss. Der Begriff der CE-Zertifizierung existiert im BauPG jedoch weder im Allgemeinen noch konkret für das in diesem Fall zu führende Nachweisverfahren**. Das hier anwendbare Nachweisverfahren für Geotextilien ergibt sich gemäß § 8 Abs. 4 BauPG aus den entsprechenden harmonisierten (technischen) Normen oder den europäischen technischen Zulassungen. Unstreitig ist bei geosynthetischen Dichtungsbahnen das sog. System 2+ als Nachweisverfahren anzuwenden. Danach muss zum Nachweis, dass die Dichtungsbahn den Normungsanforderungen genügt, der Hersteller eine Konformitätserklärung (vgl. § 8 Abs. 3 i. V. m. § 9 BauPG) abgeben. Bestandteil dieser Konformitätserklärung des Herstellers ist neben einer Beschreibung des Produkts eine Zertifizierung der werkseigenen Produktionskontrolle des Herstellers durch einen Dritten, eine notifizierte Körperschaft. Diese führt eine Erstinspektion des Werks und der werkseigenen Produktionskontrolle beim Hersteller durch bzw. stellt gegebenenfalls eine kontinuierliche Überwachung, Beurteilung und Bestätigung der werkseigenen Produktionskontrolle sicher. Hierfür wird ein Zertifikat ausgestellt. Da das Nachweisverfahren hier auch ein Zertifizierungsverfahren, nämlich das der werkseigenen Produktionskontrolle, enthält, ist die Begrifflichkeit des Nachweises einer „CE-Zertifizierung" nicht hinreichend klar. Es ist daher nicht auszuschließen, dass ein durchschnittlicher Bieter davon ausgeht, dass über das CE-Kennzeichen hinaus mit Angebotsabgabe die Zertifizierung der werkseigenen Produktionskontrolle als Teil des Konformitätsnachweisverfahrens nach § 9 BauPG vorzulegen ist. Der **Auftraggeber verhindert durch die von ihm gewählte unklare Terminologie, dass alle Bieter die Anforderungen des Leistungsverzeichnisses in einer transparenten Weise gleich verstehen können und so auf gleicher Basis Angebote kalkulieren können** (3. VK Bund, B. v. 19. 1. 2009 – Az.: VK 3–182/08)

– **fehlen** in einem **Leistungsverzeichnis für Baumsicherungsarbeiten** die Beschreibungen für die Positionen „Baumsicherungsschnitt", „Kronensicherung liefern und einbauen", „Kronenpflege nach Windbruch durchführen", „Wurzelstöcke ausfräsen", „Baumaufarbeitung" und „Stubbenbeseitigung nach Baumwindbruch", obwohl diese Leistungen typisch für Landschaftsbauarbeiten im Havarie- oder Sturmfall sind, und fehlen außerdem **Angaben bzw. Festlegungen zu den örtlichen Verhältnissen**, zu den **Nebenkosten durch Stromabschaltungen**, den **Sicherungsanforderungen im Bereich von Geh- und Radwegen** sowie **Aussagen zu dem Abruf der Leistung**, sind die Voraussetzungen von § 9 Nr. 1 VOB/A nicht erfüllt (LG Cottbus, Urteil v. 24. 10. 2007 – Az.: 5 O 99/07)

– ein **behördlich gefordertes Schadstoffkataster ist bereits vor Ausschreibung** der zu beauftragenden Leistungen durch den Auftraggeber anfertigen zu lassen (LG Stralsund, Urteil vom 12. 4. 2005 – Az: 3 O 73/03).

72.11.5 Richtlinie des VHB 2008

Eine Leistungsbeschreibung ist eindeutig, wenn sie

– Art und Umfang der geforderten Leistungen mit allen dafür maßgebenden Bedingungen, z. B. hinsichtlich Qualität, Beanspruchungsgrad, technische und bauphysikalische Bedingungen, zu erwartende Erschwernisse, besondere Bedingungen der Ausführung und etwa notwendige Regelungen zur Ermittlung des Leistungsumfanges zweifelsfrei erkennen lässt,

– keine Widersprüche in sich, zu den Plänen oder zu anderen technischen Vorgaben und vertragsrechtlichen Regelungen enthält (Richtlinien zu 100 – Allgemeine Richtlinien Vergabeverfahren – Ziffer 4.2.1.1).

Eine Leistungsbeschreibung ist vollständig, wenn sie

– Art und Zweck des Bauwerks bzw. der Leistung,

– Art und Umfang aller zur Herstellung des Werks erforderlichen Teilleistungen,

– alle für die Herstellung des Werks spezifische Bedingungen und Anforderungen

darstellt (Richtlinien zu 100 – Allgemeine Richtlinien Vergabeverfahren – Ziffer 4.2.1.2).

72.12 Angabe aller die Preisermittlung beeinflussenden Umstände (§ 7 Abs. 1 Nr. 2)

72.12.1 Umfangreiche Prüfungen durch den Auftraggeber

Der Forderung an die Vergabestelle, „alle" die Preisermittlung beeinflussenden Umstände festzustellen, ist zu entnehmen, dass der öffentliche Auftraggeber **umfangreiche Prüfungen gegebenenfalls durch Sachverständige vorzunehmen hat**, um den Bietern auch tatsächlich alle Umstände mitteilen zu können, die sich auf die Preisermittlung auswirken können (2. VK Bund, B. v. 24. 6. 2003 – Az.: VK 2–46/03).

Die Pflicht des Auftraggebers, alle kalkulationsrelevanten Parameter zu ermitteln und zusammenzustellen und damit den genauen Leistungsgegenstand und -umfang vor Erstellung der Leistungsbeschreibung aufzuklären, **unterliegt der Grenze des Mach- und Zumutbaren**. Er ist daher einerseits verpflichtet, zumutbaren finanziellen Aufwand zu treiben, um die kalkulationsrelevanten Grundlagen der Leistungsbeschreibung zu ermitteln. Diese Pflicht des Auftraggebers endet jedoch, **wo eine in allen Punkten eindeutige Leistungsbeschreibung nur mit unverhältnismäßigem Kostenaufwand möglich ist** (VK Schleswig-Holstein, B. v. 17. 9. 2008

Teil 3 VOB/A § 7 Vergabe- und Vertragsordnung für Bauleistungen Teil A

– Az.: VK-SH 10/08). Soweit der Auftraggeber tatsächlich bestehende Möglichkeiten zu einer vollständigen Ermittlung nicht nutzt, **obliegt ihm der konkrete Nachweis, dass eine vollständige Aufklärung wegen des damit verbundenen Aufwands trotz Aufklärungspflicht unzumutbar** ist (VK Lüneburg, B. v. 7. 9. 2005 – Az.: VgK-38/2005).

72.12.2 Einzelfälle

72.12.2.1 Genaue Kennzeichnung der Bestandteile des Vertrages

6503   Der **Auftraggeber ist verpflichtet, genau zu kennzeichnen, welche Teile der Vergabeunterlagen Bestandteil des Vertrages werden** und also die Bewertung beeinflussen können. Ein **Vertragsmuster für einen Wartungsvertrag, welches vom Bieter mit Preisen zu versehen ist, muss dies deutlich erkennen lassen.** Es wird nicht bereits dadurch zum Vertragsbestandteil, dass es den Verdingungsunterlagen beigefügt ist, sondern der **Bieter muss auf diese Tatsache hingewiesen werden** sowie darauf, dass er bereits jetzt verpflichtet ist, Preisangaben für einen zu einem späteren Zeitpunkt abzuschließenden Wartungsvertrag zu machen. Hierfür sind die anzukreuzenden Optionen auf dem Vorblatt des üblichen Wartungsvertragsmusters sowie gegebenenfalls sonstige Angaben (z.B. EVM(B)Ang) vorgesehen. Unterlässt der Auftraggeber es, hier die geforderten Angaben zu machen, entspricht dies nicht den Anforderungen, die gemäß § 7 Abs. 1 Nr. 2 VOB/A an den Auftraggeber zu stellen sind (1. VK Sachsen, B. v. 11. 10. 2001 – Az.: 1/SVK/94-01).

72.12.2.2 Hinweise auf Asbestzementmaterial

6504   Ein nach VOB/A erstelltes Leistungsverzeichnis über die **Demontage von Abflussrohren** muss auf etwaig erforderliche **besondere Schutz- und Entsorgungsmaßnahmen aus der Behandlung und Beseitigung von Asbestzementmaterial ausdrücklich hinweisen** (OLG Celle, Urteil vom 3. 5. 2001 – Az.: 13 U 186/00).

72.12.2.3 Genaue Kennzeichnung der Kostenbestandteile des geforderten Angebotspreises

6505   Aus den Vergabeunterlagen muss deutlich werden, **aus welchen Kostenbestandteilen sich der im Preisblatt anzugebende Angebotspreis zusammensetzen** soll (3. VK Bund, B. v. 24. 9. 2004 – Az.: VK 3–161/04).

72.12.2.4 Besondere Hinweise für die Ausschreibung von Lebenszeitkosten

6506   Im Rahmen von Lebenszeitkosten eines Produktes oder einer Anlage, die vom Bieter anzugeben ist, kann ein Auftraggeber Art, Umfang und Häufigkeit von Wartungsarbeiten nicht im Einzelnen vorgeben, weil diese in technischer Hinsicht von der Konstruktion und den gewählten Materialien/Komponenten des jeweiligen zum Einsatz kommenden Produkts abhängen. Hieraus folgt zwangsläufig und liegt es in der Natur der Sache, dass der **jeweilige Bieter die erforderlichen Wartungsarbeiten individuell bestimmt und die hierfür anfallenden Kosten in seine Berechnung mit einbezieht.** Der **Auftraggeber kann daher lediglich die Anforderungen an die Leistungsfähigkeit und Nutzungsdauer des Produkts im Leistungsverzeichnis definieren.** Dies macht er hinreichend dadurch, dass er fordert, dass Teile und Komponenten des Systems auf eine Nutzungsdauer von z.B. 10 Jahren auszulegen – und bei geringerer Nutzungsdauer einzelner Teile – deren Wartungs- und Austauschaufwand als Folgekosten in die Rechnung einzustellen sind (Saarländisches OLG, B. v. 9. 11. 2005 – Az.: 1 Verg 4/05).

72.12.3 Ausnahme von der Verpflichtung des § 7 Abs. 1 Nr. 2

6507   Schützenswerte Interessen eines Auftraggebers können es in Ausnahmefällen rechtfertigen, von der Verpflichtung aus § 7 Abs. 1 Nr. 2 VOB/A abzusehen. Dies kommt **nur dann in Betracht, wenn die Bieter sich die Informationen mit verhältnismäßig geringem, jedenfalls geringerem Aufwand als der Auftraggeber selbst beschaffen können und die Vergleichbarkeit der Angebote darunter nicht leidet** (OLG Celle, B. v. 15. 12. 2005 – Az.: 13 Verg 14/05).

Vergabe- und Vertragsordnung für Bauleistungen Teil A VOB/A § 7 **Teil 3**

72.12.4 Richtlinie des VHB 2008

72.12.4.1 Technische Richtigkeit einer Leistungsbeschreibung

Eine Leistungsbeschreibung ist technisch richtig, wenn sie Art, Qualität und Modalitäten der 6508
Ausführung der geforderten Leistung entsprechend den anerkannten Regeln der Technik, den
Allgemeinen Technischen Vertragsbedingungen oder etwaigen leistungs- und produktspezifischen Vorgaben zutreffend festlegt (Richtlinien zu 100 – Allgemeine Richtlinien Vergabeverfahren – Ziffer 4.2.1.3).

72.12.4.2 Arbeiten in belegten Anlagen

Wenn Leistungen in Bauwerken/Anlagen ausgeführt werden sollen, in denen der Betrieb 6509
weitergeführt wird, ist vor Aufstellung der Leistungsbeschreibung mit der nutzenden Verwaltung
abzustimmen, welche besonderen Vorkehrungen bei der Ausführung getroffen werden müssen,
siehe Nr. 0.2.2 der ATV DIN 18 299 (Ziffer 6.1).

72.12.4.3 Auswertung von Gutachten

Wenn Gutachten – z. B. über Baugrund, Grundwasser oder Altlasten – eingeholt werden, 6510
sind deren Ergebnisse und die dadurch begründeten Anforderungen in der Leistungsbeschreibung vollständig und eindeutig anzugeben; das bloße Beifügen des Gutachtens reicht für eine
ordnungsgemäße Leistungsbeschreibung nicht aus (Ziffer 6.2).

72.13 Verbot der Aufbürdung eines ungewöhnlichen Wagnisses auf den Auftragnehmer (§ 7 Abs. 1 Nr. 3)

72.13.1 Sinn und Zweck der Regelung

Hintergrund der Regelung des § 7 Abs. 1 Nr. 3 VOB/A ist, dass die **öffentliche Hand als** 6511
Nachfrager regelmäßig über erweiterte Handlungsspielräume verfügt. Daher kann sie
die **Vertragsbedingungen** oftmals ihre Vertragspartner **diktieren** und somit dem Auftragnehmer auf dem betreffenden Markt Wagnisse jeder Art aufbürden. Aufgabe des § 7 Abs. 1 Nr. 3
VOB/A ist daher, **angesichts dieses Ungleichgewichts zwischen den Vertragsparteien**
die Lauterkeit des Rechtsverkehrs zu wahren (Saarländisches OLG, B. v. 29. 9. 2004 – Az.:
1 Verg 6/04; 1. VK Bund, B. v. 29. 10. 2009 – Az.: VK 1–185/09; 2. VK Bund, B. v. 14. 9.
2009 – Az.: VK 2–153/09; B. v. 26. 3. 2003 – Az.: VK 2–06/03; VK Niedersachsen, B. v.
15. 1. 2010 – Az.: VgK-74/2009).

72.13.2 Grundsätze

72.13.2.1 Ungewöhnlichkeit der Leistung

Die **Ungewöhnlichkeit** der Leistung kann **sowohl im rechtlichen Bereich**, nämlich in 6512
der Art der Vertragsgestaltung, **als auch im tatsächlichen Bereich** liegen (OLG Düsseldorf,
B. v. 29. 9. 2008 – Az.: VII-Verg 50/08; VK Brandenburg, B. v. 8. 9. 2009 – Az.: VK 33/09;
2. VK Bund, B. v. 29. 4. 2010 – Az.: VK 2–20/10; VK Münster, B. v. 22. 9. 2009 – Az.: VK
16/09).

72.13.2.2 Vergaberechtswidriges ungewöhnliches Wagnis

Das **Vorliegen eines vergaberechtswidrigen ungewöhnlichen Wagnisses** ist an **zwei** 6513
Voraussetzungen geknüpft, nämlich **zum einen an das Vorhandensein von Umständen,**
auf die der Bieter keinen Einfluss hat, und zum anderen die **Auswirkung dieser Umstände auf die Preiskalkulation des Bieters**. Die Vorschrift des § 7 Abs. 1 Nr. 2 VOB/A
stellt mithin für die Vergaberechtswidrigkeit eines auf einem öffentlichen Auftrag basierenden
Vertragsverhältnisses nicht allein auf die mit einer Vertragsbedingung möglicherweise verbundenen Ungewissheiten ab, sondern fordert zusätzlich, dass diese **Ungewissheiten eine kaufmännisch vernünftige Kalkulation des Angebotspreises für den Bieter unzumutbar**
machen. Insoweit besteht ein **wesentlicher Unterschied zwischen der vergaberechtlichen**
Prüfung einer Vertragsbedingung im Rahmen eines Nachprüfungsverfahrens vor der
Vergabekammer und der sich an §§ 305 ff. BGB orientierenden Inhaltskontrolle von
Allgemeinen Geschäftsbedingungen durch die Zivilgerichte. Vor dem Hintergrund die-

1355

ser Differenzierung zwischen dem Prüfungsmaßstab der vergaberechtlichen Nachprüfungsinstanzen einerseits und den Zivilgerichten andererseits sind **vergaberechtlich alle Regelungen eines auf einem öffentlichen Auftrag basierenden Leistungsverhältnisses hinzunehmen, soweit diese dem Bieter noch eine kaufmännisch vernünftige Kalkulation seines Angebotspreises ermöglichen** (OLG Düsseldorf, B. v. 18. 11. 2009 – Az.: VII-Verg 19/09; 1. VK Bund, B. v. 26. 11. 2009 – Az.: VK 1–197/09; B. v. 14. 9. 2007 – Az.: VK 1–101/07; B. v. 31. 8. 2007 – Az.: VK 1–92/07; B. v. 9. 5. 2007 – Az.: VK 1–26/07; 2. VK Bund, B. v. 14. 9. 2009 – Az.: VK 2–153/09; B. v. 15. 11. 2007 – Az.: VK 2–123/07, B. v. 15. 11. 2007 – Az.: VK 2–120/07, B. v. 15. 11. 2007 – Az.: VK 2–117/07, B. v. 15. 11. 2007 – Az.: VK 2–114/07, B. v. 15. 11. 2007 – Az.: VK 2–108/07, B. v. 15. 11. 2007 – Az.: VK 2–105/07; B. v. 15. 11. 2007 – Az.: VK 2–102/07; 1. VK Sachsen, B. v. 9. 2. 2009 – Az.: 1/SVK/071-08).

6514   Aus der Vorschrift **folgt also nicht, dass dem Auftragnehmer kein Wagnis auferlegt werden darf.** Die Verlagerung eines Wagnisses, das auf Umständen und Ereignissen beruht, auf die der Auftragnehmer einen Einfluss hat, und dessen Einwirkung auf die Preise er schätzen kann, ist vergaberechtlich nicht unzulässig. Dies folgt schon aus dem Wortlaut der Norm, wonach dem Auftragnehmer Schätzungen zuzumuten sind (OLG Düsseldorf, B. v. 18. 11. 2009 – Az.: VII-Verg 19/09; B. v. 19. 10. 2006 – Az.: VII – Verg 39/06; VK Baden-Württemberg, B. v. 28. 5. 2009 – Az.: 1 VK 21/09; 1. VK Bund, B. v. 20. 1. 2010 – Az.: VK 1–233/09; 2. VK Bund, B. v. 14. 9. 2009 – Az.: VK 2–153/09; VK Niedersachsen, B. v. 15. 1. 2010 – Az.: VgK-74/2009; 1. VK Sachsen, B. v. 9. 2. 2009 – Az.: 1/SVK/071-08). **Maßstab** der Regelung ist, **welche Risiken ein Auftragnehmer üblicherweise in der Branche zu tragen hat** (VK Baden-Württemberg, B. v. 26. 3. 2010 – Az.: 1 VK 11/10; B. v. 30. 12. 2008 – Az.: 1 VK 51/08; 2. VK Bund, B. v. 21. 6. 2010 – Az.: VK 2–53/10; B. v. 7. 6. 2010 – Az.: VK 3–54/10; VK Lüneburg, B. v. 12. 1. 2007 – Az.: VgK-33/2006; VK Niedersachsen, B. v. 15. 1. 2010 – Az.: VgK-74/2009; 1. VK Sachsen, B. v. 9. 2. 2009 – Az.: 1/SVK/071-08). Folglich ist zur Klärung der Frage, welches Wagnis ungewöhnlich und damit vergaberechtlich nicht zulässig ist, **einzelfallbezogen vorzugehen** (Saarländisches OLG, B. v. 29. 9. 2004 – Az.: 1 Verg 6/04; LSG Hessen, B. v. 15. 12. 2009 – Az.: L 1 KR 337/09 ER Verg; VK Baden-Württemberg, B. v. 26. 3. 2010 – Az.: 1 VK 11/10; B. v. 30. 12. 2008 – Az.: 1 VK 51/08; 1. VK Bund, B. v. 29. 10. 2009 – Az.: VK 1–185/09; 2. VK Bund, B. v. 26. 3. 2003 – Az.: VK 2–06/03; VK Niedersachsen, B. v. 15. 1. 2010 – Az.: VgK-74/2009; 1. VK Sachsen, B. v. 9. 2. 2009 – Az.: 1/SVK/071-08).

6515   Der Auftragnehmer kann nur dann im Sinne von § 7 Abs. 1 Nr. 1 VOB/A die Einwirkung des ihm überbürdeten Wagnisses auf die Preise schätzen, wenn **er im konkreten Fall das Risiko selbst abzusehen und die daraus resultierenden Auswirkungen auf den Preis zu ermessen vermag** (OLG Düsseldorf, B. v. 18. 11. 2009 – Az.: VII-Verg 19/09; B. v. 19. 10. 2006 – Az.: VII – Verg 39/06). Hierzu muss für ihn überschaubar sein, mit welcher Wahrscheinlichkeit sich das Wagnis voraussichtlich realisieren und wirtschaftlich für ihn auswirken wird (OLG Düsseldorf, B. v. 9. 6. 2004 – Az.: VII – Verg 18/04; VK Brandenburg, B. v. 8. 12. 2005 – Az.: 2 VK 72/05; 3. VK Bund, B. v. 6. 5. 2005 – Az.: VK 3–28/05; VK Lüneburg, B. v. 15. 5. 2008 – Az.: VgK-12/2008).

6516   Unter § 7 Abs. 1 Nr. 3 VOB/A fallen **weder allgemeine Bauwagnisse noch besondere Wagnisse, die mit einer bestimmten Bauausführung oder einem Teil derselben ursächlich verbunden** sind. Nicht „ungewöhnlich" i. S. des § 7 Abs. 1 Nr. 3 VOB/A sind in der Regel auch **solche Wagnisse und Risiken, auf die der Auftraggeber ausdrücklich hinweist**, so dass der Auftragnehmer sich entscheiden kann, ob er sie übernehmen möchte (OLG Naumburg, Urteil v. 15. 12. 2005 – Az.: 1 U 5/05).

6517   **Gewöhnliche Wagnisse** sind solche, die – wie die **Beschaffenheit und Finanzierbarkeit von Materialien oder technische Schwierigkeiten der Ausführung** – zum **typischen Risiko eines Unternehmers**, zu seiner Sphäre, gehören und die im Prinzip von ihm beherrschbar sind (VK Brandenburg, B. v. 30. 9. 2008 – Az.: VK 30/08).

6518   Für die Frage, ob den Bietern in unzulässiger Weise ein ungewöhnliches Kalkulationswagnis aufgebürdet wird, ist **insbesondere maßgeblich, welchen Umfang das Risiko hat und wie wahrscheinlich seine Verwirklichung** ist. Außerdem ist zu **berücksichtigen, welche Möglichkeiten Auftraggeber und Auftragnehmer haben, das Risiko zu beherrschen**. Schließlich können sich **Indizien für ein entsprechendes Wagnis daraus ergeben, dass das fragliche Risiko den Bietern in der Vergangenheit oder in anderen Vergabeverfahren nicht aufgebürdet wurde/wird**. Schlichte Äußerungen im politischen Raum sind hingegen für sich genommen nicht geeignet, stichhaltige Anhaltspunkte für oder gegen die Annahme eines ungewöhnlichen Wagnisses im Rahmen der rechtlichen Prüfung zu geben (2. VK Bund, B. v. 14. 8. 2009 – Az.: VK 2–93/09).

Die **Übertragung eines ungewöhnlichen Wagnisses liegt vor, wenn dem Auftrag- 6519 nehmer Risiken aufgebürdet werden, die er nach der in dem jeweiligen Vertragstyp üblicherweise geltenden Wagnisverteilung an sich nicht zu tragen hat** (LSG Hessen, B. v. 15. 12. 2009 – Az.: L 1 KR 337/09 ER Verg). Zu derartigen Umständen und Ereignissen können beispielsweise Beistellungen, Leistungen vorgeschriebener Unterauftragnehmer, Ersatzteilbedarf und Wartungsaufwand in der Nutzungsphase sowie andere Leistungsziele zählen. Zu einem ungewöhnlichem Wagnis wird aber auch in diesen Fällen das dem Auftragnehmer auferlegte Risiko erst dann, wenn es darüber hinaus nach Art der Vertragsgestaltung und nach dem allgemein geplanten Ablauf nicht zu erwarten ist und im Einzelfall wirtschaftlich schwerwiegende Folgen für den Auftragnehmer mit sich bringen kann (OLG Düsseldorf, B. v. 19. 10. 2006 – Az.: VII – Verg 39/06; OLG Naumburg, B. v. 5. 12. 2008 – Az.: 1 Verg 9/08; VK Baden-Württemberg, B. v. 30. 12. 2008 – Az.: 1 VK 51/08; VK Lüneburg, B. v. 15. 5. 2008 – Az.: VgK-12/2008; B. v. 12. 1. 2007 – Az.: VgK-33/2006; B. v. 18. 6. 2004 – Az.: 203-VgK-29/2004 – für den Bereich der VOL/A). Die Vorschrift findet deshalb von vornherein **auf solche Risiken keine Anwendung, die vertragstypisch ohnehin den Auftragnehmer treffen** (OLG Düsseldorf, B. v. 9. 7. 2003 – Az.: Verg 26/03; OLG Naumburg, B. v. 5. 12. 2008 – Az.: 1 Verg 9/08; VK Lüneburg, B. v. 12. 1. 2007 – Az.: VgK-33/2006).

So ist z. B. die **Munitionsberäumung eines ehemaligen militärischen Truppenübungs- 6520 platzes** typischerweise dadurch gekennzeichnet, dass der Auftrag zur Abarbeitung des Auftrages vorab nicht hinreichend sicher zu ermitteln ist. Die Erstellung einer Leistungsbeschreibung für den Auftrag auf der Grundlage der „Hochrechnung" der Ergebnisse der Beräumung eines repräsentativen Testfeldes ist insoweit nicht als fehlerhaft im Sinne von § 7 VOB/A anzusehen. Dies gilt auch dann, wenn der Auftraggeber im Leistungsverzeichnis nicht die Anzahl der Arbeitsstunden, sondern die Zahl bzw. das Gewicht der Fundstücke zur Grundlage der Berechnung der Vergütung erhebt. Es ist dann die **ureigenste Aufgabe der Bieter, diesem für die hier zu erbringende Arbeit typischen Risiko durch eine entsprechend angepasste Kalkulation Rechnung zu tragen**, etwa indem aufgrund des diesem Vertrag immanenten, nicht zu vermeidenden und daher auch nicht ungewöhnlichen „Wagnisses" angemessene Zuschläge einkalkuliert werden (OLG Naumburg, Urteil v. 15. 12. 2005 – Az.: 1 U 5/05; Urteil v. 22. 1. 2002 – Az.: 1 U (Kart) 2/01).

72.13.3 Weite Auslegung zugunsten des Bieters

Die Regelung dient dem **Schutz des Auftragnehmers vor unangemessenen Vertrags- 6521 bedingungen** (VK Hamburg, B. v. 25. 7. 2002 – Az.: VgK FB 1/02). Entsprechend diesem Normzweck des § 7 Abs. 1 VOB/A ist die Vorschrift nicht eng, sondern **eher weit auszulegen** (1. VK Bund, B. v. 19. 7. 2002 – Az.: VK 1–37/02; 2. VK Bund, B. v. 13. 7. 2005 – Az.: VK 2–69/05; B. v. 19. 3. 2002 – Az.: VK 2–06/02).

72.13.4 Absicherung eines Risikos über die Vergütung

Ein ungewöhnliches Wagnis im Sinne des § 7 Abs. 1 Nr. 3 VOB/A liegt **dann nicht** vor, 6522 wenn der **Auftragnehmer die Möglichkeit hat, das Wagnis in wirtschaftlicher**, also in vergütungsmäßiger **Hinsicht, abzusichern** (OLG Koblenz, Urteil v. 19. 5. 2006 – Az.: 8 U 69/05; OLG Naumburg, Urteil v. 22. 1. 2002 – Az.: 1 U (Kart) 2/01; 3. VK Saarland, B. v. 10. 8. 2009 – Az.: 3 VK 03/2008).

72.13.5 Einzelfälle

72.13.5.1 Leistungs- und Erfüllungsrisiko

Die **Übertragung eines ungewöhnlichen Risikos liegt nicht im Leistungs- und Er- 6523 füllungsrisiko** (2. VK Bund, B. v. 21. 6. 2010 – Az.: VK 2–53/10; VK Lüneburg, B. v. 15. 5. 2008 – Az.: VgK-12/2008). Der Auftragnehmer eines Bauauftrags trägt nach allgemeinen Grundsätzen nicht nur das Risiko, seine vertraglich übernommen Verpflichtungen erfüllen zu können; ihm ist nach allgemeinem Vertragsrecht überdies auch das Risiko zugewiesen, die versprochene Leistung über die gesamte Vertragslaufzeit zu dem vereinbarten Preis kostendeckend erbringen zu können. Es fällt mithin auch **in seinen Risikobereich, wenn bei einem unver-**

Teil 3 VOB/A § 7 Vergabe- und Vertragsordnung für Bauleistungen Teil A

ändert bleibenden Leistungsgegenstand seine Kosten aufgrund veränderter gesetzlicher (oder wirtschaftlicher) Rahmenbedingungen steigen, so dass er seine Vertragsleistung mit einem erhöhten Kostenaufwand erbringen muss. Es ist nach der vertragstypischen Risikoverteilung – auch im Bauvertrag – vielmehr Sache des Auftragnehmers, für derartige Kostensteigerungen Vorsorge zu treffen und sie durch einen entsprechenden Wagniszuschlag in seiner Preiskalkulation zu berücksichtigen (OLG Düsseldorf, B. v. 9. 7. 2003 – Az.: Verg 26/03).

72.13.5.2 Finanzierbarkeit

6524 Ein außergewöhnliches Kündigungsrecht des Auftraggebers aus Haushaltsgründen beinhaltet grundsätzlich ein vergaberechtswidriges ungewöhnliches Wagnis für den Auftragnehmer. Es ist **nicht zu rechtfertigen, dem Auftragnehmer das Haushaltsrisiko des Auftraggebers zu überbürden** (VK Lüneburg, B. v. 10. 3. 2006 – Az.: VgK-06/2006).

72.13.5.3 Risiko eines Verstoßes gegen Vergaberecht

6525 Die **Bestimmung, wonach eine außerordentliche Kündigung ausgesprochen werden kann, wenn ein Gericht rechtskräftig festgestellt hat, dass der Abschluss bzw. die Aufrechterhaltung des Vertrages gegen Vergaberecht verstößt**, berücksichtigt eben so wenig, in wessen Verantwortungsbereich es liegt, wenn es zu einer solchen Feststellung kommt. Abgesehen davon **vermag nicht jede Feststellung, dass der Abschluss eines Vertrages gegen Vergaberecht verstößt, eine Kündigung zu rechtfertigen**. Lediglich soweit ein Sachverhalt vorliegt, wonach eine Vertragsaufhebung unter Berücksichtigung der Entscheidung des EuGH vom 18. 7. 2007, Rs. 503/4 erforderlich wird, mag eine außerordentliche Kündigung gerechtfertigt sein (VK Baden-Württemberg, B. v. 7. 11. 2007 – Az.: 1 VK 43/07).

72.13.5.4 Abnahme- bzw. Verwendungsrisiko

6526 Wenn die **grundsätzliche Gefahrenverteilung bei Bauverträgen**, die darin besteht, dass der Auftraggeber das Abnahmerisiko trägt (**was bestellt ist, wird auch bezahlt**), **durch die Ausschreibungsbedingungen im Ergebnis umgekehrt wird**, handelt es sich um die **Aufbürdung eines ungewöhnlichen Wagnisses** selbst dann, wenn diese Risikoverlagerung in sehr begrenztem Umfang durch geringfügige Kostengarantien abgefedert wird (2. VK Bund, B. v. 19. 3. 2002 – Az.: VK 2–06/02).

72.13.5.5 Zeitlicher Vorlauf zwischen Angebotseröffnung und Leistungsbeginn

6527 Für einen **umfangreichen Auftrag für die Sammlung und den Transport von Abfällen, Behälterwirtschaftung, Verwertung von Altpapier pp.** hat die Rechtsprechung entschieden, dass ein **zeitlicher Vorlauf von 17 Monaten bzw. 24 Monaten** nicht nur den fachkundigen **Bietern zumutbar**, sondern **für den Auftraggeber auch geboten ist**. Zum einen ist zu berücksichtigen, dass der Bieter, der den Auftrag letztlich erhält, eine umfangreiche Logistik und gegebenenfalls einen Standort im Entsorgungsgebiet aufbauen muss. Ferner muss der Auftraggeber, wie die Praxis der Vergabekammern zeigt, bei einem derartig umfangreichen, auch von der Auftragssumme bedeutenden Auftrag, berücksichtigen, dass sich die Auftragserteilung durch Wahrnehmung der Bieterrechte gemäß § 97ff. GWB und Stellung eines Nachprüfungsantrages erheblich verzögert (VK Lüneburg, B. v. 8. 5. 2006 – Az.: VgK-07/2006; B. v. 12. 11. 2001 – Az.: VgK-19/2001).

6528 Entsprechende Beschlüsse für den Bereich der VOB/A gibt es nicht.

72.13.5.6 Zulässigkeit der Forderung einer Mischkalkulation?

6529 Die **Bildung einer Mischkalkulation bedeutet für die Bieter keine Übernahme eines ungewöhnlichen und unzumutbaren Risikos**, wenn der tatsächliche **Umfang der erforderlichen Arbeiten** zum Zeitpunkt der Erstellung der Kalkulation **der Größenordnung nach erkennbar** gewesen ist (BGH, Urteil v. 18. 4. 2002 – Az: VII ZR 38/01).

6530 Die **neuere Vergaberechtsprechung kommt dagegen zu einer Unzulässigkeit einer solchen Forderung**. Ist **von den Bietern die Angabe gefordert, ob sie in Bezug auf „weitere Leistungen" jeweils eine gesonderte Vergütung oder keine gesonderte Vergütung verlangen**, stellt dies einen **Vergaberechtsverstoß** dar, weil die **Zulassung mischkalkulierter Preise einerseits und die Bewertung gesonderter Einheitspreise andererseits zu einer Unvergleichbarkeit der Angebote** führen. Nach der fortgesetzten Rechtsprechung des BGH ist, damit ein Angebot gewertet werden kann, jeder in der Leistungsbeschreibung vorgesehene Preis so wie gefordert vollständig und mit dem Betrag anzugeben, der für die betreffende Leistung beansprucht wird. Grundsätzlich sind deshalb **Angebote, bei denen der Bieter die Einheitspreise einzelner Leistungspositionen in „Mischkalkulationen" auf andere Leistungspositionen umlegt, grundsätzlich von der Wertung auszuschließen.** Ein Bieter, der in seinem Angebot die von ihm tatsächlich für einzelne Leistungspositionen geforderten Einheitspreise auf verschiedene Einheitspreise anderer Leistungspositionen verteilt, benennt nämlich nicht die von ihm geforderten Preise, sondern „versteckt" die von ihm geforderten Angaben zu den Preisen der ausgeschriebenen Leistungen in der Gesamtheit seines Angebots. Vor dem **Hintergrund dieser höchstrichterlichen Rechtsprechung darf die Möglichkeit einer Mischkalkulation nicht in die Option der Bieter gestellt werden** (1. VK Sachsen, B. v. 30. 4. 2008 – Az.: 1/SVK/020-08).

Vgl. zur Unzulässigkeit einer Mischkalkulation die **Kommentierung zu** → **§ 16 VOB/A Rdn. 190 ff.** 6531

72.13.5.7 Keine eindeutige Bezeichnung von Bedarfspositionen

Bedarfspositionen müssen als Bedarfspositionen gekennzeichnet sein; ansonsten verstößt der Auftraggeber mindestens gegen das Gebot der eindeutigen und erschöpfenden Leistungsbeschreibung; vgl. im Einzelnen die Kommentierung → Rdn. 53. 6532

72.13.5.8 Vorhaltung von Personal

Ein öffentlicher Auftraggeber bürdet Bietern mit seiner Auffassung, dass **bereits die Abgabe eines Angebots in einem anderen Vergabeverfahren unter Benennung des jeweiligen Personals als eine Verplanung des Personals anzusehen ist, ein ungewöhnliches Wagnis** auf. Er zwingt damit die Bieter, ihr Personal bis zum Ablauf der Bindefrist zugunsten der Vergabestelle vorzuhalten, so dass sich die Bieter nicht gleichzeitig mit diesem Personal um andere Maßnahmen bewerben können. Da die Teilnahme an einem Vergabeverfahren für den **Bieter letztlich nur die Chance auf Zuschlagserteilung** bedeutet, er aber darauf angewiesen ist, sein Personal auszulasten, muss ihm die **Möglichkeit offen stehen, durch gleichzeitige Abgabe mehrerer Angebote die Chancen auf Erlangung wenigstens einiger Aufträge zu erhöhen.** Indem ein öffentlicher Auftraggeber die Bieter hinsichtlich dieser Möglichkeit einengt, beschränkt er deren wettbewerbliche Handlungsfreiheit in nicht hinnehmbarer Weise. Darin liegt gleichzeitig auch eine für die Bieter unangemessene Bedingung (1. VK Bund, B. v. 19. 7. 2002 – Az.: VK 1–37/02). 6533

72.13.5.9 Gerüstvorhaltung für andere Unternehmen

Es begegnet **keinen Bedenken,** wenn ein **öffentlicher Auftraggeber** in der Ausschreibung **fordert, dass die Gerüste für die Dauer der Arbeiten auch anderen genau bezeichneten Unternehmern „vorzuhalten" sind,** weil es wirtschaftlich nicht sinnvoll ist, dass jeder Unternehmer, der tätig wird und ein Gerüst benötigt, mit entsprechendem Kostenaufwand sein Gerüst selbst stellt und wieder abbaut und auf diese Weise der Auftraggeber mehr bezahlen muss, als wenn ein Gerüst einmal gestellt wird. Ein **Auftraggeber überbürdet dem Anbieter kein unüberschaubares und für ihn in keiner Weise beeinflussbares Preisrisiko,** wenn er bei dem Vorhalten von Gerüsten **keine Angaben über die Dauer der Arbeiten** macht. Hiergegen spricht schon der Umstand, dass üblicherweise in einer Ausschreibung auch Ausführungsfristen genannt sind. Selbst wenn für das den Bieter betreffende Gewerk die hierauf vorgesehene Ausführungsfrist genannt ist und nicht für die nachfolgenden, ändert dies nichts an der Beurteilung. Der **Bieter hat verschiedene Möglichkeiten, sich Aufschluss über die voraussichtliche Dauer der Gerüstvorhaltung zu verschaffen und deren Wert zu kalkulieren.** Er kann sich beim öffentlichen Auftraggeber erkundigen. Er hat auch die Möglichkeit, einen Einheitspreis zu kalkulieren, der für die Zeit nach Abschluss der eigenen Arbeiten nach Zeiteinheiten berechnet wird. Er hat die Möglichkeit, hierauf in den Anmerkungen zum Angebot hinzuweisen. Schließlich darf auch nicht die unternehmerische Erfahrung außer Acht gelassen werden. Ein Bieter ist als Fachunternehmen damit vertraut, wie sich der Ablauf bei Übernahme eines solchen Auftrages auch mit Nachfolgearbeiten anderer Handwerker und Unternehmer gestaltet (BGH, Urteil v. 8. 9. 1998 – Az.: X ZR 85/97). 6534

72.13.5.10 Keine Mehrforderungen bei Mehr- oder Minderleistungen auch über 10%?

Hat ein öffentlicher Auftraggeber in seinen **Verdingungsunterlagen, ohne dies optisch oder sonst wie hervorzuheben**, die Bestimmung getroffen, dass **Mehr- oder Minderleis-** 6535 tungen auch über 10% nicht zu Mehrforderungen berechtigen, bürdet dies den Bietern ein **ungewöhnliches Wagnis** auf und **widerspricht dem einzubeziehenden Regelwerk der VOB/B**. Das Wagnis wird dadurch verstärkt, dass auch alle angegebenen Maße nicht ohne Prüfung übernommen werden dürfen und die Bieter die Eignung der Verfahren und Materialien fortwährend zu überprüfen haben. Die Verdingungsunterlagen verlagern das Risiko der Arbeiten an einem nicht im Einzelnen von der Konsistenz, Stärke und Neigung her bekannten Mauerwerk auf den Bieter, versagen ihm aber die Mehrforderungen bei Mehrleistungen. Dies verstößt nicht nur gegen die bieterschützende Vorschrift aus § 7 Abs. 1 Nr. 3 VOB/A, sondern lässt auch **berechtigte Zweifel daran aufkommen, ob alle Bieter die Abweichung von der VOB/B erkannt und in ihre Preiskalkulation miteinbezogen haben**. Die vorliegende Unsicherheit, was den Bieter an Anforderungen erwartet, kann durchaus verglichen werden etwa mit den Wasser- und Bodenverhältnissen, deren Unwägbarkeiten auch nicht komplett auf den Bieter übergewälzt werden dürfen (VK Düsseldorf, B. v. 24. 1. 2001 – Az.: VK – 31/2000 – B).

72.13.5.11 Abrechnung von losem Material als festes Material ohne Angabe eines Umrechnungsschlüssels

6536 Eine Vertragsklausel, nach der **tatsächlich lose anfallendes Material ohne Angabe eines Umrechnungsschlüssels fiktiv als fest abzurechnen ist**, schiebt dem Auftragnehmer unter Verstoß gegen die VOB/A **ein unangemessenes Wagnis** zu, indem sie ihm zumutet, auf eigenes Risiko einen Umrechnungsmodus anzunehmen und zur Grundlage seines Angebotes zu machen. Da es für diesen Umrechnungsmodus verschiedene Möglichkeiten gibt und nach Auffassung des Berufungsgerichts sogar Experimente erforderlich sein können, wäre zudem nicht gewährleistet, dass alle Bieter die Ausschreibung im gleichen Sinne verstehen (§ 7 Abs. 1 Nr. 1 VOB/A). Schließlich würde die Ausschreibung auch gegen die Vorgabe verstoßen, dass Preise leicht zu ermitteln sein sollen. Im Ergebnis müsste bei andere Auslegung der Bieter selbst zunächst einmal für den Einbau ggf. auch nach Probewägungen den zu beschaffenden Materialbedarf abschätzen (BGH, Urteil vom 9. 1. 1997 – Az.: VII ZR 259/95).

72.13.5.12 Vorgabe von Standards durch den Auftraggeber

6537 Ein öffentlicher Auftraggeber kann Anforderungen stellen, die über die gesetzlichen Mindesterfordernisse hinausgehen und für die er einen höheren Preis zu zahlen bereit ist. Solche Anforderungen sind nicht zwangsläufig als „ungewöhnliche Wagnisse" anzusehen. Es ist **dem Auftraggeber überlassen, welche Qualität einer Leistung er haben möchte; er muss sich nicht mit Mindeststandards begnügen**. Er muss dabei allerdings z. B. beachten, dass die Leistung eindeutig beschrieben und der Gleichbehandlungsgrundsatz gewahrt wird und die höheren Anforderungen nicht nur gestellt werden, um den Wettbewerb auszuschalten und einem bestimmten bevorzugten Bewerber den Auftrag zukommen lassen zu können. Die **Forderung nach Vorlage aller erforderlichen Genehmigungen etc.** oder die Verpflichtung zur Duldung von Probenahmen erscheint **legitim, zumindest aber nicht überzogen** (VK Hessen, B. v. 20. 2. 2002 – Az.: 69 d VK – 47/2001).

72.13.5.13 Parallelausschreibung

6538 Unter bestimmten Voraussetzungen kann eine Parallelausschreibung gegen das Gebot der eindeutigen Leistungsbeschreibung verstoßen. Vgl. hierzu im Einzelnen die Kommentierung zu → § 2 VOB/A Rdn. 23.

72.13.5.14 Vereinbarung einer Vertragsstrafe

6539 Die **Vereinbarung von Vertragsstrafen ist grundsätzlich nicht ungewöhnlich**. Damit muss ein Auftragnehmer rechnen. Ergibt sich außerdem die Höhe der Vertragsstrafe aus einer gesetzlichen Regelung (z. B. einem Tariftreuegesetz) und übernimmt die vertragliche Regelung lediglich die gesetzliche Vorgabe, so „überbürdet" oder verlagert der Auftraggeber mit dieser Regelung kein Risiko auf die Bieter, mit dessen Eintritt nach dem allgemeinen und vorhersehbaren Ablauf einer Vertragsbeziehung bzw. bei der Durchführung des Vertrages nicht gerechnet werden muss, wobei dem Bieter die Möglichkeit genommen wird, die für ihn nachteiligen wirtschaftlichen Folgen abzuwenden (VK Münster, B. v. 24. 9. 2004 – Az.: VK 24/04; im Ergebnis ebenso 3. VK Bund, B. v. 28. 1. 2008 – Az.: VK 3–154/07; B. v. 24. 1. 2008 – Az.: VK 3–151/07).

Vergabe- und Vertragsordnung für Bauleistungen Teil A VOB/A § 7 **Teil 3**

72.13.5.15 Vereinbarung einer Vertragsstrafe und Kündigung bei illegalen Praktiken im Baugewerbe

Es dürfte **allgemein bekannt** sein, dass **illegale Praktiken im Baugewerbe ein Problem** 6540 darstellen und dass der **Auftraggeber ein anerkennenswertes Interesse daran hat, solche Verstöße zu verhindern.** Die **Vereinbarung einer Vertragsstrafe bei solchen Verstößen ist grundsätzlich zulässig.** Hierdurch wird im konkreten Fall auch kein ungewöhnliches Wagnis auf den Auftragnehmer überwälzt. **Illegale Beschäftigung und Verstöße gegen arbeits- und sozialrechtliche Vorschriften gehören eher zum Risikobereich des Auftragnehmers**, der auf die Beschäftigungsverhältnisse auf der Baustelle mehr Einfluss hat als der Auftraggeber und der sich ja der Nachunternehmer zur Erfüllung seiner vertraglichen Verpflichtungen bedient. Zwar ist die **Zurechnung jeglichen Verschuldens in der Nachunternehmerkette sehr weitgehend und begründet unter Umständen – je nach Anzahl der einzusetzenden Nachunternehmer – ein Wagnis für den Auftragnehmer.** Dieses Wagnis ist hier aber nicht ungewöhnlich im Sinne des **§ 7 Abs. 1 Nr. 3 VOB/A.** Dass dem Auftragnehmer das Verschulden seiner Erfüllungsgehilfen auch im Rahmen vereinbarter Vertragsstrafen gemäß § 278 BGB zugerechnet wird, ist der Regelfall. Wenn Vorschriften, die mit deliktischen Sanktionen belegt sind, zum Gegenstand der vertraglich geschuldeten Leistung gemacht werden, ist die Anwendung des § 278 BGB nicht systemwidrig, sondern im Gegenteil folgerichtig. Das **Risiko, dass der Auftragnehmer die vereinbarte Vertragsstrafe nicht an seine Nachunternehmer durchreichen oder von diesen Regress verlangen kann,** besteht auch in anderen Fällen vereinbarter Vertragsstrafen, beispielsweise wenn ein Nachunternehmer eine bedeutende Verzögerung des Fertigstellungstermins verschuldet. Das **übernommene Wagnis ist auch kalkulierbar**, wenn **eine mit der Rechtsprechung des BGH vereinbare Höchstsumme festgelegt** wird; diese kann der Auftragnehmer in seinen Angebotspreis mit einkalkulieren (3. VK Bund, B. v. 28. 1. 2008 – Az.: VK 3–154/07; B. v. 24. 1. 2008 – Az.: VK 3–151/07).

72.13.5.16 Vereinbarung einer Vertragsstrafe für nicht rechtzeitige Mitteilungen über organisatorische oder strukturelle Veränderungen beim Auftragnehmer oder Änderungen in der Zusammensetzung einer Auftragnehmergemeinschaft

An der **Bestimmung einer Vertragsstrafe für den Fall, dass Leistungserbringer orga-** 6541 **nisatorische oder strukturelle Veränderungen in ihrem Unternehmen oder Änderungen in der Zusammensetzung einer Auftragnehmergemeinschaft nicht oder nicht rechtzeitig mitteilen, ist nichts auszusetzen.** Der Auftraggeber will sich während der Vertragslaufzeit über Veränderungen im Unternehmen der Leistungserbringer unterrichtet halten, welche die Fachkunde, die Leistungsfähigkeit oder die Zuverlässigkeit beeinträchtigen können. Dazu ist er **bei einem für mehrere Jahre einzugehenden Dauerschuldverhältnis berechtigt.** Ebenso wenig kann davon gesprochen werden, die von dem Auftraggeber getroffene Vertragsstrafenregelung bleibe hinter den gesetzlichen Anforderungen an Vertragsstrafen nach den §§ 339ff. BGB zurück oder überbürde dem Leistungserbringer zu Unrecht den Nachweis, dass ihn an einem Vertragsverstoß kein Verschulden trifft. Die Bestimmungen der §§ 339 bis 343 BGB sind auf die in Vertragsbedingungen des Auftraggebers geregelten Vertragsstrafen ohne weiteres anzuwenden (OLG Düsseldorf, B. v. 17. 4. 2008 – Az.: VII – Verg 15/08).

72.13.5.17 Vereinbarung einer Bürgschaft als Sicherheit für die Vertragserfüllung

Soll eine **Bürgschaft als Sicherheit für die Vertragserfüllung** gestellt werden, ist ein 6542 derartiges Verlangen des Auftraggebers legitim, und die Erfüllung ist für den späteren Leistungserbringer nicht unzumutbar. Das Sicherungsbedürfnis des Auftraggebers umfasst selbstverständlich auch etwaige Schadensersatzansprüche. Eine **Sicherheitsleistung ist Leistungserbringern der Höhe nach zuzumuten, wenn sie fünf Prozent der pauschal zu zahlenden monatlichen Vergütung beträgt** (OLG Düsseldorf, B. v. 17. 4. 2008 – Az.: VII – Verg 15/08).

72.13.5.18 Vorweggenommene Zustimmung zur Verlängerung der Bindefrist für den Fall eines Nachprüfungsverfahrens zum Zeitpunkt der Angebotsabgabe

Die **Verpflichtung der Beter durch den Auftraggeber, bereits zum Zeitpunkt der** 6543 **Angebotsabgabe die vorweggenommene Zustimmung zur Verlängerung der Bindefrist mindestens bis zur Rechtskraft des letzten Beschlusses im Nachprüfungsverfah-**

ren zu verlangen, sofern der Bieter Beteiligter des Nachprüfungsverfahrens ist, stellt kein ungewöhnliches Wagnis dar. Nicht nur ein öffentlicher Auftraggeber, sondern auch die Bieter müssen bei europaweiten Vergabeverfahren stets damit rechnen, dass ein Bieter von seinem **Rechtsschutz nach den §§ 107 ff. GWB** Gebrauch macht. **Darin liegt kein ungewöhnliches Kalkulationsrisiko.** Auch ist zu berücksichtigen, dass sich die Forderung nach der antizipierten Zustimmung zur Bindefristverlängerung ausdrücklich nur auf die Bieter beschränkt, die Beteiligte eines Nachprüfungsverfahrens werden. Dies sind **neben dem jeweiligen Antragsteller regelmäßig nur die Bieter, die nach dem derzeitigen Stand des Vergabeverfahrens die aussichtsreichsten Angebote abgegeben haben und deshalb von der Vergabekammer gemäß § 109 GWB zum Nachprüfungsverfahren beigeladen** werden. Eine Rechtsverletzung im Sinne des § 114 Abs. 1 Satz 1 GWB durch die antizipierte Zustimmungserklärung scheidet für diesen Bieterkreis aus. Für den Antragsteller folgt dies schon daraus, dass er ohne Zustimmung zur Bindefristverlängerung bis zum rechtskräftigen Abschluss des Nachprüfungsverfahrens die Antragsbefugnis im Nachprüfungsverfahren gemäß § 107 Abs. 2 GWB verliert, wenn das Zuschlagsverbot gemäß § 115 Abs. 1 GWB die Zuschlags- und Bindefrist nach § 10 VOL/A bzw. VOB/A überholt. Das Zuschlagsverbot des § 115 Abs. 1 GWB und die damit verbundene Verzögerung des Vergabeverfahrens dient ja gerade den Interessen des Antragstellers und ist die zentrale Regelung des vergaberechtlichen Primärrechtsschutzes. Der damit verbundene Bieterschutz aber läuft ins Leere, wenn der Antragsteller den Zuschlag nach rechtskräftigem Abschluss des Nachprüfungsverfahrens schon deshalb nicht erhalten kann, weil er mangels Verlängerung der Bindefrist kein wirksames Angebot mehr vorweisen kann. Da der **Gesetzgeber bislang der Problematik, dass die Wirkung des Zuschlagsverbots gemäß § 115 Abs. 1 GWB die Zuschlags- und Bindefrist überholt, nicht Rechnung getragen hat, ist die Lösung über eine antizipierte Zustimmungserklärung zur Bindefristverlängerung eine recht- und zweckmäßige Regelung,** die den Antragsteller nicht in seinen Rechten verletzt (VK Lüneburg, B. v. 8. 5. 2006 – Az.: VgK-07/2006).

6544   Diese Auffassung muss **differenziert betrachtet** werden; sie ist **mit Blick z. B. auf mögliche Materialpreissteigerungen bei Stahl oder Nichteisenmetalle (Kupfer) nicht haltbar.**

6545   Diese **Auffassung ist im Ergebnis mit der Rechtsprechung des BGH zur Risikoverteilung bei vergabenachprüfungsbedingten Leistungsverzögerungen nicht mehr vereinbar.** Vgl. insoweit die **Kommentierung zu → § 10 VOB/A Rdn. 61 ff.**

72.13.5.19 Ausschreibungsbedingung, als Zeitraum für die späteste Aufforderung zum Beginn der Ausführung der Bauleistungen pauschal vier Monate nach Ablauf der Bindefrist des Angebotes vorzusehen

6546   Die **Ausschreibungsbedingung, als Zeitraum für die späteste Aufforderung zum Beginn der Ausführung der Bauleistungen pauschal vier Monate nach Ablauf der Bindefrist des Angebotes vorzusehen**, stellt ein ungewöhnliches Wagnis dar und **verstößt gegen § 7 Abs. 1 Nr. 3 VOB/A.** Die Eintragung des Auftraggebers in den Besonderen Vertragsbedingungen, die späteste Aufforderung zur Ausführung der Leistung erfolgt ca. vier Monate nach Ablauf der Zuschlags- und Bindefrist, enthält mehrere Varianten, sodass eine Kalkulation des Preises mehr auf Schätzungen als auf einer eindeutigen und erschöpfenden Leistungsbeschreibung (§ 7 Abs. 1 Nr. 1 VOB/A) beruhen muss. So ist **ungewiss, zu welchem Zeitpunkt der Auftragnehmer vom Auftraggeber in Anspruch genommen** wird. Erstreckt sich z. B. die **Ausführungsdauer über zwei Winterphasen, ist der Gesamtaufwand und mithin auch der Gesamtpreis, den die Antragstellerin anbieten kann, wesentlich höher als der Preis, der angeboten werden kann, wenn nur eine Winterphase zu berücksichtigen** ist. Derjenige Bieter, der zwei Winterphasen seiner Kalkulation zugrunde legt, wird gegenüber Bietern, die nur einen Winter einkalkulieren, im Ergebnis keine Chance auf die Zuschlagserteilung haben. Für die Bieter muss aber überschaubar sein, mit welcher Wahrscheinlichkeit sich das Wagnis – Bauausführung während einer oder zwei Winterperioden – voraussichtlich realisieren wird und mit welchem Ergebnis sich das Risiko sodann preislich entwickelt. Allein der Umstand, dass sich das theoretisch aufgebürdete Maximalrisiko benennen und preislich beziffern lässt, nimmt einer Auftragsbedingung, durch die ein Auftragnehmer im Sinne von § 7 Abs. 1 Nr. 3 VOB/A ein ungewöhnliches und seinem Einfluss entzogenes Risiko aufgebürdet wird, noch nicht ihre Unangemessenheit. Erst dann, wenn der Auftragnehmer in der Lage ist, das zu überschauende Wagnis konkret abzuschätzen und die Wahrscheinlichkeit seines Eintritts zu ermessen, ist es gerechtfertigt, die betreffende Auftragsbedingung vom Verbot des § 7 Abs. 1 Nr. 3

VOB/A freizustellen. Das ist **nicht der Fall, wenn Inhalt der Angebotskalkulation auch der in der Ausschreibung vorgegebene günstige oder ungünstige Zeitraum der Bauausführung ist**. Ungünstige Zeiträume bedingen Veränderungen in den Leistungsanforderungen (andere Beton- und Bindemittelzusätze wegen Bauarbeiten in der Winterzeit, winterbedingte etwaige Unterbrechungen in der Bauausführung mit anderweitiger Verkehrsführung). Die **zeitliche Verschiebung der Ausführung der Bauleistungen kann deshalb nicht ohne Einfluss auf die Preisgrundlage bleiben** (VK Brandenburg, B. v. 30. 9. 2008 – Az.: VK 30/08).

Vgl. dazu auch die **Kommentierung zu** → **§ 10 VOB/A Rdn. 61 ff.** 6547

72.13.5.20 Bedingter Zuschlag

Ein **bedingter Zuschlag** z. B. dahingehend, dass bei einem einheitlichen Bauvorhaben, das 6548 in Losen ausgeschrieben ist, der Auftraggeber berechtigt ist, die Zuschlagserteilung eines Loses unter die aufschiebende Bedingung der Zuschlagserteilung der anderen Lose zu stellen, **überträgt dem Bieter ein ungewöhnliches Wagnis und ist daher unzulässig. Ein Bieter kann den Ablauf der Vergabe grundsätzlich nicht beeinflussen und auch nicht für eine zusammenhängende Vergabe der Lose Sorge tragen.** Die wesentlichen für eine Vergabe bedeutsamen Umstände hat der Auftraggeber in der Hand. Er schafft die Voraussetzungen für das Vorhaben, gestaltet die Verdingungsunterlagen und prüft und wertet die Angebote. Die aus der Sicht des Auftraggebers **entscheidende Motivation für dieses Konstrukt, nämlich die zeitliche Verschiebung der Zuschlagserteilung in einem Los durch einen Nachprüfungsantrag, ist von dem im Parallelverfahren für den Zuschlag vorgesehenen Bieter ebenfalls nicht beeinflussbar.** Durch die vorgesehene Möglichkeit, den Zuschlag unter die aufschiebende Bedingung der Zuschlagserteilung im Parallelverfahren zu stellen, wird dem **Auftragnehmer das zeitliche Risiko des Nachprüfungsverfahrens bei der Parallelvergabe mit aufgebürdet**. Zwar ist die Dauer des Nachprüfungsverfahrens vor der Vergabekammer wegen der 5-Wochen Frist des § 113 Abs. 1 Satz 1 GWB noch einigermaßen voraussehbar. Für die Dauer des Rechtsmittelverfahrens vor dem OLG trifft dies aber bereits nicht mehr zu. Für den Bieter ist damit nicht voraussehbar, wann er mit den Bauarbeiten wird beginnen können. Es ist ohne weiteres nachvollziehbar, dass dies auch die Planbarkeit der Auftragsausführung und unter Umständen auch die Verfügbarkeit von Ressourcen beeinflusst. Das dadurch dem Auftragnehmer überbürdete Wagnis ist auch in mehrfacher Hinsicht ungewöhnlich: Zutreffend **ist zwar, dass Terminverschiebungen in der Baubranche nichts Ungewöhnliches** sind. Aus der Regelung des § 5 Nr. 2 VOB/B ergibt sich auch, dass ein **Auftraggeber nicht zwingend vor Vertragsabschluss den Termin für den Baubeginn angeben muss**. Ist der Vertrag zustande gekommen, gibt § 5 Nr. 2 VOB/B dem Auftragnehmer aber das Recht, Auskunft über den voraussichtlichen Leistungsbeginn zu verlangen. Diese Bestimmung berücksichtigt das wohlverstandene Interesse des Auftragnehmers, zumindest über den voraussichtlichen Baubeginn Bescheid zu wissen, um seine betrieblichen Planungen auf die Erfüllung der bauvertraglichen Pflichten einstellen zu können. Richtet der Auftragnehmer ordnungsgemäß die Frage über den Baubeginn an den Auftraggeber, so ist dieser verpflichtet, die geforderte Auskunft zu erteilen. Diese Rechte bestehen bei der bedingten Zuschlagserteilung nicht. Für den **Fall, dass der Beginn der Ausführung von einer Aufforderung des Auftraggebers abhängt**, bestimmt **§ 9 Abs. 1 Nr. 3 VOB/A, dass die Frist innerhalb derer die Aufforderung auszusprechen ist, in den Verdingungsunterlagen festgelegt sein muss**. In Verbindung mit § 5 Nr. 2 Satz 2 VOB/B, wonach der Auftragnehmer innerhalb von 12 Werktagen nach Aufforderung zu beginnen hat, ist damit der Baubeginn und der Bauablauf planbar und kalkulierbar. Teilt der Auftraggeber insoweit mit, dass die **Aufforderung mit Erteilung des Zuschlags erfolgt**, läuft im Ergebnis diese **Mitteilung aber bei einer bedingten Zuschlagserteilung ins Leere**, denn die Aufforderung ist damit unmittelbar selbst von einem zukünftigen ungewissen Ereignis abhängig. Im Ergebnis steht sich der Auftragnehmer so, als sei die Frist innerhalb derer die Aufforderung ausgesprochen werden kann, entgegen § 9 Abs. 1 Nr. 3 nicht festgelegt worden. Auch der Einwand, dass der **Baubeginn auch ohne bedingte Zuschlagserteilung dadurch auf unbestimmte Zeit verschoben werden kann**, dass der **Auftraggeber auf die Erteilung des Zuschlags zunächst verzichtet**, ist nicht zielführend. Anders als im Fall der Zuschlagserteilung unter einer aufschiebenden Bedingung ist in diesem Fall der **Bieter nur bis zum Ablauf der Bindefrist gezwungen, die angebotenen Ressourcen vorzuhalten.** Da er die Bindefrist von Anfang an kennt, hat er insoweit eine sichere Kalkulationsgrundlage. **Nach Ablauf der Bindefrist hat er die Möglichkeit, die erforderliche Verlängerung der Bindefrist zu verweigern, wenn die Auswirkungen der Verzögerung das von ihm kalku-

Teil 3 VOB/A § 7 Vergabe- und Vertragsordnung für Bauleistungen Teil A

lierte Risiko überschreiten. Kommt der Vertrag unter der **aufschiebenden Bedingung der Zuschlagserteilung im Parallelverfahren** zustande, so **hat er dieses Recht nicht**. Der Vertrag ist voll gültig, der Eintritt seiner Rechtswirkungen hängt nur vom Eintritt der aufschiebenden Bedingung ab und der Bieter kann sich hier nicht mehr ohne weiteres vom Vertrag lösen, wenn der Eintritt der aufschiebenden Bedingung sich länger als erwartet (und kalkuliert) verschiebt. Da bei einem bedingten Zuschlag **keine gesicherten Eckpunkte für den Baubeginn und die Bauausführung zur Verfügung stehen und der Auftragnehmer sie sich auch nicht verschaffen kann, ist das überbürdete Wagnis für den Auftragnehmer auch nicht kalkulierbar**. Auch die Kalkulation von Risikozuschlägen kann nicht völlig aus der Luft gegriffen werden, sondern muss sich an gewissen minimalen Vorgaben orientieren, die hier fehlen (3. VK Bund, B. v. 28. 1. 2008 – Az.: VK 3–154/07; B. v. 24. 1. 2008 – Az.: VK 3–151/07).

6549 Im Ergebnis ist diese **Rechtsprechung mit der Rechtsprechung zu der Frage, wer letztlich die Mehrkosten aus einer Verschiebung des Baubeginns wegen eines Nachprüfungsverfahrens zu tragen hat, vergleichbar**; vgl. insoweit die Kommentierung zu → § 10 VOB/A Rdn. 61 ff.

72.13.5.21 Übertragung des Risikos der Verfügbarkeit und Bebaubarkeit der Bauflächen

6550 Die **Verfügbarkeit und Bebaubarkeit der Bauflächen ist vom Auftraggeber vor der Ausschreibung sicherzustellen**. Der Auftragnehmer hat hierauf typischerweise keinen Einfluss. Kommt es diesbezüglich zu Problemen, so wird im **Regelfall eine Behinderung im Sinne des § 6 VOB/B** vorliegen, mit der Möglichkeit unter den dort genannten Voraussetzungen die Fristen anzupassen bzw. Schadensersatz zu verlangen. Soll aber keine Behinderung vorliegen, wenn der Auftragnehmer die Arbeiten gleichwohl beginnen und ausführen kann, entfällt die Voraussetzung für die Anwendbarkeit des § 6 VOB/B, **unabhängig davon, ob die Arbeiten nur teilweise oder unter erschwerten Bedingungen durchgeführt werden können**. Die **Verantwortung für die termingerechte Fertigstellung trotz dieser Schwierigkeiten wird damit in vollem Umfang auf den Auftragnehmer übertragen**. Für den **Auftragnehmer ist jedoch nicht einschätzbar, in welchem Umfang mit Problemen bezüglich der Verfügbarkeit der Bauflächen zu rechnen** ist und inwieweit dadurch im Einzelfall die Bauausführung beeinflusst werden kann. Er hat damit keinerlei Informationen, die es ihm ermöglichen würden, das zeitliche und finanzielle Risiko einzuschätzen (3. VK Bund, B. v. 24. 1. 2008 – Az.: VK 3–151/07; VK Düsseldorf, B. v. 28. 1. 2010 – Az.: VK – 37/2009 – B).

6551 Dabei kann es **keinen Unterschied** machen, ob der **Auftragnehmer gegen direktes Entgelt des Auftraggebers ein Bauwerk errichten soll** oder ob er die **Möglichkeit erhält, sich durch die Nutzung des Bauwerks zu refinanzieren**. Die mangelnde Verfügbarkeit und Bebaubarkeit der Bauflächen lässt in beiden Fällen seinen wirtschaftlichen Erfolg entfallen (VK Düsseldorf, B. v. 28. 1. 2010 – Az.: VK – 37/2009 – B).

72.13.5.22 Übertragung des Risikos der Vollständigkeit und Widerspruchsfreiheit der Vergabeunterlagen

6552 Das **Risiko der Vollständigkeit und Fehlerfreiheit der Verdingungsunterlagen trägt der Auftraggeber** (vgl. § 7 Abs. 1 Nr. 1 und 3 VOB/A). **Führt die Widersprüchlichkeit und Lückenhaftigkeit der Leistungsbeschreibung dazu, dass bei Auftragsausführungen Mehrleistungen zu erbringen sind, so sind diese zu vergüten; kommt es zu Verzögerungen, so geht dies ebenfalls zu Lasten des Auftraggebers**. Zwar hat der Bieter gewisse Mitwirkungspflichten. Er muss, wenn er während des Vergabeverfahrens feststellt, dass die Vergabeunterlagen unklar, lückenhaft oder sonst fehlerhaft sind, die Vergabestelle unverzüglich darauf hinweisen. Bei erkannter oder erkennbarer Unvollständigkeit soll der Bieter sich nicht im Nachhinein hierauf berufen können. Die vom Bieter verlangte **Vollständigkeitserklärung geht aber weit über eine solche Mitwirkungspflicht hinaus**, wenn der **Bieter mit Abgabe des Angebots „versichern" muss**, „dass die ihm zur Verfügung gestellten Unterlagen und Angaben ausreichend waren, um die übernommenen Leistungen abnahmereif und funktionsfähig nach Ausführungsart und Umfang erbringen zu können." Die abzugebende **Erklärung bezieht sich also nicht nur auf die Vollständigkeit der Vergabeunterlagen, sondern weitergehend auf die Herstellung der Funktionsfähigkeit und der Abnahmereife**. Sollte sich herausstellen, dass das errichtete Bauwerk mangels vollständiger Angaben in den Vergabeunterlagen nicht voll funktionsfähig und abnahmereif zu erbringen war, so hat die abgegebene Erklärung zur Folge, dass der Auftragnehmer hierfür mit verantwortlich ist, und zwar unabhängig davon, ob er die **Lückenhaftigkeit der Vergabeunterlagen bei Erstellung des Angebots überhaupt hätte erkennen können**. Bei erforderlichen Mehrleistungen zur Herstellung einer abnahmereifen Leistung kann der Auftraggeber dem Ansinnen des Auftragnehmers nach Mehrvergütung die streitige Klausel entgegenhalten. Wenn es **infolge der Widersprüchlichkeit der Vergabeunterlagen Zweifel am Umfang der geschuldeten Leistung gibt, soll der Auftraggeber bestimmen, wie die Vergabeunterlagen hier zu verstehen waren und was die vereinbarte Leistung ist**. Da die so im Nachhinein bestimmte Leistung dann die vertraglich vereinbarte Leistung im Sinne des § 2 Nr. 1 VOB/B ist, stehen dem **Auftragnehmer keinerlei Mehrvergütungsansprüche** zu. Im Ergebnis beansprucht der Auftraggeber damit aber das Recht, den in den Vergabeunterlagen liegenden Fehler im Nachhinein zu seinen Gunsten zu korrigieren, ohne dass dem Auftragnehmer Ausgleichsansprüche zustehen. In ihren **finanziellen Auswirkungen ist die Belastung durch beide Regelungen nicht absehbar oder gar kalkulierbar** (3. VK Bund, B. v. 28. 1. 2008 – Az.: VK 3–154/07; B. v. 24. 1. 2008 – Az.: VK 3–151/07).

72.13.5.23 Vorabzustimmung des Bieters zur Übertragung der Rechte und Pflichten des Auftraggebers auf eine Projektgesellschaft

Eine **vorgesehene Vorabzustimmung des Bieters zur Übertragung der Rechte und Pflichten des Auftraggebers auf eine Projektgesellschaft überträgt ein ungewöhnliches Wagnis auf den Auftragnehmer**. Nach § 415 BGB ist eine **Schuldübernahme**, um die es sich handelt, nur wirksam, wenn der Gläubiger zustimmt. Dies dient seinem Schutz, denn die **Bonität des Schuldners ist für den Wert der Forderung von ausschlaggebender Bedeutung** und er muss sich nicht auf einen Schuldner einlassen, den er sich nicht selbst ausgesucht hat. Die vorgesehene **Vorabzustimmung ohne Kenntnis des Übernehmers nimmt dem Bieter jede Möglichkeit, sich von der Bonität seines neuen Schuldners zu überzeugen**. Die bloße Mitteilung des Auftraggebers, die Werklohnforderung des Auftragnehmers könne vollständig abgesichert werden, ist nicht ausreichend. Das Risiko, das der Auftragnehmer mit einer Vorabzustimmung eingeht, kann er nur dann einschätzen, wenn ihm **nähere Informationen zur Zusammensetzung der Projektgesellschaft, zu deren Kapitalausstattung oder zu sonstigen Absicherungen der Werklohnforderungen** gegeben werden (3. VK Bund, B. v. 28. 1. 2008 – Az.: VK 3–154/07; B. v. 24. 1. 2008 – Az.: VK 3–151/07). 6553

72.13.5.24 Belastung des Bieters mit der Umsatzsteuer

Die Umsatzsteuer ist **regelmäßig Bestandteil des vom Bieter zu bestimmenden Angebotspreises**. Der Bieter berechnet den Preis für seine Leistung und hat damit auch Einfluss auf die Berechnung der Umsatzsteuer. Die **Umsatzsteuer ist ein typisches Risiko eines Unternehmers, gehört zu seiner Sphäre und stellt sich damit nicht als ungewöhnliches, sondern vielmehr gewöhnliches Wagnis** dar. Das Risiko der richtigen Ermittlung der Umsatzsteuer liegt damit aufseiten des Auftragnehmers. **Zweifel oder Unklarheiten bei der Berechnung der Umsatzsteuer** hat der **Bieter** – ggf. durch Kontaktaufnahme mit dem zuständigen Finanzamt – **zu beseitigen** (VK Brandenburg, B. v. 28. 1. 2008 – Az.: VK 59/07; 2. VK Bund, B. v. 9. 7. 2010 – Az.: VK 2–59/10). 6554

Steuerliche Risiken, die sich für die Bieter bei der Vergabe einer neuartigen Maßnahme und dementsprechend noch nicht gefestigter einschlägiger Praxis der zuständigen Behörden ergeben mögen und die auch der Auftraggeber nicht beherrschen kann, müssen jedenfalls dann hingenommen werden, wenn der Auftraggeber ein berechtigtes Interesse an der Zugrundelegung der Brutto-Angebotspreise bei der Wertung hat. Trotz der wirtschaftlichen Relevanz der Umsatzsteuer für einen nicht vorsteuerabzugsberechtigten Auftraggeber könnte es an dieser Voraussetzung zwar fehlen, wenn der Auftraggeber tatsächlich das Kriterium des Brutto-Angebotspreises nur deshalb wählt, um von – seinerseits erwarteten – steuerlichen Fehleinschätzungen der Bieter zu profitieren. Dies ist jedoch nicht der Fall, **wenn ein anerkennenswertes Interesse des Auftraggebers daran besteht, bereits im Zeitpunkt des Vertragsabschlusses zu wissen, welche finanzielle Belastung aus dem Zuschlag für ihn resultiert, ohne den Ausgang möglicher Streitigkeiten der erfolgreichen Bieter mit den Finanzbehörden und ggf. vor den Finanzgerichten über die Steuerpflichtigkeit der Leistungen abwarten zu müssen**. Die Vereinbarung eines Festpreises, der auch die etwa anfallende Umsatzsteuer einschließt, trägt diesem Interesse Rechnung. Überdies 6555

Teil 3 VOB/A § 7 Vergabe- und Vertragsordnung für Bauleistungen Teil A

ermöglicht die Vereinbarung eines Brutto-Festpreises es dem Auftraggeber, auch von bieterbezogenen Steuervorteilen zu profitieren, was als legitim anzusehen ist. So erscheint es nicht von vornherein ausgeschlossen, dass die ausgeschriebene Tätigkeit, sofern sie grundsätzlich umsatzsteuerpflichtig ist, bei einem privatrechtlich organisierten, als gemeinnützig anerkannten Bieter dessen Zweckbetrieb zugeordnet wird und deshalb nur einem auf 7% verminderten Steuersatz unterliegt (2. VK Bund, B. v. 9. 7. 2010 – Az.: VK 2–59/10).

72.13.5.25 Kündigungsrechte des Auftraggebers

6556 Setzen **sämtliche Gründe für eine außerordentliche Kündigung** durch die Auftraggeber **ausdrücklich ein Verschulden des Auftragnehmers voraus oder liegen sie zumindest ausdrücklich in der Sphäre des Auftragnehmers**, so dass hier Eintritt oder Nichteintritt ausschließlich durch den Auftragnehmer beeinflussbar ist, wird den Bietern durch das dem Auftraggeber eingeräumte Kündigungsrecht **kein ungewöhnliches Wagnis** aufgebürdet (VK Lüneburg, B. v. 15. 5. 2008 – Az.: VgK-12/2008).

72.13.5.26 Forderung nach einer zum Zeitpunkt der Angebotsabgabe bereits abgeschlossenen Versicherung

6557 Verlangt der Auftraggeber, dass der **Bieter bereits vor dem Zuschlag eine abgeschlossene Police vorlegen** muss, dient diese **Forderung nicht mehr der abstrakten Eignungsprüfung** und der Ermittlung der wirtschaftlichen Leistungsfähigkeit. Damit aber wird **dem Bieter**, der zum Zeitpunkt der Angebotsabgabe seine Erfolgschancen denklogischer Weise noch nicht einschätzen kann, **ein erhebliches wirtschaftliches Risiko des Abschlusses einer Versicherung** auferlegt, die er womöglich später nicht benötigt. Die von den Bieter mit Angebotsabgabe verlangte **Versicherungsbescheinigung stellt einen Verstoß gegen § 7 Abs. 1 Nr. 3 VOB/A dar** (1. VK Sachsen, 30. 4. 2008 – Az.: 1/SVK/020-08).

72.13.5.27 Forderung nach einer zum Zeitpunkt der Abgabe des Teilnahmeantrags bereits abgeschlossenen Versicherung

6558 Auch **für einen Teilnahmewettbewerb** stellt es **eine nicht zumutbare Einschränkung der Bieterrechte** dar, wollte man im Hinblick auf den **im Ergebnis des Vergabeverfahrens abzuschließenden z. B. Dienstleistungsvertrag schon für das Stadium des Auswahlverfahrens** verlangen, dass der Bieter rechtliche und finanzielle Bindungen eingeht, obwohl erst mit dem Abschluss des Vertrages auch der **Abschluss einer entsprechenden Berufshaftpflichtversicherung nachzuweisen** ist (VK Thüringen, B. v. 2. 3. 2009 – Az.: 250–4004.20-584/2009-002-EF). Dies muss **auch für den Bereich der VOB/A** gelten.

6559 Auch nach Auffassung der VK Baden-Württemberg kann darin, dass sich der **Auftraggeber vorbehält, zur Bietereignung den Nachweis über das Bestehen einer Haftpflichtversicherung über Deckungssummen von 7,5 Mio. € für Personenschäden bzw. 50 Mio. € für Sachschäden vorlegen zu lassen, ein Vergabefehler zu sehen sein. Es handelt sich insoweit um eine unzumutbare Forderung.** Es kann von den Bietern nicht erwartet werden, dass sie, ohne dass feststeht, dass sie den Zuschlag erhalten, Versicherungsverträge über solche Summen abschließen, die weit über das übliche Maß hinausgehen (VK Baden-Württemberg, B. v. 13. 8. 2009 – Az.: 1 VK 31/09).

72.13.5.28 Fehlende Gleitklausel für die Entwicklung der Peronalkosten

6560 Bei den Personalkosten handelt es sich um einen Faktor, der von den Bietern zu kalkulieren ist. Es **gab in der Vergangenheit bei der Lohn- und Gehaltsentwicklung von Arbeitnehmern in der Privatwirtschaft keine großen Schwankungen. Auch die lediglich abstrakte Möglichkeit der Einführung von Mindestlöhnen hat nicht zur Folge**, dass eine diesbezüglich fehlende Gleitklausel ein ungewöhnliches Wagnis für die Bieter bedeutet (VK Baden-Württemberg, B. v. 26. 3. 2010 – Az.: 1 VK 11/10).

72.13.6 Richtlinie des VHB 2008

6561 Dem Auftragnehmer dürfen grundsätzlich keine Aufgaben der Planung und der Bauvorbereitung, die je nach Art der Leistungsbeschreibung dem Auftraggeber obliegen, übertragen und keine Garantien für die Vollständigkeit der Leistungsbeschreibung abverlangt werden (Richtlinien zu 100 – Allgemeine Richtlinien Vergabeverfahren – Ziffer 4.2.1.2).

72.13.7 Literatur

– Roth, Frank, Die Risikoverteilung bei Öffentlich Privaten Partnerschaften (ÖPP) aus vergaberechtlicher Sicht, NZBau 2006, 84   6562

72.14 Bedarfspositionen (§ 7 Abs. 1 Nr. 4 Satz 1)

Vgl. dazu die Kommentierung → Rdn. 41 ff.   6563

72.15 Angehängte Stundenlohnarbeiten (§ 7 Abs. 1 Nr. 4 Satz 2)

72.15.1 Richtlinie des VHB 2008

Angehängte Stundenlohnarbeiten (§ 7 Abs. 1 Nr. 4 VOB/A) dürfen nur in dem unbedingt 6564 erforderlichen Umfang (Stundenanzahl und Lohngruppen, ggf. Geräte) aufgenommen werden (Richtlinien zu 100 – Allgemeine Richtlinien Vergabeverfahren – Ziffer 4.7).

72.16 Hinweise für das Aufstellen der Leistungsbeschreibung in den DIN 18299 ff. (§ 7 Abs. 1 Nr. 7)

72.16.1 Aufbringen einer Haftbrücke

Wenn eine **Haftbrücke** aufgebracht werden soll, muss dies im Leistungsverzeichnis verzeich- 6565 net sein; denn es handelt sich hier **um eine Besondere Leistung** – VOB/C, DIN 18353 Nr. 4.2.6, DIN 18299 Nr. 4.2 – (VK Münster, B. v. 25. 2. 2003 – Az.: VK 01/03).

72.16.2 Literatur

– Quack, Friedrich, Überlegungen zu Erfordernissen des Einzelfalls oder: Was verlangen die 6566 0-Abschnitte der VOB/C wirklich?, ZfBR 2007, 211

72.17 Technische Spezifikationen (§ 7 Abs. 3–8)

72.17.1 Begriff

72.17.1.1 Allgemeines

Der Begriff „technische Spezifikation" wird **unterschiedlich verwendet**: Teilweise werden 6567 die **konkreten technischen Anforderungen im Leistungsverzeichnis** als „technische Spezifikationen" angesehen, teilweise werden darunter **nur die technischen Regelwerke** verstanden. Die **Begriffsbestimmungen im Anhang TS zur VOB/A sind insoweit nicht eindeutig**. Nach Nr. 1 des Anhangs TS sind technische Spezifikationen sämtliche, insbesondere in den Verdingungsunterlagen enthaltenen, technischen Anforderungen an eine Bauleistung, ein Material, ein Erzeugnis oder eine Lieferung, mit deren Hilfe die Bauleistung, das Material, das Erzeugnis oder die Lieferung so bezeichnet werden können, dass sie ihren durch den öffentlichen Auftraggeber festgelegten Verwendungszweck erfüllen. Danach könnten auch die technischen Anforderungen im Leistungsverzeichnis als „technische Spezifikation" angesehen werden. Nach Nr. 2 des Anhangs TS wird dagegen eine „Norm" als technische Spezifikation bezeichnet (Brandenburgisches OLG, B. v. 20. 8. 2002 – Az.: Verg W 6/02; OLG Koblenz, B. v. 15. 5. 2003 – Az.: 1 Verg. 3/03; VK Südbayern, B. v. 10. 6. 2005 – Az.: 20-04/05).

Nach einer anderen **Auffassung zählen individuelle Festlegungen des Leistungsver-** 6568 **zeichnisses** an die zu erbringende Leistung **nicht zu den technischen Spezifikationen**. Dies ergibt sich aus § 9 Nr. 4 Abs. 2 und 3 VOB/A (a.F.), wonach in den Verdingungsunterlagen auf die technischen Spezifikationen Bezug zu nehmen ist (OLG München, B. v. 11. 8. 2005 – Az.: Verg 012/05; VK Münster, B. v. 17. 6. 2005 – Az.: VK 12/05; VK Nordbayern, B. v. 13. 2. 2007 – Az.: 21.VK – 3194 – 02/07; B. v. 18. 1. 2005 – Az.: 320.VK – 3194 – 54/04; VK Südbayern, B. v. 10. 6. 2005 – Az.: 20-04/05). Bei einem **anderen Verständnis** könnte außerdem der Auftraggeber **individuelle auf das Bauvorhaben bezogene technische Vorgaben, auf welche er Wert legt, nicht mehr verbindlich festlegen**. Denn jedes von den Angaben abweichende Angebot wäre dann als Hauptangebot nach § 13 Abs. 2 VOB/A zu werten, sofern

Teil 3 VOB/A § 7   Vergabe- und Vertragsordnung für Bauleistungen Teil A

es dem geforderten Schutzniveau in Bezug auf Sicherheit, Gesundheit und Gebrauchstauglichkeit entspricht (OLG München, B. v. 28. 7. 2008 – Az.: Verg 10/08).

6569   Diese **unterschiedliche Rechtsprechung hat weiterhin Bestand**, da sich an den **Definitionen des Anhangs TS insoweit nichts geändert** hat und die **technischen Spezifikationen in den Verdingungsunterlagen zu formulieren sind** entweder unter Bezug auf die in Anhang TS definierten technischen Spezifikationen in einer bestimmten Reihenfolge oder in Form von Leistungs- oder Funktionsanforderungen, die genau so zu fassen sind, dass sie den Bewerbern oder Bietern ein klares Bild vom Auftragsgegenstand vermitteln und dem Auftraggeber die Erteilung des Zuschlags ermöglichen oder als Kombination von beidem (§ 7 Abs. 4).

72.17.1.2 DIN-Normen

6570   Bei der **Normreihe DIN handelt es sich um technische Spezifikationen** entsprechend der Begriffsbestimmung im Anhang TS Ziffer 1. Sie sind produktbezogen. Die **DIN-Normen sind keine Rechtsnormen, sondern private technische Regelungen mit Empfehlungscharakter**. DIN-Normen können die anerkannten Regeln der Technik wiedergeben oder hinter diesen zurückbleiben. Sie werden von dem gemeinnützigen Verein Deutsche Normen erarbeitet und von ihm herausgegeben. Dass bei Stoffen und Bauteilen, für die DIN-Normen bestehen, die Beschreibung der DIN-Güte- und Maßbestimmungen entsprechen muss, ergibt sich aus § 7 Abs. 1 Nr. 7 VOB/A, wonach die DIN 18299 ff. zu beachten sind (VK Brandenburg, B. v. 24. 1. 2002 – Az.: 2 VK 114/01).

6571   Der **Auftraggeber** ist **nicht gehindert**, bei den Anforderungen an eine Leistung im Rahmen der Leistungsbeschreibung **über die Vorgaben der jeweiligen DIN hinauszugehen**. DIN-Normen spiegeln einen bestimmten technischen Standard wieder, der aber durch die laufende Fortentwicklung von Produkten überholt werden kann (VK Münster, B. v. 20. 4. 2005 – Az.: VK 6/05).

6572   Ist eine **geplante europäische Norm** für ein Produkt, die ein einheitliches Prüfungsverfahren für Europa enthalten und die Vergleichbarkeit garantieren soll, **nicht bekannt gemacht und in Kraft getreten, kann diese auch nicht einer Ausschreibung zugrunde gelegt** werden (VK Südbayern, B. v. 29. 1. 2007 – Az.: Z3-3-3194-1-37–11/06).

72.17.1.3 Vergleichbarkeit des GS-Prüfzeichens mit der CE-Kennzeichnung

6573   Nach § 12 Abs. 3 Bauproduktengesetz (BauPG) hat ein Bauprodukt, das die CE-Kennzeichnung trägt, die widerlegbare Vermutung für sich, dass es im Sinne des § 5 BauPG brauchbar ist und dass die Konformität nach § 8 BauPG nachgewiesen worden ist. Der **durch die Konformitätserklärung und die CE-Kennzeichnung dokumentierte Sicherheitsstandard ist gleichwertig mit dem GS-Prüfzeichen**, das vom Prüf- und Zertifizierungsinstitut des Verbandes Deutscher Elektrotechniker (VDE) vergeben wird, denn die **Bedeutung der Europäischen Normen entspricht den DIN-Normen in ihrem Verhältnis zu den anerkannten Regeln der Technik** (VK Brandenburg, B. v. 24. 1. 2002 – Az.: 2 VK 114/01).

72.17.1.4 Forderung nach einer RAL-Zertifizierung von Produkten

6574   Die Forderung eines Auftraggebers nach RAL-Zertifizierung stellt **nicht eine Vorgabe bestimmter Erzeugnisse oder Verfahren im Sinne des § 7 Abs. 8 VOB/A dar**, da grundsätzlich jedem Hersteller die Möglichkeit offen steht, seine Produkte RAL zertifizieren zu lassen. Es liegt jedoch ein **Verstoß gegen § 7 Abs. 2 VOB/A** vor. Danach sind bei der Beschreibung der Leistung die verkehrsüblichen Bezeichnungen zu verwenden, wobei auf „einschlägige Normen" dabei Bezug genommen werden darf. Diese müssen jedoch allgemein anerkannt sein und dürfen Anbieter aus anderen Mitgliedstaaten nicht benachteiligen, was bei europaweit eingeführten Normen durch einen Zusatz (z. B. – EN) angezeigt wird. Bei nur nationalen Normen und Zertifizierungen wie z.B. dem RAL-Gütezeichen, die naturgemäß Produkten aus dem EU-Ausland nicht zu eigen sind, **muss hingegen zwingend der Zusatz „oder gleichwertig" erfolgen, nur dann können die im Bezug genommenen Normen als diskriminierungsfreie Richtwerte verstanden werden** (OLG Koblenz, B. v. 15. 3. 2001 – Az.: 1 Verg. 1/01; VK Berlin, B. v. 15.02.206 – Az.: VK – B 1–63/05; VK Hessen, B. v. Juni 2001 – Az.: 69d VK 14/2001; VK Köln, B. v. 3. 7. 2002 – Az.: VK VOL 4/2002; VK Rheinland-Pfalz, B. v. 13. 2. 2001 – Az.: VK 28/00; 3. VK Saarland, B. v. 19. 1. 2004 – Az.: 3 VK 05/2003; VK Thüringen, B. v. 7. 2. 2006 – Az.: 360–4002.20–063/05-EF-S).

72.17.1.5 NATO-Vorschriften

Es ist **fraglich**, ob auf einer NATO-Vorschrift basierende technische Vorgaben technische 6575
Spezifikationen im Sinne des insoweit maßgeblichen Anhangs TS (Technische Spezifikationen)
der VOB/A sind (1. VK Bund, B. v. 11. 11. 2003 – Az.: VK 1–103/03).

72.17.2 Formulierung von technischen Spezifikationen unter Bezugnahme auf die in Anhang TS definierten technischen Spezifikationen (§ 7 Abs. 4)

72.17.2.1 Allgemeines

Werden **technische Spezifikationen in den Vergabeunterlagen** unter Bezug auf die in 6576
Anhang TS definierten technischen Spezifikationen formuliert und zwar **durch Bezugnahme auf nationale Normen**, mit denen europäische Normen umgesetzt werden, **europäische technische Zulassungen, gemeinsame technische Spezifikationen, internationale Normen und andere technische Bezugssysteme**, die von den europäischen Normungsgremien erarbeitet wurden oder, falls solche Normen und Spezifikationen fehlen, **nationale Normen, nationale technische Zulassungen oder nationale technische Spezifikationen für die Planung, Berechnung und Ausführung von Bauwerken und den Einsatz von Produkten**, ist **jede Bezugnahme mit dem Zusatz „oder gleichwertig" zu versehen**.

Werden **technische Spezifikationen in den Vergabeunterlagen** dagegen formuliert in 6577
Form von Leistungs- oder Funktionsanforderungen, **entfällt der Zusatz „oder gleichwertig"**.

72.17.2.2 Beispiele aus der Rechtsprechung

– es versteht sich von selbst, dass **bei Sicherungsmaßnahmen auf Autobahnbaustellen nur** 6578
Rückhaltesysteme zum Einsatz kommen dürfen, die mit Blick auf Stabilität, Standsicherheit u. ä. für den vorgesehenen Zweck geeignet sind. Deshalb darf der Auftraggeber vorgeben, dass das vom Bieter vorgesehene Produkt (standardisierte) technische Baueigenschaften (technische Spezifikationen) aufweist, die sich **aus einem Regelungswerk wie der TL-Transportable Schutzeinrichtungen 97 ergeben**. Bei der TL-Transportable Schutzeinrichtungen 97 handelt es sich um eine nationale technische Spezifikation im Sinne des § 7 Abs. 4 Nr. 1 lit. e) VOB/A. Zwar bestimmt § 7 Abs. 4 VOB/A einen Anwendungsvorrang von nationalen Normen, mit denen europäische Normen umgesetzt wurden. Die hier in Frage kommende **DIN EN 1317-2 betrifft aber nur Teilaspekte der technischen Anforderungen an transportable Rückhaltesysteme; sie ist zudem Bestandteil der TL- Transportable Schutzeinrichtungen 97**. Der Senat hält es deshalb grundsätzlich für zulässig, wenn ein öffentlicher Auftraggeber verlangt, dass nur Rückhaltesysteme angeboten werden, die dieser nationalen technischen Spezifikation entsprechen (OLG Koblenz, B. v. 10. 6. 2010 – Az.: 1 Verg 3/10)

72.17.3 Ersetzung von nationalen Normen (§ 7 Abs. 5)

Verweist der Auftraggeber in der Leistungs- oder Aufgabenbeschreibung **auf die in nationa-** 6579
len Normen genannten Spezifikationen, so darf er ein Angebot nicht mit der Begründung ablehnen, die angebotene Leistung entspräche nicht den herangezogenen Spezifikationen, sofern der **Bieter in seinem Angebot dem Auftraggeber nachweist, dass die von ihm vorgeschlagenen Lösungen den Anforderungen der technischen Spezifikation, auf die Bezug genommen wurde, gleichermaßen entsprechen**. Als geeignetes Mittel kann eine technische Beschreibung des Herstellers oder ein Prüfbericht einer anerkannten Stelle gelten. Die **Nachweispflicht liegt** also **beim Bieter**.

72.17.4 Ersetzung von Leistungs- oder Funktionsanforderungen (§ 7 Abs. 6)

Nimmt ein **Bieter zur Darlegung der Erfüllung der vom Auftraggeber geforderten** 6580
Leistungs- oder Funktionsanforderungen auf nationale Normen, mit der eine europäische Norm umgesetzt wird oder eine europäische technische Zulassung, eine gemeinsame technische Spezifikation, eine internationale Norm oder ein technisches Bezugssystem, das von den europäischen Normungsgremien erarbeitet wurde, **Bezug, muss er dem Auftraggeber nachweisen**, dass die der Norm entsprechende jeweilige Leistung den Leistungs- oder Funktionsanfor-

Teil 3 VOB/A § 7 Vergabe- und Vertragsordnung für Bauleistungen Teil A

derungen des Auftraggebers entspricht. Die **Bestimmung** stimmt mit den Regelungen in **Art. 23 Abs. 5 der Richtlinie 2004/18/EG überein** (OLG Düsseldorf, B. v. 22. 10. 2009 – Az.: VII-Verg 25/09).

72.17.5 Spezifikationen für Umwelteigenschaften (§ 7 Abs. 7)

6581 Schreibt der Auftraggeber **Umwelteigenschaften in Form von Leistungs- oder Funktionsanforderungen** vor, so kann er unter bestimmten Bedingungen die Spezifikationen verwenden, die in **europäischen, multinationalen Umweltzeichen oder anderen Umweltzeichen definiert** sind.

72.18 Verweis auf Produktion oder Herkunft oder ein besonderes Verfahren oder auf Marken, Patente, Typen eines bestimmten Ursprungs oder einer bestimmten Produktion (§ 7 Abs. 8)

72.18.1 Sinn und Zweck der Regelung

6582 Übliche Praxis bei der Erstellung von Leistungsverzeichnissen ist, dass der Auftraggeber ohne Vorgabe jeweils am Ende der im Leistungsverzeichnis beschriebene Geräteeinheiten Fabrikats- und Gerätetypen einschließlich Artikelnummer abfragt. Diese Angaben dienen dazu, dem öffentlichen Auftraggeber Klarheit darüber zu verschaffen, welches Produkt der Bieter ausgewählt hat und für den Auftrag anbietet. Anders wäre der öffentliche Auftraggeber auch gar nicht in der Lage, zu überprüfen, ob das Angebot seinen Anforderungen entspricht. Ein **Wahlrecht nach § 262 BGB, wonach ein Schuldner nach Wahl die eine oder andere Leistung schuldet, ist dem Bieter mit diesem Procedere nicht eingeräumt.** Der Bieter hat vielmehr ein eindeutiges Angebot zu der ausgeschriebenen Leistung abzugeben, welches der Auftraggeber grundsätzlich mit einem einfachen „Ja" annehmen kann (OLG München, B. v. 2. 9. 2010 – Az.: Verg 17/10).

6583 **§ 97 Nr. 2 GWB** verpflichtet die öffentlichen Auftraggeber, alle Teilnehmer an einem Vergabeverfahren grundsätzlich gleich zu behandeln, es sei denn, eine Benachteiligung ist auf Grund des GWB ausdrücklich geboten oder gestattet. Es handelt sich hierbei um einen der zentralen vergaberechtlichen Grundsätze schlechthin. **Das diesen Grundsatz flankierende Gebot der Produktneutralität gem. § 7 Abs. 8 VOB/A soll sicherstellen, dass eine Leistungsbeschreibung die Herstellung von Chancengleichheit im Vergabewettbewerb gewährleistet. Ziel ist es, dass alle Bieter die gleiche Ausgangsposition haben.** Die Chancengleichheit bedingt, dass hinsichtlich bestimmter Erzeugnisse, Produkte, Verfahren, Hersteller etc. nur zurückhaltend Gebrauch gemacht werden darf. Daher gilt der Grundsatz der Produktneutralität. Gemäß § 7 Abs. 8 VOB/A dürfen daher bestimmte Erzeugnisse oder Verfahren sowie bestimmte Ursprungsorte und Bezugsquellen nur dann ausdrücklich vorgeschrieben werden, wenn dies durch den Auftragsgegenstand gerechtfertigt ist (2. VK Bund, B. v. 9. 12. 2009 – Az.: VK 2–192/09; 3. VK Bund, B. v. 10. 5. 2010 – Az.: VK 3–42/10; VK Niedersachsen, B. v. 16. 11. 2009 – Az.: VgK-62/2009; B. v. 8. 7. 2009 – Az.: VgK-29/2009).

72.18.2 Grundsätze

6584 Beachtet der Auftraggeber den Grundsatz der Produktneutralität bei der Erstellung des Leistungsverzeichnisses, ist er **nicht verpflichtet**, z. B. **Fabrikatsangaben im Angebot zu verlangen**; er **darf sie jedoch nach der Angebotsöffnung im Rahmen der Aufklärung nachfragen** (VK Nordbayern, B. v. 21. 7. 2008 – Az.: 21.VK – 3194 – 27/08; B. v. 23. 4. 2008 – Az.: 21.VK – 3194 – 15/08).

6585 Die **Reichweite der Zulässigkeit der Angabe von bestimmten Erzeugnissen, Verfahren, Produktnamen und Herstellerbezeichnungen hängt maßgeblich von dem Leistungsgegenstand ab, aber auch von der Verwendung am konkreten Einsatzort**. Als maßgeblich zugrunde zu legen ist dabei der Auftraggeberwille in Bezug auf den konkreten Auftragsgegenstand, den Einsatzort und den individuellen Verwendungszweck. Dabei trägt diese Regelung dem Umstand Rechnung, dass **Leistungsbeschreibungen auch in sehr subtiler Weise zu einer verbotenen Bevorzugung bestimmter Unternehmen oder Erzeugnisse führen können**. Dabei können sich bei der Beschreibung technischer Merkmale sehr schnell diskriminierend wirkende Passagen einschleichen, ohne das die Vergabestelle dies beabsichtigt hat oder merkt (VK Niedersachsen, B. v. 16. 11. 2009 – Az.: VgK-62/2009).

Die **Rechtfertigungsbedürftigkeit** von in der Leistungsbeschreibung aufgestellten Anforde- 6586
rungen, die bestimmte Produkte bevorzugen oder benachteiligen, folgt aus der einerseits bestehenden Freiheit des Auftraggebers, seinen Beschaffungsbedarf und damit den Auftragsgegenstand festzulegen, und den andererseits zu beachtenden vergaberechtlichen Grundsätzen des Wettbewerbs und der Diskriminierungsfreiheit und ist **daher nicht auf technische Spezifikationen in einem engen Sinne zu beschränken. Sie erstreckt sich vielmehr auch auf andere Anforderungen, die geeignet sind, die gleiche wettbewerbsbeschränkende oder diskriminierende Wirkung zu entfalten.** Es ist daher nicht entscheidend, ob man das **Verlangen nach einer allgemeinen bauaufsichtlichen Zulassung von ausgeschriebenen Türen als technische Spezifikation auffasst und ob, falls dies der Fall ist, diese Spezifikation die in § 7 Abs. 8 VOB/A genannten Parameter betrifft.** Maßgeblich ist vielmehr, ob Vorgaben in der Leistungsbeschreibung die in § 7 Abs. 8 VOB/A beschriebene Wirkung haben. Ist dies der Fall, so bedürfen sie einer sachlichen Rechtfertigung, wobei offen bleiben kann, ob dies aus einer unmittelbaren oder analogen Anwendung von § 7 Abs. 8 VOB/A oder unmittelbar aus den vergaberechtlichen Grundsätzen der §§ 97 Abs. 1 und 2 GWB, 2 Abs. 1 und 2 VOB/A folgt (2. VK Bund, B. v. 9. 12. 2009 – Az.: VK 2–192/09).

72.18.3 Die zwei Ausnahmen vom Grundsatz der Produkt- und Verfahrensneutralität

Nach seinem Wortlaut lässt § 7 Abs. 8 **zwei Ausnahmen von dem Verbot der Verwei-** 6587
sung auf eine bestimmte Produktion oder Herkunft oder ein besonderes Verfahren oder auf Marken, Patente, Typen eines bestimmten Ursprungs oder einer bestimmten Produktion zu; **einmal ist eine Rechtfertigung durch den Auftragsgegenstand möglich; zweitens ist eine Verweisung dann zulässig, wenn der Auftragsgegenstand nicht hinreichend genau und allgemein verständlich beschrieben werden kann**; solche Verweise sind mit dem Zusatz „oder gleichwertig" zu versehen.

72.18.3.1 Erster Ausnahmetatbestand: Rechtfertigung durch den Auftragsgegenstand

72.18.3.1.1 Grundsatz. Die VOB kann ein legitimes Interesse des Auftraggebers, 6588
ein bestimmtes Produkt zu verwenden oder eine bestimmte Art der Ausführung zu erhalten, nicht einschränken (OLG Düsseldorf, B. v. 17. 2. 2010 – Az.: VII-Verg 42/09; B. v. 19. 1. 2010 – Az.: VII-Verg 46/09; B. v. 22. 10. 2009 – Az.: VII-Verg 25/09; OLG Frankfurt, B. v. 28. 10. 2003 – Az.: 11 Verg 9/03; Saarländisches OLG, B. v. 29. 10. 2003 – Az.: 1 Verg 2/03; 2. VK Bund, B. v. 9. 8. 2006 – Az.: VK 2–77/06; VK Lüneburg, B. v. 12. 5. 2005 – Az.: VgK-15/2005; VK Niedersachsen, B. v. 16. 11. 2009 – Az.: VgK-62/2009; VK Nordbayern, B. v. 9. 7. 2009 – Az.: 21.VK – 3194 – 15/09; B. v. 13. 2. 2007 – Az.: 21.VK – 3194 – 02/07; B. v. 16. 1. 2007 – Az.: 21.VK – 3194 – 43/06; VK Schleswig-Holstein, B. v. 28. 11. 2006 – Az.: VK-SH 25/06).

72.18.3.1.2 Sachliche Vertretbarkeit. Die Vorschriften der VOB schränken die in der 6589
Leistungsbeschreibung vorgenommene Festlegung auf ein bestimmtes Produkt oder eine bestimmte Leistung lediglich dahin ein, dass es **dafür einer sachlichen Rechtfertigung durch die Art der zu vergebenden Leistung bedarf**. Zu einer sachlichen Rechtfertigung bedarf es **objektiver, in der Sache selbst liegender Gründe**, die sich zum Beispiel aus der besonderen Aufgabenstellung des Auftraggebers, aus technischen oder gestalterischen Anforderungen (OLG Düsseldorf, B. v. 15. 6. 2010 – Az.: VII-Verg 10/10; B. v. 3. 3. 2010 – Az.: VII-Verg 46/09; B. v. 17. 2. 2010 – Az.: VII-Verg 42/09; B. v. 19. 1. 2010 – Az.: VII-Verg 46/09; B. v. 22. 10. 2009 – Az.: VII-Verg 25/09; B. v. 6. 7. 2005 – Az.: VII – Verg 26/05; 2. VK Bund, B. v. 14. 10. 2009 – Az.: VK 2–174/09; B. v. 8. 8. 2003 – Az.: VK 2–52/03; 3. VK Bund, B. v. 10. 5. 2010 – Az.: VK 3–42/10; B. v. 1. 10. 2009 – Az.: VK 3–172/09; 1. VK Hessen, B. v. 11. 12. 2006 – Az.: 69 d VK 60/2006 – instruktiver Grenzfall; B. v. 19. 10. 2006 – Az.: 69 d VK – 51/2006; B. v. 13. 10. 2005 – Az.: 69 d VK – 69/2005; VK Münster, B. v. 18. 2. 2010 – Az.: VK 28/09; VK Nordbayern, B. v. 9. 7. 2009 – Az.: 21.VK – 3194 – 15/09; B. v. 13. 2. 2007 – Az.: 21.VK – 3194 – 02/07; VK Südbayern, B. v. 29. 1. 2007 – Az.: Z3-3-3194-1-37–11/06; VK Thüringen, B. v. 8. 5. 2008 – Az.: 250–4002.20–899/2008-006-G) oder auch aus der Nutzung der Sache (3. VK Bund, B. v. 10. 5. 2010 – Az.: VK 3–42/10) ergeben können. Allerdings genügt, dass sich die Forderung besonderer Leistungsmerkmale, bezogen auf die Art der zu vergebenden Leistung, „rechtfertigen" lässt, mithin sachlich vertretbar ist, womit dem Umstand Rechnung zu tragen ist, dass in die (auch) kaufmännische Entscheidung des Auftraggebers, welche Leistung mit welchen Merkmalen beschafft werden soll, regelmäßig eine Vielzahl von Ge-

Teil 3 VOB/A § 7   Vergabe- und Vertragsordnung für Bauleistungen Teil A

sichtspunkten einfließt, die sich etwa daraus ergeben können, dass sich die auf dem Markt angebotenen Leistungen trotz grundsätzlicher Gleichartigkeit regelmäßig in einer Reihe von Eigenschaften voneinander unterscheiden (OLG Düsseldorf, B. v. 3. 3. 2010 – Az.: VII-Verg 46/09; B. v. 17. 2. 2010 – Az.: VII-Verg 42/09; B. v. 22. 10. 2009 – Az.: VII-Verg 25/09; VK Münster, B. v. 18. 2. 2010 – Az.: VK 28/09; VK Schleswig-Holstein, B. v. 28. 11. 2006 – Az.: VK-SH 25/06; VK Südbayern, B. v. 19. 10. 2004, Az.: 120.3–3194.1–60-08/04). Eine **Differenzierung nach solchen Kriterien, soweit sie auf die Art der zu vergebenden Leistung bezogen sind, kann dem Auftraggeber nicht verwehrt werden.** Nach welchen sachbezogenen Kriterien die Beschaffungsentscheidung auszurichten ist, ist ihm (auch in einem Nachprüfungsverfahren) nicht vorzuschreiben. Dem Auftraggeber steht hierbei ein – **letztlich in der Privatautonomie wurzelndes** – **Beurteilungsermessen** zu, dessen Ausübung im Ergebnis nur darauf kontrolliert werden kann, ob seine Entscheidung sachlich vertretbar ist (OLG Düsseldorf, B. v. 3. 3. 2010 – Az.: VII-Verg 46/09; B. v. 17. 2. 2010 – Az.: VII-Verg 42/09; B. v. 22. 10. 2009 – Az.: VII-Verg 25/09; B. v. 14. 4. 2005 – Az.: VII – Verg 93/04; OLG Frankfurt, B. v. 29. 5. 2007 – Az.: 11 Verg. 12/06; 2. VK Bund, B. v. 14. 10. 2009 – Az.: VK 2–174/09; 3. VK Bund, B. v. 1. 10. 2009 – Az.: VK 3–172/09; B. v. 5. 3. 2008 – Az.: VK 3–32/08; VK Hessen, B. v. 10. 9. 2007 – Az.: 69 d VK – 37/2007; B. v. 10. 9. 2007 – Az.: 69 d VK – 29/2007; VK Schleswig-Holstein, B. v. 28. 11. 2006 – Az.: VK-SH 25/06; VK Thüringen, B. v. 8. 5. 2008 – Az.: 250–4002.20–899/2008-006-G). Der **Auftraggeber** als Initiator des Vergabeverfahrens trägt ja auch die **Verantwortung für jede Art unklarer Leistungsbeschreibung** und der damit verbundenen Folgen (OLG Frankfurt, B. v. 29. 5. 2007 – Az.: 11 Verg. 12/06; VK Hessen, B. v. 10. 9. 2007 – Az.: 69 d VK – 37/2007; B. v. 10. 9. 2007 – Az.: 69 d VK – 29/2007).

6590   Mit diesen Überlegungen wird auch **dem Umstand Rechnung getragen**, dass in die (auch kaufmännische) Entscheidung des Auftraggebers, welche Leistung mit welchen Merkmalen nachgefragt und ausgeschrieben werden soll, regelmäßig **eine Vielzahl von Gesichtspunkten einfließt**, die sich etwa daraus ergeben, dass sich die auf dem Markt angebotenen Leistungen trotz grundsätzlicher Gleichartigkeit regelmäßig in einer Reihe von Eigenschaften unterscheiden. Eine **Differenzierung nach solchen Kriterien**, soweit sie auf die Art der zu vergebenden Leistung bezogen sind, **kann dem Auftraggeber nicht verwehrt werden**, und nach welchen sachbezogenen Kriterien er seine Entscheidung auszurichten hat, **ist ihm im Nachprüfungsverfahren nicht vorzuschreiben** (OLG Düsseldorf, B. v. 3. 3. 2010 – Az.: VII-Verg 46/09; B. v. 14. 3. 2001 – Az.: Verg 32/00). Entscheidend ist also, ob aufgrund der vom Auftraggeber geltend gemachten besonderen Umstände des Einzelfalls ein **legitimes Interesse anzuerkennen ist, ein bestimmtes Produkt vorzuschreiben** (OLG Frankfurt, B. v. 28. 10. 2003 – Az.: 11 Verg 9/03).

6591   **Führt eine an sach- und auftragsbezogenen Kriterien orientierte Beschaffungsentscheidung** zur Festlegung auf ein bestimmtes Erzeugnis oder zur Wahl einer bestimmten Technologie, ist die damit verbundene **Beschränkung oder Einengung des Wettbewerbs als Folge des Bestimmungsrechts des öffentlichen Auftraggebers grundsätzlich hinzunehmen** (OLG Düsseldorf, B. v. 15. 6. 2010 – Az.: VII-Verg 10/10; B. v. 3. 3. 2010 – Az.: VII-Verg 46/09).

6592   72.18.3.1.3 Objektive Kriterien. **Maßgebend für die Vorgabe** von bestimmten Erzeugnissen oder Verfahren dürfen hierbei immer **nur die Eigenart und Beschaffenheit der zu vergebenden Leistung** und **nicht** die **subjektiven Erwägungen und Überlegungen des öffentlichen Auftraggebers** sein (OLG Düsseldorf, B. v. 14. 3. 2001 – Az.: Verg 32/00; 2. VK Bund, B. v. 8. 8. 2003 – Az.: VK 2–52/03).

6593   72.18.3.1.4 Einzelne Gründe. 72.18.3.1.4.1 Technische Zwänge, gestalterische Gründe und einheitliche Wartung. **Gründe für die Vorgabe eines bestimmten Fabrikats können insbesondere in technischen Zwängen liegen, gestalterischen Gründen folgen oder der Zweckmäßigkeit einer einheitlichen Wartung dienen** (OLG Celle, B. v. 22. 5. 2008 – Az.: 13 Verg 1/08; OLG Frankfurt, B. v. 29. 5. 2007 – Az.: 11 Verg. 12/06; B. v. 28. 10. 2003 – Az.: 11 Verg 9/03; 2. VK Bund, B. v. 9. 8. 2006 – Az.: VK 2–77/06; 1. VK Hessen, B. v. 10. 9. 2007 – Az.: 69 d VK – 37/2007; B. v. 10. 9. 2007 – Az.: 69 d VK – 29/2007; B. v. 11. 12. 2006 – Az.: 69 d VK 60/2006; VK Lüneburg, B. v. 12. 5. 2005 – Az.: VgK-15/2005; B. v. 29. 1. 2004 – Az.: 203-VgK-40/2003; VK Münster, B. v. 18. 2. 2010 – Az.: VK 28/09; VK Nordbayern, B. v. 16. 1. 2009 – Az.: 21.VK – 3194 – 43/06; VK Schleswig-Holstein, B. v. 28. 11. 2006 – Az.: VK-SH 25/06; VK Südbayern, B. v. 29. 1. 2007 – Az.: Z3-3-3194-1-37–11/06; B. v. 19. 10. 2004, Az.: 120.3–3194.1–60-08/04; VK Thüringen, B. v. 8. 5.

2008 – Az.: 250–4002.20–899/2008-006-G). Auch die Erweiterung eines Gebäudes kann ein tragfähiger Grund sein (VK Südbayern, B. v. 28. 4. 2005 – Az.: 13–03/05). Hat ein Auftraggeber jedoch bei der Abfassung der Verdingungsunterlagen aufgrund eigener Vorstellungen oder aufgrund einer Beratung durch den Architekten oder ein Ingenieurbüro ein konkretes Leitfabrikat im Auge, genügt es nicht, die technischen Spezifikationen dieses Baustoffes in allen Einzelheiten in das Leistungsverzeichnis zu übernehmen, weil andere Produkte diese technischen Spezifikationen nicht in Gänze erfüllen könnten. Angebote unter Verwendung anderer Fabrikate könnten dann nur als Nebenangebote gewertet werden, die aber nicht in allen Punkten gleichwertig wären. Eine derartige Ausschreibungspraxis würde sowohl gegen § 7 Abs. 8 VOB/A als auch gegen den Wettbewerbsgrundsatz des § 2 Nr. 1 Abs. 2 VOB/A und das Diskriminierungsverbot des § 2 Nr. 2 VOB/A verstoßen (VK Lüneburg, B. v. 30. 10. 2003 – Az.: 203-VgK-21/2003).

72.18.3.1.4.2 Aufwand in Bezug auf Ersatzteilhaltung, Mitarbeiterschulung und 6594
Wartungsarbeiten. Von dem grundsätzlichen Gebot der Produktneutralität darf nur abgewichen werden, wenn dies ausnahmsweise durch die Art der geforderten Leistung gerechtfertigt ist. Muss sich z. B. eine **ausgeschriebene Anlage in eine Gesamtliegenschaft einfügen, die bereits mit Geräten von bestimmten Herstellern ausgestattet ist,** bestehen berechtigte Interessen an der konkreten Produktvorgabe. Die **Gründe, z. B. den mit der MSR-Technik für die Universität und die Universitätskliniken verbundenen Aufwand in Bezug auf Ersatzteilhaltung, Mitarbeiterschulung und Wartungsarbeiten in einem wirtschaftlich vertretbaren Rahmen zu halten,** entsprechen der gebotenen wirtschaftlichen Beschaffung und genügen für die Zulässigkeit der Produktvorgabe. In dieser besonderen Situation erscheint eine auf spezielle Produkte zugeschnittene Ausschreibung gerechtfertigt (BayObLG, B. v. 15. 9. 2004 – Az.: Verg 026/03; OLG Frankfurt, B. v. 29. 5. 2007 – Az.: 11 Verg. 12/06; B. v. 28. 10. 2003 – Az.: 11 Verg 9/03; Saarländisches OLG, B. v. 29. 10. 2003 – Az.: 1 Verg 2/03; VK Hessen, B. v. 10. 9. 2007 – Az.: 69 d VK – 37/2007; B. v. 10. 9. 2007 – Az.: 69 d VK – 29/2007; 1. VK Sachsen, B. v. 23. 1. 2004 – Az.: 1/SVK/160-03; im Ergebnis ebenso VK Südbayern, B. v. 29. 1. 2007 – Az.: Z3-3-3194-1-37–11/06).

In solchen Fällen muss der **Auftraggeber darlegen, inwieweit und nach welchen Krite-** 6595
rien er eine Ersatzteillagerung vornimmt. Ersatzteile sind nämlich jederzeit bei den Herstellern z. B. von Beschlägen bestellbar. Aus Sicht der Vergabekammer ist bei einem Defekt daher weniger eine Lagerhaltung bei dem Auftraggeber notwendig, als vorrangig eine Beschaffung bei dem Hersteller zu gewährleisten. Der Auftraggeber kann sich hierfür zur Absicherung bei der Auftragsvergabe die Gewährleistung einer Ersatzteilversorgung über einen bestimmten Zeitraum vertraglich zusichern lassen. Aber selbst wenn man unterstellt, es ist eine gewisse Vorhaltung von Ersatzteilen erforderlich, so sind in bestimmten Fällen nur relativ wenige und vor allem kleine Ersatzteile von z. B. bestimmten anfälligeren Teilen der Beschläge (z. B. Schließmechanismus der Auszugssperre) vorzuhalten. **Hierfür ist keine umfangreiche Bereithaltung von Lagerkapazitäten erforderlich, die einen Ausschluss des Wettbewerbs rechtfertigt** (2. VK Bund, B. v. 23. 1. 2006 – Az.: VK 2–168/05).

Sehr viel restriktiver beurteilt die 1. VK Hessen eine mögliche Rechtfertigung mit **Blick** 6596
auf Vereinfachung von Wartungsverträgen. Das Ziel der „Vereinfachung von Wartungsverträgen" betrifft zwar ein durchaus berechtigtes Interesse des Auftraggebers. Jedoch reicht dieses Kriterium nicht als Rechtfertigung für die ausnahmsweise Zulassung eines bestimmten Erzeugnisses aus: Die **Vergabestelle hat diesbezüglich die Möglichkeit, die eingehenden Angebote** (bei Aufnahme entsprechender Wertungskriterien in den Ausschreibungsbedingungen) **auch nach der Wartungsfreundlichkeit, der Erforderlichkeit von Schulungen der Hausmeister etc. zu bewerten.** Entsprechende Zuschlagskriterien sind beispielsweise Folgekosten, Bedienungsfreundlichkeit, etc. (1. VK Hessen, B. v. 11. 12. 2006 – Az.: 69 d VK 60/2006).

72.18.3.1.4.3 Schnittstellenrisiko. Ein öffentlicher Auftraggeber muss sich nicht darauf 6597
verweisen lassen, dass ein Bieter anbietet, durch Installation einer produktneutralen Schnittstelle die Kompatibilität – etwa im Mess-, Steuer- und Regeltechnikbereich bzw. Elektronikbereich – erst herzustellen. Allein die **Notwendigkeit einer zusätzlichen Anbindung begründet ein Risiko, welches der Auftraggeber unter Berücksichtigung seiner legitimen Risiken nicht übernehmen muss** (OLG Frankfurt, B. v. 28. 10. 2003 – Az.: 11 Verg 9/03; 1. VK Sachsen, B. v. 23. 1. 2004 – Az.: 1/SVK/160-03; VK Südbayern, B. v. 29. 1. 2007 – Az.: Z3-3-3194-1-37–11/06).

72.18.3.1.4.4 Wahl zwischen mehreren Systemen. Der Umstand, dass eine **Vergabe-** 6598
stelle der Ausschreibung in technischer Hinsicht unterschiedliche Leistungsvarianten

Teil 3 VOB/A § 7   Vergabe- und Vertragsordnung für Bauleistungen Teil A

zugrunde legt, ist **in bestimmten Fällen vergaberechtlich nicht zu beanstanden**. Der Leistungsgegenstand unterliegt der autonomen Bestimmung des Auftraggebers. Dabei hat der öffentliche Auftraggeber im Prinzip freilich technikoffen auszuschreiben. Dem wird von der Vergabestelle jedoch entsprochen, wenn **die aufgrund sachverständiger Beratung als technisch machbar in Betracht kommenden Bauarten** (z. B. Ersatz der vorhandenen Betondecke und der oberen HGT-Lage durch einen bituminösen Aufbau = Ausschreibung 05T0536 sowie Ersatz der vorhandenen Betondecke und HGT-Schicht durch Schottertragschicht und bituminösen Aufbau = Ausschreibung 05T0537) **parallel ausgeschrieben** werden. Die Parallelausschreibung sicherte einen größtmöglichen Wettbewerb. Sie soll eine Auftragsvergabe auf das in jeder Hinsicht wirtschaftlichste Angebot vorbereiten (OLG Düsseldorf, B. v. 26. 7. 2006 – Az.: VII – Verg 19/06).

6599   **72.18.3.1.4.5 Festlegung auf nur ein Produkt.** Nach Auffassung der VK Münster **kann auch eine Leistungsbeschreibung auf ein als einziges derzeit marktgängiges Produkt hinauslaufen**. Dies führt nicht per se zu einer wettbewerbsfeindlichen Verengung des Angebotsmarktes, die durch § 7 Abs. 8 VOB/A verhindert werden soll. Wenn nämlich die Bieter sich dieses Produkt besorgen können und die Bieter von der Möglichkeit eines Bezugs von der Herstellerfirma weder aus rechtlichen noch aus tatsächlichen Gründen ausgeschlossen sind, haben sie auch die Möglichkeit, sich dieses Produkt zu „besorgen" und in ihrem Angebot anzubieten. Dass dies nicht wirtschaftlich ist, wenn man selbst ein ähnliches Produkt herstellt, kann nicht zum Anlass genommen werden, der Vergabestelle vorzuhalten, dass sie ein Produkt mit ganz bestimmten technischen Merkmalen nicht fordern darf (VK Münster, B. v. 20. 4. 2005 – Az.: VK 6/05).

6600   **72.18.3.1.4.6 Bestimmte Art der Ausführung.** Die geforderte Leistung (Ausführung einer Sprinkleranlage) **rechtfertigt eine Festlegung auf eine bestimmte Art der Ausführung** (Bau einer Sprinkleranlage nur durch ein Unternehmen, das auf der Errichterliste der VdS Schadensverhütung GmbH steht) aber **nur, wenn eine andere Art der Ausführung für den Bauherrn unzumutbare Härten oder wirtschaftliche Nachteile** mit sich bringen würden. Findet sich dafür kein Hinweis und ist die entsprechende Position des Leistungsverzeichnisses auch nicht mit dem Zusatz „oder gleichwertiger Art" versehen, stellt dies einen Verstoß gegen § 9 Nr. 10 VOB/A dar, der den Bieter in seinen Rechten verletzt (VK Südbayern, B. v. 4. 10. 2001 – Az.: 31-09/01).

6601   **Wird in der Baugenehmigung (Brandschutzgutachten) oder von Seiten der Versicherer für eine Baumaßnahme eine Sprinkleranlage (z. B. Sprinkleranlage mit Zumischung filmbildender Schaummittel) gemäß den VdS CEA- Richtlinien für Sprinkleranlagen gefordert**, ist unstreitig die Richtlinie VdS CEA 4001 Prüfgrundlage für die Abnahme. Dem steht auch nicht entgegen, dass im Fall der Prüfung einer Löschanlage (z. B. einer Sprinkleranlage mit Zumischung filmbildender Schaummittel) durch die beauftragte VdS, die installierte Löschanlage auf Konformität mit den als Prüfungsgrundlage vorgegebenen Regelwerken (z. B. VdS CEA 4001) geprüft wird. Etwaige Abweichungen von den Prüfungsgrundlagen werden als Mängel dokumentiert und bewertet. Dennoch sind Sprinkleranlagen in Übereinstimmung mit diesen Richtlinien von VdS-anerkannten Errichtern unter Verwendung VdS-anerkannter Bauteile und Verfahren für die Dimensionierung der Rohrleitungen zu installieren. Der Errichter muss für jeden Anlagentyp, den er installiert, anerkannt sein (1.4.1 der VdS CEA-Richtlinien). Zudem müssen die Errichtung, Erweiterungen, Änderungen und Wartungen von Sprinkleranlagen von durch die Versicherer anerkannten Errichtern unter Verwendung von anerkannten Bauteilen durchgeführt werden (3.1 der VdS CEA-Richtlinien). Wird zwischen Vertragspartnern oder in einer Leistungsbeschreibung eine Sprinkleranlage (mit Schaumzumischung) nach den VdS CEA-Richtlinien gefordert, so gelten auch hier die entsprechenden Abschnitte der Richtlinien. Das heißt, **die Errichterfirma muss anerkannt sein** (VK Südbayern, B. v. 25. 7. 2007 – Az.: Z3-3-3194-1-30–06/07).

6602   Das **Thüringer OLG zieht die Grenzen insoweit deutlich enger**. Der öffentliche **Auftraggeber darf nicht nur ein spezielles technologisches** – unter mehreren für die Aufgabenstellung theoretisch in Betracht kommenden – **Verfahren** (z. B. Hochdruck- oder Niederdruckwassernebelsystem) **näher untersuchen und zur Feststellung gelangen, dass gerade dieses Verfahren exakt seinen Wünschen und Anforderungen genügt**. Eine solche Vorgehensweise entspricht weder den Grundsätzen einer sparsamen und wirtschaftlichen Haushaltsführung noch den Vorgaben des Wettbewerbsprinzips. Hiernach ist der Auftraggeber vielmehr gehalten, vor Festlegung der Ausschreibungsbedingungen sich einen möglichst breiten Überblick über die in Betracht kommenden Lösungsvarianten zu verschaffen und diese nicht gleich-

Vergabe- und Vertragsordnung für Bauleistungen Teil A VOB/A § 7 **Teil 3**

sam schon ex ante auszublenden. Nur so ist gewährleistet, dass die Beschaffung tatsächlich in der technisch und wirtschaftlich effizientesten Weise erfolgt. Schließt daher die Vergabestelle **kraft der Definition ihrer Ausschreibungsbedingungen ausdrücklich oder inzident** – durch Vorgabe bestimmter Parameter – **ein Verfahren aus, hat sie nicht nur zu prüfen, ob die zugelassene Lösung den Ausschreibungszweck erfüllt, sondern darüber hinaus zu prüfen und positiv festzustellen, dass und aus welchen Gründen ein hiernach ausgeschlossenes Verfahren nicht geeignet erscheint.** Zwar wird man der Vergabestelle im Rahmen einer solchen Prüfung eine gewisse **Einschätzungsprärogative** zubilligen müssen, da sie die Schwerpunkte und Nuancen ihrer Wünsche und Vorstellungen bezogen auf die Leistungsanforderungen am besten kennt. Das entbindet sie aber andererseits nicht, ihren zur Verfügung stehenden Beurteilungsspielraum auch auszuschöpfen und in eigener Verantwortung eine substantiierte Einschätzung zu treffen (Thüringer OLG, B. v. 26. 6. 2006 – Az.: 9 Verg 2/06).

Bei der **Beschreibung von brandschutztechnischen Anlagen ist die Bezeichnung für diese bestimmten Erzeugnisse in Form der Angabe eines Leitfabrikats nicht notwendig.** Denn es ist möglich, die Leistung und die hierfür verwendeten Erzeugnisse durch hinreichend genaue und allgemein verständliche Bezeichnungen zu beschreiben (VK Südbayern, B. v. 29. 1. 2007 – Az.: Z3-3-3194-1-37–11/06). 6603

72.18.3.1.4.7 Technische Unvereinbarkeit oder unverhältnismäßige technische Schwierigkeiten bei Gebrauch und Wartung. Der EuGH zieht die Grenze für eine Produkt- bzw. Herstellerangabe etwas enger. Die **Vorteile z.B.** einer Interoperabilität genügen nicht. Vielmehr muss ein **Lieferantenwechsel den Auftraggeber zwingen,** Material unterschiedlicher technischer Merkmale zu kaufen, und dadurch müssen eine **technische Unvereinbarkeit oder unverhältnismäßige technische Schwierigkeiten bei Gebrauch und Wartung** entstehen, wobei der Auftraggeber die Darlegungs- und Beweislast für die entstehenden Nachteile trägt (EuGH, Urteil v. 8. 4. 2008 – Az.: C-337/05). 6604

72.18.3.1.4.8 Architektonisches Farbkonzept. Der Auftragsgegenstand kann es rechtfertigen, dass eine Vergabestelle – allerdings allein – hinsichtlich des „Farbtons" und der „Struktur der Farbgestaltung" des Gegenstandes der Ausschreibung, sowohl zu den nicht ableitfähigen Linoleumbelägen als auch zu den ableitfähigen Linoleum- und Vinylbelägen hinsichtlich ihrer Farbe und Struktur und dem Oberflächenschutz mit ihren Angaben nicht bloß die Farbtöne nach standardisierten Klassifizierungen bestimmt, sondern auch ihre konkrete Produkt eines bestimmt bezeichneten Herstellers zur Kennzeichnung verwendet. **Existiert z.B. ein Farbkonzept für ein Bauprojekt, das die Vergabestelle anwendet und schon in Teilen realisiert hat und entsprechen die vorgesehenen Farbtöne und Strukturen des Ausschreibungsgegenstandes eben diesem Farbkonzept, ist gegen eine produktgebundene Ausschreibung mit dem Zusatz „oder gleichwertig" nichts einzuwenden** (VK Thüringen, B. v. 8. 5. 2008 – Az.: 250–4002.20–899/2008-006-G). 6605

72.18.3.1.4.9 Angabe von Leitfabrikaten für die Art der Dachabdichtung bei Flachdächern. Die Montage eines Flachdaches mag zwar bestimmte Erzeugnisse, wie Plastomeritbitumen-Schweißbahnen, bedingen. **Nicht unumgänglich notwendig ist aber die Bezeichnung für diese bestimmten Erzeugnisse in Form der Angabe eines Leitfabrikats. Denn es ist möglich, die Art der Dachabdichtung und die hierfür verwendeten Erzeugnisse durch hinreichend genaue und allgemein verständliche Bezeichnungen zu beschreiben.** Auch der Zusatz „oder gleichwertiger Art" bzw. die Vorgaben im Leistungsverzeichnis, welchen Anforderungen andere als die angegebenen Fabrikate genügen sollten, führt deshalb nicht zu einer ordnungsgemäßen Leistungsbeschreibung (BayObLG, B. v. 15. 9. 2004 – Az.: Verg 026/03). 6606

72.18.3.1.4.10 Forderung nach einer bauaufsichtlichen Zulassung. Die **Forderung nach einer allgemeinen bauaufsichtlichen Zulassung** z.B. von ausgeschriebenen Türen ist **unzulässig,** wenn **auch eine Zulassung im Einzelfall oder ein allgemeines bauaufsichtliches Prüfzeugnis** den Anforderungen des Auftraggebers **genügen** (2. VK Bund, B. v. 9. 12. 2009 – Az.: VK 2–192/09). 6607

72.18.3.1.5 Ermessensspielraum des Auftraggebers und Überprüfungsmöglichkeit. Der dem **Auftraggeber zustehende Beurteilungsspielraum** hinsichtlich der Festlegungen der Leistungsbeschreibung (das Bestehen eines sachlichen Grunds für die Wahl einer bestimmten Ausführungsart) ist zwar **nur einer eingeschränkten Kontrolle durch die Nachprüfungsinstanzen zugänglich.** Die Vergabekammer kann die Festlegung nur daraufhin prüfen, ob die rechtlichen Grenzen des Beurteilungsspielraumes überschritten sind. Eine **Überschreitung des Beurteilungsspielraumes ist beispielsweise anzunehmen, wenn das vorgeschriebene** 6608

Verfahren nicht eingehalten wird, nicht von einem zutreffenden und vollständig ermittelten Sachverhalt ausgegangen wird, sachwidrige Erwägungen in die Wertung einbezogen werden oder der **Beurteilungsmaßstab nicht zutreffend angewendet** wird (3. VK Bund, B. v. 1. 10. 2009 – Az.: VK 3–172/09 – instruktive Entscheidung für die Notwendigkeit einer umfassenden Darstellung).

6609 Das **OLG Düsseldorf hebt diese Entscheidung der VK Bund auf** und **definiert die Überprüfungsmöglichkeit deutlich enger.** Hinsichtlich des an eine Beschaffungsentscheidung, die zu einer Wettbewerbsbeschränkung führt, anzulegenden Prüfungsmaßstabs und der Prüfungsdichte ist die **Entscheidung des öffentlichen Auftraggebers im Rahmen des Nachprüfungsverfahrens nicht inhaltlich auf Vertretbarkeit, Nachvollziehbarkeit oder erst recht auf Richtigkeit, sondern nur daraufhin zu kontrollieren ist, ob sie auf sach- und auftragsbezogenen Gründen beruht.** Ist ein derartiger sachlicher Bezug zum Auftragsgegenstand zu bejahen, findet keine Überprüfung nach den Maßstäben statt, die für die Ausübung eines Beurteilungsspielraums entwickelt worden sind. Insbesondere müssen der Beschaffungsentscheidung keine Untersuchungen in Form von Markterforschungen oder Marktanalysen vorangehen, die das Ziel haben zu erforschen, ob sich ein vertretbares Ausschreibungsergebnis auch durch eine produkt- oder technikoffene Ausschreibung erreichen lässt. **Durch das Erfordernis der sachlichen Auftragsbezogenheit wird im Sinne einer Negativabgrenzung sichergestellt, dass der Auswahl- und Beschaffungsentscheidung des Auftraggebers nicht sachfremde, willkürliche oder diskriminierende Erwägungen zugrunde liegen.** Eine weitergehende Überprüfung insbesondere auf sachliche Richtigkeit oder Nachvollziehbarkeit der vom Auftraggeber genannten Gründe hätte dagegen zur Folge, dass im vergaberechtlichen Nachprüfungsverfahren – gegebenenfalls mit sachverständiger Hilfe – ermittelt würde, ob alternative Anforderungen seinem Beschaffungsziel genauso oder besser entsprechen und er gegebenenfalls verpflichtet würde, eine Leistung mit anderen als den von ihm festgelegten Merkmalen und Eigenschaften zu beschaffen. Dieses wäre mit dem Bestimmungsrecht des Auftraggebers unvereinbar (OLG Düsseldorf, B. v. 3. 3. 2010 – Az.: VII-Verg 46/09; B. v. 17. 2. 2010 – Az.: VII-Verg 42/09; 3. VK Bund, B. v. 10. 5. 2010 – Az.: VK 3–42/10).

6610 **72.18.3.1.6 Darlegungs- und Beweislast.** Die Bezugnahme auf ein spezielles Produkt ist gemäß vergaberechtlich nur zulässig, soweit sie durch den Auftragsgegenstand gerechtfertigt ist. Insoweit trägt der **Auftraggeber die Darlegungs- und Beweislast dafür, dass die fehlende Produktneutralität auf sachlichen Gründen beruht** (OLG Düsseldorf, B. v. 19. 1. 2010 – Az.: VII-Verg 46/09).

72.18.3.2 Zweiter Ausnahmetatbestand: der Auftragsgegenstand kann nicht hinreichend genau und allgemein verständlich beschrieben werden

6611 **72.18.3.2.1 Sinn und Zweck. Leitfabrikate dürfen nur ausnahmsweise verwendet werden,** wenn eine Beschreibung durch hinreichend genaue, allgemein verständliche Bezeichnungen nicht möglich ist. Grund für diese Einschränkung ist, dass man im Allgemeinen davon ausgehen muss, dass es **Sache der Bieter** ist, **aufgrund ihrer Sach- und Fachkunde die für die Ausführung der Leistung notwendigen Erzeugnisse oder Verfahren auszuwählen.** Dies ergibt sich daraus, dass sie insoweit die Leistung unter eigener Verantwortung eigenständig und selbstständig auszuführen haben (§ 4 Abs. 2 VOB/B). Außerdem **schließt der Auftraggeber** – oft zum eigenen Nachteil – **den technischen und kaufmännischen Wettbewerb** aus, wenn er bestimmte Erzeugnisse oder Verfahren vorschreibt, da die unnötige Nennung eines Richtfabrikats die potenziellen Bewerber in Richtung dieses Richtfabrikates lenkt und somit den Wettbewerb negativ beeinflusst (OLG Frankfurt, B. v. 29. 5. 2007 – Az.: 11 Verg. 12/06; BayObLG, B. v. 15. 9. 2004 – Az.: Verg 026/03; VK Halle, B. v. 21. 12. 2000 – Az.: VK Hal 22/00; VK Hessen, B. v. 10. 9. 2007 – Az.: 69d VK – 37/2007; B. v. 10. 9. 2007 – Az.: 69d VK – 29/2007; VK Lüneburg, B. v. 12. 5. 2005 – Az.: VgK-15/2005; B. v. 29. 1. 2004 – Az.: 203-VgK-40/2003; VK Südbayern, B. v. 3. 8. 2007 – Az.: Z3-3-3194-1-32–07/07; B. v. 29. 1. 2007 – Az.: Z3-3-3194-1-37–11/06; B. v. 28. 4. 2005 – Az.: 13-03/05; B. v. 19. 10. 2004, Az.: 120.3–3194.1–60-08/04). Eine zusätzliche negative Begleiterscheinung der Nennung eines Richtfabrikates ist auch, dass es **potenziellen Bewerbern nur sehr schwer möglich** ist, die **Gleichwertigkeit** eines anderen Produktes oder Systems **gegenüber dem Richtfabrikat** nachzuweisen (VK Halle, B. v. 21. 12. 2000 – Az.: VK Hal 22/00).

6612 Aus dem Wortlaut „sind nur ausnahmsweise zulässig" folgt, dass eine Ausschreibung für bestimmte Produkte jedenfalls die Ausnahme zu sein hat; **§ 7 Abs. 8 VOB/A ist eng auszulegen** (OLG Frankfurt, B. v. 29. 5. 2007 – Az.: 11 Verg. 12/06; BayObLG, B. v. 15. 9. 2004 – Az.: Verg 026/03; VK Arnsberg, B. v. 10. 8. 2009 – Az.: VK 17/09; VK Berlin, B. v. 15. 2.

Vergabe- und Vertragsordnung für Bauleistungen Teil A　　　　　　VOB/A § 7　**Teil 3**

2006 – Az.: VK – B 1–63/05; VK Hessen, B. v. 10. 9. 2007 – Az.: 69 d VK – 37/2007; B. v. 10. 9. 2007 – Az.: 69 d VK – 29/2007; VK Lüneburg, B. v. 12. 5. 2005 – Az.: VgK-15/2005; VK Südbayern, B. v. 3. 8. 2007 – Az.: Z3-3-3194-1-32–07/07).

72.18.3.2.2 Inhaltliche Konsequenzen aus der Verwendung von Leitfabrikaten. Werden die **Anforderungen an die Leistung** nicht nur durch die ausdrückliche Angabe von Anforderungen im Leistungsverzeichnis, sondern **erkennbar auch durch nicht genannte Eigenschaften von Leitfabrikaten beschrieben, sind alle Eigenschaften der Leitfabrikate, die Bezug zu Gebrauchstauglichkeit, Sicherheit und Gesundheit haben, zwingende Anforderungen an die Leistung.** Ist dies nicht gewollt, muss der Auftraggeber verdeutlichen, welche Eigenschaften des Leitfabrikats zwingend und welche entbehrlich sind. Bereits **geringfügige Unterschreitungen der durch die Vorgabe des Leitfabrikats geschaffenen Anforderungen bedeuten, dass die betreffende Anforderung nicht im gleichen Maße erfüllt wird** und das Fabrikat hinsichtlich dieser Anforderungen nicht den gleichen Wert besitzt (VK Thüringen, B. v. 1. 3. 2002 – Az.: 216–4002.20-004/02-EF-S). Dies kann auch nicht durch eine höhere Wertigkeit bei einer anderen Anforderung ausgeglichen werden. Beispielsweise ist ein Weniger an Brandsicherheit nicht durch ein Mehr an Schallschutz kompensierbar (VK Münster, B. v. 15. 1. 2003 – Az.: VK 22/02). 6613

72.18.3.2.3 Praxis der Leistungsbeschreibungen. Eine Vorgabe von Leitfabrikaten ist ausnahmsweise nur dann zulässig, wenn eine Beschreibung durch hinreichend genaue, allgemein verständliche Vorschriften nicht möglich ist. Dies müsste eigentlich in den seltensten Fällen einschlägig sein. Diese Einschränkung der Vorschrift wird jedoch nach Kenntnis der Vergabekammern nicht immer wahrgenommen: Es **entspricht vielfältiger Praxis, dass sich Vergabestellen, ob mit oder ohne Unterstützung durch Planungsbüros, bereits vor der Ausschreibung für ein bestimmtes Produkt oder System entscheiden.** Die technischen Spezifikationen werden sodann – mehr oder weniger kleinteilig – in das Leistungsverzeichnis übernommen (1. VK Sachsen, B. v. 13. 9. 2002 – Az.: 1/SVK/080-02). 6614

72.18.3.2.4 Zwingende Verwendung des Zusatzes „oder gleichwertiger Art". Voraussetzung für die ausnahmsweise Zulässigkeit oder Verwendung von Hersteller- und/oder Markennamen u. ä. ist, dass diese mit dem **Zusatz „oder gleichwertiger Art"** verwendet werden (VK Arnsberg, B. v. 10. 8. 2009 – Az.: VK 17/09; VK Berlin, B. v. 15. 2. ■2006 – Az.: VK – B 1–63/05; VK Lüneburg, B. v. 30. 10. 2003 – Az.: 203-VgK-21/2003). 6615

72.18.3.2.5 Ersetzung des Zusatzes „oder gleichwertiger Art" durch die Möglichkeit der Abgabe von Nebenangeboten? Der Umstand, dass ein öffentlicher Auftraggeber die Festlegung eines Fabrikats nicht mit dem Zusatz „oder gleichwertiger Art" entsprechend § 7 Abs. 8 VOB/A versehen hat, führt nicht dazu, dass **Angebote gleichwertiger Art im Sinne dieser Vorschrift von der Wertung ausgeschlossen werden, wenn Nebenangebote ausdrücklich zugelassen waren.** Hätte der Auftraggeber diesen Zusatz in die Ausschreibung jeweils bei der Angabe des gewünschten Herstellers aufgenommen, hätte das Angebot eines Bieters und die Wertung keinen anderen Inhalt gehabt (VK Hessen, B. v. 16. 6. 2003 – Az.: 69 d VK – 19/2003; 1. VK Sachsen, B. v. 23. 1. 2004 – Az.: 1/SVK/160-03). 6616

72.18.3.3 Weitere Beispiele aus der Rechtsprechung

– ein wesentlicher Grund für die Ausschreibung von Synchronmotoren ist deren um ca. 20% höhere Energieeffizienz im Vergleich zu Asynchronmotoren. Hinzu kommen die Möglichkeit der Stromrückführung und ein erheblich höheres Drehmoment. Da die **Haushaltsmittel aus dem Konjunkturpaket II stammen, ist die Beschaffung energieeffizienter Motoren eine Voraussetzung für den Erhalt der Fördergelder.** Tatsächlich spiegelt sich dies auch in der Bezeichnung der Ausschreibung („energetische Sanierung") wider. Der Aspekt der Energieeinsparung ist ein sachgerechter und billigenswerter Grund für die Beschaffungsentscheidung. Es ist auch **nicht sachfremd, die teureren, aber energieeffizienteren Motoren nur in dem Bereich einzusetzen, der auch tatsächlich am intensivsten genutzt** wird (3. VK Bund, B. v. 10. 5. 2010 – Az.: VK 3–42/10) 6617

– so sind z. B. im Falle von Sanierungen, Um- und Erweiterungsbauten **bestimmte gestalterische Anforderungen hinsichtlich eines einheitlichen Gestaltungsbildes denkbar. Die Festlegung auf einen bestimmten Farbton sowie Technische Daten hinsichtlich Druckfestigkeit, Wasseraufnahme etc. eines Steinfußbodens sind mit den Anforderungen für eine neutrale Leistungsbeschreibung nicht vereinbar** (VK Hessen, B. v. 13. 10. 2005 – Az.: 69 d VK – 69/2005)

Teil 3 VOB/A § 7   Vergabe- und Vertragsordnung für Bauleistungen Teil A

72.18.3.4 Keine weitere Bevorzugung von Leitfabrikaten

6618 § 7 Abs. 8 Satz 2 VOB/A (= Art. 23 Abs. 8 S. 2 VKR) lässt die Nennung von Leitfabrikaten nur deswegen zu, weil eine anderweitige Beschreibung des Auftragsgegenstandes auf unüberwindliche Schwierigkeiten stoßen würde. Eine **weitere Bevorzugung der Leitfabrikate ist nicht zulässig**. Im Gegensatz zu § 7 Abs. 5 VOB/A (= Art. 23 Abs. 4 VKR) und § 7 Abs. 6 Satz 2 VOB/A (= Art. 23 Abs. 5 VKR) ist der **Bieter daher nicht gehalten, die „Gleichwertigkeit" mit der Angebotsabgabe nachzuweisen. Eine derartige Anforderung führte zu Erschwernissen bei dem Angebot anderweitiger Fabrikate**. Die in den vorgenannten Vorschriften nur für die dort aufgeführten Fallgestaltungen vorgeschriebenen Gleichwertigkeitsnachweise können nicht auf den Fall des § 7 Abs. 8 Satz 2 VOB/A übertragen werden (OLG Düsseldorf, B. v. 23. 3. 2010 – Az.: VII-Verg 61/09).

72.18.3.5 Konsequenz einer Verletzung des zweiten Ausnahmetatbestandes

6619 Die Nennung von „Planungsfabrikaten" ist nach § 7 Abs. 8 Satz 2 VOB/A (= Art. 23 Abs. 8 S. 2 VKR) nur zulässig, wenn „der Auftragsgegenstand nicht hinreichend genau und allgemein verständlich beschrieben werden" kann. Werden derartige Gründe nicht vorgetragen, führt dies grundsätzlich dazu, dass wegen der Verletzung des Grundsatzes produktneutraler Ausschreibung und unzulässiger Bevorzugung der Leitprodukte das **Vergabeverfahren zu wiederholen** ist (OLG Düsseldorf, B. v. 23. 3. 2010 – Az.: VII-Verg 61/09).

72.18.4 Vergleichbare Formen der Verengung des Wettbewerbes durch Definitionen der Leistungsbeschreibung

6620 Eine **Behinderung des Wettbewerbs** liegt im Übrigen nicht erst dann vor, wenn Merkmale des geforderten Produkts durch einen Produkt- oder Markennamen bezeichnet werden, sondern **bereits dann, wenn das Leistungsverzeichnis nach Form, Stofflichkeit, Aussehen und technischen Merkmalen so präzise definiert ist, dass dem Bieter keinerlei Ausweichmöglichkeit mehr bleibt**. Hierbei kommt es nicht auf die Feststellung einer subjektiven Absicht der Vergabestelle an, bestimmte Unternehmen zu bevorzugen zu wollen. Entscheidend ist vielmehr die Frage, ob die **Leistungsbeschreibung bei objektiver Betrachtung geeignet ist, bestimmte Unternehmen oder Erzeugnisse bevorzugt zu wollen** (OLG Düsseldorf, B. v. 11. 2. 2009 – Az.: VII-Verg 64/08; Thüringer OLG, B. v. 26. 6. 2006 – Az.: 9 Verg 2/06; VK Arnsberg, B. v. 25. 5. 2009 – VK 08/09; 1. VK Sachsen, B. v. 7. 2. 2003 – Az.: 1/SVK/007-03; VK Südbayern, B. v. 21. 7. 2008 – Az.: Z3-3-3194-1-23–06/08).

6621 Eine **Behinderung des Wettbewerbs** liegt auch dann vor, wenn **durch die Art der geforderten Leistung nur ein Anbieter** zum Zuge kommen kann und eine **Rechtfertigung hierfür fehlt bzw. nicht dokumentiert** ist (VK Hessen, B. v. 10. 9. 2007 – Az.: 69 d VK – 37/2007; B. v. 10. 9. 2007 – Az.: 69 d VK – 29/2007).

6622 Eine **herstellergebundene Leistungsbeschreibung** liegt auch dann vor, wenn **durch die Vorgabe einer Eigenschaft nur ein Produkt und nur ein Hersteller für die Erfüllung dieser Eigenschaft** – z.B. Forderung nach Türbändern „gegossen (nicht gerollt)" in Betracht kommt (OLG Brandenburg, B. v. 14. 12. 2007 – Az.: Verg W 21/07).

6623 Wird die **Ausschreibung eines bestimmten Produkts**, z.B. einer Bentonit-Dichtungsbahn, **auf der Basis der Produktbeschreibung dieses bestimmten Produkts erstellt**, dieses **Produkt als Leitfabrikat benannt** und den **Bietern die Möglichkeit eingeräumt, ein gleichwertiges Produkt eines anderen Herstellers anzubieten, verstößt dies gegen den vergaberechtlichen Grundsatz der produkt- und verfahrensmäßigen Neutralität** nach § 7 Abs. 8 VOB/A. Der Ausnahmefall für eine Zulässigkeit einer produktspezifischen Ausschreibung liegt nicht vor, wenn die Verwendung eines bestimmten Produkts, z.B. einer bestimmten Bentonit-Dichtungsbahn (und deren technischer Anforderungen) nicht durch den Auftragsgegenstand gerechtfertigt ist. In einem solchen Fall liegt ein Mangel des Vergabeverfahrens vor, **aufgrund dessen allen Bietern die Möglichkeit eines neuen (Teil-)Angebotes in Bezug auf die ausgeschriebene Bentonit-Dichtungsbahn einzuräumen** ist (3. VK Bund, B. v. 27. 10. 2008 – Az.: VK 3–134/08).

72.18.5 Literatur

6624 – Ax, Thomas/Ortlinghaus, Julica, Produkt- und materialbezogene Ausschreibungen in den neuen Mitgliedstaaten, NZBau 2005, 676

Vergabe- und Vertragsordnung für Bauleistungen Teil A VOB/A § 7 **Teil 3**

- Noch, Rainer, Das Leid mit den Leitfabrikaten – Die Leistungsbeschreibung muss neutral sein, Behörden Spiegel November 2006, 27
- Hattenhauer, Daniela/Steinert, Carsten, Spezielle Auftraggeberwünsche – Gesetzliche Freiräume erkennen und nutzen, Behörden Spiegel Oktober 2008, 19
- Schneider, Matthias/Häfner, Sascha, Erhebliche rechtliche Schwierigkeiten – Beschaffung von Computern für Schulen, Behörden Spiegel Februar 2006, 20

72.19 Leistungsbeschreibung mit Leistungsverzeichnis (§ 7 Abs. 9–12)

72.19.1 Änderungen in der VOB/A 2009

§ 7 Abs. 9 wurde dahingehend verschärft, dass die Leistung in der Regel durch eine allgemeine Darstellung der Bauaufgabe (Baubeschreibung) und ein in Teilleistungen gegliedertes Leistungsverzeichnis **zu beschreiben ist**; die VOB/A 2006 **enthielt nur eine Soll-Bestimmung.** 6625

Ansonsten gab es **redaktionelle Änderungen.** 6626

72.19.2 Richtlinie des VHB 2008

Vor dem Aufstellen der Leistungsbeschreibung müssen die Ausführungspläne, soweit sie nicht vom Auftragnehmer zu beschaffen sind, und die Mengenberechnungen vorliegen (Richtlinien zu 100 – Allgemeine Richtlinien Vergabeverfahren – Ziffer 4.3.1). 6627

Die Leistungsbeschreibung ist zu gliedern in 6628
- die Baubeschreibung,
- das Leistungsverzeichnis, bestehend aus den Vorbemerkungen und der Beschreibung der Teilleistungen

(Richtlinien zu 100 – Allgemeine Richtlinien Vergabeverfahren – Ziffer 4.3.2).

72.19.3 Baubeschreibung (§ 7 Abs. 9)

72.19.3.1 Allgemeines

Die **Baubeschreibung**, die als Teil des Leistungsverzeichnisses die allgemeine Darstellung des Bauauftrags zum Gegenstand hat, **enthält die Angaben, die zum Verständnis der Bauaufgabe und zur Preisermittlung erforderlich sind und die sich nicht aus der Beschreibung der einzelnen Teilleistungen unmittelbar ergeben.** Die Baubeschreibung **steht unter der zwingenden Regelung des § 7 Abs. 1 VOB/A**, nach der die Leistung eindeutig und so erschöpfend zu beschreiben ist, dass die Bewerber die Beschreibung im gleichen Sinne verstehen müssen und ihre Preise sicher und ohne umfangreiche Vorarbeiten berechnen können. Sie hat sich auf **technische Angaben zum Verständnis der Bauaufgabe** zu beschränken, dient aber nicht dazu, die Voraussetzungen aufzustellen, die für eine Teilnahme am Wettbewerb zwingend erforderlich sind (BayObLG, B. v. 28. 5. 2003 – Az.: Verg 6/03). Es ist also nicht Sinn und Zweck der Baubeschreibung, festzulegen, **welche Erklärungen im Angebot enthalten sein müssen und damit zwingend zur Vertragsbedingung werden** (VK Nordbayern, B. v. 1. 4. 2003 – Az.: 320.VK-3194-08/03). 6629

Deshalb gehören **nicht in die Baubeschreibung rechtliche Vertragsbedingungen über die Preisermittlungen**. Solche Bedingungen sind im Rahmen einer Baubeschreibung **überraschende Klauseln und damit nach § 305c Abs. 1 BGB unwirksam** (VK Brandenburg, B. v. 30. 4. 2004 – Az.: VK 13/04). 6630

72.19.3.2 Richtlinie des VHB 2008

In der Baubeschreibung sind die allgemeinen Angaben zu machen, die zum Verständnis der Bauaufgabe und zur Preisermittlung erforderlich sind und die sich nicht aus der Beschreibung der einzelnen Teilleistungen unmittelbar ergeben. Hierzu gehören – abhängig von den Erfordernissen des Einzelfalles – z. B. Angaben über 6631

- Zweck, Art und Nutzung des Bauwerks bzw. der technischen Anlage,
- ausgeführte Vorarbeiten und Leistungen,
- gleichzeitig laufende Arbeiten,

Teil 3 VOB/A § 7 Vergabe- und Vertragsordnung für Bauleistungen Teil A

- Lage und örtliche Gegebenheiten, Verkehrsverhältnisse,
- Konstruktion des Bauwerks bzw. Konzept der technischen Anlage.

(Richtlinien zu 100 – Allgemeine Richtlinien Vergabeverfahren – Ziffer 4.3.2.1).

72.19.4 In Teilleistungen gegliedertes Leistungsverzeichnis (§ 7 Abs. 9)

72.19.4.1 Richtlinie des VHB 2008

6632 Im Leistungsverzeichnis sind ausschließlich Art und Umfang der zu erbringenden Leistungen sowie alle die Ausführung der Leistung beeinflussenden Umstände zu beschreiben (Richtlinien zu 100 – Allgemeine Richtlinien Vergabeverfahren – Ziffer 4.3.2.2).

6633 In die **Vorbemerkungen zum Leistungsverzeichnis dürfen nur Regelungen technischen Inhalts** aufgenommen werden, die einheitlich für alle beschriebenen Leistungen gelten (Richtlinien zu 100 – Allgemeine Richtlinien Vergabeverfahren – Ziffer 4.3.3).

6634 Die **Ausführung der Leistung beeinflussende Umstände, beispielsweise technische Vorschriften**, Angaben zur Baustelle, zur Ausführung oder zu Arbeitserschwernissen, sind **grundsätzlich bei der Teilleistung (Position) anzugeben**. Nur wenn sie einheitlich für einen Abschnitt oder für alle Leistungen gelten, sind sie dem Abschnitt bzw. dem Leistungsverzeichnis in den Vorbemerkungen voranzustellen (Richtlinien zu 100 – Allgemeine Richtlinien Vergabeverfahren – Ziffer 4.3.4).

6635 Bei der **Aufgliederung der Leistung in Teilleistungen** dürfen **unter einer Teilleistung nur Leistungen erfasst werden, die technisch gleichartig sind und unter den gleichen Umständen ausgeführt werden**, damit deren Preis auf einheitlicher Grundlage ermittelt werden kann.

6636 Bei der **Teilleistung sind insbesondere anzugeben**:
- die Mengen aufgrund genauer Mengenberechnungen,
- die Art der Leistungen mit den erforderlichen Erläuterungen über Konstruktion und - Baustoffe,
- die einzuhaltenden Maße mit den gegebenenfalls zulässigen Abweichungen (Festmaße, Mindestmaße, Höchstmaße),
- besondere technische und bauphysikalische Forderungen wie Lastannahmen, Mindestwerte der Wärmedämmung und des Schallschutzes, Mindestinnentemperaturen bei bestimmter Außentemperatur, andere wesentliche, durch den Zweck der baulichen Anlage (Gebäude, Bauwerk) bestimmte Daten,
- besonders örtliche Gegebenheiten, z.B. Baugrund, Wasserverhältnisse, Altlasten,
- andere als die in den Allgemeinen Technischen Vertragsbedingungen vorgesehenen Anforderungen an die Leistung,
- besondere Anforderungen an die Qualitätssicherung,
- die zutreffende Abrechnungseinheit entsprechend den Vorgaben im Abschnitt 05 der jeweiligen Allgemeinen Technischen Vertragsbedingungen (ATV),
- besondere Abrechnungsbestimmungen, soweit in VOB/C keine Regelung vorhanden ist.

(Richtlinien zu 100 – Allgemeine Richtlinien Vergabeverfahren – Ziffer 4.3.5).

72.19.5 Zeichnerische Darstellung der Leistung oder durch Probestücke (§ 7 Abs. 10)

72.19.5.1 Vorrang der schriftlichen Leistungsbeschreibung

6637 Es kann **dahinstehen**, ob die schriftliche Leistungsbeschreibung den Ergänzungsmitteln zumindest dann vorgeht, wenn kein eindeutiger Hinweis auf die Maßgeblichkeit der Zeichnung in der Leistungsbeschreibung im Sinne von § 7 Abs. 10 VOB/A enthalten ist, ob schriftliche und zeichnerische Darstellung grundsätzlich gleichwertig sind oder ob es im Einzelfall auf eine Auslegung dessen ankommt, was aus Sicht des objektiven Empfängers zu erwarten war (Brandenburgisches OLG, Urteil vom 17. 1. 2002 – Az.: 12 U 126/01).

6638 Es ist jedenfalls nicht die Regel, sondern die Ausnahme, die Leistung über die allgemeine Beschreibung der Bauaufgabe und ein in Teilleistungen gegliedertes Leistungsverzeichnis hinaus vorab auch noch zeichnerisch, etwa durch Pläne, darzustellen (vgl. § 7 Abs. 9 und Abs. 10 VOB/A). **In der Regel sind nämlich Zeichnungen und Pläne nur notwendig, wenn dies nach der besonderen Art der Leistung zu einer klaren Darstellung erforderlich ist** (BayObLG, B. v. 17. 11. 2004 – Az.: Verg 016/04).

72.19.5.2 Darstellung in einer Entwurfsplanung

Wesen der Entwurfsplanung ist es, dass diese **nicht letztverbindlich die tatsächlich bei der Errichtung anfallenden Mengen und Massen wiedergibt**. Die endgültigen Mengen und Massen sind **vielmehr erst in der Ausführungsplanung enthalten**, die aus der Entwurfsplanung entwickelt wird, dementsprechend allerdings auch von dieser noch abweichen kann soweit sich aus den statischen und konstruktiven Erfordernissen Änderungserfordernisse ergeben (Brandenburgisches OLG, Urteil v. 17. 1. 2002 – Az.: 12 U 126/01). 6639

72.19.5.3 Richtlinie des VHB 2008

Das Beifügen von Plänen zur zeichnerischen Erläuterung der Leistung entbindet nicht von der Pflicht zur eindeutigen und erschöpfenden Beschreibung der Teilleistungen (Richtlinien zu 100 – Allgemeine Richtlinien Vergabeverfahren – Ziffer 4.8.4). 6640

72.19.6 Nebenleistungen/Besondere Leistungen (§ 7 Abs. 11)

72.19.6.1 Gerüststellung für eigene Arbeiten

Soweit ein vom öffentlichen Auftraggeber verlangtes **Gerüst für die eigenen Arbeiten des Auftragnehmers** erforderlich ist, handelt es sich insoweit **um eine Nebenleistung**, wie sie in verschiedenen DIN-Regelungen vorgesehen ist. Der Auftragnehmer kann seine Vertragsleistung nur mit einem Gerüst erbringen, und deshalb gehört die Gerüststellung notwendigerweise dazu (BGH, Urteil v. 8. 9. 1998 – Az.: X ZR 85/97). 6641

Zu der Vorhaltung für andere Unternehmen vgl. die Kommentierung → Rdn. 160. 6642

72.19.6.2 Richtlinie des VHB 2008

Nebenleistungen sind **Leistungen, die auch ohne Erwähnung im Vertrag zur vertraglichen Leistung gehören** (§ 2 Abs. 1 VOB/B, DIN 18299 Abschnitt 4.1) und mit den Preisen abgegolten sind. Sie **sind grundsätzlich nicht in die Leistungsbeschreibung aufzunehmen**. Nebenleistungen, die von besonderer Bedeutung für die Preisbildung sind, können als eigenständige Teilleistung aufgenommen werden (Richtlinien zu 100 – Allgemeine Richtlinien Vergabeverfahren – Ziffer 4.5.1). 6643

Für **Besondere Leistungen** nach DIN 18299 Abschnitte 4.2 und 0.4.2 sind in der Regel eigene Teilleistungen (Positionen) in der Leistungsbeschreibung vorzusehen (Richtlinien zu 100 – Allgemeine Richtlinien Vergabeverfahren – Ziffer 4.5.2). 6644

72.20 Leistungsbeschreibung mit Leistungsprogramm (§ 7 Abs. 13–15)

72.20.1 Begriffe

Die Besonderheit des Leistungsprogramms besteht darin, dass bei dieser Art von Leistungsbeschreibung **nur der Zweck bzw. die Funktion der gewünschten Bauleistung vorgegeben** wird. Die **konstruktive Lösung der Bauaufgabe obliegt den Bietern**, wodurch diesen ein **Spielraum bei der Gestaltung der Leistung** einzuräumen ist. Die Leistungsbeschreibung mit Leistungsprogramm wird in der Praxis und der Vergaberechtsprechung deshalb auch **als funktionale Leistungsbeschreibung bezeichnet** (VK Saarland, B. v. 27. 5. 2005 – Az.: 3 VK 02/2005). 6645

72.20.2 Grundsätze

Die Ausschreibungstechnik der funktionalen Leistungsbeschreibung ist verbreitet und in Fachkreisen allgemein bekannt. Sie **kombiniert einen Wettbewerb, der eine Planung und Konzeptionierung der Leistung verlangt, mit der Vergabe der Ausführung der Leistung** (VK Brandenburg, B. v. 31. 1. 2003 – Az.: VK 37/02, VK 39/02, VK 41/02) und unterscheidet sich hierdurch vom reinen Wettbewerb. Jedoch unterliegt auch die funktionale Leis- 6646

Teil 3 VOB/A § 7   Vergabe- und Vertragsordnung für Bauleistungen Teil A

tungsbeschreibung der Anforderung, den **Beschaffungsbedarf des Auftraggebers optimal und mit größtmöglicher Bestimmtheit zum Ausdruck zu bringen** (OLG Naumburg, B. v. 16. 9. 2002 – Az.: 1 Verg 02/02).

6647 Die Wahl einer **funktionalen Leistungsbeschreibung steht im Ermessen der ausschreibenden Stelle** (OLG München, B. v. 10. 12. 2009 – Az.: Verg 16/09). Es sind dabei eingehende Überlegungen von Auftraggeberseite notwendig, ob die Voraussetzungen für diesen Ausnahmefall vorliegen. Typischerweise ist eine funktionale Ausschreibung im Bereich des „industrialisierten Bauens" zweckmäßig, wenn es sich um Bauten des Massenbedarfs handelt, die mehrfach in der gleichen Ausführung errichtet werden sollen. Insbesondere ist **zu berücksichtigen, dass den Bietern im Rahmen der Ausschreibung Planungsleistungen aufgebürdet werden, die Bieter dadurch erhebliche Kosten für die Ausschreibung aufzuwenden haben** (VK Lüneburg, B. v. 11. 8. 2005 – Az.: VgK-33/2005).

6648 Mit der Zulassung von funktionalen Leistungsbeschreibungen wird **praktischen Bedürfnissen im Vergabewesen Rechnung** getragen. Bei immer komplexer werdenden Beschaffungsvorgängen ist es dem **Auftraggeber mangels ausreichender Marktkenntnis oftmals nicht möglich, den Leistungsgegenstand nach Art, Beschaffenheit und Umfang hinreichend zu beschreiben**. In solchen Fällen kann der Auftraggeber den Zweck und die Funktion des Beschaffungsvorgangs beschreiben und hinsichtlich der Umsetzung auf die technische Vielfalt der Anbieter vertrauen. Damit werden auch **traditionelle Beschaffungsvorgänge modernen Entwicklungen angepasst** (VK Baden-Württemberg, B. v. 16. 8. 2005 – Az.: 1 VK 48/05).

6649 Der Auftraggeber **kann hierdurch unternehmerisches „Know-how" abschöpfen** (OLG Naumburg, B. v. 16. 9. 2002 – Az.: 1 Verg 02/02; 1. VK Bund, B. v. 7. 4. 2004 – Az.: VK 1–15/04, B. v. 1. 4. 2004 – Az.: VK 1–11/04; 2. VK Hessen, B. v. 26. 4. 2007 – Az.: 69 d VK – 08/2007).

6650 Der Auftraggeber kann auch – typisch für die funktionale Leistungsbeschreibung – **Risiken auf den Bieter verlagern** (OLG Celle, Urteil vom 29. 12. 2000 – Az.: 7 U 249/96; OLG Düsseldorf, B. v. 14. 2. 2001 – Az.: Verg 14/00). Die Ausschreibungstechnik der funktionalen Leistungsbeschreibung ist verbreitet und in Fachkreisen allgemein bekannt. Ein **sachkundiger Auftragnehmer kann sich deshalb nicht darauf berufen**, die damit verbundene Risikoverlagerung habe er nicht erkennen können oder nicht zu erkennen brauchen (BGH, Urteil v. 27. 6. 1996 – Az.: VII ZR 59/95). Für die Wirksamkeit einer funktional beschriebenen Leistungsverpflichtung kommt es also nicht darauf an, dass der **Auftragnehmer den Umfang der übernommenen Verpflichtung genau kennt oder zuverlässig ermitteln kann** (BGH, Urteil v. 23. 1. 1997 – Az: VII ZR 65/96).

6651 Ist **Leistungsinhalt die Erbringung verschiedener Leistungen in einem schlüssigen Betriebskonzept**, das es insbesondere erlaubt, **Synergieeffekte aufzuzeigen und die Leistung somit effizienter zu gestalten**, als dies bei einer bloßen Betrachtung der Summe der Einzelleistungen möglich wäre, ist jedenfalls dieser Teil der **Leistung nicht hinreichend genau beschreibbar**. Die Konzepte können bei solchen Ausschreibungsgegenständen von den einzelnen Bietern weitaus besser dargestellt und ihrem jeweiligen Betrieb angepasst werden, als dies bei einer Beschreibung durch die Vergabestelle gewährleistet wäre. Es liegt hier also ein **typischer Fall der funktionalen Leistungsbeschreibung** vor, in dem die Vergabestelle Know-how der Bieter nutzen möchte und sie sich daher auf eine Beschreibung des Zwecks der Leistung beschränkt und beschränken darf (2. VK Hessen, B. v. 26. 4. 2007 – Az.: 69 d VK – 08/2007).

72.20.3 Anforderungen an die Transparenz des Verfahrens

6652 Der **Gewährleistung der Transparenz** des Vergabeverfahrens kommt bei Verfahren, in denen die Leistungsbeschreibung in Form einer Funktionalausschreibung erfolgt und die insbesondere als Verhandlungsverfahren geführt werden, **eine besondere Bedeutung** zu. Denn in solchen Verfahren ist das gemeinsame Bedürfnis von Bietern und Auftraggeber an der Gewährleistung und Transparenz einer willkürfreien Verfahrensdurchführung durch den Auftraggeber erhöht, weil die **Angebote wegen der teilweisen Übertragung der konzeptionellen Arbeit auf die Bieter regelmäßig in geringerem Maße miteinander vergleichbar** sind und weil im **Verhandlungsverfahren die Handlungsmöglichkeiten des Auftraggebers** wegen der grundsätzlichen Verhandelbarkeit von Angebotsinhalt und Angebotspreis **größer** sind (OLG Naumburg, B. v. 16. 9. 2002 – Az.: 1 Verg 02/02).

72.20.4 Anforderungen an die Bestimmtheit des Verfahrens

Auch die funktionale Leistungsbeschreibung unterliegt **gewissen Anforderungen an die Bestimmtheit**. Der Auftraggeber **darf nicht von jeder eigenen Planungstätigkeit absehen** und diese – etwa um Kostenaufwand, Zeit und/oder Personal einzusparen – **gänzlich den Bietern übertragen**. Die **eigene Planung** des Auftraggebers muss vor einer Ausschreibung vielmehr **insoweit feststehen**, als die **Kriterien für die spätere Angebotsbewertung festliegen und das Leistungsziel, die Rahmenbedingungen sowie die wesentlichen Einzelheiten der Leistung in der Weise bekannt sind, dass mit Veränderungen nicht mehr zu rechnen ist**. Dies folgt aus dem selbstverständlichen Gebot, dass auch die funktionale Leistungsbeschreibung Missverständnisse bei den Bietern vermeiden und damit letztlich sicherstellen soll, dass miteinander vergleichbare Angebote abgegeben werden, die nachher einer ordnungsgemäßen Bewertung zugänglich sind. **Erfüllt** eine funktionale Leistungsbeschreibung **diese Anforderungen nicht, fehlt es** der Ausschreibung **an der Vergabereife**; sie kann keine Grundlage für einen Zuschlag auf das wirtschaftlichste Angebot sein (OLG Düsseldorf, B. v. 14. 2. 2001 – Az.: Verg 14/00; OLG München, B. v. 10. 12. 2009 – Az.: Verg 16/09 – instruktives Beispiel; OLG Naumburg, B. v. 16. 9. 2002 – Az.: 1 Verg 02/02). 6653

Die Vergabestelle ist **auch bei einer Funktionalausschreibung an die Grundsätze des § 7 Abs. 1 VOB/A gebunde**n (2. VK Hessen, B. v. 26. 4. 2007 – Az.: 69 d VK – 08/2007). 6654

Auch eine **Funktionalausschreibung ist deshalb eindeutig und erschöpfend zu formulieren**, gegebenenfalls sind weitere Feststellungen erforderlich. Besonders der **Transparenzgrundsatz hat im Rahmen der Funktionalausschreibung einen hohen Stellenwert**. Die Vergabestelle muss – auch im Rahmen einer Funktionalausschreibung – sorgfältig abwägen, ob die **Feststellung eines bestimmten Umstandes im Verhältnis zur Erleichterung einer einwandfreien Kalkulation erforderlich** ist. Bei dieser Abwägung sind folgende Gesichtspunkte zu beachten: Der mit der Feststellung der maßgeblichen Umstände verbundene Aufwand ist ins Verhältnis zur Bedeutung des Auftrages zu setzen. **Geht es** nicht um die Ausschreibung einer isoliert zu sehenden Leistung sondern **um ein Pilotprojekt**, hat die **Vergabestelle einen entsprechend höheren Aufwand zu betreiben**. Hier sind durchaus auch **Verzögerungen beim Beginn der Ausschreibung und des Beginns der Leistungsausführung hinzunehmen**. Die Vergabestelle **darf die Leistungsbeschreibung ferner nicht zu einer versteckten Eignungsprüfung missbrauchen**. Zwar kann die Vergabestelle eine gewisse Professionalität der Bieter erwarten. Sie darf jedoch – jedenfalls nicht grundsätzlich – von dem Satz ausgehen, dass der erfahrene Bieter kenne die für eine einwandfreie Kalkulation erforderlichen, in der Leistungsbeschreibung aber nicht angegebenen Umstände. Hält die Vergabestelle nur Bieter für geeignet, die Erfahrungen beim einem solchen Pilotprojekt haben, muss sie im Rahmen der Eignungsprüfung entsprechende Anforderungen stellen und gegebenenfalls ein Nichtoffenes Verfahren durchführen (2. VK Hessen, B. v. 26. 4. 2007 – Az.: 69 d VK – 08/2007). 6655

Es ist funktionalen Ausschreibungen wesensimmanent, dass diese zu sehr unterschiedlichen Angeboten führen und daher die Wertung erschwert wird. Dieser **Mangel an Vergleichbarkeit – und somit an Transparenz – ist hinzunehmen, solange dieser allein aus den unterschiedlichen operativ- konzeptionellen Ansätzen der Bieter resultiert**. Weitergehende Schwierigkeiten beim Vergleich der Angebote sind jedoch zu vermeiden. Dies bedeutet zum einen, dass den **Bietern ein möglichst detailliertes Raster für die Darstellung ihres Konzeptes vorzugeben** ist, anhand dessen die Auswirkungen des Konzeptes auf den angebotenen (Pauschal-)preis jedenfalls nachvollziehbar sind. Als Anhaltspunkt für den notwendigen Detaillierungsgrad ist zunächst eine Orientierung an der im Rahmen einer funktionalen Ausschreibung nach § 7 Abs. 13 VOB/A vorzulegenden Entwurfsplanung möglich. **Denkbar wäre beispielsweise, die Verdingungsunterlagen so zu gestalten, dass die Bieter jede Leistungspauschale unmittelbar durch konzeptionelle Erläuterungen nachvollziehbar darstellen müssen**. Anzustreben ist dabei eine Gestaltung der Verdingungsunterlagen in einer Weise, die dem – dogmatisch konsequenten, aber in der Praxis nicht durchsetzbaren – Ziel nahe kommt, dass das Leistungsverzeichnis von den Bietern und nicht von der Vergabestelle zu erstellen ist. Zum anderen **bedeutet dies, dass die der Funktionalausschreibung immanente Intransparenz nicht durch eine – im Ergebnis abwägungsfehlerhafte – Gewichtung der Zuschlagskriterien „Preis" und „Konzept" weiter verstärkt werden darf**. Vergleichbar sind im Rahmen einer Funktionalausschreibung nur die operativ- konzeptionellen Ansätze der Bieter. **Idealtypisch (keinesfalls zwingend) ist daher eine gleichrangige Gewichtung des Preises und der von den Bietern erarbeiteten Konzepte in Hinblick auf 6656 die jeweils zu erwartende Effizienz und Qualität der Leistungserbringung. Bei einer hiervon abweichenden Gewichtung hat die Vergabestelle stets zu prüfen, ob die (relativ) geringere Gewichtung der von den Bietern zu erarbeitenden Konzepte noch geeignet ist, eine Funktionalausschreibung zu rechtfertigen. Grundidee der Funktionalausschreibung ist es, dass ein Planungswettbewerb nicht mit der Auslobung eines Preisgeldes sondern mit der Auftragserteilung verbunden ist. Je weniger Wert die Vergabestelle auf die Planungen der Bieter legt, desto eher ist davon auszugehen, dass sie die Planung auch selbst hätte vornehmen und durch ein Leistungsverzeichnis beschreiben können (2. VK Hessen, B. v. 26. 4. 2007 – Az.: 69 d VK – 08/2007).

72.20.5 Richtlinie des VHB 2008

6657 Die Leistungsbeschreibung mit Leistungsprogramm kann sich auf das gesamte Bauwerk oder auf Teile davon erstrecken (Richtlinien zu 100 – Allgemeine Richtlinien Vergabeverfahren – Ziffer 4.4.1).

6658 Eine Leistungsbeschreibung mit Leistungsprogramm **kann zweckmäßig** sein,
– wenn sie wegen der fertigungsgerechten Planung in Fällen notwendig ist, in denen es beispielsweise bei Fertigteilbauten wegen der Verschiedenartigkeit von Systemen den Bietern freigestellt sein muss, die Gesamtleistung so anzubieten, wie es ihrem System entspricht,
– wenn mehrere technische Lösungen möglich sind, die nicht im Einzelnen neutral beschrieben werden können, und der Auftraggeber seine Entscheidung unter dem Gesichtspunkt der Wirtschaftlichkeit und Funktionsgerechtigkeit erst aufgrund der Angebote treffen will (Richtlinien zu 100 – Allgemeine Richtlinien Vergabeverfahren – Ziffer 4.4.1.1).

6659 Dabei ist sorgfältig zu prüfen, ob **die durch die Übertragung von Planungsaufgaben auf die Bieter entstehenden Kosten in angemessenem Verhältnis zum Nutzen** stehen, und ob für die Ausarbeitung der Pläne und Angebote leistungsfähige Unternehmer in so großer Zahl vorhanden sind, dass ein wirksamer Wettbewerb gewährleistet ist (Richtlinien zu 100 – Allgemeine Richtlinien Vergabeverfahren – Ziffer 4.4.1.2).

6660 Eilbedürftigkeit oder Erleichterungen in der Organisation, Leitung der Baudurchführung und Vertragsabwicklung sowie Gewährleistung sind für sich keine Gründe für die Wahl dieser Beschreibungsart (Richtlinien zu 100 – Allgemeine Richtlinien Vergabeverfahren – Ziffer 4.4.1.3).

72.20.6 Notwendiger Inhalt des Leistungsprogramms (§ 7 Abs. 14)

6661 Das Leistungsprogramm enthält eine Beschreibung der Bauaufgabe, aus der die Bewerber alle für die Entwurfsbearbeitung und ihr Angebot maßgebenden Umstände und Bedingungen erkennen können. Der Bauherr bzw. sein Architekt erstellt neben diesen Unterlagen regelmäßig nur die Vorentwurfsplanung, teilweise nicht einmal diese. **Entscheidend für die Frage der Vollständigkeit ist, dass der Bieter mit seinem Angebot die ausgeschriebene Funktionalität erfüllt** (VK Nordbayern, B. v. 26. 1. 2004 – Az.: 320.VK-3194-47/03). Macht der Auftraggeber ergänzend zum Leistungsprogramm detaillierte Vorgaben, **muss sich aus den Ausschreibungsunterlagen ergeben, ob diese Vorgaben zwingend sind bzw. einen Mindeststandard vorgeben sollen**. Es muss also feststehen, inwiefern die Detailvorgaben das vom Bieter mit seinem Angebot zu erfüllende Bausoll abschließend definieren sollen. **Zentrales Problem** der funktionalen Ausschreibung ist weiter regelmäßig die **konkrete Feststellung, welche Planungsleistungen von dem Bieter tatsächlich erwartet werden**. Einerseits muss der **Bauherr das Anforderungsprofil genau festlegen**, andernfalls es an einer Vergleichbarkeit der Angebote fehlt. Der Auftraggeber hat die Pflicht, eine Leistung so eindeutig und so erschöpfend wie möglich zu beschreiben, damit alle Bewerber die Beschreibung im gleichen Sinne verstehen können, ansonsten die Gefahr des Eingehens nicht vergleichbarer Angebote besteht. Andererseits **müssen das Leistungsprogramm, die Planungsunterlagen und die Beschreibungen dem Bieter einen gewissen Gestaltungsfreiraum belassen, ansonsten die funktionelle Ausschreibung unzulässig ist** (Brandenburgisches OLG, B. v. 19. 9. 2003 – Az.: Verg W 4/03).

6662 Aber selbst wenn das Angebot die ausgeschriebene Funktionalität nicht gänzlich erfüllt, muss es nicht grundsätzlich ausgeschlossen werden. In solchen Fällen ist zunächst zu klären, ob es mit einer **technischen Änderung geringen Umfangs nachgebessert** werden kann. Solche Verhandlungen sind nach § 15 Abs. 3 VOB/A bei Angeboten aufgrund eines Leistungsprogramms **statthaft** (VK Nordbayern, B. v. 26. 1. 2004 – Az.: 320.VK-3194-47/03).

72.20.7 Auslegung der Leistungsbeschreibung mit Leistungsprogramm

Haben die Parteien nach längeren Verhandlungen die **Leistung funktional vollständig beschrieben**, so kommt einem **Angebot mit Leistungsverzeichnis, das Grundlage der Verhandlungen bildet**, hinsichtlich dem Umfang der funktional beschriebenen Leistung **keine entscheidende Auslegungsbedeutung** mehr zu (BGH, Urteil vom 23. 1. 1997 – Az: VII ZR 65/96).

72.20.8 Richtlinie des VHB 2008

Bevor das **Leistungsprogramm** aufgestellt werden darf, ist sicherzustellen, dass die Grundlagen der Ausschreibung nicht mehr geändert werden. Die Beschreibung muss die in § 7 VOB/A geforderten Angaben eindeutig und vollständig enthalten und gewährleisten, dass die zu erwartenden Angebote vergleichbar sind (Richtlinien zu 100 – Allgemeine Richtlinien Vergabeverfahren – Ziffer 4.4.1.4).

Als Anhalt für Angaben zum Leistungsprogramm und deren Gliederung kann die nachfolgende Aufstellung dienen. Dabei ist jeweils im Einzelfall zu prüfen, welche dieser Angaben für eine genaue Beschreibung erforderlich sind (Anhang 9 – Leistungsbeschreibung mit Leistungsprogramm).

Angaben des Auftraggebers für die Ausführung:
- Beschreibung des Bauwerks/der Teile des Bauwerks
- allgemeine Beschreibung des Gegenstandes der Leistung nach Art, Zweck und Lage
- Beschreibung der örtlichen Gegebenheiten wie z.B. Klimazone, Baugrund, Zufahrtswege, Anschlüsse, Versorgungseinrichtungen
- Beschreibung der Anforderungen an die Leistung
- Flächen- und Raumprogramm, z.B. Größenangaben, Nutz- und Nebenflächen, Zuordnungen, Orientierung
- Art der Nutzung, z.B. Funktion, Betriebsabläufe, Beanspruchung
- Konstruktion: ggf. bestimmte grundsätzliche Forderungen, z.B. Stahl oder Stahlbeton, statisches System
- Einzelangaben zur Ausführung, z.B.
  - Rastermaße, zulässige Toleranzen, Flexibilität
  - Tragfähigkeit, Belastbarkeit
  - Akustik (Schallerzeugung, -dämmung, -dämpfung)
  - Klima (Wärmedämmung, Heizung, Lüftungs- und Klimatechnik)
  - Licht- und Installationstechnik, Aufzüge
  - hygienische Anforderungen
  - besondere physikalische Anforderungen (Elastizität, Rutschfestigkeit, elektrostatisches Verhalten)
  - sonstige Eigenschaften und Qualitätsmerkmale
  - vorgeschriebene Baustoffe und Bauteile
  - Anforderungen an die Gestaltung (Dachform, Fassadengestaltung, Farbgebung, Formgebung)
- Abgrenzung zu Vor- und Folgeleistungen
- Normen oder etwaige Richtlinien der nutzenden Verwaltung, die zusätzlich zu beachten sind
- öffentlich-rechtliche Anforderungen, z.B. spezielle planungsrechtliche, bauordnungsrechtliche, wasser- oder gewerberechtliche Bestimmungen oder Auflagen (Anhang 9 – Leistungsbeschreibung mit Leistungsprogramm – Ziffer 1)

Unterlagen, die der Auftraggeber zur Verfügung stellt:

Dem Leistungsprogramm sind als Anlage beizufügen z.B. das Raumprogramm, Pläne, Erläuterungsberichte, Baugrundgutachten, besondere Richtlinien der nutzenden Verwaltung.

Teil 3 VOB/A § 7 Vergabe- und Vertragsordnung für Bauleistungen Teil A

6669 Die mit der Ausführung von Vor- und Folgeleistungen beauftragten Unternehmer sind zu benennen.

6670 Die Einzelheiten über deren Leistungen sind anzugeben, soweit sie für die Angebotsbearbeitung und die Ausführung von Bedeutung sind, z. B.:
– Belastbarkeit der vorhandenen Konstruktionen
– Baufristen
– Vorhaltung von Gerüsten und Versorgungseinrichtungen
(Anhang 9 – Leistungsbeschreibung mit Leistungsprogramm – Ziffer 2)

6671 **Ergänzende Angaben des Bieters**:
Soweit im Einzelfall erforderlich, kann der Bieter z. B. zur Abgabe folgender Erklärungen oder zur Einreichung folgender Unterlagen aufgefordert werden:
– Angaben zur Baustelleneinrichtung, z. B. Platzbedarf, Art der Fertigung
– Angaben über eine für die Bauausführung erforderliche Mitwirkung oder Zustimmung des Auftraggebers
– Baufristenplan, u. U. auch weitere Pläne abweichend von der vorgeschriebenen Bauzeit
– Zahlungsplan, wenn die Bestimmung der Zahlungsbedingungen dem Bieter überlassen werden soll
– Erklärung, dass und wie die nach dem öffentlichen Recht erforderlichen Genehmigungen usw. beigebracht werden können
– Wirtschaftlichkeitsberechnung unter Einbeziehung der Folgekosten, unterteilt in Betriebskosten und Unterhaltungskosten, soweit im Einzelfall erforderlich
(Anhang 9 – Leistungsbeschreibung mit Leistungsprogramm – Ziffer 3)

72.20.9 Notwendiger Inhalt des Angebots des Bieters (§ 7 Abs. 15)

72.20.9.1 Mengenaufteilung

6672 Soll der Wille des Auftraggebers bei der Ausschreibung auf Klarstellung einer positions- und gebäudebezogenen Mengenaufteilung gerichtet sein, muss er eine **Aufforderung zur gegliederten Mengendarstellung in klarer, unmissverständlicher Weise** im Zusammenhang mit den übrigen Anforderungen an ein vollständiges, ordnungsgemäßes Angebot **in den Ausschreibungsunterlagen formulieren**. Andernfalls kann dem Bieter bei Unterlassen derartiger Darstellungen kein Nachteil bei der Wertung erwachsen. Unklarheiten oder Missverständnisse der Leistungsbeschreibung fallen in den Verantwortungsbereich des Auftraggebers und können nicht zu Lasten des Bieters gehen (Brandenburgisches OLG, B. v. 19. 9. 2003 – Az.: Verg W 4/03).

72.20.9.2 Eigene Entwurfsplanung der Bieter

6673 Dass die **eigenen planerischen Leistungen des Bieters im Rahmen einer funktionalen Ausschreibung eine Selbstverständlichkeit darstellen,** also auch ohne explizite Forderung des Auftraggebers um einen eigener Entwurf zu erbringen sei, **ist nicht anzunehmen**. § 7 Abs. 15 VOB/A präzisiert diejenigen Anforderungen, die der Auftraggeber an den Bieter zu stellen hat. Danach soll Erstgenannter vom Bieter verlangen, dass das Angebot außer der Ausführung der Leistung den Entwurf nebst eingehender Erläuterung und eine Darstellung der Bauausführung sowie eine eingehende zweckmäßig gegliederte Beschreibung der Leistung – gegebenenfalls mit Mengen- und Preisangaben für Teile der Leistung – umfasst. **Um die Vergleichbarkeit der Angebote der Bieter zu sichern, ist der Auftraggeber gehalten, diese Anforderungen im Hinblick auf die ihm zu unterbreitende Leistung unmissverständlich in den Ausschreibungsunterlagen darzustellen** (Brandenburgisches OLG, B. v. 19. 9. 2003 – Az.: Verg W 4/03).

72.20.9.3 Richtlinie des VHB 2008

6674 Es ist in der Aufforderung zur Angebotsabgabe 211 zu regeln, inwieweit Nr. 3.3 der Bewerbungsbedingungen 212 gelten soll.

6675 Außerdem ist in der Aufforderung zur Abgabe eines Angebots 211 vom Bieter zu verlangen, dass er sein **Angebot so aufstellt,** dass

– Art und Umfang der Leistung eindeutig bestimmt,
– die Erfüllung der Forderungen des Leistungsprogramms nachgewiesen,
– die Angemessenheit der geforderten Preise beurteilt und
– nach Abschluss der Arbeit die vertragsgemäße Erfüllung zweifelsfrei geprüft werden kann.

Dabei ist anzugeben, wie die Angebote gegliedert und durch Angabe von Kennzahlen oder dergleichen erläutert werden sollen. 6676

Der **Bieter ist ferner aufzufordern**, sämtliche zur Beurteilung des Angebots erforderlichen Pläne und sonstige Unterlagen mit einer eingehenden Erläuterung, insbesondere der Konstruktionsprinzipien und der Materialwahl seinem Angebot beizufügen. 6677

Er ist außerdem zu verpflichten, **Pläne und Unterlagen**, die nicht schon für die Beurteilung des Angebots, sondern erst für die Ausführung und Abrechnung erforderlich sind, zu bezeichnen und zu erklären, dass er alle für die Ausführung und Abrechnung erforderlichen Pläne im Falle der Auftragserteilung dem Auftraggeber rechtzeitig zur Zustimmung vorlegen werde. 6678

Der Auftraggeber hat **Pläne und sonstige Unterlagen, deren Vorlage er bei Angebotsabgabe für erforderlich hält, nach Art und Maßstab im Einzelnen anzugeben**. Mengen- und Preisangaben sind zu fordern, soweit diese für einen einwandfreien Vergleich bei der Wertung notwendig sind. In diesen Fällen ist in den Vergabeunterlagen eine Regelung nach § 9 Nr. 17 Satz 2 VOB/A zu treffen (Anhang 9 – Leistungsbeschreibung mit Leistungsprogramm – Ziffer 5). 6679

72.20.10 Anforderungen an die Unklarheit einer Leistungsbeschreibung mit Leistungsprogramm

Eine **Unklarheit der Leistungsbeschreibung mit Leistungsprogramm ist dieser Ausschreibungsart bis zu einem gewissen Grade immanent**. Bei einer funktionalen Ausschreibung gibt es gerade kein detailliertes Leistungsverzeichnis, der Auftraggeber überlässt vielmehr auch und gerade die Erstellung des Entwurfs der Leistung dem Wettbewerb, § 7 Abs. 13 VOB/A. Deshalb können die Bieter von dem Auftraggeber beispielsweise nicht verlangen, dass er im Einzelnen alle auszuführenden Arbeiten beschreibt. Nach § 7 Abs. 13 VOB/A umfasst das Leistungsprogramm eine Beschreibung der Bauaufgabe, aus der die Bewerber alle für die Entwurfsbearbeitung und ihr Angebot maßgebenden Bedingungen und Umstände erkennen können und in der sowohl der Zweck der fertigen Leistung als auch die an sie gestellten technischen, wirtschaftlichen, gestalterischen und funktionsbedingten Anforderungen angegeben sind. Ein Leistungsverzeichnis ist nicht erforderlich, gegebenenfalls kann das Leistungsprogramm ein Musterleistungsverzeichnis enthalten, bei dem aber zulässigerweise die Mengenangaben ganz oder teilweise offen gelassen werden dürfen. **Angesichts dieser Charakteristika einer funktionalen Ausschreibung bedarf es besonderer Anhaltspunkte dafür, dass sie derart unklar ist, dass der Auftraggeber diese Unklarheiten nicht beseitigen kann** (Brandenburgisches OLG, B. v. 28. 11. 2002 – Az.: Verg W 8/02). 6680

72.20.11 Funktionale Leistungsbeschreibung bei der Ausschreibung von Pionierprojekten

Ein öffentlicher Auftraggeber muss gerade **bei zukunftsbezogenen Projekten**, die eine gewisse Pionierfunktion haben und bei denen man nur begrenzt auf Erfahrungswerte zurückgreifen kann, die **Möglichkeit haben**, in der Weise funktional auszuschreiben, dass **auch auf quantitative Vorgaben verzichtet werden kann, wenn ansonsten die Bieter in ihrer Freiheit, gänzlich neue Lösungsansätze zu suchen, beschränkt würden** (2. VK Bund, B. v. 4. 9. 2002 – Az.: VK 2–58/02). 6681

Vgl. insoweit **auch die Kommentierung → Rdn. 278**. 6682

72.20.12 Funktionale Leistungsbeschreibung bei der Ausschreibung von Komplettabriss und Komplettentsorgung

Eine **funktionelle Leistungsbeschreibung für einen Komplettabriss und eine Komplettentsorgung stellt keine bewusste Irreführung von Bietern** und damit **keinen Verstoß nach § 7 VOB/A** dar, wenn als Eckpunkt lediglich vorgegeben ist, dass die „Schadstoff- 6683 sanierung dem eigentlichen Abbruch vorgeschaltet" sein müsse und wenn konkrete Vorgaben zu den einzelnen Teilleistungen fehlen. Dann ist die **technische und tatsächliche Umsetzung des Abbruchs und der Entsorgung nach der Ausschreibung erkennbar allein Sache des Auftragnehmers.** Da konkrete Vorgaben zu den einzelnen, dabei zu erbringenden Leistungen fehlten, ist es – für jeden Bieter erkennbar – Sache des Bieters als potentiellem Auftragnehmer, die nötigen Informationen zu Positionen des Leistungsverzeichnisses – vor Angebotsabgabe – einzuholen und vorhandene Unklarheiten zu beseitigen, ohne dass hierin ein Verstoß gegen § 7 VOB/A zu erblicken wäre. Ist einem Bieter als Fachbetrieb aufgrund der vorhandenen Leistungsbeschreibung bekannt, dass das Abbruchmaterial nicht unbelastet ist und kann er den genauen Belastungsgrad auch als ein fachkundiger Bieter zwar nicht wissen, ist der **Bieter aber dennoch in der Lage, den Belastungsgrad zur Vermeidung eines spekulativen Gebotes und damit auch zur Eingrenzung des bestehenden Kalkulationsrisikos näher zu hinterfragen oder selbst – ggfls. durch Hinzuziehung eines Sonderfachmannes – klären oder – falls dies nicht möglich gewesen wäre – sein Gebot mit entsprechendem Vorbehalt einzuschränken** (OLG Köln, Urteil v. 9. 7. 2008 – Az.: 11 U 72/07).

72.20.13 Beurteilungsspielraum bei der Wertung

6684   Der **Beurteilungsspielraum** für die Entscheidung, welches Angebot das wirtschaftlichste ist, ist **bei Angeboten auf der Grundlage einer funktionalen Leistungsbeschreibung größer als bei Ausschreibungen auf der Grundlage eines Leistungsverzeichnisses**. Wenn Angebote auf einer funktionalen Leistungsbeschreibung beruhen, muss der Auftraggeber auch die Variationen der angebotenen Leistungen hinsichtlich ihrer technischen und wirtschaftlichen sowie ggf. auch gestalterischen und funktionsbedingten Merkmale **gegeneinander abwägen** und mit den dafür geforderten **Preisen vergleichen**. Ein **direkter Vergleich der Angebote untereinander ist dabei nur bedingt möglich**. Eine vergleichende Wertung scheitert bei geforderten Lösungskonzepten an den unterschiedlichen Wegen, die zum geforderten Ziel führen. Die Qualitätsstandards sind bei funktionalen Leistungsbeschreibungen weitgehend offen, so dass jeder Bieter selbst entscheidet, ob er für seine technische Lösung mit den zur Erfüllung des Zwecks hinreichenden Grundstandards arbeitet oder aber höhere Standards zu höheren Preisen anbietet. Steht es den Bietern frei, über die Einreichung von Nebenangeboten mehrere technische Lösungen anzubieten, hängt die Entscheidung, welchen Standard der Auftraggeber letztendlich bezuschlagt, von den konkreten Anforderungen an die ausgeschriebene Lösung ab. Speziell die höheren Standards müssen aus Gründen der Wirtschaftlichkeit aber immer gegen den Preis abgewogen werden (VK Baden-Württemberg, B. v. 17. 3. 2004 – Az.: 1 VK 12/04; VK Magdeburg, B. v. 1. 3. 2001 – Az.: VK-OFD LSA- 02/01).

72.21 Modifizierung der VOB/A für Herstellung, Instandsetzung, Instandhaltung oder Änderung von Gebäuden oder Gebäudeteilen durch § 6 Abs. 2 VgV

72.21.1 Text

6685   Bei der Herstellung, Instandsetzung, Instandhaltung oder Änderung von Gebäuden oder Gebäudeteilen sind im Falle des Absatzes 1 die Bestimmungen des Abschnittes 2 des Teiles A der Vergabe- und Vertragsordnung für Bauleistungen (VOB/A) mit folgenden Maßgaben anzuwenden:

– § 7 VOB/A findet mit der Maßgabe Anwendung, dass mit der Leistungsbeschreibung im Rahmen der technischen Spezifikationen von den Bietern Angaben zum Energieverbrauch der technischen Geräte und Ausrüstungen, deren Lieferung Bestandteil einer Bauleistung ist, zu fordern sind, es sei denn, die auf dem Markt angebotenen Geräte und Ausrüstungen unterscheiden sich im rechtlich zulässigen Energieverbrauch nur geringfügig; dabei ist in geeigneten Fällen eine Analyse minimierter Lebenszykluskosten oder eine vergleichbare Methode zur Gewährleistung der Wirtschaftlichkeit vom Bieter zu fordern;

72.21.2 Hintergrund (Verordnungsbegründung zu § 6 Abs. 2 VgV)

6686   § 6 Abs. 2 VgV dient der **Umsetzung des vergaberelevanten Teils der Energieeffizienzrichtlinie**.

Zur Sicherstellung der Vorbildfunktion der öffentlichen Hand auf dem Gebiet der Energieeffizienz werden in § 6 Absatz 2 VgV der vergaberelevante Teil der Richtlinie 2006/32/EG des Europäischen Parlaments und des Rates vom 05. April 2006 über Energieeffizienz und Energiedienstleistungen und zur Aufhebung der Richtlinie 93/76/EWG des Rates (ABl. L 114 vom 5. 4. 2006, S. 64) (Energieeffizienzrichtlinie), nämlich Artikel 5 sowie der Anhang VI, Buchstabe c) und Buchstabe d) Maßnahmen aus der Liste der förderungsfähigen Maßnahmen im Bereich der energieeffizienten öffentlichen Beschaffung), umgesetzt.

Um eine Aufsplitterung vergaberechtlicher Regelungen zu vermeiden, werden diese Vorgaben in die VgV übernommen. Dies dient zum einen der Anwenderfreundlichkeit, und zum anderen wird so die Anwendung von Energieeffizienzkriterien im Vergabeverfahren am besten gewährleistet. Gleichzeitig wird dem Beschluss der Bundesregierung vom 28. 6. 2006 zur Vereinheitlichung des Vergaberechts Rechnung getragen. Entsprechende Regelungen finden sich in § 7 Abs. 4 SektVO.

Die Aufnahme dieser Regelung soll die Bedeutung der Berücksichtigung von Energieeffizienzkriterien bei der Beschaffung hervorheben. Die Berücksichtigung weiterer, insbesondere umweltbezogener Kriterien, ist keinesfalls ausgeschlossen. Im Gegenteil, es können auch andere umweltbezogenen Kriterien Berücksichtigung finden.

Bezüglich der noch ausstehenden Umsetzung der Richtlinie „saubere Fahrzeuge" haben BMWi und BMU folgendes vereinbart: Die Bundesregierung geht in Übereinstimmung mit der Rechtsauffassung der Europäischen Kommission davon aus, dass die energieeffiziente Beschaffung von Fahrzeugen im Rahmen der Umsetzung der Richtlinie 2009/33/EG in nationales Recht erfolgen wird.

72.21.3 Regelungstechnischer Anwendungsbereich

Nach § 6 Abs. 2 VgV steht die Anwendung dieser Regelung unter dem **Vorbehalt, dass § 6 Abs. 1 VgV Anwendung findet**; dies wiederum bedeutet, dass die Regelung des § 6 Abs. 2 nur für den Bereich des zweiten Abschnitts der VOB/A zwingend anzuwenden ist, **also nur Ausschreibungen ab den Schwellenwerten betrifft**.

72.21.4 Sachlicher Anwendungsbereich

§ 6 Abs. 2 VgV betrifft **nur solche Leistungsbeschreibungen, die neben den Bauleistungen die Lieferung von technischen Geräten und Ausrüstungen umfassen**.

72.21.5 Grundsätzlich zwingende Berücksichtigung im Rahmen der Leistungsbeschreibung

§ 6 Abs. 2 VgV verpflichtet den Auftraggeber grundsätzlich zwingend, mit der Leistungsbeschreibung im Rahmen der technischen Spezifikationen von den Bietern **Angaben zum Energieverbrauch der technischen Geräte und Ausrüstungen**, deren Lieferung Bestandteil einer Bauleistung ist, zu fordern.

Eine Ausnahme ist für den Fall zulässig, dass die auf dem Markt angebotenen Geräte und Ausrüstungen sich im rechtlich zulässigen Energieverbrauch nur geringfügig unterscheiden; dabei ist in geeigneten Fällen eine Analyse minimierter Lebenszykluskosten oder eine vergleichbare Methode zur Gewährleistung der Wirtschaftlichkeit vom Bieter zu fordern.

72.22 Änderung des Leistungsverzeichnisses durch den Auftraggeber

72.22.1 Änderung des Leistungsverzeichnisses während der Ausschreibung

72.22.1.1 Zulässigkeit und Voraussetzungen

Der Auftraggeber ist nicht darauf beschränkt, Abänderungen der Ausschreibung nur in unbedingt notwendigem Umfange (etwa zur Beseitigung von Verstößen gegen das Vergaberecht) vorzunehmen. Es ist **allein Sache des Auftraggebers zu bestimmen, ob, wann und mit welchem Inhalt er einen Auftrag vergibt**. Er ist nicht gezwungen, den Auftrag überhaupt zu vergeben, und zwar im Allgemeinen auch dann, wenn er aufgrund ordnungsgemäßer Ausschreibung wertbare Angebote erhält. Er ist insbesondere nicht gehalten, einen Zuschlag auf Angebote

Teil 3 VOB/A § 7 Vergabe- und Vertragsordnung für Bauleistungen Teil A

mit Leistungsbeschreibungen zu erteilen, von denen er bereits während der laufenden Angebotsfrist erkennt, dass sie seinen Bedürfnissen nicht oder in geringerem Umfange als ursprünglich angenommen entsprechen. Der **Auftraggeber ist mithin nicht darauf beschränkt, rechtliche oder technische Mängel zu beseitigen, sondern kann auf Grund seines Bestimmungsrechts auch aus sonstigen Gründen die Leistungsbeschreibung ändern.** Folge einer Änderung der Leistungsbeschreibung während der laufenden Angebotsfrist **kann allenfalls (bei einer wesentlichen Änderung) die Neubekanntmachung oder die Verlängerung der Angebotsfrist** sein (OLG Düsseldorf, B. v. 26. 10. 2010 – Az.: VII-Verg 46/10; B. v. 13. 1. 2010 – Az.: I-27 U 1/09; B. v. 23. 12. 2009 – Az.: VII-Verg 30/09; B. v. 30. 11. 2009 – Az.: VII-Verg 41/09).

6696   Ein **Verstoß gegen § 2 Abs. 5 VOB/A liegt bei solchen Änderungen nur vor, wenn der Auftraggeber den Bieter zu Beginn der Angebotsfrist nur unvollständige Verdingungsunterlagen zur Verfügung stellen kann**, so dass diese Inhalt und Umfang der geforderten Leistung nicht beurteilen können. Der **Vorschrift des § 2 Abs. 5 VOB/A lässt sich kein generelles Verbot nachträglicher Änderungen oder Ergänzungen der Vergabeunterlagen entnehmen**. Allerdings lässt sich aus den Grundsätzen der Selbstbindung des Auftraggebers und des Vertrauensschutz für die Bewerber ableiten, dass die Vergabeunterlagen nach ihrer Bekanntgabe grundsätzlich unverändert bleiben müssen (3. VK Bund, B. v. 7. 2. 2008 – Az.: VK 3–169/07; B. v. 5. 2. 2008 – Az.: VK 3–17/08).

6697   Die **Zulässigkeit einer Änderung der Vergabeunterlagen richtet sich nach den Grundsätzen der Selbstbindung des Auftraggebers und des Vertrauensschutzes für die Bewerber**. Zwar lässt sich aus diesen Grundsätzen ableiten, dass die **Vergabeunterlagen nach ihrer Bekanntgabe grundsätzlich unverändert bleiben müssen**. Zum einen gibt der Auftraggeber den interessierten Unternehmen durch die Aufforderung zur Angebotsabgabe in Verbindung mit der Überlassung der Vergabeunterlagen zu verstehen, dass er ihre Angebote auf der Grundlage dieser Unterlagen entgegen nehmen und werten wird (Selbstbindung des Auftraggebers). Zum anderen verlassen sich Bewerber und Bieter bei der Durchsicht der Vergabeunterlagen und der Erstellung ihrer Angebote auf diese Zusage des Auftraggebers und auf die Beständigkeit der Vergabeunterlagen für die anstehende Vergabe (Vertrauensschutz für die Bewerber). Im Hinblick auf das **berechtigte Interesse des Auftraggebers, dass er die Leistung angeboten erhält, die er benötigt**, sind von diesem Verbot der Änderung oder Ergänzung während des laufenden Vergabeverfahrens in bestimmten Fällen Ausnahmen zuzulassen. Dies gilt zum einen für Korrekturen von Fehlern oder Ungenauigkeiten wie etwa die Berichtigung missverständlicher Formulierungen, die Ausfüllung von Lücken in der Darstellung, die Präzisierung von Angaben u. ä. Darüber hinaus sind aber auch **Änderungen und Ergänzungen geringen Umfangs als vergaberechtskonform** zu erachten, sofern diese die **Grundlagen des Wettbewerbs und der Preisbildung nicht grundlegend verändern** und den Entschluss der Unternehmen zur Beteiligung oder zur Nichtbeteiligung am Wettbewerb nicht berühren (2. VK Bund, B. v. 16. 3. 2009 – Az.: VK 2–7/09; B. v. 27. 3. 2007 – Az.: VK 2–18/07; 1. VK Sachsen, B. v. 21. 4. 2008 – Az.: 1/SVK/021-08, 1/SVK/021-08-G; im Ergebnis ebenso OLG Düsseldorf, B. v. 26. 10. 2010 – Az.: VII-Verg 46/10; B. v. 17. 4. 2008 – Az.: VII – Verg 15/08; 3. VK Bund, B. v. 7. 2. 2008 – Az.: VK 3–169/07; B. v. 5. 2. 2008 – Az.: VK 3–17/08).

6698   Eine Änderung des Leistungsverzeichnisses ist demgemäß zulässig, wenn sie **vor Ablauf der Angebotsfrist** erfolgt und **alle Bewerber darüber informiert** werden, **Gleichbehandlung also gegeben** ist (OLG Düsseldorf, B. v. 26. 10. 2010 – Az.: VII-Verg 46/10; 1. VK Bund, B. v. 30. 7. 2008 – Az.: VK 1–90/08; B. v. 19. 12. 2002 – Az.: VK 1–95/02; 2. VK Bund, B. v. 27. 3. 2007 – Az.: VK 2–18/07; 1. VK Hessen, B. v. 31. 3. 2008 – Az.: 69 d VK – 9/2008). **Gegebenenfalls** sind die **Angebotsabgabefrist angemessen zu verlängern** (2. VK Bund, B. v. 27. 3. 2007 – Az.: VK 2–18/07; 1. VK Hessen, B. v. 31. 3. 2008 – Az.: 69 d VK – 9/2008) und gegebenenfalls die **Zuschlags- und Bindefrist sowie die Vertragslaufzeit anzupassen** (1. VK Hessen, B. v. 31. 3. 2008 – Az.: 69 d VK – 9/2008).

6699   Die VK Hessen fordert darüber hinaus, dass **einer der Tatbestände des § 17 VOB/A zur Rechtfertigung einer Änderung vorliegen muss**. Eine **Änderung allein aus „sachlichen Gründen" ist dagegen nicht zulässig**, denn Interessierte an einer Ausschreibung müssen sich grundsätzlich darauf verlassen können, dass sie die Leistung wie zunächst gefordert auch anbieten können. In einer Vielzahl von Fällen mag es sachliche Gründe für Änderungen der Ausschreibungen geben. Wäre in all diesen Fällen eine inhaltliche Änderung abgesehen von Korrekturen offensichtlicher Unrichtigkeiten zulässig müssten Bieter häufig damit rechnen, dass in einem vorher nicht erkennbaren Umfang noch Einzelheiten der Ausschreibung nachträglich geändert werden (VK Hessen, B. v. 1. 6. 2005 – Az.: 69 d VK – 33/2005).

72.22.1.2 Einzelfälle

Es begegnet keinen grundsätzlichen Bedenken, dass ein Auftraggeber von **Mindestanforderungen, die im Verlauf des Verfahrens vor Angebotsabgabe als zu weitgehend erkannt werden und bei den Bietern zu Missverständnissen führen, Abstand nimmt** (VK Brandenburg, B. v. 19. 12. 2008 – Az.: VK 40/08). 6700

Eine Änderung ist auch dann möglich, wenn der Auftraggeber ein bestimmtes Produkt als Teil der gesamten Beschaffung vorgibt, und im Laufe des Vergabeverfahrens festgestellt wird, dass der Hersteller des vorgegebenen Produkts von einem Teil der potenziell interessierten Bietern deutlich überhöhte Preise fordert und somit deren Angebotspreise im Vergabeverfahren deutlich verteuert. Hat der **Auftraggeber** deshalb **berechtigten Grund zu der Annahme, den vergaberechtlich gewollten Bieterwettbewerb (§ 97 Abs. 1 GWB) nicht ordnungsgemäß gewährleisten zu können** und setzt er sich zudem möglicherweise dem Vorwurf aus, die Pflicht zur produktneutralen Ausschreibung zu verletzen, **darf der Auftraggeber die Verdingungsunterlagen entsprechend anpassen, soweit diese Anpassung allen Bietern gegenüber transparent und diskriminierungsfrei erfolgt** (1. VK Bund, B. v. 30. 7. 2008 – Az.: VK 1–90/08). 6701

Reduziert der Auftraggeber den ausgeschriebenen Leistungsumfang, ohne den Bietern Gelegenheit zu geben, auf diese Veränderung durch Änderungen und Anpassungen ihrer Angebote zu reagieren, verstößt er gegen das in § 8 EG Abs. 1 VOL/A enthaltene Gebot, den Bietern eine einwandfreie Preisermittlung zu ermöglichen, und verletzt den Antragsteller in seinem Recht auf Durchführung eines transparenten und dem Gleichbehandlungsgebot genügenden Vergabeverfahrens (OLG Düsseldorf, B. v. 26. 10. 2010 – Az.: VII-Verg 46/10). 6702

Unzulässig ist auf jeden Fall die **Änderung der bekannt gemachten Eignungsnachweise.** Will der Auftraggeber also die Eignungskriterien ändern, muss eine **neue Bekanntmachung** erfolgen. Vgl. im Einzelnen die Kommentierung zu → § 12 VOB/A Rdn. 16 ff. 6703

72.22.1.3 Verfahrensalternativen

Ein Auftraggeber ist im Fall einer von ihm angenommenen Änderungsbedürftigkeit der Verdingungsunterlagen nicht in jedem Fall dazu gezwungen, die Bieter erneut zur Angebotsabgabe aufzufordern. **Zumindest bei inhaltlich eng begrenzten Änderungen hat er vielmehr auch die Möglichkeit, diese den Bietern während der laufenden Angebotsfrist mitzuteilen und ihre Berücksichtigung zu verlangen. Eine solche Vorgehensweise ist in derartigen Fällen sachgerecht, um unverhältnismäßige Verzögerungen zu vermeiden, wie sie bei einer erneuten Aufforderung zur Angebotsabgabe wegen des dabei zu beachtenden Fristenregimes eintreten könnten.** Dies ist etwa dann der Fall, wenn sich die Änderungen auf einen kleinen Teil der Positionen des Leistungsverzeichnisses beschränken, der mit einem Anteil am Wert der Gesamtleistung von weniger als 3% von untergeordneter Bedeutung war und dies insbesondere keine wesentliche Änderung des Ausschreibungsgegenstandes bewirkte und wenn diese Änderungen nicht willkürlich vorgenommen, sondern mit bautechnischen Notwendigkeiten begründet wurden, die der Auftraggeber während der Angebotsfrist erkannte (2. VK Bund, B. v. 21. 9. 2009 – Az.: VK 2–126/09). 6704

72.22.1.4 Notwendige Information der Bieter

Der Auftraggeber ist verpflichtet**, jedem der beteiligten oder interessierten Unternehmer** wesentliche Änderungen der Angebotsgrundlagen unverzüglich bekannt zu geben (BGH, Urteil v. 24. 4. 1997 – Az.: VII ZR 106/95; OLG Düsseldorf, B. v. 26. 10. 2010 – Az.: VII-Verg 46/10; 3. VK Bund, B. v. 14. 4. 2008 – Az.: VK 3–38/08 – für das Verhandlungsverfahren). Hierbei sollte er sich auch dahingehend **absichern,** dass ihm alle Bewerber den Empfang der Mitteilung bestätigen (VK Halle, B. v. 25. 4. 2001 – Az.: VK Hal 04/01). Die Sorgfaltspflicht der Vergabestelle erfordert es also, den Zugang von Mitteilungen über Änderungen des Leistungsverzeichnisses auch positiv feststellen zu müssen. **Unterbleibt diese Feststellung** und **verneint der Empfänger den Empfang dieser Mitteilung,** so führt die damit verbundene Feststellung, dass der Zugang der Mitteilung über die Änderungen bei bestimmten Bietern gerade nicht festgestellt werden kann, dazu, dass die **Vergabestelle diesen Bietern nicht entge-** 6705

Teil 3 VOB/A § 7   Vergabe- und Vertragsordnung für Bauleistungen Teil A

genhalten kann, dass sie ein anderes, als das von der Vergabestelle geforderte, **Angebot abgegeben haben** (VK Thüringen, B. v. 12. 3. 2008 – Az.: 360–4002.20–414/2008-001-NDH).

6706   Eine solche **Änderung und Information ist auch in der Form zulässig, dass sie auf einer Internetseite – und dort z. B. in den FAQ – veröffentlicht werden**, wenn auch die Vergabeunterlagen grundsätzlich nur zum „download" auf der Webseite des Auftraggebers zur Verfügung standen, so dass er den Kreis der Bewerber nicht kannte und diese somit nicht individuell schriftlich informieren konnte. Der **Auftraggeber sollte allerdings in solchen Fällen einen Hinweis zur Änderungsmodalität auf der Internetseite aufnehmen.** Wenn unter diesen Voraussetzungen ein Bieter die entsprechende Änderung nicht bemerkt hat, ist ihm dies selbst zuzurechnen (2. VK Bund, B. v. 27. 3. 2007 – Az.: VK 2–18/07).

6707   **Versendet der Auftraggeber die Änderungen per Computerfax** und legt der Bieter, der nach eigenen Angaben dieses Fax nicht erhalten hat, sein Fax-Journal vor und lässt sich daraus entnehmen, dass an dem vom Auftraggeber behaupteten Tag ein 4-seitiges Fax eingegangen ist, dessen Absender nicht angezeigt wurde, sind **sowohl die Tatsache, dass die Seitenzahl genau dem von dem Auftraggeber gefertigten Faxschreiben entspricht, wie auch die Erklärung des Auftraggebers, dass beim Versenden eines Computerfaxes der Server im Telefonnetz über keine Kennung verfügt und daher der Absender am Empfängergerät nicht erkennbar ist, zwar Indizien für den Eingang des Faxes,** sie **genügen aber nicht den Anforderungen an einen Nachweis.** Im Übrigen steht selbst dann, wenn man davon ausgeht, dass das Fax der Auftraggeberin beim Bieter eingegangen ist, nicht fest, dass es der tatsächlich zuständigen Abteilung zugegangen ist. Zu beachten ist in diesem Zusammenhang nämlich, dass der Auftraggeber in diesem Fall an die unzutreffende Nummer geschickt hat. Dies lässt nicht die Annahme zu, dass ein dort eingehendes Fax ordnungsgemäß zugegangen ist. **Wenn es innerhalb des Unternehmens des Bieters zu Versäumnissen bei einer Weiterleitung an die konkret zuständige Stelle gekommen sein sollte, liegt dies im Risikobereich des Auftraggebers, da er eine falsche Fax-Nummer gewählt hatte.** Zugegangen ist eine Willenserklärung erst dann, wenn sie so in den Bereich des Empfängers gelangt ist, dass dieser unter normalen Verhältnissen die Möglichkeit hat, vom Inhalt der Erklärung Kenntnis zu nehmen. Zum Bereich des Empfängers gehören auch die von ihm zur Entgegennahme von Erklärungen bereit gehaltenen Einrichtungen; dazu zählt nur das vom Bieter gegenüber dem Auftraggeber angegebene und damit zur Entgegennahme von Erklärungen des Auftraggebers bereit gehaltene Fax. Folglich kann dem Bieter nicht vorgeworfen werden, die Änderung nicht in das Leistungsverzeichnis eingearbeitet zu haben (VK Baden-Württemberg, B. v. 30. 4. 2008 – Az.: 1 VK 12/08).

6708   Liegen **inhaltlich unterschiedliche Angebote** vor, die auf Änderungen zurückzuführen sind und liegt dies **nicht im Verantwortungsbereich der Bieter**, macht eine solche Situation es unumgänglich, das **Vergabeverfahren in den Stand nach der erfolgten Bekanntmachung der Vergabeabsicht durch die Vergabestelle zurückzuversetzen.** Mit dieser Zurückversetzung des Vergabeverfahrens wird die **Vergabestelle erneut alle die Bieter zur Abgabe eines neuen Angebotes aufzufordern haben, die schon einmal die Verdingungsunterlagen abgefordert hatten.** Ihnen ist die – dabei notwendig zu erläuternde – Möglichkeit zu geben, anhand von eindeutigen Verdingungsunterlagen und Angaben in den Leistungsverzeichnissen der Gesamtbaumaßnahme, ein ordnungsgemäßes Angebot abgeben zu können. Die Vergabestelle hat dafür Sorge zu tragen, dass den Bewerbern eine angemessene Frist zur Ausarbeitung ihrer Angebote zur Verfügung steht (VK Thüringen, B. v. 12. 3. 2008 – Az.: 360–4002.20–414/2008-001-NDH).

72.22.1.5 Verpflichtung des Auftraggebers zur unmissverständlichen Aufforderung an die Bieter, mit dem Angebot die aktualisierte Fassung der Verdingungsunterlagen einzureichen

6709   Im Hinblick auf die schwerwiegende Konsequenz eines Bieterausschlusses sind **an vom Auftraggeber veranlasste Änderungsschreiben hohe Anforderungen zu stellen. Es muss sich für einen verständigen Bieter zwanglos und unmissverständlich die Forderung ergeben, dass mit dem Angebot die aktualisierte Fassung der Verdingungsunterlagen eingereicht werden soll.** Nur so kann sichergestellt werden, dass nach aktuellem Stand der Ausschreibungsbedingungen in jeder Hinsicht identische und miteinander ohne weiteres vergleichbare Angebote eingehen und ein fairer Bieterwettbewerb gewährleistet ist. Eine **Bitte um „Ergänzung in den Ihnen vorliegenden Ausschreibungen" genügt nicht.** „Ergänzung" ist nicht identisch mit „Seitenaustausch" (VK Baden-Württemberg, B. v. 30. 4. 2008 – Az.: 1 VK 12/08).

72.22.1.6 Obliegenheit der Bieter zur Erkundigung bei dem Auftraggeber über Änderungen

Erhält ein **Bieter eine Information über eine 2. Änderung der Verdingungsunterlagen und kennt er die 1. Änderung nicht, sind die Umstände des Einzelfalls entscheidend, ob der Bieter sich beim Auftraggeber nach der 1. Änderung erkundigen muss**. Trifft z. B. die Bezeichnung „2. Änderung" allenfalls auf das Los 1 zu, nicht jedoch auf das Los 2, ist das Anschreiben des Auftraggebers unzutreffend bzw. missverständlich formuliert. Insbesondere im Hinblick auf Los 2 hätte eine Nachfrage keine weitere Aufklärung bezüglich einer 1. Änderung bringen können, da es eine solche unstreitig nicht gegeben hat. Zum anderen ist je nach Einzelfall die Besonderheit zu berücksichtigen, dass nicht einem Bieter in den ihm vorliegenden Verdingungsunterlagen „Ungereimtheiten" aufgefallen sind, die er nicht einfach ignorieren darf, ohne ggf. Nachteile in Kauf nehmen zu müssen, sondern **vom Auftraggeber im Nachhinein weitere Schreiben versandt wurden, die die Bieter zu einem Handeln veranlassen sollten**. Wenn es dann ein Auftraggeber unterlässt, klar darauf hinzuweisen, auf welche Lose sich welche Änderungen beziehen bzw. diese ggf. eindeutig zu kennzeichnen, ist das ein **Sorgfaltsverstoß, der nicht zu Lasten eines Bieters gehen kann**. Von Bedeutung kann auch sein, ob sich beim Auftraggeber ein eindeutiges System erkennen lässt, wie die Schreiben im Betreff bezeichnet oder durchnumeriert worden sind. Nimmt man eine Obliegenheitsverletzung an mit der Folge eines Ausschlusses des Angebots, **überspannt man die Anforderungen an die Sorgfaltspflichten eines Bieters insbesondere dann, wenn ein Änderungsschreiben des Antragsgegners selbst offensichtlich nicht den erforderlichen Sorgfaltsmaßstäben entspricht** (VK Baden-Württemberg, B. v. 30. 4. 2008 – Az.: 1 VK 12/08).

6710

72.22.1.7 Verlängerung der Angebotsabgabefrist

Beträgt die ursprüngliche Angebotsfrist 84 Tage und **verbleiben nach Versand der Änderungen an die Bieter noch 52 Tage bis Angebotsabgabe**, d. h. derjenige Zeitraum, der nach § 10a VOB/A mindestens zwischen der Absendung der Bekanntmachung und dem Ende der Angebotsfrist liegen, d. h. für die erstmalige Beschäftigung mit der Ausschreibung und die komplette Ausarbeitung eines Angebots mindestens zur Verfügung stehen muss und berücksichtigt man die ursprünglich über die Mindestfrist hinausgehende Fristspanne, die für die Angebotserstellung eingeräumt wurde, und den **begrenzten Umfang der Änderungen an der Leistungsbeschreibung**, so ist die **verbleibende Frist von 52 Tagen** trotz der überdurchschnittlichen Komplexität des vorliegenden Auftrags **nicht als unangemessen kurz** einzustufen (2. VK Bund, B. v. 21. 9. 2009 – Az.: VK 2–126/09).

6711

72.22.2 Änderung des Leistungsverzeichnisses nach Angebotsabgabe

Nach erfolgter Eröffnung der Angebote obliegt es dem Auftraggeber nicht, nachträglich Korrekturen am Leistungsverzeichnis vorzunehmen (VK Halle, B. v. 25. 4. 2001 – Az.: VK Hal 04/01). So kann eine Veränderung der Kalkulationsunterlagen bzw. von Rechengrößen, die direkt in die Preisbildung einfließen kann, insbesondere nach Ablauf der Angebotsfrist und Eröffnung der Angebote, nicht mehr erfolgen. Sie verbietet sich aufgrund der **Selbstbindung der Vergabestelle und dem Vertrauensschutz der Bieter** (VK Düsseldorf, B. v. 3. 3. 2000 – Az.: VK – 1/2000 – L).

6712

72.22.3 Änderung des Leistungsverzeichnisses gemäß der Vorgabe der Vergabekammer bzw. des Vergabesenats

Eine **Änderung ist selbstverständlich auch dann zulässig**, soweit sich **Änderungsbedarf**, weitergehend sogar ein Handlungszwang, **aufgrund der Entscheidung einer Vergabekammer oder eines Vergabesenats ergibt**, wenn ausdrücklich eine Abänderung der Verdingungsunterlagen gefordert wird. Aber **auch darüber hinaus ist es dem Auftraggeber nicht verwehrt**, bei der danach ohnehin gebotenen Anpassung der Verdingungsunterlagen **neue Erkenntnisse, die nicht Gegenstand des vorangegangenen Nachprüfungsverfahrens gewesen sein waren, zu verarbeiten und in die Verdingungsunterlagen einzubringen**. So kann z. B. ein Auftraggeber Erfahrungen und Erkenntnisse einarbeiten, die er erst im Laufe des Verga-

6713

verfahrens anhand testweise erworbener Leistungsgegenstände gemacht hat. Im Sinne der **Privatautonomie muss es dem öffentlichen Auftraggeber möglich sein, solche besseren Erkenntnisse auch zu verwerten**; ansonsten würde man den Auftraggeber dazu verpflichten, ein Produkt einzukaufen, von dem er bereits im Zeitpunkt der Zuschlagserteilung weiß, dass es seine Bedürfnisse nicht optimal bedient. Ein derartiges **Ergebnis stünde nicht in Einklang mit den Grundsätzen der Wirtschaftlichkeit und Sparsamkeit**, zu deren Einhaltung öffentliche Stellen verpflichtet sind (3. VK Bund, B. v. 21. 8. 2009 – Az.: VK 3–154/09; B. v. 5. 3. 2008 – Az.: VK 3–32/08).

72.23 Schadenersatzansprüche und Nachforderungen wegen Verletzung der Regelungen des § 7

72.23.1 Grundsätze

6714 Ein etwaiger **Verstoß einer öffentlichen Ausschreibung gegen § 7 VOB/A begründet allein noch keinen Anspruch aus Verschulden bei Vertragsschluss**. Erforderlich ist vielmehr, dass der **Auftragnehmer/Bieter in seinem schutzwürdigen Vertrauen auf die Einhaltung der VOB/A enttäuscht worden** ist. Ein Vertrauen in diesem Sinne ist nur gegeben, wenn der Antragnehmer/Bieter den maßgeblichen Verstoß gegen die VOB/A nicht erkannt hat. Darüber hinaus **muss sein Vertrauen schutzwürdig** sein. Das ist in der Regel **nicht der Fall, wenn er den Verstoß bei der ihm im jeweiligen Fall zumutbaren Prüfung hätte erkennen können**. Die an die Prüfung des Bieters zu stellenden Anforderungen hängen von den Umständen des Einzelfalles ab. Maßstab ist ein sorgfältiger Bieter mit dem branchen-spezifischen Fachwissen. Ein Bieter muss sich jedenfalls ein Bild darüber verschaffen, ob er alle für eine sichere Kalkulation erforderlichen Angaben zur Verfügung hat. Zweifelsfragen sind durch vorherige Besichtigung der Gegebenheiten vor Ort sowie durch Einsichtnahme in vorhandene Planungsunterlagen und durch entsprechende Rückfragen und Hinweise beim Auftraggeber zu klären. Diese Aufklärungspflicht besteht unabhängig davon, ob sie vom Auftraggeber in der öffentlichen Ausschreibung vorgegeben wird (OLG Naumburg, Urteil vom 30. 11. 2000 – Az: 2 U 149/00).

6715 Vgl. dazu im Einzelnen die **Kommentierung zu** → § 126 GWB Rdn. 32 ff.

6716 Ist eine private oder öffentliche Leistungsbeschreibung erkanntermaßen oder zumindest für den **Fachmann ersichtlich unklar/risikoreich, darf der Bieter diese Lückenhaftigkeit nicht durch eigene für ihn günstige Kalkulationsannahmen ausfüllen**. Tut er es dennoch, **handelt er auf eigenes Risiko** und kann später keine Mehrkosten beanspruchen, wenn sich seine Erwartungen als falsch erweisen. Ein etwaiger vom öffentlichen Auftraggeber begangener **Verstoß gegen § 9 VOB/A wird durch das spätere Verhalten des Bieters kompensiert**. Etwas anderes kann in Betracht kommen, wenn die Ausschreibung den Bietern in derart ungewöhnliches Wagnis auflegt, dass es dem Auftraggeber nach Treu und Glauben versagt wäre, sich auf die Risikoverlagerung auf den Bieter zu berufen (OLG Düsseldorf, Urteil v. 18. 11. 2003 – Az: I-23 U 27/03; im Ergebnis ebenso OLG Frankfurt, B. v. 14. 10. 2008 – Az.: 11 Verg 11/2008).

6717 Es existiert also **kein Rechtsgrundsatz dahin, dass ein Werkunternehmer riskante Leistungen** (auch im Rahmen einer VOB/A-Vergabe) **nicht übernehmen könnte** (OLG Koblenz, Urteil v. 17. 4. 2002 – Az: 1 U 829/99).

72.23.2 Weitere Beispiele aus der Rechtsprechung

6718 – **eine nicht ordnungsgemäße und daher unvollständige Beschreibung einer Leistung in einem Leistungsverzeichnis kann grundsätzlich Ansprüche unter dem Gesichtspunkt der c. i. c. auslösen**. Dies gilt erst Recht, wenn der Auftraggeber schuldhaft falsche oder unvollständige Angaben über solche ihm bekannte Umstände macht, die für die Preisermittlung von Bedeutung sind (OLG Naumburg, Urteil vom 15. 12. 2005 – Az.: 1 U 5/05)

– ein ungewöhnliches Wagnis i. S. v. § 9 Nr. 2 VOB/A wird dem potenziellen Auftragnehmer aufgebürdet, wenn der Auftraggeber die Vorerkundung auf den vorab ausgewählten Testfeldern nicht vollständig durchführt und die Vorerkundungsergebnisse nicht vollständig in der Leistungsbeschreibung darstellt (hier: Abbruch der Testberäumung eines von drei Testfeldern und Verschweigen der Vorerkundungsergebnisse dieses besonders hoch belasteten Testfelds). **Im Falle positiver Kenntnis außergewöhnlich hoher Bodenbelastungen in Teilberei-**

chen der zu beräumenden Fläche verstößt es auch gegen das vergaberechtliche Transparenzgebot, wenn der Auftraggeber nur pauschal auf die Möglichkeit von Belastungsabweichungen von einer durchschnittlichen Belastung hinweist, und zwar selbst dann, wenn er – entgegen der Auffassung des von ihm beauftragten Sachverständigen – die Ergebnisse des hoch belasteten Testfelds als nicht repräsentativ ansieht (OLG Naumburg, Urteil vom 15. 12. 2005 – Az.: 1 U 5/05)
- die im Rahmen eines öffentlichen Bauauftrags getroffene Vereinbarung, dass für die Vertragserfüllung erforderliche zusätzliche Leistungen auch dann nicht vergütet werden, wenn sie bei Vertragsschluss nicht bekannt und/oder nicht absehbar waren, ist trotz eines Verstoßes gegen § 9 VOB/A weder sittenwidrig noch nach § 134 BGB unwirksam. Bei einer derartigen **gegen § 9 VOB/A verstoßenden offenen Risikozuweisung stehen dem Auftragnehmer auch keine Ansprüche aus enttäuschtem Vertrauen oder wegen Wegfalls der Geschäftsgrundlage** zu (Landgericht Berlin, Urteil vom 12. 11. 2002 – Az: 13 O 264/02)
- wenn ein **Bodengutachten** auf konkrete Risiken hinweist, darf der Bieter den **Nichteintritt dieses Risikos** (z. B. Wassereinbrüche infolge hoher Bodendurchlässigkeit) **nicht als sicher unterstellen** und dies seinem Angebot (bei der Einheitspreisberechnung für die Wasserhaltung) zu Grunde legen (OLG Koblenz, Urteil vom 17. 4. 2002 – Az: 1 U 829/99)
- wenn das schriftliche Leistungsverzeichnis lediglich eine **funktionale Leistungsbeschreibung ohne genaue Maße** enthält und sich die endgültigen Maße erst aus der aus der Entwurfsplanung zu entwickelnden Ausführungsplanung ergeben, gehören derartige **Maßänderungen zum Leistungsumfang**. Sie liegen im Vergütungsrisiko des Unternehmers und **berechtigen ihn nicht zu einer Nachforderung** (Brandenburgisches OLG, Urteil vom 17. 1. 2002 – Az: 12 U 126/01)
- wenn in der **erfolgsorientiert funktional gestalteten Leistungsbeschreibung** für eine von einer Gemeinde ausgeschriebene Schmutzwasserkanalisation der Baugrund mit Bodenklasse 3 bis 5 angegeben ist, muss der (den Zuschlag erhaltende) Tiefbauunternehmer auch das Vorhandensein einer sog. Tonlinse (i. e. hier: eine 270 m lange und mehrere Meter dicke wasserundurchlässige tonige Schluffschicht) einkalkulieren. Das „**Baugrundrisiko**" **trifft den Unternehmer**. Er kann dann keine Zusatzvergütung deshalb verlangen, weil er die Wasserhaltung durch Minifilter ergänzen muss (OLG Celle, Urteil vom 29. 12. 2000 – Az: 7 U 249/96 – durch Nichtannahmebeschluss vom Bundesgerichtshof bestätigt)
- ein Schadensersatzanspruch aus culpa in contrahendo wegen lückenhafter, unvollständiger oder missverständlicher Ausschreibung der Bauleistung ist ausgeschlossen, wenn der **Auftragnehmer den Ausschreibungsmangel kennt und diesen in Kauf nimmt, um den Auftrag zu erhalten** (OLG Bamberg, Urteil vom 7. 6. 1999 – Az: 4 U 255/98)
- gibt ein Leistungsverzeichnis, das nach den Grundsätzen der VOB/A aufgestellt ist, eine **Vergütung für das Herstellen von Mauerwerksöffnungen als Zulage** vor, werden damit alle verbundenen Schwierigkeiten vollständig abgegolten. Eine solche Vereinbarung bewirkt aber **nicht auch noch zusätzlich einen Ausschluss der Abrechnungsregeln nach den ATV DIN 18330** VOB/C Nr. 5.2.1 und 5.2.2. Aus fachtechnischer Sicht ist das Leistungsverzeichnis so zu verstehen, dass zwar eine Zusatzvergütung erfolgen soll, das Mauerwerk selbst aber nach DIN 18330 Abschnitt 5 aufgemessen werden muss (OLG Düsseldorf, Urteil vom 30. 1. 1998 – Az: 22 U 149/97)

72.23.3 Literatur
- Quack, Friedrich, Warum § 9 VOB/A keine Anspruchsgrundlage für vertragliche Kompensationsansprüche des erfolgreichen Bieters sein kann, ZfBR 2003, 107

73. § 8 VOB/A – Vergabeunterlagen

(1) Die Vergabeunterlagen bestehen aus
1. dem **Anschreiben (Aufforderung zur Angebotsabgabe), gegebenenfalls Bewerbungsbedingungen (§ 8 Absatz 2) und**
2. **den Vertragsunterlagen (§§ 7 und 8 Absatz 3 bis 6).**

Teil 3 VOB/A § 8

(2)

1. Das Anschreiben muss alle Angaben nach § 12 Absatz 1 Nummer 2 enthalten, die außer den Vertragsunterlagen für den Entschluss zur Abgabe eines Angebots notwendig sind, sofern sie nicht bereits veröffentlicht wurden.
2. Der Auftraggeber kann die Bieter auffordern, in ihrem Angebot die Leistungen anzugeben, die sie an Nachunternehmen zu vergeben beabsichtigen.
3. Der Auftraggeber hat anzugeben:

   a) ob er Nebenangebote nicht zulässt,

   b) ob er Nebenangebote ausnahmsweise nur in Verbindung mit einem Hauptangebot zulässt.

   Von Bietern, die eine Leistung anbieten, deren Ausführung nicht in Allgemeinen Technischen Vertragsbedingungen oder in den Vergabeunterlagen geregelt ist, sind im Angebot entsprechende Angaben über Ausführung und Beschaffenheit dieser Leistung zu verlangen.
4. Auftraggeber, die ständig Bauleistungen vergeben, sollen die Erfordernisse, die die Bewerber bei der Bearbeitung ihrer Angebote beachten müssen, in den Bewerbungsbedingungen zusammenfassen und dem Anschreiben beifügen.

(3) In den Vergabeunterlagen ist vorzuschreiben, dass die Allgemeinen Vertragsbedingungen für die Ausführung von Bauleistungen (VOB/B) und die Allgemeinen Technischen Vertragsbedingungen für Bauleistungen (VOB/C) Bestandteile des Vertrags werden. Das gilt auch für etwaige Zusätzliche Vertragsbedingungen und etwaige Zusätzliche Technische Vertragsbedingungen, soweit sie Bestandteile des Vertrags werden sollen.

(4)

1. Die Allgemeinen Vertragsbedingungen bleiben grundsätzlich unverändert. Sie können von Auftraggebern, die ständig Bauleistungen vergeben, für die bei ihnen allgemein gegebenen Verhältnisse durch Zusätzliche Vertragsbedingungen ergänzt werden. Diese dürfen den Allgemeinen Vertragsbedingungen nicht widersprechen.
2. Für die Erfordernisse des Einzelfalles sind die Allgemeinen Vertragsbedingungen und etwaige Zusätzliche Vertragsbedingungen durch Besondere Vertragsbedingungen zu ergänzen. In diesen sollen sich Abweichungen von den Allgemeinen Vertragsbedingungen auf die Fälle beschränken, in denen dort besondere Vereinbarungen ausdrücklich vorgesehen sind und auch nur soweit es die Eigenart der Leistung und ihre Ausführung erfordern.

(5) Die Allgemeinen Technischen Vertragsbedingungen bleiben grundsätzlich unverändert. Sie können von Auftraggebern, die ständig Bauleistungen vergeben, für die bei ihnen allgemein gegebenen Verhältnisse durch Zusätzliche Technische Vertragsbedingungen ergänzt werden. Für die Erfordernisse des Einzelfalles sind Ergänzungen und Änderungen in der Leistungsbeschreibung festzulegen.

(6)

1. In den Zusätzlichen Vertragsbedingungen oder in den Besonderen Vertragsbedingungen sollen, soweit erforderlich, folgende Punkte geregelt werden:

   a) Unterlagen (§ 8 Absatz 9; § 3 Absätze 5 und 6 VOB/B),

   b) Benutzung von Lager- und Arbeitsplätzen, Zufahrtswegen, Anschlussgleisen, Wasser- und Energieanschlüssen (§ 4 Absatz 4 VOB/B),

   c) Weitervergabe an Nachunternehmen (§ 4 Absatz 8 VOB/B),

   d) Ausführungsfristen (§ 9 Absatz 1 bis 4; § 5 VOB/B),

   e) Haftung (§ 10 Absatz 2 VOB/B),

   f) Vertragsstrafen und Beschleunigungsvergütungen (§ 9 Absatz 5; § 11 VOB/B),

   g) Abnahme (§ 12 VOB/B),

   h) Vertragsart (§ 4), Abrechnung (§ 14 VOB/B),

   i) Stundenlohnarbeiten (§ 15 VOB/B),

j) Zahlungen, Vorauszahlungen (§ 16 VOB/B),
k) Sicherheitsleistung (§ 9 Absatz 7 und 8; § 17 VOB/B),
l) Gerichtsstand (§ 18 Absatz 1 VOB/B),
m) Lohn- und Gehaltsnebenkosten,
n) Änderung der Vertragspreise (§ 9 Absatz 9).

2. Im Einzelfall erforderliche besondere Vereinbarungen über die Mängelansprüche sowie deren Verjährung (§ 9 Absatz 6; § 13 Absatz 1, 4 und 7 VOB/B) und über die Verteilung der Gefahr bei Schäden, die durch Hochwasser, Sturmfluten, Grundwasser, Wind, Schnee, Eis und dergleichen entstehen können (§ 7 VOB/B), sind in den Besonderen Vertragsbedingungen zu treffen. Sind für bestimmte Bauleistungen gleichgelagerte Voraussetzungen im Sinne von § 9 Absatz 6 gegeben, so dürfen die besonderen Vereinbarungen auch in Zusätzlichen Technischen Vertragsbedingungen vorgesehen werden.

(7)
1. Bei Öffentlicher Ausschreibung kann eine Erstattung der Kosten für die Vervielfältigung der Leistungsbeschreibung und der anderen Unterlagen sowie für die Kosten der postalischen Versendung verlangt werden.
2. Bei Beschränkter Ausschreibung und Freihändiger Vergabe sind alle Unterlagen unentgeltlich abzugeben.

(8)
1. Für die Bearbeitung des Angebots wird keine Entschädigung gewährt. Verlangt jedoch der Auftraggeber, dass der Bewerber Entwürfe, Pläne, Zeichnungen, statische Berechnungen, Mengenberechnungen oder andere Unterlagen ausarbeitet, insbesondere in den Fällen des § 7 Absatz 13 bis 15, so ist einheitlich für alle Bieter in der Ausschreibung eine angemessene Entschädigung festzusetzen. Diese Entschädigung steht jedem Bieter zu, der ein der Ausschreibung entsprechendes Angebot mit den geforderten Unterlagen rechtzeitig eingereicht hat.
2. Diese Grundsätze gelten für die Freihändige Vergabe entsprechend.

(9) Der Auftraggeber darf Angebotsunterlagen und die in den Angeboten enthaltenen eigenen Vorschläge eines Bieters nur für die Prüfung und Wertung der Angebote (§ 16) verwenden. Eine darüber hinausgehende Verwendung bedarf der vorherigen schriftlichen Vereinbarung.

(10) Sollen Streitigkeiten aus dem Vertrag unter Ausschluss des ordentlichen Rechtswegs im schiedsrichterlichen Verfahren ausgetragen werden, so ist es in besonderer, nur das Schiedsverfahren betreffender Urkunde zu vereinbaren, soweit nicht § 1031 Absatz 2 der Zivilprozessordnung auch eine andere Form der Vereinbarung zulässt.

73.1 Änderungen in der VOB/A 2009

Die Vorschrift wurde **insgesamt neu geordnet und übersichtlicher gestaltet**, Dopplungen – gleiche Regelungsinhalte in mehreren Paragrafen – wurden beseitigt. Nunmehr sind zuerst die Unterlagen für das Anschreiben und anschließend die Vertragsunterlagen genannt. Ferner sind die notwendigen Angaben, die in der Bekanntmachung anzugeben sind, § 12 zugeordnet und nur noch dort genannt. 6720

Begrifflich blieb der Oberbegriff „Vergabeunterlagen" gleich; der Begriff der „**Verdingungsunterlagen**" als „Teilmenge" der Vergabeunterlagen" wurde durch den **Begriff der** „**Vertragsunterlagen**" ersetzt. 6721

Die **Vorschrift des § 20 VOB/A 2006 (Kostenerstattung für den Auftraggeber bzw. die Bieter) wurde insgesamt in § 8 integriert** und als eigenständige Vorschrift gestrichen. 6722

73.2 Vergleichbare Regelungen

Der **Vorschrift des § 8 VOB/A vergleichbar** sind im Bereich der VOB **§ 8a VOB/A** und im Bereich der VOL **§§ 8, 9 EG VOL/A**. Die Kommentierungen zu diesen Vorschriften können daher ergänzend zu der Kommentierung des § 8 herangezogen werden. 6723

73.3 Vergabeunterlagen (§ 8 Abs. 1)

73.3.1 Begriffsbestimmung des § 8

6724 Die Vergabeunterlagen bestehen aus
- dem Anschreiben (Aufforderung zur Angebotsabgabe),
- gegebenenfalls den Bewerbungsbedingungen (§ 8 Abs. 2) und
- den Vertragsunterlagen (§§ 7 und 8 Absätze 3 bis 6).

73.3.2 Begriffsverwendung im Vergabenachprüfungsverfahren

6725 Insbesondere im Vergabenachprüfungsverfahren wird der **Begriff der „Vergabeunterlagen"** – untechnisch – **manchmal weiter gefasst**, nämlich im Sinne von allen Unterlagen, die sich auf ein Ausschreibungsverfahren beziehen, also die „Vergabeakten".

73.4 Anschreiben (Aufforderung zur Angebotsabgabe) – § 8 Abs. 2

73.4.1 Muster

6726 Der Auftraggeber übersendet die Verdingungsunterlagen zusammen mit einem Anschreiben (Aufforderung zur Angebotsabgabe). Die **Bauverwaltungen des Bundes** haben hierfür Muster entwickelt:
- **VHB 2008**: Formblatt 211 (für Ausschreibungen unterhalb der Schwellenwerte) und Formblatt 211 EG (für Ausschreibungen ab den Schwellenwerten)
- **HVA StB-B 04/2010**: 1.1-1 Aufforderung zur Angebotsabgabe, 1.1-2 Muster EU-Aufforderung zur Angebotsabgabe

73.4.2 Zwingender Bestandteil des Anschreibens – Angaben nach § 12 Abs. 1 Nr. 2 (§ 8 Abs. 2 Nr. 1)

6727 Das Anschreiben **muss** alle Angaben nach § 12 Abs. 1 Nr. 2 enthalten, die für den Entschluss zur Abgabe eines Angebots notwendig sind, sofern sie nicht bereits veröffentlicht wurden. Der **Inhalt des Anschreibens hängt also von zwei Bedingungen** ab.

6728 **Einmal** muss der Auftraggeber **nur solche Angaben** nach § 12 Abs. 1 Nr. 2 in das Anschreiben aufnehmen, die **noch nicht in der Bekanntmachung veröffentlicht** wurden. Der **sachliche Hintergrund** dieser Regelung ist, dass **§ 12 Abs. 1 Nr. 2 eine Soll-Vorschrift** ist und öffentliche **Auftraggeber zur Kostenersparnis oftmals nur wenige Angaben** aus dem Katalog des § 12 Abs. 1 Nr. 2 veröffentlichen.

6729 Der Katalog des § 12 Abs. 1 Nr. 2 **umfasst folgende Angaben**:
- Name, Anschrift, Telefon-, Telefaxnummer sowie E-Mailadresse des Auftraggebers (Vergabestelle),
- gewähltes Vergabeverfahren
- gegebenenfalls Auftragsvergabe auf elektronischem Wege und Verfahren der Ver- und Entschlüsselung,
- Art des Auftrags,
- Ort der Ausführung,
- Art und Umfang der Leistung,
- Angaben über den Zweck der baulichen Anlage oder des Auftrags, wenn auch Planungsleistungen gefordert werden,
- falls die bauliche Anlage oder der Auftrag in mehrere Lose aufgeteilt ist, Art und Umfang der einzelnen Lose und Möglichkeit, Angebote für eines, mehrere oder alle Lose einzureichen,
- Zeitpunkt, bis zu dem die Bauleistungen beendet werden sollen oder Dauer des Bauleistungsauftrags; sofern möglich, Zeitpunkt, zu dem die Bauleistungen begonnen werden sollen,
- gegebenenfalls Angaben nach § 8 Absatz 2 Nummer 3 zur Zulässigkeit von Nebenangeboten

Vergabe- und Vertragsordnung für Bauleistungen Teil A   VOB/A § 8   **Teil 3**

- Name und Anschrift, Telefon- und Faxnummer, E-Mailadresse der Stelle, bei der die Vergabeunterlagen und zusätzliche Unterlagen angefordert und eingesehen werden können,
- gegebenenfalls Höhe und Bedingungen für die Zahlung des Betrags, der für die Unterlagen zu entrichten ist,
- bei Teilnahmeantrag: Frist für den Eingang der Anträge auf Teilnahme, Anschrift, an die diese Anträge zu richten sind, Tag, an dem die Aufforderungen zur Angebotsabgabe spätestens abgesandt werden,
- Frist für den Eingang der Angebote,
- Anschrift, an die die Angebote zu richten sind, gegebenenfalls auch Anschrift, an die Angebote elektronisch zu übermitteln sind,
- Sprache, in der die Angebote abgefasst sein müssen,
- Datum, Uhrzeit und Ort des Eröffnungstermins sowie Angabe, welche Personen bei der Eröffnung der Angebote anwesend sein dürfen,
- gegebenenfalls geforderte Sicherheiten,
- wesentliche Finanzierungs- und Zahlungsbedingungen und/oder Hinweise auf die maßgeblichen Vorschriften, in denen sie enthalten sind,
- gegebenenfalls Rechtsform, die die Bietergemeinschaft nach der Auftragsvergabe haben muss,
- verlangte Nachweise für die Beurteilung der Eignung des Bewerbers oder Bieters,
- Zuschlagsfrist,
- Name und Anschrift der Stelle, an die sich der Bewerber oder Bieter zur Nachprüfung behaupteter Verstöße gegen Vergabebestimmungen wenden kann.

Da der öffentliche **Auftraggeber nicht wissen kann, welche dieser 23 Angaben für welchen Bewerber für den Entschluss zur Abgabe eines Angebots notwendig** sind, tut er gut daran, **alle diejenigen Angaben nach § 12 Abs. 1 Nr. 2 zum Bestandteil des Anschreibens zu machen, die noch nicht veröffentlicht** wurden.   6730

Da die **Angaben des § 12 Abs. 2 Nr. 1** ihren Schwerpunkt in der Bekanntmachung (§ 12) haben, werden sie **inhaltlich auch dort kommentiert**.   6731

73.4.3 Fakultativer Bestandteil des Anschreibens – Angaben über Nachunternehmerleistungen (§ 8 Abs. 2 Nr. 2)

73.4.3.1 Ermessensregelung

Es steht **im Ermessen des Auftraggebers**, die künftigen Bieter zu Angaben über Nachunternehmerleistungen aufzufordern. Will der Auftraggeber eine **vollständige Eignungsprüfung durchführen, hat er in der Praxis keine andere Wahl**, als die entsprechenden **Angaben von den künftigen Bietern einzufordern**.   6732

73.4.3.2 Zulässigkeit einer solchen Forderung

Die **Vergabestelle** ist gemäß Art. 47 Abs. 2 und Art. 48 Abs. 3 der Vergabekoordinierungsrichtlinie 2004/18/EG vom 31. März 2004 **berechtigt, vom Bieter Angaben über den beabsichtigten Nachunternehmereinsatz zu fordern** (BayObLG, B. v. 11. 2. 2004 – Az.: Verg 1/04, B. v. 8. 11. 2002 – Az.: Verg 27/02, B. v. 17. 6. 2002 – Az.: Verg 14/02; OLG Dresden, B. v. 12. 6. 2002 – Az.: WVerg 0006/02; OLG Koblenz, B. v. 13. 2. 2006 – Az.: 1 Verg 1/06; Schleswig-Holsteinisches OLG, B. v. 10. 3. 2006 – Az.: 1 (6) Verg 13/05; LG Hannover, Urteil v. 17. 9. 2007 – Az.: 10 O 63/07; 2. VK Bund, B. v. 30. 8. 2006 – Az.: VK 2-95/06; B. v. 6. 10. 2003 – Az.: VK 2–80/03; VK Nordbayern, B. v. 24. 1. 2008 – Az.: 21.VK – 3194 – 52/07; B. v. 9. 10. 2006 – Az.: 21.VK – 3194 – 30/06; B. v. 9. 8. 2005 – Az.: 320.VK – 3194 – 27/05; B. v. 12. 2. 2004 – Az.: 320.VK-3194-01/04, B. v. 13. 11. 2003 – Az.: 320.VK-3194-40/03, B. v. 6. 2. 2003 – Az.: 320.VK3194-01/03; VK Rheinland-Pfalz, B. v. 16. 3. 2005 – Az.: VK 05/04; B. v. 29. 11. 2004 – Az.: VK 20/04; B. v. 10. 10. 2003 – Az.: VK 18/03; 1. VK Sachsen, Beschluss vom 23. 8. 2005 – Az.: 1/SVK/098-05; B. v. 22. 7. 2005 – Az.: 1/ SVK/080-05; VK Südbayern, B. v. 29. 5. 2006 – Az.: 12-04/06; B. v. 10. 2. 2005 – Az.: 81-12/04; B. v. 1. 7. 2004 – Az.: 40-06/04; B. v. 13. 7. 2004 – Az.: 39-06/04; B. v. 3. 6. 2004 – Az.: 36-05/04; B. v. 17. 5. 2004 – Az.: 17-03/04; B. v. 27. 8. 2003 – Az.: 35-08/03, B. v. 27. 8.   6733

Teil 3 VOB/A § 8 Vergabe- und Vertragsordnung für Bauleistungen Teil A

2003 – Az.: 34-07/03, B. v. 12. 3. 2003 – Az.: 04-02/03). Die Angaben sind insbesondere **bedeutsam für die Beurteilung der Sachkunde, Leistungsfähigkeit und Zuverlässigkeit** des Bieters. Überdies ist es im Rahmen der **Bauorganisation** für den Auftraggeber von Interesse, mit welchen Unternehmen er es zu tun hat (BayObLG, B. v. 11. 2. 2004 – Az.: Verg 1/04).

6734 Der Auftraggeber ist berechtigt, diese **Forderung entweder in das Anschreiben aufzunehmen oder sie im Wege von Besonderen Vertragsbedingungen zur Vorgabe zu machen** (OLG Koblenz, B. v. 7. 7. 2004 – Az.: 1 Verg 1 und 2/04).

6735 Eine **vergleichbare Regelung enthält § 8 Abs. 3 SektVO**. Auch nach dieser Vorschrift kann der Auftraggeber die Bieter auffordern, in ihrem Angebot die Leistungen anzugeben, die sie an Nachunternehmer zu vergeben beabsichtigen (VK Nordbayern, B. v. 25. 6. 2004 – Az.: 320.VK – 3194 – 19/04).

73.4.3.3 Formularmuster

6736 Die Bauverwaltungen des Bundes haben Muster für die Erklärung zu Nachunternehmerleistungen entwickelt:

– **VHB 2008**: Formblatt 233, 234, 235, 236

– **HVA B-StB**: HVA B-StB 1.0–3 Muster Verzeichnis Nachunternehmerleistungen, 1.0–4 Muster Leistungen anderer Unternehmen, 1.0–5 Muster Verpflichtungserklärung Leistungen anderer Unternehmen.

73.4.4 Weitere fakultative Bestandteile des Anschreibens

73.4.4.1 Änderung in der VOB/A 2009

6737 § 10 Nr. 5 Abs. 2 VOB/A 2006 enthielt u. a. in **§ 10 Nr. 5 Abs. 2 lit. q) VOB/A 2006** die Bestimmung, dass in dem Anschreiben **auch sonstige Erfordernisse, die die Bewerber bei der Bearbeitung ihrer Angebote beachten müssen**, anzugeben sind. Diese **Regelung** wurde **gestrichen**.

6738 Die Streichung bedeutet aber **nicht**, dass es dem **Auftraggeber verboten** ist, weitere für die Bieter und deren Entschluss zur Angebotsabgabe wichtige Angaben in das Anschreiben aufzunehmen.

73.4.4.2 Mögliche weitere Angaben

6739 **73.4.4.2.1 Forderung nach einem Wartungsvertrag. 73.4.4.2.1.1 Zulässigkeit.** Die **Angabe eines Wartungsvertrags ist ein geeignetes Kriterium, das wirtschaftlichste Angebot zu ermitteln**, dem der Zuschlag zu erteilen ist. Der niedrigste Angebotspreis ist dafür nicht allein entscheidend. Denn das Angebot eines Wartungsvertrages beeinflusst die Wirtschaftlichkeit eines Gesamtangebots unter dem Gesichtspunkt der Folgekosten (OLG Düsseldorf, B. v. 30. 6. 2004 – Az.: VII – Verg 22/04; im Ergebnis ebenso VK Südbayern, B. v. 7. 4. 2006 – Az.: 07-03/06).

6740 **73.4.4.2.1.2 Richtlinie des VHB 2008.** Die Übertragung der Wartung/Instandhaltung kommt in Betracht für Anlagen bzw. Anlagenteile der technischen Gebäudeausrüstung, bei denen eine ordnungsgemäße Wartung/Instandhaltung einen erheblichen Einfluss auf die Sicherheit und Funktionsfähigkeit der Anlage hat (Richtlinien zu 112 – Wartung/Instandhaltung – Vereinbarung mit der liegenschaftsverwaltenden Stelle – Ziffer 1).

6741 Die Vergabestelle hat vor Aufstellung der Vergabeunterlagen mit der mit der liegenschaftsverwaltenden Stelle unter Verwendung des Formblatts 112 zu klären, ob ein Wartungs- oder Instandhaltungsvertrag mit ausgeschrieben werden soll. Soll keine Wartung/Instandhaltung mit ausgeschrieben werden und fordert die liegenschaftsverwaltende Stelle für die Verjährung von Mängelansprüchen die Vereinbarung einer längeren Frist als 2 Jahre, ist dies abzulehnen. Eine solche Vereinbarung kann zur Folge haben, dass die VOB/B nicht mehr als Ganzes vereinbart und damit nicht mehr Vertragsbestandteil ist (Richtlinien zu 112 – Wartung/Instandhaltung – Vereinbarung mit der liegenschaftsverwaltenden Stelle – Ziffer 2).

6742 Es sind die jeweils aktuellen Vertragsmuster des AMEV zu verwenden (Richtlinien zu 112 – Wartung/Instandhaltung – Vereinbarung mit der liegenschaftsverwaltenden Stelle – Ziffer 3).

73.4.5 Zwingender Bestandteil des Anschreibens – Angaben über Nebenangebote (§ 8 Abs. 2 Nr. 3)

73.4.5.1 Begriff des Nebenangebots

Ein **Nebenangebot** liegt **immer dann** vor, wenn ein Bieter **eine andere als nach der Leistungsbeschreibung oder dem Leistungsverzeichnis vorgesehene Art der Ausführung** anbietet (OLG Zweibrücken, Urteil v. 24. 1. 2008 – Az.: 6 U 25/06; 1. VK Bund, B. v. 25. 3. 2003 – Az.: VK 1–11/03; VK Hamburg, B. v. 21. 4. 2004 – Az.: VgK FB 1/04; VK Lüneburg, B. v. 12. 6. 2007 – Az.: VgK-23/2007; VK Niedersachsen, B. v. 8. 1. 2010 – Az.: VgK-68/2009; B. v. 24. 2. 2009 – Az.: VgK-57/2008; 1. VK Sachsen, B. v. 27. 4. 2004 – Az.: 1/SVK/031-04; VK Schleswig-Holstein, B. v. 11. 2. 2010 – Az.: VK-SH 29/09; B. v. 3. 11. 2004 – Az.: VK-SH 28/04). Der Begriff „Nebenangebot" setzt also eine Abweichung vom geforderten Angebot voraus, und zwar einer **Abweichung jeder Art, unabhängig von ihrem Grad, ihrer Gewichtung oder ihrem Umfang** (VK Lüneburg, B. v. 12. 6. 2007 – Az.: VgK-23/2007; VK Schleswig-Holstein, B. v. 11. 2. 2010 – Az.: VK-SH 29/09); deshalb werden **selbst Bietervorschläge, die eine völlig andere als die vorgeschlagene Leistung zum Gegenstand haben, als Nebenangebote angesehen**. Ein Nebenangebot liegt somit auch dann vor, wenn der Bieter ein Angebot abgibt, das einen Preisnachlass enthält, der an bestimmte Bedingungen geknüpft wird (VK Brandenburg, B. v. 1. 3. 2005 – Az.: VK 8/05). 6743

Nebenangebote können in technischer, wirtschaftlicher (Zahlungsmodalitäten), rechtlicher oder anderer Hinsicht (Bauzeit) eine andere Lösung anbieten, als vom Auftraggeber in den Ausschreibungsunterlagen vorgesehen (Thüringer OLG, B. v. 21. 9. 2009 – Az.: 9 Verg 7/09; OLG Zweibrücken, Urteil v. 24. 1. 2008 – Az.: 6 U 25/06; VK Niedersachsen, B. v. 24. 2. 2009 – Az.: VgK-57/2008; VK Schleswig-Holstein, B. v. 11. 2. 2010 – Az.: VK-SH 29/09). 6744

Das **Vergaberecht kennt keine Unterscheidung zwischen Nebenangeboten und Alternativvorschlägen und Varianten**, diese Begriffe werden vielmehr in der Rechtsprechung der Vergabekammern und -senate **nahezu gleichwertig** verwandt (VK Hessen, B. v. 30. 9. 2009 – Az.: 69 d VK – 32/2009). 6745

73.4.5.2 Abgrenzung zum Begriff des Hauptangebots

Eine **Zweiteilung in Hauptangebot und Nebenangebot findet nicht statt**. Nach den Erläuterungen des Deutschen Verdingungsausschusses für Leistungen (DVAL) zu § 17 Nr. 3 Abs. 5 Satz 1 VOL/A a. F., die zwar keinen rechtsverbindlichen Charakter haben, aber in Zweifelsfällen bei der Auslegung der Verdingungsordnung herangezogen werden können, **umfasst der Begriff „Nebenangebot" jede Abweichung vom geforderten Angebot**. Selbst Änderungsvorschläge sind danach als Nebenangebote zu betrachten. Dies widerspricht auch nicht den europäischen Vergaberechtsrichtlinien. So wird in der Sektorenkoordinationsrichtlinie nicht weiter zwischen Nebenangeboten und Änderungsvorschlägen unterschieden, sondern es ist einheitlich von „Varianten" die Rede (Art. 34 Abs. 3) – OLG Düsseldorf, B. v. 9. 4. 2003 – Az.: Verg 69/02. 6746

Nach Auffassung der 1. VK Bund ist hingegen der Begriff des Hauptangebots zwar nicht definiert, er versteht sich aber von selbst: Umfasst der Begriff des „Nebenangebots" jede Abweichung vom geforderten Angebot, so muss das **Hauptangebot definitionsgemäß exakt die im Leistungsverzeichnis geforderte Leistung anbieten**, so dass **Deckungsgleichheit zwischen Leistungsbeschreibung und Angebot** besteht (1. VK Bund, B. v. 17. 7. 2003 – Az.: VK 1–55/03). 6747

Mehrere Hauptangebote eines Bieters, die sich in technischer Hinsicht unterscheiden, sind zulässig. Zunächst einmal kann für die **Abgabe mehrerer Hauptangebote mit unterschiedlichen technischen Lösungen ein Bedürfnis** bestehen. Der Bieter kann sich aus vertretbaren Gründen im Unklaren darüber sein, ob die von ihm angebotene Leistung vom Auftraggeber als „gleichwertig" im Sinne der § 7 Abs. 5, Abs. 6, Abs. 8 Satz 2, § 13 Abs. 2 VOB/A angesehen wird. Gehört zu den Zuschlagskriterien neben dem Preis auch die Qualität, kann er nur bedingt vorhersehen, inwieweit qualitative Verbesserungen, insbesondere bei funktionaler Ausschreibung (§ 7 Abs. 13 ff. VOB/A), letztlich zu einer Verbesserung seiner Zuschlagschancen führen werden. Bedenken können bei dieser Fallgestaltung nicht aus den Grundsätzen der Gleichbehandlung und Transparenz hergeleitet werden. Der Inhalt des jeweiligen Angebots ist klar. Der Auftraggeber ist gehalten, die unterschiedlichen Angebote – wie auch die unterschiedlichen Angebote unterschiedlicher Bieter – anhand der Ausschluss- und Zuschlagskrite- 6748 rien zu bewerten. Gegen die Einreichung von Nebenangeboten (sofern sie zugelassen und zulässig sind) werden unter diesem Gesichtspunkt auch keine Bedenken erhoben, obwohl auch in einer derartigen Fallgestaltung vom Auftraggeber – u.a. – aus mehreren Angeboten desselben Bieters eine Auswahl zu treffen ist. Ist der Preis das einzige Zuschlagskriterium, hat der Auftraggeber das billigste (unter den nicht aus sonstigen Gründen auszuschließenden) Angeboten auszuwählen (OLG Düsseldorf, B. v. 23. 3. 2010 – Az.: VII-Verg 61/09).

73.4.5.3 Sinn und Zweck sowie Nutzen eines Nebenangebots

6749 Es liegt gerade in der Intention der Zulassung von Nebenangeboten, die **Erfahrung und den Sachverstand teilnehmender Unternehmen in einem Bereich jenseits der durch die Gleichwertigkeitsmaxime gesetzten Schranken nutzbar zu machen**, weil auf diese Weise das mit der Ausschreibung verfolgte Planungskonzept optimiert und die Leistungsmerkmale dem einem Beschaffungsvorhaben übergeordneten Leistungszweck angepasst werden können. Vergaberechtliche Bedenken sind insoweit nicht zu erheben, weil Vergabestelle und Bieter gleichermaßen von einem konstruktiven „Ideenwettbewerb" – in den genannten Grenzen – profitieren können (Thüringer OLG, B. v. 19. 3. 2004 – Az.: 6 U 1000/03). Mit der Zulassung von Nebenangeboten **können auch in das Ausschreibungsverfahren neueste technische Erkenntnisse einbezogen werden**, über die der Auftraggeber oft nicht wie der Bieter unterrichtet ist (OLG Celle, B. v. 21. 8. 2003 – Az.: 13 Verg 13/03; VK Lüneburg, B. v. 12. 6. 2007 – Az.: VgK-23/2007; VK Niedersachsen, B. v. 8. 1. 2010 – Az.: VgK-68/2009).

6750 Die grundsätzliche Öffnung der VOB für Nebenangebote dient in erster Linie dazu, dem **Bieter die Möglichkeit einzuräumen**, die vom Auftraggeber detailliert vorgeplante Bauausführung durch die **Einführung von Innovationen** oder anderen technischen Lösungsmöglichkeiten zu optimieren, um das bestmögliche Bauergebnis zu erreichen (OLG Zweibrücken, Urteil v. 24. 1. 2008 – Az.: 6 U 25/06; VK Niedersachsen, B. v. 24. 2. 2009 – Az.: VgK-57/2008).

6751 Grundsätzlich kann es erwünscht sein, dass **Bieter** im Blick auf den geforderten Leistungsumfang hinsichtlich von Kosten und Nutzen **Ideen entwickeln** und im Rahmen von Nebenangeboten **Einsparungspotentiale anbieten**, die eine andere Ausführung der Bauleistung abweichend von der Ausschreibung vorschlagen. Im Blick auf die Konkurrenzsituation im Wettbewerb der Bieter **sind diesem Verhalten jedoch Grenzen gesetzt**, die der Auftraggeber bei der Wertung beachten muss (VK Baden-Württemberg, B. v. 15. 5. 2003 – Az.: 1 VK 20/03).

73.4.5.4 Risiken von Nebenangeboten

6752 Nebenangebote können **ungeachtet der damit verbundenen Chancen auch mit erheblichen Risiken behaftet sein**, und zwar sowohl **für den Auftragnehmer** als auch **für den Auftraggeber**. Ein erhebliches Risiko kann für einen Bieter, der ein Nebenangebot abgegeben hat, darin bestehen, dass er für dessen Inhalt, insbesondere was die technische Gestaltung und die praktische Ausführung anbelangt, voll verantwortlich ist. Demgegenüber besteht das Risiko für den Auftraggeber zunächst vor allem darin, dass Nebenangebote von Bietern vor allem in dem Bestreben unterbreitet werden, die Auftragschance durch preislich günstige Vorschläge zu verbessern. Die Folge davon kann sein, dass Änderungsvorschläge oder Nebenangebote mit der ausgeschriebenen Leistung nicht gleichwertig sind und – im Auftragsfall – der Auftraggeber nicht das erhält, was er in qualitativer oder quantitativer Hinsicht eigentlich haben wollte. Nicht zuletzt **aufgrund dieser Risiken darf der Auftraggeber nur solche Nebenangebote beauftragen, die mit dem Amtsvorschlag technisch und wirtschaftlich gleichwertig** sind, wobei diese Eigenschaft vom Bieter im Zweifelsfall nachgewiesen werden muss (VK Niedersachsen, B. v. 8. 1. 2010 – Az.: VgK-68/2009; B. v. 24. 2. 2009 – Az.: VgK-57/2008).

73.4.5.5 Beispiele aus der Rechtsprechung

6753 **73.4.5.5.1 Unbedingter Preisnachlass.** Auch eine **Erklärung über einen globalen Preisnachlass ohne Bedingungen kann in Form eines Nebenangebotes abgegeben** werden. Denn ein Nebenangebot setzt lediglich eine Abweichung vom geforderten oder abgegebenen Angebot voraus, wobei diese Abweichung jeglicher Art sein kann, unabhängig von ihrem Grad, ihrer Gewichtung oder ihrem Umfang. Das bedeutet gleichzeitig, dass nicht nur technische Abweichungen, sondern auch solche wirtschaftlicher, rechtlicher oder rechnerischer Art als Nebenangebot zu qualifizieren sind (VK Münster, B. v. 21. 12. 2005 – Az.: VK 25/05; VK Schleswig-Holstein, B. v. 1. 4. 2004 – Az.: VK-SH 05/04).

Vergabe- und Vertragsordnung für Bauleistungen Teil A VOB/A § 8 **Teil 3**

73.4.5.5.2 Bedingter Preisnachlass (Skonto). 73.4.5.5.2.1 Rechtsprechung. Nach einer 6754
Auffassung liegt in dem Angebot „**Bei Zahlung der Rechnungen innerhalb von 14 Tagen nach Rechnungseingang gewähren wir ein Skonto in Höhe von ...% auf den jeweiligen Rechnungsbetrag (netto)**" bei wortlautgemäßer Aussage das **Angebot eines bedingten Preisnachlasses, nicht aber einer Änderung des im Leistungsverzeichnis aufgeführten Leistungsinhalts oder auch nur einzelner Abschnitte** davon. Vielmehr handelt es sich lediglich um die Zusage eines Preisabschlags innerhalb der genannten 14-Tagesfrist ab Rechnungseingang. Ein solcher bedingter Preisnachlass ist aber keine inhaltliche Änderung dessen, was ein Bieter dem Auftraggeber als Bauleistung angeboten hat (VK Brandenburg, B. v. 26. 3. 2002 – Az.: VK 4/02).

Von dieser Rechtsprechung rückt die VK Brandenburg in einer späteren Entscheidung ab. 6755
Danach liegt ein **Nebenangebot auch dann vor, wenn der Bieter ein Angebot abgibt, das einen Preisnachlass enthält, der an bestimmte Bedingungen geknüpft wird** (VK Brandenburg, B. v. 1. 3. 2005 – Az.: VK 8/05).

Auf der anderen Seite wird das **Angebot eines Nachlasses für den Fall einer Vorauszah-** 6756
lung nach § 16 Abs. 2 Abs. 1 VOB/B **gegen Gewährung einer entsprechenden Bürgschaft als Nebenangebot** behandelt (VK Brandenburg, B. v. 21. 10. 2002 – Az.: VK 55/02).

Ein **bedingter Preisnachlass** liegt **auch dann** vor, wenn er für den Fall angeboten wird, 6757
dass der **Bieter den Zuschlag für mehrere Lose erhält** (OLG Brandenburg, B. v. 20. 3. 2007 – Az.: Verg W 12/06).

73.4.5.5.2.2 Literatur 6758

– Stellmann, Frank/Isler, Tim, Der Skontoabzug im Bauvertragswesen – Ein dogmatischer und praktischer Leitfaden, ZfBR 2004, 633

73.4.5.5.3 Pauschalpreisangebot. Als **Nebenangebot** ist es **auch** anzusehen, wenn **ohne** 6759
Änderung des Leistungsinhalts eine **andere Vergütungsart**, als in der Ausschreibung verlangt (**Pauschalpreisangebot**) angeboten wird (BayObLG, B. v. 2. 12. 2002 – Az.: Verg 24/02; OLG Zweibrücken, Urteil v. 24. 1. 2008 – Az.: 6 U 25/06; VK Münster, B. v. 10. 2. 2004 – Az.: VK 01/04; VK Thüringen, B. v. 7. 11. 2003 – Az.: 216–4002.20–055/03–EF-S).

Das Pauschalangebot beinhaltet also **keine technisch vom Leistungsverzeichnis abwei-** 6760
chende Lösung, sondern vielmehr eine **Abweichung hinsichtlich des Bauvertragstyps**: Angebot eines Pauschalvertrages statt – wie in der Ausschreibung vorgesehen – eines Einheitspreisvertrages. Der Sache nach handelt es sich um ein Nebenangebot (1. VK Bund, B. v. 11. 6. 2002 – Az.: VK 1–25/02).

Trifft ein Auftraggeber die **Entscheidung für eine Ausschreibung nach einzelnen Fach-** 6761
losen, ist für die Bieter ein **Vertrauenstatbestand dahin geschaffen**, dass die Arbeiten auch getrennt nach der gewählten fachlichen Aufteilung vergeben würden. Will der **Auftraggeber davon abweichen, ist er deshalb verpflichtet, in die Ausschreibung den Hinweis aufzunehmen, dass er auch ein Nebenangebot über eine Pauschalsumme, in der z. B. alle 28 Einzellose zusammengefasst sind, entgegennehmen und in die Prüfung für den Zuschlag aufnehmen werde**. Nur so kann er sich ohne Verletzung schutzwürdiger Interessen der Bieter die Möglichkeit erhalten, den Auftrag an einen einzigen Bieter zum Gesamtpauschalpreis zu vergeben (OLG Zweibrücken, Urteil v. 24. 1. 2008 – Az.: 6 U 25/06).

Zu den **inhaltlichen Voraussetzungen an die Zulässigkeit eines Pauschalpreisneben-** 6762
angebots vgl. die Kommentierung zu → § 4 VOB/A Rdn. 19 ff.

73.4.5.5.4 Angebot mit zum Leitfabrikat gleichwertigen Produkten. Ist die Leis- 6763
tungsbeschreibung insoweit offen, als bei Positionen der Zusatz „oder gleichwertig" zu einem genau bezeichneten Leitfabrikat beigefügt wird, ist dieser Zusatz aus rechtlichen Gründen auch erforderlich, da § 7 Abs. 8 VOB/A die Verwendung bestimmter Fabrikatsangaben etc. im Leistungsverzeichnis nur mit diesem Zusatz erlaubt. Folglich stellt ein **Angebot, das nicht das Leitfabrikat anbietet, dann kein Nebenangebot dar, wenn die angebotenen Produkte hiermit gleichwertig sind**; würde man jede Abweichung vom Leitfabrikat als Nebenangebot ansehen, so würde die in § 7 Abs. 8 VOB/A beinhaltete Vorgabe unterlaufen (OLG Düsseldorf, B. v. 23. 3. 2010 – Az.: VII-Verg 61/09; 1. VK Bund, B. v. 17. 7. 2003 – Az.: VK 1–55/03). Ein **Ausschluss als nicht zugelassenes Nebenangebot** ist **unzulässig** (OLG Düsseldorf, B. v. 23. 3. 2010 – Az.: VII-Verg 61/09).

73.4.5.5.5 Angebot mit einer anderen Bauweise. Wird mit einem Nebenangebot eine 6764
andere als die in den Ausschreibungsunterlagen verlangte Bauweise angeboten, so setzt die **Zu-**

lässigkeit des Nebenangebots in aller Regel nicht voraus, dass der Auftraggeber diese Bauweise ausdrücklich als zugelassen oder erwünscht bezeichnet hat (OLG Celle, B. v. 21. 8. 2003 – Az.: 13 Verg 13/03).

6765   **73.4.5.5.6 Nebenangebote, die vom Eintritt einer Bedingung abhängig sind.** Nebenangebote, die vom Eintritt einer Bedingung abhängig sind, sind grundsätzlich zulässig. **Unzulässig sind lediglich solche Nebenangebote, die eine Bedingung enthalten, deren Eintritt vom Verhalten des Bieters abhängt.** Eine so geartete Fallkonstellation ist jedoch **nicht gegeben, wenn z. B. die Durchführung des Nebenangebots von einer behördlichen Genehmigung abhängt.** Diese Genehmigung hat nicht der Bieter, sondern die Vergabestelle einzuholen. Der Bedingungseintritt ist folglich nicht vom Verhalten des Bieters abhängig. Zwar hat die Vergabestelle es nicht in der Hand, den Eintritt der Bedingung unmittelbar und selbst herbeizuführen. Das ändert jedoch nichts daran, dass der Eintritt der Bedingung in ihrer Risikosphäre liegt. Sie hat eine Prognoseentscheidung zu treffen, ob sie den Eintritt der Bedingung herbeiführen kann. Die Vergabestelle hat hierbei prognostiziert, dass sie in der Lage sein wird, die erforderliche Genehmigung der Gewässerdirektion herbeizuführen (VK Baden-Württemberg, B. v. 18. 10. 2002 – Az.: 1 VK 53/02).

6766   Insbesondere dann, wenn **für den Nichteintritt einer Bedingung keine vertragliche Regelung im Sinne eines Auffangtatbestandes vorhanden ist, der Eintritt der Bedingung in der Risikosphäre des Bieters liegt und die Wertung eines Nebenangebots die Stellung im Wettbewerb beeinflusst**, müssen an eine Prognoseentscheidung so hohe Anforderungen gestellt werden, dass der **Nichteintritt der Bedingung nahezu ausgeschlossen** ist (1. VK Saarland, B. v. 27. 4. 2004 – Az.: 1 VK 02/2004).

6767   **73.4.5.5.7 Dynamische Kaufpreisgestaltung als Nebenangebot.** In bestimmten VOB-Ausschreibungen – etwa bei ÖPP-Ausschreibungen – **können auch dynamische Kaufpreisgestaltungen** (z. B. mehrstufig nach Eintritt ungewisser Bedingungen fällig werdende Zahlungen) **zulässig** sein (OLG Düsseldorf, B. v. 21. 11. 2007 – Az.: Verg 32/07).

6768   **73.4.5.5.8 Erläuterung der Mindestanforderungen an Nebenangebote.** Bei Ausschreibungen ab den Schwellenwerten hat der EuGH entschieden, dass der Auftraggeber **verpflichtet ist, in den Verdingungsunterlagen die Mindestanforderungen zu erläutern, die diese Nebenangebot erfüllen müssen.** Zu den Einzelheiten vgl. die Kommentierung zu → § 16 VOB/A Rdn. 697 ff.

6769   Nach **Auffassung des Pfälzischen Oberlandesgerichtes Zweibrücken** erfordert das im Bauvergaberecht geltende **Transparenzgebot auch bei Aufträgen unterhalb des so genannten Schwellenwertes,** dass die **Nebenangebote bestimmte Mindestanforderungen** erfüllen (OLG Zweibrücken, Urteil v. 24. 1. 2008 – Az.: 6 U 25/06).

73.4.5.6 Zulassung oder Ausschluss von Nebenangeboten

6770   **73.4.5.6.1 Allgemeines.** Wenn der Auftraggeber Nebenangebote wünscht oder nicht zulassen will oder ausnahmsweise nur in Verbindung mit einem Hauptangebot zulassen will, so ist dies anzugeben. **§ 8 Abs. 2 Nr. 3 VOB/A lässt offen, in welcher Art und Weise der Auftraggeber diese Bedingung zum Ausdruck bringt.**

6771   Nach der älteren Rechtsprechung war die Zulassung von Nebenangeboten der Regelfall, ein **eventueller Ausschluss bedarf sowohl besonderer Gründe als auch besonderer Erwähnung** (Schleswig-Holsteinisches OLG, B. v. 15. 2. 2005 – Az.: 6 Verg 6/04).

6772   Diese **Rechtsprechung hat zumindest für Aufträge ab den Schwellenwerten keinen Bestand** mehr. Nach Art. 24 Abs. 2, 3 und 4 Satz 1 der Richtlinie 2004/18/EG (Vergabekoordinierungsrichtlinie) geben die öffentlichen Auftraggeber in der Bekanntmachung an, ob Nebenangebote zulässig sind; **fehlt eine entsprechende Angabe, so sind keine Nebenangebote zugelassen** (OLG München, B. v. 12. 11. 2010 – Az.: Verg 21/10; VK Thüringen, B. v. 5. 5. 2009 – Az.: 250–4002.20–2398/2009-002-ABG); vgl. dazu im Einzelnen die Kommentierung zu → § 16 VOB/A Rdn. 266.

6773   Ansonsten **obliegt es der pflichtgemäßen Ermessensentscheidung** des Auftraggebers, ob er Nebenangebote zulässt oder nicht (3. VK Bund, B. v. 10. 5. 2010 – Az.: VK 3–42/10).

6774   **73.4.5.6.2 Genereller Ausschluss.** Ein Auftraggeber kann **Nebenangebote generell nicht zulassen** (VK Nordbayern, B. v. 25. 3. 2002 – Az.: 320.VK-3194-06/02), muss dies jedoch ausdrücklich und für alle Bieter unmissverständlich erklären (VK Nordbayern, B. v. 18. 10. 2001 – Az.: 320.VK-3194-34/01).

Eine einmal getroffene Festlegung zur Nichtzulassung von Nebenangeboten kann 6775
späterhin in Vergabeunterlagen nicht mehr rückgängig gemacht werden. Will der Auftraggeber seine bisherige Zulassungspraxis ändern, muss er eine **Korrektur der Bekanntmachung vornehmen und gleichzeitig die Angebotsfristen angemessen verlängern**. Ansonsten kommen nur die Bewerber in den Genuss der Änderung, die sich von dem Verbot von Nebenangeboten nicht haben abschrecken lassen oder die ggf. sogar die Änderung der Sichtweise des Auftraggebers – aus welchen Gründen auch immer – vorhergesehen haben. Der Manipulation des Auftraggebers sind bei Zulassung derartiger Änderung erst mit den Bewerbern, die die Verdingungsunterlagen abfordern, Tür und Tor geöffnet (1. VK Sachsen, B. v. 13. 4. 2005 – Az.: 1/SVK/018-05).

73.4.5.6.3 Besondere Kriterien für den Ausschluss. Der **Auftraggeber** legt die Anfor- 6776
derungen an den Inhalt der Angebote fest. Es steht ihm **frei**, in den Vergabeunterlagen nicht nur über die generelle Zulässigkeit von Nebenangeboten und Änderungsvorschlägen zu entscheiden, sondern er kann darüber hinaus in die Vergabeunterlagen auch **besondere Kriterien für die Zulassung von Nebenangeboten aufnehmen** (VK Rheinland-Pfalz, B. v. 7. 6. 2002 – Az.: VK 13/02).

73.4.5.6.4 Eindeutige Formulierungen in den Vergabeunterlagen. Ein öffentlicher Auf- 6777
traggeber muss eine verbindliche Vorgabe im Sinne eines Ausschlusskriteriums **klar zum Ausdruck bringen** (2. VK Bund, B. v. 30. 4. 2002 – Az.: VK 2–10/02).

Der Auftraggeber kann auch **durch eindeutige Formulierungen in den Vergabeunterla-** 6778
gen klarstellen, dass **bestimmte Festlegungen** des Leistungsverzeichnisses **verbindlich** sind und **Nebenangebote hierzu nicht zugelassen** werden (VK Arnsberg, B. v. 27. 1. 2004 – Az.: VK 1–31/2003; VK Lüneburg, B. v. 26. 1. 2004 – Az.: 203-VgK-39/2003; VK Nordbayern, B. v. 20. 3. 2003 – Az.: 320.VK-3194-07/03, B. v. 18. 10. 2001 – Az.: 320.VK-3194-34/01).

73.4.5.6.5 Ausschluss oder Zulassung durch Auslegung der Vergabeunterlagen. Die 6779
Gesamtbetrachtung und Auslegung der Angaben zu den Nebenangeboten kann den Schluss zulassen, dass die Vergabestelle die Abgabe von Nebenangeboten nicht für zulässig erklärt hat (VK Arnsberg, B. v. 27. 1. 2004 – Az.: VK 1–31/2003). Verbindliche Festlegungen (sog. K. O.-Kriterien) können also auch im Wege der Auslegung der Vergabeunterlagen erfolgen (VK Arnsberg, B. v. 11. 6. 2003 – Az.: VK 1–10/2003).

Unzulässig sind auch solche Nebenangebote, **bei denen die Bieter bei objektiver Be-** 6780
trachtung nicht damit rechnen können, dass sie angeboten werden dürfen. Dies kann der Fall sein, wenn sie **von verbindlichen Festlegungen in den Vergabeunterlagen abweichen**. Dies gilt aber auch dann, wenn sich dies nur mittelbar im Wege der **Auslegung der Vergabeunterlagen oder aus allgemeinen Erwägungen heraus** ergibt (VK Baden-Württemberg, B. v. 2. 12. 2004 – Az.: 1 VK 74/04).

Der Umstand, dass die Fabrikatsangabe einer Leistungsposition – anders als andere Positionen 6781
im Leistungsverzeichnis – nicht mit dem Zusatz „oder gleichwertig" versehen wird, ist für die Frage der Zulassung von Nebenangeboten unergiebig. Der genannte **Zusatz zielt** dort, wo er verwendet wird, **nicht auf ein Nebenangebot** ab, vielmehr bewegt sich ein Bieter, der ein Produkt im Rahmen des „Leitprodukts" mit der Erweiterung „oder gleichwertig" anbietet, noch im Rahmen des Hauptangebots (Schleswig-Holsteinisches OLG, B. v. 15. 2. 2005 – Az.: 6 Verg 6/04).

Die **Gesamtbetrachtung und Auslegung der Angaben zu den Nebenangeboten** (VK 6782
Arnsberg, B. v. 11. 6. 2003 – Az.: VK 1–10/2003) nach dem Empfängerhorizont (§§ 133, 157 BGB) kann den Schluss zulassen, dass die Vergabestelle die Abgabe von Nebenangeboten grundsätzlich für zulässig erklärt. Gerade vor dem **Hintergrund von zahlreichen inhaltlichen Anforderungen an Nebenangebote in den Bewerbungsbedingungen** kann ein Bewerber davon ausgehen, dass die Abgabe solcher Angebote grundsätzlich zugelassen ist (VK Rheinland-Pfalz – B. v. 31. 7. 2003 – Az.: VK 16/03).

73.4.5.6.6 Ausnahmsweiser Ausschluss von Nebenangeboten ohne gleichzeitige Ab- 6783
gabe eines Hauptangebots. Nach den Vergabeunterlagen kann die Abgabe von Nebenangeboten nur zugelassen werden, wenn auch ein Hauptangebot vorliegt. Diese **Verknüpfung hat** für die Vergabestelle **regelmäßig den Sinn, sicherzustellen**, dass auch **tatsächlich annehmbare Angebote eingehen und damit das Vergabeverfahren auch mit Erfolg abgeschlossen werden kann**; ist die isolierte Abgabe von Nebenangeboten zugelassen, so besteht die Gefahr, dass ausschließlich Nebenangebote eingehen, die aus Sicht der Vergabestelle sämtlich nicht in Betracht kommen, beispielsweise wegen fehlender Gleichwertigkeit, und das Vergabeverfahren

daher nicht erfolgreich mit der Erteilung des Zuschlags beendet werden kann. Die hier vom Auftraggeber aufgestellte **Bedingung für die Nebenangebote ist folglich legitim** (1. VK Bund, B. v. 17. 7. 2003 – Az.: VK 1–55/03).

6784 Der **Ausschluss „isolierter" Nebenangebote kann Rechte anderer Bieter nach § 97 Abs. 7 GWB beeinträchtigen, wenn insoweit eine eindeutige und erschöpfende Leistungsbeschreibung fehlt**, auf welche die Bieter einen Anspruch haben. Falls der Auftraggeber nicht Haupt- und Nebenangebot einholen sondern drei „Preisvarianten" abfragen wollte, muss aus den Unterlagen zumindest hervorgehen, ob diese **Varianten gleichwertig nebeneinander stehen oder eine von diesen favorisiert werden sollte**. Im zuletzt genannten Fall musste auch die **bevorzugte Variante genannt** werden (VK Hessen, B. v. 30. 9. 2009 – Az.: 69 d VK – 32/2009).

6785 **73.4.5.6.7 Konsequenzen für ein trotz Ausschluss eingereichtes Nebenangebot.** Nebenangebote sind gemäß § 16 Abs. 8 VOB/A dann **nicht zu werten, wenn der Auftraggeber sie in der Bekanntmachung oder in den Vergabeunterlagen ausdrücklich nicht zugelassen** hat. Die **Wertbarkeit des Hauptangebotes bleibt** davon jedoch **unberührt** (VK Lüneburg, B. v. 21. 7. 2008 – Az.: VgK-25/2008).

73.4.5.7 Richtlinie des VHB 2008

6786 Bei Vergaben unterhalb der EG-Schwellenwerte sind Nebenangebote in der Regel zuzulassen. Bei Vergaben ab Erreichen der EG-Schwellenwerte sind, wenn Nebenangebote zugelassen werden, dafür Mindestbedingungen in den Vergabeunterlagen festzulegen (Richtlinien zu 111 – Vergabevermerk – Wahl der Vergabeart – Ziffer 4.1, 4.2).

73.4.6 Fakultativer Bestandteil des Anschreibens – Bewerbungsbedingungen (§ 8 Abs. 2 Nr. 4)

73.4.6.1 Sinn und Zweck der Bewerbungsbedingungen

6787 Die Vorschrift des § 8 Abs. 2 Nr. 4 dient der **Rationalisierung der Aufstellung und Prüfung von Vergabeunterlagen**; sie ermöglicht es, ständig verwendete Standardvorgaben statt ins Anschreiben in allgemeine Bedingungen aufzunehmen. Es ist **allein Sache des Auftraggebers zu entscheiden, welche Bestimmungen er in diesen Bedingungen zusammenfasst**. Diese muss der Bieter in gleicher Weise beachten, wie die des Anschreibens selbst (OLG Koblenz, B. v. 7. 7. 2004 – Az.: 1 Verg 1 und 2/04).

73.4.6.2 Grenzen von Bewerbungsbedingungen

6788 Eine **Einschränkung der Gültigkeit von Bewerbungsbedingungen ergibt sich**, da diese den Rechtscharakter von allgemeinen Geschäftsbedingungen tragen, **nur aus den §§ 305 ff. BGB** (OLG Koblenz, B. v. 7. 7. 2004 – Az.: 1 Verg 1 und 2/04).

73.4.6.3 Beispiele aus der Rechtsprechung

6789 – der Auftraggeber ist berechtigt, die **Forderung nach Benennung der Nachunternehmer in Besondere Vertragsbedingungen aufzunehmen** (OLG Koblenz, B. v. 7. 7. 2004 – Az.: 1 Verg 1 und 2/04).

73.4.6.4 Muster

6790 Die Bauverwaltungen des Bundes haben Muster für Besondere Vertragsbedingungen entwickelt:
 – **VHB 2008**: Formblatt 212 (Februar 2010) für Vergaben unterhalb der Schwellenwerte und Formblatt 212 EG (Februar 2010) für Vergaben ab den Schwellenwerten
 – **HVA B-StB**: HVA B-StB 1.3-1 Muster Besondere Vertragsbedingungen

73.4.7 Vertragsunterlagen (§ 8 Abs. 1 Nr. 2)

73.4.7.1 Begriff

6791 § 8 Abs. 1 Nr. 2 VOB/A definiert **die Vertragsunterlagen als Teil der Vergabeunterlagen** und grenzt sie von diesem Oberbegriff in der Weise ab, dass diejenigen **Teile der Verga-**

Vergabe- und Vertragsordnung für Bauleistungen Teil A VOB/A § 8 **Teil 3**

beunterlagen, die nicht Teil der „**Aufforderung zur Angebotsabgabe**" nebst Bewerbungsbedingungen im Sinne von § 8 Abs. 1 Nr. 2 VOB/A sind (vgl. Nr. 1), eben „Vertragsunterlagen" (Nr. 2) sind (OLG Dresden, B. v. 12. 6. 2002 – Az.: WVerg 0006/02).

Die **Vertragsunterlagen** bestehen neben der Leistungsbeschreibung aus den **Allge-** 6792
meinen, Besonderen und gegebenenfalls Technischen Vergabebedingungen. Diese dürfen entsprechend § 8 Abs. 4 VOB/A nicht verändert werden, weil sie das vertragliche Verhältnis der Parteien zueinander regeln und im Fall einer Abänderung der Bedingungen nicht ein Zuschlag im Rechtssinne erfolgen kann (1. VK Sachsen, B. v. 7. 5. 2002 – Az.: 1/SVK/035-02, B. v. 4. 6. 2002 – Az.: 1/SVK/049-02).

73.4.7.2 Vorrang der Vertragsunterlagen vor der Bekanntmachung

Da die **Vertragsunterlagen der Veröffentlichung nachfolgen und die wesentlich ein-** 6793
**gehendere Befassung mit dem Beschaffungsvorhaben des Auftraggebers darstellen als
die Veröffentlichung,** die regelmäßig eine zusammenfassende Darstellung des Beschaffungsbegehrens und der Wettbewerbsbedingungen enthält, ist es **sachgerecht und ganz herrschende
Praxis, den Vertragsunterlagen hier für das Verständnis der Vertragsbedingungen den
Vorrang zu geben.** Es entspräche auch nicht dem Grundsatz der Gestaltung eines fairen Verfahrens, wenn durch einen vom Auftraggeber zu verantwortenden Widerspruch zwischen Veröffentlichung und Vertragsunterlagen eine beim Bieter sich aufdrängende Vorstellung von der Erwartungshaltung des Auftraggebers zu dessen Ausschluss führen könnte (VK Düsseldorf, B. v. 22. 7. 2002 – Az.: VK – 19/2002 – L).

73.4.7.3 Auslegung der Vertragsunterlagen

Welcher **Erklärungswert** Angebotsunterlagen zukommt, ist **anhand der für die Ausle-** 6794
gung von Willenserklärungen geltenden Grundsätze (§§ 133 und 157 BGB) zu ermitteln (BGH, Urteil v. 10. 6. 2008 – Az.: X ZR 78/07; OLG Düsseldorf, B. v. 20. 10. 2008 – Az.: VII – Verg 41/08; OLG München, B. v. 24. 11. 2008 – Az.: Verg 23/08).

Vertragsunterlagen sind also **der Auslegung zugänglich.** Ihr **Inhalt bestimmt sich nach** 6795
dem objektiven Empfängerhorizont (BGH, Urteil v. 10. 6. 2008 – Az.: X ZR 78/07; OLG Düsseldorf, B. v. 20. 10. 2008 – Az.: VII – Verg 41/08; OLG München, B. v. 12. 11. 2010 – Az.: Verg 21/10; B. v. 24. 11. 2008 – Az.: Verg 23/08; OLG Thüringen, B. v. 11. 1. 2007 – Az.. 9 Verg 9/06; 1. VK Bund, B. v. 6. 6. 2007 – Az.: VK 1–38/07; VK Düsseldorf, B. v. 21. 1. 2009 – Az.: VK – 43/2008 – L; VK Münster, B. v. 12. 5. 2009 – Az.: VK 5/09; B. v. 25. 9. 2007 – Az.: VK 20/07; 3. VK Saarland, B. v. 23. 4. 2007 – Az.: 3 VK 02/2007, 3 VK 03/2007; VK Schleswig-Holstein, B. v. 7. 7. 2009 – Az.: VK-SH 05/09; B. v. 7. 5. 2008 – Az.: VK-SH 05/08; B. v. 5. 9. 2007 – Az.: VK-SH 21/07; B. v. 28. 3. 2007 – Az.: VK-SH 04/07; VK Südbayern, B. v. 29. 5. 2006 – Az.: 12-04/06; B. v. 7. 4. 2006 – Az.: 07-03/06). **Maßgeblich** sind nicht die (einseitigen) Vorstellungen des Auftraggebers, sondern die **Verständnismöglichkeiten des durch die Ausschreibung insgesamt angesprochenen Empfängerkreises** (BGH, Urteil v. 10. 6. 2008 – Az.: X ZR 78/07; OLG Düsseldorf, B. v. 30. 4. 2003 – Az.: Verg 64/02; OLG München, B. v. 24. 11. 2008 – Az.: Verg 23/08; VK Düsseldorf, B. v. 21. 1. 2009 – Az.: VK – 43/2008 – L; VK Münster, B. v. 12. 5. 2009 – Az.: VK 5/09; 3. VK Saarland, B. v. 23. 4. 2007 – Az.: 3 VK 02/2007, 3 VK 03/2007; VK Schleswig-Holstein, B. v. 7. 7. 2009 – Az.: VK-SH 05/09; B. v. 7. 5. 2008 – Az.: VK-SH 05/08; B. v. 5. 9. 2007 – Az.: VK-SH 21/07; VK Südbayern, B. v. 29. 5. 2006 – Az.: 12-04/06). Das **tatsächliche Verständnis der Bieter** entfaltet demgegenüber **nur indizielle Bedeutung** (OLG Düsseldorf, B. v. 20. 10. 2008 – Az.: VII – Verg 41/08; VK Münster, B. v. 12. 5. 2009 – Az.: VK 5/09). Dabei ist **zunächst vom Wortlaut der Vertragsunterlagen auszugehen** (VK Münster, B. v. 25. 9. 2007 – Az.: VK 20/07). Neben dem Wortlaut sind dabei auch die **Umstände des Einzelfalls, die Verkehrssitte sowie Treu und Glauben heranzuziehen** (VK Schleswig-Holstein, B. v. 7. 5. 2008 – Az.: VK-SH 05/08).

Bei der Auslegung dürfen auch **nur solche Umstände berücksichtigt** werden, die **bei** 6796
Zugang der Erklärung für den Empfänger erkennbar waren. Dies gilt auch dann, wenn der Erklärende die Erklärung anders verstanden hat und auch verstehen durfte. Allerdings **darf
der Empfänger der Erklärung nicht einfach den für ihn günstigen Sinn beilegen**; er ist nach Treu und Glauben verpflichtet, unter Berücksichtigung aller erkennbaren Umstände mit gehöriger Aufmerksamkeit zu prüfen, was der Erklärende gemeint hat. Entscheidend ist im Ergebnis nicht der empirische Wille des Erklärenden, sondern der durch normative Auslegung zu ermittelnde objektive Erklärungswert seines Verhaltens (VK Schleswig-Holstein, B. v. 7. 5. 2008

– Az.: VK-SH 05/08; B. v. 5. 9. 2007 – Az.: VK-SH 21/07; B. v. 28. 3. 2007 – Az.: VK-SH 04/07).

6797 Der **Empfänger der Erklärung** darf **nicht einfach den für ihn günstigen Sinn unterstellen**; er ist nach Treu und Glauben verpflichtet, unter Berücksichtigung aller erkennbaren Umstände mit gehöriger Aufmerksamkeit zu prüfen, was der Erklärende tatsächlich gemeint hat. Der **Bieter muss sich ernsthaft fragen, was die Vergabestelle aus ihrer Interessenlage heraus wirklich gewollt hat**. Wenn ihm bei dieser Überlegung **Zweifel** kommen müssen, ob seine Auslegung tatsächlich dem Willen der Vergabestelle entspricht, ist es ihm **zumutbar, diese Zweifel durch eine Anfrage bei der Vergabestelle aufzuklären** (VK Schleswig-Holstein, B. v. 7. 5. 2008 – Az.: VK-SH 05/08).

6798 Verbleiben bei der **Auslegung Zweifel**, muss eine **Auslegung** wegen der für den Bieter damit verbundenen Nachteile **restriktiv erfolgen**. Ist daher eine Klausel objektiv mehrdeutig gefasst und lässt sowohl die **Deutung im Sinne einer Maximal- als auch einer Minimalanforderung zu**, ist – mit gleicher Wirkung für alle Bieter – **von der Geltung der Mindestanforderung auszugehen** (OLG Thüringen, B. v. 11. 1. 2007 – Az.: 9 Verg 9/06).

6799 Erweisen sich die **Vertragsunterlagen** in den strittigen Punkten aber als **eindeutig, ist für die Auslegung kein Raum** (VK Südbayern, B. v. 7. 4. 2006 – Az.: 07-03/06).

6800 Vgl. **ergänzend die Kommentierung zur Auslegung der Leitungsbeschreibung** zu → § 7 VOB/A Rdn. 70 ff.

73.4.7.4 Vertragsbedingungen (§ 8 Absätze 3–6)

6801 **73.4.7.4.1 Allgemeines.** Bestandteil von Ausschreibungen nach der VOB/A sind eine Vielzahl von Vertragsbedingungen. Man kann unterscheiden:

– Allgemeine Vertragsbedingungen für die Ausführung von Bauleistungen (= VOB/B)
– Zusätzliche Vertragsbedingungen für die Ausführung von Bauleistungen
– Besondere Vertragsbedingungen für die Ausführung von Bauleistungen
– Allgemeine Technische Vertragsbedingungen für die Ausführung von Bauleistungen (= VOB/C)
– Zusätzliche Technische Vertragsbedingungen für die Ausführung von Bauleistungen

6802 **73.4.7.4.2 Allgemeine Vertragsbedingungen für die Ausführung von Bauleistungen (§ 8 Abs. 4 Nr. 1).** Die **Allgemeinen Vertragsbedingungen (= VOB/B)** bleiben grundsätzlich unverändert. Sie dürfen von Auftraggebern, die ständig Bauleistungen vergeben, für die bei ihnen allgemein gegebenen Verhältnisse durch Zusätzliche Vertragsbedingungen ergänzt werden. Diese dürfen den Allgemeinen Vertragsbedingungen nicht widersprechen.

6803 **73.4.7.4.3 Zusätzliche Vertragsbedingungen für die Ausführung von Bauleistungen (ZVB).** Die Bauverwaltungen des Bundes haben Muster für Zusätzliche Vertragsbedingungen entwickelt:

– **VHB 2008**: Formblatt 215 (Fassung Februar 2010)

6804 Die Zusätzlichen Vertragsbedingungen bleiben grundsätzlich unverändert.

6805 **73.4.7.4.4 Besondere Vertragsbedingungen für die Ausführung von Bauleistungen (§ 8 Abs. 4 Nr. 2).** Besondere Vertragsbedingungen sind **auf den Einzelfall abgestellte Ergänzungen der VOB/B und der Zusätzlichen Vertragsbedingungen** im Sinne von § 10 Nr. 2 Abs. 2 und Nr. 4 VOB/A. Sie sind vom öffentlichen Auftraggeber bei jeder Ausschreibung individuell aufzustellen.

6806 Die Bauverwaltungen des Bundes haben Muster für Besondere Vertragsbedingungen entwickelt:

– **VHB 2008**: Formblatt 214

6807 **73.4.7.4.5 Allgemeine Technische Vertragsbedingungen für die Ausführung von Bauleistungen (§ 8 Abs. 5).** Die Allgemeinen Technischen Vertragsbedingungen (= **VOB/C**) bleiben grundsätzlich unverändert. Sie dürfen von Auftraggebern, die ständig Bauleistungen vergeben, für die bei ihnen allgemein gegebenen Verhältnisse durch Zusätzliche Technische Vertragsbedingungen ergänzt werden. Für die Erfordernisse des Einzelfalles sind Ergänzungen und Änderungen in der Leistungsbeschreibung festzulegen.

73.4.7.4.6 Zusätzliche Technische Vertragsbedingungen für die Ausführung von 6808
Bauleistungen (ZTV). Sie sind gebräuchlich im Bereich der Straßen- und Brückenbauten.

73.4.7.4.7 Inhalt von Zusätzlichen oder Besonderen Vertragsbedingungen (§ 8 6809
Abs. 6). § 8 Abs. 4 listet einen Katalog von Punkten auf, die in den Zusätzlichen Vertragsbedingungen oder in den Besonderen Vertragsbedingungen, soweit erforderlich, geregelt werden sollen.

73.4.8 Nicht erforderliche Angaben
73.4.8.1 Angabe von Fabrikaten

Es ist nicht zu beanstanden, wenn eine **Vergabestelle weder in der Bekanntmachung** 6810
noch in den Vergabeunterlagen die Angabe des angebotenen Fabrikates durch den
Bieter oder einen Bemusterungstermin vorsieht. Die Anforderungen an den Inhalt einer Vergabebekanntmachung sind in § 12 VOB/A geregelt. Da die **Bekanntmachung den Sinn hat, den Bieter in grundlegender Weise darüber zu informieren, um welche Aufträge er sich bewerben kann und welche Anforderungen der Auftraggeber an Auftrag und Bieter grundsätzlich stellt, ist hier kein Platz für Einzelheiten wie für die Frage, ob der Bieter Angaben zu Fabrikaten zu machen hat, oder ob es einen Bemusterungstermin gibt.** Die auftragsspezifischen Einzelheiten sind in den Vergabeunterlagen, speziell im Leistungsverzeichnis, durch den Auftraggeber darzustellen und beim Bieter abzufragen. Sinn des Leistungsverzeichnisses ist es, die vom Bieter auszuführende Leistung so erschöpfend und eindeutig zu beschreiben, dass dem Bieter ein klares Bild vom Auftragsgegenstand vermittelt und dem Auftraggeber die Erteilung des Zuschlags ermöglicht wird (OLG München, B. v. 2. 9. 2010 – Az.: Verg 17/10; B. v. 15. 11. 2007 – Az.: Verg 10/07).

73.5 Kostenerstattung für die Leistungsbeschreibung und die anderen Unterlagen (§ 8 Abs. 7)
73.5.1 Änderung in der VOB/A 2009

Die **Regelung des § 8 Abs. 7** war **bisher in § 20 Nr. 1 VOB/A 2006 enthalten.** Diese 6811
Vorschrift wurde insgesamt in § 8 integriert und als eigenständige Vorschrift gestrichen.

Die **summenmäßige Begrenzung der Kostenerstattung** in § 20 Nr. 1 Abs. 1 Satz 2 6812
VOB/A wurde **gestrichen.**

73.5.2 Bieterschützende Vorschrift

§ 8 Abs. 7 Nr. 1 VOB/A **ist eine bieterschützende Vorschrift** im Sinne von § 97 Abs. 7 6813
GWB (1. VK Sachsen, B. v. 12. 3. 2001 – Az.: 1/SVK/9-01).

73.5.3 Kostenerstattung bei öffentlicher Ausschreibung (§ 8 Abs. 7 Nr. 1)
73.5.3.1 Ermessensregelung

Der öffentliche Auftraggeber **kann eine Kostenerstattung fordern**, er ist nicht dazu ver- 6814
pflichtet. Im Sinne eines **wirtschaftlichen Verwaltungshandelns** muss er also abwägen, ob die Kostenerstattung die mit der Berechnung und Vereinnahmung der Kostenerstattung entstehenden Kosten für den Auftraggeber deutlich übersteigt.

73.5.3.2 Kosten der Vervielfältigung

Der öffentliche Auftraggeber kann nur eine **Erstattung der Kosten für die Vervielfälti-** 6815
gung der Leistungsbeschreibung und der anderen Unterlagen fordern; die **Kosten für die erstmalige Erstellung** dieser Unterlagen sind also nicht erstattungsfähig.

73.5.3.3 Höhe der Kostenerstattung

73.5.3.3.1 Keine Begrenzung auf die Selbstkosten. Im Gegensatz zu § 20 Nr. 1 VOB/A 6816
2006 ist in § 8 Abs. 7 eine **Kostendeckelung auf die Selbstkosten nicht mehr enthalten.**

Teil 3 VOB/A § 8 Vergabe- und Vertragsordnung für Bauleistungen Teil A

Der Auftraggeber kann also **auch über die Selbstkosten hinausgehende z. B. Gemeinkosten verlangen.**

6817 **73.5.3.3.2 Bestandteile der Kosten der Vervielfältigung.** Hinsichtlich der Höhe der Kosten **regelt die VOB/A selbst nicht, welche Ansätze für das Vervielfältigen der Verdingungsunterlagen zu gelten haben.** Ist kein Kostenrahmen durch Verordnung vorgegeben, muss an Hand des **Zwecks der Vorschrift** des § 8 Abs. 7 VOB/A ermittelt werden, **aus welchen Faktoren sich die Kosten der Vervielfältigung zusammen setzen dürfen.** Dabei sind sich die einschlägigen Kommentierungen über verschiedene Aspekte einig: **Bestandteil der Kosten sind Stoffkosten für Papier, Toner usw.**, Abschreibungs- und Instandhaltungskosten für die genutzten Geräte, Gemeinkosten und die Umsatzsteuer, soweit der Auftraggeber umsatzsteuerpflichtig ist. **Umstritten** ist jedoch, in welchem Umfang die **aufgewendete Arbeit** zu bemessen ist. Während eine Meinung dies einschließlich der Arbeitgeberanteile der Sozialversicherungen für den Vervielfältiger und die ihn beaufsichtigenden Personen für absetzbar hält, schränkt eine andere Meinung dies ein: Die Lohnkosten für den Drucker sollen nur dann absetzbar sein, wenn Angestellte des Auftraggebers eigens für die Aufgabe des Vervielfältigens dieser Unterlagen eingestellt wurden. Da dies im Bereich der öffentlichen Hand praktisch nie der Fall sein dürfte, fallen nach der zweiten Ansicht die Personalkosten faktisch aus. Nach dem **Sinn der Vorschrift ist dies auch gerechtfertigt, denn Gegenstand des Anspruchs ist die Entschädigung der** (über die Fixkosten hinausgehenden) **Aufwendungen für die Vervielfältigung** (1. VK Sachsen, B. v. 12. 3. 2001 – Az.: 1/SVK/9-01).

6818 **73.5.3.3.3 Kostenerstattung bei elektronischer (digitaler) Übermittlung.** Im **Gegensatz zu § 20 Nr. 1 Abs. 1 VOB/A 2006 fehlt in § 8 Abs. 7 eine ausdrückliche Gleichstellung der Kostenerstattung bei elektronischer Übermittlung** mit der Kostenerstattung bei Übermittlung von Papierunterlagen. **Inhaltlich ändert sich dadurch aber nichts**; der Maßstab des § 8 Abs. 7 ist auch auf die Kostenerstattung bei elektronischer Übermittlung anzuwenden.

6819 Dies bedeutet, dass auch bei elektronischer Vervielfältigung und Übermittlung **nur die tatsächlich angefallenen Kosten für diese Tätigkeit** und die Gemeinkosten in Rechnung gestellt werden können. Dies wiederum beinhaltet in der Praxis, dass angesichts der kaum fassbaren Kosten z. B. der elektronischen Übermittlung ein Kostenerstattungsanspruch nicht besteht (VK Lüneburg, B. v. 17. 10. 2006 – Az.: VgK-25/2006).

6820 **73.5.3.3.4 Darlegungs- und Beweislast für die Höhe der Kosten.** Der öffentliche **Auftraggeber** ist im Streitfall für die Höhe der Kosten **darlegungs- und beweispflichtig** (VK Magdeburg, B. v. 6. 3. 2000 – Az.: VK-OFD LSA-01/00).

73.5.3.4 Kostenerstattungsanspruch nur des öffentlichen Auftraggebers

6821 § 8 Abs. 7 VOB/A gibt der **ausschreibenden Stelle einen höchstpersönlichen Anspruch auf eine Kostenerstattung** für die Leistungsbeschreibung und die anderen Unterlagen. Schaltet der Auftraggeber zur Vervielfältigung und Aushändigung einen Dritten ein, so muss er, wenn der **Dritte** gegen die Unternehmen, welche die Vergabeunterlagen abholen, **einen Kostensatzanspruch haben soll, den Anspruch nach § 8 Abs. 7 VOB/A an den Dritten abtreten.** Die Einräumung eines eigenständigen Kostenanspruches des Dritten gegen die Unternehmen, welche die Vergabeunterlagen abholen, ist ein gegen die Privatautonomie verstoßender und damit unzulässiger Vertrag zu Lasten Dritter (1. VK Sachsen, B. v. 12. 3. 2001 – Az.: 1/SVK/9-01).

73.5.3.5 Kostenerstattungsanspruch eines Dritten

6822 Auch ein **Erfüllungsgehilfe des öffentlichen Auftraggebers**, der durch vertragliche Ausgestaltung quasi die Stelle des Auftraggebers einnimmt, kann gegenüber den Bietern **nur mit den Rechten agieren, mit denen der Auftraggeber selbst für sich in Anspruch nehmen kann.** Das bedeutet z. B. für die Erstattung der Aufwendungen für die Vervielfältigung der Leistungsverzeichnisse, dass der Auftraggeber diesen Anspruch an den Erfüllungsgehilfen abtreten muss, damit er wirksam geltend gemacht werden kann. Ein **abgetretener Anspruch kann aber nicht mehr Rechte umfassen als der Auftraggeber geltend machen kann.** Der Erfüllungsgehilfe ist dann aber auch an die Vorgabe aus § 8 Abs. 7 VOB/A gebunden, dass diese **Entschädigung die Kosten der Vervielfältigung nicht überschreiten darf.** Der Erfüllungsgehilfe kann ebenfalls die Personalkosten bei der Vervielfältigung der Unterlagen nur dann in die Kosten mit einbeziehen, wenn das hierfür eingesetzte Personal eigens dafür eingestellt wurde (1. VK Sachsen, B. v. 12. 3. 2001 – Az.: 1/SVK/9-01).

73.5.3.6 Richtlinie des VHB 2008

Bei Öffentlicher Ausschreibung ist vom Bieter die Erstattung der Kosten für die Vervielfälti- 6823
gung der Leistungsbeschreibung und der anderen Unterlagen sowie der Kosten der postalischen
Versendung zu fordern, wenn die Kosten den Betrag von 5 Euro übersteigen. Die Fachaufsicht
führende Ebene legt hierfür Richtsätze fest, die im notwendigen Umfang der Preisentwicklung
anzupassen sind (Richtlinien zu 121–122 – Bekanntmachung Öffentliche Ausschreibung/
Öffentlicher Teilnahmewettbewerb – Ziffer 3).

73.5.4 Kostenerstattung bei beschränkter Ausschreibung und freihändiger Vergabe (§ 8 Abs. 7 Nr. 2)

Bei **Beschränkter Ausschreibung und Freihändiger Vergabe** sind **alle Unterlagen un-** 6824
entgeltlich abzugeben. Ein Kostenerstattungsanspruch besteht also nicht.

73.6 Entschädigung für die Bearbeitung des Angebots (§ 8 Abs. 8)

73.6.1 Änderung in der VOB/A 2009

Die **Regelung des § 8 Abs. 8** war **bisher in § 20 Nr. 2 VOB/A 2006 enthalten**. Diese 6825
Vorschrift wurde insgesamt in § 8 integriert und als eigenständige Vorschrift gestrichen.
Inhaltlich erfolgte **keine Änderung**.

73.6.2 Sinn und Zweck

Sinn dieser Vorschrift ist es, den **Bieter vor Forderungen des Auftraggebers zu schüt-** 6826
zen, Planungs- und Projektierungsleistungen bereits mit dem Angebot erbringen zu müssen,
ohne die dafür nach HOAI vorgesehenen Kosten erstattet zu bekommen (VK Südbayern, B. v.
20. 6. 2001 – Az.: 15-05/01).

73.6.3 Allgemeines

Wer sich in einem Wettbewerb um einen Auftrag für ein Bauvorhaben oder eine andere Leis- 6827
tung bemüht, muss nicht nur damit rechnen, dass er bei der Erteilung des Zuschlages unberücksichtigt bleibt. Er weiß außerdem – jedenfalls muss er damit rechnen –, dass **der Veranstalter
des Wettbewerbes, der eine Entschädigung nicht ausdrücklich festgesetzt hat, dazu
im Allgemeinen auch nicht bereit ist**. Darauf muss er sich einstellen. Als Anbieter vermag er auch hinreichend sicher zu beurteilen, ob der zur Abgabe seines Angebotes bzw. zur Erlangung des Zuschlages erforderliche Aufwand das Risiko seiner Beteiligung an dem Wettbewerb und zusätzlicher Kosten lohnt. Glaubt er, diesen Aufwand nicht wagen zu können, ist aber
gleichwohl an dem Auftrag interessiert, so muss er entweder versuchen, mit dem Veranstalter des
Wettbewerbes eine Einigung über die Kosten des Angebotes herbeizuführen oder aber von dem
Angebot bzw. den zusätzlich geforderten Musterarbeiten absehen und dies den Konkurrenten
überlassen, die zur Übernahme dieses Risikos bereit geblieben sind (OLG Düsseldorf, Urteil
vom 30. 1. 2003 – Az.: I-5 U 13/02, 5 U 13/02).

73.6.4 Inhalt der Regelung

§ 8 Abs. 8 bezieht sich **nur auf die Ausarbeitung von Unterlagen** und **erfasst daher** 6828
nicht die Herstellung z. B. von Musterflächen. Zwar ist die Aufzählung in § 8 Abs. 8 nicht
abschließend, sondern nur beispielhaft. Es muss sich jedoch immer um andere „Unterlagen"
handeln; **auf andere „Leistungen" im Allgemeinen ist die genannte Vorschrift nicht
anwendbar**. Denn § 8 Abs. 8 bezweckt eine Entschädigung des Bieters für den Fall, dass der
Bauherr das Bauvorhaben vor Einholen von Angeboten nicht vollständig hat planen lassen, sondern **Planungsleistungen von den Bietern im Rahmen ihrer Angebote verlangt**. Mithin
geht § 8 Abs. 8 von der Vorstellung aus, dass es üblicherweise Sache des Auftraggebers ist, diese
Unterlagen auszuarbeiten und sie zusammen mit der danach aufgestellten Leistungsbeschreibung
(Leistungsverzeichnis) in dem erforderlichen Umfang als „Verdingungsunterlagen" den Bewerbern zur Verfügung zu stellen. Die vorstehende **Auslegung wird bestätigt durch die Verweisung des § 8 Abs. 8 Satz 2 VOB/A auf die Fälle des § 7 Absätze 13–15 VOB/A,**

Teil 3 VOB/A § 8a Vergabe- und Vertragsordnung für Bauleistungen Teil A

das sind Leistungsbeschreibungen mit **Leistungsprogramm**, in denen es dem Unternehmer zunächst überlassen bleibt, die Grundlagen für eine Angebotsabgabe zu schaffen (OLG Düsseldorf, Urteil vom 30. 1. 2003 – Az.: I-5 U 13/02, 5 U 13/02).

73.6.5 Nebenangebote und Nachträge

6829 Im Sinne dieser Rechtsprechung hat ein Bieter bzw. Auftragnehmer auch **keinen Anspruch auf Erstattung der durch die Ausarbeitung von Nebenangeboten bzw. Nachträgen entstehenden Kosten**.

73.6.6 Beispiele aus der Rechtsprechung

6830 – werden von den Bietern zumindest **Mengenermittlungen als Basis für die Angebotsermittlung** verlangt, ist eine Entschädigung fest zu setzen (VK Thüringen, B. v. 15. 11. 2000 – Az.: 216–4002.20–041/00-G-S)

73.6.7 Schadenersatzansprüche bei fehlender, aber notwendiger Entschädigungsregelung

6831 Schadensersatzansprüche des Bieters in Höhe einer angemessenen Entschädigung kommen in Betracht, wenn der Ausschreibende entgegen seiner Verpflichtung aus § 8 Abs. 8 Satz 2 VOB/A eine angemessene Entschädigung in der Ausschreibung nicht festgesetzt hat. **Grundlage für solche Schadensersatzansprüche sind die Grundsätze über das Verschulden bei Vertragsschluss**. Es ist aber nicht pflichtwidrig, für die Erstellung anderer Leistungen, z. B. Musterflächen, eine Entschädigung nicht festzusetzen, weil die Erstellung dieser Leistungen nicht unter den Anwendungsbereich dieser Vorschrift fällt (OLG Düsseldorf, Urteil vom 30. 1. 2003 – Az.: I-5 U 13/02, 5 U 13/02).

73.7 Urheberrecht des Bieters (§ 8 Abs. 9)

6832 Soweit es um das von § 8 Abs. 9 VOB/A miterfasste Urheberrecht geht, besteht dieses nicht uneingeschränkt an allen Unterlagen, die der Bieter angefertigt hat, oder an allen seinen Vorschlägen. Vielmehr ergibt sich aus dem **Begriff des Urheberrechts, dass dieses bzw. der Schutz des Bieters nur soweit reichen kann, wie urheberrechtlich geschützte Verhältnisse gegeben sind** (OLG München, Urteil v. 4. 8. 2005 – Az.: 8 U 1540/05).

74. § 8a VOB/A – Vergabeunterlagen

Bei Bauaufträgen im Sinne von § 1a muss das Anschreiben (Aufforderung zur Angebotsabgabe) außer den Angaben nach § 12 Absatz 1 Nummer 2, die in Anhang II der Verordnung (EG) Nummer 1564/2005 geforderten Informationen enthalten, sofern sie nicht bereits veröffentlicht wurden.

74.1 Änderungen in der VOB/A 2009

6833 Um **Dopplungen zu vermeiden und zur Verschlankung beizutragen**, verweist die neue Regelung nunmehr nur noch auf § 12 Absatz 1 Nummer 2 und den Anhang II der Verordnung (EG) Nr. 1564/2005.

74.2 Vergleichbare Regelungen

6834 Der **Vorschrift des § 8a VOB/A** vergleichbar sind im Bereich der VOB **§ 8 VOB/A** und im Bereich der VOL **§§ 8, 9 EG VOL/A**. Die Kommentierungen zu diesen Vorschriften können daher ergänzend zu der Kommentierung des § 8a herangezogen werden.

Vergabe- und Vertragsordnung für Bauleistungen Teil A VOB/A § 8a **Teil 3**

74.3 Anwendungsbereich

§ 8a VOB/A gilt für alle Vergabeverfahren über Bauaufträge im Sinne von § 1a 6835
VOB/A, also auch in Verhandlungsverfahren (OLG Frankfurt am Main, B. v. 10. 4. 2001 – Az.: 11 Verg. 1/01; 1. VK Bund, B. v. 6. 7. 2005 – Az.: VK 1–53/05; VK Halle, B. v. 9. 1. 2003 – Az.: VK Hal 27/02).

74.4 Muss-Vorschrift

Aus der Formulierung des § 8a VOB/A ergibt sich, dass **§ 8a VOB/A eine Muss-Vor-** 6836
schrift ist. Im Gegensatz zu Vergaben, die ausschließlich den VOB/A-Vorschriften des Abschnittes 1 unterliegen, sind die **Auftraggeber** bei Vergaben im Bereich des europaweiten Wettbewerbs gemäß Abschnitt 2 **zwingend verpflichtet, diese Angaben zu machen** (VK Nordbayern, B. v. 27. 6. 2003 – Az.: 320.VK-3194-20/03; VK Südbayern, B. v. 21. 7. 2003, Az.: 26-06/03, B. v. 16. 4. 2003 – Az.: 12-03/03).

74.5 Zwingender Bestandteil des Anschreibens – Angaben nach § 12 Abs. 1 Nr. 2 VOB/A

Das Anschreiben **muss** bei EU-Ausschreibungen **alle Angaben nach § 12 Abs. 1 Nr. 2** 6837
VOB/A enthalten; vgl. dazu die Kommentierung zu → § 12 VOB/A Rdn. 33 ff.

74.6 Zwingender Bestandteil des Anschreibens – in Anhang II der Verordnung (EG) Nummer 1564/2005 geforderte Informationen

74.6.1 Grundsätze

Das Anschreiben **muss** bei EU-Ausschreibungen **zusätzlich zu den Angaben nach § 12** 6838
Abs. 1 Nr. 2 alle in Anhang II der Verordnung (EG) Nummer 1564/2005 geforderten Informationen enthalten, **sofern** sie **nicht bereits veröffentlicht** wurden.

Gegenstand der **Verordnung (EG) Nummer 1564/2005 der Kommission vom** 6839
7. September 2005 zur Einführung von Standardformularen für die Veröffentlichung von Vergabebekanntmachungen im Rahmen von Verfahren zur Vergabe öffentlicher Aufträge gemäß der Richtlinie 2004/17/EG und der Richtlinie 2004/18/EG des Europäischen Parlaments und des Rates sind die im Rahmen der Bekanntmachungen zu verwendenden **Standardformulare**. Die Verordnung ist im Amtsblatt der Europäischen Union vom 1. 10. 2005 (L 257/1) veröffentlicht.

Die Verordnung (EG) Nummer 1564/2005 wurde **durch die Verordnung (EG) Nummer** 6840
1150/2009 vom 10. 11. 2009 (Amtsblatt der Europäischen Union vom 28. 11. 2009 – L 313/3) ergänzt und geändert.

74.6.2 Wertung

Die **Neufassung des § 8a birgt für den Praktiker einige Schwierigkeiten**. Unabhängig 6841
vom Inhalt der Bekanntmachungsmuster enthielt § 10a VOB/A 2006 den Hinweis auf die wichtigsten Inhalte bei EU-weiten Ausschreibungsverfahren wie etwa

– die Angabe der Zuschlagskriterien einschließlich der Gewichtung (vgl. dazu jetzt die Kommentierung zu → § 97 GWB Rdn. 918 ff.)

– die Nennung von Mindestanforderungen für Nebenangebote, sofern diese nicht ausgeschlossen sind (vgl. dazu die Kommentierung zu → § 16 VOB/A Rdn. 697 ff.).

74.6.3 Ältere Rechtsprechung

74.6.3.1 Pflicht zur Angabe der Absicht des Auftraggebers zur Begrenzung der Zahl der Angebote

§ 10a lit. d) VOB/A 2006 enthielt die Regelung, dass anzugeben ist, ob beabsichtigt ist, 6842
ein Verhandlungsverfahren oder einen Wettbewerblichen Dialog in verschiedenen, aufeinander

folgenden Phasen abzuwickeln, um hierbei die Zahl der Angebote zu begrenzen. Diese **Regelungen entsprechen den Vorschriften des Art. 29 Abs. 4 und 30 Abs. 4 der Vergabekoordinierungsrichtlinie.**

75. § 9 VOB/A – Vertragsbedingungen

Ausführungsfristen (1)
1. Die Ausführungsfristen sind ausreichend zu bemessen; Jahreszeit, Arbeitsbedingungen und etwaige besondere Schwierigkeiten sind zu berücksichtigen. Für die Bauvorbereitung ist dem Auftragnehmer genügend Zeit zu gewähren.
2. Außergewöhnlich kurze Fristen sind nur bei besonderer Dringlichkeit vorzusehen.
3. Soll vereinbart werden, dass mit der Ausführung erst nach Aufforderung zu beginnen ist (§ 5 Absatz 2 VOB/B), so muss die Frist, innerhalb derer die Aufforderung ausgesprochen werden kann, unter billiger Berücksichtigung der für die Ausführung maßgebenden Verhältnisse zumutbar sein; sie ist in den Vergabeunterlagen festzulegen.

(2)
1. Wenn es ein erhebliches Interesse des Auftraggebers erfordert, sind Einzelfristen für in sich abgeschlossene Teile der Leistung zu bestimmen.
2. Wird ein Bauzeitenplan aufgestellt, damit die Leistungen aller Unternehmen sicher ineinandergreifen, so sollen nur die für den Fortgang der Gesamtarbeit besonders wichtigen Einzelfristen als vertraglich verbindliche Fristen (Vertragsfristen) bezeichnet werden.

(3) Ist für die Einhaltung von Ausführungsfristen die Übergabe von Zeichnungen oder anderen Unterlagen wichtig, so soll hierfür ebenfalls eine Frist festgelegt werden.

(4) Der Auftraggeber darf in den Vertragsunterlagen eine Pauschalierung des Verzugsschadens (§ 5 Absatz 4 VOB/B) vorsehen; sie soll 5 v.H. der Auftragssumme nicht überschreiten. Der Nachweis eines geringeren Schadens ist zuzulassen.

Vertragsstrafen, Beschleunigungsvergütung (5) Vertragsstrafen für die Überschreitung von Vertragsfristen sind nur zu vereinbaren, wenn die Überschreitung erhebliche Nachteile verursachen kann. Die Strafe ist in angemessenen Grenzen zu halten. Beschleunigungsvergütung (Prämien) sind nur vorzusehen, wenn die Fertigstellung vor Ablauf der Vertragsfristen erhebliche Vorteile bringt.

Verjährung der Mängelansprüche (6) Andere Verjährungsfristen als nach § 13 Absatz 4 VOB/B sollen nur vorgesehen werden, wenn dies wegen der Eigenart der Leistung erforderlich ist. In solchen Fällen sind alle Umstände gegeneinander abzuwägen, insbesondere, wann etwaige Mängel wahrscheinlich erkennbar werden und wieweit die Mängelursachen noch nachgewiesen werden können, aber auch die Wirkung auf die Preise und die Notwendigkeit einer billigen Bemessung der Verjährungsfristen für Mängelansprüche.

Sicherheitsleistung (7) Auf Sicherheitsleistung soll ganz oder teilweise verzichtet werden, wenn Mängel der Leistung voraussichtlich nicht eintreten. Unterschreitet die Auftragssumme 250 000 € ohne Umsatzsteuer, ist auf Sicherheitsleistung für die Vertragserfüllung und in der Regel auf Sicherheitsleistung für die Mängelansprüche zu verzichten. Bei Beschränkter Ausschreibung sowie bei Freihändiger Vergabe sollen Sicherheitsleistungen in der Regel nicht verlangt werden.

(8) Die Sicherheit soll nicht höher bemessen und ihre Rückgabe nicht für einen späteren Zeitpunkt vorgesehen werden, als nötig ist, um den Auftraggeber vor Schaden zu bewahren. Die Sicherheit für die Erfüllung sämtlicher Verpflichtungen aus dem Vertrag soll 5 v.H. der Auftragssumme nicht überschreiten. Die Sicherheit für Mängelansprüche soll 3 v.H. der Abrechnungssumme nicht überschreiten.

Änderung der Vergütung (9) Sind wesentliche Änderungen der Preisermittlungsgrundlagen zu erwarten, deren Eintritt oder Ausmaß ungewiss ist, so kann eine angemessene Änderung der Vergütung in den Vertragsunterlagen vorgesehen werden. Die Einzelheiten der Preisänderungen sind festzulegen.

75.1 Änderungen in der VOB/A 2009

§ 9 fasst die §§ 11, 12, 13, 14 und 15 der VOB/A 2006 in einer Vorschrift zusammen. Dadurch erhält die Vorschrift einen den §§ 7, 13 VOB/A 2009 vergleichbaren Aufbau. 6843

§ 9 Abs. 7 enthält den Verzicht auf Sicherheitsleistungen für die Vertragserfüllung und in der Regel auch für Mängelspruche bei Aufträgen bis zu einer Auftragssumme von 250 000 € ohne Umsatzsteuer. Diese **Regelung zielt auf eine Entlastung von kleinen und mittleren Unternehmen** ab. 6844

75.2 Bieterschützende Vorschrift

75.2.1 § 9 Abs. 1 (Ausführungsfristen)

Der **Bieter hat Anspruch darauf, dass die Ausführungsfristen ausreichend zu bemessen sind** (OLG Düsseldorf, B. v. 28. 2. 2002 – Az.: Verg 37/01, B. v. 28. 2. 2002 – Az.: Verg 40/01; KG Berlin, B. v. 5. 1. 2000 – Az.: Kart Verg 11/99; 1. VK Bund, B. v. 15. 9. 1999 – Az.: VK 1–19/99). 6845

§ 11 Abs. 1 Nr. 3 VOB/A entfaltet daher **bieterschützende Wirkung** (VK Brandenburg, B. v. 30. 9. 2008 – Az.: VK 30/08). 6846

75.2.2 § 9 Abs. 5 (Vertragsstrafen)

§ 9 Abs. 5 VOB/A ist bieterschützend. Zwar betrifft § 9 Abs. 5 VOB/A den Inhalt des später abzuschließenden Vertrags. Das bedeutet aber nicht automatisch, dass die Vorschrift nicht dem Vergabeverfahrensrecht zuzuordnen ist. **Ziel** des § 9 Abs. 5 VOB/A ist es, **in Bezug auf die Vertragsstrafenregelung für einen angemessenen Interessensausgleich zwischen Auftraggeber und Auftragnehmer zu sorgen.** Diese Zielsetzung greift bereits während des Vergabeverfahrens, wenn – was der Regelfall sein dürfte – die späteren Vertragsbedingungen Bestandteil der Verdingungsunterlagen sind. Hier soll der Bieter nicht gezwungen sein, sich auf eine vergaberechtswidrige Vertragsklausel einzulassen. Der **Bieter hat deshalb bereits im Vergabeverfahren Anspruch darauf, dass der Auftraggeber Vertragsstrafen nur dann festsetzt, wenn mit der Überschreitung einer Ausführungsfrist erhebliche Nachteile verbunden sind** (2. VK Bund, B. v. 29. 4. 2010 – Az.: VK 2–20/10; B. v. 8. 2. 2008 – VK 2–156/07; 3. VK Bund, B. v. 7. 2. 2008 – Az.: VK 3–169/07). 6847

Vom **bieterschützenden Charakter des § 9 Abs. 5 VOB/A ist auszugehen,** wenn der Auftraggeber dem Auftragnehmer bereits in den Vergabeunterlagen diesbezüglich unangemessen benachteiligende und deswegen **nicht zumutbare Vertragsbedingungen** stellt. Denn **derartige Regelungen können am Auftrag interessierte Unternehmen davon abhalten, sich mit einem Angebot an der Ausschreibung zu beteiligen**, was dem vergaberechtlichen Wettbewerbsprinzip widerspricht (LSG Hessen, B. v. 15. 12. 2009 – Az.: L 1 KR 337/09 ER Verg – für den Bereich der VOL/A). 6848

75.2.3 § 9 Abs. 9 (Preisänderungen)

§ 9 Abs. 9 VOB/A kommt grundsätzlich als **bieterschützende Norm** in Betracht (2. VK Bund, B. v. 21. 6. 2010 – Az.: VK 2–53/10). 6849

75.3 Bemessung der Ausführungsfristen (§ 9 Abs. 1 Nr. 1 und 2)

75.3.1 Grundsatz

§ 9 Abs. 1 Abs. 1 VOB/A sieht zwingend vor, dass die Ausführungsfristen ausreichend zu bemessen sind. Da **§ 9 Abs. 1 VOB/A lediglich den allgemeinen Grundsatz** für die Bemessung der Ausführungsfristen bestimmt, kommt es für die Frage, ob eine konkrete Frist ausreichend ist, **auf die Umstände des jeweiligen Falles** an (VK Brandenburg, B. v. 30. 9. 2008 – Az.: VK 30/08; 1. VK Bund, B. v. 15. 9. 1999 – Az.: VK 1–19/99; 2. VK Bund, B. v. 14. 9. 2009 – Az.: VK 2–153/09). 6850

Teil 3 VOB/A § 9 Vergabe- und Vertragsordnung für Bauleistungen Teil A

75.3.2 Indizien für eine nicht ausreichende Bemessung der Ausführungsfristen

6851   Allein, dass **nach vielen Abforderungen der Verdingungsunterlagen nur von sehr wenigen Unternehmen Angebote eingereicht werden** und sich davon **nur eines vorbehaltlos an die Fristenvorgabe hält**, ist **deutliches Indiz dafür, dass die Fristen zu kurz bemessen** waren. Die kurze Bemessung der Ausführungsfristen lässt sich auch nicht damit rechtfertigen, dass sich gerade dadurch die leistungsfähigsten Anbieter herauskristallisierten. Wenn dabei solch ein dürftiges Ergebnis herauskommt, dass letztlich nur ein Unternehmen vorbehaltlos die Anforderungen erfüllt, ist der Zweck des Ausschreibungsverfahrens, ein gewisses Maß an Vergleichsmöglichkeiten als Grundlage für die Vergabeentscheidung zu schaffen, nicht mehr gewährleistet. Es spielen dann ersichtlich Zufälligkeiten eine Rolle (KG Berlin, B. v. 5. 1. 2000 – Az.: Kart Verg 11/99).

75.3.3 Änderung der Ausführungsfrist durch eine Verlängerung der Bindefrist?

6852   Vgl. dazu die **Kommentierung zu** → **§ 10 VOB/A Rdn. 61 ff.**

75.3.4 Möglichkeit der Nachverhandlung über Ausführungsfristen?

6853   Zweck der nach **§ 15 Abs. 1 VOB/A zulässigen Bietergespräche ist die Unterrichtung des Auftraggebers** u. a. über die vom jeweiligen Bieter geplante Art der Durchführung der Baumaßnahmen, z. B. die Aufklärung der vom jeweiligen Bieter beabsichtigten Ausführungsfristen. Die **Aufklärung hat demgemäß passiv zu erfolgen**, d. h. ohne dass der Auftraggeber dem Bieter **neue, von den Verdingungsunterlagen abweichende Vorgaben** (z. B. Verkürzung von Einzelfristen) **macht und deren „Bestätigung" abfragt** (OLG Naumburg, B. v. 29. 4. 2003 – Az.: 1 U 119/02).

75.3.5 Richtlinie des VHB 2008

6854   Ausführungsfristen können durch Angabe eines Anfangs- bzw. Endzeitpunktes (Datum) oder nach Zeiteinheiten (Werktage, Wochen) bemessen werden. Werktage sind alle Tage außer Sonn- und Feiertage.

6855   Die Fristbestimmung durch Datumsangabe soll nur dann gewählt werden, wenn der Auftraggeber den Beginn der Ausführung verbindlich festlegen kann und ein bestimmter Endtermin eingehalten werden muss. Auch bei Fristbestimmung nach Zeiteinheiten ist der Beginn der Ausführung möglichst genau zu benennen.

6856   Bei Bemessung der Ausführungsfristen ist zu berücksichtigen,
– zeitliche Abhängigkeiten von vorausgehenden und nachfolgenden Leistungen,
– Zeitpunkt der Verfügbarkeit von Ausführungsunterlagen
– Anzahl arbeitsfreier Tage (Samstage, Sonn- und Feiertage),
– wahrscheinliche Ausfalltage durch Witterungseinflüsse

6857   Ist im Einzelfall eine bestimmte Frist für den Beginn der Ausführung nicht von vornherein festlegbar, ist zu vereinbaren, dass mit der Ausführung innerhalb von 12 Werktagen nach Zugang der Aufforderung durch den Auftraggeber zu beginnen ist (§ 5 Abs. 2 Satz 2 VOB/B). Dabei ist vom Auftraggeber eine zumutbare Frist (§ 11 Abs. 1 Abs. 3 VOB/A), innerhalb derer diese Aufforderung an den Auftragnehmer geht, mit anzugeben (Richtlinien zu 214 – Besondere Vertragsbedingungen – Ziffer 1.2).

75.4 Ausführung erst nach Aufforderung durch den Auftraggeber (§ 9 Abs. 1 Nr. 3)

75.4.1 Grundsatz

6858   Soll vereinbart werden, dass mit der Ausführung erst nach Aufforderung zu beginnen ist (§ 5 Absatz 2 VOB/B), so muss die Frist, innerhalb derer die Aufforderung ausgesprochen werden kann, unter billiger Berücksichtigung der für die Ausführung maßgebenden Verhältnisse zumutbar sein; sie ist in den Vergabeunterlagen festzulegen.

6859   § 9 Abs. 1 Nr. 3 VOB/A kann entnommen werden, dass der **unverzügliche Beginn der Arbeiten nach Erteilung des Zuschlages ohne besondere Aufforderung durch den Auf-

traggeber der Regelfall ist. Daher muss für einen von diesem Regelfall abweichenden Ausnahmefall bereits die **Notwendigkeit einer Fristsetzung**, innerhalb der der Auftraggeber zum Arbeitsbeginn auffordert, **je nach Lage des Einzelfalles beurteilt** werden. Im **Vergabevermerk hat der Auftraggeber diese Notwendigkeit unter Berücksichtigung der Gründe des Einzelfalles zu dokumentieren**. Auch die Frage der Zumutbarkeit der gesetzten Frist beurteilt sich nach den jeweiligen Umständen des Einzelfalles. **Welche Frist noch als zumutbar angesehen werden kann, wird dabei unterschiedlich beurteilt.** Die Spanne reicht von einigen Wochen oder höchstens wenigen Monaten über zwei Monate nach Erteilung des Zuschlages bis zu in der Regel wenigen Wochen und ausnahmsweise bis zu vier Monaten, soweit die Gründe für diese als ungewöhnlich lang anzusehende Aufforderungsfrist im Vergabevermerk nachvollziehbar dargelegt sind (VK Brandenburg, B. v. 30. 9. 2008 – Az.: VK 30/08).

75.4.2 Folge einer unzumutbaren Frist

Ist in den Vergabeunterlagen zu einer Bauausschreibung keine Ausführungsfrist genannt, hat sich der Ausschreibende vielmehr im Leistungsverzeichnis vorbehalten, die Ausführungsfrist beim Zuschlag zu bestimmen, kommt **allein dadurch, dass der Ausschreibende bei Zuschlag an den Mindestbieter eine Ausführungsfrist bestimmt, noch kein Bauvertrag zustande**. Der Ausschreibende gibt mit dem Zuschlag unter Bestimmung der Ausführungsfrist vielmehr ein **neues Angebot** ab. Der Bieter darf die Fristbestimmung nicht als Angebot auf Ergänzung eines unabhängig davon durch Annahme seines Angebots zustande gekommenen Bauvertrages werten. **Lehnt der Mindestbieter die Bauausführung** innerhalb der bei Zuschlag bestimmten Fertigstellungsfrist **ab**, weil diese so **unangemessen kurz** ist, dass sie von ihm nicht eingehalten werden kann, kann er **vom Ausschreibenden Schadenersatz aus dem Gesichtspunkt des Verschuldens bei den Vertragsverhandlungen** verlangen. Der Ausschreibende hat mit dem Zuschlag einen Vertragstatbestand für das Zustandekommen des Vertrages geschaffen, aufgrund dessen der Bewerber nicht mit einer außergewöhnlich kurzen Ausführungsfrist zu rechnen braucht. Die Enttäuschung dieser Erwartung begründet einen **Anspruch des Mindestbieters auf Ersatz des negativen Interesses** (z. B. der Angebotskosten). **Entgangenen Gewinn** kann er **nicht verlangen** (OLG München, Urteil v. 6. 7. 1993 – Az: 13 U 6930/92).

6860

75.5 Festlegung der Ausführungsfrist nach dem VHB 2008

Die verschiedenen Möglichkeiten der Festlegung von Ausführungsfristen sind in Nr. 1 der Besonderen Vertragsbedingungen (BVB) aufgeführt.

6861

75.6 Bauzeitenplan (§ 9 Abs. 2 Nr. 2)

75.6.1 Sinn und Zweck des Bauzeitenplans

Ein **Bauzeitenplan beschreibt den Bauablauf in zeitlicher Hinsicht** und stellt als solcher **in der Regel ein Betriebsinternum des Auftragnehmers** dar; er kann zwar auch der Feststellung des Auftraggebers dienen, ob der Bieter zeitlich plausibel in der Lage ist, die Bauleistung zu bewältigen; er ermöglicht dem Auftraggeber vor Vertragsschluss, den geplanten Ablauf auf Übereinstimmung mit etwaigen Vertragsterminen, auf innere Stimmigkeit, auf korrekte Mengenansätze und auf plausible Zeitverbrauchsparameter zu überprüfen (VK Nordbayern, B. v. 15. 3. 2007 – Az.: 21.VK – 3194 – 06/07). In der Regel bildet der **Bauzeitenplan keinen Beleg für die Eignung**, sondern **soll der Vergabestelle einen leichteren Überblick über den Ablauf der Bauleistung** und deren Koordination mit anderen Unternehmen ermöglichen. Bauzeitenpläne, zumal vom Unternehmer erstellt, haben in der Regel also nur Kontrollfristenqualität. Denn im Allgemeinen hat der Auftraggeber nur ein Interesse daran, dass die Vertragsleistung in ihrer Gesamtheit fristgerecht begonnen und beendet wird; dagegen unterliegt der Zeitraum zwischen Beginn und Vollendung grundsätzlich der Disposition des Unternehmers (BayObLG, B. v. 28. 5. 2003 – Az.: Verg 6/03; 1. VK Sachsen, B. v. 13. 6. 2007 – Az.: 1/SVK/039-07).

6862

Einen in Fachkreisen anerkannten **Unterschied zwischen den Begriffen „Bauzeitenplan" und „Bauablaufplan" gibt es nicht. Beide Begriffe bezeichnen eine Übersicht über die zeitliche Abfolge von Arbeiten auf einer Baustelle** zur Information über den geplanten Beginn, die Dauer und das voraussichtliche Ende einzelner Tätigkeiten. Ein solcher

6863

Teil 3 VOB/A § 9   Vergabe- und Vertragsordnung für Bauleistungen Teil A

Plan kann auch in Form eines Netz- oder Balkenplans erstellt werden (OLG München, B. v. 23. 5. 2007 – Az.: Verg 03/07).

75.6.2 Forderung nach einem Bauzeitenplan zur Angebotsabgabe

75.6.2.1 Grundsatz

6864   Der öffentliche Auftraggeber **kann die Forderung nach Vorlage eines Bauzeitenplanes bereits zur Angebotsabgabe aufstellen.** Er muss diese Forderung dann klar und eindeutig entweder in der Bekanntmachung oder im Anschreiben (Aufforderung zur Angebotsabgabe) stellen und **die für die Bieter notwendigen Fristen angeben** (VK Nordbayern, B. v. 15. 3. 2007 – Az.: 21.VK – 3194 – 06/07; B. v. 1. 4. 2003 – Az.: 320.VK-3194-08/03).

75.6.2.2 Forderung nach einem Bauzeitenplan zur Angebotsabgabe in der Baubeschreibung

6865   **75.6.2.2.1 Zulässigkeit.** Nach Auffassung der VK Nordbayern **kann ein Bauzeitenplan zur Angebotsabgabe in der Baubeschreibung nicht gefordert werden.** Nach § 7 Abs. 9 VOB/A soll die Baubeschreibung dazu dienen, die Leistung durch eine allgemeine Darstellung der Bauaufgabe zu beschreiben. Dazu sind von Auftraggeberseite allgemeine Angaben zu machen, die zum Verständnis der Bauaufgabe und zur Preisermittlung erforderlich sind. In diesem Zusammenhang steht die Forderung, vor Baubeginn einen Bauzeitenplan vorzulegen. Der Auftraggeber möchte anhand des Bauzeitenplanes prüfen, ob die in den Besonderen Vertragsbedingungen festgelegte Baufrist sicher eingehalten wird. Dazu **reicht es aus, dass der Bauzeitenplan rechtzeitig vor Beginn der Bauarbeiten vorgelegt** wird (VK Nordbayern, B. v. 1. 4. 2003 – Az.: 320.VK-3194-08/03).

6866   **75.6.2.2.2 Möglichkeit des Nachreichens eines Bauzeitenplans. Fordert der öffentliche Auftraggeber einen Bauzeitenplan zur Angebotsabgabe und legt der Bieter diesen Bauzeitenplan erst nachträglich vor, schadet dies nicht.** Durch das Fehlen eines Bauzeitenplans bei der Angebotsabgabe hat ein Bieter keinen Wettbewerbsvorteil. Nach § 4 Abs. 2 VOB/B hat der Auftragnehmer die Leistung unter eigener Verantwortung auszuführen. Der Auftragnehmer disponiert in eigener Verantwortung über den notwendigen Personal- und Geräteeinsatz, damit die Leistungen innerhalb der Vertragsfristen ausgeführt werden. Die Bauabwicklung innerhalb der vorgegebenen Fertigstellungsfrist ist grundsätzlich Sache des Auftragnehmers. Eine Überprüfung, wie ein Unternehmen die Arbeiten innerhalb des vorgegebenen Zeitraumes abwickeln will, dient lediglich der Information des Auftraggebers. Bauzeitenpläne werden aufgestellt, damit Leistungen aller Unternehmen sicher ineinander greifen. Sie dienen der Kontrolle des Baufortschritts und sind im Grundsatz unverbindlich. Das **Fehlen einer unverbindlichen Erklärung führt nicht dazu, dass ein Bieter deswegen ausgeschlossen werden muss** (VK Nordbayern, B. v. 1. 4. 2003 – Az.: 320.VK-3194-08/03).

6867   **75.6.2.2.3 Möglichkeit der Nachverhandlung über einen Bauzeitenplan.** Eine Nachverhandlung im Sinne von § 15 VOB/A über einen Bauzeitenplan ist nicht zulässig; vgl. die Kommentierung zu → § 15 VOB/A Rdn. 37.

6868   **75.6.2.2.4 Zulässigkeit eines Nebenangebots zu einem vorgegebenen Bauzeitenplan bei mehreren Losen.** Ist **Bestandteil einer Leistungsbeschreibung ein Bauzeitenplan, in dem u. a. die Arbeiten für mehrere Lose zeitlich koordiniert werden** und hat die Vergabestelle die **Absicht, von der in der Ausschreibung vorgesehenen Möglichkeit Gebrauch zu machen, die Ausführung der Lose unterschiedlicher Bieter zu vergeben,** ist es unter diesen Voraussetzungen nicht **zulässig, dass ein Bieter durch Änderungsvorschläge zu einem bestimmten Los in den Zeitplan für ein anderes Los eingreift und auf diese Weise dem Auftragnehmer für das andere Los einen veränderten Zeitplan aufzwingt.** Der Bauzeitenplan bildet eine wesentliche Voraussetzung für das Angebot eines Bieters, u. a. schon für die grundlegende Frage, ob er überhaupt willens und in der Lage ist, zu den vorgegebenen Zeiten ein Angebot zu unterbreiten. Eine durch einen Mitbieter vorgeschlagene Änderung des Bauzeitenplans kann daher zu einer Wettbewerbsverzerrung führen, weil entweder Bieter ihr Angebot zurücknehmen oder modifizieren müssen, wenn ihnen die neuen Zeiten nicht passen, oder andere Interessenten, die bisher wegen der Zeitplanung auf die Abgabe eines Angebots verzichtet haben, nunmehr in der Lage wären, ein Angebot abzugeben (2. VK Bund, B. v. 19. 1. 2001 – Az.: VK 2–42/00).

75.7 Pauschalierung des Verzugsschadens (§ 9 Abs. 4)

75.7.1 Richtlinie des VHB 2008

Eine Pauschalierung des Verzugsschadens kann **in den Fällen** vereinbart werden, in denen eine **Begrenzung des Verzugsschadens der Höhe nach branchenüblich** ist, z. B. in der **elektrotechnischen Industrie und im Bereich des Maschinen- und Anlagenbaus** (Richtlinien zu 214 – Besondere Vertragsbedingungen – Ziffer 5.5). 6869

75.8 Vertragsstrafen und Beschleunigungsvergütungen (§ 9 Abs. 5)

75.8.1 Vertragsstrafen

75.8.1.1 Allgemeines

§ 9 Abs. 5 VOB/A hat bei Vergaben unterhalb der Schwellenwerte keine Rechtssatzqualität. Es handelt sich insoweit um eine **innerdienstliche Verwaltungsvorschrift**, die unmittelbare Rechtswirkungen im Außenverhältnis nicht begründen kann. **§ 9 Abs. 5 VOB/A hat damit keine unmittelbare Auswirkung auf das Vertragsverhältnis zwischen Auftraggeber und Auftragnehmer.** Die VOB/A enthält kein zwingendes Vertragsrecht in der Weise, dass statt geschlossener Vereinbarungen das Vertragsinhalt wird, was der VOB/A entspricht. Das gilt auch für Vorschriften der VOB/A, die dem Schutz des Bieters dienen sollen (BGH, Urteil v. 30. 3. 2006 – Az.: VII ZR 44/05). 6870

75.8.1.2 Sinn und Zweck

Die Vertragsstrafe ist **einerseits ein Druckmittel**, um die termingerechte Fertigstellung des Bauwerks zu sichern, **andererseits** bietet sie die **Möglichkeit einer erleichterten Schadloshaltung ohne Einzelnachweis** (BGH, Urteil v. 23. 1. 2003 – Az.: VII ZR 210/01; BayObLG, B. v. 27. 2. 2003 – Az.: Verg 1/03). 6871

75.8.1.3 Vertragsstrafen auch für andere Fälle als die Überschreitung von Vertragsfristen

Unbestritten ist, dass Vertragsstrafen auch für andere Fälle als die Überschreitung von Ausführungsfristen vorgesehen und vereinbart werden können. Zwar „sollen" Vertragsstrafen „nur für die Überschreitung von Ausführungsfristen" vereinbart werden und somit – auf den objektiven Gehalt der Formulierung abgestellt – für andere Fälle grundsätzlich nicht in Betracht kommen. Allerdings hat der für den Wortlaut der VOL/A zuständige Hauptausschuss für Leistungen (DVAL) in seinen Beratungen erklärt, dass Vertragsfristen auch für andere Tatbestände der Vertragsverletzung als die Überschreitung von Ausführungsfristen ausbedungen werden können. **Ob dies das Vorliegen zwingender Gründe voraussetzt oder andere Vereinbarungen nicht durch zwingende Gründe gerechtfertigt sein müssen, kann dahinstehen.** Einem solchen – aus der Interessenlage des Auftraggebers resultierenden – zwingenden Grund wird man im Sinne eines anderen Tatbestandes der Vertragsverletzung als der Überschreitung von Ausführungsfristen keine höhere Interessenwertigkeit als der Fristüberschreitung zumessen dürfen: Ist für den letztgenannten Fall das Ausbedingen einer Vertragsstrafe im Hinblick auf die darin liegende Nachteile allein durch die das Interesse des Auftraggebers an der rechtzeitigen Leistungserbringung gerechtfertigt, sind vergleichbare – durch das Interesse des Auftraggebers bestimmte – Vertragserfüllungen im Sinne „zwingender Gründe" an eben diesem Maßstab zu messen und zu beurteilen (2. VK Bund, B. v. 29. 4. 2010 – Az.: VK 2–20/10; VK Lüneburg, B. v. 15. 5. 2008 – Az.: VgK-12/2008; im Ergebnis ebenso LSG Hessen, B. v. 15. 12. 2009 – Az.: L 1 KR 337/09 ER Verg). Das **Interesse an der Geheimhaltung von im Vergabeverfahren sowie im Vertragsabwicklungsverfahren bekannt gewordene bzw. werdender und aus Sicht des Auftraggebers – objektiv nachvollziehbarer – bedeutsamer finanzieller, technischer und sozialer Informationen aus seinem Sphärenbereich ist** aber im Hinblick auf diese durch den Auftraggeber zugemessene Wertigkeit zumindest nicht anders zu beurteilen als das Interesse an der rechtzeitigen Leistungserbringung (VK Hessen, B. v. 7. 8. 2003 – Az.: 69d VK – 26/2003). Dies **gilt auch für den Bereich der VOB/A.** 6872

Sehr viel einschränkender ist die Auffassung der 3. VK Bund im Bereich der VOL/A. § 9 Abs. 2 VOL/A erlaubt eine Vertragsstrafe grundsätzlich nur im Fall der Über- 6873 schreitung von Ausführungsfristen. Erfasst hingegen der Auftraggeber im Wege einer Generalklausel „mehrfache oder besonders schwerwiegende Verstöße" als eine Vertragsstrafe auslösende Tatbestände und werden Lieferengpässe – und damit in der Sache die von § 9 Abs. 2 VOL/A genannte Überschreitung von Ausführungsfristen – nur beispielhaft genannt, geht diese Regelung über die Vorgaben von § 9 Abs. 2 VOL/A hinaus. **Auch wenn § 9 Abs. 2 VOL/A als Soll-Vorschrift formuliert ist,** also grundsätzlich auch in anderen Fällen als dem in der Vorschrift genannten Vertragsstrafen vergaberechtskonform sein können, **muss der Auftraggeber dokumentieren, aus welchem Grund er eine über § 9 Abs. 2 VOL/A hinausgehende Vertragsstrafenregelung für erforderlich hält. Macht er dies nicht, kann die Regelung keinen Bestand haben** (3. VK Bund, B. v. 3. 8. 2009 – VK 3–145/09).

75.8.2 Vom Auftraggeber vorgegebene Vertraulichkeitserklärung

6874 Eine vom Auftraggeber den Bietern vorgegebene Vertraulichkeitserklärung stellt eine **Vertragsstrafe im Sinne der §§ 339 ff.** BGB im Sinne eines unselbständigen an **eine auf ein Tun oder Unterlassen gerichtete Hauptverbindlichkeit angelehntes vertraglich determiniertes Strafversprechen dar**, welches die Erfüllung der Hauptverbindlichkeit im Sinne eines Druckmittels sichern und dem Gläubiger – hier der Auftraggeber – den Schadensbeweis ersparen soll. Die durch die Bieter als Erklärende zu sichernde Hauptverbindlichkeit besteht in dem Unterlassen der Aufzeichnung, Weitergabe und Verwertung der aus den Angebotsunterlagen der Antragsgegnerin erlangten Informationen und der Sicherstellung dieser Unterlassung durch Beschäftigte und Beauftragte des Erklärenden. Das an diese Hauptverbindlichkeit angelehnte Strafversprechen besteht in der Erklärung, im Falle der Zuwiderhandlung gegen die vom Bieter übernommenen Verpflichtungen der Hauptverbindlichkeit eine der Höhe nach festgelegte bestimmte Geldstrafe zu zahlen. Ob diese unter Berücksichtigung der §§ 307 ff. BGB unwirksam sein können, ist – unbeschadet der Frage, ob es sich vorliegend um Allgemeine Geschäftsbedingungen im Sinne des § 305 BGB handelt – nicht im Hinblick auf § 97 Abs. 7 GWB, also vergaberechtlich, sondern ausschließlich vertragsrechtlich von Bedeutung. Sollten die Bestimmungen materiell-rechtlich unwirksam sein, kann eine vergaberechtliche Einschränkung und damit Rechtsverletzung bereits deshalb nicht bestehen, weil in diesem Falle eine Verwirkung der Vertragsstrafe nicht eintreten kann (VK Hessen, B. v. 7. 8. 2003 – Az.: 69 d VK – 26/2003).

75.8.3 Ziffer 1.7.4 der ZTV-Asphalt-StB 94 als Vertragsstrafenregelung?

6875 Gemäß **Ziffer 1.7.4 der ZTV-Asphalt-StB 94** ist der **Auftraggeber berechtigt, bei Nichteinhalten** der (vorgegebenen und vereinbarten) **Grenzwerte** für das Einbaugewicht, die Einbaudicke, den Bindemittelgehalt, den Verdichtungsgrad und die Ebenheit **Abzüge** gemäß einem gleichfalls vereinbarten Anhang 1 **vorzunehmen. Sinn und Zweck dieser Klausel ist nicht die Vereinbarung einer Vertragsstrafe**, sondern eine **erleichterte Abzugsregelung zur Durchsetzung von Mängelgewährleistungsansprüchen** zu Gunsten des Auftraggebers (OLG Celle, Urteil v. 6. 3. 2003 – Az.: 14 U 112/02 – Revision zugelassen).

75.8.4 Angemessene Höhe der Vertragsstrafe

75.8.4.1 Grundsatz

6876 Eine in Allgemeinen Geschäftsbedingungen vereinbarte **Vertragsstrafe muss** auch unter Berücksichtigung ihrer Druck- und Kompensationsfunktion **in einem angemessen Verhältnis zu dem Werklohn stehen, den der Auftragnehmer durch seine Leistung verdient**. Die Schöpfung neuer, vom Sachinteresse des Auftraggebers losgelöster Geldforderungen ist nicht Sinn der Vertragsstrafe. Aus diesem Grund hat der Bundesgerichtshof bereits zur Höchstgrenze des Tagessatzes hervorgehoben, dass **eine Vertragsstrafe unangemessen ist, wenn durch den Verzug in wenigen Tagen typischer Weise der Gewinn des Auftragnehmers aufgezehrt** ist. Die Angemessenheitskontrolle von Vertragsbedingungen über Vertragsstrafen hat nach einer generalisierenden Betrachtungsweise zu erfolgen. Das bedeutet, dass auch die Obergrenze der Vertragsstrafe sich daran messen lassen muss, ob sie generell und typischerweise in Bauverträgen, für die sie vorformuliert ist, angemessen ist. Dabei ist, soweit sich aus der Vorformulierung nicht etwas anderes ergibt, eine Unterscheidung zwischen Bauverträgen mit hohen oder niedrigen Auftragssummen wegen der damit verbundenen Abgrenzungsschwierigkeiten nicht vorzunehmen. **Nach diesem Maßstab ist in Bauverträgen eine Vertragsstrafe für die**

Vergabe- und Vertragsordnung für Bauleistungen Teil A   VOB/A § 9   **Teil 3**

verzögerte Fertigstellung, deren Obergrenze 5% der Auftragssumme überschreitet, unangemessen (BGH, Urteil v. 23. 1. 2003 – Az.: VII ZR 210/01; VK Lüneburg, B. v. 15. 5. 2008 – Az.: VgK-12/2008; VK Baden-Württemberg, B. v. 7. 11. 2007 – Az.: 1 VK 43/07).

75.8.4.2 Rechtsfolgen einer unangemessen hohen Vertragsstrafe

Der Bundesgerichtshof entscheidet in ständiger Rechtsprechung, dass eine **Vertragsstrafen-** 6877 **vereinbarung in Allgemeinen Geschäftsbedingungen auch die Interessen des Auftragnehmers ausreichend berücksichtigen** muss. Eine **unangemessen hohe Vertragsstrafe führt zur Nichtigkeit der Vertragsklausel**. Eine geltungserhaltende Reduktion findet nicht statt (BGH, Urteil v. 23. 1. 2003 – Az.: VII ZR 210/01).

75.8.5 Vertragsstrafe mit dem Inhalt, dass die Höhe der Vertragsstrafe im billigen Ermessen des Auftraggebers steht

Gemäß § 9 Abs. 5 Satz 2 VOB/A ist die **Strafe in angemessenen Grenzen** zu halten. Die 6878 Einhaltung dieser Grenzen ist durch eine Formulierung in der Vertragsstrafenklausel, wonach die **Höhe der Vertragsstrafe im billigen Ermessen des Auftraggebers stehe, welche im Streitfall durch das zuständige Gericht überprüft werden kann, gewährleistet**. Entscheidend für die angemessene Höhe einer Vertragsstrafe sind jeweils die Umstände des Einzelfalls. Abzuwägen sind dabei die Bedeutung der – von § 9 VOB/A geregelten – Einhaltung von Ausführungsfristen für den betreffenden öffentlichen Auftraggeber, das Ausmaß des zu erwartenden Schadens bei einer Fristüberschreitung, der Wert des rückständigen Teiles der Leistung sowie der wirtschaftlichen Verhältnisse des Auftragnehmers. Die Festlegung einer angemessenen Vertragsstrafe, sofern sie im Rahmen des Vertragsverhältnisses zu verhängen ist, wird somit auch durch die vom Auftraggeber formulierte Vertragsstrafenklausel ermöglicht (VK Lüneburg, B. v. 12. 11. 2001 – Az.: 203-VgK-19/2001).

75.8.6 Geltendmachung der Vertragsstrafe nur bei tatsächlichen Nachteilen für den Auftraggeber

Die **Rechtsprechung** ist **nicht einheitlich**. 6879

Nach einer Auffassung kann der Vertragspartner eines öffentlichen Auftraggebers davon aus- 6880 gehen, dass der Auftraggeber seine innerdienstliche Anweisung befolgen will und das Bauvergabeverfahren nach den Regeln des Teils A der VOB durchführt, auch wenn die Ausschreibung dies nicht ausdrücklich zum Ausdruck bringt. **Die nach der VOB/A verfahrenden öffentlichen Auftraggeber erklären ihren Vertragspartnern, dass sie Vertragsstrafen nur ausbedingen, wenn die besonderen Gründe nach § 9 Abs. 5 Satz 1 VOB/A das rechtfertigen. Das bedeutet, dass sie solche Gründe substantiiert vorzutragen und gegebenenfalls zu beweisen haben**, wollen sie sich nicht treuwidrig widersprüchliches Verhalten entgegenhalten lassen (Thüringer OLG, Urteil v. 22. 10. 1996 – Az.: 8 U 474/96 – Nichtannahmebeschluss des BGH).

Nach einer anderen Meinung ist eine **Vertragsstrafenregelung auch dann wirksam,** 6881 **wenn dem Auftraggeber durch die Überschreitung der Vertragsfrist keine erheblichen Nachteile im Sinne des § 9 Abs. 5 VOB/A entstanden** sind (KG Berlin, Urteil v. 7. 1. 2002 – Az.: 24 U 9084/00).

Nach **Auffassung des BGH steht ein Verstoß gegen § 9 Abs. 5 Satz 1 VOB/A der** 6882 **Geltendmachung der Vertragsstrafe nach den Grundsätzen von Treu und Glauben nur entgegen, wenn der Auftragnehmer das Verhalten des Auftraggebers bei Abgabe des Angebots als widersprüchlich werten durfte und er in seinem schutzwürdigen Vertrauen** darauf, dass der Auftraggeber sich an die Regelung des § 9 Abs. 5 Satz 1 VOB/A halten werde, **enttäuscht worden ist**. **Allein der Umstand, dass eine Vertragsstrafe vereinbart** worden ist, ohne dass die Voraussetzungen des § 9 Abs. 5 Satz 1 VOB/A objektiv vorlagen, **rechtfertigt es nicht, der vereinbarten Vertragsstrafe ihre Wirkung zu nehmen**. Denn damit würde der Regelung eine vertragsgestaltende Wirkung zukommen, die nicht zu rechtfertigen ist. Ein **widersprüchliches Verhalten liegt nicht vor, wenn der Auftraggeber bei seiner Ausschreibung subjektiv und nicht unvertretbar zu der Einschätzung gekommen ist, dass die Überschreitung der Vertragsfrist erhebliche Nachteile verursachen kann** und deshalb eine Vertragsstrafe vorsieht. Ein schutzwürdiges Vertrauen darauf, dass der Auftraggeber sich an § 9 Abs. 5 Satz 1 VOB/A gehalten hat, liegt nicht vor, wenn dem

Auftragnehmer bereits bei Abgabe des Angebots die Umstände bekannt sind oder er sie bei zumutbarer Prüfung hätte erkennen können, die den Schluss rechtfertigen, dass die Voraussetzungen für die Vereinbarung einer Vertragsstrafe im konkreten Fall nicht vorliegen (BGH, Urteil v. 30. 3. 2006 – Az.: VII ZR 44/05).

75.8.7 Zulässigkeit bei abstrakter Möglichkeit eines erheblichen Nachteils

6883   Es kommt nach dem **Wortlaut des § 9 Abs. 5 VOB/A ausschließlich darauf an**, ob die **abstrakte Möglichkeit besteht, dass der öffentliche Auftraggeber durch die Terminsüberschreitung einen erheblichen Nachteil erleidet**. Es ist dagegen unerheblich, ob solche Nachteile tatsächlich eingetreten sind. Hat der Auftraggeber im Übrigen dargelegt, dass ihm bei nicht fristgerechter Fertigstellung der Arbeiten der Verlust von bewilligten Fördermitteln droht, ist dies ausreichend, um die Möglichkeit eines erheblichen Nachteils anzunehmen (OLG Naumburg, Urteil v. 8. 1. 2001 – Az.: 4 U 152/00).

75.8.8 Zulässigkeit bei drohenden Ansprüchen eines Nachunternehmers

6884   Für die **Zulässigkeit der Vertragsstrafenregelung reicht bereits aus**, dass dem Auftraggeber **Ansprüche eines Nachunternehmers drohen**, der nicht zu dem mit ihm vereinbarten Termin seine Arbeiten aufnehmen konnte. **Nicht erforderlich** ist, dass der mögliche **Anspruch des Nachunternehmers in der Höhe die vereinbarte Vertragsstrafe erreicht**. Diese dient gerade dazu, den Mindestschaden nicht konkret nachweisen zu müssen. Andernfalls könnte jede Vertragsstrafe mit dem Argument für unwirksam erachtet werden, der tatsächlich eingetretene Schaden liege unterhalb der Vertragsstrafe (OLG Celle, Urteil v. 11. 7. 2002 – Az.: 22 U 190/01).

75.8.9 Richtlinie des VHB 2008

6885   Bei der Bemessung von Vertragsstrafen ist zu berücksichtigen, dass der Bieter die damit verbundene Erhöhung des Wagnisses in den Angebotspreis einkalkulieren kann.

6886   Anhaltspunkt für die Bemessung kann das Ausmaß der Nachteile sein, die bei verzögerter Fertigstellung voraussichtlich eintreten werden.

6887   Sind Vertragsstrafen für Einzelfristen zu vereinbaren, so ist nur die Überschreitung solcher Einzelfristen für in sich abgeschlossene Teile der Leistung unter Strafe zu stellen, von denen der Baufortschritt entscheidend abhängt.

6888   Die Höhe der Vertragsstrafe ist zu begrenzen. Sie soll 0,1 v. H. je Werktag, insgesamt jedoch 5 v. H. der Auftragssumme nicht überschreiten (Richtlinien zu 214 – Besondere Vertragsbedingungen – Ziffer 2).

75.9 Beschleunigungsvergütung (§ 9 Abs. 5)

75.9.1 Inhalt

6889   Bei der Beschleunigungsvergütung – als „Gegenteil" der Vertragsstrafe – handelt es sich in der Sache um einen **gesondert geregelten Teil der vom Auftraggeber für die vereinbarte Leistung zu zahlenden Vergütung**. Forderungen des Bauunternehmers, die durch die Ausführung der vertraglichen Arbeiten entstanden sind, sind ungeachtet ihrer Bezeichnung (etwa als „Schadensersatz" o. ä.) Teil der geschuldeten Vergütung, wenn sie ein (zusätzliches) Äquivalent für die Bauleistungen darstellen. Eine vereinbarte Beschleunigungsprämie ist ein solch zusätzliches Entgelt (OLG Köln, Urteil v. 14. 4. 2000 – Az.: 11 U 221/99).

6890   Der **Wegfall einer Beschleunigungsvergütung** stellt sich regelmäßig nicht als entgangener Gewinn, sondern in gleicher Weise wie bei einer verwirkten Vertragsstrafe **als Einbuße des ansonsten voll verdienten Werklohnes** dar (Brandenburgisches OLG, Urteil v. 14. 1. 2003 – Az.: 11 U 74/02).

75.9.2 Umsatzsteuerpflicht

6891   **Beschleunigungsvergütungen** im Sinne von § 9 Abs. 5 VOB/A sind **Teil der vom Auftraggeber geschuldeten und vertraglich vereinbarten Vergütung**. Sie **sind daher** – wie

Vergabe- und Vertragsordnung für Bauleistungen Teil A   VOB/A § 9   **Teil 3**

die übrigen Teile der Vergütung – **umsatzsteuerpflichtig**, sodass der Auftraggeber zur Zahlung der hierauf entfallenden Umsatzsteuer verpflichtet ist, wenn der Auftragnehmer die Umsatzsteuer geltend macht (OLG Köln, Urteil v. 14. 4. 2000 – Az.: 11 U 221/99).

75.9.3 Beispiele aus der Rechtsprechung

– „**Nebenangebote mit Bauzeitverkürzung** sind erwünscht und **werden mit dem geldwerten Vorteil gewertet**: geldwerter Vorteil/Tag = Vertragsstrafe XXXX DM/Tag – angebotene Mehrkosten/Tag" (VK Baden-Württemberg, B. v. 8. 1. 2002 – Az.: 1 VK 46/01). 6892

75.9.4 Regelungen des HVA StB-B 04/2010

Das HVA StB-B 04/2010 enthält in den Richtlinien für das Aufstellen der Vergabeunterlagen, 1.3 Besondere Vertragsbedingungen, das Muster 1.3–4 Muster Beschleunigungsvergütung und das Muster 1.3–5 Beschleunigungsvergütung Nutzungsausfallkosten. 6893

75.9.5 Literatur

– Diehr, Uwe, Vertragsstrafen nach VOB und VOL, ZfBR 2008, 768   6894

75.10 Verjährung der Mängelansprüche (§ 9 Abs. 6)

75.10.1 Verjährungsfristen nach § 13 Abs. 4 VOB/B

Mit der VOB 2002 sind die Verjährungsfristen des § 13 Nr. 4 VOB/B neu geregelt worden: 6895

Ist für Mängelansprüche keine Verjährungsfrist im Vertrag vereinbart, so beträgt sie für Bauwerke 4 Jahre, für andere Werke, deren Erfolg in der Herstellung, Wartung oder Veränderung einer Sache besteht und für die vom Feuer berührten Teile von Feuerungsanlagen 2 Jahre. Die Verjährungsfrist für feuerberührte und abgasdämmende Teile von industriellen Feuerungsanlagen beträgt 1 Jahr. 6896

Bei maschinellen und elektrotechnischen/elektronischen Anlagen oder Teilen davon, bei denen die Wartung Einfluss auf die Sicherheit und Funktionsfähigkeit hat, beträgt die Verjährungsfrist für Mängelansprüche abweichend von Abs. 1 2 Jahre, wenn der Auftraggeber sich dafür entschieden hat, dem Auftragnehmer die Wartung für die Dauer der Verjährungsfrist nicht zu übertragen. 6897

Die Frist beginnt mit der Abnahme der gesamten Leistung; nur für in sich abgeschlossene Teile der Leistung beginnt sie mit der Teilabnahme (§ 12 Abs. 2). 6898

75.10.2 Verlängerung der Verjährungsfristen

75.10.2.1 Generelle Verlängerung

Die Klausel, „für die Gewährleistung gilt VOB/B/Paragraph 13, **jedoch beträgt die Verjährungsfrist in Abänderung von Satz 4 generell fünf Jahre**", hält der Inhaltskontrolle nach dem BGB (vorher AGBG) stand (BGH, Urteil v. 23. 2. 1989, Az: VII ZR 89/87; OLG Düsseldorf, Urteil v. 7. 6. 1994 - Az: 21 U 90/92). 6899

75.10.2.2 Verlängerung bei Flachdacharbeiten

Der Bundesgerichtshof hält die **Verlängerung der Verjährungsfrist auf zehn Jahre und einen Monat für wirksam, wenn sie für Flachdacharbeiten vereinbart** ist. Eine unangemessene Benachteiligung des Unternehmers liegt nicht vor. Die Klausel weicht von der gesetzlichen Regelfrist wesentlich ab. Sie verlängert die in § 638 Abs. 1 BGB für Bauwerke vorgesehene Verjährungsfrist von fünf Jahren auf zehn Jahre und einen Monat. Diese Abweichung von der gesetzlichen Regelung ist jedoch, jedenfalls wenn sie Flachdacharbeiten betrifft, durch besondere Interessen des Auftraggebers gerechtfertigt. Dies gilt auch wenn die VOB/B vereinbart ist. Die gesetzliche Frist beruht darauf, dass aus der Sicht des historischen Gesetzgebers schwerwiegende Baumängel regelmäßig innerhalb fünf Jahren hervortreten. Der Gesetzgeber hat auch diese Fünfjahresfrist nicht für außergewöhnlich lang angesehen, denn er hat für die gesamte werkvertragliche Gewährleistung, abweichend von der Regel des § 225 BGB eine vertragliche Fristver- 6900

1423

Teil 3 VOB/A § 9   Vergabe- und Vertragsordnung für Bauleistungen Teil A

längerung zugelassen. **Diese Frist ist für bestimmte moderne Bautechniken und Baustoffe verhältnismäßig kurz und kann deshalb unangemessen sein.**

6901   Bei **Flachdacharbeiten hat der Auftraggeber ein erhöhtes Bedürfnis an einer ausreichenden Bemessung der Verjährungsfrist, weil Ausführungsmängel wie auch Planungsmängel an Flachdächern häufig vorkommen und erfahrungsgemäß oft erst später als fünf Jahre nach der Abnahme auftreten.** Dies belegen neuere Untersuchungen.

6902   Es spielt für die gebotene Interessenabwägung **keine Rolle, ob eine konkrete Gefahr, Mängel erst nach Ablauf von fünf Jahren zu entdecken**, im vorliegenden Fall wegen besonders intensiver Überwachung der Dacharbeiten nicht bestand. Anzuwenden ist ein genereller, überindividueller Prüfungsmaßstab und eine typisierende Betrachtungsweise; auf die speziellen Umstände des Einzelfalls kommt es insoweit nicht an (BGH, Urteil v. 9. 5. 1996 – Az: VII ZR 259/94; OLG Köln, Urteil v. 29. 4. 1988 – Az: 19 U 298/87 – für eine Verlängerung auf sieben Jahre).

75.10.3 Rechtsprechung des Bundesgerichtshofes zur Privilegierung der VOB/B

6903   Nach der Rechtsprechung des Bundesgerichtshofes zur VOB/B unterliegen die einzelnen Regelungen der VOB/B nicht der Inhaltskontrolle nach dem BGB (früher Gesetz über die Allgemeinen Geschäftsbedingungen), wenn der **Verwender die VOB/B gegenüber einem Unternehmer – nur diese Fallkonstellation kann im Recht der öffentlichen Aufträge praktisch werden – ohne Änderung insgesamt übernommen** hat. Die VOB/B ist also bei dieser Fallkonstellation insoweit privilegiert (BGH, Urteil v. 24. 4. 2008 – Az.: VII ZR 55/07).

6904   Die Rechtsprechung des BGH hat also zur Konsequenz, dass **jede Verlängerung der Frist für Mängelansprüche die Inhaltskontrolle nach dem BGB (früher AGB-Gesetz) eröffnet** – mit allen daraus resultierenden Konsequenzen.

75.10.4 Hemmung der Verjährung durch Anrufung einer VOB-Schiedsstelle

6905   Finden **zwischen Auftraggeber und Auftragnehmer** hinsichtlich strittiger Positionen einer Schlussrechnung **Verhandlungen mit dem Ziel eines Konsenses**, um langjährige und kostenträchtige gerichtliche Auseinandersetzungen zu vermeiden, statt und wird beschlossen, die Möglichkeit einer Vorlage zu einer VOB-Schiedsstelle abzuklären, können diese Absprachen über die Anrufung der Schiedsstelle bei interessengerechter Auslegung **Stillhalteabkommen** enthalten. Die strittigen Positionen sollen, um möglichst Zeit und Geld zu sparen, für beide Seiten verbindlich bis zum Abschluss des Schlichtungsverfahrens einer gerichtlichen Auseinandersetzung entzogen werden. Die **Verjährung ist dann für diesen Zeitraum gehemmt**, § 202 Abs. 1, § 205 BGB – (BGH, Urteil v. 28. 2. 2002 – Az.: VII ZR 455/00).

75.10.5 Richtlinie des VHB 2008

6906   Sofern ausnahmsweise von der Regelfrist des § 13 Abs. 4 Nr. 1 VOB/B abweichende Verjährungsfristen vereinbart werden sollen, können folgende Umstände als Anhalt für die Bemessung der Fristen dienen:

- die Frist, innerhalb der bei Bauleistungen der betreffenden Art Mängelansprüche üblicherweise noch erkennbar werden

- der Zeitpunkt, bis zu dem einwandfrei festgestellt werden kann, ob aufgetretene Mängel auf vertragswidrige Leistung oder auf andere Ursachen, z.B. üblicher Verschleiß oder Abnutzung durch vertragsgemäßen Gebrauch zurückzuführen sind

- die Abwägung, ob Preiserhöhungen oder -minderungen durch Berücksichtigung des erhöhten oder geminderten Mängelansprüche-Risikos in einem angemessenen Verhältnis zu dem erzielbaren Vorteil stehen

- bei Verwendung neuartiger Baustoffe und Baukonstruktionen, weil über das Auftreten von Mängeln noch keine Erfahrungen vorliegen.

(Richtlinien zu 214 – Besondere Vertragsbedingungen – Ziffer 5.3).

75.11 Sicherheitsleistung (§ 9 Abs. 7 und 8)

75.11.1 Änderung in der VOB/A 2009

§ 9 Abs. 7 enthält im Vergleich zu § 13 VOB/A 2006 einen **Verzicht auf Sicherheitsleis- 6907 tungen für die Vertragserfüllung und in der Regel auch für Mängelanspruche bei Aufträgen bis zu einer Auftragssumme von 250 000 € ohne Umsatzsteuer.** Diese Regelung zielt auf **eine Entlastung von kleinen und mittleren Unternehmen** ab.

75.11.2 Restriktive Handhabung

§ 9 Abs. 7 VOB/A sieht vor, dass **öffentliche Auftraggeber Sicherheiten nur restriktiv 6908 verlangen sollen.** Es widerspricht dem Grundgedanken dieser Regelungen, wenn in allgemeinen Vertragsbedingungen ohne Prüfung des Einzelfalles Klauseln mit dem Inhalt eines Sicherheitseinbehalts von 5%, der z. B. durch eine selbstschuldnerische Bürgschaft gesichert wird, vereinbart werden (OLG Hamm, Urteil v. 1. 7. 2003 – Az: 19 U 38/03; im Ergebnis ebenso 3. VK Bund, B. v. 9. 1. 2008 – Az.: VK 3–145/07).

75.11.3 Forderung einer Bürgschaft für den Fall der Insolvenz

Die **Forderung einer Bürgschaft für den Fall der Insolvenz verstößt gegen § 9 6909 Abs. 7 VOB/A.** Die Regelung ist ausdrücklich als Ausnahmevorschrift gestaltet. Bei der **Prüfung der Erforderlichkeit einer Sicherheitsleistung** im konkreten Fall steht dem **Auftraggeber zwar ein gewisser Beurteilungsspielraum** zu. Dieser Beurteilungsspielraum ist überschritten, wenn z. B. kein Zweifel daran bestehen kann, dass bei Ausfall des Vertragspartners für den Auftraggeber ohne weiteres die Möglichkeit der Ersatzbeschaffung besteht und der **Auftraggeber allein einen eventuell höheren Deckungsbetrag für die Ersatzbeschaffung durch die Sicherheitsleistung absichern will** und der drohende Schaden selbst begrenzbar ist. **Sicherheitsleistungen** werden **typischerweise in den Fällen** gefordert, in denen der **Auftraggeber ein Bedürfnis hat, die ordnungsgemäße Leistung als solche abzusichern, insbesondere bei bereits bezahlten Leistungen oder bei solchen Beschaffungen, bei denen nach Zahlung durch den Auftraggeber Mängel auftreten können.** Hat bei der streitigen Ausschreibung aber gerade der Bieter in Vorleistung zu treten und darf die Abrechnung erst dann erfolgen, wenn die jeweilige Beschaffung erfolgt ist und erfolgt die Zahlung der Rechnungen erst nach Eingang der vollständigen und korrekten Abrechnungsunterlagen, besteht insoweit kein Sicherungsbedürfnis des Auftraggebers. Die **drohende Insolvenz des Auftragnehmers ist schließlich eine Frage seiner finanziellen Leistungsfähigkeit.** Selbst wenn es zutrifft, dass in einer Brache zahlreiche Insolvenzen zu verzeichnen sind, so **kann der Auftraggeber dem durch Festlegung besonderer Eignungsvoraussetzungen Rechnung tragen** (3. VK Bund, B. v. 9. 1. 2008 – Az.: VK 3–145/07).

75.11.4 Hinweis

§ 9 Abs. 7 VOB/A spielt ansonsten in der Rechtsprechung keine Rolle. Die wesentlichen 6910 Grundsätze der Rechtsprechung zu Sicherheitsleistungen (u. a. Unzulässigkeit der Bürgschaft auf erstes Anfordern) finden sich in den Kommentierungen zu § 17 VOB/B.

75.11.5 Richtlinie des VHB 2008

Sicherheiten für die vertragsgemäße Erfüllung sind erst ab einer voraussichtlichen Netto- 6911 Auftragssumme von 250 000 € zu verlangen; jedoch in der Regel nicht bei Beschränkter Ausschreibung, Beschränkter Ausschreibung nach Öffentlichem Teilnahmewettbewerb, Freihändiger Vergabe, Nichtoffenem Verfahren und Verhandlungsverfahren. Als Sicherheit für die vertragsgemäße Erfüllung sollen in der Regel 5 v. H. der Auftragssumme vorgesehen werden. Höhere Sicherheiten dürfen nur gefordert werden, wenn ein ungewöhnliches Risiko für den Auftraggeber zu erwarten ist. Die Sicherheit darf in diesem Fall 10 v. H. der Auftragssumme nicht überschreiten (Richtlinien zu 214 – Besondere Vertragsbedingungen – Ziffer 4.1).

Sicherheiten für die Erfüllung von Mängelansprüchen sind erst ab einer Netto-Auftrags- 6912 summe von 250 000 € zu verlangen. Als Sicherheiten für die Erfüllung von Mängelansprüchen sollen in der Regel 3 v. H., höchstens jedoch 5 v. H. der Auftragssumme einschließlich erteilter

Nachträge vorgesehen werden (Richtlinien zu 214 – Besondere Vertragsbedingungen – Ziffer 4.2).

6913   Die Rückgabe der Sicherheit richtet sich nach § 17 Abs. 8 VOB/B. Besteht im Einzelfall ein höheres Sicherheitsbedürfnis, ist abweichend von der zweijährigen Regelfrist ein anderer Rückgabezeitpunkt festzulegen (Richtlinien zu 214 – Besondere Vertragsbedingungen – Ziffer 4.3).

6914   Für Abschlagszahlungen im Sinne des § 16 Abs. 1 Satz 3 VOB/B oder für Vorauszahlungen nach § 16 Abs. 2 VOB/B sind Sicherheiten in jedem Fall in Höhe des Zahlungsbetrages zu verlangen; diese sind erst nach vollständig erfolgtem, verrechnendem Ausgleich zurückzugeben (Richtlinien zu 214 – Besondere Vertragsbedingungen – Ziffer 4.4).

6915   Wird im Einzelfall von den Vorgaben der Nummern 4.1 bis 4.3 abgewichen, ist dies im Vergabevermerk zu begründen (Richtlinien zu 214 – Besondere Vertragsbedingungen – Ziffer 4.4).

75.12 Änderung der Vergütung (§ 9 Abs. 9)

75.12.1 Allgemeines

6916   Im Regelfall werden **Bauverträge auf der Basis einer ordnungsgemäßen Leistungsbeschreibung (§ 7 VOB/A) zu festen vertraglichen Konditionen abgeschlossen** (Preis, Leistungsinhalt, Leistungsort, Qualitäten usw.). Für **nach Vertragsschluss eintretende Änderungen** stellt die VOB/B das entsprechende Instrumentarium zur Verfügung.

6917   Gemäß § 9 Absatz 9 VOB/A sollen im Grundsatz Leistungen zu festen Preisen vergeben werden. Jede „automatische" Preisgleitung ist geeignet, die Geldentwertung zu befördern. Eine **flächendeckende Anwendung von Preisgleitklauseln durch die öffentlichen Auftraggeber ist vom Verordnungsgeber aufgrund der Auswirkungen auf die Gesamtwirtschaft nicht gewünscht**, weshalb im Grundsatz Leistungen zu festen Preisen zu vergeben sind (2. VK Bund, B. v. 21. 6. 2010 – Az.: VK 2–53/10).

6918   Wenn ein **Bieter/Auftragnehmer** Leistungen zu Einheitspreisen ohne eine **Stoffpreisgleitklausel anbietet, trägt er grundsätzlich das Risiko der Beschaffung der für die Herstellung des Werks notwendigen Materialien, also auch das Risiko einer Preissteigerung.** Nur in **Ausnahmefällen** kann es zu einer rechtlich erheblichen **Störung der Geschäftsgrundlage** kommen – § 313 BGB – (OLG Stuttgart, Urteil v. 24. 11. 2008 – Az.: 10 U 97/08).

6919   Unter einem **festen Preis** ist **eine beide Vertragspartner bindende Vereinbarung über die Vergütung zu verstehen, die nicht einseitig abgeändert werden kann** (VK Münster, B. v. 5. 10. 2005 – Az.: VK 19/05; VK Saarland, B. v. 31. 1. 2006 – Az.: 1 VK 05/2005).

6920   § 9 Abs. 9 VOB/A hingegen regelt den **Fall, dass bereits bei der Ausschreibung wesentliche Änderungen der Preisermittlungsgrundlagen zu erwarten sind,** deren Eintritt oder Ausmaß ungewiss ist; dann kann eine angemessene Änderung der Vergütung in den Verdingungsunterlagen vorgesehen werden.

75.12.2 Ermessensregelung

6921   Nach § 9 Abs. 9 VOB/A **kann** eine angemessene Änderung der Vergütung in den Verdingungsunterlagen **vorgesehen werden**. Der Auftraggeber hat also die Pflicht, bereits bei der Aufstellung der Leistungsbeschreibung zu prüfen, ob die Voraussetzungen des § 9 Abs. 9 voraussichtlich eintreten werden. Hierbei hat der Auftraggeber einen **Ermessensspielraum** (OLG Dresden, Urteil v. 29. 11. 2001 – Az.: 19 U 1833/01; VK Baden-Württemberg, B. v. 26. 3. 2010 – Az.: 1 VK 11/10; 2. VK Bund, B. v. 21. 6. 2010 – Az.: VK 2–53/10; VK Hessen, B. v. 19. 9. 2002 – Az.: 69 d VK – 46/2002), der – in analoger Anwendung der von der Rechtsprechung entwickelten Rechtsgrundsätze (z.B. bei der Eignung) – **nur begrenzt überprüfbar** ist.

6922   Die Aufnahme einer Preisgleitklausel in den Vertrag steht im Ermessen des Auftraggebers. Diesen **Ermessensspielraum kann die Kammer nur eingeschränkt überprüfen**. Die Ausübung dieses Spielraums lässt innerhalb einer bestimmten Bandbreite generell mehrere vertretbare und daher hinzunehmende Entscheidungsergebnisse zu. Vor diesem Hintergrund ist die Vergabekammer lediglich befugt, die Einhaltung der Grenzen dieses Spielraums zu überprüfen. Die Nachprüfungsinstanzen dürfen ihre Vorstellungen über die Strukturierung des Vergabeverfahrens jedoch nicht an die Stelle der Vorstellungen der Vergabestelle setzen (2. VK Bund, B. v. 21. 6. 2010 – Az.: VK 2–53/10).

Sind bei längerfristigen Verträgen wesentliche Änderungen der Preisermittlungsgrundlagen zu 6923
erwarten, deren Eintritt oder Ausmaß ungewiss ist, so **kann eine angemessene Änderung
der Vergütung in den Verdingungsunterlagen vorgesehen werden**. Die Aufnahme einer
Änderungsklausel steht im Ermessen des Auftraggebers („kann"). Einer Verpflichtung des Auftraggebers, eine Preisanpassungsregel vorzusehen, kommt nur im Falle einer Ermessensreduzierung auf Null in Betracht. Die **Einführung eines Mindestlohns stellt keine wesentliche
Veränderung der Preisermittlungsgrundlagen dar**. Vielmehr wird hier lediglich auf
gesetzlicher Grundlage ein unterstes Lohnniveau festgelegt, an das alle in Deutschland tätigen Unternehmen gebunden sind (3. VK Bund, B. v. 9. 9. 2009 – Az.: VK 3–163/
09).

75.12.3 Unzulässigkeit des völligen Ausschlusses jeder Preisänderung

Enthalten die Ausschreibungsbedingungen eine **Klausel, dass eine Preiskorrektur, ganz** 6924
gleich aus welchem Grund, nicht anerkannt wird, ist diese Regelung unwirksam, da
es sich um eine Allgemeine Geschäftsbedingung handelt und sie eine **unangemessene Benachteiligung zu Lasten der Bewerber bzw. Bieter** beinhaltet (§§ 307 Abs. 1 und 2, 305
BGB). Bei einer solchen Klausel handelt sich um einen kompletten, alles umfassenden Ausschluss, der keine Ausnahmetatbestände zulässt, selbst dann nicht, wenn nach der gesetzlichen
Lage eine Preisänderung in Betracht käme (z. B. bei dem Wegfall der Geschäftsgrundlage oder
bei einem Irrtum). Damit **versucht der Auftraggeber, durch einseitige Vertragsgestaltung missbräuchlich eigene Interessen auf Kosten des Vertragspartners durchzusetzen**, ohne von vornherein auch dessen Belange hinreichend zu berücksichtigen und ihm einen
angemessenen Ausgleich zuzugestehen. Zwar sollen bei einem Vertrag, dem die VOB/A zu
Grunde liegt, Leistungen zu festen Preisen vergeben werden (§ 4 Abs. 1 Nr. 1 VOB/A), d.h.
beide Vertragspartner sollen eine bindende Vereinbarung über die Vergütung treffen, die nicht
einseitig abgeändert werden kann. Diese dient der Sicherheit des öffentlichen Auftraggebers bezüglich der Angebotspreise, die seiner Haushaltsplanung zugute kommt. Das bedeutet aber
nicht, dass keine Ausnahmen zulässig sein dürfen. **Vielmehr muss bei längerfristigen Verträgen eine Ausnahmeregelung möglich sein**. Dafür spricht bereits der Wortlaut des § 9
Abs. 9 VOB/A. Im Übrigen ergibt sich auch aus § 2 VOB/B, dass bei der Abwicklung eines
Vertrages, der der VOB unterliegt, unter bestimmten Bedingungen ein neuer Preis vereinbart
werden muss (VK Hessen, B. v. 19. 9. 2002 – Az.: 69 d VK – 46/2002).

75.12.4 Preisvorbehalte nur für den ausgeschriebenen Auftrag

Die Vereinbarung einer Preisgleitklausel ist nur zulässig für Änderungen der Preisermittlungs- 6925
grundlagen im Rahmen eines aktuell zur Vergabe anstehenden Auftrags; eine **Preisgleitklausel
darf nicht vereinbart werden, um Preise in einem zukünftigen Vergabeverfahren zu
präjudizieren** (1. VK Bund, B. v. 10. 12. 2002 – Az.: VK 1–91/02).

75.12.5 Vorgabe von Preisvorbehalten nur durch den Auftraggeber

Preisgleitklauseln können **nur einheitlich durch entsprechende Vorgaben in den** 6926
Verdingungsunterlagen von allen Bietern angeboten werden, um Vergleichbarkeit herzustellen. Eine **in einem Nebenvorschlag enthaltene Preisgleitklausel eines Bieters darf nicht
berücksichtigt werden**. Die Preisgleitklausel würde eine unterschiedliche Art und Weise der
Bewertung des Preises der Antragstellerin und der übrigen Bieter bedingen und damit die Preise
untereinander nicht vergleichbar erscheinen lassen (VK Düsseldorf, B. v. 7. 6. 2001 – Az.: VK –
13/2001 – B).

75.12.6 Wesentliche Änderungen der Preisermittlungsgrundlagen
(Bagatell- und Selbstbehaltsklausel)

75.12.6.1 Grundsatz

§ 9 Abs. 9 setzt voraus, dass wesentliche Änderungen der Preisermittlungsgrundlagen zu er- 6927
warten sind. Eine **generalisierende Aussage** ist auch zu diesem Punkt **nicht möglich**; der
Auftraggeber muss insoweit im Einzelfall eine pflichtgemäße Entscheidung treffen.

Teil 3 VOB/A § 9   Vergabe- und Vertragsordnung für Bauleistungen Teil A

75.12.6.2 Beispiele aus der Rechtsprechung

6928
- ein aufgrund einer Preisklausel entstehender Mehr- und Minderbetrag wird nur erstattet, soweit er **0,5 v. H. der Abrechnungssumme** überschreitet (Bagatell- und Selbstbeteiligungsklausel). Eine entsprechende Klausel ist so zu verstehen, dass der Auftragnehmer sich mit einem Betrag von 0,5 v. H. der Auftragssumme auch dann an den Mehrkosten zu beteiligen hat, wenn diese darüber hinausgehen (Bundesgerichtshof, Urteil v. 22. 11. 2001 – Az.: VII ZR 150/01)

- es ist nicht zu beanstanden, wenn die Preisanpassung vom Überschreiten einer angemessenen **Bagatellgrenze** abhängig gemacht wird. Das Risiko einer Preissteigerung von bis zu **3%** ist für den Auftragnehmer kalkulierbar und zumutbar. Die Aufnahme einer derartigen Bagatellgrenze ist daher **nicht nur sinnvoll, sondern auch üblich** (VK Lüneburg, B. v. 12. 11. 2001 – Az.: 203-VgK-19/2001)

- im Übrigen können außergewöhnliche Preisentwicklungen durch die Vereinbarung von Preisgleitklauseln berücksichtigt werden, die **ab einer bestimmten Abweichung (z. B. ab +/− 5%) wirksam** werden (VK Lüneburg, B. v. 21. 1. 2003 – Az.: 203-VgK-30/2002)

75.12.6.3 Bagatellklausel bei Rückforderungen

6929   Durch den Bezug auf die Abrechnungssumme wird die Höhe des Selbstbehalts durch Faktoren bestimmt, auf die der Auftragnehmer keinerlei Einfluss nehmen kann, z. B. Zusatzaufträge. Diese kalkulatorischen Unwägbarkeiten sind wegen des Wettbewerbsdrucks so hoch, dass es **gegen Treu und Glauben verstößt, bei der Rückforderung die Bagatellklausel anzuwenden** (OLG Nürnberg, Urteil v. 26. 1. 2000 – Az.: 4 U 3249/99).

75.12.6.4 Richtlinie des VHB 2008

6930   Wenn in Abschlagsrechnungen die Erstattung von Mehraufwendungen für Löhne gefordert wird, darf wegen des vereinbarten Selbstbehalts Zahlung erst geleistet werden, wenn die nachgewiesenen **Mehraufwendungen 0,5 v. H. der Auftragssumme überschritten** haben (400 – Allgemeine Richtlinien zur Baudurchführung – Ziffer 14.11).

75.12.6.5 § 15 Nr. 2 Buchstabe b) und c) der Grundsätze zur Anwendung von Preisvorbehalten bei öffentlichen Aufträgen

6931   Preisgleitklauseln sind grundsätzlich so zu vereinbaren, dass sie erst wirksam werden, wenn ein bestimmter Mindestbetrag der Kostenänderung überschritten wird (Bagatellklausel). Nach Überschreiten dieses Mindestbetrages kommt die volle Preisänderung, vermindert um eine gemäß Buchstaben d zu vereinbarende Selbstbeteiligung, zur Auswirkung. Die Auftragnehmer sind in der Regel in einer im Vertrag festzulegenden Höhe an den Mehrkosten angemessen zu beteiligen. Entsprechendes gilt bei Kosteneinsparungen (Selbstbeteiligungsklausel).

75.12.7 Längerfristige Verträge

75.12.7.1 Allgemeines

6932   § 9 Abs. 9 VOB/A setzt nach seinem Sinn und Zweck den Abschluss längerfristiger Verträge voraus. Denn nur beim Abschluss von **längerfristigen Verträgen kann** es für den Unternehmer wegen der Ungewissheit künftiger Entwicklungen z. B. der Rohstoffpreise in Verbindung mit einer langen Ausführungszeit der Baumaßnahme **unter Umständen zur Übernahme eines nur schwer kalkulierbaren Risikos** kommen.

6933   Eine generalisierende Aussage, wann ein längerfristiger Vertrag vorliegt, der eine Änderungsregelung notwendig oder sinnvoll macht, kann nicht getroffen werden.

75.12.7.2 Beispiele aus der Rechtsprechung

6934
- als längerfristig ist ein Vertrag anzusehen, der sich über einen **Zeitraum von mindestens zehn Monaten** erstreckt (BayObLG, B. v. 21. 10. 2004 – Az.: Verg 017/04)

- längerfristige Verträge liegen vor, wenn eine **Mindestlaufzeit von 10 Monaten vereinbart** wird (VK Hessen, B. v. 19. 9. 2002 – Az.: 69 d VK – 46/2002)

- eine **Festschreibung des vereinbarten Preises für die Laufzeit des Vertrages von einem Kalenderjahr ist gerechtfertigt**; da nach diesem Zeitraum eine Preisanpassungsklausel

Vergabe- und Vertragsordnung für Bauleistungen Teil A   VOB/A § 9 **Teil 3**

vorgesehen ist, ist kein Verstoß gegen das AGB-Gesetz (jetzt das BGB – Anm. des Verfassers) ersichtlich (VK Hessen, B. v. 19. 9. 2002 – Az.: 69 d VK – 46/2002)

75.12.8 Möglichkeiten der Festlegung der Änderung der Vergütung in den Verdingungsunterlagen

Zur Abdeckung von wesentlichen Änderungen der Preisermittlungsgrundlagen kommen mehrere Möglichkeiten in Betracht. 6935

75.12.8.1 Lohngleitklausel

75.12.8.1.1 Allgemeines. In der Praxis kann nach den Verfahrensvorschriften der öffentlichen Auftraggeber der Bieter zusätzlich zum Hauptangebot ein Angebot mit Lohngleitklausel abgeben, bei dem Lohn- und Gehaltsmehr- oder -minderaufwendungen erstattet werden (Festpreisvertrag mit Preisvorbehalt). 6936

75.12.8.1.2 Centklausel. Die Praxis arbeitet regelmäßig mit einer so genannten Centklausel (früher Pfennigklausel). Dabei wird bei einer Lohnänderung um einen Cent je Stunde die Vergütung für die zu erbringende Leistung – und zwar nach dem Wirksamwerden der Lohnänderung um einen im Vertrag enthaltenen Änderungssatz – erhöht oder verringert. 6937

75.12.8.1.3 Auslegung einer kombinierten Lohn-/Stoffpreisgleitklausel. Enthalten die Ausschreibungsunterlagen eines öffentlichen Auftraggebers sowohl eine Lohn- als auch eine Materialpreisgleitklausel, trägt aber der **Bieter nur im Formblatt für die Lohnmehrkosten einen Änderungssatz ein**, nicht jedoch auch im Formblatt für Stoffmehrkosten, und teilt er nach der Submission mit, dass sich der angebotene Änderungssatz nur auf die im Leistungsverzeichnis aufgeführten Lohnbestandteile bezieht, so ist – auch bei der Wertung des Angebots – die „Pfennigklausel" dahin zu verstehen, dass **nicht die nach der Lohnänderung erbrachte Gesamtleistung, sondern nur der Lohnanteil dieser Leistung zu berücksichtigen ist** (OLG Bamberg, Urteil v. 20. 2. 1992 – Az: 1 U 139/89). 6938

75.12.8.1.4 Beispiele aus der Rechtsprechung 6939

– weist der Auftraggeber in einem Formblatt Lohngleitklausel ausdrücklich darauf hin, dass bei Fehlen eines vom Bieter anzugebenden Änderungssatzes kein Anspruch auf Erstattung von Lohn- und Gehaltsmehraufwendungen besteht, bedeutet dies, dass selbst bei Ausfüllung weiterer Spalten, aus der sich bereits eindeutig der Wille des Bieters auf Vereinbarung einer Lohngleitklausel ergibt, **ohne die Ausfüllung der Spalte mit dem Änderungssatz eine Lohngleitklausel nicht Bestandteil des Angebotes ist.** Das gilt auch dann, wenn der Änderungssatz sich bereits rechnerisch ohne weiteres aus den Angaben in anderen Spalten ergibt und daraus nach objektiver Auslegung erkennbar ist, dass der Bieter von der Lohngleitklausel Gebrauch machen will. Allein die Tatsache, dass ein Bieter erkennbar ein Angebot unter Einschluss einer Lohngleitklausel abgeben möchte, reicht damit nicht dafür aus, dass die Klausel tatsächlich Bestandteil seines Angebots wird. Der Auftraggeber will mit dem Erfordernis einer Ausfüllung des Änderungssatzes von vornherein jedem Zweifel und jedem Streit über die zutreffende Auslegung in diesem Punkt begegnen. Streitigkeiten oder auch nur eine Diskussion über die richtige Auslegung der Erklärung – sei es im Vergabeverfahren, sei es im Falle einer Bezuschlagung bei der Vertragsdurchführung und -abrechnung –, wie sie unter Zugrundelegung des § 133 BGB immer möglich sind, sollten erst gar nicht erst aufkommen können. An einer absoluten Klarheit in diesem Punkt besteht auch ein berechtigtes Interesse des Auftraggebers (OLG Düsseldorf, B. v. 19. 5. 2010 – Az.: VII-Verg 3/10)

– Bietergemeinschaft dürfen zwar Einzelbietern gegenüber nicht benachteiligt werden (vgl. Art. 2, Art. 4 Abs. 2 VKR), sie brauchen ihnen gegenüber aber auch nicht bevorzugt zu werden. **Bietergemeinschaften können z. B. verpflichtet werden, wie Einzelbieter einen einheitlichen Änderungssatz für eine Lohngleitklausel anzugeben.** Die Zulassung unterschiedlicher Änderungssätze führte zu praktischen Schwierigkeiten bei der Bewertung der Änderungssätze im Vergabeverfahren sowie bei der späteren Abrechnung. Die Bildung eines Durchschnittssatzes bei der Bewertung eines Angebotes mit unterschiedlichen Änderungssätzen würde dem Angebot nicht gerecht, weil die Mitgliedsunternehmen die Arbeiten nicht gleichzeitig, sondern phasenverschoben durchführen und sich das Gewicht der Arbeiten mit einem hohen Änderungssatz dadurch verstärken kann (OLG Düsseldorf, B. v. 19. 5. 2010 – Az.: VII-Verg 3/10)

6940 **75.12.8.1.5 Richtlinie des VHB 2008 zur Lohngleitklausel.** Das VHB 2008 enthält in den Richtlinien zu 224 (Angebot Lohngleitklausel) ausführliche Regelungen zur Lohngleitklausel. Die Richtlinie wird ergänzt durch das Formblatt 224 „Angebot Lohngleitklausel" einschließlich der „Vertragsbedingungen Lohngleitklausel".

6941 Das Formblatt Lohngleitklausel 224 ist den Vergabeunterlagen beizufügen, wenn wesentliche und nachhaltige Änderungen der Preisermittlungsgrundlagen zu erwarten sind und

– die Zeitspanne von dem für die Angebotsabgabe festgesetzten Zeitpunkt bis zur vereinbarten Lieferung bzw. Fertigstellung **mindestens 10 Monate** beträgt oder

– das mit der Vereinbarung von festen Preisen verbundene Wagnis im Einzelfall besonders hoch ist und die Zeitspanne von dem für die Angebotsabgabe festgesetzten Zeitpunkt bis zur vereinbarten Lieferung oder Fertigstellung **mindestens 6 Monate** beträgt (Richtlinien zu 211 – Aufforderung zur Abgabe eines Angebots – Ziffer 2).

6942 **75.12.8.1.6 Regelung des HVA StB-B 04/2010.** Das HVA StB-B 04/2010 enthält in den Hinweisen zu den Besonderen Vertragsbedingungen ausführliche Regelungen zur Lohngleitklausel. Diese Regelungen werden ergänzt durch das 1.3-2 Muster Lohngleitklausel.

75.12.8.2 Stoffpreisgleitklausel

6943 **75.12.8.2.1 Allgemeines.** Für die Praxis spielen Stoffpreisgleitklauseln insbesondere bei energiepreisabhängigen Rohstoffen eine nicht zu unterschätzende Rolle.

6944 **75.12.8.2.2 Auslegung einer kombinierten Lohn-/Stoffpreisgleitklausel.** Vgl. dazu → Rdn. 96.

6945 **75.12.8.2.3 Regelungen des VHB 2008 zur Stoffpreisgleitklausel.** Das VHB 2008 enthält ein Formular (225) als Ergänzung der Aufforderung zur Abgabe eines Angebotes „Verzeichnis für Stoffpreisgleitklausel Stahl" einschließlich erläuternder Hinweise.

6946 **75.12.8.2.4 Regelungen des HVA StB-B 04/2010.** Das HVA StB-B 04/2010 enthält in den Hinweisen zu den Besonderen Vertragsbedingungen ausführliche Regelungen zur Stoffpreisklausel. Diese Regelungen werden ergänzt durch das 1.3-3 Muster Stoffpreisgleitklausel.

75.12.8.3 Indexklausel

6947 Bei Indexklauseln werden Preisänderungen auf der Basis amtlicher Indizes geändert. Sie sind je nach den Umständen des Einzelfalls praktikabler zu handhaben, im Ergebnis aber auch weniger zielgenau als etwa die Centklausel.

75.12.8.4 Preisrechtliche Rahmenbedingungen

6948 Grundsätzlich sind Preisklauseln verboten (§ 2 Abs. 1 Satz 1 des Preisangaben- und Preisklauselgesetzes vom 3. 12. 1984 (BGBl. I S. 1429), zuletzt geändert durch Art. 9 § 4 des Gesetzes vom 9. 6. 1998 (BGBl. I S. 1242).

6949 Das Verbot von Preisklauseln gilt nach § 1 Nr. 2 Preisklauselverordnung (PrKV) vom 23. 9. 1998 (BGBl. I S. 1998, 3043), zuletzt geändert durch Art. 8 Abs. 7 des Gesetzes vom 19. 6. 2001 (BGBl. I S. 1149), u. a. nicht für **Klauseln, bei denen die in ein Verhältnis zueinander gesetzten Güter oder Leistungen im Wesentlichen gleichartig oder zumindest vergleichbar sind (Spannungsklauseln).**

6950 Da insbesondere die **Centklausel** vergleichbare Parameter (z. B. Löhne) miteinander verglichen werden, handelt es sich insoweit um eine **Spannungsklausel** (OLG München, Urteil v. 23. 5. 2000 – Az: 13 U 5932/99), die genehmigungsfrei ist.

6951 Außerdem gab es bereits vor Inkrafttreten der Preisklauselverordnung eine generelle Genehmigung der Deutschen Bundesbank für die Pfennigklausel. Da solche Genehmigungen nach § 8 PrKV weiter gelten, ist die Centklausel – auch aus diesem Grund – genehmigungsfrei.

75.12.9 Preisänderungen nach Versendung der Vergabeunterlagen und vor Zuschlag

6952 In Ausnahmefällen kann **eine der Regelung des § 9 Abs. 9 VOB/A vergleichbare Situation auch in der Zeitspanne nach Versendung der Vergabeunterlagen und vor Zuschlag** eintreten. Je nach Verfahrensstadium kann der **Auftraggeber die Vergabeunterlagen entsprechend ergänzen oder die Ausschreibung aufheben.**

Es ist dem **Auftraggeber nicht versagt, nachträglich eine Preisgleitklausel aufzunehmen**, wenn er im Laufe der Ausschreibung erkennt, dass die Aufnahme einer Preisanpassungsklausel sachgerecht wäre, wenn jeder Bewerber informiert wird und die Preisanpassungsklausel in seiner Kalkulation berücksichtigen kann. Der **Gleichbehandlungsgrundsatz** ist damit gewahrt (VK Baden-Württemberg, B. v. 26. 3. 2010 – Az.: 1 VK 11/10).

75.12.10 Grundsätze zur Anwendung von Preisvorbehalten bei öffentlichen Aufträgen

75.12.10.1 Grundsatz

Der Bundesminister für Wirtschaft und Finanzen hat 1972 **Grundsätze zur Anwendung von Preisvorbehalten bei öffentlichen Aufträgen** bekannt gemacht. Sie sollen von öffentlichen Auftraggebern bei Fällen des § 9 Abs. 9 VOB/A beachtet werden. Die Grundsätze sind im **VHB 2008, Anhang 4**, abgedruckt.

75.12.10.2 § 15 Nr. 1 Buchstabe d) der Grundsätze zur Anwendung von Preisvorbehalten bei öffentlichen Aufträgen

Von der Vereinbarung von Preisvorbehalten ist abzusehen, wenn der Zeitraum zwischen der Angebotsabgabe und dem Zeitpunkt der vereinbarten Lieferung bzw. Fertigstellung nicht **mindestens 10 Monate** beträgt. Ist das mit der Vereinbarung von festen Preisen verbundene Wagnis im Einzelfall besonders hoch, so darf ausnahmsweise von der zeitlichen Begrenzung nach Satz 1 abgesehen werden. Dies gilt jedoch nicht, wenn der Zeitraum zwischen der Angebotsabgabe und dem Zeitpunkt der vereinbarten Lieferung bzw. Fertigstellung **weniger als 6 Monate** beträgt.

75.12.11 Stoffpreisgleitklauseln für Stahl

Das Bundesministerium für Verkehr, Bau und Stadtentwicklung hat aufgrund der aktuellen Preisentwicklung mit Erlass vom 24. 4. 2008 geregelt, dass die Preisgrundsätze für die Lieferung von Stahl und Stahlerzeugnissen dahingehend ausgelegt werden können, dass **Stoffpreisgleitklauseln für Stahl bei** Baumaßnahmen, bei denen zwischen Angebotsabgabe und dem Zeitpunkt der vereinbarten Fertigstellung bzw. Lieferung **mindestens sechs Monate** liegen, **vereinbart werden können**. Diese Regelung ist **bis zum 31. 12. 2010 verlängert** worden.

75.12.12 Stoffpreisgleitklauseln für Nichteisenmetalle (Kupfer u. a.)

Das Bundesministerium für Verkehr, Bau und Stadtentwicklung hat mit Erlass vom 1. 9. 2006 geregelt, dass abweichend vom Grundsatz fester Preisvereinbarungen es **im Einzelfall nach Entscheidung der Vergabestellen möglich ist, Preisvorbehalte in Form einer Preisbemessungsklausel für Kupfer, Blei, Aluminium und andere Nichteisenmetalle beim Abschluss längerfristiger Verträge** unter den Voraussetzungen gemäß den Grundsätzen zur Anwendung von Preisvorbehalten bei öffentlichen Aufträgen vom 4. 5. 1972 zu vereinbaren. Die **Einzelheiten** sind **gemäß den Regelungen des VHB** zu vereinbaren.

75.12.13 Literatur

– Berstermann, Andreas/Petersen, Malte, Das Preisrecht – Bedeutungsloses Relikt aus dem letzten Jahrtausend oder praxisrelevante Ergänzung des Vergaberechts?, ZfBR 2007, 767

– Berstermann, Andreas/Petersen, Malte, Vergaberecht und Preisrecht – Zivilrechtliche Unwirksamkeit des öffentlichen Auftrages bei Überschreitung des preisrechtlich zulässigen Höchstpreises, ZfBR 2008, 22

– Gabriel, Marc/Schulz, Andreas, Die Verwendung von Preisgleitklauseln bei öffentlichen Auftragsvergaben, ZfBR 2007, 448

76. § 10 VOB/A – Fristen

(1) Für die Bearbeitung und Einreichung der Angebote ist eine ausreichende Angebotsfrist vorzusehen, auch bei Dringlichkeit nicht unter 10 Kalendertagen. Dabei ist insbesondere der zusätzliche Aufwand für die Besichtigung von Baustellen oder die Beschaffung von Unterlagen für die Angebotsbearbeitung zu berücksichtigen.

(2) Die Angebotsfrist läuft ab, sobald im Eröffnungstermin der Verhandlungsleiter mit der Öffnung der Angebote beginnt.

(3) Bis zum Ablauf der Angebotsfrist können Angebote in Textform zurückgezogen werden.

(4) Für die Einreichung von Teilnahmeanträgen bei Beschränkter Ausschreibung nach Öffentlichem Teilnahmewettbewerb ist eine ausreichende Bewerbungsfrist vorzusehen.

(5) Die Zuschlagsfrist beginnt mit dem Eröffnungstermin.

(6) Die Zuschlagsfrist soll so kurz wie möglich und nicht länger bemessen werden, als der Auftraggeber für eine zügige Prüfung und Wertung der Angebote (§ 16) benötigt. Eine längere Zuschlagsfrist als 30 Kalendertage soll nur in begründeten Fällen festgelegt werden. Das Ende der Zuschlagsfrist ist durch Angabe des Kalendertages zu bezeichnen.

(7) Es ist vorzusehen, dass der Bieter bis zum Ablauf der Zuschlagsfrist an sein Angebot gebunden ist.

(8) Die Absätze 5 bis 7 gelten bei Freihändiger Vergabe entsprechend.

76.1 Änderungen in der VOB/A 2009

6959   In § 10 sind die **Regelungen der §§ 18, 19 VOB/A 2006** (Angebotsfrist, Bewerbungsfrist, Zuschlags- und Bindefrist) **zusammengefasst**. Inhaltlich erfolgten **keine Änderungen**.

76.2 Bieterschützende Vorschrift

76.2.1 § 10 Abs. 1

6960   Bei § 10 Abs. 1 VOB/A handelt es sich um eine Norm mit bieterschützendem Charakter im Sinne des im Sinne des § 97 Abs. 7 GWB. Denn **nur bei ausreichenden Fristen haben die Bieter die Möglichkeit, ein ordnungsgemäßes Angebot zu erstellen**. § 10 Abs. 1 VOB/A ist demnach nicht eine bloße Ordnungsvorschrift, sondern eine subjektiv bieterschützende Regelung (2. VK Bund, B. v. 28. 9. 2005 – Az.: VK 2–120/05; B. v. 17. 4. 2003 – Az.: VK 2–16/03).

76.2.2 § 10 Abs. 5

6961   Dass eine einheitliche Zuschlagsfrist anzugeben und dabei möglichst kurz zu bemessen ist, ist ein **Gebot mit bieterschützendem Charakter** (2. VK Bund, B. v. 16. 7. 2002 – Az.: VK 2–50/02).

76.3 Vergleichbare Regelungen

6962   Der **Vorschrift des § 10 Abs. 1 VOB/A vergleichbar** sind im Bereich der VOB **§ 10 a VOB/A**, im Bereich der VOF **§ 7 VOF** und im Bereich der VOL **§§ 10, 12 EG VOL/A**. Die Kommentierungen zu diesen Vorschriften können daher ergänzend zu der Kommentierung des § 10 Abs. 1 herangezogen werden.

6963   Eine der **Vorschrift des § 10 Abs. 5 VOB/A** vergleichbare Regelung **fehlt in der VOL/A**.

76.4 Angebotsfrist (§ 10 Abs. 1)

76.4.1 Rechtscharakter der Angebotsfrist

Bei der Angebotsfrist handelt es sich um eine **materiellrechtliche Ausschlussfrist** (VK Münster, B. v. 15. 1. 2003 – Az.: VK 22/02). Um eine Ausschlussfrist handelt es sich immer dann, wenn der **Sinn der gesetzlichen Regelung mit der Fristbeachtung steht und fällt.** Sinn und Zweck des § 10 Abs. 2 und des § 14 Abs. 2 VOB/A ist, einen ordnungsgemäßen Wettbewerb zu gewährleisten und eine mögliche Manipulationsgefahr auszuschließen. Überschreitet ein Bieter die Angebotsfrist, verschafft er sich schon insoweit einen **Wettbewerbsvorteil, als ihm mehr Zeit zur Erarbeitung der Angebotsunterlagen zur Verfügung** steht als einem Konkurrenten, der sich den zeitlichen Schranken unterwirft. Darüber hinaus kann die Abgabe einer verspätet abgegebenen Erklärung auch deshalb vorteilhaft sein, weil **etwaige kurzfristige Entwicklungen wirtschaftlicher Rahmenbedingungen** – wie etwa Preisänderungen von Zulieferprodukten oder Einkaufskonditionen – **in die Kalkulation einfließen** können, während konkurrierende fristkonforme Bewerbungen einer zeitlichen Bindung unterliegen und nicht mehr abänderbar sind (Thüringer OLG, B. v. 22. 4. 2004 – Az.: 6 Verg 2/04). 6964

Eine Ausnahme ist in § 14 Abs. 6 Nr. 1 VOB/A nur für den Fall vorgesehen, dass ein Angebot nachweislich vor Ablauf der Angebotsfrist dem Auftraggeber zugegangen war, aber bei Öffnung des ersten Angebots aus vom Bieter nicht zu vertretenden Gründen dem Verhandlungsleiter nicht vorgelegen hat. Abgesehen von dieser Ausnahme kommt es auf die Gründe, die zum verspäteten Eingang eines Angebots geführt haben, nicht an; die **rechtzeitige Übermittlung der Angebote ist ausschließlich Sache der Bieter.** Vgl. dazu im Einzelnen die Kommentierung zu → § 14 VOB/A Rdn. 62 ff. 6965

76.4.2 Wiedereinsetzung in den vorigen Stand bei Versäumung der Frist

Bei Ausschlussfristen ist eine **Wiedereinsetzung in den vorigen Stand nur möglich, wenn sie ausnahmsweise ausdrücklich durch eine Rechtsvorschrift zugelassen** ist. Ob eine Frist eine Ausschlussfrist in diesem Sinne ist, ist Auslegungsfrage, die vor allem nach dem Zweck der Regelung zu beantworten ist. Um eine Ausschlussfrist handelt es sich immer dann, wenn der Sinn der gesetzlichen Regelung mit der Fristbeachtung steht und fällt. Sinn und Zweck des § 10 Abs. 2 und des § 14 Abs. 2 VOB/A ist einen **ordnungsgemäßen Wettbewerb zu gewährleisten und eine mögliche Manipulationsgefahr auszuschließen.** Insoweit kommt eine **Wiedereinsetzung nicht in Betracht** (2. VK Bund, B. v. 26. 9. 2001 – Az.: VK 2–30/01; VK Nordbayern, B. v. 18. 8. 2000 – Az.: 320.VK-3194- 18/00). 6966

Angebotsfristen im Vergabeverfahren sind auch **weder Fristen des Gerichts- noch des Verwaltungsverfahrens.** Diese können mangels Regelungslücke und Vergleichbarkeit der Konstellationen auch nicht analog auf das Vergabeverfahren angewendet werden. Ebenso verbietet sich ein „erst-recht-Schluss". Angebotsabgabefristen im Vergabeverfahren unterscheiden sich nach ihrem Sinn und Zweck grundlegend von den Fristen des Gerichts- und Verwaltungsverfahrens. Letztere dienen vorrangig der Beschleunigung des Verfahrens, während die Angebotsabgabefrist im Vergabeverfahren in erster Linie Ausfluss des Transparenz- und des Gleichbehandlungsgebotes ist (2. VK Bund, B. v. 26. 9. 2001 – Az.: VK 2–30/01). 6967

76.4.3 Begriff der Angebotsfrist

§ 10 a Abs. 1 Nr. 1 definiert die Angebotsfrist als Frist für den Eingang der Angebote. 6968

76.4.4 Mindestdauer (§ 10 Abs. 1)

Nach § 10 Abs. 1 ist für die Bearbeitung und Einreichung der Angebote eine ausreichende Angebotsfrist vorzusehen, auch bei Dringlichkeit nicht unter 10 Kalendertagen. Dabei ist insbesondere der zusätzliche Aufwand für die Besichtigung von Baustellen oder die Beschaffung von Unterlagen für die Angebotsbearbeitung zu berücksichtigen. 6969

Durch die in § 10 Abs. 1 vorgesehene Mindestfrist für die Bearbeitung und Einreichung der Angebote **soll sichergestellt werden, dass den Bietern für die Angebotserstellung ausreichend Zeit zur Verfügung steht und Nachteile aufgrund einer nicht ordnungsgemäßen Kalkulation vermieden werden** (2. VK Bund, B. v. 28. 9. 2005 – Az.: VK 2–120/05). 6970

76.4.5 Angemessenheit der Dauer der Angebotsfrist

76.4.5.1 Rechtsprechung des EuG zur Angemessenheit von Fristen

6971 Was das **Erfordernis angemessener Fristen** betrifft, die es **Unternehmen aus anderen Mitgliedstaaten ermöglichen sollen, eine fundierte Einschätzung vorzunehmen und ein Angebot zu erstellen,** ist darauf hinzuweisen, dass die Auftraggeber den Grundsatz des freien Dienstleistungsverkehrs und das Diskriminierungsverbot beachten müssen, die die Interessen der in einem Mitgliedstaat niedergelassenen Wirtschaftsteilnehmer schützen sollen, die den in einem anderen Mitgliedstaat ansässigen öffentlichen Auftraggebern Waren oder Dienstleistungen anbieten möchten. Ihr Zweck besteht darin, die Gefahr einer Bevorzugung einheimischer Bieter oder Bewerber bei der Auftragsvergabe durch öffentliche Auftraggeber auszuschalten. Dieser **Zweck ergibt sich aus den Grundsätzen des EG-Vertrags – jetzt des Vertrags über die Arbeitsweise der Europäischen Union** (EuG, Urteil v. 20. 5. 2010 – Az.: T-258/06).

76.4.5.2 Nationale Rechtsprechung

6972 Die – auch verkürzten – Fristen müssen ausreichend sein, um ordnungsgemäße Angebote abgeben zu können. Dies bedeutet, dass der **Auftraggeber nur dann von der Verkürzung der Angebotsfrist Gebrauch machen soll, wenn die Angebotsfrist für die teilnehmenden Unternehmen als ausreichend angesehen werden kann.** Der **unbestimmte Rechtsbegriff der Angemessenheit ist entsprechend den Realitäten auszulegen.** Abzustellen ist mithin auch auf den **Umfang der zu vergebenden Leistung** und der **Vergabeunterlagen** (1. VK Sachsen, B. v. 9. 12. 2002 – Az.: 1/SVK/102-02).

76.4.6 Engagement und Personaleinsatz der Bewerber

6973 Es **bleibt der Organisation und damit der Risikosphäre eines Bieters überlassen, mit welchem Engagement und Personaleinsatz er sich an einer Ausschreibung beteiligt.** Er kann aber umgekehrt **einen zu knappen Personaleinsatz nicht dem Auftraggeber entgegenhalten**, indem er geltend macht, eine Angebotsfrist sei zu knapp bemessen (VK Lüneburg, B. v. 20. 11. 2000 – Az.: 203-VgK-13/2000).

76.4.7 Dauer der Angebotsfrist bei Parallelausschreibungen (einschließlich eines Generalunternehmerangebots)

6974 Bei der Bemessung der Dauer der Angebotsfrist für die Abgabe eines vollständig ausgepreisten, mit einer Nachunternehmerliste versehenen Generalunternehmerangebots ist zu bedenken, dass die entsprechenden **Vorgaben der VOB/A gerade auf eher kleinteilige losweise Vergaben zugeschnitten** sind und damit **für die Beurteilung einer Generalunternehmerausschreibung nicht geeignet** sind. Es dürfte (sieht man von der Dringlichkeitsfrist von 10 Tagen ab) für einen Einzellosbieter unproblematisch sein, auch innerhalb einer (abgekürzten) Angebotsfrist von 36 Tagen die entsprechenden Unterlagen zu bearbeiten und die Preise zu kalkulieren. Dies liegt daran, dass er innerhalb seines gewohnten Tätigkeitsfeldes agiert und auch nur für dieses ein Angebot abgibt. Bei einem **Generalunternehmer** ist dies jedoch nicht der Fall. Er **ist üblicherweise auf dem Gebiet des Bauhauptgewerbes tätig** und **muss sich für einen Großteil der ausgeschriebenen Lose zuverlässige Nachunternehmer suchen** und diese entsprechend an sich binden. Hinzu kommt, dass auch Personal gebunden wird, um die vom Generalunternehmer im eigenen Unternehmen durchgeführten Leistungen zu kalkulieren. Dieses Vorgehen erfordert nach oben stehenden Erwägungen deutlich mehr Zeit und Personal als bei der Bearbeitung eines Angebots zu einem Einzellos. Insoweit ist eine **Angebotsfrist von 41 Tagen nicht ausreichend** (1. VK Sachsen, B. v. 1. 2. 2002 – Az.: 1/SVK/139-01).

76.4.8 Dauer der Angebotsfrist bei ÖPP-Projekten

6975 Die Frist soll bei solchen Projekten im Baubereich die Erstellung eines sorgfältigen Angebots, die Zeit zur Übermittlung des Angebots und den zusätzlichen Aufwand zur Besichtigung von Baustellen oder die Beschaffung von Unterlagen berücksichtigen. Unter anderem muss den Bietern auch **ausreichend Zeit für die Klärung der steuerrechtlichen Vor- und Nachteile** eines Gesamtpaketes, das sie anbieten möchten, zur Verfügung gestellt werden. Bei komplexen ÖPP-Modellen ist insgesamt **eine den Schwierigkeiten angepasste, eher großzügige Fristsetzung** angeraten (Bundesministerium für Verkehr, Bau und Stadtentwicklung, Gutachten

PPP im öffentlichen Hochbau, 19. 9. 2003, Band II: Rechtliche Rahmenbedingungen, Teilband 2: Vergaberecht, Steuerrecht, Recht der öffentlichen Förderung, S. 343).

76.4.9 Dauer der Angebotsfrist bei Leistungsbeschreibung mit Leistungsprogramm

76.4.9.1 Richtlinie des VHB 2008

Bei komplexen Bauvorhaben und Leistungsbeschreibung mit Leistungsprogramm ist die Angebotsfrist entsprechend dem erhöhten Bearbeitungsaufwand entsprechend zu bemessen (Richtlinien zu 111 – Vergabevermerk – Wahl der Vergabeart – Ziffer 5.2). 6976

76.4.10 Heilung einer zu kurz bemessenen Angebotsfrist?

Im **Verwaltungsrecht ist anerkannt**, dass bei Nichteinhaltung von Verfahrens- und Formfehlern durch die Nachholung der in Frage stehenden Verfahrenshandlung der **Verfahrens- bzw. Formfehler geheilt werden** kann, § 45 VwVfG. Im Interesse der Verfahrensökonomie soll durch diese Vorschriften verhindert werden, dass ein im Übrigen rechtmäßiges Verfahren an der Verletzung von Formalvorschriften scheitert, die für die Verwaltungsentscheidung an sich nicht weiter maßgeblich sind. Auch wenn das **Vergabeverfahren nicht auf den Erlass eines Verwaltungsaktes gerichtet** ist und deshalb fraglich ist, ob das VwVfG auch im Nachprüfungsverfahren gilt, kann man dazu neigen**, diese Grundsätze auch im Vergaberecht anzuwenden**. Denn auch in diesem formellen Verfahren soll die Verletzung von Formvorschriften nicht zur Aufhebung des Vergabeverfahrens führen, wenn tatsächlich der mit der Formvorschrift bezweckte Erfolg auf anderem Wege erreicht worden ist, ohne die Rechte des Bieters im Ergebnis einzuschränken (2. VK Bund, B. v. 17. 4. 2003 – Az.: VK 2–16/03). 6977

In späteren Entscheidungen **verbietet die 2. VK Bund einen Zuschlag u. a. wegen Nichteinhaltung der Angebotsfrist**; problematisch ist die **Nichteinhaltung** sowohl im Hinblick auf den **erheblichen Umfang der Ausschreibung**, als auch unter dem **Aspekt fehlender Angaben zu den Kalkulationsgrundlagen** (2. VK Bund, B. v. 15. 11. 2007 – Az.: VK 2–123/07, B. v. 15. 11. 2007 – Az.: VK 2–120/07, B. v. 15. 11. 2007 – Az.: VK 2–117/07, B. v. 15. 11. 2007 – Az.: VK 2–114/07, B. v. 15. 11. 2007 – Az.: VK 2–108/07, B. v. 15. 11. 2007 – Az.: VK 2–105/07; B. v. 15. 11. 2007 – Az.: VK 2–102/07). 6978

76.4.11 Sofortige Prüfungspflicht der Vergabeunterlagen durch die Bewerber?

Die **Bieter** sind **nicht verpflichtet, die Vergabeunterlagen sofort nach dem Empfang** auf Vollständigkeit, Angemessenheit des Kostenbeitrages oder möglicherweise Problemen bei der Arbeit mit den Datenträgern zu **überprüfen**, da davon auszugehen ist, dass die Vergabestelle ordnungsgemäße Verdingungsunterlagen zur Verfügung stellt, die eine reibungslose Angebotserarbeitung sowohl auf elektronischem Wege als auch schriftlich ermöglichen (VK Magdeburg, B. v. 6. 3. 2000 – Az.: VK-OFD LSA-01/00). 6979

76.4.12 Obliegenheit der interessierten Unternehmen zur Vorbeugung der Verkürzung der Kalkulationsfrist

Soweit sich eine **angemessene und ausreichende Angebotsfrist** für interessierte Unternehmen **individuell verkürzt** hat, weil sie von der Ausschreibung erst später Kenntnis nahm, erwachsen hieraus für den Auftraggeber keine besonderen Verpflichtungen. Insbesondere ist der **Auftraggeber deswegen nicht gehalten, die Angebotsfrist zu verlängern**. Er ist insoweit **auch nicht verpflichtet, im Hinblick auf etwaige Postlaufzeiten die Vergabeunterlagen anders als auf einfachem Postwege zu versenden. Es ist Sache des interessierten Unternehmen**, einer weiteren Verkürzung des ihnen zur Verfügung stehenden Zeitraums für die Angebotserstellung durch geeignete Maßnahmen, z. Bsp. **Abholung der Vergabeunterlagen oder Beauftragung eines Expressdienstes**, vorzubeugen (OLG Naumburg, B. v. 29. 4. 2008 – Az.: 1 W 14/08). 6980

76.4.13 Verlängerung der Angebotsfrist

76.4.13.1 Zulässigkeit der Verlängerung

Hinsichtlich der Entscheidung über die Verlängerung der Angebotsfrist **wegen von Bewerbern gestellten Fragen steht dem öffentlichen Auftraggeber ein Ermessen** zu. Bei der 6981

Ausübung dieses Ermessens darf der Auftraggeber berücksichtigen, welchen Umfang z. B. die Antworten auf Fragen haben, die Kompliziertheit von Sachverhalten etc. Der **Auftraggeber darf dabei auch berücksichtigen, ob und welches Risiko besteht, dass ein Nachprüfungsverfahren** wegen einer von ihm abgelehnten Verlängerung der Angebotsfrist oder wegen einer zu kurz bemessenen Verlängerung eingeleitet wird, zumal dann, wenn eine Aussicht auf Erfolg dieses Nachprüfungsverfahrens nicht von vornherein ausgeschlossen werden kann. Die **Grenze sachgerechter Ermessensausübung** bei der Entscheidung über die Verlängerung der Angebotsfrist durch den Auftraggeber ist erst dann **überschritten, wenn sachfremde Erwägungen bei dieser Entscheidung eine Rolle spielen.** Eine solche sachfremde Erwägung wäre dann zu bejahen, wenn **einem „bestimmten" präferierten Bieter noch die fristgerechte Abgabe eines Angebotes** ermöglicht werden soll. Das liefe auf eine vergaberechtswidrige Manipulation des Ergebnisses des Vergabeverfahrens hinaus (OLG Brandenburg, B. v. 12. 1. 2010 – Az.: Verg W 5/09).

6982   Bei einer Verlängerungsentscheidung stellt es auch keinen Verstoß gegen das Vergaberecht dar, wenn die **Angebotsfrist erst kurz vor deren Ablauf verlängert** wird (OLG Brandenburg, B. v. 12. 1. 2010 – Az.: Verg W 5/09).

6983   Dass **neben der Notwendigkeit einer gleichzeitigen Bekanntgabe der Verlängerung der Angebotsfrist an alle Bieter für ihre Wirksamkeit noch weitere formelle Anforderungen** – wie z. B. die Veröffentlichung der Angebotsverlängerung im Rahmen einer EU-Bekanntmachung – **bestehen**, ist den **Regelungen der §§ 10, 10 a VOB/A bzw. 10, 12 EG VOL/A nicht zu entnehmen** und **wird auch nach den Vorgaben (Art. 38) der Richtlinie 2004/18/EG** des Europäischen Parlaments und des Rates vom 31. März 2004 über die Koordinierung der Verfahren zur Vergabe öffentlicher Bauaufträge, Lieferaufträge und Dienstleistungsaufträge **nicht gefordert** (OLG Celle, B. v. 4. 3. 2010 – Az.: 13 Verg 1/10).

76.4.13.2 Information aller Bieter

6984   Die **Vergabestelle verletzt den Gleichbehandlungsgrundsatz** des GWB § 97 Abs. 2, wenn sie zunächst entgegen § 10 Abs. 2 als Termin der Angebotsabgabe einen vor dem Eröffnungstermin liegenden Tag benennt, dann aber die **Angebotsfrist bis zum Eröffnungstermin verlängert, ohne sämtliche Bieter entsprechend zu informieren** (OLG Dresden, B. v. 14. 4. 2000 – Az.: WVerg 0001/00).

76.4.13.3 Aufhebung der Ausschreibung bei Verfahrensfehlern im Zusammenhang mit der Verlängerung

6985   Ist die **Verlängerung des Endes der Angebotsfrist verfahrensmäßig fehlerhaft**, kann eine Vergabekammer zu Recht die Rechtswidrigkeit des Vergabeverfahrens annehmen und mit der **Entscheidung, das Vergabeverfahren aufzuheben**, eine im Sinne des § 114 Abs. 1 Satz 1 GWB geeignete Maßnahme treffen, um die Rechtsverletzung zu beseitigen (OLG Dresden, B. v. 14. 4. 2000 – Az.: WVerg 0001/00).

76.4.14 Ende der Angebotsfrist (§ 10 Abs. 2)

6986   Die Angebotsfrist läuft ab, sobald im Eröffnungstermin der Verhandlungsleiter mit der Öffnung der Angebote beginnt.

76.4.14.1 Bedeutung des Ablaufes der Angebotsfrist für die Wertung

6987   Einmal ist für die **Wertung das Angebot in dieser zum Eröffnungstermin vorliegenden inhaltlichen und formellen Form zugrunde zu legen** (VK Münster, B. v. 15. 1. 2003 – Az.: VK 22/02; VK Nordbayern, B. v. 18. 8. 2000 – Az.: 320.VK-3194-18/00).

6988   Zum andern werden nach **§ 16 Abs. 1 Nr. 1 Buchstabe a) VOB/A Angebote, die im Eröffnungstermin dem Verhandlungsleiter bei Öffnung des ersten Angebots nicht vorgelegen haben, ausgeschlossen**, ausgenommen Angebote nach § 14 Abs. 6 VOB/A.

76.4.14.2 Setzung unterschiedlicher Fristen für die Einreichung der Angebote und der Eröffnung der Angebote

6989   Die **Setzung unterschiedlicher Fristen für die Einreichung der Angebote und der Eröffnung der Angebote widerspricht § 10 Abs. 2 VOB/A**, der das **Ende der Angebotsfrist mit der Eröffnung zusammenfallen** lässt (BayObLG, B. v. 21. 12. 2000 – Az.:

Verg 13/00; VK Düsseldorf, B. v. 21. 10. 2008 – Az.: VK – 34/2008 – B; VK Thüringen, B. v. 15. 11. 2000 – Az.: 216–4002.20–041/00-G-S). Diese Koppelung wird zudem durch die Regelung des § 14 Abs. 6 VOB/A verdeutlicht, der sogar Angebote zulässt, die zwar aus nicht vom Bieter zu vertretenden Umständen bei Eröffnung der Angebote dem Verhandlungsleiter nicht vorlagen, aber schon derart in den Machtbereich des Auftraggebers gelangt waren, dass von einem wirksamen Zugang des Angebots auszugehen ist (OLG Dresden, B. v. 14. 4. 2000 – Az.: WVerg 0001/00; 1. VK Sachsen, B. v. 22. 2. 2000 – Az.: 1/SVK/4-00).

Da aber jeder Bieter damit rechnen muss, bei einer gegen § 10 Abs. 2 VOB/A verstoßenden Ankündigung mit einem im Sinne der Ankündigung nicht fristgemäßen Angebot ausgeschlossen zu werden, **muss er**, um dem zu begegnen, **in der Frist des § 107 Abs. 3 GWB das zeitliche Auseinanderfallen von Angebots- und Eröffnungstermin beanstanden** (OLG Dresden, B. v. 14. 4. 2000 – Az.: WVerg 0001/00). 6990

Zum Ausnahmefall der Parallelausschreibung vgl. die Kommentierung zu → § 14 VOB/A Rdn. 9. 6991

76.4.14.3 Ende der Angebotsfrist an einem Sonntag

Bei einem **auf einen Sonntag festgesetzten Frist zur Abgabe der Angebote endet die Angebotsfrist** mangels besonderer Vereinbarung gemäß § 193 BGB **am Montag um 24.00 Uhr** (Thüringer OLG, B. v. 14. 11. 2001 – Az.: 6 Verg 6/01; VK Thüringen, B. v. 24. 10. 2001 – Az.: 216–4003.20–124/01-EF-S). 6992

76.4.14.4 Einheitlicher, auf den ersten Eröffnungstermin festgesetzter Fristablauf für alle Angebote bei Parallelausschreibungen

Gegen die Parallelausschreibung als solche sowie gegen die Festsetzung gestaffelter Eröffnungstermine für das Generalunternehmerangebot und die einzelnen Fachlose bestehen keine Bedenken. **Auch die Bestimmung des ersten Eröffnungstermins (Generalunternehmerangebot) als Frist für die Einreichung aller Angebote – auch soweit für die ein späterer Eröffnungstermin festgesetzt ist – steht mit dem Vergaberecht in Einklang.** Nach § 10 Abs. 2 VOB/A läuft die Angebotsfrist ab, sobald im Eröffnungstermin der Verhandlungsleiter mit der Öffnung der Angebote beginnt. Dies lässt für die Festsetzung einer gesonderten Einreichungsfrist, die schon vor dem Eröffnungstermin abläuft, grundsätzlich keinen Raum. **Dem steht jedoch nicht entgegen, im Verfahren der Parallelausschreibung mit gestaffelten Eröffnungsterminen den ersten, der Gesamtleistung geltenden Eröffnungstermin als für das Ende der Angebotsfrist maßgeblich zu erklären.** Hierfür spricht die besondere wettbewerbliche Situation im Parallelverfahren. Es muss Vorsorge dagegen getroffen werden, dass Bieter aus der Kenntnis der Eröffnung der Angebote für die Gesamtleistung Wettbewerbsvorteile für ihre erst später zu eröffnenden Angebote für Fachlose ziehen können (1. VK Sachsen, B. v. 1. 2. 2002 – Az.: 1/SVK/139-01). Ein einheitlicher, auf den ersten Eröffnungstermin festgesetzter Fristablauf für alle Angebote ist zweifellos geeignet, jegliche Gefahr in dieser Richtung von vornherein auszuschließen (BayObLG, B. v. 21. 12. 2000 – Az.: Verg 13/00; VK Nordbayern, B. v. 27. 11. 2000 – Az.: 320.VK-3194-30/00). 6993

76.4.15 Nennung unterschiedlicher Angebotsfristen durch den Auftraggeber

Werden **für die Abgabefrist unterschiedliche Termine genannt**, weil in der Ausschreibung als Termin z. B. der 19. 11. 2008 0.00 h genannt und in den Vergabeunterlagen als Termin der 19. 11. 2008 24.00 h aufgeführt ist, sind diese Zeitangaben nicht identisch, weil mit 0.00 h ein Tag beginnt, während er mit 24.00 h endet, **gehen diese Widersprüche zwischen Bekanntmachung und Verdingungsunterlagen zu Lasten des Auftraggebers, so dass zugunsten der Bieter die längere Frist** gilt (OLG München, B. v. 2. 3. 2009 – Az.: Verg 01/09). 6994

76.5 Zurückziehung von Angeboten (§ 10 Abs. 3)

76.5.1 Allgemeines

Bis zum Ablauf der Angebotsfrist können Angebote **in Textform** zurückgezogen werden. Zur **Bestimmung des Begriffs der Textform ist auf § 126 b BGB zurückzugreifen**. Danach **fallen unter den Begriff der Textform zum einen schriftliche Urkunden**, aber 6995 auch jede andere lesbare Form, sofern die **dauerhafte Wiedergabe in Schriftzeichen gewährleistet ist und die Person des Erklärenden genannt** wird. **Taugliche Medien für die Übermittlung in Textform** sind **insbesondere Telefax, CDs, Disketten und E-Mails** aber natürlich auch herkömmliche Schriftstücke. Nach § 126b BGB bedarf es bei der Verwendung einer Textform weder einer Unterschrift noch einer digitalen Signatur.

76.5.2 Möglichkeit der Zurückziehung durch Abgabe eines unvollständigen Angebots?

6996 Ein Bieter, der **kein annahmefähiges Angebot** abgegeben hat, weil in seinem Angebot in der Ausschreibung geforderte Erklärungen fehlen (z.B. eine Nachunternehmererklärung), ist an sein Angebot nicht gebunden. Räumt man diesem Bieter die Möglichkeit ein, über sein Angebot nach Angebotsergänzung zu disponieren (z.B. Ergänzung des Angebots), hätte es dieser infolge seines nicht annahmefähigen Angebots nicht gebundene Bieter nach dem Eröffnungstermin in der Hand, in Kenntnis des Ergebnisses der Ausschreibung sein Angebot entweder durch Nachreichen der im Angebot nicht enthaltenen Erklärung annahmefähig zu machen oder durch die Weigerung, sein Angebot entsprechend den Anforderungen der Ausschreibung zu vervollständigen, den Ausschluss des Angebots herbeizuführen **und somit sein Angebot entgegen den rechtlichen Vorgaben des § 10 Abs. 3 VOB/A faktisch auch nach Ablauf der Angebotsfrist zurückzuziehen**. Da dem Bewerber somit nur unter Schädigung des Wettbewerbs die Möglichkeit eingeräumt werden könnte, sein Angebot durch Nachholung der fehlenden Erklärungen zu vervollständigen, ist **in diesen Fällen das Angebot auszuschließen** (BayObLG, B. v. 19. 3. 2002 – Az.: Verg 2/02; VK Nordbayern, B. v. 13. 11. 2002 – Az.: 320.VK-3194-35/02; VK Südbayern, B. v. 1. 7. 2003 – Az.: 22-06/03, B. v. 12. 3. 2003 – Az.: 04-02/03).

6997 Diese **Rechtsprechung ist durch die VOB/A 2009**, die in **§ 16 Abs. 1 Nr. 3 VOB/A** dem Bieter ausdrücklich die Möglichkeit einräumt, fehlende geforderte Erklärungen und Nachweise nachzureichen, **überholt.**

76.5.3 Änderung von Angeboten

6998 Auch **nachträgliche Korrekturen eines Angebotes sind nur bis zum Ablauf der Angebotsfrist möglich**, um letztlich eine Gleichbehandlung aller Bieter zu gewährleisten (2. VK Bund, B. v. 10. 10. 2002 – Az.: VK 2–76/02; VK Münster, B. v. 25. 2. 2003 – Az.: VK 01/03).

76.6 Zuschlagsfrist (§ 10 Abs. 5)

76.6.1 Begriff

6999 Unter Zuschlagsfrist versteht man den **Zeitraum, den der Auftraggeber darauf verwendet, festzustellen,** welches der eingereichten Angebote für ihn das Geeignetste ist und welches er dementsprechend annehmen, d.h. **worauf er den Zuschlag erteilen will** (VK Südbayern, B. v. 28. 5. 2002 – Az.: 15-04/02).

76.6.2 Sinn und Zweck

7000 Bei der Zuschlagsfrist handelt es sich um eine **Annahmefrist des Bieters im Sinne des § 148 BGB**. Sie berührt die Interessen des Bieters primär dadurch, dass sie – was gemäß § 10 Abs. 7 VOB/A klargestellt werden soll – **mit der Bindefrist übereinstimmt**. Ein Zuschlag innerhalb der Zuschlagsfrist stellt die fristgerechte Annahme des vom Bieter unterbreiteten Angebots dar und lässt daher den Vertrag mit dem Inhalt des Angebots zustande kommen. Während der **Zuschlagsfrist muss der Bieter folglich mit seiner Beauftragung rechnen und sich darauf einrichten**. Die Angabe der einheitlichen Zuschlagsfrist ermöglicht es den Bietern, ihre Vorhaltekosten zu kalkulieren und im Angebotspreis zu berücksichtigen. Sie fördert insofern die Verfahrenstransparenz und die Vergleichbarkeit der Angebote. Dem Interesse, Vorhaltekosten gering zu halten, trägt eine – von § 10 Abs. 6 VOB/A verlangte – möglichst kurze Bemessung der Zuschlagsfrist Rechnung (2. VK Bund, B. v. 16. 7. 2002 – Az.: VK 2–50/02).

76.6.3 Dauer der Zuschlagsfrist (§ 10 Abs. 6)

76.6.3.1 Grundsatz

7001 Nach § 10 Abs. 6 VOB/A ist die Dauer der Zuschlags- und damit auch der Bindefrist so kurz wie möglich und nicht länger als zur Prüfung und Wertung der Angebote nötig zu bemessen.

Teil 3 VOB/A § 10   Vergabe- und Vertragsordnung für Bauleistungen Teil A

§§ 145, 148 BGB – (OLG München, B. v. 23. 6. 2009 – Az.: Verg 08/09; BayObLG, B. v. 1. 10. 2001 – Az.: Verg 6/01). Die Bindefrist des Bieters **beginnt mit dem Eröffnungstermin** und **endet mit dem Ende der Zuschlagsfrist**. Daraus folgt, dass die Zuschlagsfrist der Bindefrist gleichzusetzen ist (VK Südbayern, B. v. 28. 5. 2002 – Az.: 15-04/02). Der Bieter kann sein **Angebot** grundsätzlich, gleich aus welchen Gründen, **weder zurückziehen noch abändern** (Thüringer OLG, B. v. 28. 6. 2000 – Az.: 6 Verg 2/00).

76.7.2 Ausnahme von der Bindefrist

7009 Als **Gründe für das sanktionslose Zurückziehen eines abgegebenen Angebotes** können **nur solche Umstände berücksichtigt werden, die nach Treu und Glauben unter verständiger Würdigung der beiderseitigen Interessen ein Ausscheiden gerechtfertigt erscheinen lassen. Gründe, die allein der Risikosphäre des Bieters zuzurechnen sind**, wie z. B. mangelnde Leistungsfähigkeit oder eine nicht kalkulierte Vorlaufzeit für die Organisation der angebotenen Leistung, **können keine Rechtfertigung begründen**, da derjenige, der sich an einem Ausschreibungsverfahren beteiligt, weiß oder wissen muss, dass er innerhalb der gesetzlichen Bindungsfrist ohne weiteres an seinem Angebot festgehalten werden kann und zu den von ihm angebotenen Bedingungen den Vertrag erfüllen muss. Wenn ein Bieter sein Angebot ohne rechtfertigenden Grund vor Ablauf der Bindungsfrist zurückzieht, haftet er unter dem Aspekt der culpa in contrahendo auf Schadenersatz. Der zu ersetzende Vertrauensschaden kann dann dem Nichterfüllungsschaden entsprechen (AG Siegburg, Urteil v. 28. 5. 1998 – Az.: 4 a C 279/97).

76.7.3 Verbot der Manipulation des Vergabeverfahrens über die Verlängerung der Zuschlags- und Bindefristen

76.7.3.1 Allgemeines

7010 Manipulationsstrategien einer Vergabestelle, die darin bestehen könnten, die **Wertung so lange zu verzögern**, dass **Bieter mit aussichtsreich platzierten Angeboten veranlasst werden, ihr Einverständnis mit einer Fristverlängerung zu verweigern**, so dass der Wettbewerb zugunsten eines bestimmten Bieters verengt wird, sind nicht zulässig (2. VK Bund, B. v. 16. 7. 2002 – Az.: VK 2–50/02).

76.7.3.2 Mehrmalige grundlose Verlängerung

7011 Eine **mehrmalige Verlängerung der Zuschlags- und Bindefrist ohne sachlichen Grund** kann die **Aufhebung einer Ausschreibung** erfordern (1. VK Sachsen, B. v. 29. 11. 2001 – Az.: 1/SVK/110-01, B. v. 29. 11. 2001 – Az.: 1/SVK/109-01).

76.7.3.3 Verlängerung nur mit aussichtsreichen Bietern

7012 Nach dem **Zweck der Verlängerung der Zuschlagsfrist**, dem Auftraggeber Gewissheit über den Fortbestand der Annahmebereitschaft der Bieter zu verschaffen, **kann es nur auf die Bereitschaft derjenigen Bieter ankommen, die der Auftraggeber nach dem erreichten Verfahrensstand noch für den Zuschlag in Betracht zieht** (VK Thüringen, B. v. 7. 3. 2001 – Az.: 216–4002.20-001/01-SCZ). Hierbei ist auf das jeweils erreichte Verfahrensstadium abzustellen (1. VK Sachsen, B. v. 4. 6. 2002 – Az.: 1/SVK/049-02). Ist die Wertung noch nicht abgeschlossen – dies ist der typische Grund für die Verlängerung der Zuschlagsfrist –, so werden aus Sicht des Auftraggebers regelmäßig noch alle Bieter für den Zuschlag in Betracht kommen, die sich auf der letzten erreichten Wertungsstufe befinden. Hat die Wertung auf der letzten Stufe hingegen bereits zu einem Ergebnis geführt und ist in einer solchen Situation derjenige Bieter, dem der Zuschlag erteilt werden soll, mit der Verlängerung der Bindefrist einverstanden, d. h. weiterhin zum Vertragsschluss mit dem Auftraggeber bereit, so besteht kein Grund, ihm den Auftrag nicht zu erteilen. Für die Annahmefähigkeit des Angebotes des ausgewählten Bieters ist es dabei unerheblich, ob er sein Einverständnis mit der Fristverlängerung innerhalb der ursprünglichen Bindefrist oder nach deren Ablauf erklärt hat (2. VK Bund, B. v. 16. 7. 2002 – Az.: VK 2–50/02; VK Südbayern, B. v. 19. 1. 2001 – Az.: 27-12/00).

7013 Nach **Auffassung des OLG München** hingegen liegt dann, wenn die **Vergabestelle nur bei einem Bieter wegen einer Bindefristverlängerung nachfragt**, hierin ein **Verstoß gegen den Gleichbehandlungsgrundsatz** (OLG München, B. v. 23. 6. 2009 – Az.: Verg 08/09).

Vergabe- und Vertragsordnung für Bauleistungen Teil A VOB/A § 10 **Teil 3**

Nur **in begründeten Fällen ist die Festlegung einer längeren Zuschlagsfrist zulässig** (VK Südbayern, B. v. 28. 5. 2002 – Az.: 15-04/02). Die **Vorgabe einer möglichst kurzen Zuschlags- und Bindefrist entspringt den allgemeinen Grundsätzen der Gleichbehandlung, der Transparenz und der Verhältnismäßigkeit** (OLG Stuttgart, Urteil v. 24. 11. 2008 – Az.: 10 U 97/08).

Grundsätzlich soll die **Zuschlagsfrist nicht mehr als 30 Kalendertage** betragen (§ 10 Abs. 6 Satz 2 VOB/A), nur in begründeten Fällen ist die Festlegung einer längeren Zuschlagsfrist zulässig (VK Südbayern, B. v. 28. 5. 2002 – Az.: 15-04/02). 7002

Die in § 10 VOB/A genannte Frist ist also **nicht eine Art Höchstfrist ("Obergrenze")**. Das ist offensichtlich nicht der Sinn der Bestimmung. Es wird in ihr im Gegenteil vorausgesetzt, dass **auch eine längere Frist angemessen** sein kann, und zwar unter den allgemeinen Vorgaben einer zügigen Prüfung (BGH, Urteil v. 21. 11. 1991 – Az.: VII ZR 203/90, Urteil v. 19. 12. 1985 – Az.: VII ZR 188/84). Die nach der VOB/A ausschreibenden öffentlichen Auftraggeber beanspruchen, ohne besondere Gründe angeben zu müssen, eine **regelmäßige Prüfungsfrist von bis zu 30 Tagen**. Hingegen müssen für eine längere Frist besondere Gründe vorliegen. Damit erklären die nach der VOB/A verfahrenden Auftraggeber, dass sie längere Fristen nur vorschreiben, wenn besondere Gründe unter den allgemeinen Vorgaben des Satz 1 das rechtfertigen. **Prozessual** gewendet bedeutet das, dass sie **solche Gründe substantiiert vorzutragen und gegebenenfalls auch zu beweisen** haben (BGH, Urteil v. 21. 11. 1991 – Az.: VII ZR 203/90). 7003

76.6.3.2 Ausschöpfung der Zuschlagsfrist?

Die **Vergabestelle kann den Zuschlag jederzeit innerhalb der Zuschlagsfrist erteilen**; sie muss nicht das Ende der Frist abwarten (VG Neustadt an der Weinstraße, B. v. 20. 2. 2006 – Az.: 4 L 210/06). 7004

76.6.3.3 Beispiele aus der Rechtsprechung

– die **Organisationsbedingungen in einer Kommune** sind schon durch die Beteiligung Ehrenamtlicher anders als in einer Bundes- oder Landesverwaltung; dies kann ein Grund sein, in einer Kommune **längere Zuschlags- und Bindefristen** vorzusehen (BGH, Urteil v. 21. 11. 1991 – Az.: VII ZR 203/90); dabei bedarf es aber einer **Prüfung im einzelnen**, was angemessen ist, und zwar unter der Berücksichtigung der allgemeinen Vorgaben von § 19 Nr. 2 Satz 1 VOB/A. Es verhält sich also nicht so, dass kommunale Auftraggeber wegen ihrer organisatorischen Bedingungen die Regelfrist ohne weiteres überschreiten dürften; vielmehr gilt im Ausgangspunkt die Regelfrist auch für sie (OLG Düsseldorf, Urteil vom 9. 7. 1999 – Az.: 12 U 91/98) 7005

– zur Ermittlung der **Gleichwertigkeit eines Nebenangebotes** sind **Nachforschungen nur** im Rahmen der verfügbaren Erkenntnismöglichkeiten und **innerhalb der zeitlichen Grenzen der Zuschlags- und Bindefrist** anzustellen (1. VK Sachsen, B. v. 10. 3. 2003 – Az.: 1/SVK/012-03; 1. VK Bund, B. v. 25. 3. 2003 – Az.: VK 1–11/03)

76.6.3.4 Richtlinie des VHB 2008

Die Zuschlagsfrist soll grundsätzlich nicht mehr als 30 Kalendertage betragen. Bei EU-weiten Verfahren kann die Frist wegen der Informationspflicht nach § 101a GWB um 15 Kalendertage verlängert werden (Richtlinien zu 111 – Vergabevermerk – Wahl der Vergabeart– Ziffer 5.3). 7006

76.6.4 Fehlende Zuschlagsfristbestimmung

Ohne Fristbestimmung in den Verdingungsunterlagen gilt der **Grundsatz des § 147 Abs. 2 BGB:** Der einem Abwesenden gemachte Antrag kann nur bis zu dem Zeitpunkt angenommen werden, in welchem der Antragende den Eingang der Antwort unter regelmäßigen Umständen erwarten darf (OLG Düsseldorf, Urteil v. 19. 12. 1978 – Az.: 23 U 121/78). 7007

76.7 Bindefrist (§ 10 Abs. 7)

76.7.1 Begriff

Die mit der Zuschlagsfrist gleichlaufende (§ 10 Abs. 7 VOB/A) **Bindefrist bedeutet die Zeitspanne, für die der Bieter an das von ihm abgegebene Angebot gebunden ist** – 7008

76.7.3.4 Bitte um Verlängerung bedeutet keine Bitte um neue Angebote

In einer **vom öffentlichen Auftraggeber gewünschten Zustimmung zur Verlängerung der Zuschlags- und Bindefrist liegt nicht konkludent** die auftraggeberseits gewünschte Vorlage von neuen Angeboten. Die zulässige Abgabe von weiteren Angeboten bzw. Nebenangeboten (z.B. bedingter Preisnachlass) würde die Beendigung des laufenden Vergabeverfahrens und die Durchführung eines erneuten Verfahrens, z.B. eines Verhandlungsverfahrens, voraussetzen. Eine Ausschreibung kann in zulässiger Weise aber nur durch Zuschlag oder durch Aufhebung (z.B. wegen nicht mehr möglicher Ausführungsfristen) beendet werden. Durch das Ablaufen der Zuschlags- und Bindefrist allein wird das Vergabeverfahren noch nicht beendet (VK Südbayern, B. v. 25. 7. 2002 – Az.: 26-06/02).

7014

76.7.4 Verlängerung der Bindefrist vor Ablauf

76.7.4.1 Grundsatz

Es entspricht einhelliger Rechtsprechung, dass die **Bindefrist im Einvernehmen des Bieters mit dem Auftraggeber verlängert werden kann** (KG Berlin, Urteil v. 5. 10. 2007 – Az.: 21 U 52/07; OLG Düsseldorf, B. v. 29. 12. 2001 – Az.: Verg 22/01; LG Essen, Urteil v. 15. 11. 2007 – Az.: 4 O 168/07; LG Saarbrücken, Urteil v. 6. 9. 2007 – Az.: 11 O 142/06; 1. VK Bund, B. v. 23. 1. 2007 – Az.: VK 1–08/07; B. v. 23. 1. 2007 – Az.: VK 1–05/07; B. v. 23. 1. 2007 – Az.: VK 1–166/06; B. v. 23. 1. 2007 – Az.: VK 1–163/06; 2. VK Bund, B. v. 13. 6. 2007 – Az.: VK 2–48/07; VK Schleswig-Holstein, B. v. 2. 2. 2005 – Az.: VK-SH 01/05).

7015

76.7.4.2 Feststellung der Verlängerung

Die **Feststellung, ob ein Bieter die Annahmefrist für sein Angebot verlängert hat**, richtet sich nach allgemeinem Zivilrecht. Vergaberechtliche Sondervorschriften gibt es nicht. Der **Antragende kann die Annahmefrist jederzeit auch stillschweigend verlängern**, z.B. in einem Rügeschreiben, in dem mehrmals auf die Vorzüge des Angebots verwiesen wird. Ein Antragsteller ist in einem solchen Fall aus der Sicht des Auftraggebers weiter am Erhalt des Auftrags interessiert. Sonst muss er die beabsichtigte Auftragserteilung an einen Mitbewerber nicht rügen (OLG München, B. v. 11. 5. 2007 – Az.: Verg 04/07; im Ergebnis ebenso VK Nordbayern, B. v. 19. 11. 2008 – Az.: 21.VK – 3194 – 50/08).

7016

Wenn ein **Bieter sowohl im Nachprüfungs- wie auch im Beschwerdeverfahren ausdrücklich beantragt**, den **Zuschlag auf sein Angebot zu erteilen, erklärt er konkludent**, sein **Angebot weiterhin als bindend zu betrachten**. Die Bindefrist ist damit der Sache nach eindeutig für die Dauer des Nachprüfungs- und Beschwerdeverfahrens verlängert (OLG München, B. v. 23. 6. 2009 – Az.: Verg 08/09; OLG Schleswig-Holstein, B. v. 8. 5. 2007 – Az.: 1 Verg 2/07; VK Nordbayern, B. v. 19. 11. 2008 – Az.: 21.VK – 3194 – 50/08).

7017

Ebenso wie die Bestimmung der Annahmefrist ist auch die **Verlängerung der Bindefrist ein einseitiges Rechtsgeschäft, so dass § 177 BGB über § 180 BGB entsprechende Anwendung** findet. § 177 BGB setzt voraus, dass der Vertreter als solcher gehandelt, d.h. dem **Offenkundigkeitsprinzip genügt** hat. Die Erklärung muss dabei nicht ausdrücklich im Namen des Vertretenen erfolgen. Es genügt, wenn sich die Vertretung aus den Umständen ergibt. Ob der **Erklärende im eigenen oder fremden Namen gehandelt hat, ist im Zweifel durch Auslegung vom Empfängerhorizont zu ermitteln**. Die Verlängerungserklärung einer Muttergesellschaft eines Bieters z.B. stellt sich als solche im fremden Namen dar, wenn nur der Bieter, nicht aber die Muttergesellschaft ein Angebot abgegeben hat, da sich deren Zustimmung aus Sicht der Vergabestelle als Erklärungsempfängerin nur auf das Angebot des Bieters beziehen kann. Sollte die Muttergesellschaft zur Abgabe einer entsprechenden Erklärung nicht bevollmächtigt gewesen sein, so wäre ihre Erklärung schwebend unwirksam und kann von dem Bieter mit Wirkung ex nunc genehmigt werden (§ 184 BGB), so dass das ursprüngliche Angebot nahtlos mit verlängerter Bindefrist fortbesteht (OLG Frankfurt, B. v. 24. 2. 2009 – Az.: 11 Verg 19/08).

7018

76.7.4.3 Auslegung der Verlängerungserklärung und Rechtsfolge der Verlängerung (insbesondere mit Blick auf die Ausführungszeit)

76.7.4.3.1 Allgemeines und Fallkonstellation eines Zuschlags ohne Hinweis des Auftraggebers auf eine geänderte Ausführungszeit. Der BGH hat sich in sechs Entscheidungen mit den Rechtsfolgen eines verzögerten Zuschlags und einer dadurch entste-

7019

henden Verschiebung der Bauzeit befasst (BGH, Urteil v. 22. 7. 2010 – Az.: VII ZR 213/08; Urteil v. 26. 11. 2009 – Az.: VII ZR 131/08; BGH, Urteil v. 10. 9. 2009 – Az.: VII ZR 255/08; BGH, Urteil v. 10. 9. 2009 – Az.: VII ZR 152/08; BGH, Urteil v. 10. 9. 2009 – Az.: VII ZR 82/08; BGH, Urteil v. 11. 5. 2009 – Az.: VII ZR 11/08).

7020 Entsprechende Erklärungen zur Bindefristverlängerung sind regelmäßig so zu verstehen, dass sie im Einklang mit vergaberechtlichen Bestimmungen stehen (BGH, Urteil v. 22. 7. 2010 – Az.: VII ZR 213/08; Urteil v. 26. 11. 2009 – Az.: VII ZR 131/08; Urteil v. 10. 9. 2009 – Az.: VII ZR 152/08; Urteil v. 11. 5. 2009 – Az.: VII ZR 11/08; OLG Celle, Urteil v. 17. 6. 2009 – Az.: 14 U 62/08).

7021 Die Zustimmungserklärung zur Bindefristverlängerung kann nicht dahin ausgelegt werden, dass der Bieter sein Angebot in preislicher Hinsicht trotz eines veränderten Ausführungsbeginns aufrechterhalten will. Die einfache Bindefristverlängerung durch einen Bieter hat nur die Bedeutung, dass das ursprüngliche Vertragsangebot inhaltlich konserviert und die rechtsgeschäftliche Bindungsfrist an das Angebot gemäß § 148 BGB, zugleich Bindefrist, verlängert werden soll. Aussagen dazu, was vertraglich zu gelten hat, wenn die Ausführungsfristen der Ausschreibung und des Angebots nicht mehr eingehalten werden können, sind damit nicht verbunden. Insbesondere ändert der Bieter hiermit nicht sein Angebot hinsichtlich der Ausführungstermine ab (BGH, Urteil v. 22. 7. 2010 – Az.: VII ZR 213/08; Urteil v. 26. 11. 2009 – Az.: VII ZR 131/08; Urteil v. 10. 9. 2009 – Az.: VII ZR 152/08; Urteil v. 10. 9. 2009 – Az.: VII ZR 82/08; Urteil v. 11. 5. 2009 – Az.: VII ZR 11/08; OLG Celle, Urteil v. 17. 6. 2009 – Az.: 14 U 62/08).

7022 Der Vorbehalt eventueller Schadensersatzansprüche und die inhaltliche Erklärung, keine Nachteile aus der verzögerten Vergabe haben zu wollen, ist ohne Belang. Denn mit dieser Erklärung will der Bieter nicht die Vergabebedingungen ändern, sondern sich lediglich eventuelle Rechte aus dem nach den unveränderten Vergabebedingungen abzuschließenden Vertrag vorbehalten (BGH, Urteil v. 10. 9. 2009 – Az.: VII ZR 82/08).

7023 Sieht eine Ausschreibung in einem öffentlichen Vergabeverfahren vor, dass der **Auftragnehmer spätestens 12 Werktage nach Zuschlag mit den Bauarbeiten zu beginnen hat, ist dies dahin zu verstehen, dass der vertraglich vorgesehene Baubeginn an die ausgeschriebene Zuschlagsfrist anknüpft, wenn der Zuschlag später erfolgt. In diesem Fall ist der tatsächliche Zuschlagstermin nicht maßgebend** (BGH, Urteil v. 10. 9. 2009 – Az.: VII ZR 152/08).

7024 Der Bieter in einem Vergabeverfahren, das nicht den Regelungen der VOB/A unterliegt, hat auf ein Ansinnen des Ausschreibenden, die Bindefrist zu verlängern, andere Möglichkeiten als in einem Vergabeverfahren mit einer öffentlichen Ausschreibung. Er kann in diesem Verfahren die Verlängerung der Bindefrist davon abhängig machen, dass seinem Verlangen auf Preisänderung zugestimmt wird. Auf diese Weise kann er auf die sich durch die Verlängerung der Bindefrist ergebenden Änderungen der Kalkulationsgrundlage reagieren. Diese **Möglichkeit hat der Bieter nicht, wenn er einer Bitte auf Verlängerung der Bindefrist in einem durch öffentliche Ausschreibung eingeleiteten Vergabeverfahren nach der VOB/A zustimmt**. Es ist ihm nicht gestattet, wegen durch die Verschiebung der Bindefrist veränderter Kalkulationsgrundlagen eine Änderung des angebotenen Preises zu verlangen. Das verstieße gegen das Nachverhandlungsverbot, § 15 Abs. 3 VOB/A. Würde er mit der Bindefristverlängerung ein neues Angebot vorlegen, müsste dies ausgeschlossen werden. Ein transparentes, auf Gleichbehandlung aller Bieter ausgerichtetes Vergabeverfahren ist nur zu gewährleisten, wenn lediglich in jeder sich aus den Verdingungsunterlagen ergebender Hinsicht vergleichbare Angebote gewertet werden. Der **Bieter kann also einer Bindefristverlängerung nur zustimmen, wenn er das ursprüngliche Angebot aufrechterhält. Ist er aus wirtschaftlichen Gründen nicht in der Lage, das Angebot aufrechtzuerhalten, muss der Bieter die Bindefristverlängerung verweigern**. Auf diese Weise macht er den Weg frei für andere Bieter, unter Umständen sogar solche, die das Nachprüfungsverfahren eingeleitet haben (BGH, Urteil v. 22. 7. 2010 – Az.: VII ZR 213/08; Urteil v. 10. 9. 2009 – Az.: VII ZR 82/08).

7025 Dem Auftraggeber ist zwar auch bekannt, dass der Bieter nur die Wahl hat, die Zustimmung zu erklären oder aus dem Verfahren auszuscheiden. Das **rechtfertigt es jedoch nicht, dem Auftraggeber über die Grundsätze des Wegfalls der Geschäftsgrundlage die damit verbundenen Risiken einer Veränderung der Kalkulationsgrundlagen zuzuweisen**. Dem steht schon entgegen, dass damit elementare Grundsätze des Wettbewerbs im Vergabeverfahren verletzt würden. Es wäre mit den Grundsätzen des fairen, transparenten und dem Gleichbehandlungsgebot verpflichteten Wettbewerbs nicht zu vereinbaren, wenn der Bieter über eine Anpassung nach den Grundsätzen des Wegfalls der Geschäftsgrundlage einen neuen Preis für die unveränderte Leistung verlangen könnte. Denn auf diese Weise würde ohne eine Veränderung des Leistungsinhalts nachträglich allein der Preis verändert, mit dem er sich im Wettbewerb durchgesetzt hat. Das ginge nicht nur zu Lasten des Auftraggebers, sondern auch zu Lasten derjenigen Bieter, die auf der Grundlage ihrer Kalkulation einer Bindefristverlängerung ebenfalls zugestimmt und damit eine Bindung an ihren Preis erklärt haben. Dabei kann nicht Rücksicht darauf genommen werden, dass der zunächst günstigste Bieter im Einzelfall selbst dann noch der günstigste Bieter gewesen wäre, wenn er die Möglichkeit gehabt hätte, den Preis im Vergabeverfahren anzupassen. Diese Erwägung muss außer Betracht bleiben, weil das Vergabeverfahren eine Verhandlung über den Preis nicht zulässt und deshalb im maßgeblichen Zeitraum kein Raum für eine Überprüfung des Preises ist (BGH, Urteil v. 10. 9. 2009 – Az.: VII ZR 82/08).

Nach § 7 Abs. 1 Nr. 3 VOB/A soll dem Bieter kein ungewöhnliches Wagnis für Umstände und Ereignisse aufgebürdet werden, auf die er keinen Einfluss hat und deren Einwirkung auf die Preise und Fristen er nicht im Voraus einschätzen kann. Ein solches ungewöhnliches Wagnis würde dem Bieter abverlangt, wenn ihm nicht sämtliche zur Preiskalkulation erforderlichen Informationen vollständig und richtig zur Verfügung gestellt würden, er sich die notwendigen Kenntnisse nicht selbst verschaffen könnte und er damit nicht in der Lage wäre, verlässliche Vorstellungen zur Preisbildung zu entwickeln. Ein **derartiges unwägbares Risiko legt der Auftraggeber den Bietern auf, wenn die vertraglich an den Zuschlag gekoppelte Ausführungszeit über den vorgesehenen Zuschlagstermin hinaus völlig offen bliebe**. Denn dann könnte eine Preiskalkulation nicht mehr auf der vom Auftraggeber gemäß § 7 Abs. 1 Nr. 1 VOB/A zu stellenden, für alle Bieter eindeutigen und erschöpfenden Leistungsbeschreibung erfolgen; die Bieter könnten nur mutmaßen, wann im Hinblick auf ein eventuelles Vergabenachprüfungsverfahren oder wegen sonstiger verzögernder Umstände ein Zuschlag erfolgen werde, und aufgrund dieser Mutmaßungen ein Preisangebot erstellen. Eine **Auslegung der Ausschreibungsunterlagen dahingehend, dass für die Bauzeit in jedem Fall an einen noch nicht feststehenden tatsächlichen Zuschlagstermin angeknüpft wird, kommt daher nicht in Betracht. Vielmehr ergibt die Auslegung, dass Anknüpfungspunkt für den Baubeginn der in den Ausschreibungsunterlagen vorgesehene späteste Zuschlagstermin ist, wenn der Zuschlag später erfolgt** (BGH, Urteil v. 10. 9. 2009 – Az.: VII ZR 152/08). 7026

In Fällen, in denen der Zuschlag erteilt wird, ohne dass zuvor oder gleichzeitig Erklärungen zur Frage der Ausführungszeiten und -fristen oder zu hiervon abhängenden Mehrvergütungen abgegeben werden und für Fälle, in denen die Parteien bereits Erklärungen zur Anpassung der vorgesehenen Regelungen zur Bauzeit oder zur hiervon abhängenden Vergütung abgegeben haben, ohne dass allerdings eine ausdrückliche Erklärung hierzu zusammen mit dem Zuschlag erfolgt ist, bleibt es dabei, dass der **Vertrag hiermit zu den ursprünglichen Bedingungen – auch hinsichtlich der Bauzeit – geschlossen wird, obwohl diese bereits tatsächlich obsolet geworden sind** (BGH, Urteil v. 11. 5. 2009 – Az.: VII ZR 11/08; im Ergebnis ebenso BayObLG, B. v. 15. 7. 2002 – Az.: Verg 15/02; OLG Celle, Urteil v. 25. 6. 2008 – Az.: 14 U 14/08; OLG Hamm, Urteil v. 26. 6. 2008 – Az.: 21 U 17/08; OLG Naumburg, Urteil v. 2. 10. 2008 – Az.: 1 U 42/08; Thüringer OLG, Urteil v. 22. 3. 2005 – Az.: 8 U 318/04; VK Brandenburg, B. v. 30. 9. 2008 – Az.: VK 30/08). 7027

Ein Zuschlag in einem durch ein Nachprüfungsverfahren verzögerten Verfahren ist also regelmäßig so auszulegen, dass er sich auch auf wegen Zeitablaufs obsolet gewordene Fristen und Termine bezieht. **Dies gilt auch dann, wenn zwar eine neue Bauzeit angesprochen wird, das Zuschlagsschreiben insgesamt aber nicht eindeutig ergibt, dass der Vertrag nur zu bestimmten veränderten zeitlichen Bedingungen geschlossen werden soll** (BGH, Urteil v. 22. 7. 2010 – Az.: VII ZR 213/08). 7028

Das **Verhalten der Parteien im Rahmen der Bindefristverlängerung und der Zuschlagserteilung ist dahin auszulegen, dass sie den Vertrag zwar bereits bindend schließen, über neue, dem eingetretenen Zeitablauf Rechnung tragende Fristen und dadurch bedingte Preissteigerungen jedoch noch eine Einigung herbeiführen wollten**. Denn die Parteien haben den Vertragsschluss trotz des erkennbaren Erfordernisses einer späteren Anpassung der Ausführungsfristen gewollt. Die Auslegungsregel des § 154 Abs. 1 Satz 1 BGB greift in einem solchen Fall nicht. Kommt es nicht zu der von den Parteien erwarteten nachträglichen Einigung, existiert **eine zu füllende Regelungslücke, die durch ergänzende Ver-** 7029 tragsauslegung zu schließen ist (BGH, Urteil v. 22. 7. 2010 – Az.: VII ZR 213/08; Urteil v. 10. 9. 2009 – Az.: VII ZR 152/08).

7030 Dabei **ist darauf abzustellen, was die Parteien bei einer angemessenen Abwägung ihrer Interessen nach Treu und Glauben als redliche Vertragspartner für den von ihnen nicht geregelten Fall vereinbart hätten**. Danach ist die **Bauzeit unter Berücksichtigung der Umstände des Einzelfalls anzupassen**. Besonderheiten, wie etwa Bauerschwernisse oder -erleichterungen durch jahreszeitliche Verschiebungen, sind unter Berücksichtigung der schutzwürdigen Interessen beider Parteien und vor dem Hintergrund, dass der Auftragnehmer der Bindefristverlängerung zugestimmt hat, zu berücksichtigen. Die Grundsätze des vereinbarten § 6 Abs. 3 und 4 VOB/B sind sinngemäß anzuwenden (BGH, Urteil v. 10. 9. 2009 – Az.: VII ZR 152/08; Urteil v. 11. 5. 2009 – Az.: VII ZR 11/08).

7031 Im Hinblick auf die vereinbarten oder im Wege ergänzender Vertragsauslegung zu ermittelnden geänderten Ausführungszeiten ist der **vertragliche Vergütungsanspruch des Auftragnehmers durch ergänzende Vertragsauslegung in Anlehnung an die Grundsätze des § 2 Abs. 5 VOB/B anzupassen**. Diese Vorschrift haben die Parteien mit der Einbeziehung der VOB/B als angemessene Regelung bei einer durch den Auftraggeber veranlassten Änderung der Grundlagen des Preises vereinbart. Die Vermutung der Ausgewogenheit von Leistung und Gegenleistung gilt bei einem Bauvertrag nicht unabhängig von der vereinbarten Leistungszeit, weil diese regelmäßig Einfluss auf die Vereinbarung der Höhe der Vergütung des Auftragnehmers hat. Deshalb **hat die durch ein verzögertes Vergabeverfahren bedingte Änderung der Leistungszeit auch zur Folge, dass die Parteien redlicherweise vereinbart hätten, sich auf eine diesem Umstand angepasste Vergütung zu verständigen**. Soweit die Verzögerung der Vergabe zu geänderten Leistungszeiten führt, ist dies einer nach Vertragsschluss vom Auftraggeber veranlassten Änderung der Leistung vergleichbar. In beiden Fällen **besteht nach Treu und Glauben keine Veranlassung, das Risiko von Änderungen der Grundlagen des Preises dem Auftragnehmer zuzuweisen** (BGH, Urteil v. 22. 7. 2010 – Az.: VII ZR 213/08; Urteil v. 26. 11. 2009 – Az.: VII ZR 131/08; Urteil v. 10. 9. 2009 – Az.: VII ZR 152/08; Urteil v. 11. 5. 2009 – Az.: VII ZR 11/08; OLG Celle, Urteil v. 17. 6. 2009 – Az.: 14 U 62/08).

7032 Der Auftraggeber kann sich dem Bieter gegenüber nicht darauf berufen, **kein Verschulden an der Verzögerung zu haben, die durch ein unberechtigtes Nachprüfungsverfahren entstanden** ist. Der Rechtsordnung ist es nicht fremd, dass dem Auftraggeber auch Risiken zugewiesen werden, die durch unverschuldete Verzögerungen eintreten. Deshalb ist es nicht von vornherein verfehlt, dem Auftraggeber als Herrn des Vergabeverfahrens die Risiken einer zeitlichen Verzögerung durch Einleitung eines unberechtigten Nachprüfungsverfahrens – oder vergleichbarer Maßnahmen im Unterschwellenbereich – zuzuweisen (BGH, Urteil v. 11. 5. 2009 – Az.: VII ZR 11/08).

7033 Die **Verzögerung des Vergabeverfahrens darf nicht zu Lasten des Bieters gehen, der sich im Wettbewerb durchgesetzt hat**. Die Einrichtung des Vergaberechtsschutzes nach dem Vierten Teil des Gesetzes gegen Wettbewerbsbeschränkungen soll die Rechtsstellung der Bieter gegenüber den Auftraggebern stärken, nicht schwächen. Wird diese **Rechtsposition – oder andere Rechtspositionen im Unterschwellenbereich – in Anspruch genommen, darf das nicht dazu führen, dass die Bieterseite am Ende wirtschaftlich schlechter dasteht als zuvor, indem die Verzögerungskosten auf sie übergewälzt werden**. Bestünde diese latente Gefahr, würde der Rechtsschutz dadurch entwertet (BGH, Urteil v. 11. 5. 2009 – Az.: VII ZR 11/08; OLG Hamm, Urteil v. 5. 12. 2006 – Az.: 24 U 58/05; Thüringer OLG, Urteil v. 22. 3. 2005 – Az.: 8 U 318/04).

7034 Der **Auftraggeber wird unter Umständen zwar mit in dem ursprünglichen Vertragspreis nicht enthaltenen Mehrkosten belastet. Das ist aber nicht unbillig**. Denn ein Vergleich mit dem ursprünglichen Preis ist in diesem Zusammenhang nicht maßgebend. Eine Bauausführung zu dem vorgesehenen Termin war nicht möglich, was auf der Entscheidung des Gesetzgebers zur Eröffnung eines Vergabenachprüfungsverfahrens beruht. Der Auftraggeber wird im Grundsatz durch die Belastung mit den Mehrkosten nicht unangemessen benachteiligt, weil er auch bei einer zeitnah zur tatsächlichen Ausführung erfolgten Ausschreibung diese Kosten in der Regel in ähnlicher Weise zu tragen gehabt hätte (BGH, Urteil v. 11. 5. 2009 – Az.: VII ZR 11/08).

7035 Zwar kann dadurch, dass die Mehrvergütung ausschließlich mit dem Vertragspartner unter Ausschluss des Wettbewerbs vereinbart wird, die Situation entstehen, dass der Auftraggeber ex post betrachtet nicht dem wirtschaftlichsten Bieter den Zuschlag erteilt hat. **Dass der wirtschaftlichste Bieter sich im Nachhinein nicht als solcher erweist, ist nichts Außergewöhnliches.** Vielmehr ist es bei einem Bauvertrag häufig so, dass sich im Verlauf der Durchführung der Arbeiten Änderungen ergeben, die auch zu Preisänderungen führen. Es ist nie ausgeschlossen, dass sich dadurch im Endergebnis im Gegensatz zum Zeitpunkt des Zuschlags der Auftragnehmer nicht mehr als der Wirtschaftlichste herausstellt. Die damit verbundene Einschränkung des Wettbewerbs ist unvermeidbar. Sie ließe sich in solchen Fällen nur verhindern, indem man bei jeder eingetretenen Verzögerung den Wettbewerb neu eröffnete. Dadurch würde aber der bisher wirtschaftlichste Bieter benachteiligt, weil alle anderen Bieter jetzt in Kenntnis seines Angebots neu bieten könnten; zum anderen eröffnete dies die bereits dargestellte Gefahr einer endlosen Schleife von Vergabeverfahren, die nie durch einen Vertragsschluss beendet werden könnte (BGH, Urteil v. 11. 5. 2009 – Az.: VII ZR 11/08).

Ebenso nicht zu vermeiden ist der für den Auftraggeber verbleibende Nachteil, dass er unter Umständen mit für ihn nicht vorhergesehenen Gesamtkosten belastet wird. Auch dies ist wegen der einem Bauvertrag innewohnenden Änderungsrisiken nichts Außergewöhnliches. Der **Auftraggeber ist diesem Risiko nicht schutzlos ausgeliefert. Sofern sich aufgrund von Vergabeverzögerungen gravierende Änderungen der Preisermittlungsgrundlagen abzeichnen, hat er die Möglichkeit, die Ausschreibung unter den Voraussetzungen des § 17 Abs. 1 Nr. 3 VOB/A aufzuheben.** Entscheidet sich der Auftraggeber dagegen zur Erteilung des Zuschlags, kann ihm zugemutet werden, das Risiko von Preiserhöhungen zu tragen (BGH, Urteil v. 11. 5. 2009 – Az.: VII ZR 11/08; OLG Hamm, Urteil v. 26. 6. 2008 – Az.: 21 U 17/08). 7036

Sämtliche genannten Erwägungen gelten unabhängig von dem Ausmaß der Änderungen der Grundlagen des Preises. Es müssen nicht die Voraussetzungen des § 313 Abs. 1 BGB vorliegen. Die im Vertrag in § 2 Abs. 5 VOB/B zum Ausdruck gekommene Wertung zeigt, dass die Vertragsparteien nicht erst schwerwiegende Veränderungen der Preisgrundlagen zum Anlass für Vergütungsanpassungen nehmen wollen. **Auch Änderungen geringeren Ausmaßes hätten bereits die oben dargestellten, nicht gewünschten Nachteile für den Bieter.** Die Parteien hätten redlicherweise auch eine nicht schwerwiegende Änderung der Preisgrundlagen nicht dem Risikobereich des Bieters zugeordnet, weil es hierfür keine Rechtfertigung gibt. Als einziger denkbarer Anknüpfungspunkt käme nur dessen Erklärung zur Bindefristverlängerung in Betracht. Nachteile aus der Verlängerung der Bindefrist dürfen dem Bieter jedoch nicht entstehen, weil an keine andere Möglichkeit ist, die ihm günstige Position im Wettbewerb zu bewahren (BGH, Urteil v. 11. 5. 2009 – Az.: VII ZR 11/08). 7037

Es ist **hinzunehmen, dass die Parteien nach dieser Lösung sehenden Auges einen Vertrag schließen, der nicht in jeder Hinsicht wie vereinbart durchführbar ist und dass im Hinblick darauf, dass die Vereinbarung über die verzögerungsbedingten Mehrkosten nur mit dem Auftragnehmer getroffen wird, das Gleichbehandlungsgebot tangiert sein könnte.** Beides beruht darauf, dass der Gesetzgeber es insbesondere nach Einführung des vergaberechtlichen Nachprüfungsverfahrens, das zu einem zeitlich befristeten Zuschlagsverbot (§ 115 GWB) und damit regelmäßig zu – teils erheblichen – Verzögerungen des Vergabeverfahrens führt, versäumt hat, hierauf abgestimmte Regelungen zum weiteren Verlauf des Vergabeverfahrens und zum Zuschlag zu schaffen. Ebenso wenig ist die VOB/A hieran angepasst. Eine in jeder Hinsicht befriedigende und überzeugende Lösung der sich daraus ergebenden Probleme ist nicht möglich. Sie ist so vorzunehmen, dass die berechtigten Interessen der Beteiligten unter Berücksichtigung der Grenzen, die die Regelungen zum Vergabeverfahren setzen, bestmöglich berücksichtigt werden (BGH, Urteil v. 11. 5. 2009 – Az.: VII ZR 11/08). 7038

Eine **Mehrvergütung allein aufgrund des Umstandes, dass der Zuschlag später erfolgt als in der Ausschreibung vorgesehen, kommt nicht in Betracht.** Umstände, die in der Zeit zwischen dem nach der Ausschreibung zu erwartenden spätesten Zuschlagstermin und dem tatsächlichen Zuschlag bei dem Bieter zu Kostensteigerungen führen, sind, soweit der verzögerte Zuschlag keine Auswirkungen auf die Ausführungszeiten hatte, nicht zu berücksichtigen (BGH, Urteil v. 10. 9. 2009 – Az.: VII ZR 152/08). 7039

Ändern sich lediglich die Kalkulationsgrundlagen eines Bieters infolge einer Verschiebung des Zuschlags, ohne dass dies zu einer Änderung der Leistungspflichten führt, kommt eine Preisanpassung nach den Grundsätzen der ergänzenden Vertragsauslegung nicht in Betracht. Der in der Ausschreibung vorgesehene Zeitpunkt des Zuschlags ist nicht Vertragsbestandteil (BGH, Urteil v. 10. 9. 2009 – Az.: VII ZR 152/08; Urteil v. 10. 9. 2009 – Az.: VII ZR 82/08). 7040

Teil 3   VOB/A § 10   Vergabe- und Vertragsordnung für Bauleistungen Teil A

7041   Der **Bieter trägt das Risiko, dass die Preiskalkulation infolge einer Verzögerung des Vergabeverfahrens hinfällig werden und er Material und Fremdleistungen zu höheren Preisen einkaufen muss. Dieses Risiko geht nicht deshalb auf den Auftraggeber über, weil sich durch die Vergabeverzögerung zugleich die Bauzeit verschiebt.** Für die Ermittlung der durch Preissteigerungen bedingten Mehrkosten, mit der ein Auftragnehmer seine Angebotspreise zur Ermittlung des neuen Vertragspreises beaufschlagen darf, kann deshalb nicht auf die Einkaufspreise abgestellt werden, die er in seine Kalkulation eingerechnet hat; maßgebend sind vielmehr die Preise, die er bei Einhaltung der geplanten Bauzeit hätte zahlen müssen (BGH, Urteil v. 10. 9. 2009 – Az.: VII ZR 152/08).

7042   Der **Auftragnehmer wird sich nicht mit Erfolg darauf berufen können, durch Preisabsprachen mit seinen Lieferanten und Nachunternehmern bis zum Ablauf der Bindefrist gesicherte Einkaufspreise in sein Angebot eingestellt zu haben, die er wegen der verzögerten Vergabe nicht habe halten können. Ein geschütztes Vertrauen in die Realisierbarkeit der Angebotskalkulation besteht nicht.** Es entsteht auch nicht dadurch, dass der Bieter seine kalkulatorischen Ansätze für Beschaffungskosten durch entsprechende Preisabsprachen mit seinen Zulieferern und Nachunternehmern absichert. Soweit er gleichwohl mit ihnen kalkuliert, muss er in Kauf nehmen, dass sich seine Kalkulation bei einer Verzögerung der Vergabe über die ursprüngliche Bindefrist hinaus nicht umsetzen lässt (BGH, Urteil v. 10. 9. 2009 – Az.: VII ZR 152/08).

7043   **76.7.4.3.2 Fallkonstellation eines Zuschlags mit Hinweis des Auftraggebers auf eine geänderte Ausführungszeit. Gibt der Auftraggeber bereits in Zusammenhang mit dem Zuschlag Erklärungen zu einer geänderten Bauzeit** ab, gilt die als bindend verstandene **Festlegung einer vom Angebot abweichenden Bauzeit in der Annahmeerklärung nach § 150 Abs. 2 BGB als Ablehnung des Antrags verbunden mit einem neuen Angebot.** Je nach Formulierung des Zuschlagsschreibens **kann eine Auslegung des Zuschlagsschreibens aber auch zu dem Ergebnis kommen, dass es sich nicht um eine bindende Festlegung, sondern um einen Vorschlag über den neuen Baubeginn handelt, der noch der Zustimmung des Bieters bedarf** (BGH, Urteil v. 22. 7. 2010 – Az.: VII ZR 213/08).

7044   Ein Zuschlag in einem durch ein Nachprüfungsverfahren verzögerten Verfahren ist regelmäßig so auszulegen, dass er sich auch auf wegen Zeitablaufs obsolet gewordene Fristen und Termine bezieht. Dies gilt auch dann, wenn **zwar eine neue Bauzeit angesprochen wird, das Zuschlagsschreiben insgesamt aber nicht eindeutig ergibt**, dass der Vertrag nur zu bestimmten veränderten zeitlichen Bedingungen geschlossen werden soll. Im Rahmen des auch für den modifizierten Zuschlag geltenden § 150 Abs. 2 BGB sind die **Grundsätze von Treu und Glauben** anzuwenden. Sie **erfordern, dass der Empfänger eines Vertragsangebots, wenn er von dem Vertragswillen des Anbietenden abweichen will, dies in der Annahmeerklärung klar und unzweideutig zum Ausdruck bringt.** Erklärt der Vertragspartner seinen vom Angebot abweichenden Vertragswillen nicht hinreichend deutlich, so kommt der Vertrag zu den Bedingungen des Angebots zustande (BGH, Urteil v. 22. 7. 2010 – Az.: VII ZR 213/08).

7045   Dem öffentlichen **Auftraggeber ist es grundsätzlich nicht gestattet, während des Vergabeverfahrens mit den Bietern über Änderungen der Angebote und Preise zu verhandeln, § 15 VOB/A. Jedenfalls im Zeitpunkt der Erklärung des Zuschlags gegenüber dem Bieter ist der Auftraggeber hieran noch gebunden**, weil anderenfalls der hiermit verbundene Schutz des Wettbewerbs und der Bieter im Vergabeverfahren unvollkommen wäre. Da dem Auftraggeber nicht unterstellt werden kann, gegen das Nachverhandlungsverbot verstoßen zu wollen, kann in einem **Zuschlag, der das ursprüngliche Angebot akzeptiert, auch wenn er eine neue Bauzeit erwähnt, grundsätzlich keine Anfrage nach Veränderung der angebotenen Ausführungsfrist**, weder mit gleich bleibender noch veränderter Vergütungsvereinbarung, gesehen werden (BGH, Urteil v. 22. 7. 2010 – Az.: VII ZR 213/08).

7046   Der Abschluss eines Vertrages zu Bedingungen, die eine Bauzeit vorsehen, die zum Zeitpunkt des Abschlusses bereits verstrichen ist, enthält zugleich die Einigung darüber, dass die Parteien den Vertrag zwar bereits bindend schließen, über neue, dem eingetretenen Zeitablauf Rechnung tragende Fristen jedoch noch eine Einigung herbeiführen wollen. **Vorschläge des Auftraggebers, die eine solche nachträgliche Einigung herbeiführen sollen, müssen nicht in einer getrennten Erklärung erfolgen. Vielmehr können sie bereits zusammen mit dem Vertragsschluss abgegeben werden**, weil zum Zeitpunkt des Zugangs dieses Vorschlags die

Vergabe- und Vertragsordnung für Bauleistungen Teil A VOB/A § 10 **Teil 3**

durch den Vertragsschluss entstandene Notwendigkeit einer Neuverhandlung und Bestimmung der Ausführungsfristen bereits besteht. Diese sind noch verhandelbar. Die Parteien sind nach dem Vertrag verpflichtet, sich über eine neue Bauzeit zu einigen (BGH, Urteil v. 22. 7. 2010 – Az.: VII ZR 213/08).

Der Abschluss eines Vertrages zu Bedingungen, die eine Bauzeit vorsehen, die zum Zeitpunkt 7047
des Abschlusses bereits verstrichen ist, enthält zugleich die Einigung darüber, dass die Parteien den Vertrag zwar bereits bindend schließen, **über neue, dem eingetretenen Zeitablauf Rechnung tragende Fristen jedoch noch eine Einigung herbeiführen wollen. Vorschläge des Auftraggebers, die eine solche nachträgliche Einigung herbeiführen sollen, müssen nicht in einer getrennten Erklärung erfolgen.** Vielmehr können sie bereits zusammen mit dem Vertragsschluss abgegeben werden, weil zum Zeitpunkt des Zugangs dieses Vorschlags die durch den Vertragsschluss entstandene Notwendigkeit einer Neuverhandlung und Bestimmung der Ausführungsfristen bereits besteht. Diese sind noch verhandelbar. Die Parteien sind nach dem Vertrag verpflichtet, sich über eine neue Bauzeit zu einigen (BGH, Urteil v. 22. 7. 2010 – Az.: VII ZR 213/08).

76.7.4.4 Sonderfall: Verhandlungsverfahren und nachprüfungsbedingte Verzögerung des Zuschlags

Belässt es der Bieter in einem vergaberechtlichen Verhandlungsverfahren im Rah- 7048
men von Verhandlungen mit dem Auftraggeber über die durch eine Zuschlagsverzögerung bedingte Anpassung seines Angebots **hinsichtlich der Bauzeit bei der Ankündigung von verzögerungsbedingten Mehrvergütungsansprüchen, so ist eine tatrichterliche Auslegung nicht zu beanstanden, die darin lediglich den Vorbehalt der Durchsetzung möglicher vertraglicher Ansprüche, nicht jedoch eine Abstandnahme von dem abgegebenen Angebot sieht** (BGH, Urteil v. 10. 9. 2009 – Az.: VII ZR 255/08).

Vertragliche Ansprüche können bei einer solchen Auslegung ausgeschlossen sein, 7049
wenn der Bieter die bestehende Möglichkeit nicht genutzt hat, den Abschluss des Vertrages von einer Anpassung des Preises für die durch die Bauzeitverschiebung entstandenen Mehrkosten abhängig zu machen (BGH, Urteil v. 10. 9. 2009 – Az.: VII ZR 255/08).

76.7.4.5 Keine Verpflichtung zur Neuausschreibung wegen wesentlicher Änderungen des Vertrages

Vgl. dazu die Kommentierung zu → § 99 GWB Rdn. 405 ff. 7050

76.7.5 Generelle Ausdehnung der Zuschlags- und Bindefrist bis zum rechtskräftigen Abschluss eventueller Vergabenachprüfungsverfahren

Die **generelle Ausdehnung der Zuschlags- und Bindefrist bis zum rechtskräfti-** 7051
gen Abschluss eventueller Vergabenachprüfungsverfahren verstößt gegen § 10 Abs. 6 VOB/A. Die Bindefrist ist so kurz wie möglich und nicht länger zu bemessen, als für eine zügige Prüfung und Wertung notwendig ist. Die Interessen der Beteiligten sind bei der Fristbemessung zu berücksichtigen. Auf **Seiten der Bieter ist zu berücksichtigen, dass sie während der Wartezeit in ihren geschäftlichen Entschlüssen und Dispositionen eingeschränkt sind. Dies gilt insbesondere hinsichtlich der Bewerbung um andere Aufträge und der Finanzierung weiterer Aufträge.** Der Bieter kalkuliert bei Abgabe seines Angebots den finanziellen Aufwand unter Berücksichtigung der vorgesehenen Vertragslaufzeit. Er **muss deshalb auch Gelegenheit haben, nach Überschreiten eines angemessenen Zeitraums, von seinem Angebot wieder Abstand nehmen zu können.** Deshalb wird der Regelung, einen Bieter gegebenenfalls bis zum Abschluss von Nachprüfungsverfahren an sein Angebot zu binden, was sich über viele Monate und ggf. auch weit über ein Jahr erstrecken kann, einem **Interessenausgleich nicht gerecht. Die generelle Ausdehnung der Zuschlags- und Bindefrist bis zum rechtskräftigen Abschluss eventueller Vergabenachprüfungsverfahren ist einseitig auf die Interessen des Antragsgegners zugeschnitten** (1. VK Sachsen, B. v. 30. 4. 2008 – Az.: 1/SVK/020-08). Abgesehen davon widerspricht die Vertragsregelung dem § 10 Abs. 6 VOB/A, als dort festgelegt ist, dass das Ende der Zuschlagsfrist durch Angabe eines Kalendertages bezeichnet werden soll, worunter verstanden wird, dass ein Enddatum anzugeben ist (VK Baden-Württemberg, B. v. 7. 11. 2007 – Az.: 1 VK 43/07).

Teil 3 VOB/A § 10 Vergabe- und Vertragsordnung für Bauleistungen Teil A

76.7.6 Folge des Ablaufs der Zuschlags- und Bindefrist

7052 Wenn die **Zuschlags- und Bindefrist abgelaufen** ist, wird die **Ausschreibung nicht automatisch beendet**. Eine Ausschreibung kann nur durch Zuschlag oder durch Aufhebung nach § 17 VOB/A beendet werden, von dem Fall, dass überhaupt kein Angebot eingeht, einmal abgesehen. Die Ausschreibung dauert folglich noch an. Der Auftraggeber ist nach wie vor in der Lage, einem Bieter den Zuschlag zu erteilen. Die **Folge des Ablaufs der Frist ist lediglich, dass der Bieter nicht mehr an sein Angebot gebunden** ist, so dass sich der Zuschlag nunmehr als neues Angebot der Auftraggeber im Sinne von § 150 Abs. 1 BGB darstellt (BayObLG, B. v. 15. 7. 2002 – Az.: Verg 15/02, B. v. 1. 10. 2001 – Az.: Verg 6/01; OLG Dresden, B. v. 9. 11. 2001 – Az.: WVerg 0009/01; OLG Düsseldorf, B. v. 4. 2. 2009 – Az.: VII-Verg 70/08; B. v. 14. 5. 2008 – Az.: VII-Verg 17/08; B. v. 20. 2. 2007 – Az.: VII – Verg 3/07; Hanseatisches OLG, B. v. 25. 2. 2002 – Az.: 1 Verg 1/01; OLG Naumburg, B. v. 1. 9. 2004 – Az.: 1 Verg 11/04, B. v. 28. 9. 2001 – Az.: 1 Verg 6/01; 1. VK Bremen, B. v. 6. 2. 2003 – Az.: VK 1/03; 1. VK Bund, B. v. 12. 11. 2003 – Az.: VK 1–107/03; VK Münster, B. v. 13. 2. 2008 – Az.: VK 29/07; VK Nordbayern, B. v. 24. 1. 2008 – Az.: 21.VK – 3194 – 52/07; 1. VK Sachsen, B. v. 5. 9. 2002 – Az.: 1/SVK/073-02).

7053 Nur wenn die Bieter die Zuschlagsfristverlängerung ablehnen und aufgrund des verspäteten Zuschlags mit keinem Bieter ein Vertrag zustande kommt, ist das Vergabeverfahren durch **Aufhebung aus schwerwiegendem Grund** (§ 17 Abs. 1 Nr. 3 VOB/A) zu beenden. Allein der Fristablauf genügt zur Beendigung nicht (BayObLG, B. v. 1. 10. 2001 – Az.: Verg 6/01).

7054 Zu den **Auswirkungen auf die Informationspflicht des § 101a GWB** vgl. die Kommentierung zu → § 101a GWB Rdn. 67.

7055 Nach einer anderen Auffassung stellt ein zur Ausschreibung eingereichtes Angebot einen Antrag im zivilrechtlichen Sinne dar, für den die §§ 145 ff. BGB gelten. Nach § 146 BGB **erlischt jedoch ein Antrag**, wenn er nicht dem Antragenden gegenüber nach den §§ 147 bis 149 BGB rechtzeitig angenommen wird. Ein **Zuschlag kann nicht mehr erteilt** werden. Auch **aus Sicht der Vergabestelle kommt eine rückwirkende Annahmeerklärung nicht mehr Betracht**. Die verspätete Annahme eines Antrags regelt § 150 Abs. 1 BGB. Hiernach gilt die Annahme als neuer Antrag, den der ursprünglich Antragende durch eine gesonderte Erklärung anzunehmen hat. **Dem entspricht § 18 Abs. 2 VOB/A**, wonach der Bieter im Falle eines verspäteten Zuschlags aufzufordern ist, „sich unverzüglich über die Annahme zu erklären". Auch dieser Formulierung liegt ersichtlich die Vorstellung zugrunde, dass die Bindung an das ursprüngliche Angebot nicht fortbesteht, da es sonst einer erneuten Annahmeerklärung – und zwar nunmehr auf das Angebot der Vergabestelle – seitens des Bieters nicht bedürfte. Danach **kann ein Zuschlag – im Sinne einer einfachen Annahmeerklärung gem. § 146 BGB – auf ein mittlerweile erloschenes Angebot nicht mehr erteilt werden**. Jedenfalls in seinem ursprünglichen Bestand nimmt dieses somit nicht mehr an der Ausschreibung teil (OLG Thüringen, B. v. 30. 10. 2006 – Az.: 9 Verg 4/06; 3. VK Bund, B. v. 21. 5. 2007 – Az.: VK 3–40/07; 1. VK Sachsen, B. v. 25. 1. 2008 – Az.: 1/SVK/088-07; VK Thüringen, B. v. 27. 3. 2008 – Az.: 360–4003.20–641/2008-002-UH).

76.7.7 Verlängerung der Zuschlags- und Bindefrist nach Ablauf

76.7.7.1 Grundsätzliche Zulässigkeit der Verlängerung

7056 Im Rahmen des § 18 Abs. 2 VOB/A ist eine **Verlängerung der Zuschlags- und Bindefrist auch nach Ablauf der Zuschlags- und Bindefrist zulässig** (BayObLG, B. v. 12. 9. 2000 – Az.: Verg 4/00; OLG Düsseldorf, B. v. 20. 2. 2007 – Az.: VII – Verg 3/07; Hanseatisches OLG, B. v. 25. 2. 2002 – Az.: 1 Verg 1/01; VK Baden-Württemberg, B. v. 29. 6. 2009 – Az.: 1 VK 27/09; VK Bremen, B. v. 16. 7. 2003 – Az.: VK 12/03; 2. VK Bund, B. v. 26. 2. 2007 – Az.: VK 2–09/07; VK Münster, B. v. 13. 2. 2008 – Az.: VK 29/07; VK Nordbayern, B. v. 19. 11. 2008 – Az.: 21.VK – 3194 – 50/08; B. v. 24. 1. 2008 – Az.: 21.VK – 3194 – 52/07; 1. VK Sachsen, B. v. 21. 8. 2002 – Az.: 1/SVK/077-02; VK Schleswig-Holstein, B. v. 10. 10. 2007 – Az.: VK-SH 20/07; B. v. 2. 2. 2005 – Az.: VK-SH 01/05; VK Südbayern, B. v. 19. 1. 2009 – Az.: Z3-3-3194-1-39–11-08).

7057 Dem kann nicht entgegen gehalten werden, eine **mehrmonatige Verlängerung der Zuschlags- und Bindefrist beeinträchtige die Dispositionsmöglichkeit der Bieter in unzulässiger Weise**. Da die Bindefristbestimmung insbesondere die Bieter der engeren Wahl schützen soll, können gerade diese auf diesen Schutz verzichten bzw. eine weitergehende Bin-

Vergabe- und Vertragsordnung für Bauleistungen Teil A   VOB/A § 10   **Teil 3**

dung nach eigener Kalkulation und aktueller Risikoabschätzung „anbieten" (OLG Düsseldorf, B. v. 29. 12. 2001 – Az.: Verg 22/01; VK Hamburg, B. v. 18. 12. 2001 – Az.: VgK FB 8/01; B. v. 14. 8. 2003 – Az.: VgK FB 3/03; 1. VK Sachsen, B. v. 5. 9. 2002 – Az.: 1/SVK/073-02).

Den Grundsätzen des Wettbewerbs (§ 97 Abs. 1 GWB) und der Gleichbehandlung (§ 97 **7058** Abs. 2 GWB) wird bereits in hinreichender Weise Rechnung getragen, wenn **nach Fristablauf allen für die Vergabe noch in Betracht kommenden Bietern die Möglichkeit gegeben wird, weiterhin am Verfahren teilzunehmen** (OLG Naumburg, B. v. 13. 5. 2003 – Az.: 1 Verg 2/03; 1. VK Sachsen, B. v. 5. 10. 2001 – Az.: 1/SVK/87-01; im Ergebnis ebenso OLG München, B. v. 23. 6. 2009 – Az.: Verg 08/09). Dazu ist ausreichend, dass diese Bieter aufgefordert werden, der sachlich gebotenen Fristverlängerung zuzustimmen (2. VK des Bundes, B. v. 4. 5. 2001 – Az.: VK 2–12/01; VK Hamburg, B. v. 18. 12. 2001 – Az.: VgK FB 8/01).

76.7.7.2 Rechtsfolgen

76.7.7.2.1 Neues Angebot des Auftraggebers. Die VOB/A sieht zwar vor, dass der Zu- **7059** schlag innerhalb der Zuschlags- und Bindefrist zu erteilen ist (§ 18 Abs. 1 VOB/A), geht jedoch selbst davon aus, dass der Zuschlag auch nach Fristablauf erteilt werden kann (§ 18 Abs. 2 Nr. 2 VOB/A). Dann wird allerdings der Vertrag nicht schon mit dem Zuschlag geschlossen (BayObLG, B. v. 1. 10. 2001 – Az.: Verg 6/01). **Nach dem Ablauf der Bindefrist** stellt der **Zuschlag** seitens des Auftraggebers lediglich eine verspätete Annahme dar, die gemäß § 150 Abs. 1 BGB als **neuer Antrag** zu werten ist (OLG Düsseldorf, B. v. 4. 2. 2009 – Az.: VII-Verg 70/08; B. v. 20. 2. 2007 – Az.: VII – Verg 3/07; Hanseatisches OLG, B. v. 25. 2. 2002 – Az.: 1 Verg 1/01; Saarländisches OLG, Urteil v. 21. 3. 2006 – Az.: 4 U 51/05–79; OLG Thüringen, B. v. 30. 10. 2006 – Az.: 9 Verg 4/06; VK Baden-Württemberg, B. v. 29. 6. 2009 – Az.: 1 VK 27/09; 3. VK Bund, B. v. 21. 5. 2007 – Az.: VK 3–40/07; VK Münster, B. v. 13. 2. 2008 – Az.: VK 29/07; VK Nordbayern, B. v. 24. 1. 2008 – Az.: 21.VK – 3194 – 52/07; 1. VK Sachsen, B. v. 26. 7. 2001 – Az.: 1/SVK/73-01; VK Schleswig-Holstein, B. v. 10. 10. 2007 – Az.: VK-SH 20/07; VK Südbayern, B. v. 19. 1. 2009 – Az.: Z3-3-3194-1-39–11-08; B. v. 30. 1. 2001 – Az.: 09-05/00).

76.7.7.2.2 Reaktionsmöglichkeiten der Bieter. Die Bieter haben die **Möglichkeit, die- 7060 sen Antrag anzunehmen oder abzulehnen** (VK Baden-Württemberg, B. v. 29. 6. 2009 – Az.: 1 VK 27/09).

Eine **Annahme** ist dann **nicht mehr möglich, wenn der Bieter schon zuvor deutlich 7061 gemacht hat, dass er sich nicht mehr an sein Angebot gebunden fühlt**. Maßgeblich ist insoweit, wie ein objektiver Empfänger in der Situation des Auftraggebers die entsprechenden Bietererklärungen verstehen kann (3. VK Bund, B. v. 21. 5. 2007 – Az.: VK 3–40/07).

Bieter, die sich mit der Verlängerung der Zuschlags- und Bindefrist einverstanden erklärt ha- **7062** ben, sind **bis zum Ablauf der neuen Zuschlags- und Bindefrist an ihre Angebote gebunden** (VK Magdeburg, B. v. 14. 11. 2000 – Az.: 33–32571/07 VK 18/00 MD). Auf dieses **Angebot kann** der **Zuschlag erteilt werden** (VK Saarland, B. v. 8. 7. 2003 – Az.: 1 VK 05/2003).

Die Tatsache, dass der Bieter auf eine Anfrage der Vergabestelle zwecks Verlängerung der **7063** Bindefrist hin **keine Erklärung abgibt, bedeutet nicht, dass der Bieter nunmehr kein Interesse mehr an dem Zuschlag** hat. Das Unterlassen einer Einverständniserklärung mit der Verlängerung der Bindefrist ist mehrdeutig. Dies kann auch bedeuten, dass sich der Bieter für den Fall eines – für ihn aufgrund von Verzögerungen durch Nachprüfungsverfahren usw. zeitlich oft nicht absehbaren – Zuschlags **nur nicht binden, sondern dann frei – unter Berücksichtigung der dann geltenden Bedingungen, insbesondere seiner Auslastung – entscheiden können will**, ob er das in dem Zuschlag zu erblickenden Angebot der Vergabestelle annehmen will oder nicht (OLG Düsseldorf, B. v. 25. 4. 2007 – Az.: VII – Verg 3/07; B. v. 20. 2. 2007 – Az.: VII – Verg 3/07). Vgl. dazu im Einzelnen die Kommentierung zu → § 107 GWB Rdn. 87 ff.

76.7.7.2.3 Verpflichtung des Auftraggebers zur Nachfrage, ob der wirtschaftlichste 7064 Bieter noch zu seinem Angebot steht. Da die **öffentliche Hand zur sparsamen und effizienten Verwendung der von den Bürgern aufgebrachten Mittel verpflichtet** ist (vgl. u. a. § 7 BHO), hat die in § 150 Abs. 1 BGB vorgesehene Möglichkeit zugleich eine **Verpflichtung des Auftraggebers zur Folge, entsprechend zu verfahren, wenn das Angebot mit dem sachlichen Inhalt des alten Angebots das annehmbarste darstellt**. Mit den haushaltsrechtlichen Bindungen, denen öffentliche Auftraggeber unterliegen, ist es in der Regel unvereinbar, ein preislich günstiges Angebot von der Wertung zur Auftragsvergabe nur deshalb auszunehmen, weil auf es der Zuschlag nicht mehr durch einfache Annahmeerklärung erteilt werden kann, sondern ein eigener entsprechender Antrag und die Annahme durch den Bieter nötig sind (BGH, Urteil v. 28. 10. 2003 – Az.: X ZB 14/03; OLG Düsseldorf, B. v. 4. 2. 2009 – Az.: VII-Verg 70/08; B. v. 14. 5. 2008 – Az.: VII-Verg 17/08; OLG München, B. v. 23. 6. 2009 – Az.: Verg 08/09). Die **übrigen Bieter können auch nicht darauf vertrauen, dass ein Vertragsschluss wegen des Ablaufs der Bindefrist unterbleibt** (OLG Düsseldorf, B. v. 14. 5. 2008 – Az.: VII-Verg 17/08).

76.7.7.3 Verpflichtung des Auftraggebers zur Zulassung neuer Angebote

7065 Das OLG Thüringen lässt zwar keine Verlängerung einer bereits abgelaufenen Bindefrist zu, kommt aber im Ergebnis zu dem gleichen Ergebnis. Nach Ansicht des OLG Thüringen ist es jedenfalls **(auch) Sache der Vergabestelle, für die Einhaltung der Zuschlagsfrist Sorge zu tragen**. Deshalb wird man eine **Obliegenheit** annehmen müssen, nach der sie **rechtzeitig vor Ablauf einer in den Ausschreibungsbedingungen festgelegten Bindefrist auf alle Bieter mit dem Ziel einer Fristverlängerung zuzugehen** hat, wenn sich abzeichnet, dass diese aus bestimmten Gründen (z. B. wegen der Einleitung eines Nachprüfungsverfahrens) nicht eingehalten werden kann. Zwar liegt es daneben (auch) im Verantwortungsbereich des einzelnen Bieters, die ununterbrochene Bindung an sein Angebot sicherzustellen und ein Erlöschen im Sinne des § 146 BGB zu verhindern. Doch **spricht zumindest unter Gleichbehandlungsgesichtspunkten** viel dafür, **eine Ausschreibung nicht schon vorschnell** an dem – möglicherweise durch ein laufendes Nachprüfungsverfahren in den Hintergrund geratenen und daher von allen Verfahrensbeteiligten unter Einschluss der Vergabestelle übersehenen – Umstand scheitern zu lassen, dass die Angebote sämtlicher Bieter wegen Überschreitens der Bindefrist erloschen sind. Es wäre mit dem Ziel des effektiven Wettbewerbsschutzes kaum vereinbar, in einem solchen Falle die Ausschreibung aufzuheben und der Vergabestelle zu gestatten, freihändig den Zuschlag zu erteilen. Da **weder eine Bevorzugung noch eine Benachteiligung eines einzelnen Bieters zu besorgen** ist, liegt es vielmehr unter den genannten Vorzeichen auf der Hand, die Vergabestelle noch nachträglich zu verpflichten, die Bindefrist mit gleicher Wirkung für alle Bieter neu zu bestimmen und diesen die Chance zu geben, sämtliche – obschon gem. § 146 BGB formal erloschenen – Angebote mit identischem Inhalt erneut einzureichen, und der Ausschreibung auf diese Weise ihren Fortgang zu geben (OLG Thüringen, B. v. 30. 10. 2006 – Az.: 9 Verg 4/06; VK Schleswig-Holstein, B. v. 10. 10. 2007 – Az.: VK-SH 20/07; im Ergebnis ebenso 2. VK Bund, B. v. 26. 2. 2007 – Az.: VK 2–09/07).

76.7.7.4 Zugang der Annahmeerklärung des Bieters beim Auftraggeber

7066 Um einen wirksamen Bauvertrag zu schließen, muss der Bieter die verspätete Annahmeerklärung des öffentlichen Auftraggebers, die ja ein neues Angebot darstellt, annehmen und diese **Annahme muss dem Auftraggeber wiederum zugehen** (1. VK Sachsen, B. v. 26. 7. 2001 – Az.: 1/SVK/73-01).

7067 Spätestens zum Zeitpunkt der Aufnahme der Arbeiten durch den Bieter ist von einem Vertragsschluss durch konkludentes Handeln auszugehen (VK Halle, B. v. 13. 3. 2001 – Az.: VK Hal 23/99).

76.7.7.5 Generelle Ausdehnung der Zuschlags- und Bindefrist bis zum rechtskräftigen Abschluss eventueller Vergabenachprüfungsverfahren

7068 Vgl. dazu die Kommentierung → Rdn. 93.

76.7.7.6 Hinweis

7069 Die übrigen Ausführungen zur **Verlängerung der Zuschlags- und Bindefrist vor Ablauf** gelten auch für die **Verlängerung der Zuschlags- und Bindefrist nach Ablauf**.

76.7.8 Literatur

7070 – Bornheim, Helmerich/Badelt, Thomas, Verzögerte Zuschlagserteilung bei öffentlichen Bauaufträgen – zivilrechtliche Folgen, ZfBR 2008, 249

– Breyer, Wolfgang/Burdinski, Michael, Rechtsfolgen der Änderung von ausgeschriebenen Ausführungsfristen im Zuschlagsschreiben (1), VergabeR 2007, 38

- Bitterich, Klaus, Tücken des Vertragsschlusses nach prüfungsbedingt verzögertem Vergabeverfahren, NZBau 2007, 354
- Diehr, Uwe, Der Gestaltungsspielraum des öffentlichen Auftraggebers bei verschobenem Zuschlag nach Bindefristverlängerung, ZfBR 2007, 657
- Hormann, Carsten, Vertragsanpassung nach verzögerter Zuschlagserteilung – Zugleich Anmerkung zu BGH, Urteil vom 11. Mai 2009 – VII ZR 11/08, ZfBR 2009, 529
- Kapellmann, Klaus, Der Anspruch auf Bauzeitverlängerung und auf Mehrvergütung bei verschobenem Zuschlag – und, was „recht und billig" ist, NZBau 2007, 401
- Kapellmann, Klaus, Zeitliche und geldliche Folgen eines nach Verlängerung der Bindefrist erteilten Zuschlags, NZBau 2003, 1
- Kuhn, Christian, Zur Erstattungsfähigkeit von Mehrkosten infolge nachprüfungsbedingt verzögerter Zuschlagerteilung, ZfBR 2007, 741
- Leinemann, Ralf, Die neue Rechtsprechung des BGH zum Vergabeverfahrensrisiko, NJW 2010, 471
- Leinemann, Ralf, Zu Inhalt und Umfang des Vergabeverfahrensrisikos, BauR 2009, 1032
- Markus, Jochen, Proportionale Anpassung der Ausführungsfristen bei verlängerter Zuschlags- und Bindefrist, NZBau 2008, 561
- Pauly, Holger, Zu Wesen und Umfang der Mehrvergütungsansprüche des Auftragnehmers im Falle eines nach verlängerter Zuschlagsfrist erteilten Zuschlags, BauR 2009, 560
- Peters, Frank, Die behindernde Wirkung eines Nachprüfungsverfahrens, NZBau 2010, 156
- Schellenberg, Martin, Nachtragsschleusen geöffnet – Bundesgerichtshof: Preissteigerungen berücksichtigen, Behörden Spiegel Juni 2009, 23
- Tomic, Alexander, Vergabeverzögerung – Bauzeitänderung, NZBau 2010, 5
- Verfürth, Frank, Mehrkosten bei verspätetem Zuschlag – Vermeidungsstrategien öffentlicher Auftraggeber, NZBau 2010, 1
- Vogelheim, Markus, Das Kooperationsgebot und die verzögerte Vergabe, NVwZ 2008, 1209
- Wessel, Markus, Bauzeitverzögerungen, Ausführungsfristen und „Zeitpuffer", ZfBR 2010, 527

77. § 10a VOB/A – Fristen

(1)
1. Beim Offenen Verfahren beträgt die Frist für den Eingang der Angebote (Angebotsfrist) mindestens 52 Kalendertage, gerechnet vom Tag nach Absendung der Bekanntmachung.
2. Die Frist für den Eingang der Angebote kann verkürzt werden, wenn eine Vorinformation gemäß § 12a Absatz 1 nach dem vorgeschriebenen Muster (Anhang I der Verordnung (EG) Nummer 1564/2005) mindestens 52 Kalendertage, höchstens aber 12 Monate vor dem Zeitpunkt der Absendung der Bekanntmachung des Auftrags im Offenen Verfahren nach § 12a Absatz 2 an das Amtsblatt der Europäischen Gemeinschaften abgesandt wurde. Diese Vorinformation muss mindestens die im Muster einer Bekanntmachung (Anhang II der Verordnung (EG) Nummer 1564/2005)) für das Offene Verfahren geforderten Angaben enthalten, soweit diese Informationen zum Zeitpunkt der Absendung der Vorinformation vorlagen.
   Die verkürzte Frist muss für die Interessenten ausreichen, um ordnungsgemäße Angebote einreichen zu können. Sie sollte generell mindestens 36 Kalendertage vom Zeitpunkt der Absendung der Bekanntmachung des Auftrags an betragen; sie darf 22 Kalendertage nicht unterschreiten.
3. Können die Vertragsunterlagen, die zusätzlichen Unterlagen oder die geforderten Auskünfte wegen ihres großen Umfangs nicht innerhalb der in § 12a Absatz 4 und 5 genannten Fristen zugesandt bzw. erteilt werden, sind die in den Nummern 1 und 2 vorgesehenen Fristen angemessen zu verlängern.

4. Bei Bekanntmachungen, die über das Internetportal des Amtes für amtliche Veröffentlichungen der Europäischen Gemeinschaften auf elektronischem Wege erstellt und übermittelt werden (elektronische Bekanntmachung), können die in Nummern 1 und 2 genannten Angebotsfristen um 7 Kalendertage verkürzt werden.

5. Die Angebotsfrist kann um weitere 5 Kalendertage verkürzt werden, wenn ab der Veröffentlichung der Bekanntmachung die Vertragsunterlagen und alle zusätzlichen Unterlagen auf elektronischem Wege frei, direkt und vollständig verfügbar gemacht werden; in der Bekanntmachung ist die Internetadresse anzugeben, unter der diese Unterlagen abrufbar sind.

6. Im Offenen Verfahren darf die Kumulierung der Verkürzungen keinesfalls zu einer Angebotsfrist führen, die kürzer ist als 15 Kalendertage, gerechnet vom Tag nach Absendung der Bekanntmachung.

(2)

1. Beim Nichtoffenen Verfahren beträgt die Frist für den Eingang der Anträge auf Teilnahme (Bewerbungsfrist) mindestens 37 Kalendertage, gerechnet vom Tag nach Absendung der Bekanntmachung. Aus Gründen der Dringlichkeit kann die Bewerbungsfrist auf 15 Kalendertage verkürzt werden.

2. Die Bewerbungsfrist kann bei elektronischen Bekanntmachungen gemäß Absatz 1 Nummer 4 um 7 Kalendertage verkürzt werden.

3. Beim Nichtoffenen Verfahren beträgt die Angebotsfrist mindestens 40 Kalendertage, gerechnet vom Tag nach Absendung der Aufforderung zur Angebotsabgabe. Die Frist für den Eingang der Angebote kann auf 26 Kalendertage verkürzt werden, wenn eine Vorinformation gemäß § 12a Absatz 1 nach dem vorgeschriebenen Muster (Anhang I der Verordnung (EG) Nummer 1564/2005)) mindestens 52 Kalendertage, höchstens aber 12 Monate vor dem Zeitpunkt der Absendung der Bekanntmachung des Auftrags im Nichtoffenen Verfahren nach § 12a Absatz 2 an das Amtsblatt der Europäischen Gemeinschaften abgesandt wurde. Diese Vorinformation muss mindestens die im Muster einer Bekanntmachung (Anhang II der Verordnung (EG) Nummer 1564/2005)) für das Nichtoffene Verfahren oder gegebenenfalls die im Muster einer Bekanntmachung (Anhang II der Verordnung (EG) Nummer 1564/2005)) für das Verhandlungsverfahren geforderten Angaben enthalten, soweit diese Informationen zum Zeitpunkt der Absendung der Vorinformation vorlagen.

4. Aus Gründen der Dringlichkeit können diese Fristen wie folgt verkürzt werden:

   a) auf mindestens 15 Kalendertage für den Eingang der Anträge auf Teilnahme bzw. mindestens 10 Kalendertage bei elektronischer Bekanntmachung gemäß Absatz 1 Nummer 4,

   b) bei Nichtoffenen Verfahren auf mindestens 10 Kalendertage für den Eingang der Angebote.

5. Die Angebotsfrist kann um weitere 5 Kalendertage verkürzt werden, wenn ab der Veröffentlichung der Bekanntmachung die Vertragsunterlagen und alle zusätzlichen Unterlagen auf elektronischem Wege frei, direkt und vollständig verfügbar gemacht werden; in der Bekanntmachung ist die Internetadresse anzugeben, unter der diese Unterlagen abrufbar sind.

(3) Beim Wettbewerblichen Dialog ist entsprechend Absatz 2 Nummer 1 Satz 1 und Nummer 2 und beim Verhandlungsverfahren mit Vergabebekanntmachung ist entsprechend Absatz 2 Nummern 1 und 2 zu verfahren.

(4) Können die Angebote nur nach einer Ortsbesichtigung oder Einsichtnahme in nicht übersandte Unterlagen erstellt werden und können die Fristen der Absätze 1 und 2 deswegen nicht eingehalten werden, so sind sie angemessen zu verlängern.

77.1 Änderungen in der VOB/A 2009

§ 10a VOB/A 2009 wurde im Vergleich zu § 18a VOB/A 2006 **nur redaktionell geändert**.

77.2 Vergleichbare Regelungen

Der **Vorschrift des § 10a VOB/A vergleichbar** ist im Bereich der VOB **§ 10 VOB/A**, im Bereich der VOF **§ 7 VOF** und im Bereich der VOL **§§ 10, 12 EG VOL/A**. Die Kommentierungen zu diesen Vorschriften können daher ergänzend zu der Kommentierung des § 10a herangezogen werden. 7072

77.3 Bieterschützende Vorschrift

Bei § 10a VOB/A handelt es sich um eine Norm mit bieterschützendem Charakter im Sinne des im Sinne des § 97 Abs. 7 GWB. Denn **nur bei ausreichenden Fristen haben die Bieter die Möglichkeit, ein ordnungsgemäßes Angebot zu erstellen.** § 10a VOB/A ist – ebenso wie § 12 EG VOL/A – demnach nicht eine bloße Ordnungsvorschrift, sondern eine subjektiv bieterschützende Regelung (2. VK Bund, B. v. 17. 4. 2003 – Az.: VK 2–16/03). 7073

77.4 Inhalt der Vorschrift

§ 10a regelt ausschließlich die Länge der Fristen bei europaweiten Ausschreibungen. Zu allgemeinen Fragen von Fristen vgl. daher die Kommentierung zu → § 10 VOB/A Rdn. 6 ff. 7074

77.5 Berechnung der Fristen

Die Berechnung der Fristen erfolgt nach der **Verordnung** (EWG/Euratom) Nr. 1182/71 des Rates vom 3. Juni 1971 **zur Festlegung der Regeln für die Fristen, Daten und Termine**, ABl. EG Nr. L 124 S. 1. So gelten zum Beispiel als **Tage alle Tage einschließlich Feiertage, Sonntage und Sonnabende** (Saarländisches OLG, B. v. 9. 11. 2005 – Az.: 1 Verg 4/05). 7075

Die **Verordnung ist im Gegensatz zur VOB/A 2006** (dort Anhang II) **nicht mehr** als **Anhang der VOB/A aufgenommen**. 7076

77.6 Dauer der Angebotsfrist beim Offenen Verfahren (§ 10a Abs. 1)

77.6.1 Regelfrist (§ 10a Abs. 1 Nr. 1)

77.6.1.1 Grundsatz und Zeitpunkt des Beginns

Beim Offenen Verfahren beträgt die Frist für den Eingang der Angebote (Angebotsfrist) mindestens 52 Kalendertage, **gerechnet vom Tag nach Absendung der Bekanntmachung. Es ist für die Angebotsfrist also nicht entscheidend, wann der Bewerber die Verdingungsunterlagen zugesandt erhalten hat oder er die (nationale) Ausschreibung zur Kenntnis genommen hat.** Vielmehr ist gemäß § 10a Abs. 1 VOB/A der Beginn der Angebotsfrist an den Zeitpunkt der Absendung der Bekanntmachung an das EU-Amtsblatt gekoppelt. Dabei nimmt der Verordnungsgeber in Kauf, dass die Bekanntmachung gegebenenfalls erst bis zu 12 Tage später tatsächlich veröffentlicht wird, § 12a Abs. 2 Nr. 4 VOB/A (1. VK Sachsen, B. v. 9. 12. 2002 – Az.: 1/SVK/102-02, B. v. 2. 10. 2001 – Az.: 1/SVK/88-01). 7077

77.6.1.2 Mindestfrist

§ 10a Abs. 1 Nr. 1 legt eine **Mindestfrist** fest, die – außer in den Fällen der Nr. 2, Nr. 4 und Nr. 5 – nicht unterschritten werden darf. Sie **darf – und muss gegebenenfalls – verlängert** werden, wenn dies erforderlich ist, damit die Bieter ein ordnungsgemäßes und wirtschaftliches Angebot abgeben können. Vgl. insoweit die Kommentierung zu § 10 VOB/A – **Angemessenheit der Dauer der Angebotsfrist** → Rdn. 13 ff. 7078

77.6.2 Abkürzung der Regelfrist bei einer Vorinformation (§ 10a Abs. 1 Nr. 2)

77.6.2.1 Formale Voraussetzungen der Abkürzung der Regelfrist

Diese Abkürzung der Regelfrist ist nur zulässig, wenn eine regelmäßige Bekanntmachung gemäß § 12a Abs. 1 nach dem vorgeschriebenen Muster (Anhang I der Verordnung (EG) Nr. 7079

Teil 3 VOB/A § 10a Vergabe- und Vertragsordnung für Bauleistungen Teil A

1564/2005) mindestens 52 Kalendertage, höchstens aber 12 Monate vor dem Zeitpunkt der Absendung der Bekanntmachung des Auftrags im Offenen Verfahren nach § 12a Abs. 2 an das Amtsblatt der Europäischen Gemeinschaften abgesandt wurde.

77.6.2.2 Angemessenheit der abgekürzten Frist

7080 Die in § 10a Abs. 1 Nr. 1 und 2 VOB/A genannten **Fristen sind Mindestfristen, und die Möglichkeit einer Fristverkürzung nach Vorinformation ist nicht zwingend**. Gemäß § 10 Abs. 1 Satz 1 und 2 VOB/A, der im Umkehrschluss aus § 1 EG Abs. 1 VOB/A als Basisparagraph neben den a-Paragraphen anzuwenden ist, müssen aber auch die verkürzten Fristen ausreichend sein, um ordnungsgemäße Angebote abgeben zu können. Dies bedeutet, dass der Auftraggeber nur dann von der Verkürzung der Angebotsfrist Gebrauch machen soll, wenn die Angebotsfrist für die teilnehmenden Unternehmen als ausreichend angesehen werden kann, also dass die Mindestfristen des § 10a VOB/A nicht in jedem Fall angemessen sind (1. VK Sachsen, B. v. 1. 2. 2002 – Az.: 1/SVK/139- 01). Der **unbestimmte Rechtsbegriff der Angemessenheit ist entsprechend den Realitäten auszulegen**. Abzustellen ist mithin auch auf den **Umfang der zu vergebenden Leistung** und der **Vergabeunterlagen** (1. VK Sachsen, B. v. 9. 12. 2002 – Az.: 1/SVK/102-02).

7081 Die Veröffentlichung einer **Vorinformation** gem. § 10a Abs. 1 Nr. 2 VOB/A stellt **keine automatische Begründung für die Reduzierung der Angebotsfristen** dar. Diese müssen vom Auftraggeber stets im Einzelfall auf ihre Angemessenheit überprüft werden (1. VK Sachsen, B. v. 9. 12. 2002 – Az.: 1/SVK/102-02).

7082 Der Auftraggeber muss insbesondere in den **Fällen**, in denen er von der ohnehin schon **verkürzten Angebotsfrist von 36 Tagen** ab Absendung der Bekanntmachung **weiter nach unten abweichen will**, sicher stellen, dass für sämtliche Teilsegmente des Ausschreibungsverfahrens ausreichend Zeit für die Bewerber und Bieter vorgesehen ist (1. VK Sachsen, B. v. 9. 12. 2002 – Az.: 1/SVK/102-02).

7083 Die **22-Tages-Frist** des § 10a Abs. 1 Nr. 2 VOB/A ist **nicht als zulässige Regelfrist, sondern als absolute Untergrenze ausgestaltet**, für deren Verwendung außergewöhnliche Ausnahmetatbestände erforderlich sind (1. VK Sachsen, B. v. 2. 10. 2001 – Az.: 1/SVK/88-01).

7084 Zu **bestimmten Fallkonstellationen** (z. B. Parallelausschreibungen, ÖPP-Projekte) vgl. die Kommentierung zu → § 10 VOB/A Rdn. 16 ff.

77.6.3 Abkürzung der Fristen bei elektronischen Bekanntmachungen (§ 10a Abs. 1 Nr. 4)

7085 Gemäß § 10a Abs. 1 Nr. 4 können bei Bekanntmachungen, die über das Internetportal des Amts für amtliche Veröffentlichungen der Europäischen Gemeinschaften auf elektronischem Weg erstellt und übermittelt wurden (elektronische Bekanntmachung), die in Nr. 1 und 2 genannten Angebotsfristen um 7 Kalendertage verkürzt werden. Die **Regelung entspricht der Vorschrift des Art. 38 Abs. 5 der Vergabekoordinierungsrichtlinie**.

77.6.4 Abkürzung der Fristen bei freier, direkter und vollständiger Verfügbarkeit der Vertragsunterlagen und zusätzlicher Unterlagen (§ 10a Abs. 1 Nr. 5)

77.6.4.1 Inhalt

7086 Gemäß § 10a Abs. 1 Nr. 5 kann die Angebotsfrist um weitere 5 Kalendertage verkürzt werden, wenn ab der Veröffentlichung der Bekanntmachung die Vertragsunterlagen und alle zusätzlichen Unterlagen auf elektronischem Wege frei, direkt und vollständig verfügbar gemacht werden; in der Bekanntmachung ist die Internetadresse anzugeben, unter der diese Unterlagen abrufbar sind. Die **Regelung entspricht im Wesentlichen der Vorschrift des Art. 38 Abs. 6 der Vergabekoordinierungsrichtlinie**.

77.6.4.2 Begriff der Vertragsunterlagen und aller zusätzlichen Unterlagen

7087 Nach Art. 38 bzw. 39 der Vergabekoordinierungsrichtlinie sind unter dem Begriff der Vertragsunterlagen die Verdingungsunterlagen und alle zusätzlichen Unterlagen zu verstehen. Nach **nationalem Recht handelt es sich um die Vertragsunterlagen des § 8 Abs. 1 Nr. 2 VOB/A**.

77.6.4.3 Freie und direkte Verfügbarkeit der Vertragsunterlagen

Entscheidend für die Voraussetzungen einer Verkürzung der Angebotsfrist nach § 10a Abs. 1 Nr. 5 VOB/A ist, dass die dort **vorausgesetzte schnelle und unmittelbare Zugriffsmöglichkeit für alle Bieter zur Verfügung steht**. Dies ist **der Fall, wenn sich jeder Bieter auf der Internetplattform registrieren und sich den gewünschten Zugriff verschaffen** kann. Eine darüber hinaus eröffnete Möglichkeit, auf den Zugriff per Internet zu verzichten und die Unterlagen auch postalisch zu verlangen, ist lediglich ein Zusatzangebot und für das **Vorliegen der Voraussetzungen der Fristverkürzung unbeachtlich** (OLG Düsseldorf, B. v. 17. 4. 2008 – Az.: VII – Verg 15/08; 3. VK Bund, B. v. 7. 2. 2008 – Az.: VK 3–169/07).

7088

77.6.4.4 Vollständige Verfügbarkeit der Vertragsunterlagen

Eine vollständige Verfügbarkeit beinhaltet, dass **alle Teile der Vertragsunterlagen**, also auch **Pläne**, aber ebenso in der Leistungsbeschreibung zitierte **ATV'en** verfügbar sind.

7089

77.6.5 Maximale Kumulierung der Abkürzung der Fristen bei Offenen Verfahren (§ 10a Abs. 1 Nr. 6)

Gemäß **§ 10a Abs. 1 Nr. 6** darf im Offenen Verfahren die Kumulierung der Verkürzungen keinesfalls zu einer Angebotsfrist führen, die **kürzer ist als 15 Kalendertage**, gerechnet vom Tag nach Absendung der Bekanntmachung. Es handelt sich insoweit um eine **rein nationale Regelung**, die nicht auf einer Vorgabe der Vergabekoordinierungsrichtlinie beruht.

7090

77.6.6 Verkürzung der Fristen im Rahmen der Regelungen zum Konjunkturpaket II

Gemäß der **Pressemitteilung der Europäischen Kommission vom 19. 12. 2008 (IP/08/2040)** erlaubt die Richtlinie 2004/18/EG über die Vergabe öffentlicher Aufträge den Rückgriff auf beschleunigte Verfahren, wenn dies aus Dringlichkeitsgründen erforderlich ist. Die Kommission erkennt an, dass der Ausnahmecharakter der aktuellen Wirtschaftslage dazu führen kann, dass eine raschere Durchführung umfangreicher öffentlicher Arbeiten notwendig wird. Diese Dringlichkeit dürfte grundsätzlich zur Rechtfertigung des Rückgriffs auf das beschleunigte Verfahren ausreichen, womit sich die Dauer des Verfahrens insgesamt von 87 Tagen auf 30 Tage verringert. Die Annahme der Dringlichkeit sollte in den Jahren 2009 und 2010 für alle größeren öffentlichen Projekte gelten. **Da für das offene Verfahren insoweit keine Regelung getroffen wurde, können die Angebotsfristen unter Hinweis auf das Konjunkturpaket II nicht abgekürzt werden.**

7091

77.7 Dauer der Bewerbungsfrist beim Nichtoffenen Verfahren (§ 10a Abs. 2)

77.7.1 Begriff der Bewerbungsfrist

Bewerbungsfrist ist die Frist für den Eingang der Anträge auf Teilnahme beim Auftraggeber.

7092

77.7.2 Regelfrist (§ 10a Abs. 2 Nr. 1 Satz 1)

Beim Nichtoffenen Verfahren beträgt die **Bewerbungsfrist mindestens 37 Kalendertage**, gerechnet vom Tage nach Absendung der Bekanntmachung.

7093

77.7.3 Abkürzung der Regelfrist aus Gründen der Dringlichkeit (§ 10a Abs. 2 Nr. 1 Satz 2)

77.7.3.1 Inhalt

Die Regelfrist kann nach § 10a Abs. 2 Nr. 1 Satz 2 Satz **aus Gründen der Dringlichkeit auf 15 Kalendertage** verkürzt werden.

7094

77.7.3.2 Mindestfrist

§ 10a Abs. 2 Nr. 1 Satz 2 legt eine **Mindestfrist** fest, die – außer im Fall der Nr. 2 – nicht unterschritten werden darf. Dies **ergibt sich aus Art. 38 Abs. 8 lit. a) Vergabekoordinie-**

7095

Teil 3 VOB/A § 10a Vergabe- und Vertragsordnung für Bauleistungen Teil A

rungsrichtlinie. Sie **darf – und muss gegebenenfalls – verlängert** werden, wenn dies erforderlich ist, damit die Bieter ein ordnungsgemäßes und wirtschaftliches Angebot abgeben können. Vgl. insoweit die Kommentierung zu § 10 VOB/A – **Angemessenheit der Dauer der Angebotsfrist** → Rdn. 13 ff.

77.7.3.3 Dringlichkeit

7096 **77.7.3.3.1 Grundsätze.** Nach der § 10a Abs. 2 Nr. 1 Satz 2 VOB/A zugrunde liegenden Wertung findet **eine Abwägung des Interesses an der in Rede stehenden Beschaffung und der Belange potentieller Bewerber um eine Auftragsvergabe nicht statt.** Es ist auch dem von ihnen selbst zu tragenden unternehmerischen Risiko möglicher Bewerber zuzuordnen, dass die Abkürzung der Bewerbungsfrist die zur Verfügung stehende Zeit beschränkt, mit anderen interessierten Bewerbern Bietergemeinschaften einzugehen. Mit Blick auf den Beschaffungszweck ist es nur folgerichtig, dass **den Bedarfsträgern und den mit der Umsetzung betrauten Vergabestellen** in einem **rechtlich nur beschränkt nachprüfbaren Rahmen** auch die **Wahl der zweckentsprechenden Mittel und Maßnahmen sowie die Entscheidung übertragen** ist, ob und mit welchem wo ansetzenden Beschleunigungsgrad diese beschafft und/oder verwirklicht werden sollen. Damit ist nicht die Möglichkeit zu einer willkürlichen Handhabung eines Vergabeverfahrens und der anschließenden Auftragsvergabe eröffnet. Denn die das Vergabeverfahren betreffenden **Entscheidungen, bleiben nach den allgemeinen Grundsätzen darauf überprüfbar,** ob die Vergabestelle ihre Entscheidung auf der **Grundlage eines zutreffend ermittelten Sachverhalts getroffen** und diese **nicht mit sachfremden Erwägungen und willkürfrei begründet** hat (OLG Düsseldorf, B. v. 17. 7. 2002 – Az.: Verg 30/02).

7097 Die Verkürzung der Frist ist **nur in eng zu fassenden Ausnahmefällen zulässig, weil dadurch der europaweite Wettbewerb faktisch begrenzt wird zugunsten der beschleunigten Durchführung des Verfahrens**. Die Dringlichkeit setzt die nach objektiven Gesichtspunkten zu beurteilende Eilbedürftigkeit der beabsichtigten Beschaffung voraus. Die Eilbedürftigkeit muss sich zudem in aller Regel **aus Umständen ergeben, die nicht der organisatorischen Sphäre des öffentlichen Auftraggebers selbst zuzurechnen sind** (OLG Düsseldorf, B. v. 1. 8. 2005 – Az.: VII – Verg 41/05; 3. VK Bund, B. v. 9. 6. 2005 – Az.: VK 3–49/05).

7098 **77.7.3.3.2 Beispiele aus der Rechtsprechung**

– in der Bundesrepublik Deutschland besteht eine (latente) **Gefahrenlage**, der zu Folge es jeder Zeit zu **terroristischen Anschlägen** kommen kann, die ähnliche Ziele und ähnliche Auswirkungen haben können wie diejenigen, die sich am 11. 9. 2001 in den Vereinigten Staaten von Amerika ereignet haben. Dies entspricht der Einschätzung der politischen Instanzen in der Bundesrepublik (namentlich der Bundesregierung) und sie unterstützenden Sicherheitsbehörden, denen im Rahmen dieser Beurteilung eine **Einschätzungsprärogative** zuzuerkennen ist, mit der Folge, dass ihre Beurteilung der Sicherheitslage von den Betroffenen hingenommen werden muss. Bei dieser Sachlage ist die Beschaffung als besonders dringlich einzustufen (OLG Düsseldorf, B. v. 17. 7. 2002 – Az.: Verg 30/02).

7099 **77.7.3.3.2.1 Verkürzung der Fristen im Rahmen der Regelungen zum Konjunkturpaket II.** Gemäß der **Pressemitteilung der Europäischen Kommission vom 19. 12. 2008 (IP/08/2040)** erlaubt die Richtlinie 2004/18/EG über die Vergabe öffentlicher Aufträge den Rückgriff auf beschleunigte Verfahren, wenn dies aus Dringlichkeitsgründen erforderlich ist. Die Kommission erkennt an, dass der Ausnahmecharakter der aktuellen Wirtschaftslage dazu führen kann, dass eine raschere Durchführung umfangreicher öffentlicher Arbeiten notwendig wird. Diese Dringlichkeit dürfte grundsätzlich zur Rechtfertigung des Rückgriffs auf das beschleunigte Verfahren ausreichen, womit sich die Dauer des Verfahrens insgesamt von 87 Tagen auf 30 Tage verringert. Die Annahme der Dringlichkeit sollte in den Jahren 2009 und 2010 für alle größeren öffentlichen Projekte gelten. **Danach können die Auftraggeber die Frist für Teilnahmeanträge auf 10 Tage verkürzen, wenn die Vergabebekanntmachung elektronisch übermittelt wurde.**

77.7.4 Abkürzung der Regelfrist bei elektronischen Bekanntmachungen (§ 10a Abs. 2 Nr. 2)

7100 Gemäß § 10a Abs. 2 Nr. 2 kann die Bewerbungsfrist bei elektronischen Bekanntmachungen gemäß Abs. 1 Nummer 4 um 7 Kalendertage verkürzt werden. Die **Regelung entspricht der Vorschrift des Art. 38 Abs. 5 der Vergabekoordinierungsrichtlinie**.

77.7.5 Abkürzung der Fristen wegen Dringlichkeit und bei elektronischer Bekanntmachung (§ 10a Abs. 2 Nr. 4 lit. a)

77.7.5.1 Inhalt

Gemäß § 10a Abs. 2 Nr. 4 lit. a VOB/A kann die Bewerbungsfrist bei **kumulierter Vorlage** 7101
der Voraussetzungen der Dringlichkeit und der elektronischen Bekanntmachung auf
mindestens 10 Kalendertage verkürzt werden.

77.7.5.2 Dringlichkeit

Vgl. dazu die Kommentierung → Rdn. 26. 7102

77.7.5.3 Elektronische Bekanntmachung

Vgl. dazu die Kommentierung → Rdn. 30. 7103

77.8 Dauer der Angebotsfrist beim Nichtoffenen Verfahren (§ 10a Abs. 2 Nr. 3)

77.8.1 Regelfrist (§ 10a Abs. 2 Nr. 3 Satz 1)

Beim Nichtoffenen Verfahren beträgt die **Angebotsfrist mindestens 40 Kalendertage**, ge- 7104
rechnet vom Tag nach Absendung der Aufforderung zur Angebotsabgabe.

77.8.2 Abkürzung der Regelfrist bei Vorinformation (§ 10a Abs. 2 Nr. 3 Satz 2, 3)

77.8.2.1 Inhalt

Die Regelfrist kann nach § 10a Abs. 2 Nr. 3 Satz 2 **auf 26 Kalendertage verkürzt** werden, 7105
wenn eine Vorinformation erfolgt ist.

77.8.2.2 Formale Voraussetzungen der Abkürzung der Regelfrist

Vgl. die Kommentierung → Rdn. 9. 7106

77.8.2.3 Angemessenheit der abgekürzten Frist

Vgl. die Kommentierung → Rdn. 10. 7107

77.8.3 Abkürzung der Regelfrist wegen Dringlichkeit (§ 10a Abs. 2 Nr. 4 lit. b)

77.8.3.1 Inhalt

Gemäß § 10a Abs. 2 Nr. 4 lit. b) VOB/A kann die **Angebotsfrist bei Dringlichkeit auf** 7108
mindestens 10 Kalendertage verkürzt werden.

77.8.3.2 Dringlichkeit

77.8.3.2.1 Allgemeines. Vgl. dazu die Kommentierung → Rdn. 26. 7109

77.8.3.2.2 Verkürzung der Fristen im Rahmen der Regelungen zum Konjunktur- 7110
paket II. Gemäß der **Pressemitteilung der Europäischen Kommission vom 19. 12. 2008**
(IP/08/2040) erlaubt die Richtlinie 2004/18/EG über die Vergabe öffentlicher Aufträge den
Rückgriff auf beschleunigte Verfahren, wenn dies aus Dringlichkeitsgründen erforderlich ist. Die
Kommission erkennt an, dass der Ausnahmecharakter der aktuellen Wirtschaftslage dazu führen
kann, dass eine raschere Durchführung umfangreicher öffentlicher Arbeiten notwendig wird.
Diese Dringlichkeit dürfte grundsätzlich zur Rechtfertigung des Rückgriffs auf das beschleunigte Verfahren ausreichen, womit sich die Dauer des Verfahrens insgesamt von 87 Tagen auf
30 Tage verringert. Die Annahme der Dringlichkeit sollte in den Jahren 2009 und 2010 für alle
größeren öffentlichen Projekte gelten. **Danach können die Auftraggeber die Angebotsfrist**
auf 10 Tage verkürzen.

Teil 3 VOB/A § 11   Vergabe- und Vertragsordnung für Bauleistungen Teil A

77.8.4 Abkürzung der Angebotsfristen bei freier, direkter und vollständiger Verfügbarkeit der Vertragsunterlagen und zusätzlicher Unterlagen (§ 10a Abs. 2 Nr. 5)

77.8.4.1 Inhalt

7111   Gemäß § 10a Abs. 2 Nr. 5 VOB/A kann die **Angebotsfrist um weitere 5 Kalendertage verkürzt** werden, wenn ab der Veröffentlichung der Bekanntmachung die Vertragsunterlagen und alle zusätzlichen Unterlagen auf elektronischem Wege frei, direkt und vollständig verfügbar gemacht werden; in der Bekanntmachung ist die Internetadresse anzugeben, unter der diese Unterlagen abrufbar sind. Die **Regelung entspricht im Wesentlichen der Vorschrift des Art. 38 Abs. 6 der Vergabekoordinierungsrichtlinie**.

77.8.4.2 Hinweis

7112   Zu den **Voraussetzungen für die Inanspruchnahme** der Abkürzung der Angebotsfristen gemäß § 10a Abs. 2 Nr. 5 vgl. die Kommentierung → Rdn. 16 ff.

77.8.4.3 Kumulierung mit sonstigen Fristverkürzungen

7113   Eine ausdrückliche Regelung, bis zu welcher zeitlichen Grenze die Möglichkeiten zur Fristverkürzung beim nichtoffenen Verfahren kumuliert werden können, fehlt sowohl in der VOB/A als auch in der Vergabekoordinierungsrichtlinie. Ausgehend vom Sinn und Zweck einer Bekanntmachung, dass die Unternehmen eine realistische Chance auf Angebotsabgabe zu wirtschaftlich vertretbaren Konditionen haben müssen, ist eine **Kumulierung bis auf maximal 10 Kalendertage** möglich. Eine Kumulierung der Angebotsfristen nach § 10a Nr. 4 lit. b) und nach § 10a Nr. 5 auf insgesamt nur 5 Kalendertage ist unzulässig.

77.9 Dauer der Bewerbungsfrist beim wettbewerblichen Dialog (§ 10a Abs. 3)

7114   Beim wettbewerblichen Dialog beträgt die **Bewerbungsfrist** gemäß § 10a Abs. 3 **mindestens 37 Kalendertage**. Durch den ausdrücklichen Verweis nur auf § 10a Abs. 2 Nr. 1 Satz 1 und nicht auch auf Satz 2 ist eine **Fristverkürzung wegen Dringlichkeit nicht zulässig**. Eine **Fristverkürzung um 7 Kalendertage** ist lediglich **bei elektronischer Bekanntmachung** zulässig und möglich.

77.10 Dauer der Bewerbungsfrist beim Verhandlungsverfahren mit Vergabebekanntmachung (§ 10a Abs. 3)

7115   Beim Verhandlungsverfahren mit Vergabebekanntmachung beträgt die **Bewerbungsfrist** gemäß § 10a Abs. 3 **mindestens 37 Kalendertage**. Eine **Fristverkürzung wegen Dringlichkeit ist zulässig**. Auch eine **Fristverkürzung um 7 Kalendertage** ist **bei elektronischer Bekanntmachung** zulässig und möglich. Die **maximale Kumulierung** liegt gemäß § 10a Abs. 2 lit. a) **bei 10 Kalendertagen**.

78. § 11 VOB/A – Grundsätze der Informationsübermittlung

(1)

1. Die Auftraggeber geben in der Bekanntmachung oder den Vergabeunterlagen an, ob Informationen per Post, Telefax, direkt, elektronisch oder durch eine Kombination dieser Kommunikationsmittel übermittelt werden.
2. Das für die elektronische Übermittlung gewählte Netz muss allgemein verfügbar sein und darf den Zugang der Bewerber und Bieter zu den Vergabeverfahren nicht beschränken. Die dafür zu verwendenden Programme und ihre technischen Merkmale müssen allgemein zugänglich, mit allgemein verbreiteten Erzeugnissen der Informations- und Kommunikationstechnologie kompatibel und nichtdiskriminierend sein.

3. Die Auftraggeber haben dafür Sorge zu tragen, dass den interessierten Unternehmen die Informationen über die Spezifikationen der Geräte, die für die elektronische Übermittlung der Anträge auf Teilnahme und der Angebote erforderlich sind, einschließlich Verschlüsselung zugänglich sind. Außerdem muss gewährleistet sein, dass die in Anhang I genannten Anforderungen erfüllt sind.

(2) Der Auftraggeber kann im Internet ein Beschafferprofil einrichten, in dem allgemeine Informationen wie Kontaktstelle, Telefon- und Faxnummer, Postanschrift und E-Mailadresse sowie Angaben über Ausschreibungen, geplante und vergebene Aufträge oder aufgehobene Verfahren veröffentlicht werden können.

78.1 Änderungen in der VOB/A 2009

§ 11 VOB/A 2009 entspricht § 16 Nr. 3, 4 VOB/A 2006. § 16 Nr. 1, 2 VOB/A 2006 wurde in § 2 VOB/A 2009 integriert. Inhaltlich erfolgte keine Änderung.

78.2 Angabe der Kommunikationsmittel (§ 11 Abs. 1)

78.2.1 Inhalt

§ 11 Abs. 1 enthält die Regelung, dass die Auftraggeber in der Bekanntmachung oder den Vergabeunterlagen angeben, ob Informationen per Post, Telefax, direkt, elektronisch oder durch eine Kombination dieser Kommunikationsmittel übermittelt werden sowie die Verfügbarkeitsvoraussetzungen für die elektronische Kommunikation angeben. Diese **Regelung entspricht im Wesentlichen der Vorschrift des Art. 42 Abs. 1, 2 und 4 der Vergabekoordinierungsrichtlinie.**

78.2.2 Auswahl der Kommunikationsmittel

Die **Auswahl des Kommunikationsmittels steht im Ermessen des Auftraggebers.** § 11 Abs. 1 VOB/A verlangt lediglich, dass die Kommunikationsmittel den Bietern bekannt gegeben werden. Der **Auftraggeber muss sich nicht auf ein ausschließliches Kommunikationsmittel festlegen** oder gar alle angegebenen Kommunikationsmittel kumulativ anwenden. Es **obliegt dem Bieter sicherzustellen, dass er über alle angegebenen Kommunikationswege erreichbar ist** und die übermittelten Informationen auch beachtet. Gibt z. B. der Auftraggeber an, dass Informationen zur Ausschreibung auch elektronisch übermittelt werden, ist die Übermittlung neuer Informationen im Wege einer E-Mail-Benachrichtigung vergaberechtskonform (3. VK Bund, B. v. 5. 2. 2008 – Az.: VK 3–17/08).

78.2.3 Information der auf einer Vergabeplattform registrierten Nutzer

Es liegt **kein Verstoß gegen das Gleichbehandlungsgebot darin, dass Bieter, die auf einer Vergabeplattform registriert sind, in etwas anderer Art und Weise von neuen Informationen in Kenntnis gesetzt werden, als Bieter, die die Vergabeunterlagen nur postalisch angefordert haben,** wenn der einzige Unterschied darin besteht, dass Bieter, die die Vergabeunterlagen nur postalisch angefordert haben, die geänderten Vergabeunterlagen direkt als Dateianhang erhalten, während bei den auf der Vergabeplattform registrierten Bietern die E-Mail auf die auf der Vergabeplattform zur Verfügung stehenden Informationen weiterverweist. Hier ist also **zusätzlich der Zwischenschritt über das Login auf der Vergabeplattform erforderlich, um Zugriff auf die geänderten Vergabeunterlagen zu erhalten.** Dieser Unterschied ist minimal und durch die technischen Anforderungen bei der Nutzung der Internetplattform bedingt. Die Bieter haben die Wahl, ob sie sich des Systems der Vergabeplattform mit seinen spezifischen Anforderungen bedienen wollen oder nicht. Sie werden bei der Registrierung auf der Plattform durch die Teilnahmebedingungen von der beabsichtigten Vorgehensweise bei erforderlichen Mitteilungen über das Vergabeverfahren in Kenntnis gesetzt. Eine Benachteiligung der betroffenen Bieter ist damit nicht verbunden, **zumal mit der Registrierung auf der Vergabeplattform auch spezifische Vorteile verbunden** sind, beispielsweise können die Vergabeunterlagen kostenlos heruntergeladen werden und die Formulare können direkt elektronisch ausgefüllt werden (3. VK Bund, B. v. 5. 2. 2008 – Az.: VK 3–17/08).

78.3 Beschafferprofil (§ 11 Abs. 2)

7120 § 11 Abs. 2 enthält die Regelung, dass der Auftraggeber im Internet ein Beschafferprofil einrichten kann, in dem allgemeine Informationen wie Kontaktstelle, Telefon- und Faxnummer, Postanschrift und E-Mail-Adresse sowie Angaben über Ausschreibungen, geplante und vergebene Aufträge oder aufgehobene Verfahren veröffentlicht werden können. Die **Regelung nimmt die Bemühungen der EU-Kommission um die verstärkte Nutzung des Internet für die Ausschreibung und Vergabe öffentlicher Aufträge auf**.

78.4 Literatur

7121 – Graef, Eberhard, Rechtsfragen zur Kommunikation und Informationsübermittlung im neuen Vergaberecht, NZBau 2008, 34

79. § 11a VOB/A – Anforderungen an Teilnahmeanträge

(1) Die Auftraggeber haben die Datenintegrität und die Vertraulichkeit der übermittelten Anträge auf Teilnahme am Vergabeverfahren auf geeignete Weise zu gewährleisten. Per Post oder direkt übermittelte Anträge auf Teilnahme am Vergabeverfahren sind in einem verschlossenen Umschlag einzureichen, als solche zu kennzeichnen und bis zum Ablauf der für ihre Einreichung vorgesehenen Frist unter Verschluss zu halten. Bei elektronisch übermittelten Teilnahmeanträgen ist dies durch entsprechende organisatorische und technische Lösungen nach den Anforderungen des Auftraggebers und durch Verschlüsselung sicherzustellen. Die Verschlüsselung muss bis zum Ablauf der für ihre Einreichung vorgesehenen Frist aufrechterhalten bleiben.

(2) Anträge auf Teilnahme am Vergabeverfahren können auch per Telefax oder telefonisch gestellt werden. Werden Anträge auf Teilnahme telefonisch oder per Telefax gestellt, sind diese vom Bewerber bis zum Ablauf der Frist für die Abgabe der Teilnahmeanträge durch Übermittlung per Post, direkt oder elektronisch zu bestätigen.

79.1 Änderungen in der VOB/A 2009

7122 § 11a VOB/A 2009 entspricht inhaltlich § 16a VOB/A 2006.

79.2 Vergleichbare Regelungen

7123 Der **Vorschrift des § 11a VOB/A vergleichbar** sind im Bereich der VOL **§§ 11, 14 EG VOL/A** und im Bereich der VOF **§ 8 VOF**. Die Kommentierungen zu diesen Vorschriften können daher ergänzend zu der Kommentierung des § 11a herangezogen werden.

79.3 Sinn und Zweck der Vorschrift

7124 In Umsetzung von Art. 42 Abs. 3 und 6 der Vergabekoordinierungsrichtlinie war die **Antragstellung auf Teilnahme einerseits für alle Mittel der Informationsübertragung in Textform oder telefonisch zu öffnen** und andererseits die **Anforderungen an die Sicherstellung der Vertraulichkeit durch den Auftraggeber auch für Teilnahmeanträge aufzunehmen**.

79.4 Anforderungen an die Auftraggeber bei direkt, per Post oder elektronisch übermittelten Teilnahmeanträgen (§ 11a Abs. 1)

7125 Die Auftraggeber haben die Integrität der Daten und die Vertraulichkeit der übermittelten Teilnahmeanträge bei direkt, per Post oder elektronisch übermittelten Teilnahmeanträgen **wie bei Angeboten sicher zu stellen**. Dies bedeutet **in der Praxis eine Änderung der bishe-**

rigen Handhabung, da schon aus Gründen der Beschleunigung z. B. eines VOF-Verfahrens Teilnahmeanträge, die schon vor Ablauf der für ihre Einreichung vorgesehenen Frist eingereicht wurden, bereits geprüft wurden. Die **Auftraggeber müssen also einen entsprechenden Verfahrensablauf sicherstellen.**

79.5 Anforderungen an die Bewerber bei direkt, per Post oder elektronisch übermittelten Teilnahmeanträgen (§ 11a Abs. 1)

Die **Bewerber** müssen die Teilnahmeanträge bei direkt und per Post übermittelten Teilnahmeanträgen **in einem verschlossenen Umschlag einreichen**. Auch diese Anforderung kann in der Praxis eine Änderung der bisherigen Handhabung bedeuten. 7126

79.6 Anforderungen an die Bewerber bei per Telefax oder telefonisch übermittelten Teilnahmeanträgen (§ 11a Abs. 2)

Teilnahmeanträge können auch per Telefax oder telefonisch gestellt werden. In diesen Fällen sind diese **vom Bewerber bis zum Ablauf der Frist für die Abgabe der Teilnahmeanträge durch Übermittlung per Post, direkt oder elektronisch zu bestätigen**. Einmal bedeutet diese Regelung eine **Erleichterung für die Bewerber**, um vielleicht eine Frist für die Abgabe einer Bewerbung noch einhalten zu können. Auf der anderen Seite ist eine **Bestätigung der Bewerbung zwingend erforderlich** – und zwar in der notwendigen Form; ansonsten ist der Teilnahmeantrag nach dem Wortlaut des § 11a Abs. 2 **zwingend auszuschließen**. 7127

79.7 Unterzeichnung der Teilnahmeanträge

79.7.1 Fehlende ausdrückliche Regelung in der VOB/A

Im **Gegensatz zu Angeboten (§ 13)** fehlt in der VOB/A – ebenso wie in der VOF und der VOL/A – eine Regelung darüber, ob Teilnahmeanträge unterschrieben sein müssen oder nicht. 7128

79.7.2 Notwendigkeit einer Unterschrift?

Eine Teilnahmeerklärung ist eine **formfreie Willenserklärung**, aus der **nur hervorgehen muss**, dass der die Willenserklärung Abgebende sich die Willenerklärung mit einem bestimmten Inhalt zurechnen lassen will. Eine **Unterschrift ist grundsätzlich nicht notwendig**, wenn sich die eindeutige Zuordnung aus dem ganzen Kontext der Teilnahmeerklärung ergibt. 7129

79.8 Geltung für alle Verfahren mit Teilnahmeanträgen

§ 11a **gilt für alle Verfahren mit Teilnahmeanträgen**, also für das Nichtoffene Verfahren, das Verhandlungsverfahren und den Wettbewerblichen Dialog. 7130

79.9 Literatur

– Graef, Eberhard, Rechtsfragen zur Kommunikation und Informationsübermittlung im neuen Vergaberecht, NZBau 2008, 34 7131

80. § 12 VOB/A – Bekanntmachung, Versand der Vergabeunterlagen

(1)

1. Öffentliche Ausschreibungen sind bekannt zu machen, z. B. in Tageszeitungen, amtlichen Veröffentlichungsblättern oder auf Internetportalen, sie können auch auf www.bund.de veröffentlicht werden.

2. Diese Bekanntmachungen sollen folgende Angaben enthalten:
   a) Name, Anschrift, Telefon-, Telefaxnummer sowie E-Mailadresse des Auftraggebers (Vergabestelle),
   b) gewähltes Vergabeverfahren,
   c) gegebenenfalls Auftragsvergabe auf elektronischem Wege und Verfahren der Ver- und Entschlüsselung,
   d) Art des Auftrags,
   e) Ort der Ausführung,
   f) Art und Umfang der Leistung,
   g) Angaben über den Zweck der baulichen Anlage oder des Auftrags, wenn auch Planungsleistungen gefordert werden,
   h) falls die bauliche Anlage oder der Auftrag in mehrere Lose aufgeteilt ist, Art und Umfang der einzelnen Lose und Möglichkeit, Angebote für eines, mehrere oder alle Lose einzureichen,
   i) Zeitpunkt, bis zu dem die Bauleistungen beendet werden sollen oder Dauer des Bauleistungsauftrags; sofern möglich, Zeitpunkt, zu dem die Bauleistungen begonnen werden sollen,
   j) gegebenenfalls Angaben nach § 8 Absatz 2 Nummer 3 zur Zulässigkeit von Nebenangeboten,
   k) Name und Anschrift, Telefon- und Faxnummer, E-Mailadresse der Stelle, bei der die Vergabeunterlagen und zusätzliche Unterlagen angefordert und eingesehen werden können,
   l) gegebenenfalls Höhe und Bedingungen für die Zahlung des Betrags, der für die Unterlagen zu entrichten ist,
   m) bei Teilnahmeantrag: Frist für den Eingang der Anträge auf Teilnahme, Anschrift, an die diese Anträge zu richten sind, Tag, an dem die Aufforderungen zur Angebotsabgabe spätestens abgesandt werden,
   n) Frist für den Eingang der Angebote,
   o) Anschrift, an die die Angebote zu richten sind, gegebenenfalls auch Anschrift, an die Angebote elektronisch zu übermitteln sind,
   p) Sprache, in der die Angebote abgefasst sein müssen,
   q) Datum, Uhrzeit und Ort des Eröffnungstermins sowie Angabe, welche Personen bei der Eröffnung der Angebote anwesend sein dürfen,
   r) gegebenenfalls geforderte Sicherheiten,
   s) wesentliche Finanzierungs- und Zahlungsbedingungen und/oder Hinweise auf die maßgeblichen Vorschriften, in denen sie enthalten sind,
   t) gegebenenfalls Rechtsform, die die Bietergemeinschaft nach der Auftragsvergabe haben muss,
   u) verlangte Nachweise für die Beurteilung der Eignung des Bewerbers oder Bieters,
   v) Zuschlagsfrist,
   w) Name und Anschrift der Stelle, an die sich der Bewerber oder Bieter zur Nachprüfung behaupteter Verstöße gegen Vergabebestimmungen wenden kann.

(2)
1. Bei Beschränkten Ausschreibungen nach Öffentlichem Teilnahmewettbewerb sind die Unternehmen durch Bekanntmachungen, z. B. in Tageszeitungen, amtlichen Veröffentlichungsblättern oder auf Internetportalen, aufzufordern, ihre Teilnahme am Wettbewerb zu beantragen.
2. Diese Bekanntmachungen sollen die Angaben gemäß § 12 Absatz 1 Nummer 2 enthalten.

(3) Anträge auf Teilnahme sind auch dann zu berücksichtigen, wenn sie durch Telefax oder in sonstiger Weise elektronisch übermittelt werden, sofern die sonstigen Teilnahmebedingungen erfüllt sind.

(4)
1. Die Vergabeunterlagen sind den Bewerbern unverzüglich in geeigneter Weise zu übermitteln.
2. Die Vergabeunterlagen sind bei Beschränkter Ausschreibung und Freihändiger Vergabe an alle ausgewählten Bewerber am selben Tag abzusenden.

(5) Wenn von den für die Preisermittlung wesentlichen Unterlagen keine Vervielfältigungen abgegeben werden können, sind diese in ausreichender Weise zur Einsicht auszulegen.

(6) Die Namen der Bewerber, die Vergabeunterlagen erhalten oder eingesehen haben, sind geheim zu halten.

(7) Erbitten Bewerber zusätzliche sachdienliche Auskünfte über die Vergabeunterlagen, so sind diese Auskünfte allen Bewerbern unverzüglich in gleicher Weise zu erteilen.

80.1 Änderungen in der VOB/A 2009

§ 12 Absatz 1 Nr. 1 verweist nunmehr ausdrücklich auf die **Möglichkeit, Ausschreibungen auf die Internetplattform www.bund.de zu veröffentlichen.** 7132

Alle Angaben, die in die Bekanntmachungen bzw. im Anschreiben und in den Vertragsunterlagen aufzunehmen sind, sind nunmehr in § 12 Absatz 1 Nr. 2 aufgelistet. Die verwendeten Begrifflichkeiten und die Reihenfolge der Auflistung orientiert sich dabei am Anhang VII der Vergabekoordinierungsrichtlinie. 7133

80.2 Vergleichbare Regelungen

Der **Vorschrift des § 12 VOB/A vergleichbar** sind im Bereich der VOB **§ 12 a VOB/A**, im Bereich der VOL **§§ 12, 15 EG VOL/A** und im Bereich der VOF **§ 9 VOF**. Die Kommentierungen zu diesen Vorschriften können daher ergänzend zu der Kommentierung des § 12 herangezogen werden. 7134

80.3 Bieterschützende Vorschrift

80.3.1 Grundsatz

Die **Bestimmungen über die Veröffentlichung von Vergabevorhaben besitzen generell bieterschützende, die Diskriminierungsfreiheit sichernde Wirkung** (BGH, Urteil v. 27. 11. 2007 – Az.: X ZR 18/07; VK Südbayern, B. v. 26. 11. 2002 – Az.: 46-11/02, B. v. 18. 3. 2002 – Az.: 04-02/02) dahingehend, dass durch die Veröffentlichung gesichert werden soll, dass **ein möglichst breiter Markt von der Vergabeabsicht Kenntnis erlangen und sich an den Ausschreibungen beteiligen** kann. Die **Beschränkung auf nationale oder gar regionale Märkte unter Ausgrenzung externer Marktteilnehmer soll vermieden** werden. Es besteht dementsprechend ein Anspruch auf Information über die Vergabevorhaben, der nach § 97 Abs. 7 GWB einklagbar ist. Die Bestimmungen über die Veröffentlichung haben zudem **insbesondere in ihrer konkreten Bestimmung der Inhalte der Veröffentlichung nach den Bekanntmachungsmustern und der Festlegung, was mindestens zu den Verdingungsunterlagen gehört** sowie, **in welcher Form sie den Bewerbern auszuhändigen sind, bieterschützende Wirkung** zur Sicherung der Gleichbehandlung und wiederum der Diskriminierungsfreiheit, damit alle Bewerber ihre Angebote auf dem Stand gleicher Information und gleicher Chancen abgeben können. Hierzu gehört auch die Chancengleichheit hinsichtlich der verfügbaren Zeit zur Erstellung des kompletten Angebotes (VK Düsseldorf, B. v. 17. 10. 2003 – Az.: VK – 31/2003 – L; VK Münster, B. v. 21. 8. 2003 – Az.: VK 18/03). 7135

80.3.2 § 12 Abs. 5

7136 Ein Verstoß gegen die **Regelung des § 12 Abs. 5 VOB/A führt zu einer Rechtsverletzung der Bieter**. Die Regelung dient der Gewährleistung eines umfassenden Wettbewerbs, der den eigentlichen Zweck eines Vergabeverfahrens darstellt und hat somit **bieterschützenden Charakter** (VK Magdeburg, B. v. 6. 3. 2000 – Az.: VK-OFD LSA-01/00).

80.4 Sinn und Zweck der Vorschriften über die Vergabebekanntmachung

7137 Bei den Vorschriften über die Vergabebekanntmachung handelt es sich **nicht um reine Formvorschriften, sondern um Ordnungsbestimmungen, die die Transparenz des grenzüberschreitenden Wettbewerbs in der EG fördern** und die ungerechtfertigte Bevorzugung von Unternehmen durch die Vergabestellen des eigenen Landes erschweren sollen (BayObLG, B. v. 4. 2. 2003 – Az.: Verg 31/02 – für die öffentliche Ausschreibung; VK Südbayern, B. v. 18. 3. 2002 – Az.: 04-02/02).

7138 § 12 Abs. 1 Nr. 1 VOB/A sieht eine Pflicht zur Bekanntmachung öffentlicher Ausschreibungen beispielsweise durch Tageszeitungen, amtliche Veröffentlichungsblätter oder Internetportale vor. **Dadurch soll** – nicht anders als durch die EU-weite Ausschreibung nach § 12a VOB/A – **ein transparentes und am Wettbewerbsprinzip orientiertes Vergabeverfahren gefördert werden** (BayObLG, B. v. 4. 2. 2003 – Az.: Verg 31/02; VK Brandenburg, B. v. 22. 5. 2008 – Az.: VK 11/08).

7139 Die Bekanntmachung soll außerdem potentiell am Auftrag interessierten Unternehmen eine **sachgerechte Entscheidung darüber** ermöglichen, ob sie sich **am Vergabeverfahren beteiligen wollen** (OLG Düsseldorf, B. v. 9. 3. 2007 – Az.: VII – Verg 5/07; 1. VK Sachsen, B. v. 26. 3. 2008 – Az.: 1/SVK/005–08; 2. VK Sachsen-Anhalt, B. v. 10. 6. 2009 – Az.: VK 2 LVwA LSA – 13/09).

7140 **Ausschreibungsunterlagen sollen möglichst ungehindert zeitnah, vollständig und richtig den an der Vergabe des Auftrags interessierten Unternehmen zur Kenntnis gebracht** werden. Es besteht daher ein **öffentliches Interesse daran, dass diese Unterlagen nicht nur hinsichtlich der einzelnen, sonst nicht ohne weiteres zugänglichen Ausschreibungsunterlagen, sondern gerade auch in deren vollständiger Zusammenstellung in einer (gedruckten und online zugänglichen) Datenbank von Dritten ungehindert genutzt werden können**. Würde der Datenbankschutz dazu führen, dass die in der Datenbank zusammengestellten Ausschreibungsunterlagen lediglich den Abonnenten des entsprechenden Informationsdienstes eines Bundeslandes zugänglich wären, bestünde die Gefahr, dass Unternehmen aus anderen Teilen des Bundesgebietes oder aus anderen Mitgliedstaaten der Europäischen Union auf die Ausschreibung nicht aufmerksam würden. Damit wäre der Wettbewerb, der durch die Ausschreibung eröffnet werden soll, möglicherweise eingeschränkt (BGH, B. v. 28. 9. 2006 – Az.: I ZR 261/03).

80.5 Rechtsprechung des EuGH und des EuG zu Bekanntmachungen von Ausschreibungen unterhalb der Schwellenwerte

7141 Vgl. dazu die Kommentierung zu → § 100 GWB Rdn. 40 ff.

80.6 Auslegung der Vergabebekanntmachung

80.6.1 Allgemeines

7142 Die **Bekanntmachung** ist **nach den §§ 133, 157 BGB auszulegen**. Hierbei kommt es (ebenso wie für Auslegung von Vergabe- und Vertragsunterlagen) allein auf die Frage an, wie die Bekanntmachung von Seiten der potentiellen Bieter und Bewerber zu verstehen ist – **objektiver Empfängerhorizont** – (OLG Düsseldorf, B. v. 24. 5. 2006 – Az.: VII – Verg 14/06; OLG München, B. v. 10. 9. 2009 – Az.: Verg 10/09; B. v. 16. 6. 2009 – Az.: Verg 07/09; 2. VK Bund, B. v. 5. 6. 2003 – Az.: VK 2–42/03; VK Düsseldorf, B. v. 19. 4. 2007 – Az.: VK – 10/2007 – B; VK Hessen, B. v. 8. 7. 2008 – Az.: 69 d VK – 29/2008; VK Südbayern, 31. 7. 2009 – Az.: Z3-3-3194-1-35–06/09). Für die Auslegung ist der **Wortlaut und der Gesamtzusammenhang der Regelungen maßgebend** (VK Hessen, B. v. 8. 7. 2008 – Az.: 69 d VK – 29/2008).

Da es sich **bei Vergabebekanntmachungen nicht um fachrechtliche Veröffentlichungen** handelt, die formaljuristischen Voraussetzungen entsprechen müssen, sondern um allgemeinverständliche Vorgaben zu Angebotsvoraussetzungen an einen unbestimmten Bieterkreis, haben **Begriffsauslegungen des Bekanntmachungstextes vorrangig mit Blick auf das Verständnis des durchschnittlichen Bieters** zu erfolgen. Etwaige dem allgemeinen Sprachgebrauch entgegenstehende **terminologische Besonderheiten**, die sich ausschließlich aus spezifischen Fachgesetzen ergeben, **haben dahinter zurückzutreten** (VK Berlin, B. v. 15. 7. 2009 – Az.: VK – B 1–16/09; 3. VK Bund, B. v. 24. 8. 2010 – Az.: VK 3–78/10). 7143

Für die Auslegung der Bekanntmachung ist unerheblich, welchen Inhalt die später den Bietern übersandten Vertragsunterlagen hatten. Für die Bekanntmachung **auslegungsrelevant sind nur solche die Umstände, die bis zur Veröffentlichung gegeben waren**. Nur bis dahin hervorgetretene Umstände können bedeutsam dafür sein, wie die Bekanntmachung zu dem maßgebenden Zeitpunkt ihrer Veröffentlichung objektiv zu verstehen war und welchen Inhalt sie deshalb hatte und fortan behielt. Hat eine Vergabebekanntmachung einen bestimmten (durch Auslegung) festgestellten Inhalt, kann dieser nicht durch die später übersandten Vertragsunterlagen verändert werden. **Abweichende Vergabe- und Vertragsunterlagen werfen (nur noch) die Frage auf, ob sie eine zulässige Konkretisierung der Bekanntmachung darstellen** (was zurückhaltend zu beurteilen ist) oder **ob sie als unbeachtlich zu verwerfen** sind, weil es für das richtige Verständnis der Bekanntmachung grundsätzlich nur auf den Inhalt der Vergabebekanntmachung ankommen kann (OLG Düsseldorf, B. v. 24. 5. 2006 – Az.: VII – Verg 14/06; VK Südbayern, B. v. 21. 4. 2009 – Az.: Z3-3-3194-1-09-02/09). 7144

Anderer Auffassung ist die 3. **VK Bund**. Für die **Auslegung dessen, was der Auftraggeber vorgegeben hat** – zwingend z. B. das Fabrikat Maxit oder auch vergleichbare Produkte – ist **nicht nur isoliert auf die Bekanntmachung abzustellen**, zumal es sich bei diesen Vorgaben um keine Angaben handelt, die zwingend in die Bekanntmachung aufzunehmen sind. **Relevant ist vielmehr eine Gesamtschau aller Vorgaben**. Für den sachverständigen Bieter – und auf dessen Empfängerhorizont ist für die Auslegung dessen, was der Auftraggeber vorgegeben hat, gemäß §§ 133, 157 BGB abzustellen – war letztendlich erkennbar, dass auch andere Produkte als z. B. Maxit angeboten werden konnten, so sie vergleichbar sind (3. VK Bund, B. v. 22. 1. 2010 – Az.: VK 3–235/09). 7145

80.6.2 Beispiele aus der Rechtsprechung

– der Wortlaut des Ausschreibungstextes spricht davon, dass zunächst für den Bieter oder die Mitglieder der Bietergemeinschaft selbst die unter III.2.3 a)–d) genannten Nachweise beizubringen sind. Darüber hinaus sind diese Nachweise, also die in a)–d) genannten, auch für die Nachunternehmer der Bieter beizubringen. Der **Wortlaut des Ausschreibungstextes unter e) ist nach dem objektiven Empfängerhorizont klar und eindeutig so zu verstehen, dass die zuvor aufgeführten Nachweise, also alle in a)–d) genannten Nachweise bzw. Erklärungen, auch für die durch den Bieter benannten Nachunternehmer zu erbringen** waren. Eine unklare oder missverständliche Formulierung des Passus unter d), welche mehrere Interpretationsmöglichkeiten bietet, liegt nicht vor (VK Düsseldorf, B. v. 19. 4. 2007 – Az.: VK – 10/2007 – B) 7146

– schreibt der öffentliche Auftraggeber einen **Auftrag mit einer Leistungszeit von 36 Monaten** aus und fordert er zulässigerweise bestimmte Eignungsnachweise, müssen die **Eignungsnachweise auch ohne besonderen Hinweis die gesamte Vertragslaufzeit abdecken** (OLG Düsseldorf, B. v. 24. 5. 2006 – Az.: VII – Verg 14/06)

80.7 Bindung des Auftraggebers an die Bekanntmachung

Grundsätzlich ist die **Vergabestelle an ihre Bekanntmachung gebunden; sie kann sich allenfalls in engen Grenzen durch „widersprechende" bzw. konkretisierende Vertragsunterlagen von diesen Festlegungen befreien**. Insbesondere ist zu bedenken, dass potentielle Bewerber nicht nur nach Erhalt der Vertragsunterlagen darüber entscheiden, ob sie ein Angebot abgeben oder nicht. Eine **negative Entscheidung treffen viele potentielle Bewerber nämlich schon aufgrund der Bekanntmachung**. Das betrifft nicht nur solche Bewerber, die wegen einer fehlenden oder fehlerhaften Bekanntmachung keine Kenntnis von dem Vergabevorgang haben), sondern auch solche Bewerber, für die von vornherein feststeht, dass sie ausschließlich (z. B. wegen ihres beschränkten Leistungsspektrums) Nebenangebote abgeben 7147 können. Diese Bewerber werden schon aufgrund einer solchen Bekanntmachung, die isolierte Nebenangebote ausschließt, von einer Bewerbung und bereits von einer Anforderung der Ausschreibungsunterlagen Abstand nehmen. Würde die Vergabestelle nachträglich doch z. B. auf das bereits bekannt gemachte Erfordernis eines Hauptangebotes verzichten, so würde dadurch der Wettbewerb zu Lasten dieser Bieter (und zu Gunsten derjenigen, die die Anforderungen der Bekanntmachung nicht ernst nehmen) verzerrt werden. Im Ergebnis könnte es dem Auftraggeber also gestattet sein, die Bedingungen der Bekanntmachung gegebenenfalls in einem verschärfenden Sinne zu konkretisieren, eine **nachträgliche Aufhebung dieser Bedingungen durch die Leistungsbeschreibung aber wäre ihr aus Gründen des Gleichbehandlungs- und Transparenzgebotes nicht mehr erlaubt**. Dies wäre nur bei einer vorherigen Korrektur der Bekanntmachung möglich (OLG Düsseldorf, B. v. 27. 10. 2010 – Az.: VII-Verg 47/10; OLG Hamburg, B. v. 24. 9. 2010 – Az.: 1 Verg 2/10; 2. VK Bund, B. v. 19. 4. 2010 – Az.: VK 2–23/10; B. v. 5. 6. 2003 – Az.: VK 2–42/03; 3. VK Bund, B. v. 24. 7. 2009 – VK 3–136/09; 1. VK Sachsen, B. v. 10. 11. 2006 – Az.: 1/SVK/096-06; VK Südbayern, B. v. 21. 4. 2009 – Az.: Z3-3-3194-1-09-02/09; B. v. 19. 1. 2009 – Az.: Z3-3-3194-1-41–11-08; B. v. 19. 1. 2009 – Az.: Z3-3-3194-1-39–11-08; im Ergebnis ebenso OLG Düsseldorf, B. v. 9. 3. 2007 – Az.: VII – Verg 5/07).

80.8 Bekanntmachung öffentlicher Ausschreibungen (§ 12 Abs. 1 Nr. 1)

80.8.1 Änderung in der VOB/A 2009

7148   Die Veröffentlichung von Öffentlichen Ausschreibungen **auf einem zentralen Internetportal** kann für Teilnehmer an Vergabeverfahren zu deutlichen Erleichterungen und zu Kosteneinsparungen führen. Daher verweist die Regelung nach Abs. 1 Nr. 1 nunmehr ausdrücklich auf die Möglichkeit, Ausschreibungen auf die Internetplattform **www.bund.de** zu veröffentlichen.

80.8.2 Begriff der Bekanntmachung

7149   Unter „Bekanntmachung" ist **nicht nur die Bekanntmachung im Supplement zum Amtsblatt der Europäischen Gemeinschaften** zu verstehen, sondern **jede Bekanntgabe einer öffentlichen Ausschreibung in Tageszeitungen oder in einem amtlichen Veröffentlichungsblatt** (KG Berlin, B. v. 10. 10. 2002 – Az.: 2 KartVerg 13/02).

80.8.3 Wahl des Bekanntmachungsmediums

80.8.3.1 Allgemeines

7150   Bekanntmachungen erfolgen in der Praxis **in Druckmedien oder elektronischen Medien** (sei es auf der Homepage des öffentlichen Auftraggebers oder in Sammelportalen).

80.8.3.2 Auswahl des Bekanntmachungsmediums

7151   Bei der Wahl des Publikationsorgans hat der Auftraggeber darauf zu achten, dass **mit dem gewählten Medium die in Betracht kommenden Wirtschaftskreise erreicht werden**. Entsprechend dem Sinn und Zweck der öffentlichen Ausschreibung muss **ein ausreichend großer, prinzipiell unbeschränkter Bewerberkreis angesprochen** werden. Deshalb kann etwa die Bekanntmachung allein in einem nur regional verbreiteten Veröffentlichungsblatt im Einzelfall unzureichend sein (BayObLG, B. v. 4. 2. 2003 – Az.: Verg 31/02). Um die für eine Ausschreibung erforderliche Publizität zu erreichen, **kann es erforderlich sein, die Bekanntmachung mit demselben Inhalt in verschiedenen Bekanntmachungsorganen zu veröffentlichen**. Eine **Veröffentlichung in einer Fachzeitschrift** wird in Betracht kommen, wenn ein **fachspezifischer Bieterkreis ohne regionale Begrenzung erreicht** werden soll (VK Brandenburg, B. v. 22. 5. 2008 – Az.: VK 11/08).

7152   Es verstößt also gegen Vergaberecht, wenn der zu erstrebende Wettbewerb durch die Veröffentlichung der **Ausschreibung in einer Lokalzeitung unzulässigerweise auf Bewerber beschränkt wird, die in einer bestimmten Region bzw. in bestimmten Orten ansässig** sind. Die in einer Tageszeitung veröffentlichte Ausschreibung muss überregionalen Wettbewerb zulassen. Die **Forderung nach Wettbewerb steht auch gleichberechtigt neben dem Ziel, mit Haushaltsmitteln sparsam zu wirtschaften**. Die Ausschreibung darf nicht ihrer Funktion als Auswahlverfahren zur Ermittlung des wirtschaftlichsten Angebots beraubt werden und die Mitbewerber um ihre Chance bringen, im Leistungswettbewerb um den Auftrag zu kämpfen (OVG Schleswig-Holstein, Urteil vom 23. 8. 2001 – Az: 4 L 5/01).

Nach der **Rechtsprechung des EuGH bedeutet die Verpflichtung zur transparenten Bekanntmachung**, dass **alle interessierten Unternehmen vor der Vergabe Zugang zu angemessenen Informationen über den jeweiligen Auftrag haben müssen**. Ein **wichtiges Kriterium** in diesem Zusammenhang ist die **Marktrelevanz des Auftrages**, die sich insbesondere aus dem Auftragsgegenstand ergibt. Sind z. B. Gegenstand der Ausschreibung Laboratoriumsuntersuchungen, muss das vom Auftraggeber gewählte Bekanntmachungsorgan das spezielle Fachgebiet ansprechen, auf dem sich die Ausschreibung bewegt, um die notwendige Breitenwirkung zu erzielen. Das ist **bei Laboratoriumsuntersuchungen z. B. das Deutsche Ärzteblatt oder die Zeitschrift Laboratoriumsmedizin** (VK Brandenburg, B. v. 22. 5. 2008 – Az.: VK 11/08). 7153

80.8.3.3 Bedeutung einer EU-weiten Bekanntmachung

Mit der **EU-weiten Bekanntmachung nach § 12 a VOB/A wird bereits der territorial weitestgehende Verbreitungsgrad** erreicht. Sinn und Zweck der Publizitätspflicht erfordern eine **Parallelveröffentlichung in inländischen Veröffentlichungsblättern jedenfalls nicht generell**. Mag auch im Einzelfall eine zusätzliche inländische Bekanntmachung durchaus sinnvoll erscheinen, so ist doch eine allgemeine rechtliche Verpflichtung hierzu zu verneinen. Die **Veröffentlichung im Amtsblatt der EG erfüllt im Regelfall zugleich die Anforderungen des § 12 VOB/A**. Dabei kann offen bleiben, ob das Amtsblatt der EG nicht ohnehin unter den Wortlaut „amtliche Veröffentlichungsblätter" in § 12 Abs. 1 Nr. 1 VOB/A fällt, da es sich zwar nicht um ein inländisches, aber im Inland Geltung beanspruchendes amtliches Veröffentlichungsblatt handelt. Jedenfalls wird **durch die Veröffentlichung im Amtsblatt der EG die durch § 12 VOB/A bezweckte Publizität und Transparenz in der erforderlichen Breitenwirkung hergestellt** und damit dem Sinn des § 12 VOB/A Rechnung getragen (BayObLG, B. v. 4. 2. 2003 – Az.: Verg 31/02). 7154

80.8.3.4 Elektronische Bekanntmachung

Für öffentliche **Aufträge ab den Schwellenwerten** hat die Rechtsprechung klar gestellt, dass eine **elektronische Bekanntmachung ausreichend** ist. Das Supplement zum Amtsblatt der Europäischen Gemeinschaften, in dem alle EU-weiten Ausschreibungen erscheinen, wird seit April 1999 nicht mehr in gedruckter, sondern ausschließlich in elektronischer Form auf zwei Arten zur Verfügung gestellt, nämlich über das Internet mit Zugriff auf die Ausschreibungs-Datenbank TED (http://ted.europa.eu) und auf einer im Abonnement erhältlichen CD-Rom. Die TED-Datenbank ist einfach handhabbar und ermöglicht eine gezielte, auf die individuellen Bedürfnisse des Unternehmers zugeschnittene Suche nach ihn interessierenden Ausschreibungen. Angesichts der allgemeinen Verbreitung elektronischer Mittel im Wirtschaftsleben kann davon ausgegangen werden, dass eine **regelmäßige Datenbank-Recherche über Internet auch für mittlere und kleine Unternehmen keine unzumutbare Hürde** darstellt (BayObLG, B. v. 4. 2. 2003 – Az.: Verg 31/02). 7155

Über eine **elektronische Veröffentlichungsplattform kann zwar ein großer Auftraggeberkreis und ungehinderter Zugang zu Ausschreibungen gewährleistet** werden. Dieses **Bekanntmachungsmedium genügt** nach dem Regelungszweck des § 12 VOB/A nur dann den **Anforderungen der Transparenz**, wenn dem **durchschnittlichen Nutzer des Internets auch der entsprechende Internetauftritt des Auftraggebers bekannt** ist. **Intransparenz wird dann anzunehmen sein, wenn sich Bekanntmachungen nur zufällig oder mit großem Aufwand finden lassen**. Dass z. B. sich eine am 1. Januar 2008 eröffnete Vergabeplattform zum Zeitpunkt einer Ausschreibung Anfang 2008 im Internetverkehr bereits durchgesetzt hat, ist angesichts der kurzen Nutzungsdauer und der erst nach Nutzungsbeginn erfolgten Bekanntmachung über die Internetplattform fraglich. Dies gilt auch vor dem Hintergrund der unübersichtlichen Zersplitterung des Bekanntmachungsmarktes, auf dem der Bund, fast jedes Bundesland und jede mittelgroße Kleinstadt Bekanntmachungen zu Ausschreibungen über das Internet zur Verfügung stellen (VK Brandenburg, B. v. 22. 5. 2008 – Az.: VK 11/08). 7156

80.8.3.5 Richtlinie des VHB 2008

Öffentliche Ausschreibungen und Teilnahmewettbewerbe vor Beschränkten Ausschreibungen sind **auf dem Internetportal der Bundesverwaltung (www.bund.de)** zu veröffentlichen. Daneben sollen Ausschreibungen und Teilnahmewettbewerbe auch in Tageszeitungen oder Fach- 7157 zeitschriften veröffentlicht werden, wenn dies zur Erfüllung des Ausschreibungszwecks nötig ist (Richtlinien zu 121–122 – Bekanntmachung Öffentliche Ausschreibung/Öffentlicher Teilnahmewettbewerb – Ziffer 1.1).

80.8.3.6 Regelung des HVA StB-B 04/2010

7158 Öffentliche Ausschreibungen und Teilnahmewettbewerbe von Beschränkten Ausschreibungen sind öffentlich bekannt zu geben. Beträgt der Wert der zu vergebenden Bauleistung mehr als 12 500 € ist für Bundesmaßnahmen die Bekanntmachung zentral auf dem Internetportal der Bundesverwaltung, **www.bund.de**, zu veröffentlichen (Richtlinien für das Durchführen der Vergabeverfahren, 2.1 Bekanntmachungen, Nr. 6.

80.8.4 Unterschiedliche Inhalte von Bekanntmachungen derselben Ausschreibung

7159 Ein **Bewerber muss darauf vertrauen können, dass die Bekanntmachungsvorschriften vollständig beachtet werden**, insbesondere dass die Aufforderung zur Angebotsabgabe alle in der VOB/A genannten Angaben enthält und insofern vollständig ist. **Der Bewerber braucht auch z. B. die Aufforderung zur Angebotsabgabe nicht anhand einer anderen Veröffentlichung**, z.B. der europaweiten Vergabebekanntmachung auf ihre Vollständigkeit **zu überprüfen** (VK Münster, B. v. 18. 1. 2005 – VK 32/04; B. v. 21. 8. 2003 – Az.: VK 18/03).

80.8.5 Bezeichnung einer „Öffentlichen Ausschreibung" als „Offenes Verfahren"

7160 Nicht jede ungenaue oder falsche Angabe in der Bekanntmachung beeinträchtigt die Transparenz des Vergabeverfahrens und macht dieses fehlerhaft. **Erforderlich ist, dass bei den Bewerbern Unklarheiten über die Modalitäten der Ausschreibung aufkommen können**. Hieran fehlt es u. a. dann, wenn in einer im Amtsblatt der EG zu veröffentlichenden Ausschreibung von „Öffentlicher Ausschreibung" statt von einem „Offenen Verfahren" die Rede ist. Dies muss erst recht gelten, wenn die europaweite Publikation unter Nennung der richtigen Verfahrensart erfolgt und lediglich in den nationalen Publikationsorganen die Verfahrensart fehlerhaft bezeichnet wird. Eine Aufhebung und erneute Ausschreibung ist nicht erforderlich (VK Schleswig-Holstein, B. v. 5. 8. 2004 – Az.: VK-SH 19/04). Dies muss auch für den umgekehrten Fall gelten.

80.8.6 Vorrang des Inhalts der Bekanntmachung gegenüber den Vertragsunterlagen

7161 Die **Bekanntmachung** kann **nicht als bloßer unverbindlicher Vorläufer vor den Vertragsunterlagen** angesehen werden. Ansonsten könnte der Auftraggeber durch den Inhalt der Anforderungen in seiner Bekanntmachung Unternehmen von der weiteren Befassung mit dem Vergabeverfahren abhalten, obwohl in seinen Vertragsunterlagen völlig andere Anforderungen gestellt werden. **Vorrangig ist deshalb die Veröffentlichung, die gegenüber abweichenden Vertragsunterlagen verbindlich** ist (OLG München, B. v. 12. 11. 2010 – Az.: Verg 21/10; VK Arnsberg, B. v. 2. 7. 2010 – Az.: VK 12/10; VK Düsseldorf, B. v. 21. 5. 2007 – Az.: VK – 13/2007 – B). Andernfalls könnte ein **Verstoß gegen den Gleichbehandlungsgrundsatz und das Wettbewerbsprinzip** vorliegen, weil Bieter, welche aufgrund der europaweiten Bekanntmachung die Vergabeunterlagen wegen der fehlenden Möglichkeit von Varianten nicht angefordert haben, gegenüber den Bietern benachteiligt würden, welche die Unterlagen anfordern (OLG München, B. v. 12. 11. 2010 – Az.: Verg 21/10).

7162 Im Falle **widersprüchlicher oder mehrdeutiger Formulierungen** geht der **Inhalt der Bekanntmachung den Aussagen in den Verdingungsunterlagen vor** (OLG München, B. v. 12. 11. 2010 – Az.: Verg 21/10; VK Düsseldorf, B. v. 14. 8. 2006 – Az.: VK – 32/2006 – B).

80.8.7 Literatur

7163 – Drügemöller, Albert, Elektronische Bekanntmachungen im Vergaberecht, NVwZ 2007, 177

Vergabe- und Vertragsordnung für Bauleistungen Teil A VOB/A § 12 **Teil 3**

80.8.8 Umfang der Bekanntmachung (§ 12 Abs. 1 Nr. 2)

80.8.8.1 Änderung in der VOB/A 2009

Alle Angaben, die in die Bekanntmachungen bzw. im Anschreiben und in den Vertragsunterlagen aufzunehmen sind, sind **nunmehr in § 12 Abs. 1 Nr. 2 aufgelistet**. Die verwendeten Begrifflichkeiten und die Reihenfolge der Auflistung orientiert sich dabei am Anhang VII der Vergabekoordinierungsrichtlinie. 7164

80.8.8.2 Soll-Vorschrift

80.8.8.2.1 Praxis der Auftraggeber. § 12 Abs. 1 Nr. 2 ist eine **Soll-Vorschrift**. In der Praxis führt dies dazu, dass öffentliche Auftraggeber schon aus Gründen der Reduzierung von Veröffentlichungskosten nicht alle in § 12 Abs. 1 Nr. 2 genannten Angaben veröffentlichen (VK Südbayern, B. v. 21. 4. 2009 – Az.: Z3-3-3194-1-09-02/09). 7165

80.8.8.2.2 Rechtsprechung. Letztlich nur mit Blick auf den notwendigen Umfang von Eignungsanforderungen des Auftraggebers in der Bekanntmachung hat sich eine umfangreiche Rechtsprechung über den notwendigen Umfang der Bekanntmachung und eventuelle Änderungsmöglichkeiten entwickelt. Vgl. dazu die Kommentierung → Rdn. 54 ff. 7166

80.8.8.3 Einzelne Bestandteile der Bekanntmachung

80.8.8.3.1 Auftragsvergabe auf elektronischem Wege und Verfahren der Ver- und Entschlüsselung (§ 12 Abs. 1 Nr. 2 lit. c). Die Regelung wurde **inhaltlich aus § 10 Nr. 5 Abs. 2 lit. h) VOB/A 2006** übernommen und redaktionell angepasst. 7167

80.8.8.3.2 Art und Umfang der auszuschreibenden Leistung (§ 12 Abs. 1 Nr. 2 lit. f). Nach § 12 Abs. 2 lit. f) VOB/A sind Art und Umfang der auszuschreibenden Leistung in der Vergabebekanntmachung anzugeben. **Nicht erforderlich** ist die **Angabe der Einzelheiten der zu erbringenden Leistungen**. Notwendig sind aber erschöpfende Angaben, anhand denen sich die Unternehmen ein Bild vom Auftrag machen und abschätzen können, **ob sich dieser Auftrag zur Abgabe eines Angebots eignet** (VK Brandenburg, B. v. 25. 4. 2003 – Az.: VK 21/03). 7168

Bekanntmachungen über den Inhalt eines öffentlichen Auftrags müssen so genau sein, dass der **wesentliche Inhalt des öffentlichen Auftrags davon umfasst** ist; wesentliche zusätzliche Arbeiten (z. B. der Bau neuer Autobahnfahrstreifen) **führen zu einer erneuten Bekanntmachungspflicht** (EuGH, Urteil v. 22. 4. 2010 – Az.: C-423/07). 7169

§ 12 Abs. 2 lit. f) VOB/A verlangt **nur, dass Art und Umfang der Leistung in der Bekanntmachung anzugeben sind**. Das entspricht der Anforderung in Art. 9 Abs. 4 und Anhang IV der Richtlinie 93/36/EWG in der Fassung der Richtlinie 2001/78/EG, die Gesamtmenge oder den Gesamtumfang des Auftrags klar anzugeben. **Hieraus folgt aber nicht, dass auch der sich hieraus nach Schätzung der Vergabestelle ergebende Auftragswert zu benennen ist.** „Menge" bzw. „Umfang" sind den konkreten Beschaffungsbedarf beschreibende und konkretisierende Angaben, während für die daraus sich hieraus ergebenden Auftragswertes zusätzlich eine sich auf diese Menge bzw. diesen Umfang beziehende Kalkulation erforderlich ist. Die Notwendigkeit dieser Angabe folgt daher nicht aus den zitierten Vorschriften der Richtlinien 93/36/EWG und 2001/78/EG (Hanseatisches OLG Bremen, B. v. 26. 6. 2009 – Az.: Verg 3/2005). **Auch für die Vergabekoordinierungsrichtlinie folgt weder aus Art. 36 noch aus Anhang VII Teil A Nr. 6 eine entsprechende Verpflichtung.** 7170

80.8.8.3.3 Art und Umfang der einzelnen Lose und Möglichkeit, Angebote für eines, mehrere oder alle Lose einzureichen (§ 12 Abs. 1 Nr. 2 lit. h). 80.8.8.3.3.1 Bekanntmachungsformular. Ist eine losweise Ausschreibung erfolgt und **kommt nach den Vorstellungen des Auftraggebers sowohl eine Gesamtlosvergabe als auch eine losweise Vergabe in Betracht**, so sollen die Bieter sowohl auf die Gesamtleistung als auch auf mehrere Lose als auch auf ein einzelnes Los anbieten, d. h. es **müssen im Bekanntmachungsformular alle drei Alternativen angekreuzt** werden (OLG Naumburg, Urteil v. 2. 7. 2009 – Az.: 1 U 5/09). 7171

80.8.8.3.3.2 Bedeutung für den Entschluss zur Angebotsabgabe. Die Angabe, dass nicht nach einzelnen Losen vergeben werden soll, ist **für die Kalkulation des Bieters von Bedeutung** (3. VK Bund, B. v. 21. 9. 2004 – Az.: VK 3–110/04; B. v. 16. 9. 2004 – Az.: VK 3–104/04). Wer für mehrere Fach- oder Teillose ein Angebot abgeben kann, wird möglicherweise günstiger kalkulieren können (VK Baden-Württemberg, B. v. 14. 9. 2001 – Az.: 1 VK 24/01). 7172

1469

7173 **80.8.8.3.3.3 Sonstiges.** Aus der in der Aufforderung zur Angebotsabgabe enthaltenen Formulierung: „**Losweise Vergabe bleibt vorbehalten**" ergibt sich, **dass sowohl eine Gesamtvergabe** möglich bleiben soll **als auch eine losweise Vergabe** als zusätzliche Möglichkeit eingeführt werden soll (3. VK Bund, B. v. 21. 9. 2004 – Az.: VK 3–110/04; B. v. 16. 9. 2004 – Az.: VK 3–104/04).

7174 Unterteilt ein öffentlicher Auftraggeber einen Auftrag in Lose und ergibt sich aus der Vergabebekanntmachung zugleich, dass er sowohl eine Einzellosvergabe als auch eine Gesamtlosvergabe in Betracht zieht, so **begründet allein die Angabe in der Aufforderung zur Angebotsabgabe, dass ein Angebot nur auf ein einzelnes Los erfolgen kann, kein schutzwürdiges Vertrauen eines Bieters dahin, dass die Auftragsvergabe zwingend auf die jeweiligen Einzellose erfolgen wird**. Dies gilt jedenfalls dann, wenn der öffentliche Auftraggeber Nebenangebote auch in der Form zugelassen hat, dass sich das Angebot sich auf mehrere Lose bezieht (OLG Naumburg, Urteil v. 2. 7. 2009 – Az.: 1 U 5/09).

7175 **80.8.8.3.3.4 Bekanntgabe auch der später auszuschreibenden Lose? Bei der getrennten Ausschreibung und Vergabe eines einzelnen Loses ist den Bietern nicht bekannt zu geben, dass der Gesamtbedarf ein weiteres, getrennt ausgeschriebenes und zu vergebendes Los umfasst**. Dies kann zwar kalkulationsrelevant sein, weil bei der Preisermittlung für das erste Angebot die reelle Chance auf die Erteilung des Zuschlags für den nachfolgenden Leistungszeitraum mit berücksichtigt werden kann. Im Ergebnis wird damit aber die Eröffnung einer Spekulationsmöglichkeit begehrt, denn es ist völlig unsicher, wer den Zuschlag für den Zweitauftrag erhält. Dies ist **vom Schutzzweck des Transparenzgebots jedoch nicht umfasst**. Die Eröffnung solcher Spekulationsmöglichkeiten steht der Vergleichbarkeit der Angebote der beteiligten Bieter und damit den Grundsätzen der Gleichbehandlung und Transparenz geradezu entgegen: Um eine möglichst weitgehende Vergleichbarkeit der abgegebenen Angebote zu erreichen, sind durch das Vergaberecht nicht nur Pflichten für den Auftraggeber, z.B. bei der Gestaltung der Leistungsbeschreibung, festgelegt. Vielmehr ist auch der Bieter gehalten, seine Preise seriös und auskömmlich zu kalkulieren (3. VK Bund, B. v. 29. 9. 2005 – Az.: VK 3–121/05).

7176 **80.8.8.3.4 Wesentliche Zahlungsbedingungen (§ 12 Abs. 1 Nr. 2 lit. s). 80.8.8.3.4.1 Richtlinie des VHB 2008.** Vorauszahlungen können in den Vergabeunterlagen vorgesehen werden, wenn dies

– allgemein üblich oder

– durch besondere Umstände gerechtfertigt ist (§ 56 Abs. 1 BHO).

7177 Solche Zahlungen sind üblich, wenn sie in dem betreffenden Wirtschaftszweig regelmäßig, d.h. auch bei nicht öffentlichen Auftraggebern, ausbedungen werden. Bei maschinellen und elektrotechnischen Einrichtungen ist dies regelmäßig der Fall.

7178 Besondere Umstände liegen z.B. vor, wenn die Ausführung der Leistung infolge ihres Umfangs oder ihrer Eigenart für den Auftragnehmer mit einer unzumutbaren Kapitalinanspruchnahme verbunden ist. Die Gründe für die Vereinbarung sind aktenkundig zu machen. Ein besonderer Umstand ist nicht gegeben, wenn am Ende des Haushaltsjahres Ausgaben vor Fälligkeit geleistet werden, um zu verhindern, dass die Ausgaben sonst verfallen.

7179 In den Vergabeunterlagen sind die Höhe, die Zahlungsweise sowie die Art der Tilgung dieser Zahlung anzugeben. Es ist darauf hinzuweisen, dass insofern Nebenangebote nicht zugelassen sind.

7180 Es ist Sicherheit in Höhe der Zahlung durch selbstschuldnerische Bürgschaft nach Formblatt 423 zu fordern (Richtlinien zu 214 – Besondere Vertragsbedingungen – Ziffer 5.6).

7181 **80.8.8.3.5 Zeitpunkt, bis zu dem die Bauleistungen beendet werden sollen oder Dauer des Bauleistungsauftrags (§ 12 Abs. 1 Nr. 2 lit. i).** Die Regelung wurde im Rahmen der VOB/A 2009 klarer gefasst.

7182 **80.8.8.3.6 Zulässigkeit von Nebenangeboten (§ 12 Abs. 1 Nr. 2 lit. j).** Die **Regelung korrespondiert mit § 8 Abs. 2 Nr. 3**; vgl. daher die Kommentierung → § 8 VOB/A Rdn. 51 ff.

7183 **80.8.8.3.7 Frist für den Eingang von Teilnahmeanträgen (§ 12 Abs. 1 Nr. 2 lit. m). 80.8.8.3.7.1 Änderung in der VOB/A 2009.** Die Regelung befindet sich nicht mehr wie in der VOB/A 2006 im **Kontext der Bekanntmachung beschränkter Ausschreibungen nach öffentlichem Teilnahmewettbewerb**, sondern wurde **vorgezogen**.

Vergabe- und Vertragsordnung für Bauleistungen Teil A   VOB/A § 12 **Teil 3**

80.8.8.3.7.2 Bindung des Auftraggebers an die Frist zur Einreichung von Teilnah- 7184
meanträgen. Bei einer Vergabe mittels einer Beschränkten Ausschreibung mit Öffentlichem Teilnahmewettbewerb sind die Unternehmen durch die vorgeschriebene Bekanntmachung aufzufordern, sich um Teilnahme zu bewerben. Diese **Bekanntmachung hat unter anderem die Einsendefrist für die Anträge auf Teilnahme mitzuteilen.** An die **Beachtung dieser Einsendefrist ist auch der Auftraggeber bei der Prüfung der Teilnahmeanträge** (und der späteren Angebote) mit Blick auf die Gebote des Wettbewerbs und der Gleichbehandlung (§ 97 Abs. 1 und 2 GWB) **gebunden** (OLG Düsseldorf, B. v. 30. 5. 2001 – Az.: Verg 23/00).

80.8.8.3.8 Verlangte Nachweise für die Beurteilung der Eignung der Bieter (§ 12 7185
Abs. 1 Nr. 2 lit. u). 80.8.8.3.8.1 Grundsätzliche Benennung der Eignungsanforderungen. Aus § 12 Abs. 2 lit. u) VOB/A folgt, dass **allein die Anforderung der Nachweise gemäß der Vergabebekanntmachung rechtlich verbindlich ist**, ohne dass der Auftraggeber von diesen Forderungen im Rahmen des Aufforderungsschreibens abweichen darf (OLG Celle, B. v. 31. 7. 2008 – Az.: 13 Verg 3/08; OLG Düsseldorf, B. v. 23. 6. 2010 – Az.: VII-Verg 18/10; B. v. 29. 4. 2009 – Az.: VII-Verg 73/08; B. v. 12. 3. 2008 – Az.: VII – Verg 56/07; OLG Frankfurt, B. v. 15. 7. 2008 – Az.: 11 Verg 4/08; B. v. 10. 6. 2008 – Az.: 11 Verg 3/08; OLG Hamburg, B. v. 24. 9. 2010 – Az.: 1 Verg 2/10; Thüringer OLG, B. v. 21. 9. 2009 – Az.: 9 Verg 7/09; 2. VK Bund, B. v. 19. 4. 2010 – Az.: VK 2–23/10; 3. VK Bund, B. v. 6. 2. 2008 – Az.: VK 3–11/08; B. v. 5. 2. 2008 – Az.: VK 3–23/08; B. v. 5. 2. 2008 – Az.: VK 3–08/08; B. v. 18. 1. 2007 – Az.: VK 3–150/06; B. v. 22. 11. 2004 – Az.: VK 3–203/04; VK Düsseldorf, B. v. 21. 5. 2007 – Az.: VK – 13/2007 – B; B. v. 19. 4. 2007 – Az.: VK – 10/2007 – B; VK Rheinland-Pfalz, B. v. 20. 4. 2010 – Az.: VK 2–7/10; VK Thüringen, B. v. 17. 3. 2009 – Az.: 250–4003.20–650/2009-003-EF). **Über die Vergabebekanntmachung hinausgehende Nachweise** im Aufforderungsschreiben oder in den Verdingungsunterlagen **dürfen nicht gefordert**, ihre Nichtvorlage somit auch **nicht bei der Angebotswertung berücksichtigt** werden. Beides liefe den Vorgaben des Transparenz- und des Gleichbehandlungsgebots nach § 97 Abs. 1 und 2 GWB zuwider, in dessen Lichte die Vorschriften der VOB/A auszulegen und zu handhaben sind (OLG Celle, B. v. 31. 7. 2008 – Az.: 13 Verg 3/08; OLG Düsseldorf, B. v. 23. 6. 2010 – Az.: VII-Verg 18/10; B. v. 29. 4. 2009 – Az.: VII-Verg 73/08; B. v. 12. 3. 2008 – Az.: VII – Verg 56/07; B. v. 18. 10. 2006 – Az.: VII – Verg 35/06; OLG Hamburg, B. v. 24. 9. 2010 – Az.: 1 Verg 2/10; Thüringer OLG, B. v. 21. 9. 2009 – Az.: 9 Verg 7/09; 1. VK Bund, B. v. 27. 8. 2008 – Az.: VK 1–102/08; B. v. 11. 7. 2008 – Az.: VK 1–75/08; 2. VK Bund, B. v. 19. 4. 2010 – Az.: VK 2–23/10; B. v. 21. 9. 2009 – Az.: VK 2–126/09; 3. VK Bund, B. v. 18. 1. 2007 – Az.: VK 3–150/06; B. v. 13. 10. 2004 – Az.: VK 3–194/04; B. v. 20. 7. 2004 – Az.: VK 3–80/04; VK Düsseldorf, B. v. 2. 6. 2008 – Az.: VK – 15/2008 – L; B. v. 16. 2. 2006 – Az.: VK – 02/2006 – L; B. v. 28. 11. 2005 – Az.: VK – 40/2005 – B; VK Münster, B. v. 12. 5. 2009 – Az.: VK 5/09; B. v. 21. 12. 2005 – Az.: VK 25/05; B. v. 18. 1. 2005 – VK 32/04; VK Rheinland-Pfalz, B. v. 20. 4. 2010 – Az.: VK 2–7/10; 1. VK Sachsen, B. v. 22. 7. 2010 – Az.: 1/SVK/022-10; VK Thüringen, B. v. 17. 3. 2009 – Az.: 250–4003.20–650/2009-003-EF; B. v. 23. 9. 2005 – Az.: 360–4002.20–007/05-NDH).

Eine Abweichung von den Vorgaben des § 12 Abs. 2 lit. u) VOB/A ist **nur in Ausnahme-** 7186
fällen bei Vorliegen eines zwingenden Grundes möglich (OLG Frankfurt, B. v. 15. 7. 2008 – Az.: 11 Verg 4/08).

Verweist der Auftraggeber in der Vergabebekanntmachung hinsichtlich der vorzule- 7187
genden Eignungsunterlagen **lediglich auf die Vergabeunterlagen** und **fordert er die Vorlage bestimmter Eignungsunterlagen erstmals in den Vergabeunterlagen**, ist dies nach Art. 44 Abs. 2 UA 3 Richtlinie 2004/18/EG **unzulässig** (OLG Düsseldorf, B. v. 23. 6. 2010 – Az.: VII-Verg 18/10).

80.8.8.3.8.2 Zulässigkeit lediglich einer Konkretisierung. Der **öffentliche Auftrag-** 7188
geber ist nicht verpflichtet, sämtliche Einzelheiten z. B. seiner Nachweisforderungen schon in der Bekanntmachung anzugeben. Es reicht vielmehr aus, wenn der Auftraggeber in der Vergabebekanntmachung angibt, welche Nachweise er von den Bietern fordert. Ein darüber hinausgehender Inhalt der Vergabebekanntmachung, insbesondere die Auflistung und Konkretisierung von Nachweisen mit weiteren Einzelheiten, muss nicht in der Bekanntmachung, sondern **kann in den Vertragsunterlagen erfolgen** (OLG Celle, B. v. 31. 7. 2008 – Az.: 13 Verg 3/08; OLG Düsseldorf, B. v. 23. 6. 2010 – Az.: VII-Verg 18/10; B. v. 29. 4. 2009 – Az.: VII-Verg 73/08; B. v. 13. 8. 2008 – Az.: VII-Verg 28/08; B. v. 4. 6. 2008 – Az.: VII-Verg 21/08; B. v. 23. 1. 2008 – Az.: VII – Verg 36/07; B. v. 2. 5. 2007 – Az.: VII – Verg 1/07; B. v. 18. 10. 2006 – Az.: VII – Verg 35/06; B. v. 9. 7. 2003 – Az.: Verg 26/03; OLG Frankfurt,

B. v. 26. 8. 2008 – Az.: 11 Verg 8/08; B. v. 15. 7. 2008 – Az.: 11 Verg 4/08; B. v. 10. 6. 2008 – Az.: 11 Verg 3/08; OLG Hamburg, B. v. 24. 9. 2010 – Az.: 1 Verg 2/10; OLG Rostock, B. v. 16. 1. 2008 – Az.: 17 Verg 3/07; Thüringer OLG, B. v. 21. 9. 2009 – Az.: 9 Verg 7/09; VK Arnsberg, B. v. 7. 10. 2009 – Az.: VK 23/09; VK Brandenburg, B. v. 17. 9. 2009 – Az.: VK 21/08; 1. VK Bund, B. v. 27. 8. 2008 – Az.: VK 1–102/08; B. v. 11. 7. 2008 – Az.: VK 1–75/08; 2. VK Bund, B. v. 19. 4. 2010 – Az.: VK 2–23/10; B. v. 21. 9. 2009 – Az.: VK 2–126/09; B. v. 13. 6. 2007 – Az.: VK 2–51/07; 3. VK Bund, B. v. 6. 2. 2008 – Az.: VK 3–11/08; B. v. 5. 2. 2008 – Az.: VK 3–23/08; B. v. 5. 2. 2008 – Az.: VK 3–08/08; B. v. 20. 11. 2007 – Az.: VK 3–136/07; VK Düsseldorf, B. v. 21. 1. 2009 – Az.: VK – 43/2008 – L; VK Münster, B. v. 23. 10. 2003 – Az.: VK 19/03; VK Rheinland-Pfalz, B. v. 20. 4. 2010 – Az.: VK 2–7/10; 1. VK Sachsen, B. v. 10. 11. 2006 – Az.: 1/SVK/096-06; VK Schleswig-Holstein, B. v. 27. 7. 2006 – Az.: VK-SH 17/06; VK Südbayern, B. v. 21. 4. 2009 – Az.: Z3-3-3194-1-09-02/09). Ein transparentes Vergabeverfahren und die Gleichbehandlung aller Bieter ist ohne weiteres dann noch sichergestellt, wenn der Auftraggeber in der Bekanntmachung mitteilt, welche der Nachweise die Bieter beizubringen haben, und er die **weiteren Einzelheiten dieser Nachweisanforderung sodann in den Vertragsunterlagen näher konkretisiert** (OLG Düsseldorf, B. v. 29. 4. 2009 – Az.: VII-Verg 73/08; B. v. 12. 3. 2008 – Az.: VII – Verg 56/07; OLG Frankfurt, B. v. 15. 7. 2008 – Az.: 11 Verg 4/08; B. v. 10. 6. 2008 – Az.: 11 Verg 3/08; OLG Hamburg, B. v. 24. 9. 2010 – Az.: 1 Verg 2/10; Thüringer OLG, B. v. 21. 9. 2009 – Az.: 9 Verg 7/09; 1. VK Bund, B. v. 11. 7. 2008 – Az.: VK 1–75/08; 2. VK Bund, B. v. 19. 4. 2010 – Az.: VK 2–23/10; VK Düsseldorf, B. v. 23. 4. 2007 – Az.: VK – 09/2007 – B; VK Münster, B. v. 21. 12. 2005 – Az.: VK 25/05; B. v. 18. 1. 2005 – VK 32/04; VK Rheinland-Pfalz, B. v. 20. 4. 2010 – Az.: VK 2–7/10; 1. VK Sachsen, B. v. 18. 6. 2009 – Az.: 1/SVK/017-09; B. v. 5. 5. 2009 – Az.: 1/SVK/009-09).

7189   **Sinn und Zweck z. B. der Bezeichnung der Eignungsnachweise** in der Bekanntmachung ist es nämlich, dem an der Auftragsvergabe potentiell interessierten Unternehmen eine **sachgerechte Entscheidung darüber zu ermöglichen, ob sie sich am Vergabeverfahren beteiligen**, also die Verdingungsunterlagen anfordern wollen (OLG Düsseldorf, B. v. 9. 3. 2007 – Az.: VII – Verg 5/07; B. v. 2. 5. 2007 – Az.: VII – Verg 1/07; OLG Frankfurt, B. v. 15. 7. 2008 – Az.: 11 Verg 4/08; B. v. 10. 6. 2008 – Az.: 11 Verg 3/08; OLG Hamburg, B. v. 24. 9. 2010 – Az.: 1 Verg 2/10; OLG Naumburg, B. v. 2. 7. 2009 – Az.: 1 Verg 2/09; Thüringer OLG, B. v. 21. 9. 2009 – Az.: 9 Verg 7/09; 2. VK Bund, B. v. 19. 4. 2010 – Az.: VK 2–23/10; VK Düsseldorf, B. v. 21. 1. 2009 – Az.: VK – 43/2008 – L; VK Rheinland-Pfalz, B. v. 20. 4. 2010 – Az.: VK 2–7/10; 1. VK Sachsen, B. v. 22. 7. 2010 – Az.: 1/SVK/022-10; 2. VK Sachsen-Anhalt, B. v. 10. 6. 2009 – Az.: VK 2 LVwA LSA – 13/09; VK Thüringen, B. v. 17. 3. 2009 – Az.: 250–4003.20–650/2009-003-EF).

7190   Ein öffentlicher Auftraggeber kann sich also die Auswahl und Bekanntgabe der geforderten Eignungsnachweise nicht für die Zeit der Versendung der Vertragsunterlagen vorbehalten. Der Interessent für einen bekannt gemachten Auftrag soll bereits aus der Vergabebekanntmachung und „auf den ersten Blick" das formelle Anforderungsprofil der Bewerbungsbedingungen erkennen können, um eine Entscheidung über die – oft sogar kostenträchtige – Anforderung der Vergabeunterlagen treffen zu können. Dem **liegt die Vorstellung zugrunde, dass ein Unternehmen u. U. eine Vielzahl von Vergabebekanntmachungen durchsieht und zunächst „grob sortiert", auf welche Bekanntmachungen hin es sich meldet, und bei welchen Ausschreibungen es bereit ist, einen sukzessiv zunehmenden Aufwand zur Auftragserlangung zu betreiben**. Eine Entscheidung auf den „ersten Blick" ist nicht gewährleistet, wenn die Angabe der vorzulegenden Unterlagen erst in den noch anzufordernden Vertragsunterlagen vorbehalten wird (OLG Naumburg, B. v. 2. 7. 2009 – Az.: 1 Verg 2/09; 1. VK Sachsen, B. v. 22. 7. 2010 – Az.: 1/SVK/022-10).

7191   Der **Auftraggeber** muss sich also **bereits bei der Vergabebekanntmachung** darüber klar geworden sein, **ob und welche Nachweise er von den Bietern verlangen** will. In den **Vertragsunterlagen** kann er diese Anforderungen allenfalls **dahingehend konkretisieren**, ob und welche der in der Bekanntmachung angegebenen **Unterlagen er mit dem Angebot beigebracht** sehen oder ob er **hinsichtlich bestimmter Unterlagen auf eine solche Beibringung verzichten** und sich **vorbehalten will, diese zu gegebener Zeit nachzufordern** oder auf die **Vorlage ganz zu verzichten** (1. VK Sachsen, B. v. 9. 2. 2009 – Az.: 1/SVK/071-08).

7192   Der Auftraggeber muss sämtliche von ihm geforderten Eignungsnachweise in der Vergabebekanntmachung benennen. Diese können in anderen Unterlagen, z. B. Begleitdokumenten, lediglich präzisiert werden. Hierbei ist jedoch zu beachten, dass bereits aus der Vergabebekanntmachung erkennbar sein muss, ob für den Interessenten eine Bewerbung in Betracht kommt. So hat beispielsweise der Auftraggeber die Anforderungen an Referenzen bereits genau in der Bekanntmachung zu beschreiben (2. VK Sachsen-Anhalt, B. v. 10. 6. 2009 – Az.: VK 2 LVwA LSA – 13/09).

Offener ist das Schleswig-Holsteinische Oberlandesgericht. Die **europaweite Vergabebekanntmachung schließt es nicht aus**, dass **zu einzelnen Anforderungen der Ausschreibung präzisierte Anforderungen angegeben werden**. Der Wortlaut der für das Aufforderungsschreiben zur Angebotsabgabe maßgeblichen Vorschrift in § 8 Abs. 2 Nr. 1 VOB/A bestätigt dies, denn für dieses Schreiben wird verlangt, dass es „alle Angaben" enthält, die „für den Entschluss zur Abgabe eines Angebots notwendig sind". Damit ist klar, **dass die für die Abgabe eines wertungsfähigen Angebots zu erfüllenden Anforderungen allein auf der Grundlage der europaweiten Vergabebekanntmachung nicht abschließend zu bestimmen sind**. Bei Bauausschreibungen ist das **Anschreiben (Aufforderung zur Angebotsabgabe) für die Bestimmung der geforderten Nachweise maßgeblich**. Es bedarf somit zur verlässlichen Bestimmung der mit der Abgabe eines Angebots verbundenen Anforderungen der Prüfung des Angebotsanforderungsschreibens i. S. d. § 8 Abs. 2 Nr. 1 VOB/A und der diesem beigefügten Angaben (Schleswig-Holsteinisches OLG, B. v. 22. 5. 2006 – Az.: 1 Verg 5/06). Nach dieser Rechtsprechung muss die **Forderung z. B. nach Vorlage eines Gewerbezentralregisterauszugs nicht unbedingt in der Vergabebekanntmachung erfolgen**. 7193

Um dem Transparenzgebot und dem Diskriminierungsverbot zu genügen, muss eine Eignungsanforderung **auch so hinreichend klar und deutlich formuliert** sein, dass es einem verständigen Bieter ohne eigene Interpretation eindeutig erkennbar wird, was ein öffentlicher Auftraggeber fordert. Etwaige Unklarheiten dürfen nicht zu Lasten der Bieter gehen (OLG Frankfurt, B. v. 15. 7. 2008 – Az.: 11 Verg 4/08; B. v. 10. 6. 2008 – Az.: 11 Verg 3/08; OLG Düsseldorf, B. v. 12. 3. 2008 – Az.: VII – Verg 56/07; OLG Naumburg, B. v. 2. 7. 2009 – Az.: 1 Verg 2/09; 3. VK Bund, B. v. 24. 7. 2009 – Az.: VK 3–136/09; VK Düsseldorf, B. v. 7. 10. 2009 – Az.: VK – 31/2009 – L; B. v. 16. 2. 2006 – Az.: VK – 02/2006 – L; 1. VK Sachsen, B. v. 9. 2. 2009 – Az.: 1/SVK/071-08). 7194

Hat der **Auftraggeber in der europaweiten Bekanntmachung unter dem Punkt „Auftragsbedingungen" Eignungsnachweise verlangt, ist der Bieter verpflichtet, diese Eignungsnachweise mit dem Angebot einzureichen**. Es schadet nicht, dass sich das Erfordernis unter der Rubrik III 1 „Auftragsbedingungen" der Bekanntmachung befindet, nicht aber unter der Rubrik III 2 „Teilnahmebedingungen". Aus der Einteilung des Bekanntmachungs-Formulars in diese Rubriken kann nicht gefolgert werden, dass lediglich die Teilnahmebedingungen mit der Angebotsabgabe erfüllt werden müssen, nicht aber die Auftragsbedingungen. Eine solche Unterscheidung der Rechtsfolgen von Teilnahme- und Auftragsbedingungen ist nicht zu treffen (OLG Rostock, B. v. 16. 1. 2008 – Az.: 17 Verg 3/07). 7195

80.8.8.3.8.3 Zulässigkeit des Verweises auf eine Checkliste? Die **Rechtsprechung lässt** bisher **offen**, ob es ausreicht, wenn der **Auftraggeber in der Bekanntmachung der Eignungsanforderungen lediglich auf eine den Vergabeunterlagen beigefügte Anlage „Checkliste Eignungsanforderungen" verweist**. Diese Vorgehensweise hat den **Vorteil**, dass sie dem **Bieter eine klare Vorgabe an die Hand gibt** und die oft für den Bieter verwirrende Bezugnahme sowohl auf die Bekanntmachung als auch auf die Vertragsunterlagen vermeidet. Wenn **beinahe zeitgleich mit der Veröffentlichung der Bekanntmachung** die **Vertragsunterlagen kostenlos von der Vergabeplattform des Auftraggebers heruntergeladen** werden können, ist es **für die Bieter auch möglich, sich frühzeitig auf die Anforderungen im Einzelnen einstellen** (3. VK Bund, B. v. 6. 2. 2008 – Az.: VK 3–11/08; B. v. 5. 2. 2008 – Az.: VK 3–23/08; B. v. 5. 2. 2008 – Az.: VK 3–08/08). 7196

80.8.8.3.8.4 **Verbot der Änderung der bekannt gemachten Eignungskriterien.** Das **Verbot der Änderung der bekannt gemachten Eignungsnachweise** betrifft auch den Fall, dass der Auftraggeber während der Angebotsabgabefrist z. B. auf eine Bieternachfrage hin die **zusätzliche Unterzeichnung einer Eignungserklärung** (Umsatznachweis) fordert (OLG Düsseldorf, B. v. 2. 5. 2007 – Az.: VII – Verg 1/07). Will der Auftraggeber also die Eignungskriterien ändern, muss eine **neue Bekanntmachung** erfolgen. 7197

Vergaberechtswidrig ist es auch, wenn ein Auftraggeber sich vorbehält, **potentielle Bieter erstmals in den Verdingungsunterlagen darüber zu informieren, ob und ggfs. wie sie ihre Leistungsfähigkeit belegen sollen** (OLG Koblenz, B. v. 7. 11. 2007 – Az.: 1 Verg 6/07). 7198

Teil 3   VOB/A § 12   Vergabe- und Vertragsordnung für Bauleistungen Teil A

7199   Vergaberechtswidrig ist es auch, wenn der **Auftraggeber es versäumt, bei der Forderung des Mindestjahresumsatzes für die letzten 3 Jahre in der Vergabebekanntmachung die geforderte Höhe anzugeben.** Allein die Angabe in der Vergabebekanntmachung, dass ein Mindestumsatz gefordert wird, ist vage und unbestimmt. Hierdurch können die Interessenten nicht abschätzen, ob für sie eine Bewerbung sinnvoll ist. Benennt der Auftraggeber erst in den für den Teilnahmewettbewerb anzufordernden Begleitdokumenten die konkrete Höhe des Mindestumsatzes, kann dies **aufgrund der wesentlichen Bedeutung dieser Angabe** für die Interessenten nicht als Konkretisierung aus der Vergabebekanntmachung in diesem Punkt angesehen werden, sondern **als neue Forderung** (2. VK Sachsen-Anhalt, B. v. 10. 6. 2009 – Az.: VK 2 LVwA LSA – 13/09).

7200   **Nicht ausreichend** ist, wenn eine **Vergabestelle sämtlichen Bietern vor Angebotsabgabe mitteilt, dass ein bestimmter Nachweis nicht mehr vorzulegen** ist. Denn entscheidend und verbindlich ist die europaweite Bekanntmachung. Interessenten, die möglicherweise keinen solchen Nachweis vorlegen konnten, haben sich gegebenenfalls allein aufgrund dieser Bekanntmachung nicht mehr gemeldet. Insofern liegt ein **Verstoß gegen das Transparenz- und Gleichbehandlungsgebot vor, der im Ausschreibungsverfahren nicht heilbar** ist (VK Münster, B. v. 12. 5. 2009 – Az.: VK 5/09).

7201   80.8.8.3.8.5 Ausnahme von dem Verbot der Änderung bekannt gemachter Eignungskriterien. Allerdings darf der Auftraggeber **von der in der Vergabebekanntmachung enthaltenen Forderung, wonach bestimmte Eignungsnachweise mit dem Angebot vorzulegen sind, in der Aufforderung zur Abgabe eines Angebots abrücken und beispielsweise regeln, dass diese erst zu einem späteren Zeitpunkt vorzulegen** sind (z. B. bei Auftragserteilung). Auch die **Art des vorzulegenden Nachweises kann er später – allerdings nur im Sinne einer Verringerung der Anforderungen – abweichend von der Bekanntmachung regeln.** An die Art des Nachweises **erhöhte (qualifizierte) Anforderungen darf er nachträglich in den Vergabeunterlagen demgegenüber nicht stellen** (KG Berlin, B. v. 20. 8. 2009 – Az.: 2 Verg 4/09; OLG Düsseldorf, B. v. 4. 6. 2008 – Az.: VII-Verg 21/08; Thüringer OLG, B. v. 21. 9. 2009 – Az.: 9 Verg 7/09; im Ergebnis ebenso VK Düsseldorf, B. v. 7. 10. 2009 – Az.: VK – 31/2009 – L).

7202   Auch die **Nachforderung von Eignungsnachweisen**, die grundsätzlich in der Vergabebekanntmachung anzugeben sind, in den Vertragsunterlagen ist nur dann zulässig, wenn sich der **Auftraggeber die Nachforderung in der Vergabebekanntmachung vorbehalten hat** (LSG Nordrhein-Westfalen, B. v. 28. 4. 2009 – Az.: L 21 KR 40/09 SFB).

7203   80.8.8.3.8.6 Zeitpunkt, bis zu dem geforderte Eignungsnachweise vorgelegt werden müssen. Die **Richtlinie 2004/18/EG** des Europäischen Parlaments und des Rates vom 31. März 2004 über die Koordinierung der Verfahren zur Vergabe öffentlicher Bauaufträge, Lieferaufträge und Dienstleistungsaufträge **enthält in Art. 44 Abs. 2, Art. 47 ff. zum Zeitpunkt, bis zu dem die Unterlagen einzureichen sind, keine Vorschriften.** Nach Art. 51 kann der Auftraggeber den Bieter zwar auffordern, Bescheinigungen und Dokumente zu vervollständigen oder zu erläutern, was erst nach Ablauf der Angebotsfrist erfolgen kann, besagt aber nichts zu der Frage, ob die Bescheinigungen und Dokumente – die dann vervollständigt oder erläutert werden können – bereits in der Zeit bis zum Ablauf der Angebotsfrist eingereicht sein müssen oder nicht. Die **VOB/A verhält sich in § 12 Abs. 2 lit. u) gleichfalls nicht zu diesem Punkt.** Eine Regelung enthält nur § 6 Abs. 3 Nr. 5 VOB/A: Satz 1 der Vorschrift überlässt es bei Öffentlicher Ausschreibung der Vergabestelle, ob sie mit der Aufforderung zur Angebotsabgabe der Vorlage mit dem Angebot verlangt oder sich deren spätere Anforderung vorbehält (OLG Düsseldorf, B. v. 6. 6. 2007 – Az.: VII – Verg 8/07; OLG München, B. v. 21. 8. 2008 – Az.: Verg 13/08; VK Düsseldorf, B. v. 7. 10. 2009 – Az.: VK – 31/2009 – L).

7204   Die **Vergabestelle ist auch nicht verpflichtet, die Vorlage einer Verpflichtungserklärung bereits in der Bekanntmachung der Ausschreibung zu verlangen.** Nach Artikel 47 Abs. 2 und 4, Artikel 48 Abs. 3 und 6 der Vergabekoordinierungsrichtlinie vom 31. 3. 2004 können **Nachweise zu Nachunternehmern sowohl in der Bekanntmachung als auch in den Vergabeunterlagen gefordert werden.** Auch wenn in Artikel 48 Abs. 6, anders wie in Artikel 47 Abs. 4, die Passage über Nachunternehmer nicht in Bezug genommen ist, bleibt es, abgesehen davon, dass es sich dabei um ein Redaktionsversehen handeln könnte, dabei, dass, wenn schon die diesbezüglichen Angaben des Bieters selbst erst mit den Vergabeunterlagen gefordert werden können, dies erst recht für entsprechende Nachweise zum Nachunternehmer gilt. Im Übrigen ergibt sich auch aus Artikel 36 der Richtlinie in Verbindung mit Anhang VII

Teil A zur Richtlinie, dass **Verpflichtungserklärungen nicht bereits in der Bekanntmachung gefordert werden müssen** (OLG München, B. v. 6. 11. 2006 – Az.: Verg 17/06).

80.8.8.3.8.7 Keine Angabe der Gewichtung der Eignungskriterien. Eine Vergabestelle 7205
ist nach § 12 Abs. 2 lit. u) **nicht verpflichtet, die Gewichtung der Eignungsnachweise in der Bekanntmachung anzugeben.** Nach § 12 Abs. 2 lit. u) soll die Bekanntmachung Angaben darüber enthalten, welche Nachweise für die Beurteilung der Eignung des Bewerbers verlangt werden. Weitere Angaben, insbesondere mit welcher Gewichtung diese Nachweise in die Entscheidung des Auftraggebers eingehen, müssen in der Bekanntmachung nicht aufgeführt werden (VK Nordbayern, B. v. 27. 10. 2000 – Az.: 320.VK-3194-26/00). Vgl. dazu ausführlich die Kommentierung zu → § 97 GWB Rdn. 624 ff.

80.8.8.3.8.8 Keine Kenntnis des Bieters vom Inhalt der Bekanntmachung erforderlich. Es ist **nicht erforderlich, dass der Bieter vom Inhalt der Bekanntmachung Kenntnis hatte oder ob ihm nur die Verdingungsunterlagen bekannt waren.** Der europaweite Wettbewerb richtet sich an einen unbestimmten Kreis von Unternehmen/Personen. Die Belange der gesamten (potentiellen) Bieterschaft sind zu berücksichtigen, wenn es um die Bestimmung und Auslegung der reglementierten Wettbewerbsbedingungen gilt. Die **Rechtssicherheit und Gleichbehandlung zwingt dazu, für alle Wettbewerbsteilnehmer einheitliche Anforderungen zu stellen.** Aus der Situation des einzelnen Bieters können sich deshalb nur in schwerwiegenden Ausnahmefällen Abweichungen rechtfertigen. Das bloße Unterlassen der Kenntnisnahme einer ansonsten ordnungsgemäß vorgenommenen Bekanntmachung kann jedoch nicht dazu führen, dass für die Antragstellerin andere Anforderungen gelten würden als für Bieter, denen der Text der Veröffentlichung bekannt war (OLG Düsseldorf, B. v. 9. 3. 2007 – Az.: VII – Verg 5/07; 3. VK Bund, B. v. 7. 2. 2007 – Az.: VK 3–07/07; VK Düsseldorf, B. v. 21. 5. 2007 – Az.: VK – 13/2007 – B). 7206

80.8.8.3.8.9 Zulässigkeit der Forderung nach Vorlage von Eignungsnachweisen bereits mit der Anforderung der Angebotsunterlagen? Die **Rechtsprechung lässt bisher offen, ob es zulässig ist, wenn der Auftraggeber die Vorlage von Eignungsnachweisen bereits mit der Anforderung der Angebotsunterlagen verlangt.** Wenn aber die Vergabestelle verlangt, dass die Nachweise bereits mit der Anforderung der Angebotsunterlagen einzureichen waren, macht das nur in der Vergabebekanntmachung Sinn. Die Unterlagen, die die potentiellen Bieter erst anfordern sollen, können nicht Grundlage für bereits zuvor zu erfüllende Nachweispflichten sein (OLG Celle, B. v. 31. 7. 2008 – Az.: 13 Verg 3/08). 7207

Übersendet die Vergabestelle einem Bieter die Ausschreibungsunterlagen, obwohl dieser keinen Eignungsnachweis vorlegt, ändert sie auch nicht die Vergabebedingungen dahin ab, dass der entsprechende Nachweis nicht oder erst zu einem späteren Zeitpunkt verlangt wird. Hier ist geboten, davon auszugehen, dass die Vergabebekanntmachung eine eindeutige Vorgabe enthält. Dann lässt sich dem Umstand, dass die Vergabestelle die Ausschreibungsunterlagen versandt hat, obwohl der bereits für diesen Zeitpunkt verlangte Eignungsnachweis nicht vorlag, eine so weit reichende Bedeutung nicht zumessen. Der Auftraggeber darf nämlich von den in der Vergabebekanntmachung festgelegten Eignungskriterien sowie von den dazu benannten Nachweisen inhaltlich nicht abweichen und diese nicht ändern oder erweitern, sondern sie lediglich konkretisieren (OLG Celle, B. v. 31. 7. 2008 – Az.: 13 Verg 3/08). 7208

80.8.8.3.8.10 Fehlende Bekanntgabe von Eignungsnachweisen in der Bekanntmachung. Die **fehlende Bekanntgabe von Eignungsnachweisen in der Bekanntmachung** führt zur **Unmöglichkeit der Angebotswertung** in der zweiten Wertungsstufe und zur Unmöglichkeit der Einhaltung der Vergabegrundsätze gemäß VOB/A und VOL/A, **wenn nicht gerade jeder Bieter den Auftrag ausführen können soll.** Der **Verstoß kann** aufgrund fehlender gesetzlicher Regelung **nicht** durch eine nachträgliche Bekanntgabe von geforderten Eignungsnachweisen in den Vergabeunterlagen **geheilt werden** (VK Thüringen, B. v. 17. 3. 2009 – Az.: 250–4003.20–650/2009-003-EF). 7209

80.8.8.3.8.11 Keine Verpflichtung zur Wiederholung der Eignungsanforderungen in der Angebotsaufforderung. Es ist **nicht erforderlich, die bekannt gemachten Eignungsanforderungen in der Angebotsaufforderung zu wiederholen** (OLG Celle, B. v. 31. 7. 2008 – Az.: 13 Verg 3/08; OLG Düsseldorf, B. v. 9. 3. 2007 – Az.: VII – Verg 5/07; 3. VK Bund, B. v. 7. 2. 2007 – Az.: VK 3–07/07). 7210

Die Tatsache, dass ein Auftraggeber in der Angebotsaufforderung die Nachweise und Angaben nicht nochmals zusätzlich zur Bekanntmachung auflistet, ändert nichts daran, dass diese in 7211 der Bekanntmachung wirksam gefordert werden. Dass ein **Auftraggeber die in der Bekanntmachung genannten Angaben nicht noch einmal in der Angebotsaufforderung wiederholt, kann nicht so verstanden werden, dass er auf die bekannt gemachten Vorgaben nunmehr verzichtet** (3. VK Bund, B. v. 18. 1. 2007 – Az.: VK 3–150/06).

7212 80.8.8.3.8.12 **Unterschiedliche Inhalte von Bekanntmachungen derselben Ausschreibung.** Vgl. dazu zunächst die Kommentierung → Rdn. 28.

7213 Für die Frage, welche Eignungsnachweise obligatorisch vorzulegen sind, wenn die Vergabestelle im Supplement, im Ausschreibungsanzeiger und in den Vertragsunterlagen **unterschiedliche Anforderungen an die Eignungsnachweise veröffentlicht**, ist **auf den Inhalt der EU-weiten Vergabebekanntmachung abzustellen**. Der Interessent soll bereits aus der Vergabebekanntmachung und vor der Veranlassung eigener Aufwendungen erkennen können, ob für ihn eine Bewerbung in Betracht kommt; hierfür besitzt die Bekanntgabe der Eignungskriterien und geforderten Eignungsnachweise besondere Bedeutung. Der Vergabestelle ist eine vollständige und verbindliche Angabe dieser Daten im Rahmen der Vergabebekanntmachung zumutbar (OLG München, B. v. 21. 8. 2008 – Az.: Verg 13/08; OLG Naumburg, B. v. 26. 2. 2004 – Az.: 1 Verg 17/03; 1. VK Bund, B. v. 31. 8. 2009 – Az.: VK 1–152/09; VK Düsseldorf, B. v. 19. 4. 2007 – Az.: VK – 10/2007 – B; VK Münster, B. v. 17. 11. 2005 – Az.: VK 21/05).

7214 80.8.8.3.9 **Angabe von Wertungskriterien?** Die Vergabe- und Vertragsordnung für Bauleistungen, Teil A, verlangt in ihrem ersten Abschnitt, der für die bundesweiten Ausschreibungen gilt, – anders als § 16a VOB/A im zweiten Abschnitt der VOB/A für die EU-weiten Vergabeverfahren – **keine förmliche Angabe der Wertungskriterien im Einzelnen in der Vergabebekanntmachung bzw. in den Verdingungsunterlagen**. Es genügt, wenn das Anforderungsprofil des Auftraggebers in den an die Bieter übermittelten Verdingungsunterlagen hinreichenden Ausdruck gefunden hat (OLG Naumburg, Urteil v. 29. 3. 2003 – Az.: 1 U 119/02).

7215 Die **VOL/A hingegen fordert** in § 12 Abs. 2 Satz 2 lit. n) VOL/A 2009 die **Angabe der Zuschlagskriterien** auch im Unterschwellenbereich.

80.9 Bekanntmachung Beschränkter Ausschreibungen nach Öffentlichem Teilnahmewettbewerb (§ 12 Abs. 2 Nr. 1)

80.9.1 Änderung in der VOB/A 2009

7216 Im Gegensatz zur Veröffentlichung von Öffentlichen Ausschreibungen gibt es **keinen Hinweis auf die Internetplattform www.bund.de**; gegebenenfalls handelt es sich um ein Redaktionsversehen.

80.9.2 Begriff der Bekanntmachung

7217 Vgl. die Kommentierung → Rdn. 18.

80.9.3 Wahl des Bekanntmachungsmediums

7218 Vgl. die Kommentierung → Rdn. 19 ff.

80.9.4 Unterschiedliche Inhalte von Bekanntmachungen derselben Ausschreibung

7219 Vgl. die Kommentierung → Rdn. 28.

80.9.5 Umfang der Bekanntmachung (§ 12 Abs. 2 Nr. 2)

80.9.5.1 Änderung in der VOB/A 2009

7220 **Alle Angaben**, die in die Bekanntmachungen bzw. im Anschreiben und in den Vertragsunterlagen aufzunehmen sind, sind **nunmehr in § 12 Abs. 1 Nr. 2 aufgelistet**. Die verwendeten Begrifflichkeiten und die Reihenfolge der Auflistung orientiert sich dabei am Anhang VII der Vergabekoordinierungsrichtlinie. Dies **gilt auch für die Bekanntmachung beschränkter Ausschreibungen nach öffentlichem Teilnahmewettbewerb**.

80.9.5.2 Einzelne Bestandteile der Bekanntmachung

Vgl. die Kommentierung → Rdn. 36 ff. 7221

80.10 Übermittlung der Vergabeunterlagen (§ 12 Abs. 4)

80.10.1 Änderung in der VOB/A 2009

Die Regelung in § 17 Nr. 5 Satz 1 VOB/A 2006, dass **jeder Bewerber die Leistungsbe-** 7222
**schreibung doppelt und alle anderen für die Preisermittlung wesentlichen Unterlagen
einfach erhalten soll**, wurde **gestrichen**. Diese in der Praxis bewährte Handhabung sollte
trotzdem weiter beibehalten werden.

80.10.2 Anforderung der Vergabeunterlagen (§ 12 Abs. 4 Nr. 1)

Die Übermittlung der Vergabeunterlagen durch den Auftraggeber setzt die Anforderung der 7223
Vergabeunterlagen durch die Bewerber voraus.

Eine **ordnungsgemäße „Anforderung"** der Verdingungsunterlagen liegt **nur vor, wenn** 7224
sie nach der Bekanntmachung der Ausschreibung erfolgt. Das Argument, die VOB/A
sehe keinen frühestmöglichen Zeitpunkt für die Anforderung vor, weshalb eine Interessensbekundung auch schon vor Beginn des Vergabeverfahrens als gültig anzusehen sei, trifft so nicht
zu. **Das gesamte Verfahren** ist mit seinen Bestimmungen über die Bekanntmachung, Aufforderung zur Angebotsabgabe sowie die einzuhaltenden Formen und Fristen (§§ 12, 12 a VOB/A)
auf einen Startpunkt gerichtet, ab dem die Unternehmen unter gleichen Wettbewerbsbedingungen um den Auftrag konkurrieren. Erst mit der Bekanntmachung wird der zu vergebende Auftrag in seiner konkreten Gestalt mit Außenwirkung festgelegt und für jeden Interessenten
ersichtlich. Es ist **dem Auftraggeber nicht zuzumuten** – und wäre unter den Gesichtspunkten von Gleichbehandlung und Transparenz des Verfahrens auch bedenklich –, wenn **Interessenten aufgrund früherer Interessenbekundung eine gleichsam „automatische" Zusendung der Vergabeunterlagen erwarten könnten**. Umgekehrt ist auch denjenigen Interessenten, die wie hier aufgrund bestehender Vertragsbeziehung mit dem Auftraggeber schon
vorher von der beabsichtigten Ausschreibung wissen, **eine Anforderung der Vergabeunterlagen nach Erscheinen der Bekanntmachung ohne weiteres zumutbar**. Im Ergebnis hat
der Auftraggeber die Vergabeunterlagen daher an alle diejenigen Interessenten auszuhändigen,
die nach der Bekanntmachung ihr Interesse bekunden (BayObLG, B. v. 4. 2. 2003 – Az.: Verg
31/02).

80.10.3 Übermittlung der Vergabeunterlagen (§ 12 Abs. 4 Nr. 1)

80.10.3.1 Übermittlung in geeigneter Weise

Nach § 12 Abs. 4 Nr. 1 sind die Vergabeunterlagen den Bewerbern in geeigneter Weise zu 7225
übermitteln. Die **Bestimmung legt nicht fest, wie dies zu geschehen hat**. Mit der **Übersendung der Vergabeunterlagen einmal in Papierform und einmal per Datenträger
erhalten die Bewerber die Leistungsbeschreibung in doppelter Ausfertigung**, wenn
auch mittels unterschiedlicher Medien (VK Magdeburg, B. v. 6. 3. 2000 – Az.: VK-OFD LSA-
01/00).

80.10.3.2 Anforderungen bei der Übersendung von elektronischen Medien

80.10.3.2.1 **Allgemeines.** Im Baubereich erfolgt bereits großenteils die Übersendung der 7226
Unterlagen in elektronischer Form. **Basis der Unterlagen ist ein Dateistandard**, der vom
Gemeinsamen Ausschuss für Elektronik im Bauwesen (**GAEB**) entwickelt worden ist und der
von den allermeisten DV-Programmen, die bei der Ausschreibung, Vergabe und Abrechnung
(AVA) eingesetzt werden, übernommen worden ist.

Der jeweils aktuelle Standard ist **unter der Internet-Adresse www.gaeb.de abrufbar**. 7227

80.10.3.2.2 **Beifügung einer entsprechenden Programmdiskette.** Der **Auftraggeber** 7228
ist dann, wenn er Unterlagen in elektronischer Fassung abgibt, auch **verpflichtet**, eine entsprechende **Programmdiskette beizufügen**. Das Argument einer Vergabestelle, es sei davon
auszugehen, dass die Teilnehmer an öffentlichen Ausschreibungen üblicherweise mit der entsprechenden Software ausgerüstet seien, überzeugt nicht. Es handelt sich dabei um eine bloße
Annahme, die den Versand der Programmdiskette „Angebot" nicht entbehrlich macht. Zur

Teil 3 VOB/A § 12 Vergabe- und Vertragsordnung für Bauleistungen Teil A

Gleichbehandlung aller Bieter ist es erforderlich, die Programmdiskette unaufgefordert den Datenträgern beizufügen, damit alle Bieter bereits mit Übersendung der Verdingungsunterlagen in die Lage versetzt werden, ein Angebot per Diskette zu erarbeiten. Dies gilt insbesondere in dem Fall, in dem Datenträger die zweite Ausfertigung der Verdingungsunterlagen gemäß § 17 Nr. 5 VOB/A darstellen (VK Magdeburg, B. v. 6. 3. 2000 – Az.: VK-OFD LSA-01/00).

80.10.3.3 Mitwirkungspflicht des Bewerbers bei erkennbaren Problemen mit der Übersendung

7229 Den Bieter können im Rahmen eines Vergabeverfahrens zur Wahrung seiner Interessen gewisse Obliegenheiten treffen. Insbesondere **obliegt es einem Bewerber, der die Vergabeunterlagen angefordert hat, die Vergabestelle frühzeitig zu benachrichtigen, falls er die Unterlagen nicht innerhalb der für einen normalen Postlauf anzusetzenden Zeitspanne erhält und daher ein postalisches Versehen nahe liegt.** Den aus dem Verstoß gegen die Obliegenheit resultierenden Nachteil, dass sich ein Bieter an dem Vergabeverfahren nicht mehr beteiligen kann, hat er selbst zu tragen. Er kann nicht erwarten, dass die Vergabestelle Obliegenheitsverletzung des Bieters dadurch „kompensiert", dass sie den Submissionstermin um die für eine Angebotserstellung benötigte Zeit verschiebt (OLG Düsseldorf, B. v. 21. 12. 2005 – Az.: VII – Verg 75/05; 2. VK Bund, B. v. 28. 9. 2005 – Az.: VK 2–120/05).

80.10.3.4 Pflicht des Auftraggebers zur erneuten Übersendung der Vergabeunterlagen

7230 Die **Vergabestelle** ist im Rahmen des Möglichen und Zumutbaren **grundsätzlich verpflichtet, dem Bieter die Vergabeunterlagen erneut zuzusenden**, wenn sie z.B. auf dem Postweg verloren gegangen sind. Insoweit ist es auch **nicht Sache der Vergabestelle, zu entscheiden, ob noch eine ausreichende Kalkulationszeit verbleibt oder nicht**; dies ist **Angelegenheit des Bieters** (OLG Düsseldorf, B. v. 21. 12. 2005 – Az.: VII – Verg 75/05).

80.10.3.5 Pflicht des Auftraggebers zur Dokumentation des Versands von Nachträgen und der Sicherstellung einer Rückmeldung über den Empfang

7231 Zwar **konstatiert die VOB/A keine Verpflichtung des Auftraggebers** etwa einen Kurierdienst oder andere Sonderzustellungswege zu wählen und **gestattet durchaus die Übermittlung per Post**, entbindet den Auftraggeber aber nicht davon letztendlich dafür Sorge zu tragen, dass die Bieter von gleichen Voraussetzungen ausgehen können. Damit korrespondiert die Pflicht des Bieters, alle abgefragten Erklärungen abzugeben und die Vergabeunterlagen nicht abzuändern. Befindet sich hinsichtlich von **Nachträgen zur Leistungsbeschreibung** jedoch in der Vergabeakte **lediglich eine Abschrift des jeweiligen Schriftsatzes ohne Postabgangsvermerk**, so dass zum einen nicht nachvollziehbar ist, wie und in welcher zeitlichen Reihenfolge diese Nachträge versandt worden sind und keineswegs sichergestellt werden ist, ob ein Empfang stattgefunden hat, versäumt der Auftraggeber es, durch den **Verzicht auf jede Art von Rückmeldung über den Empfang**, eine gleiche Beurteilungsbasis für die zu erstellenden Angebote herzustellen. Die **Ausschreibung ist ab Versand der Vergabeunterlagen zu wiederholen** (VK Arnsberg, B. v. 14. 7. 2006 – Az.: VK 18/06).

7232 Versendet die Vergabestelle **Änderungen der Vergabeunterlagen mittels Telefax**, so ist das im „RUNDSENDEBERICHT" enthaltene **„OK" weder ein Beleg dafür, dass ein Fax auch tatsächlich bei dem Bieter ankam**, noch dafür, wenn es denn angekommen sein sollte, ob es den von der Vergabestelle behaupteten Inhalt hatte. Für per Briefpost und per Fax übersandte Schreiben besteht keine Möglichkeit eines Anscheinsbeweises den Erhalt betreffend. Durch den „OK"-Vermerk wird nur die Herstellung der Verbindung zwischen dem Gerät des Absenders und demjenigen des Empfängers bestätigt. Keine Aussage wird über den „OK"-Vermerk dahingehend getroffen, ob die Daten auch tatsächlich übermittelt wurden. Es besteht die Möglichkeit, dass Störungen in Leitung oder beim Gerät des Empfängers die Übermittlung verhindern. Gleichfalls sind die bestehenden Manipulationsmöglichkeiten als problematisch anzusehen. Diese Fakten sprechen dagegen, in dem „OK"-Sendebericht einen primafacie-Beweis für den Zugang der Willenserklärung zu sehen. Nach herrschender Meinung ist **ein durch Fax übermitteltes Schreiben erst zu dem Zeitpunkt eingegangen, in dem es vom Empfängergerät ausgedruckt** wurde. Erst in dem Fall ist es schriftlich verkörpert in den Machtbereich des Empfängers gelangt. Diesen Nachweis kann der „OK"-Vermerk nicht liefern. Kann die Vergabestelle den bestrittenen Zugang ihres, das Leistungsverzeichnis inhaltlich verändernden Schreibens (Fax) nicht beweisen, ist der Bieter so zu stellen, als ob er dieses Schreiben (Fax) nicht erhalten habe. Damit ist die Vergabestelle der ihr obliegenden Pflicht zur umfassenden, eindeutigen Leistungsbeschreibung (§ 7 Abs. 1 Nr. 1–3 VOB/A), der Mitteilungspflicht aller die geforderte Leistung oder die Grundlagen der Preisermittlung betreffenden Angaben gemäß § 12 Abs. 7 VOB/A nicht nachgekommen. Zumindest diesem Bieter wurden durch den anzunehmenden Nichterhalt der Informationen – im Gegensatz zu den anderen Bewerbern – **wesentliche Angaben für die Angebotserarbeitung vorenthalten** und ihm die Möglichkeit genommen, ein den leistungsmäßigen Forderungen der Vergabestelle entsprechendes Angebot abzugeben. Dadurch wird dieser Bieter in seinem Recht auf Gleichbehandlung im Vergabeverfahren gemäß § 97 Abs. 2 GWB verletzt. Die **Ausschreibung ist bei weiter bestehender Vergabeabsicht ab Versand der Vergabeunterlagen zu wiederholen** (VK Thüringen, B. v. 26. 2. 2008 – Az.: 2008-003-G).

80.11 Auskünfte an die Bewerber (§ 12 Abs. 7)

80.11.1 Änderung in der VOB/A 2009

Die **Regelung des § 17 Nr. 7 Abs. 2 VOB/A 2006**, wonach dann, wenn einem Bewerber wichtige Aufklärungen über die geforderte Leistung oder die Grundlagen der Preisermittlung gegeben werden, sie auch den anderen Bewerbern unverzüglich mitzuteilen sind, soweit diese bekannt sind, wurde ersatzlos gestrichen. 7233

Außerdem wurde die **Verpflichtung des Auftraggebers zur Erteilung der Auskünfte in gleicher Weise** aufgenommen. Eine Differenzierung ist also nicht zulässig. 7234

80.11.2 Auskunftspflicht des Auftraggebers

Nach § 12 Abs. 7 VOB/A können die Bieter eines Vergabeverfahrens von der Vergabestelle während des Laufes der Angebotsfrist sachdienliche Auskünfte verlangen; die **Vergabestelle ist zur unverzüglichen und (natürlich auch) inhaltlich zutreffenden Beantwortung dieser Anfragen verpflichtet** (OLG Naumburg, B. v. 23. 7. 2001 – Az.: 1 Verg 2/01). 7235

80.11.3 Sinn und Zweck der Regelung

Die Auskunftspflicht des öffentlichen Auftraggebers **dient der Einhaltung eines fairen, mit möglichst großer Beteiligung geführten Wettbewerbs** und damit auch der **Gleichbehandlung der beteiligten Bewerber** (OLG Naumburg, B. v. 23. 7. 2001 – Az.: 1 Verg 2/01; 1. VK Sachsen, B. v. 24. 4. 2008 – Az.: 1/SVK/015-08). 7236

80.11.4 Form der Erteilung der Auskünfte

Eine **bestimmte Form**, die der Auftraggeber bei Erteilung der Auskünfte einzuhalten hat, ist **nicht vorgeschrieben**. Wenn ein Bieter **verbindliche Auskünfte der Vergabestelle** haben will, kann ihm nur geraten werden, **seine Anfragen zur Leistungsbeschreibung offiziell und insbesondere schriftlich gegenüber der Vergabestelle zu stellen**. Die Vergabestelle ist dann wegen des Gleichbehandlungsgrundsatzes verpflichtet, wettbewerbsrelevante Fragen und Antworten auch den übrigen Bietern zukommen zu lassen. Dieses einzig korrekte Verfahren hat für die Bieter im übrigen auch den Vorteil, dass sie die Auskünfte rechtzeitig erlangen und ihnen nicht entgegengehalten werden kann, sie hätten mit unzuständigen Mitarbeitern gesprochen oder deren Auskünfte falsch verstanden (2. VK Bund, B. v. 11. 9. 2002 – Az.: VK 2–42/02). 7237

80.11.5 Begriff der „zusätzlichen Auskünfte"

Bei zusätzlichen Auskünften handelt es sich um **Mitteilungen, die nur für den anfragenden Bewerber wichtig sind**, weil er z. B. die Aufgabenstellung oder das Anschreiben vollständig oder in einzelnen Punkten missverstanden oder nicht genau gelesen hat (2. VK Bund, B. v. 24. 6. 2003 – Az.: VK 2–46/03; VK Lüneburg, B. v. 27. 6. 2005 – Az.: VgK-23/2005; B. v. 24. 11. 2003 – Az.: 203-VgK-29/2003). 7238

Auch wenn die zusätzliche Auskunft nur für den anfragenden Bewerber wichtig ist, **muss sie nach der VOB/A 2009 allen Bewerbern mitgeteilt** werden. 7239

Teil 3 VOB/A § 12   Vergabe- und Vertragsordnung für Bauleistungen Teil A

80.11.6 Begriff der „sachdienlichen" Auskünfte

7240   Um eine sachdienliche Auskunft handelt es sich, wenn die Information, die erbeten wird, individuelle Missverständnisse des Bewerbers beheben oder individuelle Verständnisfragen hinsichtlich der Verdingungsunterlagen oder des Anschreibens beantworten soll, also **Auskünfte über technische Fragen ebenso wie solche, die für die vom Bewerber vorzunehmende Preiskalkulation von Bedeutung sein können**. Die Individualität der erteilten Auskunft macht es entbehrlich, diese allen anderen Bewerbern zur Kenntnis zu geben (OLG Düsseldorf, B. v. 23. 3. 2005 – Az.: VII – Verg 77/04). Die Auskunftspflicht des öffentlichen Auftraggebers dient der Einhaltung eines fairen, mit möglichst großer Beteiligung geführten Wettbewerbs und damit auch der Gleichbehandlung der beteiligten Bewerber (OLG Naumburg, B. v. 23. 7. 2001 – Az.: 1 Verg. 2/01).

7241   Auch wenn die sachdienliche Auskunft nur für den anfragenden Bewerber wichtig ist, **muss sie nach der VOB/A 2009 allen Bewerbern mitgeteilt** werden.

80.11.7 Begriff der „wichtigen Aufklärungen"

80.11.7.1 Änderung in der VOB/A 2009

7242   Die **VOB/A 2006 differenzierte** in § 17 Abs. 7 Nr. 1 und 2 **zwischen zusätzlichen sachdienlichen Auskünften und wichtigen Aufklärungen**. Diese **Differenzierung ist in der VOB/A 2009 weggefallen**. Da man aber nicht davon ausgehen kann, dass den Bewerbern nach der VOB/A 2009 keine wichtigen Aufklärungen gegeben werden sollen, müssen entgegen der älteren Rechtsprechung zu § 17 Nr. 7 VOB/A auch die „wichtigen Aufklärungen" zu den zusätzlichen sachdienlichen Auskünften gezählt werden.

80.11.7.2 Ältere Rechtsprechung zum Begriff der „wichtigen Aufklärungen"

7243   Bei zusätzlichen Auskünften handelt es sich um Mitteilungen, die nur für den anfragenden Bewerber wichtig sind, weil er z. B. die Verdingungsunterlagen oder das Anschreiben vollständig oder in einzelnen Punkten missverstanden oder nicht genau gelesen hat. Erst **wenn derartige Missverständnisse nicht subjektiv, sondern objektiv bedingt sind, weil sie sich als Folge von Unzulänglichkeiten der Leistungsbeschreibung darstellen**, liegt **eine wichtige Auskunft** im Sinne des Abs. 2 vor (VK Sachsen, B. v. 11. 12. 2009 – Az.: 1/SVK/054-09; B. v. 26. 6. 2009 – Az.: 1/SVK/024-09; B. v. 24. 4. 2008 – Az.: 1/SVK/015-08; B. v. 17. 9. 2007 – Az.: 1/SVK/058-07). Teilweise wird sogar die Häufung von Nachfragen der Bewerber vorausgesetzt, bevor der Auftraggeber prüfen muss, ob dies nicht eine Folge objektiv missverständlicher Passagen in der Leistungsbeschreibung ist (OLG Düsseldorf, B. v. 23. 3. 2005 – Az.: VII – Verg 77/04; 2. VK Bund, B. v. 24. 6. 2003 – Az.: VK 2–46/03; VK Lüneburg, B. v. 27. 6. 2005 – Az.: VgK-23/2005; B. v. 24. 11. 2003 – Az.: 203-VgK-29/2003).

7244   „**Wichtig**" im Sinne dieser Vorschrift sind also alle Informationen, die **ersichtlich nicht nur individuelle Missverständnisse einzelner Bieter aufklären**. Lassen Bieterfragen erkennen, dass bestimmte Umstände kalkulationserheblich sind bzw. sein können, und beantwortet die Vergabestelle eine entsprechende Frage, darf sie an die **Beurteilung der „Wichtigkeit" dieser Informationen im Übrigen keine hohen Anforderungen stellen** (2. VK Hessen, B. v. 26. 4. 2007 – Az.: 69 d VK – 08/2007; 1. VK Sachsen, B. v. 11. 12. 2009 – Az.: 1/SVK/054-09).

80.11.8 Unverzügliche Erteilung der Auskünfte

7245   Eine **Rückäußerung am Angebotsabgabetermin** ist materiell gesehen **nicht unverzüglich** (1. VK Sachsen, B. v. 5. 10. 2002 – Az.: 1/SVK/87-01). Richtet ein Bieter seine **Frage jedoch erst weniger als 24 h vor Ablauf der Frist zur Angebotsabgabe** an den Auftraggeber, ist dieser **weder verpflichtet, die Frage noch zu beantworten, noch sie an alle Bieter weiterzuleiten** (VK Baden-Württemberg, B. v. 26. 3. 2010 – Az.: 1 VK 11/10).

80.11.9 Beachtung des Gleichheitsgrundsatzes

7246   **Stellt eine Vergabestelle nur einem Bieter wettbewerbs- und preisrelevante Kalkulationsgrundlagen zur Verfügung und macht sie diese anderen Bietern nicht auch zugänglich, liegt eine Ungleichbehandlung vor**, die mangels vergleichbarer Angebote

Vergabe- und Vertragsordnung für Bauleistungen Teil A   VOB/A § 12a **Teil 3**

zur **Aufhebung des Vergabeverfahrens führt**. Grundlage der Regelung des § 12 Abs. 7 VOB/A ist das Prinzip der Gleichbehandlung aller Teilnehmer an einem Vergabeverfahren (VK Lüneburg, B. v. 24. 11. 2003 – Az.: 203-VgK-29/2003; VK Sachsen, B. v. 26. 6. 2009 – Az.: 1/SVK/024-09; B. v. 7. 12. 2006 – Az.: 1/SVK/100-06).

Der Verstoß gegen § 12 Abs. 7 VOB/A ist auch nicht etwa durch eine Verpflichtung des Auftraggebers zur erneuten Angebotswertung unter Berücksichtigung der Rechtsauffassung der Vergabekammer heilbar, da dieser Verstoß gegen die Informationspflicht unmittelbar Auswirkungen auf die Angebotskalkulation haben musste. Eine **nachträgliche Korrektur der Angebotskalkulationen und damit der Angebotspreise bei allen Bietern ist in einem laufenden Vergabeverfahren nicht möglich** (VK Lüneburg, B. v. 24. 11. 2003 – Az.: 203-VgK-29/2003; VK Sachsen, B. v. 7. 12. 2006 – Az.: 1/SVK/100-06). In einem solchen Fall kommt **nur die Aufhebung des Vergabeverfahrens oder Zurückversetzung des Vergabeverfahrens in den Stand nach Vergabebekanntmachung** in Betracht (VK Sachsen, B. v. 7. 12. 2006 – Az.: 1/SVK/100-06). 7247

80.11.10 Festlegung einer Frist durch den Auftraggeber für die Beantwortung von Fragen

Die Auskunftspflicht des öffentlichen Auftraggebers dient der Einhaltung eines fairen, mit möglichst großer Beteiligung geführten Wettbewerbs und damit auch der Gleichbehandlung der beteiligten Bewerber. Bei **Verfahren unterhalb der Schwellenwerte ist dem Auftraggeber ein berechtigtes Interesse zuzugestehen, eine Frist für den letztmöglichen Eingang von Fragen zu den Verdingungsunterlagen festzusetzen**. Zweck einer solchen Regelung ist es nämlich, individuellen Klärungsbedarf im Rahmen der laufenden Angebotsfrist zu kanalisieren, so dass ein geordneter Ablauf des Verfahrens nicht beeinträchtigt wird. Im Sinne der beschleunigten Durchführung von Vergabe(nachprüfungs-)verfahren hat der **Auftraggeber ein berechtigtes Interesse daran, dass Unklarheiten in den Vergabeunterlagen durch die Bieter bis zu einem bestimmten Termin abschließend benannt und bearbeitet werden können**. Dies gilt umso mehr, wenn die Zeiträume zur Bearbeitung der Vergabeunterlagen ausreichend lang bemessen sind. Dem Bieter ist nicht zuzugestehen, durch zögerliche Anfragen das Vergabeverfahren zu verschleppen, um so eine immer weitere Verschiebung des Termins zur Angebotsabgabe zu erreichen (VK Sachsen, B. v. 24. 4. 2008 – Az.: 1/SVK/015-08). 7248

80.11.11 Rechtsfolge einer durch den Bewerber nicht erfolgten Erkundigung

Vgl. dazu die **Kommentierung zu** → **§ 7 VOB/A Rdn. 99 ff.** 7249

80.11.12 Reaktionsmöglichkeiten des Auftraggebers bei einer unklaren Leistungsbeschreibung

Stellt der Auftraggeber z. B. aufgrund von Rückfragen der Bewerber oder Bieter fest, dass die Leitungsbeschreibung unklar oder widersprüchlich ist, kann er die **Ausschreibung aus wichtigem Grund gemäß § 17 VOB/A aufheben** oder eine Klarstellung nach § 12 Abs. 7 VOB/A gegenüber allen Bewerbern abgeben. Er kann aber auch das **Verfahren bis zum Zuschlag durchführen**, wenn die Weiterführung des Vergabeverfahrens die **Rechte der Bieter** trotz des Verstoßes gegen den Grundsatz der Eindeutigkeit der Leistungsbeschreibung **nicht tangiert** weil alle Bieter die mehrdeutigen Klauseln im selben Sinne verstehen (OLG Frankfurt, Urteil v. 3. 7. 2007 – Az.: 11 U 54/06). 7250

81. § 12a VOB/A – Vorinformation, Bekanntmachung, Versand der Vergabeunterlagen

(1)
1. Die wesentlichen Merkmale für
   a) eine beabsichtigte bauliche Anlage mit mindestens einem geschätzten Gesamtauftragswert nach § 2 Nummer 3 VgV ohne Umsatzsteuer,

b) einen beabsichtigten Bauauftrag, bei dem der Wert der zu liefernden Stoffe und Bauteile weit überwiegt, mit einem geschätzten Auftragswert von mindestens 750 000 €,

sind als Vorinformation bekannt zu machen.

2. Die Vorinformation ist nur dann zwingend vorgeschrieben, wenn die Auftraggeber die Möglichkeit wahrnehmen, die Frist für den Eingang der Angebote gemäß § 10 a Absatz 1 Nummer 2 zu verkürzen.

3. Die Vorinformation ist nach dem in Anhang I der Verordnung (EG) Nummer 1564/2005) enthaltenen Muster zu erstellen.

4. Sie sind sobald wie möglich nach Genehmigung der Planung dem Amt für amtliche Veröffentlichungen der Europäischen Gemeinschaften zu übermitteln oder im Beschafferprofil nach § 11 Absatz 2 zu veröffentlichen; in diesem Fall ist dem Amt für amtliche Veröffentlichungen zuvor auf elektronischem Wege die Veröffentlichung mit dem in Anhang VIII der Verordnung (EG) Nummer 1564/2005) enthaltenem Muster zu melden. Die Vorinformation kann außerdem in Tageszeitungen, amtlichen Veröffentlichungsblättern oder Internetportalen veröffentlicht werden.

(2)

1. Werden Bauaufträge im Sinne von § 1 a im Wege eines Offenen Verfahrens, eines Nichtoffenen Verfahrens, eines Wettbewerblichen Dialogs oder eines Verhandlungsverfahrens mit Vergabebekanntmachung vergeben, sind die Unternehmen durch Bekanntmachungen aufzufordern, ihre Teilnahme am Wettbewerb zu beantragen.

2. Die Bekanntmachungen müssen die in Anhang II der Verordnung (EG) Nummer 1564/2005) geforderten Informationen enthalten und sind im Amtsblatt der Europäischen Gemeinschaften zu veröffentlichen. Sie sind dem Amt für amtliche Veröffentlichungen der Europäischen Gemeinschaften unverzüglich, in Fällen des beschleunigten Verfahrens per Telefax oder elektronisch zu übermitteln. Die Bekanntmachung soll sich auf ca. 650 Wörter beschränken.

3. Der Tag der Absendung an das Amt für amtliche Veröffentlichungen der Europäischen Gemeinschaften muss nachgewiesen werden können.

4. Die Bekanntmachung wird unentgeltlich, spätestens 12 Tage nach der Absendung im Supplement zum Amtsblatt der Europäischen Gemeinschaften in der Originalsprache veröffentlicht. Eine Zusammenfassung der wichtigsten Angaben wird in den übrigen Amtssprachen der Gemeinschaften veröffentlicht; der Wortlaut in der Originalsprache ist verbindlich.

5. Die Bekanntmachungen können auch inländisch veröffentlicht werden, z. B. in Tageszeitungen, amtlichen Veröffentlichungsblättern oder Internetportalen. Sie dürfen nur die dem Amt für amtliche Veröffentlichungen der Europäischen Gemeinschaften übermittelten Angaben enthalten und dürfen nicht vor Absendung an dieses Amt veröffentlicht werden.

6. Bekanntmachungen, die über das Internetportal des Amtes für amtliche Veröffentlichungen der Europäischen Gemeinschaften auf elektronischem Wege erstellt und übermittelt wurden (elektronische Bekanntmachung), werden abweichend von Nummer 4 spätestens 5 Kalendertage nach ihrer Absendung veröffentlicht.

(3)

1. Die Bekanntmachung ist beim Offenen Verfahren, Nichtoffenen Verfahren, Verhandlungsverfahren und Wettbewerblichen Dialog nach dem im Anhang II der Verordnung (EG) Nummer 1564/2005) enthaltenen Muster zu erstellen.

2. Dabei sind zu allen Nummern Angaben zu machen; die Texte des Musters sind nicht zu wiederholen.

(4) Sind bei Offenen Verfahren die Vergabeunterlagen nicht auf elektronischem Weg frei, direkt und vollständig verfügbar, werden die Vergabeunterlagen den Bewerbern binnen 6 Kalendertagen nach Eingang des Antrags zugesandt, sofern dieser Antrag rechtzeitig vor dem Schlusstermin für den Eingang der Angebote eingegangen ist.

(5) Rechtzeitig beantragte Auskünfte über die Vergabeunterlagen sind spätestens 6 Kalendertage vor Ablauf der Angebotsfrist zu erteilen. Bei Nichtoffenen Verfahren

und beschleunigten Verhandlungsverfahren nach § 10 a Absatz 2 Nummer 4 a beträgt diese Frist 4 Kalendertage.

81.1 Änderungen in der VOB/A 2009

In § 12 a Abs. 3 wird wie bei § 8 a bezüglich des Inhalts der Bekanntmachung nur noch auf § 12 Abs. 1 Nr. 2 und den Anhang II der Verordnung (EG) Nr. 1564/2005 verwiesen. 7251

Ansonsten erfolgten **nur redaktionelle Änderungen**. 7252

81.2 Vergleichbare Regelungen

Der **Vorschrift des § 12 a VOB/A vergleichbar** sind im Bereich der VOB **§ 12 VOB/A**, im Bereich der VOL **§§ 12, 15 EG VOL/A** und im Bereich der VOF **§ 9 VOF**. Die Kommentierungen zu diesen Vorschriften können daher ergänzend zu der Kommentierung des § 12 herangezogen werden. 7253

81.3 Bieterschützende Vorschrift

81.3.1 Grundsätze

Vgl. die Kommentierung zu → § 12 VOB/A Rdn. 4. 7254

81.3.2 § 12 a Abs. 2

Die **Vorschrift des § 12 a Abs. 2 hat bieterschützenden Charakter** (OLG Naumburg, B. v. 16. 9. 2002 – Az.: 1 Verg 02/02). 7255

81.4 Sinn und Zweck der Vorschriften über die Vergabebekanntmachung

Vgl. die Kommentierung zu → § 12 VOB/A Rdn. 7132 ff. 7256

81.5 Auslegung der Vergabebekanntmachung

Vgl. die Kommentierung zu → § 12 VOB/A Rdn. 11 ff. 7257

81.6 Bindung des Auftraggebers an die Bekanntmachung

Vgl. die Kommentierung zu → § 12 VOB/A Rdn. 16 ff. 7258

81.7 Bekanntmachungsmuster

Die **Verordnung (EG) Nr. 1564/2005 zur Einführung von Standardformularen für die Veröffentlichung von Vergabebekanntmachungen im Rahmen von Verfahren zur Vergabe öffentlicher Aufträge gemäß den Richtlinien 89/665/EWG und 92/13/EWG des Rates**, zuletzt geändert durch die **Verordnung (EG) Nr. 1150/2009 der Kommission vom 10. November 2009** (Amtsblatt der Europäischen Union L 313/3 vom 28. 11. 2009) enthält in ihren Anhängen die Bekanntmachungsmuster. 7259

Die **Standardformulare für Bekanntmachungen über vergebene Aufträge** sind Gegenstand von Anhang III und Anhang VI der Verordnung (EG) Nr. 1564/2005 der Kommission vom 7. September 2005 zur Einführung von Standardformularen für die Veröffentlichung von Vergabebekanntmachungen im Rahmen von Verfahren zur Vergabe öffentlicher Aufträge gemäß den Richtlinien 2004/17/EG und 2004/18/EG des Europäischen Parlaments und des Rates. Um die **volle Wirksamkeit der Richtlinien 89/665/EWG und 92/13/EWG**, geändert durch Richtlinie 2007/66/EG, **zu gewährleisten, sind die Standardformulare dieser Bekanntmachungen angepasst** worden, so dass die öffentlichen Auftraggeber und die Auftraggeber die Begründung in diese Bekanntmachungen aufnehmen können, die Gegenstand von 7260

Teil 3 VOB/A § 12a Vergabe- und Vertragsordnung für Bauleistungen Teil A

Artikel 2f der Richtlinien 89/665/EWG und 92/13/EWG ist. Die **geänderten Formulare sind seit dem 1. 12. 2009 zu verwenden.**

7261 Die Richtlinien 89/665/EWG und 92/13/EWG sehen eine **Bekanntmachung für eine freiwillige Ex-ante-Transparenz** vor, die der Gewährleistung einer vorvertraglichen Transparenz auf freiwilliger Basis dienen soll. Grundlagen für derartige Veröffentlichungen sind Art. 3a der Rechtsmittelrichtlinie bzw. der Sektorenrechtsmittelrichtlinie. Für eine derartige Bekanntmachung bedarf es ebenfalls eines Standardformulars. Dieses **Formular XIV ist spätestens ab dem 21. 12. 2009 zu verwenden.**

7262 Die **Verordnung** zur Einführung von Standardformularen für die Veröffentlichung von Vergabebekanntmachungen ist **in allen ihren Teilen verbindlich und gilt unmittelbar** in jedem Mitgliedstaat. Ein **Umsetzungsschritt** ist also **nicht erforderlich.**

7263 **Zurzeit gibt es folgende Bekanntmachungsmuster:**
- Vorinformation
- Bekanntmachung
- Bekanntmachung über vergebene Aufträge
- Regelmäßige nicht verbindliche Bekanntmachung – Sektoren
- Bekanntmachung – Sektoren
- Bekanntmachung über vergebene Aufträge – Sektoren
- Bekanntmachung über das Bestehen eines Prüfungssystems – Sektoren
- Bekanntmachung über ein Beschafferprofil
- Vereinfachte Bekanntmachung im Rahmen eines dynamischen Beschaffungssystems
- Baukonzession
- Vergabebekanntmachung – Konzession
- Wettbewerbsbekanntmachung
- Bekanntmachung über die Ergebnisse eines Wettbewerbs
- Bekanntmachung über zusätzliche Informationen, Informationen über nichtabgeschlossene Verfahren oder Berichtigung
- Freiwillige ex-ante-Transparenzbekanntmachung.

7264 Sie finden die Bekanntmachungsmuster auch unter der **Internetadresse http://simap.europa.eu/buyer/forms-standard/index_de.htm.**

81.8 Vorinformation (§ 12a Abs. 1)

81.8.1 Sinn und Zweck der Vorinformation

7265 Das Verfahren der Vorinformation ist im Rahmen der Bekanntmachungsvorschriften der Vergabekoordinierungsrichtlinie geregelt. Diese **Vorschriften sollen die Entstehung eines echten Wettbewerbs auf dem Gebiet des öffentlichen Auftragswesens auf Gemeinschaftsebene fördern,** indem sie sicherstellen, dass die potenziellen Bieter aus anderen Mitgliedstaaten auf die verschiedenen Angebote unter vergleichbaren Bedingungen wie die nationalen Bieter antworten können (EuGH, Urteil v. 26. 9. 2000 – Az.: C-225/98).

81.8.2 Bedeutung der Vorinformation

81.8.2.1 Formalitätscharakter oder materielle Bedeutung?

7266 Der Gemeinschaftsgesetzgeber wollte den potenziellen Bietern dadurch, dass er die Ausübung der Befugnis des öffentlichen Auftraggebers, die Fristen für den Eingang der Gebote zu verkürzen, von der Verpflichtung abhängig machte, die Bekanntmachung einer Vorinformation zu veröffentlichen, dieselben Fristen für die Ausarbeitung ihres Angebots gewährleisten, die ihnen bei Geltung der normalen Fristen zur Verfügung gestanden hätten. Die **Veröffentlichung der Bekanntmachung einer Vorinformation ist daher nur zwingend, wenn die öffentlichen Auftraggeber von der Möglichkeit Gebrauch machen, die Fristen für den Eingang der Gebote zu verkürzen** (EuGH, Urteil v 26. 9. 2000 – Az.: C-225/98).

Bei der Vorinformation handelt es sich dennoch nicht um eine bloße Formalität, sondern ihr kommt wegen der hoch angesiedelten Transparenz materielle Bedeutung zu (VK Thüringen, B. v. 21. 11. 2001 – Az.: 216–4004.20–059/01-G-S).

7267

Jedoch folgt aus dem Charakter der Vorinformation als einer dem Vergabeverfahren vorgeschalteten Information (langfristige unverbindliche Information zu einem beabsichtigten Vergabeverfahren ohne konkrete Angaben, die eine Kalkulation ermöglichen könnten), dass **Verstöße des Auftraggebers gegen § 12a VOB/A nicht zur Rechtswidrigkeit des Vergabeverfahrens führen können** (VK Thüringen, B. v. 28. 5. 2001 – Az.: 216–4002.20–028/01-GTH, B. v. 9. 9. 2003, Az.: 216–4003.20–015/03-GTH).

7268

81.8.2.2 Möglichkeit der Fristverkürzung

Nach § 10a Abs. 1 Nr. 2 kann die **Frist für den Eingang der Angebote verkürzt** werden, wenn eine Vorinformation gemäß § 12a Abs. 1 nach dem vorgeschriebenen Muster (Anhang I der Verordnung (EG) Nr. 1564/2005) mindestens 52 Kalendertage, höchstens aber 12 Monate vor dem Zeitpunkt der Absendung der Bekanntmachung des Auftrags im Offenen Verfahren nach § 12a Abs. 2 an das Amtsblatt der Europäischen Gemeinschaften abgesandt wurde.

7269

81.8.3 Verpflichtung zur Vorinformation für Aufträge über bauliche Anlagen (§ 12a Abs. 1 Nr. 1 lit. a)

81.8.3.1 Bauliche Anlage mit mindestens einem geschätzten Gesamtauftragswert nach § 2 Nr. 4 VgV

Die Verpflichtung zur Vorinformation gilt einmal für eine beabsichtigte bauliche Anlage mit mindestens einem geschätzten Gesamtauftragswert nach § 2 Nr. 4 VgV ohne Umsatzsteuer. Es wird also zur **Bestimmung des sachlichen Anwendungsbereiches** nicht mehr auf die in der Vergabeverordnung (VgV) enthaltenen Euro-Beträge abgestellt, sondern auf die **jeweiligen Bestimmungen der VgV selbst.**

7270

81.8.3.2 Begriff der baulichen Anlage

Vgl. dazu die **Kommentierung zu** → § 99 GWB Rdn. 121 ff.

7271

81.8.4 Verpflichtung zur Vorinformation für Bauaufträge mit überwiegendem Lieferanteil (§ 12a Abs. 1 Nr. 1 lit. b)

Vgl. dazu die **Kommentierung zu** → § 1a VOB/A Rdn. 6.

7272

81.8.5 Zwingende Vorinformation (§ 12a Abs. 1 Nr. 2)

Die Vorinformation ist **nur dann zwingend** vorgeschrieben, wenn die **Auftraggeber die Möglichkeit wahrnehmen wollen, die Frist für den Eingang der Angebote gem. § 10a Abs. 1 Nr. 2 zu verkürzen.**

7273

81.8.6 Form der Vorinformation (§ 12a Abs. 1 Nr. 3)

Bekanntmachungsmuster sind in der Verordnung (EG) Nr. 1564/2005 vorgegeben. Ihre Anwendung ist damit direkt gültig; es bedarf keiner Umsetzung in nationales Recht. Auf die Aufnahme der Bekanntmachungsmuster in die VOB/A wurde daher schon bei der VOB/A 2006 verzichtet; anstelle der Verweise auf die Anhänge der VOB/A wurde direkt auf die Anhänge in der Verordnung (EG) Nr. 1564/2005 verwiesen. Die **Vorinformation** ist nach dem **in Anhang I der Verordnung (EG) Nr. 1564/2005 enthaltenen Muster zu erstellen.**

7274

Die Verordnung (EG) Nummer 1564/2005 wurde **durch die Verordnung (EG) Nummer 1150/2009 vom 10. 11. 2009 (Amtsblatt der Europäischen Union vom 28. 11. 2009 – L 313/3) ergänzt und geändert.**

7275

81.8.7 Richtlinie des VHB 2008 zur Form der Vorinformation

Bekanntmachungen von Vorinformationen, Offenen und Nichtoffenen Verfahren, Verhandlungsverfahren sowie Wettbewerblichem Dialog (§ 12a Abs. 1 und 2 VOB/A) sind im Amtsblatt

7276

Teil 3 VOB/A § 12a Vergabe- und Vertragsordnung für Bauleistungen Teil A

der Europäischen Union online **www.simap.europa.eu** unter dem Link „Auftraggeberseite/ Formulare" zu veröffentlichen. Soweit dem Amt für amtliche Veröffentlichungen die Einrichtung eines Beschafferprofils gemeldet wurde, können Vorinformationen auch ausschließlich im Beschafferprofil veröffentlicht werden.

7277 Bei Bekanntmachungen in innerstaatlichen Medien kann die Veröffentlichung im **Internetportal des Bundes** durch Verlinkung auf das Internetportal des Amtsblattes der Europäischen Union erfolgen. Soweit möglich, sollen Bekanntmachungen zusätzlich auch auf der Vergabeplattform der Landesbauverwaltung veröffentlicht werden. Daneben sollen Ausschreibungen und Aufforderungen auch in Tageszeitungen oder Fachzeitschriften veröffentlicht werden, wenn dies zur Erfüllung des Ausschreibungszwecks nötig ist. Alle wesentlichen für die Bekanntmachung erforderlichen Angaben sind dem Vergabevermerk (111) zu entnehmen.

81.8.8 Ausfüllanleitung des VHB 2008 zur Vorinformation

7278 Das VHB 2008 bietet eine Ausfüllanleitung zum korrekten Umgang mit den Veröffentlichungsmustern (Anleitung zu 123EG – Anleitung zur Vergabebekanntmachung EG) an (!).

81.8.9 Zeitpunkt der Vorinformation (§ 12a Abs. 1 Nr. 4)

7279 Die Vorinformation muss zeitlich nach den Regeln des § 12a Abs. 1 Nr. 4 VOB/A erfolgen, also alsbald wie möglich nach Genehmigung der Planung. **Ein „vor Jahren" durchgeführtes Vorinformationsverfahren genügt diesen Anforderungen nicht** (VK Thüringen, B. v. 21. 11. 2001 – Az.: 216–4002.20-004/02-G-S).

81.8.10 Übermittlung der Vorinformation

81.8.10.1 Übermittlung der Vorinformation an das Amt für amtliche Veröffentlichungen der Europäischen Gemeinschaften

7280 Die Vorinformation ist zwingend dem Amt für amtliche Veröffentlichungen der Europäischen Gemeinschaften (2, rue Mercier, L-2985 Luxemburg, Telefax 003 52/29 29–4 46 19; –4 26 23; –4 26 70; E-Mail **info@publications.europa.eu**) zu übermitteln.

81.8.10.2 Form der Übermittlung der Vorinformation an das Amt für amtliche Veröffentlichungen der Europäischen Gemeinschaften

7281 Die Vorinformation kann schriftlich oder elektronisch per E-Mail übermittelt werden. Inzwischen bietet das Amt für amtliche Veröffentlichungen der Europäischen Gemeinschaften auch die Möglichkeit, **Bekanntmachungen online unter http://simap.europa.eu/index_de. htm unter der Rubrik „Auftraggeber-Seite" zu veröffentlichen.** Bei Nutzung der Online-Formulare ist eine vorherige Anmeldung und Registrierung erforderlich.

7282 Eine weitere **Möglichkeit** der Übermittlung der Vorinformation ist die **Veröffentlichung im Beschafferprofil** nach § 11 Abs. 2; in diesem Fall ist dem Amt für amtliche Veröffentlichungen zuvor auf elektronischem Wege die Veröffentlichung mit dem in Anhang VIII der Verordnung (EG) Nr. 1564/2005 enthaltenen Muster zu melden.

81.8.11 Fakultative Übermittlung der Vorinformation an andere Bekanntmachungsblätter (§ 12a Abs. 1 Nr. 4 Satz 2)

7283 Die Vorinformation **kann außerdem** in Tageszeitungen, amtlichen Veröffentlichungsblättern oder Internetportalen veröffentlicht werden.

81.9 Bekanntmachung Offener Verfahren, Nichtoffener Verfahren, eines Wettbewerblichen Dialogs oder eines Verhandlungsverfahrens mit Vergabebekanntmachung (§ 12a Abs. 2)

81.9.1 Notwendiger Inhalt der Bekanntmachungen (§ 12a Abs. 2 Nr. 2 Satz 1)

7284 Nach § 12a Abs. 2 Nr. 2 Satz 1 1. Halbsatz müssen die Bekanntmachungen die in Anhang II der Verordnung (EG) Nr. 1564/2005 geforderten Informationen enthalten.

81.9.2 Zwingende Veröffentlichung der Bekanntmachungen im Amtsblatt der Europäischen Gemeinschaften (§ 12a Abs. 2 Nr. 2 Satz 1)

Nach § 12a Abs. 2 Nr. 2 Satz 1 2. Halbsatz sind die **Bekanntmachungen zwingend im Amtsblatt der Europäischen Gemeinschaften** zu veröffentlichen. Die Veröffentlichung selbst erfolgt durch **das Amt für amtliche Veröffentlichungen der Europäischen Gemeinschaften** (2, rue Mercier, L-2985 Luxemburg, Telefax 00352/2929–44619; –42623; –42670; E-Mail **info@publications.europa.eu**).

81.9.3 Form der Übermittlung der Bekanntmachungen an das Amt für amtliche Veröffentlichungen der Europäischen Gemeinschaften (§ 12a Abs. 2 Nr. 2 Satz 2)

Die Bekanntmachungen können schriftlich oder elektronisch per E-Mail übermittelt werden. Inzwischen bietet das Amt für amtliche Veröffentlichungen der Europäischen Gemeinschaften auch die Möglichkeit, **Bekanntmachungen online unter http://simap.europa.eu/index_de.htm unter der Rubrik „Auftraggeber-Seite" zu veröffentlichen.** Bei Nutzung der Online-Formulare ist eine vorherige Anmeldung und Registrierung erforderlich.

81.9.4 Umfang der Übermittlung der Bekanntmachungen an das Amt für amtliche Veröffentlichungen der Europäischen Gemeinschaften (§ 12a Abs. 2 Nr. 2 Satz 3)

Bereits mit der VOB/A 2006 wurde die **zwingende Begrenzung des Umfangs auf 650 Wörter in eine Soll-Vorschrift umgewandelt.**

81.9.5 Veröffentlichung der Bekanntmachungen im Supplement zum Amtsblatt der Europäischen Gemeinschaften (§ 12a Abs. 2 Nr. 4)

81.9.5.1 Allgemeines

Die **schriftliche Version** des Supplements ist seit April 1999 **eingestellt** worden. Zugang zu den im Supplement enthaltenen Informationen gibt es über

– Amtsblatt/Reihe S auf CD-ROM,

– Online-Datenbank **TED (Tenders Electronic Daily).**

Die CD-ROM mit täglich ca. 650 Ausschreibungen kann als tägliche Ausgabe oder als zweimal wöchentlich erscheinende Ausgabe abonniert werden. Ansprechpartner für ein Abonnement sind die EUR-OP-Vertriebsstellen.

TED ist die Internet-Version des Supplements zum Amtsblatt (http://ted.europa.eu) mit einer täglichen Aktualisierung. Der Zugang erfolgt ab dem 1.1.1999 kostenlos online über das Internet.

81.9.5.2 Zulässigkeit einer rein elektronischen Bekanntmachung

Die TED-Datenbank ist einfach handhabbar und ermöglicht eine gezielte, auf die individuellen Bedürfnisse des Unternehmers zugeschnittene Suche nach ihn interessierenden Ausschreibungen. Angesichts der allgemeinen Verbreitung elektronischer Mittel im Wirtschaftsleben kann davon ausgegangen werden, dass eine **regelmäßige Datenbank-Recherche über Internet auch für mittlere und kleine Unternehmen keine unzumutbare Hürde** darstellt (BayObLG, B. v. 4.2.2003 – Az.: Verg 31/02).

81.9.5.3 Ausfüllanleitung des VHB 2008 zu den Veröffentlichungsmustern

Das VHB 2008 bietet eine Ausfüllanleitung zum korrekten Umgang mit den Veröffentlichungsmustern (Anleitung zu 123EG – Anleitung zur Vergabebekanntmachung EG) an (!).

81.9.5.4 Regelungen des HVA StB-B 04/2010

Das HVA StB-B 04/2010 enthält in den Richtlinien für das Durchführen der Vergabeverfahren, 2.1 Bekanntmachungen, Nr. 4, eine Vielzahl an Vorgaben zum Umgang mit den Veröffentlichungsmustern.

Teil 3 VOB/A § 12a Vergabe- und Vertragsordnung für Bauleistungen Teil A

81.9.6 Inländische Veröffentlichung der Bekanntmachungen (§ 12a Abs. 2 Nr. 5)

81.9.6.1 Wahl des Bekanntmachungsmediums

7294   Vgl. die Kommentierung zu → § 12 VOB/A Rdn. 19 ff.

81.9.6.2 Inhalt und Zeitpunkt der inländischen Veröffentlichung

7295   Nach § 12a Abs. 2 Nr. 5 Satz 2 dürfen inländische Veröffentlichungen **nur die dem Amt für amtliche Veröffentlichungen der Europäischen Gemeinschaften übermittelten Angaben enthalten** und dürfen **nicht vor Absendung an dieses Amt veröffentlicht** werden. Die Regelung ist **Ausdruck des Gleichbehandlungsgebots** inländischer und ausländischer Interessenten an öffentlichen Aufträgen.

81.9.7 Veröffentlichung elektronischer Bekanntmachungen (§ 12a Abs. 2 Nr. 6)

7296   Bekanntmachungen, die über das Internetportal des Amts für amtliche Veröffentlichungen der Europäischen Gemeinschaften auf elektronischem Weg erstellt und übermittelt wurden (elektronische Bekanntmachung), werden abweichend von Nr. 4 **spätestens 5 Kalendertage nach ihrer Absendung veröffentlicht**.

7297   Die Vorschrift ist **Ausdruck der Bemühung der EU-Kommission um eine möglichst weite und möglichst freie Verbreitung von öffentlichen Aufträgen**.

81.9.8 Literatur

7298   – Drügemöller, Albert, Elektronische Bekanntmachungen im Vergaberecht, NVwZ 2007, 177

81.9.9 Inhalt der Bekanntmachung (§ 12a Abs. 3)

81.9.9.1 Änderung in der VOB/A 2009

7299   Im Gegensatz zu § 17a Nr. 3 VOB/A 2006 **verzichtet die VOB/A 2009 darauf, Einzelheiten des Inhalts der Bekanntmachung zu nennen**. Auch bei § 12a Abs. 3 wird wie bei § 8a bezüglich des Inhalts der Bekanntmachung nur noch auf den Anhang II der Verordnung (EG) Nr. 1564/2005 verwiesen.

81.9.9.2 Anhang II der Verordnung (EG) Nr. 1564/2005

7300   Vgl. dazu die Kommentierung zu → § 8a VOB/A Rdn. 6 ff.

81.9.9.3 Angaben zu allen Nummern (§ 12a Abs. 3 Nr. 2)

7301   Nach § 12a Abs. 3 Nr. 2 sind **zu allen Nummern Angaben zu machen**; die Texte des Musters sind nicht zu wiederholen. Zur Notwendigkeit, **Angaben nach Ziffer VI.4.2** des Bekanntmachungsformulars (Angaben über Fristen für die Einlegung von Rechtsbehelfen bzw. den Namen des Dienstes, bei dem diese Auskünfte eingeholt werden können) zu machen, vgl. die Kommentierung zu → § 107 GWB Rdn. 720 ff.

81.9.9.4 Notwendiger Inhalt der Beschreibung des Auftragsgegenstands

7302   Bekanntmachungen über den Inhalt eines öffentlichen Auftrags müssen so genau sein, dass der **wesentliche Inhalt des öffentlichen Auftrags davon umfasst** ist; **wesentliche zusätzliche Arbeiten** (z. B. der Bau neuer Autobahnfahrstreifen) **führen zu einer erneuten Bekanntmachungspflicht** (EuGH, Urteil v. 22. 4. 2010 – Az.: C-423/07).

81.9.10 Anforderung der Vergabeunterlagen (§ 12a Abs. 4)

81.9.10.1 Allgemeines

7303   Nach § 12a Abs. 4 werden dann, wenn bei Offenen Verfahren die Vergabeunterlagen nicht auf elektronischem Weg frei, direkt und vollständig verfügbar sind, die Vergabeunterlagen den Bewerbern binnen 6 Kalendertagen nach Eingang des Antrags zugesandt, sofern dieser Antrag rechtzeitig vor dem Schlusstermin für den Eingang der Angebote eingegangen ist. Die **Regelung entspricht der Vorschrift des Art. 39 Abs. 1 der Vergabekoordinierungsrichtlinie**.

81.9.10.2 Begriff der Vergabeunterlagen

Nach Art. 38 bzw. 39 der Vergabekoordinierungsrichtlinie sind unter dem Begriff der Verga- 7304
beunterlagen die **Verdingungsunterlagen und alle zusätzlichen Unterlagen** zu verstehen.
Nach nationalem Recht handelt es sich um die Vergabeunterlagen des § 8 VOB/A.

81.9.10.3 Freie und direkte Verfügbarkeit der Vergabeunterlagen

Vergabeunterlagen sind auf elektronischem Weg frei und direkt verfügbar, wenn **keinerlei** 7305
Zugangsbeschränkungen für einen Interessenten bestehen. Bereits die **kostenlose Verpflichtung zur Registrierung** eines Interessenten, mehr aber noch die nur **kostenpflichtige elektronische Abgabe** der Vergabeunterlagen **schließen eine freie und direkte Verfügbarkeit aus**.

Anderer Auffassung sind das OLG Düsseldorf und die VK Bund. Entscheidend für die Vor- 7306
aussetzungen einer Verkürzung der Angebotsfrist z. B. nach § 10a Abs. 2 Nr. 5 VOB/A ist, dass
die dort **vorausgesetzte schnelle und unmittelbare Zugriffsmöglichkeit für alle Bieter
zur Verfügung steht**. Dies ist **der Fall, wenn sich jeder Bieter auf der Internetplattform
registrieren und sich den gewünschten Zugriff verschaffen** kann. Eine darüber hinaus
den Bietern eröffnete Möglichkeit, auf den Zugriff per Internet zu verzichten und die Unterlagen auch postalisch zu verlangen, ist lediglich ein Zusatzangebot und für das **Vorliegen der
Voraussetzungen der Fristverkürzung unbeachtlich** (OLG Düsseldorf, B. v. 17. 4. 2008 –
Az.: VII – Verg 15/08; 3. VK Bund, B. v. 7. 2. 2008 – Az.: VK 3–169/07).

81.9.10.4 Vollständige Verfügbarkeit der Vergabeunterlagen

Eine vollständige Verfügbarkeit beinhaltet, dass **alle Teile der Vergabeunterlagen**, also auch 7307
Pläne, aber ebenso in der Leistungsbeschreibung zitierte **ATV'en** verfügbar sind; speziell der
letzte Punkt dürfte in der Praxis erhebliche Schwierigkeiten aufwerfen.

81.9.11 Auskünfte über die Vergabeunterlagen (§ 12a Abs. 5)

81.9.11.1 Allgemeines

Zu den Einzelheiten der Auskünfte über die Vergabeunterlagen vgl. zunächst die **Kommen-** 7308
tierung zu → § 12 VOB/A Rdn. 102 ff.

81.9.11.2 Zeitliche Rahmenbedingungen

Im Gegensatz zu § 12 Abs. 7 VOB/A hat der öffentliche Auftraggeber bei Auskünften nach 7309
§ 12a Abs. 5 **zeitliche Rahmenbedingungen zu beachten**.

Der Tag, an dem die Angebote im Eröffnungstermin geöffnet werden und damit die Ange- 7310
botsfrist endet, wird für die Berechnung der Auskunftsfrist nicht mitgerechnet (Art. 3 Abs. 1
Satz 2 VO 1182/71, resp. § 187 Absatz 1 BGB). **Ausgangspunkt für die Berechnung der
Auskunftsfristen ist daher der Tag, der dem Ablauf vorhergeht**. Von diesem Tag an sind
6 Tage zurückzurechnen. Die Frist endet mit dem Ablauf der letzten Stunde des letzten Tages der Frist – Art. 3 Abs. 2 Ziff. b) VO 1182/71, resp. § 187 Absatz 2 Satz 1 BGB – (VK Sachsen, B. v. 24. 4. 2008 – Az.: 1/SVK/015-08).

81.9.12 Literatur

– Diercks, Gritt, Einfach die andere Sprache? – Fehler in der Verordnung zu den neuen EU- 7311
Formularen, Behörden Spiegel April 2006, S. 19

– Lindenthal, Burkhard, Erläuterungen zu den neuen Standardmustern für Veröffentlichungen
im EU-Amtsblatt gemäß Verordnung EG/1564/2005, VergabeR 2006, 1

– Lindenthal, Burkhard, Gültigkeit der neuen kartellvergaberechtlichen Veröffentlichungsformulare, NZBau 2005, 679

– Schaller, Hans, Dokumentations-, Informations-, Mitteilungs-, Melde- und Berichtspflichten
im öffentlichen Auftragswesen, VergabeR 2007, 394

82. § 13 VOB/A – Form und Inhalt der Angebote

(1)
1. Der Auftraggeber legt fest, in welcher Form die Angebote einzureichen sind. Schriftlich eingereichte Angebote sind immer zuzulassen. Sie müssen unterzeichnet sein. Elektronisch übermittelte Angebote sind nach Wahl des Auftraggebers mit einer fortgeschrittenen elektronischen Signatur nach dem Signaturgesetz und den Anforderungen des Auftraggebers oder mit einer qualifizierten elektronischen Signatur nach dem Signaturgesetz zu versehen.
2. Die Auftraggeber haben die Datenintegrität und die Vertraulichkeit der Angebote auf geeignete Weise zu gewährleisten. Per Post oder direkt übermittelte Angebote sind in einem verschlossenen Umschlag einzureichen, als solche zu kennzeichnen und bis zum Ablauf der für die Einreichung vorgesehenen Frist unter Verschluss zu halten. Bei elektronisch übermittelten Angeboten ist dies durch entsprechende technische Lösungen nach den Anforderungen des Auftraggebers und durch Verschlüsselung sicherzustellen. Die Verschlüsselung muss bis zur Öffnung des ersten Angebots aufrechterhalten bleiben.
3. Die Angebote müssen die geforderten Preise enthalten.
4. Die Angebote müssen die geforderten Erklärungen und Nachweise enthalten.
5. Änderungen an den Vergabeunterlagen sind unzulässig. Änderungen des Bieters an seinen Eintragungen müssen zweifelsfrei sein.
6. Bieter können für die Angebotsabgabe eine selbstgefertigte Abschrift oder Kurzfassung des Leistungsverzeichnisses benutzen, wenn sie den vom Auftraggeber verfassten Wortlaut des Leistungsverzeichnisses im Angebot als allein verbindlich anerkennen; Kurzfassungen müssen jedoch die Ordnungszahlen (Positionen) vollzählig, in der gleichen Reihenfolge und mit den gleichen Nummern wie in dem vom Auftraggeber verfassten Leistungsverzeichnis, wiedergeben.
7. Muster und Proben der Bieter müssen als zum Angebot gehörig gekennzeichnet sein.

(2) Eine Leistung, die von den vorgesehenen technischen Spezifikationen nach § 7 Absatz 3 abweicht, kann angeboten werden, wenn sie mit dem geforderten Schutzniveau in Bezug auf Sicherheit, Gesundheit und Gebrauchstauglichkeit gleichwertig ist. Die Abweichung muss im Angebot eindeutig bezeichnet sein. Die Gleichwertigkeit ist mit dem Angebot nachzuweisen.

(3) Die Anzahl von Nebenangeboten ist an einer vom Auftraggeber in den Vergabeunterlagen bezeichneten Stelle aufzuführen. Etwaige Nebenangebote müssen auf besonderer Anlage gemacht und als solche deutlich gekennzeichnet werden.

(4) Soweit Preisnachlässe ohne Bedingungen gewährt werden, sind diese an einer vom Auftraggeber in den Vergabeunterlagen bezeichneten Stelle aufzuführen.

(5) Bietergemeinschaften haben die Mitglieder zu benennen sowie eines ihrer Mitglieder als bevollmächtigten Vertreter für den Abschluss und die Durchführung des Vertrags zu bezeichnen. Fehlt die Bezeichnung des bevollmächtigten Vertreters im Angebot, so ist sie vor der Zuschlagserteilung beizubringen.

(6) Der Auftraggeber hat die Anforderungen an den Inhalt der Angebote nach den Absätzen 1 bis 5 in die Vergabeunterlagen aufzunehmen.

82.1 Änderungen in der VOB/A 2009

7312   § 13 Abs. 1 wurde **weiter aufgegliedert**.

7313   Hinsichtlich elektronisch übermittelter Angebote wurde zur Klarstellung im Abs. 1 Nr. 2 aufgenommen, dass die **Verschlüsselung bis zur Eröffnung des ersten Angebots** aufrechterhalten bleiben muss.

Vergabe- und Vertragsordnung für Bauleistungen Teil A   VOB/A § 13   **Teil 3**

Die Bestimmungen der **Nr. 3 (geforderte Preise) und der Nr. 4 (geforderte Erklärungen und Nachweise) korrespondieren** nun mit den unterschiedlichen Bestimmungen des **§ 16 (Prüfung und Wertung der Angebote).** 7314

Ansonsten erfolgten **redaktionelle Änderungen und Klarstellungen.** 7315

82.2 Vergleichbare Regelungen

Der Vorschrift des § 13 VOB/A vergleichbar sind im Bereich der VOB/A **§ 13 a VOB/A** und im Bereich der VOL **§§ 13, 16 EG VOL/A**. Die Kommentierung zu diesen Vorschriften kann daher ergänzend zu der Kommentierung des § 13 herangezogen werden. 7316

82.3 Bieterschützende Vorschrift

82.3.1 § 13

Die Regelung des **§ 13 entfaltet bieterschützende Wirkung** (1. VK Sachsen, B. v. 5. 9. 2002 – Az.: 1/SVK/073-02). 7317

82.3.2 § 13 Abs. 1 Nr. 1

Die Frage, ob ein **Angebot rechtsverbindlich unterschrieben** ist, ist **keine Bestimmung, die ein subjektives Recht gemäß § 97 Abs. 7 GWB eines Bieters darstellt** und dessen Verletzung er rügen kann. Zwar ist die Vorschrift des § 13 Abs. 1 Nr. 1 VOB/A eine vergaberechtliche Regelung, die **(auch) einen bieterschützenden Zweck** im Sinne des § 97 Abs. 7 GWB hat. Es besteht jedoch **kein** darüber hinausgehender **Anspruch eines Bieters, dass ein Angebot eines Mitbieters auch rechtsverbindlich unterschrieben sein müsste.** Dies ergibt sich bereits aus dem Fehlen einer derartigen Bestimmung in der VOB/A seit dem Jahr 2000. Darüber hinaus kann ein Bieter auch keine weitergehenden Rechte bezogen auf Formvorschriften gegen einen Mitbieter haben als die Vergabestelle selbst (VK Hessen, B. v. 27. 2. 2003 – Az.: 69 d VK – 70/2002). 7318

82.3.3 § 13 Abs. 1 Nr. 4

Die **Vorschriften der §§ 13 Abs. 1 Nr. 4, 16 Abs. 3 VOB/A sind als bieterschützend zu qualifizieren.** Denn diese Verhaltensanforderungen an den öffentlichen Auftraggeber dienen der Sicherheit der Grundsätze des § 97 Abs. 1 GWB nicht nur objektiv rechtlich, sondern auch im Interesse der übrigen Bewerber (VK Niedersachsen, B. v. 16. 4. 2010 – Az.: VgK-10/2010). 7319

82.3.4 § 13 Abs. 3 Satz 2

§ 13 Abs. 3 Satz 2 VOB/A soll die **Transparenz gegenüber allen Bietern gewährleisten, indem Nebenangebote als solche erkennbar aufgeführt und im Eröffnungstermin als solche auch identifiziert werden können.** Dies gilt insbesondere dann, wenn in Nebenangeboten eine technische Abweichung angeboten wird. Eine solche Abweichung im Angebot eines Bieters ist für die übrigen Bieter entgegen § 97 Abs. 1, 2 GWB nicht als solche erkennbar, so dass sie sich darauf und eine diesbezüglich fehlerfreie Durchführung des Vergabeverfahrens nicht von vornherein einstellen können. **§ 13 Abs. 3 Satz 2 hat deshalb bieterschützenden Charakter** (VK Brandenburg, B. v. 12. 3. 2003 – Az.: VK 07/03; VK Düsseldorf, B. v. 14. 8. 2006 – Az.: VK – 32/2006 – B). 7320

82.4 Allgemeine Anforderungen des § 13 an die Bieter

Das Vergabeverfahren **verlangt als formalisiertes Verfahren vom Bieter eine große Genauigkeit bei der Gestaltung seiner Angebotsunterlagen.** Ungenauigkeiten beim Ausfüllen der Angebotsunterlagen **fallen in die Risikosphäre des Bieters** und können nicht durch Nachsichtigkeit der Vergabestelle korrigiert werden (VK Rheinland-Pfalz, B. v. 7. 6. 2002 – Az.: VK 13/02). 7321

1491

82.5 Auslegung des Angebots

82.5.1 Notwendigkeit einer Auslegung

7322   Eine **Auslegungsbedürftigkeit** als Voraussetzung für eine Auslegung **besteht dann nicht, wenn die Willenserklärung nach Wortlaut und Zweck einen eindeutigen Inhalt hat und für eine Auslegung kein Raum** ist (VK Münster, B. v. 15. 8. 2007 – Az.: VK 13/07; VK Schleswig-Holstein, B. v. 20. 10. 2010 – Az.: VK-SH 16/10; B. v. 15. 5. 2006 – Az.: VK-SH 10/06).

82.5.2 Verpflichtung zur Auslegung

7323   Die **Vergabestelle** ist zur Auslegung eines Angebots **nicht nur berechtigt, sondern auch verpflichtet** (OLG Düsseldorf, B. v. 4. 5. 2009 – Az.: VII-Verg 68/08; B. v. 25. 6. 2008 – Az.: VII – Verg 22/08; VK Südbayern, B. v. 5. 2. 2010 – Az.: Z3-3-3194-1-66–12/09).

82.5.3 Grundsätze der Auslegung

7324   Bei dem **Angebot** eines Bieters handelt es sich um eine bürgerlichrechtliche **empfangsbedürftige Willenserklärung**, die nach den §§ 133, 157 BGB unter Berücksichtigung der von der Rechtsprechung entwickelten Grundsätze **auszulegen** ist. Bei der Ermittlung des Inhaltes ist **nicht am Wortlaut zu haften** (OLG Celle, B. v. 13. 3. 2002 – Az.: 13 Verg 4/02). Vielmehr sind empfangsbedürftige Willenserklärungen so auszulegen, wie sie der **Erklärungsempfänger nach Treu und Glauben unter Berücksichtigung der Verkehrssitte verstehen muss** (OLG Celle, B. v. 5. 9. 2007 – Az.: 13 Verg 9/07; B. v. 7. 6. 2007 – Az.: 13 Verg 5/07; B. v. 13. 3. 2002 – Az.: 13 Verg 4/02; OLG Düsseldorf, B. v. 14. 10. 2009 – Az.: VII-Verg 9/09; B. v. 4. 5. 2009 – Az.: VII-Verg 68/08; B. v. 25. 6. 2008 – Az.: VII – Verg 22/08; B. v. 27. 9. 2006 – Az.: VII – Verg 36/06; OLG Frankfurt, B. v. 14. 10. 2008 – Az.: 11 Verg 11/2008; B. v. 25. 7. 2008 – Az.: 11 Verg 10/08; OLG Koblenz, B. v. 15. 7. 2008 – Az.: 1 Verg 2/08; OLG München, B. v. 24. 11. 2008 – Az.: Verg 23/08; B. v. 21. 2. 2008 – Az.: Verg 01/08; B. v. 17. 9. 2007 – Az.: Verg 10/07; Thüringer OLG, B. v. 5. 12. 2001 – Az.: 6 Verg 4/01; VK Brandenburg, B. v. 16. 12. 2009 – Az.: VK 42/09; 1. VK Bund, B. v. 4. 6. 2007 – Az.: VK 1–47/07; B. v. 4. 6. 2007 – Az.: VK 1–44/07; B. v. 1. 6. 2007 – Az.: VK 1–41/07; 2. VK Bund, B. v. 30. 12. 2009 – Az.: VK 2–222/09; 3. VK Bund, B. v. 18. 9. 2008 – Az.: VK 3–122/08; B. v. 18. 9. 2008 – Az.: VK 3–119/08; VK Münster, B. v. 15. 9. 2009 – Az.: VK 14/09; B. v. 30. 4. 2009 – Az.: VK 4/09; VK Niedersachsen, B. v. 27. 8. 2009 – Az.: VgK-35/2009; VK Nordbayern, B. v. 8. 6. 2010 – Az.: 21.VK – 3194 – 11/10; B. v. 19. 3. 2009 – Az.: 21.VK – 3194 – 08/09; B. v. 9. 9. 2008 – Az.: 21.VK – 3194 – 34/08; B. v. 14. 4. 2005 – Az.: 320.VK – 3194 – 09/05; 1. VK Sachsen, B. v. 17. 12. 2007 – Az.: 1/SVK/074-07; B. v. 27. 9. 2001 – Az.: 1/SVK/85-01, 1/SVK/85-01G; VK Schleswig-Holstein, B. v. 20. 10. 2010 – Az.: VK-SH 16/10; B. v. 15. 5. 2006 – Az.: VK-SH 10/06; VK Südbayern, B. v. 5. 2. 2010 – Az.: Z3-3-3194-1-66–12/09; B. v. 19. 4. 2005 – Az.: 10-03/05; B. v. 17. 2. 2004 – Az.: 03-01/04; B. v. 17. 2. 2004 – Az.: 67-12/03). Bei der Auslegung dürfen **nur solche Umstände berücksichtigt** werden, die **bei Zugang der Erklärung für den Empfänger erkennbar** waren. Auf dessen Horizont und Verständnismöglichkeit ist die Auslegung abzustellen (OLG Frankfurt, B. v. 14. 10. 2008 – Az.: 11 Verg 11/2008; B. v. 25. 7. 2008 – Az.: 11 Verg 10/08; OLG München, B. v. 21. 2. 2008 – Az.: Verg 01/08; VK Brandenburg, B. v. 16. 12. 2009 – Az.: VK 42/09; VK Hessen, B. v. 11. 2. 2002 – Az.: 69 d VK – 48/2001; VK Niedersachsen, B. v. 27. 8. 2009 – Az.: VgK-35/2009; VK Nordbayern, B. v. 19. 3. 2009 – Az.: 21.VK – 3194 – 08/09; B. v. 9. 9. 2008 – Az.: 21.VK – 3194 – 34/08; VK Schleswig-Holstein, B. v. 20. 10. 2010 – Az.: VK-SH 16/10; B. v. 15. 5. 2006 – Az.: VK-SH 10/06; VK Südbayern, B. v. 13. 8. 2009 – Az.: Z3-3-3194-1-38-07/09). Dies gilt auch dann, wenn der Erklärende die Erklärung anders verstanden hat und auch verstehen durfte. **Entscheidend** ist im Ergebnis nicht der empirische Wille des Erklärenden, sondern **der durch normative Auslegung zu ermittelnde objektive Erklärungswert** seines Verhaltens (OLG Celle, B. v. 5. 9. 2007 – Az.: 13 Verg 9/07; B. v. 7. 6. 2007 – Az.: 13 Verg 5/07; OLG Frankfurt, B. v. 14. 10. 2008 – Az.: 11 Verg 11/2008; B. v. 25. 7. 2008 – Az.: 11 Verg 10/08; OLG Koblenz, B. v. 15. 7. 2008 – Az.: 1 Verg 2/08; OLG München, B. v. 21. 2. 2008 – Az.: Verg 01/08; OLG Naumburg, B. v. 12. 6. 2008 – Az.: 1 Verg 1/01; VK Brandenburg, B. v. 16. 12. 2009 – Az.: VK 42/09; VK Niedersachsen, B. v. 27. 8. 2009 – Az.: VgK-35/2009; VK Nordbayern, B. v. 19. 3. 2009 – Az.: 21.VK – 3194 – 08/09; B. v. 9. 9. 2008 – Az.: 21.VK – 3194 – 34/08; B. v. 29. 12. 2005 – Az.: 320.VK –

Vergabe- und Vertragsordnung für Bauleistungen Teil A VOB/A § 13 **Teil 3**

3194 – 40/05; 1. VK Sachsen, B. v. 17. 12. 2007 – Az.: 1/SVK/074-07; VK Schleswig-Holstein, B. v. 20. 10. 2010 – Az.: VK-SH 16/10; B. v. 15. 5. 2006 – Az.: VK-SH 10/06; VK Südbayern, B. v. 13. 8. 2009 – Az.: Z3-3-3194-1-38-07/09; B. v. 19. 4. 2005 – Az.: 10-03/05; B. v. 17. 2. 2004 – Az.: 03-01/04; B. v. 17. 2. 2004 – Az.: 67-12/03). Beachtet werden muss bei der Interpretation von Bietererklärungen schließlich **auch das in § 97 Abs. 1 und 2 GWB aufgestellte Gebot der Auftragsvergabe im Rahmen eines transparenten Wettbewerbs unter Gleichbehandlung der Bieter** (OLG Frankfurt, B. v. 14. 10. 2008 – Az.: 11 Verg 11/2008; B. v. 25. 7. 2008 – Az.: 11 Verg 10/08; OLG München, B. v. 21. 2. 2008 – Az.: Verg 01/08; BayObLG, B. v. 16. 9. 2002 – Az.: Verg 19/02; VK Niedersachsen, B. v. 27. 8. 2009 – Az.: VgK-35/2009; VK Nordbayern, B. v. 19. 3. 2009 – Az.: 21.VK – 3194 – 08/09; VK Südbayern, B. v. 13. 8. 2009 – Az.: Z3-3-3194-1-38-07/09; B. v. 16. 7. 2003 – Az.: 25-06/03, B. v. 3. 4. 2003 – Az.: 10-03/03).

Auch nachträglich abgegebene Erläuterungen des Bieters darüber, wie er sein An- 7325 gebot im Zeitpunkt seiner Abgabe verstanden wissen wollte und welchem Inhalt er ihm beimaß, dürfen in vergaberechtlicher Hinsicht bei der Auslegung des Angebots nicht unberücksichtigt bleiben. Die Sichtweise, es komme allein auf die Auslegung des Angebots aus der Sicht des Empfängers im Zeitpunkt des Zugangs des Angebots an, blendet die nachträglichen Erläuterungen über den Inhalt des Angebots und den daran erkennbaren wahren Willen des Bieters aus. Zur Feststellung, welchen Inhalt der Erklärende seinem Angebot tatsächlich beimisst, sind **deshalb auch zeitlich später entstandene, den Inhalt erläuternde Äußerungen des Bieters heranzuziehen**, die einen Rückschluss auf seinen Willen im Zeitpunkt der Angebotsabgabe zulassen. Sie zählen zu den begleitenden Umständen. Solche Erläuterungen sind – selbst wenn sie nicht in unmittelbarer zeitlicher Nähe zum Angebot abgegeben worden sind – bei der Auslegung des Angebots zu berücksichtigen. Dies eröffnet nicht die Gefahr, dass ein Bieter nachträglich den Inhalt seines Angebots verändernde Erklärungen gegenüber der Vergabestelle abgibt, um, wenn er – aus welchen Gründen auch immer – dies nicht mehr will, nicht den Zuschlag zu erhalten. Erstens handelt es sich dabei um einen bloß theoretischen Einwand. Und zweitens bleibt immer noch zu prüfen, ob die nachträglich gemachten Äußerungen tatsächlich einen zuverlässigen Rückschluss auf den Inhalt des Angebots erlauben (OLG Düsseldorf, B. v. 14. 10. 2009 – Az.: VII-Verg 9/09 – instruktive Entscheidung; B. v. 12. 3. 2007 – Az.: VII – Verg 53/06).

Zu den allgemein anerkannten Auslegungsregeln gehört der **Grundsatz einer nach beiden 7326 Seiten interessengerechten und im Zweifel vergaberechtskonformen Auslegung.** Die Erklärungen des Auftraggebers in einer europaweiten Ausschreibung müssen so ausgelegt werden, wie sie von dem gesamten Adressatenkreis objektiv verstanden werden müssen, denn maßgeblich für die Auslegung ist die Sicht des mit ihr angesprochenen Empfängerkreises. Bei der Beurteilung dieses Verständnisses müssen **auch die das Vergaberecht beherrschenden Grundsätze, wie sie durch die Richtlinien zum Vergaberecht manifestiert sind, berücksichtigt** werden. Denn es kann im Zweifel nicht angenommen werden, dass der öffentliche Auftraggeber gegen diese Grundsätze verstoßen will. **Hauptziel der Gemeinschaftsvorschriften über das öffentliche Auftragswesen ist die Gewährleistung des freien Dienstleistungsverkehrs und die Öffnung für einen unverfälschten Wettbewerb in allen Mitgliedstaaten.** Dieses doppelte Ziel verfolgt das Gemeinschaftsrecht unter anderem durch die Anwendung des Grundsatzes der Gleichbehandlung der Bieter und der sich daraus ergebenden Verpflichtung zur Transparenz. Nach dem Grundsatz der Gleichbehandlung der Bieter, der die Entwicklung eines gesunden und effektiven Wettbewerbs zwischen den Unternehmern, die sich um einen öffentlichen Auftrag bewerben, fördern soll, müssen die Bieter bei der Abfassung ihrer Angebote die gleichen Chancen haben, was voraussetzt, dass die Angebote aller Wettbewerber den gleichen Bedingungen unterworfen sein müssen. Der damit einhergehende Grundsatz der Transparenz soll im Wesentlichen die Gefahr einer Günstlingswirtschaft oder willkürlichen Entscheidung des Auftraggebers ausschließen. Er verlangt, dass alle Bedingungen und Modalitäten des Vergabeverfahrens in der Bekanntmachung oder im Lastenheft klar, genau und eindeutig formuliert sind, damit alle durchschnittlich fachkundigen Bieter bei Anwendung der üblichen Sorgfalt deren genaue Bedeutung verstehen und sie in gleicher Weise auslegen können und der Auftraggeber im Stande ist, tatsächlich zu überprüfen, ob die Angebote der Bieter die für den betreffenden Auftrag geltenden Kriterien erfüllen (BGH, Urteil v. 22. 7. 2010 – Az.: VII ZR 213/08).

Mit diesen dem Zivilrecht entnommenen Grundsätzen zur Auslegung von Willens- 7327 erklärungen korrespondiert die vergaberechtliche Vorschrift des § 15 VOB/A. Eine „Berichtigung" des Angebotsinhaltes durch den Auftraggeber im Wege der Aufklärung nach § 15 VOB/A unter Berücksichtigung nachgereichter Unterlagen ist demzufolge ebenso nicht zulässig. Die Grenzen des Nachverhandlungsverbots aus § 15 VOB/A würden überschritten, wenn man nachträgliche, von den im Submissionstermin verlesenen Angebotsendpreisen abweichende Mengen- und damit Preiskorrekturen zulassen wollte. Fügt der Bieter seinem Angebot eine falsche Kurztextseite bei, ist dies ein Versäumnis des Bieters, das nicht im Wege eines Aufklärungsgespräches geheilt werden kann. Davon abgesehen besteht ein Anspruch des Bieters auf Aufklärung des Angebotes gemäß § 15 VOB/A ohnehin nicht (VK Schleswig-Holstein, B. v. 20. 10. 2010 – Az.: VK-SH 16/10).

7328 **Ergänzend** kann auch die – sehr umfangreiche – **Rechtsprechung zur Auslegung der Leistungsbeschreibung** herangezogen werden; vgl. insoweit die Kommentierung zu → § 7 VOB/A Rdn. 70 ff.

82.5.4 Beispiele aus der Rechtsprechung

7329 – trägt der **Bieter bei einer Position einen Schrägstrich** ein und trägt er in **drei anderen Positionen** des Leistungsverzeichnisses bei der Angabe des Einzel- und Gesamtpreises **eine „0"** ein, muss in der Gesamtschau des Angebots aus Sicht des Empfängers davon ausgegangen werden, dass die **unterschiedliche Ausfüllung der Positionen nicht die gleiche Bedeutung** haben kann. Die Vergabestelle kann deshalb den **Schrägstrich als fehlende Preisangabe** werten (VK Nordbayern, B. v. 9. 9. 2008 – Az.: 21.VK – 3194 – 34/08)

– isoliert betrachtet ist der Bauzeitenplan eindeutig und keiner wie auch immer gearteten, vom Wortlaut abweichenden Auslegung zugänglich. Danach sollte am Montag, dem 19. Mai 2008 mit der Schlammentfernung im „Flätig" begonnen und wenige Tage später die Herstellung des dortigen Schüttkörpers in Angriff genommen werden. Der Beginn der Arbeiten im „Neupotzer Altrhein" war erst für Anfang August 2008 vorgesehen. Dieser Ablauf ist mit den Vorgaben der Vergabestelle unvereinbar. Der **Bauzeitenplan ist allerdings nur ein Teil der empfangsbedürftigen Willenserklärung „Angebot",** deren Erklärungsinhalt, ausgehend vom Wortlaut, aber nicht darauf beschränkt, durch eine Gesamtwürdigung zu ermitteln ist, bei der auch außerhalb der Erklärung liegende Umstände zu berücksichtigen sind. Sie ist so auszulegen, wie der **Erklärungsempfänger sie nach Treu und Glauben und unter Berücksichtigung der Verkehrssitte verstehen musste – objektiver Empfängerhorizont** – (OLG Koblenz, B. v. 15. 7. 2008 – Az.: 1 Verg 2/08)

– **gibt der Nachunternehmer in der Verfügbarkeitserklärung nur an, die Kapazitäten zur Verfügung stellen zu können,** gibt eine **Auslegung der Erklärung** entsprechend §§ 133, 157 BGB einem verständigen Auftraggebers jedoch **hinreichenden Aufschluss darüber, dass der Nachunternehmer nicht lediglich seine grundsätzliche Eignung bekundet,** ohne eine Verpflichtung einzugehen oder eingegangen zu sein. Die Fortführung des zitierten Satzes – „um die Anforderungen aus dem Leistungsverzeichnis zu erfüllen" – **deutet bereits auf den verbindlichen Willen des Nachunternehmers hin, seine Kapazitäten auch tatsächlich bereitzustellen,** vor allem aber macht der nachfolgende Satz, in dem von den „mir/uns übertragenen Leistungen" die Rede ist, deutlich, dass bereits eine Einigung zwischen Nachunternehmer und ASt zu 2. vorliegt. Aufgrund dieser Einigung über die Untervergabe der Nachunternehmerleistungen kann die ASt zu 2. die Kapazitäten des Nachunternehmers tatsächlich für sich beanspruchen. Die **Verpflichtung des Nachunternehmers, seine Mittel der ASt zu 2. zur Verfügung zu stellen, ist damit hinreichend belegt. Eine kleinliche, auf einer ausdrücklichen „Verpflichtung" beharrende Auslegung würde dem erkennbaren Willen des Nachunternehmers nicht gerecht** und verbietet sich insbesondere angesichts des Umstandes, dass der Ag den Verdingungsunterlagen **kein Muster für eine Verpflichtungserklärung beigefügt** hatte (2. VK Bund, B. v. 3. 7. 2007 – Az.: VK 2–45/07, VK 2–57/07)

– entscheidend ist, welchen objektiven Erklärungswert das Angebot unter Berücksichtigung aller ihm bekannten Umstände aus der Sicht des Erklärungsempfängers hatte. Auch dann **wenn formbedürftige Erklärungen auszulegen sind, sind Umstände außerhalb der Urkunde zu berücksichtigen;** es **genügt, wenn der aus Umständen außerhalb der Urkunde ermittelte rechtsgeschäftliche Wille in der Urkunde einen, wenn auch unvollkommenen Ausdruck gefunden hat** (OLG Celle, B. v. 7. 6. 2007 – Az.: 13 Verg 5/07)

– eine **verständige Auslegung** unter Heranziehung und Würdigung der Gesamtheit der Aussagen des Angebotes und unter **Beachtung der allgemein anerkannten Auslegungsregel, wonach die Parteien im Zweifel vernünftige Ziele und redliche Absichten verfolgen, musste demnach zu dem Schluss kommen, dass die Antragstellerin den Zuschlag für den ausgeschriebenen Dienstleistungsauftrag erhalten wollte und aus diesem Grund sämtliche für die Zuschlagserteilung erforderlichen Voraussetzungen zu akzeptieren bereit war (OLG Düsseldorf, B. v. 27. 9. 2006 – Az.: VII – Verg 36/06)

– macht ein Bieter in seinem Angebot beispielsweise **zu geforderten Zuschlägen keinerlei Angaben**, kann dies nach dem objektiven Erklärungswert aus der Sicht eines verständigen Auftraggebers aber nicht derart aufgefasst werden, dass der Bieter in den Positionen keine Zuschläge kalkuliert hat und somit im Bedarfsfall auch keine entsprechende Vergütung beansprucht. Der **Auftraggeber muss hingegen von einem unvollständigen Angebot ausgehen** (VK Südbayern, B. v. 16. 7. 2003 – Az.: 25-06/03).

82.6 Form der Angebote (§ 13 Abs. 1 Nr. 1)

82.6.1 Grundsatz (§ 13 Abs. 1 Nr. 1 Satz 1)

Der Auftraggeber legt fest, in welcher Form die Angebote einzureichen sind. Der **Auftraggeber entscheidet also darüber, ob Bieter die Angebote schriftlich oder elektronisch einreichen können**. 7330

Die **VOB/A** lässt – im Gegensatz zu § 13 Abs. 1 VOL/A – **keine Angebote mittels Telekopie** zu. 7331

82.6.2 Schriftliche Angebote (§ 13 Abs. 1 Nr. 1 Satz 2)

82.6.2.1 Zwingende Zulassung von schriftlichen Angeboten bei Vergaben unterhalb der Schwellenwerte (§ 13 Abs. 1 Nr. 1 Satz 2)

Nach § 13 Abs. 1 Nr. 1 Satz 2 sind die **Auftraggeber verpflichtet, bei Vergaben unterhalb der Schwellenwerte schriftlich eingereichte Angebote immer zuzulassen**. Mit dieser Regelung soll insbesondere Rücksicht auf kleine und mittlere Unternehmen genommen werden. 7332

Zur Erfüllung der Schriftlichkeit ist grundsätzlich die **Eintragung der Angebotspreise in die Urschrift des Leistungsverzeichnisses zulässig und ausreichend**; dies entspricht gerade dem Regelfall, den die Vorschrift des § 13 Abs. 1 Nr. 1 vor Augen hat. Die Auffassung, dass diesem Erfordernis lediglich durch Einreichung eines EDV-Angebotes Genüge getan wird, ist falsch (Saarländisches OLG, B. v. 29. 10. 2003 – Az.: 1 Verg 2/03). 7333

82.6.2.2 Unterzeichnung der Angebote (§ 13 Abs. 1 Nr. 1 Satz 3)

82.6.2.2.1 Grundsätze. Nach § 13 Abs. 1 Nr. 1 Satz 3 **müssen schriftliche Angebote unterzeichnet** sein. 7334

Angebote **ohne Unterschrift sind keine Angebote im Rechtssinne** und haben schon aus diesem Grunde auszuscheiden (VK Arnsberg, B. v. 13. 7. 2010 – Az.: VK 11/10; 3. VK Bund, B. v. 27. 4. 2006 – Az.: VK 3–21/06; VK Düsseldorf, B. v. 21. 4. 2006 – Az.: VK – 16/2006 – L). Das nachträgliche Einholen der Unterschrift ist unzulässig. Durch den Verzicht auf das Erfordernis der „Rechtsverbindlichkeit" in § 13 Abs. 1 Nr. 1 VOB/A – gegenüber älteren Fassungen des § 13 VOB/A – soll lediglich klargestellt werden, dass für die Angebotsabgabe keine über die Formvorschriften des BGB hinausgehenden Anforderungen gelten sollen (3. VK Bund, B. v. 29. 6. 2006 – Az.: VK 3–48/06; B. v. 29. 6. 2006 – Az.: VK 3–39/06; VK Lüneburg, B. v. 28. 7. 2003 – Az.: 203-VgK-13/2003); hinsichtlich der **Wirksamkeit eines von einem Prokuristen unterzeichneten Angebotes wird auf § 50 Abs. 1 HGB** verwiesen (VK Hessen, B. v. 16. 12. 2005 – 69 d VK – 88/2005). 7335

Aufgrund der **vergaberechtlichen Kaskade**, die in § 6 VgV die Anwendung der VOB/A – im Oberschwellenbereich – verbindlich macht, handelt es sich um ein im materiellen Sinne **gesetzliches Schriftformerfordernis**. Wird hiergegen verstoßen, so bestimmt sich die Rechtsfolge nach § 125 BGB, wonach das **Angebot nichtig** ist (3. VK Bund, B. v. 27. 4. 2006 – Az.: VK 3–21/06). 7336

Das – inzwischen aufgegebene – Merkmal der „rechtsverbindlichen" Unterschrift hielt den Auftraggeber dazu an, die Vertretungsbefugnis der unterzeichnenden Person (oder deren Mehrheit) und die Rechtswirksamkeit des Angebots, einer Willenserklärung im bürgerlich-rechtlichen Sinn, zu überprüfen. Diese Anforderung ist aufgegeben worden, weil es **unzweckmäßig** 7337 erschien, dem Auftraggeber die nicht selten mit weiteren Nachforschungen verbundene Prüfung einer Bevollmächtigung des Angebotsunterzeichners aufzuerlegen (OLG Düsseldorf, B. v. 22. 12. 2004 – Az.: VII – Verg 81/04; 2. VK Mecklenburg-Vorpommern, B. v. 7. 1. 2008 – Az.: 2 VK 5/07). Eine **Nachprüfungspflicht des Auftraggebers** besteht insoweit also **nicht**. Deshalb ist es auch **nicht erforderlich**, dass der **Bieter die Rechtsverbindlichkeit** der Unterschrift unter dem Angebot **durch Nachweise belegt** (3. VK Bund, B. v. 3. 7. 2007 – Az.: VK 3–64/07).

7338 **Auf die Prüfung, ob tatsächlich die gesetzlichen Vertreter der Bieter unterzeichnet haben, kam und kommt es also nicht an.** Ab der ab dem Jahre 2000 geltenden Fassung der VOB/A bzw. VOL/A hat der Verordnungsgeber bewusst auf das zusätzliche Merkmal der „rechtsverbindlichen" Unterschrift in den Regelungen der §§ 13 und 16 VOB/A verzichtet. Ein Bieter muss also grundsätzlich ein Angebot, soweit es nur unterschrieben ist, gegen sich gelten lassen, wobei **im Zweifelsfall von dem Vorliegen einer Anscheinsvollmacht auszugehen** ist (VK Hessen, B. v. 27. 2. 2003 – Az.: 69 d VK – 70/2002; 1. VK Sachsen, B. v. 31. 1. 2005 – Az.: 1/SVK/144-04).

7339 **82.6.2.2.2 Forderung nach einer rechtsverbindlichen Unterschrift.** Der **Auftraggeber ist rechtlich nicht gehindert, zu den früher geltenden strengeren Anforderungen einer rechtsverbindlichen Unterschrift – oder anderen Anforderungen – zurückzukehren** (OLG Frankfurt, B. v. 26. 8. 2008 – Az.: 11 Verg 8/08; OLG Karlsruhe, B. v. 24. 7. 2007 – Az.: 17 Verg 6/07; OLG Naumburg, B. v. 29. 1. 2009 – Az.: 1 Verg 10/08; 2. VK Mecklenburg-Vorpommern, B. v. 7. 1. 2008 – Az.: 2 VK 5/07; 1. VK Sachsen, B. v. 19. 5. 2010 – Az.: 1/SVK/015-10; 1. VK Sachsen-Anhalt, B. v. 12. 9. 2008 – Az.: 1 VK LVwA 11/08; B. v. 7. 3. 2006 – Az: 1 VK LVwA 01/06), zumal sich sachliche Gründe dafür nicht verneinen lassen. Denn das Erfordernis der Verbindlichkeit des Angebots, das ohne Weiteres mit dem Begriff der „Rechtsverbindlichkeit" gleichzusetzen ist, stellt klar, dass das Angebot als bürgerlich-rechtliche Willenserklärung des Bieters rechtsgültig und wirksam zu sein hat, so gefasst sein muss, dass es nur noch einer Annahmeerklärung des Auftraggebers bedarf und dass es den Auftraggeber von der Ungewissheit und den Verzögerungen freistellt, die mit der Angebotsunterzeichnung durch einen Vertreter ohne Vertretungsmacht verbunden sein können. Angebote, zu denen es dem Unterzeichner an der Vertretungsberechtigung mangelt, sind schwebend unwirksam (§ 177 Abs. 1 BGB). Ihre Wirksamkeit hängt von einer – nach Aufforderung des anderen Teils befristet zu erklärenden – Genehmigung durch den Vertretenen ab (§ 177 Abs. 2, § 182 Abs. 1, § 184 Abs. 1 BGB). Es ist **zu respektieren, wenn sich der Auftraggeber den daraus resultierenden möglichen Erschwernissen** (freilich unter Inkaufnahme anderer, die Verbindlichkeit betreffender Prüfungsobliegenheiten) **nicht stellen will** und über ein lediglich „unterschriebenes" Angebot hinaus in den Verdingungsunterlagen **die Rechtsverbindlichkeit der Angebotserklärung fordert** (OLG Düsseldorf, B. v. 22. 12. 2004 – Az.: VII – Verg 81/04; OLG Frankfurt, B. v. 26. 8. 2008 – Az.: 11 Verg 8/08; OLG Karlsruhe, B. v. 24. 7. 2007 – Az.: 17 Verg 6/07). Dies gilt auch dann, wenn der Auftraggeber die **Rechtsverbindlichkeit der Angebotserklärung und deren Nachweis** fordert (OLG Frankfurt, B. v. 26. 8. 2008 – Az.: 11 Verg 8/08).

7340 Wird die Unterzeichnung durch „**rechtsverbindliche Unterschrift**" verlangt, **nicht jedoch der Nachweis der Vertretungsmacht des Unterzeichners** mit dem Angebot, so genügt dieser Anforderung jede Unterschrift eines Erklärenden, der zum Zeitpunkt des Ablaufes der Vorlagefrist tatsächlich bevollmächtigt war. Den **Nachweis über seine Vertretungsmacht kann er jederzeit, auch nachträglich, führen.** Die allgemeinen zivil- und handelsrechtlichen Vorschriften, die mangels ausdrücklicher Regelungen im Vergaberecht subsidiär anzuwenden sind, sehen eine **Pflicht zur Vorlage einer Vollmachtsurkunde bei einem Handeln in Vertretung nicht vor**, sondern lediglich die Pflicht, dass der Wille, in fremdem Namen aufzutreten, deutlich zu Tage tritt, und dass das Handeln im Rahmen einer dem Vertreter bereits eingeräumten Vertretungsmacht erfolgt (OLG Frankfurt, B. v. 9. 7. 2010 – Az.: 11 Verg 5/10; OLG Naumburg, B. v. 29. 1. 2009 – Az.: 1 Verg 10/08; B. v. 13. 10. 2008 – Az.: 1 Verg 10/08).

7341 Nach § 49 Abs. 1 HGB **ermächtigt die Prokura**, deren Wirksamkeit nicht von der Handelsregistereintragung gemäß § 53 HGB abhängt, zu allen gerichtlichen und außergerichtlichen Geschäften, die der Betrieb eines Handelsgewerbes mit sich bringt, also **auch zur Abgabe von Angeboten in einem Vergabeverfahren**. Demgegenüber ist bei einem Großunternehmen die Unterzeichnung des Angebotes durch Vorstandsmitglieder nicht zu erwarten (OLG München, B. v. 8. 5. 2009 – Az.: Verg 06/09).

82.6.2.2.3 Stelle der Unterzeichnung. Es ist erforderlich, dass **mit der Unterschrift** 7342
zweifelsfrei der gesamte Angebotsinhalt abgedeckt wird. Ein Angebot muss ausgeschieden werden, wenn letzteres nicht der Fall ist. Die Unterschrift hat auf dem Angebot in einer Weise zu erfolgen, die deutlich macht, dass sich der Unterzeichner das gesamte Angebot mit seiner Unterschrift zu Eigen macht (OLG Celle, B. v. 19. 8. 2003 – Az.: 13 Verg 20/03; OLG Düsseldorf, B. v. 18. 7. 2005 – Az.: VII – Verg 39/05; 3. VK Bund, B. v. 6. 6. 2005 – Az.: VK 3–43/05; VK Düsseldorf, B. v. 21. 4. 2006 – Az.: VK – 16/2006 – L; 1. VK Sachsen, B. v. 19. 5. 2010 – Az.: 1/SVK/015-10). Grundsätzlich wird dann eine Unterschrift am Ende des Angebotes oder auf dem Anschreiben, das auf das beigefügte Angebot Bezug nimmt, diesem Erfordernis genügen (VK Düsseldorf, B. v. 21. 4. 2006 – Az.: VK – 16/2006 – L; VK Lüneburg, B. v. 28. 7. 2003 – Az.: 203-VgK-13/2003).

An welcher Stelle der Angebote die **Unterschrift** bzw. **Unterschriften anzubringen** 7343
sind, **lässt § 13 VOB/A offen.** Deshalb fügen viele Auftraggeber den Vergabeunterlagen ein **Formblatt „Angebot"** bei, durch dessen Gestaltung sichergestellt wird, dass die darauf angebrachte Unterschrift sich auf das gesamte Angebot bezieht. Ist eine Unterschrift vorhanden, befindet sie sich aber **nicht an der eindeutig gekennzeichneten und geforderten Stelle im Angebot, so ist dieses Angebot auszuschließen** (VK Düsseldorf, B. v. 21. 4. 2006 – Az.: VK – 16/2006 – L; VK Lüneburg, B. v. 28. 7. 2003 – Az.: 203-VgK-13/2003). **Weist allerdings das Formblatt keine Unterschriftsleiste auf** und gibt es zudem in den Verdingungsunterlagen andere Gelegenheiten zur (abschließenden) Unterschrift, **schadet eine fehlende Unterschrift auf dem Formblatt „Angebot" nicht** (OLG Düsseldorf, B. v. 21. 6. 2006 – Az.: VII – Verg 24/06). Eine **Berichtigung eines Formfehlers**, das heißt ein Nachholen der Unterschrift an der richtigen Stelle kommt eventuell in Betracht, wenn zweifelsfrei erkennbar ist, dass sich die an falscher Stelle befindliche Unterschrift auf das gesamte Angebot beziehen soll (VK Nordbayern, B. v. 28. 2. 2001 – Az.: 320.VK-3194-25/00).

82.6.2.2.4 Anzahl der Unterschriften. Der Auftraggeber kann z. B. in den Vergabeunter- 7344
lagen vorgeben, dass auch die Bewerbererklärung rechtsverbindlich unterzeichnet sowie dokumentenecht sein muss. Der Auftraggeber macht dann von der **Möglichkeit der Ermessensausübung** Gebrauch, die den Vergabevorschriften nicht entgegensteht (VK Halle, B. v. 30. 5. 2002 – Az.: VK Hal 11/02).

Hat ein Auftraggeber in den Vergabeunterlagen vorgegeben, dass das Angebot rechtsverbind- 7345
lich **auf dem Leistungsverzeichnis mit seinen Anlagen und den Besonderen Vertragsbedingungen unterschrieben** sein muss, hat er von der Möglichkeit der Ermessensausübung Gebrauch gemacht, die den Vergabevorschriften nicht entgegensteht (VK Halle, B. v. 12. 7. 2001 – AZ: VK Hal 09/01).

Auch eine **zusätzliche Absicherung der erklärten Preise durch eine gesonderte Un-** 7346
terschrift ist zulässig. Der Auftraggeber kann sich auf die umfassende Unterschrift im Angebotsschreiben beschränken, kann aber auch darüber hinaus gehen. So werden typischerweise Biestererklärungen und diverse Eignungserklärungen mit einer gesonderte Erklärungsunterschrift verbunden, die, wenn sie fehlt, Zweifel am Erklärungswillen des Bieters entstehen lässt (VK Arnsberg, B. v. 13. 7. 2010 – Az.: VK 11/10).

82.6.2.2.5 Unterzeichnung des Angebotes bei Bietergemeinschaften. 82.6.2.2.5.1 7347
Begriff der Bietergemeinschaft. Zum Begriff der Bietergemeinschaft vgl. die Kommentierung zu → § 6 VOB/A Rdn. 11.

82.6.2.2.5.2 Angebot eines Einzelbieters oder Angebot einer Bietergemeinschaft? 7348
Angebote müssen die Identität des Bieters erkennen lassen. Das gilt für Einzelbieter wie für Bietergemeinschaften. Aus dem **Angebot einer Bietergemeinschaft muss hervorgehen, dass es sich um das Angebot einer Bietergemeinschaft handelt und welche Unternehmen diese Bietergemeinschaft bilden.** Maßgeblicher Zeitpunkt für die Bestimmung, wem ein Angebot zuzurechnen ist, ist das zum Eröffnungstermin vorliegende Angebot. Dieses legt die Identität des Bieters fest. Besteht Streit, wer als Bieter eines bestimmten Angebots anzusehen ist, ist durch Auslegung zu ermitteln, wer das Angebot abgegeben hat. Dabei ist auf den „objektiven Empfängerhorizont" abzustellen; entscheidend ist, wie ein mit den Umständen des Einzelfalles vertrauter Dritter in der Lage der Vergabestelle die Erklärung nach Treu und Glauben mit Rücksicht auf die Verkehrssitte verstehen musste oder durfte (OLG Düsseldorf, B. v. 3. 1. 2005 – Az.: VII – Verg 82/04; OLG Frankfurt, B. v. 15. 7. 2008 – Az.: 11 Verg 4/08; VK Südbayern, B. v. 10. 11. 2003 – Az.: 49-10/03). Ein entscheidender Punkt bei dieser Auslegung ist, wer das Angebot unterschrieben hat (OLG Karlsruhe, B. v. 24. 7. 2007 – Az.: 17 Verg 6/07; BayObLG, B. v. 20. 8. 2001 – Az.: Verg 11/01).

7349 In einem Teilnahmewettbewerb ist ein **transparenter und chancengleicher Bieterwettbewerb i. S. d. § 97 Abs. 1, 2 GWB nicht gewährleistet, wenn eine Bewerbung, die den Bewerber nicht klar erkennen lässt, zur Verhandlung zugelassen** wird. Die **Person des Bewerbers und gegebenenfalls nachfolgend des Auftragnehmers und Vertragspartners ist von zentraler Bedeutung.** Nur bei Klarheit über die Person des Bewerbers kann die Eignungsprüfung im Bewerberauswahlverfahren, die ja gerade personenbezogen ist, sachgerecht durchgeführt werden. In einem späteren Stadium nach Angebotsabgabe und Auftragserteilung muss der Auftraggeber wissen, wer ihm die Leistung schuldet und gegebenenfalls haftet. Ein chancengleicher Bieterwettbewerb ist daher nur gewährleistet, wenn die Eignungsnachweise dem Bewerber eindeutig zugerechnet werden können. Anderenfalls bestünde die Möglichkeit, sich auf Ressourcen eines Anderen zu berufen, obwohl die entsprechenden Nachweise selbst nicht erbracht werden (können). Damit könnte ein Bewerber die Zulassung zur Verhandlung erreichen, obwohl seine – persönliche – Eignung aufgrund fehlender Angaben nicht nachgewiesen ist. Ist eine **klare Zuordnung nicht möglich, ist die Bewerbung schon aus diesem Grund auszuschließen** (3. VK Bund, B. v. 18. 2. 2010 – Az.: VK 3–6/10).

7350 **82.6.2.2.5.3 Grundsätzliche Anforderung an die Unterzeichnung von Angeboten einer Bietergemeinschaft.** Sinn und Zweck des Ausschreibungsverfahrens ist die Einholung verbindlicher Angebote. Wann dies der Fall ist, richtet sich nach **allgemeinen zivilrechtlichen Regeln**. **Bietergemeinschaften** treten in der Praxis als **Gesellschaft bürgerlichen Rechts** auf. Eine **rechtsverbindliche Unterschrift** liegt in diesem Fall nur dann vor, wenn **alle am Angebot beteiligten Unternehmer unterschreiben** (VK Hessen, B. v. 27. 2. 2003 – Az.: 69 d VK – 70/2002; VK Südbayern, B. v. 17. 7. 2001 – Az.: 23-06/01), weil grundsätzlich allen von ihnen Außenvertretungsvollmacht zukommt. Die Vertretungsbefugnis richtet sich in der Regel nach der Geschäftsführungsbefugnis. Ein Gesellschafter ist gemäß § 714 BGB nur dann berechtigt, die anderen Gesellschafter gegenüber Dritten zu vertreten, wenn ihm nach dem Gesellschaftsvertrag die alleinige Geschäftsbefugnis zusteht (VK Brandenburg, B. v. 26. 3. 2002 – Az.: VK 3/02).

7351 **82.6.2.2.5.4 Unterzeichnung von Angeboten einer Bietergemeinschaft durch einen Bevollmächtigten.** Die **Unterschrift des Angebots einer Bietergemeinschaft kann auch durch einen nach allgemeinen Regeln hierzu Bevollmächtigten abgegeben werden** (OLG Frankfurt, B. v. 15. 7. 2008 – Az.: 11 Verg 4/08; Schleswig-Holsteinisches OLG, B. v. 15. 2. 2005 – Az.: 6 Verg 6/04; VK Brandenburg, B. v. 16. 10. 2007 – Az.: VK 38/07). Bietergemeinschaften haben in der Regel die Rechtsqualität einer Gesellschaft des bürgerlichen Rechts (GbR) gemäß den §§ 705 ff. BGB. Die Vertretungsbefugnis richtet sich nach der Geschäftsführungsbefugnis. Ein Gesellschafter ist gem. § 714 BGB in der Regel nur dann berechtigt, die anderen Gesellschafter gegenüber Dritten zu vertreten, wenn ihm nach dem Gesellschaftsvertrag die alleinige Geschäftsführungsbefugnis zusteht. Von dem Grundsatz, dass alle Mitglieder einer Bietergemeinschaft das Angebot zu unterzeichnen haben, gibt es **nur die Ausnahme, dass einer mit Vertretungsmacht für die anderen Mitglieder der Bietergemeinschaft handelt.** Bestehen **Zweifel** daran, dass ein Teilnehmer einer Bietergemeinschaft mit wirksamer Vertretungsmacht für die anderen handelt, dann führt dies dazu, dass die **Unterschriften der übrigen nicht entbehrlich sind** (VK Lüneburg, B. v. 17. 10. 2003 – Az.: 203-VgK-20/2003).

7352 Nach den Umständen des Einzelfalls kann man aber auch davon auszugehen, dass **ein Vertreter befugt sein soll, eine Bietergemeinschaft als Einzelvertreter zu vertreten.** Deutlich in diese Richtung weist der Umstand, dass der Einzelvertreter im Besitz eines Namensstempels der übrigen Mitglieder der Bietergemeinschaft , den er auf dem Angebot anbringt; mangels gegenteiliger Anhaltspunkte ist davon auszugehen, dass dieser Stempel mit den Willen der übrigen Mitglieder der Bietergemeinschaft und mit deren Einverständnis, Erklärungen im Namen der Bietergemeinschaft abzugeben, zu ihm gelangt ist. Vor allem aber spricht für eine Einzelvertretungsmacht, dass die von den einzelnen Mitgliedern der Bietergemeinschaft abgegebenen Angebotsbestandteile dem Auftraggeber in einem Umschlag zugingen, dass sie also zuvor dem Einzelvertreter von den übrigen Geschäftsführern zu dem Zweck zugeleitet worden waren, sie dem Gesamt-Angebot beizufügen und dieses einheitliche Angebot abzugeben. Dies lässt vernünftigerweise nur den Schluss zu, dass der Einzelvertreter das Angebot nach dem Willen der übrigen Mitglieder der Bietergemeinschaft in deren Namen allein abgeben sollte (OLG Frankfurt, B. v. 15. 7. 2008 – Az.: 11 Verg 4/08; B. v. 20. 7. 2004 – 11 Verg 14/04; VK Brandenburg, B. v. 16. 10. 2007 – Az.: VK 38/07).

7353 **82.6.2.2.5.5 Nachträgliche Genehmigung bei fehlender Unterschrift aller Mitglieder von Bietergemeinschaften.** Die **Rechtsprechung** ist insoweit **nicht einheitlich**.

Im **Schrifttum** ist **umstritten**, ob die Grundsätze über die nachträgliche Genehmigungsfähigkeit der rechtsgeschäftlichen Willenserklärung vollmachtloser Vertreter im Falle von Bietergemeinschaften anwendbar sind. Zum Teil wird dies **verneint**, weil die strenge Förmlichkeit des § 16 VOB/A das allgemeine Recht des BGB verdränge. Im Interesse eines für alle Bieter chancengleichen Wettbewerbs sei dies auch sachgerecht. **Andernfalls seien Manipulationen nicht auszuschließen**, da es Teilnehmern einer Bietergemeinschaft sonst nach Kenntnisnahme der Angebote anderer Bieter freistünde, je nach Auslastung der eigenen Betriebe und der Akquisition möglicherweise ertragreicherer anderer Angebote eine Genehmigung der Willenserklärung der vollmachtlosen Vertreter abzugeben oder zu verweigern. Nach einer **anderen Auffassung** ist im Falle der Unterschriftsvertretung bei Bietergemeinschaften mit der Vorlage des Angebots nicht zwingend ein Vollmachtsnachweis vorzulegen. Auch nach dieser Auffassung werden aber in den Fällen, in denen lediglich ein Mitglied einer Bietergemeinschaft ein Angebot in Vertretung der anderen Mitglieder unterschreibt, die **Voraussetzungen der Rechtsscheinvollmachten regelmäßig nur begrenzt nachzuweisen sein**. Die Duldungs- bzw. die Anscheinsvollmacht **setzt voraus, dass der Vertretene wissentlich zulässt bzw. hätte erkennen müssen**, dass jemand für ihn wie ein Vertreter auftritt und Dritte nach Treu und Glauben bei Anwendung der ihnen jeweils zumutbaren Sorgfalt auf die Erteilung einer entsprechenden Vollmacht schließen dürfen. Dabei muss das Verhalten des einen Teils, aus dem der Geschäftspartner die Bevollmächtigung eines Dritten vermeintlich schließen kann, **von einer gewissen Häufigkeit und Dauer** sein. Eine solche **Häufigkeit und Dauer der Stellvertretung wird bei einer Angebotsunterzeichnung eines Mitglieds einer Bietergemeinschaft in Vertretung eines anderen Mitglieds regelmäßig nicht gegeben sein** (VK Lüneburg, B. v. 17. 10. 2003 – Az.: 203-VgK-20/2003). Eine nachträgliche Genehmigung scheidet dann aus.

Demgegenüber ist nach einer anderen Meinung im Falle der Unterschriftsvertretung bei Bietergemeinschaften mit der Vorlage des Angebots **nicht zwingend ein Vollmachtsnachweis vorzulegen**. Es ist ausreichend, dass die **Vollmacht rechtzeitig vor Zuschlagserteilung vorgelegt** wird (VK Baden-Württemberg, B. v. 20. 9. 2001 – Az.: 1 VK 26/01; ähnlich VK Südbayern, B. v. 17. 7. 2001 – Az.: 23-06/01).

Je nach den Umständen des Einzelfalls kommt auch eine **konkludente Genehmigung** in Betracht, z. B. wenn die Mitglieder einer Bietergemeinschaft die das jeweilige Unternehmen betreffenden Angebotsunterlagen an einen Einzelvertreter übersenden. Jedenfalls aber liegt eine **konkludente Genehmigung darin**, dass die Mitglieder der Bietergemeinschaft einen **Nachprüfungsantrag nach § 107 GWB und eine vorliegende sofortige Beschwerde erheben** (OLG Frankfurt, B. v. 20. 7. 2004 – 11 Verg 14/04).

82.6.2.2.5.6 Anwendung der Grundsätze über die Duldungs- und Anscheinsvollmacht und das Handeln eines vollmachtslosen Vertreters. Nach Auffassung des OLG Frankfurt musste für das damals geltende Recht (VOB/A 2002) davon ausgegangen werden, dass für die Angebotsabgabe keine über das BGB hinausgehenden Anforderungen gestellt werden dürfen. Dies hat vor allem zur Folge, dass sowohl die **Grundsätze über die Duldungs- und Anscheinsvollmacht als auch über das Handeln eines vollmachtslosen Vertreters im Vergabeverfahren uneingeschränkt Anwendung finden**, so dass dessen Handeln auch noch nach dem Beginn der Angebotswertung nachträglich genehmigt werden kann (OLG Frankfurt, B. v. 20. 7. 2004 – 11 Verg 14/04; im Ergebnis ebenso 1. VK Sachsen, B. v. 16. 6. 2005 – Az.: 1/SVK/056-05).

Diese Rechtsprechung **gilt auch für die VOB/A 2009.**

82.6.2.2.5.7 Regelung des VHB 2008. Ziffer 6.1 der Bewerbungsbedingungen des VHB 2008 enthält folgende Regelung:

Die Bietergemeinschaft hat mit ihrem Angebot eine von allen Mitgliedern unterzeichnete Erklärung abzugeben,

– in der die Bildung einer Arbeitsgemeinschaft im Auftragsfall erklärt ist,
– in der alle Mitglieder aufgeführt sind und der für die Durchführung des Vertrags bevollmächtigte Vertreter bezeichnet ist,
– dass der bevollmächtigte Vertreter die Mitglieder gegenüber dem Auftraggeber rechtsverbindlich vertritt,
– dass alle Mitglieder als Gesamtschuldner haften.

Damit wird, um Unklarheiten zu vermeiden, **schon in den Verdingungsunterlagen klargestellt**, dass im Falle eines durch Vertreter unterschriebenen Angebots einer Bietergemeinschaft **den Angebotsunterlagen eine Vollmacht beizufügen** ist (VK Lüneburg, B. v. 17. 10. 2003 – Az.: 203 VgK-20/2003).

7362 **82.6.2.2.5.8 Weitere Beispiele aus der Rechtsprechung**

– **leitet der Auftraggeber nach Aufhebung des offenen Verfahrens ein nichtoffenes Verfahren ein** und teilt er den Bietern mit, es seien schriftliche Angebote einzureichen und Basis des Nichtoffenen Verfahrens seien die Verdingungsunterlagen des vorangegangenen Verfahrens, so sind die dort genannten Formvorschriften und Mindestbedingungen einzuhalten. Fordert der Auftraggeber, dass Formblätter und Erklärungen unterschrieben sein müssen, (..) und das Angebot vom Bieter rechtsverbindlich an den genannten Stellen zu unterschreiben ist, so **ist es nicht ausreichend, das alte Angebot zu kopieren und nicht unterzeichnet abzugeben oder lediglich ein geändertes neues Preisblatt einzureichen**. Derartige Angebote sind zwingend auszuschließen, denn es liegt keine Willenserklärung des Bieters vor, die das Angebot in seiner Gesamtheit umfasst (1. VK Sachsen, B. v. 19. 5. 2010 – Az.: 1/SVK/015-10)

– im Streitfall hat zwar nur ein Mitglied der Bietergemeinschaft, die Fa. ... auf das Angebotsformular **unter dem „Namen des Bieters"** einen Stempel angebracht, gleichfalls hat **nur die Fa. ... das Angebotsformular unterschrieben**. Dies ist aber **unschädlich, denn diesem Formular lag zugleich eine ausdrückliche Erklärung bei, dass es sich um eine „Bietergemeinschaft"** handle, die aus den Firmen ... gebildet werde. Die Beigeladene Ziff. 1 hat auf Seite 2 des Angebotsformulars ausdrücklich darauf verwiesen, dass dem Angebot ein Begleitschreiben beigefügt sei. Dass sich die **Person des Bieters aus dem Zusammenhang mit einem beigefügten Begleitschreiben ergibt, genügt**. In der „Erklärung der Bietergemeinschaft" wurde mitgeteilt, dass geschäftsführendes Mitglied (bevollmächtigter Vertreter) die Fa. ... sei und dass dieses geschäftsführende Mitglied die Arbeitsgemeinschaftsmitglieder gegenüber dem Auftraggeber rechtsverbindlich vertrete. Die **„Bietergemeinschaftserklärung" war mit dem Firmenstempel beider Mitglieder der Bietergemeinschaft versehen und unterschrieben** (OLG Karlsruhe, B. v. 24. 7. 2007 – Az.: 17 Verg 6/07)

– ist ein Formular Bestandteil der Vergabeunterlagen, aus dem zweifelsfrei hervorgeht, dass es bei der Einreichung des Angebots beigelegt werden muss und das **Angebot nur auf diesem Formular unterschrieben werden kann, ist dieses zwingend von der Wertung auszuschließen, wenn die Unterschrift an anderer Stelle erfolgt** ist (VK Hessen, B. v. 19. 3. 2009 – Az.: 69 d VK – 05/2009)

– über das den Verdingungsunterlagen beiliegende und im EVM(B)Ang unter Anlagen aufgeführte Formblatt Erg Wart, sowie der Verweisung in diesem Formblatt auf den beiliegenden Wartungsvertrag, der wiederum den Verdingungsunterlagen beilag, **wird letzterer nach Auffassung der Vergabekammer Angebotsbestandteil, gehört zu den unter Punkt 8 des EVM(B)Ang auf Seite 1 aufgeführten Anlagen, wird damit auch von den von der Bietergemeinschaft geleisteten Unterschriften unter dem EVM(B)Ang abgedeckt**. Damit ist der Sinn und Zweck des § 21 Nr. 1 Abs. 1 Satz 1 VOB/A, verbindliche Angebote durch Unterschriftsleistung, erfüllt. **Unerheblich** ist es deshalb nach Auffassung der Vergabekammer, dass die auf Seite 6 des Wartungsvertrages **nochmals zu leistende Unterschrift** der Bietergemeinschaft **nicht vorhanden** ist, diese wurde bereits mit der Unterschrift auf Seite 3 des EVM(B)Ang geleistet (VK Thüringen, B. v. 18. 3. 2003 – Az.: 216–4002.20-001/03-MHL)

– die **Unterschrift des Bieters auf dem Angebotsschreiben** umfasst nur diejenigen Angebote, die unter den Anlagen zum Angebotsschreiben aufgeführt sind. Ist ein Angebot bei diesen Anlagen nicht genannt, muss es zwingend gesondert unterschrieben werden. Wenn die gesonderte Unterschrift (z. B. für den Wartungsvertrag) ebenfalls fehlt, ist das Gesamtangebot unvollständig und gemäß § 25 Nr. 1 Abs. 1 Buchstabe b) VOB/A auszuschließen (VK Nordbayern, B. v. 3. 8. 2001 – Az.: 320.VK-3194-23/01)

7363 **82.6.2.2.6 Angebot eines Bieters für einen Dritten. 82.6.2.2.6.1 Grundsatz.** Ein Bieter, der in gewillkürter Verfahrensstandschaft für ein anderes Unternehmen am Wettbewerb teilnimmt, will nicht selbst Auftragnehmer für die maßgebliche Vertragsleistung werden, sondern nur Vermittler des Auftrags für den Dritten sein. Anders wäre dies nur zu beurteilen, wenn die Ausschreibung selbst die Vermittlung entsprechender Leistungen etwa im Sinne einer Maklertätigkeit (vgl. § 652 BGB) beträfe. Dann entspräche die angebotene auch der ausgeschriebenen Leistung. **Ansonsten muss die Identität des ausgeschriebenen Auftrags gewahrt blei-**

Vergabe- und Vertragsordnung für Bauleistungen Teil A VOB/A § 13 **Teil 3**

ben. Davon kann jedenfalls dann nicht mehr die Rede sein, wenn zentrale Leistungen des künftigen Vertrags nicht Gegenstand des Angebots des Bieters sind, sondern der Auftraggeber wegen dieser Leistungen in vertragliche Beziehungen mit einem Dritten treten müsste (BayObLG, B. v. 29. 10. 2004 – Az.: Verg 022/04).

82.6.2.2.6.2 Beispiele aus der Rechtsprechung

– weist das Angebotsbegleitschreiben eine andere Anschrift als die Anschrift des Bieters aus und trägt die Unterschrift im Angebot einen anderen Stempel, zeigt es aber eindeutig die Handelsregisternummer des Bieters, ist das Angebot dem Bieter zuzurechnen (VK Südbayern, B. v. 10. 11. 2003, Az.: 49-10/03).

82.6.2.2.7 Wertung von Angeboten mit unvollständigen Unterschriften.
Zur Wertung von Angeboten mit unvollständigen Unterschriften vgl. die Kommentierung zu → § 16 VOB/A Rdn. 52 ff.

82.6.3 Elektronische Angebote (§ 13 Abs. 1 Nr. 1 Satz 4)

82.6.3.1 Allgemeines

§§ 13, 13a stellen für alle Abschnitte der VOB die Ermächtigung dar, auch elektronische Angebote zuzulassen. Die **elektronische Angebotsabgabe ist Teil des umfassenden und ganzheitlichen Prozesses der elektronischen Ausschreibung und Vergabe (E-Vergabe)**. Dieser Prozess steht auf der Prioritätenliste der Kommission der Europäischen Gemeinschaften und der Politik in der Bundesrepublik Deutschland relativ weit oben, hat aber bisher aus vielfältigen Gründen den **Durchbruch im Bereich der Angebotsabgabe noch nicht geschafft**.

82.6.3.2 Umsetzung der Vorgaben der Vergabekoordinierungsrichtlinie

§§ 13, 13a setzen die Vorgaben des Art. 42 Abs. 1–3 der Vergabekoordinierungsrichtlinie um.

82.6.3.3 Sonstige Regelungen über die elektronische Angebotsabgabe

Der Bereich der E-Vergabe wird nicht nur durch unmittelbare vergaberechtliche Vorschriften geregelt, sondern durch eine **Vielzahl weiterer Vorschriften mittelbar bestimmt**.

82.6.3.3.1 Europarechtliche Regelungen. 82.6.3.3.1.1 Richtlinie über den elektronischen Geschäftsverkehr (e-commerce-Richtlinie). 82.6.3.3.1.1.1 Allgemeines.
Die e-commerce-Richtlinie (Richtlinie 2000/31/EG des Europäischen Parlaments und des Rates vom 8. Juni 2000 über bestimmte rechtliche Aspekte der Dienste der Informationsgesellschaft, insbesondere des elektronischen Geschäftsverkehrs, im Binnenmarkt („Richtlinie über den elektronischen Geschäftsverkehr"), ABl. L 178 vom 17. 7. 2000, S. 1–16) **umfasst nach ihrem Inhalt auch die öffentlichen Aufträge, sofern sie elektronisch abgewickelt werden**.

82.6.3.3.1.1.2 Recht auf Abgabe eines elektronischen Angebots?
In der vergaberechtlichen Literatur ist **umstritten, ob sich aus der e-commerce-Richtlinie eine Verpflichtung der öffentlichen Auftraggeber zur Zulassung elektronischer Angebote ergibt**. Bund, Bundesländer und der Großteil der Literatur lehnen diese Auffassung ab. Nach Art. 22 der europäischen Richtlinie über den elektronischen Geschäftsverkehr (e-commerce-Richtlinie) sind die Mitgliedstaaten der EU (lediglich) verpflichtet, die erforderlichen Rechts- und Verwaltungsvorschriften zur Umsetzung der e-commerce-Richtlinie in Kraft zu setzen, um dieser Richtlinie vor dem 17. 1. 2002 nachzukommen. Diese Verpflichtung hatte die Bundesrepublik Deutschland für den Bereich der öffentlichen Aufträge durch die Vergabeverordnung vom 9. 1. 2001 sowie die VOB 2000 und die VOL 2000 erfüllt. Die **Vergabe öffentlicher Aufträge kann elektronisch abgewickelt werden**.

Ist die grundsätzliche Verpflichtung zur Umsetzung der e-commerce-Richtlinie erfüllt, werden die Einzelheiten durch die speziellere Regelung der Vergabekoordinierungsrichtlinie und der Sektorenrichtlinie geregelt. **Nach diesen Richtlinien – in ihrer novellierten Fassung – können die öffentlichen Auftraggeber elektronische Angebote zulassen. Entsprechend lauten die Formulierungen in der Vergabeverordnung bzw. der VOB und der VOL**.

Es gibt also **aus der e-commerce-Richtlinie kein Recht auf Abgabe eines elektronischen Angebotes**.

82.6.3.3.1.1.3 Signaturrichtlinie.
Das Europäische Parlament und der Rat der Europäischen Union haben die **Richtlinie 1999/93/EG vom 13. Dezember 1999 über gemeinschaftliche Rahmenbedingungen für elektronische Signaturen** (ABl. L 13 vom 19. 1.

2000, S. 12) beschlossen. Auch der Bereich der öffentlichen Aufträge wird grundsätzlich vom Regelungsgehalt der Signaturrichtlinie umfasst.

7374 **82.6.3.3.2 Nationale Regelungen.** Zur Ausfüllung insbesondere der europäischen Richtlinien hat die Bundesrepublik Deutschland verschiedene Vorschriften erlassen, um die elektronische Angebotsabgabe bzw. den Prozess der ganzheitlichen eVergabe möglich zu machen. Es sind dies insbesondere:

- das Gesetz über Rahmenbedingungen für elektronische Signaturen und zur Änderung weiterer Vorschriften vom 16. Mai 2001 (Bundesgesetzblatt I 2001 S. 876), zuletzt geändert durch Artikel 4 des Gesetzes vom 17. Juli 2009 (BGBl. I S. 2091)
- die Verordnung zur elektronischen Signatur (Signaturverordnung – SigV) vom 16. November 2001 (BGBl. I S. 3074), zuletzt geändert durch Verordnung vom 17. 12. 2009 (BGBl. I S. 3932)
- das Gesetz zur Anpassung der Formvorschriften des Privatrechts und anderer Vorschriften an den modernen Rechtsgeschäftsverkehr vom 13. Juli 2001 (BGBl. I 2001 S. 1542 ff.)
- das Dritte Gesetz zur Änderung verwaltungsverfahrensrechtlicher Vorschriften (3. VwVfÄndG) vom 21. August 2002 (BGBl. I 2002 S. 3322).

82.6.3.4 Signaturanforderung (§ 13 Abs. 1 Nr. 1 Satz 4)

7375 **82.6.3.4.1 Signaturstufe.** § 13 Abs. 1 Nr. 1 Satz 4 verlangt – als **Äquivalent der Unterschrift** – nach Wahl des Auftraggebers eine fortgeschrittene elektronische Signatur nach dem Signaturgesetz und den Anforderungen des Auftraggebers – mittlere Sicherheitsstufe – oder eine qualifizierte elektronische Signatur nach dem Signaturgesetz – höchste Sicherheitsstufe –. Die Einzelheiten ergeben sich jeweils aus dem Signaturgesetz.

7376 **Zur Erleichterung der elektronischen Angebotsabgabe** wurde **mit der VOB/A 2006** neben der bisherigen qualifizierten elektronischen Signatur **auch die fortgeschrittene elektronische Signatur nach dem Signaturgesetz in Verbindung mit den Anforderungen des Auftraggebers als Wahloption** für die Auftraggeber vorgesehen. In der Literatur werden erhebliche Bedenken gegen die Funktionsäquivalenz fortgeschrittener elektronischer Signaturen mit der eigenhändigen Unterschrift geäußert (Roßnagel/Paul, NZBau 2007, 74).

7377 **82.6.3.5 Anwendungsprojekte.** Der Bund, verschiedene Bundesländer sowie andere Institutionen unternehmen derzeit Anwendungsprojekte, um die Anwendung der elektronischen Vergabe als geschlossenes System umzusetzen.

7378 **Wichtige Anwendungsprojekte** finden Sie unter

- **www.evergabe-online.de** (identisch mit **www.e-vergabe.bund.de**),
- **www.vergabe.bayern.de**
- **www.vergabe.berlin.de**
- **www.evergabe.nrw.de**.

82.6.3.6 Literatur

7379 – Burgi, Martin, Ein gangbarer Weg zur elektronischen Vergabe: Die Angebotsabgabe in einer Kombinationslösung, VergabeR 2006, 149
- Denk, Heiko/Paul, Sandra/Roßnagel, Alexander/Schnellenbach-Held, Martina, Der Einsatz intelligenter Softwareagenten im elektronischen Vergabeverfahren, NZBau 2004, 131
- Drügemöller, Albert, Elektronische Bekanntmachungen im Vergaberecht, NVwZ 2007, 177
- Fährmann, Uwe; Integrierte E-Procurement-Lösungen für öffentliche Auftraggeber, E-Government in der Praxis – Leitfaden für Politik und Verwaltung, Frankfurt 2005, 83
- Faßnacht, Klaus, Sparen mit E-Vergabe, Prozessanalyse belegt Einspareffekte elektronischer Beschaffungssysteme, Jahrbuch Verwaltungsmodernisierung 2005/2006, Wegweiser GmbH, 2005, 98
- Graef, Eberhard, Rechtsfragen zur Kommunikation und Informationsübermittlung im neuen Vergaberecht, NZBau 2008, 34
- Heinze, Florian, Die elektronische Vergabe öffentlicher Aufträge, Dissertation, Frankfurt am Main, 2005

- Jansen, Stephan/Dippel, Norbert, Elektronische Beschaffung und Vergabe in der öffentlichen Verwaltung: Rechtliche, organisatorische und wirtschaftliche Aspekte, Köln, 2005
- Kosilek, Ernest, Elektronische Beschaffung in Kommunen, Dissertation, Lohmar, 2004
- Müller, Martin/Ernst, Tobias, Elektronische Vergabe ante portas – Übersicht über aktuelle und zukünftige Rechtsfragen, NJW 2004, 1768
- Roßnagel, Alexander/Paul, Sandra, Die Nutzung privater Vergabeplattformen durch öffentliche Auftraggeber, VergabeR 2007, 313
- Roßnagel, Alexander/Paul, Sandra, Die Form des Bieterangebots in der elektronischen Vergabe, NZBau 2007, 74
- Schindler, Sven, Zulässigkeit der Beschränkung der Angebotsabgabe auf elektronische Form durch öffentliche Auftraggeber, NZBau 2008, 746
- Schinzer, Heiko, E-Einkauf und E-Vergabe – Vergabemanagement: Bindeglied zum Internet, Behörden Spiegel Dezember 2007, 25
- Schinzer, Heiko, Kostenlose Austauschbörse – E-Vergabe: Standards für Leistungsverzeichnisse, Behörden Spiegel September 2007, 22
- Schwarz, Michael, Der große Sprung – Der E-Vergabe gehört die Zukunft – Vergabe24, Behörden Spiegel September 2007, 21
- Weyand, Rudolf, Darf abgeschrieben werden? Vergabeportale und Urheberrechte, Behörden Spiegel August 2007, 21
- Weyand, Rudolf, Langsames Bohren dicker Bretter – Warten auf einen nationalen Bekanntmachungsdienst, Behörden Spiegel Mai 2007, 21

82.7 Gewährleistung der Integrität der Daten und der Vertraulichkeit der Angebote (§ 13 Abs. 1 Nr. 2)

82.7.1 Schriftliche Angebote (§ 13 Abs. 1 Nr. 2 Satz 2)

Per Post oder direkt übermittelte Angebote sind **in einem verschlossenen Umschlag einzureichen, als solche zu kennzeichnen** und **bis zum Ablauf der für die Einreichung vorgesehenen Frist unter Verschluss zu halten.** 7380

82.7.1.1 Einreichung in einem verschlossenen Umschlag

82.7.1.1.1 Sinn und Zweck der Regelung. Der **Zweck** der Regelung besteht darin, die Möglichkeit einer Einsichtnahme in Angebote vor Angebotseröffnung im Submissionstermin auch seitens der Vergabestelle auszuschließen. Der Grundsatz, dass Angebote bei Ausschreibungen verschlossen einzugehen haben und erstmals im Submissionstermin geöffnet werden, ist grundlegend für den gesamten Ablauf derartiger Vergabeverfahren (1. VK Bund, B. v. 13. 5. 2003 – Az.: VK 1–31/03). 7381

82.7.1.1.2 Schutz des Angebotes durch einen Umschlag oder ähnliche Mittel. Ein **Behältnis** gilt dann als **verschlossen,** wenn es **mit Vorkehrungen versehen** ist, die **der Kenntnisnahme ein deutliches Hindernis bereiten.** Ein **bloßes Zusammenfalten oder Zusammenhalten** reicht nicht aus. Nur bei einem mit Klebeband verschlossenen Karton lässt sich, ebenso wie bei einem zugeklebten Umschlag im Eröffnungstermin erkennen, ob die Angebote ordnungsgemäß verschlossen sind, was nach § 14 Abs. 3 Abs. 1 VOB/A ausdrücklich zu prüfen ist und ob der Umschlag, der Karton oder sonstiges Behältnis im Zeitraum zwischen Zustellung und Beginn des Öffnungstermins schon einmal geöffnet wurden. Bei lediglich zusammengefalteten Kartondeckeln kann der Verhandlungsleiter diese zwingende Feststellung nicht treffen (VK Lüneburg, B. v. 20. 8. 2002 – Az.: 203-VgK-12/2002). 7382

In Fällen, in denen das Angebot zu dick ist, um in einen herkömmlichen Umschlag im Wortsinne des § 13 VOB/A zu passen, **muss eine andere Art der Verpackung möglich und zulässig sein.** Erforderlich ist aber stets, dass **dem Zweck der Norm Rechung getragen** wird, der darin besteht, die Möglichkeit einer Einsichtnahme in Angebote vor Angebotseröffnung im Submissionstermin auch seitens der Vergabestelle auszuschließen. Eine verschlossene Verpackung, die in ihrer Wirkung einem verschlossenen Umschlag gleichkommt, ist **z. B. ein vollständiges Verpacken eines Ordners in Packpapier und Verkleben desselben mit Paketklebeband.** Es geht zu Lasten eines Bieters, wenn er eine wenig professionelle Verpa- 7383 ckungsart wählt, welche die unbefugte Einsichtnahme in sein Angebot möglich macht (1. VK Bund, B. v. 13. 5. 2003 – Az.: VK 1–31/03).

82.7.1.2 Kennzeichnung und verschlossene Aufbewahrung

7384 **82.7.1.2.1 Sinn und Zweck.** Die Regelung des § 13 Abs. 1 Nr. 2 Satz 2 VOB/A, nach der schriftliche Angebote auf dem ungeöffneten Umschlag zu kennzeichnen sind und bis zum Zeitpunkt der Öffnung unter Verschluss zu halten sind, **dient den Interessen der Bieter, da diese Regelung einen fairen Wettbewerb sichern soll.** Dieser soll unter gleichen Bedingungen stattfinden und verhindern, dass einzelne Bieter nachträglich ihr eigenes Angebot verändern, falls sie Einzelheiten von Angeboten ihrer Konkurrenz erfahren, was insbesondere im Zusammenwirken mit einem Mitarbeiter einer Vergabestelle bei unverschlossenen Angeboten möglich wäre (VK Lüneburg, B. v. 20. 8. 2002 – Az.: 203-VgK-12/2002).

7385 **82.7.1.2.2 Anforderungen an den Eingangs- und Kennzeichnungsvermerk.** Ein „Eingangs- und Kennzeichnungsvermerk" im Sinne einer beweissichernden Aufschrift **muss** in einem förmlichen Verfahren, wie es auch das Vergabeverfahren nach der VOB/A und der VOL/A darstellt, **den Aussteller erkennen lassen.** Der Eingangsvermerk soll gewährleisten, dass der Wettbewerb zwischen den Bietern unter gleichen Bedingungen stattfindet und nicht einzelne Bieter ihr Angebot nachträglich ergänzen oder verändern können. Er soll dem Verhandlungsleiter der Angebotseröffnungsverhandlung die Feststellungen nach § 14 Abs. 3 VOB/A ermöglichen. Hierzu bedarf es eines **Namenszeichens am Eingangsvermerk, damit auch in Vertretungs- und Mehrfachvertretungsfällen unkompliziert festgestellt werden kann, wer die Sendung entgegengenommen und verwahrt hat. Maßgeblich bleibt aber, dass mit dem Namenszeichen o. ä. eine konkrete Person die Verantwortung für die inhaltliche Richtigkeit des gefertigten Vermerks und die Authentizität der Posteingänge übernimmt und im Bedarfsfalle hierfür auch in die Verantwortung genommen werden kann,** was bei einer äußerlich anonymen Aufschrift nicht gewährleistet ist (OLG Naumburg, B. v. 31. 3. 2008 – Az.: 1 Verg 1/08).

7386 Empfangsbekenntnisse mit Eingangszeit, Stempel und Unterschrift der die Sendung entgegen nehmenden Mitarbeiter des Auftraggebers und eine Eintragung ins Posteingangsbuch können den ordnungsgemäßen Eingangsvermerk nicht ersetzen. Nach § 14 Abs. 1 VOB/A sollen die Angebote selbst mit einem Eingangsvermerk versehen werden. Der Eingangsvermerk soll auf dem (ungeöffneten) Umschlag angebracht werden. Mit ihm soll das Angebot selbst körperlich gekennzeichnet werden, wie sich aus der Bestimmung für elektronische Angebote ebenfalls ergibt. Die körperliche Kennzeichnung der konkreten Angebotsumschläge soll dem Verhandlungsleiter die notwendige Feststellung der Rechtzeitigkeit des Eingangs der im Umschlag enthaltenen Unterlagen ermöglichen. Die **Unmittelbarkeit dieser Kennzeichnung ist nicht gewahrt durch ein gesondertes Schreiben, dessen Original seiner Bestimmung nach auch nicht mehr in der Vergabeakte ist.** Es genügt **auch das nachträgliche Zeugnis des Ausstellers des Empfangsbekenntnisses den Anforderungen des § 14 Abs. 1 VOB/A nicht.** Ist die Feststellung der Identität des Ausstellers des Vermerks von einer Beweisaufnahme, gar von der Einholung eines Schriftsachverständigengutachtens abhängig, so fehlt dieser Feststellung gerade die verlangte Unkompliziertheit für jedermann (OLG Naumburg, B. v. 31. 3. 2008 – Az.: 1 Verg 1/08).

7387 Der Senat verkennt nicht, dass er in seiner Entscheidung **auf einen formalen Aspekt des Vergabeverfahrens zurückgreift, der bislang in der vergaberechtlichen Literatur und u. U. auch in der Vergabepraxis geringe Beachtung gefunden** hat. Dass ein rechtserheblicher Vermerk in einem förmlichen Verfahren mit einem Namenszeichen seines Ausstellers zu versehen ist, stellt jedoch **keine neuartige Formalisierung dar, sondern lediglich die Anwendung eines in der Rechtsordnung anerkannten Begriffsverständnisses.** So sind auch Eingangsvermerke auf Schriftstücken in förmlichen behördlichen oder gerichtlichen Verfahren jeweils mit Namenszeichen zu versehen (OLG Naumburg, B. v. 31. 3. 2008 – Az.: 1 Verg 1/08).

7388 Als lesbares Handzeichen werden **sowohl Unterschrift als auch Paraphe** angesehen (3. VK Bund, B. v. 12. 5. 2009 – VK 3–109/09).

7389 **82.7.1.2.3 Richtlinie des VHB 2008 zur Kennzeichnung und verschlossenen Aufbewahrung.** Alle schriftlich zugegangenen Angebote sind auf dem Umschlag mit Datum und Uhrzeit des Eingangs zu kennzeichnen und unmittelbar, unverzüglich und ungeöffnet dem für die Verwahrung zuständigen Bediensteten, der an der Vergabe nicht beteiligt sein darf, zuzuleiten. In Ausschreibungsverfahren für Bauleistungen sind die Angebote bis zum Eröffnungstermin, in Ausschreibungsverfahren für Lieferungen und sonstige Leistungen bis zur Öffnung unter Verschluss zu halten (Richtlinien zu 313 – Eröffnung der Angebote, Eröffnungstermin – Ziffer 1).

82.7.2 Elektronische Angebote (§ 13 Abs. 1 Nr. 2 Satz 3, 4)

82.7.2.1 Datenintegrität durch Signatur und technische Lösungen

Die Datenintegrität **stellt zunächst einmal der Bieter durch** eine den Vorgaben des Auftraggebers entsprechende **Signatur sicher**. Die **Signatur ersetzt die Unterschrift** und stellt sicher, dass das Angebot auch tatsächlich von diesem Bieter stammt.

Nach dem Zugang des Angebots in den Machtbereich des Auftraggebers muss dieser durch **organisatorische und technische Maßnahmen** die Datenintegrität sicherstellen. Entsprechende **Vorgaben für die Geräte**, die für den elektronischen Empfang der Angebote verwendet werden, sind **in Anhang II der VOB/A** enthalten. Die Geräte müssen gewährleisten, dass:

a) für die Angebote eine elektronische Signatur verwendet werden kann,

b) Tag und Uhrzeit des Eingangs der Teilnahmeanträge oder Angebote genau bestimmbar sind,

c) ein Zugang zu den Daten nicht vor Ablauf des hierfür festgesetzten Termins erfolgt,

d) bei einem Verstoß gegen das Zugangsverbot der Verstoß sicher festgestellt werden kann,

e) ausschließlich die hierfür bestimmten Personen den Zeitpunkt der Öffnung der Daten festlegen oder ändern können,

f) der Zugang zu den übermittelten Daten nur möglich ist, wenn die hierfür bestimmten Personen gleichzeitig und erst nach dem festgesetzten Zeitpunkt tätig werden und

g) die übermittelten Daten ausschließlich den zur Kenntnisnahme bestimmten Personen zugänglich bleiben.

82.7.2.2 Vertraulichkeit durch Verschlüsselung

Im Vergleich mit den schriftlich eingereichten Angeboten übernimmt die **Verschlüsselung die Funktion des „ungeöffneten Umschlags"** im Sinne von § 13 VOB/A. Im Gegensatz zur elektronischen Signatur **gibt es für die Verschlüsselung (die Kryptographie) keinerlei aktuelle gesetzliche Grundlage**.

Nach § 12 Abs. 2 lit. c) VOB/A kann der Auftraggeber bei Zulassung elektronischer Angebote auch Angaben zu dem Verfahren zur Ver- und Entschlüsselung der Angebote machen. Dies wird in der Praxis auch Angaben zum Verfahren der elektronischen Signatur einschließen. Der **öffentliche Auftraggeber wird also Verfahren zur Ver- und Entschlüsselung angeben müssen**. Ansonsten besteht die Gefahr, dass er im Rahmen des Ausschreibungs- und Vergabeprozesses mit Verfahren konfrontiert wird, auf die er technisch nicht eingerichtet ist.

82.7.2.3 Änderung in der VOB/A 2009

Hinsichtlich elektronisch übermittelter Angebote wurde zur Klarstellung in § 13 Abs. 1 Nr. 2 Satz 4 aufgenommen, dass die **Verschlüsselung bis zur Eröffnung des ersten Angebots aufrechterhalten bleiben** muss.

82.7.2.4 Elektronische Angebote per Fax oder per E-Mail ohne Signatur und Verschlüsselung

Die **Übermittlung von Angeboten mittels Fax oder einfachem E-Mail, bei dem das Angebot eingescannt wurde, ist unzulässig.** In Frage kommen nur digitale Angebote, die u. a. zu verschlüsseln sind. Die Verschlüsselung ist hierbei bis zum Ablauf der für die Einreichung der Angebote festgelegten Frist aufrechtzuerhalten (VK Baden-Württemberg, B. v. 19. 4. 2005 – Az.: 1 VK 11/05).

Ein **Auftraggeber ist nicht berechtigt, die Abgabe von Angeboten per Fax oder einfachem E-Mail zuzulassen**. Es steht ihm insoweit kein Ermessensspielraum zu. Bieter sind nicht berechtigt auf diesem Wege Angebote einzureichen (VK Baden-Württemberg, B. v. 19. 4. 2005 – Az.: 1 VK 11/05).

82.8 Angabe der geforderten Preise (§ 13 Abs. 1 Nr. 3)

82.8.1 Sinn und Zweck

7397   Die Bestimmung des § 13 Abs. 1 Nr. 3 VOB/A liegt im Sinne eines echten Wettbewerbes, indem sie **speziell der leichteren Vergleichbarkeit der Angebote durch den Auftraggeber dienen soll**. Hinsichtlich der Beschränkung auf die Einsetzung der Preise ist eine Verbindung zu § 4 Abs. 3 VOB/A zu sehen, wonach das Angebotsverfahren darauf abzustellen ist, dass der Bewerber die Preise, die er für seine Leistung fordert, in das Leistungsverzeichnis einzusetzen oder in anderer Weise im Angebot anzugeben hat (VK Südbayern, B. v. 5. 9. 2003 – Az.: 37-08/03).

7398   Gemäß dem Wortlaut, aber auch nach Sinn und Zweck der Vorschrift begründet § 13 Abs. 1 Nr. 3 VOB/A für die Bieter die **durch keinen Vorbehalt eingeschränkte Obliegenheit, die geforderten Angaben und Erklärungen mit dem Angebot zu machen**. In der dahingehenden Forderung **kommt zum Ausdruck, dass der Auftraggeber alle für seine Vergabeentscheidung wesentlichen Angaben in den eingehenden Angeboten vorfinden und sich dadurch in die Lage gesetzt sehen will, die Angebote in jeder sich aus den Verdingungsunterlagen ergebenden Hinsicht miteinander zu vergleichen**. Dagegen muss der Auftraggeber sich nicht darauf verweisen lassen, den Inhalt vom Bieter als bekannt vorausgesetzter Angaben im Wege eigener Nachforschungen auf sein Vorliegen und seine Aktualität zu überprüfen und dazu gegebenenfalls Erkundigungen bei ausgeschiedenen Bediensteten, anderen Abteilungen seines Geschäftsbereichs oder unter Umständen auch bei den eigenen Gesellschaftern einzuholen. In der Regel kennt der Auftraggeber zudem nicht den Grund, warum ein Bieter von einer geforderten Angabe oder Erklärung abgesehen hat. Das Unterbleiben kann auch auf einem Versehen des Bieters beruhen (OLG Düsseldorf, B. v. 21. 12. 2005 – Az.: VII – Verg 69/05).

82.8.2 Muss-Regelung

82.8.2.1 Änderung in der VOB/A 2009

7399   Die Bestimmung des **§ 13 Abs. 1 Nr. 3 wurde von einer Soll-Regelung in eine Muss-Regelung umgestaltet** und **korrespondiert** nun mit den unterschiedlichen Bestimmungen des § 16 (Prüfung und Wertung der Angebote). Im Ergebnis wird damit die Rechtsprechung zur VOB/A 2006 in die VOB/A 2009 übernommen.

82.8.2.2 (Alte) Rechtsprechung zur VOB/A 2006

7400   Durch die enge Verknüpfung des § 13 Abs. 1 Nr. 3 mit § 16 VOB/A – in der Praxis der Vergabestellen und der Rechtsprechung – erfolgt eine **zusammenhängende Kommentierung bei → § 16 VOB/A Rdn. 168 ff.**

82.8.3 Minus-Preise

7401   **Minuspreise sind**, selbst wenn die entsprechenden Positionen des Leistungsverzeichnisses dem Bieter voraussichtlich einen nicht zu vermeidenden Aufwand abverlangen, **nicht von vornherein ausgeschlossen**. Das gilt jedenfalls dann, wenn die Ausschreibungsunterlagen negative Einheitspreise ausdrücklich gestatten (OLG Dresden, B. v. 28. 3. 2006 – Az.: WVerg 0004/06).

7402   Umgekehrt **können die Auftraggeber Minus-Preise oder negative Preise ausschließen**. Gibt der Bieter in einem solchen Fall dennoch einen negativen Preis an, handelt es sich um eine **Änderung der Vergabeunterlagen, die zum Angebotsausschluss führt** (VK Arnsberg, B. v. 6. 7. 2010 – Az.: VK 07/10).

82.8.4 Umrechnungszeitpunkt bei Angeboten mit anderer Währung

7403   Der **Auftraggeber kann auch Angebote in anderen Währungen als den Euro zulassen**. Für die Festlegung des Umrechnungskurses ist auf den Submissionstermin abzustellen. Dieser Tag ist der einzige Fixtermin für alle Bieter in Bezug auf das Angebot und ermöglicht eine diskriminierungsfreie und transparente Umrechnung der (jeweiligen) Währung. Daher kann der Auftraggeber weder auf die Angebotseinreichung abstellen

Vergabe- und Vertragsordnung für Bauleistungen Teil A VOB/A § 13 **Teil 3**

noch einen von ihm willkürlich festgelegten Wertungstermin als entscheidenden Zeitpunkt für die Bestimmung des Umrechnungskurses wählen. Unschädlich ist auch, dass dieser festgestellte Preis am Tag der Submission, Schwankungen des Wechselkurses vorausgesetzt, nicht der letztlich von dem Auftraggeber zu zahlenden Summe entsprechen wird. Das Risiko der Abweichung hat der Auftraggeber durch die Eröffnung der Möglichkeit, Angebote in der jeweiligen Landeswährung abgeben zu können, übernommen (2. VK Bund, B. v. 15. 2. 2005 – Az.: VK 2–06/05).

82.8.5 Hinweis zur Kommentierung

Durch die enge Verknüpfung des § 13 Abs. 1 Nr. 3 mit § 16 VOB/A – in der Praxis der Vergabestellen und der Rechtsprechung – erfolgt eine **zusammenhängende Kommentierung bei** → **§ 16 VOB/A Rdn. 168 ff.**   7404

82.9 Angabe der geforderten Erklärungen und Nachweise (§ 13 Abs. 1 Nr. 4)

82.9.1 Änderung in der VOB/A

Die Bestimmung des **§ 13 Abs. 1 Nr. 4 wurde als eigene Regelung aufgenommen**.   7405

Der Klarheit halber wurden **neben den Erklärungen auch die Nachweise aufgenommen**.   7406

82.9.2 Sinn und Zweck

Vgl. dazu die Kommentierung → Rdn. 86.   7407

82.9.3 Muss-Regelung

Vgl. dazu die Kommentierung → Rdn. 88.   7408

82.9.4 Hinweis zur Kommentierung

Durch die enge Verknüpfung des § 13 Abs. 1 Nr. 4 mit § 16 VOB/A – in der Praxis der Vergabestellen und der Rechtsprechung – erfolgt eine **zusammenhängende Kommentierung bei** → **§ 16 VOB/A Rdn. 317.**   7409

82.10 Änderungen an den Vergabeunterlagen und Änderungen des Bieters an seinen Eintragungen (§ 13 Abs. 1 Nr. 5)

82.10.1 Änderung in der VOB/A 2009

Die **Regelungen** über die **Änderungen der Vergabeunterlagen** und über **Änderungen des Bieters an seinen Eintragungen** wurden **in § 13 Abs. 1 Nr. 5 zusammengefasst**.   7410

82.10.2 Hinweis zur Kommentierung

Durch die enge Verknüpfung des § 13 Abs. 1 Nr. 5 mit § 16 VOB/A – in der Praxis der Vergabestellen und der Rechtsprechung – erfolgt eine **zusammenhängende Kommentierung bei** → **§ 16 VOB/A Rdn. 57 ff.** = Rdn. 7698   7411

82.11 Sonstige Formerfordernisse

Öffentliche Auftraggeber legen den Bietern neben den Formregelungen des § 13 VOB/A beispielsweise in Zusätzlichen oder besonderen Vertragsbedingungen weitere **Formerfordernisse** auf.   7412

82.11.1 Forderung nach Einreichung des Angebots in all seinen Bestandteilen in deutscher Sprache

Die Forderung eines Auftraggebers, dass das Angebot in all seinen Bestandteilen in deutscher Sprache einzureichen ist, schließt nicht von vornherein die Vorlage fremd-   7413

Teil 3 VOB/A § 13   Vergabe- und Vertragsordnung für Bauleistungen Teil A

sprachiger, nicht von einer Übersetzung in das Deutsche begleiteter Nachweise aus. § 6a Abs. 1 Nr. 2 VOB/A lässt z. B. Urkunden ausländischer Gerichte oder Verwaltungsbehörden (die vielfach nicht in Deutsch ausgestellt sind) zu, ohne zu erwähnen, dass sie von einer Übersetzung in das Deutsche – etwa möglicherweise sogar durch einen öffentlich bestellten oder beeidigten Dolmetscher – begleitet sein müssen. Art. 45 Abs. 3 Richtlinie 2004/18/EG bzw. Art. 52 Abs. 2 UA 2 und Abs. 3 UA 3 Richtlinie 2004/17/EG lassen in anderen EU-Mitgliedsstaaten erteilte Zertifikate zu. **Dass Angebote auf Deutsch erfolgen müssen, bedeutet – vergleichbar bei den vergleichbaren Vorschriften der § 184 GVG und § 23 Abs. 1 VwVfG – nicht, dass Unterlagen, die im Original fremdsprachig sind, von vornherein von einer Übersetzung in das Deutsche begleitet sein müssen.** Nach § 142 Abs. 3 ZPO ist es Sache des Gerichts, ob es die Übersetzung einer Urkunde anordnet; erst nach fruchtlosem Ablauf einer gesetzten Frist kann es eine fremdsprachige Urkunde unberücksichtigt lassen. § 23 Abs. 4 VwVfG lässt auch bei fristgebundenen Anträgen die Vorlage von Unterlagen in einer Fremdsprache zu, wobei es der Behörde überlassen bleibt, ob sie eine Übersetzung (gegebenenfalls durch einen bestellten oder beeidigten Dolmetscher) verlangt (was bei ihr verständlichen Sprachen insbesondere im technischen Bereich unterbleiben kann. Es **wäre eine unnötige Verteuerung, von vornherein Übersetzungen technischer Unterlagen zu verlangen, obwohl Auftraggeber und Bieter der benutzten Sprache (insbesondere des Englischen) hinreichend mächtig** sind (OLG Düsseldorf, B. v. 30. 11. 2009 – Az.: VII-Verg 41/09).

82.12 Selbstgefertigte Abschrift oder Kurzfassung des Leistungsverzeichnisses (§ 13 Abs. 1 Nr. 6)

82.12.1 Änderung in der VOB/A 2009

7414   Bieter können jetzt – **unabhängig von einer Zulassung durch den Auftraggeber** – selbstgefertigte Abschriften oder Kurtfassungen verwenden.

7415   § 13 Abs. 1 Nr. 6 wurde ansonsten **inhaltlich klarer gefasst** und **redaktionell angepasst**.

82.12.2 Sinn und Zweck der Regelung

7416   Die in § 13 Abs. 1 Nr. 6 VOB/A vorgesehenen Kurzfassungen bieten die **Möglichkeit, aus Gründen der Vereinfachung davon abzusehen, den allein verbindlichen Wortlaut der Urschrift des Leistungsverzeichnisses vollständig im Angebot wiederzugeben**; das zwingende Erfordernis der Vollständigkeit der in der Urschrift des Leistungsverzeichnisses geforderten Angaben des Bieters bleibt hiervon unberührt. Die **Verwendung von Kurzfassungen liegt im Interesse des Bieters**; ihm soll eine rationale Alternative für die Angebotsabgabe eröffnet werden. Es besteht daher kein Grund für die Annahme, die ausschreibende Stelle verzichte bei Einreichung von Angeboten in Kurzfassung auf die vollständige Angabe sämtlicher im Leistungsverzeichnis verlangter Preisangaben und Textergänzungen (BayObLG, B. v. 18. 9. 2001 – Az.: Verg 10/01; VK Südbayern, B. v. 16. 7. 2003 – Az.: 25-06/03).

7417   Sinn und Zweck des § 13 Abs. 1 Nr. 6 VOB/A besteht darin, **ausschließlich das Fehlen der Positionstexte, nicht jedoch konkret vorgenommene Abweichungen der Bieterangaben in der Kurzfassung zu kompensieren. Nur die Textbestandteile, die im Kurztextverzeichnis im Gegensatz zum Langtextverzeichnis aus Vereinfachungsgründen nicht mehr enthalten sind und damit reine Weglassungen von Text darstellen, sollen mit der Erklärung zum Angebotsbestandteil werden**. Damit soll sichergestellt werden, dass Vertragsinhalt die Positionstexte aus dem Langtextverzeichnis werden, obwohl sie im Kurztextverzeichnis nicht ausdrücklich wiederholt werden. Bereits der Begriff „Kurzfassung des Leistungsverzeichnisses" zeigt, dass damit eine Fassung gemeint ist, die die Leistungen im Verhältnis zum Leistungsverzeichnis verkürzt darstellt. Dem Bieter soll mittels einer Kurzfassung gestattet werden, das Leistungsverzeichnis zu kürzen. Das Leistungsverzeichnis kürzen zu dürfen, bedeutet jedoch nicht, das Leistungsverzeichnis ändern zu dürfen, um im Fall von Änderungen wieder auf die Langfassung zurückzugreifen. Die bepreisten Mengenangaben des aktiv abgegebenen Angebots werden nicht durch eine Langfassung der Leistungsbeschreibung ersetzt (VK Schleswig-Holstein, B. v. 20. 10. 2010 – Az.: VK-SH 16/10).

82.12.3 Notwendiger Inhalt der Kurzfassung

7418   Vgl. dazu die Kommentierung zu → § 16 VOB/A Rdn. 122.

82.13 Muster und Proben (§ 13 Abs. 1 Nr. 7)

82.13.1 Sinn und Zweck

Muster sollen dazu dienen, **Leistungsangebote noch klarer und eindeutiger**, als durch eine reine Wortbeschreibung möglich, **zu verdeutlichen sowie etwaige Zweifelsfragen zu klären**, um Missverständnissen von vornherein zu begegnen (VK Baden-Württemberg, B. v. 4. 12. 2003 – Az.: 1 VK 64/03; VK Düsseldorf, B. v. 21. 1. 2009 – Az.: VK – 43/2008 – L). 7419

82.13.2 Rechtsnatur

Muster stellen in entsprechender Anwendung der §§ 13 Abs. 1 Nr. 7, 16 VOB/A im Rechtssinn Bietererklärungen dar. Sind verlangte Muster nicht oder unvollständig vorgelegt worden, kann das betreffende Angebot auszuschließen sein (OLG Düsseldorf, B. v. 14. 11. 2007 – Az.: VII – Verg 23/07; 1. VK Bund, B. v. 5. 8. 2009 – Az.: VK 1–128/09). Vgl. dazu im Einzelnen die Kommentierung zu → § 16 VOB/A Rdn. 327. 7420

82.14 Abweichungen von technischen Spezifikationen (§ 13 Abs. 2)

82.14.1 Hinweis zur Kommentierung

Durch die Verknüpfung des § 13 Abs. 2 mit § 16 VOB/A – in der Praxis der Vergabestellen und der Rechtsprechung – erfolgt eine **zusammenhängende Kommentierung bei → § 16 VOB/A Rdn. 676 ff.** 7421

82.15 Anzahl an Nebenangeboten und Formvorschriften für Nebenangebote (§ 13 Abs. 3)

82.15.1 Hinweis zur Kommentierung

Durch die Verknüpfung des § 13 Abs. 3 mit § 16 VOB/A – in der Praxis der Vergabestellen und der Rechtsprechung – erfolgt eine **zusammenhängende Kommentierung bei → § 16 VOB/A Rdn. 270 ff.** 7422

82.16 Preisnachlässe (§ 13 Abs. 4)

82.16.1 Hinweis zur Kommentierung

Durch die Verknüpfung des § 13 Abs. 4 mit § 16 VOB/A – in der Praxis der Vergabestellen und der Rechtsprechung – erfolgt eine **zusammenhängende Kommentierung bei → § 16 VOB/A Rdn. 805 ff.** 7423

82.17 Benennung der Mitglieder und Bezeichnung eines bevollmächtigten Vertreters bei Bietergemeinschaften (§ 13 Abs. 5)

82.17.1 Begriff der Bietergemeinschaft

Vgl. zum Begriff der Bietergemeinschaft die Kommentierung zu → § 6 VOB/A Rdn. 11. 7424

82.17.2 Benennung der Mitglieder einer Bietergemeinschaft
82.17.2.1 Änderung in der VOB/A

Nach § 13 Abs. 5 Satz 1 VOB/A 2009 müssen die Mitglieder einer Bietergemeinschaft **benannt** werden. Eine entsprechende Verpflichtung war vorher in aller Regel in Zusätzlichen Vertragsbedingungen oder Bewerbungsbedingungen enthalten. 7425

82.17.3 Bezeichnung eines bevollmächtigten Vertreters

Gemäß § 13 Abs. 5 haben **Bietergemeinschaften eines ihrer Mitglieder als bevollmächtigten Vertreter für den Abschluss und die Durchführung des Vertrags zu be- 7426

Teil 3 VOB/A §§ 13a, 14   Vergabe- und Vertragsordnung für Bauleistungen Teil A

zeichnen. Nach § 13 Abs. 5 Satz 2 VOB/A kann die fehlende Bezeichnung im Angebot auch nach dem Angebot, vor der Zuschlagserteilung, beigebracht werden. Der **Sinn der (zwingenden) Bestimmung über die Benennung eines bevollmächtigten Vertreters liegt darin, dass der Auftraggeber „spätestens kurz vor dem Vertragsschluss" wissen muss, wer von der betreffenden Arbeitsgemeinschaft oder den sonst in Frage kommenden gemeinschaftlichen Bietern verantwortlich ist**, wer der Vertragspartner sein soll und/oder wer diesen verantwortlich und mit allen Rechten und Pflichten vertritt. Ein **Fehlen dieser Benennung stellt nach § 16 VOB/A keinen Ausschlussgrund dar**, denn § 13 Abs. 5 VOB/A ist in § 16 VOB/A nicht genannt (OLG Karlsruhe, B. v. 24. 7. 2007 – Az.: 17 Verg 6/07).

82.18 Muster VHB 2008/HVA StB-B 04/2010

7427   Die **Bauverwaltungen des Bundes** haben Muster für Anschreiben des Bieters entwickelt und legen diese Muster den Vergabeunterlagen bei; der Bieter muss diese Muster ausfüllen und verwenden:

– **VHB 2008** 213 Angebotschreiben, 213 EG Angebotsschreiben EG
– **HVA StB-B 04/2010** 1.2-1 Muster Angebotsschreiben

83. § 13 a VOB/A – Form der Angebote

§ 13 Absatz 1 Nummer 1 Satz 2 gilt nicht.

83.1 Änderung in der VOB/A

7428   Es erfolgte – bedingt durch die Änderung der Paragraphen – **lediglich eine redaktionelle Änderung**.

83.2 Vergleichbare Regelungen

7429   Der Vorschrift des § 13 a VOB/A vergleichbar sind im Bereich der VOB/A **§ 13 VOB/A** und im Bereich der VOL **§§ 13, 16 EG VOL/A**. Die Kommentierung zu diesen Vorschriften kann daher ergänzend zu der Kommentierung des § 13 a herangezogen werden.

83.3 Keine zwingende Zulassung von schriftlichen Angeboten bei Vergaben ab den Schwellenwerten

7430   Während nach § 13 Abs. 1 Nr. 1 Satz 2 die **Auftraggeber verpflichtet sind, bei Vergaben unterhalb der Schwellenwerte schriftlich eingereichte Angebote immer zuzulassen**, entfällt diese Verpflichtung bei Vergaben ab den Schwellenwerten. Der **Auftraggeber hat ein Ermessen**, in diesen Fällen schriftliche Angebote zuzulassen oder auszuschließen.

83.4 Literatur

7431   – Graef, Eberhard, Rechtsfragen zur Kommunikation und Informationsübermittlung im neuen Vergaberecht, NZBau 2008, 34

84. § 14 VOB/A – Öffnung der Angebote, Eröffnungstermin

(1) Bei Ausschreibungen ist für die Öffnung und Verlesung (Eröffnung) der Angebote ein Eröffnungstermin abzuhalten, in dem nur die Bieter und ihre Bevollmächtigten zugegen sein dürfen. Bis zu diesem Termin sind die zugegangenen Angebote

auf dem ungeöffneten Umschlag mit Eingangsvermerk zu versehen und unter Verschluss zu halten. Elektronische Angebote sind zu kennzeichnen und verschlüsselt aufzubewahren.

(2) Zur Eröffnung zuzulassen sind nur Angebote, die dem Verhandlungsleiter bei Öffnung des ersten Angebots vorliegen.

(3)
1. Der Verhandlungsleiter stellt fest, ob der Verschluss der schriftlichen Angebote unversehrt ist und die elektronischen Angebote verschlüsselt sind.
2. Die Angebote werden geöffnet und in allen wesentlichen Teilen im Eröffnungstermin gekennzeichnet. Name und Anschrift der Bieter und die Endbeträge der Angebote oder ihrer einzelnen Abschnitte, ferner andere den Preis betreffende Angaben (wie z. B. Preisnachlässe ohne Bedingungen) werden verlesen. Es wird bekannt gegeben, ob und von wem und in welcher Zahl Nebenangebote eingereicht sind. Weiteres aus dem Inhalt der Angebote soll nicht mitgeteilt werden.
3. Muster und Proben der Bieter müssen im Termin zur Stelle sein.

(4)
1. Über den Eröffnungstermin ist eine Niederschrift in Schriftform oder in elektronischer Form zu fertigen. Sie ist zu verlesen; in ihr ist zu vermerken, dass sie verlesen und als richtig anerkannt worden ist oder welche Einwendungen erhoben worden sind.
2. Sie ist vom Verhandlungsleiter zu unterschreiben oder mit einer Signatur nach § 13 Absatz 1 Nummer 1 zu versehen; die anwesenden Bieter und Bevollmächtigten sind berechtigt, mit zu unterzeichnen oder eine Signatur nach § 13 Absatz 1 Nummer 1 anzubringen.

(5) Angebote, die bei der Öffnung des ersten Angebots nicht vorgelegen haben (Absatz 2), sind in der Niederschrift oder in einem Nachtrag besonders aufzuführen. Die Eingangszeiten und die etwa bekannten Gründe, aus denen die Angebote nicht vorgelegen haben, sind zu vermerken. Der Umschlag und andere Beweismittel sind aufzubewahren.

(6)
1. Ein Angebot, das nachweislich vor Ablauf der Angebotsfrist dem Auftraggeber zugegangen war, aber bei Öffnung des ersten Angebots aus vom Bieter nicht zu vertretenden Gründen dem Verhandlungsleiter nicht vorgelegen hat, ist wie ein rechtzeitig vorliegendes Angebot zu behandeln.
2. Den Bietern ist dieser Sachverhalt unverzüglich in Textform mitzuteilen. In die Mitteilung sind die Feststellung, dass der Verschluss unversehrt war und die Angaben nach Absatz 3 Nummer 2 aufzunehmen.
3. Dieses Angebot ist mit allen Angaben in die Niederschrift oder in einen Nachtrag aufzunehmen. Im Übrigen gilt Absatz 5 Satz 2 und 3.

(7) Den Bietern und ihren Bevollmächtigten ist die Einsicht in die Niederschrift und ihre Nachträge (Absatz 5 und 6 sowie § 16 Absatz 5) zu gestatten; den Bietern sind nach Antragstellung die Namen der Bieter sowie die verlesenen und die nachgerechneten Endbeträge der Angebote sowie die Zahl ihrer Nebenangebote nach der rechnerischen Prüfung unverzüglich mitzuteilen. Die Niederschrift darf nicht veröffentlicht werden.

(8) Die Angebote und ihre Anlagen sind sorgfältig zu verwahren und geheim zu halten; dies gilt auch bei Freihändiger Vergabe.

84.1 Änderungen in der VOB/A 2009

Die **Überschrift** des § 14 wurde entsprechend dem Regelungsinhalt **ergänzt**. 7432

Zur Vereinheitlichung der Vergabeordnungen wurde § 14 Abs. 4 Nrn. 1 und 2 ergänzt und 7433 mit einigen redaktionellen Änderungen versehen. **Niederschriften sind nunmehr auch in elektronischer Form zulässig.**

Ansonsten erfolgten ebenfalls nur redaktionelle Änderungen. 7434

Teil 3 VOB/A § 14 Vergabe- und Vertragsordnung für Bauleistungen Teil A

84.2 Vergleichbare Regelungen

7435 Der Vorschrift des § 14 VOB/A vergleichbar ist im Bereich der VOL **§ 14 VOL/A**. Die Kommentierung zu dieser Vorschrift kann daher ergänzend zu der Kommentierung des § 14 herangezogen werden.

84.3 Bieterschützende Vorschrift

84.3.1 Allgemeines

7436 Sinn und Zweck der Submission besteht unter Anderem darin, dass sich die **Bieter einen Überblick über die Angebotssummen ihres Angebots im Vergleich mit den anderen Bietern und ihre Aussichten im Wettbewerb machen können.** In dieser Hinsicht muss § 14 VOB/A daher als **Bieter schützend** eingestuft werden (1. VK Sachsen, B. v. 1. 2. 2002 – Az.: 1/SVK/131-01, B. v. 1. 2. 2002 – Az.: 1/SVK/135-01, B. v. 1. 2. 2002 – Az.: 1/SVK/139-01, B. v. 13. 2. 2002 – Az.: 1/SVK/002-02).

84.3.2 § 14 Abs. 4

7437 Die Vergabestelle verstößt mit der unvollständigen Führung der Niederschrift zur Angebotseröffnung (fehlende Angebotssummen) gegen § 97 Abs. 1 und 7 GWB in Verbindung mit § 14 Abs. 4 VOB/A. Diese Bestimmung ist eine „Ist" Bestimmung, d. h. es ist so zu verfahren, Abweichungen von der Bestimmung sind nicht zulässig. Die **Niederschrift über die Verhandlung dient den Interessen des Bieters und denen der Vergabestelle indem bestimmte Daten gesichert werden, gleichzeitig aber auch als Beweis deren Vorliegens und damit der Verfahrenstransparenz.** Mit z. B. der Nichteintragung der Angebotssummen und von Nebenangeboten in die Niederschrift zur Verhandlung liegt eine **Verletzung des § 97 Abs. 7 GWB** vor, indem die Bestimmungen über das Vergabeverfahren, § 14 Abs. 4 VOB/A, nicht eingehalten werden (VK Thüringen, B. v. 26. 6. 2001 – Az.: 216-4003.20-027/01-J-S).

84.4 Eröffnungstermin (§ 14 Abs. 1)

84.4.1 Grundsatz

7438 Bei Ausschreibungen ist für die Öffnung und Verlesung (Eröffnung) der Angebote ein Eröffnungstermin abzuhalten, in dem nur die Bieter und ihre Bevollmächtigten zugegen sein dürfen.

7439 Der **Eröffnungstermin** ist bei Vergabeverfahren nach der VOB/A **wesentlich für die Absicherung der notwendigen Verfahrenstransparenz.** Die Bieter erfahren durch die Verlesung der angebotsrelevanten Angebotsteile ihren Stand im Verfahren und können Schlussfolgerungen für ihre weiteren Aktivitäten ziehen. Die angebotsrelevanten Angebotsteile sind im Protokoll zu vermerken (VK Thüringen, B. v. 8. 9. 2000 – Az.: 216-4002.20-014/00-SLF).

84.4.2 Gestaffelte Eröffnungstermine bei Parallelausschreibungen

7440 Gegen die Parallelausschreibung selbst und die **Festlegung gestaffelter Eröffnungstermine** bestehen **keine Bedenken rechtlicher Art.** Auch die **Bestimmung eines gemeinsamen letzten Einreichungstermins für alle Angebote** steht mit dem Vergaberecht im Einklang (BayObLG, B. v. 21. 12. 2000 – Az.: Verg 13/00). Dies ist auch sinnvoll wegen der besonderen wettbewerblichen Situation bei gestaffelten Eröffnungsterminen. So wird Vorsorge dagegen getroffen, dass Bieter Kenntnisse aus früheren Eröffnungsterminen erlangen und wettbewerbswidrig Vorteile für ihre erst später zu eröffnenden Angebote ziehen könnten (VK Nordbayern, B. v. 27. 11. 2000 – Az.: 320.VK-3194- 30/00; 1. VK Sachsen, B. v. 1. 2. 2002 – Az.: 1/SVK/131-01, B. v. 1. 2. 2002 – Az.: 1/SVK/135-01; B. v. 1. 2. 2002 – Az.: 1/SVK/139-01, B. v. 13. 2. 2002 – Az.: 1/SVK/003-02).

84.4.3 Verlegung des Eröffnungstermins

7441 Der öffentliche Auftraggeber kann den Eröffnungstermin bei Vorliegen triftiger Gründe – auch auf Wunsch mehrerer Bieter – verschieben (VK Südbayern, B. v. 30. 6. 2000 – Az.: 09-05/00).

Auch eine **geringfügige Verschiebung des Eröffnungstermins**, die sich im Rahmen von 15 bis maximal 30 Minuten hält, ist als vergaberechtlich tolerierbar anzusehen (VK Lüneburg, B. v. 20. 12. 2004 – Az.: 203-VgK-54/2004). 7442

Die **Vergabestelle** ist jedoch dann, wenn **glaubhaft gemacht wurde, dass die Verdin- 7443 gungsunterlagen z. B. auf dem Postweg nur von einem Bieter verloren gegangen sind, nicht zur Verschiebung des Eröffnungstermins verpflichtet** (OLG Düsseldorf, B. v. 21. 12. 2005 – Az.: VII – Verg 75/05).

84.4.4 Richtlinie des VHB 2008 zum Eröffnungstermin

Der Eröffnungstermin ist von einem Bediensteten der ausschreibenden Stelle (Verhandlungs- 7444 leiter) zu leiten. Zur Unterstützung des Verhandlungsleiters ist ein Schriftführer zuzuziehen, der eine Niederschrift nach Formblatt 313 anzufertigen hat. Beide sollen an der Bearbeitung der Vergabeunterlagen, Vergabe und Vertragsabwicklung nicht beteiligt sein. Der Eröffnungstermin ist vom Verhandlungsleiter pünktlich wahrzunehmen (Richtlinien zu 313 – Eröffnung der Angebote, Eröffnungstermin – Ziffer 2.1).

84.4.5 Regelungen des HVA StB-B 04/2010

Der Eröffnungs-/Einreichungstermin ist grundsätzlich nicht auf einen Tag nach arbeitsfreien 7445 Tagen zu legen (Richtlinien für das Aufstellen der Vergabeunterlagen, 1.1 Aufforderung zur Angebotsabgabe, Nr. 3).

Der Ort des Eröffnungstermins ist eindeutig zu bezeichnen (Richtlinien für das Aufstellen der 7446 Vergabeunterlagen, 1.1 Aufforderung zur Angebotsabgabe, Nr. 4).

84.5 Behandlung schriftlicher Angebote (§ 14 Abs. 1 Satz 2)

84.5.1 Angebote in einem verschlossenen Umschlag

Nach § 14 Abs. 1 Satz 2 sind bis zum Eröffnungstermin die auf direktem Weg oder per Post 7447 schriftlich zugegangenen Angebote, die beim Eingang auf dem ungeöffneten Umschlag zu kennzeichnen sind, unter Verschluss zu halten. Daraus ergibt sich, dass die **Angebote in einem verschlossenen Umschlag einzureichen** sind. Die Regelung deckt sich im Wesentlichen mit § 13 Abs. 1 Nr. 2; vgl. insoweit die Kommentierung zu → § 13 VOB/A Rdn. 70 ff.

84.5.2 Anbringung eines Eingangsvermerks

84.5.2.1 Änderung in der VOB/A 2009

§ 14 Abs. 1 Satz 2 enthält nun **ausdrücklich die Verpflichtung des Auftraggebers**, auf 7448 dem ungeöffneten Umschlag einen **Eingangsvermerk anzubringen**.

84.5.2.2 Hinweis zur Kommentierung

§ 14 Abs. 1 Satz 2 entspricht von seinem Inhalt her dem § 13 Abs. 1 Nr. 2 Satz 2; vgl. 7449 daher die Kommentierung zu → § 13 VOB/A Rdn. 74 ff.

84.6 Behandlung elektronischer Angebote (§ 14 Abs. 1 Satz 3)

84.6.1 Änderung in der VOB/A 2009

Die VOB/A 2009 spricht **nicht mehr von digitalen**, sondern von **elektronischen Ange- 7450 boten**.

84.6.2 Anforderungen an elektronische Angebote

Vgl. zu den **Anforderungen an elektronische Angebote** die Kommentierung zu → § 13 7451 VOB/A Rdn. 55 ff.

84.7 Zulassung nur von rechtzeitig vorliegenden Angeboten (§ 14 Abs. 2)

7452 Zur Eröffnung zuzulassen sind nur Angebote, die dem Verhandlungsleiter bei Öffnung des ersten Angebots vorliegen. Ausgeschlossen werden die Angebote, die im Eröffnungstermin dem Verhandlungsleiter bei Öffnung des ersten Angebots nicht vorgelegen haben, ausgenommen Angebote nach § 14 Abs. 6. Die Vergabestelle hat wegen der **zwingenden Vorschrift des § 14 Abs. 2 VOB/A keinerlei Ermessensspielraum**, ob verspätete Angebote zugelassen werden oder nicht (VK Nordbayern, B. v. 18. 8. 2000 – Az.: 320.VK3194-18/00; 1. VK Sachsen, B. v. 29. 12. 2004 – Az.: 1/SVK/123-04).

7453 Zu den **Anforderungen gemäß § 14 Abs. 6** vgl. die Kommentierung → Rdn. 62 ff.

84.8 Ablauf des Eröffnungstermins (§ 14 Abs. 3)

84.8.1 Leitung des Eröffnungstermins

84.8.1.1 Allgemeines

7454 Im Gegensatz zu § 14 Abs. 2 VOL/A **verpflichtet die VOB/A den öffentlichen Auftraggeber nicht, den Eröffnungstermin von mehreren Personen durchführen zu lassen.** Sinn und Zweck des § 14 VOB/A, nämlich kontrollierte Angebotseröffnung, Vermeidung von Manipulationen (VK Thüringen, B. v. 12. 2. 2001 – Az.: 216–4003.20-001/01-GTH), sprechen aber dafür.

84.8.1.2 Richtlinie des VHB 2008

7455 Der Eröffnungstermin ist von einem Bediensteten der ausschreibenden Stelle (Verhandlungsleiter) zu leiten. Zur Unterstützung des Verhandlungsleiters ist ein Schriftführer zuzuziehen, der eine Niederschrift nach Formblatt 313 anzufertigen hat. Beide sollen an der Bearbeitung der Vergabeunterlagen, Vergabe und Vertragsabwicklung nicht beteiligt sein (Richtlinien zu 313 – Eröffnung der Angebote, Eröffnungstermin – Ziffer 2.1).

84.8.1.3 Regelungen des HVA StB-B 04/2010

7456 Der Verhandlungsleiter soll mit der Aufstellung der Vergabeunterlagen und der Weiterbehandlung der Angebote nicht befasst sein. Am Eröffnungstermin ist ein zweiter Bediensteter als Schriftführer zu beteiligen, der die zu fertigende Niederschrift mit zu unterzeichnen hat.

84.8.2 Prüfung der Identität der am Eröffnungstermin teilnehmenden Personen

84.8.2.1 Grundsatz

7457 Da **im Eröffnungstermin nur die Bieter und ihre Bevollmächtigten zugegen sein dürfen**, ist diese Voraussetzung vom Verhandlungsleiter zu überprüfen.

84.8.2.2 Regelung des HVA StB-B 04/2010

7458 Die am Eröffnungstermin teilnehmenden Bieter bzw. deren Bevollmächtigte haben sich vor Beginn der Öffnung des 1. Angebotes in die Teilnehmerliste der „Niederschrift über die Angebotseröffnung" (siehe Muster 2.3 – 1 (Seite 5)) einzutragen (Richtlinien für das Durchführen der Vergabeverfahren, 2.3 Eröffnung der Angebote und Erste Durchsicht, Nr. 7).

84.8.3 Prüfung des Verschlusses der schriftlichen Angebote bzw. der Verschlüsselung der elektronischen Angebote (§ 14 Abs. 3 Nr. 1)

84.8.3.1 Rechtsprechung

7459 Nach § 14 Abs. 3 Nr. 1 VOB/A stellt der Verhandlungsleiter zunächst fest, ob der Verschluss der schriftlichen Angebote unversehrt ist. Daher sind **auch nicht ordnungsgemäß verschlossene bzw. verschlüsselte Angebote im Eröffnungsverfahren zuzulassen**, und zwar jedenfalls für die **Konstellation, dass auf Grund der Umstände ohne vernünftige Zweifel ausgeschlossen werden kann, dass das nicht verschlossene Angebot noch auf Grund von Informationen nachgebessert wurde**, welche der Anbieter erst im Eröffnungstermin erlangt hat (OLG Naumburg, Urteil v. 18. 11. 1999 – Az.: 3 U 169/98; 2. VK Bund, B. v. 20. 6. 2002 – Az.: VK 2–28/02).

Vergabe- und Vertragsordnung für Bauleistungen Teil A   VOB/A § 14 **Teil 3**

Zur Möglichkeit der weiteren Prüfung und Wertung solcher Angebote vgl. die Kommentierung zu → § 16 VOB/A Rdn. 56.   7460

84.8.3.2 Regelung des HVA StB-B 04/2010

Der Verhandlungsleiter hat die Papierangebote vor der Öffnung darauf zu überprüfen, ob   7461
– die Verschlüsse noch unversehrt bzw.
– nur in dem durch Vermerk bereits festgestellten Umfange beschädigt,
– sie vor Ablauf der Angebotsfrist eingegangen sind.

84.8.4 Öffnung der Angebote (§ 14 Abs. 3 Nr. 2 Satz 1)

84.8.4.1 Bedeutung des Zeitpunktes der Öffnung der Angebote

Die **Bedeutung des Zeitpunktes der Öffnung der Angebote** ergibt sich aus § 10 Abs. 2,   7462
wonach die Angebotsfrist mit Öffnung der Angebote abläuft.

84.8.4.2 Begriff der Öffnung

Eine „Öffnung" im Sinne von § 14 VOB/A kann dann als gegeben angenommen werden,   7463
wenn der **Umschlag soweit geöffnet** ist, dass zumindest die **Möglichkeit eines Blickes auf die erste Seite des Angebotes und einen dort unter Umständen befindlichen Preis gegeben** ist. Das Ansetzen der Schere ist nicht entscheidend (VK Lüneburg, B. v. 1. 3. 2000 – Az.: 203-VgK-02/2000).

84.8.4.3 Regelung des HVA StB-B 04/2010

Der Eröffnungstermin hat mit der Feststellung, ob ggf. elektronisch Angebote abgegeben   7464
wurden zu beginnen. Der Verhandlungsleiter hat die Namen der Bieter (elektronisch oder in Papierform) festzustellen. Danach prüft der Verhandlungsleiter, ob von allen in der Teilnehmerliste eingetragenen Bietern oder deren Bevollmächtigten Angebote vorliegen. Die Angebote sind sodann, beginnend mit den ggf. eingegangenen elektronischen Angeboten, von dem Verhandlungsleiter oder dem Schriftführer einzusehen und die Angaben nach § 14 Abs. 3 VOB/A zu verlesen. Papierangebote sind nach der Öffnung auf der ersten Seite des Angebotsschreibens mit der auf dem Umschlag vermerkten Nummer und Namenszeichen mit Datumsangabe zu versehen.

84.8.5 Kennzeichnung der Angebote im Eröffnungstermin (§ 14 Abs. 3 Nr. 2 Satz 1)

84.8.5.1 Allgemeines

Die Angebote werden geöffnet und in allen wesentlichen Teilen im Eröffnungstermin gekennzeichnet.   7465

Es entspricht dem wahrscheinlichen Interesse der im Eröffnungstermin anwesenden Bieter,   7466
dass die **Angebote zuerst verlesen und dann erst der langwierige Prozess der Kennzeichnung erfolgt** (Hanseatisches OLG Hamburg, B. v. 21. 1. 2004 – Az.: 1 Verg 5/03).

Die **Kennzeichnung erfolgt üblicherweise durch Datierung und Lochung**. Sie soll   7467
verhindern, dass nachträglich einzelne Bestandteile der Angebote ausgetauscht oder entfernt und damit die Angebote manipuliert werden (VK Arnsberg, B. v. 10. 3. 2008 – Az.: VK 05/08; VK Münster, B. v. 13. 2. 2008 – Az.: VK 29/07). Sie dient damit der **Gewährleistung der Authentizität der Angebote** und ist **unabdingbare Grundvoraussetzung zur Sicherung eines transparenten und fairen Wettbewerbs** (VK Sachsen-Anhalt, B. v. 28. 1. 2009 – Az: 1 VK LVwA 29/08). Mit der Kennzeichnung soll auch der ordnungsgemäße, faire Wettbewerb sichergestellt werden. Eine **mit Bleistift aufgetragene eingekreiste Ziffer auf den Angeboten** erfüllt die **Kennzeichnungspflicht nicht** (1. VK Sachsen, B. v. 24. 5. 2007 – Az.: 1/SVK/029-07; B. v. 24. 2. 2005 – Az.: 1/SVK/005-05; B. v. 24. 2. 2005 – Az.: 1/SVK/004–05).

§ 14 Abs. 3 VOB/A verlangt die Kennzeichnung der Angebote in allen wesentlichen Teilen   7468
einschließlich der Anlagen. Die **Beschränkung auf „wesentliche Teile"** bezieht sich auf **alle Seiten, die später für den Vertragsinhalt von Bedeutung sind, d. h. vor allem der Preisangaben und alle sonstigen Erklärungen, die gemäß der Ausschreibung abzuge-

Teil 3 VOB/A § 14 Vergabe- und Vertragsordnung für Bauleistungen Teil A

ben waren (1. VK Sachsen, B. v. 24. 5. 2007 – Az.: 1/SVK/029-07; B. v. 24. 2. 2005 – Az.: 1/SVK/005-05; VK Sachsen-Anhalt, B. v. 28. 1. 2009 – Az: 1 VK LVwA 29/08).

7469 Kennzeichnung im Sinn von § 14 Abs. 3 bedeutet, dass **alle wesentlichen Angebotsbestandteile, die zum Zeitpunkt der Angebotseröffnung vorliegen, entweder einheitlich** (z. Bsp. **durch Lochung) gekennzeichnet** oder aber (z. Bsp. **durch Siegelung) verbunden** werden müssen, um einen **nachträglichen versehentlichen oder bewussten Austausch einzelner Bestandteile des Angebots bzw. deren Entfernung zu verhindern.** Dies **gilt auch für die Urkalkulation** (OLG Naumburg, B. v. 31. 3. 2008 – Az.: 1 Verg 1/08).

7470 **Auftraggeberseitige Ermessenserwägungen zur Wesentlichkeit einzelner Bieterunterlagen** haben nur dann **hinreichende Aussicht auf Bestätigung** durch die Vergabekammer, wenn diese **zumindest einen gewissen systematischen Ansatz erkennen lassen**. Dies ist jedoch nicht der Fall, wenn sich z. B. im Angebot der Antragstellerin keine Kennzeichnung durch Lochung auf dem Angebotsschreiben, der Verpflichtungserklärung sowie auf den Nebenangeboten findet, aber das Angebotsschreiben im Angebot der Beigeladenen sehr wohl gekennzeichnet ist, jedoch die Lochung u. a. auf dem Leistungsverzeichnis sowie den Nebenangeboten fehlt (VK Sachsen-Anhalt, B. v. 28. 1. 2009 – Az: 1 VK LVwA 29/08).

84.8.5.2 Rechtsfolge einer fehlenden Kennzeichnung

7471 Die im Sinne von § 14 VOB/A **unterlassene Kennzeichnung der vorgelegten Angebote stellt einen gravierenden Vergaberechtsverstoß dar**, der objektiv selbst durch eine Rückversetzung des Vergabeverfahrens auf den Zeitpunkt der Angebotseröffnung kein rechtmäßiges Vergabeverfahren mehr erwarten lässt. Damit können die entsprechend § 14 Abs. 3 VOB/A erforderlichen Feststellungen durch den Auftraggeber nicht mehr zweifelsfrei getroffen werden. Der **Auftraggeber hat keine Möglichkeit** bei einer Verpflichtung durch die Vergabekammer zur erneuten Prüfung der Angebote diesen **Kennzeichnungsmangel zu heilen** (VK Münster, B. v. 13. 2. 2008 – Az.: VK 29/07; 1. VK Sachsen, B. v. 24. 5. 2007 – Az.: 1/SVK/029-07; B. v. 24. 2. 2005 – Az.: 1/SVK/005-05; B. v. 24. 2. 2005 – Az.: 1/SVK/004-05; VK Sachsen-Anhalt, B. v. 28. 1. 2009 – Az: 1 VK LVwA 29/08). Die **Ausschreibung ist aufzuheben** (VK Arnsberg, B. v. 10. 3. 2008 – Az.: VK 05/08; VK Sachsen-Anhalt, B. v. 28. 1. 2009 – Az: 1 VK LVwA 29/08).

84.8.5.3 Beweislast

7472 Ist **nicht sicher, ob bestimmte Teile eines Angebots tatsächlich bei Angebotseröffnung vorlagen, weil sie nicht gelocht waren, kommen Regeln der Beweislast** zum Tragen. Danach trägt **grundsätzlich der Antragsteller die Beweislast für die seinem Antrag günstigen Tatsachen**; z. B. die Nichterweislichkeit der Unvollständigkeit des Angebotes eines anderen Bieters geht dann grundsätzlich zu Lasten des Antragstellers. Davon ist jedoch dann eine **Ausnahme geboten, wenn wesentliche Bestandteile der Angebote durch den Auftraggeber nicht gekennzeichnet** werden. Folge des Verstoßes gegen die Pflicht zur Kennzeichnung der Angebote sowie der Unklarheiten der Niederschrift ist, dass nunmehr der **Auftraggeber die Beweislast für die Vollständigkeit des Angebotes, auf das er den Zuschlag erteilen will, trägt**. Denn der Auftraggeber hat die ihm zu Gebote stehenden Mittel, Transparenz zu schaffen, nicht genutzt. Er hat weder die Angebote ordnungsgemäß gekennzeichnet noch die Angebotsöffnung nachvollziehbar dokumentiert. Die Pflicht zur Kennzeichnung der Angebote dient gerade dazu, Unklarheiten der vorliegenden Art zu vermeiden. Macht ein Auftraggeber von der Möglichkeit der eindeutigen Kennzeichnung nicht Gebrauch, so geht dies zu seinen Lasten. Die **Situation ist dabei vergleichbar derjenigen eines Auftraggebers, der seiner Dokumentationspflicht nicht nachkommt** (VK Baden-Württemberg, B. v. 16. 6. 2008 – Az.: 1 VK 18/08).

84.8.5.4 Richtlinie des VHB 2008 zur Kennzeichnung im Eröffnungstermin

7473 Im Eröffnungstermin sind die Angebote mit allen Anlagen auf geeignete Weise (z. B. durch Lochen oder bei digital übermittelten Angeboten durch geeignete Verschlüsselungsverfahren) so zu kennzeichnen, dass nachträgliche Änderungen und Ergänzungen verhindert werden (Richtlinien zu 313 – Eröffnung der Angebote, Eröffnungstermin – Ziffer 2.1).

84.8.5.5 Regelung des HVA StB-B 04/2010

7474 Die Angebote einschließlich aller Nebenangebote sind während des Eröffnungstermines nach Öffnung der Angebote im Beisein der Bieter bzw. Bevollmächtigten zu kennzeichnen (z. B. Papierangebote durch Lochstempel). Das Gerät zur Kennzeichnung der Papierangebote ist im Übrigen sorgfältig zu verwahren.

84.8.6 Verlesung (§ 14 Abs. 3 Nr. 2 Satz 2)

84.8.6.1 Änderung in der VOB/A 2009

In § 14 Abs. 3 Nr. 2 Satz 2 wurde **zur Verdeutlichung der den Preis betreffenden Angaben das Beispiel der Preisnachlässe ohne Bedingungen aufgenommen**. 7475

84.8.6.2 Verlesung aller Angebote

Der Begriff **Angebot zum Verfahren umfasst alle Angebote der Bieter, die zum betreffenden Zeitpunkt vorgelegen haben**. Würde dem Verhandlungsleiter zu diesem Zeitpunkt eine Entscheidungsbefugnis zustehen, welche Angebote er verliest, z. B. weil er von einem versehentlich falsch abgegebenen Angebot ausgeht, so hätte die Wahrnehmung derselben Auswirkungen auf den Wettbewerb. Die Angebote würden somit nicht verlesen und von vornherein einer späteren Wertung entzogen (VK Halle, B. v. 8. 9. 1999 – Az.: VK Hal 17/99). 7476

84.8.6.3 Bedeutung des verlesenen Inhalts der Angebote

Es spielt für die Frage, welchen Inhalt das Angebot der Bieter hat, **keine Rolle, was in dem Submissionstermin verlesen oder protokolliert** wurde. Der **eindeutige Erklärungsgehalt des Angebots der Bieter** kann nicht dadurch nachträglich abgeändert werden, dass er in diesem Termin **möglicherweise falsch verlesen** wurde (1. VK Bund, B. v. 16. 5. 2002 – Az.: VK 1–19/02). 7477

Es spielt auch keine Rolle, wenn **ein als Angebot einer Bietergemeinschaft gekennzeichnetes Angebot des Bestbieters irrtümlich im Submissionstermin als Angebot eines Unternehmens durch den Versammlungsleiter verlesen** wird (2. VK Brandenburg, B. v. 18. 9. 2006 – Az: 2 VK 40/06). 7478

Zur Beweislastverteilung vgl. → Rdn. 58. 7479

84.8.6.4 Bedeutung eines nicht verlesenen Preisnachlasses

Nach § 16 Abs. 9 VOB/A sind Preisnachlässe ohne Bedingungen dann nicht zu werten, wenn sie nicht an der vom Auftraggeber nach § 13 Abs. 4 bezeichneten Stelle aufgeführt sind. Weitere formale Gründe für eine Nichtberücksichtigung von Preisnachlässen ohne Bedingungen nennt die VOB/A nicht. Nach § 14 Abs. 3 Nr. 2 VOB/A sind im Eröffnungstermin die Endbeträge der Angebote sowie andere den Preis betreffende Angaben, wozu auch Nachlässe ohne Bedingungen gehören, zu verlesen. **Wird ein Nachlass ohne Bedingungen nicht bekannt gegeben, stellt dies zwar einen Verstoß gegen die Formvorschrift des § 14 Abs. 3 Nr. 2 VOB/A dar**. Dies hat jedoch **nicht zur Folge, dass dieser bei der Wertung nicht zu berücksichtigen wäre**. Entscheidend ist vielmehr, dass das Angebot mit diesen Angaben im Eröffnungstermin vorgelegen hat. Ist dies der Fall, ist ein Preisnachlass bei der materiellen Wertung nach § 16 VOB/A zu berücksichtigen (VK Baden-Württemberg, B. v. 22. 6. 2004 – Az.: 1 VK 32/04; VK Nordbayern, B. v. 30. 11. 2001 – Az.: 320.VK-3194-40/01). 7480

Zur Beweislastverteilung vgl. → Rdn. 58. 7481

84.8.6.5 Verlesung von Nebenangeboten (§ 14 Abs. 3 Nr. 2 Satz 3)

Hinsichtlich Nebenangebote ist bekannt zu geben, ob und von wem Nebenangebote eingereicht sind. Weiteres aus dem Inhalt der Angebote und damit auch die Angebotssumme soll nicht mitgeteilt werden. Diese Bestimmung hat ihren Sinn darin, dass sich die **Endpreise aus Haupt- und Nebenangeboten nicht ohne weiteres vergleichen lassen, weshalb ein Vergleich zu falschen Schlüssen auf der Bieterseite führen könnte** (VK Lüneburg, B. v. 11. 6. 2001 – Az.: 203-VgK-08/2001). 7482

Der Endpreis eines Alternativ- bzw. Nebenangebots muss also in der Eröffnung nicht bekannt gegeben werden, **weder in der vom Bieter bezeichneten Höhe noch bezogen auf das Ergebnis einer rechnerischen Prüfung** (OLG Braunschweig, Urteil v. 27. 7. 1994 – Az: 3 U 231/92). 7483

Allein die Tatsache, dass (abgegebene) **Nebenangebote** in der Submission **nicht** gemäß § 14 Abs. 3 Nr. 2 Satz 3 VOB/A **verlesen werden, führt nicht zum automatischen Ausschluss** 7484

Teil 3 VOB/A § 14 Vergabe- und Vertragsordnung für Bauleistungen Teil A

dieser Angebote. In den zwingenden Ausschlussvarianten des § 16 VOB/A ist diese Konstellation gerade nicht erwähnt (Thüringer OLG, B. v. 22. 12. 1999 – Az.: 6 Verg 3/99; 1. VK Sachsen, B. v. 23. 5. 2003 – Az.: 1/SVK/030-03).

7485 Zur Beweislastverteilung vgl. → Rdn. 58.

84.8.7 Muster und Proben (§ 14 Abs. 3 Nr. 3)

7486 **Muster stellen in entsprechender Anwendung der §§ 13 Abs. 1 Nr. 7, 16 VOB/A im Rechtssinn Bietererklärungen** dar. Sind verlangte Muster nicht oder unvollständig vorgelegt worden, kann das betreffende Angebot auszuschließen sein (OLG Düsseldorf, B. v. 14. 11. 2007 – Az.: VII – Verg 23/07; 1. VK Bund, B. v. 5. 8. 2009 – Az.: VK 1–128/09). Vgl. dazu im Einzelnen die Kommentierung zu → § 16 VOB/A Rdn. 327.

84.8.8 Niederschrift (§ 14 Abs. 4)

84.8.8.1 Änderung in der VOB/A 2009

7487 Niederschriften sind nach der VOB/A 2009 **auch in elektronischer Form zulässig**.

84.8.8.2 Zwingende Regelung

7488 § 14 Abs. 4 ist eine „Ist" Bestimmung, das heißt es ist so zu verfahren, **Abweichungen von der Bestimmung sind nicht zulässig**. Die Niederschrift über die Verhandlung dient den Interessen des Bieters und denen der Vergabestelle, indem bestimmte Daten gesichert werden, gleichzeitig aber auch als Beweis deren Vorliegens und damit der Verfahrenstransparenz (VK Thüringen, B. v. 26. 6. 2001 – Az.: 216–4003.20–027/01-J-S, B. v. 7. 3. 2001 – Az.: 216–4002.20–001/01-SCZ).

84.8.8.3 Rechtscharakter der Niederschrift und Beweislastverteilung

7489 Die Niederschrift ist lediglich eine **Privaturkunde**, mit der der Nachweis des Fehlens oder des Nichteintritts von Tatsachen, die nicht in die Urkunde aufgenommen wurden, nicht ohne weiteres geführt werden kann. Der **öffentliche Auftraggeber** hat jedoch nach § 14 Abs. 4 VOB/A auch im Verhältnis zu den Bietern die **Verpflichtung zur Anfertigung einer Niederschrift** über den Verlauf des Eröffnungstermins, **in der alle wesentlichen Vorgänge und Sachverhalte festzuhalten sind**. Dazu gehören hinsichtlich der Angebote insbesondere die für die Bemessung des Preises wesentlichen Angaben einschließlich der Zahl der Nebenangebote. In die Protokollierungspflicht eingeschlossen sind damit auch Angaben über nicht im eigentlichen Gebot enthaltene zusätzliche Preisnachlässe in Neben- oder Hauptangeboten, soweit sie Auswirkungen auf die anderweitig genannten und ohne ihre Berücksichtigung bestimmten Angebotspreise aufweisen können. **Kommt der Ausschreibende** der bei der Protokollierung des Eröffnungstermins **nicht nach**, liegt darin die **Verletzung einer vertraglichen Nebenpflicht**, die es ihm **verwehrt**, sich im Verhältnis zu den **betroffenen Bietern auf die Unvollständigkeit des Protokolls zu berufen**. Er muss sich diesen gegenüber jedenfalls bis zu dem ihm obliegenden Gegenbeweis diesen gegenüber vielmehr so behandeln lassen, als sei die Niederschrift vollständig und inhaltlich richtig. Soweit diese z. B. streitige Preisnachlässe nicht aufführt, ist es somit nicht Sache des Bieters, nachzuweisen, dass diese im Eröffnungstermin noch nicht vorlagen. Die Beweislast für ihre vorherwende Einreichung trifft vielmehr im Ergebnis den öffentlichen Auftraggeber (BGH, Urteil v. 26. 10. 1999 – Az.: X ZR 30/98).

84.8.8.4 Bestandteile der Niederschrift

7490 Der **Inhalt der Niederschrift ist in der VOB nicht im Einzelnen geregelt**. In § 22 Abs. 4 VOB/A wird von der festgestellten Angebotssumme, in § 22 Abs. 7 von Nachträgen in Verbindung mit verspätet eingetroffenen Angeboten sowie von bei der Angebotseröffnung bereits dem Auftraggeber nachweislich ohne Verschulden des Bieters zugegangenen Angeboten gesprochen.

7491 Es ist verfehlt, wenn sich die Nachträge in der Niederschrift ausschließlich auf diese Punkte beschränken, zumal gerade dadurch der Grundsatz der Verfahrenstransparenz in Verbindung mit im Rahmen der Angebotsprüfung festgestellten und nachweislich bereits zum Eröffnungstermin vorliegenden angebotsrelevanten Angebotsteilen verletzt würde. **Nachträgliche, im Rahmen der Angebotsprüfung festgestellte Nachlässe, Skonti, Nebenangebote und andere an-**

Vergabe- und Vertragsordnung für Bauleistungen Teil A   VOB/A § 14   **Teil 3**

gebotsrelevante Angaben sind in die Niederschrift nachzutragen (VK Thüringen, B. v. 26. 6. 2001 – Az.: 216–4003.20–027/01-J-S).

84.8.8.5 Verbindlichkeit eines selbst gesetzten Vier-Augen-Prinzips

Im Gegensatz zur VOL/A ist die Eröffnungsniederschrift nach der VOB/A nur 7492
von dem **Verhandlungsleiter zu unterschreiben** (OLG Naumburg, B. v. 13. 5. 2008 – Az.: 1 Verg 3/08; B. v. 13. 5. 2008 – Az.: 1 Verg 3/08). Existiert jedoch bei dem öffentlichen Auftraggeber eine **selbst gesetzte Regel, dass die Niederschrift von zwei Vertretern des Auftraggebers zu unterzeichnen** ist, führt – in Anwendung der Rechtsprechung zu § 14 Abs. 2 VOL/A – eine **zweite fehlende Unterschrift zur zwingenden Aufhebung des Ausschreibungsverfahrens**.

84.9 Verspätete, aber noch zuzulassende Angebote (§ 14 Abs. 6)

84.9.1 Grundsatz

Nach § 14 Abs. 6 Abs. 1 VOB/A ist ein Angebot, das nachweislich vor Ablauf der Angebots- 7493
frist dem Auftraggeber zugegangen war, aber bei Öffnung des ersten Angebotes aus vom Bieter nicht zu vertretenden Gründen dem Verhandlungsleiter nicht vorgelegen hat, wie ein rechtzeitig vorgelegtes Angebot zu behandeln. Derartige **Angebote sind nachträglich in den Wettbewerb aufzunehmen und gelten als gleichwertiges Angebot** (VK Halle, B. v. 16. 1. 2001 – AZ: VK Hal 35/00).

Die Ausnahmevorschrift des § 14 Abs. 6 VOB/A findet angesichts ihres Wortlauts (nachweis- 7494
lich ... zugegangen) und ihres Normzwecks **nur Anwendung, wenn das Angebot auch tatsächlich vor Ablauf der Angebotsfrist dem Auftraggeber zugegangen ist** und damit den Herrschaftsbereich des Bieters verlassen hat. Nur so ist gewährleistet, dass das Angebot mit dem Inhalt in die Wertung gelangt, den es bei Ablauf der Angebotsfrist bereits hatte (OLG Koblenz, B. v. 20. 2. 2009 – Az.: 1 Verg 1/09).

Die strengen Regelungen, die zum Ausschluss eines Angebots wegen Fristversäumung führen, 7495
haben den **Sinn und Zweck, Manipulationsmöglichkeiten einzuschränken**. Daher **setzt § 14 Abs. 6 VOB/A auch voraus, dass das Angebot mit Ablauf der Angebotsfrist dem Zugriff des Bieters entzogen** war. Es soll von vorneherein verhindert werden, dass ein Bieter sein Angebot nach Ablauf der Angebotsfrist ändert, insbesondere indem er durch Öffnung anderer Angebote erlangte Informationen verwendet (VK Baden-Württemberg, B. v. 7. 8. 2009 – Az.: 1 VK 35/09).

Entscheidend ist also, **ob das Angebot dem Auftraggeber fristgerecht zugegangen ist**. 7496

84.9.2 Begriff des Zugangs

84.9.2.1 Grundsatz

Entscheidend für den Zugang sind **gemäß § 130 BGB der Übergang in den Machtbe-** 7497
reich des Empfängers und seine Möglichkeit, unter normalen Umständen Kenntnis erlangen zu können (OLG Celle, B. v. 7. 6. 2007 – Az.: 13 Verg 5/07; VK Baden-Württemberg, B. v. 7. 8. 2009 – Az.: 1 VK 35/09; 3. VK Bund, B. v. 1. 9. 2006 – Az.: VK 3–105/06; B. v. 28. 8. 2006 – Az.: VK 3–102/06; B. v. 28. 8. 2006 – Az.: VK 3–99/06; VK Südbayern, B. v. 7. 4. 2006 – Az.: 07-03/06).

84.9.2.2 Zugang an der richtigen Eingangsstelle beim Auftraggeber

Zum Machtbereich des Empfängers gehören insoweit auch die **von ihm zur Ent-** 7498
gegennahme von Erklärungen bereitgehaltenen Einrichtungen. Sollen z.B. Schriftstücke im Rahmen eines Vergabeverfahrens direkt von den am Empfang tätigen Mitarbeitern des Auftraggebers oder eines vom Auftraggeber beauftragten Dritten entgegen genommen werden, ist diese Empfangsstelle eine zur Entgegennahme von Erklärungen bereitgehaltene Einrichtung in diesem Sinne (OLG Celle, B. v. 7. 6. 2007 – Az.: 13 Verg 5/07). Zum **Machtbereich gehören auch die von dem Auftraggeber zur Entgegennahme von Erklärungen bereitgehaltenen Stellen**. Der **Auftraggeber** als Empfänger **kann sich ebenso eines so genannten Empfangsboten bedienen**. Empfangsbote ist, wer vom Empfänger (ohne Vertreter zu sein) zur Entgegennahme von Erklärungen bestellt worden ist oder nach der Verkehrsanschauung als

1519

bestellt anzusehen ist, z. B. die Mitarbeiter der Warenannahme. Die **Erklärungen an einen Empfangsboten gehen in dem Zeitpunkt zu, in dem nach dem regelmäßigen Verlauf der Dinge die Weiterleitung an den Adressaten zu erwarten** war. Es ist üblicherweise zu erwarten, dass eine Sendung, die bei der Warenannahme um 8.26 Uhr eingeht und als Terminsache gekennzeichnet ist, jedenfalls vor 13.30 Uhr zur intern zuständigen Stelle gelangt (VK Baden-Württemberg, B. v. 7. 8. 2009 – Az.: 1 VK 35/09 – instruktiver Beschluss).

7499 Eine schriftliche Willenserklärung, wie es die Abgabe eines Angebots im Vergabeverfahren darstellt, ist nicht bereits dann im Rechtssinn in den Machtbereich des Empfängers gelangt, wenn sich der Erklärungsbote des Absenders im Gebäude des Empfängers befindet. Um die Verfügungsgewalt des Empfängers zu begründen, ist die **Übergabe des Schriftstücks an den Adressaten bzw. an seinen Empfangsvertreter oder eine sonstige Empfangsvorrichtung notwendig** (1. VK Bund, B. v. 23. 1. 2007 – Az.: VK 1–08/07; B. v. 23. 1. 2007 – Az.: VK 1–05/07; B. v. 23. 1. 2007 – Az.: VK 1–166/06; B. v. 23. 1. 2007 – Az.: VK 1–163/06).

7500 Hat der **Auftraggeber eine bestimmte Stelle (z. B. ein bestimmtes Zimmer) benannt, muss das Angebot auch dort abgegeben werden**. Gibt der Bieter dann das Angebot z. B. beim Pförtner ab, ist es **als verspätet zurückzuweisen**. **Pförtner** kontrollieren den Zugang zu Gebäuden oder Betriebsgeländen. Sie sind erste Ansprechpartner für Besucher. Besonders in sicherheitsrelevanten Bereichen verhindern sie das Eindringen von Unbefugten und überwachen zeitliche bzw. örtliche Zugangsberechtigungen. Pförtner sind **keine Empfangsvertreter**. Wenn die Mitarbeiter der Wache auch nicht angewiesen sind, eingehende Postsendungen, die Angebote zu einem Ausschreibungsverfahren enthalten, unverzüglich persönlich der Submissionsstelle zu überbringen, sind sie **auch keine Empfangsboten** (VK Brandenburg, B. v. 26. 1. 2005 – VK 81/04).

7501 Wird **in der Ausschreibung keine Zimmernummer benannt, ist die erstmalige Aushändigung an einen Empfangsgehilfen der Vergabestelle maßgeblich** (VK Südbayern, B. v. 7. 4. 2006 – Az.: 07-03/06). Als Beweis für den rechtzeitigen Zugang genügt z. B. der die Sendungsverfolgung abschließende Scanner-Ausdruck mit einer bestimmten Zeitangabe. Diese Sendungsverfolgung inklusive dem Scanner-Ausdruck ist auch ein geeigneter Urkundenbeweis gem. § 110 Abs. 1 GWB (1. VK Sachsen, B. v. 29. 9. 1999 – 1 VK 16/99).

7502 Ist eine **juristische Person Auftraggeber**, ist der **Einwurf in den Postbriefkasten der juristischen Person** (z. B. im Rathaus) im Sinne des Übergangs in den Machtbereich des Empfängers **ausreichend**, da ein an eine Behörde gerichtetes Schreiben mit Eingang bei der hierfür eingerichteten Stelle und nicht erst bei Vorlage bei dem zuständigen Bediensteten zugeht. Auch wenn in den Verdingungsunterlagen bestimmt ist, dass das „Angebot an einem bestimmten Tag in einem bestimmten Zimmer vorliegen muss, ändert es nichts daran mehr. Eine zur Fristwahrung notwendige Handlung darf nämlich grundsätzlich bis zum Ablauf des letzten Tages (24:00 Uhr) vorgenommen werden; allerdings ist der **Erklärungsempfänger (Behörde) nur bis zum Ende der üblichen Zeit (Dienstschluss) zur Mitwirkung verpflichtet** (VK Schleswig-Holstein, B. v. 26. 10. 2004 – Az.: VK-SH 26/04).

7503 Trägt der Angebotsumschlag eines Bieters den Eingangsstempel des Tages nach Ablauf der Angebotsabgabefrist, so **kann der Bieter trotzdem glaubhaft machen, dass die Angebotsangabefrist doch eingehalten wurde**, wenn z. B. der Bieter vorträgt, das Angebot nach Dienstschluss in den Briefkasten des Auftraggebers eingeworfen zuhaben und im Rahmen des Nachprüfungsverfahrens diesen **Briefkasten entsprechend beschreiben kann** und der **Briefkasten über keinerlei Vorrichtung zur Zeiterfassung verfügt**, sodass die Eingänge jeden Morgen gleich nach Dienstschluss geöffnet und mit dem Eingangsstempel des jeweiligen Tages versehen werden (VK Schleswig-Holstein, B. v. 28. 1. 2008 – Az.: VK-SH 27/07). Dieser Sachverhalt dürfte aber bei Ausschreibungen nach der VOB/A kaum vorkommen, da in aller Regel der Zeitpunkt des Eröffnungstermins innerhalb der normalen Büroarbeitszeiten liegt.

84.9.2.3 Einlegung in ein Postfach

7504 Der **Übergang der Sendung in den Machtbereich der Angebotsstelle ist auch bereits durch Einlegung der Sendung in das Postfach erfolgt**. Unabhängig davon, wie häufig ein Postfach tatsächlich geleert wird, besteht die grundsätzliche Möglichkeit des Postfachinhabers, jederzeit auf den Inhalt des Postfachs Zugriff zu nehmen. Es ist insoweit vergleichbar mit einem Briefkasten, für den anerkannt ist, dass sich darin befindliche Post bereits im Machtbereich des Briefkasteninhabers befindet. Allerdings hat die **Vergabestelle die Möglichkeit, aus ihrem Machtbereich einzelne Bereiche herauszugreifen und den wirksamen Zugang** auf diese Orte zu beschränken. Aus der Vorgabe in Verdingungsunterlagen, dass die Angebote an die Hausanschrift der Angebotsstelle zu adressieren sind, lässt sich jedoch nicht ableiten, dass nur die Hausanschrift zulässiger Eingangsort für Angebote ist, denn in den Verdingungsunterlagen war ausdrücklich die Versendung der Angebote per Post gestattet. **Folgerichtig sind alle für Post üblichen Zugangsorte im Machtbereich der Angebotsstelle als Eingangsort zulässig. Dazu gehört auch das Postfach.** Postsendungen werden nämlich gemäß den „Allgemeinen Geschäftsbedingungen der Deutschen Post AG für die Nutzung von Postfächern (AGB Postfach)" Ziffer 3 Abs. 4 „in der Regel" in das Postfach eingelegt „wenn nichts anderes vereinbart worden ist". Maßgeblich für die Möglichkeit der Kenntnisnahme und damit für den Zugangszeitpunkt ist dann nicht der Zeitpunkt der üblichen Leerung des Postfaches, sondern der Zeitpunkt des Ablaufs der Angebotsfrist, in dem das Postfach von dem Auftraggeber nochmals hätte geleert werden müssen. Zwar wird bei der Zustellung in Postfächer für die Möglichkeit der Kenntnisnahme und damit für den Zugangszeitpunkt in der Regel auf den Zeitpunkt der üblichen Leerung des Postfachs abgestellt. **Wenn der Postfachinhaber indes mit dem Eingang fristgebundener Sendungen rechnet bzw. rechnen muss, ist nach der Verkehrsanschauung zu erwarten, dass das Postfach neben den üblichen Leerungen auch zum Zeitpunkt des Fristablaufs geleert wird** (3. VK Bund, B. v. 1. 9. 2006 – Az.: VK 3–105/06; B. v. 28. 8. 2006 – Az.: VK 3–102/06; B. v. 28. 8. 2006 – Az.: VK 3–99/06).

Noch weiter geht die 1. VK Bund. Ein öffentlicher **Auftraggeber**, der für den Zugang der an ihn gerichteten Angebote im Rahmen eines Vergabeverfahrens ein **Postfach eröffnet, ist nicht nur verpflichtet, dieses zum Ablauf einer Angebotsabgabefrist zu leeren.** Vielmehr **können ihn auch weitere Obliegenheiten treffen**, wenn z. B. der **Auftraggeber über die an seine Postfachadresse gerichteten Einschreiben mittels sogenannter „Kundenbelege", die von der Deutschen Post AG in ihr Postfach eingelegt werden, informiert** wird. Dieser Kundenbeleg dient gerade dazu, den Auftraggeber über an ihn gerichtete und bei der Deutschen Post AG bis zur Abholung hinterlegte Eingangspost zu informieren. Vor dem Hintergrund, dass bei dem Auftraggeber als Vergabestelle **häufig fristgebundene Angebote per Einschreiben eingehen, trifft ihn daher bei der Kontrolle der Kundenbelege eine besondere Sorgfaltspflicht**. So hätte ihm z. B. aufgrund einer fehlenden Nummer eines Kundenbelegs auffallen müssen, dass an einem bestimmten Tag offensichtlich ein Kundenbeleg für ein eingegangenes Einschreiben erstellt wurde. Hinzu kommt, dass der Auftraggeber gerade unmittelbar vor Ablauf einer Angebotsfrist mit fristgebundener Eingangspost rechnen musste. Selbst wenn dem Auftraggeber zuzugeben ist, dass er nicht wissen kann, von wem er Angebote erhält, so hätte er aus dem fehlenden Kundenbeleg zumindest schließen können, dass er ein Einschreiben erhalten hat. **Es hätte daher dem Auftraggeber oblegen, die Vollständigkeit der Kundenbelege der Deutschen Post AG zu prüfen, das Fehlen eines Belegs festzustellen und daraufhin den Verbleib der z. B. am Eröffnungstag eingetroffenen Einschreiben innerhalb der Angebotsfrist am Postschalter aufzuklären** (1. VK Bund, B. v. 2. 12. 2009 – Az.: VK 1–206/09). 7505

84.9.3 Analoge Anwendung?
Der zwingende Ausschlussgrund des § 16 Abs. 1 Nr. 1 lit. a VOB/A knüpft allein an die objektive Tatsache an, dass ein Angebot dem Verhandlungsleiter bei Öffnung des ersten Angebots nicht vorlag. **Warum dem so ist oder ob jemandem ein Schuldvorwurf gemacht werden kann, ist grundsätzlich unerheblich.** Mit dieser strengen Regelung soll von vorn herein verhindert werden, dass ein Bieter sein Angebot nach Ablauf der Angebotsfrist (§ 10 Abs. 2 VOB/A) ändert, insbesondere indem er durch Öffnung anderer Angebote erlangte Informationen verwendet. Dementsprechend setzt auch die Ausnahmevorschrift des § 14 Abs. 6 VOB/A voraus, dass das Angebot spätestens mit Ablauf der Angebotsfrist dem Zugriff des Bieters tatsächlich entzogen war. Eine **entsprechende Anwendung dieser Norm unter Heranziehung der aus § 242 BGB entwickelten Grundsätze zur Zugangsfiktion infolge unberechtigter Annahmeverweigerung wäre mit den Grundprinzipien des Vergaberechts wie Transparenz und Gleichbehandlungsgebot nicht zu vereinbaren**, weil ein fiktiv zugegangenes Angebot tatsächlich – u. U. für Stunden oder gar Tage – unkontrollierbar in den Händen des Bieters bliebe. Damit wäre der Manipulation Tür und Tor geöffnet (OLG Koblenz, B. v. 20. 2. 2009 – Az.: 1 Verg 1/09). 7506

84.9.4 Übermittlungsrisiko des Bieters für die Rechtzeitigkeit
Das Übermittlungsrisiko für die Rechtzeitigkeit eines Angebotes trägt der Bieter. Insbesondere kann ein verspätet eingegangenes Angebot auch dann nicht zur Wertung zugelassen werden, 7507

wenn die **Verspätung etwa damit begründet wird, dass das Angebot so frühzeitig zur Post gegeben worden sei, dass mit einem rechtzeitigen Eingang zu rechnen gewesen sei** oder die **Deutsche Post das Angebot falsch zugestellt hat.** Der rechtzeitige Zugang liegt insoweit in der Risikosphäre des jeweiligen Bieters, ist daher von ihm zu vertreten (VK Baden-Württemberg, B. v. 1. 7. 2002 – Az.: 1 VK 31/02; VK Nordbayern, B. v. 1. 4. 2008 – Az.: 21.VK – 3194 – 09/08; 1. VK Sachsen, B. v. 29. 12. 2004 – Az.: 1/SVK/123-04). **Anderer Auffassung** ist insoweit die 3. VK Bund **für den Fall, dass konkrete Anhaltspunkte** dafür bestehen, dass im **Verantwortungsbereich der Vergabestelle Ursachen für die Nichterweislichkeit** ausschlussrelevanter Tatsachen gesetzt wurde (3. VK Bund, B. v. 1. 9. 2006 – Az.: VK 3–105/06; B. v. 28. 8. 2006 – Az.: VK 3–102/06; B. v. 28. 8. 2006 – Az.: VK 3–99/06).

7508   Ein verspäteter Eingang des Angebots ist nur dann nicht dem Bieter zuzurechnen, wenn die Verspätung entweder der Auftraggeber oder **niemand, z. B. Naturereignisse, zu vertreten haben.** Eine andere Auslegung ist mit dem Gleichheitsgrundsatz aus § 97 Abs. 2 GWB nicht vereinbar (VK Nordbayern, B. v. 1. 4. 2008 – Az.: 21.VK – 3194 – 09/08).

84.9.5 (Nur) Mitverschulden des Bieters an der Verspätung

7509   Nach § 14 Abs. 6 VOB/A ist nur ein Angebot, das nachweislich vor Ablauf der Angebotsfrist dem Auftraggeber zugegangen war, aber bei Öffnung des ersten Angebotes aus vom Bieter nicht zu vertretenden Gründen dem Verhandlungsleiter nicht vorgelegen hat, wie ein rechtzeitig vorliegendes Angebot zu behandeln. **Bereits aus dem gesetzlichen Wortlaut folgt somit, dass bei einem Mitverschulden dieses Bieters eine Wertung nicht mehr in Betracht kommen kann** und das Angebot zwingend auszuschließen ist (VK Köln, B. v. 18. 7. 2002 – Az.: VK VOB 8/2002).

84.9.6 Ausnahme vom Übermittlungsrisiko des Bieters für die Rechtzeitigkeit bei sonstigem Verschulden des Auftraggebers

7510   Ein Angebot kann nicht gewertet werden, wenn es dem Verhandlungsleiter bei der Öffnung des ersten Angebots nicht vorliegt und es sich zu diesem Zeitpunkt nicht im Geschäftsbereich der Vergabestelle befindet (§ 14 Abs. 6). Ist das **Nichtvorliegen jedoch nicht vom Bieter zu vertreten**, weil das Angebot die Vergabestelle rechtzeitig erreicht hätte, wenn der Eröffnungstermin – wie in der Aufforderung zur Abgabe des Angebots angegeben – **termingerecht und nicht früher stattgefunden hätte**, macht dies die Aufhebung des gesamten Vergabeverfahrens unumgänglich (VK Nordbayern, B. v. 15. 4. 2002 – Az.: 320.VK-3194-08/02).

84.9.7 Teilweise verspätetes Angebot

7511   Das Gebot der Formstrenge gebietet es, Angebote, die verspätet eingegangen sind, von der Wertung auszuschließen. Dies **gilt auch, wenn ein Bieter zwar fristgerecht ein Angebotsanschreiben einreicht, wesentliche Bestandteile wie z. B. die ausgefüllten Vergabeunterlagen aber erst verspätet folgen** (VK Lüneburg, B. v. 24. 11. 2003 – Az.: 203-VgK-29/ 2003).

7512   In diesen Fällen kommt auch ein Ausschluss wegen Unvollständigkeit in Betracht.

84.9.8 Neues Angebot nach Ablauf der Bindefrist

7513   Eine von einem Bieter erst **nachträglich nach Ablauf der Bindefrist vorgenommene Fristverlängerung** kann zwar im Wege rechtsgeschäftlicher Auslegung (§§ 133, 157 BGB) ohne weiteres als Abgabe eines neuen Angebots angesehen werden, welches seinem Inhalt nach mit dem zuvor erloschenen identisch ist. Trotz dieser inhaltlichen Übereinstimmung darf es gleichwohl **aufgrund der zwingenden Vorschrift des § 16 Abs. 1 Nr. 1 lit. a) VOB/A nicht gewertet** werden, da die Angebotsfrist überschritten ist und in dieser Hinsicht weder der Vergabestelle noch den Vergabeprüfungsinstanzen ein Ermessensspielraum eingeräumt wäre (OLG Thüringen, B. v. 30. 10. 2006 – Az.: 9 Verg 4/06).

7514   Es ist aber **jedenfalls (auch) Sache der Vergabestelle, für die Einhaltung der Zuschlagsfrist Sorge zu tragen.** Dann wird man **auch eine Obliegenheit annehmen müssen, nach der sie rechtzeitig vor Ablauf einer in den Ausschreibungsbedingungen festgelegten Bindefrist auf alle Bieter mit dem Ziel einer Fristverlängerung zuzugehen** hat,

Vergabe- und Vertragsordnung für Bauleistungen Teil A VOB/A § 14 **Teil 3**

wenn sich abzeichnet, dass diese aus bestimmten Gründen (z. B. wegen der Einleitung eines Nachprüfungsverfahrens) nicht eingehalten werden kann. Zwar liegt es daneben (auch) im Verantwortungsbereich des einzelnen Bieters, die ununterbrochene Bindung an sein Angebot sicherzustellen und ein Erlöschen im Sinne des § 146 BGB zu verhindern. Doch spricht zumindest unter Gleichbehandlungsgesichtspunkten viel dafür, eine Ausschreibung nicht schon vorschnell an dem – möglicherweise durch ein laufendes Nachprüfungsverfahren in den Hintergrund geratenen und daher von allen Verfahrensbeteiligten unter Einschluss der Vergabestelle übersehenen – Umstand scheitern zu lassen, dass die Angebote sämtlicher Bieter wegen Überschreitens der Bindefrist erloschen sind. Es wäre mit dem Ziel des effektiven Wettbewerbsschutzes kaum vereinbar, in einem solchen Falle die Ausschreibung aufzuheben und der Vergabestelle zu gestatten, freihändig den Zuschlag zu erteilen. Da weder eine Bevorzugung noch eine Benachteiligung eines einzelnen Bieters zu besorgen ist, liegt es vielmehr unter den genannten Vorzeichen auf der Hand, die Vergabestelle noch nachträglich zu verpflichten, die Bindefrist mit gleicher Wirkung für alle Bieter neu zu bestimmen und diesen die Chance zu geben, sämtliche – obschon gem. § 146 BGB formal erloschenen – Angebote mit identischem Inhalt erneut einzureichen, und der Ausschreibung auf diese Weise ihren Fortgang zu geben (OLG Thüringen, B. v. 30. 10. 2006 – Az.: 9 Verg 4/06).

Rechtstechnisch lässt sich eine solche Konsequenz zwanglos damit begründen, dass die gegenüber der ursprünglichen Angebotsfrist **verspätete Angebotsabgabe** durch Umstände im Sinne des § 14 Abs. 6 VOB/A verursacht sind, die nicht in der Sphäre des einzelnen Bieters, sondern vielmehr in der **Sphäre aller Bieter** liegen und **mehr noch im Verantwortungsbereich der Vergabestelle anzusiedeln** sind (OLG Thüringen, B. v. 30. 10. 2006 – Az.: 9 Verg 4/06). 7515

84.9.9 Darlegungs- und Beweislast für den rechtzeitigen Zugang eines Angebotes

Nach allgemeinen prozessualen Grundsätzen trägt derjenige die Beweislast für das Vorliegen der entsprechenden Tatbestandsvoraussetzungen, der sich auf die jeweilige Norm beruft; danach hat der **Auftraggeber, der sich auf die Verspätung beruft, die Beweislast.** Zu demselben Ergebnis gelangt man, wenn man zwar **grundsätzlich die Beweislast dafür, dass ein vollständiges Angebot rechtzeitig eingereicht worden ist,** dem jeweiligen Bieter auferlegt, hiervon jedoch dann eine **Ausnahme** macht, **wenn es im Verantwortungsbereich der Vergabestelle liegt, dass sich die für einen Ausschlussgrund erforderlichen Tatbestandsvoraussetzungen nicht erweisen lassen.** Bereits aus der Dokumentationspflicht gemäß z. B. § 97 Abs. 1 GWB und der Regelungen in VOB/A bzw. VOL/A ergibt sich die **grundsätzliche Verpflichtung der Vergabestelle, die geeigneten Vorkehrungen zu treffen, um im Streitfall die Verspätung beweiskräftig belegen zu können** (OLG Celle, B. v. 7. 6. 2007 – Az.: 13 Verg 5/07; VK Nordbayern, B. v. 1. 4. 2008 – Az.: 21.VK – 3194 – 09/08). 7516

84.9.10 Darlegungs- und Beweislast für den vollständigen Zugang eines Angebotes und Umkehr der Beweislast

Der **Bieter** trägt die **Darlegung- und Beweislast für den vollständigen Zugang seines Angebotes**. Gelingt ihm dieser nicht oder bleibt es beim non liquet, ist sein Angebot somit zwingend auszuschließen (3. VK Bund, B. v. 8. 9. 2008 – Az.: VK 3–116/08; VK Nordbayern, B. v. 1. 4. 2008 – Az.: 21.VK – 3194 – 09/08; 1. VK Sachsen, B. v. 29. 2. 2004 – Az.: 1/SVK/157-03 bei Ermessensreduzierung auf Null). 7517

Sind die Angebote nach der ausdrücklichen Vorgabe der Vertragsunterlagen **in loser, nicht gebundener Form einzureichen, begünstigt dies einen Verlust im Gefahrenbereich des Auftraggebers.** Nach § 16 Abs. 3 VOB/A muss eine Vollständigkeitsprüfung stattfinden, bei welcher das Fehlen einer Seite auffallen muss; das Fehlen bedarf dann der Dokumentation. Ist eine solche **Prüfung und Dokumentation jedoch zunächst nicht erfolgt, obwohl das Angebot auch in formeller Hinsicht geprüft wurde und wird das Fehlen erst einen Monat später in der zweiten fachlichen Wertung dokumentiert, stellt sich die Sachlage so dar, dass das Angebot vollständig eingereicht wurde, die fehlende Seite dann aber im Verantwortungsbereich des Auftraggebers verloren gegangen ist.** Die letztendliche Unaufklärbarkeit des Sachverhalts muss deshalb aufgrund der dokumentierten Abläufe in 7518

Teil 3 VOB/A § 14 Vergabe- und Vertragsordnung für Bauleistungen Teil A

diesem Fall zu Lasten des Auftraggebers gehen (3. VK Bund, B. v. 8. 9. 2008 – Az.: VK 3–116/08).

84.9.11 Annahmeverweigerung durch den Auftraggeber

7519 Eine **Annahmeverweigerung durch den Auftraggeber hat nicht ohne weiteres nachteilige Folgen für den Bieter**. Gelingt es ihm, das Angebot rechtzeitig an anderer Stelle abzugeben, besteht keine Veranlassung, die Annahmeverweigerung durch einen Eingriff in das Vergabeverfahren zu sanktionieren. Sie könnte **allenfalls dann als schadenskausaler Vergaberechtsverstoß** im Sinne des § 107 Abs. 2 GWB angesehen werden, wenn sie **auch ursächlich dafür war, dass das Angebot dem Verhandlungsleiter nicht (rechtzeitig) vorliegt** und deshalb aus der Wertung genommen werden muss (OLG Koblenz, B. v. 20. 2. 2009 – Az.: 1 Verg 1/09).

84.9.12 Zurückversetzung des Vergabeverfahrens und Zulassung verspäteter Angebote

7520 Die Tatsache der **verspäteten Einreichung** des Angebots ist **rechtlich unerheblich**, wenn der betroffene **Antragsteller** nach (teilweiser) Aufhebung des Vergabeverfahrens wegen eines Rechtsverstoßes, der sich in einem früheren Stadium des Verfahrens zugetragen hat, **Gelegenheit erhalten muss, ein neues Angebot einzureichen und dabei den geltend gemachten Ausschlussgrund zu vermeiden** (OLG Düsseldorf, B. v. 21. 5. 2008 – Az.: VII – Verg 19/08).

84.9.13 Schadenersatzansprüche wegen verspäteter Zustellung

7521 Ein **Bieter kann gegen ein Postzustellungsunternehmen** wegen Überschreitung der für den eingelieferten Express-Brief vereinbarten Lieferfrist einen **Schadensersatzanspruch aus § 425 Abs. 1 HGB** haben (OLG Köln, Urteil v. 24. 5. 2005 – Az.: 3 U 195/04).

84.9.14 Weitere Beispiele aus der Rechtsprechung

7522 – reicht ein Bieter sein **Angebot rechtzeitig** bei der ihm richtig bekannt gegebenen Stelle ein, so kann es ihm grundsätzlich nicht angelastet werden, wenn dieses Angebot dem Verhandlungsleiter nicht bei Öffnung des ersten Angebotes vorgelegt wird. Als im Sinne des § 22 Nr. 6 Abs. 1 VOB/A **nicht vom Anbieter zu vertretender Grund ist unter anderem die irrtümlich nicht korrekte Zuordnung von Angeboten zum Vergabeverfahren durch die Vergabestelle** zu verstehen (VK Südbayern, B. v. 7. 4. 2006 – Az.: 07-03/06)

– hat die Deutsche Post AG auf ihrem Auslieferungsbeleg festgehalten, dass sie die Sendung in das Postfach der Vergabestelle eingelegt hat, ist damit jedoch nicht unumstößlich bewiesen, dass dies tatsächlich auch der Fall war. Dagegen spricht, dass es keinen weiteren Beleg dafür gibt, dass das Einschreiben tatsächlich in den Empfangsbereich der Vergabestelle gelangte. Obwohl der Posteingang in einem standardisierten Verfahren abläuft, der dazu hätte führen müssen, dass die Sendung registriert wird, fehlt eine solche Registrierung. Weitgehend ausgeschlossen kann auch, dass die Sendung, ohne dass sie registriert wurde, in den Postlauf gegeben wurde. Jeder Bedienstete, dem die Sendung versehentlich zugeleitet worden wäre, hätte auf Anhieb deren Dringlichkeit erkannt und diese an das zuständige Bauamt weitergeleitet. Die auffälligen Aufkleber ließen keinen Zweifel an der Wichtigkeit und Eilbedürftigkeit des Einschreibens zu. Dass das Poststück das Bauamt nicht auf diesem Wege erreichte, lässt annehmen, dass dieses der Vergabestelle nicht zugegangen war. Der **Sachverhalt lässt vermuten, dass das Einschreiben entgegen der Aussage auf dem Auslieferungsvermerk doch nicht in das Postfach der Stadt eingelegt wurde** (VK Baden-Württemberg, B. v. 13. 10. 2003 – Az.: 1 VK 57/03)

– als im Sinne des § 22 Nr. 6 Abs. 1 VOB/A nicht vom Anbieter zu vertretender Grund ist unter anderem die **irrtümlich nicht korrekte Zuordnung von Angeboten zum Vergabeverfahren durch den Auftraggeber** zu verstehen (VK Halle, B. v. 16. 1. 2001 – AZ: VK Hal 35/00)

84.9.15 Benachrichtigungspflicht (§ 14 Abs. 6 Nr. 2)

Hat ein öffentlicher Auftraggeber es **verabsäumt**, die beteiligten Bieter gem. § 14 Abs. 6 Nr. 2 VOB/A unverzüglich **schriftlich davon in Kenntnis zu setzen**, dass es verspätete Angebote gibt, die zum Wettbewerb zugelassen werden, kann – da es sich bei der Vorschrift des § 22 Nr. 6 Abs. 2 lediglich um eine den Auftraggeber bindende Ordnungsvorschrift handelt – dieses **Versäumnis keine rechtlichen Konsequenzen für die Bewertung der Angebote der Bieter** haben (VK Halle, B. v. 16. 1. 2001 – AZ: VK Hal 35/00). 7523

84.9.16 Richtlinie des VHB 2008 zu verspäteten Angeboten

In den Fällen des § 14 Abs. 6 Nr. 1 VOB/A ist das Angebot unmittelbar dem Verhandlungsleiter und seinem Schriftführer vorzulegen. Diese haben festzustellen, ob der Umschlag des Angebots unversehrt ist. Die Umstände der nicht fristgerechten Vorlage sind im Formblatt 313 Seite 4 aktenkundig zu vermerken (Richtlinien zu 313 – Eröffnung der Angebote, Eröffnungstermin – Ziffer 2.1). 7524

84.10 Einsichtnahme bzw. Mitteilungen (§ 14 Abs. 7)

84.10.1 Mitteilungspflicht bei Parallelausschreibungen

Bei einer **Parallelausschreibung** dergestalt, dass die Leistungen einmal als Generalunternehmerleistung und zum andern als gewerkeweise aufgegliederte Leistungspakete ausgeschrieben werden, sind hinsichtlich der Submission bestimmte **Erweiterungen der Bieterrechte sinnvoll, um die notwendige Transparenz des Wettbewerbs zu sichern**. Zum Bieterschutz gehört in einem solchen Verfahren die Information an die Bieter, die nur für ein oder mehrere, aber nicht für alle Einzelgewerke anbieten, **darüber, dass es noch einen weiteren Bieter gibt, der aber als Generalunternehmer außerhalb der Losvergaben konkurriert**. Denn in einem solchen Verfahren müssen die Bieter wissen, dass die Tatsache, dass sie zwar nach dem Submissionsergebnis auf einem der vorderen Plätze oder gar an vorderster Stelle, liegen, noch dadurch relativiert werden kann, dass es ein weiteres Angebot gibt. Mehr als diese Information müssen sie nicht erhalten, auch nicht den Preis des Generalunternehmerangebotes, den sie ohnehin nicht in eine korrekte Relation zu ihren eigenen Geboten setzen können (1. VK Sachsen, B. v. 1. 2. 2002 – Az.: 1/SVK/131-01, B. v. 1. 2. 2002 – Az.: 1/SVK/135-01). 7525

84.10.2 Richtlinie des VHB 2008

Nur in Ausschreibungsverfahren für Bauleistungen ist das Ergebnis der Eröffnung den Bietern auf Verlangen mitzuteilen. Diese Mitteilung an den Bieter hat schriftlich zu erfolgen. Dabei ist sicherzustellen, dass andere als die in § 14 Abs. 7 VOB/A aufgeführten Angaben den Bietern auf keinen Fall gemacht werden, so insbesondere nicht über 7526

– den Inhalt der Angebote und etwaiger Nebenangebote,
– den Stand des Vergabeverfahrens,
– die in die engere Wahl gezogenen Angebote und die hierfür maßgebenden Gründe

(Richtlinien zu 313 – Eröffnung der Angebote, Eröffnungstermin – Ziffer 4).

Mitteilungen an Dritte sind nicht zulässig (Richtlinien zu 313 – Eröffnung der Angebote, Eröffnungstermin – Ziffer 4). 7527

84.11 Geheimhaltungsgebot (§ 14 Abs. 8)

84.11.1 Sinn und Zweck des Geheimhaltungsgebots

Sinn der Geheimhaltungsvorschrift ist es, den **Wettbewerb zu sichern** und auch nach der Öffnung der Angebote durch ihre vertrauliche Behandlung zu verhindern, dass Außenstehende Einfluss auf die weitere Behandlung der Angebote, insbesondere auf die Entscheidung über den Zuschlag, dadurch nehmen, dass sie sich mit Kenntnis von dem Inhalt der einzelnen Angebote verschaffen. Dieser **Gesichtspunkt gelangt gerade im Verhandlungsverfahren zu besonderer Bedeutung**, da das Verhandlungsverfahren Nachträge und Nachbesserungen des abgegebenen Angebotes bis zur Zuschlagsentscheidung zulässt (VK Düsseldorf, B. v. 25. 7. 2000 – Az.: VK – 14/2000 – L). 7528

Teil 3 VOB/A § 14   Vergabe- und Vertragsordnung für Bauleistungen Teil A

84.11.2 Beispiele aus der Rechtsprechung

7529
- die **Nennung eines Bieters als aktueller Dienstleister für eine erneut ausgeschriebene Leistung und der Kosten der Leistungen sind keine Daten aus einem aktuellen Vergabeverfahren, deren Bekanntgabe der Bieter als Verstoß gegen § 22 Nr. 8 VOB/A rügen kann**. Deren Veröffentlichung könnte auf das zur Nachprüfung vorliegende Verfahren keinen Einfluss haben. Es handelt sich um Daten aus einem bestehenden Vertragsverhältnis. Die Tatsache, dass der Bieter in der Vergangenheit den Zuschlag erhielten und die Höhe des Gebots waren zudem wahrscheinlich sowieso gemäß § 28a VOB/A zu veröffentlichen. Im Übrigen könnte jeder Bürger über die Verwaltung die Daten, soweit sie unbekannt sein sollten, erfragen, ohne dass diese die Antwort verweigern könnte (OLG Karlsruhe, B. v. 16. 6. 2010 – Az.: 15 Verg 4/10)

- § 22 Nr. 8 VOB/A und § 22 Nr. 6 Abs. 1 Satz 1 VOL/A sehen vor, dass die **Angebote und ihre Anlagen sorgfältig zu verwahren und vertraulich zu behandeln** sind. Es soll damit **verhindert werden, dass die Angebote nachträglich verändert oder ergänzt** werden. Die Auftraggeberin hat **gegen die Pflicht zur ordnungsgemäßen Aufbewahrung des Angebots der Antragstellerin verstoßen, indem sie den USB-Stick mit dem Angebot gelöscht und wieder zur Speicherung anderer Daten verwendet hat, nachdem sie die auf dem USB-Stick befindliche Datei mit dem Angebot sowohl auf die Festplatte des Laptops ihrer Vergabestelle als auch auf den USB-Stick ihres Rechnungsprüfungsamtes kopiert** hatte. Das **Originalangebot existiert damit in wesentlichen Teilen nicht mehr**. Die Auftraggeberin kann sich nicht darauf berufen, dass dadurch, dass es sich um eine selbstrechnende Datei gehandelt habe, keine Manipulationen möglich gewesen seien, und dass die Angebotsdatei lediglich verschoben worden sei. Die Auftraggeberin hat gerade nicht eine elektronische Vergabe mit den dafür erforderlichen Sicherungsmechanismen durchgeführt (VK Niedersachsen, B. v. 23. 4. 2009 – Az.: VgK-10/2009)

- es liegt ein schwerwiegender Verstoß gegen § 22 Nr. 8 vor, wenn **ein mit der Projektsteuerung beauftragter Externer die Angebote in die Betriebsräume eines Unternehmens verbringt, für das er hauptberuflich tätig ist und das im Rahmen einer Konzernbeteiligung als potentieller Lieferant für die von den Bietern angebotenen Leistungen in Betracht kommt**. Dies gilt insbesondere dann, wenn es dem Auftraggeber mangels gefertigter Kopien auch gar nicht mehr möglich ist, festzustellen, ob die vorliegenden Angebote tatsächlich den abgegebenen Angeboten entsprechen (1. VK Sachsen, B. v. 24. 5. 2007 – Az.: 1/SVK/029-07)

- erhält der öffentliche Auftraggeber im Rahmen einer öffentlichen Ausschreibung einen kostengünstigen Sondervorschlag, teilt er diesen Sondervorschlag den übrigen Bietern zur Nachkalkulation ihrer eigenen Angebote mit und **verhandelt er außerdem mit dem Bieter über den Sondervorschlag solange, bis aus seiner Sicht ein wirtschaftliches Preis-Leistungs-Verhältnis erreicht wird**, verstößt dieses Vorgehen einmal gegen das Geheimhaltungsgebot des Inhalts der Angebote. Es stellt darüber hinaus eine unzulässige Nachverhandlung im Sinne von § 24 Nr. 3 VOB/A dar (VK Baden-Württemberg, B. v. 11. 10. 2000 – Az.: 1 VK 24/00).

84.11.3 Geheimhaltungsgebot im kommunalen Bereich

7530   Gerade im **kommunalen Bereich ist es oft schwierig, das Geheimhaltungsgebot einzuhalten**. Die **VK Sachsen** sieht insoweit **keinen Verstoß gegen bieterschützende Vorschriften**, wenn ein (geplanter) Zuschlagsbieter vor der formellen Entscheidung des Auftraggebers öffentlich (in der Presse) bekannt wird; dies deshalb, weil ein Verwaltungsfachausschuss eine entsprechende gleich lautende Verwaltungsvorlage favorisierte und zudem der Landrat ausdrücklich auf die noch zu treffende Entscheidung des Ausschusses hingewiesen hatte (1. VK Sachsen, B. v. 8. 7. 2004 – Az.: 1/SVK/044-04).

7531   Die Entscheidung setzt sich mit dem Geheimhaltungsgebot im Wesentlichen über § 30 VwVfG auseinander und ist **im Ergebnis abzulehnen**. Auch im kommunalen Bereich sollten die Vertreter der Kommunen (Stadt- und Gemeinderäte, Bürgermeister usw.) aus den in → Rdn. 97 genannten Gründen die **Geheimhaltungspflicht beachten**.

7532   Das **OLG Karlsruhe differenziert je nach dem Stand des Vergabeverfahrens**. Nach § 14 Abs. 8 VOB/A sind Angebote und ihre Anlagen vertraulich zu behandeln. Dies **bedeutet jedoch nicht, dass ausnahmslos kein anderer Bieter oder kein Dritter davon Kenntnis** erlangen darf, welcher Bieter das wirtschaftlichste Angebot abgegeben hat, wie hoch dieses Angebot ist und wie viele Angebote abgegeben wurden. Die **absolute Geheimhaltung zumindest bis zum Zuschlagszeitpunkt wäre auch mit § 19a VOB/A und § 101a GWB nicht zu vereinbaren.** Diese Vorschriften ordnen an, dass nicht berücksichtigten Bietern die Tatsache der Zurückweisung des Angebots und (§ 19a VOB/A: auf Antrag) die Gründe für Ablehnung des Angebots mitzuteilen sind. Unter Berücksichtigung des Sinns von § 14 Abs. 8 VOB/A, (auch) sicherzustellen, dass die Angebote nachträglich nicht mehr verändert werden und ein fairer Wettbewerb gewährleistet ist, dass Außenstehende keinen Einfluss auf die Weiterbehandlung der Angebote und die Entscheidung über den Zuschlag nehmen können, ist daher **das Vertraulichkeitsgebot je nach Stand des Vergabeverfahrens unterschiedlich streng zu handhaben.** Schon vor dem Zuschlag können jedenfalls und müssen teilweise, wie oben ausgeführt, einzelne Daten eines Angebots einem anderen Bieter mitgeteilt werden. Die Geheimhaltung auch des Namens des Bieters mit dem wirtschaftlichsten Gebot, dem der Beigeladenen, der Höhe des Gebots und der Anzahl der abgegebenen Gebote ist nach dem Zweck des Vertraulichkeitsgebots zum Zeitpunkt der Veröffentlichung nicht mehr erforderlich, wenn das **Vergabeverfahren schon weitgehend abgeschlossen ist, die Verwaltung die Wertung der Angebote abgeschlossen und eine Vorentscheidung über den Zuschlag getroffen hat**, weil die Vorentscheidung im zuständigen Kreistagsausschuss in nichtöffentlicher Sitzung behandelt worden ist und **nur noch die formelle Entscheidung über den Zuschlag durch den zuständigen Kreistag aussteht, eine Entscheidung, die nicht in dessen Ermessen steht.** Eine Einflussnahme Dritter auf die Zuschlagsentscheidung erscheint bei dieser Situation nahezu ausgeschlossen. Dafür, dass z. B. die **Kreistagsmitglieder für die Beschlussfassung in öffentlicher Sitzung über die genannten Daten unterrichtet werden, bestehen zudem sachliche Gründe**, wenn es z. B. **um die zukünftigen Kosten der Abfallentsorgung geht, die von erheblichem öffentlichen Interesse sind.** Die Einwohner des Kreises sind unmittelbar durch die Entsorgungsleistungen und durch die Gebührenzahlungspflicht betroffen. Der Kreistag ist eines ihrer kommunalen Vertretungsorgane, das ihre Interessen wahrzunehmen und in diesem Fall über die Vergabe der Entsorgungsleistungen zu entscheiden hat. Die Bekanntgabe des Namens des voraussichtlichen zukünftigen Entsorgungsunternehmers und dessen Kosten stellen daher keine Vergaberechtsverletzung dar, wenn der Zweck des Vertraulichkeitsgebots die Geheimhaltung nicht mehr gebieten. **Wenn daher der Auftraggeber in einer Beschlussvorlage für den Kreistag, der allein über den Zuschlag zu entscheiden hat, die Anzahl der abgegebenen Gebote, den Namen des Bieters mit dem wirtschaftlichsten Gebot und die Höhe dieses Gebots ohne weitere Einzelheiten aus den Angeboten und ihren Anlagen mitteilt, ist daher der Vertraulichkeitsgrundsatz gemäß § 14 Abs. 8 VOB/A nicht verletzt** (OLG Karlsruhe, B. v. 16. 6. 2010 – Az.: 15 Verg 4/10).

84.11.4 Richtlinie des VHB 2008

Die Angebote mit allen Anlagen sind geheim zu halten; dies gilt für alle Vergabeverfahren. Sie dürfen nur den unmittelbar mit der Bearbeitung beauftragten Personen zugänglich gemacht werden. Dies gilt auch, wenn freiberuflich Tätige an der Prüfung und Wertung beteiligt sind (Richtlinien zu 313 – Eröffnung der Angebote, Eröffnungstermin – Ziffer 3).

7533

84.12 Pflicht zur Aufbewahrung von Briefumschlägen, Paketverpackungen u. ä.

Die **Aufbewahrungspflicht von Briefumschlägen und Paketverpackungen der Angebote ist ausdrücklich weder in der VOB/A 2009 noch in der VOL/A 2009 geregelt. Aus Beweisgründen sollte sie sich auf diejenigen Behältnisse der nicht ordnungsgemäß oder verspätet eingegangenen Angebote beschränken** (OLG Naumburg, B. v. 29. 1. 2009 – Az.: 1 Verg 10/08 – für § 22 Nr. 6 Abs. 1 Satz 2 VOL/A 2006).

7534

84.13 Öffnung von Teilnahmeanträgen

§ 14 VOB/A gilt für die Durchführung eines Teilnahmewettbewerbes weder unmittelbar noch in entsprechender Anwendung. § 14 VOB/A regelt ausdrücklich nur die Öffnung und Behandlung von Angeboten bei öffentlichen und beschränkten Ausschreibungsverfahren. Einem solchen förmlichen Verfahren ist die Durchführung eines Teilnahmewettbe-

7535

Teil 3 VOB/A § 15 Vergabe- und Vertragsordnung für Bauleistungen Teil A

werbes nicht gleichzusetzen. **Die VOB/A gibt der ausschreibenden Stelle nicht vor, wann die Teilnahmeanträge zu öffnen sind** (VK Nordbayern, B. v. 27. 10. 2000 – Az.: 320.VK-3194-26/00).

7536 Für die **Öffnung von Teilnahmeanträgen bei EU-weiten Ausschreibungen** sind die **Förmlichkeiten nach § 11a VOB/A zu beachten**; vgl. die Kommentierung zu → § 11a VOB/A Rdn. 4ff.

84.14 Kein Eröffnungstermin für nachgeforderte Unterlagen

7537 Gemäß § 14 Abs. 1 VOB/A ist ein Eröffnungstermin abzuhalten für die Öffnung und Verlesung (Eröffnung) der Angebote. **Werden dagegen Unterlagen, deren Anforderung sich ein Auftraggeber vorbehalten hat, nach Eröffnungstermin angefordert, ist für die Feststellung, welcher Bieter Unterlagen innerhalb der gesetzten Frist eingereicht hat und welchen Inhalt sie haben, kein weiteres förmliches Verfahren vorgesehen** (OLG Karlsruhe, B. v. 8. 1. 2010 – Az.: 15 Verg 1/10).

85. § 15 VOB/A – Aufklärung des Angebotsinhalts

(1)
1. Bei Ausschreibungen darf der Auftraggeber nach Öffnung der Angebote bis zur Zuschlagserteilung von einem Bieter nur Aufklärung verlangen, um sich über seine Eignung, insbesondere seine technische und wirtschaftliche Leistungsfähigkeit, das Angebot selbst, etwaige Nebenangebote, die geplante Art der Durchführung, etwaige Ursprungsorte oder Bezugsquellen von Stoffen oder Bauteilen und über die Angemessenheit der Preise, wenn nötig durch Einsicht in die vorzulegenden Preisermittlungen (Kalkulationen) zu unterrichten.
2. Die Ergebnisse solcher Aufklärungen sind geheim zu halten. Sie sollen in Textform niedergelegt werden.

(2) Verweigert ein Bieter die geforderten Aufklärungen und Angaben oder lässt er die ihm gesetzte angemessene Frist unbeantwortet verstreichen, so kann sein Angebot unberücksichtigt bleiben.

(3) Verhandlungen, besonders über Änderung der Angebote oder Preise, sind unstatthaft, außer wenn sie bei Nebenangeboten oder Angeboten aufgrund eines Leistungsprogramms nötig sind, um unumgängliche technische Änderungen geringen Umfangs und daraus sich ergebende Änderungen der Preise zu vereinbaren.

85.1 Änderungen in der VOB/A 2009

7538 Das Verhandlungsverbot bei Ausschreibungen wird nunmehr dadurch klargestellt, dass **in § 15 Abs. 1 der Begriff Verhandlung durch den Begriff der Aufklärung ersetzt** wurde.

7539 Ferner **ist in Korrespondenz mit der Regelung des § 16 Abs. 1 Nr. 3**, nach der Nachweise und Erklärungen nachgereicht werden können, **bei Abs. 2 eingefügt, dass den Bietern eine Frist für geforderte Aufklärungen und Angaben gegeben werden kann**. Ihre Angebote bleiben unberücksichtigt, falls sie diese unbeantwortet verstreichen lassen.

85.2 Vergleichbare Regelungen

7540 Der Vorschrift des § 15 VOB/A vergleichbar ist im Bereich der VOL **§§ 15, 18 EG VOL/A**. Die Kommentierungen zu diesen Vorschriften können daher ergänzend zu der Kommentierung des § 15 herangezogen werden.

85.3 Bieterschützende Vorschrift

85.3.1 Grundsatz

7541 § 15 VOB/A ist eine **bieterschützende Vorschrift** (OLG Düsseldorf, B. v. 14. 3. 2001 – Az.: Verg 30/00; VK Halle, B. v. 6. 6. 2000 – Az.: VK Hal 09/00; 1. VK Sachsen, B. v. 13. 12. 2002 – Az.: 1/SVK/105-02, B. v. 1. 2. 2002 – Az.: 1/SVK/139-01).

Vergabe- und Vertragsordnung für Bauleistungen Teil A   VOB/A § 15   **Teil 3**

85.3.2 Bieterschützende Vorschrift für den Bieter, mit dem unstatthafte Verhandlungen geführt werden?

§ 15 Abs. 3 VOB/A **bezweckt nicht den Schutz des Bieters, mit dem unzulässige Nachverhandlungen geführt werden**. Sinn des sich aus § 15 Abs. 3 VOB/A ergebenden Nachverhandlungsverbots ist es, den Wettbewerb unter gleichen Bedingungen für alle Bieter aufrechtzuerhalten. Würde man den Bieter, mit dem unzulässige Nachverhandlungen geführt werden, in den Schutzbereich des § 15 Abs. 3 VOB/A einbeziehen, würde man ihm eine durch Verfälschung des Wettbewerbs erlangte Position einräumen, die die Regelung des § 15 Abs. 3 VOB/A gerade missbilligt (OLG München, B. v. 2. 9. 2010 – Az.: Verg 17/10; B. v. 17. 9. 2007 – Az.: Verg 10/07; 1. VK Bund, B. v. 18. 10. 1999 – Az.: VK 1–25/99).   7542

85.4 Sinn und Zweck der Vorschrift

Mit der Regelung des § 15 VOB/A wird bestimmt, dass Verhandlungen, insbesondere über Änderungen der Angebote oder Preise, unstatthaft sind. Damit **soll sichergestellt werden, dass der Wettbewerb ordnungsgemäß abläuft, die Gleichbehandlung der Bieter gewährleistet ist und das Transparenzgebot gewahrt** wird. Mit der Abgabe der Angebote durch die Bieter sind diese an ihr Angebot gebunden. Eine nachträgliche Änderung würde gegen die Gleichbehandlung der Bieter und die Transparenz des Wettbewerbs verstoßen. **Jeder Bieter muss sich darauf verlassen können, dass nicht nur für ihn, sondern für alle anderen Bieter die Unabänderbarkeit des einmal abgegebenen Angebotes gilt** (VK Nordbayern, B. v. 14. 1. 2010 – Az.: 21.VK – 3194 – 64/09).   7543

Das Verhandlungsverbot hat auch einen **deutlichen Bezug zur sparsamen Haushaltsführung**. Entgegen anders lautenden Stimmen verhindert es keineswegs die Erzielung günstiger Preise für die Auftraggeber. Die **Erfahrung zeigt vielmehr, dass gerade die formal korrekt durchgeführte öffentliche Ausschreibung den günstigsten Angebotspreis zur Folge hat, weil alle Bieter an die Grenze ihrer Auftragskalkulation gehen müssen, um eine Chance auf den Zuschlag zu haben**. Sie können nämlich nicht von vornherein einen Aufschlag kalkulieren, den sie sich im Nachhinein (teilweise) abverhandeln lassen (OVG Nordrhein-Westfalen, Urteil v. 22. 2. 2005 – Az.: 15 A 1065/04).   7544

85.5 Keine Verpflichtung des Auftraggebers zur Führung von Aufklärungsgesprächen

85.5.1 Grundsatz

Einen **Anspruch auf Aufklärung hat der Bieter**, der ein unklares Angebot vorgelegt hat, **grundsätzlich nicht** (OLG Dresden, B. v. 9. 1. 2004 – Az.: WVerg 16/03, B. v. 10. 7. 2003 – Az.: WVerg 0015/02; OLG Frankfurt, B. v. 26. 5. 2009 – Az.: 11 Verg 2/09; B. v. 16. 9. 2003 – Az.: 11 Verg 11/03; OLG Koblenz, B. v. 15. 7. 2008 – Az.: 1 Verg 2/08; OLG München, B. v. 31. 8. 2010 – Az.: Verg 12/10; VK Arnsberg, B. v. 24. 5. 2004 – Az.: VK 1–5/04; 1. VK Bund, B. v. 21. 4. 2010 – Az.: VK 1–31/10; B. v. 13. 7. 2005 – Az.: VK 1–59/05; 2. VK Bund, B. v. 9. 1. 2007 – Az.: VK 2–152/06; 3. VK Bund, B. v. 4. 2. 2010 – Az.: VK 3 – 3/10; B. v. 26. 3. 2007 – Az.: VK 3–19/07; B. v. 21. 7. 2005 – Az.: VK 3–61/05; VK Düsseldorf, B. v. 7. 6. 2001 – Az.: VK – 13/2001 – B, B. v. 2. 8. 2000 – Az.: VK – 15/2000 – L; VK Hamburg, B. v. 13. 4. 2007 – Az.: VgK FB 1/07; VK Hessen, B. v. 21. 3. 2003 – Az.: 69 d VK – 11/2003; VK Lüneburg, B. v. 17. 4. 2007 – Az.: VgK-11/2007; B. v. 26. 7. 2005 – Az.: VgK-31/2005; B. v. 12. 7. 2005 – Az.: VgK-29/2005; VK Münster, B. v. 28. 6. 2007 – Az.: VK 10/07; VK Niedersachsen, B. v. 24. 10. 2008 – Az.: VgK-35/2008; VK Nordbayern, B. v. 9. 9. 2008 – Az.: 21.VK – 3194 – 34/08; B. v. 20. 8. 2008 – Az.: 21.VK – 3194 – 39/08; 1. VK Sachsen, B. v. 5. 4. 2006 – Az.: 1/SVK/027-06; B. v. 23. 1. 2004 – Az.: 1/SVK/160-03, B. v. 10. 3. 2003 – Az.: 1/SVK/012-03; VK Schleswig-Holstein, B. v. 20. 10. 2010 – Az.: VK-SH 16/10; VK Thüringen, B. v. 25. 1. 2002 – Az.: 216–4002.20–081/01-GTH, B. v. 10. 12. 2001 – Az.: 216–4002. 20–081/01-GTH). Schließlich ist es **Sache des Bieters, ein vollständiges und zweifelsfreies Angebot abzugeben** (OLG Koblenz, B. v. 15. 7. 2008 – Az.: 1 Verg 2/08). **§ 15 VOB/A gibt dem Bieter also grundsätzlich keinen Anspruch auf Nachverhandlungen**, sondern stellt sie in das Ermessen des Auftraggebers (OLG Frankfurt, B. v. 26. 8. 2008 – Az.: 11 Verg 8/08).   7545

85.5.2 Ausnahmen

85.5.2.1 Treu und Glauben

7546 Eine Pflicht zur Führung eines Aufklärungsgesprächs kann unter dem Gesichtspunkt von Treu und Glauben in Betracht kommen, wenn der öffentliche Auftraggeber **in der Vergangenheit einen konkreten Vertrauenstatbestand gesetzt** hat (OLG Dresden, B. v. 10. 7. 2003 – Az.: WVerg 0015/02; ähnlich OLG Frankfurt, B. v. 26. 5. 2009 – Az.: 11 Verg 2/09; B. v. 26. 3. 2002 – Az.: 11 Verg 3/01; 3. VK Saarland, B. v. 23. 4. 2007 – Az.: 3 VK 02/2007, 3 VK 03/2007).

7547 Zum Gesichtspunkt von Treu und Glauben allgemein vgl. die Kommentierung zu → § 97 GWB Rdn. 303.

85.5.2.2 Offenkundiges Versehen des Bieters

7548 Die **Rechtsprechung** ist insoweit **nicht einheitlich**.

7549 Nach einer Meinung fällt es zwar grundsätzlich in den Verantwortungsbereich des Bieters, ein vollständiges Angebot abzugeben und damit gehen Unvollständigkeiten zu seinen Lasten. Allerdings besteht in einer Situation, in der **ein Versehen des Bieters für die Vergabestelle offenkundig ist, die Pflicht, beim Bieter nachzufragen**. § 15 Abs. 1 Nr. 1 lässt diese Möglichkeit, Zweifel über die Angebote zu beheben, ausdrücklich zu (1. VK Bund, B. v. 25. 10. 2002 – Az.: VK 1–71/02).

7550 Nach einer anderen Auffassung **besteht eine solche Nachfragepflicht** z. B. bei einem offensichtlich überhöhten Einheitspreis **nicht** (VK Hessen, B. v. 18. 3. 2002 – Az.: 69 d VK – 03/2002).

85.5.2.3 Verursachung des Aufklärungsbedarfs durch den Auftraggeber

7551 In dem Fall einer eindeutigen Angebotsabgabe ist davon auszugehen, dass sich das grundsätzlich im Rahmen des § 15 Abs. 1 Nr. 1 VOB/A bestehende Aufklärungsermessen des Auftraggebers zu einer **Aufklärungspflicht verdichtet, wenn nicht der Bieter, sondern der öffentliche Auftraggeber selbst durch eigene Recherchen die Zweifel in Bezug auf das Angebot verursacht**. In einem solchen Fall ist der Auftraggeber verpflichtet, die Zweifel durch Nachfrage bei dem Bieter aufzuklären (OLG Frankfurt, B. v. 26. 5. 2009 – Az.: 11 Verg 2/09; 1. VK Bund, B. v. 22. 5. 2003 – Az.: VK 1–29/03; 3.VK Bund, B. v. 4. 2. 2010 – Az.: VK 3 – 3/10; B. v. 12. 1. 2005 – Az.: VK 3–218/04; VK Schleswig-Holstein, B. v. 12. 7. 2005 – Az.: VK-SH 14/05; ähnlich OLG Celle, B. v. 21. 8. 2003 – Az.: 13 Verg 13/03).

7552 Ist eine **Ausschreibung unklar** und **legt ein Bieter sie vertretbar anders aus** als vom Ausschreibenden beabsichtigt, ist der **Ausschreibende zu einer Unterrichtung über den genauen Inhalt des Angebotes verpflichtet** (OLG Köln, Urteil v. 16. 12. 1999 – Az.: 7 U 27/99; VK Niedersachsen, B. v. 24. 10. 2008 – Az.: VgK-35/2008).

7553 **Weist ein Bieter mit dem Angebot darauf hin**, dass ein **Teil** der ausgeschriebenen Leistung **nicht mehr lieferbar** ist, darf der öffentliche Auftraggeber nicht einfach aus den Angeboten der anderen Bieter die gegenteilige Behauptung als wahr unterstellen. Vielmehr **muss der Auftraggeber diesen Hinweisen durch Aufklärung nachgehen**, anstatt zu Lasten eines Bieters einen nicht geklärten Sachverhalt zu unterstellen. Die Vergabestelle geht dann bei der **Wertung von einem nicht zutreffenden oder nicht vollständig ermittelten Sachverhalt** aus (VK Münster, B. v. 10. 3. 2006 – Az.: VK 2/06).

7554 Eine **zur Aufklärung verpflichtende Sachlage** ist gegeben, wenn der Auftraggeber einerseits Mindestanforderungen zur Faxfunktionalität formuliert und andererseits in seiner Leistungsbeschreibung deutlich macht, dass nicht alle anzubietenden Geräte über diese Funktionalität verfügen müssen und er darüber hinaus erst im Wege der Beantwortung einer Bieteranfrage den Bietern mitteilt, dass auch Geräte, die bei Vertragsbeginn noch nicht für einen vernetzten Standort vorgesehen sind und über die Faxfunktionalität nicht verfügen müssen, diesbezüglich nachrüstbar sein müssen (VK Niedersachsen, B. v. 24. 10. 2008 – Az.: VgK-35/2008).

85.5.2.4 Glaubhafte Darlegungen des Bieters

7555 Hätte ein öffentlicher Auftraggeber die entsprechenden Bemerkungen eines Bieters in seinen Angebotsunterlagen in einem **Bietergespräch aufklären können**, unterlässt er dies jedoch und schließt das Angebot ohne weitere Prüfung aus, **entspricht dies nicht einer sachgerechten Prüfung der Angebote** (1. VK Sachsen, B. v. 21. 5. 2001 – Az.: 1/SVK/32-01).

Vergabe- und Vertragsordnung für Bauleistungen Teil A VOB/A § 15 **Teil 3**

85.5.2.5 Ausforschung durch die Vergabestelle?

Ein **Aufklärungsanspruch liegt fern**, wenn ein Angebot keine ergänzungsfähigen Angaben 7556
zur Eignung des Bieters enthält, sondern sich – zudem ohne jeden Nachweis im eigentlichen
Sinne – auf **unsubstantiierte Pauschalbehauptungen** beschränkt, die geradezu **Gegenstand
einer Ausforschung durch die Vergabestelle** sein müssten, damit zu den geforderten Eignungskriterien Klarheit gewonnen werden könnte (OLG Dresden, B. v. 17. 8. 2001 – Az.:
WVerg 0005/01).

85.6 Aufklärungsbedarf

Voraussetzung für ein Aufklärungsgespräch ist, **dass überhaupt Aufklärungsbedarf be-** 7557
steht und der Auftraggeber für eine ordnungsgemäße Wertung des Angebots auf die nachgereichten Angaben bzw. Unterlagen angewiesen ist (Thüringer OLG, B. v. 14. 11. 2002 – Az.: 6
Verg 7/02; VK Niedersachsen, B. v. 24. 10. 2008 – Az.: VgK-35/2008; im Ergebnis ebenso
OLG Koblenz, B. v. 15. 7. 2008 – Az.: 1 Verg 2/08).

So ist ein **Aufklärungsverlangen hinsichtlich der Grundlagen der Preisermittlung ei-** 7558
nes Bieters – insbesondere unter Berücksichtigung des im Vergabeverfahren geltenden Verhältnismäßigkeitsgrundsatzes – **nur zulässig**, wenn das Angebot inhaltlich bewertet wird und die
Vergabestelle einem für die Vergabeentscheidung erheblichen Informationsbedürfnis, d. h. einem
im Zusammenhang mit einem konkreten Ausschlussgrund bzw. mit der Prüfung eines zuvor
bekannt gemachten Zuschlagskriteriums stehenden Informationsbedürfnis folgt, wenn die **geforderten Angaben geeignet sind, dieses Informationsbedürfnis der Vergabestelle zu
befriedigen, und wenn der Vergabestelle die Erlangung dieser Informationen auf einfachere Weise nicht möglich** ist (OLG Naumburg, B. v. 22. 9. 2005 – Az.: 1 Verg 8/05).

Wird eine bestimmte Fabrikatsangabe in der Leistungsbeschreibung zwar nicht gefordert, 7559
weist aber ein Bieter den Auftraggeber darauf hin, aus patentrechtlichen Gründen an der
Lieferung des von ihm für die Kalkulation zugrunde gelegten Fabrikats gehindert zu sein und
nicht über eine Lieferzusage des einzigen in Betracht kommenden konkurrierenden Herstellers
zu verfügen, hat der **Auftraggeber einen berechtigten Anhaltspunkt für Zweifel an der
Leistungsfähigkeit des Bieters, zu deren Klärung er sich des in § 15 Abs. 1 Nr. 1
VOB/A vorgesehenen Mittels bedienen darf** (2. VK Bund, B. v. 9. 12. 2009 – Az.: VK 2–
192/09).

85.7 Aufklärungsgespräche (§ 15 Abs. 1 Nr. 1)

85.7.1 Änderung in der VOB/A 2009

Das Verhandlungsverbot bei Ausschreibungen wird nunmehr dadurch klargestellt, dass in § 15 7560
Abs. 1 Nr. 1 der **Begriff Verhandlung durch den Begriff der Aufklärung ersetzt** wurde.

85.7.2 Ausnahmevorschrift

Nach § 15 Abs. 1 darf der Auftraggeber nach der Öffnung der Angebote bis zur Zuschlags- 7561
entscheidung mit einem Bieter nur verhandeln, um sich über seine Eignung, insbesondere seine
technische und wirtschaftliche Leistungsfähigkeit, das Angebot selbst, etwaige Änderungsvorschläge und Nebenangebote, die geplante Art der Durchführung, etwaige Ursprungsorte oder
Bezugsquellen von Stoffen oder Bauteilen sowie über die Angemessenheit der Preise zu unterrichten. **§ 15 VOB/A ist eine Ausnahmevorschrift, deren Grenzen restriktiv zu sehen**
sind (OLG München, B. v. 17. 9. 2007 – Az.: Verg 10/07; OVG Nordrhein-Westfalen, Urteil v.
22. 2. 2005 – Az.: 15 A 1065/04; 2. VK Bund, B. v. 30. 12. 2009 – Az.: VK 2–222/09; 2. VK
Brandenburg, B. v. 6. 2. 2007 – Az.: 2 VK 5/07; B. v. 21. 7. 2005 – Az.: VK 3–61/05; 3. VK
Bund, B. v. 23. 11. 2009 – Az.: VK 3–199/09; VK Hamburg, B. v. 13. 4. 2007 – Az.: VgK FB
1/07; VK Lüneburg, B. v. 17. 4. 2007 – Az.: VgK-11/2007; B. v. 6. 6. 2006 – Az.: VgK-11/
2006; B. v. 26. 7. 2005 – Az.: VgK-31/2005; B. v. 20. 5. 2005 – Az.: VgK-18/2005; 3. VK
Saarland, B. v. 23. 4. 2007 – Az.: 3 VK 02/2007, 3 VK 03/2007; 1. VK Sachsen, B. v. 17. 12.
2007 – Az.: 1/SVK/074-07; B. v. 17. 12. 2007 – Az.: 1/SVK/073-07; B. v. 21. 5. 2001 – Az.:
1/SVK/32-01, B. v. 1. 2. 2002 – Az.: 1/SVK/139-01).

85.7.3 Aufklärungsmaßnahme im engeren Sinn

7562 Die Nachverhandlung ist dem Auftraggeber **ausschließlich als eine Aufklärungsmaßnahme im engeren Sinne gestattet**. Sie **darf nicht dazu dienen, dem Bieter eine inhaltliche Änderung oder Ergänzung seines Angebots zu ermöglichen** (OLG Frankfurt, B. v. 9. 7. 2010 – Az.: 11 Verg 5/10; OLG München, B. v. 2. 9. 2010 – Az.: Verg 17/10; B. v. 17. 9. 2007 – Az.: Verg 10/07; VK Berlin, B. v. 18. 3. 2009 – Az.: VK B 2 30/08; 2. VK Brandenburg, B. v. 6. 2. 2007 – Az.: 2 VK 5/07; 2. VK Bund, B. v. 9. 6. 2010 – Az.: VK 2–38/10; B. v. 13. 6. 2007 – Az.: VK 2–51/07; B. v. 19. 11. 2003 – Az.: VK 2–114/03; 3. VK Bund, B. v. 23. 11. 2009 – Az.: VK 3–199/09; VK Hamburg, B. v. 13. 4. 2007 – Az.: VgK FB 1/07; VK Lüneburg, B. v. 17. 4. 2007 – Az.: VgK-11/2007; B. v. 6. 6. 2006 – Az.: VgK-11/2006; B. v. 20. 5. 2005 – Az.: VgK-18/2005; VK Münster, B. v. 31. 10. 2007 – Az.: VK 22/07; VK Niedersachsen, B. v. 15. 12. 2009 – Az.: VgK-63/2009; B. v. 16. 3. 2009 – Az.: VgK-04/2009; B. v. 24. 10. 2008 – Az.: VgK-35/2008; 3. VK Saarland, B. v. 23. 4. 2007 – Az.: 3 VK 02/2007, 3 VK 03/2007; 1. VK Sachsen, B. v. 17. 12. 2007 – Az.: 1/SVK/074-07; B. v. 17. 12. 2007 – Az.: 1/SVK/073-07; B. v. 11. 1. 2007 – Az.: 1/SVK/116-06; B. v. 5. 4. 2006 – Az.: 1/SVK/027-06; VK Schleswig-Holstein, B. v. 28. 1. 2008 – Az.: VK-SH 27/07); folglich **können im Wege einer Nachverhandlung insbesondere nicht fehlende, zwingende Angaben im Angebot nachgeholt** werden (OLG Celle, B. v. 2. 7. 2002 – Az.: 13 Verg 6/02; OLG Düsseldorf, B. v. 30. 7. 2003 – Az.: Verg 32/03; OLG Frankfurt, B. v. 9. 7. 2010 – Az.: 11 Verg 5/10; VK Niedersachsen, B. v. 15. 12. 2009 – Az.: VgK-63/2009; VK Nordbayern, B. v. 14. 1. 2010 – Az.: 21.VK – 3194 – 64/09; 3. VK Saarland, B. v. 23. 4. 2007 – Az.: 3 VK 02/2007, 3 VK 03/2007; 1. VK Sachsen, B. v. 5. 4. 2006 – Az.: 1/SVK/027-06; VK Schleswig-Holstein, B. v. 28. 1. 2008 – Az.: VK-SH 27/07). Aufklärungsverhandlungen können insgesamt nur dazu dienen, **einen feststehenden Sachverhalt aufzuklären, nicht aber diesen zu verändern** (OLG Celle, B. v. 10. 1. 2008 – Az.: 13 Verg 11/07; OLG Düsseldorf, B. v. 14. 3. 2001 – Az.: Verg 30/00; OLG Koblenz, B. v. 15. 7. 2008 – Az.: 1 Verg 2/08; 2. VK Brandenburg, B. v. 6. 2. 2007 – Az.: 2 VK 5/07; VK Hamburg, B. v. 13. 4. 2007 – Az.: VgK FB 1/07; VK Lüneburg, B. v. 6. 6. 2006 – Az.: VgK-11/2006; B. v. 20. 5. 2005 – Az.: VgK-18/2005; VK Münster, B. v. 31. 10. 2007 – Az.: VK 22/07; VK Nordbayern, B. v. 14. 1. 2010 – Az.: 21.VK – 3194 – 64/09; 3. VK Saarland, B. v. 23. 4. 2007 – Az.: 3 VK 02/2007, 3 VK 03/2007; 1. VK Sachsen, B. v. 17. 12. 2007 – Az.: 1/SVK/074-07; B. v. 17. 12. 2007 – Az.: 1/SVK/073-07; B. v. 5. 4. 2006 – Az.: 1/SVK/027-06; B. v. 27. 9. 2001 – Az.: 1/SVK/85-01, 1/SVK/85-01G).

7563 Dies ergibt sich **aus dem der VOB/A zugrunde liegenden Wettbewerbsgedanken**. Es soll nämlich verhindert werden, dass die Wettbewerbslage durch nachträgliche Zugeständnisse von Bietern verändert wird bzw. einzelne Bieter bevorzugt werden (VK Berlin, B. v. 18. 3. 2009 – Az.: VK B 2 30/08; 2. VK Brandenburg, B. v. 6. 2. 2007 – Az.: 2 VK 5/07; VK Niedersachsen, B. v. 24. 10. 2008 – Az.: VgK-35/2008; VK Schleswig-Holstein, B. v. 28. 1. 2008 – Az.: VK-SH 27/07; VK Südbayern, B. v. 18. 3. 2002 – Az.: 04-02/02). Daher müssen solche Verhandlungen, die im Widerspruch zum Wettbewerbsprinzip stehen, eine eindeutige Ausnahme bilden (1. VK Bund, B. v. 29. 5. 2002 – Az.: VK 1–23/02; VK Südbayern, B. v. 14. 8. 2002 – Az.: 32-07/02).

85.7.4 Ansprechpartner

7564 Die **Vergabestelle ist nicht gehalten**, sich wegen Einzelheiten von aufklärungsbedürftigen Sachverhalten (z. B. Produkten) selbst z. B. **an die jeweiligen Hersteller der betreffenden Produkte** zu wenden. Sie kann die entsprechenden Unterlagen jedenfalls von ihren potentiellen Vertragspartnern, also von Bietern verlangen, welche nach dem Submissionsergebnis Zuschlagsaussicht haben (Thüringer OLG, B. v. 14. 11. 2002 – Az.: 6 Verg 7/02).

7565 Die Formulierung in § 15 VOB/A **besagt nicht, dass „nur mit einem (dem) Bieter" verhandelt werden dürfe**, sondern dass der Auftraggeber „mit einem Bieter nur verhandeln darf, um sich zu unterrichten." Schon sprachlich, aber auch von Sinn und Zweck der Vorschrift kann daraus nicht abgeleitet werden, die Vergabestelle dürfe nicht auch andere Informationen nutzen. Sicherlich wird die Vergabestelle gehalten sein, sich in erster Linie an den Bieter zu halten, und wird dies in aller Regel auch tun, zumal es oftmals um Sachverhalte oder Fragen geht, die ohnehin nur der Bieter klären bzw. beantworten kann. Im Übrigen **ist es dem Auftraggeber aber unbenommen, zu seiner Absicherung auch andere Erkenntnisquellen zu nutzen** (VK Hessen, B. v. 7. 10. 2004 – Az.: 69 d – VK – 60/2004).

85.7.5 Gleichbehandlung der Bieter

Der verfassungsrechtlich verankerte (Art. 3 GG) Gleichheitsgrundsatz gehört seit jeher zu den elementaren Prinzipien des deutschen Vergaberechts und hat in § 97 Abs. 2 GWB eine spezifische gesetzliche und verdingungsrechtliche Normierung erfahren. Er ist in allen Phasen des Vergabeverfahrens zu beachten und dient dazu, die Vergabeentscheidung im Interesse eines funktionierenden Wettbewerbs auf willkürfreie, sachliche Erwägungen zu stützen. **Macht der Auftraggeber von seiner ihm in § 15 VOB/A eingeräumten Möglichkeit Gebrauch, nach Öffnung der Angebote technische Detailfragen mit einzelnen Bietern aufzuklären, so muss er diese Möglichkeit zur Vermeidung von Wettbewerbsnachteilen in gleichem Umfange auch allen anderen Bietern gewähren.** Er ist zur Vermeidung einer gleichbehandlungswidrigen Diskriminierung insbesondere daran gehindert, bei der Beurteilung der Aufklärungsfähigkeit gegenüber einzelnen Bietern strengere Maßstäbe anzulegen (OLG Saarbrücken, B. v. 29. 5. 2002 – Az.: 5 Verg 1/01). 7566

Eine Vergabestelle muss **mit allen Bietern Gespräche führen**, in deren Angebote der **aufklärungsbedürftige Sachverhalt** enthalten ist (2. VK Bund, B. v. 20. 6. 2002 – Az.: VK 2– 28/02). 7567

Dementsprechend stellt ein **Aufklärungsgespräch** zum Inhalt der Ausschreibung **mit nur einem Bieter keinen Verstoß gegen den Gleichbehandlungsgrundsatz dar, wenn alle übrigen Bieter die Ausschreibung im Sinne des Auftraggebers verstanden** haben (2. VK Brandenburg, B. v. 18. 10. 2005 – Az.: 2 VK 62/05). 7568

Unzulässige Nachverhandlungen liegen außerhalb des nach § 15 VOB/A Zulässigen und können folglich **keinen Anspruch auf Gleichbehandlung** begründen (OLG Koblenz, B. v. 15. 7. 2008 – Az.: 1 Verg 2/08). 7569

85.7.6 Beschränkung der Gespräche auf aussichtsreiche Bieter

Es erscheint zulässig und wirtschaftlich geboten, dass **Aufklärungen des Angebotsinhalts auf solche Angebote beschränkt werden, die in der Wertung an erster, zweiter und gegebenenfalls an dritter Stelle stehen** (OLG München, B. v. 15. 11. 2007 – Az.: Verg 10/ 07; B. v. 17. 9. 2007 – Az.: Verg 10/07; VK Baden-Württemberg, B. v. 7. 8. 2003 – Az.: 1 VK 33/03, 1 VK 34/03, 1 VK 35/03). 7570

85.7.7 Anspruch auf Wiederholung von Aufklärungsgesprächen

Betrifft die Aufklärungsverhandlung „das Angebot selbst" im Sinne von § 15 Abs. 1 Nr. 1 VOB/A, so hat der Bieter alle Vorbereitungen zu treffen, um den erfolgreichen Abschluss der Verhandlung zu gewährleisten. **Misslingt die Aufklärungsverhandlung wegen fehlender Fachkompetenz der vom Bieter entsandten Vertreter/Mitarbeiter, so muss sich dies der Bieter zurechnen lassen** (§ 166 Abs. 1, § 278 BGB). Eine **Wiederholung** der Aufklärungsverhandlung mit geänderten oder angepassten Randbedingungen würde zu einer Benachteiligung der anderen Bieter führen und ist deshalb **unzulässig** (VK Brandenburg, B. v. 12. 4. 2002 – Az.: VK 15/02; 1. VK Bund, B. v. 7. 6. 1999 – Az.: VK 1–11/99; im Ergebnis ebenso OLG München, B. v. 31. 8. 2010 – Az.: Verg 12/10). 7571

85.7.8 Möglicher Inhalt von Aufklärungsgesprächen

85.7.8.1 Aufklärungsgespräch über Preise

Nach Öffnung der Angebote bis zur Zuschlagerteilung darf der Auftraggeber sich zwar über ein zweifelhaft formuliertes Angebot oder die Angemessenheit der Preise informieren. Die **Verhandlungen dürfen jedoch nicht den eindeutigen Inhalt des Angebots verändern** (OLG Celle, B. v. 22. 5. 2003 – Az.: 13 Verg 10/03; VK Lüneburg, B. v. 6. 6. 2006 – Az.: VgK-11/2006). **Nachträgliche Preisangaben übersteigen den Rahmen von § 15 VOB/A.** Blieben fehlende Preisangaben Nachverhandlungen vorbehalten, könnte der Bieter sein Angebot nach Abgabe noch erheblich, möglicherweise entscheidend verändern. Dies ist mit dem Wettbewerbs- und Gleichbehandlungsgrundsatz nach § 97 Abs. 1 u. 2 GWB nicht vereinbar (VK Nordbayern, B. v. 12. 11. 2004 – Az.: 320.VK – 3194 – 43/04; VK Schleswig-Holstein, B. v. 20. 10. 2010 – Az.: VK-SH 16/10). 7572

Auch die Klärung von widersprüchlichen Preisangaben kann nicht Gegenstand einer zulässigen Nachverhandlung sein. Lässt man die Modifizierung von wesentlichen Preis- 7573 angaben eines Angebots in einer Nachverhandlung zu, so eröffnet man dem jeweiligen Bieter – gegebenenfalls in Zusammenspiel mit dem Auftraggeber – einen unkontrollierbaren Spielraum zur nachträglichen Manipulation von wertungsrelevanten Positionen. Dies ist nicht mehr von § 15 VOB/A gedeckt (VK Brandenburg, B. v. 22. 2. 2008 – Az.: VK 3/08; 3. VK Bund, B. v. 21. 7. 2005 – Az.: VK 3–61/05; VK Lüneburg, B. v. 6. 6. 2006 – Az.: VgK-11/2006; VK Schleswig-Holstein, B. v. 20. 10. 2010 – Az.: VK-SH 16/10).

85.7.8.2 Aufklärungsgespräch über einen Bauzeitenplan

7574 Zweck der nach § 15 Abs. 1 Nr. 1 VOB/A zulässigen Bietergespräche ist die Unterrichtung des Auftraggebers unter anderem über die vom jeweiligen Bieter geplante Art der Durchführung der Baumaßnahmen, das heißt die **Aufklärung der vom jeweiligen Bieter beabsichtigten Ausführungsfristen**. Die **Aufklärung hat dem gemäß passiv zu erfolgen**, das heißt ohne dass der Auftraggeber dem Bieter neue, von den Vergabeunterlagen abweichende Vorgaben macht und deren „Bestätigung" abfragt (OLG Naumburg, Urteil v. 29. 3. 2003 – Az.: 1 U 119/02; VK Münster, B. v. 15. 8. 2007 – Az.: VK 13/07). Die erstmalige Festlegung von z.B. Lieferfristen ist daher nicht zulässig (VK Arnsberg, B. v. 24. 5. 2004 – Az.: Az.: VK 1–5/04). Zulässig ist aber ein **Aufklärungsgespräch über die Gesamtstundenanzahl und deren Verteilung auf die Bauzeit und das ausführende Personal** (3. VK Bund, B. v. 25. 6. 2008 – Az.: VK 3–68/08).

85.7.8.3 Aufklärungsgespräch über die Art der Ausführung

7575 Die **Rechtsprechung** hierzu ist **nicht einheitlich**.

7576 Die **Erklärung des Bieters, er werde den Beschrieb der Position erfüllen, stellt keine Verhandlung im Sinne eines Forderns und Nachgebens bzw. keine Änderung des Angebotes dar**, denn die Qualität des Ausgeschriebenen bietet bzw. schuldet er sowieso. Der **Bieter verhandelt insoweit nicht**. Er stellt lediglich klar, dass er unabhängig vom bezeichneten Produkt so wie ausgeschrieben leisten wird. Wenn in dieser Erklärung eine Änderung des Angebotes vorliegt, dann darin, dass der Bieter gewissermaßen zum Ausgeschriebenen zurückkehrt, also das bietet was der Beschrieb vorgibt. Unstatthaft wäre dagegen die Änderung, die zu einem gegenüber dem Leistungsverzeichnis veränderten Leistungsumfang führen würde. Soweit **beispielsweise die vergebende Stelle eine Qualitätsminderung akzeptiert, ist die Grenze des § 15 Abs. 3 VOB/A erreicht** (VK Hannover, B. v. 13. 8. 2002 – Az.: 26045 – VgK – 9/2002).

7577 Dagegen betont eine andere Meinung, dass es eine über den Verhandlungsspielraum des § 15 Abs. 1 VOB/A hinausgehende **unzulässige Nachverhandlung** nach § 15 Abs. 3 VOB/A darstellt, wenn der **Auftraggeber nach Angebotsabgabe auf Nachfrage „kostenneutrale" Leistungsergänzungen (= Hebungen auf LV-Niveau) des bisherigen Angebotsinhalts** zugestanden erhält (1. VK Sachsen, B. v. 13. 12. 2002 – Az.: 1/SVK/105-02).

7578 Es ist **grundsätzlich Sache des Bauunternehmers, welchen Bauablauf er wählt**. Als Werkunternehmer schuldet er lediglich den vereinbarten Erfolg, in der Regel aber nicht eine konkrete Art der Ausführung. Jedoch kann dem Bieter als leistungsfähigem, fachkundigem und zuverlässigem Auftragnehmer die Freiheit, die technische und wirtschaftlich günstigste Möglichkeit der Bauausführung selbst zu suchen, nur in dem Rahmen belassen werden, den die Bauausschreibung und das Leistungsverzeichnis steckt. Dem Bieter ist daher die Art der Bauausführung insoweit selbst zu überlassen, als die Ausschreibungsbedingungen sie nicht festlegen, sei es durch zwingende Vorgaben, sei es aufgrund abgeforderter Baukonzepte pp. Mit anderen Worten: **Ist also der Bieter in der Wahl der Bauausführung „frei", kann er durch Aufklärungsgespräche die von ihm geplante Bauausführung erläutern** (ohne dass sich irgendein Anhaltspunkt im Angebot hierzu finden müsste), **ggf. sogar ändern**, solange er dadurch nicht gegen die Vergabegrundsätze verstößt, insbesondere den Wettbewerb nicht manipuliert. Der **Bieter darf jedoch nicht noch sein Angebot ändern, indem er nachträglich und sogar erst nach Durchführung der Aufklärungsverhandlungen eine weitere Variante unterbreitet, die im Gegensatz zu den ursprünglich von der Antragstellerin präsentierten Varianten von einer dem Leistungsverzeichnis eher entsprechenden Konstruktion mit einer Flachstahlverstärkung ausgeht** (OLG Celle, B. v. 5. 9. 2007 – Az.: 13 Verg 9/07 – instruktives Beispiel für einen Verstoß gegen Vergabegrundsätze; VK Niedersachsen, B. v. 16. 3. 2009 – Az.: VgK-04/2009).

Vergabe- und Vertragsordnung für Bauleistungen Teil A VOB/A § 15 **Teil 3**

85.7.8.4 Aufklärungsgespräch über die Kalkulation

Ein Aufklärungsgespräch kann auch **über die Kalkulation eines Angebotes** geführt werden. Insoweit genügt die **Vorlage der Urkalkulation zum Zeitpunkt des Aufklärungsgespräches** (VK Brandenburg, B. v. 26. 3. 2002 – Az.: VK 4/02). 7579

Bei vom Auftraggeber zwingend vorgegebenen Kalkulationsgrundlagen dient – wie sich aus § 7 VOB/A, wonach die Leistungsbeschreibung u. a. so abgefasst sein muss, dass alle Bewerber die Beschreibung „im gleichen Sinne verstehen müssen" und ihre Preise entsprechend „sicher" berechnen können – die **einheitliche Preiskalkulation sämtlicher Bieter entsprechend den Vorgaben der Vergabestelle dem chancengleichen Bieterwettbewerb im Sinn des § 97 Abs. 1, 2 GWB**. Um der Vergabestelle die einheitliche Würdigung sämtlicher Angebote zu ermöglichen, ist es ihr **folgerichtig gemäß § 15 Abs. 1 Nr. 1 VOB/A auch gestattet, zur Aufklärung des Angebotsinhalts u. a. „Einsicht in die vorzulegenden Preisermittlungen (Kalkulationen)" zu nehmen**. Anderenfalls können die Angebote der einzelnen Bieter nicht miteinander verglichen und untereinander bewertet werden. Billigt man einzelnen Bietern eine eigenmächtige Abänderung der Vorgaben zu, werden diejenigen Bieter benachteiligt, die sich an die Vorgaben halten. Die Bieter haben lediglich die Möglichkeit, im Rahmen der Angebotserstellung auf eine ihrer Meinung nach gegebene Fehlerhaftigkeit der zwingend einzuhaltenden Vorgaben hinzuweisen. Die Vergabestelle kann dann auf diese Vorschläge reagieren und die ggf. daraufhin vorgenommenen Änderungen an der Leistungsbeschreibung allen Bietern gleichermaßen zugänglich machen (3. VK Bund, B. v. 3. 5. 2005 – Az.: VK 3–19/05). 7580

85.7.8.5 Aufklärungsgespräch über Materialien, Fabrikate und Verrechnungssätze für Stundenlohnarbeiten

Fehlen die an verschiedenen Stellen des Leistungsverzeichnisses einzutragenden Angaben zu Materialien und Fabrikaten, die gesamten einzutragenden Verrechnungssätze für Stundenlohnarbeiten, insgesamt etwa 100 Angaben, die von dem Bieter nach Ablauf der Angebotsfrist nachgefordert und nachgeliefert werden, werden **keine Zweifelsfragen geklärt, sondern fehlende, aber zwingend zu machende Angaben umfassend nachgeholt**; dies ist nach § 15 nicht zulässig (VK Düsseldorf, B. v. 7. 6. 2001 – Az.: VK – 13/2001 – B). 7581

Speziell die **Angabe von Fabrikaten ist eine Qualitätsaussage**, die wesentliche Auswirkungen auf den Angebotspreis hat und damit **dem Nachverhandlungsverbot des § 15 VOB/A** unterfällt (VK Münster, B. v. 15. 10. 2004 – Az.: VK 28/04; im Ergebnis ebenso VK Nordbayern, B. v. 20. 8. 2008 – Az.: 21.VK – 3194 – 39/08; VK Südbayern, B. v. 9. 5. 2008 – Az.: Z3-3-3194-1-13–04/08; B. v. 11. 5. 2005 – Az.: 17-04/05). 7582

Anderer Auffassung ist insoweit die **VK Lüneburg**: Ist vom Bieter die Angabe von einzubauenden Fabrikaten gefordert und bietet ein Bieter ein Leitfabrikat oder ein gleichwertiges Fabrikat an, fehlt zwar eine geforderte Angabe, weil sich der Bieter nicht – obwohl gefordert – auf ein Fabrikat festlegt. Die **fehlende Angabe kann aber durch eine Aufklärung nachgetragen werden**. Die Stellung des Angebots in der Wertung kann sich nicht verändern, weil der Bieter sich hinsichtlich der Eigenschaften des Fabrikats durch die Bezugnahme auf das Leitfabrikat festgelegt hat. Das Angebot muss nicht zwingend ausgeschlossen werden (VK Lüneburg, B. v. 3. 5. 2005 – Az.: VgK-14/2005). 7583

Bietet hingegen der Bieter nicht das Leitfabrikat, sondern ein davon abweichendes Fabrikat an und fehlen in einer Vielzahl von Positionen die ausdrücklich geforderten Typenangaben, ist eine **Aufklärung nach § 15 VOB/A nicht zulässig** (VK Lüneburg, B. v. 26. 7. 2005 – Az.: VgK-31/2005). 7584

Es ist nicht erforderlich, dass die Gleichwertigkeit des vom Bieter angebotenen Produkts mit dem Angebot nachgewiesen wird. Vielmehr kann die **Vergabestelle sich die Gleichwertigkeit des angebotenen Produktes (Alternativproduktes) auch noch im Laufe eines Vergabeverfahrens nachweisen lassen** und entsprechende Aufklärungsgespräche nach § 15 Abs. 1 Nr. 1 VOB/A mit dem Bieter führen. Allerdings ist die Vergabestelle dazu nicht verpflichtet (VK Münster, B. v. 17. 6. 2005 – Az.: VK 12/05). 7585

Zulässig sind auch ergänzende Angaben über das von dem Bieter gewählte Erzeugnis oder Fabrikat (VK Nordbayern, B. v. 28. 6. 2005 – Az.: 320.VK – 3194 – 21/05). Gerade wenn der Auftraggeber die **Ausschreibung produktneutral** gestaltet hat, besteht für ihn ein **ureigenes Interesse an der Information über das angebotene Produkt**, auch um feststellen zu können, ob das angebotene Produkt den Anforderungen des Leistungsverzeichnisses entspricht. Dieses **grundsätzliche Informationsbedürfnis besteht auch dann, wenn** 7586

1535

Teil 3 VOB/A § 15 Vergabe- und Vertragsordnung für Bauleistungen Teil A

einziges Wertungskriterium der Preis ist. Insofern ergibt sich kein Unterschied zu einer bereits im Leistungsverzeichnis enthaltenen Frage nach Fabrikaten und Typen (OLG München, B. v. 2. 9. 2010 – Az.: Verg 17/10; B. v. 15. 11. 2007 – Az.: Verg 10/07; VK Nordbayern, B. v. 21. 7. 2008 – Az.: 21.VK – 3194 – 27/08).

7587 **Verhandlungen über geforderte, aber nicht eindeutig benannte Typangaben sind demgegenüber nicht zulässig** (VK Hessen, B. v. 7. 10. 2004 – Az.: 69 d – VK – 60/2004).

7588 Vgl. hierzu auch die Kommentierung zu → § 16 VOB/A Rdn. 503 zur **Nachforderung von Typangaben als fehlende Erklärung.**

85.7.8.6 Aufklärungsgespräch über die Eignung

7589 Die **Rechtsprechung** hierzu ist **nicht einheitlich.**

7590 Erlaubt sind nach § 15 VOB/A so genannte **Aufklärungsverhandlungen, bei denen es in erster Linie um die Eignung des Bieters,** insbesondere seine Fachkunde, Leistungsfähigkeit und Zuverlässigkeit geht (OLG Frankfurt, B. v. 9. 7. 2010 – Az.: 11 Verg 5/10; Saarländisches OLG, B. v. 28. 4. 2004 – Az.: 1 Verg 4/04; VK Baden-Württemberg, B. v. 10. 10. 2008 – Az.: 1 VK 31/08).

7591 Allerdings kommt ein **Nachfordern fehlender Eignungsnachweise** über § 15 VOB/A seitens des Auftraggebers **nicht in Betracht, da sonst den Geboten der Transparenz und des chancengleichen Wettbewerbs des § 97 Abs. 1, 2 GWB nicht Rechnung getragen** würde. Eine nachträgliche Anforderung stellt eine unzulässige Nachverhandlung im Sinn von § 15 VOB/A dar. Die Nachverhandlung ist dem Auftraggeber ausschließlich als eine Aufklärungsmaßnahme im engeren Sinne gestattet. Sie darf nicht dazu dienen, dem Bieter eine inhaltliche Änderung oder Ergänzung seines Angebotes zu ermöglichen; folglich können insbesondere nicht im Angebot fehlende, zwingende Angaben nachgeholt werden (2. VK Brandenburg, B. v. 6. 2. 2007 – Az.: 2 VK 5/07; 2. VK Bund, B. v. 13. 6. 2007 – Az.: VK 2–51/07; 3. VK Bund, B. v. 7. 2. 2007 – Az.: VK 3–07/07; B. v. 29. 1. 2007 – Az.: VK 3–04/07; B. v. 18. 1. 2007 – Az.: VK 3–153/06; B. v. 18. 1. 2007 – Az.: VK 3–150/06; B. v. 20. 7. 2004 – Az.: VK 3–80/04; VK Schleswig-Holstein, B. v. 28. 1. 2008 – Az.: VK-SH 27/07; VK Südbayern, B. v. 7. 12. 2007 – Az.: Z3-3-3194-1-49–10/07).

7592 Ein **Nachreichen eines lesbaren Handelsregisterauszuges kommt also nach § 15 VOB/A nicht in Betracht** (OLG Düsseldorf, B. v. 16. 1. 2006 – Az.: VII – Verg 92/05), ebenso das **Nachfordern eines Gewerbezentralregisterauszugs** (1. VK Bund, B. v. 4. 4. 2007 – Az.: VK 1–23/07; 3. VK Bund, B. v. 18. 1. 2007 – Az.: VK 3–153/06; anders 2. VK Brandenburg, B. v. 20. 2. 2007 – Az.: 2 VK 2/07).

7593 Dies gilt **auch für einen vorgeschalteten Teilnahmewettbewerb,** in dem ein Bieter z. B. unvollständige Eignungsnachweise vorlegt (3. VK Bund, B. v. 19. 10. 2004 – Az.: VK 3–191/04).

7594 Ein Aufklärungsgespräch über bzw. ein Nachreichen einer **fehlenden oder unvollständigen Verfügbarkeitserklärung ist nicht zulässig** (OLG München, B. v. 6. 11. 2006 – Az.: Verg 17/06; 1. VK Bund, B. v. 22. 9. 2006 – Az.: VK 1–103/06; 2. VK Bund, B. v. 9. 8. 2006 – Az.: VK 2–80/06; VK Nordbayern, B. v. 8. 3. 2007 – Az.: 21.VK – 3194 – 05/07; VK Südbayern, B. v. 15. 12. 2006 – Az.: 34-11/06). Ansonsten **trägt der Auftraggeber den Geboten der Transparenz und des chancengleichen Wettbewerbs des § 97 Abs. 1, 2 GWB nicht Rechnung.** Die Nachverhandlung ist dem Auftraggeber ausschließlich als eine Aufklärungsmaßnahme im engeren Sinne gestattet. Sie **darf nicht dazu dienen, dem Bieter eine Nachholung von Angaben und Erklärungen zu ermöglichen**, die bereits mit Angebotsabgabe zu erfolgen hatten (2. VK Bund, B. v. 3. 7. 2007 – Az.: VK 2–45/07, VK 2–57/07).

7595 Vgl. hierzu auch die Kommentierung zu → § 16 VOB/A Rdn. 503 zur **Nachforderung von Eignungserklärungen als fehlende Erklärungen.**

85.7.8.7 Aufklärungsgespräch über Verbindlichkeit der Unterschrift

7596 Zur rechtsverbindlichen Unterschrift bei einer GmbH ist der Geschäftsführer zuständig. Zwar ist es nicht zwingend erforderlich, dass der Geschäftsführer selbst das Angebot unterschreibt, doch ist **bei der Unterschrift durch einen Angestellten nicht ohne weiteres vom Vorliegen einer Bevollmächtigung im Innenverhältnis auszugehen**, sofern nicht der Rechtsschein einer Anscheins- oder Duldungsvollmacht vorliegt. Vielmehr hat der Unterzeichnende, wenn er nicht begründet davon ausgehen darf, dass die Vergabestelle seine Vertretungsbefugnis kennt, seine Berechtigung nachzuweisen. **Fehlt dieser Nachweis, ist der Auftraggeber gehalten, dies bei der Prüfung des Angebots aufzuklären** und den Nachweis der Bevollmächtigung im Rahmen des § 15 VOB/A nachzufordern (VK Baden-Württemberg, B. v. 6. 9. 2004 – Az.: 1 VK 54/04).

85.7.8.8 Aufklärungsgespräch über die ungenügende Beschreibung eines Nebenangebots

Die ungenügende Beschreibung eines Nebenangebotes kann nicht mit einer Aufklärung des Angebotsinhalts nach § 15 VOB/A nachgebessert werden. **Wird der Nachweis der Gleichwertigkeit eines Nebenangebotes nicht, wie gefordert, mit der Angebotsabgabe erbracht, so kann der Nachweis nicht im Wege des § 15 VOB/A nachgeholt werden.** Derartig weit reichende nachgereichte Angaben sind im Hinblick auf das Verhandlungsverbot nicht zulässig. Soweit die erforderlichen Präzisierungen Nebenangebote dazu führen, dass der Bieter den Leistungsumfang ändern und im Rahmen der sog. „Aufklärung" eine in seinem Angebot so nicht enthaltene Leistung anbieten kann, entstehen **Manipulationsmöglichkeiten** (VK Lüneburg, B. v. 12. 7. 2005 – Az.: VgK-29/2005). 7597

85.7.8.9 Aufklärungsgespräch über die fehlende Erklärung zu Nachunternehmerleistungen

Eine **Nachholung der nach den Ausschreibungsunterlagen mit dem Angebot abzugebenden Erklärungen darüber, welche Leistungen der Bieter selbst ausführt und welche durch Nachunternehmer ausgeführt werden, in einem Aufklärungsgespräch nach § 15 VOB/A kommt nicht in Betracht.** Ein transparentes und die Bieter gleich behandelndes Vergabeverfahren ist nur zu erreichen, wenn lediglich in jeder Hinsicht vergleichbare Angebote gewertet werden. Dies erfordert beispielsweise, dass hinsichtlich jeder Position der Leistungsbeschreibung alle zur Kennzeichnung der insoweit angebotenen Leistung geeigneten Parameter bekannt sind, deren Angabe den Bieter nicht unzumutbar belastet und die ausweislich der Ausschreibungsunterlagen gefordert waren, so dass sie als Umstände ausgewiesen sind, die für die Vergabeentscheidung relevant sein sollen; der Ausschlusstatbestand ist nicht erst dann gegeben, wenn das betreffende Angebot wegen fehlender Angaben im Ergebnis nicht mit anderen Angeboten verglichen werden kann. Deshalb ist die **Berücksichtigung einer späteren Änderung oder Ausgestaltung der Gebote nach § 15 Abs. 1 VOB/A ausgeschlossen.** Eine solche ist **immer dann gegeben, wenn sich die nachträgliche Erklärung nicht lediglich auf die inhaltliche Klärung eines an sich festgelegten Gebotes beschränkt** (vgl. § 15 VOB/A). An der notwendigen Festlegung fehlte es, wenn offen bleibt, welche Leistungen angebotsgemäß durch Nachunternehmer auszuführen sind (BGH, Urteil v. 18. 9. 2007 – Az.: X ZR 89/04; 3. VK Saarland, B. v. 23. 4. 2007 – Az.: 3 VK 02/2007, 3 VK 03/2007). Vgl. hierzu auch die Kommentierung zu → § 16 VOB/A Rdn. 503 zur **Nachforderung von fehlenden Erklärungen.** 7598

85.7.8.10 Verhandlungen über den Ausführungszeitraum

Ein **Eingehen der Bieter auf eine etwaige Bitte eines Auftraggebers**, sich mit einer **Verschiebung des Bauvorhabens bei Beibehaltung der Angebotspreise einverstanden zu erklären**, wäre wegen der für beide Seiten erkennbar wichtigen Bedeutung der Ausführungszeit bei Großvorhaben u. a. für die Kalkulation, als **wesentliche Änderung eines auch preisrelevanten Angebotsbestandteils anzusehen.** Darin liegt ein **gegen das Nachverhandlungsverbot des § 24 Nr. 3 VOB/A verstoßendes vergaberechtswidriges Verhalten** (OLG Hamm, Urteil v. 26. 6. 2008 – Az.: 21 U 17/08). 7599

85.7.8.11 Aufklärungsgespräch über mögliche Varianten der Ausführung

Die **Nennung unterschiedlicher Varianten** mag im Rahmen eines Aufklärungsgespräches zwar dann noch als zulässig angesehen werden können, wenn jede der Varianten gleichermaßen ausschreibungskonform ist, denn in diesem Falle besteht unter dem Gesichtspunkt der Ausschreibungskonformität grundsätzlich kein weiteres Klärungsinteresse des Auftraggebers. Die **durch § 15 VOB/A gezogenen Grenzen werden aber jedenfalls dann überschritten, wenn die als Angebotsinhalt vorgestellten Alternativen nicht sämtlich ausschreibungskonform sind,** denn dann ist nicht ersichtlich, dass der Wille des Bieters auf ein der Ausschreibung entsprechendes Angebot gerichtet war. Vielmehr bedarf es in einem solchen Falle, um die Ausschreibungskonformität herzustellen, einer Auswahl des Auftraggebers 7600 zwischen den ihm genannten Varianten und der Festlegung, welche zur Ausführung gelangen soll. Genau diese nachträgliche Festlegung eines eindeutigen, wertbaren Angebotsinhalts, wie sie in den weiteren Aufklärungsgesprächen erfolgt ist, untersagt indes das von § 15 VOB/A ausgesprochene Verbot von Nachverhandlungen. **Sofern alle im Aufklärungsgespräch genannten Ausführungsarten nicht der Ausschreibung entsprechen, ist das Angebot nicht nur unklar, sondern** auch – oder, was offen bleiben kann, stattdessen – **wegen Abweichens von den Vergabeunterlagen gemäß § 16 Abs. 1 Nr. 1 lit. b) i. V. m. § 13 Abs. 1 Nr. 5 VOB/A zwingend auszuschließen** (2. VK Bund, B. v. 9. 6. 2010 – Az.: VK 2–38/10).

85.7.8.12 Weitere Beispiele aus der Rechtsprechung zu § 24 VOB/A

7601
- eine **Aufklärung des Angebotsinhalts** gemäß § 24 Nr. 1 Abs. 1 VOB/A ist **nur solange zulässig, als der Angebotsinhalt selbst nicht verändert wird.** Der Fehler der Bg stellte keine offensichtliche und damit korrigierbare Unrichtigkeit eines „üblicherweise zwischen 5 und 10%" (so die Bg) liegenden Allgemeinkostenanteils dar. Der **Allgemeinkostenanteil ist kein feststehender, allgemeingültiger Wert, sondern schwankt vielmehr je nachdem, wie hoch die Material- und Lohnkostenanteile des Bieters (also PL und PM) liegen**. Einzige Vorgabe für die Höhe der Werte ist die Summe aus PA + PL + PM, die nicht mehr als 1 betragen darf. Die **Korrektur des Wertes PA ändert damit klar den Angebotsinhalt**, was nach § 24 Nr. 1 Abs. 1 VOB/A unzulässig ist (3. VK Bund, B. v. 21. 9. 2010 – Az.: VK 3–90/10)
- lässt man die Modifizierung von wettbewerbsrelevanten Parametern eines Angebots in einer Aufklärung zu, so eröffnet man dem jeweiligen Bieter einen unkontrollierbaren Spielraum zur nachträglichen Manipulation von wertungsrelevanten Positionen. Dies ist nicht mehr von § 24 Nr. 1 Absatz 1 VOB/A, der als Ausnahmevorschrift eng auszulegen ist, gedeckt. Insbesondere besteht die Gefahr, dass – unter Verstoß gegen § 24 Nr. 3 VOB/A – **eine unstatthafte Preisverhandlung stattfindet, wenn ein Bieter die Möglichkeit hat, sich erst in Kenntnis des Ergebnisses der Submission zu entscheiden, auf die Lohngleitung verbindlich zu verzichten, um sich so einen Wettbewerbsvorteil bei der Wertung zu sichern.** In dieser Situation übt ein Auftraggeber zutreffend den ihm zustehenden Ermessensspielraum dahingehend aus, auf eine Aufklärung zu verzichten (2. VK Bund, B. v. 30. 12. 2009 – Az.: VK 2–222/09)
- § 24 Nr. 1 Abs. 1 VOB/A **verbietet die Nachforderung von im Angebot nicht vorgelegter zwingend geforderter Nachweise und Erklärungen** (VK Berlin, B. v. 18. 3. 2009 – Az.: VK B 2 30/08)
- bei der **Aufklärung der Erklärung eines Bieters, sich an die Leistungsbeschreibung und die ergänzenden Vertragsbedingungen gebunden zu halten**, handelt es sich um keine inhaltliche Änderung des Angebots, m. a. W. um **kein unstatthaftes Nachverhandeln** (OLG Düsseldorf, B. v. 25. 6. 2008 – Az.: VII – Verg 22/08)
- der **Auftraggeber ist nicht gehalten, im Wege der Nachverhandlung nach § 24 VOB/A den Bietern die Möglichkeit einzuräumen, die von ihm gewünschten unterschriebenen Nachunternehmererklärungen nachzureichen.** § 24 VOB/A enthält eine abschließende Aufzählung der zulässigen Verhandlungsgründe. Hiernach sind Verhandlungen erlaubt, soweit sie sich auf das rein Informatorische beschränken. Eine nachträgliche Festlegung des Nachunternehmereinsatzes und eine Vervollständigung der Anlagen zur Tariftreue und zur Nachunternehmererklärung übersteigen dieses Maß (3. VK Saarland, B. v. 23. 4. 2007 – Az.: 3 VK 02/2007, 3 VK 03/2007)
- zulässig ist die **Klärung von Zweifelsfragen wie die Aufklärung bestimmter technischer und wirtschaftlicher Ausdrucksweisen, wie z. B. angebotene Materialien oder Verfahrenstechniken** (OLG München, B. v. 17. 9. 2007 – Az.: Verg 10/07)
- Verhandlungen über **fehlende Nachweise (Organigramm, Qualifikationsnachweise von Mitarbeitern, Referenzliste) sind nicht zulässig** (2. VK Brandenburg, B. v. 6. 2. 2007 – Az.: 2 VK 5/07)
- **beabsichtigt der Auftraggeber entweder, einen Bieter zu beauftragen und hierbei in nicht unerheblichem Umfang vom Ursprungsangebot abzuweichen oder will er zunächst den Zuschlag auf das Ursprungsangebot erteilen mit der Absicht, den Leistungsumfang anschließend entsprechend der mit der Beigeladenen getroffenen Absprache zu den ausgehandelten Konditionen wieder einzuschränken**, verstößt diese Vorgehensweise gegen Vergaberecht (VK Baden-Württemberg, B. v. 15. 8. 2005 – Az.: 1 VK 47/05)

Vergabe- und Vertragsordnung für Bauleistungen Teil A   **VOB/A § 15**   **Teil 3**

- eine **nachträgliche Spezifizierung** zu den Angaben zum **Nachunternehmereinsatz** bzw. zum **Verfügbarkeitsnachweis** im Sinne der Rechtsprechung des EuGH zum **Generalübernehmerangebot** ist unzulässig (VK Nordbayern, B. v. 9. 10. 2006 – Az.: 21.VK – 3194 – 30/06; VK Hessen, B. v. 5. 10. 2004 – Az.: 69 d – VK – 56/2004; B. v. 25. 8. 2004 – Az.: 69 d – VK – 52/2004)
- die **Nachunternehmererklärung kann nicht im Rahmen des Aufklärungsgespräches nach § 24 Nr. 1, Abs. 1 Nr. 3 VOB/A „nachgeschoben"** werden. § 24 VOB/A dient lediglich der Nachverhandlung mit dem Ziel der Aufklärung, wenn damit der ansonsten schon feststehende Sachverhalt nicht verändert wird. Die nachträgliche Benennung von Nachunternehmern mit einem Leistungsumfang von über 30% kommt in jedem Fall einer unstatthaften Änderung des Angebotes gleich, die dem Nachverhandlungsverbot des § 24 Nr. 3 VOB/A unterfällt (OLG Koblenz, B. v. 13. 2. 2006 – Az.: 1 Verg 1/06; VK Schleswig-Holstein, B. v. 5. 8. 2004 – Az.: VK-SH 19/04; im Ergebnis ebenso VK Nordbayern, B. v. 8. 3. 2005 – Az.: 320.VK – 3194 – 05/05; VK Münster, B. v. 15. 10. 2004 – Az.: VK 28/04)
- ein **nicht bestimmbarer Eigenleistungsanteil** eines Bieters kann nicht nachträglich im Sinne von § 24 VOB/A geklärt werden (VK Südbayern, B. v. 17. 5. 2004 – Az.: 17-03/04; VK Nordbayern, B. v. 12. 2. 2004 – Az.: 320.VK-3194-01/04)
- eine Vergabestelle hält sich **im Rahmen des ihr zustehenden Ermessens**, wenn sie einem Bieter eine Ergänzung seines Angebotes, das nur in zwei Positionen unvollständig ist, gestattet, während sie mit einem anderen Bieter, dessen Angebot in mehr als 40 Positionen Unvollständigkeiten aufweist und der Vergabestelle auch nicht als das wirtschaftlich günstigste Angebot erscheint, keine Aufklärungsgespräche führt (OLG Frankfurt, B. v. 16. 9. 2003 – Az.: 11 Verg 11/03)
- bringt ein Bieter im Bietergespräch zum Ausdruck, dass **niedrige Preise daraus resultieren**, dass er im Auftragsfall beabsichtigt, **Teile des ausgehobenen Bodens, sofern geeignet, einzubauen**, setzt er sich mit dieser Darlegung der Wiederverwendung nicht in Widerspruch zu seinem ursprünglichen Angebot, sondern **erläutert dieses nur** (1. VK Sachsen, B. v. 12. 4. 2002 – Az.: 1/SVK/024-02, 1/SVK/024- 02g)
- eine **vorweggenommene summenmäßige Nachtragsbegrenzung** ist keine unzulässige Nachverhandlung im Sinne des § 24 Nr. 3 VOB/A, da sie inhaltlich keine Frage der Zuschlagserteilung, sondern der Abwicklung ist (1. VK Sachsen, B. v. 12. 4. 2002 – Az.: 1/SVK/024-02, 1/SVK/024-02 g).

85.7.9 Dokumentation und Geheimhaltung der Ergebnisse (§ 15 Abs. 1 Nr. 2)

Der Auftraggeberin hat die Ergebnisse der Aufklärungsgespräche gemäß § 15 Abs. 1 Nr. 2 in Textform nieder zu legen. Es ist insoweit **nicht zu beanstanden, dass der Bieter keine Abschrift dieses Gesprächsprotokolls erhält**. Gemäß § 15 Abs. 1 Nr. 2 VOB/A sind die Ergebnisse solcher Verhandlungen geheim zu halten (VK Lüneburg, B. v. 11. 6. 2001 – Az.: 203-VgK 08/2001).   7602

85.7.10 Richtlinie des VHB 2008

Aufklärungen zum Angebotsinhalt haben grundsätzlich schriftlich zu erfolgen. Die Notwendigkeit einer Aufklärung des Angebotsinhalts kann sich im Rahmen der Prüfung von Angeboten, als Ergebnis der Angebotsprüfung und im Rahmen der Wertung von Angeboten ergeben. Aufklärung ist nur zulässig, um Zweifel an der Fachkunde, Leistungsfähigkeit und Zuverlässigkeit des Bieters, an Einzelheiten des Angebots oder der Angemessenheit der Preise auszuräumen. Der Aufklärung dienen auch Erörterungen mit den Bietern über die Angaben in den Formblättern 221 oder 222 und Aufgliederung der Einheitspreise 223. Bei Zweifeln an deren Schlüssigkeit oder Richtigkeit soll die Vergabestelle Klärung herbeiführen und nötigenfalls die Berichtigung in den Formblättern verlangen. Diese Berichtigung muss sich im Rahmen der Kalkulation des Bieters halten (Richtlinien zu 321 – Vergabevermerk: Prüfungs- und Wertungsübersicht – Ziffer 5).   7603

85.8 Verweigerung von Aufklärungen und Angaben durch den Bieter (§ 15 Abs. 2)

§ 15 Abs. 2 VOB/A ist eine **Ermessensvorschrift**. Im Rahmen der Ermessensentscheidung muss der **Auftraggeber insbesondere prüfen, inwieweit er Lücken nicht anderweitig –**   7604 etwa durch Heranziehung sonstiger ihm zur Verfügung stehender Informationen – **schließen kann**, bevor er die Verweigerung einer Auskunft zum Anlass für einen Angebotsausschluss nimmt (OLG München, B. v. 21. 8. 2008 – Az.: Verg 13/08).

85.9 Fruchtloser Ablauf einer Frist (§ 15 Abs. 2)

85.9.1 Änderung in der VOB/A 2009

7605 Lässt ein **Bieter die ihm gesetzte angemessene Frist zur Lieferung von Aufklärungen und Angaben unbeantwortet verstreichen**, so kann sein **Angebot ebenfalls unberücksichtigt** bleiben. Diese Änderung der VOB/A 2009 nimmt die Ergebnisse der Rechtsprechung zu dieser Frage in die VOB/A 2009 auf.

85.9.2 Ältere Rechtsprechung

7606 Leistet ein Bieter vom Auftraggeber geforderte Aufklärungen nicht, ist **dieses Verhalten einer Verweigerung im Sinne des § 15 Abs. 2 VOB/A gleichzusetzen**. Es stellt keinen Unterschied dar, ob ein Bieter sich einem berechtigten Aufklärungsersuchen des Auftraggebers durch Nichtreagieren vollständig verschließt oder dem Aufklärungsersuchen durch unzureichende Angaben nicht nachkommt. Die gegenteilige Ansicht würde dazu führen, dass ein Bieter, obwohl der Inhalt eines Aufklärungsersuchens für ihn erkennbar ist, durch unzureichende Angaben auf ein Aufklärungsersuchen des Auftraggebers die Rechtsfolge des § 15 Abs. 2 VOB/A umgehen könnte und **dadurch eine Vergabeentscheidung ungerechtfertigter Weise hinauszögert** (1. VK Bund, B. v. 14. 11. 2003 – Az.: VK 1–109/03; 2. VK Bund, B. v. 9. 12. 2009 – Az.: VK 2–192/09; im Ergebnis ebenso VK Münster, B. v. 28. 6. 2007 – Az.: VK 10/07; 1. VK Sachsen, B. v. 24. 4. 2008 – Az.: 1/SVK/015-08).

7607 Die Überschreitung einer Antwortfrist stellt dann **keine Verweigerung der geforderten Aufklärung** im Sinne des § 15 Abs. 2 VOB/A dar, wenn der **Bieter nicht nur** durch die Übermittlung von aus seiner Sicht zur Beantwortung der gestellten Frage geeigneter Informationen **deutlich macht, dass er durchaus willens ist, die geforderte Auskunft zu geben** und **wenn er auch erklärt, weshalb eine frühere Reaktion seinerseits nicht möglich war**, z. B. aufgrund von Betriebsferien in der Woche vor Ostern bei einem kleineren Handwerksbetrieb (2. VK Bund, B. v. 30. 5. 2007 – Az.: VK 2–39/07).

85.9.3 Setzung einer Ausschlussfrist

85.9.3.1 Zulässigkeit

7608 **Sinn und Zweck der Regelung des § 15 gebieten es, dem Auftraggeber ein Recht zur Setzung von Ausschlussfristen zur Einreichung von erläuternden Erklärungen einzuräumen.** Letztendlich resultiert Aufklärungsbedarf im Sinne von § 15 Abs. 1 VOB/A nämlich aus Lücken in einem Angebot. Auch wenn der Bieter diese Lücken ohne Verletzung des Nachverhandlungsverbots durch ergänzende Unterrichtung des Auftraggebers schließen kann und wenn der Auftraggeber sie hinnehmen muss, ohne das Angebot sofort ausschließen zu können, so enthält § 15 Abs. 1 VOB/A eine Ausnahme vom Grundsatz, dass im offenen Verfahren nach der VOB/A die Angebote vollständig und wertungsfähig zum Eröffnungstermin vorliegen müssen. Aus dem Grundsatz des vollständigen und sofort wertungsfähigen Angebots folgt, dass die öffentlichen Auftraggeber prinzipiell davon ausgehen können, die Bewertung der eröffneten Angebote werde nicht durch nachinformationsbedingte Verzögerungen hinausgeschoben werden, so dass der Auftraggeber den für die Beschaffung insgesamt vorgesehenen Zeitrahmen mit dieser Vorgabe bestimmen kann. Ergibt sich sodann programmwidrig zusätzlicher Aufklärungsbedarf, so ist es **sachgerecht und vergaberechtlich unbedenklich, eine so bewirkte Verschiebung des Beschaffungsrahmens durch Fristsetzung entweder ganz zu vermeiden oder auf ein mit dem Beschaffungsbedarf vereinbares Maß zu beschränken**. Hierbei ist auch zu bedenken, dass ein zusätzlicher, gemäß § 15 Abs. 1 VOB/A zu bewältigender Aufklärungsbedarf die für die Ausschreibung geltenden Zuschlags- und Bindefristen und damit das Gleichbehandlungsprinzip berührt, auf dessen Wahrung alle Bieter Anspruch haben. Im Interesse eines zügigen und strukturierten weiteren Verfahrensablaufs muss es daher für den Auftraggeber möglich sein, den Bietern, soweit Aufklärungsbedarf besteht, hierfür entsprechende Fristen zu setzen. Eine solche Frist kann der Auftraggeber auch im Sinne einer Ausschlussfrist setzen mit der Folge, dass grundsätzlich eine verspätete Information als verweigerte

Vergabe- und Vertragsordnung für Bauleistungen Teil A　　　　　　**VOB/A § 15　Teil 3**

Information behandelt wird, so dass das im Sinne von § 15 Abs. 1 VOB/A lückenhafte Angebot dem Wertungsausschluss unterfällt (sofern nicht eine Nachforderung nach § 16 VOB/A möglich ist). Eine andere Auslegung des § 15 VOB/A würde dazu führen, dass die Bieter jederzeit bis zur Zuschlagserteilung weitere Unterlagen übersenden könnten, die der Auftraggeber prüfen müsste und die ggf. zu einer anderen Wertung führen würden. Damit bestünde die **Gefahr, das Vergabeverfahren unabsehbar zu verzögern und nicht mehr handhabbar zu gestalten**. Das Verfahren wäre außerdem mit dem Gleichbehandlungsprinzip als einem der elementaren Vergaberechtssätze nicht mehr vereinbar (Thüringer OLG, B. v. 14. 11. 2002 – Az.: 6 Verg 7/02; 1. VK Bund, B. v. 19. 11. 2007 – Az.: VK 1–128/07; VK Thüringen, B. v. 6. 9. 2002 – Az.: 216–4002.20–021/02-GRZ).

85.9.3.2 Anforderungen an die Ausschlussfrist

Die Folge, dass die nach Ablauf einer vom Auftraggeber gesetzten Angebotsergänzungsfrist der Vergabestelle übergebenen Unterlagen nicht zur Kenntnis genommen werden, weil die Auskunft inzwischen als verweigert gilt, erfordert, dass die **Vergabestelle**, wenn sie in einem Fall des § 15 Abs. 1 VOB/A zum Mittel der Ausschlussfrist greift, den **Charakter dieser Frist als Ausschlussfrist für den Bieter eindeutig erkennbar macht**, denn die Annahme einer Auskunftsverweigerung ist nur dann haltbar, wenn der betroffene Bieter zweifelsfrei weiß, wovon der Auftraggeber ausgeht und wie er sich verhalten wird, sollte der Bieter seine „Chance" zu angebotsergänzenden Angaben nicht fristgemäß wahrnehmen. Dazu braucht sich die **Vergabestelle zwar nicht des Ausdrucks „Ausschlussfrist" zu bedienen**, sie muss aber **unmissverständlich darauf hinweisen oder sonst zu erkennen geben**, dass es sich dabei um die **letzte und abschließende Möglichkeit zur Vorlage der Unterlagen** handelt. Zu solcher Klarheit besteht vor allem dann Anlass, wenn der Bieter vor Fristablauf dem Auftraggeber bzw. der Vergabestelle zu erkennen gegeben hat, dass er gewillt ist, dem Aufklärungsbedarf der Vergabestelle Rechnung zu tragen, sich hierzu in der ursprünglich gesetzten Frist aber außer Stande sieht. Will die Vergabestelle in einer solchen Situation gegenüber einem aufklärungsbereiten Bieter allein aus der Versäumnis einer gesetzten Frist die Rechtsfolgen des § 15 Abs. 2 VOB/A ableiten, muss sie hierauf in einer beim Bieter jeden Zweifel ausschließenden Weise hinweisen (Thüringer OLG, B. v. 14. 11. 2002 – Az.: 6 Verg 7/02). 7609

In zeitlicher Hinsicht ist in der Regel eine Antwortfrist von **weniger als einer Woche als unzumutbar** anzusehen (VK Nordbayern, B. v. 4. 12. 2006 – Az.: 21.VK – 3194 – 39/06). 7610

85.9.4 Begründungspflicht

Bei einer Entscheidung nach § 15 Abs. 2 VOB/A **trifft die Vergabestelle eine gesteigerte Begründungspflicht**, da es sich hier um eine Ermessensvorschrift handelt. Anhand der Vergabeakte muss sich nachvollziehen lassen, ob die Vergabestelle ihr Ermessen überhaupt ausgeübt hat und welche Erwägungen der Entscheidung zugrunde gelegen haben (Bundeskartellamt, VK A des Bundes, B. v. 22. 10. 2002 – Az.: VKA – 02/01). 7611

85.9.5 Weitere Beispiele aus der Rechtsprechung

– eine **unvollständige Aufklärung kann nicht darin gesehen werden, dass der Bieter die Vorlage der Kalkulation der Nachunternehmer unterlassen** hat. Die Vorlage dieser Kalkulation kann vom Bieter nicht verlangt werden. Zwar ist er im Rahmen der gebotenen Aufklärung bei Verdacht des Vorliegens einer Mischkalkulation auch gehalten, zu den Nachunternehmerangeboten vorzutragen. Kalkulationsgrundlage eines Bieters in einem solchen Falle ist nämlich der vom Nachunternehmer angebotene Preis. Bei Wertung der Angebote liegt jedoch im Regelfall eine vertragliche Bindung des Nachunternehmers noch gar nicht vor, da der Bieter nicht weiß, ob er den Auftrag erlangen wird. Der Bieter ist daher allenfalls im Besitz eines Angebotes des Nachunternehmers. Der Auftraggeber kann daher bei Nachunternehmerpreisen nur Auskunft über die Zusammensetzung desselben unter Berücksichtigung eines etwaigen Generalunternehmer-Zuschlages verlangen, sich aber nicht die Kalkulation vorlegen lassen (Brandenburgisches OLG, B. v. 13. 9. 2005 – Az.: Verg W 9/05). 7612

85.9.6 Richtlinie des VHB 2008

Wird durch die Nichtabgabe der Formblätter oder die Weigerung des Bieters, die in den Formblättern geforderten Einzelangaben zu machen, eine ordnungsgemäße und zutreffende 7613

Teil 3 VOB/A § 15 Vergabe- und Vertragsordnung für Bauleistungen Teil A

Wertung behindert oder vereitelt, ist das Angebot unberücksichtigt zu lassen. Dies gilt ebenso für alle sonstigen im Rahmen der Aufklärung geforderten Angaben oder Erklärungen (Richtlinien zu 321 – Vergabevermerk: Prüfungs- und Wertungsübersicht – Ziffer 5).

85.9.7 Geltung des § 15 Abs. 2 VOB/A im Verhandlungsverfahren

7614 Zur **Geltung von § 15 Abs. 2 VOB/A im Verhandlungsverfahren** vgl. die Kommentierung zu → § 101 GWB Rdn. 192.

85.10 Unstatthafte Nachverhandlungen (§ 15 Abs. 3)

85.10.1 Sinn und Zweck

7615 Dieses Verbot soll das **EU-rechtliche Gleichbehandlungsgebot** – in § 97 Abs. 2 GWB verankert – sicherstellen und den **Wettbewerb nach § 97 Abs. 1 GWB unter gleichen Bedingungen für alle Bieter aufrechterhalten** (1. VK Sachsen, B. v. 21. 7. 2004 – Az.: 1/SVK/050-04).

85.10.2 Initiator von unstatthaften Nachverhandlungen

7616 Auch wenn ein **Bieter von sich aus anbietet, das Angebot zu ändern oder Preisnachlässe zu gewähren, darf der Auftraggeber darauf nicht eingehen.** Denn § 15 Abs. 3 VOB/A verbietet nicht nur eine Verhandlungsinitiative des Auftraggebers, sondern Angebotsänderungen insgesamt, wenn nicht ein Ausnahmetatbestand eingreift. Dadurch soll der ordnungsgemäße Wettbewerb gesichert werden. Dieser wäre gefährdet, wenn man Änderungen von Angeboten zwar nicht auf Wunsch des Auftraggebers, aber nach Vorschlägen einzelner Bieter zuließe (VK Südbayern, B. v. 25. 7. 2002 – Az.: 26-06/02).

85.10.3 Beispiele aus der Rechtsprechung für unzulässige Nachverhandlungen

7617 – der VSt ist es verwehrt, **nach der Angebotsabgabe zu erfragen, welcher der Preise entweder in dem Langtext- oder in dem Kurztext-Leistungsverzeichnis – gelten soll.** Verhandlungen über Änderung der Angebote oder Preise sind nach § 15 Abs. 3 VOB/A unstatthaft (VK Nordbayern, B. v. 2. 7. 2010 – Az.: 21.VK – 3194 – 21/10)

– blieben fehlende Preisangaben Nachverhandlungen vorbehalten, könnte der Bieter sein Angebot nach Abgabe noch erheblich, möglicherweise entscheidend verändern. Dies ist mit dem Wettbewerbs- und Gleichbehandlungsgrundsatz nach § 97 Abs. 1 u. 2 GWB nicht vereinbar. **Auch die Klärung von widersprüchlichen Preisangaben kann nicht Gegenstand einer zulässigen Nachverhandlung sein.** Lässt man die Modifizierung von wesentlichen Preisangaben eines Angebots in einer Nachverhandlung zu, so eröffnet man dem jeweiligen Bieter – gegebenenfalls in Zusammenspiel mit dem Auftraggeber – einen **unkontrollierbaren Spielraum zur nachträglichen Manipulation** von wertungsrelevanten Positionen (1. VK Sachsen, B. v. 16. 12. 2009 – Az.: 1/SVK/057-09)

– ist eine **Aufgliederung des Stundenverrechnungssatzes** (z. B. bei der Ausschreibung von Reinigungsdienstleistungen) **als Vordruck den Verdingungsunterlagen beigefügt und mit diesen ausgefüllt zurückzureichen, so ist die Unterlage wesentliches Element der Preisdarstellung** und ermöglicht allein die für den Auftraggeber wichtige Überprüfung der Auskömmlichkeit der kalkulierten Preise. **Angebote, die diese Unterlage nicht enthalten, fehlt daher eine für die Wertung wesentliche Preisangabe.** Sie sind daher nach § 25 Nr. 1 Absatz 1 a) VOL/A **zwingend auszuschließen, eine Nachreichung kommt nicht in Betracht** (VK Düsseldorf, B. v. 11. 1. 2006 – Az.: VK – 50/2005 – L)

– vergaberechtlich gibt es gemäß § 24 Nr. 3 VOB/A das Verbot von Nachverhandlungen, weil anderenfalls die Transparenz des Vergabeverfahrens verloren ginge. **Insbesondere widerspräche es der Grundidee des Vergabeverfahrens, wenn die werkvertragliche Vergütung nach der Erteilung des Zuschlags noch erhöht werden könnte, wie zum Beispiel durch den Wegfall eines angebotenen Nachlasses** (OLG Naumburg, Urteil v. 23. 12. 2004 – Az.: 4 U 162/04)

– handelt es sich bei ungezwungener Betrachtung der Vorgänge **nicht um eine „Klarstellung" des Preises, sondern um eine einverständliche Preisänderung**, wodurch die Vergleichbarkeit der Angebote gestört worden ist, handelt es sich um eine unzulässige Nachverhandlung (BGH, Urteil v. 6. 2. 2002 – Az.: X ZR 185/99; VGH Baden-Württemberg, Urteil v. 5. 8. 2002 – Az.: 1 S 379/01)

- **fehlende Angaben zum beabsichtigten Nachunternehmereinsatz** dürfen nicht durch Nachverhandlungen nachgeholt werden (OLG Düsseldorf, B. v. 30. 7. 2003 – Az.: Verg 32/03; BayObLG, B. v. 17. 6. 2002 – Az.: Verg 14/02; VK Rheinland-Pfalz, B. v. 10. 10. 2003 – Az.: VK 18/03; 2. VK Bund, B. v. 6. 10. 2003 – Az.: VK 2–80/03; VK Nordbayern, B. v. 9. 8. 2005 – Az.: 320.VK – 3194 – 27/05; B. v. 17. 7. 2003 – Az.: 320.VK-3194-24/03, B. v. 11. 11. 2002 – Az.: 320.VK-3194-34/02, B. v. 7. 6. 2002 – Az.: 320.VK-3194-17/02, B. v. 21. 5. 2002 – Az.: 320.VK-3194-13/02; VK Südbayern, B. v. 12. 3. 2003 – Az.: 04-02/03, B. v. 9. 10. 2002 – Az.: 40-09/02)

- eine **nachträgliche Spezifizierung** der in der Liste der Nachunternehmerleistungen enthaltenen Leistungen (ohne die durch konzernrechtlich verbundene Unternehmen zu erbringenden Leistung) im Sinne einer Zuweisung der Leistungen **zu Leistungen im „eigenen Betrieb"** im Sinne der Ziffer 10.2 EVM (B) BVB (= Leistung konzernrechtlich verbundener Unternehmen) **einerseits und „echten" Nachunternehmerleistungen andererseits** greift unmittelbar in die vorgenommene Bestimmung des Nachunternehmereinsatzes (im Sinne einer Reduzierung) ein und übersteigt das durch § 24 VOB/A vorgegebene Maß der informatorischen Aufklärung bereits insoweit, als die Antragstellerin als Bieterin entscheiden könnte, ob sie ihr Angebot zuschlagsgeeignet werden lassen will oder nicht. Dies würde aber gerade dem Wettbewerbs- und Gleichbehandlungsgrundsatz (§ 97 Abs. 1 und 2 GWB) widersprechen (VK Hessen, B. v. 21. 3. 2003 – Az.: 69 d – VK 11/2003)

- die **nachträglich erklärte Bereitschaft** des Bieters, die **Leistung nach Maßgabe der Leistungsbeschreibung zu erbringen**, muss aus Rechtsgründen außer Betracht bleiben. In einem solchen Fall handelt es sich bei einem „Aufklärungsgespräch" in Wahrheit um eine **unstatthafte Nachverhandlung** (2.VK Bund, B. v. 5. 3. 2003 – Az.: VK 2–04/03)

- hat ein Bieter **Preise anstelle von Minderkosten als Additionsposten eingetragen** und entsprechend addiert, liegt **kein Multiplikationsfehler von Mengenansatz und Einheitspreis** vor. Es ist daher nicht zulässig, in Absprache mit dem Bieter diese positive Posten in Minderkosten umzuwandeln und damit unzulässig über den Preis nachzuverhandeln (1. VK Sachsen, B. v. 3. 7. 2003 – Az.: 1/SVK/067-03)

- Nachverhandlungen mit dem Ziel, **einem infolge unvollständiger Preisangaben nicht annahmefähigen Angebot** durch **Ergänzungen zur Annahmefähigkeit zu verhelfen**, sind als Verhandlungen über Änderung der Angebote nach § 24 Nr. 3 **unstatthaft** (VK Brandenburg, B. v. 18. 6. 2003 – Az.: VK 31/03)

- Verhandlungen über eine Änderung der Angebote und der Preise sind unstatthaft, dies gilt vor allem auch für erst **nach Angebotseröffnung zur Sprache kommende Preisnachlässe** (VK Brandenburg, B. v. 21. 10. 2002 – Az.: VK 55/02)

- ein unzulässiges Nachverhandeln liegt deshalb auch bereits dann vor, wenn ein Vertreter des Bieters vor der Vergabe bei einer telefonischen Rückfrage **Gelegenheit erhält, einen zweifelhaften Preisnachlass zu bestätigen** (VK Lüneburg, B. v. 10. 9. 2002 – Az.: 203-VgK-15/2002)

- **fordert ein Bieter** aufgrund zeitlich bedingter, geänderter, technischer und wirtschaftlicher Rahmenbedingungen **für die Zustimmung zur Zuschlags- und Bindefristverlängerung als Bedingung einen** schon jetzt anzuerkennenden **Pauschalnachtrag**, führt dies nach Ablauf der bisherigen Zuschlags- und Bindefrist zum Entfallen der Bindung des Submissionsangebotes und zum Ausschluss des abgeänderten Angebotes nach §§ 24, 25 Nr. 1 lit. a) VOB/A (1. VK Sachsen, B. v. 1. 10. 2002 – Az.: 1/SVK/084-02)

- ein Bieter verhandelt durch das **Angebot eines 2%igen Abschlags im Fall der Verlängerung der Zuschlags- und Bindefrist unstatthaft** im Sinne von § 24 Nr. 3 VOB/A nach. Denn durch sein Vorgehen wird nach Angebotseröffnung der Preis eines Bieters zu Lasten der anderen Bieter unzulässig gedrückt (BayObLG, B. v. 21. 8. 2002 – Az.: Verg 21/02, B. v. 15. 7. 2002 – Az.: Verg 15/02)

- der Auftraggeber ist nicht befugt, den Bieter zu Handlungen zu bewegen, die eine Änderung des Inhaltes seines Angebotes, insbesondere seiner Preisgestaltung, bedeuten. Namentlich geht es nicht an, **im Wege von Verhandlungen gemeinschaftlich Kalkulationsirrtümer oder sonstige Fehlkalkulationen des Bieters zu beseitigen**. Denn dies wäre in besonderer

Teil 3 VOB/A § 15   Vergabe- und Vertragsordnung für Bauleistungen Teil A

Weise geeignet, den Bieterwettbewerb zu beeinträchtigen (OLG Düsseldorf, B. v. 30. 4. 2002 – Az.: Verg 3/02; 1. VK Sachsen, B. v. 21. 7. 2004 – Az.: 1/SVK/050-04)

- die **ungenügende Beschreibung eines Nebenangebotes** kann nicht mit einer Aufklärung des Angebotsinhalts nach § 24 VOB/A nachgebessert werden (VK Nordbayern, B. v. 25. 3. 2002 – Az.: 320.VK-3194-06/02)
- es liegt eine unzulässige Nachverhandlung vor, wenn im Rahmen eines Aufklärungsgespräches **Änderungen in den Verdingungsunterlagen vorgenommen und das ursprüngliche Angebot entsprechend geändert wird**, z. B. nachträglich vereinbart wird, die Baustelleneinrichtung, die als Position nach Leistungserbringung abzurechnen ist, jetzt nach Bautenstand abzurechnen (1. VK Sachsen, B. v. 12. 4. 2002 – Az.: 1/SVK/024-02, 1/SVK/024-02 g)
- ein öffentlicher Auftraggeber verstößt gegen § 24 VOB/A, wenn er sich für ein Nebenangebot vom Bieter bestätigen lässt, dass eine **Preisanpassung nach § 2 Nr. 7 Abs. 1 VOB/B ausgeschlossen** wird. Ein Verstoß liegt vor, weil es in § 2 Nr. 7 Abs. 1 VOB/B letztlich um eine Preisänderung geht, die ein nach § 24 Nr. 3 VOB/A verbotenes Gesprächsthema ist (2. VK Mecklenburg-Vorpommern, B. v. 27. 11. 2001 – Az.: 2 VK 15/01)
- hat ein **Nebenangebot nach den Erläuterungen** des Bieters im Aufklärungsgespräch einen **Inhalt, der von dem abweicht**, was sich aus einer Auslegung des schriftlich abgegebenen Nebenangebots nach dem objektiven Verständnis aus der Sicht des Erklärungsempfängers ergibt, so liegt eine **grundsätzlich unzulässige nachträgliche Änderung des Nebenangebots** vor, die dazu zwingt, es von der Wertung auszuschließen (VK Baden-Württemberg, B. v. 15. 5. 2003 – Az.: 1 VK 20/03)
- der Vergabestelle ist es verwehrt, **nach der Angebotsfrist eine Veränderung der Mengenansätze des Leistungsverzeichnisses** vorzunehmen. Dies käme einer unstatthaften Änderung der Angebote im Sinne des § 24 Nr. 3 VOB/A gleich (VK Nordbayern, B. v. 11. 10. 2006 – Az.: 21.VK-3194-31/06; B. v. 27. 6. 2001 – Az.: 320.VK-3194-16/01)
- erhält der öffentliche Auftraggeber im Rahmen einer öffentlichen Ausschreibung einen kostengünstigen Sondervorschlag, teilt er diesen Sondervorschlag den übrigen Bietern zur Nachkalkulation ihrer eigenen Angebote mit und **verhandelt er außerdem mit dem Bieter über den Sondervorschlag solange, bis aus seiner Sicht ein wirtschaftliches Preis-Leistungs-Verhältnis erreicht wird**, verstößt dieses Vorgehen einmal gegen das Geheimhaltungsgebot des Inhalts der Angebote. Es stellt darüber hinaus **eine unzulässige Nachverhandlung** im Sinne von § 24 Nr. 3 VOB/A dar (VK Baden-Württemberg, B. v. 11. 10. 2000 – Az.: 1 VK 24/00)

85.10.4 Rechtsfolge einer unstatthaften Nachverhandlung

7618   Durch die Verbotsnorm des § 15 Abs. 3 VOB/A soll der Wettbewerb für alle Bieter unter gleichen Bedingungen aufrechterhalten werden. Dieses Ziel wird bereits dadurch erreicht, dass ein gegen das Nachverhandlungsverbot verstoßendes Verhalten von Bieter und Auftraggeber eine Rechtsverletzung zu Lasten anderer Bieter darstellen kann, die von diesen Bietern entweder in einem Vergabenachprüfungsverfahren geltend gemacht werden kann oder im Falle eines bereits erfolgten Zuschlags Schadensersatzansprüche aus culpa in contrahendo auslösen kann. Ein darüber hinaus gehender Sanktionscharakter erscheint weder geboten noch interessengerecht. **Vergaberechtliche Bestimmungen stehen also der Berücksichtigung des ursprünglichen Angebots bei der erneuten Entscheidung über den Zuschlag nicht entgegen** (1. VK Bund, B. v. 22. 7. 2002 – Az.: VK 1–59/02). Ein Ausschluss des Bieters, der nachverhandelt hat, ist nicht notwendig, sondern nur der **Ausschluss des nachverhandelten Angebots** (BGH, Urteil v. 6. 2. 2002 – Az.: X ZR 185/99; OLG München, B. v. 15. 11. 2007 – Az.: Verg 10/07; B. v. 17. 9. 2007 – Az.: Verg 10/07; B. v. 9. 8. 2005 – Az.: Verg 011/05; BayObLG, B. v. 15. 7. 2002 – Az.: Verg 15/02; Saarländisches OLG, Urteil v. 24. 6. 2008 – Az.: 4 U 478/07; VK Baden-Württemberg, B. v. 16. 3. 2006 – Az.: 1 VK 8/06; 2. VK Mecklenburg-Vorpommern, B. v. 27. 11. 2001 – Az.: 2 VK 15/01; 1. VK Sachsen, B. v. 16. 12. 2003 – Az.: 1/SVK/146-03; B. v. 7. 5. 2002 – Az.: 1/SVK/035-02, B. v. 12. 4. 2002 – Az.: 1/SVK/024-02, 1/SVK/024-02g).

7619   Durch das Verbot von Nachverhandlungen soll die Gleichbehandlung der Bieter gesichert werden. Hat ein **Auftraggeber im Anschluss an unzulässige Nachverhandlungen sämtliche Bieter aufgefordert, ein ergänzendes und finales Angebot abzugeben**, hat jeder

Vergabe- und Vertragsordnung für Bauleistungen Teil A VOB/A § 15 **Teil 3**

Bieter nunmehr die Möglichkeit, ein Angebot zu der abgeänderten Leistungsbeschreibung abzugeben. Die Bieter werden damit gleichbehandelt. Dass einer der Bieter in dieser Phase kein Angebot mehr einreicht (möglicherweise vor dem Hintergrund, dass er die vorgenommenen Änderungen der Leistungsbeschreibung für unzulässig hält), war seine **freie Entscheidung, die aber nichts daran änderte, dass ihm die gleiche Chance auf Zuschlagserteilung zustand wie auch den übrigen Bietern** (OLG Düsseldorf, B. v. 13. 1. 2010 – Az.: I-27 U 1/09).

85.11 Statthafte Nachverhandlungen nach § 15 Abs. 3

85.11.1 Nachverhandlungen über Nebenangebote

85.11.1.1 Grundsatz

Bei **Nebenangeboten**, die sich nach einigen zwingenden Mindestvoraussetzungen richten, die in den Verdingungsunterlagen erkennbar sind, ist es **in der Regel erforderlich, die Angebote den örtlichen Gegebenheiten oder den spezifischen Anforderungen des Auftraggebers anzupassen**. Sinn und Zweck der Regelung ist es eine Leistung zu beauftragen, die den Wünschen des Auftraggebers entspricht, ohne jedoch die Ausschreibung aufheben zu müssen (KG Berlin, B. v. 13. 10. 1999 – Az.: KartVerg 31/99) und ohne den Grundsatz des freien Wettbewerbs unter gleichberechtigten und gleichbehandelten Bietern zu verletzen (VK Arnsberg, B. v. 4. 11. 2002 – Az.: VK 1–23/02). 7620

85.11.1.2 Beispiele aus der Rechtsprechung

– trotz des größeren Spielraums, den § 24 Nr. 3 Abs. 2 VOB/A für Nachverhandlungen bei Nebenangeboten grundsätzlich eröffnet, wäre die **zulässige Grenze überschritten**, wenn die Vergabestelle bei einem im Abgabezeitpunkt nicht gleichwertigen Nebenangebot **im Nachverhandlungswege für die Gleichwertigkeit sorgt** (OLG Frankfurt, B. v. 26. 3. 2002 – Az.: 11 Verg 3/01; VK Baden-Württemberg, B. v. 7. 4. 2004 – Az.: 1 VK 13/04; 1. VK Bund, B. v. 26. 3. 2002 – Az.: VK 1–07/02; VK Nordbayern, B. v. 18. 10. 2001 – Az.: 320.VK-3194-34/01) 7621

– dies gilt auch, wenn die **Unterlagen den zuvor völlig ungeklärt gebliebenen Kern des Nebenangebots beschreiben** (VK Münster, B. v. 15. 1. 2003 – Az.: VK 22/02)

– die von einem Bieter (sinngemäß) gewählte **Ausdrucksweise „Erstellung nach Wahl des Auftragnehmers" oder „in geänderter Ausführungsweise"** in Nebenvorschlägen beinhaltet keine aufklärungsfähigen technischen oder wirtschaftlichen Fachausdrücke, sondern **bedeutet schlicht, dass die gesamte technische Beschreibung der angebotenen Leistungen nicht aussteht**; damit ist der Rahmen des § 24 Nr. 3 überschritten (VK Düsseldorf, B. v. 7. 6. 2001 – Az.: VK – 13/2001 – B)

– eine **Ergänzung eines Nebenangebotes beispielsweise um technische Zusatzmaßnahmen** überschreitet den Rahmen des § 24 Nr. 3 (2. VK Brandenburg, B. v. 23. 8. 2001 – Az.: 2 VK 82/01)

– grundsätzlich **ausgeschlossen sind technische Aufklärungsgespräche**, die mit dem **Ziel einer Angebotsergänzung** geführt werden (2. VK Brandenburg, B. v. 23. 8. 2001 – Az.: 2 VK 82/01)

85.11.2 Nachverhandlungen bei Leistungsbeschreibungen mittels Leistungsprogramm

Mit der Zulassung von Leistungsbeschreibungen mittels Leistungsprogramm wird **praktischen Bedürfnissen im Vergabewesen Rechnung getragen**. Bei immer komplexer werdenden Beschaffungsvorgängen ist es dem Auftraggeber mangels ausreichender Marktkenntnis oftmals nicht möglich, den Leistungsgegenstand nach Art, Beschaffenheit und Umfang hinreichend zu beschreiben. In solchen Fällen kann der Auftraggeber den Zweck und die Funktion des Beschaffungsvorgangs beschreiben und hinsichtlich der Umsetzung auf die technische Vielfalt der Anbieter vertrauen. Damit werden auch **traditionelle Beschaffungsvorgänge modernen Entwicklungen angepasst**. Infolgedessen wird bei hinreichend begründeten funktionalen Leistungsbeschreibungen die Möglichkeit eröffnet, im Rahmen der geforderten Leistung über unbedingt notwendige technische Änderungen geringen Umfangs zu verhandeln. **Damit** 7622 der Wettbewerbsgrundsatz und das Gleichbehandlungsgebot gewahrt bleiben, müssen die beiden Eingrenzungen „notwendige" technische Änderungen „geringen" Umfangs unbedingt eingehalten werden (VK Baden-Württemberg, B. v. 16. 8. 2005 – Az.: 1 VK 48/05).

7623 Vgl. im Einzelnen die **Kommentierung zu** → **§ 7 VOB/A Rdn. 271 ff.**

85.11.3 Verbindung eines Leistungsprogramms und eines Bemusterungstermins

7624 Verbinden die Ausschreibungsbedingungen eine für unterschiedliche technische Lösungsvarianten **offene Leistungsbeschreibung mit der Ankündigung eines obligatorischen Bemusterungstermins**, in dem die angebotene Leistung vorgestellt und erläutert werden soll, so kann der **Angebotsinhalt jedenfalls nach Abschluss der Bemusterung grundsätzlich nicht mehr geändert werden** (OLG Dresden, B. v. 9. 1. 2004 – Az.: WVerg 16/03).

85.11.4 Notwendigkeit von unumgänglichen technischen Änderungen geringen Umfangs und daraus sich ergebende Änderungen der Preise

85.11.4.1 Grundsatz

7625 Es sind – bei einem Nebenangebot oder bei einem Angebot aufgrund funktionaler Leistungsbeschreibung – nur Änderungen zulässig, die zwingend notwendig sind, also solche, ohne die die sachgerechte Durchführung des Bauvorhabens nicht möglich wäre.

7626 Als **technische Änderung geringen Umfangs** im Sinne dieser Vorschrift sind **nur solche** anzusehen, die **im Vergleich zur bisherigen Ausführungsart und zum bisherigen Ausführungsumfang eine nur unwesentliche Bedeutung haben**, wobei man diese Grenze einerseits an den **Auswirkungen auf die Preise**, andererseits an der **Menge der Änderungen** insgesamt wird messen können (VK Saarland, B. v. 27. 5. 2005 – Az.: 3 VK 02/2005).

85.11.4.2 Beurteilungsspielraum des Auftraggebers

7627 Im Zusammenhang der Bewertung der Frage, welches ein geringfügiger Umfang wäre und welches den Maßstab des geringen Umfangs überschreite, **hat der Auftraggeber einen entsprechenden Beurteilungsspielraum**. Sind die **Erwägungen des Auftraggebers**, die erforderlichen Abänderungen des Angebots als nicht mehr geringfügig zu betrachten, **nicht als sachwidrig zu erkennen**, kann der Auftraggeber das Nebenangebot ausschließen (VK Arnsberg, B. v. 4. 11. 2002 – Az.: VK 1-23/02).

85.11.4.3 Beispiele aus der Rechtsprechung

7628 – § 24 VOL/A enthält das Verbot, nach Ablauf der Angebotsabgabefrist inhaltliche Änderungen am Angebot (über den Preis und den Leistungsumfang) zuzulassen, **verbietet aber nicht Erläuterungen des Angebotsinhalts in technischer Hinsicht. Der Auftraggeber darf sich bei einer funktionellen Ausschreibung auch die technische Gleichwertigkeit der angebotenen Leistung vom Bieter erläutern** lassen (OLG Düsseldorf, B. v. 17. 11. 2008 – Az.: VII-Verg 49/08)

– eine **Lücke** im Angebot eines Bieters, die zu einem **Kostennebenaufwand von lediglich ca. 15 000 EUR** führt, ist gemessen am Gesamtleistungsumfang und der Preisdifferenz zwischen den Angeboten des Bieters und des Antragstellers **marginal**, wenn sich der **kalkulatorische Vorteil auf nicht einmal 2 Promille der Bruttoauftragssumme des Bieters beläuft** und **gerade 2% des Unterschiedsbetrages** zwischen dessen Angebot und dem des Antragstellers als dem nächstgünstigsten Bieter ausmacht (Saarländisches OLG, B. v. 23. 11. 2005 – Az.: 1 Verg 3/05)

– Auch in der Addition der Defizite, die – lässt man die Mängel im anfänglichen Angebot der Antragstellerin außer Betracht – Kostenvorteile von insgesamt 60 000 EUR für die Beigeladene ergeben, fehlt den Angebotslücken die Relevanz und die Eignung, die Wettbewerbsstellung der Beigeladenen unter Wertungsgesichtspunkten zum Nachteil der Antragstellerin signifikant zu ändern

– es handelt sich dann um eine Änderung von unwesentlicher Bedeutung, wenn bei einer **Kläranlagenausschreibung Messgeräte statt in einer gemeinsamen Mess-Station direkt in den jeweiligen Becken installiert werden** (VK Saarland, B. v. 27. 5. 2005 – Az.: 3 VK 02/2005)

Vergabe- und Vertragsordnung für Bauleistungen Teil A   VOB/A § 15   **Teil 3**

- es ist unter Beachtung der Regelung des § 24 VOL/A wettbewerbsverzerrend gegenüber den Mitbietern, wenn das **Angebot eines Bieters durch eine Zusatzforderung nach einer Verpflichtungserklärung ergänzt** wird (VK Baden-Württemberg, B. v. 16. 8. 2005 – Az.: 1 VK 48/05)
- dienen die Veränderungen hingegen **lediglich der Optimierung der Leistung, sind diese Voraussetzungen nicht erfüllt** (VK Baden-Württemberg, B. v. 21. 5. 2001 – Az.: 1 VK 7/01)
- sind Ziel des Aufklärungsgesprächs nicht unumgängliche technische Änderungen geringen Umfangs, sondern der **Verzicht auf einen Teil der ausgeschriebenen Baumaßnahme, ist dies ein Verstoß gegen § 24 Nr. 3 VOB/A** (VK Brandenburg, B. v. 31. 1. 2003 – Az.: VK 37/02, VK 39/02, VK 41/02)
- die von einem Bieter beantragte Preisänderung bzw. Preiskorrektur kann nicht mehr als geringe Änderung aufgefasst werden, wenn der **Bieter eine Preiskorrektur des Angebots um ca. 50% begehrt** (VK Südbayern, B. v. 14. 8. 2002 – Az.: 32-07/02)
- ist unklar der **Umstand**, dass **ein vom Bieter ausgearbeitetes statischen Konzept** zur Anwendung kommen soll, wogegen der Statiker erhebliche Bedenken eingewandt hat, sind **unklar ferner die zum Einbau kommenden Fabrikate**, kann von einem geringfügigem Aufklärungsbedarf nicht die Rede sein, so dass der **Aufklärungsrahmen des § 24 Nr. 3 VOB/A eindeutig überschritten** wird (1. VK Sachsen, B. v. 1. 2. 2002 – Az.: 1/SVK/139-01)
- bietet ein Unternehmen im Rahmen einer funktionalen Leistungsbeschreibung ein **abgerundetes Glasleisten-System an Stelle der von der Vergabestelle geforderten Glashalteleisten** an und kündigt der Bieter dann an, dass er die Glasleisten einbauen wird, ist diese geringfügige Änderung des Angebotes **zulässig** (VK Nordbayern, B. v. 26. 1. 2004 – Az.: 320.VK-3194-47/03)

85.11.5 Sonstige statthafte Nachverhandlungen

Die Rechtsprechung lässt **in mehreren Fallkonstellationen Nachverhandlungen über den Wortlaut des § 15 Abs. 3 hinaus** zu.   7629

85.11.5.1 Beeinflussung der Reihenfolge der Bieter und ähnliche Fälle

Das „Nachverhandlungsverbot" des § 15 Abs. 3 VOB/A ist **kein** in dem Sinne „**absolutes** 7630
Verbot", dass jeder Verstoß hiergegen gleichzeitig mit einer Verletzung der Rechte der Mitbewerber einhergehen muss. Es kommt vielmehr auch hier darauf an, ob **durch die Nachverhandlung in die Wettbewerbsposition anderer Bieter eingegriffen** wurde und/oder ob **deren Interessen** hierdurch sonst **in irgendeiner Form tangiert** sein konnten (VK Bremen, B. v. 16. 7. 2003 – Az.: VK 12/03).

Unzulässige Nachverhandlungen führen also **nicht in jedem Falle zum Ausschluss** des 7631
daran beteiligten Bieters. Entscheidend ist vielmehr, ob derartige Nachverhandlungen die **Reihenfolge der Bieter beeinflussen** (Hanseatisches OLG in Bremen, B. v. 18. 8. 2003 – Az.: Verg 6/2003).

Diese **Rechtsprechung lehnt sich an die – ältere – Rechtsprechung zur Vollständig-** 7632
keit von Angeboten an; diese Ansätze werden mit den neuen Regelungen des § 16 VOB/A 2009 teilweise wieder aufgegriffen. Vgl. insoweit die Kommentierung zu → § 16 VOB/A Rdn. 249 ff.

85.11.5.2 Nachverhandlungen über die Ausführungszeit bei Änderung der Zuschlags- und Bindefrist

Vgl. zu dieser Problematik die **Kommentierung zu → § 10 VOB/A Rdn. 66**.   7633

85.11.6 Verhandlungsverbot im Teilnahmewettbewerb

Auch im Teilnahmewettbewerb gilt, dass ein Bewerber seinen **Teilnahmeantrag nur bis** 7634
zum Schlusstermin für dessen Eingang fixieren und die damit bezogene Wettbewerbsposition nicht nachträglich verändern kann. Auch die entsprechend § 15 VOB/A vorgenommene Angebotsaufklärung darf nur Inhalte des Teilnahmeantrags aufdecken, die dieser bereits hatte,

Teil 3 VOB/A § 15 Vergabe- und Vertragsordnung für Bauleistungen Teil A

nicht aber nachträglich fehlende Angaben ergänzen oder „ungünstige" Angaben modifizieren. Verbleiben nach (in diesem Rahmen zulässiger) Angebotsaufklärung z. B. noch Zweifel, ob der Bewerber eine Teilnahme an einem Wettbewerb um (genau) die ausgeschriebene Leistung erstrebt, gehen diese Zweifel zu Lasten des Teilnahmebewerbers. **Maßgeblicher Zeitpunkt für die Beurteilung der (Vergabe-)Rechtmäßigkeit des Ergebnisses eines Teilnahmewettbewerbs ist derjenige der Auswahlentscheidung; nach diesem Zeitpunkt abgegebene Bietererklärungen sind unbeachtlich** (OLG Schleswig-Holstein, B. v. 19. 1. 2007 – Az.: 1 Verg 14/06).

85.12 Abgrenzung der Ausschlusstatbestände der §§ 13 Abs. 1 Nr. 3, 4, 16 Abs. 1 Nr. 1 lit. c), Nr. 3 VOB/A und § 15 VOB/A

7635 § 13 Abs. 1 Nr. 3, 4 VOB/A erfasst den Zeitpunkt der Angebotsabgabe und regelt die zu diesem Zeitpunkt erforderlichen Voraussetzungen – die Erklärungen betreffend – des Angebots. Fehlen zu diesem Zeitpunkt geforderte Erklärungen, führt dies gemäß § 16 Abs. 1 Nr. 1 lit. c), Nr. 3 VOB/A zur Möglichkeit der Nachforderung. **Werden dagegen geforderte Erklärungen im weiteren Verfahrensablauf – insbesondere im Rahmen durchgeführter Aufklärung – verlangt und Erklärungsdefizite festgestellt, ist ein Rückgriff auf § 13 VOB/A weder erforderlich noch gestattet. Für diese Angebotsaufklärungs- und Reaktionsrechtsfolgen enthält die VOB/A eine Spezialregelung, welche in § 15 VOB/A ihren Niederschlag gefunden hat.** Wollte man auf § 13 VOB/A zurückgreifen, **liefe § 15 VOB/A leer** (1. VK Hessen, B. v. 15. 6. 2007 – Az.: 69d VK – 17/2007).

85.13 Zeitpunkt der Anwendbarkeit des § 15 VOB/A

7636 Nachverhandlungen nach Zuschlagserteilung verstoßen nicht gegen das Verbot des § 15 VOB/A. Die **Vorschrift bezieht sich nur auf den Zeitraum zwischen Ablauf der Angebotsfrist und dem Zuschlagstermin** (OLG Celle, Urteil v. 25. 6. 2008 – Az.: 14 U 14/08).

85.14 Regelung des HVA StB-B 04/2010

7637 Die Notwendigkeit einer Aufklärung des Angebotsinhalts kann sich im Rahmen der Prüfung von Angeboten, als Ergebnis der Angebotsprüfung und im Rahmen der Wertung ergeben. Aufklärungen sind nur für die in § 15 Abs. 1 Nr. 1 VOB/A vorgesehenen Zwecke und nur soweit notwendig zu führen. Sie haben grundsätzlich schriftlich zu erfolgen und werden Bestandteil des Vergabevermerks (Richtlinien für das Durchführen der Vergabeverfahren, 2.4 Prüfung und Wertung der Angebote, Nr. 8).

7638 Bei der Aufklärung ist zu beachten, dass mit der Angebotseröffnung der Wettbewerb abgeschlossen ist. Eine nachträgliche Veränderung der Angebote und damit des Wettbewerbsergebnisses, z. B. durch:
– Preiszugeständnisse durch Bieter,
– sachlich nicht begründete Auslegung von Erklärungen, Nebenangeboten usw. durch Bieter oder
– Änderung der Person des Bieters dadurch, dass mehrere getrennt aufgetretene Bieter eine Arbeitsgemeinschaft bilden wollen oder
– Änderung der Zusammensetzung einer Bietergemeinschaft durch Ergänzung oder Austausch

ist unzulässig (Richtlinien für das Durchführen der Vergabeverfahren, 2.4 Prüfung und Wertung der Angebote, Nr. 9).

7639 Wenn vom Auftraggeber zu einem in die engere Wahl kommenden Angebot eine für dessen Wertung maßgebende Feststellung getroffen wurde, z. B.:
– Korrektur offenbar unrichtiger Angaben oder Erklärungen eines Bieters (siehe Nr. (3)),
– Beurteilung des von einem Bieter geltend gemachten Irrtums (siehe Nr. (4)),
– Bewertung von fehlenden Eintragungen zur Lohngleitklausel bzw. Reduzierung des Änderungssatzes (siehe Nrn. (16) und (54) ff.),

Vergabe- und Vertragsordnung für Bauleistungen Teil A VOB/A § 16 **Teil 3**

ist der betreffende Bieter vor Zuschlagserteilung auf diesen Sachverhalt in Textform hinzuweisen (Richtlinien für das Durchführen der Vergabeverfahren, 2.4 Prüfung und Wertung der Angebote, Nr. 10).

Soweit die Ergebnisse der Aufklärung über 7640
- den Angebotsinhalt nach, § 15 Abs. 1 VOB/A,
- Änderungen von Nebenangeboten nach § 15 Abs. 3 VOB/A,

für die Zuschlagserteilung rechtserheblich sein können, ist vom jeweiligen Bieter eine schriftliche Erklärung einzuholen, dass das Ergebnis Gegenstand seines Angebots ist (siehe Abschnitt 2.5 „Abschluss des Vergabeverfahrens", Nr. (10)). (Richtlinien für das Durchführen der Vergabeverfahren, 2.4 Prüfung und Wertung der Angebote, Nr. 11).

85.15 Literatur

- Ziekow, Jan/Siegel, Thorsten, Zulassung von Nachverhandlungen im Vergabeverfahren? – 7641 Rechtliche Rahmenbedingungen und erste Zwischenergebnisse des Zweiten Modellversuchs des Landes Nordrhein-Westfalen, NZBau 2005, 22

86. § 16 VOB/A – Prüfung und Wertung der Angebote

Ausschluss (1)

1. Auszuschließen sind:
   a) Angebote, die im Eröffnungstermin dem Verhandlungsleiter bei Öffnung des ersten Angebots nicht vorgelegen haben, ausgenommen Angebote nach § 14 Absatz 6,
   b) Angebote, die den Bestimmungen des § 13 Absatz 1 Nummer 1, 2 und 5 nicht entsprechen,
   c) Angebote, die den Bestimmungen des § 13 Absatz 1 Nummer 3 nicht entsprechen; ausgenommen solche Angebote, bei denen lediglich in einer einzelnen unwesentlichen Position die Angabe des Preises fehlt und durch die Außerachtlassung dieser Position der Wettbewerb und die Wertungsreihenfolge, auch bei Wertung dieser Position mit dem höchsten Wettbewerbspreis, nicht beeinträchtigt werden,
   d) Angebote von Bietern, die in Bezug auf die Ausschreibung eine Abrede getroffen haben, die eine unzulässige Wettbewerbsbeschränkung darstellt,
   e) Nebenangebote, wenn der Auftraggeber in der Bekanntmachung oder in den Vergabeunterlagen erklärt hat, dass er diese nicht zulässt,
   f) Nebenangebote, die dem § 13 Absatz 3 Satz 2 nicht entsprechen,
   g) Angebote von Bietern, die im Vergabeverfahren vorsätzlich unzutreffende Erklärungen in Bezug auf ihre Fachkunde, Leistungsfähigkeit und Zuverlässigkeit abgegeben haben.
2. Außerdem können Angebote von Bietern ausgeschlossen werden, wenn
   a) ein Insolvenzverfahren oder ein vergleichbares gesetzlich geregeltes Verfahren eröffnet oder die Eröffnung beantragt worden ist oder der Antrag mangels Masse abgelehnt wurde oder ein Insolvenzplan rechtskräftig bestätigt wurde,
   b) sich das Unternehmen in Liquidation befindet,
   c) nachweislich eine schwere Verfehlung begangen wurde, die die Zuverlässigkeit als Bewerber in Frage stellt,
   d) die Verpflichtung zur Zahlung von Steuern und Abgaben sowie der Beiträge zur gesetzlichen Sozialversicherung nicht ordnungsgemäß erfüllt wurde,
   e) sich das Unternehmen nicht bei der Berufsgenossenschaft angemeldet hat.
3. Fehlen geforderte Erklärungen oder Nachweise und wird das Angebot nicht entsprechend den Nummern 1 oder 2 ausgeschlossen, verlangt der Auftraggeber die

fehlenden Erklärungen oder Nachweise nach. Diese sind spätestens innerhalb von 6 Kalendertagen nach Aufforderung durch den Auftraggeber vorzulegen. Die Frist beginnt am Tag nach der Absendung der Aufforderung durch den Auftraggeber. Werden die Erklärungen oder Nachweise nicht innerhalb der Frist vorgelegt, ist das Angebot auszuschließen.

Eignung (2)

1. Bei Öffentlicher Ausschreibung ist zunächst die Eignung der Bieter zu prüfen. Dabei sind anhand der vorgelegten Nachweise die Angebote der Bieter auszuwählen, deren Eignung die für die Erfüllung der vertraglichen Verpflichtungen notwendigen Sicherheiten bietet; dies bedeutet, dass sie die erforderliche Fachkunde, Leistungsfähigkeit und Zuverlässigkeit besitzen und über ausreichende technische und wirtschaftliche Mittel verfügen.

2. Bei Beschränkter Ausschreibung und Freihändiger Vergabe sind nur Umstände zu berücksichtigen, die nach Aufforderung zur Angebotsabgabe Zweifel an der Eignung des Bieters begründen (vgl. § 6 Absatz 3 Nummer 6).

Prüfung (3) Die übrigen Angebote sind rechnerisch, technisch und wirtschaftlich zu prüfen.

(4)

1. Entspricht der Gesamtbetrag einer Ordnungszahl (Position) nicht dem Ergebnis der Multiplikation von Mengenansatz und Einheitspreis, so ist der Einheitspreis maßgebend.

2. Bei Vergabe für eine Pauschalsumme gilt diese ohne Rücksicht auf etwa angegebene Einzelpreise.

3. Nummern 1 und 2 gelten auch bei Freihändiger Vergabe.

(5) Die aufgrund der Prüfung festgestellten Angebotsendsummen sind in der Niederschrift über den Eröffnungstermin zu vermerken.

Wertung (6)

1. Auf ein Angebot mit einem unangemessen hohen oder niedrigen Preis darf der Zuschlag nicht erteilt werden.

2. Erscheint ein Angebotspreis unangemessen niedrig und ist anhand vorliegender Unterlagen über die Preisermittlung die Angemessenheit nicht zu beurteilen, ist in Textform vom Bieter Aufklärung über die Ermittlung der Preise für die Gesamtleistung oder für Teilleistungen zu verlangen, gegebenenfalls unter Festlegung einer zumutbaren Antwortfrist. Bei der Beurteilung der Angemessenheit sind die Wirtschaftlichkeit des Bauverfahrens, die gewählten technischen Lösungen oder sonstige günstige Ausführungsbedingungen zu berücksichtigen.

3. In die engere Wahl kommen nur solche Angebote, die unter Berücksichtigung rationellen Baubetriebs und sparsamer Wirtschaftsführung eine einwandfreie Ausführung einschließlich Haftung für Mängelansprüche erwarten lassen. Unter diesen Angeboten soll der Zuschlag auf das Angebot erteilt werden, das unter Berücksichtigung aller Gesichtspunkte, wie z.B. Qualität, Preis, technischer Wert, Ästhetik, Zweckmäßigkeit, Umwelteigenschaften, Betriebs- und Folgekosten, Rentabilität, Kundendienst und technische Hilfe oder Ausführungsfrist als das wirtschaftlichste erscheint. Der niedrigste Angebotspreis allein ist nicht entscheidend.

(7) Ein Angebot nach § 13 Absatz 2 ist wie ein Hauptangebot zu werten.

(8) Nebenangebote sind zu werten, es sei denn, der Auftraggeber hat sie in der Bekanntmachung oder in den Vergabeunterlagen nicht zugelassen.

(9) Preisnachlässe ohne Bedingung sind nicht zu werten, wenn sie nicht an der vom Auftraggeber nach § 13 Absatz 4 bezeichneten Stelle aufgeführt sind. Unaufgefordert angebotene Preisnachlässe mit Bedingungen für die Zahlungsfrist (Skonti) werden bei der Wertung der Angebote nicht berücksichtigt.

Freihändige Vergabe (10) Die Bestimmungen der Absätze 2 und 6 gelten auch bei Freihändiger Vergabe. Absatz 1 Nummer 1 und die Absätze 7 bis 9 und § 6 Absatz 1 Nummer 2 sind entsprechend auch bei Freihändiger Vergabe anzuwenden.

86.1 Änderungen in der VOB/A 2009

Neben der **Zusammenfassung der §§ 23 und 25 der VOB 2006 zu einem einheitlichen Paragrafen** ist auch eine **systematische und mit Überschriften versehene Neugliederung** erfolgt. 7642

Wesentliche inhaltliche Änderungen wurden bei den Ausschlussgründen aufgenommen. Nach den neuen Regelungen **sind Angebote zuzulassen, die lediglich formale oder unwesentliche Mängel beinhalten**. Damit soll die hohe Ausschlussrate reduziert und ein umfassender Wettbewerb sichergestellt werden. 7643

Das **Fehlen von Nachweisen oder Erklärungen** (z. B. auch eine Bieterangabe im Leistungsverzeichnis) ist nach Absatz 1 Nummer 3 **kein Ausschlussgrund, wenn Bieter die Nachweise und Erklärungen innerhalb einer festzusetzenden Frist nachreichen**. Ferner können nach Absatz 1 Nummer 1 Buchstabe c Angebote gewertet werden, wenn **lediglich eine unwesentliche Preisangabe fehlt und sich durch die Wertung mit dem höchsten Wettbewerbspreis für diese Position die Bieterreihenfolge nicht verändert**. 7644

Einige **Regelungen aus § 8 VOB/A 2006** wurden **in § 16 übernommen**. 7645

86.2 Vergleichbare Regelungen

Der **Vorschrift des § 25 VOB/A vergleichbar** sind im Bereich des GWB **§ 97 Abs. 4 GWB**, im Bereich der VOB **§ 16a VOB/A**, im Bereich der VOF **§§ 11, 20 VOF** und im Bereich der VOL **§§ 16, 19 EG VOL/A**. Die Kommentierungen zu diesen Vorschriften können daher ergänzend zu der Kommentierung des § 16 herangezogen werden. 7646

86.3 Bieterschützende Vorschrift

86.3.1 § 16

Die Regelung des § 16 entfaltet bieterschützende Wirkung (1. VK Sachsen, B. v. 13. 12. 2002 – Az.: 1/SVK/105-02, B. v. 5. 9. 2002 – Az.: 1/SVK/073-02). 7647

86.3.2 § 16 Abs. 1 Nr. 1 lit. b)

Die Vorschriften aus §§ 13 Abs. 1 Nr. 2, 16 Abs. 1 Nr. 1 Buchst. b VOB/A, die sich auf die Sicherung der Vergleichbarkeit der Angebote beziehen, **schützen die übrigen Bieter in ihrem Anspruch auf transparente, gleiche Behandlung der Angebote** (VK Düsseldorf, B. v. 14. 8. 2006 – Az.: VK – 32/2006 – B). 7648

86.3.3 § 16 Abs. 2

Bei **§ 16 Abs. 2 VOB/A** handelt es sich um eine **bieterschützende Vorschrift** (1. VK Sachsen, B. v. 23. 5. 2002 – Az.: 1/SVK/039-02). 7649

86.3.4 § 16 Abs. 3

Die **Vorschriften der §§ 13 Abs. 1 Nr. 4, 16 Abs. 3 VOB/A sind als bieterschützend zu qualifizieren**. Denn diese Verhaltensanforderungen an den öffentlichen Auftraggeber dienen der Sicherheit der Grundsätze des § 97 Abs. 1 GWB nicht nur objektiv rechtlich, sondern auch im Interesse der übrigen Bewerber (VK Niedersachsen, B. v. 16. 4. 2010 – Az.: VgK-10/2010). 7650

86.3.5 § 16 Abs. 6

Bei § 16 Abs. 6 VOB/A handelt es sich um eine **Bieter schützende Vorschrift** (VK Düsseldorf, B. v. 23. 1. 2001 – Az.: VK – 1/2001 – B; 1. VK Sachsen, B. v. 23. 5. 2002 – Az.: 1/SVK/039-02, B. v. 11. 10. 2001 – Az.: 1/SVK/98-01, 1/SVK/98-01g). 7651

86.3.6 § 16 Abs. 6 Nr. 1

Die **Rechtsprechung** ist **nicht einheitlich**. 7652

Teil 3 VOB/A § 16 Vergabe- und Vertragsordnung für Bauleistungen Teil A

7653   § 16 Abs. 6 Nr. 1 VOB/A stellt eine berechtigte **Schutzvorschrift für den Auftraggeber** dar, als bei einem Bieter mit einem unauskömmlichen Preis die Gefahr oder zumindest die Vermutung besteht, dass er entweder in eine qualitativ schlechte Leistung oder aber in unberechtigte Nachforderungen „auszuweichen" versucht. § 16 Abs. 6 Nr. 1 VOB/A **dient aber auch dem Schutz aller anderen Bieter, die bei einem echten Wettbewerb ihre Preise aufgrund einer ordnungsgemäßen Kalkulation berechnen.** Der nächstgünstigste Bieter hat deshalb ein Recht, diesen Vergabeverstoß in einem Nachprüfungsverfahren zu unterbinden (OLG Düsseldorf, B. v. 17. 6. 2002 – Az.: Verg 18/02, B. v. 19. 12. 2000 – Az.: Verg 28/00; Saarländisches OLG, B. v. 29. 10. 2003 – Az.: 1 Verg 2/03; B. v. 2. 8. 2004 – Verg 016/04; BayObLG, B. v. 3. 7. 2002 – Az.: Verg 13/02; 1. VK Sachsen, B. v. 1. 10. 2002 – Az.: 1/SVK/084-02, B. v. 13. 9. 2002 – Az.: 1/SVK/082-02; im Ergebnis ebenso VK Düsseldorf, B. v. 23. 1. 2001 – Az.: VK – 1/2001 – B).

7654   Nach einer **anderen Auffassung ist die Vorschrift des § 16 Abs. 6 Nr. 1 VOB/A und zwar in der Variante des „unangemessen niedrigen Preises", keine bieterschützende Vorschrift** im Sinne des § 97 Abs. 7, § 107 Abs. 2 Satz 1 GWB. Es ist nicht der Schutzzweck des § 16 Abs. 6 Nr. 1 VOB/A, den an einem Vergabeverfahren beteiligten Bietern auskömmliche Preise zu garantieren. Vielmehr soll diese Vorschrift den Auftraggeber davor schützen, ein Angebot zu bezuschlagen, dessen Erfüllung infolge nichtauskömmlicher Preise ungewiss ist oder in eine qualitativ schlechte Leistung oder unberechtigte Nachforderung abzugleiten droht, weil der Bieter nicht mehr kostendeckend und somit zuverlässig und vertragsgerecht leistet (OLG Düsseldorf, B. v. 28. 9. 2006 – Az.: VII – Verg 49/06; VK Baden-Württemberg, B. v. 2. 2. 2010 – Az.: 1 VK 75/09; B. v. 28. 10. 2004 – Az.: 1 VK 68/04; VK Brandenburg, B. v. 14. 3. 2005 – Az.: VK 7/05; B. v. 30. 4. 2004 – Az.: VK 13/04; 1. VK Bund, B. v. 21. 9. 2006 – Az.: VK 1-100/06; 2. VK Bund, B. v. 9. 6. 2010 – Az.: VK 2–38/10; B. v. 15. 5. 2009 – Az.: VK 2–21/09; 3. VK Bund, B. v. 2. 11. 2006 – Az.: VK 3–117/06; B. v. 4. 5. 2005 – Az.: VK 3–22/05; B. v. 22. 3. 2005 – Az.: VK 3–13/05; VK Düsseldorf, B. v. 2. 5. 2006 – Az.: VK – 17/2006 – B; VK Schleswig-Holstein, B. v. 15. 5. 2006 – Az.: VK-SH 10/06). Nur der Ausnahmefall der wettbewerbsbeschränkenden Verdrängungsabsicht kann unter bestimmten Umständen eine Antragsbefugnis vermitteln (2. VK Bund, B. v. 15. 5. 2009 – Az.: VK 2–21/09; B. v. 20. 12. 2005 – Az.: VK 2–159/05; B. v. 20. 12. 2005 – Az.: VK 2–156/05; B. v. 21. 1. 2004 – Az.: VK 2–126/03, B. v. 8. 1. 2004 – Az.: VK 2–124/03).

7655   Jedoch gibt es von dem Grundsatz, dass § 16 Abs. 6 Nr. 1 VOB/A keinen bieterschützenden Charakter hat, **zwei Ausnahmen**. Die eine bezieht sich auf **Unterkostenangebote, die den Bieter im konkreten Einzelfall selbst in wirtschaftliche Schwierigkeiten bringen**, so dass er den Auftrag nicht vertragsgerecht durchführen kann, die andere auf solche, die in der **zielgerichteten Absicht abgegeben werden oder zumindest die Gefahr begründen, dass ein oder mehrere bestimmte Mitbewerber vom Markt ganz verdrängt** werden (OLG Düsseldorf, B. v. 28. 9. 2006 – Az.: VII – Verg 49/06; VK Baden-Württemberg, B. v. 2. 2. 2010 – Az.: 1 VK 75/09; B. v. 28. 10. 2004 – Az.: 1 VK 68/04; VK Brandenburg, B. v. 14. 3. 2005 – Az.: VK 7/05; B. v. 30. 4. 2004 – Az.: VK 13/04; 1. VK Bund, B. v. 20. 12. 2007 – Az.: VK 1–143/07; B. v. 21. 9. 2006 – Az.: VK 1–100/06; 2. VK Bund, B. v. 9. 6. 2010 – Az.: VK 2–38/10; B. v. 20. 12. 2005 – Az.: VK 2–159/05; B. v. 20. 12. 2005 – Az.: VK 2–156/05; B. v. 8. 1. 2004 – Az.: VK 2–124/03; VK Düsseldorf, B. v. 2. 5. 2006 – Az.: VK – 17/2006 – B; 3. VK Bund, B. v. 22. 3. 2005 – Az.: VK 3–13/05; VK Schleswig-Holstein, B. v. 15. 5. 2006 – Az.: VK-SH 10/06).

7656   Nach Auffassung des **Hanseatischen OLG Bremen** kann außerhalb von besonderen wettbewerbs- und kartellrechtlichen Umstände ein **Drittschutz** des § 16 Abs. 6 Nr. 1 VOB/A **jedenfalls dann nicht eingreifen, wenn der Auftraggeber sich an die Vorgaben des § 16 Abs. 6 Nr. 2 VOB/A gehalten hat**, denn ein Ausschluss nach Nr. 1 setzt ein Vorgehen und eine Beurteilung der Angemessenheit nach Nr. 2 voraus (Hanseatisches OLG Bremen, B. v. 24. 5. 2006 – Az.: Verg 1/2006).

86.3.7 § 16 Abs. 6 Nr. 2

7657   Die Vorschrift des **§ 16 Abs. 6 Nr. 2** hat **drittschützenden Charakter** (1. VK Sachsen, B. v. 1. 10. 2002 – Az.: 1/SVK/084-02).

7658   Nach Auffassung des OLG Düsseldorf hat die Pflicht des öffentlichen Auftraggebers, ein auf erste Sicht ungewöhnlich niedriges Angebot zu überprüfen, **zwar bieterschützenden Charakter**. § 16 Abs. 6 Nr. 2 VOB/A entfaltet bieterschützende Wirkung jedoch nicht zugunsten

Vergabe- und Vertragsordnung für Bauleistungen Teil A   VOB/A § 16   Teil 3

des konkurrierenden Bieters, sondern **nur zugunsten des Bieters, dessen Angebot wegen Unauskömmlichkeit des Gesamtpreises von einem Ausschluss bedroht** wird (OLG Düsseldorf, B. v. 11. 2. 2009 – Az.: VII-Verg 69/08 – relative Schutzwirkung; 2. VK Bund, B. v. 9. 6. 2010 – Az.: VK 2–38/10).

86.4 Wertungsstufen

86.4.1 Änderung durch die VOB/A 2009

Bei der Wertung nach § 16 VOB/A (und § 16 VOL/A) werden die **Angebote nach ihrer Gesamtheit betrachtet** und **miteinander** hinsichtlich ihres Inhalts und ihrer Preise **verglichen**. Die Wertung der Angebote erfolgt in **vier Stufen**: 7659
- Ermittlung der Angebote, die wegen inhaltlicher oder formeller Mängel auszuschließen sind (§ 16 Abs. 1 VOB/A),
- Prüfung der Eignung der Bieter in persönlicher und sachlicher Hinsicht (§ 16 Abs. 2 VOB/A),
- Prüfung der Angebotspreise (§ 16 Abs. 3–5 VOB/A) und
- Auswahl des wirtschaftlichsten Angebots (§ 16 Abs. 6 VOB/A).

Diese **Wertungsstufen unterscheiden sich von den Wertungsstufen der VOB/A 2006** 7660 dadurch, dass **als dritte Wertungsstufe (Prüfung) der VOB/A 2009 die rechnerische, technische und wirtschaftliche Prüfung des § 23 VOB/A 2006 erfolgt** und **als vierte Wertungsstufe (Wertung) die dritte und vierte Wertungsstufe der VOB/A 2006 (Prüfung der Angemessenheit und der Wirtschaftlichkeit) zusammengefasst** wurden.

Tabelle:

	1. Stufe	2. Stufe	3. Stufe	4. Stufe
VOB/A 2006	Ausschlussprüfung (Formalprüfung) § 25 Nr. 1	Eignungsprüfung § 25 Nr. 2	Angemessenheitsprüfung § 25 Nr. 3 Abs. 1, 2	Wirtschaftlichkeitsprüfung § 25 Nr. 3 Abs. 3
VOB/A 2009	Ausschlussprüfung (Formalprüfung) § 16 Abs. 1	Eignungsprüfung § 16 Abs. 2	Rechnerische, technische und wirtschaftliche Prüfung § 16 Abs. 3	Angemessenheits- und Wirtschaftlichkeitsprüfung § 16 Abs. 6

86.4.2 Rechtsprechung zu den Wertungsstufen nach § 25 VOB/A

86.4.2.1 Hinweis

Wegen dieser inhaltlichen Unterschiede der einzelnen Wertungsstufen im Vergleich von 7661 VOB/A 2006 und VOB/A 2009 ist die **Rechtsprechung zu den Wertungsstufen nach § 25 VOB/A 2006 nur bedingt verwendbar**.

86.4.2.2 Allgemeines

Im Wertungsvorgang ist **nacheinander zu untersuchen**, ob Angebote ausgeschlossen werden müssen, ob die Bieter geeignet sind, welche in der Wertung verbliebenen Angebote in die engere Wahl kommen und welches von diesen Angeboten das annehmbarste Angebot ist (BGH, Urteil v. 15. 4. 2008 – Az.: X ZR 129/06; OLG Celle, B. v. 31. 7. 2008 – Az.: 13 Verg 3/08; B. v. 3. 3. 2005 – Az.: 13 Verg 21/04; Thüringer OLG, Urteil vom 27. 2. 2002 – Az.: 6 U 360/01; VK Baden-Württemberg, B. v. 18. 7. 2003 – Az.: 1 VK 30/03; B. v. 21. 11. 2001 – Az.: 1 VK 37/01; 1. VK Brandenburg, B. v. 14. 6. 2007 – Az.: 1 VK 17/07; B. v. 14. 5. 2007 – Az.: 2 VK 14/07; 1. VK Bund, B. v. 11. 11. 2003 – Az.: VK 1–103/03; 2. VK Bund, B. v. 10. 12. 2003 – Az.: VK 1–116/03; 3. VK Bund, B. v. 16. 3. 2007 – Az.: VK 3–13/07; 2. VK Mecklenburg-Vorpommern, B. v. 7. 1. 2008 – Az.: 2 VK 5/07; VK Lüneburg, B. v. 23. 2. 2004 – Az.: 203-VgK-01/2004; VK Münster, B. v. 28. 6. 2007 – Az.: VK 10/07; 1. VK Sachsen, B. v. 21. 2. 2005 – Az.: 1/SVK/008-05; B. v. 11. 2. 2005 – Az.: 1/SVK/128-04; B. v. 8. 2. 2005 – 7662

Teil 3 VOB/A § 16   Vergabe- und Vertragsordnung für Bauleistungen Teil A

Az.: 1/SVK/003–05; VK Südbayern, B. v. 29. 4. 2009 – Az.: Z3-3-3194-1-11–03/09; B. v. 21. 7. 2005 – Az.: 30-06/05; B. v. 11. 5. 2005 – Az.: 17-04/05). Die Vergabestelle hat auf dieser Grundlage das wirtschaftlich annehmbarste Angebot auszuwählen, auf das der Zuschlag zu erteilen ist (BGH, Urteil v. 15. 4. 2008 – Az.: X ZR 129/06). Diese **strenge Struktur ergibt sich aus den Vorgaben des Europäischen Vergaberechts** (2. VK Bremen, B. v. 25. 6. 2003 – Az.: VK 10/03).

86.4.3 Grundsätzliche Trennung der einzelnen Stufen bei der Wertung

7663   Die vier strikt vorgegebenen Wertungsstufen sind **unbedingt voneinander zu trennen**. Eine **Vermischung der Wertungsstufen** ist unzulässig und **kann zur Rechtswidrigkeit des Vergabeverfahrens führen** (BGH, Urteil v. 15. 4. 2008 – Az.: X ZR 129/06; Thüringer OLG, Urteil vom 27. 2. 2002 – Az.: 6 U 360/01; VK Brandenburg, B. v. 14. 6. 2007 – Az.: 1 VK 17/07; B. v. 14. 5. 2007 – Az.: 2 VK 14/07; B. v. 26. 4. 2004 – Az.: VK 7/04; B. v. 27. 10. 2003 – Az.: VK 60/03, B. v. 18. 11. 2002 – Az.: VK 60/02; 2. VK Bremen, B. v. 25. 6. 2003 – Az.: VK 10/03; 1. VK Bund, B. v. 5. 8. 2009 – Az.: VK 1–128/09; 3. VK Bund, B. v. 23. 1. 2009 – Az.: VK 3–194/08; B. v. 16. 3. 2007 – Az.: VK 3–13/07; VK Köln, B. v. 28. 11. 2006 – Az.: VK VOL 37/2006; 2. VK Mecklenburg-Vorpommern, B. v. 7. 1. 2008 – Az.: 2 VK 5/07; VK Münster, B. v. 28. 6. 2007 – Az.: VK 10/07; B. v. 17. 11. 2005 – Az.: VK 21/05; VK Sachsen, B. v. 11. 2. 2005 – Az.: 1/SVK/128-04; VK Südbayern, B. v. 21. 7. 2005 – Az.: 30-06/05; B. v. 11. 5. 2005 – Az.: 17-04/05).

86.4.4 Verpflichtung zur umfassenden Prüfung und Wertung aller Angebote?

7664   Aus den gesetzlichen Vorschriften lässt sich **keine Verpflichtung der Vergabestelle** herleiten, **alle eingegangenen Angebote bis ins letzte Detail abschließend zu prüfen**, wenn **klar erkennbar ist, dass bestimmte Details für das Wertungsergebnis unter keinen denkbaren Umständen von Relevanz** sind. Die gegenteilige Auffassung führt dazu, dass die Ressourcen der Vergabestelle in der Kürze der ihr zur Verfügung stehenden Prüfungszeit übermäßig beansprucht würden, ohne dass dem ein für die Wertung bedeutsames Resultat gegenüberstehen würde. Das gilt insbesondere für Fälle, bei dem die Prüfung mit einem großen personellen und Sachaufwand verbunden ist (2. VK Bund, B. v. 18. 7. 2002, Az.: VK 2–40/02).

7665   Es ist **unter Wahrung der Wettbewerbsgrundsätze zulässig, bei Vorliegen sehr vieler Angebote zunächst die 10 preisgünstigsten Angebote** auf formale Korrektheit, Eignung und Wirtschaftlichkeit zu überprüfen und, sollte sich daraus kein zuschlagsfähiges Angebot ermitteln lassen, **dann die nächste Preisgruppe zu prüfen, wenn die strikte inhaltliche Trennung der Wertungsstufen eingehalten** wird (VK Düsseldorf, B. v. 11. 1. 2006 – Az.: VK – 50/2005 – L).

7666   Solange nicht einzelne Erwägungen oder Kriterien miteinander vermischt oder doppelt geprüft werden, **darf ein öffentlicher Auftraggeber die Angebotswertung auch so gestalten, dass er etwa Angebote, von denen klar zu erkennen ist, dass sie nach den anzuwendenden Wertungskriterien keine Aussicht auf den Zuschlag haben, vorab aussondern und den entsprechenden Wertungsschritt vorzieht, um den Prüfungsaufwand zu begrenzen** (1. VK Bund, B. v. 5. 8. 2009 – Az.: VK 1–128/09).

86.4.5 Prüfungsreihenfolge der einzelnen Stufen

7667   Die **strikte Einhaltung einer Reihenfolge ist nicht zwingend vorgegeben**. Artikel 44 Abs. 1 der Richtlinie 2004/18/EG des Europäischen Parlaments und des Rates vom 31. März 2004 über die Koordinierung der Verfahren zur Vergabe öffentlicher Bauaufträge, Lieferaufträge und Dienstleistungsaufträge – VKR – kann nicht so verstanden werden, dass im Rahmen der Eignungsprüfung auch Angebote ausgeschlossen werden sollen, bei denen auf Grund besonderer Umstände eine sinnvolle Aussage über die Eignung noch gar nicht möglich ist. Ein **logischer Zwang, die Eignung abschließend vor der Wirtschaftlichkeit zu prüfen, besteht** gerade wegen des Gebotes der strikten Trennung nicht. Eine Änderung der Prüfungsfolge kann allenfalls dazu führen, dass das Angebot, das als wirtschaftlichstes ermittelt wurde, heraus fällt und das nächst wirtschaftlichste „nachrückt"; das Ergebnis wäre nicht anders als bei Einhaltung der regelmäßigen Reihenfolge. Deshalb ist es ja auch unproblematisch, dass der Auftraggeber in eine erneute Prüfung der Eignung eintritt, wenn die

Vergabestelle z. B. von schweren Verfehlungen erst nachträglich erfährt; dann ist der Auftraggeber sogar verpflichtet, die Zuverlässigkeitsprüfung nochmals aufzugreifen (2. VK Mecklenburg-Vorpommern, B. v. 7. 1. 2008 – Az.: 2 VK 5/07).

Der **Grundsatz der Trennung der Wertungsstufen ist also nicht zeitlich dergestalt zu verstehen, dass jede einzelne Stufe gleichermaßen „bestandskräftig" abgeschlossen ist, bevor die nächste angegangen wird.** Vielmehr ist das **Gebot der Trennung der Wertungsstufen in erster Linie inhaltlicher Natur**, das heißt Aspekte, die bereits auf einer Stufe bei der Angebotsprüfung eine Rolle gespielt haben, dürfen bei der späteren Wertung auf der vierten Stufe nicht mehr berücksichtigt werden. Dies betrifft in erster Linie die Trennung von Eignung und Wirtschaftlichkeitsprüfung, so dass einem geeignetem Unternehmen bei der Wirtschaftlichkeitsprüfung auf der vierten Wertungsebene nicht nochmals „Pluspunkte" gegeben werden dürfen, weil der Auftraggeber es für geeigneter hält als einen ebenfalls grundsätzlich geeigneten Konkurrenten. Verboten ist es einem öffentlichen Auftraggeber außerdem, eine fehlerfrei getroffene Entscheidung, für die ihm ein Beurteilungsspielraum eingeräumt ist (z. B. ob ein Bieter angesichts der vorgelegten Nachweise als geeignet anzusehen ist), durch eine andere, ebenso von seinem Beurteilungsspielraum gedeckte Entscheidung zu ersetzen. Eine solche **inhaltliche Vermischung von Stufen und der dort bereits berücksichtigten Aspekte findet jedoch nicht statt, wenn formale Eignungsnachweise erst dann vorgelegt werden, nachdem die Angebotswertung auf der vierten Wertungsstufe bereits erfolgt** ist. Ebenso wenig wie das nachträgliche Feststellen von Fehlern z. B. bei der Eignungsprüfung, die vom Auftraggeber in jedem Stadium des Vergabeverfahrens und gegebenenfalls auch erst im Nachprüfungsverfahren zu berücksichtigen sind, verstößt es gegen die rechtlichen Grundsätze der Angebotswertung, wenn ein Auftraggeber z. B. aus Gründen der Verfahrensvereinfachung erst von denjenigen Bietern Eignungsnachweise abfordert, die nach der Prüfung der Wirtschaftlichkeit der Angebote in die engere Wahl kommen (3. VK Bund, B. v. 23. 1. 2009 – Az.: VK 3–194/08).

86.4.6 Verpflichtung des öffentlichen Auftraggebers, zwingend auszuschließende Angebote auf den weiteren Wertungsstufen weiter zu prüfen und zu werten?

Zwar ist ein öffentlicher Auftraggeber, der **auf der zweiten Wertungsstufe** im Rahmen der formellen Eignungsprüfung **Ausschlussgründe** feststellt, **im Regelfall nicht gehalten, bislang ungeprüfte Angebotselemente einer weiteren inhaltlichen Bewertung zu unterziehen**. Dieses gilt jedenfalls dann, wenn nicht konkrete Anhaltspunkte nahe legen, dass die Erklärungen, deren Fehlen oder Unvollständigkeit den Ausschluss begründen, an anderer Stelle des Angebots nachgeholt werden. Insbesondere bei **Massenausschreibungen mit identischen Verdingungsunterlagen und einer hohen Anzahl von Bietern** hat der öffentliche Auftraggeber ein berechtigtes Interesse daran, bei der Angebotswertung mit Hilfe eigens entwickelter Formulare nur die wertungsrelevanten Aspekte festzustellen und sich diese nicht aus einem umfangreichen Angebot zusammen zu suchen. Führt der öffentliche **Auftraggeber aber trotz des Vorliegens eines Ausschlussgrundes eine weitere Angebotsprüfung** durch, so **dürfen die sich aus der fortgesetzten tatsächlichen Befassung mit dem Inhalt des Angebots ergebenden Erkenntnisse nicht unberücksichtigt** bleiben. Diese Verpflichtung findet ihre Rechtfertigung in der Selbstbindung des öffentlichen Auftraggebers. Seine Entscheidung, die Bewertung fortzusetzen, dient dem Ziel, sich weitere Erkenntnisse über den Inhalt des Angebots zu verschaffen. Sie ist damit nur sinnvoll, wenn sichergestellt ist, dass diese Erkenntnisse auch bei der Entscheidung über die Zuschlagsfähigkeit des Angebots verwertet werden und **vorläufige Ergebnisse gegebenenfalls korrigiert werden** können (OLG Düsseldorf, B. v. 12. 10. 2007 – Az.: VII – Verg 28/07).

86.4.7 Verpflichtung des öffentlichen Auftraggebers zur Schaffung eines Informationskreislaufs bei einer arbeitsteiligen Organisation der Prüfung und Wertung

Eine **arbeitsteilige Organisation der Prüfungsabläufe** birgt – anders als wenn Prüfung und Entscheidung in der Hand einer Person liegen – **grundsätzlich die Gefahr, dass relevante Informationen nicht weitergeleitet** und damit bei der abschließenden Entscheidung nicht verwertet werden. Da der Bieter aber in arbeitsteilig organisierten Vergabeverfahren nicht anders und schlechter stehen darf, als wäre sein Angebot von einer Person geprüft worden, **ob-**

liegt es dem öffentlichen Auftraggeber, durch organisatorische Vorkehrungen einen Informationskreislauf zu schaffen, der die Verwertbarkeit sämtlicher Erkenntnisse der tatsächlich durchgeführten Wertungsstufen sicherstellt. So muss er dafür Sorge tragen, dass die mit der weiteren Bewertung des Angebots befassten Prüfer über bis dato erkannte Ausschlussgründe und den sie tragenden Sachverhalt informiert sind und dass der Rücklauf neuer Erkenntnisse zu der für die abschließende Entscheidung zuständige Stelle gesichert ist. So muss z. B. ein Auftraggeber dann, wenn er sich trotz des Vorliegens von Ausschlussgründen auf der zweiten Wertungsstufe zur Fortsetzung der Angebotswertung entschließt, veranlassen, dass der mit der weiteren Bewertung befassten Prüfgruppe das bisherige Prüfergebnis nebst Begründung bekannt gemacht wird und **etwaige neue, eine Korrektur der vorläufigen Ausschlussentscheidung rechtfertigende Erkenntnisse an die über den Zuschlag entscheidende Stelle zurück gelangt** (OLG Düsseldorf, B. v. 12. 10. 2007 – Az.: VII – Verg 28/07).

86.4.8 Abschließende positive Regelung der Ausschlussgründe im Vergaberecht?

7671 Die **Rechtsprechung** ist insoweit **nicht einheitlich**.

7672 Daraus, dass die Ausschlussgründe von Angeboten in der Vergabekoordinierungsrichtlinie (Richtlinie 2004/18/EG) nicht geregelt sind, lassen sich, da die Richtlinie kein umfassendes und abschließendes Regelwerk beinhaltet, keine Rückschlüsse auf die Unzulässigkeit eines Ausschlussgrundes ziehen. **Die Richtlinie enthält insbesondere keinen abschließenden Katalog der von der Vergabestelle zu berücksichtigenden Ausschlusskriterien. Vielmehr gilt, soweit die Richtlinie keine Regelung enthält, das bisherige Recht weiter** (OLG München, B. v. 7. 4. 2006 – Az.: Verg 05/06).

7673 Die **Ausschlussgründe des § 16 Abs. 1 VOB/A** (nicht anders verhält es sich im Anwendungsbereich des **§ 16 Abs. 3, 4 VOL/A**) sind **restriktiv anzuwenden**. Sie **erlauben keine erweiternde Auslegung** oder eine **entsprechende Anwendung** auf – vermeintlich – gleich oder ähnlich gelagerte Fallgestaltungen (OLG Düsseldorf, B. v. 14. 10. 2009 – Az.: VII-Verg 9/09).

7674 **GWB, VgV, VOB/A, VOL/A und VOF** normieren die für den Ausschluss von Bietern und Angeboten geltenden Ausschlussgründe abschließend. Dem öffentlichen **Auftraggeber ist es somit verwehrt, außerhalb dieser vergaberechtlich geregelten Ausschlusstatbestände weitere Ausschlussgründe festzulegen.** Der Handlungsspielraum des öffentlichen Auftraggebers beschränkt sich insoweit auf die Möglichkeit, in der Bekanntmachung oder den Vergabeunterlagen Obliegenheiten des Bieters festzulegen, die sich bei Nichterfüllung unter einen vergaberechtlich normierten Ausschlusstatbestand subsumieren lassen (1. VK Bund, B. v. 18. 1. 2007 – Az.: VK 1–148/06; 3. VK Bund, B. v. 18. 3. 2008 – Az.: VK 3–35/08).

7675 Auch für den **Fall, dass „rechnerische Fehler" bei der Überprüfung der Angebote auftauchen, geht die VOB grundsätzlich nicht davon aus, solche Angebote von der weiteren Vergabe auszuschließen.** Insoweit fehlt in § 16 Abs. 1 VOB/A eine entsprechende Ausschlussbestimmung; vielmehr bleiben derartige Angebote mit im Vergabewettbewerb (VK Saarland, B. v. 2. 2. 2009 – Az.: 1 VK 10/2008).

7676 Mit einem **Ausschluss z. B. wegen Nichtvorlage von Führungszeugnissen wird kein neuer weiterer Ausschlussgrund geschaffen. Das Anfordern von Unterlagen dient lediglich der Überprüfung, ob ein Ausschlusstatbestand gegeben** ist. Die Tatsache, dass ein Ausschluss geboten ist, wenn zulässigerweise geforderte Nachweise nicht rechtzeitig vorgelegt werden, ist bereits in § 16 Abs. 1 Nr. 1 Buchst. b) VOB/A geregelt. Es handelt sich folglich um keinen neuen Ausschlussgrund (VK Baden-Württemberg, B. v. 10. 10. 2008 – Az.: 1 VK 31/08).

7677 Nach anderer Auffassung ist der **Ausschlussgrund der Nichterfüllung der Anforderungen des Leistungsverzeichnisses nicht ausdrücklich in der VOB/A oder der VOL/A genannt, doch muss ein derartiges Angebot ausgeschlossen werden**, weil es wegen der sich nicht deckenden Willenserklärungen nicht zu dem beabsichtigten Vertragsschluss führen kann (OLG München, B. v. 29. 3. 2007 – Az.: Verg 02/07; BayObLG, B. v. 8. 12. 2004 – Az.: Verg 019/04; im Ergebnis ebenso VK Hannover, B. v. 29. 9. 2004 – Az.: 26 045 – VgK 09/2004; VK Nordbayern, B. v. 12. 11. 2004 – Az.: 320.VK – 3194 – 43/04; VK Schleswig-Holstein, B. v. 14. 9. 2005 – Az.: VK-SH 21/05). Dieser **Fall** lässt sich aber ohne weiteres dem **Ausschlussgrund der Änderung der Vergabeunterlagen** (§ 16 Abs. 1 Nr. 1 lit. b), 13 Abs. 1 Nr. 5 Satz 1 VOB/A) zuordnen.

Es genügt in diesem Sinne vergaberechtlich auch nicht, dass die für das Inverkehrbringen oder die Inbetriebnahme erforderlichen technischen Voraussetzungen eines Gerätes erst zum Zeitpunkt der Lieferung vorliegen. Vielmehr **kommt es für die Frage, ob das Gerät der Leistungsbeschreibung entspricht, auf den Zeitpunkt der Angebotslegung an**. Wollte man auf den in der Zukunft liegenden Lieferzeitpunkt abstellen, würde in das Vergabeverfahren eine nicht tolerierbare Unsicherheit getragen. Es wäre nämlich nicht sicher, ob die Voraussetzung z. B. der MPG-Konformität jemals vorliegen wird und damit ein Vertrag über die Lieferung des Geräts zustande kommt, für das der Zuschlag erteilt werden soll. Dies **gilt auch dann, wenn diese Unsicherheit nur bei einem optional angebotenen Gerät besteht und ggf. auf die Standardposition zurückgegriffen werden kann** (OLG München, B. v. 27. 1. 2006 – Az.: VII – Verg 1/06).

Ein **Ausschlussgrund kann sich auch daraus ergeben, dass das Angebot hinsichtlich seines Leistungsinhalts ungenau** ist. Das Angebot muss so klar und eindeutig formuliert sein, dass der Auftraggeber nur noch durch einfache Annahmeerklärung (den Zuschlag) einen eindeutigen Vertrag zustande bringen kann, ohne dass er sich der Gefahr aussetzt, dass es im Laufe der Vertragsabwicklung zu Auseinandersetzungen über den Angebotsinhalt kommt. Erfüllt das Angebt diese Vorgaben nicht, so **stellt dies einen Ausschlussgrund dar**. Wenn schon Änderungen des Bieters an seinen Angaben zweifelsfrei sein müssen, so muss dies nämlich erst recht das Angebot als solches sein (3. VK Bund, B. v. 16. 2. 2006 – Az.: VK 3 – 03/06).

86.5 Grundsatz der Wahrheit der Bieterangaben

Im Rahmen der Prüfung und Wertung **darf ein öffentlicher Auftraggeber zunächst grundsätzlich darauf vertrauen, dass die von einem Bieter in den Angebotsunterlagen gemachten Angaben wahrheitsgemäß erfolgt** sind. Lediglich dann, wenn ihm **konkrete Anhaltspunkte** vorliegen, die zuverlässige Rückschlüsse darauf ermöglichen, dass bestimmte **Erklärungen des Bieters nicht der Wahrheit entsprechen**, ist er gehalten, von Amts wegen die **Richtigkeit der entsprechenden Angaben näher zu überprüfen** (OLG Celle, B. v. 13. 12. 2007 – Az.: 13 Verg 10/07; VK Brandenburg, B. v. 17. 12. 2009 – Az.: VK 21/09). Werden **aufgrund konkreter Anhaltspunkte Angebotsaufklärungen notwendig**, die z. B. die **Nichteinhaltung der Mindestanforderungen bei der Eignungsprüfung auf der zweiten Wertungsstufe zum Ergebnis haben**, läge ein **Verstoß gegen das Gleichbehandlungsgebot** aus § 97 Abs. 2 GWB vor, **sähe der Auftraggeber bei dieser gesicherten Erkenntnis zugunsten eines Bieters von der Einhaltung der für alle Bieter geltenden Ausschreibungsbedingungen** ab (VK Brandenburg, B. v. 17. 12. 2009 – Az.: VK 21/09).

86.6 1. Wertungsstufe: Prüfung und Ausschluss nach § 16 Abs. 1

86.6.1 Gegenstand der 1. Wertungsstufe

86.6.1.1 Grundsätze

Gegenstand der ersten Wertungsstufe ist allein die formelle und rechnerische Prüfung der Angebote; sie endet mit dem Ausschluss derjenigen Angebote, die sich schon wegen offensichtlicher formeller Mängel nicht für einen Vergleich mit anderen Angeboten eignen. In dieser Prüfungs- und Wertungsstufe erfolgt **noch keine inhaltliche Bewertung der Angebote**, diese ist erst Gegenstand der dritten und vierten Wertungsstufe (OLG Brandenburg, B. v. 29. 7. 2008 – Az.: Verg W 10/08; B. v. 20. 3. 2007 – Az.: Verg W 12/06).

Auf der ersten Wertungsstufe ist bei einem Nebenangebot zu prüfen, ob es so gestaltet ist, dass es überhaupt prüffähig ist. Die **angebotene Leistung muss eindeutig und erschöpfend beschrieben** sein, so dass sich der Auftraggeber ein klares Bild über die im Rahmen des Nebenangebots vorgesehene Ausführung der Leistung machen kann. Es muss **deutlich werden, welche in den Verdingungsunterlagen vorgesehenen Leistungen ersetzt** werden. Zu erstrecken hat sich die Prüfung auch darauf, **ob infolge des Nebenangebots andere in den Verdingungsunterlagen vorgesehene Leistungen geändert werden müssen** oder zusätzliche, in den Verdingungsunterlagen nicht enthaltene Leistungen erforderlich werden (OLG Brandenburg, B. v. 29. 7. 2008 – Az.: Verg W 10/08).

86.6.1.2 Richtlinie des VHB 2008 zur Durchsicht

Die Durchsicht der Angebote hat allein die Vergabestelle durchzuführen. Dabei sind Bediensteten einzusetzen, die nicht mit der Vergabeentscheidung oder der Durchführung der Maßnahme befasst sind. Die Angebote sind daraufhin durchzusehen, ob Auffälligkeiten den Schluss zulassen, dass das Wettbewerbsergebnis verfälscht werden soll, bzw. eine Manipulationsabsicht besteht. Auffälligkeiten sind z.B. fehlende, überschriebene, überlackte oder mit Bleistift eingetragene Preise, Erklärungen oder Doppelblätter. Auffälligkeiten sind an der betreffenden Stelle im Angebot nachvollziehbar zu kennzeichnen (Richtlinien zu 321 – Vergabevermerk: Prüfungs- und Wertungsübersicht – Ziffer 1.1).

86.6.1.3 Regelung des HVA StB-B 04/2010 zur ersten Durchsicht

7684 Unmittelbar nach Beendigung des Eröffnungstermins ist für mindestens die ersten fünf Bieter in der Rangfolge der verlesenen Angebotsendsummen eine Erste Durchsicht der Angebote vom Verhandlungsleiter oder von einer Vertrauensperson, die jedoch nicht mit der Aufstellung der Vergabeunterlagen befasst war und nach der Durchsicht der Angebote auch nicht im weiteren Vergabeverfahren mitwirkt, vorzunehmen. Dabei ist entsprechend dem Vordruck „HVA B-StB Erste Durchsicht" (siehe Muster 2.3–2) vorzugehen. Diese zusätzliche Überprüfung ersetzt nicht die formale Prüfung gemäß Abschnitt 2.4 Nr. (12) ff. HVA B-StB (Richtlinien für das Durchführen der Vergabeverfahren, 2.3 Eröffnung der Angebote und Erste Durchsicht, Nr. 14).

7685 Bei der Ersten Durchsicht sollen augenfällige Auffälligkeiten, die insbesondere geeignet sind, Ansätze zu Manipulationen bzw. Interpretationen des Angebotsinhaltes zu liefern, erkannt und sofort dokumentiert werden. Eventuelle Festlegungen sind im Vordruck „HVA B-StB Erste Durchsicht" einzutragen. (Richtlinien für das Durchführen der Vergabeverfahren, 2.3 Eröffnung der Angebote und Erste Durchsicht, Nr. 15).

7686 Im HVA StB-B 04/2010 ist ein 2.3-2 Erste Durchsicht Muster enthalten.

86.6.2 Besondere Prüfungspflicht bei einer Häufung von formalen Fehlern der Bieter

7687 Wenn bei einem offenen Vergabeverfahren von 21 Angeboten 20 von der Wertung ausgeschlossen werden sollen, ist der **Sinn und Zweck des Verfahrens, der oftmals in einem Preis- und Wirtschaftlichkeitsvergleich zu sehen ist, gefährdet.** Ein Preisvergleich sowie auch ein Vergleich der Wirtschaftlichkeit verschiedener Angebote sind aber nicht möglich, wenn zuvor schon aus formalen oder auch aus technischen Gründen heraus sämtliche Angebote bis auf ein einziges aus der Wertung ausgeschlossen werden. Aufgrund solcher besonderen Umstände besteht eine **verschärfte Prüfungspflicht des öffentlichen Auftraggebers, deren Erfüllung auch nachvollziehbar dokumentiert werden muss** (2. VK Bund, B. v. 17. 1. 2002 – Az.: VK 2–46/01).

86.6.3 Zwingender Ausschluss von Angeboten (§ 16 Abs. 1 Nr. 1)

86.6.3.1 Eindeutige und klare Benennung der Rechtsfolge

7688 § 16 Abs. 1 Nr. 1 nennt verschiedene zwingende Ausschlussgründe für Angebote. Trifft der **Auftraggeber** aber **in den Vergabeunterlagen widersprüchliche Aussagen** hinsichtlich der Rechtsfolge fehlender Angaben (z.B. erfolgt nach einer Formulierung wegen fehlender Einheitspreisangaben zwingend und nach einer anderen Aussage nur ein fakultativer Ausschluss des Angebotes), kann **kein zwingender Ausschluss** vorgenommen werden; es muss eine **Einzelfallprüfung** erfolgen (VK Düsseldorf, B. v. 29. 4. 2009 – Az.: VK – 2/2009 – L; 1. VK Sachsen, B. v. 5. 7. 2002 – Az.: 1/SVK/064-02).

86.6.3.2 Ausschluss von verspäteten Angeboten (§ 16 Abs. 1 Nr. 1 lit. a)

7689 Der Ausschluss verspätet eingegangener Angebote ist nach dem Inhalt dieser Bestimmung **zwingend** (OLG Brandenburg, B. v. 19. 1. 2009 – Az.: Verg W 2/09; VK Nordbayern, B. v. 15. 4. 2002 – Az.: 320.VK-3194-08/02). Nachdem die für alle Bieter gleichermaßen geltende **Angebotsfrist abgelaufen** ist, ggf. auch der Submissionstermin bereits abgehalten und mithin die Angebote der Bieter eröffnet und im Submissionsprotokoll verzeichnet sind, kommt die **Berücksichtigung eines danach eingehenden Angebots aus Gründen der Gewährleistung eines fairen Wettbewerbs und einer Gleichbehandlung aller Bieter auf keinen Fall mehr in Betracht** (OLG Naumburg, B. v. 29. 4. 2008 – Az.: 1 W 14/08).

7690 Zu den Einzelheiten, wann von einem verspäteten Angebot gesprochen werden kann, vgl. die Kommentierung zu → § 14 VOB/A Rdn. 62 ff.

Vergabe- und Vertragsordnung für Bauleistungen Teil A VOB/A § 16 **Teil 3**

Nach der Vorschrift des § 16 Abs. 1 Nr. 1 Buchstabe a) sind **auch solche Angebote – bzw.** 7691
Bieter – auszuschließen, die in einem ungeregelten Verfahren nach Ablauf einer Angebotsabgabefrist abgegeben wurden (OLG Düsseldorf, B. v. 13. 6. 2007 – Az.: VII – Verg 2/07).

Nicht auszuschließen sind Angebote, die nachweislich vor Ablauf der Angebotsfrist dem 7692
Auftraggeber zugegangen war, aber bei Öffnung des ersten Angebots aus vom Bieter nicht zu vertretenden Gründen dem Verhandlungsleiter nicht vorgelegen hat (§ 14 Abs. 6). Vgl. dazu die **Kommentierung zu** → **§ 14 VOB/A Rdn. 62 ff.**

86.6.3.3 Ausschluss von Angeboten, die den Bestimmungen des § 13 Absatz 1 Nummer 1 nicht entsprechen (§ 16 Abs. 1 Nr. 1 lit. b)

86.6.3.3.1 Nicht unterzeichnete Angebote. 86.6.3.3.1.1 Grundsatz. Angebote, die 7693
dem **Erfordernis einer** – ggf. (rechts-)verbindlichen – **Unterschrift nicht genügen**, sind gemäß § 13 Abs. 1 Nr. 1 VOB/A **von der Wertung grundsätzlich zwingend auszuschließen** (OLG Frankfurt, B. v. 26. 8. 2008 – Az.: 11 Verg 8/08). Zu den Anforderungen an die Unterschrift vgl. im Einzelnen die Kommentierung zu → § 13 VOB/A Rdn. 19 ff.

86.6.3.3.1.2 Nicht eindeutig unterschriebene Angebote. Der **Fall der nicht eindeu-** 7694
tig unterschriebenen Angebote, bei denen also der Vertragspartner nicht eindeutig ermittelt werden kann, ist in der VOB/A nicht geregelt. Die **Rechtsprechung wendet auf diese Fälle § 16 Abs. 1 Nr. 1 Buchstabe b) VOB/A an und kommt so zu einem zwingenden Ausschluss** dieser Angebote (3. VK Bund, B. v. 4. 10. 2004 – Az.: VK 3–152/04).

86.6.3.3.1.3 Unvollständige Unterschrift im kommunalen Bereich. Die Gemeinde- 7695
ordnungen – z.B. § 64 Abs. 1 GO NRW – können bei den die Gemeinde verpflichtenden Erklärungen das **Erfordernis einer Gesamtvertretung** durch den Bürgermeister oder seinen Stellvertreter und einen vertretungsberechtigten Beamten oder Angestellten konstituieren. **Fehlt dann** bei einem Angebot z. B. die Unterschrift des Bürgermeisters oder seines Stellvertreters, ist das **Angebt zwingend auszuschließen** (OLG Düsseldorf, B. v. 22. 12. 2004 – Az.: VII – Verg 81/04).

86.6.3.3.2 Angebote ohne entsprechende Signatur. § 13 Abs. 1 Nr. 1 Satz 4 verlangt – 7696
als **Äquivalent der Unterschrift** – bei elektronischen Angeboten nach Wahl des Auftraggebers eine fortgeschrittene elektronische Signatur nach dem Signaturgesetz und den Anforderungen des Auftraggebers oder eine qualifizierte elektronische Signatur nach dem Signaturgesetz. **Fehlt eine entsprechende Signatur**, ist das Angebot **zwingend auszuschließen**.

86.6.3.4 Ausschluss von Angeboten, die den Bestimmungen des § 13 Absatz 1 Nummer 2 nicht entsprechen (§ 16 Abs. 1 Nr. 1 lit. b)

Gemäß §§ 16 Abs. 1 Nr. 1 lit. b), 13 Abs. 1 Nr. 2 **müssen nicht datenintegre und nicht** 7697
vertrauliche Angebote ausgeschlossen werden. Vgl. insoweit die Kommentierung zu → § 13 VOB/A Rdn. 69 ff.

86.6.3.5 Ausschluss von Angeboten, die den Bestimmungen des § 13 Absatz 1 Nummer 5 nicht entsprechen (§ 16 Abs. 1 Nr. 1 lit. b)

86.6.3.5.1 Ausschluss von Angeboten mit Änderungen an den Vergabeunterlagen 7698
(§§ 16 Abs. 1 Nr. 1 lit. b, 13 Abs. 1 Nr. 5). 86.6.3.5.1.1 Grundsatz. Gemäß § 13 Abs. 1 Nr. 5 VOB/A sind **Änderungen an den Vergabeunterlagen durch den Bieter unzulässig**. Sie haben nach § 16 Abs. 1 Nr. 1 lit. b) VOB/A zur Folge, dass das Angebot, welches nicht der Leistungsbeschreibung des Auftraggebers entspricht, **von der Wertung ausgeschlossen werden muss** (OLG Düsseldorf, B. v. 14. 10. 2009 – Az.: VII-Verg 9/09; B. v. 4. 5. 2009 – Az.: VII-Verg 68/08; B. v. 28. 4. 2008 – Az.: VII – Verg 1/08; B. v. 29. 4. 2003 – Az.: Verg 22/03; OLG Koblenz, B. v. 3. 4. 2008 – Az.: 1 Verg 1/08; VK Baden-Württemberg, B. v. 12. 12. 2008 – Az.: 1 VK 50/08; VK Berlin, B. v. 20. 4. 2009 – Az.: VK B 2–10/09; VK Brandenburg, B. v. 12. 8. 2009 – Az.: VK 28/09; 1. VK Bund, B. v. 29. 7. 2010 – Az.: VK 1–67/10; 3. VK Bund, B. v. 5. 7. 2010 – Az.: VK 3–60/10; B. v. 4. 2. 2010 – Az.: VK 3 – 3/10; B. v. 3. 2. 2010 – Az.: VK 3 – 1/10; B. v. 21. 8. 2009 – Az.: VK 3–154/09; VK Lüneburg, B. v. 23. 2. 2007 – Az.: VgK-06/2007; VK Niedersachsen, B. v. 16. 3. 2009 – Az.: VgK-04/2009; B. v. vom 16. 10. 2008 – Az.: VgK-30/2008; VK Nordbayern, B. v. 28. 10. 2009 – Az.: 21.VK – 3194 – 46/09; B. v. 10. 6. 2008 – Az.: 21.VK – 3194 – 25/08; VK Sachsen, B. v. 25. 6. 2008 – Az.: 1/SVK/029-08; VK Schleswig-Holstein, B. v. 22. 7. 2009 – Az.: VK-SH 06/09; B. v.

Teil 3 VOB/A § 16 Vergabe- und Vertragsordnung für Bauleistungen Teil A

26. 5. 2009 – Az.: VK-SH 04/09; VK Südbayern, B. v. 7. 12. 2007 – Az.: Z3-3-3194-1-49–10/07; B. v. 3. 8. 2007 – Az.: Z3-3-3194-1-32–07/07).

7699 Schon aus Gründen der Gleichbehandlung und Transparenz (§ 97 Abs. 2 und Abs. 1 GWB) ist es **dem Auftraggeber im Vergabeverfahren nicht gestattet, Anforderungen in der Leistungsbeschreibung nachträglich fallen zu lassen** und damit Bieter, die sich an die Vorgaben gehalten haben, zu benachteiligen (3. VK Bund, B. v. 11. 3. 2010 – Az.: VK 3–18/10).

7700 Der Verstoß gegen § 16 Abs. 1 Nr. 1 lit. b) in Verbindung mit § 13 Abs. 1 Nr. 5 VOB/A hat den zwingenden Ausschluss des Angebots zur Folge. Der **öffentliche Auftraggeber hat bei Angeboten, die den Vorgaben des § 13 Abs. 1 Nr. 5 VOB/A nicht entsprechen, kein Recht zu einer wie auch immer gearteten großzügigen Handhabe, sondern ist gezwungen, das betreffende Angebot aus der Wertung zu nehmen.** Ein transparentes, auf Gleichbehandlung aller Bieter beruhendes Vergabeverfahren ist nur gewährleistet, wenn in jeder Hinsicht vergleichbare Angebote vorliegen (3. VK Bund, B. v. 4. 2. 2010 – Az.: VK 3 – 3/10; B. v. 8. 1. 2010 – Az.: VK 3–229/09).

7701 86.6.3.5.1.2 Sinn und Zweck der Vorschrift des § 13 Abs. 1 Nr. 5 VOB/A. § 13 Abs. 1 Nr. 5 VOB/A soll sicherstellen, dass das **Angebot den ausgeschriebenen Leistungen und den sonstigen Verdingungsunterlagen entspricht** (OLG Frankfurt, B. v. 26. 5. 2009 – Az.: 11 Verg 2/09; 3. VK Bund, B. v. 4. 2. 2010 – Az.: VK 3 – 3/10; VK Lüneburg, B. v. 1. 2. 2008 – Az.: VgK-48/2007; B. v. 23. 2. 2007 – Az.: VgK-06/2007; VK Münster, B. v. 15. 8. 2007 – Az.: VK 13/07; VK Niedersachsen, B. v. 16. 3. 2009 – Az.: VgK-04/2009; B. v. 24. 10. 2008 – Az.: VgK-35/2008; B. v. vom 16. 10. 2008 – Az.: VgK-30/2008; 1. VK Sachsen, B. v. 25. 6. 2008 – Az.: 1/SVK/029-08; B. v. 24. 4. 2008 – Az.: 1/SVK/015-08; B. v. 17. 12. 2007 – Az.: 1/SVK/074-07; VK Schleswig-Holstein, B. v. 20. 10. 2010 – Az.: VK-SH 16/10; VK Südbayern, B. v. 11. 4. 2006 – Az.: 08-03/06). Es geht nicht allein darum, dass der Auftraggeber eigenverantwortlich bestimmt, zu welchen Bedingungen er den Vertrag abschließen möchte, sondern auch darum, dass die **übrigen Teilnehmer an der Ausschreibung nicht durch eine Änderung der Verdingungsunterlagen durch einen Mitbieter einen Wettbewerbsnachteil erleiden** (VK Münster, B. v. 15. 8. 2007 – Az.: VK 13/07; VK Niedersachsen, B. v. 16. 3. 2009 – Az.: VgK-04/2009; 1. VK Sachsen, B. v. 25. 6. 2008 – Az.: 1/SVK/029-08; B. v. 24. 4. 2008 – Az.: 1/SVK/015-08; B. v. 17. 12. 2007 – Az.: 1/SVK/074-07; VK Südbayern, B. v. 11. 4. 2006 – Az.: 08-03/06). Der durch die öffentliche Ausschreibung eröffnete Wettbewerb der Bieter kann nur gewährleistet werden, wenn **Änderungen an den Vergabeunterlagen ausgeschlossen werden**, weil andernfalls die Vergleichbarkeit der Angebote leidet (OLG Frankfurt am Main, B. v. 8. 2. 2005 – Az.: 11 Verg 24/04; VK Baden-Württemberg, B. v. 20. 1. 2009 – Az.: 1 VK 69/08; 2. VK Brandenburg, B. v. 25. 2. 2005 – Az.: VK 6/05; B. v. 10. 6. 2004 – Az.: VK 21/04; B. v. 20. 8. 2001 – Az.: 2 VK 80/01; 1. VK Bund, B. v. 29. 7. 2010 – Az.: VK 1–67/10; B. v. 10. 4. 2007 – Az.: VK 1–20/07; 3. VK Bund, B. v. 21. 8. 2009 – Az.: VK 3–154/09; B. v. 20. 6. 2007 – Az.: VK 3–55/07; B. v. 21. 7. 2004 – Az.: VK 3–83/04; VK Halle, B. v. 16. 1. 2001 – AZ: VK Hal 35/00; VK Lüneburg, B. v. 1. 2. 2008 – Az.: VgK-48/2007; B. v. 12. 6. 2007 – Az.: VgK-23/2007; B. v. 29. 5. 2007 – Az.: VgK-19/2007; B. v. 23. 2. 2007 – Az.: VgK-06/2007; B. v. 5. 11. 2004 – Az.: 203-VgK-48/2004; B. v. 9. 7. 2004 – Az.: 203-VgK-22/2004; VK Münster, B. v. 25. 1. 2006 – Az.: VK 23/05; B. v. 21. 12. 2005 – Az.: VK 25/05; B. v. 5. 10. 2004 – Az.: VK 19/05; B. v. 20. 4. 2005 – Az.: VK 6/05; VK Niedersachsen, B. v. 27. 8. 2009 – Az.: VgK-35/2009; B. v. 16. 3. 2009 – Az.: VgK-04/2009; B. v. 24. 10. 2008 – Az.: VgK-35/2008; B. v. vom 16. 10. 2008 – Az.: VgK-30/2008; VK Nordbayern, B. v. 10. 6. 2008 – Az.: 21.VK – 3194 – 25/08; B. v. 8. 5. 2008 – Az.: 21.VK – 3194 – 17/08; B. v. 15. 1. 2008 – Az.: 21.VK – 3194 – 49/07; B. v. 10. 1. 2008 – Az.: 21.VK – 3194 – 56/07; B. v. 4. 4. 2006 – Az.: 21.VK – 3194 – 09/06; B. v. 16. 2. 2005 – Az.: 320.VK – 3194 – 02/05; B. v. 11. 2. 2005 – Az.: 320.VK-3194-51/04; B. v. 1. 2. 2005 – Az.: 320.VK – 3194 – 56/04; B. v. 4. 11. 2004 – Az.: 320.VK – 3194 – 41/04; B. v. 4. 8. 2004 – Az.: 320.VK – 3194 – 28/04; VK Saarland, B. v. 15. 3. 2006 – Az.: 3 VK 02/2006; B. v. 31. 1. 2006 – Az.: 1 VK 05/2005; 1. VK Sachsen, B. v. 25. 6. 2008 – Az.: 1/SVK/029-08; B. v. 24. 4. 2008 – Az.: 1/SVK/015-08; B. v. 17. 12. 2007 – Az.: 1/SVK/074-07; B. v. 14. 3. 2007 – Az.: 1/SVK/006-07; B. v. 11. 1. 2007 – Az.: 1/SVK/116-06; B. v. 5. 4. 2006 – Az.: 1/SVK/027-06; B. v. 16. 9. 2005 – Az.: 1/SVK/114-05; VK Schleswig-Holstein, B. v. 22. 7. 2009 – Az.: VK-SH 06/09; B. v. 26. 5. 2009 – Az.: VK-SH 04/09; B. v. 15. 5. 2006 – Az.: VK-SH 10/06; B. v. 28. 4. 2006 – Az.: VK-SH 05/06; B. v. 13. 12. 2004 – Az.: VK-SH-33/04; VK Südbayern, B. v. 17. 2. 2004 – Az.: 03-01/04, B. v. 17. 2. 2004 – Az.: 67-12/03).

7702 Außerdem soll der **Auftraggeber davor geschützt werden**, den Zuschlag auf ein unbemerkt geändertes Angebot in der möglicherweise irrigen Annahme zu erteilen, dieses sei das

Vergabe- und Vertragsordnung für Bauleistungen Teil A　　　　VOB/A § 16　**Teil 3**

wirtschaftlichste (OLG Frankfurt, B. v. 26. 5. 2009 – Az.: 11 Verg 2/09; BayObLG, B. v. 16. 9. 2002 – Az.: Verg 19/02; VK Brandenburg, B. v. 27. 3. 2008 – Az.: VK 5/08; 3. VK Bund, B. v. 4. 2. 2010 – Az.: VK 3 – 3/10; VK Nordbayern, B. v. 4. 8. 2004 – Az.: 320.VK – 3194 – 28/ 04; 1. VK Saarland, B. v. 14. 7. 2010 – Az.: 1 VK 08/2010; VK Schleswig-Holstein, B. v. 20. 10. 2010 – Az.: VK-SH 16/10).

Die Vorschrift soll darüber hinaus **sicherstellen, dass der Auftraggeber von jeder umständlichen Nachprüfung der Verdingungsunterlagen auf Übereinstimmung mit dem ursprünglichen Text entbunden** wird (VK Brandenburg, B. v. 27. 3. 2008 – Az.: VK 5/08). 　7703

Ein derartiges Angebot muss auch schon deshalb unberücksichtigt bleiben, weil es **wegen der sich nicht deckenden Willenserklärungen** zwischen Auftraggeber und Auftragnehmer **nicht zu dem** beabsichtigten **Vertragsabschluss** führen kann (VK Berlin, B. v. 20. 4. 2009 – Az.: VK – B 2–10/09; 1. VK Brandenburg, B. v. 30. 1. 2008 – Az.: VK 56/07, VK 58/07; B. v. 31. 8. 2006 – Az.: 1 VK 33/06; 3. VK Bund, B. v. 20. 6. 2007 – Az.: VK 3–55/07; VK Münster, B. v. 20. 4. 2005 – Az.: VK 6/05; VK Nordbayern, B. v. 8. 5. 2008 – Az.: 21.VK – 3194 – 17/08; B. v. 24. 1. 2008 – Az.: 21.VK – 3194 – 52/07; B. v. 15. 1. 2008 – Az.: 21.VK – 3194 – 49/07; B. v. 13. 12. 2007 – Az.: 21.VK – 3194 – 46/07; B. v. 10. 1. 2008 – Az.: 21.VK – 3194 – 56/07; B. v. 15. 3. 2007 – Az.: 21.VK – 3194 – 06/07; B. v. 27. 2. 2007 – Az.: 21.VK – 3194 – 04/07; B. v. 13. 2. 2007 – Az.: 21.VK – 3194 – 02/07; B. v. 16. 1. 2007 – Az.: 21.VK – 3194 – 43/06; B. v. 9. 5. 2006 – Az.: 21.VK – 3194 – 13/06; B. v. 4. 4. 2006 – Az.: 21.VK – 3194 – 09/06; B. v. 16. 2. 2005 – Az.: 320.VK – 3194 – 02/05; VK Südbayern, B. v. 3. 8. 2007 – Az.: Z3-3-3194-1-32–07/07; B. v. 29. 5. 2006 – Az.: 12-04/06; B. v. 27. 4. 2006 – Az.: 04-02/06). 　7704

Auch **soll durch diese Regelung verhindert werden, dass Bieter bewusst mehrdeutige Änderungen an ihren Eintragungen vornehmen, in der Absicht, die Vergabestelle werde sie schon zu ihrem Gunsten auslegen** (Saarländisches OLG, B. v. 9. 11. 2005 – Az.: 1 Verg 4/05). 　7705

86.6.3.5.1.3 Alternative zur Änderung für die Bieter. Hat ein Bieter die Absicht, von den Vergabeunterlagen abweichende Angebote einzureichen, **muss er dies in Form eines Nebenangebotes tun.** Änderungen an den Verdingungsunterlagen selbst sind jedoch in jedem Fall, also auch im Falle von Nebenangeboten unzulässig, da sie die Vergleichbarkeit der Angebote gefährden. Gehen die Bieter von unterschiedlichen Voraussetzungen aus, fehlt es an der Vergleichbarkeit der eingereichten Angebote (VK Brandenburg, B. v. 25. 2. 2005 – Az.: VK 6/05; VK Lüneburg, B. v. 11. 3. 2008 – Az.: VgK-05/2008; B. v. 1. 2. 2008 – Az.: VgK-48/2007; B. v. 12. 6. 2007 – Az.: VgK-23/2007; B. v. 29. 5. 2007 – Az.: VgK-19/2007; B. v. 21. 9. 2004 – Az.: 203-VgK-42/2004; VK Lüneburg, B. v. 11. 3. 2008 – Az.: VgK-05/2008; B. v. 11. 4. 2005 – Az.: VgK-09/2005; B. v. 21. 9. 2004 – Az.: 203-VgK-42/2004; VK Niedersachsen, B. v. 27. 8. 2009 – Az.: VgK-35/2009; B. v. 16. 3. 2009 – Az.: VgK-04/2009; B. v. vom 16. 10. 2008 – Az.: VgK-30/2008). 　7706

86.6.3.5.1.4 Begriff der Vergabeunterlagen. Die **Vergabeunterlagen** sind **definiert in § 8 Abs. 1 Nr. 1 VOB/A.** Vgl. insoweit die Kommentierung zu → § 8 VOB/A Rdn. 5 ff. 　7707

86.6.3.5.1.5 Änderung der Vergabeunterlagen. Welche Teile der Vergabeunterlagen geändert oder ergänzt werden, ist dabei unbeachtlich. Denn die Vergabeunterlagen als Ganzes sind in allen ihren Teilen sind Grundlage der Angebote der sich beteiligenden Bieter; diese müssen also – um vergleichbar zu bleiben – von dem gleichen unveränderten Text, wie ihn der Auftraggeber aufgrund der VOB/A bzw. VOL/A erarbeitet und an die Bieter verschickt hat, ausgehen (OLG Düsseldorf, B. v. 28. 7. 2005 – Az.: VII – Verg 45/05; B. v. 18. 7. 2005 – Az.: VII – Verg 39/05; OLG Frankfurt, B. v. 21. 4. 2005 – Az.: 11 Verg 1/05; LG Göttingen, Urteil v. 28. 2. 2008 – Az.: 8 O 184/06; 1. VK Brandenburg, B. v. 27. 3. 2008 – Az.: VK 5/08; B. v. 30. 1. 2008 – Az.: VK 56/07, VK 58/07; B. v. 31. 8. 2006 – Az.: 1 VK 33/06; 1. VK Bund, B. v. 10. 4. 2007 – Az.: VK 1–20/07; 3. VK Bund, B. v. 28. 2. 2008 – Az.: VK 3–29/08; B. v. 5. 2. 2008 – Az.: VK 3–17/08; B. v. 20. 6. 2007 – Az.: VK 3–55/07; B. v. 6. 6. 2005 – Az.: VK 3–43/05; VK Lüneburg, B. v. 18. 12. 2003 – Az.: 203-VgK-35/2003; VK Münster, B. v. 5. 4. 2006 – Az.: VK 5/06; B. v. 10. 3. 2006 – Az.: VK 2/06; B. v. 25. 1. 2006 – Az.: VK 23/ 05; B. v. 21. 12. 2005 – Az.: VK 25/05; VK Saarland, B. v. 15. 3. 2006 – Az.: 3 VK 02/2006; B. v. 31. 1. 2006 – Az.: 1 VK 05/2005; VK Schleswig-Holstein, B. v. 22. 7. 2009 – Az.: VK-SH 06/09; B. v. 26. 5. 2009 – Az.: VK-SH 04/09; B. v. 15. 5. 2006 – Az.: VK-SH 10/06; B. v. 13. 12. 2004 – Az.: VK-SH-33/04; VK Südbayern, B. v. 3. 8. 2007 – Az.: Z3-3-3194-1-32-07/07; B. v. 29. 5. 2006 – Az.: 12-04/06). 　7708

86.6.3.5.1.6 Begriff der Änderungen der Vergabeunterlagen. 86.6.3.5.1.6.1 Allgemeines. Der Begriff der Änderung ist **weit auszulegen** (OLG Frankfurt, B. v. 26. 5. 2009 – 　7709

Teil 3 VOB/A § 16 Vergabe- und Vertragsordnung für Bauleistungen Teil A

Az.: 11 Verg 2/09; Urteil v. 3. 7. 2007 – Az.: 11 U 54/06; VK Arnsberg, B. v. 2. 9. 2010 – Az.: VK 16/10; 1. VK Saarland, B. v. 14. 7. 2010 – Az.: 1 VK 08/2010; 1. VK Sachsen, B. v. 19. 5. 2010 – Az.: 1/SVK/015-10; VK Schleswig-Holstein, B. v. 20. 10. 2010 – Az.: VK-SH 16/10; B. v. 22. 7. 2009 – Az.: VK-SH 06/09; B. v. 26. 5. 2009 – Az.: VK-SH 04/09; VK Südbayern, B. v. 26. 6. 2008 – Az.: Z3-3-3194-1-16-04/08). Ob die Vergabeunterlagen im Angebot geändert worden sind, ist **durch Vergleich des Inhalts des Angebots mit den in den Vergabeunterlagen geforderten Leistungen** festzustellen (BSG, B. v. 22. 4. 2009 – Az.: B 3 KR 2/09 D; OLG Frankfurt, B. v. 14. 10. 2008 – Az.: 11 Verg 11/2008; B. v. 25. 7. 2008 – Az.: 11 Verg 10/08; OLG Naumburg, B. v. 29. 1. 2009 – Az.: 1 Verg 10/08; VK Brandenburg, B. v. 16. 12. 2009 – Az.: VK 42/09; 1. VK Sachsen, B. v. 19. 5. 2010 – Az.: 1/SVK/015-10; VK Schleswig-Holstein, B. v. 20. 10. 2010 – Az.: VK-SH 16/10).

7710 **86.6.3.5.1.6.2 Änderungen am Inhalt der ausgeschriebenen Leistung. 86.6.3.5.1.6.2.1 Allgemeines. Änderungen** können in **Ergänzungen und Streichungen** bestehen; sie können sich aber auch **auf den (technischen) Inhalt der Leistungen** beziehen. Eine Änderung der Vergabeunterlagen liegt daher vor, wenn der **Bieter die zu erbringende Leistung abändert und eine andere als die ausgeschriebene Leistung anbietet** (BSG, B. v. 22. 4. 2009 – Az.: B 3 KR 2/09 D; OLG Düsseldorf, B. v. 9. 6. 2010 – Az.: VII-Verg 5/10; B. v. 17. 11. 2008 – Az.: VII-Verg 49/08; B. v. 2. 5. 2007 – Az.: VII – Verg 1/07; B. v. 12. 3. 2007 – Az.: VII – Verg 53/06; B. v. 29. 3. 2006 – Az.: VII – Verg 77/05; B. v. 28. 7. 2005 – Az.: VII – Verg 45/05; B. v. 20. 5. 2005 – Az.: VII – Verg 19/05; OLG Frankfurt, B. v. 26. 5. 2009 – Az.: 11 Verg 2/09; B. v. 14. 10. 2008 – Az.: 11 Verg 11/05; B. v. 8. 2. 2005 – Az.: 11 Verg 24/04; OLG Koblenz, B. v. 5. 12. 2007 – Az.: 1 Verg 7/07; OLG München, B. v. 28. 7. 2008 – Az.: Verg 10/08; VK Arnsberg, B. v. 9. 9. 2010 – Az.: VK 18/10; B. v. 2. 9. 2010 – Az.: VK 16/10; VK Baden-Württemberg, B. v. 20. 1. 2009 – Az.: 1 VK 69/08; B. v. 26. 7. 2005 – Az.: 1 VK 39/05; VK Berlin, B. v. 20. 4. 2009 – Az.: VK – B 2–10/09; VK Brandenburg, B. v. 30. 1. 2008 – Az.: VK 56/07, VK 58/07; 1. VK Bund, B. v. 27. 6. 2006 – Az.: VK 1–40/06; 3. VK Bund, B. v. 11. 3. 2010 – Az.: VK 3–18/10; B. v. 4. 2. 2010 – Az.: VK 3 – 3/10; B. v. 18. 9. 2008 – Az.: VK 3–122/08; B. v. 18. 9. 2008 – Az.: VK 3–119/08; B. v. 6. 5. 2008 – Az.: VK 3–53/08; B. v. 6. 6. 2005 – Az.: VK 3–43/05; VK Lüneburg, B. v. 23. 2. 2007 – Az.: VgK-06/2007; VK Münster, B. v. 16. 1. 2008 – Az.: VK 28/07; B. v. 15. 8. 2007 – Az.: VK 13/07; B. v. 5. 4. 2006 – Az.: VK 5/06; B. v. 10. 3. 2006 – Az.: VK 2/06; B. v. 25. 1. 2006 – Az.: VK 23/05; B. v. 21. 12. 2005 – Az.: VK 25/05; B. v. 5. 10. 2005 – Az.: VK 19/05; B. v. 20. 4. 2005 – Az.: VK 6/05; VK Nordbayern, B. v. 22. 7. 2010 – Az.: 21.VK – 3194 – 26/10; B. v. 8. 6. 2010 – Az.: 21.VK – 3194 – 11/10; B. v. 10. 6. 2008 – Az.: 21.VK – 3194 – 25/08; B. v. 5. 2008 – Az.: 21.VK – 3194 – 17/08; B. v. 15. 1. 2008 – Az.: 21.VK – 3194 – 49/07; B. v. 10. 1. 2008 – Az.: 21.VK – 3194 – 56/07; B. v. 12. 4. 2007 – Az.: 21.VK – 3194 – 16/07; B. v. 13. 2. 2007 – Az.: 21.VK – 3194 – 02/07; B. v. 16. 1. 2007 – Az.: 21.VK – 3194 – 43/06; B. v. 9. 5. 2006 – Az.: 21.VK – 3194 – 13/06; 1. VK Saarland, B. v. 14. 7. 2010 – Az.: 1 VK 08/2010; 3. VK Saarland, B. v. 15. 3. 2006 – Az.: 3 VK 02/2006; B. v. 31. 1. 2006 – Az.: 1 VK 05/2005; 1. VK Sachsen, B. v. 19. 5. 2010 – Az.: 1/SVK/015-10; B. v. 9. 2. 2009 – Az.: 1/SVK/071-08; B. v. 25. 6. 2008 – Az.: 1/SVK/029-08; B. v. 24. 4. 2008 – Az.: 1/SVK/015-08; B. v. 17. 12. 2007 – Az.: 1/SVK/074-07; B. v. 5. 4. 2006 – Az.: 1/SVK/027-06; B. v. 7. 5. 2005 – Az.: 1/SVK/061-05; VK Schleswig-Holstein, B. v. 20. 10. 2010 – Az.: VK-SH 16/10; B. v. 22. 7. 2009 – Az.: VK-SH 06/09; B. v. 26. 5. 2009 – Az.: VK-SH 04/09; VK Südbayern, B. v. 26. 6. 2008 – Az.: Z3-3-3194-1-16-04/08; B. v. 11. 4. 2006 – Az.: 08-03/06; VK Thüringen, B. v. 7. 5. 2009 – Az.: 250–4003.20–2304/2009-007-SHK; B. v. 25. 9. 2006 – Az.: 360–4002.20–017/06-NDH; B. v. 6. 7. 2006 – Az.: 360–4003.20–010/06-HIG). Ob die Vergabeunterlagen im Angebot **geändert worden sind, ist im Wege eines Vergleiches des Inhalts des Angebots mit den in den Vergabeunterlagen geforderten Leistungen** festzustellen (OLG Düsseldorf, B. v. 17. 11. 2008 – Az.: VII-Verg 49/08; B. v. 2. 5. 2007 – Az.: VII – Verg 1/07; VK Arnsberg, B. v. 9. 9. 2010 – Az.: VK 18/10; 1. VK Saarland, B. v. 14. 7. 2010 – Az.: 1 VK 08/2010; VK Südbayern, B. v. 26. 6. 2008 – Az.: Z3-3-3194-1-16-04/08). Dies ist dann **anders zu beurteilen, wenn der Auftraggeber keine eindeutigen Vergabeunterlagen herausgibt,** der **Bieter die Widersprüche in der Leistungsbeschreibung** (z.B. zwischen Plänen und Textbeschreibung) durch eine Anfrage beim Auftraggeber **zu klären versucht und der Auftraggeber diese Anfrage nicht beantwortet** (VK Baden-Württemberg, B. v. 26. 7. 2005 – Az.: 1 VK 39/05).

7711 Dieses **Verständnis deckt sich mit der Interpretation, die die Verfasser der VOL/A dem Begriff der Änderungsvorschläge und Nebenangebote in den Erläuterungen zu § 17 Nr. 3 Abs. 5 VOL/A 2002 beigelegt haben.** Verändert ein Bieter inhaltlich die in den Verdingungsunterlagen enthaltenen Anforderungen des Auftraggebers, ist sein Angebot ohne

Vergabe- und Vertragsordnung für Bauleistungen Teil A   VOB/A § 16   **Teil 3**

Rücksicht darauf, ob der Auftraggeber diesen Mangel selbst erkannt und sanktioniert hat, zwingend von der Wertung auszunehmen (OLG Düsseldorf, B. v. 28. 7. 2005 – Az.: VII – Verg 45/05).

Auch **Abweichungen von den Vorgaben der Vergabeunterlagen** ändern die Verdingungsunterlagen in unzulässiger Weise (BGH, B. v. 26. 9. 2006 – Az.: X ZB 14/06; Urteil v. 1. 8. 2006 – Az.: X ZR 115/04; OLG München, B. v. 2. 9. 2010 – Az.: Verg 17/10; OLG Naumburg, B. v. 2. 7. 2009 – Az.: 1 Verg 2/09; 3. VK Bund, B. v. 11. 3. 2010 – Az.: VK 3–18/10; VK Münster, B. v. 15. 8. 2007 – Az.: VK 13/07; VK Nordbayern, B. v. 24. 1. 2008 – Az.: 21.VK – 3194 – 52/07; B. v. 15. 1. 2008 – Az.: 21.VK – 3194 – 49/07; B. v. 10. 1. 2008 – Az.: 21.VK – 3194 – 56/07; B. v. 13. 12. 2007 – Az.: 21.VK – 3194 – 46/07; B. v. 21. 8. 2007 – Az.: 21.VK – 3194 – 36/07; B. v. 4. 4. 2006 – Az.: 21.VK – 3194 – 09/06; VK Saarland, B. v. 15. 3. 2006 – Az.: 3 VK 02/2006; 1. VK Sachsen, B. v. 11. 1. 2007 – Az.: 1/SVK/116-06; VK Südbayern, B. v. 26. 6. 2008 – Az.: Z3-3-3194-1-16-04/08). 7712

Wird eine **Lösung (als Hauptangebot) angeboten, die von den Vorgaben der Verdingungsunterlagen – und zwar der Leistungsbeschreibung – abweicht** und damit die Anforderungen der Verdingungsunterlagen nicht erfüllt, stellen diese Änderungen der Leistungsbeschreibung als Teil der Verdingungsunterlagen **Verstöße gegen § 13 Abs. 1 Nr. 5 VOB/A** dar; dementsprechend sind Angebote, denen abgeänderte Leistungsbeschreibungen zugrunde liegen, zwingend auszuschließen (OLG München, B. v. 2. 9. 2010 – Az.: Verg 17/10; 1. VK Bund, B. v. 27. 1. 2005 – Az.: VK 1–225/04). 7713

Die **Unterzeichnung und physische Rücksendung eines Vertragsentwurfs** an den Auftraggeber stellen eine rechtsgeschäftliche Erklärung des Bieters dar. Der Umstand, dass **beides unterbleibt**, dokumentiert aus Sicht des Empfängers, dass der Vertragsentwurf und die (geänderten) Vertragsbedingungen von dem Bieter nicht akzeptiert werden sollen und **führt zu einer Änderung der Verdingungsunterlagen** (OLG Düsseldorf, B. v. 4. 5. 2009 – Az.: VII-Verg 68/08). 7714

Vgl. zu dem **Fall eines nur subjektiven Abweichens von den Vorgaben der Vergabeunterlagen** und des **daraus folgenden Ausschlusses wegen mangelnder Zuverlässigkeit** die Kommentierung zu → § 97 GWB Rdn. 621. 7715

Streitig ist, ob die **nachträgliche Korrektur eines Preises oder eines sonstigen Angebotsbestandteils eine Änderung des Angebots** im Sinn von § 16 VOB/A darstellt. Selbst wenn dies so gesehen wird, führt dies lediglich dazu, dass das **Angebot nicht mit dem korrigierten, sondern mit dem ursprünglichen Angebotspreis zu bewerten** ist. Einen Angebotsausschluss kann dieses Verhalten jedoch nicht nach sich ziehen (3. VK Bund, B. v. 19. 7. 2005 – Az.: VK 3–58/05). 7716

86.6.3.5.1.6.2.2 Änderungen durch ein Begleitschreiben. Nach der überwiegenden **Auffassung gehört auch ein Begleitschreiben zu den Vergabeunterlagen** (BSG, B. v. 22. 4. 2009 – Az.: B 3 KR 2/09 D; OLG Düsseldorf, B. v. 13. 8. 2008 – Az.: VII – Verg 42/07; OLG München, B. v. 21. 2. 2008 – Az.: Verg 01/08; B. v. 23. 11. 2006 – Az.: Verg 16/06; 3. VK Bund, B. v. 5. 7. 2010 – Az.: VK 3–60/10; VK Lüneburg, B. v. 11. 3. 2008 – Az.: VgK-05/2008; VK Münster, B. v. 31. 10. 2007 – Az.: VK 22/07; VK Nordbayern, B. v. 19. 3. 2009 – Az.: 21.VK – 3194 – 08/09; B. v. 15. 1. 2009 – Az.: 21.VK – 3194 – 59/08). Das **Begleitschreiben** des Bieters ist also **regelmäßig Bestandteil seines Angebots**. Dies wird **besonders deutlich, wenn das Angebot mit dem Begleitschreiben übersandt** und **auf das Angebot als Anlage Bezug genommen** wird. Dann ist das Begleitschreiben dem beigefügten Angebot vom **objektiven Empfängerhorizont** her zuzuordnen. Dass dies die Vergabestelle auch so versteht, zeigt sich bereits dadurch, wenn das Begleitschreiben zusammen mit den von der Vergabestelle vorgegebenen Angebotsunterlagen bei Angebotseröffnung gelocht und in die formale Prüfung einbezogen wird (VK Nordbayern, B. v. 19. 3. 2009 – Az.: 21.VK – 3194 – 08/09). 7717

Sowohl das **Begleitschreiben als auch der Angebotstext werden zeitgleich eingereicht und stehen miteinander in einem engen Zusammenhang**. Beide Unterlagen werden **nach Öffnung gekennzeichnet und werden somit wesentlicher Teil des Angebotes**. Wenn ein Bieter seinem Angebot selbst verfasste rechtsverbindliche Erklärungen, beispielsweise in einem Begleitschreiben beifügt, dann sollen diese in der Regel auch Inhalt des Angebotes sein. Einen anderen Sinn können diese Erklärungen jedenfalls aus der Sicht eines Bieters nicht haben. So werden **in Begleitschreiben häufig Preisnachlässe oder andere Vorteile von den Bietern genannt**. Solche Angaben sollen und können rechtserhebliche Auswirkungen haben. 7718

Teil 3 VOB/A § 16   Vergabe- und Vertragsordnung für Bauleistungen Teil A

Auch die Beifügung eigener Geschäftsbedingungen durch den Bieter, zum Beispiel auf der Rückseite des Angebotsschreibens, ist als eine rechtsverbindliche Erklärung einzustufen, die – obwohl nur im Anschreiben – dennoch im Kontext mit dem Angebot steht und regelmäßig zum Ausschluss des Angebotes führt. Soweit sich rechtserhebliche Erklärungen in dem Anschreiben zum Angebot befinden, mit denen der Bieter Vorteile einräumt, steht es völlig außer Frage, dass auch diese Erklärungen Inhalt des Angebotes werden. Wird der Zuschlag auf ein solches Angebot erteilt, so kann der Bieter nicht anschließend das Anschreiben als nicht rechtsverbindlich, da nicht Inhalt des Angebots, darstellen. Gleiches gilt aber auch für den umgekehrten Fall (VK Münster, B. v. 31. 10. 2007 – Az.: VK 22/07).

7719 Nach einer anderen Auffassung gehört das **Anschreiben nicht zu den Vergabeunterlagen** (1. VK Sachsen, B. v. 7. 5. 2002 – Az.: 1/SVK/035-02, B. v. 4. 6. 2002 – Az.: 1/SVK/049-02).

7720 **Inhaltlich** kann sich das Schreiben auf **reine Höflichkeitsfloskeln** beschränken, dann ist es **rechtlich bedeutungslos**. Sofern das Schreiben angebotsrelevante Inhalte wie Angebotspreis, Lieferfristen, oder auch Allgemeine Geschäftsbedingungen umfasst, muss die Vergabestelle diese Erklärungen sei es zugunsten oder zuungunsten des Bieters berücksichtigen. Es ist dann eine **Frage der Auslegung des Angebotes, wie die im Begleitschreiben aufgeführten Inhalte sich in den Gesamtkontext des Angebots einfügen** (OLG München, B. v. 21. 2. 2008 – Az.: Verg 01/08; VK Nordbayern, B. v. 19. 3. 2009 – Az.: 21.VK – 3194 – 08/09).

7721 Die Vorschrift des § 13 Abs. 1 Nr. 5 VOB/A soll allgemein verhindern, dass etwaige Änderungen oder Ergänzungen bei der Prüfung der Angebote unbemerkt bleiben und der Zuschlag auf ein solches Angebot in der irrigen Annahme, es sei das Wirtschaftlichste, erteilt wird. Diese **Gefahr ist bei Änderungen, die in einem Begleitschreiben enthalten sind, das Anmerkungen enthält, die mit den Intentionen des Auftraggebers möglicherweise nicht übereinstimmen, eher noch größer als in dem Fall, dass sichtbare Änderungen in der Leistungsbeschreibung oder anderen Verdingungsunterlagen vorgenommen werden**. Dabei ist auch unerheblich, ob im Einzelfall der „Ergänzungsversuch" des Bieters deswegen ins Leere geht, weil die Vergabeunterlagen des Auftraggebers lückenlos sind. Es ist ein anerkennenswertes Auftraggeberinteresse zu verhindern, dass über die Geltung von Vertragsbedingungen nachträglich Streit entsteht bzw. von vornherein einen solchen Streit dadurch zu unterbinden, dass ergänzende Bedingungen als Abweichung von den Verdingungsunterlagen behandelt werden (OLG Frankfurt, Urteil vom 3. 7. 2007 – Az.: 11 U 54/06; VK Arnsberg, B. v. 4. 8. 2008 – Az.: VK 15/08; 1. VK Brandenburg, B. v. 3. 4. 2007 – Az.: 1 VK 9/07; B. v. 25. 2. 2005 – Az.: VK 6/05; VK Münster, B. v. 31. 10. 2007 – Az.: VK 22/07; B. v. 15. 8. 2007 – Az.: VK 13/07; VK Nordbayern, B. v. 26. 10. 2006 – Az.: 21.VK – 3194 – 32/06; 1. VK Sachsen, B. v. 16. 9. 2005 – Az.: 1/SVK/114-05).

7722 **86.6.3.5.1.6.2.3 Änderungen durch Beifügen von Allgemeinen Geschäftsbedingungen durch den Bieter. Die 2. VK Bund verpflichtet den Auftraggeber, zu prüfen, ob die beigefügten AGB überhaupt rechtlich wirksamer Bestandteil des Angebots geworden** sind. Grundsätzlich gilt, dass AGB des Verwenders nur dann in das Angebot einbezogen werden, wenn der Verwender ausdrücklich darauf hinweist, dass der Vertrag unter Zugrundelegung seiner AGB abgeschlossen werden soll (§ 305 Abs. 2 Nr. 1 BGB). Nicht ausreichend ist beispielsweise der bloße Abdruck der AGB auf der Rückseite des Vertrages oder in einem Katalog (2. VK Bund, B. v. 29. 3. 2006 – Az.: VK 2–11/06).

7723 Eine **Einbeziehung der Allgemeinen Geschäftsbedingungen in das Angebot scheitert nicht daran, dass in dem Angebotsschreiben EVM (B) Ang EG 213 EG unter der Formulierung „Mein Angebot umfasst" die Allgemeinen Geschäftsbedingungen eines Bieters nicht eingetragen sind**, wenn keine entsprechende Einschränkung enthalten ist. Aus der maßgeblichen Sicht einer verständigen Vergabestelle kann die Erklärung in dem Formblatt nicht so verstanden werden, dass der **Bieter sein Angebot nur auf die dort benannten Unterlagen beschränkt und weitere beigefügte Unterlagen nicht Bestandteil des Angebots sein sollen**. Die Vergabestelle muss davon ausgehen, dass ein Bieter sein Angebot sorgfältig erstellt und die von ihm beigefügten Erklärungen und Unterlagen in das Angebot einbezogen wissen will. Die **Vergabestelle kann ohne konkrete Anhaltspunkte nicht unterstellen, dass der Bieter eine Erklärung irrtümlich abgegeben hat oder nur versehentlich dem Angebot Unterlagen beigefügt hat**. Dies gilt nur dann nicht, wenn die Beifügung von Unterlagen offensichtlich und für Dritte ohne weiteres erkennbar nur ein Versehen darstellen kann oder ein gefestigter Rechtssatz besteht, dass die vorgelegten Erklärungen die Einbeziehung der Unterlagen des Bieters ausschließen (OLG München, B. v. 21. 2. 2008 – Az.: Verg 01/08; VK Nordbayern, B. v. 19. 3. 2009 – Az.: 21.VK – 3194 – 08/09).

Ein **Rechtssatz, dass auf der Rückseite eines Schreibens abgedruckte Allgemeine** 7724
Geschäftsbedingungen ohne weiteren Hinweis nicht in ein Angebot bzw. ein Vertragswerk einbezogen werden können, besteht nicht. Die Obliegenheit eines ausdrücklichen Hinweises gilt nach § 310 Abs. 1 BGB nicht gegenüber juristischen Personen des öffentlichen Rechts. Daran hat sich auch durch die Fassung des § 310 Abs. 1 BGB zum 1. 1. 2009 nichts geändert. § 310 Abs. 1 Satz 1 BGB gilt unverändert. Auch gegenüber juristischen Personen des öffentlichen Rechts muss aber der **Wille des Verwenders, bestimmte AGB zum Vertragsbestandteil werden zu lassen, in irgendeiner Weise schlüssig zum Ausdruck kommen.** Ob der Abdruck Allgemeiner Geschäftsbedingungen auf der Rückseite eines Schreibens ohne weiteren Hinweis der Empfänger hierfür ausreicht, ist strittig. Die **Verkehrssitte und oder der Grundsatz von Treu und Glauben gebietet kein Verständnis des Empfängers**, dass die **allgemeinen Geschäftsbedingungen im behördlichen oder kaufmännischen Verkehr bei Abdruck auf der Rückseite eines Schreibens nicht Bestandteil des Angebots sein können.** Vielmehr hatte die Vergabestelle davon auszugehen, dass die Antragstellerin alle das Angebot betreffenden Erklärungen berücksichtigt wissen will (OLG München, B. v. 21. 2. 2008 – Az.: Verg 01/08; VK Lüneburg, B. v. 11. 3. 2008 – Az.: VgK-05/2008; VK Nordbayern, B. v. 19. 3. 2009 – Az.: 21.VK – 3194 – 08/09).

Die **Rechtsprechung** zu den Konsequenzen von beigefügten und nach dem Willen des Bieters einbezogenen Geschäftsbedingungen ist **nicht einheitlich**. 7725

Hinsichtlich der rechtlichen Konsequenzen wirksam einbezogener Allgemeiner Geschäfts- 7726
bedingungen schaden nach einer Auffassung **Allgemeine Geschäftsbedingungen für Leistungen eines Bieters auf der Rückseite des Anschreibens zum Angebot nicht.** Ein solches Anschreiben enthält keine Bestandteile/Informationen, die auf das Angebot wirken. Es ist nach Aufmachung und Inhalt ein reines Übersendungsschreiben. Das Angebot selbst ist das von dem Bieter zum Eröffnungstermin abgegebene Einheitliche Verdingungsmuster – EVM (B) Ang 213 mit den darin aufgeführten und beigefügten Anlagen. Unter Nr. 1.6 dieses EVM's hätte der Bieter die Möglichkeit gehabt, eigene Geschäftsbedingungen mit zum Vertragsbestandteil zu erklären, hiervon ist jedoch kein Gebrauch gemacht worden. Aus diesen Gründen sind die Allgemeinen Geschäftsbedingungen für Bauverträge, die auf der Rückseite des Übersendungsschreibens abgedruckt sind, **nicht als Änderung an den Vergabeunterlagen im Sinne von § 13 Abs. 1 Nr. 5 VOB/A zu betrachten** (VK Brandenburg, B. v. 16. 12. 2004 – Az.: VK 70/04; VK Hannover, B. v. 6. 9. 2002 – Az.: 26045 – VgK – 11/2002).

Im Gegensatz dazu führt nach anderer Meinung die Einbeziehung eigener Allgemeiner Ge- 7727
schäftsbedingungen durch einen Bewerber als **unzulässige Ergänzung der Vergabeunterlagen grundsätzlich zum Ausschluss des Angebots.** Es kann offen bleiben, ob dieser Rechtssatz auch dann gilt, wenn die Vergabeunterlagen keine Ausschließlichkeit erkennen lassen; ebenso bedarf es keiner Entscheidung darüber, wann ein solches Schweigen als Einverständnis der Vergabestelle mit Auftragnehmerbedingungen zu werten ist. Jedenfalls dort, wo die Vergabestelle Ergänzungen ausdrücklich mit dem Ausschluss des Angebots sanktioniert, ist für zusätzliche Vertragsbedingungen des Auftragnehmers kein Raum, so dass ein mit solchen Bedingungen ausgestattetes Angebot die Vergabeunterlagen ändert. Dabei ist auch unerheblich, ob im Einzelfall der „Ergänzungsversuch" des Bieters deswegen ins Leere geht, weil die Vergabeunterlagen des Auftraggebers lückenlos sind. Es ist ein **anerkennenswertes Auftraggeberinteresse**, zu verhindern, dass **über die Geltung von Vertragsbedingungen nachträglich Streit entsteht** bzw. von vornherein einen solchen Streit dadurch zu unterbinden, dass ergänzende Bedingungen als Abweichung von den Vergabeunterlagen behandelt werden (OLG München, B. v. 21. 2. 2008 – Az.: Verg 01/08; Thüringer OLG, B. v. 17. 3. 2003 – Az.: 6 Verg 2/03; 1. VK Brandenburg, B. v. 3. 4. 2007 – Az.: 1 VK 9/07; 3. VK Bund, B. v. 5. 7. 2010 – Az.: VK 3–60/10; B. v. 18. 9. 2008 – Az.: VK 3–122/08; B. v. 18. 9. 2008 – Az.: VK 3–119/08; B. v. 21. 7. 2004 – Az.: VK 3–83/04; VK Hessen, B. v. 20. 10. 2004 – Az.: 69 d – VK – 61/2004; VK Lüneburg, B. v. 11. 3. 2008 – Az.: VgK-05/2008; VK Magdeburg, B. v. 16. 10. 2002 – Az.: 33–32571/07 VK MD 11/02; VK Nordbayern, B. v. 19. 3. 2009 – Az.: 21.VK – 3194 – 08/09; B. v. 12. 4. 2007 – Az.: 21.VK – 3194 – 16/07; B. v. 27. 2. 2007 – Az.: 21.VK – 3194 – 04/07; VK Saarland, B. v. 1. 3. 2005 – Az.: 1 VK 01/2005; VK Sachsen, B. v. 16. 11. 2006 – Az.: 1/SVK/097-06; B. v. 14. 1. 2004 – Az.: 1/SVK/153-03; VK Schleswig-Holstein, B. v. 17. 3. 2006 – Az.: VK-SH 02/06; B. v. 7. 3. 2005 – Az.: VK-SH 03/05; VK Thüringen, B. v. 11. 2. 2010 – Az.: 250–4002.20–253/2010-001-EF; ähnlich VK Arnsberg, B. v. 20. 11. 2001 – Az.: VK 2–14/2001).

Nach Auffassung der VK Nordbayern ist dann, wenn ein Bieter sein Angebot auf seinem 7728
Briefpapier abgibt, auf dem die **eigenen Zahlungsbedingungen vorgedruckt** sind, und diese

Teil 3 VOB/A § 16   Vergabe- und Vertragsordnung für Bauleistungen Teil A

eigenen Zahlungsbedingungen den Vorgaben der Vergabestelle widersprechen, das Angebot wegen unzulässiger Änderungen an den Vergabeunterlagen **auszuschließen** (VK Nordbayern, B. v. 27. 2. 2007 – Az.: 21.VK – 3194 – 04/07; B. v. 21. 7. 2004 – Az.: 320.VK – 3194 – 24/04). Hat ein Bieter auf jeder Seite der von ihm mit einem EDV-Ausdruck selbst gefertigten Kurzfassung des Leistungsverzeichnisses „**Zahlbar innerhalb 8 Tagen ohne Abzug**" angegeben, ist diese Zahlungsfrist Wille des Bieters zur Angebotsabgabe und Inhalt des Angebots. Ein verständiger Empfänger muss diese eindeutige Formulierung jedenfalls so verstehen. Daran ändert die Tatsache nichts, dass diese Zahlungsfrist auf dem EDV-Papier vorgedruckt ist. Eine Erklärung ist immer so zu verstehen wie sie formuliert ist (VK Nordbayern, B. v. 21. 9. 2001 – Az.: 320.VK-3194-32/01).

7729   Fügt der Bieter **entgegen den ausdrücklichen Vergabeunterlagen eigene allgemeine Geschäftsbedingungen bei, ist das Angebot zwingend auszuschließen** (VK Thüringen, B. v. 11. 2. 2010 – Az.: 250–4002.20–253/2010-001-EF; B. v. 14. 4. 2005 – Az.: 360–4003.20–017/05-G-S; B. v. 22. 7. 2004 – Az.: 360–4003.20–047/04-EF-S).

7730   Der **Auffassung**, dass **allein das Beifügen von allgemeinen Geschäftsbedingungen eine unzulässige Änderung der Vergabeunterlagen beinhaltet**, ist zuzustimmen. Neben den bereits genannten Argumenten ist aus Sicht des Auftraggebers hervorzuheben, dass es eine **unzumutbare Überforderung des** oftmals nicht juristisch ausgebildeten bzw. unterstützten **Auftraggebers** bedeutet, solche unklaren Angebote rechtlich zu bewerten; außerdem bringen diese unklaren Angebote immer Verzögerungen der Auftragsvergabe mit sich, die mit dem **Ziel der schnellen und reibungslosen Umsetzung von Investitionsvorhaben** – einem neben dem Bieterschutz wesentlichen Hauptanliegen des Vergaberechts – nicht vereinbar sind (OLG München, B. v. 21. 2. 2008 – Az.: Verg 01/08; VK Lüneburg, B. v. 11. 3. 2008 – Az.: VgK-05/2008).

7731   Die eigenen Verkaufs- und **Lieferbedingungen verlieren auch nicht ihre Gültigkeit, wenn der Bieter in der Bietererklärung durch rechtsverbindliche Unterschrift die Zusätzlichen Vertragsbedingungen für Lieferungen und Leistungen der Vergabestelle anerkennt**. Dadurch wird zumindest unklar, welche Allgemeinen Geschäftsbedingungen für die Ausführung der Lieferleistungen gelten sollen. Der Auftraggeber ist jedoch verpflichtet eine eingehende, vergleichende Wertung durchzuführen. Dies ist **nur mit klaren, in sich unwidersprüchlichen Angeboten** möglich (VK Nordbayern, B. v. 26. 10. 2006 – Az.: 21.VK – 3194 – 32/06; B. v. 21. 7. 2004 – Az.: 320.VK – 3194 – 24/04).

7732   Eine Änderung an den Vergabeunterlagen ist auch nicht dadurch ausgeschlossen, dass die Vertragsbedingungen des Auftraggebers in der Regel eine **AGB-rechtliche Abwehrklausel** enthalten. Im Zweifel enthalten auch die Allgemeinen Geschäftsbedingungen des Auftragnehmers solche Abwehrklauseln, so dass dies nach der Rechtsprechung zur Folge hat, dass **bei zwei widersprechenden Allgemeinen Geschäftsbedingungen keine dieser Vertragsbedingungen gilt**. Es liegt dann **ein Dissens** vor, der dazu führt, dass die vom Auftraggeber gewollte Vertragsbedingung gerade nicht zum Vertragsbestandteil wird, wenn es zur Zuschlagserteilung kommt (VK Lüneburg, B. v. 11. 3. 2008 – Az.: VgK-05/2008; B. v. 20. 8. 2004 – Az.: 203-VgK-41/2004; VK Thüringen, B. v. 11. 2. 2010 – Az.: 250–4002.20–253/2010-001-EF).

7733   Wenn aber die Beifügung eigener Geschäftsbedingungen eine Änderung der Vergabeunterlagen darstellt, kann überhaupt gar kein Zweifel daran bestehen, dass auch **bei ausdrückliche Weigerung, die Geschäftsbedingungen des Auftraggebers sowie die Mindestbedingungen der Leistungsbeschreibung anzuerkennen**, die **Folge eines zwingenden Angebotsausschlusses** verwirklicht (VK Schleswig-Holstein, B. v. 17. 3. 2006 – Az.: VK-SH 02/06).

7734   86.6.3.5.1.6.2.4 **Änderung durch Abweichung von den Kalkulationsgrundlagen.** Gibt der öffentliche **Auftraggeber Vorgaben für die Kalkulation der Bieter** (z. B. eine bestimmte Räumleistung pro Tag bei einem mit Altmunition verseuchten Gelände), ist der **Bieter an diese Vorgaben gebunden**. Auch wenn der Bieter der Auffassung ist, dass die vom Auftraggeber genannten Vorgaben nicht sachgemäß sind und nur der Bieter selbst die durchschnittliche Räumleistung bestimmen könne, so darf er diese zwingenden Vorgaben – selbst wenn seine Einschätzung in der Sache zutreffend sein sollte – nicht eigenmächtig im Rahmen seines Hauptangebotes verändern. Denn **würde man einzelnen Bietern eine eigenmächtige Abänderung zubilligen, würden die Bieter benachteiligt, die sich an die Vorgaben halten**. Der **Bieter** hat lediglich die **Möglichkeit, im Rahmen der Angebotserstellung auf die Fehlerhaftigkeit der zwingend einzuhaltenden Vorgaben hinzuweisen**. Die Vergabestelle kann dann auf diese Vorschläge reagieren und die gegebenenfalls daraufhin vorgenommenen Änderungen an der Leistungsbeschreibung allen Bietern gleichermaßen zugänglich machen (2. VK Bund, B. v. 14. 10. 2003 – Az.: VK 2–90/03, B. v. 14. 10. 2003 – Az.: VK 2–96/03; 3. VK Bund, B. v. 3. 5. 2005 – Az.: VK 3–19/05; B. v. 5. 4. 2004 – Az.: VK 3–38/04).

Fordert eine Leistungsbeschreibung für jede der betreffenden Leistungspositionen der **Einhaltung einer technischen Vorgabe** (z. B. eines Schallleistungspegels von 80 dB), sind die Vorgaben des Leistungsverzeichnisses folglich schon dann nicht erfüllt, wenn bei **bloß einer Position der zugelassene Maximalwert überschritten wird**. An die Überschreitung dieses vorgegebenen Höchstwertes knüpft sich – und zwar ohne Rücksicht, in welchem Umfang der Maximalwert nicht eingehalten wird – zwingend der Ausschluss des Angebots (OLG Düsseldorf, B. v. 8. 5. 2002 – Az.: Verg 4/02). 7735

Gibt der **Auftraggeber zwingend bestimmte Zeitfenster vor**, in denen die Leistung erbracht werden muss, und weicht ein Bieter hiervon ab, ist das Angebot auszuschließen (OLG Naumburg, B. v. 6. 4. 2004 – Az.: 1 Verg 3/04; 1. VK Bund, B. v. 21. 4. 2004 – Az.: VK 1–45/04). 7736

Hat der **Auftraggeber unstreitig Mengenänderungen vorgenommen und diese nachweisbar den Bietern mitgeteilt**, kalkuliert jedoch ein **Bieter noch mit den alten Mengenangaben**, liegt eine **unzulässige Änderung der Vergabeunterlagen** vor (2. VK Bund, B. v. 28. 7. 2006 – Az.: VK 2–50/06). 7737

86.6.3.5.1.6.2.5 Änderung durch die Preisangabe „in Pos. ... enthalten". Die **Rechtsprechung** ist insoweit **nicht einheitlich**. 7738

Nach einer Meinung stellt die **Preisangabe „in Pos. ... enthalten" keine Änderung der Vergabeunterlagen** gemäß § 16 Abs. 1 Nr. 1 lit. b in Verbindung mit 13 Abs. 1 Nr. 5 VOB/A dar. Dies folgt daraus, dass Vergabeunterlagen gem. § 8 VOB/A ausschließlich vom Auftraggeber hergestellt werden. Aus ihnen fertigt der Bieter durch seine Angaben gem. § 13 Abs. 1 VOB/A sein Angebot. Die Eintragung „In Pos. ... enthalten" in der Spalte „Preis" kann daher schon begrifflich keine Änderung der Verdingungsunterlagen sein (1. VK Sachsen, B. v. 24. 7. 2002 – Az.: 1/SVK/063-02). 7739

Nach einer anderen Auffassung ist **durch die Vermengung von Leistungspositionen**, die entgegen den Vorgaben des Leistungsverzeichnisses vorgenommen wurde (Einrechnung von Positionen in andere Positionen), die **Vergleichbarkeit der Angebote in den Einheitspreisen nicht mehr möglich**. Der Bieter hat dadurch die **Vergabeunterlagen in unzulässiger Weise geändert** (Saarländisches OLG, B. v. 9. 11. 2005 – Az.: 1 Verg 4/05; VK Rheinland-Pfalz, B. v. 11. 4. 2003 – Az.: VK 4/03; VK Südbayern, B. v. 15. 6. 2001 – Az.: 18-05/01). Nur in **Ausnahmefällen** kann durch Hinweis auf Sammelpositionen abgewichen werden und zwar allenfalls dann, wenn es sich um **geringfügige Verstöße handelt, die keinerlei Auswirkungen auf die Wettbewerbsposition des Bieters haben** und **keine Beeinträchtigung der Vergleichbarkeit der Angebote** nach sich ziehen (VK Rheinland-Pfalz, B. v. 11. 4. 2003 – Az.: VK 4/03). 7740

Rechnet ein Bieter **Einheitspreise einer Teilleistung in andere Positionen** des Leistungsverzeichnisses **ein**, ist durch diese Vermengung von Leistungspositionen, die vom Bieter entgegen den Vorgaben des Leistungsverzeichnisses vorgenommen wurde, die Vergleichbarkeit der Angebote in den Einheitspreisen nicht mehr möglich. Dadurch **ändert der Bieter die Vergabeunterlagen in unzulässiger Weise** (VK Südbayern, B. v. 27. 8. 2003 – Az.: 33-07/03). 7741

Vgl. dazu auch die **Rechtsprechung zu § 16 VOB/A zu unzulässigen Mischpreisen** → Rdn. 190. 7742

86.6.3.5.1.6.2.6 Änderungen durch nicht verlangte Preisangaben. Macht ein Bieter durch das **Einsetzen der Kalkulationsposten** in den Unterbeschreibungen des Leistungsverzeichnisses **mehr, als von ihm verlangt ist**, wird dadurch sein Angebot aber weder im Sinne des § 13 Abs. 1 Nr. 5 VOB/A geändert, noch hat er Änderungen vorgenommen. Das **Angebot ist auch in sich nicht missverständlich**, wenn der geforderte Preis ohne weiteres aus den Einzelpositionen zu errechnen ist (BGH, Urteil v. 6. 2. 2002 – Az.: X ZR 185/99). 7743

86.6.3.5.1.6.2.7 Änderungen durch irrtümlich eingefügte Positionen. Ist offensichtlich, dass ein Bieter **bestimmte Positionen versehentlich in das Angebot** (Kurz-Leistungsverzeichnis) **eingefügt** hat, ist dies **unschädlich**, weil der Fehler für jedermann leicht erkennbar ist (OLG Celle, B. v. 13. 3. 2002 – Az.: 13 Verg 4/02). 7744

86.6.3.5.1.6.2.8 Änderungen durch nicht angebotene Teile der ausgeschriebenen Leistung. Bietet ein Unternehmen **wesentliche Teile der ausgeschriebenen Leistung** nicht 7745

Teil 3 VOB/A § 16   Vergabe- und Vertragsordnung für Bauleistungen Teil A

an, hat er damit die Vorgaben der Leistungsbeschreibung nicht anerkannt. Auch dies **stellt eine Veränderung der Vertragsunterlagen dar**. Damit ist auch insoweit ein Vergleich mit den Angeboten anderer Bieter ausgeschlossen (VK Magdeburg, B. v. 23. 8. 2001 – Az.: 33–32571/07 VK 16/01 MD; VK Thüringen, B. v. 6. 7. 2006 – Az.: 360–4003.20-010/06–HIG).

7746   Dies ist dann **anders zu beurteilen, wenn der Auftraggeber keine eindeutigen Vergabeunterlagen herausgibt**, der **Bieter die Widersprüche in der Leistungsbeschreibung** (z. B. zwischen Plänen und Textbeschreibung) durch eine Anfrage beim Auftraggeber **zu klären versucht und der Auftraggeber diese Anfrage nicht beantwortet** (VK Baden-Württemberg, B. v. 26. 7. 2005 – Az.: 1 VK 39/05).

7747   86.6.3.5.1.6.2.9 **Änderungen durch Nichtabgabe von verlangten Erklärungen.** Gibt ein **Bieter mit seinem Angebot eine vom Auftraggeber geforderte Erklärung** (z. B. „Ausschreibungsanerkennung") **nicht ab**, obwohl diese Erklärung Bestandteil der Vergabeunterlagen ist und hat der Bieter dahingehend, ob diese Erklärung überhaupt verlangt werden durfte, keine Rügen erhoben, hat der **Bieter dadurch die Vergabeunterlagen unzulässig geändert** (VK Südbayern, B. v. 10. 11. 2003 – Az.: 49-10/03). Dies gilt auch, wenn der Bieter eine **geforderte Erklärung der gesamtschuldnerischen Haftung nicht abgibt** (OLG Düsseldorf, B. v. 29. 3. 2006 – Az.: VII – Verg 77/05; OLG Naumburg, B. v. 31. 3. 2004 – Az.: 1 Verg 1/04).

7748   86.6.3.5.1.6.2.10 **Änderungen durch Nichtzurücksendung des Leistungsverzeichnisses. Mangelt es den Angebotsunterlagen an der beizufügenden Leistungsbeschreibung, liegt hierin eine unzulässige Änderung an den Verdingungsunterlagen**, welche die Vergleichbarkeit der Angebote gefährdet. Kennzeichnend für den Inhalt einer Leistungsbeschreibung sind individuell aufgestellte Regelungen zur Bauausführung, zur Verwendung und zum Einbau von Materialien und Stoffen, die sich in einer solchen Ausführlichkeit nicht im Leistungsverzeichnis wieder finden. Die **Leistungsbeschreibung ist daher unverzichtbarer Erklärungsinhalt jeden Angebotes** (1. VK Sachsen-Anhalt, B. v. 17. 4. 2007 – Az.: 1 VK LVwA 04/07).

7749   86.6.3.5.1.6.2.11 **Änderungen durch Angaben zum Ausführungstermin.** Macht ein **Bieter die Leistungszeit von der Verhandlung und Klärung aller technischen Einzelheiten abhängig**, hält sich der Bieter in seiner Eigenschaft als potentieller Auftragnehmer objektiv einen Punkt des Vertrags, über den nach der Erklärung des Auftraggebers eine Vereinbarung getroffen werden soll, zunächst **offen** (§ 154 Abs. 1 Satz 1 BGB). Dass in dem Anschreiben der Vergabestelle für die Frist für die Ausführung dagegen nur mit „voraussichtlich" umschrieben ist, ist unerheblich, weil das Anschreiben nicht zu den Vergabeunterlagen gehört und damit nicht Vertragsbestandteil wird. Ein entsprechendes Angebot ist wegen Änderung auszuschließen (BayObLG, B. v. 16. 9. 2002 – Az.: Verg 19/02).

7750   86.6.3.5.1.6.2.12 **Änderung durch Widersprüche zwischen Muster und schriftlichem Angebot.** Widersprechen sich Muster und schriftliches Angebot, so ergibt sich für den Auftraggeber das **Risiko, nicht sicher sein zu können, wonach sich die Leistung bei einer Beauftragung dieses Bieters richten würde**, da unklar ist, was genau angeboten wird. Bei einer Beauftragung bestünde die Gefahr, dass der Bieter unter Berufung auf sein Muster Leistungen erbringt, die von dem Leistungsverzeichnis des Auftraggebers abweichen, so dass der Auftraggeber etwas anderes als das von ihm gewünscht ausgeschriebene erhält. Aus diesem Grund ist ein **durch die abweichende Bemusterung als widersprüchlich zu kennzeichnendes Angebot aus der Wertung auszuschließen** (VK Baden-Württemberg, B. v. 4. 12. 2003 – Az.: 1 VK 64/03).

7751   86.6.3.5.1.6.2.13 **Änderung der Mängelanspruchsfrist. Unzulässig ist eine Änderung der vom Auftraggeber vorgegebenen Mängelanspruchsfrist** (2. VK Bund, B. v. 23. 1. 2004 – Az.: VK 2–132/03).

7752   86.6.3.5.1.6.2.14 **Änderung durch Beifügung einer eigenen Tariftreueerklärung. Legt der Bieter dem Angebot eine selbst verfasste und unterzeichnete „Erklärung zur Einhaltung des tariflichen Mindestlohnes im Baugewerbe (Mindestlohnerklärung)" mit einem anderen Wortlaut als die Tariftreueerklärung des Auftraggebers bei, verändert er den Inhalt der Vergabeunterlagen.** Auch die Argumentation, dass die eigene „Tariftreueerklärung" nichts Gegenteiliges zu derjenigen der Vergabestelle beinhaltet, führt nicht dazu, dass keine Veränderung der Vergabeunterlagen vorliegt. Welchen Sinn würde es machen, wenn eine eigene verfasste Erklärung extra dem Angebot beigefügt wird, wenn nicht den, dass dessen Inhalt zum Gegenstand des Angebotes wird – im Gegensatz zu derjenigen Erklärung, die die Vergabestelle bereits vorgab (VK Thüringen, B. v. 1. 11. 2004 – Az.: 360–4002.20–033/04-MGN).

86.6.3.5.1.6.2.15 Änderung durch Nichtbeachtung von tariflichen Entlohnungsre- 7753
gelungen. Gibt eine Vergabestelle in den Vergabeunterlagen vor, dass die **Bieter bei der Kalkulation ihrer Angebote von einem bestimmten Tarif auszugehen haben** und **entspricht ein Angebot** z.B. in einem Stundensatz **nicht dem tariflich vorgegebenen Stundensatz**, kommt dies einer **Änderung der Vergabeunterlagen** gleich. Der Bieter verschafft sich damit gegenüber anderen Bietern, die sich an die diesbezüglichen Vorgaben halten, einen ungerechtfertigten Wettbewerbsvorteil; das Angebot ist zwingend auszuschließen (2. VK Sachsen-Anhalt, B. v. 1. 9. 2004 – Az.: VK 2 – LVwA 26/04).

86.6.3.5.1.6.2.16 Änderung durch Ersetzung von Eigengeräten durch Fremdgeräte. 7754
Allein in der Durchführung der zu vergebenden Leistungen **mit Fremdgeräten anstatt mit Eigengeräten** liegt **keine vergaberechtlich unzulässige Angebotsänderung**, weil die **Identität der für die Leistungsausführung durch die Bietergemeinschaft einzusetzenden Geräte vollständig erhalten bleibt.** Das Angebot in Verbindung z.B. mit der Geräteliste enthält die Erklärung des Anbietenden, dass das Gerät (und Personal) in tatsächlicher und rechtlicher Hinsicht bei der Ausführung der Leistung zur Verfügung steht. Diese Erklärung ist nach wie vor richtig, wenn sich nur die rechtlichen Verhältnisse bezüglich der Eigentümerstellung – wie zum Beispiel im Falle einer Sicherungsübereignung von Geräten an eine Bank – geändert haben. Die Änderung der Eigentümerstellung unter Erhalt ihrer Verfügbarkeit berührt den Inhalt des Angebots nicht (OLG Düsseldorf, B. v. 26. 1. 2005 – Az.: VII – Verg 45/04).

86.6.3.5.1.6.2.17 Änderung der Zuschlags- und Bindefrist. Die Zuschlagsfrist wird 7755
einseitig durch den Auftraggeber gegenüber dem Bieter festgesetzt. Der Auftraggeber muss einen einheitlichen Zeitpunkt für den Fristablauf festlegen, weil er den Zuschlag nur auf ein Angebot erteilen kann und es insbesondere wegen des geltenden Gleichbehandlungsgrundsatzes darauf ankommt, dass für sämtliche Bieter dieselbe Annahmefrist gilt. Ein **Bieter ist nicht berechtigt, die in den Vergabeunterlagen vorgesehene Zuschlags- und Bindefrist einseitig abzuändern**. Der aus einer entsprechenden Verletzung resultierende Angebotsausschluss ist zwingend (2. VK Bund, B. v. 3. 4. 2006 – Az.: VK 2–14/06; 3. VK Bund, B. v. 5. 7. 2010 – Az.: VK 3–60/10; VK Rheinland-Pfalz, B. v. 10. 12. 2004 – Az.: VK 23/04). Dies **gilt auch im Verhandlungsverfahren**, weil es auch im Verhandlungsverfahren eines bindenden und damit annahmefähigen Angebots als Grundlage weiterführender Verhandlungen bedarf (2. VK Bund, B. v. 3. 4. 2006 – Az.: VK 2–14/06).

86.6.3.5.1.6.2.18 Änderungen durch die Verwendung einer veralteten Version der 7756
Vergabeunterlagen. Die **Verwendung einer veralteten Version der Vergabeunterlagen** ist eine **unzulässige Änderung** und führt zum zwingenden Angebotsausschluss (VK Baden-Württemberg, B. v. 30. 4. 2008 – Az.: 1 VK 12/08; 3. VK Bund, B. v. 8. 2. 2008 – Az.: VK 3– 29/08; B. v. 5. 2. 2008 – Az.: VK 3–17/08). **Voraussetzung** ist allerdings, dass **dem Bieter der aktualisierte Text der Vergabeunterlagen übersandt** wird und ihm **unmissverständlich mitgeteilt wird, dass die geänderten Seiten gegen die vorhandenen Seiten der Vergabeunterlagen ausgetauscht und mit dem Angebot in aktualisierter Fassung eingereicht** werden sollen (VK Baden-Württemberg, B. v. 30. 4. 2008 – Az.: 1 VK 12/08). Zur **Beweislast** in solchen Fällen vgl. die Kommentierung zu → § 7 VOB/A Rdn. 331 ff.

Eine **Änderung liegt aber dann nicht vor,** wenn ein **Bieter in seinem Angebot zum** 7757
Teil Vorgänger-Versionen der zu verwendenden Vordrucke verwendet hat und die insoweit verwendeten **Vordrucke vom Aufbau und Inhalt bzw. Textwortlaut identisch** sind und sich **Unterschiede** – bis auf die unterschiedlichen Vordruck-Nummern – **nur vereinzelt aus Zeilen- bzw. Textumbrüchen und in einem Fall durch Ersetzung des lateinischen „lit." durch das deutsche Synonym „Buchst."** ergeben. In einem solchen Fall ist das Angebot inhaltlich und dem Wortlaut nach bezogen auf die betroffenen Vordrucke ohne Weiteres vergleichbar mit Angeboten, die die vorgegebenen Vordrucke verwendet haben und daher keine Änderung der Verdingungsunterlagen vorliegt (1. VK Bund, B. v. 29. 7. 2010 – Az.: VK 1– 67/10).

86.6.3.5.1.6.2.19 Änderungen zugunsten des Auftraggebers (z.B. Verlängerung der 7758
Mängelanspruchsfrist). Bietet ein Unternehmen ausdrücklich, sogar unter Hinweis auf die Abweichung von den Ausschreibungsbedingungen, eine Verlängerung der Gewährleistungsfrist um ein Jahr an, liegt in dieser Verlängerung der Gewährleistungsfrist folglich rein formal betrachtet ein Abweichen von den Vorgaben, welche der Auftraggeber für den Vertragsinhalt gesetzt hat. Diese Abweichung ist unabhängig davon gegeben, ob sie zum Vorteil oder zum Nachteil des Auftraggebers gereicht. In der Verlängerung der Gewährleistungsfrist liegt auch ein Abweichen von den Vergabeunterlagen im Rechtssinne des § 13 Abs. 1 Nr. 5 VOB/A. Zwar

beinhaltet die 5-jährige Frist als Minus die vom Auftraggeber vorgegebene 4-jährige Frist, aber dennoch **bleibt die Tatsache bestehen, dass die verlängerte Gewährleistungsfrist bei einer rein formalen Betrachtungsweise abweicht von den hier auftraggeberseitig zur Vertragsgrundlage gemachten Vorgaben der VOB/B.** Eine rein formale Betrachtungsweise, die unabhängig von der materiellen Bedeutung und unabhängig von der Auswirkung auf das Wertungsergebnis allein auf den Umstand der Diskrepanz mit den Vorgaben des Auftraggebers abstellt, ist **aus Gründen der Gleichbehandlung geboten, da ein vergleichbar strenger Maßstab ebenso beim Ausschlusstatbestand des Fehlens von Erklärungen und Eignungsnachweisen gilt**. Auch dort kommt es nach der jüngeren Rechtsprechung nicht darauf an, von welchem substantiellen Gehalt fehlende Erklärungen sind oder ob sie sich in irgendeiner Weise auf das Wettbewerbsergebnis ausgewirkt haben. **Die identischen, formalen Maßstäbe sind auch beim Tatbestand des Abweichens von den Vergabeunterlagen heranzuziehen**, da die Heranziehung ungleicher Maßstäbe zu ungleichen Ergebnissen bei vergleichbaren Sachverhalten und damit zu ungerechtfertigter Ungleichbehandlung führen würde, je nachdem, welcher Ausschlusstatbestand zufälligerweise gerade einschlägig ist (3. VK Bund, B. v. 20. 6. 2007 – Az.: VK 3–55/07; im Ergebnis ebenso 2. VK Bund, B. v. 30. 11. 2009 – Az.: VK 2–195/09).

7759   Die **zwingende Rechtsfolge** – Angebotsausschluss – **erfasst das Angebot insgesamt**, nicht z. B. lediglich ein „überschießendes" Gewährleistungsjahr. §§ 16 Abs. 1 Nr. 1 lit. b), 13 Abs. 1 Nr. 5 VOB/A beinhalten **keine Möglichkeit eines partiellen Angebotsausschlusses** (3. VK Bund, B. v. 20. 6. 2007 – Az.: VK 3–55/07).

7760   Wenn der Bieter die zu erbringende Leistung abändert, in dem er eine andere als die ausgeschriebene Leistung anbiete, liegt ein Ausschlussgrund nach §§ 16 Abs. 1 Nr. 1 lit. b), 13 Abs. 1 Nr. 5 VOB/A vor. Dies **gilt auch dann, wenn ein angebotenes Fabrikat qualitativ nach oben von den Vorgaben der Leistungsbeschreibung abweicht** (VK Baden-Württemberg, B. v. 26. 1. 2010 – Az.: 1 VK 71/09).

7761   86.6.3.5.1.6.2.20 **Änderungen durch Nachunternehmererklärungen.** Eine Erklärung, die ein potentieller Nachunternehmer eines Bieters diesem gegenüber im Zusammenhang mit der Angebotsbearbeitung abgibt, ist keine Erklärung im Vergabeverfahren. Eine solche Erklärung hat zunächst einmal nur Auswirkungen auf die Rechtsbeziehung zwischen dem Nachunternehmer und dem Bieter. Nur soweit sich **dieser die Erklärung des Nachunternehmers** auch in Bezug z. B. auf eine – unterstellte – Einschränkung der Gewährleistung beziehungsweise den Leistungsumfang allgemein **zu Eigen und damit zum Teil seines Angebots macht**, stellt sich die Frage, ob der Bieter die Verdingungsunterlagen unzulässig geändert hat (VK Schleswig-Holstein, B. v. 7. 3. 2008 – Az.: VK-SH 02/08).

7762   86.6.3.5.1.6.2.21 **Änderungen durch ein Nebenangebot.** Da es **zum Wesen eines Nebenangebotes** gehört, **von den Vorgaben der Leistungsbeschreibung zumindest teilweise abzuweichen** (Thüringer OLG, B. v. 19. 3. 2004 – Az.: 6 U 1000/03; B. v. 18. 3. 2004 – Az.: 6 Verg 1/04) und die VOB/A von der grundsätzlichen Möglichkeit der Abgabe und Wertung von Nebenangeboten ausgeht (vgl. etwa § 16 Abs. 8 VOB/A), können **§ 16 Abs. 1 Nr. 1 lit. b) VOB/A i. V. m. § 13 Abs. 1 Nr. 5 VOB/A nicht für Nebenangebote gelten** (1. VK Bund, B. v. 19. 4. 2002 – Az.: VK 1–09/02).

7763   86.6.3.5.1.6.2.22 **Änderung von Mengenangaben im Kurz-Leistungsverzeichnis.** Die Rechtsprechung ist insoweit **nicht einheitlich**.

7764   Sinn macht die Möglichkeit der Abgabe eines eigenen Kurz-Leistungsverzeichnis nur dann, wenn zum einen die angestrebte Arbeitserleichterung beim Bewerber eintritt und zum anderen aber die Vergabestelle die Leistungen angeboten bekommt, die sie in ihrem Lang-Leistungsverzeichnis ausgeschrieben hat. **Da bei selbst erstellten Kurz-Leistungsverzeichnissen Flüchtigkeitsfehler auftreten oder unter Umständen Verkürzungen gewählt werden können, die die ausgeschriebene Leistungen nur unvollkommen und vielleicht sogar fehlerhaft ausdrücken, trug der Verordnungsgeber diesem mit der vom Bewerber abzugebenden Verbindlichkeitserklärung des Lang-Leistungsverzeichnisses Rechnung.** Damit wurde mittels der Abgabe der Erklärung abgesichert, dass Angebotsgegenstand nur die ausgeschriebene Leistung der Vergabestelle und eben nicht der Text des Kurz-Leistungsverzeichnisses ist. Konsequenz ist damit, dass **im Fall von geänderten Mengenansätzen diese als Teil des Leistungsverzeichnisses auf die Menge des Lang-Leistungsverzeichnisses der Vergabestelle zu korrigieren und im Rahmen der Wertung diese zu verwenden sind.** Auch für den Fall des Widerspruches von Angaben im Leistungstext des Kurz-Leistungsverzeichnisses sind diese unerheblich. Eine Veränderung der Vergabeunterlagen in Verbindung mit der Abgabe ei-

Vergabe- und Vertragsordnung für Bauleistungen Teil A   VOB/A § 16   **Teil 3**

nes Kurz-Leistungsverzeichnisses liegt nur dann vor, wenn der Bieter im Lang-Leistungsverzeichnisses der Vergabestelle ausdrücklich Änderungen vorgenommen hätte oder in Ergänzung zum Kurz-Leistungsverzeichnis die ausdrücklich abgegebene Anerkennung des Langtextes durch zusätzliche Erklärungen einschränkt, abändert oder in Frage stellt (VK Thüringen, B. v. 9. 9. 2005 – Az.: 360–4002.20-009/05-SON; im Ergebnis ebenso 1. VK Sachsen, B. v. 21. 4. 2008 – Az.: 1/SVK/021-08, 1/SVK/021-08-G).

Nach einer anderen Auffassung ist **bei einer Mengenänderung das Angebot preislich nicht mit den übrigen Angeboten vergleichbar.** Daran ändert die Anerkennung der „alleinigen Verbindlichkeit" des Langtextes nichts, da dieses nur die Leistung beschreibt, während der Bieter den Preis bildet. Eine „Berichtigung" des Angebotsinhaltes ist weder einseitig durch den Auftraggeber noch durch Aufklärung (§ 15 VOB/A) möglich. Die **Erklärung zur „alleinigen Verbindlichkeit" des Langtextes stellt kein Einverständnis dar, dass die Gegenleistung vom Vertragspartner (Vergabestelle) selbst bestimmt werden dürfte in der Form der Errechnung eines „richtigen" Angebotspreises.** Sie kann allenfalls den Anbieter an seine Erklärung binden. Bei Ablauf der Angebotsfrist müssen die Preise und sonstigen Angebotsinhalte vom Bieter selbst vorgelegt worden sein. Auch wenn der Mengenansatz dieser Position durch einen bloßen Irrtum und nicht in manipulativer Absicht falsch in das Kurz-Leistungsverzeichnis übertragen worden sein sollte, muss die **Transparenz des Vergabeverfahrens vorrangig berücksichtigt werden.** Die objektiv bestehende Möglichkeit für einen Bieter, sein Angebot nachträglich entweder „richtig zu stellen" oder das Angebot durch Aufrechterhaltung der Unstimmigkeit aus der Welt zu schaffen, kann in einem Offenen Verfahren nicht hingenommen werden. Es kann deshalb nicht darauf ankommen, aus welchem Grund eine Unrichtigkeit im Angebot entstanden ist (VK Düsseldorf, B. v. 14. 8. 2006 – Az.: VK – 32/2006 – B; VK Schleswig-Holstein, B. v. 20. 10. 2010 – Az.: VK-SH 16/10 – informative und umfassende Begründung).

7765

Ob in einer prima vista vom vorgegebenen Leistungsverzeichnis abweichenden Angabe auch ein Abweichen von den Verdingungsunterlagen im Rechtssinne der Vorschriften der VOB/A zu sehen ist, ist **anhand des gesamten Erklärungsinhalts des Angebots durch Auslegung zu ermitteln.** Mit der Aussage, wonach der „gesamte Inhalt des ... Leistungsverzeichnis-Langtextes" gelte, sowie der Erklärung, wonach die Urschrift des Leistungsverzeichnisses als allein verbindlich anerkannt wird und der verwendete Kurztext nicht als Änderung des Wortlautes der Urschrift gilt, entspricht der Bieter den üblichen Bewerbungsbedingungen, die ein solches ausdrückliches schriftliches Anerkenntnis des Wortlauts der Urschrift des Leistungsverzeichnisses verlangen. Diese **Bewerbungsbedingungen wiederum geben das wieder, was § 13 Abs. 1 Nr. 6 VOB/A verlangt**: Auch in dieser Vorschrift wird die Zulässigkeit der Verwendung einer selbstgefertigten Kurzfassung durch die Bieter an die Voraussetzung geknüpft, dass die Vorgaben des Lang-LV als allein verbindlich anerkannt werden. Allerdings **bedeutet diese Vorgabe der VOB/A nicht, dass sämtliche Abweichungen eines Bieters in seinem Kurz-LV von den Vordersätzen des Lang-LV völlig unbeachtlich sind, wenn nur pauschal die Verbindlichkeit des Lang-LV anerkannt wurde.** Wollte man die Bestimmung des § 16 Abs. 1 Nr. 6 VOB/A dergestalt interpretieren, so wäre der Konflikt vorprogrammiert, **der durch die strengen Vorgaben des Vergaberechts gerade vermieden werden soll, nämlich Streitigkeiten und Auslegungsunsicherheiten nach Zuschlagserteilung über den Vertragsinhalt.** Ein **Auftraggeber**, der auf ein in den Vordersätzen abweichendes Kurz-LV den Zuschlag erteilt, wäre zumindest **der Gefahr ausgesetzt, dass der Auftragnehmer sich bei Durchführung des Vertrages auf sein abweichendes Kurz-LV beruft.** Dies gilt auch bei einem Einheitspreisvertrag, da **bei Änderung eines Mengenvordersatzes der angegebene Einheitspreis für die angebotene Menge gilt, mithin die Gefahr besteht, dass der Auftragnehmer sich bei Durchführung des Vertrags mit dem Verlangen nach einer Preisanpassung auf § 2 Abs. 3 VOB/B beruft. Exakt diese Gefährdungslage soll vermieden werden**, auch im Interesse der Vergleichbarkeit der Angebote und damit letztendlich der Gerechtigkeit des Wettbewerbs. Das **Erfordernis der Anerkenntnis des Lang-LV in § 13 Abs. 1 Nr. 6 VOB/A kann folglich nur dahin verstanden werden, dass hier ausschließlich die Positionstexte, die im Kurz-LV im Gegensatz zum Lang-LV nicht auftauchen und folglich reine Weglassungen von Text darstellen, in Bezug genommen werden**; diese Positionstexte sollen gelten, obwohl sie im Kurz-LV nicht ausdrücklich wiederholt werden. Diese **reine Formvorschrift beinhaltet jedoch keine Ausnahme von § 16 Abs. 1 Nr. 1 lit. b) VOB/A dergestalt, dass über die Auslassungen hinaus weitergehend konkrete Änderungen von Vordersätzen sanktionslos zulässig werden.** Dies würde im Ergebnis Manipulationsmöglichkeiten eröffnen und das System der

7766

formellen Ausschlusstatbestände untergraben. Auch Grenzen des Nachverhandlungsverbots, § 15 VOB/A, würden überschritten, wenn man in Aufklärungsgesprächen nachträgliche und von den im Submissionstermin verlesenen Angebotsendpreisen nachträgliche Mengen- und damit Preiskorrekturen zulassen wollte (3. VK Bund, B. v. 6. 5. 2008 – Az.: VK 3–53/08; VK Schleswig-Holstein, B. v. 20. 10. 2010 – Az.: VK-SH 16/10).

7767 Vgl. zur **notwendig vollständigen Erklärung eines Bieters zur Übereinstimmung** den **instruktiven Fall** der 2. VK Bund, B. v. 28. 7. 2006 – Az.: VK 2–50/06.

7768 **86.6.3.5.1.6.2.23 Änderung durch Weglassen einer als Ausschlusskriterium gekennzeichneten Anforderung.** Bei der unvollständigen Ausfüllung eines Leistungsverzeichnisses in der Weise, dass **eine als Ausschlusskriterium gekennzeichnete Anforderung nicht nur oberflächlich oder ausweichend beantwortet, sondern komplett ignoriert oder ausgelassen wird** bzw. schlicht unausgefüllt bleibt, handelt es sich um eine **Änderung des Bieters an den Vergabeunterlagen** im Sinne des § 13 Abs. 1 Nr. 5 VOB/A, die gemäß § 16 Abs. 1 Nr. 1 lit. b) VOB/A zwingend einen Ausschluss des Angebots zur Folge hat, da sie die Vergleichbarkeit der Angebote gefährdet. Denn die Nichtbeachtung eines Ausschlusskriteriums kann nicht anders gewertet werden als seine ausdrückliche Kennzeichnung als „nicht erfüllt", was ebenso zum Ausschluss des Angebots aus der Wertung führen würde. Dementsprechend werden als Änderungen an den Vergabeunterlagen nicht nur Streichungen oder Ergänzungen angesehen, sondern auch z. B. die Herausnahme von Teilen aus den Vergabeunterlagen. Die Änderungen können sich sowohl auf den technischen Inhalt (Abänderung der zu erbringenden Leistung) als auch auf die vertraglichen Regelungen (z. B. Ausführungsfristen, Gewährleistungsfristen, Sicherheitsleistungen, Zahlungsweise) beziehen (VK Thüringen, B. v. 14. 4. 2005 – Az.: 360–4003.20–017/05-G-S; 2.VK Bund, B. v. 5. 3. 2003 – Az.: VK 2–04/03).

7769 **86.6.3.5.1.6.2.24 Änderung durch Nichtangabe des zur Vergabe an Nachunternehmer vorgesehenen Leistungsumfangs.** Die Änderung der Vergabeunterlagen ist hierbei darin zu sehen, dass der **Bieter** – entgegen seiner bestehenden Verpflichtung – **mit der Abgabe des Angebotes auf die Benennung der dazu zu übertragenden Leistungsumfanges verzichtet**. Er schafft damit nicht nur die Möglichkeit des falschen Eindrucks von dem Umfang der zu übertragenden Leistung, sondern bezeichnet darüber hinaus den zu übertragenden Leistungsumfang nicht zutreffend (VK Thüringen, B. v. 14. 4. 2005 – Az.: 360–4003.20–017/05-G-S).

7770 **86.6.3.5.1.6.2.25 Änderung durch Auswechslung eines Nachunternehmers.** Das OLG Düsseldorf (B. v. 28. 4. 2008 – Az.: VII – Verg 1/08; B. v. 5. 5. 2004 – Az.: VII – Verg 10/04) vertritt die Auffassung, dass dann, wenn der **Bieter** in seinem Angebot einen Nachunternehmer benennt, er **mit Ablauf der Angebotsabgabefrist hieran gebunden** ist. Er kann für die betreffenden Arbeiten weder einen anderen noch einen zusätzlichen Nachunternehmer anbieten. Ebenso wenig darf der öffentliche Auftraggeber eine dahingehende Angebotsänderung gestatten. Der Bieter ist **in gleicher Weise gehindert, sein Angebot dahin abzuändern, dass die in Rede stehenden Arbeiten nicht mehr durch einen Nachunternehmer, sondern im eigenen Betrieb ausgeführt werden sollen** (OLG Düsseldorf, B. v. 5. 5. 2004 – Az.: VII – Verg 10/04; 1. VK Bund, B. v. 9. 10. 2009 – Az.: VK 1–176/09).

7771 Das ist jedenfalls dann der Fall, wenn der **Auftraggeber ausdrücklich vorgesehen hat, dass der Austausch eines Nachunternehmers** in der Zeit zwischen Angebotsabgabe und Zuschlagserteilung **nicht zulässig** ist (OLG Düsseldorf, B. v. 23. 6. 2010 – Az.: VII-Verg 18/10).

7772 **86.6.3.5.1.6.2.26 Weitere Beispiele aus der Rechtsprechung**

– bietet der Bieter in einer **Position des Leistungsverzeichnisses einen Vordersatz von 1240 zu einem Einheitspreis pro m³ und einem daraus multiplizierten Gesamtpreis** an und **bepreist nicht**, wie vom Auftraggeber gefordert, einen **Vordersatz von 6000 m³**, hat er nicht das angeboten, was der Auftraggeber nachgefragt hat, sondern eine geringere Menge (VK Schleswig-Holstein, B. v. 20. 10. 2010 – Az.: VK-SH 16/10)

– das **Abweichen der Werte des Modulabstands der Kühlmäander und des Betriebsgewichts von den vorgegebenen technischen Parametern** der Heiz-/Kühldecke stellen Abänderungen der Vorgaben des Leistungsverzeichnisses dar. Die Vorgaben des Leistungsverzeichnisses waren bei diesen Parametern gerade nicht so formuliert, dass etwaige technische Schwankungsspielräume gestattet waren oder etwa nur Mindestanforderungen darstellten (3. VK Bund, B. v. 11. 3. 2010 – Az.: VK 3–18/10)

- ist ein **Vordruck** von den Bietern **nur im Rahmen des Teilnahmewettbewerbs zu verwenden**, nicht aber im Rahmen der Angebotsabgabe und hält sich der Bieter nicht an diese Vorgabe, sondern **verwendet den Vordruck auch zur Angebotsabgabe, führt dieser Verstoß bereits zum Ausschluss von der Wertung** (3. VK Bund, B. v. 4. 2. 2010 – Az.: VK 3 – 3/10)

- **versieht ein Bieter den Umschlag mit der Urkalkulation mit dem einschränkenden Vermerk, dieser dürfe nur in seinem Beisein geöffnet werden, sind sämtliche sich in dem Umschlag befindenden Erklärungen als nicht abgegeben anzusehen.** Maßgeblich ist, dass der Bieter die Öffnung des Umschlages unter eine unzulässige Bedingung gestellt hat. **Vorbehalte oder Bedingungen der vorliegenden Art sind vom Auftraggeber zu beachten.** Der Auftraggeber ist nicht befugt, die von einem Bieter eingereichten Unterlagen oder Erklärungen gegen dessen erklärten Willen zu öffnen und einzusehen. Er ist an die Vorgabe eines Bieters, ein Umschlag dürfe nur in seinem bzw. dem Beisein eines Vertreters geöffnet werden, rechtlich gebunden. Indes sind derartige Vorgaben, Vorbehalte oder Bedingungen vergaberechtlich nicht zugelassen und nicht hinzunehmen. Werden sie von einem Bieter dennoch gemacht, sind die mit einer Bedingung oder einem Vorbehalt belegten Erklärungen oder Unterlagen im Rechtssinn als nicht abgegeben bzw. eingereicht zu werten. **Die eingegangenen Angebote müssen dem öffentlichen Auftraggeber in jeder durch die Vergabebekanntmachung und die Verdingungsunterlagen vorgegebenen Hinsicht zur vorbehaltlosen Kenntnisnahme und Prüfung offen stehen.** Anders ist nicht sicherzustellen, dass in jeder Hinsicht vergleichbare Angebote gewertet werden und die Vergabeentscheidung das Gebot der Gleichbehandlung der Bieter (§ 97 Abs. 2 GWB) wahrt (OLG Düsseldorf, B. v. 15. 3. 2010 – Az.: VII-Verg 12/10)

- **bringt ein Bieter auf dem verschlossenen Umschlag der Urkalkulation den Vorbehalt an, der Umschlag dürfe nur in seinem Beisein geöffnet werden und soll der Auftraggeber nach den Bewerbungsbedingungen vorbehaltlos und uneingeschränkt berechtigt sein, den Umschlag zu öffnen und die Urkalkulation einzusehen, schränkt ein solcher Vermerk** auf dem Umschlag dieses **Recht des Auftraggebers ein**, indem die Öffnung unter einen Vorbehalt gestellt wird. Damit verstößt der Bieter mit der nicht statthaften Änderung der Verdingungsunterlagen gegen § 25 Nr. 1 Abs. 1 lit. b i. V. m. § 21 Nr. 1 Abs. 3 VOB/A. Das **Angebot muss ausgeschlossen werden** (OLG Düsseldorf, B. v. 15. 3. 2010 – Az.: VII-Verg 12/10; 3. VK Bund, B. v. 3. 2. 2010 – Az.: VK 3 – 1/10)

- gibt der Auftraggeber bestimmte Formblätter (z. B. als Tabellen) vor und **benutzt der Bieter stattdessen eigene Formblätter**, bedeutet dies eine **Änderung der Vergabeunterlagen**; das Angebot ist zwingend auszuschließen (VK Arnsberg, B. v. 30. 11. 2009 – Az.: VK 32/09)

- ist die angebotene **Mittelspannungsanlage mit einem Druckentlastungskanal, aber nicht mit dem geforderten Druckreduktionssystem ausgestattet, entspricht eine solche Mittelspannungsanlage, die einem Störlichtbogen durch einen Druckentlastungskanal begegnet, nicht der Leistungsbeschreibung.** Der Antragsgegner hat eine Anlage ausgeschrieben, die auf einen möglichen Störlichtbogen reagiert. Ein Störlichtbogen kann infolge eines ungewollten Spannungsüberschlags bei ungenügendem Abstand oder ungenügender Isolation zwischen zwei elektrischen Potenzialen entstehen. Er gibt Energie an seine Umgebung ab, Leiter- und Isoliermaterialien verdampfen und verbrennen. Dies kann zu einer thermischen und mechanischen Belastung der Anlage führen. Die Aufheizung des Umgebungsgases führt zu einer Druckerhöhung. Diese gilt es, zum Schutz von Personen und zur Minimierung von Schäden zu beherrschen. **Hierzu hat der Antragssteller in seinem Leistungsverzeichnis die Varianten Unterdrückung eines Störlichtbogens oder Druckreduktionssystem im Leistungsverzeichnis zur Auswahl gestellt. Die Antragstellerin hat demgegenüber eine Variante angeboten, die nicht Gegenstand der Ausschreibung gewesen ist.** Sie hat dabei die vom Antragsgegner vorgegebenen Varianten zutreffend verstanden, glaubte aber, die von ihr angebotene Lösung sei baulich umsetzbar und im Grunde besser geeignet als die ausgeschriebenen Varianten. Die von ihr angebotene Anlage mit Druckentlastungskanal sieht vor, dass die durch Störlichtbögen erzeugten Gase abgekühlt und durch einen Druckentlastungskanal auf kürzestem Weg ins Freie oder einen benachbarten Raum geführt werden. Eine **Entlastung ins Freie ist nach Einschätzung des Antragsgegners aber aufgrund der räumlichen und baulichen Situation nicht möglich. Dies hat er im Ausschreibungstext hinreichend deutlich gemacht** (VK Berlin, B. v. 20. 4. 2009 – Az.: VK – B 2–10/09)

Teil 3 VOB/A § 16 Vergabe- und Vertragsordnung für Bauleistungen Teil A

- die **Verwendung eigener Formulare durch den Bieter an Stelle der Formulare des Auftraggebers ohne inhaltliche Änderung** stellt **keine unzulässige Änderung** der Vergabeunterlagen dar (1. VK Sachsen, B. v. 26. 6. 2009 – Az.: 1/SVK/024-09)
- das Angebot der Beigeladenen ist von der Wertung auszunehmen, weil es unzulässige Änderungen an den Verdingungsunterlagen aufweist (§ 25 Nr. 1 Abs. 1b, § 21 Nr. 1 Abs. 3 VOB/A). Unter OZ 3.16 und 3.17 des Leistungsverzeichnisses waren nach näherer Spezifizierung Lieferung, Aufstellung und Anschluss von **Drehstrom-Trocken-Transformatoren mit Leitmaterial (Wicklung) aus Kupfer ausgeschrieben**. Die Beigeladene hat – u.a. dadurch erklärt sich die Preisdifferenz zum Angebot der Antragstellerin – jedoch **Transformatoren mit Aluminium-Leitmaterial angeboten**. Zwar hat sich die Beigeladene in Nachverhandlungen bereit gefunden, zum Angebotspreis Transformatoren mit Kupfer-Wicklung zu liefern und einzubauen. Dies ist indes das **Ergebnis unstatthafter Nachverhandlungen** gewesen (§ 24 Nr. 3 VOB/A). Das **Angebot der Beigeladenen ist inhaltlich abgeändert** worden, mit der Folge, dass die **Änderungen nicht zu berücksichtigen** sind. Unzulässig nachverhandelte Angebotsinhalte können – dies verbieten schon die vergaberechtlichen Prinzipien der Gleichbehandlung und der Transparenz – keinesfalls Grundlage des Zuschlags sein (OLG Düsseldorf, B. v. 14. 10. 2009 – Az.: VII-Verg 9/09)
- die ASt kann bei der Wertung nicht berücksichtigt werden, weil sie kein ausschreibungskonformes Angebot eingereicht hat. Das **Angebot bietet abweichend von der Leistungsbeschreibung – Herstellung der Spannbewehrung aus Spanngliedern mit nachträglichem Verbund – den Einbau des Spannstahles im sofortigen Verbund** an (VK Nordbayern, B. v. 28. 10. 2009 – Az.: 21.VK – 3194 – 46/09)
- eine unmissverständliche, einer Aufklärung nach § 24 VOB/A nicht mehr zugängliche **Abweichung von den Verdingungsunterlagen** liegt jedoch in dem unter 3.4 aufgenommenen Zahlungsplan und den dort prozentual festgelegten „Zahlungsmeilensteinen" vor. Die dortigen Zahlungsziele für den Zeitraum nach Auftragsvergabe bis zur endgültigen vertraglichen Abnahme sind zwar in der Praxis der Bauvergabe nicht unüblich. Sie legen jedoch Zahlungsmodalitäten und damit Bedingungen fest, die in den hier vorliegenden Verdingungsunterlagen gerade nicht geregelt wurden (VK Niedersachsen, B. v. 27. 8. 2009 – Az.: VgK-35/2009)
- dann, wenn die **Bieter Streichungen oder inhaltliche Änderungen an den Verdingungsunterlagen vornehmen**, sind die **betreffenden Angebote** wegen einer Änderung an den Verdingungsunterlagen **von der Wertung auszuschließen**. Die **Unterzeichnung und Zurücksendung des unveränderten Vertragenwurfs** stellt aber keine (erneute) Änderung der Vertragsbedingungen dar, da ersichtlich der Vertragsentwurf in der Fassung des Schreibens der Antragsgegnerin zu 1 vom 15. Juli 2008 maßgeblich sein sollte. Mit einer Rücksendung des unterschriebenen Vertragsentwurfs – ggf. unter Beifügung des Schreibens der Antragsgegnerin vom 15. Juli 2008 – hätte die Antragstellerin zu erkennen gegeben, dass sie mit dem Vertragsentwurf in der Fassung des Schreibens vom 15. Juli 2008 einverstanden war und ein Angebot auf Abschluss des Vertrages unterbreitet. Die Unterzeichnung und physische Rücksendung des Vertragsentwurfs stellten eine rechtsgeschäftliche Erklärung des Bieters dar. Der Umstand, dass beides unterblieb, dokumentiert aus Sicht des Empfängers, dass der Vertragsentwurf und die (geänderten) Vertragsbedingungen von dem Bieter nicht akzeptiert werden sollen und führt zu einer Änderung der Verdingungsunterlagen (OLG Düsseldorf, B. v. 4. 5. 2009 – Az.: VII-Verg 68/08)
- im Rahmen eines auf die **Montage von Schutzplanken** gerichteten Auftrags steht es dem Auftraggeber frei, scharfkantige Pfosten mit I-Profil grundsätzlich nicht zuzulassen und damit **ausschließlich abgerundete Pfosten** zu verlangen. Das **Angebot von scharfkantigen Pfosten** bedeutet dann eine **Änderung der Verdingungsunterlagen** (VK Schleswig-Holstein, B. v. 22. 7. 2009 – Az.: VK-SH 06/09)
- fordert der Auftraggeber, dass „zur Ausführung der Umkehrdachabdichtung/Warmdachabdichtung ein bauaufsichtliches Prüfzeugnis für das Elastomerbitumen (Kautschukbitumen) vorzulegen ist und dass der **Aufbau in seinen Eigenschaften als Systemprüfung durch ein unabhängiges Prüfamt nachzuweisen** ist, sind von den Bietern mit dem Angebot einzureichen ein bauaufsichtliches Prüfzeugnis für das angebotene Elastomerbitumen und **zusätzlich eine Prüfung des Aufbaus des angebotenen Dachabdichtungssystems durch ein unabhängiges Prüfamt**. Bestandteil des angebotenen Dachabdichtungssystems müssen alle Bestandteile sein, die Gegenstand der Systemprüfung waren. Ein Austausch einzelner Komponenten ist nicht zulässig. Bietet z. B. ein Unternehmen für die

Elastomerbitumen-Grundierung ein Fabrikat an, welches nicht Bestandteil einer Systemprüfung war, verändert er dadurch faktisch den Willen der Vergabestelle nach entsprechenden Fabrikaten für das Abdichtungssystem, die im Rahmen einer Systemprüfung durch ein unabhängiges Prüfamt geprüft wurden. Durch das **Auseinanderfallen des Willens der Vergabestelle und dem Angebotsinhalt erfolgt faktisch, aber auch praktisch, eine unzulässige Veränderung der Verdingungsunterlagen** (VK Thüringen, B. v. 5. 5. 2009 – Az.: 250–4002.20–2398/2009-002-ABG)

– fordert der Auftraggeber eine von einem zugelassenen Kreditinstitut oder Kreditversicherer abzugebende „Bereitschaftserklärung Sicherheitsleistung" und legt der Bieter ein Bestätigungsschreiben einer Sparkasse über ein „Termingeld Konto-Nr. 1xxxxx" vor, hat der Bieter die mit der Abgabe des Angebots geforderten Erklärung damit nicht abgegeben (formale Nichterfüllung der geforderten Nachweis- und Erklärungsführung). Die abgegebene Erklärungen und der beigefügte Nachweis genügen auch inhaltlich nicht den Anforderungen, die die Vergabestelle mit ihren Forderungen nach entsprechenden Nachweisen und Erklärungen gestellt hat (materielle Nichterfüllung der geforderten Nachweis- und Erklärungsführung). Das Termingeldkonto mit dem Verwendungszweck „Ausschreibung" stellt substantiell etwas anderes dar, als das, was die Vergabestelle mit der Ausschreibung gefordert hat. Sie stellt ein „aliud" dar, das deshalb nicht dazu führt, dass der Bieter mit seinem Angebot den Anforderungen genügt hat (VK Thüringen, B. v. 7. 5. 2009 – Az.: 250–4003.20–2304/2009-007-SHK)

– eine **Preisangabe mit Bezugnahme auf die „tariflichen Zulagen NRW" stellt keine Änderung der Verdingungsunterlagen** dar (1. VK Bund, B. v. 29. 1. 2009 – Az.: VK 1–180/08)

– **fügt ein Bieter das Angebot eines Nachunternehmers, das Änderungen der Vergabeunterlagen enthält, seinem Angebot an den Auftraggeber bei, ändert er ebenfalls die Vergabeunterlagen.** Selbst wenn man das Angebot des Nachunternehmers lediglich als informatorisches Begleitschreiben betrachtete, wäre es dennoch als Teil des Angebots anzusehen (2. VK Bund, B. v. 30. 11. 2009 – Az.: VK 2–195/09)

– ein Angebot ist auszuschließen, wenn bei der angebotenen Schrankwand die **Niveauregulierer nicht vom Korpusinneren bedienbar sind**, so wie im Leistungsverzeichnis gefordert (VK Nordbayern, B. v. 13. 12. 2007 – Az.: 21.VK – 3194 – 46/07)

– ein Angebot ist auszuschließen, wenn die angebotenen **Hochschränke mit einem Zwei-Scharnier-System** ausgestattet sind und die **Vorgaben** auf Seite 29 des **Leistungsverzeichnisses ein Vier-Scharnier-System beinhalten** (VK Nordbayern, B. v. 13. 12. 2007 – Az.: 21.VK – 3194 – 46/07)

– enthält ein Angebot hinsichtlich eines Einzelpreises einen **klar und eindeutig formulierten Preisvorbehalt** z. B. mit folgendem Wortlaut: Bemerkung: „inkl. Barrierefreiheit gem. § 10 HmbGGbM, Preisvorbehalt wegen fehlender Konkretisierung der Anforderungen", handelt es sich um eine **unzulässige Änderung** (VK Hamburg, B. v. 13. 4. 2007 – Az.: VgK FB 1/07)

– ist sowohl in der Vergabebekanntmachung als auch in den Verdingungsunterlagen gefordert, dass der Bieter sich nur auf ein Los bewerben darf (**Loslimitierung**) und wird in den Verdingungsunterlagen darauf hingewiesen, dass die Abgabe von mehr als einem Los zum zwingenden Ausschluss führt, **ändert ein Bieter, der die Verdingungsunterlagen dahingehend nicht beachtet hat, die Verdingungsunterlagen** (1. VK Sachsen, B. v. 14. 3. 2007 – Az.: 1/SVK/006–07)

– wenn ein **Bieter in zeitlicher Hinsicht einen anderen Personaleinsatz anbietet**, als ausweislich der Verdingungsunterlagen vom Auftraggeber nachgefragt, **ändert er die Verdingungsunterlagen unzulässigerweise**. Das Angebot ist daher zwingend von der Wertung auszuschließen (3. VK Bund, B. v. 14. 7. 2006 – Az.: VK 3–63/06)

– das Angebot einer **teilweisen Unterbringung von Asylbewerbern in Wohnungen** stellt eine unzulässige **Änderung** der Verdingungsunterlagen dar, wenn diese eine **Unterbringung in einer Gemeinschaftsunterkunft** vorsehen (VK Thüringen, B. v. 6. 7. 2006 – Az.: 360–4003.20-010/06-HIG)

– definiert der Auftraggeber als Arbeitstage auch die Samstage und **fordert ein Bieter Zuschläge für Samstagsarbeit**, ändert er die Vergabeunterlagen; das Angebot ist zwingend auszuschließen (VK Saarland, B. v. 15. 3. 2006 – Az.: 3 VK 02/2006)

Teil 3 VOB/A § 16   Vergabe- und Vertragsordnung für Bauleistungen Teil A

- eine **Ergänzung des Leistungsverzeichnisses durch den Zusatz „in Position ... enthalten"** stellt eine Anmerkung dar, die offensichtlich zur Erläuterung des mit 0,00 Euro angegebenen Preises gegeben wurde. Auch derartige Erläuterungen **dürfen nicht in den Verdingungsunterlagen angebracht werden**, sondern sind auf einer besonderen Anlage dem Angebot beizufügen (Saarländisches OLG, B. v. 9. 11. 2005 – Az.: 1 Verg 4/05)
- benutzt ein Antragsteller bei seinem Angebot **veraltete Verdingungsunterlagen, ändert er die Verdingungsunterlagen** (OLG Düsseldorf, B. v. 28. 7. 2005 – Az.: VII – Verg 45/05)
- **Angaben eines Bieters zur Erläuterung der Preisermittlung** werden nicht Vertragsinhalt, sondern **bleiben bloße interne Kalkulationsgrundlagen**, solange sie keinen Niederschlag im Vertragstext finden; solche Angaben bedeuten keine Änderung der Vergabeunterlagen (OLG Naumburg, B. v. 22. 9. 2005 – Az.: 1 Verg 7/05)
- die **Verwendung eigener Formulare** durch den Bieter **an Stelle der Formulare des Auftraggebers ohne inhaltliche Änderung** stellt **keine unzulässige Änderung der Vergabeunterlagen** dar (VK Thüringen, B. v. 23. 9. 2005 – Az.: 360–4002.20-007/05-NDH)
- **ergänzt ein Bieter die in der Leistungsbeschreibung geforderten Leistungen eigenständig um weitere Leistungen, ändert er gleichzeitig** das Angebot (1. VK Sachsen, B. v. 21. 12. 2004 – Az.: 1/SVK/112-04)
- mit dem **Angebot eines ungeprüften statt eines in der Ausschreibung geforderten geprüften Filters ändert** der Bieter die Verdingungsunterlagen (1. VK Sachsen, B. v. 18. 11. 2004 – Az.: 1/SVK/108-04)
- mit dem **Zusatz „Mehrwertsteuer in jeweils gesetzlicher Höhe, z. Zt. 16%"** ändert der Bieter **nicht** die Verdingungsunterlagen (1. VK Sachsen, B. v. 13. 9. 2004 – Az.: 1/SVK/ 080-04)
- mit dem **Zusatz „zuzüglich der jeweils gültigen Umsatzsteuer (derzeit 16%")** ändert der Bieter **nicht** die Verdingungsunterlagen (1. VK Sachsen, B. v. 8. 6. 2006 – Az.: 1/SVK/047-06)
- legt eine Vergabestelle fest, dass die Bezahlung nach Lieferung und Abnahme erfolgt und Abschlags-, Zwischenzahlungen oder Vorauskasse ausgeschlossen sind und bietet ein Interessent als Zahlungsbedingung „20% Anzahlung bei Vertragsabschluss" an, **ändert er somit die Zahlungsbedingungen der Vergabestelle ab**; das Angebot ist zwingend auszuschließen (VK Nordbayern, B. v. 11. 2. 2005 – Az.: 320.VK-3194-51/04)
- trägt ein Bieter in Positionen des Leistungsverzeichnisses „bauseits" ein, bedeutet dies, dass die Leistung durch die Vergabestelle zu erfolgen hat; damit wird **ein Teil der ausgeschriebenen Leistung auf die Vergabestelle verlagert, ein weniger an Leistung angeboten** als ausgeschrieben ist, was eine Leistungsreduzierung bzw. Leistungsverlagerung und eine unzulässige Veränderung der Verdingungsunterlagen darstellt, die gemäß § 21 Nr. 1 Abs. 2, 25 Nr. 1 Abs. 1 lit. b VOB/A zum Ausschluss führt (VK Thüringen, B. v. 22. 3. 2005 – Az.: 360–4002.20-002/05-MGN)
- bietet ein Unternehmen **statt eines festen Gesamtpreises auf der Grundlage einer „unverbindlichen" jährlichen Aufwandsschätzung einen „voraussichtlichen" Gesamtaufwand** an, ist das Angebot zwingend auszuschließen (OLG Düsseldorf, B. v. 3. 1. 2005 – Az.: VII – Verg 82/04)
- die Anmerkung in einem Anschreiben, mit dem das Angebot vorgelegt und in dem ausgeführt wird, dass die **aufgeführten Preise Gültigkeit bis zu einem bestimmten Datum besitzen**, verstößt gegen den Grundsatz der Abgabe klarer und eindeutiger Angebote (VK Baden-Württemberg, B. v. 21. 12. 2004 – Az.: 1 VK 83/04)
- mit dem **Zusatz „(NCS – ohne genaue Farbangabe lt. Hersteller nicht anbietbar!)"** macht der Bieter deutlich, dass er der Forderung des Auftraggebers (NCS-Farbton nach Wahl des Auftraggebers, ohne das dieser vor Angebotsabgabe genau bezeichnet wird) nicht entsprechen will oder kann; bietet er stattdessen einen RAL-Farbton an, ändert er die Angebotsunterlagen (VK Schleswig-Holstein, B. v. 13. 12. 2004 – Az.: VK-SH-33/04)
- mit dem Zusatz „**Für die Berechnung der Mehrwertsteuer gilt der am Tage der Abnahme gültige Mehrwertsteuersatz**" ändert der Bieter nicht unzulässigerweise die Verdingungsunterlagen; dieser Zusatz muss gemäß §§ 133, 157 BGG BGB steuerrechtskonform ausgelegt werden (OLG Schleswig-Holstein, B. v. 22. 5. 2006 – Az.: 1 Verg 5/06; VK Schleswig-Holstein, B. v. 17. 1. 2006 – Az.: VK-SH 32/05; **anderer Auffassung** ist die

1. VK Sachsen in einem – allerdings nach der Rechtsprechung der 1. VK Sachsen **nicht mehr aktuellen – Beschluss** (1. VK Sachsen, B. v. 16. 9. 2005 – Az.: 1/SVK/114-05)

– mit dem Zusatz „**Für die Berechnung der Mehrwertsteuer gilt der am Tage der Abnahme gültige Mehrwertsteuersatz**" ändert der Bieter unzulässigerweise die Verdingungsunterlagen (VK Thüringen, B. v. 22. 3. 2005 – Az.: 360–4002.20-002/05-MGN; 1. VK Sachsen, B. v. 12. 2. 2004 – Az.: 1/SVK/164-03, 1/SVK/164-03G)

– die **Änderung der Parameter einer Preisgleitklausel** stellt eine unzulässige Änderung der Verdingungsunterlagen dar (VK Baden-Württemberg, B. v. 23. 2. 2004 – Az.: 1 VK 03/04; VK Südbayern, B. v. 17. 2. 2004 – Az.: 03-01/04)

– das **Streichen der LV-Vorgabe** Edelstahl in einer Position des Leistungsverzeichnisses ist eine unzulässige Änderung an den Verdingungsunterlagen (1. VK Sachsen, B. v. 10. 9. 2003 – Az.: 1/SVK/107-03)

– die **Änderung einer vorgesehenen Kopplung des Strompreises an den marktüblichen Strompreis** stellt eine unzulässige Änderung der Verdingungsunterlagen dar (VK Baden-Württemberg, B. v. 23. 2. 2004 – Az.: 1 VK 03/04)

– die **Aufnahme einer verbindlichen Stromabnahmemenge** durch den Bieter stellt eine unzulässige Änderung der Verdingungsunterlagen dar (VK Baden-Württemberg, B. v. 23. 2. 2004 – Az.: 1 VK 03/04)

– die **Änderung der vorgeschriebenen Vorratshaltung für Heizmaterial** durch den Bieter stellt die unzulässige Änderung der Verdingungsunterlagen dar (VK Baden-Württemberg, B. v. 23. 2. 2004 – Az.: 1 VK 03/04)

– legt der Bieter lediglich dar, dass ihm auf Grund der überaus langen Ausführungsfristen eine **reelle Kalkulation nur für einen bestimmten Zeitraum möglich** ist und **verweist** er ferner **auf § 9 Nr. 2 VOB/A**, nach dem ihm kein ungewöhnliches Wagnis aufgebürdet werden darf, ist diese Aussage eher als eine **Rüge** über die Wahl des Ausschreibungszeitraums sowie die vorgesehene Ausführungsfrist zu sehen **als** eine (einseitige) **Einschränkung der Bindefrist** (1. VK Sachsen, B. v. 13. 2. 2002 – Az.: 1/SVK/002-02)

– die Tatsache, dass ein **Bieter irrtümlich ein falsches Muster beifügt**, das im Übrigen die gleiche Verpackung wie die von ihm angebotene und vom Auftraggeber geforderte Ausführung und sogar eine gemeinsame Abbildung als Etikett aufweist, ist zwar geeignet, beim Auftraggeber entsprechende Zweifel über die Beschaffenheit des Angebotes zu wecken. Ein **zwingender Angebotsausschluss – wegen Änderung der Verdingungsunterlagen – lässt sich daraus jedoch nicht ableiten**. Vielmehr ist der Auftraggeber gehalten, gem. § 24 Nr. 1 Abs. 1 VOL/A die damit verbundenen Zweifel in einem Aufklärungsgespräch mit dem Bieter aufzuklären (VK Lüneburg, B. v. 15. 9. 2003 – Az.: 203-VgK-13/2003)

– nimmt der Bieter in sein Angebotsschreiben den Satz auf, dass beim Vorkommen von verunreinigtem Material, das nicht zur Erddeponie verbracht werden kann und/oder dessen Beseitigung zusätzliche Maßnahmen erfordert, jegliche Entsorgungskosten einschließlich Genehmigungsbeschaffung und Gebühren gesondert zu vergüten seien, handelt es sich im Blick auf § 2 Nr. 1 VOB/B um einen **klarstellenden Hinweis**, der auf keine bestimmte Position des Leistungsverzeichnisses bezogen ist. Der Satz ist als allgemeiner Hinweis auf das Baugrundrisiko für den Fall zu verstehen, dass derzeit nicht bekannte Kontaminationen des Bodens festgestellt werden. Eine einseitige Abänderung des Leistungsverzeichnisses ist nicht gewollt und ergibt sich aus dem Wortlaut selbst nicht (VK Baden-Württemberg, B. v. 31. 10. 2001 – Az.: 1 VK 36/01)

– ein Verstoß gegen § 21 Nr. 1 Abs. 3 VOB/A liegt vor, wenn der **Bieter einen Kranstandort verändert** (VK Brandenburg, B. v. 10. 6. 2004 – Az.: VK 21/04)

– legt sich eine Ausschreibung durch die Angabe der Bezugsbasis und die den Bietern vorgegebene Gestaltung der Angebotsunterlagen **auf eine variable Ausgestaltung etwaiger Preisnachlässe** fest, so liegt in der **Einreichung eines Angebots mit einem pauschalen Preisnachlass** nicht nur eine mathematisch variierte Ausdrucksform für den gleichen Sachverhalt vor, sondern **etwas sachlich Verschiedenes**, das sich dem Vergleich mit variablen Nachlassofferten letztlich entzieht und daher eine an identischen Wertungsmaßstäben orientierte Angebotsauswahl ausschließt (OLG Dresden, B. v. 8. 11. 2002 – Az.: WVerg 0018/02); ein **solches Angebot** ist wegen Änderung der Verdingungsunterlagen **auszuschließen**; anderer Auffassung VK Münster, B. v. 21. 12. 2005 – Az.: VK 25/05

- ein Angebot ist zwingend aus der Wertung auszuschließen, wenn der **Bieter das Angebotsschreiben abweichend von den Vorgaben des Auftraggebers ausgefüllt hat**, da der Bieter unzulässigerweise die Verdingungsunterlagen geändert hat; jedenfalls wird das Angebotsschreiben zu den Verdingungsunterlagen zu zählen sein, so dass Änderungen des Bieters an dessen vorgegebenem Inhalt grundsätzlich in den Anwendungsbereich der § 21 Nr. 1 Abs. 3, § 25 Nr. 1 Abs. 1 b VOB/A fallen (OLG Dresden, B. v. 8. 11. 2002 – Az.: WVerg 0018/02)

- fügt ein Bieter **einem unvollständigen Kurzleistungsverzeichnis Unterlagen hinzu, die im Ergebnis eine Änderung der Verdingungsunterlagen** beinhalten, muss der Auftraggeber als Empfänger des Hauptangebotes die Beifügung der – später – so genannten Erläuterungen als eine – ebenfalls verbindliche – **Ergänzung des Kurzleistungsverzeichnisses** interpretieren; dies insbesondere dann, wenn die so genannten Erläuterungen des Angebotes an keiner Stelle etwa als unverbindliche Informationen oder Erläuterungen gekennzeichnet sind. Dann spricht die Unvollständigkeit des Kurzleistungsverzeichnisses dafür, die dort fehlenden obligatorischen Bieterangaben in den beigelegten Unterlagen zu suchen (OLG Naumburg, B. v. 12. 6. 2001 – Az.: 1 Verg 1/01)

- zwar werden als Änderung der Verdingungsunterlagen **typischerweise Streichungen aus oder Ergänzungen der Verdingungsunterlagen** angesehen. Jedoch ist nach dem Sinn und Zweck der Vorschrift auch ein **Angebot, das nicht den Vorgaben der Leistungsbeschreibung entspricht, als eine Abänderung anzusehen**. Die Vorschriften über den zwingenden Ausschluss der Angebote bei veränderten Verdingungsunterlagen sollen gerade verhindern, dass Angebote bezuschlagt werden, die nicht den Bedürfnissen des Auftraggebers entsprechen und durch die Berücksichtigung solcher Angebote im Wertungsprozess andere Bieter in ihren Wettbewerbschancen benachteiligt werden (1. VK Bund, B. v. 11. 11. 2003 – Az.: VK 1–103/03)

- die Aufnahme des **Hinweises – durch den Bieter – auf die Geltung der VOB in der neuesten Fassung** im Fall der Zuschlagserteilung bedeutet **keine unzulässige Änderung, wenn Bestandteil der Ausschreibungsunterlagen ebenfalls die VOB in der neuesten Fassung** ist (2. VK Bund, B. v. 21. 1. 2004 – Az.: VK 2–126/03; VK Thüringen, B. v. 20. 10. 2003 – Az.: 216–4002.20–055/03 EF-S-G)

- verwendet der **Bieter andere Preisblätter als vom Auftraggeber gefordert**, handelt es sich **nicht um eine Abänderung der Leistungsbeschreibung**. Die **Preisblätter selbst** werden bei Auftragserteilung **nicht selbst Vertragsbestandteil**, denn letztlich soll nur die im Leistungsverzeichnis umschriebene Leistung geschuldet werden. Für die Vergabestelle als Auftraggeber ergibt sich aus den Angaben im Preisblatt auch nicht ein Anspruch darauf, dass die einzelnen im Preisblatt aufgeführten Teilleistungen auch zu dem genannten Preis erbracht werden. Soweit veraltete statt neuer Preisblätter dem Angebot beigelegt wurden, ist die **Nachforderung der neuen Preisblätter nicht geeignet, dem Bieter einen vergaberechtswidrigen Wettbewerbsvorteil** zu verschaffen. Der Bieter hat sich bereits im Rahmen seines Angebotes hinsichtlich des Gesamtpreises festgelegt und kann damit durch das Nachreichen der Preisblätter nicht mehr sein Angebot manipulieren. Sollte ein Bieter differierende Angaben in den mit dem Angebot abgegebenen und den nachgereichten Preisblättern gemacht haben, kann eine Vergabestelle außerdem die gegebenenfalls bestehenden Abweichungen feststellen. Demnach ist allein durch die Möglichkeit des Nachreichens der aktuellen Preisblätter keine Wettbewerbsverzerrung zu befürchten (2. VK Bund, B. v. 26. 9. 2003 – Az.: VK 2–88/03)

- enthält ein Angebot eine **abweichende Erklärung zur Bindefrist**, eine **abweichende Erklärung zu den Bürgschaftsbedingungen, eigene AGB, abweichende Erklärungen bezüglich. der Regelungen der Vertragsstrafen**, sind diese Erklärungen regelmäßig preisrelevant und damit von der Wertung auszuschließen (VK Arnsberg, B. v. 20. 11. 2001 – Az.: VK 2–14/2001)

- schreibt ein Bieter **in zahlreiche Leistungspositionen handschriftlich Produkte hinein**, die insbesondere in technischer Hinsicht von den geforderten Anforderungen des Leistungsverzeichnisses abweichen, ändert er die Verdingungsunterlagen; das Angebots ist zwingend auszuschließen (1. VK Sachsen, B. v. 9. 5. 2003 – Az.: 1/SVK/034-03)

- das **Vermischen von Einheits- und Gesamtpreispositionen mit einer Sammelposition** stellt eine nach § 21 Nr. 1 Abs. 2 VOB/A **unzulässige Änderung der Verdingungsunterlagen** dar. Der Bieter weicht vom Leistungsverzeichnis insoweit ab, als er die Eintra-

Vergabe- und Vertragsordnung für Bauleistungen Teil A   VOB/A § 16   **Teil 3**

gung der geforderten Einheits- und Gesamtpreispositionen unterlässt und diese Positionen stattdessen in eine Sammelposition einrechnet. Durch das Vermengen von Leistungspositionen ist für den **Auftraggeber nicht mehr erkennbar, welche Preisgrundlagen für die Leistung z. B. im Falle von Nachträgen gelten** bzw. ob angemessene Preise verlangt werden. Leistungspositionen enthalten ein Nachtragspotential und der Auftraggeber kann bei vermischten Preispositionen nicht mehr sicher sein, welcher Preisanteil für die nachgerechnete Leistung gelten soll, ob z. B. 10 oder 90% der Gesamtpreisposition zugrunde zu legen sind. Der Auftraggeber kann daher besonderen Wert darauf legen, dass die Einzelleistungen ausgewiesen sind (VK Rheinland-Pfalz, B. v. 11. 4. 2003 – Az.: VK 4/03)

– bietet ein **Unternehmen entgegen den Vergabeunterlagen Vorauszahlungen an** (z. B. bei Auftragserteilung 30%; bei Lieferung 30%; bei Montageende 30%; nach erfolgreichem Probebetrieb und Abnahme 10%), ändert er damit die Verdingungsunterlagen und das Angebot des Bieters ist gemäß § 25 Nr. 1 Abs. 1 lit. b) VOB/A in Verbindung mit § 21 Nr. 1 Abs. 3 VOB/A **auszuschließen** (VK Thüringen, B. v. 18. 3. 2003 – Az.: 216–4002.20-001/03-MHL)

– wollen oder können **Bewerber** die Leistung nicht nach Maßgabe der Verdingungsunterlagen anbieten, so steht es ihnen **frei**, besonders gekennzeichnete **Nebenangebote** abzugeben, sofern diese zugelassen waren. **Änderungen** der vom Auftraggeber vorgegebenen **Fabrikate sind nicht zulässig** (VK Rheinland-Pfalz, B. v. 8. 5. 2002 – Az.: VK 8/02; VK Nordbayern, B. v. 15. 2. 2002 – Az.: 320.VK-3194-02/02)

– eine **Änderung der Fabrikate nach Angebotsabgabe** ist nicht mehr zulässig und bedeutet eine **unzulässige Änderung des Angebots**, die zum Ausschluss des Angebots führen muss (VK Hannover, B. v. 6. 9. 2002 – Az.: 26 045 – VgK – 11/2002)

– bietet ein Unternehmen **sechs Grundpositionen des Leistungsverzeichnisses als Alternativpositionen und eine Position, die überhaupt nicht angefragt war, an**, handelt es sich um **unzulässige Änderungen der Verdingungsunterlagen**. Hierbei ist es unerheblich, ob vom Bieter vorgenommene Änderungen unwesentliche Leistungspositionen betreffen oder nicht. Auch kommt es nicht darauf an, ob die Abweichung letztlich irgendeinen Einfluss auf das Wettbewerbsergebnis haben kann (VK Südbayern, B. v. 18. 12. 2002 – Az.: 51-11/02)

– gibt der Bieter im Angebot an, dass er **bestimmte Leistungen an Nachunternehmer** vergeben will und reicht er ein Formblatt EFB-Preis nach, aus dem zu entnehmen ist, dass er nur **Teile von Lohnleistungen an Nachunternehmer** vergeben möchte, bedeutet dies eine unzulässige **Änderung der Verdingungsunterlagen** (VK Südbayern, B. v. 25. 3. 2002 – Az.: 05-02/02)

– ein Bieter ist gehalten, die Formulare des Auftraggebers zu akzeptieren und sein Angebot darauf einzustellen. Macht ein Bieter dies nicht und **benennt er an Stelle des vorgesehenen** (und vorgedruckten) **prozentualen Nachlasses eine absolute Zahl**, nimmt er damit **Änderungen an den Verdingungsunterlagen** vor; daher ist das Angebot zwingend auszuschließen (1. VK Sachsen, B. v. 13. 9. 2002 – Az.: 1/SVK/082-02)

– als Änderungen an den Verdingungsunterlagen im Sinne des § 21 Nr. 1 Abs. 3 VOB/A gelten **Streichungen oder Ergänzungen bzw. die Herausnahme von Teilen aus den Verdingungsunterlagen**. Sie können sich sowohl auf den technischen Inhalt (Abänderung der zu erbringenden Leistung) beziehen, als auch auf die vertraglichen Regelungen. Derart geänderte Angebote dürfen nicht gewertet werden. **Unschädlich** ist, wenn ein Bieter **allgemeine Erläuterungen zum besseren Verständnis seines Angebotes** macht. Dies könnte, ohne jegliche Ergänzung oder Abänderung der Verdingungsunterlagen auf einer gesonderten Anlage erfolgen (VK Halle, B. v. 16. 1. 2001 – AZ: VK Hal 35/00)

– bietet ein **Unternehmen sowohl die ausgeschriebenen Versicherungsdienstleistungen als auch eine Mitgliedschaft in seinem Versicherungsverein auf Gegenseitigkeit an**, wird mit dem Angebot **keine andere als die ausgeschriebene Leistung angeboten** (OLG Düsseldorf, B. v. 29. 3. 2006 – Az.: VII – Verg 77/05; VK Thüringen, B. v. 6. 12. 2005 – Az.: 360–4003.20–026/05-SLZ)

– bietet ein **Unternehmen eine Mitgliedschaft in ihrem Versicherungsverein auf Gegenseitigkeit an**, sucht der Auftraggeber jedoch **einen Vertragspartner für Versicherungsdienstleistungen**, wird mit dem Angebot **eine andere als die ausgeschriebene Leistung angeboten**; außerdem sind die Angebote wegen der Möglichkeit der Nachschussverpflichtung inhaltlich nicht mit den anderen Angeboten vergleichbar (VK Münster, B. v. 5. 10. 2005 – Az.: VK 19/05; aufgehoben durch OLG Düsseldorf, B. v. 29. 3. 2006 – Az.: VII – Verg 77/05)

- hat ein Bieter ausschreibungswidrig für die Ausrüstung der eingesetzten Busfahrzeuge an den Fahrerterminals **keinen Bordrechner mit Tastatur** angeboten, bei dem ein **spürbarer Druckpunkt** vorhanden ist, kann sie dem nicht entgegenhalten, bei der von ihr angebotenen **Touch-Screen-Oberfläche** sei die Tastatur auf dem Bildschirm vorhanden. Die Touch-Screen-Oberfläche war nicht ausgeschrieben und ist auch nicht gleichwertig; das Angebot ist wegen Änderung der Verdingungsunterlagen auszuschließen (Brandenburgisches OLG, B. v. 27. 2. 2003 – Az.: Verg W 2/03)

- gibt der Auftraggeber eine Zahlungsfrist von 21 Kalendertagen nach Eingang der Rechnung vor und „**erbittet**" die Antragstellerin eine **Zahlungsfrist von 30 Tagen nach Rechnungsdatum**, ist diese Zahlungsfrist isoliert gesehen zwar länger. Die Anknüpfung an das Rechnungsdatum kann – je nach Eingang der Rechnung – aber im Einzelfall die Zahlungsfrist von 21 Kalendertagen unterschreiten. Dass der Bieter das Zahlungsziel „erbittet", ändert an der **Beurteilung einer Änderung** nichts, weil im Falle der Zuschlagserteilung dieser Bitte entsprochen werden würde und der Vertrag mit dem von dem Bieter „erbetenen" – und insoweit gestellten – Zahlungsmodalität zustande kommen würde (VK Hessen, B. v. 2. 6. 2004 – Az.: 69 d – VK – 24/2004)

- wenn ein Bieter in dem ihm mit den Verdingungsunterlagen ausgereichten und auszufüllenden **Formblatt** „Bieterangaben Energieverbrauch/Kosten Haupt-Kälteanlage", die sog. „**feste Vorgabe**", dem in Spalte 23 ausgewiesenen „**Faktor/Anteil: 0,69**" **streicht und dafür eine „1" einsetzt, ändert** er in unzulässiger Weise diese Verdingungsunterlage ab (VK Thüringen, B. v. 21. 4. 2008 – Az.: 360–4002.20–772/2008-001-SM)

- für das Verständnis einer Leistungsposition ist nicht darauf abzustellen was die Vergabestelle mit dieser Position ausschreiben wollte, sondern wie die **Bieter diese LV-Position verstehen konnten oder verstehen mussten**. Ein **Bieter** erfüllt mit einem **Schutzvlies**, dessen mittleres Gewicht ca. 600 g/m² beträgt, das über eine Schichtdicke von ca. 5 mm verfügt und auch die Robustheitsklasse 5, ausweislich der dem Angebot beigefügten BAM-Zulassung, hat, die Anforderungen des Leistungsverzeichnisses, auch wenn eine Schichtdicke von ca. 8 mm im Positionstext gefordert ist. Bei einem Schutzvlies mit einem Flächengewicht ≤ 1200 g/m² **entscheidet allein die BAM-Zulassung darüber, ob die angebotene Schutzvliese die Robustheitsklasse 5 erfüllt und damit geeignet ist, die ihr zukommenden Funktionen bei der Baumaßnahme zu erfüllen**. Darüber hinaus trifft die BAM-Zulassung aber auch Aussagen zu den hydraulischen Eigenschaften, der Alterungsbeständigkeit und zu den Schutzschichten von Geokunststoffen und Geotextilien (VK Thüringen, B. v. 10. 4. 2008 – Az.: 360–4002.20–709/2008-003-ABG)

- weist der **Bieter im Begleitschreiben pauschal auf die Geltung der DIN 18365** – Bodenbelagarbeiten hin, wogegen im **Leistungsverzeichnis auch die DIN 18202 sowie die DIN für Estricharbeiten und Unfallverhütung genannt** sind, hat sich der Bieter zwar durch seinen pauschalen Hinweis an die DIN 18365 – Bodenbelagarbeiten an diese gebunden. Durch die Formulierung ist jedoch nicht ausgeschlossen, dass er auch die weiteren DIN-Vorschriften, die im Übrigen nicht ins Gewicht fallen, nicht auch anerkennt. Der Bieter selbst erklärte während der mündlichen Verhandlung, dass die Vorschriften der DIN 18202 für ihn verbindlich sind und er daher keine weiteren Nachträge bei der Verklebung stellen wird. Ein **Ausschluss auf dieser Grundlage stellt nach Ansicht der Vergabekammer ein übertriebenes Maß an Formalismus dar und ist nicht gerechtfertigt**, weil eine Änderung der Verdingungsunterlagen nicht erkennbar ist (VK Südbayern, B. v. 20. 3. 2007 – Az.: Z3-3-3194-1-04-02/07)

- bietet ein Unternehmen für Lüfterhauben das Fabrikat „Y; ..." an und weist es zugleich darauf hin, die **Lüfterhauben der Fa. Y seien nur als „... F 30" lieferbar**, kann die Vergabestelle die Erklärung nur so verstehen, dass der **Bieter abweichend von den Vorgaben des Leistungsverzeichnisses (F 90) die Zulage zur Entlüfterhaube nur mit der Feuerwiderstandsklasse F 30 anbietet** (OLG Frankfurt, B. v. 14. 10. 2008 – Az.: 11 Verg 11/2008; B. v. 25. 7. 2008 – Az.: 11 Verg 10/08)

- das Angebot der Antragstellerin **weicht in den Anforderungen an den Wirkbereich von den Vorgaben im Leistungsverzeichnis ab**. Der geforderte **Wirkbereich ist ein Leistungsmerkmal**, nämlich eine Anforderung an die Leistungsfähigkeit der Schutzplanken. Ausgeschrieben ist eine doppelseitige Schutzeinrichtung mit den Anforderungen H2/W4 und alternativ hierzu für bestimmte Strecken eine doppelt einseitige Schutzeinrichtung mit den Anforderungen H2/W7. Das **System der Antragstellerin ist letztlich eine doppelt einseitige Schutzeinrichtung**, die aber – nach Angaben der Antragstellerin – wie eine doppel-

Vergabe- und Vertragsordnung für Bauleistungen Teil A   VOB/A § 16   **Teil 3**

seitige Schutzeinrichtung wirkt. Sieht man das angebotene System der Antragstellerin als doppelt einseitige Schutzeinrichtung an, erreicht das System nicht den Wert W7. Aus dem Angebot der Antragstellerin ergibt sich, dass die Schutzeinrichtung den Wert W 8 aufweist (Verformung Wn 2,70m). Sieht man die angebotene Schutzeinrichtung als doppelseitiges System an, weil sich wegen des geringen Abstandes zwischen den beiden Planken bei einem Anprall beide Planken verbiegen, erreicht das System nicht den Wert W4. In beiden Fällen wird also das geforderte Niveau nicht erreicht (OLG München, B. v. 28. 7. 2008 – Az.: Verg 10/08)

– das Angebot der ASt ist auszuschließen, weil der angebotene **GLT-Anlagendaten-Server** in der Pos. 01.1 nicht den Vorgaben des Leistungsverzeichnisses entspricht. Im Leistungsverzeichnis war ein GLT-Server mit einem redundanten Speichersystem ausgeschrieben. In der vom Bieter ausgefüllten Produkte-/Typenliste ist das Fabrikat ... eingetragen. Als Typ ist die aktuelle Hardware am Tag der Montage angeboten. Dieser Eintrag ist nicht eindeutig. Darüber hinaus beinhaltet das von der ASt vorgelegte und als „Beispiel" gekennzeichnete Datenblatt des GLT-Servers einen Server mit geringerer Leistung. Gemäß der Spezifikation der nachgereichten Datenblätter ist darüber hinaus **ein „redundantes Speichersystem" nicht vorhanden** und eine **Festplatte mit geringerer Speicherkapazität** (eine Festplatte mit 80 GB, gefordert 2 Festplatten mit je 500 GB) enthalten (VK Nordbayern, B. v. 8. 5. 2008 – Az.: 21.VK – 3194 – 17/08)

– das Angebot der ASt ist des Weiteren auszuschließen, weil das in der Pos. 01.3 angebotene Produkt nicht den Vorgaben des Leistungsverzeichnisses entspricht. Die entsprechende LV-Position sieht einen **ISDN-Controller mit CAPI 2.0 Treibersoftware (14.4 kBit/s) und zusätzlicher Kompressionssoftware für die schnellere digitale Datenübertragung** vor. Angeboten wurde ein **ISDN-Modem 56 k. Die Datenübertragung erfolgt hier gemäß Datenblatt mit einem modulierten analogen Signal**. Die Gleichwertigkeit in der Datenübertragung der beiden Systeme ist nicht gegeben (VK Nordbayern, B. v. 8. 5. 2008 – Az.: 21.VK – 3194 – 17/08)

– **besteht im Gegensatz zur Forderung der Verdingungsunterlagen für die angebotenen Dachbahnen kein Nachweis einer 25-jährigen Gebrauchserwartung durch eine „neutrale Prüfanstalt", hält der Bieter eine Vorgabe des Leistungsverzeichnisses nicht ein.** Der beauftragte Privatsachverständige ist, wie die Vergabekammer zutreffend erkannt hat, keine mit einer Prüfanstalt gleichzusetzende Stelle. Mit den als ungeprüft anzusehenden Dachbahnen bietet der Antragsteller etwas anderes an als die Vergabestelle haben will. Darauf, ob die Dachbahn die vorausgesetzte Gebrauchsdauer tatsächlich erfüllt, kommt es ebenso wenig an wie auf die Frage, ob dem Zertifikat der BBA oder dem vorgelegten Privatgutachten der höhere Beweiswert zukommt (OLG Koblenz, B. v. 3. 4. 2008 – Az.: 1 Verg 1/08)

– ausweislich der Leistungsbeschreibung waren **Tränkeflaschen aus Polysulphon** gefordert. Nachdem die Klägerin ihr Angebot abgegeben hatte, ergab sich für die Beklagte **Aufklärungsbedarf aufgrund des von einem Konkurrenten erteilten Hinweises**. Die Aufklärung des Angebotsinhalts ist nach § 24 Nr. 1 Abs. 1 VOB/A zulässig. Eine solche Aufklärung hat die Beklagte durch Einholung der Bestätigung vom 19. 10. 2005 vorgenommen. Aus dieser Bestätigung ergibt sich eindeutig, dass die im Angebot geforderten Tränkeflaschen des Typs FL-700-quadratisch ausschließlich von der Firma ... geliefert werden sollten. Eine Nachfrage bei der ... hat allerdings ergeben, dass diese gar keine Tränkeflaschen aus Polysulphon herstellt. Dass die ... GmbH Getränkeflaschen in allen Materialien herstellt, ist dabei nicht von Belang, da die Bestätigung ausdrücklich jeder der beiden GmbHs bestimmte Flaschentypen zuordnet. Die der ... GmbH zugeordneten Flaschentypen entsprechen aber gerade nicht dem in der Ausschreibung geforderten Typ. **Aus der vorgelegten Bestätigung, die als Ergänzung des ursprünglich angegebenen Angebots anzusehen ist, ergibt sich, dass die Klägerin letztlich tatsächlich keine Tränkeflaschen aus Polysulphon angeboten hat.** Dabei ist unerheblich, ob dieser Umstand bereits aus dem ursprünglichen Angebot ersichtlich ist oder sich im Rahmen des nach § 24 VOB/A durchgeführten Aufklärungsverfahrens erst aus der weiteren Bestätigung ergibt. Diese ist letztlich Teil des Angebotes (LG Göttingen, Urteil v. 28. 2. 2008 – Az.: 8 O 184/06)

– die ASt hat auf Nachfrage der Ag ihr Angebot mit Schreiben vom 23. August 2007 konkretisiert und ist dabei von den Erfordernissen des Leistungsverzeichnisses Position 2. 1. 10 abgewichen. Gemäß dem von der ASt vorgelegten „Technischen Datenblatt" **betrug die Breite der angebotenen Leuchte 90 mm statt der im Leistungsverzeichnis geforderten**

Teil 3 VOB/A § 16

höchstens 85 mm. Dass die Maßangabe im technischen Datenblatt auf einem Fehler beruhte, ist insoweit unerheblich. **Entscheidend ist, wie ein objektiver und sachverständiger Erklärungsempfänger die Angaben verstehen musste.** Danach hat die ASt – nachdem sie ihr Angebot aufgrund des Aufklärungsersuchens der Ag konkretisiert hatte – **zweifelsfrei eine Leuchte angeboten, deren Abmessungen von den Erfordernissen des Leistungsverzeichnisses abweichen** (1. VK Bund, B. v. 19. 11. 2007 – Az.: VK 1–128/07)

- das **Angebot** der Antragstellerin ist **auszuschließen**, weil der **angebotene PVC-Boden in der Pos. 1. 2. 10 nicht den Vorgaben des Leistungsverzeichnisses entspricht, wonach eine Nutzschichtdicke von 1 mm vorgegeben** ist (VK Nordbayern, B. v. 10. 1. 2008 – Az.: 21.VK – 3194 – 56/07)

- das **Leistungsverzeichnis forderte in XXX-Nr. 1.501 eine Kühlzellenkombination mit einer Elementstärke von XXX mm sowie Böden mit angeformtem Radius.** Als Leitfabrikat wurde XXX, XXX angegeben. Im Begleitschreiben zum Angebot führte die Antragstellerin aus, dass dies nicht standardmäßig von der Fa. XXX angeboten wird. Mit einer Elementstärke von XXX mm werde nur XXX ohne abgerundete Ecken angeboten. Die **Antragstellerin hat einen Typ ohne abgerundete Ecken angeboten.** Dies stellt eine Änderung an den Verdingungsunterlagen dar. Zwar war das vorgegebene Leitprodukt nicht standardmäßig von der Fa. XXX lieferbar. Die Aussagen in der mündlichen Verhandlung haben jedoch ergeben, dass die Fa. XXX im Verhandlungsverfahren Bereitschaft gezeigt hat, das im XXX geforderte Produkt zu liefern. **Selbst wenn das Produkt nicht lieferbar gewesen wäre, so bleibt es dabei, dass die Antragstellerin die Verdingungsunterlagen geändert hat, da sie mit dem Vortrag, das Produkt sei nicht lieferbar, präkludiert** ist (1. VK Sachsen, B. v. 17. 12. 2007 – Az.: 1/SVK/073-07)

- ausweislich der Festlegungen im Leistungsverzeichnis waren **Standkühlschränke** anzubieten, die entsprechend der beispielhaft herausgegriffenen Position 3.1.8.70 **mit einer elektronischen Steuerung samt digitaler Anzeige der Temperatur ausgestattet sein mussten.** Gleiches gilt für die u. a. in Position 2.3.4.70 geforderten Unterbaukühlschränke. Da die Antragstellerin entsprechend der Forderungen im Formblatt „Aufstellung der im Leistungsverzeichnis angebotenen Fabrikate" sowohl die Fabrikats- als auch die jeweilige Typenbezeichnung der Standkühlschränke sowie der Unterbaukühlschränke unter Benennung der einzelnen Leistungspositionen angeben musste und auch angegeben hat, blieb der erkennenden Kammer hier nur die Schlussfolgerung, dass sich das **abgeforderte Leistungsprofil mit der angebotenen Leistung nicht deckt.** Denn ausweislich des Ergebnisses einer Nachfrage beim Hersteller der benannten Produkte, verfügen diese nicht über die hier geforderten Besonderheiten der elektronischen Steuerung samt digitaler Temperaturanzeige (1. VK Sachsen-Anhalt, B. v. 21. 9. 2007 – Az: 1 VK LVwA 18/07)

- die **strittigen Positionen** des Leistungsverzeichnisses haben die **Lieferung und Montage von Arbeitstischkombinationen** zum Inhalt. Welche Vorgaben die Vergabestelle diesbezüglich gemacht hat, ist anhand des LV in Bezug genommenen und in der elektronischen Version beigefügten Detailpläne festzustellen (§ 9 Nr. 7 VOB/A), die Teil der Leistungsbeschreibung sind. Hierbei ist der objektive Erklärungswert unter Berücksichtigung der Verkehrssitte zu ermitteln, wobei nicht auf die Sicht eines einzelnen, sondern aller potentiellen Bieter in deren damaliger Situation abzustellen ist. Die Verdingungsunterlagen sind als Ganzes daher so zu verstehen, wie sie von einem fachkundigen und mit einschlägigen Aufträgen vertrauten Bieter aufgefasst werden können. Unter Beachtung der genannten Auslegungsgrundsätze ist die Kammer entgegen der Antragstellerin der Ansicht, dass in den Positionen 42. 1. 02.001 und 002 des Leistungsverzeichnisses **eine Arbeitstischkombination verlangt wird, welche aus einem Arbeitstisch und einem 3-seitig geschlossenen, an der Frontseite offenen Unterbauschrank besteht** (VK Südbayern, B. v. 27. 4. 2006 – Az.: 04-02/06)

- fügt ein Bieter seinem Angebot ein Begleitschreiben bei, in dem es u. a. heißt „**Als Zahlungsziel gelten 14 Tage ohne Abzug nach Rechnungsstellung als vereinbart**", gibt er **ein nicht der Ausschreibung entsprechendes Angebot** ab, wenn in der Leistungsbeschreibung keine Angaben über Zahlungsbedingungen gemacht wurden, und deshalb gemäß § 17 Nr. 1 Satz 3 der Verdingungsverordnung für Leistungen Teil B gilt, dass die Zahlung des Rechnungsbetrages binnen eines Monats nach Eingang der prüfbaren Rechnung zu erfolgen hat. Das **Angebot ist auszuschließen** (OLG München, B. v. 29. 11. 2007 – Az.: Verg 13/07); diese **Rechtsprechung gilt auch für die VOB**

- auch auf mehrfache Nachfragen der Vergabekammer in der mündlichen Verhandlung erklärte der Antragsgegner, dass das **angebotene Fabrikat zwar nicht Leistungsverzeichniskonform ist, weil eine Zweifachspülung gefordert** war, das **System aber tolerierbar** ist, da es lediglich ein anderes Verfahren (Dreifachspülung) ist, das aber **den gleichen Zweck erfüllt**. Aber in der – statt der geforderten Zweifachspülung – von der Beigeladenen angebotenen Dreifachspülung besteht nach Auffassung der Vergabekammer die **unzulässige Änderung der Verdingungsunterlagen**, die den Ausschluss des Angebots begründet (VK Südbayern, B. v. 11. 4. 2006 – Az.: 08-03/06)
- ist zwingend eine Drückergarnitur verlangt, welche eine spezielle Ausgleichslagertechnik des Leitfabrikates Y enthält, ist der Leistungsumfang dem Grunde nach festgelegt. Dieses Auslegungsergebnis wird auch dadurch gestärkt, dass alle anderen Bieter hier ebenfalls das Leitfabrikat Y angeboten haben. Die von der Antragstellerin angebotene Drückergarnitur der Firma X kann nicht als gleichwertiges Produkt gegenüber dem im Leistungsverzeichnis angesehen werden. Im LV ist – wie dargelegt – eine **Ausgleichslagertechnik** des Leitfabrikats FSB gefordert. Das angebotene Produkt X der Antragstellerin weist dieses Leistungsmerkmal nicht auf. Hier werden die auftretenden Kräfte am Türgriff nicht durch Ausgleichslager, sondern, wie von der Antragstellerin selbst dargelegt, **durch Kugellager aufgenommen** (VK Südbayern, B. v. 29. 5. 2006 – Az.: 12-04/06)
- eine Änderung der Verdingungsunterlagen liegt auch vor, wenn der Bieter die zu erbringende Leistung abändert und eine andere als die ausgeschriebene Leistung anbietet, wobei die Änderungen an den Verdingungsunterlagen auch durch die **Beifügung von Unterlagen und Begleitschreiben entstehen können, die von den in den Verdingungsunterlagen vorgegebenen Vorgaben abweichen**, z. B. durch Beifügung des Bauzeitenplans, der die Vorgaben der Leistungsbeschreibung abändert (Einplanung für die Erstellung der Brücke von **146 Werktagen**, obwohl in der Leistungsbeschreibung die eigentlichen Brückenbauarbeiten in 120 Werktagen ab Erhalt der statischen Unterlagen zu erbringen waren bzw. **Zugrundelegung einer 5 Tage Woche, obwohl generell von einer 6 Tage Woche auszugehen** war (VK Münster, B. v. 15. 8. 2007 – Az.: VK 13/07)
- auch wenn der Bieter **mit der Änderung ohne Mehrkosten eine höherwertige Leistung** anbietet, **ändert er die Vergabeunterlagen** (OLG Frankfurt, Urteil vom 3. 7. 2007 – Az.: 11 U 54/06)
- welche **Anforderungen an die Ausführung und die Anzahl der staubdichten Türen gesetzt waren, ist aus der Sicht eines durchschnittlichen Bieters auszulegen**. Zwar könnte man aufgrund des reinen Wortlauts des Schreibens vom 3. Januar die Auffassung vertreten, dass zwar **alle Treppenausstiege zu dem abgeschotteten Treppenhaus mit einer staubdichten Tür auszurüsten seien**, hingegen die Anzahl der Türen damit nicht vorgeschrieben sei. Das **Schreiben steht jedoch im unmittelbaren Zusammenhang mit den Gerüstbau-Positionen** 2.1.10ff. und modifiziert diese. Die **Vorgaben können daher sinnvoller Weise nur im Zusammenhang gelesen** werden (2. VK Bund, B. v. 3. 5. 2007 – Az.: VK 2–27/07 – instruktives Beispiel)
- ein **Bieter, der zusätzliche Zahlungsbedingungen des Nachunternehmers unberichtigt übernimmt**, macht diese zum Gegenstand seines Angebotes, dies jedenfalls dann, wenn die Nachunternehmerleistungen im Angebot nach den Positionen der Leistungsbeschreibung gesondert aufgegliedert werden. Er **ändert damit die Vergabeunterlagen** (VK Brandenburg, B. v. 16. 12. 2009 – Az.: VK 42/09)
- ein Bieter ändert die von der Vergabestelle geforderte Verbindlichkeitserklärung der Angebote bis zum Ende der Zuschlags- und Angebotsbindefrist dadurch ab, dass er Teile seines Angebotes mit „Richtpreisen", also unverbindlichen Preisen versieht. Darin liegt eine **unzulässige Veränderung der Verdingungsunterlagen vor (aus verbindlichen Preisen werden unverbindliche Richtpreise**), die zwingend zum Ausschluss führt (VK Thüringen, B. v. 3. 3. 2006 – Az.: 360–4002.20-004/06-ABG)
- auch die **Änderung des Standorts eines Krans** oder die **Änderung von Montagemodalitäten** bedeuten eine unzulässige Änderung an den Vergabeunterlagen (1. VK Sachsen, B. v. 7. 7. 2005 – Az.: 1/SVK/061-05).
- wenn gemäß § 13 Abs. 1 Nr. 5 VOB/A die Änderungen des Bieters an seinen Eintragungen im Angebot zweifelsfrei sein müssen, gilt dies **erst recht für das Angebot selbst**. Gibt der **Bieter durch zweifelhafte Erklärungen Anlass zu der Befürchtung, er wolle von den Verdingungsunterlagen abweichen, so darf er jedenfalls nicht darauf vertrauen,**

dass der Auftraggeber ihm durch Aufklärungsersuchen die Gelegenheit einräumt, die Zweifel am Inhalt seines Angebotes auszuräumen. Im Ergebnis ist daher der Ausschluss eines solchen Angebotes nicht zu beanstanden (2. VK Bund, B. v. 6. 6. 2008 – Az.: VK 2–46/08)

- **keine unzulässigen Änderungen** sind in einem Begleitschreiben enthaltene **Klarstellungen, Kalkulationsannahmen und Erklärungen** des Bieters, die **lediglich Hinweise auf die von ihm vorgenommene Preisermittlung geben**. Solche Angaben werden nicht Vertragsinhalt, sondern bleiben interne Kalkulationsgrundlagen (BGH, Urteil v. 20. 1. 2009 – Az.: X ZR 113/07)

- nimmt ein Bieter **mehrfach Streichungen** an dem vom Auftraggeber vorgegebenen **Leistungsverzeichnis** vor und sind diese von erheblichem Gewicht, liegt darin eine **Änderung der Verdingungsunterlagen**. Auch aufgrund dieser Änderung ist ein Vergleich mit allen anderen Angeboten, in denen die Vorgaben der Verdingungsunterlagen eingehalten werden, nicht möglich (VK Magdeburg, B. v. 23. 8. 2001 – Az.: 33–32571/07 VK 16/01 MD).

7773 86.6.3.5.1.6.3 Änderungen in der Person des Anbieters. 86.6.3.5.1.6.3.1 Grundsatz. Der **Austausch einer Vertragspartei stellt also eine besonders tief greifende Angebotsänderung dar**, weil ein Kernelement des anzubahnenden Vertragsverhältnisses – Parteien, Leistung, Gegenleistung – verändert wird (OLG Düsseldorf, B. v. 6. 10. 2005 – Az.: VII – Verg 56/05; B. v. 16. 11. 2005 – Az.: VII – Verg 56/05).

7774 86.6.3.5.1.6.3.2 Bildung oder Auflösung einer Bietergemeinschaft und ähnliche Fälle. Änderungen können auch in der **Person des Anbietenden** entstehen, z. B. der **Ersetzung einer Bietergemeinschaft durch einen Einzelbieter** oder der **Änderung der Mitglieder einer Bietergemeinschaft** (OLG Düsseldorf, B. v. 24. 5. 2005 – Az.: VII – Verg 28/05 – für den Fall, dass sich durch das **Ausscheiden eines von zwei Gesellschaftern einer Bietergemeinschaft** die Identität des Bieters ändert, weil dadurch die **Gesellschaft endete und aus der Bietergemeinschaft ein Einzelbieter** wurde oder der **Bieteränderung durch Gesellschaftsauflösung im Wege der Gesamtrechtsnachfolge** (OLG Düsseldorf, B. v. 25. 5. 2005 – Az.: VII – Verg 08/05; 3. VK Bund, B. v. 26. 7. 2005 – Az.: VK 3–73/05) oder der **Umwandlung durch Verschmelzung** (OLG Düsseldorf, B. v. 18. 10. 2006 – Az.: VII – Verg 30/06, B. v. 11. 10. 2006 – Az.: VII – Verg 34/06 – jeweils mit **sehr ausführlicher Darstellung der Problematik**).

7775 Vgl. zur **Unzulässigkeit der Bildung einer nachträglichen Bietergemeinschaft** die Kommentierung zu → § 6 VOB/A Rdn. 16 ff.

7776 **Keine Änderung** liegt vor, wenn entweder der **Auftraggeber oder die Bietergemeinschaft selbst diese Rechtsprechung missbräuchlich nutzt**. Nur so kann dem die Vergabeverfahren beherrschenden **Gleichbehandlungs- und Transparenzgebot mit der nötigen Rechtssicherheit zum Durchbruch verholfen werden**, indem sowohl Manipulationsmöglichkeiten des Auftraggebers (Auftraggeber verspricht einem Bietergemeinschaftsmitglied nach der Kündigung derselben einen Auftrag als Subunternehmer des erstplatzierten Bieters und eliminiert so das ebenfalls aussichtsreiche Angebot der Bietergemeinschaft) als auch der Bietergemeinschaft (Bietergemeinschaft will nicht mehr an ihr Angebot gebunden sein und „lässt sich durch ein Mitglied kündigen") erfolgreich „ein Riegel vorgeschoben" wird (3. VK Saarland, B. v. 9. 3. 2007 – Az.: 3 VK 01/2007).

7777 86.6.3.5.1.6.3.3 Änderung der Zusammensetzung einer Bietergemeinschaft. Nach einer Auffassung ändert sich durch eine **Änderung der Zusammensetzung einer Bietergemeinschaft damit nicht automatisch auch das Angebot**. Spätestens seit der **Entscheidung des BGH zur Teilrechtsfähigkeit der (Außen)GbR** steht fest, dass eine **Bietergemeinschaft**, die ja eine GbR ist, als Teilnehmerin am Rechtsverkehr selbst Trägerin von Rechten und Pflichten und in diesem Rahmen (ohne juristische Person zu sein) **rechtsfähig** ist. Mit ihrer Teilnahme am Wettbewerb um die streitgegenständliche Auftragsvergabe stellt sich eine **Bietergemeinschaft** danach als teilrechtsfähiges Zuordnungsobjekt der vergaberechtlichen (und u. U. künftigen werkvertraglichen) Rechtsbeziehungen mit der Auftraggeberin dar mit der zwangsläufigen Folge, dass ein Wechsel im Mitgliederbestand keinen Einfluss auf den Fortbestand der mit der Gesellschaft bestehenden Rechtsverhältnisse hat (OLG Celle, B. v. 5. 9. 2007 – Az.: 13 Verg 9/07).

7778 Die **Besonderheiten des Vergaberechts gebieten es nicht, Bietergemeinschaften in Vergabeverfahren abweichend zu behandeln**. Um ein faires und transparentes Vergabeverfahren zu gewährleisten, sind Bieter nach Ablauf der Angebotsfrist an ihr Angebot gebunden und dürfen dementsprechend ihr Angebot danach nicht mehr ändern. **Scheidet ein insolventer Gesellschafter aus der Bietergemeinschaft aus, ändert sich dadurch** – wie ausgeführt – **die Identität des Bieters nicht. Was sich möglicherweise ändert, sind Umstände, die für die Beurteilung der Eignung des – in seiner Identität unveränderten – Bieters von Bedeutung sind.** Könnten solche neuen Umstände eingeführt werden, die sich positiv auf seine Stellung im Wettbewerb auswirken, wären Manipulationen zu befürchten. Hier gilt indessen für Bietergemeinschaften dasselbe wie für andere gesellschaftsrechtlich organisierte Bieter auch: Wird beispielsweise ein unzuverlässiger Gesellschafter, der die Eignung des Bieters in Frage stellen könnte, nachträglich ausgetauscht, so darf die Vergabestelle dies nicht mehr berücksichtigen, um nicht gegen den Grundsatz des fairen Wettbewerbs zu verstoßen. **Anders stellt sich die Situation dar, wenn sich nachträglich Umstände ergeben, die die Eignung des Bieters in Frage stellen. In einem solchen Fall kann und muss die Vergabestelle erneut in die Eignungsprüfung eintreten und ggf. einen ungeeignet gewordenen Bieter nachträglich ausschließen.** Dies ist für den Fall eines vorgeschalteten Teilnahmewettbewerbs in § 16 Abs. 2 Nr. 2 VOB/A sogar ausdrücklich vorgesehen. Die Vergabestelle kann nicht gezwungen sein, sehenden Auges einen ungeeigneten Bieter zu beauftragen. Konkurrierende Bieter können dadurch nie benachteiligt werden, weil es für sie nur vorteilhaft sein kann, wenn ein nachträglich ungeeignet gewordener Konkurrent ausgeschlossen wird. Schließlich würde es auch einen **nicht hinnehmbaren Widerspruch bedeuten, dass die Insolvenz eines Einzelbieters lediglich zu einer erneuten Eignungsprüfung Anlass gibt, während die Insolvenz eines Mitgliedes einer Bietergemeinschaft – infolge eines zwingenden Ausscheidens des Gesellschafters aus der Bietergemeinschaft – stets und ohne Rücksicht auf den Einzelfall den zwingenden Ausschluss der Bietergemeinschaft zur Folge hätte.** Die Möglichkeit für mittelständische Unternehmen, sich erfolgreich an Ausschreibungen öffentlicher Bauleistungen zu beteiligen (vgl. § 97 Abs. 3 GWB), würde in ungerechtfertigter Weise wesentlich eingeschränkt. Für große und bedeutende Bauprojekte bestünde die Gefahr, dass sich nur noch ganz wenige Großunternehmen mit Aussicht auf Erfolg bewerben könnten. Das **Ziel eines möglichst breit angelegten Wettbewerbs würde erheblich erschwert** (OLG Celle, B. v. 5. 9. 2007 – Az.: 13 Verg 9/07).

Nach einer anderen Auffassung führt vergaberechtlich z.B. die Beendigung der Bietergemeinschaft und die „Übernahme" des Angebots durch ein ehemaliges Mitglied er Bietergemeinschaft zu einem Wechsel in der Person des Bieters, denn die **Person (die Identität) des Bieters ist Bestandteil des Angebots.** Inhalt des Angebots ist nicht nur die Beschaffenheit der versprochenen Leistungen, sondern auch die Person des Leistenden (oder deren Mehrheit). Im Zeitraum zwischen Angebotsabgabe und Zuschlagserteilung sind jedoch einseitige Angebotsänderungen in sachlicher wie auch in personeller Hinsicht grundsätzlich unstatthaft. Das **Verbot einer (nachträglichen) Änderung des Angebots erstreckt sich auch auf die Zusammensetzung einer Bietergemeinschaft. Bietergemeinschaften können nur bis zur Angebotsabgabe gebildet und geändert werden.** Die Angebotsabgabe bildet hierfür eine zeitliche Zäsur. Nach der Angebotsabgabe sind Änderungen – namentlich Auswechslungen – grundsätzlich nicht mehr zuzulassen, da in ihnen eine unzulässige Änderung des Angebots liegt (OLG Karlsruhe, B. v. 15. 10. 2008 – Az.: 15 Verg 9/08 – für den Teilnahmewettbewerb; OLG München, B. v. 21. 5. 2008 – Az.: Verg 05/08). Eine **Änderung an der Person des Bieters und an der Zusammensetzung einer Bietergemeinschaft nach Angebotseinreichung und -eröffnung und vor Zuschlagserteilung kommt wegen der ansonsten gegebenen, erheblichen Wettbewerbseinflüsse auf den ordnungsgemäßen Vergabewettbewerb nicht in Betracht.** Das gilt selbst dann, wenn das Angebot inhaltlich unverändert bleibt und an die Stelle der bisherigen zweigliedrigen Bietergemeinschaft nach dem Ausscheiden der verbleibende Gesellschafter an die Stelle der Bietergemeinschaft tritt. Änderungen an der Person eines Bieters oder der Zusammensetzung einer Bietergemeinschaft können außerdem nicht grundsätzlich unter Hinweis darauf, dass sie den Vergabewettbewerb nicht beeinträchtigten, gutgeheißen werden (OLG Düsseldorf, B. v. 24. 5. 2005 – Az.: VII – Verg 28/05; VK Hessen, B. v. 28. 6. 2005 – Az.: 69d VK – 07/2005).

86.6.3.5.1.6.3.4 Auflösung einer Kommanditgesellschaft und die Ersetzung durch eine GmbH. Auch die **Auflösung einer Kommanditgesellschaft und die Ersetzung durch eine GmbH erweist sich nicht eine als bloß „strukturelle", d. h. wettbewerbsneutrale Maßnahme, sondern als vollständiger Austausch des bislang bietenden Rechtsträgers.** An die Stelle der bislang beteiligten Kommanditgesellschaft tritt eine andere Rechtsperson. Daran ändert nichts, wenn die GmbH zuvor Gesellschafterin in der KG war und deren

Vermögen übernommen hat. Sofern derartige Maßnahmen nach Zuschlagserteilung vergaberechtlich unbedenklich sein sollen, greift dieser Gesichtspunkt im hier nachzuprüfenden Vergabeverfahren schon im Ansatz nicht durch. Denn **nach Zuschlagserteilung ergriffene Maßnahmen sind schon per se nicht geeignet, einen eingeleiteten Bieterwettbewerb zu stören.** Insofern macht es einen durchgreifenden Unterschied, ob die Änderung der Rechtspersönlichkeit eines Bieters „eine juristische Sekunde vor oder nach Zuschlagserteilung" vorgenommen worden ist. Nur im ersten Falle ist der noch unentschiedene Bieterwettbewerb in Gefahr. Ein **Wertungswiderspruch zwischen Zivil- und Vergaberecht** im Falle eines Angebotsausschlusses besteht für einen solchen Fall in Wirklichkeit nicht. **Zivilrechtsordnung und Vergaberecht schützen unterschiedliche Rechtsgüter.** Die zivilrechtliche Vertragsfreiheit, die sich in der Fortwirkung des Angebotes der S. GmbH & Co. KG äußert, stößt hier vielmehr – wie nicht selten – an die Grenzen des Vergaberechts, das einen fairen, gleichen und transparenten Bieterwettbewerb zu gewährleisten hat (OLG Düsseldorf, B. v. 25. 5. 2005 – Az.: VII – Verg 08/05; 3. VK Bund, B. v. 26. 7. 2005 – Az.: VK 3–73/05).

7781   86.6.3.5.1.6.3.5 Formwechselnde Umwandlung. Keine Änderung in diesem Sinne liegt ebenfalls bei einer formwechselnden Umwandlung gemäß § 202 Abs. 1 UmwG vor. Denn **kennzeichnend für die formwechselnde Umwandlung gemäß § 202 Abs. 1 UmwG ist, dass an ihr nur ein Rechtsträger beteiligt ist, und es weder zu einer Gesamtrechtsnachfolge eines Rechtsträgers in das Vermögen eines anderen kommt noch dass es der Übertragung der einzelnen Vermögensgegenstände bedarf.** Die formwechselnde Umwandlung wird durch das Prinzip der Identität des Rechtsträgers, der Kontinuität seines Vermögens (wirtschaftliche Identität) und der Diskontinuität seiner Verfassung bestimmt. Der wesentliche Unterschied des Formenwechsels gegenüber den anderen Arten der Umwandlung liegt in dieser wirtschaftlichen Kontinuität des Rechtsträgers vor und nach dem Formenwechsel. Bleibt die rechtliche Identität des Bieters erhalten, so hat die Vergabestelle in derartigem Fallgestaltungen zu prüfen, ob der Bieter weiterhin leistungsfähig ist. Es hat also **kein zwingender Ausschluss des Angebots zu erfolgen, sondern die Vergabestelle hat die Eignung dieses Bieters erneut zu prüfen** (VK Münster, B. v. 28. 8. 2007 – Az.: VK 14/07, VK 15/07).

7782   86.6.3.5.1.6.3.6 Umfirmierung. Keine Änderung beinhaltet die **reine Umfirmierung** eines Bieters unter **Beibehaltung der Struktur und der Identität z. B. der Gesellschaft** (OLG Düsseldorf, B. v. 12. 3. 2008 – Az.: VII – Verg 56/07; VK Baden-Württemberg, B. v. 28. 10. 2008 – Az.: 1 VK 39/08; VK Brandenburg, B. v. 28. 1. 2008 – Az.: VK 59/07; VK Lüneburg, B. v. 8. 5. 2006 – Az.: VgK-07/2006).

7783   **86.6.3.5.1.6.3.7 Übertragung von Rechten und Pflichten auf eine Betreibergesellschaft. Sieht die Ausschreibung eine Übertragung von Rechten und Pflichten auf eine Projektgesellschaft vor, wird die Bieter- und Vertragspartnerstellung desjenigen, der ein Angebot abgegeben hat, nicht berührt.** Ansonsten ist eine Übertragung der Vertragspartnerstellung nur mit Zustimmung des Auftraggebers zulässig (OLG München, B. v. 21. 5. 2008 – Az.: Verg 05/08).

7784   86.6.3.5.1.6.3.8 Maßgeblicher Zeitpunkt. Abzustellen ist bei der Prüfung eventueller Änderungen auf Bieterseite **auf den Zeitpunkt der Handelregistereintragung**. Der Ausschluss eines Angebots ist eine weit reichende Beeinträchtigung eines Bieters, der nur durch feststehende Tatsachen gerechtfertigt sein kann. Genau daran fehlt es, wenn dieser Bieter weiterhin im Handelsregister eingetragen ist. Zudem handelt es sich bei dem Ausschluss aufgrund gesellschaftsrechtlicher Umstrukturierungen um einen zwingenden Ausschlussgrund, der sich bereits aus dem Nachverhandlungsverbot in § 15 VOB/A bzw. VOL/A ergibt. Denn durch die Veränderungen eines wesentlichen Vertragselementes, wie die Benennung der konkreten Vertragsparteien, wird nicht erst die auf der zweiten Stufe zu prüfende Eignung des Bieters in Frage gestellt, sondern das Angebot ist insgesamt formal nicht in Ordnung und kann damit nicht zur Wertung zugelassen werden. Es fehlt an der richtigen Bezeichnung der Vertragspartner. **Allerdings muss dieser Formmangel dann auch tatsächlich festgestellt werden können, was anhand des Handelsregisterauszuges möglich ist** (VK Münster, B. v. 26. 10. 2007 – Az.: VK 25/07).

7785   86.6.3.5.1.6.3.9 Literatur

– Burbulla, Rainer, Die Beteiligung von Objektgesellschaften an Vergabeverfahren, NZBau 2010, 145

- Heiermann, Wolfgang, Der vergaberechtliche Grundsatz der Unveränderlichkeit der Bietergemeinschaft im Lichte der neueren Rechtsprechung des Bundesgerichtshofes zur Rechtsfähigkeit der Gesellschaft bürgerlichen Rechts, ZfBR 2007, 759
- Kirch, Thomas/Kues, Jarl-Hendrik, Alle oder keiner? – Zu den Folgen der Insolvenz eines Mitglieds einer Bietergemeinschaft im laufenden Vergabeverfahren, VergabeR 2008, 32
- Prieß, Hans-Joachim/Sachs, Bärbel, Irrungen, Wirrungen: Der vermeintliche Bieterwechsel – Warum entgegen OLG Düsseldorf (NZBau 2007, 254) im Falle einer Gesamtrechtsnachfolge die Bieteridentität regelmäßig fortbesteht, NZBau 2007, 763
- Rittwage, Ralf, Unternehmensverschmelzung als unzulässiger Bieterwechsel?, NZBau 2007, 232
- Roth, Frank, Änderung der Zusammensetzung von Bietergemeinschaften und Austausch von Nachunternehmern im laufenden Vergabeverfahren, NZBau 2005, 316
- Schmidt, Lars, Wider den Ausschlussautomatismus: Kein zwingender Ausschluss einer Bietergemeinschaft bei Insolvenz eines Mitgliedsunternehmens, NZBau 2008, 41

86.6.3.5.1.7 Berücksichtigung des Umfangs und der wirtschaftlichen Auswirkungen der Änderungen. Es spielt keine Rolle, ob die vom Bieter vorgenommenen Änderungen zentrale und wichtige oder eher unwesentliche Leistungspositionen betreffen. Ebenso wenig kommt es darauf an, ob die Abweichungen letztlich irgendeinen Einfluss auf das Wettbewerbsergebnis haben können. Dafür spricht schon der Wortlaut der Vorschriften. Weder § 13 Abs. 1 Nr. 5 VOB/A noch § 16 Abs. 1 Nr. 1 lit. b) VOB/A ist eine Beschränkung auf sachlich oder betragsmäßig ins Gewicht fallende Leistungsposition zu entnehmen. § 13 Abs. 1 Nr. 5 VOB/A untersagt jedwede Abänderung der Vergabeunterlagen und § 16 Abs. 1 Nr. 1 lit. b) VOB/A ordnet den Angebotsausschluss zwingend für jeden Fall einer unzulässigen Änderung der Vergabeunterlagen und ohne Rücksicht auf die Bedeutung der betroffenen Leistungspositionen und die wirtschaftlichen Auswirkungen der vorgenommenen Änderung an. Nur ein solches Verständnis wird auch dem **Normenzweck der Vorschriften gerecht, durchsichtige,** in den ausgewiesenen Leistungspositionen **identische und miteinander ohne weiteres vergleichbare Vertragsangebote zu gewährleisten**, um so einen **echten fairen Wettbewerb unter den Bietern sicherzustellen** (OLG Düsseldorf, B. v. 28. 7. 2005 – Az.: VII – Verg 45/05; B. v. 15. 12. 2004 – Az.: VII – Verg 47/04; B. v. 14. 3. 2001 – Az.: Verg 32/00; OLG Frankfurt, Urteil v. 3. 7. 2007 – Az.: 11 U 54/06; VK Brandenburg, B. v. 25. 2. 2005 – Az.: VK 6/05; B. v. 10. 6. 2004 – Az.: VK 21/04; B. v. 18. 6. 2003 – Az.: VK 31/03, B. v. 31. 1. 2003 – Az.: VK 37/02, VK 39/02, VK 41/02; 1. VK Bund, B. v. 10. 4. 2007 – Az.: VK 1–20/07; B. v. 27. 6. 2006 – Az.: VK 1–40/06; B. v. 19. 4. 2002 – Az.: VK 1–09/02; 2. VK Bund, B. v. 30. 11. 2009 – Az.: VK 2–195/09; 3. VK Bund, B. v. 6. 5. 2008 – Az.: VK 3–53/08; B. v. 6. 6. 2005 – Az.: VK 3–43/05; VK Münster, B. v. 15. 8. 2007 – Az.: VK 13/07; B. v. 20. 4. 2005 – Az.: VK 6/05; VK Nordbayern, B. v. 15. 1. 2008 – Az.: 21.VK – 3194 – 49/07; B. v. 13. 12. 2007 – Az.: 21.VK – 3194 – 46/07; B. v. 29. 5. 2001 – Az.: 320.VK-3194- 08/01; 1. VK Saarland, B. v. 14. 7. 2010 – Az.: 1 VK 08/2010; 3. VK Saarland, B. v. 15. 3. 2006 – Az.: 3 VK 02/2006; B. v. 31. 1. 2006 – Az.: 1 VK 05/2005; VK Schleswig-Holstein, B. v. 15. 5. 2006 – Az.: VK-SH 10/06; B. v. 17. 3. 2006 – Az.: VK-SH 02/ 06; B. v. 31. 3. 2005 – Az.: VK-SH 05/05; B. v. 13. 12. 2004 – Az.: VK-SH-33/04; VK Südbayern, B. v. 29. 5. 2006 – Az.: 12-04/06; B. v. 27. 4. 2006 – Az.: 04-02/06; B. v. 10. 5. 2005 – Az.: 14-03/05; B. v. 3. 4. 2003 – Az.: 10-03/03, B. v. 25. 3. 2002 – Az.: 05-02/02, B. v. 20. 6. 2001 – Az.: 15-05/011).

Einem **Angebotsausschluss steht auch nicht entgegen, wenn eine Vorgabe des Leistungsverzeichnisses nur minimal überschritten** wird. Ein **Rechtsmissbrauch kann darin keinesfalls gesehen werden**, eher würde gegen den Gleichbehandlungsgrundsatz verstoßen werden, wenn nur hinsichtlich eines Bieters von der vorgegebenen Norm abgewichen werden würde. Es steht im Übrigen im Ermessen des Auftraggebers, welche Anforderungen er an die ausgeschriebene Leistung stellen will. Will er die Einhaltung bestimmter Vorgaben, dann haben sich die Bieter bei der Erstellung der Angebote danach zu richten, wenn ihr Angebot in die Wertung gelangen soll (OLG München, B. v. 2. 3. 2009 – Az.: Verg 01/09).

86.6.3.5.1.8 Auslegung entsprechender Änderungserklärungen. Die Erklärung eines Bieters zu seinem Angebot, die gegebenenfalls eine Änderung bedeutet, ist **so auszulegen, wie sie von einem verständigen Empfänger in der Lage des Auftraggebers objektiv aufzufassen war**, es kommt also nicht darauf an, wie der Auftraggeber sie im vorliegenden Einzelfall tatsächlich verstanden hat (1. VK Sachsen, B. v. 13. 2. 2002 – Az.: 1/SVK/002-02).

Teil 3 VOB/A § 16 Vergabe- und Vertragsordnung für Bauleistungen Teil A

7789 Zwar können nach der Rechtsprechung des Bundesgerichtshofs auch **nachträgliche Erklärungen der Parteien bei der Auslegung berücksichtigt werden**. Es ist jedoch stets zu prüfen, ob die nachträgliche Erklärung tatsächlich einen zuverlässigen Rückschluss auf den Inhalt des Angebots erlauben. **Nachträgliche Äußerungen können nur insoweit berücksichtigt werden, insoweit sie einen Rückschluss auf das maßgebliche Verständnis des Angebots zulassen.** Maßgeblich ist der **objektive Empfängerhorizont**. Die nachträglichen Erklärungen müssen daher nicht nur einen Rückschluss auf den wahren Willen des Erklärenden zum Zeitpunkt der Angebotsabgabe, sondern auch auf das Verständnis des Empfängers des Angebots zu dem Zeitpunkt des Zugangs des Angebots zulassen. Die **Auslegung, dass die Allgemeinen Geschäftsbedingungen sowohl nach dem Willen des Erklärenden als auch nach dem Willen der Vergabestelle von vorneherein keine Anwendungen finden sollten, müssen objektiv nachvollziehbar** sein (OLG München, B. v. 21. 2. 2008 – Az.: Verg 01/08).

7790 Vgl. im Einzelnen die Kommentierung zu → § 13 VOB/A Rdn. 11 ff.

7791 **86.6.3.5.1.9 Änderungen nur in einem Exemplar des Angebots.** Die Änderung an der Vergabeunterlage wiegt nicht deswegen weniger schwer, weil sie **nur auf einem Exemplar des Angebots vorgenommen** wurde. Das **Verbot der Änderung an Vergabeunterlagen gilt für jede Ausfertigung des Angebots.** Der Auftraggeber muss sich darauf verlassen können, identische Exemplare zu erhalten, die jeweils das Veränderungsverbot beachten. Bei nicht durchgängig in jedem Angebot vorgenommenen Änderungen ist die Gefahr besonders groß, dass diese zunächst vom Auftraggeber unbemerkt bleiben, weil er nach Durchsicht eines oder mehrerer unveränderter Exemplare darauf vertraut, die übrigen Ausfertigungen seien inhaltlich identisch (2. VK Bund, B. v. 3. 4. 2006 – Az.: VK 2–14/06).

7792 **86.6.3.5.1.10 Umdeutung eines wegen Änderungen unzulässigen Angebots in ein Nebenangebot.** Es würde eine **Umgehung der eindeutigen Vorschriften der § 13 Abs. 1 Nr. 5 VOB/A und § 16 Abs. 1 Nr. 1 lit. b) VOB/A bedeuten**, wenn ein Angebot, das unzulässigerweise die Vergabeunterlagen ändert und deshalb zwingend auszuschließen ist, in ein wertungsfähiges Nebenangebot umgedeutet werden könnte. Dies widerspräche der Zielsetzung des § 13 Abs. 1 Nr. 2 VOB/A, an den ein strenger Maßstab anzulegen ist, um die Vergleichbarkeit der Angebote zu sichern. Eine Qualifizierung als Nebenangebot, das lediglich gegen § 13 Abs. 3 VOB/A verstößt, kommt nur in Betracht, wenn aus einer Erklärung des Bieters oder aus der äußeren Gestaltung des Angebotes erkennbar ist, dass der Bieter ein Nebenangebot abgeben wollte (OLG Koblenz, B. v. 15. 7. 2008 – Az.: 1 Verg 2/08; 1. VK Bund, B. v. 30. 1. 2004 – Az.: VK 1–141/03, B. v. 19. 4. 2002 – Az.: VK 1–09/02; im Ergebnis ebenso VK Brandenburg, B. v. 27. 3. 2008 – Az.: VK 5/08; 1. VK Sachsen, B. v. 9. 5. 2003 – Az.: 1/SVK/034-03; VK Südbayern, B. v. 10. 11. 2003 – Az.: 49-10/03).

7793 Hinzu kommt, dass es **Sache des Bieters** ist, zu entscheiden, **ob er ein Haupt- oder ein Nebenangebot abgeben möchte**; wollte der Bieter ein Hauptangebot abgeben, so darf die Vergabestelle sich keine Korrekturfunktion anmaßen und ein als solches gewolltes Hauptangebot in ein Nebenangebot umdeuten. Der Wille, ein Nebenangebot abzugeben, muss im Angebot selbst deutlich werden (1. VK Bund, B. v. 30. 1. 2004 – Az.: VK 1–141/03; 1. VK Sachsen, B. v. 5. 2. 2007 – Az.: 1/SVK/125-06).

7794 **86.6.3.5.1.11 Eindeutige Beschreibung von Gegenstand und Inhalt der Leistung.** Die **Feststellung der Abweichung** eines Bieterangebots von den in den Vergabeunterlagen gemachten Vorgaben **setzt voraus, dass der Gegenstand und Inhalt der Leistung eindeutig beschrieben** sind und die am Auftrag interessierten Unternehmen daran klar erkennen können, wann jeweils die Grenze zu einer inhaltlichen Änderung der Leistungsanforderungen des Auftraggebers überschritten ist. Unter welchen Voraussetzungen das Angebot die Rechtsfolge eines wegen einer Änderung der Verdingungsunterlagen zwingenden Angebotsausschlusses § 16 Abs. 1 Nr. 1 lit. b, § 13 Abs. 1 Nr. 5 VOB/A trifft, **muss für die am Auftrag interessierten Unternehmen aus Gründen der Gleichbehandlung der Bieter und der Transparenz des Vergabeverfahrens anhand der Verdingungsunterlagen selbst klar und unmissverständlich zu erkennen** sein (OLG Düsseldorf, B. v. 20. 5. 2005 – Az.: VII – Verg 19/05; VK Münster, B. v. 11. 2. 2010 – Az.: VK 29/09; VK Nordbayern, B. v. 12. 5. 2009 – Az.: 21.VK – 3194 – 11/09). Ergibt sich aus den Vergabeunterlagen **kein Anhalt dafür, dass der Bieter die Leistung nicht entsprechend der Ausschreibung angeboten** hat, gehen ansonsten eventuelle Unklarheiten in den Vergabeunterlagen zu Lasten der **Vergabestelle**, können also nicht zum Ausschluss des Angebots des betreffenden Bieters führen (VK Nordbayern, B. v. 12. 5. 2009 – Az.: 21.VK – 3194 – 11/09).

Vergabe- und Vertragsordnung für Bauleistungen Teil A VOB/A § 16 **Teil 3**

86.6.3.5.1.12 Zulässige Änderungen durch den Bieter. Die Rechtsprechung gibt **für** 7795 seltenste Ausnahmefälle dem **Bieter die Befugnis zur eigenmächtigen Änderung** der Vergabeunterlagen:

- es kann nicht zu Lasten des Bieters gehen, wenn er die Vergabeunterlagen mit gut vertretbarem Ergebnis auslegt, mit diesem Inhalt seinem Angebot zu Grunde legt (z. B. Begriffe in der Leistungsbeschreibung durchstreicht und ändert) und den Auftraggeber darauf hinweist, wie er die Vergabeunterlagen in diesem Punkt verstanden hat. Solche Hinweise sollten zweckmäßigerweise zwar in Form eines Vermerks angebracht werden, es ist jedoch unschädlich, wenn der Bieter den Weg der Streichung und Ersetzung im Angebotsblankett gewählt hat. Eine Änderung der Vergabeunterlagen im Sinne von § 13 Abs. 3 VOB/A ist darin bei wertender Betrachtung nicht zu sehen; ein **Ausschluss des Bieters bei vom Auftraggeber zu verantwortenden Missverständnissen kommt nicht in Betracht** (KG Berlin, B. v. 22. 8. 2001 – Az.: KartVerg 03/01; 1. VK Bund, B. v. 19. 4. 2002 – Az.: VK 1–09/02)

- ein Bieter kann Änderungen in dem Fall vornehmen, dass es **widersprüchliche Leistungsverzeichnis-Vorgaben** des Auftraggebers gibt und dieser **auf Nachfragen nach den §§ 17 und 17a VOB/A überhaupt nicht reagiert** (1. VK Sachsen, B. v. 15. 5. 2002 – Az.: 1/SVK/032-02)

- ein Bieter kann Änderungen vornehmen, wenn er aufgrund einer Abstimmung mit dem **Auftraggeber dazu ermächtigt** wurde (VK Südbayern, B. v. 18. 3. 2002 – Az.: 04-02/02)

- eine Ausnahme des Verbots von Änderungen wird nur anerkannt, wenn in seltenen Fällen die **Ergänzungen die Vergleichbarkeit des Angebotes nicht beeinträchtigen** und lediglich der Erleichterung der Auswertetätigkeit des Auftraggebers dienen (VK Düsseldorf, B. v. 30. 9. 2002 – Az.: VK – 26/2002 – L)

86.6.3.5.2 Angebote mit nicht zweifelsfreien Änderungen des Bieters an seinen 7796 **Eintragungen (§§ 16 Abs. 1 Nr. 1 lit. b, 13 Abs. 1 Nr. 5 Satz 2). 86.6.3.5.2.1 Sinn und Zweck der Regelung.** Zwingend auszuschließen sind Angebote, in denen Änderungen des Bieters an seinen Eintragungen nicht zweifelsfrei sind. Die **Regelung soll verhindern**, dass sich ein Bieter nach Erhalt des Zuschlags darauf berufen kann, er habe etwas ganz anderes an Leistung oder Preis angeboten. **Manipulationen sollen ausgeschlossen werden** (OLG München, B. v. 23. 6. 2009 – Az.: Verg 08/09; VK Baden-Württemberg, B. v. 29. 6. 2009 – Az.: 1 VK 27/09; VK Schleswig-Holstein, B. v. 20. 10. 2010 – Az.: VK-SH 16/10).

86.6.3.5.2.2 Änderungen des Bieters an seinen Eintragungen. Als Änderungen an den 7797 Eintragungen sind **nach dem weiten Begriffsverständnis jegliche Korrekturen und/oder Ergänzungen am Angebotsinhalt** anzusehen. Dabei ist der **gesamte Inhalt des Angebots und seiner Bestandteile in den Blick zu nehmen.** Die Vorschrift erfasst damit gerade die **bis zur unwiderruflichen Einreichung des Angebots** – gewissermaßen von vornherein – **vom Bieter angebrachten inhaltlichen Änderungen,** wohingegen **nachträgliche Änderungen am Angebotsinhalt unstatthafte Nachverhandlungen** sind, die nicht zum Ausschluss des Angebots führen, sondern nach § 15 VOB/A bzw. VOL/A nur bei der Wertung außer Betracht zu bleiben haben (OLG Düsseldorf, B. v. 13. 8. 2008 – Az.: VII – Verg 42/07).

86.6.3.5.2.3 Nicht zweifelsfreie Änderungen. 86.6.3.5.2.3.1 Grundsatz. Die **Eindeu-** 7798 **tigkeit einer Abänderung setzt voraus, dass sie den Abändernden unzweifelhaft erkennen lässt sowie den Zeitpunkt der Abänderung deutlich macht.** Dies ist **bei bloßen Durchstreichungen** und der Verwendung von „Blanko-Fluid" (einem „Tipp-Ex" vergleichbaren Produkt) oder „Blanco-Roller" ohne namentliche Abzeichnung samt Datumsangabe **nicht gegeben. Änderungen** des Bieters an seinen Eintragungen **müssen daher zumindest mit einem Signum der ändernden Person und sollten zusätzlich noch mit einer Datumsangabe versehen** sein (VK Schleswig-Holstein, B. v. 5. 1. 2006 – Az.: VK-SH 31/05).

86.6.3.5.2.3.2 Angebote unter Verwendung von „Tipp-ex". Die Rechtsprechung ist 7799 insoweit **nicht eindeutig.**

Änderungen des Bieters an seinen Eintragungen müssen zweifelsfrei sein. „**Tipp-ex-Eintra-** 7800 **gungen sind nicht zweifelsfrei**, weil bereits bei normalem Gebrauch sich der Korrekturlack ablösen kann und damit der überschriebene (ebenfalls „dokumentenechte") Einheitspreis zur Wertung kommt. **Der mit Korrekturlack überdeckte Einheitspreis ist damit hinsichtlich der Änderung des Antragstellers durch überdecken und Eintrag eines neuen „dokumentenechten" Einheitspreises nicht mehr zweifelsfrei** (VK Südbayern, B. v. 14. 12. 2004 – Az.: 69-10/04).

Teil 3 VOB/A § 16

7801 Nach einer anderen Auffassung sind – allerdings in einem Einzelfall – die **mit Tipp-Ex vorgenommenen Änderungen** nach den Feststellungen der Vergabekammer **zweifelsfrei**. Zwar lässt sich durch den aufgetragenen Tipp-Ex-Streifen **ein zunächst angegebener Preis „erahnen"**. Jedoch ist aus dem Preisblatt **eindeutig erkennbar**, dass dieser – ursprüngliche – Preis nicht mehr **maßgeblich** sein sollte, sondern **der neue, über den Tipp-Ex-Streifen geschriebene Preis**. Dieser ist auch eindeutig lesbar (3. VK Bund, B. v. 29. 6. 2006 – Az.: VK 3–48/06; B. v. 29. 6. 2006 – Az.: VK 3–39/06).

7802 **86.6.3.5.2.3.3 Angebote unter Verwendung von Korrekturband.** Bei Benutzung von Korrekturband kann sich das Korrekturband selbst bei intensiverer mechanischer Behandlung nicht ablösen lassen, ohne das darunter befindliche Papier (mit den ursprünglichen Eintragungen) mit zu entfernen; bei diesen Fällen greift die unter → Rdn. 159 dargestellte Begründung nicht. **Dennoch besteht auch in diesen Fällen die Forderung der VOB/A und der VOL/A, dass Änderungen an den Eintragungen des Bieters nicht nur als solche sondern auch als vom Bieter stammend erkennbar sein müssen Ist dies nicht der Fall, ist das Angebot unter Manipulations- und Korruptionsgesichtspunkten auszuschließen.** Es ist im Lichte der Korruptionsprävention jedoch ebenfalls ein anerkennswertes Bedürfnis des öffentlichen Auftraggebers, dass über die Frage, ob die vorgenommenen Änderungen schon vor Angebotsabgabe oder erst im Nachhinein vorgenommen wurden, kein Streit entsteht. **Das Interesse des Auftraggebers an einer Bekämpfung möglicher Korruptions- und Manipulationsmöglichkeiten ist grundsätzlich anerkennenswert** (VK Schleswig-Holstein, B. v. 5. 1. 2006 – Az.: VK-SH 31/05).

7803 Das **Schleswig-Holsteinische Oberlandesgericht** (B. v. 11. 8. 2006 – Az.: 1 Verg 1/06) **relativiert diese Auffassung**. Ist die Person, die die auf dem Korrekturband geschriebenen Zahlen eingetragen hat, mittels der verwendeten Handschrift zu ermitteln, werden dadurch theoretisch denkbare nachträgliche Manipulationen zumindest erschwert. Das **Interesse des Auftraggebers,** (unter Umständen korruptionsbeeinflusste) **nachträgliche Angebotsmanipulationen auszuschließen, ist zwar grundsätzlich anzuerkennen. Der Auftraggeber muss hierfür aber die entsprechenden Vorkehrungen ergreifen** (Forderung nach einem Angebotsdoppel, interne Kontrollmechanismen usw.). Soweit **dennoch Möglichkeiten rechtswidriger oder (gar) strafbarer Manipulationen theoretisch denkbar bleiben, kann allein der Hinweis auf derartige Möglichkeiten nicht zu Lasten des Bieters** gehen.

7804 Nach Auffassung des OLG München ist eine **Korrektur mittels TippEx-Korrekturroller zweifelsfrei**, wenn sich **aus der Multiplikation der Mengenzahl mit dem korrigierten Einheitspreis der unkorrigierte Gesamtpreis ergibt** und eine **Manipulation ausgeschlossen** ist, weil der Bieter sein Angebot im verschlossenen Umschlag abgegeben hatte, das Angebot von der Vergabestelle gelocht und in Verwahrung genommen wurde. Eine Manipulation könnte höchstens nach der Öffnung durch die Vergabestelle erfolgen, welche daran aber keinerlei Interesse haben dürfte (OLG München, B. v. 23. 6. 2009 – Az.: Verg 08/09; im Ergebnis ebenso 1. VK Sachsen, B. v. 28. 12. 2009 – Az.: 1/SVK/060-09).

7805 **Ebenso** argumentiert die **VK Baden-Württemberg**. Hat ein Bieter in einer Position des Leistungsverzeichnisses eine **Ziffer bei der Fabrikatsangabe durchgestrichen und eine andere Zahl deutlich lesbar darüber geschrieben** und wurde bei einer anderen **Position der ursprüngliche Preis mit Tipp-Ex-Korrekturband überklebt und neue Zahlen leserlich eingetragen** und wurden in anderen Positionen **Preise durchgestrichen und die korrigierten Zahlen oberhalb der Durchstreichung hingeschrieben, ohne dass zusätzlich vermerkt wurde, von wem die Änderungen zu welchem Zeitpunkt vorgenommen wurden, lässt sich jedoch eindeutig feststellen, dass der Bieter sein Angebot selbst vor Angebotsabgabe korrigiert hat**, weil es sich um die **gleiche Handschrift unter Verwendung desselben Stiftes** handelt, ist das **Angebot nicht wegen nicht zweifelsfreier Änderungen an den Eintragungen auszuschließen**. Die Regelung des § 16 Abs. 1 Nr. 1 lit. b) i. V. m. § 13 Abs. 1 Nr. 5 VOB/A soll verhindern, dass sich ein Bieter nach Erhalt des Zuschlags darauf berufen kann, er habe etwas anderes an Leistung oder Preis angeboten. Manipulationen sollen ausgeschlossen werden. Hat der **Bieter sein Angebot im verschlossenen Umschlag abgegeben und wurde das Angebot von der Vergabestelle gelocht und verwahrt, ist eine Manipulation durch den Bieter daher ausgeschlossen**. Ein Ausschlussgrund besteht insoweit nicht, da die Änderungen eindeutig von dem Bieter stammen und zweifelsfrei erkennen lassen, welche Preise angeboten und welche Fabrikate verwendet werden (VK Baden-Württemberg, B. v. 29. 6. 2009 – Az.: 1 VK 27/09).

86.6.3.5.2.4 Auslegung einer Änderung. Zur Ermittlung seines Erklärungsgehalts 7806
auf etwaige (insbesondere unklare) Änderungen ist das Angebot nach den für Willenserklärungen maßgebenden Grundsätzen entsprechend den §§ 133, 157 BGB auszulegen. Der öffentliche Auftraggeber ist zur Auslegung eines Angebots berechtigt und verpflichtet. Maßstab der Auslegung ist, wie ein mit den Umständen vertrauter Dritter in der Lage des öffentlichen Auftraggebers das Angebot nach Treu und Glauben mit Rücksicht auf die Verkehrssitte verstehen durfte und musste. Dabei ist der dem Angebot zugrunde liegende wahre Bieterwille zu erforschen (OLG Düsseldorf, B. v. 13. 8. 2008 – Az.: VII – Verg 42/07).

Vgl. zur **Auslegung eines Angebots** insgesamt die Kommentierung zu → § 13 VOB/A 7807
Rdn. 11 ff.

86.6.3.5.2.5 Rechtsfolge einer nicht zweifelsfreien Änderung. Angebote, die **unklare** 7808
Eintragungen aufweisen, können mit den übrigen Angeboten per se nicht verglichen werden.
Sie sind **ohne unzulässige Nachverhandlungen ebenso wenig für den Auftraggeber annahmefähig** (OLG Düsseldorf, B. v. 13. 8. 2008 – Az.: VII – Verg 42/07).

86.6.3.6 Ausschluss von Angeboten, die den Bestimmungen des § 13 Absatz 1
Nummer 3 nicht entsprechen (§ 16 Abs. 1 Nr. 1 lit. c)

86.6.3.6.1 Änderung in der VOB/A 2009. Die **Neufassung des § 16 Abs. 1 Nr. 1** 7809
lit. c) in Verbindung mit § 13 Abs. 1 Nr. 3 beinhaltet **eine der wichtigsten Neuerungen der**
VOB/A 2009. Nach § 16 Abs. 1 Nr. 1 lit. c) müssen **Angebote, bei denen die geforderten**
Preise fehlen, ausgeschlossen werden; ausgenommen solche Angebote, bei denen lediglich in einer einzelnen unwesentlichen Position die Angabe des Preises fehlt und
durch die Außerachtlassung dieser Position der Wettbewerb und die Wertungsreihenfolge, auch bei Wertung dieser Position mit dem höchsten Wettbewerbspreis, nicht
beeinträchtigt werden. An dem Grundsatz des zwingenden Ausschlusses wegen fehlender
Preise wird also festgehalten. Neu ist die Hinzufügung einer Heilungsmöglichkeit für bestimmte
Sachverhalte.

86.6.3.6.2 Grundsatz des zwingenden Ausschlusses von Angeboten mit fehlenden 7810
Preisen. 86.6.3.6.2.1 Rechtsprechung zu § 25 VOB/A 2006. Der Wortlaut von § 25
Nr. 1 Abs. 1 VOB/A Abschnitt 2 („ausgeschlossen werden") weist aus, dass der öffentliche **Auftraggeber bei Vorliegen der dort aufgestellten Voraussetzungen kein Recht zu einer**
wie auch immer gearteten großzügigen Handhabe hat, sondern **gezwungen ist, das betreffende Angebot aus der Wertung zu nehmen** (BGH, Urteil v. 20. 1. 2009 – Az.: X ZR
113/07; Urteil v. 10. 6. 2008 – Az.: X ZR 78/07; Urteil v. 18. 9. 2007 – Az.: X ZR 89/04;
Urteil v. 7. 6. 2005 – Az.: X ZR 19/02; Urteil vom 8. 9. 1998 – Az.: X ZR 85/97; OLG Celle, B. v. 3. 3. 2005 – Az.: 13 Verg 21/04; OLG Düsseldorf, B. v. 8. 12. 2009 – Az.: VII-Verg
52/09; B. v. 6. 6. 2007 – Az.: VII – Verg 8/07; B. v. 26. 7. 2006 – Az.: VII – Verg 19/06; B. v.
16. 5. 2006 – Az.: VII – Verg 19/06; B. v. 5. 4. 2006 – Az.: VII – Verg 3/06; B. v. 26. 11. 2003
– Az.: VII – Verg 53/03; OLG Frankfurt, B. v. 7. 8. 2007 – Az.: 11 Verg 3/07, 4/07; Hanseatisches OLG Hamburg, B. v. 21. 1. 2004 – Az.: 1 Verg 5/03; OLG Karlsruhe, B. v. 25. 4. 2008 –
Az.: 15 Verg 2/08; B. v. 9. 3. 2007 – Az.: 17 Verg 3/07; B. v. 9. 3. 2007 – Az.: 17 Verg 3/07;
OLG Koblenz, B. v. 7. 7. 2004 – Az.: 1 Verg 1 und 2/04; OLG München, B. v. 5. 7. 2005 –
Az.: Verg 009/05; BayObLG, B. v. 1. 3. 2004 – Az.: Verg 02/04; VK Arnsberg, B. v. 30. 11.
2009 – Az.: VK 32/09; B. v. 20. 5. 2009 – VK 11/09; B. v. 30. 5. 2008 – Az.: VK 10/08; B. v.
16. 6. 2004 – Az.: VK 1–07/2004; VK Baden-Württemberg, B. v. 10. 10. 2008 – Az.: 1 VK
31/08; B. v. 11. 4. 2008 – Az.: 1 VK 09/08; B. v. 17. 3. 2007 – Az.: 1 VK 07/07, 08/07; B. v.
21. 6. 2005 – Az.: 1 VK 32/05; VK Brandenburg, B. v. 5. 7. 2006 – Az.: 1 VK 23/06; B. v.
5. 4. 2005 – Az.: VK 9/05; 1. VK Bund, B. v. 11. 3. 2004 – Az.: VK 1–155/03; 2. VK Bund,
B. v. 22. 5. 2007 – Az.: VK 1–35/07; B. v. 18. 3. 2004 – Az.: VK 2–152/03; B. v. 21. 1. 2004 –
VK 2–126/03, B. v. 30. 7. 2003, Az.: VK 2–56/03; 3. VK Bund, B. v. 16. 12. 2009 – Az.: VK
3–223/09; B. v. 20. 6. 2007 – Az.: VK 3–55/07; VK Düsseldorf, B. v. 7. 10. 2005 – VK –
22/2005 – B; VK Hessen, B. v. 6. 7. 2009 – Az.: 69 d VK – 20/2009; B. v. 16. 12. 2005 – 69 d
VK – 88/2005; B. v. 4. 4. 2005 – Az.: 69 d VK – 05/2005; B. v. 7. 10. 2004 – Az.: 69 d – VK –
60/2004; VK Lüneburg, B. v. 1. 2. 2008 – Az.: VgK-48/2007; VK Münster, B. v. 15. 10. 2004
– Az.: VK 28/04; VK Nordbayern, B. v. 10. 6. 2008 – Az.: 21.VK – 3194 – 25/08; B. v. 8. 5.
2008 – Az.: 21.VK – 3194 – 17/08; B. v. 24. 1. 2008 – Az.: 21.VK – 3194 – 52/07; B. v. 21. 6.
2007 – Az.: 21.VK – 3194 – 24/07; B. v. 8. 5. 2007 – Az.: 21.VK – 3194 – 20/07; B. v. 8. 3.
2007 – Az.: 21.VK – 3194 – 05/07; B. v. 28. 6. 2005 – Az.: 320.VK – 3194 – 21/05; B. v. 8. 3.
2005 – Az.: 320.VK – 3194 – 05/05; B. v. 1. 2. 2005 – Az.: 320.VK – 3194 – 56/04; B. v.

17. 7. 2003 – 320.VK-3194-24/03; 1. VK Saarland, B. v. 8. 3. 2010 – Az.: 1 VK 03/2010; 1. VK Sachsen, B. v. 18. 6. 2009 – Az.: 1/SVK/017-09; B. v. 16. 1. 2008 – Az.: 1/SVK/084-07; B. v. 17. 12. 2007 – Az.: 1/SVK/073-07; B. v. 23. 8. 2005 – Az.: 1/SVK/098-05; B. v. 22. 7. 2005 – Az.: 1/SVK/080-05; 1. VK Sachsen-Anhalt, B. v. 31. 7. 2008 – Az.: 1 VK LVwA 04/08; B. v. 21. 9. 2007 – Az: 1 VK LVwA 18/07; B. v. 21. 11. 2005 – Az.: 1 VK LVwA 44/05; 2. VK Sachsen-Anhalt, B. v. 6. 3. 2006 – Az.: VK 2-LVwA LSA 3/06; B. v. 28. 9. 2005 – Az.: VK 2-LVwA LSA 31/05; VK Schleswig-Holstein, B. v. 7. 3. 2008 – Az.: VK-SH 02/08; B. v. 10. 10. 2007 – Az.: VK-SH 20/07; B. v. 5. 3. 2004 – Az.: VK-SH 04/04; VK Südbayern, B. v. 13. 5. 2008 – Az.: Z3-3-3194-1-14-04/08; B. v. 9. 5. 2008 – Az.: Z3-3-3194-1-13-04/08; B. v. 31. 5. 2007 – Az.: Z3-3-3194-1-17-04/07; B. v. 23. 10. 2006 – Az.: 30-09/06; B. v. 17. 8. 2004 – Az.: 20-04/04). **Gleichbehandlung aller Bieter, die § 97 Abs. 2 GWB von dem Ausschreibenden verlangt, ist nur gewährleistet, soweit die Angebote die geforderten Preise und Erklärungen enthalten.** Da der öffentliche Auftraggeber sich durch die Ausschreibung dem Gleichbehandlungsgebot unterworfen hat, darf er deshalb nur solche Angebote werten. Der **Ausschlusstatbestand** des § 25 Nr. 1 Abs. 1 b VOB/A Abschnitt 2 ist daher **auch nicht etwa erst dann gegeben, wenn das betreffende Angebot im Ergebnis nicht mit den anderen abgegebenen Angeboten verglichen werden kann.** Ein transparentes, auf **Gleichbehandlung aller Bieter** beruhendes Vergabeverfahren ist **nur zu erreichen, wenn lediglich in jeder sich aus den Verdingungsunterlagen ergebenden Hinsicht vergleichbare Angebote gewertet werden** (BGH, Urteil v. 18. 9. 2007 – Az.: X ZR 89/04; Urteil v. 24. 5. 2005 – Az.: X ZR 243/02; B. v. 18. 5. 2004 – Az.: X ZB 7/04, Urteil v. 7. 1. 2003 – Az.: X ZR 50/01; Hanseatisches OLG Bremen, Urteil v. 23. 3. 2005 – Az.: 1 U 71/04; OLG Celle, B. v. 2. 10. 2008 – Az.: 13 Verg 4/08; OLG Düsseldorf, B. v. 10. 12. 2008 – Az.: VII-Verg 51/08; B. v. 6. 6. 2007 – Az.: VII – Verg 8/07; OLG Frankfurt, B. v. 7. 8. 2007 – Az.: 11 Verg 3/07, 4/07; OLG Karlsruhe, B. v. 25. 4. 2008 – Az.: 15 Verg 2/08; OLG München, B. v. 23. 6. 2009 – Az.: Verg 08/09; VG Neustadt an der Weinstraße, B. v. 6. 4. 2006 – Az.: 4 L 544/06; VK Arnsberg, B. v. 20. 5. 2009 – VK 11/09; B. v. 30. 5. 2008 – Az.: VK 10/08; VK Baden-Württemberg, B. v. 6. 4. 2009 – Az.: 1 VK 13/09; B. v. 28. 10. 2008 – Az.: 1 VK 39/08; B. v. 10. 10. 2008 – Az.: 1 VK 31/08; B. v. 17. 3. 2007 – Az.: 1 VK 07/07, 08/07; VK Berlin, B. v. 18. 3. 2009 – Az.: VK B 2 30/08; B. v. 6. 3. 2009 – Az.: VK – B 2–32/08; VK Brandenburg, B. v. 5. 7. 2006 – Az.: 1 VK 23/06; B. v. 15. 11. 2005 – Az.: 2 VK 64/05; 2. VK Bund, B. v. 30. 12. 2009 – Az.: VK 2–222/09; B. v. 22. 5. 2007 – Az.: VK 1–35/07; 3. VK Bund, B. v. 16. 12. 2009 – Az.: VK 3–223/09; VK Hessen, B. v. 11. 4. 2007 – Az.: 69 d VK – 07/2007; B. v. 16. 12. 2005 – 69 d VK – 88/2005; B. v. 24. 10. 2005 – Az.: 69 d – VK – 62/2005; B. v. 5. 4. 2005 – Az.: VK 9/05; B. v. 4. 4. 2005 – Az.: 69 d VK – 05/2005; VK Lüneburg, B. v. 26. 6. 2008 – Az.: VgK-23/2008; B. v. 1. 2. 2008 – Az.: VgK-48/2007; VK Münster, B. v. 11. 2. 2010 – Az.: VK 29/09; VK Nordbayern, B. v. 15. 1. 2009 – Az.: 21.VK – 3194 – 59/08; B. v. 20. 8. 2008 – Az.: 21.VK – 3194 – 39/08; B. v. 21. 6. 2007 – Az.: 21.VK – 3194 – 23/07; B. v. 8. 5. 2007 – Az.: 21.VK – 3194 – 20/07; B. v. 8. 3. 2007 – Az.: 21.VK – 3194 – 05/07; B. v. 9. 10. 2006 – Az.: 21.VK – 3194 – 30/06; 1. VK Saarland, B. v. 8. 3. 2010 – Az.: 1 VK 03/2010; 1. VK Sachsen, B. v. 23. 8. 2005 – Az.: 1/SVK/098-05; B. v. 22. 7. 2005 – Az.: 1/SVK/080-05; 1. VK Sachsen-Anhalt, B. v. 23. 8. 2005 – Az: 1 VK LVwA 31/05; 2. VK Sachsen-Anhalt, B. v. 6. 3. 2006 – Az.: VK 2-LVwA LSA 3/06; B. v. 28. 9. 2005 – Az.: VK 2-LVwA LSA 31/05; VK Schleswig-Holstein, B. v. 7. 3. 2008 – Az.: VK-SH 02/08; B. v. 10. 10. 2007 – Az.: VK-SH 20/07; VK Südbayern, B. v. 13. 5. 2008 – Az.: Z3-3-3194-1-14-04/08; B. v. 9. 5. 2008 – Az.: Z3-3-3194-1-13-04/08; B. v. 5. 3. 2007 – Az.: Z3-3-3194-1-01-01/07; B. v. 31. 5. 2007 – Az.: Z3-3-3194-1-17-04/07; B. v. 29. 5. 2007 – Az.: Z3-3-3194-1-14-04/0; B. v. 23. 10. 2006 – Az.: 30-09/06). Dies erfordert, dass **hinsichtlich jeder Position der Leistungsbeschreibung alle zur Kennzeichnung der insoweit angebotenen Leistung geeigneten Parameter bekannt sind**, deren **Angabe den Bieter nicht unzumutbar belastet**, aber ausweislich der Ausschreibungsunterlagen gefordert war, so dass sie als Umstände ausgewiesen sind, die für die Vergabeentscheidung relevant sein sollen (BGH, Urteil v. 24. 5. 2005 – Az.: X ZR 243/02; Urteil v. 7. 6. 2005 – Az.: X ZR 19/02; B. v. 18. 2. 2003 – Az.: X ZB 43/02, Urteil vom 16. 3. 2004 – Az.: X ZR 23/03; OLG München, B. v. 23. 6. 2009 – Az.: Verg 08/09; VK Arnsberg, B. v. 30. 5. 2008 – Az.: VK 10/08; VK Baden-Württemberg, B. v. 28. 10. 2008 – Az.: 1 VK 39/08; VK Berlin, B. v. 5. 11. 2009 – Az.: VK – B 2–35/09; B. v. 18. 3. 2009 – Az.: VK B 2 30/08; B. v. 6. 3. 2009 – Az.: VK – B 2–32/08; VK Brandenburg, B. v. 5. 7. 2006 – Az.: 1 VK 23/06; B. v. 5. 4. 2005 – Az.: VK 9/05; VK Hessen, B. v. 4. 4. 2005 – Az.: 69 d VK – 05/2005; B. v. 7. 10. 2004 – Az.: 69 d – VK – 60/2004; VK Lüneburg, B. v. 26. 6. 2008 – Az.: VgK-23/2008; VK Nordbayern, B. v. 20. 8. 2008 – Az.: 21.VK – 3194 – 39/08; B. v. 21. 6. 2007 – Az.: 21.VK – 3194 – 23/07; 1. VK Saarland, B. v. 8. 3. 2010 – Az.: 1

VK 03/2010; VK Sachsen, B. v. 18. 6. 2009 – Az.: 1/SVK/017-09; VK Schleswig-Holstein, B. v. 7. 3. 2008 – Az.: VK-SH 02/08; VK Südbayern, B. v. 23. 10. 2006 – Az.: 30-09/06).

An dieser Rechtsprechung hat sich **durch die VOB/A 2009 nichts geändert**. 7811

86.6.3.6.2.2 Hinweis auf die Sanktion des Ausschlusses. Mit der Neufassung der §§ 13 7812 Abs. 1 Nr. 3, 16 Abs. 1 Nr. 1 lit. c) gibt es **keine Differenzen mehr hinsichtlich der Sanktion des zwingenden Ausschlusses**; beide Vorschriften sind inzwischen Muss-Vorschriften. Damit ist ein **ausdrücklicher Hinweis auf die Sanktion des Ausschlusses nicht mehr erforderlich**.

86.6.3.6.2.3 Fehlende oder unvollständige Preise. 86.6.3.6.2.3.1 Grundsätze. Jedes 7813 Angebot, dass **nicht alle geforderten Preise mit dem Betrag** angibt, der für die betreffende Leistung beansprucht wird, ist **unvollständig** (OLG Düsseldorf, B. v. 9. 2. 2009 – Az.: VII-Verg 66/08; B. v. 10. 12. 2008 – Az.: VII-Verg 51/08; B. v. 20. 10. 2008 – Az.: VII – Verg 41/08; OLG Koblenz, B. v. 15. 5. 2003 – Az.: 1 Verg. 3/03; VK Bund, B. v. 14. 8. 2003 – Az.: VK 2–62/03).

Als **fehlende Preisangabe ist eine Auslassung oder eine Angabe mit unbestimmtem** 7814 **Bedeutungsgehalt** zu bewerten (OLG Naumburg, B. v. 2. 4. 2009 – Az.: 1 Verg 10/08).

Für die Qualifizierung eines Angebots wegen fehlender Preisangaben muss eine **Erklärungs-** 7815 **lücke** bestehen, die **nur der Bieter füllen kann** (VK Arnsberg, B. v. 29. 1. 2009 – Az.: VK 34/08).

Von einer **unvollständigen Preisangabe** kann nur ausgegangen werden, wenn bezüglich 7816 sämtlicher oder zumindest einer einzigen Ordnungsziffer(n) des Leistungsverzeichnisses dargelegt wird, dass zwar – wie vom Auftraggeber gefordert – **ein Preis angegeben** wurde, der aber **dem tatsächlich vom Bieter für die Leistung beanspruchten Preis nicht entspricht, und damit die Preisangabe unvollständig** ist (OLG Düsseldorf, B. v. 9. 2. 2009 – Az.: VII-Verg 66/08; B. v. 20. 10. 2008 – Az.: VII – Verg 41/08; B. v. 29. 9. 2008 – Az.: VII-Verg 50/08; OLG Naumburg, B. v. 2. 4. 2009 – Az.: 1 Verg 10/08).

Der **Einwand, fehlende Preisangaben müssten 0 € bedeuten, da eine Zusammen-** 7817 **rechnung der übrigen Preisangaben die entsprechende Summe ergeben würden, geht fehl**, da damit die Eindeutigkeit des Angebots nicht mit letzter Sicherheit gegeben ist. Unterstellte man, dass eine Preisangabe schlichtweg vergessen wurde, so führt eine mit einem Tabellenkalkulationsprogramm durchgeführte Addition immer zu einer richtigen Summe. Auch sind Fälle denkbar, in denen ein anderer Bearbeiter als derjenige, der die Einzelpreise errechnet, die Gesamtaddition durchführt (1. VK Sachsen, B. v. 16. 12. 2009 – Az.: 1/SVK/057-09).

Die **Feststellung einer unvollständigen, da unzutreffenden Preisangabe setzt nicht** 7818 **den Nachweis einer Mischkalkulation**, m. a. W. **voraus**, dass ermittelt wird oder werden kann, welcher gegebenenfalls abgepreisten Leistung welche andere, aus Gründen der Kompensation aufgepreiste Leistung im Angebot des betroffenen Bieters entspricht. Eine unvollständige Preisangabe, die zum Ausschluss des Angebots führt, ist vielmehr schon dann anzunehmen, wenn ein einzelner oder einziger Preis unzutreffend, d. h. nicht so, wie gefordert, vollständig mit dem Betrag angegeben worden ist, den der Bieter für die betreffende Leistung tatsächlich beansprucht. Denn nach dem Zweck der Norm ist mit dem zutreffenden Betrag jeder in der Leistungsbeschreibung oder den übrigen Ausschreibungsunterlagen vorgesehene Preis anzugeben (OLG Düsseldorf, B. v. 9. 2. 2009 – Az.: VII-Verg 66/08).

Für die **Annahme einer unvollständigen Preisangabe ist nicht entscheidend**, ob die 7819 im **Preisblatt EFB 1 b** enthaltenen Angaben im Vergleich zu den Angaben im Preisblatt **EFB 2 unrichtig oder unvollständig** sind, denn eine solche Abweichung erlaubt nicht ohne Weiteres einen Rückschluss auf die Vollständigkeit der Preisangaben im Angebot (OLG Düsseldorf, B. v. 20. 10. 2008 – Az.: VII – Verg 41/08).

Der **Auftraggeber kann auch Angebote in anderen Währungen als den Euro zulas-** 7820 **sen**. Für die Festlegung des Umrechnungskurses ist auf den Submissionstermin abzustellen. Dieser Tag ist der einzige Fixtermin für alle Bieter in Bezug auf das Angebot und ermöglicht eine diskriminierungsfreie und transparente Umrechnung der (jeweiligen) **Währung**. Daher kann der Auftraggeber weder auf die Angebotseinreichung abstellen noch einen von ihm willkürlich festgelegten Wertungstermin als entscheidenden Zeitpunkt für die Bestimmung des Umrechnungskurses wählen. Unschädlich ist auch, dass dieser festgestellte Preis am Tag der Submission, Schwankungen des Wechselkurses vorausgesetzt, nicht der letztlich von dem Auftraggeber zu zahlenden Summe entsprechen wird. Das Risiko der Abweichung hat der Auftraggeber durch die Eröffnung der Möglichkeit, Angebote in der jeweiligen Landeswährung abgeben zu können, übernommen (2. VK Bund, B. v. 15. 2. 2005 – Az.: VK 2–06/05).

7821   Ein **Auftraggeber ist berechtigt, in seinem Kalkulationsblatt eine bestimmte Zuordnung von Preisbestandteilen zu dem anzubietenden Preis vorzunehmen.** Der Bieter muss diesen Vorgaben entsprechen und ist nicht ohne weiteres berechtigt, die vorgegebenen Preisbestandteile zu verschieben. **Ausgeschlossen ist es aber nicht, dass die Preisbestandteile denjenigen Kosten beziehungsweise Kostengruppen zugeordnet werden dürfen, bei denen sie tatsächlich anfallen.** Es ist nicht auszuschließen, dass insoweit ein Unterschied zwischen einem Bieter, der eine eigene Werkstatt und einen eigenen Betriebshof für seine in seinem Eigentum stehenden Fahrzeuge vorhält und einem Bieter, welcher die Fahrzeuge anmietet besteht und dieser deshalb zwangsläufige eine andere als die vorgegebene Kalkulationsstruktur anwenden muss und darf (VK Hessen, B. v. 28. 1. 2010 – Az.: 69 d VK – 57/2009).

7822   **86.6.3.6.2.3.2 Möglichkeit des rechnerischen Nachvollziehens fehlender Preise.** Auf Grund der vom Bundesgerichtshof aufgestellten Grundsätze **kann ein Angebot selbst dann nicht um Preisangaben ergänzt werden, wenn diese durch einfache Rechenschritte zweifelsfrei nachvollzogen werden könnten** und auch keine Hinweise erkennbar sind, die den Verdacht begründen könnten, dass die Preiseintragungen aus spekulativen Beweggründen unterlassen worden seien. Vielmehr ist **jedes Angebot zwingend auszuschließen**, das **nicht alle geforderten Preise mit dem Betrag angibt, der für die betreffende Leistung beansprucht wird** und **auch jedes Angebot, bei dem nicht alle ausweislich den Ausschreibungsunterlagen geforderten Erklärungen und Angaben enthalten sind** (2. VK Bund, B. v. 14. 8. 2003 – Az.: VK 2–62/03; VK Hamburg, B. v. 6. 10. 2003 – Az.: VKBB-3/03).

7823   Füllt ein Bieter in einem Angebotsformular das Feld „**Endbetrag einschließlich Umsatzsteuer**" nicht aus, ergibt sich aber der abgefragte Endbetrag aus der „**Zusammenstellung**" auf der letzten Seite des Angebotes und wird hieraus **auch in der Submission verlesen**, ist das **Fehlen** des Betrages an der im Angebotsformular vorgesehenen Stelle **nicht wettbewerbserheblich und muss daher ausnahmsweise nicht zum Ausschluss des Angebotes führen** (VK Hessen, B. v. 19. 9. 2005 – Az.: 69 d VK – 42/2005).

7824   **86.6.3.6.2.3.3 Rechtsprechung des EuG zu dem Fall eines fehlenden, aber eindeutig aus dem Angebot abzuleitenden Preises. Ein Angebot ist nicht unvollständig und muss nicht abgelehnt werden, wenn der fehlende Preis für einen bestimmten Posten mit Sicherheit aus einem für einen anderen Posten derselben Leistungsbeschreibung angegebenen Preis oder zumindest nach Einholung von Klarstellungen zum Inhalt dieses Angebots bei dessen Verfasser abgeleitet werden kann.** Es handelt sich in einem solchen Fall nicht um die Einfügung eines neuen Preises für den betreffenden Posten in der fraglichen Leistungsbeschreibung, sondern um eine einfache Klarstellung zum Inhalt des Angebots, wonach der für einen bestimmten Posten angebotene Preis so zu verstehen ist, dass er auch für jeden anderen Posten gleichen oder ähnlichen Inhalts angeboten wird. In einem solchen Fall ist die rein grammatikalische und enge Auslegung einer vorgesehenen Bedingung zur Ablehnung wirtschaftlich vorteilhafter Angebote aufgrund offenkundiger und unbedeutender sachlicher Auslassungen oder Irrtümer führen, was letztlich nicht mit dem „Grundsatz der Wirtschaftlichkeit" zu vereinbaren ist (EuG, Urteil v. 10. 12. 2009 – Az.: T-195/08; OLG Düsseldorf, B. v. 21. 4. 2010 – Az.: VII-Verg 53/09).

7825   In die **gleiche Richtung** gehen die 1. VK Sachsen und das OLG Dresden. Eine fehlende Preisangabe liegt vor, wenn sich aus den von den Bietern in den Los- und Preisblättern vorgenommenen Eintragungen keine zweifelsfreien Preisangaben entnehmen lassen, mithin **nicht eindeutig erkennbar ist, zu welchem Preis die ausgeschriebene Leistung tatsächlich angeboten wird.** Wenn sich **anhand von Auslegung ergibt, dass eine Preisangabe eindeutig und unzweifelhaft ist, liegt schon tatbestandlich kein Fall des § 16 Abs. 2 VOL/A vor**, so dass diese Angebote im Vergabewettbewerb zu belassen sind (1. VK Sachsen, B. v. 28. 12. 2009 – Az.: 1/SVK/060-09).

7826   Eine **Preisangabe fehlt nicht schon dann, wenn sie auf einem Preisblatt nicht exakt an der dafür vorgegebenen Stelle steht, sondern geringfügig nach oben, unten oder seitwärts verschoben erfolgt, ohne dass dadurch ein abweichender Sinnzusammenhang und damit Erklärungsinhalt auch nur möglich wird.** Formenstrenge, so berechtigt sie aus Sicht des Senats ist, darf nicht zum bloßen Schematismus werden, wenn sie nicht zum Selbstzweck werden und gerade dadurch die vergaberechtlichen Ziele (z. B. einer möglichst wettbewerbsorientierten Bieterauswahl) gefährden soll, zu deren Erreichung sie gedacht ist (OLG Dresden, B. v. 16. 3. 2010 – Az.: WVerg 0002/10).

Der Auftraggeber ist **in einem solchen Fall auch nicht an die Voraussetzungen gemäß § 16 Abs. 1 Nr. 1 lit. c) gebunden.** 7827

86.6.3.6.2.3.4 Auslegung fehlender Preisangaben als Verzicht auf einen Preis. Bei dem **Angebot** eines Bieters handelt es sich um eine bürgerlichrechtliche empfangsbedürftige **Willenserklärung**, die nach den §§ 133, 157 BGB unter Berücksichtigung der von der Rechtsprechung entwickelten Grundsätze **auszulegen** ist. Danach sind **empfangsbedürftige Willenserklärungen so auszulegen, wie sie der Erklärungsempfänger nach Treu und Glauben unter Berücksichtigung der Verkehrssitte verstehen muss.** Bei der Auslegung dürfen nur solche Umstände berücksichtigt werden, die bei Zugang der Erklärung für den Empfänger erkennbar waren. Auf dessen Horizont und Verständnismöglichkeit ist die Auslegung abzustellen. Dies gilt auch dann, wenn der Erklärende die Erklärung anders verstanden hat und auch verstehen durfte. Entscheidend ist im Ergebnis nicht der empirische Wille des Erklärenden, sondern der **durch normative Auslegung zu ermittelnde objektive Erklärungswert seines Verhaltens.** Beachtet werden muss bei der Interpretation von Biererklärungen schließlich auch das in § 97 Abs. 1 und 2 GWB aufgestellte Gebot der Auftragsvergabe im Rahmen eines transparenten Wettbewerbs unter Gleichbehandlung der Bieter. Macht ein Bieter in seinem Angebot beispielsweise **zu geforderten Zuschlägen keinerlei Angaben**, kann dies nach dem objektiven Erklärungswert aus der Sicht eines verständigen Auftraggebers aber nicht derart aufgefasst werden, dass der Bieter in den Positionen keine Zuschläge kalkuliert hat und somit im Bedarfsfall auch keine entsprechende Vergütung beansprucht. Der Auftraggeber muss hingegen von einem **unvollständigen Angebot** ausgehen (VK Südbayern, B. v. 16. 7. 2003 – Az.: 25-06/03). 7828

86.6.3.6.2.3.5 Angabe nur eines symbolischen Preises (z. B. 1 € bzw. 1 Cent). Die Angabe „0,00" ist als Preisangabe zu verstehen. „Preisangabe" bedeutet, dass da, wo der Preis eingetragen werden muss, etwas geschrieben steht, das wie ein Preis aussieht. Dazu zählen nicht nur Zahlen, sondern auch andere Angaben wie 0 (BSG, B. v. 22. 4. 2009 – Az.: B 3 KR 2/09 D; OLG München, B. v. 12. 11. 2010 – Az.: Verg 21/10; OLG Naumburg, B. v. 29. 1. 2009 – Az.: 1 Verg 10/08; VK Schleswig-Holstein, B. v. 26. 5. 2009 – Az.: VK-SH 04/09). Führt eine solche Angabe zu einem Unterangebot des Bieters, so kann er sie unter bestimmten Voraussetzungen anfechten (Saarländisches OLG, Urteil v. 24. 6. 2008 – Az.: 4 U 478/07). 7829

Voraussetzung für die Annahme, die Preisangabe „0-Euro" als eine dem Vergaberecht genügende Preisangabe für eine angebotene Leistung zu interpretieren**, ist, dass die Leistung – wenn auch kostenlos – überhaupt angeboten worden ist.** Eine nicht angebotene Leistung zu bepreisen, macht rechtlich und faktisch keinen Sinn, da sie nicht Teil eines Angebots ist, auf das ein Zuschlag erfolgen könnte. Daher sind **fehlende Preisangaben für tatsächlich angebotene Leistungen von fehlenden Leistungen im Angebot zu unterscheiden.** Bei „0 Euro" Angaben gilt es daher zu prüfen, ob die Leistung gar nicht oder kostenlos angeboten wird. Dementsprechend ist die **Willenserklärung des Bieters im Angebot auszulegen** (VK Schleswig-Holstein, B. v. 26. 5. 2009 – Az.: VK-SH 04/09). 7830

86.6.3.6.2.3.6 Unzulässige Mischkalkulation als fehlender Preis. 86.6.3.6.2.3.6.1 Grundsätze. An einer für die Berücksichtigung eines Angebots erforderlichen vollständigen und den Betrag, der für die betreffende Leistung beansprucht wird, benennenden **Erklärung über den Preis** fehlt es bei einem Angebot, wenn dieses Angebot auf einer Mischkalkulation beruht, bei der durch so genanntes „Abpreisen" bestimmter ausgeschriebener Leistungen auf einen Einheitspreis von z. B. 0,01 € und so genanntes „Aufpreisen" der Einheitspreise anderer angebotener Positionen Preise benannt werden, die die für die jeweiligen Leistungen geforderten tatsächlichen Preise weder vollständig noch zutreffend wiedergeben. Ein Bieter, der in seinem Angebot die von ihm tatsächlich für einzelne Leistungspositionen geforderten Einheitspreise auf verschiedene Einheitspreise anderer Leistungspositionen verteilt, benennt nicht die von ihm geforderten Preise im Sinne von § 13 Abs. 1 Nr. 3 VOB/A, sondern „versteckt" die von ihm geforderten Angaben zu den Preisen der ausgeschriebenen Leistungen in der Gesamtheit seines Angebots. Ein solches Angebot widerspricht dem in § 13 Abs. 1 Nr. 1 VOB/A niedergelegten Grundsatz, weil es grundsätzlich ungeeignet ist, einer transparenten und alle Bieter gleichbehandelnden Vergabeentscheidung ohne weiteres zu Grunde gelegt zu werden. Deshalb sind **Angebote, bei denen der Bieter die Einheitspreise einzelner Leistungspositionen in „Mischkalkulationen" auf andere Leis-** 7831

Teil 3 VOB/A § 16 Vergabe- und Vertragsordnung für Bauleistungen Teil A

tungspositionen umlegt, grundsätzlich von der Wertung auszuschließen (BGH, Urteil v. 7. 6. 2005 – Az.: X ZR 19/02; B. v. 18. 5. 2004 – Az.: X ZB 7/04; OLG Brandenburg, Urteil v. 4. 6. 2008 – Az.: 4 U 122/07; B. v. 20. 3. 2007 – Az.: Verg W 12/06; B. v. 13. 9. 2005 – Az.: Verg W 9/05; OLG Dresden, B. v. 1. 7. 2005 – Az.: WVerg 0007/05; OLG Düsseldorf, B. v. 20. 10. 2008 – Az.: VII – Verg 41/08; OLG Frankfurt, B. v. 17. 10. 2005 – Az. 11 Verg 8/05; B. v. 16. 8. 2005 – Az.: 11 Verg 7/05; OLG Karlsruhe, B. v. 16. 3. 2007 – Az.: 17 Verg 4/07; OLG München, B. v. 10. 11. 2010 – Az.: Verg 19/10; OLG Naumburg, B. v. 22. 9. 2005 – Az.: 1 Verg 7/05; B. v. 22. 9. 2005 – Az.: 1 Verg 8/05; B. v. 5. 8. 2005 – Az.: 1 Verg 7/05; OLG Nürnberg, Hinweisbeschluss v. 18. 7. 2007 – Az.: 1 U 970/07; OLG Rostock, B. v. 6. 7. 2005 – Az.: 17 Verg 8/05; B. v. 17. 6. 2005 – Az.: 17 Verg 8/05; B. v. 10. 6. 2005 – Az.: 17 Verg 9/05; Thüringer OLG, B. v. 23. 1. 2006 – Az.: 9 Verg 8/05; VK Arnsberg, B. v. 29. 1. 2009 – Az.: VK 34/08; VK Baden-Württemberg, B. v. 17. 1. 2008 – Az.: 1 VK 52/07; B. v. 12. 2. 2007 – Az.: 1 VK 1/07; B. v. 18. 10. 2005 – Az.: 1 VK 62/05; 2. VK Bund, B. v. 3. 5. 2007 – Az.: VK 2–27/07; B. v. 11. 1. 2005 – Az.: VK 2–220/04; 3. VK Bund, B. v. 22. 3. 2005 – Az.: VK 3–13/05; VK Hannover, B. v. 17. 11. 2004 – Az.: 26045 – VgK 11/2004; VK Hessen, B. v. 21. 4. 2005 – Az.: 69d VK – 20/2005; B. v. 21. 4. 2005 – Az.: 69d VK – 09/2005; B. v. 25. 8. 2004 – Az.: 69d – VK – 52/2004; VK Lüneburg, B. v. 14. 9. 2005 – Az.: VgK-40/2005; VK Nordbayern, B. v. 25. 2. 2010 – Az.: 21.VK – 3194 – 04/10; B. v. 17. 11. 2009 – Az.: 21.VK – 3194 – 50/09; B. v. 28. 10. 2009 – Az.: 21.VK – 3194 – 47/09; VK Rheinland-Pfalz, B. v. 11. 4. 2003 – Az.: VK 4/03; 1. VK Saarland, B. v. 1. 10. 2007 – Az.: 1 VK 02/2007; 1. VK Sachsen, B. v. 24. 4. 2008 – Az.: 1/SVK/015-08; B. v. 3. 3. 2008 – Az.: 1/SVK/002–08; B. v. 17. 12. 2007 – Az.: 1/SVK/073-07; B. v. 14. 3. 2005 – Az.: 1/SVK/011-05; B. v. 11. 3. 2005 – Az.: 1/SVK/009-05; VK Schleswig-Holstein, B. v. 3. 12. 2008 – Az.: VK-SH 12/08; B. v. 28. 7. 2006 – Az.: VK-SH 18/06; B. v. 15. 5. 2006 – Az.: VK-SH 10/06; B. v. 6. 10. 2005 – Az.: VK-SH 27/05; VK Südbayern, B. v. 6. 4. 2006 – Az.: 06-03/06; VK Thüringen, B. v. 28. 4. 2005 – Az.: 360–4002.20-005/05-MGN).

7832 Da ein sich an der Ausschreibung nach Einheitspreisen beteiligender Bieter gemäß § 13 Abs. 1 Nr. 3 VOB/A bei Meidung des eventuellen Ausschlusses seines Angebots von der Wertung gehalten ist, die für die jeweiligen Leistungen geforderten tatsächlichen Preise vollständig und zutreffend anzugeben, kommt es **für die Frage, ob ein Angebot dieser Voraussetzung genügt, nicht auf die Frage an, aus welchen Gründen ein Bieter in seinem Angebot Einheitspreise für bestimmte Leistungspositionen auf andere Leistungspositionen verteilt und so die tatsächlich für die jeweiligen Leistungen geforderten Preise nicht wie in der Ausschreibung gefordert angibt** (BGH, B. v. 18. 5. 2004 – Az.: X ZB 7/04; VK Baden-Württemberg, B. v. 12. 2. 2007 – Az.: 1 VK 1/07; 1. VK Saarland, B. v. 1. 10. 2007 – Az.: 1 VK 02/2007).

7833 Nach dieser Rechtsprechung sind Einzelpreise von z. B. 0,01 € u. ä. also **nur dann nicht zulässig, wenn eine Mischkalkulation stattfindet, Preisbestandteile also in mehreren Positionen enthalten** sind. Liegen hierfür keine Anhaltspunkte vor, kann es sich **gegebenenfalls um ein unangemessen niedriges oder hohes Angebot** handeln (Brandenburgisches OLG, B. v. 13. 9. 2005 – Az.: Verg W 9/05; 1. VK Sachsen, B. v. 11. 3. 2005 – Az.: 1/SVK/009-05; VK Schleswig-Holstein, B. v. 3. 12. 2008 – Az.: VK-SH 12/08; B. v. 28. 6. 2006 – Az.: VK-SH 18/06; vgl. dazu die Kommentierung → Rdn. 576 ff.).

7834 **Gibt es ebenso keine „überpreisten" Positionen, verbietet sich die Annahme einer kompensatorischen Preisverlagerung** (Mischkalkulation). Ein Ausschlussgrund kann in einem solchen Fall nicht angenommen werden (VK Schleswig-Holstein, B. v. 6. 10. 2005 – Az.: VK-SH 27/05). Ein Angebotsausschluss wegen einer Mischkalkulation setzt also die (Sachverhalts-)Feststellung voraus, dass die **„Aufpreisung" bzw. „Abpreisung" einzelner Positionen unmittelbar miteinander korrespondiert – Konnexität** – (Thüringer OLG, B. v. 23. 1. 2006 – Az.: 9 Verg 8/05; VK Berlin, B. v. 2. 6. 2009 – Az.: VK B 2–12/09; VK Nordbayern, B. v. 28. 10. 2009 – Az.: 21.VK – 3194 – 47/09; VK Schleswig-Holstein, B. v. 3. 12. 2008 – Az.: VK-SH 12/08).

7835 Zwar scheidet grundsätzlich ein Auf- und Abpreisen aus, wenn es keine Position im LV gibt, in welche die Preise verschoben werden können. **Doch kann dies in dieser Allgemeinheit nicht richtig sein.** Denn die **Verschiebung tritt dadurch ein, dass wegen der fehlenden Einkalkulierung der Baustellengemeinkosten in die Einheitspreise diese niedriger ausfallen und dadurch die Baustelleneinrichtung zu einem höheren Preis angeboten wird.** Die höheren Kosten für die Baustelleneinrichtung bringen für den Auftraggeber auch das Risiko mit sich, dass er höhere Abschlagszahlungen nach der VOB/B an den Auftragnehmer zu

Vergabe- und Vertragsordnung für Bauleistungen Teil A   VOB/A § 16   **Teil 3**

leisten hat und deshalb zur Vorfinanzierung des Bauauftrags mehr als notwendig beiträgt. Es trifft nicht zu, dass die gesamte Position Baustelleneinrichtung und -räumung erst nach Beendigung der Räumung der Baustelle fällig wird. Letztlich kann dies aber dahinstehen, da auch ohne bewusstes Auf- und Abpreisen die Preise für die Baustelleneinrichtung nicht zutreffend benannt sind. **Auf die subjektive Komponente für die Kalkulation kommt es nicht an. Bei Zweifeln ist eine Rückfrage beim Auftraggeber angebracht** (OLG München, B. v. 10. 11. 2010 – Az.: Verg 19/10).

Es **fehlt nicht an einer Preisangabe**, wenn ein Bieter bei der Darstellung der Kalkulation des von ihm geforderten Preises (eine Preisposition), **einen Preisnachlass bei einer der Positionen der Kalkulation berücksichtigt**. Hierin ist kein unzulässiges Verschieben von Preisangaben im Sinne der Entscheidung des BGH vom 18. 5. 2004, X ZB 7/04 zu sehen (VK Baden-Württemberg, B. v. 16. 3. 2006 – Az.: 1 VK 8/06). 7836

Die **Erklärung eines Bieters, auf bestimmte Positionen einen so genannten Subventionsabschlag zu gewähren, ist nicht zu beanstanden**. Die Kalkulation eines Unternehmers ist Ausfluss der unternehmerischen Freiheit. Ein reiner Abzug führt nicht zu einer Verlagerung von Kosten in eine andere Leistungsposition. Er begründet auch keine Vermutung dahingehend, dass eine Verlagerung stattgefunden hat. Eine **aus Wettbewerbsgründen vorgenommene Herabsetzung einzelner Einheitspreise kann nur dann zum erstrebten Erfolg bei der Ausschreibung führen, wenn an anderer Stelle kein Ausgleich erfolgt** (VK Nordbayern, B. v. 28. 10. 2009 – Az.: 21.VK – 3194 – 47/09). 7837

86.6.3.6.2.3.6.2 Feststellung einer unzulässigen Mischkalkulation und Beweislast. Nach **Auffassung des OLG Düsseldorf** schreiben die Vertrags- und Verdingungsordnungen einem Bieter nicht vor, wie er seine Preise kalkuliert. Dies liegt als Ausdruck der Freiheit unternehmerischen Handelns vielmehr in seinem Verantwortungsbereich. **Mischkalkulationen (oder besser: Kosten- oder Preisverlagerungen) sind von daher nicht per se anstößig. Sie sind nicht zu beanstanden, wenn im Angebot jedenfalls der Preis genannt wird, den der Bieter nach dem Ergebnis seiner Kalkulation dem Auftraggeber tatsächlich in Rechnung zu stellen beabsichtigt**. So betrachtet darf z. B. ein Bieter einen aufgrund Abrechnung nach GOÄ bei den betriebsärztlichen Untersuchungen und Leistungen erwarteten Erlösüberschuss der Preiskalkulation bei Leistungen nach § 3 ASiG durchaus gutbringen und solche Leistungen dergestalt gewissermaßen quer subventionieren, sofern aufgrund dessen nicht anzunehmen ist, dass es sich bei dem für Leistungen nach § 3 ASiG angegebenen Preis nicht um den nach der Kalkulation des Bieters tatsächlich beanspruchten und infolgedessen zutreffenden Preis handelt (OLG Düsseldorf, B. v. 9. 2. 2009 – Az.: VII-Verg 66/08; in eine ähnliche Richtung BSG, B. v. 22. 4. 2009 – Az.: B 3 KR 2/09 D). 7838

Der **Nachweis** einer Mischkalkulation ist **geführt, wenn der Bieter selbst eingesteht, eine Mischkalkulation vorgenommen zu haben** (OLG Brandenburg, B. v. 20. 3. 2007 – Az.: Verg W 12/06; VK Lüneburg, B. v. 14. 9. 2005 – Az.: VgK-40/2005; 1. VK Sachsen, B. v. 17. 12. 2007 – Az.: 1/SVK/073-07; VK Schleswig-Holstein, B. v. 28. 7. 2006 – Az.: VK-SH 18/06). 7839

Für den Fall, dass Zweifel daran bestehen, ob die Einheitspreise die tatsächlich geforderten Preise für die jeweilige Position enthalten, ist eine **Aufklärung darüber erforderlich** (OLG Frankfurt, B. v. 17. 10. 2005 – Az.: 11 Verg 8/05; B. v. 16. 8. 2005 – Az.: 11 Verg 7/05; OLG Naumburg, B. v. 5. 8. 2005 – Az.: 1 Verg 7/05; VK Nordbayern, B. v. 17. 11. 2009 – Az.: 21.VK – 3194 – 50/09; B. v. 28. 10. 2009 – Az.: 21.VK – 3194 – 47/09; 1. VK Sachsen, B. v. 24. 4. 2008 – Az.: 1/SVK/015-08; B. v. 3. 3. 2008 – Az.: 1/SVK/002–08). **Insbesondere ungewöhnlich niedrig bepreiste Angebote in einzelnen Leistungsverzeichnispositionen begründen eine widerlegliche Vermutung für eine Mischkalkulation. Sie widersprechen dem allgemeinen Erfahrungssatz, ein Bieter kalkuliere auf dem einschlägigen Markt seinen Preis so, dass eine einwandfreie Leistungsausführung einschließlich Gewährleistung und die Erzielung einer Gewinnspanne möglich ist** (Brandenburgisches OLG, B. v. 20. 3. 2007 – Az.: Verg W 12/06; B. v. 13. 9. 2005 – Az.: Verg W 9/05; 1. VK Sachsen, B. v. 24. 4. 2008 – Az.: 1/SVK/015-08; B. v. 3. 3. 2008 – Az.: 1/SVK/002–08). Ergibt die Aufklärung auf Grund der von dem Bieter gelieferten Angaben, dass die **ausgewiesenen Preise tatsächlich die von dem Bieter für die Leistung geforderten Preise nachvollziehbar ausweisen**, kann das **Angebot nicht** mehr gemäß § 16 Abs. 1 Nr. 1 lit. b) 1. Halbsatz VOB/A **ausgeschlossen** werden (1. VK Sachsen, B. v. 24. 4. 2008 – Az.: 1/SVK/015-08; B. v. 3. 3. 2008 – Az.: 1/SVK/002–08). Ist der Bieter jedoch **nicht in der Lage, nachzuweisen**, dass die von ihm angebotenen Einheitspreise den tatsächlich von ihm geforder- 7840 ten Betrag für die Leistung ausweisen, ist die **Vergabestelle nicht verpflichtet weitere Ermittlungen** darüber **anzustellen**, welche Preise für die Leistung tatsächlich gefordert werden. Die Vergabestelle ist auch nicht verpflichtet nachzuweisen in welche Positionen Kostenanteile anderer Positionen verlagert wurden, was im Fall einer Verteilung auf mehrere Positionen so gut wie ausgeschlossen wäre. Es reicht der Beleg aus, dass im Angebot des Bieters nach Aufklärung Einheitspreise vorliegen, die nicht den tatsächlich für diese Leistung geforderten Betrag enthalten (ist die Leistung zu diesem Preis nach Angabe der Umstände und individuellen Möglichkeiten des Bieters, sowie der anfallenden Kosten so wie angegeben durch den Bieter realisierbar). **Kann der Bieter diese Frage nicht nachvollziehbar beantworten ist das Angebot** des Bieters gemäß § 16 Abs. 1 Nr. 1 lit. b) 1. Halbsatz in Verbindung mit § 13 Abs. 1 Nr. 3 VOB/A **auszuschließen**. Das bedeutet auch, dass **betreffend des Nachweises über das Vorliegen tatsächlicher Einheitspreise der Bieter in der Pflicht ist und nicht die Vergabestelle** (VK Sachsen, B. v. 24. 4. 2008 – Az.: 1/SVK/015-08). Die gelieferten Nachweise müssen für die Vergabestelle nachvollziehbar sein, haben im Bedarfsfall auch die Kalkulationsgrundlagen (Aufgliederung der Leistung in deren Einzelbestandteile) zu enthalten. Die Vergabestelle hat die von dem Bieter vorgelegten Erklärungen zu prüfen und zu bewerten, vorausgesetzt die abgegebenen Erklärungen des Bieters sind nachvollziehbar und ermöglichen somit überhaupt eine Prüfung (VK Lüneburg, B. v. 5. 7. 2005 – Az.: VgK-26/2005; VK Schleswig-Holstein, B. v. 28. 7. 2006 – Az.: VK-SH 18/06; VK Thüringen, B. v. 23. 9. 2005 – Az.: 360–4002.20-007/05-NDH; B. v. 28. 4. 2005 – Az.: 360–4002.20-005/05-MGN).

7841   Im Rahmen der Überprüfung auffälliger Cent-Positionen kommt es bei der **vergaberechtlichen Nachprüfung durch die Vergabekammer einzig und allein darauf an, was der betroffene Bieter aufgrund einer fristgebundenen Vorlageverpflichtung des Auftraggebers in concreto zu deren Rechtfertigung vorlegen sollte** – und auch vorgelegt hat –, nicht aber darauf, was etwa ein Allgemeines Rundschreiben (z.B. das ARS 25/2004) abstrakt fordert oder welche Nachweise danach tauglich oder weniger tauglich erscheinen (Brandenburgisches OLG, B. v. 13. 9. 2005 – Az.: Verg W 9/05; 1. VK Sachsen, B. v. 3. 3. 2008 – Az.: 1/SVK/002–08; B. v. 14. 3. 2005 – Az.: 1/SVK/011-05; B. v. 11. 3. 2005 – Az.: 1/SVK/009-05). Würde man dies anders sehen wollen, hätte es die Vergabestelle in der Hand, eine an der Oberfläche bleibende Abfrage beim betroffenen Bieter vorzunehmen, um dessen Angebot dann – ohne konkrete Nachfrage oder Bietergespräch – nur deshalb nach § 16 Abs. 1 Nr. 1 lit. b) 1. Halbsatz i. V. m. § 13 Abs. 1 Nr. 3 VOB/A auszuschließen, weil dieser seiner (nur) aus dem Allgemeinen Rundschreiben abgeleiteten Nachweispflicht nicht tiefgründig genug nachgekommen ist. Bei einer derart sanktionierten Vorgehensweise wäre der Manipulation, insbesondere in mehrzügigen Entscheidungsprozessen mit unterschiedlichen Behörden, Tür und Tor geöffnet (1. VK Sachsen, B. v. 27. 4. 2005 – Az.: 1/SVK/032-05).

7842   **Entscheidend ist also, ob ein Bieter zu streitigen Positionen des Leistungsverzeichnisses plausible Erklärungen samt abgeforderter Unterlagen beibringt** und den Verdacht einer Mischkalkulation etc. durch Vorlage der Urkalkulation zerstreut; dann ist ein Ausschluss unter Hinweis auf ein angeblich höheres Nachweisniveau (z.B. aufgrund eines Allgemeinen Rundschreibens) vergaberechtswidrig (OLG Dresden, B. v. 1. 7. 2005 – Az.: WVerg 0007/05; OLG Frankfurt, B. v. 17. 10. 2005 – Az.: 11 Verg 8/05; B. v. 16. 8. 2005 – Az.: 11 Verg 7/05; OLG Rostock, B. v. 6. 7. 2005 – Az.: 17 Verg 8/05; 1. VK Sachsen, B. v. 3. 3. 2008 – Az.: 1/SVK/002–08; B. v. 12. 7. 2005 – Az.: 1/SVK/073-05; B. v. 27. 4. 2005 – Az.: 1/SVK/032-05; B. v. 11. 3. 2005 – Az.: 1/SVK/009-05; VK Schleswig-Holstein, B. v. 6. 10. 2005 – Az.: VK-SH 27/05).

7843   Auch das **OLG Koblenz** stellt darauf ab, ob eine **Mischkalkulation erkennbar** ist, welche Erklärung der Bieter zu sehr niedrigen Preisen abgibt und ob es **konkrete Anhaltspunkte für eine Mischkalkulation** gibt (OLG Koblenz, B. v. 10. 5. 2005 – Az.: 1 Verg 3/05; im Ergebnis ebenso Brandenburgisches OLG, B. v. 13. 9. 2005 – Az.: Verg W 9/05).

7844   Nach Auffassung der OLG Nürnberg kann das **Vorliegen einer Mischkalkulation im Rahmen eines Angebots offenkundig sein**, wenn z.B. angebotene Einheitspreise für bestimmte Positionen als tatsächliches Entgelt für die ausgewiesene Position nicht darstellbar sind und ein im Vergleich zu anderen Angeboten sehr hoher Einheitspreis für eine damit in Zusammenhang stehende Position offenkundig wenigstens einen Entgeltanteil enthält, zumal wenn damit gerechnet werden konnte, dass die abzurechnende Menge der Menge aus der abgepreisten Position entsprechen wird. Der **Grund für diese Preisverlagerung lag ersichtlich in der durch die unrichtige Mengenangabe in der Ausschreibung eröffneten Chance, den Angebotspreis durch Auf- und Abpreisungen vorteilhaft verändern zu können** (OLG Nürnberg, Hinweisbeschluss v. 18. 7. 2007 – Az.: 1 U 970/07).

Eine **Verweigerung der Vorlage entsprechender Nachweise (z. B. Verträge) mit dem** 7845
Hinweis darauf, es handele sich um vertrauliche Betriebsgeheimnisse, führt dazu,
dass die Angaben des Bieters für den Auftraggeber letztlich nicht verifizierbar sind.
Der Bieter kommt mit diesen Angaben zwar grundsätzlich nicht der Erklärungspflicht nach, die ihr die Rechtsprechung gegenüber Nachfragen der Vergabestelle zu nach dem Angebotsinhalt nicht nachvollziehbaren Preisangaben auferlegt. Ein Auftraggeber, der sich in diesem Zusammenhang auf bloße verbale Beteuerungen eines Bieters, und seien sie in sich auch plausibel, verweisen lassen müsste, ohne entsprechend aussagekräftige Nachweise für den Inhalt der Erklärung verlangen zu können, gewinnt damit keine belastbaren und der Transparenz des Vergabeverfahrens förderlichen Erkenntnisse. Die **Vergabestellen haben demgegenüber keine ernsthaften Überprüfungsmöglichkeiten mehr**. Bietern, die durch ihre Angebotsgestaltung den Verdacht unzulässiger Preisverlagerung ausgelöst haben, sind daher alle Erklärungen abzuverlangen, die geeignet sind, diese Zweifel auszuräumen. Den Bietern obliegt mithin auch die entsprechende Darlegungs- und Beweislast. Erst eine solcherart geschaffene nachvollziehbare Tatsachengrundlage versetzt die Vergabestelle auch in die Lage, den betroffenen Bieter gegenüber ansonsten nahe liegenden Beanstandungen konkurrierender Beteiligter in der Wertung zu belassen, ohne das Risiko gegenläufiger Nachprüfungsbegehren fürchten zu müssen. Der Einwand, z. B. bestehende Verträge und deren Details als Betriebsgeheimnisse nicht offen legen zu wollen, greift nicht, da diese Unterlagen im Vergabeverfahren vertraulich behandelt und die Interessen des Bieters damit gewahrt werden (OLG Rostock, B. v. 8. 3. 2006 – Az.: 17 Verg 16/05).

Nach Auffassung des Oberlandesgerichts Naumburg ist **in solchen Fällen im Zweifelsfalle** 7846
der Nachweis der Unvollständigkeit eines Angebots von der Vergabestelle zu führen,
die sich auf das Vorliegen eines zwingenden Ausschlussgrundes nach § 16 Abs. 1 Nr. 1 lit. c) VOB/A beruft. Es gilt nichts Anderes als für alle anderen zwingenden Ausschlussgründe nach § 16 Abs. 1 Nr. 1 VOB/A. Im Zweifel sind also die Preisangaben von Bietern als vollständig und zutreffend gemacht hinzunehmen (OLG Naumburg, B. v. 22. 9. 2005 – Az.: 1 Verg 7/05; B. v. 5. 8. 2005 – Az.: 1 Verg 7/05; im Ergebnis ebenso OLG Frankfurt, B. v. 17. 10. 2005 – Az. 11 Verg 8/05; B. v. 16. 8. 2005 – Az.: 11 Verg 7/05; OLG Rostock, B. v. 8. 3. 2006 – Az.: 17 Verg 16/05; B. v. 6. 7. 2005 – Az.: 17 Verg 8/05; B. v. 17. 6. 2005 – Az.: 17 Verg 8/05; VK Arnsberg, B. v. 29. 1. 2009 – Az.: VK 34/08; VK Baden-Württemberg, B. v. 18. 10. 2005 – Az.: 1 VK 62/05; VK Hessen, B. v. 21. 4. 2005 – Az.: 69d VK – 20/2005; B. v. 21. 4. 2005 – Az.: 69d VK – 09/2005; VK Nordbayern, B. v. 17. 11. 2009 – Az.: 21.VK – 3194 – 50/09; 1. VK Sachsen, B. v. 14. 3. 2005 – Az.: 1/SVK/011-05; VK Schleswig-Holstein, B. v. 3. 12. 2008 – Az.: VK-SH 12/08; B. v. 15. 5. 2006 – Az.: VK-SH 10/06; VK Südbayern, B. v. 6. 4. 2006 – Az.: 06-03/06).

Im **Grundsatz gilt, dass die Vergabestelle einen von ihr behaupteten Ausschluss-** 7847
grund im Angebot eines Bieters **konkret zu benennen** hat und im Zweifelsfall die **Feststellungslast für dessen Vorliegen** trägt, wobei der Begriff der objektiven Feststellungslast den im zivilprozessualen Beibringungsverfahren gebräuchlichen Begriff der Beweislast ersetzt. An **dieser Regel ist auch für die Prüfung einer Mischkalkulation festzuhalten**. Eine **Umkehr der Feststellungslast zulasten eines Bieters tritt nicht dadurch ein, dass in seinem Angebot besonders hohe und niedrige Einheitspreise zusammentreffen und er daher seinerseits das Fehlen einer Konnexität nachzuweisen hätte**. Gegen einen solchen Ansatz spricht, dass **andernfalls die Kalkulationshoheit des Unternehmens empfindlich beeinträchtigt** würde. Um schon dem Verdacht einer Mischkalkulation bzw. dem Risiko eines Ausschlusses sicher zu entgehen, müsste es eng am üblichen Marktpreis kalkulieren und jegliche Preisabweichungen nach oben und nach unten strikt vermeiden. Das hätte nicht nur zur Folge, dass die Möglichkeiten des Wettbewerbs im Ganzen gesehen erheblich beschnitten würden und faktisch nur noch eine Preisgestaltung in einem eng segmentierten Bereich opportun wäre, sondern liefe auch einem der Grundziele des Wettbewerbs, nämlich der kostengünstigen Beschaffung im Interesse der Schonung der öffentlichen Haushalte, zuwider. **Noch gravierender erscheint die Gefahr willkürlicher Ausschreibungsergebnisse**. Wenn allein das Zusammentreffen außergewöhnlich hoher und niedriger Einheitspreise schon eine unzulässige Mischkalkulation indizieren und ggf. zum Ausschluss eines Angebots führen sollte, hätte es die Vergabestelle häufig in der Hand, einen von ihr nicht gewünschten Bieter aus dem Wettbewerb zu drängen (Thüringer OLG, B. v. 23. 1. 2006 – Az.: 9 Verg 8/05; im Ergebnis ebenso VK Nordbayern, B. v. 28. 10. 2009 – Az.: 21.VK – 3194 – 47/09).

Erklärt ein Bieter ausdrücklich, dass er einem **Kalkulationsirrtum erlegen und Material** 7848
teilweise nicht kalkuliert hat, dass er sich jedoch an seinen im Angebot angegebenen Preisen

festhalten lassen will, werden mithin im Angebot keine Preisbestandteile verschoben, vielmehr sind **Preisbestandteile vergessen** worden. Darin liegt **keine unzulässige Mischkalkulation** (OLG Brandenburg, B. v. 20. 3. 2007 – Az.: Verg W 12/06).

7849 Eine **unzulässige Mischkalkulation liegt nicht vor**, wenn ein **Bieter ohne Auf- und Abpreisung so genannte Bereitstellungsgeräte** (Baukran einschließlich Lohnkosten Kranführer) **in die Position Baustelleneinrichtung einrechnet, wenn der Wortlaut des Leistungsverzeichnisses dies bei vertretbarer Auslegung zulässt**, weil eine ausdrückliche Position für diese Kosten im Leistungsverzeichnis fehlt (OLG München, B. v. 24. 5. 2006 – Az.: Verg 10/06; im Ergebnis ebenso 2. VK Bund, B. v. 3. 5. 2007 – Az.: VK 2–27/07 – instruktives Beispiel; VK Nordbayern, B. v. 25. 2. 2010 – Az.: 21.VK – 3194 – 04/10; VK Südbayern, B. v. 6. 4. 2006 – Az.: 06-03/06).

7850 Ist nach dem Leistungsverzeichnis bei einer Position der Preis für die Baustelleneinrichtung anzugeben, **gehört schon vom Begriff her die Bauleitung nicht zur Einrichtung einer Baustelle**. Es mag sich zwar um Baustellengemeinkosten handeln, nicht aber um Leistungen, die der Einrichtung der Baustelle dienen. Deshalb ist ein Bieter nicht befugt, diese Kosten einfach bei der Position „Einrichten der Baustelle" einzukalkulieren. Der Bieter muss in solchen Fällen als erfahrenes Unternehmen davon ausgehen, dass **dieser Kostenanteil auf die einzelnen Positionen des Leistungsverzeichnisses umgelegt werden muss. Dies entspricht der betriebswirtschaftlichen Praxis**, wenn eine gesonderte Position für den Gemeinkostenteil „Bauleitung" vom Auftraggeber nicht vorgegeben wurde (OLG Karlsruhe, B. v. 16. 3. 2007 – Az.: 17 Verg 4/07; VK Baden-Württemberg, B. v. 12. 2. 2007 – Az.: 1 VK 1/07; im Ergebnis ebenso 2. VK Bund, B. v. 3. 5. 2007 – Az.: VK 2–27/07 – instruktives Beispiel).

7851 Auch wenn ein Bieter der Auffassung ist, dass in solchen Fällen die Bauleiterkosten in zumutbarer Weise anderen Teilleistungen nicht zugeordnet und die Vorgabe des Leistungsverzeichnisses deshalb nicht erfüllt werden kann, **darf er sich nicht über die Bedingungen des Leistungsverzeichnisses hinwegsetzen**. Er muss vielmehr das Leistungsverzeichnis **als unvollständig rügen und den Auftraggeber zur Abhilfe auffordern** (OLG Karlsruhe, B. v. 16. 3. 2007 – Az.: 17 Verg 4/07; im Ergebnis ebenso 1. VK Saarland, B. v. 1. 10. 2007 – Az.: 1 VK 02/2007).

7852 Ist die **Position der „Baustelleneinrichtung" eindeutig beschrieben** und rechnet der Bieter **in diese Position die Kosten der Löhne der Bauleiter und Poliere** ein, die ansonsten auf die Einzelleistungen umgelegt werden, muss das Angebot zwar ausgeschlossen werden; es handelt sich aber **nicht um eine unzulässige Mischkalkulation** (2. VK Brandenburg, B. v. 20. 10. 2006 – Az.: 2 VK 42/06).

7853 Ist die **Position der „Baustelleneinrichtung" eindeutig beschrieben** und rechnet der Bieter **in diese Position die Kosten für die Vorhaltung von Baustellencontainern, Kleintransportern, PKW sowie für Strom** ein, die ansonsten auf die Einzelleistungen umgelegt werden, handelt es sich um eine **Mischkalkulation**; das Angebot muss ausgeschlossen werden (VK Lüneburg, B. v. 16. 7. 2007 – Az.: VgK-30/2007). **Dasselbe** gilt, wenn der **Bieter Kosten für „Geschäftsführung Arge, Arbeitsüberwachung, Reinigen Winterdienst (Kehrmaschine)"** in die Baustelleneinrichtungskosten einrechnet (1. VK Saarland, B. v. 1. 10. 2007 – Az.: 1 VK 02/2007).

7854 Die ausschreibungswidrige Zuordnung von Kosten in die Position „Baustelle einrichten" ist **wegen der gleichheitswidrigen Möglichkeit eines Zinsgewinns nicht hinzunehmen und vergaberechtswidrig** (OLG Karlsruhe, B. v. 16. 3. 2007 – Az.: 17 Verg 4/07). Nach § 16 Abs. 4 VOB/B können in sich abgeschlossene Teile der Leistung nach Teilabnahme ohne Rücksicht auf die Vollendung der übrigen Leistungen endgültig festgestellt und bezahlt werden. Die Position „Baustelle einrichten" ist mit dem Aufstellen der Baustelleneinrichtung abgeschlossen und könnte vom Auftragnehmer dementsprechend als Teilleistung abgerechnet werden. Durch die Kalkulation sonstiger Kosten (z. B. für die Vorhaltung von Baustellencontainern, Kleintransportern, PKW sowie für Strom) wird ein erst über die gesamte Laufzeit erwachsender Kostenbestandteil in dieser Position „sofort" abrechenbar (VK Lüneburg, B. v. 16. 7. 2007 – Az.: VgK-30/2007).

7855 **Baustellengemeinkosten** entstehen durch den Betrieb der Baustelle und werden bezogen auf das konkrete Bauvorhaben kalkuliert, sind aber nicht den einzelnen Teilleistungen direkt zuzuordnen. Baustellengemeinkosten **werden** – soweit keine gesonderten Positionen hierfür vorgesehen sind – **in Form der Umlage über alle Einheitspreise kalkuliert**. Eine Einrechnung in die Kosten der Baustelleneinrichtung – wenn die Leistungsbeschreibung eine entsprechende Position enthält – ist nicht zulässig (VK Lüneburg, B. v. 16. 7. 2007 – Az.: VgK-30/2007).

Vergabe- und Vertragsordnung für Bauleistungen Teil A   VOB/A § 16   **Teil 3**

Für die Kalkulation von Baustellengemeinkosten bestehen für den Bieter **grundsätz-** 7856
lich zwei Alternativen: die Baustellengemeinkosten sind **entweder als Umlage über die**
Einheitspreise zu kalkulieren oder in die Baustelleneinrichtung einzurechnen. Letztere Möglichkeit besteht aber nur dann, **wenn die Auslegung des Leistungsverzeichnis-**
ses dies zulässt. Dies ist dann der Fall, wenn die Position „Baustelle einrichten" auch die Kosten für Vorhalten, Unterhalten und Betreiben der Geräte und Einrichtungen umfasst, denn dann
hat der Auftraggeber zu erkennen gegeben, dass für die gesamte Bauzeit diese Baustellengemeinkosten auf die Baustelleneinrichtung einkalkuliert werden können. Ist diese Klausel nicht
enthalten oder sind Negativabgrenzungen vorhanden, scheidet eine solche Alternative aus: die
Kosten sind auf die Einheitspreise umzulegen (OLG München, B. v. 10. 11. 2010 − Az.: Verg
19/10).

86.6.3.6.2.3.6.3 Mischkalkulation durch Übernahme einer Mischkalkulation eines 7857
Nachunternehmers. Gibt ein **Nachunternehmer gegenüber dem Bieter Preise an, die**
eine Mischkalkulation beinhalten, und übernimmt der Bieter diese Preise − zuzüglich
eines Aufschlags für Wagnis und Gewinn − **handelt es sich nicht um die wahren Preise**,
weil ausgelassene Kosten (z. B. anteilige Kosten für Personal, AfA, Verwaltungskosten, kalkulatorischer Verschleiß und Kosten der Baustelleneinrichtung) tatsächlich ebenfalls beansprucht werden, aber nicht berücksichtigt worden sind, weil der Nachunternehmer diese Kostenbestandteile
in andere Leistungspositionen eingerechnet hat. Ein **Bieter, der unzutreffende Preisangaben**
des Nachunternehmers unberichtigt übernimmt, macht diese zum Gegenstand sei-
nes Angebots, dies jedenfalls dann, wenn die Nachunternehmerleistungen im Angebotsblankett nach den Positionen des Leistungsverzeichnisses aufgegliedert werden. Die Angebotspreise
sind in diesen Fällen unvollständig und unzutreffend, mit der Folge, dass das Angebot einem
zwingenden Wertungsausschluss unterliegt. **Darauf, ob unvollständige und unzutreffende**
Preisangaben des Nachunternehmers vom Bieter bewusst übernommen werden,
kommt es nicht an. Maßgebend ist der objektive Befund (OLG Düsseldorf, B. v. 16. 5.
2006 − Az.: VII − Verg 19/06).

86.6.3.6.2.3.6.4 Prüfungssystematik für die Feststellung einer Mischkalkulation. 7858
Faktisch erschöpft sich die Nachprüfbarkeit einer unzulässigen Mischkalkulation aus Sicht der
Vergabestelle **im ersten Stadium nach Öffnung der Angebote in einer summarischen**
Bewertung der Angemessenheit der Einheitspreise. Weichen diese in einzelnen Positionen
in besonders auffälliger Weise nach oben und nach unten ab, wobei als Vergleichsmaßstab die
übrigen Bestandteile des eigenen Angebots (insbesondere die Preisgestaltung gleichartiger Leistungen), der Bieterpreisspiegel und schließlich, soweit vorhanden, ein Marktpreis in Betracht
kommen können, kann dies ein hinreichender Anlass zu weiteren Ermittlungen bieten. **Keines-**
falls rechtfertigt jedoch ein solcher Befund bereits den Ausschluss eines Angebots.
Denn das bloße Zusammentreffen außergewöhnlich hoher und außergewöhnlich niedriger Positionspreise in einem Angebot erlaubt schon deshalb nicht ohne weiteres den Schluss auf eine
unzulässige Mischkalkulation, weil sie unverbunden nebeneinander zulässig ist. **Mithin bedarf**
es vor Ausschluss eines Angebots zusätzlich der gesonderten Feststellung der Konne-
xität auffälliger Angebotspreise. Es liegt auf der Hand, in einem **zweiten Schritt die in-**
terne Kalkulation des Bieters in den Blick zu nehmen. Da dies allerdings die **geschützte,**
dem besonderen Geheimhaltungsinteresse (vgl. § 111 Abs. 2 GWB) **des Unternehmens**
unterliegende Sphäre berührt, liegt es zunächst an ihm, an einer solchen Einbeziehung mitzuwirken oder aber sie zu versagen und ggf. nachteilige Konsequenzen hinsichtlich der Beweislast in Kauf zu nehmen. Auf Anforderung der Vergabestelle bzw. der Vergabeprüfungsinstanzen
wird der Bieter zur Vermeidung von Verfahrensnachteilen namentlich die sog. **schriftliche Ur-**
kalkulation offen zu legen haben, worin üblicherweise im Zuge der Angebotsvorbereitung
die für die einzelnen Leistungen aus Sicht des Unternehmens anfallenden Kosten und Erträge
bilanzierend gegenüber gestellt werden. **Ergeben sich insoweit Abweichungen oder Lü-**
cken im Sinne einer Preisverlagerung gegenüber dem im Angebot verlautbarten Preisgefüge, führt das zum **Ausschluss** gem. §§ 16 Abs. 1 Nr. 1 lit. c, 13 Abs. 1 Nr. 3 VOB/A. Finden
hingegen die nach außen deklarierten Einheitspreise in den privaten Kalkulationsunterlagen ihre
Entsprechung, so wird das Angebot vorläufig als mangelfrei zu gelten haben, da es sich dann um
die nach Aktenlage tatsächlich kalkulierten Preise handelt. Ist **in den internen Kalkulations-**
unterlagen nicht einmal angedeutet, dass **ein niedriger, ggf. sogar unter Selbstkosten**
liegender Einheitspreis gerade mit der Erhöhung eines anderen signifikant hohen
Einheitspreises aufgefangen werden soll, so schließt das zwar einen gegenteiligen unternehmerischen Willen nicht aus. Jedoch kommt **im Rahmen der Prüfung einer Preisverla-**
gerung ein Rückgriff auf externe Vergleichsmaßstäbe nicht in Betracht. Denn für die −

wie meist bei subjektiven Merkmalen – schwierige Ermittlung eines unternehmerischen Willens geben weder der Preisspiegel der übrigen Angebote noch die Höhe des Marktpreises etwas her. Räumt daher der Bieter die Konnexität verschiedener Einheitspreise nicht von sich aus ein, **kommt in einem dritten Prüfungsschritt ein Nachweis nur durch eine auf die konkreten Umstände des Einzelfalls bezogene förmliche Beweisaufnahme in Betracht**, soweit sich dadurch weiterführende Erkenntnisse, etwa hinsichtlich entsprechender Willensäußerungen der handelnden Organe des Unternehmens, gewinnen lassen (Thüringer OLG, B. v. 23. 1. 2006 – Az.: 9 Verg 8/05).

7859 **86.6.3.6.2.3.6.5 Weitere Beispiele aus der Rechtsprechung**

- hat ein Bieter aber eine Mischkalkulation selber sowohl im **Begleitschreiben zum Angebot („Ist enthalten ...") und im Aufklärungsschreiben dargestellt**, dass mischkalkuliert wurde, ist der Nachweis einer Mischkalkulation geführt. Aus diesem Grunde ist ein **Angebot zwingend auszuschließen** (1. VK Sachsen, B. v. 17. 12. 2007 – Az.: 1/SVK/073-07)

- **fehlt** es an einer **Vorgabe der Vergabestelle zur Berücksichtigung der Gemeinkosten im Leistungsverzeichnis**, können diese **Kosten** auch **nicht in unzulässiger Weise verlagert** worden sein (OLG Rostock, B. v. 8. 3. 2006 – Az.: 17 Verg 16/05)

- **ein nachvollziehbarer Kalkulationsirrtum** kann den Anschein einer Mischkalkulation entkräften (OLG Rostock, B. v. 6. 7. 2005 – Az.: 17 Verg 8/05)

- auch wenn in Abweichung vom Wortlaut des Leistungsverzeichnisses die Kalkulation eines Leistungsbestandteils einer Pauschalpreis-Position in einer anderen Pauschalpreis-Position erfolgt, ist ein Ausschluss nicht geboten, wenn eine **Wettbewerbsrelevanz offensichtlich ausgeschlossen ist, wenn also das Fehlen der geforderten Preisangaben oder der geforderten Erklärungen unter keinem denkbaren Gesichtspunkt zu einer Wettbewerbsbeeinträchtigung führen kann** (VK Baden-Württemberg, B. v. 18. 4. 2005 – Az.: 1 VK 10/05)

- die Tatsache, dass ein Bieter für verschiedene Positionen **wesentlich günstigere Preise anbietet als die anderen Bieter, indiziert nicht, dass eine unzulässige Mischkalkulation vorliegt**. Insbesondere ist nicht ersichtlich, dass unterstellte „Abpreisungen" in einzelnen Positionen zu „Aufpreisungen" in anderen Positionen geführt hätten, da Einzelpreise und Gesamtpreis günstig sind (VK Lüneburg, B. v. 5. 7. 2005 – Az.: VgK-26/2005; 3. VK Bund, B. v. 22. 3. 2005 – Az.: VK 3–13/05)

- allerdings **kann die Kammer im Ergebnis nicht nachweisen, dass der eigentlich zu fordernde Preis in anderen Positionen aufgefangen** wurde. Es mag mangels Entscheidungsrelevanz daher dahingestellt bleiben, ob die strengen Vorgaben des Bundesministeriums für ... einen Ausschluss aufgrund der 1-Cent-Preise gerechtfertigt hätten (2. VK Bund, B. v. 11. 1. 2005 – Az.: VK 2–220/04)

7860 **86.6.3.6.2.3.6.6 Literatur**

- Freise, Harald, Mischkalkulationen bei öffentlichen Aufträgen: Der BGH hat entschieden – und nun?, NZBau 2005, 135

- Hausmann, Friedrich/Bultmann, Peter, Der Ausschluss spekulativer Angebote, ZfBR 2004, 671

- Köster, Bernd, Die Zulässigkeit von Mischkalkulation und Niedrigpreisangeboten bei Ausschreibungen nach der VOB im Spiegel der neueren Rechtsprechung, BauR 2004, 1374

- Leinemann, Ralf/Kirch, Thomas, Der Angriff auf die Kalkulationsfreiheit – Die systematische Verdrehung der BGH-Entscheidung zur „Mischkalkulation", VergabeR 2005, 563

- Müller-Wrede, Malte, Die Behandlung von Mischkalkulationen unter besonderer Berücksichtigung der Darlegungs- und Beweislast, NZBau 2006, 73

- Stemmer, Michael, Vergabe und Vergütung bei misch- und auffällig hoch oder niedrig kalkulierten Einheitspreisen, ZfBR 2006, 128

7861 **86.6.3.6.2.3.7 Angabe „enthalten ... 0,00" bzw. „in Pos. enthalten ... 0,00" bzw. „incl.".** Nach der Rechtsprechung des Bundesgerichtshofs zur Unzulässigkeit der Angabe nur eines symbolischen Preises **führen solche Preisangaben ebenfalls zum zwingenden Ausschluss eines Angebots, wenn eine Mischkalkulation und eine Verteilung eines Preises auf mehrere Positionen stattfinden** (Saarländisches OLG, B. v. 9. 11. 2005 – Az.: 1 Verg 4/05).

Vergabe- und Vertragsordnung für Bauleistungen Teil A VOB/A § 16 **Teil 3**

Die **Rechtsprechung zur Mischkalkulation fordert vom Bieter jedoch nicht die Zerlegung eines wahren Preises in Unterpreise, die es für die vom Bieter angebotene technische Lösung nicht gibt** und die vom Auftraggeber nur für den Fall einer anderen technischen Lösung abgefragt werden. Die Preisangabe „in vorgenannter Type enthalten" ist also dann nicht unvollständig, wenn **ein Produkt zusammen mit einem anderen Produkt ein einheitliches Bauteil bildet**, so dass eine gesonderte Preisausweisung für Bestandteile dieses Bauteiles unmöglich ist (OLG München, B. v. 5. 7. 2005 – Az.: Verg 009/05). 7862

86.6.3.6.2.3.8 Fehlende Preisangaben in einem Wartungsvertrag. Fehlen geforderte **Preisangaben in einem Wartungsvertrag**, ist das **Angebot zwingend auszuschließen** (1. VK Sachsen, B. v. 16. 1. 2008 – Az.: 1/SVK/084-07; VK Südbayern, B. v. 21. 7. 2006 – Az.: Z3-3-3194-1-21–06/06). 7863

Lässt ein Bieter einen **Wartungsvertrag** für einen Zeitraum von fünf Jahren, der nach der Vergabebekanntmachung **Bestandteil der Angebote ist, unausgefüllt** und **fehlen auch in der Zusammenfassung des Angebotes**, die auszufüllen ist, **sämtliche Preisangaben**, rechtfertigt dies den **Ausschluss des Angebots** (VK Brandenburg, B. v. 18. 6. 2003 – Az.: VK 31/03; VK Nordbayern, B. v. 25. 10. 2002 – Az.: 320.VK3194-26/02). 7864

Gibt der Bieter in einem Formularmuster unter der Überschrift „Vergütung" **nicht an, wie die Vergütung** (die Zahlungsweise) **erfolgen soll, ist das Angebot unvollständig**, denn dadurch ist ein wesentlicher Vertragsbestandteil, die Zahlungsmodalität, offen geblieben; das **Angebot ist zwingend auszuschließen** (VK Hessen, B. v. 27. 3. 2006 – Az.: 69 d VK – 10/2006). 7865

86.6.3.6.2.3.9 Fehlende Preisangaben bei einer Leistungsbeschreibung mit Leistungsprogramm. Es ist **zulässig**, in einer **Leistungsbeschreibung mit Leistungsprogramm** die **wesentlichen Positionen mit Preisangaben** zu versehen. Mit diesen Preisangaben zu den Einheitspreisen sollen die wesentlichen Positionen (Hauptpositionen der Leistungsbeschreibung) ausdrücklich einzeln ausgewiesen und damit detailliert aufgeschlüsselt werden. Die in den Einheitspreislisten abgegebenen **Einheitspreise sind kalkulationsrelevant** und lassen **Rückschlüsse auf die Angemessenheit angegebener Pauschalpreise** bei der Bewertung des Angebots zu. Sie sind zudem **Kalkulationsgrundlage für** gegebenenfalls während der Bauphase erforderlich werdende **Änderungen der Bauausführung**. Werden diese **Positionen nicht mit Preisen versehen**, ist das **Angebot unvollständig** (Hanseatisches OLG Hamburg, B. v. 21. 1. 2004 – Az.: 1 Verg 5/03; VK Hamburg, B. v. 6. 10. 2003 – Az.: VKBB-3/03; VK Magdeburg, B. v. 23. 8. 2001 – Az.: 33–32571/07 VK 16/01 MD). 7866

86.6.3.6.2.3.10 Fehlende bzw. geänderte bzw. widersprüchliche Preisangaben in einem Kurz-Leistungsverzeichnis. Weicht ein Bieter **im Kurz-Leistungsverzeichnis mit selbst erfundenen Leistungspositionen von den Vorgaben des Muster-Leistungsverzeichnisses des Auftraggebers ab**, das derartig bezeichnete Leistungspositionen gar nicht aufweist, machen diese Angaben das **Angebot unvollständig**. Insoweit ist es wegen der identitätswahrenden Wirkung des Kurz-Leistungsverzeichnisses und der Vergleichbarkeit der Angebote irrelevant, wenn diese Positionen inhaltlich (wohl) den tatsächlichen Leistungspositionen entsprechen (1. VK Sachsen, B. v. 13. 6. 2003 – Az.: 1/SVK/053-03). 7867

Es muss **eindeutig erkennbar sein, welche Leistungen zu welchen Preisen angeboten werden. Zwei unterschiedliche Preisangaben für dieselbe Leistung erfüllen diese Vorgabe nicht.** Finden sich im Langtext des Leistungsverzeichnisses beispielsweise für die Baugrubenumschließung, für die Wasserhaltung und für die Straßen- und Brückenentwässerung andere Preisangaben als in den entsprechenden Positionen im Kurztext des Leistungsverzeichnis, ist das Angebot nicht zweifelsfrei und muss ausgeschlossen werden (VK Nordbayern, B. v. 2. 7. 2010 – Az.: 21.VK – 3194 – 21/10). 7868

86.6.3.6.2.3.11 Fehlende Preisangaben über in Einheitspreise einkalkulierte Zuschläge. Fordert der Auftraggeber **Angaben über in Einheitspreise einkalkulierte Zuschläge** (z.B. bei Rohrleitungen), so ist dies **vom Bieter grundsätzlich zu befolgen**, zumal solche Angaben durchaus hilfreich für die Ermittlung veränderter Nachtragspreise nach Vertragsabschluß, z.B. gemäß § 2 Abs. 3 bis 7 VOB/B sein können (VK Südbayern, B. v. 16. 7. 2003 – Az.: 25-06/03). 7869

86.6.3.6.2.3.12 Fehlender Gesamtpreis bei mehreren Bedarfspositionen. Unterlässt **ein Bieter es** in einem Angebot, in seinem Angebot so genannte **Bedarfspositionen zu einem Gesamtpreis auf zu addieren** und ist es allen Beteiligten und für jeden Laien klar ersichtlich, dass in keinem Fall eine Beauftragung aller Bedarfspositionen angedacht ist, ist eine 7870

Teil 3 VOB/A § 16 Vergabe- und Vertragsordnung für Bauleistungen Teil A

Gesamtberechnung der Kosten aller Bedarfspositionen ersichtlich sinnlos. Auf die Abgabe einer solchen Erklärung aber kann der Auftraggeber keinen Anspruch haben. Welche Bedeutung die Forderung nach Bildung dieses Gesamtpreises hat, ist nicht klar. Die **Nichterfüllung kann jedenfalls nicht zum Ausschluss des Angebots führen** (VK Arnsberg, B. v. 28. 1. 2004 – Az.: VK 1–30/2003).

7871 86.6.3.6.2.3.13 **Fehlende Preise bei einer Alternativposition.** Das **Fehlen einer Preisangabe für eine Alternativposition** führt zwingend zum Ausschluss des dadurch unvollständigen Angebots (OLG Naumburg, B. v. 5. 5. 2004 – Az.: 1 Verg 7/04).

7872 86.6.3.6.2.3.14 **Fehlende Aufschlüsselung der Preise.** Die Bestimmung des § 13 Abs. 1 Nr. 3 VOB/A ist nach der Rechtsprechung dahin zu verstehen, dass die Angebote die geforderten Preise enthalten müssen. **Darunter fällt auch, dass der Bieter im Angebot die jeweils geforderten Einzelpreise nennt, da es sonst nicht vollständig ist.** Verlangt der Auftraggeber die **aufgegliederte Angabe von Einheitspreisen, so muss der Bieter auch dies befolgen.** Nimmt z. B. ein Bieter eine Aufgliederung der Einheitspreise in solche für Zargen und Türblätter nicht vor, ist sein Angebot zwingend auszuschließen. Das Argument, die Grundpreise werden von den Türherstellern nicht mitgeteilt und deshalb ist eine Aufteilung der Preise in Zargen und Türblätter nicht möglich, verfängt schon im Ansatz nicht. Gefordert sind ein Angebot des Bieters und seine Aufschlüsselung der Einheitspreise, nicht diejenigen von Vorlieferanten (OLG Düsseldorf, B. v. 23. 3. 2005 – Az.: VII – Verg 02/05; im Ergebnis ebenso OLG Celle, B. v. 2. 10. 2008 – Az.: 13 Verg 4/08; VK Lüneburg, B. v. 26. 6. 2008 – Az.: VgK-23/2008).

7873 Sind die **Bieter verpflichtet, bei technischen Nebenangeboten** die alternativ angebotene **Leistung nach Mengenansätzen und Einzelpreisen aufzugliedern**, besteht diese **Verpflichtung auch, wenn sie die alternative Leistung zum Pauschalpreis anbieten** wollten. Kommt ein **Bieter dieser Forderung nach Aufschlüsselung der Leistung nach Mengenansätzen und Einzelpreisen nicht nach**, macht er somit nicht die geforderten Angaben mit der Folge, dass sein **Nebenangebot unvollständig und gegebenenfalls von der Wertung auszuschließen** ist (VK Baden-Württemberg, B. v. 6. 4. 2009 – Az.: 1 VK 13/09).

7874 86.6.3.6.2.3.15 **Häufung von Fantasiepreisen als fehlende Preise.** Es ist davon auszugehen, dass ein **Bieter die geforderten Preise nicht angibt, wenn er eine Vielzahl von Positionen in einem ganzen Titel des Leistungsverzeichnisses wahllos einheitlich mit einem Phantasiebetrag bepreist**, der ersichtlich in keinem Zusammenhang mit der Leistungsbeschreibung und dem Leistungsverzeichnis steht. Ein solcher Fall ist so zu behandeln, als wenn der Bieter in dem gesamten Titel überhaupt keine Preise ausweist. Wollte man dies anders sehen, ginge die Forderung des Auftraggebers, für die einzelnen Positionen des Leistungsverzeichnisses Preise anzugeben, ins Leere. Der Bieter könnte dann irgendwelche Preise angeben, wenn am Ende nur die von ihm geforderte Summe für den Gesamtauftrag erscheint (Brandenburgisches OLG, B. v. 30. 11. 2004 – Az.: Verg W 10/04).

7875 86.6.3.6.2.3.16 **Einrechnen von Leistungsbestandteilen in eine Position entgegen der Positionsbeschreibung.** Rechnet der **Bieter Leistungsbestandteile in eine Position ein, obwohl der Inhalt dieser Position genau beschrieben ist und diese Leistungsbestandteile nicht umfasst, verstößt er gegen § 13 Abs. 1 Nr. 3 VOB/A**, der dem Bieter vorschreibt, Preise und sonstige Erklärungen so wie in den Ausschreibungsunterlagen gefordert, vollständig und zutreffend anzugeben. Der angebotene Preis entspricht dann nicht dem beschriebenen Leistungsumfang. Er bezieht darüber hinausgehende Leistungsbestandteile mit ein und ist damit gemessen an der Vorgabe des Leistungsverzeichnisses unzutreffend. Das **Angebot ist zwingend auszuschließen**. Ob der Bieter im Gegenzug in anderen Leistungspositionen „Abpreisungen" vorgenommen, d. h. ein Angebot unterhalb des tatsächlich kalkulierten und beanspruchten Preises abgegeben und damit noch in weiteren Punkten unzutreffende (und unvollständige) Preisangaben gemacht hat, kann in solchen Fällen dahinstehen. Solche den Bereich der Leistungsbeschreibung zu Einheitspreisen betreffenden Mischkalkulationen durch „Auf- und Abpreisen" sind besondere, aber nicht die einzigen Fälle vorschriftswidriger Preisangaben. **Ist die Leistung, wie z. B. die Baustelleneinrichtung, nach Umfang und Ausführungsart genau bestimmt, liegt eine unzutreffende Erklärung zum Preis schon dann vor, wenn dieser nur in der entsprechenden Position nicht der Leistungsvorgabe entspricht**. Unerheblich sind auch die subjektiven Beweggründe, die den Bieter zu der unrichtigen Preisangabe veranlasst haben. Maßgeblich ist allein der objektive Erklärungsinhalt. Selbst wenn der Bieter der Auffassung ist, dass z. B. die Betriebs-, Vorhalte- und Gerätemietkosten anderen Teilleistungen nicht zugerechnet und die Vorgabe des Leistungsverzeichnisses daher nicht erfüllt werden können, darf er sich über den erklärten Willen des Auftraggebers nicht einfach hinwegsetzen. Es ist

Vergabe- und Vertragsordnung für Bauleistungen Teil A VOB/A § 16 **Teil 3**

dann seine Aufgabe, das Leistungsverzeichnis als unvollständig zu rügen und den Auftraggeber zur Abhilfe aufzufordern (OLG Koblenz, B. v. 2. 1. 2006 – Az.: 1 Verg 6/05).

86.6.3.6.2.3.17 Minus-Preise. Vgl. **zur allgemeinen Zulässigkeit** die Kommentierung zu → § 13 VOB/A Rdn. 90. 7876

Eine **geforderte Preisangabe** – der Betrag, der für die betreffende Leistung beansprucht wird – **„fehlt" nicht allein deshalb, weil sie negativ ist.** Bedenklich können Minuspreise allerdings werden, wenn der konkrete Verdacht einer grundsätzlich unzulässigen Mischkalkulation besteht, bei der durch „Aufpreisen" der Einheitspreise anderer angebotener Positionen Preise benannt werden, die kompensatorisch wirken und deshalb die geforderten tatsächlichen Preise weder vollständig noch zutreffend wiedergeben (OLG Dresden, B. v. 28. 3. 2006 – Az.: WVerg 0004/06). **Vgl. zur Mischkalkulation** die Kommentierung → Rdn. 190 ff. 7877

86.6.3.6.2.3.18 Fehlende Preisangaben durch eine Nichtübernahme der Preisangaben eines Nachunternehmers? Der **Bieter** ist gemäß § 13 Abs. 1 Nr. 3 VOB/A **nur verpflichtet**, den Preis, den er vom Auftraggeber beansprucht, in das Leistungsverzeichnis einzutragen, **nicht aber denjenigen, den sein Nachunternehmer im Falle der Auftragserteilung von ihm fordert. Der Bieter ist also nicht verpflichtet, den Preis eines Nachunternehmerangebots in sein Angebot zu übernehmen.** Er **kann** daran **Zuschläge** (z. B. wegen Gewinns oder Überwachungsaufwands) oder **Abschläge** (Nachlässe) **vornehmen**. Dadurch werden die Preisangaben des Bieters nicht unvollständig oder unzutreffend, solange er nur die von ihm tatsächlich kalkulierten Preise angibt, die er dem Auftraggeber in Rechnung stellen will (OLG Düsseldorf, B. v. 26. 7. 2006 – Az.: VII – Verg 19/06). 7878

86.6.3.6.2.3.19 Fehlende Preisangaben durch einen Schrägstrich. Ein **Schrägstrich in den Preisangaben** kann vom objektiven Erklärungswert **nicht ohne weiteres mit einer Null gleichgesetzt** werden. Ein **Schrägstrich** kann in diesem Zusammenhang sowohl dergestalt verstanden werden, dass an dieser Stelle keine gesonderte Vergütung verlangt wird, er kann aber auch bedeuten, dass die **Position entgegen der Forderung der Vergabestelle nicht angeboten wird**. Trägt z. B. der Bieter bei einer Position einen Schrägstrich ein und trägt er in drei anderen Positionen des Leistungsverzeichnisses bei der Angabe des Einzel- und Gesamtpreises eine „0" ein, muss in der Gesamtschau des Angebots aus Sicht des Empfängers davon ausgegangen werden, dass die unterschiedliche Ausfüllung der Positionen nicht die gleiche Bedeutung haben kann. Die **Vergabestelle kann deshalb den Schrägstrich als fehlende Preisangabe werten** (VK Nordbayern, B. v. 9. 9. 2008 – Az.: 21.VK – 3194 – 34/08; 1. VK Sachsen, B. v. 16. 12. 2009 – Az.: 1/SVK/057-09, im Ergebnis ebenso 1. VK Sachsen-Anhalt, B. v. 29. 1. 2009 – AZ: 1 VK LVwA 31/08). 7879

86.6.3.6.2.3.20 Fehlender Einheitspreis und Eintragung „kein Angebot". Enthält ein Angebot anstelle des Einheitspreises den Eintrag „kein Angebot", kann das unvollständige **Hauptangebot zunächst nicht gewertet werden**, weil die Grundposition – im Gegensatz zu Alternativpositionen – unbedingt in die Wertung einbezogen werden muss (VK Hannover, B. v. 5. 7. 2002 – Az.: 26 045 – VgK – 4/2002). 7880

86.6.3.6.2.3.21 Fehlende Preisuntergliederung in Material- und Lohnkosten. Fordert der Auftraggeber die **aufgegliederte Angabe von Einheitspreisen in Material- und Lohnkosten**, so muss der **Bieter das grundsätzlich befolgen**, zumal solche Preisbestandteile durchaus hilfreich für die Ermittlung veränderter Preise nach Vertragsabschluss sein können. Folgt der Bieter dieser Vorgabe nicht, ist das Angebot unvollständig und gegebenenfalls auszuschließen (2. VK Bund, B. v. 19. 2. 2002 – Az.: VK 2 – 02/02; VK Nordbayern, B. v. 8. 5. 2007 – Az.: 21.VK – 3194 – 20/07; VK Südbayern, B. v. 3. 6. 2004 – Az.: 36-05/04). 7881

86.6.3.6.2.3.22 Fehlende Preise im schriftlichen Angebot, die sich aber auf einem Datenträger befinden. Im **schriftlichen Angebot fehlende Preise** können auch **nicht dadurch geheilt** werden, dass gegebenenfalls **beigefügte Disketten die Preise** enthalten, da das **Gebot der Schriftlichkeit nicht erfüllt** ist. Die EMV-Erg DV, die Bestandteil der Verdingungsunterlagen sein können, bestimmen in Übereinstimmung mit diesen rechtlichen Rahmenbedingungen in Ziffer 1.3 ausdrücklich, dass dem schriftlichen Angebot beigefügte Disketten lediglich als Arbeitsmittel dienen und bei inhaltlichen Widersprüchen zwischen Diskette und schriftlicher Fassung ausschließlich das schriftliche Angebot gilt (1. VK Bund, B. v. 6. 2. 2001 – Az.: VK 1–3/01, B. v. 16. 5. 2002 – Az.: VK 1–21/02). 7882

86.6.3.6.2.3.23 Fehlende Preisangaben durch falsche Umsatzsteuerangaben. **Objektiv falsche Preisangaben wegen falscher Umsatzsteuerangaben entfallen nicht durch diese Fehlerhaftigkeit**, denn sie lösen keine Lücke aus, die nicht unmittelbar und durch jeden 7883

Teil 3 VOB/A § 16   Vergabe- und Vertragsordnung für Bauleistungen Teil A

kundigen Dritten objektiv richtig gefüllt werden könnte. Es handelt sich so genommen um **„Erklärungen des Gesetzgebers", die zu verändern dem Bieter gar nicht möglich** ist (VK Arnsberg, B. v. 29. 1. 2009 – Az.: VK 34/08).

7884   86.6.3.6.2.3.24 Fehlende Preisangaben durch fehlende Angabe von Stundenverrechnungssätzen. Bei einem Stundenverrechnungssatz handelt es sich um eine **erforderliche Preisangabe, wenn dieser nicht nur Kalkulationsgrundlage** für die jeweils anzubietende Pauschalvergütung ist, sondern **nach dem Stundenverrechnungssatz auch diejenigen Leistungen vergütet werden sollen**, die nicht Bestandteil der pauschal vergüteten Leistungen sind und bei Bedarf auf besondere Anforderung durch den Auftraggeber erfolgen sollen (1. VK Bund, B. v. 29. 1. 2009 – Az.: VK 1–180/08).

7885   Die **Nennung eines Betrages einschließlich des Zusatzes „zzgl. tarifl. Zulagen NRW"** stellt eine Preisangabe – als Stundenverrechnungssatz – dar. Die Inbezugnahme der tariflichen Zulagen führt dazu, dass abhängig von Tag und Uhrzeit der angebotene Stundenverrechnungssatz mit oder ohne im Einzelfall einschlägigen in Nordrhein-Westfalen geltenden tariflichen Zulagen zu vergüten ist. Damit handelt es sich aber **nicht um eine fehlende Festlegung des Preises und damit eine fehlende Preisangabe, sondern um eine Preisangabe, aus der sich automatisch** – und von einem Bieter nicht beeinflussbar – ausgehend vom Zeitpunkt der Leistungserbringung unmittelbar aus dem Angebot heraus **ein bestimmter Preisbetrag ergibt** (1. VK Bund, B. v. 29. 1. 2009 – Az.: VK 1–180/08).

7886   86.6.3.6.2.3.25 **Fehlende Preise in einem Nebenangebot.** Auch wenn ein Bieter in einem Nebenangebot eine zum Teil technisch abweichende Leistung anbietet, muss er **die in „Sammelpositionen" enthaltenen Leistungen im Einzelnen nach Einheits- und Gesamtpreisen getrennt ausweisen**. Solche Angaben sind auch nicht unzumutbar. Schon wegen der Kalkulation etwaiger Mehrvergütungen gemäß § 2 Abs. 3 bis 7 VOB/B sind die Preise nicht ohne Einfluss auf die Kalkulation und damit auf den Wettbewerb (OLG Koblenz, B. v. 15. 5. 2003 – Az.: 1 Verg. 3/03; VK Rheinland-Pfalz, B. v. 11. 4. 2003 – Az.: VK 4/03).

7887   86.6.3.6.2.3.26 **Fehlende Preise/Eintragungen in einer Lohngleitklausel.** 86.6.3.6.2.3.26.1 Regelung des HVA StB-B 04/2010. Der Änderungssatz für Lohnänderung ist bei der Nachrechnung wie ein Einheitspreis zu behandeln, jedoch ist ein angebotener Preisnachlass auf ihn nicht anzuwenden.

Fehlt ein Änderungssatz (kein Eintrag oder Eintrag eines Striches oder einer Null), ist das Angebot oder der entsprechende Angebotsabschnitt ohne Lohngleitklausel zu werten, sofern sich nicht aus den sonstigen Angebotsangaben eindeutig etwas anderes ergibt (siehe Nr. (3)). Ein fehlender Eintrag beim Änderungssatz ist kein fehlender Preis im Sinne von § 16 Abs. 1 Nr. 1c) VOB/A (siehe Nr. (19)).

Die im Leistungsverzeichnis vom Auftraggeber vorgegebene fiktive Lohnänderung (siehe Teil 1 „Vergabeunterlagen", Abschnitt 1.4 „Leistungsbeschreibung", Muster 1.4–2.6) darf bei der Prüfung und Wertung nicht verändert werden.

(Richtlinien für das Durchführen der Vergabeverfahren, 2.4 Prüfung und Wertung der Angebote, Nr. 16)

7888   86.6.3.6.2.3.27 **Fehlende Preise wegen Rundungsdifferenzen zwischen Angebotspreisen und Kalkulationspreisen. Rundungsbedingte Differenzen zwischen den Angebotspreisen und den sich aus den auf Anforderung des Auftraggebers nachgereichten Kalkulationsbögen ergebenden Beträgen sind hinzunehmen**, wenn in sämtlichen vom Bieter auszufüllenden Bögen (mit dem Angebot einzureichende Berechnung des kalkulierten Stundenverrechnungssatzes, Angebotspreise, nachgereichte Kalkulation) die auszufüllenden Nachkommastellen auf zwei begrenzt sind, und zwar sowohl in den Vordersätzen als auch in den Gesamtbeträgen und dies bei der Multiplikation mit gleichfalls „krummen" Zahlen (naturgemäß) zu Rundungsdifferenzen führt, wenn intern zunächst mit den „genauen" Zahlen (also Zahlen, die mehr als zwei Nachkommastellen aufweisen) weitergerechnet und erst zum Schluss gegebenenfalls eine Rundung vorgenommen wird und es so z.B. zu erklären ist, dass der **Angebotspreis für bestimmte Leistungen mit 1046,40 € endet, während eine Multiplikation von Einsatzstunden und Stundenverrechnungssatz/Einsatzstunde 1046,41 €** ergibt (OLG Düsseldorf, B. v. 1. 9. 2010 – Az.: VII-Verg 37/10).

7889   86.6.3.6.2.4 **Widersprüchliche Preisangaben. Enthält ein Angebot widersprüchliche Preisangaben**, so dass für den Auftraggeber der tatsächlich gewollte Preis nicht erkennbar ist, ist dies **dem Fehlen von Preisangaben gleichzustellen**, da wegen der Nichterkennbarkeit des tatsächlich gewollten Preises eine vergleichende Wertung mit anderen Angeboten nicht möglich ist (VK Arnsberg; B. v. 2. 9. 2010 – Az.: VK 16/10; 1. VK Bund, B. v. 13. 7. 2005 – Az.: VK 1–59/05; 2. VK Bund, B. v. 9. 1. 2007 – Az.: VK 2–152/06; VK Münster, B. v. 17. 11. 2005 – Az.: VK 21/05; VK Nordbayern, B. v. 2. 7. 2010 – Az.: 21.VK – 3194 – 21/10; im Ergebnis ebenso OLG Brandenburg, B. v. 6. 11. 2007 – Az.: Verg W 12/07; VK Brandenburg, B. v. 22. 2. 2008 – Az.: VK 3/08).

86.6.3.6.3 Ausnahmsweise Unbeachtlichkeit eines fehlenden Preises. 86.6.3.6.3.1 Änderung in der VOB/A 2009. Nach § 16 Abs. 1 Nr. 1 lit. c) müssen **Angebote, bei denen die geforderten Preise fehlen, ausgeschlossen werden; ausgenommen solche Angebote, bei denen lediglich in einer einzelnen unwesentlichen Position die Angabe des Preises fehlt und durch die Außerachtlassung dieser Position der Wettbewerb und die Wertungsreihenfolge, auch bei Wertung dieser Position mit dem höchsten Wettbewerbspreis, nicht beeinträchtigt werden.** Ziel auch dieser Regelung ist es, die **hohe Ausschlussrate zu reduzieren** und einen **umfassenden Wettbewerb sicher zu stellen.** 7890

86.6.3.6.3.2 Fehlender Preis für eine einzige unwesentliche Position. Nach dem **klaren Wortlaut des § 16 Abs. 1 Nr. 1 lit. c) VOB/A darf nur bei einer einzigen unwesentlichen Position** der Preis fehlen; **bei mehreren fehlenden Preisen ist ein Rückgriff auf die Ausnahmeregelung in § 16 Abs. 1 Nr. 1 lit. c) VOB/A nicht zulässig.** 7891

86.6.3.6.3.3 Unwesentliche Position. Der **Begriff der unwesentlichen Position** ist nicht näher definiert. Er hängt vom jeweiligen Einzelfall ab. 7892

86.6.3.6.3.4 Keine Änderung der Wertungsreihenfolge durch eine fiktive Wertung mit dem höchsten Wettbewerbspreis. Eine Außerachtlassung des fehlenden Preises für eine einzige unwesentliche Position ist nach § 16 Abs. 1 Nr. 1 lit. c) VOB/A nur dann möglich, wenn die **Wertung dieser Position mit dem höchsten Wettbewerbspreis für diese Position keine Änderung der Wertungsreihenfolge** bedeutet. Es muss also eine **fiktive rechnerische Prüfung** erfolgen. 7893

Nach der Rechtsprechung zur VOB/A 2006 war die **fiktive Ergänzung eines fehlenden Angebotspreises mittels Rückgriff auf den teuersten Einheitspreis der anderen Angebote nicht möglich.** Ein Rückgriff auf ein anderes Angebot und wenn auch nur eine fiktive Ergänzung kann nicht zum Ziel führen, da die Angebotskalkulation der anderen Bieter, deren individuellen technischen und wirtschaftlichen Möglichkeiten nichts mit einem anderen Angebot zu tun haben. Ein solch fiktives Implantat kann niemals die individuelle Kalkulation eines Bieters ersetzen, bringt nicht den preislichen Willen des Bieters für diese Position zum Ausdruck, kann niemals zu einem vergleichbaren Angebot führen (VK Thüringen, B. v. 22. 3. 2005 – Az.: 360–4002.20–002/05-MGN). 7894

86.6.3.6.3.5 Rechtsfolge der Ausnahmeregelung des § 16 Abs. 1 Nr. 1 lit. c). Rechtsfolge der Ausnahmeregelung des § 16 Abs. 1 Nr. 1 lit. c) VOB/A ist, dass ein solches Angebot nicht ausgeschlossen werden muss, es **kann also weiterhin in der Wertung verbleiben.** 7895

Nicht geregelt ist, wie in der Praxis mit einem solchen Angebot, auf das der Zuschlag erteilt werden soll, umzugehen ist. **Preisverhandlungen** sind nach den Vorgaben des § 15 Abs. 3 **nicht zulässig.** 7896

Wird auf ein solches Angebot der **Zuschlag erteilt, kommt der Vertrag** mit einem – offenen bzw. versteckten – **Dissens zustande**. Die **Festlegung des Preises** für die unwesentliche Position bleibt einem **Nachtrag vorbehalten.** 7897

Der **Auftragnehmer** ist selbstverständlich **nicht an den höchsten Wettbewerbspreis gebunden.** 7898

Bei **Großprojekten** z.B. im Anlagenbau mit einem Volumen von z.B. 50 Mio. EUR kann der Preis für die unwesentliche Position (z.B. 1%) durchaus im sechsstelligen Bereich liegen und damit ein **ernst zu nehmender Ansatzpunkt für Korruption und Manipulation** sein. 7899

86.6.3.6.3.6 Ältere vergleichbare Rechtsprechung. Die Rechtsprechung hat in vereinzelten Entscheidungen trotz der Vorgaben des BGH ebenfalls Ausnahmen zugelassen, wonach die strikte Anwendung der Entscheidungssätze des Bundesgerichtshofes dazu führt, dass auch Angebote von der Wertung auszuschließen wären, bei denen entweder nur unbedeutende oder sich auf den Wettbewerb nicht auswirkende Erklärungen fehlen. Dies wäre ein **überspitzter Formalismus, der dem Wettbewerb nicht dienlich ist. Ist demnach eine Wettbewerbsrelevanz offensichtlich ausgeschlossen**, kann also das Fehlen der geforderten Erklärungen unter keinem denkbaren Gesichtspunkt zu einer Wettbewerbsbeeinträchtigung führen, kann das 7900

Angebot nicht ausgeschlossen werden (OLG München, B. v. 5. 7. 2005 – Az.: Verg 009/05; BayObLG, B. v. 15. 9. 2004 – Az.: Verg 026/03; Schleswig-Holsteinisches OLG, B. v. 10. 3. 2006 – Az.: 1 (6) Verg 13/05; VK Brandenburg, B. v. 21. 12. 2004 – Az.: VK 64/0; VK Nordbayern, B. v. 15. 10. 2008 – Az.: 21.VK – 3194 – 48/08; VK Schleswig-Holstein, B. v. 10. 10. 2007 – Az.: VK-SH 20/07). **Auch nach der Auffassung des OLG Düsseldorf** ist die **fehlende Angabe z. B. von Fassadenplänen für den Auftraggeber objektiv ohne Bedeutung und dazu ohne Relevanz für den Bieterwettbewerb** (OLG Düsseldorf, B. v. 5. 4. 2006 – Az.: VII – Verg 3/06).

7901 Nach Auffassung des **OLG Celle** gilt – ausgehend von den Vorgaben des Bundesgerichtshofs, wonach zum einen die vom Bieter bekannt zu gebenden Parameter auf solche beschränkt sind, „deren **Angabe den Bieter nicht unzumutbar belastet**", und zum anderen der **Gedanke von Treu und Glauben** zu den von den öffentlichen Auftraggebern zu beachtenden rechtlichen Grundlagen nach § 97 Abs. 7 GWB gehört – der Grundsatz, dass beim Fehlen von Preisen und geforderten Erklärungen ein Angebot zwingend auszuschließen ist, **ausnahmsweise dann nicht, wenn die Unvollständigkeit eine unbedeutende und sich auf den Wettbewerb nicht auswirkende Position betrifft und wenn der Auftraggeber selbst bei der Wertung der verschiedenen Angebote zu erkennen gibt, dass es ihm auf die geforderte Angabe in keiner Weise ankommt.** Dadurch widerlegt der Auftraggeber die grundsätzliche Annahme, dass den von ihm in den Ausschreibungsunterlagen geforderten Preisangaben und Erklärungen Relevanz für die Vergabeentscheidung zukommt. In einem solchen Ausnahmefall, in dem die geforderte Angabe als reiner Formalismus anzusehen wäre, stellt sich der Ausschluss eines Angebots, das diese Angaben nicht enthält, durch den Auftraggeber als **Verstoß gegen den auch im Vergabeverfahren geltenden Grundsatz von Treu und Glauben** dar (OLG Celle, B. v. 2. 10. 2008 – Az.: 13 Verg 4/08).

7902 Eine Ausnahme hinsichtlich des formal gebotenen Ausschlusses von Angeboten, die entsprechend § 13 Abs. 1 Nr. 3 VOB/A nicht vollständige Preise enthalten, ist dann geboten, wenn eine **Wettbewerbsrelevanz offensichtlich ausgeschlossen ist, wenn also das Fehlen der geforderten Preisangaben oder der geforderten Erklärungen unter keinem denkbaren Gesichtspunkt zu einer Wettbewerbsbeeinträchtigung führen kann** (VK Baden-Württemberg, B. v. 18. 4. 2005 – Az.: 1 VK 10/05).

7903 86.6.3.6.3.7 Unzulässigkeit der Ergänzung fehlender Preise durch Bildung von Mittelpreisen. Eine Lösung, einen **Mittelpreis aus dem Zweit- und Drittplazierten in die Positionen einzusetzen, bei denen Preise eines mindestfordernden Angebotes fehlen**, ist ebenfalls nicht praktikabel, da **nicht rechtsverbindlich** (1. VK Sachsen, B. v. 12. 3. 2003 – Az.: 1/SVK/015-03).

7904 **86.6.3.6.3.8 Richtlinie des VHB 2008 zu einem fehlenden Preis.** Fehlt in einem Angebot lediglich bei einer einzigen Position der Preis, ist zu prüfen, ob es sich hierbei um eine unwesentliche Position in Bezug auf die ausgeschriebene Leistung handelt. Die Fachaufsicht führende Ebene ist zu beteiligen.

Handelt es sich um eine unwesentliche Position, ist in der rechnerischen Prüfung der fehlende Preis mit 0,00 Euro einzusetzen, um den preislichen Rang des Angebotes festzustellen. Zusätzlich ist die Angebotsendsumme mit dem höchsten für diese Position angebotenen Preis zu ermitteln. Ändert sich hierdurch der Rang dieses Angebotes, ist es auszuschließen. Ändert sich der Rang nicht, ist das Angebot weiter unter der Annahme des höchsten Wettbewerbspreises für die betreffende Position zu prüfen und zu werten. Die so ermittelte Angebotssumme ist auch in der Niederschrift über die Angebotseröffnung zu vermerken.

Durch Zuschlag auf ein solches Angebot kommt der Vertrag ohne die in der betreffenden Position beschriebene Leistung zustande.

7905 **86.6.3.6.3.9 Regelung des HVA StB-B 04/2010.** Fehlt in einem Angebot lediglich bei einer einzigen OZ (Position) der Preis, ist zu prüfen, ob es sich hierbei um eine unwesentliche Position in Bezug auf die ausgeschriebene Leistung handelt (sowohl nach Art der Leistung als auch nach dem Gesamtbetrag der OZ).

Handelt es sich um eine unwesentliche Position, ist in der rechnerischen Prüfung der fehlende Preis mit 0,00 Euro einzusetzen, um den preislichen Rang des Angebotes festzustellen. Zusätzlich ist die Angebotsendsumme mit dem höchsten für diese Position angebotenen Wettbewerbspreis (ohne Berücksichtigung der formal ausgeschlossenen Hauptangebote) zu ermitteln. In der Niederschrift über die Angebotseröffnung, der Mitteilung des Ausschreibungsergebnisses und ggf. der Bieterinformation nach § 101a GWB ist jedoch die mit 0,00 Euro nachgerechnete Angebotssumme einzutragen.

Vergabe- und Vertragsordnung für Bauleistungen Teil A   VOB/A § 16   **Teil 3**

86.6.3.7 Ausschluss von Angeboten auf der Basis einer unzulässigen wettbewerbsbeschränkenden Abrede (§ 16 Abs. 1 Nr. 1 lit. d)

Der Begriff der **wettbewerbsbeschränkenden Abrede und wichtige Fälle** aus der Rechtsprechung zu Fragen einer unzulässigen Wettbewerbsbeschränkung sind in der Kommentierung zu → § 97 GWB Rdn. 11 ff. dargestellt.   7906

86.6.3.8 Ausschluss von nicht zugelassenen Nebenangeboten (§ 16 Abs. 1 Nr. 1 lit. e)

86.6.3.8.1 Vereinbarkeit mit der Vergabekoordinierungsrichtlinie. Nach § 16 Abs. 1 Nr. 1 lit. e) VOB/A sind Nebenangebote auszuschließen, wenn der Auftraggeber in der Bekanntmachung oder in den Vergabeunterlagen erklärt hat, dass er diese nicht zulässt. Diese **Regelung widerspricht Art. 24 Abs. 2 RL 2004/18/EG**, nach welcher bei einer fehlenden Angabe, ob Varianten zulässig sind, keine Nebenangebote zugelassen sind. Die **VOB/A hat daher die europaweit geltende Richtlinie nicht korrekt in das nationale Recht umgesetzt.** In einem solchen Fall gilt die Regelung der Richtlinie unmittelbar, wenn sie inhaltlich unbedingt und hinreichend genau gefasst ist; dies ist bei der Vorschrift des Art. 24 Abs. 2 RL 2004/18/EG der Fall (OLG München, B. v. 12. 11. 2010 – Az.: Verg 21/10).   7907

Macht der Auftraggeber in der Bekanntmachung keine Angaben über die Zulassung von Nebenangeboten, sind Nebenangebote – zumindest bei Ausschreibungen ab den Schwellenwerten – also nicht zu werten.   7908

86.6.3.8.2 Ältere Rechtsprechung. Gemäß § 16 Abs. 1 Nr. 1 lit. e) VOB/A sind Nebenangebote auszuschließen, wenn der Auftraggeber in der Bekanntmachung oder in den Vergabeunterlagen erklärt, dass er diese nicht zulässt. Dieser **Ausschlussgrund gilt auch dafür, dass der Auftraggeber weitere besondere Kriterien für den Ausschluss oder die Zulassung von Nebenangeboten in den Vergabeunterlagen ausdrücklich niedergelegt hat und diese Formvorschriften nicht erfüllt werden** (VK Lüneburg, B. v. 3. 12. 2004 – Az.: 203-VgK-52/2004).   7909

Die Vorschrift erfasst auch solche Nebenangebote, deren **Umfang und/oder Inhalt materiellen Beschränkungen unterliegen sollen**, z. B. wenn der Auftraggeber bestimmt, dass Nebenangebote mit negativen Preisen nur gewertet werden, wenn die betroffene Position als Pauschale angeboten wird (VK Thüringen, B. v. 11. 1. 2007 – Az.: 360–4002.20–024/06-HIG).   7910

86.6.3.9 Ausschluss von Nebenangeboten, die die Formvorschrift des § 13 Abs. 3 Satz 2 nicht erfüllen (§ 16 Abs. 1 Nr. 1 lit. f)

86.6.3.9.1 Änderung in der VOB/A 2009. Dieser Ausschlusstatbestand ist **als zwingende Ausschlussregelung neu in die VOB/A 2009 aufgenommen** worden. § 25 Nr. 1 Abs. 2 VOB/A 2006 sah insofern bisher nur einen fakultativen Ausschlusstatbestand vor (OLG Düsseldorf, B. v. 23. 3. 2010 – Az.: VII-Verg 61/09).   7911

86.6.3.9.2 Sinn und Zweck der Regelung des § 13 Abs. 3 Satz 2. Ein Nebenangebot muss gemäß § 13 Abs. 3 Satz 2 VOB/A auf besonderer Anlage gemacht und als solches deutlich gekennzeichnet werden. **Ziel dieser Vorschrift** ist, Nebenangebote leicht zu erkennen und dadurch ihre Bekanntgabe im Submissionstermin sicherzustellen. Dies trägt wesentlich zur **Gewährleistung transparenter Vergabeverfahren** im Sinne des § 97 Abs. 1 GWB bei und **bewahrt den Auftraggeber vor ungerechtfertigten Manipulationsvorwürfen** von Seiten der Bieter (VK Nordbayern, B. v. 26. 10. 2001 – Az.: 320.VK-3194-37/01).   7912

Zweck der formalen Trennung von Haupt- und Nebenangebot ist die **Vermeidung von Zweifeln über Tragweite und Umfang des angeforderten Hauptangebots** und dessen, was durch Eigeninitiative des Bieters von den Anforderungen des Leistungsverzeichnisses abweicht (3. VK Bund, B. v. 11. 3. 2010 – Az.: VK 3–18/10).   7913

Ein Angebot ist **als Nebenangebot deutlich gekennzeichnet, wenn die Anlageblätter z. B. mit den Kennzeichnungen „N1 bis N8"** versehen sind. Die **körperliche Trennung des Hauptangebots vom Nebenangebot** ist auch gegeben, wenn das Nebenangebot in erster Linie aus den Anlageblättern N1 bis N8 sowie aus den Anlageblättern H1 bis H3 sowie H5 und H6 besteht. Die zuletzt genannten Blätter müssen nicht ein zweites Mal mit dem Nebenangebot eingereicht werden, wenn sie dem Nebenangebot gedanklich und körperlich ohne weiteres zugeordnet werden können (OLG Düsseldorf, B. v. 29. 3. 2006 – Az.: VII – Verg 77/05).   7914

86.6.3.9.3 Ältere Rechtsprechung. Ein Teil der Rechtsprechung vertrat bereits zu § 21 Nr. 3 Satz 2 VOB/A – der § 13 Abs. 3 Satz 2 VOB/A 2009 entspricht – die Meinung, dass Ne-   7915

1609

benangebote nur zu werten sind, wenn sie die Formalien des § 21 Nr. 3 VOB/A erfüllen. Hat ein **Bieter sein Nebenangebot nicht so eindeutig bezeichnet,** wie es nach § 21 Nr. 3 Satz 2 VOB/A sowie in den Verdingungsunterlagen (Angebotsschreiben EVM (B) Ang) erforderlich ist, **kann wegen dieses gravierenden formalen Verstoßes das Angebot nicht gewertet werden** (3. VK Bund, B. v. 21. 8. 2009 – Az.: VK 3–154/09; VK Hannover, B. v. 5. 7. 2002 – Az.: 26 045 – VgK – 3/2002; ähnlich VK Magdeburg, B. v. 20. 7. 2001 – Az.: VK-OFD LSA- 05/01).

7916   **86.6.3.9.4 Nebenangebote, die die Formvorschrift des § 13 Abs. 3 Satz 1 (Aufführung der Anzahl der Nebenangebote an einer vom Auftraggeber bezeichneten Stelle) nicht erfüllen.** 86.6.3.9.4.1 Grundsatz. Die VOB/A verlangt zwar in § 13 Abs. 3 Satz 1, dass die Anzahl von Nebenangeboten an einer vom Auftraggeber in den Vergabeunterlagen bezeichneten Stelle aufzuführen sind, aber **eine Sanktion wie etwa zu § 13 Abs. 3 Satz 2 in § 16 Abs. 1 Nr. 1 lit. e) VOB/A bestimmt sie nicht.** Der öffentliche **Auftraggeber** hat also ein **Ermessen,** ob er etwaige Fehler der Bieter zum Anlass nimmt, das Angebot auszuschließen oder nicht (BayObLG, B. v. 29. 4. 2002 – Az.: Verg 10/02). Die Vergabekammer kann dieses Ermessen der vergebenden Stelle auf Fehler überprüfen (VK Hannover, B. v. 15. 11. 2002 – Az.: 26 045 – VgK – 15/2002; VK Magdeburg, B. v. 20. 7. 2001 – Az.: VK-OFD LSA-05/01).

7917   **86.6.3.9.4.2 Beispiele aus der Rechtsprechung**

– **erkennt** der öffentliche Auftraggeber sein in der Frage der Zulässigkeit solcher Angebote eingeräumtes **Ermessen nicht,** erklärt er aber in der mündlichen Verhandlung des Nachprüfungsverfahrens, dass der „Einsparungsvorschlag" jedoch im Übrigen formal korrekt auf besonderer Anlage in Verbindung mit einem Hauptangebot abgegeben wurde und interessante technische Vorschläge enthielt, ist **gegen eine Wertung des Angebots nichts einzuwenden** (VK Hannover, B. v. 15. 11. 2002 – Az.: 26 045 – VgK – 15/2002).

86.6.3.10 Ausschluss von Angeboten mit vorsätzlich unzutreffenden Eignungserklärungen (§ 16 Abs. 1 Nr. 1 lit. g)

7918   **86.6.3.10.1 Änderung in der VOB/A 2009.** Die **VOB/A 2009** übernimmt aus § 8 Nr. 5 Abs. 1 lit. e) VOB/A 2006 diesen fakultativen Ausschlusstatbestand und stuft ihn **als zwingenden Ausschlusstatbestand** hoch.

7919   **86.6.3.10.2 Aufklärungspflicht des Bieters über nach Angebotsabgabe eintretende Änderungen der Eignung. Bei einer entscheidenden Bedeutung der Eignungskriterien für die Auftragserteilung besteht eine Aufklärungspflicht eines Bieters** auch über solche Umstände, nach denen der Auftraggeber zwar nicht gefragt, die aber für die Beurteilung offensichtlich bedeutsam sind, weil sie den Vertragszweck vereiteln oder gefährden könnten. Diese Darlegungspflicht ist eine selbstverständliche Obliegenheit eines Bieters, die auf der Tatsache beruht, dass er zur Erfüllung des Auftrags über die erforderlichen personellen und/oder technischen Mittel verfügt und diese Verfügungsbefugnis durch den Eintritt neuer Umstände auch nicht verloren hat. **Dazu kann auch ein Gesellschafterwechsel gehören, wenn er entscheidende Auswirkungen auf die Ausstattung der Gesellschaft, insbesondere hinsichtlich der Personalstärke und des Verlustes von Personal mit dem für den Auftrag nötigen Know-how hat.** Ein **Bieter** darf daher diesen Umstand nicht verschweigen, sondern hätte **die Vergabestelle von sich aus darauf hinweisen müssen,** damit diese Gelegenheit erhielt, die Eignung unter Zugrundelegung der neuen Aspekte nochmals zu überprüfen (VK Hessen, B. v. 28. 6. 2005 – Az.: 69 d VK – 07/2005).

7920   **86.6.3.10.3 Zurechnung vorsätzlich falscher Angaben in einem Konzern.** Eine **juristische Person muss sich regelmäßig das Verschulden (und natürlich auch den Vorsatz) ihrer Mitglieder anrechnen lassen.** Das Ergebnis, dass auf diesem Wege an sich weitgehend unabhängige Niederlassungen durch das Fehlverhalten ihrer Mitarbeiter in Zentralen und anderen Niederlassungen betroffen sein können, muss hingenommen werden, da anderenfalls jede Zentrale jede Niederlassung jederzeit exkulpieren könnte und eine Zurechenbarkeit im Sinne der Regelung und letztlich auch im Sinne der zugrunde liegenden europäischen Richtlinie regelmäßig unterlaufen werden könnte (VK Arnsberg, B. v. 22. 10. 2001 – Az.: VK 2–13/2001).

7921   **86.6.3.10.4 Beispiele aus der Rechtsprechung**

– Vorlage alter Gewerberegisterauszüge (VK Arnsberg, B. v. 22. 10. 2001 – Az.: VK 2–13/2001).

86.6.3.10.5 Literatur

- Götting, Susanne/Götting, Bert, Kriminalisierung des Kartellrechts? Eine Analyse von Gesetzgebung und Rechtsprechung – zugleich eine Anmerkung zu BGH – Urteil vom 11. 7. 2001 – 1 StR 576/00 (ZfBR 2002, 82 ff.), ZfBR 2004, 341

86.6.4 Fakultativer Ausschluss (§ 16 Abs. 1 Nr. 2)

86.6.4.1 Änderung in der VOB/A

§ 16 Abs. 1 Nr. 1 VOB/A 2009 übernimmt – mit Ausnahme des § 8 Nr. 5 lit. e) VOB/A 2006 – die in § 8 Nr. 5 VOB/A 2006 enthaltenen fakultativen Ausschlussregelungen. Die Zusammenfassung der Bestimmungen über Ausschlussregelungen ist **sinnvoll**.

86.6.4.2 Sinn und Zweck der Regelung

Der **Tatbestand von § 16 Abs. 1 Nr. 2 VOB/A zielt darauf ab, dass beim Vorliegen bestimmter, typisierend verwendeter Merkmale Bieter oder Bewerber keine zureichende Gewähr dafür bieten, den abzuschließenden Vertrag ordnungsgemäß erfüllen zu können**. Die Tatbestandselemente der Norm betreffen die Eignungsmerkmale der Fachkunde, Leistungsfähigkeit und Zuverlässigkeit. Da sie nach dem Norminhalt und -zweck (nur) in einem typisierenden Sinn zu verstehen sind, ist die **Entscheidung über den Ausschluss dem Ermessen des Auftraggebers anheim gegeben – und seinem Beurteilungsspielraum**, soweit es den Tatbestand der Fachkunde, Leistungsfähigkeit und Zuverlässigkeit betrifft (KG Berlin, B. v. 13. 3. 2008 – Az.: 2 VERG 18/07; OLG Düsseldorf, B. v. 5. 12. 2006 – Az.: VII – Verg 56/06; VK Brandenburg, B. v. 16. 10. 2007 – Az.: VK 38/07; 1. VK Bund, B. v. 29. 10. 2007 – Az.: VK 1–110/07; VK Lüneburg, B. v. 12. 6. 2007 – Az.: VgK-23/2007; VK Münster, B. v. 13. 2. 2007 – Az.: VK 17/06).

86.6.4.3 Abschließende Regelung

Art. 24 Abs. 1 der Richtlinie 93/37 (Baukoordinierungsrichtlinie) ist so zu verstehen, dass er die **Gründe erschöpfend aufzählt, mit denen der Ausschluss eines Unternehmers von der Teilnahme an einem Vergabeverfahren aus Gründen gerechtfertigt werden kann, die sich, gestützt auf objektive Anhaltspunkte, auf seine berufliche Eignung beziehen**. Folglich hindert diese Bestimmung die Mitgliedstaaten oder die öffentlichen Auftraggeber daran, die in ihr enthaltene Aufzählung durch weitere auf berufliche Eignungskriterien gestützte Ausschlussgründe zu ergänzen (EuGH, Urteil v. 19. 5. 2009 – Az.: C-538/07 – für Dienstleistungen; Urteil v. 16. 12. 2008 – Az.: C-213/07).

Die erschöpfende Aufzählung in Art. 24 Abs. 1 der Richtlinie 93/37 **schließt jedoch nicht die Befugnis der Mitgliedstaaten aus, materiell-rechtliche Vorschriften aufrechtzuerhalten oder zu erlassen, durch die u. a. gewährleistet werden soll, dass auf dem Gebiet der öffentlichen Aufträge der Grundsatz der Gleichbehandlung und der daraus implizit folgende Grundsatz der Transparenz beachtet werden**, die die öffentlichen Auftraggeber bei jedem Verfahren zur Vergabe eines solchen Auftrags zu beachten haben. Solche Maßnahmen dürfen jedoch nach dem Grundsatz der Verhältnismäßigkeit, der ein allgemeiner Grundsatz des Gemeinschaftsrechts ist, **nicht über das hinausgehen, was zur Erreichung dieses Ziels erforderlich ist** (EuGH, Urteil v. 19. 5. 2009 – Az.: C-538/07; Urteil v. 16. 12. 2008 – Az.: C-213/07).

Formal bezieht sich diese Rechtsprechung **nur auf Ausschreibungen und Vergaben ab den Schwellenwerten**; sie sollte aber auch unterhalb der Schwellenwerte gelten.

Die nationale Rechtsprechung war anderer Auffassung als der EuGH. Ein **Ausschluss mangels Zuverlässigkeit kann nicht nur auf die in § 16 Abs. 1 Nr. 2 VOB/A geregelten Ausschlussgründe gestützt werden**. Diese Auffassung ist schon vom rechtlichen Ansatz her verfehlt. Zwar enthält § 16 Abs. 1 Nr. 2 VOB/A die Aufzählung einiger Einzeltatbestände, die auch im Rahmen der Beurteilung der Zuverlässigkeit eine Rolle spielen. Das **bedeutet aber nicht umgekehrt, dass die Annahme der Unzuverlässigkeit auf die in § 16 Abs. 1 Nr. 2 VOB/A geregelten Einzeltatbestände beschränkt** ist. Dies lässt sich weder dem Wortlaut noch der dazu ergangenen Rechtsprechung entnehmen. Nach ständiger Rechtsprechung sind vielmehr Angebote solcher Bieter, die – aus welchen Gründen auch immer – nicht die erforderliche Fachkunde, Leistungsfähigkeit oder Zuverlässigkeit besitzen, von der Wertung auszuschließen (VK Baden-Württemberg; B. v. 28. 1. 2009 – Az.: 1 VK 58/08; 3. VK Bund, B. v. 29. 6. 2006 – Az.: VK 3–48/06; B. v. 29. 6. 2006 – Az.: VK 3–39/06).

86.6.4.4 Ermessensentscheidung

7929 Die Vergabestelle verfügt **auf der Tatbestandsseite des § 16 Abs. 1 Nr. 2 VOB/A über einen Beurteilungsspielraum** bei der Einschätzung, ob ein Bieter trotz des Vorliegens eines Ausschlussgrundes noch die erforderliche Eignung aufweist oder ob er vom Vergabewettbewerb auszuschließen ist. Die **Entscheidung über den Ausschluss (Rechtsfolgenseite) ist eine Ermessensentscheidung** (KG Berlin, B. v. 13. 3. 2008 – Az.: 2 VERG 18/07; Hanseatisches OLG Bremen, B. v. 24. 5. 2006 – Az.: Verg 1/2006; OLG Düsseldorf, B. v. 9. 6. 2010 – Az.: VII-Verg 14/10; B. v. 5. 12. 2006 – Az.: VII – Verg 56/06; OLG Frankfurt, B. v. 24. 6. 2004 – Az.: 11 Verg 6/04; OLG München, B. v. 21. 8. 2008 – Az.: Verg 13/08; Saarländisches OLG, B. v. 18. 12. 2003 – Az.: 1 Verg 4/03; VK Brandenburg, B. v. 16. 10. 2007 – Az.: VK 38/07; 1. VK Bund, B. v. 29. 10. 2007 – Az.: VK 1–110/07; 2. VK Bund, B. v. 17. 8. 2005 – Az.: VK 2–81/05; VK Düsseldorf, B. v. 16. 2. 2006 – Az.: VK – 02/2006 – L; B. v. 31. 10. 2005 – Az.: VK – 30/2005 – B; VK Hessen, B. v. 28. 6. 2005 – Az.: 69 d VK – 07/2005; VK Lüneburg, B. v. 18. 10. 2005 – Az.: VgK-47/2005; VK Münster, B. v. 13. 2. 2007 – Az.: VK 17/06; VK Schleswig-Holstein, B. v. 26. 10. 2004 – Az.: VK-SH 26/04). **Ermessen bedeutet**, dass der Ausschreibende eine auf sachlichen Erwägungen beruhende Entscheidung über die weitere Teilnahme der einzelnen Bieter zu treffen hat (OLG Düsseldorf, B. v. 9. 6. 2010 – Az.: VII-Verg 14/10; OLG München, B. v. 21. 4. 2006 – Az.: Verg 8/06). Der Anspruch der übrigen Teilnehmer an der Ausschreibung geht nicht weiter. Zwar können diese von ihr eine ermessensfehlerfreie Entscheidung verlangen. Auch das bedeutet jedoch nur, dass sie ihre Entscheidung nicht aus unsachlichen Gründen treffen darf und kann. Eine hinreichend sachlich motivierte und begründete Entscheidung zugunsten auch eines ungetreuen Bieters ist ihr jedoch auch danach nicht schlechthin verwehrt (BGH, Urteil v. 18. 9. 2001 – Az: X ZR 51/00; OLG Düsseldorf, B. v. 5. 12. 2006 – Az.: VII – Verg 56/06; 1. VK Bund, B. v. 29. 10. 2007 – Az.: VK 1–110/07).

7930 Das Vorliegen eines der in **§ 16 Abs. 1 Nr. 2 VOB/A** genannten Tatbestände lässt **grundsätzlich auf einen solch gravierenden Mangel an Eignung** schließen, dass ein **Ausschluss zwar regelmäßig gerechtfertigt, nicht aber zwingend geboten** ist (1. VK Bund, B. v. 11. 10. 2002 – Az.: VK 1–75/02).

7931 Im Einzelfall kann sich dieses **Ermessen auf Null reduzieren** mit der Folge, dass eine Pflicht zum Ausschluss besteht (1. VK Bund, B. v. 29. 10. 2007 – Az.: VK 1–110/07). Maßgeblich muss unter dem Gesichtspunkt des Eignungsprinzips sein, ob und in welchem Umfang der zu beurteilende Sachverhalt geeignet ist, die Leistungsfähigkeit des Bieters in Frage zu stellen.

7932 Der **Beurteilungsspielraum wird nur dann überschritten**,

- wenn ein **vorgeschriebenes Verfahren nicht eingehalten** wird,
- wenn nicht von einem **zutreffenden und vollständig ermittelten Sachverhalt** ausgegangen wird (1. VK Sachsen, B. v. 28. 1. 2004 – Az.: 1/SVK/158-03),
- wenn **sachwidrige Erwägungen** in die Wertung **einbezogen** werden oder
- wenn der sich im Rahmen der Beurteilungsermächtigung haltende **Beurteilungsmaßstab nicht zutreffend angewandt** wird

(OLG Düsseldorf, B. v. 9. 6. 2010 – Az.: VII-Verg 14/10; VK Baden-Württemberg, B. v. 31. 3. 2003 – Az.: 1 VK 13/03; VK Brandenburg, B. v. 16. 10. 2007 – Az.: VK 38/07; VK Nordbayern, B. v. 18. 9. 2003 – Az.: 320.VK-3194-31/03).

7933 Die **Ausübung des Ermessens muss erfolgen und dokumentiert** werden (OLG Düsseldorf, B. v. 9. 6. 2010 – Az.: VII-Verg 14/10; 1. VK Bund, B. v. 29. 10. 2007 – Az.: VK 1–110/07; VK Lüneburg, B. v. 12. 6. 2007 – Az.: VgK-23/2007; B. v. 18. 10. 2005 – Az.: VgK-47/2005; VK Südbayern, B. v. 7. 7. 2006 – Az.: 11-04/06).

7934 Sowohl die **Ermessensausübung** als auch die vorgelagerte **Betätigung des Beurteilungsspielraums unterliegen der Kontrolle der Nachprüfungsinstanzen** darauf, ob die nach allgemeinen Grundsätzen zu beachtenden Grenzen eingehalten worden sind (OLG Düsseldorf, B. v. 5. 12. 2006 – Az.: VII – Verg 56/06; VK Brandenburg, B. v. 16. 10. 2007 – Az.: VK 38/07; 1. VK Bund, B. v. 29. 10. 2007 – Az.: VK 1–110/07; VK Münster, B. v. 13. 2. 2007 – Az.: VK 17/06).

7935 Zur **Bindung** des öffentlichen Auftraggebers **an eine einmal getroffene Ermessensentscheidung** vgl. die **Kommentierung** zu → **§ 97 GWB Rdn. 1327 ff.**

Vergabe- und Vertragsordnung für Bauleistungen Teil A   VOB/A § 16   **Teil 3**

86.6.4.5 Ausschlussgründe nach § 16 Abs. 1 Nr. 2

86.6.4.5.1 Unternehmen im Insolvenz- oder einem vergleichbaren Verfahren (§ 16 7936
Abs. 1 Nr. 2 lit. a). 86.6.4.5.1.1 Allgemeines. Der Ausschlussgrund des § 16 Abs. 1 Nr. 2
lit. a) VOB/A knüpft an den **Wegfall der finanziellen Leistungsfähigkeit** des Teilnehmers
an. Der öffentliche Auftraggeber hat ein berechtigtes Interesse daran, dass der Bewerber bzw.
Bieter während der Ausführung des Bauauftrags und für die Dauer der Gewährleistung über
ausreichende finanzielle Mittel verfügt, um die Bauleistung ordnungsgemäß und pünktlich auszuführen und Gewährleistungsansprüche zu erfüllen (VK Nordbayern, B. v. 18. 9. 2003 – Az.:
320.VK-3194-31/03).

Ein **durchgeführter Verlustausgleich durch einen Gesellschafter stellt keine Insol-** 7937
venzsituation dar (2. VK Bund, B. v. 17. 8. 2005 – Az.: VK 2–81/05).

86.6.4.5.1.2 Insolvenz eines Mitgliedes einer Bietergemeinschaft. Allein die Tatsache 7938
der vorläufigen Insolvenz oder der Eröffnung des Insolvenzverfahrens über das Vermögen eines
Mitglieds einer anbietenden Bietergemeinschaft führt nicht zur zwingenden Nichtberücksichtigung des Bieters wegen mangelnder Eignung, sondern **ermöglicht lediglich einen ermes-**
sensgebundenen Ausschlussgrund (1. VK Sachsen, B. v. 1. 10. 2002 – Az.: 1/SVK/084-02).

Befindet sich **nur ein Partner einer Bietergemeinschaft in Insolvenz**, ist allerdings der 7939
Ausschluss der gesamten Bietergemeinschaft gerechtfertigt (VK Nordbayern, B. v. 18. 9.
2003 – Az.: 320.VK-3194-31/03).

86.6.4.5.1.3 Ermessensentscheidung. § 16 Abs. 1 Nr. 2 lit. a) VOB/A **erlaubt dem öf-** 7940
fentlichen Auftraggeber keineswegs, einen Bieter oder Bewerber **allein aufgrund einer**
durch die Eröffnung eines Insolvenzverfahrens eingetretenen abstrakten Gefährdungs-
lage, ohne eine gezielte und konkrete Überprüfung seiner Eignung, d. h. einer Fachkunde,
Leistungsfähigkeit und Zuverlässigkeit trotz eingeleiteten Insolvenzverfahrens, ohne Betätigung
des dabei auf der Tatbestandsseite auszuübenden Beurteilungsspielraums und des auf der Rechtsfolgenseite eingeräumten Ermessens und vor allen Dingen ohne eine Kontrolle der bei der Ausübung von Beurteilungs- und Ermessensspielräumen einzuhaltenden Grenzen vom Wettbewerb
auszuschließen (OLG Düsseldorf, B. v. 5. 12. 2006 – Az.: VII – Verg 56/06).

Der Auftraggeber hat gemäß § 16 Abs. 1 Nr. 2 lit. a) VOB/A einen **Beurteilungsspiel-** 7941
raum, den die Vergabekammer nicht vorwegnehmen kann (VK Arnsberg, B. v. 10. 3. 2006 –
Az.: VK 03/06). Der Auftraggeber hat die finanzielle Leistungsfähigkeit der Bieter zu überprüfen. **Gegebenenfalls kommt eine Ermessensreduzierung auf Null** wegen Wegfall der finanziellen Leistungsfähigkeit in Betracht. Es **kann einem Auftraggeber auch nicht ver-**
wehrt werden, im Falle der Insolvenz mit dem Insolvenzverwalter „Verhandlungen"
zu führen (VK Brandenburg, B. v. 14. 3. 2005 – Az.: VK 7/05).

86.6.4.5.1.4 Nachweis für das Nichtvorliegen der Insolvenz und Liquidation. 7942
Grundsätzlich genügt als Nachweis für das Nichtvorliegen der Insolvenz und Liquidation – und damit das Nichtvorliegen des Ausschlusstatbestandes nach § 16 Abs. 1 Nr. 2
VOB/A – eine **einfache Eigenerklärung (Selbstauskunft)**, es sei denn, der Auftraggeber
fordert ausdrücklich eine qualifizierte (Fremd-)Erklärung (OLG Düsseldorf, B. v. 4. 6. 2008 –
Az.: VII-Verg 21/08).

86.6.4.5.2 Nachweislich festgestellte schwere Verfehlung (§ 16 Abs. 1 Nr. 2 lit. c). 7943
Vgl. dazu die Kommentierung zu → § 6 VOB/A Rdn. 143 ff.

86.6.4.5.3 Keine Erfüllung der Verpflichtung zur Zahlung der Steuern und Abga- 7944
ben u. ä. Vgl. dazu die Kommentierung zu → § 6 VOB/A Rdn. 179 ff.

86.6.4.6 Ausschluss vom Vergabeverfahren

86.6.4.6.1 Ausschluss für das laufende Verfahren. Es ist anerkannt, dass so genannte 7945
Auftragssperren – nicht zuletzt wegen europäischer Überlagerungen und Eingriffen in grundrechtlich geschützte Rechtsgüter – **höchst problematisch** sind. Dabei besteht Einigkeit, dass
eine – unterstellte – **schwere Verfehlung (zunächst) nur zum Ausschluss im laufenden**
Verfahren führen darf. Rechtmäßig können demnach nur Ausschlüsse von der Teilnahme am
Wettbewerb eines laufenden Vergabeverfahrens sein (1. VK Sachsen, B. v. 25. 6. 2003 – Az.:
1/SVK/051-03).

Wird gegen ein Organ einer Bieterin wegen wettbewerbsbeschränkender Abreden rechtskräf- 7946
tig ein Bußgeld verhängt, ist die Vergabestelle nicht gehindert, die **Bieterin vom Vergabever-**
fahren auszuschließen, sofern die entsprechenden Taten der Organe einen überschau-

1613

baren Zeitraum zurückliegen. Dass die entsprechenden Geschäftsführer die ihnen vorgeworfenen Taten für andere Firmen der Firmengruppe begangen haben, der die Bieterin angehört, ist unerheblich (OLG Celle, Urteil vom 26. 11. 1998 – Az: 14 U 283/97).

7947 86.6.4.6.2 **Ausschluss für künftige Verfahren.** Eine auf einen Gemeinsamen Runderlass einer Landesregierung gestützte **Vergabesperre stellt keine unbillige Behinderung oder Diskriminierung des betroffenen Unternehmens dar,** wenn dessen Geschäftsführer nach rechtskräftiger Verurteilung eines bestochenen Landesbediensteten schwerwiegende Kartellordnungswidrigkeiten nach GWB zum Nachteil des Landes vorzuwerfen sind (OLG Frankfurt, Urteil v. 10. 6. 1997 – Az: 11 U (Kart) 10/97).

7948 Welche **Sperrdauer gerechtfertigt** ist, lässt sich **nur unter Würdigung der Umstände des Einzelfalles** beurteilen. Maßgebend ist zum einen die **Schwere der Tat**, wobei es auf die Anzahl der Fälle, den Tatzeitraum, die Höhe des Schadens sowie die Anzahl und Stellung der beteiligten Personen ankommt. Zum anderen ist auf die **sozialen Folgen für das ausgeschlossene Unternehmen** abzustellen. Dabei ist zu berücksichtigen, ob die Personen, die Verfehlungen begangen haben, ersetzt worden sind (LG Berlin, Urteil v. 22. 3. 2006 – Az.: 23 O 118/04).

86.6.4.7 „Selbstreinigung" des Unternehmens

7949 Fehlt die Zuverlässigkeit, kann ein davon betroffenes Unternehmen die Zuverlässigkeit mittels einer „Selbstreinigung" wieder herstellen. Hierzu kommen verschiedene Maßnahmen in Betracht.

7950 Notwendig ist, dass sich ein Unternehmen z. B. nach dem Bekannt werden von Bestechungsvorwürfen **ernsthaft und nachhaltig darum bemüht, die Vorgänge aufzuklären und die erforderlichen personellen und organisatorischen Konsequenzen zu ziehen,** etwa durch Veranlassung einer Sonderprüfung über ihre Aufsichtsratsmitglieder, der Überlassung des Sonderprüfungsberichtes an die Ermittlungsbehörde, der konsequenten Verfolgung aller Verdachtsmomente, der Trennung von allen Mitarbeitern, die in dem Verdacht stehen, von den Machenschaften gewusst oder an ihnen mitgewirkt zu haben, der Trennung vom gesamten Vorstand sowie von einem großen Teil der leitenden Angestellten, der Überprüfung aller Prokuren und Handlungsvollmachten und der Neuerteilung von Handlungsvollmacht und Prokura nur an diejenigen Personen, gegen die nach einer entsprechenden Überprüfung kein Verdacht der Mittäterschaft oder Mitwisserschaft bestand. **Belegen in der Zusammenschau diese vielfältigen Anstrengungen, dass das Unternehmen die „Selbstreinigung" ernsthaft und konsequent betrieben** hat, berechtigt dies zu der Erwartung, dass das Unternehmen auch in Zukunft etwaig auftretenden Verdachtsmomenten nachgehen und bei Vorliegen eines hinreichenden Verdachts die gebotenen personellen und/oder organisatorischen Maßnahmen ergreifen wird. Daraus leitet sich die **Feststellung** her, dass das **Unternehmen die für eine Auftragsvergabe erforderliche Zuverlässigkeit besitzt** (OLG Düsseldorf, B. v. 9. 4. 2003 – Az.: Verg 66/02, B. v. 9. 4. 2003 – Az.: Verg 43/02; LG Berlin, Urteil v. 22. 3. 2006 – Az.: 23 O 118/04; VK Brandenburg, B. v. 16. 10. 2007 – Az.: VK 38/07).

7951 **Trennt sich ein Unternehmen nicht unverzüglich und vollständig von einer Person, der die schwere Verfehlung begangen hat, und verwehrt ihm jeden Einfluss auf die Geschäftsführung,** muss sich das Unternehmen die schwere Verfehlung weiterhin zurechnen lassen (OLG Brandenburg, B. v. 14. 12. 2007 – Az.: Verg W 21/07; VK Brandenburg, B. v. 16. 10. 2007 – Az.: VK 38/07). Dies kommt auch in Betracht, wenn neue Geschäftsführer mit dieser Person Treuhandverträge über dessen Geschäftsanteile schließen, die dieser Person die tatsächliche und rechtliche Möglichkeit zur Einflussnahme auf die Geschäftsführung belassen (OLG Düsseldorf, B. v. 28. 7. 2005 – Az.: VII – Verg 42/05; VK Düsseldorf, B. v. 13. 3. 2006 – Az.: VK – 08/2006 – L; im Ergebnis ebenso OLG Brandenburg, B. v. 14. 12. 2007 – Az.: Verg W 21/07). Eine **bruchstückhafte und erst auf Nachfrage sukzessive Offenlegung der Verhältnisse** über die Treuhandverträge in einem für die Vergabestelle erkennbar sensiblen Punkt stellt ein **Fehlverhalten dar, das die Zuverlässigkeit der heute tätigen Geschäftsführer – für sich allein genommen und aus einem neuen selbständigen Grund – in Frage stellt** (OLG Düsseldorf, B. v. 28. 7. 2005 – Az.: VII – Verg 42/05).

7952 Bei der Selbstreinigung kann eine **organisatorische Änderung dadurch** geschehen, dass **Verwaltung und operativer Bereich gesellschaftlich getrennt** werden. Bedeutsam ist insoweit auch der Umstand, dass die **Geschäftsführung der beiden Gesellschaften personell unabhängig voneinander** sind (OLG Brandenburg, B. v. 14. 12. 2007 – Az.: Verg W 21/07; VK Brandenburg, B. v. 16. 10. 2007 – Az.: VK 38/07).

Vergabe- und Vertragsordnung für Bauleistungen Teil A VOB/A § 16 **Teil 3**

Schließlich können **bestimmte Präventivmaßnahmen**, nämlich die Einrichtung einer neuen **Abteilung Revision/Compliance**, die **Einrichtung einer Clearingstelle**, die sich mit der **Angebots- und Auftragsstrategie** befasst und diese hinterfragen soll, die künftige **externe anwaltliche Prüfung externer Provisions- und Beraterverträge**, die **Einführung eines Wertemangements** in der Unternehmensgruppe, der **Beitritt zum „Ethik-Management der Bauwirtschaft e. V."** als geeignet angesehen werden, eine Wiederholung der Verfehlungen zu erschweren bzw. unmöglich zu machen (OLG Brandenburg, B. v. 14. 12. 2007 – Az.: Verg W 21/07; VK Brandenburg, B. v. 16. 10. 2007 – Az.: VK 38/07). 7953

86.6.4.8 Zeitliche Wiederzulassung von Unternehmen

In diesem Zusammenhang ist zu berücksichtigen, dass eine **längerfristige Nichtberücksichtigung eines Unternehmens** wegen Unzuverlässigkeit **gravierende Folgen für das betroffene Unternehmen** haben kann, so dass ein **Ausschluss über längere Zeit ohnehin nur bei besonders schwerwiegenden Verstößen gerechtfertigt** sein dürfte (1. VK Bund, B. v. 11. 10. 2002 – Az.: VK 1–75/02; im Ergebnis ebenso VK Düsseldorf, B. v. 13. 3. 2006 – Az.: VK – 08/2006 – L). 7954

Liegt die **definitive organisatorische und personelle Trennung des Bewerbers** von den dafür **verantwortlichen Personen mehr als ein Jahr zurück**, kann der Auftraggeber bei seiner Eignungsbewertung ermessensfehlerfrei das Fehlverhalten dieser Personen nicht mehr zu Lasten des Bewerbers berücksichtigen (1. VK Bund, B. v. 11. 10. 2002 – Az.: VK 1–75/02). 7955

Es erscheint außerdem fraglich, ob **nach einem Zeitraum von ca. 4 Jahren nach einer** strafrechtlichen Verurteilung diese Verfehlungen überhaupt noch **eine Unzuverlässigkeit** im vergaberechtlichen Sinne **rechtfertigen können** (1. VK Bund, B. v. 11. 10. 2002 – Az.: VK 1–75/02). 7956

86.6.4.9 Personenidentitäten bei einem formal neuen Bieter

Ist es **außer Streit**, dass **bestimmte Personen schwere Verfehlungen begangen haben**, kann an der Anwendbarkeit der Vorschriften über den Ausschluss eine formale Firmenneugründung nichts ändern, solange interne Beteiligungs- und Weisungsrechte **diesen Personen tatsächlich die gleiche Einflussnahme auf das neue Unternehmen** gewährleisten. In einem solchen Fall erscheint es **ermessensfehlerhaft, das formal neu gegründete Unternehmen als zuverlässig einzustufen** (OLG Düsseldorf, B. v. 18. 7. 2001 – Az.: Verg 16/01). 7957

86.6.5 Ausschluss wegen fehlender geforderter Erklärungen oder Nachweise (§ 16 Abs. 1 Nr. 3)

86.6.5.1 Änderung in der VOB/A 2009

Die **Neufassung des § 16 Abs. 1 Nr. 3** beinhaltet ebenfalls **eine der wichtigsten Neuerungen der VOB/A 2009**. Nach § 16 Abs. 1 Nr. 3 verlangt der Auftraggeber dann, wenn geforderte Erklärungen oder Nachweise fehlen und das Angebot nicht entsprechend Nummern 1 oder 2 ausgeschlossen wird, die fehlenden Erklärungen oder Nachweise nach. Diese sind spätestens innerhalb von 6 Kalendertagen nach Aufforderung durch den Auftraggeber vorzulegen. Die Frist beginnt am Tag nach der Absendung der Aufforderung durch den Auftraggeber. Werden die Erklärungen oder Nachweise nicht innerhalb der Frist vorgelegt, ist das Angebot auszuschließen. 7958

86.6.5.2 Sinn und Zweck der Neuregelung

Auch mit dieser Neuregelung soll die **hohe Ausschlussrate reduziert** und ein **umfassender Wettbewerb sichergestellt** werden. 7959

86.6.5.3 Reihenfolge der Prüfung der Ausschlusstatbestände

Nach dem Wortlaut des § 16 Abs. 1 Nr. 3 sind **zunächst die zwingenden Ausschlusstatbestände** des § 16 Abs. 1 Nr. 1 und **dann die fakultativen Ausschlusstatbestände** des § 16 Abs. 1 Nr. 2 zu prüfen. Erfolgt bei diesen Prüfungsschritten kein Ausschluss, kommt die Regelung des § 16 Abs. 1 Nr. 3 zum Tragen. 7960

86.6.5.4 Zwingende Regelungen?

§ 16 Abs. 1 Nr. 3 enthält nach seinem Wortlaut **drei zwingende Regelungen**. Der **Auftraggeber muss** fehlende Erklärungen oder Nachweise nachverlangen; der **Bieter muss** diese 7961

Teil 3 VOB/A § 16   Vergabe- und Vertragsordnung für Bauleistungen Teil A

Erklärungen oder Nachweise innerhalb einer bestimmten Frist vorlegen; und – drittens – **muss der Auftraggeber** bei Nichtvorlage innerhalb der Frist das Angebot ausschließen.

7962   Daraus ergibt sich, dass die **bisherige Rechtsprechung zu fehlenden Erklärungen und Nachweisen im Grundsatz weiter verwendet werden kann. Lediglich die Rechtsfolge ist eine andere.** Fehlende Erklärungen und Nachweise führen zunächst nicht zum Ausschluss des Angebots, sondern nur zur Unvollständigkeit und zur Pflicht zum Nachverlangen durch den Auftraggeber.

7963   **Anderer Auffassung** ist die **VK Saarland. Nach § 16 Abs. 1 Nr. 3 VOB/A 2009 hat der Auftraggeber folgende Wahlmöglichkeiten**: Er könnte das Angebot ausschließen; tut er dies nicht und verlangt die fehlenden Erklärungen oder Nachweise nach, sind diese spätestens innerhalb von sechs Kalendertagen nach Aufforderung durch den Auftraggeber vorzulegen. Werden die Erklärungen und die Nachweise nicht innerhalb dieser Frist vorgelegt, ist das Angebot auszuschließen. Das bedeutet, **auch nach dem neuen Recht stehen dem Auftraggeber zwei Möglichkeiten zu: Er kann das Angebot ausschließen oder aber er kann die Erklärungen nachverlangen** (1. VK Saarland, B. v. 8. 3. 2010 – Az.: 1 VK 03/2010).

86.6.5.5 Fehlende geforderte Erklärungen oder Nachweise

7964   **86.6.5.5.1 Begriff und Inhalt.** Geforderte **Erklärungen sind solche, die nicht bereits Inhalt der Ausschreibungsunterlagen sind und von einem Bieter aufgrund eines entsprechenden Verlangens des Auftraggebers zwingend abgegeben werden müssen**, damit sie Bestandteil seines Angebots und späterhin des Vertrages werden können (VK Baden-Württemberg, B. v. 15. 3. 2007 – Az.: 1 VK 03/07; B. v. 31. 1. 2007 – Az.: 1 VK 83/06; 2. VK Bund, B. v. 21. 1. 2004 – Az.: VK 2–126/03; VK Südbayern, B. v. 16. 7. 2007 – Az.: Z3-3-3194-1-28-06/07; B. v. 6. 10. 2006 – Az.: 26-08/06).

7965   Geforderte Erklärungen können **sowohl den technischen Inhalt als auch die rechtlichen und sonstigen Rahmenbedingungen** der zu erbringenden Leistung **betreffen.** Die Erklärungen müssen sich auch genau auf die ausgeschriebene Leistung beziehen (VK Baden-Württemberg, B. v. 15. 3. 2007 – Az.: 1 VK 03/07; B. v. 31. 1. 2007 – Az.: 1 VK 83/06; VK Nordbayern, B. v. 24. 1. 2008 – Az.: 21.VK – 3194 – 52/07; VK Südbayern, B. v. 5. 8. 2003 – Az.: 29-07/03).

7966   Geforderte Erklärungen, Nachweise oder sonstige mit Angebotsabgabe zu erfüllende Vorgaben **müssen vom jeweiligen Bieter selbst erbracht werden. Jedes Angebot ist für sich gesondert dahin zu prüfen, ob es den Vorgaben der Ausschreibung entspricht.** Kein Bieter kann sich darauf berufen, dass z. B. geforderte Mustersteine bereits von einem anderen Bieter vorgelegt wurden und er die gleichen Steine angeboten habe wie dieser andere Bieter (VK Hessen, B. v. 11. 3. 2004 – Az.: 69 d – VK – 06/2004).

7967   **Angaben und Erklärungen**, die der Bieter laut den Ausschreibungsbedingungen vorzulegen hat, **müssen vollständig sein**. Ein **Recht des Bieters zu entscheiden**, welcher Teil des geforderten Dokuments für den Auftraggeber von Bedeutung ist und welcher zur Ersparung von Kopierkosten oder zum Schutz von Betriebsgeheimnissen weggelassen werden kann, **besteht nicht**. Die Vergabestelle umgekehrt kann von sich aus nicht beurteilen, ob der fehlende Teil für sie wesentliche Informationen enthält (OLG München, B. v. 29. 11. 2007 – Az.: Verg 13/07; B. v. 29. 3. 2007 – Az.: Verg 02/07; VK Südbayern, B. v. 9. 10. 2007 – Az.: Z3-3-3194-1-45–08/07).

7968   **Muster stellen in entsprechender Anwendung der §§ 13 Abs. 1 Nr. 4, 16 VOB/A im Rechtssinn Bietererklärungen** dar. Sind verlangte Muster nicht oder unvollständig vorgelegt worden, kann das betreffende Angebot auszuschließen sein. Der **Angebotsinhalt (und damit der ggf. zukünftige Vertragsgegenstand) werden nicht erst durch das überlassene Muster festgelegt, sondern bereits in dem schriftlichen Angebot** selbst. Nicht erst ein Muster konkretisiert das Angebot eines Bieters, sondern **umgekehrt muss das Muster dem Angebot entsprechen („zum Angebot gehörig")** (OLG Düsseldorf, B. v. 14. 11. 2007 – Az.: VII – Verg 23/07; 1. VK Bund, B. v. 5. 8. 2009 – Az.: VK 1–128/09).

7969   **86.6.5.5.2 Eindeutige Bestimmung der geforderten Erklärungen oder Nachweise. 86.6.5.5.2.1 Notwendigkeit einer eindeutigen Bestimmung.** Die **bisherige Rechtsprechung** zu dieser Frage knüpfte im Ergebnis daran an, dass ein Fehlen von geforderten Erklärungen ein zwingender Ausschlusstatbestand war und diese gravierende Rechtsfolge ein sorgfältiges und eindeutiges Handeln des Auftraggebers voraussetzte. **Auch nach der neuen Formulierung des § 16 Abs. 1 Nr. 3** knüpfen sich an das Fehlen von Erklärungen oder Nachweise

Vergabe- und Vertragsordnung für Bauleistungen Teil A VOB/A § 16 **Teil 3**

schwerwiegende zwingende Rechtsfolgen wie etwa ein Angebotsausschluss bei verspäteter Vorlage trotz Nachforderung (vgl. → Rdn. 328 ff.), sodass eine eindeutige Bestimmung der geforderten Erklärungen oder Nachweise durch den Auftraggeber **auch weiterhin erforderlich** ist (im Ergebnis ebenso OLG München, B. v. 12. 11. 2010 – Az.: Verg 21/10).

86.6.5.5.2.2 Eindeutige Bestimmung der Erklärungen. Die mit dem Fehlen von Erklä- 7970 rungen verbundenen eventuell schwerwiegenden Folgen gebieten es, dass die **ausschreibende Stelle eindeutig bestimmt, welche Erklärungen sie für die Angebotswertung fordert.** Wie die Leistung selbst eindeutig und erschöpfend zu beschreiben ist (vgl. § 7 Abs. 1 Nr. 1 VOB/A), erfordert es das Prinzip der Gleichbehandlung (§ 2 Abs. 2 VOB/A) auch, eine objektive Mehrdeutigkeit der Ausschreibungsunterlagen in den geforderten Belegen nicht zum Nachteil eines Bieters ausschlagen zu lassen (BGH, Urteil v. 10. 6. 2008 – Az.: X ZR 78/07; OLG Düsseldorf, B. v. 30. 6. 2010 – Az.: VII-Verg 13/10; B. v. 9. 12. 2009 – Az.: VII-Verg 37/09; B. v. 21. 11. 2007 – Az.: Verg 32/07; OLG München, B. v. 12. 11. 2010 – Az.: Verg 21/10; B. v. 31. 8. 2010 – Az.: Verg 12/10; B. v. 21. 5. 2010 – Az.: Verg 02/10; B. v. 10. 12. 2009 – Az.: Verg 16/09; B. v. 10. 9. 2009 – Az.: Verg 10/09; OLG Naumburg, B. v. 2. 7. 2009 – Az.: 1 Verg 2/09; OLG Rostock, B. v. 8. 3. 2006 – Az.: 17 Verg 16/05; BayObLG, B. v. 28. 5. 2003 – Az.: Verg 6/03; VK Arnsberg, B. v. 30. 11. 2009 – Az.: VK 32/09; VK Baden-Württemberg, B. v. 10. 9. 2009 – Az.: 1 VK 41/09; B. v. 11. 8. 2009 – Az.: 1 VK 36/09; B. v. 20. 1. 2009 – Az.: 1 VK 69/08; B. v. 10. 10. 2008 – Az.: 1 VK 31/08; B. v. 11. 4. 2008 – Az.: 1 VK 09/08; B. v. 7. 11. 2007 – Az.: 1 VK 43/07; 2. VK Bund, B. v. 30. 12. 2009 – Az.: VK 2–222/09; B. v. 21. 9. 2009 – Az.: VK 2–126/09; B. v. 20. 12. 2005 – Az.: VK 2–159/05; B. v. 20. 12. 2005 – Az.: VK 2–156/05; 3. VK Bund, B. v. 10. 6. 2010 – Az.: VK 3–51/10; B. v. 4. 6. 2010 – Az.: VK 3–48/10; B. v. 11. 3. 2010 – Az.: VK 3–18/10; B. v. 4. 2. 2010 – Az.: VK 3 – 3/10; VK Düsseldorf, B. v. 19. 3. 2007 – Az.: VK – 03/2007 – B; VK Hessen, B. v. 10. 11. 2008 – Az.: 69d VK – 53/2008; VK Münster, B. v. 25. 9. 2007 – Az.: VK 20/07; VK Nordbayern, B. v. 8. 7. 2010 – Az.: 21.VK – 3194 – 22/10; B. v. 8. 6. 2010 – Az.: 21.VK – 3194 – 11/10; B. v. 21. 4. 2009 – Az.: 21.VK – 3194 – 10/09; B. v. 21. 7. 2008 – Az.: 21.VK – 3194 – 27/08; B. v. 21. 6. 2007 – Az.: 21.VK – 3194 – 23/07; B. v. 15. 3. 2007 – Az.: 21.VK – 3194 – 06/07; B. v. 28. 6. 2005 – Az.: 320.VK – 3194 – 21/05; B. v. 28. 7. 2003 – Az.: 320.VK-3194-26/03; 1. VK Sachsen, B. v. 18. 6. 2009 – Az.: 1/SVK/017-09; B. v. 7. 3. 2008 – Az.: 1/SVK/003–08; B. v. 10. 11. 2006 – Az.: 1/SVK/096-06; VK Schleswig-Holstein, B. v. 9. 7. 2010 – Az.: VK-SH 11/10; B. v. 7. 7. 2009 – Az.: VK-SH 05/09; B. v. 7. 3. 2008 – Az.: VK-SH 02/08; im Ergebnis ebenso VK Südbayern, B. v. 6. 10. 2006 – Az.: 26-08/06; 1. VK Bund, B. v. 20. 3. 2003 – Az.: VK 1–13/03).

Es muss also erkennbar sein, dass der öffentliche **Auftraggeber für das konkrete Vergabe-** 7971 **verfahren überhaupt bestimmte Unterlagen fordert.** Ferner muss der **Inhalt** der vorzulegenden Unterlagen **eindeutig und unmissverständlich** aus der Bekanntmachung und den Vergabeunterlagen hervorgehen (OLG München, B. v. 10. 12. 2009 – Az.: Verg 16/09; VK Baden-Württemberg, B. v. 10. 9. 2009 – Az.: 1 VK 41/09; B. v. 11. 8. 2009 – Az.: 1 VK 36/09).

Wird in den Ausschreibungsunterlagen einmal verlangt, dass der Bieter die Eignungs- 7972 nachweise vorzulegen habe, an anderer Stelle hingegen formuliert „Als Nachweis Ihrer Eignung sollten dem Angebot bei Angebotsabgabe als Anlage folgende aktuellen Unterlagen beiliegen ..." und behält sich an wieder anderer Stelle die Auftraggeberin vor, nicht beiliegende bzw. nicht den Anforderungen entsprechende Dokumente **nachzufordern** bzw. wird darauf hingewiesen, dass das Fehlen von Nachweisen zum Ausschluss führt, wenn der Bieter der Nachforderung nicht nachkommt bzw. wenn zum Zeitpunkt der abschließenden Wertung eines der Dokumente nicht vorliegt, kann **angesichts dieser Vielschichtigkeit, der teils mehrdeutigen und widersprüchlichen Regelungen nicht davon ausgegangen werden, dass ein zwingender Ausschlussgrund vorliegt, wenn die geforderten Nachweise nicht oder nicht vollständig vorgelegt** werden (VK Baden-Württemberg, B. v. 7. 11. 2007 – Az.: 1 VK 43/07).

Bei der **Frage, ob bestimmte Unterlagen gefordert** sind, sind alle Vergabeunterlagen, 7973 u. a. auch das Angebotsaufforderungsschreiben zu berücksichtigen. Haben z. B. die Bieter auf Verlangen dem Auftraggeber die **Preisermittlung für die vertragliche Leistung** (z. B. zwecks Prüfung der Angemessenheit der Preise) zu übergeben und haben die Bieter **außerdem die ihrer Kalkulationsmethode entsprechenden Formblätter zur Preisaufgliederung** ausgefüllt mit seinem Angebot abzugeben, so **handelt es sich bei den geforderten „Formblättern zur Preisaufgliederung" nicht um die „Preisermittlung", sondern um die so genannte Urkalkulation** (OLG Karlsruhe, B. v. 24. 7. 2007 – Az.: 17 Verg 6/07; **weiteres instruktives Beispiel**: OLG Düsseldorf, B. v. 6. 6. 2007 – Az.: VII – Verg 8/07).

Teil 3 VOB/A § 16 Vergabe- und Vertragsordnung für Bauleistungen Teil A

7974 Zur Feststellung, welche Erklärungen oder Unterlagen gefordert werden, sind zunächst die **Vergabeunterlagen auszulegen**. Welcher Erklärungswert den Vergabeunterlagen zukommt, ist anhand der für Willenserklärungen geltenden Grundsätze, §§ 133, 157 BGB, zu ermitteln. Diese sind zwar selbst keine Angebote im Sinne der §§ 145 ff. BGB, bilden diese aber gleichsam spiegelbildlich ab. Die **vertraglichen Unterlagen, welche an eine Vielzahl von Bietern gerichtet sind, sind nach dem objektiven Empfängerhorizont der potenziellen Bieter, also eines abstrakt bestimmten Adressatenkreises auszulegen**. Etwaige Unklarheiten gehen nicht zu Lasten des Bieters, sondern zu Lasten der formulierenden Vergabestelle (OLG München, B. v. 31. 8. 2010 – Az.: Verg 12/10).

7975 **Fordert der Auftraggeber einen SiGe-Plan bereits mit Angebotsabgabe, richtet sich die Forderung allerdings an den Auftragnehmer, ist die Forderung nicht widerspruchsfrei**. Mit dieser Formulierung ist ein Zeitpunkt in Bezug genommen, der nach Auftragserteilung liegt, was in Widerspruch zu der Vorgabe steht, dass der Plan mit dem Angebot vorzulegen ist – bei Angebotsabgabe besteht erst ein Bieterstatus, nicht dagegen bereits ein Auftragnehmerstatus. Die Rechtsfolge eines eventuellen Angebotsausschlusses wegen fehlender Unterlagen ist für den betroffenen Bieter, der völlig vom Wettbewerb ausgeschlossen wird, sehr schwerwiegend. Sie kann daher nur eingreifen, wenn die Vorgabe des Auftraggebers, mit der er die betreffende Erklärung fordert, in sich klar und widerspruchsfrei ist (3. VK Bund, B. v. 10. 6. 2010 – Az.: VK 3–51/10; B. v. 4. 6. 2010 – Az.: VK 3–48/10).

7976 **86.6.5.5.3 Eindeutige Bestimmung des Zeitpunkts der Vorlage.** Eindeutig feststehen muss aus Gründen der Gleichbehandlung auch, **zu welchem Zeitpunkt die Erklärungen vorliegen müssen** (mit dem Angebot oder zu einem späteren Zeitpunkt). Aufgrund einer Unklarheit in den Vergabeunterlagen kann sich die Nichtvorlage oder fehlerhafte Vorlage von geforderten Belegen nicht zum Nachteil der Bieter z. B. in Form eines Ausschlusses aus dem Vergabeverfahren auswirken (OLG Düsseldorf, B. v. 9. 12. 2009 – Az.: VII-Verg 37/09; B. v. 7. 4. 2005 – Az.: VII – Verg 12/05; OLG München, B. v. 10. 12. 2009 – Az.: Verg 16/09; B. v. 10. 9. 2009 – Az.: Verg 10/09; VK Baden-Württemberg, B. v. 11. 4. 2008 – Az.: 1 VK 09/08; 1. VK Brandenburg, B. v. 1. 2. 2006 – Az.: 1 VK 81/05; 2. VK Bund, B. v. 11. 2. 2005 – Az.: VK 2–223/04; VK Düsseldorf, B. v. 19. 3. 2007 – Az.: VK – 03/2007 – B; VK Nordbayern, B. v. 8. 6. 2010 – Az.: 21.VK – 3194 – 11/10; B. v. 28. 6. 2005 – Az.: 320.VK – 3194 – 21/05).

7977 Enthält die Aufforderung zur Angebotsabgabe die Angabe, dass der Nachweis z. B. bereits erbrachter vergleichbarer Leistungen von den Bietern **nur auf Verlangen zu erbringen** war, ist die Nachreichung der Referenzlisten nach einer entsprechenden Aufforderung ausreichend (2. VK Bund, B. v. 10. 12. 2003 – Az.: VK 1–116/03; im Ergebnis ebenso 2. VK Brandenburg, B. v. 18. 10. 2005 – Az.: 2 VK 62/05).

7978 Die Anwendung der Regelung des § 16 Abs. 1 Nr. 3 ist **nicht zulässig**, wenn sich **Forderungen nach Abgabe von Nachweisen** nicht an die Bieter, sondern **an den Auftragnehmer richten**. Damit werden die Nachweise nicht bei Angebotsabgabe verlangt, sondern erst vor einer Auftragserteilung (VK Nordbayern, B. v. 30. 9. 2004 – Az.: 320.VK – 3194 – 39/04).

7979 **86.6.5.5.4 Verfrühte Vorlage von Erklärungen oder Nachweisen.** Wenn ein **Bieter eine von der Vergabestelle geforderte Erklärung in Kenntnis des Umstands, dass er erst zu einem späteren Zeitpunkt zur Vorlage verpflichtet** ist, bereits **zu einem früheren Zeitpunkt** als gefordert vorlegt, so muss er sich an dieser **Erklärung jedenfalls dann festhalten** lassen, wenn er mit der verfrühten Vorlage nicht zugleich deutlich macht, dass dieser Erklärung nur vorbereitender Charakter zukommen soll und eine letztgültige Erklärung zum geforderten späteren Zeitpunkt noch nachfolgen wird (VK Berlin, B. v. 15.07.2009 – Az.: VK – B 1–16/09).

7980 **Anderer Auffassung** sind zumindest **teilweise** die **2. VK Bund und das OLG Düsseldorf**. Der Auffassung, dass ein Bieter, der eine von der Vergabestelle geforderte Erklärung bereits früher als gefordert vorlegt, sich an der Erklärung festhalten lassen muss, wenn er nicht zugleich deutlich gemacht hat, dass der Erklärung nur vorbereitender Charakter zukommen und eine letztgültige Erklärung noch nachfolgen wird, ist indes **insoweit nicht zu folgen, als darin ohne weiteres ein zwingender Ausschlussgrund bei vorzeitiger Vorlage inhaltlich unzureichender Erklärungen bejaht wird**. Denn es ist nicht ersichtlich, weshalb eine Vergabestelle einen Bieter, der noch keinerlei Erklärung vorgelegt hat, dazu auffordern darf, dies nunmehr zu tun, während sie gleichzeitig nicht einmal die Möglichkeit haben soll, einen Bieter zur Vervollständigung einer bereits vorgelegten, aber inhaltlich unzulänglichen Erklärung aufzufordern. Der vorzeitigen Vorlage einer Erklärung ist regelmäßig auch keine Weigerung des Bieters zu entnehmen, die Erklärung auf entsprechen-

Vergabe- und Vertragsordnung für Bauleistungen Teil A   VOB/A § 16   **Teil 3**

den Nachweis hin zu ergänzen (2. VK Bund, B. v. 21. 9. 2009 – Az.: VK 2–126/09). Außerdem beruhen im Allgemeinen inhaltlich unzureichende Erklärungen auf einem Versehen und lassen nicht darauf schließen, der Bieter sei nicht willens oder in der Lage, diese ordnungsgemäß zu ergänzen. Diese **Auffassung widerspricht auch Art. 51 Richtlinie 2004/18/EG**, wonach der Auftraggeber den Bieter auffordern kann, unzureichende Erklärungen und Nachweise zu vervollständigen (OLG Düsseldorf, B. v. 30. 11. 2009 – Az.: VII-Verg 41/09).

86.6.5.5.5 Zumutbarkeit der Beschaffung von Nachweisen. Soweit die Vorlage eines 7981
Nachweises (z. B. eines Gewerbezentralregisterauszuges) mit dem Angebot verlangt wird, wird eine Obliegenheit des Bieters begründet, deren Nichterfüllung zu seinen Lasten geht. Es **kann zwar durchaus Fälle geben, in denen die Beschaffung eines Nachweises** (z. B. eines Gewerbezentralregisterauszuges) **für den Bieter mit einem sehr großen Aufwand verbunden** ist. Lässt sich aber entnehmen, dass hinsichtlich der Beschaffung **keine Unmöglichkeit** besteht, **muss der Bieter ein entsprechendes Engagement zur Beschaffung der Nachweise aufwenden** (VK Schleswig-Holstein, B. v. 27. 7. 2006 – Az.: VK-SH 17/06).

86.6.5.5.6 Beispiele aus der Rechtsprechung für vollständige Erklärungen

– diese Forderung ist **auch dann erfüllt, wenn zwar eine geforderte Erklärung** (z. B. eine Systemangabe) **nicht ausdrücklich abgegeben** wird, sich jedoch **aus dem Kontext des Angebotes die Erklärung** (z. B. das System) **eindeutig und zweifelsfrei ergibt** (VK Bremen, B. v. 21. 9. 2005 – Az.: VK 10/05).

– ähnlich **weit geht das OLG Düsseldorf**, das **bei geforderten Umsatzzahlen genügen lässt, dass der Bieter eine Aufstellung mit Referenzen vorlegt**, aus der sich Auftragssumme, Zeitraum und Art der Arbeit näher ergeben und **aus der sich die Umsatzzahlen ermitteln lässt** (OLG Düsseldorf, B. v. 6. 6. 2007 – Az.: VII – Verg 8/07).

86.6.5.5.7 Wichtige Beispiele aus der Rechtsprechung für geforderte Erklärungen 7982
oder Nachweise. 86.6.5.5.7.1 Fehlende oder unvollständige Preisblätter nach dem VHB. Werden in den Ausschreibungsunterlagen Erklärungen nach den Formblättern **EFB-Preis 1 a (aktuell 221), 1 b (aktuell 222) und 2 (aktuell 223) gefordert, dann sind diese Erklärungen als Umstände ausgewiesen, die für die Vergabeentscheidung relevant sein sollen, so dass die Nichtabgabe dieser Erklärungen mit dem Angebot die Rechtsfolgen des § 16 Abs. 1 Nr. 3 VOB/A auslöst** (BGH, Urteil v. 18. 9. 2007 – Az.: X ZR 89/04; Urteil v. 7. 6. 2005 – Az.: X ZR 19/02; OLG Düsseldorf, B. v. 9. 2. 2006 – Az.: VII – Verg 4/06; OLG Frankfurt, B. v. 23. 12. 2005 – Az.: 11 Verg 13/05; OLG München, B. v. 7. 4. 2006 – Az.: Verg 05/06; OLG Naumburg, B. v. 26. 10. 2005 – Az.: 1 Verg 12/05; 1. VK Bund, B. v. 14. 12. 2005 – Az.: VK 1–143/05; VK Lüneburg, B. v. 26. 4. 2007 – Az.: VgK-16/2007; VK Nordbayern, B. v. 24. 2. 2006 – Az.: 21.VK – 3194 – 04/06; 1. VK Sachsen, B. v. 16. 1. 2008 – Az.: 1/SVK/084-07; 2. VK Sachsen-Anhalt, B. v. 6. 3. 2006 – Az.: VK 2-LVwA LSA 3/06; VK Schleswig-Holstein, B. v. 7. 3. 2008 – Az.: VK-SH 02/08; B. v. 31. 1. 2006 – Az.: VK-SH 33/05; VK Thüringen, B. v. 7. 2. 2006 – Az.: 360–4002.20–063/05-EF-S; VK Südbayern, B. v. 19. 1. 2006 – Az.: Z3-3-3194-1-56–12/05; B. v. 7. 11. 2005 – Az. Z3-3-3194-1-40–09/05). Dies **gilt auch dann**, wenn die **Formblätter nur unvollständig ausgefüllt** werden (2. VK Sachsen-Anhalt, B. v. 6. 3. 2006 – Az.: VK 2-LVwA LSA 3/06).

Ein Bieter ist nicht verpflichtet, die **Formblätter EFB-Preis 1 a (aktuell 221) und EFB-** 7983
Preis 1 b (aktuell 222) ausgefüllt beizufügen. Der Bieter ist vielmehr **verpflichtet, die seiner Kalkulationsmethode entsprechenden Formblätter ausgefüllt mit seinem Angebot abzugeben**. Je nach gewählter Kalkulationsmethode des Bieters sind entweder Angaben zur Kalkulation mit vorbestimmten Zuschlägen (dann: Vordruck EFB-Preis 1 a – aktuell 221) oder aber Angaben zur Kalkulation über die Endsumme (dann: Formblatt EFB-Preis 1 b – aktuell 222) zu machen. Die Preisblätter 1 a (aktuell 221) und 1 b (aktuell 222) haben unterschiedliche Kalkulationsmethoden zum Gegenstand und sind deshalb alternativ auszufüllen (VK Lüneburg, B. v. 26. 4. 2007 – Az.: VgK-16/2007; VK Schleswig-Holstein, B. v. 7. 3. 2008 – Az.: VK-SH 02/08).

Füllt ein Bieter zwar das EFB-Preisblatt 1 a (aktuell 221) nicht aus, fügt er aber ein vollständig 7984
ausgefülltes EFB-Preisblatt 1 b (Angaben zur Kalkulation über die Endsumme) (aktuell 222) bei, schadet dies nichts, wenn der **Bieter aus den Vergabeunterlagen den Schluss ziehen darf, dass er die vom Auftraggeber zur Verfügung gestellten EFB-Preisblätter alternativ ausfüllen** muss (VK Lüneburg, B. v. 22. 3. 2006 – Az.: VgK-05/2006).

Auch wenn man annimmt, dass die Formblätter EFB Preis 1 a (aktuell 221) und 1 b (aktuell 7985
222) alternativ auszufüllen sind, weil sie verschiedene Kalkulationsmethoden zum Gegenstand

haben, nämlich die „Kalkulation mit vorbestimmten Zuschlägen" und die „Kalkulation über die Endsumme", **erstreckt sich das Alternativverhältnis nicht auf das Formblatt EFB Preis 1 c. Denn dieses fordert über die Formblätter 1 a und b hinaus die Angabe von Kalkulationszuschlägen für die Leistungen des Ausbaugewerbes, weshalb es in jedem Falle zusätzlich auszufüllen** ist. Der Auftraggeber will damit in Erfahrung bringen, welche Zuschläge die Bieter auf die vielfältigen Ausbauleistungen berechnen. Dies ist für ihn unter mehreren nachvollziehbaren Gesichtspunkten von Interesse, namentlich für die Beurteilung der Preisermittlungsgrundlagen im Falle späterer Preisverhandlungen nach § 2 Abs. 5 und 6 VOB/B (OLG Düsseldorf, B. v. 9. 2. 2006 – Az.: VII – Verg 4/06).

7986   Fügt der Bieter an Stelle des Formulars des Auftraggebers ein **selbst entworfenes EDV-Formblatt**, z.B. versehen mit der Überschrift „Angaben zur Preisermittlung bei Endsummenkalkulation EFB-Preis 1b (aktuell 222) ", bei, ist **ein solcher Eigenentwurf eines Bieters nur dann vergaberechtlich unbedenklich, wenn er alle im amtlichen EFB-Preisvordruck enthaltenen Angaben enthält** und somit **mit diesem identisch** ist (VK Lüneburg, B. v. 26. 4. 2007 – Az.: VgK-16/2007; 1. VK Sachsen, B. v. 16. 1. 2008 – Az.: 1/SVK/084-07).

7987   **86.6.5.5.7.2 Fehlende Angabe sonstiger Kalkulationskosten.** Die von Bietern zu leistende **Angabe sonstiger Kalkulationskosten** – z.B. hinsichtlich der von ihnen kalkulierten Vertriebskosten – stellt eine Erklärung im Sinne von § 13 Abs. 1 Nr. 4 VOB/A dar. Es handelt sich bei den anzugebenden Vertriebskosten **nicht um eine Preisangabe. Die im Kalkulationsschema einzeln aufgeführten Positionen bezeichnen keine Preise, sondern stellen dar, wie sich der von dem Bieter angebotene Preis zusammensetzt.** Die im Kalkulationsschema aufgeführten Positionen zielen lediglich auf Erklärungen des Bieters ab, wie sie ihre angebotenen Leistungen kalkuliert haben. Insoweit ähnelt das Kalkulationsschema den Formblättern „EFB-Preis". Auch diese Formblätter dienen der Offenlegung der internen Kalkulation. So bezeichnen auch die in diesen Formblättern eingetragenen Angaben selbst keine Preise, sondern erklären die Art ihres Zustandekommens. Die einzelnen in den Formblättern EFB-Preis sowie die im streitgegenständlichen Fall im Kalkulationsschema abgefragten Positionen stellen dagegen „Erklärungen" im Sinne von § 13 Abs. 1 Nr. 4 VOB/A dar (VK Schleswig-Holstein, B. v. 20. 4. 2010 – Az.: VK-SH 03/10).

7988   **86.6.5.5.7.3 Fehlende oder unvollständige oder widersprüchliche Angabe der Nachunternehmerleistungen. 86.6.5.5.7.3.1 Grundlage sowie Sinn und Zweck.** Insbesondere die **Bundesländer** fordern – **auf der rechtlichen Grundlage von Tariftreue- oder Landesvergabegesetzen** (vgl. die Kommentierung zu → § 97 GWB Rdn. 880ff) oder auf der Basis des § 97 Abs. 4 Satz 1 n.F. – von den Bewerbern die **Angabe, welche Leistungen an Nachunternehmer vergeben** werden.

7989   Öffentliche Auftraggeber können auch nach **§ 8 Abs. 2 Nr. 2 VOB/A** die Bieter auffordern, in ihrem Angebot die Leistungen anzugeben, die sie an Nachunternehmer zu vergeben beabsichtigen; vgl. im Einzelnen die Kommentierung zu → § 8 VOB/A Rdn. 13 ff.

7990   Gerade bei größeren Projekten besteht ein **erhebliches Interesse der Vergabestelle daran, über die Vertragspartner und deren Subunternehmer Bescheid zu wissen**. Die zuverlässige Ausführung der Leistung hängt nicht nur von der Fachkunde und Leistungsfähigkeit des Bieters ab, sondern auch von der **Eignung der von ihm eingeschalteten Nachunternehmer**, welche die Leistung faktisch erbringen. Darum ist der Vergabestelle grundsätzlich zuzubilligen, vor der Zuschlagserteilung die Eignung der Nachunternehmer überprüfen zu können (OLG München, B. v. 22. 1. 2009 – Az.: Verg 26/08).

7991   **86.6.5.5.7.3.2 Allgemeines. Zu den „Erklärungen" im Sinn von § 16 Abs. 1 Nr. 3 VOB/A gehören auch Angaben dazu, welche Leistungen der Bieter nicht selbst erbringen, sondern durch Nachunternehmer erbringen lassen** will (BGH, Urteil v. 18. 9. 2007 – Az.: X ZR 89/04; OLG Celle, B. v. 2. 10. 2008 – Az.: 13 Verg 4/08; OLG Düsseldorf, B. v. 30. 11. 2009 – Az.: VII-Verg 41/09; VK Arnsberg, B. v. 30. 5. 2008 – Az.: VK 10/08; 2. VK Bund, B. v. 28. 5. 2010 – Az.: VK 2–47/10; B. v. 5. 8. 2008 – Az.: VK 2–55/08; VK Nordbayern, B. v. 24. 1. 2008 – Az.: 21.VK – 3194 – 52/07; 3. VK Saarland, B. v. 23. 4. 2007 – Az.: 3 VK 02/2007, 3 VK 03/2007; 1. VK Sachsen, B. v. 10. 3. 2010 – Az.: 1/SVK/001–10; B. v. 16. 1. 2008 – Az.: 1/SVK/084-07; VK Südbayern, B. v. 31. 5. 2007 – Az.: Z3-3-3194-1-17-04/07). Bei **Nachunternehmererklärungen kann ein Einfluss auf den Wettbewerb auch nicht ausgeschlossen werden**. Denn Art und Umfang einschließlich der Frage der Tariftreuebindung eines beabsichtigten Nachunternehmereinsatzes stellen eine kalkulationserhebliche Erklärung dar, die sich auf die Wettbewerbsstellung auswirkt. Für den Bieter ist bei der Angebotskalkulation von erheblicher Bedeutung, welche Leistungen im eigenen Betrieb

Vergabe- und Vertragsordnung für Bauleistungen Teil A VOB/A § 16 **Teil 3**

ausgeführt und welche z. B. aus betriebswirtschaftlichen oder technischen Gründen auf Nachunternehmen übertragen werden. Wegen dieser Preiswirksamkeit kann eine Vergabestelle deshalb durchaus ein Interesse daran haben, dass bereits mit dem Angebot die Art und der Umfang des beabsichtigten Nachunternehmereinsatzes eindeutig zu erklären und Nachunternehmererklärungen vorzulegen sind (LG Hannover, Urteil v. 17. 9. 2007 – Az.: 10 O 63/07; 3. VK Saarland, B. v. 23. 4. 2007 – Az.: 3 VK 02/2007, 3 VK 03/2007; 1. VK Sachsen, B. v. 10. 3. 2010 – Az.: 1/SVK/001–10; B. v. 16. 1. 2008 – Az.: 1/SVK/084-07).

86.6.5.5.7.3.3 Forderung nach Angabe der Nachunternehmerleistungen „der zweiten Reihe". Zur Forderung bzw. **Verpflichtung nach Angabe der Nachunternehmerleistungen „der zweiten Reihe"** vgl. die Kommentierung zu → § 97 GWB Rdn. 530ff.. 7992

86.6.5.5.7.3.4 Auslegung einer Nachunternehmererklärung. Die Erklärungen zum Nachunternehmereinsatz sind **nach § 133 BGB auszulegen**. Nur solche Umstände dürfen dabei berücksichtigt werden, die bei dem Zugang der Erklärung für den **Empfänger** erkennbar waren. Auf dessen **Horizont und Verständnismöglichkeit** ist bei der Auslegung abzustellen. Dies gilt auch dann, wenn der Erklärende die Erklärung anders verstanden hat. **Entscheidend ist** im Ergebnis nicht der empirische Wille des Erklärenden, sondern **der durch normative Auslegung zu ermittelnde objektive Erklärungswert** seines Verhaltens (BGH, Urteil v. 10. 6. 2008 – Az.: X ZR 78/07; OLG Celle, B. v. 2. 10. 2008 – Az.: 13 Verg 4/08). In diesem Zusammenhang ist auf die **Sicht eines „verständigen Auftraggebers in dessen damaliger Situation"** abzustellen. Beachtet werden muss bei der Interpretation von Bietererklärungen schließlich auch das in § 97 Abs. 1 und 2 GWB aufgestellte Gebot der Auftragsvergabe im Rahmen eines transparenten Wettbewerbs und der Gleichbehandlung der Bieter (BayObLG, B. v. 11. 2. 2004 – Az.: Verg 1/04; VK Schleswig-Holstein, B. v. 17. 1. 2006 – Az.: VK-SH 32/05). 7993

Muss ein Bieter aufgrund der Gestaltung der Vergabeunterlagen erkennen, dass mit den beiden grundlegenden Alternativen (z. B. nach den Mustern des VHB) verschiedene und sich gegenseitig ausschließende Unternehmenseigenschaften abgefragt waren, denn entweder konnte ein Unternehmen darauf eingerichtet oder nicht darauf eingerichtet sein, die angebotenen Leistungen im eigenen Betrieb zu erbringen, hat ein **Schweigen eines Bieters in diesem Punkt keinen Erklärungswert**. Es ist **erst recht nicht dahin auszulegen, er habe erklären wollen, die Leistungen vollständig im eigenen Unternehmen zu erbringen.** Für ein derartiges Verständnis fehlt es an zureichenden Anhaltspunkten. So bleibt denkbar, dass Angaben versehentlich unterblieben waren. Genauso wenig ist auszuschließen, dass ein Bieter Angaben bewusst unterlässt und eine Zustimmung des Auftraggebers erwartet, wenn sich in der Ausführungsphase herausstellen sollte, dass Nachunternehmer zuziehen sein würden. Ausdrückliche Erklärungen zur Ausführung im eigenen Betrieb werden abgefordert, damit in der Phase der Auftragsausführung klare Verhältnisse darüber herrschen, ob der Auftragnehmer die Leistungen selbst oder durch einen Nachunternehmer erbringt. Darum sind **Angaben zur Ausführung im eigenen Unternehmen – sofern sie bei der Angebotsabgabe abgefragt werden – vom Bieter zwingend zu machen. Das Unterlassen einer dahingehenden Erklärung kann nicht durch eine Auslegung ersetzt werden**, der zufolge es so angesehen werden soll, als sei das Unternehmen des Bieters auf eine Selbstausführung eingerichtet und werde die Leistungen im eigenen Unternehmen erbringen (OLG Düsseldorf, B. v. 30. 6. 2004 – Az.: VII – Verg 22/04). 7994

Es ist jedoch insoweit **weder Aufgabe der Vergabestelle, noch ist es für sie zumutbar, erst durch intensive Durchsicht der Angebotsunterlagen herauszufinden, in welchem Umfang der Bieter den Einsatz von Nachunternehmern angeboten hat**. Dies würde zu einer unzulässigen Umkehr der Pflichten von Vergabestelle und Bietern führen. Die Verpflichtung der Vergabestelle, den Leistungsinhalt eindeutig und erschöpfend zu beschreiben (vgl. § 7 Abs. 1 VOB/A), entspricht auf der anderen Seite die Verpflichtung der Bieter, die geforderten Erklärungen zum Eigenleistungs- und Nachunternehmeranteil in einer präzisen und unmissverständlichen Weise abzugeben. Der Auftraggeber kann von diesem Erfordernis auch nicht absehen, da dies eine Verletzung der Grundsätze von Transparenz und Gleichbehandlung zur Folge haben würde. Die Angebotsbedingungen gelten gleichermaßen für alle Bieter des Vergabeverfahrens. Der öffentliche Auftraggeber hat hier kein Ermessensspielraum (VG Neustadt an der Weinstraße, B. v. 20. 2. 2006 – Az.: 4 L 210/06; VK Rheinland-Pfalz, B. v. 16. 3. 2005 – Az.: VK 05/04). 7995

Ein wertbares Angebot verlangt **zwingend die Angabe der Ordnungsziffern. Die namentliche Beschreibung der Teilleistung allein reicht nicht aus.** Für die Vergabestelle ist 7996 ohne Angabe der Ordnungsziffern nicht eindeutig erkennbar, in welchem Umfang Leistungen z. B. durch Nachunternehmer erbracht werden sollen. Um den Nachunternehmer-Angebotsinhalt auf der Grundlage der Ausschreibungsbedingungen hinreichend zu ermitteln, müsste der Vergabestelle von sich aus sämtliche Positionen des Leistungsverzeichnisses entsprechend überprüfen. Es ist jedoch **weder Aufgabe der Vergabestelle noch ist es für sie zumutbar, erst durch intensive Durchsicht der Angebotsunterlagen herauszufinden, in welchem Umfang der Bieter z. B. den Einsatz von Nachunternehmern angeboten hat**. Dies würde zu einer **unzulässigen Umkehr der Pflichten von Vergabestelle und Bietern** führen. Die Verpflichtung der Vergabestelle, den Leistungsinhalt eindeutig und erschöpfend zu beschreiben, entspricht auf der anderen Seite die Verpflichtung der Bieter, die geforderten Erklärungen z. B. zum Eigenleistungs- und Nachunternehmeranteil in einer präzisen und unmissverständlichen Weise abzugeben. Der Auftraggeber kann von diesem Erfordernis auch nicht absehen, da dies eine Verletzung der Grundsätze von Transparenz und Gleichbehandlung zur Folge haben würde. Die Angebotsbedingungen gelten gleichermaßen für alle Bieter des Vergabeverfahrens. Der öffentliche Auftraggeber hat hier keinen Ermessensspielraum (VK Rheinland-Pfalz, B. v. 10. 10. 2003 – Az.: VK 18/03).

7997   Das **Schleswig-Holsteinische OLG** vertritt im Gegensatz dazu eine **eher moderate Position**. Nach dieser Auffassung ist **die zu einzelnen Positionen erfolgte Angabe, Nachunternehmer nur „anteilig" beauftragen zu wollen, nicht unbestimmt**. Soweit sie sich **auf Leistungspositionen bezieht, die sich „querschnittsartig" im Leistungsverzeichnis finden** (z. B. Baustelleneinrichtung), ist sie – sinnvoll – **dahin zu verstehen, dass die „anteilige" Zuordnung dieser Querschnittspositionen in Bezug auf die jeweils betroffene Nachunternehmerleistung erfolgen soll**. Im Übrigen ergibt sich bei der gebotenen Auslegung der Erklärung nach dem objektiven Empfängerhorizont eines fachkundigen Bieters (§ 133 BGB), dass die „anteilige" Tätigkeit von Nachunternehmern sich auf die – schlagwortartig bezeichnete – Teilleistung (z. B. „Fräsarbeiten") aus einer Position bezieht, die jeweils an einen Nachunternehmer vergeben werden soll. Es **mag sein, dass eine andere Auslegung denkbar ist** (z. B. hinsichtlich der Mengensätze), wenngleich **dies nicht als nahe liegend** erscheint. Allein wegen dieser Möglichkeit kann aber nicht von einer mangelhaften Erklärung i. S. d. § 16 Abs. 1 Nr. 3 VOB/A ausgegangen werden. Zum einen ist dazu **im Rahmen des § 15 VOB/A eine Aufklärung zulässig**, ohne dass insoweit der Angebotsinhalt verändert wird. Zum anderen ist zu berücksichtigen, dass von der Angabe „anteilig" nur wenige Bereiche des sehr umfangreichen Leistungsverzeichnisses betroffen sind. Der „Wert" der Nachunternehmerleistung bleibt bei verständiger Angebotsauslegung ermittelbar. Die Nachunternehmererklärung ermöglicht es der Vergabestelle, sich über den Inhalt einer (unterstellt) zu Gunsten der Beschwerdeführerin erfolgenden Vergabeentscheidung hinreichende Gewissheit verschaffen kann (Schleswig-Holsteinisches OLG, B. v. 10. 3. 2006 – Az.: 1 (6) Verg 13/05).

7998   Es ist auch hinsichtlich der Forderung nach Angabe der Nachunternehmer **Sache des Auftraggebers, auf eine eindeutige und transparente Formulierung der Forderungen zu achten**. So muss er z. B. eine **Definition des Begriffs der „(anderen) Unternehmen" in dem Sinne in die Vergabeunterlagen aufnehmen**, dass sämtliche, selbständigen, aber auch konzernverbundenen Unternehmen, wie z. B. ein Schwester- und Tochterunternehmen oder eine Muttergesellschaft, im europarechtlichen Sinne „Unternehmen" sind. Schließlich muss er **klarstellen, dass ein „Sich der Fähigkeiten bedienen" nicht nur in der Ausführung eines Teils der Hauptleistung, sondern auch in der (notwendigen) Ausführung einer Nebenleistung durch ein drittes Unternehmen liegt**. Alternativ hat der Auftraggeber auch im **Wege einer negativen Abgrenzung** die Tätigkeiten aufzählen können, für die er eine Benennung eines Unternehmers und Verpflichtungserklärungen nicht fordert (etwa Hilfstätigkeiten wie Speditionsleistungen oder die Lieferung von Baustoffen durch den Hersteller). Dies verlangt vom Auftraggeber nichts Unzumutbares. Sind die **Vergabeunterlagen** in Verbindung mit den Umständen in diesem Punkt **unklar** und hat dies der **Auftraggeber zu verantworten**, darf ein **Ausschluss des Angebots** wegen Unvollständigkeit der Nachunternehmerliste auf diese Bewerbungsbedingung **nicht** gestützt werden (OLG Düsseldorf, B. v. 20. 10. 2008 – Az.: VII – Verg 41/08; im Ergebnis ebenso VK Hessen, B. v. 10. 11. 2008 – Az.: 69 d VK – 53/2008).

7999   Der **BGH bleibt in einer späteren Entscheidung bei seiner sehr konsequenten Linie**, die einer Auslegung zu Gunsten eines Bieters kaum einen Spielraum lässt (BGH, Urteil v. 18. 9. 2007 – Az.: X ZR 89/04).

8000   **86.6.5.5.7.3.5 Geringfügig unklarer Umfang der Angabe der Nachunternehmerleistungen**. Die **Rechtsprechung** ist insoweit **nicht einheitlich**.

Nach einer Auffassung ist auch dann, wenn die an einen **Nachunternehmer zu vergeben-** 8001 **den Leistungen nur einen ganz geringfügigen Anteil an dem Gesamtauftrag ausmachen**, ein **Angebot ohne Angaben zum Nachunternehmereinsatz unvollständig** und damit nicht ohne weiteres annahmefähig (BayObLG, B. v. 25. 10. 2003 – Az.: Verg 14/03; VK Hessen, B. v. 17. 10. 2007 – Az.: 69 d VK – 43/2007; VK Schleswig-Holstein, B. v. 5. 3. 2004 – Az.: VK-SH 04/04; VK Südbayern, B. v. 2. 12. 2005 – Az.: Z3-3-3194-1-48–10/05).

Nach Auffassung der VK Nordbayern kann dahinstehen, ob ein Angebot ausgeschlossen wer- 8002 den muss, wenn der **unklare Umfang der Nachunternehmerleistung nur einen ganz geringfügigen Anteil an dem Gesamtauftrag** ausmacht. Bei einem **Anteil von rd. 65% des Gesamtauftrages** kann das Angebot **ausgeschlossen** werden (VK Nordbayern, B. v. 13. 11. 2003 – Az.: 320.VK-3194-40/03).

Ob ein **Nachunternehmereinsatz lediglich untergeordneter Natur** ist, kann nur **auf-** 8003 **grund einer funktionalen Betrachtung des Gesamtauftrags beurteilt** werden, für die der auf den Nachunternehmerauftrag entfallende Teil des Angebotspreises oder die an den Nachunternehmer zu entrichtende Vergütung allein nicht ausschlaggebend sind. Auf den Streitfall bezogen ist mit Blick hierauf festzustellen, dass die Entsorgungsleistungen ohne einen Behälteränderungsdienst lückenhaft und unvollständig wären. Damit die Entsorgung insgesamt funktioniert, muss auch ein Austausch oder eine Ausgabe von Abfallbehältern, und zwar auch soweit diese bei Änderungen oder Neuansiedlungen von den Einwohnern bei einer Auslieferungsstelle selbst abgeholt werden sollen, reibungslos gewährleistet sein (OLG Düsseldorf, B. v. 22. 12. 2004 – Az.: VII – Verg 81/04).

86.6.5.5.7.3.6 Langjährige Möglichkeit, Nachunternehmererklärungen nachzurei- 8004 **chen.** Die **Rechtsprechung** ist **nicht einheitlich**.

Handhabt eine Vergabestelle die **Bedingung über den Ausschluss von Angeboten bei** 8005 **Nichtvorlage einer entsprechenden Erklärung mit dem Angebot nicht wortgetreu**, sondern lässt sie Nachunternehmererklärungen auch dann zu, wenn sie nicht bereits dem Angebot beigefügt waren, dort nur angekündigt und auf Anforderung der Vergabestelle nachgereicht wurden, erweckt die Vergabestelle beim betroffenen Bieterkreis, der als Auftragnehmer von Bauleistungen der in Rede stehenden Art (z. B. Straßen- und Brückenbau) in Betracht kommt, den nachhaltigen Eindruck, durch die vorgenannte Vorgehensweise dem Erfordernis der Vorlage eines Nachunternehmerverzeichnisses genügen zu können. Unter den Bietern wird damit ein entsprechendes **Vertrauen geschaffen**. Der Vergabestelle ist es daher **nach dem Grundsatz von Treu und Glauben, der als allgemeiner Rechtsgrundsatz auch im Vergaberecht gilt, verwehrt, ohne eine entsprechende rechtzeitige und deutliche Vorankündigung gegenüber dem Bieterkreis sich auf den Wortlaut der Bewerbungsbedingungen zu berufen** und in Abweichung von ihrer bisherigen Vergabepraxis ein Angebot als unvollständig zu betrachten, weil die Nachunternehmererklärung dem Angebot nicht beigefügt, sondern nur angekündigt war (OLG Düsseldorf, B. v. 23. 7. 2003 – Az.: Verg 24/03, B. v. 28. 5. 2003 – Az.: Verg 9/03, B. v. 20. 3. 2003 – Az.: Verg 08/03).

Nach einer anderen Auffassung können **Usancen in der Geschäftsverbindung von Par-** 8006 **teien** zwar als zu berücksichtigende Begleitumstände die **Auslegung der konkreten Willenserklärung beeinflussen**. Ob hiervon angesichts von nur punktuellen Kontakte des Bieters mit der Vergabestelle überhaupt gesprochen werden kann, mag dahinstehen. Jedenfalls wird die **zivilrechtliche Auslegung überlagert durch das vergaberechtliche Transparenzgebot**. Dieses verlangt, dass **nur solche Begleitumstände in die Auslegung** einbezogen werden können, die nicht nur für die beteiligten Vertragspartner, sondern darüber hinaus zumindest auch **für alle noch für die Auftragsvergabe in Frage kommenden Bieter erkennbar sind**. Denn **andernfalls** wären **Manipulationsmöglichkeiten** für öffentliche Auftraggeber und die von ihnen bevorzugten Bieter eröffnet, die durch die Gestaltung des Vergabeverfahrens gerade verhindert werden sollen. Vor diesem Hintergrund muss auch die **Berufung auf ein gewachsenes Vertrauen Einschränkungen erfahren** (BayObLG, B. v. 16. 9. 2002 – Az.: Verg 19/02).

Noch weiter geht die 2. VK Bund: danach vermag eine **fehlerhafte Anwendung der ver-** 8007 **gaberechtlichen Vorschriften in früheren Verfahren keinen Vertrauenstatbestand zugunsten eines Bieters zu begründen**. Der Vergabestelle steht es grundsätzlich frei, die Anforderungen für jedes Vergabeverfahren neu zu definieren. Dies muss umso mehr bei einer **Korrektur einer vergaberechtswidrigen Praxis** gelten. Nur in den Fällen, in denen die bisherige Praxis nicht vergaberechtswidrig war, kann durch eine langjährige und gegenüber allen Bietern gleichermaßen praktizierte Übung ein schutzwürdiges Vertrauen auf Seiten der Bieter

Teil 3 VOB/A § 16   Vergabe- und Vertragsordnung für Bauleistungen Teil A

entstehen. Auch aus Gründen der Transparenz des Verfahrens – insbesondere im Hinblick auf die schutzwürdigen Interessen von Erstbietern – ist eine Fortführung von vergaberechtswidrigen Praktiken nicht zu tolerieren (2. VK Bund, B. v. 14. 4. 2004 – Az.: VK 2–34/04; im Ergebnis ebenso VK Nordbayern, B. v. 13. 12. 2007 – Az.: 21.VK – 3194 – 46/07).

8008   Zum Grundsatz von Treu und Glauben im Vergaberecht vgl. die Kommentierung zu → § 97 GWB Rdn. 303 ff.

8009   **86.6.5.5.7.3.7 Langjährige Übung, bestimmte Nachunternehmerleistungen nicht als nachunternehmererklärungspflichtige Leistungen aufzufassen. Die Bindung eines Auftraggebers an von ihm begründete Vertrauenstatbestände kann so weit gehen, dass er objektiv vorliegende Ausschlussgründe nicht beachten darf, wenn er sich damit in Widerspruch zu seiner ständigen Vergabepraxis setzt.** Dies ist etwa der Fall, **wenn der Auftraggeber z. B. in seiner bisherigen Ausschreibungspraxis nicht die Angabe der anerkannten Prüfstelle als Nachunternehmen verlangt hat** und der Auftraggeber keine einzige Ausschreibung benennen kann, in der eine solche Forderung erhoben wurde und ein Bieter dagegen unwidersprochen zahlreiche Ausschreibungen anführen kann, an denen er sich beteiligt, die eine Fremdüberwachung erforderten in denen der Auftraggeber gleichwohl keine negativen Folgen daraus gezogen hat, dass die Bieter die anerkannte Prüfstelle nicht als Nachunternehmer benannten. Zu berücksichtigen ist auch, wenn die Vergabekammer aus eigener Sachkunde, insbesondere unter Berücksichtigung der Erfahrungen des als VOB-Sachverständiger tätigen ehrenamtlichen Beisitzers, feststellen kann, dass es die bisherige Vorgehensweise des Auftraggebers ist, Prüfinstitute nicht als Nachunternehmer anzusehen die auch der ganz überwiegenden Praxis der Bauauftraggeber entspricht. Der einzige Umstand, der eine beabsichtigte Abweichung des Auftraggebers von seinem bisherigen Vorgehen andeuten konnte, war die Aufnahme einer eigenständigen Position für die Prüfleistung in das Leistungsverzeichnis. Diese Änderung gegenüber der bisherigen Ausschreibungspraxis lässt indes nicht mit der gebotenen Klarheit erkennen, dass die anerkannte Prüfstelle nunmehr – anders als bei den vorausgegangenen Ausschreibungen – als Nachunternehmen anzugeben sei. Die Aufnahme der eigenständigen Leistungsposition war vielmehr der formalen Überlegung geschuldet, dass für besondere Leistungen, zu denen die Fremdüberwachung seit der Änderung der VOB/C im Jahre 2006 gehört, nach ATV regelmäßig eigene Leistungspositionen zu bilden sind, wobei darauf hinzuweisen ist, dass die Änderung der VOB/C bereits zwei Jahre zurückliegt, ohne dass der Auftraggeber bislang die Erforderlichkeit der Benennung der anerkannten Prüfstelle als Nachunternehmen hieraus abgeleitet hat. Um die Wertbarkeit der Angebote nicht von der Zufälligkeit abhängig zu machen, ob ein Bieter bei anderen Vergabestellen bereits die Erfahrung gemacht hat, dass die anerkannte Prüfstelle als Nachunternehmen benannt werden soll, wäre es nach alledem erforderlich gewesen, ausdrücklich zu verlangen, dass die anerkannte Prüfstelle als Nachunternehmen zu benennen und ein entsprechender Verfügbarkeitsnachweis vorzulegen ist. **Mangels einer solchen hinreichend deutlichen Forderung des Auftraggebers fehlt es an der notwendigen Voraussetzung dafür, das Fehlen einer solchen Erklärung bzw. eines solchen Nachweises im Angebot mit dessen Ausschluss ahnden zu können. In solchen Fällen wird der Auftraggeber dem Bieter vielmehr Gelegenheit zu geben haben, seine Erklärungen und Nachweise hinsichtlich der Überwachung durch eine anerkannte Prüfstelle zu ergänzen** (2. VK Bund, B. v. 26. 5. 2008 – Az.: VK 2–49/08).

8010   Dies gilt **sowohl für die Fremdüberwachung** durch eine anerkannte Prüfstelle nach DIN 1045-3 **als auch für die Eigenüberwachung** (2. VK Bund, B. v. 26. 5. 2008 – Az.: VK 2–49/08).

8011   **86.6.5.5.7.3.8 Fehlende Rückgabe eines vom Auftraggeber beigefügten Formblatts.** Fordert der Auftraggeber ein Verzeichnis der Leistungen anderer Unternehmer und legt er ein entsprechendes Formblatt bei, ohne aber ausdrücklich die Rückgabe dieses Formblatts zu fordern, ist ein **Angebot vollständig, wenn der Bieter das Verzeichnis der Leistungen anderer Unternehmer in anderer Form beilegt** (3. VK Bund, B. v. 10. 6. 2010 – Az.: VK 3–51/10; B. v. 4. 6. 2010 – Az.: VK 3–48/10).

8012   **86.6.5.5.7.3.9 Zumutbarkeit der Nennung der Nachunternehmer in der Nachunternehmererklärung.** Ein typisches Beispiel für die Frage, ob Erklärungen den Bieter – im Sinne der Rechtsprechung des Bundesgerichtshofs – **unzumutbar belastet**, ist die **Forderung des Auftraggebers nach Benennung der Nachunternehmen.** Insoweit fasst die VK Sachsen in einer älteren Entscheidung die Interessenlage folgendermaßen zusammen:

8013   Die **Eintragung eines Bieters „o. glw." bei der Benennung ihrer Nachunternehmer führt nicht zum zwingenden Ausschluss** aus dem Bieterfeld. Zwar behält sich der Bieter

Vergabe- und Vertragsordnung für Bauleistungen Teil A VOB/A § 16 **Teil 3**

mit dieser Bezeichnung vor, den namentlich genannten Nachunternehmer eventuell durch einen anderen zu ersetzen, und sich in soweit nicht zu 100% an ihr Angebot gebunden. Dies muss jedoch nicht zu einem zwingenden Ausschluss von der Wertung führen. Ein zwingender Ausschluss ist nur dann geboten, wenn sich das Angebot durch die fehlenden bzw. nicht zu 100% zugesicherten Nachunternehmer-Angaben insgesamt nicht mehr werten lasse. Dies muss erst recht gelten, wenn nur ein verschwindend geringer Anteil der ausgeschriebenen Leistung an Nachunternehmer vergeben werden soll. Es ist dem Auftraggeber zuzumuten, dass die von dem Bieter zunächst benannten Nachunternehmer gegebenenfalls noch ausgetauscht werden. **Vor Erteilung des Zuschlags auf einen Bieter ist es diesem unmöglich, verbindliche Vertragsverhandlungen mit seinen Nachunternehmern zu führen.** Es widerspräche den **Grundsätzen der Wirtschaftlichkeit**, wenn ein Bieter in jedem Fall einen Nachunternehmer binden müsste und dieser dann bis zur Entscheidung über den Zuschlag die entsprechenden Kapazitäten frei halten müsste. Dies ist schon deswegen nicht zu fordern, weil Unternehmen bekanntermaßen an einer Vielzahl von Auslobungsverfahren gleich welcher Art teilnehmen (müssen), um in einem oder zwei Fällen tatsächlich den Zuschlag zu erhalten. Es **müsste dann eigentlich ständig fest gebundene Nachunternehmer „vorhalten", um rechtlich einwandfreie Nachunternehmerlisten abgeben zu können** (1. VK Sachsen, B. v. 6. 5. 2002 – Az.: 1/SVK/034-02; im Ergebnis ebenso OLG Celle, B. v. 8. 11. 2001 – Az.: 13 Verg 12/01).

Das OLG Düsseldorf hingegen (B. v. 28. 4. 2008 – Az.: VII – Verg 1/08; B. v. 5. 5. 2004 – Az.: VII – Verg 10/04) vertritt die Auffassung, dass dann, wenn der **Bieter** in seinem Angebot einen Nachunternehmer benennt, er **mit Ablauf der Angebotsabgabefrist hieran gebunden** ist. Er kann für die betreffenden Arbeiten weder einen anderen noch einen zusätzlichen Nachunternehmer anbieten. Ebenso wenig darf der öffentliche Auftraggeber eine dahingehende Angebotsänderung gestatten. Der Bieter ist **in gleicher Weise gehindert, sein Angebot dahin abzuändern, dass die in Rede stehenden Arbeiten nicht mehr durch einen Nachunternehmer, sondern im eigenen Betrieb ausgeführt werden sollen** (OLG Düsseldorf, B. v. 5. 5. 2004 – Az.: VII – Verg 10/04; 1. VK Bund, B. v. 9. 10. 2009 – Az.: VK 1–176/09). **8014**

Dies **gilt auch dann**, wenn die Mindestanforderungen z. B. an ein Nebenangebot dem Bieter neben dem Einsatz von selbständigen oder unselbständigen Nachunternehmern **auch den Rückgriff auf bestimmte, in den Vergabeunterlagen benannte Nachunternehmer erlauben**, wenn dadurch z. B. Unternehmen, die nicht über eine eigene vollständige Kompetenz verfügen, ermöglicht werden soll, sich an der Ausschreibung im Interesse eines echten Wettbewerbs zu beteiligen. Davon ist aber die **Frage rechtlich zu trennen, ob in dem Austausch eines – wie gefordert – mit dem Angebot benannten Nachunternehmers gegen einen anderen Nachunternehmer eine Änderung des Angebotes zu sehen** ist, nämlich eine Änderung der vom Bieter abgegebenen Erklärungen zum Nachunternehmereinsatz (OLG Düsseldorf, B. v. 28. 4. 2008 – Az.: VII – Verg 1/08). **8015**

Sehen Vergabeunterlagen vor, dass **Nachunternehmer nur „auf Verlangen" der Vergabestelle zu benennen** sind, müssen die Nachunternehmer nicht zwingend bei Angebotsabgabe benannt werden. Aus einem den Vergabeunterlagen beigefügten **Formular, das Spalten zur Angabe von Nachunternehmern enthält, ergibt sich nichts** Anderes (BGH, Urteil v. 10. 6. 2008 – Az.: X ZR 78/07; VK Schleswig-Holstein, B. v. 6. 10. 2005 – Az.: VK-SH 27/05). **8016**

Anderer Auffassung sind insoweit die **VK Brandenburg** und die **VK Rheinland-Pfalz**. Der Auftraggeber spricht bereits durch die **Übersendung des Vordrucks „Verzeichnis der Nachunternehmerleistungen" sein Verlangen aus, die Nachunternehmer zu bezeichnen** (1. VK Brandenburg, B. v. 30. 6. 2005 – Az.: VK 29/05; VK Rheinland-Pfalz, B. v. 24. 2. 2005 – Az.: VK 28/04). **8017**

Die **alternative Angabe von mehreren Nachunternehmern zu einer Teilleistung ist nicht eindeutig**, wenn „der" Name des Nachunternehmers, also desjenigen Unternehmens, das im Auftragsfalle auch den Auftrag ausführen soll, anzugeben ist. Durch Alternativangaben ist für den Auftraggeber nicht eindeutig, welches Unternehmen im Auftragsfalle eingesetzt werden soll, denn durch die Angabe mehrerer Nachunternehmer **behält sich der Bieter die Option vor, den einen oder anderen Nachunternehmer einzusetzen.** Hierdurch behält er zum einen die **Möglichkeit, noch einen preisrelevanten Wettbewerb innerhalb der Nachunternehmer mit Kostenvorteilen durchzuführen**. Zum anderen kann er – anders als Bieter mit eindeutig angegebenen Nachunternehmern, denen bei Wegfall des vorgesehenen Nachunternehmers der Einsatz eines gleichwertigen anderen Nachunternehmers oder ein Umschwenken auf nunmehrige Eigenleistung versagt ist – dem Ausschluss seines Angebotes entgehen und **8018** dennoch im Wettbewerb verbleiben. Der **Auftraggeber kann zudem bei solchen mehrdeutigen Angaben die Eignung der Nachunternehmer nicht überprüfen.** Nicht eindeutig ist darüber hinaus die Benennung mehrerer Unternehmen, wenn gleichzeitig mehrere Teilleistungen beschrieben werden (z. B. „Erdarbeiten/Rohrgräben/Baustraßen/Abbruch" oder „HDI, Verbau, Grundwasserhaltung"). In diesem Zusammenhang ist unklar, ob ein Unternehmen sämtliche Teilleistungen einer genannten Position ausführen soll oder ob die Einzelleistungen von verschiedenen der alternativ benannten Nachunternehmer erbracht werden. Welcher Nachunternehmer im letzteren Fall jeweils für welche Einzelleistung eingesetzt werden soll, bleibt ebenfalls fraglich (1. VK Brandenburg, B. v. 30. 6. 2005 – Az.: VK 29/05).

8019 Der **BGH beurteilt die Interessenlage – und damit auch die Zumutbarkeit, ohne allerdings daran rechtliche Konsequenzen zu knüpfen** – dergestalt, dass die VOB/A selbst lediglich – fakultativ – vorsieht, dass der Auftraggeber die Bieter auffordern kann, in ihrem Angebot die Leistungen anzugeben, die sie an Nachunternehmer zu vergeben beabsichtigen (§ 8 Abs. 2 Nr. 2 VOB/A). Diese Angaben reichen zunächst aus, um den Auftraggeber darüber ins Bild zu setzen, wie der einzelne Bieter den Auftrag zu erfüllen gedenkt. Den **Bietern ist es zuzumuten, schon in diesem Stadium des Vergabeverfahrens Auskunft darüber zu geben, ob für bestimmte Leistungsteile eine Subunternehmereinschaltung vorgesehen ist**. Anders kann es sich verhalten, wenn sie schon bei der Angebotsabgabe verbindlich mitteilen müssen, welche Subunternehmer sie bei der Ausführung einschalten wollen. Um dazu wahrheitsgemäße Erklärungen abzugeben, müssten sich alle Ausschreibungsteilnehmer die Ausführung der fraglichen Leistungen von den jeweils ins Auge gefassten Nachunternehmern bindend zusagen lassen. Eine **solche Handhabung kann die Bieter insgesamt in Anbetracht des Umstands, dass der Zuschlag naturgemäß nur auf ein Angebot ergeht, in einem Maße belasten, das in der Regel nicht in einem angemessenen Verhältnis zu den Vorteilen dieser Vorgehensweise für die Vergabestellen steht**. Sie ersparen sich damit lediglich den zusätzlichen organisatorischen und zeitlichen Aufwand, zu gegebener Zeit nach Angebotseröffnung von einem engeren Kreis der Bieter – etwa von denjenigen, deren Angebote in die engere Wahl gelangt sind – die gegebenenfalls vorgesehenen Nachunternehmer zu erfragen. Zusätzlich ist zu bedenken, dass sich das **Risiko der Auftraggeber, lukrative Angebote wegen unvollständiger Abgabe von geforderten Erklärungen ausschließen zu müssen**, nach den Beobachtungen des Senats mit der steigenden Zahl dieser vorgesehenen Erklärungen und außerdem dann erhöht, wenn die Abgabe verbindlich zum frühestmöglichen Zeitpunkt, also mit dem Angebot vor dem Eröffnungstermin verlangt wird (BGH, Urteil v. 10. 6. 2008 – Az.: X ZR 78/07).

8020 Der **BGH berücksichtigt** bei seinen Erwägungen zu den Vorteilen für die Vergabestelle **nicht**, dass die Forderung nach Nennung der Nachunternehmer bereits mit Angebotsabgabe gegebenenfalls die **einzige Möglichkeit ist, zu einem fairen Vertragsverhältnis zwischen Hauptunternehmer und Nachunternehmer beizutragen**. Ein solches ausgewogenes Verhältnis kommt dem Auftraggeber im Zuge der Bauausführung nach aller Erfahrung in erheblichem Maße zugute. Der vom BGH konzedierte zusätzliche Aufwand bedingt wiederum eine **längere Zuschlags- und Bindefrist**, die **kaum im Vorhinein zu bestimmen** ist und bei einer etwaigen Verlängerung der Zuschlags- und Bindefrist zu **eventuellen Nachtragsforderungen des Auftragnehmers** führt. Demgegenüber müssen die Bieter für eine saubere Kalkulation während der Angebotsbearbeitung sowieso mit Nachunternehmern sprechen und verhandeln, sodass auch eine **Namensnennung zumutbar** ist.

8021 Die **VK Sachsen** versteht die Entscheidung des BGH sogar dahingehend, dass eine **Forderung in den Ausschreibungsunterlagen**, die für die Subvergabe vorgesehenen Unternehmen bereits im Angebot **konkret zu benennen und eine entsprechende Verpflichtungserklärung vorzulegen, die Bieter in der Regel unverhältnismäßig belastet**. Diese Vorgabe ist deshalb unzumutbar mit der Folge, dass Angebote, die sie nicht einhalten, nicht ausgeschlossen werden dürfen. Dies **gilt erst recht im Stadium eines Teilnahmewettbewerbs**, in dem zum Zeitpunkt der geforderten Vorlage der Verpflichtungserklärung noch nicht einmal ein Leistungsverzeichnis vorliegt. In Anbetracht der Kenntnis von einer nur grob umrissenen Leistungsbeschreibung ist dies im Lichte der Rechtsprechung des BGH erst recht als unzumutbar anzusehen (1. VK Sachsen, B. v. 22. 7. 2010 – Az.: 1/SVK/022-10; B. v. 10. 10. 2008 – Az.: 1/SVK/ 051-08; anders in einer aktuellen Entscheidung – 1. VK Sachsen, B. v. 10. 3. 2010 – Az.: 1/SVK/001–10).

8022 Auch das OLG München geht in diese Richtung. Von der Frage, ob es grundsätzlich unzumutbar ist, Nachunternehmer namentlich zu benennen und Verpflichtungserklärungen vorzulegen, ist das **weitere Problem zu unterscheiden, zu welchem Zeitpunkt dies zumutbar verlangt werden kann**. Weder Art. 43 Abs. 3 und Abs. 6 noch Art. 25 VKR noch § 8 a Nr. 10 VOB/A nennen hier einen Zeitpunkt. Es kann unzumutbar sein, bereits mit Angebotsabgabe die Benennung der Nachunternehmer und die Verpflichtungserklärung vorzulegen, wenn z. B. **keine besondere technische Leistung oder kein außergewöhnliches Bauprojekt ausgeschrieben** sind. Gegenüber der Vergabestelle ist die Verpflichtungserklärung lediglich eine rechtlich unverbindliche Absichtserklärung. Dennoch ist es für den Bieter, der sich regelmäßig und auch für sich überschneidende Zeiträume an Ausschreibungen beteiligt, **unzumutbar, bereits bei Angebotsabgabe diese Erklärungen vorzulegen. Entweder ist er gezwungen, rechtlich verbindliche Erklärungen vorzuspiegeln, oder er ist möglicherweise gezwungen, auf bewährte Vertragspartner zu verzichten**. Er kann auch nicht die Auswechslung der einmal benannten Subunternehmer von vornherein vorsehen, weil dies nur mit Zustimmung des Auftraggebers möglich ist, vgl. § 4 Nr. 8 VOB/B. Um dem Interesse der Vergabestelle an der Eignungsprüfung der benannten Nachunternehmer Genüge zu tun, sind die **geforderten Erklärungen aber spätestens bis zu dem Zeitpunkt einzureichen, in welchem die Vergabestelle ihre geplante Zuschlagserteilung treffen will**. In diesem Fall ist es dem Bieter zuzumuten, sich nun um eine Zusage des Nachunternehmers zu bemühen (OLG München, B. v. 22. 1. 2009 – Az.: Verg 26/08).

Nach Auffassung des OLG Düsseldorf **kann die Rechtsprechung des Bundesgerichtshofs nicht dahingehend verstanden werden, ein Bieter dürfe darauf vertrauen, bis zum Auftragsbeginn Unterauftragnehmer nicht benennen zu müssen**. Denn die Vergabestelle muss in die Lage versetzt werden, noch vor Zuschlagserteilung die Eignung der Nachunternehmer des in die engere Auswahl gelangten Angebots zu prüfen. **Jedenfalls das Erfordernis der Benennung der Nachunternehmer zumindest in der Phase der Angebotswertung entspricht dem erkennbaren Interesse eines Auftraggebers**, der z. B. die Eignung der Nachunternehmer in personeller und technischer Hinsicht für die Ausführung des Schülerspezialverkehrs und der Zuverlässigkeit einer Prüfung unterziehen will (OLG Düsseldorf, B. v. 4. 5. 2009 – Az.: VII-Verg 68/08). 8023

Ergibt sich aus den vom Auftraggeber verwendeten unterschiedlichen Formblättern **nicht eindeutig, ob mit dem Angebot auch die Namen der möglichen Nachunternehmer anzugeben** sind, kann ein **Angebot** mit der Begründung, die Namen seien nicht angegeben worden, **nicht ausgeschlossen werden** (1. VK Bund, B. v. 24. 3. 2005 – Az.: VK 1–14/05; VK Hessen, B. v. 10. 11. 2008 – Az.: 69 d VK – 53/2008). 8024

86.6.5.5.7.3.10 Berechnung des Nachunternehmeranteils. Vgl. zur Berechnung des Nachunternehmeranteils die **Kommentierung zu → § 97 GWB Rdn. 486 ff.** 8025

86.6.5.5.7.3.11 Leistungen, auf die ein Betrieb eingerichtet ist. In der **Vergabepraxis** knüpft die Zulässigkeit eines Nachunternehmereinsatzes davon ab, ob ein Bieter Leistungen anbietet, auf die sein Betrieb eingerichtet ist oder nicht. Was im Einzelnen darunter zu verstehen ist, dass ein Betrieb nicht auf eine Leistung eingerichtet ist, ist **in Rechtsprechung und Literatur nicht abschließend geklärt**. Während zum Teil angenommen wird, ein Betrieb sei dann nicht auf eine Leistung eingerichtet, wenn „betriebsfremde Leistungen" durchgeführt werden sollen bzw. der Auftragnehmer nach seiner betrieblichen Tätigkeit und Einrichtung zur Leistung nicht imstande ist, stellen andere auf ein funktionales Verständnis ab. Danach soll ein Betrieb dann auf eine Leistung eingerichtet sein, wenn der Bieter das in seinem Betrieb beschäftigte Personal und die ihm zur Verfügung stehenden Sachmittel zur Erbringung der geschuldeten Bauleistung auf der Baustelle, in seiner Betriebsstätte oder sonst wo einsetzen kann. Nach Auffassung des Vergabesenats des Bayerischen Obersten Landesgerichts ist ein **Betrieb dann auf eine Leistung eingerichtet, wenn er nach seiner Struktur, seiner Organisation und seinen internen Betriebsabläufen generell darauf ausgerichtet ist** (BayObLG, B. v. 27. 7. 2004 – Verg 014/04). 8026

86.6.5.5.7.3.12 Weitere Beispiele aus der Rechtsprechung 8027

– **benennt eine Bietererklärung lediglich** einen Nachunternehmer W, der täglich mit mehreren LKWs für die Klärschlammabfuhr der Kläranlagen …, … und … unterwegs sei und könnten diese Fahrzeuge kurzfristig umdisponiert werden und könnte die ASt im Bedarfsfall ein eigenes Fahrzeug vom Standort … einsetzen und habe sich für den „Notdienst" die Spedition R in einer Entfernung von 100 km von … verpflichtet, innerhalb von 3 h Transporteinheiten zu stellen, ist **aus diesen Angaben nicht erkennbar, welche und wie viele Fahrzeuge des Nachunternehmers W mit welcher Kapazität sich wo befinden, um im Bedarfsfall einen Abtransport des Klärschlamms im zur Verfügung stehenden**

Teil 3 VOB/A § 16   Vergabe- und Vertragsordnung für Bauleistungen Teil A

Zeitfenster sicher zu stellen (VK Nordbayern, B. v. 8. 7. 2010 – Az.: 21.VK – 3194 – 22/10)

- ob die Bieter den Vergabeunterlagen in der Zusammenschau entnehmen oder nicht entnehmen müssen, sie hätten die vorgesehenen Nachunternehmer bereits im Angebot namentlich zu benennen, ist **im Wege der Auslegung zu ermitteln.** Hierbei ist es **Sache des öffentlichen Auftraggebers, auf eine eindeutige und transparente Vorformulierung** der von den Bietern verlangten, für die Vergabeentscheidung **relevanten Erklärungen zu achten.** Ein hierarchisches Zusammenspiel in den einzelnen Bestandteilen der Vergabeunterlagen zu erkennen, erfordert eine vertragsrechtlich versierte Gesamtschau, die **von den Bietern im Vergabewettbewerb erfahrungsgemäß aber nicht geleistet wird und die von ihnen auch nicht erwartet werden kann.** Auch allein dadurch, dass ein **Vordruck auch eine Spalte für vorgesehene Nachunternehmer enthält, müssen die Bieter nicht das Verlangen einer verbindlichen Benennung der Nachunternehmer im Angebot erkennen.** Das gilt umso mehr, wenn der für die Auslegung in erster Linie bedeutsame Wortlaut z. B. der Bewerbungsbedingungen das Verständnis nahe legt, der Auftraggeber wolle sich vorbehalten, die ausführenden Nachunternehmer zu gegebener Zeit nach Angebotseröffnung gegebenenfalls benannt zu bekommen (BGH, Urteil v. 10. 6. 2008 – Az.: X ZR 78/07)

- gemäß § 25 Nr. 1 Abs. 1 lit. b iVm § 21 Abs. 1 bis 3 VOB/A und § 21 Nr. 2 S. 3 VOB/A sind Angebote zwingend auszuschließen, die nicht alle geforderten Erklärungen enthalten. Das gilt nach ständiger Rechtsprechung des BGH **für alle eindeutig und zumutbar geforderten Erklärungen und gilt auch für uneindeutige Erklärungen.** Das Angebot der Antragstellerin ist danach unvollständig, weil sie im Angebotschreiben **teilweise Bruttopreise angegeben hat statt Nettopreisen, keine Verpflichtungserklärung für den deklarierten Nachunternehmer** für die Instandhaltung vorgelegt hat und **keinerlei Gleichwertigkeitsnachweise** beim Angebot abweichender Produkte (VK Arnsberg, B. v. 30. 11. 2009 – Az.: VK 32/09)

- wenn die Vergabestelle hinreichend bestimmte Erklärungen bzw. Dokumente von den Bietern fordert (im Entscheidungsfall „vergleichbare Referenzen") und ein Bieter zusätzliche Dokumente vorlegt, die der Vorgabe nicht entsprechen, so trägt der jeweilige Bieter das Risiko, welches mit der Vorlage nicht abgefragter Erklärungen verbunden ist. Der Vergabestelle steht es in einem solchen Falle frei, alle vorgelegten Dokumente so aufzufassen, als ob sie aus Sicht des vorlegenden Bieters der Vorgabe entsprechen sollen. Insbesondere ist die **Vergabestelle nicht verpflichtet, sich aus einer Vielzahl vorgelegter Unterlagen die der Vorgabe entsprechenden Dokumente zusammenzusuchen** (VK Berlin, B. v. 15. 7. 2009 – Az.: VK – B 1–16/09)

- zur Beurteilung der Frage, ob die **notwendigen Bestimmtheitserfordernisse für die Angabe der Nachunternehmerleistungen eingehalten** sind, ist eine **Gesamtschau** des Angebots vorzunehmen und auf die objektive Sicht eines verständigen Empfängers abzustellen. Die **Angaben „Montagearbeiten" bzw. Demontagearbeiten" sind zur Bestimmung von Nachunternehmerleistungen grundsätzlich nicht ausreichend,** denn aus ihnen kann – auch im Rahmen einer Gesamtschau des Angebots – nicht klar und bestimmt genug entnommen werden, welche Arbeiten der Bieter selbst und welche der Nachunternehmer ausführen soll. Um einen **konkreten Bezug der Nachunternehmerleistungen zum Leistungsverzeichnis** herstellen zu können, bedarf es des **Verweises auf einzelne Titel bzw. Untertitel oder Ziffern des Leistungsverzeichnisses oder aber einer gesonderten Erklärung über den genauen Umfang** der Arbeiten (LG Hannover, Urteil v. 17. 9. 2007 – Az.: 10 O 63/07)

- fordert der Auftraggeber Nachunternehmer namentlich zu benennen und die jeweils zu erbringende Teilleistung durch Angabe der Ordnungsziffer so wie einer verbalen Umschreibung der Tätigkeit zu bezeichnen, **muss sich der genaue Umfang der beabsichtigten Nachunternehmerleistung zumindest aus dem Zusammenspiel zwischen der ziffernmäßigen Bezeichnung der Teilleistung und ihrer konkreten Tätigkeitsbeschreibung so eindeutig bestimmen lassen, dass dem Auftraggeber eine konkrete Zuordnung jeder einzelnen Positionen des Leistungsverzeichnisses zu einem bestimmten Nachunternehmer möglich** ist (OLG Celle, B. v. 2. 10. 2008 – Az.: 13 Verg 4/08)

- sind in der Verpflichtungserklärung die zu übernehmenden **Leistungspflichten nicht nur verbal bezeichnet, sondern enumerativ aufgezählt,** ist dieser **eindeutige Wortlaut einer anderen, insbesondere erweiternden Auslegung nicht zugänglich.** Insbesondere

Vergabe- und Vertragsordnung für Bauleistungen Teil A   VOB/A § 16   **Teil 3**

ist **keineswegs zwingend** darauf zu schließen, dass ein **Unternehmen, welches die statische Berechnung und die Ausführungsplanung sowie die Kerntätigkeiten des Rohrvortriebes übernimmt**, also qualifizierte und eine spezielle Fachkunde erfordernde Tätigkeiten, **immer auch die Absicherung des Baustellenbereichs und den Aushub der beiden Arbeitsgruben übernehmen will**. Es ist zumindest auch vorstellbar, dass ein Bieter, dessen Betrieb selbst auf die Erbringung der ausgeschriebenen Leistungen eingerichtet ist, nicht mehr Fremdleistungen in sein Angebot einbezieht, als er es unbedingt für notwendig erachtet, und dass er deswegen Teilleistungen eines Titels arbeitsteilig auf sich und das andere Unternehmen verteilt (OLG Naumburg, B. v. 4. 9. 2008 – Az.: 1 Verg 4/08)

– enthält ein dem Angebot beigefügtes **Verzeichnis der Leistungen anderer Unternehmen** Teilleistungen mit den entsprechenden Ordnungsziffern 5. 9. 0001 bis 5. 9. 0007 und **enthält die ebenfalls mit dem Angebot beizubringende Verpflichtungserklärung jedoch lediglich die Ordnungsziffern** 5. 9. 0002, 5. 9. 0003, 5. 9. 0006 und 5. 9. 0007, sind nicht allein die im Verzeichnis anderer Unternehmen gemachten Angaben maßgebend. Zwar sind in der Verpflichtungserklärung die Angaben von Ordnungsziffern grundsätzlich entbehrlich; findet jedoch dort lediglich eine einschränkende Nennung von Ordnungszahlen statt, so ist der Erklärungsinhalt des potentiellen Nachunternehmers ebenfalls nur ein eingeschränkter. Denn erst mit der Unterschrift unter der Verpflichtungserklärung dokumentiert das entsprechende Unternehmen seine Bereitschaft und Kapazität zur Leistungserbringung nach Außen. **Können daher weder die Vergabestelle noch die erkennende Kammer aufgrund der mangelnden Kongruenz der Darlegung in den betreffenden Formblättern eindeutig ermitteln, welche Leistungen das benannte Nachunternehmen tatsächlich zu erbringen bereit ist**, hat der Bieter seine Verpflichtung zur Abgabe vollständiger und in ihrem Erklärungsinhalt unmissverständlicher Angebote nicht erfüllt. Dies zieht **zwingend den Ausschluss des Angebotes** nach sich (VK Sachsen-Anhalt, B. v. 6. 6. 2008 – Az.: 1 VK LVwA 07/08)

– auf die **wettbewerbliche Relevanz fehlender Angaben zu Nachunternehmerleistungen kommt es nicht an**. Ein Ausschluss kommt nur dann nicht in Betracht, wenn sich die strittige Angabe eindeutig durch Auslegung ermitteln lässt (VK Arnsberg, B. v. 30. 5. 2008 – Az.: VK 10/08)

– der Umstand, dass in der Nachunternehmerliste die von Nachunternehmern zu erbringenden Arbeiten zwar nach Ziffern des Leistungsverzeichnisses, nicht aber textlich im einzelnen in Spalte 2 aufgeführt werden, rechtfertigt nicht die Annahme, dass die Nachunternehmerliste unvollständig ist. Die Antragstellerin war nicht gehalten, die textlichen Bestandteile der entsprechenden Leistungsverzeichnispositionen noch einmal in die Subunternehmerliste abzuschreiben. Die **schlagwortartige Bezeichnung reichte hier aus, weil die Angabe der Leistungsverzeichnispositionen nach Ordnungsziffern die Subunternehmerleistung hinreichend konkretisiert** (OLG Brandenburg, B. v. 19. 2. 2008 – Az.: Verg W 22/07)

– benennt ein Bieter im Formblatt EFB U EG 317 eine Reihe von Nachunternehmern und legt hierfür entsprechende Verpflichtungserklärungen vor und ist diese Auflistung jedoch nicht deckungsgleich mit den Nachunternehmerleistungen, welche der Bieter in der Aufgliederung wichtiger Einheitspreise (EFB – Preis 2) angegeben hat und **können deshalb bestimmte Leistungen keinen im Formblatt EFB U EG 317 benannten Nachunternehmen zugeordnet werden, so fehlt dementsprechend die verlangte Nachunternehmerverpflichtungserklärung**. Fehlt es aber an einer Zuordnung, welche Nachunternehmer welche konkreten Leistungen erbringen, ist das Angebot auszuschließen. Auch beim Fehlen der vom öffentlichen Auftraggeber verlangten Verpflichtungserklärung für Nachunternehmer ist das Angebot eines Bieters **zwingend wegen unvollständiger Erklärungen von der Wertung auszuschließen** (VK Nordbayern, B. v. 24. 1. 2008 – Az.: 21.VK – 3194 – 52/07)

– **widersprechen** sich die **Angaben eines Bieters im Begleitschreiben zum Angebot und im Angebot hinsichtlich der Nachunternehmerleistungen**, ist das Angebot **zwingend auszuschließen** (VK Münster, B. v. 31. 10. 2007 – Az.: VK 22/07)

– entgegen der Auffassung der Antragstellerin liegt die geforderte **Erklärung auch nicht in der von Seiten des beabsichtigten Nachunternehmers unterzeichneten Erklärung über die Einhaltung der am Ort der Leistungserbringung geltenden Lohn- und Gehaltstarife oder der weiteren Erklärung über die Einhaltung der tarifvertraglichen und öffentlich-rechtlichen Bestimmungen bei der Ausführung von Bauaufträgen**. Entgegen der Auffassung der Antragstellerin weisen diese Erklärungen keinen Erklärungswert dahingehend auf, dass die Antragstellerin für den Fall der Auftragserteilung tatsächlich über die Mittel des Nachunternehmens verfügen kann. Insofern fehlt es an einer Erklärung, dass der Nachunternehmer im Falle der Zuschlagserteilung zugunsten der Antragstellerin für das konkrete gegenständliche Bauprojekt tatsächlich zur Auftragsausführung verpflichtet ist (VK Schleswig-Holstein, B. v. 10. 10. 2007 – Az.: VK-SH 20/07)

- werden in den Ausschreibungsunterlagen **geforderte Erklärungen hinsichtlich der Nachunternehmer nicht abgegeben**, führt dies **zwingend** dazu, dass ein solches **Angebot von der Wertung auszuschließen** ist (KG Berlin, B. v. 7. 5. 2007 – Az.: 23 U 31/06)

- bereits das **bloße Ankreuzen der für den Fall hier relevanten Formblätter 212EG und 317EG im Aufforderungsschreiben zur Abgabe eines Angebotes** macht für den hier einzig und allein relevanten billig und gerecht denkenden Dritten hinreichend **deutlich, dass die Verpflichtungserklärungen der Nachunternehmer im Bedarfsfall dem Angebot beizufügen waren**. Ob der Bedarfsfall vorliegt kann durch den Auftraggeber nicht vorgegeben werden. Dies liegt einzig und allein im Ermessen des Anbietenden, der sein Angebot in Eigenverantwortung zu erstellen und abzugeben hat. ... Allein der Umstand, dass das Formblatt 317EG von der Antragstellerin ihrem Angebot ausgefüllt beigefügt wurde, lässt vielmehr den Rückschluss zu, dass es sich bei dem entsprechenden Vortrag um eine bloße Schutzbehauptung der Antragstellerin handelt. Denn auch in diesem Formblatt wird auf das Erfordernis der Vorlage der Verpflichtungserklärung der Nachunternehmer verwiesen. Darüber hinaus ist diese Verpflichtung in **Ziffer 7 Satz 2 der Bewerbungsbedingungen (Formblatt 212EG) ebenfalls ausdrücklich vorgegeben**. Dort findet sich zusätzlich der Hinweis zur Vorlageverpflichtung mit dem Angebot (1. VK Sachsen-Anhalt, B. v. 9. 2. 2007 – Az.: 1 VK LVwA 43/06)

- **beschreibt ein Bieter** in der Spalte Teilleistungen die von ihm zur Übertragung an Nachunternehmer vorgesehenen Leistungen jeweils mit „**Teilleistungen dieser Positionen als Lohnleistung ca. XX.XXX,XX EUR netto**", lässt diese Bezeichnung nicht eindeutig erkennen, ob sämtliche der in den aufgeführten Positionen enthaltenen Lohnleistungen an Nachunternehmer vergeben werden sollen oder nur ein Teil der Lohnleistungen. **Welche dies sind, bleibt offen**, zumal es sich um Leistungen handelt, auf die der Betrieb der Beigeladenen eingerichtet ist (1. VK Brandenburg, B. v. 5. 7. 2006 – Az.: 1 VK 23/06)

- ist aus einer beigelegten Liste der Nachunternehmer **objektiv für den Auftraggeber nicht erkennbar**, ob es sich bei dem dort dargestellten **Nachunternehmereinsatz um solche Nachunternehmerleistungen handelt auf die das eigene Unternehmen des Antragstellers nicht eingestellt ist oder um solche, die auch durch das Unternehmen des Antragstellers erbracht werden können**, hat das Fehlen dieser alternativ abzugebenden, sich gegenseitig ggf. ausschließenden Erklärungen zur Folge, dass das Angebot seinem Inhalt nach weder eindeutig noch bestimmbar und damit **nicht annahmefähig** ist (1. VK Sachsen, B. v. 22. 7. 2005 – Az.: 1/SVK/080-05)

- weist ein **Bieter in einem Aufklärungsgespräch erstmals darauf hin, dass er selbst nicht im Besitz des großen Schweißnachweises** ist und somit die entsprechenden Leistungen an einen Nachunternehmer übertragen muss, hat er das Formblatt 5.2 in seinem Angebot unvollständig ausgefüllt. Es fehlen darin Leistungen, auf die sein Betrieb nicht eingerichtet ist; das **Angebot ist zwingend auszuschließen** (VK Südbayern, B. v. 2. 12. 2005 – Az.: Z3-3-3194-1-48-10/05)

- ein Angebot ist gemäß § 25 Nr. 1 Abs. 1 lit. b) VOB/A zwingend auszuschließen, wenn **geforderte Angaben zum tatsächlichen Nachunternehmereinsatz nicht in zweifelsfreier und vollständiger Art und Weise gemacht** wurden. **Dies betrifft auch im Leistungsverzeichnis abgeforderte Planungsleistungen** (hier im konstruktiven Ingenieurbau als gesonderter Titel des Leistungsverzeichnisses geforderte Ausführungs- und Tragwerksplanung), wenn der Bieter auf diese Leistungen im eigenen Betrieb unstreitig nicht eingerichtet war und ist (1. VK Sachsen, B. v. 8. 6. 2005 – Az.: 1/SVK/051-05)

- durch die Angabe „**Teilleistungen**" (ohne Angabe der Ordnungszahlen der Leistungsbeschreibung) auf Nachunternehmer übertragen zu wollen, ist **Art und Umfang der zu übertragenden Arbeiten nicht hinreichend bestimmbar** und das Angebot zwingend auszuschließen (VK Hamburg, B. v. 27. 10. 2005 – Az.: VK BSU-3/05; VK Hamburg, B. v. 3. 11. 2005 – Az.: VK BSU-3/05; 1. VK Sachsen-Anhalt, B. v. 21. 4. 2005 – Az.: 1 VK LVwA 17/05)

- durch die Angabe, die „**Holzarbeiten**" und die „**Hilfs- und Transportarbeiten**" (ohne Angabe der Ordnungszahlen der Leistungsbeschreibung) auf Nachunternehmer

Vergabe- und Vertragsordnung für Bauleistungen Teil A   VOB/A § 16   **Teil 3**

übertragen zu wollen, ist **Art und Umfang der zu übertragenden Arbeiten nicht hinreichend bestimmbar** und das Angebot zwingend auszuschließen (VK Nordbayern, B. v. 9. 8. 2005 – Az.: 320.VK – 3194 – 27/05)

– bei **Widersprüchen hinsichtlich der Nachunternehmerleistungen durch unterschiedliche Angaben im Formblatt EVM NU bzw. EFB-Preis ist das Angebot zwingend auszuschließen** (VG Neustadt an der Weinstraße, B. v. 20. 2. 2006 – Az.: 4 L 210/06; VK Nordbayern, B. v. 4. 4. 2006 – Az.: 21.VK – 3194 – 09/06; B. v. 8. 3. 2005 – Az.: 320.VK – 3194 – 05/05; VK Brandenburg, B. v. 25. 2. 2005 – Az.: VK 4/05; B. v. 25. 2. 2005 – Az.: VK 3/05)

– **fehlt** die von der Vergabestelle geforderte **Erklärung** darüber, **welche Leistungen** denn an Nachunternehmer **vergeben werden sollen, ist der Umfang der an Nachunternehmer zu vergebenden Leistungen unklar** und **behält sich der Bieter vor,** Teile dieser Leistungen **selber auszuführen, ist das Angebot zwingend auszuschließen** (VK Thüringen, B. v. 28. 4. 2005 – Az.: 360–4002.20-005/05-MGN)

– bei der **Übertragung der ingenieurtechnischen Leistungen** eines Bauauftrages kann es sich um einen Nachunternehmereinsatz handeln. Fordert der Auftraggeber bei dieser Ausschreibung die Angabe der wesentlichen Nachunternehmeranteile, sind auch die ingenieurtechnischen Leistungen anzugeben; fehlt diese Angabe, ist das Angebot zwingend auszuschließen (OLG Naumburg, B. v. 26. 1. 2005 – Az.: 1 Verg 21/04; B. v. 9. 12. 2004 – Az.: 1 Verg 21/04)

– die fehlende Angabe von Ordnungsziffern in der Nachunternehmererklärung soll in den Fällen nicht zum Angebotsausschluss führen, in denen sich aus der **schlagwortartigen Bezeichnung der Leistung eindeutig ergibt, welche Arbeiten an Nachunternehmer übertragen werden sollen. Bei der Gesamtvergabe eines Titels an einen Nachunternehmer kann auf die zusätzliche Bezeichnung sämtlicher einzelner Ordnungsziffern verzichtet werden, sofern diese Absicht des Bieters nachvollziehbar** ist (OLG Dresden, B. v. 11. 4. 2006 – Az.: WVerg 0006/06; VK Schleswig-Holstein, B. v. 17. 1. 2006 – Az.: VK-SH 32/05)

– **fehlt die geforderte Zuordnung der Nachunternehmerleistungen zu den Ordnungsziffern**, ist das Angebot **zwingend auszuschließen** (OLG Dresden, B. v. 11. 4. 2006 – Az.: WVerg 0006/06; OLG Koblenz, B. v. 13. 2. 2006 – Az.: 1 Verg 1/06; Schleswig-Holsteinisches OLG, B. v. 8. 12. 2005 – Az.: 6 Verg 12/05; OLG Naumburg, B. v. 25. 10. 2005 – Az.: 1 Verg 5/05; B. v. 18. 7. 2005 – Az.: 1 Verg 5/05; VK Schleswig-Holstein, B. v. 17. 1. 2006 – Az.: VK-SH 32/05; VK Thüringen, B. v. 9. 9. 2005 – Az.: 360–4002.20-009/05-SON; VK Sachsen, Beschluss vom 14. 2. 2006 – Az.: 1/SVK/005–06, 1/SVK/005–06G; B. v. 23. 8. 2005 – Az.: 1/SVK/098-05; VK Arnsberg, B. v. 27. 7. 2005 – Az.: VK 10/2005; VK Rheinland-Pfalz, B. v. 16. 3. 2005 – Az.: VK 05/04; B. v. 29. 11. 2004 – Az.: VK 20/04; VK Südbayern, B. v. 3. 6. 2004 – Az.: 36-05/04); nur **ausnahmsweise** kann die fehlende Angabe von Ordnungsziffern in der Nachunternehmererklärung nicht zum Angebotsausschluss führen und zwar in den Fällen, in denen sich **aus der schlagwortartigen Bezeichnung der Leistung eindeutig ergibt, welche Arbeiten an Nachunternehmer übertragen werden sollen** (Schleswig-Holsteinisches OLG, B. v. 8. 12. 2005 – Az.: 6 Verg 12/05; VK Südbayern, B. v. 29. 5. 2006 – Az.: 12-04/06; VK Hamburg, B. v. 27. 10. 2005 – Az.: VK BSU-3/05; VK Schleswig-Holstein, B. v. 17. 1. 2006 – Az.: VK-SH 32/05; B. v. 6. 10. 2005 – Az.: VK-SH 27/05; VK Arnsberg, B. v. 27. 7. 2005 – Az.: VK 10/2005; VK Rheinland-Pfalz, B. v. 16. 3. 2005 – Az.: VK 05/04)

– angesichts der in tatrichterlicher Würdigung der Ausschreibungsunterlagen getroffenen Feststellung des Berufungsgerichts, die Bieter hätten Art und Umfang der durch Nachunternehmer auszuführenden Leistungen und die Namen der vorgesehenen Nachunternehmer angeben müssen, war das **Angebot der Klägerin jedenfalls deshalb gemäß § 25 Nr. 1 Abs. 1 b VOB/A i. V. m. § 21 Nr. 1 Abs. 1 Satz 3 VOB/A auszuschließen, weil die Klägerin nicht einmal angegeben hatte, welche Arbeiten sie durch Nachunternehmer ausführen lassen würde** (BGH, Urteil vom 16. 3. 2004 – Az.: X ZR 23/03)

– die **unterbliebene Vorlage des Nachunternehmerverzeichnisses** zieht zwingend den **Ausschluss** des Angebots nach sich (OLG Düsseldorf, B. v. 30. 7. 2003 – Az.: Verg 32/03)

– verwendet ein Bieter bei der Auflistung der von ihm zur Übertragung an Nachunternehmer vorgesehenen Leistungen unter anderem den **Begriff „Baumeisterarbeiten", lässt sich diesem Begriff aufgrund seines nicht eindeutigen Aussagegehalts keine konkreten**

Positionen des mit den Verdingungsunterlagen übersandte Leistungsverzeichnis **zuordnen**; das Angebot ist auszuschließen (1. VK Bund, B. v. 14. 7. 2004 – Az.: VK 1–81/04)

– ergibt die Prüfung der Nachunternehmererklärung, dass **einige Positionen widersprüchlich und unklar** sind (der Bieter gibt an, 140 m² an Nachunternehmer weiter zu geben, von der Vergabestelle wurden jedoch nur 18 m² ausgeschrieben, vom Bieter wird eine Zahl in m² angegeben, von der Vergabestelle jedoch Stückzahlen verlangt), handelt es sich **keineswegs um einzelne Ungereimtheiten, die „von der Vergabestelle ohne weiteres als Schreibfehler erkennbar gewesen sind"**, vielmehr ist diese Nachunternehmererklärung widersprüchlich und unklar (VK Südbayern, B. v. 17. 5. 2004 – Az.: 17-03/04)

– werden **die zu vergebenden Teilleistungen nicht eindeutig beschrieben, Ordnungszahlen nicht benannt** und die **Nachunternehmer nicht benannt**, ist das Angebot auszuschließen (2. VK Bund, B. v. 14. 4. 2004 – Az.: VK 2–34/04)

– dem Angebot der Antragstellerin fehlt die Nachunternehmererklärung. **Nach der ständigen neueren Rechtsprechung ist dieser als wettbewerbsrelevant anzusehen.** Das Angebot ist auszuschließen (VK Arnsberg, B. v. 5. 4. 2004 – Az.: VK 1–4/04)

– die **fehlende Angabe über den Umfang der Nachunternehmerleistungen** zieht **zwingend den Ausschluss** des Angebots nach sich (1. VK Brandenburg, B. v. 5. 7. 2006 – Az.: 1 VK 23/06; VK Nordbayern, B. v. 17. 7. 2003 – Az.: 320.VK-3194-24/03; VK Münster, B. v. 15. 10. 2004 – Az.: VK 28/04; VK Schleswig-Holstein, B. v. 5. 8. 2004 – Az.: VK-SH 19/04, B. v. 5. 3. 2004 – Az.: VK-SH 04/04)

– wird im Angebot für einzelne Leistungsbereiche ein **Nachunternehmereinsatz bis zu 30% des Gesamtauftragswertes erklärt**, stellt diese Angabe wegen der **fehlenden konkreten Zuordnung keine vollständige Erklärung** zu Art und Umfang des geplanten Nachunternehmereinsatzes dar; das Angebot ist auszuschließen (BayObLG, B. v. 25. 10. 2003 – Az.: Verg 14/03)

– erklärt ein Bieter, dass **„wie branchenüblich** die Versetzarbeiten durch Nachunternehmen ausgeführt werden", ist die Erklärung **unklar**, weil sie eine konkrete Festlegung zum Umfang der Nachunternehmerleistung nicht enthält (VK Nordbayern, B. v. 12. 2. 2004 – Az.: 320.VK-3194-1/04)

– erklärt der Bieter, die **Lohnleistungsanteile bestimmter LV-Gruppen weiter zu vergeben**, ist diese **Erklärung unklar, weil sie eine konkrete Festlegung zum Umfang der Nachunternehmerleistung nicht enthält**. Es ist nicht erkennbar, welcher Lohnanteil in diesen LV-Gruppen enthalten ist. Damit kann der Umfang der Nachunternehmerleistung nicht ermittelt werden. Ist der **Umfang des beabsichtigten Nachunternehmereinsatzes unzureichend feststellbar, kann das Angebot unberücksichtigt bleiben** (VK Nordbayern, B. v. 13. 11. 2003 – Az.: 320.VK-3194-40/03)

– ein wertbares Angebot verlangt **zwingend die Angabe der Ordnungsziffern**. Die namentliche Beschreibung der Teilleistung allein reicht nicht aus. **Für die Vergabestelle ist ohne Angabe der Ordnungsziffern nicht eindeutig erkennbar, in welchem Umfang Leistungen durch Nachunternehmer erbracht werden sollen.** Um den Nachunternehmer-Angebotsinhalt auf der Grundlage der Ausschreibungsbedingungen hinreichend zu ermitteln, müsste die Vergabestelle von sich aus sämtliche Positionen des Leistungsverzeichnisses daraufhin überprüfen, ob sie einen Anteil an Erdarbeiten, Entwässerung, Straßenbau, Abbruch etc. aufweisen. Es ist jedoch **weder Aufgabe der Vergabestelle noch ist es für sie zumutbar, erst durch intensive Durchsicht der Angebotsunterlagen herauszufinden, in welchem Umfang der Bieter den Einsatz von Nachunternehmern angeboten hat**. Dies würde zu einer unzulässigen Umkehr der Pflichten von Vergabestelle und Bietern führen. Die Verpflichtung der Vergabestelle, den Leistungsinhalt eindeutig und erschöpfend zu beschreiben (vgl. § 9 Nr. 1 VOB/A), entspricht auf der anderen Seite die Verpflichtung der Bieter, die geforderten Erklärungen zum Eigenleistungs- und Nachunternehmeranteil in einer präzisen und unmissverständlichen Weise abzugeben (VK Rheinland-Pfalz, B. v. 10. 10. 2003 – Az.: VK 18/03)

– durch die Angabe, „**teilweise** Beton- und Stahlarbeiten", „teilweise Metall- und Schlosserarbeiten" und „teilweise Vereisung" **auf Nachunternehmer übertragen zu wollen**, ist allenfalls in Grundzügen die Art der zu übertragenden Arbeiten, jedenfalls **nicht deren Umfang ersichtlich**. Der Auftraggeber kann nicht abschätzen, welche konkreten Teilleistungen aus den angegebenen Bereichen nicht vom Bieter durchgeführt werden können. Insbesondere der exakte Umfang der zu übertragenden Leistungen steht nicht fest; das **Angebot ist zwingend auszuschließen** (2. VK Bund, B. v. 6. 10. 2003 – Az.: VK 2–80/03)

– das **EFB-Preis 1 a-Formblatt** weist nur aus, welchen Anteil die Nachunternehmerleistungen am Angebotsendpreis haben, **besagt aber nicht, welche Arbeiten übertragen werden sollen** und in welchem Umfang. Das **EFB Preis 2-Formblatt**, das die Aufgliederung wichtiger Einheitspreise beinhaltet, enthält zwar die Angaben, ob die entsprechenden Positionen an Nachunternehmer vergeben werden. Wie die Bezeichnung schon sagt, **beinhaltet** das Preisblatt jedoch **nur wichtige Einheitspreise, nicht jedoch sämtliche Positionen des Leistungsverzeichnisses.** Hinsichtlich der übrigen, nicht abgedeckten Positionen bleibt damit offen, ob und wenn ja inwieweit ein Bieter hier Nachunternehmer zu beauftragen gedenkt. Er **bleibt damit die geforderte Nachunternehmererklärung schuldig**; das **Angebot ist zwingend auszuschließen** (3. VK Bund, B. v. 13. 10. 2004 – Az.: VK 3–194/04; 1. VK Bund, B. v. 17. 9. 2003 – Az.: VK 1–75/03)

– ergibt sich **trotz der Verwendung eines falschen Formblattes** aus handschriftlich angemerkten Begründungen, dass Nachunternehmer nur für Leistungen eingesetzt werden, auf die das Unternehmen nicht eingerichtet ist, liegt ein offensichtlicher Irrtum des Bieters beim Verwenden der Formblätter vor; dieser **Irrtum ist unbeachtlich** (BayObLG, B. v. 1. 3. 2004 – Az.: Verg 2/04)

– **unterlässt** ein Bieter es, den **Anteil der Nachunternehmer im Formular EFB – Preis 2** 312 (Aufgliederung wichtiger Einheitspreise) anzugeben, obwohl für diese Position **ausweislich des Formulars EFB NU 317 ein Nachunternehmer benannt** ist, muss das **Angebot zwingend ausgeschlossen** werden (2. VK Bund, B. v. 18. 3. 2004 – Az.: VK 2–152/03)

– macht ein Bieter zwar deutlich, dass er beabsichtigt, Teile der Leistung durch Nachunternehmer erbringen zu lassen, **füllt er aber ein vom Auftraggeber vorgegebenes Formblatt** (z. B. EFB NU – 317, in welchem in der Folge anzugeben war, welche Leistungsteile auf Nachunternehmer übertragen werden sollen) **nicht aus** und macht er die **erforderlichen Angaben zu Art und Umfang der Nachunternehmerleistungen auch nicht** – was die fehlende Erklärung EFB NU – 317 möglicherweise hätte kompensieren können – **an anderer Stelle**, ist das **Angebot zwingend auszuschließen** (1. VK Bund, B. v. 17. 9. 2003 – Az.: VK 1–75/03)

– gibt ein Bieter in Bezug auf den Eigenanteil an den ausgeschriebenen Leistungen dadurch ein **widersprüchliches Angebot** ab, dass er nach den mit dem Angebot eingereichten Angaben zur Preisermittlung (Vordruck **EFB-Preis** 1 b) den **weit überwiegenden Anteil der Leistungen als Subunternehmerleistung** angeboten hat, während er **im Angebotsschreiben ausdrücklich erklärt**, dass er für Leistungen, auf die sein Betrieb eingerichtet ist, nach § 4 Nr. 8 VOB/B die **Leistung im eigenen Betrieb ausführen wird** und hinsichtlich von Leistungen, auf die sein Betrieb nicht eingerichtet ist, keine Angaben macht, ist das **Angebot zwingend auszuschließen** (VK Lüneburg, B. v. 15. 7. 2003 – Az.: 203-VgK-15/2003, B. v. 12. 8. 2003 – Az.: 203-VgK-15/2003)

– **erklärt** der Bieter **im Angebot, keine Nachunternehmer** einzusetzen, und gibt er im **Formblatt EFB-Preis** dennoch einen Zuschlag **für Nachunternehmerleistungen** an, ist die **Erklärung im Angebot entscheidend** (VK Südbayern, B. v. 14. 1. 2004 – Az.: 62-12/03)

– eine **nachträgliche Spezifizierung** der in der Liste der Nachunternehmerleistungen enthaltenen Leistungen (ohne die durch konzernrechtlich verbundene Unternehmen zu erbringenden Leistung) im Sinne einer Zuweisung der Leistungen **zu Leistungen im „eigenen Betrieb"** im Sinne der Ziffer 10.2 EVM (B) BVB (= Leistung konzernrechtlich verbundener Unternehmen) **einerseits und „echten" Nachunternehmerleistungen andererseits** greift unmittelbar in die vorgenommene Bestimmung des Nachunternehmereinsatzes (im Sinne einer Reduzierung) ein und übersteigt das durch § 24 VOB/A vorgegebene Maß der informatorischen Aufklärung bereits insoweit, als die Antragstellerin als Bieterin entscheiden könnte, ob sie ihr Angebot zuschlagsgeeignet werden lassen will oder nicht. Dies würde aber gerade dem Wettbewerbs- und Gleichbehandlungsgrundsatz (§ 97 Abs. 1 und 2 GWB) widersprechen (VK Hessen, B. v. 21. 3. 2003 – Az.: 69 d VK – 11/2003)

– erklärt der Bieter, dass er derzeit den Umfang des Nachunternehmereinsatzes nicht absehen kann, dieser aber **optional zwischen 0% und maximal 30% liegen** werde, gibt er damit eine geforderte Erklärung – nämlich die Nennung des Umfangs eines beabsichtigten Nachunternehmereinsatzes – nicht ab. Er hält sich vielmehr vor, erst nach Auftragserteilung, je nach Auslastung des eigenen Personals, variabel zu entscheiden, ob er Nachunternehmer einsetzen will oder nicht. Er **schafft sich damit gegenüber den Mitbewerbern einen Wettbewerbsvorteil**; das Angebot ist auszuschließen (BayObLG, B. v. 25. 10. 2003 – Az.: Verg 14/03; VK Südbayern, B. v. 27. 8. 2003 – Az.: 34-07/03, B. v. 27. 8. 2003 – Az.: 35-07/03).

8028   **86.6.5.5.7.4 Fehlende oder unvollständige oder widersprüchliche Verpflichtungs- oder Verfügbarkeitserklärung. 86.6.5.5.7.4.1 Sinn und Zweck einer Verpflichtungs- oder Verfügbarkeitserklärung.** Die **Vorlage einer Erklärung des Nachunternehmers, dass dieser dem Bieter im Falle der Auftragserteilung zur Verfügung steht, eröffnet der Vergabestelle eine größere Sicherheit bei der Überprüfung der Angaben der Bieter.** Denn es ist durchaus möglich, dass ein Bieter einen Nachunternehmer benennt, ohne sich dessen Mitwirkung zu versichern. Ein solcher Bieter würde sich auf Kosten der übrigen Bieter, die mit ihren Nachunternehmern möglicherweise bereits Vorverträge geschlossen haben, einen Wettbewerbsvorteil verschaffen. Die Vergabestelle kann bei der Angebotswertung aufgrund der Papierform eine Verifizierung der Angaben der Bieter aber nicht vornehmen. Es ist daher **aus ihrer Sicht sinnvoll, sich für den Fall des Einsatzes von Nachunternehmern bei der Angebotsabgabe gleichzeitig eine Erklärung bzw. einen Nachweis vorlegen zu lassen, dass der Bieter über die genannten Ressourcen auch verfügt** (1. VK Bund, B. v. 9. 7. 2010 – Az.: VK 1–55/10; 2. VK Bund, B. v. 9. 8. 2006 – Az.: VK 2–80/06).

8029   **86.6.5.5.7.4.2 Grundlage.** Mit Blick insbesondere auf die **Rechtsprechung des EuGH zum Einsatz von Nachunternehmern** und die **Pflicht des Bieters, auch ohne besondere Erklärung darzulegen, inwieweit die Ressourcen des Nachunternehmers dem Bieter tatsächlich zur Verfügung stehen** (vgl. im Einzelnen die Kommentierung zu → § 97 GWB Rdn. 521), sieht u. a. der Bund im **Formblatt VHB 236EG** – für Vergaben ab den Schwellenwerten – vor, dass **Nachweise darüber vorzulegen sind**, dass dem Bieter die erforderlichen Mittel der Nachunternehmer zur Verfügung stehen, ungeachtet des rechtlichen Charakters der zwischen dem Bieter und diesen Unternehmen bestehenden Verbindungen.

8030   Nach Auffassung der 1. VK Bund ist vergaberechtlich weder die **Forderung in der Bekanntmachung noch den Vergabeunterlagen geboten**. Denn die **Verpflichtung, dass ein Bieter, der zum Nachweis seiner Leistungsfähigkeit einen Nachunternehmer einsetzen will, dem Auftraggeber nachzuweisen hat, dass er über die Mittel des als Nachunternehmen benannten Unternehmens verfügen kann, ergibt sich – für Verfahren ab den Schwellenwerten – unmittelbar aus § 6a Abs. 10 VOB/A** Die Nachweispflicht besteht nach dieser Vorschrift unabhängig davon, ob die Vorlage von Verpflichtungserklärungen vom Auftraggeber (in der Bekanntmachung oder den Vergabeunterlagen) gefordert worden ist. **Auch aus dem Transparenzgebot folgt angesichts des klaren Wortlauts der genannten Vorschriften nicht**, dass der Auftraggeber die sich unmittelbar aus der Norm ergebende Verpflichtung des Bieters/Bewerbers noch einmal in der Bekanntmachung wiederholen muss (1. VK Bund, B. v. 30. 10. 2007 – Az.: VK 1–113/07; B. v. 24. 10. 2007 – Az.: VK 1–116/07; B. v. 2. 10. 2007 – Az.: VK 1–104/07).

8031   **86.6.5.5.7.4.3 Inhaltliche Einzelheiten.** Nach allgemeinen Grundsätzen versteht man unter einer Verpflichtungserklärung die **Verpflichtung eines Rechtsträgers zur Vornahme eines Tuns, Duldens oder Unterlassens**. Im Normalfall bedeutet diese Verpflichtung, dass ein anderer Rechtsträger dieses Tun, Dulden oder Unterlassen von dem Verpflichteten einfordern kann, d. h., es entsteht ein Anspruch gegen den Verpflichteten. Hierzu genügen keinesfalls unverbindliche Absichtserklärungen. Vielmehr muss der Bieter von seinem benannten Nachunternehmer nach Zuschlagserteilung die Durchführung des Werkvertrages fordern können. **Dies bedeutet, dass für eine Verpflichtungserklärung nur aufschiebend bedingte, verbindliche Vorverträge oder rechtlich verbindliche Einstandsverpflichtungserklärungen (harte Patronatserklärung) von der Vergabestelle akzeptiert werden können.** Nur so kann die „wirtschaftliche Einheit" von Bieter und Nachunternehmer für den Auftraggeber gewährleistet werden (VK Brandenburg, B. v. 21. 11. 2007 – Az.: VK 45/07; VK Schleswig-Holstein, B. v. 10. 10. 2007 – Az.: VK-SH 20/07; VK Südbayern, B. v. 23. 10. 2006 – Az.: 30-09/06).

8032   Es ist **unschädlich, dass die Verpflichtungserklärungen zunächst einmal Erklärungen der Nachunternehmer sind, deren originärer Adressat nicht der Auftraggeber ist, sondern der Bieter**. Indem der Bieter diese Verpflichtungserklärungen seinem eigenen Angebot beifügt, **macht er sich diese Erklärungen**, die für die Zwecke der vorliegenden Ausschreibung von den Nachunternehmern an den Bieter adressiert worden waren, **zu Eigen**; die Nachunternehmer haben ihrerseits die Verpflichtungserklärungen in dem vollen Bewusstsein abgegeben, dass diese seitens des Bieters dem Auftraggeber vorgelegt werden würden. **Ein Zu-Eigen-Machen ergibt sich zwanglos bereits aus dem Sinn und Zweck der Verpflichtungserklärungen und damit aus einer Auslegung des Angebots, ohne dass es einer zusätzlichen ausdrücklichen Verbalisierung seitens des Bieters** etwa dergestalt **bedurft hätte**, dass er beabsichtige, Nachunternehmer für die in den Verpflichtungserklärungen genannten Leistungsbereiche einzusetzen. Die Beifügung der Verpflichtungserklärungen ist vielmehr selbsterklärend (3. VK Bund, B. v. 10. 6. 2010 – Az.: VK 3–51/10; B. v. 4. 6. 2010 – Az.: VK 3–48/10).

Die **Berufung auf die Leistungen eines anderen Unternehmens im Rahmen des Nachweises der Leistung und Fachkunde ist zulässig**; sie ist aber **davon abhängig**, dass der Bieter den Nachweis darüber führt, dass ihm die erforderlichen Mittel des anderen Unternehmens bei der Erfüllung des Auftrages zur Verfügung stehen. Aus der Erklärung muss hervorgehen, dass ein Zugriffsrecht auf fremde Ressourcen tatsächlich besteht; die Erklärung muss sich nach dem Wortlaut der Vorschrift auch gerade auf die für die Erfüllung des Auftrages erforderlichen Mittel beziehen. Diesen **Anforderungen genügt eine Erklärung nicht, wenn dort zwar uneingeschränkt die Vorlage der Nachweise der Muttergesellschaft zugunsten der Tochtergesellschaft gebilligt wird, eine verbindliche Vereinbarung über die Überlassung bestimmter, zur Erfüllung des Auftrages erforderlicher Mittel jedoch nicht getroffen, sondern einer späteren Vereinbarung vorbehalten** wird. Die **Personenidentität des Betriebsstättenleiters und des Geschäftsführers zweier Unternehmen ist insoweit nicht geeignet**, weil sie nicht zwingend den Schluss auf die Verpflichtung eines der Unternehmen zur Überlassung technischer oder personeller Mittel an das andere Unternehmen zulässt (OLG Brandenburg, B. v. 9. 2. 2010 – Az.: Verg W 10/09; B. v. 9. 2. 2010 – Az.: Verg W 9/09). 8033

Gegenüber der Vergabestelle ist die Verpflichtungserklärung lediglich eine **rechtlich unverbindliche Absichtserklärung** (OLG München, B. v. 22. 1. 2009 – Az.: Verg 26/08). 8034

Ein **Nachunternehmerverzeichnis** ist als bieterseitige Auflistung der im Zuschlagsfall zum Einsatz kommenden Nachunternehmen **nicht mit der Erklärung dieser Unternehmen gleichzusetzen**, dass diese zur Erbringung der Nachunternehmerleistung auch tatsächlich in der Lage und willens sind (VK Sachsen-Anhalt, B. v. 12. 9. 2008 – Az: 1 VK LVwA 11/08). 8035

Führen die Nachunternehmer in den Nachunternehmererklärungen **lediglich aus, dass ihnen selbst die erforderlichen Mittel zur Verfügung stehen, genügt eine solche Erklärung nicht**, insbesondere dann, wenn sie **ohne jeden Hinweis** auf die für den konkreten Ausführungszeitraum vorhandene **Vertragsgestaltung** mit den Nachunternehmern, auf die der Bieter dann verbindlich zurückgreifen könnte, sind (VK Südbayern, B. v. 23. 10. 2006 – Az.: 30-09/06). 8036

Die Verpflichtungserklärungen müssen inhaltlich ausreichend sein. Verpflichtungserklärungen, die lediglich die Bezeichnung des anderen Unternehmens und die Unterzeichnung enthalten, jedoch **bezüglich der Firma, der gegenüber bzw. für die die Verpflichtung erklärt werden soll, nicht ausgefüllt sind** und auch ansonsten keine Anhaltspunkte, die eine Auslegung als Verpflichtungserklärung gegenüber der bzw. für die Antragstellerin tragen würden, bieten, **reichen nicht aus**. Ohne Bezeichnung des Unternehmens, bei dessen Beauftragung der Nachunternehmer sich seinerseits verpflichten will, kann jedoch nicht von einer rechtlich beachtlichen Erklärung gesprochen werden (OLG Frankfurt, B. v. 9. 7. 2010 – Az.: 11 Verg 5/10). Ebenso sind **Verpflichtungserklärungen, in denen nur eine Teilleistung (z. B. „Kabelbau") angegeben sind und in denen nicht alle einschlägigen Ordnungsziffern des Leistungsverzeichnisses wiederholt werden**, nicht ausreichend. Im Falle einer „Mischbenennung" einer Teilleistung muss deutlich werden, welches Unternehmen welche „Teil – Teilleistung" durchführen will, was aussagefähig nur anhand der Splittung der Ordnungsziffern erfolgen kann. Nur dann kann der Auftraggeber feststellen, ob der gesamte Bereich abgedeckt ist (VK Düsseldorf, B. v. 26. 6. 2007 – Az.: VK – 18/2007 – B). 8037

Enthalten Verpflichtungserklärungen ein zumindest zum Zeitpunkt der Erklärung noch nicht gefordertes Plus, nämlich die Information über das ausführende Unternehmen und die Zusage seiner Bereitschaft, für den Nachunternehmereinsatz zur Verfügung zu stehen, ist **unschädlich**; relevant ist allein, dass die Verpflichtungserklärungen jedenfalls die von dem Auftraggeber nachgefragten Angaben enthalten (3. VK Bund, B. v. 10. 6. 2010 – Az.: VK 3–51/10; B. v. 4. 6. 2010 – Az.: VK 3–48/10). 8038

Teil 3 VOB/A § 16 Vergabe- und Vertragsordnung für Bauleistungen Teil A

8039 Eine **fachlosbezogene Angabe der Arbeiten** wie auch die **Angabe des Bauzeitraumes** sind in der Verfügbarkeitserklärung **zwar möglich, aber nicht erforderlich** (OLG München, B. v. 6. 11. 2006 – Az.: Verg 17/06).

8040 Wird ein **Angebot durch eine Bietergemeinschaft** abgegeben, müssen die **Nachunternehmer eine Verpflichtungserklärung auch gegenüber der Bietergemeinschaft abgeben**; eine Erklärung nur einem Mitglied der Bietergemeinschaft gegenüber genügt nicht (VK Thüringen, B. v. 23. 3. 2007 – Az.: 360–4002.20–874/2007 – 002-SOM).

8041 Geben die Nachunternehmer der zweiten Reihe Verpflichtungserklärungen nur zugunsten des Nachunternehmers der ersten Reihe, nicht jedoch gegenüber dem Generalunternehmer ab, rechtfertigt dies eine Nachforderung bzw. einen Ausschluss des Angebotes des Generalunternehmers nicht. Für alle eingeschalteten Nachunternehmer im ersten und zweiten Glied liegt eine Verpflichtungserklärung vor, die sich auf den Generalunternehmer zurückführen lassen. Dies reicht für die Annahme aus, dass dem Generalunternehmer als Bieterin die Leistungen der Nachunternehmer zur Verfügung stehen. Das **Vertragsgefüge zwischen Haupt- und Nachunternehmern ist derart, dass sich der Auftraggeber an den Bieter, der Bieter an den Subunternehmer und der Sub-Subunternehmer seinerseits sich an seinen Subunternehmer bindet. Dies ist auch jedem öffentlichen Auftraggeber bekannt.** Wenn er hiervon abweichend unabhängig von den vertraglichen Strukturen Verpflichtungserklärungen zugunsten des Bieters hätte verlangen wollen, hätte er hierauf besonders hinweisen müssen. Geschieht dies nicht, sind die Erklärungen der Sub-Subunternehmer gegenüber dem Generalunternehmer ausreichend (OLG Brandenburg, B. v. 19. 2. 2008 – Az.: Verg W 22/07).

8042 Unschädlich ist es auch, wenn ein **Nachunternehmer der zweiten Reihe in seiner Verpflichtungserklärung auf sein Angebot Bezug nimmt, das nicht vorgelegt** wird. Der Auftraggeber fordert die Vorlage einer Verpflichtungserklärung eines Nachunternehmers, um sicher zu gehen, dass der Generalunternehmer bzw. seine Nachunternehmer über die Leistungen des Nachunternehmers der zweiten Reihe verfügen. Eine entsprechende Verpflichtungserklärung hat der betreffende Nachunternehmer der zweiten Reihe abgegeben. Er hat erklärt, dass er sich verpflichtet, die entsprechenden Leistungsverzeichnispositionen auszuführen. **Für die Frage der Leistungsfähigkeit des jeweiligen Bieters ist es ohne Bedeutung, welche Konditionen er mit seinem Nachunternehmer vereinbart** hat. Das Angebot des Nachunternehmers ist deshalb nicht Bestandteil der im Rahmen eines Vergabeverfahren vom Auftraggeber geforderten Subunternehmer-Verpflichtungserklärung und muss auch nicht vorgelegt werden, damit von einer Vollständigkeit des Angebotes ausgegangen werden kann (OLG Brandenburg, B. v. 19. 2. 2008 – Az.: Verg W 22/07).

8043 **86.6.5.5.7.4.4 Form der Verpflichtungs- bzw. Verfügbarkeitserklärung.** Art. 47 Abs. 2 und Art. 48 Abs. 3 S. 2 der Vergabekoordinierungsrichtlinie nennen zwar als Beispiel für den Nachweis die Vorlage von Zusagen der Unternehmen, deren Mittel der Bieter einzusetzen beabsichtigt und stellen insoweit auf einen Fremdbeleg ab, doch ist damit **keine abschließende Regelung hinsichtlich der Art des Nachweises** getroffen. **Eigenbelege dürften deshalb grundsätzlich zulässig sein, wenn sich der Auftraggeber mit dieser Form der Verfügbarkeitserklärung begnügt** (2. VK Bund, B. v. 29. 12. 2006 – Az.: VK 2–131/06; B. v. 29. 12. 2006 – Az.: VK 2–128/06; B. v. 29. 12. 2006 – Az.: VK 2–125/06).

8044 **Ein Stempel allein – ohne Unterschrift – verschafft der Erklärung nicht die notwendige Rechtsverbindlichkeit.** Er bezeichnet lediglich – zur Vereinfachung der Schreibarbeit – das „andere Unternehmen". Dass es sich zweifelsfrei um eine rechtsverbindliche Erklärung des Nachunternehmers handelt, ergibt sich daraus nicht (VK Brandenburg, B. v. 21. 11. 2007 – Az.: VK 45/07).

8045 Reicht ein Bieter die **Verpflichtungserklärung** des von ihm vorgesehenen Unternehmens nur **in Fax-Kopie** ein, d. h. ohne eine Originalunterschrift eines Bevollmächtigten dieses anderen Unternehmens, kann eine Nachforderung bzw. ein Ausschluss auf eine fehlende Originalunterschrift jedoch nicht gestützt werden, wenn es jedenfalls an einem **eindeutigen Verlangen einer original unterschriebenen Erklärung des dritten Unternehmens fehlt** (OLG Naumburg, B. v. 5. 12. 2008 – Az.: 1 Verg 9/08).

8046 **86.6.5.5.7.4.5 Zeitpunkt der Forderung nach einer Verpflichtungs- bzw. Verfügbarkeitserklärung. Die Vergabestelle ist nicht verpflichtet, die Vorlage einer Verpflichtungserklärung bereits in der Bekanntmachung der Ausschreibung zu verlangen.** Nach Artikel 47 Abs. 2 und 4, Artikel 48 Abs. 3 und 6 der Vergabekoordinierungsrichtlinie vom

Vergabe- und Vertragsordnung für Bauleistungen Teil A VOB/A § 16 **Teil 3**

31. 3. 2004 können **Nachweise zu Nachunternehmern sowohl in der Bekanntmachung als auch in den Vergabeunterlagen gefordert werden**. Auch wenn in Artikel 48 Abs. 6, anders wie in Artikel 47 Abs. 4, die Passage über Nachunternehmer nicht in Bezug genommen ist, bleibt es, abgesehen davon, dass es sich dabei um ein Redaktionsversehen handeln könnte, dabei, dass, wenn schon die diesbezüglichen Angaben des Bieters selbst erst mit den Vergabeunterlagen gefordert werden können, dies erst recht für entsprechende Nachweise zum Nachunternehmer gilt. Im Übrigen ergibt sich auch aus Artikel 36 der Richtlinie in Verbindung mit Anhang VII Teil A zur Richtlinie, dass **Verpflichtungserklärungen nicht bereits in der Bekanntmachung gefordert werden müssen** (OLG München, B. v. 6. 11. 2006 – Az.: Verg 17/06; OLG Naumburg, B. v. 4. 9. 2008 – Az.: 1 Verg 4/08; 1. VK Bund, B. v. 30. 10. 2007 – Az.: VK 1–113/07; B. v. 24. 10. 2007 – Az.: VK 1–116/07; VK Düsseldorf, B. v. 26. 6. 2007 – Az.: VK – 18/2007 – B).

Entsprechend wurde § 6 a Abs. 10 VOB/A 2009 klar gestellt. 8047

86.6.5.5.7.4.6 Weitere Beispiele aus der Rechtsprechung zu § 25 VOB/A 2006 8048

– gemäß § 25 Nr. 1 Abs. 1 lit. b iVm § 21 Abs. 1 bis 3 VOB/A und § 21 Nr. 2 S. 3 VOB/A sind Angebote zwingend auszuschließen, die nicht alle geforderten Erklärungen enthalten. Das gilt nach ständiger Rechtsprechung des BGH **für alle eindeutig und zumutbar geforderten Erklärungen und gilt auch für uneindeutige Erklärungen**. Das Angebot der Antragstellerin ist danach unvollständig, weil sie im Angebotschreiben **teilweise Bruttopreise angegeben hat statt Nettopreisen, keine Verpflichtungserklärung für den deklarierten Nachunternehmer** für die Instandhaltung vorgelegt hat und **keinerlei Gleichwertigkeitsnachweise** beim Angebot abweichender Produkte (VK Arnsberg, B. v. 30. 11. 2009 – Az.: VK 32/09)

– wenn die Vergabestelle hinreichend bestimmte Erklärungen bzw. Dokumente von den Bietern fordert (im Entscheidungsfall „vergleichbare Referenzen") und ein Bieter zusätzliche Dokumente vorlegt, die der Vorgabe nicht entsprechen, so trägt der jeweilige Bieter das Risiko, welches mit der Vorlage nicht abgefragter Erklärungen verbunden ist. Der Vergabestelle steht es in einem solchen Falle frei, alle vorgelegten Dokumente so aufzufassen, als ob sie aus Sicht des vorlegenden Bieters der Vorgabe entsprechen sollen. Insbesondere ist die **Vergabestelle nicht verpflichtet, sich aus einer Vielzahl vorgelegter Unterlagen die der Vorgabe entsprechenden Dokumente zusammenzusuchen** (VK Berlin, B. v. 15. 7. 2009 – Az.: VK – B 1–16/09)

– geht aus den Verdingungsunterlagen nicht deutlich hervor, dass eine **Verpflichtungserklärung auch für eine Materialprüfanstalt**, die für den Bieter Druckprüfungen durchführen soll, vorgelegt werden soll, ist ein **Ausschluss nicht gerechtfertigt** (VK Schleswig-Holstein, B. v. 7. 7. 2009 – Az.: VK-SH 05/09 – instruktive Entscheidung)

– bleibt das Erfordernis der – z. T. nochmaligen – **Vorlage von Verpflichtungserklärungen der jeweils benannten Nachunternehmer** (hier: im laufenden Verhandlungsverfahren bei Aufforderung zur Abgabe eines überarbeiteten Angebotes) **zumindest undeutlich**, so kann **auf die Nichtvorlage** dieser Fremderklärungen ein **Ausschluss des Angebotes jedenfalls nicht gestützt** werden (OLG Naumburg, B. v. 29. 1. 2009 – Az.: 1 Verg 10/08)

– der **Verpflichtung zur Abgabe vollständiger und klarer Nachunternehmererklärungen** bzw. **Verpflichtungserklärungen** kommt ein Bieter nicht nach, wenn die **Erklärungen zum Nachunternehmereinsatz unklar und widersprüchlich** sind, weil die **Verpflichtungserklärung nicht zu dem von ihm benannten Nachunternehmer passt** (OLG München, B. v. 22. 1. 2009 – Az.: Verg 26/08)

– enthält ein dem Angebot beigefügtes **Verzeichnis der Leistungen anderer Unternehmen** Teilleistungen mit den entsprechenden Ordnungsziffern 5.9.0001 bis 5.9.0007 und **enthält die ebenfalls mit dem Angebot beizubringende Verpflichtungserklärung jedoch lediglich die Ordnungsziffern** 5.9.0002, 5.9.0003, 5.9.0006 und 5.9.0007, sind nicht allein die im Verzeichnis anderer Unternehmen gemachten Angaben maßgebend. Zwar sind in der Verpflichtungserklärung die Angaben von Ordnungsziffern grundsätzlich entbehrlich; findet jedoch dort lediglich eine einschränkende Nennung von Ordnungszahlen statt, so ist der Erklärungsinhalt des potentiellen Nachunternehmers ebenfalls nur ein eingeschränkter. Denn erst mit der Unterschrift unter der Verpflichtungserklärung dokumentiert das entsprechende Unternehmen seine Bereitschaft und Kapazität zur Leistungserbringung nach Außen. **Können daher weder die Vergabestelle noch die erkennende Kammer aufgrund der mangelnden Kongruenz der Darlegung in den betreffenden Formblättern eindeu-

Teil 3 VOB/A § 16 Vergabe- und Vertragsordnung für Bauleistungen Teil A

tig ermitteln, welche Leistungen das benannte Nachunternehmen tatsächlich zu erbringen bereit ist, hat der Bieter seine Verpflichtung zur Abgabe vollständiger und in ihrem Erklärungsinhalt unmissverständlicher Angebote nicht erfüllt. Dies zieht **zwingend den Ausschluss des Angebotes** nach sich (VK Sachsen-Anhalt, B. v. 6. 6. 2008 – Az.: 1 VK LVwA 07/08)

- benennt ein Bieter im Formblatt EFB U EG 317 eine Reihe von Nachunternehmern und legt hierfür entsprechende Verpflichtungserklärungen vor und ist diese Auflistung jedoch nicht deckungsgleich mit den Nachunternehmerleistungen, welche der Bieter in der Aufgliederung wichtiger Einheitspreise (EFB – Preis 2) angegeben hat und **können deshalb bestimmte Leistungen keinen im Formblatt EFB U EG 317 benannten Nachunternehmen zugeordnet werden, so fehlt dementsprechend die verlangte Nachunternehmerverpflichtungserklärung**. Fehlt es aber an einer Zuordnung, welche Nachunternehmer welche konkreten Leistungen erbringen, ist das Angebot auszuschließen. Auch beim Fehlen der vom öffentlichen Auftraggeber verlangten Verpflichtungserklärung für Nachunternehmer ist das Angebot eines Bieters **zwingend wegen unvollständiger Erklärungen von der Wertung auszuschließen** (VK Nordbayern, B. v. 24. 1. 2008 – Az.: 21.VK – 3194 – 52/07)

- entgegen der Auffassung der Antragstellerin liegt die geforderte **Erklärung auch nicht in der von Seiten des beabsichtigten Nachunternehmers unterzeichneten Erklärung über die Einhaltung der am Ort der Leistungserbringung geltenden Lohn- und Gehaltstarife oder der weiteren Erklärung über die Einhaltung der tarifvertraglichen und öffentlich-rechtlichen Bestimmungen bei der Ausführung von Bauaufträgen**. Entgegen der Auffassung der Antragstellerin weisen diese Erklärungen keinen Erklärungswert dahingehend auf, dass die Antragstellerin für den Fall der Auftragserteilung tatsächlich über die Mittel des Nachunternehmens verfügen kann. Insofern fehlt es an einer Erklärung, dass der Nachunternehmer im Falle der Zuschlagserteilung zugunsten der Antragstellerin für das konkrete gegenständliche Bauprojekt tatsächlich zur Auftragsausführung verpflichtet ist (VK Schleswig-Holstein, B. v. 10. 10. 2007 – Az.: VK-SH 20/07)

- bereits das **bloße Ankreuzen der für den Fall hier relevanten Formblätter 212EG und 317EG im Aufforderungsschreiben zur Abgabe eines Angebotes** macht für den hier einzig und allein relevanten billig und gerecht denkenden Dritten hinreichend **deutlich, dass die Verpflichtungserklärungen der Nachunternehmer im Bedarfsfall dem Angebot beizufügen waren**. Ob der Bedarfsfall vorliegt kann durch den Auftraggeber nicht vorgegeben werden. Dies liegt einzig und allein im Ermessen des Anbietenden, der sein Angebot in Eigenverantwortung zu erstellen und abzugeben hat. ... Allein der Umstand, dass das Formblatt 317EG von der Antragstellerin ihrem Angebot ausgefüllt beigefügt wurde, lässt vielmehr den Rückschluss zu, dass es sich bei dem entsprechenden Vortrag um eine bloße Schutzbehauptung der Antragstellerin handelt. Denn auch in diesem Formblatt wird auf das Erfordernis der Vorlage der Verpflichtungserklärung der Nachunternehmer verwiesen. Darüber hinaus ist diese Verpflichtung in **Ziffer 7 Satz 2 der Bewerbungsbedingungen (Formblatt 212EG)** ebenfalls ausdrücklich vorgegeben. Dort findet sich zusätzlich der Hinweis zur Vorlageverpflichtung mit dem Angebot (1. VK Sachsen-Anhalt, B. v. 9. 2. 2007 – Az.: 1 VK LVwA 43/06)

- aus der **bloßen Zugehörigkeit zu einem Unternehmensverbund ergibt sich noch keine Verfügungsmöglichkeit** des Bewerbers über die Mittel anderer Mitglieder des Unternehmensverbundes. Eine solche Verfügungsmacht wird dann anzunehmen sein, wenn der **Bieter die Drittunternehmen, auf die er sich beruft, beherrscht** (2. VK Bund, B. v. 29. 12. 2006 – Az.: VK 2–131/06; B. v. 29. 12. 2006 – Az.: VK 2–128/06; B. v. 29. 12. 2006 – Az.: VK 2–125/06)

- aus einer **Personalunion z. B. zwischen Mitgliedern der Geschäftsführung von Mutter- und Tochtergesellschaft** kann sich gegebenenfalls eine Verfügbarkeit ergeben; sie muss aber entsprechend dargelegt werden (2. VK Bund, B. v. 29. 12. 2006 – Az.: VK 2–131/06; B. v. 29. 12. 2006 – Az.: VK 2–128/06; B. v. 29. 12. 2006 – Az.: VK 2–125/06)

8049 86.6.5.5.7.4.7 Fehlen eines an sich durch den Auftraggeber vorgesehenen Formblattes und vergleichbare Fälle. Das **bloße Fehlen** eines an den Bieter seitens des Auftraggebers zu übermittelnden **Vordrucks** zur Abgabe einer Erklärung **berechtigt einen Bieter grundsätzlich nicht dazu, die geforderte Erklärung zu unterlassen** (1. VK Sachsen, B. v. 13. 4. 2006 – Az.: 1/SVK/028-06). Wird von einem Bieter die Abgabe einer inhaltlich eindeutigen Erklärung gefordert, **hat er diese unabhängig davon abzugeben, ob der Auftragge-**

Vergabe- und Vertragsordnung für Bauleistungen Teil A VOB/A § 16 **Teil 3**

ber dafür einen **Vordruck bereitstellt** oder nicht (VK Hessen, B. v. 28. 1. 2010 – Az.: 69 d VK – 57/2009).

Wird in einem formularmäßig vorgefertigten Anschreiben ein **Hinweis auf das Formblatt** 8050 **„EFB NU-317"** zur **Nachunternehmererklärung** vor Versendung an die Bewerber **durchgestrichen** und befindet sich die **Streichung vor dem Text des Anschreibens in der Anlagenliste, ist dies unschädlich.** Die Streichung enthält damit objektiv nur die Mitteilung, dass das bezeichnete Formblatt dem Anschreiben nicht beigefügt ist. Eine (konkludente) Aussage, dass eine entsprechende Erklärung entgegen z. B. den Bewerbungsbedingungen in keinem Fall erforderlich sein soll, lässt sich der Streichung weder für sich noch in Verbindung mit der Nichtbeifügung des Formblatts entnehmen. Einer solchen Annahme fehlte schon deswegen die Grundlage, weil die Angaben zum Nachunternehmereinsatz nicht von der Verfügbarkeit eines bestimmten Formulars abhängig sind (OLG Koblenz, B. v. 7. 7. 2004 – Az.: 1 Verg 1 und 2/ 04). Das **Formular** hat außerdem lediglich den **Sinn und Zweck der Arbeitserleichterung.** Auf Seiten der Bieter wird die Abgabe der geforderten Erklärung erleichtert, weil die konkreten Inhalte der Erklärungen formularmäßig vorgegeben werden. Auf Seiten der Vergabestelle wird der Vergleich der Angebote erleichtert (VK Schleswig-Holstein, B. v. 5. 8. 2004 – Az.: VK-SH 19/04).

Das **Unternehmerverzeichnis Formblatt 317 EG ist einschließlich der Verfügbar-** 8051 **keitsnachweise mit dem Angebot vorzulegen, wenn in der Angebotsaufforderung die Formblätter 317 EG und 320 als in Abhängigkeit vom Angebot zurückzugebende Unterlagen gekennzeichnet sind.** Die Vorbemerkung im Formblatt 317 bestätigt dies durch den Hinweis, dass mit dem Angebot die Unternehmen, deren Fähigkeiten sich der Bieter im Auftragsfall bedienen wird, zu benennen und die Nachweise vorzulegen sind, dass dem Bieter die erforderlichen Mittel dieser Unternehmen zur Verfügung stehen. **Dass im Formblatt „Angebotsschreiben" das Unternehmerverzeichnis 317 EG nebst Anlagen nicht bereits vom Auftraggeber als eine vom Bieter im Einzelfall bei Bedarf beizufügende Unterlage angekreuzt worden war, steht nicht im Widerspruch zu den genannten Vorgaben**, sondern erklärt sich daraus, dass die Aufzählung der Unterlagen unter der Hauptüberschrift „1 Mein/Unser Angebot umfasst:" steht, so dass ein Ankreuzen der nur im – vom Angebot des Bieters abhängigen – Bedarfsfall beizufügenden Unterlagen durch den Auftraggeber den Eindruck hätte erwecken können, der Bieter müsse diese Unterlagen in jedem Fall vorlegen, auch wenn er sich keiner anderen Unternehmen bedienen will. Ein solches Verständnis wäre zwar nicht zwingend. Denn das Ankreuzen des Formblatts 317 EG im Formular „Angebotsschreiben" durch den Auftraggeber hätte nicht notwendigerweise bedeutet, dass der Vorbehalt „bei Bedarf beizufügen" unbeachtlich geworden wäre, zumal die Hauptüberschrift „1 Mein Angebot umfasst:" wiederum eingeschränkt ist durch die nachfolgende Formulierung „1.1 Vertragsbestandteile, die soweit erforderlich ausgefüllt wurden und beigefügt sind". Es ist daher ohne weiteres nachvollziehbar, dass der **Auftraggeber, um solchen Unklarheiten vorzubeugen, das Formular 317 EG im Formblatt „Angebotsschreiben" nicht angekreuzt, sondern es dem Bieter überlassen hat, dies im Falle des Einsatzes von Nachunternehmern zu tun.** Angesichts der klaren Formulierungen in der Angebotsaufforderung sowie im Formblatt 317 EG selbst konnte dies von einem Bieter verständigerweise nicht dahin ausgelegt werden, er müsse die Unternehmererklärung auch dann nicht mit dem Angebot vorlegen, wenn er Nachunternehmen einzusetzen beabsichtige (2. VK Bund, B. v. 26. 5. 2008 – Az.: VK 2–49/08).

86.6.5.5.7.5 **Fehlende Fabrikatsangaben.** 86.6.5.5.7.5.1 **Allgemeines.** Trägt ein Bieter 8052 den **Namen eines Lieferanten und nicht den des Hersteller**s ein, obwohl dieser abgefragt wurde, **fehlt ein eindeutiges Fabrikat** (VK Nordbayern, B. v. 9. 8. 2005 – Az.: 320.VK – 3194 – 27/05).

Es ist **nicht die Aufgabe der Vergabestelle, anhand von Prospekten und Datenblät-** 8053 **tern, einzelne Positionen des Angebots zu ergänzen**, um festzustellen, was der Bieter eventuell angeboten haben könnte. Es ist die **Aufgabe des Bieters, bei der Abgabe des Angebots das Produkt auszuwählen**, das den Vorgaben der Leistungsbeschreibung entspricht (OLG Frankfurt, B. v. 26. 5. 2009 – Az.: 11 Verg 2/09; VK Nordbayern, B. v. 20. 8. 2008 – Az.: 21.VK – 3194 – 39/08).

86.6.5.5.7.5.2 **Zulässigkeit von produktidentifizierenden Angaben.** Die **Forderung** 8054 **nach einer Fabrikatsangabe wird durch die Nennung zweier Hersteller mit jeweils einer Palette von Fabrikaten nicht erfüllt.** Es fehlen insoweit produktidentifizierende Angaben (VK Arnsberg, B. v. 2. 10. 2005 – Az.: VK 18/2005).

Teil 3 VOB/A § 16 Vergabe- und Vertragsordnung für Bauleistungen Teil A

8055 Wenn der vom Bieter benannte **Hersteller unter dem angegebenen Fabrikat mehrere geeignete Produkte anbietet**, ist weder die erforderliche Vergleichbarkeit mit den entsprechenden Positionen in einem insoweit vollständigen Angebot eines anderen Bieters gewährleistet noch die Möglichkeit von nachträglichen Manipulationen ausgeschlossen (2. VK Bund, B. v. 30. 5. 2007 – Az.: VK 2–39/07; VK Lüneburg, B. v. 1. 2. 2008 – Az.: VgK-48/2007; VK Nordbayern, B. v. 9. 5. 2006 – Az.: 21.VK – 3194 – 13/06; VK Südbayern, B. v. 6. 10. 2006 – Az.: 26-08/06).

8056 Noch weiter geht die **VK Südbayern**. Die Vergabekammer erkennt **keinen Ermessensspielraum für den Auftraggeber, ein Angebot schon deshalb zu werten, weil es von der vom Bieter benannten Herstellerfirma nur ein Produkt gibt, das die Systemparameter des Leistungsverzeichnisses erfüllt („produktidentifizierende Angabe")**. Es kann insoweit auch nicht auf den „objektiven Empfängerhorizont" abgestellt werden, wonach entscheidend ist, wie ein mit den Umständen des Einzelfalles vertrauter Dritter in der Lage des Auftraggebers die Erklärung nach Treu und Glauben mit Rücksicht auf die Verkehrssitte verstehen muss oder darf. Der Auftraggeber hat eine Erklärung zum „Fabrikat (insbesondere Herstellerangabe und genaue Typenbezeichnung)" gefordert, die vom Bieter so nicht abgegeben wurde, weil er lediglich die Herstellerfirma benannt hat (VK Südbayern, B. v. 19. 1. 2006 – Az.: Z3-3-3194-1-56–12/05).

8057 **Ähnlich argumentiert die 2. VK Bund.** Auf eine Produktidentifizierung abzustellen, erscheint bereits vom Ansatz her bedenklich. Denn die dem Bieter abverlangten Hersteller- und Typenangaben sollen das Produkt genau bezeichnen, damit der Auftraggeber überprüfen kann, ob dieses tatsächlich den Anforderungen der Leistungsbeschreibung genügt. Die Auswahl des Produkts hat dabei der Bieter zu treffen, der dementsprechend das Risiko trägt, ein Produkt anzubieten, das den Anforderungen aus Sicht des Auftraggebers nicht genügt. **Wenn ein Bieter dagegen lediglich den Hersteller benennt und es dem Auftraggeber überlässt, sich aus der Angebotspalette des Herstellers das geeignete Produkt auszusuchen, verlagert er das Auswahlrisiko auf den Auftraggeber.** Er stellt sich damit besser als derjenige Bieter, der tatsächlich alle geforderten Angaben selbst vornimmt und deshalb das Auswahlrisiko trägt. Auf diese Weise verschafft er sich einen Wettbewerbsvorteil, der ihm nach den in der Ausschreibung festgelegten Regeln nicht gebührt. Zudem birgt eine Recherche des Auftraggebers, welches Produkt bzw. wie viele Produkte des benannten Herstellers im Ausschreibungstext genügen, ein erhebliches **Risiko, dass die Angebotspalette des Herstellers nur unvollständig zur Kenntnis genommen und das Produkt als durch die Herstellerangabe eindeutig identifiziert betrachtet wird, obwohl tatsächlich noch andere Erzeugnisse der Herstellers der Positionsbeschreibung entsprechen und es daher an der Eindeutigkeit der Produktangabe fehlt.** Dies kann etwa dann der Fall sein, wenn das vorhandene Prospektmaterial nicht vollständig ist oder der Internetauftritt des Herstellers nur eine Auswahl der lieferbaren Produkte verzeichnet. Unsicherheiten über den Angebotsgegenstand, die durch die vom Bieter zu machenden Angaben vermieden werden sollten, bleiben in diesem Falle zunächst unbemerkt. Darüber hinaus ist es denkbar, dass der Auftraggeber ein anderes Produkt für ausschreibungskonform hält als der Bieter. Liefert dieser dann ein anderes als das vom Auftraggeber erwartete Erzeugnis, so entstehen im Rahmen der Vertragsausführung **genau jene Meinungsverschiedenheiten, denen mit der geforderten Produktidentifizierung in der Angebotsphase hätte vorgebeugt werden können** (2. VK Bund, B. v. 30. 5. 2007 – Az.: VK 2–39/07).

8058 **Anderer Auffassung ist insoweit die VK Sachsen.** Legt der Auftraggeber oder der Bieter zur Überzeugung de Vergabekammer dar, dass **durch die Angabe bestimmter technischer Parameter im Leistungsverzeichnis im Ergebnis nur ein einziges Produkt übrig bleibt**, ist damit die vom BGH geforderte Vergleichbarkeit des streitgegenständlichen Angebotes mit anderen gewährleistet (1. VK Sachsen, B. v. 10. 11. 2006 – Az.: 1/SVK/096-06).

8059 86.6.5.5.7.5.3 **Keine näheren Erläuterungen zu einem Produkt.** Die Angabe des Fabrikats sowie des Typs dient der Identifikation des angebotenen Produkts und soll die Vergabestelle in den Stand versetzen, sich davon zu überzeugen, ob das Produkt der Ausschreibung entspricht. Der Bieter ist an seine diesbezüglichen Angaben gebunden. Der Vergabestelle steht es frei, über die Fabrikats-/Typenbezeichnung hinausgehende Erläuterungen zu dem angegebenen Produkt zu fordern, soweit sie dies für notwendig hält. Es bleibt ansonsten **jedem Hersteller überlassen, zu entscheiden, in welcher Weise er seine Produkte durch die Beifügung von Typenbezeichnungen kennzeichnet und damit identifizierbar macht.** Einen allgemeinen Grundsatz, wonach die Typenbezeichnung bestimmte Mindestinhalte zu den wesentlichen Merkmalen des Produkts vermitteln müsste, gibt es nicht.

Angesichts des Spezialisierungsgrades und der Komplexität des z. B. Anlagenbaus lassen sich die wesentlichen technischen Identifizierungsmerkmale auch schwerlich in einer Typenbezeichnung unterbringen. Es **bleibt jedem Auftraggeber unbenommen, sich die benötigten Informationen im Rahmen eines Aufklärungsgesprächs nach § 15 VOB/A zu beschaffen.** Die Vorschrift nennt ausdrücklich das Angebot selbst als möglichen Gegenstand von Aufklärungsgesprächen (VK Schleswig-Holstein, B. v. 7. 3. 2008 – Az.: VK-SH 02/08).

86.6.5.5.7.5.4 Zulässigkeit der Einräumung eines Wahlrechts für den Auftraggeber. 8060
Trägt ein **Bieter das Fabrikat mit dem Zusatz „o. glw." ein**, ist diese Angabe nach allgemeinen Grundsätzen auszulegen. Nach den gesamten Umständen kann sie dahin verstanden werden, dass der Bieter das jeweils angegebene Fabrikat anbieten, dem Auftraggeber aber die Möglichkeit einräumen will, bei der Bauausführung den Einsatz eines gleichwertigen Alternativherstellers bzw. -produkts zu bestimmen. Diese **Erklärung zum Auswählen ist nach dem bürgerlichen Recht in Verbindung mit § 28 Nr. 2 VOB/A 2006 ausgeschlossen**, weil eine derartige Erklärung kein „Angebot" ist. Ein Vertrag kommt dadurch zustande, dass der Bauherr auf ein Angebot eines Bieters die vorbehaltlose Annahme des Angebotes erklärt. Ein **Angebot muss also so konkret sein, dass ohne weitere Festlegung, Ergänzung oder Differenzierung der angebotenen Leistungen der Zuschlag durch ein einfaches „Ja" erteilt werden** kann (OLG München, B. v. 2. 9. 2010 – Az.: Verg 17/10; VK Hannover, B. v. 16. 1. 2004 – Az.: 26 045 – VgK 14/2003; VK Hessen, B. v. 1. 11. 2005 – Az.: 69 d VK – 68/2005; VK Südbayern, B. v. 16. 7. 2007 – Az.: Z3-3-3194-1-28-06/07; B. v. 11. 5. 2005 – Az.: 17-04/05).

Gibt ein Bieter bei einem zwingend einzutragenden Erzeugnis **zwei bzw. drei Hersteller** 8061
bzw. Produkte an, behält er sich offen, was vergaberechtlich nicht zulässig ist, welchen Hersteller bzw. welches Produkt seiner Wahl er nach Zuschlagserteilung einbauen wird. Ein Offenhalten des Erzeugnisses stellt eine Abweichung von den Ausschreibungsunterlagen dar, die dazu führt, dass kein ausschreibungskonformes Angebot vorliegt. Dies **gilt auch dann, wenn alle eingetragenen Hersteller oder Produkte die im Leistungsverzeichnis genannten Parameter erfüllen**. Eine Wahlmöglichkeit des Herstellers bzw. des Erzeugnisses für den Bieter lässt sich auch aus der Formulierung im Leistungsverzeichnis „oder gleichwertig, nach Wahl des AN" nicht ableiten. Das **Angebot ist seinem Inhalt nach weder eindeutig noch bestimmt** und damit weder als Hauptangebot noch als Nebenangebot annahmefähig. Die **Wettbewerbsrelevanz ergibt sich aus dem Vorteil, mit preiswerteren Fabrikaten kalkulieren und damit einen niedrigeren Gesamtpreis anbieten zu können**. In dem sich der Bieter eine Wahlmöglichkeit z. B. im Hinblick auf die zu liefernden Fabrikate bis zur Ausführung vorbehält, hat er einen Wettbewerbsvorteil gegenüber Bietern, die sich auf ein einzelnes Produkt festgelegt haben, denn dieser Bieter kann nach Beauftragung zwischen mehreren Produkten wählen und so möglicherweise auf geänderte Marktbedingungen reagieren und günstigere Preise erzielen. Eine Mehrfachnennung ist zudem auch **gemäß den Ausschreibungsbedingungen oftmals nicht zulässig**. Nach Ziffer 3.3 der Bewerbungsbedingungen (EVM (B) BwB/E EG 212 EG) beispielsweise „muss das Angebot vollständig sein; unvollständige Angebote werden ausgeschlossen. Enthält die Leistungsbeschreibung bei einer Teilleistung eine Produktangabe mit Zusatz „oder gleichwertiger Art" und wird vom Bieter dazu **eine** Produktangabe verlangt, ist **das** Fabrikat (insbesondere die Herstellerangabe und genaue Typenbezeichnung) auch dann anzugeben, wenn der Bieter das vorgegebene Fabrikat anbieten will. Fehlt **diese** Angabe, ist das Angebot unvollständig." Diesen Formulierungen (im Singular) ist eindeutig zu entnehmen, dass der Auftraggeber die Abgabe **einer** Produktangabe gefordert hat und nicht die Abgabe **mehrerer** Produktangaben (VK Südbayern, B. v. 16. 7. 2007 – Az.: Z3-3-3194-1-28-06/07).

Gemäß § 13 Abs. 1 Nr. 3 VOB/A müssen Angebote die Preise und die geforderten Erklä- 8062
rungen enthalten. Das **Vertragsangebot soll klar, vollständig und in jeder Hinsicht zweifelsfrei sein. Unzulässig ist es, wenn der Bieter innerhalb desselben Angebots zwei oder mehrere Produkte zur Wahl stellt.** Die Erklärung ist dann nicht zweifelsfrei. **Gegebenenfalls kann es sich bei solchen Fällen jedoch um mehrere Hauptangebote** handeln, was jedenfalls **dann zulässig** ist, wenn es sich **um eine funktionale Ausschreibung** handelt. Insoweit können die Bieter nämlich unterschiedliche Produkte anbieten, um den Anforderungen der Leistungsbeschreibung nachzukommen. Es ist in solchen Fällen möglich, dass mehrere Produkte auf die Leistungsbeschreibung passen (2. VK Bund, B. v. 13. 6. 2007 – Az.: VK 2–48/07).

86.6.5.5.7.5.5 Fabrikatsangaben im Kurz-Leistungsverzeichnis. Wenn der Bieter ein 8063
Kurz-Leistungsverzeichnis abgibt, ist er ebenfalls **verpflichtet, geforderte Fabrikatsanga-**

Teil 3 VOB/A § 16 Vergabe- und Vertragsordnung für Bauleistungen Teil A

ben zu machen. Er kann ohne weiteres im Kurz-Leistungsverzeichnis integriert oder auf einer gesonderten Auflistung die im Leistungsverzeichnis über die Preiseintragungen hinaus geforderten Erklärungen machen, da sie über die Ordnungsziffern des Leistungsverzeichnisses eindeutig zugeordnet werden können (VK Düsseldorf, B. v. 30. 9. 2003 – Az.: VK – 25/2003 – B).

8064   **86.6.5.5.7.5.6 Fiktion der Angabe der Leitfabrikate.** Der öffentliche **Auftraggeber** kann **vorschreiben**, dass bei **Nichtabgabe von eigenen Erklärungen über angebotene Fabrikate** bei Vorhandensein eines „Leitfabrikates" das **Leitfabrikat als angegeben gilt**. Dann sind **fehlende Fabrikatsangaben** gemäß den Ausschreibungsbedingungen **nicht als fehlende Erklärung**, sondern als Angebot des Leitfabrikates anzusehen (1. VK Brandenburg, B. v. 5. 7. 2006 – Az.: 1 VK 23/06; VK Düsseldorf, B. v. 30. 9. 2003 – Az.: VK – 25/2003 – B; VK Saarland, B. v. 15. 3. 2006 – Az.: 3 VK 02/2006; VK Thüringen, B. v. 22. 3. 2005 – Az.: 360–4002.20-002/05-MGN). In einer **neueren Entscheidung** vertritt hingegen die VK Thüringen die Auffassung, dass **fehlende Fabrikatsangaben trotz Nennung von Leitfabrikaten und der Klausel, dass dann, wenn der Bieter keine Fabrikatsangabe macht, das Leitfabrikat als angeboten gilt, unvollständig sind** (VK Thüringen, B. v. 3. 3. 2006 – Az.: 360–4002.20-004/06-ABG).

8065   Ist vom Bieter die Angabe von einzubauenden Fabrikaten gefordert und **bietet ein Bieter ein Leitfabrikat oder ein gleichwertiges Fabrikat** an, fehlt zwar eine geforderte **Angabe**, weil sich der Bieter nicht – obwohl gefordert – auf ein Fabrikat festlegt. Die **fehlende Angabe kann aber durch eine Aufklärung nachgetragen werden**. Die Stellung des Angebots in der Wertung kann sich nicht verändern, weil der Bieter sich hinsichtlich der Eigenschaften des Fabrikats durch die Bezugnahme auf das Leitfabrikat festgelegt hat (VK Lüneburg, B. v. 3. 5. 2005 – Az.: VgK-14/2005).

8066   **Anderer Auffassung** ist insoweit die **VK Baden-Württemberg**. Die Kammer hält das Verhalten eines Bieters, das von ihm anzubietende Fabrikat durch Angabe von zwei Fabrikaten mit dem Zusatz „oder gleichwertig" nicht definitiv anzugeben, also offen zu halten, vergaberechtlich nicht für zulässig, weil der Bieter nach Zuschlagserteilung ein Fabrikat seiner Wahl anbieten könnte, über welches Streit hinsichtlich der Gleichwertigkeit entstehen kann. **Ein Offenhalten des Fabrikats stellt eine Abweichung von den Ausschreibungsunterlagen dar, die dazu führt, dass kein ausschreibungskonformes Angebot vorliegt** (VK Baden-Württemberg, B. v. 25. 5. 2005 – Az.: 1 VK 25/05).

8067   Eine **Angabe des Bieters** mit dem Inhalt „wie ausgeschrieben" bzw. „Element wie ausgeschrieben" ist eine Willenserklärung der Antragstellerin. Diese Eintragung **verhindert, dass eine Fiktion z. B. einer Typenangabe eintritt** (1. VK Sachsen, B. v. 9. 5. 2006 – Az.: 1/SVK/036-06; B. v. 20. 4. 2006 – Az.: 1/SVK/029-06).

8068   **86.6.5.5.7.5.7 Keine Fabrikatsangabe durch die Angabe des Herstellers.** Weist ein Angebot insofern Defizite bei den geforderten Fabrikatsangaben auf, **als nur immer der Hersteller und bei einigen Positionen zusätzlich noch die Zulassungsnummer angegeben wird und fehlen weitere Angaben zu den tatsächlich angebotenen Fabrikaten/Produkten, ist das Angebot hinsichtlich dieser Positionen nicht eindeutig**; gerade wegen der fehlenden weiteren Angaben zu den angebotenen Fabrikaten ist eine **eindeutige Identifizierung und vergleichende Beurteilung nicht möglich** (VK Hannover, B. v. 10. 5. 2004 – Az.: 26 045 – VgK 02/2004).

8069   **86.6.5.5.7.5.8 Keine Fabrikatsangabe durch Bezug zur Vorposition.** Die Auslegung **des Angebotsinhaltes** kann **grundsätzlich nicht dergestalt erfolgen**, dass wegen des Bezuges einer Position, in der ein Bieter ein Fabrikat angeben muss, zur Vorposition **auch jeweils das Fabrikat der Vorposition angeboten wird, da die Vorposition jeweils dem vorgegebenen Fabrikat folgt** und ein Wechsel der Fabrikate weder sinnvoll noch üblich ist. Dagegen kann z. B. der Inhalt von Angeboten sprechen, in denen Bieter in einigen Vorpositionen ein Leitfabrikat und in der Folgeposition jedoch ein anderes Fabrikat anbieten (1. VK Brandenburg, B. v. 5. 7. 2006 – Az.: 1 VK 23/06).

8070   **Anderer Auffassung** ist insoweit die **VK Nordbayern**. Auch im Vergaberecht besteht grundsätzlich die **Möglichkeit der Auslegung von Angeboten** (§ 133 BGB). Ergibt sich z. B. aus der **Gesamtschau des vom Auftraggeber vorgegebenen Leistungsverzeichnisses** mit dem von dem Bieter gefertigten Kurz-Leistungsverzeichnis (Positionsliste), dass in allen Positionen bei bestimmten Arbeiten die bauseits vorgegebenen Leitprodukte angeboten werden sollten, ist insoweit vorrangig der objektive Erklärungswert, abgestellt auf die Sicht eines verständigen Auftraggebers in deren damaliger Situation zu ermitteln. Ist dabei festzuhalten, dass der **Bieter in einer identischen Positions-Nr. ebenfalls das vorgegebene Leitprodukt anbietet**, kann hieraus abgeleitet werden, dass auch unter der unvollständigen Positions-Nr. das Leitprodukt angeboten werden soll. Hierfür spricht insbesondere auch, wenn der **Bieter in seiner Positionsliste unter beiden Positionen das verlangte Produkt zum identischem Einheitspreis anbietet**. Der fehlende Eintrag stellt daher ein **unbeachtliches Schreibversehen** dar (VK Nordbayern, B. v. 8. 5. 2007 – Az.: 21.VK – 3194 – 20/07).

Für den Fall eines fehlenden Preises vertreten das EuG und das OLG Düsseldorf im Ergebnis 8071 die Auffassung, dass ein **Angebot nicht unvollständig** ist und **nicht abgelehnt werden muss, wenn der fehlende Preis für einen bestimmten Posten mit Sicherheit aus einem für einen anderen Posten derselben Leistungsbeschreibung angegebenen Preis oder zumindest nach Einholung von Klarstellungen zum Inhalt dieses Angebots bei dessen Verfasser abgeleitet werden kann** (→ Rdn. 430 ff.). Das OLG Düsseldorf lässt es insoweit ausdrücklich offen, ob diese Rechtsprechung auch für fehlende Erklärungen oder Nachweise gilt (OLG Düsseldorf, B. v. 21. 4. 2010 – Az.: VII-Verg 53/09).

86.6.5.5.7.5.9 **Keine Fabrikatsangabe durch Bezug zu einem technisch identischen** 8072 **Los**. Fehlende Produktangaben bei einem Fachlos sind nicht ohne weiteres anhand eines Rückschlusses auf die Produktangaben zu einem technisch identischen Fachlos der Ausschreibung zu beheben. Denn trotz der identischen technischen Ausstattung ist aus dem **objektiven Empfängerhorizont der Vergabestelle**, der für die Auslegung des Angebots maßgebend ist, ein **eindeutig artikulierter Bindungswille** insoweit nicht erkennbar. Die **Verwendung identischer Produkte war den Bietern freigestellt, aber nicht vorgeschrieben**. Denn an keiner Stelle der Verdingungsunterlagen findet sich ein Hinweis, dass eine fachlosübergreifende Produktidentität erforderlich ist. Die **stillschweigende Erstreckung** der zu einem Fachlos gemachten Angaben auf die Ausstattung des anderen Fachloses im Angebot eines Bieters stellt damit **nur eine unter mehreren denkbaren Auslegungsvarianten** im Rahmen einer rechtsgeschäftlichen Auslegung nach §§ 133, 157 BGB dar. Eine andere ist, dass der Bieter sich im Falle des Zuschlagserhalts möglicherweise gerade auf sein Schweigen in diesem Punkt beruft und verlangt, den Inhalt nach seinem Ermessen gestalten zu dürfen (vgl. § 315 BGB). In Betracht kommt auch die Annahme einer Vertragslücke, die unbeschadet der Einigung der Parteien im Übrigen eine gesonderte Nachverhandlung über die offenen Fragen notwendig macht. Selbst wenn man auf der rechtsgeschäftlichen Ebene – unter Berücksichtigung des jeweiligen Für und Wider aufgrund eines Abwägungsprozesses – im Ergebnis möglicherweise der erstgenannten Auslegungsvariante den Vorzug einräumen wollte, **reicht das in vergaberechtlicher Hinsicht nicht aus** (OLG Thüringen, B. v. 11. 1. 2007 – Az. 9 Verg 9/06).

Für den Fall eines fehlenden Preises vertreten das EuG und das OLG Düsseldorf im Ergebnis 8073 die Auffassung, dass ein **Angebot nicht unvollständig** ist und **nicht abgelehnt werden muss, wenn der fehlende Preis für einen bestimmten Posten mit Sicherheit aus einem für einen anderen Posten derselben Leistungsbeschreibung angegebenen Preis oder zumindest nach Einholung von Klarstellungen zum Inhalt dieses Angebots bei dessen Verfasser abgeleitet werden kann** (→ Rdn. 183 ff.). Das OLG Düsseldorf lässt es insoweit ausdrücklich offen, ob diese Rechtsprechung auch für fehlende Erklärungen oder Nachweise gilt (OLG Düsseldorf, B. v. 21. 4. 2010 – Az.: VII-Verg 53/09).

86.6.5.5.7.5.10 **Fabrikatsangabe ohne Gleichwertigkeitsnachweise**. Verlangt die Vergabestelle für den Fall, dass das Angebot ein anderes Fabrikat als das Leitfabrikats enthält, dass **Gleichwertigkeitsnachweise mit dem Angebot zwingend abzugeben** sind und **liegen dem Angebot keine derartigen Gleichwertigkeitsnachweise bei**, ist das **Angebot** unvollständig (VK Thüringen, B. v. 11. 6. 2009 – Az.: 250–4002.20–2532/2009-002-SOK).

86.6.5.5.7.6 **Fehlende Typen- und Herstellerangaben**. Ein transparentes, auf Gleichbe- 8074 handlung aller Bieter beruhendes Vergabeverfahren ist nur zu erreichen, wenn lediglich Angebote gewertet werden, die in jeder sich aus den Verdingungsunterlagen ergebenden Hinsicht vergleichbar sind. **Fehlende Typenangaben** eines Bieters **beeinträchtigen** die **Vergleichbarkeit seines Angebots mit den Angeboten anderer Bieter**. Dem Angebot ist letztlich nicht zu entnehmen, ob er mit den von ihm zur Verwendung vorgesehenen Produkten die abstrakten Anforderungen des Leistungsverzeichnisses wird erfüllen können, weil seine Angaben zur Produktidentifizierung nicht ausreichen (BGH, Urteil v. 7. 6. 2005 – Az.: X ZR 19/02; OLG Dresden, B. v. 10. 7. 2003 – Az.: WVerg 0015/02; OLG Frankfurt, B. v. 26. 5. 2009 – Az.: 11 Verg 2/09; B. v. 16. 9. 2003 – Az.: 11 Verg 11/03; VK Baden-Württemberg, B. v. 21. 6. 2005 – Az.: 1 VK 32/05; VK Brandenburg, B. v. 15. 11. 2005 – Az.: 2 VK 64/05; B. v. 28. 6. 2005 – Az.: VK 20/05; B. v. 5. 4. 2005 – Az.: VK 9/05; 2. VK Bund, B. v. 30. 5. 2008 – Az.: VK 2-

55/08; B. v. 21. 1. 2004 – Az.: VK 2–126/03; 3. VK Bund, B. v. 21. 9. 2010 – Az.: VK 3–90/10; VK Hessen, B. v. 24. 10. 2005 – Az.: 69 d – VK – 62/2005; B. v. 20. 10. 2004 – Az.: 69 d – VK – 61/2004; B. v. 19. 9. 2005 – Az.: 69 d VK – 42/2005; VK Lüneburg, B. v. 26. 7. 2005 – Az.: VgK-31/2005; VK Nordbayern, B. v. 20. 8. 2008 – Az.: 21.VK – 3194 – 39/08; B. v. 16. 2. 2005 – Az.: 320.VK – 3194 – 02/05; B. v. 4. 11. 2004 – Az.: 320.VK – 3194 – 41/04; B. v. 8. 9. 2004 – Az.: 320.VK – 3194 – 31/04; 1. VK Sachsen, B. v. 10. 11. 2006 – Az.: 1/SVK/096-06; B. v. 18. 6. 2003 – Az.: 1/SVK/042-03; 1. VK Sachsen-Anhalt, B. v. 21. 11. 2005 – Az.: 1 VK LVwA 44/05; VK Südbayern, B. v. 6. 10. 2006 – Az.: 26-08/06; B. v. 13. 7. 2004 – Az.: 46-06/04; VK Thüringen, B. v. 11. 10. 2006 – Az.: 360–4002.20–026/06-SLF).

8075 Die **Angabe einer unzutreffenden, weil nicht einer (offiziellen) Bezeichnung des Herstellers folgenden Typenangabe liegt ähnlich**. Die Angabe einer vom Hersteller nicht verwendeten und damit nicht existierenden Typenbezeichnung wirft die gleichen Probleme auf wie eine fehlende Typenbezeichnung, weil die Vergabestelle das angebotene Produkt nicht identifizieren kann und die Angabe damit für die Wertung unbrauchbar ist. Aus dem Leistungsverzeichnis heraus kann der Auftraggeber nicht ersehen, mit welchem konkreten Produkt der Auftragnehmer den Vertrag erfüllen wird. **Unvollständige und deshalb unbrauchbare Erklärungen stehen fehlenden gleich** (OLG Frankfurt, B. v. 26. 5. 2009 – Az.: 11 Verg 2/09).

8076 Fordert der Auftraggeber trotz der Vorgabe von Leitfabrikaten eine Angabe von Hersteller- bzw. Typangaben – auch durch Wiederholung der Leitangaben – so ist **der Vermerk „LV" bei den geforderten Hersteller- bzw. Typangaben grundsätzlich ausreichend** (VK Lüneburg, B. v. 26. 7. 2005 – Az.: VgK-31/2005).

8077 **Eine ausdrückliche Angabe von Hersteller- und Typangaben kann auch in der Weise erfolgen, dass der Bieter durch Wiederholungszeichen vorstehende Textpassagen in Bezug nimmt.** Bei Wiederholungszeichen- umgangssprachlich auch „Gänsefüsschen" genannt – handelt es sich um in der deutschen Schriftsprache übliche Zeichen, die die allgemein bekannte Aussage beinhalten, dass der über ihnen stehende Text wiederholt wird. Ihre Verwendung führt auch zu eindeutigen Erklärungen, wenn der Bieter die Wiederholungszeichen nicht fortlaufend benutzt, so dass zweifelhaft sein kannte, auf welche Textpassage sie sich überhaupt beziehen, und wenn der Bieter diese Zeichen stets mittig unter die Textpassage setzt, die wiederholt werden soll. Wenn zu den einzelnen Leistungspositionen jeweils der Hersteller und die Typbezeichnung des angebotenen Produkts anzugeben sind, ist bei verständiger Auslegung auch offensichtlich, dass die Wiederholungszeichen sowohl die darüber stehende Angabe des Herstellers als auch die darüber stehende Angabe der Typenbezeichnung und nicht etwa nur eines von beidem in Bezug nehmen (2. VK Bund, B. v. 20. 12. 2005 – Az.: VK 2–159/05; B. v. 20. 12. 2005 – Az.: VK 2–156/05).

8078 **Bei Angabe des ausgeschriebenen Leitfabrikats durch den Bieter und lediglich zwei fehlenden Typenbezeichnungen kann die Vergabestelle davon ausgehen, dass auch der vorgegebene Typ angeboten wird**; das Angebot ist also vollständig (OLG Düsseldorf, B. v. 4. 7. 2005 – Az.: VII – Verg 35/05; 2. VK Bund, B. v. 12. 5. 2005 – Az.: VK – 2–24/05).

8079 Eine weitere **Ausnahme von der Unvollständigkeit** macht die VK Brandenburg für den Fall, dass der **Bieter das vom ihm angebotene Gerät durch eine Vielzahl von sachgerecht geforderten Spezifikationen beschreibt, jedoch auf eine detaillierte Typ-Angabe verzichtet, weil** z. B. der angebotene Herd eine **Sonderanfertigung** sein wird und er als Typangabe „Herd" angibt (2. VK Brandenburg, B. v. 28. 6. 2005 – Az.: VK 20/05).

8080 Ein **verständiger Bieter, der ein Leitfabrikat anbietet, kann davon ausgehen, dass das vom Antragsgegner ausgewählte Leitfabrikat sonstige zusätzlich genannte Funktionen z. B. als Notabdichtung erfüllt und es der Vorlage einer Herstellererklärung nicht bedarf**. Ein anderes Verständnis muss in den Verdingungsunterlagen unmissverständlich und klar zum Ausdruck kommen (OLG Düsseldorf, B. v. 5. 4. 2006 – Az.: VII – Verg 3/06).

8081 Ein **Bieter muss**, wenn er **der Auffassung ist, er brauche deshalb den jeweiligen Typ nicht zu nennen**, weil es von dem Hersteller **keine Typbezeichnung gibt**, die **Vergabestelle hierauf hinweisen** bzw. die Forderung nach Nennung eines Typs bei der Position des Leistungsverzeichnisses **rügen** (OLG Frankfurt, B. v. 26. 5. 2009 – Az.: 11 Verg 2/09; VK Hessen, B. v. 4. 4. 2005 – Az.: 69 d VK – 05/2005).

8082 Es schadet einem Angebot nicht, wenn der Bieter teilweise **statt der in den Leistungsverzeichnissen verlangten Typenbezeichnungen lediglich die Fabrikate angibt** und mit Stempelaufdruck auf deren „Beschrieb" verweist und er vorträgt, dass es sich bei den betreffenden Leistungspositionen **um solche Fabrikate handle, die vom Hersteller überhaupt nur**

Vergabe- und Vertragsordnung für Bauleistungen Teil A VOB/A § 16 **Teil 3**

in einer einzigen und typenmäßig nicht näher benannten Ausführung (unter dem Fabrikatsnamen) vertrieben würden. – typidentifizierende Angaben (OLG Thüringen, B. v. 11. 1. 2007 – Az.: 9 Verg 9/06).

Nach der Rechtsprechung des OLG Düsseldorf ist dann, wenn Angebote Erklärungen z. B. zum Fabrikat und zum Typ einer geforderten Pollerleuchte enthalten sollen und der Antragsteller im Angebot zwar die verlangte Fabrikatsangabe, jedoch nicht den Typ der angebotenen Leuchte benennt, das **Angebot wegen dieses Mangels nicht von der Wertung auszunehmen, wenn der Auftraggeber unter dieser Ordnungsziffer des Leistungsverzeichnisses unstatthafte produktspezifische Vorgaben angebracht** hat. Wer so ausschreibt, erwirbt keine rechtliche Handhabe, Angebote, die im Zuge einer solchen Ausschreibung nicht alle verlangten Angaben oder Erklärungen enthalten, ggf. von der Wertung auszunehmen. Die **Aufnahme des Zusatzes „oder gleichwertig" führt aus dem Verbot der produktspezifischen Ausschreibung nicht hinaus**. Ein solcher **Zusatz** ist in Verbindung mit dem Verweis auf eine bestimmte Produktion oder Herkunft **nur zugelassen, wenn der Auftragsgegenstand nicht hinreichend genau und allgemein verständlich beschrieben werden kann** (OLG Düsseldorf, B. v. 14. 10. 2009 – Az.: VII-Verg 9/09). 8083

Ist im Leistungsverzeichnis bei bestimmten Positionen lediglich die Angabe eines Fabrikats verlangt und sind sämtliche Bieter offensichtlich davon ausgegangen, dass jedenfalls nicht notwendigerweise neben der Herstellerbezeichnung eine Typenangabe zu erfolgen hat, und ist auch dem Senat aus anderen Leistungsverzeichnissenn bekannt, dass es durchaus üblich ist, neben dem Fabrikat die Typenangabe zu verlangen, ist die Auslegung durch die Bieter nicht von der Hand zu weisen. Der BGH hat ebenfalls in seiner grundlegenden Entscheidung vom 18. 2. 2003 – X ZB 44/02 – die Angaben zu Hersteller/Fabrikat von den Angaben zu den Typen unterschieden. Zudem dürfen Unklarheiten nicht zu Lasten des Bieters gehen. **Es stellt für den öffentlichen Auftraggeber auch keine unzumutbare Belastung dar, neben das Wort „Fabrikat" noch das Wort „Typenbezeichnung". o. ä. anzufügen** (OLG München, B. v. 12. 11. 2010 – Az.: Verg 21/10). 8084

86.6.5.5.7.7 Fehlender Versicherungsnachweis. Ein **Angebot ist unvollständig, wenn es nicht den geforderten Nachweis der Haftpflichtversicherung mit der verlangten Mindestdeckungssumme enthält** und die Vergabestelle bereits in der Bekanntmachung darauf hingewiesen hatte, dass ein solcher Nachweis erforderlich ist (VK Südbayern, B. v. 5. 2. 2010 – Az.: Z3-3-3194-1-66–12/09). 8085

Ein **fehlender aktueller Nachweis über die Gültigkeit der Haftpflichtversicherung** führt zur Unvollständigkeit des Angebots (1. VK Sachsen, B. v. 12. 6. 2003 – Az.: 1/SVK/054-03; 1. VK Sachsen-Anhalt, B. v. 31. 7. 2008 – Az.: 1 VK LVwA 04/08). 8086

86.6.5.5.7.8 Fehlender Bauzeitenplan. Die fehlende **Vorlage des unverbindlichen Bauzeitenplans** im Submissionstermin ist dann **unschädlich**, wenn sie **nicht eindeutig in den Vergabeunterlagen zu diesem Zeitpunkt gefordert** wird. Sie eröffnet darüber hinaus **auch keine Manipulationsmöglichkeiten**. Denn die in ihm genannten Fristen sind keine vertraglichen. Das Angebot bleibt davon unberührt und damit auch seine Vergleichbarkeit. Gebunden ist der Bieter unabhängig von der Vorlage des Bauzeitenplans nämlich an die im Formblatt EVM BVB aufgeführten Fristen und an die Verpflichtung, noch vor Baubeginn einen verbindlichen Bauzeiten- und Ablaufplan unter Berücksichtigung der zeitlichen Vorgaben aufzustellen (BayObLG, B. v. 28. 5. 2003 – Az.: Verg 6/03; VK Lüneburg, B. v. 11. 6. 2004 – Az.: 203-VgK-18/2004; VK Nordbayern, B. v. 1. 4. 2003 – Az.: 320.VK-3194-08/03). 8087

86.6.5.5.7.9 Fehlender Nachweis der Entsorgung. Bei der **Beseitigung chemischer Altlasten ist der lückenlose Nachweis einer vorschriftsmäßigen Entsorgung unverzichtbar**. Denn bei diesen Erklärungen und Nachweisen handelt es sich um unverzichtbare Grundlagen des Angebotes, ohne die es nicht angenommen werden kann (OLG Naumburg, B. v. 11. 6. 2003 – Az.: 1 Verg 06/03; im Ergebnis ebenso KG Berlin, B. v. 21. 12. 2009 – Az.: 2 Verg 11/09). 8088

Wird in den Vergabeunterlagen die **Vorlage eines entsprechenden Zertifikates des Bieters** erfordert, so hat eine **Bietergemeinschaft für jedes einzelne ihrer Mitglieder ein aktuell gültiges Zertifikat** vorzulegen (KG Berlin, B. v. 21. 12. 2009 – Az.: 2 Verg 11/09). 8089

Auch **fehlende Annahmeerklärungen von Entsorgungsanlagen** führen zur Unvollständigkeit des Angebots (3. VK Bund, B. v. 20. 3. 2006 – Az.: VK 3–09/06). 8090

86.6.5.5.7.10 Fehlende bauaufsichtliche Zulassung. Legt ein Bieter die von der Vergabestelle geforderte **bauaufsichtliche Zulassung nicht vor**, ist das **Angebot unvollständig** (VK Magdeburg, B. v. 24. 6. 2003 – Az.: 33–32571/07 VK 05/03 MD). 8091

8092 **86.6.5.5.7.11 Fehlende Eignungsnachweise. 86.6.5.5.7.11.1 Grundsätze.** Angebote, denen die nach der Bekanntmachung **geforderten Eignungsnachweise nicht beigefügt waren, sind unvollständig.** Das folgt aus §§ 13 Abs. 1 Nr. 4, 16 Abs. 1 Nr. 3 VOB/A. Die **Rechtsfolge eines eventuellen Ausschlusses** nach erfolgloser Nachforderung ergibt sich dann aus § 16 Abs. 2 Nr. 1 VOB/A (OLG Düsseldorf, B. v. 9. 3. 2007 – Az.: VII – Verg 5/07; B. v. 28. 6. 2006 – Az.: VII – Verg 18/06; B. v. 7. 3. 2006 – Az.: VII – Verg 98/05; B. v. 14. 10. 2005 – Az.: VII – Verg 40/05; B. v. 16. 11. 2003 – Az.: VII – Verg 47/03; OLG Koblenz, B. v. 4. 7. 2007 – Az.: 1 Verg 3/07; VK Berlin, B. v. 18. 3. 2009 – Az.: VK B 2 30/08; 1. VK Bund, B. v. 29. 10. 2007 – Az.: VK 1–110/07; B. v. 21. 5. 2007 – Az.: VK 1–32/07; 2. VK Bund, B. v. 13. 6. 2007 – Az.: VK 2–51/07; 3. VK Bund, B. v. 17. 12. 2008 – Az.: VK 3–167/08; B. v. 26. 6. 2008 – Az.: VK 3–71/08; B. v. 3. 5. 2007 – Az.: VK 3–31/07; B. v. 19. 3. 2007 – Az.: VK 3–16/07; B. v. 7. 2. 2007 – Az.: VK 3–07/07; B. v. 18. 1. 2007 – Az.: VK 3–153/06; B. v. 12. 12. 2006 – Az.: VK 3–141/06; B. v. 29. 7. 2005 – Az.: VK 3–76/05; B. v. 22. 11. 2004 – Az.: VK 3–203/04; VK Düsseldorf, B. v. 19. 4. 2007 – Az.: VK – 10/2007 – B; VK Hessen, B. v. 30. 11. 2005 – Az.: 69 d VK – 83/2005; 1. VK Sachsen, B. v. 14. 9. 2009 – Az.: 1/SVK/042-09; 1. VK Sachsen-Anhalt, B. v. 17. 4. 2007 – Az.: 1 VK LVwA 04/07; VK Schleswig-Holstein, B. v. 18. 12. 2007 – Az.: VK-SH 25/07; VK Südbayern, B. v. 7. 4. 2006 – Az.: 07-03/06; B. v. 24. 11. 2005 – Az.: Z3-3-3194-1-42–09/05).

8093 In einer sehr aktuellen Entscheidung **tendiert demgegenüber das OLG Düsseldorf dahin**, mit Blick auf die neuen Regelungen des § 16 Abs. 1 Nr. 3 VOB/A 2009 und des § 19 Abs. 2 EG VOL/A gegebenenfalls einen **Ausschluss nach den Vorschriften über fehlende Erklärungen** vorzunehmen (OLG Düsseldorf, B. v. 30. 6. 2010 – Az.: VII-Verg 13/10).

8094 Ein **Beurteilungsspielraum bei der Prüfung von Fachkunde, Leistungsfähigkeit und Zuverlässigkeit** eines Bieters bezieht sich **lediglich auf die Frage, ob auf der Grundlage der geforderten und entsprechend vorgelegten Eignungsnachweise die Eignung eines Bieters bejaht werden kann.** Hingegen kommt dem Auftraggeber **kein Ermessen** dahingehend zu, von den bekannt gemachten Eignungsanforderungen abzuweichen und auch bei Fehlen geforderter Eignungsnachweise die Eignung aus anderen Gründen anzunehmen, z. B. weil ihm der betreffende Bieter aus früheren Geschäftsbeziehungen bekannt ist. Vgl. insoweit die Kommentierung zu → § 97 GWB Rdn. 819 ff.

8095 Es **kommt auch nicht darauf an, ob die fehlenden Eignungsangaben wettbewerbserheblich oder objektiv wertungsrelevant** sind. Dadurch, dass die Vergabestelle in den Verdingungsunterlagen die Vorlage von Eignungsnachweisen fordert, werden diese als Umstand ausgewiesen, der für sie **auf jeden Fall wertungsrelevant** ist (3. VK Bund, B. v. 26. 6. 2008 – Az.: VK 3–71/08).

8096 Mit der Neufassung der §§ 13, 16 VOB/A ist die **Diskussion** der Frage zur VOB/A 2006, ob Eignungsnachweise dem **Begriff der „Erklärungen" in § 21 Nr. 1 Abs. 2 Satz 5 VOB/A unterfallen oder nicht, obsolet** geworden.

8097 Einem **Bieter**, der **im Vertrauen auf die Festlegung in der Angebotsanforderung**, wonach Angaben bzw. Nachweise nach § 6 Abs. 3 VOB/A **(nur) auf Verlangen vorzulegen** sind, auf die **Übersendung von Unterlagen zu seiner Eignung bei Angebotsabgabe verzichtet** und eine Anfrage seitens der Vergabestelle abwartet, **kann nicht zum Vorwurf gemacht werden, er habe unvollständige oder verspätete Angaben gemacht.** Nur eine eindeutige und unmissverständliche Festlegung, dass Erklärungen/Nachweise bereits mit Angebotsabgabe vorzulegen sind, rechtfertigt bei Unterlassen der Vorlage gegebenenfalls einen zwingenden Angebotsausschluss (OLG München, B. v. 21. 8. 2008 – Az.: Verg 13/08).

8098 **86.6.5.5.7.11.2 Einzelfälle.** Fordert der Auftraggeber z. B. die **Bilanzen für je drei aufeinander folgende Geschäftsjahre** und legt der Bieter lediglich zwei Bilanzen vor, erfüllt der Bieter die geforderten Nachweise nicht. **Die fehlende dritte Bilanz wird auch nicht dadurch ersetzt, dass in einer Bilanz auch die Zahlen des Vorjahres angegeben sind.** Die Angaben der entsprechenden Vorjahreszahlen des Vorjahres sind vielmehr zwingender Bestandteil einer vollständigen Bilanz. Eine komplette Bilanz muss die Aktiva, Passiva und die jeweiligen Vorjahresdaten ausweisen. Darauf muss der Auftraggeber die Bieter nicht etwa in den Verdingungsunterlagen hinweisen, dieser Mindestgehalt folgt vielmehr unmittelbar aus § 265 Abs. 2 Satz 1 HGB (VK Lüneburg, B. v. 6. 9. 2004 – Az.: 203-VgK-39/2004).

8099 Fordert der Auftraggeber z. B. ein **Gütezeichen oder einen bestehenden Vertrag über eine Fremdüberwachung**, ist die **Vorlage eines Antrags auf Fremdüberwachung beim Güteschutz nicht ausreichend** (1. VK Sachsen, B. v. 29. 10. 2004 – Az.: 1/SVK/101-04).

Vergabe- und Vertragsordnung für Bauleistungen Teil A VOB/A § 16 **Teil 3**

Fordert z.B. der Auftraggeber als Teilnahmebedingung von den Teilnehmern, dass sie zum 8100
Nachweis ihrer technischen Leistungsfähigkeit Referenzen vorlegen, die u.a. **Angaben zur
Leistungszeit und zum Rechnungswert** enthalten und legt ein Bieter mit seinem Angebot
jedoch nur eine – wenn auch umfangreiche – Liste mit den Namen und einer kurzen Beschreibung des Vertragsinhalts bei, lassen sich weder die Leistungszeit noch der Rechnungswert diesen
Angaben entnehmen, sodass das **Angebot unvollständig** ist (3. VK Bund, B. v. 29. 7. 2005 –
Az.: VK 3–76/05; im Ergebnis ebenso 1. VK Sachsen, B. v. 5. 5. 2009 – Az.: 1/SVK/009-09;
VK Schleswig-Holstein, B. v. 30. 8. 2006 – Az.: VK-SH 20/06; VK Südbayern, B. v. 24. 11.
2005 – Az.: Z3-3-3194-1-42–09/05). Dies gilt auch für den Fall, dass die **verlangten Leistungen den Geschäftsjahren nicht zuordenbar sind**, obwohl die Zuordenbarkeit ausdrücklich
verlangt war (1. VK Sachsen-Anhalt, B. v. 17. 4. 2007 – Az.: 1 VK LVwA 04/07).

Die VK Schleswig-Holstein lässt von diesem **Grundsatz eine Ausnahme für den Fall** zu, 8101
dass **sämtliche fristgerecht eingegangenen Angebote hinsichtlich der geforderten Nachweise** (mehr oder weniger) **unvollständig** sind (VK Schleswig-Holstein, B. v. 18. 12. 2007 –
Az.: VK-SH 25/07; B. v. 8. 7. 2005 – Az.: VK-SH 18/05).

**Verhindert ein Bieter z.B. durch eine Geheimhaltungsbedingung, dass der Auf- 8102
traggeber vom Inhalt eines Eignungsnachweises (z.B. einer Bilanz) Kenntnis nehmen
kann, sind solche Vorbehalte oder Bedingungen vom öffentlichen Auftraggeber zu
beachten**. Der Auftraggeber ist nicht befugt, die von einem Bieter eingereichten Unterlagen
oder Erklärungen gegen dessen erklärten Willen zu öffnen und einzusehen. Er ist an die diesbezüglichen Vorgaben eines Bieters – z.B. an die Bedingung, dass dabei ein Vertreter anwesend
sein muss – rechtlich gebunden. Solche Vorgaben, Bedingungen und Vorbehalte sind vergaberechtlich indes nicht zugelassen und nicht hinzunehmen. **Werden sie von einem Bieter dennoch gemacht, ist die mit einer Bedingung oder einem Vorbehalt belegte Angabe,
Erklärung oder Unterlage im Rechtssinn als nicht eingereicht zu werten**. Die eingegangenen Angebote müssen dem öffentlichen Auftraggeber in jeder durch die Vergabebekanntmachung und die Verdingungsunterlagen vorgegebenen Hinsicht zur vorbehaltlosen Kenntnisnahme und Prüfung offen stehen. Anders ist nicht sicherzustellen, dass in jeder Hinsicht
vergleichbare Angebote gewertet werden und die Vergabeentscheidung das im Vergabeverfahren
zu beachtende Gebot der Gleichbehandlung der Bieter wahrt (OLG Düsseldorf, B. v. 13. 1.
2006 – Az.: VII – Verg 83/05).

Fordert der Auftraggeber, dass **bestimmte Eignungserklärungen an einer bestimmten 8103
Stelle im Angebot einzutragen** sind und befinden sich diese **Erklärungen nicht an dieser
Stelle, aber dennoch inhaltlich unmissverständlich und eindeutig an einer anderen
Stelle des Angebots, ist das Angebot nicht unvollständig** (OLG Düsseldorf, B. v. 12. 10.
2007 – Az.: VII – Verg 28/07; im Ergebnis ebenso VK Münster, B. v. 30. 4. 2009 – Az.: VK
4/09).

86.6.5.5.7.11.3 Inhaltlich falsche Eignungsnachweise. Die **3. VK Bund differenziert 8104
danach, ob Eignungsnachweise insgesamt fehlen oder inhaltlich unzutreffend bzw.
unvollständig sind. In einer inhaltlich unzutreffenden Angabe ist kein Fehlen von Eignungsnachweisen zu sehen**. Zu differenzieren ist nämlich zwischen dem vollständigen Fehlen
von Eignungsnachweisen, was ohne zur Unvollständigkeit führt und der inhaltlich unzutreffenden Angabe von Eignungsdaten andererseits. Im zweitgenannten Fall sind Angaben vorhanden,
nur sind sie inhaltlich falsch. **Auch wenn in falschen Angaben als „Minus" das Unterlassen und damit das Fehlen richtiger Angaben inbegriffen ist, können inhaltlich unzutreffende Angaben nicht der formellen Ebene des Fehlens von Eignungsangaben zugeordnet werden**, zumal die inhaltliche Fehlerhaftigkeit bei Prüfung der Angebote durch den
Auftraggeber oftmals gar nicht auf den ersten Blick erkennbar sein wird. Richtig ist vielmehr,
die **inhaltliche Fehlerhaftigkeit von Eignungsangaben der materiellen Eignungsprüfung zuzuordnen**, indem sie als Basis für die Beantwortung der Frage dienen, ob der Bieter
die erforderliche Eignung materiell auch tatsächlich aufweist. Macht ein Bieter beispielsweise
bewusst wahrheitswidrige Angaben, um seine Eignung zu positiv darzustellen, so kann die Tatsache der bewussten Falschangabe seitens des Auftraggebers als Indiz für fehlende Zuverlässigkeit
gewertet werden (VK Bund, B. v. 19. 3. 2007 – Az.: VK 3–16/07).

86.6.5.5.7.12 **Fehlende Wartungsanweisung und fehlender Entwurf eines Wartungs- 8105
vertrages**. Fehlt es einem Angebot an einer **ausführlichen Wartungsanweisung und der
vorläufigen Fassung eines Wartungsvertrages, ohne die eine sachgerechte und ordnungsgemäße Wertung nicht möglich ist** und die daher Einfluss auf die Preiskalkulation
und damit auf das Wettbewerbsergebnis haben, ist das Angebot unvollständig (VK Schleswig-Holstein, B. v. 1. 4. 2004 – Az.: VK-SH 05/04).

Teil 3 VOB/A § 16 Vergabe- und Vertragsordnung für Bauleistungen Teil A

8106 **86.6.5.5.7.13 Fehlende Angaben zu Schutzmaßnahmen und Lackierung.** Fehlen beim Angebot eines Bieters die geforderten Eintragungen zu den Schutzmaßnahmen und zu der Lackierung (Grundierung und Endlackierung), ist das **Angebot unvollständig** (VK Nordbayern, B. v. 4. 8. 2004 – Az.: 320.VK – 3194 – 28/04).

8107 **86.6.5.5.7.14 Fehlende Prüfzeugnisse. 86.6.5.5.7.14.1 Allgemeines.** Sind geforderte Prüfzeugnisse (z. B. für einen Dachaufbau) nicht erforderlich, ist das Angebot wegen des Fehlens der Prüfzeugnisse nicht unvollständig (BayObLG, B. v. 15. 9. 2004 – Az.: Verg 026/03).

8108 Werden vom Auftraggeber **bestimmte Qualitätsanforderungen gestellt, kann er auch angebotene Produkte akzeptieren, die für die Zertifizierung erfolgreich geprüft, für die aber die Zertifikate zum Zeitpunkt des Angebotes noch nicht ausgestellt sind** (2. VK Brandenburg, B. v. 18. 10. 2005 – Az.: 2 VK 62/05).

8109 Ein gefordertes **Prüfzeugnis wird im Falle der Zuschlagserteilung (selbst) nicht Vertragsbestandteil. Es dient nur dem Nachweis der vertraglich geforderten Leistungsqualität** nach DIN EN 1317-2. Indem ein Bieter eine dieser DIN entsprechende Schutzeinrichtung angeboten hat, hat er die für die angebotene Leistung „geforderte Erklärung" im Sinn von § 13 Abs. 1 Nr. 4 VOB/A abgegeben. Das **Prüfzeugnis kann auch nachgereicht werden**, weil damit gemäß § 15 VOB/A nur aufgeklärt wird, ob das angebotene Produkt die Anforderungen der DIN EN 1317-2 erfüllt. Der Angebotsinhalt wie auch der Bieterwettbewerb werden dadurch nicht nachträglich verändert (Schleswig-Holsteinisches OLG, B. v. 10. 3. 2006 – Az.: 1 (6) Verg 13/05).

8110 **86.6.5.5.7.14.2 Weitere Beispiele aus der älteren Rechtsprechung**

– zu den nach § 13 Abs. 1 Nr. 4 VOB/A geforderten Erklärungen gehören auch **Prüfzeugnisse über bestimmte Eigenschaften und Qualitätsanforderungen eines Produktes. Prospekte des jeweiligen Herstellers oder Produktdatenblätter genügen nicht den Anforderungen an ein Prüfzeugnis.** Dieses soll der Vergabestelle die Feststellung der Eignung des angebotenen Produktes für den vorgesehenen Einsatz ermöglichen, sein Fehlen beeinträchtigt also die Vergleichbarkeit der Angebote und ist damit „wertungsrelevant". Beim Fehlen eines geforderten Prüfzeugnisses ist das Angebot daher unvollständig (VK Hessen, B. v. 6. 7. 2009 – Az.: 69 d VK – 20/2009)

– das Angebot der Beigeladenen ist unvollständig, weil **verlangte Erklärungen, nämlich das geforderte Prüfzeugnis zum Schalldämmmaß der Türen/Türelemente, fehlen** (VK Nordbayern, B. v. 21. 6. 2007 – Az.: 21.VK – 3194 – 23/07)

8111 **86.6.5.5.7.15 Fehlende Garantieerklärung.** Eine von der Vergabestelle geforderte Garantieerklärung ist in dem dafür vorgegebenen Formblatt abzugeben. **Müssen bestimmte Werte, die die Bieter im Rahmen einer Garantieerklärung abzugeben haben, von der Vergabestelle noch errechnet und in das dafür vorgesehene Formblatt übertragen werden, liegt keine Garantieerklärung** vor, mit der Folge, dass das betreffende Angebot unvollständig ist (OLG Frankfurt, B. v. 8. 2. 2005 – Az.: 11 Verg 24/04; VK Hessen, B. v. 12. 7. 2004 – Az.: 69 d – VK – 31/2004). Gerade wegen der verschärften Haftungsfolgen bei Annahme einer Garantie muss eine **Garantiezusage klar und eindeutig erfolgen** (OLG Frankfurt, B. v. 8. 2. 2005 – Az.: 11 Verg 24/04).

8112 **86.6.5.5.7.16 Fehlende Angaben über die Zahlung von Steuern und Sozialabgaben.** Das Fehlen von geforderten Erklärungen macht ein Angebot unvollständig. Dies gilt auch für **Erklärungen über die Zahlung von Steuern und Sozialabgaben** (OLG Düsseldorf, B. v. 9. 6. 2004 – Az.: VII – Verg 11/04; 1. VK Bund, B. v. 28. 4. 2005 – Az.: VK 1–35/05; VK Düsseldorf, B. v. 22. 7. 2002 – Az.: VK – 19/2002 – L; VK Münster, B. v. 9. 3. 2004 – Az.: VK 02/04; 1. VK Sachsen, B. v. 13. 4. 2006 – Az.: 1/SVK/028-06). Dazu, ob solche fehlenden Angaben trotz Nachforderung nicht zum Ausschluss führen, vgl. die Kommentierung → Rdn. 521.

8113 **86.6.5.5.7.17 Fehlender oder veralteter Gewerbezentralregisterauszug.** Zur Zulässigkeit einer Forderung nach Vorlage eines Gewerbezentralregisterauszugs vgl. die Kommentierung zu → § 6 VOB/A Rdn. 228 ff.

8114 Vgl. zum **Ausschluss nach erfolgloser Nachforderung** die Kommentierung → Rdn. 503 ff.

8115 **86.6.5.5.7.18 Fehlende bzw. fehlerhafte Vertragsentwürfe. Fordert der Auftraggeber die Vorlage des Entwurfs eines Forfaitierungsvertrages und legt der Bieter ein Formular für die Abtretung von Mietzinsforderungen zu Sicherungszwecken, also eine**

Vergabe- und Vertragsordnung für Bauleistungen Teil A VOB/A § 16 **Teil 3**

so genannte fiduziarische Abtretung bzw. Sicherungszession vor, ist die Forderung des Leistungsverzeichnisses nicht erfüllt. Die Forfaitierung ist ein Ankauf der Forderung (z. B. der Mietzinsforderung) unter Verzicht auf den Rückgriff gegen den bisherigen Gläubiger, das heißt es findet ein Gläubigerwechsel statt, der private Investor haftet nach dem Forderungsverkauf, bei dem die Abtretung der Forderung Erfüllungshandlung ist, nur für den rechtlichen Bestand der Forderung, nicht für deren Einbringlichkeit (OLG Naumburg, B. v. 11. 10. 2005 – Az.: 1 Verg 10/05). Das **Angebot ist unvollständig.**

86.6.5.5.7.19 Fehlende Darstellung zum Personal- und Geräteeinsatz. Entspricht 8116 die Darstellung zum Personal- und Geräteeinsatz nicht den Anforderungen der Vergabeunterlagen, ist das Angebot unvollständig (1. VK Sachsen-Anhalt, B. v. 17. 4. 2007 – Az.: 1 VK LVwA 04/07; VK Schleswig-Holstein, B. v. 30. 8. 2006 – Az.: VK-SH 20/06).

86.6.5.5.7.20 Fehlende geforderte Muster. Angeforderte Muster der angebotenen 8117 Leistung sollen nähere Erklärungen der Bieter, wie diese beschaffen ist, ersetzen. Das gebietet, sie den vom öffentlichen Auftraggeber **geforderten Erklärungen vergaberechtlich gleich zu behandeln.** Fehlen Muster, deren Vorlage der öffentliche Auftraggeber im Hinblick auf die Prüfung der Wirtschaftlichkeit des Angebots wünscht, oder ist das verlangte Muster unvollständig, ist das Angebot unvollständig (BGH, B. v. 26. 9. 2006 – Az.: X ZB 14/06).

86.6.5.5.7.21 Fehlende Ethikerklärung. Die in einer **Ethikerklärung geforderte Angabe, ob ein Bieter in den letzten 18 Monaten für den Auftraggeber Beratungsleistungen erbracht hat, stellt keinen Eignungsnachweis** dar. Denn dieser Umstand betrifft nicht die Eignung eines Bieters. Vielmehr kann er trotz – oder gerade aufgrund – einer solchen Beratungstätigkeit fachkundig, leistungsfähig und zuverlässig sein. Die **Ethikklausel dient vielmehr der Sicherung des Wettbewerbs.** Indem der Auftraggeber den Abschluss von Verträgen mit solchen Bietern ausschließt, die innerhalb des genannten Zeitraums beratend für ihn tätig waren, wird vermieden, dass diese Bieter aufgrund eines durch ihre Beratungstätigkeit erlangten Informationsvorsprungs Kalkulationsvorteile gegenüber anderen Bietern haben oder im Rahmen ihrer Beratungstätigkeit bei der Ausgestaltung der ausgeschriebenen Maßnahme mitgewirkt und infolge dessen die jeweiligen Anforderungen eher erfüllen als andere Bieter (2. VK Bund, B. v. 27. 3. 2007 – Az.: VK 2–18/07). 8118

86.6.5.5.7.22 Fehlende deutschsprachige Unterlagen. Die Forderung eines Auftrag- 8119 gebers, dass das Angebot in all seinen Bestandteilen in deutscher Sprache einzureichen ist, schließt nicht von vornherein die Vorlage fremdsprachiger, nicht von einer Übersetzung in das Deutsche begleiteter Nachweise aus. § 6 a Abs. 1 Nr. 2 VOB/A lässt z. B. Urkunden ausländischer Gerichte oder Verwaltungsbehörden (die vielfach nicht in Deutsch ausgestellt sind) zu, ohne zu erwähnen, dass sie von einer Übersetzung in das Deutsche – etwa möglicherweise sogar durch einen öffentlich bestellten oder beeidigten Dolmetscher – begleitet sein müssen. Art. 45 Abs. 3 Richtlinie 2004/18/EG bzw. Art. 52 Abs. 2 UA 2 und Abs. 3 UA 3 Richtlinie 2004/17/EG lassen in anderen EU-Mitgliedstaaten erteilte Zertifikate zu. **Dass Angebote auf Deutsch erfolgen müssen, bedeutet – vergleichbar bei den vergleichbaren Vorschriften des § 184 GVG und § 23 Abs. 1 VwVfG – nicht, dass Unterlagen, die im Original fremdsprachig sind, von vornherein von einer Übersetzung in das Deutsche begleitet sein müssen.** Nach § 142 Abs. 3 ZPO ist es Sache des Gerichts, ob es die Übersetzung einer Urkunde anordnet; erst nach fruchtlosem Ablauf einer gesetzten Frist kann es eine fremdsprachige Urkunde unberücksichtigt lassen. § 23 Abs. 4 VwVfG lässt auch bei fristgebundenen Anträgen die Vorlage von Unterlagen in einer Fremdsprache zu, wobei es der Behörde überlassen bleibt, ob sie eine Übersetzung (gegebenenfalls durch einen bestellten oder beeidigten Dolmetscher) verlangt (was bei ihr verständlichen Sprachen insbesondere im technischen Bereich unterbleiben kann. Es **wäre eine unnötige Verteuerung, von vornherein Übersetzungen technischer Unterlagen zu verlangen, obwohl Auftraggeber und Bieter der benutzten Sprache (insbesondere des Englischen) hinreichend mächtig** sind (OLG Düsseldorf, B. v. 30. 11. 2009 – Az.: VII-Verg 41/09).

86.6.5.5.7.23 Fehlende Ergänzende Vertragsbedingungen und Leistungsbeschrei- 8120 bung. Schickt ein Bieter die Ergänzenden Vertragsbedingungen mit seinem Angebot **zwar nicht in Papierform zurück,** obwohl der **Auftraggeber deren Rückgabe** in der Angebotsaufforderung und in dem von ihm vorformulierten Angebotsschreiben durch Ankreuzen der entsprechenden Kästchen **gefordert** hat, ist das **Angebot dennoch nicht unvollständig,** weil die Ergänzenden Vertragsbedingungen Bestandteil des Angebots sind und somit im Falle eines Vertragsschlusses auch Vertragsinhalt sind, **wenn der Bieter in dem von ihm ordnungsgemäß unterschriebenen Angebotsformular gemäß Ziffer 1.1 erklärt, dass u. a.**

Teil 3 VOB/A § 16   Vergabe- und Vertragsordnung für Bauleistungen Teil A

diese Vertragsbedingungen von seinem Angebot umfasst werden. Im Falle der Zuschlagserteilung nimmt der Auftraggeber dieses Angebot so an, der Vertrag kommt also mit dem von dem Auftraggeber ausgeschriebenen Inhalt, also einschließlich der von ihm vorgegebenen Ergänzenden Vertragsbedingungen, zustande gekommen (§§ 145 ff. BGB). Die Rückgabe der Ergänzenden Vertragsbedingungen ist daher für deren verbindliche Geltung nicht erforderlich. Die **physische Beifügung dieser Vertragsbedingungen zum Angebot hat keinen hierüber hinausgehenden Erklärungswert.** Dies **gilt auch für die Leistungsbeschreibung** (OLG Düsseldorf, B. v. 25. 6. 2008 – Az.: VII – Verg 22/08; 3. VK Bund, B. v. 18. 3. 2008 – Az.: VK 3–35/08; VK Nordbayern, B. v. 28. 1. 2009 – Az.: 21.VK – 3194 – 55/08; VK Südbayern, B. v. 5. 2. 2010 – Az.: Z3-3-3194-1-66–12/09).

8121   **86.6.5.5.7.24 Fehlende Besondere Vertragsbedingungen.** Die Anerkennung der **Besonderen Vertragsbedingungen** 214.H ist eine Erklärung der Bieter i. S. v. § 16 Abs. 1 Nr. 3 VOB/A. Es handelt sich um eine von der Vergabestelle vorformulierte Unterlage, die **vom Bieter an keiner Stelle individuell auszufüllen oder zu ergänzen** war. Deswegen kann ein Angebot auch ohne diese Unterlage in jeder Hinsicht mit den Angeboten anderer Bieter verglichen und bewertet werden. **Fehlende Unterlagen bzw. Vertragsbedingungen, bei denen keine eigenständigen Eintragungen der Bieter gefordert waren, rechtfertigten selbst nach der VOB/A 2006 keinen Angebotsausschluss** (VK Nordbayern, B. v. 22. 9. 2010 – Az.: 21.VK – 3194 – 34/10).

8122   **86.6.5.5.7.25 Fehlende Teile der Leistungsbeschreibung.** Nach Auffassung des OLG Frankfurt ist ein **Angebot auch dann nicht unvollständig, wenn der Bieter nicht die gesamte Leistungsbeschreibung, sondern nur deren letzte Seite unterschreibt und dem Angebot beifügt.** Ein anderes Verständnis überspannt die Anforderungen, die im Rahmen eines Vergabeverfahrens ungeachtet der hier zu wahrenden Formstrenge an ein Angebot zu stellen sind. Die Unterzeichnung der Leistungsbeschreibung durch den Bieter hat den Zweck, dem Auftraggeber Gewissheit darüber zu verschaffen, dass der Bieter die Leistungsbeschreibung in allen Punkten als für sich verbindlich anerkennt. Das Unterzeichnen der letzten Seite des Leistungsverzeichnisses kann von einem verständigen Erklärungsempfänger nur als ein solches Anerkenntnis gewertet werden. Will ein Bieter von einzelnen Punkten der Leistungsbeschreibung abweichen, muss er diese Punkte kenntlich machen. Das Kopieren der oft umfänglichen und ohnehin beiden Beteiligten bekannten Leistungsbeschreibung durch den Bieter erscheint danach als bloße Förmelei (OLG Frankfurt, B. v. 20. 7. 2004 – 11 Verg 14/04).

8123   **86.6.5.5.7.26 Fehlende Angaben in einem Kurz-Leistungsverzeichnis.** Die **Kurzfassung** ist regelmäßig zusammen mit dem vom Auftraggeber übersandten Leistungsverzeichnis **Bestandteil des Angebots** und somit führt das **Fehlen von im Leistungsverzeichnis ausdrücklich verlangten Angaben zur Unvollständigkeit der eingereichten Kurzfassung** (VK Halle, B. v. 16. 1. 2001 – AZ: VK Hal 35/00). Daher muss die auch bei Kurzfassungen verlangte Angabe des Einheitspreises nach Vorgabe des Leistungsverzeichnisses entsprechend verstanden werden, nämlich als in Lohn- und Materialkosten aufgegliederte Angabe von Einheitspreisen (BayObLG, B. v. 18. 9. 2001 – Az.: Verg 10/01).

8124   **86.6.5.5.7.27 Fehlende Umsatznachweise.** Legt ein Bieter **keine Nachweise und Dokumente zum Umsatz der letzten drei Jahre, bezogen auf die ausgeschriebene Leistung, mit dem Angebot vor, ist das Angebot unvollständig.** Diese Erklärungen sind solche, die objektiv vorliegen, das heißt die unabhängig vom Willen des jeweiligen Bieters vorhanden oder nicht vorhanden sind und nicht mehr im Nachgang durch den Bieter zu seinen Gunsten, oder Ungunsten verändert werden können; z. B. – entweder wurden die Leistungen in der Vergangenheit erbracht oder nicht erbracht, die Tatsache der Leistungsausführung oder Nichtleistungsausführung in der Vergangenheit ist unabhängig vom Vorliegen einer Bescheinigung zum Zeitpunkt der Angebotseröffnung. Eine mögliche Manipulation durch den Bieter ist in einem solchen Fall ausgeschlossen, solche Unterlagen sind im Bedarfsfall von der Vergabestelle nachzufordern (VK Thüringen, B. v. 15. 1. 2004 – Az.: 360–4003.20–030/03-GTH; im Ergebnis ebenso 2. VK Bund, B. v. 29. 12. 2006 – Az.: VK 2–125/06; VK Münster, B. v. 29. 12. 2004 – VK 31/04).

8125   **86.6.5.5.7.28 Fehlende Bilanzen.** Fordert der Auftraggeber die **Bilanzen für je drei aufeinander folgende Geschäftsjahre** und legt der Bieter lediglich zwei Bilanzen vor, erfüllt der Bieter die geforderten Nachweise nicht. **Die fehlende dritte Bilanz wird auch nicht dadurch ersetzt, dass in einer Bilanz auch die Zahlen des Vorjahres angegeben sind.** Die Angaben der entsprechenden Vorjahreszahlen des Vorjahres sind vielmehr zwingender Bestandteil einer vollständigen Bilanz. Eine komplette Bilanz muss die Aktiva, Passiva und die jeweiligen

Vorjahresdaten ausweisen. Darauf muss der Auftraggeber die Bieter nicht etwa in den Vergabeunterlagen hinweisen, dieser Mindestgehalt folgt vielmehr unmittelbar aus § 265 Abs. 2 Satz 1 HGB (VK Lüneburg, B. v. 6. 9. 2004 – Az.: 203-VgK-39/2004).

86.6.5.5.7.29 Fehlender Nachweis der Berufsgenossenschaft. Legt der Bieter einen Nachweis zur Berufsgenossenschaft vor, der die Forderungen der Vergabestelle nicht erfüllt, ist das Angebot unvollständig. Bei diesem Nachweis handelt es sich um eine objektiv, unabhängig vom augenblicklichen Willen des Bieters vorliegende, oder nicht vorliegende Erklärung handelt, die nicht nachträglich durch den Bieter verändert werden kann. Die Erklärung kann durch die Vergabestelle **nachgeholt** werden (VK Thüringen, B. v. 15. 1. 2004 – Az.: 360–4003.20–030/03-GTH; im Ergebnis ebenso OLG Düsseldorf, B. v. 9. 6. 2004 – Az.: VII – Verg 11/04; VK Münster, B. v. 9. 3. 2004 – Az.: VK 02/04). 8126

Auch die **Nichtvorlage einer Mitgliedsbescheinigung der Berufsgenossenschaft führt zur Unvollständigkeit des Angebots.** Mit der Forderung nach dem Nachweis der Mitgliedschaft **will der Auftraggeber feststellen, ob der Bieter die Aufnahme des Geschäftsbetriebes ordnungsgemäß angezeigt** und damit der Berufsgenossenschaft die Möglichkeit gegeben hat, eine eventuelle Beitragspflicht zu prüfen, die zu entrichtenden Beiträge festzustellen und ihre gesetzlichen und satzungsmäßigen Aufgaben etwa auf dem Gebiet der Gefahrenabwehr (§ 14 SGB VII) im Betrieb wahrzunehmen. Dieser **Teilaspekt der Zuverlässigkeit ist bei Nichtvorlage der geforderten Mitgliedsbescheinigung nicht nachgewiesen** (OLG Koblenz, B. v. 4. 7. 2007 – Az.: 1 Verg 3/07). 8127

86.6.5.5.7.30 Fehlende bzw. ungenügende Bürgschaft. Fordert der Auftraggeber von den Bietern eine **Vertragserfüllungsbürgschaft** im Sinne von § 9 VOB/A in Höhe von 5% der Bruttoauftragssumme und **erreicht die von einem Bieter zugesicherte Bürgschaft den erforderlichen Wert nicht**, weist der Bieter die geforderte Sicherheiten für den Auftrag nicht in der geforderten Weise nach; sein **Angebot ist unvollständig**. Der Auftraggeber verstößt gegen den Gleichbehandlungs- und Transparenzgrundsatz aus §§ 97 Abs. 1 und 2 GWB, wenn er Angebote akzeptiert, die nicht den Ausschreibungsbedingungen entsprechen (VK Münster, B. v. 9. 3. 2004 – Az.: VK 02/04). 8128

86.6.5.5.7.31 Fehlende unerfüllbare Erklärungen und Nachweise. Zwar ordnet § 16 Abs. 1 Nr. 3 VOB/A an, dass Angebote, die nicht die geforderten Angaben und Erklärungen enthalten, nachgebessert werden müssen. Hierzu gehören auch Erklärungen Dritter, die als Nachweis für die Qualität der angebotenen Leistung im Hinblick darauf gefordert werden, dass nach § 97 Abs. 5 GWB der öffentliche Auftraggeber die Wirtschaftlichkeit eines Angebots zu prüfen und festzustellen hat. § 16 Abs. 1 Nr. 3 VOB/A geht aber davon aus, dass die geforderten Angaben und Erklärungen Vorgaben betreffen, die erfüllt werden können. Denn **etwas, was für jedermann unmöglich ist, kann schlechterdings nicht durchgesetzt werden. Das verbietet, aus der Nichterfüllung eines hierauf gerichteten Verlangens nachteilige Folgen für die Bieter herzuleiten.** Bei einer unerfüllbaren Anforderung leidet das Vergabeverfahren vielmehr an einem grundlegenden Mangel, dessentwegen es nicht in Betracht kommt, überhaupt auf dieser Grundlage einen Auftrag für die nachgefragte Leistung zu erteilen. **Das gilt nicht nur für den Fall, dass die Erbringung der nachgefragten Leistung selbst ganz oder teilweise objektiv unmöglich ist, sondern gleichermaßen, wenn bestimmte Nachweise über die Beschaffenheit der angebotenen Leistung verlangt werden, aber nicht rechtzeitig beigebracht werden können.** Denn auch dann fehlt eine vom öffentlichen Auftraggeber für wesentlich gehaltene Grundlage für den Vergleich der abgegebenen Angebote und damit für die sachgerechte Entscheidung, der das eingeleitete Vergabeverfahren dienen soll. In einem unter anderem durch eine unmöglich zu erfüllende Vorgabe gekennzeichneten Vergabeverfahren darf deshalb auch in einem solchen Fall kein Auftrag vergeben werden. **Kann der grundlegende Mangel des eingeleiteten Vergabeverfahrens nicht durch transparente und diskriminierungsfreie Änderung der betreffenden Vorgabe behoben werden und/oder macht der öffentliche Auftraggeber von dieser Möglichkeit keinen Gebrauch, ist er deshalb gehalten, die Ausschreibung wegen des ihr anhaftenden Mangels aufzuheben.** Die Handhabe hierzu bietet § 17 Nr. 1 VOB/A. Eine **Nachforderung** und daran anschließend ein **Ausschluss bloß einzelner Bieter und die Erteilung des Auftrags an einen anderen Bieter, der ebenfalls den gewünschten Nachweis nicht rechtzeitig vorgelegt hat, kommen jedenfalls nicht in Betracht** (BGH, Beschluss v. 26. 9. 2006 – Az.: X ZB 14/06; OLG Karlsruhe, B. v. 6. 2. 2007 – Az.: 17 Verg 5/06; OLG München, B. v. 28. 7. 2008 – Az.: Verg 12/08; LG Frankfurt (Oder), Urteil v. 14. 11. 8129

Teil 3   VOB/A § 16   Vergabe- und Vertragsordnung für Bauleistungen Teil A

2007 – Az.: 13 O 360/07; 1. VK Bund, B. v 22. 9. 2006 – Az.: VK 1–103/06; VK Düsseldorf, B. v. 29. 3. 2007 – Az.: VK – 08/2007 – B; 1. VK Sachsen, B. v. 10. 4. 2007 – Az.: 1/SVK/020-07; im Ergebnis ebenso VK Brandenburg, B. v. 19. 12. 2008 – Az.: VK 40/08).

8130   Ist es einem Bieter auf Grund der Praxis einiger Finanzämter, steuerliche **Unbedenklichkeitsbescheinigungen** grundsätzlich nicht mehr zu erteilen, objektiv unmöglich, diesen geforderten Nachweis beizubringen, **genügt der Nachweis durch eine Eigenerklärung des Bieters** (1. VK Bund, B. v 22. 9. 2006 – Az.: VK 1–103/06).

8131   **86.6.5.5.7.32 Weitere Beispiele aus der älteren Rechtsprechung.** Die Beispiele aus der älteren Rechtsprechung beziehen sich noch auf § 25 VOB/A. Die **Beispiele können aber auch dann weiter verwendet werden, wenn der Bieter nicht oder nicht rechtzeitig seiner Ergänzungspflicht nachgekommen** ist.

8132   – die von der Vergabestelle **vorformulierten Angebotsdaten**, der **Gegenstand der Ausschreibung mit den Angebotsbedingungen** und die **Wertungskriterien** sowie die **Vertragsbedingungen der Vergabestelle sind Unterlagen, die an keiner Stelle vom Bieter individuell auszufüllen oder zu ergänzen** sind; sie enthalten also **keine eigenständigen Erklärungen der Bieter.** Erklärt der Bieter die Anerkennung dieser Unterlagen und gilt die Unterschrift für alle Bestandteile des Angebots, ist aus Sicht des objektiven Erklärungsempfängers die Gültigkeit der entsprechenden Ausschreibungsunterlagen anerkannt. Ein solches Angebot kann daher von der Vergabestelle auch ohne Beifügung der fraglichen Unterlagen in jeder Hinsicht mit den Angeboten anderer Bieter verglichen und bewertet werden (VK Nordbayern, B. v. 28. 1. 2009 – Az.: 21.VK – 3194 – 55/08)

– fordert die Vergabestelle mit Angebotsabgabe **Angaben zum beabsichtigten Bauablauf** und im Falle der Auftragserteilung die Anfertigung eines mit dem Auftraggeber abgestimmten Bauzeitenplans, so ist der **Bieter verpflichtet, innerhalb der Angebotsfrist seine Vorstellungen zur beabsichtigten Reihenfolge bei der Ausführung der Bauarbeiten darzustellen.** Fehlen diese Angaben, ist das **Angebot unvollständig** (OLG Naumburg, B. v. 4. 9. 2008 – Az.: 1 Verg 4/08)

– das **Fehlen eines wirksam geforderten Lageplans** hat gegebenenfalls den **Ausschluss des Angebots** zur Folge (OLG Frankfurt, B. v. 7. 8. 2007 – Az.: 11 Verg 3/07, 4/07)

– das **Fehlen einer wirksam geforderten Baubeschreibung** hat den **zwingenden Ausschluss des Angebots** zur Folge (OLG Frankfurt, B. v. 7. 8. 2007 – Az.: 11 Verg 3/07, 4/07)

– das **Fehlen von wirksam geforderten Erläuterungsberichten** hat gegebenenfalls den **Ausschluss des Angebots** zur Folge (OLG Frankfurt, B. v. 7. 8. 2007 – Az.: 11 Verg 3/07, 4/07)

– das Angebot ist unvollständig, weil die in Position 3. 6. 170 wirksam geforderte **Ausführungsbeschreibung nicht beigefügt** war. Bei der in Position 3. 6. 170 erwähnten **Ausführungsbeschreibung** handelt es sich um eine zum Angebot abzugebende Beschreibung der Art und Weise der Ausführung einer Leistung und damit um eine Erklärung im Sinne des § 21 Nr. 1 Abs. 2 Satz 5 VOB/A (B. v. 20. 6. 2007 – Az.: VK 3–55/07)

– legt ein Bieter mit dem Angebot **nicht die geforderte technische Dokumentation vor**, ist das **Angebot gegebenenfalls auszuschließen** (2. VK Bund, B. v. 3. 7. 2007 – Az.: VK 2–45/07, VK 2–57/07)

– das **Fehlen von wirksam und eindeutig geforderten Maßnahmen zur Sicherung der Einhaltung des Fertigstellungstermins** hat gegebenenfalls den Ausschluss des Bieters zur Folge (VK Lüneburg, B. v. 17. 4. 2007 – Az.: VgK-11/2007)

– das **Fehlen eines wirksam und eindeutig geforderten Baustelleneinrichtungsplans** hat **gegebenenfalls den Ausschluss des Bieters zur Folge** (VK Lüneburg, B. v. 17. 4. 2007 – Az.: VgK-11/2007)

– das **Fehlen einer wirksam und eindeutig geforderten Erklärung zum Bauablauf** hat nach der Rechtsprechung des BGH **gegebenenfalls den Ausschluss des Bieters zur Folge** (OLG Karlsruhe, B. v. 9. 3. 2007 – Az.: 17 Verg 3/07; VK Baden-Württemberg, B. v. 31. 1. 2007 – Az.: 1 VK 83/06)

– aus dem **Umstand, dass Blatt 1 des Angebotsvordrucks EVM (B) Ang EG 213 EG fehlt**, lässt sich im konkreten Fall **nicht die rechtliche Konsequenz ziehen**, dass das Angebot als solches wegen fehlender Nachweise oder Erklärungen zwingend als „unvollstän-

Vergabe- und Vertragsordnung für Bauleistungen Teil A VOB/A § 16 **Teil 3**

dig" im Sinne der einschlägigen Rechtsprechung des BGH gemäß § 25 Nr. 1 VOB/A **von der Wertung auszuschließen** ist. Der Bieter hat seinem Angebot sämtliche von der Vergabestelle vorgegebenen Anlagen und Erklärungen beigefügt. Er hat auch auf Blatt 3 des Angebotsschreibens mit Unterschrift u. a. bestätigt, dass die Unterschrift für alle Teile des Angebotes Geltung haben soll. Dies folgt aus Nr. 8 der Angebotserklärung. Insofern hat er damit zweifelsfrei und rechtsverbindlich erklärt, dass die dem Angebot beigefügten Anlagen Bestandteil des Angebotsinhalts werden so wie es – zusätzlich – auch Nr. 1.1 des Angebotsvordrucks (Seite 1) als Erklärungsinhalt verlangt. **Einzige Rechtfertigung und Zielsetzung des dreiseitigen Angebotsvordrucks ist es, unmissverständlich deutlich zu machen, dass sich die Unterschrift des Bieters auf alle Teile des Angebots bezieht.** Bei dem **Angebot des Bieters ist dies nach den konkreten Umständen dieses Einzelfalles so erfüllt.** Es wäre eine **unerträgliche Förmelei**, trotz der unterschriebenen Erklärung: „die nachstehende Unterschrift gilt für alle Teile des Angebots" das Angebot des Bieters allein wegen Fehlens der Liste der von der Vergabestelle verlangten und dem Angebot des Beters tatsächlich beigefügten Anlagen als unvollständig auszuschließen (VK Köln, B. v. 30. 8. 2006 – Az.: VK VOB 27/2006)

– der Antragsgegner hat die Bieter wirksam dazu aufgefordert, mit ihrem Angebot einen **Bauablaufplan, einen Baustelleneinrichtungsplan und eine Erläuterung zum Gerüst** abzugeben. Die Antragstellerin ist dieser Verpflichtung nicht nachgekommen. **Jede einzelne fehlende Erklärung rechtfertigt bereits gegebenenfalls den Ausschluss** der Antragstellerin vom Vergabeverfahren (VK Düsseldorf, B. v. 7. 10. 2005 – VK – 22/2005 – B)

– die in der **Objektbeschreibung geforderte Dokumentation der dort genannten Einbauten durch Prospekte und Farbfotos** zählt auch zu den in § 21 Nr. 1 Abs. 1 VOB/A genannten „geforderten Erklärungen". Hierzu zählen nämlich nicht nur Willenserklärungen im rechtlichen Sinne, sondern beispielsweise auch die Unterlagen, die ein Bieter zum Nachweis seiner Eignung vorzulegen hat, sowie Nachweise, die zur näheren Bewertung der Angebote nach § 25 VOB/A erforderlich sind (VK Köln, B. v. 24. 1. 2005 – Az.: VK VOB 47/2004)

86.6.5.5.8 Sonstige Unvollständigkeiten. 86.6.5.5.8.1 Fehlende Gliederung des An- 8133 gebots entsprechend den Vorgaben des Auftraggebers. Stellt die Vergabestelle in den Bewerbungsbedingungen ausdrücklich klar, dass das **Angebot jedes Bieters analog den Vergabeunterlagen zu gliedern ist** und fehlt es einem Angebot daran, ist das Angebot unvollständig und nach der älteren Rechtsprechung zwingend auszuschließen (OLG Frankfurt, B. v. 8. 2. 2005 – Az.: 11 Verg 24/04). Unter **Berücksichtigung von Sinn und Zweck der neuen Regelung des § 16 Abs. 1 Nr. 3 VOB/A 2009 ist die Vorschrift analog anzuwenden** und der Bieter zur Ergänzung aufzufordern.

86.6.5.5.8.2 Fehlende Erklärungen in einem Nebenangebot. Auch Nebenangebote 8134 sind gemäß den oben dargestellten Grundsätzen **wegen Fehlens wesentlicher geforderter Erklärungen** unvollständig (OLG Koblenz, B. v. 29. 8. 2003 – Az.: 1 Verg 7/03).

86.6.5.5.8.3 Unvollständigkeit der geforderten Erklärungen und Angaben wegen 8135 **eines Geheimhaltungsbedürfnisses des Bieters.** Ein Geheimhaltungsbedürfnis besteht **gegenüber der Vergabestelle nicht.** Zum einen hat die Vergabestelle die eingereichten Angebote samt Unterlagen vertraulich zu behandeln, **§ 14 Abs. 8 VOB/A,** so dass keine Gefahr besteht, dass die Unterlagen in die Hände der Mitbewerber gelangen. Dieser Gefahr kann ein Bieter im Vergabeverfahren und im Nachprüfungsverfahren dadurch noch verstärkt vorbeugen, dass er die entsprechenden **Unterlagen als geheimhaltungsbedürftig kennzeichnet,** § 111 Abs. 3 GWB. Zum anderen **setzt ein Vertragsschluss gegenseitiges Vertrauen voraus. Dieses wäre von Beginn an zerstört, wenn ein Vertragspartner dem anderen vertragswesentliche Unterlagen vorenthält.** Dem Bieter steht auch kein Recht zu, eine Entscheidung darüber zu treffen, welcher Teil der geforderten Unterlagen für den Auftraggeber von Bedeutung ist und welcher als irrelevant weggelassen werden kann. Es ist Sache des Auftraggebers, die Relevanz der Unterlagen für seine Vergabeentscheidung zu beurteilen (OLG München, B. v. 29. 11. 2007 – Az.: Verg 13/07; VK Südbayern, B. v. 9. 10. 2007 – Az.: Z3-3-3194-1-45–08/07).

86.6.5.5.8.4 Sonstige Motivlagen für die Unvollständigkeit oder Fehlerhaftigkeit. Es 8136 kann **keine Rolle** spielen, **aus welchen Gründen** ein Bieter seinem Angebot eine unmissverständlich geforderte Erklärung nicht beifügt bzw. seine Erklärung mit unzutreffendem Inhalt abgibt (VK Schleswig-Holstein, B. v. 20. 4. 2010 – Az.: VK-SH 03/10).

86.6.5.6 Beweislast für die Vollständigkeit eines Angebots

8137 Der **Nachweis für die Vollständigkeit eines Angebots obliegt dem Bieter**. Denn er trägt nach allgemeinen Grundsätzen die Darlegungs- und Beweislast dafür, dass er ein vollständiges Angebot eingereicht hat (OLG Düsseldorf, B. v. 16. 11. 2003 – Az.: VII – Verg 47/03; VK Baden-Württemberg, B. v. 23. 3. 2006 – Az.: 1 VK 6/06).

8138 Die **Beweislast für das Vorliegen eines Ausschlussgrundes (z. B. wegen Unvollständigkeit) trägt derjenige, der sich auf den Ausschlussgrund beruft**, also z. B. der Auftraggeber oder ein Antragsteller, der sich im Rahmen eines Nachprüfungsverfahrens auf die Unvollständigkeit des Angebots eines anderen Bieters beruft (OLG Karlsruhe, B. v. 11. 5. 2005 – Az.: 6 W 31/05; VK Sachsen, B. v. 28. 10. 2008 – Az.: 1/SVK/054-08). Lässt sich nicht klären, ob die tatsächlichen Voraussetzungen dafür vorliegen, einen Bieter auszuschließen, geht diese **Nichterweislichkeit jedenfalls dann nicht zu Lasten des Bieters, wenn sie im Verantwortungsbereich der Vergabestelle liegt** (VK Sachsen, B. v. 28. 10. 2008 – Az.: 1/SVK/054-08).

86.6.5.7 Angebote mit mehrdeutigen Angaben und Widersprüchen sowie falschen Erklärungen

8139 Angebote mit mehrdeutigen Angaben und Widersprüchen (also **unklare Angebote**) **sind ebenso unvollständig wie Angebote mit fehlenden Erklärungen und Nachweisen** (OLG Düsseldorf, B. v. 9. 6. 2010 – Az.: VII-Verg 5/10; OLG Frankfurt, B. v. 9. 7. 2010 – Az.: 11 Verg 5/10; 2. VK Bund, B. v. 9. 6. 2010 – Az.: VK 2–38/10; 3. VK Bund, B. v. 5. 7. 2010 – Az.: VK 3–60/10;). Dies gilt namentlich auch im Bereich von Nachunternehmererklärungen (BayObLG, B. v. 27. 7. 2004 – Az.: Verg 014/04; B. v. 11. 2. 2004 – Az.: Verg 1/04; 2. VK Bund, B. v. 30. 12. 2009 – Az.: VK 2–222/09; im Ergebnis ebenso 3. VK Bund, B. v. 5. 7. 2010 – Az.: VK 3–60/10 – für **widersprüchliche Angaben zur Bindefrist**; VK Nordbayern, B. v. 24. 1. 2008 – Az.: 21.VK – 3194 – 52/07 – **für unklare Lohnangaben** in den Formblättern EFB-Preis 1a bzw. EFB-Preis 2; B. v. 12. 4. 2007 – Az.: 21.VK – 3194 – 16/07; 1. VK Sachsen, B. v. 14. 3. 2007 – Az.: 1/SVK/006–07; B. v. 29. 12. 2005 – Az.: 320.VK – 3194 – 40/05).

8140 **Angebote müssen, um wertbar zu sein, inhaltlich in sich schlüssig und widerspruchsfrei sein**. Macht z. B. ein Bieter unter den B-Kriterien Angaben, welche dem im Rahmen der A-Kriterien bestätigten Qualifikationsniveau der einzusetzenden Mitarbeiter widersprechen und diese entwerten, kann darüber nicht hinweggegangen werden. Vielmehr darf der Auftraggeber dies zum Anlass nehmen, das entsprechende Angebot wegen widersprüchlicher Angaben zu den A-Kriterien (Ausschlusskriterien) von der Wertung auszunehmen (OLG Düsseldorf, B. v. 9. 6. 2010 – Az.: VII-Verg 5/10).

8141 **Ergeben mehrfach vorgelegte Formblätter einen widersprüchlichen Erklärungsinhalt**, so dass ein eindeutiger objektiver Erklärungswert für den Auftraggeber nicht zu ermitteln ist, ist das **Angebot nicht wertbar** (2. VK Bund, B. v. 30. 12. 2009 – Az.: VK 2–222/09).

8142 **Eine unzutreffende Erklärung ist – ausgehend von der entsprechenden Rechtsprechung zu den Preisangaben – mit einer fehlenden Erklärung gleichzusetzen**. In der Rechtsprechung ist anerkannt, dass eine unzutreffende Preisangabe eine fehlende bzw. unvollständige Preisangabe darstellt. Eine Preisangabe ist dabei dann unzutreffend, wenn sie nicht mit demjenigen Preis vorgenommen worden ist, der für die betreffende Leistung tatsächlich beansprucht wird. Ein Bieter, der in seinem Angebot Positionen des Leistungsverzeichnisses mit Preisen versieht, bei denen Teile des tatsächlich geforderten Entgelts nicht bei der jeweils ausgewiesenen Position erklärt werden, sondern in andere Positionen eingerechnet werden, ohne dass aus dem Angebot der tatsächlich geforderte Preis für die Leistung etwa infolge erläuternder Zusätze ersichtlich wird, gibt schon objektiv die geforderten Erklärungen nicht vollständig ab. Zutreffend beansprucht ist dagegen derjenige Preis, den der Bieter für die Leistung tatsächlich kalkuliert hat und den er folglich tatsächlich berechnen will. Diese **Grundsätze für die Preisangaben sind auf den Fall falscher Erklärungen übertragbar**. Zwar handelt es sich bei den z. B. in einem Kalkulationsschema anzugebenden Kosten nicht um Preisangaben. Dennoch sind es Erklärungen, die wie Preisangaben zwingend mit dem Angebot abzugeben waren. Die **Interessenlage des Auftraggebers ist vergleichbar**. Der Auftraggeber hat ein Interesse daran zu erfahren, mit welchen kalkulatorischen Kosten die Bieter ihre angebotenen Leistungen – tatsächlich – kalkuliert haben (VK Schleswig-Holstein, B. v. 20. 4. 2010 – Az.: VK-SH 03/10; im Ergebnis ebenso OLG Frankfurt, B. v. 9. 7. 2010 – Az.: 11 Verg 5/10).

Vergabe- und Vertragsordnung für Bauleistungen Teil A VOB/A § 16 **Teil 3**

Nach der Rechtsprechung zu § 25 VOB/A 2006 muss bei auf den ersten Blick unklaren oder 8143
unvollständigen Erklärungen einem Ausschluss jedoch die **Prüfung vorangehen, ob nicht im
Wege der Auslegung ein eindeutiger oder vollständiger Inhalt ermittelt werden kann.**
Die Anwendung der §§ 21 Nr. 1 Abs. 1 Satz 3, 25 Nr. 1 Abs. 1b VOB/A kann sich nicht darin
erschöpfen, eine **rein schematische „Vollständigkeitskontrolle" der Bietererklärung** vorzunehmen (OLG Frankfurt, B. v. 9. 7. 2010 – Az.: 11 Verg 5/10). Diese Rechtsprechung hat
durch die Möglichkeit der Nachforderung einen großen Teil ihrer Bedeutung verloren.

86.6.5.8 Nachforderung der fehlenden Erklärungen oder Nachweise

Fehlen geforderte Erklärungen oder Nachweise und wird das Angebot nicht entsprechend 8144
Nummern 1 oder 2 ausgeschlossen, verlangt der Auftraggeber die fehlenden Erklärungen oder
Nachweise nach. Nach dem Wortlaut von § 16 Abs. 1 Nr. 3 ist diese **Verpflichtung des Auftraggebers zwingend** (OLG München, B. v. 12. 11. 2010 – Az.: Verg 21/10).

86.6.5.8.1 Vereinbarkeit mit europäischem Recht. 86.6.5.8.1.1 Allgemeines. Die 8145
Regelungen der Vergabekoordinierungsrichtlinie und der Sektorenrichtlinie sehen die
Möglichkeit der Nachforderung von fehlenden Erklärungen oder Nachweisen nicht
vor. Lediglich für den Bereich der Eignungsangaben gibt Art. 51 VKR dem öffentlichen
Auftraggeber die Möglichkeit, eignungsbezogene Bescheinigungen und Dokumente zu vervollständigen oder zu erläutern.

86.6.5.8.1.2 Rechtsprechung zu Art. 51 VKR bzw. zur VOL/A 2009/2006. Die Re- 8146
gelung des § 7 EG Abs. 13 VOL/A 2009 ist **inhaltlich gleichlautend** mit Art. 34 der Richtlinie 92/50/EWG vom 18. Juni 1992 bzw. **Art. 51 der Richtlinie 2004/18/EG vom
31. März 2004 (VKR).** Diese **Bestimmung kann nicht als generelle Öffnungsklausel**
dahin verstanden werden, dass das Nachreichen vollständig fehlender Eignungsunterlagen zulässig ist, solange nur ein einziger Eignungsnachweis beigefügt wurde. Die ergänzungsfähigen
„vorgelegten Nachweise" im Sinn von § 7 EG Abs. 13 VOL/A sind **nicht als Gesamtheit aller geforderten Bescheinigungen zum Nachweis der Eignung** zu verstehen, so dass
Nachweise bereits dann „vorgelegt" sind und dementsprechend nachträglich ergänzt werden
dürfen, wenn überhaupt nur irgend ein Eignungs-Nachweis eingereicht wurde. Die **Bestimmung ist vielmehr dahin auszulegen, dass sie sich auf jeden einzelnen Eignungsnachweis isoliert bezieht** und der öffentliche **Auftraggeber demzufolge nur dazu auffordern darf, einen bestimmten Nachweis, der bereits vorgelegt wurde, inhaltlich zu
vervollständigen oder zu erläutern und damit ggf. inhaltliche Lücken zu schließen.**
Die Aspekte der Gleichbehandlung und Transparenz verbieten eine andere Handhabung (3. VK
Bund, B. v. 25. 10. 2006 – Az.: VK 3–114/06; 2. VK Mecklenburg-Vorpommern, B. v. 7. 1.
2008 – Az.: 2 VK 5/07; 1. VK Sachsen, B. v. 10. 10. 2008 – Az.: 1/SVK/051-08).

Der öffentliche Auftraggeber ist also **nur dann berechtigt, einen Bieter zur Vervollstän-** 8147
**digung aufzufordern, wenn ein konkreter Nachweis zwar vorgelegt wurde, dieser
aber uneindeutig oder lückenhaft ist. Nicht dagegen bevollmächtigt diese Vorschrift
den Auftraggeber, die Nachreichung bis zur Abgabefrist überhaupt nicht vorgelegter
Bescheinigungen zu fordern.** Dies ergibt sich zum einen bereits aus dem Wortlaut („die
vorgelegten Nachweise zu vervollständigen"), d. h., die Nachweise müssen bereits „vorgelegt" worden sein. Und „vervollständigen" kann man ohnehin nur etwas, das in Teilen bereits vorliegt.
Zum anderen ergibt sich diese **Beschränkung auch aus allgemeinen vergaberechtlichen
Prinzipien.** Die Nachforderung bestimmter Angaben stellt dann eine **Diskriminierung anderer Bieter** dar. Es ist nicht auszuschließen, dass die Nachforderung einen wie auch immer gearteten Wettbewerbsvorteil für diesen Bieter mit sich bringt, wodurch eine Diskriminierung anderer Bieter vorliegt. Insoweit ist z. B. ein **zeitlicher Vorteil**, der bei einer nachträglichen Einholung der geforderten Unterlagen anfällt, **nicht von der Hand zu weisen.** § 7 EG Abs. 13
VOL/A kann aber nicht als Rechtfertigungsnorm für eine Diskriminierung angesehen werden,
sondern wird in seinem Anwendungsbereich gerade durch den Nichtdiskriminierungsgrundsatz
beschränkt. Dem Nichtdiskriminierungsgrundsatz kann der Auftraggeber dadurch Genüge tun,
dass er von ihm als nicht-zwingend angesehene Nachweise mit dem Zusatz „ist auf Verlangen
vorzulegen" versieht oder die Möglichkeit des § 19 EG Abs. 2 nutzt. Dann ist eine Gleichbehandlung der Bieter möglich (1. VK Sachsen, B. v. 10. 10. 2008 – Az.: 1/SVK/051-08; VK
Schleswig-Holstein, B. v. 28. 1. 2008 – Az.: VK-SH 27/07).

Insoweit **spricht vieles dafür, dass die Neuregelung der VOB/A 2009 über die Mög-** 8148
**lichkeit der Nachforderung von Erklärungen und Nachweisen – soweit sie über
Art. 51 VKR hinausgeht – mit europäischem Recht nicht vereinbar** ist.

Teil 3 VOB/A § 16   Vergabe- und Vertragsordnung für Bauleistungen Teil A

8149   **86.6.5.8.2 Vorlage der fehlenden Erklärungen oder Nachweise innerhalb der Frist des § 16 Abs. 1 Nr. 3 Satz 2 und 3.** Fehlende Erklärungen oder Nachweise spätestens innerhalb von 6 Kalendertagen nach Aufforderung durch den Auftraggeber vorzulegen. Die Frist beginnt am Tag nach der Absendung der Aufforderung durch den Auftraggeber. Nach dem Wortlaut von § 16 Abs. 1 Nr. 3 handelt es sich um eine **festgelegte Frist, die nicht verkürzt und nicht verlängert werden kann.** Die fehlende Verlängerungsmöglichkeit ergibt sich neben dem Wortlaut auch einem Vergleich mit der entsprechenden Regelung des § 16 VOL/A 2009. Nach § 16 Abs. 2 VOL/A 2009 können nämlich Erklärungen und Nachweise, die auf Anforderung der Auftraggeber bis zum Ablauf der Angebotsfrist nicht vorgelegt wurden, **bis zum Ablauf einer zu bestimmenden Nachfrist nachgefordert werden.**

8150   In einer Entscheidung zu § 25 VOB/A 2006, die aber **von der Interessensituation vergleichbar** ist, hat die 1. VK Bund entschieden, dass eine **Frist von vier Kalendertagen (einschließlich eines Wochenendes) zur Vorlage von Nachweisen, auf deren mögliche Vorlagepflicht der Auftraggeber in der Bekanntmachung bereits hingewiesen hatte und die im Rahmen einer knappen Fristenlage des Auftraggebers erfolgen soll, nicht unangemessen kurz** ist. Die Bieter hatten bereits ab der Bekanntmachung Möglichkeit und auch Veranlassung, zügig Vorkehrungen für den Fall zu treffen, dass der Auftraggeber die genannten Unterlagen ggf. tatsächlich von ihnen anfordert (1. VK Bund, B. v. 9. 7. 2010 – Az.: VK 1–55/10).

8151   **86.6.5.8.3 Keine Verfälschung des Wettbewerbs durch die Nachreichungsmöglichkeit.** Grundsätzlich findet die Wertung zu dem Zeitpunkt statt, in welchem die Angebote abzugeben sind bzw. die Aufklärungsverhandlungen abgeschlossen sind. Denn dann kann der öffentliche Auftraggeber anhand der vorliegenden Unterlagen feststellen, welches Angebot das wirtschaftlich günstigste ist und ob die Bieter geeignet sind. Die **Vergabestelle darf einem Bieter nicht so lange und so oft Gelegenheit geben, sein Angebot bzw. seine Unterlagen nachzubessern, bis dieser alle Anforderungen der Ausschreibung erfüllt.** So zeigt auch die Neuregelung in § 16 Abs. 1 Nr. 3 VOB/A, dass für das Nachreichen von Erklärungen und Nachweisen Fristen einzuhalten sind. **Anderenfalls würde sich eine ungerechtfertigte Bevorzugung der Bieter ergeben, welche Primärrechtsschutz in Anspruch nehmen.** Nur ausnahmsweise können später vorgelegte Nachweise Berücksichtigung finden. Dies ist beispielsweise der Fall, wenn in der Bekanntmachung Nachweise nicht gefordert worden sind, welche aber für die Leistung unumgänglich erforderlich sind, oder wenn die Anforderung so unklar war, dass eine weitere Nachfrist zu setzen war. Keinesfalls aber dient ein Nachprüfungsverfahren dazu, dem jeweiligen Bieter generell das Nachschieben von Erklärungen zu ermöglichen. Möglich ist lediglich, von den Vergabestellen zu Unrecht nicht berücksichtigte Tatsachen oder übersehene Eignungsnachweise noch heranzuziehen, weil deren Nichtberücksichtigung fehlerhaft war (OLG München, B. v. 31. 8. 2010 – Az.: Verg 12/10).

8152   **86.6.5.8.4 Rechtsfolge von fehlenden Erklärungen oder Nachweisen nach Ablauf der Nachlieferungsfrist des § 16 Abs. 1 Nr. 3 Satz 4. 86.6.5.8.4.1 Regelung der VOB/A 2009.** Werden die Erklärungen oder Nachweise nicht innerhalb der Frist vorgelegt, ist das Angebot auszuschließen. Nach dem Wortlaut von § 16 Abs. 1 Nr. 3 Satz 4 VOB/A 2009 ist diese **Verpflichtung des Auftraggebers zum Ausschluss zwingend.**

8153   Eine **vergleichbare Regelung** enthält § 16 Abs. 3 lit. a) VOL/A 2009.

8154   Da sich die Rechtsfolge, Angebote mit unvollständigen Erklärungen oder Nachweisen zwingend von der Wertung auszuschließen, unmittelbar aus § 16 Abs. 1 Nr. 3 VOB/A ergibt, ist ein öffentlicher **Auftraggeber nicht verpflichtet, die Bieter auf diese Rechtsfolge hinzuweisen** und ein **Angebot muss auch dann ausgeschlossen** werden, wenn dem betreffenden **Bieter diese Rechtsfolge unbekannt** war (3. VK Bund, B. v. 26. 6. 2008 – Az.: VK 3–71/08 – zur vergleichbaren Regelung des § 25 VOB/A 2006).

8155   Ein Ausschluss ist **im Fall von fehlenden nachgeforderten Unterlagen aber nur möglich, wenn eindeutig ist, welche Unterlagen und Angaben zu welchem Zeitpunkt einzureichen** waren. Das ist nicht der Fall, wenn der Vergabeakte nicht zu entnehmen ist, wann, mit welchem Inhalt und mit welcher Frist Unterlagen von den Bietern angefordert wurden (3. VK Bund, B. v. 11. 3. 2010 – Az.: VK 3–18/10).

8156   Der **Auftraggeber ist nicht verpflichtet, einen Bieter ein zweites Mal zur vollständigen Vorlage der Eignungsnachweise aufzufordern**. Nach der entsprechenden Anforderung des Auftraggebers obliegt es dem Bieter, die verlangten Nachweise vollständig vorzulegen. Ein öffentlicher **Auftraggeber ist nicht verpflichtet**, sich die vom Bieter vorzulegenden **Angaben**

Vergabe- und Vertragsordnung für Bauleistungen Teil A VOB/A § 16 **Teil 3**

selbst zusammenzusuchen oder sogar selbst – z. B. im Internet – **nach den verlangten Auskünften zu recherchieren** (3. VK Bund, B. v. 26. 6. 2008 – Az.: VK 3–71/08).

Weist ein Auftraggeber den Bieter darauf hin, einen fehlenden Gewerbezentralregisterauszug 8157 bis zu einem bestimmten Datum nachzureichen, kann der Bieter nicht darauf vertrauen, nach diesem Zeitpunkt nochmals Gelegenheit zum Nachreichen weiterer Unterlagen zu erhalten. **Legt er dann – entgegen einer ausdrücklichen Vorgabe des Leistungsverzeichnisses – einen veralteten Auszug aus dem Gewerbezentralregister vor, erfüllt er damit eine wesentliche Forderung nicht.** Dem Auftraggeber ist es somit nicht möglich, die Zuverlässigkeit und damit die Eignung des Bieters zeitnah und abschließend zu beurteilen. Der **Auftraggeber ist auch nicht verpflichtet, hierüber weitere Nachforschungen anzustellen**. Auf Grund der kurzen Fristen im Vergabeverfahren ist der administrative Aufwand der Vergabestelle bei der Eignungsprüfung in vertretbaren Grenzen zu halten. Darüber hinaus begründet das Vergaberecht hinsichtlich des Nachweises der Eignung Obliegenheiten für Bieter und Bewerber, deren Nichtbeachtung zu ihren Lasten gehen. Die Darlegungslast über die Erfüllung der Eignungskriterien liegt deshalb beim Bieter (VK Südbayern, B. v. 10. 11. 2003 – Az.: 49-10/03; im Ergebnis ebenso 1. VK Sachsen, B. v. 10. 3. 2010 – Az.: 1/SVK/001–10).

86.6.5.8.4.2 Zwingender Ausschluss. § 16 Abs. 1 Nr. 3 deckt sich hinsichtlich des 8158 zwingenden Ausschlusses mit § 25 Nr. 1 Abs. 1 VOB/A 2006. Die zu § 25 Nr. 1 Abs. 1 VOB/A 2006 ergangene Rechtsprechung kann daher weiter verwendet werden.

86.6.5.8.4.2.1 Grundsatz. Auf Grund der vom Bundesgerichtshof aufgestellten Grundsätze 8159 ist jedes Angebot zwingend auszuschließen, **bei dem nicht alle ausweislich der Ausschreibungsunterlagen geforderten bzw. nachgeforderten Erklärungen und Angaben enthalten sind** (BGH, Urteil v. 10. 6. 2008 – Az.: X ZR 78/07; Urteil v. 18. 9. 2007 – Az.: X ZR 89/04; Urteil v. 7. 6. 2005 – Az.: X ZR 19/02; OLG Frankfurt, B. v. 26. 5. 2009 – Az.: 11 Verg 2/09; OLG Karlsruhe, B. v. 25. 4. 2008 – Az.: 15 Verg 2/08; Thüringer OLG, B. v. 31. 8. 2009 – Az.: 9 Verg 6/09; VK Arnsberg, B. v. 30. 11. 2009 – Az.: VK 32/09; B. v. 30. 5. 2008 – Az.: VK 10/08; VK Baden-Württemberg, B. v. 10. 10. 2008 – Az.: 1 VK 31/08; B. v. 11. 4. 2008 – Az.: 1 VK 09/08; B. v. 15. 3. 2007 – Az.: 1 VK 03/07; B. v. 31. 1. 2007 – Az.: 1 VK 83/06; 2. VK Bund, B. v. 21. 9. 2009 – Az.: VK 2–126/09; VK Hamburg, B. v. 6. 10. 2003 – Az.: VKBB-3/03; VK Lüneburg, B. v. 21. 7. 2008 – Az.: VgK-25/2008; B. v. 1. 2. 2008 – Az.: VgK-48/2007; VK Nordbayern, B. v. 24. 1. 2008 – Az.: 21.VK – 3194 – 52/07; B. v. 21. 6. 2007 – Az.: 21.VK – 3194 – 23/07; B. v. 15. 3. 2007 – Az.: 21.VK – 3194 – 06/07; 1. VK Saarland, B. v. 8. 3. 2010 – Az.: 1 VK 03/2010; VK Südbayern, B. v. 6. 10. 2006 – Az.: 26-08/06).

86.6.5.8.4.2.2 Beispiele aus der Rechtsprechung 8160

– ein Angebot ist **zwingend vom Verfahren auszuschließen**, wenn der **Bieter mit seinem Teilnahmeantrag keine Eigenerklärung über die Ausschlussgründe nach § 8 Nr. 5 Abs. 1 VOB/A vorlegt, obwohl sie eindeutig gefordert** war. Bei dieser Erklärung handelt es sich um eine geforderte Erklärung gemäß § 21 Nr. 1 Abs. 2 Satz 5 VOB/A (VK Baden-Württemberg, B. v. 16. 6. 2008 – Az.: 1 VK 18/08)

– **haben die Bieter mit dem Angebot Nachweise vorzulegen, dass Ausschlussgründe nach § 8 Nr. 5 Abs. 1 VOB/A nicht vorliegen, lässt diese allgemein gehaltene Forderung offen, um welche Art von Nachweis** es sich dabei handeln soll. Für den geforderten **Nachweis, dass kein Insolvenzverfahren eröffnet, beantragt oder abgelehnt worden ist, reicht ein Ausdruck aus dem Handelsregister aus**. Der Ausdruck eines vom zuständigen Amtsgericht erstellten Handelsregisterblattes ist als Beweismittel grundsätzlich geeignet, den Nachweis der Tatsache der Eintragung in das Handelsregister zu führen (VK Nordbayern, B. v. 18. 3. 2008 – Az.: 21.VK – 3194 – 08/08)

– weist der **Versicherungsschein für die Betriebshaftpflichtversicherung** lediglich einen bestehenden **Versicherungsschutz bis einschließlich 15. 4. 2007** nach, war jedoch ein diesbezüglicher **Nachweis bis Ende 2007 dem Angebot beizufügen**, ist das Angebot unvollständig. Soweit die Antragstellerin in diesem Zusammenhang auf eine **vom Versicherungsschein ausgewiesene automatische Verlängerung bei Nichtkündigung des Vertrages** verweist, kann dies zu keinem anderen Ergebnis führen. Es **fehlt hier am Nachweis, dass die Verlängerungsoption auch tatsächlich eingetreten ist**. Die Antragstellerin hätte einen Beleg des Versicherungsgebers vorlegen müssen, aus dem die Nichtkündigung des fraglichen Vertrages folgt. Erst dann hätte sie ihren Obliegenheiten entsprochen. Ob die Verlängerungsoption tatsächlich wirksam wurde, ist hier mangels Rechtzeitigkeit der Nach-

weiserbringung ohne Belang (1. VK Sachsen-Anhalt, B. v. 19. 12. 2007 – Az.: 1 VK LVwA 28/07)
- ein **Nachweis einer Betriebshaftpflichtversicherung bedarf der Vorlage einer entsprechenden Bescheinigung des Versicherungsgebers, die selbstverständlich vollständig** und nicht in ausgewählten Teilen vorzulegen ist, da ihr Erklärungsinhalt auftraggeberseitig ansonsten nicht mit der gebotenen Sicherheit erfasst und beurteilt werden kann. Sind **z. B. die allgemeinen Vertragsbedingungen nicht beigefügt, kann der Eindruck entstehen, dass der entsprechende Nachweis nur formelhaft und nicht in seiner inhaltlichen Ausgestaltung durch den Auftraggeber geprüft wurde.** Dies **reicht** jedoch für eine ordnungsgemäße Prüfungstätigkeit **nicht aus** (1. VK Sachsen-Anhalt, B. v. 22. 1. 2008 – Az.: 1 VK LVwA 32/07)
- **fehlt** im Angebot eines Bieters die **geforderte Vorlage einer Handwerkskarte**, scheidet aus diesem Grunde eine **Zuschlagserteilung aus.** Der Bieter kann sich **nicht durch den Hinweis auf eine seit Jahren bestehende IHK-Mitgliedschaft** darauf zurückziehen, dass für ihn diesbezüglich **keine Vorlagepflicht** bestehe. Dies wäre allenfalls dann der Fall, wenn das Erfordernis zur Beantragung einer Handwerkskarte trotz der durch den Splittingbescheid nachgewiesenen 18%-igen Tätigkeit auf dem Gebiet eines Vollhandwerkes durch die bloße Mitgliedschaft bei der IHK ausgeschlossen wäre. Genau dies ist aber gerade nicht der Fall. So **machen die Regelungen der §§ 11, 12 Handwerksordnung (HWO) nur allzu deutlich, dass sich die Mitgliedschaft in einer IHK und die Eintragung in die Handwerksrolle nicht ausschließen.** Auch wer nur untergeordnet auf dem Gebiet eines Vollhandwerkes tätig ist und entsprechende Handwerksleistungen anbietet, trifft demnach – wie jeden 100%-igen Handwerksbetrieb – die Verpflichtung, um die Eintragung in die Handwerksrolle nachzusuchen bzw. die Erteilung einer Ausnahmegenehmigung zu beantragen. Eine **andere Sicht der Dinge würde zu Wettbewerbsverzerrungen zwischen den Bietern führen**, deren Geschäftsgebiet zu 100% ein handwerkliches ist und jenen, bei denen diesem Bereich nur eine untergeordnete Bedeutung zukommt (1. VK Sachsen-Anhalt, B. v. 22. 1. 2008 – Az.: 1 VK LVwA 32/07)
- danach hat der **Bieter zu allen angebotenen Produkten aussagekräftige technische Unterlagen inklusive vorhandener Prüfprotokolle und GS-Zeichen dem Angebot beizulegen.** Beispielhaft sei in diesem Zusammenhang auf die oben bereits erwähnten Stand- und Unterbaukühlschränke verwiesen. **Hierzu finden sich keinerlei technische Unterlagen.** Soweit für Laborabzüge eine Konformitätserklärung der Antragstellerin vorgelegt wurde, verweist die Kammer auch hier darauf, dass dem Vergaberecht ein sich Verlassen auf Beteuerungen eines Wettbewerbers grundsätzlich fremd ist. Verlangt ein Auftraggeber technische Nachweise, so trifft einen am Zuschlag ernsthaft interessierten Bieter die Verpflichtung zur rechtzeitigen Beibringung ebenso zwingend, wie den Auftraggeber **die Verpflichtung zur Überprüfung derselben** (1. VK Sachsen-Anhalt, B. v. 21. 9. 2007 – Az: 1 VK LVwA 18/07)
- die **Nichtvorlage** von **Unbedenklichkeitsbescheinigungen der Sozialversicherungsträger** hat zwingend zur Folge, dass die Beschwerdeführerin als ungeeignet anzusehen und ihr **Angebot** deshalb auf der 2. Wertungsstufe (§ 25 Nr. 2 Abs. 1 VOL/A) **auszuschließen** ist (OLG Koblenz, B. v. 4. 7. 2007 – Az.: 1 Verg 3/07)
- fordert der Auftraggeber zum Nachweis der Eignung mit dem Angebot die Vorlage geeigneter Unterlagen, sind diese mit dem Angebot einzureichen. Unterbleibt dies, unterliegt das Angebot in der zweiten Wertungsphase einem Ausschluss von der weiteren Wertung. **Aufgrund der fehlenden bzw. unvollständigen Eignungsnachweise für die Nachunternehmer waren diese Angebote deshalb auszuschließen** (VK Düsseldorf, B. v. 19. 4. 2007 – Az.: VK – 10/2007 – B)
- der Auftraggeber hatte in Ziff. 6 der Angebotsaufforderung u. a. gefordert, dass die Bieter mit dem Angebot **Erklärungen** einzureichen hatten, dass über das Vermögen kein **Insolvenzverfahren** oder vergleichbares gesetzliches Verfahren eröffnet oder die Eröffnung beantragt ist oder dieser Antrag mangels Masse abgelehnt worden ist und dass sich der Bieter nicht in Liquidation befindet. Zumindest die Erklärung, dass sich die **ASt nicht in Liquidation befindet, war ausweislich der Vergabeakte in den Angeboten der ASt auf die Lose ... nicht enthalten** (3. VK Bund, B. v. 8. 5. 2007 – Az.: VK 3–37/07)
- der Bieter ist wegen nicht nachgewiesener Eignung gemäß § 25 Nr. 2 Abs. 1 VOB/A **zwingend vom Vergabeverfahren auszuschließen.** Die hier streitgegenständlichen **Eignungs-**

nachweise (Erklärung, dass kein Insolvenz- oder Liquidationsverfahren anhängig ist sowie Erklärung, dass keine rechtskräftig festgestellten schweren Verfehlungen vorliegen), die mit dem Angebot vorzulegen waren, wurden von dem Bieter unstreitig nicht vorgelegt (1. VK Bund, B. v. 21. 5. 2007 – Az.: VK 1–32/07)

– wie die Vergabekammer in den Gründen ihrer Entscheidung – von der Beschwerde unbeanstandet – festgestellt hat, wiesen die **Angebote der Beigeladenen keine Angaben über eigene Umsätze bei vergleichbaren Leistungen, über bisher ausgeführte Leistungen (diese jeweils in den drei letzten abgeschlossenen Geschäftsjahren) und über die Zahl der beschäftigten Arbeitskräfte** auf. Diesbezügliche Angaben waren in der Vergabebekanntmachung **ausdrücklich gefordert** worden (OLG Düsseldorf, B. v. 9. 3. 2007 – Az.: VII – Verg 5/07)

– verlangt der öffentliche Auftraggeber als Eignungsnachweis einen **Bundeszentralregisterauszug der Einzelunternehmer bzw. sämtlicher natürlicher Vertreter der juristischen Person**, müssen diejenigen Bieter, die nicht Einzelunternehmer sind, einen Bundeszentralregisterauszug hinsichtlich ihrer Vertreter, was wiederum natürliche Personen sind, vorlegen. **Fehlt ein** solcher Auszug, ist das Angebot **zwingend auszuschließen. Ein Gewerbezentralregisterauszug kann nicht in einen Bundeszentralregisterauszug umgedeutet** werden, weil die Inhalte sehr unterschiedlich sein können (VK Münster, B. v. 27. 4. 2007 – Az.: VK 06/07)

– **fehlt es an einem aktuellen und beglaubigten Handelsregisterauszug**, wie in der Bekanntmachung und den Verdingungsunterlagen gefordert, hat der Bieter einen geforderten Eignungsnachweise nicht erbracht und ist mit seinem **Angebot zwingend auszuschließen** (1. VK Bund, B. v. 4. 4. 2007 – Az.: VK 1–23/07)

– in den der Kammer übersandten Angebotsunterlagen der Beigeladenen finden sich **zwar alle geforderten bieterbezogenen Nachweise eines Mitgliedes der Bietergemeinschaft**, hier der ..., **jedoch trifft dies nicht für den weiteren Bietergemeinschaftspartner zu**. Von der ... GmbH liegen keine Angaben über die vorhandenen Arbeitskräfte gegliedert nach Berufsgruppen der letzten drei Jahre sowie zur technischen Ausrüstung vor. Der Ausschluss des Angebotes der Beigeladenen ist somit zwingend (VK Sachsen-Anhalt, B. v. 11. 1. 2007 – Az.: 1 VK LVwA 41/06)

86.6.5.8.4.2.3 Rechtsprechung zu Ausnahmen vom zwingenden Ausschluss nach 8161 § 25 VOB/A 2006. Mit Blick auf den zwingenden Ausschluss von Angeboten bei fehlenden Erklärungen und Nachweisen in der VOB/A 2006 hatte sich zu einzelnen Fallgestaltungen eine – eher ältere – Rechtsprechung entwickelt, die von dem zwingenden Angebotsausschluss absah. **Hinsichtlich der Tendenz der VOB/A 2009 zur Erhaltung und Heilung unvollständiger Angebote – auch nach fruchtloser Nachforderung – wird diese Rechtsprechung noch aufgeführt.**

86.6.5.8.4.2.3.1 Fehlende Angaben über die Zahlung von Steuern und Sozialabga- 8162 ben. Ob das Fehlen von geforderten Erklärungen zum Ausschluss eines Angebotes führen muss, richtet sich danach, ob es sich um Nachweise handelt, die ohne Einfluss auf das Ergebnis des Wettbewerbs nachträglich eingeholt werden können. **Noch ausstehende Erklärungen über die Zahlung von Steuern und Sozialabgaben haben keine Auswirkungen auf die Preisangaben und weiteren Leistungsinhalte des Angebotes.** Der Bieter kann seine Position durch die nachträgliche Vorlage der Nachweise nicht mehr verbessern, allenfalls kann er, wenn der Nachweis nicht erbracht werden kann, seine Position zugunsten der übrigen Wettbewerber wieder verlieren. Es ist daher kein Verstoß gegen Vergabebestimmungen, wenn der Bieter nicht wegen fehlender Erklärungen mit ihrem Angebot ausgeschlossen wird (VK Düsseldorf, B. v. 22. 7. 2002 – Az.: VK – 19/2002 – L).

Nach anderer Auffassung (VK Münster, B. v. 9. 3. 2004 – Az.: VK 02/04; ebenso OLG Düs- 8163 seldorf, B. v. 9. 6. 2004 – Az.: VII – Verg 11/04; 1. VK Sachsen, B. v. 13. 4. 2006 – Az.: 1/SVK/028-06; 1. VK Bund, B. v. 28. 4. 2005 – Az.: VK 1–35/05) führte eine **verspätet vorgelegte Unbedenklichkeitsbescheinigung** des Finanzamtes zum **zwingenden Ausschluss des Angebots**.

86.6.5.8.4.2.3.2 Fehlender oder veralteter Gewerbezentralregisterauszug. Die Recht- 8164 sprechung im Rahmen von § 25 VOB/A 2006 zu fehlenden oder veralteten Gewerbezentralregisterauszügen war **nicht einheitlich**.

Nach einer Auffassung ist nach dem Wortlaut des § 25 Nr. 1 Abs. Buchstabe b) VOB/A 8165 **im Fall eines fehlenden Gewerbezentralregisterauszuges der Ausschluss des Angebots** zwingend. Insoweit steht der Vergabestelle kein Ermessensspielraum zu. Soweit die Auffassung vertreten wird, es sei unerheblich, wenn Erklärungen fehlten, die ohne Einfluss auf die Preise und auf das Wettbewerbsergebnis seien, so kann dem nicht gefolgt werden. Hiergegen spricht schon der Wortlaut der Regelung, die insoweit keine Einschränkung beinhaltet. Vielmehr ordnet die Regelung den Ausschluss des Angebotes unabhängig von der Art der fehlenden Erklärungen an (§ 25 Nr. 1 Abs. 1 Buchstabe b VOB/A). **Allein entscheidend ist vielmehr, dass das Angebot den Anforderungen aus § 21 Nr. 1 Abs. 1 und 2 VOB/A nicht entspricht.** Die Vergabestelle ist vor diesem Hintergrund **nicht befugt, die fehlenden Erklärungen nachzufordern.** Es ist hierbei zu bedenken, dass eine Nachforderung dieser Unterlagen sehr wohl einen Einfluss auf den Wettbewerb hätte. Dies gilt vor allem unter Berücksichtigung der Tatsache, dass weitere Bieter die Forderungen der Vergabestelle diesbezüglich erfüllt hatten (OLG Frankfurt, B. v. 23. 12. 2005 – Az.: 11 Verg 13/05; 2. VK Bund, B. v. 13. 6. 2007 – Az.: VK 2–51/07; 3. VK Bund, B. v. 18. 1. 2007 – Az.: VK 3–153/06; VK Hessen, B. v. 27. 3. 2006 – Az.: 69d VK – 10/2006; VK Südbayern, B. v. 7. 4. 2006 – Az.: 07-03/06; 1. VK Sachsen, B. v. 16. 1. 2008 – Az.: 1/SVK/084-07; B. v. 12. 5. 2005 – Az.: 1/SVK/038-05; 1. VK Sachsen-Anhalt, B. v. 21. 4. 2005 – Az.: 1 VK LVwA 17/05; VK Magdeburg, B. v. 5. 3. 2003 – Az.: 33–32571/07 VK 02/03 MD).

8166   Der in § 97 Abs. 2 GWB normierte Gleichbehandlungsgrundsatz verlangt von dem Ausschreibenden, dass alle Bieter gleich behandelt werden. Ein transparentes und auf Gleichbehandlung aller Bieter beruhendes Vergabeverfahren ist nur zu erreichen, wenn lediglich in jeder, sich aus den Verdingungsunterlagen ergebenden Hinsicht, vergleichbare Angebote gewertet werden. **Fordert daher der Auftraggeber z. B. in der Bekanntmachung bestimmte wirtschaftliche und technische Mindestanforderungen von den Bietern, die mit der Vorlage von den dort geforderten Nachweisen erfüllt werden sollen, dann zwingt allein die verspätete Vorlage der geforderten Nachweise die Vergabestelle zum Ausschluss eines entsprechenden Angebotes.** Ihr steht insoweit kein Beurteilungsspielraum zu (Schleswig-Holsteinisches OLG, B. v. 22. 5. 2006 – Az.: 1 Verg 5/06; OLG Frankfurt, B. v. 23. 12. 2005 – Az.: 11 Verg 13/05; 1. VK Sachsen, B. v. 16. 1. 2008 – Az.: 1/SVK/084-07; 3. VK Bund, B. v. 18. 1. 2007 – Az.: VK 3–153/06; VK Hessen, B. v. 27. 3. 2006 – Az.: 69d VK – 10/2006; VK Schleswig-Holstein, B. v. 31. 1. 2006 – Az.: VK-SH 33/05; B. v. 17. 1. 2006 – Az.: VK-SH 32/05).

8167   Dies gilt auch dann, wenn der öffentliche Auftraggeber einen solchen **Gewerbezentralregisterauszug für die benannten Nachunternehmer** fordert (2. VK Bund, B. v. 13. 6. 2007 – Az.: VK 2–51/07).

8168   Dies gilt ebenfalls, wenn der öffentliche Auftraggeber einen **Gewerbezentralregisterauszug für eine Gesellschaft** fordert und der Bieter einen Gewerbezentralregisterauszug **für einen Gesellschafter vorlegt.** Denn ein einwandfreier Auszug aus dem Gewerbezentralregister bezüglich nur eines der Gesellschafter bzw. Geschäftsführer **vermittelt keinen Aufschluss über die Zuverlässigkeit der Gesellschaft insgesamt.** Erst recht aber kann er dann nicht als hinreichender Zuverlässigkeitsnachweis gelten, wenn auch dieser Auszug selbst weit älter als drei Monate ist (2. VK Bund, B. v. 13. 6. 2007 – Az.: VK 2–51/07).

8169   Wird in der Vergabebekanntmachung ein „**Auszug aus dem Gewerbezentralregister als Nachweis, dass keine Einträge für das Unternehmen bzw. die Unternehmensführung vorliegen (§ 150 GewO)**", ist diese **Vorgabe nicht zwangsläufig so zu verstehen, dass neben dem Auszug für das Unternehmen auch Auszüge für die Unternehmensführung zwingend vorzulegen** sind. Dafür spricht zunächst der Gebrauch des Singulars. Dazu kommt, dass der **Gewerbezentralregisterauszug für das Unternehmen durchaus auch Einträge über die Unternehmensführung enthalten kann** (wenn auch nicht unbedingt vollständig). Ein verständiger Bieter konnte also davon ausgehen, dass mit der Vorlage des Auszugs für das Unternehmen der geforderte Nachweis sowohl für das Unternehmen als auch für die Unternehmensführung erbracht ist. Es ist angesichts dessen schon fraglich, ob die Anerkennung des Gewerbezentralregisterauszuges für das Unternehmen als vollständiger Eignungsnachweis nicht ohnehin die einzig vergaberechtskonforme Auslegungsmöglichkeit ist (3. VK Bund, B. v. 24. 1. 2008 – Az.: VK 3–151/07).

8170   Wird dagegen eindeutig **sowohl für den Bieter als juristische Person, als auch für die Geschäftsführer** entsprechende **Gewerbezentralregister-Auszüge** zur Vorlage mit dem Angebot **verlangt, ist ein Angebot auszuschließen, bei dem Auszüge für einen der Geschäftsführer fehlen** (VK Nordbayern, B. v. 26. 2. 2008 – Az.: 21.VK – 3194 – 02/08).

Andere Vergabekammern tendieren zu einer anderen Ansicht: der **Gewerbezentralregister-** 8171
auszug dient zur Prüfung der Zuverlässigkeit und damit **der Eignung eines Bieters.** Es
handelt sich um eine bieterbezogene Erklärung. **Für die Vergleichbarkeit der Angebote an
sich ist der Gewerbezentralregisterauszug nicht erforderlich.** Er ist nicht preiswirksam
und insoweit ohne Einfluss auf die Wettbewerbsposition der Bieter (1. VK Bund, B. v. 27. 9.
2002 – Az.: VK 1–63/02; VK Thüringen, B. v. 29. 8. 2002 – Az.: 216–4002.20–036/02-J-S).

Entscheidend für die **Aktualität eines Gewerbezentralregisterauszuges** ist weder der 8172
Zeitpunkt der Abgabe des Angebots noch der Submissionstermin, sondern **der Zeitpunkt des
Endes der Angebotsfrist** (1. VK Sachsen, B. v. 28. 7. 2008 – Az.: 1/SVK/037-08; B. v. 16. 1.
2008 – Az.: 1/SVK/084-07; VK Schleswig-Holstein, B. v. 27. 7. 2006 – Az.: VK-SH 17/06).

86.6.5.8.4.2.3.3 Fehlende Urkalkulation. 86.6.5.8.4.2.3.3.1 Rechtsprechung. Die 8173
Rechtsprechung ist unterschiedlich.

Nach einer Auffassung kann eine **Urkalkulation des Nachunternehmers aus der Inte-** 8174
ressensituation heraus nicht verlangt werden (Brandenburgisches OLG, B. v. 13. 9. 2005 –
Az.: Verg W 9/05).

Schon aus § 15 Abs. 1 Nr. 1 am Ende folgt, dass **Kalkulationen nur im Ausnahmefall** 8175
vorzulegen sind, wenn sie nötig sind, um die Angemessenheit der Preise zu überprüfen. Danach ist es **ausreichend, dass die erforderlichen Unterlagen für den Fall der Auftragserteilung nachgereicht werden**, da die in der Urkalkulation und der Preisaufgliederung enthaltenen Angaben erst im Rahmen des § 2 VOB/B nach Vertragsschluss relevant werden können (VK Brandenburg, B. v. 25. 8. 2002 – Az.: VK 45/02).

Dies gilt **selbst dann, wenn die Vorlage der Urkalkulation ausdrücklich mit der An-** 8176
gebotsabgabe gefordert wird (VK Thüringen, B. v. 15. 1. 2004 – Az.: 360–4003.20–030/03-
GTH; im Ergebnis ebenso 2. VK Bund, B. v. 21. 1. 2004 – Az.: VK 2–126/03).

Nach einer anderen Auffassung fallen unter **Erklärungen im Sinne des § 13 Abs. 1 Nr. 4** 8177
VOB/A alle Erklärungen, die sowohl den Inhalt als auch die rechtlichen und sonstigen Rahmenbedingungen der zu erbringenden Leistung betreffen. Hierzu gehört **auch die Urkalkulation**, die die Preisermittlung im Detail festhält. Die Urkalkulation anders als EFB-Preisblätter zu behandeln, erscheint nicht gerechtfertigt. Die **Bieter werden durch die Vorlage der Urkalkulation auch nicht unzumutbar in ihren Rechten beeinträchtigt**, wenn ihnen nach den Gesamtumständen gestattet war, die Preisermittlung **ggf. in einem verschlossenen Umschlag einzureichen**, der von der Vergabestelle verschlossen aufbewahrt wird. **Fehlt deshalb die geforderte Urkalkulation, ist das Angebot unvollständig** (OLG Düsseldorf, B. v. 8. 12. 2009 – Az.: VII-Verg 52/09; OLG Karlsruhe, B. v. 24. 7. 2007 – Az.: 17 Verg 6/07; B. v. 4. 5. 2007 – Az.: 17 Verg 5/07; 2. VK Bund, B. v. 22. 5. 2007 – Az.: VK 1–35/07; VK Baden-Württemberg, B. v. 17. 3. 2007 – Az.: 1 VK 07/07, 08/07).

86.6.5.8.4.2.3.3.2 Literatur 8178

– Brieskorn, Eckhard/Stamm, Jürgen, Die vergaberechtliche Renaissance der Urkalkulation und deren Bedeutung für das Nachtragsmanagement, NZBau 2008, 414

86.6.5.8.4.2.3.4 Weitere Beispiele aus der Rechtsprechung 8179

– verwendet der Auftraggeber einen Angebotsvordruck und macht der Bieter zwar Angaben zum Angebotsgegenstand und Preisangaben, **vergisst er aber Angaben zu Ort und Datum, wie unter der Unterschriftszeile vorgesehen**, ergibt sich aber der Ort aus dem Angebotsvordruck selbst, da der Vordruck oben die vollständige Anschrift des Bieters enthält und ergibt sich das Datum aus dem Angebotsanschreiben, ist das Fehlen des Datums, das ohne weiteres bereits auf der ersten Seite des Angebotsschreibens zu ersehen ist, bei der Unterschriftenzeile **nicht so erheblich, dass es zum Ausschluss des Angebotes wegen Unvollständigkeit berechtigt** (VK Niedersachsen, B. v. 16. 4. 2010 – Az.: VgK-10/2010)

86.6.5.8.5 Objektiv nicht erfüllbare Forderungen des Leistungsverzeichnisses. Ist 8180
eine **Vorgabe der Leistungsbeschreibung tatsächlich objektiv nicht erfüllbar**, ist sie **für die Bieter unzumutbar** mit der Folge, dass **Angebote**, die sie **nicht einhalten, nicht ausgeschlossen** werden dürfen (BGH, Urteil v. 1. 8. 2006 – Az.: X ZR 115/04). Vgl. dazu im Einzelnen die **Kommentierung zu →** § 7 VOB/A Rdn. 95 ff.

86.6.5.8.6 Regelung des HVA StB-B 04/2010. Eine abschließende Feststellung der for- 8181
malen Prüfung kann bei Angeboten mit fehlenden geforderten Erklärungen oder Nachweise, die nicht zwingend auszuschließen sind, erst dann erfolgen, wenn die fehlenden Erklärungen oder Nachweise nachgefordert und geprüft sind.

Dazu fordert die Vergabestelle den Bieter in Textform auf, spätestens innerhalb von 6 Kalendertagen nach Aufforderung die fehlenden Unterlagen zu übergeben. Die Frist der Aufforderung beginnt am Tag nach der Absendung. Das Absendedatum ist von der Vergabestelle zu dokumentieren.

Dieser Prüfschritt kann für Angebote, welche nach der rechnerischen Prüfung für eine Auftragserteilung vorerst nicht in Betracht kommen, zurück gestellt werden.

(Richtlinien für das Durchführen der Vergabeverfahren, 2.4 Prüfung und Wertung der Angebote, Nr. 13).

86.6.5.9 Doppelangebote

8182 Ein **Doppelangebot ist grundsätzlich vergaberechtswidrig und daher zwingend vom Verfahren auszuschließen**. Es handelt sich nämlich um ein Angebot, das nicht den Anforderungen des § 13 VOB/A entspricht und nach § 16 Abs. 1 lit. b) VOB/A nicht am Verfahren teilnehmen darf. Sofern nicht vor dem Abgabetermin ein Angebot zurückgezogen wird, sind beide Angebote auszuschließen, **da nicht klar ist, welcher Preis maßgebend sein soll**. Dies ist so zu werten, wie wenn der Bieter eine Änderung an seinem Angebot vornimmt, die nicht zweifelsfrei ist. Eine Anwendung dieser Vorschrift auch für den Fall, dass ein Bieter sein Angebot dadurch ändert, dass er neben diesem ein weiteres Angebot mit anderem Preis einreicht, ist vom Sinn und Zweck der Vorschrift gerechtfertigt. Denn **nur so kann sichergestellt werden, dass sich ein Bieter nicht auf Kosten des Wettbewerbs und zu Lasten seiner Mitbewerber unzulässige Vorteile verschafft**. Andernfalls verschafft sich der Bieter, der mehrere Angebote einreicht, wettbewerbswidrige Vorteile, indem er seine Zuschlagschancen gegenüber anderen in unlauterer Weise erhöht. Denn er könnte sich einerseits auf den höheren Preis berufen, sofern dieser der günstigere wäre, zum anderen den niedrigeren Preis heranziehen, wenn ein Konkurrent ein Angebot abgibt, das zwischen den beiden Preisen liegt (VK Berlin, B. v. 10. 2. 2005 – Az.: VK – B 2-74/04).

8183 **Verlangt der Auftraggeber eindeutig für ein Angebot entweder die Abgabe eines Angebots für ein Misch- oder Gesamtlos oder die getrennte Abgabe für eins der beiden Einzellose, hat der Bieter mithin die Wahl, seine Preise für ein Gesamtangebot zu kalkulieren oder Angebote für die einzelnen Fachlose abzugeben**. Bei dieser Form der Ausschreibung will und muss die Vergabestelle bei allem Bestreben, möglichst viele Kombinationsmöglichkeiten zu erschließen, vermeiden, dass Doppelangebote für dieselbe Leistung abgegeben werden, die ggf. im Preis differieren können. Deshalb ist die **Abgabe von Doppelangeboten in diesen Fällen nicht zulässig**. Bei Doppelangeboten ist nämlich ein eindeutiger Wille des Anbietenden nicht mehr sicher ermittelbar, wenn der Angebotsinhalt grundsätzlich differieren kann (VK Arnsberg, B. v. 23. 6. 2005 – Az.: VK 5/2005).

86.6.6 Literatur

8184 – Bode, Henning, Zwingender Angebotsausschluss wegen fehlender Erklärungen und Angaben – Inhalt, Grenzen und Möglichkeiten zur Reduzierung der Ausschlussgründe, VergabeR 2009, 729

– Kus, Alexander, Der Auftraggeber gibt die Spielregeln vor, NZBau 2004, 425

– Luber, Hermann, Der formalistische Angebotsausschluss, das Wettbewerbsprinzip und der Grundsatz der sparsamen Mittelverwendung im Vergaberecht, VergabeR 2009, 14

– Luber, Hermann, Der formalistische Angebotsausschluss, das Wettbewerbsprinzip und der Grundsatz der sparsamen Mittelverwendung im Vergaberecht, VergabeR 2009, 14

– Maier, Clemens, Der Ausschluss eines unvollständigen Angebots im Vergabeverfahren, NZBau 2005, 374

– Möllenkamp, Christian, Ausschluss unvollständiger Angebote, NZBau 2005, 557

– Münchhausen, Moritz, Die Nachforderung von Unterlagen nach der VOB/A 2009, VergabeR 2010, 374

– Noch, Rainer, Wann beginnt die „Förmelei"? – Formale Angebotsprüfung: Auch Vergabestelle sind gefordert, Behörden Spiegel Oktober 2007, 28

– Stolz, Bernhard, Die Behandlung von Angeboten, die von den ausgeschriebenen Leistungspflichten abweichen, VergabeR 2008, 322

- Stoye, Jörg/Hoffmann, Jens, Nachunternehmerbenennung und Verpflichtungserklärung im Lichte der neuesten BGH-Rechtsprechung und der VOB/A 2009, VergabeR 2009, 569
- Weihrauch, Oliver, Unvollständige Angebote, Praktische Relevanz – Rechtsfolgen – offene Fragen, VergabeR 2007, 430

86.7 2. Wertungsstufe: Eignungsprüfung (§ 16 Abs. 2)

§ 16 Abs. 2 VOB/A deckt sich inhaltlich im Wesentlichen mit § 97 Abs. 4 Halbsatz 1 bzw. § 16 Abs. 5 VOL/A. Deshalb erfolgt eine **einheitliche Kommentierung dieser Wertungsstufe bei** → **§ 97 GWB Rdn. 543 ff.**

86.8 3. Wertungsstufe: Rechnerische, technische und wirtschaftliche Prüfung (§ 16 Abs. 3–5)

86.8.1 Änderungen in der VOB/A 2009

Durch die Zusammenführung der §§ 23, 25 VOB/A 2006 zum neuen § 16 VOB/A 2009 hat sich notwendigerweise auch **der Inhalt der Wertungsstufe 3 und der Wertungsstufe 4 geändert**. Die **Wertungsstufe 3 umfasst die Prüfungsschritte des § 23 Nr. 2–4 VOB/A 2006**.

Eine **gravierende inhaltliche Änderung der dritten Wertungsstufe ist damit nicht verbunden**; die Einzelheiten sind bei den jeweiligen Absätzen erläutert.

86.8.2 Rechnerische, technische und wirtschaftliche Prüfung (§ 16 Abs. 3)

86.8.2.1 Änderung in der VOB/A 2009

§ 16 Abs. 3 VOB/A 2009 enthält nicht mehr den Hinweis auf eine eventuelle Unterstützung bei der rechnerischen, technischen und wirtschaftlichen Prüfung **durch Sachverständige**. Dies hat seinen formalen Grund darin, dass die Vorschrift des § 7 VOB/A 2006, die die Tätigkeit des Sachverständigen regelte, ersatzlos gestrichen wurde.

86.8.2.2 Rechnerische Prüfung

86.8.2.2.1 Korrekturen im Rahmen der rechnerischen Prüfung (§ 16 Abs. 4 Nr. 1).
86.8.2.2.1.1 Änderung in der VOB/A 2009. In der VOB/A 2009 wurde die **Regelung des § 23 Nr. 3 Abs. 1 Satz 2 gestrichen**, wonach dann wenn der Einheitspreis in Ziffern und in Worten angegeben ist und diese Angaben nicht übereinstimmen, der dem Gesamtbetrag der Ordnungszahl entsprechende Einheitspreis gilt. Entspricht weder der in Worten noch der in Ziffern angegebene Einheitspreis dem Gesamtbetrag der Ordnungszahl, so gilt der in Worten angegebene Einheitspreis. **Hintergrund** ist die Tatsache, dass schon aufgrund der zunehmenden Versendung von Vergabeunterklagen in elektronischer Form und der Möglichkeit des elektronischen Angebots die **Regelung nicht mehr praktikabel** ist.

86.8.2.2.1.2 Grundsätze. Nach den Vorgaben der VOB ist ein **rechnerisch fehlerhaftes Angebot grundsätzlich nicht von der weiteren Vergabe auszuschließen** (OLG Saarbrücken, B. v. 27. 5. 2009 – Az.: 1 Verg 2/09; 2. VK Bund, B. v. 24. 5. 2005 – Az.: VK 2–42/05; VK Saarland, B. v. 2. 2. 2009 – Az.: 1 VK 10/2008).

Der **Grundsatz der Transparenz und der Gleichbehandlung verbietet im Regelfall eine Korrektur der vom Bieter im Angebot festgelegten Preise**. Der Bieter ist für die von ihm gemachten Preisangaben grundsätzlich allein verantwortlich, er trägt das Kalkulationsrisiko und muss sich an seinen Angaben festhalten lassen. **Nachträgliche Preiskorrekturen bieten große Manipulationsgefahr und eröffnen die Möglichkeit, einem Bieter in Kenntnis der Konkurrenzangebote einen Wettbewerbsvorteil zu verschaffen**. Bei widersprüchlichen und unterschiedlichen Preisangaben muss der öffentliche Auftraggeber den wirklichen Bieterwillen erforschen, wobei eine **restriktive Bewertung** geboten ist. Ist festzustellen, dass das Angebot des Bieters interpretationsfähig ist, muss der öffentliche Auftraggeber sehr genau prüfen, ob er das Angebot nicht auszuschließen hat. Steht dagegen der Einsatzpreis für eine Leistung zweifelsfrei fest und sind dem **Bieter lediglich offensichtliche Additions- oder Multiplikationsfehler unterlaufen, wird eine rechnerische Korrektur bzw. Berichtigung im Allgemeinen für zulässig erachtet**. Eine spezielle Regelung hat der Gesetzgeber in § 16

Abs. 4 VOB/A für das Verhältnis Einheitspreis/Gesamtpreis getroffen. Demnach verbietet sich eine Korrektur des Einheitspreises, dieser ist bei Diskrepanzen die bindende Berechnungsgrundlage (OLG München, B. v. 10. 12. 2009 – Az.: Verg 16/09).

8192 Einzig zulässige Korrekturen, welche der Auftraggeber bei der rechnerischen Bewertung der Angebote vornehmen darf, sind also **Additionsfehler und Multiplikationsfehler**. § 16 Abs. 4 Nr. 1 stellt deutlich dar, dass der **angegebene Einheitspreis** maßgeblich für eine eventuelle rechnerische Korrektur ist. Dieser darf folglich **unter keinen Umständen von der Auftraggeberseite verändert** werden (OLG Saarbrücken, B. v. 27. 5. 2009 – Az.: 1 Verg 2/09; 1. VK Sachsen, B. v. 3. 7. 2003 – Az.: 1/SVK/067-03, B. v. 17. 7. 2002 – Az.: 1/SVK/069-02).

8193 Eine **Korrektur** im Rahmen der rechnerischen Prüfung nach § 16 Abs. 4 Nr. 1 **scheidet aus, wenn die Multiplikation von Mengenansatz und Einheitspreis dem eingesetzten Gesamtbetrag entspricht**; ein rechnerischer Widerspruch oder Rechenfehler besteht dann nicht (2. VK Bund, B. v. 28. 7. 2006 – Az.: VK 2–50/06; VK Hessen, B. v. 18. 3. 2002 – Az.: 69 d VK – 03/2002; 1. VK Sachsen, B. v. 3. 7. 2003 – Az.: 1/SVK/067-03).

8194 **86.8.2.2.1.3 Bedeutung des Einheitspreises**. Die **Rechtsprechung** ist insoweit **nicht einheitlich**.

8195 Ergibt das Produkt aus Menge und Einheitspreis nicht den angegebenen Gesamtbetrag, so ist gemäß § 16 Abs. 4 Nr. 1 VOB/A die **Multiplikation der Menge mit dem angegebenen Einheitspreis maßgebend**. Von dieser **Regel** ist **auch dann nicht abzuweichen, wenn der Einheitspreis offenbar falsch ist**. Dies gilt unabhängig davon, ob der falsche Einheitspreis versehentlich oder mit Absicht in das Angebot eingesetzt wurde. Nur durch die konsequente Anwendung der Rechenregel des § 16 Abs. 4 Nr. 1 VOB/A kann Manipulationsversuchen wirksam begegnet werden. Es wird im Einzelfall nämlich kaum nachzuweisen sein, wann der Fall einer absichtlichen Veränderung des Einheitspreises vorliegt und wann nicht. Jeder Bieter muss sich daran festhalten lassen, dass er grundsätzlich für die von ihm gemachten Preisangaben selbst verantwortlich ist (OLG Saarbrücken, B. v. 27. 5. 2009 – Az.: 1 Verg 2/09; LG Köln, Urteil v. 23. 2. 2005 – Az: 28 O (Kart) 561/04; 1. VK Bund, B. v. 31. 7. 2007 – Az.: VK 1–65/07; VK Nordbayern, B. v. 30. 11. 2001 – Az.: 320.VK-3194-40/01). Aus dem gleichen Grund kommt bei einer derartigen Sachverhaltskonstellation **auch keine Aufklärung der „richtigen" Einheitspreise gemäß § 15 VOB/A in Betracht**. In beiden Fällen hätte es nämlich ein Bieter in Kenntnis des Submissionsergebnisses in der Hand, die Angabe der „richtigen" Einheitspreise an der Zuschlagsfähigkeit ihres Angebots zu orientieren (OLG Saarbrücken, B. v. 27. 5. 2009 – Az.: 1 Verg 2/09; 1. VK Bund, B. v. 13. 8. 2007 – Az.: VK 1–86/07).

8196 Wird dadurch das **Angebot zu teuer, so scheidet es aus dem Wettbewerb aus**; wird es unangemessen niedrig, muss es gegebenenfalls als Unterangebot nach § 16 Abs. 6 Nr. 1 VOB/A ausgeschieden werden. Auch in Ausnahmefällen kann keine Abänderung des falschen Einheitspreises entsprechend dem Gesamtbetrag in Betracht kommen, nicht einmal dann, wenn aus den Umständen eindeutig und völlig zweifelsfrei zu schließen ist, dass ein ganz bestimmter Einheitspreis gewollt war. **Diese Auslegung** entspricht nicht nur dem Wortlaut des § 16 Abs. 4 Nr. 1 VOB/A, sie **entspricht auch dessen Sinn und Zweck**. Sinn und Zweck der Norm ist nämlich der Schutz des Auftraggebers, nicht aber der Schutz des Bieters vor seinen eigenen (zu niedrigen) Angeboten und damit vor sich selbst. Dem Sinn und Zweck den Auftraggeber zu schützen und ihm in dem streng formalisierten Vergabeverfahren eine Hilfestellung zu geben, wie zu verfahren ist, wenn er festgestellt hat, dass der Gesamtbetrag nicht dem Ergebnis der Multiplikation von Mengenansatz und Einheitspreis entspricht, kann § 16 Abs. 4 Nr. 1 VOB/A nur dann erfüllen, wenn er als eine § 133 BGB konkretisierende Auslegungsregel betrachtet wird. Die Norm weist nämlich den Auftraggeber an, dass er in den genannten Fällen eben nicht den Einheitspreis korrigieren darf, sondern dass die anderen Preise zu korrigieren sind. Andere Möglichkeiten, die denkbar wären, um den Willen des Bieters zu erforschen, etwa den Bieter zu befragen, was er denn wirklich gemeint hat oder den Einheitspreis zu korrigieren, sieht § 16 Abs. 4 Nr. 1 VOB/A eben nicht vor. Eine **andere Auslegung überbürdet das Risiko, das § 16 Abs. 4 Nr. 1 VOB/A dem Auftraggeber gerade abnehmen will**, nämlich das Risiko dass seine Korrektur des Angebots – weil er den falschen Korrekturmaßstab gewählt hat – später als vergaberechtswidrig gekennzeichnet wird, dem Auftraggeber. Der Auftraggeber trägt nach dieser Auslegung das Risiko, ob gerade noch § 16 Abs. 4 Nr. 1 VOB/A anwendbar ist oder ob er gerade nicht mehr anwendbar ist und etwa einer der ganz wenigen Ausnahmefälle von der Auslegungsregel des § 16 Abs. 4 Nr. 1 VOB/A vorliegt. Wenn der Auftraggeber sich nicht darauf verlassen kann, dass er strikt nach der Regel des § 16 Abs. 4 Nr. 1 VOB/A verfahren darf, und dass er dann, wenn er dieser Regel folgt vergabe-

Vergabe- und Vertragsordnung für Bauleistungen Teil A VOB/A § 16 **Teil 3**

rechtsgemäß gehandelt hat, wird die **Vorschrift weitgehend obsolet. Ihr Ziel, dem Auftraggeber eine Hilfestellung zu geben, läuft weitgehend leer** (OLG Saarbrücken, B. v. 27. 5. 2009 – Az.: 1 Verg 2/09).

Nach einer anderen Auffassung hingegen kommt eine **Korrektur des Einheitspreises** nach den Grundsätzen zur Auslegung von Willenserklärungen im Sinne von § 133 BGB **in Betracht, wenn der Einheitspreis offensichtlich zu hoch oder zu niedrig angegeben** ist. Hierfür muss sich aus dem Angebot eindeutig ergeben, dass hinsichtlich des Einheitspreises ein Schreibfehler vorliegt (2. VK Bund, B. v. 24. 5. 2005 – Az.: VK 2–42/05). 8197

Auch die VK Saarland vertritt einen **entsprechenden Ansatz.** Trägt ein Bieter unter der Position 5.6.0040 fälschlicherweise die identischen Werte „Einheitspreis" und „Gesamtpreis" der „benachbarten" Position 5.6.0050 ein und zwar als Einheitspreis den Betrag xxx Euro und als Gesamtpreissumme den Betrag von xxx Euro und hätte sich tatsächlich allerdings bei einem Einheitspreis von xxx Euro multipliziert mit der Stückzahl der Position 5.6.0040, nämlich 2990, ein ganz anderer Betrag ergeben, und zwar xxx Euro und kann der Auftraggeber aus der Gesamtsumme des von dem Bieter zu den Unterpositionen der Position 05.06. eingetragenen Betrages von xxx Euro jedoch genau ersehen, dass der Bieter in seiner Kalkulation des Angebotes bei der Position 5.6.0040 von ganz anderen als den von ihm im Rahmen der nachträglichen Korrektur angesetzten Werten ausgegangen ist, nämlich von einem Einheitswert von xxx Euro, der, multipliziert mit dem m³-Faktor von 2.990 (= Stückzahl), eben zu einem Gesamtpreis bei der Position 5.6.0040 von xxx Euro geführt hätte, liegt ein **Fall offenkundig und deutlich zu Tage tretender Differenz zwischen erklärtem Einheitspreis/Gesamtpreis und tatsächlich kalkuliertem und auch vom Erklärungswillen erfassten Einheitspreis/Gesamtpreis** vor. Ein Fall offenkundig und deutlich zu Tage tretender Differenz zwischen erklärtem Einheitspreis/Gesamtpreis und tatsächlich kalkuliertem und auch vom Erklärungswillen erfassten Einheitspreis/Gesamtpreis **lässt sich weder in vergaberechtlicher Hinsicht zulässig noch in befriedigender Weise mit der Auslegungsregel des § 16 Abs. 4 Nr. 1 VOB/A lösen.** Für den Fall eines solchen eklatanten Erklärungs-/Übertragungsfehlers ist die Auslegungsregel des § 16 Abs. 4 Nr. 1 VOB/A nicht einschlägig; die **Rechenregel des § 16 Abs. 4 Nr. 1 VOB/A darf vielmehr außer Acht gelassen** und **ausnahmsweise der Einheitspreis entsprechend der Auslegungsregel des § 133 BGB angepasst**, d. h. geändert werden. Die gegenteilige Auffassung, die aus der Auslegungsregel des § 16 Abs. 4 Nr. 1 VOB/A ein absolutes Verbot herleitet, Einheitspreise seitens des Auftraggebers abzuändern, wird für derart offensichtliche Fälle nicht geteilt, weil sie **zu wenig differenziert und am Ende sowohl dem Auftraggeber – trotz positiven gegenteiligen Wissens um die tatsächliche Erklärungslage – als auch dem Bieter Manipulationsmöglichkeiten eröffnet,** also genau das Gegenteil dessen erreicht, was sie sich als Ziel, das es zu verhindern gilt, gesetzt hat. Eine differenzierende Betrachtung kann auch schon deshalb geboten sein, weil eine **strikte Anwendung der Auslegungsregel des § 16 Abs. 4 Nr. 1 VOB/A** möglicherweise die Interessen und Rechte von anderen Bietern auf einen transparenten und fairen Wettbewerb im Sinne von § 97 Abs. 7 in Verbindung mit § 97 Abs. 1 GWB, berühren und verletzen kann (VK Saarland, B. v. 2. 2. 2009 – Az.: 1 VK 10/2008). Das Saarländische OLG hat die **Entscheidung jedoch aufgehoben** (OLG Saarbrücken, B. v. 27. 5. 2009 – Az.: 1 Verg 2/09; im Ergebnis ebenso 1. VK Sachsen, B. v. 26. 6. 2009 – Az.: 1/SVK/024-09). 8198

86.8.2.2.1.4 **Ergänzung eines fehlenden Einheitspreises durch Rückgriff auf die Konkurrenzangebote. 86.8.2.2.1.4.1 Änderung in der VOB/A 2009.** Im Sonderfall des Fehlens eines Einheitspreises in einer einzelnen unwesentlichen Position ist – allerdings nur für die Prüfung und Wertung der Angebote – ein Rückgriff auf das höchste Konkurrenzangebot zulässig (§ 16 Abs. 1 Nr. 1 lit. c). Vgl. die Kommentierung → Rdn. 249 ff. 8199

86.8.2.2.1.4.2 **Ältere Rechtsprechung.** Wenn es möglich ist, **bei angegebenen Einzelpreisen und fehlendem Gesamtpreis** letzteren ohne Verstoß gegen § 13 Abs. 1 Nr. 3 VOB/A **durch schlichte Addition zu ermitteln, dann ist es nur konsequent, auch die umgekehrte Rechenoperation für vergaberechtskonform zu halten,** nämlich aus einem vorhandenen Gesamtpreis und – mit Ausnahme eines einzigen – vorhandenen Einzelpreisen den allein fehlenden Preis durch Rückrechnung zu ermitteln (OLG Dresden, B. v. 18. 10. 2001 – Az.: WVerg 0008/01). 8200

Diese Rechtsprechung wiederum ist mit der Rechtsprechung des Bundesgerichtshofes zur Vollständigkeit von Angeboten nicht vereinbar; vgl. im Einzelnen die Kommentierung → Rdn. 168 ff. 8201

1665

Teil 3 VOB/A § 16 Vergabe- und Vertragsordnung für Bauleistungen Teil A

8202 Außerdem **obliegen die Kalkulation und damit eine für eine Leistungsposition verlangte Vergütung dem ausschließlichen Aufgabenbereich des Bieters**. Die Angebotskalkulation berührt den Kernbereich unternehmerischen Handelns im Wettbewerb um öffentliche Aufträge und damit die Freiheit des Wettbewerbs in diesem Marktgeschehen schlechthin. Vom Bieter zu treffende Kalkulationsannahmen können deshalb durch Ansätze von Auftraggeberseite nicht ersetzt werden (VK Nordbayern, B. v. 4. 12. 2006 – Az.: 21.VK – 3194 – 39/06; B. v. 12. 11. 2004 – Az.: 320.VK – 3194 – 43/04).

8203 86.8.2.2.1.5 Berücksichtigung von offensichtlichen Übertragungsfehlern beim Gesamtpreis. Weist ein Angebot für eine Position einen Einheitspreis („EP") aus und sind ferner unter der gleichen Positionsnummer die jeweiligen Preise einer ersten, zweiten, dritten und vierten folgenden Leistung (z. B. Wartung) einzeln aufgelistet, bleibt aber das **Feld für den daraus resultierenden Gesamtpreis („GP") leer**, folgt daraus, dass der Bieter nur den Einheitspreis einer einzigen Leistung in seine Gesamtkalkulation hat einfließen lassen. Der auf dem Schlussblatt des Angebots ermittelte **Gesamtbetrag beruht mithin auf einem offensichtlichen Übertragungsfehler**, da er nicht alle in den jeweiligen Leistungssegmenten aufgeführten Einzelpreise umfasst. Es begegnet **keinen Bedenken, wenn die Vergabestelle diesen Mangel dahingehend bereinigt**, dass sie die bezifferten vier Einzelpreise berücksichtigt und anstelle des isoliert veranschlagten Einheitspreises der Auftragssumme hinzufügt. Eine solche rechnerische Ergänzung eines lediglich im Übertrag und damit offensichtlich unvollständigen Angebots ist bei einer an objektiven Empfängerhorizont ausgerichteten Auslegung sogar geboten, denn die Vergabestelle darf für die Erklärung des Bieters so verstehen, dass jede der ausgeführten Positionen Bestandteil der Offerte sein soll. Das gilt jedenfalls dann, wenn die Nachrechnung keinen Unklarheiten oder Zweifeln unterliegt und allein auf den im Angebot selbst enthaltenen Angaben gründet. Hierin liegt auch keine Abweichung von der Rechtsprechung des Bundesgerichtshofs (Thüringer OLG, B. v. 16. 7. 2003 – Az.: 6 Verg 3/03).

8204 86.8.2.2.1.6 **Berücksichtigung von offensichtlich falsch eingetragenen Einheits- und Gesamtpreisen.** Hat ein Bieter **Preise anstelle von Minderkosten als Additionsposten eingetragen** und entsprechend addiert, ist diese Konstellation in § 16 Abs. 4 Nr. 1 VOB/A nicht vorgesehen. Es liegt **kein Multiplikationsfehler von Mengenansatz und Einheitspreis** vor. Es ist daher nicht zulässig, in Absprache mit dem Bieter diese positive Posten in Minderkosten umzuwandeln und damit unzulässig über den Preis nach zu verhandeln (1. VK Sachsen, B. v. 3. 7. 2003 – Az.: 1/SVK/067-03).

8205 Ein transparentes, gemäß § 97 II GWB auf Gleichbehandlung aller Bieter beruhendes Vergabeverfahren, wie es die VOB/A gewährleisten soll, ist nur zu erreichen, wenn in jeder sich aus den Vergabeunterlagen ergebenden Hinsicht ohne weiteres vergleichbare Angebote abgegeben werden. Die nach der Submission hergestellte Vergleichbarkeit der Angebote wäre gefährdet, wenn Angebote verändert werden könnten. Das **alleinige Risiko richtiger Kalkulation sowie das Risiko einer Fehlkalkulation trifft grds. den Anbieter. Jeder Bieter muss sich daran festhalten lassen, dass er für die von ihm gemachten Preisangaben selbst verantwortlich ist. Von dieser Regel ist auch dann nicht abzuweichen, wenn der Einheitspreis offenbar falsch ist**. Dies gilt unabhängig davon, ob der falsche Einheitspreis versehentlich oder mit Absicht in das Angebot eingesetzt wurde. Nur durch konsequente Anwendung der Regel kann Manipulationsversuchen wirksam begegnet werden. Es wird im Einzelfall nämlich kaum nachzuweisen sein, wann der Fall einer absichtlichen Veränderung des Einheitspreises vorliegt und wann nicht. Es kommt grds. nicht darauf an, aus welchen Gründen und mit welcher Absicht ein Bieter Einheitspreise nicht wie gefordert angibt (VK Baden-Württemberg, B. v. 27. 12. 2004 – Az.: 1 VK 79/04).

8206 **Anderer Auffassung** ist das **OLG München**. Es trifft zwar zu, dass grundsätzlich nur Angebote gewertet werden dürfen, welche vollständige und widerspruchsfreie Preisangaben enthalten. Der Grund hierfür liegt darin, dass Manipulationen begegnet werden soll. Der Bieter hätte es sonst bei unvollständigen oder widersprüchlichen Preisangaben in der Hand, die Auskömmlichkeit seines Angebotes je nach Lage des Ausschreibungsverfahrens herzustellen. Eine **Ausnahme muss jedoch für offensichtliche Fehler gelten. Sinn des Vergabeverfahrens ist es nämlich auch, das wirtschaftlich günstigste Angebot zu wählen und ein solches nicht an formalistischen Gesichtspunkten scheitern zu lassen.** Liegen demnach **offensichtliche Denkfehler** vor, die für den Auftraggeber erkennbar sind, oder **offensichtliche Rechenfehler**, deren Korrektur anhand des angegebenen Einheits- oder Gesamtpreises ohne weiteres möglich ist, dürfen solche Fehler korrigiert werden. Dies muss **aber auch für andere offensichtliche Eintragungsfehler** gelten. Hat ein Bieter den gleichen Preis z. B. einmal für

Vergabe- und Vertragsordnung für Bauleistungen Teil A   VOB/A § 16   **Teil 3**

eine Kilowattstunde und einmal für eine Megawattstunde angegeben, stellt dies nicht nur für eine verständige Vergabestelle ein offensichtliches Versehen dar, zumal wenn die Auftraggeber selbst die Bieter mit zwei unterschiedlichen Maßeinheiten überrascht hatten, obwohl die gleichen Preise abgefragt wurden und nur die Objektzugehörigkeit anders aufgeteilt war. **Auch für einen durchschnittlichen Verbraucher ist erkennbar, dass der für eine Kilowattstunde angegebene Preis 1000-fach überhöht war und nicht ernst gemeint sein konnte.** Es ist daher der im allgemeinen Zivilrecht geltende Rechtssatz heranzuziehen, dass **offensichtlich falsche empfangsbedürftige Willenserklärungen, die der Empfänger aber richtig versteht, in diesem richtig gemeinten Sinn dem Vertrag zugrunde zu legen** sind. In einem solchen Fall ist jedenfalls dann eine Manipulationsgefahr zu vernachlässigen, wenn der erhöhte Preis zweifelsfrei auf den zahlenmäßig richtigen Preis korrigiert werden kann, da dieser an anderen Stellen mehrfach korrekt angegeben worden ist (OLG München, B. v. 29. 7. 2010 – Az.: Verg 09/10).

86.8.2.2.1.7 **Berücksichtigung von falschen Rechenoperationen.** Errechnet der Bieter eine **fehlerhafte Angebotssumme**, weil er **eine vom Auftraggeber vorgegebenen Rechenoperation falsch angewendet** hat, stehen jedoch die **Grundlagen der Berechnung** (z. B. die vom Bieter kalkulierten Aufwendungen) und der **Berechnungsmodus** (z. B. Formel zur Annuitätenberechnung) **objektiv fest, darf der Auftraggeber die Angebotssumme korrigieren.** Unerheblich ist, ob das falsche Ergebnis auf einen Denkfehler oder einen schlichten Rechenfehler zurückzuführen ist (OLG München, B. v. 10. 12. 2009 – Az.: Verg 16/09). 8207

86.8.2.2.1.8 **Hinzurechnung von Preisen durch den Auftraggeber.** Ziel der Leistungsbeschreibung ist es hinsichtlich der ausgeschriebenen Leistung eine ex-ante-Transparenz herzustellen, um dadurch dem Bieter die Möglichkeit zu geben, seine Erfolgsaussichten bei der Beteiligung an einer Ausschreibung abzuschätzen. Diese Abschätzbarkeit für den Bieter würde vollständig entwertet, wenn er damit rechnen müsste, dass **sein eigener Angebotspreis durch Hinzurechnung seitens der Vergabestelle erhöht würde, weil andere Bieter Leistungsmerkmale anbieten, die über die Leistungsbeschreibung hinausgehen** (1. VK Bund, B. v. 11. 10. 2002 – Az.: VK 1–75/02). 8208

86.8.2.2.1.9 **Zuschlag auf ein rechnerisch ungeprüftes Angebot?** Auf ein rechnerisch ungeprüftes Angebot **kann kein Zuschlag erteilt** werden, da dies ein Verstoß gegen § 16 VOB/A wäre. Zum einen ist im Rahmen der Prüfung und Wertung von Angeboten festzustellen, welche Preisangebote abgegeben wurden und dann, ob die Preise angemessen sind (VK Südbayern, B. v. 14. 8. 2002 – Az.: 32-07/02). 8209

86.8.2.2.2 **Richtlinie des VHB 2008 zur rechnerischen Prüfung.** Die rechnerische Prüfung der Angebote hat allein die Vergabestelle durchzuführen. Die Prüfung ist von Bediensteten durchzuführen, die nicht mit der Vergabeentscheidung und der Durchführung der Maßnahme befasst sind. Eine rechnerische Prüfung von Angeboten, die bereits aus formalen Gründen ausgeschlossen wurden, ist nicht erforderlich, es sei denn, die Einheitspreise der ausgeschlossenen Angebote sollen nachrichtlich in den Preisspiegel aufgenommen werden. **Fehlt in einem Angebot lediglich bei einer einzigen Position der Preis, ist bei dieser Position in der rechnerischen Prüfung der Preis mit 0,00 Euro einzusetzen. Zusätzlich ist die Angebotsendsumme mit dem höchsten für diese Position angebotenen Preis zu ermitteln.** Im Angebot ist die rechnerische Prüfung zu dokumentieren und die danach ermittelte Angebotsendsumme einzutragen. Erfolgte diese Prüfung mit einem DV-Programm, sind die Ergebnislisten dem Angebot beizufügen. Die Regelung in § 16 Abs. 4 VOB/A ist hinsichtlich der Fallgestaltungen rechtlich nicht abschließend; auch andere preisliche Widersprüche können auftreten. Die Fachaufsichtsführende Ebene ist in diesen Fällen zu unterrichten. Preisnachlässe ohne Bedingungen sind bei der Prüfung und Wertung rechnerisch nur zu berücksichtigen, wenn sie im Angebotsschreiben an der dort bezeichneten Stelle aufgeführt sind. Preisnachlässe mit Bedingungen, die vom Bieter bei Einhaltung von Zahlungsfristen angeboten werden (Skonti), sind bei der Wertung nicht zu berücksichtigen. Dasselbe gilt für Preisnachlässe mit anderen von den Vergabeunterlagen abweichenden Bedingungen, z. B. Verkürzung/Verlängerung von Ausführungsfristen, andere Zahlungsbedingungen (Richtlinien zu 321 – Vergabevermerk: Prüfungs- und Wertungsübersicht – Ziffer 2.1). 8210

86.8.2.3 **Technische und wirtschaftliche Prüfung**

86.8.2.3.1 **Richtlinie des VHB 2008 zur technischen Prüfung.** Es ist zu prüfen, ob das Angebot die in der Leistungsbeschreibung gestellten technischen Anforderungen – insbesondere mit den angebotenen Produkten und Verfahren – erfüllt. Angebote über Leistungen mit von der 8211

Teil 3 VOB/A § 16   Vergabe- und Vertragsordnung für Bauleistungen Teil A

Leistungsbeschreibung abweichenden Spezifikationen sind als Hauptangebot daraufhin zu überprüfen, ob sie mit dem geforderten Schutzniveau in Bezug auf Sicherheit, Gesundheit und Gebrauchstauglichkeit gleichwertig sind und die Gleichwertigkeit nachgewiesen ist. Bei Nebenangeboten ist zu prüfen, ob der angebotene Leistungsinhalt qualitativ und quantitativ den Anforderungen der Leistungsbeschreibung entspricht bzw. in EG-Verfahren die Mindestanforderungen erfüllt. Angebote, die den gestellten Anforderungen nicht genügen, sind auszuschließen (Richtlinien zu 321 – Vergabevermerk: Prüfungs- und Wertungsübersicht –Ziffer 2.2).

8212   **86.8.2.3.2 Richtlinie des VHB 2008 zur wirtschaftlichen Prüfung.** Die Prüfung der Wirtschaftlichkeit der Angebote dient der ersten Feststellung, ob die Angebote – auch die Nebenangebote – in Bezug auf die zu vergebende Leistung sachgerecht erstellt worden sind. Die Wirtschaftlichkeit eines Angebotes erfordert keinen Ansatz für Wagnis und Gewinn (Richtlinien zu 321 – Vergabevermerk: Prüfungs- und Wertungsübersicht – Ziffer 2.3.1).

8213   Im Rahmen dieser Prüfung der Angemessenheit sind außerdem noch folgende Aspekte zu berücksichtigen:

- bei Nebenangeboten sind die möglichen Vorteile einzubeziehen, welche die vom Bieter im/in Nebenangebot(en) vorgeschlagene andere Art und Weise der Ausführung oder andere Ausführungsfristen und die sich daraus ergebende mögliche frühere oder spätere Benutzbarkeit der Bauleistung bzw. von Teilen davon usw. bieten können,
- erscheint das Angebot auf Grund seiner Preisstruktur in sich preislich unverständlich oder sogar perplex, sind entsprechend aufklärende Feststellungen an Hand der Angebotsunterlagen wie z. B. der Formblätter 221 bis 223 zu treffen, gegebenenfalls auch im Rahmen der Aufklärung des Angebotsinhalts nach § 15 VOB/A
- hat der Bieter nachvollziehbar dargelegt und belegt, dass er die Markt- und Wettbewerbssituation für seine Preisbildung effektiv genutzt hat (z. B. besonders günstige Möglichkeit des Materialeinkaufs oder anderweitige günstige Verwertung von Erdaushub, Abbruchmaterial), liegt ein in Bezug auf seinen Betrieb wirtschaftliches Angebot vor
- ergeben sich aber aufgrund der Preisstruktur eines Angebotes Hinweise auf eine Mischkalkulation von Preisen und kann der Bieter nicht alle von der Vergabestelle festgestellten Unklarheiten ausräumen, hat die Vergabestelle schlüssig und anhand von Tatsachen (keine Mutmaßungen und subjektiven Einschätzungen) den Nachweis für eine Mischkalkulation zu erbringen. Gelingt dies, ist das Angebot wegen unvollständiger Preisangaben nach § 16 Abs. 1 Nr. 1c VOB/A i. V. m. § 13 Abs. 1 Nr. 3 VOB/A auszuschließen. Können alle Unklarheiten ausgeräumt oder eine Mischkalkulation objektiv nicht nachgewiesen werden, ist das betreffende Angebot weiter zu prüfen und zu werten. Bei offensichtlicher Mischkalkulation ist vor einem Ausschluss keine Aufklärung erforderlich.

(Richtlinien zu 321 – Vergabevermerk: Prüfungs- und Wertungsübersicht – Ziffer 2.3.2).

86.9 4. Wertungsstufe: Prüfung der Angemessenheit des Preises und wirtschaftlichstes Angebot (§ 16 Abs. 6 Nr. 1–3)

8214   Der öffentliche Auftraggeber hat **sorgfältig zu prüfen und zu erwägen**, ob ein **niedriges Unterkostenangebot berücksichtigt** und ggf. bezuschlagt werden kann oder nicht. Hierzu ist **zunächst festzustellen, ob ein überprüfungspflichtiges niedriges Angebot vorliegt.** Im Weiteren hat er das **Angebot auf seine wirtschaftliche Auskömmlichkeit zu überprüfen**, wobei der Bieter zu hören ist. Schließlich ist **unter Berücksichtigung der Stellungnahme und der Erläuterungen des Bieters zu werten**, ob trotz des niedrigen Angebots eine ordnungs- und vertragsgemäße Leistungserbringung zu erwarten ist oder nicht (VK Schleswig-Holstein, B. v. 6. 6. 2007 – Az.: VK-SH 10/07).

86.9.1 Änderung in der VOB/A 2009

8215   Durch die Zusammenführung der §§ 23, 25 VOB/A 2006 zum neuen § 16 VOB/A 2009 hat sich auch **der Inhalt der Wertungsstufe 4 geändert.** Die **Wertungsstufe 4 umfasst die Prüfungsschritte der Angemessenheit des Preises** (im Rahmen der VOB/A 2006 die dritte Wertungsstufe) **und die Bestimmung des wirtschaftlichsten Angebots** .

8216   Eine **gravierende inhaltliche Änderung der vierten Wertungsstufe ist damit nicht verbunden**; die Einzelheiten sind bei den jeweiligen Absätzen erläutert.

Vergabe- und Vertragsordnung für Bauleistungen Teil A VOB/A § 16 **Teil 3**

86.9.2 Angebote mit einem unangemessen hohen oder niedrigen Preis (§ 16 Abs. 6 Nr. 1)

86.9.2.1 Grundsatz

Auf ein Angebot mit einem unangemessen hohen oder niedrigen Preis darf der Zuschlag 8217
nicht erteilt werden. Dieses **Verbot dient dem Ziel, die wirklich seriös kalkulierten Angebote in die letzte Wertungsphase einzubeziehen** (OLG Düsseldorf, B. v. 19. 11. 2003 – Az.: VII – Verg 22/03).

86.9.2.2 Unangemessen niedriger oder hoher Preis

86.9.2.2.1 Allgemeines. Von einem unangemessen hohen oder niedrigen Preis ist dann aus- 8218
zugehen, wenn der angebotene (Gesamt-)Preis derart **eklatant von dem an sich angemessenen Preis abweicht**, dass eine **genauere Überprüfung nicht im einzelnen erforderlich** ist und die **Unangemessenheit des Angebotspreises sofort ins Auge fällt** (OLG Düsseldorf, B. v. 9. 2. 2009 – Az.: VII-Verg 66/08; B. v. 19. 11. 2003 – Az.: Verg 22/03; OLG Karlsruhe, B. v. 16. 6. 2010 – Az.: 15 Verg 4/10; OLG Koblenz, B. v. 28. 10. 2009 – Az.: 1 Verg 8/09; OLG München, B. v. 21. 5. 2010 – Az.: Verg 02/10; LG Leipzig, Urteil v. 24. 1. 2007 – Az.: 06HK O 1866/062; VK Baden-Württemberg, B. v. 29. 4. 2009 – Az.: 1 VK 15/09; B. v. 11. 9. 2003 – Az.: 1 VK 52/03, B. v. 30. 4. 2002 – Az.: 1 VK 17/02; VK Berlin, B. v. 27. 7. 2009 – Az.: VK – B 1–18/09; B. v. 2. 6. 2009 – Az.: VK B 2–12/09; VK Brandenburg, B. v. 10. 11. 2006 – Az.: 2 VK 44/06; 3. VK Bund, B. v. 2. 8. 2006 – Az.: VK 3–75/06; VK Hessen, B. v. 20. 8. 2009 – Az.: 69 d VK – 26/2009; B. v. 30. 5. 2005 – Az.: 69 d VK – 10/2005; VK Lüneburg, B. v. 1. 2. 2008 – Az.: VgK-48/2007; B. v. 5. 7. 2005 – Az.: VgK-26/2005; B. v. 3. 5. 2005 – Az.: VgK-14/2005; VK Münster, B. v. 28. 6. 2007 – Az.: VK 10/07; B. v. 2. 7. 2004 – Az.: VK 13/04; VK Rheinland-Pfalz, B. v. 4. 5. 2005 – Az.: VK 08/05; B. v. 6. 4. 2005 – Az.: VK 09/05; B. v. 4. 4. 2005 – Az.: VK 08/04; 3. VK Saarland, B. v. 12. 12. 2005 – Az.: 3 VK 03/2005 und 3 VK 04/2005; VK Schleswig-Holstein, B. v. 6. 6. 2007 – Az.: VK-SH 10/07; B. v. 10. 2. 2005 – VK-SH 02/05; VK Südbayern, B. v. 14. 9. 2007 – Az.: Z3-3-3194-1-33-07/07; B. v. 6. 6. 2007 – Az.: Z3-3-3194-1-19-05/07; B. v. 27. 11. 2006 – Az.: Z3-3-3194-1-33-10/06; B. v. 10. 2. 2006 – Az: Z3-3-3194-1-57-12/05; VK Thüringen, B. v. 30. 1. 2006 – Az.: 360–4003.20–055/05-EF-S; B. v. 21. 1. 2004 – Az.: 360–4002.20–037/03-MHL). Ein **beträchtlicher Preisabstand** zwischen dem niedrigsten und den nachfolgenden Angeboten **allein ist für sich genommen noch kein hinreichendes Merkmal** dafür, dass der niedrige Preis auch im Verhältnis zur zu erbringenden Leistung ungewöhnlich niedrig ist (OLG Karlsruhe, B. v. 16. 6. 2010 – Az.: 15 Verg 4/10; OLG München, B. v. 21. 5. 2010 – Az.: Verg 02/10; OLG Schleswig-Holstein, B. v. 26. 7. 2007 – Az.: 1 Verg 3/07; LG Leipzig, Urteil v. 24. 1. 2007 – Az.: 06HK O 1866/062; 1. VK Brandenburg, B. v. 8. 12. 2006 – Az.: 1 VK 49/06; 2. VK Brandenburg, B. v. 10. 11. 2006 – Az.: 2 VK 44/06; VK Lüneburg, B. v. 1. 2. 2008 – Az.: VgK-48/2007).

Auch ein erheblich unter den Preisen anderer Bieter liegendes Angebot kann sachgerechte 8219
und auskömmlich kalkulierte Wettbewerbspreise enthalten (OLG Karlsruhe, B. v. 16. 6. 2010 – Az.: 15 Verg 4/10; OLG Schleswig-Holstein, B. v. 26. 7. 2007 – Az.: 1 Verg 3/07). Hinzukommen müssen vielmehr **Anhaltspunkte dafür, dass der Niedrigpreis wettbewerblich nicht begründet** ist (OLG Karlsruhe, B. v. 16. 6. 2010 – Az.: 15 Verg 4/10; LG Leipzig, Urteil v. 24. 1. 2007 – Az.: 06HK O 1866/062; 1. VK Brandenburg, B. v. 8. 12. 2006 – Az.: 1 VK 49/06; VK Lüneburg, B. v. 1. 2. 2008 – Az.: VgK-48/2007). Dabei ist zu berücksichtigen, dass der **Bieter mangels verbindlicher Kalkulationsregeln grundsätzlich in seiner Preisgestaltung frei** bleibt (BGH, B. v. 18. 5. 2004 – Az.: X ZB 7/04; OLG Düsseldorf, B. v. 9. 2. 2009 – Az.: VII-Verg 66/08; B. v. 28. 9. 2006 – Az.: VII – Verg 49/06; OLG München, B. v. 21. 5. 2010 – Az.: Verg 02/10; OLG Naumburg, B. v. 22. 9. 2005 – Az.: 1 Verg 7/05; LG Leipzig, Urteil v. 24. 1. 2007 – Az.: 06HK O 1866/062; VK Lüneburg, B. v. 1. 2. 2008 – Az.: VgK-48/2007; B. v. 5. 7. 2005 – Az.: VgK-26/2005; B. v. 3. 5. 2005 – Az.: VgK-14/2005; B. v. 24. 5. 2004 – Az.: 203-VgK-14/2004; B. v. 29. 4. 2004 – Az.: 203-VgK-11/2004, B. v. 24. 11. 2003 – Az.: 203-VgK-29/2003, B. v. 24. 9. 2003 – Az.: 203-VgK-17/2003, B. v. 10. 3. 2003 – Az.: 203 VgK-01/2003; VK Niedersachsen, B. v. 30. 6. 2010 – Az.: VgK-26/2010; VK Nordbayern, B. v. 4. 12. 2006 – Az.: 21.VK – 3194 – 39/06; VK Rheinland-Pfalz, B. v. 4. 5. 2005 – Az.: VK 08/05; B. v. 4. 4. 2005 – Az.: VK 08/04; 3. VK Saarland, B. v. 12. 12. 2005 – Az.: 3 VK 03/2005 und 3 VK 04/2005; 1. VK Sachsen, B. v. 27. 4. 2005 – Az.: 1/SVK/032-05; VK Südbayern, B. v. 14. 9. 2007 – Az: Z3-3-3194-1-33-07/07; VK Thüringen, B. v. 30. 1. 2006 – Az.: 360–4003.20–055/05-EF-S).

Teil 3 VOB/A § 16 Vergabe- und Vertragsordnung für Bauleistungen Teil A

8220 Der öffentliche Auftraggeber hat insoweit **sorgfältig zu prüfen und zu erwägen**, ob ein **niedriges Unterkostenangebot berücksichtigt** und ggf. bezuschlagt werden kann oder nicht. Hierzu ist **zunächst festzustellen, ob ein überprüfungspflichtiges niedriges Angebot vorliegt**. Im Weiteren hat er das **Angebot auf seine wirtschaftliche Auskömmlichkeit zu überprüfen**, wobei der Bieter zu hören ist. Schließlich ist **unter Berücksichtigung der Stellungnahme und der Erläuterungen des Bieters zu werten**, ob trotz des niedrigen Angebots eine ordnungs- und vertragsgemäße Leistungserbringung zu erwarten ist oder nicht (VK Baden-Württemberg, B. v. 26. 1. 2010 – Az.: 1 VK 71/09; 1. VK Sachsen, B. v. 23. 2. 2009 – Az.: 1/SVK/003–09; VK Schleswig-Holstein, B. v. 6. 6. 2007 – Az.: VK-SH 10/07).

8221 **86.9.2.2.2 Gesamtpreis als Ausgangspunkt der Beurteilung der Unangemessenheit.** Für die Prüfung der Angemessenheit des Angebotes ist **nicht auf einzelne Positionen des Leistungsverzeichnisses, sondern auf den Gesamtpreis**, die Endsumme des Angebotes **abzustellen** (OLG Brandenburg, B. v. 20. 3. 2007 – Az.: Verg W 12/06; OLG Düsseldorf, B. v. 9. 2. 2009 – Az.: VII-Verg 66/08; B. v. 10. 12. 2008 – Az.: VII-Verg 51/08; OLG München, B. v. 21. 5. 2010 – Az.: Verg 02/10; OLG Rostock, B. v. 6. 7. 2005 – Az.: 17 Verg 8/05; B. v. 17. 6. 2005 – Az.: 17 Verg 8/05; OLG Schleswig-Holstein, B. v. 26. 7. 2007 – Az.: 1 Verg 3/07; VK Baden-Württemberg, B. v. 18. 10. 2005 – Az.: 1 VK 62/05, B. v. 11. 9. 2003 – Az.: 1 VK 52/03; VK Hessen, B. v. 20. 8. 2009 – Az.: 69 d VK – 26/2009; VK Lüneburg, B. v. 1. 2. 2008 – Az.: VgK-48/2007; B. v. 5. 7. 2005 – Az.: VgK-26/2005; B. v. 3. 5. 2005 – Az.: VgK-14/2005; VK Niedersachsen, B. v. 30. 6. 2010 – Az.: VgK-26/2010; VK Rheinland-Pfalz, B. v. 6. 4. 2005 – Az.: VK 09/05; 3. VK Saarland, B. v. 12. 12. 2005 – Az.: 3 VK 03/2005 und 3 VK 04/2005; 1. VK Sachsen, B. v. 23. 2. 2009 – Az.: 1/SVK/003–09; B. v. 9. 2. 2009 – Az.: 1/SVK/071-08; B. v. 9. 12. 2005 – Az.: 1/SVK/141-05; VK Schleswig-Holstein, B. v. 6. 6. 2007 – Az.: VK-SH 10/07; B. v. 15. 5. 2006 – Az.: VK-SH 10/06; VK Südbayern, B. v. 14. 9. 2007 – Az.: Z3-3-3194-1-33–07/07; B. v. 27. 11. 2006 – Az.: Z3-3-3194-1-33–10/06). Deshalb liegt noch kein Missverhältnis zwischen Preis und Leistung vor, wenn ein Bieter für eine bestimmte Einzelleistung keinen oder einen auffallend niedrigen Preis eingesetzt hat, **sofern er dies bei entsprechend hoher Kalkulation bei anderen Positionen ausgleichen kann** (KG Berlin, B. v. 26. 2. 2004 – Az.: 2 Verg 16/03, B. v. 15. 3. 2004 – Az.: 2 Verg 17/03; BayObLG, B. v. 18. 9. 2003 – Az.: Verg 12/03; OLG Celle, B. v. 22. 5. 2003 – Az.: 13 Verg 10/03; OLG Dresden, B. v. 6. 6. 2002 – Az.: WVerg 0005/02; VK Baden-Württemberg, B. v. 30. 4. 2002 – Az.: 1 VK 17/02, B. v. 20. 3. 2002 – Az.: 1 VK 4/02; 2. VK Bund, B. v. 10. 12. 2003 – Az.: VK 1–116/03; VK Lüneburg, B. v. 24. 5. 2004 – Az.: 203-VgK-14/2004; B. v. 29. 4. 2004 – Az.: 203-VgK-11/2004, B. v. 24. 9. 2003 – Az.: 203-VgK-17/2003; VK Rheinland-Pfalz, B. v. 6. 4. 2005 – Az.: VK 09/05; 1. VK Sachsen, B. v. 16. 7. 2002 – Az.: 1/SVK/061-02, B. v. 23. 5. 2002 – Az.: 1/SVK/039-02, B. v. 12. 4. 2002 – Az.: 1/SVK/024-02, 1/SVK/024-02g; VK Schleswig-Holstein, B. v. 6. 6. 2007 – Az.: VK-SH 10/07; VK Thüringen, B. v. 21. 1. 2004 – Az.: 360–4002.20–037/03MHL).

8222 **86.9.2.2.3 Einzelpreise als Punkt der Beurteilung der Unangemessenheit. 86.9.2.2.3.1 Grundsatz.** Der Auftraggeber ist **auch berechtigt und verpflichtet, die Preise für einzelne Leistungspositionen zu prüfen** (BayObLG, B. v. 18. 9. 2003 – Az.: Verg 12/03; OLG Naumburg, B. v. 7. 5. 2002 – Az.: 1 Verg 19/01; 2. VK Brandenburg, B. v. 18. 10. 2005 – Az.: 2 VK 62/05; 1. VK Sachsen, B. v. 23. 2. 2009 – Az.: 1/SVK/003–09; B. v. 12. 4. 2002 – Az.: 1/SVK/024-02, 1/SVK/024-02g; VK Schleswig-Holstein, B. v. 6. 6. 2007 – Az.: VK-SH 10/07; B. v. 15. 5. 2006 – Az.: VK-SH 10/06; VK Südbayern, B. v. 27. 11. 2006 – Az.: Z3-3-3194-1-33–10/06). Ist bei gewichtigen Einzelpositionen ein Missverhältnis zwischen Leistung und Preis festzustellen, kommt es darauf an, ob **an anderer Stelle des Angebots ein entsprechender Ausgleich geschaffen** ist und damit das Angebot insgesamt kein Missverhältnis zwischen Leistung und Preis aufweist (VK Nordbayern, B. v. 15. 1. 2004 – Az.: 320.VK-3194-46/03; VK Schleswig-Holstein, B. v. 6. 6. 2007 – Az.: VK-SH 10/07).

8223 **86.9.2.2.3.2 Anwendung eines Mittelwertverfahrens.** Die **Ermittlung von Mittelwerten für einzelne Leistungstitel führt ohne Berücksichtigung der Gesamtangebote zu keiner transparenten Beurteilung der Preisunterschiede**, um daraus Indizien für die Unangemessenheit eines Preises abzuleiten. Denn maßgebend für die Beurteilung ist zunächst der für die Leistung geforderten Gesamtpreis (Angebotssumme), nicht einzelne Leistungspositionen. Außer Betracht bleibt, ob etwa die Preise für einzelne Positionen in einem Missverhältnis zu entsprechenden Einzelleistungen stehen. Denn der niedrige Preis für Einzeltitel kann durch andere Positionen ausgeglichen werden, sofern keine unzulässige Mischkalkulation stattfindet, das heißt keine überhöhten Spekulationspreise an anderer Stelle „versteckt" werden (VK Berlin, B. v. 2. 6. 2009 – Az.: VK B 2–12/09).

86.9.2.2.3.3 Preise von 0,01 € u. ä. Vgl. dazu und **insbesondere zur Rechtsprechung des BGH zur Mischkalkulation** die Kommentierung → Rdn. 190 ff. 8224

Nach dieser Rechtsprechung sind Einzelpreise von z. B. 0,01 € u. ä. also nur dann nicht zulässig, wenn eine Mischkalkulation stattfindet, Preisbestandteile also in mehreren Positionen enthalten sind. **Handelt es sich um einen unangemessen niedrigen oder hohen Preis, der nicht auf andere Positionen „ausstrahlt", ist das Angebot vollständig** und entsprechend den nachfolgenden Grundsätzen zu prüfen (VK Hessen, B. v. 25. 8. 2004 – Az.: 69 d – VK – 52/2004; VK Schleswig-Holstein, B. v. 28. 6. 2006 – Az.: VK-SH 18/06). 8225

86.9.2.2.4 Anhaltspunkte für die Unangemessenheit. Als Anhaltspunkt sind grundsätzlich die **Preisvorstellungen des Auftraggebers (Haushaltsansatz) und die Angebotssummen der anderen Bieter** heranzuziehen (OLG Brandenburg, B. v. 20. 3. 2007 – Az.: Verg W 12/06; OLG Celle, B. v. 30. 9. 2010 – Az.: 13 Verg 10/10; OLG München, B. v. 21. 5. 2010 – Az.: Verg 02/10; Thüringer OLG, B. v. 29. 8. 2008 – Az.: 9 Verg 5/08; VK Berlin, B. v. 27. 7. 2009 – Az.: VK – B 1–18/09; 3. VK Bund, B. v. 2. 8. 2006 – Az.: VK 3–75/06; VK Münster, B. v. 28. 6. 2007 – Az.: VK 10/07; VK Nordbayern, B. v. 4. 12. 2006 – Az.: 21.VK – 3194 – 39/06; 1. VK Sachsen, B. v. 11. 10. 2001 – Az.: 1/SVK/98-01, 1/SVK/98- 01g, B. v. 10. 9. 2003 – Az.: 1/SVK/107-03; VK Schleswig-Holstein, B. v. 6. 6. 2007 – Az.: VK-SH 10/07; VK Südbayern, B. v. 6. 6. 2007 – Az.: Z3-3-3194-1-19-05/07; B. v. 10. 2. 2006 – Az. Z3-3-3194-1-57–12/05; VK Thüringen, B. v. 30. 1. 2006 – Az.: 360–4003.20–055/05-EF-S; B. v. 21. 1. 2004 – Az.: 360–4002.20–037/03-MHL). Die **VK Hessen spricht insoweit vom Erwartungswert**, der in erster Linie der Kostenschätzung dient, die drittfristig ist, um die für die Vergabe nötigen Mittel in den Haushalt einzustellen und den Auftragswert für die beabsichtigte Ausschreibung zu schätzen (VK Hessen, B. v. 30. 5. 2005 – Az.: 69 d VK – 16/2005; B. v. 30. 5. 2005 – Az.: 69 d VK – 10/2005). Bei einem solchen **Preisvergleich sind die Angebote, die zwingend ausgeschlossen werden müssen, nicht zu berücksichtigen** (OLG Koblenz, B. v. 23. 12. 2003 – Az.: 1 Verg 8/03; anderer Auffassung OLG München, B. v. 2. 6. 2006 – Az.: Verg 12/06; VK Nordbayern, B. v. 27. 6. 2008 – Az.: 21.VK – 3194 – 23/08). 8226

Liegt eine große Differenz (mehr als 10%) zwischen dem Angebot des preisgünstigsten Bieters und dem des nachfolgenden Bieters vor, ist **auch die Aussagekraft der zweiten Vergleichsgröße, der Kostenberechnung, kritisch zu hinterfragen** (mögliche Projektänderungen nach Aufstellung der Kostenberechnung, war es überhaupt eine Kostenberechnung oder nur Kostenschätzung, Beachtung der Genauigkeit der Kostenermittlung (Kostenberechnung, Kostenschätzung oder anderes), aktuelle Basisdaten, Gruppenbildung von Angeboten unterhalb der Kostenberechnung, usw.). Erst nach diesen Betrachtungen kann die Kostenberechnung als aussagekräftige Vergleichsgröße herangezogen, oder ausgeschlossen werden. **Hilfsweise** kann nach Ausschluss der Kostenberechnung, im Falle des Vorliegens einer Angebotsgruppe (Angebote, die eng beieinander liegen) **deren Mittelpreis als Vergleichsgröße** (möglicher Marktpreis) angenommen werden. Liegen bei diesen Vergleichen die Differenzen zum preisgünstigsten Angebot weit über 10%, ist von den Bietern Aufklärung zu verlangen (VK Berlin, B. v. 2. 6. 2009 – Az.: VK B 2–12/09; VK Südbayern, B. v. 6. 6. 2007 – Az.: Z3-3-3194-1-19-05/07; VK Thüringen, B. v. 30. 1. 2006 – Az.: 360–4003.20–055/05-EF-S; B. v. 6. 7. 2001 – Az.: 216–4002.20–020/01-NDH). 8227

Demgegenüber besagt nach Auffassung des Oberlandesgerichts Koblenz der **prozentuale Abstand zu Angebotspreisen besser platzierter Bieter für sich allein nichts darüber, ob ein Missverhältnis zwischen Preis und Leistung besteht**. Es ist vielmehr mangels entgegenstehender Indizien davon auszugehen, dass **jeder im Wettbewerb stehende und ernsthaft am Auftrag interessierte Bieter ein marktorientiertes Angebot** abgibt. Dass es angesichts unterschiedlicher betriebsindividueller Verhältnisse dabei auch zu größeren Preisunterschieden kommen kann, liegt in der Natur der Sache (OLG Koblenz, B. v. 23. 12. 2003 – Az.: 1 Verg 8/03; im Ergebnis ebenso OLG München, B. v. 21. 5. 2010 – Az.: Verg 02/10; OLG Schleswig-Holstein, B. v. 26. 7. 2007 – Az.: 1 Verg 3/07; VK Nordbayern, B. v. 4. 12. 2006 – Az.: 21.VK – 3194 – 39/06). 8228

Es gibt **zahlreiche Gründe für erhebliche Preisschwankungen** in Angeboten. In manchen Marktsegmenten gibt es durch Mindestlöhne, einheitliche Fixkosten und standardisierte Leistungen nur geringe Preisunterschiede. Umgekehrt können sachliche Gründe zu erheblichen Unterschieden führen, etwa die **Entwicklung effizienterer Betriebsabläufe, brach liegende Kapazitäten** (deren Kosten wenigstens zumindest teilweise erwirtschaftet werden sollen) oder das **Bemühen, in einem Markt neu einzusteigen** (OLG München, B. v. 21. 5. 2010 – Az.: Verg 02/10). 8229

8230 Unterschreitet **bei losweiser Ausschreibung** der Angebotspreis des Bieters, dem der Zuschlag erteilt werden soll, den **unteren Durchschnittspreis der vom Auftraggeber festgestellten Bandbreite um knapp 8%, ist diese Preisunterschreitung kein überzeugungskräftiges Anzeichen dafür, dass der von diesem Bieter angebotene Preis im Verhältnis zu der zu erbringenden Leistung ungewöhnlich niedrig** ist. Es handelt sich um eine vergleichsweise geringe Abweichung vom Durchschnittspreis, die die Gefahr einer nicht zuverlässigen und vertragsgerechten Erbringung der Leistung nicht zu begründen vermag. Von daher kommt es auch nicht darauf an, dass zwischen dem Angebot des Bieters, dem der Zuschlag erteilt werden soll, und dem des nächstfolgenden Angebots ein preislicher Abstand von etwa 20% gegeben ist. Der Preisabstand ist kein ausreichendes Indiz für einen ungewöhnlich niedrigen Preis. Denn es spricht nichts dafür, dass gerade das höhere Preisangebot das allein marktgerechte ist (OLG Düsseldorf, B. v. 23. 3. 2005 – Az.: VII – Verg 68/04; im Ergebnis ebenso OLG Brandenburg, B. v. 20. 3. 2007 – Az.: Verg W 12/06).

8231 Zur Feststellung eines unangemessen niedrigen Angebots sind **konkrete Anhaltspunkte dafür zu verlangen, dass der niedrige Preis keinen Wettbewerbspreis darstellt**, der Ausdruck der konkreten, betriebsindividuellen Verhältnisse und zugleich Reaktion des Unternehmens auf das wettbewerbliche Umfeld ist (1. VK Brandenburg, B. v. 8. 12. 2006 – Az.: 1 VK 49/06). Ein niedriger Preis kann **bei einer arbeitsintensiven Tätigkeit auf ein niedrigeres Gehaltsniveau zurückzuführen** sein. Hierbei handelt es sich um einen legitimen Preisvorteil des Anbieters (VK Nordbayern, B. v. 4. 12. 2006 – Az.: 21.VK – 3194 – 39/06).

8232 Auch in der **Erstellung eines Idealpreisspiegels, in den zu jeder Leistungsposition das jeweils niedrigste Angebot aller Bieter eingeflossen ist, liegt kein zulässiger Vergleichsmaßstab**. Vielmehr **widerspricht es einer betriebswirtschaftlichen Kostenrechnung**, weil die Bieter unterschiedliche Kalkulationssätze verwenden. Die Kalkulation und somit eine für die Teilleistung angebotene Vergütung obliegt ausschließlich dem Aufgabebereich des Bieters. Die Angebotskalkulation berührt den Kernbereich unternehmerischen Handelns im Wettbewerb (VK Südbayern, B. v. 14. 9. 2007 – Az.: Z3-3-3194-1-33–07/07; B. v. 6. 6. 2007 – Az.: Z3-3-3194-1-19-05/07).

8233 Zur Feststellung eines unangemessen niedrigen oder hohen Angebotes **kann auch nicht ein bepreistes Leistungsverzeichnis, das vom Auftraggeber anhand von aktuell recherchierten Marktpreisen erarbeitet** wurde, herangezogen werden (VK Südbayern, B. v. 6. 6. 2007 – Az.: Z3-3-3194-1-19-05/07).

8234 Ein **Antragsteller kann einem Auftraggeber nicht Umfang und Ausgestaltung der Auskömmlichkeitsprüfung diktieren** oder zu einem immer weiter und tiefer gehenden Rechtfertigungsszenario zwingen, bis schlussendlich aus Sicht des Antragstellers ein Rechtfertigungsmanko der Beigeladenen zu konstatieren ist (1. VK Sachsen, B. v. 23. 2. 2009 – Az.: 1/SVK/003–09).

8235 **86.9.2.2.5 Weitere Beispiele aus der Rechtsprechung. 86.9.2.2.5.1 Beispiele für die Vermutung eines unangemessen niedrigen Preises**

– Unterkostenangebote sind für sich genommen nicht unzulässig. Auch ein öffentlicher Auftraggeber ist nicht verpflichtet, nur auskömmliche Angebote zu akzeptieren. Dabei geht die Rechtsprechung davon aus, dass die **Vergabestellen verpflichtet sind die Angemessenheit der Preise zu prüfen, wenn der Abstand zwischen dem erstplatzierten und dem nächstplatzierten Angebot eines Bieters mehr als 20%** beträgt (VK Münster, B. v. 4. 8. 2010 – Az.: VK 5/10)

– die **Frage, ab welchem Preisabstand der Auftraggeber Anlass zu Zweifeln der Angemessenheit des Preises haben muss, hängt vom Einzelfall, insbesondere vom Auftragsgegenstand und von der Marktsituation ab**. Gemäß § 5 Satz 1 des Niedersächsischen Landesvergabegesetzes (LVergabeG) i. d. F. vom 15. 12. 2008 (Nds. GVBl. Seite 411) kann die Vergabestelle die Kalkulation eines unangemessen niedrigen Angebotes, auf das der Zuschlag erteilt werden könnte, überprüfen; bei einer **Abweichung von mindestens 10 vom Hundert vom nächsthöheren Angebot ist sie hierzu verpflichtet**. Das Landesvergabegesetz gilt jedoch ausweislich seiner Präambel in seiner Regelung in § 2 Abs. 1 LVergabeG ausdrücklich nur für öffentliche Bauaufträge. Für Liefer- und Dienstleistungen i. S. der VOL/A gibt es eine derart verbindliche Aufgreifschwelle nicht. **Rechtsprechung und Schrifttum orientieren sich zumindest für den Liefer- und Dienstleistungsbereich mehrheitlich an einer 20%-Schwelle** (VK Niedersachsen, B. v. 30. 6. 2010 – Az.: VgK-26/2010)

Vergabe- und Vertragsordnung für Bauleistungen Teil A VOB/A § 16 **Teil 3**

- die Rechtsprechung geht davon aus, dass die Vergabestelle verpflichtet ist, die Angemessenheit der Preise zu prüfen, wenn der **Abstand zwischen dem erstplatzierten und dem nächstplatzierten Angebot eines Bieters mehr als 20% beträgt** (VK Baden-Württemberg, B. v. 26. 1. 2010 – Az.: 1 VK 71/09)
- das Indiz für einen unangemessen niedrigen Preis, nämlich eine erhebliche Abweichung zum nachfolgenden Angebot der Antragstellerin, wird **üblicherweise bei 10%** festgemacht (VK Düsseldorf, B. v. 24. 11. 2009 – Az.: VK – 26/2009 – L; B. v. 8. 9. 2009 – Az.: VK – 17/2009 – L)
- nach § 25 Nr. 2 Abs. 2 und 3 VOL/A darf auf ein ungewöhnlich niedriges Angebot ein Zuschlag nicht erteilt werden, wenn dessen Preis in einem auffälligen Missverhältnis zu der zu erbringenden Leistung steht. Dabei geht die **Rechtsprechung davon aus, dass die Vergabestellen verpflichtet sind die Angemessenheit der Preise zu prüfen, wenn der Abstand zwischen dem erstplatzierten und dem nächstplatziertem Angebot eines Bieters mehr als 20%** beträgt (VK Münster, B. v. 15. 9. 2009 – Az.: VK 14/09)
- ist ein Bieter zwar mit 3 144 000 € (brutto mit 16% Mehrwertsteuer) mit Abstand die günstigste Bieterin für das Los 3 und liegen der zweitgünstigste Bieter bei 3 328 000 € und die Beigeladene bei 3 323 000 €, liegt die Differenz zum nächstplatzierten Bieter damit **unter 10%. Dies rechtfertigt einen Ausschluss wegen unangemessen niedriger Preise nicht**. Dies gilt vor allem auch deshalb, weil nach der **Kostenschätzung des Auftraggebers die Kosten für das Los 3 noch erheblich unter dem von der Antragstellerin angebotenen Preis liegt** (OLG Brandenburg, B. v. 20. 3. 2007 – Az.: Verg W 12/06)
- es **spielt keine Rolle**, dass ausweislich der Vergabeempfehlung **von einem Abstand von 9,5% ausgegangen wurde, dieser tatsächlich jedoch über 11% betrug**. Denn selbst eine Abweichung des Preises des niedrigsten Angebotes zu dem nächst höherem **Angebot von mehr als 20% rechtfertigt** nach der Rechtsprechung **für sich allein noch nicht die Annahme, dass ein offenbares Missverhältnis** vorliegt. Hinzukommen müssen vielmehr **Anhaltspunkte**, dass der **Niedrigpreis wettbewerblich nicht begründet** ist, es sich also um keinen Wettbewerbspreis handelt (VK Hessen, B. v. 30. 5. 2005 – Az.: 69 d VK 10/2005)
- geht es um einen **Preisunterschied von annähernd 50% zum Zweitbieter**, greift unstreitig die Vermutung für einen unangemessen niedrigen Preis (VK Südbayern, B. v. 10. 2. 2006 – Az. Z3-3-3194-1-57-12/05)
- in der überwiegenden Anzahl der Fälle ist **bei Differenzen von größer 10% die Vermutung für das Vorliegen eines nicht angemessenen Angebotspreises** gegeben (VK Thüringen, B. v. 30. 1. 2006 – Az.: 360–4003.20–055/05-EF-S)
- ein **offenbares Missverhältnis** ist erst dann anzunehmen, wenn zwischen dem günstigsten Angebot (hier der Beigeladenen) und dem nächsten Angebot ein **preislicher Abstand von mehr als 20% gegeben ist** (3. VK Bund, B. v. 2. 8. 2006 – Az.: VK 3–75/06; 2. VK Bund, B. v. 24. 8. 2004 – Az.: VK 2–115/04)
- eine **Nachfrage- bzw. Aufklärungspflicht** setzt **etwa bei einer Abweichung von mehr als 20%** vom günstigsten der eingegangenen übrigen Angebote an (OLG Frankfurt am Main, B. v. 30. 3. 2004 – Az.: 11 Verg 4/04, 5/04)
- ein **prozentualer Abstand zu Angebotspreisen der besser platzierten Bieter (bis zu knapp 8%) besagt für sich allein nichts darüber**, ob im Wesentlichen ein Missverhältnis zwischen Preis und Leistung besteht. Es ist vielmehr mangels entgegenstehender Indizien davon auszugehen, dass jeder im Wettbewerb stehende und ernsthaft am Auftrag interessierte Bieter ein marktorientiertes Angebot abgibt. Dass es angesichts unterschiedlicher betriebsindividueller Verhältnisse dabei auch zu größeren Preisunterschieden kommen kann, liegt in der Natur der Sache (OLG Koblenz, B. v. 18. 12. 2003 – Az.: 1 Verg 8/03)
- beträgt die **Differenz** zu dem nach Angebotseröffnung nächst platzierten Bieter **fast 13% und zu dem niedrigsten** in der abschließenden Wertung verbliebenen Angebot – ohne Berücksichtigung des eingeräumten Nachlasses – **rund 22%**, liegt ein Unterangebot vor (BayObLG, B. v. 18. 9. 2003 – Az.: Verg 12/03)
- liegt ein Angebot **18,4% unter dem nächsthöheren Angebot** bzw. beträgt die **Differenz** zwischen einem Angebot und dem nächsthöheren Angebot **21,35%**, ist ein solcher Preisabstand zwischen dem niedrigsten und den nachfolgenden Angeboten für **sich genommen kein hinreichendes Merkmal dafür**, dass der niedrige Preis auch im Verhältnis zur zu

erbringenden Leistung ungewöhnlich niedrig ist oder gar in offenbarem Missverhältnis zu ihr steht (BayObLG, B. v. 3. 7. 2002 – Az.: Verg 13/02)

– liegt ein **Angebot im Preis knapp 35% unter dem nächstniedrigen Angebot und ca. 52% unter dem höchsten Angebot**, kann zunächst von einem unangemessen niedrigen Preis ausgegangen werden (OLG Celle, B. v. 18. 12. 2003 – Az.: 13 Verg 22/03; VK Lüneburg, B. v. 24. 9. 2003 – Az.: 203-VgK-17/2003)

– angesichts eines **Preisabstandes von 9%** hat der Auftraggeber keine Veranlassung, ein Angebot als ungewöhnlich niedrig einzustufen und einer Angemessenheitsprüfung zu unterziehen (VK Lüneburg, B. v. 14. 5. 2004 – Az.: 203-VgK-13/2004)

– angesichts eines **Preisabstandes von 30%** hat der Auftraggeber ein Angebot als ungewöhnlich niedrig einzustufen und einer Angemessenheitsprüfung zu unterziehen (VK Lüneburg, B. v. 2. 7. 2004 – Az.: VK 13/04; B. v. 29. 4. 2004 – Az.: 203-VgK-11/2004)

– angesichts eines **geringen Preisabstandes von 5,47%** hat der Auftraggeber keine Veranlassung, ein Angebot als ungewöhnlich niedrig einzustufen und einer Angemessenheitsprüfung zu unterziehen (VK Lüneburg, B. v. 26. 4. 2004 – Az.: 203-VgK-10/2004)

– liegt im Hinblick auf den Gesamtpreis (Angebotssumme) das **Angebot des Antragstellers um weniger als 1% niedriger als das Angebot des Beigeladenen**, ist ein aufklärungsbedürftiges Missverhältnis von Preis und Leistung nicht gegeben (VK Thüringen, B. v. 21. 1. 2004 – Az.: 360–4002.20–037/03-MHL)

– weicht ein Angebot von dem nächst günstigeren Angebot **um ca. 44% nach unten** ab, ist eine Angemessenheitsprüfung notwendig (VK Lüneburg, B. v. 24. 11. 2003 – Az.: 203-VgK-29/2003)

– liegt ein Angebot **lediglich 16,9% unter dem nächstfolgenden** und berücksichtigt man, dass der **Angebotspreis einen Anteil Gewinn und Wagnis beinhaltet**, so wird die Differenz zwischen einem auskömmlichen und einem nicht auskömmlichen Angebot nochmals deutlich geringer. Insgesamt betrachtet kann somit erst von einem Angebot gesprochen werden, dessen Preis in einem offenbaren Missverhältnis zur Leistung steht, wenn sich die **Preisabweichung** grob darstellt, wovon ausgegangen wird, wenn diese **über 20 bis 25% liegt** (VK Baden-Württemberg, B. v. 18. 7. 2003 – Az.: 1 VK 30/03)

– liegt ein **Angebot ca. 15,6% unterhalb des nächsten Angebots und ca. 17% unterhalb des über alle fünf Angebote gemittelten Angebotspreises** ($1/5$ der Summe aller Angebotspreise), ist ein solcher **Preisabstand** zwischen dem niedrigsten und dem nachfolgenden Angebot für sich genommen **kein hinreichendes Merkmal** dafür, dass der niedrige Preis auch im Verhältnis zu der angebotenen Leistung ungewöhnlich niedrig ist oder gar in einem offenbaren Missverhältnis hierzu steht; auch ein auffälliger Abstand kann darauf zurückzuführen sein, dass die anderen Angebote überhöht sind, z.B. weil es sich um Kartellpreise handelt (VK Baden-Württemberg, B. v. 30. 4. 2002 – Az.: – 1 VK 17/02); vielmehr müssen in jedem Fall Anhaltspunkte hinzukommen, dass der niedrige Preis wettbewerbrechtlich nicht begründet ist, es sich also nicht um einen echten Wettbewerbspreis handelt (VK Bremen, B. v. 16. 7. 2003 – Az.: VK 12/03)

– beträgt – bezogen auf den Mittelpreis der vorgelegten Angebote – die **Abweichung ca. 18%**, darf bei einem solchen Preisunterschied der Auftraggeber gemäß § 25 Nr. 3 Abs. 1 VOB/A den Zuschlag **nicht ohne jegliche Prüfung der Angemessenheit des Preises** auf dieses Angebot erteilen (VK Lüneburg, B. v. 10. 3. 2003 – Az.: 203-VgK-01/2003)

– in der Regel werden **bei durchschnittlich dynamischen Märkten preisliche Abweichungen von 15 bis 20% als nicht bedenklich** einzustufen sein (VK Baden-Württemberg, B. v. 16. 11. 2004 – Az.: 1 VK 69/04; 2. VK Bund, B. v. 27. 8. 2002 – Az.: VK 2–60/02)

– eine **10-%-Differenz ist von der Rechtsprechung als Grenzwert entwickelt** worden. Die Überschreitung dieser Grenze zieht jedoch nicht automatisch den Ausschluss eines Angebotes nach sich, sondern es wird eine Überprüfung der niedrigen Angebotssumme erforderlich (1. VK Sachsen, B. v. 4. 7. 2003 – Az.: 1/SVK/073-03, 1/SVK/073-03g, B. v. 13. 9. 2002 – Az.: 1/SVK/082-02; VK Nordbayern, B. v. 15. 1. 2004 – Az.: 320.VK-3194-46/03)

– nach herrschender Meinung wird davon ausgegangen, dass eine **Differenz** des preisgünstigsten Bieters zum zweitgünstigsten Bieter **von ca. 10% keinen Anlass zu Bedenken** hinsichtlich der Angemessenheit des Angebotspreises gibt (VK Thüringen, B. v. 25. 10. 2001 – Az.: 216–4002.20–036/01-G-S)

Vergabe- und Vertragsordnung für Bauleistungen Teil A   VOB/A § 16   **Teil 3**

– eine Aufklärung der Angemessenheit des Gesamtpreises ist nicht geboten, wenn der Preisabstand zum Angebot der Antragstellerin **nur etwa 2,5%** und zu den nächstplatzierten Angeboten **etwa 8,5%** ausmacht und die einschlägige Rechtsprechung eine Angemessenheitsprüfung des Preises nach § 25 Nr. 3 Abs. 2 VOB/A erst oberhalb von 10% Preisabstand für zwingend hält (VK Münster, B. v. 10. 2. 2004 – Az.: VK 1/04)

– die **Differenz** der Endsummen der Angebote beträgt im vorliegenden Fall **nur 3,8%**. Allgemein wird die **kritische Grenze bei einer Abweichung von 10%** zum nächst höheren Angebot gezogen (1. VK Sachsen, B. v. 23. 5. 2002 – Az.: 1/SVK/039-02)

– der Auftraggeber hat angesichts der **Abweichung des Angebots** vom nächst günstigeren Angebot **um 16% Anlass**, dieses Angebot gem. § 25 Nr. 2 Abs. 2 VOL/A zu prüfen (VK Lüneburg, B. v. 12. 11. 2001 – Az.: 203-VgK-19/2001)

– der Angebotspreis liegt **um 2% vor dem nächstliegenden Angebot und um 4% vor dem Hauptangebot**. Von einem unangemessenen niedrigen Angebotspreis kann deshalb nicht ausgegangen werden (VK Nordbayern, B. v. 27. 6. 2001 – Az.: 320.VK-3194-16/01)

– problematisch ist die Feststellung eines nicht auskömmlichen Preises in einem **Fall, in dem es keine Erfahrungswerte für eine wettbewerbliche Preisbildung gibt**, weil es sich bei dem nachgefragten Produkt um eine Spezialanfertigung handelt, für die es bisher keinen Markt gibt. **Nur der Vergleich mit den Angebotspreisen der anderen Bieter** ist zur Annahme eines nicht auskömmlichen Preis **nicht ausreichend** (2. VK Bund, B. v. 22. 4. 2002 – Az.: VK 2–08/02)

86.9.2.2.5.2 Beispiele für die Vermutung eines unangemessen hohen Preises   8236

– **Gründe dafür, bei einer Überschreitung des Schätzpreises von 5,29% ein „offenbares Missverhältnis" zu bejahen**, während bei einem Unterbieten des Schätzpreises bzw. des Preises des nächstplazierten Angebotes zumindest Abweichungen von weniger als 10% nicht einmal Veranlassung zu einer näheren Überprüfung des Preises geben, **sind nicht ersichtlich**. Ein offensichtliches Missverhältnis von Preis und Leistung liegt in einer solchen Situation nicht vor (2. VK Bund, B. v. 6. 9. 2010 – Az.: VK 2–74/10)

– Preise, die **ca. 16% über einem Durchschnittspreis** liegen, sind **noch marktüblich** (VK Baden-Württemberg, B. v. 29. 4. 2009 – Az.: 1 VK 15/09)

– es kann **nicht von einem unangemessen hohen Preis** ausgegangen werden, wenn der **Angebotspreis** zwar die **Endsumme der Kostenschätzung** des von der Antragsgegnerin eingeschalteten Ingenieurbüros **um rund 16,6% übersteigt**, die **Kostenschätzung** aber **aus Oktober 2005** stammt, während das **Angebot im November 2006 eingereicht** wurde und gerade in diesem Zeitraum eine **erhebliche Steigerung der Baupreise** stattgefunden hat und wenn es **zu Massenmehrungen** gekommen ist. Auch aus dem von der früheren Beigeladenen errechneten Angebotspreis lässt sich nicht auf eine Überhöhung des Angebotspreises der Antragstellerin schließen. Dabei kann zugunsten der Antragsgegnerin davon ausgegangen werden, dass die frühere Beigeladene – trotz der von der Vergabekammer beanstandeten fehlenden Referenzen – geeignet und ihr Angebot nicht wegen eines ungewöhnlich niedrigen Angebots auszuschließen ist. Der von ihr angebotene Preis ist nämlich darauf zurückzuführen, dass sie damit versucht hat, sich **zu Geschäften mit der Antragsgegnerin durch einen „Kampfpreis" Zutritt zu verschaffen** (OLG Düsseldorf, B. v. 6. 6. 2007 – Az.: VII – Verg 8/07)

– zur Feststellung eines unangemessen hohen Angebotes können auch die Ergebnisse vergleichbarer Ausschreibungen und übliche Marktpreise herangezogen werden. Es sind keine Gründe ersichtlich, anders als bei der Feststellung eines unangemessen niedrigen Angebots nicht auf einen Preisvergleich mit anderen Anbietern abzustellen. Ebenso erscheint die Spanne von 10% zum nächsten Angebot, die die Rechtsprechung als Kriterium eines unangemessen niedrigen Preises ansieht, als brauchbares Beurteilungskriterium. Damit stellt sich die Frage, welche Vergleichspreise heranzuziehen sind. Ob ein ausgeschlossenes Konkurrenzangebot einen zulässigen Vergleichsmaßstab darstellt oder nicht, wird sich deshalb nur anhand des Einzelfalls entscheiden lassen. **Steht ein unangemessen hoher Preis in Rede, ist mithin zu prüfen, ob – in Relation zur angebotenen Leistung – der verlangte Gesamtpreis erheblich übersetzt** ist (VK Münster, B. v. 28. 6. 2007 – Az.: VK 10/07)

– da **in der Praxis Überangebote keine Rolle spielen**, gibt es zur Frage, bei welchem relativen Abstand zu einem günstigeren Angebot ein Missverhältnis zur Leistung anzunehmen ist, bezogen auf die VOB/A und auf die VOL/A kaum verwertbare Rechtsprechung. Es sind

Teil 3 VOB/A § 16 Vergabe- und Vertragsordnung für Bauleistungen Teil A

aber **keine Gründe ersichtlich**, anders als bei der Feststellung eines unangemessen niedrigen Angebots **nicht auf einen Preisvergleich mit anderen Anbietern abzustellen** (VK Nordbayern, B. v. 27. 6. 2008 – Az.: 21.VK – 3194 – 23/08). Ebenso erscheint die **Spanne von 10% zum nächsten Angebot, die die Rechtsprechung als Kriterium eines unangemessen niedrigen Preises ansieht, als brauchbares Beurteilungskriterium**. Das schließt nicht aus, dass im Einzelfall auch das zweithöchste Angebot übertreuert oder umgekehrt bereits unangemessen niedrig ist (OLG München, B. v. 2. 6. 2006 – Az.: Verg 12/06; VK Brandenburg, B. v. 14. 12. 2007 – Az.: VK 50/07 – **sehr instruktive Entscheidung für den Ablauf einer Prüfung und Wertung**)

– zwar übersteigt der Angebotspreis des in Rede stehenden Bieters die **Preise der anderen Bieter in einer Größenordnung zwischen 66% und 100%**. Daraus alleine kann indes nicht auf ein offenbares Missverhältnis zwischen Preis und Leistung geschlossen werden (OLG Düsseldorf, B. v. 19. 11. 2003 – Az.: VII – Verg 22/03).

86.9.2.3 Folgerung aus der Feststellung eines unangemessen niedrigen Preises: Aufklärungspflicht des Auftraggebers (§ 16 Abs. 6 Nr. 2)

8237   **86.9.2.3.1 Grundsatz.** Der Auftraggeber hat nicht allein deshalb, weil ein Angebot im Preis ungewöhnlich niedrig ist, Anlass, es unberücksichtigt zu lassen. Er hat das **Angebot in den Einzelpositionen zu überprüfen** und von dem Bieter die erforderlichen Belege zu verlangen (OLG Celle, B. v. 30. 9. 2010 – Az.: 13 Verg 10/10; B. v. 18. 12. 2003 – Az.: 13 Verg 22/03; OLG München, B. v. 21. 5. 2010 – Az.: Verg 02/10; OLG Schleswig-Holstein, B. v. 26. 7. 2007 – Az.: 1 Verg 3/07; Thüringer OLG, B. v. 29. 8. 2008 – Az.: 9 Verg 5/08; VK Arnsberg, B. v. 8. 8. 2006 – Az.: VK 21/06; VK Baden-Württemberg, B. v. 26. 1. 2010 – Az.: 1 VK 71/09; 1. VK Bund, B. v. 20. 4. 2005 – Az.: VK 1–23/05; B. v. 25. 2. 2004 – Az.: VK 1–08/05; VK Düsseldorf, B. v. 26. 8. 2004 – Az.: VK – 30/2004 – L; VK Lüneburg, B. v. 24. 9. 2003 – Az.: 203-VgK-17/2003; 3. VK Saarland, B. v. 12. 12. 2005 – Az.: 3 VK 03/2005 und 3 VK 04/2005; 1. VK Sachsen, B. v. 1. 4. 2010 – Az.: 1/SVK/007–10; B. v. 11. 2. 2005 – Az.: 1/SVK/128-04; B. v. 8. 2. 2005 – Az.: 1/SVK/003–05; B. v. 26. 7. 2001 – Az.: 1/SVK/73-01;VK Südbayern, B. v. 10. 2. 2006 – Az. Z3-3-3194-1-57–12/05; VK Thüringen, B. v. 11. 2. 2010 – Az.: 250–4002.20–253/2010-001-EF; B. v. 4. 10. 2004 – Az.: 360–4003.20–037/04-SLF; ebenso **für Aufträge der europäischen Kommission** Europäisches Gericht 1. Instanz, Urteil v. 11. 5. 2010 – Az.: T-121/08; Urteil v 6. 7. 2005 – Az.: T-148/04).

8238   Die Vergabestelle verfügt über **keinerlei Ermessen dahingehend, ob sie eine Überprüfung durchführt oder davon absieht**. Die Aufklärungspflicht setzt ein, sobald die Vergabestelle Anhaltspunkte für einen ungewöhnlich niedrigen Angebotspreis hat (OLG Celle, B. v. 30. 9. 2010 – Az.: 13 Verg 10/10; 1. VK Bund, B. v. 20. 4. 2005 – Az.: VK 1–23/05; 1. VK Sachsen-Anhalt, B. v. 7. 7. 2006 – Az.: 1 VK LVwA 11/06; VK Schleswig-Holstein, B. v. 6. 6. 2007 – Az.: VK-SH 10/07; VK Südbayern, B. v. 10. 2. 2006 – Az. Z3-3-3194-1-57–12/05).

8239   Ist aufgrund des bestehenden großen Preisunterschieds von einem überprüfungspflichtigen niedrigen Angebot auszugehen und **unternimmt der Auftraggeber nichts, um zu ermitteln, ob es sich um ein unangemessen niedriges Angebot handelt**, fehlt es an konkreten Anhaltspunkten dafür, dass der niedrige Preis keinen Wettbewerbspreis darstellt. Ein **Angebotsausschluss wegen eines unangemessen niedrigen Preises kommt daher ohne nähere Aufklärung nicht in Betracht** (OLG Celle, B. v. 30. 9. 2010 – Az.: 13 Verg 10/10; VK Baden-Württemberg, B. v. 26. 1. 2010 – Az.: 1 VK 71/09).

8240   **86.9.2.3.2 Inhalt der Prüfung.** Der Auftraggeber muss das Angebot hinsichtlich seiner Angemessenheit überprüfen und zu diesem Zwecke **nicht nur die Einzelpositionen überprüfen, sondern dafür auch vom Bieter die erforderlichen Belege verlangen und ihm gegebenenfalls mitteilen, welche Unterlagen oder Positionen für unannehmbar erachtet werden**. Selbst in den Fällen, in denen ein Angebot nach Auffassung des Auftraggebers unrealistisch ist, ist der Bieter dennoch zur Stellungnahme aufzufordern (VK Lüneburg, B. v. 24. 9. 2003 – Az.: 203-VgK-17/2003, B. v. 25. 8. 2003 – Az.: 203-VgK-18/2003; 1. VK Sachsen, B. v. 8. 2. 2005 – Az.: 1/SVK/003–05; VK Schleswig-Holstein, B. v. 6. 6. 2007 – Az.: VK-SH 10/07; VK Südbayern, B. v. 10. 2. 2006 – Az. Z3-3-3194-1-57–12/05; VK Thüringen, B. v. 11. 2. 2010 – Az.: 250–4002.20–253/2010-001-EF).

8241   Bei der **Prüfung spielt es insbesondere keine Rolle, ob die Kalkulationsmethode des Bieters branchenüblich ist oder nicht**. Entscheidend ist vielmehr ihre **Nachvollziehbarkeit** aus betriebswirtschaftlicher und rechtlicher Sicht. Wenn diese Nachvollziehbarkeit gegeben ist, besteht auch kein Grund zur Annahme einer Unauskömmlichkeit z. B. im Sinne des § 16

Abs. 6 Nr. 2 VOB/A (1. VK Bund, B. v. 9. 5. 2005 – Az.: VK 2–20/05; B. v. 20. 4. 2005 – Az.: VK 1–23/05; B. v. 25. 2. 2005 – Az.: VK 1–08/05 – instruktiver Fall aus der Gebäudereinigung).

Zu der Angemessenheit seines Angebotes hat der **Bieter grundsätzlich so konkrete Angaben zu machen wie auch Erklärungen abzugeben, dass deren Richtigkeit anhand von Belegen und weiteren Nachweisen ggfs. verifiziert und nachgewiesen werden können. Der Nachweis ist nicht dadurch geführt, dass Angaben und Erklärungen allein wertenden Inhalts abgegeben** werden. Der Nachweis der Angemessenheit eines Angebotspreises ist erst geführt, wenn diese Aussagen tatsächlich belegt werden können. Schließlich lassen erst die Tatsachen selbst eine solche Schlussfolgerung zu. Der Nachweis der Angemessenheit eines Angebotspreises ist dabei in geeigneter Weise zu führen. Allein allgemein gehaltene Erklärungen abzugeben oder Angaben zu machen, sind – per se – für eine solche Nachweisführung aber ungeeignet. So ist z. B. die Aussage, „über eine hochmoderne Fertigungstechnologie zu verfügen", nichts sagend (VK Thüringen, B. v. 11. 2. 2010 – Az.: 250–4002.20–253/2010-001-EF). 8242

Benennt der Bieter z. B. individuelle und nachprüfbare Sonderkonditionen (etwa nachgewiesene Einsparungen, Bezugspreise, Rabatte, abgeschriebene Maschinen und Geräte usw.) nach schriftlicher Aufforderung und **legt er sie schlüssig dar**, sind diese **nachgewiesenen Vorteile** (Kosteneinsparpotential) **dem Angebot** des Bieters im Rahmen einer fiktiven „Internen Addition zum Angebotspreis" **hinzuzufügen**. Liegt der abschließende fiktive Angebotspreis unter Beachtung nur der glaubwürdigen Einsparpotenziale danach wieder unter 10% zum Nächstbieter, so kann von der Wahrscheinlichkeit eines angemessenen Preises ausgegangen werden. Macht der Bieter demgegenüber **keine, nur pauschale** (wir stehen zu dem Preis, der Preis ist angemessen, widersprüchliche Angaben usw.) oder **keine plausiblen Erklärungen für sein Niedrigstangebot, ist der Nachweis des Vorliegens eines angemessenen Angebotspreises nicht erbracht**, das Angebot in der vierten Wertungsstufe nicht mehr weiter zu prüfen (VK Thüringen, B. v. 9. 9. 2005 – Az.: 360–4002.20–009/05-SON, B. v. 13. 11. 2002 – Az.: 216–4002.20–057/02-EF-S). 8243

86.9.2.3.3 Prognoseentscheidung und Beurteilungsspielraum. Der Auftraggeber läuft bei der Zuschlagserteilung auf ein Unterangebot Gefahr, dass der Auftragnehmer in wirtschaftliche Schwierigkeiten gerät und den Auftrag nicht oder nicht ordnungsgemäß, insbesondere nicht mängelfrei, zu Ende führt. **Vor diesem Hintergrund kann es dem Auftraggeber nicht zugemutet werden kann, ein ihm unauskömmlich erscheinendes Angebot zunächst anzunehmen und bei nicht ordnungsgemäßer Leistungserbringung seine Rechte sodann auf der Ebene der Vertragsdurchführung durchzusetzen.** Das Vergaberecht will gerade dies verhindern, indem es Angebote, die erhebliche Zweifel an einer ordnungsgemäßen Vertragsdurchführung erwarten lassen, von vornherein aus dem Kreis der zuschlagsfähigen Angebote ausschließt. Dabei handelt es sich um eine **Prognoseentscheidung**, die der Auftraggeber auf der Grundlage des Angebots und der hierzu von dem Bieter erteilten Auskünfte zu treffen hat (1. VK Bund, B. v. 20. 4. 2005 – Az.: VK 1–23/05; VK Schleswig-Holstein, B. v. 6. 6. 2007 – Az.: VK-SH 10/07). 8244

Der **Sinn der Auskömmlichkeitsprüfung** liegt darin, dem Bieter die Möglichkeit einzuräumen, mit seinen Argumenten darzulegen, dass er in der Lage ist, seine Leistungen auftragsgerecht zu erbringen (1. VK Sachsen, B. v. 8. 2. 2005 – Az.: 1/SVK/003–05). Dabei darf nicht vergessen werden, dass es sich bei der **Bewertung der dann abgegebenen Antworten um eine Prognoseentscheidung handelt, die der Auftraggeber auf der Grundlage des Angebots und der hierzu von dem Bieter erteilten Auskünfte zu treffen hat.** Bei dieser Prognoseentscheidung hat der öffentliche Auftraggeber zwar keinen Ermessensspielraum, dafür aber – im Gegensatz zur Prüfungspflicht zur Feststellung eines ungewöhnlich niedrigen Preises – einen Beurteilungsspielraum, der einer nur eingeschränkten Nachprüfbarkeit durch die Vergabekammer unterliegt. Eine Verletzung dieses Beurteilungsspielraums liegt nur dann vor, wenn die von der Vergabestelle getroffenen Sachverhaltsermittlungen und -feststellungen oder die Anwendung vergaberechtlicher Rechtsbegriffe auf willkürlichen und sachwidrigen Erwägungen beruhen (1. VK Sachsen, B. v. 23. 2. 2009 – Az.: 1/SVK/003–09; B. v. 27. 3. 2006 – Az.: 1/SVK/021-06). 8245

Maßgeblich für die Entscheidung des Auftraggebers kann auch sein, **ob dieser auch nach Überprüfung der eingeholten Auskünfte noch so erhebliche Zweifel an der Auskömmlichkeit eines Angebots haben konnte, dass ihm ein Zuschlag auf das Angebot wegen der damit verbundenen Risiken nicht zugemutet** werden konnte. Dabei handelt es 8246

Teil 3 VOB/A § 16   Vergabe- und Vertragsordnung für Bauleistungen Teil A

sich um eine **Prognoseentscheidung**, die auf der Grundlage des Angebots und der erteilten Auskünfte zu treffen ist. Der öffentliche **Auftraggeber** hat insoweit einen **Beurteilungsspielraum, der lediglich eingeschränkt überprüfbar** ist. Eine Verletzung kommt nur in Betracht, wenn die Sachverhaltsermittlungen oder die Anwendung vergaberechtlicher Rechtsbegriffe auf willkürlichen oder sachwidrigen Erwägungen beruht (VK Berlin, B. v. 27. 7. 2009 – Az.: VK – B 1–18/09).

8247 **86.9.2.3.4 Prüfungspflicht aufgrund gesetzlicher Regelungen.** Verschiedene Bundesländer haben Vergabegesetze bzw. Vergaberichtlinien erlassen, in denen u. a. auch eine Prüfungspflicht hinsichtlich unangemessen hoher oder niedriger Preise geregelt sind.

8248 **86.9.2.3.4.1 Berlin.** Nach § 3 Ausschreibungs- und Vergabegesetz Berlin kann sich der Auftraggeber bei begründeten Zweifeln an der Angemessenheit des Angebotes die Kalkulationsunterlagen des Bieters vorlegen lassen. Legt der Bieter seine Kalkulationsunterlagen nicht vor, ist er vom weiteren Vergabeverfahren ausgeschlossen. **Begründete Zweifel im vorgenannten Sinne können nach dem Gesetz insbesondere dann vorliegen, wenn der angebotene Preis mindestens 10% unter dem nächsthöheren Angebot oder dem Schätzpreis des Auftraggebers liegt.**

8249 **86.9.2.3.4.2 Bremen.** Nach § 14 Abs. 1 Vergabegesetz für das Land Bremen hat der Auftraggeber ein Angebot vertieft zu prüfen, wenn dieses Angebot, auf das der Zuschlag erteilt werden könnte, unangemessen niedrig erscheint. Von der Vermutung, dass ein unangemessen niedriges Angebot vorliegt, kann im Regelfall immer dann ausgegangen werden, wenn die **rechnerisch geprüfte Angebotssumme um mindestens 20 v. H. unter der Kostenschätzung des Auftraggebers liegt oder das zu prüfende Angebot um mehr als 10 v. H. vom nächst höheren abweicht.**

8250 **86.9.2.3.4.3 Hamburg.** Nach § 6 Hamburgisches Vergabegesetz hat die Vergabestelle bei Ausschreibungen von Bauleistungen dann, wenn ein Angebot, auf das der Zuschlag erteilt werden könnte, **um mindestens 10 Prozent vom nächst höheren Angebot abweicht**, die Kalkulation des Angebots zu überprüfen. Im Rahmen dieser Überprüfung sind die Bieter verpflichtet, die ordnungsgemäße Kalkulation nachzuweisen. Kommen die Bieter dieser Verpflichtung nicht nach, so kann die Vergabestelle sie vom weiteren Vergabeverfahren ausschließen.

8251 **86.9.2.3.4.4 Niedersachsen.** Nach § 5 Abs. 1 Landesvergabegesetz Niedersachsen besteht eine Prüfpflicht des öffentlichen Auftraggebers hinsichtlich der – eventuellen – Unangemessenheit eines Angebotes, auf das der Zuschlag erteilt werden könnte, **wenn dieses Angebot um mindestens 10 vom Hundert vom nächst höheren Angebot abweicht** (VK Lüneburg, B. v. 1. 2. 2008 – Az.: VgK-48/2007).

8252 **86.9.2.3.4.5 Schleswig-Holstein.** Nach § 6 Abs. 3 des Gesetzes zur tariflichen Entlohnung bei öffentlichen Aufträgen (Tariftreuegesetz) **muss der öffentliche Auftraggeber ungewöhnlich niedrige Angebote**, auf die der Zuschlag erfolgen soll, überprüfen, **wenn diese um 10% oder mehr vom nächsthöheren Angebot abweichen** oder sonstige Anhaltspunkte für einen Verstoß gegen die Verpflichtungen aus § 3 Tariftreuegesetz vorliegen.

8253 **86.9.2.3.4.6 Thüringen.** Nach Ziffer 7.1 der Richtlinie zur Mittelstandsförderung und Berücksichtigung Freier Berufe sowie zum Ausschluss ungeeigneter Bewerber bei der Vergabe öffentlicher Aufträge des Landes Thüringen (Vergabe-Mittelstandsrichtlinie) **soll die Prüfung der Angemessenheit insbesondere in den Fällen erfolgen, in denen das preislich billigste Angebot zehn v. H. unter der eigenen Preisvorstellung oder dem preislich folgenden Angebot liegt.** Besteht danach die widerlegbare Vermutung eines unangemessen niedrigen Preises, auf den der Zuschlag nicht erteilt werden darf, ist eine Aufklärung der Gründe für den niedrigen Preis notwendig. **Die Gründe für den niedrigen Angebotspreis sind auf ihre Nachvollziehbarkeit zu überprüfen.**

8254 **86.9.2.3.5 Festsetzung eines Schwellenwerts für eine Prüfung durch den Auftraggeber. Gegen die Festlegung einer „Aufklärungsschwelle" durch den öffentlichen Auftraggeber bestehen keine Bedenken** (OLG Düsseldorf, B. v. 30. 11. 2005 – Az.: VII – Verg 65/05; B. v. 23. 11. 2005 – Az.: VII – Verg 66/05; VK Berlin, B. v. 27. 7. 2009 – Az.: VK – B 1–18/09; 3. VK Bund, B. v. 4. 7. 2006 – Az.: VK 3–60/06; B. v. 29. 6. 2006 – Az.: VK 3–48/06; B. v. 29. 6. 2006 – Az.: VK 3–39/06). So ist es z.B. im Reinigungsbereich **bei einer Abweichung einzelner Leistungsmaße von mehr als 25% über dem Durchschnitt der noch im Wettbewerb befindlichen Bieter** sachgerecht, die insoweit betroffenen Bieter um konkrete Aufklärung hinsichtlich der Auskömmlichkeit ihres Angebots zu ersuchen. Bei den Reinigungsdienstleistungen handelt es sich nämlich um personalintensive Dienstleistungen, die einer Rationalisierung durch Arbeitsorganisation sowie den Einsatz von Maschinen und Geräten zwar zugänglich sind, deren Rationalisierung aber gerade wegen der Personalintensität auch natürliche Grenzen gesetzt sind. Vor diesem Hintergrund ist es vergaberechtlich nicht zu beanstanden, wenn der Auftraggeber zumindest solche Angebote einer Auskömmlichkeitsprüfung unterzieht, bei denen die pro Stunde durch eine Reinigungskraft erbrachte qm-Leistung (das sog. Leistungsmaß) deutlich über dem Bieterdurchschnitt liegt (1. VK Bund, B. v. 20. 4. 2005 – Az.: VK 1–23/05).

Hat sich ein Auftraggeber auf eine Größenordnung zur Festlegung einer Aufgreifschwelle verständigt, bei deren Unterschreiten das Verfahren zur Aufklärung von Angeboten eingeleitet werden soll, **tritt mit der Festlegung der Grenzwerte für die Angebotswertung jedoch keine endgültige Bindung** in der Frage ein, ob und unter welchen Voraussetzungen ein Angebot preislich ungewöhnlich niedrig erschien, **wenn die Festlegung** – z.B. bei einer bundesweiten Ausschreibung – **von den Preisen der eingehenden Angebote und von den regional zu erwartenden Schwankungen abhängig** ist (OLG Düsseldorf, B. v. 23. 11. 2005 – Az.: VII – Verg 66/05). 8255

86.9.2.3.6 Aufklärungsverlangen in Textform. Sinn der Vorschrift ist es, dem Bieter die Möglichkeit einzuräumen, mit seinen Argumenten darzulegen, dass er in der Lage ist, seine Leistungen auftragsgerecht zu erbringen, und **ihn vor der Willkür des Auftraggebers zu schützen**. Es reicht auch nicht, wenn bei Aufklärungsgesprächen ein Hinweis auf Zweifel an der Angemessenheit der Preise erfolgt. Spätestens nach Abschluss des Aufklärungsgespräches muss der Auftraggeber von dem Bieter eine Aufklärung in Textform verlangen (BayObLG, B. v. 18. 9. 2003 – Az.: Verg 12/03; OLG Celle, B. v. 30. 9. 2010 – Az.: 13 Verg 10/10; Thüringer OLG, B. v. 29. 8. 2008 – Az.: 9 Verg 5/08; 2. VK Bund, B. v. 24. 5. 2005 – Az.: VK 2–42/05; VK Nordbayern, B. v. 15. 1. 2004 – Az.: 320.VK-3194-46/03). § 16 Abs. 6 Nr. 2 ist letztlich auf **Art. 55 Abs. 1 der Vergabekoordinierungsrichtlinie** und die gefestigte Rechtsprechung des Europäischen Gerichtshofes zur ehemaligen Baukoordinierungsrichtlinie zurückzuführen (OLG Naumburg, B. v. 7. 5. 2002 – Az.: 1 Verg 19/01). 8256

86.9.2.3.7 Zumutbare Frist für eine Antwort des Bieters. Dem Bieter ist eine angemessene Frist für zusätzliche Angaben einzuräumen (OLG Celle, B. v. 30. 9. 2010 – Az.: 13 Verg 10/10; VK Lüneburg, B. v. 24. 9. 2003 – Az.: 203-VgK-17/2003). 8257

86.9.2.3.8 Verweigerung einer notwendigen Mitarbeit des Bieters. Der Bieter **muss** zwar die **entsprechenden Auskünfte nicht erteilen**, er wird der Aufforderung in der Regel aber nachkommen, **um einen Ausschluss zu vermeiden** (OLG Celle, B. v. 18. 12. 2003 – Az.: 13 Verg 22/03; VK Lüneburg, B. v. 24. 9. 2003 – Az.: 203-VgK17/2003). 8258

Verweigert der Bieter eine entsprechende **Mitarbeit** bei der Aufklärung und ist er auch im Rahmen des Beschwerdeverfahrens nicht bereit, dem Auftraggeber eine seriöse Chance zur Prüfung dieser Angaben einzuräumen, ist das **Angebot auszuschließen** (OLG Naumburg, B. v. 6. 4. 2004 – Az.: 1 Verg 3/04). 8259

Macht ein **Bieter keine, nur pauschale oder keine plausiblen Erklärungen für sein Angebot**, ist der Nachweis des Vorliegens eines angemessenen Angebotspreises nicht erbracht, ist das **Angebot in der vierten Wertungsstufe nicht mit einzubeziehen** (VK Südbayern, B. v. 27. 11. 2006 – Az.: Z3-3-3194-1-33–10/06). 8260

86.9.2.3.9 Beweislast. Die Rechtsprechung ist insoweit **nicht einheitlich**. 8261

Der **bloße Hinweis eines Bieters, dass er bereits an der Grenze kalkuliert habe, rechtfertigt keinesfalls den Schluss, dass das günstigere Angebot eines anderen Bieters damit automatisch ein Unterangebot** sein muss. Die **materielle Beweislast** dafür, dass der von einem Konkurrenten angebotene Preis in einem offenbaren Missverhältnis zur Leistung steht, **trägt der Antragsteller, nicht der Auftraggeber** (VK Nordbayern, B. v. 17. 11. 2009 – Az.: 21.VK – 3194 – 50/09; B. v. 28. 1. 2009 – Az.: 21.VK – 3194 – 55/08). 8262

Nach einer anderen Auffassung ist der **Auftraggeber ist für das Vorliegen eines unangemessenen Verhältnisses zwischen Preis und Leistung darlegungs- und beweispflichtig** (OLG München, B. v. 21. 5. 2010 – Az.: Verg 02/10; VK Nordbayern, B. v. 26. 2. 2008 – Az.: 21.VK – 3194 – 02/08). Diese Wertung geht davon aus, dass es sich bei § 16 Abs. 6 VOB/A grundsätzlich um eine nicht die Bieter, sondern die Auftraggeber schützende Vorschrift handelt. Die so vorgenommene Verteilung der Beweislast lässt sich auf den Fall nicht anwenden, in dem sich nicht der Auftraggeber vor einem Niedrigangebot schützen will, sondern den Zuschlag auf dieses erteilen will. Eine Verlagerung der Beweislast auf einen diese Entscheidung anfechtenden Bieter wäre nicht sachgerecht, da dieser die (geheim zu haltenden) Kalkulations- 8263

Teil 3 VOB/A § 16 Vergabe- und Vertragsordnung für Bauleistungen Teil A

grundlagen des Angebots, auf das der Zuschlag erteilt werden soll, nicht einmal kennen darf. Der Wortlaut des § 16 Abs. 6 Nr. Nr. 2 VOB/A löst jedoch das Problem, denn er verpflichtet den Auftraggeber, sich bei einem unangemessen niedrig anmutenden Angebot beim Bieter nach den Gründen für das Abweichen des Preises zu erkundigen. Dies bedeutet aber logischerweise, dass die **Beweislast im Falle der Nachfrage auf diesen Bieter übergeht**, denn eine Nachfrage allein beseitigt den Anschein der Unwirtschaftlichkeit nicht. Der Bieter ist gehalten, dem Auftraggeber auf dessen Nachfrage schlüssig darzulegen, dass es sich bei seinem Angebot um die ausgeschriebene Leistung handelt. Alles Andere würde die zwingend in § 16 Abs. 6 Nr. Nr. 2 VOB/A normierte Nachfragepflicht zu einer Farce werden lassen. Der Auftraggeber muss durch die Auskunft des Bieters in die Lage versetzt werden, sich selbst und den Wettbewerb vor unangemessen niedrigen Angeboten zu schützen (1. VK Sachsen, B. v. 11. 10. 2001 – Az.: 1/SVK/98-01/SVK/98-01g; im Ergebnis ebenso VK Schleswig-Holstein, B. v. 6. 6. 2007 – Az.: VK-SH 10/07; VK Thüringen, B. v. 9. 9. 2005 – Az.: 360–4002.20-009/05-SON).

8264   Bei **Zweifeln an der Unauskömmlichkeit** eines Angebotes **trägt also der Bieter die Beweislast dafür, den Anschein der Unauskömmlichkeit bezogen auf das konkrete Angebot zu widerlegen**. Der Bieter ist folglich gehalten, dem **Auftraggeber auf dessen Nachfrage schlüssig darzulegen, dass es sich um ein auskömmliches Angebot handelt**. Diese Beweislastverteilung ist sachgerecht, weil nur der Bieter in der Lage ist, zur (zweifelhaften) Auskömmlichkeit seiner Kalkulation Stellung zu nehmen und die dem Anschein nach berechtigten Bedenken der Vergabestelle zu entkräften. Mit dem pauschalen Hinweis eines Bieters z.B. auf die Einführung eines Leistungslohns, die Verringerung von Fahrzeiten bei derzeit unklarer Personallage und das Vorhandensein der erforderlichen Strukturen wird dem nicht Genüge getan (VK Brandenburg, B. v. 8. 12. 2006 – Az.: 1 VK 49/06).

8265   Diese **Beweislastverteilung ist sachgerecht, weil nur der betreffende Bieter in der Lage ist, zur** (zweifelhaften) **Auskömmlichkeit seiner Kalkulation Stellung zu nehmen** und die dem Anschein nach berechtigten Bedenken der Vergabestelle zu entkräften (1. VK Bund, B. v. 20. 4. 2005 – Az.: VK 1–23/05).

8266   Ausnahmetatbestände hat der **konkurrierende Bieter selbst mit eigenständigen Tatsachen vorzutragen** (OLG Dresden, B. v. 6. 6. 2002 – Az.: WVerg 0005/02); gegebenenfalls können solche **auch aus den weiteren Umständen erkennbar** sein (VK Bremen, B. v. 16. 7. 2003 – Az.: VK 12/03; VK Düsseldorf, B. v. 22. 10. 2003 – Az.: VK – 29/2003 – L).

8267   Die materielle **Beweislast in einem Nachprüfungsverfahren** dafür, dass der von einem Bieter angebotene Preis im Sinne von § 16 Abs. 6 Nr. Nr. 2 VOB/A unangemessen niedrig ist, trägt der **Antragsteller des Nachprüfungsverfahrens, nicht der Auftraggeber** (OLG München, B. v. 11. 5. 2007 – Az.: Verg 04/07; VK Nordbayern, B. v. 18. 9. 2008 – Az.: 21.VK – 3194 – 43/08; B. v. 26. 2. 2008 – Az.: 21.VK – 3194 – 02/08).

8268   **86.9.2.3.10 Wertung eines Angebots mit einem unangemessen niedrigen Preis. 86.9.2.3.10.1 Grundsatz. Unterkostenangebote sind für sich gesehen nicht unzulässig** (OLG Dresden, B. v. 1. 7. 2005 – Az.: WVerg 0007/05; OLG Düsseldorf, B. v. 12. 10. 2005 – Az.: VII – Verg 37/05; OLG Koblenz, B. v. 26. 10. 2005 – Az.: 1 Verg 4/05; OLG München, B. v. 21. 5. 2010 – Az.: Verg 02/10; VK Berlin, B. v. 2. 6. 2009 – Az.: VK B 2–12/09; 1. VK Bund, B. v. 10. 11. 2009 – Az.: VK 1–191/09; VK Münster, B. v. 4. 8. 2010 – Az.: VK 5/10; B. v. 15. 9. 2009 – Az.: VK 14/09; 2. VK Mecklenburg-Vorpommern, B. v. 28. 11. 2008 – Az.: 2 VK 7/08; VK Niedersachsen, B. v. 30. 6. 2010 – Az.: VgK-26/2010; 1. VK Sachsen, B. v. 1. 4. 2010 – Az.: 1/SVK/007–10; B. v. 23. 2. 2009 – Az.: 1/SVK/003–09). Auch ein **öffentlicher Auftraggeber ist nicht verpflichtet, nur „auskömmliche" Angebote zu berücksichtigen** (VK Baden-Württemberg, B. v. 26. 3. 2010 – Az.: 1 VK 11/10; B. v. 28. 7. 2009 – Az.: 1 VK 42/09; 1. VK Bund, B. v. 10. 11. 2009 – Az.: VK 1–191/09; VK Hessen, B. v. 20. 8. 2009 – Az.: 69d VK – 26/2009; VK Lüneburg, B. v. 1. 2. 2008 – Az.: VgK-48/2007; VK Münster, B. v. 4. 8. 2010 – Az.: VK 5/10; B. v. 15. 9. 2009 – Az.: VK 14/09; VK Niedersachsen, B. v. 30. 6. 2010 – Az.: VgK-26/2010; 1. VK Saarland, B. v. 8. 7. 2003 – Az.: 1 VK 05/2003; 1. VK Sachsen, B. v. 23. 2. 2009 – Az.: 1/SVK/003–09; B. v. 23. 5. 2002 – Az.: 1/SVK/039-02), sofern er nach Prüfung zu dem Ergebnis gelangt, dass der **Anbieter auch zu diesen Preisen zuverlässig und vertragsgerecht wird leisten können** (BSG, B. v. 22. 4. 2009 – Az.: B 3 KR 2/09 D; OLG Dresden, B. v. 7. 5. 2010 – Az.: WVerg 6/10; OLG Düsseldorf, B. v. 12. 10. 2005 – Az.: VII – Verg 37/05; B. v. 17. 6. 2002 – Az.: Verg 18/02; ; OLG München, B. v. 21. 5. 2010 – Az.: Verg 02/10; VK Arnsberg, B. v. 8. 8. 2006 – Az.: VK 21/06; 1. VK Bund, B. v. 10. 11. 2009 – Az.: VK 1–191/09; VK Düsseldorf, B. v. 2. 5. 2006 – Az.: VK – 17/2006 – B; VK Lüneburg, B. v. 8. 5. 2006 – Az.: VgK-07/2006; VK Münster, B. v.

Vergabe- und Vertragsordnung für Bauleistungen Teil A VOB/A § 16 **Teil 3**

15. 9. 2009 – Az.: VK 14/09; VK Niedersachsen, B. v. 30. 6. 2010 – Az.: VgK-26/2010; 1. VK Sachsen, B. v. 23. 2. 2009 – Az.: 1/SVK/003–09; ähnlich 2. VK Brandenburg, B. v. 15. 11. 2005 – Az.: 2 VK 64/05; B. v. 18. 10. 2005 – Az.: 2 VK 62/05; 2. VK Mecklenburg-Vorpommern, B. v. 28. 11. 2008 – Az.: 2 VK 7/08). Bei einem grundsätzlich leistungsfähigen Bieter kann es **verschiedene Gründe geben, im Einzelfall auch ein nicht auskömmliches oder jedenfalls sehr knapp kalkuliertes Angebot abzugeben** (OLG Celle, B. v. 18. 12. 2003 – Az.: 13 Verg 22/03, B. v. 24. 4. 2003 – Az.: 13 Verg 4/03; OLG Dresden, B. v. 7. 5. 2010 – Az.: WVerg 6/10; BayObLG, B. v. 18. 9. 2003 – Az.: Verg 12/03; VK Düsseldorf, B. v. 26. 8. 2004 – Az.: VK – 30/2004 – L; VK Lüneburg, B. v. 1. 2. 2008 – Az.: VgK-48/2007; B. v. 8. 5. 2006 – Az.: VgK-07/2006; B. v. 5. 7. 2005 – Az.: VgK-26/2005; B. v. 3. 5. 2005 – Az.: VgK-14/2005; B. v. 24. 5. 2004 – Az.: 203-VgK-14/2004; B. v. 29. 4. 2004 – Az.: 203-VgK-11/2004; B. v. 10. 3. 2003 – Az.: 203-VgK-01/2003; VK Münster, B. v. 15. 9. 2009 – Az.: VK 14/09; VK Niedersachsen, B. v. 30. 6. 2010 – Az.: VgK-26/2010; VK Nordbayern, B. v. 21. 11. 2003 – Az.: 320.VK-3194-38/03; 3. VK Saarland, B. v. 12. 12. 2005 – Az.: 3 VK 03/2005 und 3 VK 04/2005), z. B. einen **Deckungsbeitrag zu den eigenen Gemeinkosten zu erlangen** – Kapazitätsauslastung – (OLG Dresden, B. v. 7. 5. 2010 – Az.: WVerg 6/10; VK Südbayern, B. v. 14. 9. 2007 – Az.: Z3-3-3194-1-33–07/07), oder als **"Newcomer" ins Geschäft zu kommen** (Brandenburgisches OLG, B. v. 13. 9. 2005 – Az.: Verg W 9/05; OLG Dresden, B. v. 7. 5. 2010 – Az.: WVerg 6/10; OLG Düsseldorf, B. v. 12. 10. 2005 – Az.: VII – Verg 37/05; B. v. 17. 6. 2002 – Az.: Verg 18/02; 2. VK Brandenburg, B. v. 15. 11. 2005 – Az.: 2 VK 64/05; VK Düsseldorf, B. v. 26. 8. 2004 – Az.: VK – 30/2004 – L; VK Südbayern, B. v. 14. 9. 2007 – Az.: Z3-3-3194-1-33–07/07); auch **besonders günstige Einkaufsmöglichkeiten für Baumaterial** oder die **Verlagerung eines Teils der Produktion in das Ausland** können tragende Gründe sein (1. VK Sachsen, B. v. 26. 7. 2001 – Az.: 1/SVK/73-01), ebenso der **gegenwärtige Arbeitsmarkt** für Botenfahrer (VK Hamburg, B. v. 17. 12. 2002 – Az.: VgK FB 3/02); auch ein **nachvollziehbarer Kalkulationsirrtum** kann Ursache eines solchen Angebots sein (OLG Rostock, B. v. 6. 7. 2005 – Az.: 17 Verg 8/05) oder **das zur Zeit in der Bauwirtschaft herrschende niedrige Preisniveau** (OLG Düsseldorf, B. v. 4. 7. 2005 – Az.: VII – Verg 35/05). Es würde geradezu einen **Verstoß gegen das** – für die Auslegung der § 16 Abs. 6 Nr. 2 VOB/A verbindliche – **europäische Richtlinienrecht bedeuten**, wenn man einen öffentlichen Auftraggeber dazu verpflichten würde, **nur auskömmliche oder kostendeckende Preise der Bieter zu akzeptieren** (OLG Düsseldorf, B. v. 17. 6. 2002 – Az.: Verg 18/02; VK Baden-Württemberg, B. v. 21. 8. 2009 – Az.: 1 VK 40/09; B. v. 17. 1. 2008 – Az.: 1 VK 52/07; VK Südbayern, B. v. 14. 9. 2007 – Az.: Z3-3-3194-1-33–07/07).

Es ist auch nicht Sinn der Vorschrift des § 16 Abs. 6 Nr. 2 VOB/A, den Bietern (mittelbar) **8269** kostendeckende Preise zu garantieren (VK Düsseldorf, B. v. 22. 10. 2003 – Az.: VK – 29/2003 – L; VK Südbayern, B. v. 14. 9. 2007 – Az.: Z3-3-3194-1-33–07/07).

Maßgeblich für die Entscheidung des Auftraggebers ist in diesem Zusammenhang, ob der **8270** **Auftraggeber nach Überprüfung der eingeholten Auskünfte so erhebliche Zweifel** an einer ordnungsgemäßen Vertragerfüllung haben darf, dass ihm **bei objektiver Betrachtung ein Zuschlag wegen der damit verbundenen Risiken nicht zugemutet** werden kann (VK Nordbayern, B. v. 4. 12. 2006 – Az.: 21.VK – 3194 – 39/06).

86.9.2.3.10.2 Ausnahmen. Angebote, die in der **Absicht** abgegeben werden oder die zu- **8271** mindest die **Gefahr begründen, andere Marktteilnehmer zu verdrängen** (BSG, B. v. 22. 4. 2009 – Az.: B 3 KR 2/09 D; OLG München, B. v. 21. 5. 2010 – Az.: Verg 02/10; VK Baden-Württemberg, B. v. 21. 8. 2009 – Az.: 1 VK 40/09; VK Berlin, B. v. 2. 6. 2009 – Az.: VK B 2–12/09; 1. VK Bund, B. v. 20. 12. 2007 – Az.: VK 1–143/07; B. v. 10. 8. 2005 – Az.: VK 1–86/05; 2. VK Bund, B. v. 15. 11. 2007 – Az.: VK 2–123/07, B. v. 15. 11. 2007 – Az.: VK 2–120/07, B. v. 15. 11. 2007 – Az.: VK 2–117/07, B. v. 15. 11. 2007 – Az.: VK 2–114/07, B. v. 15. 11. 2007 – Az.: VK 2–108/07, B. v. 15. 11. 2007 – Az.: VK 2–105/07; B. v. 15. 11. 2007 – Az.: VK 2–102/07; 2. VK Brandenburg, B. v. 15. 11. 2005 – Az.: 2 VK 64/05; VK Münster, B. v. 15. 9. 2009 – Az.: VK 14/09; B. v. 17. 6. 2005 – Az.: VK 12/05; 1. VK Sachsen, B. v. 1. 4. 2010 – Az.: 1/SVK/007–10; B. v. 1. 10. 2002 – Az.: 1/SVK/084-02; VK Südbayern, B. v. 14. 9. 2007 – Az.: Z3-3-3194-1-33–07/07) **oder die erwarten lassen, dass der Anbieter den Auftrag nicht wird durchführen können** (BSG, B. v. 22. 4. 2009 – Az.: B 3 KR 2/09 D; KG Berlin, B. v. 26. 2. 2004 – Az.: 2 Verg 16/03, B. v. 15. 3. 2004 – Az.: 2 Verg 17/03, B. v. 22. 8. 2001 – Az.: KartVerg 03/01; OLG München, B. v. 21. 5. 2010 – Az.: Verg 02/10; VK Baden-Württemberg, B. v. 21. 8. 2009 – Az.: 1 VK 40/09; VK Berlin, B. v. 2. 6. 2009 – Az.: VK B 2–12/09; 1. VK Bund, B. v. 20. 12. 2007 – Az.: VK 1–143/07; 2. VK Bund, B. v. 15. 11. 2007 – Az.: VK 2–123/07, B. v. 15. 11. 2007 – Az.: VK 2–120/07, B. v. 15. 11.

Teil 3 VOB/A § 16   Vergabe- und Vertragsordnung für Bauleistungen Teil A

2007 – Az.: VK 2–117/07, B. v. 15. 11. 2007 – Az.: VK 2–114/07, B. v. 15. 11. 2007 – Az.: VK 2–108/07, B. v. 15. 11. 2007 – Az.: VK 2–105/07; B. v. 15. 11. 2007 – Az.: VK 2–102/07; 2. VK Brandenburg, B. v. 15. 11. 2005 – Az.: 2 VK 64/05; VK Nordbayern, B. v. 21. 11. 2003 – Az.: 320.VK-3194-38/03; VK Südbayern, B. v. 14. 9. 2007 – Az.: Z3-3-3194-1-33–07/07) oder wenn das **Angebot von vornherein darauf angelegt ist, den Auftraggeber im Rahmen der Bauausführung zu übervorteilen** (VK Düsseldorf, B. v. 26. 8. 2004 – Az.: VK – 30/2004 – L), schädigen auch die übrigen Bieter, die entweder einem gezielten Verdrängungswettbewerb ausgesetzt sind oder bei Ausfall des ersten Auftragnehmers nun nicht mehr genügend freie Kapazitäten haben, um den Auftrag zu übernehmen (OLG Düsseldorf, B. v. 17. 6. 2002 – Az.: Verg 18/02; VK Baden-Württemberg, B. v. 21. 2. 2002 – Az.: 1 VK 52/01; VK Düsseldorf, B. v. 22. 10. 2003 – Az.: VK – 29/2003 – L; VK Saarland, B. v. 8. 7. 2003 – Az.: 1 VK 05/2003). Ein **solches Angebot ist auszuschließen**.

8272   Die **Wettbewerbswidrigkeit** eines solchen ohne Rücksicht auf die Konsequenzen abgegebenen Angebots ist darin zu erblicken, dass es für die anderen höher und kostendeckend anbietenden Mitbewerber die schädigende Folge haben kann, dass sie in einem Zeitpunkt, in dem sie den Auftrag gut hätten annehmen und durchführen können, den Auftrag nicht erhalten, zu einem späteren Zeitpunkt aber den Auftrag (nachdem der erste Auftragnehmer wegen seines Unterangebots gescheitert ist) wegen der weiteren Entwicklung der geschäftlichen Verhältnisse – aus welchen Gründen auch immer – nicht mehr übernehmen können (OLG Düsseldorf, B. v. 17. 6. 2002 – Az.: Verg 18/02).

8273   Die **Darlegungs- und Beweislast für eine Marktverdrängungsabsicht** liegt bei demjenigen, der sich darauf beruft, also **beim Auftraggeber oder einem konkurrierenden Bieter** (OLG Düsseldorf, B. v. 12. 10. 2005 – Az.: VII – Verg 37/05; OLG München, B. v. 21. 5. 2010 – Az.: Verg 02/10; 1. VK Bund, B. v. 10. 8. 2005 – Az.: VK 1–86/05 – sehr instruktiver Beschluss; VK Schleswig-Holstein, B. v. 15. 5. 2006 – Az.: VK-SH 10/06).

8274   **86.9.2.3.10.3 Rechtsprechung der VK Sachsen.** Nach der Rechtsprechung der VK Sachsen darf dann, wenn **trotz Einbeziehung der quantifizierten Einsparpotenziale die Lücke nach wie vor über 10 Prozent bleibt, auf das Angebot entsprechend § 16 Abs. 6 Nr. 1 VOB/A der Zuschlag nicht erteilt werden**. Dabei geht die VK Sachsen in ständiger Rechtsprechung auf Grundlage des klaren Wortlauts etwa des § 16 Abs. 6 Nr. 1 VOB/A davon aus, dass es einem Auftraggeber **entgegen durchaus anders lautender Rechtsprechung nicht erlaubt ist, ein erkanntes Dumpingangebot dennoch zu bezuschlagen**. Wollte man dies nämlich anders sehen, so müsste man Selbiges auch bei einer festgestellten Nichteignung eines Bieters oder bei einer Diskriminierung eines Bieters (darf kein Unternehmen diskriminiert werden – darf der Zuschlag nicht erteilt werden) anerkennen, was in der Rechtsprechung erkennbar ebenfalls nicht vertreten wird (1. VK Sachsen, B. v. 8. 7. 2004 – Az.: 1/SVK/044-04; B. v. 17. 6. 2004 – Az.: 1/SVK/038-04, 1/SVK/038-04G).

8275   **86.9.2.3.11 Weitere Beispiele aus der Rechtsprechung**

– insgesamt beruht die **Einschätzung des Auftraggebers, dass das Angebot technisch nicht auskömmlich kalkuliert** ist und daher ein **Risiko besteht, dass eine ordnungsgemäße Vertragserfüllung im Falle der Bezuschlagung nicht erfolgen könne**, auf einer **nachvollziehbaren Beurteilung**. Diese Beurteilung, die sich auf die Nachvollziehbarkeit aus betriebswirtschaftlicher und rechtlicher Sicht bezogen hat, ist aufgrund einer umfassenden Sachverhaltsermittlung unter Würdigung der Stellungnahmen des Bieters mit sachgerechten Erwägungen zustande gekommen (VK Schleswig-Holstein, B. v. 6. 6. 2007 – Az.: VK-SH 10/07)

– ein Bieter kann einen **niedrigen Angebotspreis dadurch erklären**, dass er aufgebrochenes Abbruchmaterial im Auftragsfall einer **weiteren Verwertung** zuführen kann und den **erwarteten Erlös in der Kalkulation „gegengerechnet"** hat (OLG Düsseldorf, B. v. 26. 7. 2006 – Az.: VII – Verg 19/06)

– der Bieter will nach Überzeugung der Vergabekammer **mit seinem aggressiven Niedrigstangebot** (25% unter allen anderen Bietern) **den lokalen Markt gezielt von Konkurrenten frei halten** (1. VK Sachsen, B. v. 1. 10. 2002 – Az.: 1/SVK/084-02)

– führt ein Bieter Restrukturierungsmaßnahmen in der Firma, einen abgeschlossenen günstigen Haustarif für die Fahrer und eingebrochene Gewinnmargen ohne nähere Erläuterungen als Begründung für niedrige Angebote an, kann ein **Angebot wegen mangelnder finanzieller Leistungsfähigkeit ausgeschlossen** werden (VK Hessen, B. v. 16. 1. 2004 – Az.: 69 d VK – 72/2003)

– **legt ein Bieter bei Gebäudereinigungsleistungen dem Angebot im Vergleich zu den anderen noch im Wettbewerb befindlichen Bietern in der ganz überwiegenden Zahl der Raumgruppen ungewöhnlich hohe Leistungsmaße** zugrunde und übersteigen die Leistungsmaße selbst den vom Auftraggeber festgelegten Grenzwert für eine Nachfrage nochmals erheblich, drängen sich erhebliche Zweifel an der Auskömmlichkeit des Angebots auf; beschränken sich die **Erklärungen des Bieters überwiegend auf generalisierende Aussagen** (Organisation der Arbeitsabläufe sowie auf die Motivation und Leistungsbereitschaft der Mitarbeiter), **kann das Angebot ausgeschlossen werden** (1. VK Bund, B. v. 20. 4. 2005 – Az.: VK 1–23/05).

86.9.2.3.12 Ungewöhnlich niedrige Angebote bei Aufträgen unterhalb der Schwellenwerte, an denen jedoch ein eindeutiges grenzüberschreitendes Interesse besteht. Ein automatischer Ausschluss von als ungewöhnlich niedrig angesehenen Angeboten auf Aufträge, an denen ein eindeutiges grenzüberschreitendes Interesse besteht, kann eine **indirekte Diskriminierung** darstellen, soweit in der Praxis Wirtschaftsteilnehmer aus anderen Mitgliedstaaten benachteiligt werden, die aufgrund anderer Kostenstrukturen erhebliche Skalenerträge erzielen können oder sich mit kleineren Gewinnmargen begnügen, um auf dem fraglichen Markt besser Fuß zu fassen, und deshalb in der Lage sind, ein wettbewerbsfähiges und gleichzeitig ernsthaftes und verlässliches Angebot zu machen, das der öffentliche Auftraggeber jedoch wegen der genannten Regelung nicht berücksichtigen könnte. Außerdem **kann eine solche Regelung zu wettbewerbswidrigen Verhaltensweisen und Absprachen und sogar zu kollusiven Praktiken** zwischen Unternehmen auf nationaler oder örtlicher Ebene führen, die darauf abzielen, die öffentlichen Bauaufträge diesen Unternehmen vorzubehalten. Die Anwendung der Vorschrift des automatischen Ausschlusses von als ungewöhnlich niedrig angesehenen Angeboten auf Aufträge, an denen ein eindeutiges grenzüberschreitendes Interesse besteht, kann daher **Wirtschaftsteilnehmern aus anderen Mitgliedstaaten die Möglichkeit nehmen, in einen wirksameren Wettbewerb mit den in dem fraglichen Mitgliedstaat ansässigen Wirtschaftsteilnehmern zu treten**, und beeinträchtigt damit ihren Zugang zum Markt dieses Staates, indem sie die **Ausübung der Niederlassungs- und der Dienstleistungsfreiheit behindert**, was eine Beschränkung dieser Freiheiten darstellt. Die Anwendung einer solchen Regelung auf Aufträge von eindeutigem grenzüberschreitendem Interesse **hindert die öffentlichen Auftraggeber**, denen jede Möglichkeit genommen ist, die Zuverlässigkeit und Ernsthaftigkeit von ungewöhnlich niedrigen Angeboten zu prüfen, **daran, ihrer Pflicht zur Einhaltung der grundlegenden Vorschriften des Vertrags auf dem Gebiet des freien Verkehrs und des allgemeinen Diskriminierungsverbots nachzukommen. Es läuft auch dem eigenen Interesse der öffentlichen Auftraggeber zuwider**, wenn ihnen diese Prüfungsmöglichkeit genommen wird, da sie die bei ihnen eingereichten Angebote nicht unter den Bedingungen eines wirksamen Wettbewerbs beurteilen und den Auftrag somit nicht nach den auch im öffentlichen Interesse aufgestellten Kriterien des niedrigsten Preises oder des wirtschaftlich günstigsten Angebots vergeben können (EuGH, Urteil v. 15. 5. 2008 – Az.: C-147/06, C-148/06).

Selbst **wenn ein eindeutiges grenzüberschreitendes Interesse besteht**, könnte ein automatischer Ausschluss bestimmter Angebote wegen ihres ungewöhnlich niedrigen Preises (z. B. auf der Basis der §§ 16 VOB/A bzw. VOL/A) zulässig sein, wenn eine **übermäßig hohe Zahl von Angeboten die Anwendung einer entsprechenden Vorschrift rechtfertigt**. In einem solchen Fall könnte der betroffene öffentliche Auftraggeber nämlich gezwungen sein, **so viele Angebote einer Prüfung zu unterziehen, dass dies seine administrativen Möglichkeiten übersteigen oder durch die Verzögerung, die durch diese Prüfung einträte, die Verwirklichung des Projekts gefährden würde**. Fünf gültige Angebote genügen hierfür jedoch nicht (EuGH, Urteil v. 15. 5. 2008 – Az.: C-147/06, C-148/06).

Die Entscheidung des EuGH reiht sich nahtlos in die nationale Rechtsprechung zum Ausschluss von Angeboten mit unangemessen niedrigen Preisen ein. Sie macht deutlich, dass die **Vorschrift des § 16 Abs. 6 VOB/A auch im unterschwelligen Auftragsbereich in den allermeisten Fällen nicht nach ihrem jeweiligen Wortlaut angewendet werden können.**

86.9.2.3.13 Spekulationsangebote. 86.9.2.3.13.1 Begriff. Spekulationsangebote sind eine besondere Ausprägung eines unangemessen hohen bzw. **niedrigen Angebotes** (VK Baden-Württemberg, B. v. 20. 3. 2002 – Az.: 1 VK 4/02).

**Spekulationsangebote und Spekulationspreise liegen dann vor, wenn der im Leistungsverzeichnis eingetragene Preis nicht ausreicht, den mit der einzelnen Leistung verbundenen Aufwand zu decken, oder bei denen der Preis deutlich über dem Wert liegt, der am Markt üblicherweise für eine Leistung der ausgeschriebenen Art erzielt werden kann. Erhofft sich ein Bieter größere Mengen als ausgeschrieben, so setzt er in Erwartung von Nachtragsaufträgen bei diesen Positionen einen hohen Preis an. Geht der Bieter davon aus, dass sich die Menge der ausgeschriebenen Leistungen verringert, setzt er niedrigere Beträge an, weil er dann die Mindermengen dem Bauherren vergüten müsste. Um bei hoch angesetzten Preisen für erwartete Mehrmengen die Chance auf den Auftrag nicht zu verschlechtern, reduziert er den Preis bei anderen Positionen, damit sein Angebot insgesamt das günstigste bleibt (Brandenburgisches OLG, B. v. 13. 9. 2005 – Az.: Verg W 9/05).

8281　86.9.2.3.13.2 Grundsätzliche Zulässigkeit. Spekulative, das heißt in ihrer wirtschaftlichen Risikobelastung für den Bieter nicht abschließend geklärte **Angebote** sind, soweit sie nicht allein in wettbewerbsverdrängender Absicht erfolgen, **nicht grundsätzlich verboten** (Brandenburgisches OLG, B. v. 13. 9. 2005 – Az.: Verg W 9/05; OLG Dresden, B. v. 6. 6. 2002 – Az.: WVerg 0005/02; Thüringer OLG, Urteil vom 27. 2. 2002 – Az.: 6 U 360/01; VK Münster, B. v. 4. 8. 2010 – Az.: VK 5/10).

8282　Da die **Preisgestaltung ausschließlich Angelegenheit des Bieters** ist (BGH, B. v. 18. 5. 2004 – Az.: X ZB 7/04; 1. VK Sachsen, B. v. 27. 4. 2005 – Az.: 1/SVK/032-05), ist es also vom Grundsatz her **nicht zu beanstanden**, dass ein Bieter – gegebenenfalls unter Ausnutzung einer mangelhaften Leistungsbeschreibung oder besonderer Kenntnisse über die örtlichen Verhältnisse – **einzelne Einzelpreise abweichend von einem ordnungsgemäß ermittelten Preis anbietet.** Sie sind regelmäßig wertbar und können **allenfalls dann zu einer Nichtwertbarkeit führen, wenn zahlreiche Positionen mit Spekulationspreisen versehen sind.** Bestehen hierfür keine Anhaltspunkte, hat – selbst wenn es sich um einen spekulativen Preis handelt – das Angebot eines Bieters in der Wertung zu verbleiben (VK Münster, B. v. 4. 8. 2010 – Az.: VK 5/10; VK Rheinland-Pfalz, B. v. 10. 10. 2003 – Az.: VK 19/03).

8283　Es gibt eine **Reihe von Gründen**, wie beispielsweise der Verzicht auf Kostendeckung aus Gründen der Kapazitätsauslastung oder die Absicht, sich einen Marktzutritt zu verschaffen oder die Absicht, einen bereits in der Vergangenheit ausgeführten Auftrag weiter durchführen zu können, die einen **Bieter veranlassen können, andere als ordnungsgemäß kalkulierte Preise im Angebot anzugeben.** Die Kalkulation ist Angelegenheit des Bieters. Eine Kalkulation besteht aus einer Zusammenstellung von bestimmten preislichen und leistungsmäßigen Annahmen. Die Annahmen unterscheiden sich bei den einzelnen Unternehmern, das zeigt bereits die unterschiedliche Höhe der jeweiligen Angebote. Dem einzelnen Bieter ist es nicht verwehrt, aus Gründen des Wettbewerbs den Aufwand in einer Leistungsposition kalkulatorisch niedriger anzusetzen, als er sich objektiv darstellt. Daraus folgt, dass Angebotspreise und Kalkulationspreise keinesfalls übereinstimmen müssen. Insofern ist es **vergaberechtlich nicht zu beanstanden, wenn ein Bieter bestimmte rechnerische Rundungswerte zugunsten des öffentlichen Auftraggebers im Angebot einsetzt** (VK Münster, B. v. 4. 8. 2010 – Az.: VK 5/10).

8284　86.9.2.3.13.3 Wertung von Spekulationspreisen. Spekulationspreise können eine **Verpflichtung der Vergabestelle begründen**, ein für den Auftraggeber aus dieser Spekulation gegebenenfalls folgendes **wirtschaftliches Risiko zu prüfen**, um auch auf diese Weise ihrer Verpflichtung zur Vergabe auf das wirtschaftlichste Angebot zu genügen. In diesem Zusammenhang mögen auch „sachwidrig" kalkulierte Einzelpreise vergaberechtlich relevant werden, wenn zwar der angebotene Gesamtpreis angemessen ist (etwa weil unter- und überkalkulierte Einzelpreise sich kompensieren), aber **absehbar das Risiko der Verschiebung von „billigen" Leistungsanteilen zu für sich gesehen unangemessen hoch kalkulierten anderen Leistungsteilen in der Auftragsabwicklung besteht**, die Spekulation des Bieters also – jedenfalls auch – ins Kalkül zieht, dass er ohnehin Nachforderungen werde stellen können, die den Angebotsendpreis letztlich als unrealistisch erscheinen lassen mögen. Wenn der Auftraggeber dieses Risiko sieht, muss er ihm nachgehen und das „Gefahrenpotential" aufklären; er mag auch verpflichtet sein, bei der Prüfung der Wirtschaftlichkeit eines Angebots das Preisrisiko zu berücksichtigen, das im Fall von konkret zu erwartenden Mengenänderungen mit Spekulationsangeboten verbunden ist (OLG Dresden, B. v. 6. 6. 2002 – Az.: WVerg 0005/02).

8285　Der Auftraggeber ist **vergaberechtlich nicht verpflichtet, bei Ungewissheiten durch ein Spekulationsangebot zu Gunsten des spekulierenden Unternehmens** seine Hoffnung darauf zu setzen, dass die möglichen Nachforderungen sich in solchen Grenzen halten werden, dass die Preiswürdigkeit seines Angebots am Ende gewahrt bleibt. So können im Rahmen einer **Prognoseentscheidung verschiedene spekulative Risiken eines Angebots** in ihrer Gesamtheit sowohl in Bezug auf die Wahrscheinlichkeit ihrer Verwirklichung als auch hin-

Vergabe- und Vertragsordnung für Bauleistungen Teil A VOB/A § 16 **Teil 3**

sichtlich ihres möglichen Ausmaßes groß genug sein, um die anfängliche Preiswürdigkeit des Angebots zu kompensieren und den **Auftraggeber zu berechtigen, es nicht als das wirtschaftlichste einzustufen** (Brandenburgisches OLG, B. v. 13. 9. 2005 – Az.: Verg W 9/05; KG Berlin, B. v. 15. 3. 2004 – Az.: 2 Verg 17/03; VK Südbayern, B. v. 23. 8. 2004, Az.: 120.3–3194.1–48-07/04; Stemmer, IBR 2005, 233).

86.9.2.3.13.4 Wertung von Spekulationspreisen bei Bedarfspositionen. Im Rahmen der Prognose über die Wirtschaftlichkeit des (Spekulations-)Angebots der Antragstellerin ist der **Auftraggeber berechtigt zu unterstellen, dass die Bedarfsposition in voller Höhe erforderlich werden kann**. Es ist nicht zu beanstanden, wenn der Auftraggeber bei seiner Prüfung **gleichsam den schlimmsten Fall in den Blick nimmt**. Es ist lebensnah anzunehmen, dass ein Bieter, der einen Auftrag erhalten hat, in dem er bestimmte Positionen spekulativ aufgepreist hat, bei der Bauausführung nach Kräften versuchen wird, daraus Nutzen zu ziehen (KG Berlin, B. v. 15. 3. 2004 – Az.: 2 Verg 17/03; VK Hessen, B. v. 25. 8. 2004 – Az.: 69 d – VK – 52/2004). 8286

86.9.2.3.13.5 Voraussetzungen für einen Angebotsausschluss von Spekulationsangeboten. 86.9.2.3.13.5.1 Spekulationsangebot als Mischkalkulation. Vgl. zur Mischkalkulation grundsätzlich die Kommentierung → Rdn. 190 ff. 8287

Diese Rechtsprechung greift auch für den Fall, dass ein Bieter einen **prozentualen Anteil von Stoffkosten für eine spätere Wartung** z. B. sanitärer Anlagen **bereits in die Einheitspreise für die Montage übernimmt** (VK Hannover, B. v. 17. 11. 2004 – Az.: 26045 – VgK 11/2004). 8288

86.9.2.3.13.5.2 Sonstige Fallkonstellationen. Die **Rechtsprechung** hierzu ist **nicht einheitlich**. 8289

Erkennt ein Bieter, dass einzelne Positionen im Leistungsverzeichnis mit weit überhöhten Mengenansätzen ausgeschrieben sind und gibt er deshalb für diese Positionen weit aus dem Rahmen fallende niedrige Einheitspreise an, ohne den Auftraggeber entgegen den Bewerbungsbedingungen auf die Unrichtigkeit des Leistungsverzeichnisses hinzuweisen, ist er nicht ausreichend zuverlässig im Sinne von § 16 Abs. 2 VOB/A. Bedenken gegen die Vorgaben im Leistungsverzeichnis hat der einzelne Bieter im Ausschreibungsverfahren dem Auftraggeber mitzuteilen, damit dieser noch vor Zuschlag den Fehler beheben und zu einem ordnungsgemäßen Ende des Ausschreibungsverfahrens kommen kann. So weist in der Regel bereits der erste Satz der Bewerbungsbedingungen darauf hin, dass der Bieter bei Unklarheiten des Leistungsverzeichnisses den Auftraggeber zu informieren hat. Dies muss erst recht für eine vom Bieter als fehlerhaft oder zweifelhaft angesehene Position des Leistungsverzeichnisses gelten. Der Bieter darf den Vertrag nicht unter dem geheimen Vorbehalt schließen, eine bestimmte Leistung gar nicht erbringen zu wollen. Erbringt er sie tatsächlich nicht, begeht er eine Vertragsverletzung, da er nach dem objektiven Erklärungswert seines Angebotes eine Leistung angeboten hat, welche dem Leistungsverzeichnis entspricht. Muss er sie aus irgendwelchen Gründen doch erbringen, sei es, wie hier möglich, weil sich die Witterungsverhältnisse anders entwickeln oder der Untergrund doch schlechter ist als angenommen, ist der Auftrag für ihn unwirtschaftlich (BayObLG, B. v. 18. 9. 2003 – Az.: Verg 12/03). 8290

Lässt sich eine Spekulationsabsicht des Bieters ausmachen, so kann dieser auf Stufe 2 der Wertung bei der Prüfung der Zuverlässigkeit des Bieters Relevanz zukommen. **Auf die Unzuverlässigkeit des Bieters kann z. B. geschlossen werden, wenn dieser die Unrichtigkeit des vom Auftraggebers aufgestellten Leistungsverzeichnisses erkennt, welches in einer Position weit überhöhte Mengenansätze enthält, auf diese Unwichtigkeit nicht hinweist, sondern statt dessen durch aus dem Rahmen fallende niedrige Einheitspreise eine günstige Stelle im Ausschreibungsverfahren zu erlangen sucht** (Brandenburgisches OLG, B. v. 13. 9. 2005 – Az.: Verg W 9/05). 8291

Auch nach Auffassung des OLG Nürnberg erweist sich ein Bieter schon dann als unzuverlässig i. S. des § 16 Abs. 2 VOB/A, wenn er eine in der Leistungsbeschreibung vorhandene Unrichtigkeit erkennt und diese durch eine willkürliche Preisgestaltung für sich auszunutzen versucht. Ein solcher Fall liegt z. B. vor, wenn in einem Leistungsverzeichnis unter der Pos. 1.1.40 die Andeckung von lediglich 350 m³ Oberboden ausgeschrieben ist, die zuvor innerhalb der Baustelle gelagert worden waren und diese Mengenangabe im Widerspruch zu der unter Pos. 1.1.20 ausgeschriebenen Abtragung von 780 m³ Oberboden und dessen Anlagerung im Baustellenbereich steht und ein Bieter X diese unrichtige Mengenangabe dadurch nutzt, dass er die Positionen 1.1.20 (780 m³ Oberboden abtragen) und 8292

Teil 3 VOB/A § 16 Vergabe- und Vertragsordnung für Bauleistungen Teil A

1.1.30 (710 m³ Oberboden abtragen) zu Einheitspreisen von 0,05 (= 39,– EUR) und 0,09 (= 63,90 EUR) anbietet, dagegen aber für das Andecken von 350 m³ Oberboden einen Einheitspreis von 22,56 (= 7896,– EUR) vorsieht und die gleichen Positionen von einem anderen Bieter Y im Rahmen einer stimmigen Preisgestaltung für 7,57 EUR (Pos. 1.1.20), 9,95 EUR (Pos. 1.1.30) und 10,88 EUR (Pos. 1.1.40) angeboten werden mit der Folge, dass die Bewegung des Oberbodens im Angebot des Bieters X mit nur 7998,90 EUR zu Buche schlägt, während der Bieter Y dafür insgesamt 16 777,10 DM in sein Angebot aufnimmt und nach Ausführung der Arbeiten sowohl die Pos. 1.1.20 als auch die Pos. 1.1.40 mit 813 m³ abgerechnet werden bei der Pos. 1.1.30 lediglich eine Masse von 178,96 m³ ermittelt wird und dies zur Folge hat, dass der Auftraggeber an den Bieter X letztlich für diese Positionen 10 698,20 EUR zu bezahlen hat, während der Bieter Y auf der Grundlage der von ihm angebotenen Preise Anspruch auf nur 10 497,35 EUR gehabt hätte (OLG Nürnberg, Hinweisbeschluss vom 18. 7. 2007 – Az.: 1 U 970/07).

8293 Nach einer anderen Auffassung kann es der Bieterseite auch nicht generell, sondern **allenfalls in außergewöhnlichen Sachverhaltsgestaltungen nach den Grundsätzen von Treu und Glauben auferlegt werden, die Auftraggeber auf fehlerhaft oder zweifelhaft angesehene Positionen hinzuweisen**, ähnlich wie die Auftraggeber nach der Rechtsprechung des Bundesgerichtshofs nur in engen Grenzen verpflichtet sind, die Bieter auf Kalkulationsirrtümer hinzuweisen. Den Bietern kann generell nicht angesonnen werden, den Interessen der Marktgegenseite nur deshalb erhöhte Rücksichtnahme zukommen zu lassen, **weil es sich dabei um öffentliche Auftraggeber handelt**. Diese können im Vergabewettbewerb keine wie auch immer geartete Sonderbehandlung im Vergleich zu privaten Parteien beanspruchen. Die Gefahr ihrer prinzipiellen unangemessenen Übervorteilung resultiert aus dieser Sicht nicht, weil der Wettbewerb selbst und die damit verbundene Notwendigkeit, das preiswerteste Angebot abzugeben, um einen Auftrag zu erlangen, das immanente Korrektiv gegen eventuelle übermäßige Preisspekulationen bietet (KG Berlin, B. v. 26. 2. 2004 – Az.: 2 Verg 16/03, B. v. 15. 3. 2004 – Az.: 2 Verg 17/03).

8294 Soweit es Angebote mit signifikanten Aufpreisungen bei einzelnen Einheiten betrifft, sind die **schützenswerten Interessen der öffentlichen Auftraggeber erst dann erheblich berührt, wenn die Gefahr besteht, dass sich das bei der Wertung vermeintlich wirtschaftlichste Angebot infolge der Aufpreisungen im Nachhinein auf Grund von abrechnungsfähigen Mehrmengen als nachteilig und letztlich teurer erweisen könnte, als ein Angebot mit einem höheren Submissionspreis**. Ob diese Gefahr spekulativer Übervorteilung der Vergabestelle besteht, ist regelmäßig im Rahmen einer Prognoseentscheidung zu beurteilen. Dabei dürfen sich der Auftraggeber oder die Nachprüfungsinstanzen nicht mit bloßen Mutmaßungen zufrieden geben. Vielmehr müssen Umstände festgestellt werden können, die mit einiger Wahrscheinlichkeit die Annahme rechtfertigen, dass es bei diesen Positionen zu erheblichen Nachforderungen kommen kann. Dabei ist das mutmaßliche finanzielle Ausmaß der potentiellen überproportionalen Nachforderungen schon deshalb von erheblicher Bedeutung, weil die befürchteten nachträglichen Verteuerungen auf Grund des Gebots zur möglichst wirtschaftlichen Beschaffung in Beziehung zu setzen sind zu den Vorteilen, die das auszuschließende Angebot auf Grund des preislichen Abstands zu demjenigen Angebot aufweist, das an seiner Stelle angenommen werden soll. Außerdem ist zu prüfen, ob sich eventuell Vorteile auf Grund der vorgenommenen Abpreisungen bei anderen Positionen ergeben könnten (KG Berlin, B. v. 26. 2. 2004 – Az.: 2 Verg 16/03, B. v. 15. 3. 2004 – Az.: 2 Verg 17/03).

86.9.2.4 Richtlinie des VHB 2008 zu Angeboten mit einem unangemessen hohen oder niedrigen Preis

8295 Auf ein Angebot mit einem unangemessen hohen oder niedrigen Preis darf der Zuschlag nicht erteilt werden (§ 16 Abs. 6 Nr. 1 VOB/A).

8296 Zweifel an der Angemessenheit niedriger Preise ergeben sich insbesondere, wenn die Angebotssummen

– eines oder einiger weniger Bieter erheblicher geringer sind als die übrigen oder
– erheblich von der aktuell zutreffenden Preisermittlung des Auftraggebers abweichen.

8297 Solche Zweifel sind grundsätzlich bei einer Abweichung von 10 v. H. oder mehr anzunehmen.

8298 Zur Aufklärung der Frage, ob es sich um ein Angebot mit einem unangemessen niedrigen Preis handelt, sind zumindest die ausgefüllten Formblätter Preisermittlung 221 oder 222 und

Aufgliederung der Einheitspreise 223 zu fordern. Ein Angebot mit einem unangemessen niedrigen Preis darf grundsätzlich nur dann ausgeschlossen werden, wenn zuvor vom Bieter schriftlich Aufklärung über die Ermittlung der Preise für die Gesamtleistung oder für Teilleistungen verlangt worden ist und der Bieter nicht den Nachweis einer ordnungsgemäßen Kalkulation erbracht hat.

Liegen nur Angebote mit unangemessen hohen oder niedrigen Preisen vor, ist die Ausschreibung aufzuheben (Richtlinien zu 321 – Vergabevermerk: Prüfungs- und Wertungsübersicht – Ziffer 4.3).

Die Angemessenheit der Preise für Teilleistungen (Einheitspreise) ist grundsätzlich nicht für sich, sondern im Rahmen der Angebotssumme zu beurteilen. Sind jedoch die Preise für einzelne Teilleistungen erkennbar unangemessen, so kann dies Zweifel an einer sachgerechten Preisermittlung begründen. Dies macht eine Aufklärung nach § 15 VOB/A und eine Prüfung auch der Einzelansätze notwendig (Richtlinien zu 321 – Vergabevermerk: Prüfungs- und Wertungsübersicht – Ziffer 4.1.1). 8299

Bei Zweifeln an der Angemessenheit von Angebotspreisen sind die vorliegenden Formblätter Preisermittlung 221 und 222 und Aufgliederung der Einheitspreise 223 gesondert auszuwerten, dabei sind die Einzelansätze zu vergleichen und unter folgenden Gesichtspunkten objekt- und betriebsbezogen zu untersuchen, ob 8300

– die Zeitansätze der Lohnkosten pro Leistungseinheit bzw. die Gesamtstundenzahl den bautechnisch erforderlichen Ansätzen entsprechen,
– sich der **Mittellohn** sowie die Zuschläge für lohngebundene und lohnabhängige Kosten im Rahmen der tarifvertraglichen Vereinbarungen und der gesetzlichen Verpflichtungen halten,
– die **Stoffkosten** den üblichen Ansätzen entsprechen,
– die **Baustellengemeinkosten** ausreichende Ansätze für alle gesetzlich (z.B. Umwelt-, Arbeits- und Unfallschutz), technisch und betriebswirtschaftlich notwendigen Aufwendungen enthalten.

Ein Angebot, das diese Anforderungen nicht erfüllt, begründet die Vermutung, dass der Bieter nicht in der Lage sein wird, seine Leistung vertragsgerecht zu erbringen. Die Vermutung kann nur dadurch widerlegt werden, dass der Bieter nachweist, dass er aus objektbezogenen, sachlich gerechtfertigten Gründen die Ansätze günstiger als die übrigen Bieter kalkulieren konnte. So kann er beispielsweise auf rationellere Fertigungsverfahren, günstigere Baustoffbezugsquellen oder über Produktionsvorrichtungen verweisen (Richtlinien zu 321 – Vergabevermerk: Prüfungs- und Wertungsübersicht – Ziffer 4.1.2.1). 8301

Die Prüfung der Einzelansätze hat sich ferner darauf zu erstrecken, inwieweit sich die Ansätze für die Gerätevorhaltekosten, für allgemeine Geschäfts- und Sonderkosten (einschließlich Einzelwagnisse) im wirtschaftlich vertretbaren Rahmen halten. Niedrige Ansätze begründen aber hier nicht ohne weiteres die Vermutung eines zu geringen Preises im Sinne von § 16 Abs. 6 Nr. 2 VOB/A, weil der Bieter Anlass haben kann, auf die Ansätze teilweise zu verzichten. In diesen Fällen ist daher lediglich zu prüfen, ob dem sachgerechte Erwägungen zugrunde liegen (Richtlinien zu 321 – Vergabevermerk: Prüfungs- und Wertungsübersicht – Ziffer 4.1.2.2). 8302

Bei Fehlen eines Ansatzes für Wagnis und Gewinn ist keine weitere Aufklärung erforderlich; derartige Angebote bleiben in der Wertung (Richtlinien zu 321 – Vergabevermerk: Prüfungs- und Wertungsübersicht – Ziffer 4.1.2.3). 8303

86.9.2.5 Richtlinie des VHB 2008 zu Angeboten mit unerwartet hohen Preisen

Liegen im Vergleich zur Kostenermittlung des Auftraggebers nur Angebote mit unerwartet hohen Preisen vor, ist die Kostenermittlung auf ihre Richtigkeit zu überprüfen. Wird sie im Wesentlichen bestätigt, kann die Ausschreibung nach § 17 Abs. 1 Nr. 3 VOB/A aufgehoben werden; wegen der Aufhebung siehe Richtlinie zum Formblatt 351 (Richtlinien zu 321 – Vergabevermerk: Prüfungs- und Wertungsübersicht – Ziffer 4.4). 8304

86.9.2.6 Überhöhte Baustelleneinrichtung

Ein deutlich überhöhter Preis für die Baustelleneinrichtung reicht **für sich allein genommen nicht aus, um die Nichtberücksichtigung des Angebots** – unter Heranziehung haushaltsrechtlicher Gesichtspunkte – **zu rechtfertigen**. Gerade haushaltsrechtliche Belange legen es nämlich nahe, den Nachteilen einer solchen Überzahlung die Preiswürdigkeit des Ange- 8305 bots im Übrigen gegenüberzustellen und seine Nutzen und Risiken bzw. Nachteile abzuwägen. Die Risiken bestehen im Verlust des auf künftige Leistungen entfallenden Teils der Abschlagzahlung durch etwaige Insolvenz des Auftragnehmers und die sonstigen haushaltsrechtlichen Nachteile im Wesentlichen im drohenden Zinsverlust (KG Berlin, B. v. 15. 3. 2004 – Az.: 2 Verg 17/03).

8306 Setzt ein Bieter für die **Baustelleneinrichtung einen deutlich überhöhten Preis** an, ist dies **in die Wirtschaftlichkeitsprüfung einzubeziehen**. Ordnet nämlich ein Bieter sonstige Kostenanteile dem Baustelleneinrichtungspreis in der Erwartung zu, dass dieser gleich nach Baubeginn ausgezahlt wird, bedeutet dies **im wirtschaftlichen Ergebnis für den Auftraggeber eine verfrühte Vergütungszahlung, die mit Zinsverlusten einhergeht**. Im Ergebnis ist dies aber unerheblich, wenn durch den möglichen Zinsverlust des Auftraggebers die Preisdifferenz zwischen den beiden mindestfordernden Angeboten nicht annähernd ausgeglichen werden kann (Thüringer OLG, Urteil vom 27. 2. 2002 – Az.: 6 U 360/01). In **solchen Fällen ist auch stets die Möglichkeit einer Mischkalkulation zu prüfen** (vgl. dazu die Kommentierung → Rdn. 190 ff.).

8307 Die Position „Baustelleneinrichtung" beeinflusst das Wertungsergebnis. Während auf diese Leistungsposition nämlich vom Auftraggeber üblicherweise Abschlagszahlungen gezahlt werden, ist das Entgelt für sonstige Leistungspositionen nicht vor deren Fertigstellung zu entrichten. Diesem Gesichtspunkt kommt bei der Zuschlagsentscheidung zwischen zwei ansonsten gleichen Angeboten auch entscheidendes Gewicht zu. Denn **ein Angebot mit einer geringeren Abschlagszahlungslast ist für den öffentlichen Auftraggeber wirtschaftlicher (§ 97 Abs. 5 GWB)** als ein vergleichbares Angebot mit einer höheren Abschlagszahlungspflicht (OLG Düsseldorf, B. v. 26. 11. 2003 – Az.: VII – Verg 53/03).

86.9.2.7 Erhebliches Preisrisiko für den Auftraggeber

8308 Werden einzelne Einheitspreise bewusst zu niedrig in ein Angebot eingesetzt, kann sich daraus **bei Mengenänderungen ein erhebliches Preisrisiko für den Auftraggeber** ergeben. Ist das der Fall, kann ein Zuschlag auf ein preislich etwas höheres, aber mit weniger Risiken behaftetes Angebot durchaus wirtschaftlicher sein, da in diesem Fall das niedrigere Angebot unter Berücksichtigung des Wirtschaftlichkeitsgesichtspunkts in Wahrheit nicht das wirtschaftlichste ist. Voraussetzung hierfür ist indessen, dass die fraglichen Einheitspreise ganz erheblich aus dem Rahmen fallen, mit größeren Mengenänderungen bei den betreffenden Positionen gerechnet werden muss und das damit verbundene Preisrisiko für den Auftraggeber beträchtlich ist (Thüringer OLG, Urteil vom 27. 2. 2002 – Az.: 6 U 360/01).

86.9.2.8 Literatur

8309
- Bechtolsheim, Caroline/Fichtner, Leonie, Stolperstein Angemessenheitsprüfung" – Die Prüfung von Auskömmlichkeit und Angemessenheit i. S. von § 25 Nr. 2 II und III VOL/A und § 25 Nr. 3 I VOB/A unter Auswertung aktueller Rechtsprechung, VergabeR 2005, 574
- Konrad, Heinrich, Das Ende so genannter Spekulationsangebote bei öffentlichen Ausschreibungen nach der VOB/A, NZBau 2004, 524
- Leinemann, Ralf, Umgang mit Spekulationspreisen, Dumpingangeboten und Mischkalkulationen, VergabeR 2008, 346
- Stemmer, Darf bei spekulativer Preisbildung mit berichtigten Mengen gewertet werden?, IBR 2005, 233

86.9.3 Auswahl des wirtschaftlichsten Angebots (§ 16 Abs. 6 Nr. 3)

86.9.3.1 Hinweis

8310 Die **Regelung entspricht im Wesentlichen der Vorschrift des Art. 53 Abs. 1 Buchstabe a) der Vergabekoordinierungsrichtlinie**. § 16 Abs. 6 Nr. 3 VOB/A 2009 und §§ 16 Abs. 8, 18 Abs. 1 VOL/A 2009 decken sich inhaltlich im Wesentlichen mit § 97 Abs. 5 GWB. Deshalb erfolgt eine **einheitliche Kommentierung** dieses Teils der vierten Wertungsstufe bei → § 97 GWB Rdn. 908 ff.

86.9.3.2 Modifizierung der VOB/A für Herstellung, Instandsetzung, Instandhaltung oder Änderung von Gebäuden oder Gebäudeteilen durch § 6 Abs. 2 VgV

8311 **86.9.3.2.1 Text.** Bei der Herstellung, Instandsetzung, Instandhaltung oder Änderung von Gebäuden oder Gebäudeteilen sind im Falle des Absatzes 1 die Bestimmungen des Abschnittes 2

Vergabe- und Vertragsordnung für Bauleistungen Teil A VOB/A § 16 **Teil 3**

des Teiles A der Vergabe- und Vertragsordnung für Bauleistungen (VOB/A) mit folgenden Maßgaben anzuwenden:

- § 16 VOB/A findet mit der Maßgabe Anwendung, dass der Energieverbrauch von technischen Geräten und Ausrüstungen, deren Lieferung Bestandteil einer Bauleistung ist, als Kriterium bei der Wertung der Angebote berücksichtigt werden kann.

86.9.3.2.2 Hintergrund (Verordnungsbegründung zu § 6 Abs. 2 VgV). Vgl. die Kommentierung zu → § 7 VOB/A Rdn. 312 ff.   8312

86.9.3.2.3 Regelungstechnischer Anwendungsbereich. Nach § 6 Abs. 2 VgV steht die Anwendung dieser Regelung unter dem **Vorbehalt, dass § 6 Abs. 1 VgV Anwendung findet**; dies wiederum bedeutet, dass die Regelung des § 6 Abs. 2 nur für den Bereich des zweiten Abschnitts der VOB/A zwingend anzuwenden ist, **also nur Ausschreibungen ab den Schwellenwerten betrifft.**   8313

86.9.3.2.4 Sachlicher Anwendungsbereich. § 6 Abs. 2 VgV betrifft **nur solche Leistungsbeschreibungen, die neben den Bauleistungen die Lieferung von technischen Geräten und Ausrüstungen umfassen.**   8314

86.9.3.2.5 Das Zuschlagskriterium „Energieverbrauch". Zu den **Einzelheiten** hinsichtlich des Zuschlagskriteriums „Energieverbrauch" vgl. die Kommentierung zu → § 97 GWB Rdn. 1049 ff.   8315

86.10 Auslegung des Angebots als Mittel zur Behebung von Fehlern oder Unvollständigkeiten

Bei der Auslegung von Angeboten als Mittel zur Behebung ihnen anhaftender **Fehler oder Unvollständigkeiten ist jedenfalls in bestimmten Konstellationen Zurückhaltung geboten**, da Sinn und Zweck der vergaberechtlichen Ausschlussgründe auf dahingehende Vorgaben des Auftraggebers darin liegen, **mehr Transparenz in einem zügigen und für den Auftraggeber leicht zu handhabenden Vergabeverfahren zu schaffen**, in dem die Gleichbehandlung der Bieter sichergestellt ist. Ohnedies kann ein transparentes, die Gleichbehandlung der Bieter respektierendes Vergabeverfahren nur erreicht werden, wenn in jeder sich aus den Verdingungsunterlagen ergebender Hinsicht grundsätzlich ohne weiteres vergleichbare Angebote abgegeben werden. Eine **Auslegung des Angebots ist jedoch nicht schlechthin ausgeschlossen, sondern ist vom Auftraggeber als Mittel der Wahl anzuwenden, wenn sie aus dem Angebot selbst heraus unschwer möglich ist und zu einem unzweifelhaften Ergebnis führt.** Ein genereller und ausnahmsloser Ausschluss jeder Auslegung wäre weder mit dem Verhältnismäßigkeitsgebot noch mit dem Grundsatz der Wirtschaftlichkeit der Beschaffung in Einklang zu bringen (OLG Düsseldorf, B. v. 9. 6. 2010 – Az.: VII-Verg 5/10).   8316

86.11 Angebote mit Abweichungen von technischen Spezifikationen (§ 16 Abs. 7)

Ein Angebot nach § 13 Abs. 2 ist wie ein Hauptangebot zu werten. Nach § 13 Abs. 2 darf eine Leistung, die von den vorgesehenen technischen Spezifikationen abweicht, angeboten werden, wenn sie mit dem geforderten Schutzniveau in Bezug auf Sicherheit, Gesundheit und Gebrauchstauglichkeit gleichwertig ist. Die Abweichung muss im Angebot eindeutig bezeichnet sein. Die Gleichwertigkeit ist mit dem Angebot nachzuweisen.   8317

86.11.1 Sinn und Zweck der Vorschrift

Die Nachweispflicht gemäß § 13 Abs. 2 VOB/A **dient dem Schutz des Auftraggebers und der Erleichterung der Prüfung von Änderungsvorschlägen der Bieter**. Der Auftraggeber soll in die Lage versetzt werden, rasch und zuverlässig die fachliche Geeignetheit (Gleichwertigkeit) eines Nebenangebots zu beurteilen (OLG Düsseldorf, B. v. 4. 7. 2001 – Az.: Verg 20/01).   8318

§ 13 Abs. 2 VOB/A ist eine **Muss-Vorschrift** (1. VK Bund, B. v. 10. 4. 2007 – Az.: VK 1– 20/07; VK Schleswig-Holstein, B. v. 19. 1. 2005 – Az.: VK-SH 37/04).   8319

86.11.2 Begriff der technischen Spezifikation

8320   Zum Begriff der technischen Spezifikation vgl. die Kommentierung zu → § 7 VOB/A Rdn. 193 ff.

86.11.3 Eindeutige Bezeichnung der Abweichung im Angebot

8321   Bei Vorliegen einer Abweichung der „technischen Spezifikation" fordert § 13 Abs. 2 Satz 2 VOB/A die **eindeutige Bezeichnung der Abweichung im Angebot**. Der **Bieter muss nicht nur darlegen, dass er etwas anders macht, sondern auch, was genau er anders macht**. Die eindeutige Bezeichnung der Abweichung ist nämlich Grundbedingung für die Prüfung des abweichenden Angebots durch den Auftraggeber (VK Südbayern, B. v. 23. 10. 2001 – Az.: 34-09/01). In den betreffenden Angebotspositionen, den davon erfassten Positionsgruppen, dem jeweiligen Abschnitt oder unter Umständen im ganzen Angebot ist eindeutig und klar verständlich zu sagen, dass eine Abweichung von den technischen Spezifikationen vorliegt und worin sie liegt (VK Lüneburg, B. v. 21. 10. 2004 – Az.: 203-VgK-47/2004). Der **pauschale Hinweis** im Angebotsschreiben, „systembedingt (seien) naturgemäß Abweichungen in der Technik vorhanden", **genügt nicht** (OLG Koblenz, B. v. 15. 5. 2003 – Az.: 1 Verg. 3/03).

86.11.4 Nachweis der Gleichwertigkeit

86.11.4.1 Zeitpunkt des Nachweises

8322   Nach § 13 Abs. 2 Satz 3 VOB/A, der als **Muss-Vorschrift** zu verstehen ist, ist der nach der genannten Bestimmung erforderliche **Nachweis der Gleichwertigkeit** der abweichenden Leistung mit dem geforderten Schutzniveau in Bezug auf Sicherheit, Gesundheit und Gleichwertigkeit **zusammen mit der Angebotsabgabe** zu erbringen, um Transparenz, Nachprüfbarkeit und Diskriminierungsfreiheit des Verfahrens zu gewährleisten. Liegt die Gleichwertigkeit nicht auf der Hand, bedarf es also eines Nachweises der Gleichwertigkeit schon zusammen mit dem Angebot, um der Antragsgegnerin die notwendige Prüfung zu ermöglichen (BayObLG, B. v. 21. 11. 2001 – Az.: Verg 17/01). Die **Nachweise sind dem Angebot beizufügen**, da es sonst nicht vollständig ist. **Unterlässt** der Bieter den Nachweis, so ist sein **Angebot unvollständig** (Brandenburgisches OLG, B. v. 12. 11. 2002 – Az.: Verg W 16/02; 2. VK Brandenburg, B. v. 28. 11. 2006 – Az.: 2 VK 48/06; 1. VK Bund, B. v. 10. 4. 2007 – Az.: VK 1–20/07; 2. VK Bund, B. v. 24. 4. 2003 – Az.: VK 2–18/03, B. v. 17. 1. 2002 – Az.: VK 2–46/01; VK Münster, B. v. 17. 6. 2005 – Az.: VK 12/05; 1. VK Sachsen, B. v. 8. 7. 2004 – Az.: 1/SVK/ 042-04; VK Schleswig-Holstein, B. v. 19. 1. 2005 – Az.: VK-SH 37/04; VK Südbayern, B. v. 29. 5. 2006 – Az.: 12-04/06; B. v. 6. 4. 2006 – Az.: 06-03/06). Nur wenn die oben genannten Voraussetzungen gegeben sind, ist nach § 16 Abs. 7 VOB/A das Angebot als Hauptangebot zu werten (VK Nordbayern, B. v. 15. 2. 2002 – Az.: 320.VK-3194-02/02; VK Rheinland-Pfalz, B. v. 8. 5. 2002 – Az.: VK 8/02).

86.11.4.2 Nachforderung von fehlenden Nachweisen

8323   Da die zwingende Ausschlussregelung des § 16 Abs. 1 Nr. 1 VOB/A den Fall des § 13 Abs. 2 VOB/A nicht erwähnt, greift die Regelung des § 16 Abs. 1 Nr. 3 VOB/A; eine **Nachforderung fehlender Nachweise ist möglich**.

86.11.4.3 Verzicht auf Nachweise

8324   Ist der öffentliche **Auftraggeber** im Vergabeverfahren **sachverständig beraten**, bestätigt der **Berater die grundsätzliche Gleichwertigkeit** der Abweichung der technischen Spezifikation und gehen sowohl der Auftraggeber als auch der Bieter aufgrund ihrer eigenen oder durch Berater vermittelten Fachkunde übereinstimmend davon aus, dass die **Abweichung von der technischen Spezifikation der Vorgabe des Leistungsverzeichnisses sachlich gleichwertig** ist, darf der Auftraggeber auf den an sich vorgeschriebenen Nachweis einer Gleichwertigkeit selbst ausnahmsweise verzichten (OLG Düsseldorf, B. v. 4. 7. 2001 – Az.: Verg 20/01; VK Hessen, B. v. 6. 7. 2009 – Az.: 69 d VK – 20/2009; VK Schleswig-Holstein, B. v. 19. 1. 2005 – Az.: VK-SH 37/04).

86.11.4.4 Inhaltliche Anforderungen

8325   Ob die Abweichung gewertet werden kann, hängt davon ab, ob sie dem Vorschlag der ausschreibenden Stelle in **qualitativer Hinsicht entspricht**. In der Regel kann ein Sondervorschlag nur dann zum Zuge kommen, wenn er **unter Abwägung aller technischer und wirtschaftlicher gegebenenfalls auch gestalterischer und funktionsbedingter Gesichtspunkten annehmbarer ist als der Auftraggebervorschlag**. Annehmbarer heißt, dass der Bietervorschlag entweder eine bessere Lösung darstellt und nicht teurer ist oder eine gleichwertige Lösung darstellt und preislich günstiger ist (VK Baden-Württemberg, B. v. 21. 5. 2001 – Az.: 1 VK 7/01).

86.11.4.5 Prüfungspflicht des Auftraggebers

86.11.4.5.1 Grundsatz. Der **Auftraggeber muss** ein Angebot mit Abweichungen von den technischen Spezifikationen **mit einer den Umständen angemessenen Sorgfalt und Genauigkeit prüfen**, ob die Abweichungen von den technischen Spezifikationen technisch gleichwertig sind (VK Südbayern, B. v. 23. 10. 2001 – Az.: 34-09/01). Eine **Einzelfallprüfung für jede Einzelposition** ist, unter Umständen unter Hinzuziehung von Beratern und Sachverständigen zwingende Voraussetzung für die fehlerfreie Bewertung der technischen Gleichwertigkeit (1. VK Sachsen, B. v. 7. 10. 2003 – Az.: 1/SVK/111-03, B. v. 3. 4. 2002 – Az.: 1/SVK/020-02, B. v. 8. 4. 2002 – Az.: 1/SVK/022-02). 8326

Zu **eigenen Nachforschungen über die technische Gleichwertigkeit** bei Fehlen des Nachweises ist er jedoch **nicht verpflichtet** (VK Halle, B. v. 27. 8. 2001 – Az.: VK Hal 13/01; VK Südbayern, B. v. 23. 10. 2001 – Az.: 34-09/01). Entscheidend ist, ob der Auftraggeber in der Lage ist, die (mögliche) Annehmbarkeit **beim ersten Vergleich der Angebote und Nebenvorschläge abschätzen zu können**, ohne direkt in Aufklärungsgespräche einsteigen zu müssen (VK Düsseldorf, B. v. 7. 6. 2001 – Az.: VK – 13/2001 – B). 8327

86.11.4.5.2 Firmenbroschüren und Produktkataloge. Firmenbroschüren sind hinsichtlich technischer Einzelheiten **in der Regel nicht aussagekräftig** und genügen den Anforderungen des § 13 Abs. 2 VOB/A nicht. Ein **Produktkatalog ist ebenfalls kein Nachweis im Sinne von § 13 Abs. 2 VOB/A, wenn er eine Vielzahl** von Produktangaben und technischen Daten zu allen möglichen Produktvarianten und Typen, die einem System zugeordnet werden und eingebaut werden können, **enthält und wenn sich daraus nicht ergibt, welche konkreten Typen mit dem in der Leistungsanforderung geforderten technischen Daten vergleichbar und gleichwertig sind**, wenn es also keine Verbindung zwischen dem Produktkatalog, dem Leistungsverzeichnis und dem Angebot gibt, es vielmehr dem Auftraggeber überlassen bleibt, die Angaben selbst aus dem Produktkatalog herauszusuchen und mit dem Angebot abzugleichen (VK Münster, B. v. 17. 6. 2005 – Az.: VK 12/05). 8328

86.11.4.5.3 Beispiele aus der Rechtsprechung zum Prüfungsumfang 8329

– an einer solchen Prüfung der Gleichwertigkeit fehlt es, wenn **weder ein vom Auftraggeber beauftragtes Büro in seiner Zuarbeit noch der Auftraggeber selbst** für alle abweichenden Positionen nachvollziehbar ausführen, aus welchen Gründen die technischen Abweichungen akzeptabel sind. **Lapidare und formelhafte Begründungen** („trotz der Abweichung wird auf Grund jahrelanger Praxiserprobung dieser Maschinen und der Erreichung guter Ergebnisse von einer technischen Gleichwertigkeit ausgegangen") **genügen nicht** (1. VK Sachsen, B. v. 3. 4. 2002 – Az.: 1/SVK/020-02, B. v. 8. 4. 2002 – Az.: 1/SVK/022-02)

– zu einer **Prüfung** eines Alternativfabrikats **auf Gleichwertigkeit gehört eine Gegenüberstellung der Anforderungen des Leistungsverzeichnisses**, gegebenenfalls der Eigenschaften der Leitfabrikats, **mit den diesbezüglichen Eigenschaften des Alternativfabrikats**, das heißt, dass alle Eigenschaften, die Bezug zu Gebrauchstauglichkeit, Sicherheit und Gesundheit haben, verglichen werden müssen (VK Brandenburg, B. v. 26. 2. 2003 – Az.: VK 77/02).

86.11.4.6 Beispiele aus der Rechtsprechung zu Abweichungen von Spezifikationen

– das Nebenangebot der Antragstellerin **ändert durch die Abweichung vom statischen Entwurf der Ausschreibung die technischen Spezifikationen, insbesondere die Statik des ursprünglichen Bauentwurfs**. So wird die Pfahlneigung 1 : 10 aus dem Hauptangebot für das Nebenangebot nicht übernommen (s. von der Antragstellerin vorgelegte Skizze). Auch sieht das Nebenangebot vor, das Bauwerk als Biegesteife Rahmenkonstruktion auszuführen, wobei jedoch die Gefahr der Rissbildung besteht. Weil ein **statischer Nachweis für die Gleichwertigkeit dieser Konzeption dem Nebenangebot nicht beilag, verstößt die Antragstellerin gegen die Vorgaben der Bewerbungsbedingungen und** 8330

Teil 3 VOB/A § 16   Vergabe- und Vertragsordnung für Bauleistungen Teil A

§ 21 Nr. 2 Satz 3 VOB/A. Das **Nebenangebot kann somit nicht gewertet** werden (VK Südbayern, B. v. 6. 4. 2006 – Az.: 06-03/06)

- da der Bieter nicht nachgewiesen hat, dass **PEX-Rohrleitungen gleichwertig mit den ausgeschriebenen Kupferrohrleitungen** sind, ist das Angebot auszuschließen (1. VK Bund, B. v. 4. 3. 2003 – Az.: VK 1–05/03)

- nennt das Leistungsverzeichnis **Mindestabmessungen** für einzelne Leistungsteile, ist daraus unmissverständlich erkennbar, dass diese **Leistungsteile auch größer sein dürfen**. Machen Bieter von dieser, im Leistungsverzeichnis eingeräumten Möglichkeit Gebrauch, beinhaltet das Angebot daher nicht eine „geringfügig abweichende technische Spezifikation" (1. VK Bund, B. v. 1. 3. 2002 – Az.: VK 1–3/02)

- beruft sich ein Auftraggeber rechtmäßigerweise darauf, dass er die **Krankenhausbaurichtlinie anzuwenden hat**, welche als Dämmstoff nicht brennbare Baustoffe fordert, darf er ein Nebenangebot, welches lediglich schwer entflammbare Baustoffe anbietet, von der Wertung ausschließen. Dies ist selbst dann der Fall, wenn die vom Bieter angebotene Konstruktion eine objektiv niedrigere Brandlast (in Übereinstimmung mit der Flachdachrichtlinie) hat, z. B. Ausschreibung einer teilweise bekiesten, teilweise begrünten Betondachkonstruktion (1. VK Sachsen, B. v. 16. 7. 2001 – Az.: 1/SVK/68-01)

- bietet ein Unternehmen **anstelle eines die ganze Baustelle abdeckenden ortsfesten Gerüsts ein verziehbares Arbeits- und Schutzgerüst** an, entstehen dadurch, dass das angebotene Gerüst nicht während der gesamten Bauausführung auf der gesamten Länge der Baustelle vorhanden ist, und dadurch, dass das Gerüst verschoben werden muss, Sicherheitseinbußen gegenüber dem ausgeschriebenen Gerüst; damit ist das **Nebenangebot im Schutzniveau nicht gleichwertig** (VK Münster, B. v. 22. 8. 2002 – Az.: VK 07/02)

- der Bieter muss die **Gleichwertigkeit der Materialien durch Prüfzeugnisse, Gutachten, Qualitätszertifikate etc. nachweisen** (OLG Rostock, B. v. 20. 8. 2003 – Az.: 17 Verg 9/03)

86.11.5 Richtlinie des VHB 2008 zu Abweichungen von technischen Spezifikationen

8331   Angebote über Leistungen mit von der Leistungsbeschreibung abweichenden Spezifikationen sind als Hauptangebot daraufhin zu überprüfen, ob sie mit dem geforderten Schutzniveau in Bezug auf Sicherheit, Gesundheit und Gebrauchstauglichkeit gleichwertig sind und die Gleichwertigkeit nachgewiesen ist (Richtlinien zu 321 – Vergabevermerk: Prüfungs- und Wertungsübersicht – Ziffer 2.2).

86.12 Wertung von Nebenangeboten (§ 16 Abs. 8)

86.12.1 Hinweis

8332   Vgl. zu dem Begriff des Nebenangebotes, zu Sinn und Zweck sowie Risiken eines Nebenangebots, den möglichen Inhalten und zur Zulassung bzw. dem Ausschluss von Nebenangeboten die Kommentierung zu → § 8 VOB/A Rdn. 24 ff.; vgl. zu den Formvorschriften für Nebenangebote die Kommentierung zu → § 16 VOB/A Rdn. 270 ff.

86.12.2 Prüfungsstufen für ein Nebenangebot

8333   Bei Nebenangeboten ist **zunächst** zu prüfen, ob **Nebenangebote überhaupt vom Auftraggeber zugelassen** sind. Danach ist zu prüfen, ob das **Nebenangebot die vorgegebenen Mindestbedingungen erfüllt**. Dabei ist im nächsten Schritt zu klären, ob das **Nebenangebot in der Fassung der Angebotsabgabe den Nachweis der Gleichwertigkeit erbracht** hat. Erst danach ist in einer vierten Stufe zu untersuchen, ob die **behauptete Gleichwertigkeit auch objektiv gegeben** ist. Erst am Schluss dieses Prüfkanons ist die **Vergleichsprüfung** vorzunehmen, ob sich das Nebenangebot gegenüber dem wirtschaftlichsten Hauptangebot oder anderen – wertbaren – Nebenangeboten als **wirtschaftlicher/vorteilhafter** darstellt (1. VK Sachsen, B. v. 5. 2. 2007 – Az.: 1/SVK/125-06; B. v. 10. 11. 2006 – Az.: 1/SVK/096-06; B. v. 23. 5. 2003 – Az.: 1/SVK/030-03).

8334   Die Wertung eines Nebenangebots erfordert also einen **zusätzlichen, bei Hauptangeboten nicht erforderlichen Prüfungsschritt**: Festzustellen ist, ob das Nebenangebot im Verhältnis zu den Vorgaben des Leistungsverzeichnisses und den daraufhin abgegebenen Hauptangeboten **qualitativ und quantitativ gleichwertig** ist (OLG Naumburg, B. v. 8. 2. 2005 – Az.: 1 Verg 20/04; 1. VK Bund, B. v. 26. 3. 2002 – Az.: VK 1–07/02, B. v. 19. 4. 2002 – Az.: VK 1–09/02; VK Hessen, B. v. 16. 7. 2004 – Az.: 69 d – VK – 39/2004; VK Nordbayern, B. v. 15. 10. 2008 – Az.: 21.VK – 3194 – 48/08). **Fehlt es daran, darf das Nebenangebot nicht berücksichtigt werden.** Andernfalls würde die Vergabestelle nachträglich das ursprüngliche Anforderungsprofil verändern, was im Widerspruch zum Gebot der Gleichbehandlung aller Bieter stünde. Gleichwertigkeit setzt auf jeden Fall voraus, dass die Variante den Zweck, den der Auftraggeber mittels der nachgefragten Leistung erkennbar erreichen will, erfüllen kann. Sie muss dem Willen des Auftraggebers in technischer und wirtschaftlicher Hinsicht gerecht werden. Zur Gleichwertigkeit gehören auch die technische Durchführbarkeit und die baurechtliche Zulässigkeit (VK Nordbayern, B. v. 15. 10. 2008 – Az.: 21.VK – 3194 – 48/08).

86.12.3 Wertungskriterien für Nebenangebote

86.12.3.1 Allgemeines

Es gibt eine sehr umfangreiche Rechtsprechung dazu, unter welchen formalen und inhaltlichen Voraussetzungen Nebenangebote zu werten sind. Im Ergebnis kreist die Diskussion über die inhaltliche Gleichwertigkeit immer darum, **ob Nebenangebote zu dem Hauptangebot gleichwertig** sind. Das Merkmal der Gleichwertigkeit findet sich allerdings weder in den Basisparagraphen noch in den a-Paragraphen; es ist lediglich in § 13 Abs. 2 für die Fallgruppe der Abweichung von technischen Spezifikationen erwähnt; solche Abweichungen von technischen Spezifikationen gelten aber nach § 16 Abs. 7 gerade nicht als Nebenangebot (ein instruktives Beispiel für die Parallelität der Gleichwertigkeitsprüfung findet sich in der Entscheidung des Brandenburgischen OLG, B. v. 20. 8. 2002 – Az.: Verg W 6/02).

8335

86.12.3.2 Formale Wertungskriterien für Nebenangebote

Vgl. dazu die Kommentierung → Rdn. 270 ff.

8336

86.12.3.3 Wertung von Nebenangeboten bei dem alleinigen Zuschlagkriterium des Preises?

Die Wertung von „Varianten" im Sinne des Art. 24 der Richtlinie 2004/18/EG (VKR) **scheidet** bereits deswegen **aus**, wenn als **Zuschlagskriterium allein der Preis** genannt ist (OLG Düsseldorf, B. v. 18. 10. 2010 – Az.: VII-Verg 39/10; B. v. 23. 3. 2010 – Az.: VII-Verg 61/09). Bei richtlinienkonformem Verständnis der in den Vergabeordnungen über Nebenangebote getroffenen Bestimmungen dürfen bei Erreichen des maßgebenden Schwellenwerts **Nebenangebote nur bei Aufträgen, die nach dem Kriterium des wirtschaftlich günstigsten Angebots vergeben werden, nicht indes bei Auftragsvergaben allein nach dem Kriterium des niedrigsten Preises zugelassen** werden – vgl. Art. 24 Abs. 1, Art. 53 Abs. 1 Richtlinie 2004/18 – (OLG Düsseldorf, B. v. 15. 6. 2010 – Az.: VII-Verg 10/10).

8337

86.12.3.4 Inhaltliche Wertungskriterien für Nebenangebote

86.12.3.4.1 Rechtsprechung des Europäischen Gerichtshofes. Nach der Rechtsprechung des Europäischen Gerichtshofes ist ein öffentlicher Auftraggeber, der nicht ausgeschlossen hat, dass Nebenangebote vorgelegt werden, **verpflichtet, in den Vergabeunterlagen die Mindestanforderungen zu erläutern, die diese Nebenangebote erfüllen müssen**. Denn nur eine Erläuterung in den Vergabeunterlagen ermöglicht den Bietern in gleicher Weise die Kenntnis von den Mindestanforderungen, die ihre Nebenangebote erfüllen müssen, um vom Auftraggeber berücksichtigt werden zu können. Es geht dabei um eine **Verpflichtung zur Transparenz, die die Beachtung des Grundsatzes der Gleichbehandlung der Bieter gewährleisten soll**, der bei jedem von der Richtlinie erfassten Vergabeverfahren für Aufträge einzuhalten ist (OLG Düsseldorf, B. v. 19. 5. 2010 – Az.: VII-Verg 4/10; 1. VK Bund, B. v. 20. 8. 2008 – Az.: VK 1–108/08; 3. VK Bund, B. v. 3. 2. 2010 – Az.: VK 3 – 1/10; VK Nordbayern, B. v. 18. 7. 2007 – Az.: 21.VK – 3194 – 27/07). Hat der Auftraggeber entgegen Art. 24 Abs. 3 der Vergabekoordinierungsrichtlinie keine Angaben zu Mindestanforderungen gemacht, **kann** folglich **ein Nebenangebot selbst dann nicht berücksichtigt werden, wenn die Nebenangebote nicht**, wie in Art. 24 Abs. 2 vorgesehen, in der Bekanntmachung **für unzulässig erklärt worden** sind (EuGH, Urteil v. 16. 10. 2003 – Az.: C-421/01; OLG Brandenburg, B. v. 29. 7. 2008 – Az.: Verg W 10/08; B. v. 20. 3. 2007 – Az.: Verg W 12/06; OLG

8338

Teil 3 VOB/A § 16   Vergabe- und Vertragsordnung für Bauleistungen Teil A

Düsseldorf, B. v. 23. 12. 2009 – Az.: VII-Verg 30/09; B. v. 22. 8. 2007 – Az.: VII – Verg 20/07; B. v. 29. 3. 2006 – Az.: VII – Verg 77/05; B. v. 27. 4. 2005 – Az.: VII – Verg 23/05; OLG Rostock, B. v. 5. 7. 2006 – Az.: 17 Verg 7/06; OLG München, B. v. 12. 11. 2010 – Az.: Verg 21/10; VK Baden-Württemberg, B. v. 13. 8. 2009 – Az.: 1 VK 37/09; 1. VK Brandenburg, B. v. 16. 5. 2007 – Az.: 1 VK 13/07; 2. VK Bund, B. v. 17. 7. 2008 – Az.: VK 2–67/08; VK Niedersachsen, B. v. 24. 2. 2009 – Az.: VgK-57/2008; VK Nordbayern, B. v. 18. 12. 2007 – Az.: 21.VK – 3194 – 47/07; B. v. 4. 10. 2005 – Az.: 320.VK – 3194 – 30/05; B. v. 11. 8. 2005 – Az.: 320.VK-3194-25/05; B. v. 21. 7. 2004 – Az.: 320.VK – 3194 – 24/04; VK Südbayern, B. v. 29. 4. 2009 – Az.: Z3-3-3194-1-11–03/09; VK Thüringen, B. v. 15. 5. 2009 – Az.: 250–4002.20–2493/2009-003–EIC; B. v. 5. 5. 2009 – Az.: 250–4002.20–2398/2009-002-ABG). Der **allgemeine Hinweis des Auftraggebers auf das Erfordernis einer Gleichwertigkeit des Nebenangebots mit dem Hauptangebot genügt nicht** (OLG Brandenburg, B. v. 29. 7. 2008 – Az.: Verg W 10/08; OLG Düsseldorf, B. v. 23. 12. 2009 – Az.: VII-Verg 30/09; B. v. 29. 3. 2006 – Az.: VII – Verg 77/05; VK Nordbayern, B. v. 18. 12. 2007 – Az.: 21.VK – 3194 – 47/07).

8339   Für **Vergaben ab den Schwellenwerten** ist diese Rechtsprechung über die Regelung des § 16 a Abs. 3 in die VOB/A eingefügt worden.

8340   **86.12.3.4.2 Konsequenzen aus der Rechtsprechung des Europäischen Gerichtshofes. 86.12.3.4.2.1 Grundsatz.** Es ist damit nicht mehr zulässig – zumindest für Ausschreibungen ab den Schwellenwerten – Nebenangebote überhaupt zu prüfen oder werten, wenn der Auftraggeber versäumt hat, die **Mindestanforderungen zu erläutern, die diese Nebenangebote erfüllen müssen** (OLG Brandenburg, B. v. 29. 7. 2008 – Az.: Verg W 10/08; B. v. 20. 3. 2007 – Az.: Verg W 12/06; OLG Düsseldorf, B. v. 23. 12. 2009 – Az.: VII-Verg 30/09; B. v. 10. 12. 2008 – Az.: VII-Verg 51/08; B. v. 22. 8. 2007 – Az.: VII – Verg 20/07; OLG Koblenz, B. v. 31. 5. 2006 – Az.: 1 Verg 3/06; OLG München, B. v. 12. 11. 2010 – Az.: Verg 21/10; B. v. 11. 8. 2005 – Az.: Verg 012/05; B. v. 15. 7. 2005 – Az.: Verg 014/05; B. v. 5. 7. 2005 – Az.: Verg 009/05; BayObLG, B. v. 22. 6. 2004 – Az.: Verg 013/04; OLG Rostock, B. v. 5. 7. 2006 – Az.: 17 Verg 7/06; Schleswig-Holsteinisches OLG, B. v. 15. 2. 2005 – Az.: 6 Verg 6/04; VK Arnsberg, B. v. 13. 6. 2006 – Az.: VK 15/06; B. v. 16. 8. 2005 – Az.: VK 14/2005; B. v. 16. 8. 2005 – Az.: VK 13/2005; VK Brandenburg, B. v. 16. 5. 2007 – Az.: 1 VK 13/07; B. v. 18. 10. 2005 – Az.: 2 VK 56/05; B. v. 5. 4. 2005 – Az.: VK 9/05; B. v. 1. 3. 2005 – Az.: VK 8/05; B. v. 28. 2. 2005 – VK 02/05; 1. VK Bund, B. v. 30. 9. 2005 – Az.: VK 1–122/05; 2. VK Bund, B. v. 25. 4. 2005 – Az.: VK 2–21/05; VK Düsseldorf, B. v. 8. 8. 2005 – Az.: VK-07/2005-B; VK Lüneburg, B. v. 19. 4. 2005 – Az.: VgK-11/2005; VK Münster, B. v. 10. 3. 2006 – Az.: VK 2/06; B. v. 25. 1. 2006 – Az.: VK 23/05; B. v. 21. 12. 2005 – Az.: VK 25/05; VK Nordbayern, B. v. 18. 12. 2007 – Az.: 21.VK – 3194 – 47/07; B. v. 7. 11. 2005 – Az.: 320.VK – 3194 – 35/05; B. v. 4. 10. 2005 – Az.: 320.VK – 3194 – 30/05; B. v. 11. 8. 2005 – Az.: 320.VK-3194-25/05; B. v. 18. 1. 2005 – Az.: 320.VK – 3194 – 54/04; B. v. 2. 12. 2004 – Az.: 320.VK – 3194 – 47/04; B. v. 24. 8. 2004 – Az.: 320.VK – 3194 – 30/04; B. v. 6. 8. 2004 – Az.: 320.VK – 3194 – 26/04; 1. VK Sachsen, B. v. 9. 1. 2006 – Az.: 1/SVK/149-05; VK Südbayern, B. v. 29. 4. 2009 – Az.: Z3-3-3194-1-11–03/09; B. v. 27. 4. 2006 – Az.: 04-02/06; B. v. 10. 6. 2005 – Az.: 20-04/05, B. v. 3. 5. 2005 – Az.: 15-03/05, B. v. 23. 8. 2004, Az.: 120.3–3194.1–48-07/04; VK Thüringen, B. v. 15. 5. 2009 – Az.: 250–4002.20–2493/2009-003–EIC; B. v. 5. 5. 2009 – Az.: 250–4002.20–2398/2009-002-ABG; B. v. 1. 11. 2004 – Az.: 360–4002.20–033/04-MGN).

8341   **86.12.3.4.2.2 Notwendigkeit der Erläuterung der technischen Mindestanforderungen? 86.12.3.4.2.2.1 Grundsätze.** Streitig ist in der Rechtsprechung, ob zur Erfüllung der vom Europäischen Gerichtshof aufgestellten Forderung genügt, **ob – lediglich – formale Mindestanforderungen oder ob auch technische Mindestanforderungen formuliert werden müssen.**

8342   Nach einer Auffassung kann der **Auftraggeber, der von bestimmten technischen Entwicklungen oder neuen Produkten auf dem Markt keine Kenntnis hat, eine Leistungsbeschreibung gar nicht formulieren**, die diese Möglichkeiten einbezieht. Das bedeutet, dass der Bieter sein Nebenangebot selbst so planen und kalkulieren muss, dass es keine unabwägbaren Risiken wie z. B. das Mengen- und Preis- oder Realisierungsrisiko enthält. Folgt man der Gegenansicht, würde das Risiko der Leistungsbeschreibung für Nebenangebote dem öffentlichen Auftraggeber zugemutet, was letztlich dazu führen würde, dass **aufgrund mangelnder Kenntnis von neuen Produkten oder Entwicklungen Nebenangebote nicht mehr zugelassen werden könnten**, wenn der öffentliche Auftraggeber diese nicht schon bei

Erstellung der Leistungsbeschreibung im Blick gehabt hätte. **Eine derartige Betrachtung würde dem Zweck von Nebenangeboten zuwiderlaufen und ist daher vom EuGH auch so nicht formuliert worden** (2. VK Bund, B. v. 25. 4. 2005 – Az.: VK 2–21/05; VK Lüneburg, B. v. 22. 3. 2006 – Az.: VgK-05/2006; B. v. 20. 3. 2006 – Az.: VgK-04/2006; B. v. 27. 6. 2005 – Az.: VgK-23/2005; B. v. 20. 5. 2005 – Az.: VgK-18/2005; B. v. 3. 5. 2005 – Az.: VgK-14/2005; B. v. 19. 4. 2005 – Az.: VgK-11/2005; B. v. 11. 1. 2005 – Az.: 203-VgK-55/2004; B. v. 6. 12. 2004 – Az.: 203-VgK-50/2004; VK Schleswig-Holstein, B. v. 3. 11. 2004 – Az.: VK-SH 28/04).

Die durch Artikel 24 Abs. 4 VKR geforderten Mindestanforderungen **sollen lediglich gewährleisten, dass sich die Bieter über den Rahmen klar sind, in dem sie von den Festlegungen für das Hauptangebot abweichen dürfen und mit einer Akzeptanz ihrer Nebenangebote rechnen können**. Dazu bedarf es grundsätzlich **keiner Festlegung von Mindestbedingungen in Form eines „Schattenleistungsverzeichnisses" für Nebenangebote** (VK Lüneburg, B. v. 22. 3. 2006 – Az.: VgK-05/2006; B. v. 20. 3. 2006 – Az.: VgK-04/2006). 8343

Nach anderer Auffassung **müssen die Vergabeunterlagen auch technische Mindestanforderungen enthalten** (OLG Brandenburg, B. v. 29. 7. 2008 – Az.: Verg W 10/08; B. v. 20. 3. 2007 – Az.: Verg W 12/06; OLG Düsseldorf, B. v. 23. 12. 2009 – Az.: VII-Verg 30/09; OLG Koblenz, B. v. 26. 7. 2010 – Az.: 1 Verg 6/10; B. v. 31. 5. 2006 – Az.: 1 Verg 3/06; BayObLG, B. v. 22. 6. 2004 – Az.: Verg 13/04; VK Nordbayern, B. v. 18. 7. 2007 – Az.: 21.VK – 3194 – 27/07). **Rein formelle Vorgaben in den Verdingungsunterlagen, die bei der Abgabe von Nebenangeboten einzuhalten sind, genügen nicht**, z. B. Vorgaben zur äußeren Form des Nebenangebots (deutliche Kennzeichnung als Nebenangebot, umfassende Beschreibung etc.) und inwieweit sie auch ohne die Abgabe eines Hauptangebots zugelassen sind. Dem Transparenzgrundsatz ist jedoch nur dann gedient, wenn ein Mindestmaß an inhaltlichen Vorgaben, denen die Nebenangebote entsprechen müssen, in den Verdingungsunterlagen enthalten ist (OLG Brandenburg, B. v. 29. 7. 2008 – Az.: Verg W 10/08; B. v. 20. 3. 2007 – Az.: Verg W 12/06; OLG Düsseldorf, B. v. 23. 12. 2009 – Az.: VII-Verg 30/09; OLG Koblenz, B. v. 31. 5. 2006 – Az.: 1 Verg 3/06; OLG München, B. v. 5. 7. 2005 – Az.: Verg 009/05; 1. VK Brandenburg, B. v. 16. 5. 2007 – Az.: 1 VK 13/07; B. v. 18. 10. 2005 – Az.: 2 VK 56/05; B. v. 1. 3. 2005 – Az.: VK 8/05; B. v. 21. 12. 2004 – Az.: VK 64/04; 1. VK Bund, B. v. 30. 9. 2005 – Az.: VK 1–122/05; B. v. 24. 3. 2005 – Az.: VK 1–14/05; 2. VK Bund, B. v. 25. 4. 2005 – Az.: VK 2–21/05; VK Düsseldorf, B. v. 8. 8. 2005 – Az.: VK-07/2005-B; VK Münster, B. v. 10. 3. 2006 – Az.: VK 2/06; B. v. 25. 1. 2006 – Az.: VK 23/05; VK Niedersachsen, B. v. 24. 2. 2009 – Az.: VgK-57/2008; VK Nordbayern, B. v. 7. 11. 2005 – Az.: 320.VK – 3194 – 35/05; im Ergebnis ebenso VK Südbayern, B. v. 29. 4. 2009 – Az.: Z3-3-3194-1-11–03/09; B. v. 27. 4. 2006 – Az.: 04-02/06). 8344

Die nationalen Vorschriften werden überlagert von der für Vergabeverfahren oberhalb der Schwellenwerte geltenden Richtlinie 2004/18/EG des Europäischen Parlamentes und des Rates vom 31. März 2004. Unter dem **Begriff „Varianten" ist dort in Art. 24 Abs. 3 zu Nebenangeboten und Änderungsvorschlägen geregelt**, dass die öffentlichen Auftraggeber in den Verdingungsunterlagen anzugeben haben, welche Mindestanforderungen die Varianten erfüllen müssen und in welcher Art und Weise sie einzureichen sind. Nach **Art. 24 Abs. 4 dürfen sie nur Varianten berücksichtigen**, die die von ihnen verlangten Mindestanforderungen erfüllen. Der Wortlaut der Richtlinienbestimmungen unterscheidet hinsichtlich der in den Verdingungsunterlagen aufzunehmenden Vorgaben zwischen „der Art und Weise", in der Nebenangebote einzureichen sind, und den „Mindestanforderungen, die Varianten (Änderungsvorschläge) erfüllen müssen". Diese **Differenzierung zeigt, dass das Aufstellen rein formaler Wertungsvoraussetzungen für Nebenangebote nicht ausreichend sein kann, denn sie beträfen nur die „Art und Weise" der Einreichung solcher Angebote. Fordern die Richtlinien darüber hinaus Mindestanforderungen, so können damit nur leistungsbezogene, d. h. sachlich-technische Vorgaben gemeint sein** (OLG Brandenburg, B. v. 20. 3. 2007 – Az.: Verg W 12/06; 1. VK Brandenburg, B. v. 16. 5. 2007 – Az.: 1 VK 13/07; VK Südbayern, B. v. 29. 4. 2009 – Az.: Z3-3-3194-1-11–03/09). 8345

Da der europäische Gesetzgeber und der EuGH den Grundsätzen der Transparenz und Chancengleichheit aller Bieter die **höchste Priorität** einräumen, ist der **Einwand der mangelnden Praktikabilität** aufgrund eines erheblichen zusätzlichen Planungsaufwandes durch die Vergabestelle in diesem Zusammenhang zurückzuweisen. Auch die **Problematik, dass die Forderung von Mindestbedingungen für Nebenangebote dem Sinn und Zweck des Verga- 8346 beverfahrens entgegenstünden, da sonst kostengünstige und innovative Unternehmen nicht mehr zum Zug kämen, ist vor diesem Hintergrund **hinzunehmen** (OLG Brandenburg, B. v. 20. 3. 2007 – Az.: Verg W 12/06; OLG Koblenz, B. v. 31. 5. 2006 – Az.: 1 Verg 3/06; 1. VK Brandenburg, B. v. 16. 5. 2007 – Az.: 1 VK 13/07; VK Düsseldorf, B. v. 8. 8. 2005 – Az.: VK-07/2005-B).

8347   Die **Zielvorstellung des nationalen Rechts (Praktikabilität) ist nicht die der europäischen Vergaberichtlinie**. Ihr geht es vielmehr um die **Verpflichtung zur Transparenz und die Gewährleistung der Gleichbehandlung aller Bieter**. Diese **Bestrebung ist als vorrangig zu akzeptieren**. Entscheidend ist daher der Gesichtspunkt, dass alle an der Abgabe von Nebenangeboten interessierten Bieter mit denselben Vorgaben umgehen und nur diejenigen Berücksichtigung finden sollen, die mit ihren Angeboten die aufgestellten Anforderungen erfüllen. Nur in diesem Rahmen kann der Zweck der nationalen Vorschriften noch Berücksichtigung finden (OLG Brandenburg, B. v. 20. 3. 2007 – Az.: Verg W 12/06; OLG Koblenz, B. v. 31. 5. 2006 – Az.: 1 Verg 3/06; 1. VK Brandenburg, B. v. 16. 5. 2007 – Az.: 1 VK 13/07).

8348   **86.12.3.4.2.2.2 Einzelfälle.** Mit diesen Vorgaben sollen den Bietern Anhaltspunkte bei der Fertigung von Nebenangeboten gegeben werden und es soll **verhindert werden, dass ein Bieter von der Vergabestelle nicht erwünschte Abweichungen erarbeitet, die von vorn herein keine Chance auf Berücksichtigung haben**. Für die Abgabe von Nebenangeboten wird den Bietern somit ein Spielraum in der Weise eingeräumt, dass die inhaltlichen Anforderungen an Hauptangebote gelockert und Bedingungen speziell für Nebenangebote beschrieben werden. Der allgemeine **Hinweis, dass das Nebenangebot alle Leistungen umfassen muss, die zu einer einwandfreien Ausführung der Bauleistung erforderlich sind, genügt nicht** (VK Südbayern, B. v. 29. 4. 2009 – Az.: Z3-3-3194-1-11–03/09).

8349   Lässt der Auftraggeber Nebenangebote zu, muss er **mit Positiv- oder Negativkriterien den Rahmen abstecken, innerhalb dessen sich die Nebenangebote bewegen sollen**. Dafür ist nicht erforderlich, **sich im Voraus auf jede denkbare Variante einzustellen** oder gar für jede Position der Leistungsbeschreibung Mindestanforderungen aufzustellen (OLG Koblenz, B. v. 26. 7. 2010 – Az.: 1 Verg 6/10).

8350   Die **Mindestbedingungen dürfen nicht lediglich abstrakt und für die Gestaltung von Nebenangeboten „inhaltsleer"** sein, sondern müssen sich auf den Beschaffungsvorgang und die konkrete Ausgestaltung von Nebenangeboten beziehen. Dies ist insbesondere dann zu beachten, wenn die Erstellung von Angeboten und auch von Nebenangeboten für die Bieter teilweise mit einem erheblichen finanziellen Aufwand verbunden ist; die **Bieter müssen in der Lage sein, klar zu erkennen, was als Nebenangebot zugelassen** ist, um diesen Aufwand nicht umsonst zu betreiben. Auf der anderen Seite **muss auch klar sein, in welchem Rahmen Nebenangebote zugelassen sind, damit es nicht zu Wettbewerbsverzerrungen kommt**, indem ein Bieter von der Abgabe eines ihm durchaus möglichen Nebenangebots Abstand nimmt in der Annahme, ein solches sei nicht zugelassen (3. VK Bund, B. v. 3. 2. 2010 – Az.: VK 3 – 1/10).

8351   Die in dem **Formblatt EVM(B) BWB/E 212 des Vergabehandbuches enthaltenen Bedingungen** für die Einreichung von Nebenangeboten stellen nach dieser Auffassung **solche Anforderungen nicht dar** (VK Brandenburg, B. v. 16. 5. 2007 – Az.: 1 VK 13/07; B. v. 5. 4. 2005 – Az.: VK 9/05; B. v. 1. 3. 2005 – Az.: VK 8/05; B. v. 28. 2. 2005 – VK 02/05; 1. VK Bund, B. v. 30. 9. 2005 – Az.: VK 1–122/05).

8352   Es kann **auch nicht auf die Anforderungen zurückgegriffen werden, welche das Leistungsverzeichnis aufstellt**. Denn das Leistungsverzeichnis befasst sich nur mit den Anforderungen, welche an das Hauptangebot gestellt werden. Hingegen ist es Sinn eines Nebenangebotes, eine vom Hauptangebot abweichende Lösung vorzuschlagen. Würde man also die Mindestanforderungen an Nebenangebote mit den Anforderungen an Hauptangebote gleichstellen, könnte es keine Nebenangebote mehr geben, weil diese dem Leistungsverzeichnis gerade nicht entsprechen (VK Brandenburg, B. v. 16. 5. 2007 – Az.: 1 VK 13/07). Das **Argument, es sei der Vergabestelle in der Praxis unmöglich, im Vorhinein alle Kriterien anzugeben**, da sie nicht wisse und auch nicht wissen könne, in welchen Punkten Alternativen angeboten würden, **greift nicht durch**. Denn der Auftraggeber ist in der Lage, seine Erwartungen an die ausgeschriebene Leistung und die in den einzelnen Unterpunkten enthaltenen Leistungsbeschreibungen zu formulieren. In der **Ausschreibung einer Bauleistung dürfte vor allem das vom Auftraggeber erwartete Ergebnis zu formulieren sein** (1. VK Bund, B. v. 30. 9. 2005 – Az.: VK 1–122/05).

Anderer Auffassung ist insoweit das **OLG Düsseldorf**. Auch wenn sich die **inhaltlichen** 8353 **Mindestanforderungen an Nebenangebote nicht von den auch auf Hauptangebote anzuwendenden Anforderungen unterscheiden**, der **Auftraggeber** aber unter den für Hauptangebote geltenden Bedingungen für Nebenangebote indes eine **inhaltliche Auswahl trifft, genügt dies dem Erfordernis der Bestimmung eines Mindestmaßes von Anforderungen für Nebenangebote** (OLG Düsseldorf, B. v. 23. 12. 2009 – Az.: VII-Verg 30/09; B. v. 22. 8. 2007 – Az.: VII – Verg 20/07). Die **Anforderungen, wonach Änderungsvorschläge/Nebenangebote den Konstruktionsprinzipien und den vom Auftraggeber vorgesehenen Planungsvorgaben entsprechen müssen, stellen hinreichende inhaltliche Mindestanforderungen dar**. Indem der Auftraggeber die Mindestanforderungen auf Planungsvorgaben und Konstruktionsprinzipien beschränkt, trifft der Auftraggeber zugleich eine inhaltliche Auswahl unter den Bedingungen, die für die Hauptangebote gelten sollen. Dieses genügt einem erforderlichen Mindestmaß an Anforderungen für Nebenangebote, die nicht lediglich abstrakt und für die konkrete Gestaltung von Nebenangeboten inhaltsleer sein dürfen (OLG Düsseldorf, B. v. 23. 12. 2009 – Az.: VII-Verg 30/09; 2. VK Bund, B. v. 17. 7. 2008 – Az.: VK 2–67/08; B. v. 25. 4. 2005 – Az.: VK 2–21/05; B. v. 14. 12. 2004 – Az.: VK 2–208/04; 3. VK Bund, B. v. 3. 2. 2010 – Az.: VK 3 – 1/10; ähnlich 2. VK Brandenburg, B. v. 18. 10. 2005 – Az.: 2 VK 56/05).

Einen ähnlich praktikablen Ansatz wählt das OLG Düsseldorf, wenn eine **Kombination der** 8354 **Festlegung, dass die Qualitätsstandards für Hauptangebote von Nebenangeboten nicht unterschritten werden dürfen** und der **Festlegung, dass Nebenangebote zugelassen werden, um die Erzielung einer gleich bleibenden Qualität durch von der Leistungsbeschreibung abweichende und gegebenenfalls günstigere Lösungen zu ermöglichen**, verbunden mit der Forderung, dass im **Nebenangebot nachvollziehbar und plausibel erläutert** wird, durch welches Verfahren oder welche Methode der Bieter dieses Ziel erreichen will, der Anforderung der Festlegung von Mindeststandards für Nebenangebote **genügt**. Diese Anforderungen an Nebenangebote sind eindeutig, konkret und verständlich (OLG Düsseldorf, B. v. 19. 5. 2010 – Az.: VII-Verg 4/10).

Nicht ausreichend ist, wenn die **Vergabeunterlagen auf eine nationale Rechtsvorschrift** 8355 verweisen, nach der **Nebenangebote qualitativ gleichwertig mit der ausgeschriebenen Leistung sein müssen**. Vielmehr ist **erforderlich**, dass die **Vergabeunterlagen ein Mindestmaß an inhaltlichen Vorgaben enthalten**, die Nebenangebote zu erfüllen haben; die Anforderungen dürfen nicht lediglich abstrakt und für die konkrete Gestaltung von Nebenangeboten „inhaltsleer" sein, sondern müssen sich auf den konkreten Beschaffungsvorgang und die konkrete Ausgestaltung von Nebenangeboten beziehen (1. VK Bund, B. v. 20. 8. 2008 – Az.: VK 1–108/08; VK Niedersachsen, B. v. 24. 2. 2009 – Az.: VgK-57/2008).

Entscheidend und ausreichend ist es, dass der Auftraggeber **u. a. mit der Bezugnahme auf** 8356 **die in Plänen zum Ausdruck kommenden Gestaltungsmerkmale, aber auch mit den weiteren technischen Anforderungen** – beispielsweise dem Verbot, das Lichtraumprofil unter der Brücke, die Nutzbreite auf der Brücke und den Rampen, die Tragfähigkeit der Brücke und die Gradiente zu verändern oder in einer Abmagerungsangebot zu unterbreiten – den **Spielraum für die Bieter so klar definiert hat, dass trotz der Zulassung von Nebenangeboten nicht gänzlich Unvergleichbares miteinander verglichen werden muss**, sondern auf transparente Weise eine gemeinsame Basis für den Wettbewerb geschaffen wurde. Dass dabei letztlich ein gewisser Beurteilungsspielraum des Auftraggebers verbleibt, ist weder zu beanstanden noch stellt dies ein Spezifikum der Bewertung von Nebenangeboten dar (2. VK Bund, B. v. 17. 7. 2008 – Az.: VK 2–67/08).

Ähnlich argumentiert das Schleswig-Holsteinische OLG (B. v. 15. 2. 2005 – Az.: 6 Verg 8357 6/04),wenn es fordert, dass die Angabe von Mindestbedingungen **nur dort erforderlich** ist, wo **Nebenangebote eine Anforderung betreffen, die nicht schon aus dem Kontext der Vergabeunterlagen heraus hinreichend klar bestimmbar** sind (ebenso VK Schleswig-Holstein, B. v. 7. 5. 2008 – Az.: VK-SH 05/08).

Ähnlich argumentiert das OLG Düsseldorf. Werden **inhaltliche Mindestanforderungen**, 8358 die Nebenangebote zu erfüllen haben, **nur negativ umschrieben, ist dies nicht zu beanstanden**, sofern dadurch jedenfalls inhaltliche Mindestanforderungen aufgestellt worden sind (OLG Düsseldorf, B. v. 10. 12. 2008 – Az.: VII-Verg 51/08).

Ähnlich argumentiert auch die VK Arnsberg mit der **Bewertung, dass der Auftraggeber** 8359 **nur dazu verpflichtet sein kann, die für ihn erkennbaren Rahmen zu umreißen**, den die gewünschte Leistung benötigt (VK Arnsberg, B. v. 13. 6. 2006 – Az.: VK 15/06; B. v. 16. 8. 2005 – Az.: VK 13/2005).

8360 Ähnlich argumentiert auch die VK Münster. Eine Vergabestelle ist nicht verpflichtet, positiv alle möglichen Gesichtspunkte aufzuführen, die von einem Nebenangebot erfüllt werden sollen. Dies kann sie in der Regel auch nicht und dies würde auch dazu führen, dass die Bieter keine innovativen Vorschläge zum Entwurf der ausschreibenden Stelle mehr machen können. Vielmehr ist es völlig ausreichend, wenn eine **Vergabestelle eine „Negativabgrenzung" macht, indem sie klarstellt, welche Besonderheiten oder Mindestanforderungen ein Nebenangebot erfüllen soll.** In diesem Sinne hat der öffentliche Auftraggeber in seinen Verdingungsunterlagen aus Gründen der Transparenz und Gleichbehandlung zu erläutern, welche grundlegenden Anforderungen die Nebenangebote erfüllen müssen. Schließlich **bestimmt der Artikel 24 der Vergabekoordinierungsrichtlinie lediglich, dass Mindestanforderungen gestellt werden, aber es wird nicht verlangt, dass ein öffentlicher Auftraggeber „Mindestinhalte" für Nebenangebote positiv formuliert und diese den Bietern vorgibt** (VK Münster, B. v. 25. 1. 2006 – Az.: VK 23/05). Folgende Hinweise für Nebenangebote erfüllen diese Voraussetzung:

– wenn im Nebenangebot die Ausführungsfrist geändert werden sollte, dann ist aber der Fertigstellungstermin zu beachten;

– die Kostensumme im Nebenangebot ist wie im Hauptangebot nach Einzelpreisen aufzugliedern;

– rechtsverbindliche Unterschrift im Nebenangebot und eine Massengarantie;

– andere Rohr- und Schachtmaterialien (wie im Entwurf der ausschreibenden Stelle) werden nicht zugelassen

(VK Münster, B. v. 10. 3. 2006 – Az.: VK 2/06; B. v. 21. 12. 2005 – Az.: VK 25/05).

8361 Soweit für die ausgeschriebenen Leistungen gesetzliche Bestimmungen bzw. Rechtsverordnungen gelten (z. B. KrW-/AbfG, BImSchG, BBodSchG; Berufsgenossenschaftliches Regelwerk (BGR)), **bedarf es deren Angabe (Wiederholung) als „Mindestbedingungen" in den Ausschreibungsunterlagen nicht.** Der Auftraggeber ist auch **nicht gehalten, die aus allgemein geltenden öffentlich-rechtlichen Vorschriften abzuleitenden Prozess- oder Produktanforderungen in der Ausschreibung zu benennen** (Schleswig-Holsteinisches OLG, B. v. 5. 4. 2005 – Az.: 6 Verg 1/05). Die Vergabestelle ist, da die **Übersichtlichkeit der Ausschreibung leiden würde und für die Bieter damit kein nennenswerter Vorteil verbunden wäre**, nicht verpflichtet, derartige Regelwerke in die Ausschreibungsunterlagen einzufügen (OLG München, B. v. 9. 9. 2010 – Az.: Verg 16/10).

8362 Die Voraussetzungen der Rechtsprechung des EuGH werden **durch Runderlasse, die bestimmte konkrete Anforderungen z. B. im baulichen oder umweltschutztechnischen Bereich stellen, erfüllt** (OLG Düsseldorf, B. v. 7. 1. 2005 – Az.: VII – Verg 106/04). Es genügt auch ein Baugrund- und Gründungsgutachten (VK Baden-Württemberg, B. v. 2. 8. 2005 – Az.: 1 VK 43/05).

8363 Die **Bezugnahme auf bestimmte Regelwerke kann in bestimmten Fällen als ausreichende Angabe von sachlich-technischen Mindestbedingungen für Brückenbauwerke**, die Gegenstand der Nebenangebote sind, **angesehen werden**. Der Bau von Fernstraßen fällt in die Zuständigkeit des Bundesministeriums für Verkehr, Bau und Stadtentwicklung. Dieses Ministerium, dort die Abteilung Straßenbau, Straßenverkehr, hat das **maßgebliche Regelwerk, die Richtzeichnungen für Ingenieurbauten in der Sammlung Brücken- und Ingenieurbau**, herausgegeben und dort Richtzeichnungen für den Brückenbau aufgenommen. Wird in der Leistungsbeschreibung bzw. in den Bauwerksplänen für Hauptangebote auf die RiZ-ING Flue 1, Bild 1 Bezug genommen, können bei einer derartigen Sachlage **Regelwerke als ausreichende Angabe sachlich-technischer Mindestanforderungen für Nebenangebote angesehen** werden (OLG Brandenburg, B. v. 29. 7. 2008 – Az.: Verg W 10/08).

8364 Der **„Regionalkatalog Thüringen für den Straßen- und Brückenbau"** ist im Prinzip wie ein Standardleistungskatalog aufgebaut, in dem für den konkret benannten Anwendungsbereich Beschreibungen und Leistungsanforderungen definiert sind. **Unter Bezug auf diesen Katalog können die Bedingungen für Nebenangebote definiert werden** (VK Thüringen, B. v. 15. 7. 2010 – Az.: 250–4002.20–2329/2010-007-NDH)

8365 Die **„Bewerbungsbedingungen Bauleistungen" der Deutschen Bahn AG (dort Ziff. 4.4: „Das Nebenangebot muss den Konstruktionsprinzipien und den vom Auftragge-

Vergabe- und Vertragsordnung für Bauleistungen Teil A VOB/A § 16 **Teil 3**

ber vorgesehenen Planungsvorgaben entsprechen.") im Zusammenhang mit der Leistungsbeschreibung erfüllen ebenfalls die Vorgaben der Rechtsprechung des EuGH, wenn für einen verständigen Bieter aufgrund der umfangreichen Anforderungen in der Leistungsbeschreibung (Einhaltung der Vorgaben eines Planfeststellungsbeschlusses, umfangreiche Vorgaben in Bezug auf Abmessungen, Baustoffe, Entwässerungen etc,) erkennbar ist, welchen baulichen und konstruktiven Anforderungen ein etwaiges Nebenangebot zu entsprechen hat (1. VK Bund, B. v. 14. 7. 2005 – Az.: VK 1–50/05).

Nach Auffassung der 3. VK des Bundes wird der **Rechtsprechung des EuGH dadurch Rechnung getragen, dass es sich bei den Nebenangeboten um technische Nebenangebote handeln muss.** Bei dieser Forderung handelt es sich nicht nur um Vorgaben zur äußeren Form der abzugebenden Nebenangebote. Die Auftraggeber macht mit der Forderung nach technischen Nebenangeboten vielmehr eine Vorgabe zur Ausgestaltung und Konzeption des Nebenangebots – und damit zum Inhalt desselben –, dem Nebenangebote mindestens genügen müssen (3. VK Bund, B. v. 4. 5. 2005 – Az.: VK 3–22/05). 8366

Die **Mindestanforderungen** für Nebenangebot können entweder **in der Baubeschreibung, in funktionalen Anmerkungen** in der Leistungsbeschreibung oder **durch das Formblatt EVM Erg EG Neb 247** angegeben werden (VK Lüneburg, B. v. 6. 9. 2007 – Az.: VgK-36/2007). 8367

Eine **Forderung nach Angaben zur Traglast, zur Abdeckung des Baufeldes und zu den technischen Daten der einzusetzenden Mobilkräne ist zulässig und zumutbar.** Der Auftraggeber will sich durch entsprechende Angaben im Nebenangebot vor Überraschungen bei der Auftragsabwicklung schützen und sich deshalb in die Lage versetzen sehen, die Einhaltung der aufgestellten Mindestanforderungen, und zwar ohne jede Erläuterung von Bieterseite, allein anhand der Angaben im Angebot zu überprüfen. In der Sache kann eine solche Überprüfung insbesondere mit Blick auf die begrenzte statische Belastbarkeit der für Kräne zur Verfügung stehenden Standflächen sowie auf spezifische Gefahren des Baustellenbetriebs u. a. durch örtlichen und überregionalen Schienenverkehr veranlasst sein (OLG Düsseldorf, B. v. 22. 8. 2007 – Az.: VII – Verg 20/07). 8368

86.12.3.4.2.3 Notwendigkeit der Erläuterung der kaufmännischen Mindestanforderungen? Art. 24 VKR unterscheidet nicht zwischen der Art der Nebenangebote. Deswegen ist es grundsätzlich unerheblich, ob es sich bei einem Nebenangebot um eine technische oder kaufmännische Abweichung von den Verdingungsunterlagen handelt. **Auch bei kaufmännischen Nebenangeboten sind bereits in der Vergabebekanntmachung bzw. in der Vergabeunterlagen die Mindestbedingungen zu erläutern** (VK Brandenburg, B. v. 1. 3. 2005 – Az.: VK 8/05; VK Nordbayern, B. v. 11. 2. 2005 – Az.: 320.VK-3194-55/04; B. v. 22. 12. 2004 – Az.: 320.VK – 3194 – 49/04). 8369

Nach **Auffassung des Thüringer OLG** hingegen hat die Vergabestelle nur für solche Nebenangebote, die auch Abweichungen von den Vergabeunterlagen enthalten, Mindestbedingungen zu stellen, **nicht hingegen für bloße Preisnachlässe, für die Mindestbedingungen schon nicht vorstellbar** sind (Thüringer OLG, B. v. 21. 9. 2009 – Az.: 9 Verg 7/09). 8370

86.12.3.4.2.4 Notwendigkeit der separaten Festlegung bei losweiser Ausschreibung. Bejaht man die Notwendigkeit der Festlegung von technischen Mindestanforderungen an Nebenangebote, bedarf es **für eine aus mehreren Losen bestehende Ausschreibung einer separaten Festlegung von Mindestanforderungen**, wenn durch ihre Zulassung Leistungspositionen anderer Lose betroffen sein können (VK Brandenburg, B. v. 5. 4. 2005 – Az.: VK 9/05; B. v. 28. 2. 2005 – VK 02/05). 8371

86.12.3.4.2.5 Notwendigkeit der Prüfung der gesamten Vergabeunterlagen durch den Bieter. Der **Umfang der Benennung der Mindestanforderungen in wirtschaftlicher, technischer oder formaler Hinsicht ist nicht festgelegt. Entscheidend** für den EuGH und für die europäische Norm ist die **Erkennbarkeit für den Bieter.** Diese **ergibt sich aus** dem Wortlaut sowohl der europäischen Richtlinien als auch der Entscheidung selbst aus **den (gesamten) Vergabeunterlagen** (VK Arnsberg, B. v. 16. 8. 2005 – Az.: VK 13/2005; B. v. 16. 8. 2005 – Az.: VK 13/2005). 8372

86.12.3.4.2.6 Verpflichtung des Bieters zur Prüfung der Vereinbarkeit von Nebenangeboten mit den Mindestanforderungen und eventuelle Auslegung. Es obliegt nicht dem Aufgabenbereich des Auftraggebers Sorge dafür zu tragen, dass ein Änderungsvorschlag eines Bieters sich innerhalb der zwingenden Vorgaben bewegt. Vielmehr obliegt es dem Verantwortungsbereich des Bieters, bei der Erarbeitung des Nebenangebots die Verein- 8373 barkeit mit den Festlegungen zu beachten und bei Zweifel ergänzende Informationen von der Auftraggeberseite einzuholen (VK Nordbayern, B. v. 18. 7. 2007 – Az.: 21.VK – 3194 – 27/07; im Ergebnis ebenso VK Baden-Württemberg, B. v. 21. 4. 2008 – Az.: 1 VK 10/08).

8374 **Tendenziell anderer Auffassung** ist das **OLG Celle**. Ein **Bieter, der unklare oder widersprüchliche Anforderungen der Vergabestelle in vertretbarer Weise ausgelegt** und sein (Neben)Angebot auf diese mögliche Auslegung ausgerichtet hat, **kann nicht** mit der Begründung **ausgeschlossen werden**, sein (Neben)Angebot entspreche nicht den Ausschreibungsbedingungen (OLG Celle, B. v. 3. 6. 2010 – Az.: 13 Verg 6/10).

8375 **Maßstab für die Auslegung der Mindestanforderungen ist nicht das individuelle Verständnis, sondern der verständige Bieter**, aus dessen Perspektive durch die Zulassung von Nebenangeboten gerade die Möglichkeit eröffnet werden sollte, durch individuelle Lösungsvorschlage jedweder Natur der Antragsgegnerin nachzuweisen, dass eine Überschreitung der Leistungsobergrenzen nicht zu einem Qualitätsverlust führen muss (OLG Düsseldorf, B. v. 19. 5. 2010 – Az.: VII-Verg 4/10).

8376 **86.12.3.4.2.7 Weitere Beispiele aus der Rechtsprechung**

– die Baubeschreibung enthält unter Ziff. 6 folgende Mindestbedingungen für Nebenangebote und Sondervorschläge: „**Nebenangebote und Sondervorschläge sind zugelassen, sofern die Hauptabmessungen und die Gestaltung des Bauwerkes beibehalten wird und beim Bauverfahren die Belange der DB AG berücksichtigt** sind. Nebenangebote sind mit folgenden Unterlagen einzureichen: Vorstatik, Übersichtsplan und Regelquerschnitt, Erläuterungsbericht mit Darstellung des Bauablaufes und prüffähige Mengenermittlung für die betroffenen Leistungen. Damit legt der Auftraggeber die technischen Mindestanforderungen an Nebenangebote für das Brückenbauwerk in der Baubeschreibung nieder (VK Lüneburg, B. v. 6. 9. 2007 – Az.: VgK-36/2007)

– zur Erfüllung der Anforderungen der Rechtsprechung des EuGH genügt es, wenn in der Beschreibung der Mindestanforderungen an Nebenangebote die **technischen Vorgaben aus dem Planfeststellungsbeschluss übernommen** werden (VK Nordbayern, B. v. 18. 7. 2007 – Az.: 21.VK – 3194 – 27/07)

8377 **86.12.3.4.2.8 Geltung der Rechtsprechung des EuGH auch für Ausschreibungs- und Vergabeverfahren unterhalb der Schwelle?** Für Vergaben ab den Schwellenwerten ist die o. a. Rechtsprechung über die Regelung des § 16a Abs. 3 in die VOB/A eingefügt worden. Für **Ausschreibungen unterhalb der Schwellenwerte** soll diese **Rechtsprechung nach dem Text der VOB/A damit nicht gelten.**

8378 Die **Rechtsprechung** ist insoweit **nicht einheitlich.**

8379 Der öffentliche Auftraggeber ist **aufgrund der nationalen Bestimmungen der VOB nicht gehalten, im Vergabeverfahren Mindestbedingungen für Nebenangebote vorzugeben** (1. VK Sachsen, B. v. 5. 2. 2007 – Az.: 1/SVK/125-06).

8380 Auch **derjenige Artikel der Vergabekoordinierungsrichtlinie, aus dem der EuGH seine Forderung** nach Erläuterungen von Mindestanforderungen, die Änderungsvorschläge erfüllen müssen, **ableitet**, findet **im nationalen Recht keine Umsetzung**; auch deshalb kann **die darauf fußende Rechtsprechung nicht auf Vergaben unterhalb der Schwellenwerte übertragen** werden (1. VK Sachsen, B. v. 5. 2. 2007 – Az.: 1/SVK/125-06).

8381 Auch das **Transparenz- bzw. Gleichbehandlungsgebot ist hinsichtlich nationaler Vergaben nicht soweit auszulegen** oder auszudifferenzieren, **dass sich aus ihm die Pflicht** des Auftraggebers **ergibt**, in den Vergabeunterlagen die **Mindestanforderungen zu erläutern**, die Änderungsvorschläge erfüllen müssen (1. VK Sachsen, B. v. 5. 2. 2007 – Az.: 1/SVK/125-06).

8382 Nach **Auffassung des OLG Zweibrücken** hingegen **erfordert jedoch das im Bauvergaberecht geltende Transparenzgebot auch bei Aufträgen unterhalb des so genannten Schwellenwertes, dass die Nebenangebote bestimmte Mindestanforderungen erfüllen.** Insoweit enthält z. B. das vom Bundesministerium für Verkehr, Bau und Stadtentwicklung herausgegebene Vergabehandbuch 2002 für die Durchführung von Bauaufgaben des Bundes im Zuständigkeitsbereich der Finanzbauverwaltungen (VHB) in Teil II Nr. 212 EVM (B) BwB/E Nr. 5 Bewerbungsbedingungen für die Vergabe von Bauleistungen, die auch die näheren Einzelheiten zum Inhalt und der Abgabe von Nebenangeboten regeln. Danach sind **Nebenangebote, soweit sie Positionen des Leistungsverzeichnisses betreffen, nach Mengenansätzen und Einzelpreisen entsprechend dem Leistungsverzeichnis aufzugliedern**, auch wenn sie diese im Ergebnis in einer Pauschalsumme anbieten. **Nebenangebote, die diesen Anforderungen nicht entsprechen, sind von der Wertung auszuschließen**, somit unzulässig. Die **Regelungen des Vergabehandbuchs** sind zwar nur im Bereich von Baumaßnahmen des Bundes verbindliche Arbeitsgrundlage. Sie **entsprechen aber den allgemeinen Grundsätzen, welche nach Ansicht des Senats an die inhaltlichen Anforderungen einer Ausschreibung und deren Durchführung zu stellen sind**. Nebenangebote dürfen nämlich gemäß § 16 Abs. 6 VOB/A nur dann berücksichtigt werden, wenn sie den in der Ausschreibung geforderten Kriterien technisch und wirtschaftlich gleichwertig sind. Dies ist im Vergabetermin zu prüfen und für alle beteiligten Bieter transparent zu machen. Nur so kann eine Benachteiligung von Mitbietern im Wettbewerb vermieden werden. Dem **entspricht auf Seiten des Auftraggebers das Erfordernis, bereits in den Verdingungsunterlagen die Mindestanforderungen zu erläutern, die von Änderungsvorschlägen oder Nebenangeboten erfüllt werden müssen**, und anzugeben, in welcher Art und Weise solche eingereicht werden können, vgl. Art. 19 der Richtlinie 93/37/EWG des Rates vom 14. Juni 1993 zur Koordinierung der Verfahren zur Vergabe öffentlicher Bauaufträge. Auch diese Vorschrift macht deutlich, dass im Hinblick auf das durch die öffentliche Ausschreibung entstehende vorvertragliche Vertrauensverhältnis Aufklärungs- und Hinweispflichten bestehen. Diese **dürfen sich nicht nur auf Aufträge oberhalb des Schwellenwertes beschränken, sondern sind entsprechend auf alle öffentlichen Vergabeverfahren anzuwenden** (OLG Zweibrücken, Urteil v. 24. 1. 2008 – Az.: 6 U 25/06).

86.12.3.4.2.9 Literatur

8383

– Freise, Harald, Mindestanforderungen an Nebenangebote, – Das „Aus" für Nebenangebote oberhalb der Schwellenwerte? –, NZBau 2006, 548

– Müller-Stoy, Der Einfluss des Europäischen Gerichtshofes auf das deutsche Vergaberecht in Bausachen, ibr-online 12/2004 (www.ibr-online.de/2007-11) (einschließlich einer intensiven Auseinandersetzung mit den Argumenten, die aus Sicht der Vergabepraxis gegen eine umfassende Umsetzung der Rechtsprechung des EuGH sprechen)

– Wagner, Volkmar/Steinkemper, Ursula, Bedingungen für die Berücksichtigung von Nebenangeboten und Änderungsvorschlägen, NZBau 2004, 253

86.12.3.4.3 Gleichwertigkeit eines Nebenangebotes. 86.12.3.4.3.1 Notwendigkeit einer entsprechenden Prüfung für Vergabeverfahren ab den Schwellenwerten?

8384

Das Kriterium der Gleichwertigkeit ist gesetzlich nicht positiviert. Vielmehr wurde in von der Rechtsprechung zu einer Zeit entwickelt, als es gesetzliche Bestimmungen zu Mindestanforderungen für Nebenangebote noch nicht gab. **Mithilfe des Kriteriums der Gleichwertigkeit wurde versucht, einen Maßstab zu kreieren, anhand dessen eine Vergleichbarkeit eines Nebenangebots zum Hauptangebot geprüft werden konnte.** Seit 2006 hingegen regelt die Vergabekoordinierungsrichtlinie 2004/18/EG in den Artikeln 3 und 4 nunmehr für Vergaben ab den Schwellenwerten zwingend, dass öffentliche Auftraggeber für den Fall der Zulassung von Varianten in den Verdingungsunterlagen die von diesen Varianten einzuhaltenden Mindestanforderungen nennen. Zudem berücksichtigen die öffentlichen Auftraggeber nur solche Varianten, die die von ihnen verlangten Mindestanforderungen erfüllen. Diese Richtlinie hat im Wesentlichen inhaltsgleich Einzug in § 16 a VOB/A gefunden, wonach der Auftraggeber nur Nebenangebote berücksichtigt, „die die von ihm verlangten Mindestanforderungen erfüllen." Die **obligatorische Vorgabe von Mindestanforderungen bezweckt ebenfalls die Sicherstellung der Gleichwertigkeit von Nebenangeboten**. Die Frage, ob es angesichts der nunmehr zwingend von dem öffentlichen Auftraggeber aufzustellenden Mindestbedingungen **für Vergaben ab den Schwellenwerten** einer Gleichwertigkeitsprüfung überhaupt noch bedarf, erscheint daher eher zweifelhaft (VK Schleswig-Holstein, B. v. 7. 5. 2008 – Az.: VK-SH 05/08).

Nach Meinung des OLG Brandenburg **kann der Auffassung, dass bei der Wertung von Nebenangeboten auf das Erfordernis der Gleichwertigkeit verzichtet werden kann**, weil die Vorgabe von Mindestbedingungen die Vergleichbarkeit der Angebote sicherstellt, **nicht gefolgt werden**. Die Erfüllung von Mindestanforderungen sind schon begrifflich kein Äquivalent für die Gleichwertigkeit, sondern lediglich das Minimum dessen, was der Auftraggeber vorgibt, um überhaupt im Übrigen in die Gleichwertigkeitsprüfung einzutreten. Der bloße Umstand, dass das Nebenangebot den vorgegebenen Mindestbedingungen entspricht, führt deshalb nicht zur Annahme seiner Gleichwertigkeit mit dem Amtsvorschlag (OLG Brandenburg, B. v. 29. 7. 2008 – Az.: Verg W 10/08).

8385

8386 Der **gleichen Auffassung** ist die 2. VK Bund. Die Feststellung, die Mindestanforderungen an Nebenangebote seien erfüllt, enthebt zumindest nicht stets – Ausnahmen wären etwa anzunehmen, wenn der Auftraggeber hinreichend klar zu verstehen gegeben hat, dass eine Gleichwertigkeitsprüfung nicht stattfinden wird – von einer weitergehenden Prüfung der Gleichwertigkeit. Denn **hielte man die Erfüllung der Mindestbedingungen für ausreichend, so wären Angebote, die diese Hürde genommen haben, nurmehr an den Zuschlagskriterien zu messen. Ist alleiniges Zuschlagskriterium der Preis, wäre der Auftraggeber gezwungen, stets das billigere Nebenangebot zu bezuschlagen, obwohl dies möglicherweise qualitative Nachteile aufweist, die eine gegenüber dem Hauptangebot geringere Wirtschaftlichkeit bewirken.** Beim Vergleich von Hauptangeboten stellt sich dieses Problem nicht, weil das für die Wirtschaftlichkeit entscheidende Preis-Leistungs-Verhältnis durch den von den Bietern zu nennenden Preis einerseits und das vom Auftraggeber im Wege der Leistungsbeschreibung definierte, für alle Bieter gleiche Leistungssoll bestimmt wird. Beim Nebenangebot hat der Auftraggeber hingegen jenseits der Vorgabe von Mindestbedingungen keine Möglichkeiten, das Leistungsniveau vorzugeben. Dies hat zur Folge, dass der Vergleich der Preise von Nebenangeboten einerseits und Hauptangeboten andererseits nicht ohne weiteres Aufschluss darüber gibt, welches Angebot wirtschaftlicher ist. Ein solcher Vergleich der Wirtschaftlichkeit setzt vielmehr voraus, dass auch für das Nebenangebot die Wirtschaftlichkeit in Gestalt eines Preis-Leistungsverhältnisses bestimmt wird. **Darin liegt aus Sicht der Kammer der Sinn und zulässige Gegenstand der vom Auftraggeber vorzunehmenden „Gleichwertigkeitsprüfung": Der Auftraggeber soll sich durch die – mit dem Begriff „Gleichwertigkeitsprüfung" allerdings unglücklich bezeichnete – ergänzende Prüfung über die Vor- und Nachteile des Nebenangebotes, d. h. dessen (geringere, höhere oder gleiche) Wertigkeit, Klarheit verschaffen und sich ein Urteil darüber bilden, ob es den Vorzug vor dem bestplazierten Hauptangebot oder einem anderen Nebenangebot verdient, wobei dem Auftraggeber ein erheblicher Beurteilungsspielraum zuzubilligen ist. Dabei müssen – anders als der geläufige Begriff der Gleichwertigkeitsprüfung insinuiert – grundsätzlich auch nicht gleichwertige Nebenangebote, die jedoch die Mindestanforderungen erfüllen, die Chance haben, den Zuschlag zu erhalten, wenn sie ein besseres Preis-Leistungsverhältnis als das beste Hauptangebot aufweisen.** Denn anderenfalls wären die Mindestanforderungen bedeutungslos (2. VK Bund, B. v. 9. 6. 2010 – Az.: VK 2–38/10).

8387 86.12.3.4.3.2 Inhalt der Gleichwertigkeit. Für die Frage der Gleichwertigkeit eines angebotenen Fabrikats im Verhältnis zum ausgeschriebenen Fabrikat ist **in erster Linie auf die sonstige allgemeine Leistungsbeschreibung abzustellen**; denn mit ihr bringt der Auftraggeber für die Bieter erkennbar zum Ausdruck, auf welche Leistungsmerkmale es ihm wesentlich ankommt (BayObLG, B. v. 29. 4. 2002 – Az.: Verg 10/02; VK Schleswig-Holstein, B. v. 17. 3. 2006 – Az.: VK-SH 02/06; VK Südbayern, B. v. 19. 6. 2007 – Az.: Z3-3-3194-1-18-05/07; B. v. 24. 6. 2004 – Az.: 37-05/04). Zu ermitteln ist außerdem die **Tauglichkeit des Alternativprodukts** zu dem von der Vergabestelle **vorgesehenen Gebrauch** (VK Bremen, B. v. 15. 11. 2006 – Az.: VK 2/06).

8388 **Ansonsten kommt es nicht darauf an, ob einzelne Eigenschaften von Produkten voneinander abweichen oder nicht. Vielmehr ist insoweit eine Gesamtbetrachtung vorzunehmen.** Andernfalls ist, da eine vollständige Gleichwertigkeit in allen Bereichen und hinsichtlich aller Eigenschaften bei nahezu keinem Produkt zu erreichen sein wird, die vertraglich vorausgesetzte Gleichwertigkeit eines verwandten Produkts mit dem Leitprodukt in den überwiegenden Fällen nicht zu erzielen (OLG Naumburg, Urteil v. 15. 3. 2005 – Az.: 9 U 135/04; VK Bremen, B. v. 15. 11. 2006 – Az.: VK 2/06).

8389 86.12.3.4.3.3 Anforderungen an die Gleichwertigkeit. 86.12.3.4.3.3.1 Allgemeines. Ein Nebenangebot kann nur berücksichtigt werden, wenn er **im Vergleich zur ausgeschriebenen Leistung** annehmbarer ist. Annehmbarer heißt, dass der **Bietervorschlag entweder eine bessere Lösung darstellt und nicht teurer ist oder eine gleichwertige Lösung darstellt und preislich günstiger** ist (VK Nordbayern, B. v. 6. 2. 2003 – Az.: 320.VK-3194-01/03) oder das Alternativangebot die **Qualität der ausgeschriebenen Bauleistung sogar noch übertrifft**, dabei aber preislich im Rahmen des Hauptangebots bleibt (VK Baden-Württemberg, B. v. 23. 4. 2002 – Az.: 1 VK 16/02, B. v. 8. 1. 2002 – Az.: 1 VK 46/01).

8390 Nach der Definition der VK Brandenburg ist in der Regel davon auszugehen, dass ein **Bietervorschlag nur dann zum Zuge** kommen kann, wenn er **unter Abwägung aller technischen und wirtschaftlichen, gegebenenfalls auch gestalterischen und funktionsbeding-**

Vergabe- und Vertragsordnung für Bauleistungen Teil A   VOB/A § 16   **Teil 3**

ten Gesichtspunkten wirtschaftlicher ist als der **Auftraggebervorschlag**, wobei es hinsichtlich der Wirtschaftlichkeit nicht nur auf die Baukosten, sondern **auch auf die Folgekosten** (zum Beispiel Unterhaltungskosten, Betriebskosten, Lebensdauer) **ankommt** (VK Brandenburg, B. v. 26. 3. 2002 – Az.: VK 3/02; instruktiv VK Schleswig-Holstein, B. v. 19. 1. 2005 – Az.: VK-SH 37/04; im Ergebnis ebenso OLG Celle, B. v. 10. 1. 2008 – Az.: 13 Verg 11/07; VK Lüneburg, B. v. 12. 6. 2007 – Az.: VgK-23/2007; VK Niedersachsen, B. v. 24. 2. 2009 – Az.: VgK-57/2008).

Das Nebenangebot muss auch den **Zweck, den der Auftraggeber mittels der nachgefragten Leistung erreichen will, erfüllen**. Dabei geht es entscheidend um die Frage, ob das Nebenangebot, so wie es vorliegt, mit hinreichender Sicherheit geeignet ist, dem Willen des Auftraggebers in allen technischen und wirtschaftlichen Einzelheiten gerecht zu werden (OLG Brandenburg, B. v. 29. 7. 2008 – Az.: Verg W 10/08; OLG Celle, B. v. 3. 6. 2010 – Az.: 13 Verg 6/10; VK Baden-Württemberg, B. v. 29. 10. 2002 – Az.: 1 VK 50/02; VK Brandenburg, B. v. 26. 3. 2002 – Az.: VK 3/02; 1. VK Sachsen, B. v. 23. 1. 2004 – Az.: 1/SVK/160-03, B. v. 10. 3. 2003 – Az.: 1/SVK/012-03, B. v. 5. 11. 2002 – Az.: 1/SVK/096-02; VK Schleswig-Holstein, B. v. 17. 3. 2006 – Az.: VK-SH 02/06). 8391

Ein Nebenangebot kann auch nur dann gleichwertig sein, wenn die angebotene und von den Vorgaben abweichende Leistung in **tatsächlicher wie technischer und rechtlicher Hinsicht durchführbar** ist (VK Brandenburg, B. v. 29. 5. 2002 – Az.: VK 19/02; 1. VK Bund, B. v. 26. 3. 2002 – Az.: VK 1–07/02). 8392

86.12.3.4.3.3.2 Qualitative und quantitative Gleichwertigkeit. Nebenangebote müssen einem Hauptangebot qualitativ und quantitativ gleichwertig sein (OLG Brandenburg, B. v. 29. 7. 2008 – Az.: Verg W 10/08; OLG Celle, B. v. 10. 1. 2008 – Az.: 13 Verg 11/07; VK Münster, B. v. 11. 2. 2010 – Az.: VK 29/09; VK Thüringen, B. v. 15. 5. 2009 – Az.: 250–4002.20–2493/2009-003-EIC). 8393

Als **nicht quantitativ gleichwertig** sind Nebenangebote zu bezeichnen, die einen **geringeren als den vom Auftraggeber vorgesehenen Leistungsumfang zum Inhalt** haben (VK Nordbayern, B. v. 30. 9. 2004 – Az.: 320.VK – 3194 – 39/04; B. v. 6. 2. 2003 – Az.: 320.VK3194-01/03; VK Thüringen, B. v. 15. 5. 2009 – Az.: 250–4002.20–2493/2009-003-EIC). 8394

Eine **qualitative Gleichwertigkeit** ist nicht schon dadurch gegeben, dass mit dem Alternativangebot lediglich der Zweck der nachgefragten Leistung erreicht werden kann. Vielmehr ist die Alternative dahingehend zu prüfen, ob sie den **Mindestbedingungen des Leistungsverzeichnisses entspricht**. Eine Gleichwertigkeit zum Vorschlag der ausschreibenden Stelle kann nur dann festgestellt werden, wenn die Alternative die verbindlichen qualitativen Vorgaben des Leistungsverzeichnisses erfüllt (Thüringer OLG, B. v. 18. 3. 2004 – Az.: 6 Verg 1/04; VK Baden-Württemberg, B. v. 2. 8. 2005 – Az.: 1 VK 43/05; VK Lüneburg, B. v. 12. 6. 2007 – Az.: VgK-23/2007; VK Niedersachsen, B. v. 24. 2. 2009 – Az.: VgK-57/2008; VK Nordbayern, B. v. 6. 4. 2004 – Az.: 320.VK-3194-09/04; VK Schleswig-Holstein, B. v. 17. 3. 2006 – Az.: VK-SH 02/06). 8395

Nebenangebote dürfen daher auch **nicht von verbindlichen Festlegungen des Leistungsverzeichnisses**, die für Haupt- und Nebenangebote gleichermaßen gelten, **abweichen**. Die Verbindlichkeit kann sich durch Auslegung der Vergabeunterlagen oder aus allgemeinen Erwägungen ergeben. Bieter, die ein zugelassenes Nebenangebot abgeben, müssen dies berücksichtigen und im Zweifel um Klarstellung bitten (OLG Naumburg, B. v. 8. 2. 2005 – Az.: 1 Verg 20/04; VK Lüneburg, B. v. 12. 6. 2007 – Az.: VgK-23/2007). 8396

86.12.3.4.3.3.3 Abmagerungsangebote. „Abmagerungsangebote", die gegenüber dem Hauptangebot lediglich einen geänderten Leistungsumfang aufweisen, sind **unzulässig**, weil nicht gleichwertig. Nebenangebote, die quantitativ nicht gleichwertig sind, dürfen darüber hinaus vom Auftraggeber nicht gewertet werden, da diese den Wettbewerb verzerren. Dies deshalb, da nicht auszuschließen ist, dass andere Bieter bei Kenntnis des entsprechend veränderten Leistungsumfangs günstigere Angebote abgegeben hätten. Nur für den Fall, dass eine Wettbewerbsverzerrung mit Sicherheit ausgeschlossen werden kann, darf ein solcher Bietervorschlag gewertet werden (OLG Hamm, B. v. 25. 10. 2005 – Az.: 24 U 39/05; VK Baden-Württemberg, B. v. 2. 8. 2005 – Az.: 1 VK 43/05; VK Südbayern, B. v. 9. 9. 2003 – Az.: 38-08/03, B. v. 5. 8. 2003, Az.: 29-07/03). 8397

Um kein abgemagertes Nebenangebot handelt es sich demgegenüber, wenn sich aus der Leistungsbeschreibung erkennen lässt, dass **Überkapazitäten gefordert** werden, und ein **Bieter** daraufhin nicht diese Überkapazität anbietet, sondern **den geschuldeten Erfolg mit einem** 8398

Teil 3 VOB/A § 16   Vergabe- und Vertragsordnung für Bauleistungen Teil A

geringeren Aufwand anbietet und damit denselben Leistungsumfang mit weniger Aufwand realisiert (VK Baden-Württemberg, B. v. 23. 2. 2004 – Az.: 1 VK 03/04).

8399 86.12.3.4.3.3.4 Veränderung der Standards einer Ausschreibung. Eine einsetzende Wettbewerbsverzerrung kann gegeben sein, wenn durch einen Bieter Standards der Leistung verändert werden und die dadurch veränderte Leistung der Konkurrenzsituation der anderen Bieter entzogen wird, also nicht festgestellt werden kann, welche Angebote die Konkurrenten bei von vornherein geänderten Standards abgegeben hätten. Eine Zulassung solcher Abweichungen von den Standards würde zu einem willkürlichen Verhalten, d. h. einer freien Entscheidung des Auftraggebers führen, die zu einer Ungleichbehandlung der Teilnehmer am Vergabeverfahren führen würde (OLG Hamm, B. v. 25. 10. 2005 – Az.: 24 U 39/05; VK Baden-Württemberg, B. v. 2. 8. 2005 – Az.: 1 VK 43/05; B. v. 15. 5. 2003 – Az.: 1 VK 20/03; VK Schleswig-Holstein, B. v. 17. 3. 2006 – Az.: VK-SH 02/06).

8400 86.12.3.4.3.3.5 Sonstige nachteilige Nebenangebote. Im Nebenangebot dargelegte technische Vorschläge, die den gestellten Anforderungen zwar grundsätzlich genügen, aber in anderer Hinsicht, etwa bezüglich Störungsanfälligkeit, Wartungsintensität oder Verschleiß, hinter dem Vorschlag der ausschreibenden Stelle zurückbleiben, sind damit nicht gleichwertig (VK Baden-Württemberg, B. v. 29. 10. 2002 – Az.: 1 VK 50/02).

8401 86.12.3.4.3.3.6 Massenänderungen. Da es bei einer bloßen Reduzierung von Mengenansätzen des Leistungsverzeichnisses (definitionsgemäß) an einem gleichwertigen Nebenangebot fehlt, müssen die (verringerten) Mengenansätze in einem Nebenangebot erkennbar gemacht und der technische Weg zu ihrer Realisierung bei Angebotsabgabe erläutert werden. Zwar können sich Massenreduzierungen als Folge eines technisch durchdachten Nebenangebotes ergeben. Der Bieter muss die Vergabestelle dann aber darüber aufklären, dass die Einsparungen auf der gewählten Alternativkonstruktion und nicht auf bloßen Mengenreduzierungen beruhen, so dass sie von dem Verwaltungsvorschlag nicht in gleicher Weise erzielt werden können. Andernfalls wäre der Auftraggeber nicht in der Lage, eine bloße Massenreduzierung auszuschließen. Auf mögliche und vorhersehbare Bedenken und Einwände der Vergabestelle muss der Bieter aber bereits bei Abgabe des Angebots eingehen. Das setzt voraus, dass die Masseneinsparungen transparent gemacht und erklärt werden. Eine Wertung eines Nebenangebots kann deshalb daran scheitern, dass der Bieter nicht alle Angaben, die zur Feststellung der Gleichwertigkeit erforderlich waren, bei Angebotsabgabe gemacht hat. Soweit ein Bieter verspätet vorträgt, die erzielten Masseneinsparungen seien Folge des ihm gewählten technischen Konzeptes, muss er sich darauf verweisen lassen, dass er eben dies in der Erläuterung ihres Nebenangebots bei Angebotsabgabe hätte darlegen und eine bloße Mengenreduzierung ausschließen müssen (OLG Frankfurt, B. v. 26. 3. 2002 – Az.: 11 Verg 3/01).

8402 86.12.3.4.3.3.7 Ausführung nach Wahl des Auftragnehmers. Die Einbeziehung eines Nebenangebotes in die Wertung nach § 16 Abs. 8 VOB/A setzt voraus, dass sich der Auftraggeber ein klares Bild über die im Rahmen eines Nebenangebotes vorgesehene Ausführung machen kann. Nebenangebote müssen so gestaltet sein, dass der Auftraggeber in der Lage ist, diese zu prüfen und zu werten. Bei der Auslegung des Nebenangebotes ist folglich gemäß den §§ 133, 157 BGB auf den Empfängerhorizont des Auftraggebers abzustellen. Enthält das Nebenangebot die Formulierung „nach Wahl des Auftragnehmers", ist das Nebenangebot aus Sicht des Auftraggebers zu unbestimmt und darf nicht gewertet werden (1. VK Sachsen, B. v. 21. 5. 2004 – Az.: 1/SVK/036-04; B. v. 14. 12. 2001 – Az.: 1/SVK/123-01).

8403 86.12.3.4.3.3.8 Gänzlich unterschiedliche Leistungsinhalte. Haben konkurrierende Angebote nach Art oder Umfang gänzlich unterschiedliche Leistungsinhalte zum Gegenstand, so ist einem wirtschaftlichen Vergleich der Boden entzogen, weil es an einer gemeinsamen Bezugsgröße fehlt (Thüringer OLG, B. v. 19. 3. 2004 – Az.: 6 U 1000/03; B. v. 18. 3. 2004 – Az.: 6 Verg 1/04).

8404 86.12.3.4.3.3.9 Teilweise unterschiedliche Leistungsinhalte. Fasst ein Bieter in einem Nebenangebot Teilleistungen aus verschiedenen Losen zusammen und hält er sich im Übrigen bewusst nicht an die Gliederung des Hauptangebotes und bietet er damit eine eigene, abgeschlossene Leistung an, die nach Auffassung des Bieters vollständiger und weniger problematisch als die nach Losen getrennte Ausschreibung, ist die Vergabestelle weder verpflichtet, das unvollständige Angebot, z. B. durch die Hereinnahme von Leistungsteilen durch andere Bieter zu vervollständigen noch darf sie durch Verhandlungen im Rahmen des § 15 VOB/A inhaltlich unklare oder unvollständige Angebote präzisieren oder vervollständigen. Nebenangebote müssen aus sich heraus so gestaltet sein, dass der Auftraggeber anhand des von ihm erstellten Leistungsverzeichnisses ohne weiteres in der Lage ist, das Angebot zu prüfen und zu werten, insbesondere auch festzustellen, ob die Gleichwertigkeit vorliegt (VK Hessen, B. v. 20. 10. 2004 – Az.: 69 d – VK – 62/2004).

86.12.3.4.3.3.10 Weitere Beispiele aus der Rechtsprechung 8405

- wenn der **Auftraggeber für das Hauptangebot eine bestimmte äußere Form vorgibt**, aber (auch) **insoweit zugleich Nebenangebote zulässt**, kann dies nur bedeuten, dass **auch ein Produkt mit einem abweichenden Aussehen angeboten werden darf**. Es muss gerade keine Ähnlichkeit bestehen (OLG Koblenz, B. v. 26. 7. 2010 – Az.: 1 Verg 6/10)

- ergibt die Prüfung durch den Auftraggeber, dass ein **Nebenangebot den festgelegten Mindestbedingungen entspricht und auch im Übrigen** im Vergleich zu den Festlegungen des Leistungsverzeichnisses für das Hauptangebot **als gleichwertig zu werten** ist, **muss der Auftraggeber dieses Nebenangebot gemäß § 25 Nr. 5 VOB/A bei der Ermittlung des wirtschaftlichsten Angebotes gemäß § 25 Nr. 3 Abs. 3 Satz 2 VOB/A berücksichtigen**. Nur **ausnahmsweise** kann der vergaberechtliche Transparenzgrundsatz gemäß § 97 Abs. 1 GWB oder der Gleichbehandlungsgrundsatz gemäß § 97 Abs. 2 GWB einer Berücksichtigung derartiger Nebenangebote entgegenstehen. Das ist dann der Fall, wenn das Nebenangebot zwar gleichwertig ist, die angebotene Konstruktion aber derart vom Leistungsverzeichnis abweicht, dass sich der Wettbewerb aus der Sicht eines fachkundigen Bieters schlechterdings nicht auf die Akzeptanz derartiger Nebenangebot einstellen konnte (VK Niedersachsen, B. v. 16. 3. 2009 – Az.: VgK-04/2009)

- das verlangte „Beibehalten der Hauptabmessungen" lässt sich nicht als lediglich ein Mindeststandard verstehen (wie möglicherweise ein bloßes „Einhalten"), so dass davon auszugehen ist, dass eine erhebliche Abweichung von den Hauptabmessungen nicht zulässig ist. Eine **allgemein verbindliche Definition, was zu den Hauptabmessungen eines Bauwerks bzw. Brückenbauwerks gehört bzw. nicht gehört, hat die Kammer nicht auffinden können**. Maßgeblich muss also das sein, was nach den Vorgaben aus der Baubeschreibung **aus dem Empfängerhorizont eines fachkundigen Bieters** als „Hauptabmessungen" verstanden werden konnte. Entgegen der Auffassung der von der Auftraggeberin beauftragten Ingenieure ist die von ihnen zugrunde gelegte, **nutzungsorientierte Definition nicht mit dem sprachlichen Verständnis der in der Baubeschreibung formulierten Mindestanforderungen vereinbar**. Ein Abstellen auf die unveränderte Nutzung von Straße und Schiene wäre zwar eine denkbare Mindestanforderung, hätte jedoch von der Auftraggeberin so formuliert werden müssen. Demnach kann die Auftraggeberin nicht mit ihrem Vortrag durchdringen, die Fahrbahnbreite und die Randstreifen, der Gehweg, der Abstand zwischen den Geländern, die Neigung der Brücke wie auch die Lichtraumprofile seien im Nebenangebot der Beigeladenen beibehalten worden, so dass sich sowohl für den Verkehrsteilnehmer als auch für die Bahn keinerlei Änderungen in der Nutzungsmöglichkeit ergeben würden. Es ist **nach dem Bieterhorizont nicht zulässig, für die Definition des Begriffs „Hauptabmessungen" nur die die Nutzung bestimmenden Merkmale heranzuziehen. Vielmehr müssen wesentliche Maße des Bauwerks bestimmend sein, zu denen ohne Weitere die Überbaulänge bzw. die Spann- und Stützweite eines Brückenbauwerks gehören** (VK Lüneburg, B. v. 6. 9. 2007 – Az.: VgK-36/2007)

- hat der Auftraggeber **beim Bodenbelag die Farbe basalt festgelegt** und weist das von dem Bieter angebotene Produkt diese Farbgebung nicht auf, sondern ist **mittelgrau mit granulatfarbigen Einschlüssen, ist das Angebot nicht gleichwertig** (1. VK Brandenburg, B. v. 16. 5. 2007 – Az.: 1 VK 13/07)

- der Planung der Innenraumgestaltung von Gebäuden liegt in aller Regel ein **gestalterisches Gesamtkonzept** zu Grunde, das **grundsätzlich keine beliebigen Abweichungen von den Farbvorgaben bei Bodenbelägen erlaubt**; deswegen kann ein Nebenangebot wegen Abweichung von der vorgeschriebenen Farbgebung ausgeschlossen werden (OLG Naumburg, B. v. 8. 2. 2005 – Az.: 1 Verg 20/04)

- ein **Nebenangebot, das von der Vorgabe „fabrikneues Material"**, die eindeutig, verbindlich und daher weder für die Auftraggeber selbst noch für die Bieter disponibel ist, **abweicht, darf nicht gewertet** werden (VK Lüneburg, B. v. 12. 10. 2004 – Az.: 203-VgK-45/2004)

- schreibt ein Auftraggeber Stabparkett aus und wird alternativ ein Hochkantlamellenparkett angeboten, ist dieses Nebenangebot nicht gleichwertig (VK Nordbayern, B. v. 6. 4. 2004 – Az.: 320.VK-3194-09/04).

Teil 3 VOB/A § 16   Vergabe- und Vertragsordnung für Bauleistungen Teil A

- bei **verbindlich vorgegebenen Vertragsstrafenregelungen** können und dürfen sich die Bieter darauf einstellen, dass **Nebenangebote ohne Vertragsstrafenregelungen nicht zulässig** sind (VK Lüneburg, B. v. 21. 9. 2004 – Az.: 203-VgK-42/2004)

8406 **86.12.3.4.3.4 Darlegung der Gleichwertigkeit. 86.12.3.4.3.4.1 Umfassende Darlegung.** Zweifelsfrei hat der **Bieter bei Abgabe eines Nebenangebots die volle Verantwortung hinsichtlich einer ordnungsgemäßen, mängelfreien und pünktlichen Ausführung.** Dies bedeutet jedoch nicht, dass sich der Auftraggeber blind darauf verlassen kann oder gar muss, dass der Bieter eine solche Leistung erbringen wird. Vielmehr hat der **Auftraggeber eigenständig zu prüfen**, ob das Nebenangebot seinen Vorstellungen über die auszuführende Leistung entspricht, ob es zweckdienlich, machbar und mit dem Hauptangebot vergleichbar ist (OLG München, B. v. 10. 12. 2009 – Az.: Verg 16/09).

8407 Die **Gleichwertigkeit muss soweit dargelegt** werden, dass **der Auftraggeber sie ohne besondere Schwierigkeit prüfen kann** (OLG München, B. v. 10. 12. 2009 – Az.: Verg 16/09; OLG Stuttgart, Urteil v. 30. 4. 2007 – Az.: 5 U 4/06; VK Baden-Württemberg, B. v. 21. 4. 2008 – Az.: 1 VK 10/08; B. v. 18. 10. 2005 – Az.: 1 VK 62/05; B. v. 2. 8. 2005 – Az.: 1 VK 43/05; B. v. 25. 5. 2005 – Az.: 1 VK 25/05; VK Brandenburg, B. v. 24. 11. 2005 – Az.: 1 VK 69/05; 3. VK Bund, B. v. 22. 3. 2005 – Az.: VK 3–13/05; VK Hessen, B. v. 1. 11. 2005 – Az.: 69 d VK – 68/2005; 2. VK Mecklenburg-Vorpommern, B. v. 27. 11. 2001 – Az.: 2 VK 15/01; VK Niedersachsen, B. v. 8. 1. 2010 – Az.: VgK-68/2009; 1. VK Sachsen, B. v. 9. 1. 2006 – Az.: 1/SVK/149-05; B. v. 6. 4. 2005 – Az.: 1/SVK/022-05; 1. VK Sachsen-Anhalt, B. v. 15. 9. 2006 – Az.: 1 VK LVwA 28/06; VK Schleswig-Holstein, B. v. 7. 5. 2008 – Az.: VK-SH 05/08; VK Südbayern, B. v. 19. 6. 2007 – Az.: Z3-3-3194-1-18-05/07; VK Thüringen, B. v. 4. 11. 2009 – Az.: 250–4002.20–5693/2009-013-SM). Weicht das Nebenangebot in technischer Hinsicht vom Hauptangebot ab, ist es Aufgabe des Bieters, die Gleichwertigkeit durch entsprechende Unterlagen wie Prüfzeugnisse, Gutachten, Qualitätszertifikate etc. nachzuweisen (OLG Stuttgart, Urteil v. 30. 4. 2007 – Az.: 5 U 4/06; VK Baden-Württemberg, B. v. 18. 10. 2005 – Az.: 1 VK 62/05; B. v. 2. 8. 2005 – Az.: 1 VK 43/05; B. v. 25. 5. 2005 – Az.: 1 VK 25/05; B. v. 15. 5. 2003 – Az.: 1 VK 20/03; VK Brandenburg, B. v. 16. 5. 2007 – Az.: 1 VK 13/07; B. v. 21. 12. 2004 – Az.: VK 64/04; VK Schleswig-Holstein, B. v. 7. 5. 2008 – Az.: VK-SH 05/08). Dabei ist die **Darlegung der Gleichwertigkeit nicht auf die Feststellung einer abstraktgenerellen Eignung** der alternativ angebotenen technischen Lösung zur Durchführung des Bauvorhabens zu beschränken, so dass es nicht nur z. B. auf die grundsätzliche Verwendbarkeit von z. B. zwei unterschiedlichen Materialien – duktiles Gusseisen und Polyethylen – in der Wasserversorgung ankommt. **Maßgeblich ist die Gesamtschau aller wertbildenden Kriterien**, zu denen neben dem technischen Wert und dem Preis **insbesondere auch die Betriebs- und Folgekosten** gehören. Dementsprechend muss die Beschreibung des Nebenangebots es dem Auftraggeber ermöglichen, im Vergleich der Lösung des Nebenangebots mit der ausgeschriebenen Hauptleistung die **relativen Vor- und Nachteile unter allen maßgeblichen Gesichtspunkten** zu erkennen (Brandenburgisches OLG, B. v. 12. 11. 2002 – Az.: Verg W 16/02; OLG Koblenz, B. v. 5. 9. 2002 – Az.: Verg 4/02; VK Brandenburg, B. v. 21. 9. 2005 – Az.: 2 VK 54/05; VK Hessen, B. v. 1. 11. 2005 – Az.: 69 d VK – 68/2005). Die **Verantwortung für die Vollständigkeit der Unterlagen zur Prüfung der Gleichwertigkeit** liegt in der **Zuständigkeit des Bieters** (VK Schleswig-Holstein, B. v. 7. 5. 2008 – Az.: VK-SH 05/08; VK Südbayern, B. v. 19. 6. 2007 – Az.: Z3-3-3194-1-18-05/07).

8408 **Aufgabe der Vergabestelle** ist es **nicht**, an Hand gelieferter Fakten und Zahlen **Untersuchungen über die Gleichwertigkeit des Nebenangebots** – z.B. hinsichtlich einer anderen Gründung – anzustellen. Es kommt nicht auf die Möglichkeit der Nachweiserbringung durch die Vergabestelle mittels gelieferter Daten und Fakten an, sondern darauf, dass **bereits geführte Nachweise mit dem Angebot vorzulegen** sind (VK Thüringen, B. v. 4. 11. 2009 – Az.: 250–4002.20–5693/2009-013-SM).

8409 Die **Forderung der Vergabestelle nach Nachweisen im Fall der Abgabe von Nebenangeboten ist auch nicht unverhältnismäßig.** Der zeitliche Wertungsumfang von Hauptangeboten wird dadurch begrenzt, dass dem technischen Inhalt umfangreiche Ermittlungen durch die Vergabestelle, bereits im Vorfeld der Ausschreibung, vorangingen. Diese bilden dann den Ausschreibungsinhalt. Eine Prüfung eines Hauptangebotes, insbesondere zu dessen technischem Inhalt, erübrigt sich somit vom Umfang her fast. Im Gegensatz dazu **bedürfen Nebenangebote, insbesondere mit geänderten technischen, konstruktiven Lösungen, eines größeren Prüfungsumfanges**, der im dafür notwendigen Zeitaufwand seinen Ausdruck findet. Angesichts der **zeitlich eng begrenzten Dauer eines Vergabeverfahrens war es deshalb der**

Vergabe- und Vertragsordnung für Bauleistungen Teil A　　　　　　　VOB/A § 16　**Teil 3**

Vergabestelle nicht verwehrt, an Stelle der durchaus möglichen Forderung nach Einzeldaten, Nachweise abzufordern. Eine Unverhältnismäßigkeit ist aus der Forderung der Vergabestelle nicht abzuleiten (VK Thüringen, B. v. 4. 11. 2009 – Az.: 250–4002.20–5693/ 2009-013-SM).

86.12.3.4.3.4.2 Analoge Anwendung des § 7 VOB/A. Die Verantwortung für die Voll- 8410
ständigkeit der Unterlagen zur Prüfung der Gleichwertigkeit liegt in der Zuständigkeit des Bieters. Stets ist der Zusammenhang zu den Hauptangeboten herzustellen, so dass die Vergabestelle eine eindeutige und nachprüfbare Zuschlagsentscheidung treffen kann. Dazu ist eine **klare und in sich geschlossene übersichtliche und erschöpfende Beschreibung des Nebenangebots zwingend erforderlich** (OLG München, B. v. 10. 12. 2009 – Az.: Verg 16/09; VK Hannover, B. v. 15. 11. 2002 – Az.: 26 045 – VgK – 15/2002; VK Nordbayern, B. v. 15. 10. 2008 – Az.: 21.VK – 3194 – 48/08; B. v. 21. 5. 2003 – Az.: 320.VK-3194-14/03, 320.VK-3194-15/03; VK Schleswig-Holstein, B. v. 5. 8. 2004 – Az.: VK-SH 19/04). Im Besonderen müssen die Leistungsangaben des Bieters den Anforderungen entsprechen, wie sie für das umgekehrte Verhältnis in Teil A **§ 7 VOB/A** festgelegt sind (VK Südbayern, B. v. 3. 9. 2003 – Az.: 36-08/ 03, B. v. 30. 8. 2002 – Az.: 29-07/02). Den Bieter treffen damit **bei Erstellung von Nebenangeboten die gleichen Pflichten wie sie gemäß § 7 VOB/A an den Auftraggeber bei Abfassung der Leistungsbeschreibung zu stellen sind** (OLG Koblenz, B. v. 29. 8. 2003 – Az.: 1 Verg 7/03, B. v. 15. 5. 2003, Az.: 1 Verg 3/03, B. v. 5. 9. 2002 – Az.: Verg 4/02; VK Baden-Württemberg, B. v. 2. 8. 2005 – Az.: 1 VK 43/05, B. v. 7. 4. 2004 – Az.: 1 VK 13/04, B. v. 15. 5. 2003 – Az.: 1 VK 20/03; VK Brandenburg, B. v. 29. 5. 2002 – Az.: VK 19/02; 1. VK Bund, B. v. 25. 3. 2003 – Az.: VK 1–11/03; 3. VK Bund, B. v. 22. 3. 2005 – Az.: VK 3–13/05; VK Hannover, B. v. 5. 2. 2004 – Az.: 26 045 – VgK 15/2003; VK Nordbayern, B. v. 22. 12. 2004 – Az.: 320.VK – 3194 – 49/04; B. v. 28. 10. 2002 – Az.: 320.VK-3194-32/02; 1. VK Sachsen, B. v. 27. 6. 2005 – Az.: 1/SVK/064-05; B. v. 23. 1. 2004 – Az.: 1/SVK/160-03, B. v. 5. 11. 2002 – Az.: 1/SVK/096-02; 1. VK Sachsen-Anhalt, B. v. 15. 9. 2006 – Az.: 1 VK LVwA 28/06; VK Südbayern, B. v. 3. 5. 2005 – Az.: 15-03/05; B. v. 5. 9. 2002 – Az.: 35-07/02; VK Thüringen, B. v. 8. 4. 2003 – Az.: 216–4002.20-002/03-J-S).

Eine **eindeutige und erschöpfende, nach Teilleistungen aufgespaltene Beschreibung** 8411
ist grundsätzlich erforderlich, damit die Vergabestelle überprüfen kann,
– ob ein Nebenangebot vollständig und damit technisch möglich ist oder unvollständig ist,
– ob ein Nebenangebot den technischen Vorschriften entspricht,
– ob ein unvollständiges Nebenangebot durch unumgängliche technische Änderungen geringen Umfangs (§ 15 Abs. 3 VOB/A) zuschlagstauglich gemacht werden kann,
– ob ein Nebenangebot gegen zwingende Vorgaben der Vergabeunterlagen verstößt,
– ob ein Nebenangebot wirtschaftlich und mit einem angemessenen Preis versehen ist, und
– welche wertungserheblichen Vor- und Nachteile ein Nebenangebots gegenüber anderen Angeboten hat und
– im Stadium der Auftragsausführung – ob die Ausführung der Leistung vertragsgemäß ist.
(VK Nordbayern, B. v. 15. 10. 2008 – Az.: 21.VK – 3194 – 48/08).

Außerdem ist das Angebot die Grundlage für die Abrechnung der Leistung. 8412

Dafür ist es grundsätzlich ausreichend, dass der **Bieter eines Nebenangebots eine Baube-** 8413
schreibung und ein Leistungsverzeichnis für sein Nebenangebot vorlegt, denn dann ist erkennbar, ob alle erforderlichen Teilleistungen berücksichtigt und mit ausreichenden Mengen angeboten wurden, Materialien und Bauteile die erforderlichen Eigenschaften haben und ggf. welche zusätzlichen Leistungen zur Tauglichkeit des Angebots im Rahmen einer Aufklärung nach § 16 VOB/A vereinbart werden müssten. Gleichfalls ermöglicht ein Leistungsverzeichnis eine Abschätzung des Preises auf Angemessenheit oder auf Kostenunterdeckung und die Prüfung auf Einhaltung des Vertrags.

Der Bieter eines Nebenangebots kann **anstelle eines Leistungsverzeichnisses eine ande-** 8414
re Art der Leistungsbeschreibung wählen, die o. a. Anforderungen erfüllt und einen gewissen Detaillierungsgrad besitzt. Für Ausschreibungen mit Leistungsprogramm wird dies dadurch verdeutlicht, dass die Beschreibung der Leistung eingehend und zweckmäßig gegliedert sein soll (§ 7 Abs. 15 VOB/A), und ggf. die Angabe von Mengen- und Preisangaben für Teile der Leistung enthalten sein soll (VK Münster, B. v. 22. 8. 2002 – Az.: VK 07/02).

Ein Nebenangebot muss **auch die baurechtliche Zulässigkeit erkennen lassen** (VK Nord- 8415
bayern, B. v. 22. 12. 2004 – Az.: 320.VK – 3194 – 49/04; VK Südbayern, B. v. 3. 5. 2005 – Az.: 15-03/05).

Teil 3 VOB/A § 16

8416 Einem **Bieter, der ein neuartiges Produkt anbietet**, das in den bestehenden Regelwerken, Zulassungen o. ä. noch nicht erfasst ist, **obliegt eine erhöhte Pflicht zum Nachweis der Gleichwertigkeit.** So trifft einen Bieter z. B. gerade hinsichtlich einer unklaren Lage in Bezug auf die bauaufsichtliche Zulassung und die Widerstandsfähigkeit ihres Produktes eine Pflicht, mit Angebotsabgabe umfassend zur Gleichwertigkeit vorzutragen und diese nachzuweisen. **Schon begrifflich ist unter dem Wort „Nachweis" jedenfalls ein Mehr an Belegen, Zertifikaten, Gutachten o. ä. zu verstehen, als eine bloße eigene Beschreibung des Produkts** (VK Baden-Württemberg, B. v. 21. 4. 2008 – Az.: 1 VK 10/08).

8417 **86.12.3.4.3.4.3 Verzicht auf die Darlegung der Gleichwertigkeit.** Die Nachweispflicht des Bieters trifft nur in dem Rahmen zu, wo für die Vergabestelle bei der Aufklärung/Prüfung des Nebenangebots erhöhter Eigenaufwand erforderlich wird. **Keine Nachweise** sind **in den Fällen erforderlich**, wo es sich um Angaben handelt, die **im täglichen Gebrauch der Vergabestelle** (Planer) **Normalität** sind, **vorhandenes, anwendungsbereites Wissen darstellen** (z. B. gängige übliche Materialien, Erzeugnisse und deren Materialkennwerte, Leistungswerte). Hierbei geht ein Bieter aber bei Nichtnachweis immer das Risiko ein, dass er auf einen fachfremden Planer trifft (VK Südbayern, B. v. 19. 6. 2007 – Az.: Z3-3-3194-1-18-05/07; VK Thüringen, B. v. 18. 3. 2003 – Az.: 216–4002.20-001/03-MHL).

8418 Es handelt sich also um den Ausnahmefall, dass ein **Nachweis verzichtbar ist,** da die **Gleichwertigkeit des Nebenangebotes offensichtlich** ist oder ein **Auftraggeber sie auf Grund vorhandenen Sachverstands ohne Weiteres erkennen kann** (VK Rheinland-Pfalz, B. v. 31. 7. 2003 – Az.: VK 16/03).

8419 **86.12.3.4.3.4.4 Prüfungspflicht des Auftraggebers.** Bei Nebenangeboten hat der **Auftraggeber** eine **besonders eingehende und alle Vergabekriterien gewichtende und zueinander ins Verhältnis setzende, vergleichend abwägende Wertung durchzuführen** (VK Lüneburg, B. v. 29. 8. 2002 – Az.: 203-VgK13/2002; VK Südbayern, B. v. 3. 9. 2003 – Az.: 36-08/03, B. v. 30. 8. 2002 – Az.: 29-07/02).

8420 Der Auftraggeber **genügt seiner Aufklärungspflicht,** wenn er z. B. mit der Beigeladenen **zwei Aufklärungsgespräche** führt und sich die **Urkalkulationen sowie die Kalkulationen einzelner Einheitspreise vorlegen** lässt (1. VK Sachsen, B. v. 12. 4. 2002 – Az.: 1/SVK/024-02, 1/SVK/024-02g).

8421 Dem öffentlichen Auftraggeber kann im Rahmen der von ihm anzustellenden Ermittlungen **nicht abverlangt werden, sämtliche inhaltliche Versäumnisse** eines oder mehrerer am Vergabeverfahren teilnehmender **Bieter zu heilen;** dies **verstieße auch** gegen die wichtigste Verpflichtung, die das Vergaberechtsänderungsgesetz den öffentlichen Auftraggebern auferlegt hat, **den Wettbewerbsgrundsatz** aus § 97 Abs. 1 GWB. Bestandteil des Wettbewerbs ist auch die vollständige, übersichtliche und nachvollziehbare Präsentation der eigenen Angebote und die Herausstellung der Vor- und ggf. Nachteile abweichender technischer Lösungen gegenüber dem Verwaltungsentwurf unter Berücksichtigung der speziellen subjektiven Anforderungen des Auftraggebers im jeweils vorliegenden Verfahren. Einem öffentlichen Auftraggeber kann keineswegs eine Pflicht auferlegt werden, dass er **bei einem nicht vollständig als gleichwertig ausgestalteten Nebenangebot stets auf eine eventuell technisch mögliche Ergänzung zur Gleichwertigkeit hinwirkt**; eine solche Pflicht kann allenfalls im Zuge des Gleichbehandlungsgrundsatzes aus vorhergehenden entsprechenden Hinweisen an Mitbewerber resultieren (VK Brandenburg, B. v. 29. 5. 2002 – Az.: VK 19/02). Im Übrigen liegt es in der Risikosphäre des Bieters, ob ein Nebenangebot tatsächlich Gleichwertigkeit erreicht und damit berücksichtigungsfähig bleibt (VK Südbayern, B. v. 30. 8. 2002 – Az.: 29-07/02).

8422 Die **Vergabestelle** ist also **nicht verpflichtet, mit eigenen Mitteln weitere Nachforschungen zur Gleichwertigkeit des Nebenangebots anzustellen.** Eigene Nachforschungen obliegen ihr **nur im Rahmen der verfügbaren Erkenntnisquellen und innerhalb der zeitlichen Grenzen der Zuschlags- und Angebotsfrist** (Brandenburgisches OLG, B. v. 20. 8. 2002 – Az.: Verg W 6/02; OLG Koblenz, B. v. 5. 9. 2002 – Az.: Verg 4/02; OLG Rostock, B. v. 5. 3. 2002 – Az.: 17 Verg 3/02; VK Baden-Württemberg, B. v. 21. 4. 2008 – Az.: 1 VK 10/08; VK Brandenburg, B. v. 24. 11. 2005 – Az.: VK 69/05; B. v. 21. 12. 2004 – Az.: VK 64/04; 1. VK Bund, B. v. 25. 3. 2003 – Az.: VK 1–11/03; VK Rheinland-Pfalz, B. v. 31. 7. 2003 – Az.: VK 16/03, B. v. 7. 3. 2002 – Az.: VK 2/02; 1. VK Sachsen, B. v. 27. 6. 2005 – Az.: 1/SVK/064-05; B. v. 23. 1. 2004 – Az.: 1/SVK/160-03).

8423 Zwar ist es grundsätzlich denkbar, dass Nebenangebote nicht nur in fachlicher Hinsicht, sondern auch hinsichtlich ihrer Vertragsbedingungen vom Hauptangebot abweichen. Erforderlich ist aber in jedem Fall, dass der Bieter mit Angebotsabgabe die Nebenangebote so unterbreitet, dass der Auftraggeber in der Lage ist, die Gleichwertigkeit der Nebenangebote im Vergleich zu einem ausschreibungskonformen Hauptangebot festzustellen. Der **zumutbare Prüfungsaufwand eines Auftraggebers wird bei der Unterbreitung einer kompletten AGB aber überschritten.** Es ist ein anerkennenswertes Auftraggeberinteresse zu verhindern, dass über die Geltung von Vertragsbedingungen nachträglich Streit entsteht und den Prüfungsumfang im Vergabeverfahren im Interesse einer schnellen und reibungslosen Umsetzung des Investitionsvorhabens nicht ausufern zu lassen. Eine **derartige materielle Prüfung der Bedingungswerke kann der Vergabestelle und den weiteren Bietern nicht zugemutet werden** (VK Lüneburg, B. v. 11. 3. 2008 – Az.: VgK-05/2008).

86.12.3.4.3.4.5 Darlegungs- und Beweislast für die Gleichwertigkeit. Ist **fraglich**, ob 8424 ein im Nebenangebot unterbreitetes technisches Alternativangebot in den jeweiligen Kriterien **gleichwertig** mit dem Vorschlag der ausschreibenden Stelle ist, so **geht dies zulasten des Bieters.** Auch wenn ausdrücklich Nebenangebote im Vergabeverfahren zugelassen sind, ist es dem **Auftraggeber nicht zuzumuten**, in jedem Einzelfall **dem Bieter den Nachweis über die Nicht-Gleichwertigkeit von dessen Angebot zu liefern** (VK Baden-Württemberg, B. v. 23. 6. 2003 – Az.: 1 VK 28/03, B. v. 7. 3. 2003 – Az.: 1 VK 06/03, 1 VK 11/03, B. v. 29. 10. 2002 – Az.: 1 VK 50/02).

86.12.3.4.3.5 Darlegung des Umfangs der Ersetzung des Hauptangebots. Bei Ne- 8425 benangeboten, die sich **nur auf einen Teil des Hauptangebotes beziehen**, muss **für die Vergabestelle erkennbar sein, welche Bestandteile des Hauptangebotes durch das Nebenangebot ersetzt oder verändert werden** sollen und welche Teile des Hauptangebotes unverändert weiter gelten sollen. Erfüllt ein Nebenangebot diese Anforderungen nicht, ist es unklar und widersprüchlich (VK Südbayern, B. v. 19. 3. 2002 – Az.: 06-02/02).

Sind nach den Vorgaben der Vergabeunterlagen Nebenangebote oder Änderungs- 8426 vorschläge, soweit sie Teilleistungen (Positionen) des Leistungsverzeichnisses beeinflussen (ändern, ersetzen, entfallen lassen, zusätzlich erfordern), nach Mengenansätzen und Einzelpreisen aufzugliedern, enthält dies die (formale) Anforderung, in einem Nebenangebot im Einzelnen auszuweisen, inwieweit Mengenansätze und Preise bei sämtlichen Positionen, auf die sich ein Änderungsvorschlag bezieht, beeinflusst werden. Dem Auftraggeber ist nicht zuzumuten, im Angebot nach zusätzlichen, durch ein Nebenangebot gegebenen Einsparungen zu forschen. Die Vergabestelle hätte aber, auch wenn sie ein zusätzliches Einsparungspotenzial erkannt hätte, von einer Berücksichtigung absehen müssen. Es ist nicht selbstverständlich oder zwingend, einen zusätzlichen Preisvorteil bei der Bewertung eines Sondervorschlags zu werten. Der Gesamtpreis muss sich nicht gewissermaßen automatisch weiter reduzieren. So konnte sich z. B. der Bieter vorbehalten haben, weitere Einsparungen nicht an den Auftraggeber weiterzureichen, sondern diese erlössteigernd einzusetzen. Dies ist zumal deswegen nicht auszuschließen, wenn der Bieter jene Einsparungen im Angebot nicht genannt hat und er ebenso wenig verpflichtet war, den Auftraggeber davon profitieren zu lassen. **Vom Bieter im Zusammenhang mit Nebenangeboten nicht aufgezeigte Einsparungen darf der Auftraggeber daher in der Regel nicht werten** (OLG Düsseldorf, B. v. 10. 12. 2008 – Az.: VII-Verg 51/08).

86.12.3.4.3.6 Zeitpunkt der Darlegung der Gleichwertigkeit. 86.12.3.4.3.6.1 VOB/A 8427 **2009.** Da die zwingende Ausschlussregelung des § 16 Abs. 1 Nr. 1 VOB/A den Fall des § 16 Abs. 8 VOB/A nicht erwähnt, greift die Regelung des § 16 Abs. 1 Nr. 3 VOB/A; eine **Nachforderung fehlender Nachweise ist möglich.** Dies entspricht auch dem Sinn und Zweck der Änderung der entsprechenden Vorschriften der VOB/A 2009, nämlich die hohe Ausschlussrate zu reduzieren und einen umfassenden Wettbewerb sicher zu stellen.

86.12.3.4.3.6.2 Ältere Rechtsprechung. Die **Rechtsprechung** war insoweit **nicht ein-** 8428 **deutig.**

Bei der Prüfung von Nebenangeboten ist **nach einer Ansicht zwingend auf den Zeit-** 8429 **punkt der Angebotsabgabe abzustellen.** Es ist weder im Rahmen von Aufklärungsgesprächen noch mit Hilfe von nachgereichten Gutachten möglich, ein bei Angebotsabgabe unvollständiges Angebot inhaltlich zu ergänzen. Im Sinne von § 15 VOB/A können sich Aufklärungsverhandlungen nur auf ein feststehendes, vom Bieter zweifelsfrei formuliertes Angebot beziehen. **Verspätet vorgelegte Gleichwertigkeitsnachweise** mit den notwendigen inhaltlichen Konkretisierungen des Nebenangebotes können von der Vergabestelle auch im Rahmen ihres grundsätzlich für die Wertung von Nebenangeboten bestehenden Beurteilungsspielraums **nicht mehr berücksichtigt** werden (VK Rheinland-Pfalz, B. v. 31. 7. 2003 – Az.: VK 16/03; 1. VK

Sachsen, B. v. 23. 1. 2004 – Az.: 1/SVK/160-03; VK Südbayern, B. v. 19. 6. 2007 – Az.: Z3-3-3194-1-18-05/07).

8430 Das **Vergabeverfahren steht unter Zeitdruck**. Wenn immer wieder – auf Grund nachgereichter Unterlagen – neu in die Prüfung der Angebote eingetreten werden müsste, käme es zu erheblichen Verzögerungen. Es ist deshalb das **Risiko des Bieters, wenn er derartige Unterlagen nicht bereits bei Angebotsabgabe, sondern „peu à peu" einreicht** (Brandenburgisches OLG, B. v. 20. 8. 2002 – Az.: Verg W 6/02; 1. VK Sachsen, B. v. 23. 1. 2004 – Az.: 1/SVK/160-03).

8431 **Nach einer anderen Auffassung** bewegen sich **Maßnahmen zur Beurteilung der Gleichwertigkeit eines feststehenden Nebenangebotes – auch Nachforderungen von Unterlagen wie z. B. eine Vorstatik – im Rahmen des § 15 VOB/A** und sind deshalb zulässig (VK Lüneburg, B. v. 20. 5. 2005 – Az.: VgK-18/2005).

8432 86.12.3.4.3.7 Weitere Beispiele aus der Rechtsprechung

– ein **Nebenangebot, das sich in der Erklärung erschöpft, die Bauzeit verkürze sich um mindestens drei Monate, ohne jegliche Erläuterung, wie der Bieter dies technisch und organisatorisch bewerkstelligen will, lässt die Gleichwertigkeit mit dem Hauptangebot nicht erkennen** und muss deshalb auch nicht bei der Angebotswertung berücksichtigt werden. Zur Führung eines Aufklärungsgespräches ist der Auftraggeber nicht verpflichtet (OLG München, B. v. 10. 12. 2009 – Az.: Verg 16/09)

– **Nebenangebote sind eigenständige Angebote mit dem technischen Inhalt des Hauptangebots**, soweit dieses unverändert Gegenstand des Nebenangebots wird, und den **Änderungen gegenüber dem Hauptangebot**. Wenn ein Bieter dann **nicht ankreuzt, dass der zum Hauptangebot eingeräumte Preisnachlass auch für die Nebenangebote gelte**, bedeutet dies, dass für diese Nebenangebote in ihrer jeweiligen Gesamtheit kein Nachlass gewährt wird (VK Baden-Württemberg, B. v. 13. 8. 2009 – Az.: 1 VK 37/09)

– ein Bieter, der einen **anderen Bodenbelag als das ausgeschriebene Leitfabrikat** anbietet, bei dem der **Auftraggeber** aber aufgrund bekannter Untersuchungsergebnisse über die Umweltverträglichkeit **berechtigterweise an der Gleichwertigkeit Zweifel** hegen darf, muss die **Umweltverträglichkeit** des von ihm offerierten Produktes zweifelsfrei nachweisen. Wegen der möglichen Gesundheitsgefährdung, die sich mit einem Bodenbelag verbinden kann, der sich in einem von Schülern genutzten Gebäude befindet und der eine nicht erlaubte Belastung mit N-Nitrosaminen aufweist, und der denkbaren nachteiligen Folgen, die ein u. U. deswegen notwendig werdender Austausch des Bodens mit sich bringt, ist einem Angebot mit einem solchen, nicht umweltverträglichen Bodenbelag der Zuschlag zu versagen (OLG Stuttgart, Urteil v. 30. 4. 2007 – Az.: 5 U 4/06).

– einer **vom Auftraggeber für ein Nebenangebot eindeutigen und erschöpfenden Beschreibung** wird es nicht gerecht, wenn der Antragsteller pauschal anbietet, die Unterfangung des Nachbargebäudes im „klassischen Verfahren" abschnittsweise vorzunehmen, auch wenn damit ein im Bodengutachten angesprochene „klassische Verfahren" angeboten werden sollte. Es stellt keine erschöpfende Beschreibung der tatsächlich im Einzelnen zur Ausführung gelangenden Leistungen dar, wenn ergänzend hierzu nur allgemein ausgeführt wird, dass die Aushub- und Betonierabschnitte in Höhe, Dicke und Breite (ca. xxx m) angepasst und die einzelnen Abschnitte mittels Temporäranker rückverankert würden. Der **Bauherr hat ein legitimes Interesse – und deshalb die Forderung nach einer erschöpfenden Beschreibung – die Einzelheiten der vorgesehenen Bauausführung zu erfahren**, um beispielsweise auch prüfen zu können, ob die vorgesehene tatsächliche Ausführung den einschlägigen DIN-Vorschriften genügt. Dies soll auch **Klarheit** schaffen, um **bei der späteren Ausführung Streitigkeiten möglichst zu vermeiden** (VK Baden-Württemberg, B. v. 6. 4. 2009 – Az.: 1 VK 13/09)

– ein verständiger Bieter wird angesichts des Umstandes, dass **teerhaltiges Material im Straßenbau seit 1993 nicht mehr eingesetzt werden darf**, und in den einschlägigen technischen Richtlinien und Vertragsbedingungen der **Begriff „Teer" durch den Begriff „Pech"** ersetzt wurde, die **Mindestanforderung „Nebenangebote mit der Verwendung von pechhaltigen Straßenbaustoffen sind nicht zugelassen"** dahingehend weit auslegen und **verstehen, dass von der genannten Mindestanforderung auch gefräster teerhaltiger Asphalt erfasst** wird (OLG Düsseldorf, B. v. 10. 12. 2008 – Az.: VII-Verg 51/08)

– der Auftraggeber ist bezüglich der Nebenangebote 1, 2, 3, 5 und 6 zu Recht davon ausgegangen, dass der **angebotene Folienboden nicht mit dem ausgeschriebenen Edelstahlbo-

Vergabe- und Vertragsordnung für Bauleistungen Teil A   VOB/A § 16   **Teil 3**

den (für ein Schwimmbecken) gleichwertig ist. Insbesondere hat der Bieter diesbezüglich eine Gleichwertigkeit nicht nachgewiesen. Unbeschadet der Frage, ob der Gleichwertigkeitsnachweis auch durch eine Eigenerklärung erfolgen kann, ist der Bieter seiner Nachweisobliegenheit nicht ausreichend nachgekommen. Denn er geht in seiner Eigenerklärung davon aus, dass es in den Becken lediglich zur Benutzung von Fremdkörpern wie z. B. Spielzeug aus Plastik kommen werde. In Bezug auf eine solche Benutzung weise das Produkt des Bieters einen ausreichenden Widerstand auf. Damit hat er jedoch nicht dargelegt, ob **auch bei der Verwendung metallischer Gegenstände im Becken, wie etwa von Duschliegen oder von Prothesen eine ausreichende Widerstandsfähigkeit gegeben** ist. Die Frage, ob der Bieter hier eine Gleichwertigkeit nachgewiesen hat, kann damit dahinstehen, denn er hat in Bezug auf die Frage der Widerstandsfähigkeit in Bezug auf Gegenstände aus Metall nichts dargelegt (VK Baden-Württemberg, B. v. 21. 4. 2008 – Az.: 1 VK 10/08)

– gibt es eine als Nebenangebot **angebotene Leuchte gegenwärtig nicht**, und entspricht **sie anhand der vorgelegten Datenblätter auch offensichtlich nicht dem Text des Leistungsverzeichnisses**, ist der **Nachweis der Gleichwertigkeit nicht erbracht**. Dies führt zum Ausschluss des Angebots, weil die Vergleichbarkeit im Zeitpunkt der Angebotsabgabe nicht gegeben ist (VK Südbayern, B. v. 19. 6. 2007 – Az.: Z3-3-3194-1-18-05/07)

– bei einem Nebenangebot über einen alternativen Baugrubenverbau ist es notwendig, eine **eigene statische Berechung beizufügen**; diese ist allenfalls bei funktionaler Ausschreibung entbehrlich (1. VK Sachsen, B. v. 21. 5. 2004 – Az.: 1/SVK/036-04)

– enthält ein **Nebenangebot eine erhebliche Bauzeitverkürzung ohne nähere Begründung**, ist dieses Angebot mangels jeglicher Konkretisierung und Erläuterung als **nicht gleichwertig** zu betrachten (VK Arnsberg, B. v. 20. 7. 2004 – Az.: Az.: VK 1–10/2004)

– ein Bieter entspricht seiner Darlegungslast mit dem **pauschalen Hinweis auf ein „geeignetes Bindemittel" nicht** (VK Rheinland-Pfalz, B. v. 31. 7. 2003 – Az.: VK 16/03)

– **pauschale Äußerungen**, wie „es geht schon", oder „es wird eingehalten werden", aber auch „es gibt keine Auswirkungen", **reichen nicht als Nachweis der Einhaltung der Forderungen oder der Gleichwertigkeit** aus (VK Thüringen, B. v. 8. 4. 2003 – Az.: 216–4002.20-002/03-J-S)

– ist **für den Auftraggeber nicht ohne Weiteres ersichtlich**, inwieweit die Vorschläge im Nebenangebot zu einer **Einsparung** führen können, ist er vielmehr **gezwungen, den Angebotsendpreis bei Einbeziehung der beiden Nebenangebote selbst zu ermitteln** und ist diese **Berechnung** angesichts der Länge des Leistungsverzeichnisses und der Tatsache, dass die Positionen im Nebenangebot unterschiedlichen Titeln zuzurechnen sind und sich die Zwischensummen auch entsprechend ändern, **sehr komplex** und bedarf einer erweiterten rechnerischen Überprüfung des gesamten Angebotes für jedes der beiden Nebenangebote, sind die Nebenangebote nicht eindeutig und nicht wertbar. Die Vergleichsrechnung kann der Bieter nicht auf den Auftraggeber abwälzen (1. VK Sachsen, B. v. 12. 6. 2003 – Az.: 1/SVK/054-03)

– **weicht ein Bieter von einem verbindlichen Terminplan** ab, ist das Nebenangebot **nicht gleichwertig** (VK Lüneburg, B. v. 4. 7. 2003 – Az.: 203-VgK-11/2003)

– den Anforderungen an ein Nebenangebot genügt ein Nebenangebot nicht, wenn der **Bieter ein Produkt anbietet, welches noch nicht existiert**, sondern sich nur in Prospekten wieder findet (1. VK Sachsen, B. v. 24. 4. 2003 – Az.: 1/SVK/031-03)

– als Auftraggeberin hat die Vergabestelle letztlich das Risiko für jede von ihr akzeptierte Lösung zu tragen. Es ist daher in ihren **Ermessensspielraum gestellt, ob sie sich für eine teurere, dafür aber risikoärmere Lösung oder für eine zwar preiswertere, dafür aber mit nicht absehbaren Risiken verbundene Lösung entscheiden** will. Unter Berücksichtigung der wissenschaftlichen Zwecke, denen die Räumlichkeiten mit ihren technischen Einrichtungen dienen sollen, hat sie sich ohne Verstoß gegen vergaberechtliche Vorschriften für die sichere Lösung entschieden und die Gleichwertigkeit der von dem Bieter vorgeschlagenen Lösung verneint (2. VK Bund, B. v. 18. 7. 2002 – Az.: VK 2–40/02)

– hat der Auftraggeber ausdrücklich eine **Aufschlüsselung des Nebenangebots nach Mengenansätzen und Einheitspreisen gefordert** und bestimmt, dass Nebenangebote, die dieser Forderung nicht entsprechen, von der Wertung ausgeschlossen werden können, kann ein **Pauschalpreisnebenangebot nicht zur Wertung zugelassen** werden, weil Einheitspreise und Mengenangaben fehlen. Der Auftraggeber kann damit das Risiko einer Mehrvergütung nach § 2 Nr. 7 VOB/B – also bei einer erheblichen Abweichung von der vertraglich vorgesehenen Leistung – ebenso wenig prüfen wie das Risiko einer Mehrvergütung nach § 2 Nr. 3 bis 6 VOB/B. **Auch bei Pauschalangeboten besteht das Risiko einer nachträglichen Preisanpassung nach § 2 Nr. 7 Abs. 1 VOB/B** (VK Münster, B. v. 22. 8. 2002 – Az.: VK 07/02; OLG Frankfurt, B. v. 26. 3. 2002 – Az.: 11 Verg 3/01)

– in einem Pauschalpreis-Nebenangebot müssen – schon zum Vergleich bei der Angebotswertung nach § 25 VOB/A – **alle Fakten enthalten sein, die zur einwandfreien Ausführung der Leistung erforderlich werden**. Fehlt es an dieser Voraussetzung, ist es nicht wertbar (1. VK Sachsen, B. v. 13. 2. 2002 – Az.: 1/SVK/003-02)

– Nebenangebote sind mit den Vorgaben der Lieferung und des Einbaus von ungebrauchten Bauteilen nicht gleichwertig, wenn **gebrauchte Materialien verwendet werden**, weil z. B. die Qualität von gebrauchten, nicht wiederaufbereiteten Schienen, Schwellen und Bremsprellböcken geringer ist und z. B. wegen der Abnutzung und der Materialermüdung von einer verkürzten Restnutzungsdauer auszugehen ist (1. VK Bund, B. v. 19. 4. 2002 – Az.: VK 1–09/02)

– ein öffentlicher Auftraggeber ist nicht völlig frei in der Bewertung der Nebenangebote, sondern sein **Ermessen kann durch behördliche Genehmigungen**, z. B. eine von der Unteren Wasserbehörde vorgegebene Genehmigung, die wesentliche bauliche Festlegungen wie etwa die zweimalige Siebung des Abwassers enthält, **eingeschränkt sein**. Diese **Vorgaben** hat der öffentliche Auftraggeber bei der Wertung eines Nebenangebots **zu beachten** (1. VK Sachsen, B. v. 13. 5. 2002 – Az.: 1/SVK/043-02)

– die Vergabestelle hat **in der Baubeschreibung bestimmt**, dass eine Glas-Aluminium-Warmfassade mit Profilen der Ansichtsbreiten von 50 mm auszuführen war. Diese **generelle Festlegung für die Fassadenansicht** legt die Vergabestelle auch für die Fassade der großen (Pos. 2.13.2021) und kleinen (Pos. 2.13.2029) Dachausgänge fest, indem sie das System FW 50, was eine Profilansichtsbreite von 50 mm beschreibt, vorgibt. Auch die Bautiefe ist mit 150 mm konkret festgelegt. Damit sind die Profilansichtsbreite und die Profiltiefe verbindlich festgelegt und können auch mit Nebenangeboten nicht zulässigerweise verändert werden (VK Nordbayern, B. v. 20. 3. 2003 – Az.: 320.VK-3194-07/03)

– eine Gleichwertigkeitsprüfung war nicht schon deshalb entbehrlich, weil die Vergabestelle in der Leistungsbeschreibung **Stahlbetonrohre angegeben und diesbezüglich sehr detaillierte Anforderungen formuliert** hatte. Denn diese waren für die Bieter nicht zwingend dahin zu verstehen, dass Nebenangebote, die andere Rohrmaterialien zum Gegenstand haben, von vornherein nicht erwünscht seien. Eine solche verbindliche Vorgabe im Sinne eines Ausschlusskriteriums hätte die Vergabestelle klar zum Ausdruck bringen müssen (2. VK Bund, B. v. 30. 4. 2002 – Az.: VK 2–10/02).

86.12.4 Beurteilungsspielraum bei der Wertung von Nebenangeboten und Grenzen der Überprüfbarkeit der Wertungsentscheidung

8433 Hinsichtlich der **Wertung von Nebenangeboten** ist der Vergabestelle ein **objektiver und subjektiver Beurteilungsspielraum** eingeräumt (OLG Brandenburg, B. v. 29. 7. 2008 – Az.: Verg W 10/08; OLG Celle, B. v. 3. 6. 2010 – Az.: 13 Verg 6/10; B. v. 10. 1. 2008 – Az.: 13 Verg 11/07; OLG Frankfurt, B. v. 7. 8. 2007 – Az.: 11 Verg 3/07, 4/07; OLG Hamm, B. v. 25. 10. 2005 – Az.: 24 U 39/05; OLG Naumburg, B. v. 8. 2. 2005 – Az.: 1 Verg 20/04; OLG Stuttgart, Urteil v. 30. 4. 2007 – Az.: 5 U 4/06; VK Arnsberg, B. v. 25. 3. 2009 – Az.: VK 04/09; VK Baden-Württemberg, B. v. 18. 10. 2005 – Az.: 1 VK 62/05; B. v. 25. 5. 2005 – Az.: 1 VK 25/05; VK Brandenburg, B. v. 16. 5. 2007 – Az.: 1 VK 13/07; B. v. 21. 9. 2005 – Az.: 2 VK 54/05; VK Lüneburg, B. v. 12. 6. 2007 – Az.: VgK-23/2007; B. v. 19. 4. 2005 – Az.: VgK-11/2005; VK Münster, B. v. 11. 2. 2010 – Az.: VK 29/09; VK Niedersachsen, B. v. 8. 1. 2010 – Az.: VgK-68/2009; VK Nordbayern, B. v. 15. 10. 2008 – Az.: 21.VK – 3194 – 48/08; B. v. 18. 7. 2007 – Az.: 21.VK – 3194 – 27/07; 1. VK Sachsen, B. v. 10. 11. 2006 – Az.: 1/SVK/096-06; VK Schleswig-Holstein, B. v. 7. 5. 2008 – Az.: VK-SH 05/08). Zwar gilt grundsätzlich, dass die Auslegung und Anwendung von unbestimmten Rechtsbegriffen einer vollständigen Nachprüfung unterliegt. Sofern aber im Einzelfall bei der Wertung von Angeboten ein Beurteilungsspielraum bzw. eine Bewertungsprärogative besteht, **können die Vergabekammer bzw. der Vergabesenat nicht ihre Wertung an die Stelle der Wertung der Vergabestelle setzen** (VK Nordbayern, B. v. 18. 7. 2007 – Az.: 21.VK – 3194 – 27/07). Dann wird lediglich geprüft, ob die **Verwaltung die gesetzlichen Grenzen eingehalten und dem Zweck der Ermächtigung entsprechend Gebrauch gemacht hat. Im Blick auf § 16 Abs. 6 Nr. 3 VOB/A ergibt sich, dass es um die Gesamtschau zahlreicher, die Entscheidung beeinflussender Einzelumstände und somit um eine Wertung geht, die im Gegensatz zur Anwendung bloßer Verfahrensregeln der VOB/A bzw. der VOL/A einen angemessenen Beurteilungsspielraum voraussetzt. Hiernach ist bei der **Wertung von Nebenangeboten** eine **Überschreitung des gegebenen Bewertungsspielraums nur dann** anzunehmen, wenn das **vorgeschriebene Verfahren nicht eingehalten** wird, **nicht von einem zutreffenden und vollständig ermittelten Sachverhalt ausgegangen** wird, **sachwidrige Erwägungen in die Wertung einbezogen** werden oder der sich im Rahmen der Beurteilungsermächtigung haltende **Beurteilungsmaßstab nicht zutreffend angewandt** wird (OLG Celle, B. v. 3. 6. 2010 – Az.: 13 Verg 6/10; B. v. 10. 1. 2008 – Az.: 13 Verg 11/07; VK Arnsberg, B. v. 25. 3. 2009 – Az.: VK 04/09; VK Baden-Württemberg, B. v. 18. 10. 2005 – Az.: 1 VK 62/05; B. v. 25. 5. 2005 – Az.: 1 VK 25/05; B. v. 23. 6. 2003 – Az.: 1 VK 28/03, B. v. 20. 3. 2002 – Az.: 1 VK 4/02, B. v. 7. 3. 2003 – Az.: 1 VK 06/03, 1 VK 11/03; VK Berlin, B. v. 29. 6. 2004 – Az.: VK – B 1–24/04; 2. VK Bremen, B. v. 19. 2. 2003 – Az.: VK 2/03; VK Hessen, B. v. 14. 3. 2002 – Az.: 69 d – VK 07/2002; B. v. 16. 7. 2004 – Az.: 69 d – VK – 39/2004; VK Nordbayern, B. v. 15. 10. 2008 – Az.: 21.VK – 3194 – 48/08; VK Rheinland-Pfalz, B. v. 4. 6. 2002 – Az.: VK 14/02, B. v. 7. 3. 2002 – Az.: VK 2/02; 1. VK Sachsen, B. v. 10. 11. 2006 – Az.: 1/SVK/096-06; B. v. 26. 1. 2004 – Az.: 1/SVK/161-03, B. v. 4. 7. 2003 – Az.: 1/SVK/073-03, 1/SVK/073-03g; VK Schleswig-Holstein, B. v. 7. 5. 2008 – Az.: VK-SH 05/08; B. v. 17. 3. 2006 – Az.: VK-SH 02/06; B. v. 3. 11. 2004 – Az.: VK-SH 28/04).

86.12.5 Unterschiedliche Gutachteräußerungen

Es steht im Ermessen der Vergabestelle, **im Falle sich widersprechender Gutachteräußerungen** sich auf **dasjenige Verfahren festzulegen, das die geringsten Risiken** birgt. Ein solche Entscheidung ist nicht ermessensfehlerhaft (Hanseatisches OLG Bremen, B. v. 4. 9. 2003 – Az.: Verg 5/2003). 8434

86.12.6 Einheitliche Wertung eines Nebenangebotes?

Ein einheitlich abgegebenes Nebenangebot kann, auch wenn es technisch in voneinander unabhängige Teile aufgegliedert werden kann und dies der Vergabestelle erkennbar war, **jedenfalls dann nicht teilweise gewertet werden, wenn der Bieter sein Einverständnis hierzu nicht mit dem Angebot zweifelsfrei zum Ausdruck gebracht hat** (OLG Dresden, B. v. 6. 6. 2002 – Az.: WVerg 0005/02). 8435

86.12.7 Rechtsfolge der fehlenden Gleichwertigkeit

Die **Rechtsprechung** ist insoweit **nicht einheitlich**. 8436

Nach einer Auffassung darf **ein nicht gleichwertiges Angebot in die Wertung nur dann einbezogen werden, wenn eine Wettbewerbsverzerrung mit Sicherheit ausgeschlossen werden kann**. Es muss gesichert sein, dass nicht ein anderer Anbieter in Kenntnis des Umstandes, dass der Auftraggeber auch einen geänderten Standard der Leistung akzeptiert, ein noch günstigeres Angebot abgegeben hätte. Eine Leistungsmodifizierung darf jedoch den Regelungssinn des Änderungsverbots nach § 15 VOB/A nicht unterlaufen, nämlich die Sicherstellung eines ordnungsgemäßen Wettbewerbs. Demnach ist eine **Leistungsmodifizierung bei Zuschlagserteilung nicht möglich, wenn diese zu einer völligen Umgestaltung der ausgeschriebenen Leistung** und damit zu einer Wettbewerbsverzerrung führen würde (VK Nordbayern, B. v. 6. 4. 2004 – Az.: 320.VK-3194-09/04). 8437

Nach einer anderen Auffassung darf dann, wenn die **Gleichwertigkeit zu verneinen ist, das Nebenangebot nicht berücksichtigt werden**, da andernfalls eine nachträgliche Abwandlung des ursprünglichen Anforderungsprofils durch die Vergabestelle gegeben wäre, die in Widerspruch zum Gebot der Gleichbehandlung aller Bieter steht (VK Südbayern, B. v. 9. 9. 2003 – Az.: 38-08/03). 8438

86.12.8 Wertung eines Pauschalpreisangebotes als Nebenangebot

Vgl. dazu die **Kommentierung** zu → **§ 4 VOB/A Rdn. 19 ff.** 8439

86.12.9 Umdeutung eines wegen Änderungen unzulässigen Angebots in ein Nebenangebot

8440 Vgl. dazu die Kommentierung → Rdn. 151.

86.12.10 Umdeutung eines Nebenangebots in ein zweites Hauptangebot

8441 Hat ein **Bieter sein Nebenangebot sprachlich als solches eindeutig bezeichnet und auf besonderer Anlage abgegeben, ist es dem Auftraggeber nicht möglich, dieses in ein „zweites Hauptangebot" umzudeuten.** Eine solch eigenmächtige Qualifizierung des Nebenangebotes als Hauptangebot kommt allenfalls in Betracht, wenn aus einer Erklärung des Bieters oder aus der äußeren Gestaltung des Angebotes erkennbar ist, dass der Bieter hier ein zweites Hauptangebot hat abgeben wollen. Hinzu kommt, dass es Sache des Bieters ist, zu entscheiden, ob er ein Haupt- oder ein Nebenangebot abgeben möchte. Will der Bieter ein Nebenangebot abgeben, so darf die Vergabestelle sich keine Korrekturfunktion anmaßen und ein als solches gewolltes Nebenangebot in ein Hauptangebot umdeuten. Der **Wille, ein (zweites) Hauptangebot abzugeben, muss im Angebot selbst deutlich werden** (1. VK Sachsen, B. v. 5. 2. 2007 – Az.: 1/SVK/125-06).

86.12.11 Richtlinie des VHB 2008 zu Nebenangeboten

8442 Sind an Nebenangebote Mindestanforderungen gestellt, müssen diese erfüllt werden; andernfalls müssen sie im Vergleich zur Leistungsbeschreibung qualitativ und quantitativ gleichwertig sein. Die Erfüllung der Mindestanforderungen bzw. die Gleichwertigkeit ist mit Angebotsabgabe nachzuweisen (212 – Bewerbungsbedingungen – Ziffer 5.1).

Der Bieter hat die in Nebenangeboten enthaltenen Leistungen eindeutig und erschöpfend zu beschreiben; die Gliederung des Leitungsverzeichnisses ist, soweit möglich, beizubehalten. Nebenangebote müssen alle Leistungen umfassen, die zu einer einwandfreien Ausführung der Bauleistungen erforderlich sind. Soweit der Bieter eine Leistung anbietet, deren Ausführung nicht in Allgemeinen Technischen Vertragsbedingungen oder in den Vergabeunterlagen geregelt ist, hat er im Angebot entsprechende Angaben über Ausführung und Beschaffenheit dieser Leistung zu machen (212 – Bewerbungsbedingungen – Ziffer 5.2).

Nebenangebote sind, soweit sie Teilleistungen (Positionen) des Leistungsverzeichnisses beeinflussen (ändern, ersetzen, entfallen lassen, zusätzlich erfordern), nach Mengenansätzen und Einzelpreisen aufzugliedern (auch bei Vergütung durch Pauschalsumme) (212 – Bewerbungsbedingungen – Ziffer 5.3).

Nebenangebote, die den Nummern 5.1 bis 5.3 nicht entsprechen, werden von der Wertung ausgeschlossen (212 – Bewerbungsbedingungen – Ziffer 5.4).

8443 Ein Nebenangebot ist auszuschließen, wenn es nicht zugelassen ist. Nicht auszuschließen sind Nebenangebote, die nicht im Angebotsschreiben an der dafür vorgesehenen Stelle aufgeführt sind. Sie verstoßen gegen § 13 VOB/A bzw. die Bewerbungsbedingungen 212 bzw. 212EG, können jedoch nicht ausgeschlossen werden, da dieser Formfehler kein Ausschlussgrund ist (Richtlinien zu 321 – Vergabevermerk: Prüfungs- und Wertungsübersicht – Ziffer 1.3).

8444 Bei Nebenangebote sind die möglichen Vorteile einzubeziehen, zu berücksichtigen, welche die vom Bieter im/in Nebenangebot(en) vorgeschlagene andere Art und Weise der Ausführung oder andere Ausführungsfristen und die sich daraus ergebende mögliche frühere oder spätere Benutzbarkeit der Bauleistung bzw. von Teilen davon usw. bieten können (Richtlinien zu 321 – Vergabevermerk: Prüfungs- und Wertungsübersicht – Ziffer 2.3.2).

86.12.12 Literatur

8445 – Bartl, Harald, Zur falschen Praxis bei Nebenangeboten und Änderungsvorschlägen, WRP 2004, 712
– Wagner, Volkmar/Steinkemper, Ursula, Bedingungen für die Berücksichtigung von Nebenangeboten und Änderungsvorschlägen, NZBau 2004, 253
– Wirner, Helmut, Nebenangebote und Änderungsvorschläge bei der Vergabe öffentlicher Bauaufträge in der Entscheidungspraxis der Vergabekammern und Oberlandesgerichte, ZfBR 2005, 152

86.13 Wertung von Preisnachlässen (§ 16 Abs. 9)

86.13.1 Änderung in der VOB/A 2009

In § 13 Abs. 9 VOB/A 2009 wurde als Satz 2 die **Regelung neu aufgenommen, dass unaufgefordert angebotene Preisnachlässe mit Bedingungen für die Zahlungsfrist (Skonti) bei der Wertung der Angebote nicht berücksichtigt werden**. Eine vergleichbare Regelung war schon bisher in den Vertragsbedingungen der meisten öffentlichen Auftraggeber enthalten. — 8446

86.13.2 Begriff

Preisnachlass bedeutet einen **prozentualen oder als Euro-Betrag angebotenen Abzug von der Angebots- oder Abrechnungssumme** (VK Brandenburg, B. v. 21. 10. 2002 – Az.: VK 55/02). — 8447

86.13.3 Zulässigkeit von Preisnachlässen

Es ist für die Auswirkung eines zulässigen Preisnachlasses ohne Bedingung letztlich ohne Belang, ob dieser von vornherein im Preis mit einbezogen wird oder an gesonderter Stelle auf den Einheitspreis/Endpreis ausdrücklich gewährt wird. Eine Regelung, die von den **Bietern verlangt, Preisnachlässe und Skonti in die Einheitspreise einzukalkulieren, beschwert die Bieter daher nicht** (VK Lüneburg, B. v. 12. 11. 2001 – Az.: 203-VgK-19/2001). — 8448

86.13.4 Preisnachlässe ohne Bedingungen (§ 13 Abs. 9 Satz 1)

86.13.4.1 Begriff

Ein unbedingter Preisnachlass liegt vor, wenn der **Auftraggeber gegen einen geringeren Preis genau das erhalten soll** was er nach dem Inhalt seiner Ausschreibung erwartet (2. VK Mecklenburg-Vorpommern, B. v. 27. 11. 2001 – Az.: 2 VK 15/01; 1. VK Sachsen, B. v. 10. 11. 2006 – Az.: 1/SVK/096-06). — 8449

86.13.4.2 Formgrundsatz

Gemäß § 13 Abs. 4 VOB/A sind Preisnachlässe ohne Bedingungen **an einer vom Auftraggeber in den Verdingungsunterlagen bezeichneten Stelle** aufzuführen. Ist dies nicht der Fall, so **dürfen sie nach § 16 Abs. 9 VOB/A nicht gewertet werden** (BGH, Urteil v. 20. 1. 2009 – Az.: X ZR 113/07; VK Nordbayern, B. v. 26. 10. 2001 – Az.: 320.VK-3194-37/01; 1. VK Sachsen, B. v. 10. 11. 2006 – Az.: 1/SVK/096-06; VK Schleswig-Holstein, B. v. 1. 4. 2004 – Az.: VK-SH 05/04; VK Südbayern, B. v. 21. 4. 2009 – Az.: Z3-3-3194-1-09-02/09; VK Thüringen, B. v. 15. 6. 2006 – Az.: 360-4002.20-024/06-J-S). — 8450

Dieser **Formgrundsatz** ist **auch für Preisnachlässe, die nur für ein Nebenangebot gelten sollen**, zu beachten (VK Münster, B. v. 21. 12. 2005 – Az.: VK 25/05; VK Schleswig-Holstein, B. v. 1. 4. 2004 – Az.: VK-SH 05/04). — 8451

Wenn eine Vergabestelle – in Kenntnis der Tatsache, dass Preisnachlässe in unterschiedlicher Form gewährt werden können – die Angabe eines Vomhundertsatzes fordert, dann **schließt sie damit zunächst die Möglichkeit eines pauschalen Preisnachlasses durch ihre Verdingungsunterlagen aus**. Ansonsten muss sie auch für diese Form eines Preisnachlasses den Bietern Eintragungsmöglichkeiten einräumen (VK Münster, B. v. 21. 12. 2005 – Az.: VK 25/05; VK Thüringen, B. v. 15. 6. 2006 – Az.: 360-4002.20-024/06-J-S). — 8452

86.13.4.3 Sinn und Zweck des Formgrundsatzes

Die **Regelung dient dem Interesse an einer transparenten Vergabe**. Es soll verhindert werden, dass Preisnachlässe in die Angebotswertung Eingang finden können, deren **Herkunft und deren inhaltliches und zeitliches Zustandekommen nachträglich nicht mehr eindeutig nachvollziehbar sind** (VK Baden-Württemberg, B. v. 4. 4. 2002 – Az.: 1 VK 8/02; 1. VK Sachsen, B. v. 13. 5. 2002 – Az.: 1/SVK/043-02). — 8453

Wie sich aus der Begründung zu den mit der Fassung 2000 in die VOB/A eingefügten Bestimmungen des § 21 Nr. 4 und § 25 Nr. 5 Satz 2 VOB/A ergibt, **dienen die Vorschriften** — 8454

Teil 3 VOB/A § 16   Vergabe- und Vertragsordnung für Bauleistungen Teil A

der Erleichterung des Eröffnungstermins und der Schaffung von mehr Transparenz in Bezug auf Preisnachlässe. Im Interesse einer transparenten Vergabe sollen diese nur an bestimmten, vorher vom Auftraggeber festgelegten Stellen im Angebotsschreiben zulässig sein. Um dieser Forderung des § 21 Nr. 4 VOB/A, Preisnachlässe ohne Bedingung an einer vom Auftraggeber in den Verdingungsunterlagen bezeichneten Stelle aufzuführen, Nachdruck zu verleihen, regelt § 25 Nr. 5 Satz 2 VOB/A, dass Preisnachlässe ohne Bedingung, die den formellen Anforderungen des § 21 Nr. 4 VOB/A nicht entsprechen, nicht zu werten sind. **Sinn und Zweck der genannten Bestimmungen**, mehr Transparenz in einem zügigen und vom Ausschreibenden leicht zu handhabenden Vergabeverfahren zu schaffen, in dem die Gleichbehandlung aller Bieter sichergestellt ist, **würden in ihr Gegenteil verkehrt, wenn bei der Eröffnung der Angebote ihre Auslegung und Wertung dahingehend gefordert oder ermöglicht wird, ob eine nicht an der vorgesehenen Stelle im Angebot aufgeführte Erklärung in einer dem Transparenzgebot hinreichend Rechnung tragender Weise eindeutig und nicht übersehbar abgegeben worden ist** . Die Entscheidung über die Wertung der Angebote von derartigen Unwägbarkeiten im Interesse des Ausschreibenden wie aller Bieter freizuhalten, ist Sinn und Zweck der genannten Vorschriften, **für deren „teleologische Reduktion" keine Veranlassung besteht** (BGH, Urteil v. 20. 1. 2009 – Az.: X ZR 113/07).

86.13.4.4 Umfasste Preisnachlässe

8455   Die Regelung des § 13 Abs. 4 VOB/A **betrifft nicht Nachlässe bei den Einheitspreisen für einzelne Leistungspositionen** im Rahmen der Kalkulation, sondern **nur Preisabschläge für das Gesamtangebot** (OLG München, B. v. 24. 5. 2006 – Az.: Verg 10/06).

86.13.4.5 Begriff des „Aufführens"

8456   Hat ein Bieter an der **im Formular** (z.B. EVM (B) Ang) für die Abgabe von Nachlässen **bezeichneten Stelle eine Zahl eingetragen** und die **Nachlässe selbst im Angebotsanschreiben formuliert, genügt** er den Erfordernissen des § 16 Abs. 9 Satz 2 (1. VK Sachsen, B. v. 13. 5. 2002 – Az.: 1/SVK/043-02).

86.13.4.6 Beispiele aus der Rechtsprechung

8457   – auch Preisnachlässe bei Losausschreibungen mit Vorbehalt der Einzellosvergabe sind **an einer vom Auftraggeber in den Verdingungsunterlagen bezeichneten Stelle** aufzuführen. Ist dies nicht der Fall, so **dürfen sie nach § 16 Abs. 9 Satz 1 VOB/A nicht gewertet werden** (VK Nordbayern, B. v. 26. 10. 2001 – Az.: 320.VK-3194-37/01).

86.13.5 Preisnachlässe mit Bedingungen

86.13.5.1 Preisnachlässe mit Bedingungen, deren Erfüllung im Einflussbereich des Bieters liegen

8458   Ein Nachlass, der unter der **Bedingung** steht, die der **Nachlassgewährende bestimmen oder beeinflussen kann** (z.B. ein **Preisnachlass, der sich an die Durchführung einzelner Teile der vom Bieter auszuführenden Bauleistung knüpft**), **verfälscht den Wettbewerb und kann nicht hingenommen werden**. Das Nebenangebot kann im Wettbewerb mit anderen Bietern nicht herangezogen werden, da eine Wertung zu Wettbewerbsverzerrungen der Vergabeentscheidung führen würde (VK Baden-Württemberg, B. v. 7. 3. 2003 – Az.: 1 VK 06/03, 1 VK 11/03, B. v. 31. 10. 2001 – Az.: 1 VK 36/01).

86.13.5.2 Preisnachlässe mit Bedingungen, deren Erfüllung im Einflussbereich des Auftraggebers liegen

8459   **86.13.5.2.1 Grundsatz.** Bei der Frage der Berücksichtigung von Preisnachlässen mit Bedingungen kommt es auf die **faktische Erfüllbarkeit der Bedingung durch den Auftraggeber** an (VK Baden-Württemberg, B. v. 31. 10. 2001 – Az.: 1 VK 36/01). Diese ist dann **nicht gegeben, wenn sich der Eintritt der Bedingung einer exakten Vorhersage (Beurteilung) durch den Auftraggeber entzieht**. Denn es vermag nicht zu überzeugen, wenn der Auftraggeber aufgrund seiner Einschätzung den Preisnachlass wertet, sich dadurch die Bieterrangfolge verschiebt und am Ende vielleicht der Nachlass gar nicht genutzt werden kann, weil die Bedingung nicht eingetreten ist. Konsequenterweise kann deshalb ein Angebot nicht gewertet werden, wenn es die Erfüllung der ausgeschriebenen Leistung mit Bedingungen verknüpft, deren Eintritt ungewiss ist (VK Brandenburg, B. v. 21. 10. 2002 – Az.: VK 55/02).

86.13.5.2.2 Skonto. 86.13.5.2.2.1 Begriff. Skonto bedeutet einen **prozentualen Abzug** 8460 **vom Rechnungsbetrag**, der **bei sofortiger oder kurzfristiger** (hinsichtlich des Zeitraums im Einzelnen festgelegter) **Zahlung gewährt** wird (VK Baden-Württemberg, B. v. 7. 3. 2003 – Az.: 1 VK 06/03, 1 VK 11/03). Bei der **Skontoabrede handelt es sich also um einen aufschiebend bedingten Teilerlass der Forderung für den Fall fristgerechter Zahlung**. Ausgangspunkt ist stets der von den Parteien des Vertrags ausgehandelte Preis als Forderung für eine bestimmte Leistung. Der Skonto ist die Inaussichtstellung einer Prämie für zügige bzw. fristgerechte Zahlung, also eine Zahlungsmodalität, die weder die rechtlichen Rahmenbedingungen für die Ausführung der Leistung noch den Preis als solchen ändert (BayObLG, B. v. 9. 9. 2004 – Az.: Verg 018/04).

86.13.5.2.2.2 Änderung in der VOB/A 2009. In § 13 Abs. 9 VOB/A 2009 wurde als 8461 Satz 2 die **Regelung neu aufgenommen, dass unaufgefordert angebotene Preisnachlässe mit Bedingungen für die Zahlungsfrist (Skonti) bei der Wertung der Angebote nicht berücksichtigt werden**.

§ 13 Abs. 9 VOB/A ist eine **Muss-Vorschrift**, eine Abweichung also nicht zulässig. 8462

Sinn und Zweck der Änderung in der VOB/A 2009 ist die **Vermeidung von Manipula-** 8463 **tionsversuchen** über die Wertung eines Skontos. Die VK Brandenburg hat dies für die VOB/A 2006 so gefasst, dass **Nebenangebote mit bedingten Preisnachlässen, deren Erfüllbarkeit fraglich ist und die nicht hinreichend bestimmbar sind, zur Vermeidung von Manipulationsversuchen von der Wertung ausgeschlossen werden müssen**. Denn es vermag nicht zu überzeugen, wenn der Auftraggeber aufgrund seiner Einschätzung den Preisnachlass wertet und sich dadurch die Bieterrangfolge verschiebt, aber am Ende vielleicht der Nachlass gar nicht genutzt werden kann, weil die Bedingung nicht eingetreten ist (VK Brandenburg, B. v. 1. 3. 2005 – Az.: VK 8/05).

86.13.5.2.2.3 Richtlinie des VHB 2008 zu Skonti. Preisnachlässe mit Bedingungen, die 8464 vom Bieter bei Einhaltung von Zahlungsfristen angeboten werden (Skonti), sind bei der Wertung nicht zu berücksichtigen (Richtlinien zu 321 – Vergabevermerk: Prüfungs- und Wertungsübersicht – Ziffer 2.1). Nicht zu wertende Preisnachlässe bleiben rechtsverbindlich Inhalt des Angebotes und werden im Fall der Auftragserteilung Vertragsinhalt (Richtlinien zu 331 – Vergabevermerk: Entscheidung über den Zuschlag – Ziffer 1.3).

86.13.5.2.2.4 Rechtsprechung zur Richtlinie des VHB 2002 (insoweit gleich mit 8465 **dem VHB 2008) zu Skonti.** Legt der Auftraggeber seiner Ausschreibung ausweislich der Ausschreibungsunterlagen, die auch von allen Bietern akzeptiert wurden, die Regelung des VHB zu Skonti zugrunde, ist hiergegen **nichts einzuwenden** (VK Brandenburg, B. v. 26. 3. 2002 – Az.: VK 4/02).

86.13.5.2.2.5 Berücksichtigung eines Skontos bei Zahlungen des Auftraggebers. 8466 Wird ein Skontoangebot zwar nicht gewertet, aber z. B. gemäß der Regelung des VHB 2008 Vertragsbestandteil, kann es im Rahmen der Vertragsabwicklung zu **Differenzen über den tatsächlichen Inhalt des Skontos** kommen. Die **Rechtsprechung zur VOB/A 2006 hierzu** wird deshalb nachfolgend noch dargestellt.

Enthält ein Angebot die Bedingung, für die kompletten Leistungen ein Skonto von 3% in- 8467 nerhalb 20 Tage zu gewähren, lässt das **Angebot die Art der skontierfähigen Zahlungen** (Abschlags- oder Schlusszahlungen), die **Skontierungsvoraussetzung** (Skonto bei jeder einzelnen Zahlung oder nur bei pünktlicher Entrichtung aller Zahlungen) und den **Zeitpunkt des Abzugs** (bei jeder einzelnen bedingungsgemäßen Zahlung oder erst bei der Schlusszahlung) offen (VK Nordbayern, B. v. 20. 3. 2003 – Az.: 320.VK-3194-07/03).

Heißt es im Anschreiben des Bieters: „**Skonto nach Vereinbarung, z. Bsp.**", kann der 8468 Auftraggeber nicht davon ausgehen, dass der Rabatt unbedingt gewährt wird und es nicht vielmehr noch weiterer Verhandlungen mit dem Bieter bedarf (1. VK Sachsen, B. v. 25. 7. 2001 – Az.: 1/SVK/71-01).

Bei **Staffelpreisen ist der höchste Staffelpreis der angebotene Einheitspreis. Die** 8469 **niedrigeren Staffelpreise sind vergaberechtlich als Nachlässe zu behandeln**, die in der Regel an Bedingungen (z. B. das Erreichen einer bestimmten durchschnittlichen Tagesmenge von Zustellungen) geknüpft sind (VK Lüneburg, B. v. 30. 9. 2004 – Az.: 203-VgK-44/2004).

Bietet ein Unternehmen **X % Skonto bei Zahlung innerhalb von 14 Tagen ab Rech-** 8470 **nungsdatum, nicht aber ab Eingang der Rechnung beim Auftraggeber**, an, ist damit die **Frist für die Zahlung nicht eindeutig**, weil das Datum der Rechnung nicht mit dem

Teil 3 VOB/A § 16   Vergabe- und Vertragsordnung für Bauleistungen Teil A

Datum des Rechnungseingangs beim Auftraggeber übereinstimmen wird, sich sogar unter Umständen so weit verzögern kann, dass eine sachgerechte Prüfung der Rechnung und Anordnung der Zahlung innerhalb der gesetzten Frist nicht möglich ist (2. VK Brandenburg, B. v. 1. 2. 2007 – Az.: 2 VK 56/06).

8471 **86.13.5.2.3 Andere Preisnachlässe mit sonstigen Bedingungen.** Andere Preisnachlässe mit sonstigen Bedingungen sind **in der VOB/A 2009 nicht geregelt.**

8472 Durch die Bedingung **darf keine unzulässige Änderung der Verdingungsunterlagen bewirkt** werden (VK Baden-Württemberg, B. v. 15. 7. 2004 – Az.: 1 VK 34/04, B. v. 7. 3. 2003 – Az.: 1 VK 06/03, 1 VK 11/03).

8473 Die Bedingung – **Einräumung eines Nachlasses nur für den Fall, dass der Bieter nicht ohnehin zum Zuge kommt** – ist offensichtlich unvereinbar mit dem vergaberechtlichen Wettbewerbsprinzip und daher schon aus diesem Grund **unzulässig** (BayObLG, B. v. 21. 8. 2002 – Az.: Verg 21/02; 1. VK Sachsen, B. v. 21. 5. 2004 – Az.: 1/SVK/036-04).

86.13.6 Missverständliche und widersprüchliche Preisnachlässe

86.13.6.1 Grundsatz

8474 Gerade weil auslegungsbedürftige Preisnachlässe von Bietern die Transparenz des Vergabeverfahrens beeinträchtigen können, sind **missverständliche Preisnachlässe** („Gesamtrabatt") **unzulässig** und stellen auch einen Verstoß gegen § 13 Abs. 4 VOB/A dar, sodass ein Ausschlussgrund vorliegt (LG Chemnitz, Urteil v. 23. 5. 2002 – Az.: 104857/01; im Ergebnis ebenso VK Baden-Württemberg, B. v. 7. 3. 2003 – Az.: 1 VK 06/03, 1 VK 11/03).

8475 Hat ein Bieter in seinem Anschreiben zum Angebot sowie auf dem Formblatt EVM (L) Ang jeweils einen Preisnachlass in Höhe von 10% eingetragen, aber – dem widersprechend – in seiner Erläuterung zum Komplettangebot die Höhe des Nachlasses mit jeweils 8% angegeben und das Zustandekommen dieses Preisnachlasses erläutert, handelt es sich um ein **widersprüchliches Angebot**, das **zwingend auszuschließen** ist (OLG Naumburg, B. v. 30. 7. 2004 – Az.: 1 Verg 10/04).

86.13.6.2 Weitere Beispiele aus der Rechtsprechung

8476 – bei Unklarheit darüber, ob der Nachlass sich **auf** einen **Brutto- oder Nettobetrag bezieht**, kann der Nachlass **nicht gewertet** werden (VK Thüringen, B. v. 9. 4. 2002 – Az.: 216–4002.20- 009/02-EF-S)

– bei einem Angebot mit dem Inhalt „**bei Vergabe mehrerer Lose gemeinsam gewähren wir einen Nachlass von 3%** auf die Angebotssumme" kann aus der Nachlassofferte nicht geschlossen werden, ob der Nachlass für das Gesamtangebot aller Lose gelten soll (VK Nordbayern, B. v. 26. 10. 2001 – Az.: 320.VK-3194-37/01)

86.13.7 Vom Auftraggeber ausgeschlossene Pauschalnachlässe

8477 Gibt ein **Auftraggeber** nach seinen Bewerbungsbedingungen (z. B. EVM(B) BwB/E EG 212EG) **vor, dass Nachlässe ohne Bedingung nur als Vomhundertsatz auf die Abrechnungssumme gewertet werden** und gibt ein Bieter einen **Pauschalnachlass** an, entspricht dieser nicht den von der Vergabestelle vorgegebenen Forderungen laut Bewerbungsbedingungen; er ist **damit nicht zu werten** (VK Thüringen, B. v. 15. 6. 2006 – Az.: 360–4002.20–024/ 06-J-S).

86.13.8 Richtlinie des VHB 2008 zu Preisnachlässen

8478 Preisnachlässe ohne Bedingungen sind bei der Prüfung und Wertung rechnerisch nur zu berücksichtigen, wenn sie im Angebotsschreiben an der dort bezeichneten Stelle aufgeführt sind. Preisnachlässe mit Bedingungen, die vom Bieter bei Einhaltung von Zahlungsfristen angeboten werden (Skonti), sind bei der Wertung nicht zu berücksichtigen. Dasselbe gilt für Preisnachlässe mit anderen von den Vergabeunterlagen abweichenden Bedingungen (z. B. Verkürzung/Verlängerung von Ausführungsfristen, andere Zahlungsbedingungen) (Richtlinien zu 321 – Vergabevermerk: Prüfungs- und Wertungsübersicht – Ziffer 2.1).

8479 Nicht zu wertende Preisnachlässe bleiben rechtsverbindlicher Inhalt des Angebotes und werden im Fall der Auftragserteilung Vertragsinhalt (Richtlinien zu 321 – Vergabevermerk: Prüfungs- und Wertungsübersicht – Ziffer 2.1.4).

86.14 Geltung von bestimmten Regelungen des § 16 bei freihändigen Vergaben (§ 16 Abs. 10)

86.14.1 Änderung in der VOB/A 2009

Im Vergleich zur VOB/A 2006 ist § 16 Abs. 10 VOB/A nur redaktionell angepasst worden.   8480

87. § 16a VOB/A – Wertung der Angebote

(1) Bei der Wertung der Angebote dürfen nur Kriterien und deren Gewichtung berücksichtigt werden, die in der Bekanntmachung oder in den Vergabeunterlagen genannt sind.

(2) Angebote, die aufgrund einer staatlichen Beihilfe ungewöhnlich niedrig sind, können allein aus diesem Grund nur dann zurückgewiesen werden, wenn der Bieter nach Aufforderung innerhalb einer vom Auftraggeber festzulegenden ausreichenden Frist nicht nachweisen kann, dass die betreffende Beihilfe rechtmäßig gewährt wurde. Auftraggeber, die unter diesen Umständen ein Angebot zurückweisen, müssen die Kommission der Europäischen Gemeinschaften darüber unterrichten.

(3) Der Auftraggeber berücksichtigt nur Nebenangebote, die die von ihm verlangten Mindestanforderungen erfüllen.

87.1 Änderungen in der VOB/A 2009

Auch in § 16a VOB/A 2009 wurde eine Anpassung an die Bestimmungen der Vergabekoordinierungsrichtlinie vorgenommen, und zwar **durch den eingefügten Zusatz „und deren Gewichtung"** in § 16a Abs. 1.   8481

87.2 Vergleichbare Regelungen

Der Vorschrift des § 16a VOB/A vergleichbar sind im Bereich des GWB **§ 97 Abs. 5 GWB**, im Bereich der VOB **§ 16 VOB/A**, im Bereich der VOF **§ 11 VOF** und im Bereich der VOL **§§ 16, 19 EG VOL/A**. Die Kommentierungen zu diesen Vorschriften können daher ergänzend zu der Kommentierung des § 16a herangezogen werden.   8482

87.3 Bieterschützende Vorschrift

§ 16a VOB/A hat bieterschützenden Charakter und ein Bieter Anspruch darauf, dass ein öffentlicher Auftraggeber diese Bestimmung beachtet (KG Berlin, B. v. 18. 8. 1999 – Az.: KartVerg 4/99).   8483

87.4 Bindung des Auftraggebers an die veröffentlichten Zuschlagskriterien einschließlich der Gewichtung

87.4.1 Änderung in der VOB/A 2009

Auch in § 16a VOB/A 2009 wurde eine Anpassung an die Bestimmungen der Vergabekoordinierungsrichtlinie vorgenommen, und zwar **durch den eingefügten Zusatz „und deren Gewichtung"** in § 16a Abs. 1.   8484

87.4.2 Inhalt

Vgl. dazu die **Kommentierung zu** → **§ 97 GWB Rdn. 999 ff.**   8485

87.4.3 Geltung des § 16a nur für Ausschreibungen ab den Schwellenwerten

Die **Vergabe- und Vertragsordnung für Bauleistungen, Teil A**, verlangt in ihrem ersten Abschnitt, der für die bundesweiten Ausschreibungen gilt, – anders als § 16a VOB/A   8486 im zweiten Abschnitt der VOB/A für die EU-weiten Vergabeverfahren – **keine förmliche Angabe der Wirtschaftlichkeitskriterien im Einzelnen in der Vergabebekanntmachung bzw. in den Vergabeunterlagen**. Es genügt, wenn das Anforderungsprofil des Auftraggebers in den an die Bieter übermittelten Vergabeunterlagen hinreichenden Ausdruck gefunden hat (OLG Naumburg, Urteil v. 29. 3. 2003 – Az.: 1 U 119/02).

87.5 Aufgrund einer staatlichen Beihilfe ungewöhnlich niedrige Angebote (§ 16a Abs. 2)

87.5.1 Allgemeines

8487 Die **Regelung entspricht im Wesentlichen der Vorschrift des Art. 55 Abs. 3 der Vergabekoordinierungsrichtlinie**.

87.5.2 § 16a Abs. 2 VOB/A als Verfahrensregelung

8488 Steuervergünstigungen, wie sie einem Bieter als gGmbH zuteil werden (§§ 51f. AO; 5 Abs. 1 Nr. 9 KStG; 3 Nr. 6 GewStG; 3 Abs. 1 Nr. 3b GrStG; 12 Nr. 8 UStG), können zwar eine Beihilfe im Sinne des Art. 87 EGV (jetzt Art. 107 AEUV) sein. Ob eine Beihilfe EU-rechtswidrig ist, hängt aber auch vom Begünstigungszweck ab. Diese **Frage ist allerdings grundsätzlich nicht von der Vergabestelle oder den Nachprüfungsbehörden zu entscheiden**. Auch hat selbst eine feststehende Rechtswidrigkeit einer Beihilfe nicht zwangsläufig zur Folge, dass das Angebot des Empfängers ausgeschlossen werden muss. Vielmehr **gibt § 16a Abs. 2 VOB/A vor, wie die Vergabestelle zu verfahren hat**, wenn der begründete Verdacht eines rechtswidrig subventionierten Angebots im Raum steht. Am Ende kann, muss aber nicht der Angebotsausschluss stehen (OLG Koblenz, B. v. 28. 10. 2009 – Az.: 1 Verg 8/09).

87.5.3 Rechtsfolge eines aufgrund einer staatlichen Beihilfe ungewöhnlich niedrigen Angebots

8489 An keiner Stelle lässt sich dem Vergaberecht entnehmen, dass der **Erhalt nicht notifizierter Beihilfen zum Angebotsausschluss führt oder die Vergabestelle verpflichtet ist, durch eine Erhöhung des Angebotspreises die nicht notifizierte Beihilfe zu neutralisieren**. Der Empfang nicht notifizierter Beihilfen findet im Gegenteil ausschließlich Erwähnung im Zusammenhang mit dem Verbot, den Zuschlag auf ein Angebot zu erteilen, dessen Preise in einem offenbaren Missverhältnis zu der angebotenen Leistung steht. Die VOB hält den öffentlichen Auftraggeber dazu an, den betreffenden Bieter vor einer Ablehnung seines Angebots über die Bedenken an der Angemessenheit seiner Preise zu unterrichten und ihm Gelegenheit zur Stellungnahme zu geben. Dieselbe Verpflichtung trifft die Vergabestelle dann, wenn der ungewöhnlich niedrige Angebotspreis auf dem Erhalt einer staatlichen Beihilfe beruht. In einem solchen Fall muss der Auftraggeber dem Bieter Gelegenheit für den Nachweis geben, dass die Beihilfe der Kommission der Europäischen Union angezeigt oder von ihr genehmigt worden ist; einen Ausschluss des Angebotes hat die Vergabestelle zudem der Kommission der Europäischen Union mitzuteilen. **Ausschließlich diese Anhörungs- und Informationspflicht normiert die Verdingungsordnung**, wenn der Angebotspreis wegen zugeflossener staatlicher Fördermittel ungewöhnlich niedrig ausgefallen ist. Daraus lässt sich im Umkehrschluss folgern, dass **die Vergabestelle eine weitergehende Verpflichtung – namentlich die Pflicht zum Ausschluss des Angebotes oder zur Erhöhung des Angebotspreises um den Vorteil der erhaltenen und nicht notifizierten Beihilfe – nicht trifft** (OLG Düsseldorf, B. v. 26. 7. 2002 – Az.: Verg 22/02; OLG Koblenz, B. v. 28. 10. 2009 – Az.: 1 Verg 8/09).

87.6 Mindestanforderungen an Nebenangebote (§ 16a Abs. 3)

87.6.1 Allgemeines

8490 Die Regelung des § 16a Abs. 3 VOB/A 2009 entspricht im Wesentlichen der Vorschrift des Art. 24 Abs. 4 Unterabsatz 1 der Vergabekoordinierungsrichtlinie.

87.6.2 Hinweis

8491 Zu den **Einzelheiten vgl. die Kommentierung** zu → § 16 VOB/A Rdn. 697ff.

88. § 17 VOB/A – Aufhebung der Ausschreibung

(1) Die Ausschreibung kann aufgehoben werden, wenn:
1. kein Angebot eingegangen ist, das den Ausschreibungsbedingungen entspricht,
2. die Vergabeunterlagen grundlegend geändert werden müssen,
3. andere schwerwiegende Gründe bestehen.

(2) Die Bewerber und Bieter sind von der Aufhebung der Ausschreibung unter Angabe der Gründe, gegebenenfalls über die Absicht, ein neues Vergabeverfahren einzuleiten, unverzüglich in Textform zu unterrichten.

88.1 Änderungen in der VOB/A 2009

§ 17 VOB/A 2009 wurde im Vergleich zu § 26 VOB/A 2006 nur redaktionell geändert. 8492

88.2 Vergleichbare Regelungen

Der **Vorschrift des § 17 VOB/A vergleichbar** sind im Bereich der VOB **§ 17 a VOB/A** und im Bereich der VOL **§§ 17, 20 EG VOL/A**. Die Kommentierungen zu diesen Vorschriften können daher ergänzend zu der Kommentierung des § 17 herangezogen werden. 8493

88.3 Bieterschützende Vorschrift

Wie § 107 Abs. 2 Satz 1 GWB entnommen werden kann, ist das Verfahren vor der Vergabekammer eröffnet, wenn die Einhaltung von Vergabevorschriften nachzuprüfen sein kann, deren Nichtbeachtung Unternehmen in ihren Rechten nach § 97 Abs. 7 GWB verletzen kann. **Damit kann auch die Aufhebung einer im offenen Verfahren erfolgten Ausschreibung eines öffentlichen Bauauftrags nicht außerhalb der Nachprüfung im Verfahren nach §§ 107 ff. GWB stehen.** Diese Maßnahme kann nämlich der Regelung in § 17, § 17 a VOB/A Abschnitt 2 widersprechen, bei der es sich um eine Bestimmung über das Vergabeverfahren handelt, auf deren Einhaltung Unternehmen nach § 97 Abs. 7 GWB Anspruch haben. Insoweit besteht Einigkeit, dass jedenfalls solche Bestimmungen § 97 Abs. 7 GWB unterfallen, die (auch) zum Schutz wohlberechtigter Interessen von am Vergabeverfahren teilnehmenden oder daran interessierten Unternehmen aufgestellt worden sind. **Um solch eine Bestimmung handelt es sich bei der Regelung in § 17 Abs. 1, § 17 a Abs. 1 VOB/A.** § 17 Abs. 1 mag zwar ursprünglich allein aus haushaltsrechtlichen Gründen Aufnahme in die VOB/A gefunden haben, um haushaltsrechtlich gebundenen Auftraggebern eine kostenfreie Loslösung von einer einmal eingeleiteten Ausschreibung zu ermöglichen. Jedenfalls durch die Verbindlichkeit, die § 17 Abs. 1, § 17 a Abs. 1 VOB/A Abschnitt 2 infolge § 6 VgV für Verfahren zur Vergabe öffentlicher Bauaufträge im Anwendungsbereich des § 100 GWB erlangt hat, beinhaltet diese Regelung jedoch in diesem Bereich ein vergaberechtliches Gebot, ein Vergabeverfahren nur aus den dort genannten Gründen aufzuheben. Dieses **Gebot hat bieterschützende Wirkung.** Es dient dazu sicherzustellen, dass die Aufhebung der Ausschreibung nicht als Maßnahme der Diskriminierung einzelner Bieter missbraucht werden kann, weil hiernach die Aufhebung der Ausschreibung nur in ganz engen Ausnahmefällen vergaberechtlich zulässig ist (BGH, B. v. 18. 2. 2003 – Az.: X ZB 43/02; OLG Koblenz, B. v. 10. 4. 2003 – Az.: 1 Verg 01/03; VK Baden-Württemberg, B. v. 28. 10. 2008 – Az.: 1 VK 39/08; VK Brandenburg, B. v. 30. 7. 2002 – Az.: VK 38/02; 2. VK Bund, B. v. 15. 6. 2004 – Az.: VK 2–40/03; 3. VK Bund, B. v. 16. 3. 2007 – Az.: VK 3–13/07; VK Düsseldorf, B. v. 28. 9. 2007 – Az.: VK – 27/2007 – B; VK Hessen, B. v. 10. 6. 2004 – Az.: 69 d – VK – 27/2004; B. v. 10. 6. 2004 – Az.: 69 d – VK – 28/2004; 1. VK Sachsen, B. v. 5. 9. 2002 – Az.: 1/SVK/073-02; VK Schleswig-Holstein, B. v. 4. 2. 2008 – Az.: VK-SH 28/07; B. v. 26. 7. 2006 – Az.: VK-SH 11/06; B. v. 28. 4. 2006 – Az.: VK-SH 05/06; B. v. 28. 4. 2006 – Az.: VK-SH 04/06; B. v. 28. 4. 2006 – Az.: VK-SH 03/06; B. v. 14. 9. 2005 – Az.: VK-SH 21/05; VK Südbayern, B. v. 29. 1. 2007 – Az.: Z3-3-3194-1-37-11/06; B. v. 15. 12. 2006 – Az.: 34-11/06; B. v. 23. 11. 2006 – Az.: 32-10/06). 8494

88.4 Sinn und Zweck der Vorschrift

8495 Die Bestimmungen über die Aufhebung der Ausschreibung (§ 17, § 17a VOB/A) **dienen neben einem Schutz der Bieter vor einer nutzlosen Erstellung zeit- und kostenintensiver Angebote auch der Diskriminierungsabwehr** (BayObLG, B. v. 15. 7. 2002 – Az.: Verg 15/02; VK Düsseldorf, B. v. 28. 9. 2007 – Az.: VK – 27/2007 – B; VK Schleswig-Holstein, B. v. 23. 10. 2009 – Az.: VK-SH 14/09; VK Südbayern, B. v. 29. 7. 2009 – Az.: Z3-3-3194-1-27-05/09; B. v. 21. 7. 2008 – Az.: Z3-3-3194-1-23–06/08; B. v. 6. 6. 2007 – Az.: Z3-3-3194-1-19-05/07; B. v. 29. 1. 2007 – Az.: Z3-3-3194-1-37–11/06; B. v. 15. 12. 2006 – Az.: 34–11/06; B. v. 23. 11. 2006 – Az.: 32-10/06), da sie den **Auftraggeber daran hindern, die Voraussetzungen für ein Verhandlungsverfahren zu schaffen** (VK Südbayern, B. v. 6. 6. 2007 – Az.: Z3-3-3194-1-19-05/07).

88.5 Geltungsbereich

88.5.1 Ausschreibungen

8496 Die Vorschrift bezieht sich explizit nur auf „Ausschreibungen". Ausschreibungen finden nur bei offenen und nichtoffenen Verfahren statt, so dass schon aufgrund des Wortlauts grundsätzlich davon auszugehen sein dürfte, dass **§ 17 VOB/A bzw. VOL/A nur für diese Arten der Vergabe gilt, nicht dagegen für die freihändige Vergabe bzw. für das Verhandlungsverfahren** (1. VK Bund, B. v. 28. 4. 2003 – Az.: VK 1–19/03; VK Detmold, B. v. 19. 12. 2002 – Az.: VK.21–41/02).

88.5.2 Freihändige Vergabe bzw. Verhandlungsverfahren oder Wettbewerblicher Dialog oder elektronische Auktion oder dynamisches elektronisches Verfahren

88.5.2.1 Grundsätze

8497 Die **Rechtsprechung** ist **nicht einheitlich**.

8498 Nach einer Auffassung bezieht sich die einschränkende Formulierung des § 17 Abs. 1 VOB/A lediglich auf die Öffentliche (Offene) sowie die Beschränkte (Nichtoffene) Ausschreibung, nicht jedoch auf die Freihändige Vergabe (Verhandlungsverfahren). Dies bedeutet, dass eine **Aufhebung des Vergabeverfahrens auch auf andere, nicht in § 26 VOB/A bzw. VOL/A aufgeführte Gründe gestützt werden kann, ohne dass dies rechtlich zu beanstanden** ist (1. VK Bund, B. v. 28. 4. 2003 – Az.: VK 1–19/03; VK Detmold, B. v. 19. 12. 2002 – Az.: VK.21–41/02).

8499 Verhandlungsverfahren sind zwar **weniger formalisiert als offene und nicht offene Verfahren**; eine Reihe von Vorschriften der VOB/A bzw. VOL/A, in deren Überschrift bzw. Text dies deutlich gemacht wird, gelten hier nicht. Trotz der dadurch bedingten größeren Freiheiten für den Auftraggeber handelt es sich beim Verhandlungsverfahren um eine von drei Vergabearten, § 101 Abs. 1 GWB, die ebenso wie die anderen Vergabearten – abgesehen von den ausdrücklich normierten Ausnahmen – **in vollem Umfang und in allen Verfahrensschritten der VOB/A bzw. der VOL/A und insbesondere den allgemeinen vergaberechtlichen Grundsätzen des § 97 GWB unterliegt**. Die **Nichtgeltung von § 17 VOB/A bzw. § 20 EG VOL/A für die Verfahrenseinstellung impliziert nicht gleichzeitig eine Freistellung von allen anderen vergaberechtlichen Vorgaben**; die Entscheidung, das Verfahren nicht fortzuführen, **muss sich vielmehr am Transparenzgebot und am Diskriminierungsverbot messen lassen** (VK Brandenburg, B. v. 14. 12. 2007 – Az.: VK 50/07; B. v. 30. 7. 2002 – Az.: VK 38/02; 1. VK Bund, B. v. 28. 4. 2003 – Az.: VK 1–19/03).

8500 Nach neueren Entscheidungen ist **§ 17 VOB/A bzw. § 20 EG VOL/A im Rahmen des 2. Abschnitts im Lichte des höherrangigen § 101 Abs. 4 GWB auszulegen, der Verhandlungsverfahren einschließt**. § 17 VOB/A bzw. § 20 EG VOL/A gelten auch für die Aufhebung eines ausgeschriebenen Verhandlungsverfahrens (1. VK Bund, B. v. 31. 8. 2009 – Az.: VK 1–152/09; VK Brandenburg, B. v. 17. 9. 2002 – Az.: VK 50/02). **Dies gilt dann auch für die neuen Verfahren** des wettbewerblichen Dialogs, der elektronischen Auktion und des dynamischen elektronischen Verfahrens.

8501 § 17 VOB/A bzw. § 20 EG VOL/A ist auch auf die Aufhebung eines Verhandlungsverfahrens **auf der Stufe eines vorgeschalteten Teilnahmewettbewerbs** anzuwenden. Ein solcher

Vergabe- und Vertragsordnung für Bauleistungen Teil A   VOB/A § 17   **Teil 3**

Teilnahmewettbewerb ist lediglich ein **unselbständiger Annex zu dem eigentlich bezweckten Verhandlungsverfahren** und ist von der Existenz des Vergabeverfahrens abhängig. Eine **Aufhebung wirkt** in diesem Fall nicht als Aufhebung nur des vorgeschalteten Teilnahmewettbewerbs, sondern **stets als Aufhebung des Verhandlungsverfahrens** (VK Brandenburg, B. v. 30. 7. 2002 – Az.: VK 38/02).

88.5.2.2 Verhandlungsverfahren über Kreativleistungen

Gerade **bei Kreativleistungen ist es Sinn des Verhandlungsverfahrens**, über Verhand- 8502
lungen eine **Annäherung des Angebots an die Vorstellungen des Auftraggebers herbeizuführen.** Auch wenn man dem Auftraggeber einen weiten Beurteilungsspielraum hinsichtlich der Einschätzung der in der Präsentation gezeigten Kreativleistung zubilligt, so macht er es sich zu einfach und schafft keine ausreichende Beurteilungsbasis für die Ausübung seines Beurteilungsermessens, wenn er bei dieser Sachlage die Angebote ohne weitere, über Verhandlungen anzustellende Bemühungen verwirft und ein neues Verfahren in die Wege leitet, um dort neue Ideen präsentiert zu bekommen. Auch bei Zubilligung subjektiver Momente auf Seiten des Auftraggebers ist es willkürlich, wenn nicht mit herausragenden Bietern der Versuch einer Optimierung unternommen, sondern stattdessen einfach ein völlig neues Verfahren mit neuen Bietern begonnen wird. Diese **Vorgehensweise widerspricht dem Transparenzgebot** und **wird weder dem Anspruch** der Bieter – die erhebliche finanzielle Aufwendungen getätigt haben – **auf ein faires Verfahren gerecht, noch lässt es sich mit der generellen Verpflichtung öffentlicher Auftraggeber zu sorgfältigem Umgang mit Haushaltsmitteln vereinbaren.** Denn ein neues Verfahren ist nicht nur für die Bieter, sondern auch für den Auftraggeber mit erheblichen Kosten verbunden (1. VK Bund, B. v. 28. 4. 2003 – Az.: VK 1–19/03).

88.6 Aufhebung als Ermessensentscheidung

Eine Aufhebungsentscheidung nach § 17 VOB/A steht im **Ermessen der Vergabestelle** 8503
(BGH, B. v. 10. 11. 2009 – Az.: X ZB 8/09; KG Berlin, B. v. 21. 12. 2009 – Az.: 2 Verg 11/09; OLG Bremen, B. v. 17. 3. 2003 – Az.: Verg 2/2003; OLG Celle, B. v. 10. 6. 2010 – Az.: 13 Verg 18/09; OLG Düsseldorf, B. v. 9. 6. 2010 – Az.: VII-Verg 14/10; B. v. 4. 7. 2005 – Az.: VII – Verg 35/05; OLG Koblenz, B. v. 8. 12. 2008 – Az.: 1 Verg 4/08; B. v. 23. 12. 2003 – Az.: 1 Verg 8/03; OLG München, B. v. 29. 9. 2009 – Az.: Verg 12/09; B. v. 29. 3. 2007 – Az.: Verg 02/07; OLG Naumburg, B. v. 26. 10. 2005 – Az.: 1 Verg 12/05; Thüringer OLG, B. v. 20. 6. 2005 – Az.: 9 Verg 3/05; BayObLG, B. v. 17. 2. 2005 – Verg 027/04; VK Baden-Württemberg, B. v. 28. 10. 2008 – Az.: 1 VK 39/08; 1. VK Brandenburg, B. v. 18. 1. 2007 – Az.: 1 VK 41/06; 2. VK Brandenburg, B. v. 28. 6. 2005 – Az.: VK 20/05; 1. VK Bund, B. v. 14. 2. 2008 – Az.: VK 1–12/08; B. v. 10. 4. 2007 – Az.: VK 1–20/07; 3. VK Bund, B. v. 28. 6. 2007 – Az.: VK 2–60/07; 3. VK Bund, B. v. 20. 6. 2007 – Az.: VK 3–55/07; VK Düsseldorf, B. v. 28. 9. 2007 – Az.: VK – 27/2007 – B; B. v. 2. 3. 2007 – Az.: VK – 05/2007 – L; VK Münster, B. v. 28. 5. 2010 – Az.: VK 4/10; B. v. 13. 12. 2005 – Az.: VK 24/05; VK Nordbayern, B. v. 8. 7. 2010 – Az.: 21.VK – 3194 – 22/10; VK Schleswig-Holstein, B. v. 6. 10. 2005 – Az.: VK-SH 27/05; VK Südbayern, B. v. 29. 7. 2009 – Az.: Z3-3-3194-1-27-05/09; B. v. 21. 7. 2008 – Az.: Z3-3-3194-1-23–06/08; B. v. 29. 1. 2007 – Az.: Z3-3-3194-1-37–11/06; B. v. 15. 12. 2006 – Az.: 34-11/06; B. v. 23. 11. 2006 – Az.: 32-10/06; B. v. 14. 12. 2004 – Az.: 70-10/04; B. v. 14. 12. 2004 – Az.: 69-10/04; B. v. 14. 12. 2004 – Az.: 68-10/04; B. v. 13. 7. 2004 – Az.: 46-06/04; B. v. 13. 7. 2004 – Az.: 39-05/04). Ein **Bieter** hat – auch wenn ein Aufhebungsgrund vorliegen mag – **keinen Anspruch auf Aufhebung, sondern nur auf ermessenfehlerfreie Entscheidung** der Vergabestelle (BGH, B. v. 10. 11. 2009 – Az.: X ZB 8/09; OLG Düsseldorf, B. v. 9. 6. 2010 – Az.: VII-Verg 14/10).

88.7 Pflicht zur Aufhebung

88.7.1 Rechtsprechung

Dieses **Ermessen kann** – wie sonst auch – **mit dem Ergebnis auf Null reduziert** sein, 8504
dass nur eine Aufhebung – als **ultima ratio** – ermessensfehlerfrei wäre (KG Berlin, B. v. 21. 12. 2009 – Az.: 2 Verg 11/09; OLG Dresden, B. v. 28. 3. 2006 – Az.: WVerg 0004/06; B. v. 6. 6. 2002 – Az.: WVerg 0005/02; OLG Koblenz, B. v. 8. 12. 2008 – Az.: 1 Verg 4/08; OLG Naumburg, B. v. 26. 10. 2005 – Az.: 1 Verg 12/05; VK Baden-Württemberg, B. v. 5. 9. 2005 – Az.: 1

Teil 3   VOB/A § 17   Vergabe- und Vertragsordnung für Bauleistungen Teil A

VK 51/05; 1. VK Brandenburg, B. v. 18. 1. 2007 – Az.: 1 VK 41/06; 3. VK Bund, B. v. 20. 6. 2007 – Az.: VK 3–55/07; VK Düsseldorf, B. v. 28. 9. 2007 – Az.: VK – 27/2007 – B; VK Münster, B. v. 28. 5. 2010 – Az.: VK 4/10; B. v. 13. 12. 2005 – Az.: VK 24/05; VK Rheinland-Pfalz, B. v. 29. 1. 2010 – Az.: VK 1–62/09; 1. VK Sachsen-Anhalt, B. v. 21. 4. 2005 – Az.: 1 VK LVwA 17/05; VK Schleswig-Holstein, B. v. 26. 11. 2009 – Az.: VK-SH 22/09; B. v. 6. 10. 2005 – Az.: VK-SH 27/05; B. v. 1. 4. 2004 – Az.: VK-SH 05/04; VK Südbayern, B. v. 21. 7. 2008 – Az.: Z3-3-3194-1-23–06/08; B. v. 29. 1. 2007 – Az.: Z3-3-3194-1-37–11/06; B. v. 15. 12. 2006 – Az.: 34–11/06; B. v. 23. 11. 2006 – Az.: 32-10/06).

8505   Eine Pflicht zur Aufhebung ist immer dann gegeben, wenn **ohne die Aufhebung das Wettbewerbsprinzip, das Gleichbehandlungsgebot oder das Diskriminierungsverbot verletzt** würde (1. VK Brandenburg, B. v. 18. 1. 2007 – Az.: 1 VK 41/06; VK Hamburg, B. v. 25. 7. 2002 – Az.: VgK FB 1/02; 1. VK Sachsen, B. v. 17. 9. 2007 – Az.: 1/SVK/058-07; B. v. 10. 4. 2007 – Az.: 1/SVK/020-07) oder – **als „ultima ratio"** –, wenn das bisherige Verfahren mit **derart gravierenden Mängeln behaftet** ist, dass diese im Rahmen einer **chancengleichen und wettbewerbsgerechten Eignungs- und Angebotsprüfung nicht mehr heilbar** sind (OLG Koblenz, B. v. 26. 10. 2005 – Az.: 1 Verg 4/05; VK Münster, B. v. 17. 11. 2005 – Az.: VK 21/05; VK Rheinland-Pfalz, B. v. 29. 1. 2010 – Az.: VK 1–62/09; 1. VK Sachsen, B. v. 10. 4. 2007 – Az.: 1/SVK/020-07; B. v. 18. 8. 2006 – Az.: 1/SVK/077-06; VK Schleswig-Holstein, B. v. 26. 11. 2009 – Az.: VK-SH 22/09; B. v. 6. 10. 2005 – Az.: VK-SH 27/05).

8506   Dies ist z. B. der Fall, wenn der **Aufhebungsgrund** nach § 17 Abs. 1 Nr. 1–3 VOB/A gleichzeitig einen Verstoß gegen andere Vergabevorschriften darstellt und der Zuschlag schon deswegen rechtswidrig wäre. Weitere Voraussetzung ist, dass die **Rechtswidrigkeit nur durch die Aufhebung beseitigt werden kann** (VK Südbayern, B. v. 21. 7. 2008 – Az.: Z3-3-3194-1-23–06/08; B. v. 29. 1. 2007 – Az.: Z3-3-3194-1-37–11/06; B. v. 15. 12. 2006 – Az.: 34–11/06; B. v. 23. 11. 2006 – Az.: 32-10/06; B. v. 13. 7. 2004 – Az.: 46-06/04; B. v. 13. 7. 2004 – Az.: 39-05/04).

8507   Eine Ermessensreduzierung auf Null kommt außerdem **nur in Ausnahmefällen** in Betracht, etwa dann, wenn eine **wettbewerblich und wirtschaftlich fundierte Vergabe nicht mehr möglich** ist (OLG Rostock, B. v. 6. 3. 2009 – Az.: 17 Verg 1/09; VK Berlin, B. v. 4. 5. 2009 – Az.: VK – B 2–5/09; 1. VK Brandenburg, B. v. 18. 1. 2007 – Az.: 1 VK 41/06; 3. VK Bund, B. v. 20. 6. 2007 – Az.: VK 3–55/07; VK Münster, B. v. 28. 5. 2010 – Az.: VK 4/10; 1. VK Sachsen, B. v. 10. 4. 2007 – Az.: 1/SVK/020-07; VK Schleswig-Holstein, B. v. 26. 11. 2009 – Az.: VK-SH 22/09; VK Südbayern, B. v. 29. 7. 2009 – Az.: Z3-3-3194-1-27-05/09; B. v. 23. 11. 2006 – Az.: 32-10/06) oder ein **Bieter einseitig und schwerwiegend beeinträchtigt** wird (BayObLG, B. v. 17. 2. 2005 – Verg 027/04; VK Münster, B. v. 17. 11. 2005 – Az.: VK 21/05; VK Südbayern, B. v. 23. 11. 2006 – Az.: 32-10/06).

8508   Eine Pflicht zur Aufhebung kommt weiterhin namentlich bei der **Wahl eines unzulässigen Vergabeverfahrens,** z. B. der Wahl der nationalen öffentlichen statt des EU-weiten Offenen Verfahrens (VK Lüneburg, B. v. 10. 10. 2006 – Az.: VgK-23/2006 –; VK Niedersachsen, B. v. vom 16. 10. 2008 – Az.: VgK-30/2008; VK Schleswig-Holstein, B. v. 26. 11. 2009 – Az.: VK-SH 22/09), **der Erstellung grob unvollständiger oder falscher Vergabeunterlagen** (OLG Rostock, B. v. 6. 3. 2009 – Az.: 17 Verg 1/09; 1. VK Brandenburg, B. v. 18. 1. 2007 – Az.: 1 VK 41/06; VK Schleswig-Holstein, B. v. 26. 11. 2009 – Az.: VK-SH 22/09) **oder der gezielten Verschaffung eines wettbewerbsverzerrenden Informationsvorsprungs zugunsten eines einzelnen Bieters** in Betracht (Thüringer OLG, B. v. 20. 6. 2005 – Az.: 9 Verg 3/05), ebenso, wenn eine **sachgerechte Wertung der Angebote mangels Vergleichbarkeit nicht möglich** ist (1. VK Brandenburg, B. v. 18. 1. 2007 – Az.: 1 VK 41/06) oder eine **nicht verfahrensneutrale Leistungsbeschreibung in Verbindung mit einer mangelhaften Dokumentation** vorliegt (VK Südbayern, B. v. 29. 1. 2007 – Az.: Z3-3-3194-1-37–11/06) oder bei **Nichtbekanntgabe der das Hauptkriterium Preis ausfüllenden Regeln** (VK Südbayern, B. v. 23. 11. 2006 – Az.: 32-10/06) oder einer **Änderung des Beschaffungsgegenstandes** (VK Niedersachsen, B. v. vom 16. 10. 2008 – Az.: VgK-30/2008) oder einer **Vorabvergabe von bestimmten Leistungsteilen**, wenn dadurch eine **Kalkulation der verbleibenden Leistungsteile nicht möglich** ist (VK Arnsberg, B. v. 26. 5. 2009 – VK 10/09) oder einer **Vermischung von Eignungs- und Zuschlagskriterien** (1. VK Bund, B. v. 31. 8. 2009 – Az.: VK 1–152/09) oder wenn ein Auftraggeber aufgrund von widersprüchlichen Angaben in den Vergabeunterlagen **nicht in der Lage ist, überhaupt ein zuschlagfähiges Hauptangebot zu ermitteln,** das die von ihm verbindlich vorgegebene Qualitätsanforderung durchweg einhält (VK Lüneburg, B. v. 29. 1. 2004 – Az.: 203-VgK-40/2003).

Eine **Pflicht zur Aufhebung besteht** etwa in den Fällen, in denen irreparable Män- 8509
gel der Leistungsbeschreibung vorliegen, sofern diese erheblich sind. In diesen Fällen
kann einem Bieter ein vergaberechtlicher Anspruch auf Aufhebung des Vergabeverfahrens erwachsen, um so die Chance zu erhalten, in einem sich anschließenden, neuen Vergabeverfahren ein Angebot zu einem konkurrenzfähigen Preis anzubieten (VK Lüneburg, B. v. 4. 9. 2003 – Az.: 203-VgK-16/2003; VK Münster, B. v. 17. 11. 2005 – Az.: VK 21/05).

Benennt ein Auftraggeber vergaberechtswidrig **reine Eignungskriterien als Zu-** 8510
schlagskriterien, kann er diesem Vergabefehler nicht dadurch abhelfen, dass er bei der
Wertung nur den Preis als Zuschlagskriterium verwendet und die Eignungskriterien
außer Betracht lässt. Die Angabe der Zuschlagskriterien soll den Bietern die Möglichkeit einräumen, ihr Angebot den Kriterien entsprechend auszurichten. Es widerspricht dem Transparenzgrundsatz, nachträglich weitere Kriterien hinzuzufügen oder umgekehrt solche wegzulassen. Zwar ist nicht auszuschließen, dass die Bieterreihenfolge die gleiche ist, nennt ein Auftraggeber von vornherein nur den Preis als Zuschlagskriterium. Es kann aber auch nicht ausgeschlossen werden, dass Bieter bei einer solchen Konstellation andere Preise bieten. **Eine sachgerechte Wertung ist einem Auftraggeber deshalb in der Regel nicht mehr möglich.** Einerseits würde er gegen Vergaberecht verstoßen, würde er der Wertung die Eignungskriterien neben dem Preis zugrunde legen, andererseits kann er die Wertung nicht nur auf den Preis stützen. Ist folglich eine sachgerechte Wertung der Angebote in aller Regel nicht mehr möglich, liegt **grundsätzlich ein wichtiger Grund nach § 17 Abs. 1 Nr. 1 VOB/A vor, der zur Aufhebung berechtigt bzw. verpflichtet** (VK Baden-Württemberg, B. v. 7. 10. 2005 – Az.: 1 VK 56/05).

Dies gilt **jedoch nicht, wenn alle Bieter – außer einem – vom Verfahren auszu-** 8511
schließen sind, da es dann gar nicht zu einem Vergleich der Angebote unter Zugrundelegung der unzulässigen Zuschlagskriterien kommt (VK Baden-Württemberg, B. v. 7. 10. 2005 – Az.: 1 VK 56/05).

Versendet der Auftraggeber irrtümlicherweise ein unvollständiges Blankett des 8512
Leistungsverzeichnisses an die Bieter und stellt er darüber hinaus einigen Bietern das
Leistungsverzeichnis in digitaler Form zur Verfügung, bei dem **zumindest bei zwei**
Bietern im schriftlichen Leistungsverzeichnis fehlende Positionen enthalten sind, ist ein transparentes der Gleichbehandlung aller Bieter wahrendes Verfahren ist nicht mehr durchführbar, da die Leistung nicht gemäß § 7 Abs. 1 VOB/A eindeutig und so erschöpfend beschrieben ist, dass alle Bieter die Beschreibung im gleichen Sinne verstehen müssen. Miteinander vergleichbare Angebote können daher nicht vorliegen. Der **Wettbewerb kann auf der Grundlage unterschiedlicher Leistungsverzeichnisse nicht aufrechterhalten werden und ist daher aufzuheben** (VK Düsseldorf, B. v. 31. 10. 2005 – Az.: VK – 30/2005 – B).

Stellt eine Vergabestelle nur einem Bieter wettbewerbs- und preisrelevante Kalku- 8513
lationsgrundlagen zur Verfügung und macht sie diese anderen Bietern nicht auch
zugänglich, liegt ein Verstoß des Auftraggebers gegen § 12 Abs. 7 VOB/A durch Ungleichbehandlung vor, die **mangels vergleichbarer Angebote zur Aufhebung des Vergabeverfahrens führt.** Grundlage der Regelung des § 12 Abs. 7 VOB/A ist das Prinzip der Gleichbehandlung aller Teilnehmer an einem Vergabeverfahren. Eine solche Änderung kann auch während eines Vergabeverfahrens nicht mehr in zulässiger Weise durch den Auftraggeber vorgenommen werden. Es ist nämlich denkbar, dass neben den Bietern, die ein Angebot abgegeben haben, auch andere Bewerber, die sich bisher nicht am Wettbewerb beteiligten, ein Angebot unterbreiten könnten (VK Sachsen, B. v. 17. 9. 2007 – Az.: 1/SVK/058-07).

Eine **Aufhebung der Ausschreibung** gem. § 17 Abs. 1 Nr. 2 oder Nr. 3 VOB/A wegen 8514
Unklarheit der Vergabeunterlagen kommt nur dann **in Betracht, wenn** eine Auftragsvergabe auf der Grundlage der bisherigen Vergabeunterlagen für den Auftraggeber oder die Bieter unzumutbar geworden ist. Eine Aufhebung der gesamten Ausschreibung ist nicht gerechtfertigt, wenn der Nachteil durch die unklaren Vergabeunterlagen einen klar abgrenzbaren Teilbereich der Vergabeunterlagen berührt und durch eine **Klarstellung und eine nochmalige Abgabe eines Angebotes zu einzelnen Positionen des Leistungsverzeichnisses** eine Gleichbehandlung aller Bieter erreicht wird (1. VK Bund, B. v. 24. 3. 2005 – Az.: VK 1–14/05; 2. VK Bund, B. v. 11. 2. 2005 – Az.: VK 2–223/04).

88.7.2 Literatur

– Müller-Wrede, Malte/Schade, Verena, Anspruch ausgeschlossener Bieter auf Aufhebung, 8515
VergabeR 2005, 460

88.8 Alternative zur Aufhebung

8516 Der **öffentliche Auftraggeber kann auch berechtigte Gründe haben, warum er eines von sämtlich den Ausschreibungsbedingungen zuwiderlaufenden Angeboten dennoch als zuschlagsfähig einstuft**, etwa weil ihm die vorgekommenen Abweichungen im Hinblick auf die eigenen Interessen als Auftraggeber nicht gewichtig erscheinen. Es vermag nicht einzuleuchten, warum der Auftraggeber, der ein Beschaffungsvorhaben durch öffentliche Ausschreibung dem Wettbewerb öffnet, trotz des Scheiterns der Angebotseinholung jedem Bieter gegenüber weiterhin der Bindung an das Vergaberecht unterworfen und gezwungen werden soll, sein Interesse an einem möglichst zeitnahen Abschluss des Beschaffungsvorhabens zurückzustellen. Daher ist es legitim, in der genannten Sonderkonstellation ausnahmsweise den Zuschlag auf ein Angebot zu gestatten, wenn die Vergabestelle meint, mit diesem ungeachtet etwaiger Mängel das Beschaffungsvorhaben verwirklichen zu können; eine Pflicht zur Aufhebung besteht deshalb nicht (Thüringer OLG, B. v. 20. 6. 2005 – Az.: 9 Verg 3/05).

8517 Die **Konstellation der Mangelhaftigkeit sämtlicher teilnehmenden Angebote allein reicht zu einer Ermessensreduzierung auf Null und der Pflicht zur Aufhebung nicht aus**, da diese Konstellation dem § 17 Abs. 1 Nr. VOB/A bereits tatbestandsmäßig zugrunde liegt, ohne dass dies auf der Rechtsfolgeseite der Norm zwingend die Aufhebung zur Folge hätte (BGH, B. v. 26. 9. 2006 – Az.: X ZB 14/06; Urteil v. 1. 8. 2006 – Az.: X ZR 115/04; OLG Celle, B. v. 10. 6. 2010 – Az.: 13 Verg 18/09; OLG München, B. v. 29. 9. 2009 – Az.: Verg 12/09B. v. 29. 3. 2007 – Az.: Verg 02/07; OLG Naumburg, B. v. 26. 10. 2005 – Az.: 1 Verg 12/05; VK Berlin, B. v. 18. 3. 2009 – Az.: VK B 2 30/08; 2. VK Brandenburg, B. v. 28. 6. 2005 – Az.: VK 20/05; 1. VK Bund, B. v. 14. 2. 2008 – Az.: VK 1–12/08; B. v. 10. 4. 2007 – Az.: VK 1–20/07; B. v. 7. 12. 2005 – Az.: VK 1–146/05; 3. VK Bund, B. v. 20. 6. 2007 – Az.: VK 3–55/07; B. v. 20. 9. 2006 – Az.: VK 3–108/06; VK Lüneburg, B. v. 21. 7. 2008 – Az.: VgK-25/2008; VK Münster, B. v. 13. 12. 2005 – Az.: VK 24/05; 1. VK Sachsen, B. v. 19. 5. 2010 – Az.: 1/SVK/015-10; B. v. 19. 5. 2009 – Az.: 1/SVK/008–09; B. v. 16. 1. 2008 – Az.: 1/SVK/084-07; VK Südbayern, B. v. 15. 12. 2006 – Az.: 34-11/06; anderer Auffassung 1. VK Sachsen-Anhalt, B. v. 17. 4. 2007 – Az.: 1 VK LVwA 04/07).

8518 Sollte ein Auftraggeber also im Rahmen der Prüfung und Wertung zu dem Ergebnis gelangen, dass sämtliche Angebote Fehler enthalten, die zum zwingenden Angebotsausschluss führen, hat er zu prüfen, ob er **nach Ausübung pflichtgemäßen Ermessens die Ausschreibung nach § 17 Abs. 1 Nr. 1 VOB/A aufhebt**. In diesem Fall kann der Auftraggeber nach § 3a Abs. 5 Nr. 1 VOB/A **ggf. in einem vereinfachten Verfahren ein neues Vergabeverfahren einleiten**. Hält der Auftraggeber **ein solches Vorgehen nicht für zweckmäßig**, hat er **unter strikter Wahrung des Gleichbehandlungsgrundsatzes (§ 97 Abs. 2 GWB) das Vergabeverfahren fortzuführen**. Unzulässig ist es dann z. B., fehlende Nachweise und Erklärungen nur bei einem Bieter nachzufordern. Aus **Gründen der Chancengleichheit ist hierzu allen Bietern Gelegenheit zu geben**. Diese nachgereichten Unterlagen, die ordnungsgemäß und rechtzeitig beim Auftraggeber eingegangen sind, hat der Auftraggeber seiner wiederholten formalen Angebotsprüfung zugrunde zu legen und bei den weiteren Wertungsstufen zu berücksichtigen. Deshalb sind auch diese Stufen der Angebotswertung zu wiederholen. Die Ergebnisse hat der Auftraggeber im Vergabevermerk zu dokumentieren (OLG Celle, B. v. 10. 6. 2010 – Az.: 13 Verg 18/09; OLG München, B. v. 29. 9. 2009 – Az.: Verg 12/09; 2. VK Brandenburg, B. v. 15. 11. 2005 – Az.: 2 VK 64/05; VK Lüneburg, B. v. 21. 7. 2008 – Az.: VgK-25/2008; 1. VK Sachsen, B. v. 19. 5. 2010 – Az.: 1/SVK/015-10; B. v. 19. 5. 2009 – Az.: 1/SVK/008-09; B. v. 23. 2. 2009 – Az.: 1/SVK/003–09).

8519 Der Auftraggeber kann in diesen Fällen auch z. B. aus Gründen der Praktikabilität **den Mangel bei allen Angeboten unberücksichtigt lassen** und die Wertung weiter fortsetzen (VK Berlin, B. v. 18. 3. 2009 – Az.: VK B 2 30/08; 3. VK Bund, B. v. 20. 9. 2006 – Az.: VK 3–108/06; B. v. 20. 3. 2006 – Az.: VK 3–09/06).

8520 In Anbetracht dessen, dass die Anordnung zur Aufhebung einer Ausschreibung eine endgültige Maßnahme darstellt und einen schwerwiegenden Eingriff in die Privatautonomie und die Vertragsfreiheit des öffentlichen Auftraggebers bildet, kann **nicht jede Unklarheit in den Vergabeunterlagen zur Aufhebung der Ausschreibung führen** (VK Münster, B. v. 5. 4. 2006 – Az.: VK 5/06; B. v. 10. 3. 2006 – Az.: VK 2/06). Dies gilt z. B. dann, wenn es sich dabei nur um ein **untergeordnetes technisches Detail** handelt und die **Bieter die Vergabeunterlagen offensichtlich alle aufgrund ihrer Fachkunde entsprechend richtig ausgelegt haben, so dass **vergleichbare Angebote vorhanden** sind (VK Münster, B. v. 5. 4. 2006 – Az.: VK 5/06).

Der Auftraggeber **muss also im konkreten Fall prüfen, ob er die Ausschreibung aufhebt oder einen anderen, dem Verhältnismäßigkeitsgrundsatz eher entsprechenden Weg beschreiten** kann, um das von ihm mit der Aufhebung angestrebte Ziel – z. B. Änderung der Leistungsbeschreibung – zu erreichen. Kann etwa der Auftraggeber alle Bieter über einen Fehler im Leistungsverzeichnis informieren und kann er den Bietern Gelegenheit geben, neue Preisangebote einzureichen und entsteht hierdurch keine große Verzögerung des Verfahrens, ist eine solche Alternative in Betracht zu ziehen (OLG Düsseldorf, B. v. 19. 11. 2003 – Az.: VII – Verg 59/03; VK Baden-Württemberg, B. v. 15. 8. 2005 – Az.: 1 VK 47/05; 1. VK Bund, B. v. 10. 4. 2007 – Az.: VK 1–20/07; B. v. 26. 9. 2003 – Az.: VK 1–81/03; ähnlich 2. VK Bund, B. v. 15. 11. 2007 – Az.: VK 2–102/07; 2. VK Brandenburg, B. v. 15. 11. 2005 – Az.: 2 VK 64/05). 8521

So berechtigen **etwaige Änderungen des Bauentwurfs, die nach Auftragserteilung über § 1 VOB/B angeordnet werden könnten, nicht zur Aufhebung** (OLG Düsseldorf, Urteil v. 8. 1. 2002 – Az.: 21 U 82/01). 8522

Zwar ist es im Sinne eines offenen Wettbewerbs nicht zu begrüßen, wenn die Bieter nach öffentlicher Submission in einem VOB-Verfahren und damit nach Kenntnis der Endpreise der Konkurrenten erneut Angebote für den identischen Auftrag im Verhandlungsverfahren abgeben. **Vorliegend ist jedoch keine Alternativmöglichkeit gegeben, die zweifelsfrei rechtssicher wäre. Es leiden zwar alle Angebote grundsätzlich an demselben Mangel, dass nämlich u. a. nicht genehmigte Unterbringungsorte angeboten worden waren. Bei einer derartigen Konstellation wäre es denkbar, allen Bietern die Chance zur Nachbesserung der Konzepte zu geben. Vorliegend scheidet diese Möglichkeit jedoch einmal deshalb aus, weil ein Zusammenhang mit der Angebotskalkulation besteht**. Nach dem Leistungsverzeichnis sind die Kosten für die Entsorgung des Baggermaterials einzurechnen; hier macht es einen großen Unterschied, ob ein Unterbringungsort X km oder Y km entfernt liegt (3. VK Bund, B. v. 9. 9. 2010 – Az.: VK 3–87/10). 8523

88.9 Teilaufhebung

88.9.1 Teilaufhebung von einzelnen Losen

§ 17 VOB/A lässt auch eine Teilaufhebung zu, obwohl der Wortlaut dies – anders als § 17 Abs. 1 VOL/A – nicht ausdrücklich vorsieht. Wenn eine Ausschreibung, die mehrere Lose umfasst, wegen eines Aufhebungsgrundes, der nur ein Los betrifft, insgesamt aufgehoben werden müsste, so würden die **Bieter**, die für die anderen Lose Angebote abgegeben haben, **unverhältnismäßig benachteiligt**. Da die VOB/A den Zuschlag als den Normalfall und die Aufhebung als Ausnahmefall ansieht, ist die Aufhebung – soweit dies nicht mit sonstigen Nachteilen verbunden und technisch sowie wirtschaftlich sinnvoll ist – auf den erforderlichen Umfang zu beschränken. Die **Teilaufhebung einer Ausschreibung**, bezogen auf eines von mehreren Losen, kann beispielsweise **als milderes Mittel im Vergleich zur Gesamtaufhebung zulässig** sein, wenn nur die Verdingungsunterlagen für ein Los wesentlich geändert werden müssen oder für nur ein Los keine annehmbaren Angebote abgegeben wurden (VK Baden-Württemberg, B. v. 28. 10. 2008 – Az.: 1 VK 39/08; 1. VK Sachsen, B. v. 14. 3. 2007 – Az.: 1/SVK/006–07; B. v. 17. 7. 2002 – Az.: 1/SVK/069-02; VK Südbayern, B. v. 20. 7. 2002 – Az.: 27-06/02). 8524

88.9.2 Teilaufhebung von einzelnen Positionen

Eine **Leistung, die nicht in Lose aufgeteilt wurde, ist einer weiteren Aufspaltung in kleinere Einheiten, die etwa als Lose gelten könnten, nicht zugänglich**. Eine solche Ausweitung der Analogie aus § 17 VOL/A ist nicht möglich und widerspricht der rechtlichen Systematik der Analogie. Denn wenn schon die Voraussetzungen für einen Analogieschluss bestehen (Regelungslücke, vergleichbarer Lebenssachverhalt, vergleichbare Vorschrift), so ist der dann gezogene Analogieschluss eng anzuwenden und darf nicht nochmals ausgeweitet werden. **In einer Ausschreibung können also nicht einzelne Positionen aufgehoben werden** (1. VK Sachsen, B. v. 17. 7. 2002 – Az.: 1/SVK/069-02). 8525

88.10 Enge Auslegung der Voraussetzungen einer Aufhebung

8526   Die Vorschrift des § 17 VOB/A ist **nach ihrem Sinn und Zweck eng auszulegen** (BGH, Urteil v. 8. 9. 1998 – Az.: X ZR 48/97; OLG Celle, B. v. 10. 6. 2010 – Az.: 13 Verg 18/09; OLG Düsseldorf, Urteil v. 8. 1. 2002 – Az: 21 U 82/01; 1. VK Bund, B. v. 29. 9. 2009 – Az.: VK 1–167/09; 2. VK Bund, B. v. 11. 12. 2008 – Az.: VK 2–76/08; B. v. 2. 7. 2004 – Az.: VK 2–28/04; B. v. 24. 6. 2004 – Az.: VK 2–73/04; VK Düsseldorf, B. v. 28. 9. 2007 – Az.: VK – 27/2007 – B; VK Schleswig-Holstein, B. v. 23. 10. 2009 – Az.: VK-SH 14/09). Sie trägt dem Vertrauen des Bieters darauf Rechnung, dass das Ausschreibungsverfahren entsprechend seinen Funktionen und seinem Regelungszusammenhang normalerweise durch den Zuschlag an einen der Teilnehmer, das heißt die Erteilung des Auftrags, seinen Abschluss findet (OLG Celle, B. v. 10. 6. 2010 – Az.: 13 Verg 18/09; OLG Naumburg, B. v. 13. 10. 2006 – Az.: 1 Verg 7/06; B. v. 13. 10. 2006 – Az.: 1 Verg 6/06; BayObLG, B. v. 15. 7. 2002 – Az.: Verg 15/02; VK Düsseldorf, B. v. 28. 9. 2007 – Az.: VK – 27/2007 – B; VK Südbayern, B. v. 17. 8. 2004 – Az.: 20-04/04).

8527   Die enge Auslegung knüpft also an die **schützenswerten Interessen der Bieter** an. Denn bejaht man die Voraussetzungen der Bestimmung, so kann der Auftraggeber sich rechtmäßig von der Ausschreibung lösen, ohne Schadensersatzansprüche der Bieter – auch solche, die sich lediglich auf das negative Interesse richten – gewärtigen zu müssen. **Anzuerkennen sind daher nur solche Gründe, die dem Auftraggeber trotz sorgfältiger Prüfung erst nach Beginn der Ausschreibung bekannt geworden und von ihm nicht zu vertreten sind und die darüber hinaus ein solches Gewicht haben, dass ihm ein Festhalten an der Ausschreibung nicht zugemutet werden kann** (1. VK Bund, B. v. 29. 9. 2009 – Az.: VK 1–167/09).

88.11 Aufhebungsgründe des § 17 VOB/A

88.11.1 Abschließende Aufzählung

8528   § 17 nennt verschiedene Gründe, nach denen eine Ausschreibung aufgehoben werden kann. Die **Aufzählung in § 17 Abs. 1 VOB/A ist als abschließend zu betrachten** (VK Magdeburg, B. v. 6. 3. 2000 – Az.: VK-OFD LSA-01/00; 1. VK Sachsen, B. v. 18. 6. 2009 – Az.: 1/SVK/017-09; B. v. 17. 7. 2007 – Az.: 1/SVK/046-07; VK Südbayern, B. v. 7. 6. 2000 – Az.: 120.3-3194.1-08-05/00, B. v. 20. 6. 2000 – Az.: 25-11/00, B. v. 27. 4. 2001 – Az.: 08-04/01).

88.11.2 Strenger Maßstab und restriktive Auslegung

8529   Bei den in § 17 VOB/A genannten Aufhebungsgründen handelt es sich um **Tatbestände, die – als Ausnahmevorschriften – eng auszulegen** sind, weil die Bieter im Hinblick auf den mit ihrer Angebotsabgabe verbundenen Kosten und Arbeitsaufwand grundsätzlich ein rechtlich schützenswertes Interesse daran haben, dass das Vergabeverfahren nicht leichtfertig in Gang gesetzt und nicht ohne besonderen Grund aufgehoben wird. Bei der **Prüfung der unter § 17 Abs. 1 Nr. 1–3 VOB/A genannten Gründe greifen daher auch ein strenger Maßstab und eine restriktive Auslegung** Platz (OLG Celle, B. v. 10. 6. 2010 – Az.: 13 Verg 18/09; VK Münster, B. v. 28. 5. 2010 – Az.: VK 4/10).

88.11.3 Kein den Ausschreibungsbedingungen entsprechendes Angebot (§ 17 Abs. 1 Nr. 1)

8530   Der Auftraggeber kann das Vergabeverfahren unter Beachtung der Mitteilungspflichten gemäß § 17 Abs. 1 Nr. 1 VOB/A aufheben, wenn **kein Angebot eingegangen ist, das den Ausschreibungsbedingungen entspricht** (VK Münster, B. v. 13. 12. 2005 – Az.: VK 24/05; 1. VK Sachsen, B. v. 17. 7. 2007 – Az.: 1/SVK/046-07).

8531   Ein **Aufhebungsgrund** nach § 17 Abs. 1 Nr. 1 VOB/A **besteht nicht, wenn zumindest ein Angebot eingegangen ist, das den Ausschreibungsbedingungen entspricht** (OLG Koblenz, B. v. 18. 12. 2003 – Az.: 1 Verg 8/03; OLG München, B. v. 2. 3. 2009 – Az.: Verg 01/09; VK Niedersachsen, B. v. 24. 10. 2008 – Az.: VgK-35/2008; 1. VK Sachsen, B. v. 18. 6. 2009 – Az.: 1/SVK/017-09; B. v. 17. 7. 2007 – Az.: 1/SVK/046-07). Ein Angebot ist nicht nur nach dem Wortlaut des § 17 Abs. 1 Nr. 1 VOB/A ausreichend, um den Aufhebungsgrund nach

Vergabe- und Vertragsordnung für Bauleistungen Teil A　　　VOB/A § 17　Teil 3

dieser Vorschrift zu versagen. Auch eine Entscheidung des Europäischen Gerichtshofes, wonach eine Regelung im Vergaberecht, nach der die Aufhebung der Ausschreibung zulässig ist, wenn nur ein gültiges Angebot vorliegt, als richtlinienkonform zu werten ist, bedeutet im Unkehrschluss nicht, dass die Ausschreibung auch nach deutschem Recht aufgehoben werden kann, wenn lediglich ein wertbares Angebot vorliegt (VK Niedersachsen, B. v. 24. 10. 2008 – Az.: VgK-35/2008; VK Schleswig-Holstein, B. v. 24. 10. 2003 – Az.: VK-SH 24/03). Eine Aufhebung trotz Eingangs eines einzigen wertbaren Angebotes ist vielmehr **lediglich dann gerechtfertigt, wenn nach dem Sachverhalt eine der anderen Fallgruppen des § 17 VOB/A vorliegt** (VK Niedersachsen, B. v. 24. 10. 2008 – Az.: VgK-35/2008).

Nach § 17 Abs. 1 Nr. 1 VOB/A kann eine Ausschreibung aufgehoben werden, wenn kein Angebot eingegangen ist, das den Ausschreibungsbedingungen entspricht. **Hiervon wird auch ausgegangen, wenn die eingegangenen Angebote wegen unangemessen hoher Preise gem. § 16 Abs. 6 VOB/A keine Berücksichtigung finden** können (VK Baden-Württemberg, B. v. 29. 4. 2009 – Az.: 1 VK 15/09). 8532

88.11.4 Notwendigkeit der grundlegenden Änderung der Vergabeunterlagen (§ 17 Abs. 1 Nr. 2)

88.11.4.1 Änderung in der VOB/A 2009

§ 17 Abs. 1 Nr. 1 wurde **redaktionell dahingehend geändert**, dass der Begriff der Verdingungsunterlagen durch den **Begriff der Vergabeunterlagen** (vgl. § 8 Abs. 1) ersetzt wurde. 8533

88.11.4.2 Allgemeines zur Notwendigkeit der grundlegenden Änderung

Für eine grundlegende Änderung der Verhältnisse ist eine **derartige Änderung erforderlich**, dass eine **Auftragsvergabe** auf der Grundlage der bisherigen Vergabeunterlagen **für den Auftraggeber oder die Bieter unzumutbar** geworden ist (OLG Düsseldorf, B. v. 3. 1. 2005 – Az.: VII – Verg 72/04; 2. VK Bund, B. v. 11. 12. 2008 – Az.: VK 2–76/08; VK Sachsen, B. v. 7. 1. 2008 – Az.: 1/SVK/077-07; 2. VK Sachsen-Anhalt, B. v. 23. 5. 2006 – Az.: VK 2-LVwA LSA 17/06; B. v. 23. 5. 2006 – Az.: VK 2-LVwA LSA 16/06; VK Südbayern, B. v. 17. 8. 2004 – Az.: 20-04/04). Streitig in der Rechtsprechung ist, ob man die Maßstäbe anzulegen hat, wie sie für eine **Änderung der Geschäftsgrundlage** (§ 313 BGB) gefordert werden (so 1. VK Sachsen, B. v. 8. 11. 2001 – Az.: 1/SVK/104-01, eher ablehnend BayObLG, B. v. 15. 7. 2002 – Az.: Verg 15/02). Die Umstände müssen aber **so erheblich sein, dass eine Anpassung der Angebote nicht in Betracht kommt**. Zu berücksichtigen ist bei der Anwendung des § 17 Abs. 1 Nr. 2 VOB/A auch, **in welchem Stadium sich das Vergabeverfahren befindet**. Je weiter es fortgeschritten ist, desto eher verdient das Vertrauen des Bieters in dessen Abschluss durch Zuschlagserteilung und damit seine Amortisationschance den Vorrang (BayObLG, B. v. 15. 7. 2002 – Az.: Verg 15/02). 8534

Grundlegend sind Änderungen auch dann, wenn eine nicht voraussehbare **ganz entscheidende Abänderung der bisherigen Bauabsicht**, die durch die Vergabeunterlagen ausgedrückt wird, **notwendig ist und dies nicht durch bloße, im Bereich des Zumutbaren liegende Änderungen einzelner Positionen erreicht** werden kann (LG Leipzig, Urteil v. 31. 5. 2007 – Az.: 6 O 2003/06). 8535

Eine wesentliche Änderung kann auf der Bedarfs- oder der Finanzierungsseite liegen. Mit dem Begriff „wesentlich" wird verdeutlicht, dass die **Änderung der Grundlagen der Ausschreibung** nicht unbedeutend, sondern **einschneidend und nachhaltig** sein muss (VK Hamburg, B. v. 14. 8. 2003 – Az.: VgK FB 3/03). 8536

Eine **reine Motivänderung auf Seiten der Vergabestelle** (z. B. die Entscheidung für eine wirtschaftlichere Ausführungsart) **reicht für eine Aufhebung nicht aus**, da § 17 Abs. 1 Nr. 2 VOB/A nicht darauf abstellt, ob der Auftraggeber die Vergabeunterlagen ändern will, sondern ob er sie **ändern muss** (VK Südbayern, B. v. 17. 8. 2004 – Az.: 20-04/04). 8537

88.11.4.3 Keine vorherige Kenntnis des Auftraggebers von der Notwendigkeit der Änderung

Für eine Aufhebung können **nur Gründe** angeführt werden, die **dem Ausschreibenden nicht bereits vor Einleitung der Verfahrens bekannt waren**. Erst nachträglich, das heißt **nach Beginn der Ausschreibung bekannt gewordene Gründe berechtigen zur Aufhebung** wegen der Notwendigkeit einer grundlegenden Änderung der Vergabeunterlagen (OLG Düsseldorf, B. v. 8. 3. 2005 – Az.: VII – Verg 40/04; B. v. 3. 1. 2005 – Az.: VII – Verg 72/04; 8538

Teil 3 VOB/A § 17 Vergabe- und Vertragsordnung für Bauleistungen Teil A

VK Brandenburg, B. v. 17. 9. 2002 – Az.: VK 50/02, B. v. 30. 7. 2002 – Az.: VK 38/02; 2. VK Bund, B. v. 11. 12. 2008 – Az.: VK 2–76/08; VK Düsseldorf, B. v. 28. 9. 2007 – Az.: VK – 27/2007 – B; VK Nordbayern, B. v. 12. 10. 2006 – Az.: 21.VK – 3194 – 25/06; 1. VK Sachsen, B. v. 18. 8. 2006 – Az.: 1/SVK/077-06; VK Schleswig-Holstein, B. v. 24. 10. 2003 – Az.: VK-SH 24/03; VK Südbayern, B. v. 17. 8. 2004 – Az.: 20-04/04).

8539　Die Vergabestelle hat vor Ausschreibung **mit der gebotenen und ihr möglichen Sorgfalt zu prüfen, ob alle erkennbaren Eventualitäten berücksichtigt** sind (OLG Düsseldorf, B. v. 8. 3. 2005 – Az.: VII – Verg 40/04; 2. VK Bremen, B. v. 23. 1. 2002 – Az.: VK 11/01).

88.11.4.4 Keine Zurechenbarkeit der Gründe zum Auftraggeber

8540　Die **Gründe, die eine Aufhebung rechtfertigen sollen, dürfen nicht der Vergabestelle zurechenbar** sein (OLG Düsseldorf, B. v. 8. 3. 2005 – Az.: VII – Verg 40/04; LG Leipzig, Urteil v. 31. 5. 2007 – Az.: 6 O 2003/06; 2. VK Bremen, B. v. 23. 1. 2002 – Az.: VK 11/01;m 2. VK Bund, B. v. 11. 12. 2008 – Az.: VK 2–76/08; VK Düsseldorf, B. v. 28. 9. 2007 – Az.: VK – 27/2007 – B; VK Köln, B. v. 3. 1. 2007 – Az.: VK VOB 44/2006; VK Nordbayern, B. v. 12. 10. 2006 – Az.: 21.VK – 3194 – 25/06; 1. VK Sachsen, B. v. 18. 8. 2006 – Az.: 1/SVK/077-06; VK Schleswig-Holstein, B. v. 26. 11. 2009 – Az.: VK-SH 22/09; B. v. 23. 10. 2009 – Az.: VK-SH 14/09; VK Südbayern, B. v. 17. 8. 2004 – Az.: 20-04/04), z. B. ein **fehlerhaft erstelltes Leistungsverzeichnis** (VK Köln, B. v. 3. 1. 2007 – Az.: VK VOB 44/2006; 2. VK Sachsen-Anhalt, B. v. 23. 5. 2006 – Az.: VK 2-LVwA LSA 17/06; B. v. 23. 5. 2006 – Az.: VK 2-LVwA LSA 16/06; VK Schleswig-Holstein, B. v. 26. 11. 2009 – Az.: VK-SH 22/09; B. v. 23. 10. 2009 – Az.: VK-SH 14/09).

8541　Eine **rechtmäßige Aufhebung** ist im Rahmen des Auffangtatbestandes z. B. des § 17 Abs. 1 lit. d) VOL/A in Form eines anderen schwerwiegenden Grundes möglich, wenn dem öffentlichen Auftraggeber ein Festhalten an seiner ursprünglichen Vergabeabsicht aus vergleichbar schwerwiegenden Gründen vergaberechtlich unmöglich oder unzumutbar ist. Dabei können diese schwerwiegenden Gründe sowohl in der Person des Ausschreibenden liegen als auch auf Veränderungen der tatsächlichen oder rechtlichen Verhältnisse zurückzuführen sein. Nur solche Gründe kommen in Betracht, deren Gewicht unter Berücksichtigung aller Interessen den anderen in § 17 VOL/A genannten Gründen gleichkommt. **Um das Vorliegen eines „anderen schwerwiegenden Grundes" nach z. B. § 17 Abs. 1 lit. d) VOL/A bejahen zu können, bedarf es daher nicht nur eines schwerwiegenden Fehlers im Vergabeverfahren. Vielmehr ist als ungeschriebenes Tatbestandsmerkmal zusätzlich erforderlich, dass der betreffende Aufhebungsgrund nicht auf den Auftraggeber zurückzuführen ist**, also nicht der Risikosphäre des Auftraggebers zuzuordnen ist. Nach der Rechtsprechung des BGH liegt ein „anderer schwerwiegender Grund" nur dann vor, wenn dieser nicht in den Verantwortungsbereich des Auftraggebers fällt bzw. für diesen vor Versendung der Verdingungsunterlagen nicht voraussehbar war. Denn der Teilnehmer an einer Ausschreibung darf erwarten, dass der Auftraggeber seine Verdingungsunterlagen vor deren Absendung mit der gebotenen und ihm möglichen Sorgfalt prüft. Demzufolge ist **in der Rechtsprechung anerkannt, dass Fehler oder Widersprüche in den Verdingungsunterlagen grundsätzlich zu Lasten des Auftraggebers gehen**. Die Verpflichtung des Auftraggebers, die Leistung eindeutig und erschöpfend zu beschreiben, darf nicht auf den Bieter abgewälzt werden. Diesem **Grundsatz liefe es zuwider, dem Auftraggeber im Falle fehlerhafter Vergabeunterlagen einen legitimen Aufhebungsgrund nach § 17 VOB/A oder VOL/A einzuräumen. Zu berücksichtigen sind dabei zudem die rechtlichen Folgen**, die mit der Annahme eines Aufhebungsgrundes nach § 17 VOB/A einhergehen. Wird nämlich das Vorliegen eines solchen Aufhebungsgrundes bejaht, **indiziert dies die Rechtmäßigkeit der Aufhebung und wird dem Antragsteller die Möglichkeit entzogen, erfolgreich Schadensersatz für seine aufgrund der Aufhebung nutzlosen Aufwendungen geltend zu machen** (VK Schleswig-Holstein, B. v. 26. 11. 2009 – Az.: VK-SH 22/09; B. v. 23. 10. 2009 – Az.: VK-SH 14/09).

8542　Ein **Auftraggeber hat die Aufhebung einer Ausschreibung nicht zu vertreten, wenn er sich zum Zeitpunkt der Ausschreibung auf eine gerichtliche Entscheidung stützen darf und sich die Rechtsprechung dann ändert**. Dabei kommt es nicht darauf an, ob die damalige gerichtliche Entscheidung materiell-rechtlich zutreffend war. Nach ständiger Rechtsprechung des Bundesgerichtshofs zur Amtshaftung besteht bei einem materiell unrechtmäßigen Verhalten eines Amtswalters ein eigenständiger Entschuldigungsgrund, wenn ein mit mehreren Rechtskundigen besetztes Kollegialgericht sein Verhalten nach sorgfältiger Prüfung und Würdigung als objektiv rechtmäßig gebilligt hat. Die Rechtsprechung des BGH geht nämlich auf die

Erwägung zurück, dass **von einem Beamten keine bessere Einsicht als von einem Kollegialgericht verlangt werden könne**, das seine Entscheidung nach sorgfältiger Prüfung der Rechtslage trifft. Dies **muss auch für Angestellte** gelten. Es spielt **auch keine Rolle, wenn es sich bei der gerichtlichen Entscheidung (nur) um eine Entscheidung im vorläufigen Rechtsschutz** handelt. Der summarische Charakter einer Entscheidung im vorläufigen Rechtsschutz bezieht sich – jedenfalls bei Entscheidungen der Gerichte oberer Instanzen – nicht auf die Behandlung von Rechtsfragen, sondern nur auf die Behandlung beweisbedürftiger Tatsachen, denn es handelt sich (auch haftungsrechtlich) um volle Rechtsprechungsakte. **Für die Rechtsanwendung gelten gegenüber dem Erkenntnisverfahren keine Besonderheiten** (LG Leipzig, Urteil v. 31. 5. 2007 – Az.: 6 O 2003/06).

88.11.4.5 Fehlerhaftes Leistungsverzeichnis

Eine rechtmäßige Aufhebung mit der Begründung, die Vergabeunterlagen müssen grundlegend geändert werden, setzt in jedem Fall voraus, dass die Gründe für die Änderung dem Ausschreibenden bei Erstellung der Vergabeunterlagen nicht bekannt gewesen sind und nicht von dem Auftraggeber verursacht wurden. **Fehler und Unzulänglichkeiten in der Leistungsbeschreibung** zählen regelmäßig nicht dazu. Sie **sind in jedem Fall dem Ausschreibenden anzulasten**. Ein überarbeitungsbedürftiges Leistungsverzeichnis **aufgrund mangelnder Sorgfalt bei der Erstellung rechtfertigt keine Aufhebung nach § 17 Abs. 1 Nr. 2 VOB/A** (OLG Düsseldorf, B. v. 16. 2. 2005 – Az.: VII – Verg 72/04; OLG Naumburg, B. v. 13. 10. 2006 – Az.: 1 Verg 7/06; B. v. 13. 10. 2006 – Az.: 1 Verg 6/06; VK Magdeburg, B. v. 2. 4. 2001 – Az.: VK-OFD LSA-03/01; 2. VK Sachsen-Anhalt, B. v. 23. 5. 2006 – Az.: VK 2-LVwA LSA 17/06; B. v. 23. 5. 2006 – Az.: VK 2-LVwA LSA 17/06; B. v. 23. 5. 2006 – Az.: VK 2-LVwA LSA 16/06; VK Schleswig-Holstein, B. v. 26. 11. 2009 – Az.: VK-SH 22/09; B. v. 23. 10. 2009 – Az.: VK-SH 14/09).   8543

Ähnlich argumentiert das KG Berlin (B. v. 15. 3. 2004 – Az.: 2 Verg 17/03). Auch wenn falsche Mengenangaben in Leistungsverzeichnissen vergaberechtlich sehr bedenklich sind, gerade weil sie zur Spekulation einladen, **müssen sie im Interesse der Allgemeinheit am raschen Abschluss der Vergabeverfahren bis zu einem gewissen Maße toleriert werden, solange keine unlauteren Motive des Auftraggebers zu Tage treten**. Soweit in der Fachliteratur die Ansicht vertreten wird, für aus konkretem Anlass erfolgte fiktive Mengenänderungen müsste die in § 2 Abs. 3 VOB/B vorgesehene 10%ige Abweichung die Grenze des Zulässigen bilden und größere Abweichungen die Aufhebung des Vergabeverfahrens auslösen, kann dies jedenfalls nicht schon für derartige Abweichungen bei einzelnen Positionen, unabhängig von deren Volumen und Verhältnis zum gesamten Vergabeprojekt, gelten.   8544

Eine **rechtmäßige Aufhebung** ist im Rahmen des Auffangtatbestandes z. B. des § 17 Abs. 1 lit. d) VOL/A in Form eines anderen schwerwiegenden Grundes möglich, wenn dem öffentlichen Auftraggeber ein Festhalten an seiner ursprünglichen Vergabeabsicht aus vergleichbar schwerwiegenden Gründen vergaberechtlich unmöglich oder unzumutbar ist. Dabei können diese schwerwiegenden Gründe sowohl in der Person des Ausschreibenden liegen als auch auf Veränderungen der tatsächlichen oder rechtlichen Verhältnisse zurückzuführen sein. Nur solche Gründe kommen in Betracht, deren Gewicht unter Berücksichtigung aller Interessen den anderen in § 17 VOL/A genannten Gründen gleichkommt. **Um das Vorliegen eines „anderen schwerwiegenden Grundes" nach z. B. § 17 Abs. 1 lit. d) VOL/A bejahen zu können, bedarf es daher nicht nur eines schwerwiegenden Fehlers im Vergabeverfahren. Vielmehr ist als ungeschriebenes Tatbestandsmerkmal zusätzlich erforderlich, dass der betreffende Aufhebungsgrund nicht auf den Auftraggeber zurückzuführen ist**, also nicht der Risikosphäre des Auftraggebers zuzuordnen ist. Nach der Rechtsprechung des BGH liegt ein „anderer schwerwiegender Grund" nur dann vor, wenn dieser nicht in den Verantwortungsbereich des Auftraggebers fällt bzw. für diesen vor Versendung der Vergabeunterlagen nicht voraussehbar war. Denn der Teilnehmer an einer Ausschreibung darf erwarten, dass der Auftraggeber seine Vergabeunterlagen mit der gebotenen und ihm möglichen Sorgfalt prüft. Demzufolge ist **in der Rechtsprechung anerkannt, dass Fehler oder Widersprüche in den Verdingungsunterlagen grundsätzlich zu Lasten des Auftraggebers gehen**. Die Verpflichtung des Auftraggebers, die Leistung eindeutig und erschöpfend zu beschreiben, darf nicht auf den Bieter abgewälzt werden. Diesem **Grundsatz liefe es zuwider, dem Auftraggeber im Falle fehlerhafter Vergabeunterlagen einen legitimen Aufhebungsgrund nach § 17 VOB/A oder VOL/A einzuräumen. Zu berücksichtigen sind dabei zudem die rechtlichen Folgen**, die mit der Annahme eines Aufhebungsgrundes nach § 17 VOB/A einhergehen. Wird nämlich das Vorliegen eines solchen Aufhebungsgrundes be-   8545

Teil 3 VOB/A § 17   Vergabe- und Vertragsordnung für Bauleistungen Teil A

jaht, **indiziert dies die Rechtmäßigkeit der Aufhebung und wird dem Antragsteller die Möglichkeit entzogen, erfolgreich Schadensersatz für seine aufgrund der Aufhebung nutzlosen Aufwendungen geltend zu machen** (VK Schleswig-Holstein, B. v. 26. 11. 2009 – Az.: VK-SH 22/09; B. v. 23. 10. 2009 – Az.: VK-SH 14/09).

88.11.4.6 Weitere Beispiele aus der Rechtsprechung

8546 – hat sich der Auftraggeber **im verwaltungsgerichtlichen Verfahren verpflichtet, einen Teil der planfestgestellten und ausgeschriebenen Straße zunächst nicht zu bauen** und eine Umplanung vorzunehmen und war die **Änderung der Bauabsicht nicht vorhersehbar**, weil sie auf einer Änderung der bisherigen Rechtsprechung des Bundesverwaltungsgerichts, auf die sich die Beklagte einstellen durfte, beruht und konnte der geänderten Bauabsicht auch nicht durch zumutbare Änderung einzelner Positionen der Ausschreibung Rechnung getragen werden, da auch beabsichtigt war, ergänzend eine andere Variante zu prüfen und war deshalb nicht absehbar, in welcher Weise sich die Gesamtbaumaßnahme ändern würde, handelt es sich um eine grundlegende Änderung (LG Leipzig, Urteil vom 31. 5. 2007 – Az.: 6 O 2003/06)

– Schon im Rahmen der Planfeststellung waren verschiedene Trassenführungen erörtert worden. Wäre die Beklagte verpflichtet, der Klägerin den Zuschlag zu erteilen auf deren Angebot, beschränkt auf die Bauabschnitte 1 und 2 aus der bisher planfestgestellten Trassenführung, hätte sie sich von vornherein weiteren planerischen Spielraums begeben. Daran ändert es nichts, dass später die Bauabschnitte 1 und 2 entsprechend der Planfeststellung neu ausgeschrieben wurden

– ist eine **wettbewerblich und wirtschaftlich fundierte Vergabe nicht mehr möglich** und ist eine **Vergabe für den Auftraggeber sinnlos** geworden und sind je nach Entscheidung des Auftraggebers entweder diejenigen Bieter, die ihr Angebot nach der neuen oder nach der alten Ausbildungsverordnung strukturiert haben, einseitig und schwerwiegend beeinträchtigt, liegt ein schwerwiegender Aufhebungsgrund im Sinn von § 26 Abs. 1 lit. d) VOL/A vor, weil der Auftraggeber im laufenden Ausschreibungsverfahren feststellen musste, dass die von ihm erstellte **Leistungsbeschreibung hinsichtlich des entscheidenden Aspektes nicht hinreichend klar im Sinne des § 8 Nr. 1 Abs. 1 VOL/A war**, was die Bieter dazu veranlasst hatte, bei Erstellung ihrer Angebote von gänzlich unterschiedlichen Voraussetzungen auszugehen (1. VK Sachsen, B. v. 18. 8. 2006 – Az.: 1/SVK/077-06)

– eine kalkulationserhebliche **Unklarheit der Verdingungsunterlagen hat allerdings nicht zwingend die Aufhebung der Ausschreibung und Wiederholung des gesamten Vergabeverfahrens zur Folge**. Diese Maßnahme kommt als „ultima ratio" vielmehr nur dann in Betracht, wenn eine Korrektur im laufenden Verfahren nicht mehr möglich ist (etwa weil die Leistungsbeschreibung grundlegend überarbeitet werden muss). **Genügt hingegen eine Klarstellung zu einem einzigen Punkt**, reicht es aus, das Vergabeverfahren in ein früheres Stadium zurückzuversetzen, in dem eine Korrektur des Fehlers noch möglich ist und so den Bietern die Gelegenheit zu geben, ihre Angebote zu überarbeiten (OLG Koblenz, B. v. 26. 10. 2005 – Az.: 1 Verg 4/05)

– sollte sich herausstellen, dass tatsächlich ein **Dimensionsfehler** vorliegen würde und müsste es zutreffender Weise statt Kilogramm Tonnen heißen, kann eine Aufhebung der Ausschreibung insbesondere dann geboten sein, **wenn ein ordnungsgemäßes Leistungsverzeichnis mit einer gewissen Wahrscheinlichkeit zu einem anderen als dem tatsächlichen Wettbewerbsergebnis geführt hätte** (VK Nordbayern, B. v. 4. 10. 2005 – Az.: 320.VK – 3194 – 30/05)

– Gründe in rechtlicher Hinsicht können sein **nicht vorhersehbare Verbote, Nutzungsbeschränkungen, das nicht Zustandekommen des bisher mit hinreichender Sicherheit zu erwartenden Eigentumserwerb sowie die Verweigerung umweltrechtlicher Genehmigungen**; in rechtlicher Hinsicht können **gravierende Abweichungen der Boden- oder Grundwasserverhältnisse** von den bisherigen Berechnungen, die im Nachhinein erkannt werden, genannt werden (VK Südbayern, B. v. 17. 8. 2004 – Az.: 20-04/04)

88.11.5 Andere schwerwiegende Gründe (§ 17 Abs. 1 Nr. 3)

88.11.5.1 Erfordernis einer Interessenabwägung

8547 Die Feststellung eines schwerwiegenden Grundes erfordert eine **Interessenabwägung, für die die jeweiligen Verhältnisse des Einzelfalls maßgeblich** sind (OLG Düsseldorf, B. v. 3. 1. 2005 – Az.: VII – Verg 72/04; VK Schleswig-Holstein, B. v. 26. 11. 2009 – Az.: VK-SH 22/09).

Vergabe- und Vertragsordnung für Bauleistungen Teil A VOB/A § 17 **Teil 3**

88.11.5.2 Strenge Anforderungen

88.11.5.2.1 Grundsätze. Schwerwiegende Gründe sind nicht mit „triftigen" Grün- 8548
den gleichzusetzen. An eine Aufhebung sind wegen der von den Bietern aufgewandten Kosten sowie der aufgewandten Zeit **strenge Anforderungen zu stellen** (OLG Dresden, B. v. 28. 3. 2006 – Az.: WVerg 0004/06; OLG Düsseldorf, B. v. 26. 1. 2005 – Az.: VII – Verg 45/04; B. v. 3. 1. 2005 – Az.: VII – Verg 72/04; B. v. 19. 11. 2003 – Az.: VII – Verg 59/03; OLG München, B. v. 27. 1. 2006 – Az.: VII – Verg 1/06; VK Baden-Württemberg, B. v. 28. 10. 2008 – Az.: 1 VK 39/08; B. v. 11. 8. 2004 – Az.: 1 VK 56/04; B. v. 14. 9. 2001 – Az.: 1 VK 24/01; 2. VK Bund, B. v. 11. 12. 2008 – Az.: VK 2–76/08; VK Hamburg, B. v. 25. 7. 2002 – Az.: VgK FB 1/02; VK Lüneburg, B. v. 27. 1. 2005 – Az.: 203-VgK-57/2004; VK Magdeburg, B. v. 2. 4. 2001 – Az.: VK-OFD LSA- 03/01; VK Münster, B. v. 28. 5. 2010 – Az.: VK 4/10; VK Niedersachsen, B. v. 24. 10. 2008 – Az.: VgK-35/2008; VK Nordbayern, B. v. 12. 10. 2006 – Az.: 21.VK – 3194 – 25/06; VK Schleswig-Holstein, B. v. 26. 11. 2009 – Az.: VK-SH 22/09; B. v. 14. 9. 2005 – Az.: VK-SH 21/05).

Nicht jedes rechtlich oder tatsächlich fehlerhafte Verhalten der Vergabestelle reicht zur Be- 8549
gründung aus. Ein **Aufhebungsgrund ist daher nur dann zu bejahen, wenn einerseits der Fehler von so großem Gewicht ist, dass ein Festhalten des öffentlichen Auftraggebers an dem fehlerhaften Verfahren mit Gesetz und Recht schlechterdings nicht zu vereinbaren** wäre und andererseits von den **Bietern**, insbesondere auch mit Blick auf die Schwere des Fehlers, **erwartet werden kann, dass sie auf die Bindung des Ausschreibenden an Recht und Gesetz Rücksicht nehmen** (OLG Dresden, B. v. 28. 3. 2006 – Az.: WVerg 0004/06; OLG München, B. v. 27. 1. 2006 – Az.: VII – Verg 1/06; VK Schleswig-Holstein, B. v. 26. 11. 2009 – Az.: VK-SH 22/09).

88.11.5.2.2 Schwerwiegender Grund als Summe von Einzelgesichtspunkten. Ein 8550
schwerwiegender Grund kann sich auch aufgrund einer Gesamtbetrachtung **aus einer Reihe von Einzelgesichtspunkten** ergeben, die jeder für sich noch nicht schwerwiegend wären (VK Hamburg, B. v. 25. 7. 2002 – Az.: VgK FB 1/02; VK Lüneburg, B. v. 27. 1. 2005 – Az.: 203-VgK-57/2004; 1. VK Sachsen, B. v. 18. 8. 2006 – Az.: 1/SVK/077-06).

88.11.5.2.3 Unzureichende Finanzierung. 88.11.5.2.3.1 Grundsatz. Die **Unterneh-** 8551
men, die sich an einer Ausschreibung beteiligen, für die der Ausschreibende die Einhaltung der Regeln der VOB/A bzw. VOL/A zugesagt hat, **können erwarten**, dass der **Ausschreibende** sich im Hinblick darauf bereits im Vorfeld der Ausschreibung **entsprechend verhalten hat**. Der Bieter darf deshalb davon ausgehen, dass nur Leistungen ausgeschrieben sind, von denen der Ausschreibende bei pflichtgemäßer Ermittlung ihrer voraussichtlichen Kosten annehmen kann, sie mit den hierfür zur Verfügung stehenden Mitteln auch bezahlen zu können. Bei dem gebotenen strengen Maßstab, der insoweit anzulegen ist, ist demgemäß eine **Aufhebung der Ausschreibung regelmäßig dann nicht nach § 17 Abs. 1 Nr. 3 VOB/A gerechtfertigt, wenn die fehlende Finanzierung bei einer mit der gebotenen Sorgfalt durchgeführten Ermittlung des Kostenbedarfs bereits vor der Ausschreibung dem Ausschreibenden hätte bekannt sein müssen** (BGH, Urteil v. 5. 11. 2002 – Az.: X ZR 232/00; OLG Koblenz, B. v. 15. 1. 2007 – Az.: 12 U 1016/05; 1. VK Bund, B. v. 11. 6. 2008 – Az.: VK 1–63/08; B. v. 17. 1. 2008 – Az.: VK 1–152/07; 2. VK Bund, B. v. 6. 9. 2010 – Az.: VK 2–74/10; VK Düsseldorf, B. v. 28. 9. 2007 – Az.: VK – 27/2007 – B; VK Münster, B. v. 28. 5. 2010 – Az.: VK 4/10; 1. VK Sachsen, B. v. 5. 9. 2002 – Az.: 1/SVK/073-02; VK Schleswig-Holstein, B. v. 10. 2. 2005 – VK-SH 02/05; im Ergebnis ebenso VK Hessen, B. v. 28. 2. 2006 – Az.: 69 d VK – 02/2006).

Unter § 17 Abs. 1 Nr. 3 VOB/A ist auch der Fall zu subsumieren, dass selbst das **Mindest-** 8552
angebot für zu hoch befunden wird (VK Südbayern, B. v. 21. 8. 2003 – Az.: 32-07/03).

Andererseits leitet sich die dem öffentlichen Auftraggeber insoweit gegebene **Aufhebungs-** 8553
möglichkeit aus dem für die öffentliche Hand geltenden Gebot sparsamer Wirtschaftsführung ab. Hierzu stünde es im Widerspruch, wenn der Auftraggeber trotz einer mit der gebotenen Sorgfalt ermittelten Kostenschätzung verpflichtet würde, den Zuschlag auf ein Angebot zu erteilen, dass den von ihr veranschlagten Kostenrahmen erheblich übersteigt. **Zweck des Vergaberechts ist es, dem Auftraggeber in einem solchen Fall die Möglichkeit einzuräumen, eine Ausschreibung vorzeitig zu beenden, um so der öffentlichen Hand eine sparsame Verwendung der ihr anvertrauten Mittel zu ermöglichen.** Mit diesem Zweck wäre es unvereinbar, wenn in jedem eingeleiteten Vergabeverfahren auch ein Zuschlag erteilt werden müsste. Auch der Bieter, der im Rahmen einer Ausschreibung das annehmbarste Angebot abgegeben hat, hat deshalb nicht von vornherein Anlass, darauf zu vertrau-

en, dass ihm der ausgeschriebene Auftrag erteilt wird (VK Berlin, B. v. 5. 11. 2009 – Az.: VK – B 2–35/09; 1. VK Bund, B. v. 11. 6. 2008 – Az.: VK 1–63/08; B. v. 17. 1. 2008 – Az.: VK 1– 152/07).

8554 **88.11.5.2.3.2 Maßgebliches Budget.** Für die **Frage der zur Verfügung stehenden Haushaltsmittel kann es nicht auf das errechnete „Vergabebudget" des einzelnen Gewerks ankommen. Abzustellen ist vielmehr auf das Gesamtvolumen des Bauvorhabens.** In den kommunalen Haushalt z. B. wird das Projekt insgesamt eingestellt und nicht losweise. Sofern Unterkonten für einzelne Lose eingerichtet werden, sind diese **wechselseitig deckungsfähig.** Sollte sich also beispielsweise ein Los preisgünstiger als erwartet erweisen, kann der eingesparte Betrag anderweitig innerhalb des Gesamtvorhabens ausgegeben werden. Ein Auftraggeber kann sich daher nicht darauf berufen, ihm würden die finanziellen Mittel fehlen solange er nicht nachweist, dass das zur Verfügung stehende Gesamtbudget überschritten ist. Für die **Frage der Rechtmäßigkeit einer Aufhebung aufgrund fehlender Haushaltsmittel kann es folglich nur auf das Gesamtbudget eines Projekts ankommen, nicht jedoch auf die Einzellose** (VK Baden-Württemberg, B. v. 28. 10. 2008 – Az.: 1 VK 39/08; VK Berlin, B. v. 5. 11. 2009 – Az.: VK – B 2–35/09).

8555 **88.11.5.2.3.3 Anforderungen an die Kostenschätzung.** Die Umstände, welche die Beantwortung der Frage der ausreichenden Finanzierung entscheidend beeinflussen, stehen im vorhinein nicht fest; der eine Ausschreibung ins Auge fassende **Auftraggeber muss sich vielmehr aufgrund einer Prognose entscheiden, die aus nachträglicher Sicht unvollkommen sein kann.** Es ist deshalb schon im Ansatz verfehlt, der vom Auftraggeber durchgeführten Kostenschätzung entgegen zu halten, selbst das günstigste Bieterangebot habe deutlich über der Kostenschätzung gelegen, und schon aus dieser – erst nachträglich offenbar gewordenen – Differenz abzuleiten, die Kostenschätzung des Streithelfers sei offensichtlich falsch gewesen. Festzuhalten ist auch, dass eine **Prognose notwendigerweise Schätzung ist.** Eine genaue Kostenberechnung kann im Vorhinein nicht erfolgen. **Möglich ist nur eine zeitnahe Aufstellung**, die alle bereits bei ihrer Ausarbeitung erkennbaren Daten in einer der Materie angemessenen und methodisch vertretbaren Weise unter Berücksichtigung vorhersehbarer Kostenentwicklungen berücksichtigt. Ob eine solche Kostenermittlung gegeben ist, ist eine **Frage des Einzelfalls** (BGH, Urteil v. 5. 11. 2002 – Az.: X ZR 232/00; OLG Koblenz, B. v. 15. 1. 2007 – Az.: 12 U 1016/05; 1. VK Bund, B. v. 11. 6. 2008 – Az.: VK 1–63/08; B. v. 17. 1. 2008 – Az.: VK 1–152/07; 2. VK Bund, B. v. 6. 9. 2010 – Az.: VK 2–74/10; VK Düsseldorf, B. v. 28. 9. 2007 – Az.: VK – 27/2007 – B; VK Schleswig-Holstein, B. v. 10. 2. 2005 – VK-SH 02/ 05; VK Südbayern, B. v. 21. 8. 2003 – Az.: 32-07/03).

8556 Die Beteiligten eines Vergabeverfahrens haben nach diesen Grundsätzen eine **Kostenschätzung hinzunehmen**, die aufgrund ihrer objektiv vorliegenden und erkennbaren Daten **als vertretbar** erscheint. Daran wird es **regelmäßig fehlen**, wenn die Kostenschätzung auf erkennbar unrichtigen Daten beruht oder wichtige Aspekte außer Acht lässt oder pauschal und auf ungeprüft anderen Kalkulationsgrundlagen beruhende Werte übernimmt (2. VK Bund, B. v. 6. 9. 2010 – Az.: VK 2–74/10; VK Hessen, B. v. 28. 2. 2006 – Az.: 69d VK – 02/2006; VK Schleswig-Holstein, B. v. 10. 2. 2005 – VK-SH 02/05).

8557 Überschreitet im Rahmen eines im Wettbewerb um die ausgeschriebene Leistung zustande gekommenen Preisniveaus und -gefüges **nur eines von vier Angeboten den Schwellenwert und weist dieses Angebot einen sehr großen Abstand zu den übrigen Geboten** auf, während die übrigen diesen Wert zum Teil deutlich unterschreiten, ist es **rechtsfehlerhaft**, allein aus einem vom Sachverständigen ermittelten Schätzwert **auf eine schuldhafte Fehlschätzung des Gesamtauftragswertes zu schließen** (BGH, Urteil v. 27. 11. 2007 – Az.: X ZR 18/07).

8558 Für die Beurteilung der Ordnungsmäßigkeit der Beurteilung der Wirtschaftlichkeit zugrunde gelegten Kostenschätzung sind die **aktuellen Preisentwicklungen vor der Prüfung der Aufhebung mit einzubeziehen** (VK Nordbayern, B. v. 27. 6. 2008 – Az.: 21.VK – 3194 – 23/08).

8559 Für eine ordnungsgemäße Kostenschätzung muss der **Auftraggeber gegebenenfalls eine Anpassung der Kalkulationsgrundlage an geänderte Umstände vornehmen**, um überhaupt eine geeignete Grundlage für eine Wirtschaftlichkeitsprüfung im Rahmen des § 17 Abs. 1 Nr. 3 VOB/A zu erhalten. **Macht er dies nicht, kommt es auf die Frage, zu welcher Verteuerung die Änderung der Kalkulationsgrundlage im Einzelnen geführt hat, nicht an.** Ebenso ist unbeachtlich, ob die prozentuale Abweichung des Angebotspreises eines Bieters den noch tragbaren Rahmen einhält, um von einem wirtschaftlichen Angebot auszugehen, da die

Vergabe- und Vertragsordnung für Bauleistungen Teil A   VOB/A § 17   **Teil 3**

Kostenschätzung des Auftraggebers bereits den Anforderungen an eine zeitnahe und ordnungsgemäße Kostenschätzung nicht entspricht (1. VK Bund, B. v. 11. 6. 2008 – Az.: VK 1–63/08).

Es ist **grundsätzlich nicht zu beanstanden**, dass der Auftraggeber für die Frage, ob über- 8560
teuerte Angebote vorliegen, **seine eigene vorab aufgestellte Kostenberechnung zum Vergleich heranzieht**. **Voraussetzung** ist allerdings, dass es sich um eine **zutreffende Kostenberechnung** handelt und dass diese den **aktuellen Gegebenheiten zum Zeitpunkt der Ausschreibung entspricht** bzw. eine Prognose bis zur tatsächlichen Bauausführung beinhaltet. Die **Darlegungslast** liegt insoweit bei dem **Auftraggeber** (VK Baden-Württemberg, B. v. 28. 10. 2008 – Az.: 1 VK 39/08).

Ist die **Kostenschätzung nicht deckungsgleich mit dem Leistungsverzeichnis**, son- 8561
dern sind z. B. im Leistungsverzeichnis **noch weitere Positionen, die erhebliche Mehraufwendungen im Vergleich zur Kostenschätzung verursachten, aufgenommen** worden (beispielsweise um Bedarfspositionen für diverse unterschiedliche Maßnahmen, die in der Kostenberechnung nicht in den Gesamtauftragswert eingerechnet waren, dennoch aber als Leistungen im Leistungsverzeichnis aufgenommen und gefordert wurden), hat der Auftraggeber keine vertretbare Kostenschätzung vorgenommen, sondern eine Leistung ausgeschrieben, die zuvor nicht ordnungsgemäß geschätzt wurde. Damit **kann der Auftraggeber sich nicht auf den Aufhebungsgrund in § 26 Nr. 1 lit. c) VOB/A berufen**. Die Aufhebung der Ausschreibung ist somit gegenüber den Bietern nicht gerechtfertigt (VK Münster, B. v. 28. 5. 2010 – Az.: VK 4/10).

Es ist von einem Auftraggeber **nicht zu verlangen, dass eine im Vorfeld erstellte Kos-** 8562
tenberechnung immer exakt deckungsgleich mit dem später herausgegeben Leistungsverzeichnis ist, da sich immer auch noch Änderungen ergeben können. Wenn allerdings ein Auftraggeber eine Ausschreibung aufheben möchte, weil alle Angebote übertueert seien, trifft ihn die **Pflicht, eine aktualisierte Aufstellung zu machen, die dem Leistungsverzeichnis und damit den vom Bieter zu kalkulierenden Positionen entspricht** (VK Baden-Württemberg, B. v. 28. 10. 2008 – Az.: 1 VK 39/08).

Die **VK Brandenburg übernimmt für die Kostenschätzung die Maßstäbe, welche** 8563
die Rechtsprechung an die Ermittlung des voraussichtlichen Auftragswerts im Sinn
von § 3 VgV stellt (VK Brandenburg, B. v. 14. 12. 2007 – Az.: VK 50/07). Vgl. dazu die Kommentierung zu → § 3 VgV Rdn. 11 ff.

88.11.5.2.3.4 Weitere Beispiele aus der Rechtsprechung   8564

– als derartiger schwerwiegender Grund ist z. B. auch die **wesentliche Änderung in den allgemeinen Markt-, Währungs- und Baupreisverhältnissen** anzusehen, sofern diese sich **auf das konkrete Vorhaben erheblich auswirkt** (OLG Celle, Urteil v. 25. 6. 2008 – Az.: 14 U 14/08)

– die für die Aufhebung der Ausschreibung **maßgebliche Kostenschätzung** der Ag basiert **auf einem**, was auch von der ASt nicht bestritten wird, **vergleichbaren Auftrag**, der im Rahmen der Sanierung des Hochhauses Süd an die … vergeben wurde. Die Ausführung dieses Auftrags erfolgte in der Zeit von März bis November 2006. Die im Rahmen dieses Auftrages vergebenen **Leistungen und die dazugehörigen Leistungspositionen des Leistungsverzeichnisses sind mit den ausgeschriebenen Leistungen des streitgegenständlichen Auftrags identisch**. Der Ag lag somit für die jetzt ausgeschriebene Leistung ein auf der Grundlage einer ordnungsgemäßen Leistungsbeschreibung ermittelter Wettbewerbspreis vor, der **mit einem Index in Höhe von 4% aktualisiert und an die zwischenzeitlich erfolgte Erhöhung der Mehrwertsteuer angepasst** wurde. Diese von der ASt angewandte Methode der Kostenschätzung ist nicht zu beanstanden. **Nach der Rechtsprechung des BGH gibt es keine Regel, wie die Kostenschätzung zu erfolgen hat**. Dies ist vielmehr eine Frage des Einzelfalls. Wenn es eine **zeitnahe identische Ausschreibung gibt, bestehen keine Bedenken dagegen, den dort ermittelten Preis zum Ausgangspunkt für die Kostenschätzung im vorliegenden Verfahren zu machen** (1. VK Bund, B. v. 17. 1. 2008 – Az.: VK 1–152/07)

– der Auftraggeber hat diese Schätzung der Gesamtvergütung ordnungsgemäß, also objektiv und unter richtiger Einschätzung aller Umstände vorzunehmen, wobei **an die Schätzung selbst keine übertriebenen Anforderungen gestellt werden dürfen**. Die Kostenschätzung als ein in der Ausschreibung vorgeschalteter Vorgang ist **mit gewissen Unsicherheiten und Unwägbarkeiten behaftet**; sie kann nicht an den gleichen Maßstäben wie das Angebot der Teilnehmer am Ausschreibungsverfahren gemessen werden. Ihrem Gegenstand nach **bil-**

det sie eine **Prognose, die dann nicht zu beanstanden ist, wenn sie unter Berücksichtigung aller verfügbaren Daten in einer der Materie angemessenen und methodisch vertretbaren Weise erarbeitet** wurde. Gegenstand der gerichtlichen Prüfung ist daher die Frage, ob die der Entscheidung des Auftraggebers zugrunde liegende Prognose den an sie zu stellenden Anforderungen genügt. Dem Charakter der Prognose entsprechend **können dabei lediglich die bei ihrer Aufstellung vorliegenden Erkenntnisse berücksichtigt werden**, nicht jedoch solche Umstände, die erst im Nachhinein bei einer rückschauenden Betrachtung erkennbar und in ihrer Bedeutung ersichtlich werden. Aus der Sicht der Beteiligten sind ihre **Ergebnisse hinzunehmen, wenn die Prognose aufgrund der bei ihrer Aufstellung objektiv vorliegenden und erkennbaren Daten als vertretbar erscheint**. Daran wird es **regelmäßig fehlen, wenn die Kostenschätzung auf erkennbar unrichtigen Daten beruht oder wichtige Aspekte außer Acht lässt oder pauschal und auf ungeprüft anderen Kalkulationsgrundlagen beruhende Werte übernimmt**. Dabei ist auch zu berücksichtigen, dass **dem Auftraggeber bei der Kostenschätzung eine gewisse Toleranz zugebilligt** werden muss. Sie liegt **bei Neubauten im Bereich der Kostenschätzung bei 30%, bei der Kostenberechnung bis zu 20% oder 25%. Grundlage der Kostenermittlung** ist die **DIN 276** in der Fassung 1993. Diese **Norm gilt für die Ermittlung und die Gliederung von Kosten im Hochbau und erfasst die Kosten für Maßnahmen zur Herstellung, zum Umbau und zur Modernisierung der Bauwerke sowie die damit zusammenhängenden Aufwendungen**. Die DIN 276 gilt für Kostenermittlungen, die auf der Grundlage von Ergebnissen der Bauplanung durchgeführt werden (VK Brandenburg, B. v. 14. 12. 2007 – Az.: VK 50/07)

- die vorliegende **Kostenberechnung** der Antragsgegnerin, bzw. die Kostenberechnung des beauftragten Ingenieurbüros, die der Antragsgegnerin zuzurechnen ist, ist nach der Überzeugung der Vergabekammer **nicht zu beanstanden**. Maßgeblich ist die **kurz vor Bekanntmachung erstellte Schätzung des beauftragten Ingenieurbüros aus April 2007**, die auf dem Leistungsverzeichnis der Ausschreibung beruht. Entgegen der Auffassung der Antragstellerin **wurden in der Kostenberechnung alle zum Zeitpunkt ihrer Erstellung bekannten Daten methodisch vertret- und verwertbar berücksichtigt**. Nach dem Ergebnis der mündlichen Verhandlung steht fest, dass das **beauftragte Ingenieurbüro für alle wesentlichen Positionen des Leistungsverzeichnisses geschätzte Preise mittels eines speziellen EDV-Programms berechnet** hat. Als Grundlage hierfür wurden die Preise des aktuell geltenden Zeitvertrags Kanalreparaturen 2007 der Antragsgegnerin sowie das Ergebnis eigener Preisanfragen am Markt u. a. für Stahlpreise und die Preise vergleichbarer Baumaßnahmen in anderen Orten herangezogen. Die Preise des Zeitvertrages für vergleichbare ausgeschriebene Leistungen durften auch als aktuelle Marktpreise von der Antragsgegnerin bewertet werden, da die Antragsgegnerin entsprechende Leistungen, die mit den ausgeschriebenen auch vergleichbar sind, zu den dort genannten Preisen aktuell beschafft (VK Düsseldorf, B. v. 28. 9. 2007 – Az.: VK – 27/2007 – B)

- die **Schätzung des Auftraggebers beruht auf den Preisen für die seither laufenden Dienstleistungsverträge** und einem **Abschlag von jeweils 30% bzw. 20% auf die einzelnen Lose**. Weder aus dem Vergabevermerk noch aus den Akten des Antragsgegners oder den in den beiden Nachprüfungsverfahren gewechselten Schriftsätzen ergibt sich jedoch eine nachvollziehbare Begründung für diese Abschläge. Es liegt also **keine Kostenschätzung vor, die Grundlage für die Behauptung eines unwirtschaftlichen Angebotes sein könnte**. Vielmehr gibt es nur eine unzureichende Kalkulation über den zu erwartenden Kostenumfang, auf die allein sich der Antragsgegner nicht als Beleg für die Behauptung, die Ausschreibung habe zu keinem wirtschaftlichen Ergebnis geführt, berufen könnte (VK Hessen, B. v. 28. 2. 2006 – Az.: 69 d VK – 02/2006)

- es entspricht der einhelligen Ansicht, dass der **Auftraggeber, der nach Öffnung der Angebote feststellt, dass er die ausgeschriebene Leistung in der ursprünglichen Form nicht haben möchte, etwa weil die Haushaltsmittel nicht ausreichen**, diesen Konfliktsfall nur durch Aufhebung und Neuausschreibung lösen kann (VK Baden-Württemberg, B. v. 15. 8. 2005 – Az.: 1 VK 47/05)

- die Vergabestelle hat grundsätzlich die Möglichkeit, bei einem sachlichen Grund von einer Ausschreibung Abstand zu nehmen und die Ausschreibung vorzeitig zu beenden. Diese **Möglichkeit ist insbesondere dann gegeben, wenn die abgegebenen Angebote deutlich über den zur Verfügung stehenden Kosten liegen und die Vergabestelle als Teil der öffentlichen Hand wegen des Gebots, mit den ihr anvertrauten Mitteln spar-

Vergabe- und Vertragsordnung für Bauleistungen Teil A VOB/A § 17 **Teil 3**

sam umzugehen und zu wirtschaften, verpflichtet ist, **ein Vergabevorhaben wegen der Finanzierungslücke aufzugeben** (VK Bremen, B. v. 21. 9. 2005 – Az.: VK 10/05)

– insbesondere **nicht voraussehbare, aber entscheidende Veränderungen der Finanzierungsgrundlage** können zur Aufhebung der Ausschreibung führen (VK Südbayern, B. v. 17. 8. 2004 – Az.: 20-04/04)

– eine **Überschreitung** der geplanten Haushaltsmittel **in Höhe von ca. 0,5%** des Haushaltsansatzes ist **kein Aufhebungsgrund**. Eine Aufhebung ist nur gerechtfertigt, wenn die abgegebenen **Gebote deutlich über den geschätzten Kosten** liegen (VK Südbayern, B. v. 21. 8. 2003 – Az.: 32-07/03)

– werden die **haushaltsrechtlichen Vorgaben zur Finanzierung** einer Bauleistung auf **politischen Druck hin um 10% abgesenkt**, kann diese fehlerhafte Berechnung der Kosten der Leistung keine Aufhebung rechtfertigen, die sich von der Höhe her auf das (scheinbare) Überschreiten dieses fehlerhaft ermittelten Haushaltsansatzes bezieht (1. VK Sachsen, B. v. 5. 9. 2002 – Az.: 1/SVK/073-02)

88.11.5.2.4 „Inhaltsleere" von Angeboten auf eine funktionale Leistungsbeschreibung. Für eine Aufhebung ist erforderlich, dass eine Auftragsvergabe auf der Grundlage der bisherigen Vergabeunterlagen für den Antragsgegner oder die Bieter **unzumutbar** ist. Eine Unzumutbarkeit für die Bieter lässt sich nicht ohne weiteres feststellen, wenn sich mehrere Bieter zur Abgabe eines Angebotes im Stande gesehen haben. Auch für den Auftraggeber lässt sich eine solche **Unzumutbarkeit nicht eindeutig feststellen, wenn die Inhaltsleere einer funktionalen Leistungsbeschreibung auf den Vorgaben des Auftraggebers** beruht (Brandenburgisches OLG, B. v. 19. 9. 2003 – Az.: Verg W 4/03). 8565

88.11.5.2.5 Fehlerhafte Leistungsbeschreibung. Die **Rechtsprechung** ist insoweit **nicht einheitlich.** 8566

Eine fehlerhafte **Leistungsbeschreibung ist immer dem Auftraggeber zuzurechnen**; insoweit liegt **kein die Aufhebung rechtfertigender Grund im Sinne von § 17 Abs. 1 Nr. 3 VOB/A** vor (OLG Düsseldorf, B. v. 16. 2. 2005 – Az.: VII – Verg 72/04; VK Baden-Württemberg, B. v. 14. 9. 2001 – Az.: 1 VK 24/01). Dennoch **kann eine Ausschreibung** mit einer fehlerhaften Leistungsbeschreibung **aufgehoben werden**, was allerdings zu **Schadenersatzansprüchen** führen kann. 8567

Nach anderer Auffassung ist ein schwerwiegender Aufhebungsgrund im Sinn von § 17 Abs. 1 Nr. 3 VOB/A gegeben, **wenn der Auftraggeber im laufenden Ausschreibungsverfahren feststellen muss, dass die von ihm erstellte Leistungsbeschreibung hinsichtlich mehrerer Aspekte nicht hinreichend eindeutig im Sinne des § 7 Abs. 1 VOB/A ist**, was die Bieter mit großer Wahrscheinlichkeit dazu veranlasst hat, bei der Kalkulation ihrer Angebote von gänzlich unterschiedlichen Voraussetzungen auszugehen. Der schwerwiegende Grund ist hier gegeben, weil eine Reihe von Einzelgesichtspunkten vorliegen, welche jeder für sich wohl noch nicht schwerwiegend wäre, sich dies aber aus einer Summierung der Einzelgründe im Rahmen einer Gesamtbetrachtung ergibt (**14 zum Teil sehr umfängliche Rügen und Einwendungen der Bieter und daraus resultierend 3 Bieterrundschreiben mit ergänzenden Informationen, Forderungen der Bieter, auch mit anwaltlicher Unterstützung, nach Aufhebung der Ausschreibung u. a. wegen undurchsichtiger und widersprüchlicher Leistungsbeschreibung und Ausschreibungsunterlagen und eklatanter Verstöße gegen das Vergaberecht**). Der Auftraggeber ist dann angesichts der zahlreichen gerügten Widersprüche und Fehler in der Ausschreibung nicht mehr in der Lage, im Rahmen der Wertung der Angebote nachvollziehbar zu entscheiden, ob vergleichbare Angebote vorlagen, die seine Qualitätsanforderungen einhalten. Hinzu kommt, dass ganz erhebliche Differenzen in den Angebotsendsummen bestehen (VK Lüneburg, B. v. 27. 1. 2005 – Az.: 203-VgK-57/2004). 8568

Zu den Einzelheiten eines Schadenersatzanspruchs vgl. die Kommentierung zu → § 126 GWB Rdn. 44 ff. 8569

88.11.5.2.6 Unwirtschaftliches Ergebnis der Ausschreibung. 88.11.5.2.6.1 Grundsätze. Der Aufhebungsgrund „unwirtschaftliches Ergebnis einer Ausschreibung" ist **in der VOB/A** – im Gegensatz zu § 17 Abs. 1 lit. c) VOL/A – **nicht ausdrücklich enthalten.** Dieser Grund kann aber **auch als schwerwiegender Grund** angesehen werden (VK Düsseldorf, B. v. 28. 9. 2007 – Az.: VK – 27/2007 – B). 8570

Hintergrund der dem öffentlichen Auftraggeber gesetzlich gegebenen Aufhebungsmöglichkeit ist das **Gebot an den öffentlichen Auftraggeber, aus haushaltsrechtlichen Gründen** 8571 die **Mittelverwendung sparsam und wirtschaftlich** durchzuführen. Würde der Auftraggeber trotz sorgfältig ermittelter Kostenschätzung verpflichtet werden, den Zuschlag auf ein Angebot zu erteilen, das kostenmäßig erheblich über dem von ihm veranschlagten Kostenansatz liegt, würde dies das **Gebot zur sparsamer Wirtschaftsführung unterlaufen**. Dies hat zur Konsequenz, dass der Bieter nicht schon von vornherein eine Zuschlagserteilung erwarten kann, auch wenn er das annehmbarste Angebot abgegeben hat. Hingegen muss er grundsätzlich darauf vertrauen können, dass der Auftraggeber nur Leistungen ausschreibt, von denen der Ausschreibende bei pflichtgemäßer Ermittlung ihrer voraussichtlichen Kosten annehmen kann, sie mit den hierfür zur Verfügung stehenden Mitteln auch bezahlen zu können (1. VK Bund, B. v. 11. 6. 2008 – Az.: VK 1–63/08).

8572 Bei der Entscheidung, ob dieser Aufhebungsgrund vorliegt, handelt es sich um eine **Ermessensentscheidung der Vergabestelle**, bei welcher der Vergabestelle ein **erheblicher Ermessensspielraum eröffnet** ist. Die Vergabekammer kann nur überprüfen, ob ein Ermessensfehler vorliegt (VK Nordbayern, B. v. 27. 6. 2008 – Az.: 21.VK – 3194 – 23/08).

8573 **88.11.5.2.6.2 Einzelheiten.** Das Ergebnis einer Ausschreibung ist dann **nicht wirtschaftlich, wenn das Preis-Leistungs-Verhältnis der Angebote für den öffentlichen Auftraggeber nicht akzeptabel** ist (VK Düsseldorf, B. v. 28. 9. 2007 – Az.: VK – 27/2007 – B; im Ergebnis ebenso 1. VK Bund, B. v. 11. 6. 2008 – Az.: VK 1–63/08), oder es liegen qualitativ keine zufrieden stellenden Angebote vor, weil **den Bietern zum Beispiel die erforderliche Fachkunde fehlt** (VK Münster, B. v. 10. 7. 2001 – Az.: VK 15/01) oder wenn **selbst das günstigste Angebot wesentlich über dem Marktpreis** liegt (1. VK Bund, B. v. 11. 6. 2008 – Az.: VK 1–63/08; 2. VK Bund, B. v. 28. 6. 2007 – Az.: VK 2–60/07).

8574 Nach einer anderen Auffassung beurteilt sich die Wirtschaftlichkeit eines Angebots letztlich danach, ob ein **Angebot im Preis unangemessen von der Leistung abweicht** (VK Nordbayern, B. v. 27. 6. 2008 – Az.: 21.VK – 3194 – 23/08). Dies kann der Auftraggeber nach verschiedenen Gesichtspunkten beurteilen. So besteht die Möglichkeit, **eigene Kostenschätzungen, vergleichbare Marktpreise oder andere eingegangene Angebote** heranzuziehen (VK Nordbayern, B. v. 30. 7. 2008 – Az.: 21.VK – 3194 – 13/08; B. v. 27. 6. 2008 – Az.: 21.VK – 3194 – 23/08).

8575 Ein **bloßer preislicher Vorteil von 15,28% genügt nicht**, um per se die Unwirtschaftlichkeit der übrigen, preislich näher beieinander liegenden Angebote zu indizieren (VK Baden-Württemberg, B. v. 27. 9. 2004 – Az.: 1 VK 66/04).

8576 Eine **Mehrausgabe um beinahe 100% bewegt sich in einer Größenordnung, die mit dem Gebot zu sparsamer und wirtschaftlicher Verwendung von Haushaltsmitteln nicht mehr zu vereinbaren** ist. Die **Überlegung, durch gesonderte Ausschreibung der einzelnen Lose mehr als 2 Bieter zur Abgabe eines Angebotes bewegen und damit auch günstigere Preise durch verstärkten Wettbewerb zu erzielen, ist vor diesem Hintergrund nachvollziehbar**. Zwar hätten diese strategischen Erwägungen bereits vor Bekanntmachung angestellt werden können, jedoch konnte zum damaligen Zeitpunkt nicht erwartet werden, dass lediglich zwei Bieter im Verfahren auftreten würden, wobei ein Bieter zudem ein Zusammenschluss von drei am (lokalen) Markt bedeutenden Unternehmen der Branche ist. Dies bestätigt auch die **Tatsache, dass das Interesse an der Ausschreibung sich in 14 Anforderungen der Vergabeunterlagen niedergeschlagen hat**. Damit kann zwar nicht sicher festgestellt werden, **dass die Neuausschreibung tatsächlich einen günstigeren Preis erzielen wird**, zumal bei getrennter Ausschreibung der einzelnen Lose ggfs. eine Verteuerung durch die getrennte Baustelleneinrichtung und -koordination durch verschiedene Auftragnehmer denkbar ist. Angesichts der großen Abweichung der eingegangenen Angebote von der Kostenschätzung **erscheint es jedoch möglich und realistisch, dass die durch die Neuausschreibung entstehenden Kosten im Vergleich zu den möglichen Ersparnissen weit geringer ins Gewicht fallen**. Vor diesem Hintergrund ist die **Entscheidung zur Aufhebung sachlich gerechtfertigt und vertretbar und nicht als ermessensfehlerhaft zu beanstanden**, als sie den öffentlichen Belangen des Haushalts den Vorzug vor dem Interesse der Antragstellerin auf Erteilung des Auftrages gegeben hat (VK Düsseldorf, B. v. 28. 9. 2007 – Az.: VK – 27/2007 – B).

8577 Ein **Angebot zu einem Preis, der unterhalb der Kostenschätzung der Vergabestelle selbst liegt, kann nicht unwirtschaftlich im Sinne von § 17 VOB/A sein und schon gar nicht einen anderen schwerwiegenden Grund für die Aufhebung der Ausschreibung nach § 17 VOB/A liefern**. Anderenfalls hätte es die Vergabestelle bei einer Vielzahl von Vergaben in der Hand, im Falle eines ihr nicht genehmen wirtschaftlichen Ergebnisses der

Ausschreibung diese aufzuheben, nämlich immer dann, wenn das Angebot des preisgünstigsten Bieters wegen formeller oder inhaltlicher Fehler auszuschließen ist. Mit Rücksicht auf die Schutzinteressen der Bieter, die sich häufig mit erheblichem finanziellen Aufwand an dem Ausschreibungsverfahren beteiligt haben, wäre dies nicht akzeptabel und mit dem Schutzzweck der bieterschützenden Vorschrift des § 17 VOB/A, der die Aufhebung der Ausschreibung als Ausnahmefall verstanden wissen will, nicht zu vereinbaren (VK Schleswig-Holstein, B. v. 14. 9. 2005 – Az.: VK-SH 21/05).

Die **Vergabestelle darf zur Feststellung einer Unwirtschaftlichkeit der eingegangenen Angebote nicht auf kostengünstigere Vergleichsangebote von Bietern abstellen, die sie zuvor wegen Nichterfüllung der Anforderungen der Ausschreibung ausgeschlossen hat oder ausschließen müsste**. Denn mit der Annahme des Ausschlussgrundes hat die Vergabestelle bereits inzident dessen kalkulationserhebliche, auf die Wettbewerbstellung der Bieter sich auswirkende Bedeutung bejaht, so dass sie folgerichtig von der Möglichkeit eines ursächlichen Zusammenhangs zwischen den Preisen der ausgeschlossenen Angebote und ihrer Mängel ausgehen muss. Damit entfällt die Eignung jener Angebote nicht nur für eine Zuschlagserteilung, sondern für jegliche wertende Berücksichtigung im Vergabeverfahren (VK Schleswig-Holstein, B. v. 14. 9. 2005 – Az.: VK-SH 21/05). 8578

Die **VK Hessen differenziert** in dieser Frage. Nach ihrer Auffassung kann das Angebot eines ausgeschlossenen Bieters zur Beurteilung der Wirtschaftlichkeit der verbliebenen Angebote herangezogen werden, wenn die **Gründe für den Ausschluss nicht preisrelevant sein konnten** (VK Hessen, B. v. 28. 2. 2006 – Az.: 69 d VK – 02/2006). 8579

Müssen sich die **Bieter neben der Planung, Kalkulation etc. der ausgeschriebenen Leistung am Markt auch noch ein geeignetes Grundstück** in der relativ kurzen Zeit der Angebotsabgabe **suchen und rechtlich per Vorverträge sichern**, stellt sich die Frage, ob hierdurch überhaupt im Wettbewerb stattfinden kann. Bereits die Tatsache, dass lediglich zwei Bieter ein wertbares Angebot abgegeben haben, weil alle anderen kein Grundstück nachgewiesen haben, zeigt, dass den Bietern die Grundstücksbeschaffung offenbar kaum möglich war. Die wenigen Grundstückseigentümer haben damit entscheidenden Einfluss auf die einzelnen Angebote der Bieter nehmen können. Sind die **Bieter aber nicht in der Lage, langwierige Grundstücksverhandlungen zu führen, kann der Auftraggeber bei der Frage nach der Wirtschaftlichkeit eines Angebots keine Abzüge bezüglich der anrechenbaren Grundstücksgröße** machen (VK Nordbayern, B. v. 30. 7. 2008 – Az.: 21.VK – 3194 – 13/08). 8580

Sind **zum Zeitpunkt der Angebotserstellung** unstreitig **keine Fördermittel für die Leistung** oder Teile der Leistung erhältlich, können aber **zwischenzeitlich wieder Förderanträge gestellt** werden, kann dies den Bietern zum Zeitpunkt der Angebotsabgabe nicht vorgehalten werden. Die **fiktive Einrechnung von Fördermitteln** durch den Auftraggeber bei der Frage, ob ein wirtschaftliches Angebot vorliegt, stellt ein **ungewöhnliches Wagnis für die Bieter** dar (VK Nordbayern, B. v. 30. 7. 2008 – Az.: 21.VK – 3194 – 13/08). 8581

88.11.5.2.7 Veränderung von Terminen durch ein Nachprüfungsverfahren. Kann der vertraglich vorgesehene **Anfangstermin** für die Inanspruchnahme von ausgeschriebenen Leistungen **auf Grund der Durchführung eines Nachprüfungsverfahrens nicht eingehalten** werden, zieht dies grundsätzlich **ebenso wenig die zwangsläufige Notwendigkeit nach sich, das Vergabeverfahren aufzuheben**, wie eine nachprüfungsbedingte Verzögerung des Baubeginns bei der Vergabe von Bauleistungen. Eine Aufhebung des Vergabeverfahrens kann sich nur dann als unumgänglich erweisen, wenn **Anpassungen an den Zeitablauf unmöglich und deshalb Wettbewerbsverzerrungen zu besorgen sind** (KG Berlin, B. v. 13. 8. 2002 – Az.: KartVerg 8/02; OLG Naumburg, B. v. 13. 10. 2006 – Az.: 1 Verg 7/06; B. v. 13. 10. 2006 – Az.: 1 Verg 6/06; 2. VK Sachsen-Anhalt, B. v. 23. 5. 2006 – Az.: VK 2-LVwA LSA 17/06; B. v. 23. 5. 2006 – Az.: VK 2-LVwA LSA 16/06). 8582

88.11.5.2.8 Ablauf der Zuschlags- und Bindefrist. Nach Ablauf der Zuschlags- und Bindefrist wird der Vertrag nicht schon mit dem Zuschlag geschlossen; vielmehr stellt der Zuschlag in diesem Fall ein neues Angebot dar, das der Annahme durch den Bieter bedarf. Nimmt der Bieter dann den Zuschlag an, kommt der Vertrag zustande. **Nur wenn er den Zuschlag ablehnt und aufgrund des verspäteten Zuschlags auch mit keinem anderen Bieter ein Vertrag zustande kommt, ist das Vergabeverfahren durch Aufhebung aus schwerwiegendem Grund (§ 17 Abs. 1 Nr. 3 VOB/A) zu beenden.** Allein der **Fristablauf genügt** zur Beendigung **nicht** (BayObLG, B. v. 1. 10. 2001 – Az.: Verg 6/01, B. v. 12. 9. 2000 – Az.: Verg 4/00, B. v. 21. 5. 1999 – Az.: Verg 1/99; OLG Naumburg, B. v. 13. 10. 2006 – Az.: 1 Verg 7/06; B. v. 13. 10. 2006 – Az.: 1 Verg 6/06; VK Nordbayern, B. v. 19. 11. 2008 – Az.: 8583

Teil 3 VOB/A § 17   Vergabe- und Vertragsordnung für Bauleistungen Teil A

21.VK – 3194 – 50/08; 2. VK Sachsen-Anhalt, B. v. 23. 5. 2006 – Az.: VK 2-LVwA LSA 17/06; B. v. 23. 5. 2006 – Az.: VK 2-LVwA LSA 16/06; VK Südbayern, B. v. 25. 7. 2002 – Az.: 26-06/02).

8584   **88.11.5.2.9 Mangelnde Eignung aller Bieter.** Die **Nichteignung aller beteiligten Bieter** ist an sich geeignet, einen Aufhebungsgrund darzustellen (2. VK Bund, B. v. 24. 6. 2005 – Az.: VK 2–70/05; B. v. 24. 6. 2004 – Az.: VK 2–73/04).

8585   **88.11.5.2.10 Anders nicht heilbarer Vergaberechtsfehler.** Die Aufhebung der Ausschreibung **wegen eines anders nicht heilbaren Vergaberechtsfehlers** aufgrund entsprechender Entscheidungen der Vergabekammer ist ein Aufhebungsgrund wegen eines schwerwiegenden Grundes (1. VK Bund, B. v. 29. 9. 2004 – Az.: VK 1–162/04; B. v. 23. 9. 2004 – Az.: VK 1–129/04; B. v. 23. 9. 2004 – Az.: VK 1–126/04; **ähnlich** VK Schleswig-Holstein, B. v. 14. 9. 2005 – Az.: VK-SH 21/05 **für einen schwerwiegenden Fehler des Vergabeverfahrens**).

8586   Die im Sinne von § 14 VOB/A unterlassene **Kennzeichnung der vorgelegten Angebote stellt einen gravierenden Vergaberechtsverstoß dar**, der objektiv selbst durch eine Rückversetzung des Vergabeverfahrens auf den Zeitpunkt der Angebotseröffnung kein rechtmäßiges Vergabeverfahren mehr erwarten lässt. Damit können die entsprechend § 14 Abs. 3 VOB/A erforderlichen Feststellungen durch den Auftraggeber nicht mehr zweifelsfrei getroffen werden. Der **Auftraggeber hat keine Möglichkeit** bei einer Verpflichtung durch die Vergabekammer zur erneuten Prüfung der Angebote diesen **Kennzeichnungsmangel zu heilen**. Vgl. zu den Rechtsprechungsnachweisen die Kommentierung zu → § 14 VOB/A Rdn. 40.

8587   **Bewirkt die Ausschreibung praktisch eine vergaberechtlich grundsätzlich nicht zulässige Monopolstellung eines Bieters**, bewirkt sie eine Wettbewerbsverengung oder verhindert sogar die Entstehung eines Wettbewerbs. Sie **macht den potenziellen Bietern einen Marktzutritt praktisch unmöglich**. Ein solcher Mangel der Ausschreibung, der das dem Vergabeverfahren innewohnende Wettbewerbsprinzip, den Grundsatz der Diskriminierungsfreiheit und den Grundsatz der Transparenz verletzt, ist **als schwerwiegend zu bezeichnen** (Schleswig-Holsteinisches OLG, B. v. 9. 3. 2010 – Az.: 1 Verg 4/09).

8588   Trotz der Geltung der VOB/A ist der Ausschreibende **auch dann, wenn kein Aufhebungsgrund nach § 17 Abs. 1 Nr. 3 VOB/A besteht, nicht gezwungen, einen der Ausschreibung entsprechenden Auftrag zu erteilen**. Es kann viele Gründe dafür geben, die unabhängig davon, ob die Voraussetzungen des § 17 VOB/A erfüllt sind, den Ausschreibenden hindern, eine einmal in die Wege geleitete Ausschreibung ordnungsgemäß mit der Erteilung des Zuschlags an die Bieter zu beenden. Hierzu kann sich der Ausschreibende insbesondere dann veranlasst sehen, wenn eine Diskriminierungsfreiheit oder die Korrektur des Fehlers im Laufe des Vergabeverfahrens und dessen Fortsetzung nicht möglich ist, weil sich der Fehler auf die Erstellung der Angebote ausgewirkt und somit durch eine Wiederholung der Angebotsbewertung nicht zu beseitigen ist. Daraus ist abzuleiten, dass ein „Vertretenmüssen" des zur Aufhebung der Ausschreibung führenden Grundes dann der Ausschreibung nicht entgegensteht, wenn das Vergabeverfahren im Hinblick auf den Aufhebungsgrund nicht mehr diskriminierungsfrei und wettbewerbsrechtlich wirksam fortgesetzt werden kann. Die **Möglichkeit, bei einem solchen sachlichen Grund eine Ausschreibung durch Aufhebung zu beenden, ist notwendige Folge davon, dass es Zweck des Vergabeverfahrens ist, einen ordnungsgemäßen Wettbewerb zu gewährleisten**. Wird nach der Ausschreibung der Bieterkreis auf diejenigen Unternehmen – faktisch – beschränkt, die über ein bestimmtes Produkt verfügen bzw. darauf verlässlichen Zugriff haben, kann gegenüber allen anderen Unternehmen **kein diskriminierungsfreier Wettbewerb mehr stattfinden**. Dann bleibt nur noch die Aufhebung der Ausschreibung. Es ist dann Sache der Vergabestelle, neue (diskriminierungsfreie) Ausschreibungsbedingungen zu formulieren (Schleswig-Holsteinisches OLG, B. v. 9. 3. 2010 – Az.: 1 Verg 4/09).

8589   **88.11.5.2.11 Vergleichbare Entscheidung einer Vergabekammer.** Hat eine Vergabekammer – z. B. unter Berufung auf Beschlüsse eines Vergabesenats zu vergleichbaren Sachverhalten – festgestellt, dass eine Leistungsbeschreibung ein ungewöhnliches Wagnis für die Bieter enthält und dem Auftraggeber aufgegeben, das zugrunde liegende Vergabeverfahren aufzuheben, bezieht sich diese Entscheidung zwar nur auf die diesen Nachprüfungsverfahren jeweils zugrunde liegenden Sachverhalte und entfalten keine unmittelbare Wirkung für andere Ausschreibungen. Liegt jedoch derselbe Fehler auch anderen Ausschreibungen zugrunde, die eine identische Leistungsbeschreibung haben, ist es vergaberechtlich über § 17 Abs. 1 Nr. 3 VOB/A legitimiert, wenn der Auftraggeber als an Recht und Gesetz gebundener öffentlicher Auftraggeber die Vorgaben der Vergabekammer auch für ein Verfahren umsetzt, das nicht unmittelbar von dem Beschluss erfasst wird (3. VK Bund, B. v. 30. 9. 2004 – Az.: VK 3–116/04).

88.11.5.2.12 Entschluss zur Aufgabe des Beschaffungsvorhabens. Ein schwerwiegender, nicht vorhersehbarer Grund kann darin liegen, dass der **Auftraggeber beschließt, von dem Beschaffungsvorhaben endgültig Abstand zu nehmen** (OLG Düsseldorf, B. v. 26. 1. 2005 – Az.: VII – Verg 45/04). 8590

88.11.5.2.13 Verlängerung der Bauzeit und geänderte Losaufteilung. Eine beabsichtigte **Verlängerung der Bauzeit** von 36 Monaten auf 48 Monate und die **Aufteilung eines Loses 2 in zwei Teillose sind keine schwerwiegenden und für die Vergabestelle nicht vorhersehbaren Umstände**, die eine Rückgängigmachung der Ausschreibung erlauben, sondern dies sind Fragen der Planung des Umfangs des Beschaffungsvorhabens und damit für die Antragsgegnerin im Zeitpunkt der Planung vorhersehbare Umstände (OLG Düsseldorf, B. v. 26. 1. 2005 – Az.: VII – Verg 45/04). 8591

88.11.5.2.14 Drohender Verfall von Fördermitteln. Bei einem VOF-Verfahren ist der Verzicht auf eine Auftragsvergabe nach der Rechtsprechung sachlich nachvollziehbar und damit **vergaberechtlich zulässig,** wenn ein **Auftraggeber durch zwei vorausgegangene Nachprüfungsverfahren in Zeitnot gerät und die Durchführung eines Projektes selbst erledigt,** um bewilligte Fördermittel zeitnah abrufen zu können (VK Brandenburg, B. v. 17. 8. 2004 – Az.: VK 23/04). 8592

88.11.5.2.15 Politische Neubewertung eines Beschaffungsvorhabens. Die VK Brandenburg lässt die Aufhebung einer Ausschreibung auch dann zu, wenn sie auf sachlichen Gründen, nämlich auf einer politisch angestoßenen Neubewertung der mit der Gründung einer gemischtwirtschaftlichen Gesellschaft verbundenen Vor- und Nachteile, beruht. Maßgeblich ist allein die Sachlichkeit der der Aufhebung zugrunde liegenden Gründe. Bei der Beurteilung der Sachlichkeit ist ein objektiver Maßstab anzulegen. **Danach kann das Vorliegen eines sachlichen Grundes auch bejaht werden, wenn die Tatsachen, die zur ursprünglichen Entscheidung der Einleitung des Vergabeverfahrens geführt haben, sich nicht geändert haben, der Auftraggeber nunmehr eine andere Bewertung dieser Tatsachen vornimmt.** Solange diese abändernde Bewertung nicht auf unsachlichen Erwägungen des Auftraggebers beruht, steht es ihm frei, auf die Vergabe zu verzichten (VK Brandenburg, B. v. 30. 8. 2004 – Az.: VK 34/04). 8593

Diese Rechtsprechung **eröffnet dem Auftraggeber einen weiten Spielraum zur Aufhebung von Ausschreibungen**, ohne finanzielle Konsequenzen fürchten zu müssen, und ist mit der ganz überwiegenden Rechtsprechung zur engen Auslegung von § 17 VOB/A **nur schwer vereinbar**. 8594

Anderer Auffassung ist die **VK Bund**. Hätte der **Auftraggeber bereits bei sorgfältiger Vorbereitung der Ausschreibung erkennen können, dass die Tariftreueforderung vergaberechtlich voraussichtlich keinen Bestand haben würde** – worauf insbesondere eine Entscheidung eines Vergabesenats hindeutete – und stellt der Auftraggeber **dennoch eine mit dieser Rechtsprechung ersichtlich nicht zu vereinbarende Tariftreueforderung** auf und modifiziert diese auch nach Rügen nicht, so **kann den Bietern eine Aufhebung,** die zu einem Wegfall nicht nur ihrer Zuschlagschancen im laufenden Vergabeverfahren, sondern **auch ihres Anspruches auf Ersatz des negativen Interesses führen würde, nicht zugemutet werden**. Dies wäre nur dann der Fall, wenn die Mängel der Ausschreibung solches Gewicht hätten, dass ein Festhalten des Auftraggebers an der Ausschreibung von den Bietern unter Berücksichtigung der Bindung des Auftraggebers an Recht und Gesetz billigerweise nicht erwartet werden kann. Eine solche Situation **liegt dann nicht vor, wenn der Auftraggeber nur deshalb nicht an der Ausschreibung festhält, weil er aus politischen Gründen eine Vergabe auf der Grundlage des vor dem Inkrafttreten des novellierten GWB am 24. April 2009 geltenden und nach § 131 Abs. 8 GWB n. F. für das vorliegende Verfahren weiterhin maßgebenden Rechts ablehnt**. Dies rechtfertigt es jedoch nicht, die Bieter durch das Bejahen einer rechtmäßigen Aufhebung von vornherein um etwaige Ansprüche auf Ersatz ihrer Aufwendungen zu bringen (1. VK Bund, B. v. 29. 9. 2009 – Az.: VK 1–167/09). 8595

88.11.5.2.16 Vorliegen nur eines Teilnahmeantrags. Um das Vorliegen eines anderen schwerwiegenden Grundes im Sinne des § 17 Abs. 1 Nr. 3 VOB/A ausnahmsweise bejahen zu können, muss dieser Grund ein Gewicht haben, der den anderen, in § 17 Abs. 1 Nr. 1 und Nr. 2 VOB/A genannten Gründen, gleichkommt. **Es ist im Teilnahmewettbewerb nicht** 8596 so, dass zwingende Aufhebungsvoraussetzung das vollständige Fehlen berücksichtigungsfähiger Teilnahmeanträge sein müsste und das Vorliegen auch nur eines berücksichtigungsfähigen Teilnahmeantrags in jedem Fall die Fortführung des Verfahrens erzwingen würde. Die **Aufhebung ist jedoch aufgrund der im Vergleich zur Angebotserstellung beim Offenen Verfahren unterschiedlichen Situation bei der Angebotserstellung nach durchgeführtem Teilnahmewettbewerb bei einer freihändigen Vergabe geboten.** Während beim Offenen Verfahren der Bieter nichts von seiner Alleinstellung weiß, sein Angebot also zumindest der subjektiven Vorstellung nach im Wettbewerb erstellt wurde, **könnte im Teilnahmewettbewerb der alleinige Bieter in positiver Kenntnis dessen, dass keine weiteren Wettbewerber den Teilnahmewettbewerb überstanden haben, sein Angebot zu Monopolkonditionen erstellen.** Der Auftraggeber hätte in einer derartigen Situation keine Vergleichsmöglichkeit mit anderen Angeboten und infolge dessen auch keine Gewähr dafür, dass aufgrund der verringerten Wettbewerbsintensität die vom Vergaberecht bezweckte wirtschaftliche Mittelverwendung gegeben ist (2. VK Bund, B. v. 4. 6. 2010 – Az.: VK 2–32/10).

88.11.5.3 Keine vorherige Kenntnis des Auftraggebers von den Gründen

8597 Die **Rechtsprechung** ist insoweit **nicht einheitlich.**

8598 **§ 17 Abs. 1 Nr. 3 VOB/A setzt im Gegensatz zu den übrigen Aufhebungstatbeständen nicht voraus, dass der Auftraggeber den Aufhebungsgrund nicht zu vertreten hat.** Gerade dann, wenn der Auftraggeber den Aufhebungsgrund bei Anwendung der gebotenen Sorgfalt hätte vermeiden können, sind jedoch **besonders hohe Anforderungen an das Gewicht des Aufhebungsgrundes zu stellen** (2. VK Bund, B. v. 11. 12. 2008 – Az.: VK 2–76/08).

8599 Der Auffassung, dass der Aufhebungsgrund grundsätzlich nach Beginn der Ausschreibung ohne vorherige Kenntnis des Auftraggebers aufgetreten sein muss, wenn der Aufhebungsgrund des § 17 Abs. 1 Nr. 3 VOB/A eingreift, ist nicht beizutreten. Die **Frage der Kenntnis und des Entstehungszeitpunktes des schwerwiegenden Mangels einer Ausschreibung ist allein unter dem Gesichtspunkt der Schadensersatzpflicht erheblich,** denn der Auftraggeber, der den Auftragsgrund vor Beginn der Ausschreibung kennt und ihn zu vertreten hat, macht sich gegenüber dem Unternehmer schadensersatzpflichtig, der durch die Beteiligung am Angebotsverfahren erhebliche Aufwendungen tätigt. Die **Vorschrift des § 17 Abs. 1 Nr. 3 VOB/A nimmt eine Einschränkung in dem Sinne, dass der Aufhebungsgrund grundsätzlich nach Beginn der Ausschreibung ohne vorherige Kenntnis des Auftraggebers aufgetreten sein muss, gerade nicht vor.** Auf dieser Linie liegt auch die Entscheidung des Bundesgerichtshofs. Danach sei ein schwerwiegender Grund im Sinne des § 17 Abs. 1 Nr. 3 VOB/A nicht ohne Weiteres schon deshalb gegeben, weil der Ausschreibende bei der Einleitung oder der Durchführung des Verfahrens fehlerhaft gehandelt habe. Ein Fehler des Ausschreibenden könne nicht immer und jedenfalls nicht schon deshalb ohne Weiteres genügen, weil der Auftraggeber es dann in der Hand hätte, nach seiner freien Entscheidung durch Verstöße gegen das Vergaberecht den bei der Vergabe öffentlichen Aufträgen bestehenden Bindungen zu entgehen. Eine solche Folge wäre mit Sinn und Zweck des Ausschreibungsverfahrens, insbesondere auch im Hinblick auf die Vorgaben des Rechts der europäischen Gemeinschaften nicht zu vereinbaren. Im Einzelnen bedürfe es daher für die Feststellung eines schwerwiegenden Grundes einer Interessenabwägung, für die die Verhältnisse des jeweiligen Einzelfalls maßgeblich sind. Danach kann ein rechtlicher Fehler des Vergabeverfahrens zu einem schwerwiegenden Mangel in diesem Sinne führen, wenn er einerseits von so großem Gewicht ist, dass eine Bindung des öffentlichen Auftraggebers mit Recht und Gesetz nicht zu vereinbaren wäre, und andererseits von den an dem öffentlichen Ausschreibungsverfahren teilnehmenden Unternehmen, insbesondere auch mit Blick auf die Schwere dieses Fehlers, erwartet werden kann, dass sie auf diese rechtlichen und tatsächlichen Bedingungen Rücksicht nehmen. Die **Ausführungen zeigen, dass selbst dann ein schwerwiegender Grund im Sinne des § 17 Abs. 1 Nr. 3 VOB/A vorliegen kann, wenn die Aufhebungsgründe aus der Sphäre des Ausschreibenden herrühren oder auf seinem Verschulden beruhen, jedoch das Ergebnis einer umfassenden Interessenabwägung sein kann, einen schwerwiegenden Grund im Sinne des § 17 Abs. 1 Nr. 3 VOB/A zu bejahen** (Schleswig-Holsteinisches OLG, B. v. 9. 3. 2010 – Az.: 1 Verg 4/09).

8600 Es besteht auch kein berechtigtes Bieterinteresse, den Auftraggeber in solchen Fällen gleichsam zum Gefangenen seines eigenen Fehlers zu machen und ihn zu zwingen, einen als schwerwiegend falsch erkannten Weg fortzusetzen. Zwar hat jeder Bieter nach § 97 Abs. 7 GWB Anspruch darauf, dass der Auftraggeber die Bestimmungen über das Vergabeverfahren einhält. Er hat jedoch keinen Anspruch darauf, dass der Auftraggeber zu Lasten der Verwirklichung der durch § 97 GWB geschützten Grundsätze des Wettbewerbs und der Diskriminierungsfreiheit ein fehlerhaftes Verhalten fortsetzt (Schleswig-Holsteinisches OLG, B. v. 9. 3. 2010 – Az.: 1 Verg 4/09).

Vgl. ansonsten die Kommentierung → Rdn. 47.   8601

88.11.5.4 Keine Zurechenbarkeit der Gründe zum Auftraggeber

Vgl. dazu die Kommentierung → Rdn. 49.   8602

88.11.5.5 Weitere Beispiele aus der Rechtsprechung

– die **Befürchtung, mit einem Nachprüfungsverfahren überzogen zu werden, ist kein** „anderer schwerwiegender Grund" für eine Aufhebung (VK Nordbayern, B. v. 12. 10. 2006 – Az.: 21.VK – 3194 – 25/06)   8603

– können **Wahlpositionen wegen** einer hierfür von der Vergabestelle **nicht erstellten Bewertungsmatrix nicht gewertet** werden, liegt hierin **kein schwerwiegender Grund**, der eine Aufhebung der Ausschreibung erfordert (OLG München, B. v. 27. 1. 2006 – Az.: VII – Verg 1/06)

– wenn **ein den Wettbewerb verzerrender Informationsvorsprung** zu einem vor allem in preislicher Hinsicht überlegenen Angebot des betreffenden Bieters führt und dieses Angebot für die Entscheidung über den Zuschlag relevant wäre, wird der Auftraggeber im Allgemeinen die Ausschreibung aufheben müssen (OLG Rostock, B. v. 9. 5. 2001 – Az.: 17 W 4/01)

– schwerwiegende Gründe, die eine Aufhebung des Verfahrens unabweisbar machen, müssen auch dann zu diesem Schritt berechtigen, **wenn die Aufhebungsgründe bereits bei Verfahrenseinleitung hätten bekannt sein können**. Die Vergabestelle kann nicht gehalten sein, ein Ausschreibungsverfahren fortzuführen, das erkennbar – und unheilbar – rechtswidrig ist und dessen Entscheidungen mit dem Risiko behaftet bleiben, jederzeit (verfahrenskonform) mit Aussicht auf Erfolg angegriffen zu werden. Die Konsequenzen eines fahrlässig fehlerhaft eingeleiteten Vergabeverfahrens sind vielmehr evtl. **Schadensersatzansprüche des benachteiligten Bieters** (VK Bremen, B. v. 6. 1. 2003 – Az.: VK 5/02)

– nicht jeder Fehler in einem Leistungsverzeichnis rechtfertigt die Aufhebung des Verfahrens aufgrund § 26 Nr. 1c VOB/A. Eine **ungenaue Leistungsbeschreibung in fünf Positionen** (davon eine Bedarfsposition, die nicht in die Wertungssumme einfließt) **bei einem Gesamtumfang von über 110 Positionen kann nicht als schwerwiegender Grund** im Sinne des § 26 Nr. 1c VOB/A angesehen werden (VK Magdeburg, B. v. 2. 4. 2001 – Az.: VK-OFD LSA-03/01)

– lediglich **geringfügige Änderungen einzelner Positionen** der auszuführenden Leistung sowie **geringfügige Änderungen in der Beschaffenheit der Leistung** sind **kein Grund zur Aufhebung der Ausschreibung**, sondern können zulässigerweise in der Vertragsabwicklung gemäß § 2 VOB/B aufgefangen werden (1. VK Sachsen, B. v. 8. 11. 2001 – Az.: 1/SVK/104-01)

– die **Unklarheiten einer Leistungsbeschreibung** führen jedoch dann nicht zur Aufhebung einer Ausschreibung, wenn infolge dieses Mangels **Angebote** eingehen, **die noch miteinander verglichen werden können** (VK Düsseldorf, B. v. 22. 7. 2002 – Az.: VK – 19/2002 – L)

– ein vom Antragsteller gegen den Auftraggeber durchsetzbarer zwingender Aufhebungsgrund gemäß § 26 Nr. 1 b) VOB/A besteht nicht, wenn **nur marginale, aber keine grundlegenden Änderungen der Verdingungsunterlagen vonnöten sind** (1. VK Sachsen, B. v. 9. 4. 2002 – Az.: 1/SVK/021-02)

– ist dagegen ein **Leistungsverzeichnis missverständlich**, was z. B. dadurch bestätigt werden kann, dass mehrere Bieter das von der Vergabestelle Gewollte auch tatsächlich missverstanden haben und handelt es sich **der Sache nach um einen zentralen Punkt**, ist es der **Vergabestelle nicht zumutbar, den Zuschlag** trotz Aufdeckung der Missverständlichkeit **zu erteilen**. Eine grundlegende Änderung der Verdingungsunterlagen im Sinne einer Korrektur der missverständlichen Formulierungen ist in dieser Situation geboten, um nachfolgende Auseinandersetzungen auf der vertraglichen Ebene zu vermeiden (2. VK Bund, B. v. 19. 7. 2002 – Az.: VK 2–44/02; im Ergebnis ebenso 1. VK Bund, B. v. 6. 12. 2006 – Az.: VK 1–133/06)

Teil 3 VOB/A § 17   Vergabe- und Vertragsordnung für Bauleistungen Teil A

- das **rechtswidrige Verlangen nach einer Tariftreueerklärung** und das **rechtswidrige Mitwirken einer nach § 16 VgV ausgeschlossenen Person** rechtfertigen eine Aufhebung wegen eines schwerwiegenden Grundes im Sinne von § 26 Nr. 1 Buchstabe c) (Hanseatisches OLG Hamburg, B. v. 4. 11. 2002 – Az.: 1 Verg 3/02)
- eine zur Aufhebung aus schwerwiegendem Grund berechtigende Sachlage **kann u. a. eintreten**, wenn im Rahmen des Vergabeverfahrens überhaupt **nur ein Angebot eingegangen ist und sich dem Auftraggeber deshalb keine Vergleichsmöglichkeiten bieten**, so dass der auch von den europarechtlichen Vorgaben bezweckte Wettbewerb nicht in ausreichendem Umfang erreicht wurde. Eine **Aufhebung** kann jedoch angesichts der hieran zu stellenden strengen Anforderungen **dann nicht mehr rechtmäßig erfolgen, wenn mehrere Angebote eingegangen** sind und lediglich nach der Prüfung der Angebote **nur eines in der Wertung verbleibt** (VK Niedersachsen, B. v. 24. 10. 2008 – Az.: VgK-35/2008)
- **allein die Absicht, die Ausschreibungsstrategie zu ändern, stellt ebenfalls keinen schwerwiegenden Grund im Sinn des § 26 Nr. 1 Buchstabe c VOB/A dar**. Angesichts des bereits dargestellten Vertrauensschutzes der Bieter sind an das Vorliegen eines solchen Grundes strenge Anforderungen zu stellen, insbesondere dürfen die zugrunde liegenden Umstände für den Auftraggeber nicht bereits vor der Bekanntmachung vorhersehbar gewesen sein. Da die Entscheidung, die einzelnen Leistungsabschnitte nun getrennt auszuschreiben, ausschließlich die Frage der Planung des Umfangs des Beschaffungsvorhabens betreffen, die der Antragsgegnerin bereits im Zeitpunkt der Bekanntmachung möglich war, bildet sie für sich genommen keinen schwerwiegenden Grund im Sinne der Vorschrift (VK Düsseldorf, B. v. 28. 9. 2007 – Az.: VK – 27/2007 – B)
- die Aufhebung einer Ausschreibung aus schwerwiegendem Grund ist dann noch möglich, wenn die **geforderten Referenzen von den Bietern unterschiedlich verstanden werden und deshalb eine Wertung der unterschiedlichen Angebote nicht möglich ist** (OLG Frankfurt, B. v. 24. 10. 2006 – Az.: 11 Verg 008/06, 11 Verg 009/06)

88.12 Sonstige Aufhebungsgründe und Rechtsfolgen

88.12.1 Kein Kontrahierungszwang

8604   In ständiger Rechtsprechung hat der Bundesgerichtshof herausgearbeitet, dass trotz Geltung der VOB/A der Ausschreibende auch dann, wenn kein Aufhebungsgrund nach § 17 VOB/A besteht, **nicht gezwungen werden kann, einen der Ausschreibung entsprechenden Auftrag zu erteilen**. Damit wäre die Annahme, es müsse in jedem Fall eines eingeleiteten Vergabeverfahrens ein Zuschlag erteilt werden, schlechthin unvereinbar (vgl. im Einzelnen die Kommentierung zu → § 114 GWB Rdn. 71 ff.).

88.12.2 Rechtsfolge einer sonstigen Aufhebung (Schadenersatz)

88.12.2.1 Grundsätze

8605   Ob die Aufhebung einer Ausschreibung durch die in § 17 VOB/A normierten Gründe gedeckt ist, ist demnach **lediglich für die Frage nach Schadensersatzansprüchen bedeutsam** (OLG Celle, Urteil vom 30. 5. 2002 – Az.: 13 U 266/01; OLG Koblenz, B. v. 15. 1. 2007 – Az.: 12 U 1016/05; LG Düsseldorf, Urteil v. 29. 10. 2008 – Az.: 14c O 264/08; 1. VK Bund, B. v. 4. 12. 2001 – Az.: VK 1–43/01; VK Lüneburg, B. v. 22. 5. 2002 – Az.: 203-VgK-08/2002).

8606   Der **Bieter mit dem annehmbarsten Angebot verdient im Interesse einer fairen Risikobegrenzung Vertrauensschutz davor, dass seine Amortisationschance durch zusätzliche Risiken vollständig beseitigt wird**, die in den vergaberechtlichen Bestimmungen keine Grundlage finden. Er darf mit Blick auf die mit Kosten und Arbeitsaufwand verbundene Erarbeitung eines Angebots bei einem öffentlichen Auftrag regelmäßig darauf vertrauen, dass die mit seiner Beteiligung verbundenen Aufwendungen nicht von vornherein nutzlos sind, insbesondere dass der Auftraggeber nicht leichtfertig ausschreibt und die Ausschreibung nicht aus anderen als in § 17 VOB/A genannten Gründen beendet (BGH, Urteil v. 8. 9. 1998 – Az.: X ZR 48/97; OLG Koblenz, B. v. 15. 1. 2007 – Az.: 12 U 1016/05; 2. VK Bund, B. v. 2. 7. 2004 – Az.: VK 2–28/04; BayObLG, B. v. 15. 7. 2002 – Az.: Verg 15/02).

88.12.2.2 Aufhebung einer Ausschreibung ohne anschließende Auftragsvergabe

Erst durch die Erteilung des Auftrags erweist es sich als berechtigt, auf die eine Realisierung von Gewinn einschließende Durchführung der ausgeschriebenen Maßnahme vertraut zu haben. **Unterbleibt die Vergabe des Auftrags**, kommt hingegen regelmäßig nur eine **Entschädigung im Hinblick auf Vertrauen in Betracht, nicht im Ergebnis nutzlose Aufwendungen für die Erstellung des Angebots und die Teilnahme am Ausschreibungsverfahren tätigen zu müssen** (BGH, Urteil v. 8. 9. 1998 – Az.: X ZR 48/97, Urteil v. 5. 11. 2002 – Az.: X ZR 232/00; OLG Düsseldorf, Urteil v. 31. 1. 2001 – Az.: U (Kart) 9/00). 8607

88.12.2.3 Aufhebung einer Ausschreibung mit anschließender – unveränderter – Auftragsvergabe

Auch der Bieter, der im Rahmen einer geschehenen Ausschreibung das annehmbarste Angebot abgegeben hat, hat deshalb nicht von vornherein Anlass, darauf zu vertrauen, dass ihm der ausgeschriebene Auftrag erteilt wird und er sein positives Interesse hieran realisieren kann. Regelmäßig kann vielmehr **ein sachlich gerechtfertigter Vertrauenstatbestand**, der zu einem Ersatz entgangenen Gewinns einschließenden Anspruch führen kann, **erst dann gegeben** sein, **wenn der ausgeschriebene Auftrag tatsächlich – wenn auch unter Verstoß gegen die VOB/A – erteilt wurde**. Erst durch die Erteilung des Auftrags erweist es sich als berechtigt, auf die eine Realisierung von Gewinn einschließende Durchführung der ausgeschriebenen Maßnahme vertraut zu haben (BGH, Urteil v. 8. 9. 1998 – Az.: X ZR 48/97, Urteil vom 5. 11. 2002 – Az.: X ZR 232/00; OLG Düsseldorf, Urteil v. 12. 6. 2003 – Az.: 5 U 109/02). 8608

Ein solcher Anspruch kommt vor allem in Betracht, wenn das Vergabeverfahren tatsächlich mit einer Auftragserteilung seinen Abschluss gefunden hat und der Zuschlag bei regelrechter Durchführung des Vergabeverfahrens **nicht dem tatsächlich auserwählten Bieter, sondern mit an Sicherheit grenzender Wahrscheinlichkeit dem (übergangenen) Bieter hätte erteilt werden müssen** (OLG Dresden, Urteil v. 27. 1. 2006 – Az.: 20 U 1873/05; OLG Düsseldorf, Urteil v. 31. 1. 2001 – Az.: U (Kart) 9/00; Schleswig-Holsteinisches OLG, B. v. 18. 1. 2001 – Az.: 11 U 139/99). 8609

Im Falle einer unzulässigen Aufhebung der Ausschreibung hat der öffentliche Auftraggeber dem **einzigen Bieter den entgangenen Gewinn (positives Interesse**) zu ersetzen, wenn dieser mit seinem Angebot zu berücksichtigen gewesen wäre. Dies gilt erst Recht, wenn der öffentliche **Auftraggeber das Vorhaben nicht endgültig aufgibt**, sondern die Ausführung **einzelner Gewerke über einen längeren Zeitraum hinweg nacheinander vornehmen** lässt (OLG Düsseldorf, Urteil v. 8. 1. 2002 – Az.: 21 U 82/01). 8610

88.12.2.4 Aufhebung einer Ausschreibung mit anschließender – veränderter – Auftragsvergabe

Der Schluss, dass der annehmbarste Bieter berechtigterweise darauf vertrauen durfte, den Auftrag zu erhalten, kann gleichwohl dann gezogen werden, **wenn der später tatsächlich erteilte Auftrag bei wirtschaftlicher Betrachtungsweise das gleiche Vorhaben und den gleichen Auftragsgegenstand betrifft** (OLG Dresden, Urteil v. 27. 1. 2006 – Az.: 20 U 1873/05). **Bestehen insoweit erhebliche Unterschiede, kommt ein solcher Schluss hingegen regelmäßig nicht in Betracht**. Die Unterschiede stehen dann dafür, dass der ausgeschriebene Auftrag nicht zur Ausführung gelangt ist. Ein Anspruch, der den Ersatz entgangenen Gewinns einschließt, kann deshalb in diesen Fällen regelmäßig nur dann bestehen, wenn der sich übergangen fühlende Bieter auf **Besonderheiten** verweisen kann, **die den Auftraggeber hätten veranlassen müssen, ihm – auch – den geänderten Auftrag zu erteilen** (BGH, Urteil v. 5. 11. 2002 – Az.: X ZR 232/00; Schleswig-Holsteinisches OLG, B. v. 18.01.2001 – Az.: 11 U 139/99). 8611

88.12.2.5 Verzicht auf die Vergabe einer ausgeschriebenen Leistung

Dem öffentlichen Auftraggeber muss es möglich sein – also insbesondere ohne das Erfordernis schwerwiegender Gründe oder einer Ausnahmesituation – die **Aufhebung eines Vergabeverfahrens herbeizuführen, wenn er gänzlich Abstand von der Vergabe eines zunächst ausgeschriebenen Auftrages nehmen will**. Denn er soll nicht allein deshalb, weil er ein öffentliches Vergabeverfahren eingeleitet hat, eine Leistung in Auftrag geben müssen, von deren Beschaffung er aus welchen Gründen auch immer – mangelnde finanzielle Mittel, fehlerhafte Einschätzung, Wegfall oder anderweitige Befriedigung des Bedürfnisses – nunmehr endgültig 8612

Teil 3 VOB/A § 17   Vergabe- und Vertragsordnung für Bauleistungen Teil A

Abstand nehmen will. Einem solchen **Verzicht ist gleich zu setzen die Erledigung mit eigenen Möglichkeiten oder die Erledigung über ein Inhouse-Geschäft** (OLG Brandenburg, B. v. 19. 12. 2002 – Az.: Verg W 9/02).

8613 Ein solcher **Verzicht darf aber nicht sachwidrig** sein. Es ist mit den vergaberechtlichen Verfahrensgrundsätzen, insbesondere des Diskriminierungs- und des Willkürverbots **nicht vereinbar, ein Vergabeverfahren wegen des Mangels an mehreren geeigneten Bewerbern aufzuheben,** wenn der **Auftraggeber** durch die von ihm vorgenommene Auswahl der Eignungsanforderungen und der hierfür verbindlich geforderten Eignungsnachweise den **Schwerpunkt des Wettbewerbs in den Bereich der bieterbezogenen Eignungsprüfung verlagert hat,** was bei einer Ausschreibung freiberuflicher Leistungen nach VOF durchaus sinnvoll sein kann, zulässig erscheint und jedenfalls von keinem Bewerber gerügt worden ist. Die **geringe Zahl der Verhandlungspartner** – hier sogar die Reduzierung auf einen einzigen Bieter – ist notwendige, jedenfalls vorhersehbare Folge dieser Vergabestrategie und rechtfertigt daher nicht, auf die Fortführung des Verhandlungsverfahrens zu verzichten (OLG Naumburg, B. v. 17. 5. 2006 – Az.: 1 Verg 3/06).

88.13 Beweislast für das Vorliegen von Aufhebungsgründen

8614 Der **öffentliche Auftraggeber trägt die Beweislast** dafür, dass er zur Aufhebung der Ausschreibung berechtigt ist (OLG Düsseldorf, B. v. 3. 1. 2005 – Az.: VII – Verg 72/04; OLG Saarbrücken, Urteil v. 2. 7. 2003 – Az: 1 U 113/03–31, 1 U 113/03).

88.14 Rechtsnatur der Aufhebung

8615 Bei der Aufhebung handelt es sich um einen **internen, aber endgültigen Beschluss des Auftraggebers, das Ausschreibungsverfahren zu beenden.** Dieser **Beschluss ist eine (nicht empfangsbedürftige) Willenserklärung,** die nicht unbedingt schriftlich niedergelegt sein muss, auch wenn dies aus Transparenzgründen zu empfehlen ist (VK Brandenburg, B. v. 21. 5. 2008 – Az.: VK 9/08; B. v. 30. 7. 2002 – Az.: VK 38/02; VK Schleswig-Holstein, B. v. 14. 9. 2005 – Az.: VK-SH 21/05; B. v. 24. 10. 2003 – Az.: VK-SH 24/03).

8616 Nach einer anderen Auffassung stellt die **Erklärung der Aufhebung des Vergabeverfahrens eine einseitige, empfangsbedürftige Willenserklärung** dar, die zunächst einmal nur zum Inhalt hat, dass das Vergabeverfahren nach dem Willen der Vergabestelle nicht weitergeführt soll, sondern aufgehoben ist. Einer solchen Erklärung kommt nicht die gleiche Wirkung wie der Erklärung zur Zuschlagserteilung zu. Als einseitig abzugebende, empfangsbedürftige Erklärung hat sie in der Folge ihrer Abgabe „**nur**" die Wirkung, dass die Bieter mit Abgabe dieser Erklärung durch die Vergabestelle an ihre bereits abgegebenen Angebote nicht mehr gebunden sind (VK Thüringen, B. v. 20. 5. 2008 – Az.: 250–4003.20–1121/2008-011-EF).

88.15 Bekanntmachung der Aufhebung

8617 Das (vorvertragliche) Rechtsverhältnis, welches durch die Ausschreibung zwischen dem öffentlichen Auftraggeber und den Bietern entsteht, kann nicht durch eine bloß behördeninterne Willensbildung, sondern nur dadurch beendet werden, dass die Entscheidung zur Aufhebung des Vergabeverfahrens den Bietern bekannt gemacht wird. Dies gebietet es, **für die Außenwirksamkeit der Aufhebungsentscheidung auf deren Bekanntgabe gegenüber dem jeweiligen Bieter abzustellen** (OLG Düsseldorf, B. v. 28. 2. 2002 – Az.: Verg 37/01; OLG Koblenz, B. v. 10. 4. 2003 – Az.: 1 Verg 1/03; VK Schleswig-Holstein, B. v. 10. 2. 2005 – VK-SH 02/05; im Ergebnis ebenso VK Brandenburg, B. v. 21. 5. 2008 – Az.: VK 9/08).

8618 Die **Bekanntmachung** kann insbesondere bei öffentlichen Auftraggebern im Sinne des § 98 Satz 1 Nr. 1 GWB nur durch dessen **zuständiges Organ** erfolgen. Eine **Bekanntmachung erfolgt auch nicht dadurch,** dass ein **Bieter irgendwie von dem internen Aufhebungsbeschluss erfährt.** Eine Bekanntmachung muss vielmehr zielgerichtet und mit Bekanntgabewillen an denjenigen erfolgen, den der Inhalt der bekannt zu gebenden Erklärung betrifft (VK Brandenburg, B. v. 30. 7. 2002 – Az.: VK 38/02).

88.16 Rechtsfolge der Bekanntmachung

Die **Rechtsprechung** ist **nicht einheitlich**. 8619

Nach einer Auffassung ist durch die bekannt gemachte Aufhebung der Ausschreibung das **Vergabeverfahren ex tunc beendet**. Die Aufhebung bewirkt, dass **alle im Rahmen der Ausschreibung eingereichten Angebote erlöschen**. Dies gilt unabhängig davon, ob die Aufhebung rechtmäßig oder deshalb rechtswidrig ist, weil keiner der Aufhebungsgründe des § 17 VOB/A vorliegt. Daran wird auch nichts dadurch geändert, dass alle Bieter auf Rückfrage der Vergabestelle erklärt haben, sich an ihr Angebot gebunden halten. Die **Vergabestelle kann ein einmal aufgehobenes Verfahren nicht wieder aufnehmen**. Aus der Tatsache, dass im Interesse eines effektiven Rechtsschutzes die **Aufhebung einer Ausschreibung im Nachprüfungsverfahren überprüft und aufgehoben werden kann, folgt** aber **nicht**, dass die **Vergabestelle ihre Entscheidung über die Aufhebung der Vergabe als unwirksam einstufen bzw. die Aufhebung einer Ausschreibung aufheben** und ein einmal aufgehobenes Verfahren – auch nicht mit Zustimmung der Bieter – ohne weiteres einfach fortsetzen kann (2. VK Bremen, B. v. 13. 11. 2002 – Az.: VK 6/02). 8620

Nach einer anderen Meinung kann im Gegensatz zur Zuschlagserteilung die **Erklärung der Aufhebung schon durch das Handeln der Vergabestelle korrigiert, d. h. aufgehoben, zurückgenommen, widerrufen und damit in ihrem Inhalt abgeändert werden**. Die Vergabestelle ist nicht gehindert, die einmal erklärte Aufhebung einer Ausschreibung in der Weise zu korrigieren, dass sie nunmehr erklärt, das Vergabeverfahren (doch) fortsetzen zu wollen. Dies führt zwar nicht gleichsam automatisch dazu, dass die Bieter nunmehr wieder an ihr Angebot gebunden sind. Das **Vergabeverfahren kann aber jedenfalls mit den Angeboten fortgesetzt werden, zu denen sich die Bieter nach Korrektur der Aufhebungserklärung** („Aufhebung der Aufhebung") durch die Vergabestelle **positiv erklärt haben** (VK Thüringen, B. v. 13. 2. 2003 – Az.: 216–4002.20-003/03-EF-S). 8621

Das Vorliegen der Voraussetzungen **eines Aufhebungsgrundes** nach § 17 VOB/A ist für die **Frage der Wirksamkeit der Aufhebung irrelevant** und daher nicht zu prüfen (1. VK Bund, B. v. 9. 4. 2001 – Az.: VK 1–7/01). 8622

88.17 Unterrichtungspflicht (§ 17 Abs. 2)

88.17.1 Änderung in der VOB/A

Nach § 17 Abs. 2 erfolgt die Unterrichtung der Bieter **nunmehr in Textform**. Zur Bestimmung des Begriffs der Textform ist auf § 126 b BGB zurückzugreifen. Danach fallen unter den Begriff der Textform zum einen schriftliche Urkunden, aber auch jede andere lesbare Form, sofern die **dauerhafte Wiedergabe in Schriftzeichen gewährleistet ist und die Person des Erklärenden genannt** wird. **Taugliche Medien für die Übermittlung in Textform** sind **insbesondere Telefax, CDs, Disketten und E-Mails** aber natürlich auch herkömmliche Schriftstücke. Nach § 126 b BGB bedarf es bei der Verwendung einer Textform weder einer Unterschrift noch einer digitalen Signatur. 8623

88.17.2 Sinn und Zweck der Unterrichtungspflicht

Von dem internen Verwaltungsentschluss der Aufhebung haben die beteiligten Wettbewerber zunächst keine Kenntnis und **halten nach wie vor Sach- und Personalmittel für die ausgeschriebene Leistung vor**, weshalb sie unverzüglich, das heißt ohne schuldhaftes Zögern (§ 121 BGB) zu benachrichtigen sind (VK Schleswig-Holstein, B. v. 24. 10. 2003 – Az.: VK-SH 24/03). 8624

88.17.3 Notwendiger Inhalt bei einer Aufhebung nach § 17 Abs. 1 Nr. 1

Die **Rechtsprechung** ist **nicht einheitlich**. 8625

Die Vergabestelle ist nicht verpflichtet, bei einer Aufhebung nach § 17 Abs. 1 Nr. 1 VOB/A die Gründe detailliert mitzuteilen. Es **genügt vielmehr, den Wortlaut des § 17 Abs. 1 Nr. 1 VOB/A wiederzugeben** (VK Nordbayern, B. v. 2. 7. 1999 – Az.: 320.VK-3194-11/99). 8626

8627 Nach einer anderen Meinung **reicht** eine **Formalbegründung im Fall des § 17 Abs. 1 Nr. 1 VOB/A nicht aus.** Der Bieter hat ein **Recht auf Information über die wirklichen Gründe der Aufhebung,** damit er sich über die Bedeutung im Hinblick auf ein eventuell neues Ausschreibungsverfahren ein hinreichendes Bild machen kann (VK Düsseldorf, B. v. 5. 2. 2001 – Az.: VK – 26/2000 – L).

88.17.4 Unterrichtungspflicht über den Verzicht auf eine Auftragsvergabe bzw. eine erneute Einleitung

88.17.4.1 Änderung in der VOB/A 2009

8628 In § 17a ist die **ausdrückliche Informationspflicht gegenüber den Bewerbern oder Bietern** zur Mitteilung der Gründe für seine Entscheidung, auf die Vergabe eines im Amtsblatt der Europäischen Gemeinschaften bekannt gemachten Auftrages zu verzichten oder das Verfahren erneut einzuleiten, entfallen. Nach Auffassung des DVA ist **diese Informationspflicht bereits in § 17 Abs. 2 VOB/A** enthalten und konnte daher entfallen.

88.17.4.2 Umfang der Information

8629 § 17 Abs. 2 VOB/A soll **Transparenz und Willkürfreiheit des Vergabeverfahrens gewährleisten.** Insofern erfüllt § 17 Abs. 2 VOB/A **eine dem § 101a GWB vergleichbare Funktion für den Fall der Aufhebung eines Vergabeverfahrens.** Diesem Sinn und Zweck wird der Auftraggeber **nur gerecht, wenn er den Bewerbern seine Verzichts- bzw. Aufhebungsentscheidung nachvollziehbar darlegt.** Dazu gehört, dass der Bewerber aus den Gründen entnehmen können muss, was inhaltlich der Grund für den Verzicht war, da ansonsten eine mögliche Verletzung des Transparenz- und Gleichbehandlungsgebots gar nicht überprüfbar ist (VK Schleswig-Holstein, B. v. 10. 2. 2005 – VK-SH 02/05).

8630 Für die Mitteilung der Gründe im Sinne des § 17 Abs. 2 VOB/A kommt es also lediglich darauf an, dass die Gründe mitgeteilt werden, auf die sich der Auftraggeber bei seiner Entscheidung gestützt hat. **Ob diese Gründe vergaberechtskonform sind, ist für die Mitteilung irrelevant.** Durch die Mitteilung im Sinne des § 17 Abs. 2 VOB/A soll ein Bewerber lediglich in den Stand versetzt werden **zu prüfen, ob der Verzicht auf die Vergabe bzw. die Aufhebung des Vergabeverfahrens rechtmäßig ist oder nicht.** Werden Gründe mitgeteilt, die eine Aufhebung nicht zu tragen vermögen, so kann aber ein Bewerber ermessen, ob und inwieweit er Vergaberechtsschutz in Anspruch nehmen kann und will (VK Schleswig-Holstein, B. v. 10. 2. 2005 – VK-SH 02/05; VK Brandenburg, B. v. 17. 9. 2002 – Az.: VK 50/02).

8631 Die Vergabestelle ist also **nicht verpflichtet, eine erschöpfende und vollständige Mitteilung aller Aufhebungsgründe sowie eine bis in die Einzelheiten gehende Begründung zu liefern** (VK Schleswig-Holstein, B. v. 10. 2. 2005 – VK-SH 02/05).

88.18 Rücknahme der Aufhebung

8632 Vgl. dazu die Kommentierung → Rdn. 130.

88.19 Missbrauch der Aufhebungsmöglichkeit (Scheinaufhebung)

8633 Vgl. dazu die **Kommentierung zu** → **§ 114 GWB Rdn. 56 ff.**

88.20 Neues Vergabeverfahren im Anschluss an die Aufhebung

8634 Die Vergabestelle ist nach der Aufhebung der Ausschreibung in der **Wahl eines neuen Vergabeverfahrens nicht frei.** Sie muss vielmehr prüfen, welche Ausschreibung bzw. Vergabe nach den **Bestimmungen der §§ 3, 3a VOB/A** zur Anwendung kommt (2. VK Bremen, B. v. 13. 11. 2002 – Az.: VK 6/02).

88.21 Überprüfung der Aufhebungsentscheidung in einem Vergabenachprüfungsverfahren

8635 Vgl. dazu die **Kommentierung zu** → § 102 GWB Rdn. 44 ff. bzw. die **Kommentierung zu** → § 114 GWB Rdn. 68 ff.

88.22 Richtlinie des VHB 2008

Endet ein förmliches Vergabeverfahren nicht durch die Erteilung eines Auftrags, ist es aufzuheben. 8636

Eine Ausschreibung ist aufzuheben,

- wenn nach Prüfung und Wertung der Angebote keine zuschlagsfähigen Angebote vorliegen, weil die Angebote entweder von der Wertung ausgeschlossen werden mussten oder unangemessen hohe oder niedrige Preise enthalten und somit den Ausschreibungsbestimmungen nicht entsprechen
- wenn aus technischen oder sonstigen Gründen die Vergabeunterlagen grundlegend geändert werden müssen
- aus schwerwiegenden Gründen, z.B. wenn nach Prüfung und Wertung nur Angebote mit unerwartet hohen, aber nicht unangemessen hohen Preisen festgestellt wurden und die genehmigten Haushaltsmittel nicht ausreichen.

Nur solche Gründe, die erst nach Einleitung des Vergabeverfahrens auftreten und nicht vom Auftraggeber zu vertreten sind, berechtigen zur Aufhebung ohne die Gefahr einer Schadenersatzpflicht (Richtlinien zu 351 – Vergabevermerk Entscheidung über die Aufhebung/Einstellung/Beendigung Nr. 1).

Die Aufhebung/Einstellung eines Ausschreibungsverfahrens ist 8637

- allen Bietern
- bei Vergabeverfahren, die vor der Angebotseröffnung aufgehoben wurden, allen Bewerbern unverzüglich mitzuteilen. Dabei ist das Formblatt 352 zu verwenden. Die Übersendung kann in Textform, d.h. auch per fax oder Email erfolgen. Die Sendeprotokolle sind zu den Akten zu nehmen bzw. die Emails so lange sicher zu speichern, wie die sonstigen Vergabeunterlagen aufzubewahren sind (Richtlinien zu 351 – Vergabevermerk Entscheidung über die Aufhebung/Einstellung/Beendigung Nr. 3).

Ist in einem Beschwerdeverfahren der öffentliche Auftraggeber oder das für den Zuschlag 8638 vorgesehene Unternehmen mit seinem Antrag auf Vorabentscheidung über den Zuschlag nach § 121 GWB unterlegen, gilt nach § 122 GWB das Vergabeverfahren nach Ablauf von 10 Kalendertagen nach Zustellung der Beschwerdeentscheidung als beendet, wenn der öffentliche Auftraggeber nicht die Maßnahmen zur Herstellung der Rechtmäßigkeit des Verfahrens ergreift, die sich aus der Entscheidung ergeben; das Vergabeverfahren darf nicht fortgeführt werden.

88.23 Literatur

- Burbulla, Rainer, Aufhebung der Ausschreibung und Vergabenachprüfungsverfahren, ZfBR 8639 2009, 134
- Dieck-Bogatzke, Britta, Probleme der Aufhebung der Ausschreibung – Ein Überblick über die aktuelle Rechtsprechung des OLG Düsseldorf, VergabeR 2008, 392

89. § 17a VOB/A – Aufhebung der Ausschreibung

Der Auftraggeber kann bestimmte Informationen nach § 17 Absatz 2 zurückhalten, wenn die Weitergabe den Gesetzesvollzug vereiteln würde oder sonst nicht im öffentlichen Interesse läge, oder die berechtigten Geschäftsinteressen von Unternehmen oder den fairen Wettbewerb beeinträchtigen würde.

89.1 Änderungen in der VOB/A 2009

Die **Überschrift** des § 17a ist von „Mitteilung über den Verzicht auf die Vergabe" in „Aufhebung der Ausschreibung" **geändert** worden. 8640

In § 17a ist die **ausdrückliche Informationspflicht gegenüber den Bewerbern oder** 8641 **Bietern** zur Mitteilung der Gründe für seine Entscheidung, auf die Vergabe eines im Amtsblatt

Teil 3 VOB/A § 18 Vergabe- und Vertragsordnung für Bauleistungen Teil A

der Europäischen Gemeinschaften bekannt gemachten Auftrages zu verzichten oder das Verfahren erneut einzuleiten, entfallen. Nach Auffassung des DVA ist **diese Informationspflicht bereits in § 17 Abs. 2 VOB/A** enthalten und konnte daher entfallen.

89.2 Vergleichbare Regelungen

8642 Der **Vorschrift des § 17a VOB/A vergleichbar** sind im Bereich der VOB § 17 VOB/A und im Bereich der VOL §§ 16, 20 EG VOL/A. Die Kommentierungen zu diesen Vorschriften können daher ergänzend zu der Kommentierung des § 17a herangezogen werden.

89.3 Bieterschützende Vorschrift

8643 Vgl. dazu die Kommentierung zu → § 17 VOB/A Rdn. 3.

89.4 Literatur

8644 – Schaller, Hans, Dokumentations-, Informations-, Mitteilungs-, Melde- und Berichtspflichten im öffentlichen Auftragswesen, VergabeR 2007, 394

90. § 18 VOB/A – Zuschlag

(1) **Der Zuschlag ist möglichst bald, mindestens aber so rechtzeitig zu erteilen, dass dem Bieter die Erklärung noch vor Ablauf der Zuschlagsfrist (§ 10 Absatz 5 bis 8) zugeht.**

(2) Werden Erweiterungen, Einschränkungen oder Änderungen vorgenommen oder wird der Zuschlag verspätet erteilt, so ist der Bieter bei Erteilung des Zuschlags aufzufordern, sich unverzüglich über die Annahme zu erklären.

90.1 Änderungen in der VOB/A

8645 Die **Regelung des § 28 Nr. 2 VOB/A 2006**, wonach dann, wenn auf ein Angebot rechtzeitig und ohne Abänderungen der Zuschlag erteilt wird, damit nach allgemeinen Rechtsgrundsätzen der Vertrag abgeschlossen ist, auch wenn spätere urkundliche Festlegung vorgesehen ist, wurde **gestrichen**.

90.2 Vergleichbare Regelungen

8646 Der Vorschrift des § 18 VOB/A vergleichbar sind im Bereich der VOF **§ 11 VOF** und im Bereich der VOL **§§ 18, 21 EG VOL/A**. Die Kommentierungen zu diesen Vorschriften können daher ergänzend zu der Kommentierung des § 18 herangezogen werden.

90.3 Begriff des Zuschlags

8647 Vgl. dazu die Kommentierung zu → § 114 GWB Rdn. 156 ff.

90.4 Begriff des Zugangs

8648 Vgl. dazu die Kommentierung zu → § 114 GWB Rdn. 173 ff.

90.5 Zuschlag mit Erweiterungen, Einschränkungen, Änderungen oder Verspätung (§ 18 Abs. 2)

90.5.1 Sinn und Zweck der Regelung

8649 Durch diese Vorschrift soll der Mindestbieter **vor den nachteiligen zivilrechtlichen Folgen geschützt** werden, die durch eine **nachträgliche Abänderung des Angebotes** seitens der Vergabestelle entstehen. Es soll gewährleistet werden, dass der Bieter Kenntnis davon hat, dass er für einen Vertragsschluss trotz des Zuschlages seine Annahme erklären muss. Ein darüber hinausgehender Regelungsgehalt ist der Vorschrift nicht zu entnehmen; insbesondere ergibt sich aus ihr nicht die Befugnis der Vergabestelle, vor der Wertungsentscheidung den Leistungsumfang abzuändern und die Angebote entsprechend anzupassen (2. VK Bund, B. v. 6. 5. 2003 – Az.: VK 2–28/03).

90.5.2 Rechtliche Bedeutung

Eine **Annahme des Angebots unter Erweiterungen, Einschränkungen und sonstigen Änderungen gilt nach § 150 Abs. 2 BGB als Ablehnung, verbunden mit einem neuen Antrag.** Dieser Antrag des Auftraggebers auf Abschluss eines abgeänderten Vertrages **bedarf zu seiner Wirksamkeit** deshalb noch einer **Annahmeerklärung des Bieters**, die dem **Auftraggeber auch noch zugehen muss** (OLG Naumburg, B. v. 16. 10. 2007 – Az.: 1 Verg 6/07; B. v. 1. 9. 2004 – Az.: 1 Verg 11/04; Saarländisches OLG, Urteil v. 21. 3. 2006 – Az.: 4 U 51/05–79; 1. VK Sachsen, B. v. 4. 8. 2003 – Az.: 1/SVK/084-03, B. v. 12. 6. 2003 – Az.: 1/SVK/054-03). 8650

Die Vorschrift des **§ 18 Abs. 2 VOB/A** stellt den Zusammenfall von Zuschlag und Zustandekommen des Vertrages nicht in Frage, sondern **setzt lediglich die gesetzliche Vermutung des § 125 Satz 2 BGB außer Kraft**. In **§ 18 Abs. 2 VOB/A wird für die Fälle des modifizierten oder verspäteten Zuschlags der Inhalt der zivilrechtlichen Regelung des § 150 BGB explizit aufgeführt**. Auch diese Vorschrift dient dazu, die Einheit von verfahrensrechtlicher Zuschlagswirkung und materieller Wirkung des Zuschlags als Vertragsschluss aufrechtzuerhalten (OLG Naumburg, B. v. 16. 10. 2007 – Az.: 1 Verg 6/07). 8651

Vgl. im Einzelnen – auch zu der typischen Fallkonstellation des Zuschlags nach Ablauf der Zuschlags- und Bindefrist – die Kommentierung zu → § 10 VOB/A Rdn. 94 ff. 8652

90.6 Vergaberechtskonforme Auslegung

Zu den allgemein anerkannten Auslegungsregeln – auch einer Zuschlagserklärung – gehört der **Grundsatz einer nach beiden Seiten interessengerechten und im Zweifel vergaberechtskonformen Auslegung** (BGH, Urteil v. 22. 7. 2010 – Az.: VII ZR 213/08). 8653

Die **Erklärungen des Auftraggebers in einer europaweiten Ausschreibung müssen so ausgelegt werden, wie sie von dem gesamten Adressatenkreis objektiv verstanden werden müssen**, denn maßgeblich für die Auslegung ist die Sicht des mit ihr angesprochenen Empfängerkreises. Bei der Beurteilung dieses Verständnisses müssen **auch die das Vergaberecht beherrschenden Grundsätze, wie sie durch die Richtlinien zum Vergaberecht manifestiert sind, berücksichtigt** werden. Denn es kann im Zweifel nicht angenommen werden, dass der öffentliche Auftraggeber gegen diese Grundsätze verstoßen will. **Hauptziel der Gemeinschaftsvorschriften über das öffentliche Auftragswesen ist die Gewährleistung des freien Dienstleistungsverkehrs und die Öffnung für einen unverfälschten Wettbewerb in allen Mitgliedstaaten.** Dieses doppelte Ziel verfolgt das Gemeinschaftsrecht unter anderem durch die Anwendung des Grundsatzes der Gleichbehandlung der Bieter und der sich daraus ergebenden Verpflichtung zur Transparenz. Nach dem Grundsatz der Gleichbehandlung der Bieter, der die Entwicklung eines gesunden und effektiven Wettbewerbs zwischen den Unternehmern, die sich um einen öffentlichen Auftrag bewerben, fördern soll, müssen die Bieter bei der Abfassung ihrer Angebote die gleichen Chancen haben, was voraussetzt, dass die Angebote aller Wettbewerber den gleichen Bedingungen unterworfen sein müssen. Der damit einhergehende Grundsatz der Transparenz soll im Wesentlichen die Gefahr einer Günstlingswirtschaft oder willkürlichen Entscheidung des Auftraggebers ausschließen. Er verlangt, dass alle Bedingungen und Modalitäten des Vergabeverfahrens in der Bekanntmachung oder im Lastenheft klar, genau und eindeutig formuliert sind, damit alle durchschnittlich fachkundigen Bieter bei Anwendung der üblichen Sorgfalt deren genaue Bedeutung verstehen und sie in gleicher Weise auslegen können und der Auftraggeber im Stande ist, tatsächlich zu überprüfen, ob die Angebote der Bieter die für den betreffenden Auftrag geltenden Kriterien erfüllen (BGH, Urteil v. 22. 7. 2010 – Az.: VII ZR 213/08). 8654

90.7 Richtlinie des VHB 2008

Ist absehbar, dass der Auftrag nicht innerhalb der vorgesehenen Zuschlagsfrist erteilt werden kann, so ist mit den für die Auftragserteilung in Betracht kommenden Bietern eine angemessene 8655

Teil 3 VOB/A § 18a Vergabe- und Vertragsordnung für Bauleistungen Teil A

Verlängerung der Zuschlagsfrist zu vereinbaren. Die Vereinbarung über die Verlängerung ist schriftlich festzuhalten (Richtlinien zu 331 – Vergabevermerk: Entscheidung über den Zuschlag – Ziffer 1.1).

8656   Durch die Zuschlagserteilung kommt ein Vertrag nur zustande, wenn das Angebot des Bieters in allen Teilen unverändert innerhalb der Zuschlagsfrist angenommen wird (Richtlinien zu 331 – Vergabevermerk: Entscheidung über den Zuschlag – Ziffer 1.2).

8657   Nicht zu wertende Preisnachlässe bleiben rechtsverbindlicher Inhalt des Angebots und werden im Fall der Auftragerteilung Vertragsinhalt (Richtlinien zu 331 – Vergabevermerk: Entscheidung über den Zuschlag – Ziffer 1.3).

8658   Die Vergabestelle darf den Zuschlag auf Angebote zur Wartung/Instandhaltung wartungsbedürftiger betriebstechnischer Anlagen der technischen Gebäudeausrüstung nur erteilen, wenn sie im Formblatt 112 von der liegenschaftsverwaltenden Stelle dazu bevollmächtigt wurde (Richtlinien zu 331 – Vergabevermerk: Entscheidung über den Zuschlag – Ziffer 2).

8659   Der Zuschlag soll in der Regel schriftlich auf dem Postweg erteilt werden; es genügt auch ein Fax, dessen Sendeprotokoll zu den Akten zu nehmen ist (Richtlinien zu 338 – Auftrag – Nr. 1).

8660   Vor der Zuschlagserteilung in EG-Vergabeverfahren ist der Informationspflicht nach § 101a GWB zu genügen (siehe auch Richtlinien zu 334EG). Verträge, die ohne die vorgeschriebene Information abgeschlossen worden sind, sind nach § 101b Abs. 1 GWB schwebend unwirksam. Die Unwirksamkeit muss innerhalb der in § 101b GWB beschriebenen Fristen in einem Nachprüfungsverfahren festgestellt werden. Die Frist zur Geltendmachung der Unwirksamkeit des Vertrages endet bei der Bekanntmachung der Auftragsvergabe im Amtsblatt der Europäischen Union 30 Kalendertage nach Veröffentlichung dieser Bekanntmachung.

91. § 18a VOB/A – Bekanntmachung der Auftragserteilung

(1)

1. Die Erteilung eines öffentlichen Auftrages im Sinne von § 3a Absatz 1 ist bekannt zu machen.
2. Die Bekanntmachung ist nach dem in Anhang III der Verordnung (EG) Nummer 1564/2005) enthaltenen Muster zu erstellen.
3. Angaben, deren Veröffentlichung
   a) den Gesetzesvollzug behindern,
   b) dem öffentlichen Interesse zuwiderlaufen,
   c) die berechtigten geschäftlichen Interessen öffentlicher oder privater Unternehmen berühren oder
   d) den fairen Wettbewerb zwischen Unternehmen beeinträchtigen würden,
   sind nicht in die Bekanntmachung aufzunehmen.

(2) Die Bekanntmachung ist dem Amt für amtliche Veröffentlichungen der Europäischen Gemeinschaften in kürzester Frist – spätestens 48 Kalendertage nach Auftragserteilung – zu übermitteln.

91.1 Änderungen in der VOB/A 2009

8661   Wie bei anderen Vorschriften (§§ 6a, 16a) wurden auch in § 18a weitere Anpassungen an die Bestimmungen der Vergabekoordinierungsrichtlinie vorgenommen. **§ 18a Abs. 1 enthält nun die Klarstellung**, dass **alle Aufträge, die dem Anwendungsbereich des 2. Abschnitts zugeordnet sind, bekannt zu machen** sind.

91.2 Vergleichbare Regelungen

8662   Der **Vorschrift des § 18a VOB/A vergleichbar** sind im Bereich der VOF **§ 14 VOF** und im Bereich der VOL **§ 23 EG VOL/A**. Die Kommentierungen zu diesen Vorschriften können daher ergänzend zu der Kommentierung des § 18a herangezogen werden.

91.3 Bieterschützende Regelung

§ 28a VOB/A ist **ersichtlich nicht bieterschützend** (LG Leipzig, Urteil v. 24. 1. 2007 – **8663**
Az.: 06HK O 1866/06).

91.4 Literatur

– Schaller, Hans, Dokumentations-, Informations-, Mitteilungs-, Melde- und Berichtspflichten **8664**
im öffentlichen Auftragswesen, VergabeR 2007, 394

91.5 Richtlinie des VHB 2008

Für die Bekanntmachung der Auftragserteilung und ihre Übermittlung an das Amt für amtli- **8665**
che Veröffentlichungen der Europäischen Gemeinschaften spätestens 48 Kalendertage nach der
Auftragserteilung ist das Muster des Anhangs III der Verordnung (EG) Nr. 1564/2005 zu verwenden (Richtlinien zu 338 – Auftrag – Nr. 3).

92. § 19 VOB/A – Nicht berücksichtigte Bewerbungen und Angebote

(1) Bieter, deren Angebote ausgeschlossen worden sind (§ 16 Absatz 1) und solche, deren Angebote nicht in die engere Wahl kommen, sollen unverzüglich unterrichtet werden. Die übrigen Bieter sind zu unterrichten, sobald der Zuschlag erteilt worden ist.

(2) Auf Verlangen sind den nicht berücksichtigten Bewerbern oder Bietern innerhalb einer Frist von 15 Kalendertagen nach Eingang ihres in Textform gestellten Antrags die Gründe für die Nichtberücksichtigung ihrer Bewerbung oder ihres Angebots in Textform mitzuteilen, den Bietern auch die Merkmale und Vorteile des Angebots des erfolgreichen Bieters sowie dessen Name.

(3) Nicht berücksichtigte Angebote und Ausarbeitungen der Bieter dürfen nicht für eine neue Vergabe oder für andere Zwecke benutzt werden.

(4) Entwürfe, Ausarbeitungen, Muster und Proben zu nicht berücksichtigten Angeboten sind zurückzugeben, wenn dies im Angebot oder innerhalb von 30 Kalendertagen nach Ablehnung des Angebots verlangt wird.

(5) Auftraggeber informieren fortlaufend Unternehmen auf Internetportalen oder in ihren Beschafferprofilen über beabsichtigte Beschränkte Ausschreibungen nach § 3 Absatz 3 Nummer 1 ab einem voraussichtlichen Auftragswert von 25 000 € ohne Umsatzsteuer. Diese Informationen müssen folgende Angaben enthalten:
1. Name, Anschrift, Telefon-, Faxnummer und E-Mailadresse des Auftraggebers,
2. Auftragsgegenstand,
3. Ort der Ausführung,
4. Art und voraussichtlicher Umfang der Leistung,
5. voraussichtlicher Zeitraum der Ausführung.

92.1 Änderungen in der VOB/A 2009

In § 19 VOB/A ist der **Zeitpunkt der Informationspflicht** entsprechend den sonstigen **8666**
rechtlichen Vorschriften (z. B. § 107 GWB) mit dem Terminus „unverzüglich" definiert.

In § 19 Abs. 2 VOB/A ist der **Umfang der Mitteilung** an die unterlegenen Bieter um die **8667**
Angabe der „Merkmale und Vorteile des Angebots des erfolgreichen Bieters" ergänzt worden.

In § 19 Abs. 5 ist eine **zeitlich vor der Ausschreibung liegende Informationspflicht** **8668**
potenzieller Bewerber und Bieter **über beabsichtigte beschränkte Ausschreibungen** aufgenommen worden.

92.2 Vergleichbare Regelungen

8669 Der **Vorschrift des § 19 VOB/A vergleichbar** sind im Bereich der VOB **§ 19a VOB/A**, im Bereich der VOF **§ 14 VOF** und im Bereich der VOL **§§ 19, 22 EG VOL/A**. Die Kommentierungen zu diesen Vorschriften können daher ergänzend zu der Kommentierung des § 19 herangezogen werden.

92.3 Optionsrecht des Bieters bzw. des Bewerbers

8670 §§ 19, 19a VOB/A räumen dem Bieter bzw. Bewerber eine **bloße Option auf Auskünfte** ein, von der er nicht Gebrauch zu machen braucht. Eine der **Rügeobliegenheit des § 107 Abs. 3 GWB** gegebenenfalls korrespondierende **Informationsobliegenheit** der Bieter bzw. Bewerber mit dem Ziel, an weitere Informationen vom Auftraggeber zu gelangen, um gegebenenfalls Fehler im Wertungsprozess zu erkennen und die Unverzüglichkeit zu wahren, **ergibt sich aus diesen Vorschriften nicht** (VK Brandenburg, B. v. 26. 3. 2002 – Az.: VK 4/02).

8671 Der neu eingefügte **§ 19 Abs. 5 enthält kein Optionsrecht**, sondern eine **zwingende Informationsverpflichtung** des öffentlichen Auftraggebers.

92.4 Nachträglicher Informationsanspruch

8672 Die §§ 19, 19a VOB/A geben – mit Ausnahme des § 19 Abs. 1 und des § 19 Abs. 5 – dem unterlegenen Bieter **nach ihrem Wortlaut nur einen nachträglichen Informationsanspruch** über den Ausgang des mit Zuschlag abgeschlossenen Vergabeverfahrens (OLG Koblenz, B. v. 10. 8. 2000 – Az.: 1 Verg. 2/00).

92.5 Verhältnis zu § 101a GWB

8673 Vgl. dazu im Einzelnen die Kommentierung zu → § 101a GWB Rdn. 160 ff.

92.6 Benachrichtigung der Bieter (§ 19 Abs. 1)

92.6.1 Änderung in der VOB/A 2009

8674 In § 19 VOB/A ist der **Zeitpunkt der Informationspflicht** entsprechend den sonstigen rechtlichen Vorschriften (z.B. § 107 GWB) **mit dem Terminus „unverzüglich"** definiert. Zu dem Inhalt vgl. die **Kommentierung zu** → **§ 107 GWB Rdn. 553 ff.**

92.6.2 Rechtsfolge bei unterlassener Benachrichtigung

8675 Bieter, deren Angebote ausgeschlossen worden sind (§ 16 Abs. 1) und solche, deren Angebote nicht in die engere Wahl kommen, sollen sobald wie möglich – mithin auch vor dem Zuschlag – verständigt werden. Erfüllt der Auftraggeber diese Pflicht nicht, sondern lässt er die Bieter bis zu einem Zuschlag in dem Glauben, weiterhin aussichtsreich am Vergabeverfahren beteiligt zu sein, kann er sich nach den **Grundsätzen über das so genannte Verhandlungsverschulden (culpa in contrahendo) schadensersatzpflichtig** machen (OLG Düsseldorf, B. v. 19. 7. 2000 – Az.: Verg 10/00).

92.6.3 Forderung nach einem frankierten Rückumschlag

8676 Die **Forderung eines frankierten Rückumschlages bedeutet in der Sache keinen Vergaberechtsverstoß**. Denn es ist grundsätzlich nicht zu beanstanden, dass eine Behörde für ihre Auslagen Gebühren erhebt. Es bedeutete auch keinen Vergaberechtsverstoß, wenn bei Durchführung von Vergabeverfahren eine Vergabestelle für die Übersendung der Vergabeunterlagen ein Entgelt verlangt. Fordert eine Vergabestelle für die Übersendung der Begründung ihrer Vergabeentscheidung darüber hinaus einen frankierten Rückumschlag, bedeutet dies **keine außer Verhältnis stehende weitere Belastung des Bieters** (2. VK Bund, B. v. 14. 10. 2003 – Az.: VK 2–90/03).

92.7 Mitteilung der Gründe für die Nichtberücksichtigung bzw. Nennung des Namens des Auftragnehmers (§ 19 Abs. 2)

92.7.1 Form der Information

Im Sinne der Einheitlichkeit der VOB/A 2009 erfolgt die Information in Textform. Zur **Bestimmung des Begriffs der Textform ist auf § 126 b BGB zurückzugreifen**. Danach fallen unter den Begriff der Textform zum einen schriftliche Urkunden, aber auch jede andere lesbare Form, sofern die **dauerhafte Wiedergabe in Schriftzeichen gewährleistet ist und die Person des Erklärenden genannt** wird. Taugliche Medien für die Übermittlung in Textform sind **insbesondere Telefax, CDs, Disketten und E-Mails** aber natürlich auch herkömmliche Schriftstücke. Nach § 126 b BGB bedarf es bei der Verwendung einer Textform weder einer Unterschrift noch einer digitalen Signatur. 8677

92.7.2 Umfang der Information

92.7.2.1 Verfahren mit vorgeschaltetem Teilnahmewettbewerb

Nach § 19 Abs. 2 VOB/A sind bei allen Verfahren mit vorgeschaltetem Teilnahmewettbewerb den Bewerbern die **Gründe für die Nichtberücksichtigung ihrer Bewerbung** mitzuteilen. Weiter gehende Auskunftspflichten der Vergabestelle, insbesondere die **Nennung der Bieter, die am Nichtoffenen Verfahren beteiligt werden sollen, sind aus § 19 VOB/A nicht ableitbar**. Eine solche Mitteilung würde gerade die **ordnungsgemäße Durchführung des** sich an den Teilnahmewettbewerb anschließenden **Nichtoffenen Verfahrens gefährden** (VK Nordbayern, B. v. 27. 10. 2000 – Az.: 320.VK-3194-26/00). 8678

92.7.2.2 Umfang gegenüber Bietern (Änderung in der VOB/A 2009)

Nach § 19 Abs. 2 VOB/A sind allen unterlegenen Bietern die **Gründe für die Nichtberücksichtigung ihres Angebots sowie die Merkmale und Vorteile des Angebots des erfolgreichen Bieters** sowie dessen **Name** mitzuteilen. Der **Umfang der Mitteilung** an die unterlegenen Bieter ist also um die **Angabe der „Merkmale und Vorteile des Angebots des erfolgreichen Bieters"** ergänzt worden. 8679

Der konkrete Inhalt der **„Merkmale und Vorteile des Angebots des erfolgreichen Bieters"** bleibt völlig offen. Letztlich wird man mindestens darunter die prägenden Bestandteile des entsprechenden Angebots in preislicher und fachtechnischer Sicht verstehen müssen. Der Auftraggeber hat mit dieser Neuregelung einen **erheblichen praktischen Zusatzaufwand** zu bewältigen. 8680

Die **Rechtsprechung zum notwendigen Inhalt der Information nach § 101a GWB** (vgl. die Kommentierung zu → § 101a GWB Rdn. 71 ff.) kann sicherlich **analog herangezogen** werden. 8681

92.8 Ex-ante-Transparenzpflicht (§ 19 Abs. 5)

92.8.1 Änderung in der VOB/A 2009

In Korrespondenz mit der Schwellenwertregelung nach § 3 Nummer 3, ist im Absatz 5 vorgeschrieben, dass soweit von der Schwellenwertregelung Gebrauch gemacht wird, bei Aufträgen **ab einem Auftragswert von 25 000 € ohne Umsatzsteuer, über die beabsichtigte Ausschreibung auf Internetportalen zu informieren** ist. Nach Auffassung des DVA sollen damit **keine Rechtsansprüche der Bieter begründet** werden. 8682

92.8.2 Sinn und Zweck der Regelung

Zum Ausgleich der erweiterten Möglichkeiten einer beschränkten Ausschreibung nach § 3 Nr. 3 VOB/A und der dadurch bestehenden **latenten Marktabschottungs- sowie Manipulations- und Korruptionsgefahr** wurde eine ex-ante-Transparenzpflicht geschaffen. 8683

92.8.3 Informationsmedium

§ 19 sieht als Informationsmedium **Internetportale oder Beschafferprofile** vor. Interessenten an öffentlichen Ausschreibungen müssen je nach abzudeckendem geographischem Gebiet einen **hohen Aufwand zur Informationsbeschaffung** treiben. 8684

Teil 3 VOB/A § 19   Vergabe- und Vertragsordnung für Bauleistungen Teil A

92.8.4 Zeitlicher Vorlauf der Information zur Ausschreibung

8685 Soll der Sinn und Zweck der Information erreicht werden, bedingt dies einen entsprechenden Vorlauf der Information. In **Anlehnung an die Frist des § 10a Abs. 2 Nr. 4 lit. a)** sollte eine **Vorlauffrist von 10 Kalendertagen nicht unterschritten** werden.

92.8.5 Schwellenwert

8686 Die Pflicht zur Schaffung einer ex-ante-Transparenz **gilt erst ab einem Auftragswert von 25.000 EUR ohne Umsatzsteuer.** Zur Berechnung im Einzelnen können die Grundsätze des § 3 VgV entsprechend herangezogen werden. Vgl. insoweit die Kommentierung zu → § 3 VgV Rdn. 11 ff.

92.8.6 Inhalt der Information

8687 Die Information **muss folgende Angaben** enthalten

1. Name, Anschrift, Telefon-, Faxnummer und E-Mailadresse des Auftraggebers
2. Auftragsgegenstand,
3. Ort der Ausführung,
4. Art und voraussichtlicher Umfang der Leistung,
5. voraussichtlicher Zeitraum der Ausführung

8688 **Darüber hinausgehende Angaben** sind selbstverständlich **zulässig.**

92.8.7 Verhältnis zu den Regelungen über Aufträge, die dem Konjunkturpaket II unterfallen

8689 Vgl. zu den **Konjunkturpaketen** zunächst die Kommentierung zu → § 3 VOB/A Rdn. 30 bzw. Rdn. 64.

8690 Die **Verwaltungsregelungen zu den Konjunkturpaketen sehen eine ex-ante-Transparenz nicht vor.** Gibt es daher im Rahmen der Einführungserlasse zur VOB/A 2009 keine Sonderregelung, **gilt die ex-ante-Transparenz auch für Aufträge, die den Konjunkturpakten unterfallen.**

92.8.8 Wirkungen der Regelung gegenüber Bietern und Bewerbern und der Vergabestelle

8691 Nach Auffassung des DVA sollen mit dieser Regelung **keine Rechtsansprüche der Bieter begründet** werden. **Intern** sollte sich jedoch jede Vergabestelle darüber bewusst sein, dass jede Nichtbeachtung im Rahmen von Prüfungen durch Rechnungshöfe und ähnliche Institutionen **erhebliche Schwierigkeiten** hervorrufen kann.

92.9 Antrag auf Feststellung einer Verletzung des § 19 VOB/A

8692 Ein Antrag festzustellen, dass ein öffentlicher Auftraggeber unter Verstoß gegen § 19 VOB/A einen Bieter nicht rechtzeitig über den beabsichtigten Ausschluss des Angebots unterrichtet hat, ist **im Vergabenachprüfungsverfahren unzulässig.** Gemäß § 114 Abs. 2 GWB kann die Feststellung einer Rechtsverletzung (nur) beantragt werden, wenn sich das Nachprüfungsverfahren erledigt hat. § 114 Abs. 2 GWB stellt eine abschließende Regelung für das Nachprüfungsverfahren dar. Sonstige Feststellungsanträge passen nicht zu dem auf Primärrechtsschutz gerichteten Vergabenachprüfungsverfahren, das im Hinblick auf den noch zu erteilenden Zuschlag besonders eilbedürftig ist (OLG Frankfurt, B. v. 27. 6. 2003 – Az.: 11 Verg 3/03).

92.10 Presserechtliche Auskunftsansprüche

8693 **Grundsätzlich gehen presserechtliche Auskunftsansprüche** sowohl den in der Richtlinie 2004/18/EG vom 31. 3. 2004 über die Koordinierung der Verfahren zur Vergabe öffentlicher Bauaufträge, Lieferaufträge und Dienstleistungsaufträge enthaltenen **Vertraulichkeitsbe-**

stimmungen als auch eventuellen zwischen Auftraggeber und Auftragnehmer vertraglich vereinbarten Vertraulichkeitsregelung vor. Ob durch eine Auskunftserteilung eventuelle durch das Pressegesetz geschützte und schutzwürdige private Interessen verletzt werden, ist im Einzelfall zu prüfen (VG Düsseldorf, Urteil v. 15. 10. 2008 – Az.: 1 K 3286/08).

92.11 Richtlinie des VHB 2008

Die Bieter, 8694

– die wegen mangelnder Eignung ausgeschlossen wurden bzw. deren Angebote nach § 16 Abs. 1 VOB/A ausgeschlossen wurden (siehe Richtlinien zu 321) sowie
– deren Angebote nicht in die engere Wahl kommen (siehe Formblatt Wertungsübersicht 321)

sind sobald wie möglich mit dem Formblatt Absageschreiben nach § 19 Abs. 1 VOB/A 332 zu verständigen.

Die übrigen Bieter sind zu verständigen, sobald der Zuschlag erteilt worden ist (Richtlinien zu 332 und 335 – Absageschreiben nach § 19 Abs. 1 und 2 VOB/A).

Den nicht berücksichtigten Bietern sind auf schriftlichen Antrag die Nichtberücksichtigung 8695 ihres Angebotes sowie der Name des Auftragnehmers mit dem Formblatt Mitteilung nach § 19 Abs. 2 VOB/A – Bieter 335 mitzuteilen (siehe auch Richtlinien zu 321) (Richtlinien zu 332 und 335 – Absageschreiben nach § 19 Abs. 1 und 2 VOB/A).

92.12 Literatur

– Schaller, Hans, Dokumentations-, Informations-, Mitteilungs-, Melde- und Berichtspflichten 8696 im öffentlichen Auftragswesen, VergabeR 2007, 394

93. § 19a VOB/A – Nicht berücksichtigte Bewerbungen

(1) **Auf Verlangen sind den nicht berücksichtigten Bewerbern oder Bietern unverzüglich, spätestens jedoch innerhalb einer Frist von 15 Kalendertagen nach Eingang ihres schriftlichen Antrags die Entscheidung über den Vertragsabschluss sowie die Gründe für die Nichtberücksichtigung ihrer Bewerbung oder ihres Angebots mitzuteilen. Den Bietern, die ein ordnungsgemäßes Angebot eingereicht haben, sind auch die Merkmale und Vorteile des Angebots des erfolgreichen Bieters sowie dessen Name schriftlich mitzuteilen. § 17a gilt entsprechend.**

(2) **Bei einem Verhandlungsverfahren mit Vergabebekanntmachung und beim Wettbewerblichen Dialog ist § 19 Absatz 2 entsprechend anzuwenden.**

93.1 Änderungen in der VOB/A 2009

In § 19a VOB/A 2009 erfolgten **nur redaktionelle Änderungen.** 8697

93.2 Vergleichbare Regelungen

Der **Vorschrift des § 19a VOB/A vergleichbar** sind im Bereich der VOB **§ 19 VOB/A,** 8698 im Bereich der VOF **§ 14 VOF** und im Bereich der VOL **§§ 19, 22 EG VOL/A.** Die Kommentierungen zu diesen Vorschriften können daher ergänzend zu der Kommentierung des § 19a herangezogen werden.

93.3 Nachträglicher Informationsanspruch

Die §§ 19, 19a VOB/A geben – mit Ausnahme des § 19 Abs. 1 und des § 19 Abs. 5 – dem 8699 unterlegenen Bieter **nach ihrem Wortlaut nur einen nachträglichen Informationsanspruch** über den Ausgang des mit Zuschlag abgeschlossenen Vergabeverfahrens (OLG Koblenz, B. v. 10. 8. 2000 – Az.: 1 Verg. 2/00).

Teil 3 VOB/A § 19a　　　Vergabe- und Vertragsordnung für Bauleistungen Teil A

8700　Die nach Zuschlagsentscheidung erfolgte Mitteilung des Auftraggebers gemäß § 19a VOB/A hat also **bloßen Informationscharakter in Bezug auf ein bereits feststehendes Wertungsergebnis** und kann die Rechtspositionen eines Bieters hinsichtlich des Vergabeverfahrens daher nicht beeinträchtigen (2. VK Brandenburg, B. v. 20. 12. 2001 – Az.: 2 VK 108/01).

93.4 Verhältnis zu § 101a GWB

8701　Vgl. dazu im Einzelnen die Kommentierung zu → § 101a GWB Rdn. 160ff.

93.5 Mitteilung der Entscheidung über den Vertragsabschluss, der Gründe für die Nichtberücksichtigung bzw. Nennung des Namens des Auftraggebers (§ 19a Abs. 1)

93.5.1 Allgemeines

8702　Hinsichtlich des **Umfangs** vom Auftraggeber mitzuteilender Gründe **enthält § 19a keine näheren Festlegungen.** Aus dem Wortlaut geht nur hervor, dass dem beantragenden Bewerber – anders als dem Bieter – nicht der Name des erfolgreichen Bieters mitgeteilt werden darf. Eine **weitere Grenzziehung über die Mitteilung ergibt sich aus der Vertraulichkeits- und Geheimhaltungsvorschrift des § 14 Abs. 8,** die auch im Falle der EG-Vergabevorschrift des § 19a zur Anwendung kommt (und nun ausdrücklich in §§ 19a Abs. 1 Satz 3, 17a VOB/A 2009 geregelt). Eng mit dieser Geheimhaltungs- und Vertrauenspflicht verknüpft ist der Datenschutz der Bewerber oder Bieter. Die Bekanntgabe von Gründen durch den Auftraggeber darf sich daher nur in diesem aufgezeigten Rahmen bewegen (VK Lüneburg, B. v. 15. 11. 2000 – Az.: 203-VgK-14/2000).

93.5.2 Richtlinie des VHB

8703　In EG-Vergabeverfahren ist allen Bietern, deren Angebote nicht berücksichtigt werden sollen, spätestens 15 Kalendertage vor der Auftragserteilung der Name des Bieters, dessen Angebot angenommen werden soll, und der Grund der vorgesehenen Nichtberücksichtigung mitzuteilen. Gründe für die vorgesehene Nichtberücksichtigung sind

– Ausschluss eines Bieters oder seines/seiner Angebot(e) nach Richtlinien zu 321
– die Vergabeentscheidung (siehe Formblatt 321).

(Richtlinien zu 334 – Informations-, Absageschreiben nach § 101a GWB EG – Ziffer 1.1).

8704　Es ist an alle nichtberücksichtigten Bieter am gleichen Tag zu versenden. Der Tag der Absendung ist im Vergabevermerk festzuhalten (siehe Formblatt Entscheidung über den Zuschlag 331). Die Frist beginnt am Tage nach der Absendung dieser Information (Richtlinien zu 334 – Informations-, Absageschreiben nach § 101a GWB EG – Ziffer 1.1).

8705　Wird eine Information nach § 19 Abs. 1 VOB/A verlangt, ist die Anfrage schriftlich unter Hinweis auf die bereits mit Formblatt Informations-, Absageschreiben nach § 101a GWB EG 334EG erfolgte Mitteilung formlos zu beantworten. Wenn nichtberücksichtigte Bieter ein ordnungsgemäßes Angebot eingereicht haben, sind diesen die Merkmale und Vorteile des Angebotes des Bieters, auf das der Zuschlag erfolgt ist, zusätzlich mitzuteilen (Richtlinien zu 334 – Informations-, Absageschreiben nach § 101a GWB EG – Ziffer 1.1).

8706　Bei Vergabeverfahren mit vorgeschaltetem Teilnahmewettbewerb sind die Bewerber, die nicht zur Angebotsabgabe aufgefordert werden, unter Angabe der Gründe für die Ablehnung ihrer Bewerbung nach Abschluss der 1. Stufe des Verfahrens zu informieren. Dafür ist das Formblatt 336 zu verwenden (Richtlinien zu 334 – Informations-, Absageschreiben nach § 101a GWB EG – Ziffer 1.2).

8707　Die Informationsfrist kann auf 10 Kalendertage verkürzt werden, wenn die Information per Telefax oder Email erfolgt. Von dieser Möglichkeit der Fristverkürzung ist soweit möglich Gebrauch zu machen. Die Übermittlungsprotokolle sind zum Vergabevermerk zu nehmen.

8708　Wird von der ursprünglich beabsichtigten Vergabeentscheidung abgewichen, die der Mitteilung mit Formblatt Informations-, Absageschreiben nach § 101a GWB EG zugrunde lag, sind die Bieter erneut mit diesem Formblatt unter Einhaltung der Frist nach § 101a GWB zu unterrichten, bevor ein Zuschlag erteilt werden darf (Richtlinien zu 334 – Informations-, Absageschreiben nach § 101a GWB EG – Ziffer 3).

Vergabe- und Vertragsordnung für Bauleistungen Teil A   VOB/A § 20 **Teil 3**

93.6 Literatur

– Schaller, Hans, Dokumentations-, Informations-, Mitteilungs-, Melde- und Berichtspflichten im öffentlichen Auftragswesen, VergabeR 2007, 394   **8709**

94. § 20 VOB/A – Dokumentation

(1) Das Vergabeverfahren ist zeitnah so zu dokumentieren, dass die einzelnen Stufen des Verfahrens, die einzelnen Maßnahmen, die maßgebenden Feststellungen sowie die Begründung der einzelnen Entscheidungen in Textform festgehalten werden. Diese Dokumentation muss mindestens enthalten:

1. Name und Anschrift des Auftraggebers,
2. Art und Umfang der Leistung,
3. Wert des Auftrags,
4. Namen der berücksichtigten Bewerber oder Bieter und Gründe für ihre Auswahl,
5. Namen der nicht berücksichtigten Bewerber oder Bieter und die Gründe für die Ablehnung,
6. Gründe für die Ablehnung von ungewöhnlich niedrigen Angeboten,
7. Name des Auftragnehmers und Gründe für die Erteilung des Zuschlags auf sein Angebot,
8. Anteil der beabsichtigten Weitergabe an Nachunternehmen, soweit bekannt,
9. bei Beschränkter Ausschreibung, Freihändiger Vergabe Gründe für die Wahl des jeweiligen Verfahrens,
10. gegebenenfalls die Gründe, aus denen der Auftraggeber auf die Vergabe eines Auftrags verzichtet hat.

Der Auftraggeber trifft geeignete Maßnahmen, um den Ablauf der mit elektronischen Mitteln durchgeführten Vergabeverfahren zu dokumentieren.

(2) Wird auf die Vorlage zusätzlich zum Angebot verlangter Unterlagen und Nachweise verzichtet, ist dies in der Dokumentation zu begründen.

(3) Nach Zuschlagserteilung hat der Auftraggeber auf geeignete Weise, z.B. auf Internetportalen oder im Beschafferprofil zu informieren, wenn bei

1. Beschränkten Ausschreibungen ohne Teilnahmewettbewerb der Auftragswert 25 000 € ohne Umsatzsteuer
2. Freihändigen Vergaben der Auftragswert 15 000 € ohne Umsatzsteuer

übersteigt. Diese Informationen werden 6 Monate vorgehalten und müssen folgende Angaben enthalten:

a) Name, Anschrift, Telefon-, Faxnummer und E-Mailadresse des Auftraggebers,
b) gewähltes Vergabeverfahren,
c) Auftragsgegenstand,
d) Ort der Ausführung,
e) Name des beauftragten Unternehmens.

94.1 Änderungen in der VOB/A

Die **Überschrift** der Vorschrift wurde im Vergleich zu § 30 VOB/A 2006 der Rechtsprechung angepasst.   **8710**

Der **Mindestinhalt der Dokumentation** war bisher nur für Vergaben nach dem 2. Abschnitt vorgegeben. Die Regelung wurde auf den Basisparagraphen übertragen und **gilt nunmehr auch bei Vergaben nach dem 1. Abschnitt**.   **8711**

Teil 3 VOB/A § 20   Vergabe- und Vertragsordnung für Bauleistungen Teil A

8712 Zur Erhöhung der Transparenz sind ferner nach Absatz 3 **über alle durchgeführten Beschränkten Ausschreibungen** ab 25 000 € und über **alle Freihändigen Vergaben** ab 15 000 €, jeweils ohne Umsatzsteuer, **Veröffentlichungen/Informationen z. B. auf dem Internetportal** einzustellen.

94.2 Vergleichbare Regelungen

8713 Der Vorschrift des § 20 VOB/A vergleichbar sind im Bereich der VOF **§ 12 VOF** und im Bereich der VOL **§§ 20, 24 EG VOL/A**. Die Kommentierungen zu diesen Vorschriften können daher ergänzend zu der Kommentierung des § 20 herangezogen werden.

94.3 Bieterschützende Vorschrift

8714 Die **Vorschriften über die Dokumentationspflicht** und das Transparenzgebot **haben bieterschützenden Charakter**. Erst ein formalisierter und umfassender Vergabevermerk gewährleistet eine spätere Nachprüfbarkeit der Richtigkeit von Feststellungen und getroffenen Entscheidungen sowohl gegenüber den Bewerbern, als auch gegenüber Rechnungsprüfungsbehörden, Zuwendungsgebern sowie der EG-Kommission. Die Bieter haben ein subjektives Recht auf eine ausreichende Dokumentation und Begründung der einzelnen Verfahrensschritte (OLG Düsseldorf, B. v. 26. 7. 2002 – Az.: Verg 28/02; VK Brandenburg, B. v. 1. 10. 2002 – Az.: VK 53/02, B. v. 30. 7. 2002 – Az.: VK 38/02; 1. VK Bund, B. v. 14. 10. 2003 – Az.: VK 1–95/03, B. v. 19. 9. 2003 – Az.: VK 1–77/03; 2. VK Bund, B. v. 10. 12. 2003 – Az.: VK 1–116/03; VK Lüneburg, B. v. 11. 1. 2005 – Az.: 203-VgK-55/2004; B. v. 25. 7. 2002 – Az.: 203-VgK-11/2002, B. v. 14. 1. 2002 – Az.: 203-VgK-22/2001; 1. VK Saarland, B. v. 23. 1. 2006 – Az.: 1 VK 06/2005; 3. VK Saarland, B. v. 23. 4. 2007 – Az.: 3 VK 02/2007, 3 VK 03/2007; B. v. 9. 3. 2007 – Az.: 3 VK 01/2007; 1. VK Sachsen, B. v. 5. 11. 2002 – Az.: 1/SVK/096-02; VK Südbayern, B. v. 26. 6. 2008 – Az.: Z3-3-3194-1-16-04/08; VK Thüringen, B. v. 20. 12. 2002 – Az.: 216–4004.20–062/02-EF-S).

8715 Dies gilt **auch für § 20 VOB/A** (OLG Rostock, B. v. 20. 8. 2003 – Az.: 17 Verg 9/03; 1. VK Brandenburg, B. v. 12. 4. 2007 – Az.: 1 VK 11/07; VK Hamburg, B. v. 30. 7. 2007 – Az.: VgK FB 6/07; VK Lüneburg, B. v. 23. 2. 3004 – Az.: 203-VgK-01/2004, B. v. 3. 2. 2004 – Az.: 203-VgK41/2003; 1. VK Saarland, B. v. 23. 1. 2006 – Az.: 1 VK 06/2005; 3. VK Saarland, B. v. 23. 4. 2007 – Az.: 3 VK 02/2007, 3 VK 03/2007) bzw. **§ 12 VOF** (3. VK Saarland, B. v. 9. 3. 2007 – Az.: 3 VK 01/2007).

94.4 Materieller und formeller Inhalt der Dokumentation (§ 20 Abs. 1 und Abs. 2)

8716 Vgl. dazu im Einzelnen die Kommentierung zu → § 97 GWB Rdn. 171 ff.

94.5 Ex-post-Transparenz (§ 20 Abs. 3)

94.5.1 Änderung in der VOB/A 2009

8717 In Korrespondenz mit der Schwellenwertregelung nach § 3 Abs. 3 ist in § 20 Abs. 3 vorgeschrieben, dass bei **beschränkten Ausschreibungen ohne Teilnahmewettbewerb ab einem Auftragswert von mehr als 25 000 €** ohne Umsatzsteuer und **bei freihändigen Vergaben ab einem Auftragswert von mehr als 15 000 €** ohne Umsatzsteuer nach Zuschlagserteilung eine Information erfolgen muss.

94.5.2 Sinn und Zweck der Regelung

8718 Zum Ausgleich der erweiterten Möglichkeiten einer beschränkten Ausschreibung nach § 3 Abs. 3 VOB/A und der dadurch bestehenden **latenten Marktabschottungs- sowie Manipulations- und Korruptionsgefahr** wurde neben der ex-ante-Transparenzpflicht auch eine ex-post-Transparenzpflicht geschaffen.

94.5.3 Informationsmedium

8719 § 20 sieht als Informationsmedium **Internetportale oder Beschafferprofile** vor.

94.5.4 Zeitlicher Nachlauf der Information zur Auftragsvergabe

Soll der Sinn und Zweck der Information erreicht werden, bedingt dies einen entsprechenden zeitlichen Nachlauf der Information. In **Anlehnung an die Frist des § 18a Abs. 2** sollte eine **Nachlauffrist von 48 Kalendertagen nicht überschritten** werden. 8720

94.5.5 Schwellenwert

Die Pflicht zur Schaffung einer ex-post-Transparenz **gilt erst ab einem Auftragswert von 25 000 EUR ohne Umsatzsteuer bei beschränkten Ausschreibungen** und **ab einem Auftragswert von 15 000 EUR ohne Umsatzsteuer bei freihändigen Vergaben**. Zur Berechnung im Einzelnen können die Grundsätze des § 3 VgV entsprechend herangezogen werden. Vgl. insoweit die Kommentierung zu → § 3 VgV Rdn. 11 ff. 8721

94.5.6 Inhalt und zeitliche Bereitstellung der Information

Die Information **muss folgende Angaben** enthalten 8722

a) Name, Anschrift, Telefon-, Faxnummer und E-Mailadresse des Auftraggebers,

b) gewähltes Vergabeverfahren,

c) Auftragsgegenstand,

d) Ort der Ausführung,

e) Name des beauftragten Unternehmens.

Darüber hinausgehende Angaben sind selbstverständlich **zulässig**. 8723

Die Informationen müssen **mindestens sechs Monate vorgehalten** werden. 8724

94.5.7 Verhältnis zu den Regelungen über Aufträge, die dem Konjunkturpaket II unterfallen

Vgl. zu den **Konjunkturpaketen** zunächst die Kommentierung zu → § 3 VOB/A Rdn. 30 bzw. Rdn. 64. 8725

Die **Verwaltungsregelungen zu den Konjunkturpaketen sehen ebenfalls eine ex-post-Transparenz – allerdings im Bereich der freihändigen Vergaben mit einem in aller Regel höheren Schwellenwert – vor**. Gibt es daher im Rahmen der Einführungserlasse zur VOB/A 2009 keine Sonderregelung, **gilt die ex-post-Transparenz auch für Aufträge, die den Konjunkturpakten unterfallen** und **einen niedrigeren Schwellenwert** haben. 8726

94.6 Richtlinie des VHB 2008

94.6.1 VHB 008

Die einzelnen Stufen des Verfahrens, die maßgebenden Feststellungen, einzelnen Maßnahmen sowie die Begründung der einzelnen Entscheidungen sind in einem Vermerk zu dokumentieren (100 – Allgemeine Richtlinien Vergabeverfahren – Ziffer 5.1). 8727

Dieser Vergabevermerk ist zu Beginn des Vergabeverfahrens anzulegen und laufend fortzuschreiben. Die zu dokumentierenden Verfahrensschritte müssen jederzeit nachgewiesen und überprüft werden können. Ein Dokumentationsmangel kann sich im Nachprüfungsverfahren zum Nachteil der Vergabestelle auswirken (100 – Allgemeine Richtlinien Vergabeverfahren – Ziffer 5.2). 8728

Über die in § 20 VOB/A aufgeführten Mindestinhalte hinaus sind insbesondere die folgenden Schritte und Entscheidungen zu dokumentieren und zu begründen: 8729

– Ermittlung des voraussichtlichen Auftragswertes

– Wahl des Vergabeverfahrens

– Wertungskriterien

– Gewichtung der Wertungskriterien in EG-Verfahren

– Zusammenfassung von Fachlosen

Teil 3 VOB/A § 21 Vergabe- und Vertragsordnung für Bauleistungen Teil A

- Gesamtvergabe an einen Generalunternehmer
- Abweichung vom Grundsatz der produktneutralen Ausschreibung
- Ergebnis der Prüfung und Wertung der Angebote und Nebenangebote
- Anlass für eine Aufhebung
- in Vergabeverfahren nach der VOL/A: Begründung, wenn über Eigenerklärungen hinausgehende Eignungsnachweise gefordert werden.

(100 – Allgemeine Richtlinien Vergabeverfahren – Ziffer 5.3)

8730 Wesentlicher Bestandteil der Dokumentation sind die Formblätter Wahl der Vergabeart 111, Firmenliste 311 bzw. 312, Wertungsübersicht 321, Entscheidung über den Zuschlag 331, Entscheidung über die Aufhebung/Einstellung 351 (100 – Allgemeine Richtlinien Vergabeverfahren – Ziffer 5.4).

8731 Die Vergabestelle hat jede eingegangene Rüge oder Beanstandung zu registrieren, unverzüglich und sorgfältig zu prüfen, in begründeten Fällen abzuhelfen sowie im Vergabevermerk zu dokumentieren. Soll nicht abgeholfen werden, ist die Aufsicht führende Ebene unverzüglich zu beteiligen (100 – Allgemeine Richtlinien Vergabeverfahren – Ziffer 5.5).

8732 Auf die „Arbeitshilfe Vergabevermerk" wird hingewiesen (100 – Allgemeine Richtlinien Vergabeverfahren – Ziffer 5.6).

8733 Die in § 20 Abs. 3 VOB/A aufgeführten Angaben sind kurzfristig zu veröffentlichen (100 – Allgemeine Richtlinien Vergabeverfahren – Ziffer 5.7).

94.6.2 Rechtsprechung

8734 Nach Auffassung der VK Lüneburg können die **Formblätter des VHB**, dessen Verwendung im Erlasswege den Vergabestellen des Landes verbindlich vorgegeben und den kommunalen Auftraggebern empfohlen wurde, **in erster Linie als „Checkliste" für ein ordnungsgemäßes Vergabeverfahren und einen aussagefähigen Vergabevermerk dienen**. Zumindest, soweit in den einzelnen Wertungsstufen maßgebliche, für einen Bieter negative Entscheidungen gefällt werden und zu begründen sind, wie etwa Entscheidungen über den Ausschluss von Angeboten wegen mangelnder Vollständigkeit oder mangelnder Eignung des Bieters, bedarf es ausführlicher, ergänzender Vermerke, um dem Transparenzgrundsatz des § 97 Abs. 1 GWB zu genügen (VK Lüneburg, B. v. 6. 12. 2004 – Az.: 203-VgK-50/2004).

8735 Werden **einheitliche Formblätter des VHB 2002 (EFB)** verwandt, ist eine vollständige und ordnungsgemäße Bearbeitung prinzipiell gewährleistet. Denn die **Formblätter enthalten alle erforderlichen Rubriken**, die den Vorgaben des § 20 VOB/A entsprechen, sofern sie ordnungsgemäß ausgefüllt sind (3. VK Saarland, B. v. 23. 4. 2007 – Az.: 3 VK 02/2007, 3 VK 03/2007).

95. § 21 VOB/A – Nachprüfungsstellen

In der Bekanntmachung und den Vergabeunterlagen sind die Nachprüfungsstellen mit Anschrift anzugeben, an die sich der Bewerber oder Bieter zur Nachprüfung behaupteter Verstöße gegen die Vergabebestimmungen wenden kann.

95.1 Änderungen in der VOB/A 2009

8736 Die Vorschrift des § 21 ist im Zuge der VOB/A 2009 **nicht geändert** worden.

95.2 Vergleichbare Regelungen

8737 Der **Vorschrift des § 21 VOB/A vergleichbar** ist grundsätzlich im Bereich der VOB **§ 21 a VOB/A**. Im Bereich der VOL und im Bereich der VOF gibt es keine entsprechenden eigenständigen Vorschriften mehr.

95.3 Anwendungsbereich

§ 21 verpflichtet den Auftraggeber, bei **Ausschreibungen unterhalb der Schwellenwerte** die Stelle anzugeben, an die sich der Bewerber oder Bieter zur Nachprüfung behaupteter Verstöße gegen die Vergabebestimmungen wenden kann. 8738

95.4 Nachprüfungsstellen

Zuständige Nachprüfungsstellen sind die **Fach- und Rechtsaufsichtsbehörden**. 8739

95.5 Konkrete Angabe

Die Nachprüfungsstellen sind **so konkret anzugeben, dass sich die Bieter ohne eigenen Nachforschungsaufwand an sie wenden können**. Mindestens notwendig ist die Angabe des Behördennamens, des Ortes, der Straße und der Telefonnummer. 8740

95.6 Bindung der Vergabestelle an Anordnungen der Aufsichtsbehörde

Öffentliche Auftraggeber unterliegen stets der Rechts- und Fachaufsicht der nächst höheren Behörde (sofern es eine solche Behörde gibt). Die **Aufsichtsbehörde wird dabei von Amts wegen tätig**, wenn sie Kenntnis von Anhaltspunkten erhält, die einen Verstoß gegen vergaberechtliche Vorschriften begründen können. Erlangt die Fachaufsichtsbehörde die gesicherte Erkenntnis, dass zur Aufrechterhaltung der Rechtmäßigkeit des Vergabeverfahrens Anordnungen gegenüber der Vergabestelle zu erlassen sind, kann sie die **fehlerhaften Verfahrensteile durch bindende Anordnungen gegenüber der nachgeordneten Behörde korrigieren** (2. VK Bund, B. v. 10. 12. 2003 – Az.: VK 1–116/03). 8741

95.7 Richtlinie des VHB 2008

Die Nachprüfungsstellen sind grundsätzlich bei der Fachaufsicht führenden Ebene eingerichtet (100 – Allgemeine Richtlinien Vergabeverfahren – Ziffer 6.1). 8742

96. § 21a VOB/A – Nachprüfungsbehörden

In der Vergabebekanntmachung und den Vergabeunterlagen sind die Nachprüfungsbehörden mit Anschrift anzugeben, an die sich der Bewerber oder Bieter zur Nachprüfung behaupteter Verstöße gegen die Vergabebestimmungen wenden kann.

96.1 Änderungen in der VOB/A 2009

Die Vorschrift des § 21 ist im Zuge der VOB/A 2009 **nicht geändert** worden. 8743

96.2 Vergleichbare Regelungen

Der **Vorschrift des § 21 VOB/A vergleichbar** ist grundsätzlich im Bereich der VOB § 21a VOB/A. Im Bereich der VOL und im Bereich der VOF gibt es **keine entsprechenden eigenständigen Vorschriften** mehr. 8744

96.3 Anwendungsbereich

§ 21a verpflichtet den Auftraggeber, bei **Ausschreibungen ab den Schwellenwerten** die Nachprüfungsbehörden mit Anschrift anzugeben, an die sich der Bewerber oder Bieter zur Nachprüfung behaupteter Verstöße gegen die Vergabebestimmungen wenden kann. 8745

96.4 Aufbau der Nachprüfungsbehörden

8746 Die Nachprüfungsbehörden im Sinne von § 21a VOB/A sind geregelt in den §§ 102 ff. GWB. **Zu unterscheiden** sind:
- die **Vergabekammern** und
- die **Vergabesenate**.

96.4.1 Vergabekammern (§ 104 GWB)

8747 Zu den **Einzelheiten**, insbesondere den Adressen der Vergabekammern, vgl. die Kommentierung zu → § 104 GWB Rdn. 5 ff.

8748 Die Vergabekammern müssen **zwingend** gemäß § 21a VOB/A **genannt** werden.

96.4.2 Vergabesenate (§ 116 Abs. 3 GWB)

8749 Zu den **Einzelheiten** vgl. die Kommentierung zu → § 116 GWB Rdn. 100 ff.

96.5 Konkrete Angabe

8750 Die Nachprüfungsbehörden sind **so konkret anzugeben, dass sich die Bieter ohne eigenen Nachforschungsaufwand an sie wenden können**. Mindestens notwendig ist die Angabe des Behördennamens, des Ortes, der Straße und der Telefonnummer.

96.6 Nachprüfungsbehörden bei der Ausschreibung von Losen von Bauaufträgen

8751 Vgl. dazu im **Einzelnen** die Kommentierung zu → § 2 VgV Rdn. 11 ff.

96.7 Fehler bei der Nennung der Nachprüfungsbehörde

96.7.1 Verspätete Bekanntgabe der Anschrift der zuständigen Vergabekammer

8752 Eine **verspätete Bekanntgabe** der Anschrift der zuständigen Vergabestelle führt **nicht zur Unwirksamkeit** der Vergabeentscheidung, da dem **Bewerber die Nachfrage zumutbar** ist (OLG Rostock, B. v. 16. 5. 2001 – Az.: 17 W 1/01, 17 W 2/01).

96.7.2 Kausalität zwischen einer fehlerhaften Bekanntgabe und einem eventuellen Schaden

8753 Trifft es zu, dass der öffentliche Auftraggeber in der Bekanntmachung z.B. der Vorinformation zur Auftragsvergabe nicht die für das Nachprüfungsverfahren zuständige Vergabekammer genannt hat und dieses Versäumis auch nicht durch einen entsprechenden Hinweis in den Ausschreibungsunterlagen geheilt hat, kann ein **Antragsteller im Nachprüfungsverfahren jedoch nicht geltend machen, dass ihm durch diesen Vergaberechtsverstoß ein Schaden entstanden ist**, da die **Vergabekammer auf Antrag des Antragstellers das Nachprüfungsverfahren eingeleitet hat** (VK Südbayern, B. v. 26. 11. 2002 – Az.: 46-11/02).

96.8 Richtlinie des VHB 2008

8754 In den EU-weiten Ausschreibungsverfahren ist die nach dem GWB eingerichtete Nachprüfungsbehörde (Vergabekammer), anzugeben; bei Ausschreibungen von Bauleistungen zusätzlich die Nachprüfungsstelle nach § 21 VOB/A (100 – Allgemeine Richtlinien Vergabeverfahren – Ziffer 6.2).

8755 Bei Zustellung eines Nachprüfungsantrages durch die Vergabekammer sind die angeforderten Vergabeakten unverzüglich vollständig auszuhändigen und gleichzeitig die Aufsicht führende Ebene zu unterrichten. Vorher sind zur Wahrung der Betriebsgeheimnisse alle Teile der Verga-

Vergabe- und Vertragsordnung für Bauleistungen Teil A   VOB/A § 22   **Teil 3**

beunterlagen, zu denen am Nachprüfungsverfahren beteiligten Bietern keine Akteneinsicht gewährt werden soll, von der Vergabestelle eindeutig zu kennzeichnen. Die Vergabestelle hat mit Aushändigung der Vergabeunterlagen an die Vergabekammer auf diese geheimhaltungsbedürftigen Teile besonders hinzuweisen (100 – Allgemeine Richtlinien Vergabeverfahren – Ziffer 6.3.1).

Nach Zustellung des Nachprüfungsantrages an die Vergabestelle darf diese den Zuschlag nicht mehr erteilen, da der Nachprüfungsantrag aufschiebende Wirkung hat (Suspensiveffekt) (100 – Allgemeine Richtlinien Vergabeverfahren – Ziffer 6.3.2). 8756

Die Vergabestelle hat zu prüfen, ob 8757

– die behauptete Verletzung von Vergabebestimmungen frühzeitig aus der Bekanntmachung oder den Vergabeunterlagen für den Antragsteller erkennbar war,

– der Antragsteller die Verletzung der Vergabebestimmungen unverzüglich gerügt hat.

(100 – Allgemeine Richtlinien Vergabeverfahren – Ziffer 6.3.3).

Das Ergebnis ist der Fachaufsicht führenden Ebene miitzuteilen.

Alle weiteren Schritte der Vergabestelle sind mit der Aufsicht führenden Ebene abzustimmen (100 – Allgemeine Richtlinien Vergabeverfahren – Ziffer 6.3.4). 8758

Gegenüber den Bietern ist rechtzeitig vor Ablauf der Bindefrist eine einheitliche Fristverlängerung (in Textform) anzustreben (100 – Allgemeine Richtlinien Vergabeverfahren – Ziffer 6.3.5). 8759

97. § 22 VOB/A – Baukonzessionen

(1) **Eine Baukonzession ist ein Vertrag über die Durchführung eines Bauauftrages, bei dem die Gegenleistung für die Bauarbeiten statt in einem Entgelt in dem befristeten Recht auf Nutzung der baulichen Anlage, gegebenenfalls zuzüglich der Zahlung eines Preises besteht.**

(2) **Für die Vergabe von Baukonzessionen sind die §§ 1 bis 21 sinngemäß anzuwenden.**

97.1 Änderungen in der VOB/A 2009

In § 22 Abs. 1 VOB/A 2009 ist die **Definition des § 99 Abs. 6 GWB** übernommen worden. 8760

Ansonsten gab es noch eine **redaktionelle Änderung**. 8761

97.2 Vergleichbare Regelungen

Der **Vorschrift des § 22 VOB/A** vergleichbar sind im Bereich der VOB **§ 22 a VOB/A** und im Bereich des GWB **§ 99 Abs. 6 GWB**. Die Kommentierungen zu diesen Vorschriften können daher ergänzend zu der Kommentierung des § 22 herangezogen werden. 8762

97.3 Hinweis

Zum Begriff der Baukonzession und zur grundsätzlichen Anwendung des Vergaberechts vgl. die Kommentierung zu → § 99 GWB Rdn. 304 ff. 8763

97.4 Ausschreibung und Vergabe der Baukonzession (§ 22 Abs. 2)

97.4.1 Grundsatz

Für die Vergabe von Baukonzessionen sind die **§§ 1 bis 21 sinngemäß anzuwenden**. Der öffentliche Auftraggeber als Konzessionsgeber ist also **zur Ausschreibung der Baukonzession verpflichtet**; der Baukonzessionsvertrag wird dann mit dem Baukonzessionär geschlossen. 8764

Teil 3 VOB/A § 22a Vergabe- und Vertragsordnung für Bauleistungen Teil A

97.4.2 Beispiele aus der Rechtsprechung

8765
- die Baukoordinierungsrichtlinie 93/37 steht nicht einer nationalen Regelung entgegen, die es untersagt, die **Zusammensetzung einer Bietergemeinschaft, die an einem Verfahren zur Vergabe eines öffentlichen Bauauftrags oder zur Erteilung einer öffentlichen Baukonzession teilnimmt, nach Abgabe der Angebote zu ändern**; der Auftraggeber kann also eine solche nachträgliche Bietergemeinschaft ausschließen (Europäischer Gerichtshof, Urteil vom 23. 1. 2003 – Az.: C-57/01; OLG Düsseldorf, B. v. 24. 5. 2005 – Az.: VII – Verg 28/05)
- bei einer **Ausschreibung einer Baukonzession im Verhandlungsverfahren nach öffentlicher Bekanntmachung** ist der öffentliche Auftraggeber verpflichtet, gemäß § 8 Nr. 4 VOB/A, der bei Baukonzessionen entsprechend anzuwenden ist, die **Eignungsprüfung**, also die Prüfung der Fachkunde, Leistungsfähigkeit und Zuverlässigkeit eines Bewerbers, **bereits nach Eingang des Teilnahmeantrages durchzuführen** (VK Lüneburg, B. v. 14. 1. 2002 – Az.: 203-VgK-22/2001)
- dem Auftraggeber obliegt nach **§ 9 Nr. 1 VOB/A** die Pflicht, die Leistung eindeutig und so erschöpfend zu beschreiben, dass alle Bewerber die Beschreibung im gleichen Sinne verstehen müssen, da ansonsten die Gefahr des Eingehens nicht vergleichbarer Angebote besteht. Dieser **Grundsatz gilt auch für alle Vergabearten und nach §§ 32, 32 a VOB/A auch für Baukonzessionen** (Brandenburgisches OLG, B. v. 3. 8. 1999 – Az.: 6 Verg 1/99)
- die **Informationspflichten des § 27 VOB/A bzw. § 13 VgV gelten auch für die Vergabe von Baukonzessionen** (im Ergebnis BayObLG, B. v. 19. 12. 2000 – Az.: Verg 7/00)
- **§ 30 VOB/A, der gem. §§ 32, 32 a VOB/A auch bei der Vergabe von Baukonzessionen entsprechend anzuwenden ist**, verpflichtet den Auftraggeber, einen Vergabevermerk zu fertigen, der „die einzelnen Stufen des Verfahrens, die maßgeblichen Feststellungen sowie die Begründungen der einzelnen Entscheidungen enthält" (VK Lüneburg, B. v. 14. 1. 2002 – Az.: 203-VgK-22/2001)

97.5 Literatur

8766
- Horn, Lutz, Vergaberechtliche Rahmenbedingungen bei Verkehrsinfrastrukturprojekten im Fernstraßenbau, ZfBR 2004, 665

98. § 22 a VOB/A – Baukonzessionen

(1)
1. Für die Vergabe von Baukonzessionen mit mindestens einem geschätzten Gesamtauftragswert nach § 2 Nummer 3 VgV ohne Umsatzsteuer sind die a-Paragrafen nicht anzuwenden, ausgenommen die Regelungen nach den Nummern 2 bis 4.
2. Die Absicht eines öffentlichen Auftraggebers, eine Baukonzession zu vergeben, ist bekannt zu machen. Die Bekanntmachung hat nach Anhang X der Verordnung (EG) Nummer 1564/2005) zu erfolgen. Sie ist im Amtsblatt für amtliche Veröffentlichungen der Europäischen Gemeinschaften unverzüglich zu veröffentlichen.
3. § 12a Absatz 2 gilt entsprechend.
4. Die Frist für den Eingang von Bewerbungen für die Konzession beträgt mindestens 52 Kalendertage, gerechnet vom Tag nach Absendung der Bekanntmachung.

(2)
1. Die Absicht eines Baukonzessionärs, Bauaufträge an Dritte zu vergeben, ist bekannt zu machen. Die Bekanntmachung hat nach Anhang XI der Verordnung (EG) Nummer 1564/2005) zu erfolgen. Sie ist im Amtsblatt der Europäischen Gemeinschaften unverzüglich zu veröffentlichen.
2. § 12a Absatz 2 gilt entsprechend.
3. Die Frist für den Eingang der Anträge auf Teilnahme beträgt mindestens 37 Kalendertage, gerechnet vom Tag nach Absendung der Bekanntmachung. Die Frist

Vergabe- und Vertragsordnung für Bauleistungen Teil A VOB/A § 22a **Teil 3**

für den Eingang der Angebote beträgt mindestens 40 Kalendertage, gerechnet vom Tag der Absendung der Aufforderung zur Angebotsabgabe.

(3) **Baukonzessionäre, die öffentliche Auftraggeber sind, müssen bei der Vergabe von Bauaufträgen an Dritte mit einem geschätzten Gesamtauftragswert von mindestens nach § 2 Nummer 3 VgV** ohne Umsatzsteuer die Basisparagrafen mit a-Paragrafen anwenden.

98.1 Änderungen in der VOB/A 2009

§ 22a VOB/A 2009 wurde nur redaktionell geändert. 8767

98.2 Vergleichbare Regelungen

Der **Vorschrift des § 22a VOB/A vergleichbar** sind im Bereich der VOB **§ 22 VOB/A** 8768 und im Bereich des GWB **§ 99 Abs. 6 GWB**. Die Kommentierungen zu diesen Vorschriften können daher ergänzend zu der Kommentierung des § 22a herangezogen werden.

98.3 Hinweis

Zum Begriff der Baukonzession und zur grundsätzlichen Anwendung des Vergaberechts vgl. 8769 die Kommentierung zu → § 99 GWB Rdn. 304 ff.

98.4 Ausschreibung und Vergabe der Baukonzession (§ 22a Nr. 1)

98.4.1 Grundsatz

Bei der Ausschreibung und Vergabe von Baukonzessionen ab den Schwellenwerten sind 8770 **nicht alle a-Paragraphen, sondern nur die in § 22a Abs. 1 Nr. 2–4 genannten Regelungen** zu beachten. Dies sind:
– die Bekanntmachung und
– die Bewerbungsfrist.

Ansonsten sind auch für die Ausschreibung und Vergabe von Baukonzessionen ab den Schwel- 8771 lenwerten die **§§ 1 bis 21 sinngemäß anzuwenden**. Der öffentliche Auftraggeber als Konzessionsgeber ist also **zur Ausschreibung der Baukonzession verpflichtet**; der Baukonzessionsvertrag wird dann mit dem Baukonzessionär geschlossen.

98.4.2 Beispiele aus der Rechtsprechung

Vgl. insoweit die Kommentierung zu → § 22 VOB/A Rdn. 6. 8772

98.5 Ausschreibung und Vergabe von Bauaufträgen des Konzessionärs an Dritte (§ 22a Abs. 2, Abs. 3)

98.5.1 Private Konzessionäre (§ 22a Abs. 2)

Nach § 98 Nr. 6 GWB sind alle natürliche oder juristische Personen des privaten Rechts, die 8773 mit Stellen, die unter Nr. 1–3 fallen, einen Baukonzessionsvertrag abgeschlossen haben, öffentliche Auftraggeber. Diese Auftraggeber haben bei der Vergabe von Bauaufträgen und Baukonzessionen die Bestimmungen des 2. Abschnittes des Teiles A der Vergabe- und Vertragsordnung für Bauleistungen (VOB/A) anzuwenden; für Baukonzessionäre gilt dies nach § 6 Satz 2 VgV allerdings nur hinsichtlich der Bestimmungen, die auf diese Auftraggeber Bezug nehmen, also § 22a Abs. 2. **Private Konzessionäre haben also bei der Vergabe von Aufträgen an Dritte nur die Regelungen des § 22a Abs. 2 (über die Bekanntmachung) zu beachten.**

98.5.2 Begriff des „Dritten"

Nach dem Vergaberecht gelten **Unternehmen, die sich zusammengeschlossen haben,** 8774 **um eine Baukonzession zu erhalten, sowie mit den betreffenden Unternehmen verbundene Unternehmen nicht als Dritte** im Sinn von § 22a Abs. 2 VOB/A (OLG Naumburg, B. v. 1. 9. 2004 – Az.: 1 Verg 11/04).

Teil 3 VOB/A § 23a Vergabe- und Vertragsordnung für Bauleistungen Teil A

98.5.3 Öffentlich-rechtliche Konzessionäre (§ 22 a Abs. 3)

8775 Baukonzessionäre, die nach anderen Vorschriften als § 98 Nr. 6 GWB öffentliche **Auftraggeber** sind, müssen bei der Vergabe von Bauaufträgen an Dritte mit einem geschätzten Gesamtauftragswert von mindestens 4 845 000 € die Basisparagraphen mit a-Paragraphen anwenden.

98.6 Literatur

8776 – Horn, Lutz, Vergaberechtliche Rahmenbedingungen bei Verkehrsinfrastrukturprojekten im Fernstraßenbau, ZfBR 2004, 665

99. § 23 a VOB/A – Melde- und Berichtspflichten

(1) Auf Verlangen der Kommission der Europäischen Gemeinschaften ist die Dokumentation zu übermitteln.

(2) Für die jährlich fällige EG-Statistik ist der zuständigen Stelle eine Meldung vorzulegen, die mindestens folgende Angaben enthält:
1. bei den Ministerien des Bundes
   a) für jeden einzelnen öffentlichen Auftraggeber den geschätzten Gesamtwert der Aufträge unterhalb der Schwellenwerte;
   b) für jeden einzelnen öffentlichen Auftraggeber Anzahl und Wert der Aufträge über den Schwellenwerten, so weit wie möglich aufgeschlüsselt nach Verfahren, Kategorien von Bauarbeiten entsprechend der geltenden EG-Nomenklatur und Nationalität des Unternehmens, das den Zuschlag erhalten hat, bei Verhandlungsverfahren aufgeschlüsselt nach § 3 a Absatz 5 und 6, mit Angaben über Anzahl und Wert der Aufträge der Aufträge, die in die einzelnen Mitgliedstaaten und in Drittländer vergeben wurden;
2. bei den anderen öffentlichen Auftraggebern im Sinne des § 98 GWB Angaben für jede Kategorie von Auftraggebern über Anzahl und Wert der Aufträge über den Schwellenwerten, so weit wie möglich aufgeschlüsselt nach Verfahren, Kategorien von Bauarbeiten entsprechend der geltenen EG-Nomenklatur und Nationalität des Unternehmens, das den Zuschlag erhalten hat, bei Verhandlungsverfahren aufgeschlüsselt nach § 3 a Absatz 5 und 6 mit Angaben über Anzahl und Wert der Aufträge, die in die einzelnen Mitgliedstaaten und in Drittländer vergeben wurden;
3. bei den vorstehend unter Nummer 1 aufgeführten öffentlichen Auftraggebern Angaben für jeden Auftraggeber über Anzhal und Gesamtwert der Aufträge, die aufgrund von Ausnahmeregelungen zum Beschaffungsübereinkommen vergeben wurden; bei den anderen öffentlichen Auftraggebern im Sinne des § 98 GWB Angaben für jede Kategorie von Auftraggebern über den Gesamtwert der Aufträge, die aufgrund von Ausnahmeregelungen zum Beschaffungsübereinkommen vergeben wurden.

99.1 Änderungen in der VOB/A 2009

8777 § 23 a VOB/A 2009 wurde nur **redaktionell geändert**.

99.2 Vergleichbare Regelungen

8778 Der **Vorschrift des § 23 a VOB/A** vergleichbare eigenständige Vorschriften gibt es im Bereich der VOF und der VOL/A nicht mehr. **Für VOL/A und VOF sind die Melde- und Berichtspflichten in § 17 VgV 2010 geregelt**; vgl. insoweit die Kommentierung zu § 17 VgV.

99.3 Literatur

8779 – Schaller, Hans, Dokumentations-, Informations-, Mitteilungs-, Melde- und Berichtspflichten im öffentlichen Auftragswesen, VergabeR 2007, 394

Teil 4
Vergabe- und Vertragsordnung für Leistungen Teil A (VOL/A)

Inhaltsverzeichnis

Die Angaben beziehen sich auf Seitenzahlen

100.	**Einführung zur VOL/A**	1793
100.1	**Allgemeines**	1793
100.2	**Aktuelle Fassung**	1793
100.3	**Inhalt und Aufbau**	1793
100.4	**Fortschreibung**	1793
100.5	**Überblick der wichtigsten Änderungen**	1793
100.5.1	Formale Änderungen	1793
100.5.2	Vereinheitlichung des Vokabulars	1794
100.5.3	Inhaltliche Änderungen (Zusammenfassung)	1794
100.6	Hinweis	1794
101.	**§ 1 VOL/A – Anwendungsbereich**	1794
101.1	**Änderungen in der VOL/A 2009**	1794
101.2	**Vergleichbare Regelungen**	1795
101.2.1	§ 99 Abs. 2	1795
101.2.2	§ 99 Abs. 3	1795
101.2.3	VOL/A, VOB/A, VOF	1795
101.3	**Lieferungen und Leistungen**	1795
101.3.1	Allgemeines	1795
101.3.2	Anwendungsbereich der VOB/A bzw. der VOL/A (1. Ausnahmeregelung)	1795
101.3.3	Freiberufliche Tätigkeiten (2. Ausnahmeregelung)	1797
101.4	**Gemischte Verträge**	1797
102.	**§ 2 VOL/A – Grundsätze**	1797
102.1	**Änderungen in der VOL/A 2009**	1798
102.2	**Vergleichbare Regelungen**	1798
102.3	**Bieterschützende Vorschrift**	1798
102.4	**Wettbewerbsprinzip (§ 2 Abs. 1)**	1798
102.5	**Transparente Vergabeverfahren (§ 2 Abs. 1)**	1798
102.5.1	Änderung in der VOL/A 2009	1798
102.5.2	Hinweis	1798
102.6	**Fachkundige, leistungsfähige und zuverlässige (geeignete) Unternehmen (§ 2 Abs. 1)**	1798
102.6.1	Allgemeiner Inhalt der Eignung und der Eignungskriterien Fachkunde, Leistungsfähigkeit und Zuverlässigkeit"	1798
102.6.2	VOL-bezogene Einzelheiten der Eignungskriterien	1799
102.7	**Vergabe zu angemessenen Preisen (§ 2 Abs. 1)**	1799
102.7.1	Hinweis	1799
102.7.2	Erläuternde Hinweise der VOL/A	1799
102.8	**Diskriminierungsverbot (§ 2 Abs. 1)**	1799
102.8.1	Allgemeines	1799
102.8.2	Erläuternde Hinweise der VOL/A	1799
102.9	**Vergabe nach Losen, Einheitliche Vergabe (§ 2 Abs. 2)**	1799
102.9.1	Änderung in der VOL/A 2009	1799
102.9.2	Vergleichbare Regelungen	1799
102.9.3	Bieterschützende Vorschrift	1799
102.9.4	Inhalt	1800
102.9.5	Erläuternde Hinweise der VOL/A	1800
102.10	**Unzulässigkeit der Durchführung von Vergabeverfahren zur Markterkundung und zur Ertragsberechnung (§ 2 Abs. 3)**	1800
102.10.1	Änderungen in der VOL/A 2010	1800

Teil 4 Inhaltsverzeichnis   Vergabe- und Vertragsordnung für Leistungen Teil A

102.10.2	Allgemeines	1800
102.10.3	Konkrete Vergabeabsicht	1800
102.10.4	Markterkundung	1800
102.10.5	Weitere Beispiele aus der Rechtsprechung	1801
102.10.6	Literatur	1801
102.10.7	Parallelausschreibungen	1801
102.11	**Vorschriften über die Preise bei öffentlichen Aufträgen (§ 2 Abs. 4)**	**1804**
102.11.1	Allgemeines	1804
102.11.2	Literatur	1804
102.12	**Ergänzungen**	**1804**
102.12.1	Ausschließliche Verantwortung der Vergabestellen (§ 2 Nr. 3 VOL/A 2006)	1804
102.12.2	Fertigstellung aller Vergabeunterlagen und Möglichkeit der Ausführung der Leistung (§ 16 Nr. 1 VOL/A 2006)	1804
102.12.3	Änderung der Vergütung (§ 15 Nr. 2 VOL/A 2006)	1804
103.	**§ 3 VOL/A – Arten der Vergaben**	**1805**
103.1	**Änderungen in der VOL/A 2009**	**1806**
103.2	**Vergleichbare Regelungen**	**1806**
103.3	**Bieterschützende Vorschrift**	**1806**
103.4	**Öffentliche Ausschreibung (§ 3 Abs. 1 Satz 1)**	**1806**
103.5	**Beschränkte Ausschreibung (§ 3 Abs. 1 Satz 2)**	**1806**
103.5.1	Begriff	1806
103.5.2	Vorrang der beschränkten Ausschreibung mit Teilnahmewettbewerb	1806
103.5.3	Wesentlicher Unterschied zum Nichtoffenen Verfahren des § 101 Abs. 3 GWB	1807
103.5.4	Öffentlicher Teilnahmewettbewerb	1807
103.6	**Freihändige Vergabe (§ 3 Abs. 1 Satz 3)**	**1807**
103.7	**Anzahl der aufzufordernden Bewerber bei beschränkten Ausschreibungen und freihändigen Vergaben (§ 3 Abs. 1 Satz 4)**	**1807**
103.7.1	Änderung in der VOL/A 2009	1807
103.7.2	Auswahl der Bewerber	1807
103.8	**Vorrang der Öffentlichen Ausschreibung (§ 3 Abs. 2)**	**1807**
103.8.1	Änderung in der VOL/A 2009	1807
103.8.2	Inhalt	1807
103.8.3	Erläuternde Hinweise der VOL/A	
103.9	**Zulässigkeit einer Beschränkten Ausschreibung mit Teilnahmewettbewerb (§ 3 Abs. 3)**	**1808**
103.9.1	Eignung nur eines beschränkten Kreises von Unternehmen (§ 3 Abs. 3 lit. a)	1808
103.9.2	Andere Gründe, z. B. Dringlichkeit, Geheimhaltung (§ 3 Abs. 3 lit. b)	1808
103.9.3	Erläuternde Hinweise der VOL/A	1809
103.10	**Zulässigkeit einer Beschränkten Ausschreibung ohne Teilnahmewettbewerb (§ 3 Abs. 4)**	**1809**
103.10.1	Erläuternde Hinweise der VOL/A	1809
103.10.2	Fehlendes annehmbares Ergebnis einer Öffentlichen Ausschreibung (§ 3 Abs. 4 lit. a)	1809
103.10.3	Unverhältnismäßiger Aufwand (§ 3 Abs. 4 lit. b)	1809
103.11	**Zulässigkeit einer Beschränkten Ausschreibung ohne Teilnahmewettbewerb gemäß den Verwaltungsregelungen zur Umsetzung der Konjunkturpakete**	**1810**
103.12	**Zulässigkeit einer Freihändigen Vergabe (§ 3 Abs. 5)**	**1810**
103.12.1	Erläuternde Hinweise der VOL/A	1810
103.12.2	Allgemeines	1810
103.12.3	Kein voraussichtlich wirtschaftliches Ergebnis (§ 3 Abs. 5 lit. a)	1810
103.12.4	Lieferung von Waren oder die Erbringung von Dienstleistungen zur Erfüllung wissenschaftlich-technischer Fachaufgaben auf dem Gebiet von Forschung, Entwicklung und Untersuchung (§ 3 Abs. 5 lit. c)	1811
103.12.5	Leistungen, die der Geheimhaltung unterworfen sind (§ 3 Abs. 5 lit. f)	1811
103.12.6	Besondere Dringlichkeit (§ 3 Abs. 5 lit. g)	1811
103.12.7	Keine Möglichkeit einer eindeutigen und erschöpfenden Leistungsbeschreibung (§ 3 Abs. 5 lit. h)	1813
103.12.8	Aufträge ausschließlich an Werkstätten für behinderte Menschen (§ 3 Abs. 5 lit. j)	1814

Vergabe- und Vertragsordnung für Leistungen Teil A　　　　Inhaltsverzeichnis　**Teil 4**

103.12.9	Aufträge ausschließlich an Werkstätten für behinderte Menschen (§ 3 Abs. 5 lit. k)	1814
103.12.10	Nur ein in Betracht kommendes Unternehmen (§ 3 Abs. 5 lit. l)	1815
103.13	**Direktkauf (§ 3 Abs. 6)**	**1816**
103.13.1	Änderung in der VOL/A 2009	1816
103.13.2	Inhalt und Grenzen	1816
103.14	**Zulässigkeit einer freihändigen Vergabe gemäß den Verwaltungsregelungen zur Umsetzung der Konjunkturpakete**	**1816**
103.15	**Ergänzungen**	**1816**
103.15.1	Vorteilhafte Gelegenheit (§ 3 Nr. 4 Buchstabe m VOL/A 2006)	1816
103.16	**Literatur**	**1816**
104.	**§ 4 VOL/A – Rahmenvereinbarungen**	**1817**
104.1	**Änderungen in der VOL/A 2009**	**1817**
104.2	**Regelung im europäischen Recht**	**1817**
104.3	**Bieterschützende Vorschrift**	**1817**
104.4	**Bezeichnungen**	**1817**
104.5	**Begriff**	**1817**
104.5.1	§ 4 Abs. 1 Satz 1 bzw. § 4 EG Abs. 1 Satz 1 VOL/A 2009	1817
104.5.2	Rechtsprechung	1818
104.6	**Inhalt und praktische Bedeutung**	**1818**
104.7	**Zulässigkeit von Rahmenvereinbarungen**	**1819**
104.8	**Bindung des Auftraggebers an die vergaberechtlichen Grundsätze (Transparenzgebot, Dokumentationspflicht, Angebotswertung)**	**1819**
104.9	**Notwendige Bestandteile von Rahmenvereinbarungen**	**1819**
104.9.1	Bedingungen für Einzelaufträge, die während eines bestimmten Zeitraumes vergeben werden sollen (§ 4 Abs. 1 Satz 1 bzw. § 4 EG Abs. 1 Satz 1)	1819
104.9.2	Verpflichtung des Auftraggebers zur möglichst genauen Ermittlung des voraussichtlichen Auftragsvolumens (§ 4 Abs. 1 Satz 2 bzw. § 4 EG Abs. 1 Satz 2)	1820
104.10	**Kalkulationspflichten eines Bieters**	**1821**
104.11	**Unzulässigkeit mehrerer Rahmenvereinbarungen für dieselbe Leistung (§ 4 Abs. 1 Satz 3 bzw. bzw. § 4 EG Abs. 1 Satz 3)**	**1821**
104.12	**Laufzeit einer Rahmenvereinbarung (§ 4 Abs. 1 Satz 4 bzw. § 4 EG Abs. 7)**	**1821**
104.13	**Vertragspartner einer Rahmenvereinbarung auf Auftragnehmerseite (§ 4 Abs. 1 Satz 1 bzw. § 4 EG Abs. 1 Satz 1)**	**1822**
104.13.1	Grundsatz	1822
104.13.2	Rahmenvereinbarungen mit einem Unternehmen	1822
104.13.3	Rahmenvereinbarungen mit mehreren Unternehmen	1822
104.14	**Vertragspartner einer Rahmenvereinbarung auf Auftraggeberseite (§ 4 Abs. 2 bzw. § 4 EG Abs. 2)**	**1825**
104.14.1	Grundsatz	1825
104.14.2	Wechsel von Vertragspartnern einer Rahmenvereinbarung auf der Auftraggeberseite	1825
104.15	**Wichtige Beispiele aus der Praxis**	**1825**
104.15.1	Rahmenvereinbarungen im Recht der gesetzlichen Krankenkassen	1825
104.15.2	Microsoft-Select-Vertrag des Bundes	1834
104.15.3	Weitere Beispiele aus der Rechtsprechung	1834
104.16	**Erläuterungen der EU-Kommission**	**1835**
104.17	**Literatur**	**1836**
105.	**§ 5 VOL/A – Dynamische elektronische Verfahren**	**1836**
105.1	**Änderungen in der VOL/A 2009**	**1837**
105.2	**Vergleichbare Regelungen**	**1837**
105.3	**Einrichtung eines dynamischen elektronischen Verfahrens als Ermessensregelung (§ 5 Abs. 1 Satz 1)**	**1837**
105.4	**Keine eigene Vergabeart (§ 5 Abs. 1 Satz 2)**	**1837**
105.5	**Inhalt eines dynamischen elektronischen Verfahrens (§ 5 Abs. 1 Satz 2)**	**1838**

1773

Teil 4 Inhaltsverzeichnis Vergabe- und Vertragsordnung für Leistungen Teil A

105.6	Ablauf eines dynamischen elektronischen Verfahrens (§ 5 Abs. 2)	1838
105.7	Laufzeit eines dynamischen elektronischen Verfahrens (§ 5 Abs. 2 lit. f))	1838
105.8	Literatur	1838
106.	**§ 6 VOL/A – Teilnehmer am Wettbewerb**	**1838**
106.1	Änderungen in der VOL/A 2009	1839
106.2	Vergleichbare Vorschriften	1839
106.3	Bieterschützende Regelung	1839
106.3.1	§ 6 Abs. 3 VOL/A	1839
106.3.2	§ 6 Abs. 7 VOL/A	1839
106.4	Gleichsetzung von Bewerber- und Bietergemeinschaften und Einzelbewerbern und -bietern (§ 6 Abs. 1)	1840
106.4.1	Grundsatz	1840
106.4.2	Hinweis	1840
106.4.3	Begriff der Bietergemeinschaft	1840
106.4.4	Unterschied zur Arbeitsgemeinschaft	1840
106.4.5	Rechtsform der Bietergemeinschaft	1840
106.4.6	Verdeckte Bietergemeinschaft	1841
106.4.7	Bildung einer nachträglichen Bietergemeinschaft	1841
106.4.8	Forderung des Auftraggebers nach Annahme einer bestimmten Rechtsform von Bietergemeinschaften (§ 6 Abs. 1 Satz 2)	1843
106.4.9	Grundsätzliche Zulässigkeit der Forderung nach einer gesamtschuldnerischen Haftung einer Bietergemeinschaft	1844
106.4.10	Forderung nach Aufschlüsselung der Leistungsteile einer Bietergemeinschaft bezogen auf die Mitglieder der Bietergemeinschaft	1844
106.4.11	Einstimmigkeitserfordernis bei Entscheidungen einer Bietergemeinschaft	1844
106.4.12	Benennung der Mitglieder und Bezeichnung eines bevollmächtigten Vertreters bei Bietergemeinschaften	1844
106.4.13	Literatur	1845
106.5	Verbot der Forderung eines Entgelts für die Durchführung eines Vergabeverfahrens (§ 6 Abs. 2)	1845
106.5.1	Sinn und Zweck	1845
106.6	Nachweis der Eignung (§ 6 Abs. 3, Abs. 4)	1845
106.6.1	Begriff der Eignung	1845
106.6.2	Begriff und Inhalt der Eignung	1845
106.6.3	Möglichkeiten der Feststellung der Eignung	1845
106.7	Fakultativer Ausschluss von Bewerbern (§ 6 Abs. 5)	1866
106.7.1	Allgemeines	1866
106.7.2	Sinn und Zweck der Regelung	1866
106.7.3	Keine abschließende Regelung der Ausschlussgründe für einen Teilnahmewettbewerb	1867
106.7.4	Ermessensentscheidung	1867
106.7.5	Die einzelnen Ausschlussgründe nach § 6 Abs. 5	1868
106.8	Teilnahme von vorbefassten Bietern oder Bewerbern (§ 6 Abs. 6)	1876
106.8.1	Änderung in der VOL/A 2009	1876
106.8.2	Sinn und Zweck der Regelung – Gesetzesbegründung zu § 4 Abs. 5 VgV (a. F.)	1876
106.8.3	Rechtsprechung	1876
106.8.4	Literatur	1879
106.9	Verbot der Beteiligung nicht erwerbswirtschaftlich orientierter Institutionen am Wettbewerb (§ 6 Abs. 7)	1880
106.9.1	Änderung in der VOL/A	1880
106.9.2	Vereinbarkeit der Neuregelung mit dem materiellen Vergaberecht	1880
106.9.3	Die Rechtsprechung des EuGH	1880
106.9.4	Richtlinien des Bundes für die Berücksichtigung von Werkstätten für Behinderte und Blindenwerkstätten bei der Vergabe öffentlicher Aufträge (Richtlinien Bevorzugte Bewerber)	1881
107.	**§ 7 VOL/A – Leistungsbeschreibung**	**1881**
107.1	Änderungen in der VOL/A 2009	1881
107.2	Vergleichbare Regelungen	1881

Vergabe- und Vertragsordnung für Leistungen Teil A   **Inhaltsverzeichnis Teil 4**

107.3	**Bieterschützende Vorschrift**	1881
107.3.1	§ 7 Abs. 1	1881
107.3.2	§ 7 Abs. 3, Abs. 4	1882
107.4	**Grundsatz**	1882
107.5	**Festlegung der Liefer- bzw. Dienstleistungsaufgabe und damit Festlegung des Inhalts der Leistungsbeschreibung**	1882
107.5.1	Grundsätze	1882
107.5.2	Funktion der Nachprüfungsinstanzen	1885
107.5.3	Begrenzung der Definitionsmacht des Auftraggebers	1885
107.5.4	Weitere Beispiele aus der Rechtsprechung	1886
107.6	**Festlegung des Sicherheitsniveaus einer Leistungsbeschreibung**	1888
107.7	**Notwendigkeit der Festlegung strategischer Ziele und Leistungsanforderungen in der Leistungsbeschreibung**	1888
107.8	**Pflicht der Vergabestelle, bestehende Wettbewerbsvorteile und -nachteile potentieller Bieter durch die Gestaltung der Vergabeunterlagen „auszugleichen"?**	1889
107.8.1	Grundsätze	1889
107.8.2	Weitere Beispiele aus der Rechtsprechung	1889
107.9	**Positionsarten einer Leistungsbeschreibung**	1890
107.9.1	Allgemeines	1890
107.9.2	Übertragbarkeit der Rechtsprechung zur VOB/A	1891
107.9.3	Normalpositionen	1891
107.9.4	Grundpositionen	1891
107.9.5	Bedarfspositionen/Eventualpositionen/Optionen	1891
107.9.6	Wahlpositionen/Alternativpositionen	1893
107.9.7	Zulagepositionen	1894
107.10	**Auslegung der Leistungsbeschreibung**	1894
107.10.1	Notwendigkeit einer Auslegung	1894
107.10.2	Objektiver Empfängerhorizont	1895
107.10.3	Sonstige Anhaltspunkte	1896
107.10.4	Vergaberechtskonforme Auslegung	1896
107.10.5	VOL-konforme Auslegung	1896
107.10.6	Kein Vorrang des Leistungsverzeichnisses vor den Vorbemerkungen	1897
107.10.7	Heranziehung der Eigenschaften von Leitfabrikaten	1897
107.10.8	Auslegung von Soll-Vorgaben	1897
107.10.9	Weitere Beispiele aus der Rechtsprechung	1897
107.10.10	Literatur	1898
107.11	**Beistellungen im Rahmen von Dienstleistungsaufträgen**	1899
107.12	**Eindeutigkeit der Leistungsbeschreibung (§ 7 Abs. 1)**	1899
107.12.1	Grundsätze	1899
107.12.2	Erläuternde Hinweise der VOL/A	1901
107.12.3	Fehlerhafte Leistungsbeschreibungen	1901
107.12.4	Hinweise für besondere Ausschreibungsgegenstände	1905
107.12.5	Angabe aller die Preisermittlung beeinflussenden Umstände	1929
107.12.6	Verbot der Aufbürdung eines ungewöhnlichen Wagnisses auf den Auftragnehmer	1931
107.13	**Arten der Leistungsbeschreibung (§ 7 Abs. 2)**	1952
107.13.1	Erläuternde Hinweise der VOL/A	1952
107.13.2	Funktionale Leistungsbeschreibung (§ 7 Abs. 2 Satz 2 lit. a)	1952
107.14	**Durch die Art der zu vergebenden Leistung gerechtfertigte Vorgabe von bestimmten Erzeugnissen oder Verfahren sowie von bestimmten Ursprungsorten und Bezugsquellen (§ 7 Abs. 3)**	1958
107.14.1	Sinn und Zweck der Regelung	1958
107.14.2	Vergleichbare Formen der Verengung des Wettbewerbes durch Definitionen der Leistungsbeschreibung	1959
107.14.3	Allgemeine Grundsätze	1959
107.14.4	Rechtfertigung durch den Auftragsgegenstand	1960
107.15	**Verwendung des Zusatzes „oder gleichwertiger Art" (§ 7 Abs. 4)**	1970
107.15.1	Änderungen in der VOL/A 2009	1970
107.15.2	Zulässigkeit der Vorgabe von Bezeichnungen für bestimmte Erzeugnisse und Verfahren (§ 7 Abs. 4 Satz 1)	1970
107.15.3	Keine weitere Bevorzugung von Leitfabrikaten	1972

1775

Teil 4 Inhaltsverzeichnis　　　　　　　Vergabe- und Vertragsordnung für Leistungen Teil A

107.15.4	Konsequenz einer Verletzung der Regelung des § 7 Abs. 4	1973
107.15.5	Literatur	1973
107.16	**Änderung des Leistungsverzeichnisses durch den Auftraggeber**	**1973**
107.16.1	Änderung des Leistungsverzeichnisses während der Ausschreibung	1973
107.16.2	Änderung des Leistungsverzeichnisses nach Angebotsabgabe	1977
107.16.3	Änderung des Leistungsverzeichnisses gemäß der Vorgabe der Vergabekammer bzw. des Vergabesenats	1977
107.17	**Schadenersatzansprüche und Nachforderungen wegen Verletzung der Regelungen des § 7**	**1977**
107.17.1	Grundsätze	1977
107.17.2	Literatur	1978
107.18	**Besondere Hinweise zur Ausschreibung von Versicherungsleistungen**	**1978**
107.18.1	Rechtsprechung	1978
107.18.2	Literatur	1979
107.19	**Besondere Hinweise zur Ausschreibung von Gebäudereinigungsleistungen**	**1979**
107.19.1	Festlegung von Richtleistungen	1979
107.19.2	Hinweis auf erhöhte Hygieneanforderungen wegen mehrfachbehinderter Schüler	1980
107.19.3	Zugang zu dem Reinigungsobjekt	1980
107.19.4	Literatur	1981
107.20	**Besondere Hinweise zur Ausschreibung von Postdienstleistungen**	**1981**
107.20.1	Allgemeines	1981
107.20.2	Sonstige Rechtsprechung	1981
107.20.3	Literatur	1981
107.21	**Besondere Hinweise zur Ausschreibung von Zustellungsleistungen, für die eine Entgeltgenehmigung nach dem PostG erforderlich ist**	**1982**
107.21.1	Rechtsnatur der Entgeltgenehmigung	1982
107.21.2	Inhalt der Entgeltgenehmigung	1982
107.21.3	Veröffentlichung genehmigter Entgelte und Geheimwettbewerb	1982
107.21.4	Vorlage der Entgeltgenehmigung	1982
107.21.5	Entgeltgenehmigung bei Ausschreibungen, die auf prognostizierte Mengen abstellen	1983
107.21.6	Festlegung von bestimmten Abholzeiten	1983
107.22	**Besondere Hinweise zur Ausschreibung von Abschleppleistungen**	**1983**
108.	**§ 8 VOL/A – Vergabeunterlagen**	**1984**
108.1	**Änderungen in der VOL/A 2009**	**1984**
108.2	**Vergleichbare Regelungen**	**1984**
108.3	**Vergabeunterlagen (§ 8 Abs. 1)**	**1985**
108.3.1	Begriffsbestimmung des § 8	1985
108.3.2	Begriffsverwendung im Vergabenachprüfungsverfahren	1985
108.3.3	Anschreiben – Aufforderung zur Angebotsabgabe oder Begleitschreiben für die Abgabe der angeforderten Unterlagen (§ 8 Abs. 1 Satz 2 lit. a)	1985
108.3.4	Bewerbungsbedingungen (§ 8 Abs. 1 Satz 2 lit. b)	1985
108.3.5	Vertragsunterlagen (§ 8 Abs. 1 Satz 2 lit. c)	1986
108.4	**Kostenersatz für die Vervielfältigung der Vergabeunterlagen (§ 8 Ab. 2)**	**1987**
108.4.1	Änderungen in der VOL/A 2009	1987
108.4.2	Vergleichbare Regelungen	1987
108.4.3	Bieterschützende Vorschrift	1987
108.4.4	Kostenersatz bei öffentlicher Ausschreibung	1987
108.4.5	Kostenersatz bei beschränkter Ausschreibung und freihändiger Vergabe	1989
108.4.6	Kostenersatz für die Bearbeitung des Angebots	1989
108.4.7	Bekanntgabe der Höhe des Kostenersatzes in der Bekanntmachung (§ 8 Abs. 2 Satz 2)	1989
108.5	**Abschließende Liste von Nachweisen (§ 8 Abs. 3)**	**1989**
108.5.1	Änderung in der VOL/A 2009	1989
108.5.2	Sinn und Zweck der Regelung	1989
108.5.3	Zwingende Regelung	1989
108.5.4	Konsequenz der Nichtbeachtung durch den Auftraggeber	1989
108.5.5	Begriff des Nachweises und mögliche Inhalte	1989
108.5.6	Abschließende Liste	1990
108.6	**Angaben über die Zulassung von Nebenangeboten (§ 8 Abs. 4)**	**1990**
108.6.1	Begriff des Nebenangebots	1990

Vergabe- und Vertragsordnung für Leistungen Teil A Inhaltsverzeichnis **Teil 4**

108.6.2	Abgrenzung zum Begriff des Hauptangebots	1990
108.6.3	Sinn und Zweck sowie Nutzen eines Nebenangebots	1991
108.6.4	Risiken von Nebenangeboten	1991
108.6.5	Beispiele aus der Rechtsprechung	1992
108.6.6	Erläuterung der Mindestanforderungen an Nebenangebote	1993
108.6.7	Zulassung oder Ausschluss von Nebenangeboten	1993
108.6.8	Erläuternde Hinweise der VOL/A	1995
109.	**§ 9 VOL/A – Vertragsbedingungen**	**1995**
109.1	**Änderungen in der VOL/A 2009**	**1995**
109.2	**Bieterschützende Vorschrift**	**1995**
109.2.1	§ 9 Abs. 2 (Vertragsstrafen)	1995
109.3	**Vertragsbedingungen (§ 9 Abs. 1)**	**1996**
109.3.1	Arten von Vertragsbedingungen	1996
109.3.2	Allgemeine Vertragsbedingungen für die Ausführung von Leistungen (§ 9 Abs. 1 Satz 1)	1996
109.3.3	Zusätzliche Allgemeine Vertragsbedingungen (§ 9 Abs. 1 Satz 2)	1996
109.3.4	Ergänzende Vertragsbedingungen – EVB – (§ 9 Abs. 1 Satz 3)	1996
109.3.5	Literatur	1999
109.4	**Vertragsstrafen (§ 9 Abs. 2)**	**1999**
109.4.1	Änderungen in der VOL/A 2009	1999
109.4.2	Allgemeines	1999
109.4.3	Sinn und Zweck	1999
109.4.4	Vertragsstrafen auch für andere Fälle als die Überschreitung von Ausführungsfristen	1999
109.4.5	Vom Auftraggeber vorgegebene Vertraulichkeitserklärung	2000
109.4.6	Angemessene Höhe der Vertragsstrafe (§ 9 Abs. 2 Satz 2)	2001
109.4.7	Geltendmachung der Vertragsstrafe nur bei tatsächlichen Nachteilen für den Auftraggeber	2001
109.4.8	Zulässigkeit bei abstrakter Möglichkeit eines erheblichen Nachteils	2002
109.4.9	Zulässigkeit bei drohenden Ansprüchen eines Nachunternehmers	2002
109.4.10	Vertragsstrafe im Verkehrsbereich	2002
109.4.11	Bündelung von Vertragsstrafen und Malusregelungen im Verkehrsbereich	2003
109.4.12	Weitere Beispiele aus der Rechtsprechung	2004
109.5	**Beschleunigungsvergütung**	**2004**
109.5.1	Allgemeines	2004
109.5.2	Inhalt	2004
109.5.3	Umsatzsteuerpflicht	2005
109.5.4	Literatur	2005
109.6	**Verjährungsfristen (§ 9 Abs. 3)**	**2005**
109.6.1	Änderungen in der VOL/A	2005
109.6.2	Verjährungsfristen nach § 14 VOL/B	2005
109.6.3	Verlängerung der Verjährungsfristen	2005
109.6.4	Hemmung der Verjährung durch Anrufung einer VOL-Schiedsstelle	2006
109.7	**Sicherheitsleistungen (§ 9 Abs. 4)**	**2006**
109.7.1	Änderungen in der VOL/A 2009	2006
109.7.2	Restriktive Handhabung	2006
109.7.3	Forderung einer Bürgschaft für den Fall der Insolvenz	2006
109.7.4	Forderung nach Sicherheit in Höhe von 10% und einer Betriebsunterbrechungsversicherung	2007
109.7.5	Hinweis	2007
109.7.6	Erläuternde Hinweise der VOL/A	2007
110.	**§ 10 VOL/A – Fristen**	**2007**
110.1	**Änderungen in der VOL/A**	**2007**
110.2	**Bieterschützende Vorschrift**	**2007**
110.3	**Vergleichbare Regelungen**	**2008**
110.4	**Arten von Fristen im Rahmen des § 10 VOL/A**	**2008**
110.5	**Angebotsfrist (§ 10 Abs. 1)**	**2008**
110.5.1	Begriff der Angebotsfrist	2008
110.5.2	Rechtscharakter der Angebotsfrist	2008
110.5.3	Dauer der Angebotsfrist	2008
110.5.4	Nennung unterschiedlicher Angebotsfristen durch den Auftraggeber	2010

Teil 4 Inhaltsverzeichnis
Vergabe- und Vertragsordnung für Leistungen Teil A

110.5.5	Ende der Angebotsfrist	2011
110.5.6	Verlängerung der Angebotsfrist	2011
110.6	**Teilnahmefrist (§ 10 Abs. 1)**	**2012**
110.6.1	Begriff der Teilnahmefrist	2012
110.6.2	Hinweis	2012
110.7	**Zuschlagsfrist (§ 10 Abs. 1)**	**2012**
110.7.1	Begriff der Zuschlagsfrist	2012
110.7.2	Sinn und Zweck der Zuschlagsfrist	2012
110.7.3	Dauer der Zuschlagsfrist	2013
110.7.4	Fehlende Zuschlagsfristbestimmung	2013
110.8	**Bindefrist (§ 10 Abs. 1)**	**2013**
110.8.1	Begriff und Inhalt	2013
110.8.2	Ausnahme von der Bindung an die Bindefrist	2014
110.8.3	Verbot der Manipulation des Vergabeverfahrens über die Verlängerung der Zuschlags- und Bindefristen	2014
110.8.4	Verlängerung der Bindefrist vor Ablauf	2015
110.8.5	Folge des Ablaufs der Zuschlags- und Bindefrist	2021
110.8.6	Verlängerung der Zuschlags- und Bindefrist nach Ablauf	2022
110.8.7	Literatur	2024
110.9	**Zurückziehung von Angeboten (§ 10 Abs. 2)**	**2025**
110.9.1	Allgemeines	2025
110.9.2	Möglichkeit der Zurückziehung durch Abgabe eines unvollständigen Angebots?	2025
110.9.3	Änderung von Angeboten	2025
111.	**§ 11 VOL/A – Grundsätze der Informationsübermittlung**	**2025**
111.1	Änderungen in der VOL/A 2009	2026
111.2	Angabe der Kommunikationsmittel (§ 11 Abs. 1, Abs. 2)	2026
111.2.1	Inhalt	2026
111.2.2	Auswahl der Kommunikationsmittel	2026
111.2.3	Information der auf einer Vergabeplattform registrierten Nutzer	2026
111.3	Literatur	2027
112.	**§ 12 VOL/A – Bekanntmachung, Versand der Vergabeunterlagen**	**2027**
112.1	Änderungen in der VOL/A 2009	2028
112.2	Vergleichbare Regelungen	2028
112.3	Bieterschützende Vorschrift	2028
112.4	Sinn und Zweck der Vorschriften über die Vergabebekanntmachung	2028
112.5	Rechtsprechung des EuGH und des EuG zu Bekanntmachungen von Ausschreibungen unterhalb der Schwellenwerte	2029
112.6	Auslegung der Vergabebekanntmachung	2029
112.6.1	Allgemeines	2029
112.6.2	Beispiele aus der Rechtsprechung	2030
112.7	Bindung des Auftraggebers an die Bekanntmachung	2030
112.8	Bekanntmachungen von öffentlichen Ausschreibungen, beschränkten Ausschreibungen und freihändigen Vergaben mit Teilnahmewettbewerb (§ 12 Abs. 1)	2031
112.8.1	Änderung in der VOL/A	2031
112.8.2	Begriff der Bekanntmachung	2031
112.8.3	Wahl des Bekanntmachungsmediums	2031
112.8.4	Unterschiedliche Inhalte von Bekanntmachungen derselben Ausschreibung	2032
112.8.5	Bezeichnung einer „Öffentlichen Ausschreibung" als „Offenes Verfahren"	2032
112.8.6	Vorrang des Inhalts der Bekanntmachung gegenüber den Vertragsunterlagen	2033
112.8.7	Erläuternde Hinweise der VOL/A 2009	2033
112.8.8	Literatur	2033
112.9	**Inhalt der Bekanntmachung (§ 12 Abs. 2)**	**2033**
112.9.1	Änderung in der VOL/A 2009	2033
112.9.2	Notwendiger Inhalt	2033
112.9.3	Fakultativer Inhalt	2041
112.10	**Übermittlung der Vergabeunterlagen (§ 12 Abs. 3)**	**2041**
112.10.1	Änderung in der VOL/A 2009	2041

112.10.2	Übermittlung bei öffentlicher Ausschreibung (§ 12 Abs. 3 lit. a)	2041
112.10.3	Übermittlung bei beschränkter Ausschreibung und freihändiger Vergabe mit Teilnahmewettbewerb (§ 12 Abs. 3 lit. b)	2041
112.10.4	Übermittlung bei beschränkter Ausschreibung und freihändiger Vergabe ohne Teilnahmewettbewerb (§ 12 Abs. 3 lit. c)	2041
112.10.5	Anforderung der Vergabeunterlagen	2041
112.10.6	Mitwirkungspflicht des Bewerbers bei erkennbaren Problemen mit der Übersendung	2042
112.10.7	Pflicht des Auftraggebers zur erneuten Übersendung der Vergabeunterlagen	2042
112.10.8	Pflicht des Auftraggebers zur Dokumentation des Versands von Nachträgen und der Sicherstellung einer Rückmeldung über den Empfang	2042
112.11	**Auskünfte und Aufklärungen an Bewerber und Bieter**	**2043**
112.11.1	Änderung in der VOL/A 2009	2043
112.11.2	Analoge Anwendung des § 12 Abs. 7 VOB/A	2043
112.11.3	Sinn und Zweck der Auskunftsregelung	2043
112.11.4	Auskunftspflicht des Auftraggebers	2043
112.11.5	Form der Erteilung der Auskünfte	2043
112.11.6	Begriff der „zusätzlichen Auskünfte"	2044
112.11.7	Begriff der „sachdienlichen" Auskünfte	2044
112.11.8	Begriff der „wichtigen Aufklärungen"	2044
112.11.9	Unverzügliche Erteilung der Auskünfte	2045
112.11.10	Beachtung des Gleichheitsgrundsatzes	2045
112.11.11	Festlegung einer Frist durch den Auftraggeber für den Eingang von Fragen	2045
112.11.12	Rechtsfolge einer durch den Bewerber nicht erfolgten Erkundigung	2046
112.11.13	Reaktionsmöglichkeiten des Auftraggebers bei einer unklaren Leistungsbeschreibung	2046
113.	**§ 13 VOL/A – Form und Inhalt der Angebote**	**2046**
113.1	**Änderungen in der VOL/A 2009**	**2047**
113.2	**Vergleichbare Regelungen**	**2047**
113.3	**Bieterschützende Vorschrift**	**2047**
113.3.1	§ 13	2047
113.3.2	§ 13 Abs. 1 Satz 2	2047
113.3.3	§ 13 Abs. 3	2047
113.4	**Allgemeine Anforderungen des § 13 an die Bieter**	**2047**
113.5	**Auslegung des Angebots**	**2047**
113.5.1	Notwendigkeit einer Auslegung	2047
113.5.2	Verpflichtung zur Auslegung	2048
113.5.3	Grundsätze der Auslegung	2048
113.5.4	Beispiele aus der Rechtsprechung	2050
113.6	**Angabe der Form der Angebote (§ 13 Abs. 1 Satz 1)**	**2051**
113.7	**Form der Angebote (§ 13 Abs. 1 Satz 2)**	**2051**
113.7.1	Grundsatz	2051
113.7.2	Auf dem Postweg oder direkt eingereichte Angebote	2051
113.7.3	Elektronische Angebote (§ 13 Abs. 1 Satz 2)	2057
113.7.4	Angebote mittels Telekopie	2059
113.8	**Gewährleistung der Unversehrtheit und der Vertraulichkeit der Angebote (§ 13 Abs. 2)**	**2059**
113.8.1	Grundsatz (§ 13 Abs. 2 Satz 1)	2059
113.8.2	Änderungen in der VOL/A 2009	2059
113.8.3	Anwendungsbereich	2060
113.8.4	Begriff der Unversehrtheit	2060
113.8.5	Vertraulichkeit der Angebote	2060
113.8.6	Gewährleistung der Unversehrtheit und der Vertraulichkeit der auf dem Postweg oder direkt zu übermittelnden Angebote (§ 13 Abs. 2 Satz 2)	2060
113.8.7	Gewährleistung der Unversehrtheit und der Vertraulichkeit der elektronisch zu übermittelnden Angebote (§ 13 Abs. 2 Satz 3)	2062
113.8.8	Gewährleistung der Unversehrtheit und der Vertraulichkeit der mittels Telekopie zu übermittelnden Angebote	2062
113.9	**Angabe aller geforderten Angaben, Erklärungen und Preise (§ 13 Abs. 3)**	**2063**
113.9.1	Änderung in der VOL/A 2009	2063
113.9.2	Sinn und Zweck	2063
113.9.3	Muss-Regelung	2063

113.9.4	Minus-Preise	2063
113.9.5	Umrechnungszeitpunkt bei Angeboten mit anderer Währung	2063
113.9.6	Hinweis zur Kommentierung	2064
113.10	**Änderungen an den Vertragsunterlagen und Korrekturen des Bieters an seinen Eintragungen (§ 13 Abs. 4)**	**2064**
113.10.1	Änderung in der VOL/A 2009	2064
113.10.2	Hinweis zur Kommentierung	2064
113.11	**Formerfordernisse für Angebote von Bietergemeinschaften (§ 13 Abs. 6)**	**2064**
113.11.1	Änderung in der VOL/A 2009	2064
113.11.2	Bietergemeinschaften	2064
113.11.3	Benennung der Mitglieder und eines bevollmächtigten Vertreters	2064
113.12	**Sonstige Formerfordernisse**	**2065**
113.12.1	Forderung nach Einreichung des Angebots in all seinen Bestandteilen in deutscher Sprache	2065
113.13	**Muster und Proben**	**2065**
113.13.1	Hinweis	2065
113.13.2	Sinn und Zweck	2065
113.13.3	Rechtsnatur	2065
113.14	**Formerfordernisse an Teilnahmeanträge**	**2065**
113.14.1	Fehlende ausdrückliche Regelung in der VOL/A	2065
113.14.2	Notwendigkeit einer Unterschrift?	2066
114.	**§ 14 VOL/A – Öffnung der Angebote**	**2066**
114.1	**Änderungen in der VOL/A 2009**	**2066**
114.2	**Vergleichbare Regelungen**	**2066**
114.3	**Bieterschützende Vorschrift**	**2066**
114.3.1	§ 14 Abs. 2	2066
114.4	**Behandlung der Angebote bis zur Öffnung (§ 14 Abs. 1)**	**2067**
114.4.1	Geltungsbereich nur für Ausschreibungen	2067
114.4.2	Behandlung von auf dem Postweg oder direkt übermittelten Angeboten (§ 14 Abs. 1 Satz 1)	2067
114.4.3	Behandlung von elektronischen Angeboten (§ 14 Abs. 1 Satz 2)	2067
114.4.4	Behandlung von mittels Telekopie eingereichten Angeboten (§ 14 Abs. 1 Satz 3)	2067
114.5	**Öffnung der Angebote (§ 14 Abs. 2)**	**2068**
114.5.1	Grundsatz	2068
114.5.2	Gestaffelte Eröffnungstermine bei Parallelausschreibungen	2068
114.5.3	Verlegung des Eröffnungstermins	2068
114.5.4	Ablauf des Eröffnungstermins	2068
114.6	**Geheimhaltungsgebot (§ 14 Abs. 3)**	**2071**
114.6.1	Sinn und Zweck	2071
114.6.2	Beispiele aus der Rechtsprechung	2072
114.6.3	Geheimhaltungsgebot im kommunalen Bereich	2072
114.7	**Pflicht zur Aufbewahrung von Briefumschlägen, Paketverpackungen u. ä.**	**2073**
114.8	**Öffnung von Teilnahmeanträgen**	**2073**
114.9	**Kein Eröffnungstermin für nachgeforderte Unterlagen**	**2074**
115.	**§ 15 VOL/A – Aufklärung des Angebotsinhalts, Verhandlungsverbot**	**2074**
115.1	**Änderungen in der VOL/A 2009**	**2074**
115.2	**Vergleichbare Regelungen**	**2074**
115.3	**Bieterschützende Vorschrift**	**2074**
115.3.1	Grundsatz	2074
115.3.2	Bieterschützende Vorschrift für den Bieter, mit dem unstatthafte Verhandlungen geführt werden?	2074
115.4	**Sinn und Zweck der Vorschrift**	**2074**
115.5	**Keine Verpflichtung des Auftraggebers zur Führung von Aufklärungsgesprächen**	**2075**
115.5.1	Grundsatz	2075
115.5.2	Ausnahmen	2075

115.6	Aufklärungsbedarf	2076
115.7	**Aufklärungsgespräche (§ 15 Satz 1)**	2077
115.7.1	Änderung in der VOL/A 2009	2077
115.7.2	Ausnahmevorschrift	2077
115.7.3	Aufklärungsmaßnahme im engeren Sinn	2077
115.7.4	Ansprechpartner	2078
115.7.5	Gleichbehandlung der Bieter	2078
115.7.6	Beschränkung der Gespräche auf aussichtsreiche Bieter	2079
115.7.7	Anspruch auf Wiederholung von Aufklärungsgesprächen	2079
115.7.8	Zulässiger bzw. unzulässiger Inhalt von Aufklärungsgesprächen	2085
115.7.9	Verweigerung von Aufklärungen und Angaben durch den Bieter	2085
115.7.10	Fruchtloser Ablauf einer Frist	2087
115.8	**Unstatthafte Nachverhandlungen (§ 15 Satz 2)**	2087
115.8.1	Sinn und Zweck	2087
115.8.2	Initiator von unstatthaften Nachverhandlungen	2087
115.8.3	Weitere Beispiele aus der Rechtsprechung für unzulässige Nachverhandlungen	2087
115.8.4	Rechtsfolge einer unstatthaften Nachverhandlung	2089
115.9	**Statthafte Nachverhandlungen?**	2090
115.9.1	Änderung in der VOL/A 2009	2090
115.9.2	Konsequenzen der Änderung	2090
115.10	**Verhandlungsverbot im Teilnahmewettbewerb**	2090
115.11	**Abgrenzung der Ausschlusstatbestände der §§ 13 Abs. 3, 16 Abs. 2 VOL/A und § 15 VOL/A**	2091
115.12	**Zeitpunkt der Anwendbarkeit des § 15 VOL/A**	2091
115.13	**Literatur**	2091
116.	**§ 16 VOL/A – Prüfung und Wertung der Angebote**	2091
116.1	**Änderungen in der VOL/A 2009**	2092
116.2	**Vergleichbare Regelungen**	2092
116.3	**Bieterschützende Vorschrift**	2092
116.3.1	§ 16	2092
116.3.2	§ 16 Abs. 3 lit. a)	2092
116.3.3	§ 16 Abs. 3 lit. b), c), d)	2093
116.3.4	§ 16 Abs. 3 lit. d)	2093
116.3.5	§ 16 Abs. 3 lit. f)	2093
116.3.6	§ 16 Abs. 3 lit. g)	2093
116.3.7	§ 16 Abs. 5	2093
116.3.8	§ 16 Abs. 6	2093
116.3.9	§ 16 Abs. 6 Satz 2	2093
116.4	**Wertungsstufen**	2096
116.4.1	Erläuternde Hinweise der VOL/A	2096
116.4.2	Änderung durch die VOL/A 2009	2096
116.4.3	Rechtsprechung zu den Wertungsstufen	2096
116.4.4	Grundsätzliche Trennung der einzelnen Stufen bei der Wertung	2096
116.4.5	Verpflichtung zur umfassenden Prüfung und Wertung aller Angebote?	2097
116.4.6	Prüfungsreihenfolge der einzelnen Stufen	2097
116.4.7	Verpflichtung des öffentlichen Auftraggebers, zwingend auszuschließende Angebote auf den weiteren Wertungsstufen weiter zu prüfen und zu werten?	2098
116.4.8	Verpflichtung des öffentlichen Auftraggebers zur Schaffung eines Informationskreislaufs bei einer arbeitsteiligen Organisation der Prüfung und Wertung	2098
116.4.9	Abschließende positive Regelung der Ausschlussgründe im Vergaberecht?	2099
116.5	**Grundsatz der Wahrheit der Bieterangaben**	2100
116.6	**1. Wertungsstufe: Prüfung und Ausschluss nach § 16 Abs. 1–4**	2100
116.6.1	Gegenstand der 1. Wertungsstufe (§ 16 Abs. 1)	2100
116.6.2	Prüfung auf Vollständigkeit	2100
116.6.3	Prüfung auf rechnerische Richtigkeit (§ 16 Abs. 1)	2163
116.6.4	Prüfung auf fachliche Richtigkeit (§ 16 Abs. 1)	2168
116.6.5	Zwingender Ausschluss von Angeboten (§ 16 Abs. 3)	2168
116.6.6	Auslegung des Angebots als Mittel zur Behebung von Fehlern oder Unvollständigkeiten	2207
116.6.7	Fakultativer Ausschluss von Angeboten (§ 16 Abs. 4)	2207

116.7	2. Wertungsstufe: Eignungsprüfung (§ 16 Abs. 5)	2208
116.8	3. Wertungsstufe: Prüfung der Angebote auf ein offenbares Missverhältnis zwischen Preis und Leistung (§ 16 Abs. 6)	2208
116.8.1	Vorliegen eines ungewöhnlich niedrigen Angebots	2208
116.8.2	Folgerung aus der Feststellung eines ungewöhnlich niedrigen oder hohen Preises: Aufklärungspflicht des Auftraggebers (§ 16 Abs. 6 Satz 1)	2216
116.8.3	Wertung eines Angebots mit einem unangemessen niedrigen Preis (§ 16 Abs. 6 Satz 2)	2223
116.8.4	Ungewöhnlich niedrige Angebote bei Aufträgen unterhalb der Schwellenwerte, an denen jedoch ein eindeutiges grenzüberschreitendes Interesse besteht	2226
116.8.5	Spekulationsangebote	2227
116.8.6	Literatur	2230
116.9	4. Wertungsstufe: Auswahl des wirtschaftlichsten Angebots (§ 16 Abs. 7, Abs. 8, § 18 Abs. 1)	2230
116.9.1	Änderungen in der VOL/A 2009	2230
116.9.2	Berücksichtigung der in der Bekanntmachung oder den Vergabeunterlagen genannten Zuschlagskriterien (§ 16 Abs. 7)	2230
116.9.3	Berücksichtigung von bestimmten durch den Auftragsgegenstand gerechtfertigten Zuschlagskriterien (§ 16 Abs. 8)	2231
116.9.4	Zuschlag auf das wirtschaftlichste Angebot (§ 18 Abs. 1)	2231
116.9.5	Wertung von Nebenangeboten	2231
116.9.6	Wertung von Preisnachlässen	2249
116.9.7	Besondere Hinweise für die Wertung von Angeboten mit Medizinprodukten, deren Übereinstimmung mit der Richtlinie 93/42 bestätigt wurde	2252
116.9.8	Besondere Hinweise für die Prüfung und Wertung von Angeboten bei der Ausschreibung von Personenbeförderungsleistungen	2252
117.	§ 17 VOL/A – Aufhebung von Vergabeverfahren	2253
117.1	Änderungen in der VOL/A 2009	2253
117.2	Vergleichbare Regelungen	2253
117.3	Bieterschützende Vorschrift	2253
117.4	Sinn und Zweck der Vorschrift	2254
117.5	Geltungsbereich	2254
117.5.1	Änderung in der VOL/A 2009	2254
117.6	Aufhebung als Ermessensentscheidung	2254
117.7	Pflicht zur Aufhebung	2255
117.7.1	Rechtsprechung	2255
117.7.2	Literatur	2257
117.8	Alternative zur Aufhebung	2257
117.9	Teilaufhebung	2258
117.9.1	Teilaufhebung von einzelnen Losen	2258
117.9.2	Teilaufhebung von einzelnen Positionen	2258
117.10	Enge Auslegung der Voraussetzungen einer Aufhebung	2258
117.11	Aufhebungsgründe des § 17 VOL/A	2259
117.11.1	Abschließende Aufzählung	2259
117.11.2	Strenger Maßstab und restriktive Auslegung	2259
117.11.3	Kein den Bewerbungsbedingungen entsprechendes Angebot (§ 17 Abs. 1 lit. a)	2259
117.12	Sonstige Aufhebungsgründe und Rechtsfolgen	2275
117.12.1	Kein Kontrahierungszwang	2275
117.12.2	Rechtsfolge einer sonstigen Aufhebung (Schadenersatz)	2275
117.13	Beweislast für das Vorliegen von Aufhebungsgründen	2277
117.14	Rechtsnatur der Aufhebung	2277
117.15	Bekanntmachung der Aufhebungsentscheidung	2277
117.16	Rechtsfolge der Bekanntmachung der Aufhebungsentscheidung	2277
117.17	Unterrichtungspflicht (§ 17 Abs. 2)	2278
117.17.1	Änderung in der VOL/A 2009	2278
117.17.2	Sinn und Zweck der Unterrichtungspflicht	2278
117.17.3	Notwendiger Inhalt bei einer Aufhebung nach § 17 Abs. 1 lit. a)	2278

117.18	Rücknahme der Aufhebung	2278
117.19	Missbrauch der Aufhebungsmöglichkeit (Scheinaufhebung)	2278
117.20	Neues Vergabeverfahren im Anschluss an die Aufhebung	2279
117.20.1	Änderung in der VOL/A 2009	2279
117.20.2	Wahl der neuen Vergabeart	2279
117.21	Überprüfung der Aufhebungsentscheidung in einem Vergabenachprüfungsverfahren	2279
117.22	Literatur	2279
118.	§ 18 VOL/A – Zuschlag	2279
118.1	Änderungen in der VOL/A	2279
118.2	Vergleichbare Regelungen	2279
118.3	Zuschlag auf das wirtschaftlichste Angebot (§ 18 Abs. 1)	2280
118.3.1	Allgemeines	2280
118.3.2	Erläuternde Hinweise der VOL/A	2280
118.4	Formen der Annahme eines Angebots – Zuschlag – (§ 18 Abs. 2)	2280
118.4.1	Änderung in der VOL/A 2009	2280
118.4.2	Begriff des Zuschlags	2280
118.4.3	Schriftform	2280
118.4.4	Elektronische Form und Telekopie	2280
118.4.5	Mündlicher Zuschlag	2280
118.4.6	Unterschriftserfordernis bei der elektronischen Form (§ 18 Abs. 3)	2281
118.4.7	Unterschriftserfordernis bei der Telekopie (§ 18 Abs. 3)	2281
118.5	Vergaberechtskonforme Auslegung der Zuschlagserklärung	2281
119.	§ 19 VOL/A – Nicht berücksichtigte Bewerbungen und Angebote, Informationen	2282
119.1	Änderungen in der VOL/A 2009	2282
119.2	Vergleichbare Regelungen	2282
119.3	Optionsrecht des Bieters bzw. des Bewerbers	2283
119.4	Nachträglicher Informationsanspruch	2283
119.5	Verhältnis zu § 101 a GWB	2283
119.6	Inhalt der Benachrichtigung der nicht berücksichtigten Bieter (§ 19 Abs. 1)	2283
119.7	Inhalt der Benachrichtigung der nicht berücksichtigten Bewerber (§ 19 Abs. 1)	2283
119.8	Forderung nach einem frankierten Rückumschlag	2283
119.8.1	Änderung in der VOL/A 2009	2283
119.8.2	Rechtsprechung	2284
119.9	Rechtsfolge bei unterlassener Benachrichtigung	2284
119.10	Ex-post-Transparenzpflicht (§ 19 Abs. 2)	2284
119.10.1	Änderungen in der VOL/A 2009	2284
119.10.2	Sinn und Zweck der Regelung	2284
119.10.3	Informationsmedium	2284
119.10.4	Zeitlicher Nachlauf der Information zur Auftragsvergabe	2284
119.10.5	Schwellenwert	2284
119.10.6	Inhalt und zeitliche Bereitstellung der Information	2285
119.10.7	Verhältnis zu den Regelungen über Aufträge, die dem Konjunkturpaket II unterfallen	2285
119.11	Zurückhaltung von Informationen (§ 19 Abs. 3)	2285
119.11.1	Änderung in der VOL/A 2009	2285
119.12	Antrag auf Feststellung einer Verletzung des § 19 VOL/A	2285
119.13	Presserechtliche Auskunftsansprüche	2285
119.14	Literatur	2285
120.	§ 20 VOL/A – Dokumentation	2286
120.1	Änderungen in der VOL/A 2009	2286
120.2	Vergleichbare Regelungen	2286

Teil 4 Inhaltsverzeichnis Vergabe- und Vertragsordnung für Leistungen Teil A

120.3	Bieterschützende Vorschrift	2286
120.4	Materieller und formeller Inhalt der Dokumentation	2286
121.	§ 1 EG – Anwendungsbereich	2286
121.1	Änderungen in der VOL/A 2009	2287
121.2	Verknüpfung zum GWB (§ 1 EG Abs. 1 Satz 1)	2287
121.3	Positiv-Abgrenzung: Leistungen (§ 1 EG Abs. 1 Satz 1)	2287
121.4	Negativ-Abgrenzung: Keine Bauleistungen und keine Leistungen nach der VOF (§ 1 EG Abs. 1 Satz 2)	2287
121.5	Leistungen des Anhangs I A und des Anhangs I B	2287
121.5.1	Allgemeines	2287
121.5.2	Leistungen des Anhangs I A	2288
121.5.3	Leistungen des Anhangs I B	2291
121.5.4	Ausschreibungs- und Vergaberegeln für Dienstleistungen nach Anhang I Teil A (§ 1 EG Abs. 2)	2295
121.5.5	Ausschreibungs- und Vergaberegeln für Dienstleistungen nach Anhang I Teil B (§ 1 EG Abs. 3)	2296
121.5.6	CPC-Referenznummer und CPV-Referenznummer	2296
121.5.7	Ausschreibung von gemischten Leistungen des Anhangs I Teil A und des Anhangs I Teil B	2296
122.	§ 2 EG – Grundsätze	2296
122.1	Änderungen in der VOL/A 2009	2297
122.2	Unterschied zu § 2 VOL/A	2297
122.3	Hinweis	2297
123.	§ 3 EG – Arten der Vergabe	2297
123.1	Änderungen in der VOL/A 2009	2300
123.2	Vergleichbare Regelungen	2301
123.3	Bieterschützende Vorschrift	2301
123.4	Vergabeart des offenen Verfahrens (§ 3 EG Abs. 1 Satz 1)	2301
123.4.1	Begriff des offenen Verfahrens	2301
123.4.2	Vorrang des offenen Verfahrens	2301
123.5	Vergabeart des nicht offenen Verfahrens (§ 3 EG Abs. 1 Satz 2)	2301
123.6	Vergabeart des Verhandlungsverfahrens (§ 3 EG Abs. 1 Satz 2)	2301
123.7	Vergabeart des wettbewerblichen Dialogs (§ 3 EG Abs. 1 Satz 2)	2301
123.8	Zulässigkeit eines nichtoffenen Verfahrens (§ 3 EG Abs. 2)	2301
123.8.1	Änderung in der VOL/A 2009	2301
123.8.2	Zulässigkeitsvoraussetzungen	2301
123.9	Zulässigkeit eines Verhandlungsverfahrens mit Teilnahmewettbewerb (§ 3 EG Abs. 3)	2302
123.9.1	Hinweis	2302
123.9.2	Enumerative Aufzählung	2302
123.9.3	Nur auszuschließende Angebote in einem offenen oder nichtoffenen Verfahren oder wettbewerblichen Dialog und keine grundlegenden Änderungen der ursprünglichen Bedingungen (§ 3 EG Abs. 3 lit. a)	2302
123.9.4	Liefer- oder Dienstleistungsaufträge, die eine vorherige Festlegung eines Gesamtpreises nicht zulassen (§ 3 EG Abs. 3 lit. b)	2304
123.9.5	Unmöglichkeit der Festlegung der vertraglichen Spezifikationen bei bestimmten Dienstleistungen (§ 3 EG Abs. 3 lit. c)	2306
123.10	Zulässigkeit eines Verhandlungsverfahrens ohne Teilnahmewettbewerb (§ 3 EG Abs. 4)	2307
123.10.1	Hinweis	2307
123.10.2	Enumerative Aufzählung und enge Auslegung	2307
123.10.3	Möglichkeiten eines Verhandlungsverfahrens ohne Teilnahmewettbewerb	2308
123.11	Begrenzung der Anzahl der Bieter (§ 3 EG Abs. 5)	2315
123.11.1	Bekanntmachung der Mindestzahl der Teilnehmer, die zur Angebotsabgabe aufgefordert werden?	2315

123.11.2	Bekanntmachung der Höchstzahl der Teilnehmer, die zur Angebotsabgabe aufgefordert werden?	2316
123.11.3	Nennung der objektiven Auswahlkriterien bereits in der Bekanntmachung	2316
123.11.4	Mindestanzahl der Teilnehmer (§ 3 EG Abs. 5 Satz 2)	2316
123.12	**Abwicklung des Verhandlungsverfahrens in verschiedenen Phasen (§ 3 EG Abs. 6)**	2316
123.13	**Wettbewerblicher Dialog (§ 3 EG Abs. 7)**	2316
123.14	**Wettbewerbe (§ 3 EG Abs. 8)**	2316
123.14.1	Änderung in der VOL/A 2009	2316
123.14.2	Vergleichbare Regelungen	2316
123.14.3	Bedeutung in Praxis und Rechtsprechung	2316
124.	**§ 4 EG – Rahmenvereinbarungen**	2316
124.1	**Hinweis**	2317
125.	**§ 5 EG – Dynamische elektronische Verfahren**	2317
125.1	**Hinweis**	2318
126.	**§ 6 EG – Teilnehmer am Wettbewerb**	2319
126.1	**Änderungen in der VOL/A 2009**	2320
126.2	**Vergleichbare Vorschriften**	2320
126.3	**Rechtsform der Bewerber oder Bieter zum Zeitpunkt der Abgabe einer Bewerbung oder eines Angebots (§ 6 EG Abs. 1)**	2320
126.4	**Gleichsetzung von Bewerber- und Bietergemeinschaften und Einzelbietern (§ 6 EG Abs. 2)**	2320
126.5	**Verbot der Forderung eines Entgelts für die Durchführung eines Vergabeverfahrens (§ 6 EG Abs. 3)**	2320
126.6	**Zwingende Ausschlussgründe (§ 6 EG Abs. 4)**	2321
126.6.1	Allgemeines	2321
126.6.2	Keine Verpflichtung zur Vorlage einer Bestätigung nach § 6 EG Abs. 4	2321
126.6.3	Über die Aufzählung in § 6 EG Abs. 3 hinausgehende Straftatbestände	2321
126.6.4	Kein Verbot der Forderung nach Vorlage eines Führungszeugnisses bereits mit dem Angebot	2321
126.6.5	Literatur	2322
126.7	**Fakultativer Ausschluss von Bewerbern (§ 6 EG Abs. 6)**	2322
126.8	**Teilnahme von vorbefassten Bietern oder Bewerbern (§ 6 EG Abs. 7)**	2322
127.	**§ 7 EG – Nachweis der Eignung**	2322
127.1	**Änderungen in der VOL/A 2009**	2324
127.2	**Vergleichbare Vorschriften**	2324
127.3	**Bieterschützende Regelung**	2324
127.4	**Nachweis der Eignung (§ 7 EG Abs. 1, Abs. 2, Abs. 3, Abs. 4)**	2325
127.4.1	Begriff der Eignung (§ 7 EG Abs. 1 Satz 1)	2325
127.4.2	Inhalt der Eignung	2325
127.4.3	Allgemeine Anforderungen an vom Auftraggeber geforderte Angaben und Nachweise (Rechtfertigung durch den Gegenstand des Auftrags)	2325
127.4.4	Möglichkeiten der Feststellung der Eignung (§ 7 EG Abs. 1 Satz 2, Satz 3)	2325
127.4.5	Nachweise in finanzieller und wirtschaftlicher Hinsicht (§ 7 EG Abs. 2)	2325
127.4.6	Nachweise in fachlicher und technischer Hinsicht (§ 7 EG Abs. 3)	2325
127.5	**Angabe der vorzulegenden Nachweise bereits in der Bekanntmachung (§ 7 EG Abs. 5 Satz 1)**	2326
127.6	**Nachweis der Eignung auf andere Art (§ 7 EG Abs. 5 Satz 2)**	2326
127.6.1	Allgemeines	2326
127.6.2	Voraussetzungen	2326
127.6.3	Weitere Beispiele aus der Rechtsprechung	2326
127.7	**Bescheinigungen oder Urkunden über das Nichtvorliegen der Ausschlussgründe des § 6 EG Abs. 4 (§ 7 EG Abs. 6)**	2327

Teil 4 Inhaltsverzeichnis Vergabe- und Vertragsordnung für Leistungen Teil A

127.8	Bescheinigungen oder Erklärungen über das Nichtvorliegen der Ausschlussgründe des § 6 EG Abs. 6 (§ 7 EG Abs. 7)	2327
127.9	Nachweise über Eintragungen im Berufs- oder Handelsregister (§ 7 EG Abs. 8)	2327
127.10	Berücksichtigung der Fähigkeiten Dritter (§ 7 EG Abs. 9)	2327
127.10.1	Allgemeines	2327
127.10.2	Zeitpunkt der Vorlage des Verfügbarkeitsnachweises (§ 7 EG Abs. 9 Satz 2)	2327
127.11	Qualitätssicherung und Zertifizierung (§ 7 EG Abs. 10)	2327
127.11.1	Grundsatz	2327
127.11.2	Zertifizierung	2328
127.12	Umweltmanagement (§ 7 EG Abs. 11)	2328
127.13	Zeitpunkt der Vorlage von geforderten Nachweisen (§ 7 EG Abs. 12)	2328
127.13.1	Änderung in der VOL/A 2009	2328
127.13.2	Ausdrückliche Regelung des Zeitpunkts der Vorlage	2328
127.13.3	Sachlicher Geltungsbereich (Nachweise)	2329
127.13.4	Die Ausnahme der Verfügbarkeit auf elektronischem Weg für den Auftraggeber	2329
127.14	Vervollständigung oder Erläuterung von Nachweisen (§ 7 EG Abs. 13)	2329
127.14.1	Änderung in der VOL/A 2009	2329
127.14.2	Sachlicher Anwendungsbereich (Nachweise)	2329
127.14.3	Vervollständigung oder Erläuterung	2329
127.14.4	Vergleich zur VOF 2009	2330
127.14.5	Regelungslücke für vorgeschaltete Teilnahmewettbewerbe im Bereich der VOL/A	2330
128.	**§ 8 EG – Leistungsbeschreibung, Technische Anforderungen**	2330
128.1	Änderungen in der VOL/A 2009	2332
128.2	Hinweis	2332
128.3	Eindeutigkeit der Leistungsbeschreibung (§ 8 EG Abs. 1)	2332
128.4	Formulierung der technischen Anforderungen in der Leistungsbeschreibung (§ 8 EG Abs. 2)	2332
128.4.1	Allgemeines	2332
128.4.2	Technische Spezifikationen (§ 8 EG Abs. 2 Nr. 1)	2333
128.5	Ersetzung von nationalen Normen (§ 8 EG Abs. 3)	2334
128.6	Ersetzung von Leistungs- oder Funktionsanforderungen (§ 8 EG Abs. 4)	2334
128.7	Spezifikationen für Umwelteigenschaften (§ 8 EG Abs. 5, Abs. 6)	2335
128.8	Verweis auf Produktion oder Herkunft oder ein besonderes Verfahren oder auf Marken, Patente, Typen eines bestimmten Ursprungs oder einer bestimmten Produktion (§ 8 EG Abs. 7)	2335
128.8.1	Vergleich mit den Regelungen der Basisparagraphen	2335
128.8.2	Grundsatz, Ausnahmen und Hinweis	2335
128.9	Modifizierung der VOL/A für den Kauf oder bei Ersetzung oder Nachrüstung technischer Geräte und Ausrüstungen durch § 4 Abs. 6 VgV	2335
128.9.1	Text	2335
128.9.2	Hintergrund (Verordnungsbegründung zu § 4 Abs. 6 VgV)	2335
128.9.3	Regelungstechnischer Anwendungsbereich	2336
128.9.4	Sachlicher Anwendungsbereich	2336
128.9.5	Zwingende Berücksichtigung im Rahmen der Leistungsbeschreibung	2336
129.	**§ 9 EG – Vergabeunterlagen**	2336
129.1	Änderungen in der VOL/A 2009	2337
129.2	Vergleich zur Basisregelung des § 8 VOL/A	2337
129.3	Vergleichbare Regelungen	2337
129.4	Vergabeunterlagen (§ 9 EG Abs. 1)	2337
129.5	Gewichtung der Zuschlagskriterien (§ 9 EG Abs. 2)	2337
129.5.1	Grundsatz	2337
129.5.2	Hinweis	2337
129.6	Kostenersatz für die Vervielfältigung der Vergabeunterlagen (§ 9 EG Ab. 3)	2337
129.7	Abschließende Liste von Nachweisen (§ 9 EG Abs. 4)	2338

129.8	**Angaben über die Zulassung von Nebenangeboten und die Mindestanforderungen für Nebenangebote (§ 9 EG Abs. 5)**	2238
129.8.1	Hinweis	2238
129.8.2	Erläuterung der Mindestanforderungen an Nebenangebote (§ 9 EG Abs. 5 Satz 3)	2238
130.	**§ 10 EG – Aufforderung zur Angebotsabgabe und zur Teilnahme am wettbewerblichen Dialog**	2238
130.1	**Änderungen in der VOL/A 2009**	2239
130.2	**Auswahl der Teilnehmer bei einem Teilnahmewettbewerb (§ 10 EG Abs. 1)**	2239
130.2.1	Grundsätze	2239
130.2.2	Elektronisch verfügbar gemachte Unterlagen (§ 10 EG Abs. 1 Satz 1)	2239
130.2.3	Nicht zu berücksichtigende Teilnahmeanträge (§ 10 EG Abs. 1 Satz 2)	2239
130.3	**Notwendiger Inhalt der Vergabeunterlagen (§ 10 EG Abs. 2 Satz 1)**	2239
130.3.1	Hinweis auf die veröffentlichte Bekanntmachung (§ 10 EG Abs. 2 Satz 1 lit. a)	2239
130.3.2	Termin und Ort des Beginns der Dialogphase (§ 10 EG Abs. 2 Satz 1 lit. b)	2239
130.3.3	Zuschlagskriterien einschließlich Gewichtung bzw. absteigende Reihenfolge der den Zuschlagskriterien zuerkannten Bedeutung (§ 10 EG Abs. 2 Satz 1 lit. c)	2239
130.3.4	Phasenabwicklung eines Verhandlungsverfahrens oder wettbewerblichen Dialogs (§ 10 EG Abs. 2 Satz 1 lit. d)	2240
130.3.5	Nennung der Vergabenachprüfungsstelle (§ 10 EG Abs. 2 Satz 1 lit. e)	2340
131.	**§ 11 EG – Vertragsbedingungen**	2341
131.1	**Änderungen in der VOL/A 2009**	2341
131.2	**Vergleich zur Basisregelung des § 9 VOL/A**	2341
131.3	**Bieterschützende Vorschrift**	2341
131.3.1	Hinweis	2341
131.3.2	§ 11 EG Abs. 5	2341
131.4	**Vertragsbedingungen (§ 11 EG Abs. 1)**	2341
131.5	**Vertragsstrafen (§ 11 EG Abs. 2)**	2342
131.6	**Beschleunigungsvergütungen**	2342
131.7	**Verjährungsfristen (§ 11 EG Abs. 3)**	2342
131.8	**Sicherheitsleistungen (§ 11 EG Abs. 4)**	2342
131.9	**Vergabe von Unteraufträgen (§ 11 EG Abs. 5)**	2342
131.9.1	Grundsatz	2342
131.9.2	Hintergrund	2342
132.	**§ 12 EG – Fristen**	2342
132.1	**Änderungen in der VOL/A 2009**	2343
132.2	**Bieterschützende Vorschrift**	2343
132.3	**Vergleichbare Regelungen**	2344
132.4	**Arten von Fristen im Rahmen des § 12 EG VOL/A**	2344
132.5	**Angebotsfrist (§ 12 EG Abs. 1)**	2344
132.5.1	Hinweis	2344
132.6	**Teilnahmefrist (§ 12 EG Abs. 1)**	2344
132.6.1	Hinweis	2344
132.7	**Zuschlagsfrist**	2344
132.7.1	Hinweis	2344
132.8	**Bindefrist**	2344
132.8.1	Hinweis	2344
132.9	**Sonderregelungen für Fristen im Rahmen europaweiter Ausschreibungen (§ 12 EG Abs. 2 – Abs. 7)**	2344
132.9.1	Allgemeines	2344
132.9.2	Berechnung der Fristen	2345
132.9.3	Dauer der Angebotsfrist beim Offenen Verfahren (§ 12 EG Abs. 2, Abs. 3)	2345
132.9.4	Dauer der Bewerbungsfrist beim Nichtoffenen Verfahren, wettbewerblichen Dialog und Verhandlungsverfahren mit öffentlichem Teilnahmewettbewerb (§ 12 EG Abs. 4)	2347
132.9.5	Dauer der Angebotsfrist beim Nichtoffenen Verfahren (§ 12 EG Abs. 5)	2348

Teil 4 Inhaltsverzeichnis Vergabe- und Vertragsordnung für Leistungen Teil A

132.9.6	Versendefrist für Unterlagen, die nicht auf elektronischem Weg frei, direkt und vollständig verfügbar sind (§ 12 EG Abs. 7)	2349
132.9.7	Auskunftserteilung (§ 12 EG Abs. 8)	2349
132.9.8	Zurückziehung von Angeboten (§ 12 EG Abs. 10)	2351
133.	**§ 13 EG – Grundsätze der Informationsübermittlung**	2351
133.1	**Änderungen in der VOL/A 2009**	2351
133.2	**Vergleich zur Basisregelung des § 11 VOL/A**	2351
133.3	**Hinweis**	2351
134.	**§ 14 EG – Anforderungen an Teilnahmeanträge**	2351
134.1	**Änderungen in der VOL/A 2009**	2352
134.2	**Vergleichbare Regelungen**	2352
134.3	**Sinn und Zweck der Vorschrift**	2352
134.4	**Anforderungen an die Auftraggeber bei Teilnahmeanträgen – Generalklausel – (§ 14 EG Abs. 1)**	2352
134.4.1	Änderungen in der VOL/A	2352
134.4.2	Inhalt	2352
134.5	**Anforderungen an die Bewerber und die Auftraggeber bei auf dem Postweg oder direkt übermittelten Teilnahmeanträgen (§ 14 EG Abs. 2)**	2352
134.5.1	Anforderungen an die Bewerber bei auf dem Postweg oder direkt übermittelten Teilnahmeanträgen (§ 14 EG Abs. 2 Satz 1)	2352
134.5.2	Anforderungen an die Auftraggeber bei auf dem Postweg oder direkt übermittelten Teilnahmeanträgen (§ 14 EG Abs. 2 Satz 1 und 2)	2353
134.6	**Anforderungen an die Auftraggeber bei mittels Telekopie übermittelten Teilnahmeanträgen (§ 14 EG Abs. 3)**	2353
134.6.1	Grundsatz	2353
134.6.2	Inhalt und Praxisproblem	2353
134.7	**Anforderungen an die Auftraggeber bei elektronisch übermittelten Teilnahmeanträgen (§ 14 EG Abs. 3)**	2353
134.8	**Telefonisch angekündigte Teilnahmeanträge (§ 14 EG Abs. 4)**	2354
134.8.1	Änderung in der VOL/A 2009	2354
134.8.2	Nachfolgende Übermittlung der Teilnahmeanträge in Textform	2354
134.9	**Hinweis auf § 10 EG Abs. 1 Satz 2**	2354
134.10	**Unterzeichnung der Teilnahmeanträge**	2354
134.10.1	Fehlende ausdrückliche Regelung in der VOL/A	2354
134.10.2	Notwendigkeit einer Unterschrift?	2354
134.11	**Geltung für alle Verfahren mit Teilnahmeanträgen**	2355
134.12	**Literatur**	2355
135.	**§ 15 EG – Bekanntmachung, Versand der Vergabeunterlagen**	2355
135.1	**Änderungen in der VOL/A 2009**	2356
135.2	**Vergleichbare Regelungen**	2356
135.3	**Bieterschützende Vorschrift**	2356
135.3.1	Grundsätze	2356
135.3.2	§ 15 EG Abs. 1, Abs. 2	2356
135.4	**Sinn und Zweck der Vorschriften über die Vergabebekanntmachung**	2356
135.5	**Auslegung der Vergabebekanntmachung**	2357
135.6	**Bindung des Auftraggebers an die Bekanntmachung**	2357
135.7	**Bekanntmachung Offener Verfahren, Nichtoffener Verfahren, eines Wettbewerblichen Dialogs oder eines Verhandlungsverfahrens mit Vergabebekanntmachung (§ 15 EG Abs. 1)**	2357
135.7.1	Änderungen in der VOL/A 2009	2357
135.7.2	Bekanntmachungsmuster	2357
135.7.3	Inhalt der Bekanntmachung	2358
135.8	**Zwingende Veröffentlichung der Bekanntmachungen im Amtsblatt der Europäischen Gemeinschaften (§ 15 EG Abs. 2 Satz 1)**	2358

135.9	Form der Übermittlung der Bekanntmachungen an das Amt für amtliche Veröffentlichungen der Europäischen Gemeinschaften (§ 15 EG Abs. 2 Satz 1, Satz 3)	2358
135.10	Umfang der Übermittlung der Bekanntmachungen an das Amt für amtliche Veröffentlichungen der Europäischen Gemeinschaften (§ 15 EG Abs. 2 Satz 2)	2359
135.11	Veröffentlichung der Bekanntmachungen im Supplement zum Amtsblatt der Europäischen Gemeinschaften (§ 15 EG Abs. 3)	2359
135.11.1	Allgemeines	2359
135.11.2	Zulässigkeit einer rein elektronischen Bekanntmachung	2359
135.11.3	Schnellere Veröffentlichung elektronischer Bekanntmachungen	2359
135.11.4	Literatur	2359
135.12	Inländische Veröffentlichung der Bekanntmachungen (§ 15 EG Abs. 4)	2359
135.12.1	Wahl des Bekanntmachungsmediums	2359
135.12.2	Inhalt und Zeitpunkt der inländischen Veröffentlichung	2360
135.13	Beschafferprofil (§ 15 EG Abs. 5)	2360
135.14	Vorinformation (§ 15 EG Abs. 6–8)	2360
135.14.1	Sinn und Zweck der Vorinformation	2360
135.14.2	Bedeutung der Vorinformation	2360
135.14.3	Zwingende Vorinformation (§ 15 EG Abs. 7 Satz 3)	2361
135.14.4	Schwellenwerte für die Vorinformation (§ 15 EG Abs. 6)	2361
135.14.5	Zeitpunkt der Vorinformation (§ 15 EG Abs. 6, Abs. 7)	2361
135.14.6	Übermittlung der Vorinformation (§ 15 EG Abs. 7, Abs. 8)	2361
135.15	Bekanntmachungen über öffentliche Liefer- oder Dienstleistungsaufträge, die nicht der Bekanntmachungspflicht unterliegen (§ 15 EG Abs. 9)	2361
135.16	Nennung der Vergabenachprüfungsstelle (§ 15 EG Abs. 10)	2361
135.16.1	Änderung in der VOL/A 2009	2361
135.16.2	Zwingende Regelung	2361
135.16.3	Hinweis	2362
135.17	Übermittlung der Vergabeunterlagen (§ 15 EG Abs. 11)	2362
135.17.1	Änderung in der VOL/A 2009	2362
135.17.2	Hinweis	2362
136.	§ 16 EG – Form und Inhalt der Angebote	2362
136.1	Änderungen in der VOL/A 2009	2362
136.2	Vergleichbare Regelungen	2363
136.3	Bieterschützende Vorschrift	2363
136.3.1	§ 16 EG	2363
136.3.2	§ 16 EG Abs. 1 Satz 2	2363
136.3.3	§ 16 EG Abs. 3	2363
136.4	Allgemeine Anforderungen des § 16 EG an die Bieter	2363
136.5	Auslegung des Angebots	2363
136.6	Angabe der Form der Angebote (§ 16 EG Abs. 1 Satz 1)	2363
136.7	Form der Angebote (§ 16 EG Abs. 1 Satz 2)	2363
136.7.1	Hinweis	2363
136.8	Gewährleistung der Unversehrtheit und der Vertraulichkeit der Angebote (§ 16 EG Abs. 2)	2364
136.9	Angabe aller geforderten Angaben, Erklärungen und Preise (§ 16 EG Abs. 3)	2364
136.10	Änderungen an den Vertragsunterlagen und Korrekturen des Bieters an seinen Eintragungen (§ 16 EG Abs. 4)	2364
136.11	Formerfordernisse für Angebote von Bietergemeinschaften (§ 16 EG Abs. 6)	2364
136.12	Sonstige Formerfordernisse	2364
136.13	Muster und Proben	2364
137.	§ 17 EG – Öffnung der Angebote	2364
137.1	Änderungen in der VOL/A	2365
137.2	Vergleichbare Regelungen	2365

137.3	Bieterschützende Vorschrift	2365
137.3.1	§ 17 EG Abs. 2	2365
137.4	Hinweis	2365
138.	**§ 18 EG – Aufklärung des Angebotsinhalts, Verhandlungsverbot**	**2365**
138.1	Änderungen in der VOL/A 2009	2365
138.2	Vergleichbare Regelungen	2366
138.3	Bieterschützende Vorschrift	2366
138.3.1	Grundsatz	2366
138.3.2	Bieterschützende Vorschrift für den Bieter, mit dem unstatthafte Verhandlungen geführt werden?	2366
138.4	Hinweis	2366
139.	**§ 19 EG – Prüfung und Wertung der Angebote**	**2366**
139.1	Änderungen in der VOL/A	2367
139.2	Vergleichbare Regelungen	2367
139.3	Bieterschützende Vorschrift	2368
139.3.1	§ 19 EG	2368
139.3.2	§ 19 EG Abs. 3 lit. a)	2368
139.3.3	§ 19 EG Abs. 3 lit. b), c), d)	2368
139.3.4	§ 19 EG Abs. 3 lit. d)	2368
139.3.5	§ 19 EG Abs. 3 lit. f)	2368
139.3.6	§ 19 EG Abs. 3 lit. g)	2368
139.3.7	§ 19 EG Abs. 5	2368
139.3.8	§ 19 EG Abs. 6 Satz 1	2368
139.3.9	§ 19 EG Abs. 6 Satz 2	2369
139.4	Wertungsstufen	2371
139.5	Grundsatz der Wahrheit der Bieterangaben	2371
139.6	1. Wertungsstufe: Prüfung und Ausschluss nach § 19 EG Abs. 1–4	2371
139.7	2. Wertungsstufe: Eignungsprüfung (§ 19 EG Abs. 5)	2371
139.8	3. Wertungsstufe: Prüfung der Angebote auf ein offenbares Missverhältnis zwischen Preis und Leistung (§ 19 EG Abs. 6, Abs. 7)	2371
139.8.1	Hinweis	2371
139.8.2	Aufgrund einer staatlichen Beihilfe ungewöhnlich niedrige Angebote (§ 19 EG Abs. 7)	2372
139.9	4. Wertungsstufe: Auswahl des wirtschaftlichsten Angebots (§ 19 EG Abs. 8, Abs. 9, § 21 EG Abs. 1)	2372
139.9.1	Änderung in der VOL/A 2009	2372
139.9.2	Bindung des Auftraggebers an die veröffentlichten Zuschlagskriterien einschließlich der Gewichtung (§ 19 EG Abs. 8)	2372
139.9.3	Berücksichtigung von bestimmten durch den Auftragsgegenstand gerechtfertigten Zuschlagskriterien (§ 19 EG Abs. 9)	2373
139.9.4	Zuschlag auf das wirtschaftlichste Angebot (§ 21 EG Abs. 1)	2373
140.	**§ 20 EG – Aufhebung von Vergabeverfahren**	**2373**
140.1	Änderungen in der VOL/A 2009	2374
140.2	Vergleichbare Regelungen	2374
140.3	Bieterschützende Vorschrift	2374
140.4	Sinn und Zweck der Vorschrift	2374
140.5	Geltungsbereich	2374
140.6	Aufhebung als Ermessensentscheidung	2374
140.7	Pflicht zur Aufhebung	2374
140.8	Alternative zur Aufhebung	2374
140.9	Teilaufhebung	2375
140.10	Enge Auslegung der Voraussetzungen einer Aufhebung	2375
140.11	Aufhebungsgründe des § 20 EG VOL/A (§ 20 EG Abs. 1)	2375
140.12	Sonstige Aufhebungsgründe und Rechtsfolgen	2375

140.13	Beweislast für das Vorliegen von Aufhebungsgründen	2375
140.14	Rechtsnatur der Aufhebung	2375
140.15	Bekanntmachung der Aufhebungsentscheidung	2375
140.16	Rechtsfolge der Bekanntmachung der Aufhebungsentscheidung	2375
140.17	Unterrichtungspflicht über die Aufhebung (§ 20 EG Abs. 2)	2375
140.18	Unterrichtungspflicht über den Verzicht auf eine Auftragsvergabe bzw. eine erneute Einleitung (§ 20 EG Abs. 3)	2375
140.18.1	Änderungen in der VOL/A	2375
140.18.2	Notwendigkeit der Regelung?	2375
140.18.3	Umfang der Mitteilungspflicht	2376
140.18.4	Literatur	2376
140.19	Rücknahme der Aufhebung	2376
140.20	Missbrauch der Aufhebungsmöglichkeit (Scheinaufhebung)	2376
140.21	Neues Vergabeverfahren im Anschluss an die Aufhebung	2376
140.22	Überprüfung der Aufhebungsentscheidung in einem Vergabenachprüfungsverfahren	2376
140.23	Literatur	2376
141.	§ 21 EG – Zuschlag	2376
141.1	Änderungen in der VOL/A 2009	2377
141.2	Vergleichbare Regelungen	2377
141.3	Zuschlag auf das wirtschaftlichste Angebot (§ 21 EG Abs. 1)	2377
141.4	Formen der Annahme eines Angebots – Zuschlag – (§ 21 EG Abs. 2)	2377
141.5	Unterschriftserfordernis bei der elektronischen Form der Annahme eines Angebots (§ 21 EG Abs. 3)	2377
141.6	Unterschriftserfordernis bei der Telekopie als Mittel der Annahme eines Angebots (§ 21 EG Abs. 3)	2377
141.7	Vergaberechtskonforme Auslegung der Zuschlagserklärung	2377
142.	§ 22 EG – Nicht berücksichtigte Bewerbungen und Angebote	2377
142.1	Änderungen in der VOL/A 2009	2378
142.2	Vergleichbare Regelungen	2378
142.3	Optionsrecht des Bieters bzw. des Bewerbers	2378
142.4	Nachträglicher Informationsanspruch	2378
142.5	Verhältnis zu § 101 a GWB	2378
142.6	Inhalt der Benachrichtigung der nicht berücksichtigten Bieter (§ 22 EG Abs. 1)	2378
142.7	Inhalt der Benachrichtigung der nicht berücksichtigten Bewerber (§ 22 EG Abs. 1)	2378
142.8	Forderung nach einem frankierten Rückumschlag	2378
142.9	Rechtsfolge bei unterlassener Benachrichtigung	2378
142.10	Zurückhaltung von Informationen (§ 22 EG Abs. 3)	2378
142.11	Antrag auf Feststellung einer Verletzung des § 22 EG VOL/A	2379
142.12	Presserechtliche Auskunftsansprüche	2379
142.13	Literatur	2379
143.	§ 23 EG – Bekanntmachung über die Auftragserteilung	2379
143.1	Änderungen in der VOL/A 2009	2379
143.2	Vergleichbare Regelungen	2379

Teil 4 Inhaltsverzeichnis Vergabe- und Vertragsordnung für Leistungen Teil A

143.3	Bieterschützende Vorschrift	2379
143.4	Literatur	2379
144.	§ 24 EG – Dokumentation	2380
144.1	Änderungen in der VOL/A 2009	2380
144.2	Vergleichbare Regelungen	2380
144.3	Bieterschützende Vorschrift	2380
144.4	Materieller und formeller Inhalt der Dokumentation (§ 24 EG Abs. 1, Abs. 2)	2380

100. Einführung zur VOL/A

100.1 Allgemeines

Die Vergabe- und Vertragsordnung für Leistungen – VOL – ist neben der Vergabe- und Vertragsordnung für Bauleistungen (VOB) und der Vergabeordnung für freiberufliche Leistungen – VOF – die dritte große Säule innerhalb der Vergabe- und Vertragsordnungen. 8780

100.2 Aktuelle Fassung

Im Zuge des neuen Vergaberechts wurde auch die VOL/A geändert. Die VOL/A 2009 vom 20. 9. 2009 wurde im **Bundesanzeiger Nr. 196a vom 29. 12. 2009** bekannt gemacht. Im **Bundesanzeiger Ausgabe Nr. 32 vom 26. 2. 2010** ist eine **Berichtigung** der VOL/A 2009 erschienen. 8781

Die VOL/A 2009 ist mit dem Abschnitt 2 **am 11. 6. 2010 – bundesweit – in Kraft getreten.** Die Anwendbarkeit des 1. Abschnittes bestimmt sich nach der jeweiligen Einführungsregelung z. B. des Bundes bzw. der einzelnen Bundesländer. Das **Bundesministerium für Wirtschaft und Technologie etwa hat mit Erlass vom 10. 6. 2010** (Az.: I B 6–265000/ 21) geregelt, dass die Bundesressorts und die nachgeordneten Behörden die VOL/A 2009 – 1. Abschnitt – **ab dem 11. 6. 2010 anwenden müssen**. 8782

100.3 Inhalt und Aufbau

Die VOL regelt die Vergabe von Liefer- und Dienstleistungsaufträgen. 8783

Sie ist in zwei Teile gegliedert: 8784

– **VOL Teil A: Allgemeine Bestimmungen für die Vergabe von Leistungen** (Verfahren von der Erstellung der Ausschreibungsunterlagen bis zur Vergabe bzw. Aufhebung der Ausschreibung)

– **VOL Teil B: Allgemeine Vertragsbedingungen für die Ausführung von Leistungen** (Verfahren der Abwicklung eines rechtsverbindlich abgeschlossenen Liefervertrages)

100.4 Fortschreibung

Verantwortlich für die inhaltliche Fortschreibung der VOL ist der Deutsche Verdingungsausschuss für Leistungen (DVAL); die Geschäftsführung liegt beim Bundesministerium für Wirtschaft und Technologie. 8785

100.5 Überblick der wichtigsten Änderungen

100.5.1 Formale Änderungen

Beibehalten wurde die Gliederung der VOL/A in Abschnitte (so genanntes Schubladensystem), wobei die **Abschnitte 3 und 4 aufgrund der neuen Sektorenverordnung entfallen** sind. Der **Abschnitt 2 sieht nicht mehr – wie bisher – eine Gliederung in Basis- und a-Paragraphen vor**. Diese Aufteilung wurde beim Abschnitt 2 der VOL aufgegeben. Die Ausschreibung und Vergabe öffentlicher Aufträge ab den Schwellenwerten bestimmt sich nur noch nach dem 2. Abschnitt, den EG-Paragraphen. 8786

Wesentliche formale Änderungen ergaben sich durch die **Straffung der Struktur, der Abschnitt 1 umfasst nunmehr nur noch 20 statt bisher 30 Paragrafen und der Abschnitt 2 23 statt 33 Paragrafen.** 8787

100.5.2 Vereinheitlichung des Vokabulars

Neben der Anpassung der Struktur der Vergabeordnungen **wurde auch das verwendete vergaberechtlich relevante Vokabular, soweit wie möglich, vereinheitlicht**. Die Ände- 8788

Teil 4 VOL/A § 1 Vergabe- und Vertragsordnung für Leistungen Teil A

rung der Nummerierung der Paragrafen in Absätze und in der weiteren Abstufung in Nummern und in Buchstaben folgt **Rechtsförmlichkeitsvorgaben** und entspricht dem Nummerierungsaufbau von Gesetzen und Verordnungen.

100.5.3 Inhaltliche Änderungen (Zusammenfassung)

8789 Aufgrund von Erfahrungswerten aus der Praxis wurden im Interesse eines umfassenden Wettbewerbs Regelungen aufgenommen, nach denen **fehlende Erklärungen und Nachweise nachgereicht werden können**. Fehlende Preisangaben führen nicht mehr zwangsläufig **zum Ausschluss des Angebots**, vielmehr kann das betreffende Angebot unter bestimmten Voraussetzungen dennoch gewertet werden. Mit diesen Regelungen soll der Ausschluss von Angeboten aus vielfach rein formalen Gründen verhindert und damit die Anzahl der am Wettbewerb teilnehmenden Angebote nicht unnötig reduziert werden.

8790 **Leistungen bis zu einem Auftragswert von 500 Euro (ohne Umsatzsteuer)** können unter Berücksichtigung der Haushaltsgrundsätze der Wirtschaftlichkeit und Sparsamkeit ohne ein Vergabeverfahren beschafft werden **(Direktkauf).**

8791 Es wurden **Ausnahmen von dem Primat der produkt- und herstellerneutralen Erstellung** des Leistungsverzeichnisses in die VOL/A aufgenommen.

8792 Die **Vorschriften über die Prüfung und Wertung der Angebote wurden in einem Paragraphen zusammengefasst.**

8793 Zur Erhöhung der Transparenz auch im Bereich der nationalen Vergaben wurden **Regelungen über eine ex-post Transparenz eingeführt.**

8794 Die **Einzelheiten** der Änderung sind bei den jeweiligen Vorschriften näher dargestellt.

100.6 Hinweis

8795 Die **Straffung der Struktur lässt viele für den nicht juristisch ausgebildeten Praktiker nützliche Hinweise und Verhaltensregelungen entfallen.** Diese Hinweise und Verhaltensregelungen bleiben im Sinne einer anwenderfreundlichen Nutzung des Kommentars **weiter enthalten.** In aller Regel wird auf die entsprechende – neue – Kommentierung des GWB bzw. der VOB/A verwiesen.

101. § 1 VOL/A – Anwendungsbereich

Die folgenden Regeln gelten für die Vergabe von öffentlichen Aufträgen über Leistungen (Lieferungen und Dienstleistungen). Sie gelten nicht

– für Bauleistungen, die unter die Vergabe- und Vertragsordnung für Bauleistungen – VOB – fallen und

– für Leistungen, die im Rahmen einer freiberuflichen Tätigkeit erbracht oder im Wettbewerb mit freiberuflich Tätigen angeboten werden. Die Bestimmungen der Haushaltsordnungen bleiben unberührt.

101.1 Änderungen in der VOL/A 2009

8796 Die **Überschrift** wurde von „Leistungen" in „Anwendungsbereich" geändert und trifft damit den Inhalt der Vorschrift genauer.

8797 Der Hinweis, dass freiberufliche Leistungen ab den Schwellenwerten nicht unter die VOL/A fallen, konnte wegen des anderen Aufbaus der VOL/A (vgl. die Kommentierung → Einführung Rdn. 7) entfallen. Die **Abgrenzungsfrage zur VOF ist in § 1 EG geregelt.**

101.2 Vergleichbare Regelungen

101.2.1 § 99 Abs. 2

Maßgebend für den Anwendungsbereich des Vierten Teils des GWB ist – für Warenbeschaffungen – die **Definition des Lieferauftrages in § 99 Abs. 2 GWB**; vgl. im Einzelnen die Kommentierung zu → § 99 GWB Rdn. 77 ff.

8798

101.2.2 § 99 Abs. 3

Maßgebend für den Anwendungsbereich des Vierten Teils des GWB ist – für Dienstleistungen – die **Definition des Dienstleistungsauftrages in § 99 Abs. 4 GWB**; vgl. im Einzelnen die Kommentierung zu → § 99 GWB Rdn. 208 ff.

8799

101.2.3 VOL/A, VOB/A, VOF

Der **Vorschrift des § 1 VOL/A – als Abgrenzungsregelungen – im Grundsatz vergleichbar** sind im Bereich der VOL/A § 1 EG VOL/A, im Bereich der VOB §§ 1, 1 a VOB/A und im Bereich der VOF § 1 VOF. Die Kommentierungen zu diesen Vorschriften können daher ergänzend zu der Kommentierung des § 1 herangezogen werden.

8800

101.3 Lieferungen und Leistungen

101.3.1 Allgemeines

§ 1 VOL/A **grenzt den Anwendungsbereich der VOL/A negativ** ab: Die VOL/A ist nach dem Wortlaut des § 1 **für alle Lieferungen und Leistungen** anzuwenden, die **nicht Bauleistungen oder freiberufliche Leistungen** sind (z.B. aufgrund von Kauf-, Werk-, Werklieferungs-, Miet- und Leasingverträgen).

8801

101.3.2 Anwendungsbereich der VOB/A bzw. der VOL/A (1. Ausnahmeregelung)

101.3.2.1 Hinweis

Zum Anwendungsbereich der VOB/A vgl. die Kommentierung zu → § 1 VOB/A Rdn. 2.

8802

101.3.2.2 Erläuternde Hinweise der VOL/A

Bauleistungen sind Arbeiten jeder Art, durch die eine bauliche Anlage hergestellt, instand gehalten, geändert oder beseitigt wird. Darunter fallen auch alle zur Herstellung, Instandhaltung oder Änderung einer baulichen Anlage zu montierenden Bauteile, insbesondere die Lieferung und Montage maschineller und elektrotechnischer Einrichtungen. Einrichtungen, die jedoch von der baulichen Anlage ohne Beeinträchtigung der Vollständigkeit oder Benutzbarkeit abgetrennt werden können und einem selbständigen Nutzungszweck dienen, fallen unter die VOL/A.

8803

101.3.3 Freiberufliche Tätigkeiten (2. Ausnahmeregelung)

101.3.3.1 Änderung in der VOL/A 2009

§ 1 VOL/A 2009 **nimmt alle freiberuflichen Tätigkeiten – gleichgültig ob sie die Schwellenwerte nach der VgV erreichen oder nicht – aus dem Anwendungsbereich der VOL/A heraus**. Diese Änderung hat ihren sachlichen Grund in dem anderen Aufbau der VOL/A; die Abgrenzung zur VOF erfolgt in § 1 EG VOL/A. Im Ergebnis führt dies dazu, dass **freiberufliche Leistungen unterhalb der Schwellenwerte lediglich haushaltsrechtlichen Regelungen unterliegen**; insoweit hat sich in Bund, Ländern und Kommunen die Auffassung gefestigt, dass aufgrund des besonderen Wesens dieser Leistungen nur eine freihändige Vergabe in Betracht kommt.

8804

Teil 4 VOL/A § 1   Vergabe- und Vertragsordnung für Leistungen Teil A

101.3.3.2 Begriff der freiberuflichen Tätigkeiten

8805   Weder die VOL/A noch die VOF definieren den Inhalt einer freiberuflichen Tätigkeit. Insoweit kann aber einmal auf die in der Fußnote zu § 1 VOL/A enthaltene **Definition des § 18 Abs. 1 Nr. 1 EStG** zurückgegriffen werden. Danach gehören zu der freiberuflichen Tätigkeit die **selbständig ausgeübte wissenschaftliche, künstlerische, schriftstellerische, unterrichtende oder erzieherische Tätigkeit**, die selbständige Berufstätigkeit der Ärzte, Zahnärzte, Tierärzte, Rechtsanwälte, Notare, Patentanwälte, Vermessungsingenieure, Ingenieure, Architekten, Handelschemiker, Wirtschaftsprüfer, Steuerberater, beratenden Volks- und Betriebswirte, vereidigten Buchprüfer (vereidigten Bücherrevisoren), Steuerbevollmächtigten, Heilpraktiker, Dentisten, Krankengymnasten, Journalisten, Bildberichterstatter, Dolmetscher, Übersetzer, Lotsen und ähnlicher Berufe. Die Definition des § 18 Abs. 1 Nr. 1 EStG ist **nicht abschließend**.

8806   Ähnlich definiert **§ 1 Partnerschaftsgesellschaftsgesetz (PartGG)** die freiberufliche Tätigkeit: Die Freien Berufe haben im allgemeinen **auf der Grundlage besonderer beruflicher Qualifikation oder schöpferischer Begabung die persönliche, eigenverantwortliche und fachlich unabhängige Erbringung von Dienstleistungen höherer Art im Interesse der Auftraggeber und der Allgemeinheit** zum Inhalt. Ausübung eines Freien Berufs im Sinne dieses Gesetzes ist die selbständige Berufstätigkeit der Ärzte, Zahnärzte, Tierärzte, Heilpraktiker, Krankengymnasten, Hebammen, Heilmasseure, Diplom-Psychologen, Mitglieder der Rechtsanwaltskammern, Patentanwälte, Wirtschaftsprüfer, Steuerberater, beratenden Volks- und Betriebswirte, vereidigten Buchprüfer (vereidigte Buchrevisoren), Steuerbevollmächtigten, Ingenieure, Architekten, Handelschemiker, Lotsen, hauptberuflichen Sachverständigen, Journalisten, Bildberichterstatter, Dolmetscher, Übersetzer und ähnliche Berufe sowie der Wissenschaftler, Künstler, Schriftsteller, Lehrer und Erzieher (im Ergebnis ebenso OLG München, B. v. 28. 4. 2006 – Az.: Verg 6/06).

8807   Der Europäische Gerichtshof hat sich – in einem steuerrechtlichen Zusammenhang – ebenfalls mit der Begriffsbestimmung des freien Berufes auseinandergesetzt. Freie Berufe sind danach **Tätigkeiten, die ausgesprochen intellektuellen Charakter** haben, eine **hohe Qualifikation verlangen** und gewöhnlich einer genauen und strengen berufsständischen Regelung unterliegen. Bei der Ausübung einer solchen Tätigkeit hat das **persönliche Element besondere Bedeutung**, und diese Ausübung setzt auf jeden Fall eine **große Selbständigkeit bei der Vornahme der beruflichen Handlungen** voraus (EuGH, Urteil v. 11. 10. 2001 – Az.: C-267/99).

101.3.3.3 Beispiele aus der Rechtsprechung

8808   – die **ärztliche Tätigkeit** ist, wenn sie selbständig ausgeübt wird, typischerweise freiberuflich (Saarländisches OLG, B. v. 20. 9. 2006 – Az.: 1 Verg 3/06)

101.3.3.4 Leistungen im Wettbewerb mit freiberuflich Tätigen

8809   Bei Leistungen, die im Wettbewerb mit freiberuflich Tätigen angeboten werden, handelt es sich um **freiberufliche Leistungen, die von Personen- oder Kapitalgesellschaften angeboten werden**, die von freiberuflich Tätigen gebildet worden sind; Leistungsanbieter sind also beispielsweise Gesellschaften des bürgerlichen Rechts (GbR), Gesellschaften mit beschränkter Haftung (GmbH) oder Aktiengesellschaften (AG).

8810   Obwohl solche Gesellschaften steuer- und gewerberechtlich Gewerbebetriebe sind, handelt es sich **vergaberechtlich um freiberufliche Leistungen**. § 1 hat also insofern klarstellenden Charakter.

101.3.3.5 Erläuternde Hinweise der VOL/A

8811   Weiterhin sind alle „Leistungen, die im Rahmen einer freiberuflichen Tätigkeit erbracht" werden, dem Abschnitt 1 entzogen. Welche Leistungen hierunter fallen, ergibt sich aus dem Katalog des § 18 Abs. 1 Nr. 1 EStG. Die Aufzählung ist nicht abschließend. Wird eine freiberufliche Leistung gleichzeitig im Wettbewerb von einem Gewerbebetrieb angeboten, findet die VOL auch auf die entsprechende Leistung des Gewerbebetriebes keine Anwendung. Liegt zwischen freiberuflich Tätigen und Gewerbebetrieben ein Wettbewerbsverhältnis nicht vor, d. h., wird eine der Natur nach freiberufliche Leistung ausschließlich durch Gewerbebetriebe erbracht, ist die VOL hingegen uneingeschränkt anwendbar. Die Frage, ob ein Wettbewerbsverhältnis zwischen freiberuflich Tätigen und Gewerbebetrieben besteht, ist vom jeweiligen Auftraggeber im Einzelfall und im Voraus aufgrund der vorhandenen Marktübersicht zu beurteilen. Es kommt nicht auf die potentielle Fähigkeit der freiberuflich Tätigen an, derartige Leistungen zu erbringen, sondern auf die Erfahrung des Auftraggebers, dass diese Leistungen in der Vergangenheit auch tatsächlich von freiberuflich Tätigen erbracht worden sind. Wird die Leistung nur von Gewerbebetrieben erbracht und ist daher mit keinem Parallelangebot der freiberuflich Tätigen nicht zu rechnen, ist die Leistung nach dem Verfahren der VOL zu vergeben.

Stellt sich im Laufe des VOL – Verfahrens wider Erwarten heraus, dass auch freiberuflich Tätige die Leistung erbringen und sich u. U. sogar um den Auftrag bewerben, so ist entscheidend, dass diese Leistung in der Vergangenheit nicht von freiberuflich Tätigen, sondern nur von Gewerbebetrieben erbracht wurde. Es kommt daher nicht auf die potentielle Fähigkeit der freiberuflich Tätigen an, derartige Leistungen zu erbringen, sondern auf die Erfahrung des Auftraggebers, dass diese Leistungen in der Vergangenheit auch tatsächlich von freiberuflich Tätigen erbracht worden sind. 8812

§ 1 zweiter Spiegelstrich lässt insbesondere §§ 7 und 55 BHO (bzw. die entsprechenden landes- und kommunalrechtlichen Bestimmungen) unberührt. Einheitliche Grundsätze für die Vergabe der Gesamtheit freiberuflicher Leistungen sind nicht vorhanden. Es ist daher nach den Rechtsgrundsätzen des § 55 BHO (bzw. den entsprechenden landes- oder kommunalrechtlichen Bestimmungen) zu verfahren. Nach § 55 Abs. 1 BHO muss dem Abschluss von Verträgen über Lieferungen und Leistungen eine Öffentliche Ausschreibung vorausgehen, sofern nicht die Natur des Geschäfts oder besondere Umstände eine Ausnahme rechtfertigen. 8813

Mit Rücksicht auf den Ausnahmecharakter bedarf es grundsätzlich für das Vorliegen der Ausnahmesituation des § 55 BHO der Prüfung im Einzelfall. Es kann jedoch davon ausgegangen werden, dass der Ausnahmetatbestand bei freiberuflichen Leistungen in der Regel erfüllt ist. Sie können daher grundsätzlich freihändig vergeben werden. 8814

Freiberufliche Leistungen sind an solche Bewerber zu vergeben, deren Fachkunde, Leistungsfähigkeit und Zuverlässigkeit feststeht, die über ausreichende Erfahrungen verfügen und die Gewähr für eine wirtschaftliche Planung und Ausführung bieten. Die Aufträge sollen möglichst gestreut werden.

101.3.3.6 Bestimmungen der Haushaltsordnungen

Die Haushaltsordnungen von Bund, Ländern und Kommunen enthalten jeweils Regelungen über die Ausschreibung und Vergabe öffentlicher Aufträge. **Diese Regelungen betreffen im Wesentlichen den Vorrang der Öffentlichen Ausschreibung bzw. Hinweise zur Anwendung der VOB/A bzw. VOL/A.** 8815

101.4 Gemischte Verträge

Vgl. zu gemischten Verträgen die Kommentierung zu → § 99 GWB Rdn. 530 ff. 8816

102. § 2 VOL/A – Grundsätze

(1) **Aufträge werden in der Regel im Wettbewerb und im Wege transparenter Vergabeverfahren an fachkundige, leistungsfähige und zuverlässige (geeignete) Unternehmen zu angemessenen Preisen vergeben. Dabei darf kein Unternehmen diskriminiert werden.**

(2) **Leistungen sind in der Menge aufgeteilt (Teillose) und getrennt nach Art oder Fachgebiet (Fachlose) zu vergeben. Bei der Vergabe kann auf eine Aufteilung oder Trennung verzichtet werden, wenn wirtschaftliche oder technische Gründe dies erfordern.**

(3) **Die Durchführung von Vergabeverfahren lediglich zur Markterkundung und zum Zwecke von Ertragsberechnungen ist unzulässig.**

(4) **Bei der Vergabe sind die Vorschriften über die Preise bei öffentlichen Aufträgen zu beachten.**

Teil 4 VOL/A § 2   Vergabe- und Vertragsordnung für Leistungen Teil A

102.1 Änderungen in der VOL/A 2009

8817   Die **Überschrift** wurde von „Grundsätze der Vergabe" in „Grundsätze" geändert.

8818   **Inhaltlich** sind in § 2 VOL/A 2009 **Regelungen aus § 2 VOL/A 2006** (Grundsätze der Vergabe), **§ 5 VOL/A 2006** (Vergabe nach Losen), **§ 16 VOL/A** (Grundsätze der Ausschreibung und der Informationsübermittlung) und **§ 15 VOL/A 2006** (Preise) zusammengefasst worden.

8819   In § 2 Abs. 1 wurde das **Transparenzgebot des § 97 Abs. 1 GWB ausdrücklich aufgenommen**.

102.2 Vergleichbare Regelungen

8820   Der **Vorschrift des § 2 VOL/A vergleichbar** sind im Bereich des GWB **§ 97 GWB**, im Bereich der VOL/A **§ 2 EG VOL/A**, im Bereich der VOB **§ 2 VOB/A** sowie im Bereich der VOF **§ 2 VOF**. Die Kommentierungen zu diesen Vorschriften können daher ergänzend zu der Kommentierung des § 2 VOL/A 2009 herangezogen werden.

102.3 Bieterschützende Vorschrift

8821   Die umfassend zu verstehende **Durchsetzung des wettbewerblichen Prinzips** bei der Bedarfsdeckung der öffentlichen Hand (§ 2 Abs. 1) liegt – was stets zu beachten ist – nicht nur im Interesse des jeweiligen öffentlichen Auftraggebers, sondern auch des potentiellen Auftragnehmers, **soll also auch den Bewerber oder Bieter im Vergabeverfahren schützen** (OLG Düsseldorf, B. v. 17. 6. 2002 – Az.: Verg 18/02).

8822   **§ 2 Abs. 1 Satz 1 VOL/A** dient dem Schutz des Auftraggebers. Die Einhaltung dieser Vorschrift **begründet aber auch für die Bieter subjektive Rechte**, da sie einen Anspruch darauf haben, sich im Wettbewerb grundsätzlich nur mit geeigneten Konkurrenten messen zu müssen (VK Südbayern, B. v. 6. 5. 2002 – Az.: 12-04/02).

8823   **§ 2 Abs. 1 Satz 2 VOL/A ist eine bieterschützende Vorschrift** (1. VK Bund, B. v. 20. 7. 2004 – Az.: VK 1–75/04; B. v. 20. 7. 2004 – Az.: VK 1–78/04).

102.4 Wettbewerbsprinzip (§ 2 Abs. 1)

8824   Vgl. zu Inhalt und Reichweite, zu wichtigen Ausprägungen und zu Beispielen die Kommentierung zu → § 97 GWB Rdn. 8f.

102.5 Transparente Vergabeverfahren (§ 2 Abs. 1)

102.5.1 Änderung in der VOL/A 2009

8825   Das **Transparenzgebot wurde mit der VOL/A 2009 ausdrücklich in den Grundsätzen der Vergabe verankert**. Der Wettbewerb wird durch transparente Vergabeverfahren hergestellt, d. h. Transparenz ist ein Mittel zur Herstellung des Wettbewerbs.

102.5.2 Hinweis

8826   Vgl. zu Inhalt und Reichweite, zu wichtigen Ausprägungen und zu Beispielen die Kommentierung zu → § 97 GWB Rdn. 167 ff.

102.6 Fachkundige, leistungsfähige und zuverlässige (geeignete) Unternehmen (§ 2 Abs. 1)

102.6.1 Allgemeiner Inhalt der Eignung und der Eignungskriterien „Fachkunde, Leistungsfähigkeit und Zuverlässigkeit"

8827   Zu dem **allgemeinen Inhalt** der Eignung und der Eignungskriterien „Fachkunde, Leistungsfähigkeit und Zuverlässigkeit" sowie zum **rechtlichen Inhalt und zur Nachprüfbarkeit** vgl. die **Kommentierung zu** → § 97 GWB Rdn. 554 ff.

102.6.2 VOL-bezogene Einzelheiten der Eignungskriterien

Zu den **VOL-bezogenen Einzelheiten der Eignungskriterien** vgl. die Kommentierung zu § 6 VOL/A.   8828

102.7 Vergabe zu angemessenen Preisen (§ 2 Abs. 1)

102.7.1 Hinweis

Das **Tatbestandsmerkmal** des „angemessenen Preises" wird **konkretisiert in § 18 Abs. 1 VOL/A**; vgl. deshalb zum Inhalt die Kommentierung zu § 18 Abs. 1 VOL/A.   8829

102.7.2 Erläuternde Hinweise der VOL/A

Angemessene Preise sind solche, die dem Grundsatz der Wirtschaftlichkeit entsprechen (vgl. Erläuterungen zu § 18 Abs. 1).   8830

102.8 Diskriminierungsverbot (§ 2 Abs. 1)

102.8.1 Allgemeines

Das Diskriminierungsverbot ist die **negative Ausformulierung des Gleichbehandlungsgebots des § 97 Abs. 2 GWB**. Vgl. **zu Inhalt und Reichweite, zu wichtigen Ausprägungen und zu Beispielen** die Kommentierung zu → § 97 GWB Rdn. 276 ff.   8831

102.8.2 Erläuternde Hinweise der VOL/A

Inländische und ausländische Bewerber sind gleich zu behandeln. Der Wettbewerb darf insbesondere nicht auf Bewerber, die in bestimmten Bezirken ansässig sind, beschränkt werden.   8832

102.9 Vergabe nach Losen, Einheitliche Vergabe (§ 2 Abs. 2)

102.9.1 Änderung in der VOL/A 2009

Die Regelung des § 2 Abs. 2 VOL/A 2009 entspricht **formal** dem § 5 Nr. 1 VOL/A 2006.   8833

Die Regelung über die Trennung in Fachlose sowie Aufteilung in Lose wurde **inhaltlich der Regelung des § 97 Absatz 3 GWB angenähert**.   8834

102.9.2 Vergleichbare Regelungen

Der **Vorschrift des § 2 Abs. 2 VOL/A vergleichbar** sind im Bereich des **GWB (teilweise) § 97 Abs. 3**, im Bereich der VOL/A **§ 2 EG VOL/A**, im Bereich der VOB/A **§ 5 Abs. 2 VOB/A** und im Bereich der VOF **§ 2 Abs. 4 VOF**. Die Kommentierungen zu diesen Vorschriften können daher ergänzend zu der Kommentierung des § 5 herangezogen werden.   8835

102.9.3 Bieterschützende Vorschrift

Die Vorschrift des § 97 Abs. 3 GWB hat nicht nur den Charakter eines Programmsatzes, sondern gehört zu den **Vorschriften, auf deren Beachtung der Bieter nach § 97 Abs. 7 GWB** infolge der Prinzipien der Gleichbehandlung und des Wettbewerbs einen **Anspruch hat**. Daraus folgt, dass ein mittelständischer Bieter subjektive Rechte auf Beachtung der Losvergabe gegenüber dem Auftraggeber geltend machen kann. Vgl. dazu ausführlich die Kommentierung zu → § 97 GWB Rdn. 310 ff.   8836

Diese **Rechtsprechung gilt auch für § 2 Abs. 2 VOL/A** (VK Düsseldorf, B. v. 19. 3. 2007 – Az.: VK – 07/2007 – B).   8837

Teil 4 VOL/A § 2 Vergabe- und Vertragsordnung für Leistungen Teil A

102.9.4 Inhalt

8838 Da sich **§ 2 Abs. 2 VOL/A in den wesentlichen Punkten mit § 97 Abs. 3 GWB deckt**, erfolgt eine **einheitliche Kommentierung bei § 97 Abs. 3 GWB**. Vgl. dazu die Kommentierung zu → § 97 GWB Rdn. 312 ff.

102.9.5 Erläuternde Hinweise der VOL/A

8839 Als Gründe, von einer Losaufteilung abzusehen, kommen beispielsweise unverhältnismäßige Kostennachteile, die starke Verzögerung des Vorhabens, verringerter Koordinierungsaufwand, erleichterte Durchsetzung von Gewährleistungs- und Garantieansprüchen sowie eine unwirtschaftliche Zersplitterung infolge einer Aufteilung in Betracht. Letzteres liegt insbesondere auch dann vor, wenn der Auftragswert so gering ist, dass von vorneherein eine Beteiligung mittelständischer Unternehmen möglich ist.

102.10 Unzulässigkeit der Durchführung von Vergabeverfahren zur Markterkundung und zur Ertragsberechnung (§ 2 Abs. 3)

102.10.1 Änderungen in der VOL/A 2010

8840 § 2 Abs. 3 VOL/A 2009 ist im Vergleich zu § 16 Nr. 2 VOL/A 2006 **redaktionell geändert** worden.

102.10.2 Allgemeines

8841 Ausschreibungen für vergabefremde Zwecke (z. B. Ertragsberechnungen bzw. Markterkundungen) sind unzulässig. Hierunter sind alle Fälle zu verstehen, in denen die **Vergabestelle** ihren **im Vorfeld der Ausschreibung zukommenden Pflichten** (Markterkundung, Wirtschaftlichkeitsermittlungen, resultierende Vorentscheidungen) **nicht nachkommt**, sondern diese **eigenen Vorleistungen den Bietern auferlegt** (1. VK Sachsen, B. v. 16. 1. 2008 – Az.: 1/SVK/084-07; VK Thüringen, B. v. 20. 3. 2001 – Az.: 216–4003.20-001/01-SHL-S).

102.10.3 Konkrete Vergabeabsicht

8842 Ausschreibungen für vergabefremde Zwecke (u. a. für eine Markterkundung) sind unzulässig. Es muss also eine **konkrete Vergabeabsicht** und auch die **tatsächliche Möglichkeit der (unbedingten) Zuschlagserteilung** bestehen. Dies lässt sich für die konkrete Vergabeabsicht aus § 2 Abs. 3 VOL/A und für die unbedingte Zuschlagserteilung aus dem Sinn und Zweck eines Vergabeverfahrens ableiten (VK Hessen, B. v. 20. 2. 2002 – Az.: 69d VK – 47/2001; 1. VK Sachsen, B. v. 16. 1. 2008 – Az.: 1/SVK/084-07). Der **Tatbestand einer Scheinausschreibung** ist also nur dann gegeben, wenn die Ausschreibung erkennbar in der Absicht durchgeführt wird, lediglich Preislisten und Kostenanschläge einzuholen, **ohne** dass dahinter der **ernsthafte Wille zur Einholung von Angeboten und zur Vergabe** steht (OLG Dresden, B. v. 23. 4. 2009 – Az.: WVerg 0011/08; OLG Frankfurt, B. v. 20. 2. 2003 – Az.: 11 Verg 1/02; VK Detmold, B. v. 19. 12. 2002 – Az.: VK.21–41/02; VK Lüneburg, B. v. 29. 4. 2005 – Az.: VgK-19/2005; 1. VK Sachsen, B. v. 16. 1. 2008 – Az.: 1/SVK/084-07).

8843 Grundsätzlich kann es auch gegen § 97 Abs. 1, Abs. 5 GWB und § 2 Abs. 3 VOL/A verstoßen, wenn die **Zuschlagserteilung letztlich von einem Zugeständnis abhängig gemacht wird, das mit dem eigentlich ausgeschriebenen Vertragsgegenstand nichts zu tun hat** (VK Lüneburg, B. v. 12. 11. 2001 – Az.: 203-VgK-19/2001).

102.10.4 Markterkundung

8844 Hat ein **Auftraggeber Zweifel**, ob die zurzeit angebotenen **Qualitäten und Preise** für eine Beschaffung in Frage kommen oder **im bereitstehenden Budget noch enthalten sind**, und will er Erkenntnisse dieser Art erlangen, muss er **vor der Ausschreibung eine Markterkundung** durchführen. Die **Einbindung von Markterkundungselementen in die Aus-

Vergabe- und Vertragsordnung für Leistungen Teil A   VOL/A § 2   **Teil 4**

schreibung ist rechtlich ausgeschlossen (VK Düsseldorf, B. v. 4. 8. 2000 – Az.: VK – 14/2000 – L; VK Lüneburg, B. v. 29. 4. 2005 – Az.: VgK-19/2005).

Darunter fällt **auch die Marktinformation für Dritte**. Steht z. B. für den Gewinner einer Ausschreibung in keiner Weise fest, ob er in Ausfüllung eines abgeschlossenen Rahmenvertrages auch nur einen einzelne der von ihm vorzuhaltenden Leistungen tatsächlich veräußern kann und hat die ausschreibende Stelle hierauf auch keinen Einfluss und erlangt der Gewinner der Ausschreibung nicht mehr als die mehr oder weniger realistische Chance, die sich mit der Aufnahme der von ihm angebotenen Leistungen in einen Katalog oder ein elektronisches Bestellsystem verbindet und fällt die Entscheidung über eine Bestellung allein bei den „Kunden" der ausschreibenden Stelle, **ist für diese der Katalog nicht mehr als ein Mittel zur Erkundung des Marktes**: Haben sie Beschaffungen vor, werden sie sich – das liegt jedenfalls nicht fern – zunächst an den im Katalog befindlichen Angeboten orientieren und anhand der hier gefundenen Maßstäbe nach Einholung von Vergleichsangeboten die Entscheidung treffen, ob sie die Leistungen über die ausschreibende Stelle beziehen, sie bei Dritten erwerben oder aber – einen entsprechenden Umfang der Beschaffung vorausgesetzt – selbst ein Ausschreibungsverfahren durchführen. Den Abnehmern dienen die in den Katalog aufgenommenen Leistungen jedenfalls dem Zwecke der Markterkundung, indem sie sie mit Informationen darüber versorgen, welche Angebote sich in einer schon einmal durchgeführten Ausschreibung durchgesetzt haben. Damit **ist der Zweck der durchgeführten Ausschreibung nicht auf die Vergabe der ausgeschriebenen Leistung gerichtet, sondern darauf, die Angebote des erfolgreichen Unternehmens ihren potenziellen Interessenten zu präsentieren; eine zu einem solchen Zweck durchgeführte Ausschreibung ist unzulässig** (KG Berlin, B. v. 15. 4. 2004 – Az.: 2 Verg 22/03).

8845

102.10.5 Weitere Beispiele aus der Rechtsprechung

– eine **Scheinausschreibung** ist **nicht schon dann** anzunehmen, wenn der **Auftragswert von der Vergabestelle zu niedrig angesetzt** worden ist (OLG Dresden, B. v. 23. 4. 2009 – Az.: WVerg 0011/08)

8846

– erfolgt die **Abfrage von Preisen für bestimmte Leistungen aus rein informatorischen Gründen** und ist eine **Verpflichtung des Leistungserbringers, diese Leistung zu diesem Preis abzugeben, nicht Gegenstand des beabsichtigten Vertrages**, dient die Abfrage des Preises mithin vergabefremden Zwecken – hier der **Markterkundung** – im Sinne des § 16 VOL/A 2006 – jetzt § 2 Abs. 3 VOL/A 2009 – und ist daher **vergaberechtswidrig** (1. VK Bund, B. v. 9. 5. 2007 – Az.: VK 1–26/07)

– das **Einholen von Angeboten geht über die Markterkundung hinaus** (VK Düsseldorf, B. v. 12. 9. 2006 – Az.: VK – 37/2006 – L – **instruktives Beispiel**)

– ein **vorsorglich und zu „Preisvergleichszwecken" geführtes Verhandlungsverfahren** über die bereits in einer Ausschreibung enthaltenen identischen Leistungen verstößt gegen das in § 16 Nr. 2 VOL/A – jetzt § 2 Abs. 3 VOL/A 2009 – geregelte Verbot einer Ausschreibung für vergabefremde Zwecke (VK Lüneburg, B. v. 29. 4. 2005 – Az.: VgK-19/2005)

– **Forderung des Auftraggebers an die Bieter, kostenlos Werbeflächen zur Verfügung zu stellen** (VK Lüneburg, B. v. 12. 11. 2001 – Az.: 203-VgK-19/2001)

– ist **Ziel einer Ausschreibung die Feststellung, ob und auf welcher tatsächlichen und preislichen Grundlage eine landwirtschaftliche Verwertung von Klärschlamm in Betracht kommen** könnte, wird das unbedingte Ziel einer Zuschlagserteilung bei Vorliegen eines zuschlagsfähigen Angebots nicht verfolgt (VK Hessen, B. v. 20. 2. 2002 – Az.: 69 d VK – 47/2001; zweifelnd OLG Frankfurt, B. v. 20. 2. 2003 – Az.: 11 Verg 1/02)

102.10.6 Literatur

– Kühn, Burkhard, Wer suchet, der findet! – Markterkundung als Schlüssel zum Erfolg für den Einkauf, Behörden Spiegel November 2007, 27

8847

102.10.7 Parallelausschreibungen

102.10.7.1 Erscheinungsformen

Parallelausschreibungen treten in mehreren Erscheinungsformen auf.

8848

8849 **102.10.7.1.1 Ausschreibung derselben Leistung als Generalunternehmervergabe und Fach- bzw. Teillosvergabe.** Die in der Praxis am häufigsten verwendete Erscheinungsform der Parallelausschreibung ist die Ausschreibung derselben Leistung einmal als Generalunternehmerpaket und zum anderen als einzelne Fach- bzw. Teillospakete. Sie kommt **am häufigsten bei der Ausschreibung von Bauleistungen** vor, kann aber **auch z. B. bei der Ausschreibung komplexer IT-Projekte** angewendet werden.

8850 Eine solche durch die Ausschreibung ermöglichte **wahlweise Abgabe von Angeboten für einzelne Fachlose und/oder für zusammengefasste Gruppen von Einzellosen bzw. für alle Lose** enthält keinen Verstoß gegen das Transparenzgebot (§ 2 Abs. 1 VOL/A). Insbesondere handelt es sich **nicht um eine unzulässige Doppelausschreibung identischer Leistungen** als Teilleistung in mehreren Losen, weil die **Vergabeeinheiten** für die Generalunternehmer- und die Einzelangebote **sich inhaltlich nicht überschneiden, sondern decken** (OLG Bremen, B. v. 22. 10. 2001 – Az.: Verg 2/2001; im Ergebnis ebenso OLG Naumburg, B. v. 13. 10. 2006 – Az.: 1 Verg 12/06; VK Magdeburg, B. v. 23. 6. 1999 – Az.: VK-OFD LSA1/99; VK Nordbayern, B. v. 27. 11. 2000 – Az.: 320.VK-3194-30/00).

8851 **102.10.7.1.2 Ausschreibung einer Liefer- oder Dienstleistung verbunden mit einer Finanzierungsleistung.** Bei einer solchen Ausschreibung wird üblicherweise in einem Ausschreibungsverfahren als **ein Los die Liefer- oder Dienstleistung** ausgeschrieben, als **ein weiteres Los die Finanzierungsleistung für diese Liefer- oder Dienstleistung** und als **weiteres Los die Kombination der Bauleistung und der Finanzierungsleistung**. Die Wertung der einzelnen Angebote erfolgt wie bei jeder losweisen Ausschreibung (vgl. im Einzelnen die Kommentierung zu § 16 VOL/A).

8852 **102.10.7.1.3 A-B-C-Modell.** Bei diesem Modell werden im Rahmen einer einheitlichen Ausschreibung als **ein Los die Liefer- oder Dienstleistung**, als **ein weiteres Los die Finanzierung dieser Liefer- oder Dienstleistung** und **als drittes Los die Betriebsführung für das mit der Liefer- oder Dienstleistung umzusetzende Projekt** ausgeschrieben. Anwendung findet dieses Modell insbesondere im Abfall- und Abwasserbereich.

8853 **102.10.7.1.4 Parallelausschreibung bei nur zwei technischen Systemen. Bei nur zwei technischen Systemen auf dem Markt** kann eine **Parallelausschreibung dergestalt** erfolgen, dass die **beiden Systeme in zwei ansonsten identischen Ausschreibungen ausgeschrieben werden** und den **Bietern** die **Entscheidung** überlassen bleibt, ob sie **zu beiden Ausschreibungen oder nur zu einer Ausschreibung ein Angebot abgeben**. Ziel der Parallelausschreibung ist es in einem solchen Fall, aus zwei technologisch verschiedenen, aber gleichwertigen Ausführungsvarianten, die wirtschaftlichste Ausführung zu ermitteln (OLG Düsseldorf, B. v. 26. 7. 2006 – Az.: VII – Verg 19/06).

102.10.7.2 Zulässigkeit einer Parallelausschreibung

8854 **102.10.7.2.1 Doppelte Ausschreibung des identischen Leistungsgegenstands.** Die VOL/A bzw. die VOB/A gehen in ihrem gesamten Aufbau und Inhalt **von einer konkret zu vergebenden Leistung** und dem dazugehörigen Vergabeverfahren zur Findung des Angebotes aus, das den Zuschlag erhalten soll. Vergabeverfahren, die nicht die Auftragsvergabe unmittelbar zum Ziel haben, also auch solche, die zu anderen Verfahren zur vergleichenden Wertung herangezogen werden, sind nach § 2 Abs. 4 VOB/A bzw. § 2 Abs. 3 VOL/A unzulässig. Bei **Beachtung der Einheit von beabsichtigter Leistungsvergabe/Leistungsgegenstand und Vergabeverfahren ist eine doppelte Ausschreibung zum gleichen Leistungsgegenstand nicht zulässig**, da bereits mit Ausschreibungsbeginn feststehen würde, dass zu einem der beiden Vergabeverfahren die zu vergebende Leistung fehlt (dieselbe Leistung kann nicht zweimal vergeben werden), ebenso wäre die Aufhebung der zweiten Ausschreibung problematisch, da diese für sich betrachtet im Normalfall ein bezuschlagungsfähiges Angebot beinhalten würde, der Aufhebungsgrund „fehlender Wirtschaftlichkeit" für dieses konkrete, separate Vergabeverfahren nicht zuträfe (OLG Frankfurt, B. v. 15. 7. 2008 – Az.: 11 Verg 6/08; VK Lüneburg, B. v. 9. 5. 2001 – Az.: 203-VgK-04/2001; VK Thüringen, B. v. 20. 3. 2001 – Az.: 216–4003.20-001/01-SHL-S; im Ergebnis ebenso OLG Naumburg, B. v. 13. 10. 2006 – Az.: 1 Verg 12/06; B. v. 13. 10. 2006 – Az.: 1 Verg 11/06).

8855 **102.10.7.2.2 Durchführung nur eines Ausschreibungsverfahrens. Gegen Parallelausschreibungen in einem Verfahren bestehen keine durchgreifenden Bedenken** (BayObLG, B. v. 21. 12. 2000 – Az.: Verg 13/00; VK Lüneburg, B. v. 8. 3. 2004 – Az.: 203-VgK-03/2004, B. v. 9. 5. 2001 – Az.: 203-VgK-04/2001; VK Niedersachsen, B. v. 22. 10. 2009 –

Vergabe- und Vertragsordnung für Leistungen Teil A VOL/A § 2 **Teil 4**

Az.: VgK-49/2009; 1. VK Sachsen, B. v. 1. 2. 2002 – Az.: 1/SVK/131-01, B. v. 1. 2. 2002 – Az.: 1/SVK/135-01, B. v. 1. 2. 2002 – Az.: 1/SVK/139-01, B. v. 13. 2. 2002 – Az.: 1/SVK/003-02), **sofern** die berechtigten Interessen der Bieter im Hinblick auf einen zumutbaren Arbeitsaufwand gewahrt werden, das Verfahren für die Beteiligten hinreichend transparent ist und sichergestellt ist, dass die wirtschaftlichste Verfahrensweise zum Zuge kommt (KG Berlin, B. v. 22. 8. 2001 – Az.: KartVerg 03/01; OLG Bremen, B. v. 22. 10. 2001 – Az.: Verg 2/2001; im Ergebnis ebenso VK Lüneburg, B. v. 8. 3. 2004 – Az.: 203-VgK03/2004, B. v. 12. 11. 2001 – Az.: 203-VgK-19/2001; VK Niedersachsen, B. v. 22. 10. 2009 – Az.: VgK-49/2009).

Eine Parallelausschreibung **kann daher unzulässig** sein, wenn **berechtigte Interessen der** 8856 **Bieter im Hinblick auf einen unzumutbaren Arbeitsaufwand nicht gewahrt** werden bzw. **für die Bieter** trotz der Darstellung in den Angebotsunterlagen **nicht erkennbar ist, nach welchen Kriterien letztlich vergeben** wird. So können z. B. Bauunternehmen in einem Ausschreibungsverfahren für Bau und Betrieb einer Abwasserbeseitigungsanlage ihre Chancen in einem solchen Verfahren auf Erhalt des Auftrags deshalb nicht einschätzen, weil Bauunternehmen üblicherweise die betriebswirtschaftlichen und kalkulatorischen Grundlagen der Abwasserbeseitigung, einem streng in öffentlich-rechtliche Vorgaben und Notwendigkeiten eingebundenen Bereich, nicht kennen. Es ist **unzumutbar für einen Bieter, mit Dritten, die nach unbekannten Kriterien arbeiten und von ihm nicht eingeschätzt werden können, in Wettbewerb zu treten** und für die Hergabe eines Angebotes erhebliche Aufwendungen zu machen. Eine so angelegte Vergabe wird intransparent und stellt im Übrigen einen Verstoß gegen das Gleichbehandlungsgebot des § 97 Abs. 2 GWB dar, da die gewählte Vergabeform einen Vergleich von Angeboten mit unterschiedlichen Leistungsinhalten und Leistungszielen voraussetzt, mithin Ungleiches gleich behandelt (OLG Celle, B. v. 8. 11. 2001 – Az.: 13 Verg 11/01, B. v. 8. 11. 2001 – Az.: 13 Verg 10/01, B. v. 8. 11. 2001 – Az.: 13 Verg 9/01).

102.10.7.3 Weitere Beispiele aus der Rechtsprechung

– **Parallelausschreibungen** sind dann **zulässig, wenn sie geeignet sind, das wirtschaft-** 8857 **lichste Angebot zu ermitteln und nicht primär dem vergabefremden Zweck dient, dem Auftraggeber zunächst die Grundlagen für die Ermittlung der für ihn günstigsten Leistungsvariante zu verschaffen und hierdurch für die Bieter ein unzumutbarer Aufwand bei der Angebotskalkulation entsteht**. Diese Voraussetzung ist im vorliegenden Fall gegeben. Denn hier ging es dem Auftraggeber lediglich darum, festzustellen, ob ein von vornherein feststehendes Leistungsziel – nämlich Abholung und Zustellung der Postsendungen – wirtschaftlicher durch Einkauf einer reinen Konsolidierungsleistung, bei der der Auftraggeber die Frankierungskosten gemäß den Tarifen der Deutschen Post AG trägt, oder durch Einkauf einer Gesamtleistung (Auftragnehmer übernimmt zusätzlich Frankierung und Zustellung) beschafft werden kann. Den hierzu erforderlichen Wirtschaftlichkeitsvergleich konnte der Auftraggeber, ohne dass dies bei den Bietern einen unzumutbaren Aufwand verursacht hätte, nur durch Einholung entsprechender Angebote durchführen. Dabei hat die **Vergabekammer auch keine grundsätzlichen Bedenken gegen die Durchführbarkeit eines solchen Vergleichs, bei dem die bei dem Auftraggeber anfallenden Kosten der beiden Leistungsvarianten einander gegenübergestellt werden** (1. VK Bund, B. v. 13. 2. 2007 – Az.: VK 1–157/06)

102.10.7.4 Verwaltungsregelungen zur Parallelausschreibung

Verschiedene Bundesländer haben **Verwaltungsregelungen zur Parallelausschreibung** 8858 getroffen:

Niedersachsen: → Runderlass des Niedersächsischen Ministeriums für Wirtschaft und Ver- 8859 kehr vom 15. 11. 1996 („Schlüsselfertiges Bauen"), Ministerialblatt 1996, S. 1904 (Zulassung des Verfahrens der Ausschreibung von Losen und eines Generalunternehmerangebots)

Baden-Württemberg: → Parallelausschreibungen werden auch zukünftig in geeigneten Fäl- 8860 len durchgeführt

Bayern: → Gemeinsame Bekanntmachung der Staatsministerien des Innern, der Finanzen 8861 und für Landesentwicklung und für Umweltfragen vom 20. 3. 2001, AllMBl. Nr. 4/2001, S. 148 ff. (Parallelausschreibung nur im Grundmodell Los- und Gesamtvergabe)

Nordrhein-Westfalen: → Bekanntmachung der baupolitischen Ziele des Landes Nord- 8862 rhein-Westfalen, Runderlasse des Ministeriums für Städtebau und Wohnen, Kultur und Sport

Teil 4 VOL/A § 2 Vergabe- und Vertragsordnung für Leistungen Teil A

vom 19. 10. 2002, Ministerialblatt NRW Nr. 57 vom 8. 11. 2002 (in geeigneten Fällen Anwendung aller oben genannten Arten der Parallelausschreibung).

102.10.7.5 Angebotsfristen für Parallelausschreibungen

8863 Zu den Anforderungen an die Festlegung von Angebotsfristen bei Parallelausschreibungen vgl. die Kommentierung zu → § 10 VOL/A Rdn. 14.

102.10.7.6 Festlegung gestaffelter Eröffnungstermine

8864 Zur Festlegung gestaffelter Eröffnungstermine bei Parallelausschreibungen vgl. die Kommentierung zu → § 14 VOL/A Rdn. 16.

102.10.7.7 Wertung von Parallelausschreibungen

8865 Neben der Notwendigkeit der Erstellung von komplexen Vergabeunterlagen ist **das wesentliche Problem der Parallelausschreibung die Wertung der Angebote**; vgl. hierzu die Kommentierung zu → § 97 GWB Rdn. 1263 ff.

102.11 Vorschriften über die Preise bei öffentlichen Aufträgen (§ 2 Abs. 4)

102.11.1 Allgemeines

8866 Bei der Vergabe sind die Vorschriften über die **Preise bei öffentlichen Aufträgen** zu beachten. Es handelt sich insoweit um

– die Verordnung PR Nr. 30/53 über die Preise bei öffentlichen Aufträgen vom 21. November 1953 (BAnz. Nr. 244 vom 18. 12. 1953), zuletzt geändert durch Verordnung PR Nr. 1/86 vom 15. April 1986 (BGBl. I S. 435 und BAnz. S. 5046) und

– die Verordnung PR Nr. 1/89 vom 13. Juni 1989 (BGBl. I S. 1094 und BAnz. S. 3042).

8867 Sie spielen in der Praxis kaum eine Rolle.

102.11.2 Literatur

8868 – Atrott, Wolfgang, Dem Vergaberecht übergeordnet – Öffentliche Aufträge zu gerechten Preisen, Behörden Spiegel Oktober 2010, 26

102.12 Ergänzungen

102.12.1 Ausschließliche Verantwortung der Vergabestellen (§ 2 Nr. 3 VOL/A 2006)

8869 Die Regelung wurde ersatzlos gestrichen. Vgl. hierzu die **Kommentierung zu** → § 97 GWB Rdn. 152 ff.

102.12.2 Fertigstellung aller Vergabeunterlagen und Möglichkeit der Ausführung der Leistung (§ 16 Nr. 1 VOL/A 2006)

8870 Die Regelung wurde ersatzlos gestrichen. Vgl. hierzu die **Kommentierung zu** → § 2 VOB/A Rdn. 44 ff.

102.12.3 Änderung der Vergütung (§ 15 Nr. 2 VOL/A 2006)

8871 Die Regelung wurde ersatzlos gestrichen. Vgl. hierzu die **Kommentierung zu** → § 9 VOB/A Rdn. 74 ff.

103. § 3 VOL/A – Arten der Vergaben

(1) Öffentliche Ausschreibungen sind Verfahren, in denen eine unbeschränkte Anzahl von Unternehmen öffentlich zur Abgabe von Angeboten aufgefordert wird. Bei Beschränkten Ausschreibungen wird in der Regel öffentlich zur Teilnahme (Teilnahmewettbewerb), aus dem Bewerberkreis sodann eine beschränkte Anzahl von Unternehmen zur Angebotsabgabe aufgefordert. Freihändige Vergaben sind Verfahren, bei denen sich die Auftraggeber mit oder auch ohne Teilnahmewettbewerb grundsätzlich an mehrere ausgewählte Unternehmen wenden, um mit einem oder mehreren über die Auftragsbedingungen zu verhandeln. Bei Beschränkten Ausschreibungen und Freihändigen Vergaben sollen mehrere – grundsätzlich mindestens drei – Bewerber zur Angebotsabgabe aufgefordert werden.

(2) Die Vergabe von Aufträgen erfolgt in Öffentlicher Ausschreibung. In begründeten Ausnahmefällen ist eine Beschränkte Ausschreibung oder eine Freihändige Vergabe zulässig.

(3) Eine Beschränkte Ausschreibung mit Teilnahmewettbewerb ist zulässig, wenn

a) die Leistung nach ihrer Eigenart nur von einem beschränkten Kreis von Unternehmen in geeigneter Weise ausgeführt werden kann, besonders wenn außergewöhnliche Eignung (§ 2 Absatz 1 Satz 1) erforderlich ist,

b) eine Öffentliche Ausschreibung aus anderen Gründen (z. B. Dringlichkeit, Geheimhaltung) unzweckmäßig ist.

(4) Eine Beschränkte Ausschreibung ohne Teilnahmewettbewerb ist zulässig, wenn

a) eine Öffentliche Ausschreibung kein wirtschaftliches Ergebnis gehabt hat,

b) die Öffentliche Ausschreibung für den Auftraggeber oder die Bewerber einen Aufwand verursachen würde, der zu dem erreichten Vorteil oder dem Wert der Leistung im Missverhältnis stehen würde.

(5) Eine Freihändige Vergabe ist zulässig, wenn

a) nach Aufhebung einer Öffentlichen oder Beschränkten Ausschreibung eine Wiederholung kein wirtschaftliches Ergebnis verspricht,

b) im Anschluss an Entwicklungsleistungen Aufträge in angemessenem Umfang und für angemessene Zeit an Unternehmen, die an der Entwicklung beteiligt waren, vergeben werden müssen,

c) es sich um die Lieferung von Waren oder die Erbringung von Dienstleistungen zur Erfüllung wissenschaftlich-technischer Fachaufgaben auf dem Gebiet von Forschung, Entwicklung und Untersuchung handelt, die nicht der Aufrechterhaltung des allgemeinen Dienstbetriebs und der Infrastruktur einer Dienststelle des Auftraggebers dienen,

d) bei geringfügigen Nachbestellungen im Anschluss an einen bestehenden Vertrag kein höherer Preis als für die ursprüngliche Leistung erwartet wird, und die Nachbestellungen insgesamt 20 vom Hundert des Wertes der ursprünglichen Leistung nicht überschreiten,

e) Ersatzteile oder Zubehörstücke zu Maschinen und Geräten vom Lieferanten der ursprünglichen Leistung beschafft werden sollen und diese Stücke in brauchbarer Ausführung von anderen Unternehmen nicht oder nicht unter wirtschaftlichen Bedingungen bezogen werden können,

f) es aus Gründen der Geheimhaltung erforderlich ist,

g) die Leistung aufgrund von Umständen, die die Auftraggeber nicht voraussehen konnten, besonders dringlich ist und die Gründe für die besondere Dringlichkeit nicht dem Verhalten der Auftraggeber zuzuschreiben sind,

h) die Leistung nach Art und Umfang vor der Vergabe nicht so eindeutig und erschöpfend beschrieben werden kann, dass hinreichend vergleichbare Angebote erwartet werden können,

i) sie durch Ausführungsbestimmungen von einem Bundesminister – gegebenenfalls Landesminister – bis zu einem bestimmten Höchstwert zugelassen ist,

j) Aufträge ausschließlich an Werkstätten für behinderte Menschen vergeben werden sollen,

k) Aufträge ausschließlich an Justizvollzugsanstalten vergeben werden sollen,

l) für die Leistung aus besonderen Gründen nur ein Unternehmen in Betracht kommt.

(6) Leistungen bis zu einem voraussichtlichen Auftragswert von 500,- Euro (ohne Umsatzsteuer) können unter Berücksichtigung der Haushaltsgrundsätze der Wirtschaftlichkeit und Sparsamkeit ohne ein Vergabeverfahren beschafft werden (Direktkauf).

103.1 Änderungen in der VOL/A 2009

8872 In § 3 Abs. 1 sind die **Vergabearten in Anlehnung an die Definitionen des § 101 GWB neu gefasst** worden.

8873 In § 3 Abs. 2 ist der **Vorrang der öffentlichen Ausschreibung** sprachlich anders gefasst worden.

8874 Bei den Regelungen zur **Zulässigkeit der beschränkten Ausschreibung** wird in § 3 Abs. 4 und Abs. 5 der VOL/A 2009 zwischen **beschränkten Ausschreibungen mit Teilnahmewettbewerb** und **beschränkten Ausschreibungen ohne Teilnahmewettbewerb** unterschieden.

8875 Die Regelungen zur **Zulässigkeit der freihändigen Vergabe** wurden **ergänzt** bzw. **redaktionell geändert; einige Ausnahmetatbestände** wurden **gestrichen**.

8876 In § 3 Abs. 6 VOL/A 2009 wurde der **Direktkauf außerhalb jedes Vergabeverfahrens** eingeführt.

103.2 Vergleichbare Regelungen

8877 Der **Vorschrift des § 3 VOL/A vergleichbar** sind im Bereich des GWB § 101, im Bereich der VOL/A § 3 EG und im Bereich der VOB §§ 3, 3a. Die Kommentierungen zu diesen Vorschriften können daher ergänzend zu der Kommentierung des § 3 herangezogen werden.

103.3 Bieterschützende Vorschrift

8878 Vgl. dazu die **Kommentierung zu** → **§ 101 GWB Rdn. 7 ff.**

103.4 Öffentliche Ausschreibung (§ 3 Abs. 1 Satz 1)

8879 **Öffentliche Ausschreibungen** sind nach der neuen Definition Verfahren, in denen eine unbeschränkte Anzahl von Unternehmen öffentlich zur Abgabe von Angeboten aufgefordert wird. Die **Vorschrift deckt sich im Wesentlichen mit der Regelung des § 101 Abs. 2 GWB**. Vgl. insoweit die Kommentierung zu → § 101 GWB Rdn. 11 ff.

103.5 Beschränkte Ausschreibung (§ 3 Abs. 1 Satz 2)

103.5.1 Begriff

8880 Bei **beschränkten Ausschreibungen** wird nach der neuen Definition in der Regel öffentlich zur Teilnahme (Teilnahmewettbewerb), aus dem Bewerberkreis sodann eine beschränkte Anzahl von Unternehmen zur Angebotsabgabe aufgefordert.

103.5.2 Vorrang der beschränkten Ausschreibung mit Teilnahmewettbewerb

8881 Bei **beschränkten Ausschreibungen** findet in der Regel ein öffentlicher Teilnahmewettbewerb statt; die **beschränkte Ausschreibung ohne öffentlichen Teilnahmewettbewerb** ist die **Ausnahme** und muss in der **Dokumentation (§ 20) begründet** werden.

103.5.3 Wesentlicher Unterschied zum Nichtoffenen Verfahren des § 101 Abs. 3 GWB

Die **Vorschrift über die Beschränkte Ausschreibung unterscheidet sich von der Regelung des § 101 Abs. 3 GWB über das Nichtoffene Verfahren** dadurch, dass der Öffentliche Teilnahmewettbewerb bei der Beschränkten Ausschreibung fakultativ, beim Nichtoffenen Verfahren jedoch zwingender Bestandteil des Vergabeverfahrens ist. 8882

103.5.4 Öffentlicher Teilnahmewettbewerb

Vgl. insoweit die Kommentierung zu → § 101 GWB Rdn. 20ff. 8883

103.6 Freihändige Vergabe (§ 3 Abs. 1 Satz 3)

Freihändige Vergaben sind Verfahren, bei denen sich die Auftraggeber mit oder auch ohne Teilnahmewettbewerb grundsätzlich an mehrere ausgewählte Unternehmen wenden, um mit einem oder mehreren über die Auftragsbedingungen zu verhandeln. **§ 3 Abs. 1 Satz 3 deckt sich von seinem Inhalt her im Wesentlichen mit der Regelung des § 101 Abs. 5 GWB** über das Verhandlungsverfahren. Vgl. insoweit die Kommentierung zu → § 101 GWB Rdn. 99ff. 8884

103.7 Anzahl der aufzufordernden Bewerber bei beschränkten Ausschreibungen und freihändigen Vergaben (§ 3 Abs. 1 Satz 4)

103.7.1 Änderung in der VOL/A 2009

§ 3 Abs. 1 Satz 4 VOL/A 2009 **übernimmt im Wesentlichen die Regelung des § 7 Nr. 2 Abs. 2 VOL/A 2006**. 8885

103.7.2 Auswahl der Bewerber

Grundsätzlich ist der Auftraggeber gehalten, **bei der Auswahl der Teilnehmer einer beschränkten Ausschreibung nach sachgerechten Gesichtspunkten vorzugehen und willkürliche Ungleichbehandlungen zu unterlassen** (Schleswig-Holsteinisches OLG, B. v. 4. 5. 2001 – Az.: 6 Verg 2/2001). 8886

103.8 Vorrang der Öffentlichen Ausschreibung (§ 3 Abs. 2)

103.8.1 Änderung in der VOL/A 2009

§ 3 Abs. 2 VOL/A 2009 wurde redaktionell anders gefasst; der Inhalt blieb unverändert. 8887

103.8.2 Inhalt

Auch für Vergaben, die nicht europaweit nach Abschnitt 2, sondern nur national nach den Paragraphen des 1. Abschnitts der VOL/A erfolgen, gilt gemäß **§ 3 Abs. 2 VOL/A der Vorrang der öffentlichen Ausschreibung**, um so einen möglichst freien Wettbewerb zu gewährleisten. Der Vorrang der öffentlichen Ausschreibung ergibt sich für öffentliche Auftraggeber **außerdem aus haushaltsrechtlichen Restriktionen**. Die § 30 Haushaltsgrundsätzegesetz, § 55 Abs. 1 der Bundes- und Landeshaushaltsordnungen sowie die Regelungen der Gemeindehaushaltsverordnungen bestimmen, dass dem Abschluss von Verträgen über Lieferungen und Leistungen eine öffentliche Ausschreibung vorauszugehen hat, sofern nicht besondere Umstände eine Ausnahme rechtfertigen (VK Lüneburg, B. v. 25. 8. 2003 – Az.: 203-VgK-18/2003). 8888

Die **Entscheidung, eine beschränkte Ausschreibung oder eine Freihändige Vergabe durchzuführen, beinhaltet einen durch die Nachprüfungsinstanzen nur beschränkt überprüfbaren Beurteilungsspielraum der Vergabestelle**. Die Nachprüfungsinstanzen sind 8889

Teil 4 VOL/A § 3   Vergabe- und Vertragsordnung für Leistungen Teil A

daher lediglich befugt, **die Einhaltung der Grenzen dieses Beurteilungsspielraums** und dabei insbesondere **zu überprüfen,** ob das vorgeschriebene Verfahren eingehalten wurde, die Vergabestelle von einem zutreffend und vollständig ermittelten Sachverhalt ausgegangen ist, den ihr eingeräumten Beurteilungsspielraum zutreffend interpretiert hat und ob die Einschätzung auf unsachgemäßen bzw. willkürlichen Erwägungen beruht. Die **Nachprüfungsinstanzen dürfen ihre Wertung hierbei jedoch grundsätzlich nicht an die Stelle der Vergabestelle setzen** (2. VK Bund, B. v. 1. 9. 2005 – Az.: VK 2–99/05).

103.8.3 Erläuternde Hinweise der VOL/A

8890   Der Vorrang der Öffentlichen Ausschreibung beruht auf § 30 Haushaltsgrundsätzegesetz bzw. § 55 BHO.

103.9 Zulässigkeit einer Beschränkten Ausschreibung mit Teilnahmewettbewerb (§ 3 Abs. 3)

103.9.1 Eignung nur eines beschränkten Kreises von Unternehmen (§ 3 Abs. 3 lit. a)

103.9.1.1 Grundsatz

8891   Gemäß § 3 Abs. 3 lit. a) ist eine Beschränkte Ausschreibung zulässig, wenn die Leistung nach ihrer Eigenart nur von einem beschränkten Kreis von Unternehmen in geeigneter Weise ausgeführt werden kann, besonders, wenn außergewöhnliche Fachkunde, Leistungsfähigkeit und Zuverlässigkeit erforderlich ist. Die Vorschrift **betrifft nur ganz spezielle Leistungen, die objektiv aus der Sicht eines neutralen Dritten nur von einem oder zumindest sehr wenigen spezialisierten Unternehmen erbracht werden können.** Anknüpfungspunkt für diese Sonderbeschaffung muss dabei eine Eigenart der zu beschaffenden Leistung sein, die eine sachgerechte Ausführung nur von einem auf diese Eigenart spezialisierten, besonders geeigneten Unternehmen möglich erscheinen lässt. Die **rein subjektive Einschätzung des Auftraggebers spielt insoweit keine entscheidende Rolle.** Aufgrund seines Ausnahmecharakters ist § 3 Abs. 3 lit. a) eng auszulegen (OLG Naumburg, B. v. 10. 11. 2003 – Az.: 1 Verg 14/03).

103.9.1.2 Komplexe PPP-Ausschreibungen

8892   Vom offenen Verfahren kann unter anderem abgewichen werden, wenn die Leistung nach ihrer Eigenart nur von einem beschränkten Kreis von Unternehmen in geeigneter Weise ausgeführt werden kann, besonders, wenn außergewöhnliche Fachkunde oder Leistungsfähigkeit oder Zuverlässigkeit erforderlich ist. Dies ist **bei einem komplexen Kooperationsvertrag im Rahmen einer Public Private Partnership (PPP) zumindest regelmäßig der Fall.** Dabei dürfte für solche Kooperationsmodelle nicht nur ein nichtoffenes Verfahren, sondern häufig sogar das Verhandlungsverfahren nach vorheriger Vergabebekanntmachung gerechtfertigt sein. Dies gilt erst recht, wenn es sich z. B. um einen **anspruchsvollen und sensiblen Dienstleistungsbereich wie den Betrieb eines Krankenhauses** handelt (VK Lüneburg, B. v. 5. 11. 2004 – Az.: 203-VgK-48/2004).

8893   Mit einer ähnlichen Begründung bejaht das OLG München die Zulässigkeit eines **VOF-Verfahrens** (OLG München, B. v. 28. 4. 2006 – Az.: Verg 6/06).

103.9.1.3 Druck von Banknoten

8894   Der **Druck und die Lieferung von Banknoten** kann offensichtlich gemäß § 3 Nr. 3 lit. a) bzw. § 3 EG Abs. 2 lit. a) VOL/A in einem nichtoffenen Verfahren nach öffentlichem Teilnahmewettbewerb ausgeschrieben werden. Die **Banknoten können nur von wenigen spezialisierten Druckereien gedruckt und geliefert werden** (OLG Düsseldorf, B. v. 27. 10. 2010 – Az.: VII-Verg 47/10).

103.9.2 Andere Gründe, z. B. Dringlichkeit, Geheimhaltung (§ 3 Abs. 3 lit. b)

103.9.2.1 Allgemeines

8895   Eine beschränkte Ausschreibung ohne Teilnahmewettbewerb kann nach § 3 Abs. 3 lit. b) außerdem erfolgen, wenn die **Öffentliche Ausschreibung aus anderen Gründen (z. B. Dringlichkeit, Geheimhaltung) unzweckmäßig** ist. Die Regelung hat **Auffangfunktion.**

Vergabe- und Vertragsordnung für Leistungen Teil A VOL/A § 3 **Teil 4**

103.9.2.2 Dringlichkeit

Vgl. dazu die **Kommentierung zu § 3 Abs. 5 lit. g)**, die sinngemäß angewendet werden kann. 8896

103.9.3 Erläuternde Hinweise der VOL/A

Die in § 3 Abs. 3 VOL/A 2009 aufgeführten Tatbestände sind abschließend. 8897

103.10 Zulässigkeit einer Beschränkten Ausschreibung ohne Teilnahmewettbewerb (§ 3 Abs. 4)

103.10.1 Erläuternde Hinweise der VOL/A

Die in § 3 Abs. 4 VOL/A 2009 aufgeführten Tatbestände sind abschließend. 8898

103.10.2 Fehlendes annehmbares Ergebnis einer Öffentlichen Ausschreibung (§ 3 Abs. 4 lit. a)

103.10.2.1 Inhalt

Nach § 3 Abs. 4 lit. a) ist eine Beschränkte Ausschreibung zulässig, wenn eine Öffentliche Ausschreibung kein annehmbares Ergebnis gehabt hat. **Voraussetzung** ist somit, dass **ausschließlich Angebote in der Öffentlichen Ausschreibung** vorgelegen haben müssen, die nach Prüfung, unter Zugrundelegung allgemeiner Erfahrungssätze sowie der in der Ausschreibung genannten Wirtschaftlichkeitskriterien, **nicht annehmbar** waren. Hierfür ist der Auftraggeber grundsätzlich darlegungs- und beweispflichtig. Der bloße Hinweis, dass die finanziellen Mittel nicht ausreichen, vermag diese Darlegungs- und Beweispflicht nicht zu begründen (VK Südbayern, B. v. 21. 8. 2003 – Az.: 32-07/03). 8899

Der Vergabestelle ist aber der **Zugang zu der „nachrangigen" Beschränkten Ausschreibung nur dann** ohne weiteres **eröffnet, wenn ihr nicht das Scheitern des vorangegangenen** – und an sich vorrangigen – **Verfahrens zuzurechnen** ist, weil die von ihr zu verantwortenden Ausschreibungsbedingungen die Erfüllung des ausgeschriebenen Auftrags bis an die Grenze der Unmöglichkeit erschwerten und deshalb keine oder keine wirtschaftlichen Angebote eingegangen sind (OLG Dresden, B. v. 16. 10. 2001 – Az.: WVerg 0007/01). 8900

103.10.2.2 Erläuternde Hinweise der VOL/A

Zum Begriff „wirtschaftlich" vgl. Erläuterungen zu § 18 Abs. 1. 8901

103.10.3 Unverhältnismäßiger Aufwand (§ 3 Abs. 4 lit. b)

103.10.3.1 Grundsatz

Wenn das Offene Verfahren für den Auftraggeber oder die Bewerber einen Aufwand verursachen würde, der zu dem erreichbaren Vorteil oder dem Wert der Leistung im Missverhältnis steht, kann der Auftraggeber gemäß § 3 Abs. 4 lit. b) die Beschränkte Ausschreibung wählen. **§ 3 Abs. 4 lit. b) soll dabei sowohl den Auftraggeber als auch die Bewerber schützen**, um unnötigen, sachlich nicht gerechtfertigten Aufwand oder Kosten auf beiden Seiten zu ersparen. Stets muss der **absolute Ausnahmecharakter der Beschränkten Ausschreibung** gegenüber der Öffentlichen Ausschreibung beachtet werden. Der **Auftraggeber muss im Rahmen des § 3 Abs. 4 lit. b) eine Prognose anstellen**, welchen konkreten Aufwand eine Öffentliche Ausschreibung bei ihm, aber auch bei der noch unbekannten Anzahl potenzieller Bieter voraussichtlich verursachen würde. Dabei hat er auf Grundlage benötigter Verdingungsunterlagen, den Kalkulationsaufwand eines durchschnittlichen Bieters für die Erstellung und Übersendung der Angebote und dessen sonstige Kosten (Einholung von Auskünften bei Zulieferern etc.) zu schätzen. Zum Teil kann der Auftraggeber auch auf Erfahrungswerte parallel gelagerter Ausschreibungen zurückgreifen oder auf eigene Schätzungen. Diese ermittelten **Schätzkosten sind danach in ein Verhältnis zu dem beim Auftraggeber durch die Öffentliche Ausschreibung erreichbaren Vorteil oder den Wert der Leistung zu setzen** (OLG Naumburg, B. 8902

Teil 4 VOL/A § 3   Vergabe- und Vertragsordnung für Leistungen Teil A

v. 10. 11. 2003 – Az.: 1 Verg 14/03; 1. VK Sachsen, B. v. 20. 8. 2004 – Az.: 1/SVK/067-04 – sehr instruktives Beispiel).

103.10.3.2 Hinweis

8903   Für die **Durchführung von Beschränkten Ausschreibungen** wurden zur Vereinfachung und Vereinheitlichung in die VOB/A 2009 **Schwellenwerte als Ausnahmetatbestände** aufgenommen. Bis zu den in § 3 Abs. 3 Nr. 1 VOB/A 2009 genannten Schwellenwerten ist ohne weitere Begründung eine beschränkte Ausschreibung ohne Teilnahmewettbewerb zulässig. Mit der Einführung von Schellenwerten wurde die **Regelung gestrichen**, dass eine beschränkte Ausschreibung ohne Teilnahmewettbewerb zulässig ist, wenn die öffentliche Ausschreibung für den Auftraggeber oder die Bewerber einen Aufwand verursachen würde, der zu dem erreichbaren Vorteil oder dem Wert der Leistung im Missverhältnis steht.

103.11 Zulässigkeit einer Beschränkten Ausschreibung ohne Teilnahmewettbewerb gemäß den Verwaltungsregelungen zur Umsetzung der Konjunkturpakete

8904   Der **Bund hat zur Beschleunigung investiver Maßnahmen**, die Bestandteil des Paktes für Beschäftigung und Stabilität in Deutschland zur Sicherung der Arbeitsplätze, Stärkung der Wachstumskräfte und Modernisierung des Landes (Konjunkturpakete) sind, **Schwellenwerte für Beschränkte Ausschreibungen ohne Teilnahmewettbewerb definiert**. Danach sind seit Anfang 2009 **beschränkte Ausschreibungen ohne nähere Begründungen zugelassen**, wenn bei einer zu vergebenden Leistung der **geschätzte Auftragswert einen Schwellenwert bis 1 000 000 Euro ohne Umsatzsteuer nicht überschreitet**.

8905   **Alle Bundesländer** haben für ihren eigenen Zuständigkeitsbereich, für die Kommunen und die Zuwendungsempfänger **vergleichbare Regelungen** getroffen.

8906   Diese Verwaltungsregelungen sind insgesamt **bis zum 31. 12. 2010 befristet**.

103.12 Zulässigkeit einer Freihändigen Vergabe (§ 3 Abs. 5)

103.12.1 Erläuternde Hinweise der VOL/A

8907   Die unter § 3 Abs. 5 Buchstaben a bis j aufgeführten Tatbestände sind abschließend.

103.12.2 Allgemeines

8908   Die freihändige Vergabe **gibt dem Auftraggeber eine sehr hohe Flexibilität** bei der Vergabe von öffentlichen Aufträgen, da er grundsätzlich nicht an formelle Vorgaben gebunden ist. Darin liegt aber die Gefahr einer freihändigen Vergabe, da auch bei dieser Vergabeart eine **Bindung an die Grundsätze des Vergaberechts (insbesondere Transparenz, Diskriminierungsverbot) besteht**.

8909   Der Auftraggeber hat die **Möglichkeit**, einer freihändigen Vergabe einen **Teilnahmewettbewerb vorzuschalten**.

103.12.3 Kein voraussichtlich wirtschaftliches Ergebnis (§ 3 Abs. 5 lit. a)

103.12.3.1 Allgemeines

8910   Der Vergabestelle ist der **Zugang zu dem „nachrangigen" Verfahren der Freihändigen Vergabe nur dann** ohne weiteres **eröffnet, wenn** ihr nicht das Scheitern des vorangegangenen – und an sich vorrangigen – **Verfahrens zuzurechnen** ist, weil die von ihr zu verantwortenden Ausschreibungsbedingungen die Erfüllung des ausgeschriebenen Auftrags bis an die Grenze der Unmöglichkeit erschweren und deshalb keine oder keine wirtschaftlichen Angebote eingegangen sind (OLG Dresden, B. v. 16. 10. 2001 – Az.: WVerg 0007/01).

103.12.3.2 Erläuternde Hinweise der VOL/A

8911   Zum Begriff „wirtschaftlich" vgl. Erläuterungen zu § 18 Abs. 1.

103.12.4 Lieferung von Waren oder die Erbringung von Dienstleistungen zur Erfüllung wissenschaftlich-technischer Fachaufgaben auf dem Gebiet von Forschung, Entwicklung und Untersuchung (§ 3 Abs. 5 lit. c)

103.12.4.1 Änderung in der VOL/A 2009

Die Regelung des § 3 Abs. 5 lit. c) wurde **neu in die VOL/A 2009 eingefügt**. 8912

103.12.5 Leistungen, die der Geheimhaltung unterworfen sind (§ 3 Abs. 5 lit. f)

103.12.5.1 Allgemeines

Die betroffenen **Leistungen müssen aufgrund von Rechts- oder Verwaltungsvorschriften der Geheimhaltung unterworfen** sein. Die **nur subjektive Einschätzung eines Auftraggebers, die ausgeschriebenen Leistungen** würden sensible Personaldaten wie zum Beispiel die Angabe von Vergütungen der Mitarbeiter eines Krankenhauslabors enthalten, **reicht dafür nicht aus**, zumal wenn sie Gegenstand der Ausschreibungsunterlagen sind. Auch andere Leistungsdaten eines Krankenhauses, die einer betrieblichen Geheimhaltung auf Bieterseite unterliegen, rechtfertigen nicht die Durchführung einer freihändigen Vergabe (VK Brandenburg, B. v. 22. 5. 2008 – Az.: VK 11/08). 8913

103.12.5.2 Erläuternde Hinweise der VOL/A

Im Gegensatz zu § 3 Abs. 3 Buchstabe b muss die Geheimhaltung erforderlich sein; auch eine Beschränkte Ausschreibung kann im Einzelfall bereits den Geheimhaltungsgesichtspunkten Rechnung tragen. 8914

103.12.6 Besondere Dringlichkeit (§ 3 Abs. 5 lit. g)

103.12.6.1 Änderung in der VOL/A 2009

Im Vergleich zur VOL/A 2006 wurde der Regelung die **Tatbestandsmerkmale** „aufgrund von Umständen, die die Auftraggeber nicht voraussehen konnten" und „die Gründe für die besondere Dringlichkeit nicht dem Verhalten der Auftraggeber zuzuschreiben sind" **hinzugefügt**. Mit diesen Tatbestandsmerkmalen wird **der Rechtsprechung Rechnung getragen**. 8915

103.12.6.2 Objektive besondere Dringlichkeit

Die Vorschrift setzt voraus, dass für den Auftraggeber ein unvorhergesehenes Ereignis vorliegt, dass **dringende und zwingende Gründe** gegeben sind, welche die Einhaltung der vorgeschriebenen Fristen nicht zulassen und **dass zwischen dem unvorhergesehenen Ereignis und den sich daraus ergebenden dringlichen, zwingenden Gründen ein Kausalzusammenhang** besteht. Gründe, die dem Verantwortungsbereich des Auftraggebers zuzurechnen sind, scheiden als Rechtfertigung **aus** (OLG Düsseldorf, B. v. 25. 9. 2008 – Az.: VII-Verg 57/08; 1. VK Bund, B. v. 20. 5. 2003 – Az.: VK 1–35/03). 8916

Das Erfordernis einer besonderen Dringlichkeit ist nur dann erfüllt, wenn **akute Gefahrensituationen oder unvorhergesehene Katastrophenfälle** abzuwenden sind. Gleiches gilt für einen **drohenden vertraglosen Zustand in Fällen der Daseinsvorsorge** (OLG Düsseldorf, B. v. 19. 11. 2003 – Az.: VII – Verg 59/03). 8917

Einen unbefristeten Vertrag **aus einer punktuellen Engpasslage** im Verhandlungsverfahren ohne vorherige Bekanntmachung an zumeist lokale Anbieter zu vergeben, **sprengt den Ausnahmetatbestand** des § 3 Abs. 5 Nr. 2 VOB/A (1. VK Sachsen, B. v. 7. 4. 2004 – Az.: 1/SVK/023-04). 8918

Hat ein Auftraggeber seit geraumer Zeit auf eine entsprechende Auftragsvergabe hingearbeitet, war er aber aus internen Gründen (Finanznot, Vorrang der Suche nach einem privaten Investor) an einer früheren Bekanntmachung des Wettbewerbes gehindert, **rechtfertigen solche internen Gründe es nicht, dann später den Wettbewerb für die Bieter einzuschränken** (VK Düsseldorf, B. v. 30. 9. 2002 – Az.: VK – 26/2002 – L). 8919

103.12.6.3 Vergleich der Fristen

8920 Die **jeweiligen Fristen für die unterschiedlichen Verfahren sind miteinander zu vergleichen**, ob überhaupt ein Zeitgewinn zu erzielen ist (2. VK Bund, B. v. 31. 5. 2002 – Az.: VK 2–20/02).

103.12.6.4 Abrufbarkeit von Fördermitteln

8921 Die **Abrufbarkeit von Fördermitteln bis zu einem bestimmten Termin kann nicht als Enddatum einer Projektplanung die Wahl der Vergabeart bestimmen**. Die Gewährung von Fördermitteln ist ein innerhalb der öffentlichen Verwaltung ablaufender, steuerbarer Vorgang. Er kann, ebenso wenig wie etwa ein von einer vorgesetzten Behörde gesetzter Termin oder der Ablauf des Haushaltsjahres, nicht die objektive Dringlichkeit einer Beschaffungsmaßnahme und damit die Begrenzung des Wettbewerbs begründen. Anderenfalls hätten es die öffentlichen Auftraggeber in der Hand, selbst eine Dringlichkeit zu erzeugen, etwa durch den Zeitpunkt der Beantragung von Fördermitteln oder deren Begründung. Diese **Dringlichkeit kann sich nur aus dem Bedarf und/oder dem angestrebten Zweck selbst ergeben** (VK Düsseldorf, B. v. 31. 3. 2000 – Az.: VK – 3/2000 – B).

103.12.6.5 Hochwasserbedingte Beschaffungen

8922 Nach § 3 Abs. 5 lit. g) können Leistungen freihändig vergeben werden, wenn die Leistung besonders dringlich ist. Eine solche Dringlichkeit ist gegeben, wenn sich aus einer nicht vorher erkennbaren Lage heraus die Notwendigkeit der unverzüglichen Leistungserbringung ergibt, um aufgrund eines unvorhersehbaren Ereignisses entstandene Schäden zu beseitigen oder weitergehende Schäden zu verhindern. Hierbei muss die Leistung so dringlich sein, dass selbst eine Beschränkte Ausschreibung nicht durchgeführt werden kann. **Mit dem Hochwasserereignis liegt ein vom öffentlichen Auftraggeber nicht verursachtes und nicht voraussehbares Ereignis vor. Leistungen, die im Zusammenhang mit der Hochwasserkatastrophe erforderlich sind, um nicht vorhersehbare Schäden oder Gefahren zu verhindern, können im Wege der Freihändigen Vergabe beauftragt werden** (Bundesministerium für Verkehr, Bau und Stadtentwicklung, Erlass vom 20. 8. 2002 – Az.: BS 11 – 0 1082 – 103/5).

103.12.6.6 Gesundheitspolitische Beschaffungen

8923 Nach Inkrafttreten der so genannten **BSE-Verordnung** am 6. 12. 2000 mit der Pflicht, BSE-Tests durchzuführen, was durch Änderungsverordnung vom 25. 1. 2001 auf alle über 24 Monate alten Rinder ausgedehnt wurde, entstand schlagartig ein Untersuchungsbedarf in einer Größenordnung, die die Kapazitäten in der zuständigen Landesbehörde bei weitem überstieg. Gleichzeitig fehlten – zumal in räumlicher Nähe zu den Schlachtbetrieben – geeignete – und öffentlich-rechtlich zugelassene Privatlabors mit entsprechender Kapazität und Ausstattung, um die erforderlichen Tests verlässlich durchzuführen. Unter diesen Umständen ist dem öffentlichen Auftraggeber darin zu folgen, dass die **erforderliche Zeit für eine öffentliche Ausschreibung oder einen öffentlichen Teilnahmewettbewerb für eine beschränkte Ausschreibung im maßgeblichen Zeitraum nicht vorhanden gewesen wäre** (Schleswig-Hol5

103.12.6.7 Auftragsvergabe im Insolvenzfall

8924 Kündigt ein Auftraggeber einen Liefer- oder Dienstleistungsvertrag z. B. wegen Beantragung eines Insolvenzverfahrens, macht oftmals schon die Tatsache des laufenden Vertrages oder die zeitliche und logistische Verknüpfung mehrerer Fach- bzw. Teillose eine **öffentliche Ausschreibung der gekündigten Leistungen unmöglich. In aller Regel wird bei diesen Konstellationen nur eine freihändige Vergabe** in Betracht kommen (3. VK Bund, B. v. 29. 6. 2005 – Az.: VK 3–52/05).

8925 Die Auftragsvergabe im Insolvenzfall ist also **einer der nicht ausdrücklich in § 3 Abs. 5 geregelten Fälle, in denen eine freihändige Vergabe zweckmäßig** und damit **zulässig** ist.

8926 Es gibt zwar keine Vorschrift, die es dem Auftraggeber bei einer freihändigen Vergabe auferlegt, mit einer bestimmten Mindestanzahl von Bietern zu verhandeln. Auch bei der freihändigen Vergabe gilt jedoch der allgemeine Wettbewerbs- und der Gleichbehandlungsgrundsatz. Diese allgemeinen Grundsätze gebieten es, bei der Auftragsvergabe im Insolvenzfall die Tatsache zu berücksichtigen, dass **der freihändigen Vergabe eine öffentliche Ausschreibung vorangegangen** war, aus dem interessierte und für das Bauvorhaben geeignete Bieter bekannt waren. Im Ergebnis stellt sich die Situation dann so dar, als hätte der Auftraggeber die beabsichtigte Vergabe öffentlich bekannt gemacht. Vor diesem Hintergrund ist es unter Berücksichtigung der genannten Grundsätze geboten, die für das Verhandlungsverfahren mit vorangegangener Vergabebekanntmachung geltende Vorschrift des § 3 Abs. 1 Satz 4 VOL/A anzuwenden; der Auftraggeber ist also verpflichtet, mindestens drei Bewerber, darunter auch die in der öffentlichen Ausschreibung zweit- und drittplatzierten Bieter, in die freihändige Vergabe mit einzubeziehen (3. VK Bund, B. v. 29. 6. 2005 – Az.: VK 3–52/05).

103.12.6.8 Auftragsvergabe für eine Interimszeit

103.12.6.8.1 Rechtsprechung. Auch für den Fall, dass ein öffentlicher Auftraggeber Leistungen nur für eine Interimszeit – z.B. bis zum Abschluss eines Nachprüfungsvertrages oder bis zur Abwicklung eines geregelten Ausschreibungs- und Vergabeverfahrens – vergeben will, ist darauf zu achten, ob die Voraussetzungen des § 3 Abs. 5 VOL/A im Einzelfall vorliegen (OLG Dresden, B. v. 25. 1. 2008 – Az.: WVerg 010/07 – instruktiver Fall; OLG Düsseldorf, B. v. 25. 9. 2008 – Az.: VII-Verg 57/08; VK Arnsberg, B. v. 25. 8. 2008 – Az.: VK 14/08 – für den Bereich der Daseinsvorsorge). 8927

103.12.6.8.2 Literatur 8928

– Marx, Fridhelm/Hölzl, Franz Josef, Interimsaufträge – Schneller als das Vergaberecht erlaubt?
– Zu den Voraussetzungen und Möglichkeiten der Vergabe von Interimsaufträgen, NZBau 2010, 535

103.12.6.9 Erläuternde Hinweise der VOL/A

Die Voraussetzungen für eine Inanspruchnahme dieses Tatbestandes sind enger als in § 3 Abs. 3 Buchstabe b: Nur in Fällen besonderer Dringlichkeit kann auf die Freihändige Vergabe zurückgegriffen werden. 8929

103.12.7 Keine Möglichkeit einer eindeutigen und erschöpfenden Leistungsbeschreibung (§ 3 Abs. 5 lit. h)

103.12.7.1 Allgemeines

Bei einer **komplexen Maßnahme des Anteilsverkaufs mit Sicherung der Stärkung und des Ausbaus des Betriebes** ist eine freihändige Vergabe nach § 3 Abs. 5 lit. h) VOL/A zulässig. Mit dem Anteilsverkauf verbindet sich eine Vielzahl von Fragen, zu denen der Auftraggeber gerade kein feststehendes Leistungsprofil vorgeben, sondern sich Konzepte vorschlagen lassen will. Hinsichtlich des Personals sind personalvertretungsrechtliche Belange zu berücksichtigen, auf die der Auftraggeber nur eingeschränkt Einfluss hat. Die wirtschaftlichen Entwicklungsmöglichkeiten sind auch von der Strategie und der Finanzkraft des Erwerbers abhängig. Bei diesen Unwägbarkeiten kann eine feststehende Leistungsbeschreibung kaum erstellt werden (VK Düsseldorf, B. v. 14. 5. 2004 – Az.: VK – 7/2004 – L/VK- 8/2004 – L.). 8930

Eingliederungsmaßnahmen gemäß § 421i SGB III können nicht hinreichend eindeutig beschrieben werden. Aufgrund des Erprobungscharakters des § 421i SGB III fehlen entsprechende Erfahrungswerte; diese Begründung ist plausibel (2. VK Bund, B. v. 1. 9. 2005 – Az.: VK 2–99/05). 8931

Ziel von **laboratoriumsmedizinischen Untersuchungen** ist ein ärztlicher Befund, der zusammen mit weiteren ärztlichen Erhebungen zur Erkennung von Krankheiten und ihren Ursachen, zur Überwachung des Krankheitsverlaufes oder zur Beurteilung therapeutischer Maßnahmen herangezogen werden. Der **Ablauf der Untersuchungen und die dafür zur Verfügung stehenden Verfahren und Methoden werden unter den jeweiligen Nummern des Abschnittes M der GOÄ eindeutig und erschöpfend beschrieben.** Auch die in diesem Zusammenhang anfallenden Beratungs-, Betreuungs- und Durchführungsleistungen können in der Leistungsbeschreibung im Rahmen eines Fragenkataloges so konkret formuliert werden, dass sie Gegenstand eines Offenen oder Nichtoffenen Verfahrens sein können (VK Brandenburg, B. v. 22. 5. 2008 – Az.: VK 11/08). 8932

103.12.7.2 Erläuternde Hinweise der VOL/A

Die Worte „vor der Vergabe" bedeuten, dass die Leistung zu Beginn des Vergabeverfahrens nicht eindeutig beschrieben werden kann. Im Falle einer Ausschreibung wäre es schwierig, Angebote, die auf ungenaue Leistungsbeschreibungen eingehen, genügend zu vergleichen. 8933

Teil 4 VOL/A § 3 Vergabe- und Vertragsordnung für Leistungen Teil A

103.12.8 Aufträge ausschließlich an Werkstätten für behinderte Menschen (§ 3 Abs. 5 lit. j)

103.12.8.1 Änderung in der VOL/A 2009

8934 Die Regelung des § 3 Abs. 5 lit. j) ist neu in die VOL/A 2009 **aufgenommen** worden.

103.12.8.2 Richtlinien des Bundes für die Berücksichtigung von Werkstätten für Behinderte und Blindenwerkstätten bei der Vergabe öffentlicher Aufträge (Richtlinien Bevorzugte Bewerber)

8935 Auf Grund der §§ 56 und 58 Schwerbehindertengesetz (SchwbG) sind Aufträge der öffentlichen Hand, die von Werkstätten für Behinderte und Blindenwerkstätten ausgeführt werden können, diesen bevorzugt anzubieten. Um diesem Anliegen Rechnung zu tragen, hat die **Bundesregierung Richtlinien für die Berücksichtigung von Werkstätten für Behinderte und Blindenwerkstätten bei der Vergabe öffentlicher Aufträge (Richtlinien Bevorzugte Bewerber vom 10. 5. 2001)** erlassen (Bundesanzeiger Nr. 109 S. 11773-11774). Die Richtlinie ist allerdings **nur bei allen Beschränkten Ausschreibungen und Freihändigen Vergaben nach Abschnitt 1 der VOL/A bzw. VOB/A** zu beachten.

103.12.8.3 Voraussetzungen einer Auftragsvergabe

8936 Nach dem Wortlaut der Vorschrift genügt es, dass die ausschließliche Vergabe von Leistungen an Werkstätten für behinderte Menschen durch die Vergabestelle beabsichtigt ist. Es **müssen vom Auftraggeber keine weiteren besonderen Umstände dargelegt und bewiesen sein, die die freihändige Vergabe an Werkstätten für behinderte Menschen rechtfertigen.**

8937 § 3 Abs. 2 VOL/A legt **keine zusätzlichen tatbestandlichen Voraussetzungen für eine zulässige freihändige Vergabe fest**. Eine solche Beschränkung des Anwendungsbereichs des § 3 Abs. 5 lit. j) VOL/A widerspricht dem Wortlaut der Vorschrift und findet weder eine Grundlage in der Gesetzessystematik noch im Sinn und Zweck der Regelung.

8938 § 3 Abs. 5 lit. j) VOL/A trägt – im Sinn eines Sonderfalls der Zulässigkeit Freihändiger Vergabe – allein dem Umstand Rechnung, dass der Auftrag an Werkstätten für behinderte Menschen ergehen soll, die von einer Vergabe im Wettbewerb ausgeschlossen sind. Weitergehende Einschränkungen sind damit nicht verbunden, zumal dadurch der **Anwendungsbereich der Norm allzu sehr beschnitten** würde (OLG Düsseldorf, B. v. 27. 10. 2004 – Az.: VII – Verg 52/04).

8939 Dem **Auftraggeber steht ein Ermessensspielraum zu hinsichtlich der Entscheidung zwischen der freihändigen Vergabe an Werkstätten für behinderte Menschen einerseits oder der öffentlichen Ausschreibung unter Beteiligung erwerbswirtschaftlicher Bieter andererseits**. Denn außer dass der Kreis der beteiligten Bieter auf die dort genannten Unternehmen beschränkt sein muss, stellt § 3 Abs. 5 lit j) VOL/A nur noch auf das subjektive Element der Absicht der Vergabestelle ab und setzt damit den Ermessensspielraum des Auftraggebers voraus (1. VK Bund, B. v. 20. 7. 2004 – Az.: VK 1–75/04; B. v. 20. 7. 2004 – Az.: VK 1–78/04).

8940 Die **Ermessensbetätigung** der Vergabestelle ist von den Vergabenachprüfungsinstanzen nach allgemeinen Grundsätzen **nur darauf überprüfbar, ob sie auf einem zutreffend ermittelten Sachverhalt** beruht und ob die **rechtlichen Grenzen zulässiger Ermessensausübung eingehalten** worden sind, insbesondere unsachgemäße und/oder diskriminierende Gesichtspunkte darin keinen Eingang gefunden haben (OLG Düsseldorf, B. v. 27. 10. 2004 – Az.: VII – Verg 52/04).

103.12.8.4 Erläuternde Hinweise der VOL/A

8941 Dieser Ausnahmetatbestand gilt auch für Aufträge, an die noch verbleibenden anerkannten Blindenwerkstätten nach dem aufgehobenen Blindenwarenvertriebsgesetz (siehe auch § 141 SGB IX).

103.12.9 Aufträge ausschließlich an Werkstätten für behinderte Menschen (§ 3 Abs. 5 lit. k)

103.12.9.1 Änderung in der VOL/A 2009

8942 Die Regelung ist im Vergleich zur VOL/A 2006 als **eigenständige Regelung in die VOL/A 2009** aufgenommen worden.

Vergabe- und Vertragsordnung für Leistungen Teil A VOL/A § 3 **Teil 4**

103.12.9.2 Voraussetzungen einer Auftragsvergabe

Vgl. die Kommentierung → Rdn. 65 ff. 8943

103.12.10 Nur ein in Betracht kommendes Unternehmen (§ 3 Abs. 5 lit. l)

103.12.10.1 Änderung in der VOL/A

Im Vergleich zur VOL/A 2006 wurde die **Erläuterung möglicher Gründe** dafür, dass nur 8944 ein Unternehmen in Betracht kommt, **gestrichen**.

103.12.10.2 Grundsätze

Diese Ausnahmevorschrift **umfasst abschließend** die Fälle, in denen bereits vor der Auf- 8945 tragsvergabe die Person des Auftragnehmers feststeht, so dass ein Wettbewerb um den Auftrag von vornherein ausscheidet. Die **Ausnahmevorschrift ist eng auszulegen**. Der Beweis dafür, dass die erforderlichen außergewöhnlichen Umstände vorliegen, ist von demjenigen zu erbringen, der sich auf sie beruft, das heißt in der Regel vom Auftraggeber. Der Auftraggeber kommt dieser Beweislast nicht bereits dadurch nach, indem er beweist, dass ein bestimmter Anbieter den Auftrag am besten ausführen kann, sondern er **muss beweisen, dass alleine dieser Anbieter für die Ausführung des Auftrages in Betracht kommt** (EuGH, Urteil v. 15. 10. 2009 – Az.: C-275/08; Urteil vom 2. 6. 2005 – Az.: C-394/02; VK Brandenburg, B. v. 22. 5. 2008 – Az.: VK 11/08; 1. VK Bund, B. v. 20. 5. 2003 – Az.: VK 1–35/03).

Dass ausschließlich nur ein Unternehmen zur Auftragsdurchführung in der Lage ist, muss der 8946 **Auftraggeber vorab mittels einer sorgfältigen Markterforschung feststellen**). Der Auftraggeber ist insbesondere verpflichtet, sich eine **europaweite Marktübersicht** zu verschaffen. Die Markterforschung muss zu dem Ergebnis kommen, dass ein **Unternehmen gleichsam Monopolist** für die Erbringung der nachgefragten Leistung ist. **Nicht ausreichend** ist, wenn der **Auftraggeber lediglich subjektiv** zu der Auffassung gelangt, dass nur ein bestimmtes Unternehmen die wirtschaftlichste Leistungserbringung erwarten lässt (EuGH, Urteil v. 15. 10. 2009 – Az.: C-275/08; VK Brandenburg, B. v. 22. 5. 2008 – Az.: VK 11/08; VK Hessen, B. v. 27. 4. 2007 – Az.: 69 d VK – 11/2007).

Beruft sich ein Auftraggeber darauf, dass ein Auftrag aufgrund des Schutzes eines Ausschließ- 8947 lichkeitsrechts (Patentrecht) nur von einem bestimmten Unternehmen durchgeführt werden kann, **müssen die Patentvoraussetzungen erfüllt sein und im konkreten Fall von der technischen Lehre des Patents Gebrauch gemacht werden** (OLG Düsseldorf, B. v. 28. 5. 2003 – Az.: Verg 10/03).

Linienverkehrsgenehmigungen nach dem Personenbeförderungsgesetz (PersBefG) 8948 **besitzen nicht die Qualität von Ausschließlichkeitsrechten**. Zwar ist zutreffend, dass nach § 13 Abs. 2 PBefG ein Antrag auf Genehmigung zu versagen ist, wenn der Verkehr mit den vorhandenen Verkehrsmitteln befriedigend bedient werden kann oder der neue Verkehr keine wesentlichen Verbesserungen der Verkehrsbedienung vorsieht. Dies ist insbesondere dann der Fall, wenn berücksichtigt werden muss, dass eine Verkehrsbedienung nur aufgrund von mit dem europäischen Beihilferecht nicht konformen Zuschüssen bzw. vertraglich vereinbarten Zahlungen garantiert werden kann. Auch liegt es durchaus im Bereich des Möglichen, dass die Genehmigungsbehörde von ihr erteilte Genehmigungen nach § 13 PBefG vor dem Hintergrund des Mahnschreibens der Europäischen Kommission an die Republik Österreich vom 13. 10. 2004 C (2004) 3808 nach § 48 Abs. 3 VwVfG zurücknimmt. Nach Auffassung der Kommission verstoßen Genehmigungen nach dem österreichischen Kraftlinienscheingesetz, das mit dem PBefG weitgehend vergleichbar ist, gegen europäisches Gemeinschaftsrecht, wenn sie nicht im Rahmen eines transparenten und offenen Verfahrens für potentielle Bieter vergeben werden. Im Hinblick auf all diese Umstände **kann beim Vorliegen von Genehmigungen nach dem PBefG nicht von bestehenden Ausschließlichkeitsrechten ausgegangen werden** (VK Baden-Württemberg, B. v. 14. 3. 2005 – Az.: 1 VK 5/05).

103.12.10.3 Erläuternde Hinweise der VOL/A

Dieser Ausnahmetatbestand umfasst die Fälle, bei denen faktisch und rechtlich nur ein Unter- 8949 nehmen für die zu erbringende Leistung in Betracht kommen kann, so dass der Versuch einen Wettbewerb zu veranstalten zu nicht mehr als einem Angebot führen würde. Hierbei handelt es sich

Teil 4 VOL/A § 3 Vergabe- und Vertragsordnung für Leistungen Teil A

– um den Fall eines Angebotsmonopols oder

– wenn für die Leistungen gewerbliche Schutzrechte zugunsten eines bestimmten Unternehmens bestehen, es sei denn, der Auftraggeber oder andere Unternehmen sind zur Nutzung dieser Rechte befugt,

wenn es sich um eine vorteilhafte Gelegenheit handelt. Der Begriff „vorteilhafte Gelegenheit" ist eng auszulegen. Die Wahrnehmung einer vorteilhaften Gelegenheit muss zu einer wirtschaftlicheren Beschaffung führen, als diese bei Anwendung der Öffentlichen oder Beschränkten Ausschreibung der Fall wäre.

103.13 Direktkauf (§ 3 Abs. 6)

103.13.1 Änderung in der VOL/A 2009

8950   § 3 Abs. 6 wurde **neu in die VOL/A 2009 aufgenommen**.

103.13.2 Inhalt und Grenzen

8951   Nach § 3 Abs. 6 können Leistungen bis zu einem Auftragswert von 500 Euro (ohne Umsatzsteuer) unter Berücksichtigung der Haushaltsgrundsätze der Wirtschaftlichkeit und Sparsamkeit ohne ein Vergabeverfahren beschafft werden. Diese **Direktkäufe sind also von allen Regelungen des Vergaberechts freigestellt**. Allerdings **müssen die Vergabestellen auch bei den Direktkäufen grundlegende Prinzipien** wie das Diskriminierungsverbot oder das Transparenzgebot **beachten**; auch bei einem Direktkauf kann es nicht zulässig sein, z. B. jahrelang bestimmte Artikel nur bei einem Unternehmen ohne Beachtung des Wirtschaftlichkeitsgebots zu kaufen.

103.14 Zulässigkeit einer freihändigen Vergabe gemäß den Verwaltungsregelungen zur Umsetzung der Konjunkturpakete

8952   Der **Bund hat zur Beschleunigung investiver Maßnahmen**, die Bestandteil des Paktes für Beschäftigung und Stabilität in Deutschland zur Sicherung der Arbeitsplätze, Stärkung der Wachstumskräfte und Modernisierung des Landes (Konjunkturpakete) sind, **Schwellenwerte für freihändige Vergaben definiert**. Danach sind seit Anfang 2009 **freihändige Vergaben ohne nähere Begründungen zugelassen**, wenn bei einer zu vergebenden Leistung der **geschätzte Auftragswert einen Schwellenwert bis 100.000 Euro ohne Umsatzsteuer nicht überschreitet**.

8953   **Alle Bundesländer** haben für ihren eigenen Zuständigkeitsbereich, für die Kommunen und die Zuwendungsempfänger **vergleichbare Regelungen** getroffen.

8954   Diese Verwaltungsregelungen sind insgesamt **bis zum 31. 12. 2010 befristet**.

103.15 Ergänzungen

103.15.1 Vorteilhafte Gelegenheit (§ 3 Nr. 4 Buchstabe m VOL/A 2006)

8955   Eine vorteilhafte Gelegenheit liegt nur dann vor, wenn es sich um **eine einmalige oder nur sehr kurzfristig sich bietende Beschaffungsmöglichkeit handelt, die zudem noch Verkaufspreise unterhalb der üblichen Einkaufspreise für den Auftraggeber verspricht** (OLG Düsseldorf, B. v. 8. 5. 2002 – Az.: Verg 5/02).

103.16 Literatur

8956   – Braun, Christian, Konjunkturpaket II – Konsequenzen für das Vergaberecht: Ist jetzt alles erlaubt?, VergabeR 2010, 379

– Köster, Bernd, Kommunale Wirtschaftsförderung durch Vergabe öffentlicher Aufträge?, NZBau 2010, 473

– Thormann, Martin, Vergaberecht: in der Krise suspendiert? – Zur Erhöhung der Wertgrenzen für Beschränkte Ausschreibungen und Freihändige Vergaben im Rahmen des Konjunkturpakets II, NZBau 2010, 14

104. § 4 VOL/A – Rahmenvereinbarungen

(1) **Rahmenvereinbarungen sind Aufträge, die ein oder mehrere Auftraggeber an ein oder mehrere Unternehmen vergeben können, um die Bedingungen für Einzelaufträge, die während eines bestimmten Zeitraumes vergeben werden sollen, festzulegen, insbesondere über den in Aussicht genommenen Preis. Das in Aussicht genommene Auftragsvolumen ist so genau wie möglich zu ermitteln und bekannt zu geben, braucht aber nicht abschließend festgelegt zu werden. Die Auftraggeber dürfen für dieselbe Leistung nicht mehrere Rahmenvereinbarungen abschließen. Die Laufzeit darf vier Jahre nicht überschreiten, es sei denn der Auftragsgegenstand oder andere besondere Umstände rechtfertigen eine Ausnahme.**

(2) **Die Erteilung von Einzelaufträgen ist nur zulässig zwischen den Auftraggebern, die ihren voraussichtlichen Bedarf für das Vergabeverfahren gemeldet haben und den Unternehmen, mit denen Rahmenvereinbarungen abgeschlossen wurden.**

104.1 Änderungen in der VOL/A 2009

Die Vorschrift wurde für die **nationalen Ausschreibungsverfahren neu in die VOL/A 2009** aufgenommen. Bisher gab es nur eine Regelung für die europaweiten Verfahren in § 3a Nr. 4 VOL/A 2006 und eine eher rudimentäre Regelung in § 5b VOL/A 2006. Die **vergleichbare Vorschrift für europaweite Ausschreibungsverfahren** ist **§ 4 EG VOL/A 2009**.

8957

104.2 Regelung im europäischen Recht

Nach **Art. 1 Abs. 5 der Vergabekoordinierungsrichtlinie (Richtlinie 2004/18/EG)** ist eine „Rahmenvereinbarung" eine Vereinbarung zwischen einem oder mehreren öffentlichen Auftraggebern und einem oder mehreren Wirtschaftsteilnehmern, die zum Ziel hat, die Bedingungen für die Aufträge, die im Laufe eines bestimmten Zeitraums vergeben werden sollen, festzulegen, insbesondere in Bezug auf den Preis und gegebenenfalls die in Aussicht genommene Menge.

8958

104.3 Bieterschützende Vorschrift

Nach § **4 Abs. 1 Satz 2 VOL/A** bzw. § **4 EG Abs. 1 Satz 2** muss bei Rahmenvereinbarungen das in Aussicht genommene Auftragsvolumen so genau wie möglich ermittelt und beschrieben werden. Die Vorschrift ist eine Vergabeverfahrensvorschrift. Ein **Bieter hat ein Recht auf ihre Einhaltung** nach § 97 Abs. 7 GWB (LSG Berlin-Brandenburg, B. v. 7. 5. 2010 – Az.: L 1 SF 95/10 B Verg).

8959

104.4 Bezeichnungen

Die Vergabekoordinierungsrichtlinie und die VOL/A 2009 sprechen von „**Rahmenvereinbarungen**"; in der Rechtsprechung und Literatur wird auch der Begriff des „**Rahmenvertrags**" verwendet. Daraus ergibt sich **kein inhaltlicher Unterschied**.

8960

104.5 Begriff

104.5.1 § 4 Abs. 1 Satz 1 bzw. § 4 EG Abs. 1 Satz 1 VOL/A 2009

Nach der Begriffsdefinition des § 4 Abs. 1 Satz 1 bzw. § 4 EG Abs. 1 Satz 1 VOL/A 2009 sind **Rahmenvereinbarungen Aufträge, die ein oder mehrere Auftraggeber an ein oder mehrere Unternehmen vergeben können, um die Bedingungen für Einzelaufträge, die während eines bestimmten Zeitraumes vergeben werden sollen, festzulegen, insbesondere über den in Aussicht genommenen Preis.

104.5.2 Rechtsprechung

8961 Eine Rahmenvereinbarung setzt voraus, dass zwischen öffentlichem Auftraggeber und einem oder mehreren Unternehmen Bedingungen für eine Mehrzahl von Einzelaufträgen festgelegt werden, die während eines bestimmten Zeitraums vergeben werden sollen. **Kennzeichnend für eine Rahmenvereinbarung ist demnach, dass der rechtliche Rahmen für die wesentlichen Bedingungen von zukünftig noch zu erteilenden Einzelaufträgen festgelegt wird, die synallagmatischen Austauschbeziehungen und Verpflichtungen aber erst durch den jeweils zu einem Vertragsschluss führenden Einzelabruf entstehen sollen.** Beabsichtigt hingegen ein Auftraggeber den Abschluss eines einzelnen Mietvertrages über eine Gesamtmenge von ca. 2350 Kopiergeräten, die einmalig zu Vertragsbeginn von dem Auftragnehmer zur Verfügung zu stellen sind. ist die vertragliche Hauptleistungspflicht des Auftragnehmers demnach gleich zu Beginn des Vertragsverhältnisses vollständig und nicht erst nach Abruf durch die Antragsgegnerin und Abschluss weiterer Einzelverträge zu erfüllen. Bereits durch den Abschluss des Vertrages sollen die wechselseitigen Ansprüche auf vollständige Lieferung, Aufstellung und Betrieb der Kopiergeräte sowie auf Zahlung des vereinbarten Mietzinses entstehen. Der **Vorbehalt einer Mehrabnahme von 20% bzw. einer Minderabnahme von 10% durch den Auftraggeber stellt eine im Rahmen des abzuschließenden Mietvertrages vereinbarte Flexibilisierung des Leistungsumfangs dar. Gegenstand des Vertrags ist nicht eine genau bestimmte Anzahl sondern eine zahlenmäßig genau bestimmbare Menge** von mindestens 2115 und höchstens 3290 Geräten. **Weder im Fall eines zukünftigen Mehr- noch eines Minderbedarfs soll die Änderung des Leistungsumfangs Gegenstand weitere einzelvertraglicher Abreden sein.** Vielmehr soll der Auftraggeber bereits durch den abzuschließenden Mietvertrag im Rahmen der vereinbarten Grenzen ein Dispositionsrecht im Hinblick auf die benötigte Menge und damit einen unmittelbaren vertraglichen Anspruch auf die Zurverfügungstellung weiterer Geräte haben bzw. ohne vorherige Kündigung berechtigt sein, von vornherein weniger Geräte oder zukünftig deren Abbau und Abholung zu beanspruchen (OLG Düsseldorf, B. v. 21. 4. 2010 – Az.: VII-Verg 53/09).

8962 Rahmenverträge sind im allgemeinen Zivilrecht **Vereinbarungen, mit denen eine auf Dauer angelegte Geschäftsbeziehung typischerweise erst eröffnet werden soll, wobei nur bestimmte Einzelheiten in erst künftig abzuschließenden Einzelverträgen festgelegt werden** (2. VK Brandenburg, B. v. 9. 4. 2001 – Az.: 2 VK 18/01).

8963 **Mit Abschluss der Rahmenvereinbarung werden noch keine konkreten Leistungspflichten begründet,** jedoch ermöglicht die Rahmenvereinbarung anschließend die weitgehend formlose Beauftragung von Einzelleistungen und begründet eine auf Dauer angelegte Geschäftsbeziehung. Mit Abschluss der Rahmenvereinbarung gilt der Zuschlag für die gesamte ausgeschriebene Leistung als erteilt, auch wenn noch keine konkreten Einzelaufträge erteilt sind und offen bleibt, ob die Vergabestelle Folgeleistungen überhaupt abruft (Thüringer OLG, B. v. 19. 10. 2010 – Az.: 9 Verg 5/10).

104.6 Inhalt und praktische Bedeutung

8964 Rahmenvereinbarungen **gliedern sich auf in eine Grundvereinbarung** (= Rahmenvereinbarung) und in **einzelne auf der Rahmenvereinbarung basierende Leistungsabrufe**.

8965 Ein Rahmenvertrag setzt also eine Leistungsbeziehung voraus, in die sich **weitere Leistungserbringungen als Ausfüllung der Rahmenvereinbarung einbinden** (VK Düsseldorf, B. v. 30. 6. 2000 – Az.: VK – 10/2000 – L).

8966 Typischerweise werden insbesondere geringwertige **Verbrauchsgüter** (so genannte C-Artikel) wie etwa Papier, aber auch immer mehr **hochwertige Güter**, die im Lauf eines oder mehrerer Haushaltsjahres **regelmäßig benötigt** werden (z.B. Hard- und Software, Medikamente, Schuhe) über Rahmenverträge beschafft. Im Baubereich werden Rahmenverträge z.B. über kleinere Bauunterhaltungsmaßnahmen wie etwa Anstricharbeiten geschlossen.

8967 Die Ausschreibung einer Rahmenvereinbarung **dient der Flexibilisierung in Bezug auf die Anforderung der Leistung durch den Auftraggeber** (VK Hessen, B. v. 5. 11. 2009 –

Vergabe- und Vertragsordnung für Leistungen Teil A   VOL/A § 4   **Teil 4**

Az.: 69 d VK – 39/2009); dies insbesondere mit Blick auf die zur Verfügung stehenden Haushaltsmittel der öffentlichen Auftraggeber.

104.7 Zulässigkeit von Rahmenvereinbarungen

Bereits vor der VOL/A 2009 war die **Zulässigkeit von Rahmenvereinbarungen nicht mehr umstritten**. Sie **sind als öffentlicher Auftrag im Sinne des § 99 GWB zu betrachten** (LSG Nordrhein-Westfalen, B. v. 24. 8. 2009 – Az.: L 21 KR 45/09 SFB; B. v. 30. 1. 2009 – Az.: L 21 KR 1/08 SFB; VK Arnsberg, B. v. 21. 5. 2002 – Az.: VK 7–10/2002; 1. VK Bund, B. v. 20. 1. 2010 – Az.: VK 1–233/09; B. v. 20. 1. 2010 – Az.: VK 1–230/09; B. v. 21. 12. 2009 – Az.: VK 1–212/09; B. v. 17. 4. 2009 – Az.: VK 1–35/09; B. v. 9. 5. 2007 – Az.: VK 1–26/07; 2. VK Bund, B. v. 21. 6. 2010 – Az.: VK 2–53/10; B. v. 29. 7. 2009 – Az.: VK 2–87/09; B. v. 26. 5. 2009 – Az.: VK 2–30/09; B. v. 20. 4. 2009 – Az.: VK 2–36/09; B. v. 20. 4. 2009 – Az.: VK 2–13/09; B. v. 22. 8. 2008 – Az.: VK 2–73/08; B. v. 8. 2. 2008 – VK 2–156/07; B. v. 15. 11. 2007 – Az.: VK 2–123/07, B. v. 15. 11. 2007 – Az.: VK 2–120/07, B. v. 15. 11. 2007 – Az.: VK 2–117/07, B. v. 15. 11. 2007 – Az.: VK 2–114/07, B. v. 15. 11. 2007 – Az.: VK 2–108/07, B. v. 15. 11. 2007 – Az.: VK 2–105/07; B. v. 15. 11. 2007 – Az.: VK 2–102/07; 3. VK Bund, B. v. 12. 11. 2009 – Az.: VK 3–193/09; B. v. 29. 9. 2009 – Az.: VK 3–166/09; B. v. 3. 8. 2009 – VK 3–145/09; B. v. 24. 7. 2009 – VK 3–136/09; B. v. 20. 3. 2009 – Az.: VK 3–40/09; B. v. 20. 3. 2009 – Az.. VK 3–34/09; B. v. 20. 3. 2009 – Az.: VK 3–22/09; B. v. 16. 3. 2009 – Az.: VK 3–37/09; B. v. 23. 1. 2009 – Az.: VK 3–194/08; B. v. 20. 1. 2009 – Az.: VK 3–191/08; B. v. 20. 1. 2009 – Az.: VK 3–188/08; B. v. 20. 1. 2009 – Az.: VK 3–185/08; B. v. 15. 8. 2008 – Az.: VK 3–107/08; B. v. 8. 2. 2008 – Az.: VK 3–29/08; B. v. 6. 2. 2008 – Az.: VK 3–11/08; B. v. 5. 2. 2008 – Az.: VK 3–23/08; B. v. 5. 2. 2008 – Az.: VK 3–17/08; B. v. 5. 2. 2008 – Az.: VK 3–08/08; B. v. 9. 1. 2008 – Az.: VK 3–145/07; VK Hessen, B. v. 5. 11. 2009 – Az.: 69 d VK – 39/2009; VK Münster, B. v. 7. 10. 2009 – Az.: VK 18/09)

Auch solche **Rahmenvereinbarungen, deren Inhalt unter den Anhang I B VOL/A fallen, sind zulässig**, da die Rahmenvereinbarung als eine allen öffentlichen Auftraggebern zur Verfügung stehende – allerdings ausschreibungspflichtige – **Vertragsform anerkannt** ist (1. VK Bund, B. v. 9. 5. 2007 – Az.: VK 1–26/07; 2. VK Bund, B. v. 29. 7. 2009 – Az.: VK 2–87/09; 3. VK Bund, B. v. 29. 4. 2009 – Az.: VK 3–76/09).

104.8 Bindung des Auftraggebers an die vergaberechtlichen Grundsätze (Transparenzgebot, Dokumentationspflicht, Angebotswertung)

In der Sache ist der **Auftraggeber bei der Ausschreibung einer Rahmenvereinbarung** in gleicher Weise wie bei der Vergabe eines Einzelauftrags **an die vergaberechtlichen Grundsätze** gebunden. Infolge dessen hat er (u. a.) das Transparenzgebot sowie die Pflicht zur Dokumentation des Vergabeverfahrens und der dort getroffenen wesentlichen Entscheidungen zu beachten. Für ihn gelten überdies die Vorschriften über die Angebotswertung. Er muss folglich den Zuschlag auf dasjenige Angebot erteilen, welches unter Berücksichtigung aller Gesichtspunkte als das wirtschaftlichste erscheint (OLG Düsseldorf, B. v. 26. 7. 2002 – Az.: Verg 28/02).

104.9 Notwendige Bestandteile von Rahmenvereinbarungen

104.9.1 Bedingungen für Einzelaufträge, die während eines bestimmten Zeitraumes vergeben werden sollen (§ 4 Abs. 1 Satz 1 bzw. § 4 EG Abs. 1 Satz 1)

Nach § 4 Abs. 1 Satz 1 bzw. § 4 EG Abs. 1 Satz 1 sind die Bedingungen für Einzelaufträge, die während eines bestimmten Zeitraumes vergeben werden sollen, festzulegen, insbesondere der in Aussicht genommene Preis

104.9.1.1 Preisangaben

Die Rahmenvereinbarung muss also **als Mindestbestandteil Preisangaben des Bieters** – in welcher Form auch immer – enthalten.

Teil 4 VOL/A § 4 Vergabe- und Vertragsordnung für Leistungen Teil A

8973 Für einen wirksamen Rahmenvertrag ist, wie bei Abschluss eines jeden Vertrages, erforderlich, dass die **wesentlichen Vertragsbestandteile (essentialia negotii) festgelegt** sind (KG Berlin, B. v. 19. 4. 2000 – Az.: KartVerg 6/00). Dazu gehört bei einem Lieferauftrag auch der Preis der zu liefernden Leistung. Dies gilt auch im Vergaberecht, wobei hinsichtlich des in Aussicht genommenen Preises ausreichend sein kann, dass – zumindest – die Berechnungsgrundlagen offen gelegt werden bzw. eine Preisgleitklausel im Vertrag enthalten ist (1. VK Bund, B. v. 20. 5. 2003 – Az.: VK 1–35/03).

104.9.1.2 Abrufverpflichtung des Auftraggebers

8974 **§ 4 Abs. 1 VOL/A** bzw. **§ 4 EG Abs. 1 Satz 1** geht nach seinem **Wortlaut** nicht davon aus, dass eine **Abrufverpflichtung** des Auftraggebers **besteht**.

8975 Die **Ausschreibung von Rahmenverträgen ohne Abrufverpflichtung des Auftraggebers** ist also **nicht generell unzulässig** (1. VK Bund, B. v. 20. 4. 2006 – Az.: VK 1–19/06; 2. VK Bund, B. v. 21. 6. 2010 – Az.: VK 2–53/10; B. v. 29. 4. 2010 – Az.: VK 2–20/10; 3. VK Bund, B. v. 28. 1. 2005 – Az.: VK 3–221/04; VK Düsseldorf, B. v. 23. 5. 2008 – Az.: VK – 7/2008 – L).

8976 Das **formale Offenhalten jeglicher Abnahmeverpflichtung sowie der abnehmenden Stellen lässt einen öffentlichen Auftrag nicht entfallen,** wenn die Vergabestelle tatsächlich davon ausgeht, dass auf der Grundlage des Vertrages zukünftig ein bestimmtes Auftragsvolumen umgesetzt wird (VK Düsseldorf, B. v. 23. 5. 2008 – Az.: VK – 7/2008 – L).

8977 Es ist **gerade kennzeichnendes Kriterium einer Rahmenvereinbarung, dass es dem Auftraggeber nicht möglich ist, den Bedarf von vornherein bis ins kleinste Detail festzulegen.** Er muss sich insoweit nicht abschließend auf ein bestimmtes Auftragsvolumen festlegen (VK Hessen, B. v. 5. 11. 2009 – Az.: 69 d VK – 39/2009). Eine Rahmenvereinbarung **bringt naturgemäß Ungewissheiten für den Auftragnehmer mit sich, weil dieser nicht wissen kann, ob, wann und in welchem Umfange die Einzelleistungen von dem Auftraggeber abgerufen** werden. Dies ist auch vor dem Hintergrund des § 4 Abs. 1 VOL/A bzw. § 4 EG Abs. 1 Satz 1 **nicht zu beanstanden**. Die mit einer Rahmenvereinbarung allgemein verbundenen Unwägbarkeiten muss der Bieter hinnehmen (OLG Düsseldorf, B. v. 30. 11. 2009 – Az.: VII-Verg 43/09; 2. VK Bund, B. v. 29. 9. 2009 – Az.: VK 2–162/09).

8978 Ein **Rahmenvertrag ist seiner Natur nach darauf angelegt, dass das Auftragsvolumen nur „in Aussicht genommen" und nicht festgelegt werden muss.** Dies **führt regelmäßig zu Risikoaufschlägen bei der Kalkulation.** Ein Anspruch der Bieter auf Festlegung auch einer bestimmten Teilmenge des in Aussicht genommenen Auftragsvolumens existiert nicht. Insoweit besteht ebenfalls ein Ermessen des Auftraggebers, in dessen Interesse eine Festlegung einer Mindestmenge in der Regel nicht liegt und die im Übrigen auch dem Charakter der Vereinbarung als Rahmenvertrag in gewisser Weise zuwiderläuft (2. VK Bund, B. v. 21. 6. 2010 – Az.: VK 2–53/10; B. v. 29. 4. 2010 – Az.: VK 2–20/10).

8979 Im **Grundsatz** muss bei einer Rahmenvereinbarung daher **überhaupt keine Abnahmegarantie** gewährt werden. Dies kann jedoch **dann anders zu beurteilen sein, wenn dem Auftragnehmer nach der Ausgestaltung der Verdingungsunterlagen auch ohne den Abruf von Einzelleistungen Kosten – wie z. B. für das Vorhalten von Ressourcen – entstehen, für die er keine anderweitige Kompensation erhält.** Sollte der Auftraggeber nur fordern, dass Personal in dem Umfang vorgehalten werden muss, dass damit 60% der sich aus dem voraussichtlichen mittleren monatlichen Zuweisungsbedarf ergebenden Teilnehmerzahl betreut werden kann, erscheint die damit dann korrespondierende Garantie einer 60%-igen Vergütung für sich genommen **zumindest im Ausgangspunkt als unproblematisch**. Aus der Tatsache, dass sich der **Auftraggeber Zuweisungen bis zu 110% vorbehält,** können sich aber gleichwohl Erfordernisse zur kurzfristigen Aufstockung des Personals ergeben, die in rechtlicher oder tatsächlicher Hinsicht u. U. so große Probleme aufwerfen, dass die Personalplanung mit einem ungewöhnlichen Wagnis behaftet ist (2. VK Bund, B. v. 29. 7. 2009 – Az.: VK 2–87/09).

104.9.2 Verpflichtung des Auftraggebers zur möglichst genauen Ermittlung des voraussichtlichen Auftragsvolumens (§ 4 Abs. 1 Satz 2 bzw. § 4 EG Abs. 1 Satz 2)

104.9.2.1 Allgemeines

8980 Auch ohne Abrufverpflichtung des Auftraggebers muss der öffentliche Auftraggeber das **voraussichtliche Auftragsvolumen möglichst genau ermitteln und bekannt geben**.

In § 4 Abs. 1 Satz 2 bzw. § 4 EG Abs. 1 Satz 2 VOL/A ist deutlich gemacht, dass der **Auf-** **traggeber verpflichtet** ist, das **in Aussicht genommene Auftragsvolumen** (die Einkaufsmenge) **so genau wie möglich zu ermitteln und zu beschreiben**; es braucht aber nicht abschließend festgelegt zu werden (2. VK Bund, B. v. 29. 9. 2009 – Az.: VK 2–162/09; 3. VK Bund, B. v. 20. 3. 2009 – Az.: VK 3–22/09; B. v. 29. 1. 2009 – Az.: VK 3–200/08; B. v. 29. 1. 2009 – Az.: VK 3–197/08; VK Hessen, B. v. 5. 11. 2009 – Az.: 69 d VK – 39/2009; VK Münster, B. v. 7. 10. 2009 – Az.: VK 18/09; VK Schleswig-Holstein, B. v. 17. 9. 2008 – Az.: VK-SH 10/08). Das bedeutet, dass **es ausreicht, wenn der Bieter sich ein Bild von dem Umfang der Leistung bzw. vom Bedarf des Auftraggebers machen kann**. Dabei ist der Auftraggeber verpflichtet, den voraussichtlichen Bedarf so sorgfältig zu ermitteln, wie dies ihm möglich und zumutbar ist (VK Hessen, B. v. 5. 11. 2009 – Az.: 69 d VK – 39/2009). 8981

Wenn bei einer Ausschreibung der **endgültige Lieferumfang nicht feststeht, sind die Angaben des Auftraggebers über voraussichtliche Mengengerüste für die Bieter von besonderer kalkulatorischer Bedeutung**. Auch wenn Geräte-Konfigurationen in der textlichen Einführung als „lediglich beispielhaft" und als „Grundlage für die Auswertung" bezeichnet werden, so darf ein Bieter dennoch davon ausgehen, dass die Vergabestelle ihm durch die Vorgabe der Konfigurationen und des zugeordneten Mengengerüstes eine zutreffende, kalkulatorisch beachtliche Information geben wollte (VK Düsseldorf, B. v. 29. 4. 2009 – Az.: VK – 2/2009 – L). 8982

104.9.2.2 Ausschreibungen gemäß § 129 Abs. 5 Satz 3 SGB V

Aus dem Zusammenspiel des § 129 Abs. 5 Satz 3 SGB V mit § 11 Abs. 2 ApoG (als Ausnahme der Regel des Verbotes nach § 11 Abs. 1 ApoG) ergibt sich nicht, dass der normale **Versorgungsweg ausgeschlossen** ist. Es spricht deshalb viel dafür, dass **alleine die rechtliche Unsicherheit**, dass das **angestrebte Gebietsmonopol der Apotheke ganz oder teilweise leer läuft**, weil auf den Wunsch des Versicherten sich dieser die Arzneizubereitung auf normalem Versorgungsweg möglicherweise selbst beschaffen kann, der **Ausschreibung entnehmbar** sein muss (LSG Berlin-Brandenburg, B. v. 7. 5. 2010 – Az.: L 1 SF 95/10 B Verg – mit ausführlicher Begründung). 8983

104.10 Kalkulationspflichten eines Bieters

Es obliegt den Bietern, eine **Angebotskalkulation unter Berücksichtigung gewisser, einem Rahmenvertrag typischerweise innewohnender Unsicherheiten vornehmen**. Die Angebotskalkulation eines Rahmenvertrags-Angebots wird daher im Gegensatz zu einem „normalen" Auftrag gewisse Unterschiede aufweisen und **möglicherweise kalkulatorische Sicherheitszuschläge** berücksichtigen müssen (3. VK Bund, B. v. 26. 3. 2009 – Az.: VK 3–43/09). 8984

Einem **Rahmenvertrag, der mit mehreren Partnern geschlossen wird, ist geradezu immanent, dass sich im Vorhinein für Bieter nicht genau einschätzen lässt, welche Liefermengen auf ihn zukommen** (LSG Nordrhein-Westfalen, B. v. 19. 11. 2009 – Az.: L 21 KR 55/09 SFB). 8985

104.11 Unzulässigkeit mehrerer Rahmenvereinbarungen für dieselbe Leistung (§ 4 Abs. 1 Satz 3 bzw. bzw. § 4 EG Abs. 1 Satz 3)

Nach § 4 Abs. 1 Satz 3 bzw. § 4 EG Abs. 1 Satz 3 dürfen die Auftraggeber für dieselbe Leistung nicht mehrere Rahmenvereinbarungen abschließen. Die Regelung dient als **Ausgleich für die den Rahmenvertrag typischerweise bestimmenden Freiheiten des Auftraggebers hinsichtlich der Bindung an Abnahmemengen**. 8986

104.12 Laufzeit einer Rahmenvereinbarung (§ 4 Abs. 1 Satz 4 bzw. § 4 EG Abs. 7)

Nach der Vergabekoordinierungsrichtlinie und § 4 Abs. 1 Satz 4 VOL/A bzw. § 4 EG Abs. 7 sind **Rahmenvereinbarungen auf 4 Jahre zu beschränken**. Hintergrund ist, dass Rahmenvereinbarungen nicht dazu missbraucht werden dürfen, den Wettbewerb zu verhindern, einzuschränken oder zu verfälschen. Eine **langfristige Festlegung über 25 Jahre und mehr im Rahmen eines Vertrages ist wettbewerblich ohne stichhaltigen Grund nicht hinnehmbar** (VK Arnsberg, B. v. 21. 2. 2006 – Az.: VK 29/05). 8987

Teil 4   VOL/A § 4   Vergabe- und Vertragsordnung für Leistungen Teil A

8988   Mit Ausnahme von Sonderfällen, in denen dies insbesondere aufgrund des Gegenstands der Rahmenvereinbarung gerechtfertigt werden kann, darf also die **Laufzeit der Rahmenvereinbarung vier Jahre nicht überschreiten**. Der öffentliche Auftraggeber darf das Instrument der Rahmenvereinbarung nicht missbräuchlich oder in einer Weise anwenden, durch die der Wettbewerb behindert, eingeschränkt oder verfälscht wird. Darin **unterscheidet sich der Rahmenvertrag wesentlich z. B. von einem klassischen Dienstleistungsauftrag**. Die Praxis der Vergabe eines unbefristeten öffentlichen Dienstleistungsauftrags ist an und für sich der Systematik und den Zielen der Gemeinschaftsvorschriften über öffentliche Dienstleistungsaufträge fremd. Eine solche **Praxis kann auf lange Sicht den Wettbewerb zwischen potenziellen Dienstleistungserbringern beeinträchtigen** und die Anwendung der Vorschriften der Gemeinschaftsrichtlinien über die Öffentlichkeit der Verfahren zur Vergabe öffentlicher Aufträge verhindern. **Trotzdem verbietet das Gemeinschaftsrecht bei seinem derzeitigen Stand nicht den Abschluss von öffentlichen Dienstleistungsaufträgen auf unbestimmte Dauer** (EuGH, Urteil v. 19. 6. 2008 – Az.: C-454/06).

8989   Die vorgesehene **Laufzeit** eines Rahmenvertrages über den **Versand von Wahlsendungen** bei Landtagswahlen, Volksabstimmungen, Volksentscheiden, Bundestags- und Europawahlen in einem Bundesland **über fünf Jahre** ist durch das hohe Maß an Kontinuität in der Organisation bedingt und schließt wechselnde Vertragspartner von Wahl zu Wahl aus (VK Hessen, B. v. 19. 2. 2009 – Az.: 69 d VK – 01/2009).

8990   Eine **Laufzeit von 84 Monaten ist geeignet, den Markt für die Anmietung von Kopiergeräten unnötig zu begrenzen**, insbesondere wenn sich fünf große Kommunen auf einen Lieferanten festlegen und damit den Markt für kleine und mittelständige Unternehmen für einen vergaberechtlich überproportional langen Zeitraum verschließen, weil derart großvolumige Aufträge nur von großen Unternehmen erbracht werden können. Die **pauschale Begründung steuerlicher Vorteile ist nicht nachvollziehbar und soweit die Verträge rahmenvertragsähnliche Anteile enthalten, auch nicht geeignet, die Überschreitung der 4-Jahresfrist des § 4 Abs. 1 Satz 4 VOL/A zu rechtfertigen** (VK Arnsberg, B. v. 13. 11. 2009 – Az.: VK 26/09).

104.13 Vertragspartner einer Rahmenvereinbarung auf Auftragnehmerseite (§ 4 Abs. 1 Satz 1 bzw. § 4 EG Abs. 1 Satz 1)

104.13.1 Grundsatz

8991   § 4 Abs. 1 Satz 1 bzw. § 4 EG Abs. 1 Satz 1 VOL/A geht **ausdrücklich davon aus, dass Rahmenvereinbarungen an ein oder mehrere Unternehmen vergeben werden können**. Diese **Gestaltungsmöglichkeiten stehen alternativ** nebeneinander. Der Abschluss eines Rabattvertrags mit nur einem Rahmenvertragspartner ist auch nicht deshalb unzulässig, weil nur eine Mehrzahl von Vertragspartnern langfristig eine wettbewerbliche Marktstruktur und damit die Voraussetzungen für wirtschaftliche Beschaffung erhalten könnte. **Im Gegenteil bietet gerade der bei Beauftragung nur eines Unternehmens verschärfte Bieterwettbewerb die Gewähr für das wirtschaftlichste Ergebnis nicht nur bzgl. des in casu zu vergebenden Auftrags, sondern auch langfristig** im Hinblick auf die von diesem Wettbewerb ausgehenden Anreize zu Produktivitätssteigerungen, Innovationen, etc. Der Auftraggeber kann sich z. B. aufgrund der zu erwartenden Schwierigkeiten bei der Abwicklung der sich aus dem Rahmenvertrag ergebenden Einzelabrufe des Wirkstoffs ermessensfehlerfrei für die Exklusivität entscheiden (2. VK Bund, B. v. 29. 9. 2009 – Az.: VK 2–162/09).

104.13.2 Rahmenvereinbarungen mit einem Unternehmen

8992   Die **Rahmenvereinbarung mit einem Unternehmen** ist – bis auf die Besonderheiten der Rahmenvereinbarung an sich – ein **klassischer öffentlicher Liefer- oder Dienstleistungsvertrag**, der auch den klassischen Regeln der VOL/A folgt.

104.13.3 Rahmenvereinbarungen mit mehreren Unternehmen

104.13.3.1 Rechtliche Rahmenbedingungen

8993   § 4 VOL/A 2009 enthält bis auf den Hinweis, dass Rahmenvereinbarungen mit mehreren Unternehmen zulässig sind, **keine sonstigen rechtlichen und verfahrensmäßigen Rahmenbedingungen. Die Rechtsprechung hat bei **Rahmenvereinbarungen ab den Schwellenwerten** aber sehr deutlich gemacht, dass der **Auftraggeber** bei der Ausschreibung und Abwicklung einer Rahmenvereinbarung nicht völlig frei, sondern **an bestimmte Grundsätze des Vergaberechts gebunden** ist. Diese **Grundsätze** müssen daher **auch bei Rahmenvereinbarungen unterhalb der Schwellenwerte Anwendung** finden.

Diese rechtlichen Rahmenbedingungen finden sich in § 4 EG Abs. 4 und 5 VOL/A 2009.   8994

104.13.3.2 Rechtsprechung zur Notwendigkeit von rechtlichen Rahmenbedingungen

Hintergrund für die Schaffung des modernen Vergaberechts und dessen durch die europäischen Vergaberichtlinien vorgegebenes erklärtes Ziel ist die Gewährleistung einer gleichberechtigten Teilhabe aller interessierten in- und ausländischen Marktteilnehmer an der Vergabe öffentlicher Aufträge. Diese Teilhabe hat nach den grundlegenden Vorgaben im Wege transparenter Verfahren zu erfolgen, die erkennen lassen und im Ergebnis auch gewährleisten, dass nicht willkürlich oder gar diskriminierend verfahren wird. **Von einer Teilhabe an öffentlichen Aufträgen kann aber nur dann gesprochen werden, wenn auch wirklich wirtschaftlich am Auftrag partizipiert wird.** Es nutzt einem Marktteilnehmer nichts, wenn er zwar formal betrachtet Vertragspartner eines öffentlichen Auftragebers ist, der Vertrag jedoch wirtschaftlich ins Leere läuft, weil kein Abruf hieraus erfolgt. Übertragen auf den Abschluss von Rahmenverträgen nach § 4 EG VOL/A bedeutet dies, dass für einen Interessenten am Auftrag bei einer wirtschaftlichen Betrachtungsweise – und diese entspricht der das europäische Vergaberecht prägenden funktionalen Sichtweise – der Einzelabruf im Vordergrund steht; erst der Einzelabruf begründet den synallagmatischen Austauschvertrag, der konkrete Zahlungsansprüche des Auftragnehmers entstehen lässt. Es **wäre mit der geschilderten Intention des Vergaberechts nicht zu vereinbaren, wenn man zwar das Verfahren bis zum Abschluss eines Rahmenvertrags einem dezidierten Vergaberechtsregime unterwerfen würde, dann aber auf der zweiten und wirtschaftlich maßgeblichen Stufe des Einzelabrufs dem Auftraggeber völlig freie Hand hinsichtlich der Auswahl zwischen mehreren Vertragspartnern ließe.** Der Einzelabruf wäre dann nicht mehr transparent, Willkürfreiheit und Nichtdiskriminierung als Entscheidungsmaßstab nicht mehr zu gewährleisten (LSG Nordrhein-Westfalen, B. v. 19. 11. 2009 – Az.: L 21 KR 55/09 SFB; B. v. 3. 9. 2009 – Az.: L 21 KR 51/09 SFB; 3. VK Bund, B. v. 3. 8. 2009 – VK 3–145/09; B. v. 24. 7. 2009 – VK 3–136/09).   8995

Diese Überlegungen machen bereits sehr deutlich, dass die **allgemeinen vergaberechtlichen Grundsätze nicht bei der Vergabe der Rahmenvereinbarung als solcher stehen bleiben können. Sie haben vielmehr auch für die zweite Stufe von Rahmenverträgen, nämlich für den Einzelabruf zu gelten.** Willkürfreiheit und Nichtdiskriminierung bei der Entscheidung über den jeweiligen Einzelabruf sind sicher zu stellen, indem auch hier ein transparentes Verfahren etabliert und praktiziert wird. Ein solches Verfahren liegt in der vorherigen Festlegung und – selbstverständlich – der vorherigen Bekanntmachung einer Auswahlsystematik zwischen mehreren Partnern einer Rahmenvereinbarung. Andernfalls ist die Gefahr gegeben, dass ein Vertragspartner zwar formal den Zuschlag erhalten hat, nämlich auf den Rahmenvertrag, wirtschaftlich gesehen jedoch keinen oder nur einen geringen Vorteil hat, weil er beim Einzelabruf benachteiligt wird (LSG Nordrhein-Westfalen, B. v. 19. 11. 2009 – Az.: L 21 KR 55/09 SFB; 3. VK Bund, B. v. 3. 8. 2009 – VK 3–145/09; B. v. 24. 7. 2009 – VK 3–136/09).   8996

104.13.3.3 Mindestanzahl der Unternehmen bei einer Rahmenvereinbarung mit mehreren Unternehmen (§ 4 EG Abs. 4)

Wird eine Rahmenvereinbarung mit mehreren Unternehmen geschlossen, so **müssen mindestens drei Unternehmen beteiligt sein**, sofern eine ausreichend große Zahl von Unternehmen die Eignungskriterien und eine ausreichend große Zahl von zulässigen Angeboten die Zuschlagskriterien erfüllt.   8997

104.13.3.4 Verfahrensalternativen bei einer Rahmenvereinbarung mit mehreren Unternehmen (§ 4 EG Abs. 5)

104.13.3.4.1 Grundsatz. Rahmenvereinbarungen sind gemäß § 4 VOL/A öffentliche Aufträge, die **Auftraggeber an ein oder mehrere Unternehmen vergeben können**, um die Bedingungen für Einzelaufträge, die während eines bestimmten Zeitraumes vergeben werden sollen, vorab festzulegen, insbesondere bezüglich des in Aussicht genommenen Preises. Nach § 4 EG Abs. 5 **VOL/A** erfolgt die Vergabe von Einzelaufträgen, die auf **einer mit mehreren**   8998

Unternehmen geschlossenen Rahmenvereinbarung beruhen, a) sofern alle Bedingungen festgelegt sind, nach den Bedingungen der Rahmenvereinbarung ohne erneuten Aufruf zum Wettbewerb oder b) sofern nicht alle Bedingungen in der Rahmenvereinbarung festgelegt sind, nach erneutem Aufruf der Parteien zum Wettbewerb zu denselben Bedingungen, die erforderlichenfalls zu präzisieren sind, oder nach anderen, in den Verdingungsunterlagen der Rahmenvereinbarung genannten Bedingungen (2. VK Bund, B. v. 8. 2. 2008 – VK 2–156/07).

8999 **104.13.3.4.2 Erteilung der Einzelaufträge ohne erneuten Wettbewerb.** Die **Maßstäbe, denen die Auswahlentscheidung bei einem Rahmenvertrag mit mehreren Vertragspartnern auf der nachgelagerten Ebene der Einzelvertragsvergabe genügen muss,** ergeben sich aus § 4 EG Abs. 5 lit. a) VOL/A i. V. m. Art. 32 Abs. 4 Unterabs. 2, 1. Spiegelstrich der Richtlinie 2004/18/EG (Vergabekoordinierungsrichtlinie – VKR). Die genannten **Vorschriften sind dann einschlägig, wenn alle Vertragsbedingungen,** insbesondere z. B. die Höhe des Rabattes, **bereits in der Rahmenvereinbarung festgelegt** sind. Ein erneuter Aufruf zum Wettbewerb gemäß § 4 EG Abs. 5 lit. b) VOL/A hätte demgegenüber nur dann zu erfolgen, wenn in der Rahmenvereinbarung noch nicht sämtliche Vertragsbedingungen festgelegt wären. Dass mit „Bedingungen" die Vertragsbedingungen, nicht aber die Auswahlkriterien für die Vergabe der Einzelaufträge gemeint sind, ist in den Erläuterungen der Europäischen Kommission zu Rahmenvereinbarungen klargestellt. **Besondere Anforderungen hinsichtlich der Zuschlagskriterien für die Vergabe der Einzelaufträge stellt § 4 EG Abs. 5 lit. a) VOL/A dagegen nicht auf.** Nach zutreffender allgemeiner Auffassung **bedeutet dies allerdings nicht,** dass der Auftraggeber nach Abschluss eines alle Vertragsbedingungen regelnden Rahmenvertrages **frei darüber entscheiden könnte, welchem der Vertragspartner er die Einzelaufträge erteilt. Fraglich ist allein, ob er insoweit an die Zuschlagskriterien nach § 16 VOL/A gebunden ist oder lediglich den allgemeinen vergaberechtlichen Forderungen nach Transparenz und Diskriminierungsfreiheit genügen muss.** Da mit § 4 EG VOL/A eine europarechtliche Regelung in das nationale Recht übertragen wird, **liegt es nahe, von dem europarechtlichen Verständnis auszugehen,** wie es die Kommission in ihren Erläuterungen dargelegt hat. In diesen Erläuterungen verweist die Kommission hinsichtlich der Zuschlagskriterien für die Einzelauftragsvergabe gerade nicht auf Art. 53 VKR, dem Art. 25 Nr. 3 VOL/A entspricht, sondern **auf die in Art. 2 der Richtlinie genannten Prinzipien der Transparenz und Nichtdiskriminierung** (2. VK Bund, B. v. 26. 5. 2009 – Az.: VK 2–30/09).

9000 Als **Beispiel für einen möglichen Auswahlmechanismus** nennt die Kommission zwar an erster Stelle ein **„Kaskadenverfahren",** in dem zunächst der wirtschaftlichste Bieter angefragt wird und der Zweitplazierte nur dann zum Zuge kommt, wenn der Erstplazierte nicht lieferfähig ist. Sie stellt jedoch klar, dass **auch andere Auswahlkriterien angewandt werden können, sofern sie objektiv, transparent und diskriminierungsfrei** sind. Mit dem Wirtschaftlichkeitsgrundsatz, der als allgemeines vergaberechtliches Prinzip gemäß § 97 Abs. 5 GWB bei jeder Vergabe zu beachten ist und somit auch bei der Ausschreibung von Rahmenverträgen mit mehreren Vertragspartnern Geltung beansprucht, ist ein solches Verständnis der Kriterien für die Vergabe der Einzelaufträge allerdings nur dadurch in Einklang zu bringen, dass man alle ausgewählten Rabattvertragspartner als gleichermaßen wirtschaftlich betrachtet, sofern nur die Grundentscheidung, einen Rahmenvertrag mit mehreren Partnern statt eines Vertrages mit einem einzigen Partner auszuschreiben, als wirtschaftlich anzusehen ist. Für eine solche Sichtweise spricht, dass Rahmenverträgen mit mehreren Vertragspartnern nach § 4 EG Abs. 5 lit. a) VOL/A anderenfalls lediglich der Sinn beizumessen wäre, Ersatzlieferanten und -konditionen für den Fall von Lieferunfähigkeiten des wirtschaftlichsten Bieters bereitzustellen (2. VK Bund, B. v. 26. 5. 2009 – Az.: VK 2–30/09).

9001 **104.13.3.4.3 Erneuter Aufruf der Parteien zum Wettbewerb (§ 4 EG Abs. 5 lit. b). 104.13.3.4.3.1 Grundsätze.** Soll bei einer mit mehreren Unternehmen geschlossenen Rahmenvereinbarung die **Vergabe von Einzelaufträgen nach erneutem Aufruf zum Wettbewerb erfolgen,** ist dies **zulässig, wenn der Auftraggeber noch nicht alle Bedingungen für den Einzelvertrag im Rahmenvertrag festgelegt hat,** z. B. wenn er den **Preis** als so genannten **Maximalpreis** ausgestaltet und im nachfolgenden „Miniwettbewerb" zwischen den Beteiligten der Rahmenvereinbarung einen nochmaligen Preiswettbewerb erwartet. Dies entspricht den Vorgaben des § 4 EG Abs. 5 lit. b) VOL/A bzw. Art. 32 der Richtlinie 2004/18/EG. Es liegt bei einer mit mehreren Unternehmen geschlossenen Rahmenvereinbarung im **Gestaltungsspielraum einer Vergabestelle,** von vornherein **alle Bedingungen verbindlich** festzulegen oder dies **zu unterlassen.** Die **Festlegung/Nichtfestlegung** kann sich auf die Palette der Waren, die Mengen und die Preise beziehen (2. VK Bund, B. v. 8. 2. 2008 – VK 2–156/07).

Es obliegt dem Auftraggeber gemäß § 4 EG Abs. 5 lit. b) VOL/A im Rahmen der Vergabeunterlagen zu entscheiden, **nach welchen Bedingungen der nochmalige Wettbewerb durchgeführt** wird. **Entweder** werden dieselben Bedingungen (nämlich die der Rahmenvereinbarung), die gegebenenfalls zu präzisieren sind, oder **andere, in den Verdingungsunterlagen der Rahmenvereinbarung genannte Bedingungen** zu Grunde gelegt (2. VK Bund, B. v. 8. 2. 2008 – VK 2–156/07). 9002

Bei einem **Rahmenvertrag mit mehreren Vertragspartnern betreffen die Regelungen für die Vergabe der Einzelaufträge nicht allein die Phase der Vertragsausführung nach Auswahl der (Rabatt-)Vertragspartner**. Zwar werden die Einzelaufträge erst nach Erteilung des Zuschlags für die Rahmenverträge abgeschlossen. Die **Kriterien für die Auswahl zwischen den Vertragspartnern z. B. pro Los beeinflussen jedoch bereits die Kalkulation der (Rabatt)-Vertragsangebote**, so dass nicht auszuschließen ist, dass z. B. eine Änderung der nachgelagerten Auswahlkriterien sich auch auf den vorgelagerten Wettbewerb um die Rahmenverträge auswirkt (2. VK Bund, B. v. 26. 5. 2009 – Az.: VK 2–30/09). 9003

104.13.3.4.3.2 Verfahrensmäßiger Ablauf (§ 4 EG Abs. 6). Vor Vergabe jedes Einzelauftrags konsultieren die Vergabestellen in Textform die Unternehmen, ob sie in der Lage sind, den Einzelauftrag auszuführen. Die Auftraggeber setzen eine angemessene Frist für die Abgabe der Angebote für jeden Einzelauftrag; dabei berücksichtigen sie insbesondere die Komplexität des Auftragsgegenstands und die für die Übermittlung der Angebote erforderliche Zeit. Die Auftraggeber geben an, in welcher Form die Angebote einzureichen sind, der Inhalt der Angebote ist bis zum Ablauf der Angebotsfrist geheim zu halten. Die Auftraggeber vergeben die einzelnen Aufträge an das Unternehmen, das auf der Grundlage der in der Rahmenvereinbarung aufgestellten Zuschlagskriterien das wirtschaftlichste Angebot abgegeben hat. 9004

104.14 Vertragspartner einer Rahmenvereinbarung auf Auftraggeberseite (§ 4 Abs. 2 bzw. § 4 EG Abs. 2)

104.14.1 Grundsatz

Nach § 4 Abs. 2 VOL/A und § 4 EG Abs. 2 ist die Erteilung von Einzelaufträgen nur zulässig zwischen den Auftraggebern, die ihren voraussichtlichen Bedarf für das Vergabeverfahren gemeldet haben und den Unternehmen, mit denen Rahmenvereinbarungen abgeschlossen wurden. 9005

Ein **Vertragsbeitritt eines anderen öffentlichen Auftraggebers zu einer bereits geschlossenen Rahmenvereinbarung ist damit durch die VOL/A ausgeschlossen.** 9006

104.14.2 Wechsel von Vertragspartnern einer Rahmenvereinbarung auf der Auftraggeberseite

§ 4 EG Abs. 2 VOL/A bestimmt inzwischen beispielhaft, dass **Einzelaufträge nur zwischen den von Anbeginn an der Rahmenvereinbarung beteiligten Auftraggebern und Unternehmern zulässig** sind. Eine Klausel des Inhalts, dass z. B. im Falle der Veränderung der Firmenstruktur, aber auch beim Verkauf oder der Verpachtung des Bieterunternehmens das Vertragsverhältnis mit diesem neuen Unternehmen fortgesetzt wird, ist unzulässig (VK Baden-Württemberg, B. v. 30. 3. 2007 – Az.: 1 VK 13/07). 9007

104.15 Wichtige Beispiele aus der Praxis

104.15.1 Rahmenvereinbarungen im Recht der gesetzlichen Krankenkassen

104.15.1.1 Grundsätze

Es handelt sich **beim Rahmenvertrag um eine im Recht der gesetzlichen Krankenversicherung typische Gestaltungsform**, da Hilfsmittel an Versicherte nur auf der Grundlage von Verträgen gemäß § 127 Abs. 1, 2 und 3 SGB V abgegeben werden dürfen (§ 126 Abs. 1 9008

Satz 1 SGB V). Kommt es im Einzelfall zur Versorgung eines Versicherten, ist noch ein (Einzel-) Vertrag zwischen dem Leistungserbringer und der Krankenkasse zu schließen, dessen Inhalt aber durch die bereits getroffenen Vereinbarungen als Rahmenverträge vorgeprägt ist. **Wenn das Gesetz jedoch gerade für diese Gestaltungsform Ausschreibungen vorsieht, kann in der Ausschreibung von Rahmenvereinbarungen für sich genommen kein Verstoß gegen vergaberechtliche Vorschriften gesehen werden** (LSG Nordrhein-Westfalen, B. v. 8. 10. 2009 – Az.: L 21 KR 44/09 SFB; B. v. 8. 10. 2009 – Az.: L 21 KR 39/09 SFB; B. v. 8. 10. 2009 – Az.: L 21 KR 36/09 SFB; B. v. 28. 4. 2009 – Az.: L 21 KR 40/09 SFB; B. v. 30. 1. 2009 – Az.: L 21 KR 1/08 SFB; ; im Ergebnis ebenso 1. VK Bund, B. v. 21. 12. 2009 – Az.: VK 1–212/09; B. v. 17. 4. 2009 – Az.: VK 1–35/09).

9009 Der **Abschluss von Rahmenvereinbarungen stellt für die Krankenkassen das einzige Instrument dar, die ihnen gesetzlich eingeräumte Möglichkeit des Abschlusses von Rabattverträgen nach § 130a Absatz 8 SGB V praktisch umzusetzen**. Die Krankenkassen haben keine Möglichkeit, vor Ort auf Art und Umfang der Versorgung ihrer Versicherten mit bestimmten Arzneimitteln in irgendeiner Weise Einfluss zu nehmen. Diese „Einzelaufträge" werden allein durch die Verordnungen der Vertragsärzte bestimmt und sind somit dem Zugriff der Krankenkassen in vollem Umfang entzogen. Diese wären aus der Natur der Sache heraus – auch als Rabattverträge – gar nicht ausschreibungsfähig. Der **Rahmenvertrag ist demzufolge die allein in Betracht kommende Handlungsform**. Wettbewerbsrechtlich für bedenklich wird der Rahmenvertrag aber allenfalls deshalb gehalten, weil er die unter der Geltung des Rahmenvertrages erfolgenden Einzelaufträge dem Wettbewerb entzieht. Dieser Gesichtspunkt ist aber bei Rabattverträgen von vornherein überhaupt nicht einschlägig. Schon deshalb können sich durchgreifende Bedenken gegen den Abschluss von Rahmenverträgen hier nicht ergeben (LSG Nordrhein-Westfalen, B. v. 8. 10. 2009 – Az.: L 21 KR 44/09 SFB; B. v. 8. 10. 2009 – Az.: L 21 KR 39/09 SFB; B. v. 8. 10. 2009 – Az.: L 21 KR 36/09 SFB; B. v. 28. 4. 2009 – Az.: L 21 KR 40/09 SFB; B. v. 8. 4. 2009 – Az.: L 21 KR 27/09 SFB; B. v. 2. 4. 2009 – Az.: L 21 KR 35/09 SFB; B. v. 26. 3. 2009 – Az.: L 21 KR 26/09 SFB).

9010 Wendet sich der Auftraggeber z. B. bei der **Ausschreibung von Festpreisvereinbarungen für Kontrastmittel als SSB nicht nur an pharmazeutische Unternehmer** (§ 4 Abs. 18 AMG), liegt somit **keine der Ausschreibung von Arzneimittelrabattverträgen nach § 130a Abs. 8 Satz 1 SGB V vergleichbare „Beschaffungssituation"** vor. Es handelt sich aber **dennoch um einen öffentlichen Auftrag in Form einer Rahmenvereinbarung**. Denn durch die Rahmenvereinbarung sollen die Bedingungen für die Einzelaufträge – insbesondere die Preise –, die in der vorgesehenen Laufzeit vergeben werden sollen, festgelegt werden. Zwar werden die Kontrastmittel von Radiologen abgerufen, indem diese ihre Verordnungen bei der Krankenkasse einreichen, die Vertragsärzte die Kontrastmittel von den Leistungserbringern erhalten, die wiederum mit den Krankenkassen auf Basis des bezuschlagten Angebotes abrechnen sollen. Jedoch **können die von den Vertragsärzten ausgestellten Kontrastmittelverordnungen den Krankenkassen im Rahmen ihrer Sachleistungspflicht zugerechnet werden. Denn der Vertragsarzt ist „Schlüsselfigur" der Arzneimittelversorgung. Er verordnet ein bestimmtes Arzneimittel zu Gunsten der Versicherten, das er als medizinisch notwendig bewertet. Bei der Ausstellung der Verordnung handelt er kraft der ihm durch das Vertragsarztrecht verliehenen Kompetenzen als Vertreter der Krankenkassen**. Ohne vertragsärztliche Verordnung besteht grundsätzlich kein Sachleistungsanspruch der Versicherten gegen die Krankenkassen (LSG Nordrhein-Westfalen, B. v. 24. 8. 2009 – Az.: L 21 KR 45/09 SFB).

9011 Bei **Rahmenverträgen über Arzneimittel ist zu beachten**, dass die über die Einzelabrufe aus einem Rahmenvertrag absetzbare Menge eine Rückwirkung auf die Kalkulation der Angebote hat. Je größer die zu erwartende Absatzmenge, desto geringer dürfte in der Regel der Preis sein bzw. desto höher der Rabatt. Das **Gesamtvolumen des Rabattvertrags ist also unmittelbar kalkulationsrelevant**. Hier ist zu berücksichtigen, dass ein **Unsicherheitsfaktor hinsichtlich der Gesamtabnahmemenge zwar einerseits in der Natur von Rahmenvereinbarungen liegt und daher hinzunehmen** ist; andernfalls wäre dieses Instrument obsolet. In den **konkreten Zusammenhängen sozialrechtlicher Rabattverträge fällt aber auf der anderen Seite ins Gewicht, dass die Bieter hier ohnehin mit einem im Vergleich zu Rahmenverträgen in anderen Bereichen zusätzlichen Unsicherheitsfaktor konfrontiert werden, nämlich der Durchsetzungsquote des Rabattvertrags**. In anderen Bereichen kann in der Regel ein guter Rückschluss von Verbrauchszahlen aus der Vergangenheit auf den zukünftigen Verbrauch gezogen werden, wohingegen bei den Rabattverträgen nicht davon ausgegangen werden kann, dass das gesamte Verordnungsvolumen zu Lasten einer gesetzlichen Krankenkasse aus der Vergangenheit mit einem bestimmten Wirkstoff auf den Rabattvertragspartner zulaufen wird. Ursächlich hierfür ist, dass die Aufteilung dieser Gesamtmenge auf Rabattvertragsprodukte einerseits und rabattfreie Produkte andererseits determiniert wird durch das Verordnungsverhalten der Ärzte sowie durch das Substitutionsverhalten der Apotheker; beides ist mit nicht vorhersehbaren Unsicherheiten belastet, wobei nur das Stichwort Ausschluss der autidem-Ersetzungsbefugnis genannt sei. Auch diese **Unwägbarkeiten liegen in der Natur sozialrechtlicher Rabattverträge und sind den Bietern im Ergebnis zuzumuten** (3. VK Bund, B. v. 3. 8. 2009 – VK 3–145/09; B. v. 24. 7. 2009 – VK 3–136/09).

Bei Rahmenverträgen handelt es sich um öffentliche Lieferaufträge nach § 99 Abs. 1, 2 GWB, und zwar um Rahmenvereinbarungen im Sinne des § 3a Nr. 4 Abs. 1 Satz 1 VOL/A, da in den Rahmenverträgen die Bedingungen für die Einzelaufträge, insbesondere der Preis, für die Vertragslaufzeit festgelegt werden sollen. Zwar werden die **Impfstoffe von den Ärzten durch Einreichen von Verordnungen abgerufen** und damit die Entscheidungen über die Einzelaufträge durch die Ärzte gefällt, die **Verordnungen sind jedoch den Krankenkassen im Rahmen ihrer Sachleistungspflicht zuzurechnen** (1. VK Bund, B. v. 20. 1. 2010 – Az.: VK 1–233/09; B. v. 20. 1. 2010 – Az.: VK 1–230/09). 9012

104.15.1.2 Grenzen des vergaberechtlichen Anspruchs auf Angabe verlässlicher künftiger Umsatzzahlen bei Arzneimittel-Rabattverträgen

Bei **Arzneimittel-Rabattverträgen können die gesetzlichen Krankenkassen auf das Verschreibungsverhalten der Ärzte nur in sehr begrenztem Umfang einwirken, was von den Bietern hinzunehmen** ist. Die gesetzlichen Krankenkassen sind, zumindest derzeit, auch nicht in der Lage, genauere Kriterien für das Verkaufsverhalten der Apotheken und damit die voraussichtliche Umsatzentwicklung für die mehreren Vertragspartner je Wirkstoff zu benennen, da die **Apotheken zwischen den mehreren vertraglich rabattierten wirkstoffgleichen Medikamenten frei auswählen können**. Es ist auch im Rahmen dieser Entscheidung nicht zu untersuchen, inwieweit andere Vereinbarungen mit den Apotheken rechtlich möglich wären, etwa entsprechend den übrigen wirkstoffgleichen Medikamenten, bei denen eine preisbezogene Abstufung durchaus vorliegt (§ 4 Abs. 2 des Rahmenvertrages über die Arzneimittelversorgung in der Fassung vom 23. 3. 2007). Der **vergaberechtliche Anspruch auf Angabe verlässlicher künftiger Umsatzzahlen stößt auf seine Grenzen, wo rechtlich oder aus Gründen der Versorgungssicherheit der Versicherten keine (weiteren) Konkretisierungen erfolgen können**. Die letztlich nicht ausräumbaren Unsicherheiten über tatsächlich zu erzielende Umsätze werden dann in die Höhe der Rabattangebote einfließen und wären gleichfalls von den Krankenkassen zu berücksichtigen, indem sie etwa keine überzogenen Anforderungen an die Lieferfähigkeit stellen dürften, wie es z. B. in der Regelung zur Vertragsstrafe (Karenzzeit von 20 Werktagen) zum Ausdruck kommen kann (2. VK Bund, B. v. 29. 4. 2010 – Az.: VK 2–20/10; VK Düsseldorf, B. v. 31. 10. 2007 – Az.: VK – 31/2007 – L). 9013

Im Falle einer Rahmenvereinbarung ist gemäß § 4 Abs. 1 Satz 2 VOL/A das in Aussicht genommene Auftragsvolumen so genau wie möglich zu ermitteln und zu beschreiben, braucht aber nicht abschließend festgelegt werden. In der Regelung spiegelt sich die **Besonderheit des Rahmenvertrags wieder, die gerade darauf beruht, dass das konkrete Beschaffungsvolumen nur prognostiziert werden kann**. Dies **gilt aufgrund der Besonderheiten des Arzneimittelmarktes in besonderem Maße**, da die Krankenkassen keinen unmittelbaren Einfluss auf das Verordnungsverhalten der Ärzte haben, ganz zu schweigen von dem **krankheitsabhängigen Bedarf der Versicherten**. Es ist **ausreichend, wenn die Krankenkassen die Verordnungszahlen aller Wirkstoffe innerhalb eines Jahres** (z. B. 2. Quartal 2007 bis 1. Quartal 2008) **den Bietern mit den Verdingungsunterlagen zur Verfügung stellen**. Die Bieter können aus diesen Zahlen entnehmen, wie sich das Verschreibungsvolumen in diesem Jahreszeitraum entwickelt hat und daraus Schlüsse für die zu erwartenden Volumina der nächsten 2 Jahre ziehen. Da weder die Krankenkassen noch die Pharmunternehmen aber einen Einfluss auf das Verhalten von Ärzten und Patienten haben, stellt die Mitteilung der Verordnungszahlen der Vergangenheit die einzige – statistisch valide – Basis zur Prognostizierung des zu erwartenden Auftragsvolumens dar (2. VK Bund, B. v. 29. 4. 2010 – Az.: VK 2–20/10; 3. VK Bund, B. v. 20. 3. 2009 – Az.: VK 3–34/09; B. v. 20. 3. 2009 – Az.: VK 3–22/09; B. v. 29. 1. 2009 – Az.: VK 3–200/08; B. v. 29. 1. 2009 – Az.: VK 3–197/08; B. v. 23. 1. 2009 – Az.: VK 3–194/08). 9014

Der **Verzicht auf eine Mindestabnahmemenge oder eine Umsatzgarantie ist nicht vergaberechtsfehlerhaft**, wenn die Krankenkassen umfassendes Zahlenmaterial aus der Ver- 9015 gangenheit vorlegen, welches eine realistische Einschätzung der zu liefernden Mengen ermöglicht. Einer weitergehenden Absicherung des Auftragnehmers über Umsatz- und/oder Mindestabnahmemengen bedarf es nicht. Vielmehr **müssen die Bieter eine Angebotskalkulation unter Berücksichtigung gewisser, dem Rahmenvertrag innewohnender Unsicherheiten vornehmen.** Die Angebotskalkulation eines Rahmenvertrags-Angebots wird daher im Gegensatz zu einem „normalen" Auftrag gewisse Unterschiede aufweisen und **möglicherweise kalkulatorische Sicherheitszuschläge berücksichtigen müssen** (2. VK Bund, B. v. 29. 9. 2009 – Az.: VK 2–162/09; 3. VK Bund, B. v. 20. 3. 2009 – Az.: VK 3–34/09; B. v. 20. 3. 2009 – Az.: VK 3–22/09; B. v. 29. 1. 2009 – Az.: VK 3–200/08; B. v. 29. 1. 2009 – Az.: VK 3–197/08; B. v. 23. 1. 2009 – Az.: VK 3–194/08).

104.15.1.3 Potenzielles Auftragsvolumen bei Arzneimittel-Rabattverträgen und Schutz von Sozialdaten

9016   Nach § 7 Abs. 1 VOL/A ist die **Leistung eindeutig und so erschöpfend zu beschreiben,** dass alle Bewerber die Beschreibung im gleichen Sinne verstehen müssen und die Angebote miteinander verglichen werden können. **Zusätzlich ist beim Rahmenvertrag gemäß § 4 Abs. 1 Satz 2 VOL/A das in Aussicht genommene Auftragsvolumen so genau wie möglich zu ermitteln und zu beschreiben, braucht aber nicht abschließend festgelegt zu werden.** Auch wenn ein **Auftraggeber nicht weiß, welche Abrufmengen auf ihn z. B. in den Jahren 2008 und 2009 zukommen, sind die Daten des Jahres 2006 doch von einer indiziellen Bedeutung.** Bei **Rabattverträgen** geben solche Daten für die Berechnung des Rabatts **zumindest Anhaltspunkte für das zu erwartende Jahresvolumen des jeweiligen Wirkstoffs in den anzubietenden Packungsgrößen.** Das dagegen angeführte Argument, die Krankenkassen hätten keinerlei Einfluss auf die Menge der Verordnungen und die zu beschaffenden Arzneimittel, überzeugt insoweit nicht. Externe Faktoren, auf die die Krankenkassen keinen Einfluss haben, wie Krankheiten der Versicherten (Morbiditätsentwicklung) oder das Verordnungsverhalten der Ärzte werden sich aus statistischer Sicht in den kommenden Jahren nicht wesentlich verändern. Die **vorhandenen Informationen in Form von aktuellen Verordnungsdaten sind den Bietern daher grundsätzlich zur Verfügung zu stellen, damit sie ihre Rabattangebote wirtschaftlich berechnen können** (2. VK Bund, B. v. 15. 11. 2007 – Az.: VK 2–123/07, B. v. 15. 11. 2007 – Az.: VK 2–120/07, B. v. 15. 11. 2007 – Az.: VK 2–117/07, B. v. 15. 11. 2007 – Az.: VK 2–114/07, B. v. 15. 11. 2007 – Az.: VK 2–108/07, B. v. 15. 11. 2007 – Az.: VK 2–105/07; B. v. 15. 11. 2007 – Az.: VK 2–102/07).

9017   Die **Vergabeunterlagen müssen Angaben dazu enthalten, mit welchen Abrufmengen die Krankenkassen je Wirkstoff und Packungsart für den Vertragszeitraum rechnen.** Um eine einwandfreie Preisermittlung zu ermöglichen, sind alle die Leistung beeinflussenden Umstände festzustellen und in den Verdingungsunterlagen anzugeben (§ 8 Nr. 1 Abs. 2 VOL/A). Zusätzlich ist beim Rahmenvertrag gemäß § 3a Nr. 4 Abs. 1 Satz 2 VOL/A das in Aussicht genommene Auftragsvolumen so genau wie möglich zu ermitteln und zu beschreiben, braucht aber nicht abschließend festgelegt zu werden. Die Krankenkassen haben die durch das Wissenschaftliche Institut der Ortskrankenkassen (WIdO) statistisch ermittelten Verordnungsdaten 2006 der Berechnung der so genannten Produktbreite zugrunde gelegt. Die Krankenkassen können zwar nicht wissen, welche Abrufmengen auf sie bzw. dann letztlich auch die pharmazeutischen Unternehmen in den Jahren 2008 und 2009 zukommen. Dennoch stellen die Daten des Jahres 2006 durchaus eine gewisse Orientierungsgröße dar. **Für die Berechnung des von den Bietern geforderten Rabatts geben diese Daten zumindest Anhaltspunkte für das zu erwartende Jahresvolumen des jeweiligen Wirkstoffs in den anzubietenden Packungsgrößen und Darreichungsformen.** Soweit die Krankenkassen in dem Zusammenhang hinsichtlich der geforderten Veröffentlichung aller Zahlen einwenden, sie hätten keinerlei Einfluss auf die Menge der Verordnungen und die zu beschaffenden Arzneimittel, greift dies nicht durch. Denn es ist **nach aller Erfahrung nicht damit zu rechnen, dass diese externen Faktoren, auf die die Krankenkassen keinen Einfluss haben, wie hier die Krankheiten der Versicherten (Morbiditätsentwicklung) oder das Verordnungsverhalten der Ärzte, sich in den kommenden Jahren wesentlich verändern.** Die **vorhandenen Informationen in Form von aktuellen Verordnungsdaten sind daher grundsätzlich zur Verfügung zu stellen**, damit die Bieter (die pharmazeutischen Unternehmen) ihre Rabattangebote wirtschaftlich berechnen können. Auch der Einwand der Krankenkassen, **einer Veröffentlichung dieser Daten an die Bieter stünden datenschutzrechtliche Erwägungen entgegen, greift nicht durch** (OLG Düsseldorf, B. v. 19. 3. 2008 – Az.: VII-Verg 13/08;

LSG Baden-Württemberg, Urteil v. 27. 2. 2008 – Az.: L 5 KR 507/08 ER-B; Urteil vom 27. 2. 2008 – Az.: L 5 KR 6123/07 ER-B; im Ergebnis ebenso LSG Hessen, B. v. 15. 12. 2009 – Az.: L 1 KR 337/09 ER Verg; 1. VK Bund, B. v. 29. 10. 2009 – Az.: VK 1–185/09).

Dem stehen auch nicht grundsätzlich datenschutzrechtliche Erwägungen entgegen. Nach § 67 Abs. 1 SGB X sind Sozialdaten Einzelangaben über persönliche oder sachliche Verhältnisse einer bestimmten oder bestimmbaren natürlichen Person. Die **Verordnungsdaten 2006 lassen jedoch keine Rückschlüsse auf personenbezogene Daten der Versicherten**, also Sozialdaten, zu. Möglicherweise erlauben die Daten allerdings Rückschlüsse auf die Krankheiten der Versicherten in ihrer Gesamtheit. Insoweit stellen die **Daten Betriebs- und Geschäftsgeheimnisse im Verhältnis zu den übrigen gesetzlichen Krankenkassen und privaten Krankenversicherungen dar**. Die Auftraggeber haben deshalb auch in § 5 Abs. 2 ihres Rabattvertrages zum Ausdruck gebracht, dass sämtliche Verordnungsdaten und Kalkulationsdaten der Geheimhaltung unterliegen. Der pharmazeutische Unternehmer hat nach § 5 Abs. 2 Satz 3 des Rabattvertrags sicherzustellen, dass er die Informationen nur für den in der Vereinbarung vorgesehenen Zweck nutzt und nicht an Dritte weitergibt. Diese Vorgehensweise könnte entsprechend auch für die Mitteilung der Verordnungsdaten im Rahmen der Angebotserstellung verwendet werden. Hierzu könnten die Auftraggeber die Bieter durch Erklärung verpflichten, dass sie die sodann zur Verfügung gestellten Verordnungsdaten nur für die Erstellung des Angebots nutzen und die Daten nicht an Dritte weitergeben. Möglicherweise könnten die Auftraggeber die Verordnungsdaten aber auch in einer für die Zwecke der Ausschreibung bearbeiteten Fassung zur Verfügung stellen. Ein **gänzliches Vorenthalten der Verordnungsdaten stellte demgegenüber allerdings eine unverhältnismäßige Einschränkung der Bieter in ihren Rechten aus §§ 4 Abs. 1 Satz 2, 7 VOL/A dar** (OLG Düsseldorf, B. v. 19. 3. 2008 – Az.: VII-Verg 13/08; LSG Baden-Württemberg, Urteil v. 27. 2. 2008 – Az.: L 5 KR 507/08 ER-B; Urteil v. 27. 2. 2008 – Az.: L 5 KR 6123/07 ER-B; 2. VK Bund, B. v. 15. 11. 2007 – Az.: VK 2–123/07, B. v. 15. 11. 2007 – Az.: VK 2–120/07, B. v. 15. 11. 2007 – Az.: VK 2–117/07, B. v. 15. 11. 2007 – Az.: VK 2–114/07, B. v. 15. 11. 2007 – Az.: VK 2–108/07, B. v. 15. 11. 2007 – Az.: VK 2–105/07; B. v. 15. 11. 2007 – Az.: VK 2–102/07; im Ergebnis ebenso LSG Hessen, B. v. 15. 12. 2009 – Az.: L 1 KR 337/09 ER Verg; 1. VK Bund, B. v. 29. 10. 2009 – Az.: VK 1–185/09).

104.15.1.4 Grenzen des vergaberechtlichen Anspruchs auf Angabe verlässlicher künftiger Umsatzzahlen bei Rahmenvereinbarungen über die Versorgung mit Hilfsmitteln

Bei der Ausschreibung von medizinischen Hilfsmitteln im Wege einer Rahmenvereinbarung **verletzt eine Leistungsbeschreibung nicht § 7 Abs. 1 VOL/A, wenn der Bedarf auf der Grundlage der Fallzahlen aus einem kürzlich zurückliegenden Zeitraum ermittelt** wird. Der Auftraggeberin, einer Krankenkasse, ist eine genauere Ermittlung nicht möglich, weil diese **von objektiven und subjektiven Faktoren, nämlich der Erkrankungsfälle und der ärztlichen Verordnungen, abhängt, die zum Zeitpunkt der Bekanntmachung nicht absehbar sind** und auf die sie selbst keinen Einfluss hat (VK Hessen, B. v. 5. 11. 2009 – Az.: 69 d VK – 39/2009).

Etwas Anderes ergibt sich auch nicht aus der Argumentation, dass in den Ausschreibungsbedingungen nicht nach Erst- und Umversorgung differenziert wird und dass auch keine Versorgungszeiträume angegeben werden. Unstreitig ist, dass die Antragsgegnerin nur über Datenmaterial, das sich auf die Vergangenheit bezieht, verfügt. Ebenso unstreitig ist, dass sie **aufgrund des Abrechnungssystems nur von den Erstversorgungen Kenntnis erhält, weil sie ausschließlich die Grundverordnungen der Ärzte erhält. Dass sie nur diese Daten in die Leistungsbeschreibung einarbeitete, führt nicht zu einem Verstoß der Regelungen in § 7 Abs. 1 VOL/A.** Die Angaben bilden eine hinreichende Grundlage für die Preisermittlung. Unabhängig von der Frage, ob dies überhaupt möglich gewesen wäre, wäre es jedenfalls für die Auftraggeberin nicht zumutbar gewesen, weitere Daten zu generieren. Das hätte einen unverhältnismäßigen Aufwand dargestellt. Entscheidend ist, dass die Antragsgegnerin, selbst wenn sie Daten gesammelt und zusammengestellt hätte, nur Zahlen aus der Vergangenheit hätte erfassen können. Die in der Zukunft liegenden Fälle konnte sie aufgrund der oben dargelegten Faktoren, auf die sie keinen Einfluss hat, nur schätzen, so dass es ohnehin nicht möglich gewesen wäre, genaue oder nahezu genaue Zahlen anzugeben (VK Hessen, B. v. 5. 11. 2009 – Az.: 69 d VK – 39/2009).

104.15.1.5 Hinweis

9021 Vgl. zu **allgemeinen Anforderungen an die Ausschreibung von Arzneimittelrabattverträgen** die Kommentierung zu → § 7 VOL/A Rdn. 164 ff.

104.15.1.6 Entscheidung über die Beteiligung nur eines oder mehrerer Rahmenvereinbarungspartner auf der Auftragnehmerseite

9022 Die **Krankenkassen sind nicht gehalten, den Abschluss von Rabattverträgen als Rahmenverträge** – bezogen auf ein Gebiets- und Fachlos – **mit mehr als nur einem pharmazeutischen Unternehmer vorzusehen**. Denn hierdurch wird die **Wettbewerbsprinzip** eingeschränkt. Notwendigerweise wäre das Angebot des einen wirtschaftlicher als das des anderen Unternehmers ausgefallen. Es würde den (gewollten) Wettbewerb unter den pharmazeutischen Unternehmern massiv behindern, könnten (z. B.) drei Bieter mit den insgesamt wirtschaftlichsten Angeboten in gleichem Umfang die Versicherten der Krankenkassen mit Arzneimitteln versorgen. Der **Anreiz, das wirtschaftlichste Angebot abzugeben, würde beeinträchtigt und die Spekulation, mit dem zweit- oder gar drittwirtschaftlichsten Angebot weiter an der Versorgung der Versicherten teilhaben zu können, befördert.** Eine derartige Folge lässt sich mit § 4 EG Abs. 2 VOL/A nicht begründen (LSG Nordrhein-Westfalen, B. v. 28. 4. 2009 – Az.: L 21 KR 40/09 SFB; B. v. 2. 4. 2009 – Az.: L 21 KR 35/09 SFB; B. v. 26. 3. 2009 – Az.: L 21 KR 26/09 SFB).

9023 Die Auffassung, die Einbeziehung mehrerer Vertragspartner behindere massiv den Wettbewerb, **gilt nicht absolut** (LSG Nordrhein-Westfalen, B. v. 19. 11. 2009 – Az.: L 21 KR 55/09 SFB; B. v. 8. 10. 2009 – Az.: L 21 KR 44/09 SFB; B. v. 8. 10. 2009 – Az.: L 21 KR 39/09 SFB). Sie mag da zutreffen, wo das Interesse des Auftraggebers ausschließlich darauf gerichtet ist, ein möglichst preisgünstiges Produkt zu erhalten. **Wo allerdings weitere Kriterien für den Auftraggeber wesentlich sind, wie etwa die Gesichtspunkte der Lieferfähigkeit (Verfügbarkeit) sowie der Einräumung von Auswahlmöglichkeiten unter den Produkten verschiedener Hersteller, muss dies anders beurteilt werden.** In diesen Fällen hat der **Auftraggeber gar keine andere Möglichkeit, als diese Ziele durch den Abschluss von Verträgen mit mehreren Partnern zu erreichen.** In diesen hier beispielhaft aufgeführten Fällen ist es deshalb auch unter Berücksichtigung des Wettbewerbsprinzips gerechtfertigt, nicht nur den Bieter mit dem günstigsten Gebot, sondern auch die nachfolgenden Gebote zu berücksichtigen, weil nur auf diese Weise sofortige Verfügbarkeit und die Berücksichtigung anderer sachlich gerechtfertigter Gesichtspunkte, wie der der Akzeptanz eines Arzneimittels durch den Versicherten oder die Verträglichkeit (bei unterschiedlichen Trägerstoffen derselben Wirkstoffe) gewährleistet sind (LSG Nordrhein-Westfalen, B. v. 19. 11. 2009 – Az.: L 21 KR 55/09 SFB; B. v. 3. 9. 2009 – Az.: L 21 KR 51/09 SFB).

9024 Nach Auffassung der 2. VK Bund **greifen** unter Berücksichtigung des Umstandes, dass die Entscheidung für drei Rabattvertragspartner pro Los insofern auch den Beschaffungsgegenstand betrifft und dem Auftraggeber bei dessen Bestimmung ein weit größerer Spielraum zusteht als bei der Regelung des Beschaffungsverfahrens, daher die **unter wirtschaftlichen Gesichtspunkten geäußerten grundsätzlichen Bedenken gegen die Konstruktion eines Rabattvertrags mit (nur) drei Vertragspartnern nicht durch.** Die im Rahmen der Ausschreibung angebotenen hohen Rabatte deuten zudem darauf hin, dass auch bei drei Vertragspartnern pro Los die Stellung eines Rabattvertragspartners sehr attraktiv ist und mit aggressiven Rabattangeboten angestrebt wird (2. VK Bund, B. v. 26. 5. 2009 – Az.: VK 2–30/09).

104.15.1.7 Notwendigkeit der vorherigen Festlegung von Auswahlkriterien für die Einzelabrufe bei Rahmenvereinbarungen mit mehreren Unternehmen

9025 Bei **Rahmenverträgen über Arzneimittel ist zu beachten**, dass die über die Einzelabrufe aus einem Rahmenvertrag absetzbare Menge eine Rückwirkung auf die Kalkulation der Angebote hat. Je größer die zu erwartende Absatzmenge, desto geringer dürfte in der Regel der Preis sein bzw. desto höher der Rabatt. Das **Gesamtvolumen des Rabattvertrags ist also unmittelbar kalkulationsrelevant.** Hier ist zu berücksichtigen, dass ein **Unsicherheitsfaktor** hinsichtlich der Gesamtabnahmemenge zwar einerseits in der Natur von Rahmenvereinbarungen liegt und daher hinzunehmen ist; andernfalls wäre dieses Instrument obsolet. In den **konkreten Zusammenhängen sozialrechtlicher Rabattverträge fällt aber auf der anderen Seite ins Gewicht, dass die Bieter hier ohnehin mit einem im Vergleich zu Rahmenverträgen in anderen Bereichen zusätzlichen Unsicherheitsfaktor konfrontiert werden, nämlich der Durchsetzungsquote des Rabattvertrags.** In anderen Bereichen kann in der Regel ein guter Rückschluss von Verbrauchszahlen aus der Vergangenheit auf den zukünftigen Verbrauch gezogen werden, wohingegen bei den Rabattverträgen nicht davon ausgegangen werden kann, dass das gesamte Verordnungsvolumen zu Lasten einer gesetzlichen Krankenkasse aus der Vergangenheit mit einem bestimmten Wirkstoff auf den Rabattvertragspartner zulaufen wird. Ursächlich hierfür ist, dass die Aufteilung dieser Gesamtmenge auf Rabattvertragsprodukte einerseits und rabattfreie Produkte andererseits determiniert wird durch das Verordnungsverhalten der Ärzte sowie durch das Substitutionsverhalten der Apotheker; beides ist mit nicht vorhersehbaren Unsicherheiten belastet, wobei nur das Stichwort Ausschluss der aut-idem-Ersetzungsbefugnis genannt sei. Auch diese **Unwägbarkeiten liegen in der Natur sozialrechtlicher Rabattverträge und sind den Bietern im Ergebnis zuzumuten** (3. VK Bund, B. v. 3. 8. 2009 – VK 3–145/09; B. v. 24. 7. 2009 – VK 3–136/09).

Stellt man nun aber die **konkrete Auswahlentscheidung zwischen mehreren Vertragspartnern auch noch völlig frei von Kriterien, so ist nicht im Vorhinein einschätzbar, wie sich das Gesamtvolumen auf die drei Rabattvertragspartner verteilen** wird. Den Bietern wird damit noch über die ohnehin im Vergleich zu üblichen Rahmenverträgen bestehenden Zusatzbelastungen hinaus eine **weitere Kalkulationsunsicherheit aufgebürdet. Dies überschreitet die Grenze zum ungewöhnlichen Wagnis, das auch unmittelbare Kalkulationsrelevanz besitzt**. Mit sozialrechtlichen Besonderheiten kann diese Unsicherheit nicht gerechtfertigt werden, insbesondere da es hier ja – anders als bei den Unwägbarkeiten hinsichtlich der Durchsetzungsquote des Rabattvertrags – durchaus die Möglichkeit gibt, diese Kalkulationsunsicherheit zu vermeiden, indem man Auswahlparameter vorgibt. Auch § 69 Abs. 2 Satz 3 SGB V kann keinen Vergaberechtsverstoß legitimieren, der auch vermeidbar wäre (3. VK Bund, B. v. 3. 8. 2009 – VK 3–145/09; B. v. 24. 7. 2009 – VK 3–136/09).

9026

Die auf der Basis von § 129 Abs. 2 SGB V in Gestalt des „Rahmenvertrags zwischen den Spitzenverbänden der Krankenkassen und dem deutschen Apothekerverband über die Arzneimittelversorgung nach § 129 Abs. 2 SGBV", Fassung vom 17. 1. 2008, ergangene **untergesetzliche Regelung entspricht den vergaberechtlichen Vorgaben ebenfalls nicht**. Dort wird gerade **kein Auswahlmechanismus zwischen mehreren Rabattvertragspartnern und deren Produkten formuliert, sondern vielmehr explizit die hier als vergaberechtswidrig qualifizierte Lösung festgeschrieben**: § 4 Abs. 2 Satz 5 dieser Vereinbarung sieht gerade vor, dass der Apotheker frei in seiner Auswahlentscheidung ist, wenn es mehrere rabattbegünstigte Präparate gibt. Diese, von Auswahlkriterien losgelöste Freiheit des Apothekers als letztendlichem Entscheidungsträger stellt aber gerade das Problem dar und kann nicht, wie die Krankenkasse das unter Hinweis auf sozialrechtliche Besonderheiten und auf § 69 Abs. 2 S. 3 SGB V intendiert, als vermeintliche „Exkulpation" für das Fehlen eines Auswahlsystems dienen. Die Entscheidungsfreiheit des Apothekers und die Kriterien, die der individuelle Apotheker jeweils ad hoc als für sich am günstigsten heranzieht, können auch unter Berücksichtigung der sozialrechtlichen Gegebenheiten nicht als legitimes Auswahlsystem angesehen werden, da den europarechtlich geforderten vergaberechtlichen Vorgaben dann nicht entsprochen wäre. Es verhält sich vielmehr andersherum: **Es ist vergaberechtswidrig, dem Apotheker ungesteuert die Entscheidungsfreiheit zu überlassen** (3. VK Bund, B. v. 3. 8. 2009 – VK 3–145/09; B. v. 24. 7. 2009 – VK 3–136/09).

9027

Anderer Auffassung ist das LSG Nordrhein-Westfalen. Haben die Krankenkassen in den Rahmenrabattverträgen vorgesehen, dass sich die Abgabe der im Einzelfall verordneten Arzneimittel durch den Apotheker nach den allgemeinen – für von Rabattverträgen erfasste Arzneimittel – geltenden gesetzlichen und kollektivvertraglichen Regelungen vollzieht, knüpfen die Krankenkassen an die vom Gesetzgeber geschaffene Systematik hinsichtlich der Arzneimittelversorgung der Versicherten an. Die **vergaberechtliche Beurteilung der diese Arzneimittelversorgung regelnden Vorschriften hat die sozialversicherungsrechtliche Regelung in § 69 Abs. 2 Satz 3 SGB V zu beachten**, denn hier ist angeordnet, dass bei der Anwendung der vergaberechtlichen Vorschriften des GWB der Versorgungsauftrag der gesetzlichen Krankenkassen besonders zu berücksichtigen ist. Diese Versorgung betrifft und regelt – gleichsam als Kehrseite – zugleich die Vergabe der Einzelaufträge an den pharmazeutischen Unternehmer. Mit § 129 Abs. 2 Satz 3 SGB V sowie dem auf der gesetzlichen Ermächtigung des § 129 Abs. 2 SGB V beruhenden Rahmenvertrag (in der zur Zeit gültigen Fassung vom 17. 1. 2009) hat der Gesetzgeber den Krankenkassen ein Instrumentarium an die Hand gegeben, das (auch) die Versorgung der Versicherten mit Arzneimitteln, für die ein Rabattvertrag besteht, regelt. § 4 des Rahmenvertrages vom 17. 1. 2008 trifft detaillierte Regeln darüber, nach welchen Grundsätzen rabattierte Arzneimittel vom Apotheker abzugeben (oder: wie Einzelaufträge zu vergeben) sind.

9028

Damit weist der Gesetzgeber dem Apotheker eine verantwortliche Rolle bei der Erfüllung des Versorgungsanspruchs des Versicherten zu. **Dieses vom Gesetzgeber geschaffene System, dass die Versorgung der Versicherten der gesetzlichen Krankenkassen mit Arzneimitteln sicherstellt und dabei die Grundsätze der Qualität und der Wirtschaftlichkeit beachtet (§ 70 SGB V), genügt auch den Anforderungen des Vergaberechts. Die nach dem Rahmenrabattvertrag vorgesehene Regelung zur Vergabe der Einzelaufträge beachtet die Grundsätze der Transparenz und Diskriminierungsfreiheit in hinreichendem Maße** (LSG Nordrhein-Westfalen, B. v. 3. 9. 2009 – Az.: L 21 KR 51/09 SFB; im Ergebnis nun ebenfalls 3. VK Bund, B. v. 29. 9. 2009 – Az.: VK 3–166/09).

9029   An dieser Einschätzung ändert sich auch nichts dadurch, dass für den in § 4 Abs. 2 Satz 5 Rahmenvertrag geregelten Fall, dass die Anwendung dieser Regeln (nach § 4 Abs. 2 Satz 1 Rahmenvertrag) zu dem Ergebnis führt, dass diese Voraussetzungen bei einer Krankenkasse auf mehrere rabattbegünstigte Arzneimittel zutreffen, der Apotheke unter diesen ein freies Wahlrecht eingeräumt wird (§ 4 Abs. 2 Satz 2). Dabei **darf der Begriff des „freien Wahlrechts" nicht in dem Sinne missverstanden werden, dass dem Apotheker damit willkürliches Handeln gestattet würde. Auch hier bleibt die Bindung an die allgemeinen Grundsätze des SGB V, etwa die in § 70 SGB V normierten Grundsätze, erhalten.** Gerade deshalb hat der Apotheker bei seiner Entscheidung über das im konkreten Einzelfall abzugebende Arzneimittel **auch in der Person des Versicherten liegende Gesichtspunkte, wie z. B. den der Compliance oder den der Verträglichkeit** (Nebenwirkungen bei gleichem Wirkstoff aber unterschiedlichen Trägersubstanzen), **zu beachten** (LSG Nordrhein-Westfalen, B. v. 3. 9. 2009 – Az.: L 21 KR 51/09 SFB; im Ergebnis nun ebenfalls 3. VK Bund, B. v. 29. 9. 2009 – Az.: VK 3–166/09).

9030   Grundsätzlich muss der **Rahmenvertrag die Bedingungen der Vergabe der Einzelverträge festlegen.** Das Vergabeverfahren über einen Rabattrahmenvertrag gemäß § 130a Abs. 8 SGB V ist aber nicht deshalb fehlerbehaftet, weil der **Rabattrahmenvertrag, der z. B. mit drei bzw. vier Unternehmen geschlossen wird, die Bedingungen der Vergabe der Einzelaufträge nicht gemäß § 4 EG Abs. 5 VOL/A festlegt.** Nach § 129 Abs. 1 Satz 3 SGB V hat der Apotheker eigenständig zu entscheiden, welches rabattierte Medikament er dem Versicherten aushändigt. Ein **erneuter Aufruf zum Wettbewerb ist daher nicht möglich, aber auch nicht erforderlich.** Vielmehr ist angesichts der Überlagerung der gesetzlichen Leistungspflichten nach SGB V durch vergaberechtliche Vorschriften davon auszugehen, dass hier eine Festlegung der Bedingungen für die Vergabe von Einzelaufträgen gemäß § 4 EG Abs. 5 lit. a VOL/A vorliegt. Die Bedingungen für die Vergabe werden im vorliegenden Fall durch die eigenständige Entscheidungsmöglichkeit des Apothekers nach § 129 Abs. 1 Satz 3 SGB V i. V. m. § 31 Abs. 1 SGB V bestimmt (2. VK Bund, B. v. 15. 11. 2007 – Az.: VK 2-123/07, B. v. 15. 11. 2007 – Az.: VK 2–120/07, B. v. 15. 11. 2007 – Az.: VK 2–117/07, B. v. 15. 11. 2007 – Az.: VK 2–114/07, B. v. 15. 11. 2007 – Az.: VK 2–108/07, B. v. 15. 11. 2007 – Az.: VK 2–105/07; B. v. 15. 11. 2007 – Az.: VK 2–102/07).

104.15.1.8 Delegation von Entscheidungsbefugnissen

9031   Die **Delegation einer Auswahlentscheidung bei einer Rahmenvereinbarung hat keinen Einfluss auf die erforderliche Regelungsdichte der Bedingungen für Einzelaufträge.** Ebenso wenig wie der Auftraggeber selbst sich vorbehalten könnte, völlig frei über die Vergabe der Einzelaufträge zu entscheiden, kann er dem von ihm mit der Auswahl Beauftragten eine solche uneingeschränkte Entscheidungsmacht verschaffen. Die – für sich genommen transparente – Übertragung der Auswahlentscheidung – auf den Apotheker im Fall von Arzneimittelausschreibungen – ersetzt daher keine inhaltliche Regelung der Auswahlkriterien. Die **Delegation der Entscheidungsmacht auf den Apotheker bei der Auswahl von Medikamenten darf keinen Auswahlmechanismen zur Anwendung verhelfen, die die Krankenkassen selbst ihrer Entscheidung nicht zugrunde legen dürften.** Wenn von den Apothekern bei sonst gleichen Bedingungen im Hinblick auf den prozentualen Zuschlag das höherpreisige Medikament bevorzugt wird, so entbehrt dies ebenso einer sachlichen Rechtfertigung wie die Bevorzugung der Medikamente solcher Hersteller, die ihre Produkte selbst an die Apotheken vertreiben und daher dem Apotheker auch den Großhandelszuschlag zukommen lassen können. Anerkennenswerten Interessen der Krankenkassen oder ihrer Versicherten wird hierdurch nicht gedient. Der **Gesetzgeber billigt den Krankenkassen durchaus die Möglichkeit zu, ein Auswahlrecht des Apothekers nicht nur einzuschränken, sondern es durch die Gestaltung der Ausschreibung (Rahmenvereinbarung nur mit einem Vertragspartner) sogar auszuschließen.** Dass auch für eine Konstellation mit mehreren Rabattvertragspartnern in einem ergänzenden Rahmenvertrag nach § 129 Abs. 5 SGB V nähere Regelungen darüber getroffen werden könnten, nach welchen Kriterien die Auswahl des Apothekers zu erfolgen hat, erscheint deshalb durchaus möglich. Ebenso könnte in Rahmenverträgen nach § 129 Abs. 2 SGB – d.h. für die Konstellation, dass kein Rabattvertrag besteht – durchaus geregelt werden, dass stets das preisgünstigste Medikament herauszugeben oder nach welchen Kriterien die Auswahl zwischen den drei preisgünstigsten Arzneimitteln zu treffen ist. Der **Umstand, dass der Apotheker ohne nähere inhaltliche Vorgaben die Entscheidung trifft, das Medikament welchen Rabattvertragspartners der Versicherte erhält, ist daher auch mit den abgeschwächten Anforderungen an die Auswahlkriterien für die Vergabe der Einzelaufträge – Transparenz, Diskriminierungsfreiheit und Objektivität – nicht vereinbar.** Legt man auch an diese nachgelagerte Auswahlentscheidung die strengeren allgemeinen Maßstäbe für Zuschlagskriterien an, so ergibt sich hieraus erst recht die Unzulänglichkeit der Delegation der Entscheidungsbefugnis auf den Apotheker. Denn diejenigen Auswahlkriterien, die tendenziell die Herausgabe des teureren Medikaments fördern, eignen sich nicht dazu, ein möglichst wirtschaftliches Resultat des Vergabeverfahrens herbeizuführen (2. VK Bund, B. v. 26. 5. 2009 – Az.: VK 2–30/09).

Anderer Auffassung ist das **LSG Nordrhein-Westfalen.** Die Voraussetzungen für die Vergabe der Einzelaufträge nach Art. 53 Abs. 1 lit. a) VKR sind **erfüllt, wenn die Krankenkassen in den Rahmenrabattverträgen vorgesehen haben, dass sich die Abgabe der im Einzelfall verordneten Arzneimittel durch den Apotheker nach den allgemeinen – für von Rabattverträgen erfasste Arzneimittel – geltenden gesetzlichen und kollektivvertraglichen Regelungen vollzieht.** Die Krankenkassen haben somit an die vom Gesetzgeber geschaffene Systematik hinsichtlich der Arzneimittelversorgung der Versicherten angeknüpft. Sie haben gleichzeitig die jeweiligen Kriterien zur Vergabe der Einzelaufträge bekannt gemacht. Die **vergaberechtliche Beurteilung der diese Arzneimittelversorgung regelnden Vorschriften hat grundsätzlich die sozialversicherungsrechtliche Regelung in § 69 Abs. 2 Satz 3 SGB V zu beachten, denn hier ist angeordnet, dass bei der Anwendung der vergaberechtlichen Vorschriften des GWB der Versorgungsauftrag der gesetzlichen Krankenkassen besonders zu berücksichtigen** ist. Diese Versorgung betrifft und regelt – gleichsam als Kehrseite – zugleich die Vergabe der Einzelaufträge an den pharmazeutischen Unternehmer. Dass der Versorgungsauftrag der Krankenkassen und der Leistungsanspruch der Versicherten zu berücksichtigen sind, entspricht Art. 152 Abs. 5 EG sowie der Rechtsprechung des EuGH, wonach das Gemeinschaftsrecht die Zuständigkeit der Mitgliedstaaten für die Ausgestaltung ihrer Systeme der sozialen Sicherheit und insbesondere für den Erlass von Regelungen zur Organisation von Diensten im Gesundheitswesen unberührt lässt. Dabei versteht es sich von selbst, dass die Mitgliedstaaten bei der Ausübung ihrer Zuständigkeiten das Gemeinschaftsrecht und insbesondere die Bestimmungen über die Verkehrsfreiheiten zu beachten haben (LSG Nordrhein-Westfalen, B. v. 19. 11. 2009 – Az.: L 21 KR 55/09 SFB).

Mit § 129 Abs. 2 Satz 3 SGB V sowie dem auf der gesetzlichen Ermächtigung des § 129 Abs. 2 SGB V beruhenden Rahmenvertrag (in der zur Zeit gültigen Fassung vom 17. 1. 2009) **hat der Gesetzgeber den Krankenkassen ein Instrumentarium an die Hand gegeben, das (auch) die Versorgung der Versicherten mit Arzneimitteln, für die ein Rabattvertrag besteht, regelt.** § 4 des Rahmenvertrages vom 17. 1. 2008 trifft detaillierte Regeln darüber, nach welchen Grundsätzen rabattierte Arzneimittel vom Apotheker abzugeben (oder: wie Einzelaufträge zu vergeben) sind. Damit weist der Gesetzgeber dem Apotheker eine verantwortliche Rolle bei der Erfüllung des Versorgungsanspruchs des Versicherten zu. Dieses **vom Gesetzgeber geschaffene System, das die Versorgung der Versicherten der gesetzlichen Krankenkassen mit Arzneimitteln sicherstellt und dabei die Grundsätze der Qualität und der Wirtschaftlichkeit beachtet (§ 70 SGB V), genügt auch den Anforderungen des europarechtlich geprägten Kartellvergaberechts.** Denn das Europarecht respektiert die verantwortliche Rolle, die Apothekern in den nationalen Rechtsordnungen bei der Versorgung der Bevölkerung mit Arzneimitteln und zur Sicherung des finanziellen Gleichgewichts der mitgliedstaatlichen Sozialversicherungssysteme zugewiesen ist. Da der Apotheker in Ausfüllung dieser Aufgaben fachlich unabhängig u.a. Aufklärungs- und Beratungspflichten wahrzunehmen hat (vgl. auch z.B. §§ 3, 7 Abs. 1 Berufsordnung (BO) der Apothekerkammer Nordrhein v. 17. 6. 2007) und zudem davon auszugehen ist, dass er die Apotheke nicht ausschließlich aus rein wirtschaftlichen Zwecken betreibt, sondern sein privates Interesse an der Gewinnerzielung durch seine Ausbildung, seine berufliche Erfahrung und die ihm obliegende Verantwortung gezügelt wird, ist nicht die zwingende Schlussfolgerung zu ziehen, dass die vom Apotheker durchzuführende und den Krankenkassen zuzurechnende Vergabe der Einzelaufträge maßgeblich von (unkalkulierbaren) eigennützigen Erwägungen bestimmt wird (LSG Nordrhein-Westfalen, B. v. 19. 11. 2009 – Az.: L 21 KR 55/09 SFB).

9034   An dieser Einschätzung ändert sich auch nichts dadurch, dass für den in § 4 Abs. 2 Satz 5 Rahmenvertrag geregelten Fall, dass die Anwendung dieser Regeln (nach § 4 Abs. 2 Satz 1 Rahmenvertrag) zu dem Ergebnis führt, dass diese Voraussetzungen bei einer Krankenkasse auf mehrere rabattbegünstigte Arzneimittel zutreffen, der Apotheke unter diesen ein freies Wahlrecht eingeräumt wird (§ 4 Abs. 2 Satz 2). Dabei darf der Begriff des „freien Wahlrechts" nicht in dem Sinne missverstanden werden, dass dem Apotheker damit willkürliches Handeln gestattet wäre. Auch hier bleibt die Bindung an die allgemeinen Grundsätze des SGB V, etwa die in § 70 SGB V normierten Grundsätze, oder an die berufsrechtlichen Regelungen, erhalten. Apotheker haben u. a. unabhängig zu handeln (§ 3 BO) und bei der Qualitätssicherung pharmazeutischer Tätigkeiten sowie bei der Gewährleistung von Arzneimittelsicherheit mitzuwirken (§§ 5, 7 BO). Gerade deshalb hat der Apotheker bei seiner Entscheidung über das im konkreten Einzelfall abzugebende Arzneimittel auch in der Person des Versicherten liegende Gesichtspunkte, wie z. B. den der Compliance oder den der Verträglichkeit (Nebenwirkungen bei gleichem Wirkstoff aber unterschiedlichen Trägersubstanzen), zu beachten. **Ausgangspunkt jeder (vergabe-)rechtlichen Würdigung muss zunächst sein, dass sich der Apotheker pflichtgemäß an die für ihn geltenden rechtlichen Vorschriften bei der Versorgung der Versicherten (z. B. § 70 SGB V und die berufsrechtlichen Regelungen) hält.** Es kann deshalb nicht unterstellt werden, der Apotheker werde pflichtwidrig allein das Arzneimittel abgeben, das – aus welchen Gründen auch immer – seiner Apotheke den höchsten Profit oder andere Vorteile einbringt. Die dann zur Anwendung kommenden gesetzlichen und kollektivvertraglichen Regeln sind transparent und diskriminierungsfrei. Sie bedürfen lediglich der pflichtgemäßen Anwendung durch den Apotheker auf den Einzelfall. Hier kommt dem Apotheker nach der gesetzlichen Systematik eine verantwortliche Rolle zu, weil nur er kraft seiner Fachkunde die im Einzelfall bei der Abgabe von Arzneimitteln in Betracht kommenden Umstände und Gesichtspunkte zu gewichten und würdigen versteht. Gerade auch die Auswahl unter mehreren von Rabattverträgen erfassten Arzneimitteln bedarf dieser Fachkunde, um dem Anspruch des Versicherten auf Versorgung mit Arzneimitteln gerecht zu werden. Eine **andere Auffassung würde den Apotheker zu einer bloßen „Ausgabestelle" von Arzneimitteln degradieren** (LSG Nordrhein-Westfalen, B. v. 19. 11. 2009 – Az.: L 21 KR 55/09 SFB).

104.15.2 Microsoft-Select-Vertrag des Bundes

9035   Der **„Microsoft-Select-Vertrag" des Bundes ist kein Rahmenvertrag im Sinne § 3 a Nr. 4 VOL/A, da er von den „Beitretenden" nicht mit dem oder den in Aussicht genommenen Leistungserbringer(n) der Einzelabrufe abgeschlossen** wird. Der „Select-Vertrag" **soll es dem Hersteller vereinfachen, bestimmte Leistungskonditionen an Großabnehmer über Großhändler abzusetzen.** Die Bundesländer und andere, die dem Select-Vertrag beitreten und hierfür einen Handelspartner bestimmen, vergeben nicht mehrere Rahmenvereinbarungen für dieselbe Leistung, da sie nicht wahlweise aus dem „Select-Vertrag" oder aus (ggf.) ihrer Rahmenvereinbarung mit einem oder mehreren Handelspartnern abrufen könnten (VK Düsseldorf, B. v. 23. 5. 2008 – Az.: VK – 7/2008 – L).

104.15.3 Weitere Beispiele aus der Rechtsprechung

9036   – Rahmenvereinbarung **Postdienste bei Wahlen und Abstimmungen** – Versand von Wahlsendungen bei Landtagswahlen, Volksabstimmungen, Volksentscheiden, Bundestags- und Europawahlen im Bundesland Hessen (VK Hessen, B. v. 19. 2. 2009 – Az.: 69d VK – 01/2009)

– Rahmenvertrag über x86 basierende **Serversysteme und SAN-Componenten** (VK Düsseldorf, B. v. 29. 4. 2009 – Az.: VK – 2/2009 – L)

– **Belieferung der radiologisch tätigen Vertragsarztpraxen mit Kontrastmitteln** für die Versicherten der gesetzlichen Krankenkassen (1. VK Bund, B. v. 17. 4. 2009 – Az.: VK 1–35/09)

– Rahmenvertrag gem. § 127 Abs. 1 SGB V zur VOL-Vergabe von **Multifunktionsrollstühlen** in zwei Losen (VK Schleswig-Holstein, B. v. 17. 9. 2008 – Az.: VK-SH 10/08)

– **Kauf und Lieferung von Büroartikeln** für ca. 500 Dienststellen in Schleswig-Holstein (VK Schleswig-Holstein, B. v. 22. 4. 2008 – Az.: VK-SH 03/08)

Vergabe- und Vertragsordnung für Leistungen Teil A VOL/A § 4 **Teil 4**

- Rahmenvereinbarung über die **Lieferung von Erfrischungsgetränken inklusive der Bereitstellung der dazu erforderlichen Postmix-Schankanlagen** (3. VK Bund, B. v. 26. 5. 2008 – Az.: VK 3–59/08)
- Rahmenverträge über die **Hauszustellung von aufsaugenden Inkontinenzartikeln** (LSG Nordrhein-Westfalen, B. v. 30. 1. 2009 – Az.: L 21 KR 1/08 SFB ; 2. VK Bund, B. v. 8. 2. 2008 – VK 2–156/07; 3. VK Bund, B. v. 8. 2. 2008 – Az.: VK 3–29/08; B. v. 6. 2. 2008 – Az.: VK 3–11/08; B. v. 5. 2. 2008 – Az.: VK 3–23/08; B. v. 5. 2. 2008 – Az.: VK 3–17/08; B. v. 5. 2. 2008 – Az.: VK 3–08/08)
- **Durchführung allgemeiner Personaldienstleistungen in der Zentralen Bußgeldstelle der Polizei** ... (VK Brandenburg, B. v. 12. 9. 2007 – Az.: VK 36/07)
- **Arzneimittel-Rabattverträge** gemäß § 130a Abs. 8 SGB V (LSG Nordrhein-Westfalen, B. v. 23. 4. 2009 – Az.: L 21 KR 36/09 SFB; B. v. 8. 4. 2009 – Az.: L 21 KR 27/09 SFB; B. v. 2. 4. 2009 – Az.: L 21 KR 35/09 SFB; B. v. 26. 3. 2009 – Az.: L 21 KR 26/09 SFB; 3. VK Bund, B. v. 23. 1. 2009 – Az.: VK 3–194/08; B. v. 15. 8. 2008 – Az.: VK 3–107/08; 2. VK Bund, B. v. 22. 8. 2008 – Az.: VK 2–73/08; B. v. 15. 11. 2007 – Az.: VK 2–123/07, B. v. 15. 11. 2007 – Az.: VK 2–120/07, B. v. 15. 11. 2007 – Az.: VK 2–117/07, B. v. 15. 11. 2007 – Az.: VK 2–114/07, B. v. 15. 11. 2007 – Az.: VK 2–108/07, B. v. 15. 11. 2007 – Az.: VK 2–105/07; B. v. 15. 11. 2007 – Az.: VK 2–102/07)
- Durchführung von **Straßentransporten zur Versorgung des deutschen Einsatzkontingents** (1. VK Bund, B. v. 4. 4. 2007 – Az.: VK 1–23/07)
- **Transportdienstleistungen** zur Versorgung der KFOR-Truppen (1. VK Bund, B. v. 6. 5. 2002 – Az.: VK 1–17/02 – Z)
- **Versorgung des Einsatzkontingentes** der ISAF-Truppen (1. VK Bund, B. v. 13. 11. 2002 – Az.: VK 1–87/02)
- **Versorgung von Einsatzkontingenten** der Bundeswehr (1. VK Bund, B. v. 30. 6. 2003 – Az.: VK 1–47/03)
- Preise und Margen für **auf der Straße zu transportierendes Stückgut** ab einem Gewicht von 31,5 kg sowie entsprechend zu transportierende Teil- und Komplettladungen ab einem Gewicht von 2500 kg im gesamten Bundesgebiet (1. VK Bund, B. v. 30. 1. 2003 – Az.: VK 1 – 01/03)
- Sicherstellung einer **flächendeckenden Grundversorgung mit ambulanten Hilfen** (VK Rheinland-Pfalz, B. v. 20. 1. 2003 – Az.: VK 31/02)
- Beschaffung einer **betriebswirtschaftlichen Standardsoftware** (OLG Dresden, B. v. 13. 7. 2000 – Az.: WVerg 0003/00)
- **Lieferung von Zeiterfassungsterminals** (1. VK Bund, B. v. 1. 7. 2002 – Az.: VK 1–33/02)
- **Lieferung von Arbeitsplatzcomputern** (APC) mit Monitoren, Servern sowie Druckern (KG Berlin, B. v. 25. 7. 2000 – Az.: KartVerg 11/00, B. v. 30. 8. 2000 – Az.: KartVerg 13/00)
- Lieferung und Einrichtung von **polizeilichen Einsatz-, Leit und Unterstützungssystemen** für Dienststellen des Bundesgrenzschutzes (OLG Düsseldorf, B. v. 17. 7. 2002 – Az.: Verg 30/02)
- Lieferung und Errichtung von **polizeilichen Einsatz-, Leit- und Unterstützungssystemen** (2. VK Bund, B. v. 5. 9. 2003 – Az.: VK 2–68/02)
- polizeiliche **Abschleppungen und Verwahrungen von Kraftfahrzeugen** im Stadtgebiet und der die Stadt umgebenden Abschnitte der Bundesautobahnen (VK Hessen, B. v. 8. 2. 2002 – Az.: 69d VK – 49/2001)
- **Transport- und Hausarbeiteraufgaben** innerhalb und zwischen Dienstgebäuden und Transporte innerhalb des Bundesgebietes (1. VK Bund, B. v. 19. 9. 2001 – Az.: VK 1–33/01)
- **Konzeption und Entwicklung von Kommunikationsstrategien** (1. VK Bund, B. v. 28. 4. 2003 – Az.: VK 1–19/03)

104.16 Erläuterungen der EU-Kommission

Die Europäische Kommission – Generaldirektion Binnenmarkt und Dienstleistungen – hat am 17. 1. 2006 **Erläuterungen zu Rahmenvereinbarungen im Anwendungsbereich der klassischen Richtlinie** vorgelegt (www.ibr-online.de/2007-5). 9037

Teil 4 VOL/A § 5 Vergabe- und Vertragsordnung für Leistungen Teil A

104.17 Literatur

9038
- Boldt, Antje, Rabattverträge – Sind Rahmenvereinbarungen zwischen Krankenkassen und mehreren pharmazeutischen Unternehmen unzulässig?, PharmR 2009, 377
- Dicks, Heinz-Peter, Vergabe- und kartellrechtliche Aspekte von Rahmenvereinbarungen, Tagungsband 7. Düsseldorfer Vergaberechtstag 2006, 93
- Drey, Franz, Keine Black Box – Die Grenzen bei Rahmenverträgen, Behörden Spiegel, Februar 2007, 17
- Franke, Horst, Rechtsschutz bei der Vergabe von Rahmenvereinbarungen, ZfBR 2006, 546
- Graef, Eberhard, Rahmenvereinbarungen bei der Vergabe von öffentlichen Aufträgen de lege lata und de lege ferenda, NZBau 2005, 561
- Gröning, Jochem, Das Konzept der neuen Koordinierungsrichtlinie für die Beschaffung durch Rahmenvereinbarungen, VergabeR 2005, 156
- Haak, Sandra/Degen, Stephan, „Rahmenvereinbarungen nach dem neuen Vergaberecht" – Zur Umsetzung der Regelungen über Rahmenvereinbarungen der Richtlinien 2004/17/EG und 2004/18/EG durch die geplante Verordnung über die Vergabe öffentlicher Aufträge, VergabeR 2005, 164
- Knauff, Matthias, Neues europäisches Vergabeverfahrensrecht: Rahmenvereinbarungen, VergabeR 2006, 24
- Machwirth, Andreas, Rahmenvereinbarungen nach der neuen VOL/A, VergabeR 2007, 385
- Meyer-Hofmann, Bettina/Wenig, Nils-Alexander, Rabattverträge mit mehreren pharmazeutischen Unternehmen – Wettbewerbsprinzip und sozialrechtliche Notwendigkeiten, PharmR 2010, 324
- Rosenkötter, Annette, Rahmenvereinbarungen mit Miniwettbewerb – Zwischenbilanz eines neuen Instruments, VergabeR 2010, 368
- Rosenkötter, Annette/Seidler, Anne-Carolin, Praxisprobleme bei Rahmenvereinbarungen, NZBau 2007, 684
- Siegel, Thorsten, Zulässige Vertragslaufzeiten im Vergaberecht, ZfBR 2006, 554

105. § 5 VOL/A – Dynamische elektronische Verfahren

(1) **Die Auftraggeber können für die Vergabe von Aufträgen ein dynamisches elektronisches Verfahren einrichten. Ein dynamisches elektronisches Verfahren ist ein zeitlich befristetes ausschließlich elektronisches offenes Vergabeverfahren zur Beschaffung marktüblicher Leistungen, bei denen die allgemein auf dem Markt verfügbaren Spezifikationen den Anforderungen des Auftraggebers genügen. Die Auftraggeber verwenden bei der Einrichtung des dynamischen elektronischen Verfahrens und bei der Vergabe der Aufträge ausschließlich elektronische Mittel gemäß § 11 Absatz 2 und 3 und § 13 Absatz 1 und 2. Sie haben dieses Verfahren als offenes Vergabeverfahren unter Einhaltung der Vorschriften der Öffentlichen Ausschreibung in allen Phasen von der Einrichtung bis zur Vergabe des zu vergebenden Auftrags durchzuführen. Alle Unternehmen, die die Eignungskriterien erfüllen und ein erstes vorläufiges Angebot im Einklang mit den Vergabeunterlagen und den etwaigen zusätzlichen Dokumenten vorgelegt haben, werden zur Teilnahme zugelassen. Die Unternehmen können jederzeit ihre vorläufigen Angebote nachbessern, sofern die Angebote mit den Vergabeunterlagen vereinbar bleiben.**

(2) **Beim dynamischen elektronischen Verfahren ist Folgendes einzuhalten:**

a) **In der Bekanntmachung wird angegeben, dass es sich um ein dynamisches elektronisches Verfahren handelt.**

b) **In den Vergabeunterlagen sind insbesondere der Gegenstand der beabsichtigten Beschaffungen sowie alle erforderlichen Informationen zum dynamischen elektronischen Verfahren, zur verwendeten elektronischen Ausrüstung des Auftraggebers, zu den Datenformaten und zu den technischen Vorkehrungen und Merkmalen der elektronischen Verbindung zu präzisieren.**

c) Es ist auf elektronischem Wege ab dem Zeitpunkt der Veröffentlichung der Bekanntmachung und bis zur Beendigung des dynamischen elektronischen Verfahrens ein freier, unmittelbarer und uneingeschränkter Zugang zu den Vergabeunterlagen und den zusätzlichen Dokumenten zu gewähren und in der Bekanntmachung die Internet-Adresse anzugeben, unter der diese Dokumente abgerufen werden können.

d) Die Auftraggeber ermöglichen während der gesamten Laufzeit des dynamischen elektronischen Verfahrens jedem Unternehmen, ein vorläufiges Angebot zu unterbreiten, um zur Teilnahme am dynamischen elektronischen Verfahren zugelassen zu werden. Sie prüfen dieses Angebot innerhalb einer angemessenen Frist. Die Auftraggeber unterrichten das Unternehmen unverzüglich darüber, ob das Unternehmen zur Teilnahme am dynamischen elektronischen Verfahren zugelassen ist oder sein vorläufiges Angebot abgelehnt wurde.

e) Die Auftraggeber fordern alle zugelassenen Unternehmen auf, endgültige Angebote für die zu vergebenden Aufträge einzureichen. Für die Einreichung der Angebote legen sie eine angemessene Frist fest. Sie vergeben den Auftrag an das Unternehmen, das nach den in der Bekanntmachung für die Einrichtung des dynamischen elektronischen Verfahrens aufgestellten Zuschlagskriterien das wirtschaftlichste Angebot vorgelegt hat. Die Zuschlagskriterien können in der Aufforderung zur Abgabe eines endgültigen Angebots präzisiert werden.

f) Die Laufzeit eines dynamischen elektronischen Verfahrens darf grundsätzlich vier Jahre nicht überschreiten. Eine Überschreitung der Laufzeit ist nur in besonders zu begründenden Fällen zulässig.

(3) Eine Entscheidung der Auftraggeber, auf ein eingeleitetes dynamisches elektronisches Verfahren zu verzichten, ist den zugelassenen Unternehmen unverzüglich mitzuteilen.

105.1 Änderungen in der VOL/A 2009

Das dynamische elektronische Verfahren ist **neu in die VOL/A 2009 aufgenommen** worden. 9039

105.2 Vergleichbare Regelungen

Mit dem Vergaberechtsmodernisierungsgesetz 2009 wurde – neben der elektronischen Auktion – **auch das dynamische elektronische Verfahren in § 101 Abs. 6 Satz 2 GWB aufgenommen**, dort aber nur sehr allgemein definiert. Die inhaltlichen Einzelheiten sind in § 5 VOL/A 2009 enthalten. 9040

In die **VOB/A 2009 und die VOF 2009** wurde das dynamische elektronische Verfahren nicht aufgenommen. 9041

Bei Zweifelsfragen kann auf die **übergeordnete Regelung des Art. 33 VKR** zurückgegriffen werden. 9042

105.3 Einrichtung eines dynamischen elektronischen Verfahrens als Ermessensregelung (§ 5 Abs. 1 Satz 1)

Nach § 5 Abs. 1 Satz 1 **können** Auftraggeber für die Vergabe von Aufträgen ein dynamisches elektronisches Verfahren einrichten. Die VOL/A stellt es also jedem öffentlichen Auftraggeber frei, dynamische elektronische Verfahren einzuführen oder nicht. 9043

105.4 Keine eigene Vergabeart (§ 5 Abs. 1 Satz 2)

Ein dynamisches elektronisches Verfahren ist ein zeitlich befristetes **ausschließlich elektronisches offenes Vergabeverfahren** zur Beschaffung marktüblicher Leistungen, bei denen die allgemein auf dem Markt verfügbaren Spezifikationen den Anforderungen des Auftraggebers genügen. 9044

Teil 4 VOL/A § 6   Vergabe- und Vertragsordnung für Leistungen Teil A

9045   Daraus ergibt sich, dass ein dynamisches Beschaffungssystem **keine eigenständige Vergabeart**, sondern eine **Unterform des Offenen Verfahrens** ist.

105.5 Inhalt eines dynamischen elektronischen Verfahrens (§ 5 Abs. 1 Satz 2)

9046   Ein dynamisches elektronisches Verfahren ist ein **zeitlich befristetes ausschließlich elektronisches offenes Vergabeverfahren zur Beschaffung marktüblicher Leistungen**, bei denen die allgemein auf dem Markt verfügbaren Spezifikationen den Anforderungen des Auftraggebers genügen.

105.6 Ablauf eines dynamischen elektronischen Verfahrens (§ 5 Abs. 2)

9047   Die **Einrichtung eines dynamischen elektronischen Verfahrens** erfolgt **in der Praxis** so, dass der öffentliche **Auftraggeber eine Bekanntmachung über das dynamische elektronische Verfahren veröffentlicht**, in den Vergabeunterlagen den **Beschaffungsgegenstand** präzisiert, die **technischen Rahmenbedingungen des dynamischen elektronischen Verfahrens erläutert** und einen freien, unmittelbaren und uneingeschränkten **Zugang zu allen Unterlagen gewährt**. Alle **interessierten Unternehmen können** dann ein erstes **unverbindliches Angebot** – quasi als Bewerbungsangebot – abgeben und damit **zur Teilnahme am dynamischen elektronischen Verfahren zugelassen** werden. **Für jeden Einzelauftrag** hat dann ein **Aufruf zum Wettbewerb** zu erfolgen. **Wettbewerbsteilnehmer sind die zum Beschaffungssystem zugelassenen Unternehmen.** Den Zuschlag erhält der Bieter mit dem nach den Zuschlagskriterien besten Angebot.

105.7 Laufzeit eines dynamischen elektronischen Verfahrens (§ 5 Abs. 2 lit. f))

9048   Die Laufzeit eines dynamischen elektronischen Verfahrens darf **grundsätzlich vier Jahre nicht überschreiten**. Eine Überschreitung der Laufzeit ist nur in besonders zu begründenden Fällen zulässig.

9049   Vgl. insoweit auch die Kommentierung zu → § 4 VOL/A Rdn. 31 ff.

105.8 Literatur

9050   – Knauff, Matthias, Neues europäisches Vergabeverfahrensrecht: Dynamische Beschaffungssysteme (Dynamische elektronische Verfahren), VergabeR 2008, 615

106. § 6 VOL/A – Teilnehmer am Wettbewerb

(1) **Bewerber- und Bietergemeinschaften** sind wie Einzelbewerber und -bieter zu behandeln. Für den Fall der Auftragserteilung können die Auftraggeber verlangen, dass eine Bietergemeinschaft eine bestimmte Rechtsform annimmt, sofern dies für die ordnungsgemäße Durchführung des Auftrages notwendig ist.

(2) **Von den Bewerbern und Bietern dürfen Entgelte für die Durchführung der Vergabeverfahren nicht erhoben werden.**

(3) **Von den Unternehmen dürfen zum Nachweis ihrer Fachkunde, Leistungsfähigkeit und Zuverlässigkeit (Eignung) nur Unterlagen und Angaben gefordert werden, die durch den Gegenstand des Auftrags gerechtfertigt sind. Grundsätzlich sind Eigenerklärungen zu verlangen.** Die Forderung von anderen Nachweisen als Eigenerklärungen haben die Auftraggeber in der Dokumentation zu begründen.

(4) Die Auftraggeber können Eignungsnachweise, die durch Präqualifizierungsverfahren erworben werden, zulassen.

(5) **Von der Teilnahme am Wettbewerb können Bewerber ausgeschlossen werden**,
a) über deren Vermögen das Insolvenzverfahren oder ein vergleichbares gesetzliches Verfahren eröffnet oder die Eröffnung beantragt oder dieser Antrag mangels Masse abgelehnt worden ist,

b) die sich in Liquidation befinden,

c) die nachweislich eine schwere Verfehlung begangen haben, die ihre Zuverlässigkeit als Bewerber in Frage stellt,

d) die ihre Verpflichtung zur Zahlung von Steuern und Abgaben sowie der Beiträge zur gesetzlichen Sozialversicherung nicht ordnungsgemäß erfüllt haben,

e) die im Vergabeverfahren unzutreffende Erklärungen in Bezug auf ihre Eignung abgegeben haben.

(6) Hat ein Bieter oder Bewerber vor Einleitung des Vergabeverfahrens den Auftraggeber beraten oder sonst unterstützt, so hat der Auftraggeber sicherzustellen, dass der Wettbewerb durch die Teilnahme des Bieters oder Bewerbers nicht verfälscht wird.

(7) Justizvollzugsanstalten sind zum Wettbewerb mit gewerblichen Unternehmen nicht zuzulassen.

106.1 Änderungen in der VOL/A 2009

In § 6 ist der in § 7 Abs. 1 VOL/A 2006 enthaltene **Gleichbehandlungsgrundsatz gestrichen**. Der Gleichbehandlungsgrundsatz steckt bereits in dem Diskriminierungsverbot des § 2 Abs. 1 VOL/A 2009. 9051

In § 6 Abs. 1 Satz 2 ist eine Ermächtigung für den Auftraggeber aufgenommen, zu verlangen, dass **eine Bietergemeinschaft eine bestimmte Rechtsform annimmt, sofern dies** für die ordnungsgemäße Durchführung des Auftrages notwendig ist. 9052

§ 6 Abs. 2 enthält das ausdrückliche **Verbot, von den Bewerbern und Bietern Entgelte** für die Durchführung der Vergabeverfahren zu verlangen. 9053

§ 6 Abs. 3 verpflichtet den Auftraggeber, im Rahmen der **Prüfung der Eignung grundsätzlich nur Eigenerklärungen zu verlangen**. 9054

Mit § 6 Abs. 4 wird das **Präqualifikationsverfahren auch für den VOL-Bereich eingeführt**. 9055

§ 6 Abs. 6 enthält die Verpflichtung des Auftraggebers, **im Fall von vorbefassten Bietern Wettbewerbsvorteile auszugleichen**. 9056

106.2 Vergleichbare Vorschriften

Der **Vorschrift des § 6 VOL/A** vergleichbar sind im Bereich des GWB § 97 Abs. 4 GWB, im Bereich der VOB §§ 6, 6a VOB/A, im Bereich der VOF §§ 4, 5, 16 Abs. 2 VOF und im Bereich der VOL § 7 EG VOL/A. Die Kommentierungen zu diesen Vorschriften können daher ergänzend zu der Kommentierung des § 6 herangezogen werden. 9057

106.3 Bieterschützende Regelung

106.3.1 § 6 Abs. 3 VOL/A

Die Vorschrift aus **§ 6 Abs. 3 VOL/A schützt die Bieter** in ihren Rechten auf ein diskriminierungsfreies Verfahren. Es handelt sich nicht um eine bloße an die Vergabestelle gerichtete Ordnungsvorschrift. Die abschließende Benennung der Eignungsnachweise schützt die Bieter einerseits davor, dass nachträglich höhere Anforderungen gestellt werden und davor, dass ein Wettbewerber durch nachträgliche Zulassung eines auf ihn zugeschnittenen Nachweises besser gestellt wird. Die Vorschrift unterliegt aufgrund ihrer auf aller Bieter gerichteten Schutzwirkung **nicht der Disposition einzelner Bieter und/oder der Vergabestelle** (OLG Düsseldorf, B. v. 18. 7. 2001 – Az.: Verg 16/01; VK Düsseldorf, B. v. 24. 1. 2001 – Az.: VK – 31/2000 – B; VK Südbayern, B. v. 7. 12. 2007 – Az.: Z3-3-3194-1-49–10/07). 9058

106.3.2 § 6 Abs. 7 VOL/A

Bei **§ 6 Abs. 7 VOL/A** handelt es sich um eine **bieterschützende Vorschrift**, deren Anwendung nicht zur Disposition eines öffentlichen Auftraggebers steht (1. VK Bund, B. v. 17. 3. 2004 – Az.: VK 1–07/04; VK Münster, B. v. 2. 7. 2004 – Az.: VK 13/04). 9059

Teil 4 VOL/A § 6   Vergabe- und Vertragsordnung für Leistungen Teil A

106.4 Gleichsetzung von Bewerber- und Bietergemeinschaften und Einzelbewerbern und -bietern (§ 6 Abs. 1)

106.4.1 Grundsatz

9060   Teilnehmer am Vergabeverfahren können auch Bewerber- und Bietergemeinschaften sein. Die **Rechtsform eines Bewerbers oder Bieters ist grundsätzlich kein Kriterium für die Zulassung bzw. für den Ausschluss seines Teilnahmeantrags bzw. seines Angebotes**; ein Teilnahmeantrag oder ein Angebot darf nicht deshalb ausgeschlossen werden, weil es von einer Bewerber- oder Bietergemeinschaft stammt (VK Brandenburg, B. v. 1. 2. 2002 – Az.: 2 VK 119/01).

9061   Bietergemeinschaft dürfen zwar Einzelbietern gegenüber nicht benachteiligt werden (vgl. Art. 2, Art. 4 Abs. 2 VKR), sie **brauchen ihnen gegenüber aber auch nicht bevorzugt zu werden. Bietergemeinschaften können z. B. verpflichtet werden, wie Einzelbieter einen einheitlichen Änderungssatz für eine Lohngleitklausel anzugeben**. Die Zulassung unterschiedlicher Änderungssätze führte zu praktischen Schwierigkeiten bei der Bewertung der Änderungssätze im Vergabeverfahren sowie bei der späteren Abrechnung. Die Bildung eines Durchschnittssatzes bei der Bewertung eines Angebotes mit unterschiedlichen Änderungssätzen würde dem Angebot nicht gerecht, weil die Mitgliedsunternehmen die Arbeiten nicht gleichzeitig, sondern phasenverschoben durchführen und sich das Gewicht der Arbeiten mit einem hohen Änderungssatz dadurch verstärken kann (OLG Düsseldorf, B. v. 19. 5. 2010 – Az.: VII-Verg 3/10).

106.4.2 Hinweis

9062   Die **VOB/A 2009** enthält im Gegensatz zur VOL/A 2009 (§ 6 Abs. 1) **keine ausdrückliche Regelung** der Gleichsetzung von Bewerbergemeinschaften mit Einzelbewerbern.

106.4.3 Begriff der Bietergemeinschaft

9063   Bietergemeinschaften sind **Zusammenschlüsse mehrerer Unternehmen zur gemeinschaftlichen Abgabe eines Angebots** mit dem Ziel, den durch die Verdingungsunterlagen beschriebenen Auftrag gemeinschaftlich zu erhalten und auszuführen (VK Arnsberg, B. v. 2. 2. 2006 – Az.: VK 30/05; 3. VK Bund, B. v. 4. 10. 2004 – Az.: VK 3–152/04; VK Lüneburg, B. v. 14. 1. 2002 – Az.: 203-VgK-22/2001; VK Rheinland-Pfalz, B. v. 14. 6. 2005 – Az.: VK 16/05; 1. VK Sachsen, B. v. 20. 9. 2006 – Az.: 1/SVK/085-06). Damit haben auch kleine und mittlere Unternehmen die Möglichkeit, sich zusammen mit andern Unternehmen um Aufträge zu bewerben, die ihre Leistungsfähigkeit im Einzelfall überschreiten würden (OLG Düsseldorf, B. v. 9. 1. 2008 – Az.: VII-Verg 33/07; 1. VK Sachsen, B. v. 20. 9. 2006 – Az.: 1/SVK/085-06; VK Südbayern, B. v. 13. 9. 2002 – Az.: 37-08/02). Bei der Bietergemeinschaft erfolgt in der Regel eine **Arbeitsteilung im Sinne einer Bündelung der gemeinsamen Fähigkeiten**, indem beispielsweise ein Unternehmen die **kaufmännische Seite des Auftrags** betreut, während das andere Unternehmen sich dadurch einbringt, indem es die **baulichen Ausführungen übernimmt** (OLG Düsseldorf, B. v. 9. 1. 2008 – Az.: VII-Verg 33/07).

106.4.4 Unterschied zur Arbeitsgemeinschaft

9064   Als Arbeitsgemeinschaft wird der Zusammenschluss von Fachunternehmen bezeichnet, mit dem Ziel, den erhaltenen Auftrag gemeinsam auszuführen (VK Arnsberg, B. v. 2. 2. 2006 – Az.: VK 30/05). **Üblicherweise wandelt sich eine Bietergemeinschaft im Falle einer Auftragserteilung in eine Arbeitsgemeinschaft**. Sowohl Bietergemeinschaften als auch Arbeitsgemeinschaften sind Gesellschaften des bürgerlichen Rechts gemäß §§ 705 ff. BGB (VK Südbayern, B. v. 17. 7. 2001 – Az.: 23-06/01).

106.4.5 Rechtsform der Bietergemeinschaft

9065   Bei einer Bietergemeinschaft handelt es sich **grundsätzlich um eine Gesellschaft bürgerlichen Rechts gemäß §§ 705 ff. BGB**, durch die sich mehrere Unternehmen zusammengeschlossen haben, um ein gemeinsames Angebot abzugeben und **im Auftragsfall den Vertrag gemeinsam als ARGE auszuführen** (KG Berlin, B. v. 7. 5. 2007 – Az.: 23 U 31/06).

106.4.6 Verdeckte Bietergemeinschaft

106.4.6.1 Allgemeines

Firmen können sich zusammenschließen, um gemeinschaftlich ein Angebot abzugeben, auch wenn dies nach außen nicht sichtbar wird, weil gegenüber der Vergabestelle nur eine Firma als Bieter auftritt. Das **Vorliegen einer verdeckten Bietergemeinschaft muss aus objektiven Umständen ableitbar sein**, z. B. einem „Letter of Intent", in denen dargelegt ist, dass die Parteien beabsichtigen, „gemeinschaftlich eine Leistung zu erbringen" und zusammen ein Angebot zu erstellen, wobei alle Kostensätze, Mengengerüste und Gewinnaufschläge „einvernehmlich" festgelegt werden sollen. Eine solche Vertragsgestaltung geht über das normale Verhältnis von Haupt- und Subunternehmer hinaus, welches in der Regel dadurch geprägt ist, dass der Subunternehmer einzelne Teilleistungen im Auftrag und auf Rechnung des Hauptunternehmers ausführt. Es liegt in solchen Fällen mithin eine Bietergemeinschaft zur gemeinschaftlichen Abgabe eines Angebots mit dem Ziel der gemeinschaftlichen Erbringung der Leistungen vor (VK Rheinland-Pfalz, B. v. 14. 6. 2005 – Az.: VK 16/05; VK Schleswig-Holstein, B. v. 17. 9. 2008 – Az.: VK-SH 10/08).

9066

106.4.6.2 Ausschluss von verdeckten Bietergemeinschaften

Die Gewährleistung eines Geheimwettbewerbs zwingt zum **Ausschluss von Angeboten von Bietern, die nach den Umständen eine verdeckte Bietergemeinschaft eingegangen sind** (VK Rheinland-Pfalz, B. v. 14. 6. 2005 – Az.: VK 16/05; VK Schleswig-Holstein, B. v. 17. 9. 2008 – Az.: VK-SH 10/08). Vgl. insoweit auch die **Kommentierung zu** → **§ 97 GWB Rdn. 56**.

9067

106.4.7 Bildung einer nachträglichen Bietergemeinschaft

106.4.7.1 Bildung einer nachträglichen Bietergemeinschaft im Zeitraum zwischen abgeschlossenem Teilnahmewettbewerb und Aufforderung zur Angebotsabgabe

Die **Zulässigkeit der Bildung einer nachträglichen Bietergemeinschaft ist davon abhängig**, ob die **Grundsätze eines wettbewerbsmäßigen und nicht diskriminierenden Vergabeverfahrens durch den Zusammenschluss verletzt** werden. Insbesondere ist die Bildung einer Bietergemeinschaft nur dann gestattet, wenn derjenige Bieter, der sich nachträglich mit einem weiteren Unternehmen zu einer Arbeitsgemeinschaft zusammenschließt, auch ohne den Zusammenschluss den Auftrag erhalten hätte. Dies ist aber nur möglich, wenn der **Zusammenschluss mit einem Unternehmen erfolgt, das wenigstens am Vergabeverfahren teilgenommen hat**. Ein Zusammenschluss mit einem außenstehenden Unternehmen widerspricht den Grundsätzen einer wettbewerbsmäßigen Vergabe. **Generell** ist die nachträgliche Bildung einer Bietergemeinschaft vom Auftraggeber **restriktiv zu handhaben**, da sie den Wettbewerb zwischen den Bietern um einen öffentlichen Auftrag eingrenzt. Aus dieser Formulierung ergibt sich, dass eine Billigung der nachträglichen Bildung der Bietergemeinschaft im Ermessen des Auftraggebers steht und von dessen Einverständnis abhängig ist (VK Südbayern, B. v. 17. 7. 2001 – Az.: 23-06/01).

9068

Nach einer anderen Auffassung gilt die **Unzulässigkeit der Bildung von Bietergemeinschaften z. B. nach Abschluss des Teilnahmewettbewerbs und erfolgter Aufforderung zur Angebotsabgabe auch für den Fall, dass eine Bietergemeinschaft allein aus mehreren vom Auftraggeber zur Angebotsabgabe aufgeforderten Teilnehmern nachträglich gebildet wurde**. Zwar haben diese Teilnehmer einzeln die Kriterien des Teilnahmewettbewerbs erfüllt und die im Teilnahmewettbewerb vorgelagerte Eignungsprüfung einzeln erfolgreich durchlaufen. Dies **ändert jedoch nichts an der Tatsache, dass die Bietergemeinschaft selbst nicht am Teilnahmewettbewerb teilgenommen** hat, keine eigene Eignungsprüfung durchlaufen hat und nicht zur Angebotsabgabe aufgefordert wurde bzw. aufgefordert werden konnte. Auch insoweit ist die Verletzung des Gleichbehandlungsgrundsatzes in Bezug auf andere Bieter aus den oben genannten Gründen zu besorgen. Zudem ist in der nachträglichen Bildung einer Bietergemeinschaft aus zur Angebotsabgabe aufgeforderten Teilneh-

9069

mern eine **unzulässige Beschränkung des Wettbewerbs zu sehen**. Denn die ohnehin nach Auswahl durch den Auftraggeber beschränkte Anzahl von Bietern bei der Angebotsabgabe (nach erfolgtem Teilnahmewettbewerb) wird durch Bildung einer Bietergemeinschaft aus zwei oder mehreren einzeln aufgeforderten Bietern weiter beschränkt. § 8a Nr. 3 VOB/A sieht gerade vor, dass eine ausreichend große Anzahl von Bietern zur Angebotsabgabe aufgefordert wird, um hinreichenden Wettbewerb zu sichern. Den **ausgewählten Bietern wird dementsprechend auch nicht mitgeteilt, wen der Auftraggeber im Übrigen zur Angebotsabgabe aufgefordert** hat. Die nachträgliche Bildung von Bietergemeinschaften zwischen aufgeforderten Bietern schränkt demgegenüber den vorgesehenen Wettbewerb ein (1. VK Bund, B. v. 22. 2. 2008 – Az.: VK 1–4/08).

106.4.7.2 Bildung einer nachträglichen Bietergemeinschaft im Zeitraum zwischen Angebotsabgabe und Zuschlagserteilung

9070 **106.4.7.2.1 Rechtsprechung.** Im Zeitraum zwischen Angebotsabgabe und Zuschlagserteilung sind **Angebotsänderungen in sachlicher wie auch in personeller Hinsicht grundsätzlich unstatthaft.** Das **Verbot einer Änderung des Angebots erstreckt sich auch auf die Zusammensetzung einer Bietergemeinschaft.** Bietergemeinschaften können – wie der sinngemäßen Auslegung von § 13 Abs. 5 VOB/A zu entnehmen ist – nur bis zur Angebotsabgabe gebildet und geändert werden. Die Angebotsabgabe bildet hierfür eine zeitliche Zäsur. Nach der Angebotsabgabe bis zur Erteilung des Zuschlags sind Änderungen, namentlich Auswechslungen, grundsätzlich nicht mehr zuzulassen, da in ihnen eine unzulässige Änderung des Angebots liegt. **Bietergemeinschaften können grundsätzlich nur in der Zeit bis zum Einreichen des Angebots gebildet werden. Dasselbe hat für Veränderungen in der Zusammensetzung der Bietergemeinschaft (für ein Hinzutreten, einen Wegfall von Mitgliedern oder die Veräußerung eines Betriebsteils) in der Zeit nach Abgabe des Angebots bis zur Zuschlagserteilung zu gelten** (OLG Düsseldorf, B. v. 24. 5. 2005 – Az.: VII – Verg 28/05; B. v. 26. 1. 2005 – Az.: VII – Verg 45/04; 1. VK Bund, B. v. 22. 2. 2008 – Az.: VK 1–4/08; VK Hessen, B. v. 30. 7. 2008 – Az.: 69d VK – 34/2008; B. v. 28. 6. 2005 – Az.: 69d VK – 07/2005; VK Nordbayern, B. v. 14. 4. 2005 – Az.: 320.VK – 3194 – 09/05; 3. VK Saarland, B. v. 9. 3. 2007 – Az.: 3 VK 01/2007).

9071 Die **Zulässigkeit der Bildung einer nachträglichen Bietergemeinschaft ist davon abhängig**, ob die **Grundsätze eines wettbewerbsmäßigen und nicht diskriminierenden Vergabeverfahrens durch den Zusammenschluss verletzt** werden. Unter Zugrundelegung dieses zutreffenden Maßstabs wäre es unzulässig, einem vorn liegenden Bieter mit einem angemessenen Preis, aber ungenügender Leistungsfähigkeit, zu gestatten, sich nachträglich durch den Zusammenschluss mit einem weiteren Unternehmen die erforderliche Leistungsfähigkeit zu verschaffen und dieser Arbeitsgemeinschaft dann den Auftrag zu erteilen. In diesem Fall würden die Wertungsgrundsätze dadurch verletzt, dass ein **Bieter**, dessen **Angebot wegen mangelnder Eignung auszuscheiden** ist, nur durch eben diese Maßnahme zum Auftrag verholfen wird, während der **Bieter**, der die **Eignungsvoraussetzungen erfüllt und dem aufgrund des Wettbewerbsergebnisses insgesamt daher der Auftrag zustehen würde, leer ausgeht** (1. VK Bund, B. v. 22. 2. 2008 – Az.: VK 1–4/08; VK Lüneburg, B. v. 28. 8. 2001 – Az.: 203-VgK-17/2001).

9072 **106.4.7.2.2 Standpunkt des DVA.** Vgl. insoweit für den VOB-Bereich die Kommentierung zu → § 6 VOB/A Rdn. 20.

9073 **106.4.7.2.3 Verbot durch den Auftraggeber.** Verwendet ein öffentlicher Auftraggeber in seinen Bewerbungsbedingungen die **Regelung, dass beim Nichtoffenen Verfahren Angebote von Bietergemeinschaften, die sich erst nach Aufforderung zur Angebotsabgabe aus aufgeforderten Unternehmen gebildet haben, nicht zugelassen werden**, ist diese Regelung auch mit den in § 2 VOB/A verankerten Prinzipien eines **fairen und diskriminierungsfreien Wettbewerbs zu vereinbaren**. Im Bereich des Nichtoffenen Verfahrens hat es der Auftraggeber, selbstverständlich unter Beachtung des Gleichbehandlungsgrundsatzes, in der Hand, den potentiellen Auftragnehmer – und auch bereits den Bieterkreis und damit unmittelbar den konkreten Wettbewerb für das durchzuführende Objekt durch die Aufforderung von unter bestimmten Kriterien ausgesuchten Unternehmen zur Angebotsabgabe festzulegen. Inhaltlich stellt sich die Regelung in den Bewerbungsbedingungen eine weitere Angabe zu § 12 Abs. 2 VOB/A dar. Wenn der Auftraggeber vorgeben kann, welche Rechtsform eine Bietergemeinschaft haben muss, an die der Auftrag evtl. vergeben wird, schließt dies den Hinweis auf die – an sich selbstverständliche – Möglichkeit der Teilnahme als Bietergemeinschaft bzw. Unzulässigkeit eines nach Angebotsaufforderung erfolgten Zusammenschlusses ein (VK Brandenburg, B. v. 1. 2. 2002 – Az.: 2 VK 119/01).

106.4.7.2.4 Beispiele aus der Rechtsprechung 9074

– **veräußert ein Mitglied einer Bietergemeinschaft einen Teilbetrieb** an einen Dritten, **bleibt aber Mitglied der Bietergemeinschaft** und tritt der Erwerber des Teilbetriebs nicht in die Bietergemeinschaft ein, bleibt die **rechtliche Identität der Bietergemeinschaft erhalten** (OLG Düsseldorf, B. v. 26. 1. 2005 – Az.: VII – Verg 45/04)

106.4.7.3 Missbrauch durch Änderung der Bietergemeinschaft

Keine Änderung in dem Sinne einer zum zwingenden Ausschluss des Teilnahmeantrags 9075 oder des Angebots führenden Änderung liegt vor, wenn entweder der **Auftraggeber oder die Bietergemeinschaft selbst die Rechtsprechung zur Änderung eines Angebots missbräuchlich nutzt.** Nur so kann dem die Vergabeverfahren beherrschenden **Gleichbehandlungs- und Transparenzgebot mit der nötigen Rechtssicherheit zum Durchbruch verholfen werden,** indem sowohl Manipulationsmöglichkeiten des Auftraggebers (Auftraggeber verspricht einem Bietergemeinschaftsmitglied nach der Kündigung derselben einen Auftrag als Subunternehmer des erstplatzierten Bieters und eliminiert so das ebenfalls aussichtsreiche Angebot der Bietergemeinschaft) als auch der Bietergemeinschaft (Bietergemeinschaft will nicht mehr an ihr Angebot gebunden sein und „lässt sich durch ein Mitglied kündigen") erfolgreich „ein Riegel vorgeschoben" wird (3. VK Saarland, B. v. 9. 3. 2007 – Az.: 3 VK 01/2007).

106.4.8 Forderung des Auftraggebers nach Annahme einer bestimmten Rechtsform von Bietergemeinschaften (§ 6 Abs. 1 Satz 2)

Von **Bietergemeinschaften kann nicht verlangt werden, dass sie zwecks Einreichung** 9076 **des Angebots eine bestimmte Rechtsform annehmen**; dies kann jedoch verlangt werden, wenn ihnen der Auftrag erteilt worden ist. Diese Regelung ist **Ausdruck eines gerechten Ausgleichs zwischen den Interessen von Bietergemeinschaften und den Belangen der öffentlichen Auftraggeber.** Ersteren würde es die Teilnahme am Wettbewerb über Gebühr erschweren, müssten sie stets schon für die Abgabe von Angeboten eine andere Rechtsform annehmen, als die, in der sie typischerweise auftreten, also als GbR, ggf. OHG. Letzteren kann es nicht verwehrt sein, auf die Annahme einer bestimmten Rechtsform zu bestehen, sofern dies für die ordnungsgemäße Durchführung des Auftrags notwendig ist (KG Berlin, B. v. 13. 8. 2002 – Az.: KartVerg 8/02).

Der Auftraggeber kann also verlangen, dass die Bieter die rechtlichen Voraussetzungen dafür 9077 erbringen müssen, um in der Rechtsform des beliehenen Unternehmens (z. B. gemäß § 44 Abs. 3 LHO für das Land Berlin) tätig werden zu können, also **für den Fall der Auftragserteilung die Rechtsform einer juristischen Person annehmen** (KG Berlin, B. v. 13. 8. 002 – Az.: KartVerg 8/02).

Auch der EuGH hat in der Rechtssache C-57/01 (Makedonio Metro) entschieden, dass bei 9078 der Vergabe einer öffentlichen Baukonzession von einer Bietergemeinschaft die Annahme einer bestimmten Rechtsform erst nach Zuschlagserteilung verlangt werden kann. Diese **Rechtsprechung bestätigt der EuGH mit Urteil vom 18. 12. 2007:** Nach **Art. 26 Abs. 2 der Richtlinie 92/50 (DKR) – identisch mit Art. 4 Abs. 1 VKR –** dürfen die öffentlichen Auftraggeber Bewerber oder Bieter, die gemäß den Rechtsvorschriften des Mitgliedstaats, in dem sie ansässig sind, zur Erbringung einer Dienstleistung berechtigt sind, nicht allein deshalb zurückweisen, weil sie gemäß den Rechtsvorschriften des Mitgliedstaats, in dem der Auftrag vergeben wird, entweder eine natürliche oder eine juristische Person sein müssten. Aus dieser Vorschrift ergibt sich, dass die **öffentlichen Auftraggeber die Bewerber oder Bieter, die gemäß den Rechtsvorschriften des betreffenden Mitgliedstaats zur Erbringung der betreffenden Dienstleistung berechtigt sind, auch nicht allein deshalb von einem Ausschreibungsverfahren ausschließen dürfen, weil ihre Rechtsform nicht einer spezifischen Kategorie von juristischen Personen entspricht.** Daraus ergibt sich, dass die fragliche Vorschrift jeder nationalen Regelung entgegensteht, die Bewerber oder Bieter, die gemäß den Rechtsvorschriften des betreffenden Mitgliedstaats zur Erbringung der betreffenden Dienstleistung berechtigt sind, von der Vergabe öffentlicher Dienstleistungsaufträge, deren Wert den Schwellenwert für die Anwendung der Richtlinie 92/50 überschreitet, allein deshalb ausschließt, weil sie nicht die einer bestimmten Kategorie von juristischen Personen entsprechende

Rechtsform haben. Folglich sind **nationale Bestimmungen, die die Vergabe von wirtschaftlich bedeutsamen lokalen öffentlichen Dienstleistungsaufträgen, deren Wert den Schwellenwert für die Anwendung der Richtlinie 92/50 – und damit auch der VKR – überschreiten, auf Kapitalgesellschaften beschränken, nicht mit Art. 26 Abs. 2 der Richtlinie 92/50 – damit auch Art. Abs. 1 VKR – vereinbar** (EuGH, Urteil v. 18. 12. 2007 – Az.: C-220/06).

106.4.9 Grundsätzliche Zulässigkeit der Forderung nach einer gesamtschuldnerischen Haftung einer Bietergemeinschaft

9079   Zur **Zulässigkeit der Forderung nach einer gesamtschuldnerischen Haftung** genügt es darauf hinzuweisen, dass die **geforderte Erklärung die Bieter nicht unzumutbar belastet, dass dem Antragsgegner die Entscheidung darüber obliegt**, ob und gegebenenfalls welche Vorgaben er hinsichtlich einer Haftung des Auftragnehmers machen will, und dass eine **gesamtschuldnerische Haftung z. B. in Schadensfällen zweckmäßig sein kann**. Rechtliche Hindernisse, von einer Bietermehrheit eine gesamtschuldnerische Haftung zu verlangen, bestehen grundsätzlich nicht (OLG Düsseldorf, B. v. 29. 3. 2006 – Az.: VII – Verg 77/05).

106.4.10 Forderung nach Aufschlüsselung der Leistungsteile einer Bietergemeinschaft bezogen auf die Mitglieder der Bietergemeinschaft

9080   Der **Auftraggeber kann von einer Bietergemeinschaft verlangen, dass sie auflistet, welcher Leistungsteil von welchem Mitglied der Bietergemeinschaft ausgeführt** wird. Eine Antwort, aus der sich eine entsprechende inhaltliche Aufteilung der Gesamtleistung ergäbe, **kann eine Bietergemeinschaft allerdings nur dann erteilen, wenn bei ihr intern eine solche Aufteilung auch beabsichtigt** ist. Dies mag erfahrungsgemäß der Regelfall sein; ein notwendiges und einer Bietergemeinschaft wesensmäßiges Strukturmerkmal, ohne das eine vergaberechtlich statthafte Bietergemeinschaft nicht gebildet werden könnte, ist darin aber nicht zu sehen. Eine **zulässige Bietergemeinschaft liegt nicht nur dann vor, wenn ihre Mitglieder voneinander abgrenzbare, aber aufeinander bezogene Teilleistungen einer ausgeschriebenen Gesamtleistung erbringen, sondern auch dann, wenn zwei Unternehmen – bei identischem Leistungsspektrum** – nicht jedes aus Kapazitätsgründen, wohl aber gemeinsam Interesse an dem zu vergebenden Auftrag haben und ungeachtet ihrer unternehmensrechtlichen Trennung **bei der Erfüllung des Vertrags als operative geschäftliche Einheit handeln wollen und können** (OLG Dresden, B. v. 16. 3. 2010 – Az.: WVerg 0002/10.

106.4.11 Einstimmigkeitserfordernis bei Entscheidungen einer Bietergemeinschaft

9081   Grundsätzlich sind alle Entscheidungen während der Angebotsvorbereitung bis zur Abgabe einschließlich der Verhandlung und alle Entscheidungen in Bezug auf das Angebot einstimmig von den Parteien zu treffen. Damit soll sichergestellt werden, dass kein Gesellschafter im Rahmen seiner gesamtschuldnerischen Haftung in eine Angebotsbindung hinein gerät, mit welcher er sich nicht identifizieren kann. Die Notwendigkeit der Zustimmung aller Gesellschafter zum Angebot bezieht sich nicht nur auf die Angebotssumme, sondern auch **auf sämtliche Bestandteile und Inhalte des Angebots wie z. B. Preisvorstellungen und Aufgabenverteilung**. Ein Anspruch eines Gesellschafters auf Zustimmung gegen andere Gesellschafter wird nur ausnahmsweise angenommen, wenn es sich um eine notwendige Geschäftsführungsmaßnahme im Sinne des § 744 Abs. 2 BGB handelt oder sich der betroffene Gesellschafter ohne vertretbaren Grund weigert zuzustimmen, obgleich der Gesellschaftszweck und das Interesse der Gesellschaft es erfordern (KG Berlin, B. v. 7. 5. 2007 – Az.: 23 U 31/06).

106.4.12 Benennung der Mitglieder und Bezeichnung eines bevollmächtigten Vertreters bei Bietergemeinschaften

9082   Vgl. dazu die Kommentierung zu → § 13 VOL/A Rdn. 108.

Vergabe- und Vertragsordnung für Leistungen Teil A VOL/A § 6 **Teil 4**

106.4.13 Literatur

- Noch, Rainer, Gemeinsam sind sie stärker – Bietergemeinschaften zu Lasten der öffentlichen 9083
Hand?, Behörden Spiegel Februar 2007, S. 19
- Ohrtmann, Nicola, Bietergemeinschaften – Chancen und Risiken, VergabeR 2008, 426

106.5 Verbot der Forderung eines Entgelts für die Durchführung eines Vergabeverfahrens (§ 6 Abs. 2)

Von den Bewerbern und Bietern dürfen Entgelte für die Durchführung der Vergabeverfahren 9084
nicht erhoben werden.

106.5.1 Sinn und Zweck

Mit der Neuregelung soll die **Kostenbeteiligung der Wirtschaft insbesondere an die** 9085
Vergabe-Lösungen (z. B. mittels Abonnements von Recherchetools) unterbunden
werden. § 6 Abs. 2 ist in Verbindung mit § 8 Abs. 2 VOL/A 2009 zu sehen.

106.6 Nachweis der Eignung (§ 6 Abs. 3, Abs. 4)

106.6.1 Begriff der Eignung

Die **Eignung setzt sich aus den Eigenschaften Fachkunde, Leistungsfähigkeit und** 9086
Zuverlässigkeit zusammen. Im Gegensatz zur VOL/A 2006 verwendet die VOL/A 2009
den Begriff der Eignung in § 6 nunmehr ausdrücklich.

106.6.2 Begriff und Inhalt der Eignung

Vgl. dazu die Kommentierung zu → § 97 GWB Rdn. 543 ff. 9087

106.6.3 Möglichkeiten der Feststellung der Eignung

106.6.3.1 Änderung in der VOL/A 2009

§ 6 Abs. 3 Satz 2 VOL/A verpflichtet die Auftraggeber ausdrücklich, grundsätzlich 9088
(nur) Eigenerklärungen zu verlangen. Die Forderung von anderen Nachweisen als Eigenerklärungen haben die Auftraggeber **in der Dokumentation zu begründen.** Hintergrund
der Regelung ist das Bestreben, den Nachweisaufwand der Bieter möglichst zu minimieren.

106.6.3.2 Terminologie

Die §§ 6 und 7 EG VOL/A, in denen insbesondere auch die Vorlage von Eignungsnachweisen geregelt ist, **benutzen den Begriff des Nachweises durchgängig als Oberbegriff und** 9089
subsumieren hierunter verschiedene Formen der Nachweisführung. So kann der Eignungsnachweis gemäß §§ 6 und 7 EG VOL/A zum Beispiel **durch Angaben des Bieters (§ 7**
EG Abs. 2 VOL/A), Bescheinigungen zuständiger Stellen (§ 7 EG Abs. 7 VOL/A), direkte
Abrufe des Auftraggebers im Präqualifikationsverzeichnis (§ 6 Abs. 4 VOL/A) sowie
durch Eigenerklärungen des Bieters (§ 6 Abs. 3 VOL/A) geführt werden. Aufgrund dieser
klaren Terminologie der VOL/A darf ein mit öffentlichen Vergaben vertrauter Bieter nicht annehmen, dass unter den in der Auftragsbekanntmachung geforderten Erklärungen etwas anderes
zu verstehen sei als unter „in der Bekanntmachung geforderten Nachweise" (1. VK Bund, B. v.
21. 5. 2007 – Az.: VK 1–32/07).

Der **Begriff „Nachweis" stellt ein Synonym für die Begriffe „Beweis" und „Beleg"** 9090
dar. Der Nachweis als das Ergebnis einer Beweisführung kann mit unterschiedlichen Mitteln
oder Belegen geführt werden. Der **Begriff Nachweis stellt einen Oberbegriff dar. Er erfasst sämtlich Arten von Belegen und Beweismitteln** (notarielle Urkunden, amtliche Bescheinigungen, Eigen- und Fremderklärungen, Vertragsurkunden). Die VOB/A und die VOL/A
lassen zum „Nachweis" der wirtschaftlichen Leistungsfähigkeit des Bieters neben Fremderklärun-

gen (Bankauskünfte, Bankerklärungen, Nachweis einer Berufshaftpflichtversicherung, Bilanzen und Bilanzauszügen) auch Eigenerklärungen über den Gesamtumsatz des Unternehmens sowie den Umsatz bezüglich der besonderen Leistungsart genügen. Entsprechendes gilt auch für den Nachweis der fachlichen und technischen Leistungsfähigkeit. Für den Nachweis der Zuverlässigkeit eines Unternehmens gilt nichts anderes (OLG Düsseldorf, B. v. 4. 6. 2008 – Az.: VII-Verg 21/08).

9091 Der **Begriff der „Bescheinigung" umfasst ausschließlich Fremderklärungen, nicht aber Eigenerklärungen**. Dies ergibt sich sowohl aus dem allgemeinen Sprachgebrauch als auch aus der in den Vergabeordnungen verwandten Begrifflichkeit. So legt § 7 EG Abs. 7, 2. Spiegelstrich, Satz 2 VOL/A fest, dass der Auftraggeber, wenn er einen Nachweis nach § 6 EG Abs. 6 VOL/A fordert, eine Bescheinigung der zuständigen Behörde zu akzeptieren hat. Sofern eine solche nicht ausgestellt wird, kann sie gemäß Satz 3 der Vorschrift durch eine eidesstattliche Erklärung des Unternehmens ersetzt werden. Hierin **kommt eine klare Unterscheidung zwischen von Dritten auszustellenden Bescheinigungen einerseits und Eigenerklärungen des Bieters andererseits** zum Ausdruck. **Für einen verständigen Bieter kann daher kein Zweifel daran bestehen, dass eine Eigenerklärung dem Nachweiserfordernis nicht genügt.** Der Umstand, dass die Bekanntmachung und die Vergabeunterlagen gegebenenfalls nur von einer „Bescheinigung" sprechen, ohne „der zuständigen Behörde" hinzuzusetzen, begründet keine Unklarheiten. **Dass nur eine Bescheinigung einer zuständigen Stelle geeignet ist, den Nachweis über die Erfüllung der Verpflichtungen zu erbringen, bedarf keines besonderen Hinweises, sondern versteht sich von selbst** (2. VK Bund, B. v. 12. 10. 2009 – Az.: VK 2–177/09).

9092 Ist die Art der Belege in der Bekanntmachung nicht definiert, sind **Fremd- und Eigenbelege zulässig**. Bei der Wahl von Eigenbelegen sind mangels näherer Bestimmung selbst hergestellte Urkunden und Eigenerklärungen zugelassen. **Eigenerklärungen müssen** die Voraussetzungen eines „Nachweises" erfüllen, d. h. richtig, **vollständig und aus sich heraus verständlich sein** (OLG Düsseldorf, B. v. 6. 7. 2005 – Az.: VII – Verg 22/05). Hat der Auftraggeber aber eindeutig **Nachweise von Dritten gefordert, ist eine Eigenerklärung nicht ausreichend** (VK Münster, B. v. 27. 4. 2007 – Az.: VK 06/07).

106.6.3.3 Begriff des Unternehmens

9093 Fordert der Auftraggeber in den Vergabeunterlagen eine Aufstellung der technischen **Ausstattung der Niederlassung, von der aus der Auftrag abgewickelt werden soll, ist hiermit „das Unternehmen" im Sinne von § 6 Abs. 3 gemeint**, weil für jeden verständigen Betrachter klar sein muss, dass nach dem Sinn dieser Regelung in Verbindung mit dem Umstand, dass die zu bezuschlagende Niederlassung laut Vergabeunterlagen nicht mehr als 30 km vom Bereich der zu erbringenden Leistung entfernt sein darf, regelungskonform mit Niederlassung das „Unternehmen" gemeint ist (VK Hessen, B. v. 2. 1. 2003 – Az.: 69 d VK – 53/2002).

106.6.3.4 Allgemeine Anforderungen an vom Auftraggeber geforderte Angaben und Nachweise (Rechtfertigung durch den Gegenstand des Auftrags)

9094 106.6.3.4.1 Grundsätze. Mit der **Pflicht des Auftraggebers**, die **Eignung** der am Auftrag interessierten Unternehmen zu **prüfen**, korrespondiert das **Recht, die Vorlage von Eignungsnachweisen zu fordern** (OLG Koblenz, B. v. 3. 9. 2010 – Az.: VK 2–28/10).

9095 Der öffentliche Auftraggeber darf von den Bewerbern oder Bietern die Vorlage von Angaben, Bescheinigungen oder Nachweisen verlangen, die **durch den Gegenstand des ausgeschriebenen Auftrags gerechtfertigt** erscheinen. Entscheidend ist, ob aus verständiger Sicht der Vergabestelle ein **berechtigtes Interesse an den in der Ausschreibung aufgestellten Forderungen** besteht, so dass diese als **sachlich gerechtfertigt und verhältnismäßig** erscheinen und den **Bieterwettbewerb nicht unnötig einschränken** (VK Arnsberg, B. v. 29. 12. 2006 – Az.: VK 31/06; 3. VK Bund, B. v. 29. 1. 2007 – Az.: VK 3–04/07; B. v. 18. 1. 2007 – Az.: VK 3–150/06; VK Münster, B. v. 12. 5. 2009 – Az.: VK 5/09; B. v. 23. 10. 2003 – Az.: VK 19/03; VK Schleswig-Holstein, B. v. 28. 1. 2008 – Az.: VK-SH 27/07).

9096 106.6.3.4.2 **Wichtige Einzelfälle**. Eine **Beschränkung der Nachweismöglichkeiten (Referenzen)** auf Aufträge über die Belegerkennung im Bereich der privaten Krankenversicherung und der Beihilfebearbeitung öffentlicher Verwaltungen **erscheint nicht durch den Gegenstand des Auftrags gerechtfertigt** (§ 6 Abs. 3 Satz 1 VOL/A i. V. m. Art. 44 Abs. 2

Vergabe- und Vertragsordnung für Leistungen Teil A   VOL/A § 6   **Teil 4**

UAbs. 2 der Richtlinie 2004/18/EG), wenn die **Anforderungsspezifikation (Leistungsbeschreibung) für den verfahrensgegenständlichen Auftrag nur geringfügige Bezüge speziell zu medizinischem Beleggut enthält** und sie sich vielmehr **ganz überwiegend allgemein mit den – branchenunabhängigen – Spezifikationen einer Belegerkennungssoftware** wie etwa der Art der Dokumente (formularbasiert oder formlos, handschriftlich oder gedruckt, schwarz/weiß oder farbig), Unterstützung bestimmter Datenfeldtypen (z. B. Textfelder, Tabellen, Ankreuzfelder, Barcodes), bei der Datenextraktion und Qualitätssicherung z. b. durch logische und mathematische Prüfungen und Kenntlichmachen von Zweifelsfällen zur manuellen Nachbereitung **befasst** (1. VK Bund, B. v. 11. 7. 2008 – Az.: VK 1–75/08).

Der **Nachweis einer Mitarbeiterzahl, die für die Durchführung sämtlicher Lose, für die ein Angebot abgegeben wird, erforderlich ist, ist bereits zum Zeitpunkt der Angebotsabgabe zu weitgehend und damit unzulässig.** Gemäß § 6 Abs. 3 Satz 1 VOL/A kann der öffentliche Auftraggeber Angaben und Nachweise zur fachlichen Leistungsfähigkeit fordern, soweit dies durch den Auftragsgegenstand gerechtfertigt ist. Ebenso sieht Art. 44 Abs. 2 UAbs. 2 der Richtlinie 2004/18/EG vor, dass Mindestanforderungen zur Leistungsfähigkeit mit dem Auftragsgegenstand zusammenhängen und ihm angemessen sein müssen. **Es erscheint nicht angemessen, von den Bietern zu verlangen, bereits mit Angebotsabgabe und damit ohne dass sie Gewissheit über die Zuschlagserteilung auf ihr Angebot haben, einen entsprechenden Mitarbeiterbestand vorzuhalten** (1. VK Bund, B. v. 27. 8. 2008 – Az.: VK 1–102/08). 9097

Die **Forderung nach einer Erklärung über die Einhaltung eines Mindestlohns in Form einer Verpflichtungserklärung ist mit § 6 Abs. 3 Satz 1 VOL/A vereinbar**. Von den Bewerbern können insoweit zum Nachweis ihrer Fachkunde, Leistungsfähigkeit und Zuverlässigkeit entsprechende Angaben gefordert werden, soweit es durch den Gegenstand des Auftrags gerechtfertigt ist. Zwar ist im Falle eines für allgemeinverbindlich erklärten Mindestlohns jeder Bieter ohnehin rechtlich verpflichtet, den Mindestlohn einzuhalten. Eine entsprechende Verpflichtungserklärung hat daher prinzipiell nur deklaratorischen Charakter. Allerdings **dient sie dem Auftraggeber zum Nachweis darüber, dass der Bieter sich an die rechtlichen Rahmenbedingungen auf der Grundlage des AEntG halten wird und damit insoweit zuverlässig ist.** Eine derartige Eigenerklärung ist zweckmäßig und bewegt sich im Rahmen des § 6 Abs. 3 Satz 1 VOL/A (3. VK Bund, B. v. 9. 9. 2009 – Az.: VK 3–163/09). 9098

Nach §§ 6 Abs. 3, 7 EG Abs. 1 VOL/A 2009 dürfen Nachweise nur verlangt werden, soweit dies „durch den Gegenstand des Auftrags gerechtfertigt ist". Das ist **bei der Forderung nach einem Nachweis der erfolgten Registrierung gem. §§ 10 ff. RDG oder durch einen Nachweis** (z. B. Rechtsgutachten eines neutralen Rechtsanwalts oder behördliche Bestätigung), dass die **Inkassotätigkeit nicht als selbständige Tätigkeit im Sinne des § 2 Abs. 2 S. 1 RDG ausgeführt** wird, sondern als zulässige Dienstleistung im Zusammenhang mit einer anderen Tätigkeit – **im Zusammenhang mit dem Abschleppen und Lagern von Kraftfahrzeugen** – nicht der Fall. Nach § 2 Abs. 2 S. 1 RDG ist als – der Registrierung bedürftige (§§ 10 ff. RDG) – Rechtsdienstleistung die Einziehung fremder oder zum Zweck der Einziehung auf fremde Rechnung abgetretener Forderungen anzusehen, wenn die Forderungseinziehung als selbständiges Geschäft betrieben wird. Diese Voraussetzungen liegen bei Inkassodienstleistungen in Zusammenhang mit dem Abschleppen und Lagern von Kraftfahrzeugen nicht vor. Der Gesetzesbegründung (BR-Dr. 623/06 S. 100) zufolge sollte mit diesem Merkmal des selbständigen Geschäfts die Forderungseinziehung als Nebenleistung im Zusammenhang mit einer anderen beruflichen Tätigkeit von der Erlaubnispflicht ausgeschlossen werden. **Besteht die Haupttätigkeit der Auftragnehmer in dem Abschleppen und der Verwahrung von Kraftfahrzeugen, fällt die Entgegennahme des Entgelts, die zudem nur passiv erfolgt, dagegen weder vom zeitlichen Aufwand her noch nach dem dafür notwendig werdenden Personal oder sachlichen Aufwand ins Gewicht.** Sie erfolgt nach denselben Grundsätzen wie bei der Entgegennahme des Entgelts für eigene Leistungen. Es ist kein besonderes Personal oder eine besondere Organisation dafür notwendig. Es handelt sich dabei, und zwar noch weitergehender als in dem von der Gesetzesbegründung ausdrücklich angesprochenen Fall der Einziehung von Schadensersatzforderungen durch eine Kraftfahrzeugwerkstatt um eine Nebentätigkeit (OLG Düsseldorf, B. v. 24. 3. 2010 – Az.: VII-Verg 58/09). 9099

Der Rechtswidrigkeit der Anforderung steht nicht entgegen, wenn der Auftraggeber dieses Problem erkannt und ersatzweise das Gutachten eines Rechtsanwalts oder einer Behörde zugelassen hat, wonach der Auftraggeber mit dem Inkasso keine „selbständige" (gemeint ist wohl eigenständige) Tätigkeit durchführe. Es ist **allein Sache des Auftraggebers, die von ihm zu** 9100

1847

stellenden Anforderungen zu definieren. Er kann das Risiko, dass eine von ihm gestellte Anforderung unnötig ist, **nicht auf die Bieter überwälzen**, zumal die den Bietern angesonnene Klärung für sie mit Kosten verbunden war (OLG Düsseldorf, B. v. 24. 3. 2010 – Az.: VII-Verg 58/09).

9101   **106.6.3.4.3 Weitere Beispiele aus der Rechtsprechung**

– die **Eignungsanforderung „Erfahrung mit der ausgeschriebenen Leistung" geht von vornherein ins Leere**, wenn die Leistung, z. B. Maßnahmen nach § 38 a SGB IX, erst mit Wirkung zum 30. Dezember 2008 in das Gesetz eingeführt wurde; die streitgegenständliche Leistung ist daher noch nie vergeben worden, so dass insoweit auch **keine Erfahrungen eines Bieters vorliegen können** (3. VK Bund, B. v. 30. 4. 2009 – Az.: VK 3–82/09)

– die **Beschreibung der „Verankerung und Vernetzung" des Bieters im regionalen Arbeits- und Ausbildungsmarkt** (bzw. sofern diese noch nicht besteht, die Beschreibung, wie der Bieter die Verankerung/Vernetzung bis zum Beginn der Maßnahme erreichen wird sowie die Benennung der maßgeblichen Partner konkret bezogen auf die Region und die Beschreibung von Art und Umfang der Zusammenarbeit) ist ein **Kriterium, das sich im Wesentlichen auf die fachliche Eignung und Leistungsfähigkeit des Bieters bezieht** (3. VK Bund, B. v. 12. 5. 2009 – VK 3–109/09)

– unabhängig davon ist der Ausschluss der Werkstätten für behinderte Menschen aber jedenfalls deshalb im vorliegenden Fall mit dem Vergaberecht nicht zu vereinbaren, weil er die **Werkstätten für behinderte Menschen ohne sachliche Rechtfertigung gegenüber Trägern von Werkstätten für behinderte Menschen schlechter stellt** (2. VK Bund, B. v. 1. 8. 2008 – Az.: VK 2–88/08).

106.6.3.5 Eigenerklärungen (§ 6 Abs. 3 Satz 2)

9102   **106.6.3.5.1 Allgemeines.** Sich bei Eignungsanforderungen **allein auf Eigenerklärungen der Bieter zu verlassen, birgt grundsätzlich zwar ein gewisses Risiko, ist aber weder unüblich noch zu beanstanden**. Zum einen kann ein Bieter bei vorsätzlicher Abgabe einer unzutreffenden Erklärung ohne weiteres z. B. nach § 6 Abs. 5 lit. e) VOL/A ausgeschlossen werden, zum anderen dient dies dem vergaberechtlichen Beschleunigungsgrundsatz. Durch die Einholung von Eigenerklärungen kann der **Aufwand**, der auf Seiten der Bieter für die Einholung und auf Seiten des Auftraggebers für die Überprüfung etwaiger Bestätigungen von Seiten Dritter anfallen würde, **deutlich reduziert** werden (2. VK Bund, B. v. 16. 9. 2008 – Az.: VK 2–97/08).

9103   Eine **Eigenerklärung des Bieters** z. B. zu seiner wirtschaftlichen Leistungsfähigkeit **bedarf nicht per se der Unterzeichnung**. Daran ändert der Umstand nichts, dass eine „Erklärung" z. B. zu den Gesamtumsätzen gefordert wird. Der **Begriff der Erklärung verlangt aus sich selbst heraus keine Unterzeichnung durch den Bieter, um als Eignungsnachweis dienen zu können**. Auch nicht unterzeichnete Erklärungen haben Erklärungswert, wenn sie dem Angebot bestimmungsgemäß als Anlage beigefügt sind und sie – was regelmäßig der Fall sein wird – **von der Unterschrift auf dem Angebotsblankett gedeckt** sind. Will der Auftraggeber, dass Eigenerklärungen gesondert unterzeichnet werden, muss er dies in der Vergabebekanntmachung oder – konkretisierend – mit der Aufforderung zur Abgabe eines Angebots oder in den Vergabeunterlagen verlangen (OLG Düsseldorf, B. v. 2. 5. 2007 – Az.: VII – Verg 1/07).

9104   Für die vom öffentlichen **Auftraggeber anzuwendende Prüfungstiefe bei der Verifizierung und Kontrolle von Eigenerklärungen gilt zunächst**, dass Eignungsentscheidungen, bei denen **dem Auftraggeber eine Einschätzungsprärogative zukommt**, grundsätzlich nur auf der Grundlage gesicherter Erkenntnisse ergehen dürfen. Die Anforderungen an den Grad der Erkenntnissicherheit sind aber nicht nur an den vergaberechtlichen Grundsätzen der Transparenz und Diskriminierungsfreiheit, sondern **auch am Interesse des öffentlichen Auftraggebers an einer zügigen Umsetzung von Beschaffungsabsichten und einem raschen Abschluss von Vergabeverfahren zu messen**. Dem öffentlicher Auftraggeber kommt insoweit zu Gute, dass sich **aus dem auch im Vergaberecht geltenden Grundsatz von Treu und Glauben Zumutbarkeitsgrenzen für Überprüfungs- und Kontrollpflichten ergeben**. In dem durch die Beteiligung an einer Ausschreibung gemäß §§ 311 Abs. 2, 241 Abs. 2 BGB begründeten Schuldverhältnis sind im Rahmen der Eignungsprüfung die Belange der anderen an einem Auftrag interessierten Unternehmen nur im Rahmen des Zumutbaren zu berücksichtigen. Die **Grenzen der Zumutbarkeit werden durch den kurzen Zeitraum, in dem die Entscheidung über die Auftragsvergabe zu treffen ist sowie durch die begrenzten**

Ressourcen und administrativen Möglichkeiten des öffentlichen Auftraggebers, weitere Überprüfungen vorzunehmen, bestimmt. Für die Entscheidung, ob Bewerber oder ein Bieter auf Grund seiner Eigenerklärungen als geeignet bzw. ungeeignet zu beurteilen ist, ist demnach **nicht erforderlich, dass der öffentliche Auftraggeber sämtliche in Betracht kommenden Erkenntnisquellen ausschöpft**, um die gemachten Angaben zu verifizieren. Vielmehr darf er seine Entscheidung auf eine methodisch vertretbar erarbeitete, befriedigende Erkenntnislage stützen und von einer Überprüfung von Eigenerklärungen absehen, wenn und soweit sich keine objektiv begründeten, konkreten Zweifel an der Richtigkeit ergeben. Nur in diesem Fall ist er gehalten, weitere Nachforschungen anzustellen und gegebenenfalls von neuem in die Eignungsprüfung einzutreten. Ansonsten ist die Entscheidung des öffentlichen Auftraggebers über die Eignung eines Bewerbers (oder Bieters) **bereits dann hinzunehmen, wenn sie unter Berücksichtigung der schon bei Aufstellung der Prognose aufgrund zumutbarer Aufklärung gewonnenen Erkenntnisse (noch) vertretbar erscheint** (OLG Düsseldorf, B. v. 2. 12. 2009 – Az.: VII-Verg 39/09).

106.6.3.5.2 **Eigenerklärung bezogen auf außerordentlich gekündigte Vertragsverhältnisse**. Die Forderung nach einer **Eigenerklärung bezogen auf außerordentlich gekündigte Vertragsverhältnisse** ist **ungewöhnlich**, aber **zumutbar** (VK Arnsberg, B. v. 15. 1. 2009 – Az.: VK 31/08; B. v. 15. 1. 2009 – Az.: VK 30/08).

106.6.3.5.3 **Eigenerklärung bezogen auf die Vermeidung von ausbeuterischer Kinderarbeit u. ä.** Verschiedene Bundesländern fordern von Bewerbern und Bietern eine **Eigenerklärung** darüber, ob ausgeschriebene **Produkte in bestimmten Kontinenten hergestellt bzw. bearbeitet** werden und **bejahendenfalls, dass entweder die Herstellung bzw. Bearbeitung der zu liefernden Produkte ohne ausbeuterische Kinderarbeit im Sinn des ILO-Übereinkommens Nr. 182 erfolgt** bzw. erfolgt ist sowie ohne Verstöße gegen Verpflichtungen, die sich aus der Umsetzung dieses Übereinkommens oder aus anderen nationalen oder internationalen Vorschriften zur Bekämpfung von ausbeuterischer Kinderarbeit ergeben bzw. dass zugesichert wird, dass mein/unser Unternehmen, meine/unsere Lieferanten und deren Nachunternehmer **aktive und zielführende Maßnahmen ergriffen haben, um ausbeuterische Kinderarbeit im Sinn des ILO-Übereinkommens Nr. 182 bei Herstellung bzw. Bearbeitung der zu liefernden Produkte auszuschließen**.

Von den unter eine solche Erklärung fallenden Produkten sind **auch Windjacken – als Textilien – umfasst** (VK Baden-Württemberg, B. v. 29. 1. 2010 – Az.: 1 VK 73/09).

106.6.3.6 Andere Nachweise (§ 6 Abs. 3 Satz 3)

106.6.3.6.1 **Begründungspflicht in der Dokumentation**. In Ausnahmefällen können Auftraggeber neben Eigenerklärungen auch andere Nachweise verlangen, müssen diese **Forderung** aber **in der Dokumentation des Vergabeverfahrens begründen**.

106.6.3.6.2 **Zulässige Anwendungsfälle**. 106.6.3.6.2.1 **Erläuternde Hinweise der VOL/A**. Gerade Behörden aus dem Sicherheits- oder Verteidigungsbereich werden sich bei ihren Beschaffungen, die über Leistungen des täglichen Bedarfs wie bspw. Büromaterial und dergleichen hinausgehen, in der Regel nicht auf eine Eigenerklärung zur Zuverlässigkeit verlassen können. Dies gilt insbesondere in den Fällen des § 100 Abs. 2 d) und e) GWB, aber beispielsweise auch in den Fällen, in denen der potentielle Auftragnehmer Zugang zu sensiblen Dokumenten des Auftraggebers hat, die nicht im Sinne des § 100 Abs. 2 d) GWB für geheim erklärt worden sind. Als Begründung soll daher in diesen Fällen der Hinweis ausreichend sein, dass es sich um eine Beschaffung mit Sicherheits- oder Verteidigungsbezug handelt. Der Bezug muss allerdings aus der Begründung hervorgehen bzw. aufgrund der Art der zu beschaffenden Leistung nachvollziehbar oder augenscheinlich sein.

106.6.3.6.2.2 **Beurteilungs- und Ermessensspielraum**. Angesichts des **breiten Einkaufsspektrums im Zuständigkeitsbereich der VOL/A** wird man dem öffentlichen Auftraggeber einen **ebenso breiten Beurteilungs- und Ermessensspielraum** in der Entscheidung einräumen müssen, ob Eigenerklärungen für die Eignungsprüfung genügen oder ob weitergehendere Nachweise – insbesondere Referenzen – gefordert werden dürfen.

106.6.3.6.2.3 **Weitere Beispielsfälle**. Angesichts spektakulärer Probleme von Bietern bei Technologiebeschaffungen (u. a. das im ersten Anlauf gescheiterte Mautsystem) wird es **im Rahmen von technologischen Neuerungen** grundsätzlich immer erforderlich sein, ins Einzelne gehende Eignungsnachweise zu fordern.

Teil 4 VOL/A § 6 Vergabe- und Vertragsordnung für Leistungen Teil A

9112 Ähnliche Überlegungen müssen im **Medizintechnikbereich** – z. B. bei der Ausschreibung von Krankenhausinformationssystemen – gelten.

9113 **106.6.3.6.3 Mögliche weitere Nachweise.** Im Gegensatz zu den EG-Regelungen **werden in § 7 VOL/A 2009 keine Beispiele für mögliche weitere Nachweise** genannt. Wegen der weit stärkeren Reglementierung der EG-Vergaben sind die in § 7 EG VOL/A 2009 aufgeführten möglichen weiteren Nachweise auch **für Vergaben unterhalb der Schwellenwerte zulässig.** Sie werden deshalb im Folgenden dargestellt.

9114 Darüber hinaus hat sich die **Rechtsprechung mit weiteren Eignungsnachweisen** beschäftigt. Auch diese werden nachfolgend dargestellt.

9115 **106.6.3.6.3.1 Allgemeines.** Wenn Unterlagen von Dritten als Eignungsnachweise gefordert werden, ist davon auszugehen, dass es sich bei diesen **Unterlagen um von den Dritten ausgestellte Dokumente handeln muss**; eigene Erklärungen der Bieter sind dementsprechend nicht ausreichend (1. VK Bund, B. v. 4. 8. 2004 – Az.: VK 1–87/04).

9116 Haben die **Aussteller von Nachweisen** – z. B. Finanzämter – **auf dem Original unmissverständlich zum Ausdruck gebracht, dass sie sich von (unbeglaubigten) Fotokopien distanzieren** und solche im Rechtsverkehr gerade nicht als von ihnen stammende „Bescheinigung der zuständigen Behörde" gelten lassen wollen (z. B. durch den Zusatz auf dem Nachweis, er sei nur im Original bzw. als beglaubigte Fotokopie gültig), legt ein Bieter mit Beifügung von – unbeglaubigten – Fotokopien rechtlich nur Eigenerklärungen vor, die einen Hinweis darauf enthalten, dass die geforderten, aber nicht vorgelegten Belege existieren (OLG Koblenz, B. v. 4. 7. 2007 – Az.: 1 Verg 3/07). Deshalb **genügt die Vorlage einer einfachen Kopie dieser Fremderklärung nicht**, wenn der Aussteller der Fremderklärung deren Gültigkeit ausdrücklich auf die Vorlage des Originals oder einer beglaubigten Kopie beschränkt hat (OLG Naumburg, B. v. 8. 10. 2009 – Az.: 1 Verg 9/09).

9117 Das **Verlangen nach beglaubigten Kopien von Eignungsnachweisen stellt keine unzumutbare Belastung für die Bieter** dar, solange es **sachlich gerechtfertigt und verhältnismäßig erscheint**. Bewegt sich z. B. der ausgeschriebene Dienstleistungsauftrag in einem **sehr sensiblen Bereich der Postbeförderung, ist mit Blick auf das zu wahrende Briefgeheimnis** dem Auftraggeber zuzugestehen, dass die Anforderungen an die Zuverlässigkeitsprüfung im Verhältnis zu anderweitigen Dienstleistungen erhöht sind (1. VK Sachsen, 30. 4. 2008 – Az.: 1/SVK/020-08).

9118 Fordert der Auftraggeber bestimmte Eignungsnachweise, z. B. Angaben zu der Ausführung von Leistungen in den letzten drei abgeschlossenen Geschäftsjahren, die mit der zu vergebenden Leistung vergleichbar sind, **muss er auch klar sagen, welche Eignungsmerkmale anhand welcher Nachweise geprüft werden sollen.** Macht er dies nicht, kann keiner der Bieter wegen fehlender Nachweise ausgeschlossen werden (1. VK Bund, B. v. 4. 9. 2007 – Az.: VK 1–89/07).

9119 **106.6.3.6.3.2 Gültigkeitsdauer und Unterschrift.** Sehen die Ausschreibungsunterlagen zwingend vor, dass die Bieter ihre Eignung zur Auftragsdurchführung innerhalb der Frist zur Angebotsabgabe nachzuweisen haben, und ist ein bestimmter Termin zur Abgabe der geforderten Eignungsnachweise vorgesehen, **kommt es darauf an, dass die Unterlagen zu diesem Zeitpunkt Gültigkeit haben** (OLG Düsseldorf, B. v. 9. 6. 2004 – Az.: VII – Verg 11/04; 1. VK Sachsen, B. v. 23. 2. 2009 – Az.: 1/SVK/003–09; B. v. 14. 3. 2007 – Az.: 1/SVK/006-07).

9120 Schreibt der öffentliche Auftraggeber einen **Auftrag mit einer Leistungszeit von 36 Monaten** aus und fordert er zulässigerweise bestimmte Eignungsnachweise (z. B. Forderung nach einem Grundbuchauszug oder Mietvertrag, Forderung nach einer Erlaubnis gemäß § 3 GüKG), müssen die **Eignungsnachweise auch ohne besonderen Hinweis die gesamte Vertragslaufzeit abdecken** (OLG Düsseldorf, B. v. 24. 5. 2006 – Az.: VII – Verg 14/06).

9121 Sofern in der Vergabebekanntmachung und den Vergabeunterlagen **als Eignungsnachweis ein durch eine Zertifizierungsstelle ausgestelltes Zertifikat gefordert** wird, **muss dieses zum Zeitpunkt der Angebotsabgabe noch Gültigkeit** besitzen. Ansonsten ist der Nachweis nachzufordern und gegebenenfalls das Angebot zwingend auszuschließen (1. VK Sachsen, B. v. 23. 2. 2009 – Az.: 1/SVK/003–09).

9122 In Ausschreibungsbedingungen werden oftmals pauschal **aktuelle Nachweise** z. B. der Sozialversicherungsträger oder der Finanzbehörden gefordert, und zwar **ohne dass das Merkmal der Aktualität konkretisiert** ist. **Je länger das Ausstellungsdatum zurückliegt, desto** mehr verliert die Urkunde an Beweiskraft, weil mit dem nicht belegten Zeitraum auch die – zumindest theoretische – Möglichkeit einer falschen Darstellung der Wirklichkeit steigt (VK Berlin, B. v. 1. 11. 2004 – Az.: VK – B 2–52/04). Auf der anderen Seite ist **zugunsten der Bieter zu berücksichtigen, dass die Ausstellung aktueller Nachweise manchmal länger als die Angebotsfrist dauert**. In diesen Fällen genügt es, wenn der Bieter nachweist, dass er den aktuellen Nachweis unverzüglich beantragt hat und der Vergabestelle zusagt, ihn unverzüglich nachzureichen. **Spätester Zeitpunkt für die Ergänzung der Vergabeunterlagen ist jedoch die Entscheidung über das wirtschaftlichste Angebot** im Sinn von § 16 VOL/A durch den Auftraggeber. Ein **späterer Zeitpunkt ist mit dem legitimen Interesse des Auftraggebers an einer korrekten Vergabeentscheidung nicht zu vereinbaren.**

Fügt ein Antragsteller seinem Angebot keine Kopie eines aktuellen Handelsregisterauszuges bei, sondern einen **selbst abgerufenen Ausdruck über die „Wiedergabe des aktuellen Registerinhalts"**, Handelsregister B des Amtsgerichts, handelt es sich **hierbei um einen Nachweis, der mit der Vorlage einer Kopie aus dem Handelsregister gleichwertig** ist. Verfasser des vorgelegten Dokumentes ist nicht der Antragsteller selbst. Es handelt sich vielmehr um einen mittels Computer bei dem zuständigen Handelsregister abgerufenen Ausdruck über den aktuellen Registerinhalt, der ebenso wie eine Kopie eines aktuellen Handelsregisterauszuges die Richtigkeit der darin enthaltenen Angaben belegt (OLG Düsseldorf, B. v. 9. 6. 2004 – Az.: VII – Verg 11/04). 9123

106.6.3.6.3.3 Anforderungen an den Inhalt der geforderten Nachweise. Es obliegt dem Bewerber bzw. Bieter selbst, die **geforderten Nachweise so vorzulegen, dass der Auftraggeber dessen Eignung ohne weitere Nachforschungen prüfen kann**. Es würde wiederum den Grundsätzen eines transparenten, chancengleichen Bieterwettbewerbs widersprechen, wenn ein Auftraggeber verpflichtet wäre, unvollständige Angaben eines Bewerbers durch weitere Recherchen zu vervollständigen. **Die Darlegungs- und Beweislast trägt nach allgemeinen Grundsätzen der Bewerber bzw. der Bieter selbst**, ebenso gehen Unklarheiten seiner Bewerbung zu seinen Lasten (3. VK Bund, B. v. 19. 10. 2004 – Az.: VK 3–191/04). 9124

106.6.3.6.3.4 Allgemeine Anforderungen an die Konkretheit des Verlangens von Nachweisen. Die geforderten Nachweise sind **vom Auftraggeber zu konkretisieren**. Ohne die erforderliche Konkretisierung ist die Anforderung zu unbestimmt und deshalb für die Bieter unbeachtlich. Der Auftraggeber muss also sagen, was er will (OLG München, B. v. 18. 7. 2008 – Az.: Verg 13/08; 1. VK Bund, B. v. 4. 9. 2007 – Az.: VK 1–89/07; VK Düsseldorf, B. v. 21. 5. 2007 – Az.: VK – 13/2007 – B). Dies folgt **aus dem Transparenz- und Gleichbehandlungsgebot**, da andernfalls ein vergaberechtswidriger Spielraum für Willkürentscheidungen eröffnet würde (1. VK Bund, B. v. 4. 9. 2007 – Az.: VK 1–89/07). 9125

106.6.3.6.3.5 Nachweise in finanzieller und wirtschaftlicher Hinsicht. 106.6.3.6.3.5.1 Bankauskünfte (§ 7 EG Abs. 2 lit. a). Definiert der Auftraggeber nicht genau, welche Bankerklärung mit welchem Inhalt er möchte, kommt es darauf an, was ein durchschnittlicher Bieter darunter verstehen konnte und durfte. **Konkretisiert der Auftraggeber seine Nachweisforderung nicht, bleibt es den Bietern überlassen, mit welchem Inhalt solche Bankerklärungen abgegeben werden** (OLG Düsseldorf, B. v. 6. 7. 2005 – Az.: VII – Verg 22/05; VK Düsseldorf, B. v. 28. 10. 2005 – Az.: VK – 34/2005 – L). 9126

106.6.3.6.3.5.2 Nachweis einer entsprechenden Berufshaftpflichtversicherungsdeckung (§ 7 EG Abs. 2 lit. b). Während § 7 EG diesen Nachweis nur für Dienstleistungsaufträge zulässt, ist **für Aufträge bis zu den Schwellenwerten ein solcher Nachweis auch für Lieferaufträge zulässig**, zumal ein sachlicher Grund für eine entsprechende Differenzierung nicht ersichtlich ist. 9127

Der **Auftraggeber** ist **berechtigt, umfassenden Berufshaftpflichtversicherungsschutz** für die zu vergebende Leistung zu verlangen (OLG Thüringen, B. v. 6. 6. 2007 – Az.: 9 Verg 3/07; VK Baden-Württemberg, B. v. 13. 11. 2008 – Az.: 1 VK 41/08; VK Südbayern, B. v. 7. 7. 2006 – Az.: 11-04/06). Eine entsprechende **Forderung ist insbesondere nicht unzumutbar oder sachfremd**. Der Auftraggeber verlangt die Vorlage zum Nachweis der wirtschaftlichen und finanziellen Leistungsfähigkeit des Bieters, mithin als Eignungsnachweis. Auch die **Forderung nach summenmäßigem Ausweis der Deckungssummen im Nachweis ist nicht unzumutbar**. Durch sie will der Auftraggeber Nachforschungen zur Höhe der Deckung vermeiden. Dem Bieter wird es regelmäßig leichter möglich sein, die Deckungssummen zu ermitteln und bestätigen zu lassen (VK Baden-Württemberg, B. v. 13. 11. 2008 – Az.: 1 VK 41/08). 9128

9129 Der **Forderung nach einem Versicherungsnachweis** liegt regelmäßig das **Interesse des Auftraggebers** zugrunde, durch die Forderung eines entsprechenden Versicherungsnachweises **einer haftpflichtschadensbedingten Gefährdung der ordnungsgemäßen Leistungserbringung durch eine vermeidbare Verschlechterung der wirtschaftlichen Lage des Leistungserbringers ebenso entgegenzuwirken,** wie die **Realisierung der eigenen Ansprüche auf Schadensersatz durch die Existenz eines solventen Schuldners abzusichern.** Die insoweit regelmäßig auftraggeberseitig ausgelöste Pflicht zur Nachweisführung umfasst für alle potentiellen Bieter daher erkennbar das Erfordernis, den Beweis für das Bestehen einer Haftpflichtversicherung zumindest bis zum Zeitpunkt des avisierten Ausführungsbeginns – besser noch bis zum eingeplanten Ausführungsende – der eigentlichen Leistungserbringung mit der Angebotsabgabe vorzulegen (1. VK Sachsen-Anhalt, B. v. 31. 7. 2008 – Az.: 1 VK LVwA 04/08).

9130 Die **Forderung „Nachweis über die Haftpflichtversicherung und deren Deckungsrisiken und Deckungssummen bei einem in der EU zugelassenen Versicherungsunternehmen" reicht grundsätzlich** für eine vergaberechtskonforme Bekanntmachung von Mindestanforderungen **aus**. Fügt der Auftraggeber jedoch in dem Bekanntmachungsformular den **Nachsatz „Möglicherweise geforderte Mindeststandards: Siehe hierzu die in den Verdingungsunterlagen beschriebenen Anforderungen"** hinzu, wird unklar, ob die zuvor genannten Erklärungen bzw. Nachweise wirklich zwingend sind; die Vergabestelle hält sich damit ihre Entscheidung offen, ob und welche Mindeststandards (= Mindestanforderungen) sie stellen will. Dies ist **unzulässig** (OLG Düsseldorf, B. v. 12. 3. 2008 – Az.: VII – Verg 56/07).

9131 Fordert der Auftraggeber eine **Eigenerklärung über das Bestehen einer Betriebshaftpflichtversicherung oder die Bereitschaft eines Versicherungsunternehmens, im Falle der Zuschlagserteilung auf ein Los eine solche Versicherung mit dem Bieter abzuschließen und legt der Bieter ein Schreiben der Stadtverwaltung ... des Inhaltes vor, dass bestätigt (wird), dass der Kommunalservice ... – als Bieter – über den Versicherungsvertrag der Stadt ... beim Kommunalen Schadensausgleich (KSA) ..., haftpflichtversichert ist, hat der Bieter die mit der Abgabe des Angebots geforderte Erklärung damit nicht abgegeben** (formale Nichterfüllung der geforderten Nachweis- und Erklärungsführung). Die abgegebene Erklärung und der beigefügte Nachweis genügen auch inhaltlich nicht den Anforderungen, die die Vergabestelle mit ihren Forderungen nach entsprechenden Nachweisen und Erklärungen gestellt hat (materielle Nichterfüllung der geforderten Nachweis- und Erklärungsführung). Die Mitversicherung über die Stadt ... beim „Kommunalen Schadenausgleich (KSA)stellt substantiell etwas anderes dar, als das, was die Vergabestelle mit der Ausschreibung gefordert hat. Sie stellt ein „aliud" dar, das deshalb nicht dazu führt, dass der Bieter mit seinem Angebot den Anforderungen genügt hat (VK Thüringen, B. v. 7. 5. 2009 – Az.: 250–4003.20–2304/2009-007-SHK).

9132 Die **Anforderung „Nachweis einer Berufshaftpflichtversicherungsdeckung durch Vorlage einer Bestätigung der Versicherung" kann nur auf eine einzige Weise sinnvoll ausgelegt werden, nämlich die, dass der Begriff „Versicherung" als das versichernde Unternehmen aufzufassen** ist. Die Formulierung im Ganzen ergibt lediglich dann einen Sinn, wenn mit „Versicherung" das Versicherungsunternehmen gemeint ist. Legt man hingegen das Verständnis zugrunde, wonach Versicherung hier praktisch den Bestand der Versicherung beinhalten soll, („das Versicherte" also, so hätte für eine derartige Auffassung der erste Teil der Anforderung („Nachweis einer Berufshaftpflichtversicherungsdeckung") bereits für sich alleine ausgereicht. Der Zusatz „durch Vorlage einer Bestätigung der Versicherung" macht in Erweiterung der Grundanforderung ergänzend deutlich, „wer" nach der Vorstellung des Auftraggebers Urheber des Nachweises sein muss (VK Berlin, B. v. 15. 7. 2009 – Az.: VK – B 1–16/09).

9133 Zur **Unzumutbarkeit einer solchen Forderung** vgl. die Kommentierung zu → § 7 VOL/A Rdn. 268.

9134 106.6.3.6.3.5.3 Bilanzen oder Bilanzauszüge (§ 7 EG Abs. 2 lit. c). Ein **tauglicher Eignungsnachweis ist auch die Vorlage von Bilanzen oder Bilanzauszügen** des bietenden Unternehmens, falls deren Veröffentlichung nach dem Gesellschaftsrecht des Staates, in dem das Unternehmen ansässig ist, vorgeschrieben ist. Entsprechende Dokumente sollten aber **nur gefordert werden, wenn der Auftraggeber zur inhaltlichen Prüfung in der Lage** ist.

9135 106.6.3.6.3.5.4 Gesamtumsatz sowie Umsatz bezüglich der Leistungsart, die Gegenstand der Vergabe ist, bezogen auf die letzten drei Geschäftsjahre (§ 7 EG Abs. 2 lit. d). 106.6.3.6.3.5.4.1 Zulässiger Eignungsnachweis. Die **Mitteilung von Umsatzzahlen bezogen auf die besondere Leistungsart** ist ein zum Nachweis der finanziellen und wirtschaftlichen Leistungsfähigkeit **geeigneter Nachweis** (OLG Brandenburg, B. v. 9. 2. 2010 – Az.: Verg W 10/09; B. v. 9. 2. 2010 – Az.: Verg W 9/09).

106.6.3.6.3.5.4.2 Ausschluss von Newcomern. Zur mit einer entsprechenden Forderung 9136 verbundenen **Problematik des Ausschlusses von Newcomern** vgl. die Kommentierung zu → § 97 GWB Rdn. 772 ff.

106.6.3.6.3.5.4.3 Inhalt der Forderung. Erforderlich ist die Angabe des gesamten 9137 **mit vergleichbaren Leistungen erzielten Umsatzes in dem betreffenden Zeitraum.** Dies **ergibt sich aus dem Wortlaut.** Die Angabe des gesamten Umsatzes und nicht nur eines Teils desselben ist **auch nach dem Sinn und Zweck der Anforderung erforderlich:** Der Auftraggeber will in die Lage versetzt werden, die wirtschaftliche und finanzielle Leistungsfähigkeit der Unternehmen beurteilen zu können, die sich mit einem Angebot am Wettbewerb um einen wirtschaftlich bedeutenden Bauauftrag beteiligen. Die Beurteilung der wirtschaftlichen und finanziellen Leistungsfähigkeit der jeweiligen Unternehmen erfordert aber aus Sicht des Auftraggebers offensichtlich nicht nur die Angabe ausgewählter Projekte und der mit diesen erzielten Umsätze, sondern das gesamten mit vergleichbaren Projekten erzielten Umsätze innerhalb des angegebenen Zeitraums. **Ansonsten** kann der Auftraggeber ggf. **nur die Angabe einiger Referenzprojekte mit entsprechenden Umsätzen**, nicht aber „seinen Umsatz in den letzten drei abgeschlossenen Geschäftsjahren" fordern (3. VK Bund, B. v. 6. 7. 2006 – Az.: VK 3–54/06).

Fordert der Auftraggeber in der Bekanntmachung und in der Angebotsaufforderung von den 9138 Bietern Angaben zum „Umsatz des Unternehmers in den letzten drei abgeschlossenen Geschäftsjahren, soweit er Liefer- oder Dienstleistungen und andere Leistungen betrifft, die mit der zu vergebenden Leistung vergleichbar sind ..." und gibt der **Bieter die „Betriebsleistung" einer Firmengruppe, zu der der Bieter gehört, für drei Jahre an, genügt dies schon deshalb nicht, weil er keine Angaben über seine eigene Leistungsfähigkeit**, sondern über den Umsatz und die Anzahl der Mitarbeiter der Firmengruppe **macht**, die neben dem Bieter weitere Unternehmen an mehreren Standorten umfasst. Außerdem ist fraglich, ob die Betriebsleistung identisch mit dem vergleichbaren Umsatz ist (3. VK Bund, B. v. 26. 6. 2008 – Az.: VK 3–71/08).

Die Eignung ist in Bezug auf den konkreten Bieter zu prüfen, der öffentliche Auftraggeber 9139 gibt hierbei eine Prognose ab, ob vom künftigen Auftragnehmer eine vertragsgemäße Ausführung der Leistung erwartet werden kann. Eine solche **Prüfung ist jedoch nicht möglich, wenn eine selbstständige juristische Person Umsatzangaben für eine andere Person macht.** Zwar kann ein Bieter zum Nachweis seiner Eignung grundsätzlich auch auf die Fähigkeiten verbundener Unternehmen verweisen. Dies muss der Bieter **dem Auftraggeber gegenüber zumindest offen legen** (3. VK Bund, B. v. 17. 12. 2008 – Az.: VK 3–167/08).

Verlangt der Auftraggeber Angaben über den Umsatz des Unternehmens **in den letzten** 9140 **drei abgeschlossenen Geschäftsjahren**, soweit diese Liefer- oder Dienstleistungen betrifft, die mit der zu vergebenden Leistung vergleichbar sind und **liegen die Leistungen außerhalb des geforderten Zeitraums der letzten 3 abgeschlossenen Geschäftsjahre**, weil sie entweder älteren Datums sind oder es sich hierbei um solche Leistungen handelt, die selbst erst z. B. in 2009 abgeschlossen wurden oder bis heute nicht abgeschlossen und damit noch nicht beendet sind und handelt es sich bei Referenzen tatsächlich um keine eigenen Leistungen, sondern betreffen sie vielmehr die Leistungen Dritter, wird die **Eignungsforderung nicht erfüllt** (VK Thüringen, B. v. 24. 6. 2009 – Az.: 250–4002.20–3114/2009-005-SOK).

Fordert der Auftraggeber eine „**Erklärung über den Umsatz ..., bezogen auf die letz-** 9141 **ten 3 Geschäftsjahre**", ergibt sich aus diesem Wortlaut nicht, dass die Umsatzangaben sich auf die jeweiligen Geschäftsjahre beziehen und auf diese aufgeteilt werden sollen. Ein verständiger Bieter darf diese Forderung zumindest auch auf den Gesamtzeitraum der letzten drei Geschäftsjahre beziehen (OLG Düsseldorf, B. v. 31. 10. 2007 – Az.: VII – Verg 24/07).

Fordert der Auftraggeber eine „**Erklärung über den Umsatz ..., bezogen auf die letz-** 9142 **ten 3 Geschäftsjahre**", sind **solche Erklärungen nicht unvollständig, die innerhalb der drei Jahre nur einen geringeren als den vollen Jahreszeitraum umfassen** (z. B. November 200X bis Dezember 200X), weil ein Bieter z. B. seine Geschäftstätigkeit erst unmittelbar zu Beginn eines Jahres aufgenommen hat. **Art. 47 Abs. 1 c) der Richtlinie 2004/18/EG bestimmt für die Angabe der Gesamtumsätze insoweit ergänzend, dass die Angaben entsprechend dem Gründungsdatum oder aber dem Datum der Tätigkeitsaufnahme**

Teil 4 VOL/A § 6   Vergabe- und Vertragsordnung für Leistungen Teil A

des Wirtschaftsteilnehmers gemacht werden sollen, sofern diese verfügbar sind. Die Richtlinienvorschrift ist so zu verstehen, dass sich die Umsatzangaben eines neu auf dem Markt auftretenden Unternehmens jedenfalls dann, wenn der öffentliche Auftraggeber nicht klar und eindeutig vorgibt, dass nur Wirtschaftsteilnehmer (Unternehmen) zu einer Angebotsabgabe zugelassen sein sollen, welche die geforderten Umsatzangaben für die jeweils genannten vollen Geschäftsjahre machen können, **auf den Zeitraum des tatsächlichen Tätigseins auf dem betreffenden Markt beschränken** können. Die Regelungen der VOB/A und der VOL/A sind **richtlinienkonform dahin auszulegen** (OLG Düsseldorf, B. v. 31. 10. 2007 – Az.: VII – Verg 24/07; 2. VK Bund, B. v. 30. 10. 2009 – Az.: VK 2–180/09).

9143   **106.6.3.6.3.5.4.4 Kein Einschluss des Anteils von gemeinsam mit anderen Unternehmen ausgeführten Aufträgen.** Bei dem **Kriterium „Gesamtumsatz der letzten drei Jahre"** ist es **nicht zulässig, in die entsprechende Berechnung auch die Umsätze von Nachunternehmern einzubeziehen.** Die Berücksichtigung der Daten von Nachunternehmern für die Beurteilung der finanziellen und wirtschaftlichen Leistungsfähigkeit eines Bewerbers ist nicht sachgerecht: Im Haftungsfall kann der Auftraggeber nur auf seinen Vertragspartner und dessen eigene Haftungsmasse zurückgreifen. Vertragspartner ist jedoch nur der Einzelbieter selbst bzw. sämtliche Mitglieder einer Bietergemeinschaft, nicht jedoch hierüber hinaus etwaige Nachunternehmer (3. VK Bund, B. v. 13. 9. 2005 – Az.: VK 3–82/05).

9144   Es ist auch nicht zulässig, hinsichtlich der Umsatzangaben einer rechtlich selbständigen Zweigniederlassung auf Angaben zur Hauptniederlassung zu verweisen (1. VK Sachsen-Anhalt, B. v. 31. 7. 2008 – Az.: 1 VK LVwA 04/08).

9145   **106.6.3.6.3.5.4.5 Vorgabe eines bestimmten Jahresumsatzes.** Anerkannt ist, dass eine Vergabestelle zur Frage der Leistungsfähigkeit Umsätze der Bieter abfragen darf. Wenn sie **aus den benannten Umsätzen Ausschlussgründe konstruiert**, so **bedürfen diese einer sachlichen Rechtfertigung**, um nicht einzelne Bieter zu diskriminieren (2. VK Bund, B. v. 16. 12. 2004 – Az.: VK 2–205/04; 2. VK Sachsen-Anhalt, B. v. 10. 6. 2009 – Az.: VK 2 LVwA LSA – 13/09).

9146   Der **Auftraggeber ist auch grundsätzlich nicht daran gehindert, als Nachweis der wirtschaftlichen und finanziellen Leistungsfähigkeit einen Mindestumsatz von den Bewerbern zu fordern.** Diese **Entscheidung liegt in seinem Ermessen.** In z.B. § 7 EG VOL/A sind die zu fordernden Eignungsnachweise in wirtschaftlicher und finanzieller Hinsicht nicht abschließend benannt. Die Auftraggeber haben die Möglichkeit, noch weitere Nachweise zu fordern, soweit dies sachgerecht ist. Die Angabe eines Mindestumsatzes lässt erkennen, dass das Unternehmen eine bestimmte Größe aufweist. Der Auftraggeber hat grundsätzlich die Möglichkeit, kleinen Unternehmen den Zugang zum Wettbewerb zu verwehren, wenn er einschätzt, dass diese nicht gewährleisten können, die Leistung ordnungsgemäß zu erbringen. Allerdings **überschreitet der Auftraggeber sein Ermessen, wenn er einen Mindestumsatz fordert, der in keinem angemessenen Verhältnis zur Leistung steht** (2. VK Sachsen-Anhalt, B. v. 10. 6. 2009 – Az.: VK 2 LVwA LSA – 13/09).

9147   Das Erfordernis eines bestimmten Jahresumsatzes (Mindestumsatzes) in den letzten drei Jahren kann sehr hoch erscheinen insbesondere angesichts der Marktstruktur auf einem relevanten Markt. Zumal für den Fall einer weiteren Losunterteilung erscheint es weder als gerechtfertigt noch als erforderlich, um die Leistungsfähigkeit des Auftragnehmers sicher zu stellen. Der **Wettbewerbsgrundsatz – § 97 Abs. 1 GWB – gebietet, den Kreis der Bieter nicht durch überzogen hohe Anforderungen an deren Leistungsfähigkeit über Gebühr einzuschränken** (1. VK Bund, B. v. 21. 9. 2001 – Az.: VK 1–33/01).

9148   Das **Ermessen des Auftraggebers rechtfertigt es nicht, einen vielfach höheren Mindestumsatz (z. B. das 18-fache des geschätzten jährlichen Leistungsumfanges) von den Bewerbern zu verlangen.** Hierdurch wird der Wettbewerb in unzulässiger Weise verengt. Es muss gewährleistet werden, dass Unternehmen, die die Leistung in tatsächlicher Hinsicht erbringen können, nicht vom Vergabeverfahren ausgeschlossen werden. Es ist dabei dem Auftraggeber auch möglich, einen höheren Mindestumsatz als den jährlich geschätzten Auftragswert zu fordern. Dabei ist jedoch ein Missverhältnis nicht vertretbar (2. VK Sachsen-Anhalt, B. v. 10. 6. 2009 – Az.: VK 2 LVwA LSA – 13/09).

9149   **106.6.3.6.3.5.4.6 Forderung nach Angabe von Auftragswerten.** Fordert der Auftraggeber eine **Liste von Referenzen mit Angabe u. a. des Auftragswertes**, so kann das Wort „Auftragswert" auch als **Aussage über tatsächlich erbrachte Leistungen** im Rahmen der als Referenzen angegebenen Aufträge verstanden werden. Es ist **keinesfalls zwingend, die For-**

mulierung „Auftragswerte" nur in der Form von Umsatzzahlen und mithin als Geldbeträge zu verstehen (VK Münster, B. v. 28. 6. 2007 – Az.: VK 10/07).

106.6.3.6.3.5.4.7 Ausschreibungen über generische Arzneimittel. Zwar kann sich ein Auftraggeber zum Nachweis der Leistungsfähigkeit in wirtschaftlicher Hinsicht gemäß § 7 EG VOL/A „in der Regel" eine Erklärung über den Umsatz des Bieters bezüglich der besonderen Leistungsart, die Gegenstand der Vergabe ist, bezogen auf die letzten drei Geschäftsjahre vorlegen lassen. **Jedoch ist diese Möglichkeit des Nachweises der Leistungsfähigkeit, die für sich genommen im „Regelfall" völlig angebracht sein mag, auf die Nachfrage nach generischen Arzneimitteln nicht eins zu eins übertragbar.** Der Auftraggeber ist vielmehr für den jeweiligen Einzelfall verpflichtet, die Eignungsanforderungen am Gegenstand des Auftrags zu orientieren und entsprechend angemessene Anforderungen zu stellen. Im **Hinblick auf den Generika-Markt ist jedenfalls festzustellen, dass aufgrund der vorhandenen Marktstrukturen** (z. B. infolge vorhandener Vertriebsvorteile etablierter Anbieter) **der Marktzutritt oder aber auch nur die intensivere Teilnahme am Wettbewerb durch Wettbewerber offenbar teilweise schwierig** ist. Teilweise dürfte es einfach eine unternehmerische Entscheidung sein, einen Wirkstoff nicht auf den Markt zu bringen. In derartigen Fällen werden naturgemäß keine Umsätze mit diesem Wirkstoff generiert. Stellt der Auftraggeber aber andererseits bei seiner Bedarfsdefinition nicht auf das Vorhandensein einer PZN bereits im Zeitpunkt der Angebotsabgabe ab, sondern auch Produkte angeboten werden durften, die erst im Zeitpunkt des Beginns des Rabattvertrags über eine PZN verfügen, ist **entscheidend für die zukunftsbezogene Leistungsfähigkeit allein das Vorhandensein einer arzneimittelrechtlichen Zulassung sowie der gesicherte Zugang zu Produktionskapazitäten** (eigene oder eines Lohnherstellers). **Vor diesem Hintergrund ist ein Umsatz, der allein retrospektiv abgefragt wird, nicht zwangläufig aussagekräftig für die reale Leistungsfähigkeit eines Bieters im Sinne einer Lieferfähigkeit zu Beginn des Rahmenvertrags, wenn dieser über die in der Ausschreibung geforderte Arzneimittelzulassung verfügt**, d. h. alle Voraussetzungen für ein tätig werden auf dem deutschen Markt erfüllt. Die reale Leistungsfähigkeit eines Bieters dürfte sich wohl vielmehr aus seinen Produktionskapazitäten für die von dem Rahmenvertrag erfassten Wirkstoffmengen ergeben, und zwar zukunftsbezogen auf den Zeitpunkt des Rabattvertragsbeginns (3. VK Bund, B. v. 24. 7. 2009 – Az.: VK 3–136/09).

106.6.3.6.3.5.4.8 Weitere Beispiele aus der Rechtsprechung

- die **Forderung nach einer Bescheinigung eines Abschlussprüfers zum Nachweis der finanziellen Leistungsfähigkeit eines Bieters gemäß § 2 Abs. 2 Nr. 2 PBZugV ist zulässig**, sofern das Unternehmen beziehungsweise der Bieter nach § 316 Abs. 1 HGB von einem Abschlussprüfer geprüft worden ist (VK Hessen, B. v. 28. 1. 2010 – Az.: 69 d VK – 57/2009)
- die **Mitteilung von Umsatzzahlen bezogen auf die besondere Leistungsart** ist ein zum Nachweis der finanziellen und wirtschaftlichen Leistungsfähigkeit **geeigneter Nachweis** (OLG Brandenburg, B. v. 9. 2. 2010 – Az.: Verg W 9/09; B. v. 9. 2. 2010 – Az.: Verg W 10/09)
- der **Nachweis eines Qualitätssicherungssystems kann insbesondere auch bei Dienstleistungsaufträgen gefordert** werden. Bei der Frage, ob im Hinblick auf die Leistung Gründe für ein solches Qualifizierungssystem vorliegen, ist dem Auftraggeber ein Beurteilungsspielraum zuzugestehen. Im **Zusammenhang mit der Durchführung von Postdienstleistungen und insbesondere im Zusammenhang mit der Beförderung von Wahlunterlagen ist es nicht als sachfremd anzusehen, ein Qualitätsmanagement als Auswahlkriterium zu bestimmen**. Eine geeignete Maßnahme zur Gewährleistung der insoweit als erforderlich angesehenen Qualität ist auch die Einrichtung und Aufrechterhaltung eines Qualitätsmanagementsystems nach DIN ISO 9001 anzusehen (VK Hessen, B. v. 19. 2. 2009 – Az.: 69 d VK – 01/2009)
- zur **Wertung von Referenzen im Bereich der Postdienstleistungen** vgl. die instruktive Entscheidung VK Hessen, B. v. 19. 2. 2009 – Az.: 69 d VK – 01/2009
- **handelt es sich bei der ausgeschriebenen Leistung um eine völlig neue Maßnahme und fordert der Auftraggeber Erfahrungen mit vergleichbaren Leistungen, ist es erforderlich, schon in den Verdingungsunterlagen eindeutige Aussagen dazu zu machen, welche abstrakten Gesichtspunkte Maßstab für die Vergleichbarkeit sein sollen.** Es ist ohnehin ein grundlegendes Prinzip des Vergaberechts, das über den Transparenzgrundsatz auch im Rahmen der hier einschlägigen Basisvorschriften gilt, dass die Bieter von Anfang an die Möglichkeit haben müssen, zu erkennen, welche Eignungsanforderungen gestellt werden, um frustrierten Aufwendungen für ein nutzloses – da von einem von vornherein

ungeeigneten Bieter eingereichtes – Angebot vorzubeugen. Dies gilt insbesondere bei der erstmaligen Ausschreibung einer neuen gesetzlichen Maßnahme, wo klar ist, dass es für den Fachkundenachweis noch keine identischen Leistungen aus der Vergangenheit geben kann und dass bei den potentiellen Bietern noch Unsicherheit besteht, was der Auftraggeber als vergleichbar ansieht (3. VK Bund, B. v. 30. 4. 2009 – Az.: VK 3–82/09)

– hat ein Bieter, der im Jahre 2004 bereits als Gesellschaft bestand, in diesem Jahr keine Umsätze getätigt, kommt er formell seiner „Pflicht", anzugeben, welche Umsätze er erzielt hat, nach, wenn er korrekt angibt, im Jahre 2004 keinen Umsatz erzielt zu haben. Nach Auffassung der Kammer **beinhaltet eine Forderung, die Umsatzzahlen der vergangenen drei Geschäftsjahre anzugeben, nicht die Aussage, dass ein Bieter ausgeschlossen wird, wenn er für ein Jahr keinen Umsatz aufweist.** Der Bieter hat die tatsächlichen Zahlen anzugeben. **Die Vergabestelle hat sodann im Rahmen ihres Beurteilungsspielraums zu prüfen, ob sich aufgrund dieser Angaben die Eignung der Bieter ergibt. Diese kann auch dann gegeben sein, wenn für das erste Jahr keine Umsätze angegeben werden können.** Bei dieser Beurteilung sind die tatsächlich erzielten Umsätze in Bezug zu den tatsächlich aufgrund Zuschlags zu erbringenden Leistungen zu setzen und es ist eine Gesamtschau mit den übrigen Eignungsnachweisen vorzunehmen (VK Baden-Württemberg, B. v. 7. 11. 2007 – Az.: 1 VK 43/07)

– erforderlich, aber auch ausreichend ist die **Vorlage solcher Referenzen für Reinigungsleistungen, die den hinreichend sicheren Schluss zulassen, dass der betreffende Bieter über die für eine ordnungsgemäße Durchführung des ausgeschriebenen Auftrags erforderliche Fachkunde und Leistungsfähigkeit verfügt.** Alle Referenzen, die diese Anforderungen erfüllen, sind Referenzen zu vergleichbaren Aufträgen. Auch die unter Umständen langjährige Ausführung vergleichbarer Arbeiten in etwas geringerem Umfang kann die gegebenenfalls notwendige besondere Erfahrung mit sich bringen (OLG Frankfurt, B. v. 24. 10. 2006 – Az.: 11 Verg 008/06, 11 Verg 009/06).

9152   106.6.3.6.3.5.5 Nachweis der Zahlung von Steuern und Abgaben u. ä. 106.6.3.6.3.5.5.1 Spielraum des Gesetzgebers. Die **EU-Vergaberichtlinien stehen einer nationalen Regelung oder Verwaltungspraxis nicht entgegen**, nach der ein Leistungserbringer, der bei Ablauf der Frist für die Einreichung des Antrags auf Teilnahme am Vergabeverfahren seine **Verpflichtungen im Bereich der Sozialbeiträge sowie der Steuern und Abgaben nicht durch vollständige Zahlung der entsprechenden Beträge erfüllt hat, seine Situation**

– aufgrund staatlicher Maßnahmen der Steueramnestie oder der steuerlichen Milde oder

– aufgrund einer mit der Verwaltung getroffenen Vereinbarung über Ratenzahlung oder Schuldenentlastung oder

– durch Einlegung eines verwaltungsrechtlichen oder gerichtlichen Rechtsbehelfs

nachträglich regularisieren kann, sofern er innerhalb der in der nationalen Regelung oder durch die Verwaltungspraxis festgelegten Frist nachweist, dass er Begünstigter solcher Maßnahmen oder einer solchen Vereinbarung war oder dass er innerhalb dieser Frist ein solches Rechtsmittel eingelegt hat (EuGH, Urteil v. 9. 2. 2006 – Az.: C-228/04, C-226/04).

9153   **106.6.3.6.3.5.5.2 Unbedenklichkeitsbescheinigung des Finanzamts.** § 6 Abs. 5 lit. d) gestattet dem Auftraggeber, von der Teilnahme am Wettbewerb (u. a.) solche Unternehmen auszuschließen, die ihre Verpflichtung zur Zahlung von Steuern und Abgaben nicht ordnungsgemäß erfüllt haben. Der Auftraggeber darf von den Bewerbern oder Bietern entsprechende Bescheinigungen der zuständigen Stelle oder Erklärungen verlangen. Nach dieser Vorschrift ist ein Auftraggeber (**zwar nicht gezwungen, aber) befugt, bereits in der Bekanntmachung der Ausschreibung von den Bietern die Vorlage einer „gültigen Freistellungsbescheinigung" oder – mit anderen Worten – einer gültigen Unbedenklichkeitsbescheinigung des zuständigen Finanzamts zu verlangen,** um sich auf diese Weise rasch und verhältnismäßig sicher über einen wichtigen Aspekt der Zuverlässigkeit des jeweiligen Bieters vergewissern zu können. Denn die Nichtzahlung oder die säumige Zahlung von Steuern mit einem Auflaufenlassen von Steuerrückständen ist ein Indiz für das Fehlen genügender wirtschaftlicher Leistungsfähigkeit. Ferner bezweckt § 6 Abs. 5 lit. d) VOL/A, dass der **öffentliche Auftraggeber möglichst nur mit solchen Bieterunternehmen in vertragliche Beziehungen tritt, die sich gesetzmäßig verhalten und auch ihre steuerrechtlichen Pflichten erfüllen** (BGH, Urteil v. 21. 3. 1985 – Az: VII ZR 192/83; OLG Koblenz, B. v. 4. 7. 2007 – Az.: 1 Verg 3/07). Es ist schließlich auch der Zweck der Vorschrift, dass sich der Auftraggeber schon im Vorfeld bei der Angebotsprüfung vor der möglichen Inanspruchnahme durch Zwangsvollstreckungsmaßnahmen schützt, die das Finanzamt wegen der Steuerschulden des potentiellen Auftragnehmers verhängt (OLG Düsseldorf, B. v. 24. 6. 2002 – Az.: Verg 26/02).

Die Unbedenklichkeitsbescheinigung des Finanzamtes kann allerdings Bedenken gegen die 9154 Eignung grundsätzlich nicht ausräumen, da die **Unbedenklichkeitsbescheinigung nicht besagt, dass keine Steuerschulden bestehen**; die Steuerschulden können z. B. auch gestundet sein (VK Nordbayern, B. v. 28. 8. 2000 – Az.: 320.VK-3194-19/00).

Die **Forderung** eines Auftraggebers nach einem „**Nachweis über die Erfüllung der Ver-** 9155 **pflichtung zur Zahlung von Steuern und Abgaben**" bedeutet die **Pflicht zur Vorlage einer Bescheinigung über alle Steuerarten, die beim Bieter anfallen** (OLG Koblenz, B. v. 4. 7. 2007 – Az.: 1 Verg 3/07).

Nach Auffassung des **OLG Düsseldorf** hingegen erscheint es dann, wenn der **Auftragge-** 9156 **ber ohne genaue Spezifizierung** eine „Bescheinigung der zuständigen Stelle(n), aus denen hervorgeht, dass der Bieter seine Verpflichtungen zur Zahlung der Steuern, Abgaben und Beiträge zur Sozialversicherung nach den Rechtsvorschriften des Landes, in dem er ansässig ist, erfüllt hat" fordert, **aus der maßgeblichen Sicht eines verständigen Bieters erforderlich, aber auch ausreichend,** durch die **Bescheinigung des zuständigen Finanzamtes** nachzuweisen, dass **bei der Abführung von Umsatz- und Lohnsteuer,** d. h. **bei den wirtschaftlich und damit für die Beurteilung der Zuverlässigkeit bedeutendsten Steuerarten keine Rückstände** bestehen (OLG Düsseldorf, B. v. 23. 1. 2008 – Az.: VII – Verg 36/07).

Legt ein Bieter von dem für ihn zuständigen Finanzamt am Unternehmenssitz die Beschei- 9157 nigung vor, dass im Hinblick auf die dort abgeführte Umsatzsteuer, Gewerbesteuer, Körperschaftsteuer und Kapitalertragsteuer keine Rückstände bestehen und **ergeben sich keine Hinweise oder Erklärungen zur Abführung der Lohnsteuer aus dieser Bescheinigung, ist die Forderung des Auftraggebers nach Vorlage der Bescheinigung einer zuständigen Behörde** (Finanzamt) bzw. einer großen Krankenkasse, dass der Bewerber seiner Verpflichtung zur Zahlung von Steuern und Abgaben sowie der Beiträge zur gesetzlichen Sozialversicherung ordnungsgemäß nachgekommen sei, **nicht erfüllt. Die von dem Auftraggeber erhobene Forderung ist dahingehend zu verstehen, dass auch die ordnungsgemäße Abführung der wichtigen Steuerarten Umsatz- und Lohnsteuer nachgewiesen** werden soll. Auch wenn es sich bei der Lohnsteuer nicht um eine Unternehmenssteuer handelt, ist es **für die Beurteilung der Zuverlässigkeit erkennbar von besonderer Bedeutung, dass die wirtschaftlich wichtigen Steuerarten, zu denen die Lohnsteuer gehört, abgeführt worden sind**. Dies entspricht auch der Sichtweise eines verständigen Bieters (OLG Düsseldorf, B. v. 16. 12. 2009 – Az.: VII-Verg 32/09).

Das **Finanzamt** darf die **Ausstellung einer Unbedenklichkeitsbescheinigung nur dann** 9158 **von einer Gegenleistung abhängig machen, wenn diese in einem inneren Zusammenhang mit der beantragten Bescheinigung** steht. Der Bundesgerichtshof hat es bisher offen gelassen, ob ein solcher Zusammenhang zu bejahen ist, wenn die verlangte Gegenleistung dazu dient, die Voraussetzungen für die Erteilung der Bescheinigung zu schaffen, insbesondere ein der Erteilung entgegenstehendes Hindernis zu beseitigen. Er ist deshalb auch nicht darauf eingegangen, **ob es möglich ist, bei einem Bewerber, der mit Steuerzahlungen in Rückstand ist, die Ausstellung der Bescheinigung an die Erfüllung fälliger Steuerschulden zu knüpfen. Nicht zulässig** ist es jedenfalls, wenn die **Erteilung einer Unbedenklichkeitsbescheinigung** nicht der Sicherung bereits fälliger Steuerschulden dient, sondern **in erster Linie künftige Steuerschulden sichern soll** (BGH, Urteil v. 21. 3. 1985 – Az: VII ZR 192/83).

Die Bescheinigung eines Amtsgerichts für die **Forderung einer „Unbedenklichkeitsbe-** 9159 **scheinigung zur Erteilung öffentlicher Aufträge"** ohne nähere Angaben kann nicht mit der Begründung zurückgewiesen werden, man habe die Bescheinigung einer Stadtkasse erwartet (VK Arnsberg, B. v. 28. 1. 2009 – Az.: VK 35/08).

106.6.3.6.3.5.5.3 Unbedenklichkeitsbescheinigungen von Sozialversicherungsträ- 9160 **gern.** Die Zahlung der gesetzlichen Sozialversicherungsbeiträge erfolgt zum (überwiegenden) Teil an die **Krankenkassen**, die für den Einzug bestimmter Sozialversicherungsbeiträge zuständig sind, nämlich die Beiträge zur Kranken-, Renten-, Pflege- und Arbeitslosenversicherung. Ein weiterer (geringerer) **Teil der Sozialversicherungsbeiträge,** nämlich die Unfallversicherungsbeiträge, werden von den **Berufsgenossenschaften** eingezogen. Die **Unbedenklichkeitsbescheinigungen der Krankenkasse sowie der Berufsgenossenschaft geben somit**

Aufschluss darüber, ob der Bieter jeweils seiner Verpflichtung zur Entrichtung der vorgenannten Beiträge vollständig nachgekommen ist. Sie lassen erkennen, ob er über die erforderlichen finanziellen Mittel und die notwendige Zuverlässigkeit verfügt, indem er seinen Verpflichtungen regelmäßig und umfassend nachkommt (OLG Koblenz, B. v. 4. 7. 2007 – Az.: 1 Verg 3/07; 1. VK Bund, B. v. 20. 4. 2005 – Az.: VK 1–23/05).

9161 Das **Verlangen einer Bescheinigung des Unfallversicherungsträgers verstößt nicht gegen Vergaberecht.** Der Auffassung, die Vorlage einer Bescheinigung der Krankenkasse über die Abführung von Sozialversicherungsbeiträgen sei ausreichend, während die Vorlage einer Bescheinigung des Unfallversicherungsträgers nicht mehr erforderlich und damit unverhältnismäßig sei, kann nicht gefolgt werden. Es steht **grundsätzlich im Ermessen des Auftraggebers, ob und welche Eignungsnachweise er verlangt**, wobei der Grundsatz der Verhältnismäßigkeit Anwendung findet (OLG Koblenz, B. v. 4. 7. 2007 – Az.: 1 Verg 3/07; 1. VK Bund, B. v. 20. 4. 2005 – Az.: VK 1–23/05).

9162 Verlangt ein Auftraggeber den „**Nachweis über die Erfüllung der gesetzlichen Verpflichtung in der Sozialversicherung**", kann das vernünftigerweise nur bedeuten, dass jeder Bieter belegen soll, dass er in der Vergangenheit alle Sozialabgaben pünktlich und gewissenhaft gezahlt hat. Dies wiederum bedeutet die **Pflicht zur Vorlage von Bescheinigungen aller beim Bieter vertretenen Krankenkassen**. Würde ein „repräsentativer Nachweis" ausreichen, wäre der Willkür Tür und Tor geöffnet, weil es einem Auftraggeber faktisch freigestellt wäre, ob er die Bescheinigung einer Krankenkasse als repräsentativ ansieht oder nicht (OLG Koblenz, B. v. 4. 7. 2007 – Az.: 1 Verg 3/07). Die **Vorlage sämtlicher Krankenversicherungsbescheinigungen** ist auch **nicht als schlechterdings unzumutbar** zu werten; sie zu fordern, ist durch das Ermessen des Auftraggebers gedeckt (2. VK Bund, B. v. 12. 10. 2009 – Az.: VK 2–177/09).

9163 **Teilweise anderer Auffassung** ist die **3. VK Bund**. Gibt ein öffentlicher Auftraggeber nicht vor, wann und durch welche Bescheinigungen oder Erklärungen er den Nachweis der Zahlung der Beiträge zur gesetzlichen Krankenversicherung als erbracht ansieht, kann die **Nachweisforderung durchaus so verstanden werden**, dass – wie es wohl auch der bisher gängigen Praxis entspricht – die **exemplarische Bescheinigung einer einzigen gesetzlichen Krankenkasse genügt**. Selbst wenn man es unter dem Grundsatz der Verhältnismäßigkeit überhaupt für zulässig hielte, die Vorlage von Bescheinigungen der Krankenkassen aller bei einem Bieter beschäftigten Arbeitnehmer zu fordern, so muss diese **Forderung, die ja mit der Konsequenz des zwingenden Ausschlusses bei Fehlen einer einzigen – und sei es auch noch so unwichtigen – Bescheinigung behaftet ist, jedenfalls in der Bekanntmachung klar und eindeutig bezeichnet** sein (3. VK Bund, B. v. 15. 7. 2008 – Az.: VK 3–89/08; B. v. 24. 1. 2008 – Az.: VK 3–151/07).

9164 **106.6.3.6.3.5.5.4 Auszug aus dem Bundeszentralregister. Im Bundeszentralregister werden rechtskräftige Entscheidungen der Strafgerichte eingetragen**, wobei sich **diese Eintragungen ausschließlich auf natürliche Personen beziehen**, weil nur diese – im Gegensatz zu den juristischen Personen – straffällig werden können. Das **Bundeszentralregister gibt somit Auskunft darüber, ob die betreffende Person vorbestraft ist oder nicht**. Vor diesem Hintergrund wird in § 32 BZRG von einem „Führungszeugnis" gesprochen, dass in unterschiedlicher Belegart, entweder Belegart N oder Belegart O, das für die Vorlage bei einer deutschen Behörde bestimmt ist, ausgestellt wird. Der Hinweis „Bundeszentralregisterauszug" führt somit zwangsläufig zu dem Begriff des Führungszeugnisses.

9165 Gemäß § 1 BZRG **führt das Bundesamt für Justiz seit dem 1. 1. 2007** das **Bundeszentralregister**, das Gewerbezentralregister und das Zentrale Staatsanwaltliche Verfahrensregister als Registerbehörde und hat damit diese Aufgabe vom Generalbundesanwalt beim Bundesgerichtshof zuständigkeitshalber übernommen.

9166 **Gegen die Forderung eines Bundeszentralregisterauszuges** bestehen grundsätzlich **keine Bedenken** (VK Münster, B. v. 27. 4. 2007 – Az.: VK 06/07). Die Beibringung eines Auszuges aus dem Bundeszentralregister stellt **keine unverhältnismäßige Anforderung an die Bieter**, wenn die Vergabestelle die **Bearbeitungsfrist zur Erteilung eines Auszugs ausreichend berücksichtigt**. Dem kann die Vergabestelle dadurch Rechnung tragen, dass sie die Beantragung eines Auszugs akzeptiert, wenn dieser zeitnah nachgereicht wird. Sofern ein solcher Auszug gefordert wird, versteht es sich aus dem Sachzusammenhang von selbst, **dass dieser auch aktuell sein muss**. Denn je länger das Ausstellungsdatum zurückliegt, desto mehr verliert die Urkunde an Beweiskraft, weil mit dem nicht belegten Zeitraum auch die – zumindest theoretische – Möglichkeit einer nicht erfassten Straftat wächst. Dementsprechend bestimmt

§ 5 Abs. 1 Satz 3 SchwArbG, dass bei Bauaufträgen Auszüge aus dem Gewerbe- oder Bundeszentralregister nicht älter als drei Monate sein dürfen. Das Erfordernis der Aktualität ergibt sich auch aus § 30 Abs. 5 BRZG, wonach Führungszeugnisse zur Vorlage bei Behörden, nach Antragstellung direkt an diese übermittelt werden (VK Berlin, B. v. 1. 11. 2004 – Az.: VK – B 2–52/04).

Verlangt der öffentliche Auftraggeber als **Eignungsnachweis einen Bundeszentralregisterauszug der Einzelunternehmer bzw. sämtlicher natürlicher Vertreter der juristischen Person**, müssen diejenigen Bieter, die nicht Einzelunternehmer sind, einen **Bundeszentralregisterauszug hinsichtlich ihrer Vertreter**, was wiederum natürliche Personen sind, vorlegen (VK Münster, B. v. 27. 4. 2007 – Az.: VK 06/07). 9167

106.6.3.6.3.5.5.5 Auszug aus dem Gewerbezentralregister. 106.6.3.6.3.5.5.5.1 Allgemeines. Das **Gewerbezentralregister betrifft** – im Gegensatz zum Bundeszentralregister – **sowohl natürliche als auch juristische Personen** und enthält gemäß § 149 Abs. 2 GewO u. a. **Eintragungen über bestimmte strafgerichtliche Verurteilungen**, die im Zusammenhang mit der Gewerbeausübung begangen wurden. 9168

Gemäß § 1 BZRG **führt das Bundesamt für Justiz seit dem 1. 1. 2007** das Bundeszentralregister, das **Gewerbezentralregister** und das Zentrale Staatsanwaltliche Verfahrensregister als Registerbehörde und hat damit diese Aufgabe vom Generalbundesanwalt beim Bundesgerichtshof zuständigkeitshalber übernommen. 9169

Gegen die Forderung eines Gewerbezentralregisterauszuges bestehen grundsätzlich **keine Bedenken** (VK Baden-Württemberg, B. v. 5. 11. 2008 – Az.: 1 VK 42/08; 3. VK Bund, B. v. 24. 1. 2008 – Az.: VK 3–151/07; VK Münster, B. v. 27. 4. 2007 – Az.: VK 06/07; VK Nordbayern, B. v. 26. 2. 2008 – Az.: 21.VK – 3194 – 02/08). Der **Gewerbezentralregisterauszug** (§ 150 GWO) ist für den Auftraggeber ein **Hilfsmittel zur Beurteilung der Zuverlässigkeit** eines Bieters oder Bewerbers (VK Baden-Württemberg, B. v. 5. 11. 2008 – Az.: 1 VK 42/08; 3. VK Bund, B. v. 24. 1. 2008 – Az.: VK 3–151/07; B. v. 18. 1. 2007 – Az.: VK 3–153/06; VK Lüneburg, B. v. 27. 10. 2006 – Az.: VgK-26/2006; VK Südbayern, B. v. 7. 4. 2006 – Az.: 07-03/06). Eingetragen werden z. B. **Verwaltungsentscheidungen der Gewerbebehörden** wegen Unzuverlässigkeit oder Ungeeignetheit sowie **Bußgeldentscheidungen** gegen Gewerbetreibende (VK Südbayern, B. v. 7. 4. 2006 – Az.: 07-03/06). 9170

Durch das Inkrafttreten der Änderungen im **Zweiten Gesetz zum Abbau bürokratischer Hemmnisse insbesondere in der mittelständischen Wirtschaft (MEG II** – BGBl 2007 Teil 1 Nr. 47 vom 13. 9. 2007) am 14. 9. 2007 im Bereich des § 21 SchwarzArbG sollten bei öffentlichen Bauaufträgen und im Bereich des § 6 Satz 4 AEntG bei Liefer-, Bau- oder Dienstleistungsaufträgen **insbesondere mittelständische Betriebe mit der Wiederzulassung von Eigenerklärungen von zusätzlichen Kosten und Aufwand entlastet** werden. Dies bezieht sich aber ausschließlich darauf, dass bisher der Nachweis für das Fehlen des entsprechenden Ausschlussgrundes für die Teilnahme am öffentlichen Wettbewerb durch die gesetzliche Vorgabe in § 21 SchwarzArbG und § 6 Satz 4 AEntG zwingend nur mit einem GZR-Auszug, der nicht älter als 3 Monate sein durfte, geführt werden konnte. Die **Vergabestelle konnte allerdings insoweit auch bisher schon eine eigene Auskunft nach § 150a GewO einholen. Diese dient nunmehr nur noch der Überwachung der mit dem MEG II wieder zugelassenen Eigenerklärungen der Bieter.** Daraus kann keine Beschränkung der öffentlichen Auftraggeber für die Prüfung der Zuverlässigkeit von Bietern auf den § 150a Abs. 1 Nr. 4 GewO gefolgert werden. Der Gesetzgeber zielte mit dem MEG II darauf ab, dass den Bietern bei einer Beteiligung am öffentlichen Wettbewerb nicht für jede Bewerbung um einen öffentlichen Auftrag durch die Regelungen in § 21 SchwarzArbG und § 6 Satz 4 AEntG per Gesetz die Vorlage aktueller GZR-Auszüge nicht älter als 3 Monate auferlegt wird. Nur insoweit sollte eine Entlastung erfolgen. Dies ergibt sich auch aus der Bundestagsdrucksache 16/4764, S. 10f. **Aus der Begründung zu den Änderungen in § 21 SchwarzArbG und § 6 Satz 4 AEntG im MEG II ist nicht zu entnehmen, dass generell die Vergabestellen keine GZR-Auszüge mehr nach § 150 GewO von den Bietern verlangen dürften.** Es sollten nicht die Prüfungsumfänge für die öffentlichen Auftraggeber im Hinblick auf die Zuverlässigkeit der Bieter eingeschränkt werden. Diese Frage wurde überhaupt nicht thematisiert. Dies zeigt auch, dass der eigene GZR-Auskunftsanspruch der öffentlichen Auftraggeber nach § 150a Abs. 1 Nr. 4 GewO genau auf die korrespondierenden wieder zugelassenen Eigenerklärungen abgestimmt ist. Für eine weitergehende Interpretation besteht kein Raum (VK Nordbayern, B. v. 26. 2. 2008 – Az.: 21.VK – 3194 – 02/08; 1. VK Sachsen, B. v. 28. 7. 2008 – Az.: 1/SVK/037-08). 9171

9172 **106.6.3.6.3.5.5.5.2 Weitere Beispiele aus der Rechtsprechung**

– die Forderung nach einem Gewerbezentralregisterauszug ist **im Hinblick auf die besondere Sicherheitsrelevanz der zu vergebenden Bewachungsdienste** neben den polizeilichen Führungszeugnissen, welche die Eintragungen aus dem Bundeszentralregister abdecken, **zulässig**. Auszüge aus dem Bundeszentralregister und Auszüge aus dem GZR decken unterschiedliche Bereiche ab (§ 10 Abs. 2 BZRG) und sind daher nicht identisch (VK Nordbayern, B. v. 26. 2. 2008 – Az.: 21.VK – 3194 – 02/08)

9173 **106.6.3.6.3.5.5.5.3 Literatur**

– Kühnen, Jürgen, Nochmals: Gewerbezentralregisterauszug und Vergabeverfahren, NZBau 2007, 762

– Uwer, Dirk/Hübschen, Nikolas, Gewerbezentralregisterauszug und Vergabeverfahren – Zur Umgehung beschränkter Auskunftsansprüche öffentlicher Auftraggeber, NZBau 2007, 757

9174 **106.6.3.6.3.5.5.6 Vorlage einer Gewerbeanmeldung.** Fordert der Auftraggeber eine **Gewerbeanmeldung – nicht älter als drei Monate** -, ergibt sich bei verständiger Würdigung der Anforderung, dass nicht eine längstens drei Monate zurückliegende Gewerbeanmeldung gefordert ist, sondern **ein höchstens drei Monate alter Nachweis über die Gewerbeanmeldung** (OLG Brandenburg, B. v. 17. 12. 2008 – Az.: Verg W 17/08).

9175 **106.6.3.6.3.5.5.7 Bestätigungsvermerk eines Wirtschaftsprüfers.** Bei dem **Bestätigungsvermerk einer Wirtschaftsprüfergesellschaft handelt es sich um die Zusammenfassung der Prüfung des Jahresabschlusses einer Kapitalgesellschaft.** Der Abschlussprüfer ist gemäß § 323 Abs. 1 Handelsgesetzbuch (HGB) zur gewissenhaften und unparteiischen Prüfung verpflichtet. Der Bestätigungsvermerk ist gemäß § 322 Abs. 2 HGB in geeigneter Weise zu ergänzen, wenn zusätzliche Bemerkungen erforderlich erscheinen, um einen falschen Eindruck über den Inhalt der Prüfung und die Tragweite des Bestätigungsvermerks zu vermeiden. In einem derartigen Bestätigungsvermerk sind gemäß § 322 Abs. 3 Satz 2 HGB insbesondere die Risiken der künftigen Entwicklung des Unternehmens zutreffend darzustellen. Ein **Bestätigungsvermerk ist aufgrund der handelsrechtlichen Vorschriften eine ausreichend gesicherte Information**, die von einem Auftraggeber für die eigene Einschätzung der finanziellen Leistungsfähigkeit eines Bieters zugrunde gelegt werden kann. Auch der Lagebericht, auf den der Bestätigungsvermerk Bezug nimmt, ist eine ausreichend sichere Informationsquelle. Nach § 289 HGB ist im Lagebericht der Geschäftsverlauf und die Lage der Kapitalgesellschaft so darzustellen, dass ein den tatsächlichen Verhältnissen entsprechendes Bild vermittelt wird (2. VK Bund, B. v. 10. 2. 2004 – Az.: VK 2–150/03).

9176 **106.6.3.6.3.5.5.8 Bonitätsindex bei Auskunfteien (Creditreform).** Auch wenn der Bonitätsindex eines Bewerbers nach den Definitionen der Creditreform bedeutet, dass eine „**sehr schwache Bonität**" vorliegt, führt dies **nicht an sich zur Verneinung der Eignung.** Dabei kann dahinstehen, inwieweit eine Auskunft der Creditreform grundsätzlich geeignet ist, aussagekräftige Informationen zur Frage der Eignung eines Bewerbers zu geben. Aber selbst eine – unterstellte – „sehr schwache Bonität" bedeutet nicht automatisch, dass das Unternehmen nicht geeignet ist. Insbesondere ist aufgrund dieser Einschätzung nicht zu erwarten, dass der Bewerber die Leistung nicht erfüllen und den Auftrag nicht einwandfrei ausführen wird (1. VK Bund, B. v. 27. 9. 2002 – Az.: VK 1–63/02).

9177 **106.6.3.6.3.6 Nachweise in fachlicher und technischer Hinsicht. 106.6.3.6.3.6.1 Liste erbrachter Leistungen (§ 7 EG Abs. 3 lit. a). 106.6.3.6.3.6.1.1 Hinweis.** Im Ergebnis umfasst dieser Eignungsnachweis die Abfrage von Referenzen. Vgl. insoweit die Kommentierung zu → § 97 GWB Rdn. 678 ff.

9178 **106.6.3.6.3.6.1.2 Keine Forderung nach vergleichbaren Leistungen.** Im Gegensatz zur Regelung des § 6 Abs. 3 VOB/A fordert die VOL/A – wie die VOF – **keine Nachweise über vergleichbare Leistungen**, sondern nur über die insgesamt erbrachten Leistungen. Diese Regelung deckt sich auch mit der entsprechenden Vorschrift der Vergabekoordinierungsrichtlinie (Art. 32).

9179 Die Forderung von Referenzen wesentlicher Leistungen für die vergangenen drei Jahre als Nachweis der fachlichen Eignung **ist gemäß § 7 EG Abs. 3 lit. a) VOL/A zulässiges und sachgerechtes Kriterium.** Der Bewerber sollte sich hier auf die Art der zu vergebenden Leistung konzentrieren und nicht alle erdenklichen ähnlichen Leistungen aufführen. Eine solch **beliebige Zusammenstellung erschwert die Information des prüfenden und wertenden Auftraggebers unnötig** und läuft **Gefahr, den Blick auf das Wesentliche zu verstellen.**

Hier gilt demnach „Qualität anstelle von Quantität", gerade dieser Nachweis ist vorzuziehen (VK Südbayern, B. v. 19. 12. 2006 – Az.: Z3-3-3194-1-35–11/06).

106.6.3.6.3.6.2 Beschreibung der technischen Ausrüstung (§ 7 EG Abs. 3 lit. b). 9180
106.6.3.6.3.6.2.1 Behördliche Genehmigungen. Der Auftraggeber kann zum Nachweis der fachlichen Eignung und Leistungsfähigkeit des Bieters eine Beschreibung der zur Auftragsdurchführung vorgesehenen technischen Ausrüstung fordern. **Bedarf der Bieter zur Errichtung oder zum Einsatz dieser technischen Ausrüstung** (oder von Teilen derselben) **einer behördlichen Genehmigung, darf der Auftraggeber darüber hinaus auch den Nachweis dieser Genehmigung verlangen.** Benötigt der Bieter für die Herrichtung oder den Betrieb seiner technischen Ausrüstung eine behördliche Genehmigung, ist er nur bei Vorliegen dieser Genehmigung leistungsfähig. Das bedeutet, dass der Bieter in solchen Fällen seine Leistungsfähigkeit nur durch eine Beschreibung seiner technischen Ausrüstung in Verbindung mit der Vorlage der zum Einsatz der Gerätschaften erforderlichen Genehmigungen und Erlaubnisse nachweisen kann, und dass sich umgekehrt auch der Auftraggeber nur durch die Beschreibung der technischen Ausrüstung und die Vorlage der zum Betrieb der Ausrüstung erforderlichen Genehmigungen von der Leistungsfähigkeit des Bieters überzeugen kann. Bei verständiger Auslegung der Norm ist deshalb auch die Anforderung einer zur Errichtung und/oder zum Betrieb der technischen Ausrüstung benötigten behördlichen Erlaubnis von § 6 Abs. 3 Nr. 3 gedeckt (OLG Düsseldorf, B. v. 9. 7. 2003 – Az.: Verg 26/03 – Genehmigung einer Abfallbehandlungsanlage).

106.6.3.6.3.6.2.2 Zeitpunkt des Vorliegens der technischen Ausrüstung. Nach einer 9181 Auffassung muss dann, wenn zum Nachweis der Eignung vom Bieter Angaben über die **zur Ausführung der zu vergebenden Leistung zur Verfügung stehende technische Ausrüstung** verlangt werden, diese **technische Ausrüstung nicht schon zum Zeitpunkt der Angebotsabgabe zur Verfügung stehen**, denn es ist unerheblich, ob diese Geräte später angemietet oder angekauft werden oder sich bereits jetzt im Besitz des Bewerbers befinden (VK Südbayern, B. v. 5. 3. 2001 – Az.: 02-02/01).

Nach der Gegenmeinung sind ausschließlich die Angaben im Geräteverzeichnis zugrunde zu 9182 legen. Der **Auftraggeber muss unberücksichtigt lassen, ob der Bieter in der Lage wäre, bei Bedarf zusätzliches Gerät kurzfristig zu erwerben oder anzumieten.** Dass derartige hypothetische Erwägungen unstatthaft sind, folgt schon aus dem **Sinn und Zweck einer Geräteliste.** Sie soll dem öffentlichen Auftraggeber einen Überblick über diejenige technische Ausrüstung geben, die der Bieter zur Auftragsausführung zum Einsatz bringen will und über die er im Zeitpunkt der Auftragsdurchführung auch sicher verfügen wird. Nur auf der Grundlage dieser Daten kann der öffentliche Auftraggeber verantwortlich und zuverlässig überprüfen, ob dem jeweiligen Bieter aus technischer Sicht die vertragsgerechte Erledigung der ausgeschriebenen Leistungen möglich ist. Für den Bieter folgt daraus die Notwendigkeit, in das Geräteverzeichnis alle für die Auftragserledigung vorgesehenen Gerätschaften aufzuführen (2. VK Bund, B. v. 7. 7. 2005 – Az.: VK 2–66/05; B. v. 11. 1. 2005 – Az.: VK 2–220/04). **Handelt es sich um fremdes Gerät, muss überdies dargelegt werden, dass dem Bieter jene technische Ausrüstung im Zeitpunkt der Auftragsdurchführung mit hinreichender Gewissheit zur Verfügung stehen wird** (OLG Düsseldorf, B. v. 25. 2. 2004 – Az.: VII – Verg 77/03).

106.6.3.6.3.6.2.3 Weitere Beispiele aus der Rechtsprechung 9183
– **Angebote, bei denen geforderte Erklärungen und Nachweise fehlen, sind zwingend auszuschließen.** Dies gilt auch dann, wenn ein Bieter entgegen der Aufforderung in den Angebotsbedingungen **keine Übersicht über die technische Ausstattung einschließlich der Ausstattung des Fuhrparks** vorlegt. Mit dieser Formulierung war **für jeden objektiven Bieter erkennbar eine Auflistung gefordert, über die bei ihm vorhandenen Gerätschaften und Fahrzeuge, wie verschiedene Saugerarten, Poliergeräte, Kraftfahrzeuge, Nutzfahrzeuge usw.** Mit dem **allgemeinen und pauschalen Hinweis, dass sich die technische Ausrüstung entsprechend einem hochspezialisierten Meister- und Handwerksbetrieb auf dem technisch neuesten Stand befindet und dass der Fuhrpark nach effizienten Ersatzbeschaffungsregeln, auch hinsichtlich der Betriebskosten optimiert** werde, wird der Forderung, eine Übersicht über die vorhandene technische Ausstattung vorzulegen, **nicht entsprochen** (VK Baden-Württemberg, B. v. 19. 2. 2009 – Az.: 1 VK 4/09)
– unter „**Verfügbarkeit**" ist lediglich zu verstehen, dass derjenige oder diejenige, der oder die den Auftrag erhält, in der Lage sein muss, während des Jahres die genannten Geräte zur Erfüllung des erteilten Auftrages einzusetzen. Damit ist jedoch **nicht**

Teil 4 VOL/A § 6 Vergabe- und Vertragsordnung für Leistungen Teil A

zugleich verlangt, dass der Auftragnehmer schon im Zeitpunkt der Abgabe des Angebots entweder **Eigentümer dieser Maschinen sein müsse** oder kraft eines bereits zu diesem Zeitpunkt – unter Umständen aufschiebend bedingt – bestehenden schuldrechtlichen Verhältnisses die **(rechtliche) Sicherheit haben müsse, diese Gerätschaften im Zeitraum auch tatsächlich nutzen zu können** (Hanseatisches OLG Bremen, B. v. 24. 5. 2006 – Az.: Verg 1/2006)

– aufgrund des Umfangs und der Bedeutung der zu vergebenden Leistung war es der Vergabestelle nicht verwehrt, den **Nachweis der Kompetenzen und den Hintergrund des Investitionsinteresses** zu fordern. Sie beabsichtigt, den Entsorgungsvertrag für einen Zeitraum von 15 Jahren zunächst an ihre Eigengesellschaft zu vergeben, deren Geschäftsanteile zu 49% an ein privates Unternehmen veräußert werden sollen. Um die Leistungsfähigkeit der Bewerber beurteilen zu können, war es für die Vergabestelle von Bedeutung, zu erfahren, mit welcher Motivation und mit welchem strategischen Ziel die Unternehmen sich gerade um diesen Auftrag bewerben (VK Magdeburg, B. v. 24. 10. 2001 – Az.: 33–32571/07 VK 18/01 MD)

– besteht die **zu erbringende Leistung in Abfalltransporten**, die jedenfalls zu einem erheblichen Teil durch das Unternehmen selbst durchzuführen sind, hat die Vergabestelle ein **berechtigtes Interesse daran** zu erfahren, ob der Bewerber über das technische Gerät verfügt, um die anfallenden Transportleistungen zu einem erheblichen Teil selbst durchzuführen. Hierfür ist der **Nachweis über die auf den Bewerber zugelassenen Hakenliftfahrzeuge durch Vorlage einer Kopie des Fahrzeugbriefs** ein geeignetes Mittel (BayObLG, B. v. 12. 4. 2000 – Az.: Verg 1/00)

9184 106.6.3.6.3.6.3 Zahl der in den letzten 3 abgeschlossenen Geschäftsjahren jahresdurchschnittlich beschäftigten Arbeitskräfte, gegliedert nach Lohngruppen. Dieser Eignungsnachweis wird vor allem bei der Ausschreibung von Bauleistungen verwendet; er **macht aber auch im Bereich der VOL/A Sinn, z. B. bei der Ausschreibung von Betreiberleistungen oder im IT-Bereich.**

9185 Fordert der Auftraggeber in der Bekanntmachung und in der Angebotsaufforderung von den Bietern die **Angabe der „Zahl der in den letzten drei abgeschlossenen Geschäftsjahren jahresdurchschnittlich beschäftigten Arbeitskräfte, gegliedert nach Berufsgruppen"** und gibt der Bieter die Anzahl der Mitarbeiter der Firmengruppe, zu der der Bieter gehört, gegliedert nach Berufsgruppen, für 2007 an, genügt dies schon deshalb nicht, weil er keine **Angaben über seine eigene Mitarbeiteranzahl, sondern über die Anzahl der Mitarbeiter der Firmengruppe** macht, die neben dem Bieter weitere Unternehmen an mehreren Standorten umfasst. Die Angaben sind auch deshalb unvollständig, weil **im Gegensatz zur Forderung des Auftraggebers nur ein Jahr dargestellt** wird (3. VK Bund, B. v. 26. 6. 2008 – Az.: VK 3–71/08).

9186 Eine **geforderte Aufgliederung** der im Falle einer Zuschlagserteilung zum Einsatz kommenden Arbeitskräfte **kann durch eine bloße Unterscheidung zwischen Angestellten und Facharbeitern nicht erfüllt** werden. Dies entspricht nicht dem für alle Bieter erkennbaren Informationsinteresse der Auftraggeberseite im Hinblick auf die fachliche Qualität der vorhandenen Arbeitskräfte (1. VK Sachsen-Anhalt, B. v. 31. 7. 2008 – Az.: 1 VK LVwA 04/08).

9187 106.6.3.6.3.6.4 Eintragung in ein Berufsregister. 106.6.3.6.3.6.4.1 Allgemeines. Es besteht zwar grundsätzlich Gewerbefreiheit, diese ist jedoch durch öffentlich-rechtliche Bestimmungen wie die Gewerbeordnung und die Handwerksordnung eingeschränkt. Im Liefer- und Leistungsbereich darf nur derjenige Unternehmer tätig werden, bezüglich der auszuführenden Leistungen entweder in der Handwerksrolle eingetragen ist oder der Industrie- und Handelskammer angehört, sofern eine entsprechende Eintragungspflicht besteht (VK Halle, B. v. 30. 4. 2001 – Az.: VK Hal 06/00).

9188 Grundsätzlich ist aber eine **Registrierung bei der Industrie- und Handelskammer** – anders als die Registrierung bei der Handwerkskammer – **keine rechtliche Voraussetzung für die Ausübung einer Tätigkeit** (2. VK Brandenburg, B. v. 9. 8. 2005 – Az.: 2 VK 38/05).

9189 Bei dem Nachweis der Eintragung in ein Berufsregister handelt es sich um eine formelles Eignungskriterium, dessen **Zweck** darin besteht, eine **verlässliche Auskunft über die Existenz und sonstige wichtige Rechtsverhältnisse des Unternehmens** zu erhalten (OLG Düsseldorf, B. v. 16. 1. 2006 – Az.: VII – Verg 92/05; B. v. 9. 6. 2004 – Az.: VII – Verg 11/04). Für den Nachweis der Eintragung der Bewerber im Handelsregister am Sitz ihrer Gesellschaft besteht beispielsweise ein **Informationsbedürfnis der Vergabestelle**, wenn es **in der Vergangenheit wiederholt zu Umstrukturierungen, Neugründungen und Insolvenzen bei** den auf dem Markt befindlichen Bewerbern gekommen ist (OLG Düsseldorf, B. v. 16. 1. 2006 – Az.: VII – Verg 92/05). Durch den Handelregisterauszug **informiert sich der Auftraggeber verlässlich über die rechtliche Existenz eines Unternehmens soweit über sonstige wichtige Rechtsverhältnisse des Unternehmens bzw. deren Änderung** (wie z. B. die Eigentümerverhältnisse, den Eintritt von Insolvenz u. a.). Der Auftraggeber **darf** zur Erhöhung der Glaubwürdigkeit des von dem Bieter vorzulegenden Dokuments **auch die Beglaubigung des Handelsregisterauszuges verlangen**. Eine solche Forderung ist **nicht ungewöhnlich und ohne großen Aufwand zu erfüllen** (2. VK Bund, B. v. 13. 6. 2007 – Az.: VK 2–51/07; 1. VK Bund, B. v. 4. 4. 2007 – Az.: VK 1–23/07).

Neben der Vorlage einer **Abschrift der Handelsregistereintragung** (vgl. § 9 Abs. 2 HGB) oder einer **Bestätigung** (vgl. § 9 Abs. 3 HGB) der **Eintragung durch das registerführende Amtsgericht** genügt aus Sicht des verständigen Bewerbers auch ein gleichwertiger schriftlicher Nachweis – z. B. ein Ausdruck einer elektronischen Datei. Diesen herkömmlichen (schriftlichen) Beweismitteln ist gemeinsam, dass es sich jeweils um Fremdbelege handelt. Auch die **Fotokopie des Ausdrucks einer vom zuständigen Amtsgericht erstellten pdf-Datei des Handelsregisterblattes ist zwar als Beweismittel grundsätzlich geeignet**, den Nachweis der Tatsache der Eintragung in das Handelsregister zu führen, da Aussteller (bzw. Urheber) der pdf-Datei das Amtsgericht ist. Der Nachweis der Eintragung setzt aber voraus, dass sich **aus der Fotokopie des Ausdrucks ergibt, dass der Bewerber unter seiner Firma im Handelsregister tatsächlich eingetragen** ist (OLG Düsseldorf, B. v. 16. 1. 2006 – Az.: VII – Verg 92/ 05). 9190

106.6.3.6.3.6.4.2 Gebäudereinigerinnung. Nicht maßgebend sein kann, ob eine **Firma Mitglied der Gebäudereinigerinnung** ist. Maßgebend ist nur, dass die Firma die Tätigkeit gewerbsmäßig ausführt. Dieser Nachweis ist geführt, wenn die Firma im Handelsregister als Reinigungsbetrieb eingetragen ist. Abgesehen davon ist nicht nachvollziehbar, weshalb für die Reinigung von Außenflächen notwendig sein soll, der Gebäudereinigerinnung anzugehören (VK Baden-Württemberg, B. v. 31. 10. 2003 – Az.: 1 VK 63/03). 9191

106.6.3.6.3.6.4.3 Zertifizierung. 106.6.3.6.3.6.4.3.1 Hinweis. Zur Frage, ob eine Vergabestelle die Zertifizierung nach DIN EN ISO 9001 als Eignungsnachweis für die Fachkunde fordern darf, vergleiche die Kommentierung zu → § 97 GWB Rdn. 801 ff. 9192

106.6.3.6.3.6.4.3.2 Forderung nach einer Zertifizierung nach der Entsorgungsfachbetriebsverordnung. Es steht der **Vergabestelle grundsätzlich frei, welche Qualitätsanforderungen sie an die zu erbringende Leistung stellt.** Bei der Ausschreibung von umweltrelevanten Tätigkeiten ist sie deshalb auch berechtigt, die Einhaltung bestimmter umweltschützender Qualitätsstandards für diese Tätigkeiten zu fordern. Die Forderung nach Einhaltung bestimmter Umweltkriterien stellt nur dann ein unzulässiges, weil vergabefremdes Kriterium dar, wenn diese von dem Bieter ganz allgemein unabhängig von der zu erbringenden Leistung verlangt wird. **Zur Gewährleistung der vom Auftraggeber geforderten Qualitätsstandards ist die Zertifizierung nach der Entsorgungsfachbetriebsverordnung sowohl geeignet als auch erforderlich**, auch wenn die ausgeschriebenen Leistungen als solche ohne Zertifizierung erbracht werden könnten. Sie ist auch im engeren Sinne verhältnismäßig. Zwar sind die organisatorischen, personellen und sachlichen Voraussetzungen für die Zertifizierung nach der Entsorgungsfachbetriebsverordnung hoch. Jedoch haben die abfallrechtlich relevanten Tätigkeiten mehr als nur die Bedeutung einer Hilfstätigkeit zur Erbringung der Hauptleistung und prägen das Gesamtbild der Leistungen mit. Insofern unterscheiden sie sich von abfallrechtlich relevanten Tätigkeiten, wie sie in jedem Gewerbebetrieb untergeordnet anfallen (OLG Saarbrücken, B. v. 13. 11. 2002 – Az.: 5 Verg 1/02; im Ergebnis ebenso 1 VK Sachsen-Anhalt, B. v. 7. 7. 2006 – Az.: 1 VK LVwA 11/06; VK Baden-Württemberg, B. v. 16. 8. 2005 – Az.: 1 VK 48/05; VK Lüneburg, B. v. 10. 2. 2004 – Az.: 203-VgK-43/2003). 9193

Die **Anforderung „Zertifizierung als Entsorgungsfachbetrieb oder gleichwertige Nachweise"** ist **von einem fachkundigen Bieter so zu verstehen**, dass **entweder eine Zertifizierung des Gesamtbetriebes** des Bieters (§ 2 Abs. 1 der Verordnung über Entsorgungsfachbetriebe – Entsorgungsfachbetrieveverordnung – EfbV) **oder eine Zertifizierung der mit der Durchführung des Auftrages beauftragten Niederlassung** (§ 2 Abs. 2 Nr. 3 EfbV) vorzulegen ist. Die Einreichung eines eine andere Niederlassung betreffenden Zertifikats ist demgegenüber unzureichend. Dies ergibt sich aus der Vergabebekanntmachung unter Berücksichtigung von Sinn und Zweck der Anforderung. Sie soll dem Nachweis der technischen Leistungsfähigkeit des Bieters dienen. Für die Durchführung des Auftrages ist die technische Eignung anderer Niederlassungen als derjenigen, der von aus die Leistungen durchgeführt wer- 9194 den sollten, ohne wesentlichen Belang. Vielmehr interessiert den Auftraggeber die Niederlassung, der der Bieter die Durchführung des Auftrages zugedacht hat (OLG Düsseldorf, B. v. 23. 3. 2010 – Az.: VII-Verg 54/09).

9195 Ein bereits zertifizierter Entsorgungsfachbetrieb **darf auch nicht zertifizierte Dritte unterbeauftragen**, sofern sich die Beauftragung – gemessen an der eigenen Tätigkeit – in einem **insgesamt unerheblichen Umfang** hält (VK Lüneburg, B. v. 10. 2. 2004 – Az.: 203-VgK-43/2003).

9196 **106.6.3.6.3.6.4.4 Referenzen.** Vgl. zu Referenzen die Kommentierung zu → § 97 GWB Rdn. 678 ff.

9197 **106.6.3.6.3.6.4.5 Vorlage eines Meisterbriefs.** Nach **§ 97 Abs. 4 GWB** gilt, dass Aufträge an fachkundige, leistungsfähige und zuverlässige Unternehmen vergeben werden; andere oder weitergehende Anforderungen dürfen an Auftragnehmer nur gestellt werden, wenn dies durch Bundes- oder Landesrecht vorgesehen ist. Diese **Anforderungen müssen mit den Vorschriften des EG-Vertrages (jetzt des Vertrags über die Arbeitsweise der Europäischen Union) zum Diskriminierungsverbot sowie zum freien Waren- und Dienstleistungsverkehr vereinbar sein.** Nachdem die **deutsche Handwerksordnung hinsichtlich ihrer Regeln zur Eintragung in die Handwerksrolle in § 7 Abs. 2 a an das europäische Recht angepasst** wurde, besteht auch für Personen aus Mitgliedsstaaten der Europäischen Gemeinschaft die Möglichkeit, in die Handwerksrolle eingetragen zu werden. Auch besteht gem. § 8 Handwerksordnung die Möglichkeit der Ausnahmebewilligung zur Eintragung in die Handwerksrolle. Daneben darf gem. §§ 7 a und 7 b Handwerksordnung mittlerweile unter bestimmten Voraussetzungen auch ohne Eintragung in die Handwerksrolle ein Handwerk ausgeübt werden. **Verschärft der Auftraggeber** mit der **zusätzlichen Anforderung eines Meisterbriefes** die **Regelungen der Handwerksordnung** zur Eintragung in die Handwerksrolle, so versperrt er damit über das gesetzlich angeordnete Maß hinaus den Zugang zu einer europaweit ausgeschriebenen Bauleistung. Der Auftraggeber darf daher nicht die Vorlage eines Meisterbriefs fordern (1. VK Bund, B. v. 9. 2. 2005 – Az.: VK 2–03/05).

9198 **106.6.3.6.3.6.4.6 Eignungsanforderung „abgeschlossene Fortbildung zum Medizinprodukteberater Inkontinenzartikel". Der konkrete Inhalt einer Schulung zum Medizinprodukteberater ist gesetzlich nicht geregelt.** Die früher vorgesehene Möglichkeit des Bundesministers für Gesundheit, in einer Rechtsverordnung weitere Anforderungen an die erforderliche Sachkenntnis des Medizinprodukteberaters für bestimmte Kategorien von Medizinprodukte oder bestimmte Handelsebenen zu regeln (ehemals § 32 Abs. 6 MPG), ist weggefallen. Solange staatliche Vorgaben fehlen, muss auf mehr oder weniger private Empfehlungen zurückgegriffen werden. Anerkannt sind zum Beispiel die BVMed-Richtlinien zum Nachweis der Qualifikation zum Medizinprodukteberater. Heute haben sich zweistufig-modulare Schulungen mit einem Grundmodul „Basiswissen" und einem „Aufbaumodul Produktspezifische Kenntnisse" als sinnvoll erwiesen und durchgesetzt. Dabei gehören zum Grundmodul die Inhalte Grundwissen, rechtliche Grundlagen, Aufgaben, Pflichten. Zum **Nachweis einer abgeschlossenen Fortbildung zum Medizinprodukteberater Inkontinenzartikel ist daher zu erwarten, dass er neben dem Erwerb von Kenntnissen zu den jeweiligen Inkontinenzartikeln die Vermittlung dieser Inhalte bescheinigt; mindestens aber, wenn solche Inhalte nicht im Einzelnen erwähnt sind, die ausdrückliche Aussage, dass es sich um eine Schulung gerade zum Medizinprodukteberater gehandelt hat, und zwar in der gesamten erforderlichen Breite** (2. VK Mecklenburg-Vorpommern, B. v. 7. 1. 2008 – Az.: 2 VK 5/07).

9199 **106.6.3.6.3.7 Nachweis eines autorisierten Händlers.** Die **Anforderung des Nachweises, ein autorisierter Händler für ein nachgefragtes Produkt zu sein**, dürfte dann **zulässig** sein, wenn **ein (rechtskonformes) geschlossenes Vertriebssystem** besteht und deshalb unterstellt werden kann, dass jeder nicht zugelassene Anbieter sich das Produkt nur durch Verleitung Dritter zum Vertragsbruch wird beschaffen können (VK Düsseldorf, B. v. 23. 5. 2008 – Az.: VK – 7/2008 – L).

9200 Jedoch kann ein **geschlossenes Vertriebssystem nicht erkannt werden, wenn die nachgefragten Produkte (Standard-Software) rechtlich unbeanstandet auch von anderen als von „LAR"-Händlern angeboten werden.** Der zugrunde liegende **Select-Vertrag generiert lediglich ein mittelbar geschlossenes System der Gewährung bestimmter Vertragskonditionen**, die anzubieten für außenstehende Händler grundsätzlich kaufmännisch uninteressant sein dürfte. Eine **rechtliche Notwendigkeit, die genannte Eignungsanforderung aufzustellen, kann ein Auftraggeber somit nicht geltend machen.** Er kann diesbezüglich auch nicht auf seinen Beitritt zum Select-Vertrag verweisen, der nicht ausnutzbar wäre, wenn er, der Auftraggeber, keinen Handelspartner unter den „LAR" aussuchen würde. Der Beitritt ist ein vom Auftraggeber willentlich und ohne rechtliche Notwendigkeit geschaffener Umstand, auf den er sich nicht berufen kann, um eine spätere Verengung des Wettbewerbes zu rechtfertigen. Es kann hier nichts anders gelten, als wenn ein Auftraggeber selbst gesetzte Termine als Begründung für eine besondere Dringlichkeit und die Durchführung eines Verhandlungsverfahrens ohne Teilnahmewettbewerb anführen würde (VK Düsseldorf, B. v. 23. 5. 2008 – Az.: VK – 7/2008 – L).

In diesem Fall stellt die Aufstellung der **Anforderung des Nachweises, ein autorisierter** 9201 **Händler für ein nachgefragtes Produkt zu sein, darüber hinaus eine unzulässige Vermischung von unternehmensbezogenen Eignungsmerkmalen und wertbezogener Leistungsbewertung dar**. Die Einschränkung auf der Eignungsebene nimmt vorliegend eine Leistungsbewertung vorweg, indem unterstellt wird, dass Angebote einer bestimmten, gewünschten Werthaltigkeit nur von Unternehmern abgegeben werden können, die vom Hersteller in einen Kreis von Händlern aufgenommen wurden, die er offenbar seinerseits zu besonderen Bedingungen beliefert. Auf der Ebene der Eignungsprüfung darf jedoch nicht das Kriterium der zu erwartenden Werthaltigkeit des Angebotes angewandt werden wie auf der Ebene der Angebotsbewertung nicht nochmals die besondere Eignung eines Unternehmens einfließen darf (VK Düsseldorf, B. v. 23. 5. 2008 – Az.: VK – 7/2008 – L).

Ein Auftraggeber kann sich insoweit auch nicht darauf berufen, dass es ihm freisteht, eine 9202 Leistung gerade der Art zu fordern, wie sie der Select-Vertrag verbunden mit dem Handelspartner-Vertrag vorsehe und dass somit bei einem vergaberechtlich nicht zu beanstandenden Alternativverhalten der Bieter ebenfalls keine Chance auf einen Vertragsschluss hat. Zum einen **kann der Auftraggeber beanstandungsfrei keinen Direktbezug ohne Wettbewerb vornehmen, selbst wenn eine „besonders günstige Gelegenheit" anzunehmen wäre; diese Möglichkeit besteht nur bei „Räumungsverkäufen" oder Betriebsauflösungen**. Zum anderen kann der Auftraggeber sich nicht darauf berufen, dass die **Konditionen des Select-Vertrages verbunden mit dem Handelspartner-Vertrag in einem vergaberechtlich beanstandungsfreien Wettbewerbsverfahren bereits als das wirtschaftlichste Angebot ermittelt worden** seien und es sich vorliegend um eine Art zweiter Stufe dieses Wettbewerbsverfahrens handle, an dem nur noch die Anbieter teilnehmen würden, die zuvor aufgrund transparenter Kriterien ermittelt worden wären. Dazu müsste mindestens vorgetragen werden, dass auf Landes- oder Bundesebene Leistungskriterien aufgestellt und ein offener Wettbewerb mit anschließender Bewertung von Angeboten durchgeführt worden wäre. Nach den Regeln der öffentlichen Beschaffung können Leistungen jedoch nur nach Ablauf eines derartigen Wettbewerbsverfahrens bezogen werden. Das **Verfahren** kann – mit Ausnahme des rechtskonformen wettbewerbsfreien Direktbezuges – **nicht um einzelne Elemente verkürzt** werden. Die **Vertriebsstrategie eines Herstellers kann kein Wettbewerbsverfahren verkürzen, soweit keine beachtlichen rechtlichen Schranken für die Anbieter bestehen** (VK Düsseldorf, B. v. 23. 5. 2008 – Az.: VK – 7/2008 – L)

106.6.3.6.3.8 Anforderung nach einer Abnahmegarantie/Verwertungsbestätigung 9203 **einer Papierfabrik.** Ein öffentlicher Auftraggeber **darf von den Bietern die Abnahmegarantie/Verwertungsbestätigung einer Papierfabrik mit dem Inhalt, dass der Bieter voraussichtlich tatsächlich in der Lage sein wird, eine bestimmte Menge Altpapier in einer bestimmten Zeit dem Auftraggeber abzunehmen und einer geordneten Verwertung zuzuführen, fordern.** Es handelt sich um den **Nachweis der wirtschaftlichen Leistungsfähigkeit des Bieters.** Gleichzeitig wird mit dem Nachweis die Prognose abgesichert. dass die vom Bieter angebotene Gegenleistung für den Wert des abgenommenen Altpapiers – zumindest teilweise – auch erbracht werden kann. Die Forderung einer Abnahmegarantie/Verwertungsbestätigung ist **auch nicht unverhältnismäßig**. Auch wenn das bei den Auftraggeber anfallende Altpapier in Deutschland ohne weiteres absetzbar ist, darf der Auftraggeber den Nachweis verlangen. Zum einen kann der Markt sich unter Umständen sehr schnell ändern. Zum anderen bietet die Abnahmegarantie/Verwertungsbestätigung dem Auftraggeber einen leicht zu überprüfenden Anhaltspunkt für die Leistungsfähigkeit und damit für die Eignung eines Bieters (OLG Karlsruhe, B. v. 29. 8. 2008 – Az.: 15 Verg 8/08).

106.6.3.7 Durch Präqualifizierungsverfahren erworbene Eignungsnachweise (§ 6 Abs. 4)

106.6.3.7.1 Änderung in der VOL/A 2009. Die Auftraggeber können Eignungsnachweise, 9204 die durch Präqualifizierungsverfahren erworben werden, zulassen. Diese **Regelung ist neu in die VOL/A 2009 aufgenommen** worden.

Teil 4 VOL/A § 6 Vergabe- und Vertragsordnung für Leistungen Teil A

9205 **106.6.3.7.2 Gesetzliche Basis.** Mit dem Vergaberechtsmodernisierungsgesetz 2009 wurde **§ 97 Abs. 4 a in das GWB aufgenommen.** Danach können Auftraggeber Präqualifikationssysteme einrichten oder zulassen, mit denen die Eignung von Unternehmen nachgewiesen werden kann.

9206 **106.6.3.7.3 Erläuternde Hinweise der VOL/A.** Ein Präqualifizierungsverfahren erleichtert den Unternehmen die Nachweisführung und den Auftraggebern die Prüfung der auftragsunabhängigen Eignungsnachweise. Es minimiert die Ausschlussgefahr wegen formaler Mängel. Den Auftraggebern bleibt daneben der von der VOL/A vorgegebene Spielraum für die Anforderungen auftragsbezogener Nachweise. Es gibt verschiedene Anbieter, die Präqualifizierungsverfahren durchführen.

9207 **106.6.3.7.4 Praktische Umsetzung.** Im Wesentlichen bieten die **Industrie- und Handelskammern** der einzelnen Bundesländer Präqualifizierungen an.

9208 Zur Umsetzung der Präqualifizierung im Bereich der VOB/A über den **privatrechtlich organisierten „Verein für die Präqualifikation von Bauunternehmen"** – unter dem Vorsitz des Bundesministeriums für Verkehr, Bau und Stadtentwicklung – vgl. die Kommentierung zu → § 6 VOB/A Rdn. 89ff.

9209 **106.6.3.7.5 Rechtsprechung.** Zur Ersetzung von Referenzen durch einen Präqualifikationsnachweis vgl. die Kommentierung zu → § 97 GWB Rdn. 724.

9210 Eine **Präqualifikationsurkunde belegt nur die Eignung bezogen auf die präqualifizierten Leistungsbereiche** (2. VK Bund, B. v. 30. 11. 2009 – Az.: VK 2–195/09).

9211 Die **Präqualifikation wird zu einem gewissen Stichtag erteilt.** Selbst wenn in diesem Präqualifikationsverfahren die Referenzen geprüft worden sein sollten, würden diejenigen vergleichbaren Aufträge, die nach dessen Abschluss vom jeweiligen Bieter zusätzlich übernommen oder erledigt worden wären, von der Präqualifikationsurkunde nicht erfasst. Es ergibt sich also eine **zeitliche Lücke ab dem in der Urkunde genannten Stichtag** (2. VK Bund, B. v. 30. 11. 2009 – Az.: VK 2–195/09).

9212 **106.6.3.7.6 Literatur**

– Braun, Peter/Petersen, Zsofia, Präqualifikation und Prüfungssysteme, VergabeR 2010, 433
– Kossens, Michael, Präqualifizierung in der Bauwirtschaft – Haftungsbefreiung für Generalunternehmer, NZBau 2009, 419
– Welter, Ulrich, Präqualifikation auf dem Vormarsch – Zwischen PQ-Verein und Datenbanken; Begriffe – Missverständnisse – Risiken, VergabeR 2008, 904
– Werner, Michael, Einführung eines nationalen Präqualifizierungssystems am deutschen Baumarkt, NZBau 2006, 12

106.7 Fakultativer Ausschluss von Bewerbern (§ 6 Abs. 5)

106.7.1 Allgemeines

9213 § 6 Abs. 5 regelt **ausdrücklich nur den fakultativen Ausschluss von Bewerbern, betrifft also nur die Vergabeverfahren mit einem vorgeschalteten Teilnahmewettbewerb.** Eine vergleichbare Regelung für das Angebotsverfahren von Bietern enthält § 16 Abs. 4.

106.7.2 Sinn und Zweck der Regelung

9214 Der **Tatbestand von § 6 Abs. 5 VOL/A zielt darauf ab, dass beim Vorliegen bestimmter, typisierend verwendeter Merkmale Bieter oder Bewerber keine zureichende Gewähr dafür bieten, den abzuschließenden Vertrag ordnungsgemäß erfüllen zu können.** Die Tatbestandselemente der Norm betreffen die Eignungsmerkmale der Fachkunde, Leistungsfähigkeit und Zuverlässigkeit. Da sie nach dem Norminhalt und -zweck (nur) in einem typisierenden Sinn zu verstehen sind, ist die **Entscheidung über den Ausschluss dem Ermessen des Auftraggebers anheim gegeben – und seinem Beurteilungsspielraum,** soweit es den Tatbestand der Fachkunde, Leistungsfähigkeit und Zuverlässigkeit betrifft (KG Berlin, B. v. 13. 3. 2008 – Az.: 2 VERG 18/07; OLG Düsseldorf, B. v. 5. 12. 2006 – Az.: VII – Verg 56/06; VK Brandenburg, B. v. 16. 10. 2007 – Az.: VK 38/07; VK Bund, B. v. 29. 10. 2007 – Az.: VK 1–110/07; VK Lüneburg, B. v. 12. 6. 2007 – Az.: VgK-23/2007; VK Münster, B. v. 13. 2. 2007 – Az.: VK 17/06).

106.7.3 Keine abschließende Regelung der Ausschlussgründe für einen Teilnahmewettbewerb

Es ist **nicht richtig, dass § 6 Abs. 5 bzw. § 6 EG Abs. 6 VOL/A die Ausschlussgründe für einen Teilnahmewettbewerb abschließend regeln.** Es handelt sich bei diesen Bestimmungen entgegen ihres möglicherweise missverständlichen Wortlauts in deren Überschriften nicht um spezifische den Teilnahmewettbewerb betreffende Regelungen. Sie gelten für alle Verfahrensarten. Dies ergibt sich für § 6 Abs. 5 VOL/A schon daraus, dass die Bestimmung in § 16 VOL/A, dort Abs. 4, erwähnt wird und § 16 die Wertung von Angeboten zum Inhalt hat. Und die Ausschlussgründe des § 6 EG Abs. 6 VOL/A werden im Rahmen der Eignungsprüfung nach § 16 Abs. 5 VOL/A berücksichtigt, wobei § 6 EG Abs. 6 VOL/A lediglich spezielle Regelungen enthält, wie bei Vorliegen der dort genannten Situationen zu verfahren ist. Es kann deshalb kein Zweifel bestehen, dass **§ 16 VOL/A für das Bewerbungsverfahren analog anzuwenden** ist (VK Baden-Württemberg, B. v. 16. 9. 2008 – Az.: 1 VK 34/08).

9215

106.7.4 Ermessensentscheidung

Die Vergabestelle verfügt **auf der Tatbestandsseite des § 6 Abs. 5 VOL/A über einen Beurteilungsspielraum** bei der Einschätzung, ob ein Bieter trotz des Vorliegens eines Ausschlussgrundes noch die erforderliche Eignung aufweist oder ob er vom Vergabewettbewerb auszuschließen ist. Die **Entscheidung über den Ausschluss (Rechtsfolgenseite) ist eine Ermessensentscheidung** (KG Berlin, B. v. 13. 3. 2008 – Az.: 2 VERG 18/07; Hanseatisches OLG Bremen, B. v. 24. 5. 2006 – Az.: Verg 1/2006; OLG Düsseldorf, B. v. 9. 6. 2010 – Az.: VII-Verg 14/10; B. v. 5. 12. 2006 – Az.: VII – Verg 56/06; OLG Frankfurt, B. v. 24. 6. 2004 – Az.: 11 Verg 6/04; OLG München, B. v. 21. 8. 2008 – Az.: Verg 13/08; Saarländisches OLG, B. v. 18. 12. 2003 – Az.: 1 Verg 4/03; VK Brandenburg, B. v. 16. 10. 2007 – Az.: VK 38/07; 1. VK Bund, B. v. 29. 10. 2007 – Az.: VK 1–110/07; 2. VK Bund, B. v. 17. 8. 2005 – Az.: VK 2–81/05; VK Düsseldorf, B. v. 16. 2. 2006 – Az.: VK – 02/2006 – L; B. v. 31. 10. 2005 – Az.: VK – 30/2005 – B; VK Hessen, B. v. 28. 6. 2005 – Az.: 69 d VK – 07/2005; VK Lüneburg, B. v. 18. 10. 2005 – Az.: VgK-47/2005; VK Münster, B. v. 13. 2. 2007 – Az.: VK 17/06; VK Schleswig-Holstein, B. v. 26. 10. 2004 – Az.: VK-SH 26/04). **Ermessen bedeutet,** dass der Ausschreibende eine auf sachlichen Erwägungen beruhende Entscheidung über die weitere Teilnahme der einzelnen Bieter zu treffen hat (OLG Düsseldorf, B. v. 9. 6. 2010 – Az.: VII-Verg 14/10; OLG München, B. v. 21. 4. 2006 – Az.: Verg 8/06). Der Anspruch der übrigen Teilnehmer an der Ausschreibung geht nicht weiter. Zwar können diese zwar eine ermessensfehlerfreie Entscheidung verlangen. Auch das bedeutet jedoch nur, dass sie ihre Entscheidung nicht aus unsachlichen Gründen treffen darf und kann. Eine hinreichend sachlich motivierte und begründete Entscheidung zugunsten auch eines ungetreuen Bieters ist ihr jedoch auch danach nicht schlechthin verwehrt (BGH, Urteil v. 18. 9. 2001 – Az.: X ZR 51/00; OLG Düsseldorf, B. v. 5. 12. 2006 – Az.: VII – Verg 56/06; 1. VK Bund, B. v. 29. 10. 2007 – Az.: VK 1–110/07).

9216

Das Vorliegen eines der in **§ 6 Abs. 5 VOL/A** genannten Tatbestände lässt **grundsätzlich auf einen solch gravierenden Mangel an Eignung** schließen, dass ein **Ausschluss zwar regelmäßig gerechtfertigt, nicht aber zwingend geboten** ist (1. VK Bund, B. v. 11. 10. 2002 – Az.: VK 1–75/02).

9217

Im Einzelfall kann sich dieses **Ermessen auf Null reduzieren** mit der Folge, dass eine Pflicht zum Ausschluss besteht (1. VK Bund, B. v. 29. 10. 2007 – Az.: VK 1–110/07). Maßgeblich muss unter dem Gesichtspunkt des Eignungsprinzips sein, ob und in welchem Umfang der zu beurteilende Sachverhalt geeignet ist, die Leistungsfähigkeit des Bieters in Frage zu stellen.

9218

Der **Beurteilungsspielraum wird nur dann überschritten,**

9219

– wenn ein **vorgeschriebenes Verfahren nicht eingehalten** wird,

– wenn nicht von einem **zutreffenden und vollständig ermittelten Sachverhalt** ausgegangen wird (1. VK Sachsen, B. v. 28. 1. 2004 – Az.: 1/SVK/158-03),

– wenn **sachwidrige Erwägungen** in die Wertung **einbezogen** werden oder

– wenn der sich im Rahmen der Beurteilungsermächtigung haltende **Beurteilungsmaßstab nicht zutreffend angewandt** wird

(OLG Düsseldorf, B. v. 9. 6. 2010 – Az.: VII-Verg 14/10; VK Baden-Württemberg, B. v. 31. 3. 2003 – Az.: 1 VK 13/03; VK Brandenburg, B. v. 16. 10. 2007 – Az.: VK 38/07; VK Nordbayern, B. v. 18. 9. 2003 – Az.: 320.VK-3194-31/03).

Teil 4 VOL/A § 6 Vergabe- und Vertragsordnung für Leistungen Teil A

9220 Die **Ausübung des Ermessens muss erfolgen und dokumentiert** werden (OLG Düsseldorf, B. v. 9. 6. 2010 – Az.: VII-Verg 14/10; 1. VK Bund, B. v. 29. 10. 2007 – Az.: VK 1–110/07; VK Lüneburg, B. v. 12. 6. 2007 – Az.: VgK-23/2007; B. v. 18. 10. 2005 – Az.: VgK-47/2005; VK Südbayern, B. v. 7. 7. 2006 – Az.: 11-04/06).

9221 Sowohl die **Ermessensausübung** als auch die vorgelagerte **Betätigung des Beurteilungsspielraums unterliegen der Kontrolle der Nachprüfungsinstanzen** darauf, ob die nach allgemeinen Grundsätzen zu beachtenden Grenzen eingehalten worden sind (OLG Düsseldorf, B. v. 5. 12. 2006 – Az.: VII – Verg 56/06; VK Brandenburg, B. v. 16. 10. 2007 – Az.: VK 38/07; 1. VK Bund, B. v. 29. 10. 2007 – Az.: VK 1–110/07; VK Münster, B. v. 13. 2. 2007 – Az.: VK 17/06).

9222 Zur **Bindung** des öffentlichen Auftraggebers **an eine einmal getroffene Ermessensentscheidung** vgl. die **Kommentierung** zu → § 97 GWB Rdn. 1327 ff.

106.7.5 Die einzelnen Ausschlussgründe nach § 6 Abs. 5

106.7.5.1 Unternehmen im Insolvenz- oder einem vergleichbaren Verfahren (§ 6 Abs. 5 lit. a)

9223 **106.7.5.1.1 Allgemeines.** Der Ausschlussgrund des § 6 Abs. 5 lit. a) VOL/A knüpft an den **Wegfall der finanziellen Leistungsfähigkeit** des Teilnehmers an. Der öffentliche Auftraggeber hat ein berechtigtes Interesse daran, dass der Bewerber bzw. Bieter während der Ausführung des Liefer- oder Dienstleistungsauftrags und für die Dauer der Gewährleistung über ausreichende finanzielle Mittel verfügt, um die Liefer- oder Dienstleistung ordnungsgemäß und pünktlich auszuführen und Mängelansprüche zu erfüllen (VK Nordbayern, B. v. 18. 9. 2003 – Az.: 320. VK-3194-31/03).

9224 Ein **durchgeführter Verlustausgleich durch einen Gesellschafter stellt keine Insolvenzsituation** dar (2. VK Bund, B. v. 17. 8. 2005 – Az.: VK 2–81/05).

9225 **106.7.5.1.2 Insolvenz eines Mitgliedes einer Bietergemeinschaft.** Allein die Tatsache der vorläufigen Insolvenz oder der Eröffnung des Insolvenzverfahrens über das Vermögen eines Mitglieds einer anbietenden Bietergemeinschaft führt nicht zur zwingenden Nichtberücksichtigung des Bieters wegen mangelnder Eignung, sondern **ermöglicht lediglich einen ermessensgebundenen Ausschlussgrund** (1. VK Sachsen, B. v. 1. 10. 2002 – Az.: 1/SVK/084-02).

9226 Befindet sich **nur ein Partner einer Bietergemeinschaft in Insolvenz**, ist allerdings der **Ausschluss der gesamten Bietergemeinschaft gerechtfertigt** (VK Nordbayern, B. v. 18. 9. 2003 – Az.: 320.VK-3194-31/03).

9227 **106.7.5.1.3 Ermessensentscheidung.** § 6 Abs. 5 lit. a) VOL/A **erlaubt dem öffentlichen Auftraggeber keineswegs**, einen Bieter oder Bewerber **allein aufgrund einer durch die Eröffnung eines Insolvenzverfahrens eingetretenen abstrakten Gefährdungslage**, ohne eine gezielte und konkrete Überprüfung seiner Eignung, d. h. einer Fachkunde, Leistungsfähigkeit und Zuverlässigkeit trotz eingeleiteten Insolvenzverfahrens, ohne Betätigung des dabei auf der Tatbestandsseite auszuübenden Beurteilungsspielraums und des auf der Rechtsfolgenseite eingeräumten Ermessens und vor allen Dingen ohne eine Kontrolle der bei der Ausübung von Beurteilungs- und Ermessensspielräumen einzuhaltenden Grenzen vom Wettbewerb **auszuschließen** (OLG Düsseldorf, B. v. 5. 12. 2006 – Az.: VII – Verg 56/06).

9228 Der Auftraggeber hat gemäß § 6 Abs. 5 lit. a) VOL/A einen **Beurteilungsspielraum**, den die Vergabekammer nur überwachen kann (VK Arnsberg, B. v. 10. 3. 2006 – Az.: VK 03/06). Der Auftraggeber hat die finanzielle Leistungsfähigkeit der Bieter zu überprüfen. **Gegebenenfalls kommt eine Ermessensreduzierung auf Null** wegen Wegfall der finanziellen Leistungsfähigkeit in Betracht. Es **kann einem Auftraggeber auch nicht verwehrt werden, im Falle der Insolvenz mit dem Insolvenzverwalter „Verhandlungen" zu führen** (VK Brandenburg, B. v. 14. 3. 2005 – Az.: VK 7/05).

9229 **106.7.5.1.4 Nachweis für das Nichtvorliegen der Insolvenz und Liquidation. Grundsätzlich ist es unbedenklich, von Bewerbern Erklärungen, die sich auf die Ausschlussgründe des § 6 Abs. 5 lit. a) – e) VOL/A beziehen, zu verlangen.** Voraussetzung dazu ist nicht bereits ein Anfangsverdacht oder gar ein schon konkretisierter Verdacht, der auf das Bestehen eines Ausschlussgrundes hindeutet. Aus § 6 Abs. 5 VOL/A ergibt sich eine Einschränkung nicht (OLG München, B. v. 27. 1. 2005 – Az.: Verg 002/05).

Vergabe- und Vertragsordnung für Leistungen Teil A　　　　　　　VOL/A § 6　**Teil 4**

Grundsätzlich genügt als Nachweis für das Nichtvorliegen der Insolvenz und Liquidation – und damit das Nichtvorliegen des Ausschlusstatbestandes nach § 6 Abs. 5 VOL/A – eine **einfache Eigenerklärung (Selbstauskunft)**, es sei denn, der Auftraggeber fordert ausdrücklich eine qualifizierte (Fremd-)Erklärung (OLG Düsseldorf, B. v. 4. 6. 2008 – Az.: VII-Verg 21/08).　9230

106.7.5.2 Nachweislich festgestellte schwere Verfehlung (§ 6 Abs. 5 lit. c)

106.7.5.2.1 Begriff der schweren Verfehlung. 106.7.5.2.1.1 Allgemeines. Beim Begriff der „schweren Verfehlung" handelt es sich um einen **unbestimmten Rechtsbegriff, bei dessen Auslegung der Vergabestelle ein Beurteilungsspielraum zukommt** (OLG München, B. v. 21. 5. 2010 – Az.: Verg 02/10).　9231

Eine schwere Verfehlung im Sinne des § 6 Abs. 5 lit. c) VOL/A muss **bei wertender Betrachtung vom Gewicht her** den **zwingenden Ausschlussgründen** des § 6 EG Abs. 4 VOL/A **zumindest nahe kommen** (OLG Düsseldorf, B. v. 9. 4. 2008 – Az.: VII-Verg 2/08; im Ergebnis ebenso 2. VK Bund, B. v. 15. 5. 2009 – Az.: VK 2–21/09). „Schwere Verfehlungen" sind also **erhebliche Rechtsverstöße**, die geeignet sind, die Zuverlässigkeit eines Bewerbers grundlegend in Frage zu stellen. Sie müssen schuldhaft begangen worden sein und erhebliche Auswirkungen haben (OLG München, B. v. 21. 5. 2010 – Az.: Verg 02/10).　9232

106.7.5.2.1.2 Unspezifizierte Vorwürfe, Vermutungen oder vage Verdachtsgründe. Es besteht in Rechtsprechung und Schrifttum Einigkeit, dass **unspezifizierte Vorwürfe, Vermutungen oder vage Verdachtsgründe nicht ausreichen** (Hanseatisches OLG Bremen, B. v. 24. 5. 2006 – Az.: Verg 1/2006; OLG Düsseldorf, B. v. 28. 7. 2005 – Az.: VII – Verg 42/05; OLG München, B. v. 21. 5. 2010 – Az.: Verg 02/10; VK Baden-Württemberg; B. v. 28. 1. 2009 – Az.: 1 VK 58/08; VK Düsseldorf, B. v. 13. 3. 2006 – Az.: VK – 08/2006 – L; VK Münster, B. v. 26. 8. 2009 – Az.: VK 11/09). Vielmehr müssen die schwere Verfehlungen belegenden **Indiztatsachen einiges Gewicht** haben (LG Düsseldorf, Urteil v. 16. 3. 2005 – Az.: 12 O 225/04; VK Düsseldorf, B. v. 31. 10. 2005 – Az.: VK – 30/2005 – B). Sie müssen kritischer Prüfung durch ein mit der Sache befasstes Gericht standhalten und die Zuverlässigkeit des Bieters nachvollziehbar in Frage stellen. Voraussetzung für einen Ausschluss ist, dass **konkrete**, z. B. durch schriftlich fixierte Zeugenaussagen, sonstige Aufzeichnungen, Belege oder Schriftstücke **objektivierte Anhaltspunkte für schwere Verfehlungen bestehen** (VK Nordbayern, B. v. 22. 1. 2007 – Az.: 21.VK – 3194 – 44/06). Die verdachtbegründenden Umstände müssen zudem **aus seriösen Quellen** stammen und der Verdacht muss einen gewissen Grad an „Erhärtung" erfahren haben. Das **Vorliegen eines rechtskräftigen Urteils ist demgegenüber nicht erforderlich** (VK Düsseldorf, B. v. 13. 3. 2006 – Az.: VK – 08/2006 – L; VK Nordbayern, B. v. 22. 1. 2007 – Az.: 21.VK – 3194 – 44/06). Auch die **Anklageerhebung und die Eröffnung des Hauptverfahrens brauchen nicht abgewartet zu werden**. Wollte man in Fällen, bei denen die zum Ausschluss führenden Verfehlungen ein strafrechtlich relevantes Verhalten zum Gegenstand haben, verlangen, dass eine Anklageerhebung oder gar eine rechtskräftige Verurteilung erfolgt ist, würde das in der Praxis zu schwer erträglichen Ergebnissen führen. Zwischen dem Bekannt werden strafbarer Handlungen, der Anklageerhebung und deren rechtskräftiger Aburteilung liegen – gerade bei Straftaten mit wirtschaftlichem Bezug – oft Jahre. Dem öffentlichen **Auftraggeber** kann bei dringenden Verdachtsmomenten, zumal, wenn sich die vorgeworfenen Taten gegen ihn selbst oder ihm nahe stehende Unternehmen richten, **nicht zugemutet werden**, mit dem betreffenden Bewerber dessen ungeachtet **weiter ohne Einschränkungen in Geschäftsverkehr zu treten**, denn dies setzt gegenseitiges Vertrauen voraus (Saarländisches OLG, B. v. 18. 12. 2003 – Az.: 1 Verg 4/03; LG Berlin, Urteil v. 22. 3. 2006 – Az.: 23 O 118/04).　9233

Allein die **Angaben von Zeugen, die ein unmittelbares oder mittelbares Eigeninteresse am Ausschluss eines Bieters haben**, etwa weil sie oder deren Arbeitgeber mit dem Bieter in Konkurrenz stehen, sind deshalb **nicht ausreichend**, erforderlich sind vielmehr darüber hinausgehende objektive Belege (OLG München, B. v. 21. 5. 2010 – Az.: Verg 02/10).　9234

106.7.5.2.1.3 Tatbestände. Nicht jedes Fehlverhalten eines Bieters führt zwingend zum Ausschluss seines Angebots. Eine Verfehlung ist nur dann **schwer, wenn sie schuldhaft begangen wird und erhebliche Auswirkungen hat** (LG Düsseldorf, Urteil v. 16. 3. 2005 – Az.: 12 O 225/04; 2. VK Bund, B. v. 15. 5. 2009 – Az.: VK 2–21/09; B. v. 13. 7. 2005 – Az.: VK 2–75/05; VK Düsseldorf, B. v. 31. 10. 2005 – Az.: VK – 30/2005 – B; VK Nordbayern, B. v. 22. 1. 2007 – Az.: 21.VK – 3194 – 44/06).　9235

Unter schweren Verfehlungen sind nur folgende Umstände zu fassen: **Verstöße gegen strafrechtliche Vorschriften** (z. B. Beamtenbestechung, Vorteilsgewährung, Diebstahl, Unterschla-　9236

Teil 4 VOL/A § 6 Vergabe- und Vertragsordnung für Leistungen Teil A

gung, Erpressung, Betrug, Untreue und Urkundenfälschung, die noch zu einer – zumindest erstinstanzlichen – Verurteilung geführt haben, **Verstöße gegen das GWB** (z. B. Preisabsprachen) **und UWG sowie Verstöße gegen zivil- und arbeitsrechtliche Vorschriften**, wie z. B. nach §§ 823, 826, 123, 134, 138 BGB (1. VK Sachsen, B. v. 25. 6. 2003 – Az.: 1/SVK/051-03).

9237   Ein **Verstoß gegen § 266a StGB** (Vorenthalten und Veruntreuen von Arbeitsentgelt) ist **keine schwere Verfehlung**, für die ohne weiteres ein Ausschluss wegen Unzuverlässigkeit **nach § 6 EG Abs. 4 VOL/A 2009** vorgegeben ist (VK Nordbayern, B. v. 22. 1. 2007 – Az.: 21.VK – 3194 – 44/06).

9238   Streitige **Tarifverstöße stellen** zurzeit **keine nachgewiesene schwere Verfehlung dar.** Soweit ein Unternehmer sich per Erklärung verpflichtet seine Beschäftigten nach dem in einem Bundesland geltenden Tarif zu bezahlen und weitergehend auch der Nachunternehmer dazu verpflichtet wird, stellt ein Verstoß gegen dieses Erklärung keinen Straftatbestand dar. Das **Fehlverhalten geht über das Niveau der Vertragsverletzung nicht hinaus**. Die Merkmale einer schweren Verfehlung werden nicht erfüllt (VK Hannover, B. v. 3. 9. 2003 – Az.: 26 045 – VgK – 13/2003).

9239   **Sachliche Meinungsverschiedenheiten reichen nicht aus**, erst recht nicht etwa ein Streit über die Gewährleistungs- oder Abrechnungsfragen (LG Düsseldorf, Urteil v. 16. 3. 2005 – Az.: 12 O 225/04; VK Düsseldorf, B. v. 31. 10. 2005 – Az.: VK – 30/2005 – B; 1. VK Sachsen, B. v. 17. 7. 2007 – Az.: 1/SVK/046-07) oder Mängel bei der Postzustellung oder ein gegenüber einem Wettbewerber erhöhter Rücklauf von Zustellsendungen bei einem vorausgehenden Auftrag. Der Ausschluss von einem Vergabeverfahren darf **keine Sanktion für Probleme in der Vertragsabwicklung bei einem anderen Vorhaben** sein (1. VK Sachsen, B. v. 25. 6. 2003 – Az.: 1/SVK/051-03).

9240   Der **Vorschlag eines Bieters, die Vergabekammer nicht einzuschalten, sofern der Auftraggeber bereit ist, den Bieter im weiteren Verfahren zu beteiligen, stellt keine schwere Verfehlung dar,** wenn es zu Recht gerügte Verfahrensfehler gibt, die sich nur dadurch beseitigen lassen, dass der Auftraggeber von sich aus oder nach Anweisung durch die Vergabekammer den Bieter am weiteren Vergabeverfahren beteiligt (OLG Düsseldorf, B. v. 7. 12. 2005 – Az.: VII – Verg 68/05).

9241   Der **Vorschlag eines Bieters, die Vergabekammer nicht einzuschalten, sofern der Auftraggeber bereit ist, dem Bieter sonstige Aufträge zu erteilen, stellt keine nachweisbare schwere Verfehlung** dar, wenn es nach Auffassung des Bieters darum geht, in einen Pool von Bietern zu gelangen, an die z. B. Planungsaufträge üblicherweise und rechtmäßig freihändig vergeben werden (OLG Düsseldorf, B. v. 7. 12. 2005 – Az.: VII – Verg 68/05).

9242   Der Versuch eines Antragstellers, einen Beigeladenen, auf dessen Angebot der Zuschlag erteilt werden soll, **zu einer wettbewerbswidrigen Absprache zu Lasten der Vergabestelle zu bewegen, in dem er zu einer wie auch immer gearteten Zusammenarbeit veranlasst werden soll mit dem Ziel, den Zuschlag auf sein eigenes Angebot zu erhalten und den Mehrpreis in geeigneter Form zwischen sich und dem Beigeladenen aufzuteilen,** ist wettbewerbswidrig und erfüllt auch zugleich den Tatbestand der schweren Verfehlung nach § 6 Abs. 5 lit. c) VOL/A. Das **Fehlverhalten kann auch nur durch Ausschluss aus diesem Verfahren beantwortet werden,** weil die Zuverlässigkeit anders nicht wieder hergestellt werden kann. Die Vergabestelle muss davon ausgehen, dass dieser Antragsteller bereit ist, auch bei Abwicklung eines eigenen Auftrags mit allen anderen Nachunternehmern ebenfalls zu ihren Lasten zu kooperieren. Damit entfällt seine Zuverlässigkeit (VK Arnsberg, B. v. 2. 5. 2008 – Az.: VK 08/08).

9243   Auch kann ein besonders vorwerfbares Verhalten, wie z. B. **die bewusste Nichterfüllung einer vertraglichen Verpflichtung, eine schwere Verfehlung darstellen,** sofern dem **Auftraggeber** angesichts des Verhaltens des Bieters unter Berücksichtigung der Grundsätze des Vergabeverfahrens **nicht zugemutet werden kann, mit diesem in vertragliche Beziehung zu treten und somit eine schwerwiegende Störung des für Vertragspartner unabdingbaren Vertrauensverhältnisses vorliegt.** Insbesondere eine schuldhafte Verletzung vertraglicher Beziehungen kann jedoch nur dann einen zulässigen Ausschlussgrund darstellen, wenn die Vertragsverletzung aufgrund einseitigen Verschuldens des Auftragnehmers eingetreten ist und der Auftragnehmer durch sein Verhalten das erneute Eingehen einer Vertragsbeziehung für den Auftraggeber unzumutbar gemacht hat. Andernfalls wäre ein genereller Ausschluss des Bieters vom Verfahren unangemessen (VK Düsseldorf, B. v. 31. 10. 2005 – Az.: VK – 30/2005 – B).

9244   Auch **eine bruchstückhafte und erst auf Nachfrage sukzessive Offenlegung der Verhältnisse in einem für die Vergabestelle erkennbar sensiblen Punkt** stellt bereits ein

Fehlverhalten dar, das die Zuverlässigkeit in Frage stellt (VK Düsseldorf, B. v. 13. 3. 2006 – Az.: VK – 08/2006 – L).

Eine schwere Verfehlung kann darin liegen, dass ein Bieter sich Geschäftsgeheimnisse im Sinn von § 17 Abs. 2 UWG dadurch verschafft, dass er selbst oder sein Informant irgendwelche Mittel im Sinne des § 17 Abs. 2 Nr. 1 UWG einsetzt oder gezielte Mitteilungen aus dem internen Geschäftsbereich der Vergabestelle im Sinne des § 17 Abs. 1 UWG empfängt. Das Tatbestandsmerkmal des „sonst" Sich-Verschaffens in § 17 Abs. 2 Nr. 2 UWG muss den kasuistisch aufgeführten Varianten gleichwertig sein bzw. einen diesen entsprechenden Unrechtsgehalt aufweisen, mithin **genügt die bloße passive Entgegennahme eines Geschäftsgeheimnisses nicht;** es fehlt an einem objektiv tatbestandsmäßigen Fehlverhalten (OLG Thüringen, B. v. 16. 7. 2007 – Az.: 9 Verg 4/07). 9245

Gibt ein Beteiligter eines Vergabeverfahrens an eine politische Institution wie eine Staatskanzlei den Hinweis, dass der von einer Vergabestelle präferierte Zuschlagsaspirant „75% der Leistungen in Österreich" erbringen lasse, kann der Sinn dieser Äußerung nach allgemeiner Lebenserfahrung **nur so verstanden** werden, dass die **Staatskanzlei ihren (politischen) Einfluss einsetzen solle, sich für eine Auftragsvergabe an ein heimisches Unternehmen statt an eine überwiegend mit ausländischen Fachkräften besetzte Bietergemeinschaft zu verwenden.** Intendiert ist damit ersichtlich, die Staatskanzlei als maßgebende und einflussreiche staatliche Institution an ihre Verantwortung für regionale bzw. nationale Wirtschaftsinteressen (Arbeitsplätze, Wirtschaftswachstum, Steueraufkommen usw.) zu erinnern und diese zu veranlassen, zugunsten des Bieters zu intervenieren. Hierzu ist zu bemerken, dass im Rahmen eines nach Gemeinschaftsrecht auszuschreibenden Vorhabens **alle Bewerber, unabhängig von ihrer Herkunft oder des Sitzes bzw. räumlichen Tätigkeitsschwerpunkts eines Unternehmens, gleich zu behandeln sind** (Art. 49 EGV – jetzt Art. 56 AEUV, § 97 Abs. 2 GWB). Das **Diskriminierungsverbot ist eine der tragenden Säulen des geltenden Vergaberechts.** Wie insbesondere der EuGH bereits ausdrücklich entschieden hat, steht gerade die Dienstleistungsfreiheit im Sinne einer strikten Chancengleichheit aller im Gebiet der Europäischen Union angesiedelten Unternehmen unter dem besonderen Schutz des Vergaberechts. **Art. 49 EGV (jetzt Art. 56 AEUV) verbietet auch alle versteckten Formen der Diskriminierung,** die durch die formale Anwendung anderer Unterscheidungsmerkmale tatsächlich zum gleichen Ergebnis führen wie eine offensichtliche Diskriminierung aufgrund der Staatsangehörigkeit. Der **hohe Stellenwert dieser Grundsätze, über deren Einhaltung die Vergabeprüfungsinstanzen zu wachen haben, wird allerdings seitens politischer Gremien und Einrichtungen** – die zugegebenermaßen nicht nur rechtliche, sondern auch andere Belange des Gemeinwohls, etwa ökonomischer, sozialer, gesellschaftlicher Art, in ihre Gestaltungsentscheidungen in den Blick zu nehmen haben – **nicht ausnahmslos hinreichend berücksichtigt.** So kann, wie auch Erfahrungen in der Vergangenheit gezeigt haben, nicht immer ausgeschlossen werden, dass politischer Einfluss im Sinne protektionistischer Maßnahmen zugunsten regionaler oder nationaler Unternehmen ausgeübt wird statt auf eine den gesetzlichen Regeln folgende neutrale europaweite Bestenauslese zu vertrauen. Gerade vor diesem Hintergrund kann aber **ein Verhalten, mit dem offen zum Bruch eines der tragenden Prinzipien des Vergaberechts aufgerufen wird, wie es das Diskriminierungsverbot darstellt, nur als – versuchte – grob rechtswidrige Einflussnahme auf ein laufendes Vergabeverfahren** gewertet werden. Dabei spricht viel dafür, dass schon dies das Merkmal einer schweren Verfehlung erfüllt. Mag man ggf. noch über die Frage streiten, ob ein Mittel, das auf einem wettbewerbswidrigem Informationsvorsprung gründet, nicht einmal zu erlaubten Zwecken eingesetzt werden darf, mag man ferner ggf. unterschiedlicher Meinung darüber sein, ob ein Fehlverhalten nicht bereits daraus resultiert, dass der Teilnehmer eines Vergabeverfahrens staatliche Stellen offen zur Diskriminierung eines ausländischen Mitbewerbers auffordert, so ist bei einer Konstellation, in der beide Verfehlungen zusammentreffen, kein Zweifel an der schweren Verfehlung (OLG Thüringen, B. v. 16. 7. 2007 – Az.: 9 Verg 4/07). 9246

Wer – zumal vor Jahren – einen privaten (Groß-)Auftraggeber mit Schmiergeldern gefügig gemacht hat, muss **deshalb noch nicht notwendig** – selbst wenn eine „Selbstreinigung" noch nicht stattgefunden haben sollte – **die für die anstehende Abwicklung eines Liefer- oder Dienstleistungsauftrags erforderliche Zuverlässigkeit vermissen** lassen (KG Berlin, B. v. 13. 3. 2008 – Az.: 2 Verg 18/07). 9247

Eine schwere Verfehlung kann **bei schwerwiegenden Verstößen gegen die Grundsätze des Geheimwettbewerbs** vorliegen, insbesondere bei Preisabsprachen oder sonst weitgehender, den Kernbereich des Angebots oder zugehöriger Kalkulationsgrundlagen betreffender Offenlegung von Angeboten (OLG Düsseldorf, B. v. 9. 4. 2008 – Az.: VII-Verg 2/08). 9248

9249 Die – wenn auch sachlich unbegründete – **anwaltliche Geltendmachung von Ansprüchen z. B. auf Abgabe einer Unterlassungserklärung**, ist als solche eine grundsätzlich zulässige Maßnahme zivilrechtlicher Rechtsverfolgung und **kann** daher **nicht als eine mit Preisabsprachen oder korruptivem Verhalten gleichzusetzende Verfehlung qualifiziert werden** (2. VK Bund, B. v. 15. 5. 2009 – Az.: VK 2–21/09).

9250 Angesichts des Umstandes, dass ein **Bieter über einen langen Zeitraum seiner Verpflichtung zur Zahlung von Tariflöhnen sowie zur Abführung von Sozialversicherungsbeiträgen in erheblichem Umfang nicht nachgekommen** ist sowie des entsprechend unrichtigen Inhalts der Eigenerklärungen, in der der Bieter diese Vorgänge nicht offen gelegt, sondern versichert hat, gegenwärtig und auch in der Vergangenheit seinen diesbezüglichen Verpflichtungen nachgekommen zu sein, nicht ausräumbare Zweifel an der Zuverlässigkeit dieses Bieters (OLG Düsseldorf, B. v. 9. 6. 2010 – Az.: VII-Verg 14/10).

9251 **106.7.5.2.1.4 Tatbestände nach dem Hamburgischen Korruptionsregistergesetz.** Nach § 1 Abs. 1 Hamburgisches Gesetz zur Einrichtung und Führung eines Korruptionsregisters – HmbKorRegG – vom 18. 2. 2004 (Hamburgisches Gesetz- und Verordnungsblatt, Teil I, Nr. 12 vom 3. 3. 2004, Seite 98) liegt eine Verfehlung vor, wenn im Falle eines Selbstständigen durch denjenigen in eigener Person, im Falle eines sonstigen Unternehmens durch einen verantwortlich Handelnden im Rahmen der wirtschaftlichen Betätigung

– eine Straftat nach §§ 334, 335 (Bestechung, besonders schwere Fälle der Bestechung), § 333 (Vorteilsgewährung), § 253 (Erpressung), § 261 (Geldwäsche, Verschleierung unrechtmäßig erlangter Vermögenswerte), § 263 (Betrug), § 264 (Subventionsbetrug), § 265b (Kreditbetrug), § 266a (Vorenthalten und Veruntreuen von Arbeitsentgelt), § 267 (Urkundenfälschung), § 298 (Wettbewerbsbeschränkende Absprachen bei Ausschreibungen), § 299 (Bestechlichkeit und Bestechung im geschäftlichen Verkehr) Strafgesetzbuch (StGB), §§ 19, 20, 20a oder 22 des Gesetzes über die Kontrolle von Kriegswaffen,

– ein Verstoß gegen § 81 des Gesetzes gegen Wettbewerbsbeschränkungen (GWB), insbesondere nach § 14 GWB durch Preisabsprachen und Absprachen über die Teilnahme am Wettbewerb oder

– ein Verstoß nach § 5 Schwarzarbeitsgesetz, gegen § 6 Arbeitnehmer-Entsendegesetz, § 16 Arbeitnehmer-Überlassungsgesetz und §§ 3 und 4 des Hamburgischen Vergabegesetzes

begangen wurde.

9252 **106.7.5.2.2 Fälle schnell feststellbarer, objektiv nachweisbarer Eignungsdefizite.** Weil der Anwendungsbereich des § 6 Abs. 5 lit. c) VOL/A aus Gründen der praktischen Handhabbarkeit **auf Fälle schnell feststellbarer, objektiv nachweisbarer Eignungsdefizite beschränkt** ist, kommt der Ausschluss eines Bieters nach dieser Vorschrift nur in Betracht, wenn bereits nach Aktenlage ein konkreter, ohne weiteres greifbarer Verdacht besteht. Sind die vom Auftraggeber zum Nachweis der Unzuverlässigkeit unterbreiteten Indiztatsachen so schwach und zweifelhaft, dass sie nur durch umfangreiche Beweiserhebungen erhärtet und konkretisiert werden könnten, wäre ein Ausschluss nach § 6 Abs. 5 lit. c) VOL/A nicht gerechtfertigt. Es ist **mit dem Sinn des unter dem Beschleunigungsgrundsatz stehenden Vergabenachprüfungsverfahrens nicht vereinbar, wenn eine aufwendende Beweisaufnahme zwecks Feststellung, ob schwere Verfehlungen „nachweislich" sind, durchgeführt werden müsste** (OLG Frankfurt, B. v. 24. 6. 2004 – Az.: 11 Verg 6/04; Saarländisches OLG, B. v. 18. 12. 2003 – Az.: 1 Verg 4/03, B. v. 8. 7. 2003 – Az.: 5 Verg 5/02).

9253 Voraussetzung für einen Ausschluss von der Teilnahme am Wettbewerb wegen einer schweren Verfehlung ist, dass es **zumindest konkrete Anhaltspunkte gibt**, z. B. durch entsprechende Aufzeichnungen, Belege oder andere Schriftstücke, wobei allerdings reine Verdachtsmomente nicht ausreichend sind. **Nicht erforderlich ist das Vorliegen eines rechtskräftigen Bußgeldbescheides oder Urteils**. Auch das **Vorliegen einer Anklageschrift oder eines Eröffnungsbeschlusses muss nicht abgewartet werden** (OLG Frankfurt, B. v. 24. 6. 2004 – Az.: 11 Verg 6/04; LG Berlin, Urteil v. 22. 3. 2006 – Az.: 23 O 118/04; VK Düsseldorf, B. v. 16. 2. 2006 – Az.: VK – 02/2006 – L; VK Lüneburg, B. v. 18. 10. 2005 – Az.: VgK-47/2005; VK Nordbayern, B. v. 22. 1. 2007 – Az.: 21.VK – 3194 – 44/06).

9254 Ist eine Person, der eine schwere Verfehlung vorgeworfen wird, **in der ersten Instanz freigesprochen** worden, **kann der Auftraggeber den erfolgten Freispruch zum Anlass nehmen, den Verdächtigen nicht wegen einer schweren Verfehlung für unzuverlässig zu halten**. Es erscheint nicht ermessensfehlerhaft, wenn eine Vergabestelle sich an einem strafgerichtlichen Freispruch orientiert. Dabei ist dem **Auftraggeber zuzugestehen, dass er selbst keine weitergehenden Ermittlungen als eine Ermittlungsbehörde vornehmen kann.** Auch wenn z.B. die **Staatsanwaltschaft im Strafverfahren Berufung eingelegt hat, erscheint es nicht ermessensfehlerhaft, dass sich eine Vergabestelle an der Unschuldsvermutung orientiert und den erstinstanzlich erfolgten Freispruch ihrer Entscheidung zu Grunde legt.** Sie muss nicht den weiteren Fortgang des Verfahrens abwarten und damit das eigene Vergabeverfahren verzögern. Insbesondere eine Anhörung der beschuldigten Person wird nur bedingt brauchbar sein, da im Falle einer schweren Verfehlung nicht zwangsläufig von einer Selbstbelastung der angehörten Person auszugehen ist (VK Düsseldorf, B. v. 16. 2. 2006 – Az.: VK – 02/2006 – L).

106.7.5.2.3 Unschuldsvermutung. Die Unschuldsvermutung als Ausprägung des Rechtsanspruches auf ein faires Verfahren (Art 6 Abs. 2 MRK) will sicherstellen, dass niemand als schuldig behandelt wird, ohne dass ihm in einem gesetzlich geregelten Verfahren seine Schuld nachgewiesen ist. Daraus folgt, dass Maßnahmen, die den vollen Nachweis der Schuld erfordern, nicht getroffen werden dürfen, bevor jener erbracht ist. **Schwere, die Zuverlässigkeit in Frage stellende Verfehlungen im Sinne von § 6 Abs. 5 lit. c) VOL/A müssen nicht unbedingt strafbare Handlungen sein.** Ihre Annahme setzt, auch wenn ein kriminelles Verhalten im Raum steht, **nicht den vollen Nachweis strafrechtlicher Schuld** voraus. Die Unschuldsvermutung besagt im Übrigen nicht, dass einem Tatverdächtigen bis zur rechtskräftigen Verurteilung als Folge der Straftaten, deren er verdächtig ist, überhaupt keine Nachteile entstehen dürfen. So berührt die Unschuldsvermutung beispielsweise nicht die Zulässigkeit von Strafverfolgungsmaßnahmen. Selbst ein so einschneidender freiheitsbeschränkender Eingriff wie die Anordnung von Untersuchungshaft ist zulässig, sofern ein dringender Tatverdacht besteht und ein Haftgrund vorliegt. Die **Unschuldsvermutung hindert dementsprechend auch nicht geschäftliche Nachteile als Folge eines durch den dringenden Verdacht strafbarer Handlungen provozierten Vertrauensverlustes** (Saarländisches OLG, B. v. 18. 12. 2003 – Az.: 1 Verg 4/03). 9255

106.7.5.2.4 Diskriminierungsverbot. Das **Diskriminierungsverbot** – eines der Grundprinzipien des Vergaberechtes –, das für öffentliche Auftraggeber schon aus Art. 3 Grundgesetz folgt, weil die Grundrechte nach allgemeiner Auffassung auch fiskalische Hilfsgeschäfte der öffentlichen Verwaltung und hiermit zusammenhängende öffentliche Auftragsvergaben erfasst, **steht der Berücksichtigung noch nicht rechtskräftig abgeurteilter strafbarer Handlungen ebenfalls nicht entgegen.** Das Gebot der Gleichbehandlung besagt nur, dass allen Bewerbern die gleichen Chancen eingeräumt werden müssen und dass kein Bewerber ohne sachliche Gründe bevorzugt oder benachteiligt werden darf. Steht ein Bewerber im dringenden Verdacht, strafbare Handlungen zum Nachteil des Auftraggebers begangen zu haben, liegt ein sachlicher Grund für dessen Ausschluss vor (Saarländisches OLG, B. v. 18. 12. 2003 – Az.: 1 Verg 4/03). 9256

106.7.5.2.5 Verantwortung für die schwere Verfehlung bei juristischen Personen. Wegen des Ausschlussgrundes kommt es bei juristischen Personen selbstverständlich nicht auf diese selbst, sondern auf die verantwortlich Handelnden an, bei einer GmbH also auf den **Geschäftsführer** (OLG Düsseldorf, B. v. 28. 7. 2005 – Az.: VII – Verg 42/05; Saarländisches OLG, B. v. 18. 12. 2003 – Az.: 1 Verg 4/03). 9257

106.7.5.2.6 Nachträgliche Berücksichtigung von schweren Verfehlungen. Wenn die **Vergabestelle von schweren Verfehlungen erst nachträglich** – also z.B. zu einem Zeitpunkt, in dem ein neu gegründetes Unternehmen nach dem Teilnahmewettbewerb bei Beschränkter Ausschreibung bereits zum weiteren Angebotswettbewerb zugelassen worden ist – **erfährt, ist sie nicht gehindert und sogar verpflichtet, die Zuverlässigkeits- und Zulassungsprüfung nochmals aufzugreifen.** Sollte nämlich die Vergabestelle bei Beschränkter Ausschreibung erst nach dem Abschluss des Teilnahmewettbewerbs von schweren Verfehlungen eines – inzwischen bereits zugelassenen – Bewerbers erfahren, so dass sie ihr Ermessen nach dieser Vorschrift bis zur Zulassungsentscheidung gar nicht hat ausüben können, würde es dem Zweck dieser Bestimmung in unerträglicher Weise widersprechen, wenn die Vergabestelle an ihre Zulassungsentscheidung in dem Sinne gebunden wäre, dass sie die Zuverlässigkeitsprüfung in der Phase unmittelbar vor der Wertung der Angebote nicht mehr nachholen könnte (OLG Düsseldorf, B. v. 18. 7. 2001 – Az.: Verg 16/01). 9258

106.7.5.2.7 Beweislast für das Vorliegen einer schweren Verfehlung und rechtliches Gehör. Für das Vorliegen einer schweren Verfehlung ist der **Auftraggeber beweispflichtig** (VK Hessen, B. v. 9. 2. 2004 – Az.: 69 d – VK – 79/2003 + 80/2003; VK Lüneburg, B. v. 18. 10. 2005 – Az.: VgK-47/2005; VK Nordbayern, B. v. 22. 1. 2007 – Az.: 21.VK – 3194 – 9259

44/06). Soweit **Grundlage eine nicht rechtskräftige Entscheidung** ist, ist dem **Bewerber**, der ausgeschlossen werden soll, **rechtliches Gehör zu gewähren**, in dem ihm unter Nennung der maßgeblichen Tatsachen, Gelegenheit zur Stellungnahme gegeben wird. Für das Tatbestandsmerkmal **„nachweislich"** sind **hohe Anforderungen** zu stellen. Bestehen **begründete Zweifel**, kann von einem **Nachweis nicht gesprochen werden** (1. VK Sachsen, B. v. 25. 6. 2003 – Az.: 1/SVK/051-03).

9260 **106.7.5.2.8 Notwendigkeit einer umfassenden Aufklärung.** Die Vergabestelle ist im Rahmen der Ermittlung des Sachverhalts einer angenommenen schweren Verfehlung bzw. anschließender Selbstreinigung **innerhalb des ihr zumutbaren Rahmens auch verpflichtet, die zugrunde liegenden Tatsachen aufzuklären und zu berücksichtigen und die Besonderheiten des Einzelfalls in ihre Entscheidung mit einzubeziehen** (VK Düsseldorf, B. v. 13. 3. 2006 – Az.: VK – 08/2006 – L).

9261 **106.7.5.2.9 Notwendigkeit einer Zeugenvernehmung.** Trotz Geltung des Untersuchungsgrundsatzes (§ 110 GWB) und der in § 120 Abs. 2 GWB vorgenommenen Verweisung auf Verfahrensvorschriften der ZPO ist es **nicht unbedingt notwendig**, dass der **Nachweis der Unzuverlässigkeit**, soweit er auch auf Angaben von Zeugen gründet, **ausnahmslos durch unmittelbare Vernehmung der Zeugen im Vergabenachprüfungsverfahren zu führen** ist. Es können im Wege des Urkundenbeweises auch **polizeiliche Vernehmungsprotokolle verwertet** werden, aus denen sich der Inhalt von Zeugenaussagen in anderen Verfahren ergibt. Eine **Vernehmung kann allerdings geboten sein**, wenn der vom Auftraggeber zu führende Nachweis mit einer **einzigen belastenden Zeugenaussage „steht oder fällt"** und wenn es entscheidend auf die persönliche Glaubwürdigkeit gerade dieses Zeugen ankommt (Saarländisches OLG, B. v. 18. 12. 2003 – Az.: 1 Verg 4/03).

9262 **106.7.5.2.10 Rechtliches Gehör für den Bieter.** Dem **betroffenen Bieter ist rechtliches Gehör zu gewähren.** Er hat die Möglichkeit, organisatorische Maßnahmen darzulegen, die die Befürchtung künftigen Fehlverhaltens ausräumen (OLG München, B. v. 21. 5. 2010 – Az.: Verg 02/10).

9263 **106.7.5.2.11 Abschließende Regelung.** Die Vorschrift des § 6 Abs. 5 lit. c) VOL/A enthält jedenfalls in ihrem wortsinngemäßen Anwendungsbereich, der eine einzelne Verfehlung des Bewerbers zum Gegenstand hat, eine **abschließende Regelung** (OLG Düsseldorf, B. v. 7. 12. 2005 – Az.: VII – Verg 68/05).

9264 **106.7.5.2.12 Pauschale Forderung des Auftraggebers nach einer Erklärung gemäß § 6 Abs. 5 lit. c).** Die Forderung des Auftraggebers nach einer pauschalen Erklärung des Bieters zu dem möglichen Ausschlussgrund des § 6 Abs. 5 lit. c) VOL/A ist viel zu unbestimmt, als dass sie **sinnvoll außer mit „nein"** beantwortet werden könnte (2. VK Brandenburg, B. v. 15. 2. 2006 – Az.: 2 VK 82/05).

9265 **106.7.5.2.13 Entwurf eines Gesetzes zur Einrichtung eines Registers über unzuverlässige Unternehmen.** Die Bundesregierung hatte am 11. 6. 2002 den **Entwurf eines Gesetzes zur Einrichtung eines Registers über unzuverlässige Unternehmen** in den Bundestag eingebracht. Der Bundesrat hat am 27. 9. 2002 dieses Gesetz zur Einrichtung eines Registers über unzuverlässige Unternehmen („Korruptionsregister") abgelehnt, nachdem zuvor im Vermittlungsausschuss keine Einigung erzielt worden war.

9266 **106.7.5.2.14 Literatur**

– Battis, Ulrich/Kersten, Jens, Die Deutsche Bahn AG als Untersuchungsrichter in eigener Sache? – Zur Verfassungswidrigkeit der „Verdachtssperre" in der Richtlinie der Deutschen Bahn AG zur Sperrung von Auftragnehmern und Lieferanten vom 4. 11. 2003, NZBau 2004, 303

– Freund, Matthias, Korruption in der Auftragsvergabe, VergabeR 2007, 311

– Gabriel, Marc, Einflussnahme von Unternehmen auf öffentliche Auftragsvergaben: Persuasion, Kollusion oder Korruption?, VergabeR 2006, 173

– Ohle, Mario/Gregoritza, Anna, Grenzen des Anwendungsbereichs von Auftragssperren der öffentlichen Hand – am Beispiel der Gesetzes- und Verordnungslage des Landes Berlin –, ZfBR 2004, 16

– Ohrtmann, Nicola, Korruption im Vergaberecht, Konsequenzen und Prävention – Teil 1: Ausschlussgründe, NZBau 2007, 201

– Ohrtmann, Nicola, Korruption im Vergaberecht, Konsequenzen und Prävention – Teil 2: Konsequenzen und Selbstreinigung, NZBau 2007, 278

– Pietzcker, Jost, Die Richtlinien der Deutschen Bahn AG über die Sperrung von Auftragnehmern, NZBau 2004, 530

– Prieß, Hans-Joachim, Exclusio corruptoris? – Die gemeinschaftsrechtlichen Grenzen des Ausschlusses vom Vergabeverfahren wegen Korruptionsdelikten, NZBau 2009, 587

– Prieß, Hans-Joachim/Stein, Roland, Nicht nur sauber, sondern rein: Die Wiederherstellung der Zuverlässigkeit durch Selbstreinigung, NZBau 2008, 230

– Stein, Roland/Friton, Pascal, Internationale Korruption, zwingender Ausschluss und Selbstreinigung, VergabeR 2010, 151

106.7.5.3 Erfüllung der Verpflichtung zur Zahlung der Steuern und Abgaben u. ä. (§ 6 Abs. 5 lit. d)

106.7.5.3.1 Spielraum des Gesetzgebers. Die **EU-Vergaberichtlinien stehen einer** 9267 **nationalen Regelung oder Verwaltungspraxis nicht entgegen**, nach der ein Leistungserbringer, der bei Ablauf der Frist für die Einreichung des Antrags auf Teilnahme am Vergabeverfahren seine **Verpflichtungen im Bereich der Sozialbeiträge sowie der Steuern und Abgaben nicht durch vollständige Zahlung der entsprechenden Beträge erfüllt hat, seine Situation**

– aufgrund staatlicher Maßnahmen der Steueramnestie oder der steuerlichen Milde oder

– aufgrund einer mit der Verwaltung getroffenen Vereinbarung über Ratenzahlung oder Schuldenentlastung oder

– durch Einlegung eines verwaltungsrechtlichen oder gerichtlichen Rechtsbehelfs

nachträglich regularisieren kann, sofern er innerhalb der in der nationalen Regelung oder durch die Verwaltungspraxis festgelegten Frist nachweist, dass er Begünstigter solcher Maßnahmen oder einer solchen Vereinbarung war oder dass er innerhalb dieser Frist ein solches Rechtsmittel eingelegt hat (EuGH, Urteil v. 9. 2. 2006 – Az.: C-228/04, C-226/04).

106.7.5.3.2 Unbedenklichkeitsbescheinigung des Finanzamts. Vgl. dazu die Kommen- 9268 tierung → Rdn. 103.

106.7.5.3.3 Unbedenklichkeitsbescheinigungen von Sozialversicherungsträgern. Vgl. 9269 dazu die Kommentierung → Rdn. 110 ff.

106.7.5.4 Unzutreffende Eignungserklärungen (§ 6 Abs. 5 lit. e)

106.7.5.4.1 Aufklärungspflicht des Bieters über nach Angebotsabgabe eintretende 9270 **Änderungen der Eignung. Bei einer entscheidenden Bedeutung der Eignungskriterien für die Auftragserteilung besteht eine Aufklärungspflicht eines Bieters** auch über solche Umstände, nach denen der Auftraggeber zwar nicht gefragt, die aber für die Beurteilung offensichtlich bedeutsam sind, weil sie den Vertragszweck vereiteln oder gefährden könnten. Diese Darlegungspflicht ist eine selbstverständliche Obliegenheit eines Bieters, die auf der Tatsache beruht, dass er zur Erfüllung des Auftrags über die erforderlichen personellen und/oder technischen Mittel verfügt und diese Verfügungsbefugnis durch den Eintritt neuer Umstände auch nicht verloren hat. **Dazu kann auch ein Gesellschafterwechsel gehören, wenn er entscheidende Auswirkungen auf die Ausstattung der Gesellschaft, insbesondere hinsichtlich der Personalstärke und des Verlustes von Personal mit dem für den Auftrag nötigen Know-how hat.** Ein **Bieter** darf daher einen Umstand nicht verschweigen, sondern hätte **die Vergabestelle von sich aus darauf hinweisen müssen**, damit diese Gelegenheit erhielt, die Eignung unter Zugrundelegung der neuen Aspekte nochmals zu überprüfen (VK Hessen, B. v. 28. 6. 2005 – Az.: 69 d VK – 07/2005).

106.7.5.4.2 Zurechnung falscher Angaben in einem Konzern. Eine **juristische Per-** 9271 **son muss sich regelmäßig das Verschulden (und natürlich auch den Vorsatz) ihrer Mitglieder anrechnen lassen.** Das Ergebnis, dass auf diesem Wege an sich weitgehend unabhängige Niederlassungen durch das Fehlverhalten ihrer Mitarbeiter in Zentralen und anderen Niederlassungen betroffen sein können, muss hingenommen werden, da anderenfalls jede Zentrale jede Niederlassung jederzeit exkulpieren könnte und eine Zurechenbarkeit im Sinne der Regelung und letztlich auch im Sinne der zugrunde liegenden europäischen Richtlinie regelmäßig unterlaufen werden könnte (VK Arnsberg, B. v. 22. 10. 2001 – Az.: VK 2–13/2001).

106.7.5.4.3 Beispiele aus der Rechtsprechung 9272

– Vorlage alter Gewerberegisterauszüge (VK Arnsberg, B. v. 22. 10. 2001 – Az.: VK 2–13/ 2001).

9273 **106.7.5.4.4 Literatur**

– Götting, Susanne/Götting, Bert, Kriminalisierung des Kartellrechts? Eine Analyse von Gesetzgebung und Rechtsprechung – zugleich eine Anmerkung zu BGH – Urteil vom 11. 7. 2001 – 1 StR 576/00 (ZfBR 2002, 82 ff.), ZfBR 2004, 341

106.8 Teilnahme von vorbefassten Bietern oder Bewerbern (§ 6 Abs. 6)

106.8.1 Änderung in der VOL/A 2009

Im Zuge der Änderung der VgV wurde die **Regelung des § 4 Abs. 5 VgV a. F. in die VOL/A 2009 integriert**.

106.8.2 Sinn und Zweck der Regelung – Gesetzesbegründung zu § 4 Abs. 5 VgV (a. F.)

9274 Die Vorschrift sollte **die so genannte Projektantenproblematik klären**. Sie betrifft die Frage, wie mit Unternehmen und Beratern umzugehen ist, die den Auftraggeber zunächst bei der Vorbereitung des Vergabeverfahrens beraten oder unterstützen und anschließend, nach Beginn des Vergabeverfahrens, als Bewerber bzw. Bieter am Vergabeverfahren teilnehmen möchten. In diesen Fällen können Gefahren für den Vergabewettbewerb bestehen, denn einerseits verfügt der Projektant durch seine vorbereitende Tätigkeit möglicherweise über einen (erheblichen) Informationsvorsprung. Zum andern kann ein Projektant möglicherweise durch seine vorbereitende Tätigkeit das Vergabeverfahren so beeinflussen, dass ihn z. B. die Leistungsbeschreibung einseitig begünstigt.

9275 In ÖPP-Vorhaben stellt sich die Projektantenproblematik häufig in besonderem Maße, da die Auftraggeber frühzeitig auf externen spezialisierten Sachverstand angewiesen sind. Darüber hinaus greifen öffentliche Auftraggeber bei ÖPP-Vorhaben häufig im Vorfeld auf die Kompetenz späterer Bieter zurück, um die Marktfähigkeit und Realisierbarkeit des Vorhabens frühzeitig sicherzustellen. In vielen Fällen beruhen ÖPP-Vorhaben auch auf der Initiative potentieller Anbieter.

9276 Die deutsche Rechtsprechung zur Projektantenproblematik ist bislang uneinheitlich. Auf europäischer Ebene hat der EuGH mit Urteil vom 3. März 2005 über eine explizite Regelung zur Projektantenproblematik im belgischen Recht entschieden (Az.: C-21/03 und C-34/03). Der **EuGH kam zunächst zu dem Ergebnis, dass die Beteiligung von Projektanten auf Bieterseite im Vergabeverfahren grundsätzlich geeignet ist, den ordnungsgemäßen Vergabewettbewerb zu gefährden**. Er hielt jedoch eine Regelung für unverhältnismäßig und gemeinschaftsrechtswidrig, nach der jeder, der an der Vorbereitung des Vergabeverfahrens mitgewirkt habe, generell vom Vergabeverfahren auszuschließen sei. Es sei vielmehr geboten, in jedem Einzelfall zu hinterfragen, ob die Beteiligung im Vorfeld den Vergabewettbewerb nachhaltig negativ beeinflussen könne.

106.8.3 Rechtsprechung

106.8.3.1 Begriff der Beratung

9277 Die Anwendung des § 6 Abs. 6 VOL/A setzt eine Beratung oder sonstige Unterstützung des Auftraggebers durch den Bieter im Vorfeld des Vergabeverfahrens voraus. Eine **Beratung stellt einen kommunikativen Austausch oder auch eine praktische Anleitung dar, die zum Ziel hat, eine Aufgabe oder ein Problem zu lösen**. Diese Voraussetzungen sind nicht erfüllt, wenn der Betreffende in **keinem entsprechenden Auftragsverhältnis zu der Vergabestelle** steht und weder ein rechtliches Verhältnis noch eine sonstige Beziehung bestand, innerhalb derer ein fachlicher Austausch zwischen dem Betreffenden und der Vergabestelle stattgefunden hat, der das Ziel hatte, auf die Lösung einer Aufgabe der Vergabestelle hinzuwirken (VK Hessen, B. v. 12. 2. 2008 – Az.: 69 d VK – 01/2008).

106.8.3.2 Begriff der sonstigen Unterstützung

9278 Der **Begriff der „Unterstützung"** ist zwar **weiter gefasst** als der Begriff der „Beratung". Er umfasst aber nur **jede Tätigkeit im Vorfeld eines Vergabeverfahrens, die einen Bezug**

gerade zu diesem Verfahren aufweist. Eine **Tätigkeit setzt ein Auftragsverhältnis zwischen den Beteiligten voraus**, das z. B. durch die bloße Beteiligung des Betreffenden an einem zwei Jahre zurückliegenden Planungswettbewerb nicht gegeben ist, insbesondere dann, der Wettbewerb weder eine Vorbereitung noch eine Art Vorstufe zu dem jetzigen Verfahren ist. Entscheidend ist, dass die Projektantenproblematik, die durch § 4 Abs. 5 VgV a. F. gelöst werden soll, nur dann zum tragen kommt, wenn der Auftraggeber vor dem Vergabeverfahren externen, spezialisierten Sachverstand eingeholt hat, um gerade das Vergabeverfahren vorzubereiten und die bestehenden Aufgaben in dessen Zusammenhang zu lösen (VK Hessen, B. v. 12. 2. 2008 – Az.: 69 d VK – 01/2008).

106.8.3.3 Begriff der Vorbefasstheit

Teilweise arbeitet die Rechtsprechung in solchen Fällen auch mit dem **Begriff der Vorbefasstheit**. Von einer „Vorbefassung" in einem begrifflichen Sinne kann nur dann gesprochen werden, wenn auch der **Gegenstand des streitgegenständlichen Verhandlungsverfahrens mit dem der Vorbefassung identisch** ist. Die Identität des Ausschreibungsgegenstandes z. B. in einem VOF-Verfahren ist dabei nicht bereits dadurch gegeben, dass Objekt des ausgelobten Planungsauftrages das Gebäude ist, wie es auch vorher Gegenstand einer Studie war. Vielmehr ist es für die Entscheidung, ob mit der Aufgabenstellung z. B. 2008 eine gegenständliche Identität mit der Ausschreibung im Jahre z. B. 2002 gegeben ist, erforderlich, die **jeweilige Aufgabenstellung zum Gegenstand einer vergleichenden Betrachtung zu machen** (VK Thüringen, B. v. 12. 12. 2008 – Az.: 250–4004.20–5909/2008-015-SM).

106.8.3.4 Wissensvorsprung

§ 6 Abs. 6 VOL/A ist weit gefasst und umfasst damit jede Tätigkeit im Vorfeld eines Vergabeverfahrens, die einen Bezug zu diesem Verfahren aufweist. Dies **charakterisiert die Stellung eines Projektanten** (OLG Brandenburg, B. v. 22. 5. 2007 – Az.: Verg W 13/06; VK Baden-Württemberg, B. v. 30. 3. 2007 – Az.: 1 VK 06/07; VK Nordbayern, B. v. 4. 5. 2009 – Az.: 21.VK – 3194 – 06/09).

Es ist **unerheblich, ob die Vergabestelle Auftraggeberin der Tätigkeit**, die zu einem Wettbewerbsvorsprung geführt hat, war. Es **kommt auch nicht darauf an, ob der Vergabestelle der Sachverhalt**, der zu einem Wettbewerbsvorsprung geführt hat, **bekannt** war (VK Nordbayern, B. v. 9. 8. 2007 – Az.: 21.VK – 3194 – 32/07).

106.8.3.5 Ausgleich eines Wissensvorsprungs

106.8.3.5.1 Allgemeines. Gemäß § 6 Abs. 6 VOL/A muss der Auftraggeber sicherstellen, dass der Wettbewerb durch die Teilnahme des vorbefassten Bieters nicht verfälscht wird. Daraus folgt, dass **der Auftraggeber bestehende Zweifel bezüglich einer Wettbewerbsverfälschung auszuräumen hat**. Denn die Verpflichtung, sicherzustellen, dass der Wettbewerb nicht verfälscht wird, umfasst notwendig auch die Pflicht, den Erfolg der Sicherstellungsbemühungen darzulegen. **Bestehen Zweifel, ist die Sicherstellung misslungen** (VK Baden-Württemberg, B. v. 30. 3. 2007 – Az.: 1 VK 06/07; VK Thüringen, B. v. 19. 9. 2008 – Az.: 250–4003.20–2110/2008-008-SHK).

Die Egalisierungs- oder Sicherstellungsbemühungen zur Schaffung eines Wettbewerbs unter gleich informierten Bietern setzen voraus, dass der **Auftraggeber Indizien hat oder zumindest eine auf greifbaren Tatsachen beruhende Vermutung für eine Wettbewerbsverzerrung hegt**, aus der sich weitere Maßnahmen ergeben könnten (VK Sachsen, B. v. 28. 10. 2008 – Az.: 1/SVK/054-08).

106.8.3.5.2 Ethikerklärung. Manche öffentlichen Auftraggeber versuchen die **Projektantenproblematik über den Weg einer Ethikerklärung auszuräumen**. Die in einer solchen Ethikerklärung geforderte Angabe, ob ein Bieter in den letzten 18 Monaten für den **Auftraggeber Beratungsleistungen erbracht hat, dient der Sicherung des Wettbewerbs**. Indem der Auftraggeber den Abschluss von Verträgen mit solchen Bietern ausschließt, die innerhalb des genannten Zeitraums beratend für ihn tätig waren, wird vermieden, dass diese Bieter aufgrund eines durch ihre Beratungstätigkeit erlangten Informationsvorsprungs Kalkulationsvorteile gegenüber anderen Bietern haben oder im Rahmen ihrer Beratungstätigkeit bei der Ausgestaltung der ausgeschriebenen Maßnahme mitgewirkt und infolge dessen die jeweiligen Anforderungen eher erfüllen als andere Bieter. Die aktuelle **Rechtsprechung hat keine Bedenken gegen die Forderung nach einer solchen Erklärung geäußert** (2. VK Bund, B. v.

27. 3. 2007 – Az.: VK 2–18/07). Vgl. insoweit auch die Kommentierung zu → § 16 VOL/A Rdn. 303.

9285 **106.8.3.5.3 Ausschluss eines Bewerbers oder Bieters.** In Übereinstimmung mit den Vorgaben des europäischen Rechts **verpflichtet die Regelung in § 6 Abs. 6 den Auftraggeber, bei einem Einsatz von sog. Projektanten sicherzustellen, dass der Wettbewerb nicht verfälscht wird.** Dies kann insbesondere bedeuten, dass der Auftraggeber einen etwaigen Informationsvorsprung des Projektanten gegenüber anderen Bietern oder Bewerbern ausgleicht. Nur wenn keine geeigneten Maßnahmen in Betracht kommen, die eine Verfälschung des Wettbewerbs verhindern, kommt ein Ausschluss des Projektanten vom Vergabeverfahren in Betracht (OLG Düsseldorf, B. v. 4. 5. 2009 – Az.: VII-Verg 68/08; VK Baden-Württemberg, B. v. 30. 3. 2007 – Az.: 1 VK 06/07; 1. VK Bund, B. v. 9. 10. 2009 – Az.: VK 1–176/09; 3. VK Bund, B. v. 4. 11. 2009 – Az.: VK 3–190/09; VK Sachsen, B. v. 26. 6. 2009 – Az.: 1/SVK/024-09; B. v. 28. 10. 2008 – Az.: 1/SVK/054-08). Der **Ausschluss** des „vorbefassten Bewerbers" ist **ultima ratio** (VK Sachsen, B. v. 26. 6. 2009 – Az.: 1/SVK/024-09; B. v. 28. 10. 2008 – Az.: 1/SVK/054-08). Die Gründe, die für den im Einzelfall in Betracht kommenden Ausschluss eines Unternehmens aus dem Wettbewerb sprechen könnten, **bestehen auch in einem Verhandlungsverfahren** darin, dass wegen des aus den vorbereitenden Planungsarbeiten erlangten Informationsvorsprungs die Gefahr einer Begünstigung des Angebots des planenden Unternehmens im Vergabeverfahren bestehen kann bzw. das planende Unternehmen unbeabsichtigt versuchen kann, die Bedingungen für den öffentlichen Auftrag in seinem Sinn zu beeinflussen (OLG Düsseldorf, B. v. 4. 5. 2009 – Az.: VII-Verg 68/08).

106.8.3.6 Gestufte Verteilung der Beweislast

9286 Hinsichtlich einer möglichen Wettbewerbsverzerrung ergibt sich daraus folgende **gestufte Verteilung der Beweislast**:

1. Zunächst muss **eine auf Tatsachen oder Indizien beruhende, greifbare Vermutung für eine Wettbewerbsverzerrung** bestehen.

2. Weiter muss dann eine **Kausalität zwischen der Unterstützungsleistung und der möglichen Wettbewerbsverzerrung** bestehen. Damit sind die Wettbewerbsverzerrungen, die nicht mit der Beratungs-/Unterstützungsleistung zusammenhängen, wie beispielsweise eine reine Konzernverbundenheit oder Personenidentität, nicht unter § 4 Abs. 5 VgV zu subsumieren, denn in diesen Fällen besteht die Möglichkeit des Ausschlusses nach § 97 Abs. 1 GWB i. V. m. §§ 25 Nr. 1 Abs. 1 lit. f), 2 Nr. 1 Abs. 2 VOL/A.

3. Erst dann ist der **„vorbefasste Bewerber" aufgefordert, nachzuweisen**, dass ihm durch die Vorbefassung kein ungerechtfertigter Vorteil erwachsen ist. Gelingt ihm dies nicht, so hat der Auftraggeber zur Wahrung der Grundsätze aus § 97 GWB die geeigneten Maßnahmen zu treffen. Gelingt hingegen dem Auftraggeber der zuvorigen Stufe bereits nicht eine konkrete, greifbare Wettbewerbsverfälschung zu benennen, so entsteht schon keine Entlastungspflicht des Bieters. Andernfalls würde hierdurch dem **Bieter zugemutet, sich gegen einen konturlosen Schatten zu verteidigen**

(VK Sachsen, B. v. 28. 10. 2008 – Az.: 1/SVK/054-08).

106.8.3.7 Weitere Beispiele aus der Rechtsprechung

9287 – grundsätzlich gilt, dass ein vorbefasster Bieter oder Bewerber gem. § 4 Abs. 5 VgV **nur dann auszuschließen ist, wenn die durch seine Beteiligung eingetretene Wettbewerbsverfälschung durch andere Maßnahmen, so z. B. durch Herstellung eines Informationsgleichstandes aller Bieter nicht hergestellt werden kann.** Dabei trifft die **VSt die Darlegungs- und Beweislast, dass sie ihrer Pflicht, den Wettbewerb sicher zu stellen, nachgekommen** ist. Kann die VSt nicht darstellen, dass ein Ausgleich des Wissensvorsprungs durch eine angemessene Einsicht in die vorhandenen Unterlagen nicht ausreichend ausgeglichen werden könnte, kommt ein Ausschluss – der das letzte Mittel ist, wenn der Wettbewerb nicht anders sichergestellt werden kann – nicht in Betracht (VK Nordbayern, B. v. 4. 5. 2009 – Az.: 21.VK – 3194 – 06/09)

– eine **Vorbefassung** mit dem Gesamtprojekt durch die von einem Bewerber seinerzeit durchgeführte Begutachtung der Stromversorgung der genannten Rechenzentren und dem Aufzeigen möglicher Lösungswege zur Erhöhung der Versorgungssicherheit ist **vergaberechtlich unschädlich**, solange der **Auftraggeber gewährleistet, dass im Zuge des Verhandlungsverfahrens alle (ausgewählten) Bewerber den gleichen Informationsstand er-

halten, indem **allen Bewerbern insbesondere auch die Ergebnisse der seinerzeitigen Sachverständigentätigkeit offen gelegt** werden. Dazu ist der Auftrageber nach der im Rahmen des ÖPP-Beschleunigungsgesetzes 2006 eingefügten Regelung des § 4 Abs. 5 VgV ausdrücklich verpflichtet (VK Niedersachsen, B. v. 11. 2. 2009 – Az.: VgK-56/2008)

– die **Identität des Gegenstandes** des Verhandlungsverfahrens 2008 mit dem der Studie 2002 ist nicht mehr gegeben, wenn ein **erheblicher zeitlicher Abstand** der zu bearbeitenden Aufgaben (z. B. aus 2002 und 2008) besteht, wenn sich die **inhaltlichen Vorgaben wesentlich geändert** haben und wenn die **Zielstellung unterschiedlich** ist. Bestand z. B. eine Aufgabenstellung darin, den Inhalt und den voraussichtlichen Umfang von Baumaßnahmen, einschließlich der dabei entstehenden Kosten für eine Generalsanierung zu ermitteln, und stehen bei der neuen Aufgabenstellung im Mittelpunkt des Verhandlungsverfahrens die Teilnehmer selbst, fehlt die Identität (VK Thüringen, B. v. 19. 9. 2008 – Az.: 250–4003.20–2110/2008-008-SHK)

– aus §§ 4 Abs. 5, 6 Abs. 3 VgV in Verbindung mit dem Urteil des EuGH vom 3. März 2005 (C-21/03 u. C-34/03 – Fabricom) folgt, dass **allein der Umstand, dass ein Bieter bereits vor Einleitung des Vergabeverfahrens für den Auftraggeber mit dem Gegenstand der Ausschreibung befasst gewesen war, nicht dessen Ausschluss rechtfertigt.** Im konkreten Fall hat die **Vergabestelle einem möglichen Informationsvorsprung** des Beigeladenen dadurch **Rechnung getragen,** dass sie **allen Interessenten** nicht nur **sämtliche Unterlagen zur Verfügung** stellte, die unter Mitwirkung des Beigeladenen entstanden waren. Den **Bietern war es sogar ausdrücklich erlaubt, Ergebnisse der vorbefassten Planer,** also auch des Beigeladenen, **in ihr Konzept einfließen** zu lassen. Außerdem hatten alle Bieter die **Möglichkeit zu einer eingehenden Besichtigung der Bestandsimmobilie** (OLG Koblenz, B. v. 6. 11. 2008 – Az.: 1 Verg 3/08)

– die **abstrakte Möglichkeit der Vorteilserlangung reicht nicht aus.** Nur derjenige Wissensvorsprung, der konkret für die ausgeschriebenen Leistungen von Vorteil ist, ist vergaberechtlich bedeutsam. Wollte man die abstrakte Möglichkeit der Wettbewerbsbeeinträchtigung ausreichen, also „den bösen Schein" genügen lassen, läge darin ein Verstoß gegen den Grundsatz, dass Gegenstand des Nachprüfungsverfahrens immer nur Vergabeverstöße sein können, welche konkret geeignet sind, sich auf Angebot und/oder Wertung im jeweiligen Einzelfall auszuwirken. **Erscheint eine konkrete Wettbewerbsverfälschung bei sachlicher Betrachtung der ausgeschriebenen Leistung möglich, so obliegt dem betreffenden Unternehmen der Nachweis, dass ihm durch die Vorbefassung kein ungerechtfertigter Vorteil erwachsen ist. Dem Auftraggeber obliegt daneben die Verpflichtung, den Wissensvorsprung des einen Bieters auszugleichen durch Information aller anderen Bieter. Gelingt beides nicht, so kann zur Wahrung der Grundsätze aus § 97 GWB der Ausschluss des vorbefassten Unternehmens erfolgen** (OLG Brandenburg, B. v. 22. 5. 2007 – Az.: Verg W 13/06)

– **besteht der Wissensvorsprung in einer ausgeführten Ausführungsplanung,** ist zum Ausgleich ein intensives Durcharbeiten der Unterlagen erforderlich. Diese umfassen 11 Ordner mit jeweils etwa 10–20 Plänen. 7,5 Tage reichen hier nach Überzeugung der Kammer nicht aus. Die Kammer ist vielmehr der Ansicht, dass allein, um sich das bei der Beantwortung der Fragen im Vergabegespräch vorteilhafte Wissen der Beigeladenen u. a. durch Schnittstellen und Planungen von Drittanbietern zu erarbeiten, ein **Zeitraum von drei bis vier Wochen notwendig** ist (VK Baden-Württemberg, B. v. 30. 3. 2007 – Az.: 1 VK 06/07).

106.8.4 Literatur

– Behrens, Hans-Werner, Zulassung zum Vergabewettbewerb bei vorausgegangener Beratung des Auftraggebers – Zur Projektantenproblematik auf der Grundlage der Neuregelung des § 4 V VgV, NZBau 2006, 752

– Kolpatzik, Christoph, „Berater als Bieter" vs „Bieter als Berater", VergabeR 2007, 279

– Kupczyk, Björn, Die Projektantenproblematik im Vergaberecht, NZBau 2010, 21

– Müller-Wrede, Malte/Lux, Johannes, Die Behandlung von Projektanten im Vergabeverfahren – Zugleich eine Anmerkung zu OLG Düsseldorf, Beschl. vom 25. 10. 2005 – Verg 67/05 und VK Bund, Beschl. vom 6. 6. 2005 – VK 2–33/05, ZfBR 2006, 327

– Prieß, Hans-Joachim/Frinton, Pascal, Ausschluss bleibt Ausnahme, NZBau 2009, 300

Teil 4   VOL/A § 6   Vergabe- und Vertragsordnung für Leistungen Teil A

106.9 Verbot der Beteiligung nicht erwerbswirtschaftlich orientierter Institutionen am Wettbewerb (§ 6 Abs. 7)

106.9.1 Änderung in der VOL/A

9289   Nach § 6 Abs. 7 VOL/A sind **Justizvollzugsanstalten zum Wettbewerb mit gewerblichen Unternehmern nicht zuzulassen**.

9290   Die bisherige **im Wesentlichen einheitliche Formulierung in VOB/A und VOL/A 2006 wurde aufgegeben**. Die **Ausschlussgründe** des § 6 Abs. 1 Nr. 3 VOB/A 2009 sind im Vergleich zu § 6 Abs. 7 VOL/A 2009 **weiter gefasst** und entsprechen der alten Regelung von VOB/A 2006 und VOL/A 2006. **§ 6 Abs. 7 VOL/A beschränkt sich nur noch auf den Ausschluss von Justizvollzugsanstalten.**

106.9.2 Vereinbarkeit der Neuregelung mit dem materiellen Vergaberecht

9291   Hintergrund der bisherigen Ausschlussvorschrift der VOL/A 2006 war, dass die dort genannten Einrichtungen andere als erwerbswirtschaftliche Ziele verfolgen und häufig steuerliche Vorteile genießen oder öffentliche Zuschusszahlungen erhalten. Sie sind daher aufgrund dieser Vorteile in der Lage, **mit günstigeren Angeboten als private Konkurrenten in den Wettbewerb zu gehen und diese aufgrund ungleicher Wettbewerbsbedingungen zu verdrängen**. Diesen Effekt wollten die Ausschlussvorschriften verhindern (OLG Düsseldorf, B. v. 17. 11. 2004 – Az.: VII – Verg 46/04; B. v. 14. 7. 2004 – Az.: VII – Verg 33/04; B. v. 4. 3. 2004 – Az.: VII – Verg 8/04, B. v. 23. 12. 2003 – Az.: Verg 58/03; VK Arnsberg, B. v. 29. 5. 2002 – Az.: VK 2–11/2002; VK Baden-Württemberg, B. v. 16. 1. 2009 – Az.: 1 VK 65/08; 1. VK Bund, B. v. 20. 8. 2008 – Az.: VK 1–111/08; B. v. 6. 6. 2007 – Az.: VK 1–38/07; B. v. 23. 5. 2006 – Az.: VK 1–28/06; B. v. 13. 10. 2005 – Az.: VK 1–125/05; B. v. 13. 5. 2004 – Az.: VK 1–42/04, B. v. 7. 4. 2004 – Az.: VK 1–15/04, B. v. 30. 3. 2004 – Az.: VK 1–05/04, B. v. 17. 3. 2004 – Az.: VK 1–07/04, B. v. 19. 9. 2003 – Az.: VK 1–77/03; 2. VK Bund, B. v. 28. 2. 2006 – Az.: VK 2–154/04; B. v. 17. 8. 2005 – Az.: VK 2–81/05; B. v. 11. 11. 2004 – Az.: VK 2–196/04; B. v. 24. 8. 2004 – Az.: VK 2–115/04; B. v. 19. 5. 2004 – Az.: VK 2–52/04; 3. VK Bund, B. v. 16. 6. 2008 – Az.: VK 3–65/08; B. v. 7. 7. 2004 – Az.: VK 3–68/04; B. v. 18. 5. 2004 – Az.: VK 3–50/04; VK Lüneburg, B. v. 14. 6. 2005 – Az.: VgK-22/2005; VK Münster, B. v. 0.7. 2. 2004 – Az.: VK 13/04; 1. VK Sachsen, B. v. 10. 4. 2007 – Az.: 1/SVK/020-07; VK Schleswig-Holstein, B. v. 26. 10. 2004 – Az.: VK-SH 26/04).

9292   Die bisherige Ausschlussregelung knüpfte damit **unmittelbar an das Wettbewerbsprinzip und das Gleichbehandlungsgebot** an. Es wird sich zeigen müssen, ob die Neuregelung unter diesem Aspekt Bestand haben wird.

106.9.3 Die Rechtsprechung des EuGH

9293   Die **Mitgliedstaaten sind**, wie sich aus Art. 4 Abs. 1 der Richtlinie 2004/18 ergibt, **befugt, bestimmten Kategorien von Wirtschaftsteilnehmern die Erbringung bestimmter Leistungen zu gestatten oder zu verwehren**. Daher können die Mitgliedstaaten auch die Tätigkeiten von Einrichtungen wie Universitäten und Forschungsinstituten regeln, die keine Gewinnerzielung anstreben und deren Zweck hauptsächlich auf Forschung und Lehre gerichtet ist. Sie können insbesondere solchen Einrichtungen gestatten oder verwehren, auf dem Markt tätig zu sein, je nachdem, ob diese Tätigkeit mit ihren institutionellen und satzungsmäßigen Zielen vereinbar ist oder nicht. Wenn und soweit diese Einrichtungen jedoch berechtigt sind, bestimmte Leistungen auf dem Markt anzubieten, kann ihnen die nationale Regelung zur Umsetzung der Richtlinie 2004/18 in das innerstaatliche Recht nicht untersagen, an Verfahren zur Vergabe öffentlicher Aufträge teilzunehmen, die die Erbringung eben dieser Leistungen betreffen. Ein solches Verbot wäre nämlich nicht mit den Bestimmungen der Richtlinie 2004/18 vereinbar. In einem solchen Fall ist es Sache des vorlegenden Gerichts, sein innerstaatliches Recht so weit wie möglich im Licht des Wortlauts und des Zwecks der Richtlinie 2004/18 auszulegen, um die mit ihr angestrebten Ergebnisse zu erreichen, indem es die diesem Zweck am besten entsprechende Auslegung der nationalen Rechtsvorschriften wählt und damit zu einer mit den Bestimmungen dieser Richtlinie vereinbaren Lösung gelangt und indem es jede möglicherweise entgegenstehende Bestimmung des nationalen Rechts unangewendet lässt (EuGH, Urteil vom 23. 1. 2009 – Az.: C-305/08).

106.9.4 Richtlinien des Bundes für die Berücksichtigung von Werkstätten für Behinderte und Blindenwerkstätten bei der Vergabe öffentlicher Aufträge (Richtlinien Bevorzugte Bewerber)

Vgl. dazu die Kommentierung zu → § 97 GWB Rdn. 903.

107. § 7 VOL/A – Leistungsbeschreibung

(1) Die Leistung ist eindeutig und erschöpfend zu beschreiben, so dass alle Bewerber die Beschreibung im gleichen Sinne verstehen müssen und dass miteinander vergleichbare Angebote zu erwarten sind (Leistungsbeschreibung).

(2) Die Leistung oder Teile derselben sollen durch verkehrsübliche Bezeichnungen nach Art, Beschaffenheit und Umfang hinreichend genau beschrieben werden. Andernfalls können sie

a) durch eine Darstellung ihres Zweckes, ihrer Funktion sowie der an sie gestellten sonstigen Anforderungen,

b) in ihren wesentlichen Merkmalen und konstruktiven Einzelheiten oder

c) durch Verbindung der Beschreibungsarten,

beschrieben werden.

(3) Bestimmte Erzeugnisse oder Verfahren sowie bestimmte Ursprungsorte und Bezugsquellen dürfen nur dann ausdrücklich vorgeschrieben werden, wenn dies durch die Art der zu vergebenden Leistung gerechtfertigt ist.

(4) Bezeichnungen für bestimmte Erzeugnisse oder Verfahren (z. B. Markennamen) dürfen ausnahmsweise, jedoch nur mit dem Zusatz „oder gleichwertiger Art", verwendet werden, wenn eine hinreichend genaue Beschreibung durch verkehrsübliche Bezeichnungen nicht möglich ist. Der Zusatz „oder gleichwertiger Art" kann entfallen, wenn ein sachlicher Grund die Produktvorgabe rechtfertigt. Ein solcher Grund liegt dann vor, wenn die Auftraggeber Erzeugnisse oder Verfahren mit unterschiedlichen Merkmalen als bereits bei ihnen vorhandenen Erzeugnissen oder Verfahren beschaffen müssten und dies mit unverhältnismäßig hohem finanziellen Aufwand oder unverhältnismäßigen Schwierigkeiten bei Integration, Gebrauch, Betrieb oder Wartung verbunden wäre. Die Gründe sind zu dokumentieren.

107.1 Änderungen in der VOL/A 2009

§ 7 Abs. 1 ist **redaktionell geändert** worden.

Die Regelungen des § 8 Nr. 1 Abs. 2 (Verpflichtung zur Feststellung aller die Preisermittlung beeinflussenden Umstände und Angabe in den Verdingungsunterlagen) und des § 8 Nr. 1 Abs. 3 (Verbot der Aufbürdung eines ungewöhnlichen Wagnisses) sind gestrichen worden.

§ 7 Abs. 4 enthält in Anlehnung an die Rechtsprechung eine **Erläuterung, in welchen Fällen eine Produktvorgabe zulässig** ist.

107.2 Vergleichbare Regelungen

Der **Vorschrift des § 7 VOL/A vergleichbar** sind im Bereich der VOB/A **§ 7 VOB/A**, im Bereich der VOF **§ 6 VOF** und im Bereich der VOL **§ 8 EG VOL/A**. Die Kommentierungen zu diesen Vorschriften können daher ergänzend zu der Kommentierung des § 7 herangezogen werden.

107.3 Bieterschützende Vorschrift

107.3.1 § 7 Abs. 1

Die **Vorschrift zielt** darauf ab, den **Bietern eine klare Kalkulationsgrundlage zu liefern**. Zugleich – und damit korrespondierend – hat sie den **Zweck, die Vergleichbarkeit der Angebote zu sichern**. Dass die eindeutige und erschöpfende Leistungsbeschreibung auch zu-

Teil 4 VOL/A § 7   Vergabe- und Vertragsordnung für Leistungen Teil A

treffend in dem Sinne sein muss, dass die Ausführung der beschriebenen Leistung aller Voraussicht nach zur Erreichung des seitens des Auftraggebers mit dem Auftrag verfolgten Zwecks führt, wird in § 7 VOL/A zwar zumindest nicht ausdrücklich gesagt, kann jedoch die Grundvoraussetzung dafür sein, dass die Beschreibung der Leistungen eine hinreichende Kalkulationsgrundlage bildet. Soweit Leistungen wegen ersichtlicher Unausführbarkeit nicht verlässlich kalkuliert werden können, stellen sie keine hinreichende Basis für einen Vergleich der Angebote dar. Eine **unzutreffende Leistungsbeschreibung kann insoweit Bieterrechte verletzen** (Saarländisches OLG, B. v. 23. 11. 2005 – Az.: 1 Verg 3/05; B. v. 29. 9. 2004 – Az.: 1 Verg 6/04; VK Baden-Württemberg, B. v. 26. 7. 2005 – Az.: 1 VK 39/05; VK Brandenburg, B. v. 18. 1. 2007 – Az.: 1 VK 41/06; 1. VK Bund, B. v. 6. 3. 2002 – Az.: VK 1–05/02; 2. VK Bund, B. v. 16. 2. 2004 – Az.: VK 2–22/04; VK Hamburg, B. v. 30. 7. 2007 – Az.: VgK FB 6/07; VK Südbayern, B. v. 8. 6. 2006 – Az.: 14-05/06). Der **Wortlaut des Abs. 1 des § 7 VOL/A hat also eindeutig eine bieterschützende Tendenz**. Ist das Nachprüfungsverfahren im Falle europaweiter Publizität des Vergabeverfahrens eröffnet, so kann ein Bieter im Falle eines Verstoßes gegen § 7 Abs. 1 VOL/A die Wiederholung des Vergabeverfahrens erzwingen (VK Lüneburg, B. v. 29. 1. 2004 – Az.: 203-VgK-40/2003, B. v. 30. 10. 2003 – Az.: 203-VgK-21/2003).

107.3.2 § 7 Abs. 3, Abs. 4

9300   § 7 Abs. 3, Abs. 4 VOL/A haben bieterschützende Funktion. Die **Aufrechterhaltung eines funktionierenden Wettbewerbes dient der Wahrung der Bieterrechte**; diese können sich auf die Verletzung des Gebots zur produktneutralen Ausschreibung berufen (BayObLG, B. v. 15. 9. 2004 – Az.: Verg 026/03; VK Hessen, B. v. 19. 10. 2006 – Az.: 69 d VK – 51/2006; im Ergebnis ebenso VK Südbayern, B. v. 29. 1. 2007 – Az.: 39-12/06; B. v. 28. 4. 2005 – Az.: 13-03/05).

107.4 Grundsatz

9301   Die in § 7 geregelten **Anforderungen an die Gestaltung der Leistungsbeschreibung sind sowohl für das Vergabeverfahren als auch für die spätere Vertragsdurchführung mit dem erfolgreichen Bieter von fundamentaler Bedeutung**. Die Leistungsbeschreibung bildet dabei das Kernstück der Vergabeunterlagen (VK Lüneburg, B. v. 12. 1. 2007 – Az.: VgK-33/2006; B. v. 12. 4. 2002 – Az.: 203-VgK-05/2002; VK Südbayern, B. v. 26. 6. 2008 – Az.: Z3-3-3194-1-16-04/08).

9302   Die Regelung des **§ 7 Abs. 1 VOL/A** zählt zu den **Zentralnormen des Vergaberechts**. Sie stellt nicht nur inhaltliche Anforderungen an die Beschreibung der Leistung, die als „invitatio ad offerendum" den wesentlichen Inhalt des zu schließenden Vertrages bestimmt. § 7 VOL/A ist darüber hinaus **unmittelbarer Ausfluss der in § 97 Abs. 1 und 2 GWB enthaltenen Grundsätze einer transparenten, die Bieter gleich behandelnden Vergabe im Wettbewerb** (2. VK Hessen, B. v. 26. 4. 2007 – Az.: 69 d VK – 08/2007; VK Südbayern, B. v. 26. 6. 2008 – Az.: Z3-3-3194-1-16-04/08).

107.5 Festlegung der Liefer- bzw. Dienstleistungsaufgabe und damit Festlegung des Inhalts der Leistungsbeschreibung

107.5.1 Grundsätze

9303   Es ist **Sache des Auftraggebers**, zu entscheiden, **welche Liefer- oder Dienstleistungsaufgabe verwirklicht** werden soll. Der öffentliche **Auftraggeber ist also grundsätzlich frei in der Definition** dessen, was er beschaffen möchte (OLG Düsseldorf, B. v. 15. 6. 2010 – Az.: VII-Verg 10/10; B. v. 14. 4. 2010 – Az.: VII-Verg 60/09; B. v. 3. 3. 2010 – Az.: VII-Verg 46/09; B. v. 17. 2. 2010 – Az.: VII-Verg 42/09; B. v. 9. 12. 2009 – Az.: VII-Verg 37/09; B. v. 22. 10. 2009 – Az.: VII-Verg 25/09; B. v. 4. 3. 2009 – Az.: VII-Verg 67/08; B. v. 17. 11. 2008 – Az.: VII-Verg 52/08; B. v. 26. 7. 2006 – Az.: VII – Verg 19/06; B. v. 14. 4. 2005 – Az.: VII – Verg 93/04; OLG Koblenz, B. v. 10. 6. 2010 – Az.: 1 Verg 3/10; OLG München, B. v. 31. 8. 2010 – Az.: Verg 12/10; B. v. 5. 11. 2009 – Az.: Verg 15/09; B. v. 2. 3. 2009 – Az.: Verg 01/09; B. v. 28. 7. 2008 – Az.: Verg 10/08; OLG Naumburg, B. v. 5. 12. 2008 – Az.: 1 Verg 9/08; OLG Schleswig-Holstein, B. v. 19. 1. 2007 – Az.: 1 Verg 14/06; Thüringer OLG, B. v. 6. 6.

Vergabe- und Vertragsordnung für Leistungen Teil A VOL/A § 7 **Teil 4**

2007 – Az.: 9 Verg 3/07; B. v. 26. 6. 2006 – Az.: 9 Verg 2/06; LSG Baden-Württemberg, B. v. 17. 2. 2009 – Az.: L 11 WB 381/09; LSG Nordrhein-Westfalen, B. v. 19. 11. 2009 – Az.: L 21 KR 55/09 SFB; B. v. 8. 10. 2009 – Az.: L 21 KR 39/09 SFB; B. v. 24. 8. 2009 – Az.: L 21 KR 45/09 SFB; VK Baden-Württemberg, B. v. 28. 5. 2009 – Az.: 1 VK 21/09; VK Berlin, B. v. 9. 2. 2009 – Az.: VK-B 1–28/08; VK Brandenburg, B. v. 17. 12. 2009 – Az.: VK 21/09; B. v. 15. 2. 2006 – Az.: 2 VK 82/05; B. v. 21. 9. 2005 – Az.: 2 VK 54/05; 1. VK Bund, B. v. 20. 1. 2010 – Az.: VK 1–233/09; B. v. 20. 1. 2010 – Az.: VK 1–230/09; B. v. 10. 12. 2009 – Az.: VK 1–188/09; B. v. 4. 12. 2009 – Az.: VK 1–203/09; B. v. 26. 11. 2009 – Az.: VK 1–197/09; B. v. 10. 11. 2009 – Az.: VK 1–191/09; B. v. 30. 7. 2008 – Az.: VK 1–90/08; 2. VK Bund, B. v. 9. 12. 2009 – Az.: VK 2–192/09; B. v. 14. 10. 2009 – Az.: VK 2–174/09; B. v. 31. 8. 2009 – Az.: VK 2–108/09; B. v. 15. 5. 2009 – Az.: VK 2–21/09; B. v. 20. 4. 2009 – Az.: VK 1–13/09; B. v. 15. 9. 2008 – Az.: VK 2–94/08; B. v. 22. 8. 2008 – Az.: VK 2–73/08; 3. VK Bund, B. v. 24. 8. 2010 – Az.: VK 3–78/10; B. v. 10. 5. 2010 – Az.: VK 3–42/10; B. v. 1. 10. 2009 – Az.: VK 3–172/09; B. v. 21. 8. 2009 – Az.: VK 3–154/09; B. v. 26. 3. 2009 – Az.: VK 3–43/09; B. v. 20. 3. 2009 – Az.: VK 3–40/09; B. v. 20. 3. 2009 – Az.: VK 3–34/09; B. v. 20. 3. 2009 – Az.: VK 3–22/09; B. v. 23. 1. 2009 – Az.: VK 3–194/08; B. v. 5. 3. 2008 – Az.: VK 3–32/08; VK Hessen, B. v. 10. 9. 2007 – Az.: 69 d VK – 37/2007; B. v. 10. 9. 2007 – Az.: 69 d VK – 29/2007; VK Münster, B. v. 18. 3. 2010 – Az.: VK 1/10; B. v. 7. 10. 2009 – Az.: VK 18/09; B. v. 20. 4. 2005 – Az.: VK 6/05; VK Niedersachsen, B. v. 25. 3. 2010 – Az.: VgK-07/2010; B. v. 16. 11. 2009 – Az.: VgK-62/2009; VK Nordbayern, B. v. 22. 7. 2010 – Az.: 21.VK – 3194 – 26/10; B. v. 10. 2. 2010 – Az.: 21.VK – 3194 – 01/10; B. v. 28. 10. 2009 – Az.: 21.VK – 3194 – 46/09; B. v. 21. 4. 2009 – Az.: 21.VK – 3194 – 10/09; B. v. 16. 4. 2008 – Az.: 21.VK – 3194 – 14/08; B. v. 13. 2. 2007 – Az.: 21.VK – 3194 – 02/07; B. v. 16. 1. 2007 – Az.: 21.VK – 3194 – 43/06; 3. VK Saarland, B. v. 7. 9. 2009 – Az.: 3 VK 01/2009; 1. VK Sachsen, B. v. 6. 3. 2009 – Az.: 1/SVK/001–09; B. v. 29. 8. 2008 – Az.: 1/SVK/042-08; B. v. 29. 8. 2008 – Az.: 1/SVK/041-08; VK Schleswig-Holstein, B. v. 9. 7. 2010 – Az.: VK-SH 11/10; B. v. 22. 7. 2009 – Az.: VK-SH 06/09; B. v. 28. 11. 2006 – Az.: VK-SH 25/06; VK Südbayern, B. v. 21. 7. 2008 – Az.: Z3-3-3194-1-23–06/08; B. v. 29. 1. 2007 – Az.: 39-12/06; B. v. 29. 5. 2006 – Az.: 12-04/06). Das Risiko, dass der von ihm bestimmte Leistungsgegenstand sich als nicht geeignet zur Erreichung der mit ihm verfolgten Zwecke erweist, trägt der Auftraggeber (1. VK Bund, B. v. 6. 3. 2002 – Az.: VK 1–05/02; im Ergebnis ebenso VK Lüneburg, B. v. 18. 6. 2004 – Az.: 203-VgK-29/2004, B. v. 18. 12. 2004 – Az.: 203-VgK-35/2003). Weder im Vergabeverfahren noch im Nachprüfungsverfahren ist **für die am Auftrag interessierten Unternehmen Raum, eigene,** insbesondere abändernde **Vorstellungen hinsichtlich des Auftragsgegenstandes anzubringen** oder gar gegen den Auftraggeber durchzusetzen (OLG Düsseldorf, B. v. 15. 6. 2010 – Az.: VII-Verg 10/10; B. v. 14. 4. 2010 – Az.: VII-Verg 60/09; B. v. 17. 2. 2010 – Az.: VII-Verg 42/09; B. v. 4. 3. 2009 – Az.: VII-Verg 67/08).

Das **Vergabeverfahren** und ein sich daran anschließendes Vergabenachprüfungsverfahren **dienen grundsätzlich allein dazu, den Vertragspartner für den vom Auftraggeber einseitig festgesetzten Auftragsgegenstand zu finden. Sie können nicht dazu benutzt werden, um Vorstellungen des Unternehmers über einen anderen Auftragsgegenstand zu verfolgen oder gar durchzusetzen.** Anders ist dies in gewissem Umfange nur dann, wenn der Auftraggeber den Auftragsgegenstand nicht vollständig selbst beschreibt und dem Unternehmer Raum für eigene Vorstellungen (z. B. mittels der Zulassung von Nebenangeboten, Alternativpositionen oder einer funktionellen Ausschreibung) zubilligt (OLG Düsseldorf, B. v. 4. 3. 2009 – Az.: VII-Verg 67/08).

9304

Das Leistungsverzeichnis gibt die Vorstellungen des Auftraggebers von der gewünschten Leistung in Bezug auf technische Merkmale oder Funktionen, Menge und Qualität für den Auftragnehmer so deutlich vor, dass dieser Gegenstand, Art und Umfang der Leistung zweifelsfrei zu erkennen ist. **Mit dem Leistungsverzeichnis werden dagegen nicht die Vorstellungen der potentiellen Bieter abgefragt.** Denn nur der Auftraggeber setzt den Rahmen für das Leistungsverzeichnis (VK Schleswig-Holstein, B. v. 9. 7. 2010 – Az.: VK-SH 11/10).

9305

Was ein öffentlicher Auftraggeber beschafft, obliegt grundsätzlich allein seiner Entscheidung, er bestimmt, welche Leistungseigenschaften und -inhalte der Auftragsgegenstand seiner Auffassung nach haben soll und umgekehrt, welche weiteren Kriterien für ihn möglicherweise nicht relevant sind. Ein **Vergaberechtsverstoß liegt also nicht bereits darin, dass ein öffentlicher Auftraggeber Vorgaben an den Inhalt der Angebote stellt, die auch solche Angebote erfüllen, die aus Sicht eines Bieters die Besonderheiten des von ihm angebotenen Produkts nicht hinreichend berücksichtigen** (1. VK Bund, B. v. 26. 11. 2009 – Az.: VK 1–197/09).

9306

Teil 4 VOL/A § 7 Vergabe- und Vertragsordnung für Leistungen Teil A

9307 Ausgangspunkt der Angebotsvergleichbarkeit ist die Leistungsbeschreibung, deren Erstellung Sache des öffentlichen Auftraggebers ist, der sich an seinem Beschaffungsbedarf orientiert. Daher **obliegt es zunächst ihm allein festzulegen, welche Leistungseigenschaften und -inhalte der Auftragsgegenstand seiner Auffassung nach haben soll und umgekehrt, welche weiteren Kriterien für ihn möglicherweise nicht relevant sind,** soweit dies nur für alle Bieter hinreichend deutlich und transparent wird. Solche **weiteren Kriterien, die für den öffentlichen Auftraggeber nicht relevant sind, können bei objektiver Betrachtung daher durchaus Produktunterschiede charakterisieren**; sie führen jedoch nicht dazu, dass diese Produkte im Rahmen der betreffenden Ausschreibung nicht miteinander verglichen werden könnten – vorausgesetzt, diese Güter genügen gleichermaßen den Anforderungen des öffentlichen Auftraggebers. Ein Vergaberechtsverstoß liegt also nicht bereits darin, dass ein öffentlicher Auftraggeber Vorgaben an den Inhalt der Angebote stellt, die auch solche Angebote erfüllen, die aus Sicht eines Bieters unterschiedliche Eigenschaften aufweisen und somit (ebenfalls aus Sicht des Bieters) nicht untereinander vergleichbar sind. Maßgeblich ist vielmehr die Sicht des öffentlichen Auftraggebers als Nachfrager. Die **abgegebenen Angebote müssen daher lediglich geeignet sein, den in der Leistungsbeschreibung eindeutig und erschöpfend beschriebenen Bedarf des öffentlichen Auftraggebers zu decken** (1. VK Bund, B. v. 20. 1. 2010 – Az.: VK 1–233/09).

9308 Die **Bestimmung des Auftragsgegenstands ist einer etwaigen Ausschreibung und Vergabe vorgelagert** und muss vom öffentlichen Auftraggeber erst einmal in einer zu einer Nachfrage führenden Weise getroffen werden, bevor die Vergabe und das Vergabeverfahren betreffende Belange der an der Leistungserbringung interessierten Unternehmen berührt sein können. Dagegen können Bieter nicht mit Erfolg beanspruchen, dem Auftraggeber eine andere Leistung mit anderen Beschaffungsmerkmalen und Eigenschaften, als von ihm in den Verdingungsunterlagen festgelegt worden ist, anzudienen (OLG Düsseldorf, B. v. 15. 6. 2010 – Az.: VII-Verg 10/10; B. v. 3. 3. 2010 – Az.: VII-Verg 46/09; B. v. 17. 2. 2010 – Az.: VII-Verg 42/09; 3. VK Bund, B. v. 24. 8. 2010 – Az.: VK 3–78/10; B. v. 10. 5. 2010 – Az.: VK 3–42/10).

9309 Anders als z. B. bei der Frage, in welcher Weise die Leistung auszuschreiben ist oder welcher Bieter im Einklang mit dem Vergaberecht den Zuschlag erhalten soll, ist der Auftraggeber bei der Formulierung des Bedarfs grundsätzlich autonom. Der **öffentliche Auftraggeber muss als späterer Nutzer der nachgefragten Leistung schließlich am besten wissen, was er braucht** (VK Baden-Württemberg, B. v. 17. 3. 2004 – Az.: 1 VK 12/04; 1. VK Bund, B. v. 30. 7. 2008 – Az.: VK 1–90/08; B. v. 8. 1. 2004 – Az.: VK 1–117/03; 2. VK Bund, B. v. 15. 9. 2008 – Az.: VK 2–94/08; B. v. 22. 8. 2008 – Az.: VK 2–73/08; 3. VK Bund, B. v. 5. 3. 2008 – Az.: VK 3–32/08; 1. VK Sachsen, B. v. 6. 3. 2009 – Az.: 1/SVK/001–09; B. v. 29. 8. 2008 – Az.: 1/SVK/042-08; B. v. 29. 8. 2008 – Az.: 1/SVK/041-08; VK Südbayern, B. v. 29. 1. 2007 – Az.: 39-12/06).

9310 **Dies gilt selbst dann, wenn eine vom Bieter angebotene Technologie zwar nicht den sich aus dem Leistungsverzeichnis konkludent ergebenden, objektiven gesetzlichen Konsequenzen, wohl aber den im Leistungsverzeichnis niedergelegten Anforderungen entspricht.** Beschließt also beispielsweise eine Vergabestelle, ein Auto zu beschaffen, ohne im Leistungsverzeichnis eine TÜV-Zulassung zu verlangen, so braucht auch nur ein Auto ohne TÜV-Zulassung angeboten zu werden, auch wenn die Vergabestelle erkennbar vorhat, später damit am öffentlichen Straßenverkehr teilzunehmen. Ob und wie sich die Vergabestelle diese TÜV-Zulassung später besorgt, ist nicht Sache des Bieters (VK Baden-Württemberg, B. v. 17. 3. 2004 – Az.: 1 VK 12/04).

9311 Die Vergabestelle ist auch **nicht verpflichtet, ihren Bedarf so auszurichten, dass möglichst alle auf dem Markt agierenden Teilnehmer leistungs- und angebotsfähig** sind (LSG Nordrhein-Westfalen, B. v. 19. 11. 2009 – Az.: L 21 KR 55/09 SFB; VK Hessen, B. v. 10. 9. 2007 – Az.: 69 d VK – 37/2007; B. v. 10. 9. 2007 – Az.: 69 d VK – 29/2007; VK Münster, B. v. 20. 4. 2005 – Az.: VK 6/05; VK Nordbayern, B. v. 16. 4. 2008 – Az.: 21.VK – 3194 – 14/08; 3. VK Saarland, B. v. 7. 9. 2009 – Az.: 3 VK 01/2009; 1. VK Sachsen, B. v. 6. 3. 2009 – Az.: 1/SVK/001–09; B. v. 29. 8. 2008 – Az.: 1/SVK/042-08; B. v. 29. 8. 2008 – Az.: 1/SVK/041-08; VK Schleswig-Holstein, B. v. 22. 7. 2009 – Az.: VK-SH 06/09; B. v. 28. 11. 2006 – Az.: VK-SH 25/06; VK Südbayern, B. v. 29. 1. 2007 – Az.: 39-12/06; VK Thüringen, B. v. 8. 5. 2008 – Az.: 250–4002.20–899/2008-006-G).

9312 Dies gilt **auch im Rahmen eines Teilnahmewettbewerbs** (OLG Schleswig-Holstein, B. v. 19. 1. 2007 – Az.: 1 Verg 14/06; VK Schleswig-Holstein, B. v. 28. 11. 2006 – Az.: VK-SH 25/06).

Der Auftraggeber **darf in der Anforderung zur Beschaffenheit seines Produktes auch** 9313
von technischen Regelwerken abweichen (VK Brandenburg, B. v. 17. 12. 2009 – Az.: VK
21/09).

Dem öffentlichen **Auftraggeber muss es darüber hinaus möglich sein, im Verlaufe** 9314
des Verfahrens gewonnenen Erkenntnisse zu verwerten; anderenfalls würde der Auftraggeber dazu verpflichtet, ein Produkt zu kaufen, von dem er bereits im Zeitpunkt
der Zuschlagserteilung weiß, dass es seine Bedürfnisse nicht optimal befriedigt. Ein
derartiges Ergebnis stünde nicht im Einklang mit den Grundsätzen der Wirtschaftlichkeit und
Sparsamkeit, zu deren Einhaltung öffentliche Stellen verpflichtet sind (3. VK Bund, B. v. 21. 8.
2009 – Az.: VK 3–154/09).

107.5.2 Funktion der Nachprüfungsinstanzen

Das **Vergaberecht regelt grundsätzlich nicht das „Ob" oder „Was" einer Beschaf-** 9315
fung, sondern lediglich das „Wie". Sofern an die Beschaffenheit der Leistung keine ungewöhnlichen Anforderungen gestellt werden, ist es deshalb **vergaberechtlich auch nicht zu**
beanstanden, wenn der Auftraggeber mit der bisherigen Bedarfsdeckung zufrieden
ist und daher den nunmehr zu vergebenden neuen öffentlichen Auftrag unter Ver-
wendung ähnlicher oder gleicher Bedingungen dem Wettbewerb unterstellt (VK Lüneburg, B. v. 7. 9. 2005 – Az.: VgK-38/2005).

Schon in Ermangelung entsprechender vergaberechtlicher Vorschriften, deren Einhaltung 9316
überprüft werden könnte, ist es **nicht Aufgabe vergaberechtlicher Nachprüfungsinstan-**
zen und liegt auch nicht in deren Kompetenz, zu überprüfen, ob der vom Auftrag-
geber definierte Bedarf in sinnvoller Weise definiert wurde oder ob andere als die
nachgefragten Varianten vorteilhafter bzw. wirtschaftlicher wären (OLG Düsseldorf, B.
v. 9. 12. 2009 – Az.: VII-Verg 37/09; B. v. 17. 11. 2008 – Az.: VII-Verg 52/08; B. v. 6. 7. 2005
– Az.: VII – Verg 26/05; B. v. 14. 4. 2005 – Az.: VII – Verg 93/04; OLG München, B. v. 2. 3.
2009 – Az.: Verg 01/09; B. v. 28. 7. 2008 – Az.: Verg 10/08; VK Baden-Württemberg, B. v.
28. 5. 2009 – Az.: 1 VK 21/09; 3. VK Bund, B. v. 26. 3. 2009 – Az.: VK 3–43/09; VK Hessen,
B. v. 10. 9. 2007 – Az.: 69 d VK – 37/2007; B. v. 10. 9. 2007 – Az.: 69 d VK – 29/2007; 2. VK
Bund, B. v. 15. 9. 2008 – Az.: VK 2–94/08; VK Münster, B. v. 20. 4. 2005 – Az.: VK 6/05;
1. VK Sachsen, B. v. 29. 8. 2008 – Az.: 1/SVK/042-08; B. v. 29. 8. 2008 – Az.: 1/SVK/041-
08; VK Schleswig-Holstein, B. v. 22. 7. 2009 – Az.: VK-SH 06/09; B. v. 28. 11. 2006 –
Az.: VK-SH 25/06; VK Südbayern, B. v. 21. 7. 2008 – Az.: Z3-3-3194-1-23–06/08; B. v.
29. 1. 2007 – Az.: 39-12/06; VK Thüringen, B. v. 8. 5. 2008 – Az.: 250–4002.20–899/2008-
006-G).

Die **Vergabenachprüfungsinstanzen haben weder eine bestmögliche noch eine** 9317
möglichst risikolose Beschaffung durch den öffentlichen Auftraggeber sicherzustel-
len. Wie ein Privater hat der öffentliche Auftraggeber allein die Art der zu vergebenden Leistung und den Auftragsgegenstand zu bestimmen. Wenn der Auftraggeber durch die Beschreibung der Leistung – z.B. durch Aufstellen bestimmter, von den Angeboten (lediglich)
einzuhaltender Mindestanforderungen – gewisse Risiken im Hinblick auf den angestrebten Leistungserfolg in Kauf nehmen will, ist dies von den Vergabenachprüfungsinstanzen hinzunehmen
(OLG Düsseldorf, B. v. 9. 12. 2009 – Az.: VII-Verg 37/09).

107.5.3 Begrenzung der Definitionsmacht des Auftraggebers

107.5.3.1 Begrenzung durch die Grundsätze des Wettbewerbs, der Transparenz und der Gleichbehandlung

Die Definitionsmacht des öffentlichen Auftraggebers hinsichtlich des Beschaffungsgegenstandes 9318
wird **begrenzt durch die Verpflichtung, den vergaberechtlichen Grundsätzen des Wett-**
bewerbs, der Transparenz und der Gleichbehandlung Rechnung zu tragen (OLG Karlsruhe, B. v. 21. 7. 2010 – Az.: 15 Verg 6/10; VK Baden-Württemberg, B. v. 28. 5. 2009 – Az.: 1
VK 21/09; 2. VK Bund, B. v. 9. 12. 2009 – Az.: VK 2–192/09; B. v. 31. 8. 2009 – Az.: VK 2–
108/09; B. v. 15. 5. 2009 – Az.: VK 2–21/09; B. v. 20. 4. 2009 – Az.: VK 1–13/09B. v. 22. 8.
2008 – Az.: VK 2–73/08; 3. VK Bund, B. v. 1. 10. 2009 – Az.: VK 3–172/09; VK Hessen, B. v.
10. 9. 2007 – Az.: 69 d VK – 37/2007; B. v. 10. 9. 2007 – Az.: 69 d VK – 29/2007; VK Nordbayern, B. v. 10. 2. 2010 – Az.: 21.VK – 3194 – 01/10; B. v. 16. 4. 2008 – Az.: 21.VK – 3194 –

14/08; 1. VK Sachsen, B. v. 6. 3. 2009 – Az.: 1/SVK/001–09; VK Schleswig-Holstein, B. v. 22. 7. 2009 – Az.: VK-SH 06/09). Eine **willkürliche Diskriminierung von Bietern im Wege der Leistungsbeschreibung ist daher unzulässig**, und eine Leistungsbeschreibung darf nicht in solchem Maße fehlerhaft sein, dass eine Vergleichbarkeit der auf ihr basierenden Angebote schlechterdings ausgeschlossen erscheint (1. VK Bund, B. v. 6. 3. 2002 – Az.: VK 1–05/02; 2. VK Bund, B. v. 22. 8. 2008 – Az.: VK 2–73/08; VK Lüneburg, B. v. 18. 12. 2003 – Az.: 203-VgK-35/2003).

107.5.3.2 Begrenzung durch das Gebot der Losaufteilung

9319 Seine **Grenzen findet die Dispositionsfreiheit auch im Gebot der Losaufteilung**, wie es in § 97 Abs. 3 GWB bzw. § 2 Abs. 2 VOL/A niedergelegt ist (2. VK Bund, B. v. 15. 9. 2008 – Az.: VK 2–94/08). Vgl. dazu die **Kommentierung zu** → § 97 GWB Rdn. 306 ff.

107.5.3.3 Begrenzung durch den Grundsatz der produktneutralen Ausschreibung

9320 Die Freiheit des öffentlichen Auftraggebers, seinen Bedarf autonom zu definieren, besteht nur innerhalb der Grenzen des Vergaberechts. Diese **Grenzen** sind **überschritten**, wenn die **Bestimmung des Beschaffungsgegenstandes gegen den Grundsatz der produktneutralen Ausschreibung verstößt** (OLG Koblenz, B. v. 10. 6. 2010 – Az.: 1 Verg 3/10; OLG München, B. v. 5. 11. 2009 – Az.: Verg 15/09; 2. VK Bund, B. v. 9. 12. 2009 – Az.: VK 2–192/09; B. v. 14. 10. 2009 – Az.: VK 2–174/09; B. v. 20. 4. 2009 – Az.: VK 1–13/09).

9321 Der öffentliche Auftraggeber und die Vergabenachprüfungsinstanzen müssen **auch auf die Abgrenzung achten, ob das einer Ausschreibung zugrunde gelegte Leistungsprofil der allein der Disposition der Vergabestelle überlassenen „Liefer- oder Dienstleistung"** im Sinn von § 1 VOL/A **zuzurechnen** ist **oder** aber innerhalb dieses Rahmens **als produkt- bzw. verfahrensspezifische Beschränkung zu gelten hat**, die den bieterschützenden Anforderungen des § 7 VOL/A, Abs. 3, Abs. 4 VOL/A unterliegt. Maßgebend für diese Abgrenzung sind die – anhand der Einzelfallumstände zu ermittelnden – mit dem Beschaffungsprojekt verfolgten Ziele und Zwecke (Thüringer OLG, B. v. 26. 6. 2006 – Az.: 9 Verg 2/06; VK Nordbayern, B. v. 16. 4. 2008 – Az.: 21.VK – 3194 – 14/08).

107.5.4 Weitere Beispiele aus der Rechtsprechung

9322 – der **Auftraggeber darf in der Beschaffenheit seines Produktes auch von technischen Regelwerken abweichen**. Die Gründe für die hier vorgenommene Spezifizierung hat der Auftraggeber nachvollziehbar in seinem Vergabevermerk dargelegt. **Mit der ausgeschriebenen Salzqualität sollen im Wesentlichen Technikausfälle und damit verbundene erhöhte Kosten aus Personalstunden vermieden werden** (VK Brandenburg, B. v. 17. 12. 2009 – Az.: VK 21/09)

– wenn der Auftraggeber Arzneimittel mit demselben Wirkstoff und damit auch der therapeutisch vergleichbaren Primärwirkung in einem Los zusammenfasst, ist nicht davon auszugehen, dass die entsprechenden Angebote nicht vergleichbar sind und damit ein **Vergabewettbewerb topischer Darreichungsformen von vornherein nicht in Betracht käme**. Eine darüber hinausgehende therapeutische Äquivalenz in dem Sinne, dass die **Präparate nicht nur denselben Wirkstoff, sondern auch dieselben sonstigen Inhaltsstoffe enthalten**, die einen wie auch immer gearteten medizinisch-therapeutischen Zusatznutzen oder Nachteil mit sich bringen, muss der Auftraggeber bei dem Zuschnitt des Loses nicht beachten (1. VK Bund, B. v. 10. 11. 2009 – Az.: VK 1–191/09)

– es kann nicht sein, dass der Auftraggeber verpflichtet ist, seine Vorgaben dergestalt zu korrigieren, dass sie gerade in das Konzept der jeweiligen interessierten Bieters passen, der – wie beispielsweise bei der Antragstellerin der Fall – **noch aus einer vorangegangenen Ausschreibung, bei der er nicht zum Zuge kam, zwar ungebrauchte, aber den sonstigen Vorgaben und Zwecken des hinter der Ausschreibung stehenden Gesamtkonzeptes des Auftraggebers nicht entsprechende und auch nicht in ausreichender Anzahl vorhandene Müllgefäße, auf Lager** hat. Die Antragsgegnerin hat sowohl in den Vergabeakten als auch in ihren Schriftsätzen und in der mündlichen Verhandlung detailliert dargestellt und aus Sicht der Kammer plausibel begründet, **warum sie zur Realisierung ihres neuen Abfallkonzeptes, das von einem Verwiegen des Mülls ausgeht und zu einem einheitlichen Gebührensystem im Saarland führen soll, einheitliche (und damit in jeder Hinsicht) kompatible und fabrikationsneue Behälter benötigt. Mit Rücksicht auf dieses neue Abfallkonzept ist es nämlich erforderlich, dass die Antragsgegnerin einheitliche neue Gefäße anschafft: Der zukünftige Auftragnehmer der Abfallsammlung übernimmt sowohl den Wechsel der Behältergrößen und die weiteren Gestellungen als auch die Bewirtschaftung der neu eingestellten Behälter und Müllgroßbehälter. Aus diesem Grund müssen einheitliche Gefäße bereit gestellt werden, bei denen, je nachdem zu welchem Abfallzweck sie benötigt werden, nur der Deckel entsprechend ausgetauscht werden kann (bei Abfallzweck nach Bio, Restabfall oder Gelbe Tonne). Auch beschädigte Gefäße können dann wirtschaftlicher beschafft und vorgehalten werden. Die Einheitlichkeit der Gefäße kommunen- und gebietsübergreifend gewährleistet einerseits eine größere Flexibilität der Antragsgegnerin beim (Teil-)Austausch und der Reparatur der Gefäße und kommt andererseits dem Interesse des Gebührenzahlers an einer möglichst sparsamen Bewirtschaftung der Abfallentsorgung entgegen. Denn **als Zweckverband des öffentlichen Rechts unterliegt sie den Grundsätzen der sparsamen und wirtschaftlichen Haushaltsführung** (3. VK Saarland, B. v. 7. 9. 2009 – Az.: 3 VK 01/2009)

– **latexhaltige Systeme sind geeignet, bei untersuchten Patienten, welche dazu neigen, allergische Reaktionen hervorzurufen, die – wie allgemeinkundig ist – von Fall zu Fall medizinisch sehr ernst zu nehmen sein können.** Derartige Komplikationen, noch dazu bei ihrer Art nach lediglich diagnostischen Zwecken dienenden Eingriffen, möchte der Antragsgegner durch die Wahl des Ballonmaterials schon im Ansatz vermeiden. Die **dahingehende Entscheidung des Antragsgegners ist kraft des dem öffentlichen Auftraggeber hinsichtlich des Beschaffungsgegenstands zustehenden Bestimmungsrechts hinzunehmen.** Der Gegenstand der Beschaffung unterliegt der freien Bestimmung des öffentlichen Auftraggebers. Er hat in den Verdingungsunterlagen festzulegen, welche Eigenschaften und Beschaffenheitsmerkmale die Lieferung oder Dienstleistung aufweisen soll. Dagegen können Bieter nicht mit Erfolg beanspruchen, dem Auftraggeber eine andere Leistung mit anderen Merkmalen und Eigenschaften, als ihm festgelegt worden ist, anzudienen. Geschieht dies trotzdem, in dem die Antragstellerin ein Video-Endoskopsystem mit latexhaltigem statt latexfreiem Material angeboten hat – nimmt das Angebot Änderungen an den Verdingungsunterlagen vor (§ 21 Nr. 1 Abs. 4 VOL/A). Infolgedessen ist es von der Wertung auszunehmen – § 25 Nr. 1 Abs. 1 d VOL/A – (OLG Düsseldorf, B. v. 22. 10. 2009 – Az.: VII-Verg 25/09)

– das **Kriterium der Markteinführung ist trotz der den Wettbewerb beschränkenden Wirkung auf am Markt eingeführte Produkte sachlich gerechtfertigt.** Das Erfordernis der Markteinführung soll sicherstellen, dass z. B. Diktiergerät, SDK und Speichermedium mit der Workflowsoftware Thax Fidentity kompatibel sind. Bei einer nicht am Markt eingeführten SDK-Software besteht die Gefahr, dass eine Kompatibilität von Diktiergerät, SDK, Speichermedium und Workflowsoftware nicht auf Anhieb gewährleistet ist, sondern Anpassungsleistungen in erheblichem Umfang erforderlich sind. Das Erfordernis der Markteinführung, das heißt der freien käuflichen Erwerbbarkeit, bezog sich aus der Sicht eines fachkundigen, mit dem Vertrieb von Diktiergeräten befassten Bieters nicht nur auf das Diktiergerät, sondern auf alle vom Bieter zu liefernden Hard- und Softwarekomponenten, wobei es ausreichte, dass jede Komponente für sich am Markt eingeführt war (OLG Düsseldorf, B. v.. 11. 2. 2009 – Az.: VII-Verg 64/08)

– **es überschreitet nicht nur die tatsächlichen, sondern vor dem Hintergrund des legitimen Ermessensspielraums der Auftraggeber** sowie des Verhältnismäßigkeitsgrundsatzes, § 114 Abs. 1 S. 1 GWB, auch **die rechtlichen Kompetenzen der Vergabekammer als Nachprüfungsinstanz, den Auftraggebern vorgeben zu wollen, welches Nachfragesystem sie zu wählen haben.** Die Auftraggeber haben sich entschieden, allen auf dem Markt befindlichen Produkten die Chance auf Abschluss eines Rabattvertrags einzuräumen, und damit ein Höchstmaß an Gleichbehandlung und Wettbewerb gewährleistet. Vorliegend besteht eben die Besonderheit, dass nicht – wie regelmäßig in „üblichen", also anderen als Rabattvertragsausschreibungen – Produkte beschafft werden, sondern in Bezug auf eine bereits bestehende Lieferbeziehungen ein Rabatt „eingekauft" werden soll. Ein **Nachfragekonzept, das nicht nur bestimmte Wirkstoffe, sondern daneben die Angabe bzw. Nachfrage konkreter Packungsgrößen beinhaltet, ist nicht zwingend** (3. VK Bund, B. v. 26. 3. 2009 – Az.: VK 3–43/09)

– sind Gegenstand des Vergabeverfahrens der „Abschluss von Rabattkooperationen nach § 130a Abs. 8 SGB V über **TNF-Alpha-Blocker**", sind letztere allesamt sogenannte Biologika und in dieser Gruppe ganz speziell diejenigen Wirkstoffe, die verhindern, dass der Botenstoff TNF-Alpha sein Ziel im Körper eines Patienten erreicht. Diese Funktion wird für die Behandlung verschiedener Krankheiten wie insbesondere der Rheumatoiden Arthritis als Hauptindikation sowie verschiedener weiterer Indikationen genutzt. Die **Wirkstoffe unterscheiden sich dabei zwar aufgrund ihrer – patentierten – chemischen Zusammensetzung** (teilweise) in ihrer Wirkweise sowie z. B. in Dosierung (Grundlage/Menge/Intervalle), Handelsform oder Verabreichung, sie sind aber **alle jedenfalls zur Behandlung der Rheumatoiden Arthritis und darüber hinaus auch in größerem Umfang zur Behandlung weiterer Indikationen zugelassen.** Damit sind alle drei aktuell zugelassenen TNF-Alpha-Blocker zumindest im Hinblick auf die Behandlung der Hauptindikation „Rheumatoide Arthritis" soweit **austauschbar,** dass die Auswahl eines der Wirkstoffe grundsätzlich anhand der Therapiekosten getroffen werden kann. Ein **wettbewerbliches Verfahren ist damit möglich** (2. VK Bund, B. v. 22. 8. 2008 – Az.: VK 2–73/08)

– dass ein Auftraggeber hinsichtlich der angestrebten Rabattvereinbarung seinen **Lieferbedarf als TNF-Alpha-Blocker (insgesamt) definiert, anstatt insoweit bestimmte Wirkstoffe nachzufragen, ist im Grundsatz nicht zu beanstanden** (2. VK Bund, B. v. 22. 8. 2008 – Az.: VK 2–73/08)

– es bleibt den Auftraggebern als Träger des **öffentlichen Personennahverkehrs** unbenommen, die Erfüllung dieser gesetzlichen Pflichten über eine kombinierte Ausschreibung der Verkehrsdienstleistungen inklusive der Beschaffung der benötigten Fahrzeuge sicherzustellen, oder aber die benötigten Fahrzeuge selbst in einem gesonderten europaweiten Vergabeverfahren zu beschaffen und lediglich die Verkehrsdienstleistungen und damit die Bedienung der Schienenpersonennahverkehrslinien auszuschreiben (VK Lüneburg, B. v. 18. 6. 2004 – Az.: 203-VgK-29/2004)

107.6 Festlegung des Sicherheitsniveaus einer Leistungsbeschreibung

9323 Es ist **Aufgabe der Vergabestelle bereits in der Vorphase eines Vergabeverfahrens, das Sicherheitsniveau festzulegen, nach dem die ausgeschriebenen Liefer- oder Dienstleistungsarbeiten auszuführen sind.** Diese Festlegung gilt in allererster Linie bereits für das der Ausschreibungskonzeption zugrunde zu legende Sicherheitskonzept.

9324 Hierbei **verbleibt der Vergabestelle** bei allen die Sicherheit der Liefer- oder Dienstleistungsmaßnahmen betreffenden Fragen auch nach Klärung der technischen Aspekte, die mit einzelnen Lösungsvorschlägen verbunden sind, **grundsätzlich ein Beurteilungsspielraum, den sie mit ihren Wertungen ausfüllen kann.** Die Vergabestelle kann sich ohne Verstoß gegen vergaberechtliche Vorschriften **unter mehreren möglichen Lösungen**, die alle technisch durchführbar und innerhalb einer bestimmten Bandbreite sicher sind, **entweder für die eher konservative,** dafür aber bewährte Lösung **oder für die eher fortschrittliche**, dafür aber aus Sicht der Vergabestelle mit gewissen Risiken behaftete **Lösung entscheiden** (2. VK Bund, B. v. 8. 10. 2003 – Az.: VK 2–78/03; VK Schleswig-Holstein, B. v. 28. 11. 2006 – Az.: VK-SH 25/06).

107.7 Notwendigkeit der Festlegung strategischer Ziele und Leistungsanforderungen in der Leistungsbeschreibung

9325 Ein **Auftraggeber**, der **im Vorfeld einer Ausschreibung**, noch unbeeinflusst von der Kenntnis möglicher Angebote der Bieter, **nicht zumindest eigene strategische Ziele und Leistungsanforderungen definiert**, ist im Rahmen einer späteren Wertung der Angebote regelmäßig auch nicht in der Lage, die für ihn wesentlichen Nutzen- und Kostenaspekte der einzelnen Angebote zu analysieren. Er setzt sich der Gefahr aus, seine Zuschlagsentscheidung letztlich fremdbestimmt zu treffen. Hierin liegt eine **Verletzung des Wettbewerbsprinzips und auch des Diskriminierungsverbotes**, weil eine Gleichbehandlung aller Angebote auf dieser Grundlage nicht gewährleistet ist (OLG Naumburg, B. v. 16. 9. 2002 – Az.: 1 Verg 02/02; VK Schleswig-Holstein, B. v. 28. 11. 2006 – Az.: VK-SH 25/06).

107.8 Pflicht der Vergabestelle, bestehende Wettbewerbsvorteile und -nachteile potentieller Bieter durch die Gestaltung der Vergabeunterlagen „auszugleichen"?

107.8.1 Grundsätze

Es ist letztlich Sache der Unternehmen, auf welche technischen Verfahren sie sich am Markt spezialisieren. Dies **kann in Vergabeverfahren grundsätzlich nicht dazu führen, dass ihnen eine wirtschaftliche Ausnutzung eines möglicherweise bestehenden Marktvorteils zum Nachteil ausgelegt wird und ihre Teilnahmechancen am vergaberechtlichen Wettbewerb beschnitten werden**. Dies liefe dem Wettbewerbsprinzip des § 97 Abs. 1 GWB gerade zuwider (OLG Naumburg, B. v. 5. 12. 2008 – Az.: 1 Verg 9/08; VK Baden-Württemberg, B. v. 28. 5. 2009 – Az.: 1 VK 21/09; 2. VK Bund, B. v. 14. 10. 2009 – Az.: VK 2–174/09; B. v. 8. 10. 2003 – Az.: VK 2–78/03; VK Hessen, B. v. 10. 9. 2007 – Az.: 69d VK – 37/2007; B. v. 10. 9. 2007 – Az.: 69d VK – 29/2007; VK Schleswig-Holstein, B. v. 28. 11. 2006 – Az.: VK-SH 25/06). 9326

Auch ist ein **Informationsvorsprung nicht per se wettbewerbswidrig** (BayObLG, B. v. 5. 11. 2002 – Az.: Verg 22/02; LSG Berlin-Brandenburg, B. v. 7. 5. 2010 – Az.: L 1 SF 95/10 B Verg; VK Baden-Württemberg, B. v. 28. 5. 2009 – Az.: 1 VK 21/09). Es ist eine **Tatsache**, die weder abänderbar noch zu beanstanden, sondern im Gegenteil **wünschenswert** ist, **dass die Bieter in einem Vergabeverfahren unterschiedliche Wettbewerbsvoraussetzungen mitbringen**. Es ist die praktische Umsetzung des auch dem Vergaberecht zugrunde liegenden allgemeinen Wettbewerbsgedankens, § 97 Abs. 1 GWB, dass diese vorhandenen Wettbewerbsvorteile bei der Angebotserstellung – und zwar auch im Rahmen von Nebenangeboten – nutzbar gemacht werden. Es wäre **lebensfremd** und würde dem Wettbewerbsprinzip zuwiderlaufen, die **Ausnutzung eines derartigen Wettbewerbsvorteils zu bestrafen**, indem der Vergabestelle verboten wird, ein darauf basierendes Angebot zu werten und gegebenenfalls den Zuschlag hierauf zu erteilen, solange die Vergabestelle nicht ihrerseits den Wettbewerbsvorteil in diskriminierender Weise verschafft hat (OLG Naumburg, B. v. 5. 12. 2008 – Az.: 1 Verg 9/08; LSG Berlin-Brandenburg, B. v. 7. 5. 2010 – Az.: L 1 SF 95/10 B Verg; 1. VK Bund, B. v. 11. 6. 2002 – Az.: VK 1–25/02; 2. VK Bund, B. v. 14. 10. 2009 – Az.: VK 2–174/09; VK Hessen, B. v. 13. 10. 2005 – Az.: 69d VK – 69/2005; VK Schleswig-Holstein, B. v. 28. 11. 2006 – Az.: VK-SH 25/06). 9327

Ebenso ist ein **Kostenvorteil durch mehrere Aufträge nicht zu beanstanden** (2. VK Bund, B. v. 18. 11. 2004 – Az.: VK 2–169/04). 9328

Die **Verpflichtung der Vergabestelle, den Auftrag in einem fairen Wettbewerb zu vergeben, beinhaltet nicht die Schaffung identischer Ausgangsbedingungen**. Potentiell kalkulationserhebliche Unterschiede, die sich aus der **Vielfalt privatrechtlicher Organisationsformen mit verschiedenen Steuerregeln** ergeben, können mit dem Instrumentarium des Vergaberechts ebenso wenig beseitigt werden wie standortabhängige Unterschiede, z.B. unterschiedliche Hebesätze bei der Gewerbesteuer oder niedrigere Steuern im Ausland (OLG Koblenz, B. v. 28. 10. 2009 – Az.: 1 Verg 8/09). 9329

Dies **gilt auch für den Fall, dass der Auftraggeber eine bestimmte Leistung, die vorher von einem Dritten erbracht worden ist, neu ausschreibt und sich der Vorauftragnehmer an diesem Wettbewerb beteiligt**. Zwar hat der Vorauftragnehmer unzweifelhaft einen Informationsvorsprung vor Wettbewerbern, da er die Gegebenheiten bei dem Auftraggeber bereits kennt. Dies ist allerdings in Bezug auf den Vorauftragnehmer immer der Fall, wenn ein Auftraggeber einen Auftrag nach Ablauf der Vertragslaufzeit durch Neuausschreibung in den Wettbewerb gibt. Ein **generelles Bewerbungsverbot des bisherigen Auftragnehmers kann daraus aber nicht abgeleitet werden**. Jedoch gilt nach der Rechtsprechung, dass ein Unternehmen, das einen Informationsvorsprung vor den übrigen Bietern hat, zur Einreichung eines Angebots grundsätzlich zuzulassen ist, es sei denn der Vorsprung lässt sich nicht durch geeignete Maßnahmen zum Schutze der anderen Bieter (z. B. Informationserteilung) ausgleichen (3. VK Bund, B. v. 16. 7. 2010 – Az.: VK 3–66/10). 9330

107.8.2 Weitere Beispiele aus der Rechtsprechung

– sind vom **früheren Betriebsinhaber betriebliche Versorgungsanwartschaften für Arbeitnehmer begründet** worden, so **haftet dieser im Falle eines Betriebsübergangs nach § 613a Abs. 2 Satz 1 BGB nur für die innerhalb eines Jahres nach dem Be-** 9331 triebsübergang fällig werdenden Betriebsrentenansprüche. Dies **gilt auch**, wenn der (Teil-)**Betriebsübergang (hier: Neubereederung eines Forschungsschiffes) auf der Grundlage eines vergaberechtlichen Ausschreibungsverfahrens erfolgt** ist. Der Betriebsübernehmer ist den ihn treffenden nachteiligen Folgen in einem solchen Fall nicht schutzlos ausgeliefert. **Zwar können der Betriebsübernehmer und der alte Betriebsinhaber die zu erwartenden Versorgungslasten nicht** – wie bei einem direkten Erwerb – bei der **Gestaltung des Kaufpreises berücksichtigen**. Jedoch bleibt es dem **Übernehmer im Rahmen des Vergabeverfahrens unbenommen, die mit dem Betriebsübergang einhergehenden Belastungen bei seinem Angebot zu berücksichtigen**. Der Einwand, ein Bieter sei dann aber bei der Kalkulierung seines Angebots gegenüber einem anderen Bieter, der bereits entsprechende Rückstellungen getroffen habe, im Nachteil, hätte, **wenn überhaupt, allenfalls im Vergabeverfahren von Bedeutung sein** können (BGH, B. v. 19. 3. 2009 – Az.: III ZR 106/08)

– aus der **Möglichkeit sowohl neue als auch gebrauchte Abfallbehälter in die Angebote der Lose 1 und 2 aufzunehmen, ergibt sich kein unzulässiger Wettbewerbsvorteil.** Grundsätzlich bleibt es allen Bietern unbenommen, ganz oder teilweise neue oder gebrauche Behälter aus dem eigenen Unternehmen zur Verfügung zu stellen oder – neu oder gebraucht – zu erwerben. Möglicherweise entsteht hieraus ein Vorteil für diejenigen Bewerber, die bereits über einen ausreichenden Vorrat gebrauchter Behälter auch in den erforderlichen Farben und Erhaltungszustand verfügen. Allerdings müssten auch diese die Behälter zu einem früheren Zeitpunkt angeschafft und die Kosten hierfür aufgewendet haben (VK Hessen, B. v. 1. 6. 2005 – Az.: 69 d VK – 33/200)

– der Auftraggeber ist **nicht verpflichtet**, Leistungen, die er aufgrund eigener Erfahrungen in der Vergangenheit bedarfsgerecht ausgeschrieben und bewertet hat, **bei jeder Neuausschreibung abzuändern** nur um den bisherigen Anbietern keinen (vermeintlichen) Wettbewerbsvorteil zu eröffnen (3. VK Bund, B. v. 28. 1. 2005 – Az.: VK 3–221/04)

– ein **aufgrund besonderer Geschäftsbeziehungen erlangter Informationsvorsprung** der hier in Frage stehenden Art ist nicht per se wettbewerbswidrig. Besondere Umstände, die das Verhalten etwa als unlauter oder kartellrechtswidrig erscheinen lassen könnten, sind weder dem Sachvortrag der Beteiligten noch dem sonstigen Akteninhalt zu entnehmen (BayObLG, B. v. 5. 11. 2002 – Az.: Verg 22/02)

– allein die Tatsache, dass **ein Bieter bereits durch frühere Forschungstätigkeit Erfahrungen gesammelt hat** und damit im Gegensatz zu anderen Bietern einen Wettbewerbsvorteil besitzt, bedeutet noch keinen Verstoß gegen das Gleichbehandlungsgebot. Denn bei derartigen Erfahrungen handelt es sich um Werte, die **aufgrund eigener wirtschaftlicher Leistung erworben wurden und damit auch in der Vergabeentscheidung positiv berücksichtigt werden können** (2. VK Bund, B. v. 26. 9. 2003 – Az.: VK 2–66/03)

– die **Möglichkeit, ein Pauschalangebot zu kalkulieren**, hatte lediglich für den Bieter, der aufgrund der bei ihm vorhandenen Kenntnisse – **allgemeine Ortskenntnis infolge vorangegangener Aufträge, konkrete Kenntnisse bezüglich des Auftrags infolge Ortsbesichtigung** – über Informationen verfügte, die über die Leistungsbeschreibung hinausgingen. Ihm kam ein – zulässiger – Wissensvorsprung und damit ein Wettbewerbsvorteil im Verhältnis zu den Konkurrenten um den Auftrag zu (1. VK Bund, B. v. 11. 6. 2002 – Az.: VK 1–25/02)

– der **Eignungsgrad und die unternehmensspezifischen Kosten**, die mit einer Auftragsübernahme verbunden wären, differieren je nach personeller und materieller Ausstattung, Lage der Betriebsstätten, der Auslastung und unternehmensspezifischen Erfahrungen. Ein an den Auftraggeber gerichtetes Gebot, derartige Wettbewerbsvorteile bereits bei der Entscheidung über die Leistung, die beschafft werden soll, auszugleichen, gibt es grundsätzlich nicht. Vielmehr **kann ein Auftraggeber**, wenn es vernünftige Gründe dafür gibt, den **Leistungsinhalt so bestimmen, dass einzelne Bieter Wettbewerbsvorteile gegenüber anderen haben**. Der Auftraggeber darf sich dabei z.B. von Erwägungen der Wirtschaftlichkeit leiten lassen, selbstredend jedoch nicht von der Absicht der Bevorzugung eines bestimmten Unternehmens (VK Münster, B. v. 14. 11. 2002 – Az.: VK 16/02)

107.9 Positionsarten einer Leistungsbeschreibung

107.9.1 Allgemeines

9332 In einer Leistungsbeschreibung **können mehrere Positionsarten verwendet** werden. Man **kann unterscheiden** zwischen:

Vergabe- und Vertragsordnung für Leistungen Teil A VOL/A § 7 **Teil 4**

– Normalpositionen,
– Grundpositionen,
– Bedarfspositionen (Eventualpositionen)
– Wahlpositionen (Alternativpositionen)
– Zulagepositionen.

107.9.2 Übertragbarkeit der Rechtsprechung zur VOB/A

Die VOL/A macht zu den Positionsarten – im Gegensatz zur VOB/A – keine Aussagen. Die wesentlichen Grundsätze der Rechtsprechung zur VOB/A können **wegen der gleichen Interessenlage und der lückenhaften Regelung auf die VOL/A übertragen** werden (im Ergebnis wohl ebenso OLG Celle, B. v. 18. 12. 2003 – Az.: 13 Verg 22/03). 9333

Anderer Auffassung ist die VK Düsseldorf für Bedarfspositionen (Optionen). Da der **Bereich der VOL Beschaffungen erfasst, die abschließend planbar** sind, ist hier die **Ausschreibung von Optionen nicht zulässig**. Es besteht auch keine Regelungslücke, die Anlass sein könnte für eine analoge Anwendung der VOB. Mit der Aufnahme von Optionen in eine Leistungsbeschreibung nach VOL/A verstößt die ausschreibende Stelle gegen die – bieterschützende – Pflicht zur Erstellung eines eindeutigen Leistungsverzeichnisses (VK Düsseldorf, B. v. 25. 7. 2000 – Az.: VK – 14/2000 – L). 9334

107.9.3 Normalpositionen

Sie sind **in der VOL/A nicht ausdrücklich geregelt**. Mit „Normalpositionen" sind alle Teilleistungen zu beschreiben, die ausgeführt werden sollen. Sie werden nicht besonders gekennzeichnet. 9335

107.9.4 Grundpositionen

„**Grundpositionen" beschreiben Teilleistungen, die durch „Wahlpositionen" ersetzt werden können**. Grund- und Wahlpositionen werden als solche gekennzeichnet; der jeweiligen Ordnungszahl (OZ) können z. B. ein „G" bzw. „W" beigefügt werden. 9336

107.9.5 Bedarfspositionen/Eventualpositionen/Optionen

107.9.5.1 Allgemeines

Bedarfspositionen sind – im Gegensatz zur VOB/A – **in der VOL/A nicht ausdrücklich geregelt**. 9337

Bedarfsleistungen beinhalten Leistungen mit dem Vorbehalt, dass sie **unter Umständen zusätzlich zu einer im Leistungsverzeichnis enthaltenen Leistung auszuführen** sind. Es handelt sich um Leistungen mit dem Anspruch des Auftraggebers, auf ihre Ausführung verzichten zu können, ohne dass dadurch die Notwendigkeit einer Teilkündigung entsteht. Deshalb sind die **Bedarfspositionen nicht mit dem Zuschlag, sondern erst bei Bedarf in Auftrag zu geben** (VK Nordbayern, B. v. 4. 10. 2005 – Az.: 320.VK – 3194 – 30/05). 9338

Nur solche Positionen, bei denen **trotz Ausschöpfung aller örtlichen und technischen Erkenntnismöglichkeiten** im Zeitpunkt der Ausschreibung **objektiv nicht feststellbar** ist, ob und in welchem Umfang **Leistungen zur Ausführung gelangen** (BGH, Urteil v. 23. 1. 2003 – Az.: VII ZR 10/01; OLG München, B. v. 15. 7. 2005 – Az.: Verg 014/05; Saarländisches OLG, Urteil v. 24. 6. 2008 – Az.: 4 U 478/07; 2. VK Bremen, B. v. 10. 9. 2004 – Az.: VK 03/04) dürfen als Eventualpositionen ausgeschrieben und bei der Wertung berücksichtigt werden (VK Arnsberg, B. v. 28. 1. 2004 – Az.: VK 1-30/2003; VK Baden-Württemberg, B. v. 15. 1. 2003 – Az.: 1 VK 71/02; VK Hessen, B. v. 5. 5. 2003 – Az.: 69 d VK – 16/2003; 2. VK Mecklenburg-Vorpommern, B. v. 27. 11. 2001 – Az.: 2 VK 15/01VK Nordbayern, B. v. 4. 10. 2005 – Az.: 320.VK – 3194 – 30/05; VK Schleswig-Holstein, B. v. 3. 11. 2004 – Az.: VK-SH 28/04). 9339

Der Auftraggeber befindet hierüber **nach pflichtgemäßem Ermessen** (VK Nordbayern, B. v. 4. 10. 2005 – Az.: 320.VK – 3194 – 30/05). 9340

107.9.5.2 Bezeichnung als „nEP-Position"

9341 Es ist verbreitet, mit der Abkürzung „nEP" Eventualpositionen zu bezeichnen (BGH, Urteil vom 23. 1. 2003 – Az.: VII ZR 10/01).

107.9.5.3 Zulässigkeit in einer Leistungsbeschreibung

9342 Zwar dürfen **Bedarfs- oder Eventualpositionen nur im Ausnahmefall und in begrenztem Umfang** ausgeschrieben werden, deren **grundsätzliche Zulässigkeit steht aber nicht mehr außer Zweifel**. Sie dürfen allerdings nicht dazu führen, Mängel einer unzureichenden Planung auszugleichen. Ein Grund für eine restriktive Handhabung von Bedarfspositionen ist, dass sie den Grundsätzen einer eindeutigen und erschöpfenden Leistungsbeschreibung widersprechen, die den Bieter in die Lage versetzen soll, seine Preise sicher zu berechnen. Der **Auftraggeber soll nicht das Risiko von Fehlbestellungen auf den Auftragnehmer abwälzen können** (VK Schleswig-Holstein, B. v. 3. 11. 2004 – Az.: VK-SH 28/04; im Ergebnis ebenso Saarländisches OLG, Urteil v. 24. 6. 2008 – Az.: 4 U 478/07; VK Berlin, B. v. 4. 5. 2009 – Az.: VK – B 2–5/09).

9343 Bedarfspositionen sind unzulässig, wenn sie **von der Zahl oder ihrem Gewicht her** keine sichere Beurteilung erlauben, welches Angebot das wirtschaftlichste ist, insbesondere dann, wenn diese Bestandteile der Ausschreibung ein solches Gewicht in der Wertung erhalten sollen, dass sie der **Bedeutung der Haupt- und Grundpositionen für die Zuschlagserteilungen gleichkommen** (OLG Celle, B. v. 18. 12. 2003 – Az.: 13 Verg 22/03). Außerdem muss der Auftraggeber hinsichtlich der Ausübung der Bedarfsposition eine **ernsthafte Durchführungsabsicht** haben (1. VK Bund, B. v. 15. 7. 2003 – Az.: VK 1–53/03).

9344 Gegen die Ausschreibung von Wahl- oder Bedarfspositionen sind außerdem Bedenken angebracht, wenn sie den **Grundsätzen einer eindeutigen und erschöpfenden Leistungsbeschreibung widersprechen**, die **Gefahr von Angebotsmanipulationen erhöhen** oder zur **Undurchsichtigkeit der Transparenz des Wettbewerbes** führen können (VK Hessen, B. v. 28. 7. 2004 – Az.: 69 d VK – 49/2004).

9345 Unabhängig davon, ob man die Zulässigkeitsgrenze für Bedarfspositionen nun bei in der Regel 10% des geschätzten Auftragsvolumens ansetzt, wird **eine absolute, keine Ausnahme mehr zulassende Obergrenze jedenfalls bei 15% anzusetzen sein** (1. VK Bund, B. v. 14. 7. 2005 – Az.: VK 1–50/05).

107.9.5.4 Wartung als Bedarfsposition

9346 In einem solchen Fall widerspricht bereits die **Angabe der Wartung als Zuschlagskriterium dem Verständnis der Bedarfsposition**, denn das Zuschlagskriterium selbst kann nicht je nach Bedarf wegfallen oder zur Anwendung gelangen (VK Hessen, B. v. 5. 5. 2003 – Az.: 69 d VK – 16/2003).

9347 Die VK Südbayern geht ins soweit davon aus, dass die **Wartung rechtlich als Bedarfsposition einzuordnen** ist, da die Leistungen des Wartungsvertrages zum Vertragssoll des künftigen Auftragnehmers gehören können, dies aber von einer weiteren Anordnung der Vergabestelle bzw. des späteren Nutzers abhängt. Es ist **nicht nur zulässig, Bedarfspositionen zu werten, sondern deren Wertung ist aus Gründen der Transparenz und der Wettbewerbsgerechtigkeit zwingend geboten** (VK Südbayern, B. v. 7. 4. 2006 – Az.: 07-03/06).

107.9.5.5 Keine eindeutige Bezeichnung von Bedarfspositionen

9348 Behandelt ein Auftraggeber verschiedene **Einzelpositionen** eines Leistungsverzeichnisses **als Bedarfspositionen, obwohl er diese im Leistungsverzeichnis nicht als Bedarfspositionen gekennzeichnet** hat, **verstößt er** sowohl **gegen die Verpflichtung** gemäß § 7 Abs. 1 VOL/A, die **Leistung eindeutig und so erschöpfend zu beschreiben**, dass alle Bewerber die Beschreibung im gleichen Sinne verstehen müssen und ihre Preise sicher und ohne umfangreiche Vorarbeiten berechnen zu können. Er verstößt ferner gegen das Gebot, dem Auftragnehmer kein ungewöhnliches Wagnis aufzubürden für Umstände und Ereignisse, auf die er keinen Einfluss hat und deren Einwirkung auf die Preise und Fristen er nicht im Voraus schätzen kann. Der Auftraggeber hat ferner zur Ermöglichung einer einwandfreien Preisermittlung alle sie beeinflussenden Umstände festzustellen und in den Verdingungsunterlagen anzugeben. Dazu gehört zweifelsohne auch die Kennzeichnung sämtlicher Bedarfspositionen, da der Bieter bei der Kalkulation seines Gesamtangebotes wissen muss, von welchem Umfang einer Beauftragung er ausgehen kann bzw. welche abgefragten Positionen gegebenenfalls entfallen können (VK Lüneburg, B. v. 10. 3. 2003 – Az.: 203-VgK-01/2003).

107.9.5.6 Beauftragung einer Bedarfsposition

Die **Option bei der Beauftragung einer Wahlposition liegt für den Auftraggeber allein darin, dass es ihm freigestellt ist, die Eventualposition überhaupt in Auftrag zu geben**; wenn er sie aber in Anspruch nimmt, muss er sie bei seinem Vertragspartner abrufen, es sei denn, er entzieht ihm den Auftrag. Nur in diesem Sinne ist eine Eventualposition als „Angebotsblanken" zu begreifen, für deren Ausführung es einer Anordnung des Auftraggebers bedarf. **Meinungsstreit besteht in der Literatur auch nur darüber**, ob die Eventualposition bei der Auftragsvergabe bereits als zusätzliche Leistung aufschiebend bedingt beauftragt worden ist oder ob dies durch gesonderte Anordnung des Auftraggebers während der Bauausführung bei Bedarf zu erfolgen hat (Hanseatisches OLG Hamburg, Urteil v. 7. 11. 2003 – Az.: 1 U 108/02). 9349

107.9.6 Wahlpositionen/Alternativpositionen

107.9.6.1 Keine ausdrückliche Regelung in der VOL/A

Wahlpositionen/Alternativpositionen sind **in der VOL/A – ebenso wie in der VOB/A – nicht ausdrücklich geregelt**. 9350

107.9.6.2 Begriff

Wahl- oder Alternativleistungen sind generell **dadurch gekennzeichnet, dass bei Fertigstellung der Vergabeunterlagen noch nicht feststeht, ob die Leistung in der einen oder anderen Ausführungsart tatsächlich erbracht werden soll, und der Auftraggeber sich** – darin liegt der wirtschaftliche Sinn – die **dahingehende Entscheidung bis zur Auftragserteilung vorbehalten will** – Wahlschuldverhältnis – (OLG Düsseldorf, B. v. 2. 8. 2002 – Az.: Verg 25/02; Schleswig-Holsteinisches OLG, Urteil v. 17. 2. 2000 – Az: 11 U 91/98; VK Arnsberg, B. v. 28. 1. 2004 – Az.: VK 1–30/2003). 9351

Wahlpositionen kommen **grundsätzlich nur an Stelle der alternativ im Leistungsverzeichnis aufgeführten Grundposition zur Ausführung**. Werden Wahlpositionen ausgeführt, verdrängen sie somit die entsprechende Hauptposition (OLG München, B. v. 27. 1. 2006 – Az.: VII – Verg 1/06; VK Nordbayern, B. v. 12. 12. 2001 – Az.: 320.VK-3194-41/01). 9352

107.9.6.3 Zulässigkeit in einer Leistungsbeschreibung

Die Aufnahme von Wahlpositionen in das Leistungsverzeichnis ist **nicht per se vergaberechtlich unstatthaft**. Sie beeinträchtigt allerdings die Bestimmtheit und Eindeutigkeit der Leistungsbeschreibung. Die Verwendung von Wahlpositionen tangiert überdies die Transparenz des Vergabeverfahrens. Denn sie versetzt den öffentlichen Auftraggeber in die Lage, vermöge seiner Entscheidung für oder gegen eine Wahlposition das Wertungsergebnis aus vergaberechtsfremden Erwägungen zu beeinflussen. Aus diesem Grund ist der **Ansatz von Wahlpositionen nur unter engen Voraussetzungen statthaft**. Er kommt nur in Betracht, wenn und soweit ein berechtigtes Bedürfnis des öffentlichen Auftraggebers besteht, die zu beauftragende Leistung in den betreffenden Punkten einstweilen offen zu halten (OLG Düsseldorf, B. v. 24. 3. 2004 – Az.: Verg 7/04; OLG München, B. v. 27. 1. 2006 – Az.: VII – Verg 1/06) bzw. wenn **diese nur mehr oder weniger geringfügige Teile der ausgeschriebenen Leistung betreffen** und ihnen weder in Bezug auf den Leistungsumfang noch auf die Zuschlagsentscheidung ein gleich großes Gewicht wie den Grundleistungen zukommt (VK Münster, B. v. 11. 2. 2010 – Az.: VK 29/09). 9353

Eine Ausschreibung von Leistungspositionen als Grund- und Alternativpositionen ist **unzulässig, wenn bei ordnungsgemäßer Vorbereitung der Ausschreibung eine Festlegung auf eine der beiden Alternativen möglich und zumutbar** ist (OLG Naumburg, B. v. 1. 2. 2008 – Az.: 1 U 99/07). 9354

Alternativpositionen in Leistungsbeschreibungen sind nicht zulässig, um **Mängel einer unzureichenden Planung auszugleichen** (Schleswig-Holsteinisches OLG, Urteil v. 17. 2. 2000 – Az: 11 U 91/98; VK Arnsberg, B. v. 28. 1. 2004 – Az.: VK 1–30/2003). Ebenso sind unzulässig, wenn sie **von der Zahl oder ihrem Gewicht her** keine sichere Beurteilung mehr erlauben, welches Angebot das wirtschaftlichste ist (Schleswig-Holsteinisches OLG, Urteil v. 9355

17. 2. 2000 – Az: 11 U 91/98), insbesondere dann, wenn diese Bestandteile der Ausschreibung ein solches Gewicht in der Wertung erhalten sollen, dass sie der **Bedeutung der Haupt- und Grundpositionen für die Zuschlagserteilungen gleichkommen** (VK Lüneburg, B. v. 17. 9. 2001 – Az.: 203-VgK-18/2001).

9356 Gegen die Ausschreibung von Wahl- oder Bedarfspositionen sind außerdem Bedenken angebracht, wenn sie die **Gefahr von Angebotsmanipulationen erhöhen** (VK Hessen, B. v. 28. 7. 2004 – Az.: 69 d VK – 49/2004).

9357 Eine Bedarfsposition darf **kein ungewöhnliches Wagnis** darstellen (1. VK Bund, B. v. 23. 9. 2004 – Az.: VK 1–132/04).

9358 Eröffnet das Leistungsverzeichnis das Angebot von **Wahlpositionen, müssen auch diese den technischen Mindestbedingungen entsprechen, die das Leistungsverzeichnis fordert**, und zwar zum Zeitpunkt der Angebotsabgabe (OLG München, B. v. 27. 1. 2006 – Az.: VII – Verg 1/06).

107.9.6.4 Formale Anforderungen

9359 Da das Austauschen und Zusammenstellen verschiedener Alternativen sehr wohl mit dem Blick auf einen favorisierten Bieter erfolgen kann und Manipulationsmöglichkeiten damit eröffnet werden, sind sie **sorgfältig zu kennzeichnen, möglichst genaue Mengen anzugeben** und auf keinen Fall in den Gesamtbetrag einzubeziehen. Aus diesem Grunde muss die **Gesamtbetragsspalte bei der Aufstellung des Leistungsverzeichnisses entsprechend gesperrt** werden (VK Arnsberg, B. v. 28. 1. 2004 – Az.: VK 1–30/2003).

107.9.6.5 Bekanntgabe der Kriterien, die für die Inanspruchnahme der ausgeschriebenen Wahlpositionen maßgebend sein sollen

9360 Zur Gewährleistung eines transparenten Vergabeverfahrens bei Verwendung einer nicht unbeachtlichen Anzahl von Wahlpositionen **muss der Auftraggeber dem Bieterkreis vorab die Kriterien bekannt geben, die für die Inanspruchnahme der ausgeschriebenen Wahlpositionen maßgebend sein sollen**. Er muss dazu z.B. in den Vergabeunterlagen auf begrenzte Haushaltsmittel als entscheidender Maßstab für die Inanspruchnahme der Grund- oder einer der Wahlpositionen hinweisen sowie festlegen, in welcher Reihenfolge die aufgrund der Wahlpositionen in Betracht kommenden Ausführungsvarianten von ihm bevorzugt werden. Hierdurch wird nicht nur die Transparenz des Vergabeverfahrens gewährleistet, sondern auch ausgeschlossen, dass die Zuschlagsentscheidung mit Hilfe der Wahlpositionen manipuliert werden kann. Überdies stehen bei einer solchen Vorgehensweise die Bieter letztlich nicht anders, als wenn der Auftraggeber die von ihm in Aussicht genommenen Ausführungsvarianten nacheinander in jeweils separaten Vergabeverfahren ausschreibt (OLG Düsseldorf, B. v. 24. 3. 2004 – Az.: Verg 7/04).

107.9.7 Zulagepositionen

9361 **Zulagen sind Positionen, bei denen bestimmte Voraussetzungen festgelegt sind, unter denen eine zusätzliche Vergütung gezahlt werden soll**. Im Fall einer Zulageposition wird der **Auftrag zur Hauptposition unter der aufschiebenden Bedingung** (§ 158 BGB) erteilt, dass die zusätzliche Vergütung bezahlt wird, wenn im einzelnen vom späteren Auftragnehmer nachgewiesen wird, dass und inwieweit die von der Zulage erfassten Erschwernisse eingetreten sind. Die **Zulagenpositionen weisen also bedingte Mehrkosten aus**, die auf der vierten Wertungsstufe bei Beurteilung der Frage, welches Angebot das wirtschaftlichste ist, sowie in der Phase der Abrechnung der Leistung eine Bedeutung erlangen können (OLG Düsseldorf, B. v. 5. 4. 2006 – Az.: VII – Verg 3/06).

107.10 Auslegung der Leistungsbeschreibung

107.10.1 Notwendigkeit einer Auslegung

9362 Nur eine **Leistungsbeschreibung, die unklar** ist, muss ausgelegt werden. Erweist sich die **Leistungsbeschreibung** in den strittigen Punkten aber als **eindeutig**, ist **für die Auslegung kein Raum** (VK Brandenburg, B. v. 30. 1. 2008 – Az.: VK 56/07, VK 58/07; VK Südbayern, B. v. 7. 4. 2006 – Az.: 07-03/06).

Vergabe- und Vertragsordnung für Leistungen Teil A   VOL/A § 7   **Teil 4**

107.10.2 Objektiver Empfängerhorizont

Beim **Vergabeverfahren nach der VOL/A ist maßgebend der objektive Empfänger-** 9363
horizont, also die **Sicht der potentiellen Bieter** (BGH, Urteil v. 23. 1. 2003 – Az.: VII ZR
10/01, Urteil v. 18. 4. 2002 – Az: VII ZR 38/01, Urteil v. 28. 2. 2002 – Az.: VII ZR 376/00;
Brandenburgisches OLG, B. v. 5. 1. 2006 – Az.: Verg W 12/05; OLG Celle, B. v. 13. 12. 2007
– Az.: 13 Verg 10/07; OLG Düsseldorf, B. v. 31. 7. 2007 – Az.: VII – Verg 25/07; OLG Frankfurt, Urteil vom 3. 7. 2007 – Az.: 11 U 54/06; OLG Koblenz, B. v. 5. 12. 2007 – Az.: 1 Verg
7/07; Urteil v. 19. 5. 2006 – Az.: 8 U 69/05; OLG Köln, B. v. 23. 12. 2009 – Az.: 11 U
173/09; OLG München, B. v. 10. 9. 2009 – Az.: Verg 10/09; B. v. 19. 12. 2007 – Az.: Verg
12/07; B. v. 29. 11. 2007 – Az.: Verg 13/07; B. v. 11. 8. 2005 – Az.: Verg 012/05; OLG Saarbrücken, Urteil v. 24. 6. 2008 – Az.: 4 U 478/07; B. v. 13. 11. 2002 – Az.: 5 Verg 1/02; Thüringer OLG, B. v. 30. 3. 2009 – Az.: 9 Verg 12/08; B. v. 29. 8. 2008 – Az.: 9 Verg 5/08; LSG
Hessen, B. v. 15. 12. 2009 – Az.: L 1 KR 337/09 ER Verg; 1. VK Bund, B. v. 11. 11. 2003 –
Az.: VK 1–103/03; 3. VK Bund, B. v. 4. 2. 2010 – Az.: VK 3 – 3/10; B. v. 14. 7. 2006 –
Az.: VK 3–63/06; VK Lüneburg, B. v. 12. 1. 2007 – Az.: VgK-33/2006; VK Münster, B. v.
11. 2. 2010 – Az.: VK 29/09; B. v. 14. 1. 2010 – Az.: VK 26/09; B. v. 22. 9. 2009 – Az.: VK
16/09; B. v. 16. 1. 2008 – Az.: VK 28/07; VK Rheinland-Pfalz, B. v. 7. 12. 2007 – Az.: VK
39/07; B. v. 8. 11. 2007 – Az.: VK 43/07; 1. VK Sachsen, B. v. 23. 4. 2010 – Az.: 1/SVK/008–
10; B. v. 7. 3. 2008 – Az.: 1/SVK/003–08; VK Schleswig-Holstein, B. v. 12. 2. 2010 –
Az.: VK-SH 27/09; B. v. 26. 5. 2009 – Az.: VK-SH 04/09; B. v. 14. 5. 2008 – Az.: VK-SH
06/08; B. v. 12. 6. 2006 – Az.: VK-SH 12/06; B. v. 28. 4. 2006 – Az.: VK-SH 05/06; VK Südbayern, B. v. 26. 6. 2008 – Az.: Z3-3-3194-1-16-04/08; B. v. 3. 8. 2007 – Az.: Z3-3-3194-1-
32–07/07; B. v. 8. 6. 2006 – Az.: 14-05/06; B. v. 27. 4. 2006 – Az.: 04-02/06; B. v. 7. 4. 2006
– Az.: 07-03/06; B. v. 13. 7. 2004 – Az.: 46-06/04), **die mit der geforderten Leistung in
technischer Hinsicht vertraut sind** (Brandenburgisches OLG, B. v. 14. 9. 2004 – Az.: Verg
W 5/04; OLG Celle, B. v. 13. 12. 2007 – Az.: 13 Verg 10/07; OLG Düsseldorf, B. v. 18. 11.
2009 – Az.: VII-Verg 19/09; B. v. 8. 2. 2005 – Az.: VII – Verg 100/04; B. v. 15. 5. 2002 –
Az.: Verg 4/01, B. v. 29. 12. 2001 – Az.: Verg 22/01; OLG Frankfurt, Urteil vom 3. 7. 2007 –
Az.: 11 U 54/06; OLG Koblenz, B. v. 5. 12. 2007 – Az.: 1 Verg 7/07; OLG München, B. v.
29. 3. 2007 – Az.: Verg 02/07; B. v. 11. 8. 2005 – Az.: Verg 012/05; BayObLG, B. v. 17. 2.
2005 – Verg 027/04; Saarländisches OLG, Urteil v. 24. 6. 2008 – Az.: 4 U 478/07; Thüringer
OLG, B. v. 30. 3. 2009 – Az.: 9 Verg 12/08; B. v. 29. 8. 2008 – Az.: 9 Verg 5/08; LSG Hessen,
B. v. 15. 12. 2009 – Az.: L 1 KR 337/09 ER Verg; 3. VK Bund, B. v. 1. 8. 2006 – Az.: VK 3–
72/06; B. v. 14. 7. 2006 – Az.: VK 3–63/06; B. v. 22. 3. 2005 – Az.: VK 3–13/05; VK Münster, B. v. 11. 2. 2010 – Az.: VK 29/09; B. v. 14. 1. 2010 – Az.: VK 26/09; B. v. 22. 9. 2009 –
Az.: VK 16/09; B. v. 16. 1. 2008 – Az.: VK 28/07; B. v. 19. 6. 2007 – Az.: VK 12/07; B. v.
5. 4. 2006 – Az.: VK 5/06; ; B. v. 17. 11. 2005 – Az.: VK 21/05; 1. VK Sachsen, B. v. 23. 4.
2010 – Az.: 1/SVK/008–10; B. v. 7. 3. 2008 – Az.: 1/SVK/003–08; VK Schleswig-Holstein, B.
v. 26. 5. 2009 – Az.: VK-SH 04/09; B. v. 12. 6. 2006 – Az.: VK-SH 12/06; B. v. 28. 4. 2006 –
Az.: VK-SH 05/06; VK Südbayern, B. v. 26. 6. 2008 – Az.: Z3-3-3194-1-16-04/08; B. v. 3. 8.
2007 – Az.: Z3-3-3194-1-32–07/07; B. v. 8. 6. 2006 – Az.: 14-05/06; B. v. 27. 4. 2006 –
Az.: 04-02/06; B. v. 7. 4. 2006 – Az.: 07-03/06; B. v. 10. 5. 2005 – Az.: 14-03/05). Das **mögliche Verständnis nur einzelner Empfänger kann nicht berücksichtigt** werden (OLG
Düsseldorf, B. v. 23. 3. 2005 – Az.: VII – Verg 02/05; OLG Koblenz, B. v. 5. 12. 2007 – Az.: 1
Verg 7/07; Urteil v. 19. 5. 2006 – Az.: 8 U 69/05; B. v. 26. 10. 2005 – Az.: 1 Verg 4/05; 1. VK
Sachsen, B. v. 23. 4. 2010 – Az.: 1/SVK/008–10; VK Schleswig-Holstein, B. v. 28. 4. 2006 –
Az.: VK-SH 05/06; VK Südbayern, B. v. 26. 6. 2008 – Az.: Z3-3-3194-1-16-04/08).

Dabei ist zu berücksichtigen, dass der **jeweils für die Abgabe eines Angebots in Frage** 9364
kommende Bieterkreis über ein erhebliches Fachwissen verfügen muss. Das bedeutet,
dass beispielsweise **selbstverständliche fachliche Zusammenhänge, die für jeden Bieter
offensichtlich sind oder von ihm ohne weiteres erkannt werden können, nicht eigens
dargestellt und erläutert zu werden brauchen**. Dies gilt umso mehr, weil es der Bieter in
der Hand hat, vor Abgabe seines Angebots etwaige für ihn bestehende Unklarheiten zum Inhalt
der Leistungsbeschreibung durch eine Anfrage bei der Vergabestelle aufzuklären (VK Lüneburg,
B. v. 12. 1. 2007 – Az.: VgK-33/2006; VK Münster, B. v. 17. 11. 2005 – Az.: VK 21/05; VK
Schleswig-Holstein, B. v. 26. 5. 2009 – Az.: VK-SH 04/09; B. v. 12. 6. 2006 – Az.: VK-SH
12/06; B. v. 28. 4. 2006 – Az.: VK-SH 05/06; B. v. 14. 9. 2005 – Az.: VK-SH 21/05; VK Südbayern, B. v. 26. 6. 2008 – Az.: Z3-3-3194-1-16-04/08).

Teil 4 VOL/A § 7   Vergabe- und Vertragsordnung für Leistungen Teil A

107.10.3 Sonstige Anhaltspunkte

9365   Neben dem Wortlaut sind bei der Auslegung die **Umstände des Einzelfalls zu berücksichtigen** (BGH, Urteil v. 13. 3. 2008 – Az.: VII ZR 194/06; Urteil v. 18. 4. 2002 – Az: VII ZR 38/01; 1. VK Bund, B. v. 11. 11. 2003 – Az.: VK 1–103/03; VK Münster, B. v. 22. 9. 2009 – Az.: VK 16/09; VK Schleswig-Holstein, B. v. 28. 4. 2006 – Az.: VK-SH 05/06). **Besonders bedeutsam** ist auch der **Wortlaut** (BGH, Urteil v. 13. 3. 2008 – Az.: VII ZR 194/06; Urteil v. 9. 1. 1997 – Az.: VII ZR 259/95; KG Berlin, B. v. 21. 12. 2009 – Az.: 2 Verg 11/09; Brandenburgisches OLG, B. v. 14. 9. 2004 – Az.: Verg W 5/04; OLG Braunschweig, Urteil vom 19. 7. 2001 – Az.: 8 U 134/00; OLG Düsseldorf, Urteil vom 31. 1. 2001 – Az.: U (Kart) 9/00; OLG Koblenz, B. v. 5. 12. 2007 – Az.: 1 Verg 7/07; Urteil v. 19. 5. 2006 – Az.: 8 U 69/05; B. v. 26. 10. 2005 – Az.: 1 Verg 4/05; Thüringer OLG, B. v. 30. 3. 2009 – Az.: 9 Verg 12/08; B. v. 29. 8. 2008 – Az.: 9 Verg 5/08; VK Schleswig-Holstein, B. v. 28. 4. 2006 – Az.: VK-SH 05/06; VK Südbayern, B. v. 13. 7. 2004 – Az.: 46-06/04).

9366   Bei der **Frage, wie ein Leistungsverzeichnis zu verstehen ist**, darf der **Bieter nicht einfach von der für ihn günstigsten Auslegungsmöglichkeit ausgehen** und unterstellen, nur diese könnte gemeint sein. Er muss sich stattdessen **ernsthaft fragen, was die Vergabestelle aus ihrer Interessenlage heraus wirklich gewollt** hat. Wenn ihm bei dieser Überlegung Zweifel kommen müssen, ob seine Auslegung tatsächlich dem Willen der Vergabestelle entspricht, ist es ihm zumutbar, diese **Zweifel durch eine Anfrage bei der Vergabestelle aufzuklären** (OLG Brandenburg, B. v. 4. 3. 2008 – Az.: Verg W 3/08; OLG Köln, B. v. 23. 12. 2009 – Az.: 11 U 173/09; 2. VK Bund, B. v. 22. 1. 2003 – Az.: VK 2–94/02; VK Schleswig-Holstein, B. v. 11. 2. 2010 – Az.: VK-SH 29/09; B. v. 26. 5. 2009 – Az.: VK-SH 04/09; B. v. 14. 5. 2008 – Az.: VK-SH 06/08; B. v. 12. 6. 2006 – Az.: VK-SH 12/06; B. v. 28. 4. 2006 – Az.: VK-SH 05/06; VK Südbayern, B. v. 26. 6. 2008 – Az.: Z3-3-3194-1-16-04/08). Um die Abgabe vergleichbarer Angebote sicherzustellen und damit einen **fairen Wettbewerb zu gewährleisten**, ist es nämlich zwingend erforderlich, dass sämtliche Bieter eines Vergabeverfahrens die ausgeschriebenen Leistungsmerkmale in gleicher Weise verstehen und demzufolge vergleichbare Angebote abgeben können. Dieser das Vergabeverfahren tragende Grundsatz würde ausgehebelt werden, wollte man jedem Bieter bei Zweifeln am Wortlaut der Ausschreibungsunterlagen zugestehen, diese nach eigenem Gutdünken auszulegen und sein Angebot darauf abzustellen (OLG Brandenburg, B. v. 4. 3. 2008 – Az.: Verg W 3/08; VK Südbayern, B. v. 26. 6. 2008 – Az.: Z3-3-3194-1-16-04/08).

9367   Erkennt z. B. ein Bieter, dass ein bestimmtes Produkt verlangt und damit anzubieten ist und ist ihm nur ein Hersteller bekannt, dessen Produkt die Vorgaben erfüllen kann, **darf er aus dem vermeintlichen Vergaberechtsverstoß einer verdeckten Leitfabrikatsausschreibung nicht schließen, dass er diesen Umstand nicht rügen muss, sondern – die Vergabeunterlagen auslegend – ein abweichendes Produkt anbieten darf**. Die gegenüber dem Auftraggeber unverzüglich zu erhebende Rüge gemäß § 107 Abs. 3 GWB dient der möglichst frühzeitigen Beseitigung erkannter Vergaberechtsverstöße. Diese **Obliegenheit kann nicht durch Auslegung der Verdingungsunterlagen ersetzt werden** (VK Brandenburg, B. v. 30. 1. 2008 – Az.: VK 56/07, VK 58/07).

9368   **Intensive Auslegungsbemühungen**, wie sie im Streitfall einem Gericht obliegen, sind von einem **Bieter regelmäßig nicht zu erwarten** (OLG Koblenz, B. v. 26. 10. 2005 – Az.: 1 Verg 4/05).

9369   **Nachträglich** – z. B. im Laufe eines Vergabenachprüfungsverfahrens – **auftretende Zweifel** bei der Auslegung der Vergabeunterlagen gehen **zu Lasten der Vergabestelle** (Thüringer OLG, B. v. 29. 8. 2008 – Az.: 9 Verg 5/08).

107.10.4 Vergaberechtskonforme Auslegung

9370   Zu den allgemein anerkannten Auslegungsregeln gehört der **Grundsatz einer nach beiden Seiten interessengerechten und im Zweifel vergaberechtskonformen Auslegung** (BGH, Urteil v. 22. 7. 2010 – Az.: VII ZR 213/08).

107.10.5 VOL-konforme Auslegung

9371   Der Bieter einer Ausschreibung nach der VOL/A darf **bei möglichen Auslegungszweifeln eine Ausschreibung als den Anforderungen der VOL/A entsprechend verstehen**. Kann also beispielsweise ein Leistungsverzeichnis unter anderem auch in einer Weise verstanden werden, dass dem Bieter kein ungewöhnliches Wagnis zugemutet wird, so darf der Bieter die Ausschreibung in diesem, mit den Anforderungen der VOL/A übereinstimmenden Sinne verstehen (BGH, Urteil v. 9. 1. 1997 – Az.: VII ZR 259/95, Urteil v. 11. 11. 1993 – VII ZR 47/93; OLG Koblenz, Urteil v. 19. 5. 2006 – Az.: 8 U 69/05; VK Schleswig-Holstein, B. v. 12. 6. 2006 – Az.: VK-SH 12/06).

107.10.6 Kein Vorrang des Leistungsverzeichnisses vor den Vorbemerkungen

Es gibt **innerhalb der Leistungsbeschreibung keinen grundsätzlichen Vorrang des Leistungsverzeichnisses vor den Vorbemerkungen.** Zur Leistungsbeschreibung gehören sowohl die Vorbemerkungen als auch die einzelnen Positionen des Leistungsverzeichnisses. In aller Regel enthalten die Vorbemerkungen wesentliche Angaben, die zum Verständnis der Liefer- bzw. Dienstleistungsaufgabe und zur Preisermittlung erforderlich sind. Diese Angaben sind in Verbindung mit dem Leistungsverzeichnis und auch anderen vertraglichen Unterlagen als sinnvolles Ganzes auszulegen. Konkret auf die Liefer- bzw. Dienstleistungsaufgabe bezogene Vorbemerkungen können bei der Auslegung der Leistungsbeschreibung allerdings größeres Gewicht zukommen als nicht genügend angepasste Formulierungen eines Standardleistungsverzeichnisses (BGH, Urteil v. 11. 3. 1999 – Az.: VII ZR 179/98). 9372

107.10.7 Heranziehung der Eigenschaften von Leitfabrikaten

Soweit die verbale Leistungsbeschreibung über eine wesentliche Eigenschaft eines zu liefernden Produkts keine ausreichend differenzierte Aussage trifft, ist **im Zweifel auf die entsprechende Produkteigenschaft des Leitfabrikats zurückzugreifen** (OLG Naumburg, B. v. 8. 2. 2005 – Az.: 1 Verg 20/04). 9373

Werden Anforderungen an eine Leistung durch nicht genannte Eigenschaften von Leitfabrikaten beschrieben, sind **diejenigen Eigenschaften dieser Leitfabrikate, die Bezug zu Gebrauchstauglichkeit, Sicherheit und Gesundheit haben, zwingend für die ausgeschriebene Leistung.** Sonst wäre durch ausdrückliche Benennung deutlich zu machen müssen, welche Eigenschaften zwingend und welche entbehrlich sind (VK Berlin, B. v. 5. 11. 2009 – Az.: VK – B 2-35/09). 9374

107.10.8 Auslegung von Soll-Vorgaben

Zwar geht die Rechtsterminologie davon aus, dass eine „**Soll-Vorschrift" eine gesetzliche Bestimmung ist, die ein Tun oder Unterlassen für den Regelfall, aber nicht zwingend vorschreibt.** Hier steht jedoch gerade nicht eine Vorschrift in Rede, sondern eine Vorgabe eines Leistungsverzeichnisses, die letztlich Vertragsbestandteil werden soll. Hier ist auf den objektiven Empfängerhorizont abzustellen. Der durchschnittliche Bieter weiß, dass ein Leistungsverzeichnis eindeutige Vorgaben enthält. Auch der Sprachgebrauch bezeichnet mit „Soll" eine Vorgabe, einen Auftrag, der zu beachten ist. Das Modalverb „soll" benutzt man in der Regel, um einen Auftrag weiterzugeben, einen Befehl zu äußern, ein Gebot/Gesetz einzuhalten oder einen Zweck verfolgen. Ist daher eine „**Soll-Vorgabe" Bestandteil des Leistungsverzeichnisses, so ist diese als zwingend zu verstehen, wenn keine Abweichung von diesem Regelfall zugelassen wird.** Eine Soll-Vorgabe führt nicht dazu, dass es in das Belieben des Bieters gestellt wird, ob er diese erfüllt oder nicht (1. VK Sachsen, B. v. 23. 4. 2010 – Az.: 1/SVK/008–10). 9375

107.10.9 Weitere Beispiele aus der Rechtsprechung

– es ist **nicht sachwidrig, den Begriff der „Wiederverwendbarkeit" in der Weise zu konkretisieren bzw. auszulegen, dass eine bereits geöffnete Ohrmarke jedenfalls nicht dauerhaft wieder verwendbar sein darf.** Insofern erscheint es nach dem Sinn und Zweck Leistungsbeschreibung – einem Missbrauch vorzubeugen – nicht abwegig, wenn dies konkretisierend gefordert wird. Dies ist aus der Sicht eines verständigen Bieters, der mit den ausgeschriebenen Beschaffungsleistungen vertraut ist, nachvollziehbar. Wenn eine Öffnung der Ohrmarken mittels einer Zange – gegebenenfalls auch mittels Spezialzangen, die nicht legal verwandt werden – möglich ist, dann muss zumindest verhindert werden, dass eine solche 9376

Ohrmarke einfach wieder an einem anderen Tier angebracht werden kann. Denn dies wäre der nächste Schritt, um einem Missbrauch vorzubeugen. Demzufolge ist es aus der Sicht eines verständigen Bieters nachvollziehbar, dass auf die „Festigkeit" und „Dauerhaftigkeit" einer neuen Verbindung abgestellt wird. Diese Möglichkeit der Öffnung ist sehr wohl bei der Auslegung der Leistungsbeschreibung zu berücksichtigen. Denn das **Wort „Missbrauch" umfasst gerade nicht legale Handlungen, wozu auch die Verwendung von nicht „legalen" Spezialzangen gehört** (VK Münster, B. v. 14. 1. 2010 – Az.: VK 26/09)

– schon die Vergabekammer hat zu Recht darauf hingewiesen, dass es **keine allgemein verbindliche Definition des Begriffs „Plotter" gibt, wonach diese Funktionseinheit, die das Drucken von Großformaten unter Steuerung eines Personalcomputers ermöglicht, nur einen einzigen eigenen Rechner mit Software und eine einzige Hülle aufweisen dürfe**. Die Gestaltungsmöglichkeiten sind so zahlreich wie die Anforderungen, die die Funktionseinheit im Einzelfall erfüllen muss (z. B. Tintenstrahltechnik, Lasertechnik, Papierformate, Medientypen, Arbeitsspeicherkapazität, Treiber, unterschiedliche Formate der auszudruckenden Dateien). Etwas anderes ergibt sich auch nicht daraus, dass der „Plotter" in der Leistungsbeschreibung verschiedentlich als „Gerät" bezeichnet wird. Auch diesem Begriff kann nicht entnommen werden, dass alle Komponenten sich in einem einzigen Gehäuse befinden müssen. Angesichts der Vielgestaltigkeit technischer Geräte **setzt der Wortsinn dieses Begriffs nicht einmal voraus, dass der Gegenstand überhaupt über eine Hülle verfügt** (OLG Koblenz, B. v. 5. 12. 2007 – Az.: 1 Verg 7/07; VK Rheinland-Pfalz, B. v. 8. 11. 2007 – Az.: VK 43/07)

– **jeder verständige Buchhändler weiß, was unter Ansichtsexemplar zu verstehen ist**. Unter Ansichtsexemplaren wird im allgemeinen Sprachgebrauch verstanden, dass ein **Buch nur „zur Ansicht" ohne feste Kaufabsicht bestellt** wird. Sagt das Buch zu, wird es gekauft, sagt es nicht zu, wird es beim Buchhändler belassen. Unter Ansichtsexemplar ist deshalb im Schulbereich ein Schulbuch zu verstehen, welches von der Schule nicht erworben, sondern lediglich zur Ansicht bestellt wird, um zu überlegen, ob dieses Buch für den Unterricht und eine Bestellung geeignet ist, und bei negativer Beurteilung wieder an den Buchhändler zurückgegeben wird. Einen anderen Sprachgebrauch für den Schulbuchbereich gibt es nicht. Es mag sein, dass Ansichtsexemplare im Schulbuchbereich selten sind, dies **heißt aber nicht, dass im Schulbuchbereich eine andere Sprache gesprochen wird als im übrigen Buchhandelsbereich**. Das Beiwort „kostenlos" macht auch durchaus Sinn, da für die Beschaffung der Ansichtsexemplare Lieferkosten oä. anfallen können, die der Auftraggeber nicht zahlen will (OLG München, B. v. 19. 12. 2007 – Az.: Verg 12/07)

– **die Prämisse der Vergabekammer, der in den Verdingungsunterlagen verwandte Begriff der Unterrichtsstunde müsse von einem verständigen Bieter als ein Zeitraum von 45 Minuten verstanden werden, teilt der Senat aber nicht**. Die Verdingungsunterlagen enthalten keine ausdrücklichen Vorgaben zur Dauer einer Unterrichtsstunde. Auch nach dem allgemeinen Sprachgebrauch und Begriffsverständnis kann nicht davon ausgegangen werden, dass trotz fehlender ausdrücklicher Festlegung in den Verdingungsunterlagen eine Unterrichtsstunde ausschließlich mit 45 Minuten zu veranschlagen ist. Dieser Zeitraum wird zwar für den Bereich der staatlichen Grund-, Haupt – und weiterführenden Schulen in Deutschland üblicherweise zugrunde gelegt. Dass auch im Bereich der Berufsausbildung, insbesondere bei den fachpraktischen Übungen eine Unterrichtsstunde immer mit 45 Minuten angesetzt werden muss, lässt sich dagegen nicht feststellen und erscheint insbesondere im Hinblick auf das Erfordernis, praktische Fertigkeiten zu vermitteln, die der Einübung bedürfen, auch nicht sinnvoll (OLG Düsseldorf, B. v. 25. 9. 2006 – Az.: VII – Verg 46/06).

107.10.10 Literatur

9377 – Erdl, Cornelia, Unklare Leistungsbeschreibung des öffentlichen Auftraggebers im Vergabe- und im Nachprüfungsverfahren, BauR 2004, 166

– Kenter, Carolin,/Brügmann, Klaus, Dominierendes Bestimmungsrecht des Auftraggebers, BauR 2004, 395

– Kummermehr, Wolfgang, Angebotsbearbeitung und Kalkulation des Bieters bei unklarer Leistungsbeschreibung, BauR 2004, 161

– Markus, Jochen, Ansprüche des Auftragnehmers nach wirksamer Zuschlagserteilung bei „unklarer Leistungsbeschreibung" des Auftraggebers, BauR 2004, 180

Vergabe- und Vertragsordnung für Leistungen Teil A VOL/A § 7 **Teil 4**

– Noch, Rainer, nicht immer zwingend – Leistungsbeschreibung und subjektive Rechte, Behörden Spiegel, September 2005, 21

– Prieß, Hans-Joachim, Die Leistungsbeschreibung – Kernstück des Vergabeverfahrens (Teil 1), NZBau 2004, 20

– Prieß, Hans-Joachim, Die Leistungsbeschreibung – Kernstück des Vergabeverfahrens (Teil 2), NZBau 2004, 87

– Quack, Friedrich, Über die Eindeutigkeit von Gesetzen, Vertragstexten und sonstigen Beschreibungen einschließlich der Leistungsbeschreibungen, ZfBR 2009, 411

107.11 Beistellungen im Rahmen von Dienstleistungsaufträgen

Die **Zulässigkeit von „Beistellungen" im Rahmen von Dienstleistungsaufträgen** an 9378 sich steht nicht in Frage. Dass Beistellungen grundsätzlich vergaberechtlich zulässig sind, **ergibt sich aus § 4 Abs. 3 VOL/B**. Danach haftet der Auftraggeber für die Qualität der Zulieferungen des Auftraggebers sowie für die von ihm vereinbarten Leistungen anderer, soweit nichts anderes vereinbart ist. Eine vom Auftraggeber vorgegebene Anmietung von Fahrzeugen bei einem Dritten für die Durchführung eines SPNV-Auftrages ist als Beistellung zu qualifizieren (VK Lüneburg, B. v. 18. 6. 2004 – Az.: 203-VgK-29/2004).

107.12 Eindeutigkeit der Leistungsbeschreibung (§ 7 Abs. 1)

107.12.1 Grundsätze

107.12.1.1 Sinn und Zweck des Gebots der Eindeutigkeit

Nach § 7 Abs. 1 VOL/A **bezweckt** das Gebot der eindeutigen und erschöpfenden Leis- 9379 tungsbeschreibung, die **Vorstellungen des Auftraggebers von der gewünschten Leistung in Bezug auf technische Merkmale oder Funktionen, Menge und Qualität für den Auftragnehmer so deutlich werden zu lassen, dass dieser Gegenstand, Art und Umfang der Leistung zweifelsfrei erkennen kann**. Dieses Gebot hat sich an der Durchführbarkeit der Leistung zu orientieren und soll die exakte Preisermittlung sowie die Vergleichbarkeit der Angebote gewährleisten (1. VK Bund, B. v. 7. 4. 2004 – Az.: VK 1–15/04, B. v. 1. 4. 2004 – Az.: VK 1–11/04, B. v. 30. 3. 2004 – Az.: VK 1–05/04).

Nur wenn die Leistung eindeutig und so erschöpfend beschrieben ist, dass alle Bewerber die 9380 Beschreibung im gleichen Sinne verstehen müssen und die Angebote miteinander verglichen werden können und alle kalkulationsrelevanten Umstände in den Vergabeunterlagen angegeben sind, **können die Vergabeunterlagen ihrer Funktion genügen, eine klare und unzweifelhafte Grundlage für die vom Auftragnehmer erwartete Leistung und deren Kalkulation zu bilden**. Darüber hinaus **sollen diese Regelungen gewährleisten, dass die Angebote aller Bieter überhaupt vergleichbar sind, was wiederum unabdingbare Voraussetzung für eine faire und transparente Entscheidung über den Zuschlag ist** (OLG Koblenz, B. v. 5. 12. 2007 – Az.: 1 Verg 7/07; im Ergebnis ebenso 1. VK Bund, B. v. 10. 12. 2009 – Az.: VK 1–188/09; 3. VK Bund, B. v. 28. 10. 2009 – Az.: VK 3–187/09).

107.12.1.2 Eindeutige und erschöpfende Beschreibung

Leistungsbeschreibungen sind so **klar und eindeutig abzufassen, dass – abgestellt auf ei-** 9381 **nen durchschnittlichen und mit der Art der ausgeschriebenen Leistung vertrauten Empfänger – alle Bewerber** sie notwendig in einem **gleichen Sinn verstehen** müssen (OLG Düsseldorf, B. v. 2. 8. 2002 – Az.: Verg 25/02; 3. VK Bund, B. v. 29. 3. 2006 – Az.: VK 3–15/06; VK Hamburg, B. v. 30. 7. 2007 – Az.: VgK FB 6/07; VK Niedersachsen, B. v. 22. 10. 2009 – Az.: VgK-49/2009; VK Nordbayern, B. v. 30. 11. 2009 – Az.: 21.VK – 3194 – 41/09; B. v. 30. 11. 2009 – Az.: 21.VK – 3194 – 40/09). Diese Anforderungen sind nicht erfüllt, wenn die **Leistungsbeschreibung Angaben lediglich allgemeiner Natur enthält oder verschiedene Auslegungsmöglichkeiten zulässt oder Zweifelsfragen aufkommen lässt** (2. VK Bund, B. v. 11. 11. 2004 – Az.: VK 2–196/04). Es ist außerdem zu berücksichtigen, dass **der jeweils für die Abgabe eines Angebots in Frage kommende Bieterkreis über ein erhebliches Fachwissen verfügen muss**. Das bedeutet, dass **selbstverständliche fachliche**

1899

Teil 4 VOL/A § 7 Vergabe- und Vertragsordnung für Leistungen Teil A

Zusammenhänge, die für jeden Bieter offensichtlich sind oder von ihm ohne weiteres erkannt werden können, **nicht eigens dargestellt und erläutert zu werden bra**uchen (VK Nordbayern, B. v. 30. 11. 2009 – Az.: 21.VK – 3194 – 41/09; B. v. 30. 11. 2009 – Az.: 21.VK – 3194 – 40/09).

9382 Eindeutig und erschöpfend bedeutet, dass die Leistungsbeschreibung klar und unmissverständlich, aber auch **gründlich und vollständig** sein muss (VK Düsseldorf, B. v. 22. 7. 2002 – Az.: VK – 19/2002 – L). Es gilt somit der Grundsatz: **Je detaillierter, desto besser** (OLG Koblenz, B. v. 5. 9. 2002 – Az.: 1 Verg. 2/02). Eindeutig heißt auch, dass die Leistungsbeschreibung so beschaffen sein muss, dass **aus der Perspektive des Bieters bei Anlegung eines professionellen Sorgfaltsmaßstabes auch ohne „intensive Auslegungsbemühungen" ohne weiteres klar ist, welche Leistung von ihm in welcher Form gefordert** wird. Erschöpfend bedeutet, dass **keine Restbereiche** verbleiben dürfen, die **seitens der Vergabestelle nicht schon klar umrissen** sind (Saarländisches OLG, B. v. 29. 9. 2004 – Az.: 1 Verg 6/04; 3. VK Bund, B. v. 23. 11. 2009 – Az.: VK 3–199/09; B. v. 28. 10. 2009 – Az.: VK 3–187/09; VK Niedersachsen, B. v. 22. 10. 2009 – Az.: VgK-49/2009). Allerdings liegt **allein darin, dass der Inhalt der Leistungsbeschreibung auslegungsfähig ist, noch kein Verstoß gegen § 7 VOL/A**. Auch bei sorgfältiger Erstellung eines Leistungsverzeichnisses kann nie ausgeschlossen werden, dass geringe Unklarheiten auftreten, da jeder Begriff der Sprache auslegungsfähig ist und das genaue Verständnis stets vom Empfängerhorizont abhängt. Würde man bei jeder noch so geringen Unklarheit dem Auftraggeber die Verantwortung aufbürden, bestünde die Gefahr, dass die Bieter durch geschickte Argumentation nachträglich Unklarheiten in die Leistungsbeschreibung hineininterpretieren könnten, um Vorteile aus diesem „Fehler" der Vergabestelle bei der Erstellung des Leistungsverzeichnisses unverhältnismäßig zu erhöhen (Brandenburgisches OLG, B. v. 14. 9. 2004 – Az.: Verg W 5/04). Der **Auftraggeber** muss also **den Bietern alle Angaben und Daten** mitteilen, die **für eine sachgerechte Kalkulation** einerseits und **für eine Vergleichbarkeit und Wertbarkeit der Angebote** andererseits **erforderlich** sind (3. VK Bund, B. v. 23. 11. 2009 – Az.: VK 3–199/09; B. v. 29. 3. 2006 – Az.: VK 3–15/06).

9383 Die **Leistungsbeschreibung ist also dann eindeutig und vollständig**, wenn sie Art und Umfang der geforderten Leistung mit allen dafür maßgebenden Bedingungen zur Ermittlung des Leistungsumfangs zweifelsfrei erkennen lässt, keine Widersprüche in sich oder zu anderen Regelungen enthält und für die Leistung spezifische Bedingungen und Anforderungen darstellt (VK Münster, B. v. 22. 9. 2009 – Az.: VK 16/09).

9384 Die **Vorschrift des § 7 Abs. 1 VOL/A soll sicherstellen, dass die Bieter die Leistungsbeschreibung in gleicher Weise verstehen und daher miteinander vergleichbare Angebote einreichen**. Nur so ist gewährleistet, dass der Auftraggeber die Angebote unter Berücksichtigung der Zuschlagskriterien diskriminierungsfrei werten kann. **Mängel der Leistungsbeschreibung sind daher vergaberechtlich nur insoweit relevant, als sie diese Funktion beeinträchtigen**. Soweit allgemein eine Kontrolle daraufhin vorgenommen wird, ob die Leistungsbeschreibung den allgemein anerkannten technischen Regeln entspricht, insbesondere nicht zu Sachmängeln führt, ist dem nicht zu folgen. Es ist allein Sache des Auftraggebers, den Gegenstand des Auftrages zu bestimmen. Das **Vergaberecht dient, jedenfalls soweit es den Schutz der Bieter betrifft, nicht dazu, den Auftraggeber vor technisch oder wirtschaftlich unsinnigen Aufträgen zu schützen**. Wenn die Leistungsbeschreibung zu technischen Mängeln des Werks führt, hat dies der Auftragnehmer – nach Anmeldung seiner Bedenken und im Vergabeverfahren gemäß der vorvertraglichen Hinweispflicht – ebenso hinzunehmen wie die Ausschreibung einer – überflüssigen und den haushaltsrechtlichen Vorschriften widerstreitenden – Luxusausführung. Der Auftraggeber trägt dann die sich daraus ergebenden Risiken, und zwar unabhängig davon, ob er sie bewusst übernimmt oder die Risiken – möglicherweise zu Unrecht – leugnet. In jedem Falle kann der Auftraggeber aus etwaigen auf seine Leistungsbeschreibung zurückzuführende technische Mängel keine Rechte gegen den Auftragnehmer herleiten. Die **Angebote bleiben damit vergleichbar, und zwar auch dann, wenn die Leistungsbeschreibung – unweigerlich oder möglicherweise – zu technischen Mängeln der Lieferung oder der Dienstleistung führt** (OLG Düsseldorf, B. v. 13. 1. 2010 – Az.: I-27 U 1/09).

9385 Ist in den Vergabeunterlagen die **Zertifizierung eines komplexen Systems mit verschiedenen Komponenten gefordert**, so hat der Auftraggeber im Sinne der Eindeutigkeit der Leistungsbeschreibung nach § 7 Abs. 1 VOL/A **zu bezeichnen, welche Komponenten nach welchen Prüfnormen zu zertifizieren sind** (1. VK Sachsen, B. v. 23. 4. 2010 – Az.: 1/SVK/008–10).

107.12.1.3 Geltung auch im Verhandlungsverfahren

Das **Gebot der eindeutigen und erschöpfenden Leistungsbeschreibung** gilt auch für das Verhandlungsverfahren (OLG Düsseldorf, B. v. 2. 8. 2002 – Az.: Verg 25/02) und die funktionale Leistungsbeschreibung (1. VK Bund, B. v. 7. 4. 2004 – Az.: VK 1–15/04). 9386

107.12.1.4 Parallelausschreibung

Unter bestimmten Voraussetzungen kann eine Parallelausschreibung gegen das Gebot der eindeutigen Leistungsbeschreibung verstoßen. Vgl. hierzu im Einzelnen die Kommentierung zu → § 2 VOL/A Rdn. 38 ff. 9387

107.12.1.5 Weitere Beispiele aus der Rechtsprechung

– **auf Grund der konstanten Merkmale der Unterseiten des Internet-Auftritts des Auftraggebers kann ein fachkundiger Bieter erkennen, worin das Corporate Design des Auftraggebers besteht.** Allerdings besteht für die Bieter ein Spielraum darin, wie sie dieses – für die Webseiten bestehende – Corporate Design für Stellenanzeigen in Printmedien umsetzen. Das Design des Internet-Auftritts kann nicht 1 : 1 übernommen werden. Damit ist für die Bieter eine gewisse kreative Leistung verlangt, einerseits die Wiedererkennbarkeit des Designs des Auftraggebers aus seinem ihrem Internet-Auftritt zu gewährleisten, andererseits den andersgearteten Bedingungen einer papiergebundenen Stellenanzeige (und der sich daraus ergebenden Kostenstruktur) Rechnung zu tragen. **Auch ein öffentlicher Auftraggeber muss nicht auf kreativen Wettbewerb verzichten.** Ein Verstoß gegen § 7 Abs. 1 VOL/A liegt nicht vor (OLG Düsseldorf, B. v. 3. 3. 2010 – Az.: VII-Verg 48/09) 9388

– der Begriff „**Corporate Design**" bezeichnet einen Teilbereich der Unternehmensidentität („**Corporate Identity**") und umfasst im Wesentlichen das visuelle Erscheinungsbild eines Unternehmens nach innen und außen. Eine **allgemeingültige Definition für diese beiden Begriffe gibt es nicht.** Ist festzustellen, dass die äußere Gestaltung des Internetauftritts des Auftraggebers einem einheitlichen Muster folgt und hat der Auftraggeber unmissverständlich zum Ausdruck gebracht, dass die Bieter das Layout des Internetauftritts in eine Print-Anzeige „umzusetzen" haben, hat der **Auftraggeber hinreichend deutlich gemacht, wie die Arbeitsprobe bzw. die Stellenanzeige in optischer Hinsicht gestaltet werden soll.** Für einen fachkundigen Bieter lag deshalb der Schluss nahe, die aus den vorstehend genannten vier Elementen bestehende Kopfzeile in die Stellenanzeige zu integrieren und den Text der Stellenanzeige dem Zweck entsprechend zu gestalten (3. VK Bund, B. v. 28. 10. 2009 – Az.: VK 3–187/09)

107.12.2 Erläuternde Hinweise der VOL/A

Die Verpflichtung, die Leistung eindeutig und erschöpfend zu beschreiben, liegt im Interesse von Auftragnehmer und Auftraggeber. Die Bestimmung soll sicherstellen, dass die Bewerber die Beschreibung im gleichen Sinne verstehen; die Auftraggeber sollen auf der Grundlage einer eindeutigen Leistungsbeschreibung in den Stand versetzt werden, die Angebote besser vergleichen zu können. 9389

107.12.3 Fehlerhafte Leistungsbeschreibungen

107.12.3.1 Leistungsbeschreibungen mit einer unerfüllbaren Forderung

Enthält das Leistungsverzeichnis eine unerfüllbare Forderung, muss der Auftraggeber das eingeleitete Vergabeverfahren entweder gemäß § 17 Abs. 1 VOL/A **aufheben oder** diskriminierungsfrei das Leistungsprogramm, soweit zur Beseitigung unerfüllbarer Anforderungen erforderlich, **ändern** und den **Bietern angemessene Gelegenheit zur Abgabe neuer Angebote** auf der Basis des veränderten Leistungsprogramms geben (BGH, B. v. 26. 9. 2006 – Az.: X ZB 14/06; Urteil v. 1. 8. 2006 – Az.: X ZR 115/04; OLG Düsseldorf, B. v. 5. 7. 2007 – Az.: VII – Verg 12/07; B. v. 24. 5. 2007 – Az.: VII – Verg 12/07; OLG Karlsruhe, B. v. 6. 2. 2007 – Az.: 17 Verg 5/06; OLG München, B. v. 10. 12. 2009 – Az.: Verg 18/09; B. v. 28. 7. 2008 – Az.: Verg 12/08; LG Frankfurt (Oder), Urteil v. 14. 11. 2007 – Az.: 13 O 360/07; VK Baden-Württemberg, B. v. 29. 6. 2009 – Az.: 1 VK 27/09; VK Brandenburg, B. v. 19. 12. 2008 – Az.: VK 40/08; VK Düsseldorf, B. v. 29. 3. 2007 – Az.: VK – 08/2007 – B; B. v. 2. 3. 2007 – Az.: VK – 05/2007 – L; 1. VK Sachsen, B. v. 10. 10. 2008 – Az.: 1/SVK/051-08; VK Schles- 9390

Teil 4 VOL/A § 7 Vergabe- und Vertragsordnung für Leistungen Teil A

wig-Holstein, B. v. 7. 3. 2008 – Az.: VK-SH 02/08; VK Thüringen, B. v. 11. 2. 2010 – Az.: 250–4002.20–253/2010-001-EF). Ein **Ausschluss** des Angebots **darf nicht erfolgen** (VK Baden-Württemberg, B. v. 29. 6. 2009 – Az.: 1 VK 27/09; VK Düsseldorf, B. v. 29. 3. 2007 – Az.: VK – 08/2007 – B; 1. VK Sachsen, B. v. 10. 4. 2007 – Az.: 1/SVK/020-07; VK Schleswig-Holstein, B. v. 7. 3. 2008 – Az.: VK-SH 02/08; VK Thüringen, B. v. 11. 2. 2010 – Az.: 250–4002.20–253/2010-001-EF). Es **kann einem Bieter auch nicht zugemutet** werden, für eine nicht erfüllbare Position dennoch kommentarlos einen Preis anzubieten und die **Frage der Lieferbarkeit oder Herstellbarkeit auf einen eventuellen Rechtsstreit mit dem Auftraggeber nach Zuschlagserteilung zu verlagern** (VK Baden-Württemberg, B. v. 29. 6. 2009 – Az.: 1 VK 27/09).

9391 Das **gilt gleichermaßen**, wenn **bestimmte Nachweise über die Beschaffenheit der angebotenen Leistung verlangt werden, aber nicht rechtzeitig beigebracht werden können**. Denn auch dann fehlt eine vom öffentlichen Auftraggeber für wesentlich gehaltene Grundlage für den Vergleich der abgegebenen Angebote und damit für die sachgerechte Entscheidung, der das eingeleitete Vergabeverfahren dienen soll. In einem unter anderem durch eine unmöglich zu erfüllende Vorgabe gekennzeichneten Vergabeverfahren darf deshalb auch in einem solchen Fall kein Auftrag vergeben werden. **Kann der grundlegende Mangel des eingeleiteten Vergabeverfahrens nicht durch transparente und diskriminierungsfreie Änderung der betreffenden Vorgabe behoben werden und/oder macht der öffentliche Auftraggeber von dieser Möglichkeit keinen Gebrauch, ist er deshalb gehalten, die Ausschreibung wegen des ihr anhaftenden Mangels aufzuheben** (OLG Karlsruhe, B. v. 6. 2. 2007 – Az.: 17 Verg 5/06; 1. VK Sachsen, B. v. 11. 12. 2009 – Az.: 1/SVK/054-09).

9392 Das **gilt gleichermaßen**, wenn sonstige **Nachweise über die Beschaffenheit der angebotenen Leistung verlangt werden, aber überhaupt nicht beigebracht werden können**. Der öffentliche Auftraggeber ist gehalten, die **Änderung** und damit auch die Abstandnahme von einer objektiv unmöglichen Anforderung **in einem transparenten und diskriminierungsfreien Verfahren vorzunehmen**, z. B. durch den **Verzicht auf die Vorlage einer geforderten Bestätigung** (OLG Düsseldorf, B. v. 5. 7. 2007 – Az.: VII – Verg 12/07; B. v. 24. 5. 2007 – Az.: VII – Verg 12/07; OLG München, B. v. 28. 7. 2008 – Az.: Verg 12/08; VK Düsseldorf, B. v. 2. 6. 2008 – Az.: VK – 15/2008 – L; VK Schleswig-Holstein, B. v. 7. 3. 2008 – Az.: VK-SH 02/08).

9393 Das **gilt gleichermaßen**, wenn der **Auftraggeber eine zunächst eindeutige Leitungsbeschreibung durch Mitteilungen an die Bieter während der Ausschreibung mehrdeutig macht** (3. VK Bund, B. v. 26. 5. 2008 – Az.: VK 3–59/08).

9394 Die **Ausschreibung ist auf eine unmögliche Leistung gerichtet, wenn die Ausschreibung eine nur auf den kommunalen Altpapieranteil bezogene Sammlung des PPK-Abfalls umfasst**. Die ausgeschriebene Leistung muss so, wie sie ausgeschrieben ist, auch erbracht werden können. Die einzelnen einem Systembetreiber überlassenen Verkaufsverpackungen können aus der Gesamtmenge der in den „Blauen Tonnen" befindlichen PPK nicht herausgelöst werden. Es ist schlechterdings mit der der Ausschreibung zugrunde gelegten technischen Systemen nicht möglich, für jede Tonne eine solche Aufteilung vorzunehmen und den Rest in der Tonne zu belassen. Kommt daher ein Vertrag mit einem oder mehreren Systembetreibern über die Verwertung oder Anrechnung der Verkaufsverpackungen nicht zustande, und dies ist im Hinblick auf die Unwägbarkeiten eines jeden Vertragsschlusses mehr als nur eine theoretische Möglichkeit, ist die Durchführung der ausgeschriebenen Leistung nicht möglich. Die Durchführung der ausgeschriebenen Leistung hängt somit vom Eintritt einer – in den Verdingungsunterlagen jedoch nicht formulierten – Bedingung i. S. des § 158 BGB ab. **Vergaberechtlich handelt es sich um die Ausschreibung einer Bedarfsposition, da noch nicht feststeht, ob die Leistung wie vorgesehen durchgeführt werden kann. Die Ausschreibung einer Bedarfsposition allein ist jedoch unzulässig** (OLG Rostock, B. v. 6. 3. 2009 – Az.: 17 Verg 1/09).

107.12.3.2 Leistungsbeschreibungen mit Fehlern, die von Bietern erkannt werden

9395 **107.12.3.2.1 Pflicht zur Erkundigung.** Nach einer – älteren – Auffassung hat bei **widersprüchlichen, unverständlichen oder in sich nicht schlüssigen Leistungsbeschreibungen der Bieter unterschiedliche Möglichkeiten**, darauf zu reagieren. Er kann **erstens eine Aufklärungsfrage** an die Vergabestelle richten. Zweitens kann er, wenn er befürchtet, dass ihm durch die – von der Vergabestelle allen Bietern bekannt zu gebende – Aufklärungsfrage und deren Beantwortung einen Wettbewerbsvorsprung vor seinen Wettbewerbern verlieren würde,

mehrere Angebote (z. B. Haupt- und Nebenangebot) **auf der Basis jeweils eines unterschiedlichen Verständnisses von den Angebotsbedingungen** abgeben (2. VK Bund, B. v. 22. 1. 2003 – Az.: VK 2–94/02).

Nach einer anderen Meinung **darf der Bieter eine Leistungsbeschreibung, die nach seiner Auffassung den Vorschriften des § 7 VOL/A zuwiderläuft, nicht einfach hinnehmen**. Vielmehr muss er sich aus der Leistungsbeschreibung ergebende Zweifelsfragen vor Abgabe seines Angebotes klären, notfalls auch durch Hinzuziehung rechtlichen Beistandes (OLG Düsseldorf, B. v. 14. 4. 2010 – Az.: VII-Verg 60/09; OLG Frankfurt, B. v. 23. 12. 2005 – Az.: 11 Verg 13/05; LG Frankfurt (Oder), Urteil v. 14. 11. 2007 – Az.: 13 O 360/07; VK Baden-Württemberg, B. v. 29. 1. 2010 – Az.: 1 VK 73/09; 1. VK Saarland, B. v. 14. 7. 2010 – Az.: 1 VK 08/2010; 1. VK Sachsen, B. v. 7. 7. 2005 – Az.: 1/SVK/061-05; VK Schleswig-Holstein, B. v. 21. 12. 2005 – Az.: VK-SH 29/05; VK Südbayern, B. v. 29. 5. 2006 – Az.: 12-04/06). Er hat Erkundigungen einzuholen und ggf. den öffentlichen Auftraggeber aufzufordern, notwendige Konkretisierungen vorzunehmen. Diese Verpflichtung des Kontaktaufnahme zur Vergabestelle bei Ungereimtheiten in den Vergabeunterlagen ist zwingend geboten, da nur so etwaige Unklarheiten unmittelbar aufgeklärt und korrigiert werden können (LG Frankfurt (Oder), Urteil v. 14. 11. 2007 – Az.: 13 O 360/07; VK Schleswig-Holstein, B. v. 21. 12. 2005 – Az.: VK-SH 29/05). Unverzüglichkeit verlangt daher in diesen Fällen (vor Abgabe des Angebotes), dass sich der Bieter umgehend mit der Vergabestelle in Verbindung setzt (VK Lüneburg, B. v. 26. 1. 2005 – Az.: 203-VgK-56/2004; VK Schleswig-Holstein, B. v. 5. 3. 2004 – Az.: VK-SH 03/04). 9396

Regelmäßig enthalten die **Bewerbungsbedingungen öffentlicher Auftraggeber** auch eine **Verpflichtung, den Auftraggeber auf solche Fehler hinzuweisen** (BayObLG, B. v. 22. 6. 2004 – Az.: Verg 013/04; VK Lüneburg, B. v. 29. 10. 2002 – Az.: 23/02; VK Nordbayern, B. v. 9. 4. 2003 – Az.: 320.VK-3194-10/03; 1. VK Saarland, B. v. 14. 7. 2010 – Az.: 1 VK 08/2010; VK Südbayern, B. v. 29. 5. 2006 – Az.: 12-04/06). 9397

Liegt ein **Ausschreibungsfehler der Vergabestelle** vor, die „versehentlich" den Leistungstext für Einheitspreise statt eines Pauschalpreises in die Ausschreibung aufnimmt, besteht **keine Nachfrageverpflichtung** der Bieter. Ein **Versehen der ausschreibenden Behörde, das nach objektivem Empfängerhorizont zu einem in unzutreffende Richtung gehenden, aber eindeutigen Verständnis des Erklärungsempfängers führt, kann keine Verpflichtung zu klärender Nachfrage auslösen** (OLG Brandenburg, Urteil v. 4. 6. 2008 – Az.: 4 U 122/07). 9398

Bei Ausschreibungen ab den Schwellenwerten kann der Bieter gegebenenfalls die **unverzügliche Rüge der mangelnden Transparenz der Ausschreibung** innerhalb der Angebotsfrist (wegen § 107 Abs. 3 GWB) aussprechen (OLG Naumburg, B. v. 29. 10. 2001 – Az.: 1 Verg 11/01). 9399

107.12.3.2.2 Unterlassene Erkundigung. Unterbleibt eine **Nachfrage, muss der Bieter die versäumte Sachaufklärung gegen sich gelten lassen** und kann dem Leistungsverzeichnis nicht eigenmächtig seine Version aufdrängen (BayObLG, B. v. 22. 6. 2004 – Az.: Verg 013/04; LG Frankfurt (Oder), Urteil v. 14. 11. 2007 – Az.: 13 O 360/07; VK Nordbayern, B. v. 9. 4. 2003 – Az.: 320.VK-3194-10/03; 1. VK Sachsen, B. v. 28. 5. 2003 – Az.: 1/SVK/046-03). Die unterbliebene Sachaufklärung muss also ein Bieter gegen sich gelten lassen. Er ist daher mit seinem Angebot so zu werten, wie es bei Submission vorliegt (1. VK Sachsen, B. v. 17. 7. 2002 – Az.: 1/SVK/069-02). 9400

107.12.3.2.3 Unterlassene Erkundigung bei unvollständigen Vergabeunterlagen. Grundsätzlich trägt der Bieter nach den allgemeinen Grundsätzen die Darlegungs- und Beweislast dafür, dass er ein vollständiges Angebot eingereicht hat. Etwas anderes muss aber gelten, wenn der Bieter ein unvollständiges Angebot nur deshalb einreicht, weil er selbst keine vollständigen Vergabeunterlagen von der Vergabestelle erhalten hat. Die **Vergabestelle trägt insoweit grundsätzlich die Beweislast dafür, dass die von ihr zur Verfügung gestellten Unterlagen vollständig** waren. Diese Beweislast spielt aber dann keine Rolle, wenn **der Bieter aufgrund des Inhalts der Vergabeunterlagen erkennen musste, dass die Unterlagen nicht vollständig sind**; dann besteht eine Erkundigungspflicht des Bieters (2. VK Bund, B. v. 9. 2. 2005 – Az.: VK 2–12/05). 9401

107.12.3.2.4 Erkundigung durch Dritte. Es steht einem **Bieter frei**, mit der Durchführung der Bieteranfragen **dritte Personen zu beauftragen** (OLG München, B. v. 21. 5. 2008 – 9402

1903

107.12.3.3 Leistungsbeschreibungen mit Fehlern, die von Bietern nicht erkannt werden

9403   In solchen Fällen ist diejenige **bieterfreundliche und praktikable Anpassung** des fehlerhaften Textes der Leistungsbeschreibung vorzunehmen, die den **Interessen eines objektiven Betrachters entgegen kommt**. Vergabeunterlagen müssen nach dieser Entscheidung nur insoweit unverändert bleiben wie sie rechtmäßig sind. Danach kann bei einem Leistungsverzeichnis, was eine längst außer Kraft getretene DIN benennt, **entweder nur eine Aufhebung der Ausschreibung wegen fehlerhaften Leistungsverzeichnisses** erfolgen oder die **Anforderung nach der DIN muss vollständig bei der Bewertung der Angebote entfallen**. Eine nur teilweise Geltung dieser Vorgabe erscheint nicht sachgerecht (1. VK Sachsen, B. v. 9. 4. 2002 – Az.: 1/SVK/021-02).

9404   In Betracht kommt auch, die **Bieter auf fehlerhafte Erklärungen im Angebot**, die auf einer fehlerhaften Leistungsbeschreibung beruhen, **hinzuweisen und** ihnen im Rahmen der Prüfung und Wertung **Gelegenheit zur Nachbesserung zu geben**. Dem steht auch nicht eine in den Vergabeunterlagen gesetzte Nachfragefrist entgegen, die die Bewerber einhalten mussten, wenn die Vergabeunterlagen nach ihrer Auffassung Unklarheiten enthielten. Mit dieser Vergabebestimmung kann sich der Auftraggeber nicht seiner Verantwortung für objektiv nicht eindeutig genug formulierte Vergabebedingungen entledigen (OLG Düsseldorf, B. v. 19. 12. 2001 – Az.: Verg 42/01).

9405   Jedenfalls erfordert es in **Fällen, in denen wegen Unklarheiten der Ausschreibungsunterlagen Bieter aufgrund einer nachvollziehbaren unterschiedlichen Interpretation der Anforderungen voneinander abweichende Angebote unterbreiten**, das Prinzip der Gleichbehandlung, die **objektive Mehrdeutigkeit der Ausschreibungsunterlagen nicht zum Nachteil eines Bieters ausschlagen** zu lassen (VK Nordbayern, B. v. 30. 11. 2009 – Az.: 21.VK – 3194 – 41/09; B. v. 30. 11. 2009 – Az.: 21.VK – 3194 – 40/09).

107.12.3.4 Unschädlichkeit einer fehlerhaften Leistungsbeschreibung

9406   Eine **unzureichende Leistungsbeschreibung** kann ausnahmsweise dann, wenn **alle Bieter sie einheitlich und richtig verstehen**, für das Vergabeverfahren **unschädlich** sein (OLG Naumburg, B. v. 16. 9. 2002 – Az.: 1 Verg 02/02; VK Düsseldorf, B. v. 22. 7. 2002 – Az.: VK – 19/2002 – L).

107.12.3.5 Beispiele einer fehlerhaften Leistungsbeschreibung

9407   **107.12.3.5.1 Verwendung eines nicht mehr am Markt erhältlichen Fabrikates.** Der Auftraggeber **verstößt** zu Lasten der Bieter **gegen das Gebot der eindeutigen Leistungsbeschreibung** gemäß § 7 Abs. 1 VOL/A und damit gegen das Transparenzgebot gemäß § 97 Abs. 1 GWB, wenn **er für eine Position ein Leitfabrikat vorgibt, das nicht nur am Markt nicht mehr erhältlich ist**, sondern mit dem sich vor allem das von ihr gleichfalls in den Verdingungsunterlagen geforderte Leistungsziel faktisch nicht einhalten lässt (VK Lüneburg, B. v. 30. 10. 2003 – Az.: 203-VgK-21/2003).

9408   Der **Bieter darf** in solchen Fällen jedoch **nicht von sich aus ein anderes Fabrikat in das Leistungsverzeichnis einsetzen**. Er ist vielmehr gehalten, den **Auftraggeber auf diesen Umstand hinzuweisen** und eine **entsprechende Änderung der Verdingungsunterlagen zu erwirken** (VK Lüneburg, B. v. 29. 10. 2002 – Az.: 23/02).

9409   **107.12.3.5.2 Unzulässig hoher Umfang von Wahl- oder Alternativpositionen.** Eine **Ausschreibung von Wahl- oder Alternativleistungen** stellt deswegen jedenfalls dann einen **Verstoß gegen das Vergaberecht** dar, wenn diese – was ihren aus der Leistungsbeschreibung ersichtlichen Umfang und die Wertung der Angebote anbelangt – keinen mehr oder minder geringfügigen Teil der Leistungen betreffen, sondern **im Vergleich zu den Haupt- oder Grundleistungen ein gleich großes Gewicht erhalten**, und sie der Bedeutung der Haupt- oder Grundleistungen für die Zuschlagsentscheidung daher gleich gestellt sind. In einem solchen Fall ist das Gebot einer eindeutigen und erschöpfenden Leistungsbeschreibung verletzt (OLG Düsseldorf, B. v. 2. 8. 2002 – Az.: Verg 25/02; VK Magdeburg, B. v. 22. 2. 2001 – Az: 33–32571/07 VK 15/00 MD).

9410   Das Gebot der eindeutigen und erschöpfenden Leistungsbeschreibung ist auch dann verletzt, wenn die **Ausschreibung mit zahlreichen Leistungsvarianten erst dazu diese soll, ein Konzept für die erwartete Leistung zu erarbeiten**, das im Zeitpunkt der Ausschreibung noch nicht vorliegt (z. B. 80 unterschiedliche Varianten für ein Stadtbuslinie). In einem solchen Fall liegt **kein anerkennenswertes Bedürfnis des Auftraggebers für die Ausschreibung verschiedener Wahlleistungen** vor (VK Hessen, B. v. 28. 7. 2004 – Az.: 69d VK – 49/2004).

107.12.3.5.3 Keine eindeutige Bezeichnung von Bedarfspositionen. Bedarfspositionen 9411 müssen **als Bedarfspositionen gekennzeichnet sein**; ansonsten verstößt der Auftraggeber mindestens gegen das Gebot der eindeutigen und erschöpfenden Leistungsbeschreibung; vgl. **im Einzelnen die Kommentierung** → Rdn. 54.

107.12.3.5.4 Bezeichnung von Alternativpositionen als Bedarfspositionen. Können 9412 die Bieter **aus der Formulierung der Positionen erkennen**, dass es sich hier **nicht um Bedarfspositionen, sondern um Alternativpositionen** handelt, verletzt die Tatsache, dass der Auftraggeber einige Positionen als Alternativpositionen gewertet hat, obwohl er diese irrtümlich im Leistungsverzeichnis als Bedarfspositionen bezeichnet hat, die Bieter nicht in ihren Rechten (VK Lüneburg, B. v. 17. 9. 2001 – Az.: 203-VgK-18/2001).

107.12.3.5.5 Keine eindeutigen Zuschlagskriterien. Bei unklaren Zuschlagskriterien 9413 (z. B. **Preis- und Zahlungsbedingungen**) **sowie widersprüchlichen Kriterien** (z. B. fehlende Abgrenzung zwischen „Lieferbedingungen" und „logistische Abwicklung der Lieferung in die einzelnen Anlieferungsstellen") fehlt es an einer eindeutigen und erschöpfenden Leistungsbeschreibung (VK Düsseldorf, B. v. 22. 7. 2002 – Az.: VK – 19/2002 – L).

107.12.3.5.6 Keine eindeutigen Eignungskriterien. Bei unklaren Eignungskriterien 9414 (z. B. wechselweise Forderung der Eignungsnachweise gleichzeitig mit dem Angebot oder teilweise auf Verlangen) fehlt es an einer eindeutigen und erschöpfenden Leistungsbeschreibung. Der **Auftraggeber** hätte es in der Hand, **sich nach Belieben** auf die Forderung nach gleichzeitiger Vorlage oder die Vorlage auf Verlangen zu berufen. Der **Bieter kann nicht erkennen**, ob er mit seinem Angebot Gefahr läuft, wegen Unvollständigkeit ausgeschlossen zu werden oder ob er seine Reaktionszeit voll zur kaufmännischen Erstellung des Angebotes nutzen kann, weil ihm für die Beschaffung der Eignungsnachweise noch nach dem Angebotsabgabetermin Zeit genug bleibt (VK Düsseldorf, B. v. 22. 7. 2002 – Az.: VK – 19/2002 – L).

107.12.3.5.7 Keine eindeutigen Kriterien für einen Wartungsvertrag. Ist der Inhalt 9415 **eines Wartungsvertrages nicht vorgegeben, sind die Vertragsangebote per se nicht vergleichbar.** Soweit sie allerdings vorgelegt werden, enthalten sie selbstverständlich Preisangebote. Diese Preise aber sind Grundlage der Kalkulation des jeweiligen Bieters. Damit sind die Angebote mit und ohne Wartungsvertrag nicht mehr vergleichbar. Die zwingende Forderung nach einem Wartungsvertrag mag zum Einen weitere Bieter, die nicht im unmittelbaren Umfeld von dem Leistungsort ihren Sitz haben, zum Angebot abschrecken, weil die Wartung über mehrere Jahre auf längere Distanz kaum kalkulierbar und leistbar ist. Dies schränkt den Wettbewerb also auf ortsnahe Bieter ein noch dazu, wo der Bieterkreis für diese Art Aufträge in der Regel den kleinen und mittelständischen Unternehmen zuzurechnen ist. Soweit die Bieter dann ohne Wartungsangebot anbieten, riskieren sie den Ausschluss, so dass sich die Erarbeitung eines Angebots als unsinnig oder als unrentabel darstellt. **Diese Forderung des Leistungsverzeichnisses ist mithin wettbewerbsverzerrend** (VK Arnsberg, B. v. 5. 4. 2004 – Az.: VK 1–4/04).

107.12.3.5.8 Unklare Angaben über Personalvorgaben. Bleibt im Rahmen der Leis- 9416 tungsbeschreibung ein **wesentlicher Umstand für die Preisermittlung unklar**, nämlich die Möglichkeit des Einsatzes von Honorarkräften – z. B. im Bildungsbereich oder bei der Ausschreibung von Rettungsdienstleistungen –, ist ein einheitliches Verständnis der Leistungsbeschreibung durch die Bieter nicht mehr gewährleistet. Da die Beschäftigungsverhältnisse auch Auswirkung auf die Kalkulation der Angebote haben, sind die **Angebote insoweit nicht mehr vergleichbar** (3. VK Bund, B. v. 24. 3. 2004 – Az.: VK 3–36/04; 1. VK Sachsen, B. v. 9. 9. 2008 – Az.: 1/SVK/046-08).

107.12.4 Hinweise für besondere Ausschreibungsgegenstände

107.12.4.1 Ausschreibung von Entsorgungsleistungen

107.12.4.1.1 Herstellung der Vergabereife. In Fällen, in denen die Vorbereitung ei- 9417 ner Ausschreibung mehrschichtige Prüfungen, insbesondere solche abfallrechtlicher Art erfordert, genügt der öffentliche Auftragger seiner Verpflichtung, die Vergabereife herzustellen, wenn er die Zulässigkeit des Beschaffungsvorhabens unter allen bei der Vorbereitung (oder gegebenenfalls auch später) erkennbaren Gesichtspunkten überprüft und dem **Prüfungsergebnis angemessen Rechnung getragen** hat. Sonderrechtliche Fragen, namentlich solche abfallrechtlicher Art, deren Beantwortung nicht von einer vorherigen öffentlich-rechtlichen Genehmigung abhängig ist, müssen von ihm zuvor nicht im Benehmen mit der zuständigen Fachbehörde geklärt werden (OLG Düsseldorf, B. v. 17. 11. 2008 – Az.: VII-Verg 52/08).

9418   **107.12.4.1.2 Vorrang der Verwertung vor einer Entsorgung durch Beseitigung. Es spricht weder abfallrechtlich noch vergaberechtlich grundsätzlich etwas gegen eine Entsorgungskette durch thermische Verwertung. Eine Verwertung von Abfällen hat Vorrang vor einer Entsorgung durch Beseitigung** (§ 5 Abs. 2 KrW-/AbfG). Zwar scheidet ein Vorrang aus, wenn eine Beseitigung die umweltverträglichere Lösung darstellt (§ 5 Abs. 5 KrW-/AbfG). Hierfür bedarf es aber entsprechender Begründungen. Die Pflicht zur Abfallverwertung ist weitgehend und entsprechend dem Ziel des Gesetzes für Ausweitungen dieser Form der Entsorgung offen gehalten. Zur Vermeidung einer Beseitigung sieht das Gesetz im zweiten Satz der Vorschrift eine Verwertung ausdrücklich auch in solchen Fällen vor, in denen der Abfall für eine Verwertung zunächst erst noch vorbereitet werden muss. **Vergaberechtlich ist der öffentliche Auftraggeber an einer dahingehenden, auf das Endziel einer Verwertung gerichteten Ausschreibung jedenfalls nicht gehindert.** Wollte man dies anders sehen, hätten öffentliche Auftraggeber in bestimmten Situationen eine solche Entsorgung in zwei Schritten auszuschreiben, nämlich ein Mal als eine Maßnahme der Abfallbeseitigung (Behandlung) und ein weiteres Mal als eine solche zur (thermischen) Verwertung. Das **Vergaberecht hat dem Auftraggeber nach Möglichkeit indes diejenigen Instrumentarien an die Hand zu geben und zu belassen, die unter Wahrung der vergaberechtlichen Prinzipien des Wettbewerbs, der Gleichbehandlung und der Transparenz sowie ihrer konkreten Ausgestaltung durch die Vertrags- und Verdingungsordnungen gestatten, die zum Zweck einer öffentlichen Aufgabenerfüllung erforderlichen Lieferungen und Dienstleistungen auf einfachst und raschest mögliche Art zu beschaffen** (OLG Düsseldorf, B. v. 17. 11. 2008 – Az.: VII-Verg 52/08).

9419   Ist ausweislich der Leistungsbeschreibung eine **thermische Entsorgung ausgeschrieben**, kann **sowohl eine thermische Verwertung als auch eine thermische Beseitigung angeboten** werden. § 5 Abs. 5 KrW-/AbfG sieht vor, dass **unter bestimmten Voraussetzungen der Vorrang der Verwertung vor einer Beseitigung entfällt**. Bei der Subsumtion darunter wird dem öffentlichen Auftraggeber zumindest eine **Einschätzungsprärogative** zuzuerkennen sein (OLG Düsseldorf, B. v. 14. 5. 2009 – Az.: VII-Verg 6/09; B. v. 25. 2. 2009 – Az.: VII-Verg 6/09).

9420   **107.12.4.1.3 Entwicklung der Abfallmenge.** Der öffentliche Auftraggeber, der **Entsorgungsleistungen ausschreibt**, ist im Hinblick auf die Regelung des § 7 Abs. 1 VOL/A **gehalten, von Prognosen hinsichtlich der Entwicklung der Abfallmenge nur zurückhaltend Gebrauch zu machen** und den Bietern in erster Linie die Zahlen an die Hand zu geben, die dem Auftraggeber insbesondere **hinsichtlich der jüngsten Entwicklung der für die Kalkulation maßgeblichen Fakten** wie Abfallmenge, Behälter, Anzahl und Behältergröße etc. **im Zeitpunkt der Abfassung der Verdingungsunterlagen aktuell bekannten und vorliegenden Zahlen** mitzuteilen (VK Lüneburg, B. v. 4. 9. 2003 – Az.: 203-VgK-16/2003).

9421   Eine **satzungsmäßige Reduzierung der Zahl der Mindestentleerungen der Müllsammelbehälter für Restmüll hat keinen unmittelbaren Einfluss auf die vertragliche Risikoverteilung**, wenn die Vergütung der Entsorgungsleistungen beim Restmüll ausschließlich abhängig von den entsorgten Gesamtmengen und nicht von der Anzahl der entleerten Behälter ist. Die Zahl der vom Entsorger durchzuführenden Entleerungen ist im Übrigen durch die Tourenpläne vorgegeben. Allerdings liegt das wirtschaftliche Risiko der Leistungserbringung im ausgeschriebenen Auftrag vor allem darin, dass selbst bei unterstelltem gleich bleibendem Aufwand für die Einsammlung des Restmülls die **Entwicklung der Gesamtabfallmengen nur eingeschränkt prognostizierbar** ist. Der potenzielle Auftragnehmer kann die Entwicklung des Restmüllaufkommens nicht selbst beeinflussen. **Insbesondere mit zunehmender Vertragslaufzeit wird die Prognose der anfallenden Restmüllmengen unsicher**. Dieses Risiko mag sich durch die Reduzierung der Zahl der Mindestentleerungen mittelbar erhöhen. Das Risiko hat originär jedoch wenig mit der Zahl der Mindestentleerungen zu tun und mehr mit der demographischen Entwicklung, der Intensität der praktizierten Mülltrennung usw. **Der Auftraggeber kann zur Verbesserung der Prognostizierbarkeit der künftigen Entwicklung dadurch beitragen, dass er die ihm zugänglichen Informationen über die

Entwicklungen in der Vergangenheit mitteilt. Bei der Bewertung dieses Mengenrisikos, insbesondere des Mengenminderungsrisikos, unter dem Aspekt der Gewöhnlichkeit bzw. Ungewöhnlichkeit ist zu berücksichtigen, dass ein **solches Risiko einem mittelfristigen Dauerschuldverhältnis regelmäßig immanent** ist. Für die Frage, ob hierin im Einzelfall gleichwohl ein ungewöhnliches Wagnis liegt, ist insbesondere maßgeblich, inwieweit die vorgegebene Vertragsgestaltung branchenüblich oder aber nur dadurch erklärbar ist, dass der öffentliche Auftraggeber aufgrund seiner Marktmacht eine solche Risikoverteilung durchsetzen zu können erwartet. Im **Bereich der Abfallwirtschaft sind Fünfjahresverträge nicht selten**, z. T. sind in der Vergangenheit sogar Verträge mit längerer Laufzeit abgeschlossen worden. Es ist zumindest nicht unüblich, dass bei Ausschreibungen von mittelfristigen Restmüllentsorgungsaufträgen keine Vorgabe von Mengenkorridoren für die Einheitspreisbildung erfolgt. Im Übrigen ist festzustellen, dass die **Kostenrisiken des potenziellen Auftragnehmers auch dadurch reduziert sind, dass bei wesentlichen Änderungen der Leistung, insbesondere auch der Jahresgesamtmengen, im abzuschließenden Vertrag Preisänderungen vorgesehen** sind. Die hierin liegende Risikoreduzierung lässt die Gesamtrisikoverteilung als vertragstypisch erscheinen (OLG Naumburg, B. v. 5. 12. 2008 – Az.: 1 Verg 9/08).

107.12.4.1.4 Wiedergabe der Straßenverhältnisse. Die Pflicht zur eindeutigen und erschöpfenden Leistungsbeschreibung gemäß § 7 Abs. 1 VOL/A **beinhaltet nicht automatisch auch eine Pflicht zur lückenlosen, detaillierten Ermittlung und Wiedergabe der Straßenverhältnisse, insbesondere aller ständigen oder auch nur zeitlich begrenzten Hindernisse wie Sackgassenlagen, Baustellen und Veranstaltungen.** Es ist ausreichend, wenn der Auftraggeber die ihm zur Verfügung stehenden diesbezüglichen Informationen den Bietern zugänglich macht, ergänzend geeignetes Kartenmaterial benennt und den Bietern empfiehlt, sich ein eigenes Bild über die Verhältnisse vor Ort zu machen. Auch dies versetzt den Kalkulator eines Fachunternehmens in einer Branche, in der der Aufbau einer Logistik und die Berücksichtigung von vorhandener Infrastruktur zum Kernbereich gehören, in die Lage, ein realistisches Angebot abzugeben (VK Lüneburg, B. v. 8. 5. 2006 – Az.: VgK-07/2006; B. v. 14. 5. 2004 – Az.: 203-VgK-13/2004). 9422

107.12.4.1.5 Klärung der abfallrechtlichen Rahmenbedingungen. Es ist **nicht zulässig, wenn ein Auftraggeber vor Bekanntmachung und Ausgabe der Verdingungsunterlagen an die interessierten Unternehmen nicht abschließend klärt, ob die ausgeschriebene Leistung unter abfallrechtlichen Gesichtspunkten als kostengünstigere „Verwertung" oder nur als „Beseitigung" möglich** ist. Der Auftraggeber darf es deshalb nicht darauf ankommen lassen, ob z. B. eine Untersagung der ausgeschriebenen Leistung durch eine Aufsichtsbehörde erfolgt. Der Vergabestelle ist kein überprüfungsfreier Beurteilungsspielraum bezüglich der abfallrechtlichen Zulässigkeit anzuerkennen. Die Vorgabe der zu erbringenden Leistung obliegt – soweit dies möglich ist – gemäß § 7 Abs.. 1 VOL/A der Vergabestelle. Die Vergabestelle kann es jedenfalls dann nicht den Bietern überlassen, ob es ihnen gelingen wird, die gewünschte Leistung in rechtskonformer Art und Weise zu erbringen, wenn ihr selbst eine weitergehende rechtliche Klärung möglich ist. Dies ist anzunehmen, wenn der Auftraggeber vor Veröffentlichung eines Wettbewerbes abklären kann, ob und welche aufsichtlichen Zuständigkeiten bestehen und ob mit einem Eingreifen der Aufsichtsbehörde zu rechnen ist. Die Schwierigkeit der dabei anzustellenden rechtlichen Betrachtung berechtigt die Vergabestelle nicht, diese zu unterlassen wie sie auch gehalten ist, im Rahmen eines Vergabeverfahrens Rechtsfragen aus anderen Rechtsgebieten einer endgültigen Klärung zuzuführen (VK Düsseldorf, B. v. 15. 8. 2008 – Az.: VK – 18/2008 – L). 9423

107.12.4.1.6 Vorgabe einer Erwerbspflicht hinsichtlich der bereits eingesetzten Müllsammelbehälter zu festgesetzten Preisen. Die Leistungsbeschreibung verletzt durch die **Vorgabe einer Erwerbspflicht hinsichtlich der bereits eingesetzten Müllsammelbehälter zu festgesetzten Preisen nicht das vergaberechtliche Gebot der Gleichbehandlung aller Bieter.** Der Auftraggeber ist **vergaberechtlich frei darin, ob er im Rahmen der Beschaffung der ausgeschriebenen Dienstleistung „Abfallentsorgung" das Eigentum an den Müllsammelbehältern erwerben möchte oder nicht**, insbesondere dann, wenn es an konkreten Anhaltspunkten dafür fehlt, dass der in der Leistungsbeschreibung festgelegte Erwerbspreis derart übersetzt sein könnte, dass hieraus ein vom Auftraggeber geschaffener Wettbewerbsvorteil des bisherigen Eigentümers der Behälter resultiert (OLG Naumburg, B. v. 5. 12. 2008 – Az.: 1 Verg 9/08). 9424

107.12.4.1.7 Fehlende Preisgleitklausel im Hinblick auf die Kraftstoffkosten und die Personalkosten des Auftragnehmers. Es ist **vergaberechtlich auch unbedenklich,** 9425 wenn der Vertrag eine **Preisgleitklausel im Hinblick auf die Kraftstoffkosten und die Personalkosten des Auftragnehmers nicht enthält**. Es ist bereits zweifelhaft, ob die Voraussetzungen für die Zulässigkeit einer Preisgleitklausel überhaupt vorliegen. Dies kommt dies nur bei längerfristigen Verträgen in Betracht und ist davon abhängig, dass wesentliche Änderungen der Preisermittlungsgrundlagen zu erwarten sind. Die **Vorschrift ist dahin auszulegen, dass der Maßstab des anzustellenden Vergleichs die gesamten Preisermittlungsgrundlagen in ihrer Summe sind und wesentliche Änderung einzelner Preisermittlungsgrundlagen nur dann erheblich sein können, wenn sie auf die gesamte Preisermittlung nicht unerhebliche Auswirkungen entfalten**. Hinsichtlich der **Kraftstoffkosten** sind hier zwar erhebliche Preisschwankungen möglich und tendenziell u. U. auch ein Preisanstieg zu erwarten. Dass dieser **im Verhältnis zu den Gesamtkosten der Auftragsdurchführung wesentlich sein wird, ist zumindest nicht offensichtlich**. Eine außergewöhnliche Entwicklung der **Personalkosten zu Ungunsten des Auftragnehmers ist nach derzeitigem Stand nicht festzustellen**. Es kann offen bleiben, ob allein der Umstand, dass im politischen Raum die Einführung von Mindestlohnregelungen für die Abfallwirtschaft diskutiert wird, schon vor deren Einführung die „vorsorgliche" preisliche Berücksichtigung rechtfertigt, was vor dem Hintergrund, dass diese Diskussionen bislang über Jahre hinweg weit gehend erfolglos geführt worden sind, zweifelhaft sein mag. Selbst wenn eine Preisgleitklausel zulässig wäre, so steht sie im **Ermessen des Auftraggebers**. Der Auftraggeber darf und muss sogar bei seiner Abwägungsentscheidung berücksichtigen, dass **jede „automatische" Preisgleitung** – anders als eine flexiblere Preisanpassungsregelung i. S. von § 2 Nr. 3 VOL/B – **auch geeignet ist, die Geldentwertung zu befördern** (2. VK Bund, B. v. 21. 6. 2010 – Az.: VK 2–53/10). Eine flächendeckende Anwendung von Preisgleitungsklauseln durch die öffentlichen Auftraggeber hätte u. U. erhebliche Auswirkungen auf die Gesamtwirtschaft. Der Auftraggeber hat zutreffend berücksichtigt, dass die **Vertragslaufzeit mit fünf Jahren für einen Abfallentsorgungsauftrag letztlich überschaubar** ist, die genannten Risiken branchenüblicher Weise vom Auftragnehmer getragen werden und **regelmäßig eine vertragliche Preisanpassungsregelung für den Bedarfsfall ausreicht**. Es fällt schon nach allgemeinen vertragsrechtlichen Grundsätzen in den Risikobereich eines Auftragnehmers, dass wegen geänderter gesetzlicher oder wirtschaftlicher Rahmenbedingungen der Kostenaufwand zur Erbringung der Vertragsleistungen steigt. Es ist **gerade auch in der Abfallwirtschaft Sache des Auftragnehmers, für derartige Kostensteigerungen Vorsorge zu treffen und sie ggfs. durch einen entsprechenden Wagniszuschlag in seiner Preiskalkulation zu berücksichtigen** (OLG Naumburg, B. v. 5. 12. 2008 – Az.: 1 Verg 9/08).

107.12.4.2 Ausschreibung von Straßenreinigungsleistungen

9426 Der **Leistungsteil „Beseitigung und Verwertung des Kehrichts"** im Leistungsverzeichnis für Straßenreinigungsleistungen ist nicht im Sinn von § 7 Abs. 1 VOL/A eindeutig und so erschöpfend beschrieben, dass alle Bieter die Beschreibung im gleichen Sinne verstehen müssen und die Angebote miteinander vergleichbar sind, **wenn der Auftraggeber den Bietern für diesen Leistungsteil keine Rechnungsgröße vorgibt**. So können die Bieter neben dem Preis je Kehrmeter für die Straßenreinigung für die Verwertung des Kehrichts einen weiteren Preis je Tonne oder einen Einheitspreis für die Straßenreinigung je Kehrmeter inklusive Verwertung des Kehrichts anbieten. Ein **direkter Vergleich dieser Preise im Rahmen der Angebotswertung ist nicht mit den Grundsätzen von Transparenz und Gleichbehandlung nach § 97 Abs. 1 und 2 GWB vereinbar**, zumal dann, wenn die Wertung zudem anhand eines Preisspiegels erfolgt, der auf der Grundlage eigener Berechnungen des Auftraggebers erstellt wird. Die Endpreise der Angebote für Reinigung und Verwertung des Kehrichts für den Vertragszeitraum basieren auf unterschiedlichen und damit nicht vergleichbaren Berechnungsvarianten (VK Düsseldorf, B. v. 27. 11. 2006 – Az.: VK – 47/2006 – L).

107.12.4.3 Ausschreibung von Personenbeförderungsleistungen

9427 Die **Ausschreibung einer Personenbeförderung** verletzt nicht das in § 7 Abs. 1 VOL/A verankerte Gebot eindeutiger und erschöpfender Leistungsbeschreibung, wenn sie sich **darauf beschränkt, Anzahl und Verlauf der Fahrtstrecken anzugeben**. Die Frage, welche Kilometerleistungen und Kosten für Leerfahrten – An- und Rückfahrten ohne die Anwesenheit der Fahrgäste – zu veranschlagen sind, berührt allein die unternehmerische Innensphäre des Bieters und braucht daher von der Leistungsbeschreibung nicht berücksichtigt zu werden (Thüringer OLG, B. v. 15. 7. 2003 – Az.: 6 Verg 7/03). Die Festlegung der günstigsten Route und die Ermittlung der Entfernung ist **notwendige Logistikaufgabe des Bieterunternehmens** und damit **weder notwendiger noch sinnvoller Bestandteil der Leistungsbeschreibung** (VK Lüneburg, B. v. 12. 1. 2007 – Az.: VgK-33/2006).

Bei der Ausschreibung der **Beförderung behinderter Schüler** wird den Bietern **kein un-** 9428 **gewöhnliches Wagnis** aufgebürdet, wenn ihnen als **fixe Kalkulationsgrundlagen die durchschnittliche tägliche Gesamtkilometerzahl aus den letzten 3 Schuljahren sowie die Anzahl der Schultage pro Jahr vorgegeben** wird und sie darüber hinaus **genaue Informationen über alle Anschriften, die in jüngerer Vergangenheit angefahren wurden**, erhalten, und ihnen zudem **mitgeteilt** wird, wo ein **Schüler mit Rollstuhl abzuholen** war. Jeder Bieter ist also in der Lage, eigene Tourenpläne als Kalkulationsgrundlage zu erstellen und dabei – im Rahmen seiner unternehmerischen Freiheit – auch darüber zu entscheiden, welche Fahrzeuggröße – etwa 9-Sitzer oder 14-Sitzer – für welche Tour am wirtschaftlichsten ist. Somit ist es allen Bietern möglich, die voraussichtlichen Gesamtkosten zu ermitteln und daraus durch Division den Preis je Besetzkilometer zu errechnen (OLG Koblenz, B. v. 28. 10. 2009 – Az.: 1 Verg 8/09).

Bei **Schülerbeförderungsleistungen** können **folgende Angaben kalkulationsrelevant** 9429 sein:

– Zahl der Fehltage einzelner Schülerinnen und Schüler

– Aussagen darüber, ob und ggf. in welchem Umfang einzelne der zu befördernden Kinder auf Rollstühle oder andere Hilfsmittel angewiesen sind

– Aussagen darüber, ob und ggf. in welchem Umfang einzelne der zu befördernden Kinder auf Begleitpersonal angewiesen sind

(VK Lüneburg, B. v. 12. 1. 2007 – Az.: VgK-33/2006).

Die **Entwicklung der Kraftstoffpreise hat grundlegende Auswirkungen auf das ver-** 9430 **tragliche Gleichgewicht**. Eine gesicherte Grundlage für eine Schätzung der künftigen Kraftstoffpreise ist bei der **derzeitigen Lage auf dem Rohölmarkt, die von Spekulationen geprägt ist, nicht erkennbar**. Im Hinblick auf eine **längere Vertragslaufzeit (z. B. von dreieinhalb Jahren) ist der Auftraggeber deshalb verpflichtet, bezüglich der Kraftstoffpreise eine Preisgleitklausel aufzunehmen**, damit den Bietern kein ungewöhnliches Wagnis aufgebürdet wird. Dies dient letztlich auch dem Interesse des Antragsgegners, **um überhöhte Preise infolge spekulativer und überproportionale Sicherheitszuschläge zu vermeiden** (VK Baden-Württemberg, B. v. 7. 11. 2007 – Az.: 1 VK 43/07).

Eine Regelung, wonach sich der **Auftraggeber jederzeit vom Vertrag lösen kann,** 9431 **wenn** z. B. der Landkreis als Schulträger ausscheidet oder Schulen aufgelöst werden, berücksichtigt **nicht die beidseitigen Interessen**. Hier wird dem Bieter ein Wagnis aufgebürdet, dessen Umstände ausschließlich im Bereich des Auftraggebers zu finden sind und auf die die Bieter keinerlei Einfluss haben. Eine Kündigung ist **nur statthaft, wenn gleichzeitig eine Regelung hinsichtlich einer angemessenen Erstattung der auf Seiten der Bieter angefallenen Investitionskosten als Ausgleich für das vorzeitige Kündigungsrecht getroffen** wird (VK Baden-Württemberg, B. v. 7. 11. 2007 – Az.: 1 VK 43/07).

Ein **Auftraggeber kann sich mit nachvollziehbaren Gründen** (gute Testnoten, Verfüg- 9432 barkeit auch für kleinere Unternehmen, Funktion „Zwischenziele") **für den Routenplaner „google maps" zur Verwendung im Rahmen der Prüfung und Wertung von Angeboten über** Beförderungsleistungen entscheiden; eine **entsprechende Prüfung und Wertung ist insbesondere dann vertretbar**, wenn er die Ergebnisse sogar mit weiteren Routenplanern nachvollzogen, den Bietern günstige Einstellungen gewählt und einen großzügigen Sicherheitsabschlag für etwaige Abweichungen einberechnet hat (VK Niedersachsen, B. v. 17. 6. 2010 – Az.: VgK-28/2010).

107.12.4.4 Ausschreibung von Softwareprogrammen

107.12.4.4.1 Grundsätze. Gerade bei der **Beschaffung von Softwareprogrammen** ist 9433 ein öffentlicher **Auftraggeber besonders gehalten**, nicht nur die gewünschten Anwendungen und Funktionen, sondern **auch Anforderungen an den Benutzerkomfort, an Schnittstellen, Links etc. klar zu definieren und den Bietern mit den Vergabeunterlagen, sei es als unmittelbare Leistungsbeschreibung oder dieser Leistungsbeschreibung beigefügter Anlage in Form eines Pflichtenheftes in der gebotenen Ausführlichkeit mitzuteilen**, wobei sich der Umfang der Leistungsbeschreibung nach der Komplexität der zu beschaffenden Software richtet und auch nach der Vorgabe, ob Standardsoftware beschafft werden soll

Teil 4 VOL/A § 7   Vergabe- und Vertragsordnung für Leistungen Teil A

oder ein Entwicklungsauftrag für maßgeschneiderte Software in Auftrag gegeben werden soll. Gerade bei der Beschreibung von Software kommt es darauf an, **die erforderlichen Funktionen eindeutig und erschöpfend zu beschreiben**, so wie § 7 Abs. 1 VOL/A es verlangt. Da eine bestimmte Software von bestimmten Herstellern nur in den engen Ausnahmefällen des § 7 Abs. 4 VOL/A ausgeschrieben werden darf, ist u. a. zu überprüfen, ob eine Kompatibilität unterschiedlicher Produkte mit bereits vorhandener Anwendungssoftware oder Systemsoftware hergestellt werden kann. Ziel der Leistungsbeschreibung soll es sein, ein Höchstmaß an Verständlichkeit der Darstellung zu erreichen. Nur dieses Höchstmaß an Verständlichkeit führt letztlich zu einem klaren Angebot und damit zu einer klaren Entscheidungsgrundlage für den Auftraggeber. In der **Praxis hat sich deshalb das Verfahren durchgesetzt, vor Einleitung eines Vergabeverfahrens die Anforderungen an zu beschaffende Software sorgfältig zu ermitteln und in einem Pflichtenheft zu definieren** (VK Lüneburg, B. v. 12. 4. 2002 – Az.: 203-VgK-05/2002; im Ergebnis ebenso VK Hamburg, B. v. 30. 7. 2007 – Az.: VgK FB 6/07).

9434   Es **reicht vergaberechtlich nicht** aus, **konkrete technische Angaben zum Datensatzformat erst nach Auftragsvergabe** an den bezuschlagten **Auftragnehmer zu liefern**, weil diese technischen Angaben den Bietern schon für ihre Angebotskalkulation verfügbar sein müssen (VK Hamburg, B. v. 30. 7. 2007 – Az.: VgK FB 6/07).

9435   Nach einer **nicht so eng gefassten Auffassung** gibt es **bei IT-Ausschreibungen** eine Vielzahl von unterschiedlichen Geräten auf dem Markt, die in technischer Hinsicht ganz unterschiedliche Anforderungen erfüllen. Diese Anforderungen hat eine Vergabestelle im Hinblick auf die schützenswerten Rechte eines Bieters grundsätzlich vor Beginn der Ausschreibung festzulegen. Ausgehend von diesem Grundsatz hat eine **Vergabestelle ausnahmsweise die Möglichkeit, in ihren Verdingungsunterlagen Fehler und Ungenauigkeiten zu korrigieren** sowie Änderungen **und Ergänzungen mit einem geringen Umfang vorzunehmen**. Dabei hat die Vergabestelle darauf zu achten, dass die Grundlagen des Wettbewerbs und der Preisbildung nicht grundlegend verändert werden und auch alle Bewerber gleichzeitig diese Informationen erhalten (VK Münster, B. v. 25. 1. 2006 – Az.: VK 23/05).

9436   **107.12.4.4.2 Der Begriff der Hochverfügbarkeit. Der Begriff „Hochverfügbarkeit" verlangt aus der Sicht eines fachkundigen Bieters, dass ein bestimmtes Verfahren ohne Einschränkungen auch außerhalb des Normalbetriebs externen und internen Nutzern z. B. für Anfragen und Änderungen (Neuanlagen, Änderungen und Löschungen) zur Verfügung stehen soll.** Gegebenenfalls müssen die Verdingungsunterlagen im Hinblick auf die Hochverfügbarkeit eines Verfahrens zwischen einem Normalbetrieb und Ausnahmesituationen differenzieren. Verlangt der Auftraggeber mittels einer Zeitangabe „24 Stunden × 7 Tage" und einer prozentualen Bezifferung von Ausfallzeiten mit 0,2% die Hochverfügbarkeit, muss ein verständiger Bieter davon ausgehen, dass die Verfügbarkeit des Verfahrens höchstens für einen Zeitraum von 17 bis 18 Stunden (= ca. 0,2%) im Jahr unterbrochen werden darf und die Verfügbarkeit ansonsten ohne Abstriche zu gewährleisten ist (OLG Düsseldorf, B. v. 17. 11. 2008 – Az.: VII-Verg 49/08).

9437   **107.12.4.4.3 Die Begriffe der „Reimplementierung" und der „Migration". Der Begriff „Reimplementierung" stellt ein Synonym für den Begriff „Neuprogrammierung"** dar. Unter **„Migration" kann allgemein jede Umstellung innerhalb der DV-Landschaft** verstanden werden (OLG Düsseldorf, B. v. 17. 11. 2008 – Az.: VII-Verg 49/08).

9438   **107.12.4.4.4 Die Problematik der Herstellerkonditionen.** Bei IT-Beschaffungen ist der Wettbewerb **bereits vielfach grundsätzlich durch die Vorgaben der Vergabestelle auf große Systemhäuser begrenzt.** Wenn diese sich außerdem **nur durch den Preis voneinander abheben können,** besteht die Gefahr, dass der hinter den Bietern stehende Hersteller durch die Gewährung der Händlerkonditionen das Wettbewerbsergebnis steuert. Die Vergabestelle muss in einer solchen Situation so viel Wettbewerb wie möglich sicherstellen (§ 2 VOL/A) und dafür den Markt unter dem Gesichtspunkt der Herstellerkonditionen besonders sorgfältig beobachten (VK Düsseldorf, B. v. 29. 4. 2009 – Az.: VK – 2/2009 – L).

9439   **107.12.4.4.5 Weitere Beispiele aus der Rechtsprechung**
– ein Auftraggeber muss **die von ihm derzeit nicht betriebenen Domains nicht im Rahmen der Verdingungsunterlagen mitteilen. Es reicht vielmehr aus,** dass er ausführlich die derzeit betriebenen vom Bieter auch zu übernehmenden Domains (Satellitenseiten) darstellt und gegebenenfalls in den Antworten zu Bieterfragen darauf verweist, dass nach der Zuschlagserteilung eine Liste der derzeit nicht betriebenen, aber reservierten Domains übergeben wird (3. VK Bund, B. v. 4. 11. 2009 – Az.: VK 3–190/09)

– besteht die **ausgeschriebene funktionale Leistungsbeschreibung in einer Überführung des derzeitigen – veralteten – Systems in eine aktuelle Version der Software Core-Media oder des Government Site Builder (GSB)**, besteht die Leistung in der Umstellung auf ein aktuelleres System mit einer moderneren Software. Ist der Antragsteller jedoch ebenfalls Nutzer der geforderten Software CoreMedia bzw. des GSB, dürfte für ihn die Migration der Altdaten (die er zu diesem Zweck als Auftragnehmer dann erhalten würde) lediglich ein technischer Schritt sein, den er als Nutzer der Software grundsätzlich unter Berücksichtigung der vorhandenen und mitgeteilten Dokumenttypen sowie ihrer Anzahl kalkulatorisch einschätzen kann (3. VK Bund, B. v. 4. 11. 2009 – Az.: VK 3–190/09)

107.12.4.4.6 Literatur

– Bischof, Elke, Vergaberecht 2010: VgV und VOL/A 2009 – Ausblick auf die Neuerungen aus Sicht der Vergabe von IT-Leistungen, ITRB 2010, 84

– Bischof, Elke, Vergaberecht 2008 – Auswirkungen der neuen EU-Rechtsmittel-Richtlinie und der Vergaberechtsreform 2008 auf die Vergabe von IT-Leistungen, ITRB 9/2008, 204

– Bischof, Elke, Vergabe von IT-Leistungen: Das EU-weite Verhandlungsverfahren, Der IT-Rechtsberater 2005, 181

– Bischof, Elke/Stoye, Jörg, Vergaberechtliche Neuerungen für IT/TK-Beschaffungen der öffentlichen Hand – Das ÖPP-Beschleunigungsgesetz als erste Umsetzung des EU-Richtlinienpakets, MMR 2006, 138

– Demmel, Annette/Herten-Koch, Rut, Vergaberechtliche Probleme bei der Beschaffung von Open-Source-Software, NZBau 2004, 187

– Fritz, Aline/Wolff-Rojczyk, Oliver, Auf der sicheren Seite bleiben – Ist der Kauf von Gebrauchtsoftware wirklich eine Alternative?, Behörden Spiegel Mai 2009, 26

– Heckmann, Dirk, IT-Vergabe, Open Source Software und Vergaberecht, CR 2004, 401

– Heckmann, Dirk, IT-Beschaffung der öffentlichen Hand zwischen Haushalts- und Marktpolitik, CR 2005, 711

– Holleben Max/Probst, Michael, IT-Verträge der öffentlichen Hand – Änderungen durch die Vergaberechtsreform, CR 2010, 349

– Lensdorf, Lars, Die Vergabe von öffentlichen IT- und Outsourcing-Projekten – Neue Möglichkeiten durch die Vergabe im Wege des wettbewerblichen Dialogs?, CR 2006, 138

– Lensdorf, Lars/Steger, Udo, Auslagerung von IT-Leistungen auf Public Private Partnerships, CR 2005, 161

– Müller Norman/Gerlach, Karsten, Open-Source-Software und Vergaberecht, CR 2005, 87

– Nottbusch, Claudia, Eine zwingende Alternative – Die Verpflichtung zur Gebrauchtsoftware, Behörden Spiegel Oktober 2008, 20

107.12.4.5 Ausschreibung von Großformatdruckern

Werden vom Auftraggeber **Großformatdrucker** gefordert, **die für den Betrieb keinen separaten Rechner benötigen, können nur Drucker angeboten werden, die über keine außerhalb liegende Einzelteile verfügen.** Es müssen geschlossene Einheiten sein, die über installierte Betriebssysteme verfügen, welche kompatibel mit den vorhandenen Betriebssystemen sind, sich also in die vorhandene Sicherheitsinfrastruktur ohne weiteres einfügen. **Separate Rechner sind hingegen Teile, die technisch und räumlich von den Druckern getrennt werden können, ohne dass dabei das Gehäuse geöffnet oder beschädigt werden muss.** Allein der funktionale Zusammenhang, der über die Verbindung durch Kabel und Traggestell hergestellt wird, reicht dafür nicht. Vielmehr ist die Trennung der Funktionseinheit im Falle von separaten Rechnern ohne weiteres möglich, ohne dabei einzelne Teile zu zerstören, während bei den anderen Systemen mit installierten Betriebssystemen diese nicht einfach in einzelne Komponenten zerlegt werden können. Ist ein Gerät nur mit Kabeln und Schrauben miteinander verbunden, stellt dies keine technische Einheit dar, die untrennbar innerhalb eines Gehäuses untergebracht ist. Es kann in die einzelnen Komponenten zerlegt werden, so dass Einzelteile übrig bleiben, die dann für sich genommen die Anforderungen an die Mindestausstattung nicht mehr erfüllen (VK Münster, B. v. 16. 1. 2008 – Az.: VK 28/07).

Teil 4 VOL/A § 7 — Vergabe- und Vertragsordnung für Leistungen Teil A

107.12.4.6 Ausschreibung von preisgebundenen und preisungebundenen lernmittelfreien Schulbüchern

9442 Die **Bestellung und Auslieferung von Schulbüchern ist nicht so komplex, dass den Anbietern, wie etwa bei technischen Systemen, die Bedarfsstruktur besonders ausdifferenziert im Leistungsverzeichnis dargelegt werden müsste**. Die Vergabestelle muss den in diesem Marktbereich nicht möglichen Preiswettbewerb nicht durch besonders ausgefeilte Anforderungen und Bewertungssystematiken ausgleichen, nur um den Bietern eine Differenzierung zu ermöglichen. Teilt ein öffentlicher Auftraggeber insoweit „**Eckpunkte**" wie die erwarteten Bestell- bzw. Kontaktmedien sowie die zeitlichen Anforderungen bei Nachlieferungen mit und fordert er buchhändlerischen „Beratungsservice" ein, hat er damit die **notwendige Struktur seiner Anforderung** geliefert. Er ist jedoch nicht verpflichtet, quasi als Ausgleich für die mangelnde Möglichkeit des Preiswettbewerbes, bei einer einfachen Dienst-/Lieferleistung besonders ausgefeilte Anforderungen aufzustellen, nur um den Bietern eine Differenzierung zu ermöglichen (VK Düsseldorf, B. v. 2. 6. 2008 – Az.: VK – 15/2008 – L).

9443 Die **kostenlose Bereitstellung von Ansichtsexemplaren verstößt nicht gegen § 3 BuchPrG i. V. m. § 7 Abs. 4 Nr. 4 BuchPrG und darf deshalb als Serviceleistung abgefragt werden. Ein Verstoß gegen eine klare und eindeutige Leistungsbeschreibung liegt nicht vor**. Jeder verständige Buchhändler weiß, was unter Ansichtsexemplar zu verstehen ist. Unter Ansichtsexemplaren wird im allgemeinen Sprachgebrauch verstanden, dass ein Buch nur „zur Ansicht" ohne feste Kaufabsicht bestellt wird. Sagt das Buch zu, wird es gekauft, sagt es nicht zu, wird es beim Buchhändler belassen. Unter Ansichtsexemplar ist deshalb im Schulbereich ein Schulbuch zu verstehen, welches von der Schule nicht erworben, sondern lediglich zur Ansicht bestellt wird, um zu überlegen, ob dieses Buch für den Unterricht und eine Bestellung geeignet ist, und bei negativer Beurteilung wieder an den Buchhändler zurückgegeben wird. Einen **anderen Sprachgebrauch für den Schulbuchbereich gibt es nicht**. Es mag sein, dass Ansichtsexemplare im Schulbuchbereich selten sind, dies heißt aber nicht, dass im Schulbuchbereich eine andere Sprache gesprochen wird als im übrigen Buchhandelsbereich. Das Beiwort „kostenlos" macht auch durchaus Sinn, da für die Beschaffung der Ansichtsexemplare Lieferkosten o. ä. anfallen können, die der Auftraggeber nicht zahlen will. Die Lieferung von Ansichtsexemplaren ist nicht mit dem Ankauf von Lehrerprüfstücken zu verwechseln, welcher in § 7 Abs. 1 Nr. 3 BuchPrG ausdrücklich als Ausnahme geregelt ist. Im Gegensatz zu der Lieferung von Ansichtsexemplaren werden Lehrerprüfstücke angekauft. Solche Lehrerprüfstücke dürfen nicht kostenlos abgegeben werden (OLG München, B. v. 19. 12. 2007 – Az.: Verg 12/07; VK Nordbayern, B. v. 12. 8. 2009 – Az.: 21.VK – 3194 – 29/09).

9444 Ein **Verstoß gegen § 3 BuchPrG i. V. m. § 7 Abs. 4 Nr. 4 BuchPrG** kann sich nur dadurch ergeben, dass anlässlich des Verkaufs von preisgebundenen Büchern derartige Nebenleistungen erbracht werden, dass mittelbar ein Preisnachlass und damit ein Verstoß gegen das Preisbindungsgesetz vorliegen. **§ 7 Abs. 4 Nr. 4 BuchPrG erlaubt deshalb handelsübliche Nebenleistungen; nicht handelsübliche Nebenleistungen stellen demgegenüber einen Verstoß gegen die Preisbindung dar**. Die Gesetzesbegründung zählt als Verstöße beispielhaft die Gewährung von Barzahlungsnachlässen oder die Gewährung von indirekten Nachlässen, wie Naturalrabatte, Freiexemplare oder Boni auf. Der **Börsenverein des Deutschen Buchhandels listet in seinen Merkblättern zur Beschaffung von Schulbüchern, die an die Buchhändler bzw. die kommunalen Beschaffungsstellen gerichtet sind, eine Übersicht über handelsübliche und nicht handelsübliche Serviceleistungen auf**, um eine Orientierung zu ermöglichen. Der Börsenverein kann durch die Ausarbeitung der Merkblätter allerdings nicht selbst eine Handelsüblichkeit festlegen. In den Merkblättern Stand 2004 ist die Lieferung kostenloser Ansichtsexemplare noch als handelsübliche Serviceleistung aufgeführt, während die **Merkblätter Stand Mai 2007 eine derartige Lieferung als nicht mehr handelsüblich ansehen. Es ist aber üblich, dass die Verlage kostenlose Exemplare den Schulen zur Verfügung stellen**. Damit ist aber **nicht ausgeschlossen, dass die Buchhändler die kostenlosen Exemplare über den Verlag an die Schulen schicken. Dann aber ist die kostenlose Bereitstellung von Ansichtsexemplaren keineswegs unüblich**. Es ist auch kein Grund ersichtlich, warum **die Schulen in diesem Punkt schlechter gestellt werden sollen als bei Privatkunden bei Buchhandlungen, bei denen die Handelsüblichkeit kostenloser Ansichtsexemplare bejaht wird**. Warum die Gefahr einer Gewinnminimierung bei Buchhändlern bei der kostenlosen Lieferung von Schulbuchansichtsexemplaren anders liegen sollte als bei anderen Büchern, ist nicht verständlich, umso weniger, als die Buch-

Vergabe- und Vertragsordnung für Leistungen Teil A   VOL/A § 7   **Teil 4**

händler ja die Schulbücher über den Verlag anfordern können (OLG München, B. v. 19. 12. 2007 – Az.: Verg 12/07; VK Nordbayern, B. v. 12. 8. 2009 – Az.: 21.VK – 3194 – 29/09).

Eine abgefragte **Leistung „im Schadensfall bzw. auf Wunsch werden bei einzelnen Nachbestellungen auch preisreduzierte Mängelexemplare, die verschmutzt oder beschädigt sind oder einen sonstigen Fehler aufweisen, die zu Unterrichtszwecken aber noch verwendbar sind, geliefert"** enthält zunächst nur die Aussage, dass lediglich Mängelexemplare abgefragt sind. Nach der Gesetzesbegründung sind Mängelexemplare beschädigte Bücher, die äußerlich erkennbare Schäden oder Fehler aufweisen. Nach dieser globalen Klausel ist die **Lieferung von Mängelexemplaren aber nicht auf den Fall beschränkt, dass der Buchhändler selber bei der Lieferung der Bücher an die Schulen eine Beschädigung oder Verschmutzung der Bücher verursacht**. Dagegen spricht schon die ausdrücklich aufgenommene Alternative „auf Wunsch", die einen anderen Fall betreffen soll als die Variante „im Schadensfall". Dagegen spricht weiter die Überlegung, dass durch den Buchhändler beschädigte Bücher von diesem aufgrund allgemeinen Schuldrechts durch einwandfreie ersetzt werden müssen. Wenn der **Auftraggeber mit seiner Anfrage für diesen Fall sich von vornherein mit einer Minderung zufrieden gibt, ist gegen eine solche Vereinbarung unter preisbindungsrechtlichen Gesichtspunkten nichts einzuwenden**, weil der Buchhändler dann auf jeden Fall besser dasteht als bei einer kompletten Ersatzlieferung. Aber auch in der **globalen Klausel**, also auch wenn der Bieter sich dazu verpflichtet, Mängelexemplare zu beschaffen, **liegt bei der Einräumung eines bestimmten Nachlasses kein unmittelbarer Verstoß gegen das BuchPrG vor, weil Mängelexemplare gem. § 7 Abs. 1 Nr. 4 BuchPrG von der Preisbindung befreit** sind. Nach der Gesetzesbegründung ist es Verlagen und Buchverkäufern damit grundsätzlich freigestellt, welchen Endpreis sie bei Mängelexemplaren verlangen. Vielmehr sagt die Ausnahme von der Preisbindung gerade, dass in diesem Bereich der Buchhändler seine Preisspanne kalkulieren darf ohne Aufsicht durch das Gesetz (OLG München, B. v. 19. 12. 2007 – Az.: Verg 12/07). 9445

Bei einer solchen globalen Klausel könnte aber ein **Verstoß gegen die Buchpreisbindung dadurch vorliegen, dass der Bieter durch das Angebot eines hohen Nachlasses ein unzulässiges Koppelungsgeschäft eingeht**. Ein unzulässiges Koppelungsgeschäft könnte dann vorliegen, wenn für die preisungebundenen Schulbücher ein Preis verlangt wird, der unter dem Einstandspreis liegt, weil dann nach allgemeiner wirtschaftlicher Erfahrung der Verlust beim Verkauf dieser Bücher nur dadurch ausgeglichen werden kann, dass teilweise auf Gewinne aus dem Verkauf preisgebundener Bücher zurückgegriffen wird. Das soll nach der Entscheidung des BGH vom 21. 11. 1989 (KZR 17/88) im wirtschaftlichen Ergebnis darauf hinauslaufen, dass die preisgebundenen Bücher zu einem geringerem als dem gebundenen Preis angeboten und verkauft werden. Die Gefahr, dass bei einem hohen Rabatt der Buchhändler die Mängelexemplare, die er sich erst beschaffen muss, unter seinem Einstandspreis abgeben muss, besteht durchaus. Doch kann dies letztlich dahinstehen. Denn **jedenfalls liegt bei einer solchen globalen Klausel für den Bieter ein ungewöhnliches Wagnis nach § 7 Abs. 1 VOL/A vor. Zum Zeitpunkt der Angebotsabgabe kann der Bieter nicht abschätzen, zu welchen Konditionen er sich die gewünschten Mängelexemplare beschaffen kann. Die Gewährung eines Nachlasses geschieht deshalb ins Blaue hinein**. Es besteht die Gefahr, dass er die Mängelexemplare weit unter seinem Einstandspreis liefern muss. Außerdem **kann er nicht abschätzen, ob die gewünschten Mängelexemplare auf dem Markt überhaupt erhältlich sind, und ob er sich bei Nichtlieferung Ansprüchen** ausgesetzt sieht. Insofern bestehen hier gravierende Unterschiede zwischen dem Schulbuchmarkt und dem sonstigen Buchmarkt sowie dem allgemeinen Gebrauchsgütermarkt (OLG München, B. v. 19. 12. 2007 – Az.: Verg 12/07). 9446

Die **Abfrage nach einem Rabatt für Exemplare mit aufgehobener Preisbindung verstößt gleichfalls gegen § 7 Abs. 1 VOL/A**. Es liegt zwar kein Verstoß gegen die Preisbindung vor, weil diese aufgehoben worden ist. Nach § 8 Abs. 1 BuchPrG sind Verleger und Importeure berechtigt, durch Veröffentlichung in geeigneter Weise die Preisbindung für Buchausgaben aufzuheben, deren erstes Erscheinen länger als 18 Monate zurückliegt. Es ist wiederum fraglich, ob aufgrund der Entscheidung des BGH vom 21. 11. 1989 ein mittelbarer Verstoß in Betracht kommt. Mit der Aufhebung der Preisbindung unterliegt das Buch einem Marktpreis, der frei kalkulierbar ist. Wenn der Preis so knapp kalkuliert wird, dass ein Gewinn nur mit den Gewinnen aus dem Verkauf preisgebundener Bücher erwirtschaftet werden kann, stellt sich die Frage nach dem unzulässigen Koppelungsgeschäft. Doch auch hier kann dies dahinstehen. Denn **jedenfalls liegt wieder ein ungewöhnliches Wagnis vor, weil der Bieter bei der Abgabe des Angebotes kaufmännisch nicht vernünftig kalkulieren kann, ob** 9447

1913

und zu welchen Konditionen er sich diese Art von Schulbüchern beschaffen kann (OLG München, B. v. 19. 12. 2007 – Az.: Verg 12/07).

9448 Die **Abfrage nach Lieferung und Rabatten für Lehrerprüfstücke ist zulässig**. Nach § 7 Abs. 1 Nr. 3 BuchPrG gilt die Preisbindung nicht beim Verkauf von Büchern, die an Lehrer zum Zwecke der Prüfung einer Verwendung im Unterricht geliefert werden. Da es sich hier um einen Verkauf handelt, sind die **Lehrerprüfstücke nicht mit den kostenlosen Ansichtsexemplaren gleichzusetzen**. Wegen der Ausnahme von der Preisbindung sind die Buchhändler nach der Gesetzesbegründung in der Kalkulation ihrer Preise grundsätzlich frei. Auch hier stellt sich wieder die Frage, ob ein mittelbarer Verstoß gegen die Preisbindung dann vorliegen kann, wenn Lehrerprüfstücke unter dem Einstandspreis abgegeben werden. Im **Unterschied zu den Mängelexemplaren und den Büchern, bei denen die Preisbindung aufgehoben worden ist, ist hier für den Bieter der Einstandspreis genau bekannt**. Er kann daher kalkulieren, welchen Nachlass er einräumen will. Da die Lehrerprüfstücke auch nur Einzelstücke im Gegensatz zu den Bestellungen von Büchern, bei denen der Preis aufgehoben worden ist, darstellen und sogar die kostenlose Lieferung von Ansichtsexemplaren möglich ist, ist die **Gefahr, dass wegen eines zu hohen Rabattes auf Lehrerprüfstücke die Bieter auf Gewinne aus dem Verkauf preisgebundener Bücher zurückgreifen müssen, als minimal einzuschätzen**. Ein unzulässiges Koppelungsgeschäft liegt damit faktisch nicht vor. Soweit geltend gemacht wird, dass es in der Praxis üblich sei, dass **nicht die Buchhändler, sondern die Verlage kostenlose Lehrerprüfstücke an die Schulen lieferten**, ändert dies an der rechtlichen Beurteilung nichts. Zunächst ist festzuhalten, dass das Gesetz selbst die Lieferung von Lehrerprüfstücken durch die Buchhändler vorsieht. **Eine dem Gesetz entsprechende Abfrage kann nicht rechtswidrig sein**. Dementsprechend enthält das Merkblatt des Börsenvereins des deutschen Buchhandels Stand Mai 2007 auch lediglich die Empfehlung, Lehrerprüfstücke nicht abzufragen, geht also grundsätzlich von einer rechtmäßigen Abfrage aus. Da die **Buchhändler die Lehrerprüfstücke auch über den Verlag beziehen und an die Schulen weiterleiten können, macht eine Abfrage durch die Schulen bei den Buchhändlern durchaus Sinn**. Außerdem ist der **Unterschied zu den kostenlosen Ansichtsexemplaren zu bedenken**. Das Lehrerprüfstück wird erworben, das Ansichtsexemplar nicht. Da der Buchpreis bekannt ist, liegt für den Bieter auch kein ungewöhnliches Wagnis bei der Einräumung eines Nachlasses vor (OLG München, B. v. 19. 12. 2007 – Az.: Verg 12/07).

9449 Ein verlangter Umtausch von Ergänzungslieferungen, die nicht zu den in der Schule verwendeten Auflagen passen, verstößt gegen § 3 BuchPrG i. V. m. § 7 Abs. 4 Nr. 4 BuchPrG. Die **Auslegung der Klausel** „Stimmen Ergänzungslieferungen mit den in der Schule verwendeten Auflagen nicht überein, müssen Bücher zurückgenommen oder kostenlos umgetauscht werden" **ergibt, das der Bieter generell verpflichtet ist, nicht passende Ergänzungslieferungen zurückzunehmen**. Die Klausel wälzt das Risiko einer für die Schule nicht brauchbaren Lieferung auf den Bieter ab, ohne nach der Verursachung zu differenzieren. Die **generelle Rücknahmepflicht ist keine handelsübliche Nebenleistung nach § 7 Abs. 4 Nr. 4 BuchPrG. Der Buchhändler trägt das Risiko der Rückgabe alleine, er kann die Bücher nicht an den Verlag zurückgeben, der ja ordnungsgemäß entsprechend der Bestellung des Buchhändlers geliefert hat**. Nicht handelsübliche Nebenleistungen verstoßen aber gegen die Preisbindung. Damit sind sie auch **vergaberechtlich unzulässig, weil der öffentliche Auftraggeber keine Leistungen ausschreiben darf, die gegen geltendes Recht verstoßen** (OLG München, B. v. 19. 12. 2007 – Az.: Verg 12/07).

9450 Die **Abfrage von Lieferfristen ist nicht zu beanstanden**. Die Auslegung der Klausel „verpflichtet sich der Bieter, die Bücher bei Sammelbestellungen innerhalb von … Tagen …, bei Nachbestellungen innerhalb von … Stunden oder … Tagen auszuliefern", ergibt, dass die Frist erst ab Eingang der Bestellung zu laufen beginnt, weil der Bieter vor diesem Zeitpunkt keine Kenntnis von der bei ihm bestellten Lieferung hat und es grundsätzlich bei empfangsbedürftigen Willenserklärungen wie einer Bestellung auf den Zugang beim Empfänger ankommt, § 130 BGB. **Hierin liegt für den Bieter auch kein ungewöhnliches Wagnis, weil er seine Lieferfrist kennt und kalkulieren kann** (OLG München, B. v. 19. 12. 2007 – Az.: Verg 12/07).

9451 Die **Regelungen des Gesetzes zur Regelung der Preisbindung bei Verlagserzeugnissen (BuchPrG)** sind auch in die vergaberechtliche Beurteilung der Beschaffung von Schulbüchern einzubeziehen, wenn der Auftraggeber in den Verdingungsunterlagen auf einzuhaltende Vorgaben jenes Gesetzes ausdrücklich hingewiesen hatte und sie somit zum Bestandteil der Ausschreibung gemacht hat (VK Münster, B. v. 15. 5. 2007 – Az.: VK 11/07; 1. VK Sachsen, B. v. 2. 7. 2003 – Az.: 1/SVK/061-03, B. v. 2. 7. 2003 – Az.: 1/SVK/062-03).

107.12.4.7 Ausschreibung von Postdienstleistungen

107.12.4.7.1 Ausschreibung von Paketbeförderungen. Hinsichtlich der **Wertung des Zuschlagskriterium Preis bei der Vergabe von Paketbeförderungen müssen in den Verdingungsunterlagen die auszupreisenden Paketklassen nach Gewicht oder nach Größenausmaß vorgegeben** werden. Ansonsten sind die Angebote nicht miteinander vergleichbar und damit insgesamt nicht wertbar (1. VK Sachsen, B. v. 30. 4. 2008 – Az.: 1/SVK/020-08).

9452

107.12.4.7.2 Ausschluss der Möglichkeit der Ersatzzustellung durch Niederlegung bei Justizbehörden. Der **Ausschluss der Möglichkeit der Ersatzzustellung durch Niederlegung bei Justizbehörden ist vergaberechtlich bedenklich.** 181 Abs. 1 Satz 2 ZPO sieht vor, dass, **wenn die Post mit der Ausführung der Zustellung beauftragt** wird, das zuzustellende Schriftstück am Ort der Zustellung oder am Ort des Amtsgerichts bei einer von der Post dafür bestimmten Stelle niederzulegen ist. Hierbei ist also das **Postunternehmen zunächst frei, eine Stelle für die Niederlegung auszuwählen.** Ein entsprechendes **Verbot für ein Amtsgericht**, das freiwillig bereit ist, diese Niederlegungsfunktion zu übernehmen, als Niederlegungsstelle zu fungieren, ist **dieser Vorschrift nicht zu entnehmen**. Für die Niederlegungsstellen des durch § 181 ZPO ff. geforderten Netzes an Niederlegungsstellen besteht **kein vorgeschriebenes Anforderungsprofil**. Sie übernehmen schwerpunktmäßig Verwahrungsfunktionen. Sie haben den Anforderungen an die ordnungsgemäße Verwaltung über drei Monate (§ 181 Abs. 2 ZPO) und sinnvoller Weise über geregelte Öffnungszeiten zu verfügen, damit das Schriftstück auch wieder abgeholt werden. Der **Bieter**, der **nicht Universalpostdienstleister** ist, ist **gehalten, die Niederlegung über selbst zu bestimmende Niederlegungsstellen zu organisieren**. In Anbetracht der Konkurrenzsituation ist dabei der Bieter regelmäßig gehalten, diese nach wirtschaftlichen und organisatorischen Gründen auszuwählen (z. B. auch durch einen Nachunternehmereinsatz). Dabei ist es dem Bieter zuzugestehen, im Rahmen einer Wirtschaftlichkeitsbetrachtung auch auf bestehende, mit gleichen oder ähnlichen Vorgängen betraute Organisationen, die bereit sind, für den Bieter tätig werden zurückzugreifen, sofern keine sachlichen, nachvollziehbare Gründe dagegensprechen. Die **Niederlegung nach § 181 ZPO bei den Amtsgerichten steht nicht nur Gerichtsvollziehern und Geschäftsstellen zur Verfügung**. Die Vorschrift zwingt private Anbieter von Zustellungsleistungen auch nicht, eigene Niederlegungsstellen zu unterhalten. Die am Ort der Zustellung oder am Ort des Amtsgerichts bei einer von der Post dafür bestimmte Stelle kann das Amtsgericht sein, muss es aber nicht sein. Es kann sich auch um eine private Niederlegungsstelle handeln. **Nach der Entstehungsgeschichte und dem Willen des Gesetzgebers hat die Vorschrift eine Entlastung der Geschäftsstellen der Amtsgerichte herbeiführen sollen. Sie sollte nach ihrem Sinn und Zweck den Justizverwaltungen ermöglichen, die Niederlegung für private Postdienstleistungsunternehmen aus Kostengründen abzulehnen. § 181 ZPO zwingt private Postdienstleister jedoch nicht dazu, eigene Niederlegungsstellen oder solche bei privaten Dritten zu unterhalten.** Ein solches Verständnis findet weder im Wortlaut noch im Sinn und Zweck der Norm eine Stütze. Die Vorschrift schließt nicht aus, dass die Amtsgerichte nach den ihnen hierfür zur Verfügung stehenden räumlichen und personellen Möglichkeiten Niederlegungen für private Postdienstleister übernähmen. Die zivilprozessuale Norm soll mithin nicht in die Entscheidungsfreiheit eines Unternehmens eingreifen, sein Zustellungssystem nach seinen wirtschaftlichen Bedürfnissen zu organisieren. Die Unternehmen könnten anstatt der Amtsgerichte ebenso selbstständige Dritte zur Unterhaltung einer Niederlegungsstelle einschalten und/oder konzerneigene Niederlegungsstellen unterhalten. **Will der Auftraggeber ein Niederlegungsverbot für Amtsgerichte**, muss er **sachliche Gründe haben und dokumentieren**, die für ein Niederlegungsverbot bei den Justizbehörden sprechen (1. VK Sachsen, B. v. 30. 4. 2008 – Az.: 1/SVK/020-08).

9453

107.12.4.7.3 Fehlende Angabe der zu erwartenden Mengen der einzelnen Abholstellen. Die Leistungsbeschreibung **verstößt gegen § 7 Abs. 1 VOL/A, wenn der Auftraggeber es unterlassen hat, die zu erwartenden Mengen der einzelnen Abholstellen zu schätzen und anzugeben,** obwohl ihm dies aufgrund der Abrechnungen der vergangenen Jahre ohne weiteres **möglich und zumutbar** war. Eine entsprechende Angabe ist vergaberechtlich zwingend erforderlich, um die Vergleichbarkeit der Angebote zu sichern, unabhängig von der Frage, ob der einzelne Bieter die Angabe für seine Kalkulation benötigt oder nicht. Verbleibt die Mengenschätzung bei dem Bieter, muss der Auftraggeber davon ausgehen, dass jeder von anderen Mengengerüsten ausgeht und es dabei zu gravierenden Fehlern kommt (VK Arnsberg, B. v. 15. 1. 2009 – Az.: VK 31/08; B. v. 15. 1. 2009 – Az.: VK 30/08).

9454

9455 **107.12.4.7.4 Hinzukommen oder Wegfallen neuer Abholstellen für Postdienstleistungen ohne Auswirkung auf die Vergütung.** Im Rahmen der VOB/A hat die **Rechtsprechung entschieden**, dass dann, wenn ein öffentlicher Auftraggeber in seinen Verdingungsunterlagen, ohne dies optisch oder sonst wie hervorzuheben, die Bestimmung getroffen hat, dass **Mehr- oder Minderleistungen auch über 10% nicht zu Mehrforderungen berechtigen, dies den Bietern ein ungewöhnliches Wagnis aufbürdet** und dem einzubeziehenden Regelwerk der VOB/B widerspricht. Eine **Übertragung dieser Rechtsprechung auf die VOL/A ist nach Auffassung der Vergabekammer zulässig**, weil insoweit der diesen Überlegungen zugrunde liegende Schutzgedanke zu Gunsten des Bieters auch auf Kalkulationsrisiken von Dienstleistungsverträgen anwendbar ist. Insoweit ist zu fordern, dass der Auftraggeber in seine Formulierungen einer Beschränkung dergestalt aufnimmt, dass das **Wegfallen oder das Hinzukommen neuer Abholstellen bezogen auf das Gesamtauftragsvolumen einen Anteil von 10% nicht überschreiten** darf (1. VK Sachsen, B. v. 30. 4. 2008 – Az.: 1/SVK/020-08).

9456 **107.12.4.7.5 Forderung nach einer vollständigen Zustellungsleistung.** Wird für die **vollständige Zustellungsleistung ein einheitlicher Preis gefordert und angeboten**, spielt es **keine Rolle, ob bei der Kalkulation dieses Preises die Frankierung berücksichtigt** worden ist. Dies gilt selbst dann, wenn dem Auftraggeber die Preisermittlung unter Berücksichtigung des für die Frankierung angesetzten Preises erläutert worden ist. Denn **Angaben zur Preisermittlung werden nicht Vertragsinhalt, sondern bleiben bloße interne Kalkulationsgrundlagen**, solange sie keinen Niederschlag im Vertragstext finden; sie ändern deshalb die Vergabeunterlagen nicht (OLG Brandenburg, B. v. 17. 12. 2008 – Az.: Verg W 17/08).

9457 **107.12.4.7.6 Forderung nach einem Gesamtpreis pro PZA.** Muss der Bieter nach der Leistungsbeschreibung einen **Gesamtpreis pro PZA** anbieten und über die gesamte Vertragslaufzeit **für diesen Preis einstehen** und muss dieser Preis während der Vertragslaufzeit **von einer gültigen Entgeltgenehmigung der Bundesnetzagentur gedeckt** sein, fordert der Auftraggeber mit der Beschreibung der sich „deckenden" bzw. „preisumfassenden" Entgeltgenehmigung eine Genehmigung, aus der sich Entgelteinheiten und deren Preise – soweit postalisch relevant – erschließen lassen. Die **eine Spanne suggerierende Auslegung dieser Begriffe widerspricht der eindeutigen Regelung des § 23 Abs. 1 iVm § 34 S. 2 PostG, wonach der Lizenznehmer keinen anderen Preis für die vollständige Leistung fordern darf als den genehmigten**. Es widerspricht auch der bisherigen Praxis der Bundesnetzagentur, keine differenzierenden Genehmigungen auszusprechen und dem Zweck des PostG, eine eindeutige Preisgestaltung für die Öffentlichkeit zu sichern (VK Arnsberg, B. v. 15. 1. 2009 – Az.: VK 31/08; B. v. 15. 1. 2009 – Az.: VK 30/08).

107.12.4.8 Ausschreibung von Leistungen nach dem Arbeitssicherheitsgesetz

9458 Soll nach den Verdingungsunterlagen als Preis bei Dienstleistungen nach § 3 ASiG die **Nettovergütung je erbrachter voller ärztlicher Einsatzstunde angegeben werden, ist dies von einem fachkundigen und wirtschaftlich denkenden Bieter** nicht in einem wörtlichen Sinn als eine Kalkulationsvorgabe des Inhalts zu verstehen, dass bei den genannten Leistungen ausschließlich Betriebsärzte tätig werden dürften oder auch für unterstützend hinzuziehende Kräfte eine Vergütung wie für den Einsatz eines Arztes angesetzt werden sollte. Diese **Vorgabe ist von einem fachkundigen Bieter vielmehr dahin zu verstehen, dass bei der Preiskalkulation ein Einsatz von Assistenzpersonal selbstverständlich berücksichtigt werden darf**. Abhängig davon, ob und gegebenenfalls in welchem Umfang Bieter mit unterstützend tätigen Kräften arbeiten wollen und kalkulierten, darf bei der Preisangabe bei Leistungen nach § 3 ASiG die für eine volle betriebsärztliche Einsatzstunde gewöhnlich beanspruchte Vergütung folglich auch unterschritten werden. Durch die zulässige – da die Bieter nicht unzumutbar belastende – Vorgabe, die Vergütung für eine erbrachte volle ärztliche Einsatzstunde anzugeben, wollte die Vergabestelle demgegenüber erkennbar nur das Abrechnungsverfahren vereinfachen, ohne im Übrigen in die Bietern zustehende Kalkulationsfreiheit einzugreifen oder die Leistungen zu verteuern (OLG Düsseldorf, B. v. 9. 2. 2009 – Az.: VII-Verg 66/08).

107.12.4.9 Ausschreibung von Arzneimittel-Rabattverträgen

9459 **107.12.4.9.1 Darreichungsformen, Packungsgrößen und Wirkstoffstärken bei Arzneimittel-Rabattverträgen.** Um eine einwandfreie Preisermittlung zu ermöglichen, sind nach § 7 Abs. 1 VOL/A **alle sie beeinflussenden Umstände festzustellen und in den Verdin-**

Vergabe- und Vertragsordnung für Leistungen Teil A　　　　　　VOL/A § 7　Teil 4

gungsunterlagen anzugeben. Diese **Voraussetzung ist nicht erfüllt, wenn der Auftraggeber bei Arzneimittel-Rabattverträgen explizit auf die Mitteilung der einzelnen Darreichungsformen, Packungsgrößen und Wirkstoffstärken verzichtet** und stattdessen aus den ihm vorliegenden Verordnungsdaten seiner Versicherten eine Berechnung der Wirkstoffmengen anhand der sog. DDD für bestimmte Zeiträume vornimmt. Damit gibt der Auftraggeber den Bietern lediglich einen einheitlichen Wert pro Wirkstoff (der dem Gesamtgewicht des verbrauchten Wirkstoffs entspricht) für den jeweiligen Zeitraum an die Hand, obwohl sich das Verordnungsvolumen des Wirkstoffs nach den verschiedenen Darreichungsformen, Packungsgrößen und Wirkstoffstärken unterscheidet (und dem Auftraggeber diese Zahlen für seine Versicherten auch zur Verfügung stehen). Hinzu kommt, dass sich die **Kalkulation der jeweiligen Darreichungsform des Wirkstoffs betriebswirtschaftlich nach der Größe der zu produzierenden Charge richtet**. Dies ergibt sich nicht nur aus den unterschiedlichen Kosten für die Verpackungen, sondern auch aus der Tatsache, dass die Tabletten je nach Wirkstoffgehalt unterschiedlich geformt sind. Ferner darf der Apotheker nicht große Packungsgrößen eigenmächtig durch billigere kleine Packungen ersetzen, so dass eine Preisnivellierung nicht stattfindet. **Für den Bieter kommt es für eine ordnungsgemäße Kalkulation daher durchaus darauf an, zu wissen, mit welchem Anteil die verschiedenen Darreichungsformen den Versicherten des Auftraggebers verordnet werden** (2. VK Bund, B. v. 10. 4. 2008 – Az.: VK 2–37/08).

Die Anknüpfung an die Verordnung über die Bestimmung und Kennzeichnung 9460 von Packungsgrößen für Arzneimittel in der vertragsärztlichen Versorgung (Packungsgrößenverordnung, (PackungsV), BGBl I 2004, 1318) für die Bildung der Preisvergleichsgruppen erscheint nahe liegend und sachgerecht. Es ist nämlich davon auszugehen, dass sich der Verordnungsgeber bei der Bildung der verschiedenen Normpackungsgrößen von vernünftigen, sich aus dem Sachzusammenhang ergebenden Erwägungen hat leiten lassen. Die Bestimmung der Wirtschaftlichkeitsmaßzahl (WMZ) für die innerhalb der jeweiligen Preisvergleichsgruppe angebotenen Arzneimittel nach der von den AG angewandten Berechnungsmethode gewährleistet die Vergleichbarkeit der Angebote der verschiedenen Bieter, denn in die Berechnung fließt die Anzahl der angebotenen PZN in der Weise ein, dass das Ergebnis aus der Multiplikation der Differenz zwischen dem durchschnittlichen ApU der Preisvergleichsgruppe und dem Rabatt-ApU der PZN je mg Wirkstoff mit der abgerechneten Gesamtwirkstoffmenge durch die Anzahl der angebotenen PZN des Bieters in der Preisvergleichgruppe dividiert wird. Bei dieser Berechnungsmethode ist es somit ausgeschlossen, dass das Ergebnis allein aufgrund der Anzahl der angebotenen PZN je Preisvergleichsgruppe differiert. Vielmehr stellt die WMZ des jeweiligen, konkreten Arzneimittels wegen der Berücksichtigung des Divisors „Anzahl der angebotenen PZN je Preisvergleichsgruppe" eine Größe dar, durch die sich die verschiedenen Angebote gerade erst miteinander vergleichen lassen. Ein **Verstoß gegen § 8 Nr. 1 Abs. 1 VOL/A liegt nicht vor** (LSG Nordrhein-Westfalen, B. v. 8. 10. 2009 – Az.: L 21 KR 36/09 SFB; B. v. 23. 4. 2009 – Az.: L 21 KR 36/09 SFB).

107.12.4.9.2 Bezugnahme auf die Lauer-Taxe bei Arzneimittel-Rabattverträgen. 9461 Die **Lauer-Taxe enthält den Datenbestand aller bei der Informationsstelle für Arzneispezialitäten (IFA GmbH) gemeldeten Fertigarzneimittel und apothekenüblichen Waren, die in Deutschland für den Handel zugelassen** sind. Die IFA GmbH teilt aufgrund der von den Arzneimittelherstellern gemachten Angaben jedem Fertigarzneimittel eine siebenstellige Pharmazentralnummer (PZN) zu. Die PZN ist zugleich in der gemäß § 300 Abs. 3 SGB V geschlossenen Arzneimittelabrechnungsvereinbarung als bundeseinheitliches Arzneimittelkennzeichen vereinbart worden. Sie gibt Auskunft über Handelsname, Hersteller, Darreichungsform, Wirkstoffstärke und Packungsgröße des Arzneimittels. Gesellschafter der IFA GmbH sind die Bundesvereinigung Deutscher Apothekerverbände – ABDA, der Bundesverband der Pharmazeutischen Industrie e. V. – BPI und der Bundesverband des Pharmazeutischen Großhandels e. V. – PHAGRO. **Der im Amtsblatt der Europäischen Union (ABl. Reihe S) 2008/S 154–207965 vom 9. August 2008 für die Ausschreibung und Angebotsabgabe als maßgeblich bekannt gegebene Stand der Lauer-Taxe (1. August 2008)** wurde im Amtsblatt 2008/S 175–232638 vom 10. September 2008 auf Stand 1. September 2008 berichtigt.

Mit der **Bezugnahme auf die Lauer-Taxe**, auf deren Datenbestand die Allgemeinen Orts- 9462 krankenkassen – aber auch andere Krankenkassen – keinen Einfluss haben, **bestimmen die Allgemeinen Ortskrankenkassen auf nachvollziehbare und transparente Weise ihren Beschaffungsbedarf** (LSG Baden-Württemberg, B. v. 17. 2. 2009 – Az.: L 11 WB 381/09; B.

1917

Teil 4 VOL/A § 7 Vergabe- und Vertragsordnung für Leistungen Teil A

v. 23. 1. 2009 – Az.: L 11 WB 5971/08; LSG Nordrhein-Westfalen, B. v. 8. 10. 2009 – Az.: L 21 KR 39/09 SFB; B. v. 29. 4. 2009 – Az.: L 21 KR 42/09 SFB; B. v. 29. 4. 2009 – Az.: L 21 KR 41/09 SFB; B. v. 28. 4. 2009 – Az.: L 21 KR 40/09 SFB; B. v. 8. 4. 2009 – Az.: L 21 KR 27/09 SFB; B. v. 2. 4. 2009 – Az.: L 21 KR 35/09 SFB; B. v. 26. 3. 2009 – Az.: L 21 KR 26/09 SFB; 2. VK Bund, B. v. 6. 10. 2009 – Az.: VK 2–165/09; 3. VK Bund, B. v. 26. 3. 2009 – Az.: VK 3–43/09; B. v. 20. 3. 2009 – Az.: VK 3–40/09; B. v. 20. 3. 2009 – Az.: VK 3–22/09).

9463 Der Auftraggeber ist grundsätzlich frei, selbst zu bestimmen, welchen Bedarf er hat und was er demzufolge nachfragt. **Entscheiden sich Krankenkassen dafür, mit der Anknüpfung an den Lauer-Stand unmittelbar vor Ausschreibung einen Rabatt auf alle Präparate der Liste hinsichtlich von bestimmten Wirkstoffen „einzukaufen", müssen sie sich am Maßstab des § 7 VOL/A messen lassen.** Trotz der Ausschlusswirkung zum Nachteil der nicht gelisteten Unternehmen/Produkte liegt kein Verstoß gegen diese Vorgaben vor. Die Definition des Beschaffungsbedarfs knüpft an allen auf dem deutschen Markt im Zeitpunkt der Ausschreibung verfügbaren Produkten an und an der in der praktischen Bedeutung zentralen Lauer-Taxe, die also keineswegs ungewöhnlich ist. Dieser **Markt steht allen sowohl in- wie ausländischen pharmazeutischen Unternehmen offen, vorausgesetzt, sie verfügen über eine PZN und sind in der Lauer-Taxe gelistet.** Die **Aufnahme in die Lauer-Taxe ist bei Vorhandensein einer PZN und bei entsprechender Beantragung ein Automatismus**, es bedarf keiner Prüfung oder positiven Zulassungsentscheidung, sondern hängt allein vom Willen des pharmazeutischen Unternehmens ab. Ob und mit welchen Produkten die in- und ausländischen Marktteilnehmer sich auf dem nationalen Markt positionieren bzw. zum Stichtag positioniert hatten, hängt ebenfalls allein von deren unternehmerischer Entscheidung, nicht aber von den Krankenkassen ab. **Von einer irgendwie gearteten zu engen oder diskriminierenden Vorgabe bezüglich der Produktpalette kann hier nicht die Rede** sein (3. VK Bund, B. v. 26. 3. 2009 – Az.: VK 3–43/09; B. v. 20. 3. 2009 – Az.: VK 3–40/09; B. v. 20. 3. 2009 – Az.: VK 3–34/09; B. v. 20. 3. 2009 – Az.: VK 3–22/09; B. v. 30. 1. 2009 – Az.: VK 3–221/08; B. v. 29. 1. 2009 – Az.: VK 3–200/08; B. v. 29. 1. 2009 – Az.: VK 3–197/08; B. v. 23. 1. 2009 – Az.: VK 3–194/08; im Ergebnis ebenso LSG Nordrhein-Westfalen, B. v. 8. 10. 2009 – Az.: L 21 KR 39/09 SFB; B. v. 29. 4. 2009 – Az.: L 21 KR 42/09 SFB; B. v. 29. 4. 2009 – Az.: L 21 KR 41/09 SFB; B. v. 28. 4. 2009 – Az.: L 21 KR 40/09 SFB; B. v. 8. 4. 2009 – Az.: L 21 KR 27/09 SFB; B. v. 2. 4. 2009 – Az.: L 21 KR 35/09 SFB; B. v. 26. 3. 2009 – Az.: L 21 KR 26/09 SFB).

9464 Mit einer **Vergabebedingung, wonach jeder Bieter pro angebotenem Fachlos (Wirkstoff) und Gebietslos einen Rabatt-ApU für alle PZN anzubieten hat, die er für den angebotenen Wirkstoff gem. Lauer-Taxe, Stand 1. September 2008, im Sortiment hat, stellt der Auftraggeber also auf objektive Kriterien ab**, mit denen der Gegenstand der Ausschreibung klar und eindeutig definiert wird. Das Abstellen auf den Wirkstoff iSd § 4 Abs. 19 AMG ist grundsätzlich nicht sachwidrig (LSG Baden-Württemberg, B. v. 17. 2. 2009 – Az.: L 11 WB 381/09; LSG Nordrhein-Westfalen, B. v. 29. 4. 2009 – Az.: L 21 KR 42/09 SFB; B. v. 29. 4. 2009 – Az.: L 21 KR 41/09 SFB).

9465 Mit einem **Ausschlusskriterium, wonach ein Bieter, dessen Angebot mehrere PZN innerhalb einer Preisvergleichsgruppe umfasst, für die PZN der bisher marktstärksten Packungsart/Packungsgröße den niedrigsten bereinigten Rabatt-ApU je mg Wirkstoff anbieten muss, verstoßen die Krankenkassen ebenfalls nicht gegen den Gleichbehandlungsgrundsatz** gemäß § 97 Abs. 2 GWB. Denn zum einen gilt dieses Ausschlusskriterium grundsätzlich für alle Bieter, und zum anderen stellen die Auswirkungen des Ausschlusskriteriums auf die ASt auch keine Diskriminierung der ASt gegenüber Bietern dar, die nur über eine PZN in der fraglichen Preisvergleichsgruppe „.... intraoral flüssig 0,4-0,41 mg N1" verfügen. Denn der **Gleichbehandlungsgrundsatz nach § 97 Abs. 2 GWB verpflichtet den Auftraggeber nicht dazu, unterschiedliche Sachverhalte** – wie vorliegend Bieter mit nur einer PZN und solche mit mehreren PZN – **gleich zu behandeln, wenn die Unterschiede nicht in den Bedingungen des Vergabeverfahrens, sondern in unterschiedlichen Produktportfolien bzw. darin liegen, wie die einzelnen Bieter aufgestellt** sind (1. VK Bund, B. v. 27. 11. 2009 – Az.: VK 1–200/09).

9466 Die **Verpflichtung der Anbieter, ein Angebot für alle in der Lauer-Taxe geführten PZN eines Wirkstoffs abzugeben, ist nicht zu beanstanden**. Die dadurch gegebene Berücksichtigung der Sortimentsbreite ist eine nachvollziehbare Konsequenz aus der – zulässigen – wirkstoffbezogenen Ausschreibung der Rabattverträge und damit letztlich auch eine Frage der

Konkretisierung des Beschaffungsbedarfs. Wenn der Auftraggeber für einen Wirkstoff einen Rabattvertrag mit nur einem Hersteller schließen will, liegt es nicht nur nahe, alle von diesem Hersteller zu dem angebotenen Wirkstoff gelisteten PZN zu erfassen. Es dient auch dem Interesse einer wirtschaftlichen Versorgung der bei den Auftraggebern Versicherten mit Arzneimitteln, wenn für einen Wirkstoff möglichst viele PZN durch den betreffenden Rabattvertrag abgedeckt sind (LSG Baden-Württemberg, B. v. 17. 2. 2009 – Az.: L 11 WB 381/09).

Es **fehlt allerdings an einem sachlichen Grund dafür, dass auf alle in der Lauer-Taxe gelisteten PZN geboten werden muss, auch wenn sie unterschiedliche Präparate betreffen.** Dies betrifft insbesondere **solche Pharmaunternehmen, die zum selben Wirkstoff zwei unterschiedliche Präparate mit verschiedenen Namen auf dem Markt bzw. in der Lauer-Taxe gelistet haben**, z. B. ein patentgeschützte Präparat, dessen ApU deutlich über dem Festbetrag liegt und vorwiegend von Privatpatienten bezogen wird und zum anderen ein Generikum, dessen ApU 30% unter dem Festbetrag liegt. **Erhält dann bei der Berechnung der Wirtschaftlichkeitsmaßzahl dieses Unternehmen für das patentgeschützte Präparat stets ein negatives Ergebnis, führt dies dazu, dass durch die bei der Berechnung angestellte Gesamtbetrachtung beider Präparate auch das Generikum deutlich geringere Zuschlagschancen hat**. Bei anderen Bietern, die jeweils nur ein Präparat zu einem Wirkstoff auf dem Markt haben, stellt sich die Problematik nicht. Sie können frei bestimmen, welchen Rabatt-ApU sie pro PZN anbieten. Ihre Chancen auf dem Markt hängen nicht noch von weiteren Präparaten ab, die in die Berechnung der Gesamtwirtschaftlichkeitsmaßzahlen miteinfließen. Da die meisten Hersteller zu einem Wirkstoff gerade nicht verschiedene Präparate in ihrem Sortiment haben, kann **in dem Ziel eines breiten Produktsortiments kein sachlicher Grund dafür gesehen** werden, für alle PZN auch unterschiedlicher Präparate ein Angebot abgeben zu müssen. Auch die **Gefahr einer Manipulation seitens eines pharmazeutischen Unternehmers, der zwei unterschiedliche Präparate auf dem Markt hat, aber nur für ein (komplettes) Präparat ein Angebot abgibt und auch nur mit diesem Präparat Rabattvertragspartner der Antragsgegnerinnen wird, ist nicht ersichtlich.** Befürchtungen, dass dann Angebote so gestaltet werden, dass sie im Zuschlagsfall die Rabatte durch strategische Gegenmaßnahmen wieder verringern könnten, sind nicht realistisch. Die Krankenkassen erhalten ein „umfassendes" Angebot für ein Präparat, das Angeboten von Herstellern, die ohnehin nur ein Präparat zu einem Wirkstoff gelistet haben, von den Rahmenvoraussetzungen vollkommen vergleichbar ist. Der Möglichkeit, von der Vorgabe, für alle PZN innerhalb eines Wirkstoffes ein Angebot abgeben zu müssen, Ausnahmen für Konstellationen wie der vorliegenden zuzulassen, steht auch nicht das Wirtschaftlichkeitsprinzip entgegen. Es ist vielmehr so, dass den Krankenkassen möglicherweise die Chance auf ein günstiges Angebot durch die vorgesehene Handhabung entgeht. Denkbar wäre schließlich, dass ein Angebot für eines der beiden Präparate zuschlagsfähig wäre, es aber aufgrund der Zusammenrechnung mit einem fast chancenlosen Präparat desselben Herstellers nicht zu Zuge kommen könnte. Es wäre daher eher mit dem Wirtschaftlichkeitsprinzip vereinbar, wenn es möglich wäre, für alle PZN nur eines Präparats ein Angebot abzugeben. **Nur so kann das tatsächlich wirtschaftlichste Angebot ermittelt werden** (VK Baden-Württemberg, B. v. 30. 12. 2008 – Az.: 1 VK 51/08). 9467

In der **Wahl eines konkreten Stichtages ist der Auftraggeber nur insoweit Beschränkungen unterworfen**, als es **dadurch zu keiner Ungleichbehandlung der Wettbewerber i. S. des § 97 Abs. 2 GWB kommen darf**, die über diejenigen Härten hinausgeht, die mit jeder Festsetzung eines Stichtages typischerweise verbunden sind. Dies bedeutet, dass der Stichtag nicht so gewählt werden darf, dass er bestimmte Unternehmen gezielt benachteiligt, und er darf nicht willkürlichen Erwägungen beruhen (LSG Baden-Württemberg, B. v. 17. 2. 2009 – Az.: L 11 WB 381/09; B. v. 23. 1. 2009 – Az.: L 11 WB 5971/08). 9468

Die **gesetzliche Formulierung in § 130a Abs. 8 Satz 1 SGB V** („zu ihren Lasten abgegebene Arzneimittel") **sowie der Ausschreibungsgegenstand („Rabatt") rechtfertigen es, im Rahmen der Ausschreibung auf solche Arzneimittel abzustellen, die bereits (in der Vergangenheit) zu Lasten der Krankenkassen an Versicherte abgegeben worden sind.** Der Gesetzgeber knüpft damit selbst – allerdings auch notwendigerweise – an den bestehenden Markt oder Bestand von Arzneimitteln an, der aktuell der Versorgung der Versicherten der gesetzlichen Krankenversicherung dient. Auf diesem Markt können die gesetzlichen Krankenkassen tätig werden und Rabattverträge mit pharmazeutischen Unternehmen schließen. Jedenfalls ist es bei dieser Gesetzeslage nicht erforderlich, dass die Krankenkassen den pharmazeutischen Unternehmern vor Durchführung der Ausschreibung durch die Wahl eines in der Zukunft liegenden Stichtages Gelegenheit geben, ihre autonomen unternehmerischen Entschei- 9469 dungen hinsichtlich der sich aktuell auf jenem Markt befindlichen Arzneimittel zu korrigieren und ergebnisorientiert zu optimieren. Für das Abstellen auf den real existierenden, der Versorgung der Versicherten in der Vergangenheit dienenden Markt gibt es weitere sachliche Gründe: Nur bei solchen Arzneimitteln besteht nämlich für die Krankenkassen die Möglichkeit, das Einsparungsvolumen durch den Rabattvertrag realistisch zu beurteilen, weil nur in diesem Fall das Verordnungsvolumen der Vergangenheit bekannt ist. Darüber hinaus erscheint es auch fraglich, ob die Wirtschaftlichkeit eines Angebots, dass (auch) auf einem zu einem späteren Zeitpunkt – als dem Ausschreibungsbeginn – erstmals gelisteten generischen Arzneimittel beruht, im Vergleich zu anderen, länger auf dem Markt befindlichen Generika zuverlässig zu beurteilen wäre. Insoweit ist nämlich auch die Akzeptanz des generischen Arzneimittels bei Ärzten und Versicherten, die trotz der Regelung des § 129 Abs. 1 Satz 3 SGB V, eine Rolle spielen dürfte, zu berücksichtigen. Gerade diese lässt sich aber wegen fehlender Erfahrungswerte überhaupt nicht beurteilen. **Dabei wird nicht verkannt, dass bei den pharmazeutischen Unternehmern im Hinblick auf den Umfang der Ausschreibung und das Recht, für einen Zeitraum von 2 Jahren die Versicherten der Krankenkassen im Rahmen des Zuschlags exklusiv mit Arzneimitteln zu versorgen, der nachvollziehbare Wunsch entsteht, die in der Vergangenheit getroffenen unternehmerischen Entscheidungen nunmehr den geänderten Rahmenbedingungen anzupassen. Das gesetzgeberische Konstrukt des Rabattvertrages mit der Anknüpfung an die in der Vergangenheit erfolgte Versorgung der Versicherten sowie die diesen Regelungen zugrunde liegenden sachlichen Erwägungen stehen dem jedoch entgegen**. Darüber hinaus ist die Stichtagsregelung durch von den Krankenkassen angestrebte Transparenz gerechtfertigt. Ohne die Wahl des Stichtags 1. 9. 2008 wäre es nicht möglich gewesen, den Interessenten unmittelbar nach der Bekanntmachung der Ausschreibung ein Produkt- und Rabattblatt zur Verfügung zu stellen, in dem sämtliche zur Angebotsabgabe und Kalkulation erforderlichen Daten hinterlegt sind. Dieses Produkt- und Rabattblatt ermöglicht nicht nur die sichere Kalkulation des eigenen Angebots und den Vergleich mit möglichen Angeboten anderer Bieter durch die Gegenüberstellung der aus verschiedenen Rabatthöhen resultierenden WMZ. Durch die in dem Produkt- und Rabattblatt hinterlegten PZN sämtlicher pharmazeutischer Unternehmen wurden sämtliche Interessenten in die Lage versetzt, geeignete Partner zur Bildung von Bietergemeinschaften auszuwählen, deren Zulassung wiederum dem Schutz mittelständischer Interessen dient (LSG Nordrhein-Westfalen, B. v. 8. 10. 2009 – Az.: L 21 KR 39/09 SFB; B. v. 29. 4. 2009 – Az.: L 21 KR 42/09 SFB; B. v. 29. 4. 2009 – Az.: L 21 KR 41/09 SFB; B. v. 28. 4. 2009 – Az.: L 21 KR 40/09 SFB; B. v. 8. 4. 2009 – Az.: L 21 KR 27/09 SFB; B. v. 2. 4. 2009 – Az.: L 21 KR 35/09 SFB; B. v. 26. 3. 2009 – Az.: L 21 KR 26/09 SFB).

9470 Eine **Entscheidung der Krankenkassen, den Bietern die Möglichkeit zu eröffnen, Neueinführungen von Arzneimitteln bis zum 1. Mai 2009 mit in das Angebot aufzunehmen, für deren Wertung im Hinblick auf die erzielbaren Einsparungen der Einführungs-HAP die Grundlage bilden soll, ist ebenfalls nicht zu beanstanden**. Es ist allerdings zuzugeben, dass **durch das Abstellen auf den Einführungs-HAP für neu eingeführte Medikamente die Einheitlichkeit des Wertungsstichtags unterlaufen** wird. Diese Abweichung von der Grundregel, dass die Rabattsätze zur Berechnung des Einsparpotentials auf den HAP zum Stichtag 15. September 2008 bezogen werden, bedarf einer besonderen Rechtfertigung, soll der Vorwurf willkürlicher Diskriminierung vermieden werden. Dies gilt insbesondere angesichts des Umstandes, dass die Grundregel, von der hier abgewichen wird, ein sinnvolles Mittel zur Abwehr von Manipulationen darstellt, die auch bei Neueinführungen nicht ausgeschlossen werden können: Der Stichtag 15. September 2008 trägt dem Umstand Rechnung, dass in dem vorgesehenen System, das durch einen während der Vertragslaufzeit variablen HAP als Grundlage des jeweils bei Abgabe eines Medikaments anfallenden Rabattes gekennzeichnet ist, ohne eine solche Stichtagsregelung ein starker Anreiz dafür bestünde, den HAP im Zeitpunkt der Angebotsabgabe auf ein besonders niedriges Niveau zu senken, um auch mit einem geringen Rabattsatz ein aussichtsreiches Angebot unterbreiten zu können, den HAP aber alsbald nach Erhalt des Zuschlages wieder anzuheben und dann nur mit einem geringen Rabattsatz belastet zu sein. Die **Stichtagsregelung ist daher für sich betrachtet konsequent und sinnvoll; die von ihr ausgehenden Nachteile für einzelne Bieter sind einer Stichtagslösung immanent und hinzunehmen**. Die für Neueinführungen festgelegte **Ausnahme von dieser Grundregel ermangelt nicht der sachlichen Rechtfertigung**: Die Krankenkassen haben sich dafür entschieden, das Angebot eines der in der Angebotsliste aufgeführten Arzneimittel auch dann zuzulassen, wenn dieses am Stichtag 15. September 2008 noch nicht im Handel war, um es den Bietern zu ermöglichen, ihr Angebotsspektrum mit Blick auf die Ausschreibung zu erweitern. Sie wollten **dadurch auch kleineren und mittleren pharmazeutischen Unternehmern eine aussichtsreiche Beteiligung am Wettbewerb erleichtern, denn anderenfalls hätten diese allein wegen ihres eingeschränkten Produktspektrums nur für einen Teil der von der Ausschreibung umfassten PZN ein Rabattangebot unterbreiten und bereits aus diesem Grunde nur ein geringeres Einsparungsvolumen für die Krankenkassen eröffnen können.** Da für Neueinführungen am allgemeinen Stichtag 15. September 2008 typischerweise noch kein HAP feststand, musste für sie ein anderweitiger Bezugspunkt festgelegt werden, wenn man nicht gänzlich auf ihre Einbeziehung verzichten wollte. Dies ist der Grund dafür, dass in der Ausschreibung insoweit auf den Ersteinführungs-HAP abgestellt wird (2. VK Bund, B. v. 26. 5. 2009 – Az.: VK 2–30/09).

Auch ein **Verstoß gegen das Gebot der Produktneutralität** ist **nicht gegeben. Die Normen der VOL/A schließen es nicht aus**, bei der Bestimmung des Beschaffungsbedarfs und unter Berücksichtigung der Besonderheiten des Auftragsgegenstandes – hier: Nachfrage nach Rabattangeboten für ohnehin zu vergütende Arzneimittel in Gestalt sog. Rabatt-ApU's – **an die auf dem Markt anerkannte Lauer-Taxe anzuknüpfen**. Die Bestimmungen zur Produktneutralität sind solche, die „Leistungsbeschreibungen" bzw. „technische Spezifikationen" betreffen. Diese Normen sind von vornherein nicht einschlägig bei der Bestimmung des Beschaffungsbedarfs. Die **Anknüpfung an den Produkt- und PZN-Stand der Lauer-Taxe gewährleistet vielmehr die Beachtung des § 7 Abs. 1 VOL/A**, wonach die Anforderungen an die Leistung/Lieferung so genau zu fassen sind, dass sie den Bietern ein klares Bild vom Auftragsgegenstand vermitteln und dem Auftraggeber die Erteilung des Zuschlags ermöglichen (LSG Nordrhein-Westfalen, B. v. 8. 10. 2009 – Az.: L 21 KR 39/09 SFB; B. v. 29. 4. 2009 – Az.: L 21 KR 42/09 SFB; B. v. 29. 4. 2009 – Az.: L 21 KR 41/09 SFB; B. v. 28. 4. 2009 – Az.: L 21 KR 40/09 SFB; B. v. 8. 4. 2009 – Az.: L 21 KR 27/09 SFB; B. v. 2. 4. 2009 – Az.: L 21 KR 35/09 SFB; B. v. 26. 3. 2009 – Az.: L 21 KR 26/09 SFB; 2. VK Bund, B. v. 6. 10. 2009 – Az.: VK 2–165/09). 9471

107.12.4.9.3 Ausschreibungen nach konkreten PZN und Verstoß gegen das Gebot der produktneutralen Ausschreibung. Eine losweise Ausschreibung nach ganz konkreten PZN ist offensichtlich nicht produktneutral. Denn die PZN definiert ein ganz bestimmtes Produkt (Arzneimittel) in Bezug auf einen bestimmten Hersteller, eine bestimmte Wirkstärke sowie Darreichungsform und Packungsgröße (1. VK Bund, B. v. 17. 4. 2009 – Az.: VK 1–35/09). 9472

Diese **mangelnde Produktneutralität wird auch nicht durch den Umstand geheilt, wenn die Ausschreibungskonzeption in ihrer Gesamtheit (mehrere Ausschreibungen, die über die jeweiligen Einzellose sämtliche PZN abdecken) alle in Deutschland zugelassenen Kontrastmittel erfasst und damit kein Präparat vom Wettbewerb ausgeschlossen** wird. Denn Sinn und Zweck des § 7 Abs. 3 VOL/A ist es, dem Auftraggeber nur in Ausnahmefällen, nämlich „wenn dies durch die Art der zu erbringenden Leistung gerechtfertigt ist", eine Beschränkung des Wettbewerbs durch Festlegungen im Vorfeld zu gestatten. Dabei zielt § 7 Abs. 3 VOL/A insbesondere darauf ab, den Marktzugang für alle Bieter offen zu halten und vor Beschränkungen des Wettbewerbs durch Festlegungen auf bestimmte Produkte zu schützen. Dieser Zielsetzung ist immanent, dass untereinander austauschbare Produkte im Vergabewettbewerb um das wirtschaftlichste Angebot stehen sollen. Diesem **vergaberechtlich gewollten Wettbewerb untereinander austauschbarer Produkte wird die Ausschreibungskonzeption nicht gerecht, wenn jede PZN jeweils in einem separaten Los ausgeschrieben und für jede PZN eine Rahmenvereinbarung geschlossen wird. Ein Wettbewerb findet mithin nur auf der Ebene der unterschiedlichen Vertreiber identischer Produkte (intra brand) statt, während auf der Herstellerebene (inter brand) der Wettbewerb völlig ausgeschlossen** wird. Diese Ausschreibungskonzeption blendet die Möglichkeit, dass Kontrastmittel unterschiedlicher Hersteller in ihrer Anwendung substituierbar sein können, völlig aus und verhindert damit den (möglichen) Wettbewerb austauschbarer Produkte bereits im Ansatz. Dieser unzureichende Wettbewerb dokumentiert sich zwangsläufig auch in den auf die einzelnen Lose abgegebenen Angeboten, die sich zahlenmäßig im Wesentlichen zwischen einem und selten vier Anbietern bewegen, wobei auf einzelne Lose überhaupt kein Angebot abgegeben wurde. In einem solchen Fall muss im Einzelnen geprüft werden, zwischen welchen Kontrastmitteln Austauschbarkeit gegeben ist. Ob die Bestimmung austauschbarer Präparate auf einer wirkstoff- oder indikationsbezogenen Grundlage oder einer Mischform aus einer Bildung von Indikations- und Wirkstoffgruppen erfolgt, obliegt der Prüfung und Festlegung durch die Auftraggeber (1. VK Bund, B. v. 17. 4. 2009 – Az.: VK 1–35/09; 2. VK Bund, B. v. 20. 4. 2009 – Az.: VK 2–36/09; B. v. 20. 4. 2009 – Az.: VK 2–13/09). 9473

9474 Die **ärztliche Therapiefreiheit als Rechtfertigungsgrund für eine mangelnde Produktneutralität wird durch das gesetzliche Wirtschaftlichkeitsgebot**, wie es z. B. in § 12 SGB V verankert ist (BSG vom 5. 5. 1988, 6 RKa 27/87, BSGE 63, 163 und vom 20. 3. 1996, 6 RKa 62/94, BSGE 78, 70), **eingeschränkt**. Auch das **Verfassungsrecht fordert keine uneingeschränkte Therapiefreiheit des Arztes**. Die **Therapiefreiheit erfährt vielmehr verfassungskonforme Einschränkungen, die sich aus den Erfordernissen einer beitragsfinanzierten, solidarischen Krankenversicherung und insbesondere aus dem für das Funktionieren dieses Systems grundlegenden Wirtschaftlichkeitsgebot ergeben**. Hierbei handelt es sich um zulässige Regelungen der Berufsausübung zwecks Absicherung der finanziellen Stabilität des Systems der gesetzlichen Krankenkassen (BSG vom 25. 9. 2000, B 1 KR 24/99 R). Daraus ergibt sich, dass nicht den Ärzten die uneingeschränkte Dispositionsbefugnis darüber zukommt, was die Krankenkassen zu zahlen haben, sondern dass die Krankenkassen als öffentliche Auftraggeber auf der Grundlage der für sie geltenden und sie verpflichtenden gesetzlichen Bestimmungen den bei der Ausübung der Therapiefreiheit einzuhaltenden Rahmen setzen (1. VK Bund, B. v. 17. 4. 2009 – Az.: VK 1–35/09; 2. VK Bund, B. v. 20. 4. 2009 – Az.: VK 2–36/09; B. v. 20. 4. 2009 – Az.: VK 2–13/09; 3. VK Bund, B. v. 20. 1. 2009 – Az.: VK 3–191/08).

9475 Die Freiheit des öffentlichen Auftraggebers, seinen Bedarf autonom zu definieren, besteht nur innerhalb der Grenzen des Vergaberechts. Diese **Grenzen sind aber überschritten, wenn die Bestimmung des Beschaffungsgegenstandes gegen den Grundsatz der produktneutralen Ausschreibung verstößt** (1. VK Bund, B. v. 17. 4. 2009 – Az.: VK 1–35/09).

9476 Die **Regelung der Sprechstundenbedarfsvereinbarung kann schon im Ansatz nicht als Rechtfertigung für eine produktgebundene Ausschreibung herangezogen** werden. Die Kassenärztlichen Vereinigungen können zwar gemäß § 83 SGB V mit den jeweiligen Landesverbänden der Krankenkassen Gesamtverträge über die ärztliche Versorgung ihrer Versicherten abschließen. Auch ist den Krankenkassen zuzugestehen, dass sie dabei einen gewissen inhaltlichen Spielraum ausfüllen können. Allerdings ist die auf dieser Grundlage abgeschlossene Sprechstundenbedarfsvereinbarung lediglich eine untergesetzliche Norm, die der Bindung an die gesetzlichen Bestimmungen unterliegt. Zu diesen gehören – neben den sozialrechtlichen Regelungen, namentlich dem Wirtschaftlichkeitsgebot des § 12 SGB V – insbesondere die Regelungen des Vergaberechts, auf deren Einhaltung jeder Bieter in einem Vergabeverfahren gemäß § 97 Absatz 7 GWB einen gesetzlichen Anspruch hat. Die Sprechstundenbedarfsvereinbarung kann daher keine Regelung treffen, die eine Rechtfertigung für vergaberechtswidriges Verhalten beinhalten würde (2. VK Bund, B. v. 20. 4. 2009 – Az.: VK 2–36/09; B. v. 20. 4. 2009 – Az.: VK 2–13/09).

9477 Das **LSG Nordrhein-Westfalen** hat die Entscheidung der 1. VK Bund **aufgehoben**. Die maßgeblichen Bestimmungen des Vergaberechts beinhalten nicht, was die öffentliche Hand zu beschaffen hat. Wie Private **können demnach auch gesetzliche Krankenkassen als öffentliche Auftraggeber die zu vergebende Leistung und den Auftragsgegenstand autonom bestimmen**. Die Wahl der jeweiligen Leistung ist der Ausschreibung und Vergabe vorgelagert und muss zunächst vom Auftraggeber in einem selbstständigen Entscheidungsprozess getroffen werden, bevor im nächsten Schritt die Interessen einzelner interessierter Unternehmen berührt sein können. Das Vergaberecht greift mithin erst nach dieser Entscheidung ein; ein vom öffentlichen Auftraggeber ausgewählter Beschaffungsgegenstand ist für die Leistungsbeschreibung nicht in Frage zu stellen. Diese Betrachtungsweise findet nicht zuletzt in den Regelungen der Art. 23 Abs. 8 RL 2004/18 EG, § 8 EG Abs. 7 VOL/A ihre Stütze. Danach greifen die Regelungen zur „Produktneutralität" erst dann ein, wenn etwas anderes „nicht durch den Auftragsgegenstand gerechtfertigt ist". Hat der Auftraggeber jedoch seinen Auftragsgegenstand definiert, rechtfertigt dieser das Verlangen. **Ein Anspruch der Bieter auf Mitgestaltung im Rahmen der Bedarfsdefinition besteht demgegenüber nicht** (LSG Nordrhein-Westfalen, B. v. 24. 8. 2009 – Az.: L 21 KR 45/09 SFB).

9478 **Unter Berufung auf den Grundsatz der Produktneutralität kann den Krankenkassen nicht aufgegeben werden, eine wirkstoff- oder indikationsbezogene Ausschreibung vorzunehmen, weil allein sie im Rahmen eines autonomen Willensbildungsprozesses über die zu beschaffenden Kontrastmittel zu entscheiden haben**. Allein aus dem Umstand, dass die Krankenkassen ihren Beschaffungsbedarf auch anders hätten definieren können, resultiert vergaberechtlich kein Zwang, entsprechend zu verfahren. Es **muss zunächst berücksichtigt werden, dass eine den Maßgaben des § 129 Abs. 1 Satz 3 SGB V vergleichbare Ersetzungspflicht für Vertragsärzte im Rahmen des SSB nicht existiert**.

Vergabe- und Vertragsordnung für Leistungen Teil A   VOL/A § 7   **Teil 4**

Denn § 129 Abs. 1 SGB V richtet sich seinem eindeutigen Wortlaut nach ausschließlich an Apotheken bei der Abgabe verordneter Arzneimittel an Versicherte. Vertragsärzte können mithin nicht zu einer Substitution von wirkstoffgleichen Kontrastmitteln im Rahmen des Sprechstundenbedarfs veranlasst werden. Eine derartige Möglichkeit besteht auch nicht über den Abschluss wirkstoff- oder indikationsbezogener Rahmenvereinbarungen. Wenn aber eine Ersetzungspflicht für Vertragsärzte bei der Verordnung von SSB – also auch von Kontrastmitteln – nicht existiert, macht es keinen Sinn, den Krankenkassen wirkstoff- oder indikationsbezogene Ausschreibungen vorzugeben. Denn letztlich müssen die im Rahmen der Verordnung von SSB gegebenen rechtlichen und tatsächlichen Gegebenheiten auch vergaberechtlich hingenommen werden. Die **Krankenkassen durften außerdem die von den Radiologen erhobenen Bedenken im Hinblick auf etwaige allergische – möglicherweise tödliche – Reaktionen bei ausschließlich wirkstoffbezogenen Verordnungen aufgreifen und diese Gesichtspunkte bei der Bestimmung ihres Beschaffungsbedarfs einbeziehen** (LSG Nordrhein-Westfalen, B. v. 24. 8. 2009 – Az.: L 21 KR 45/09 SFB).

Abgesehen davon ist zu berücksichtigen, dass Radiologen jedenfalls bei der Verordnung von SSB nicht unter Berufung auf den Grundsatz der Produktneutralität oder unter abstrakter Benennung des Wirtschaftlichkeitsgebotes (§§ 2 Abs. Abs. 1 und 4, 12 Abs. 1, 70 Abs. 1 Satz 2 und Abs. 2 SGB V) zu einer Substitution wirkstoffgleicher Kontrastmittel gezwungen werden können. Zwar ist zutreffend, dass die **ärztliche Therapiefreiheit durch das Wirtschaftlichkeitsgebot begrenzt wird und dass Vertragsärzten demzufolge nicht die uneingeschränkte Dispositionsbefugnis darüber zukommt, was gesetzliche Krankenkassen als Sachleistung (oder ggf. im Wege der Kostenerstattung) zu gewähren** haben. Es existiert jedoch keine gesetzliche (oder vertragliche) Grundlage, die Vertragsärzten eine Ersetzungspflicht auferlegt. Würde man jedoch Vertragsärzten unter abstrakter Berufung auf das Wirtschaftlichkeitsgebot eine Substitutionspflicht für die Verordnung von Kontrastmitteln auferlegen, sähen sich diese mit einer über die Vorgaben des § 129 Abs. 1 SGB V hinausgehenden Verpflichtung konfrontiert. Denn § 129 Abs. 1 Satz 3 Nr. 1 lit. b) SGB V eröffnet Vertragsärzten die Möglichkeit, die Ersetzung auszuschließen. Eine solche wäre bei konsequenter Weiterverfolgung des Ansatzes der Verpflichtung zu einer Substitution nicht möglich. Insoweit **muss es somit dabei bleiben, dass der Durchsetzung des Wirtschaftlichkeitsgebots in der vertragsärztlichen Versorgung nach der gesetzlichen Konzeption des SGB V u. a. durch Wirtschaftlichkeits- und Abrechnungsprüfungen (§§ 106, 106a SGB V) Rechnung getragen** wird (LSG Nordrhein-Westfalen, B. v. 24. 8. 2009 – Az.: L 21 KR 45/09 SFB).

107.12.4.9.4 Zwingendes Angebot des niedrigsten bereinigten Rabatt-ApU. Das Ausschlusskriterium, dass ein Bieter, dessen Angebot mehrere PZN innerhalb einer Preisvergleichsgruppe umfasst, für die PZN der bisher marktstärksten Packungsart/Packungsgröße den niedrigsten bereinigten Rabatt-ApU je mg Wirkstoff anbieten muss, ist nicht vergaberechtswidrig. Die Wirtschaftlichkeit des Rabatt-ApU bemisst sich für die Auftraggeber nach der Höhe der möglichen Einsparungen auf der Grundlage der für jede Preisvergleichsgruppe festgestellten Wirtschaftlichkeitsmaßzahlen. Hierbei sollen u. a. die Verordnungszahlen in der Vergangenheit berücksichtigt werden. Vor diesem Hintergrund erscheint das von den Auftraggebern festgelegte Ausschlusskriterium sachgerecht: Die **finanzielle Stabilität der gesetzlichen Krankenversicherung stellt eine Gemeinwohlaufgabe von hohem Rang dar**. Mit dem **Abstellen auf ein möglichst hohes Einsparpotential kommen die Auftraggeber somit ihrem gesetzlichen Auftrag nach, sparsam und wirtschaftlich zu verfahren**, §§ 4 Abs. 4, 70 Abs. 1, 71 SGB V. Diesem vor allem hinter den Rabatten gemäß § 130a SGB V stehenden gesetzlichen Auftrag, im Interesse der Versichertengemeinschaft Kosteneinsparungen zu realisieren, kann nur entsprochen werden, wenn auch wirklich nennenswerte Rabatte erzielt werden. Der **Umfang der mit den ausgeschriebenen Rabattverträgen zu realisierenden Einsparungen wiederum hängt davon ab, wie diese Verträge tatsächlich in der Praxis umgesetzt** werden. D. h. ein von den Auftraggebern abgeschlossener Rabattvertrag führt zu umso höheren Einsparungen, wenn bei diesem gerade solche Arzneimittel innerhalb einer Preisvergleichsgruppe einen relativ niedrigen Rabatt-ApU (und damit für die Auftraggeber einen vergleichsweise hohen Rabatt) haben, die in der Praxis häufig von den Ärzten verordnet werden oder geeignet sind, in der Apotheke das eigentlich verordnete Präparat nach § 129 Abs. 1 S. 2, 3 SGB V zu ersetzen – umgekehrt formuliert, fallen die von den Auftraggebern aufgrund eines vermeintlich „guten" Rabattvertrages realisierten Einsparungen umso geringer aus, wenn gerade diejenigen Arzneimittel am höchsten rabattiert sind, die in der Praxis selten verordnet oder sonst an die Versicherten abgegeben werden. Vor diesem Hintergrund ist das von den Auftraggebern gewählte Ausschlusskriterium geeignet, ins-

Teil 4 VOL/A § 7 Vergabe- und Vertragsordnung für Leistungen Teil A

besondere die vorgenannte Konstellation (geringere Einsparung bei hohem Rabatt auf ein marktschwaches Präparat) für den Fall zu vermeiden, dass ein Bieter den Zuschlag erhält, der in einer Preisvergleichsgruppe mehrere PZN anbietet. Denn in diesem Fall ist damit zu rechnen, dass sich die PZN-bezogenen Absatzzahlen des bezuschlagten Bieters bei der Durchführung des Rabattvertrags perpetuieren, d. h. das bisher marktstärkste Präparat des Bieters wird auch weiterhin seine Marktstellung behaupten. Dies **könnte der Bieter zu Lasten der Auftraggeber ausnutzen, indem er innerhalb einer Preisvergleichsgruppe sein marktstarkes Arzneimittel gering rabattiert, das marktschwächere hingegen mit einem hohen Rabatt versieht.** Durch diese Vorgehensweise kann der Bieter insbesondere für sein marktschwaches Präparat eine Wirtschaftlichkeitsmaßzahl generieren, die die wirtschaftliche Realität nicht abbildet und damit auch das Beschaffungsziel der Auftraggeber (Einkauf möglichst hoher Rabatte) konterkariert. Das von den Auftraggebern gewählte Ausschlusskriterium kann dies sachgerecht vermeiden (1. VK Bund, B. v. 10. 11. 2009 – Az.: VK 1–191/09).

9481   107.12.4.9.5 Ungewöhnliches Risiko durch eine Substitutionsverpflichtung. Schon nach § 129 Abs. 1 Satz 1, 2 und 4 SGB V i. V. m § 4 Abs. 1 und 4 des Rahmenvertrags über die Arzneimittelversorgung nach § 129 Abs. 2 SGB V – ohne dass ein Rabattvertrag besteht – sind **Apotheker, wenn die Verordnung eines Arzneimittels nur unter der Wirkstoffbezeichnung oder ohne Aut-idem-Ausschluss erfolgt ist, verpflichtet, das verordnete Arzneimittel durch ein preisgünstigeres Arzneimittel zu ersetzen.** Dabei kommen neben dem verordneten Arzneimittel die drei preisgünstigsten Arzneimittel mit identischer Wirkstärke und Packungsgröße sowie gleichem Indikationsbereich und gleicher oder austauschbarer Darreichungsform in Betracht. Diese Kriterien gelten auch bei Substitution von Arzneimitteln im Rahmen von Rabattverträgen nach § 130a Abs. 8 SGB V. Somit hat ein **Arzneimittelhersteller** nicht erst bei Abschluss eines Rabattvertrags den Umfang von zu erwartenden Substitutionen (und damit auch die Auslegung der Substitutionsvoraussetzungen) preislich zu kalkulieren, sondern **bereits bei Marktzutritt; auch insoweit trifft ihn ein entsprechendes Kalkulationsrisiko.** Es kann daher angenommen werden, dass er die Auswirkungen einer auf denselben Kriterien beruhenden Substitutionsverpflichtung der Apotheker im Falle eines Rabattvertrags nach § 130a Abs. 8 SGB V ebenfalls hinreichend abschätzen kann. Die **Voraussetzungen für einen Verstoß gegen § 7 Abs. 1 VOL/A liegen daher schon aus diesem Grund nicht** vor (1. VK Bund, B. v. 29. 10. 2009 – Az.: VK 1–185/09).

9482   Soweit die **Substitutionspflicht nach § 129 Abs. 1 Satz 3 SGB V** nicht eingreift, ist im Übrigen **zu erwarten, dass die Krankenkassen** in Anbetracht der durch den Rabattvertrag eingeräumten Rabatte und den damit verbundenen Einsparungen die **Möglichkeiten nutzen werden, die ihr nach sozialgesetzlichen Vorschriften zur Verfügung stehen, um in möglichst großem Umfang die Deckung des wirkstoffbezogenen Bedarfs auf den Rabattvertragspartner zu lenken.** Dazu zählen insbesondere die Informationsmöglichkeiten nach § 73 Abs. 8 SGB V. Auch die von den Vertragsärzten für die Verordnung von Arzneimitteln zu verwendende Software (§ 73 Abs. 8 Satz 7 SGB V) kann mit den Pflichtinformationen zu bestehenden Rabattverträgen zu einer vermehrten Verordnung der rabattierten Produkte beitragen (1. VK Bund, B. v. 29. 10. 2009 – Az.: VK 1–185/09).

9483   Im Bereich der Arzneimittelrabattverträge ist **nicht automatisch eine Vergleichbarkeit im Sinne einer Substituierbarkeit nach den Voraussetzungen des § 129 Abs. 1 SGB V erforderlich** (1. VK Bund, B. v. 10. 12. 2009 – Az.: VK 1–188/09).

9484   107.12.4.9.6 Bedeutung eines geschützten Markennamens eines Arzneimittels (Handelsname). Der **geschützte Markenname eines Arzneimittels (Handelsname) ist kein Kriterium, das bei der Ausschreibung von Rabattverträgen berücksichtigt werden kann oder darf.** Dies **gilt grundsätzlich auch in den Fällen, in denen ein Hersteller zu einem Wirkstoff zwei unterschiedliche Präparate** (unter verschiedenen Handelsnamen) anbietet. Unerheblich ist auch, dass beide Arzneimittel über eine eigene arzneimittelrechtliche Zulassung verfügen und die Wirkstofffreisetzung (nicht der Wirkstoff selbst) bei einem der Präparate noch patentrechtlich geschützt ist. Für den Beschaffungsbedarf der gesetzlichen Krankenkassen sind diese Gesichtspunkte nicht von Bedeutung. Arzneimittel sind nach § 27 Abs. 1 Satz 2 Nr. 3 SGB V Bestandteil der Krankenbehandlung. **Bei der Verordnung von Arzneimitteln durch den Vertragsarzt steht deshalb der therapeutische Nutzen der Arzneimittel im Vordergrund** (vgl. Nr. 12 AMR). Dies hat Auswirkungen auch auf die Ausschreibung von Rabattverträgen für Arzneimittel. Unterschiede zwischen einzelnen pharmazeutischen Unternehmern sind nur erheblich, wenn und soweit sich die von ihnen angebotenen Produkte in ihrer therapeutischen Wirkung unterscheiden. Dabei dürfen die Krankenkassen entsprechend der für die Bildung von Festbetragsgruppen geltenden Bestimmungen in § 35 Abs. 1 Satz 2, § 35a Abs. 3 Satz 1 SGB V davon ausgehen, dass Arzneimittel mit denselben Wirkstoffen auch den gleichen therapeutischen Nutzen haben und etwas anderes nur gilt, wenn die Arzneimittel trotz vorhandener Wirkstoffidentität unterschiedliche Bioverfügbarkeiten aufweisen, sofern diese für die Therapie bedeutsam sind. Den gesetzlichen Krankenkassen, für die die Richtlinien des Gemeinsamen Bundesausschusses nach § 91 Abs. 6 SGB V verbindlich sind, ist es **nicht verwehrt, bei der Beurteilung unterschiedlicher Bioverfügbarkeiten wirkstoffgleicher Arzneimittel die Entscheidung des Gemeinsamen Bundesausschusses zu diesem Gesichtspunkt zu übernehmen** (LSG Baden-Württemberg, B. v. 17. 2. 2009 – Az.: L 11 WB 381/09).

Die **Berücksichtigung der Sortimentsbreite stellt keinen Vergabefehler dar**. Gerade unter dem Gesichtspunkt der Sortimentsbreite werden Unternehmen, die zu einem Wirkstoff mehrere Präparate anbieten, durch die Ausschreibung nicht notwendigerweise benachteiligt. Im Gegenteil. Durch das Abstellen auf den Wirkstoff können sich mehr Arzneimittel (PZN) pro Wirkstoff und damit ein breiteres Sortiment ergeben, als dies bei einem Abstellen auf den Handelsnamen der Fall wäre. Es sind deshalb Konstellationen denkbar, bei denen Hersteller mit zwei Marken mit größeren Erfolgsaussichten an der Ausschreibung teilnehmen können als Hersteller mit nur einer Marke (LSG Baden-Württemberg, B. v. 17. 2. 2009 – Az.: L 11 WB 381/09). 9485

107.12.4.10 Ausschreibung von Inkontinenzprodukten

Die **Versorgungsanteile an den Untergruppen von Inkontinenzartikeln**, die **Anzahl von Versorgungsfällen in Pflegeheimen** sowie **Art und Umfang an die Versicherten zu liefernder Produktmuster** müssen in den Verdingungsunterlagen **nicht genannt oder näher beschrieben** werden. Was die Anteile der im Übrigen überschaubar verschiedenen Produktuntergruppen anbetrifft, kann bei einer fehlenden Datenbasis im Leistungsverzeichnis nur die **Anzahl der Versicherten angegeben werden, die in den jeweiligen Gebietslosen mit Inkontinenzartikeln zu versorgen** sind. Jene **Angaben bilden eine hinreichende Grundlage für die Preisermittlung**. Jeder Bieter kann dafür die in seinem Unternehmen vorhandenen Erfahrungswerte **ergänzend heranziehen** und Kalkulationslücken schließen (OLG Düsseldorf, B. v. 17. 4. 2008 – Az.: VII – Verg 15/08; 1. VK Bund, B. v. 27. 8. 2008 – Az.: VK 1–102/08). 9486

Wird den Bietern die Anzahl der mit den jeweiligen Inkontinenzhilfen versorgten Versicherten, die entsprechenden Festbeträge sowie das jeweilige Verordnungsvolumen bezogen auf Einzelartikel mitgeteilt, ist nicht ersichtlich, aus welchen Gründen unter Zugrundelegung der mit den Verdingungsunterlagen zur Verfügung gestellten Frequenzstatistiken eine Preiskalkulation nicht möglich sein sollte. Darüber hinaus gilt es zu berücksichtigen, dass insbesondere in einer Rahmenvertragskonstellation eine „punktgenaue" Kalkulation ohnehin nicht möglich ist, da die Vergabe eines Einzelauftrags letztlich von den – nicht im Vorhinein abschätzbaren – Erkrankungen der Versicherten und dem Verordnungsverhalten der behandelnden Ärzte abhängig ist. Auch vor diesem Hintergrund ordnet § 4 EG Abs. 1 Satz 2 VOL/A an, dass das in Aussicht genommene Auftragsvolumen so genau wie möglich zu ermitteln und zu beschreiben ist, jedoch nicht abschließend festgelegt werden muss. Angesichts dieser normativen Vorgaben und den zur Verfügung gestellten Daten kann es von einem professionellen Anbieter durchaus erwartet werden, einen Preis zu bilden und ein entsprechendes Angebot zu unterbreiten (LSG Nordrhein-Westfalen, B. v. 30. 1. 2009 – Az.: L 21 KR 1/08 SFB). 9487

Ein ungewöhnliches Wagnis ergibt sich nicht unter dem Gesichtspunkt, dass einige Versicherte von ihrem Wahlrecht nach § 13 Abs. 2 SGB V Gebrauch machen oder sich ggf. unter Berufung auf § 33 Abs. 6 Satz 3 SGB V an einen anderen Leistungserbringer wenden werden, sofern ein berechtigtes Interesse besteht. Die Zahl derjenigen Versicherten, die von ihrem Wahlrecht nach § 13 Abs. 2 SGB V Gebrauch machen, ist gering und es handelt sich bei der Zahl der Versicherten, die gemäß § 33 Abs. 6 Satz 3 SGB V einen anderen Leistungserbringer wählen, um eine vernachlässigbare Größe. Angesichts dessen stünde der Aufwand bei der Ermittlung konkreter Zahlen in keinem Verhältnis zu dem daraus resultierenden Ertrag, zumal die geringe Anzahl der oben genannten Versicherten sich nicht maßgeblich auf die Preiskalkulation auswirken kann. Allein aus § 33 Abs. 6 Satz 3 SGB V ergibt sich noch kein ungewöhnliches Wagnis und die dort geregelten Sachverhalte sind allenfalls von marginaler Bedeutung (LSG Nordrhein-Westfalen, B. v. 30. 1. 2009 – Az.: L 21 KR 1/08 SFB). 9488

Teil 4 VOL/A § 7 Vergabe- und Vertragsordnung für Leistungen Teil A

9489 **Die – stets gegebenen – Fluktuationen von Versicherten aus der häuslichen Umgebung in stationäre Einrichtungen sind für die Angebotskalkulation unerheblich.** Der Aufwand einer entsprechenden Erhebung steht nicht in einem angemessenen Verhältnis zu dem hierdurch nur möglicherweise erreichbaren Erkenntnisgewinn. Außerdem lässt sich naturgemäß nicht prognostizieren, wie viele Versicherte aufgrund von Krankheit und Behinderung zukünftig während der Vertragslaufzeit in einer stationären Pflegeeinrichtung untergebracht werden müssen und somit nicht mehr durch den Ausschreibungsgewinner mit ableitenden Inkontinenzhilfen versorgt werden können. Im Übrigen kann in diesem Zusammenhang nicht unberücksichtigt bleiben, dass sich die Zahl der versorgungsbedürftigen Versicherten auch durch Neuerkrankungen erhöhen kann (LSG Nordrhein-Westfalen, B. v. 30. 1. 2009 – Az.: L 21 KR 1/08 SFB).

9490 **Krankenkassenfusionen können einen kalkulationsrelevanten Aspekt darstellen.** Dies gilt insbesondere dann, wenn sich nicht am Ausschreibungsverfahren beteiligte Krankenkassen mit einer der Auftraggeber zusammenschließen. Als Rechtsfolge ergibt sich gemäß § 150 Abs. 2 SGB V i. V. m. § 144 Abs. 4 SGB V, dass die Rechte und Pflichten der beteiligten Krankenkassen auf die neue Krankenkasse im Wege der Gesamtrechtsnachfolge übergehen, **so dass die jeweiligen Ausschreibungsgewinner in ihren Losgebieten gegebenenfalls eine größere Anzahl von Versicherten zu versorgen haben,** als ursprünglich kalkuliert. **Wollte man jedoch mit Blick auf etwaige Kassenfusionen davon ausgehen, dass keine tragfähige Kalkulationsgrundlage gegeben ist, könnte auf diese Weise jegliches Ausschreibungsverfahren unterbunden werden.** Der Gesetzgeber hat jedoch in § 127 Abs. 1 Satz 1 SGB V die Möglichkeit von Ausschreibungen auch vor dem Hintergrund vorgesehen, dass sich während der Vertragslaufzeiten Änderungen aufgrund von Zusammenschlüssen ergeben können (LSG Nordrhein-Westfalen, B. v. 30. 1. 2009 – Az.: L 21 KR 1/08 SFB).

9491 **Wird bei der Ausschreibung von ableitenden Inkontinenten für jedes Gebietslos – getrennt für die beiden unterschiedlichen Katheterversorgungen (DK und ISK) – in den Verdingungsunterlagen angegeben, wie viele Versicherte der Auftraggeber 2007 mit ableitenden Inkontinenzartikeln in der Häuslichkeit einerseits und in Pflegeeinrichtungen andererseits versorgt wurden und wird des Weiteren für jedes Los – ebenfalls getrennt nach DK- und ISK-Versorgung – mitgeteilt, wie viele Versorgungsmonate 2007 in der Häuslichkeit und in Pflegeeinrichtungen anfielen, wird den Bietern mit der Forderung nach dem Angebot einer Monatspauschale kein ungewöhnliches Wagnis auferlegt.** Mit der Vergütung im Wege der Monatspauschale muss der Bieter für eine Vielzahl von zu versorgenden Versicherten die durchschnittlichen Kosten kalkulieren, die bei der monatlichen Versorgung (DK oder ISK) anfallen. Ein ungewöhnliches Wagnis wäre nur dann anzunehmen, wenn der durchschnittliche Versorgungsaufwand je nach Zusammensetzung der Gruppe der zu versorgenden Versicherten so stark variieren würde, dass eine kaufmännisch vernünftige Kalkulation ohne zusätzliche Informationen nicht möglich wäre. Dies ist jedoch nicht der Fall. Insbesondere benötigen die Bieter für eine Kalkulation ohne ungewöhnliches Wagnis nicht zwingend Informationen zu den Absatzmengen der einzelnen Produktarten je Losgebiet im Jahr 2007. Diese Informationen sind nicht schon deshalb erforderlich, weil die Stückkosten für die einzelnen Produkte, insbesondere der Katheter differieren. Denn der durchschnittliche Versorgungsaufwand im Hinblick auf die zu liefernden Produkte variiert nur dann, wenn die Gesamtkosten der benötigten Produkte pro Monat – und nicht nur deren Einzelkosten – variieren. Die Preisunterschiede bei Kathetern nivellieren sich aber bei einer zeitbezogenen Betrachtung bzw. im Hinblick auf gegebenenfalls benötigtes Zubehör. Ausgehend von den Festbeträgen betragen die Kosten eines Ballonkatheters für die kurzfristige Versorgung (Festbetrag: 5,64 Euro) zwar nur etwa ein Viertel der Kosten eines Ballonkatheters für die langfristige Versorgung (Festbetrag: 21,18 Euro). Unter Berücksichtigung dessen, dass Ballonkatheter für die kurzfristige Versorgung bis zu fünf Tage benutzt werden können, während Ballonkatheter für die langfristige Versorgung bis zu sechs Wochen benutzt werden, sind diese auf sechs Wochen gerechnet dagegen um ein Drittel billiger als Ballonkatheter für die kurzfristige Versorgung. Wird dem Versicherten sicherheitshalber zusätzlich noch ein Ersatzkatheter geliefert, ist die Versorgung mit Ballonkathetern in beiden Fällen annähernd gleich teuer. Auch im Bereich der Einmalkatheter schwanken die Kosten nur begrenzt. So bewegen sich die Festbeträge für gebrauchsfertige Katheter zwischen 3,27 Euro und 5,83 Euro, wobei die teureren Katheter zusätzlich noch einen Auffangbeutel integriert haben. Lediglich der nicht gebrauchsfertige unbeschichtete Einmalkatheter ist mit einem Festbetrag von 0,57 Euro scheinbar deutlich billiger. Um ihn zu gebrauchen, ist jedoch ein Gleitmittel erforderlich, welches zusätzlich eingepreist werden müsste. Insoweit benötigen die Bieter für eine Kalkulation ohne ungewöhnliches Wagnis nicht zwingend Informationen zu den Absatzmengen der einzelnen Produktarten je Losgebiet im Jahr 2007 (1. VK Bund, B. v. 16. 12. 2008 – Az.: VK 1–156/08).

Auch statistische Angaben über die Gruppe der zu versorgenden Versicherten im Hinblick auf Alter, Mobilität, Lähmungsgrade und die Krankheiten, die zur Inkontinenz führten, sind nicht erforderlich. Denn das Alter oder eine Indikation oder die anderen Faktoren sagen jeweils für sich genommen wenig über das Maß an Versorgungsaufwand aus. Erst bei einer Gesamtbetrachtung der individuellen Verhältnisse würde man den individuellen Versorgungsaufwand bezüglich einzelner Versicherter ermessen können. Daher ist zweifelhaft, ob statistische Daten zu den einzelnen Einflussfaktoren – falls ihre Erhebung nach den Vorgaben des Sozialdatenschutzes überhaupt zulässig ist – dazu geeignet sind, ein angemessenes Bild über den Versorgungsaufwand aller zu versorgenden Versicherten pro Los zu zeichnen. Zudem ist nicht davon auszugehen, dass die Gruppe der zu Versorgenden in einem Los über die gesamte Vertragslaufzeit (von bis zu drei Jahren) in derselben Zusammensetzung verbleibt. Im Übrigen ist mit der Existenz unterschiedlicher Einflussfaktoren für den individuellen Versorgungsaufwand noch nicht belegt, dass sich diese Einflussfaktoren auch in Bezug auf den durchschnittlichen Versorgungsbedarf bezogen auf die jeweilige Gruppe der zu Versorgenden in den Losgebieten maßgeblich auswirken (1. VK Bund, B. v. 16. 12. 2008 – Az.: VK 1–156/08). 9492

Die **Qualität der Versorgung** – als im Recht der gesetzlichen Krankenversicherung überragender Aspekt – **kann bei der Leistungsbeschreibung und den Eignungsanforderungen berücksichtigt werden** (LSG Nordrhein-Westfalen, B. v. 30. 1. 2009 – Az.: L 21 KR 1/08 SFB). 9493

Dass ein öffentlicher **Auftraggeber von den Leistungserbringern erwartet, dass Rechtsformänderungen mitgeteilt und während der Dauer des Vertrages die die Eignung betreffenden Empfehlungen der Spitzenverbände der Krankenkassen für das Unternehmen eingehalten** werden, **begründet weder** ein **Wagnis**, noch sind darin ansonsten unzumutbare Ausschreibungsbedingungen zu erkennen. Während der Vertragslaufzeit haben die Leistungserbringer Rechtsformänderungen und den Eintritt die Eignung beeinflussender Umstände selbst in der Hand. Sie sind für den Auftraggeber nicht prognostizierbar. Genauso wenig kann ihm freilich verwehrt werden, derartige Veränderungen zum Anlass für eine Überprüfung der Eignung des Leistungserbringers sowie gegebenenfalls für vertragsgestaltende Erklärungen zu nehmen (OLG Düsseldorf, B. v. 17. 4. 2008 – Az.: VII – Verg 15/08). 9494

Die **Regelung, dass die Auftraggeber gegenüber dem Auftragnehmer beglichene Rechnungsbeträge in einem Zeitraum von einem Jahr nach Eingang der entsprechenden Rechnung von diesem zurückfordern kann, wenn die Auftraggeber tatsächlich nicht leistungspflichtig waren, erlegt den Bietern kein ungewöhnliches Wagnis auf**. Die Auftraggeber können insoweit auch gegenüber Forderungen des Auftragnehmers aufrechnen. Auch vor dem Hintergrund, dass dem Auftragnehmer nicht immer gleich erkennbar sein kann, dass die Leistungspflicht der Auftraggeber zum Leistungszeitpunkt nicht (mehr) besteht, ist nicht davon auszugehen, dass das dadurch entstehende wirtschaftliche Risiko ein Ausmaß annimmt, das die Annahme eines ungewöhnlichen Wagnisses rechtfertigt. Zunächst hat der Auftragnehmer vor Beginn der Versorgung eine Genehmigung bei den Auftraggebern einzuholen. Dies gewährleistet bereits eine erste Prüfung der Leistungspflicht. Ein Nichtvorliegen der Leistungspflicht (und ein vorzeitiges Erlöschen der Genehmigung) ist im Übrigen vor allem dann denkbar, wenn eine ordnungsgemäße ärztliche Verordnung nicht vorliegt oder kein Versicherungsverhältnis (mehr) besteht. Dass die jeweilige ärztliche Verordnung ihrem Inhalt nach ordnungsgemäß ist, kann der Auftragnehmer anhand der Aufzählung der notwendigen Inhalte in § 5 Ziff. 3 der Verträge selbst nachvollziehen. Die Anzahl der Fälle, in denen die Verordnung gefälscht ist, wird eher selten sein, so dass sie tatsächlich nicht kalkulationsrelevant ist. Ähnliches wird für die Anzahl der Fälle gelten, in denen das Versicherungsverhältnis nicht mehr besteht, ohne dass es dem Auftragnehmer von Seiten der Auftraggeber oder dem Versicherten mitgeteilt wird. Mit Einführung des Gesundheitsfonds und eines einheitlichen Beitragssatzes für alle Kassen ist zudem nicht davon auszugehen, dass die Wechselbereitschaft der Versicherten wesentlich steigt. Soweit ein Versicherter aber gerade deshalb die Krankenkasse wechselt, um weiter von seinem bisherigen Lieferanten mit Inkontinenzartikeln beliefert zu werden, wird er dies dem Auftragnehmer ohnehin mitteilen (1. VK Bund, B. v. 16. 12. 2008 – Az.: VK 1–156/08). 9495

107.12.4.11 Ausschreibung von Fahrzeugen

Beruft sich ein Bieter auf das Erfordernis einer Preisgleitklausel, muss er hinreichende Anhaltspunkte vortragen, dass während der vorgesehenen Vertragslaufzeit 9496

Teil 4 VOL/A § 7 Vergabe- und Vertragsordnung für Leistungen Teil A

wesentliche Kostensteigerungen eintreten werden. Legt ein Bieter nur dar, dass in der Vergangenheit – verstärkt oder gar bedingt durch die Wirtschafts- und Finanzkrise – teilweise erhebliche Schwankungen des Zinsniveaus bzw. des Restwerts von Leasingfahrzeugen aufgetreten sind und leitet für sich hieraus eine Ungewissheit für die Zukunft ab, die er kalkulatorisch teilweise auch über Forward-Darlehen absichern müsste (Zinsrisiko) bzw. im Übrigen nicht voraussehen könne (Restwertrisiko), lässt dies eine konkrete Änderung erheblicher Preisermittlungsgrundlagen noch nicht erkennen. Es besteht hier zwar durchaus eine Ungewissheit, die indes bereits das „Ob" einer Änderung betrifft und damit nur indirekt auch deren „Wie", also Richtung, Ausmaß und Zeitpunkt. Dagegen verlangt § 15 Nr. 2 VOL/A 2006 – der in der VOL/A 2009 gestrichen wurde –, dass **das „Ob" der Änderung maßgeblicher Preisermittlungsgrundlagen bereits von vornherein konkret absehbar, also seinerseits gerade nicht ungewiss ist und sich folglich die zur Vereinbarung von Gleitklauseln ermächtigende Ungewissheit auf Art und Ausmaß (sowie gegebenenfalls Zeitpunkt) der Änderung und damit auf deren Auswirkung auf die Preisermittlung beschränkt.** Die allgemeine Ungewissheit über die Entwicklung des Zinsniveaus oder des Gebrauchtwagenmarktes erscheint daher schon als nicht von der Norm umfassten Regelungsgegenstand (2. VK Bund, B. v. 21. 6. 2010 – Az.: VK 2–53/10).

9497 Die Aufnahme einer Preisgleitklausel in den Vertrag steht im Ermessen des Auftraggebers. Diesen **Ermessensspielraum kann die Kammer nur eingeschränkt überprüfen**. Die Ausübung dieses Spielraums lässt innerhalb einer bestimmten Bandbreite generell mehrere vertretbare und daher hinzunehmende Entscheidungsergebnisse zu. Vor diesem Hintergrund ist die Vergabekammer lediglich befugt, die Einhaltung der Grenzen dieses Spielraums zu überprüfen. Die Nachprüfungsinstanzen dürfen ihre Vorstellungen über die Strukturierung des Vergabeverfahrens jedoch nicht an die Stelle der Vorstellungen der Vergabestelle setzen (2. VK Bund, B. v. 21. 6. 2010 – Az.: VK 2–53/10).

9498 Es ist auch **unerheblich, dass in der Leasingbranche Allgemeine Geschäftsbedingungen für den Privat(-geschäfts-)kundenbereich Anpassungsklauseln enthalten, die sich an Indizes orientieren, oder auch Regelungen verbreitet sind, wonach aus Billigkeitsgründen von ursprünglich vereinbarten Leasingraten abgewichen werden kann.** Der öffentliche Auftraggeber ist nicht gezwungen, seine Vertragsgestaltung zum Abbild der (unterstellt) überwiegend praktizierten Privatverträge zu machen, um dem Verdikt der Wagnisüberwälzung auf die Bieter zu entgehen. Der öffentliche Auftraggeber unterliegt – anders als die Privatwirtschaft – haushalts- und vergaberechtlichen Beschränkungen. So ist es dem öffentlichen Auftraggeber unter anderem sogar vergaberechtlich geboten, von seinen eigenen Einkaufsbedingungen abweichende Allgemeine Geschäftsbedingungen eines Bieters, die dieser seinem Angebot beifügt, als Abweichen von den Verdingungsunterlagen gemäß §§ 13 Absatz 4 Satz, 16 Absatz 3 lit. d) VOL/A mit dem Ausschluss des Angebots zu sanktionieren. Der Gesetzgeber gibt dadurch zu erkennen, dass er es dem öffentlichen Auftraggeber zubilligt, von einem – gegebenenfalls durch die verbreitete Verwendung entsprechender AGB-Klauseln erzeugten – Branchenusus abzuweichen (2. VK Bund, B. v. 21. 6. 2010 – Az.: VK 2–53/10).

9499 Für die Feststellung, ob ein Wagnis – z. B. der **Restwert des Leasingfahrzeugs am Ende des Abrufszeitraums des Leasingvertrags** – „ungewöhnlich" ist und daher nicht dem Auftragnehmer aufgebürdet werden darf, ist **darauf abzustellen, ob die Höhe des Risikos und die Wahrscheinlichkeit seiner Verwirklichung für den branchenkundigen und erfahrenen Bieter selbst konkret einzuschätzen** sind und er die **daraus resultierenden Auswirkungen auf den Angebotspreis zu ermessen vermag** (2. VK Bund, B. v. 21. 6. 2010 – Az.: VK 2–53/10).

107.12.4.12 Weitere Zweifelsfragen hinsichtlich der notwendigen Inhalte einer klaren und eindeutigen Leistungsbeschreibung

9500 **107.12.4.12.1 Keine Änderung des Einheitspreises bei Mehr- oder Mindermengen bis zu 10% der im Vertrag zugrunde gelegten Mengen**. Ein Vergabeverstoß liegt nicht darin, dass Mehr- oder Mindermengen bis zu 10% der im Vertrag zugrunde gelegten Mengen keine Änderung des Einheitspreises zur Folge haben. Zwar wird hiermit den Bietern innerhalb dieses Rahmens das Kalkulationsrisiko auferlegt, doch verstößt dies noch nicht gegen den Grundsatz des § 7 Abs. 1 VOL/A, wonach die Leistung eindeutig und erschöpfend zu beschreiben ist. Diese **Regelung entspricht der, die im Anwendungsbereich der VOB sogar ausdrücklich normiert wurde (§ 2 Nr. 2 VOB/B)** und die auch

Vergabe- und Vertragsordnung für Leistungen Teil A   VOL/A § 7   **Teil 4**

im Lieferbereich üblich ist. Sie ist als ausgewogen zu betrachten (VK Baden-Württemberg, B. v. 18. 6. 2003 – Az.: 1 VK 25/03).

107.12.4.12.2 Keine Mehrforderungen bei Mehr- oder Minderleistungen auch über 10%?. Im Rahmen der VOB/A hat die Rechtsprechung entschieden, dass dann, wenn ein öffentlicher Auftraggeber in seinen **Verdingungsunterlagen, ohne dies optisch oder sonst wie hervorzuheben,** die Bestimmung getroffen hat, dass **Mehr- oder Minderleistungen auch über 10% nicht zu Mehrforderungen berechtigen**, dies den Bietern ein **ungewöhnliches Wagnis** aufbürdet und **dem einzubeziehenden Regelwerk der VOB/B widerspricht** (VK Düsseldorf, B. v. 24. 1. 2001 – Az.: VK – 31/2000 – B). Angesichts der Übertragung der 10%-Regelung des § 2 VOB/B auf die VOL/A ist **auch die Übertragung dieser Rechtsprechung** auf die VOL/A logisch.   9501

107.12.4.12.3 Keine Verpflichtung, alle denkbaren Rahmenbedingungen für eventuelle Nebenangebote aufzuführen. Wenn ein **Bieter im Rahmen eines Nebenangebots Annahmen** – sei es in negativer oder positiver Ausprägung – **trifft,** die durch den Inhalt der Ausschreibung nicht bzw. nicht eindeutig bestimmt werden, so **trägt allein er das Risiko entsprechender Fehleinschätzungen.** Er weicht in einem solchen Falle – bei späterer Konkretisierung möglicher bzw. nicht erkennbarer ausgeschlossener Vorstellungen durch den Auftraggeber – mit seinem Angebot vom Inhalt des Leistungsverzeichnisses und den darin enthaltenen Zielbestimmungen des Auftraggebers ab. Will er dies vermeiden, besteht die **Möglichkeit** im Hinblick auf von ihm beabsichtigte Änderungen im Nebenangebot **entsprechende Informationen zum Zwecke der Verifizierung seiner – zunächst spekulativen – Annahme einzuholen** (VK Baden-Württemberg, B. v. 21. 5. 2001 – Az.: 1 VK 7/01; VK Hessen, B. v. 14. 3. 2002 – Az.: 69 d VK – 07/2002).   9502

107.12.4.12.4 Hinweis auf die Bildschirmarbeitsverordnung und ihre Spezifizierung nach ISO 9241. Dem öffentlichen Auftraggeber ist es zum einen **zumutbar** und unter Transparenzgesichtspunkten **auch geboten, wenigstens einen Hinweis auf die Anforderungen der Bildschirmarbeitsverordnung und ihre Spezifizierung nach ISO 9241** in die Verdingungsunterlagen mit aufzunehmen (VK Lüneburg, B. v. 12. 4. 2002 – Az.: 203-VgK-05/2002).   9503

107.12.5 Angabe aller die Preisermittlung beeinflussenden Umstände

107.12.5.1 Änderung in der VOL/A 2009

In der VOL/A 2009 wurde die **Regelung,** dass zur Ermöglichung einer einwandfreien Preisermittlung alle sie beeinflussenden Umstände festzustellen und in den Verdingungsunterlagen anzugeben sind, **gestrichen.**   9504

Unabhängig von der Streichung ist diese Forderung **inzidenter schon in § 7 Abs. 1 enthalten**, denn ohne die Angabe aller die Preisermittlung beeinflussenden Umstände ist eine **Leistungsbeschreibung nicht so erschöpfend**, dass miteinander vergleichbare Angebote zu erwarten sind. Deshalb kann die **Rechtsprechung** zu dieser Regelung aus der VOL/A 2006 **übernommen** werden. Die Streichung kann also nur **der „Verschlankung" der VOL/A geschuldet** sein.   9505

In der **VOB/A 2009** ist diese Regelung ausdrücklich **noch enthalten**.   9506

107.12.5.2 Umfangreiche Prüfungen durch den Auftraggeber

Der Forderung an die Vergabestelle, „alle" die Preisermittlung beeinflussenden Umstände festzustellen, ist zu entnehmen, dass der öffentliche Auftraggeber **umfangreiche Prüfungen gegebenenfalls durch Sachverständige vorzunehmen hat**, um den Bietern auch tatsächlich alle Umstände mitteilen zu können, die sich auf die Preisermittlung auswirken können (2. VK Bund, B. v. 24. 6. 2003 – Az.: VK 2–46/03).   9507

Die Pflicht des Auftraggebers, alle kalkulationsrelevanten Parameter zu ermitteln und zusammenzustellen und damit den genauen Leistungsgegenstand und -umfang vor Erstellung der Leistungsbeschreibung aufzuklären, **unterliegt der Grenze des Mach- und Zumutbaren.** Er ist daher einerseits verpflichtet, zumutbaren finanziellen Aufwand zu treiben, um die kalkulationsrelevanten Grundlagen der Leistungsbeschreibung zu ermitteln. Diese Pflicht des Auftraggebers endet jedoch, **wo eine in allen Punkten eindeutige Leistungsbeschreibung nur mit unverhältnismäßigem Kostenaufwand möglich ist** (VK Schleswig-Holstein, B. v. 17. 9. 2008   9508

Teil 4 VOL/A § 7 Vergabe- und Vertragsordnung für Leistungen Teil A

– Az.: VK-SH 10/08). Soweit der Auftraggeber tatsächlich bestehende Möglichkeiten zu einer vollständigen Ermittlung nicht nutzt, **obliegt ihm der konkrete Nachweis, dass eine vollständige Aufklärung wegen des damit verbundenen Aufwands trotz Aufklärungspflicht unzumutbar** ist (VK Lüneburg, B. v. 7. 9. 2005 – Az.: VgK-38/2005).

107.12.5.3 Einzelfälle

9509 **107.12.5.3.1 Genaue Kennzeichnung der Kostenbestandteile des geforderten Angebotspreises.** Aus den Vergabeunterlagen muss deutlich werden, **aus welchen Kostenbestandteilen sich der im Preisblatt anzugebende Angebotspreis zusammensetzen** soll (3. VK Bund, B. v. 24. 9. 2004 – Az.: VK 3–161/04).

9510 **107.12.5.3.2 Besondere Hinweise für die Ausschreibung von Lebenszeitkosten.** Im Rahmen von Lebenszeitkosten eines Produktes oder einer Anlage, die vom Bieter anzugeben ist, kann ein Auftraggeber Art, Umfang und Häufigkeit von Wartungsarbeiten nicht im Einzelnen vorgeben, weil diese in technischer Hinsicht von der Konstruktion und den gewählten Materialien/Komponenten des jeweiligen zum Einsatz kommenden Produkts abhängen. Hieraus folgt zwangsläufig und liegt es in der Natur der Sache, dass der **jeweilige Bieter die erforderlichen Wartungsarbeiten individuell bestimmt und die hierfür anfallenden Kosten in seine Berechnung mit einbezieht.** Der **Auftraggeber kann daher lediglich die Anforderungen an die Leistungsfähigkeit und Nutzungsdauer des Produkts im Leistungsverzeichnis definieren.** Dies macht er hinreichend dadurch, dass er fordert, dass die Teile und Komponenten des Systems auf eine Nutzungsdauer von z. B. 10 Jahren auszulegen – und bei geringerer Nutzungsdauer einzelner Teile – deren Wartungs- und Austauschaufwand als Folgekosten in die Rechnung einzustellen sind (Saarländisches OLG, B. v. 9. 11. 2005 – Az.: 1 Verg 4/05).

107.12.5.4 Ausnahme von der Verpflichtung zur Angabe aller die Preisermittlung beeinflussenden Umstände

9511 Schützenswerte Interessen eines Auftraggebers können es in Ausnahmefällen rechtfertigen, von der Verpflichtung zur Angabe aller die Preisermittlung beeinflussenden Umstände abzusehen. Dies kommt **nur dann in Betracht, wenn die Bieter sich die Informationen mit verhältnismäßig geringem, jedenfalls geringerem Aufwand als der Auftraggeber selbst beschaffen können und die Vergleichbarkeit der Angebote darunter nicht leidet** (OLG Celle, B. v. 15. 12. 2005 – Az.: 13 Verg 14/05).

107.12.5.5 Weitere Beispiele aus der Rechtsprechung

9512 – eine **Lieferverpflichtung für Medikamente innerhalb von 24 Stunden bei Lieferausfall des Großhandels verletzt die Bieter in ihren Rechten aus § 8 Nr. 1 Absatz 2 VOL/A, wenn der Auftraggeber hat den Bietern keinerlei Datengrundlage für die Kalkulation der Häufigkeit des Lieferausfalls des Großhandels zur Verfügung stellt.** Er kann auch nicht damit gehört werden, dass die Bieter als Lieferanten bzw. Hersteller selbst von den Apotheken bei Lieferausfall des Großhandels kontaktiert würden und daher immer den Lieferausfall selbst mitbekommen würden, weshalb ihnen keine Daten zur Verfügung gestellt werden müssten, wenn die Apotheker das nicht verfügbare rabattierte Medikament schon bei Ausfall nur des sie regelmäßig beliefernden Großhandels substituieren können, ohne auch den Hersteller kontaktieren zu müssen. Ein Bieter kann außerdem nur dann sicher über (wenn auch nicht notwendigerweise vollständige) Daten hinsichtlich des Großhandelsausfalls verfügen, wenn er bereits einen Rabattvertrag mit einer Krankenkasse hat, er nicht in regelmäßiger direkter Lieferbeziehung zu den Apotheken steht, sondern normalerweise über den Großhandel liefert und der Apotheker ihn zur direkten Lieferung auffordert, nachdem alle von diesem kontaktierten Großhändler nicht lieferfähig waren, obwohl dies nach dem Rahmenvertrag für die Substitutionsmöglichkeit nicht einmal erforderlich ist (2. VK Bund, B. v. 14. 9. 2009 – Az.: VK 2–153/09).

– macht ein **Auftraggeber keine genauen Mengenangaben über den Gesamtumfang des Auftrags („100 000 bis 200 000 Einzeltests im ersten Jahr"), ist dies die Ursache dafür, dass die eingegangenen Angebote nicht miteinander zu vergleichen** sind. Offen bleibt, wie die Bieter ihre Preise kalkulieren können, wenn der tatsächliche Leistungsumfang nicht feststeht und in einer derartigen Größenordnung voneinander abweicht. Eine Rahmenvereinbarung wurde gerade nicht angestrebt, sodass die Bieter tatsächlich von nicht einheitlichen Kalkulationsvorgaben ausgehen mussten. Bei derartigen Schwankungen im Leis-

Vergabe- und Vertragsordnung für Leistungen Teil A VOL/A § 7 **Teil 4**

tungsumfang, die im ersten Jahr der Lieferung bei 100% liegt, erscheint eine **seriöse Kalkulation nicht möglich** (VK Schleswig-Holstein, B. v. 26. 11. 2009 – Az.: VK-SH 22/09)

– ein **Vergabeverstoß** ist darin zu sehen, dass das **Leistungsverzeichnis bei Los 3 den Transport von drei Kindern mit Rollstühlen und den Transport von vier Kindern mit zusätzlichen Gurtsystemen bzw. einer Sitzschale nicht berücksichtigt**. Zuzugeben ist zwar, dass sich die tatsächliche Zahl der Kinder und die Art und Weise des Transports in den kommenden Jahren verändern wird. Diese Änderungen haben die Bieter bei ihrer Kalkulation zu berücksichtigen. Dies ändert jedoch nichts daran, dass die künftig zu erwartenden Leistungen so eindeutig und erschöpfend wie möglich zu beschreiben sind, um eine einwandfreie Preisermittlung zu ermöglichen (VK Baden-Württemberg, B. v. 13. 8. 2009 – Az.: 1 VK 31/09)

107.12.6 Verbot der Aufbürdung eines ungewöhnlichen Wagnisses auf den Auftragnehmer

107.12.6.1 Änderung in der VOL/A 2009

In der VOL/A 2009 wurde die **Regelung**, dass dem Auftragnehmer kein ungewöhnliches 9513 Wagnis aufgebürdet werden für Umstände und Ereignisse, auf die er keinen Einfluss hat und deren Einwirkung auf die Preise und Fristen er nicht im Voraus schätzen kann, **gestrichen**.

107.12.6.2 Sinn und Zweck der – gestrichenen – Regelung

Hintergrund der Regelung ist, dass die **öffentliche Hand als Nachfrager regelmäßig** 9514 **über erweiterte Handlungsspielräume** verfügt. Daher kann sie die **Vertragsbedingungen** oftmals ihre Vertragspartner **diktieren** und somit dem Auftragnehmer auf dem betreffenden Markt Wagnisse jeder Art aufbürden. Aufgabe dieser Regelung ist daher, **angesichts dieses Ungleichgewichts zwischen den Vertragsparteien die Lauterkeit des Rechtsverkehrs zu wahren** (Saarländisches OLG, B. v. 29. 9. 2004 – Az.: 1 Verg 6/04; 1. VK Bund, B. v. 29. 10. 2009 – Az.: VK 1–185/09; 2. VK Bund, B. v. 14. 9. 2009 – Az.: VK 2–153/09; B. v. 26. 3. 2003 – Az.: VK 2–06/03; VK Niedersachsen, B. v. 15. 1. 2010 – Az.: VgK-74/2009).

An dieser Ausgangssituation hat sich durch die VOL/A 2009 nichts geändert. Vom 9515 Sinn und Zweck eines ausbalancierten Kräftegleichgewichts zwischen Auftraggeber- und Auftragnehmerseite ist diese **Regelung weiter zu beachten.** Dies macht schon die hohe Anzahl der vergaberechtlichen Entscheidungen zu dieser Regelung deutlich. Auch diese Streichung kann also nur **der „Verschlankung" der VOL/A** geschuldet sein.

In der **VOB/A 2009** ist diese Regelung ausdrücklich **noch enthalten**. 9516

107.12.6.3 Grundsätze

107.12.6.3.1 Ungewöhnlichkeit der Leistung. Die **Ungewöhnlichkeit** der Leistung 9517 kann **sowohl im rechtlichen Bereich**, nämlich in der Art der Vertragsgestaltung, **als auch im tatsächlichen Bereich** liegen (OLG Düsseldorf, B. v. 29. 9. 2008 – Az.: VII-Verg 50/08; VK Brandenburg, B. v. 8. 9. 2009 – Az.: VK 33/09; 2. VK Bund, B. v. 29. 4. 2010 – Az.: VK 2–20/10; VK Münster, B. v. 22. 9. 2009 – Az.: VK 16/09).

107.12.6.3.2 Vergaberechtswidriges ungewöhnliches Wagnis. Das **Vorliegen eines** 9518 **vergaberechtswidrigen ungewöhnlichen Wagnisses** ist an **zwei Voraussetzungen** geknüpft, nämlich **zum einen an das Vorhandensein von Umständen, auf die der Bieter keinen Einfluss hat**, und zum anderen die **Auswirkung dieser Umstände auf die Preiskalkulation des Bieters**. Die Regelung stellt mithin für die Vergaberechtswidrigkeit eines auf einem öffentlichen Auftrag basierenden Vertragsverhältnisses nicht allein auf die mit der Vertragsbedingung möglicherweise verbundenen Ungewissheiten ab, sondern fordert zusätzlich, dass diese **Ungewissheiten eine kaufmännisch vernünftige Kalkulation des Angebotspreises für den Bieter unzumutbar machen**. Insoweit besteht ein **wesentlicher Unterschied zwischen der vergaberechtlichen Prüfung einer Vertragsbedingung im Rahmen eines Nachprüfungsverfahrens vor der Vergabekammer und der sich an §§ 305 ff. BGB orientierenden Inhaltskontrolle von Allgemeinen Geschäftsbedingungen durch die Zivilgerichte**. Vor dem Hintergrund dieser Differenzierung zwischen dem Prüfungsmaßstab der vergaberechtlichen Nachprüfungsinstanzen einerseits und den Zivilgerichten andererseits sind **vergaberechtlich alle Regelungen eines auf einem öffentlichen Auf-

Teil 4 VOL/A § 7 Vergabe- und Vertragsordnung für Leistungen Teil A

trag basierenden Leistungsverhältnisses hinzunehmen, soweit diese dem Bieter noch eine **kaufmännisch vernünftige Kalkulation seines Angebotspreises ermöglichen** (OLG Düsseldorf, B. v. 18. 11. 2009 – Az.: VII-Verg 19/09; 1. VK Bund, B. v. 26. 11. 2009 – Az.: VK 1–197/09; B. v. 14. 9. 2007 – Az.: VK 1–101/07; B. v. 31. 8. 2007 – Az.: VK 1–92/07; B. v. 9. 5. 2007 – Az.: VK 1–26/07; 2. VK Bund, B. v. 14. 9. 2009 – Az.: VK 2–153/09; B. v. 15. 11. 2007 – Az.: VK 2–123/07, B. v. 15. 11. 2007 – Az.: VK 2–120/07, B. v. 15. 11. 2007 – Az.: VK 2–117/07, B. v. 15. 11. 2007 – Az.: VK 2–114/07, B. v. 15. 11. 2007 – Az.: VK 2–108/07, B. v. 15. 11. 2007 – Az.: VK 2–105/07; B. v. 15. 11. 2007 – Az.: VK 2–102/07; 1. VK Sachsen, B. v. 9. 2. 2009 – Az.: 1/SVK/071-08).

9519   Aus der Regelung **folgt also nicht, dass dem Auftragnehmer kein Wagnis auferlegt werden darf**. Die Verlagerung eines Wagnisses, das auf Umständen und Ereignissen beruht, auf die der Auftragnehmer keinen Einfluss hat, und dessen Einwirkung auf die Preise er schätzen kann, ist vergaberechtlich nicht unzulässig. Dies folgt schon aus dem Wortlaut der Regelung a. F., wonach dem Auftragnehmer Schätzungen zuzumuten sind (OLG Düsseldorf, B. v. 18. 11. 2009 – Az.: VII-Verg 19/09; B. v. 19. 10. 2006 – Az.: VII – Verg 39/06; VK Baden-Württemberg, B. v. 28. 5. 2009 – Az.: 1 VK 21/09; 1. VK Bund, B. v. 20. 1. 2010 – Az.: VK 1–233/09; 2. VK Bund, B. v. 14. 9. 2009 – Az.: VK 2–153/09; VK Niedersachsen, B. v. 15. 1. 2010 – Az.: VgK-74/2009; 1. VK Sachsen, B. v. 9. 2. 2009 – Az.: 1/SVK/071-08). **Maßstab** der Regelung ist, **welche Risiken ein Auftragnehmer üblicherweise in der Branche zu tragen hat** (VK Baden-Württemberg, B. v. 26. 3. 2010 – Az.: 1 VK 11/10; B. v. 30. 12. 2008 – Az.: 1 VK 51/08; 2. VK Bund, B. v. 21. 6. 2010 – Az.: VK 2–53/10; B. v. 7. 6. 2010 – Az.: VK 3–54/10; VK Lüneburg, B. v. 12. 1. 2007 – Az.: VgK-33/2006; VK Niedersachsen, B. v. 15. 1. 2010 – Az.: VgK-74/2009; 1. VK Sachsen, B. v. 9. 2. 2009 – Az.: 1/SVK/071-08). Folglich ist zur Klärung der Frage, welches Wagnis ungewöhnlich und damit vergaberechtlich nicht zulässig ist, **einzelfallbezogen vorzugehen** (Saarländisches OLG, B. v. 29. 9. 2004 – Az.: 1 Verg 6/04; LSG Hessen, B. v. 15. 12. 2009 – Az.: L 1 KR 337/09 ER Verg; VK Baden-Württemberg, B. v. 26. 3. 2010 – Az.: 1 VK 11/10; B. v. 30. 12. 2008 – Az.: 1 VK 51/08; 1. VK Bund, B. v. 29. 10. 2009 – Az.: VK 1–185/09; 2. VK Bund, B. v. 26. 3. 2003 – Az.: VK 2–06/03; VK Niedersachsen, B. v. 15. 1. 2010 – Az.: VgK-74/2009; 1. VK Sachsen, B. v. 9. 2. 2009 – Az.: 1/SVK/071-08).

9520   Der Auftragnehmer kann nur dann die Einwirkung des ihm überbürdeten Wagnisses auf die Preise schätzen, wenn **er im konkreten Fall das Risiko selbst abzusehen und die daraus resultierenden Auswirkungen auf den Preis zu ermessen vermag** (OLG Düsseldorf, B. v. 18. 11. 2009 – Az.: VII-Verg 19/09; B. v. 19. 10. 2006 – Az.: VII – Verg 39/06). Hierzu muss für ihn überschaubar sein, mit welcher Wahrscheinlichkeit sich das Wagnis voraussichtlich realisieren und wirtschaftlich für ihn auswirken wird (OLG Düsseldorf, B. v. 9. 6. 2004 – Az.: VII – Verg 18/04; VK Brandenburg, B. v. 8. 12. 2005 – Az.: 2 VK 72/05; 3. VK Bund, B. v. 6. 5. 2005 – Az.: VK 3–28/05; VK Lüneburg, B. v. 15. 5. 2008 – Az.: VgK-12/2008).

9521   **Gewöhnliche Wagnisse** sind solche, die – wie die **Beschaffenheit und Finanzierbarkeit von Materialien oder technische Schwierigkeiten der Ausführung** – zum **typischen Risiko eines Unternehmers**, zu seiner Sphäre, gehören und die im Prinzip von ihm beherrschbar sind (VK Brandenburg, B. v. 30. 9. 2008 – Az.: VK 30/08).

9522   Für die Frage, ob den Bietern in unzulässiger Weise ein ungewöhnliches Kalkulationswagnis aufgebürdet wird, ist **insbesondere maßgeblich, welchen Umfang das Risiko hat und wie wahrscheinlich seine Verwirklichung** ist. Außerdem ist zu **berücksichtigen, welche Möglichkeiten Auftraggeber und Auftragnehmer haben, das Risiko zu beherrschen**. Schließlich können sich **Indizien für ein entsprechendes Wagnis daraus ergeben, dass das fragliche Risiko den Bietern in der Vergangenheit oder in anderen Vergabeverfahren nicht aufgebürdet wurde/wird**. Schlichte Äußerungen im politischen Raum sind hingegen für sich genommen nicht geeignet, stichhaltige Anhaltspunkte für oder gegen die Annahme eines ungewöhnlichen Wagnisses im Rahmen der rechtlichen Prüfung zu geben (2. VK Bund, B. v. 14. 8. 2009 – Az.: VK 2–93/09).

9523   Die **Übertragung eines ungewöhnlichen Wagnisses liegt vor, wenn dem Auftragnehmer Risiken aufgebürdet werden, die er nach der in dem jeweiligen Vertragstyp üblicherweise geltenden Wagnisverteilung an sich nicht zu tragen hat** (LSG Hessen, B. v. 15. 12. 2009 – Az.: L 1 KR 337/09 ER Verg). Zu derartigen Umständen und Ereignissen können **beispielsweise Beistellungen, Leistungen vorgeschriebener Unterauftragnehmer, Ersatzteilbedarf und Wartungsaufwand in der Nutzungsphase sowie andere Leistungsziele** zählen. Zu einem ungewöhnlichem Wagnis wird aber auch in diesen Fällen das dem Auftragnehmer auferlegte Risiko erst dann, wenn es darüber hinaus nach Art der Vertragsgestaltung und nach dem allgemein geplanten Ablauf nicht zu erwarten ist und im Einzelfall wirtschaftlich schwerwiegende Folgen für den Auftragnehmer mit sich bringen kann (OLG Düsseldorf, B. v. 19. 10. 2006 – Az.: VII – Verg 39/06; OLG Naumburg, B. v. 5. 12. 2008 – Az.: 1 Verg 9/08; VK Baden-Württemberg, B. v. 30. 12. 2008 – Az.: 1 VK 51/08; VK Lüneburg, B. v. 15. 5. 2008 – Az.: VgK-12/2008; B. v. 12. 1. 2007 – Az.: VgK-33/2006; B. v. 18. 6. 2004 – Az.: 203-VgK-29/2004). Die Vorschrift findet deshalb von vornherein **auf solche Risiken keine Anwendung, die vertragstypisch ohnehin den Auftragnehmer treffen** (OLG Düsseldorf, B. v. 9. 7. 2003 – Az.: Verg 26/03; OLG Naumburg, B. v. 5. 12. 2008 – Az.: 1 Verg 9/08; VK Lüneburg, B. v. 12. 1. 2007 – Az.: VgK-33/2006).

107.12.6.3.3 Weite Auslegung zugunsten des Bieters. Die Regelung dient dem **Schutz des Auftragnehmers vor unangemessenen Vertragsbedingungen** (VK Hamburg, B. v. 25. 7. 2002 – Az.: VgK FB 1/02). Entsprechend diesem Normzweck des § 7 Abs. 1 VOB/A ist die Vorschrift nicht eng, sondern **eher weit auszulegen** (1. VK Bund, B. v. 19. 7. 2002 – Az.: VK 1–37/02; 2. VK Bund, B. v. 13. 7. 2005 – Az.: VK 2–69/05; B. v. 19. 3. 2002 – Az.: VK 2–06/02).

9524

107.12.6.4 Absicherung eines Risikos über die Vergütung

Ein ungewöhnliches Wagnis liegt **dann nicht** vor, wenn der **Auftragnehmer die Möglichkeit hat, das Wagnis in wirtschaftlicher**, also in vergütungsmäßiger **Hinsicht, abzusichern** (OLG Koblenz, Urteil v. 19. 5. 2006 – Az.: 8 U 69/05; OLG Naumburg, Urteil v. 22. 1. 2002 – Az.: 1 U (Kart) 2/01; 3. VK Saarland, B. v. 10. 8. 2009 – Az.: 3 VK 03/2008).

9525

107.12.6.5 Einzelfälle

107.12.6.5.1 Leistungs- und Erfüllungsrisiko. Die **Übertragung eines ungewöhnlichen Risikos liegt nicht im Leistungs- und Erfüllungsrisiko** (VK Lüneburg, B. v. 15. 5. 2008 – Az.: VgK-12/2008). Der Auftragnehmer eines Liefer- oder Dienstleistungsauftrags trägt nach allgemeinen Grundsätzen nicht nur das Risiko, seine vertraglich übernommenen Verpflichtungen erfüllen zu können; ihm ist nach allgemeinem Vertragsrecht überdies auch das Risiko zugewiesen, die versprochene Leistung über die gesamte Vertragslaufzeit zu dem vereinbarten Preis kostendeckend erbringen zu können. Es fällt mithin auch **in seinen Risikobereich, wenn bei einem unverändert bleibenden Leistungsgegenstand seine Kosten aufgrund veränderter gesetzlicher (oder wirtschaftlicher) Rahmenbedingungen steigen**, so dass er seine Vertragsleistung mit einem erhöhten Kostenaufwand erbringen muss. Es ist nach der vertragstypischen Risikoverteilung – auch im Liefer- oder Dienstleistungsvertrag – vielmehr Sache des Auftragnehmers, für derartige Kostensteigerungen Vorsorge zu treffen und sie durch einen entsprechenden Wagniszuschlag in seiner Preiskalkulation zu berücksichtigen (OLG Düsseldorf, B. v. 9. 7. 2003 – Az.: Verg 26/03; 2. VK Bund, B. v. 21. 6. 2010 – Az.: VK 2–53/10).

9526

107.12.6.5.2 Finanzierbarkeit. Ein außergewöhnliches Kündigungsrecht des Auftraggebers aus Haushaltsgründen beinhaltet grundsätzlich ein vergaberechtswidriges ungewöhnliches Wagnis für den Auftragnehmer. Es ist **nicht zu rechtfertigen, dem Auftragnehmer das Haushaltsrisiko des Auftraggebers zu überbürden** (VK Lüneburg, B. v. 10. 3. 2006 – Az.: VgK-06/2006).

9527

107.12.6.5.3 Risiko eines Verstoßes gegen Vergaberecht. Die **Bestimmung, wonach eine außerordentliche Kündigung ausgesprochen werden kann, wenn ein Gericht rechtskräftig festgestellt hat, dass der Abschluss bzw. die Aufrechterhaltung des Vertrages gegen Vergaberecht verstößt**, berücksichtigt eben so wenig, in wessen Verantwortungsbereich es liegt, wenn es zu einer solchen Feststellung kommt. Abgesehen davon **vermag nicht jede Feststellung, dass der Abschluss eines Vertrages gegen Vergaberecht verstößt, eine Kündigung zu rechtfertigen**. Lediglich soweit ein Sachverhalt vorliegt, wonach eine Vertragsaufhebung unter Berücksichtigung der Entscheidung des EuGH vom 18. 7. 2007, Rs. 503/4 erforderlich wird, mag eine außerordentliche Kündigung gerechtfertigt sein (VK Baden-Württemberg, B. v. 7. 11. 2007 – Az.: 1 VK 43/07).

9528

107.12.6.5.4 Abnahme- bzw. Verwendungsrisiko. Wenn die **grundsätzliche Gefahrenverteilung bei Liefer- oder Dienstleistungsverträgen**, die darin besteht, dass der Auftraggeber das Abnahmerisiko trägt (**was bestellt ist, wird auch bezahlt**), **durch die Ausschreibungsbedingungen im Ergebnis umgekehrt wird**, handelt es sich um die **Aufbürdung eines ungewöhnlichen Wagnisses** selbst dann, wenn diese Risikoverlagerung in sehr begrenztem Umfang durch geringfügige Kostengarantien abgefedert wird (2. VK Bund, B. v. 19. 3. 2002 – Az.: VK 2–06/02).

9529

Teil 4 VOL/A § 7   Vergabe- und Vertragsordnung für Leistungen Teil A

9530   Um eine Vergleichbarkeit der Angebotspreise zu gewährleisten, muss der **Auftraggeber bei Schulungs- und Unterrichtsleistungen in seinen Verdingungsunterlagen eine für alle Bieter identische Mindestteilnehmerzahl vorgeben.** Die Mindestteilnehmerzahl ist dabei so zu bemessen, dass den Bietern kein ungewöhnliches Wagnis auferlegt wird (1. VK Bund, B. v. 20. 8. 2008 – Az.: VK 1–111/08).

9531   Es handelt sich also um die **Aufbürdung eines ungewöhnlichen Wagnisses**, wenn der **Auftraggeber** z. B. **eine Qualifizierungsmaßnahme an verschiedenen Orten ausschreibt, den Bietern aber keine Möglichkeit gibt, die Teilnehmerzahlen abzuschätzen** (1. VK Bund, B. v. 8. 8. 2006 – Az.: VK 1–67/06; 2. VK Bund, B. v. 13. 7. 2005 – Az.: VK 2–69/05).

9532   **107.12.6.5.5 Zeitlicher Vorlauf zwischen Angebotseröffnung und Leistungsbeginn.** Für einen **umfangreichen Auftrag für die Sammlung und den Transport von Abfällen, Behälterwirtschaftung, Verwertung von Altpapier pp.** hat die Rechtsprechung entschieden, dass ein **zeitlicher Vorlauf von 17 Monaten bzw. 24 Monaten nicht nur den fachkundigen Bietern zumutbar**, sondern **für den Auftraggeber auch geboten ist**. Zum einen ist zu berücksichtigen, dass der Bieter, der den Auftrag letztlich erhält, eine umfangreiche Logistik und gegebenenfalls einen Standort im Entsorgungsgebiet aufbauen muss. Ferner muss der Auftraggeber, wie die Praxis der Vergabekammern zeigt, bei einem derartig umfangreichen, auch von der Auftragssumme bedeutenden Auftrag, berücksichtigen, dass sich die Auftragserteilung durch Wahrnehmung der Bieterrechte gemäß § 97ff. GWB und Stellung eines Nachprüfungsantrages erheblich verzögert (VK Lüneburg, B. v. 8. 5. 2006 – Az.: VgK-07/2006; B. v. 12. 11. 2001 – Az.: VgK-19/2001).

9533   **107.12.6.5.6 Zulässigkeit der Forderung einer Mischkalkulation?** Die **Bildung einer Mischkalkulation bedeutet für die Bieter keine Übernahme eines ungewöhnlichen und unzumutbaren Risikos**, wenn der tatsächliche **Umfang der erforderlichen Arbeiten** zum Zeitpunkt der Erstellung der Kalkulation **der Größenordnung nach erkennbar** gewesen ist (BGH, Urteil v. 18. 4. 2002 – Az: VII ZR 38/01).

9534   Die **neuere Vergaberechtsprechung kommt dagegen zu einer Unzulässigkeit einer solchen Forderung. Ist von den Bietern die Angabe gefordert, ob sie in Bezug auf „weitere Leistungen" jeweils eine gesonderte Vergütung oder keine gesonderte Vergütung verlangen,** stellt dies einen **Vergaberechtsverstoß** dar, weil die **Zulassung mischkalkulierter Preise einerseits und die Bewertung gesonderter Einheitspreise andererseits zu einer Unvergleichbarkeit der Angebote** führen. Nach der fortgesetzten Rechtsprechung des BGH ist, damit ein Angebot gewertet werden kann, jeder in der Leistungsbeschreibung vorgesehene Preis so wie gefordert vollständig und mit dem Betrag anzugeben, der für die betreffende Leistung beansprucht wird. Grundsätzlich sind deshalb **Angebote, bei denen der Bieter die Einheitspreise einzelner Leistungspositionen in „Mischkalkulationen" auf andere Leistungspositionen umlegt, grundsätzlich von der Wertung auszuschließen.** Ein Bieter, der in seinem Angebot die von ihm tatsächlich für einzelne Leistungspositionen geforderten Einheitspreise auf verschiedene Einheitspreise anderer Leistungspositionen verteilt, benennt nämlich nicht die von ihm geforderten Preise, sondern „versteckt" die von ihm geforderten Angaben zu den Preisen der ausgeschriebenen Leistungen in der Gesamtheit seines Angebots. Vor dem **Hintergrund dieser höchstrichterlichen Rechtsprechung darf die Möglichkeit einer Mischkalkulation nicht in die Option der Bieter gestellt werden** (1. VK Sachsen, B. v. 30. 4. 2008 – Az.: 1/SVK/020-08).

9535   Vgl. zur Unzulässigkeit einer Mischkalkulation die **Kommentierung zu → § 16 VOL/A Rdn. 69**.

9536   **107.12.6.5.7 Keine eindeutige Bezeichnung von Bedarfspositionen.** Bedarfspositionen müssen als Bedarfspositionen gekennzeichnet sein; ansonsten verstößt der Auftraggeber mindestens gegen das Gebot der eindeutigen und erschöpfenden Leistungsbeschreibung; vgl. im Einzelnen die Kommentierung → Rdn. 54.

9537   **107.12.6.5.8 Diskrepanz zwischen verbindlichen Leistungspflichten und unsicheren Vergütungsansprüchen.** Eine **Diskrepanz zwischen verbindlichen Leistungspflichten einerseits und unsicheren Vergütungsansprüchen andererseits bürdet dem Auftragnehmer ein ungewöhnliches Wagnis auf**. Kann ein Bieter z. B. trotz eines hohen Fixkostenanteils nicht mit einer Preisanpassung rechnen, weil nach den allgemeinen Angaben des Auftraggebers zum Mengengerüst eine Über- oder Unterschreitung der Stückzahlen keine Auswirkungen auf die Einheitspreise haben soll und die Einheitspreise so kalkuliert sein sollen, dass sie auch bei einer Unterschreitung des Auftragsvolumens pro Jahr oder des gesamten Auftragsvolumen des Vertrages auskömmlich sind, wird eine Preisanpassung nach § 2 Abs. 3 VOL/B wegen Änderung in der Beschaffenheit der Leistung, wozu auch Änderungen des Beschaffungsbedarfs gehören können, ausgeschlossen (OLG Saarbrücken, B. v. 13. 11. 2002 – Az.: 5 Verg 1/02).

Sehen die Ausschreibungsbedingungen vor, dass der **Auftragnehmer uneingeschränkt** 9538 **leistungsbereit sein muss und die zur Erbringung der Dienstleistung erforderlichen Mittel** (räumliche und sachliche Ausstattung; Personal) **über die gesamte Vertragsdauer für die maximale Teilnehmerzahl vorzuhalten hat** und bestimmen sie auf der anderen Seite, dass **eine Vergütung nur insoweit geschuldet wird, wie Teilnehmer tatsächlich unterrichtet worden sind**, wobei eine taggenaue Abrechnung anhand der Anwesenheitslisten erfolgen soll, wird durch diese Vergütungsregelung wird – nach der Art der Vertragsgestaltung an sich vom Auftraggeber zu tragende – **Verwendungsrisiko einseitig auf den Auftragnehmer abgewälzt**. Entgegen der im Dienstleistungsvertrag angelegten Risikostruktur hat nicht mehr der Auftraggeber, sondern nunmehr der Auftragnehmer das Wagnis zu tragen, ob und gegebenenfalls in welchem Umfang die vertraglich geschuldete Leistung in Anspruch genommen werden kann (OLG Düsseldorf, B. v. 5. 10. 2001 – Az.: 28/01).

Mit einer Regelung, wonach dem **Auftragnehmer lediglich eine Vergütung i. H. v. 70%** 9539 **des Kontingents an Teilnehmermonaten garantiert wird, er aber andererseits Ressourcen für eine 100%-ige Auslastung vorhalten muss, wird diesem ein ungewöhnliches Wagnis aufgebürdet. Die Auslastungsfrage fällt verschuldensunabhängig als „ungewöhnliches Risiko" in die Risikosphäre des Auftraggebers**. Allerdings verhält es sich nicht so, dass jede Art von Verlagerung dieses Auslastungsrisikos auf den Bieter per se vergaberechtswidrig wäre. Von einem leistungsfähigen und fachkundigen Bieter, der sich auf einen durch die geschilderten Besonderheiten der Arbeitsmarktdienstleistungen gekennzeichneten Auftrag bewirbt, kann durchaus erwartet werden, dass er in der Lage ist, auf den Sachverhalt einer gewissen Fluktuation der Teilnehmer und damit einer wechselnden Auslastung angemessen zu reagieren, indem z. B. das Betreuungspersonal in Zeiten einer geringeren Auslastung auch anderweitig, also für andere Aufgaben als die Abwicklung der § 38a SGB IX-Maßnahme, sinnvoll eingesetzt wird. Es ist dem **Bieter also im Grundsatz durchaus zuzumuten, diesen Sachverhalt in seine Kalkulation mit einzubeziehen. Die Grenze des Zulässigen ist dann überschritten**, wenn es sich um die Vergabe eines **Auftrags mit einer sehr langen Laufzeit**, nämlich von vier Jahren, handelt. Des Weiteren ergibt sich dies aus der **Quote 70:30**, wonach fast ein Drittel des Auslastungsrisikos auf den Bieter verlagert wird. Und letztendlich fällt ins Gewicht, dass ein **Personalschlüssel von 1:5 vorgesehen ist**; die Maßnahme ist mit diesem Personalschlüssel nicht nur sehr personalintensiv, sondern es wird auch hoch qualifiziertes Personal vorausgesetzt. In einer Gesamtschau aller genannten Aspekte bedeutet dies, dass der Bieter aufgrund des Personalschlüssels viel Personal bereit halten muss, das aufgrund der hohen Qualifikation teuer ist, und das über eine lange Laufzeit; eine Sicherheit, dieses bezahlt zu bekommen, hat er aber nur hinsichtlich 70%. Die übrigen 30% muss er entweder nicht einkalkulieren oder aber darauf verzichten, diese 30% bei seiner Kalkulation zu berücksichtigen, und damit das Ausfallrisiko in Kauf nehmen. Angesichts dessen, dass es sich bei diesem Kalkulationsrisiko um fast ein Drittel der Kosten handelt, die über einen langen Zeitraum anfallen, hat der Auftraggeber zu viel an „ungewöhnlichen Wagnis" und damit zu viel an Risiko auf die Bieter verlagert. In Bezug auf die konkrete Maßnahme und so wie diese hier zur Ausschreibung gelangt ist **erscheint eine Verlagerung des Ausfallrisikos auf die Bieter in Höhe von maximal 15% als vergaberechtskonform**. Der Auftraggeber müsste danach eine auslastungsunabhängige Kostenzahlung von mindestens 85% der Teilnehmermonate zusichern (3. VK Bund, B. v. 15. 5. 2009 – Az.: VK 3–127/09; B. v. 29. 4. 2009 – Az.: VK 3–76/09). Das **OLG Düsseldorf** vertritt eine **andere Auffassung** und hat die Entscheidung der VK Bund aufgehoben (OLG Düsseldorf, B. v. 18. 11. 2009 – Az.: VII-Verg 19/09 – instruktive Entscheidung).

107.12.6.5.9 Vorhaltung von Personal und Räumlichkeiten. Ein öffentlicher Auftrag- 9540 geber bürdet Bietern mit seiner Auffassung, dass **bereits die Abgabe eines Angebots in einem anderen Vergabeverfahren unter Benennung des jeweiligen Personals als eine Verplanung des Personals anzusehen ist, ein ungewöhnliches Wagnis** auf. Er zwingt damit die Bieter, ihr Personal bis zum Ablauf der Bindefrist zugunsten der Vergabestelle vorzuhalten, so dass sich die Bieter nicht gleichzeitig mit diesem Personal um andere Maßnahmen bewerben können. Da die Teilnahme an einem Vergabeverfahren für den **Bieter letztlich nur die Chance auf Zuschlagserteilung** bedeutet, er aber darauf angewiesen ist, sein Personal auszulasten, muss ihm die **Möglichkeit offen stehen, durch gleichzeitige Abgabe mehrerer Angebote die Chancen auf Erlangung wenigstens einiger Aufträge zu erhöhen**.

Teil 4 VOL/A § 7 Vergabe- und Vertragsordnung für Leistungen Teil A

Indem ein öffentlicher Auftraggeber die Bieter hinsichtlich dieser Möglichkeit einengt, beschränkt er deren wettbewerbliche Handlungsfreiheit in nicht hinnehmbarer Weise. Darin liegt gleichzeitig auch eine für die Bieter unangemessene Bedingung (1. VK Bund, B. v. 19. 7. 2002 – Az.: VK 1–37/02).

9541 Die **Forderung, dass die Bieter bereits bei Angebotsabgabe über das gesamte erforderliche Personal und sämtliche benötigten Räumlichkeiten für die Durchführung von Unterrichtsdienstleistungen verfügen müssen**, zwingt vor allem ortsfremde Bieter zu erheblichen Investitionen, ohne zu wissen, ob er überhaupt den Zuschlag erhält und sich so seine Aufwendungen amortisieren. Eine solche Vorgabe **bürdet** den Bietern daher ein **unzulässiges ungewöhnliches Wagnis** i. S. d. § 8 Nr. 1 Abs. 3 VOL/A **über** oder ist **diskriminierend** (3. VK Bund, B. v. 24. 7. 2008 – Az.: VK 3–95/08).

9542 **107.12.6.5.10 Vorgabe von Standards durch den Auftraggeber.** Ein öffentlicher Auftraggeber kann Anforderungen stellen, die über die gesetzlichen Mindesterfordernisse hinausgehen und für die er einen höheren Preis zu zahlen bereit ist. Solche Anforderungen sind nicht zwangsläufig als „ungewöhnliche Wagnisse" anzusehen. Es ist **dem Auftraggeber überlassen, welche Qualität einer Leistung er haben möchte; er muss sich nicht mit Mindeststandards begnügen.** Er muss dabei allerdings z. B. beachten, dass die Leistung eindeutig beschrieben und der Gleichbehandlungsgrundsatz gewahrt wird und die höheren Anforderungen nicht nur gestellt werden, um den Wettbewerb auszuschalten und einem bestimmten bevorzugten Bewerber den Auftrag zukommen lassen zu können. Die **Forderung nach Vorlage aller erforderlichen Genehmigungen etc.** oder die Verpflichtung zur Duldung von Probenahmen erscheint **legitim, zumindest aber nicht überzogen** (VK Hessen, B. v. 20. 2. 2002 – Az.: 69 d VK – 47/2001).

9543 **107.12.6.5.11 Einseitige Vertragsverlängerungsoption zu Gunsten des Auftraggebers.** ertragsverlängerungsoptionen sind **im geschäftlichen Verkehr nicht ungewöhnlich und werden auch im Vergaberecht von der Rechtsprechung generell für zulässig** gehalten, wenn sie hinsichtlich von Laufzeit und Anzahl hinreichend bestimmt sind (1. VK Bund, B. v. 20. 7. 2005 – Az.: VK 1–62/05; VK Niedersachsen, B. v. 15. 1. 2010 – Az.: VgK 74/2009).

9544 Muss die **nur einmalig mögliche Verlängerung spätestens 4 Monate vor dem Vertragsende schriftlich gegenüber dem Auftragnehmer erklärt** werden, sind damit der Umfang und die Dauer der optionalen Leistung hinreichend bestimmt. Die 4-monatige Vorlaufzeit lässt dem Auftragnehmer auch genügend Zeit, sich entweder auf die Beendigung der vertraglichen Beziehung zum Auftraggeber oder auf die Fortsetzung der Geschäftsbeziehung einzustellen. Ebenso ist eine Preiskalkulation mit einem Vorlauf von ca. 17 Monaten im kaufmännischen Geschäftsverkehr nicht ungewöhnlich (1.VK Bund, B. v. 20. 7. 2005 – Az.: VK 1–62/05; 3. VK Bund, B. v. 23. 1. 2009 – Az.: VK 3–194/08).

9545 Eine einseitige Vertragsverlängerungsklausel zu Gunsten des Auftraggebers enthält **kein für die Bieterunternehmen unkalkulierbares, ungewöhnliches Wagnis**, wenn der **Auftraggeber die Verlängerungsklausel dadurch abfedert**, dass den Interessen sowohl des Auftraggebers wie auch denen der Unternehmen dadurch Rechnung getragen wird, dass der Vertrag hinsichtlich des Erlöses eine **Anknüpfung an eine objektive Preisbasis** (z. B. den jeweiligen EUWID-Preis – EUWID = Europäischer Wirtschaftsdienst Recycling und Entsorgung) vorsieht (VK Lüneburg, B. v. 26. 4. 2004 – Az.: 203-VgK-10/2004).

9546 **107.12.6.5.12 Abtretung von Mängelansprüchen.** Eine **Abtretung von Mängelansprüchen ist nur dann ein umfassendes mietvertragliches Haftungsrisiko kalkulierbar**, wenn dem Bieter alle für den Umfang der Gewährleistung und für die erfolgreiche Geltendmachung von abgeleiteten Ansprüchen gegenüber dem Hersteller erforderlichen Regelungen und Bestandteile des Werkvertrages sowie des Wartungs- und Instandhaltungsvertrages nebst allen Anlagen offen gelegt werden (VK Lüneburg, B. v. 18. 6. 2004 – Az.: 203-VgK-29/2004).

9547 **107.12.6.5.13 Ausschreibung eines Bruttovertrages mit Anreizsystem im Personenverkehr (Bonus-Malus-Regelung).** Die Ausschreibung eines **Bruttovertrages mit Anreizsystem ist vergaberechtlich unbedenklich**. Die der Bonus-Malus-Regelung zugrunde liegenden Qualitätsstandards sind nicht willkürlich und gelten für alle am Auftrag interessierten Unternehmen gleichermaßen. Ein ungewöhnliches Wagnis (§ 8 Nr. 1 Abs. 3 VOL/A) wird niemandem aufgebürdet. Vielmehr kann der Gewinner der Ausschreibung genau das anstreben, was ihm nach Auffassung der Beschwerdegegnerin angeblich verwehrt wird: Die Verbesserung der Qualität des Schienenpersonennahverkehrs durch unternehmerische Kreativität, und zwar sowohl im eigenen als auch im Interesse der Bevölkerung (OLG Koblenz, B. v. 5. 9. 2002 – Az.: 1 Verg. 2/02; 1. VK Sachsen, B. v. 9. 2. 2009 – Az.: 1/SVK/071-08).

107.12.6.5.14 Option für Terrorversicherung im Rahmen von Versicherungsleistungen. Will der Auftraggeber eine Terrorgefahr nach Möglichkeit mitversichern lassen, jedoch auch Bietern, die einen Ausschluss oder eine Einschränkung dieses Risikos bei ihrem Angebot für notwendig halten, die Teilnahme am Vergabeverfahren ermöglichen, ist eine **Ausschreibung in dieser Weise ebenso wie die Abfrage von Wahl- oder Alternativpositionen vergaberechtlich grundsätzlich zulässig, soweit sie sich in einem bestimmten Ausmaß bewegt.** In welchem Umfang solche Positionen abgefragt werden dürfen, hängt von den Umständen des Einzelfalles ab (OLG Celle, B. v. 18. 12. 2003 – Az.: 13 Verg 22/03; VK Lüneburg, B. v. 24. 11. 2003 – Az.: 203-VgK-29/2003).

9548

Ist der Ausschreibung nicht zu entnehmen, ob die Präferenz des Auftraggebers beim Einschluss oder beim – preisgünstigeren – Ausschluss von Terrorschäden aus dem Versicherungsumfang liegt und sind auch die in den Verdingungsunterlagen mitgeteilten Risikoinformationen unzulänglich (fehlende Angabe der Gesamtschadenssummen, fehlende Information über die Anzahl der Schadensfälle, untergliedert in verschiedene Größenordnungen der Einzelschadenssummen), ist die **Leistungsbeschreibung nicht eindeutig** (OLG Naumburg, B. v. 26. 2. 2004 – Az.: 1 Verg 17/03).

9549

107.12.6.5.15 Gemeinsame Ausschreibung der gesamten PPK-Fraktion. Schreibt ein öffentlicher Auftraggeber die gesamte – dem Vergaberecht unterfallende und nicht unterfallende – PPK-Fraktion entsprechend dem vom Bundeskartellamt vorgegebenen Modalitäten aus –, sind die damit verbundenen Risiken für das Entsorgungsunternehmen **dann zumutbar, wenn der Vertrag eine Preisanpassung bei der Minderung der Altpapiermenge im Falle einer anderweitigen Beauftragung durch die DSD AG oder einen sonstigen künftigen Systembetreiber im Sinne des § 6 VerpackV vorsieht** (VK Lüneburg, B. v. 26. 4. 2004 – Az.: 203-VgK-10/2004).

9550

107.12.6.5.16 Vereinbarung einer Vertragsstrafe. Die **Vereinbarung von Vertragsstrafen ist grundsätzlich nicht ungewöhnlich.** Damit muss ein Auftragnehmer rechnen. Ergibt sich außerdem die Höhe der Vertragsstrafe aus einer gesetzlichen Regelung (z.B. einem Tariftreuegesetz) und übernimmt die vertragliche Regelung lediglich die gesetzliche Vorgabe, so „überbürdet" oder verlagert der Auftraggeber mit dieser Regelung kein Risiko auf die Bieter, mit dessen Eintritt nach dem allgemeinen und vorhersehbaren Ablauf einer Vertragsbeziehung bzw. bei der Durchführung des Vertrages nicht gerechnet werden muss, wobei dem Bieter die Möglichkeit genommen wird, die für ihn nachteiligen wirtschaftlichen Folgen abzuwenden (VK Münster, B. v. 24. 9. 2004 – Az.: VK 24/04; im Ergebnis ebenso 3. VK Bund, B. v. 28. 1. 2008 – Az.: VK 3–154/07; B. v. 24. 1. 2008 – Az.: VK 3–151/07).

9551

107.12.6.5.17 Vereinbarung einer Vertragsstrafe für nicht rechtzeitige Mitteilungen über organisatorische oder strukturelle Veränderungen beim Auftragnehmer oder Änderungen in der Zusammensetzung einer Auftragnehmergemeinschaft. An der **Bestimmung einer Vertragsstrafe für den Fall, dass Leistungserbringer organisatorische oder strukturelle Veränderungen in ihrem Unternehmen oder Änderungen in der Zusammensetzung einer Auftragnehmergemeinschaft nicht oder nicht rechtzeitig mitteilen, ist nichts auszusetzen.** Der Auftraggeber will sich während der Vertragslaufzeit über Veränderungen im Unternehmen der Leistungserbringer unterrichtet halten, welche die Fachkunde, die Leistungsfähigkeit oder die Zuverlässigkeit beeinträchtigen können. Dazu ist er **bei einem für mehrere Jahre einzugehenden Dauerschuldverhältnis berechtigt.** Ebenso wenig kann davon gesprochen werden, die von dem Auftraggeber getroffene Vertragsstrafenregelung bleibe hinter den gesetzlichen Anforderungen an Vertragsstrafen nach den §§ 339 ff. BGB zurück oder überbürde dem Leistungserbringer zu Unrecht den Nachweis, dass ihn an einem Vertragsverstoß kein Verschulden trifft. Die Bestimmungen der §§ 339 bis 343 BGB sind auf die in Vertragsbedingungen des Auftraggebers geregelten Vertragsstrafen ohne weiteres anzuwenden (OLG Düsseldorf, B. v. 17. 4. 2008 – Az.: VII – Verg 15/08).

9552

107.12.6.5.18 Vereinbarung einer Bürgschaft als Sicherheit für die Vertragserfüllung. Soll eine **Bürgschaft als Sicherheit für die Vertragserfüllung** gestellt werden, ist ein **derartiges Verlangen des Auftraggebers legitim**, und die Erfüllung ist für den späteren Leistungserbringer nicht unzumutbar. Das Sicherungsbedürfnis des Auftraggebers umfasst selbstverständlich auch etwaige Schadensersatzansprüche. Eine **Sicherheitsleistung ist Leistungs-**

9553

erbringern der Höhe nach zuzumuten, wenn sie fünf Prozent der pauschal zu zahlenden monatlichen Vergütung beträgt (OLG Düsseldorf, B. v. 17. 4. 2008 – Az.: VII – Verg 15/08).

9554   107.12.6.5.19 Vorweggenommene Zustimmung zur Verlängerung der Bindefrist für den Fall eines Nachprüfungsverfahrens zum Zeitpunkt der Angebotsabgabe. Die Verpflichtung der Beter durch den Auftraggeber, bereits zum Zeitpunkt der Angebotsabgabe die vorweggenommene Zustimmung zur Verlängerung der Bindefrist mindestens bis zur Rechtskraft des letzten Beschlusses im Nachprüfungsverfahren zu verlangen, sofern der Bieter Beteiligter des Nachprüfungsverfahrens ist, stellt kein ungewöhnliches Wagnis dar. Nicht nur ein öffentlicher Auftraggeber, sondern auch die Bieter müssen bei europaweiten Vergabeverfahren stets damit rechnen, dass ein Bieter von seinem **Rechtschutz nach den §§ 107 ff. GWB Gebrauch** macht. **Darin liegt kein ungewöhnliches Kalkulationsrisiko.** Auch ist zu berücksichtigen, dass sich die Forderung nach der antizipierten Zustimmung zur Bindefristverlängerung ausdrücklich nur auf die Bieter beschränkt, die Beteiligte eines Nachprüfungsverfahrens werden. Dies sind **neben dem jeweiligen Antragsteller regelmäßig nur die Bieter, die nach dem derzeitigen Stand des Vergabeverfahrens die aussichtsreichsten Angebote abgegeben haben und deshalb von der Vergabekammer gemäß 109 GWB zum Nachprüfungsverfahren beigeladen** werden. Eine Rechtsverletzung im Sinne des § 114 Abs. 1 Satz 1 GWB durch die antizipierte Zustimmungserklärung scheidet für diesen Bieterkreis aus. Für den Antragsteller folgt dies schon daraus, dass er ohne Zustimmung zur Bindefristverlängerung bis zum rechtskräftigen Abschluss des Nachprüfungsverfahrens die Antragsbefugnis im Nachprüfungsverfahren gemäß § 107 Abs. 2 GWB verliert, wenn das Zuschlagsverbot gemäß § 115 Abs. 1 GWB die Zuschlags- und Bindefrist nach § 10 VOL/A bzw. VOB/A überholt. Das Zuschlagsverbot des § 115 Abs. 1 GWB und die damit verbundene Verzögerung des Vergabeverfahrens dient ja gerade den Interessen des Antragstellers und ist die zentrale Regelung des vergaberechtlichen Primärrechtsschutzes. Der damit verbundene Bieterschutz aber läuft ins Leere, wenn der Antragsteller den Zuschlag nach rechtskräftigem Abschluss des Nachprüfungsverfahrens schon deshalb nicht erhalten kann, weil er mangels Verlängerung der Bindefrist kein wirksames Angebot mehr vorweisen kann. Da der **Gesetzgeber bislang der Problematik, dass die Wirkung des Zuschlagsverbots gemäß § 115 Abs. 1 GWB die Zuschlags- und Bindefrist überholt, nicht Rechnung getragen hat, ist die Lösung über eine antizipierte Zustimmungserklärung zur Bindefristverlängerung eine recht- und zweckmäßige Regelung**, die den Antragsteller nicht in seinen Rechten verletzt (VK Lüneburg, B. v. 8. 5. 2006 – Az.: VgK-07/2006).

9555   Diese **Auffassung ist im Ergebnis mit der Rechtsprechung des BGH zur Risikoverteilung bei vergabenachprüfungsbedingten Leistungsverzögerungen nicht mehr vereinbar**. Vgl. insoweit die **Kommentierung zu** → **§ 10 VOL/A Rdn. 54 ff**.

9556   107.12.6.5.20 **Bedingter Zuschlag.** Ein **bedingter Zuschlag** z. B. dahingehend, dass bei einer einheitlichen Lieferleistung, die in Losen ausgeschrieben ist, der Auftraggeber berechtigt ist, die Zuschlagserteilung eines Loses unter die aufschiebende Bedingung der Zuschlagserteilung der anderen Lose zu stellen, **überträgt dem Bieter ein ungewöhnliches Wagnis und ist daher unzulässig.** Ein **Bieter kann den Ablauf der Vergabe grundsätzlich nicht beeinflussen und auch nicht für eine zusammenhängende Vergabe der Lose Sorge tragen**. Die wesentlichen für eine Vergabe bedeutsamen Umstände hat der Auftraggeber in der Hand. Er schafft die Voraussetzungen für das Vorhaben, gestaltet die Verdingungsunterlagen und prüft und wertet die Angebote. Die aus der Sicht des Auftraggebers **entscheidende Motivation für dieses Konstrukt, nämlich die zeitliche Verschiebung der Zuschlagserteilung in einem Los durch einen Nachprüfungsantrag, ist von dem im Parallelverfahren für den Zuschlag vorgesehenen Bieter ebenfalls nicht beeinflussbar.** Durch die vorgesehene Möglichkeit, den Zuschlag unter die aufschiebende Bedingung der Zuschlagserteilung im Parallelverfahren zu stellen, wird dem **Auftragnehmer das zeitliche Risiko des Nachprüfungsverfahrens bei der Parallelvergabe mit aufgebürdet.** Zwar ist die Dauer des Nachprüfungsverfahrens vor der Vergabekammer wegen der 5-Wochen Frist des § 113 Abs. 1 Satz 1 GWB noch einigermaßen voraussehbar. Für die Dauer des Rechtsmittelverfahrens vor dem OLG trifft dies aber bereits nicht mehr zu. Für den Bieter ist damit nicht voraussehbar, wann er mit den Bauarbeiten wird beginnen können. Es ist ohne weiteres nachvollziehbar, dass dies auch die Planbarkeit der Auftragsausführung und unter Umständen auch die Verfügbarkeit von Ressourcen beeinflusst. (3. VK Bund, B. v. 28. 1. 2008 – Az.: VK 3-154/07; B. v. 24. 1. 2008 – Az.: VK 3–151/07).

107.12.6.5.21 Übertragung des Risikos der Vollständigkeit und Widerspruchsfreiheit der Vergabeunterlagen. Das **Risiko der Vollständigkeit und Fehlerfreiheit der Verdingungsunterlagen trägt der Auftraggeber** (vgl. § 7 Abs. 1 VOL/A). Führt die **Widersprüchlichkeit und Lückenhaftigkeit der Leistungsbeschreibung dazu, dass bei Auftragsausführungen Mehrleistungen zu erbringen sind, so sind diese zu vergüten; kommt es zu Verzögerungen, so geht dies ebenfalls zu Lasten des Auftraggebers.** Zwar hat der Bieter gewisse Mitwirkungspflichten. Er muss, wenn er während des Vergabeverfahrens feststellt, dass die Vergabeunterlagen unklar, lückenhaft oder sonst fehlerhaft sind, die Vergabestelle unverzüglich darauf hinweisen. Bei erkannter oder erkennbarer Unvollständigkeit soll der Bieter sich nicht im Nachhinein hierauf berufen können. Die vom Bieter verlangte **Vollständigkeitserklärung geht aber weit über eine solche Mitwirkungspflicht hinaus,** wenn der **Bieter mit Abgabe des Angebots „versichern" muss,** „dass die ihm zur Verfügung gestellten Unterlagen und Angaben ausreichend waren, um die übernommenen Leistungen abnahmereif und funktionsfähig nach Ausführungsart und Umfang erbringen zu können." Die abzugebende **Erklärung bezieht sich also nicht nur auf die Vollständigkeit der Vergabeunterlagen, sondern weitergehend auf die Herstellung der Funktionsfähigkeit und der Abnahmereife.** Sollte sich herausstellen, dass die Liefer- oder Dienstleistung mangels vollständiger Angaben in den Vergabeunterlagen nicht voll funktionsfähig und abnahmereif zu erbringen war, so hat die abgegebene Erklärung zur Folge, dass der Auftragnehmer hierfür mit verantwortlich ist, und zwar unabhängig davon, ob er die **Lückenhaftigkeit der Vergabeunterlagen bei Erstellung des Angebots überhaupt hätte erkennen können.** Bei erforderlichen Mehrleistungen zur Herstellung einer abnahmereifen Leistung kann der Auftraggeber dem Ansinnen des Auftragnehmers nach Mehrvergütung die streitige Klausel entgegenhalten. Wenn es **infolge der Widersprüchlichkeit der Vergabeunterlagen Zweifel am Umfang der geschuldeten Leistung gibt, soll der Auftraggeber bestimmen, wie die Vergabeunterlagen hier zu verstehen waren und was die vereinbarte Leistung ist.** Da die so im Nachhinein bestimmte Leistung dann die vertraglich vereinbarte Leistung ist, stehen dem **Auftragnehmer keinerlei Mehrvergütungsansprüche** zu. Im Ergebnis beansprucht der Auftraggeber damit aber das Recht, den in den Vergabeunterlagen liegenden Fehler im Nachhinein zu seinen Gunsten zu korrigieren, ohne dass dem Auftragnehmer Ausgleichsansprüche zustehen. In ihren **finanziellen Auswirkungen ist die Belastung durch beide Regelungen nicht absehbar oder gar kalkulierbar** (3. VK Bund, B. v. 28. 1. 2008 – Az.: VK 3–154/07; B. v. 24. 1. 2008 – Az.: VK 3–151/07).

107.12.6.5.22 Vorabzustimmung des Bieters zur Übertragung der Rechte und Pflichten des Auftraggebers auf eine Projektgesellschaft. Eine vorgesehene **Vorabzustimmung des Bieters zur Übertragung der Rechte und Pflichten des Auftraggebers auf eine Projektgesellschaft** – z. B. im Rahmen eines komplexen IT-Projekts oder einer Betreiberleistung – überträgt ein ungewöhnliches Wagnis auf den Auftragnehmer. Nach § 415 BGB ist eine **Schuldübernahme,** um die es sich handelt, nur wirksam, wenn der Gläubiger zustimmt. Dies dient seinem Schutz, denn die **Bonität des Schuldners ist für den Wert der Forderung von ausschlaggebender Bedeutung** und er muss sich nicht auf einen Schuldner einlassen, den er sich nicht selbst ausgesucht hat. Die vorgesehene **Vorabzustimmung ohne Kenntnis des Übernehmers nimmt dem Bieter jede Möglichkeit, sich von der Bonität seines neuen Schuldners zu überzeugen.** Die bloße Mitteilung des Auftraggebers, die Vergütungsforderung des Auftragnehmers könne vollständig abgesichert werden, ist nicht ausreichend. Das Risiko, das der Auftragnehmer mit einer Vorabzustimmung eingeht, kann er nur dann einschätzen, wenn ihm **nähere Informationen zur Zusammensetzung der Projektgesellschaft, zu deren Kapitalausstattung oder zu sonstigen Absicherungen der Vergütungsforderungen** gegeben werden (3. VK Bund, B. v. 28. 1. 2008 – Az.: VK 3–154/07; B. v. 24. 1. 2008 – Az.: VK 3–151/07).

107.12.6.5.23 Belastung des Bieters mit der Umsatzsteuer. Die Umsatzsteuer ist **regelmäßig Bestandteil des vom Bieter zu bestimmenden Angebotspreises.** Der Bieter berechnet den Preis für seine Leistung und hat damit auch Einfluss auf die Berechnung der Umsatzsteuer. Die **Umsatzsteuer ist ein typisches Risiko eines Unternehmers, gehört zu seiner Sphäre und stellt sich damit nicht als ungewöhnliches, sondern vielmehr gewöhnliches Wagnis** dar. Das Risiko der richtigen Ermittlung der Umsatzsteuer liegt damit aufseiten des Auftragnehmers. **Zweifel oder Unklarheiten bei der Berechnung der Umsatzsteuer** hat der **Bieter** – ggf. durch Kontaktaufnahme mit dem zuständigen Finanzamt – **zu beseitigen** (VK Brandenburg, B. v. 28. 1. 2008 – Az.: VK 59/07; 2. VK Bund, B. v. 9. 7. 2010 – Az.: VK 2–59/10).

9560 Steuerliche Risiken, die sich für die Bieter bei der Vergabe einer neuartigen Maßnahme und dementsprechend noch nicht gefestigter einschlägiger Praxis der zuständigen Behörden ergeben mögen und die auch der Auftraggeber nicht beherrschen kann, müssen jedenfalls dann hingenommen werden, wenn der Auftraggeber ein berechtigtes Interesse an der Zugrundelegung der Brutto-Angebotspreise bei der Wertung hat. Trotz der wirtschaftlichen Relevanz der Umsatzsteuer für einen nicht vorsteuerabzugsberechtigten Auftraggeber könnte es an dieser Voraussetzung zwar fehlen, wenn der Auftraggeber tatsächlich das Kriterium des Brutto-Angebotspreises nur deshalb wählt, um von – seinerseits erwarteten – steuerlichen Fehleinschätzungen der Bieter zu profitieren. Dies ist jedoch nicht der Fall, **wenn ein anerkennenswertes Interesse des Auftraggebers daran besteht, bereits im Zeitpunkt des Vertragsabschlusses zu wissen, welche finanzielle Belastung aus dem Zuschlag für ihn resultiert, ohne den Ausgang möglicher Streitigkeiten der erfolgreichen Bieter mit den Finanzbehörden und ggf. vor den Finanzgerichten über die Steuerpflichtigkeit der Leistungen abwarten zu müssen.** Die Vereinbarung eines Festpreises, der auch die etwa anfallende Umsatzsteuer einschließt, trägt diesem Interesse Rechnung. Überdies ermöglicht die Vereinbarung eines Brutto-Festpreises es dem Auftraggeber, auch von bieterbezogenen Steuervorteilen zu profitieren, was als legitim anzusehen ist. So erscheint es nicht von vornherein ausgeschlossen, dass die ausgeschriebene Tätigkeit, sofern sie grundsätzlich umsatzsteuerpflichtig ist, bei einem privatrechtlich organisierten, als gemeinnützig anerkannten Bieter dessen Zweckbetrieb zugeordnet wird und deshalb nur einem auf 7% verminderten Steuersatz unterliegt (2. VK Bund, B. v. 9. 7. 2010 – Az.: VK 2–59/10).

9561 **107.12.6.5.24 Kündigungsrechte des Auftraggebers.** Setzen sämtliche Gründe für eine **außerordentliche Kündigung** durch die Auftraggeber **ausdrücklich ein Verschulden des Auftragnehmers voraus oder liegen sie zumindest ausdrücklich in der Sphäre des Auftragnehmers**, so dass hier Eintritt oder Nichteintritt ausschließlich durch den Auftragnehmer beeinflussbar ist, wird den Bietern durch das dem Auftraggeber eingeräumte Kündigungsrecht **kein ungewöhnliches Wagnis** aufgebürdet (VK Lüneburg, B. v. 15. 5. 2008 – Az.: VgK-12/2008).

9562 **107.12.6.5.25 Forderung nach einer zum Zeitpunkt der Angebotsabgabe bereits abgeschlossenen Versicherung.** Verlangt der Auftraggeber, dass der **Bieter bereits vor dem Zuschlag eine abgeschlossene Police vorlegen** muss, dient diese **Forderung nicht mehr der abstrakten Eignungsprüfung** und der Ermittlung der wirtschaftlichen Leistungsfähigkeit. Damit aber wird **dem Bieter**, der zum Zeitpunkt der Angebotsabgabe seine Erfolgschancen denklogischer Weise noch nicht einschätzen kann, **ein erhebliches wirtschaftliches Risiko des Abschlusses einer Versicherung auferlegt, die er womöglich später nicht benötigt.** Die von den Bieter mit Angebotsabgabe verlangte **Versicherungsbescheinigung stellt einen Verstoß gegen das Verbot der Übertragung eines ungewöhnlichen Risikos dar** (1. VK Sachsen, 30. 4. 2008 – Az.: 1/SVK/020-08).

9563 **107.12.6.5.26 Forderung nach einer zum Zeitpunkt der Abgabe des Teilnahmeantrags bereits abgeschlossenen Versicherung.** Auch für einen Teilnahmewettbewerb stellt es **eine nicht zumutbare Einschränkung der Bieterrechte** dar, wollte man im Hinblick auf den **im Ergebnis des Vergabeverfahrens abzuschließenden z. B. Dienstleistungsvertrag schon für das Stadium des Auswahlverfahrens** verlangen, dass der Bieter rechtliche und finanzielle Bindungen eingeht, obwohl erst mit dem Abschluss des Vertrages auch der **Abschluss einer entsprechenden Berufshaftpflichtversicherung** nachzuweisen ist (VK Thüringen, B. v. 2. 3. 2009 – Az.: 250–4004.20–584/2009-002-EF).

9564 Auch nach Auffassung der VK Baden-Württemberg kann darin, dass sich der **Auftraggeber vorbehält, zur Bietereignung den Nachweis über das Bestehen einer Haftpflichtversicherung über Deckungssummen von 7,5 Mio. € für Personenschäden bzw. 50 Mio. € für Sachschäden vorlegen zu lassen, ein Vergabefehler zu sehen sein. Es handelt sich insoweit um eine unzumutbare Forderung.** Es kann von den Bietern nicht erwartet werden, dass sie, ohne dass feststeht, dass sie den Zuschlag erhalten, Versicherungsverträge über solche Summen abschließen, die weit über das übliche Maß hinausgehen (VK Baden-Württemberg, B. v. 13. 8. 2009 – Az.: 1 VK 31/09).

9565 **107.12.6.5.27 Fehlende Gleitklausel für die Entwicklung der Peronalkosten.** Bei den Personalkosten handelt es sich um einen Faktor, der von den Bietern zu kalkulieren ist. Es **gab in der Vergangenheit bei der Lohn- und Gehaltsentwicklung von Arbeitnehmern in der Privatwirtschaft keine großen Schwankungen. Auch die lediglich abstrakte Möglichkeit der Einführung von Mindestlöhnen hat nicht zur Folge,** dass eine diesbezüglich fehlende Gleitklausel ein ungewöhnliches Wagnis für die Bieter bedeutet (VK Baden-Württemberg, B. v. 26. 3. 2010 – Az.: 1 VK 11/10).

107.12.6.5.28 Rahmenvereinbarung über die Hauszustellung von aufsaugenden Inkontinenzartikeln. Zwar besteht ein **gewisses Kalkulationsrisiko** bei einem solchen Rahmenvertrag für den Bieter, weil der **genaue Bedarf des Auftraggebers nicht bekannt** ist. Andererseits steht fest, dass der Auftraggeber die Versorgung aller bei ihm versicherten Inkontinzpatienten mit Inkontinenzprodukten sicherstellen muss. Eine zwischengeschaltete Entscheidung des Auftraggebers – wie beispielsweise die Zuweisung von Teilnehmern zu Bildungsmaßnahmen bei Ausschreibungen der Bundesagentur für Arbeit – findet nicht statt. Dazu kommt, dass **in Anbetracht der Bevölkerungsstruktur die Anzahl der Inkontinenzpatienten sicher nicht zurückgehen** wird. Darüber hinaus ist durch die Verdingungsunterlagen gewährleistet, dass der **Auftragnehmer ausschließlicher Vertragspartner des Auftraggebers für ein bestimmtes Hilfsmittel** ist. Vor diesem Hintergrund ist davon auszugehen, dass die angegebenen Fallzahlen (alle Inkontinenzpatienten eines Loses im Jahr 2006) auch dem ungefähr zu erwartenden Auftragsvolumen entsprechen. Weitergehende Angaben sind nicht zwingend erforderlich. Das gilt **insbesondere beim Rahmenvertrag, bei dem die genaue Menge der zu erbringenden Leistung typischerweise noch nicht feststeht** (vgl. § 4 EG Abs. 1 Satz 2 VOL/A). Im übrigen ist dem Auftraggeber auch nicht zu widerlegen, dass er – da er auch in der Vergangenheit bereits mit Versorgungspauschalen abgerechnet hat – **über die von dem Bieter geforderten Angaben zu den prozentualen Versorgungsanteile unterteilt nach Produktgruppen überhaupt nicht verfügt** (3. VK Bund, B. v. 7. 2. 2008 – Az.: VK 3–169/07). 9566

107.12.6.5.29 Forderung des Auftraggebers nach einem Grundrabatt. Fordert der Auftraggeber, dass der **Unternehmer dem Auftraggeber einen Grundrabatt gewähren muss, der mindestens eine Gleichstellung mit dem günstigsten am Markt befindlichen, wirkstoffgleichen Alternativprodukt (Re- und Parallelimporte) auf Basis des Apothekenverkaufspreises sicherstellt, macht dies eine kaufmännisch vernünftige Kalkulation des Angebots unmöglich.** Dadurch wird den Bietern ein ungewöhnliches Wagnis aufgebürdet, das die Abgabe eines Angebots unzumutbar macht. Während die finanziellen Auswirkungen eines konkreten eigenen Rabattangebots für den Bieter auf der Grundlage etwaiger Erfahrungen aus der Vergangenheit sowie Informationen über den Markt und seine Mechanismen grundsätzlich zumindest in groben Zügen abschätzbar sind, haben die Bieter hinsichtlich des nach dem Vertragsentwurf des Auftraggebers jedenfalls sicherzustellenden Grundrabatts weder die Möglichkeit, Einfluss auf die Preise der Re- oder Parallelimporteure zu nehmen, noch können sie die Entwicklung der fraglichen Preise auch nur annähernd einschätzen. Dies gilt insbesondere deshalb, weil die Gleichstellungsverpflichtung nicht etwa an einen über verschiedene Importeure und einen gewissen Zeitraum gemittelten Preis anknüpft, sondern vielmehr auf den Preis des jeweils aktuell günstigsten Importeurs abstellt, ohne dass es auf die verfügbaren Mengen ankäme (2. VK Bund, B. v. 22. 8. 2008 – Az.: VK 2–73/08). 9567

107.12.6.5.30 Forderung nach Einhaltung des sozialrechtlichen Datenschutzes. Die Anforderungen an den Datenschutz im Sozialrecht ergeben sich aus § 78a Sozialgesetzbuch Zehntes Buch (SGB X). Die Anforderungen sind für sich gesehen kalkulierbar. Der **Tatbestand des ungewöhnlichen Wagnisses durch die Forderung nach Einhaltung des Datenschutzes ist damit nicht erfüllt** (2. VK Bund, B. v. 16. 3. 2009 – Az.: VK 2–7/09; B. v. 8. 2. 2008 – VK 2–156/07). 9568

107.12.6.5.31 Eventuelle Teilbetriebsübernahme. Ein ungewöhnliches Wagnis ist nicht darin zu sehen, dass im Falle der Auftragsvergabe wegen der Zurverfügungstellung der sachlichen Betriebsmittel durch den Auftraggeber im arbeitsrechtlichen Sinne eine Teilbetriebsübernahme (§ 613a BGB) anzunehmen sein könnte. Die Gestellung von Personal bei der Erbringung einer Dienstleistung geschieht zwar in aller Regel in der Form, dass der Bieter sein eigenes vorhandenes Personal einsetzt oder aber zur Auftragsdurchführung benötigtes Personal rechtzeitig von ihm zu Vertragsbeginn neu eingestellt wird. Nach der Rechtsprechung des Landesarbeitsgerichts Köln soll aber eine Neuvergabe von Rettungsdienstleistungen an einen anderen Auftragnehmer durch einen Auftraggeber auch ohne Übernahme eines nach Zahl und Sachkunde wesentlichen Teils des vom bisherigen Auftragnehmer eingesetzten Personals als Betriebsübergang im Sinne des § 613a BGB zu qualifizieren sein, wenn der Auftraggeber für die Durchführung der Dienste sämtliche materiellen Betriebsmittel (wie Wachgebäude, Fahrzeug und Ausrüstungsgegenstände) zur Verfügung stellt. Dies soll zur Folge haben, dass bei einer Neuvergabe eine zuvor ausgesprochene betriebsbedingte Kündigung durch den alten Auftrag- 9569 nehmer eines Arbeitsverhältnisses mit einem Rettungsdienstmitarbeiter unwirksam ist und das wirksam begründete Arbeitsverhältnis mit dem neuen Unternehmen nach § 613a Abs. 1 Satz 1 BGB mindestens für die Dauer eines Jahres fortbesteht, weil es im Wege des Betriebsteilsüberganges auf den neuen Auftragnehmer übergegangen ist. Der Bieter ist jedoch **nicht außer Stande, die durch die Personalübernahme entstehenden Kosten und ihren Einfluss auf seinen Angebotspreis zu berechnen, wenn** er seit Jahrzehnten auf dem Markt der Versorgung der Kreise und kreisfreien Städte mit Rettungsdienstleistungen als Anbieter wirtschaftlich tätig ist, er die einschlägigen gesetzlichen Vorschriften (Rettungsgesetz; Rettungsassistentengesetz) kennt und weiß, wie er die Rettungsfahrzeuge mit Rettungssanitätern, Rettungsassistenten und Rettungshelfern in drei Schichten im 24-Stunden-Betrieb zu besetzen hat und auch detaillierte Kenntnisse und Erfahrungswerte darüber hat, wie viel Zusatzpersonal für Urlaube und für Krankheitsfälle je zu besetzendes Fahrzeug vorzuhalten ist und der größte Teil der Personalkosten zudem tariflich festgelegt ist (OLG Düsseldorf, B. v. 29. 9. 2008 – Az.: VII-Verg 50/08).

9570 **107.12.6.5.32 Forderung nach Einhaltung der jeweils geltenden Mindestlöhne nach AEntG.** Die **Verpflichtung zur Einhaltung der jeweils geltenden Mindestlöhne nach AEntG stellt kein ungewöhnliches Wagnis dar**. Eine Preisanpassungsklausel oder Sonderkündigungsrecht für den Fall, dass eine Mindestentgeltregelung auf Grundlage des AEntG (später) eingeführt wird, muss nicht vorgesehen werden. Zwar hat ein Bieter bei einer noch fehlenden Allgemeinverbindlicherklärung grundsätzlich keinen Einfluss darauf, ob tarifvertragliche Arbeitsbedingungen bei Aus- und Weiterbildungsdienstleistungen nach SGB II und III nach AEntG für allgemeinverbindlich erklärt werden. Allerdings **fehlt es an einer erforderlichen Ungewissheit**, die eine kaufmännisch vernünftige Kalkulation des Angebotspreises für den Bieter unmöglich macht, **wenn der Antrag auf Allgemeinverbindlicherklärung eines Tarifvertrages aus der Branche der Aus- und Weiterbildungsdienstleistungen nach dem Zweiten und Dritten Buch Sozialgesetzbuch vom 9. Juni 2009 im Bundesanzeiger Nr. 87 vom 18. 6. 2009 bekannt gemacht worden ist und dieser Bekanntmachung der zugrunde liegende Tarifvertrag vom 12. Mai 2009 als Anlage samt Auflistung der Mindeststundenvergütungen nach § 3 Abs. 1 des Tarifvertrags beilag**. Damit war der Tarifvertrag jedermann zugänglich. Ein Bieter kann daher seiner Kalkulation die dort vorgesehenen Mindestentgelte durchaus zu Grunde legen. Hierfür ist also noch nicht einmal eine Schätzung der zu erwartenden Mindestlohnkosten notwendig (3. VK Bund, B. v. 9. 9. 2009 – Az.: VK 3–163/09).

9571 Eine Ungewissheit tritt aber auch nicht deshalb ein, weil die **Mindestentgelt-Regelungen für die Aus- und Weiterbildungsbranche noch nicht gemäß § 3 AEntG gültig** sind. Es fehlt derzeit noch an einem für allgemeinverbindlich erklärten Tarifvertrag oder einer Rechtsverordnung nach § 7 AEntG. Die Bieter sind deshalb, solange es an der Verbindlichkeit des Mindestlohns fehlt, nicht verpflichtet, sich an die Mindestentgelt-Vorgaben des Tarifvertrags zu halten. Hat der Auftraggeber dieser Situation in seiner Klausel durch den Hinweis auf die „jeweils geltenden Mindestentgelt-Regelungen" Rechnung getragen, **bleibt es dem Bieter damit bei der Kalkulation der Lohnkosten überlassen, ob er im Hinblick auf eine mögliche Allgemeinverbindlicherklärung des Mindestlohns eine entsprechende Entlohnung seiner Mitarbeiter auf dem Mindestniveau einkalkuliert oder sich preisliche Vorteile gegenüber Mitbietern verschafft, indem er den Mindestlohn für einen kürzeren Zeitraum als den Vertragszeitraum der vorliegenden Vergabe einkalkuliert. Dieser betriebswirtschaftliche Spielraum ist legitim und begründet keine Ungewissheit** (3. VK Bund, B. v. 9. 9. 2009 – Az.: VK 3–163/09).

9572 Hinzu kommt, dass die **Mindestlohnklausel in den Verdingungsunterlagen ohnehin deklaratorischer Natur** ist. Denn alle Bieter sind ab dem Zeitpunkt der Allgemeinverbindlichkeitserklärung an den entsprechenden Mindestlohn gebunden, auch wenn der Auftraggeber sich keine Zusicherung nach Einhaltung geben ließe. Zu bedenken ist in diesem Zusammenhang auch, dass es sich **hier nicht um die Einführung von (möglicherweise hohen) Tariflöhnen, sondern von Mindestentgelten** handelt. Diese stellen Schwellenbeträge dar, unterhalb derer nach Ansicht der Tarifvertragsparteien Lohndumping vorliegt (3. VK Bund, B. v. 9. 9. 2009 – Az.: VK 3–163/09).

9573 **107.12.6.5.33 Weitere Beispiele aus der Rechtsprechung**

– dass es bei der Schülerbeförderung zu Veränderungen bei der Anzahl der Schüler und der zu fahrenden Touren kommen kann, liegt in der Natur des Ausschreibungsgegenstands. Um einen **sachgerechten Interessenausgleich zwischen den Parteien** zu erreichen, ist der Vertrag so ausgestaltet, dass die **tatsächlich gefahrenen Besetztkilometer einschließlich der Besetztstunden vergütet** werden. Die Vorgaben der Antragsgegnerin **übersteigen** somit **nicht das normale vertragliche unternehmerische Risiko** (VK Baden-Württemberg, B. v. 26. 3. 2010 – Az.: 1 VK 11/10)

– auch **soweit das Auftragsvolumen davon abhängt, ob Ärzte die benötigten Impfstoffe über den Ausschreibungsgewinner beziehen, folgt daraus nicht ein unzulässiges Wagnis**. Zwar können die Ärzte nicht von den Ag verpflichtet werden, die fraglichen Impfstoffe nur von dem Ausschreibungsgewinner zu beziehen. Dies bedeutet zunächst jedoch nur, dass dem Ausschreibungsgewinner nicht hundert Prozent des Abgabevolumens zukommen wird. Da die **Apotheker als Bieter oder Mitglieder einer Bietergemeinschaft jedoch das grundsätzliche Verordnungsverhalten kennen und zusätzlich über die im Rahmen der Vertragsabwicklung vorgesehenen Anreize informiert sind**, die die Ärzte zu einer Abnahme vom Ausschreibungsgewinner bewegen sollen (entsprechendes Anschreiben an die Ärzte und Bereitstellung von Freiumschlägen), ist es ihnen, zumal sie in der Regel ohnehin einen Grundumsatz von Grippeimpfstoffen haben, **zumutbar, zu Zwecken der Preiskalkulation Absatzmengen und gegebenenfalls Sicherheitszuschläge zu kalkulieren** (1. VK Bund, B. v. 20. 1. 2010 – Az.: VK 1–233/09)

– da es sich bei den streitgegenständlichen Verträgen um Rahmenvereinbarungen handelt, für die nach § 3a Nr. 4 Abs. 1 Satz 2 VOL/A eine abschließende Festlegung des Auftragsvolumens nicht erfolgen muss, ist **das (Kalkulations-)Risiko eines nicht abschließend bestimmten Auftragsvolumens für sich genommen nicht schon ein Wagnis im Sinne des § 8 Nr. 1 Abs. 3 VOL/A**. Aber auch der Umstand, dass das Auftragsvolumen von verschiedenen Faktoren abhängig ist, auf die der Auftragnehmer nur begrenzt Einfluss hat, führt nicht zu einem Verstoß nach § 8 Nr. 1 Abs. 3 VOL/A. Bei den hier relevanten Umständen handelt es sich insbesondere um die Abhängigkeit des Auftragsvolumens von der Nachfrage der Versicherten – betreffend die Gesamtmenge der zu Lasten der Ag abzugebenden Impfdosen – und dem Verordnungsverhalten der Ärzte im Hinblick darauf, welchen Anteil der verordneten Impfdosen die Ärzte über den bezuschlagten Bieter beziehen werden. Soweit sich Kalkulationsrisiken auf die zu erwartende Gesamtmenge der Impfdosen beziehen, die zu Lasten der Ag in der Impfsaison 2010/2011 abgegeben werden, ist festzustellen, dass die **Ag für die letzten drei Grippesaisons detaillierte Daten zu Verordnungsmengen in den Verdingungsunterlagen bereit gestellt hat**. Darüber hinaus gehende Schwankungen des Gesamtvolumens der Ag aufgrund besonderer Umstände treffen die Apotheker als primäre Zielgruppe der Ausschreibung, zu denen auch das vorgesehene weitere Mitglied der beabsichtigten Bietergemeinschaft der ASt gehört, ohnehin auf dem entsprechenden Gesamtmarkt und **sind daher aufgrund von eigenen Erfahrungswerten auch abschätzbar. Ein Anpassungsmechanismus für Mengenänderungen (bezogen auf das Gesamtvolumen der benötigten Impfdosen) war daher nicht erforderlich.** Sollten insoweit bei der Vertragsdurchführung gravierende Umstände eintreten, sind diese gegebenenfalls über die allgemeinen Regelungen, z. B. über die gesetzlichen Regelungen zum Wegfall der Geschäftsgrundlage (§ 313 BGB), unter den Vertragsparteien zu lösen (1. VK Bund, B. v. 20. 1. 2010 – Az.: VK 1–233/09)

– **wendet sich eine Ausschreibung hauptsächlich an Apotheken** (als nach §§ 47, 43 AMG vorgesehener Vertriebsweg), sind diese **als insoweit rein vertreibendes Unternehmen allenfalls darauf angewiesen, dass ihre Zulieferer – in diesem Fall die Impfstoffhersteller – ihnen verlässliche Konditionen bieten. Dies ist seitens verschiedener Hersteller der Fall.** Hinzu kommt, dass sich Marktpreise nicht allein an den Herstellungskosten, sondern etwa auch an den Preisen der Wettbewerber und anderen Faktoren des Marktes orientieren, so dass Erfahrungen mit Preisentwicklungen der Impfstoffe in der Vergangenheit ebenfalls geeignet sind, Kalkulationsrisiken zu begrenzen und den Bietern so eine Kalkulation – gegebenenfalls mit Risikozuschlägen – ermöglichen. Daher erscheinen die mit der fehlenden Zusammensetzung des Impfstoffs einhergehenden möglichen Kalkulationsrisiken für den möglichen Bieterkreis nicht vergaberechtlich unzulässig (1. VK Bund, B. v. 20. 1. 2010 – Az.: VK 1–233/09)

– **eine Festpreisregelung in Verbindung mit einer konkreten Vertragslaufzeit ist bei der Verwertung des kommunalen Altpapiers branchenüblich. Eine derartige Festpreisforderung wird aber auch nicht dadurch zum ungewöhnlichen Wagnis im Sinne des § 8 Nr. 1 Abs. 3 VOL/A, dass der Auftraggeber sich zugleich eine einseitige Verlängerungsoption einräumt.** Grundsätzlich kann ein ungewöhnliches Wagnis für den Bieter entstehen, wenn unklar bleibt, ob und in welchem Zeitraum eine Verlängerungsoption während der Laufzeit des Vertrages in Anspruch genommen wird, der Auftragnehmer sich die zu einer Klärung erforderlichen Kenntnisse nicht selbst verschaffen kann und er daher nicht im Stande ist, verlässliche Vorstellungen zur Preisentwicklung zu entwickeln. Andererseits ist eine im Rahmen der Ausschreibung vorbehaltene einseitige Vertragsverlängerung im geschäftlichen Verkehr nicht ungewöhnlich und wird auch im Vergaberecht von der Rechtsprechung generell für zulässig gehalten, wenn sie hinsichtlich von Laufzeit und Anzahl hinreichend bestimmt ist. Der **Auftraggeber muss in der Lage sein, die von seinen Gebührenschuldnern zu erhebenden Abgaben verlässlich über einen bestimmten Zeitraum festlegen zu können.** Auch dem Auftragnehmer ermöglicht der Festpreis eine Rechtssicherheit und eine hinreichende Grundlage für die eigene Kalkulation. Dies gelte zumindest dann, wenn die Mindestvertragslaufzeit überschaubar ist. Es können zwar auch in einer relativ kurzen Zeitspanne starke Veränderungen auf dem Weltmarkt auftreten. Vor solchen Nachteilen kann sich der Auftragnehmer aber absichern, beispielsweise durch zeitlich gleichlange Verträge mit seinen eigenen Abnehmern, den Papierfabriken. Es fällt grundsätzlich in den Risikobereich eines Kaufmanns, wenn sich seine Erwartungen über die Preisentwicklung während eines bestimmten Zeitraums nicht erfüllen. Eine andere Beurteilung ergibt sich auch nicht aus der Tatsache, dass der Auftraggeber sich über die einseitige Vertragsverlängerung für maximal ein Jahr hinaus überdies noch vorbehalten hat, den Vertrag innerhalb des Optionszeitraums zu jedem Quartalsende mit einer Kündigungsfrist von 3 Monaten zu kündigen. In Umfang und Dauer ist auch diese Laufzeitenregelung hinreichend bestimmt (VK Niedersachsen, B. v. 15. 1. 2010 – Az.: VgK-74/2009)

– **grundsätzliche Bedenken gegen eine werktägige Lieferverpflichtung des Auftragnehmers unter dem Gesichtspunkt eines ungewöhnlichen Wagnisses i. S. d. § 8 Nr. 1 Absatz 3 VOL/A bestehen nicht.** Für die Frage, ob den Bietern in unzulässiger Weise ein ungewöhnliches Kalkulationswagnis aufgebürdet wird, ist insbesondere maßgeblich, welchen Umfang das Risiko hat und wie wahrscheinlich seine Verwirklichung ist. Außerdem ist zu berücksichtigen, welche Möglichkeiten Auftraggeber und Auftragnehmer haben, das Risiko zu beherrschen. Dem Auftragnehmer, dessen rabattiertes Medikament von ihm über die etablierte Großhandelsschiene im Markt vertrieben wird, kommt als Initiator der Lieferkette eine Schlüsselposition zu. Die Ag hingegen hat mangels eigener Berührungspunkte mit der Lieferkette keinerlei Einfluss auf die Absatzsteuerung. Ihr kommt lediglich die Funktion als Kostenträgerin zu. Darüber hinaus ist davon auszugehen, dass das Lieferausfallrisiko aufgrund des Eigeninteresses des Großhandels an der Aufrechterhaltung seiner Lieferfähigkeit, der multiplen Vertriebsverträge zwischen Apotheken und Großhandel und letztlich der Professionalität der Lieferlogistik im pharmazeutischen Bereich für den potentiellen Auftragnehmer jedenfalls beherrschbar ist, da ein Lieferausfall äußerst selten bis niemals eintreten dürfte. Entsprechen Inhalt wird die Datengrundlage für die Bieter haben. Darüber hinaus wird der Lieferausfall für den dann lieferverpflichteten Auftragnehmer infolge der Anwachsung der Großhandelsspanne bei ihm auch finanziell beherrschbar sein. Kalkulierbar ist das Risiko bei entsprechender Datenlage zudem durch die unstreitig am Markt verfügbaren und für den Betäubungsmitteltransport zugelassenen Transportunternehmen (2. VK Bund, B. v. 14. 9. 2009 – Az.: VK 2–153/09)

– die in § 9 Abs. 2, letzter Satz RV geregelte **Kündigungsmöglichkeit ist nicht unverhältnismäßig und stellt auch kein ungewöhnliches Wagnis i. S. d. § 8 Nr. 1 Abs. 3 VOL/A dar.** Gerade im Zusammenspiel mit § 8 RV, in dem die ASt eine unangemessene „Doppelbestrafung" des Auftragnehmers sieht, stellt die Kündigung des Vertrags bezogen auf den jeweiligen Wirkstoff die angemessene Sanktion des Auftraggebers auf den dort bezeichneten Sachverhalt dar: Die Kündigung ist erst dann möglich, wenn ein Unternehmer bezogen auf diesen Wirkstoff innerhalb eines Zeitraums von 12 aufeinander folgenden Monaten eine zweite Vertragsstrafe i. S. d. § 8 RV verwirkt. D. h. die **Kündigung erfolgt erst dann, wenn die Androhung und Verwirkung einer Vertragsstrafe noch nicht geeignet war, wiederholte Lieferausfälle i. S. d. § 8 Abs. 1 RV zu vermeiden. Es kann den Ag grundsätzlich nicht zugemutet werden, an einem solchen Vertrag weiter festzuhalten**, wenn sich der Rabattvertragspartner wiederholt als nicht hinreichend leistungsfähig und zuverlässig erwiesen hat. Abgesehen hiervon handelt es sich bei den Regelungen in § 9 Abs. 2 RV lediglich um ein Kündigungsrecht der Ag, d. h. die Kündigung muss trotz vertragswidrigem Verhalten des Auftragnehmers nicht zwingend erfolgen (1. VK Bund, B. v. 26. 11. 2009 – Az.: VK 1–197/09)

– die in § 8 RV geregelte **Vertragsstrafe ist nicht unangemessen hoch.** Zum einen wird diese Vertragsstrafe erst dann verwirkt, wenn bestimmte, in § 8 Abs. 1 RV genannte enge Voraussetzungen erfüllt sind: Erforderlich ist ein vom Unternehmer gemäß §§ 276, 278 BGB zu vertretender vollständiger oder teilweiser Lieferausfall innerhalb von drei aufeinander folgenden Monaten, der einen Zeitraum von aufsummiert 7 Werktagen überschreitet. Die Höhe der Vertragsstrafe soll 20% des Umsatzes, den der Unternehmer zu Lasten der Ag im letzten Kalendermonat vor Verwirkung der Vertragsstrafe erzielt hat, betragen, zu berücksichtigen ist aber nur der Umsatz mit dem betreffenden Arzneimittel, das ganz oder teilweise nicht geliefert werden konnte. **Die Summe aller Vertragsstrafen für alle Rabattarzneimittel über die gesamte Vertragslaufzeit ist darüber hinaus gemäß § 8 Abs. 4 RV auf maximal 5% des Gesamtumsatzes des Unternehmers beschränkt.** Praktisch bedeutet dies im Hinblick auf die grundsätzlich 24-monatige Laufzeit des Rabattvertrages eine Vertragsstrafe in Höhe von lediglich 20% von ca. allenfalls 1/24, **im Ergebnis also 1/120, der Gesamtauftragssumme** (abzüglich der Auftragssumme für ggf. weitere PZN dieses Unternehmers mit demselben Wirkstoff, die lieferbar gewesen sind). Ein solcher Betrag erscheint im Hinblick auf die Gesamtumstände vorliegend angemessen (1. VK Bund, B. v. 26. 11. 2009 – Az.: VK 1–197/09)

– wird in einer Vertragsklausel geregelt, dass **der ApU gilt, also der Rabatt Null beträgt, wenn der Unternehmer den ApU für ein Rabattarzneimittel unter den Rabatt-ApU senkt, liegt darin kein „Wagnis" i. S. d. § 8 Nr. 1 Abs. 3 VOL/A.** Ein solches Wagnis setzt u. a. voraus, dass der Auftragnehmer auf kalkulationserhebliche Umstände und Ereignisse keinen Einfluss hat. An dieser Voraussetzung scheitert vorliegend bereits schon die Unzulässigkeit dieser Klausel. § 2 Abs. 2, letzter Satz RV betrifft nämlich ausschließlich Umstände im Einflussbereich des Bieters bzw. ggf. künftiger Auftragnehmers selbst, der allein es in der Hand hat, seinen ApU während der Vertragslaufzeit des RV zu gestalten. Abgesehen hiervon ist diese Klausel sachgerecht, da die Krankenkassen anderenfalls ohne Rabattvertrag ggf. besser stünden (da sie dann für ein Arzneimittel höchstens den ApU zahlen müssen) als mit dem Rabattvertrag (wenn der Rabatt-ApU eines Rabattvertragspartners über dessen ApU liegen sollte) (1. VK Bund, B. v. 26. 11. 2009 – Az.: VK 1–197/09)

– die Regelung des § 10 des Rabattvertragsentwurfs benachteiligt den Bieter nicht unangemessen. Diese **Vorschrift trifft eine (Ruhens-) Regelung für den Fall, dass der Apothekenverkaufspreis (AVP) abzüglich des Rabattes eines vom Rabattvertrag erfassten Arzneimittels höher ist als der AVP von drei austauschfähigen Arzneimitteln anderer Hersteller.** In jedem Fall stellt diese Regelung in § 10 des Rabattvertrags die **Reaktion auf die gänzlich veränderte Geschäftsgrundlage dar, wenn (aus welchen Gründen auch immer) drei preisgünstigere Fertigarzneimittel am Markt erhältlich sind, was den Rabattvertrag (im Hinblick auf das betroffene Arzneimittel) seines Sinns entleert.** Es liegt auf der Hand, dass – jedenfalls aus Sicht der Krankenkassen – dieser Fall einer Regelung bedarf. Die **Ruhensregelung**, die die Wirkung des § 129 Abs. 1 Satz 3 SGB V suspendiert, **stellt fraglos ein adäquates Mittel hierzu dar.** Nach Auffassung des Senats ist es **aber auch nicht zu beanstanden, dass die Krankenkassen den Rabattvertragspartnern zur Abwendung dieser Folge nur die Möglichkeit der Absenkung des HAP einräumen wollen.** Dies liegt zunächst schon deshalb nahe, weil die Preisbewegung auf dem „übrigen" Markt auch durch die Absenkung des HAP der austauschfähigen Arzneimittel eingetreten ist. Zudem haben die Krankenkassen im Rahmen der Ausschreibung die „Systementscheidung" der Gewährung eines für alle PZN eines Wirkstoffs einheitlichen Rabattsatzes getroffen. Hiervon mussten sie für den von § 10 Abs. 1 des Rabattvertrags geregelten Fall nicht abweichen. Zwar betrifft die Absenkung des HAP dann auch alle anderen Abnehmer dieses Arzneimittels. Andererseits würde die Erhöhung des Rabatts (als Mittel zur Abwendung der Ruhensregelung) auf alle PZN des betreffenden Wirkstoffs, die von dem Rabattvertrag erfasst werden, anzuwenden sein. Es ist nicht erkennbar, dass die Absenkung des HAP gegenüber der Erhöhung des Rabatts eine gravierend nachteiligere Regelung darstellt (LSG Nordrhein-Westfalen, B. v. 19. 11. 2009 – Az.: L 21 KR 55/09 SFB)

– es ist **nicht ungewöhnlich, dass beim Abschluss von Dauerschuldverhältnissen** (wie z. B. Arbeits- und Dienstleistungsverträgen) **Probezeiten vereinbart und dass darüber hinaus für den Fall eines unbefriedigenden Verlaufs der Probezeit beiden Seiten Kündigungsrechte ohne Angabe von Gründen eingeräumt** werden. Auch der Umstand, dass eine innerhalb einer Frist von zwei Wochen erklärte Kündigung des Auftragnehmers nicht zur sofortigen Beendigung des Vertrages führt, sondern das Vertragsverhältnis noch vier Wochen fortgeführt werden soll, ist weder außergewöhnlich, noch ist dieser Umstand objektiv dazu geeignet, die Preise zu beeinflussen (OLG Düsseldorf, B. v. 4. 5. 2009 – Az.: VII-Verg 68/08)

- die **Abfrage eines Einheitspreises für die Sammlung und den Transport von Abfällen stellt kein ungewöhnliches Wagnis** gemäß § 8 Nr. 1 Abs. 3 VOL/A dar. **Die Entwicklung der Abfallmengen ist nur eingeschränkt prognostizierbar, und kann weder vom Bieter noch vom öffentlichen Auftraggeber eindeutig vorhergesehen** werden. Die Antragsgegner haben in der Leistungsbeschreibung zur Minimierung dieses Risikos über die Abfallmengen in der Vergangenheit informiert. Aufgrund dieser Daten und auch der eigenen Marktbeobachtungen war es den in der Branche tätigen Bietern nicht unmöglich, auf der Basis eines anzugebenden Einheitspreises zu kalkulieren. Die Auslastung der Fahrzeuge und des Personals ist in einer bestimmten Bandbreite einfach hinzunehmen, weil dies **für Dauerschuldverhältnisse im Entsorgungsbereich nicht völlig ungewöhnlich** ist (VK Münster, B. v. 15. 9. 2009 – Az.: VK 14/09)

- es ist **kein ungewöhnliches Wagnis darin zu sehen, dass im Falle der Auftragsvergabe bei Zurverfügungstellung der sachlichen Betriebsmittel durch den Auftraggeber im arbeitsrechtlichen Sinne eine (Teil-)Betriebsübernahme nach § 613a BGB anzunehmen sein könnte.** Diese zu Rettungsdienstleistungen ergangene Entscheidung führt zutreffend an, dass ein Bieter grundsätzlich zwar sein eigenes vorhandenes oder noch rechtzeitig vor Auftragsdurchführung einzustellendes Personal einsetzt. Einen Betriebsübergang unterstellend könnte ein versierter Bieter die durch eine Personalübernahme nach § 613a BGB entstehenden Kosten und ihren Einfluss auf den Angebotspreis berechnen, jedenfalls wenn tariflich oder anderweitig gesetzlich festgelegte Entgelte zu zahlen sind und die Leistungsbeschreibung die Qualifikation und Ausbildung des einzusetzenden Personals in den wesentlichen Zügen vorgibt (VK Brandenburg, B. v. 8. 9. 2009 – Az.: VK 33/09)

- soweit die Antragstellerin aus dem in den Verdingungsunterlagen fehlenden Hinweis auf einen möglichen Betriebsübergang einen Verstoß gegen § 8 Nr. 1 Abs. 1 VOL/A ableitet, hat der Auftraggeber diesen Mangel spätestens mit dem Bieterrundschreiben vom 28. Juli 2009 und insoweit rechtzeitig vor Ablauf der Frist zur Angebotsabgabe rund einen Monat später geheilt. Der **Auftraggeber hat die Bieter zwar nicht in einem Rundschreiben positiv auf die Möglichkeit hingewiesen, dass ein Wechsel in der Person des Dienstleisters einen Betriebs(teil)übergang mit sich bringen könnte. Der Auftraggeber hat sich vielmehr gegenteilig festgelegt, dass der diskutierte Betriebsübergang nicht Gegenstand der Ausschreibung und damit nicht zu berücksichtigen** sei (VK Brandenburg, B. v. 8. 9. 2009 – Az.: VK 33/09)

- gesetzgeberisches Ziel des § 130a Abs. 8 SGB V ist es, den Gesetzlichen Krankenkassen die Möglichkeit einzuräumen, durch den Abschluss von Rabattverträgen mit den Pharmaunternehmen Einsparungen zu erzielen, die über die ohnehin qua Gesetz an die Krankenkassen zu entrichtenden Rabatte hinausgehen. Dies geht deutlich aus der Vorschrift des § 130a Abs. 8 Satz 1 SGB V hervor, der zufolge die Krankenkassen oder ihre Verbände mit pharmazeutischen Unternehmen „zusätzlich" zu den Abschlägen nach Absätzen 1 und 2 Rabatte für die zu ihren Lasten abgegebenen Arzneimittel vereinbaren können. **Es ist vergaberechtlich nicht zu beanstanden, wenn dieses gesetzgeberische Ziel durch die Festlegung einer Untergrenze für den vom Bieter zu entrichtenden Rabatt verfolgt wird.** Die Kalkulationsfreiheit des Bieters wird nur insoweit eingeschränkt, als Angebote, die einen Rabatt von 10 v.H. nicht erreichen, ausgeschlossen werden. Darüber hinaus bleibt die Kalkulationsfreiheit völlig unberührt. Eine **Behinderung, Verfälschung oder Einschränkung des Wettbewerbs** vermag diese Mindestvorgabe der Vergabekammer nicht zu erkennen (3. VK Bund, B. v. 29. 9. 2009 – Az.: VK 3–166/09)

- **steuerliche Risiken, die sich für die Bieter bei der erstmaligen Vergabe einer neuartigen Maßnahme und dementsprechend noch nicht gefestigter einschlägiger Praxis der zuständigen Behörden ergeben und die auch der Auftraggeber nicht beherrschen kann, müssen hingenommen werden.** Der Auftraggeber hat hier sogar nur ganz geringe Einflussmöglichkeiten, da er allenfalls auf politischem Wege klare Vorgaben mit dem Ziel einer verlässlichen Einschätzung der Behandlung von Bieterkonzepten anregen kann, während für die Bieter die Möglichkeit besteht, konkrete Schritte gegenüber den zuständigen Behörden zu unternehmen (2. VK Bund, B. v. 14. 8. 2009 – Az.: VK 2–93/09)

- durch die **Pflicht des Auftragnehmers, die Fahrtkosten der Teilnehmer für die An-/Heimreise zu/von den täglichen Pflichtterminen zu tragen, wird den Bietern bereits für sich genommen in mit § 8 Nr. 1 Abs. 3 VOL/A nicht vereinbarer Weise ein ungewöhnliches Wagnis aufgebürdet.** Die Spannbreite der möglichen Fahrtkosten erreicht in der hier zu betrachtenden Konstellation ein besonders hohes Ausmaß, während der

Bieter keine wesentlichen Möglichkeiten hat, sein Risiko zu minimieren. In der Vergangenheit wurden die entsprechenden Fahrtkosten nach dem Vortrag der Parteien von dem Auftraggeber getragen (2. VK Bund, B. v. 14. 8. 2009 – Az.: VK 2–93/09)

– auch wenn der Auftraggeber Angaben zur Personalstruktur beim bisherigen Auftragnehmer in Hinsicht auf Tarifverträge, Arbeitszeit, Dienstalter, Familienstand, Gehaltszuschläge und ähnliche Merkmale angibt, erlaubt die Leistungsbeschreibung keine andere, insbesondere bessere Kalkulation und Preisermittlung, als wenn diese Angaben fehlen. Dazu sind allein die **Unwägbarkeiten und Ungewissheiten, die ein – unterstellter – Betriebsübergang nach § 613a BGB regelmäßig mit sich bringt, und die bei der Kalkulation durch einen in der Branche auch nicht untypischen Wagniszuschlag auszugleichen sind, viel zu zahlreich und zu gewichtig.** Die **Bieter begegnen in solchen Vergabeverfahren infolgedessen praktisch genau denselben Schwierigkeiten, denen sich solche Teilnehmer an einer Ausschreibung – und zwar durchaus häufig und typischerweise – gegenübersehen, die im Fall eines Zuschlags weitere Arbeitskräfte einstellen müssen, um den Auftrag ordnungsgemäß ausführen zu können, dies selbstverständlich aber erst nach dem Vertragsschluss tun wollen.** Welche Arbeitskräfte eingestellt werden können und wie diese genau zu bezahlen sein werden, steht im Voraus nicht fest, sondern dies kann nur mehr oder weniger vage abgeschätzt und muss im Wege eines nach Erfahrungswerten vorzunehmenden Zuschlags auf die Kalkulation berücksichtigt werden. Diesbezügliche Unklarheiten haften wesensmäßig genauso einem Betriebsübergang an (OLG Düsseldorf, B. v. 30. 4. 2009 – Az.: VII-Verg 50/08)

– die Regelung des § 10 des Rabattvertragsentwurfs benachteiligt die AS nicht unangemessen. Diese **Vorschrift trifft eine (Ruhens-) Regelung für den Fall, dass der Apothekenverkaufspreis (AVP) abzüglich des Rabattes eines vom Rabattvertrag erfassten Arzneimittels höher ist als der AVP von drei austauschfähigen Arzneimitteln (anderer Hersteller)**. Zunächst einmal ist zweifelhaft, ob diese Situation durch andere Hersteller durch die Absenkung ihres HAP bewusst und gewollt herbeigeführt werden könnte, da die Höhe des Rabatts diesen nicht bekannt ist. Es dürfte damit problematisch sein, den notwendigen Umfang der Absenkung des HAP zutreffend einzuschätzen. Auch würde die Absenkung des HAP das Geschäft dieser Hersteller mit diesem Arzneimittel umfassend, d. h. gegenüber allen Kassen betreffen. Ingesamt erscheint die Sinnhaftigkeit eines solchen Verhaltens mehr als fraglich. In jedem Fall aber stellt diese Regelung in § 10 des Rabattvertrags die Reaktion auf die gänzlich veränderte Geschäftsgrundlage dar, wenn (aus welchen Gründen auch immer) drei preisgünstigere Fertigarzneimittel am Markt erhältlich sind, was den Rabattvertrag (im Hinblick auf das betroffene Arzneimittel) seines Sinns entleert. Es liegt auf der Hand, dass – jedenfalls aus Sicht der Krankenkassen – dieser Fall einer Regelung bedarf. Die Ruhensregelung, die die Wirkung des § 129 Abs. 1 Satz 3 SGB V suspendiert, stellt fraglos ein adäquates Mittel hierzu dar. Es ist aber auch nicht zu beanstanden, dass die Krankenkassen den Rabattvertragspartnern zur Abwendung dieser Folge nur die Möglichkeit der Absenkung des HAP einräumen wollen. Dies liegt zunächst schon deshalb nahe, weil die Preisbewegung auf dem „übrigen" Markt auch durch die Absenkung des HAP der austauschfähigen Arzneimittel eingetreten ist. Zudem haben die Krankenkassen im Rahmen der Ausschreibung die „Systementscheidung" der Gewährung eines (für alle PZN) eines Wirkstoffs einheitlichen Rabattsatzes getroffen. Hiervon mussten sie für den von § 10 Abs. 1 des Rabattvertrags geregelten Fall nicht abweichen. Zwar betrifft die Absenkung des HAP dann auch alle anderen Abnehmer dieses Arzneimittels. Andererseits würde die Erhöhung des Rabatts (als Mittel zur Abwendung der Ruhensregelung) auf alle PZN des betreffenden Wirkstoffs, die von dem Rabattvertrag erfasst werden, anzuwenden sein. **Es ist nicht erkennbar, dass die Absenkung des HAP gegenüber der Erhöhung des Rabatts eine gravierend nachteiligere Regelung darstellt.** Auch die AS hat nicht näher dazu vorgetragen, warum und in welchem Umfang sie als Rabattvertragspartner von dieser Regelung benachteiligt würde. Hierzu hätte angesichts der oben vorgenommenen Erwägungen zur Wahrscheinlichkeit des Eintritts dieser Fallgestaltung durchaus Anlass bestanden. **Auch muss in diesem Zusammenhang Berücksichtigung finden, dass nur einzelne PZN betroffen sind und die Rechtsfolge – das Ruhen – eine Vermarktung im Übrigen gestattet. Es kann für die Annahme einer unangemessenen Benachteiligung nicht ausreichen, dass ein Bieter lediglich vorträgt, dass auch eine andere Regelung in Betracht gekommen wäre, die ihm ggfs. günstiger erscheint** (LSG Nordrhein-Westfalen, B. v. 3. 9. 2009 – Az.: L 21 KR 51/09 SFB)

– dadurch, dass sich der **Auftraggeber** in den Verdingungsunterlagen für die Ausschreibung von Unterrichtsleistungen **eine Zuweisungsdauer zwischen drei und neun Monaten** vorbehält, ergibt sich für die Bieter aber jedenfalls insgesamt ein solch ungewöhnliches Wagnis i. S. d. § 8 Nr. 1 Abs. 3 GWB, dass ihnen nicht zugemutet werden kann, ihre Angebote auf der Grundlage der bislang vorliegenden Verdingungsunterlagen zu kalkulieren. Denn die variable Zuweisungsmöglichkeit führt nicht nur dazu, dass die Bieter bereits im Hinblick auf jeden einzelnen zugewiesenen Teilnehmer in großem Umfang im Ungewissen darüber gelassen werden, welchen Betreuungszeitraum sie mit der Vergütung durch den Auftraggeber abdecken müssen. Sie hat überdies zur Folge, dass die Entwicklung der Anzahl der jeweils pro Monat zu betreuenden Teilnehmer besonders ungewiss ist. Dies führt jedenfalls in der Summe dazu, dass den Bietern entgegen § 8 Nr. 1 Abs. 3 GWB ein ungewöhnliches Wagnis aufgebürdet wird (2. VK Bund, B. v. 29. 7. 2009 – Az.: VK 2–87/09)

– eine „**Ruhensregelung**" (einseitige Erklärung des Auftraggebers über das Ruhen eines Vertrages) stellt eine **Konkretisierung und Verschärfung der Grundsätze über den Wegfall der Geschäftsgrundlage** dar, die auch und gerade bei längerfristigen Verträgen Geltung beanspruchen. Zu beanstanden ist daher lediglich, dass der Rabattvertragspartner, sofern er die Ruhensvoraussetzungen abwenden möchte, nur die Möglichkeit hat, dies im Wege der Absenkung seines HAP zu erreichen. Zur Absicherung der Krankenkassen würde es demgegenüber genügen, wenn der Rabattvertragspartner in einer solchen (nach Einschätzung der Krankenkassen: Ausnahme-) Situation auch die Möglichkeit erhält, durch Erhöhung seines Rabattsatzes mit den externen Anbietern gleichzuziehen. Die Notwendigkeit, den für den Markt insgesamt geltenden HAP anzupassen, ist insoweit durch die im Grundsatz anerkennenswerten Interessen der Krankenkassen nicht begründet. Das mit diesem Anpassungsinstrument verbundene Wagnis erscheint daher unangemessen und ungewöhnlich (2. VK Bund, B. v. 26. 5. 2009 – Az.: VK 2–30/09)

– dass ein **mehrfaches Verwirken einer Vertragsstrafe die mangelnde Leistungsfähigkeit oder Zuverlässigkeit des Auftragnehmers indizieren und deshalb einen wichtigen Grund für die außerordentliche Kündigung des Vertrages für das betreffende Los bilden kann**, erscheint **keineswegs ungewöhnlich** und begründet ebenfalls keinen Wagnischarakter im Sinne des § 8 Nr. 1 Abs. 3 VOL/A (2. VK Bund, B. v. 26. 5. 2009 – Az.: VK 2–30/09)

– gibt der Auftraggeber eine **Vertragsstrafe des Inhalts** vor, dass dann, wenn es innerhalb von 3 Monaten zu einer Lieferunfähigkeit für ein Arzneimittel (PZN-bezogen) für einen Zeitraum von 7 Werktagen (Montag bis Samstag) kommt, der Auftragnehmer eine Vertragsstrafe verwirkt, es sei denn, der Auftragnehmer weist nach, dass ihn in Bezug auf die Lieferunfähigkeit oder in Bezug auf deren nicht rechtzeitige Behebung kein Verschulden im Sinne von §§ 276, 278 BGB trifft und dass **zur Bestimmung des Zeitraums der Lieferunfähigkeit die Zeiten einzelner Lieferunfähigkeiten auf Grundlage der Meldungen des Auftragnehmers addiert werden, erscheint die Addition einzelne Tage fehlender Lieferfähigkeiten gerechtfertigt**, denn auch einzelne Tage von Lieferausfällen können für die Krankenkassen nachteilige Folgen haben (2. VK Bund, B. v. 26. 5. 2009 – Az.: VK 2–30/09)

– gibt **der Auftraggeber eine** Vertragsstrafe des Inhalts **vor, dass als angemessene Höhe der Vertragsstrafe die Parteien** 20 v. H. des Umsatzes für das betreffende Arzneimittel auf der Basis des Großhandelseinkaufspreises vereinbaren, den der Auftragnehmer zu Lasten der Kooperationskassen im letzten Kalendermonat (1. bis Ultimo d. M.) vor der Lieferunfähigkeit erzielt hat und dass dann, wenn die zur Verwirklichung der Vertragsstrafe führende Lieferunfähigkeit bereits im ersten Kalendermonat beginnen sollte, die Vertragsstrafe einmalig 25.000.00 EUR pro Wirkstoff **beträgt und dass die Summe aller Vertragsstrafen insgesamt für alle vertragsgegenständlichen Arzneimittel über die gesamte Laufzeit des Vertrages** maximal 5% des Gesamtumsatzes mit den Kooperationskassen auf der Basis des Großhandelseinkaufspreises mit allen vertragsgegenständlichen Arzneimitteln über die gesamte Laufzeit des Vertrages **beträgt, ist die** Höhe der Vertragsstrafe beträchtlich, hält sich aber noch innerhalb des anzuerkennenden Spielraums **(2. VK Bund, B. v. 26. 5. 2009 – Az.: VK 2–30/09)**

– eine **Vertragsstrafenregelung für Lieferausfälle begegnet keinen durchgreifenden Bedenken**. Lieferausfälle eines Rabattvertragspartners dürften zwar nicht zu einem völligen Versorgungsengpass führen, da gleichwertige Medikamente regelmäßig bei einem der anderen Rabattvertragspartner oder Drittunternehmen erhältlich sein werden. Gleichwohl stellt der Lieferausfall eines der Vertragspartner bereits einen erheblichen Nachteil dar, für den die Krankenkassen vertretbarerweise eine empfindliche Sanktion vorgesehen haben. Diese ist insbesondere unter dem Gesichtspunkt gerechtfertigt, dass anderenfalls sämtliche Rabattvertragspartner mangels zu erwartender Sanktionen dazu neigen könnten, ihre Kapazitäten unzureichend zu planen, so dass letztlich doch Lieferengpässe auftreten könnten, die von Dritten nicht ohne weiteres aufgefangen werden können. Überdies **kann die fehlende Lieferbarkeit eines rabattierten Medikaments dem Ruf der Krankenkasse bei den Apothekern oder ihren Versicherten durchaus abträglich** sein (2. VK Bund, B. v. 26. 5. 2009 – Az.: VK 2–30/09)

– die **Übernahme der Haftung für Zufall und höhere Gewalt und eine unzumutbar lange Ausdehnung von Verjährungsfristen bzw. die Übernahme einer das Normalmaß übersteigenden Gewährleistung** muss als **ungewöhnliches Wagnis** angesehen werden (OLG Dresden, B. v. 23. 4. 2009 – Az.: WVerg 0011/08)

– ein **ungewöhnliches Wagnis** i. S. d. § 8 Nr. 1 Abs. 3 VOL/A wird den Bietern **auch nicht im Hinblick auf eine ungeklärte umsatzsteuerrechtliche Behandlung von Rabatten auf Medikamente** auferlegt, wenn die Krankenkassen als Auftraggeber hinreichend deutlich machen, dass es sich bei den von den pharmazeutischen Unternehmern zu gewährenden Rabatten um Nettobeträge handelt. Die **umsatzsteuerrechtliche Behandlung dieser Rabattbeträge, insbesondere die Frage, ob etwaig zu viel gezahlte Umsatzsteuer bei der von den pharmazeutischen Unternehmen zu zahlenden Vorsteuer in Abzug gebracht werden kann, ist Sache des Pharmaunternehmens**. Es hat diese Frage in geeigneter Weise zu klären, und – sofern dies nicht zweifelsfrei möglich sein sollte – bei der Angebotskalkulation zu berücksichtigen. Derartige Fragen stellen sich als Teil des unternehmerischen Risikos dar und sind nicht etwa von dem Auftraggeber zu klären (LSG Nordrhein-Westfalen, B. v. 28. 4. 2009 – Az.: L 21 KR 40/09 SFB)

– eine **Klausel zur Mehrwertsteueränderung** („ändert sich im Laufe der Vertragszeit der Mehrwertsteuersatz, so wird dies zum Zwecke der Verwaltungsvereinfachung nicht berücksichtigt") bürdet dem Bieter das Wagnis auf, selbst für den Fall einer Mehrwertsteuererhöhung zum ursprünglichen Preis leisten zu müssen. Diese Ungewissheit muss ein umsichtiger Bieter durch Risikozuschläge absichern. Je länger der Bieter an den Vertrag gebunden bleibt, desto höher wird sein Risiko. Dieses Risiko ist nicht der Sphäre des Bieters zuzurechnen, denn er hat keinerlei Einfluss darauf. Bei einer **maximalen Vertragsdauer von vier Jahren ist das Risiko gerade noch abschätzbar und somit liegt kein ungewöhnliches Wagnis** vor (VK Baden-Württemberg, B. v. 16. 1. 2009 – Az.: 1 VK 65/08)

– die **Vorlauffrist zwischen Zuschlagserteilung und Beginn des Rahmenvertrags ist nicht zu kurz bemessen, wenn die ursprünglichen Planungen des gesamten Vergabeverfahrens und des daraus resultierenden Zeitablaufs angemessen waren und sich aufgrund der Nachprüfungsanträge eine erhebliche Zeitverschiebung ergibt**, die aber für die Auftraggeber in keiner Weise vorhersehbar und damit nicht kalkulierbar war. Im Normalfall ist ein Nachprüfungsverfahren binnen fünf Wochen abgeschlossen; dies mit berücksichtigend, wäre immer noch ein zeitlicher Vorlauf von knapp drei Monaten gegeben gewesen. **Wollte man einem öffentlichen Auftraggeber auferlegen, auch die zweite Instanz eines Nachprüfungsverfahrens mit zu berücksichtigen, so würde es ihm aufgrund der in zweiter Instanz nicht gegebenen Fristen de facto nahezu unmöglich gemacht, ein Vergabeverfahren durchzuführen**; ein Vergabeverfahren hat stets einen Bezug zur Zeitschiene und muss diesen auch haben, allein schon wegen der Bieter, denen nicht zugemutet werden kann, sich auf unbeschränkte Zeit leistungsbereit zu halten. Dass vorliegend sogar die erste Instanz insbesondere aufgrund der ungeklärten Zuständigkeiten der Vergabekammern des Bundes und der Länder erheblich längere Zeit in Anspruch nehmen würde, konnten die Auftraggeber nicht vorhersehen (LSG Baden-Württemberg, B. v. 17. 2. 2009 – Az.: L 11 WB 381/09; 3. VK Bund, B. v. 26. 3. 2009 – Az.: VK 3–43/09; B. v. 20. 3. 2009 – Az.: VK 3–34/09; B. v. 20. 3. 2009 – Az.: VK 3–22/09; B. v. 30. 1. 2009 – Az.: VK 3–221/08; B. v. 29. 1. 2009 – Az.: VK 3–200/08; B. v. 29. 1. 2009 – Az.: VK 3–197/08; B. v. 23. 1. 2009 – Az.: VK 3–194/08)

– im Punkt **Garantien und Gewährleistung**, § 7 Abs. 2 und 3 RV, sowie **Ersatzbeschaffung**, § 8 RV, ist vorgesehen, dass der pharmazeutische Unternehmer seine Lieferfähigkeit für die gesamte Vertragslaufzeit in der geforderten Qualität der Produkte gewährleistet; bei Lieferausfall steht den Ag das Recht zur Ersatzbeschaffung sowie ein Anspruch gegen den Auftragnehmer auf Zahlung der Mehrkosten zu, es sei denn, der Auftragnehmer weist nach, dass ihn kein Verschulden i. S. v. §§ 276, 278 BGB trifft. Da es sich bei der vorgesehenen Regelung, insbesondere bei der Pflicht, eventuelle Mehrkosten der Ersatzbeschaffung tragen zu müssen, um eine **verschuldensabhängige Haftung** handelt, **entspricht dies vollumfänglich der allgemeinen vertraglichen Risikoverteilung und stellt auch kein ungewöhnliches Wagnis nach § 8 Nr. 1 Abs. 3 VOL/A** dar (3. VK Bund, B. v. 20. 3. 2009 – Az.: VK 3–34/09; B. v. 20. 3. 2009 – Az.: VK 3–22/09; B. v. 29. 1. 2009 – Az.: VK 3–200/08; B. v. 29. 1. 2009 – Az.: VK 3–197/08; B. v. 23. 1. 2009 – Az.: VK 3–194/08)

- § 9 Abs. 3 sieht ein **Teilkündigungsrecht** für zwei Fälle vor, nämlich einmal im Falle der Erhöhung des ApU durch den Unternehmer sowie des weiteren im Falle der Absenkung des Festbetrags für das rabattierte Medikament nach § 35 SGB V. Die Folge ist entweder, dass dieses rabattierte Arzneimittel zuzahlungspflichtig für die Versicherten wird, oder aber dass der Mehrkostenausgleich nach § 31 Abs. 2 S. 3 SBG V nicht mehr gewährleistet wäre. Insbesondere bei Änderung des Festbetrags liegt darin kein Verstoß gegen § 8 Nr. 1 Abs. 3 VOL/A. Auch die **Krankenkassen haben keinen Einfluss auf die Absenkung des Festbetrags. Es liegt somit ein Sachverhalt vor, der von keiner Vertragspartei zu vertreten** ist. Und nach § 31 Abs. 2 S. 3 SGB V sind Rabattvereinbarungen nur zulässig, wenn hierdurch die Mehrkosten der Überschreitung des Festbetrags ausgeglichen werden. Tritt also bei bestehender Rabattvereinbarung eine Situation ein, in welcher der Rabatt die Mehrkosten der Überschreitung des Festbetrags nicht mehr abdeckt, so würden sich die Krankenkassen unabhängig von der Frage, ob § 31 Abs. 2 S. 3 SGB V ein gesetzliches Verbot im Sinne von § 134 BGB darstellt, gesetzeswidrig verhalten. Eine Alternative dahin, die Nichtabdeckung der Festbetragsüberschreitung einfach zu ignorieren und den Rahmenvertrag wie beschlossen weiter laufen zu lassen, stellt sich daher nicht. Was den Fall einer entstehenden Zuzahlungspflicht der Versicherten anbelangt, so ist eine solche Situation unbedingt zu vermeiden; die gesetzlich Versicherten gehören der Solidargemeinschaft der gesetzlichen Krankenversicherung zwangsläufig an und dürfen als Korrelat hierzu darauf vertrauen, dass sämtliche Ausgaben für Gesundheit durch diesen „Zwangsbeitrag" auch wirklich abgedeckt werden, also keine zusätzlichen Zahlungen z. B. für Arzneimittel anfallen. Zuzahlungspflichten bei rabattierten Arzneimitteln stünden in diametralem Gegensatz hierzu. Relevant ist insoweit, dass keineswegs sofort gekündigt wird, sondern dass vielmehr die vierwöchige Verhandlungsphase mit dem Ziel der Anpassung des Rabatt-ApU durchzuführen ist, vgl. § 3 Abs. 2 und 4 RV. Erst wenn dann keine Einigung erzielt werden kann, kommt es nach insgesamt sechs Wochen zur Teilkündigung des RV. Die **Fortführung des RV zu geänderten Konditionen hängt damit auch von der Entscheidung des Auftragnehmers ab. Die Verteilung des Risikos auf die Vertragsparteien ist damit verhältnismäßig und gerecht** (LSG Baden-Württemberg, B. v. 17. 2. 2009 – Az.: L 11 WB 381/09; LSG Nordrhein-Westfalen, B. v. 29. 4. 2009 – Az.: L 21 KR 42/09 SFB; B. v. 28. 4. 2009 – Az.: L 21 KR 40/09 SFB; 3. VK Bund, B. v. 20. 3. 2009 – Az.: VK 3–34/09; B. v. 20. 3. 2009 – Az.: VK 3–22/09; B. v. 29. 1. 2009 – Az.: VK 3–200/08; B. v. 29. 1. 2009 – Az.: VK 3–197/08; B. v. 23. 1. 2009 – Az.: VK 3–194/08)

- das eventuelle Problem der „grauen Substitution" ist kein ungewöhnliches Wagnis i. S. d. § 8 Nr. 1 Abs. 3 VOL/A. Ein **etwaiges Fehlverhalten vereinzelter Dritter kann und darf nicht ausschlaggebend für die Gestaltung von Ausschreibungen sein**. Selbst wenn es sich somit um ein verbreitetes Phänomen handeln sollte, würde es sich als ein schlechterdings nicht hinnehmbares Ergebnis darstellen, eine Vergabestelle dazu zu verpflichten, illegalem Verhalten Dritter durch entsprechende Ausgestaltung von Ausschreibungen Rechnung zu tragen. Es ist im Übrigen abzulehnen, **einen ganzen Berufsstand (die Apotheker) bei fehlender Tatsachengrundlage unter den Generalverdacht zu stellen, in großem Umfang betrügerisch tätig zu sein** (LSG Nordrhein-Westfalen, B. v. 29. 4. 2009 – Az.: L 21 KR 42/09 SFB)

- die **Nichtberücksichtigung einer möglichen „grauen Substitution" durch Apotheker seitens der Krankenkassen stellt keine Aufbürdung eines ungewöhnlichen Wagnisses gemäß § 8 Nr. 1 Abs. 3 VOL/A** dar. Die Krankenkassen haben darauf hingewiesen, dass die Pharmaunternehmen unterstellen, dass Apotheker in großem Umfang in rechtswidriger Weise andere Packungsgrößen abgeben würden, als sie mit den Krankenkassen abrechneten. Sie unterstellen hiermit einen strafbaren Abrechnungsbetrug in erheblichem Umfang. Zu Recht gehen die Krankenkassen davon aus, dass ein gesetzeswidriges Verhalten Dritter nicht einfach als gegeben angesehen werden kann. **Grundsätzlich ist in den Pflichtenverhältnissen des SGB V davon auszugehen, dass die Beteiligten sich rechtstreu verhalten**. Sollte dennoch – im Ausnahmefall – ein rechtswidriges Verhalten auftreten, sind die entsprechenden Behörden oder Strafverfolgungsbehörden einzuschalten und das Verhalten abzustellen und zu ahnden. Es bestehen entsprechende Schadensersatzansprüche der Betroffe-

Vergabe- und Vertragsordnung für Leistungen Teil A VOL/A § 7 **Teil 4**

nen. Insofern verlagern die Krankenkassen nicht vergaberechtswidrig ein konkret bestehendes Risiko bei der Vertragsausführung, auf das sie keinen Einfluss haben, auf den anderen Vertragspartner (3. VK Bund, B. v. 20. 3. 2009 – Az.: VK 3–34/09; B. v. 20. 3. 2009 – Az.: VK 3–22/09; B. v. 29. 1. 2009 – Az.: VK 3–200/08; B. v. 29. 1. 2009 – Az.: VK 3–197/08; B. v. 23. 1. 2009 – Az.: VK 3–194/08)

– grundsätzlich ist es **Sache der Auftraggeberseite**, im Leistungsverzeichnis den **Mengenbezug vorzugeben**. In bestimmten Fällen (z. B. bei der Ausschreibung von Postdienstleistungen) **kann der Auftraggeber die Auslegung in diesen Positionen bewusst den Bietern überlassen** (1. VK Sachsen-Anhalt, B. v. 29. 1. 2009 – AZ: 1 VK LVwA 31/08)

– bei der **Schwellenwertabsenkung** nach § 2 Abs. 3 des **Rabattvertrages** im Fall von Preissenkungen im Gesamtmarkt des Wirkstoffes um mehr als … % ist eine Ungewissheit hinsichtlich der Preiskalkulation gegeben. Der **Bieter kann mögliche Preissenkungen, wenn er die ungefähr zu erwartenden Absatzzahlen nicht kennt, kalkulatorisch nicht ausreichend berücksichtigen**. Das Risiko, das sich aus möglichen Preissenkungen ergibt, stellt sich unter diesen Umständen als ein nach Art und Umfang ungewöhnliches Risiko im Sinne des § 8 Nr. 1 Abs. 3 VOL/A dar (2. VK Bund, B. v. 15. 11. 2007 – Az.: VK 2–123/07, B. v. 15. 11. 2007 – Az.: VK 2–120/07, B. v. 15. 11. 2007 – Az.: VK 2–117/07, B. v. 15. 11. 2007 – Az.: VK 2–114/07, B. v. 15. 11. 2007 – Az.: VK 2–108/07, B. v. 15. 11. 2007 – Az.: VK 2–105/07; B. v. 15. 11. 2007 – Az.: VK 2–102/07; 3. VK Bund, B. v. 14. 11. 2007 – Az.: VK 3–124/07)

– dies gilt auch hinsichtlich der in § 7 des Rabattvertrags geregelten **Vertragsstrafe von … % für einen vom Bieter verschuldeten Lieferausfall**. Zwar kann der Unternehmer seine Lieferfähigkeit durch entsprechende Maßnahmen selbst sicherstellen (unverschuldete Lieferausfälle fallen ohnehin nicht unter die Regelung), er **kann aber das Risiko kalkulatorisch – wie bei der Schwellenwertabsenkung – nicht berücksichtigen, wenn er die zu erwartenden Absatzzahlen nicht kennt**. Dass er zudem wegen der Beteiligung mehrerer Vertragspartner nicht weiß, welche Liefermengen auf ihn tatsächlich zukommen, stellt allerdings kein nach Art und Umfang ungewöhnliches Risiko dar. Dieses Risiko ist einem Rahmenvertrag mit mehreren Vertragspartnern immanent (2. VK Bund, B. v. 15. 11. 2007 – Az.: VK 2–123/07, B. v. 15. 11. 2007 – Az.: VK 2–120/07, B. v. 15. 11. 2007 – Az.: VK 2–117/07, B. v. 15. 11. 2007 – Az.: VK 2–114/07, B. v. 15. 11. 2007 – Az.: VK 2–108/07, B. v. 15. 11. 2007 – Az.: VK 2–105/07; B. v. 15. 11. 2007 – Az.: VK 2–102/07)

– **kein ungewöhnliches Wagnis** stellt hingegen die Nichtberücksichtigung der Zwangsabschläge von 6% und 10% aus § 130a Abs. 1 und 3b SGB V dar. Hierbei handelt es sich um **gesetzliche Abschläge**, die dem pharmazeutischen Unternehmer auferlegt sind. Die Abschläge kann er **bei der Berechnung seines Rabattangebots durchaus kaufmännisch einkalkulieren** (2. VK Bund, B. v. 15. 11. 2007 – Az.: VK 2–123/07, B. v. 15. 11. 2007 – Az.: VK 2–120/07, B. v. 15. 11. 2007 – Az.: VK 2–117/07, B. v. 15. 11. 2007 – Az.: VK 2–114/07, B. v. 15. 11. 2007 – Az.: VK 2–108/07, B. v. 15. 11. 2007 – Az.: VK 2–105/07; B. v. 15. 11. 2007 – Az.: VK 2–102/07)

– gegen die **Kalkulation des Angebots auf der Grundlage einer Grundpauschale, die je nach wiedereinzusetzendem Produkt mit einem von der Ag in den VU festgelegten Faktor multipliziert wird, bestehen keine vergaberechtlichen Bedenken**. Die Abrechnung nach Pauschalpreisen ist im Geschäftsverkehr üblich. Sie erleichtert für die Vertragsbeteiligten, insbesondere bei Rahmenvertragsverhältnissen, denen über einen längeren Zeitraum im wesentlichen gleichartige Leistungen zugrunde liegen, das Abrechnungsverfahren und schafft für den Auftraggeber eine sichere Kalkulationsgrundlage. Aufgrund der bei einem Rahmenvertrag bestehenden Ungewissheit über den genauen Zeitpunkt der Leistungserbringung und damit eventuell einhergehender Vorhaltepflichten des Auftragnehmers (er hat in der Regel auf Abruf zu leisten) sowie Ungewissheiten über das „ob und wie" des Leistungsabrufs hat der Auftragnehmer die Kalkulation des geforderten Pauschalpreises an diesen Gegebenheiten zu orientieren. Ein die **Vergaberechtswidrigkeit indizierendes ungewöhnliches Wagnis liegt hierin für den Bieter allenfalls dann, wenn hierdurch Kostensteigerungen entstehen, die der Bieter nicht durch einen entsprechenden Wagniszuschlag in seiner Preiskalkulation berücksichtigen** kann (1. VK Bund, B. v. 14. 9. 2007 – Az.: VK 1–101/07; B. v. 31. 8. 2007 – Az.: VK 1–92/07 – jeweils instruktive Erörterung von Einzelheiten)

– erfahrene, auf Schülerbeförderung eingerichtete oder spezialisierte Bieterunternehmen **sind ohne weiteres in der Lage**, bei einer den Anforderungen des § 8 Nr. 1 Abs. 1 und Abs. 2

VOL/A genügenden Leistungsbeschreibung **auch einen Kilometerpreis für den Fall zusätzlich erforderlicher Schülertransporte zu kalkulieren**. Ein branchenbezogen atypisches, ungewöhnliches Wagnis i. S. d. § 8 Nr. 1 Abs. 3 VOL/A ist damit nicht verbunden. Gleiches gilt auch für die **Vorgabe, wonach die Fahrzeiten grundsätzlich nicht mehr als 60 Minuten in einer Richtung betragen sollen**. Es ist für die Bieterunternehmen zumutbar, diese Vorgabe bei der Planung ihrer Fahrtroute zu berücksichtigen und einzuhalten (VK Lüneburg, B. v. 12. 1. 2007 – Az.: VgK-33/2006)

– schreibt der Auftraggeber das **Leeren von anschlusslosen Kleinkläranlagen und Sickergruben sowie den Transport der Klärschlämme und Abwässer in die örtlichen Kläranlagen** aus, verstößt dies nicht gegen § 8 VOL/A. Dass heute der Anfall an Klärschlamm und Abwasser in den kommenden Jahren nicht eindeutig, sondern **nur näherungsweise aus den Daten der Vergangenheit bestimmt werden kann**, dürfte klar sein. Dass es bei der **Entsorgung eines Gebietes Schwankungen geben kann, die etwa durch die Bevölkerungsentwicklung** oder den fortschreitenden Anschluss von Häusern an die Entsorgungsnetze oder ähnliche Umstände beeinflusst werden, ist **unbestreitbar**. Auch der Umstand, dass zu einem verabredeten Termin für die Grubenentleerung der Grundstückseigentümer nicht da ist, ist nicht weltfremd. Diese Risiken eines Entsorgungsauftrages können aber auch vom Auftraggeber nicht besser eingeschätzt und bewertet werden. Sie sind diesem Geschäft immanent. **Solche Risiken sind von einem erfahrenen Unternehmen jedoch bewertbar und erfahrungsgemäß eher gering** (2. VK Brandenburg, B. v. 8. 12. 2005 – Az.: 2 VK 72/05)

– für einen **öffentlichen Auftraggeber ist es im Rahmen der Ausschreibung für den Briefversand nicht leistbar, für jeden potentiellen Bieter so aufbereitete Aufkommenszahlen zu ermitteln, dass er genau erkennen kann, wie viele Sendungen in sein Verbreitungsgebiet fallen und wie viele Sendungen er bei der DPAG aufgeben muss**. Der Auftraggeber kann nicht alle unterschiedlichen Verbreitungsgebiete kennen und deren Aufkommen angeben. Wenn der Auftraggeber auf der Grundlage einer 12-monatigen Erhebung den Bietern mitgeteilt hat, welches Aufkommen innerhalb und außerhalb des Bezirkes zu befördern ist, so erscheint diese Grundlage ausreichend (VK Düsseldorf, B. v. 14. 6. 2005 – Az.: VK – 04/2005 – L).

107.12.6.6 Literatur

9574 – Roth, Frank, Die Risikoverteilung bei Öffentlich Privaten Partnerschaften (ÖPP) aus vergaberechtlicher Sicht, NZBau 2006, 84

107.13 Arten der Leistungsbeschreibung (§ 7 Abs. 2)

107.13.1 Erläuternde Hinweise der VOL/A

9575 Einfache marktgängige, vor allem standardisierte Waren können durch verkehrsübliche Bezeichnungen nach Art, Beschaffenheit und Umfang beschrieben werden. Als weitere gleichrangige Formen der Leistungsbeschreibung stehen sowohl die „funktionale" (Buchstabe a) als auch die „konstruktive" (Buchstabe b) Leistungsbeschreibung zur Verfügung. Dabei ist eine Kombination der Beschreibungsarten möglich (Buchstabe c). Konstruktive Leistungsbeschreibungen können z. B. funktionale Elemente enthalten und umgekehrt. Die sog. funktionale Leistungsbeschreibung erlaubt es dem Bewerbern, zur Bedarfsdeckung geeignete Leistungen in ihrer Vielfalt unter Einschluss technischer Neuerungen anzubieten. Bei der sog. konstruktiven Leistungsbeschreibung ist der durch die Leistungsbeschreibung vorgegebene Rahmen eingeengt, ohne dass dadurch der Wettbewerb ausgeschlossen wird. Die sog. konstruktive Leistungsbeschreibung erleichtert allerdings wegen der genaueren Leistungsbeschreibung den Vergleich der Angebote.

107.13.2 Funktionale Leistungsbeschreibung (§ 7 Abs. 2 Satz 2 lit. a)

107.13.2.1 Grundsatz

9576 Bei dieser Form der Leistungsbeschreibung **gibt die Vergabestelle durch Umschreibung der Funktion, des Zwecks und weiterer Rahmenanforderungen ein Ziel vor, lässt aber den Weg im Wesentlichen offen**. Dadurch soll erreicht werden, dass die Bieter bei der Ermittlung der technisch, wirtschaftlich und gestalterisch besten und funktionsgerechtesten Lösung mitwirken (1. VK Bund, B. v. 13. 4. 2004 – Az.: VK 1–35/04, B. v. 1. 4. 2004 – Az.: VK 1–11/04, B. v. 14. 1. 2003 – Az.: VK 1–97/02). Jedoch unterliegt auch die funktionale Leistungsbeschreibung der Anforderung, den **Beschaffungsbedarf des Auftraggebers optimal und mit größtmöglicher Bestimmtheit zum Ausdruck zu bringen** (OLG Naumburg, B. v. 16. 9. 2002 – Az.: 1 Verg 02/02).

Eine **funktionale oder teils funktionale Ausschreibung** ist nach §§ 7 Abs. 2 Satz 2, 8 EG Abs. 2 Satz 1 VOL/A in Verbindung mit der Rechtsprechung des Senats nicht zu beanstanden, wenn sich die zu beschaffenden **Leistungen einer hinreichenden Beschreibung entziehen**, der Auftraggeber das ihm obliegende **Ermessen ("können") regelgerecht ausgeübt hat**, insbesondere er die Zweck- und Verhältnismäßigkeit mit vertretbarem Ergebnis abgewogen hat, und die **Einkunft vergleichbarer Angebote durch Festlegung der Rahmenbedingungen und der wesentlichen Einzelheiten der Leistungen sichergestellt** ist (OLG Düsseldorf, B. v. 8. 2010 – Az.: VII-Verg 35/10). 9577

Eine **Unklarheit der Leistungsbeschreibung mit Leistungsprogramm ist dieser Ausschreibungsart bis zu einem gewissen Grade immanent**. Bei einer funktionalen Ausschreibung gibt es gerade kein detailliertes Leistungsverzeichnis. Einiges in der Leistungsgestaltung wird dem Wettbewerb überlassen. Deshalb können die Bieter von dem Auftraggeber beispielsweise nicht verlangen, dass er im Einzelnen alle auszuführenden Arbeiten beschreibt (VK Arnsberg, B. v. 20. 7. 2010 – Az.: VK 09/10). 9578

Mit der Zulassung von funktionalen Leistungsbeschreibungen in § 7 Abs. 2 Satz 2 lit. a) VOL/A wird **praktischen Bedürfnissen im Vergabewesen Rechnung** getragen. Bei immer komplexer werdenden Beschaffungsvorgängen ist es dem **Auftraggeber mangels ausreichender Marktkenntnis oftmals nicht möglich, den Leistungsgegenstand nach Art, Beschaffenheit und Umfang hinreichend zu beschreiben**. In solchen Fällen kann der Auftraggeber den Zweck und die Funktion des Beschaffungsvorgangs beschreiben und hinsichtlich der Umsetzung auf die technische Vielfalt der Anbieter vertrauen. Damit werden auch **traditionelle Beschaffungsvorgänge modernen Entwicklungen angepasst** (VK Baden-Württemberg, B. v. 16. 8. 2005 – Az.: 1 VK 48/05). 9579

Der Auftraggeber **kann hierdurch unternehmerisches „Know-how" abschöpfen** (OLG Naumburg, B. v. 16. 9. 2002 – Az.: 1 Verg 02/02; 1. VK Bund, B. v. 7. 4. 2004 – Az.: VK 1–15/04, B. v. 1. 4. 2004 – Az.: VK 1–11/04). 9580

Der Auftraggeber kann auch – typisch für die funktionale Leistungsbeschreibung – **Risiken auf den Bieter verlagern** (OLG Düsseldorf, B. v. 14. 2. 2001 – Az.: Verg 14/00; OLG Celle, Urteil vom 29. 12. 2000 – Az.: 7 U 249/96; OLG Düsseldorf, B. v. 5. 10. 2000 – Az.: Verg 14/00). Die Ausschreibungstechnik der funktionalen Leistungsbeschreibung ist verbreitet und in Fachkreisen allgemein bekannt. Ein **sachkundiger Auftragnehmer kann sich deshalb nicht darauf berufen**, die damit verbundene Risikoverlagerung habe er nicht erkennen können oder nicht zu erkennen brauchen (BGH, Urteil v. 27. 6. 1996 – Az.: VII ZR 59/95). 9581

Ist Leistungsinhalt die **Erbringung verschiedener Leistungen in einem schlüssigen Betriebskonzept**, das es insbesondere erlaubt, **Synergieeffekte aufzuzeigen und die Leistung somit effizienter zu gestalten**, als dies bei einer bloßen Betrachtung der Summe der Einzelleistungen möglich wäre, ist jedenfalls dieser Teil der Leistung nicht hinreichend genau beschreibbar. Die **Konzepte können bei solchen Ausschreibungsgegenständen von den einzelnen Bietern weitaus besser dargestellt und ihrem jeweiligen Betrieb angepasst** werden, als dies bei einer Beschreibung durch die Vergabestelle gewährleistet wäre. Es liegt hier also ein **typischer Fall der funktionalen Leistungsbeschreibung** vor, in dem die Vergabestelle Knowhow der Bieter nutzen möchte und sie sich daher auf eine Beschreibung des Zwecks der Leistung (**Erhaltung eines anforderungsgerechten Zustandes des Straßenstreckennetzes**) beschränkt und beschränken darf (2. VK Hessen, B. v. 26. 4. 2007 – Az.: 69 d VK – 08/2007). 9582

107.13.2.2 Formen der Leistungsbeschreibung mit Leistungsprogramm

107.13.2.2.1 Detailliertes Leistungsprogramm. Eine Ausschreibung kann auch als funktionale Ausschreibung **nach einem sehr detaillierten, Elemente eines Leistungsverzeichnisses aufnehmenden Leistungsprogramm** erfolgen (Saarländisches OLG, B. v. 29. 5. 2002 – Az.: 5 Verg 1/01). 9583

Ein solch detailliertes Leistungsprogramm kann auch ein **Leistungsverzeichnis mit aufgegliederten Einzelpositionen, versehen mit Vordersatz und Einheitspreis in Form von Preistabellen** beinhalten (VK Lüneburg, B. v. 24. 7. 2000 – Az.: 203-VgK-08/2000). 9584

9585 **107.13.2.2.2 Verbindung eines Leistungsprogramms und eines Leistungsverzeichnisses.** Der Auftraggeber hat auch die Möglichkeit, eine **Leistungsbeschreibung mit Leistungsprogramm mit einer Leistungsbeschreibung mit Leistungsverzeichnis** z. B. abschnittsweise **zu kombinieren** (VK Thüringen, B. v. 12. 11. 2001 – Az.: 216–4002.20–053/01-G-S, B. v. 15. 11. 2000 – Az.: 216–4002.20–041/00-G-S, B. v. 12. 10. 2000 – Az.: 216–4002.20–091/00-SLF).

9586 **107.13.2.2.3 Verbindung eines Leistungsprogramms und eines Bemusterungstermins.** Verbinden die Ausschreibungsbedingungen eine für unterschiedliche technische Lösungsvarianten **offene Leistungsbeschreibung mit der Ankündigung eines obligatorischen Bemusterungstermins**, in dem die angebotene Leistung vorgestellt und erläutert werden soll, so kann der **Angebotsinhalt jedenfalls nach Abschluss der Bemusterung grundsätzlich nicht mehr geändert werden** (OLG Dresden, B. v. 9. 1. 2004 – Az.: WVerg 16/03).

107.13.2.3 Anforderungen an die Transparenz des Verfahrens

9587 Der **Gewährleistung der Transparenz** des Vergabeverfahrens kommt bei Verfahren, in denen die Leistungsbeschreibung in Form einer Funktionalausschreibung erfolgt und die insbesondere als Verhandlungsverfahren geführt werden, **eine besondere Bedeutung** zu. Denn in solchen Verfahren ist das gemeinsame Bedürfnis von Bietern und Auftraggeber an der Gewährleistung und Transparenz einer willkürfreien Verfahrensdurchführung durch den Auftraggeber erhöht, weil die **Angebote wegen der teilweisen Übertragung der konzeptionellen Arbeit auf die Bieter regelmäßig in geringerem Maße miteinander vergleichbar** sind und weil im **Verhandlungsverfahren die Handlungsmöglichkeiten des Auftraggebers** wegen der grundsätzlichen Verhandelbarkeit von Angebotsinhalt und Angebotspreis **größer sind** (OLG Naumburg, B. v. 16. 9. 2002 – Az.: 1 Verg 02/02).

107.13.2.4 Anforderungen an die Bestimmtheit des Verfahrens

9588 **107.13.2.4.1 Allgemeines.** Auch die funktionale Leistungsbeschreibung unterliegt **gewissen Anforderungen an die Bestimmtheit.** Der Auftraggeber **darf nicht von jeder eigenen Planungstätigkeit absehen** und diese – etwa um Kostenaufwand, Zeit und/oder Personal einzusparen – **gänzlich den Bietern übertragen.** Die **eigene Planung** des Auftraggebers muss vor einer Ausschreibung vielmehr **insoweit feststehen**, als die **Kriterien für die spätere Angebotsbewertung festliegen und das Leistungsziel, die Rahmenbedingungen sowie die wesentlichen Einzelheiten der Leistung in der Weise bekannt sind, dass mit Veränderungen nicht mehr zu rechnen ist.** Dies folgt aus dem selbstverständlichen Gebot, dass auch die funktionale Leistungsbeschreibung Missverständnisse bei den Bietern vermeiden und damit letztlich sicherstellen soll, dass miteinander vergleichbare Angebote abgegeben werden, die nachher einer ordnungsgemäßen Bewertung zugänglich sind. **Erfüllt** eine funktionale Leistungsbeschreibung **diese Anforderungen nicht, fehlt es** der Ausschreibung **an der Vergabereife**; sie kann keine Grundlage für einen Zuschlag auf das wirtschaftlichste Angebot sein (OLG Düsseldorf, B. v. 14. 2. 2001 – Az.: Verg 14/00; OLG Naumburg, B. v. 16. 9. 2002 – Az.: 1 Verg 02/02).

9589 Die Vergabestelle ist **auch bei einer Funktionalausschreibung an die Grundsätze des § 7 Abs. 1 VOL/A gebunden** (2. VK Hessen, B. v. 26. 4. 2007 – Az.: 69 d VK – 08/2007).

9590 Auch eine **Funktionalausschreibung ist deshalb eindeutig und erschöpfend zu formulieren**, gegebenenfalls sind weitere Feststellungen erforderlich. Besonders der **Transparenzgrundsatz hat im Rahmen der Funktionalausschreibung einen hohen Stellenwert.** Die Vergabestelle muss – auch im Rahmen einer Funktionalausschreibung – sorgfältig abwägen, ob die **Feststellung eines bestimmten Umstandes im Verhältnis zur Erleichterung einer einwandfreien Kalkulation erforderlich** ist. Bei dieser Abwägung sind folgende Gesichtspunkte zu beachten: Der mit der Feststellung der maßgeblichen Umstände verbundene Aufwand ist ins Verhältnis zur Bedeutung des Auftrages zu setzen. **Geht es** nicht um die Ausschreibung einer isoliert zu sehenden Leistung sondern **um ein Pilotprojekt**, hat die **Vergabestelle einen entsprechend höheren Aufwand zu betreiben.** Hier sind durchaus auch **Verzögerungen beim Beginn der Ausschreibung und des Beginns der Leistungsausführung hinzunehmen.** Die Vergabestelle **darf die Leistungsbeschreibung ferner nicht zu einer versteckten Eignungsprüfung missbrauchen.** Zwar kann die Vergabestelle eine gewisse Professionalität der Bieter erwarten. Sie darf jedoch – jedenfalls nicht grundsätzlich – von dem Satz ausgehen, der erfahrene Bieter kenne die für eine einwandfreie Kalkulation erforderlichen, in der Leistungsbeschreibung aber nicht angegebenen Umstände. Hält die Vergabestelle nur Bieter für geeignet, die Erfahrungen beim einem solchen Pilotprojekt haben, muss sie im Rahmen der Eignungsprüfung entsprechende Anforderungen stellen und gegebenenfalls ein Nichtoffenes Verfahren durchführen (2. VK Hessen, B. v. 26. 4. 2007 – Az.: 69 d VK – 08/2007).

Es ist funktionalen Ausschreibungen wesensimmanent, dass diese zu sehr unterschiedlichen 9591 Angeboten führen und daher die Wertung erschwert wird. Dieser **Mangel an Vergleichbarkeit – und somit an Transparenz – ist hinzunehmen, solange dieser allein aus den unterschiedlichen operativ- konzeptionellen Ansätzen der Bieter resultiert.** Weitergehende Schwierigkeiten beim Vergleich der Angebote sind jedoch zu vermeiden. Dies bedeutet zum einen, dass den **Bietern ein möglichst detailliertes Raster für die Darstellung ihres Konzeptes vorzugeben** ist, anhand dessen die Auswirkungen des Konzeptes auf den angebotenen (Pauschal-)preis jedenfalls nachvollziehbar sind. **Denkbar wäre beispielsweise, die Vergabeunterlagen so zu gestalten, dass die Bieter jede Leistungspauschale unmittelbar durch konzeptionelle Erläuterungen nachvollziehbar darstellen müssen.** Anzustreben ist dabei eine Gestaltung der Vergabeunterlagen in einer Weise, die dem – dogmatisch konsequenten, aber in der Praxis nicht durchsetzbaren – Ziel nahe kommt, dass das Leistungsverzeichnis von den Bietern und nicht von der Vergabestelle zu erstellen ist. Zum anderen **bedeutet dies, dass die der Funktionalausschreibung immanente Intransparenz nicht durch eine – im Ergebnis abwägungsfehlerhafte – Gewichtung der Zuschlagskriterien „Preis" und „Konzept" weiter verstärkt werden darf.** Vergleichbar sind im Rahmen einer Funktionalausschreibung nur die operativ- konzeptionellen Ansätze der Bieter. **Idealtypisch (keinesfalls zwingend) ist daher eine gleichrangige Gewichtung des Preises und der von den Bietern erarbeiteten Konzepte in Hinblick auf die jeweils zu erwartende Effizienz und Qualität der Leistungserbringung.** Bei einer hiervon abweichenden Gewichtung hat die Vergabestelle stets zu prüfen, ob die (relativ) geringere Gewichtung der von den Bietern zu erarbeitenden Konzepte noch geeignet ist, eine Funktionalausschreibung zu rechtfertigen. Grundidee der Funktionalausschreibung ist es, dass ein Planungswettbewerb nicht mit der Auslobung eines Preisgeldes sondern mit der Auftragserteilung verbunden ist. Je weniger Wert die Vergabestelle auf die Planungen der Bieter legt, desto eher ist davon auszugehen, dass sie die Planung auch selbst hätte vornehmen und durch ein Leistungsverzeichnis beschreiben können (2. VK Hessen, B. v. 26. 4. 2007 – Az.: 69 d VK – 08/2007).

107.13.2.4.2 Beispiele aus der Rechtsprechung 9592

– **Abschleppen/Bergen von LKW** (VK Arnsberg, B. v. 20. 7. 2010 – Az.: VK 09/10)
– **Pilotprojekt Straßenmeistereiprivatisierung Hessen** – sehr instruktive Entscheidung – (2. VK Hessen, B. v. 26. 4. 2007 – Az.: 69 d VK – 08/2007)

107.13.2.5 Anforderungen an den Inhalt der Leistungsbeschreibung

Entscheidend für die Frage der Vollständigkeit ist, dass der Bieter mit seinem An- 9593 **gebot die ausgeschriebene Funktionalität erfüllt** (VK Nordbayern, B. v. 26. 1. 2004 – Az.: 320.VK-3194-47/03; 1. VK Bund, B. v. 7. 4. 2004 – Az.: VK 1–15/04). Macht der Auftraggeber ergänzend zum Leistungsprogramm detaillierte Vorgaben, **muss sich aus den Ausschreibungsunterlagen ergeben, ob diese Vorgaben zwingend sind bzw. einen Mindeststandard vorgeben sollen.** Es muss also feststehen, inwiefern die Detailvorgaben das vom Bieter mit seinem Angebot zu erfüllende Leistungssoll abschließend definieren sollen. **Zentrales Problem** der funktionalen Ausschreibung ist weiter regelmäßig die **konkrete Feststellung, welche Planungsleistungen von dem Bieter tatsächlich erwartet werden.** Einerseits muss der **Auftraggeber das Anforderungsprofil genau festlegen**, andernfalls es an einer Vergleichbarkeit der Angebote fehlt. Der Auftraggeber hat die Pflicht, eine Leistung so eindeutig und so erschöpfend wie möglich zu beschreiben, damit alle Bewerber die Beschreibung im gleichen Sinne verstehen können, ansonsten die Gefahr des Eingehens nicht vergleichbarer Angebote besteht (OLG Düsseldorf, B. v. 5. 10. 2000 – Az.: Verg 14/00). Andererseits **müssen das Leistungsprogramm, die Planungsunterlagen und die Beschreibungen dem Bieter einen gewissen Gestaltungsfreiraum belassen, ansonsten die funktionelle Ausschreibung unzulässig ist** (Brandenburgisches OLG, B. v. 19. 9. 2003 – Az.: Verg W 4/03).

107.13.2.6 Notwendigkeit der Vollständigkeit eines Angebotes

Ein Angebot – auch bei funktionaler Ausschreibung und im Verhandlungsverfahren – **muss** 9594 **prinzipiell vollständig sein.** Ein Angebot, das wesentliche Lücken enthält, kann nicht bewertet und deshalb auch nicht gewertet werden; es ist auszuschließen (1. VK Bremen, B. v. 11. 11. 2002 – Az.: VK 04/02).

107.13.2.7 Anforderungen an die Unklarheit einer Leistungsbeschreibung mit Leistungsprogramm

9595 Eine **Unklarheit der Leistungsbeschreibung mit Leistungsprogramm ist dieser Ausschreibungsart bis zu einem gewissen Grade immanent.** Bei einer funktionalen Ausschreibung gibt es gerade kein detailliertes Leistungsverzeichnis, der Auftraggeber überlässt vielmehr auch und gerade die Erstellung des Entwurfs der Leistung dem Wettbewerb. Deshalb können die Bieter von dem Auftraggeber beispielsweise nicht verlangen, dass er im Einzelnen alle auszuführenden Arbeiten beschreibt. Das Leistungsprogramm umfasst – in Anlehnung an § 7 VOB/A – eine Beschreibung der Aufgabe, aus der die Bewerber alle für die Entwurfsbearbeitung und ihr Angebot maßgebenden Bedingungen und Umstände erkennen können und in der sowohl der Zweck der fertigen Leistung als auch die an sie gestellten technischen, wirtschaftlichen, gestalterischen und funktionsbedingten Anforderungen angegeben sind. Ein Leistungsverzeichnis ist nicht erforderlich, gegebenenfalls kann das Leistungsprogramm ein Musterleistungsverzeichnis enthalten, bei dem aber zulässigerweise die Mengenangaben ganz oder teilweise offen gelassen werden dürfen. **Angesichts dieser Charakteristika einer funktionalen Ausschreibung bedarf es besonderer Anhaltspunkte dafür, dass sie derart unklar ist, dass der Auftraggeber diese Unklarheiten nicht beseitigen kann** (Brandenburgisches OLG, B. v. 28. 11. 2002 – Az.: Verg W 8/02).

107.13.2.8 Funktionale Leistungsbeschreibung bei der Ausschreibung von Pionierprojekten

9596 Ein öffentlicher Auftraggeber muss gerade **bei zukunftsbezogenen Projekten**, die eine gewisse Pionierfunktion haben und bei denen man nur begrenzt auf Erfahrungswerte zurückgreifen kann, die **Möglichkeit haben,** in der Weise funktional auszuschreiben, dass **auch auf quantitative Vorgaben verzichtet werden kann, wenn ansonsten die Bieter in ihrer Freiheit, gänzlich neue Lösungsansätze zu suchen, beschränkt würden** (2. VK Bund, B. v. 4. 9. 2002 – Az.: VK 2–58/02).

107.13.2.9 Beurteilungsspielraum bei der Wertung

9597 Der **Beurteilungsspielraum** für die Entscheidung, welches Angebot das wirtschaftlichste ist, ist **bei Angeboten auf der Grundlage einer funktionalen Leistungsbeschreibung größer als bei Ausschreibungen auf der Grundlage eines Leistungsverzeichnisses.** Wenn Angebote auf einer funktionalen Leistungsbeschreibung beruhen, muss der Auftraggeber auch die Variationen der angebotenen Leistungen hinsichtlich ihrer technischen und wirtschaftlichen sowie ggf. auch gestalterischen und funktionsbedingten Merkmale **gegeneinander abwägen** und mit den dafür geforderten **Preisen vergleichen. Ein direkter Vergleich der Angebote untereinander ist dabei nur bedingt möglich.** Eine vergleichende Wertung scheitert bei geforderten Lösungskonzepten an den unterschiedlichen Wegen, die zum geforderten Ziel führen. Die Qualitätsstandards sind bei funktionalen Leistungsbeschreibungen weitgehend offen, so dass jeder Bieter selbst entscheidet, ob er für seine technische Lösung mit den zur Erfüllung des Zwecks hinreichenden Grundstandards arbeitet oder aber höhere Standards zu höheren Preisen anbietet. Steht es den Bietern frei, über die Einreichung von Nebenangeboten mehrere technische Lösungen anzubieten, hängt die Entscheidung, welchen Standard der Auftraggeber letztendlich bezuschlagt, von den konkreten Anforderungen an die ausgeschriebene Lösung ab. Speziell die höheren Standards müssen aus Gründen der Wirtschaftlichkeit aber immer gegen den Preis abgewogen werden (VK Baden-Württemberg, B. v. 17. 3. 2004 – Az.: 1 VK 12/04; VK Magdeburg, B. v. 1. 3. 2001 – Az.: VK-OFD LSA- 02/01).

107.13.2.10 Funktionale Leistungsbeschreibung im Abfallbereich

9598 **107.13.2.10.1 Grundsatz.** Gerade **bei der Dienstleistung der Abfallbeseitigung** ist es **gerechtfertigt,** die **Leistungsbeschreibung so zu konzipieren, dass den Bietern ein eigenverantwortlicher Spielraum** für die inhaltliche Gestaltung bzgl. der Ausführung der Leistung **belassen wird.** Derartige Leistungen bieten erhebliche Möglichkeiten, Organisation, Betriebsabläufe, Personal- und Fahrzeugeinsatz etc. auch unter Berücksichtigung feststehender Eckpunkte (z.B. Beschränkung der Fahrzeiten, Öffnungszeiten von Deponien oder anderer Entsorgungsanlagen, örtliche oder sonstige gesetzliche Einschränkungen) unterschiedlich zu gestalten. Ein (öffentlicher) Auftraggeber wird es daher **sinnvollerweise in aller Regel dem fachkundigen Auftragnehmer überlassen,** wie er die ordnungsgemäße Durchführung des Auftrags bewältigt. Daraus folgt logischerweise, dass der Auftraggeber die **Leistung nicht um-**

fassend und in allen Details vorgeben und beschreiben wird, sondern sich auf die Angabe der aus seiner Sicht wichtigen Ziele beschränkt (VK Hessen, B. v. 2. 1. 2003 – Az.: 69 d VK – 53/2002, B. v. 2. 1. 2003 – Az.: 69 d VK – 54/2002, B. v. 2. 1. 2003 – Az.: 69 d VK – 55/2002, B. v. 2. 1. 2003 – Az.: 69 d – VK – 57/2002).

107.13.2.10.2 Anforderungen an den Inhalt der funktionalen Leistungsbeschreibung. Anzumerken ist hierzu, dass **auch eine funktionale Leistungsbeschreibung für Leistungen der Abfallbeseitigung nicht ohne ein Mindestmaß an Angaben und Daten auskommt.** Es ist zu fordern, dass der Auftraggeber „nur", aber insoweit auch zwingend den Bewerbern **alle die Angaben und Daten an die Hand geben muss, die für eine sachgerechte Kalkulation einerseits und für eine Vergleichbarkeit und Wertbarkeit der Angebote andererseits erforderlich sind.** Dies erfordert allerdings auch, dass die Bieter ihr „Konzept" nachprüfbar plausibel darstellen. Diese im Grundsatz zulässige Vorgehensweise bedingt selbstverständlich auch, dass die Angebote unter Umständen erhebliche Preisdifferenzen aufweisen können. Logische Konsequenz einer Ausschreibung mit funktionalen Elementen ist allerdings auch, dass es für eine ordnungsgemäße Wertung nicht allein auf den (niedrigsten) Preis ankommen kann, sondern zusätzliche Wertungskriterien erforderlich sind, die eine sachgerechte Bewertung der unterschiedlichen angebotenen Lösungen ermöglichen und dass die Nachvollziehbarkeit der Wertungsentscheidung möglich ist (VK Hessen, B. v. 2. 1. 2003 – Az.: 69 d VK – 53/2002, B. v. 2. 1. 2003 – Az.: 69 d VK – 54/2002, B. v. 2. 1. 2003 – Az.: 69 d VK – 55/2002, B. v. 2. 1. 2003 – Az.: 69 d VK – 57/2002). 9599

107.13.2.11 Funktionale Leistungsbeschreibung im EDV-Bereich

Bei **immer komplexer werdenden Beschaffungsvorgängen, insbesondere im EDV-Bereich**, ist es dem Auftraggeber mangels ausreichender Marktkenntnis oftmals nicht möglich, den Leistungsgegenstand nach Art, Beschaffenheit und Umfang hinreichend zu beschreiben. In solchen Fällen kann der Auftraggeber den Zweck und die Funktion des Beschaffungsvorgangs beschreiben und hinsichtlich der Umsetzung auf die technische Vielfalt der Anbieter vertrauen (VK Baden-Württemberg, B. v. 17. 3. 2004 – Az.: 1 VK 12/04). 9600

107.13.2.12 Funktionale Leistungsbeschreibung im Unterrichtsbereich

Funktionale Leistungsbeschreibungen sind nicht nur dort zulässig, wo ein bestimmter Erfolg geschuldet ist, sondern auch im Dienstleistungsbereich. In dem Rahmen der nachgefragten Leistungen z. B. im Unterrichtsbereich kann den Bietern durch die Funktionalität der Leistungsbeschreibung ein kreativer Spielraum eingeräumt werden, der nicht hinter dem (vorrangigen) Wettbewerb und dem Gedanken der Vergleichbarkeit der angebotenen Leistungen zurückzutreten hat, weil die Bieter sich bewährter Leistungsmittel bedienen können. Infolgedessen ist auch die Vergleichbarkeit der Leistungen gewahrt (OLG Düsseldorf, B. v. 30. 11. 2005 – Az.: VII – Verg 65/05; B. v. 23. 11. 2005 – Az.: VII – Verg 66/05). 9601

107.13.2.13 Funktionale Leistungsbeschreibung im Abschleppbereich

Die **funktionale Leistungsbeschreibung lässt die Bestimmung einer Leistung mit dem geschuldeten Ziel Abschleppen/Bergen von Fahrzeugen unterschiedlichen Gewichts verbunden mit der Forderung einer Pauschalpreisangabe zu.** Die Leistungsbeschreibung ist insoweit nicht zu beanstanden, wenn das geschuldete Ziel Abschleppen/Bergen von Fahrzeugen unterschiedlichen Gewichts zwischen den Parteien nicht streitig ist, der Auftraggeber ferner die erforderlichen Mittel benennt, die vorzuhalten sind, außerdem den zeitlichen Rahmen bestimmt, innerhalb dessen die Dienste verfügbar sein müssen und die Fallzahlen des Vorjahres ermittelt und den Losen zuordnet. Damit sind die kalkulatorischen Grundlagen bis auf den zeitlichen Umfang des Personaleinsatzes präzise kalkulierbar. Der Bieter kann alle Kosten der erforderlichen Geräte, Mittel sowie die Kosten des Standardpersonals exakt bestimmen und ebenfalls im Abschleppbereich den zeitlichen Aufwand aufgrund seiner Erfahrungswerte. Die präzise Angabe des zeitlichen Aufwands und damit eines erhöhten Personalaufwandes im Bereich des Bergens ist für niemanden im Vorherein bestimmbar. Jedoch ist das Personal, soweit es sich um festgestelltes Personal handelt, in der Kostenkalkulation enthalten. Weiterer Personalaufwand entsteht erst durch Besonderheiten der Bergung der Ladung und ggf. durch den Kraneinsatz. Dieser Mehraufwand kann gesondert abgerechnet werden. Damit sind auch die **Grenzen der Zumutbarkeit für die Verpflichtung des Auftraggebers, alle kalkulationsrelevanten Parameter zu ermitteln, erreicht.** Hier sind die Erfahrungen des Bieters gefragt sowie sein fachliches Knowhow über den geschickten Einsatz der Mittel im Einzel-

Teil 4 VOL/A § 7   Vergabe- und Vertragsordnung für Leistungen Teil A

fall. Dafür besteht im Rahmen der funktionalen Leistungsbeschreibung eben auch ein gestalterische Lücke für den Auftragnehmer. Das Risiko einer zeitlichen Fehleinschätzung wie einer Fehleinschätzung über die zu erwartenden Fallzahlen liegt damit zumindest partiell beim Bieter (OLG Düsseldorf, B. v. 16. 8. 2010 – Az.: VII-Verg 35/10; VK Arnsberg, B. v. 20. 7. 2010 – Az.: VK 09/10).

107.13.2.14 Weitere Beispiele aus der Rechtsprechung

9602
- Ausschreibung einer **nationalen Stützungsstruktur für die EG-Gemeinschaftsinitiative EQUAL** (OLG Düsseldorf, B. v. 5. 10. 2000 – Az.: Verg 14/00)
- Einrichtung von **„Voice over IP"** (OLG Naumburg, B. v. 2. 4. 2001 – Az.: 1 Verg 4/01)
- **Konzeption und Durchführung von Maßnahmen zur Eignungsfeststellung und Trainingsmaßnahmen** gemäß § 48 SGB III (1. VK Bund, B. v. 13. 4. 2004 – Az.: VK 1–35/04)
- **Lieferung, Installation und Konfiguration von Anlagen für die Überwachung der Telekommunikation** (1. VK Bund, B. v. 14. 1. 2003 – Az.: VK 1–97/02)
- **Sammlung und Beförderung von Abfällen pp.** (VK Lüneburg, B. v. 24. 7. 2000 – Az.: 203-VgK-08/2000)

107.13.2.15 Forderung nach einer RAL-Zertifizierung von Produkten

9603   Die Forderung eines Auftraggebers nach RAL-Zertifizierung stellt **nicht eine Vorgabe bestimmter Erzeugnisse oder Verfahren im Sinne des § 7 Abs. 3 VOL/A dar**, da grundsätzlich jedem Hersteller die Möglichkeit offen steht, seine Produkte RAL zertifizieren zu lassen. Es liegt jedoch ein **Verstoß gegen § 7 Abs. 2 VOL/A** vor. Danach sind bei der Beschreibung der Leistung die verkehrsüblichen Bezeichnungen zu verwenden, wobei auf „einschlägige Normen" dabei Bezug genommen werden darf. Diese müssen jedoch allgemein anerkannt sein und dürfen Anbieter aus anderen Mitgliedstaaten nicht benachteiligen, was bei europaweit eingeführten Normen durch einen Zusatz (z. B. – EN) angezeigt wird. Bei nur nationalen Normen und Zertifizierungen wie z. B. dem RAL-Gütezeichen, die naturgemäß Produkten aus dem EU-Ausland nicht zu eigen sind, **muss hingegen zwingend der Zusatz „oder gleichwertig" erfolgen, nur dann können die im Bezug genommenen Normen als diskriminierungsfreie Richtwerte verstanden werden** (OLG Koblenz, B. v. 15. 3. 2001 – Az.: 1 Verg. 1/01; VK Berlin, B. v. 15.02.206 – Az.: VK – B 1–63/05; 3. VK Hessen, B. v. Juni 2001 – Az.: 69 d VK 14/2001; VK Köln, B. v. 3. 7. 2002 – Az.: VK VOL 4/2002; VK Rheinland-Pfalz, B. v. 13. 2. 2001 – Az.: VK 28/00; 3. VK Saarland, B. v. 19. 1. 2004 – Az.: 3 VK 05/2003; VK Thüringen, B. v. 7. 2. 2006 – Az.: 360–4002.20–063/05-EF-S).

107.14 Durch die Art der zu vergebenden Leistung gerechtfertigte Vorgabe von bestimmten Erzeugnissen oder Verfahren sowie von bestimmten Ursprungsorten und Bezugsquellen (§ 7 Abs. 3)

107.14.1 Sinn und Zweck der Regelung

9604   **Übliche Praxis bei der Erstellung von Leistungsverzeichnissen ist, dass der Auftraggeber ohne Vorgabe jeweils am Ende der im Leistungsverzeichnis beschriebenen Geräteeinheiten Fabrikats- und Gerätetypen einschließlich Artikelnummer abfragt.** Diese Angaben dienen dazu, dem öffentlichen Auftraggeber Klarheit darüber zu verschaffen, welches Produkt der Bieter ausgewählt hat und für den Auftrag anbietet. Anders wäre der öffentliche Auftraggeber auch gar nicht in der Lage, zu überprüfen, ob das Angebot seinen Anforderungen entspricht. Ein **Wahlrecht nach § 262 BGB, wonach ein Schuldner nach Wahl die eine oder andere Leistung schuldet, ist dem Bieter mit diesem Procedere nicht eingeräumt.** Der Bieter hat vielmehr ein eindeutiges Angebot zu der ausgeschriebenen Leistung abzugeben, welches der Auftraggeber grundsätzlich mit einem einfachen „Ja" annehmen kann (OLG München, B. v. 2. 9. 2010 – Az.: Verg 17/10).

9605   **§ 97 Abs. 2 GWB** verpflichtet die öffentlichen Auftraggeber, alle Teilnehmer an einem Vergabeverfahren grundsätzlich gleich zu behandeln, es sei denn, eine Benachteiligung ist auf Grund des GWB ausdrücklich geboten oder gestattet. Es handelt sich hierbei um einen der zentralen vergaberechtlichen Grundsätze schlechthin. **Das diesen Grundsatz flankierende**

Gebot der Produktneutralität gem. § 7 Abs. 3 VOL/A soll sicherstellen, dass eine Leistungsbeschreibung die Herstellung von Chancengleichheit im Vergabewettbewerb gewährleistet. Ziel ist es, dass alle Bieter die gleiche Ausgangsposition haben. Die Chancengleichheit bedingt, dass hinsichtlich bestimmter Erzeugnisse, Produkte, Verfahren, Hersteller etc. nur zurückhaltend Gebrauch gemacht werden darf. Daher gilt der Grundsatz der Produktneutralität. Gemäß § 7 Abs. 3 VOL/A dürfen daher bestimmte Erzeugnisse oder Verfahren sowie bestimmte Ursprungsorte und Bezugsquellen nur dann ausdrücklich vorgeschrieben werden, wenn dies durch den Auftragsgegenstand gerechtfertigt ist (2. VK Bund, B. v. 9. 12. 2009 – Az.: VK 2–192/09; 3. VK Bund, B. v. 10. 5. 2010 – Az.: VK 3–42/10; VK Niedersachsen, B. v. 16. 11. 2009 – Az.: VgK-62/2009; B. v. 8. 7. 2009 – Az.: VgK-29/2009).

107.14.2 Vergleichbare Formen der Verengung des Wettbewerbes durch Definitionen der Leistungsbeschreibung

Eine **Behinderung des Wettbewerbs** liegt im Übrigen nicht erst dann vor, wenn Merkmale des geforderten Produkts durch einen Produkt- oder Markennamen bezeichnet werden, sondern **bereits dann, wenn das Leistungsverzeichnis nach Form, Stofflichkeit, Aussehen und technischen Merkmalen so präzise definiert ist, dass dem Bieter keinerlei Ausweichmöglichkeit mehr bleibt.** Hierbei kommt es nicht auf die Feststellung einer subjektiven Absicht der Vergabestelle an, bestimmte Unternehmen zu bevorzugen zu wollen. Entscheidend ist vielmehr die Frage, ob die **Leistungsbeschreibung bei objektiver Betrachtung geeignet ist, bestimmte Unternehmen oder Erzeugnisse bevorzugt zu wollen** (OLG Düsseldorf, B. v.. 11. 2. 2009 – Az.: VII-Verg 64/08; Thüringer OLG, B. v. 26. 6. 2006 – Az.: 9 Verg 2/06; VK Arnsberg, B. v. 25. 5. 2009 – VK 08/09; 1. VK Sachsen, B. v. 7. 2. 2003 – Az.: 1/SVK/007-03; VK Südbayern, B. v. 21. 7. 2008 – Az.: Z3-3-3194-1-23–06/08). 9606

Eine **Behinderung des Wettbewerbs** liegt auch dann vor, wenn **durch die Art der geforderten Leistung nur ein Anbieter** zum Zuge kommen kann und eine **Rechtfertigung hierfür fehlt bzw. nicht dokumentiert** ist (VK Hessen, B. v. 10. 9. 2007 – Az.: 69 d VK – 37/2007; B. v. 10. 9. 2007 – Az.: 69 d VK – 29/2007). 9607

Eine **herstellergebundene Leistungsbeschreibung** liegt auch dann vor, wenn **durch die Vorgabe einer Eigenschaft nur ein Produkt und nur ein Hersteller für die Erfüllung dieser Eigenschaft** in Betracht kommt (OLG Brandenburg, B. v. 14. 12. 2007 – Az.: Verg W 21/07). 9608

Wird die **Ausschreibung eines bestimmten Produkts auf der Basis der Produktbeschreibung dieses bestimmten Produkts erstellt,** dieses **Produkt als Leitfabrikat benannt** und den **Bietern die Möglichkeit eingeräumt, ein gleichwertiges Produkt eines anderen Herstellers anzubieten, verstößt dies gegen den vergaberechtlichen Grundsatz der produkt- und verfahrensmäßigen Neutralität** nach § 7 Abs. 3, Abs. 4 VOL/A. Der Ausnahmefall für eine Zulässigkeit einer produktspezifischen Ausschreibung liegt nicht vor, wenn die Verwendung eines bestimmten Produkts nicht durch den Auftragsgegenstand gerechtfertigt ist. In einem solchen Fall liegt ein Mangel des Vergabeverfahrens vor, **aufgrund dessen allen Bietern die Möglichkeit eines neuen (Teil-)Angebotes in Bezug auf die ausgeschriebene Teilleistung einzuräumen** ist (3. VK Bund, B. v. 27. 10. 2008 – Az.: VK 3–134/08). 9609

107.14.3 Allgemeine Grundsätze

Beachtet der Auftraggeber den Grundsatz der Produktneutralität bei der Erstellung des Leistungsverzeichnisses, ist er **nicht verpflichtet**, z. B. **Fabrikatsangaben im Angebot zu verlangen**; er **darf sie jedoch nach der Angebotsöffnung im Rahmen der Aufklärung nachfragen** (VK Nordbayern, B. v. 21. 7. 2008 – Az.: 21.VK – 3194 – 27/08; B. v. 23. 4. 2008 – Az.: 21.VK – 3194 – 15/08). 9610

Die **Reichweite der Zulässigkeit der Angabe von bestimmten Erzeugnissen, Verfahren, Produktnamen und Herstellerbezeichnungen hängt maßgeblich von dem Leistungsgegenstand ab, aber auch von der Verwendung am konkreten Einsatzort.** Als maßgeblich zugrunde zu legen ist dabei der Auftraggeberwille in Bezug auf den konkreten Auftragsgegenstand, den Einsatzort und den individuellen Verwendungszweck. Dabei trägt diese Regelung dem Umstand Rechnung, dass **Leistungsbeschreibungen auch in sehr subtiler Weise zu einer verbotenen Bevorzugung bestimmter Unternehmen oder Erzeugnisse** 9611

Teil 4 VOL/A § 7 Vergabe- und Vertragsordnung für Leistungen Teil A

führen können. Dabei können sich bei der Beschreibung technischer Merkmale sehr schnell diskriminierend wirkende Passagen einschleichen, ohne das die Vergabestelle dies beabsichtigt hat oder merkt (VK Niedersachsen, B. v. 16. 11. 2009 – Az.: VgK-62/2009).

9612 Die **Rechtfertigungsbedürftigkeit** von in der Leistungsbeschreibung aufgestellten Anforderungen, die bestimmte Produkte bevorzugen oder benachteiligen, folgt aus der einerseits bestehenden Freiheit des Auftraggebers, seinen Beschaffungsbedarf und damit den Auftragsgegenstand festzulegen, und den andererseits zu beachtenden vergaberechtlichen Grundsätzen des Wettbewerbs und der Diskriminierungsfreiheit und ist **daher nicht auf technische Spezifikationen in einem engen Sinne zu beschränken.** Sie **erstreckt sich vielmehr auch auf andere Anforderungen, die geeignet sind, die gleiche wettbewerbsbeschränkende oder diskriminierende Wirkung zu entfalten.** Maßgeblich ist, ob Vorgaben in der Leistungsbeschreibung die in § 7 Abs. 3 VOL/A beschriebene Wirkung haben. Ist dies der Fall, so bedürfen sie einer sachlichen Rechtfertigung, wobei offen bleiben kann, ob dies aus einer unmittelbaren oder analogen Anwendung von § 7 Abs. 3 VOL/A oder unmittelbar aus den vergaberechtlichen Grundsätzen der §§ 97 Abs. 1 und 2 GWB, 2 Abs. 1 VOL/A folgt (2. VK Bund, B. v. 9. 12. 2009 – Az.: VK 2–192/09).

107.14.4 Rechtfertigung durch den Auftragsgegenstand

107.14.4.1 Allgemeines

9613 Die VOL kann ein legitimes Interesse des Auftraggebers, ein bestimmtes Produkt zu verwenden oder eine bestimmte Art der Ausführung zu erhalten, nicht einschränken (OLG Düsseldorf, B. v. 17. 2. 2010 – Az.: VII-Verg 42/09; B. v. 19. 1. 2010 – Az.: VII-Verg 46/09; B. v. 22. 10. 2009 – Az.: VII-Verg 25/09; OLG Frankfurt, B. v. 28. 10. 2003 – Az.: 11 Verg 9/03; Saarländisches OLG, B. v. 29. 10. 2003 – Az.: 1 Verg 2/03; 2. VK Bund, B. v. 9. 8. 2006 – Az.: VK 2–77/06; VK Hessen, B. v. 10. 9. 2007 – Az.: 69 d VK – 37/2007; B. v. 10. 9. 2007 – Az.: 69 d VK – 29/2007; VK Lüneburg, B. v. 12. 5. 2005 – Az.: VgK-15/2005; VK Münster, B. v. 18. 2. 2010 – Az.: VK 28/09; VK Niedersachsen, B. v. 16. 11. 2009 – Az.: VgK-62/2009; VK Nordbayern, B. v. 9. 7. 2009 – Az.: 21.VK – 3194 – 15/09; B. v. 13. 2. 2007 – Az.: 21.VK – 3194 – 02/07; B. v. 16. 1. 2007 – Az.: 21.VK – 3194 – 43/06; VK Schleswig-Holstein, B. v. 28. 11. 2006 – Az.: VK-SH 25/06).

107.14.4.2 Sachliche Vertretbarkeit

9614 Die Vorschriften der VOL schränken die in der Leistungsbeschreibung vorgenommene Festlegung auf ein bestimmtes Produkt oder eine bestimmte Leistung lediglich dahin ein, dass es **dafür einer sachlichen Rechtfertigung durch die Art der zu vergebenden Leistung bedarf.** Zu einer sachlichen Rechtfertigung bedarf es **objektiver, in der Sache selbst liegender Gründe**, die sich zum Beispiel aus der besonderen Aufgabenstellung des Auftraggebers, aus technischen oder gestalterischen Anforderungen (OLG Düsseldorf, B. v. 15. 6. 2010 – Az.: VII-Verg 10/10; B. v. 3. 3. 2010 – Az.: VII-Verg 46/09; B. v. 17. 2. 2010 – Az.: VII-Verg 42/09; B. v. 19. 1. 2010 – Az.: VII-Verg 46/09; B. v. 22. 10. 2009 – Az.: VII-Verg 25/09; B. v. 6. 7. 2005 – Az.: VII – Verg 26/05; 2. VK Bund, B. v. 14. 10. 2009 – Az.: VK 2–174/09; B. v. 8. 8. 2003 – Az.: VK 2–52/03; 3. VK Bund, B. v. 10. 5. 2010 – Az.: VK 3–42/10; B. v. 1. 10. 2009 – Az.: VK 3–172/09; 1. VK Hessen, v. 11. 12. 2006 – Az.: 69 d VK 60/2006 – instruktiver Grenzfall; B. v. 19. 10. 2006 – Az.: 69 d VK – 51/2006; B. v. 13. 10. 2005 – Az.: 69 d VK – 69/2005; VK Münster, B. v. 18. 2. 2010 – Az.: VK 28/09; VK Nordbayern, B. v. 9. 7. 2009 – Az.: 21.VK – 3194 – 15/09; B. v. 13. 2. 2007 – Az.: 21.VK – 3194 – 02/07; VK Südbayern, B. v. 29. 1. 2007 – Az.: Z3-3-3194-1-37–11/06; VK Thüringen, B. v. 8. 5. 2008 – Az.: 250–4002.20–899/2008-006-G) oder auch aus der Nutzung der Sache (3. VK Bund, B. v. 10. 5. 2010 – Az.: VK 3–42/10) ergeben können. Allerdings genügt, dass sich die Forderung besonderer Leistungsmerkmale, bezogen auf die Art der zu vergebenden Leistung, „rechtfertigen" lässt, mithin sachlich vertretbar ist, womit dem Umstand Rechnung zu tragen ist, dass in die (auch) kaufmännische Entscheidung des Auftraggebers, welche Leistung mit welchen Merkmalen beschafft werden soll, regelmäßig eine Vielzahl von Gesichtspunkten einfließt, die sich etwa daraus ergeben können, dass sich die auf dem Markt angebotenen Leistungen trotz grundsätzlicher Gleichartigkeit regelmäßig in einer Reihe von Eigenschaften voneinander unterscheiden (OLG Düsseldorf, B. v. 17. 2. 2010 – Az.: VII-Verg 42/09; B. v. 22. 10. 2009 – Az.: VII-Verg 25/09; VK Münster, B. v. 18. 2. 2010 – Az.: VK 28/09; VK Schleswig-Holstein, B. v. 28. 11. 2006 – Az.: VK-SH 25/06; VK Südbayern, B. v. 19. 10. 2004, Az.: 120.3-3194.1-60-08/04). Eine

Differenzierung nach solchen Kriterien, soweit sie auf die Art der zu vergebenden Leistung bezogen sind, kann dem Auftraggeber nicht verwehrt werden. Nach welchen sachbezogenen Kriterien die Beschaffungsentscheidung auszurichten ist, ist ihm (auch in einem Nachprüfungsverfahren) nicht vorzuschreiben. Dem Auftraggeber steht hierbei ein **– letztlich in der Privatautonomie wurzelndes – Beurteilungsermessen** zu, dessen Ausübung im Ergebnis nur darauf kontrolliert werden kann, ob seine Entscheidung sachlich vertretbar ist (OLG Düsseldorf, B. v. 3. 3. 2010 – Az.: VII-Verg 46/09; B. v. 17. 2. 2010 – Az.: VII-Verg 42/09; B. v. 22. 10. 2009 – Az.: VII-Verg 25/09; B. v. 14. 4. 2005 – Az.: VII – Verg 93/04; OLG Frankfurt, B. v. 29. 5. 2007 – Az.: 11 Verg. 12/06; 2. VK Bund, B. v. 14. 10. 2009 – Az.: VK 2–174/09; 3. VK Bund, B. v. 1. 10. 2009 – Az.: VK 3–172/09; B. v. 5. 3. 2008 – Az.: VK 3–32/08; VK Hessen, B. v. 10. 9. 2007 – Az.: 69 d VK – 37/2007; B. v. 10. 9. 2007 – Az.: 69 d VK – 29/2007; VK Schleswig-Holstein, B. v. 28. 11. 2006 – Az.: VK-SH 25/06; VK Thüringen, B. v. 8. 5. 2008 – Az.: 250–4002.20–899/2008-006-G). Der **Auftraggeber** als Initiator des Vergabeverfahrens trägt ja auch die **Verantwortung für jede Art unklarer Leistungsbeschreibung** und der damit verbundenen Folgen (OLG Frankfurt, B. v. 29. 5. 2007 – Az.: 11 Verg. 12/06; VK Hessen, B. v. 10. 9. 2007 – Az.: 69 d VK – 37/2007; B. v. 10. 9. 2007 – Az.: 69 d VK – 29/2007).

Mit diesen Überlegungen wird auch **dem Umstand Rechnung getragen**, dass in die (auch kaufmännische) Entscheidung des Auftraggebers, welche Leistung mit welchen Merkmalen nachgefragt und ausgeschrieben werden soll, regelmäßig **eine Vielzahl von Gesichtspunkten einfließt**, die sich etwa daraus ergeben, dass sich die auf dem Markt angebotenen Leistungen trotz grundsätzlicher Gleichartigkeit regelmäßig in einer Reihe von Eigenschaften unterscheiden. Eine **Differenzierung nach solchen Kriterien**, soweit sie auf die Art der zu vergebenden Leistung bezogen sind, **kann dem Auftraggeber nicht verwehrt werden**, und nach welchen sachbezogenen Kriterien er seine Entscheidung auszurichten hat, **ist ihm im Nachprüfungsverfahren nicht vorzuschreiben** (OLG Düsseldorf, B. v. 3. 3. 2010 – Az.: VII-Verg 46/09; B. v. 14. 3. 2001 – Az.: Verg 32/00). Entscheidend ist also, ob aufgrund der vom Auftraggeber geltend gemachten besonderen Umstände des Einzelfalls ein **legitimes Interesse anzuerkennen ist, ein bestimmtes Produkt vorzuschreiben** (OLG Frankfurt, B. v. 28. 10. 2003 – Az.: 11 Verg 9/03). 9615

Führt eine an sach- und auftragsbezogenen Kriterien orientierte Beschaffungsentscheidung zur Festlegung auf ein bestimmtes Erzeugnis oder zur Wahl einer bestimmten Technologie, ist die damit verbundene **Beschränkung oder Einengung des Wettbewerbs als Folge des Bestimmungsrechts des öffentlichen Auftraggebers grundsätzlich hinzunehmen** (OLG Düsseldorf, B. v. 15. 6. 2010 – Az.: VII-Verg 10/10; B. v. 3. 3. 2010 – Az.: VII-Verg 46/09). 9616

107.14.4.3 Objektive Kriterien

Maßgebend für die Vorgabe von bestimmten Erzeugnissen oder Verfahren dürfen hierbei immer **nur die Eigenart und Beschaffenheit der zu vergebenden Leistung** und **nicht** die **subjektiven Erwägungen und Überlegungen des öffentlichen Auftraggebers** sein (OLG Düsseldorf, B. v. 14. 3. 2001 – Az.: Verg 32/00; 2. VK Bund, B. v. 8. 8. 2003 – Az.: VK 2–52/03). 9617

107.14.4.4 Einzelne Gründe

107.14.4.4.1 Technische Zwänge, gestalterische Gründe und einheitliche Wartung. Gründe für die Vorgabe eines bestimmten Fabrikats können insbesondere in technischen Zwängen liegen, gestalterischen Gründen folgen oder der Zweckmäßigkeit einer einheitlichen Wartung dienen (OLG Celle, B. v. 22. 5. 2008 – Az.: 13 Verg 1/08; OLG Frankfurt, B. v. 29. 5. 2007 – Az.: 11 Verg. 12/06; B. v. 28. 10. 2003 – Az.: 11 Verg 9/03; 2. VK Bund, B. v. 9. 8. 2006 – Az.: VK 2–77/06; 1. VK Hessen, B. v. 10. 9. 2007 – Az.: 69 d VK – 37/2007; B. v. 10. 9. 2007 – Az.: 69 d VK – 29/2007; B. v. 11. 12. 2006 – Az.: 69 d VK 60/06; VK Lüneburg, B. v. 12. 5. 2005 – Az.: VgK-15/2005; B. v. 29. 1. 2004 – Az.: 203-VgK-40/2003; VK Münster, B. v. 18. 2. 2010 – Az.: VK 28/09; VK Nordbayern, B. v. 16. 1. 2007 – Az.: 21.VK – 3194 – 43/06; VK Schleswig-Holstein, B. v. 28. 11. 2006 – Az.: VK-SH 25/06; VK Südbayern, B. v. 29. 1. 2007 – Az.: Z3-3-3194-1-37–11/06; B. v. 19. 10. 2004, Az.: 120.3–3194.1–60-08/04; VK Thüringen, B. v. 8. 5. 2008 – Az.: 250–4002.20–899/2008-006-G). Hat ein Auftraggeber jedoch bei der Abfassung der Vergabeunterlagen aufgrund eigener Vorstellungen oder aufgrund einer Beratung durch den Architekten oder ein Ingenieurbüro ein konkretes Leitfabrikat im Auge, genügt es nicht, die technischen Spezifikationen dieses Baustof- 9618 fes in allen Einzelheiten in das Leistungsverzeichnis zu übernehmen, weil andere Produkte diese technischen Spezifikationen nicht in Gänze erfüllen könnten. Angebote unter Verwendung anderer Fabrikate könnten dann nur als Nebenangebote gewertet werden, die aber nicht in allen Punkten gleichwertig wären. Eine derartige Ausschreibungspraxis würde sowohl gegen § 7 Abs. 3 VOL/A als auch gegen den Wettbewerbsgrundsatz und das Diskriminierungsverbot des § 2 Abs. 1 VOL/A verstoßen (VK Lüneburg, B. v. 30. 10. 2003 – Az.: 203-VgK-21/2003).

9619 **107.14.4.4.2 Aufwand in Bezug auf Ersatzteilhaltung, Mitarbeiterschulung und Wartungsarbeiten.** Von dem grundsätzlichen Gebot der Produktneutralität darf nur abgewichen werden, wenn dies ausnahmsweise durch die Art der geforderten Leistung gerechtfertigt ist. Muss sich z. B. eine **ausgeschriebene Anlage in eine Gesamtliegenschaft einfügen, die bereits mit Geräten von bestimmten Herstellern ausgestattet ist**, bestehen berechtigte Interessen an der konkreten Produktvorgabe. Die **Gründe, z. B. den mit der MSR-Technik für die Universität und die Universitätskliniken verbundenen Aufwand in Bezug auf Ersatzteilhaltung, Mitarbeiterschulung und Wartungsarbeiten in einem wirtschaftlich vertretbaren Rahmen zu halten,** entsprechen der gebotenen wirtschaftlichen Beschaffung und genügen für die Zulässigkeit der Produktvorgabe. In dieser besonderen Situation erscheint eine auf spezielle Produkte zugeschnittene Ausschreibung gerechtfertigt (BayObLG, B. v. 15. 9. 2004 – Az.: Verg 026/03; OLG Frankfurt, B. v. 29. 5. 2007 – Az.: 11 Verg. 12/06; B. v. 28. 10. 2003 – Az.: 11 Verg 9/03; Saarländisches OLG, B. v. 29. 10. 2003 – Az.: 1 Verg 2/03; VK Hessen, B. v. 10. 9. 2007 – Az.: VK – 37/2007; B. v. 10. 9. 2007 – Az.: 69 d VK – 29/2007; 1. VK Sachsen, B. v. 23. 1. 2004 – Az.: 1/SVK/160-03; im Ergebnis ebenso VK Südbayern, B. v. 29. 1. 2007 – Az.: Z3-3-3194-1-37–11/06). Diese Rechtsprechung gilt **auch für andere technisch bedeutsame Einrichtungen.**

9620 In solchen Fällen muss der **Auftraggeber darlegen, inwieweit und nach welchen Kriterien er eine Ersatzteillagerung vornimmt**. Ersatzteile sind nämlich jederzeit bei den Herstellern z. B. von Computer- oder Fernsehgestellen bestellbar. Bei einem Defekt ist daher weniger eine Lagerhaltung bei dem Auftraggeber notwendig, als vorrangig eine Beschaffung bei dem Hersteller zu gewährleisten. Der Auftraggeber kann sich hierfür zur Absicherung bei der Auftragsvergabe die Gewährleistung einer Ersatzteilversorgung über einen bestimmten Zeitraum vertraglich zusichern lassen. Aber selbst wenn man unterstellt, es ist eine gewisse Vorhaltung von Ersatzteilen erforderlich, so sind in bestimmten Fällen nur relativ wenige und vor allem kleine Ersatzteile von z. B. bestimmten anfälligeren Teilen vorzuhalten. **Hierfür ist keine umfangreiche Bereithaltung von Lagerkapazitäten erforderlich, die einen Ausschluss des Wettbewerbs rechtfertigt** (2. VK Bund, B. v. 23. 1. 2006 – Az.: VK 2–168/05).

9621 **Sehr viel restriktiver** beurteilt die 1. VK Hessen eine mögliche Rechtfertigung mit **Blick auf Vereinfachung von Wartungsverträgen**. Das Ziel der „Vereinfachung von Wartungsverträgen" betrifft zwar ein durchaus berechtigtes Interesse des Auftraggebers. Jedoch reicht dieses Kriterium als Rechtfertigung für die ausnahmsweise Zulassung eines bestimmten Erzeugnisses aus: Die **Vergabestelle hat diesbezüglich die Möglichkeit, die eingehenden Angebote** (bei Aufnahme entsprechender Wertungskriterien in den Ausschreibungsbedingungen) **auch nach der Wartungsfreundlichkeit, der Erforderlichkeit von Schulungen der Hausmeister etc. zu bewerten**. Entsprechende Zuschlagskriterien sind beispielsweise Folgekosten, Bedienungsfreundlichkeit, etc. (1. VK Hessen, B. v. 11. 12. 2006 – Az.: 69 d VK 60/2006).

9622 **107.14.4.4.3 Schnittstellenrisiko.** Ein öffentlicher Auftraggeber muss sich nicht darauf verweisen lassen, dass ein Bieter anbietet, durch Installation einer produktneutralen Schnittstelle die Kompatibilität – etwa im Mess-, Steuer- und Regeltechnikbereich bzw. Elektronikbereich – erst herzustellen. Allein die **Notwendigkeit einer zusätzlichen Anbindung begründet ein Risiko, welches der Auftraggeber unter Berücksichtigung seiner legitimen Risiken nicht übernehmen muss** (OLG Frankfurt, B. v. 28. 10. 2003 – Az.: 11 Verg 9/03; 1. VK Sachsen, B. v. 23. 1. 2004 – Az.: 1/SVK/160-03; VK Südbayern, B. v. 29. 1. 2007 – Az.: Z3-3-3194-1-37–11/06).

9623 Jedoch **berechtigt nicht jegliche nie völlig auszuschließende Gefahr von Kompatibilitätsproblemen** den öffentlichen Auftraggeber ohne weiteres, **vom vergaberechtlichen Grundsatz der produktneutralen Ausschreibung abzuweichen**. Dies würde vielmehr dazu führen, dass die absolute Ausnahmeregelung des § 8 Nr. 3 Abs. 3 VOL/A zumindest **für den gesamten EDV- und IuK-Bereich** zur Regel würde (VK Lüneburg, B. v. 12. 5. 2005 – Az.: VgK-15/2005).

9624 Besonders **im Falle von Datenverarbeitungsanlagen und technischen Systemen** ist mit Blick auf eine produkt- oder herstellergebundene Ausschreibung **Vorsicht geboten**, weil es mittlerweile **immer ausgereiftere Software und entsprechendes Zubehör** gibt, so dass eine **Kompatibilität meist ohne weiteres gewährleistet** ist. Der mangelnde Einsatz von mit Originalen vergleichbaren Produkten **darf daher nicht zu einer als allgemein notwendigen Form von herstellerspezifischen Ausschreibungen herangezogen** werden (OLG Frankfurt, B. v. 29. 5. 2007 – Az.: 11 Verg. 12/06).

Setzt sich die **Gesamtleistung aus unterschiedlichen Komponenten**, wie beispielsweise der Software für das Einsatzleitsystem, dem Notruf- und Funkabfragesystem und der hierfür erforderlichen Hardware und dem Netzwerk zusammen, **darf ein öffentlicher Auftraggeber nicht alle Komponenten zusammen fassen und dem Wettbewerb insgesamt entziehen, sondern er muss für jede zu beschaffende Leistung nachweisen, dass die Beschaffung „außerhalb des Wettbewerbs" sachlich gerechtfertigt** ist. Jedenfalls ist das dann erforderlich, wenn nicht nur unwesentliche Teile der Leistung ohne sachliche Rechtfertigung entgegen den Vorgaben des § 7 Abs. 3 und Abs. 4 VOL/A vergeben werden sollen (VK Münster, B. v. 18. 2. 2010 – Az.: VK 28/09). 9625

Setzt sich der **Auftrag aus der Beschaffung der Hardware und der Software zusammen, wobei gerade die Hardware einen nicht nur geringfügigen Anteil am Gesamtauftragsvolumen darstellt und werden an die Hardware zwar bestimmte Anforderungen bedingt durch die Software gestellt, die aber durchaus von verschiedenen Hardwareherstellern erfüllt werden können und ist für die angestrebte Kooperation zweier öffentlicher Auftraggeber ausschlaggebend, dass die Software gleich ist, nicht aber der Hardwareunterbau, fehlt in Bezug auf die Beschaffung der Hardware bereits jegliche sachliche Rechtfertigung für die produktspezifische Ausschreibung**. Auch die Gründe wie das leitstellenübergreifende und arbeitsplatzunabhängige Arbeiten reichen dafür nicht aus. Denn die **Handhabung von Arbeitsplatzrechnern, TFT Monitoren, Druckern, Servern oder Netzwerkkomponenten ist bei allen Systemen vergleichbar**. Die anderen Gründe wie ein einheitlicher Service- und Wartungsvertrag, einheitliche Ersatzteilvorhaltung oder austauschbares geschultes Servicepersonal können ebenfalls nicht die Beschaffung einer produktidentischen Hardware-Ausstattung rechtfertigen, wenn nicht der Kooperationspartner, sondern ein anderer öffentlicher Auftraggeber einen Auftrag mit den Komponenten Wartung- und Servicevertrag vergeben will (VK Münster, B. v. 18. 2. 2010 – Az.: VK 28/09). 9626

107.14.4.4.4 Grundsätze für die Lieferung von DV-Verbrauchsmaterial. Eine Leistungsbeschreibung, die derart stark auf ein bestimmtes Produkt abgestellt ist, dass sie **wirtschaftlich quasi eine faktische Bindungswirkung bezüglich eines Produktes erzeugt, oder zumindest den Bieterkreis stark einschränkt, verstößt gegen die Grundsätze des Wettbewerbs und der Nichtdiskriminierung**. Indem ein Auftraggeber in seiner Leistungsbeschreibung eindeutig eine **Bevorzugung von Originalprodukten** bestimmter Hersteller zum Ausdruck bringt, sind Bieter, die nur Alternativprodukte anbieten, benachteiligt und der Bieterkreis entsprechend stark eingeschränkt. Folgende **Argumente** vermögen diese Entscheidung **nicht zu rechtfertigen**: Die **Vielfalt der in den Dienststellen zum Einsatz kommenden Drucker sowie die Unkenntnis über deren konkrete Einsatzbedingungen, Alter, Pflegezustand pp.** können nicht ausschlaggebend für die getroffene Leistungsbeschreibung und die Schwerpunktsetzung auf Originalprodukte sein, da es **keinen signifikanten Unterschied zwischen Original- und Alternativprodukten** gibt. Probleme, die bei einzelnen Alternativprodukten aufgetreten sind, erlauben nicht die Annahme, dass diese **generell nicht gleichwertig** wären. Auch der von einigen Dienststellen geäußerte **Wunsch nach Originalprodukten aus Gründen der Dokumentensicherheit oder -echtheit stellt keinen sachlichen Grund** im Sinne des § 7 Abs. 3 VOL/A dar. Eine produktbezogene Ausschreibung muss durch die Art der zu vergebenden Leistung begründet sein. Der **bloße Wunsch der Besteller nach Originalen stellt keinen solchen leistungsbezogenen Grund dar**, denn maßgebend für die Vorgabe von bestimmten Erzeugnissen dürfen nur die Eigenart und Beschaffenheit der Leistung und nicht die subjektiven Erwägungen und Überlegungen des öffentlichen Auftraggebers sein. Überdies steht **durch die Einhaltung der für die Alternativ- Produkte einzuhaltenden DIN-Normen fest, dass diese auch den darin niedergelegten Sicherheitsanforderungen genügen**, ein qualitativer Unterschied zwischen diesen und den Originalprodukten also nicht besteht. Auch das Argument, dass **bei bestimmten Druckermodellen ein Einsatz von Alternativprodukten nicht möglich** sei, weil sie infolge von **entsprechender Programmierung durch die Hersteller dann entweder gar nicht mehr oder nur in sehr eingeschränktem Tempo arbeiten** würden, **kann eine Einschränkung rechtfertigen**. Zwar scheint diese Vorgehensweise von einigen Druckerherstellern praktiziert zu werden, um die Nutzer zur Verwendung von Ori- 9627 ginalprodukten zu zwingen, nachdem die frühere Praxis, Klauseln in die Vertragsbedingungen aufzunehmen, wonach nur bei Verwendung von Originalteilen die Garantieansprüche behalten werden konnten, zunehmend für unwirksam erklärt wurde. In solchen Fällen **muss der Auftraggeber jedoch darlegen, dass der Umfang dieser Fälle so groß ist, als dass die Ausschreibung von Originalen als sachlich vertretbar angesehen werden könnte** (OLG Frankfurt, B. v. 29. 5. 2007 – Az.: 11 Verg. 12/06; VK Hessen, B. v. 19. 10. 2006 – Az.: 69 d VK – 51/2006).

9628 **107.14.4.4.5 Festlegung auf nur ein Produkt.** Nach Auffassung der VK Münster **kann auch eine Leistungsbeschreibung auf ein als einziges derzeit marktgängiges Produkt hinauslaufen**. Dies führt nicht per se zu einer wettbewerbsfeindlichen Verengung des Angebotsmarktes, die durch § 7 Abs. 3 VOL/A verhindert werden soll. Wenn nämlich die Bieter sich dieses Produkt besorgen können und die Bieter von der Möglichkeit eines Bezugs von der Herstellerfirma weder aus rechtlichen noch aus tatsächlichen Gründen ausgeschlossen sind, haben sie auch die Möglichkeit, sich dieses Produkt zu „besorgen" und in ihrem Angebot anzubieten. Dass dies nicht wirtschaftlich ist, wenn man selbst ein ähnliches Produkt herstellt, kann nicht zum Anlass genommen werden, der Vergabestelle vorzuhalten, dass sie ein Produkt mit ganz bestimmten technischen Merkmalen nicht fordern darf (VK Münster, B. v. 20. 4. 2005 – Az.: VK 6/05).

9629 **§ 7 Abs. 3, 4 VOL/A** ist **nicht so zu verstehen**, dass es einem öffentlichen **Auftraggeber generell nicht möglich** ist, Arzneimittel oder andere **Waren, die nur ein einziges Unternehmen herstellt oder vertreibt, zu beschaffen** (1. VK Bund, B. v. 20. 1. 2010 – Az.: VK 1–230/09).

9630 **107.14.4.4.6 Bestimmte Art der Ausführung.** Die geforderte Leistung (Ausführung einer Sprinkleranlage) **rechtfertigt eine Festlegung auf eine bestimmte Art der Ausführung** (Bau einer Sprinkleranlage nur durch ein Unternehmen, das auf der Errichterliste der VdS Schadensverhütung GmbH steht) aber **nur, wenn eine andere Art der Ausführung für den Bauherrn unzumutbare Härten oder wirtschaftliche Nachteile** mit sich bringen würden. Findet sich dafür kein Hinweis und ist die entsprechende Position des Leistungsverzeichnisses auch nicht mit dem Zusatz „oder gleichwertiger Art" versehen, stellt dies einen Verstoß gegen § 9 Nr. 10 VOB/A dar, der den Bieter in seinen Rechten verletzt (VK Südbayern, B. v. 4. 10. 2001 – Az.: 31-09/01). Diese Rechtsprechung gilt in vergleichbaren Fällen **auch für den VOL-Bereich**.

9631 Jedoch darf der öffentliche **Auftraggeber nicht nur ein spezielles technologisches** – unter mehreren für die Aufgabenstellung theoretisch in Betracht kommenden – **Verfahren näher untersuchen und zur Feststellung gelangen, dass gerade dieses Verfahren exakt seinen Wünschen und Anforderungen genügt**. Eine solche Vorgehensweise entspricht weder den Grundsätzen einer sparsamen und wirtschaftlichen Haushaltsführung noch den Vorgaben des Wettbewerbsprinzips. Hiernach ist der Auftraggeber vielmehr gehalten, vor Festlegung der Ausschreibungsbedingungen einen möglichst breiten Überblick über die in Betracht kommenden Lösungsvarianten zu verschaffen und diese nicht gleichsam schon ex ante auszublenden. Nur so ist gewährleistet, dass die Beschaffung tatsächlich in der technisch und wirtschaftlich effizientesten Weise erfolgt. **Schließt daher die Vergabestelle kraft der Definition ihrer Ausschreibungsbedingungen ausdrücklich oder inzident** – durch Vorgabe bestimmter Parameter – **ein Verfahren aus, hat sie nicht nur zu prüfen, ob die zugelassene Lösung den Ausschreibungszweck erfüllt, sondern darüber hinaus zu prüfen und positiv festzustellen, dass und aus welchen Gründen ein hiernach ausgeschlossenes Verfahren nicht geeignet erscheint**. Zwar wird man der Vergabestelle im Rahmen einer solchen Prüfung eine gewisse **Einschätzungsprärogative** zubilligen müssen, da sie die Schwerpunkte und Nuancen ihrer Wünsche und Vorstellungen bezogen auf die Leistungsanforderungen am besten kennt. Das entbindet sie aber andererseits nicht, ihren zur Verfügung stehenden Beurteilungsspielraum auch auszuschöpfen und in eigener Verantwortung eine substantiierte Einschätzung zu treffen (Thüringer OLG, B. v. 26. 6. 2006 – Az.: 9 Verg 2/06).

9632 **107.14.4.4.7 Technische Unvereinbarkeit oder unverhältnismäßige technische Schwierigkeiten bei Gebrauch und Wartung.** Der EuGH zieht die Grenze für eine Produkt- bzw. Herstellerangabe etwas enger. Die **Vorteile z. B. einer Interoperabilität** genügen nicht. Vielmehr muss ein **Lieferantenwechsel den Auftraggeber zwingen**, Material unterschiedlicher technischer Merkmale zu kaufen, und dadurch müssen eine **technische Unvereinbarkeit oder unverhältnismäßige technische Schwierigkeiten bei Gebrauch und

Wartung entstehen, wobei der Auftraggeber die Darlegungs- und Beweislast für die entstehenden Nachteile trägt (EuGH, Urteil v. 8. 4. 2008 – Az.: C-337/05).

107.14.4.4.8 Vermeidung zusätzlicher technischer Fehlerquellen sowie unkomplizierte Handhabung von Geräten auch im Schadensfall. Geht es dem Auftraggeber mit der Vorgabe im Leistungsverzeichnis *(das Datenanschlusskabel muss 5m lang sein. Um zu vermeiden, dass durch Unbefugte, absichtlich oder unabsichtlich, die Datenanschlusskabel getrennt werden, müssen diese aus einem Stück und ohne andere Verstärker, Steckverbindungen oder Kupplungen am USB-Port eines USB 2.0 konformen PC betrieben werden können)* insbesondere darum, **zusätzliche technische Fehlerquellen sowie Trennungen des Kabels durch Unbefugte zu vermeiden und eine unkomplizierte Handhabung der Geräte, auch im Schadensfall, zu gewährleisten**, ist dies bei einem durchgängigen Kabel, das unmittelbar an das Gerätegehäuse angeschlossen ist, erheblich besser möglich als bei einer Lösung, bei der das Kabel im Geräteinnern fest mit dem Gerät verbunden ist und ein kurzes (15 cm langes) Kabel an der Seite des Geräts heraushängt, das zur Erreichung der geforderten Gesamtlänge von 5m mit einem weiteren Kabel verbunden werden muss. **Die „Stückelung" des Kabels führt dazu, dass im Falle eines Defekts ggf. das gesamte Gerät und nicht nur das einzelne, ggf. allein defekte Anschlusskabel repariert bzw. ausgetauscht werden muss.** Außerdem kann ein Unbefugter die Steckverbindung verhältnismäßig leicht lösen. Dass das Stromversorgungs- und Datenanschlusskabel andererseits miteinander verbunden sind, führt darüber hinaus dazu, dass der Auftraggeber im Falle einer Reparatur nicht auf herkömmliche und ohne Weiteres zu beschaffende Kabel zurückgreifen kann, sondern sich spezielle Kabel beschaffen muss. Kabellösungen, bei denen ein Kabel fest mit dem Gerät verbunden ist und nicht unmittelbar am Gerätegehäuse eine Buchse für das Anschlusskabel vorgesehen ist, sind außerdem im gewerblichen Elektromarkt nicht gängig. Die Erwägungen des **Auftraggebers sind somit im Ergebnis vertretbar und sachgerecht** (3. VK Bund, B. v. 5. 3. 2008 – Az.: VK 3–32/08).

107.14.4.4.9 Ausschreibung von erythropoese-stimulierenden Proteinen (ESP). Es gibt eine **erhebliche Schnittmenge von Patienten/Krankheitsbildern, in denen verschiedene ESP-Präparate gleichermaßen anwendbar sind**. Für große Überschneidungen zwischen den einzelnen ESP-Präparaten spricht bereits, dass Praxis- und Ärzteverbände die bevorzugte Verschreibung der rabattierten Mittel eines Herstellers empfehlen und dementsprechend gleichermaßen von der Verordnung der übrigen Präparate abraten; darüber hinaus führen andere Krankenkassen in Deutschland und Großbritannien tatsächlich Ausschreibungen über die ESP's als Gruppe durch. Außerdem wurden die Wirkstoffe von zwei Herstellern vom zuständigen Gemeinsamen Bundesausschuss in dieselbe Festbetragsgruppe der Stufe 2 i. S. d. § 35 Abs. 1 S. 2 Nr. 2, Abs. 5 SGB V eingeordnet, was voraussetzt, dass es sich um eine Gruppe mit pharmakologisch-therapeutisch vergleichbaren Wirkstoffen, insbesondere mit chemisch verwandten Stoffen handelt. Mit dem **Vertragsabschluss nur mit einem Hersteller von ESP's tritt ein Lenkungseffekt zugunsten der Produkte dieses Herstellers ein**, der noch dadurch verstärkt wird, dass dieser Hersteller der erste ist, mit dem ein Rabattvertrag abgeschlossen wurde, so dass er derzeit allein von dem Lenkungseffekt eines solchen Vertrages profitiert – zumindest bis weitere Rabattverträge mit den anderen Anbietern abgeschlossen werden –. Jedoch sind die **Voraussetzungen des § 8 Nr. 3 Abs. 3 VOL/A**, wonach öffentliche Auftraggeber u. a. bestimmte Erzeugnisse (nur) dann ausdrücklich vorschreiben dürfen, wenn dies durch die Art der zu vergebenden Leistung gerechtfertigt ist, **im Falle von ESP's wegen der erheblichen Überschneidungen zwischen den einzelnen ESP's nicht erfüllt**. Um den Vorstellungen des Auftraggebers gerecht zu werden, **möglichst viele Arzneimittel der ESP-Gruppe rabattieren zu können** – was im Hinblick auf die Interessen ihrer Versicherten und die Therapiefreiheit der Ärzte objektiv sachlich gerechtfertigt erscheint – **können im Rahmen eines Offenen Verfahrens Lose gebildet werden**, um z. B. einzelne besondere Anwendungsbereiche wie die Frühgeborenenanämie, für die lediglich ein Präparat zugelassen ist, oder auch einzelne Wirkstoffe möglichst ebenfalls mit einem Vertragsabschluss abdecken zu können – **selbst wenn auf diese Weise für einzelne Lose ggf. nur ein einziger Anbieter (und ggf. allenfalls noch Re- oder Parallelimporteure) in Frage käme** (3. VK Bund, B. v. 15. 8. 2008 – Az.: VK 3–107/08).

107.14.4.4.10 Ausschreibungen nach konkreten PZN. Vgl. dazu die Kommentierung → Rdn. 178 ff.

107.14.4.4.11 Ausschreibung von elektronischen Gesundheitskarten. Die **Dispositionsfreiheit des Auftraggebers ist also nicht schrankenlos gewährleistet.** Vielmehr bedarf es – wie § 7 Abs. 3 und 4 VOL/A und letztlich auch den Geboten der Gleichbehandlung und Wirtschaftlichkeit zu entnehmen ist – **auch für die nähere Festlegung des Auftragsgegenstandes objektiver, in der Sache selbst liegender Gründe**, die sich beispielsweise aus der **besonderen Aufgabenstellung des Auftraggebers**, aus **technischen und gestalterischen Anforderungen oder aus der angestrebten Nutzung der Sache** ergeben können. Der **Kreis der Anbieter von elektronischen Gesundheitskarten** ist wegen der hohen technischen und organisatorischen Anforderungen bei einer vergleichsweise geringen Größe des Marktes **eng begrenzt**. Spezifische Anforderungen an die Chipgröße bzw. den Speicherplatz, die **deutlich über das hinausgehen, was zur Erfüllung der von der gematik festgelegten Mindestanforderungen erforderlich** ist, bergen die Gefahr einer weiteren Verengung des Kreises potentieller Bieter, weil diese angesichts der erforderlichen Entwicklungsarbeiten nicht ohne größeren Vorlauf einen Speicherchip durch einen größeren ersetzen können. Anforderungen an die Chipgröße bzw. den freien Rest-Nettospeicherplatz bedürfen daher einer sachlichen Rechtfertigung (2. VK Bund, B. v. 31. 8. 2009 – Az.: VK 2–108/09).

9637   **Statt auf den Brutto-Speicherplatz eines Chips abzustellen, kann der Auftraggeber ohne weiteres die gewünschte Rest-Nettospeicherkapazität unmittelbar fordern. Auf diese Weise wird auch Bietern, die derzeit nicht über einen entsprechend großen Chip verfügen und ihn wegen des erforderlichen Entwicklungsvorlaufs auch nicht kurzfristig in ihr Konzept einarbeiten können, die Chance eröffnet, sich aussichtsreich an der Ausschreibung zu beteiligen,** sofern der angebotene Chip ungeachtet eines kleineren Bruttospeichers einen hinreichend großen freien Nettospeicher aufweist. Die Größe des freien Nettospeicherplatzes hängt dabei neben der Bruttokapazität des Chips entscheidend davon ab, wie viel Speicherplatz das vom Bieter vorgesehene Betriebssystem beansprucht und auf welche Weise die vorgegebenen funktionalen Anforderungen umgesetzt werden. Eine technisch weniger effiziente Vorgehensweise kann dabei die zunächst gegebenen Speichervorteile eines Chips mit hoher Bruttokapazität zunichte machen, ggf. sogar hinter den Netto-Speicheranforderungen zurückbleiben, während es keineswegs von vornherein ausgeschlossen erscheint, dass diese auch mit einem kleineren Chip bei einem entsprechend „schlanken" Betriebssystem und geschickter Umsetzung der sonstigen Funktionen erfüllt werden können (2. VK Bund, B. v. 31. 8. 2009 – Az.: VK 2–108/09).

9638   **107.14.4.4.12 Weitere Beispiele aus der Rechtsprechung**

– **bleiben nur wenige Lautsprecher eines bestimmten Fabrikats übrig, die weiter verwendet werden sollen und sollen alle anderen technischen Geräte** wegen der Umstellung auf digitale Übertragung **ausgetauscht werden, rechtfertigt** dieser Sachverhalt **keineswegs das durchgängige Vorschreiben eines bestimmten Fabrikats** (OLG München, B. v. 5. 11. 2009 – Az.: Verg 15/09)

– zwar ist der **öffentliche Auftraggeber in der Auswahl der von ihm zu beschaffenden Leistungen frei**. Er kann bestimmen, welche Anforderungen an die Tonanlage zu stellen sind. Grenze ist aber die Verpflichtung zur produktneutralen Ausschreibung. Gegen diese wird nicht nur dann verstoßen, wenn Leitfabrikate offen in das Leistungsverzeichnis aufgenommen werden, sondern auch dann, wenn durch die Vielzahl der Vorgaben verdeckt ein Leitfabrikat ausgeschrieben wird, weil nur ein bestimmtes Produkt allen Vorgaben gerecht wird. Würde allein das Streichen der Fabrikatsangaben aus einem Leistungsverzeichnis zu einer produktneutralen Ausschreibung führen, wäre der Umgehung Tür und Tor geöffnet. Die **Vorgabe eines bestimmten Produktes kann nur in Ausnahmefällen – als Ausnahme vom Grundsatz des freien Wettbewerbs – gerechtfertigt sein, wie z. B. dann, wenn bestimmte Elemente an bereits bestehende Elemente angekoppelt werden müssen und andere Produkte nicht integriert werden können** (OLG München, B. v. 5. 11. 2009 – Az.: Verg 15/09)

– die Auftraggeberin hat bei der Gestaltung des Leistungsverzeichnisses in vergaberechtlich nicht zu beanstandender Weise dem Umstand Rechnung tragen müssen, dass sie **auf der Grundlage des für die Finanzierung der vorliegenden Beschaffung herangezogenen Zuwendungsbescheides des Nds. Kultusministeriums vom 29. 7. 2009 i. V. m. mit den Richtlinien gemäß RdErl. des MK vom 23. 3. 2009, Punkt 5, mindestens 35% der Zuwendungsmittel als Grundschulförderung festgelegt** sind. Die Auftraggeberin war und ist somit verpflichtet, einen erheblichen Teil der Whiteboards auch bei kleineren Kindern und damit im Umgang mit neuen Medien noch unerfahrenen Nutzern einzusetzen, die im besonderen Maße auf eine einfache Bedienbarkeit angewiesen sind. Sie ist aufgrund ihrer Recherchen zu dem Schluss gelangt, dass die Whiteboards nur dann für den Unterricht an Grundschulen sowie an Grund- und Hauptschulen uneingeschränkt geeignet sind, wenn eine

Vergabe- und Vertragsordnung für Leistungen Teil A VOL/A § 7 **Teil 4**

intuitive Bedienung ebenso gewährleistet ist wie die aus pädagogischer Sicht erforderliche Möglichkeit der sog. „haptischen" Erfahrung. Unter Berücksichtigung dieser konkreten Einsatzorte der zu beschaffenden Whiteboards und der breit gefächerten, inhomogenen Zielgruppe (Schüler sowohl von Grundschulen, Hauptschulen, Realschulen und – wenn auch in geringem Maße – Gymnasien) ist nicht zu beanstanden, dass die Auftraggeberin die Bedienbarkeit der Whiteboards mit Stift und Finger als unabdingbares Kriterium festgelegt hat. Der **pädagogische Ansatz der Auftraggeberin, nur solche Whiteboards zu beschaffen, die auf eine möglichst breite Akzeptanz bei allen Schülern und insbesondere auch bei Grundschülern und Schülern von Förderschulen treffen, ist jedenfalls nicht willkürlich oder im Sinne des § 8 Nr. 3 Abs. 4 VOL/A willkürlich. Auf dieser Grundlage ist auch nicht zu beanstanden, dass sich die Auftraggeberin auch die „haptische" Erfahrung von kleineren Kindern zu nutzen machen möchte und deshalb einen Geräteeinsatz auch ohne Stifte ermöglichen will** (VK Niedersachsen, B. v. 16. 11. 2009 – Az.: VgK-62/2009)

– allerdings darf die Beschreibung technischer Merkmale grundsätzlich nicht die Wirkung haben, dass bestimmte Unternehmen oder Produkte bevorzugt (begünstigt) oder ausgeschlossen werden (vgl. § 8 Nr. 3 Abs. 4, § 8a Nr. 5 Satz 1 VOL/A). Die **von einer Beschreibung technischer Merkmale ausgehenden wettbewerbsfeindlichen Auswirkungen sind indes zu tolerieren, wenn die gewählte Beschreibung durch die Art der zu vergebenden Leistung – anders ausgedrückt – durch den Auftragsgegenstand gerechtfertigt** ist (§ 8 Nr. 3 Abs. 4 i. V. m. Abs. 3, § 8a Nr. 5 Satz 1 VOL/A). Insoweit **bedarf es objektiver, in der Sache selbst liegender Gründe, die sich zum Beispiel aus der besonderen Aufgabenstellung, aus technischen oder gestalterischen Anforderungen oder auch aus der Nutzung der Sache ergeben können. Allerdings genügt, dass sich die Forderung besonderer Merkmale, bezogen auf die Art der zu vergebenden Leistung, (nur) rechtfertigen lässt, mithin sachlich vertretbar ist** und auf nachvollziehbaren Überlegungen beruht, womit dem Umstand Rechnung zu tragen ist, dass in die (auch) kaufmännische Entscheidung des Auftraggebers, welche Leistung mit welchen Merkmalen nachgefragt und ausgeschrieben werden soll, in der Regel eine Vielzahl von Erwägungen einfließt, die sich etwa daraus ergeben können, dass sich die auf dem Markt angebotenen Leistungen trotz grundsätzlicher Gleichartigkeit regelmäßig in einer Reihe von Eigenschaften unterscheiden. Eine Differenzierung nach solchen Kriterien, soweit sie auf die Art der zu vergebenden Leistung bezogen sind, kann dem Auftraggeber nicht verwehrt werden. Nach welchen sachbezogenen Kriterien er seine Beschaffungsentscheidung auszurichten hat, ist ihm wegen seines insoweit bestehenden Bestimmungsrechts im Nachprüfungsverfahren nicht vorzuschreiben. **Allein die aufgrund vertretbarer wissenschaftlicher Meinung gegebene Möglichkeit, dass allergische Reaktionen ausgelöst werden können und nicht völlig unwahrscheinlich sind, lässt eine Bestimmung des Antragsgegners, die derartige Komplikationen bei Untersuchungen auszuschließen sucht, vertretbar und daher untadelig erscheinen.** Wenn dies umgekehrt dazu führt, dass der Wettbewerb verengt oder unter Umständen sogar ausgeschaltet wird, muss dies hingenommen werden (OLG Düsseldorf, B. v. 22. 10. 2009 – Az.: VII-Verg 25/09)

– wird im Vorbeschrieb des Leistungsverzeichnisses bereits **als Grund für die Benennung eines favorisierten Leitfabrikates die Möglichkeit genannt, vorhandene Systeme weiter nutzen zu können,** mag diese Vorgabe eines Leitfabrikates **vertretbar** erscheinen (1. VK Sachsen, B. v. 25. 6. 2008 – Az.: 1/SVK/029-08)

– eine sachlich vertretbare Ausübung des Beurteilungsspielraums hätte zunächst einmal die Feststellung vorausgesetzt, **welche konkurrierenden Techniken welcher Anbieter es überhaupt gibt**. Hierzu fehlt nicht nur eine Dokumentation in den Vergabeakten sondern die Auftraggeberin führt dies auch im Nachprüfungsverfahren nicht aus. Auch bei der Erörterung in der mündlichen Verhandlung ist für den Senat nicht erkennbar geworden, dass die **Auftraggeberin sich einen Überblick über die in Betracht kommenden Produkte im Hinblick auf die Bildgebungstechnik verschaffte, und sich mit nachvollziehbaren Erwägungen für die Nichtberücksichtigung anderer Verfahren als „SonoMR" entschied** (OLG Celle, B. v. 22. 5. 2008 – Az.: 13 Verg 1/08)

– es ist **nicht zu beanstanden,** wenn die **Vergabestelle ein technisch innovatives System anschaffen will,** und deshalb in der Leistungsbeschreibung eine **Festlegung auf ein bestimmtes Produkt trifft.** Dem **Auftraggeber steht insoweit ein Beurteilungsspielraum** zu, dessen Ausübung nur darauf kontrolliert werden kann, ob die **Entscheidung sachlich**

Teil 4 VOL/A § 7 Vergabe- und Vertragsordnung für Leistungen Teil A

vertretbar ist. Dabei darf allerdings nicht außer Acht gelassen werden, dass es grundsätzlich Sache der Bieter ist, aufgrund ihrer fachlichen Kompetenz die für die Erbringung der Leistung am besten geeigneten Erzeugnisse auszusuchen. **Wenn sich der Auftraggeber dennoch ausnahmsweise auf eine bestimmte technische Lösung festlegen will, so muss er sich zunächst einen Überblick über die in Frage kommenden Alternativen verschaffen**, und **positiv feststellen, warum diese technischen Lösungen nicht geeignet erscheinen.** Dies ist in den **Vergabeakten zeitnah zu dokumentieren** (OLG Celle, B. v. 22. 5. 2008 – Az.: 13 Verg 1/08)

– ein anderes nicht unmittelbar gesetzlich geregeltes Beispiel für eine **zulässige Ungleichbehandlung ist die Vorgabe einer Krankenkasse in einer Ausschreibung, wonach nur solche Hilfsmittel zum Wettbewerb zugelassen sind, die im Hilfsmittelverzeichnis nach § 139 SGB V gelistet** sind. Hier hat die obergerichtliche Rechtsprechung diese Anknüpfung gebilligt, obwohl es sich bei der Aufnahme in das Hilfsmittelverzeichnis nicht um einen Automatismus oder um eine reine Formalie handelt; wie die Vorgaben des § 139 SGB V zeigen, ist hierfür vielmehr ein im einzelnen durch den Spitzenverband Bund der Krankenkassen zu regelndes Verfahren vorgesehen. Um in das Hilfsmittelverzeichnis aufgenommen zu werden, ist es erforderlich, dass am Ende eines dreimonatigen Prüfungszeitraums ein positiver Bescheid im Sinne einer positiven Zulassungsentscheidung ergeht (3. VK Bund, B. v. 20. 3. 2009 – Az.: VK 3–40/09; B. v. 20. 3. 2009 – Az.: VK 3–34/09; B. v. 20. 3. 2009 – Az.: VK 3–22/09)

– die **Bindung an das Hilfsmittelverzeichnis für Inkontinenzhilfen** schränkt nicht die Angebotsmöglichkeiten und die Chancen des Antragstellers auf einen Zuschlag, sondern nur die Bezugsmöglichkeiten der Versicherten ein. Nur in dem zu den Versicherten bestehenden Rechtsverhältnis der gesetzlichen Krankenkassen ist darauf abzustellen, ob eine Bindung an das Hilfsmittelverzeichnis hinzunehmen ist. Eine **Bindung an das Angebot der in das Hilfsmittelverzeichnis nach § 139 SGB V aufgenommenen Inkontinenzartikel ist auch unter dem rechtlichen Gesichtspunkt einer grundsätzlich unzulässigen produktspezifischen Ausschreibung nicht zu bemängeln. Die Aufnahme in das Hilfsmittelverzeichnis steht gemäß** § 139 Abs. 3, 4, 7 SGB V **nach einer Qualitätsprüfung jedem Hersteller von Inkontinenzhilfen offen** (OLG Düsseldorf, B. v. 17. 4. 2008 – Az.: VII – Verg 15/08)

– durch die **Bindung an das Hilfsmittelverzeichnis werden diejenigen Bieter ungleich behandelt, die dort nicht gelistete Produkte herstellen und vertreiben. Für diese Ungleichbehandlung fehlt es an einem sachlich rechtfertigenden Grund.** Der Auftraggeber hat hierzu vorgetragen, dass mit der Regelung ein transparenter Produktqualitätsstandard verbindlich in den Vertrag eingeführt werden solle. Allerdings bestreitet auch der Auftraggeber nicht, dass der im Hilfsmittelverzeichnis vorausgesetzte Qualitätsstandard auch von Produkten erfüllt wird, die dort nicht gelistet sind. Die **Bindung an das Hilfsmittelverzeichnis geht damit weiter als erforderlich ist, um eine qualitativ hochwertige Versorgung sicherzustellen.** Auch § 127 Abs. 1 Satz 3 SGB V bestimmt lediglich, dass die im Hilfsmittelverzeichnis festgelegten Anforderungen an die Qualität der Versorgung und der Produkte zu beachten sind. Dazu kommt, dass nach der Rechtsprechung des Bundessozialgerichts (BSG Urteil vom 3. August 2006, B 3 KR 25/05 R) der **Auftraggeber verpflichtet ist, gegenüber seinen Versicherten auch solche Hilfsmittel zu erstatten, die nicht im Hilfsmittelverzeichnis gelistet sind.** Da die vorliegende Ausschreibung dazu dient, den Versorgungserfordernissen der Versicherten durch Abschluss von Verträgen Rechung zu tragen, besteht kein Grund, den sozialrechtlichen Versorgungserfordernissen nicht in vollem Umfang Rechnung zu tragen (2. VK Bund, B. v. 8. 2. 2008 – VK 2–156/07; 3. VK Bund, B. v. 7. 2. 2008 – Az.: VK 3–169/07)

– die **Forderung nach EURONORM-Tabletts für ein Speisentransportsystem ist zulässig und sachgerecht,** wenn die **Nichteinhaltung dieser Vorgabe unstreitig zu erheblichen Umrüstkosten bei der Vergabestelle** führt (VK Nordbayern, B. v. 15. 1. 2008 – Az.: 21.VK – 3194 – 49/07)

– mit der **Festlegung auf die Rückerfassung des Bundesrechts in konsolidierter Form bis zum Jahr 1990** hat die Ag damit **mittelbar einen bestimmten Anbieter vorgegeben,** so dass die Grundsätze des § 8 Nr. 3 Abs. 3 VOL/A zu berücksichtigen sind. Zwar kann eine Ausschreibung grundsätzlich auch in dieser Form durchgeführt werden; hierfür muss jedoch ein **berechtigter Anlass bestehen welcher durch die Vergabestelle im Einzelnen nachvollziehbar zu begründen und zu dokumentieren** ist, insbesondere im Hinblick auf die Notwendigkeit der Festlegung auf das Jahr 1990. Weist der Auftraggeber insoweit **lediglich allgemein darauf hin, die Forderung beruhe auf der häufigen Nachfrage nach dem Bundesrecht und der Beteiligung der jeweiligen Behörden an der Bundesgesetzgebung über den Bundesrat, sowie der im Jahre 1990 erfolgten Wiedervereinigung, die einen erhöhten „Renovierungs-" und Änderungsbedarf in der Bundesgesetzgebung zur Folge gehabt hätte, genügt dies nicht.** Der Auftraggeber wäre verpflichtet gewesen, gerade die Gründe für diese geäußerten Bedürfnisse der Behörden im Einzelnen zu hinterfragen und festzustellen, sowie die Notwendigkeit der Festlegung der Rückerfassung – gerade was den Zeitraum angeht – nachvollziehbar darzulegen. Sie hat jedoch diese Bedürfnisse schlicht akzeptiert und dies nicht näher begründet. Ein solches Vorgehen wird jedoch der Vorbereitung einer derartigen Ausschreibung nicht gerecht (VK Hessen, B. v. 10. 9. 2007 – Az.: 69 d VK – 37/2007; B. v. 10. 9. 2007 – Az.: 69 d VK – 29/2007)

– nach den Ausführungen des Sachverständigen ist nicht ersichtlich, weshalb durch den Auftraggeber ein bestimmter Telekommunikationsanlagentyp favorisiert worden ist, da das **Ziel des Auftraggebers, zu einem homogenen Netzverbund zu gelangen und alle im Leistungsverzeichnis genannten Anforderungen einzuhalten, auch mit allen derzeit marktgängigen und -fähigen Telekommunikationsanlagen erreicht werden kann.** Gleichwohl hat der Auftraggeber im Leistungsverzeichnis in einzelnen, durch den Sachverständigen näher erläuterten Punkten produktspezifische Anforderungen formuliert, die sich ausschließlich auf eine ...-Telekommunikationsanlage beziehen. Eine **Rechtfertigung dafür ist nicht ersichtlich** (1. VK Brandenburg, B. v. 18. 1. 2007 – Az.: 1 VK 41/06)

107.14.4.5 Ermessensspielraum des Auftraggebers und Überprüfungsmöglichkeit

Der dem **Auftraggeber zustehende Beurteilungsspielraum** hinsichtlich der Festlegungen der Leistungsbeschreibung (das Bestehen eines sachlichen Grunds für die Wahl einer bestimmten Ausführungsart) ist zwar **nur einer eingeschränkten Kontrolle durch die Nachprüfungsinstanzen zugänglich.** Die Vergabekammer kann die Festlegung nur daraufhin prüfen, ob die rechtlichen Grenzen des Beurteilungsspielraumes überschritten sind. Eine **Überschreitung des Beurteilungsspielraumes ist beispielsweise anzunehmen, wenn das vorgeschriebene Verfahren nicht eingehalten wird, nicht von einem zutreffenden und vollständig ermittelten Sachverhalt ausgegangen wird, sachwidrige Erwägungen in die Wertung einbezogen werden oder der Beurteilungsmaßstab nicht zutreffend angewendet** wird (3. VK Bund, B. v. 1. 10. 2009 – Az.: VK 3–172/09 – instruktive Entscheidung für die Notwendigkeit einer umfassenden Darstellung).

9639

Das **OLG Düsseldorf hebt diese Entscheidung der VK Bund auf** und **definiert die Überprüfungsmöglichkeit deutlich enger.** Hinsichtlich des an eine Beschaffungsentscheidung, die zu einer Wettbewerbsbeschränkung führt, anzulegenden Prüfungsmaßstabs und der Prüfungsdichte ist die **Entscheidung des öffentlichen Auftraggebers im Rahmen des Nachprüfungsverfahrens inhaltlich nicht auf Vertretbarkeit, Nachvollziehbarkeit oder erst recht auf Richtigkeit, sondern nur daraufhin zu kontrollieren, ob sie auf sach- und auftragsbezogenen Gründen beruht. Ist ein derartiger sachlicher Bezug zum Auftragsgegenstand zu bejahen, findet keine Überprüfung nach den Maßstäben statt, die für die Ausübung eines Beurteilungsspielraums entwickelt worden sind.** Insbesondere müssen der Beschaffungsentscheidung keine Untersuchungen in Form von Markterforschungen oder Marktanalysen vorangehen, die das Ziel haben zu erforschen, ob sich ein vertretbares Ausschreibungsergebnis auch durch eine produkt- oder technikoffene Ausschreibung erreichen lässt. **Durch das Erfordernis der sachlichen Auftragsbezogenheit wird im Sinne einer Negativabgrenzung sichergestellt, dass der Auswahl- und Beschaffungsentscheidung des Auftraggebers nicht sachfremde, willkürliche oder diskriminierende Erwägungen zugrunde liegen.** Eine weitergehende Überprüfung insbesondere auf sachliche Richtigkeit oder Nachvollziehbarkeit der vom Auftraggeber genannten Gründe hätte dagegen zur Folge, dass im vergaberechtlichen Nachprüfungsverfahren – gegebenenfalls mit sachverständiger Hilfe – ermittelt würde, ob alternative Anforderungen seinem Beschaffungsziel genauso oder besser entsprechen und er gegebenenfalls verpflichtet würde, eine Leistung mit anderen als den von ihm festgelegten Merkmalen und Eigenschaften zu beschaffen. Dieses wäre mit dem Bestimmungsrecht des Auftraggebers unvereinbar (OLG Düsseldorf, B. v. 3. 3. 2010 – Az.: VII-Verg 46/09; B. v. 17. 2. 2010 – Az.: VII-Verg 42/09; 3. VK Bund, B. v. 10. 5. 2010 – Az.: VK 3–42/10).

9640

Teil 4 VOL/A § 7   Vergabe- und Vertragsordnung für Leistungen Teil A

107.14.4.6 Darlegungs- und Beweislast

9641   Die Bezugnahme auf ein spezielles Produkt ist gemäß vergaberechtlich nur zulässig, soweit sie durch den Auftragsgegenstand gerechtfertigt ist. Insoweit trägt der **Auftraggeber die Darlegungs- und Beweislast dafür, dass die fehlende Produktneutralität auf sachlichen Gründen beruht** (OLG Düsseldorf, B. v. 19. 1. 2010 – Az.: VII-Verg 46/09).

107.15 Verwendung des Zusatzes „oder gleichwertiger Art" (§ 7 Abs. 4)

107.15.1 Änderungen in der VOL/A 2009

9642   In § 7 Abs. 4 wurde der Satz 2 neu aufgenommen, wonach der Zusatz „oder gleichwertiger Art" entfallen kann, wenn ein sachlicher Grund die Produktvorgabe rechtfertigt. Ein solcher Grund liegt dann vor, wenn die Auftraggeber Erzeugnisse oder Verfahren mit unterschiedlichen Merkmalen zu bereits bei ihnen vorhandenen Erzeugnissen oder Verfahren beschaffen müssten und dies mit unverhältnismäßig hohem finanziellen Aufwand oder unverhältnismäßigen Schwierigkeiten bei Integration, Gebrauch, Betrieb oder Wartung verbunden wäre. Die Gründe sind zu dokumentieren.

Ansonsten erfolgten redaktionelle Änderungen

107.15.2 Zulässigkeit der Vorgabe von Bezeichnungen für bestimmte Erzeugnisse und Verfahren (§ 7 Abs. 4 Satz 1)

107.15.2.1 Allgemeines

9643   Nach § 7 Abs. 4 Satz 1 dürfen Bezeichnungen für bestimmte Erzeugnisse oder Verfahren (z. B. Markennamen) ausnahmsweise, jedoch nur mit dem Zusatz „oder gleichwertiger Art", verwendet werden, wenn eine hinreichend genaue Beschreibung durch verkehrsübliche Bezeichnungen nicht möglich ist. **§ 7 Abs. 4 Satz 1 ist damit neben § 7 Abs. 3 der zweite Ausnahmetatbestand für eine z. B. produktgebundene Ausschreibung.**

107.15.2.2 Sinn und Zweck

9644   **Leitfabrikate dürfen nur ausnahmsweise verwendet werden**, wenn eine Beschreibung durch hinreichend genaue, allgemein verständliche Bezeichnungen nicht möglich ist. Grund für diese Einschränkung ist, dass man im Allgemeinen davon ausgehen muss, dass es **Sache der Bieter** ist, **aufgrund ihrer Sach- und Fachkunde die für die Ausführung der Leistung notwendigen Erzeugnisse oder Verfahren auszuwählen**. Dies ergibt sich daraus, dass sie insoweit die Leistung unter eigener Verantwortung eigenständig und selbstständig auszuführen haben (§ 4 Abs. 1 VOL/B). Außerdem **schließt der Auftraggeber** – oft zum eigenen Nachteil – **den technischen und kaufmännischen Wettbewerb** aus, wenn er bestimmte Erzeugnisse oder Verfahren vorschreibt, da die unnötige Nennung eines Richtfabrikates die potenziellen Bewerber in Richtung dieses Richtfabrikates lenkt und somit den Wettbewerb negativ beeinflusst (OLG Frankfurt, B. v. 29. 5. 2007 – Az.: 11 Verg. 12/06; BayObLG, B. v. 15. 9. 2004 – Az.: Verg 026/03; VK Halle, B. v. 21. 12. 2000 – Az.: VK Hal 22/00; VK Hessen, B. v. 10. 9. 2007 – Az.: 69 d VK – 37/2007; B. v. 10. 9. 2007 – Az.: 69 d VK – 29/2007; VK Lüneburg, B. v. 12. 5. 2005 – Az.: VgK-15/2005; B. v. 29. 1. 2004 – Az.: 203-VgK-40/2003; VK Südbayern, B. v. 3. 8. 2007 – Az.: Z3-3-3194-1-32–07/07; B. v. 29. 1. 2007 – Az.: Z3-3-3194-1-37-11/06; B. v. 28. 4. 2005 – Az.: 13-03/05; B. v. 19. 10. 2004, Az.: 120.3–3194.1–60-08/04). Eine zusätzliche negative Begleiterscheinung der Nennung eines Richtfabrikates ist auch, dass es **potenziellen Bewerbern nur sehr schwer möglich ist, die Gleichwertigkeit** eines anderen Produktes oder Systems **gegenüber dem Richtfabrikat nachzuweisen** (VK Halle, B. v. 21. 12. 2000 – Az.: VK Hal 22/00).

9645   Aus dem Wortlaut „ausnahmsweise" folgt, dass eine Ausschreibung für bestimmte Produkte jedenfalls die Ausnahme zu sein hat; **§ 7 Abs. 4 Satz 1 VOL/A ist eng auszulegen** (OLG Frankfurt, B. v. 29. 5. 2007 – Az.: 11 Verg. 12/06; BayObLG, B. v. 15. 9. 2004 – Az.: Verg 026/03; VK Arnsberg, B. v. 10. 8. 2009 – Az.: VK 17/09; VK Berlin, B. v. 15. 2. 2006 – Az.: VK – B 1–63/05; VK Hessen, B. v. 10. 9. 2007 – Az.: 69 d VK – 37/2007; B. v. 10. 9. 2007 – Az.: 69 d VK – 29/2007; VK Lüneburg, B. v. 12. 5. 2005 – Az.: VgK-15/2005; VK Südbayern, B. v. 3. 8. 2007 – Az.: Z3-3-3194-1-32–07/07).

Die europäische Richtlinie 2004/18/EG DES EUROPÄISCHEN PARLAMENTS UND DES RATES vom 31. März 2004 über die Koordinierung der Verfahren zur Vergabe öffentlicher Bauaufträge, Lieferaufträge und Dienstleistungsaufträge hat den Wortlaut für die Vorgabe technischer Spezifikationen in Art. 23 Abs. 8 zwar übernommen („Soweit es nicht durch den Auftragsgegenstand gerechtfertigt ist, darf ..."), **hat aber die Ausnahme der produktscharfen Spezifikation uneingeschränkt unter die Vorgabe des Zusatzes „o.glw." gestellt:** („solche Verweise sind mit dem Zusatz „oder gleichwertig" zu versehen."). Die für den nationalen Bereich noch weit auslegbare Aussage des § 7 Abs. 4 VOL/A wird damit für die EU-weite Vergabe nur unter diesem Vorbehalt möglich. **Der scheinbare Widerspruch, dass bei einem ausschließlich brauchbaren Produkt der Zusatz „o.glw." keinen Sinn ergibt**, weil ja eben nichts anderes erwünscht ist, löst sich unter der Prämisse des EU-Rechts auf, das offensichtlich davon ausgeht, dass es einen Auftraggeber gar nicht wirklich möglich ist, EU-weit abzuschätzen, welche Möglichkeiten der Markt bietet. Das muss insbesondere für Märkte gelten, die sich schnell verändern wie der der IT-Beschaffung. Der wortgleiche § 8 EG Abs. 7 VOL/A ist daher kumulativ anzuwenden. **Daher ist auch im IT-Bereich aufgrund des Vorrangs EU-rechtlicher Vorgaben oberhalb der Schwellenwerte eine produktscharfe Ausschreibung grundsätzlich nicht ohne Zusatz zulässig und die Ausschreibung mangels anderer Korrekturmöglichkeiten aufzuheben**. Die für Ausschreibungen oberhalb der Schwellenwerte geltende Formulierung lässt Verweise auf Produkte (nur) zu, wenn diese durch den Auftragsgegenstand gerechtfertigt sind, was dann der Fall ist, wenn der Auftragsgegenstand nicht hinreichend genau und allgemein verständlich beschrieben werden kann. **Es dürfte wenige Auftragsgebiete geben, in denen der Auftragsgegenstand technisch präziser beschrieben werden kann als im IT-Bereich, so dass hier eine produktscharfe Ausschreibung nur unter ganz wenigen sonstigen Voraussetzungen zulässig sein kann**. Da es dem Auftraggeber mit Produktvorgabe und Zusatz auch möglich ist, alle Details des Gewünschten festzulegen und im Rahmen der Gleichwertigkeitsprüfung anderes abzulehnen, geht er auch kein unzumutbares Risiko ein, sondern **erhält sich die Chance marktgerechte Einkaufs unter Vermeidung von Abhängigkeiten** (VK Arnsberg, B. v. 10. 8. 2009 – Az.: VK 17/09).

9646

107.15.2.3 Vergleichbare Formen der Verengung des Wettbewerbes durch Definitionen der Leistungsbeschreibung

Vgl. dazu die Kommentierung → Rdn. 312.

9647

107.15.2.4 Inhaltliche Konsequenzen aus der Verwendung von Leitfabrikaten

Werden die **Anforderungen an die Leistung** nicht nur durch die ausdrückliche Angabe von Anforderungen im Leistungsverzeichnis, sondern **erkennbar auch durch nicht genannte Eigenschaften von Leitfabrikaten beschrieben, sind alle Eigenschaften der Leitfabrikate, die Bezug zu Gebrauchstauglichkeit, Sicherheit und Gesundheit haben, zwingende Anforderungen an die Leistung**. Ist dies nicht gewollt, muss der Auftraggeber verdeutlichen, welche Eigenschaften des Leitfabrikats zwingend und welche entbehrlich sind. Bereits **geringfügige Unterschreitungen der durch die Vorgabe des Leitfabrikats geschaffenen Anforderungen bedeuten, dass die betreffende Anforderung nicht im gleichen Maße erfüllt wird** und das Fabrikat hinsichtlich dieser Anforderung nicht den gleichen Wert besitzt (VK Thüringen, B. v. 1. 3. 2002 – Az.: 216-4002.20-004/02-EF-S). Dies kann auch nicht durch eine höhere Wertigkeit bei einer anderen Anforderung ausgeglichen werden. Beispielsweise ist ein Weniger an Brandsicherheit nicht durch ein Mehr an Schallschutz kompensierbar (VK Münster, B. v. 15. 1. 2003 – Az.: VK 22/02).

9648

107.15.2.5 Praxis der Leistungsbeschreibungen

Eine Vorgabe von Leitfabrikaten ist ausnahmsweise nur dann zulässig, wenn eine Beschreibung durch hinreichend genaue, allgemein verständliche Vorschriften nicht möglich ist. Dies müsste eigentlich in den seltensten Fällen einschlägig sein. Diese Einschränkung der Vorschrift wird jedoch nach Kenntnis der Vergabekammern nicht immer wahrgenommen: Es **entspricht vielfältiger Praxis, dass sich Vergabestellen, ob mit oder ohne Unterstützung durch Planungsbüros, bereits vor der Ausschreibung für ein bestimmtes Produkt oder System entscheiden**. Die technischen Spezifikationen werden sodann – mehr oder weniger kleinteilig – in das Leistungsverzeichnis übernommen (1. VK Sachsen, B. v. 13. 9. 2002 – Az.: 1/SVK/080-02).

9649

107.15.2.6 Keine Möglichkeit einer hinreichend genauen Beschreibung durch verkehrsübliche Bezeichnungen

9650 Nach § 7 Abs. 4 Satz 1 steht die Möglichkeit, Bezeichnungen für bestimmte Erzeugnisse oder Verfahren (z. B. Markennamen) zu verwenden, unter der Voraussetzung, dass eine **Beschreibung des Leistungsgegenstands durch eine hinreichend genaue Beschreibung durch verkehrsübliche Bezeichnungen nicht möglich** ist.

9651 Die Rechtsprechung hat sich bisher mit diesem Tatbestandsmerkmal noch nicht beschäftigt.

107.15.2.7 Zwingende Verwendung des Zusatzes „oder gleichwertiger Art"

9652 Voraussetzung für die ausnahmsweise Zulässigkeit oder Verwendung von Hersteller- und/oder Markennamen u. ä. ist, dass diese mit dem **Zusatz „oder gleichwertiger Art"** verwendet werden (VK Arnsberg, B. v. 10. 8. 2009 – Az.: VK 17/09; VK Berlin, B. v. 15.02.206 – Az.: VK – B 1–63/05; VK Lüneburg, B. v. 30. 10. 2003 – Az.: 203-VgK-21/2003).

107.15.2.8 Ersetzung des Zusatzes „oder gleichwertiger Art" durch die Möglichkeit der Abgabe von Nebenangeboten?

9653 Der Umstand, dass ein öffentlicher Auftraggeber die Festlegung eines Fabrikats nicht mit dem Zusatz oder „gleichwertiger Art" entsprechend § 7 Abs. 4 VOL/A versehen hat, führt nicht dazu, dass **Angebote gleichwertiger Art im Sinne dieser Vorschrift von der Wertung ausgeschlossen werden, wenn Nebenangebote ausdrücklich zugelassen waren.** Hätte der Auftraggeber diesen Zusatz in die Ausschreibung jeweils bei der Angabe des gewünschten Herstellers aufgenommen, hätte das Angebot eines Bieters und die Wertung keinen anderen Inhalt gehabt (VK Hessen, B. v. 16. 6. 2003 – Az.: 69d VK – 19/2003; 1. VK Sachsen, B. v. 23. 1. 2004 – Az.: 1/SVK/160-03).

107.15.2.9 Ausnahmen vom Gebot der produktneutralen Ausschreibung und der Verwendung des Zusatzes „oder gleichwertiger Art"

9654 **107.15.2.9.1 Rechtfertigung durch einen sachlichen Grund (§ 7 Abs. 4 Satz 2).** 107.15.2.9.1.1 Änderung in der VOL/A 2009. In § 7 Abs. 4 wurde der Satz 2 neu aufgenommen, wonach der Zusatz „oder gleichwertiger Art" entfallen kann, wenn ein sachlicher Grund die Produktvorgabe rechtfertigt. Ein solcher Grund liegt dann vor, wenn die Auftraggeber Erzeugnisse oder Verfahren mit unterschiedlichen Merkmalen zu bereits bei ihnen vorhandenen Erzeugnissen oder Verfahren beschaffen müssten und dies mit unverhältnismäßig hohem finanziellen Aufwand oder unverhältnismäßigen Schwierigkeiten bei Integration, Gebrauch, Betrieb oder Wartung verbunden wäre. Die Gründe sind zu dokumentieren.

9655 **107.15.2.9.1.2 Sachlicher Grund.** Vgl. dazu die Kommentierung → Rdn. 320 zur sachlichen Vertretbarkeit.

9656 **107.15.2.9.1.3 Anschlussbeschaffung (§ 7 Abs. 4 Satz 3).** Nach § 7 Abs. 4 Satz 3 liegt ein sachlicher Grund – als Rechtfertigung für eine z. B. nicht produktneutrale Beschreibung – vor, wenn die **Auftraggeber Erzeugnisse oder Verfahren mit unterschiedlichen Merkmalen zu bereits bei ihnen vorhandenen Erzeugnissen oder Verfahren beschaffen müssten und dies mit unverhältnismäßig hohem finanziellen Aufwand oder unverhältnismäßigen Schwierigkeiten bei Integration, Gebrauch, Betrieb oder Wartung verbunden** wäre.

9657 **107.15.2.9.1.4 Keine abschließende Regelung.** Schon nach der Rechtsprechung zur VOL/A 2006 ließen Vergabekammern und Vergabesenate über den jetzt ausdrücklich in § 7 Abs. 4 Satz 3 VOL/A geregelten Fall hinaus weitere Ausnahmen von dem Verbot der produkt- oder verfahrensgebundenen Ausschreibung zu. Auch ist der Wortlaut des § 7 Abs. 4 Satz 2 – als Obersatz – nicht abschließend gefasst.

9658 Vgl. zu weiteren Fallgruppen die Kommentierung → Rdn. 324 ff.

107.15.3 Keine weitere Bevorzugung von Leitfabrikaten

9659 § 7 Abs. 4 VOL/A (= Art. 23 Abs. 8 S. 2 VKR) lässt die Nennung von Leitfabrikaten nur deswegen zu, weil eine hinreichend genaue Beschreibung durch verkehrsübliche Bezeichnungen nicht möglich ist. Eine **weitere Bevorzugung der Leitfabrikate ist nicht zulässig.** Der Bieter ist daher nicht gehalten, die „Gleichwertigkeit" mit der Angebotsabgabe nachzuweisen. **Eine derartige Anforderung führte zu Erschwernissen bei dem Angebot anderweitiger Fabrikate** (OLG Düsseldorf, B. v. 23. 3. 2010 – Az.: VII-Verg 61/09).

107.15.4 Konsequenz einer Verletzung der Regelung des § 7 Abs. 4

Die Nennung von „Planungsfabrikaten" ist nach § 7 Abs. 4 VOL/A (= Art. 23 Abs. 8 S. 2 VKR) nur zulässig, wenn „eine hinreichend genaue Beschreibung durch verkehrsübliche Bezeichnungen nicht möglich ist." Werden derartige Gründe nicht vorgetragen, führt dies grundsätzlich dazu, dass wegen der Verletzung des Grundsatzes produktneutraler Ausschreibung und unzulässiger Bevorzugung der Leitprodukte das **Vergabeverfahren zu wiederholen** ist (OLG Düsseldorf, B. v. 23. 3. 2010 – Az.: VII-Verg 61/09). 9660

107.15.5 Literatur

– Ax, Thomas/Ortlinghaus, Julica, Produkt- und materialbezogene Ausschreibungen in den neuen Mitgliedstaaten, NZBau 2005, 676 9661
– Noch, Rainer, Das Leid mit den Leitfabrikaten – Die Leistungsbeschreibung muss neutral sein, Behörden Spiegel November 2006, 27
– Hattenhauer, Daniela/Steinert, Carsten, Spezielle Auftraggeberwünsche – Gesetzliche Freiräume erkennen und nutzen, Behörden Spiegel Oktober 2008, 19
– Schneider, Matthias/Häfner, Sascha, Erhebliche rechtliche Schwierigkeiten – Beschaffung von Computern für Schulen, Behörden Spiegel Februar 2006, 20

107.16 Änderung des Leistungsverzeichnisses durch den Auftraggeber

107.16.1 Änderung des Leistungsverzeichnisses während der Ausschreibung

107.16.1.1 Zulässigkeit und Voraussetzungen

Der Auftraggeber ist nicht darauf beschränkt, Abänderungen der Ausschreibung nur in unbedingt notwendigem Umfange (etwa zur Beseitigung von Verstößen gegen das Vergaberecht) vorzunehmen. Es ist **allein Sache des Auftraggebers zu bestimmen, ob, wann und mit welchem Inhalt er einen Auftrag vergibt.** Er ist nicht gezwungen, den Auftrag überhaupt zu vergeben, und zwar im Allgemeinen auch dann, wenn er aufgrund ordnungsgemäßer Ausschreibung wertbare Angebote erhält. Er ist insbesondere nicht gehalten, einen Zuschlag auf Angebote mit Leistungsbeschreibungen zu erteilen, von denen er bereits während der laufenden Angebotsfrist erkennt, dass sie seinen Bedürfnissen nicht oder in geringerem Umfange als ursprünglich angenommen entsprechen. Der **Auftraggeber ist mithin nicht darauf beschränkt, rechtliche oder technische Mängel zu beseitigen, sondern kann auf Grund seines Bestimmungsrechts auch aus sonstigen Gründen die Leistungsbeschreibung ändern. Folge** einer Änderung der Leistungsbeschreibung während der laufenden Angebotsfrist **kann allenfalls (bei einer wesentlichen Änderung) die Neubekanntmachung oder die Verlängerung der Angebotsfrist** sein (OLG Düsseldorf, B. v. 26. 10. 2010 – Az.: VII-Verg 46/10; B. v. 13. 1. 2010 – Az.: I-27 U 1/09; B. v. 23. 12. 2009 – Az.: VII-Verg 30/09; B. v. 30. 11. 2009 – Az.: VII-Verg 41/09). 9662

Die **Zulässigkeit einer Änderung der Vergabeunterlagen** richtet sich nach den **Grundsätzen der Selbstbindung des Auftraggebers und des Vertrauensschutzes für die Bewerber**. Zwar lässt sich aus diesen Grundsätzen ableiten, dass die **Vergabeunterlagen nach ihrer Bekanntgabe grundsätzlich unverändert bleiben müssen**. Zum einen gibt der Auftraggeber den interessierten Unternehmen durch die Aufforderung zur Angebotsabgabe in Verbindung mit der Überlassung der Vergabeunterlagen zu verstehen, dass er ihre Angebote auf der Grundlage dieser Unterlagen entgegen nehmen und werten wird (Selbstbindung des Auftraggebers). Zum anderen verlassen sich Bewerber und Bieter bei der Durchsicht der Vergabeunterlagen und der Erstellung ihrer Angebote auf diese Zusage des Auftraggebers und auf die Beständigkeit der Vergabeunterlagen für die anstehende Vergabe (Vertrauensschutz für die Bewerber). Im Hinblick auf das **berechtigte Interesse des Auftraggebers, dass er die Leistung angeboten erhält, die er benötigt**, sind von diesem Verbot der Änderung oder Ergänzung während des laufenden Vergabeverfahrens in bestimmten Fällen Ausnahmen zuzulassen. 9663

Dies gilt zum einen für Korrekturen von Fehlern oder Ungenauigkeiten wie etwa die Berichtigung missverständlicher Formulierungen, die Ausfüllung von Lücken in der Darstellung, die Präzisierung von Angaben u. ä. Darüber hinaus sind aber auch **Änderungen und Ergänzungen geringen Umfangs als vergaberechtskonform** zu erachten, sofern diese die **Grundlagen des Wettbewerbs und der Preisbildung nicht grundlegend verändern** und den Entschluss der Unternehmen zur Beteiligung oder zur Nichtbeteiligung am Wettbewerb nicht berühren (2. VK Bund, B. v. 16. 3. 2009 – Az.: VK 2–7/09; B. v. 27. 3. 2007 – Az.: VK 2–18/07; 1. VK Sachsen, B. v. 21. 4. 2008 – Az.: 1/SVK/021-08, 1/SVK/021-08-G; im Ergebnis ebenso OLG Düsseldorf, B. v. 26. 10. 2010 – Az.: VII-Verg 46/10; B. v. 17. 4. 2008 – Az.: VII – Verg 15/08; 3. VK Bund, B. v. 7. 2. 2008 – Az.: VK 3–169/07; B. v. 5. 2. 2008 – Az.: VK 3–17/08).

9664   Eine Änderung des Leistungsverzeichnisses ist demgemäß zulässig, wenn sie **vor Ablauf der Angebotsfrist** erfolgt und **alle Bewerber darüber informiert** werden, **Gleichbehandlung also gegeben** ist (OLG Düsseldorf, B. v. 26. 10. 2010 – Az.: VII-Verg 46/10; 1. VK Bund, B. v. 30. 7. 2008 – Az.: VK 1–90/08; B. v. 19. 12. 2002 – Az.: VK 1–95/02; 2. VK Bund, B. v. 27. 3. 2007 – Az.: VK 2–18/07; 1. VK Hessen, B. v. 31. 3. 2008 – Az.: 69 d VK – 9/2008). Gegebenenfalls sind die **Angebotsabgabefrist angemessen zu verlängern** (2. VK Bund, B. v. 27. 3. 2007 – Az.: VK 2–18/07; 1. VK Hessen, B. v. 31. 3. 2008 – Az.: 69 d VK – 9/2008) und gegebenenfalls die **Zuschlags- und Bindefrist sowie die Vertragslaufzeit anzupassen** (1. VK Hessen, B. v. 31. 3. 2008 – Az.: 69 d VK – 9/2008).

9665   Die VK Hessen fordert darüber hinaus, dass **einer der Tatbestände des § 17 VOL/A zur Rechtfertigung einer Änderung vorliegen muss**. Eine Änderung allein aus „sachlichen Gründen" ist dagegen nicht zulässig, denn Interessierte an einer Ausschreibung müssen sich grundsätzlich darauf verlassen können, dass sie die Leistung wie zunächst gefordert auch anbieten können. In einer Vielzahl von Fällen mag es sachliche Gründe für Änderungen der Ausschreibungen geben. Wäre in all diesen Fällen eine inhaltliche Änderung abgesehen von Korrekturen offensichtlicher Unrichtigkeiten zulässig müssten Bieter häufig damit rechnen, dass in einem vorher nicht erkennbaren Umfang noch Einzelheiten der Ausschreibung nachträglich geändert werden (VK Hessen, B. v. 1. 6. 2005 – Az.: 69 d VK – 33/2005).

107.16.1.2 Einzelfälle

9666   Es begegnet keinen grundsätzlichen Bedenken, dass ein Auftraggeber von **Mindestanforderungen**, die im Verlauf des Verfahrens vor Angebotsabgabe **als zu weitgehend erkannt werden und bei den Bietern zu Missverständnissen führen, Abstand nimmt** (VK Brandenburg, B. v. 19. 12. 2008 – Az.: VK 40/08).

9667   Eine **Änderung ist auch dann möglich**, wenn der Auftraggeber ein bestimmtes Produkt als Teil der gesamten Beschaffung vorgibt, und im Laufe des Vergabeverfahrens festgestellt wird, dass der Hersteller des vorgegebenen Produkts von einem Teil der potenziell interessierten Bietern deutlich überhöhte Preise fordert und somit deren Angebotspreise im Vergabeverfahren deutlich verteuert. Hat der **Auftraggeber** deshalb **berechtigten Grund zu der Annahme, den vergaberechtlich gewollten Bieterwettbewerb (§ 97 Abs. 1 GWB) nicht ordnungsgemäß gewährleisten zu können** und setzt er sich zudem möglicherweise dem Vorwurf aus, die Pflicht zur produktneutralen Ausschreibung zu verletzen, **darf der Auftraggeber die Verdingungsunterlagen entsprechend anpassen, soweit diese Anpassung allen Bietern gegenüber transparent und diskriminierungsfrei erfolgt** (1. VK Bund, B. v. 30. 7. 2008 – Az.: VK 1–90/08).

9668   Reduziert der **Auftraggeber den ausgeschriebenen Leistungsumfang, ohne den Bietern Gelegenheit zu geben, auf diese Veränderung durch Änderungen und Anpassungen ihrer Angebote zu reagieren**, verstößt er gegen das in § 8 EG Abs. 1 VOL/A enthaltene Gebot, den Bietern eine einwandfreie Preisermittlung zu ermöglichen, und verletzt den Antragsteller in seinem Recht auf Durchführung eines transparenten und dem Gleichbehandlungsgebot genügenden Vergabeverfahrens (OLG Düsseldorf, B. v. 26. 10. 2010 – Az.: VII-Verg 46/10).

9669   **Unzulässig** ist auf jeden Fall die **Änderung der bekannt gemachten Eignungsnachweise**. Will der Auftraggeber also die Eignungskriterien ändern, muss eine **neue Bekanntmachung** erfolgen. Vgl. im Einzelnen die Kommentierung zu → § 12 VOL/A Rdn. 19.

107.16.1.3 Verfahrensalternativen

9670   Ein Auftraggeber ist im Fall einer von ihm angenommenen Änderungsbedürftigkeit der Verdingungsunterlagen nicht in jedem Fall dazu gezwungen, die Bieter erneut zur Angebotsabgabe aufzufordern. **Zumindest bei inhaltlich eng begrenzten Änderungen hat er vielmehr auch die Möglichkeit, diese den Bietern während der laufenden Angebotsfrist mitzuteilen und ihre Berücksichtigung zu verlangen.** Eine solche Vorgehensweise ist in derartigen Fällen sachgerecht, um unverhältnismäßige Verzögerungen zu vermeiden, wie sie bei einer erneuten Aufforderung zur Angebotsabgabe wegen des dabei zu beachtenden Fristenregimes eintreten könnten. Dies ist etwa dann der Fall, wenn sich die Änderungen auf einen kleinen Teil der Positionen des Leistungsverzeichnisses beschränken, der mit einem Anteil am Wert der Gesamtleistung von weniger als 3% von untergeordneter Bedeutung war und dies insbesondere keine wesentliche Änderung des Ausschreibungsgegenstandes bewirkte und wenn diese Änderung nicht willkürlich vorgenommen, sondern mit bautechnischen Notwendigkeiten begründet wurden, die der Auftraggeber während der Angebotsfrist erkannte (2. VK Bund, B. v. 21. 9. 2009 – Az.: VK 2–126/09).

107.16.1.4 Notwendige Information der Bieter

Der Auftraggeber ist verpflichtet, **jedem der beteiligten oder interessierten Unternehmer** wesentliche Änderungen der Angebotsgrundlagen unverzüglich bekannt zu geben (BGH, Urteil v. 24. 4. 1997 – Az.: VII ZR 106/95; OLG Düsseldorf, B. v. 26. 10. 2010 – Az.: VII-Verg 46/10; 3. VK Bund, B. v. 14. 4. 2008 – Az.: VK 3–38/08 – für das Verhandlungsverfahren). Hierbei sollte er sich auch dahingehend **absichern**, dass ihm alle Bewerber den Empfang der Mitteilung bestätigen (VK Halle, B. v. 25. 4. 2001 – Az.: VK Hal 04/01). Die Sorgfaltspflicht der Vergabestelle erfordert es also, den Zugang von Mitteilungen über Änderungen des Leistungsverzeichnisses auch positiv feststellen zu müssen. **Unterbleibt diese Feststellung** und **verneint der Empfänger den Empfang dieser Mitteilung**, so führt die damit verbundene Feststellung, dass der Zugang der Mitteilung über die Änderungen bei bestimmten Bietern gerade nicht festgestellt werden kann, dazu, dass die **Vergabestelle diesen Bietern nicht entgegenhalten kann, dass sie ein anderes, als das von der Vergabestelle geforderte, Angebot abgegeben haben** (VK Thüringen, B. v. 12. 3. 2008 – Az.: 360–4002.20–414/2008-001-NDH). 9671

Eine solche **Änderung und Information ist auch in der Form zulässig, dass sie auf einer Internetseite – und dort z. B. in den FAQ – veröffentlicht werden**, wenn auch die Vergabeunterlagen grundsätzlich nur zum „download" auf der Webseite des Auftraggebers zur Verfügung standen, so dass er den Kreis der Bewerber nicht kannte und diese somit nicht individuell schriftlich informieren konnte. Der **Auftraggeber sollte allerdings in solchen Fällen einen Hinweis zur Änderungsmodalität auf der Internetseite aufnehmen**. Wenn unter diesen Voraussetzungen ein Bieter die entsprechende Änderung nicht bemerkt hat, ist ihm dies selbst zuzurechnen (2. VK Bund, B. v. 27. 3. 2007 – Az.: VK 2–18/07). 9672

Versendet der Auftraggeber die Änderungen per Computerfax und legt der Bieter, der nach eigenen Angaben dieses Fax nicht erhalten hat, sein Fax-Journal vor und lässt sich daraus entnehmen, dass an dem vom Auftraggeber behaupteten Tag ein 4-seitiges Fax eingegangen ist, dessen Absender nicht angezeigt wurde, sind **sowohl die Tatsache, dass die Seitenzahl genau dem von dem Auftraggeber gefertigten Faxschreiben entspricht, wie auch die Erklärung des Auftraggebers, dass beim Versenden eines Computerfaxes der Server im Telefonnetz über keine Kennung verfügt und daher der Absender am Empfängergerät nicht erkennbar ist**, zwar Indizien für den Eingang des Faxes, sie **genügen aber nicht den Anforderungen an einen Nachweis**. Im Übrigen steht selbst dann, wenn man davon ausgeht, dass das Fax der Auftraggeberin beim Bieter eingegangen ist, nicht fest, dass es der tatsächlich zuständigen Abteilung zugegangen ist. Zu beachten ist in diesem Zusammenhang nämlich, dass der Auftraggeber in diesem Fall an die unzutreffende Nummer geschickt hat. Dies lässt nicht die Annahme zu, dass ein dort eingehendes Fax ordnungsgemäß zugegangen ist. **Wenn es innerhalb des Unternehmens des Bieters zu Versäumnissen bei einer Weiterleitung an die konkret zuständige Stelle gekommen sein sollte, liegt dies im Risikobereich des Auftraggebers, da er eine falsche Fax-Nummer gewählt hatte**. Zugegangen ist eine Willenserklärung erst dann, wenn sie so in den Bereich des Empfängers gelangt ist, dass dieser unter normalen Verhältnissen die Möglichkeit hat, vom Inhalt der Erklärung Kenntnis zu nehmen. Zum Bereich des Empfängers gehören auch die von ihm zur Entgegennahme von Erklärungen bereit gehaltenen Einrichtungen; dazu zählt nur das vom Bieter gegenüber dem Auftraggeber angegebene und damit zur Entgegennahme von Erklärungen des Auftraggebers bereit gehaltene Fax. Folglich kann dem Bieter nicht vorgeworfen werden, die Änderung nicht in das Leistungsverzeichnis eingearbeitet zu haben (VK Baden-Württemberg, B. v. 30. 4. 2008 – Az.: 1 VK 12/08). 9673

Teil 4 VOL/A § 7 Vergabe- und Vertragsordnung für Leistungen Teil A

9674   Liegen **inhaltlich unterschiedliche Angebote** vor, die auf Änderungen zurückzuführen sind und liegt dies **nicht im Verantwortungsbereich der Bieter**, macht eine solche Situation es unumgänglich, das **Vergabeverfahren in den Stand nach der erfolgten Bekanntmachung der Vergabeabsicht durch die Vergabestelle zurückzuversetzen**. Mit dieser Zurückversetzung des Vergabeverfahrens wird die **Vergabestelle erneut alle die Bieter zur Abgabe eines neuen Angebotes aufzufordern haben**, die schon einmal die Verdingungsunterlagen abgefordert hatten. Ihnen ist die – dabei notwendig zu erläuternde – Möglichkeit zu geben, anhand von eindeutigen Verdingungsunterlagen und Angaben in den Leistungsverzeichnissen der Gesamtbaumaßnahme, ein ordnungsgemäßes Angebot abgeben zu können. Die Vergabestelle hat dafür Sorge zu tragen, dass den Bewerbern eine angemessene Frist zur Ausarbeitung ihrer Angebote zur Verfügung steht (VK Thüringen, B. v. 12. 3. 2008 – Az.: 360–4002.20–414/2008-001-NDH).

107.16.1.5 Verpflichtung des Auftraggebers zur unmissverständlichen Aufforderung an die Bieter, mit dem Angebot die aktualisierte Fassung der Vergabeunterlagen einzureichen

9675   Im Hinblick auf die schwerwiegende Konsequenz eines Bieterausschlusses sind **an vom Auftraggeber veranlasste Änderungsschreiben hohe Anforderungen zu stellen**. Es muss sich für einen verständigen Bieter zwanglos und unmissverständlich die Forderung ergeben, dass mit dem Angebot die aktualisierte Fassung der Verdingungsunterlagen eingereicht werden soll. Nur so kann sichergestellt werden, dass nach aktuellem Stand der Ausschreibungsbedingungen in jeder Hinsicht identische und miteinander ohne weiteres vergleichbare Angebote eingehen und ein fairer Bieterwettbewerb gewährleistet ist. Eine **Bitte um „Ergänzung in den Ihnen vorliegenden Ausschreibungen"** genügt nicht. „Ergänzung" ist nicht identisch mit „Seitenaustausch" (VK Baden-Württemberg, B. v. 30. 4. 2008 – Az.: 1 VK 12/08).

107.16.1.6 Obliegenheit der Bieter zur Erkundigung bei dem Auftraggeber über Änderungen

9676   Erhält ein **Bieter eine Information über eine 2. Änderung der Verdingungsunterlagen und kennt er die 1. Änderung nicht, sind die Umstände des Einzelfalls entscheidend, ob der Bieter sich beim Auftraggeber nach der 1. Änderung erkundigen muss**. Trifft z. B. die Bezeichnung „2. Änderung" allenfalls auf das Los 1 zu, nicht jedoch auf das Los 2, ist das Anschreiben des Auftraggebers unzutreffend bzw. missverständlich formuliert. Insbesondere im Hinblick auf Los 2 hätte eine Nachfrage keine weitere Aufklärung bezüglich einer 1. Änderung bringen können, da es eine solche unstreitig nicht gegeben hat. Zum anderen ist je nach Einzelfall die Besonderheit zu berücksichtigen, dass nicht einem Bieter in den ihm vorliegenden Verdingungsunterlagen „Ungereimtheiten" aufgefallen sind, die er nicht einfach ignorieren darf, ohne ggf. Nachteile in Kauf nehmen zu müssen, sondern **vom Auftraggeber im Nachhinein weitere Schreiben versandt wurden, die die Bieter zu einem Handeln veranlassen sollten**. Wenn es dann ein Auftraggeber unterlässt, klar darauf hinzuweisen, auf welche Lose sich welche Änderungen beziehen bzw. diese ggf. eindeutig zu kennzeichnen, ist das ein **Sorgfaltsverstoß, der nicht zu Lasten eines Bieters gehen kann**. Von Bedeutung kann auch sein, ob sich beim Auftraggeber ein eindeutiges System erkennen lässt, wie die Schreiben im Betreff bezeichnet oder durchnummeriert worden sind. Nimmt man eine Obliegenheitsverletzung mit der Folge eines Ausschlusses des Angebots, **überspannt man die Anforderungen an die Sorgfaltspflichten eines Bieters insbesondere dann, wenn ein Änderungsschreiben des Antragsgegners selbst offensichtlich nicht den erforderlichen Sorgfaltsmaßstäben entspricht** (VK Baden-Württemberg, B. v. 30. 4. 2008 – Az.: 1 VK 12/08).

107.16.1.7 Verlängerung der Angebotsabgabefrist

9677   **Beträgt die ursprüngliche Angebotsfrist 84 Tage** und **verbleiben nach Versand der Änderungen an die Bieter noch 52 Tage bis Angebotsabgabe**, d. h. derjenige Zeitraum, der nach § 12 EG VOL/A mindestens zwischen der Absendung der Bekanntmachung und dem Ende der Angebotsfrist liegen, d. h. für die erstmalige Beschäftigung mit der Ausschreibung und die komplette Ausarbeitung eines Angebots mindestens zur Verfügung stehen muss und berücksichtigt man die ursprünglich deutlich über die Mindestfrist hinausgehende Zeitspanne, die für die Angebotserstellung eingeräumt wurde, und den **begrenzten Umfang der Änderungen** an der Leistungsbeschreibung, so ist die **verbleibende Frist von 52 Tagen** trotz der überdurchschnittlichen Komplexität des vorliegenden Auftrags **nicht als unangemessen kurz** einzustufen (2. VK Bund, B. v. 21. 9. 2009 – Az.: VK 2–126/09).

107.16.2 Änderung des Leistungsverzeichnisses nach Angebotsabgabe

Nach erfolgter Eröffnung der Angebote obliegt es dem **Auftraggeber nicht, nachträglich Korrekturen** am Leistungsverzeichnis vorzunehmen (VK Halle, B. v. 25. 4. 2001 – Az.: VK Hal 04/01). So kann eine Veränderung der Kalkulationsunterlagen bzw. von Rechengrößen, die direkt in die Preisbildung einfließen kann, insbesondere nach Ablauf der Angebotsfrist und Eröffnung der Angebote, nicht mehr erfolgen. Sie verbietet sich aufgrund der **Selbstbindung der Vergabestelle und dem Vertrauensschutz der Bieter** (VK Düsseldorf, B. v. 3. 3. 2000 – Az.: VK – 1/2000 – L).

9678

107.16.3 Änderung des Leistungsverzeichnisses gemäß der Vorgabe der Vergabekammer bzw. des Vergabesenats

Eine Änderung ist selbstverständlich auch dann zulässig, soweit sich **Änderungsbedarf**, weitergehend sogar ein Handlungszwang, **aufgrund der Entscheidung einer Vergabekammer oder eines Vergabesenats ergibt**, wenn ausdrücklich eine Abänderung der Verdingungsunterlagen gefordert wird. Aber **auch darüber hinaus** ist es dem Auftraggeber **nicht verwehrt**, bei der danach ohnehin gebotenen Anpassung der Verdingungsunterlagen **neue Erkenntnisse, die nicht Gegenstand des vorangegangenen Nachprüfungsverfahrens** gewesen waren, **zu verarbeiten und in die Verdingungsunterlagen einzubringen**. So kann z. B. ein Auftraggeber Erfahrungen und Erkenntnisse einarbeiten, die er erst im Laufe des Vergabeverfahrens anhand testweise erworbener Leistungsgegenstände gemacht hat. Im Sinne der **Privatautonomie muss es dem öffentlichen Auftraggeber möglich sein, solche besseren Erkenntnisse auch zu verwerten**; ansonsten würde man den Auftraggeber dazu verpflichten, ein Produkt einzukaufen, von dem er bereits im Zeitpunkt der Zuschlagserteilung weiß, dass es seine Bedürfnisse nicht optimal bedient. Ein derartiges **Ergebnis stünde nicht in Einklang mit den Grundsätzen der Wirtschaftlichkeit und Sparsamkeit**, zu deren Einhaltung öffentliche Stellen verpflichtet sind (3. VK Bund, B. v. 21. 8. 2009 – Az.: VK 3–154/09; B. v. 5. 3. 2008 – Az.: VK 3–32/08).

9679

107.17 Schadenersatzansprüche und Nachforderungen wegen Verletzung der Regelungen des § 7

107.17.1 Grundsätze

Ein etwaiger **Verstoß einer öffentlichen Ausschreibung gegen § 7 VOL/A** begründet allein noch keinen Anspruch aus Verschulden bei Vertragsschluss. Erforderlich ist vielmehr, dass der **Auftragnehmer/Bieter in seinem schutzwürdigen Vertrauen auf die Einhaltung der VOL/A enttäuscht worden** ist. Ein Vertrauen in diesem Sinne ist nur gegeben, wenn der Antragnehmer/Bieter den maßgeblichen Verstoß gegen die VOL/A nicht erkannt hat. Darüber hinaus **muss sein Vertrauen schutzwürdig** sein. Das ist in der Regel **nicht der Fall, wenn er den Verstoß bei der ihm im jeweiligen Fall zumutbaren Prüfung hätte erkennen können**. Die an die Prüfung des Bieters zu stellenden Anforderungen hängen von den Umständen des Einzelfalles ab. Maßstab ist ein sorgfältiger Bieter mit dem branchen-spezifischen Fachwissen. Ein Bieter muss sich jedenfalls ein Bild darüber verschaffen, ob er alle für eine sichere Kalkulation erforderlichen Angaben zur Verfügung hat. Zweifelsfragen sind durch vorherige Besichtigung der Gegebenheiten vor Ort sowie durch Einsichtnahme in vorhandene Planungsunterlagen oder durch entsprechende Rückfragen und Hinweise beim Auftraggeber zu klären. Diese Aufklärungspflicht besteht unabhängig davon, ob sie vom Auftraggeber in der öffentlichen Ausschreibung vorgegeben wird (OLG Naumburg, Urteil vom 30. 11. 2000 – Az: 2 U 149/00).

9680

Vgl. dazu im Einzelnen die **Kommentierung zu →** § 126 GWB Rdn. 32 ff.

9681

Ist eine private oder öffentliche Leistungsbeschreibung erkanntermaßen oder zumindest für den **Fachmann ersichtlich unklar/risikoreich, darf der Bieter diese Lückenhaftigkeit**

9682

Teil 4 VOL/A § 7   Vergabe- und Vertragsordnung für Leistungen Teil A

nicht durch eigene für ihn günstige Kalkulationsannahmen ausfüllen. Tut er es dennoch, handelt er auf eigenes Risiko und kann später keine Mehrkosten beanspruchen, wenn sich seine Erwartungen als falsch erweisen. Ein etwaiger vom öffentlichen Auftraggeber begangener **Verstoß gegen § 7 VOL/A wird durch das spätere Verhalten des Bieters kompensiert.** Etwas anderes kann in Betracht kommen, wenn die Ausschreibung den Bietern ein derart ungewöhnliches Wagnis auflegt, dass es dem Auftraggeber nach Treu und Glauben versagt wäre, sich auf die Risikoverlagerung auf den Bieter zu berufen (OLG Düsseldorf, Urteil v. 18. 11. 2003 – Az: I-23 U 27/03; im Ergebnis ebenso OLG Frankfurt, B. v. 14. 10. 2008 – Az.: 11 Verg 11/2008).

9683   Es existiert also **kein Rechtsgrundsatz dahin, dass ein Unternehmer riskante Leistungen** (auch im Rahmen einer VOL/A-Vergabe) **nicht übernehmen könnte** (OLG Koblenz, Urteil v. 17. 4. 2002 – Az: 1 U 829/99).

107.17.2 Literatur

9684   – Quack, Friedrich, Warum § 9 VOB/A keine Anspruchsgrundlage für vertragliche Kompensationsansprüche des erfolgreichen Bieters sein kann, ZfBR 2003, 107

107.18 Besondere Hinweise zur Ausschreibung von Versicherungsleistungen

107.18.1 Rechtsprechung

107.18.1.1 Verwendung von Ausschreibungsmustern

9685   Die Verwendung z. B. des **Ausschreibungsmusters „Gebäude- und Inhaltsversicherung für Kommunen" des Niedersächsischen Städte- und Gemeindebundes ist nicht per se vergaberechtswidrig,** wenn der Auftraggeber das Vergabeverfahren im Sinne des § 2 Nr. 3 VOL/A unter ausschließlicher eigener Verantwortung als Vergabestelle durchführt (VK Lüneburg, B. v. 7. 9. 2005 – Az.: VgK-38/2005).

107.18.1.2 Fehlende Gebäudewerte

9686   Entscheidet sich der Auftraggeber – z. B. auf der Basis eines Musters – dafür, **in den Objektlisten keine Gebäudewerte anzugeben** und die Ermittlung dieser kalkulationsrelevanten Werte statt dessen anhand von bekannt gegebenen Parametern wie Bruttorauminhalt (m³), Bruttogrundrissfläche (m²), Nutzfläche (m²) sowie Angaben zur Bauart, zum Baujahr und zur Ausstattung wie sonstiger wertbestimmender Faktoren wie etwa Denkmalschutz etc. **dem Versicherer selbst zu überlassen,** führt dies dazu, dass die Verdingungsunterlagen **nicht mehr den Anforderungen an eine erschöpfende Leistungsbeschreibung** gem. § 7 Abs. 1 VOL/A und die **Ermöglichung einer einwandfreien Preisermittlung anhand aller kalkulationsrelevanten Umstände entsprechen** (VK Lüneburg, B. v. 5. 1. 2006 – Az.: VgK-43/2005; B. v. 5. 1. 2006 – Az.: VgK-41/2005; B. v. 7. 9. 2005 – Az.: VgK-38/2005).

9687   Bei den Gebäudewerten kann der Auftraggeber **auch auf ältere Daten zurückgreifen** (VK Lüneburg, B. v. 7. 9. 2005 – Az.: VgK-38/2005).

107.18.1.3 Forderung nach einer Terrorversicherung

9688   Gerade das **Risiko Terror ist seit den New Yorker Anschlägen vom 11. 9. 2001 ein beim Abschluss von Versicherungen für öffentliche Gebäude leider besonders zu berücksichtigendes Risiko.** Richtig ist, dass sich der deutsche Versicherungsmarkt in der Einbeziehung solcher Schäden seit dem 11. 9. 2001 nicht einheitlich darstellt. Während das Risiko Terror vorher regelmäßig durch die Feuerversicherung mit abgedeckt wurde, verfolgen die Versicherungsunternehmen seither unterschiedliche Konzepte. Während einige Gesellschaften bis zu einer Vertragssumme pro Versicherungsart von 25 Mio. € Schäden aufgrund von Terrorismus ohne Beitragszuschlag einbeziehen, akzeptieren andere überhaupt keinen Einschluss von Schäden durch Terrorismus oder bieten einen Versicherungsschutz ausschließlich über ein Unternehmen an. Insbesondere aufgrund des Verhaltens der Rückversicherer wird regelmäßig ab einem Objektwert von 25 Mio. €, im Falle eines kommunalen Objekts ab 50 Mio. € in der Regel nur der Weg über die von den Versicherungsunternehmen eigens dafür gegründetes Unternehmen gewährt. Wieder andere Versicherer schließen das Risiko Terrorschäden grundsätzlich aus, bieten aber einen Wiedereinschluss gegen einen Prämienzuschlag an. Diese **inhomogene Ausrichtung des Versicherungsmarktes zwingt einen öffentlichen Auftraggeber jedoch nicht dazu, allen geschilderten Ausrichtungen der Versicherungsunternehmen gerecht zu werden und auch Angebote unter Ausschluss des Terrorrisikos zu akzeptieren.** Die unmissverständliche und alle ausgeschriebenen Objekte erfassende Forderung nach einer Einbeziehung des Risikos Terror entspricht vielmehr in vollem Umfang den Anforderungen an eine eindeutige und erschöpfende Leistungsbeschreibung gemäß § 7 Abs. 1 VOL/A. Diese Forderung bürdet den sich an der Ausschreibung beteiligenden Versicherungsunternehmen auch kein ungewöhnliches Wagnis auf. Der Einschluss des Versicherungsschutzes gegen Terrorschäden gehört vielmehr zum notwendigen und typischen Inhalt einer kommunalen Gebäude- und Inventarversicherung (VK Lüneburg, B. v. 7. 9. 2005 – Az.: VgK-38/2005).

107.18.1.4 Verträge öffentlicher Auftraggeber mit Kommunalversicherern

Verträge öffentlicher Auftraggeber mit Kommunalversicherern, bei denen Mitglieder auch sonstige wirtschaftliche Vereinigungen sein können, die sich also nicht vollständig in öffentlicher Hand befinden, **unterfallen dem Vergaberecht** (OLG Köln, Urteil vom 15. 7. 2005 – Az: 6 U 17/05.). 9689

107.18.1.5 Forderung nach einem A-Rating als Eignungsnachweis

Der Auftraggeber kann als **Eignungsnachweis** bei der Ausschreibung von Versicherungsdienstleistungen den **Nachweis eines A-Ratings** fordern (VK Arnsberg, B. v. 22. 1. 2009 – Az.: VK 32/08). 9690

107.18.2 Literatur

– Ax, Thomas/Schmidt, Carsten, Zur Frage der rechtmäßigen Vergabe von Versicherungsleistungen durch einen Versicherungsverein auf Gegenseitigkeit an öffentliche Auftraggeber im Lichte des Wettbewerbsrechts, VersR 2009, 88 9691

– Dreher, Meinrad, Die „zweite Welle" bei Versicherungsdienstleistungen – Wettbewerb, Gleichbehandlung und Beschaffungsfreiheit, Behörden Spiegel November 2005, 19

– Sittner, Elmar, Eine Frage der Berufspraxis – Das alte Thema „Versicherungsmakler", Behörden Spiegel Dezember 2008, 17

– Sittner, Elmar, Ungenutzte Kostensenkungen – Neues aus der Ausschreibungspraxis von Versicherungen, Behörden Spiegel November 2008, 22

– Sittner, Elmar, Über 50 Prozent gespart – Vergabewettbewerb bei Kommunalversicherungen erst am Anfang, Behörden Spiegel Februar 2008, 20

– Sittner, Elmar, Das Sparpotenzial war größer – Gebäude- und Inventarversicherungen der Stadt Köln, Behörden Spiegel Februar 2007, 21

– Sittner, Elmar, Versicherungen im Wettbewerb (II) – Ausschreibungspflicht bei kommunaler Haftpflichtversicherung?, Behörden Spiegel April 2006, 18

– Sittner, Elmar, Versicherungen im Wettbewerb – Entscheidungen zu Auftragsvergaben durch die öffentliche Hand, Behörden Spiegel Januar 2006, 19

– Sittner, Elmar, Vergabe per Musterunterlagen – Abschlüsse bei Kommunalversicherern nicht mehr „europafest", Behörden Spiegel Oktober 2005, 20

– Tietgens, Jens, Die Vergabe von Versicherungsdienstleistungen nach dem Kartellvergaberecht durch kommunale Auftraggeber, Dissertation, Frankfurt am Main, 2004

– Trautner, Wolfgang, Versicherungsvereine auf Gegenseitigkeit dürfen mitbieten – Auflösung eines Dilemmas? VergabeR 2006, 473

107.19 Besondere Hinweise zur Ausschreibung von Gebäudereinigungsleistungen

107.19.1 Festlegung von Richtleistungen

Die **Festlegung von Richtleistungen, z. B. für Unterrichtsräume K5 in Höhe von 260 m²/h sowie des prozentualen Grenzwertes von ± 25% durch den Auftraggeber** 9692

Teil 4 VOL/A § 7 Vergabe- und Vertragsordnung für Leistungen Teil A

ist nicht als vergaberechtsfehlerhaft zu beanstanden. Der Richtwert ist mitbestimmend für die erreichbare Qualität der Reinigungsleistung. Der **Auftraggeber bestimmt dabei allein das Maß an Qualität, das er von der Leistung erwarten will.** Bei der **Festlegung der für die Richtleistung maßgebenden Quadratmeterzahl pro Stunde durch den Auftraggeber kommt diesem ein Ermessen zu** (OLG Düsseldorf, B. v. 19. 5. 2010 – Az.: VII-Verg 4/10; B. v. 27. 2. 2008 – Az.: VII-Verg 41/07). Das heißt, die Festlegung kann nur darauf überprüft werden, ob ein fehlerhafter Sachverhalt, eine willkürliche Festlegung der Richtleistung erfolgt ist oder ein fehlerhaftes Vorgehen bei der Ermittlung des Richtwertes stattgefunden hat. Ausgehen kann die Vergabestelle von den im kommunalen Bereich für die Unterhaltsreinigung von Schulgebäuden in einschlägigen Veröffentlichungen empfohlenen Richtwerten. Hierbei handelte es sich um die folgenden Veröffentlichungen:

- Richtwerte für die Unterhaltsreinigung als Anlage 2 zum Bericht der Kommunalen Gemeinschaftsstelle für Verwaltungsvereinfachung Nr. 3/1992,
- DIN 774000- Schulgebäude – Anforderungen an die Reinigung vom 19. September 2003, herausgegeben vom Bundesinnungsverband des Gebäudereiniger-Handwerks,
- Veröffentlichung der Landesinnung des Gebäudereiniger-Handwerks Mecklenburg-Vorpommern bezüglich der Höhe der Richtleistungen für die Gebäudereinigung in Schulen vom 28. Juli 2004
- Handbuch über objektbezogene Leistungskennzahlen für den Reinigungsdienst in Verwaltungs- und Bürogebäuden des REFA-Fachausschusses Gebäudereinigung von Oktober 1999.

9693 (im Ergebnis ebenso VK Rheinland-Pfalz, B. v. 4. 5. 2005 – Az.: VK 08/05).

9694 Bezüglich der **Vorgabe von Mindestreinigungszeiten** steht es dem **Auftraggeber frei**, Qualitätsanforderungen wie die auf die Reinigung zu verwendende Zeit zu stellen, soweit damit **keine willkürliche Wettbewerbsverzerrung verbunden** ist (VK Düsseldorf, B. v. 2. 5. 2008 – Az.: VK – 10/2008 – L).

9695 Eine **Leistungsbeschreibung** ist **unklar** im Sinne des § 7 VOL/A, wenn die **Angabe der Richtleistungen spätestens in der Leistungsbeschreibung unterbleibt**, weil die Bieter nicht wissen, in welcher Qualität sie die Reinigungsleistungen erbringen sollten (OLG Düsseldorf, B. v. 27. 2. 2008 – Az.: VII-Verg 41/07).

9696 Ein **Angebot** erscheint „widersprüchlich" und **kann ausgeschlossen** werden, wenn es **bei einer bestimmten zugesagten Stundenleistung preislich nicht wenigstens den für allgemeinverbindlich erklärten Tarifsatz für das Gebäudereiniger-Handwerk abdeckt.** Den Bietern steht somit das Recht auf Anhörung bezüglich ihrer Preisbildung zu, wobei die **Lohnsätze eines für allgemeinverbindlich erklärten Tarifvertrages bei gleichzeitig zugesicherter Stundenleistung bereits aus Gründen der Plausibilität des Angebotes nicht unterschritten werden dürfen** (VK Düsseldorf, B. v. 2. 5. 2008 – Az.: VK – 10/2008 – L).

9697 Vgl. insoweit auch die Kommentierung zu → § 16 VOL/A Rdn. 127 ff.

107.19.2 Hinweis auf erhöhte Hygieneanforderungen wegen mehrfachbehinderter Schüler

9698 Durch das **nicht bekannt gemachte, nachträgliche Einbeziehen von Umständen** – z.B. der erhöhten Hygieneanforderungen wegen der mehrfachbehinderten Schüler – in die Bewertung der ohne diesen Hinweis erstellten Angebote **benachteiligt ein Auftraggeber gerade die Bieter, die ihre Arbeitsstunden besonders sparsam orientiert** haben (2. VK Brandenburg, B. v. 29. 7. 2005 – Az.: 2 VK 44/05).

107.19.3 Zugang zu dem Reinigungsobjekt

9699 Zwar hat der **Auftraggeber** eines Reinigungsvertrags gemäß § 242 BGB die **Mitwirkungspflicht, dem Auftragnehmer Zugang zu dem Reinigungsobjekt zu verschaffen,** da der Auftragnehmer andernfalls nicht in der Lage ist, seine Reinigungspflichten zu erfüllen. Zur **Verschaffung eines jederzeitigen Zugangs ist der Auftraggeber jedoch jedenfalls dann nicht verpflichtet, wenn es sich bei dem Reinigungsobjekt um Unterkünfte handelt**, die bekanntermaßen von Dritten bewohnt werden. Denn die Reinigung bewohnter Unterkünfte berührt u. a. auch die berechtigten Interessen der Bewohner an einem Schutz ihrer Privatsphäre und ihrer Vermögensgegenstände, die sie in den Unterkünften aufbewahren. Diese **Interessen sind nach Treu und Glauben höher zu bewerten als das Interesse des Auftragnehmers an der möglichst effizienten Gestaltung seines Reinigungsplanes** (KG Berlin, B. v. 27. 11. 2008 – Az.: 2 Verg 4/08).

107.19.4 Literatur

- Ohne, Sauber ist nicht gleich sauber – Probleme bei der Ausschreibung von Reinigungsdienstleistungen, Behörden Spiegel, Dezember 2006, 25   9700
- Weyand, Rudolf, Leitfaden Gebäudereinigung, Ausschreibung, Angebotsabgabe und Vergabe von Gebäudereinigungsleistungen (Unterhalts- und Glasreinigung) öffentlicher Auftraggeber, 3. Auflage, 2010

107.20 Besondere Hinweise zur Ausschreibung von Postdienstleistungen

107.20.1 Allgemeines

Vgl. zu den **Möglichkeiten eines öffentlichen Auftraggebers, auch Newcomern** über die Gestaltung der Eignungsanforderungen **eine Chance im bisher regulierten Markt für Postdienstleistungen zu geben**, die Kommentierung zu → § 97 GWB Rdn. 786.   9701

107.20.2 Sonstige Rechtsprechung

Räumt der Auftraggeber den Bietern die Möglichkeit ein, Postdienstleistungen nicht nur mit eigenen Mitarbeitern, sondern auch durch Einschaltung von Dritten und bei Bedarf durch Einlieferung bei der DP AG – ggf. unter Einschaltung von Briefkonsolidierern – zu erbringen und überlässt er es den Bietern, in welchem Umfang sie – je nach ihren eigenen Möglichkeiten – selbst zustellen und in welchem Umfang sie Briefe durch Einlieferung bei der DP AG zustellen, stellt er den Wettbewerb im Einklang mit dem Wettbewerbsgrundsatz des § 97 Abs. 1 GWB auf eine möglichst breite Basis. Diese **freie Kalkulationsmöglichkeit ist nicht unüblich und vergaberechtskonform**. Die **dadurch ausdrücklich und bewusst eröffnete Möglichkeit der Kalkulation eines Mischpreises, der sowohl die Zustellung durch eigene Mitarbeiter, die Zustellung durch Dritte, als auch die Zustellung durch Einlieferung bei der DP AG Gebrauch macht, ist zulässig** (VK Niedersachsen, B. v. 30. 6. 2010 – Az.: VgK-26/2010).   9702

Soll nach der Leistungsbeschreibung **eine Zustellung werktags (einschließlich samstags) erfolgen, bedeutet dies nicht, dass eine Abholung von Post nur montags bis freitags stattfindet, so dass ein Bedarf für Zustellungen an einem Montag nicht besteht**. Das wäre allenfalls dann der Fall, wenn der Bieter eine Zustellung in jedem Einzelfalle am Folgetag zugesagt hätte. Das ist dann nicht der Fall, wenn im Jahresdurchschnitt nur 80% der Briefe binnen eines Tages zugestellt werden müssen (OLG Düsseldorf, B. v. 4. 10. 2010 – Az.: VII-Verg 43/10).   9703

107.20.3 Literatur

- Ohne, In Prozessen denken – Preis-Leistungsverhältnis bei Postdienstleistungen, Behörden Spiegel November 2007, 24   9704
- Ohne, Differenzierte Qualitätskriterien – Die Vergabe von Postdienstleistungen, Behörden Spiegel, Mai 2007, 22
- Burgi, Martin, Kriterien für die Vergabe von Postdienstleistungen im Gewährleistungsstaat – Zugleich ein Beitrag zum Regime von Leistungsbeschreibung, Eignungs- und Zuschlagskriterien, VergabeR 2007, 457
- Goodarzi, Ramin/Kapischke, Christoph: Die Ausschreibung von Postdienstleistungen – das erste Jahr der Marktliberalisierung, NVwZ 2009, 80
- Goodarzi, Ramin, Die Vergabe von Postzustellungsdienstleistungen, NVwZ 2007, 396

107.21 Besondere Hinweise zur Ausschreibung von Zustellungsleistungen, für die eine Entgeltgenehmigung nach dem PostG erforderlich ist

107.21.1 Rechtsnatur der Entgeltgenehmigung

9705 Der **Auftraggeber darf die Vorlage einer beglaubigten Kopie der Genehmigung des Entgelts für die förmliche Zustellung gemäß § 34 Postgesetz der Bundesnetzagentur fordern**. Dies stellt grundsätzlich keine unzumutbare Belastung der Bieter dar. Es handelt sich auch bei der Entgeltgenehmigung um eine **geforderte Erklärung i. S. d. § 13 Abs. 3 VOL/A**. Denn die Vorlage dient nicht der Eignungsprüfung, sondern der tatsächlichen Prüfung, ob der Bieter den angebotenen Preis auch gemäß § 23 PostG zu verlangen berechtigt ist. Mithin handelt es sich nicht um einen Eignungsnachweis (VK Baden-Württemberg, B. v. 6. 10. 2008 – Az.: 1 VK 35/08).

107.21.2 Inhalt der Entgeltgenehmigung

9706 Die Entgeltgenehmigung nach § 34 PostG umfasst „alle von dem Lizenznehmer erbrachten Leistungen". Diese **Leistungen umfassen die zur förmlichen Zustellung nach Maßgabe der Prozessordnungen und der Verwaltungszustellungsgesetze notwendigen Tätigkeiten**. Dies folgt aus § 33 Abs. 1 PostG. In Bezug auf diese Postzustellungsleistung darf ein Unternehmen grundsätzlich nur diejenigen Entgelte verlangen, die sich aus den ihm erteilten Entgeltgenehmigungen ergeben. Dies folgt aus § 23 Abs. 1 i. V. m. § 34 Satz 4 PostG. Die **Abholung der Sendungen ist keine zur förmlichen Zustellung notwendige Verrichtung und fällt nicht unter §§ 33, 34 PostG**. Sie ist dennoch eine Postdienstleistung i. S. d. § 5 PostG und muss gemäß § 19 PostG genehmigt werden. In Bezug auf die Abholung darf ein Unternehmen grundsätzlich nur den Preis verlangen, der sich aus der ihm erteilten Entgeltgenehmigung ergibt. Dies folgt aus § 23 i. V. m. § 19 PostG (VK Baden-Württemberg, B. v. 6. 10. 2008 – Az.: 1 VK 35/08).

107.21.3 Veröffentlichung genehmigter Entgelte und Geheimwettbewerb

9707 Nach der Bestimmung des § 22 Abs. 4 PostG sind **genehmigte Entgelte „im Amtsblatt der Regulierungsbehörde zu veröffentlichen"** (was auch über das Internet geschieht). **Mit der Veröffentlichung genehmigter Entgelte geht der für die Ausschreibung unverzichtbare Geheimwettbewerb verloren**. Bei Abgabe seines Angebots darf kein Bieter die Preise und Wettbewerbsbedingungen anderer Bieter kennen. Erfolgt eine **Veröffentlichung der Entgeltgenehmigung vor Angebotsabgabe** (bzw. Fristablauf für die Angebotsabgabe), **kollidiert dies mit dem Wettbewerbsziel der Ausschreibung**. Derartige Effekte sind sogar noch nach Angebotsabgabe denkbar, wenn die Vergabestelle den Angebotsinhalt aufklärt und die betroffenen Bieter an dieser Aufklärung in Kenntnis der Preise konkurrierender Auftragsbewerber mitwirken. Dieser Zusammenhang führt dazu, dass eine **Formulierung** in der Leistungsbeschreibung dahingehend, dass **Angebote erst auf der Grundlage einer erteilten Entgeltgenehmigung abgegeben werden dürfen, als fern liegend** anzusehen ist. Den Bietern würde damit ein Verhalten abverlangt, das im Hinblick auf die unter Umständen veröffentlichten Preise anderer Bieter nicht mehr wettbewerblich sein kann. Die damit verbundene „Kollision" der regulierungsrechtlichen mit der vergaberechtlichen Regelung wird vermieden, wenn eine wirksame Entgeltgenehmigung nach §§ 19, 22, 34 Satz 4 PostG von den Bietern nicht schon im Zeitpunkt des Ablaufs der Angebotsabgabefrist verlangt wird. Dem Wettbewerbsansatz des Vergaberechts genügt es, einerseits ein Preisangebot zu verlangen, das im Zeitpunkt seiner Abgabe einer Entgeltregulierung nach §§ 19 ff. PostG zugänglich und im Übrigen für den Bieter bindend ist (§ 19 Nr. 3 VOL/A), und andererseits eine behördliche Entgeltgenehmigung dann zu fordern, wenn sie im Hinblick auf das Zustandekommen eines wirksamen Vertrages und die (dann) eingreifenden preisrechtlichen Bestimmungen in § 23 Abs. 2 PostG rechtlich erforderlich ist. Dies ist der **Zeitpunkt des Vertragsschlusses, mit anderen Worten, der Zuschlagerteilung** nach § 18 VOL/A (OLG Schleswig-Holstein, B. v. 8. 9. 2006 – Az.: 1 Verg 6/06).

107.21.4 Vorlage der Entgeltgenehmigung

9708 Ist laut Aufforderung zur Angebotsabgabe die **Kopie der gültigen Entgeltgenehmigung der Bundesnetzagentur für förmliche Zustellungen Bestandteil des Angebots** und ist festgelegt, dass eine **Fristverlängerung für die Vorlage der Entgeltgenehmigung nur** dann gewährt wird, wenn sie **bei Ablauf der Angebotsfrist nicht vorgelegt werden kann**, ergibt sich hieraus, dass – sofern eine Entgeltsgenehmigung bereits im Zeitpunkt der Angebotsabgabe vorgelegen hat – diese **auch vollständig vorzulegen** ist. Der **Vergabestelle kommt es auf die Vorlage der Urkunde** an, aus der sich ergibt, welches Produkt der Bewerber anbietet, und ob er den angebotenen Preis einhalten darf. Die **Urkunde „Entgeltgenehmigung"** ist mit der Urkunde **„Beschluss der Bundesnetzagentur"** identisch. Legt ein Bieter mit dem Angebot nur eine auszugsweise beglaubigte Abschrift vor, genügt dies nicht (VK Südbayern, B. v. 9. 10. 2007 – Az.: Z3-3-3194-1-45–08/07).

107.21.5 Entgeltgenehmigung bei Ausschreibungen, die auf prognostizierte Mengen abstellen

Ein Bieter ist aufgrund des ihm nach Mengenstaffeln erteilten Entgeltgenehmigungen gehindert, an Ausschreibungen, die auf prognostizierte Mengen abstellen, teilzunehmen und einen mengenunabhängigen Preis anzubieten. Dies gilt jedenfalls, solange die erteilten Genehmigungen Bestand haben. Der Bieter hat es in der Hand, auf diese Genehmigungen zu verzichten und eine neue Entgeltgenehmigung zu beantragen. Dann müsste er jedoch dieses neu genehmigte Entgelt allen bestehenden Verträgen zugrunde legen. Offensichtlich stoßen hier die Anforderungen des PostG und wirtschaftliche Erwägungen aufeinander. Eine mögliche Lösung mag die Erteilung auftragsbezogener Entgeltgenehmigungen sein. Die Auffassung, dass ein Bieter einen einheitlichen Festpreis auf Grundlage einer Mengenprognose anbieten dürfe, obwohl ihm allein Entgeltgenehmigungen bezüglich gestaffelter Mindesteinlieferungsmengen erteilt worden sind und dass in diesem Fall § 23 PostG (insbesondere. Abs. 2) nicht zum Zuge komme, wenn die prognostizierten Mengen nicht erfüllt würden, **findet in den Normen des PostG keine Grundlage. Wollte man dieser Auffassung folgen, so träfen den jeweiligen Auftraggeber erhebliche Prüfungsobliegenheiten in Bezug auf die Kalkulation des Anbieters**. Denn um auszuschließen, dass gemäß § 23 Abs. 2 Satz 1 PostG der Vertrag zu einem anderen als dem angebotenen Preis zustande kommt, müsste der Auftraggeber in jedem Fall die Kalkulation des Bieters im Detail nachprüfen. Dies würde jedoch dem Gesetzeszweck des Genehmigungserfordernisses widersprechen. Denn die Genehmigung soll Rechtssicherheit schaffen. Dies verlangt, für Anbieter und Kunden Klarheit über die Wirksamkeit oder Unwirksamkeit der Entgelte zu verschaffen. Gesetzgeberisches Ziel ist dabei die eindeutige Klärung der Wirksamkeit der Entgelte. Gerade diese Klarheit droht jedoch verloren zu gehen, wenn der Auftraggeber selbst vertieft die Prüfung der Kalkulation in Bezug auf bestehende Genehmigungen vornehmen muss. Im Übrigen ist anzumerken, dass gerade in Bezug auf die zwangsweise Preisanpassung nach § 23 Abs. 2 PostG eine erhebliche Rechtsunsicherheit zu entstehen droht, wenn pauschale Festpreisangebote aufgrund mengenabhängiger Entgeltgenehmigungen von Auftraggeberseite akzeptiert würden. Denn die Frage, ob aufgrund § 23 PostG ein anderer Preis, als der vereinbarte, Gültigkeit haben muss, wäre letztlich vor den ordentlichen Gerichten zu klären (VK Baden-Württemberg, B. v. 6. 10. 2008 – Az.: 1 VK 35/08). 9709

107.21.6 Festlegung von bestimmten Abholzeiten

Bestimmt ein öffentlicher Auftraggeber zum **Abholen** der Sendungen im Leistungsverzeichnis, dass **diese einmal täglich „zu einer vereinbarten Zeit (16.15 Uhr)"** stattfinden soll, kann ein solcher Passus **gegen § 7 Abs. 1 VOL/A verstoßen**, da ein solcher **Passus nicht mit Lizenzen nach dem PostG vereinbar** ist. Da die Lizenz zur Beförderung von Sendungen im Exklusivbereich der DPAG gerade an eine „Höherwertigkeit" gebunden ist, sehen die Lizenzen bzw. die Dienstleistung Einlieferungen zu einem Zeitpunkt vor, zu dem üblicherweise die DPAG keine Sendungen mehr entgegennimmt oder eine andere zeitliche Gestaltung, die eine schnellere oder sonst wie höherwertigere Beförderung beinhaltet. Den Dienstleistern wird durch die fixe Angabe eines Abholtermins die Realisierung ihrer Lizenz unmöglich gemacht. Die Nichteinhaltung der durch die Lizenz umschriebenen Standards stellt unlauteren Wettbewerb gegenüber der DPAG dar und löst Ansprüche us § 1 UWG aus. Insoweit muss davon ausgegangen werden, dass Anbieter von der Teilnahme am Wettbewerb abgehalten wurden, weil die angegebene Abholzeit nicht mit den Merkmalen ihrer Lizenz übereinstimmt (VK Düsseldorf, B. v. 14. 6. 2005 – Az.: VK – 04/2005 – L). 9710

107.22 Besondere Hinweise zur Ausschreibung von Abschleppleistungen

In der **Forderung der Vorhaltung eines Bereitstellungsgeländes in maximal circa zwei Kilometer Entfernung zu Beginn der Vertragsausführung** für den Fall der Auf- 9711

Teil 4 VOL/A § 8   Vergabe- und Vertragsordnung für Leistungen Teil A

tragserteilung liegt keine wettbewerbswidrige Ungleichbehandlung potenzieller Bewerber. Es liegt ein **sachlicher Grund** vor, nur Bewerber auszuwählen, die die vorgenannte Anforderung erfüllen. Bei der vorgenannten Anforderung sind die **Besonderheiten des Flughafenbetriebs zu beachten**. Die Fahrzeugberechtigten, die ihre Fahrzeuge auf dem Flughafengelände abstellen, sind Fluggäste, Personen die Reisende zum Flughafen bringen oder von dort abholen oder sonstige Kunden des Flughafens. Dabei handelt es sich in der Regel nicht um ortskundige Personen. Das Mitführen von Gepäck dürfte auch eher die Regel als die Ausnahme sein. Diesem Personenkreis soll durch die geforderte Nähe des Bereithaltungsgeländes die Wiedererlangung des Fahrzeugs möglichst erleichtert werden. Selbst wenn die Fahrt mit öffentlichen Verkehrsmitteln zu einem weiter entfernten Gelände kostengünstiger wäre, wird die praktische Durchführung einer solchen Anfahrt für die Kunden des Flughafens in der Regel von Nachteil sein. Der **Auftraggeber muss nicht selbst wirtschaftliche Nachteile durch eine Negativreklame verärgerter Fluggäste/Besucher hinnehmen, um den Bietern einen größeren Freiraum für die Gestaltung ihrer Angebote zu schaffen** (VK Düsseldorf, B. v. 24. 11. 2009 – Az.: VK – 26/2009 – L).

108. § 8 VOL/A – Vergabeunterlagen

(1) Die Vergabeunterlagen umfassen alle Angaben, die erforderlich sind, um eine Entscheidung zur Teilnahme am Vergabeverfahren oder zur Angebotsabgabe zu ermöglichen. Sie bestehen in der Regel aus

a) dem Anschreiben (Aufforderung zur Angebotsabgabe oder Begleitschreiben für die Abgabe der angeforderten Unterlagen),

b) der Beschreibung der Einzelheiten der Durchführung des Verfahrens (Bewerbungsbedingungen), einschließlich der Angabe der Zuschlagskriterien, sofern nicht in der Bekanntmachung bereits genannt und

c) den Vertragsunterlagen, die aus Leistungsbeschreibung und Vertragsbedingungen bestehen.

(2) Bei Öffentlicher Ausschreibung darf bei direkter oder postalischer Übermittlung für die Vervielfältigung der Vergabeunterlagen Kostenersatz gefordert werden. Die Höhe des Kostenersatzes ist in der Bekanntmachung anzugeben.

(3) Sofern die Auftraggeber Nachweise verlangen, haben sie diese in einer abschließenden Liste zusammenzustellen.

(4) Die Auftraggeber können Nebenangebote zulassen. Fehlt eine entsprechende Angabe in der Bekanntmachung oder den Vergabeunterlagen, sind keine Nebenangebote zugelassen.

108.1 Änderungen in der VOL/A 2009

9712   Die Vorschrift wurde **insgesamt neu geordnet**.

9713   **Begrifflich** blieb der Oberbegriff „Vergabeunterlagen" gleich; der Begriff der „**Verdingungsunterlagen**" als „Teilmenge" der Vergabeunterlagen" wurde durch den **Begriff der** „**Vertragsunterlagen**" ersetzt.

9714   Die **Vorschrift des § 20 VOL/A 2006 (Kostenerstattung für den Auftraggeber bzw. die Bieter) wurde teilweise in § 8 integriert** und als eigenständige Vorschrift gestrichen.

9715   § 8 Abs. 3 enthält die Verpflichtung des Auftraggebers, **alle verlangten Nachweise in einer abschließenden Liste zusammen zu stellen**.

108.2 Vergleichbare Regelungen

9716   Der **Vorschrift des § 8 VOL/A** vergleichbar sind im Bereich der VOL **§ 9 EG VOL/A** und im Bereich der VOB **§§ 8, 8a VOB/A**. Die Kommentierungen zu diesen Vorschriften können daher ergänzend zur Kommentierung des § 8 herangezogen werden.

108.3 Vergabeunterlagen (§ 8 Abs. 1)

108.3.1 Begriffsbestimmung des § 8

§ 8 Abs. 1 definiert die Vergabeunterlagen **einmal in allgemeiner Form**, nämlich als alle Angaben, die erforderlich sind, um eine Entscheidung zur Teilnahme am Vergabeverfahren oder zur Angebotsabgabe zu ermöglichen; **zum zweiten werden Regelbestandteile** genannt, nämlich

- das Anschreiben (Aufforderung zur Angebotsabgabe oder Begleitschreiben für die Abgabe der angeforderten Unterlagen),
- die Bewerbungsbedingungen und
- die Vertragsunterlagen (§§ 7, 9).

9717

108.3.2 Begriffsverwendung im Vergabenachprüfungsverfahren

Insbesondere im Vergabenachprüfungsverfahren wird der **Begriff der „Vergabeunterlagen"** – untechnisch – **manchmal weiter gefasst**, nämlich im Sinne von allen Unterlagen, die sich auf ein Ausschreibungsverfahren beziehen, also die „Vergabeakten".

9718

108.3.3 Anschreiben – Aufforderung zur Angebotsabgabe oder Begleitschreiben für die Abgabe der angeforderten Unterlagen (§ 8 Abs. 1 Satz 2 lit. a)

108.3.3.1 Änderung in der VOL/A 2009

Im Gegensatz zu § 17 Nr. 3 VOL/A 2006 ist der **Inhalt des Anschreibens in der VOL/A 2009 nicht mehr definiert**. Dies ist auch nicht erforderlich, da **alle notwendigen Angaben in der Bekanntmachung enthalten sein müssen**.

9719

108.3.4 Bewerbungsbedingungen (§ 8 Abs. 1 Satz 2 lit. b)

108.3.4.1 Begriffsbestimmung

§ 8 Abs. 1 Satz 2 lit. b) definiert Bewerbungsbedingungen als **Beschreibung der Einzelheiten der Durchführung des Verfahrens**, einschließlich der Angabe der Zuschlagskriterien, sofern nicht in der Bekanntmachung bereits genannt.

9720

108.3.4.2 Sinn und Zweck der Bewerbungsbedingungen

Bewerbungsbedingungen dienen der **Rationalisierung der Aufstellung und Prüfung von Vergabeunterlagen**; sie ermöglicht es, ständig verwendete Standardvorgaben statt ins Anschreiben in allgemeine Bedingungen aufzunehmen. Es ist **allein Sache des Auftraggebers zu entscheiden, welche Bestimmungen er in diesen Bedingungen zusammenfasst.** Diese muss der Bieter in gleicher Weise beachten, wie die des Anschreibens selbst (OLG Koblenz, B. v. 7. 7. 2004 – Az.: 1 Verg 1 und 2/04).

9721

108.3.4.3 Grenzen von Bewerbungsbedingungen

Eine **Einschränkung der Gültigkeit von Bewerbungsbedingungen** ergibt sich, da diese den Rechtscharakter von allgemeinen Geschäftsbedingungen tragen, **nur aus den §§ 305 ff BGB** (OLG Koblenz, B. v. 7. 7. 2004 – Az.: 1 Verg 1 und 2/04).

9722

108.3.4.4 Angabe der Zuschlagskriterien

Sofern nicht bereits in der Bekanntmachung aufgeführt, müssen die **Zuschlagskriterien in den Bewerbungsbedingungen genannt** werden. Hierin unterscheidet sich die VOL/A 2009 von der VOB/A 2009, in der die Zuschlagskriterien bei Ausschreibungen unterhalb der Schwellenwerte nicht genannt werden müssen.

9723

Zum **Begriff der Zuschlagskriterien** und den **Anforderungen an die Bekanntmachung** vgl. die Kommentierung zu → § 97 GWB Rdn. 918 ff. bzw. 951 ff.

9724

108.3.5 Vertragsunterlagen (§ 8 Abs. 1 Satz 2 lit. c)

108.3.5.1 Hinweise

9725 Nach § 8 Abs. 1 Satz 2 lit. c) **bestehen die Vertragsunterlagen einmal aus der Leistungsbeschreibung (§ 7) und zum andern aus den Vertragsbedingungen (§ 9)**. Vgl. zur Leistungsbeschreibung die Kommentierung zu → § 7 VOL/A Rdn. 7 ff. und zu den Vertragsbedingungen die Kommentierung zu → § 9 VOL/A Rdn. 6 ff.

108.3.5.2 Vorrang der Vertragsunterlagen vor der Bekanntmachung

9726 Da die **Vertragsunterlagen der Veröffentlichung nachfolgen und die wesentlich eingehendere Befassung mit dem Beschaffungsvorhaben des Auftraggebers darstellen als die Veröffentlichung**, die regelmäßig eine zusammenfassende Darstellung des Beschaffungsbegehrens und der Wettbewerbsbedingungen enthält, ist es **sachgerecht und ganz herrschende Praxis, den Vertragsunterlagen hier für das Verständnis der Vertragsbedingungen den Vorrang zu geben**. Es entspräche auch nicht dem Grundsatz der Gestaltung eines fairen Verfahrens, wenn durch einen vom Auftraggeber zu verantwortenden Widerspruch zwischen Veröffentlichung und Vertragsunterlagen eine beim Bieter sich aufdrängende Vorstellung von der Erwartungshaltung des Auftraggebers zu dessen Ausschluss führen könnte (VK Düsseldorf, B. v. 22. 7. 2002 – Az.: VK – 19/2002 – L).

108.3.5.3 Auslegung der Vertragsunterlagen

9727 Welcher **Erklärungswert** Angebotsunterlagen zukommt, ist **anhand der für die Auslegung von Willenserklärungen geltenden Grundsätze (§§ 133 und 157 BGB) zu ermitteln** (BGH, Urteil v. 10. 6. 2008 – Az.: X ZR 78/07; OLG Düsseldorf, B. v. 20. 10. 2008 – Az.: VII – Verg 41/08; OLG München, B. v. 24. 11. 2008 – Az.: Verg 23/08).

9728 Vertragsunterlagen sind also **der Auslegung zugänglich**. Ihr **Inhalt bestimmt sich nach dem objektiven Empfängerhorizont** (BGH, Urteil v. 10. 6. 2008 – Az.: X ZR 78/07; OLG Düsseldorf, B. v. 20. 10. 2008 – Az.: VII – Verg 41/08; OLG München, B. v. 12. 11. 2010 – Az.: Verg 21/10; B. v. 24. 11. 2008 – Az.: Verg 23/08; OLG Thüringen, B. v. 11. 1. 2007 – Az.. 9 Verg 9/06; 1. VK Bund, B. v. 6. 6. 2007 – Az.: VK 1–38/07; VK Düsseldorf, B. v. 21. 1. 2009 – Az.: VK – 43/2008 – L; VK Münster, B. v. 12. 5. 2009 – Az.: VK 5/09; B. v. 25. 9. 2007 – Az.: VK 20/07; 3. VK Saarland, B. v. 23. 4. 2007 – Az.: 3 VK 02/2007, 3 VK 03/2007; VK Schleswig-Holstein, B. v. 7. 7. 2009 – Az.: VK-SH 05/09; B. v. 7. 5. 2008 – Az.: VK-SH 05/08; B. v. 5. 9. 2007 – Az.: VK-SH 21/07; B. v. 28. 3. 2007 – Az.: VK-SH 04/07; VK Südbayern, B. v. 29. 5. 2006 – Az.: 12-04/06; B. v. 7. 4. 2006 – Az.: 07-03/06). **Maßgeblich sind nicht die (einseitigen) Vorstellungen des Auftraggebers, sondern die Verständnismöglichkeiten des durch die Ausschreibung insgesamt angesprochenen Empfängerkreises** (BGH, Urteil v. 10. 6. 2008 – Az.: X ZR 78/07; OLG Düsseldorf, B. v. 30. 4. 2003 – Az.: Verg 64/02; OLG München, B. v. 24. 11. 2008 – Az.: Verg 23/08; VK Düsseldorf, B. v. 21. 1. 2009 – Az.: VK – 43/2008 – L; VK Münster, B. v. 12. 5. 2009 – Az.: VK 5/09; 3. VK Saarland, B. v. 23. 4. 2007 – Az.: 3 VK 02/2007, 3 VK 03/2007; VK Schleswig-Holstein, B. v. 7. 7. 2009 – Az.: VK-SH 05/09; B. v. 7. 5. 2008 – Az.: VK-SH 05/08; B. v. 5. 9. 2007 – Az.: VK-SH 21/07; VK Südbayern, B. v. 29. 5. 2006 – Az.: 12-04/06). Das **tatsächliche Verständnis der Bieter** entfaltet demgegenüber **nur indizielle Bedeutung** (OLG Düsseldorf, B. v. 20. 10. 2008 – Az.: VII – Verg 41/08; VK Münster, B. v. 12. 5. 2009 – Az.: VK 5/09). Dabei ist **zunächst vom Wortlaut der Vertragsunterlagen auszugehen** (VK Münster, B. v. 25. 9. 2007 – Az.: VK 20/07). Neben dem Wortlaut sind dabei auch die **Umstände des Einzelfalls, die Verkehrssitte sowie Treu und Glauben heranzuziehen** (VK Schleswig-Holstein, B. v. 7. 5. 2008 – Az.: VK-SH 05/08).

9729 Bei der Auslegung dürfen auch **nur solche Umstände berücksichtigt** werden, die **bei Zugang der Erklärung für den Empfänger erkennbar** waren. Dies gilt auch dann, wenn der Erklärende die Erklärung anders verstanden hat und auch verstehen durfte. Allerdings **darf der Empfänger der Erklärung nicht einfach den für ihn günstigen Sinn beilegen**; er ist nach Treu und Glauben verpflichtet, unter Berücksichtigung aller erkennbaren Umstände mit gehöriger Aufmerksamkeit zu prüfen, was der Erklärende gemeint hat. Entscheidend ist im Ergebnis nicht der empirische Wille des Erklärenden, sondern der durch normative Auslegung zu ermittelnde objektive Erklärungswert seines Verhaltens (VK Schleswig-Holstein, B. v. 7. 5. 2008 – Az.: VK-SH 05/08; B. v. 5. 9. 2007 – Az.: VK-SH 21/07; B. v. 28. 3. 2007 – Az.: VK-SH 04/07).

Der **Empfänger der Erklärung** darf **nicht einfach den für ihn günstigen Sinn unterstellen**; er ist nach Treu und Glauben verpflichtet, unter Berücksichtigung aller erkennbaren Umstände mit gehöriger Aufmerksamkeit zu prüfen, was der Erklärende tatsächlich gemeint hat. Der **Bieter muss sich ernsthaft fragen, was die Vergabestelle aus ihrer Interessenlage heraus wirklich gewollt hat**. Wenn ihm bei dieser Überlegung **Zweifel** kommen müssen, ob seine Auslegung tatsächlich dem Willen der Vergabestelle entspricht, ist es ihm **zumutbar, diese Zweifel durch eine Anfrage bei der Vergabestelle aufzuklären** (VK Schleswig-Holstein, B. v. 7. 5. 2008 – Az.: VK-SH 05/08). 9730

Verbleiben bei der **Auslegung Zweifel**, muss eine **Auslegung** wegen der für den Bieter damit verbundenen Nachteile **restriktiv erfolgen**. Ist daher eine Klausel objektiv mehrdeutig gefasst und lässt sowohl die **Deutung im Sinne einer Maximal- als auch einer Minimalanforderung zu**, ist – mit gleicher Wirkung für alle Bieter – **von der Geltung der Mindestanforderung auszugehen** (OLG Thüringen, B. v. 11. 1. 2007 – Az.: 9 Verg 9/06). 9731

Erweisen sich die **Vertragsunterlagen** in den strittigen Punkten aber als **eindeutig**, ist **für die Auslegung kein Raum** (VK Südbayern, B. v. 7. 4. 2006 – Az.: 07-03/06). 9732

Vgl. ergänzend die Kommentierung zur Auslegung der Leitungsbeschreibung zu → § 7 VOL/A Rdn. 68 ff. 9733

108.4 Kostenersatz für die Vervielfältigung der Vergabeunterlagen (§ 8 Ab. 2)

108.4.1 Änderungen in der VOL/A 2009

§ 8 Abs. 2 VOL/A 2009 **übernimmt** zunächst einmal die **Regelung des § 20 Nr. 1 Abs. 1 VOL/A 2006**. 9734

Zusätzlich stellt § 8 Abs. 2 VOL/A 2009 die **direkte und die postalische Übermittlung der Vergabeunterlagen gleich**. 9735

108.4.2 Vergleichbare Regelungen

Der Vorschrift des § 8 Abs. vergleichbar ist im Bereich der VOL/A **§ 9 EG Abs. 3 VOL/A**, im Bereich der VOF **§ 13 Abs. 1 Satz 2 VOF** und im Bereich der VOB/A **§ 8 Abs. 7, Abs. 8 VOB/A**. Die Kommentierung zu diesen Vorschriften kann daher ergänzend zu der Kommentierung des § 8 Abs. 2 herangezogen werden. 9736

108.4.3 Bieterschützende Vorschrift

§ 8 Abs. 2 VOL/A **ist eine bieterschützende Vorschrift** im Sinne von § 97 Abs. 7 GWB (1. VK Sachsen, B. v. 12. 3. 2001 – Az.: 1/SVK/9-01). 9737

108.4.4 Kostenersatz bei öffentlicher Ausschreibung

108.4.4.1 Hinweis

§ 8 Abs. 2 regelt nur den Kostenersatz bei öffentlicher Ausschreibung. Die ergänzenden Regelungen des § 20 Nr. 1 Abs. 2 VOL/A 2006 (Kostenersatz bei beschränkter Ausschreibung und Freihändiger Vergabe) und § 20 Nr. 2 VOL/A 2006 (Kostenerstattung bei bestimmten Ausschreibungsformen) wurden nicht übernommen. 9738

108.4.4.2 Ermessensregelung

Der öffentliche Auftraggeber **darf Kostenersatz fordern**, er ist nicht dazu verpflichtet. Im Sinne eines **wirtschaftlichen Verwaltungshandelns** muss er also abwägen, ob der Kostensatz die mit der Berechnung und Vereinnahmung des Kostensatzes entstehenden Kosten für den Auftraggeber deutlich übersteigt. 9739

108.4.4.3 Kosten der Vervielfältigung

Der öffentliche Auftraggeber kann nur einen **Kostensatz für die Vervielfältigung** der Vergabeunterlagen (Anschreiben, Bewerbungsbedingungen und Vertragsunterlagen) fordern; die **Kosten für die erstmalige Erstellung** dieser Unterlagen sind also nicht erstattungsfähig. 9740

108.4.4.4 Kosten der Versendung

9741 Im Gegensatz zur VOB/A **fehlt in § 8 Abs. 2 VOL/A 2009 eine Regelung über einen möglichen Ersatz der Kosten für die Versendung**. Daraus kann nur geschlossen werden, dass ein **Ersatz für diese Kosten nicht verlangt werden kann**. Da § 8 Abs. 2 Satz 1 ausdrücklich die postalische und die direkte Übersendung nennt, sind z. B. **besondere Kosten des Auftraggebers für Plattformen der eVergabe** und die daraus entstehenden Bereitstellungskosten für die Bewerber und Bieter **nicht ersatzfähig**; vgl. insoweit auch die Regelung des 6 Abs. 2.

108.4.4.5 Bestandteile der Kosten der Vervielfältigung

9742 Hinsichtlich der Höhe der Kosten der Vervielfältigung **regelt die VOL/A selbst nicht, welche Ansätze für das Vervielfältigen der Verdingungsunterlagen zu gelten haben**. Ist kein Kostenrahmen durch Verordnung vorgegeben, muss an Hand des **Zwecks der Vorschrift** des § 8 Abs. 2 VOL/A ermittelt werden, **aus welchen Faktoren sich die Kosten der Vervielfältigung zusammen setzen dürfen**. Dabei sind sich die einschlägigen Kommentierungen über verschiedene Aspekte einig: **Bestandteil der Kosten sind Stoffkosten für Papier, Toner usw.**, Abschreibungs- und Instandhaltungskosten für die genutzten Geräte, Gemeinkosten und die Umsatzsteuer, soweit der Auftraggeber umsatzsteuerpflichtig ist. **Umstritten** ist jedoch, in welchem Umfang die **aufgewendete Arbeit** zu bemessen ist. Während eine Meinung diese einschließlich der Arbeitgeberanteile der Sozialversicherungen für den Vervielfältiger und der ihn beaufsichtigenden Personen für absetzbar hält, schränkt eine andere Meinung dies ein: Die Lohnkosten für den Drucker sollen nur dann absetzbar sein, wenn Angestellte des Auftraggebers eigens für die Aufgabe des Vervielfältigens dieser Unterlagen eingestellt wurden. Da dies im Bereich der öffentlichen Hand praktisch nie der Fall sein dürfte, fallen nach der zweiten Ansicht die Personalkosten faktisch aus. Nach dem **Sinn der Vorschrift ist dies auch gerechtfertigt, denn Gegenstand des Anspruchs ist die Entschädigung der** (über die Fixkosten hinaus gehenden) **Aufwendungen für die Vervielfältigung** (1. VK Sachsen, B. v. 12. 3. 2001 – Az.: 1/SVK/9-01).

9743 Angesichts der **kaum fassbaren Kosten für die elektronische Vervielfältigung** besteht im Ergebnis in diesen Fällen daher kein Kostenersatzanspruch.

108.4.4.6 Darlegungs- und Beweislast für die Höhe der Kosten

9744 Der **öffentliche Auftraggeber** ist im Streitfall für die Höhe der Kosten **darlegungs- und beweispflichtig** (VK Magdeburg, B. v. 6. 3. 2000 – Az.: VK-OFD LSA-01/00).

108.4.4.7 Kostenersatzanspruch nur des öffentlichen Auftraggebers

9745 § 8 Abs. 2 VOL/A gibt der **ausschreibenden Stelle einen höchstpersönlichen Anspruch auf Kostenersatz** für die Leistungsbeschreibung und die anderen Unterlagen. Schaltet der Auftraggeber zur Vervielfältigung einen Dritten ein, so muss er, wenn der **Dritte** gegen die Unternehmen, welche die Vergabeunterlagen abholen, **einen Kostenersatzanspruch haben soll, den Anspruch nach § 8 Abs. 2 VOL/A an den Dritten abtreten**. Die Einräumung eines eigenständigen Kostenanspruches des Dritten gegen die Unternehmen, welche die Vergabeunterlagen abholen, ist ein gegen die Privatautonomie verstoßender und damit unzulässiger Vertrag zu Lasten Dritter (1. VK Sachsen, B. v. 12. 3. 2001 – Az.: 1/SVK/9-01).

108.4.4.8 Kostenerstattungsanspruch eines Dritten

9746 Auch ein **Erfüllungsgehilfe des öffentlichen Auftraggebers**, der durch vertragliche Ausgestaltung quasi die Stelle des Auftraggebers einnimmt, kann gegenüber den Bietern **nur mit den Rechten agieren, die der Auftraggeber selbst für sich in Anspruch nehmen kann**. Das bedeutet z. B. für die Erstattung der Aufwendungen für die Vervielfältigung der Leistungsverzeichnisse, dass der Auftraggeber diesen Anspruch an den Erfüllungsgehilfen abtreten muss, damit er wirksam geltend gemacht werden kann. Ein **abgetretener Anspruch kann aber nicht mehr Rechte umfassen als der Auftraggeber geltend machen kann**. Der Erfüllungsgehilfe ist dann aber auch an die Vorgabe aus § 8 Abs. 2 VOL/A hinsichtlich des Umfangs des Kostenersatzes gebunden. Der Erfüllungsgehilfe kann ebenfalls die Personalkosten bei der Vervielfältigung der Unterlagen nur dann in die Kosten mit einbeziehen, wenn das hierfür eingesetzte Personal eigens dafür eingestellt wurde (1. VK Sachsen, B. v. 12. 3. 2001 – Az.: 1/SVK/9-01).

108.4.5 Kostenersatz bei beschränkter Ausschreibung und freihändiger Vergabe

Mangels einer ausdrücklichen Anspruchsgrundlage besteht in diesen Fällen **kein Anspruch** auf Kostenersatz. 9747

108.4.6 Kostenersatz für die Bearbeitung des Angebots

Mangels einer ausdrücklichen Anspruchsgrundlage besteht in diesen Fällen **kein Anspruch** auf Kostenersatz. **Dies gilt auch für die Fälle des § 20 Nr. 2 Abs. 1 VOL/A 2006**, wenn also der Auftraggeber verlangt, dass der Bieter Entwürfe, Pläne, Zeichnungen, Berechnungen oder andere Unterlagen ausarbeitet, insbesondere in den Fällen des § 8 Nr. 2 Abs. 1 Buchstabe a), also der Funktionalausschreibung. 9748

108.4.7 Bekanntgabe der Höhe des Kostenersatzes in der Bekanntmachung (§ 8 Abs. 2 Satz 2)

Die Höhe des Kostenersatzes ist in der Bekanntmachung anzugeben. **§ 12 Abs. 2 lit. m)** bestimmt insoweit, dass sofern verlangt, die Höhe der Kosten für Vervielfältigungen der Vergabeunterlagen bei öffentlichen Ausschreibungen **anzugeben ist**. 9749

108.5 Abschließende Liste von Nachweisen (§ 8 Abs. 3)

108.5.1 Änderung in der VOL/A 2009

Die **Regelung des § 8 Abs. 3 VOL/A 2009**, wonach dann, wenn die Auftraggeber Nachweise verlangen, sie diese in einer abschließenden Liste zusammenzustellen haben, ist **neu in die VOL/A 2009 aufgenommen**. 9750

Eine vergleichbare Regelung gibt es in der **VOB/A 2009 nicht**. 9751

108.5.2 Sinn und Zweck der Regelung

Mit dieser Regelung **soll der Bieter gerade bei großen und umfangreichen Vergabeunterlagen einen schnellen Überblick der verlangten Nachweise erhalten**, um ein möglichst vollständiges Angebot abzugeben und zeitaufwändige Nachfragen des Auftraggebers zu vermeiden. 9752

108.5.3 Zwingende Regelung

§ 8 Abs. 3 ist eine **Muss-Regelung** für den öffentlichen Auftraggeber. 9753

108.5.4 Konsequenz der Nichtbeachtung durch den Auftraggeber

Eine **Regelung zur Konsequenz** einer Nichtbeachtung des § 8 Abs. 3 durch den Auftraggeber **fehlt** in der VOL/A. Angesichts des **Vertrauenstatbestandes beim Bieter** durch eine fehlende Liste – der Auftraggeber verlangt keine Nachweise – kann die **Konsequenz** nur sein, dass trotz einer fehlenden Liste in den Vergabeunterlagen enthaltene **geforderte Nachweise unbeachtlich** sind, vom Bieter also nicht erbracht werden müssen und vom Auftraggeber **nicht** nach § 16 Abs. 2 **nachgefordert werden dürfen**. 9754

108.5.5 Begriff des Nachweises und mögliche Inhalte

Welche Nachweise der öffentliche Auftraggeber verlangt, liegt in seinem **Ermessen**. Die Nachweise **können sich auf die Eignung des Bieters** beziehen (z.B. Unbedenklichkeitsbescheinigung der Sozialversicherungsträger) beziehen; sie **können aber auch leistungsbezogen** sein (z.B. Erfüllung von Umweltstandards eines ausgeschriebenen Produktes). 9755

Zum **Begriff des Nachweises im Rahmen von Eignungsanforderungen** vgl. die Kommentierung zu → § 97 GWB Rdn. 710. 9756

Teil 4 VOL/A § 8　　　　　　Vergabe- und Vertragsordnung für Leistungen Teil A

108.5.6 Abschließende Liste

9757　Die vom öffentlichen Auftraggeber zu erstellende Liste muss abschließend sein. **Ergänzungen** im Laufe des Vergabeverfahrens sind also **nicht zulässig**.

108.6 Angaben über die Zulassung von Nebenangeboten (§ 8 Abs. 4)

108.6.1 Begriff des Nebenangebots

9758　Ein **Nebenangebot** liegt **immer dann** vor, wenn ein Bieter **eine andere als nach der Leistungsbeschreibung oder dem Leistungsverzeichnis vorgesehene Art der Ausführung** anbietet (OLG Zweibrücken, Urteil v. 24. 1. 2008 – Az.: 6 U 25/06; 1. VK Bund, B. v. 25. 3. 2003 – Az.: VK 1–11/03; VK Hamburg, B. v. 21. 4. 2004 – Az.: VgK FB 1/04; VK Lüneburg, B. v. 12. 6. 2007 – Az.: VgK-23/2007; VK Niedersachsen, B. v. 8. 1. 2010 – Az.: VgK-68/2009; B. v. 24. 2. 2009 – Az.: VgK-57/2008; 1. VK Sachsen, B. v. 27. 4. 2004 – Az.: 1/SVK/031-04; VK Schleswig-Holstein, B. v. 11. 2. 2010 – Az.: VK-SH 29/09; B. v. 3. 11. 2004 – Az.: VK-SH 28/04). Der Begriff „Nebenangebot" setzt also eine Abweichung vom geforderten Angebot voraus, und zwar einer **Abweichung jeder Art, unabhängig von ihrem Grad, ihrer Gewichtung oder ihrem Umfang** (VK Lüneburg, B. v. 12. 6. 2007 – Az.: VgK-23/2007; VK Schleswig-Holstein, B. v. 11. 2. 2010 – Az.: VK-SH 29/09); deshalb werden **selbst Bietervorschläge, die eine völlig andere als die vorgeschlagene Leistung zum Gegenstand haben, als Nebenangebote angesehen**. Ein Nebenangebot liegt somit auch dann vor, wenn der Bieter ein Angebot abgibt, das einen Preisnachlass enthält, der an bestimmte Bedingungen geknüpft wird (VK Brandenburg, B. v. 1. 3. 2005 – Az.: VK 8/05).

9759　**Nebenangebote können in technischer, wirtschaftlicher (Zahlungsmodalitäten), rechtlicher oder anderer Hinsicht (Liefer- oder Leistungszeit) eine andere Lösung anbieten**, als vom Auftraggeber in den Ausschreibungsunterlagen vorgesehen (Thüringer OLG, B. v. 21. 9. 2009 – Az.: 9 Verg 7/09; OLG Zweibrücken, Urteil v. 24. 1. 2008 – Az.: 6 U 25/06; VK Niedersachsen, B. v. 24. 2. 2009 – Az.: VgK-57/2008; VK Schleswig-Holstein, B. v. 11. 2. 2010 – Az.: VK-SH 29/09).

9760　Das **Vergaberecht kennt keine Unterscheidung zwischen Nebenangeboten und Alternativvorschlägen und Varianten**, diese Begriffe werden vielmehr in der Rechtsprechung der Vergabekammern und -senate **nahezu gleichwertig** verwandt (VK Hessen, B. v. 30. 9. 2009 – Az.: 69 d VK – 32/2009).

108.6.2 Abgrenzung zum Begriff des Hauptangebots

9761　Eine **Zweiteilung in Hauptangebot und Nebenangebot findet nicht statt**. Nach den Erläuterungen des Deutschen Verdingungsausschusses für Leistungen (DVAL) zu § 17 Nr. 3 Abs. 5 Satz 1 VOL/A a. F., die zwar keinen rechtsverbindlichen Charakter haben, aber in Zweifelsfällen bei der Auslegung der Verdingungsordnung herangezogen werden können, **umfasst der Begriff „Nebenangebot" jede Abweichung vom geforderten Angebot**. Selbst Änderungsvorschläge sind danach als Nebenangebote zu betrachten. Dies widerspricht auch nicht den europäischen Vergaberechtsrichtlinien. So wird in der Sektorenkoordinationsrichtlinie nicht weiter zwischen Nebenangeboten und Änderungsvorschlägen unterschieden, sondern es ist einheitlich von „Varianten" die Rede (Art. 34 Abs. 3) – OLG Düsseldorf, B. v. 9. 4. 2003 – Az.: Verg 69/02.

9762　Nach Auffassung der 1. VK Bund ist hingegen der Begriff des Hauptangebots zwar nicht definiert, er versteht sich aber von selbst: Umfasst der Begriff des „Nebenangebots" jede Abweichung vom geforderten Angebot, so muss das **Hauptangebot definitionsgemäß exakt die im Leistungsverzeichnis geforderte Leistung anbieten**, so dass **Deckungsgleichheit zwischen Leistungsbeschreibung und Angebot** besteht (1. VK Bund, B. v. 17. 7. 2003 – Az.: VK 1–55/03).

9763　**Mehrere Hauptangebote eines Bieters, die sich in technischer Hinsicht unterscheiden, sind zulässig**. Zunächst einmal kann für die **Abgabe mehrerer Hauptangebote mit unterschiedlichen technischen Lösungen ein Bedürfnis** bestehen. Der Bieter kann sich aus vertretbaren Gründen im Unklaren darüber sein, ob die von ihm angebotene Leistung vom Auftraggeber als „gleichwertig" im Sinne des § 8 EG Abs. 3, Abs. 4 Satz 2 VOL/A angesehen wird. Gehört zu den Zuschlagskriterien neben dem Preis auch die Qualität, kann er nur bedingt vorhersehen, inwieweit qualitative Verbesserungen, insbesondere bei funktionaler Ausschreibung (§ 7 Abs. 2 Satz 2 VOL/A), letztlich zu einer Verbesserung seiner Zuschlagschancen führen werden. Bedenken können bei dieser Fallgestaltung nicht aus den Grundsätzen der Gleichbehandlung und Transparenz hergeleitet werden. Der Inhalt des jeweiligen Angebots ist klar. Der Auftraggeber ist gehalten, die unterschiedlichen Angebote – wie auch die unterschiedlichen Angebote unterschiedlicher Bieter – anhand der Ausschluss- und Zuschlagskriterien zu bewerten. Gegen die Einreichung von Nebenangeboten (sofern sie zugelassen und zulässig sind) werden unter diesem Gesichtspunkt auch keine Bedenken erhoben, obwohl auch in einer derartigen Fallgestaltung vom Auftraggeber – u. a. – aus mehreren Angeboten desselben Bieters eine Auswahl zu treffen ist. Ist der Preis das einzige Zuschlagskriterium, hat der Auftraggeber das billigste (unter den nicht aus sonstigen Gründen auszuschließenden) Angeboten auszuwählen (OLG Düsseldorf, B. v. 23. 3. 2010 – Az.: VII-Verg 61/09).

108.6.3 Sinn und Zweck sowie Nutzen eines Nebenangebots

Es liegt gerade in der Intention der Zulassung von Nebenangeboten, die **Erfahrung und den Sachverstand teilnehmender Unternehmen in einem Bereich jenseits der durch die Gleichwertigkeitsmaxime gesetzten Schranken nutzbar zu machen**, weil auf diese Weise das mit der Ausschreibung verfolgte Planungskonzept optimiert und die Leistungsmerkmale dem einem Beschaffungsvorhaben übergeordneten Leistungszweck angepasst werden können. Vergaberechtliche Bedenken sind insoweit nicht zu erheben, weil Vergabestelle und Bieter gleichermaßen von einem konstruktiven „Ideenwettbewerb" – in den genannten Grenzen – profitieren können (Thüringer OLG, B. v. 19. 3. 2004 – Az.: 6 U 1000/03). Mit der Zulassung von Nebenangeboten **können auch in das Ausschreibungsverfahren neueste technische Erkenntnisse einbezogen werden**, über die der Auftraggeber oft nicht wie der Bieter unterrichtet ist (OLG Celle, B. v. 21. 8. 2003 – Az.: 13 Verg 13/03; VK Lüneburg, B. v. 12. 6. 2007 – Az.: VgK-23/2007; VK Niedersachsen, B. v. 8. 1. 2010 – Az.: VgK-68/2009). 9764

Die grundsätzliche Öffnung der VOL für Nebenangebote dient in erster Linie dazu, dem **Bieter die Möglichkeit einzuräumen**, die vom Auftraggeber in der Regel detailliert vorgeplante Ausführung durch die **Einführung von Innovationen** oder anderen technischen Lösungsmöglichkeiten zu optimieren, um das bestmögliche Liefer- oder Dienstleistungsergebnis zu erreichen (OLG Zweibrücken, Urteil v. 24. 1. 2008 – Az.: 6 U 25/06; VK Niedersachsen, B. v. 24. 2. 2009 – Az.: VgK-57/2008). 9765

Grundsätzlich kann es erwünscht sein, dass **Bieter** im Blick auf den geforderten Leistungsumfang hinsichtlich von Kosten und Nutzen **Ideen entwickeln** und im Rahmen von Nebenangeboten **Einsparungspotentiale anbieten**, die eine andere Ausführung der Bauleistung abweichend von der Ausschreibung vorschlagen. Im Blick auf die Konkurrenzsituation im Wettbewerb der Bieter **sind diesem Verhalten jedoch Grenzen gesetzt**, die der Auftraggeber bei der Wertung beachten muss (VK Baden-Württemberg, B. v. 15. 5. 2003 – Az.: 1 VK 20/03). 9766

108.6.4 Risiken von Nebenangeboten

Nebenangebote können **ungeachtet der damit verbundenen Chancen auch mit erheblichen Risiken behaftet sein**, und zwar sowohl **für den Auftragnehmer** als auch **für den Auftraggeber**. Ein erhebliches Risiko kann für einen Bieter, der ein Nebenangebot abgegeben hat, darin bestehen, dass er für dessen Inhalt, insbesondere was die technische Gestaltung und die praktische Ausführung anbelangt, voll verantwortlich ist. Demgegenüber besteht das Risiko für den Auftraggeber zunächst vor allem darin, dass Nebenangebote von Bietern vor allem in dem Bestreben unterbreitet werden, die Auftragschance durch preislich günstige Vorschläge zu verbessern. Die Folge davon kann sein, dass Änderungsvorschläge oder Nebenangebote mit der ausgeschriebenen Leistung nicht gleichwertig sind und – im Auftragsfall – der Auftraggeber nicht das erhält, was er in qualitativer oder quantitativer Hinsicht eigentlich haben wollte. Nicht zuletzt **aufgrund dieser Risiken darf der Auftraggeber nur solche Nebenangebote beauftragen, die mit dem Amtsvorschlag technisch und wirtschaftlich gleichwertig** sind, wobei diese Eigenschaft vom Bieter im Zweifelsfall nachgewiesen werden muss (VK Niedersachsen, B. v. 8. 1. 2010 – Az.: VgK-68/2009; B. v. 24. 2. 2009 – Az.: VgK-57/2008). 9767

108.6.5 Beispiele aus der Rechtsprechung

108.6.5.1 Unbedingter Preisnachlass

9768 Auch eine **Erklärung über einen globalen Preisnachlass ohne Bedingungen kann in Form eines Nebenangebotes abgegeben** werden. Denn ein Nebenangebot setzt lediglich eine Abweichung vom geforderten oder abgegebenen Angebot voraus, wobei diese Abweichung jeglicher Art sein kann, unabhängig von ihrem Grad, ihrer Gewichtung oder ihrem Umfang. Das bedeutet gleichzeitig, dass nicht nur technische Abweichungen, sondern auch solche wirtschaftlicher, rechtlicher oder rechnerischer Art als Nebenangebot zu qualifizieren sind (VK Münster, B. v. 21. 12. 2005 – Az.: VK 25/05; VK Schleswig-Holstein, B. v. 1. 4. 2004 – Az.: VK-SH 05/04).

108.6.5.2 Bedingter Preisnachlass (Skonto)

9769 **108.6.5.2.1 Rechtsprechung.** Nach einer Auffassung liegt in dem Angebot „Bei Zahlung der Rechnungen innerhalb von 14 Tagen nach Rechnungseingang gewähren wir ein Skonto in Höhe von … % auf den jeweiligen Rechnungsbetrag (netto)" bei wortlautgemäßer Aussage das **Angebot eines bedingten Preisnachlasses, nicht aber einer Änderung des im Leistungsverzeichnis aufgeführten Leistungsinhalts oder auch nur einzelner Abschnitte** davon. Vielmehr handelt es sich lediglich um die Zusage eines Preisabschlags innerhalb der genannten 14-Tagesfrist ab Rechnungseingang. Ein solcher bedingter Preisnachlass ist aber keine inhaltliche Änderung dessen, was ein Bieter dem Auftraggeber als Liefer- oder Dienstleistung angeboten hat (VK Brandenburg, B. v. 26. 3. 2002 – Az.: VK 4/02).

9770 Von dieser Rechtsprechung rückt die VK Brandenburg in einer späteren Entscheidung ab. Danach liegt ein **Nebenangebot auch dann vor, wenn der Bieter ein Angebot abgibt, das einen Preisnachlass enthält, der an bestimmte Bedingungen geknüpft wird** (VK Brandenburg, B. v. 1. 3. 2005 – Az.: VK 8/05).

9771 Auf der anderen Seite wird das **Angebot eines Nachlasses für den Fall einer Vorauszahlung** nach § 16 Abs. 2 Abs. 1 VOB/B **gegen Gewährung einer entsprechenden Bürgschaft als Nebenangebot** behandelt (VK Brandenburg, B. v. 21. 10. 2002 – Az.: VK 55/02).

9772 Ein **bedingter Preisnachlass** liegt **auch dann** vor, wenn er für den Fall angeboten wird, dass der **Bieter den Zuschlag für mehrere Lose erhält** (OLG Brandenburg, B. v. 20. 3. 2007 – Az.: Verg W 12/06).

9773 **108.6.5.2.2 Literatur**

– Stellmann, Frank/Isler, Tim, Der Skontoabzug im Bauvertragswesen – Ein dogmatischer und praktischer Leitfaden, ZfBR 2004, 633

108.6.5.3 Pauschalpreisangebot

9774 Als **Nebenangebot** ist es **auch** anzusehen, wenn **ohne Änderung des Leistungsinhalts** eine **andere Vergütungsart**, als in der Ausschreibung verlangt (**Pauschalpreisangebot**) angeboten wird (BayObLG, B. v. 2. 12. 2002 – Az.: Verg 24/02; OLG Zweibrücken, Urteil v. 24. 1. 2008 – Az.: 6 U 25/06; VK Münster, B. v. 10. 2. 2004 – Az.: VK 01/04; VK Thüringen, B. v. 7. 11. 2003 – Az.: 216–4002.20–055/03-EF-S).

9775 Das Pauschalangebot beinhaltet also **keine technisch vom Leistungsverzeichnis abweichende Lösung**, sondern vielmehr eine **Abweichung hinsichtlich des Liefer- oder Dienstleistungsvertragstyps**: Angebot eines Pauschalvertrages statt – wie in der Ausschreibung vorgesehen – eines Einheitspreisvertrages. Der Sache nach handelt es sich um ein Nebenangebot (1. VK Bund, B. v. 11. 6. 2002 – Az.: VK 1–25/02).

9776 Trifft ein Auftraggeber die **Entscheidung für eine Ausschreibung nach einzelnen Fachlosen**, ist für die Bieter ein **Vertrauenstatbestand dahin geschaffen**, dass die Arbeiten auch getrennt nach der gewählten fachlichen Aufteilung vergeben würden. Will der **Auftraggeber davon abweichen, ist er deshalb verpflichtet, in die Ausschreibung den Hinweis aufzunehmen, dass er auch ein Nebenangebot über eine Pauschalsumme, in der z. B. alle 28 Einzellose zusammengefasst sind, entgegennehmen und in die Prüfung für den Zuschlag aufnehmen werde**. Nur so kann er sich ohne Verletzung schutzwürdiger Interessen der Bieter die Möglichkeit erhalten, den Auftrag an einen einzigen Bieter zum Gesamtpauschalpreis zu vergeben (OLG Zweibrücken, Urteil v. 24. 1. 2008 – Az.: 6 U 25/06).

108.6.5.4 Dynamische Kaufpreisgestaltung als Nebenangebote

In bestimmten VOL-Ausschreibungen – etwa bei ÖPP-Ausschreibungen – **können auch dynamische Kaufpreisgestaltungen** (z.B. mehrstufig nach Eintritt ungewisser Bedingungen fällig werdende Zahlungen) **zulässig** sein (OLG Düsseldorf, B. v. 21. 11. 2007 – Az.: Verg 32/07).

9777

108.6.5.5 Angebot mit zum Leitfabrikat gleichwertigen Produkten

Ist die Leistungsbeschreibung insoweit offen, als bei Positionen der Zusatz „oder gleichwertig" zu einem genau bezeichneten Leitfabrikat beigefügt wird, ist dieser Zusatz aus rechtlichen Gründen auch erforderlich, da § 7 Abs. 4 VOL/A die Verwendung bestimmter Fabrikatsangaben etc. im Leistungsverzeichnis nur mit diesem Zusatz erlaubt. Folglich stellt ein **Angebot, das nicht das Leitfabrikat anbietet, dann kein Nebenangebot dar, wenn die angebotenen Produkte hiermit gleichwertig sind**; würde man jede Abweichung vom Leitfabrikat als Nebenangebot ansehen, so würde die in § 7 Abs. 4 VOL/A beinhaltete Vorgabe unterlaufen (OLG Düsseldorf, B. v. 23. 3. 2010 – Az.: VII-Verg 61/09; 1. VK Bund, B. v. 17. 7. 2003 – Az.: VK 1–55/03). Ein **Ausschluss als nicht zugelassenes Nebenangebot** ist **unzulässig** (OLG Düsseldorf, B. v. 23. 3. 2010 – Az.: VII-Verg 61/09).

9778

108.6.5.6 Nebenangebote, die vom Eintritt einer Bedingung abhängig sind

Nebenangebote, die vom Eintritt einer Bedingung abhängig sind, sind grundsätzlich zulässig. **Unzulässig sind lediglich solche Nebenangebote, die eine Bedingung enthalten, deren Eintritt vom Verhalten des Bieters abhängt.** Eine so geartete Fallkonstellation ist jedoch nicht gegeben, wenn z.B. die Durchführung des Nebenangebots von einer behördlichen Genehmigung abhängt. Diese Genehmigung hat nicht der Bieter, sondern die Vergabestelle einzuholen. Der Bedingungseintritt ist folglich nicht vom Verhalten des Bieters abhängig. Zwar hat die Vergabestelle es nicht in der Hand, den Eintritt der Bedingung unmittelbar und selbst herbeizuführen. Das ändert jedoch nichts daran, dass der Eintritt der Bedingung in ihrer Risikosphäre liegt. Sie hat eine Prognoseentscheidung zu treffen, ob sie den Eintritt der Bedingung herbeiführen kann. Die Vergabestelle hat hierbei prognostiziert, dass sie in der Lage sein wird, die erforderliche Genehmigung der Gewässerdirektion herbeizuführen (VK Baden-Württemberg, B. v. 18. 10. 2002 – Az.: 1 VK 53/02).

9779

Insbesondere dann, wenn **für den Nichteintritt einer Bedingung keine vertragliche Regelung im Sinne eines Auffangtatbestandes vorhanden ist, der Eintritt der Bedingung in der Risikosphäre des Bieters liegt und die Wertung eines Nebenangebots die Stellung im Wettbewerb beeinflusst**, müssen an eine Prognoseentscheidung so hohe Anforderungen gestellt werden, dass der **Nichteintritt der Bedingung nahezu ausgeschlossen** ist (1. VK Saarland, B. v. 27. 4. 2004 – Az.: 1 VK 02/2004).

9780

108.6.5.7 Weitere Beispiele aus der Rechtsprechung

– ein **Nebenangebot** liegt auch dann vor, wenn der Auftraggeber in den Vergabeunterlagen bei der Bezeichnung des Vertragsgegenstands **neuwertige Behälter fordert und der Bieter gebrauchte zur Grundlage seines Angebots macht** (VK Südbayern, B. v. 11. 8. 2005 – Az.: 35-07/05)

9781

108.6.6 Erläuterung der Mindestanforderungen an Nebenangebote

Bei Ausschreibungen ab den Schwellenwerten hat der EuGH entschieden, dass der Auftraggeber **verpflichtet ist, in den Verdingungsunterlagen die Mindestanforderungen zu erläutern, die diese Nebenangebot erfüllen müssen**. Zu den Einzelheiten vgl. die Kommentierung zu → § 16 VOL/A Rdn. 658 ff.

9782

Nach **Auffassung des Pfälzischen Oberlandesgerichtes Zweibrücken** erfordert das im Vergaberecht geltende **Transparenzgebot auch bei Aufträgen unterhalb des so genannten Schwellenwertes**, dass die **Nebenangebote bestimmte Mindestanforderungen** erfüllen (OLG Zweibrücken, Urteil v. 24. 1. 2008 – Az.: 6 U 25/06). Zu den Einzelheiten vgl. die Kommentierung zu → § 16 VOL/A Rdn. 660 ff.

9783

108.6.7 Zulassung oder Ausschluss von Nebenangeboten

108.6.7.1 Ermessensentscheidung

Es **obliegt der pflichtgemäßen Ermessensentscheidung** des Auftraggebers, ob er Nebenangebote zulässt oder nicht (3. VK Bund, B. v. 10. 5. 2010 – Az.: VK 3–42/10).

9784

108.6.7.2 Keine Angabe über die Zulassung (§ 8 Abs. 4 Satz 2)

9785 **Fehlt** eine entsprechende Angabe über die Zulassung von Nebenangeboten in der Bekanntmachung oder den Vergabeunterlagen, sind **keine Nebenangebote zugelassen**.

108.6.7.3 Genereller Ausschluss

9786 Ein Auftraggeber kann **Nebenangebote generell nicht zulassen** (VK Nordbayern, B. v. 25. 3. 2002 – Az.: 320.VK-3194-06/02), muss dies jedoch ausdrücklich und für alle Bieter unmissverständlich erklären (VK Nordbayern, B. v. 18. 10. 2001 – Az.: 320.VK-3194-34/01).

9787 Eine einmal getroffene Festlegung zur Nichtzulassung von Nebenangeboten kann späterhin in Vergabeunterlagen nicht mehr rückgängig gemacht werden. Will der Auftraggeber seine bisherige Zulassungspraxis ändern, muss er eine **Korrektur der Bekanntmachung vornehmen und gleichzeitig die Angebotsfristen angemessen verlängern**. Ansonsten kommen nur die Bewerber in den Genuss der Änderung, die sich von dem Verbot von Nebenangeboten nicht haben abschrecken lassen oder die ggf. sogar die Änderung der Sichtweise des Auftraggebers – aus welchen Gründen auch immer – vorhergesehen haben. Der Manipulation des Auftraggebers sind bei Zulassung derartiger Änderungen erst mit den Bewerbern, die die Verdingungsunterlagen abfordern, Tür und Tor geöffnet (1. VK Sachsen, B. v. 13. 4. 2005 – Az.: 1/SVK/018-05).

108.6.7.4 Besondere Kriterien für den Ausschluss

9788 Der **Auftraggeber** legt die Anforderungen an den Inhalt der Angebote fest. Es steht ihm **frei**, in den Vergabeunterlagen nicht nur über die generelle Zulässigkeit von Nebenangeboten und Änderungsvorschlägen zu entscheiden, sondern er kann darüber hinaus in die Vergabeunterlagen auch **besondere Kriterien für die Zulassung von Nebenangeboten aufnehmen** (VK Rheinland-Pfalz, B. v. 7. 6. 2002 – Az.: VK 13/02).

108.6.7.5 Eindeutige Formulierungen in den Vergabeunterlagen

9789 Ein öffentlicher Auftraggeber muss eine verbindliche Vorgabe im Sinne eines Ausschlusskriteriums **klar zum Ausdruck bringen** (2. VK Bund, B. v. 30. 4. 2002 – Az.: VK 2–10/02).

9790 Der Auftraggeber kann auch **durch eindeutige Formulierungen in den Vergabeunterlagen klarstellen**, dass **bestimmte Festlegungen** des Leistungsverzeichnisses **verbindlich** sind und **Nebenangebote hierzu nicht zugelassen** werden (VK Arnsberg, B. v. 27. 1. 2004 – Az.: VK 1–31/2003; VK Lüneburg, B. v. 26. 1. 2004 – Az.: 203-VgK-39/2003; VK Nordbayern, B. v. 20. 3. 2003 – Az.: 320.VK-3194-07/03, B. v. 18. 10. 2001 – Az.: 320.VK-3194-34/01).

108.6.7.6 Ausschluss oder Zulassung durch Auslegung der Vergabeunterlagen

9791 Die **Gesamtbetrachtung und Auslegung der Angaben zu den Nebenangeboten** kann den Schluss zulassen, dass die Vergabestelle die Abgabe von Nebenangeboten nicht für zulässig erklärt hat (VK Arnsberg, B. v. 27. 1. 2004 – Az.: VK 1–31/2003). Verbindliche Festlegungen (sog. K. O.-Kriterien) können also auch im Wege der Auslegung der Vergabeunterlagen erfolgen (VK Arnsberg, B. v. 11. 6. 2003 – Az.: VK 1–10/2003).

9792 Unzulässig sind auch solche Nebenangebote, **bei denen die Bieter bei objektiver Betrachtung nicht damit rechnen können, dass sie angeboten werden dürfen**. Dies kann der Fall sein, wenn sie **von verbindlichen Festlegungen in den Vergabeunterlagen abweichen**. Dies gilt aber auch dann, wenn sich dies nur mittelbar im Wege der **Auslegung der Vergabeunterlagen oder aus allgemeinen Erwägungen heraus** ergibt (VK Baden-Württemberg, B. v. 2. 12. 2004 – Az.: 1 VK 74/04).

9793 Der Umstand, dass die Fabrikatsangabe einer Leistungsposition – anders als andere Positionen im Leistungsverzeichnis – nicht mit dem Zusatz „oder gleichwertig" versehen wird, ist für die Frage der Zulassung von Nebenangeboten unergiebig. Der genannte **Zusatz zielt** dort, wo er verwendet wird, **nicht auf ein Nebenangebot** ab, vielmehr bewegt sich ein Bieter, der ein Produkt im Rahmen des „Leitprodukts" mit der Erweiterung „oder gleichwertig" anbietet, noch im Rahmen des Hauptangebots (Schleswig-Holsteinisches OLG, B. v. 15. 2. 2005 – Az.: 6 Verg 6/04).

9794 Die **Gesamtbetrachtung und Auslegung der Angaben zu den Nebenangeboten** (VK Arnsberg, B. v. 11. 6. 2003 – Az.: VK 1–10/2003) nach dem Empfängerhorizont (§§ 133, 157 BGB) kann den Schluss zulassen, dass die Vergabestelle die Abgabe von Nebenangeboten

Vergabe- und Vertragsordnung für Leistungen Teil A VOL/A § 9 **Teil 4**

grundsätzlich für zulässig erklärt. Gerade vor dem **Hintergrund von zahlreichen inhaltlichen Anforderungen an Nebenangebote in den Bewerbungsbedingungen** kann ein Bewerber davon ausgehen, dass die Abgabe solcher Angebote grundsätzlich zugelassen ist (VK Rheinland-Pfalz – B. v. 31. 7. 2003 – Az.: VK 16/03).

108.6.7.7 Konsequenzen für ein trotz Ausschluss eingereichtes Nebenangebot

Nebenangebote sind gemäß § 16 Abs. 3 lit. g) VOL/A dann **nicht zu werten, wenn der Auftraggeber sie in der Bekanntmachung oder in den Vergabeunterlagen ausdrücklich nicht zugelassen** hat. Die **Wertbarkeit des Hauptangebotes bleibt** davon jedoch **unberührt** (VK Lüneburg, B. v. 21. 7. 2008 – Az.: VgK-25/2008). 9795

108.6.8 Erläuternde Hinweise der VOL/A

Der Begriff „Nebenangebot" umfasst jede Abweichung vom geforderten Angebot. Auch Änderungsvorschläge sind als Nebenangebote zu betrachten. Um die Möglichkeiten der Bedarfsdeckung durch innovative Lösungsansätze zu nutzen, sollen Nebenangebote insbesondere in den Fällen zugelassen werden, in denen im Rahmen des Hauptangebotes prinzipiell konventionelle Leistungen nachgefragt werden. 9796

109. § 9 VOL/A – Vertragsbedingungen

(1) **Die Allgemeinen Vertragsbedingungen (VOL/B) sind grundsätzlich zum Vertragsgegenstand zu machen. Zusätzliche Allgemeine Vertragsbedingungen dürfen der VOL/B nicht widersprechen. Für die Erfordernisse einer Gruppe gleichgelagerter Einzelfälle können Ergänzende Vertragsbedingungen Abweichungen von der VOL/B vorsehen.**

(2) **Vertragsstrafen sollen nur für die Überschreitung von Ausführungsfristen vereinbart werden, wenn die Überschreitung erhebliche Nachteile verursachen kann. Die Strafe ist in angemessenen Grenzen zu halten.**

(3) **Andere Verjährungsfristen als nach § 14 VOL/B sind nur vorzusehen, wenn dies nach der Eigenart der Leistung erforderlich ist.**

(4) **Auf Sicherheitsleistungen soll ganz oder teilweise verzichtet werden, es sei denn, sie erscheinen ausnahmsweise für die sach- und fristgemäße Durchführung der verlangten Leistung notwendig. Die Sicherheit für die Erfüllung sämtlicher Verpflichtungen aus dem Vertrag soll 5 vom Hundert der Auftragssumme nicht überschreiten.**

109.1 Änderungen in der VOL/A 2009

§ 9 fasst Teile des § 9 VOL/A 2006 und die §§ 12, 13 und 14 der VOL/A 2006 in einer Vorschrift zusammen. 9797

Die **Arten der Vertragsbedingungen** wurden **reduziert** (§ 9 Abs. 1). 9798

Ansonsten erfolgten **redaktionelle Änderungen**. 9799

109.2 Bieterschützende Vorschrift

109.2.1 § 9 Abs. 2 (Vertragsstrafen)

§ 9 Abs. 2 VOL/A ist bieterschützend. Zwar betrifft § 9 Abs. 2 VOL/A den Inhalt des später abzuschließenden Vertrags. Das bedeutet aber nicht automatisch, dass die Vorschrift nicht dem Vergabeverfahrensrecht zuzuordnen ist. **Ziel** des § 9 Abs. 2 VOL/A ist es, **in Bezug auf die Vertragsstrafenregelung für einen angemessenen Interessenausgleich zwischen Auftraggeber und Auftragnehmer zu sorgen.** Diese **Zielsetzung greift bereits während des Vergabeverfahrens**, wenn – was der Regelfall sein dürfte – die späteren Vertragsbedingungen Bestandteil der Verdingungsunterlagen sind. Hier soll der Bieter nicht gezwungen sein, sich auf eine vergaberechtswidrige Vertragsklausel einzulassen. Der **Bieter hat deshalb bereits im** 9800

1995

Vergabeverfahren Anspruch darauf, dass der Auftraggeber Vertragsstrafen nur dann festsetzt, wenn mit der Überschreitung einer Ausführungsfrist erhebliche Nachteile verbunden sind (2. VK Bund, B. v. 29. 4. 2010 – Az.: VK 2–20/10; B. v. 8. 2. 2008 – VK 2–156/07; 3. VK Bund, B. v. 7. 2. 2008 – Az.: VK 3–169/07).

9801   Vom **bieterschützenden Charakter des § 9 Abs. 2 VOL/A ist auszugehen**, wenn der Auftraggeber dem Auftragnehmer bereits in den Vergabeunterlagen diesbezüglich unangemessen benachteiligende und deswegen **nicht zumutbare Vertragsbedingungen** stellt. Denn **derartige Regelungen können am Auftrag interessierte Unternehmen davon abhalten, sich mit einem Angebot an der Ausschreibung zu beteiligen**, was dem vergaberechtlichen Wettbewerbsprinzip widerspricht (LSG Hessen, B. v. 15. 12. 2009 – Az.: L 1 KR 337/09 ER Verg).

109.3 Vertragsbedingungen (§ 9 Abs. 1)

109.3.1 Arten von Vertragsbedingungen

9802   **§ 9 Abs. 1 legt als Arten von Vertragsbedingungen** fest:
– die Allgemeinen Vertragsbedingungen (= VOL/B)
– die Zusätzlichen Allgemeinen Vertragsbedingungen
– die Ergänzenden Vertragsbedingungen.

9803   Die **VOL/A 2006** sah demgegenüber vor
– Allgemeine Vertragsbedingungen für die Ausführung von Leistungen (= VOL/B)
– Zusätzliche Vertragsbedingungen für die Ausführung von Leistungen
– Ergänzende Vertragsbedingungen für die Ausführung von Leistungen
– Besondere Vertragsbedingungen für die Ausführung von Leistungen
– Technische Vertragsbedingungen für die Ausführung von Leistungen

109.3.2 Allgemeine Vertragsbedingungen für die Ausführung von Leistungen (§ 9 Abs. 1 Satz 1)

9804   Die Allgemeinen Vertragsbedingungen (VOL/B) sind grundsätzlich zum Vertragsgegenstand zu machen. Die Allgemeinen Vertragsbedingungen für die Ausführung von Leistungen – VOL/B 2003 vom 5. 8. 2003 – sind im **Bundesanzeiger Nr. 128 a vom 23. 9. 2003** veröffentlicht.

109.3.3 Zusätzliche Allgemeine Vertragsbedingungen (§ 9 Abs. 1 Satz 2)

9805   Die **Zusätzlichen Allgemeinen Vertragsbedingungen** der VOL/A 2009 entsprechen von ihrem Inhalt her den **Zusätzlichen Vertragsbedingungen** der VOL/A 2006.

9806   In der Vergangenheit haben viele öffentliche **Auftraggeber für ihre jeweiligen Einkaufsbedürfnisse Zusätzliche Vertragsbedingungen entwickelt**. Zur Anpassung an die neue Terminologie der VOL/A 2009 sollte eine **Umbenennung erfolgen**.

109.3.4 Ergänzende Vertragsbedingungen – EVB – (§ 9 Abs. 1 Satz 3)

9807   Viele öffentliche Auftraggeber haben für ihre jeweiligen Einkaufsbedürfnisse Ergänzende Vertragsbedingungen entwickelt. Das wichtigste Beispiel sind die **Ergänzenden Vertragsbedingungen für die Beschaffung von Informationstechnik (EVB-IT)**.

109.3.4.1 Ergänzende Vertragsbedingungen für die Beschaffung von Informationstechnik (EVB-IT)

9808   **109.3.4.1.1 Allgemeines**. Seit 1972 wurden nach und nach insgesamt sieben Vertragstypen der „Besonderen Vertragsbedingungen für die Beschaffung von DV-Leistungen (BVB)" als **Einkaufsbedingungen der öffentlichen Hand bei der Beschaffung von Datenverarbeitungsanlagen und -geräten eingeführt. Im Auftrag des Kooperationsausschusses Automatisierte Datenverarbeitung Bund/Länder/Kommunaler Bereich (**KoopA-ADV**) hat eine Arbeitsgruppe der öffentlichen Hand unter Federführung des Bundesministeriums des Innern **neue, die BVB ablösende Vertragstypen (Ergänzende Vertragsbedingungen für die Beschaffung von IT-Leistungen, EVB-IT) entwickelt.**

Das gesamte **Anwendungsspektrum der BVB wird durch die bisher vorliegenden EVB-IT-Vertragstypen noch nicht vollständig abgedeckt.** Daher ist bis zur Veröffentlichung und Einführung aller vorgesehenen EVB-IT-Vertragstypen und der damit einhergehenden vollständigen Ablösung der BVB durch EVB-IT **bei jeder IT-Beschaffung zu entscheiden, ob der Vertrag auf der Grundlage von EVB-IT oder BVB abzuschließen ist.** 9809

109.3.4.1.2 Zur Verfügung stehende Muster. 109.3.4.1.2.1 EVB-IT-Kauf. Die EVB-IT-Kauf sind anzuwenden bei **Verträgen über den Kauf „fertiger" Hardware, gegebenenfalls einschließlich der Überlassung von Standardsoftware gegen Einmalvergütung zur unbefristeten Nutzung.** Im Gegensatz zu den BVB-Kauf sehen die EVB-IT-Kauf keine werkvertraglichen Leistungen wie zum Beispiel Anpassungsleistungen oder die Herbeiführung der Funktionsfähigkeit vor. Die EVB-IT-Kauf beinhalten daher auch keine werkvertraglichen Vereinbarungen wie zum Beispiel die Erklärung der Funktionsbereitschaft, Leistungsprüfungen sowie Abnahme. Erwartet der Beschaffer eine über die bloße Lieferung der Standardprodukte hinausgehende werkvertragliche Leistung, so ist der EVB-IT-Systemvertrag anzuwenden. 9810

109.3.4.1.2.2 EVB-IT-Dienstleistung. Der EVB-IT-Dienstleistungsvertrag ist dann anzuwenden, wenn der **Schwerpunkt der vom Auftragnehmer geschuldeten Leistung in der Erbringung von Diensten** liegt, wie etwa bei **Schulungs-, Beratungs- oder sonstigen Unterstützungsleistungen.** 9811

109.3.4.1.2.3 EVB-IT-Überlassung Typ A. Dieser Vertragstyp ist anzuwenden für die **Überlassung von Standardsoftware gegen Einmalvergütung zur unbefristeten Nutzung.** Wie bei EVB-IT-Kauf findet der EVB-IT-Überlassungsvertrag keine Anwendung, wenn zusätzlich werkvertragliche Leistungen des Auftragnehmers wie etwa Installation, Integration, Parametrisierung oder Anpassung der Standardsoftware an die Bedürfnisse des Auftraggebers verlangt werden. Erwartet der Beschaffer eine über die bloße Lieferung der Standardsoftware hinausgehende werkvertragliche Leistung, so ist der EVB-IT-Systemvertrag anzuwenden. 9812

109.3.4.1.2.4 EVB-IT-Überlassung Typ B. Dieser Vertragstyp ist anzuwenden für die zeitlich befristete Überlassung von Standardsoftware. 9813

109.3.4.1.2.5 EVB-IT-Instandhaltung. Die EVB-IT – Instandhaltung finden Anwendung bei **Verträgen über Instandsetzung, Inspektion und Wartung von Hardware.** Instandhaltungsleistungen können gegen pauschale Vergütung oder gegen Vergütung nach Aufwand vereinbart werden. 9814

109.3.4.1.2.6 EVB-IT-Pflege S. Die EVB-IT-Pflege S finden Anwendung bei Verträgen über die Pflege von Standardsoftware. 9815

109.3.4.1.2.7 EVB-IT-System. Gegenstand des Vertrages ist die **Erstellung eines Gesamtsystems** durch den Auftragnehmer. Die **Leistungen zur Erstellung des Gesamtsystems bilden eine sachliche, wirtschaftliche und rechtliche Einheit.** Für den Auftraggeber ist von vertragswesentlicher Bedeutung, dass der Auftragnehmer die in diesem Vertrag vereinbarte **Funktionalität des Gesamtsystems herstellt und alle dafür erforderlichen Schritte vornimmt.** Der Auftragnehmer ist verantwortlicher Generalunternehmer für die Erstellung des Gesamtsystems und haftet für die Leistungen seiner Subunternehmer und seiner Zulieferer wie für seine eigenen Leistungen. 9816

109.3.4.1.2.8 EVB-IT-Systemlieferung. Gegenstand des EVB-IT Systemlieferungsvertrages ist die **Lieferung eines Systems einschließlich der Herbeiführung der Betriebsbereitschaft** durch den Auftragnehmer, auf der Grundlage eines Kaufvertrages und, soweit vereinbart, der **Systemservice.** 9817

109.3.4.1.2.9 Literatur 9818

– Bischoff, Elke, Lizenzrechtliche Aspekte der EVB-IT Systemverträge – Update und Überblick, ITRB 2009, 64

– Keller-Stoltenhoff, Elisabeth/Müller, Norman/Spitzer, Patrick, Die neuen EVB-IT Systemlieferung – Eine Vorstellung ausgewählter Regelungen im Vergleich mit den EVB-IT System, CR 2010, 147

109.3.4.2 Einzelne Vertragsbedingungen

9819 **109.3.4.2.1 Forderung nach einer Teststellung.** Eine Teststellung oder eine Probestellung kann **sowohl in einem VOB-Verfahren** (z. B. Probestellung für OP-Leuchten) **als auch in einem VOL-Verfahren** vorgegeben werden.

9820 **109.3.4.2.1.1 Rechtsprechung.** Das Interesse eines öffentlichen Auftraggebers an einer Teststellung ist **grundsätzlich legitim** (1. VK Sachsen, B. v. 7. 3. 2008 – Az.: 1/SVK/003–08; 3. VK Bund, B. v. 20. 6. 2007 – Az.: VK 3–52/07).

9821 Die Frage, ob die **Vergabestelle gegen das Wettbewerbsprinzip und gegen den Gleichbehandlungsgrundsatz verstößt, wenn sie nur einen Bieter zur Teststellung einlädt, oder ob sie verpflichtet ist, alle oder wenigstens zwei bzw. eine Spitzengruppe von Anbietern zur Teststellung einzuladen, lässt sich nicht pauschal beantworten.** Je mehr die ausgeschriebenen Objekte durch die Leistungsbeschreibung exakt definiert werden können (beispielsweise im Hinblick auf Festplattengröße, Druckergeschwindigkeit etc.), desto weniger ist eine Teststellung mehrerer Bieter erforderlich. Die Wertung kann dann im schriftlichen Verfahren erfolgen und eine Teststellung dient nur noch dazu, die angegebenen technischen Eigenschaften zu überprüfen. Spielen aber auch Fragen wie Design, Ergonomie und praktische Handhabbarkeit eine große Rolle, ist jedenfalls bei einer wertungsmäßig sehr eng beieinander liegenden Spitzengruppe von Bietern eine Teststellung mehrerer Bieter angezeigt. Es ist nicht erkennbar, dass dies bei der Vergabestelle unverhältnismäßigen Aufwand hervorgerufen hätte. Zu zeitlichen Verzögerungen wäre es auch nicht gekommen, da die Geräte fast praktisch zur gleichen Zeit von denselben Personen hätten getestet werden können. Etwaiger Aufwand auf Seiten der Bieter kann von der Vergabestelle ohnehin nicht angeführt werden, da diese ihre Kosten nicht ersetzt bekommen, an der Teststellung aber freiwillig und im eigenen Interesse teilnehmen. Eine **gleichzeitige Teststellung mehrerer Bieter hätte außerdem den großen Vorteil, dass zeitliche Verzögerungen, die eintreten, wenn der einzig getestete Bieter ausgeschlossen und erst anschließend der nächste getestet werden muss, von vornherein vermieden würden** (2. VK Bund, B. v. 10. 7. 2002 – Az.: VK 2–34/02).

9822 Was **Gegenstand einer ergänzenden Überprüfung im Rahmen der Teststellung** ist, kann – wie beispielsweise Leistungen eines Bieters bei der Installation und Einrichtung eines Druckers sowie bei Service und Wartung – zu einer Verbesserung der allein aus dem schriftlichen Angebot ersichtlichen bisherigen Wertung und im Streitfall mithin auch dazu führen, dass das **Angebot eines Bieters eine insgesamt vorteilhaftere Bewertung erhält.** Eine Ladung eines Bieters zu einem Test kann daher nicht mit der Begründung abgelehnt werden, der von dem Bieter angebotene Druckertyp werde auch von – zu einer Teststellung hinzugezogenen – Mitbewerbern angeboten (OLG Düsseldorf, B. v. 29. 12. 2001 – Az.: Verg 22/01).

9823 Auch bei einer Probestellung muss der Auftraggeber sicherstellen, dass von den angebotenen Produkten (z. B. Leuchten) die technisch gleichwertigen miteinander verglichen werden. Es stellt eine **Verletzung des Gleichbehandlungsgrundsatzes dar, wenn Produkte verschiedener „Generationen" miteinander verglichen werden, obwohl die Bieter jeweils auch die neuere Technik angeboten** haben (2. VK Brandenburg, B. v. 14. 9. 2006 – Az.: 2 VK 36/06).

9824 **Grundsätzlich** ist davon auszugehen, dass ein vorgelegtes **Mustergerät dem schriftlichen Angebot entspricht.** Ist es jedoch so, dass der Auftraggeber durch die Antwort auf eine Bieterfrage zum Ausdruck gebracht hat, dass etwaige (offen gelegte) Abweichungen des Mustergeräts von den ausgeschriebenen Anforderungen zulässig sind, muss das Mustergerät gerade nicht in allen Einzelheiten den ausgeschriebenen Anforderungen entsprechen, sofern die entsprechenden Abweichungen eben offen gelegt werden (3. VK Bund, B. v. 20. 6. 2007 – Az.: VK 3–52/07).

9825 Das **Übermittlungsrisiko des Angebotes oder einer Teststellung liegt beim Bieter** (entsprechend dem Verantwortungsbereich des Bieters für den rechtzeitigen bzw. ordnungsgemäßen Zugang eines Angebotes). **Etwaige Transportschäden,** die das Testgerät auf dem Wege zum (Erfüllungs-)Ort des Auftraggebers erlitten hat oder haben könnte, sind **vom Bieter zu vertreten** (VK Sachsen, B. v. 7. 1. 2008 – Az.: 1/SVK/077-07).

9826 Die **Teststellung im EDV-Bereich ist einer Bemusterung im allgemeinen Sinne gleichzusetzen.** Muster oder Bemusterungen stellen nach Rechtsprechung des BGH und des OLG Düsseldorf **Bietererklärungen** dar (1. VK Sachsen, B. v. 19. 5. 2009 – Az.: 1/SVK/008–09; B. v. 7. 3. 2008 – Az.: 1/SVK/003–08; B. v. 7. 1. 2008 – Az.: 1/SVK/077–07).

9827 Man kann zwei **Arten der Teststellung** unterscheiden, nämlich die **wertende Teststellung und die verifizierende Teststellung.** Im Rahmen einer **verifizierenden Teststellung** wird **lediglich kontrolliert, ob die angebotene Leistung die in der Leistungsbeschreibung vorgegebenen Kriterien erfüllt (1. VK Sachsen, B. v. 19. 5. 2009 – Az.: 1/SVK/008–09; B. v. 7. 3. 2008 – Az.: 1/SVK/003–08).

Wird das **Angebot einer vorhandenen Standardsoftware verlangt** und dabei ausdrücklich erklärt, eine Neuentwicklung einer Software sei nicht Gegenstand der Ausschreibung, entspricht die **Berücksichtigung einer noch nicht auf dem Markt eingeführten Softwareversion** nicht der Ausschreibung und ist **vergaberechtswidrig** (Hanseatisches OLG Bremen, B. v. 26. 6. 2009 – Az.: Verg 3/2005). 9828

Nicht zu beanstanden ist, dass die Durchführung einer Teststellung nach den Verdingungsunterlagen nicht zwingend erfolgen muss. Die zweckmäßige Ausgestaltung des Vergabeverfahrens ist im Grundsatz Sache des Auftraggebers, dem insoweit ein Beurteilungsspielraum zusteht. Der **Auftraggeber kann mit guten Gründen annehmen, dass er auch ohne eine aufwendige Teststellung durch allgemein verfügbare Informationen über die angebotenen marktgängigen Produkte in Verbindung mit den Bieterantworten und den vom Bieter vorzulegenden Protokollen über die eigenverantwortlich vom Bieter nach genau beschriebenen Verfahren durchgeführten Tests regelmäßig in der Lage sein wird, sich ein zutreffendes Bild von den angebotenen Produkten zu machen.** Durch die Möglichkeit, im Bedarfsfall, etwa bei aufgetretenen Widersprüchen, eine Teststellung zu fordern, kann der Auftraggeber ohne weiteres etwa erforderliche Zusatzinformationen erlangen (2. VK Bund, B. v. 22. 12. 2009 – Az.: VK 2–204/09). 9829

109.3.4.2.1.2 Literatur 9830

– Dreher, Meinrad/Aschoff, Jürgen, Präsentationen und Vorführungen von Leistungen in Vergabeverfahren – unter besonderer Berücksichtigung der Teststellung bei der IT-Beschaffung, NZBau 2006, 144

109.3.5 Literatur

– Kühn, Burkhard, Papier ist geduldig – Die Vertragsbedingungen der öffentlichen Hand, Behörden Spiegel 2007, 18 9831

109.4 Vertragsstrafen (§ 9 Abs. 2)

109.4.1 Änderungen in der VOL/A 2009

§ 9 Abs. 2 VOL/A 2009 ist nur **redaktionell geändert** worden. 9832

109.4.2 Allgemeines

§ 9 Abs. 2 VOL/A hat bei Vergaben unterhalb der Schwellenwerte keine Rechtssatzqualität. Es handelt sich insoweit um eine **innerdienstliche Verwaltungsvorschrift**, die unmittelbare Rechtswirkungen im Außenverhältnis nicht begründen kann. **§ 9 Abs. 2 VOL/A hat damit keine unmittelbare Auswirkung auf das Vertragsverhältnis zwischen Auftraggeber und Auftragnehmer.** Die VOL/A enthält kein zwingendes Vertragsrecht in der Weise, dass statt geschlossener Vereinbarungen das Vertragsinhalt wird, was der VOL/A entspricht. Das gilt auch für Vorschriften der VOL/A, die dem Schutz des Bieters dienen sollen (BGH, Urteil v. 30. 3. 2006 – Az.: VII ZR 44/05). 9833

109.4.3 Sinn und Zweck

Die Vertragsstrafe ist **einerseits ein Druckmittel**, um die termingerechte Fertigstellung der Leistung zu sichern, **andererseits** bietet sie die **Möglichkeit einer erleichterten Schadloshaltung ohne Einzelnachweis** (BGH, Urteil v. 23. 1. 2003 – Az.: VII ZR 210/01; BayObLG, B. v. 27. 2. 2003 – Az.: Verg 1/03). 9834

109.4.4 Vertragsstrafen auch für andere Fälle als die Überschreitung von Ausführungsfristen

Unbestritten ist, dass Vertragsstrafen auch für andere Fälle als die Überschreitung von Ausführungsfristen vorgesehen und vereinbart werden können. Zwar „sollen" Ver- 9835 tragsstrafen „nur für die Überschreitung von Ausführungsfristen" vereinbart werden und somit – auf den objektiven Gehalt der Formulierung abgestellt – für andere Fälle grundsätzlich nicht in Betracht kommen. Allerdings hat der für den Wortlaut der VOL/A zuständige Hauptausschuss für Leistungen (DVAL) in seinen Beratungen erklärt, dass Vertragsfristen auch für andere Tatbestände der Vertragsverletzung als die Überschreitung von Ausführungsfristen ausbedungen werden können. **Ob dies das Vorliegen zwingender Gründe voraussetzt oder andere Vereinbarungen nicht durch zwingende Gründe gerechtfertigt sein müssen, kann dahinstehen.** Einem solchen – aus der Interessenlage des Auftraggebers resultierenden – zwingenden Grund wird man im Sinne eines anderen Tatbestandes der Vertragsverletzung als der Überschreitung von Ausführungsfristen keine höhere Interessenwertigkeit als der Fristüberschreitung zumessen dürfen: Ist für den letztgenannten Fall das Ausbedingen einer Vertragsstrafe im Hinblick auf die darin liegende Nachteile allein durch die das Interesse des Auftraggebers an der rechtzeitigen Leistungserbringung gerechtfertigt, sind vergleichbare – durch das Interesse des Auftraggebers bestimmte – Vertragserfüllungen im Sinne „zwingender Gründe" an eben diesem Maßstab zu messen und zu beurteilen (VK Lüneburg, B. v. 15. 5. 2008 – Az.: VgK-12/2008; im Ergebnis ebenso LSG Hessen, B. v. 15. 12. 2009 – Az.: L 1 KR 337/09 ER Verg). Das **Interesse an der Geheimhaltung von im Vergabeverfahren sowie im Vertragsabwicklungsverfahren bekannt gewordene bzw. werdender und aus Sicht des Auftraggebers – objektiv nachvollziehbarer – bedeutsamer finanzieller, technischer und sozialer Informationen aus seinem Sphärenbereich ist aber im Hinblick auf diese durch den Auftraggeber zugemessene Wertigkeit zumindest nicht anders zu beurteilen als das Interesse an der rechtzeitigen Leistungserbringung** (VK Hessen, B. v. 7. 8. 2003 – Az.: 69 d VK – 26/2003).

9836   Handelt es sich bei der streitgegenständlichen Ausschreibung um einen besonders sensiblen Bereich der Gesundheitsvorsorge, in dem im besonderen Maße ein Druckmittel im Falle nicht vertragsgemäßer Leistungserbringung gegeben sein muss, erscheinen die Verwirkungstatbestände angemessen. Das **präventive Vermeiden von Vertragsverletzungen auch zur Aufrechterhaltung einer ordnungsgemäßen Versorgung der Versicherten ist als Grund für die Einführung zusätzlicher, über den § 9 VOL/A hinausgehender Verwirkungstatbestände ausreichend** (2. VK Bund, B. v. 29. 4. 2010 – Az.: VK 2–20/10).

9837   **Sehr viel einschränkender ist die Auffassung der 3. VK Bund**. § 9 Abs. 2 VOL/A erlaubt eine Vertragsstrafe grundsätzlich nur im Fall der Überschreitung von Ausführungsfristen. Erfasst hingegen der Auftraggeber im Wege einer Generalklausel „mehrfache oder besonders schwerwiegende Verstöße" als eine Vertragsstrafe auslösende Tatbestände und werden Lieferengpässe – und damit in der Sache die von § 9 Abs. 2 VOL/A genannte Überschreitung von Ausführungsfristen – nur beispielhaft genannt, geht diese Regelung über die Vorgaben von § 9 Abs. 2 VOL/A hinaus. **Auch wenn § 9 Abs. 2 VOL/A als Soll-Vorschrift formuliert ist**, also grundsätzlich auch in anderen Fällen als dem in der Vorschrift genannten Vertragsstrafen vergaberechtskonform sein können, **muss der Auftraggeber dokumentieren, aus welchem Grund er eine über § 9 Abs. 2 VOL/A hinausgehende Vertragsstrafenregelung für erforderlich hält. Macht er dies nicht, kann die Regelung keinen Bestand haben** (3. VK Bund, B. v. 3. 8. 2009 – VK 3–145/09).

109.4.5 Vom Auftraggeber vorgegebene Vertraulichkeitserklärung

9838   Eine vom Auftraggeber den Bietern vorgegebene **Vertraulichkeitserklärung** stellt eine **Vertragsstrafe im Sinne der §§ 339 ff. BGB im Sinne eines unselbständigen an eine auf ein Tun oder Unterlassen gerichtete Hauptverbindlichkeit angelehntes vertraglich determiniertes Strafversprechen dar**, welches die Erfüllung der Hauptverbindlichkeit im Sinne eines Druckmittels sichern und den Gläubiger – hier der Auftraggeber – den Schadensbeweis ersparen soll. Die durch die Bieter als Erklärende zu sichernde Hauptverbindlichkeit besteht in dem Unterlassen der Aufzeichnung, Weitergabe und Verwertung der aus den Angebotsunterlagen der Antragsgegnerin erlangten Informationen und der Sicherstellung dieser Unterlassung durch Beschäftigte und Beauftragte des Erklärenden. Das an diese Hauptverbindlichkeit angelehnte Strafversprechen besteht in der Erklärung, im Falle der Zuwiderhandlung gegen die vom Bieter übernommenen Verpflichtungen der Hauptverbindlichkeit eine der Höhe nach festgelegte bestimmte Geldstrafe zu zahlen. Ob diese unter Berücksichtigung der §§ 307 ff. BGB unwirksam sein können, ist – unbeschadet der Frage, ob es sich vorliegend um Allgemeine Geschäftsbedingungen im Sinne des § 305 BGB handelt – nicht im Hinblick auf § 97 Abs. 7 GWB, also vergaberechtlich, sondern ausschließlich vertragsrechtlich von Bedeutung. Sollten die Bestimmungen materiell-rechtlich unwirksam sein, kann eine vergaberechtliche Einschränkung und damit Rechtsverletzung bereits deshalb nicht bestehen, weil in diesem Falle eine Verwirkung der Vertragsstrafe nicht eintreten kann (VK Hessen, B. v. 7. 8. 2003 – Az.: 69 d VK – 26/2003).

109.4.6 Angemessene Höhe der Vertragsstrafe (§ 9 Abs. 2 Satz 2)

109.4.6.1 Grundsatz

Eine in Allgemeinen Geschäftsbedingungen vereinbarte **Vertragsstrafe muss** auch unter Berücksichtigung ihrer Druck- und Kompensationsfunktion **in einem angemessen Verhältnis zu dem Werklohn stehen, den der Auftragnehmer durch seine Leistung verdient**. Die Schöpfung neuer, vom Sachinteresse des Auftraggebers losgelöster Geldforderungen ist nicht Sinn der Vertragsstrafe. Aus diesem Grund hat der Bundesgerichtshof bereits zur Höchstgrenze des Tagessatzes hervorgehoben, dass **eine Vertragsstrafe unangemessen** ist, wenn **durch den Verzug in wenigen Tagen typischer Weise der Gewinn des Auftragnehmers aufgezehrt** ist. Die Angemessenheitskontrolle von Vertragsbedingungen über Vertragsstrafen hat nach einer generalisierenden Betrachtungsweise zu erfolgen. Das bedeutet, dass auch die Obergrenze der Vertragsstrafe sich daran messen lassen muss, ob sie generell und typischerweise in Liefer- oder Dienstleistungsverträgen, für die sie vorformuliert ist, angemessen ist. Dabei ist, soweit sich aus der Vorformulierung nicht etwas anderes ergibt, eine Unterscheidung zwischen Liefer- oder Dienstleistungsverträgen mit hohen oder niedrigen Auftragssummen wegen der damit verbundenen Abgrenzungsschwierigkeiten nicht vorzunehmen. **Nach diesem Maßstab ist in Liefer- oder Dienstleistungsverträgen eine Vertragsstrafe für die verzögerte Fertigstellung, deren Obergrenze 5% der Auftragssumme überschreitet, unangemessen** (BGH, Urteil v. 23. 1. 2003 – Az.: VII ZR 210/01; VK Lüneburg, B. v. 15. 5. 2008 – Az.: VgK-12/ 2008; VK Baden-Württemberg, B. v. 7. 11. 2007 – Az.: 1 VK 43/07).

9839

109.4.6.2 Rechtsfolgen einer unangemessen hohen Vertragsstrafe

Der Bundesgerichtshof entscheidet in ständiger Rechtsprechung, dass eine **Vertragsstrafenvereinbarung in Allgemeinen Geschäftsbedingungen auch die Interessen des Auftragnehmers ausreichend berücksichtigen** muss. Eine **unangemessen hohe Vertragsstrafe führt zur Nichtigkeit der Vertragsklausel**. Eine **geltungserhaltende Reduktion findet nicht statt** (BGH, Urteil v. 23. 1. 2003 – Az.: VII ZR 210/01).

9840

109.4.6.3 Vertragsstrafe mit dem Inhalt, dass die Höhe der Vertragsstrafe im billigen Ermessen des Auftraggebers steht

Gemäß § 9 Abs. 2 Satz 2 VOL/A ist die **Strafe in angemessenen Grenzen** zu halten. Die Einhaltung dieser Grenzen ist durch eine Formulierung in der Vertragsstrafenklausel, wonach die **Höhe der Vertragsstrafe im billigen Ermessen des Auftraggebers stehe, welche im Streitfall durch das zuständige Gericht überprüft werden kann**, gewährleistet. Entscheidend für die angemessene Höhe einer Vertragsstrafe sind jeweils die Umstände des Einzelfalls. Abzuwägen sind dabei die Bedeutung der – von § 9 VOL/A geregelten – Einhaltung von Ausführungsfristen für den betreffenden öffentlichen Auftraggeber, das Ausmaß des zu erwartenden Schadens bei einer Fristüberschreitung, der Wert des rückständigen Teiles der Leistung sowie die wirtschaftlichen Verhältnisse des Auftragnehmers. Die Festlegung einer angemessenen Vertragsstrafe, sofern sie im Rahmen des Vertragsverhältnisses zu verhängen ist, wird somit auch durch die vom Auftraggeber formulierte Vertragsstrafenklausel ermöglicht (VK Lüneburg, B. v. 12. 11. 2001 – Az.: 203-VgK-19/2001).

9841

109.4.7 Geltendmachung der Vertragsstrafe nur bei tatsächlichen Nachteilen für den Auftraggeber

Die **Rechtsprechung** ist **nicht einheitlich**.

9842

Nach einer Auffassung kann der Vertragspartner eines öffentlichen Auftraggebers davon ausgehen, dass der Auftraggeber seine innerdienstliche Anweisung befolgen will und das Vergabeverfahren nach den Regeln des Teils A der VOL durchführt, auch wenn die Ausschreibung dies nicht ausdrücklich zum Ausdruck bringt. **Die nach der VOL/A verfahrenden öffentlichen Auftraggeber erklären ihren Vertragspartnern, dass sie Vertragsstrafen nur ausbedingen, wenn die besonderen Gründe nach § 9 Abs. 2 Satz 2 VOB/A das rechtfertigen.**

9843

Das bedeutet, dass sie solche Gründe substantiiert vorzutragen und gegebenenfalls zu beweisen haben, wollen sie sich nicht treuwidrig widersprüchliches Verhalten entgegenhalten lassen (Thüringer OLG, Urteil v. 22. 10. 1996 – Az.: 8 U 474/96 – Nichtannahmebeschluss des BGH).

9844   Nach einer anderen Meinung ist eine **Vertragsstrafenregelung auch dann wirksam**, wenn dem Auftraggeber durch die Überschreitung der Vertragsfrist **keine erheblichen Nachteile im Sinne des § 9 Abs. 2 VOL/A entstanden** sind (KG Berlin, Urteil v. 7. 1. 2002 – Az.: 24 U 9084/00).

9845   Nach **Auffassung des BGH** steht ein Verstoß gegen § 9 Abs. 2 Satz 2 VOL/A der Geltendmachung der Vertragsstrafe nach den Grundsätzen von Treu und Glauben nur entgegen, wenn der **Auftragnehmer das Verhalten des Auftraggebers bei Abgabe des Angebots als widersprüchlich werten durfte und er in seinem schutzwürdigen Vertrauen** darauf, dass der Auftraggeber sich an die Regelung des § 9 Abs. 2 Satz 2 VOL/A halten werde, **enttäuscht worden ist. Allein der Umstand, dass eine Vertragsstrafe vereinbart** worden ist, ohne dass die Voraussetzungen des § 9 Abs. 2 Satz 2 VOL/A objektiv vorlagen, **rechtfertigt es nicht, der vereinbarten Vertragsstrafe ihre Wirkung zu nehmen**. Denn damit würde der Regelung eine vertragsgestaltende Wirkung zukommen, die nicht zu rechtfertigen ist. Ein **widersprüchliches Verhalten liegt nicht vor, wenn der Auftraggeber bei seiner Ausschreibung subjektiv und nicht unvertretbar zu der Einschätzung gekommen ist, dass die Überschreitung der Vertragsfrist erhebliche Nachteile verursachen kann** und deshalb eine Vertragsstrafe vorsieht. Ein schutzwürdiges Vertrauen darauf, dass der Auftraggeber sich an § 9 Abs. 2 Satz 2 VOL/A gehalten hat, liegt nicht vor, wenn dem Auftragnehmer bereits bei Abgabe des Angebots die Umstände bekannt sind oder er sie bei zumutbarer Prüfung hätte erkennen können, die den Schluss rechtfertigen, dass die Voraussetzungen für die Vereinbarung einer Vertragsstrafe im konkreten Fall nicht vorliegen (BGH, Urteil v. 30. 3. 2006 – Az.: VII ZR 44/05)

109.4.8 Zulässigkeit bei abstrakter Möglichkeit eines erheblichen Nachteils

9846   Es kommt nach dem **Wortlaut des § 9 Abs. 2 VOL/A ausschließlich darauf an**, ob die **abstrakte Möglichkeit besteht, dass der öffentliche Auftraggeber durch die Terminsüberschreitung einen erheblichen Nachteil erleidet**. Es ist dagegen unerheblich, ob solche Nachteile tatsächlich eingetreten sind. Hat der Auftraggeber im Übrigen dargelegt, dass ihm bei nicht fristgerechter Fertigstellung der Arbeiten der Verlust von bewilligten Fördermitteln droht, ist dies ausreichend, um die Möglichkeit eines erheblichen Nachteils anzunehmen (OLG Naumburg, Urteil v. 8. 1. 2001 – Az.: 4 U 152/00).

109.4.9 Zulässigkeit bei drohenden Ansprüchen eines Nachunternehmers

9847   Für die **Zulässigkeit der Vertragsstrafenregelung reicht bereits aus**, dass dem Auftraggeber **Ansprüche eines Nachunternehmers drohen**, der nicht zu dem mit ihm vereinbarten Termin seine Arbeiten aufnehmen konnte. **Nicht erforderlich ist, dass der mögliche Anspruch des Nachunternehmers in der Höhe die vereinbarte Vertragsstrafe erreicht**. Diese dient gerade dazu, den Mindestschaden nicht konkret nachweisen zu müssen. Andernfalls könnte jede Vertragsstrafe mit dem Argument für unwirksam erachtet werden, der tatsächlich eingetretene Schaden liege unterhalb der Vertragsstrafe (OLG Celle, Urteil v. 11. 7. 2002 – Az.: 22 U 190/01).

109.4.10 Vertragsstrafe im Verkehrsbereich

9848   Die **folgenden Vertragsstrafenregelungen verstoßen weder dem Grunde noch der Höhe nach gegen Vergaberecht. Sie bürden den Bietern kein ungewöhnliches Wagnis** im Sinne des § 7 Abs. 1 auf und verstoßen auch nicht gegen § 9 VOL/A:

– Verstöße gegen einzelne Vorlage-, Abstimmungs-, Berichts- und Meldepflichten mit einer Vertragsstrafe von bis zu 1000 € je Einzelfall

– Verstöße gegen die vertraglich geschuldete Zugbegleitquote oder die vertraglich geschuldeten Vertriebsleistungen mit einer Vertragsstrafe von bis zu 100000 €

– Nichterbringung der vertraglich geschuldeten Sitzplatzkapazität mangels Zurverfügungstellung der hierfür erforderlichen Anzahl der geschuldeten Fahrzeuge

– Überschreitung von Ausführungsfristen (verspätete und/oder nicht vollständige Aufnahme zum vereinbarten Beginn). Hier wird für jede vollendete Woche eine Vertragsstrafe in Höhe von 0,5% des Betrages, der sich aus den angebotenen Kosten gemäß Anlage A. 5 Pos. K für eine Woche ergibt. Auch diesbezüglich wird festgelegt, dass die Vertragsstrafen nach diesem Absatz nur verwirkt werden, wenn das EVU den Vertragsverstoß zu vertreten hat, was widerleglich vermutet wird. Das EVU hat die Nichtaufnahme des Verkehrs insbesondere dann nicht zu vertreten, wenn die zuständige Behörde ihm die erforderliche Zulassung als EVU nicht erteilt, obwohl es alle Zulassungsvoraussetzungen rechtzeitig erfüllt hat oder ein Fall höherer Gewalt im Sinne des § 1 Abs. 2 Haftpflichtgesetz vorliegt. § 16 Abs. 4 des Verkehrsvertrages nennt schließlich für alle vorgenannten Vertragsstrafen eine **Gesamtgrenze der Höhe nach**. Dort heißt es: „Die jährliche Höhe der vorstehend genannten Vertragsstrafen ist **auf insgesamt 3% der im Angebot des EVU benannten Kosten pro Normjahr für das Hauptangebot gemäß Anlage A. 5 Pos. F begrenzt**. Ist eine Vertragsstrafe unverhältnismäßig hoch, hat das EVU die Möglichkeit zur Beantragung einer Herabsetzung der Strafe entsprechend § 343 BGB. Für das Verfahren gilt § 22. Die vorstehenden Vertragsstrafen werden zusätzlich zu einer etwaigen Zuschusskürzung gemäß § 9 erhoben. Schadensersatzansprüche der Aufgabenträger gegen das EVU bleiben unberührt. Die bezahlten Vertragsstrafen sind jedoch auf den Schadensersatzanspruch anzurechnen." Gemäß § 9 VOL/A sollen Vertragsstrafen nur für die Überschreitung von Ausführungsfristen ausbedungen werden und auch nur dann, wenn die Überschreitung erheblich Nachteile verursachen kann. Die Strafe ist dabei in angemessenen Grenzen zu halten. Da es sich bei der Vorschrift ausdrücklich um eine „Soll-Regelung" handelt, **ist es nicht ausgeschlossen, über die Fallgruppe der Überschreitung von Ausführungsfristen hinaus auch weiterreichende Vertragsstrafenregelungen im Rahmen der BGB-Vorschriften zu treffen**. Dabei ist die Frage, wann ein erheblicher Nachteil im Sinne des § 9 VOL/A vorliegt, stets eine Frage des Einzelfalls. Es darf sich nicht nur um einen minimalen Schaden handeln, sondern der Auftraggeber muss in seiner wirtschaftlichen Kalkulation schwerwiegende Einbußen erleiden, wie etwa die verzögerte Eröffnung eines Krankenhauses. Sind die Vertragsstrafenregelungen Teil von allgemeinen Geschäftsbedingungen, ist darauf zu achten, dass gemäß § 307 Abs. 2 BGB der **Vertragspartner durch die Vereinbarung einer Vertragsstrafe nicht unangemessen benachteiligt** werden darf. Werden die Vertragsstrafen individualvertraglich vereinbart, ist die Grenze durch den Grundsatz von Treu und Glauben nach § 242 BGB bestimmt. Unter Berücksichtigung dieses zutreffenden Maßstabes sind die in § 16 Abs. 1 bis 4 geregelten Vertragsstrafen dem Grunde nach nicht zu beanstanden. Dies gilt auch, soweit sie über die in § 9 VOL/A ausdrücklich geregelte Überschreitung von Ausführungsfristen hinaus ausbedungen werden. **Sämtliche dort sanktionierten Fallgruppen der Vertragsverstöße können erhebliche wirtschaftliche Folgen für den Auftraggeber haben, zumal die Aufgabenträger nach den jeweiligen Landesgesetzen zur Gewährleistung eines funktionierenden SPNV-Systems verantwortlich bleiben, und insbesondere – wegen der Zuschusspflichtigkeit von defizitären Strecken – letztlich in wesentlichen Teilen das Einnahmerisiko tragen**. Die in § 16 Abs. 1 bis 4 des Verkehrsvertrages geregelten Sachverhalte und die genannten möglichen Verstöße hängen daher typischerweise mit der Erbringung von Verkehrsdienstleistungen im SPNV zusammen und bürden dem fachkundigen Bieterunternehmen deshalb auch kein ungewöhnliches Wagnis im Sinne des § 7 Abs. 1 VOL/A auf. Die **Höhe der ausbedungenen Vertragsstrafen ist ebenfalls nicht zu beanstanden**. Nach Rechtsprechung des BGH stellt eine in allgemeinen Geschäftsbedingungen getroffene Vertragsstrafenregelung nur eine unangemessene Benachteiligung des Vertragspartners dar, wenn diese die **Höchstgrenze von 5% der Auftragssumme überschreitet** (VK Lüneburg, B. v. 15. 5. 2008 – Az.: VgK-12/2008).

109.4.11 Bündelung von Vertragsstrafen und Malusregelungen im Verkehrsbereich

Vertragsstrafenregelungen und Malusregelungen können nebeneinander vereinbart werden. Eine Malusregelung kann z. B. folgendermaßen getroffen werden: „Diese Anlage stellt Anforderungen an einzelne Qualitäten der SPNV-Leistungen auf. Im Qualitätsstandard 3.7 (Zugbegleitpersonal) ist ein Mindeststandard definiert. Abweichungen hiervon bedeuten eine Vertragsverletzung und führen zur Vertragsstrafe nach § 16 des Verkehrsvertrages. Gleiches gilt für die

Abweichungen von der Zugbildung laut Qualitätsstandard 3.3. Alle übrigen in diese Anlage definierten Qualitätsstandards stellen ein Soll-Qualitätsniveau dar, dessen Unterschreitung zu einer Kürzung der Zuschusszahlung an den Auftragnehmer führt. Die Zuschussminderung aufgrund von Qualitätsmängeln wird nach den in dieser Anlage beschriebenen Verfahren zur Messung und Bewertung der einzelnen Standards ermittelt (vgl. Abschnitt 3). Minderungsbeträge berechnen sich aus den Kosten gemäß § 7 des Verkehrsvertrages abzüglich der Infrastrukturkosten (im Folgenden Zugförderkosten genannt, im Sinne von Anlage A. 5 Pos. F) für die im jeweiligen Kalenderjahr zu erbringenden Leistungen des Auftragnehmers. Abweichungen der gemessenen Qualität vom vereinbarten Qualitätsniveau führen zu Zuschussminderungen nach den in dieser Anlage beschriebenen Maßgaben. Von diesen Minderungsrechten betroffen sind die unter Ziffer 3.1 bis 3.8 genannten Qualitätsstandards in Sachen Pünktlichkeit, Zugausfall, Fahrscheinkontrollen, Busnot-/Schienenersatzverkehr, Fahrzeugzustand und Fahrgastinformation. Lediglich die Qualitätsstandards in Sachen Zugbildung (Ziffer 3.3) und Zugbegleitpersonal (Ziffer 3.7) unterliegen als Mindeststandard der Vertragsstrafenregelung. **Sinn der Vertragsstrafe ist es, den Schuldner als Zwangsmittel zur rechtzeitigen und ordnungsgemäßen Erbringung der vertraglich geschuldeten Leistungen anzuhalten (Druckfunktion) und dem Gläubiger im Fall einer schuldhaft nicht vertragsgerecht erbrachten Leistung die Möglichkeit eines erleichterten Schadensersatzes zu geben (Ausgleichsfunktion). Demgegenüber ist das Minderungsrecht die Herabsetzung der Vergütung des Auftragnehmers um einen der Wertminderung durch den Mangel seiner Leistung entsprechenden Betrag.** Bei der in Anlage A. 3 enthaltenen Malusregelung handelt es sich somit nicht um eine Vertragsstrafe, sondern um eine **zulässige vertragliche Konkretisierung des Rechts des Gläubigers zur Minderung der Gegenleistung im Falle einer Schlechtleistung durch den Schuldner im Sinne des § 638 BGB und ist daher nicht zu beanstanden.** Dadurch wird nicht die Möglichkeit der Aufnahme von Vertragsstrafen im Sinne des § 339 BGB eingeschränkt, sofern diese den nach § 9 VOL/A zulässigen Rahmen nicht überschreiten (VK Lüneburg, B. v. 15. 5. 2008 – Az.: VgK-12/2008).

109.4.12 Weitere Beispiele aus der Rechtsprechung

9850 – die **Verzögerung der vertraglichen Hauptleistungspflichten (Versorgung der Versicherten mit Inkontinenzprodukten und Erbringung der Beratungs- und Betreuungsleistungen)** kann mit erheblichen Nachteilen verbunden sein, denn es handelt sich um Artikel des täglichen Bedarfs, für die die Versicherten nicht auf eine spätere Lieferung vertröstet werden können. Es muss vielmehr im Falle des auch nur vorübergehenden Ausfalls der Leistung sofort für Ersatz gesorgt werden. Eine solche kurzfristige Ersatzbeschaffung ist aufwendig und wahrscheinlich auch teurer als die vertragliche Leistung. In diesem Fall ist die **Vertragsstrafe als Druckmittel zur Vermeidung dieser Nachteile angemessen** (2. VK Bund, B. v. 8. 2. 2008 – VK 2–156/07; 3. VK Bund, B. v. 7. 2. 2008 – Az.: VK 3–169/07).

109.5 Beschleunigungsvergütung

109.5.1 Allgemeines

9851 Im Gegensatz zu § 9 VOB/A nennt § 9 VOL/A die Möglichkeit einer Beschleunigungsvergütung nicht ausdrücklich. Dies steht aber der **Zulässigkeit einer entsprechenden vertraglichen Vereinbarung nicht entgegen.**

109.5.2 Inhalt

9852 Bei der Beschleunigungsvergütung – als „Gegenteil" der Vertragsstrafe – handelt es sich in der Sache um einen **gesondert geregelten Teil der vom Auftraggeber für die vereinbarte Leistung zu zahlenden Vergütung.** Forderungen des Liefer- oder Dienstleistungsunternehmers, die durch die Ausführung der vertraglichen Arbeiten entstanden sind, sind ungeachtet ihrer Bezeichnung (etwa als „Schadensersatz" o. ä.) Teil der geschuldeten Vergütung, wenn sie ein (zusätzliches) Äquivalent für die Liefer- oder Dienstleistungen darstellen. Eine vereinbarte Beschleunigungsprämie ist ein solch zusätzliches Entgelt (OLG Köln, Urteil v. 14. 4. 2000 – Az.: 11 U 221/99).

Der **Wegfall einer Beschleunigungsvergütung** stellt sich regelmäßig nicht als entgangener 9853
Gewinn, sondern in gleicher Weise wie bei einer verwirkten Vertragsstrafe **als Einbuße des
ansonsten voll verdienten Lohnes** dar (Brandenburgisches OLG, Urteil v. 14. 1. 2003 –
Az.: 11 U 74/02).

109.5.3 Umsatzsteuerpflicht

Beschleunigungsvergütungen im Sinne von § 9 Abs. 2 VOL/A sind **Teil der vom Auf-** 9854
traggeber geschuldeten und vertraglich vereinbarten Vergütung. Sie **sind daher** – wie
die übrigen Teile der Vergütung – **umsatzsteuerpflichtig**, sodass der Auftraggeber zur Zahlung der hierauf entfallenden Umsatzsteuer verpflichtet ist, wenn der Auftragnehmer die Umsatzsteuer geltend macht (OLG Köln, Urteil v. 14. 4. 2000 – Az.: 11 U 221/99).

109.5.4 Literatur

– Diehr, Uwe, Vertragsstrafen nach VOB und VOL, ZfBR 2008, 768   9855

109.6 Verjährungsfristen (§ 9 Abs. 3)

109.6.1 Änderungen in der VOL/A

§ 9 Abs. 3 wurde **redaktionell gestrafft**; durch die nicht geänderte Bezugnahme auf § 14 9856
VOL/B ergab sich **keine inhaltliche Änderung**.

109.6.2 Verjährungsfristen nach § 14 VOL/B

§ 14 VOL/B regelt nur die Verjährungsfristen für Mängelansprüche. Hinsichtlich der 9857
Verjährungsfristen sonstiger Ansprüche gilt entweder die vertragliche Vereinbarung oder – ergänzend – das BGB.

Soweit **nichts anderes vereinbart ist, gelten für die Verjährung der Mängelansprüche** 9858
die gesetzlichen Fristen des Bürgerlichen Gesetzbuches. Andere Regelungen sollen vorgesehen werden, wenn dies wegen der Eigenart der Leistung erforderlich ist; hierbei können die in dem jeweiligen Wirtschaftszweig üblichen Regelungen in Betracht gezogen werden. Der Auftraggeber hat dem Auftragnehmer Mängel unverzüglich schriftlich anzuzeigen (§ 14 Nr. 3 VOL/B 2003).

109.6.3 Verlängerung der Verjährungsfristen

109.6.3.1 Rechtsprechung des Bundesgerichtshofes zur VOB

In der **älteren Rechtsprechung zur VOB** hat der Bundesgerichtshof die Zulässigkeit einer 9859
Verlängerung der Verjährungsfrist im Rahmen der Mängelansprüche bejaht (z. B. eine generelle Verlängerung auf fünf Jahre oder eine Verlängerung bei Flachdacharbeiten; vgl. im Einzelnen die Kommentierung zu → § 9 VOB/A Rdn. 57). Der Bundesgerichtshof hat dies im Wesentlichen mit den **Besonderheiten der von einer längeren Verjährung betroffenen Arbeiten** und damit **jeweils im Einzelfall begründet**.

Diese Rechtsprechung kann im Grundsatz auch auf die VOL/A übertragen werden. 9860

109.6.3.2 Rechtsprechung des Bundesgerichtshofes zur Privilegierung der VOB/B

Nach der Rechtsprechung des Bundesgerichtshofes zur VOB/B unterliegen die einzelnen 9861
Regelungen der VOB/B nicht der Inhaltskontrolle nach dem BGB (früher Gesetz über die Allgemeinen Geschäftsbedingungen), wenn der **Verwender die VOB/B gegenüber einem Unternehmer – nur diese Fallkonstellation kann im Recht der öffentlichen Aufträge praktisch werden – ohne Änderung insgesamt übernommen** hat. Die VOB/B ist also bei dieser Fallkonstellation insoweit privilegiert (BGH, Urteil v. 24. 4. 2008 – Az.: VII ZR 55/07).

Die Rechtsprechung des BGH hat also zur Konsequenz, dass **jede Verlängerung der Frist** 9862
für Mängelansprüche die Inhaltskontrolle nach dem BGB (früher AGB-Gesetz) eröffnet – mit allen daraus resultierenden Konsequenzen.

Diese **Rechtsprechung kann auch auf die VOL übertragen** werden. 9863

Teil 4 VOL/A § 9   Vergabe- und Vertragsordnung für Leistungen Teil A

109.6.4 Hemmung der Verjährung durch Anrufung einer VOL-Schiedsstelle

9864   Finden zwischen **Auftraggeber und Auftragnehmer** hinsichtlich strittiger Positionen einer Schlussrechnung **Verhandlungen mit dem Ziel eines Konsenses**, um langjährige und kostenträchtige gerichtliche Auseinandersetzungen zu vermeiden, statt und wird beschlossen, die Möglichkeit einer Vorlage zu einer VOL-Schiedsstelle abzuklären, können diese Absprachen über die Anrufung der Schiedsstelle bei interessengerechter Auslegung **Stillhalteabkommen** enthalten. Die strittigen Positionen sollen, um möglichst Zeit und Geld zu sparen, für beide Seiten verbindlich bis zum Abschluss des Schlichtungsverfahrens einer gerichtlichen Auseinandersetzung entzogen werden. Die **Verjährung ist dann für diesen Zeitraum gehemmt**, § 202 Abs. 1, § 205 BGB – (BGH, Urteil v. 28. 2. 2002 – Az.: VII ZR 455/00).

109.7 Sicherheitsleistungen (§ 9 Abs. 4)

109.7.1 Änderungen in der VOL/A 2009

9865   § 9 Abs. 4 2009 entspricht inhaltlich § 14 Nr. 1 und Nr. 2 VOL/A 2006. Es **erfolgten lediglich redaktionelle Änderungen**.

109.7.2 Restriktive Handhabung

9866   § 9 Abs. 4 VOL/A sieht vor, dass **öffentliche Auftraggeber Sicherheiten nur restriktiv verlangen sollen**. Es widerspricht dem Grundgedanken dieser Regelungen, wenn in allgemeinen Vertragsbedingungen ohne Prüfung des Einzelfalles Klauseln mit dem Inhalt eines Sicherheitseinbehalts von 5%, der z. B. durch eine selbstschuldnerische Bürgschaft gesichert wird, vereinbart werden (OLG Hamm, Urteil v. 1. 7. 2003 – Az: 19 U 38/03; im Ergebnis ebenso 3. VK Bund, B. v. 9. 1. 2008 – Az.: VK 3–145/07).

9867   § 9 Abs. 4 VOL/A regelt die Voraussetzungen, unter denen nach dem Vergaberecht Sicherheitsleistungen gefordert werden dürfen. Dabei ist die **Regelung ausdrücklich als Ausnahmevorschrift gestaltet**. Sicherheitsleistungen sind nur zu fordern, wenn sie ausnahmsweise für die sach- und fristgerechte Durchführung der verlangten Leistung notwendig erscheinen. Sicherheitsleistungen werden **typischerweise in den Fällen gefordert, in denen der Auftraggeber ein Bedürfnis hat, die ordnungsgemäße Leistung als solche abzusichern, insbesondere bei bereits bezahlten Leistungen oder bei langlebigen Gütern**, bei denen nach Zahlung durch den Auftraggeber Mängel auftreten können. Treten aber gerade die Bieter in Vorleistung, erfolgt die Abrechnung der vertraglich vereinbarten Versorgungspauschale erst nach vollständiger Leistungserbringung und sind die Waren bei Zahlung durch den Auftraggeber bereits verbraucht, ist eine Bürgschaft nicht erforderlich (2. VK Bund, B. v. 8. 2. 2008 – VK 2–156/07).

109.7.3 Forderung einer Bürgschaft für den Fall der Insolvenz

9868   Die **Forderung einer Bürgschaft für den Fall der Insolvenz verstößt gegen § 9 Abs. 4 VOL/A**. Die Regelung ist ausdrücklich als Ausnahmevorschrift gestaltet. Bei der **Prüfung der Erforderlichkeit einer Sicherheitsleistung** im konkreten Fall steht dem **Auftraggeber zwar ein gewisser Beurteilungsspielraum** zu. Dieser Beurteilungsspielraum ist überschritten, wenn z. B. kein Zweifel daran bestehen kann, dass bei Ausfall des Vertragspartners für den Auftraggeber ohne weiteres die Möglichkeit der Ersatzbeschaffung besteht und der **Auftraggeber allein einen eventuell höheren Deckungsbetrag für die Ersatzbeschaffung durch die Sicherheitsleistung absichern will** und der drohende Schaden selbst begrenzbar ist. **Sicherheitsleistungen** werden **typischerweise in den Fällen** gefordert, in denen der **Auftraggeber ein Bedürfnis** hat, die **ordnungsgemäße Leistung als solche abzusichern**, insbesondere **bei bereits bezahlten Leistungen oder bei solchen Beschaffungen, bei denen nach Zahlung durch den Auftraggeber Mängel auftreten können**. Hat bei der streitigen Ausschreibung aber gerade der Bieter in Vorleistung zu treten und darf die Abrechnung erst dann erfolgen, wenn die jeweilige Beschaffung erfolgt ist und erfolgt die Zahlung der Rechnungen erst nach Eingang der vollständigen und korrekten Abrechnungsunterlagen, besteht insoweit kein Sicherungsbedürfnis des Auftraggebers. Die **drohende Insolvenz des Auftragnehmers ist schließlich eine Frage seiner finanziellen Leistungsfähigkeit**.

Selbst wenn es zutrifft, dass in einer Brache zahlreiche Insolvenzen zu verzeichnen sind, so **kann der Auftraggeber dem durch Festlegung besonderer Eignungsvoraussetzungen Rechnung tragen** (3. VK Bund, B. v. 9. 1. 2008 – Az.: VK 3–145/07).

109.7.4 Forderung nach Sicherheit in Höhe von 10% und einer Betriebsunterbrechungsversicherung

Die **Forderung nach Sicherheiten in Höhe von 10% der Auftragssumme eines Jahres in Form einer selbstschuldnerischen Bürgschaft und einer Betriebsunterbrechungsversicherung verstößt nicht gegen § 9 Abs. 4 VOL/A**. Die Forderung nach derartigen Sicherheiten kann bei der Art des zu vergebenden Auftrags nicht als ermessensfehlerhaft angesehen werden. Die Höhe ist nicht zu beanstanden, denn nach § 14 Nr. 2 soll die Sicherheitsleistung 5% der (gesamten) Auftragssumme nicht überschreiten, was hier in Anbetracht der fast fünfjährigen Laufzeit des Vertrags mit dreijähriger Verlängerungsoption nicht annähernd erreicht wird (VK Hessen, B. v. 2. 1. 2003 – Az.: 69d VK – 53/2002, B. v. 2. 1. 2003 – Az.: 69d VK – 54/2002, B. v. 2. 1. 2003 – Az.: 69d VK – 55/2002). 9869

109.7.5 Hinweis

§ 9 Abs. 4 VOL/A spielt in der Rechtsprechung keine Rolle. Die wesentlichen Grundsätze der Rechtsprechung zu Sicherheitsleistungen (u. a. Unzulässigkeit der Bürgschaft auf erstes Anfordern) finden sich in den Kommentierungen zu § 17 VOL/B. 9870

109.7.6 Erläuternde Hinweise der VOL/A

Der Auftraggeber ist verpflichtet, jeweils zu prüfen, ob Sicherheitsleistungen erforderlich sind, um die verlangte Leistung sach- und fristgemäß (einschließlich Gewährleistungsansprüche) durchzuführen. 9871

Bei dieser Prüfung ist ein strenger Maßstab anzulegen. Sicherheitsleistungen dürfen nicht schematisch gefordert werden und sollen auf bestimmte Vergaben beschränkt werden, bei denen nach der Art der Leistung (z. B. bei Ähnlichkeit mit einer Bauleistung) Mängel erfahrungsgemäß auftreten können.

Auf Sicherheitsleistungen kann z. B. auch dann verzichtet werden, wenn der Auftragnehmer hinreichend dafür bekannt ist, dass er genügend Gewähr für die vertragsgemäße Leistung und die Beseitigung etwa auftretender Mängel bietet. § 9 Abs. 3 betrifft nicht die Sicherung von Voraus- und Abschlagszahlungen; für deren Sicherung gelten die einschlägigen Haushaltsvorschriften.

110. § 10 VOL/A – Fristen

(1) **Für die Bearbeitung und Abgabe der Teilnahmeanträge und der Angebote sowie für die Geltung der Angebote sind ausreichende Fristen (Teilnahme-, Angebots- und Bindefristen) vorzusehen.**

(2) Bis zum Ablauf der Angebotsfrist können Angebote in allen für deren Einreichung vorgesehenen Formen zurückgezogen werden.

110.1 Änderungen in der VOL/A

In § 10 sind die **Regelungen der §§ 18, 19 VOL/A 2006** (Form und Frist der Angebote, Zuschlags- und Bindefrist) **zusammengefasst**. 9872

Inhaltlich wurde § 10 **radikal zusammengestrichen** und lässt damit wesentliche Bedürfnisse der Anwender der VOL/A auf der Seite der öffentlichen Auftraggeber außer Acht. 9873

110.2 Bieterschützende Vorschrift

Bei § 10 Abs. 1 VOL/A handelt es sich um eine Norm mit bieterschützendem Charakter im Sinne des im Sinne des § 97 Abs. 7 GWB. Denn **nur bei ausreichenden Fristen haben die** 9874

Teil 4   VOL/A § 10   Vergabe- und Vertragsordnung für Leistungen Teil A

Bieter die Möglichkeit, ein ordnungsgemäßes Angebot zu erstellen. § 10 Abs. 1 VOL/A ist demnach nicht eine bloße Ordnungsvorschrift, sondern eine subjektiv bieterschützende Regelung (2. VK Bund, B. v. 28. 9. 2005 – Az.: VK 2–120/05; B. v. 17. 4. 2003 – Az.: VK 2–16/03).

110.3 Vergleichbare Regelungen

9875   Der **Vorschrift des § 10 Abs. 1 VOL/A vergleichbar** sind im Bereich der VOL/A **§ 12 EG VOL/A**, im Bereich der VOB **§§ 10, 10 a VOB/A** und im Bereich der VOF **§ 7 VOF**. Die Kommentierungen zu diesen Vorschriften können daher ergänzend zu der Kommentierung des § 10 Abs. 1 herangezogen werden.

110.4 Arten von Fristen im Rahmen des § 10 VOL/A

9876   Man kann im Rahmen von § 10 VOL/A vier Arten von Fristen unterscheiden:
– Angebotsfrist
– Teilnahmefrist
– Zuschlagsfrist
– Bindefrist.

Die Einzelheiten sind nachfolgend erläutert.

110.5 Angebotsfrist (§ 10 Abs. 1)

110.5.1 Begriff der Angebotsfrist

9877   § 10a Abs. 1 Nr. 1 VOB/A 2009 definiert die **Angebotsfrist als Frist für den Eingang der Angebote**. Diese Definition kann auch für den VOL-Bereich übernommen werden.

110.5.2 Rechtscharakter der Angebotsfrist

9878   Bei der Angebotsfrist handelt es sich um eine **materiellrechtliche Ausschlussfrist** (VK Münster, B. v. 15. 1. 2003 – Az.: VK 22/02). Um eine Ausschlussfrist handelt es sich immer dann, wenn der **Sinn der gesetzlichen Regelung mit der Fristbeachtung steht und fällt**. Sinn und Zweck des § 10 Abs. 1 und des § 16 Abs. 3 lit. e) VOL/A ist, einen ordnungsgemäßen Wettbewerb zu gewährleisten und eine mögliche Manipulationsgefahr auszuschließen. Überschreitet ein Bieter die Angebotsfrist, verschafft er sich schon insoweit einen **Wettbewerbsvorteil, als ihm mehr Zeit zur Erarbeitung der Angebotsunterlagen zur Verfügung** steht als einem Konkurrenten, der sich den zeitlichen Schranken unterwirft. Darüber hinaus kann die Abgabe einer verspätet abgegebenen Erklärung auch deshalb vorteilhaft sein, weil **etwaige kurzfristige Entwicklungen wirtschaftlicher Rahmenbedingungen** – wie etwa Preisänderungen von Zulieferprodukten oder Einkaufskonditionen – **in die Kalkulation einfließen** können, während konkurrierende fristkonforme Bewerbungen einer zeitlichen Bindung unterliegen und nicht mehr abänderbar sind (Thüringer OLG, B. v. 22. 4. 2004 – Az.: 6 Verg 2/04).

9879   Eine Ausnahme ist in § 16 Abs. 3 lit. e) VOL/A nur für den Fall vorgesehen, dass ein Angebot zwar nicht fristgerecht eingegangen ist, dieses der Bieter aber nicht zu vertreten hat. Abgesehen von dieser Ausnahme kommt es auf die Gründe, die zum verspäteten Eingang eines Angebots geführt haben, nicht an; die **rechtzeitige Übermittlung der Angebote ist ausschließlich Sache der Bieter**. Vgl. dazu im Einzelnen die Kommentierung zu → § 16 VOL/A Rdn. 500 ff.

110.5.3 Dauer der Angebotsfrist

110.5.3.1 Allgemeines

9880   Im **Gegensatz zur VOB/A** (nicht unter 10 Kalendertage) legt die VOL/A **keine Mindestdauer der Angebotsfrist** fest, sondern spricht allgemein **von einer ausreichenden Dauer**, die dann für den Einzelfall festgelegt werden muss.

110.5.3.2 Angemessenheit der Dauer der Angebotsfrist

110.5.3.2.1 Ergänzende Anwendung des § 12 EG Abs. 1 Satz 1 VOL/A 2009. Nach § 12 Abs. 1 Satz 1 VOL/A 2009 berücksichtigen die Auftraggeber bei Ausschreibungsverfahren ab den Schwellenwerten unbeschadet bestimmter Mindestfristen insbesondere die **Komplexität des Auftrags und die Zeit, die für die Ausarbeitung der Angebote erforderlich** ist.

Die **Berücksichtigung dieser Aspekte** ist selbstverständlich nicht auf Ausschreibungsverfahren ab den Schwellenwerten beschränkt; sie **gelten auch für Ausschreibungsverfahren unterhalb der Schwellenwerte.**

110.5.3.2.2 Rechtsprechung des EuG zur Angemessenheit von Fristen. Was das **Erfordernis angemessener Fristen** betrifft, die es **Unternehmen aus anderen Mitgliedstaaten ermöglichen sollen, eine fundierte Einschätzung vorzunehmen und ein Angebot zu erstellen,** ist darauf hinzuweisen, dass die **Auftraggeber den Grundsatz des freien Dienstleistungsverkehrs und das Diskriminierungsverbot** beachten müssen, die die Interessen der in einem Mitgliedstaat niedergelassenen Wirtschaftsteilnehmer schützen sollen, die den in einem anderen Mitgliedstaat ansässigen öffentlichen Auftraggebern Waren oder Dienstleistungen anbieten möchten. Ihr Zweck besteht darin, die Gefahr einer Bevorzugung einheimischer Bieter oder Bewerber bei der Auftragsvergabe durch öffentliche Auftraggeber auszuschalten. Dieser **Zweck ergibt sich aus den Grundsätzen des EG-Vertrags – jetzt des Vertrags über die Arbeitsweise der Europäischen Union** (EuG, Urteil v. 20. 5. 2010 – Az.: T-258/06). Diese **Rechtsprechung gilt auch für Ausschreibungsverfahren unterhalb der Schwellenwerte.**

110.5.3.2.3 Nationale Rechtsprechung. Die – auch verkürzten – Fristen müssen ausreichend sein, um ordnungsgemäße Angebote abgeben zu können. Dies bedeutet, dass der **Auftraggeber nur dann von der Verkürzung der Angebotsfrist Gebrauch machen soll, wenn die Angebotsfrist für die teilnehmenden Unternehmen als ausreichend angesehen werden kann.** Der **unbestimmte Rechtsbegriff der Angemessenheit ist entsprechend den Realitäten auszulegen.** Abzustellen ist mithin auch auf den **Umfang der zu vergebenden Leistung** und der **Vergabeunterlagen** (1. VK Sachsen, B. v. 9. 12. 2002 – Az.: 1/SVK/102-02).

110.5.3.3 Engagement und Personaleinsatz der Bewerber

Es **bleibt der Organisation und damit der Risikosphäre eines Bieters überlassen, mit welchem Engagement und Personaleinsatz er sich an einer Ausschreibung beteiligt.** Er kann aber umgekehrt **einen zu knappen Personaleinsatz nicht dem Auftraggeber entgegenhalten,** indem er geltend macht, eine Angebotsfrist sei zu knapp bemessen (VK Lüneburg, B. v. 20. 11. 2000 – Az.: 203-VgK-13/2000).

110.5.3.4 Dauer der Angebotsfrist bei Parallelausschreibungen (einschließlich eines Generalunternehmerangebots)

Bei der Bemessung der Dauer der Angebotsfrist für die Abgabe eines vollständig ausgepreisten, mit einer Nachunternehmerliste versehenen Generalunternehmerangebots ist zu bedenken, dass die entsprechenden **Vorgaben der VOL/A gerade auf eher kleinteilige losweise Vergaben zugeschnitten** sind und damit **für die Beurteilung einer Generalunternehmerausschreibung nicht geeignet** sind. Es dürfte (sieht man von der Dringlichkeitsfrist von 10 Tagen ab) für einen Einzellosbieter unproblematisch sein, auch innerhalb einer (abgekürzten) Angebotsfrist von 36 Tagen die entsprechenden Unterlagen zu bearbeiten und die Preise zu kalkulieren. Dies liegt daran, dass er innerhalb seines gewohnten Tätigkeitsfeldes agiert und auch nur für dieses ein Angebot abgibt. Bei einem **Generalunternehmer** ist dies jedoch nicht der Fall. Er **muss sich für einen Großteil der ausgeschriebenen Lose zuverlässige Nachunternehmer suchen** und diese entsprechend an sich binden. Hinzu kommt, dass auch Personal gebunden wird, um die vom Generalunternehmer im eigenen Unternehmen durchgeführten Leistungen zu kalkulieren. Dieses Vorgehen erfordert nach oben stehenden Erwägungen deutlich mehr Zeit und Personal als bei der Bearbeitung eines Angebots zu einem Einzellos. Insoweit ist eine **Angebotsfrist von 41 Tagen nicht ausreichend** (1. VK Sachsen, B. v. 1. 2. 2002 – Az.: 1/SVK/139-01).

110.5.3.5 Dauer der Angebotsfrist bei ÖPP-Projekten

Die Frist soll bei solchen Projekten im Baubereich die Erstellung eines sorgfältigen Angebots, die Zeit zur Übermittlung des Angebots und zusätzlichen Aufwand zur Besichtigung von

Baustellen oder die Beschaffung von Unterlagen berücksichtigen. Unter anderem muss den Bietern auch **ausreichend Zeit für die Klärung der steuerrechtlichen Vor- und Nachteile** eines Gesamtpaketes, das sie anbieten möchten, zur Verfügung gestellt werden. Bei komplexen ÖPP-Modellen ist insgesamt **eine den Schwierigkeiten angepasste, eher großzügige Fristsetzung angeraten** (Bundesministerium für Verkehr, Bau und Stadtentwicklung, Gutachten PPP im öffentlichen Hochbau, 19. 9. 2003, Band II: Rechtliche Rahmenbedingungen, Teilband 2: Vergaberecht, Steuerrecht, Recht der öffentlichen Förderung, S. 343). Dies **muss auch für ÖPP-Projekte im VOL-Bereich** (z. B. komplexe IT-Projekte) **gelten**.

110.5.3.6 Heilung einer zu kurz bemessenen Angebotsfrist?

9888 Im **Verwaltungsrecht ist anerkannt**, dass bei Nichteinhaltung von Verfahrens- und Formfehlern durch die Nachholung der in Frage stehenden Verfahrenshandlung der **Verfahrens- bzw. Formfehler geheilt werden** kann, § 45 VwVfG. Im Interesse der Verfahrensökonomie soll durch diese Vorschriften verhindert werden, dass ein im Übrigen rechtmäßiges Verfahren an der Verletzung von Formalvorschriften scheitert, die für die Verwaltungsentscheidung an sich nicht weiter maßgeblich sind. Auch wenn das **Vergabeverfahren nicht auf den Erlass eines Verwaltungsaktes gerichtet** ist und deshalb fraglich ist, ob das VwVfG auch im Nachprüfungsverfahren gilt, kann man dazu neigen, **diese Grundsätze auch im Vergaberecht anzuwenden**. Denn auch in diesem formellen Verfahren darf die Verletzung von Formvorschriften nicht zur Aufhebung des Vergabeverfahrens führen, wenn tatsächlich der mit der Formvorschrift bezweckte Erfolg auf anderen Wege erreicht worden ist, ohne die Rechte des Bieters im Ergebnis einzuschränken (2. VK Bund, B. v. 17. 4. 2003 – Az.: VK 2–16/03).

9889 In späteren Entscheidungen **verbietet die 2. VK Bund einen Zuschlag u. a. wegen Nichteinhaltung der Angebotsfrist**; problematisch ist die **Nichteinhaltung** sowohl im Hinblick auf den **erheblichen Umfang der Ausschreibung**, als auch unter dem **Aspekt fehlender Angaben zu den Kalkulationsgrundlagen** (2. VK Bund, B. v. 15. 11. 2007 – Az.: VK 2–123/07, B. v. 15. 11. 2007 – Az.: VK 2–120/07, B. v. 15. 11. 2007 – Az.: VK 2–117/07, B. v. 15. 11. 2007 – Az.: VK 2–114/07, B. v. 15. 11. 2007 – Az.: VK 2–108/07, B. v. 15. 11. 2007 – Az.: VK 2–105/07; B. v. 15. 11. 2007 – Az.: VK 2–102/07).

110.5.3.7 Sofortige Prüfungspflicht der Vergabeunterlagen durch die Bewerber?

9890 Die **Bieter** sind **nicht verpflichtet, die Vergabeunterlagen sofort nach dem Empfang** auf Vollständigkeit, Angemessenheit des Kostenbeitrages oder möglicherweise Problemen bei der Arbeit mit den Datenträgern zu **überprüfen**, da davon auszugehen ist, dass die Vergabestelle ordnungsgemäße Verdingungsunterlagen zur Verfügung stellt, die eine reibungslose Angebotserarbeitung sowohl auf elektronischem Wege als auch schriftlich ermöglichen (VK Magdeburg, B. v. 6. 3. 2000 – Az.: VK-OFD LSA-01/00).

110.5.3.8 Obliegenheit der interessierten Unternehmen zur Vorbeugung der Verkürzung der Kalkulationsfrist

9891 Soweit sich eine **angemessene und ausreichende Angebotsfrist** für interessierte Unternehmen **individuell verkürzt** hat, weil sie von der Ausschreibung erst später Kenntnis nahm, erwachsen hieraus für den Auftraggeber keine besonderen Verpflichtungen. Insbesondere ist der **Auftraggeber deswegen nicht gehalten, die Angebotsfrist zu verlängern**. Er ist insoweit **auch nicht verpflichtet, im Hinblick auf etwaige Postlaufzeiten die Vergabeunterlagen anders als auf einfachem Postwege zu versenden**. Es ist **Sache der interessierten Unternehmen**, einer weiteren Verkürzung des ihnen zur Verfügung stehenden Zeitraums für die Angebotserstellung durch geeignete Maßnahmen, z. Bsp. **Abholung der Vergabeunterlagen oder Beauftragung eines Expressdienstes**, vorzubeugen (OLG Naumburg, B. v. 29. 4. 2008 – Az.: 1 W 14/08).

110.5.3.9 Weitere Beispiele aus der Rechtsprechung

9892 – eine **Frist von 44 Tagen bis zur Abgabe des endgültigen Angebotes ist als ausreichende Frist** i. S. d. § 10 Abs. 1 VOL/A anzusehen (VK Baden-Württemberg, B. v. 16. 1. 2009 – Az.: 1 VK 65/08)

110.5.4 Nennung unterschiedlicher Angebotsfristen durch den Auftraggeber

9893 Werden **für die Abgabefrist unterschiedliche Termine genannt**, weil in der Ausschreibung als Termin z. B. der 19. 11. 2008 0.00 h genannt und in den Vergabeunterlagen als Termin

Vergabe- und Vertragsordnung für Leistungen Teil A VOL/A § 10 Teil 4

der 19. 11. 2008 24.00 h aufgeführt ist, sind diese Zeitangaben nicht identisch, weil mit 0.00 h ein Tag beginnt, während er mit 24.00 h endet, **gehen diese Widersprüche zwischen Bekanntmachung und Verdingungsunterlagen zu Lasten des Auftraggebers, so dass zugunsten der Bieter die längere Frist** gilt (OLG München, B. v. 2. 3. 2009 – Az.: Verg 01/09).

110.5.5 Ende der Angebotsfrist

110.5.5.1 Grundsatz

Das **Ende der Angebotsfrist** ist in der VOL/A – im Gegensatz zur VOB/A (vgl. § 10 Abs. 2 VOB/A) – **nicht an ein bestimmtes Ereignis geknüpft.** Vielmehr setzt der **Auftraggeber** das Ende der Angebotsfrist in der Bekanntmachung oder in der Aufforderung zur Angebotsabgabe **datumsmäßig fest.** 9894

110.5.5.2 Ende der Angebotsfrist an einem Sonntag

Bei einem **auf einen Sonntag festgesetzten Frist zur Abgabe der Angebote endet die Angebotsfrist** mangels besonderer Vereinbarung gemäß § 193 BGB **am Montag um 24.00 Uhr** (Thüringer OLG, B. v. 14. 11. 2001 – Az.: 6 Verg 6/01; VK Thüringen, B. v. 24. 10. 2001 – Az.: 216–4003.20–124/01-EF-S). 9895

110.5.5.3 Bedeutung des Ablaufes der Angebotsfrist für die Wertung

Einmal ist für die **Wertung** das **Angebot in dieser zum Eröffnungstermin vorliegenden inhaltlichen und formellen Form zugrunde zu legen** (VK Münster, B. v. 15. 1. 2003 – Az.: VK 22/02; VK Nordbayern, B. v. 18. 8. 2000 – Az.: 320.VK-3194-18/00). 9896

Zum andern werden nach § 16 Abs. 3 lit. e VOL/A Angebote, die **nicht form- oder fristgerecht** eingegangen sind, **ausgeschlossen**, es sei denn, **der Bieter hat dies nicht zu vertreten** 9897

110.5.5.4 Setzung unterschiedlicher Fristen für die Einreichung der Angebote und der Eröffnung der Angebote

Die Setzung unterschiedlicher Fristen für die Einreichung der Angebote und der Eröffnung der Angebote ist – im **Gegensatz zur VOB/A** – zulässig. 9898

Der Vergabestelle ist auch **regelmäßig ein legitimes Interesse zuzubilligen, beide Verfahrensabschnitte (Einreichung der Angebote und Eröffnung der Angebote) zeitlich zu entkoppeln.** Will sie sichergehen, dass sämtliche eingegangenen Angebote in dem zur Öffnung bestimmten Zeitpunkt auch tatsächlich verfügbar sind und nicht etwa ein erst spät eingetroffenes Angebot noch im hausinternen Postumlauf zirkuliert, ist sie gehalten, einen Zeitpuffer zwischen Ablauf der Angebotsfrist und Öffnung der Angebote einzuschalten (Thüringer OLG, B. v. 22. 4. 2004 – Az.: 6 Verg 2/04). 9899

110.5.6 Verlängerung der Angebotsfrist

110.5.6.1 Zulässigkeit der Verlängerung

Hinsichtlich der Entscheidung über die Verlängerung der Angebotsfrist **wegen von Bewerbern gestellten Fragen steht dem öffentlichen Auftraggeber ein Ermessen** zu. Bei der Ausübung dieses Ermessens darf der Auftraggeber berücksichtigen, welchen Umfang z.B. die Antworten auf Fragen haben, die Kompliziertheit von Sachverhalten etc. Der **Auftraggeber darf dabei auch berücksichtigen, ob und welches Risiko besteht, dass ein Nachprüfungsverfahren** wegen einer von ihm abgelehnten Verlängerung der Angebotsfrist oder wegen einer zu kurz bemessenen Verlängerung eingeleitet wird, zumal dann, wenn eine Aussicht auf Erfolg dieses Nachprüfungsverfahrens nicht von vornherein ausgeschlossen werden kann. Die **Grenze sachgerechter Ermessensausübung** bei der Entscheidung über die Verlängerung der Angebotsfrist durch den Auftraggeber ist erst dann **überschritten, wenn sachfremde Erwägungen bei dieser Entscheidung eine Rolle spielen.** Eine solche sachfremde Erwägung wäre dann zu bejahen, wenn **einem „bestimmten" präferierten Bieter noch die fristgerechte Abgabe eines Angebotes ermöglicht werden soll.** Das liefe auf eine vergaberechts- 9900 widrige Manipulation des Ergebnisses des Vergabeverfahrens hinaus (OLG Brandenburg, B. v. 12. 1. 2010 – Az.: Verg W 5/09).

9901   Bei einer Verlängerungsentscheidung stellt es auch keinen Verstoß gegen das Vergaberecht dar, wenn die **Angebotsfrist erst kurz vor deren Ablauf verlängert** wird (OLG Brandenburg, B. v. 12. 1. 2010 – Az.: Verg W 5/09).

9902   Dass **neben der Notwendigkeit einer gleichzeitigen Bekanntgabe der Verlängerung der Angebotsfrist an alle Bieter für ihre Wirksamkeit noch weitere formelle Anforderungen** – wie z.B. die Veröffentlichung der Angebotsverlängerung im Rahmen einer EU-Bekanntmachung – **bestehen**, ist den **Regelungen der 10, 12 EG VOL/A nicht zu entnehmen** und **wird auch nach den Vorgaben (Art. 38) der Richtlinie 2004/18/EG** des Europäischen Parlaments und des Rates vom 31. März 2004 über die Koordinierung der Verfahren zur Vergabe öffentlicher Bauaufträge, Lieferaufträge und Dienstleistungsaufträge **nicht gefordert** (OLG Celle, B. v. 4. 3. 2010 – Az.: 13 Verg 1/10).

110.5.6.2 Information aller Bieter

9903   Die **Vergabestelle verletzt den Gleichbehandlungsgrundsatz** des GWB § 97 Abs. 2, wenn sie zunächst als Termin der Angebotsabgabe einen vor dem Eröffnungstermin liegenden Tag benennt, dann aber die **Angebotsfrist bis zum Eröffnungstermin verlängert, ohne sämtliche Bieter entsprechend zu informieren** (OLG Dresden, B. v. 14. 4. 2000 – Az.: WVerg 0001/00).

110.5.6.3 Aufhebung der Ausschreibung bei Verfahrensfehlern im Zusammenhang mit der Verlängerung

9904   Ist die **Verlängerung des Endes der Angebotsfrist verfahrensmäßig fehlerhaft**, kann eine Vergabekammer zu Recht die Rechtswidrigkeit des Vergabeverfahrens annehmen und mit der **Entscheidung, das Vergabeverfahren aufzuheben**, eine im Sinne des § 114 Abs. 1 Satz 1 GWB geeignete Maßnahme treffen, um die Rechtsverletzung zu beseitigen (OLG Dresden, B. v. 14. 4. 2000 – Az.: WVerg 0001/00).

110.6 Teilnahmefrist (§ 10 Abs. 1)

110.6.1 Begriff der Teilnahmefrist

9905   Die **Teilnahmefrist ist die Frist für den Eingang der Teilnahmeanträge**.

110.6.2 Hinweis

9906   Die **Ausführungen für die Angebotsfrist gelten grundsätzlich auch für die Teilnahmefrist**. Vgl. daher die Kommentierung → Rdn. 7 ff.

110.7 Zuschlagsfrist (§ 10 Abs. 1)

110.7.1 Begriff der Zuschlagsfrist

9907   Unter Zuschlagsfrist versteht man den **Zeitraum, den der Auftraggeber darauf verwendet, festzustellen**, welches der eingereichten Angebote für ihn das Geeignetste ist und welches er dementsprechend annehmen will, d. h. **worauf er den Zuschlag erteilen will** (VK Südbayern, B. v. 28. 5. 2002 – Az.: 15-04/02).

110.7.2 Sinn und Zweck der Zuschlagsfrist

9908   Bei der Zuschlagsfrist handelt es sich um eine **Annahmefrist des Bieters im Sinne des § 148 BGB**. Sie berührt die Interessen des Bieters primär dadurch, dass sie **mit der Bindefrist übereinstimmt**. Ein Zuschlag innerhalb der Zuschlagsfrist stellt die fristgerechte Annahme des vom Bieter unterbreiteten Angebots dar und lässt daher den Vertrag mit dem Inhalt des Angebots zustande kommen. Während der **Zuschlagsfrist muss der Bieter folglich mit seiner**

Vergabe- und Vertragsordnung für Leistungen Teil A VOL/A § 10 **Teil 4**

Beauftragung rechnen und sich darauf einrichten. Die Angabe der einheitlichen Zuschlagsfrist ermöglicht es den Bietern, ihre Vorhaltekosten zu kalkulieren und im Angebotspreis zu berücksichtigen. Sie fördert insofern die Verfahrenstransparenz und die Vergleichbarkeit der Angebote. Dem Interesse, Vorhaltekosten gering zu halten, trägt eine möglichst kurze Bemessung der Zuschlagsfrist Rechnung (2. VK Bund, B. v. 16. 7. 2002 – Az.: VK 2–50/02).

110.7.3 Dauer der Zuschlagsfrist

110.7.3.1 Grundsatz

Die Dauer der Zuschlags- und damit auch der Bindefrist ist so kurz wie möglich und nicht   9909
länger als zur Prüfung und Wertung der Angebote nötig zu bemessen. Nur **in begründeten Fällen ist die Festlegung einer längeren Zuschlagsfrist zulässig** (VK Südbayern, B. v. 28. 5. 2002 – Az.: 15-04/02). Die **Vorgabe einer möglichst kurzen Zuschlags- und Bindefrist entspringt den allgemeinen Grundsätzen der Gleichbehandlung, der Transparenz und der Verhältnismäßigkeit** (OLG Stuttgart, Urteil v. 24. 11. 2008 – Az.: 10 U 97/08).

110.7.3.2 Ausschöpfung der Zuschlagsfrist?

Die **Vergabestelle kann den Zuschlag jederzeit innerhalb der Zuschlagsfrist erteilen**;   9910
sie muss nicht das Ende der Frist abwarten (VG Neustadt an der Weinstraße, B. v. 20. 2. 2006 – Az.: 4 L 210/06).

110.7.3.3 Beispiele aus der Rechtsprechung

– die **Organisationsbedingungen in einer Kommune** sind schon durch die Beteiligung   9911
Ehrenamtlicher anders als in einer Bundes- oder Landesverwaltung; dies kann ein Grund sein, in einer Kommune **längere Zuschlags- und Bindefristen** vorzusehen (BGH, Urteil v. 21. 11. 1991 – Az.: VII ZR 203/90); dabei bedarf es aber einer **Prüfung im einzelnen**, was angemessen ist (OLG Düsseldorf, Urteil vom 9. 7. 1999 – Az.: 12 U 91/98)

– zur Ermittlung der **Gleichwertigkeit eines Nebenangebotes** sind **Nachforschungen nur im Rahmen der verfügbaren Erkenntnismöglichkeiten und innerhalb der zeitlichen Grenzen der Zuschlags- und Bindefrist** anzustellen (1. VK Sachsen, B. v. 10. 3. 2003 – Az.: 1/SVK/012-03; 1. VK Bund, B. v. 25. 3. 2003 – Az.: VK 1–11/03)

110.7.3.4 Erläuternde Hinweise der VOL/A

Eine Frist für den Zuschlag, wie sie die VOB/A in § 10 Abs. 6 (30 Kalendertage) vorsieht,   9912
kann in der VOL/A wegen der Mannigfaltigkeit der Beschaffungsobjekte nicht angegeben werden.

110.7.4 Fehlende Zuschlagsfristbestimmung

Ohne Fristbestimmung in den Verdingungsunterlagen gilt der **Grundsatz des § 147**   9913
Abs. 2 BGB: Der einem Abwesenden gemachte Antrag kann nur bis zu dem Zeitpunkt angenommen werden, in welchem der Antragende den Eingang der Antwort unter regelmäßigen Umständen erwarten darf (OLG Düsseldorf, Urteil v. 19. 12. 1978 – Az.: 23 U 121/78).

110.8 Bindefrist (§ 10 Abs. 1)

110.8.1 Begriff und Inhalt

Die **Bindefrist bedeutet die Zeitspanne, für die der Bieter an das von ihm abgegebe-**   9914
ne Angebot gebunden ist – §§ 145, 148 BGB – (OLG München, B. v. 23. 6. 2009 – Az.: Verg 08/09; BayObLG, B. v. 1. 10. 2001 – Az.: Verg 6/01). Die Bindefrist des Bieters **beginnt mit dem Ende der Angebotsfrist** und **endet mit dem Ende der Zuschlagsfrist**. Der Bieter kann während der Bindefrist sein **Angebot** grundsätzlich, gleich aus welchen Gründen, **weder zurückziehen noch abändern** (Thüringer OLG, B. v. 28. 6. 2000 – Az.: 6 Verg 2/00).

Teil 4 VOL/A § 10 Vergabe- und Vertragsordnung für Leistungen Teil A

110.8.2 Ausnahme von der Bindung an die Bindefrist

9915 Als **Gründe für das sanktionslose Zurückziehen eines abgegebenen Angebotes** können **nur solche Umstände berücksichtigt werden, die nach Treu und Glauben unter verständiger Würdigung der beiderseitigen Interessen ein Ausscheiden gerechtfertigt erscheinen lassen**. Gründe, die allein der Risikosphäre des Bieters zuzurechnen sind, wie z. B. mangelnde Leistungsfähigkeit oder eine nicht kalkulierte Vorlaufzeit für die Organisation der angebotenen Leistung, **können keine Rechtfertigung begründen**, da derjenige, der sich an einem Ausschreibungsverfahren beteiligt, weiß oder wissen muss, dass er innerhalb der gesetzlichen Bindungsfrist ohne weiteres an seinem Angebot festgehalten werden kann und zu den von ihm angebotenen Bedingungen den Vertrag erfüllen muss. Wenn ein Bieter sein Angebot ohne rechtfertigenden Grund vor Ablauf der Bindungsfrist zurückzieht, haftet er unter dem Aspekt der culpa in contrahendo auf Schadenersatz. Der zu ersetzende Vertrauensschaden kann dann dem Nichterfüllungsschaden entsprechen (AG Siegburg, Urteil v. 28. 5. 1998 – Az.: 4 a C 279/97).

110.8.3 Verbot der Manipulation des Vergabeverfahrens über die Verlängerung der Zuschlags- und Bindefristen

110.8.3.1 Allgemeines

9916 Manipulationsstrategien einer Vergabestelle, die darin bestehen könnten, die **Wertung so lange zu verzögern**, dass **Bieter mit aussichtsreich platzierten Angeboten veranlasst werden, ihr Einverständnis mit einer Fristverlängerung zu verweigern**, so dass der Wettbewerb zugunsten eines bestimmten Bieters verengt wird, sind nicht zulässig (2. VK Bund, B. v. 16. 7. 2002 – Az.: VK 2–50/02).

110.8.3.2 Mehrmalige grundlose Verlängerung

9917 Eine **mehrmalige Verlängerung der Zuschlags- und Bindefrist ohne sachlichen Grund** kann die **Aufhebung einer Ausschreibung** erfordern (1. VK Sachsen, B. v. 29. 11. 2001 – Az.: 1/SVK/110-01, B. v. 29. 11. 2001 – Az.: 1/SVK/109-01).

110.8.3.3 Verlängerung nur mit aussichtsreichen Bietern

9918 Nach dem **Zweck der Verlängerung der Zuschlagsfrist**, dem Auftraggeber Gewissheit über den Fortbestand der Annahmebereitschaft der Bieter zu verschaffen, **kann es nur auf die Bereitschaft derjenigen Bieter ankommen, die der Auftraggeber nach dem erreichten Verfahrensstand noch für den Zuschlag in Betracht zieht** (VK Thüringen, B. v. 7. 3. 2001 – Az.: 216–4002.20-001/01-SCZ). Hierbei ist auf das jeweils erreichte Verfahrensstadium abzustellen (1. VK Sachsen, B. v. 4. 6. 2002 – Az.: 1/SVK/049-02). Ist die Wertung noch nicht abgeschlossen – dies ist der typische Grund für die Verlängerung der Zuschlagsfrist -, so werden aus Sicht des Auftraggebers regelmäßig noch alle Bieter für den Zuschlag in Betracht kommen, die sich auf der letzten erreichten Wertungsstufe befinden. Hat die Wertung auf der letzten Stufe hingegen bereits zu einem Ergebnis geführt und ist in einer solchen Situation derjenige Bieter, dem der Zuschlag erteilt werden soll, mit der Verlängerung der Bindefrist einverstanden, d. h. weiterhin zum Vertragsschluss mit dem Auftraggeber bereit, so besteht kein Grund, ihm den Auftrag nicht zu erteilen. Für die Annahmefähigkeit des Angebotes des ausgewählten Bieters ist es dabei unerheblich, ob er sein Einverständnis mit der Fristverlängerung innerhalb der ursprünglichen Bindefrist oder nach deren Ablauf erklärt hat (2. VK Bund, B. v. 16. 7. 2002 – Az.: VK 2–50/02; VK Südbayern, B. v. 19. 1. 2001 – Az.: 27-12/00).

9919 Nach **Auffassung des OLG München hingegen** liegt dann, wenn die **Vergabestelle nur bei einem Bieter wegen einer Bindefristverlängerung nachfragt**, hierin ein **Verstoß gegen den Gleichbehandlungsgrundsatz** (OLG München, B. v. 23. 6. 2009 – Az.: Verg 08/09).

110.8.3.4 Bitte um Verlängerung bedeutet keine Bitte um neue Angebote

9920 In einer **vom öffentlichen Auftraggeber gewünschten Zustimmung zur Verlängerung der Zuschlags- und Bindefrist liegt nicht konkludent** die auftraggeberseits **gewünschte Vorlage von neuen Angeboten**. Die zulässige Abgabe von weiteren Angeboten bzw. Nebenangeboten (z. B. bedingter Preisnachlass) würde die Beendigung des laufenden Ver-

Vergabe- und Vertragsordnung für Leistungen Teil A   VOL/A § 10   **Teil 4**

gabeverfahrens und die Durchführung eines erneuten Verfahrens, z. B. eines Verhandlungsverfahrens, voraussetzen. Eine Ausschreibung kann in zulässiger Weise aber nur durch Zuschlag oder durch Aufhebung (z. B. wegen nicht mehr möglicher Ausführungsfristen) beendet werden. Durch das Ablaufen der Zuschlags- und Bindefrist allein wird das Vergabeverfahren noch nicht beendet (VK Südbayern, B. v. 25. 7. 2002 – Az.: 26-06/02).

110.8.4 Verlängerung der Bindefrist vor Ablauf

110.8.4.1 Grundsatz

Es entspricht einhelliger Rechtsprechung, dass die **Bindefrist im Einvernehmen des Bieters mit dem Auftraggeber verlängert werden kann** (KG Berlin, Urteil v. 5. 10. 2007 – Az.: 21 U 52/07; OLG Düsseldorf, B. v. 29. 12. 2001 – Az.: Verg 22/01; LG Essen, Urteil v. 15. 11. 2007 – Az.: 4 O 168/07; LG Saarbrücken, Urteil v. 6. 9. 2007 – Az.: 11 O 142/06; 1. VK Bund, B. v. 23. 1. 2007 – Az.: VK 1–08/07; B. v. 23. 1. 2007 – Az.: VK 1–05/07; B. v. 23. 1. 2007 – Az.: VK 1–166/06; B. v. 23. 1. 2007 – Az.: VK 1–163/06; 2. VK Bund, B. v. 13. 6. 2007 – Az.: VK 2–48/07; VK Schleswig-Holstein, B. v. 2. 2. 2005 – Az.: VK-SH 01/05).   9921

110.8.4.2 Feststellung der Verlängerung

Die **Feststellung, ob ein Bieter die Annahmefrist für sein Angebot verlängert hat, richtet sich nach allgemeinem Zivilrecht**. Vergaberechtliche Sondervorschriften gibt es nicht. Der **Antragende kann die Annahmefrist jederzeit auch stillschweigend verlängern**, z. B. in einem Rügeschreiben, in dem mehrmals auf die Vorzüge des Angebots verwiesen wird. Ein Antragsteller ist in einem solchen Fall aus der Sicht des Auftraggebers weiter am Erhalt des Auftrags interessiert. Sonst muss er die beabsichtigte Auftragserteilung an einen Mitbewerber nicht rügen (OLG München, B. v. 11. 5. 2007 – Az.: Verg 04/07; im Ergebnis ebenso VK Nordbayern, B. v. 19. 11. 2008 – Az.: 21.VK – 3194 – 50/08).   9922

Wenn ein **Bieter sowohl im Nachprüfungs- wie auch im Beschwerdeverfahren ausdrücklich beantragt**, den **Zuschlag auf sein Angebot zu erteilen, erklärt er konkludent**, sein **Angebot weiterhin als bindend zu betrachten**. Die Bindefrist ist damit der Sache nach eindeutig für die Dauer des Nachprüfungs- und Beschwerdeverfahrens verlängert (OLG München, B. v. 23. 6. 2009 – Az.: Verg 08/09; OLG Schleswig-Holstein, B. v. 8. 5. 2007 – Az.: 1 Verg 2/07; VK Nordbayern, B. v. 19. 11. 2008 – Az.: 21.VK – 3194 – 50/08).   9923

Ebenso wie die Bestimmung der Annahmefrist ist auch die **Verlängerung der Bindefrist ein einseitiges Rechtsgeschäft, so dass § 177 BGB über § 180 BGB entsprechende Anwendung** findet. § 177 BGB setzt voraus, dass der Vertreter als solcher gehandelt, d. h. dem **Offenkundigkeitsprinzip genügt** hat. Die Erklärung muss dabei nicht ausdrücklich im Namen des Vertretenen erfolgen. Es genügt, wenn sich die Vertretung aus den Umständen ergibt. Ob der **Erklärende im eigenen oder fremden Namen gehandelt hat, ist im Zweifel durch Auslegung vom Empfängerhorizont zu ermitteln**. Die Verlängerungserklärung einer Muttergesellschaft eines Bieters z. B. stellt sich als solche im fremden Namen dar, wenn nur der Bieter, nicht aber die Muttergesellschaft ein Angebot abgegeben hat, da sich deren Zustimmung aus Sicht der Vergabestelle als Erklärungsempfängerin nur auf das Angebot des Bieters beziehen kann. Sollte die Muttergesellschaft zur Abgabe einer entsprechenden Erklärung nicht bevollmächtigt gewesen sein, so wäre ihre Erklärung schwebend unwirksam und kann von dem Bieter mit Wirkung ex nunc genehmigt werden (§ 184 BGB), so dass das ursprüngliche Angebot nahtlos mit verlängerter Bindefrist fortbesteht (OLG Frankfurt, B. v. 24. 2. 2009 – Az.: 11 Verg 19/08).   9924

110.8.4.3 Auslegung der Verlängerungserklärung und Rechtsfolge der Verlängerung (insbesondere mit Blick auf die Ausführungszeit)

110.8.4.3.1 Allgemeines und Fallkonstellation eines Zuschlags ohne Hinweis des Auftraggebers auf eine geänderte Ausführungszeit. Der **BGH hat sich in sechs Entscheidungen mit den Rechtsfolgen eines verzögerten Zuschlags und einer dadurch entstehenden Verschiebung der Bauzeit** befasst (BGH, Urteil v. 22. 7. 2010 – Az.: VII ZR 213/08; Urteil v. 26. 11. 2009 – Az.: VII ZR 131/08; BGH, Urteil v. 10. 9. 2009 – Az.: VII ZR 255/08; BGH, Urteil v. 10. 9. 2009 – Az.: VII ZR 152/08; BGH, Urteil v. 10. 9. 2009 – Az.: VII ZR 82/08; BGH, Urteil v. 11. 5. 2009 – Az.: VII ZR 11/08). Diese **Rechtsprechung gilt – bei vergleichbaren Sachverhalten – auch für den Liefer- und Dienstleis-   9925

2015

Teil 4 VOL/A § 10   Vergabe- und Vertragsordnung für Leistungen Teil A

tungsbereich. Es sind keine Gründe ersichtlich, Liefer- und Dienstleistungsaufträge unterschiedlich zu Bauaufträgen zu behandeln.

9926   **Entsprechende Erklärungen zur Bindefristverlängerung sind regelmäßig so zu verstehen**, dass sie im **Einklang mit vergaberechtlichen Bestimmungen** stehen (BGH, Urteil v. 22. 7. 2010 – Az.: VII ZR 213/08Urteil v. 26. 11. 2009 – Az.: VII ZR 131/08; Urteil v. 10. 9. 2009 – Az.: VII ZR 152/08; Urteil v. 11. 5. 2009 – Az.: VII ZR 11/08; OLG Celle, Urteil v. 17. 6. 2009 – Az.: 14 U 62/08).

9927   Die **Zustimmungserklärung zur Bindefristverlängerung kann nicht dahin ausgelegt werden, dass der Bieter sein Angebot in preislicher Hinsicht trotz eines veränderten Ausführungsbeginns aufrechterhalten will**. Die einfache Bindefristverlängerung durch einen Bieter hat nur die Bedeutung, dass das **ursprüngliche Vertragsangebot inhaltlich konserviert und die rechtsgeschäftliche Bindungsfrist** an das Angebot gemäß § 148 BGB, zugleich Bindefrist, **verlängert** werden soll. Aussagen dazu, was vertraglich zu gelten hat, wenn die Ausführungsfristen der Ausschreibung und des Angebots nicht mehr eingehalten werden können, sind damit nicht verbunden. Insbesondere **ändert der Bieter hiermit nicht sein Angebot hinsichtlich der Ausführungstermine ab** (BGH, Urteil v. 22. 7. 2010 – Az.: VII ZR 213/08; Urteil v. 26. 11. 2009 – Az.: VII ZR 131/08; Urteil v. 10. 9. 2009 – Az.: VII ZR 152/08; Urteil v. 10. 9. 2009 – Az.: VII ZR 82/08; Urteil v. 11. 5. 2009 – Az.: VII ZR 11/08; OLG Celle, Urteil v. 17. 6. 2009 – Az.: 14 U 62/08).

9928   Der **Vorbehalt eventueller Schadensersatzansprüche** und die **inhaltliche Erklärung, keine Nachteile aus der verzögerten Vergabe haben zu wollen, ist ohne Belang**. Denn mit dieser Erklärung will der Bieter nicht die Vergabebedingungen ändern, sondern sich lediglich eventuelle Rechte aus dem nach den unveränderten Vergabebedingungen abzuschließenden Vertrag vorbehalten (BGH, Urteil v. 10. 9. 2009 – Az.: VII ZR 82/08).

9929   Sieht eine Ausschreibung in einem öffentlichen Vergabeverfahren vor, dass der **Auftragnehmer spätestens 12 Werktage nach Zuschlag mit den Leistungen zu beginnen hat, ist dies dahin zu verstehen, dass der vertraglich vorgesehene Leistungsbeginn an die ausgeschriebene Zuschlagsfrist anknüpft, wenn der Zuschlag später erfolgt. In diesem Fall ist der tatsächliche Zuschlagstermin nicht maßgebend** (BGH, Urteil v. 10. 9. 2009 – Az.: VII ZR 152/08).

9930   Der **Bieter in einem Vergabeverfahren, das nicht den Regelungen der VOL/A unterliegt, hat auf ein Ansinnen des Ausschreibenden, die Bindefrist zu verlängern, andere Möglichkeiten als in einem Vergabeverfahren mit einer öffentlichen Ausschreibung**. Er kann in diesem Verfahren die Verlängerung der Bindefrist davon abhängig machen, dass seinem Verlangen auf Preisänderung zugestimmt wird. Auf diese Weise kann er auf die sich durch die Verlängerung der Bindefrist ergebenden Änderungen der Kalkulationsgrundlage reagieren. Diese **Möglichkeit hat der Bieter nicht, wenn er einer Bitte auf Verlängerung der Bindefrist in einem durch öffentliche Ausschreibung eingeleiteten Vergabeverfahren nach der VOL/A zustimmt. Es ist ihm nicht gestattet, wegen durch die Verschiebung der Bindefrist veränderter Kalkulationsgrundlagen eine Änderung des angebotenen Preises zu verlangen. Das verstieße gegen das Nachverhandlungsverbot, § 15 VOL/A**. Würde er mit der Bindefristverlängerung ein neues Angebot vorlegen, müsste dies ausgeschlossen werden. Ein transparentes, auf Gleichbehandlung aller Bieter ausgerichtetes Vergabeverfahren ist nur zu gewährleisten, wenn lediglich in jeder sich aus den Verdingungsunterlagen ergebenden Hinsicht vergleichbare Angebote gewertet werden. Der **Bieter kann also einer Bindefristverlängerung nur zustimmen, wenn er das ursprüngliche Angebot aufrechterhält. Ist er aus wirtschaftlichen Gründen nicht in der Lage, das Angebot aufrechtzuerhalten, muss der Bieter die Bindefristverlängerung verweigern**. Auf diese Weise macht er den Weg frei für andere Bieter, unter Umständen sogar solche, die das Nachprüfungsverfahren eingeleitet haben (BGH, Urteil v. 22. 7. 2010 – Az.: VII ZR 213/08; Urteil v. 10. 9. 2009 – Az.: VII ZR 82/08).

9931   Dem Auftraggeber ist zwar auch bekannt, dass der Bieter nur die Wahl hat, die Zustimmung zu erklären oder aus dem Verfahren auszuscheiden. Das **rechtfertigt es jedoch nicht, dem Auftraggeber über die Grundsätze des Wegfalls der Geschäftsgrundlage die damit verbundenen Risiken einer Veränderung der Kalkulationsgrundlagen zuzuweisen. Dem steht schon entgegen, dass damit elementare Grundsätze des Wettbewerbs im Vergabeverfahren verletzt würden**. Es wäre mit den Grundsätzen des fairen, transparenten und dem Gleichbehandlungsgebot verpflichteten Wettbewerbs nicht zu vereinbaren, wenn der Bieter über eine Anpassung nach den Grundsätzen des Wegfalls der Geschäftsgrundlage einen neuen Preis für die unveränderte Leistung verlangen könnte. Denn auf diese Weise würde ohne eine Veränderung des Leistungsinhalts nachträglich allein der Preis verändert, mit dem er sich im Wettbewerb durchgesetzt hat. Das ginge nicht nur zu Lasten des Auftraggebers, sondern auch zu Lasten derjenigen Bieter, die auf der Grundlage ihrer Kalkulation einer Bindefristverlängerung ebenfalls zugestimmt und damit eine Bindung an ihren Preis erklärt haben. Dabei kann nicht Rücksicht darauf genommen werden, dass der zunächst günstigste Bieter im Einzelfall selbst dann noch der günstigste Bieter gewesen wäre, wenn er die Möglichkeit gehabt hätte, den Preis im Vergabeverfahren anzupassen. Diese Erwägung muss außer Betracht bleiben, weil das Vergabeverfahren eine Verhandlung über den Preis nicht zulässt und deshalb im maßgeblichen Zeitraum kein Raum für eine Überprüfung des Preises ist (BGH, Urteil v. 10. 9. 2009 – Az.: VII ZR 82/08)

Nach § 7 Abs. 1 VOL/A soll dem Bieter kein ungewöhnliches **Wagnis für Umstände und Ereignisse aufgebürdet werden, auf die er keinen Einfluss hat und deren Einwirkung auf die Preise und Fristen er nicht im Voraus einschätzen kann.** Ein solches ungewöhnliches Wagnis würde dem Bieter abverlangt, wenn ihm nicht sämtliche zur Preiskalkulation erforderlichen Informationen vollständig und richtig zur Verfügung gestellt würden, er sich die notwendigen Kenntnisse nicht selbst verschaffen könnte und er damit nicht in der Lage wäre, verlässliche Vorstellungen zur Preisbildung zu entwickeln. Ein **derartiges unwägbares Risiko legt der Auftraggeber den Bietern auf, wenn die vertraglich an den Zuschlag gekoppelte Ausführungszeit über den vorgesehenen Zuschlagstermin hinaus völlig offen bliebe.** Denn dann könnte eine Preiskalkulation nicht mehr auf der vom Auftraggeber gemäß § 7 Abs. 1 VOL/A zu stellenden, für alle Bieter eindeutigen und erschöpfenden Leistungsbeschreibung erfolgen; die Bieter könnten nur mutmaßen, wann im Hinblick auf ein eventuelles Vergabenachprüfungsverfahren oder wegen sonstiger verzögernder Umstände ein Zuschlag erfolgen werde, und aufgrund dieser Mutmaßungen ein Preisangebot erstellen. Eine **Auslegung der Ausschreibungsunterlagen dahingehend, dass für die Bauzeit in jedem Fall an einen noch nicht feststehenden tatsächlichen Zuschlagstermin angeknüpft wird, kommt daher nicht in Betracht.** Vielmehr ergibt die Auslegung, dass Anknüpfungspunkt für den Leistungsbeginn der in den Ausschreibungsunterlagen vorgesehene späteste Zuschlagstermin ist, wenn der Zuschlag später erfolgt (BGH, Urteil v. 10. 9. 2009 – Az.: VII ZR 152/08).

9932

In Fällen, in denen der Zuschlag erteilt wird, ohne dass zuvor oder gleichzeitig Erklärungen zur Frage der Ausführungszeiten und -fristen oder zu hiervon abhängenden Mehrvergütungen abgegeben werden und für Fälle, in denen die Parteien bereits Erklärungen zur Anpassung der vorgesehenen Regelungen zur Leistungszeit oder zur hiervon abhängenden Vergütung abgegeben haben, ohne dass allerdings eine ausdrückliche Erklärung hierzu zusammen mit dem Zuschlag erfolgt ist, bleibt es dabei, dass der **Vertrag hiermit zu den ursprünglichen Bedingungen – auch hinsichtlich der Leistungszeit – geschlossen wird, obwohl diese bereits tatsächlich obsolet geworden sind** (BGH, Urteil v. 11. 5. 2009 – Az.: VII ZR 11/08; im Ergebnis ebenso BayObLG, B. v. 15. 7. 2002 – Az.: Verg 15/02; OLG Celle, Urteil v. 25. 6. 2008 – Az.: 14 U 14/08; OLG Hamm, Urteil v. 26. 6. 2008 – Az.: 21 U 17/08; OLG Naumburg, Urteil v. 2. 10. 2008 – Az.: 1 U 42/08; Thüringer OLG, Urteil v. 22. 3. 2005 – Az.: 8 U 318/04; VK Brandenburg, B. v. 30. 9. 2008 – Az.: VK 30/08).

9933

Ein Zuschlag in einem durch ein Nachprüfungsverfahren verzögerten Verfahren ist also regelmäßig so auszulegen, dass er sich auch auf wegen Zeitablaufs obsolet gewordene Fristen und Termine bezieht. **Dies gilt auch dann, wenn zwar eine neue Leistungszeit angesprochen wird, das Zuschlagsschreiben insgesamt aber nicht eindeutig ergibt, dass der Vertrag nur zu bestimmten veränderten zeitlichen Bedingungen geschlossen werden soll** (BGH, Urteil v. 22. 7. 2010 – Az.: VII ZR 213/08).

9934

Das **Verhalten der Parteien im Rahmen der Bindefristverlängerung und der Zuschlagserteilung ist dahin auszulegen, dass sie den Vertrag zwar bereits bindend schließen, über neue, dem eingetretenen Zeitablauf Rechnung tragende Fristen und dadurch bedingten Preissteigerungen jedoch noch eine Einigung herbeiführen wollten.** Denn die Parteien haben den Vertragsschluss trotz des erkennbaren Erfordernisses einer späteren Anpassung der Ausführungsfristen gewollt. Die Auslegungsregel des § 154 Abs. 1 Satz 1 BGB greift in einem solchen Fall nicht. Kommt es nicht zu der von den Parteien erwarteten nachträglichen Einigung, existiert **eine zu füllende Regelungslücke, die durch ergänzende Vertragsauslegung zu schließen ist** (BGH, Urteil v. 22. 7. 2010 – Az.: VII ZR 213/08; Urteil v. 10. 9. 2009 – Az.: VII ZR 152/08).

9935

9936 Dabei **ist darauf abzustellen, was die Parteien bei einer angemessenen Abwägung ihrer Interessen nach Treu und Glauben als redliche Vertragspartner für den von ihnen nicht geregelten Fall vereinbart hätten.** Danach ist die **Leistungszeit unter Berücksichtigung der Umstände des Einzelfalls anzupassen.** Besonderheiten sind unter Berücksichtigung der schutzwürdigen Interessen beider Parteien und vor dem Hintergrund, dass der Auftragnehmer der Bindefristverlängerung zugestimmt hat, zu berücksichtigen (BGH, Urteil v. 10. 9. 2009 – Az.: VII ZR 152/08; Urteil v. 11. 5. 2009 – Az.: VII ZR 11/08)

9937 Im Hinblick auf die vereinbarten oder im Wege ergänzender Vertragsauslegung zu ermittelnden geänderten Ausführungszeiten ist der **vertragliche Vergütungsanspruch des Auftragnehmers durch ergänzende Vertragsauslegung in Anlehnung an die Grundsätze des § 2 Nr. 3 VOL/B anzupassen.** Diese Vorschrift haben die Parteien mit der Einbeziehung der VOL/B als angemessene Regelung bei einer durch den Auftraggeber veranlassten Änderung der Grundlagen des Preises vereinbart. Die Vermutung der Ausgewogenheit von Leistung und Gegenleistung gilt nicht unabhängig von der vereinbarten Leistungszeit, weil diese regelmäßig Einfluss auf die Vereinbarung der Höhe der Vergütung des Auftragnehmers hat. Deshalb **hat die durch ein verzögertes Vergabeverfahren bedingte Änderung der Leistungszeit auch zur Folge, dass die Parteien redlicherweise vereinbart hätten, sich auf eine diesem Umstand angepasste Vergütung zu verständigen.** Soweit die Verzögerung der Vergabe zu geänderten Leistungszeiten führt, ist dies einer nach Vertragsschluss vom Auftraggeber veranlassten Änderung der Leistung vergleichbar. In beiden Fällen **besteht nach Treu und Glauben keine Veranlassung, das Risiko von Änderungen der Grundlagen des Preises dem Auftragnehmer zuzuweisen** (BGH, Urteil v. 22. 7. 2010 – Az.: VII ZR 213/08; Urteil v. 26. 11. 2009 – Az.: VII ZR 131/08; Urteil v. 10. 9. 2009 – Az.: VII ZR 152/08; Urteil v. 11. 5. 2009 – Az.: VII ZR 11/08; OLG Celle, Urteil v. 17. 6. 2009 – Az.: 14 U 62/08).

9938 Der Auftraggeber kann sich dem Bieter gegenüber nicht darauf berufen, **kein Verschulden an der Verzögerung zu haben, die durch ein unberechtigtes Nachprüfungsverfahren entstanden** ist. Der Rechtsordnung ist es nicht fremd, dass dem Auftraggeber auch Risiken zugewiesen werden, die durch unverschuldete Verzögerungen eintreten. Deshalb ist es nicht von vornherein verfehlt, **dem Auftraggeber als Herrn des Vergabeverfahrens die Risiken einer zeitlichen Verzögerung durch Einleitung eines unberechtigten Nachprüfungsverfahrens – oder vergleichbarer Maßnahmen im Unterschwellenbereich – zuzuweisen** (BGH, Urteil v. 11. 5. 2009 – Az.: VII ZR 11/08).

9939 Die **Verzögerung des Vergabeverfahrens darf nicht zu Lasten des Bieters gehen, der sich im Wettbewerb durchgesetzt hat.** Die Einrichtung des Vergaberechtsschutzes nach dem Vierten Teil des Gesetzes gegen Wettbewerbsbeschränkungen soll die Rechtsstellung der Bieter gegenüber den Auftraggebern stärken, nicht schwächen. Wird diese **Rechtsposition – oder andere Rechtspositionen im Unterschwellenbereich – in Anspruch genommen, darf das nicht dazu führen, dass die Bieterseite am Ende wirtschaftlich schlechter dasteht als zuvor, indem die Verzögerungskosten auf sie übergewälzt werden.** Bestünde diese latente Gefahr, würde der Rechtsschutz dadurch entwertet (BGH, Urteil v. 11. 5. 2009 – Az.: VII ZR 11/08; OLG Hamm, Urteil v. 5. 12. 2006 – Az.: 24 U 58/05; Thüringer OLG, Urteil v. 22. 3. 2005 – Az.: 8 U 318/04).

9940 Der **Auftraggeber wird unter Umständen zwar mit in dem ursprünglichen Vertragspreis nicht enthaltenen Mehrkosten belastet. Das ist aber nicht unbillig.** Denn ein Vergleich mit dem ursprünglichen Preis ist in diesem Zusammenhang nicht maßgebend. Eine Leistungsausführung zu dem vorgesehenen Termin war nicht möglich, was auf der Entscheidung des Gesetzgebers zur Eröffnung eines Vergabenachprüfungsverfahrens beruht. Der Auftraggeber wird in Grundsatz durch die Belastung mit den Mehrkosten nicht unangemessen benachteiligt, weil er auch bei einer zeitnah zur tatsächlichen Ausführung erfolgten Ausschreibung diese Kosten in der Regel in ähnlicher Weise zu tragen gehabt hätte (BGH, Urteil v. 11. 5. 2009 – Az.: VII ZR 11/08).

9941 Zwar kann dadurch, dass die Mehrvergütung ausschließlich mit dem Vertragspartner unter Ausschluss des Wettbewerbs vereinbart wird, die Situation entstehen, dass der Auftraggeber ex post betrachtet nicht dem wirtschaftlichsten Bieter den Zuschlag erteilt hat. Dass der wirtschaftlichste Bieter sich im Nachhinein nicht als solcher erweist, ist nichts Außergewöhnliches. Vielmehr ist es bei einem Vertrag häufig so, dass sich im Verlauf der Durchführung der Arbeiten Änderungen ergeben, die auch zu Preisänderungen führen. Es ist nie ausgeschlossen, dass sich dadurch im Endergebnis im Gegensatz zum Zeitpunkt des Zuschlags der Auftragnehmer nicht mehr als der Wirtschaftlichste herausstellt.

Die damit verbundene Einschränkung des Wettbewerbs ist unvermeidbar. Sie ließe sich in solchen Fällen nur verhindern, indem man bei jeder eingetretenen Verzögerung den Wettbewerb neu eröffnete. Dadurch würde aber der bisher wirtschaftlichste Bieter benachteiligt, weil alle anderen Bieter jetzt in Kenntnis seines Angebots neu bieten könnten; zum anderen eröffnete dies die bereits dargestellte Gefahr einer endlosen Schleife von Vergabeverfahren, die nie durch einen Vertragsschluss beendet werden könnte (BGH, Urteil v. 11. 5. 2009 – Az.: VII ZR 11/08)

Ebenso nicht zu vermeiden ist der für den Auftraggeber verbleibende Nachteil, dass er unter Umständen mit für ihn nicht vorhergesehenen Gesamtkosten belastet wird. Auch dies ist wegen der einem Vertrag innewohnenden Änderungsrisiken nichts Außergewöhnliches. Der Auftraggeber ist diesem Risiko nicht schutzlos ausgeliefert. Sofern sich aufgrund von Vergabeverzögerungen gravierende Änderungen der Preisermittlungsgrundlagen abzeichnen, hat er die Möglichkeit, die Ausschreibung unter der Voraussetzungen des § 17 Abs. 1 lit. d) VOL/A aufzuheben. Entscheidet sich der Auftraggeber dagegen zur Erteilung des Zuschlags, kann ihm zugemutet werden, das Risiko von Preiserhöhungen zu tragen (BGH, Urteil v. 11. 5. 2009 – Az.: VII ZR 11/08; OLG Hamm, Urteil v. 26. 6. 2008 – Az.: 21 U 17/08). 9942

Sämtliche genannten Erwägungen gelten unabhängig von dem Ausmaß der Änderungen der Grundlagen des Preises. Es müssen nicht die Voraussetzungen des § 313 Abs. 1 BGB vorliegen. Die im Vertrag in § 2 Nr. 3 VOL/B zum Ausdruck gekommene Wertung zeigt, dass die Vertragsparteien nicht erst schwerwiegende Veränderungen der Preisgrundlagen zum Anlass für Vergütungsanpassungen nehmen wollen. **Auch Änderungen geringeren Ausmaßes hätten bereits die oben dargestellten, nicht gewünschten Nachteile für den Bieter.** Die Parteien hätten redlicherweise auch eine nicht schwerwiegende Änderung der Preisgrundlagen nicht dem Risikobereich des Bieters zugeordnet, weil es hierfür keine Rechtfertigung gibt. Als einziger denkbarer Anknüpfungspunkt käme nur dessen Erklärung zur Bindefristverlängerung in Betracht. Nachteile aus der Verlängerung der Bindefrist dürfen dem Bieter jedoch nicht entstehen, weil er keine andere Möglichkeit hat, die ihm günstige Position im Wettbewerb zu bewahren (BGH, Urteil v. 11. 5. 2009 – Az.: VII ZR 11/08). 9943

Es ist **hinzunehmen, dass die Parteien nach dieser Lösung sehenden Auges einen Vertrag schließen, der nicht in jeder Hinsicht wie vereinbart durchführbar ist und dass im Hinblick darauf, dass die Vereinbarung über die verzögerungsbedingten Mehrkosten nur mit dem Auftragnehmer getroffen wird, das Gleichbehandlungsgebot tangiert sein könnte.** Beides beruht darauf, dass der Gesetzgeber es insbesondere nach Einführung des vergaberechtlichen Nachprüfungsverfahrens, das zu einem zeitlich befristeten Zuschlagsverbot (§ 115 GWB) und damit regelmäßig zu – teils erheblichen – Verzögerungen des Vergabeverfahrens führt, versäumt hat, hierauf abgestimmte Regelungen zum weiteren Verlauf des Vergabeverfahrens und zum Zuschlag zu schaffen. Ebenso wenig ist die VOL/A hieran angepasst. Eine in jeder Hinsicht befriedigende und überzeugende Lösung der sich daraus ergebenden Probleme ist nicht möglich. Sie ist so vorzunehmen, dass die berechtigten Interessen der Beteiligten unter Berücksichtigung der Grenzen, die die Regelungen zum Vergabeverfahren setzen, bestmöglich berücksichtigt werden (BGH, Urteil v. 11. 5. 2009 – Az.: VII ZR 11/08). 9944

Eine **Mehrvergütung allein aufgrund des Umstandes, dass der Zuschlag später erfolgt als in der Ausschreibung vorgesehen, kommt nicht in Betracht.** Umstände, die in der Zeit zwischen dem nach der Ausschreibung zu erwartenden spätesten Zuschlagstermin und dem tatsächlichen Zuschlag bei dem Bieter zu Kostensteigerungen führen, sind, soweit der verzögerte Zuschlag keine Auswirkungen auf die Ausführungszeiten hatte, nicht zu berücksichtigen (BGH, Urteil v. 10. 9. 2009 – Az.: VII ZR 152/08). 9945

Ändern sich lediglich die Kalkulationsgrundlagen eines Bieters infolge einer Verschiebung des Zuschlags, ohne dass dies zu einer Änderung der Leistungspflichten führt, kommt eine Preisanpassung nach den Grundsätzen der ergänzenden Vertragsauslegung nicht in Betracht. Der in der Ausschreibung vorgesehene Zeitpunkt des Zuschlags ist nicht Vertragsbestandteil (BGH, Urteil v. 10. 9. 2009 – Az.: VII ZR 152/08; Urteil v. 10. 9. 2009 – Az.: VII ZR 82/08). 9946

Der **Bieter trägt das Risiko, dass die Preiskalkulation infolge einer Verzögerung des Vergabeverfahrens hinfällig werden und er Material und Fremdleistungen zu höheren Preisen einkaufen muss. Dieses Risiko geht nicht deshalb auf den Auftraggeber über, weil sich durch die Vergabeverzögerung zugleich die Leistungszeit verschiebt.** Für die Ermittlung der durch Preissteigerungen bedingten Mehrkosten, mit der ein Auftragnehmer seine Angebotspreise zur Ermittlung des neuen Vertragspreises beaufschlagen darf, kann deshalb 9947 nicht auf die Einkaufspreise abgestellt werden, die er in seine Kalkulation eingerechnet hat; maßgebend sind vielmehr die Preise, die er bei Einhaltung der geplanten Leistungszeit hätte zahlen müssen (BGH, Urteil v. 10. 9. 2009 – Az.: VII ZR 152/08).

9948 Der **Auftragnehmer wird sich nicht mit Erfolg darauf berufen können, durch Preisabsprachen mit seinen Lieferanten und Nachunternehmern bis zum Ablauf der Bindefrist gesicherte Einkaufspreise in sein Angebot eingestellt zu haben, die er wegen der verzögerten Vergabe nicht habe halten können.** Ein **geschütztes Vertrauen in die Realisierbarkeit der Angebotskalkulation besteht nicht.** Es entsteht auch nicht dadurch, dass der Bieter seine kalkulatorischen Ansätze für Beschaffungskosten durch entsprechende Preisabsprachen mit seinen Zulieferern und Nachunternehmern absichert. Soweit er gleichwohl mit ihnen kalkuliert, muss er in Kauf nehmen, dass sich seine Kalkulation bei einer Verzögerung der Vergabe über die ursprüngliche Bindefrist hinaus nicht umsetzen lässt (BGH, Urteil v. 10. 9. 2009 – Az.: VII ZR 152/08).

9949 **110.8.4.3.2 Fallkonstellation eines Zuschlags mit Hinweis des Auftraggebers auf eine geänderte Ausführungszeit.** Gibt der Auftraggeber bereits in Zusammenhang mit dem Zuschlag Erklärungen zu einer geänderten Bauzeit ab, gilt die als bindend verstandene **Festlegung einer vom Angebot abweichenden Bauzeit in der Annahmeerklärung nach § 150 Abs. 2 BGB als Ablehnung des Antrags verbunden mit einem neuen Angebot.** Je nach Formulierung des Zuschlagsschreibens **kann eine Auslegung des Zuschlagsschreibens aber auch zu dem Ergebnis kommen, dass es sich nicht um eine bindende Festlegung, sondern um einen Vorschlag über den neuen Baubeginn handelt, der noch der Zustimmung des Bieters bedarf** (BGH, Urteil v. 22. 7. 2010 – Az.: VII ZR 213/08).

9950 Ein Zuschlag in einem durch ein Nachprüfungsverfahren verzögerten Verfahren ist regelmäßig so auszulegen, dass er sich auch auf wegen Zeitablaufs obsolet gewordene Fristen und Termine bezieht. Dies gilt auch dann, wenn **zwar eine neue Bauzeit angesprochen wird, das Zuschlagsschreiben insgesamt aber nicht eindeutig ergibt**, dass der Vertrag nur zu bestimmten veränderten zeitlichen Bedingungen geschlossen werden soll. Im Rahmen des auch für den modifizierten Zuschlag geltenden § 150 Abs. 2 BGB sind die **Grundsätze von Treu und Glauben** anzuwenden. Sie **erfordern, dass der Empfänger eines Vertragsangebots, wenn er von dem Vertragswillen des Anbietenden abweichen will, dies in der Annahmeerklärung klar und unzweideutig zum Ausdruck bringt.** Erklärt der Vertragspartner seinen vom Angebot abweichenden Vertragswillen nicht hinreichend deutlich, so kommt der Vertrag zu den Bedingungen des Angebots zustande (BGH, Urteil v. 22. 7. 2010 – Az.: VII ZR 213/08).

9951 Dem öffentlichen **Auftraggeber ist es grundsätzlich nicht gestattet, während des Vergabeverfahrens mit den Bietern über Änderungen der Angebote und Preise zu verhandeln**, § 15 VOB/A. Jedenfalls im Zeitpunkt der Erklärung des Zuschlags gegenüber dem Bieter ist der Auftraggeber hieran noch gebunden, weil anderenfalls der hiermit verbundene Schutz des Wettbewerbs und der Bieter im Vergabeverfahren unvollkommen wäre. Da dem Auftraggeber nicht unterstellt werden kann, gegen das Nachverhandlungsverbot verstoßen zu wollen, kann in einem **Zuschlag, der das ursprüngliche Angebot akzeptiert, auch wenn er eine neue Bauzeit erwähnt, grundsätzlich keine Anfrage nach Veränderung der angebotenen Ausführungsfrist**, weder mit gleich bleibender noch veränderter Vergütungsvereinbarung, gesehen werden (BGH, Urteil v. 22. 7. 2010 – Az.: VII ZR 213/08).

9952 Der Abschluss eines Vertrages zu Bedingungen, die eine Bauzeit vorsehen, die zum Zeitpunkt des Abschlusses bereits verstrichen ist, enthält zugleich die Einigung darüber, dass die Parteien den Vertrag zwar bereits bindend schließen, über neue, dem eingetretenen Zeitablauf Rechnung tragende Fristen jedoch noch eine Einigung herbeiführen wollen. **Vorschläge des Auftraggebers, die eine solche nachträgliche Einigung herbeiführen sollen, müssen nicht in einer getrennten Erklärung erfolgen. Vielmehr können sie bereits zusammen mit dem Vertragsschluss abgegeben werden**, weil zum Zeitpunkt des Zugangs dieses Vorschlags die durch den Vertragsschluss entstandene Notwendigkeit einer Neuverhandlung und Bestimmung der Ausführungsfristen bereits besteht. Diese sind noch verhandelbar. Die Parteien sind nach dem Vertrag verpflichtet, sich über eine neue Bauzeit zu einigen (BGH, Urteil v. 22. 7. 2010 – Az.: VII ZR 213/08).

9953 Der Abschluss eines Vertrages zu Bedingungen, die eine Bauzeit vorsehen, die zum Zeitpunkt des Abschlusses bereits verstrichen ist, enthält zugleich die Einigung darüber, dass die Parteien den Vertrag zwar bereits bindend schließen, **über neue, dem eingetretenen Zeitablauf Rechnung tragende Fristen jedoch noch eine Einigung herbeiführen wollen.** Vorschläge des Auftraggebers, die eine solche nachträgliche Einigung herbeiführen sollen, müssen nicht in einer getrennten Erklärung erfolgen. Vielmehr können sie bereits zusammen mit dem Vertragsschluss abgegeben werden, weil zum Zeitpunkt des Zugangs dieses Vorschlags die durch den Vertragsschluss entstandene Notwendigkeit einer Neuverhandlung und Bestimmung der Ausführungsfristen bereits besteht. Diese sind noch verhandelbar. Die Parteien sind nach dem Vertrag verpflichtet, sich über eine neue Bauzeit zu einigen (BGH, Urteil v. 22. 7. 2010 – Az.: VII ZR 213/08).

110.8.4.4 Sonderfall: Verhandlungsverfahren und nachprüfungsbedingte Verzögerung des Zuschlags

Belässt es der Bieter in einem vergaberechtlichen Verhandlungsverfahren im Rahmen von Verhandlungen mit dem Auftraggeber über die durch eine Zuschlagsverzögerung bedingte Anpassung seines Angebots **hinsichtlich der Leistungszeit bei der Ankündigung von verzögerungsbedingten Mehrvergütungsansprüchen, so ist eine tatrichterliche Auslegung nicht zu beanstanden, die darin lediglich den Vorbehalt der Durchsetzung möglicher vertraglicher Ansprüche, nicht jedoch eine Abstandnahme von dem abgegebenen Angebot sieht** (BGH, Urteil v. 10. 9. 2009 – Az.: VII ZR 255/08). 9954

Vertragliche Ansprüche können bei einer solchen Auslegung ausgeschlossen sein, wenn der Bieter die bestehende Möglichkeit nicht genutzt hat, den Abschluss des Vertrages von einer Anpassung des Preises für die durch die Bauzeitverschiebung entstandenen Mehrkosten abhängig zu machen (BGH, Urteil v. 10. 9. 2009 – Az.: VII ZR 255/08). 9955

110.8.4.5 Keine Verpflichtung zur Neuausschreibung wegen wesentlicher Änderungen des Vertrages

Vgl. dazu die Kommentierung zu → § 99 GWB Rdn. 405 ff. 9956

110.8.4.6 Generelle Ausdehnung der Zuschlags- und Bindefrist bis zum rechtskräftigen Abschluss eventueller Vergabenachprüfungsverfahren

Die **generelle Ausdehnung der Zuschlags- und Bindefrist bis zum rechtskräftigen Abschluss eventueller Vergabenachprüfungsverfahren verstößt gegen § 10 Abs. 1 VOL/A.** Die Bindefrist ist so kurz wie möglich und nicht länger zu bemessen, als für eine zügige Prüfung und Wertung notwendig ist. Die Interessen der Beteiligten sind bei der Fristbemessung zu berücksichtigen. Auf **Seiten der Bieter ist zu berücksichtigen, dass sie während der Wartezeit in ihren geschäftlichen Entschlüssen und Dispositionen eingeschränkt sind.** Dies gilt insbesondere hinsichtlich der Bewerbung um andere Aufträge und der Finanzierung weiterer Aufträge. Der Bieter kalkuliert bei Abgabe seines Angebots den finanziellen Aufwand unter Berücksichtigung der vorgesehenen Vertragslaufzeit. Er **muss deshalb auch Gelegenheit haben, nach Überschreiten eines angemessenen Zeitraums, von seinem Angebot wieder Abstand nehmen zu können.** Deshalb wird die Regelung, einen Bieter gegebenenfalls bis zum Abschluss von Nachprüfungsverfahren an sein Angebot zu binden, was sich über viele Monate und ggf. auch weit über ein Jahr erstrecken kann, einem **Interessenausgleich nicht gerecht. Die generelle Ausdehnung der Zuschlags- und Bindefrist bis zum rechtskräftigen Abschluss eventueller Vergabenachprüfungsverfahren ist einseitig auf die Interessen des Antragsgegners zugeschnitten** (1. VK Sachsen, B. v. 30. 4. 2008 – Az.: 1/SVK/020-08). 9957

110.8.5 Folge des Ablaufs der Zuschlags- und Bindefrist

Wenn die **Zuschlags- und Bindefrist abgelaufen** ist, wird die **Ausschreibung nicht automatisch beendet.** Eine Ausschreibung kann nur durch Zuschlag oder durch Aufhebung nach § 17 VOL/A beendet werden, von dem Fall, dass überhaupt kein Angebot eingeht, einmal abgesehen. Die Ausschreibung dauert folglich noch an. Der Auftraggeber ist nach wie vor in der Lage, einem Bieter den Zuschlag zu erteilen. Die **Folge des Ablaufs der Frist ist lediglich, dass der Bieter nicht mehr an sein Angebot gebunden** ist, so dass sich der Zuschlag nunmehr als neues Angebot der Auftraggeber im Sinne von § 150 Abs. 1 BGB darstellt (BayObLG, B. v. 15. 7. 2002 – Az.: Verg 15/02, B. v. 1. 10. 2001 – Az.: Verg 6/01; OLG Dresden, B. v. 9958

Teil 4 VOL/A § 10   Vergabe- und Vertragsordnung für Leistungen Teil A

9. 11. 2001 – Az.: WVerg 0009/01; OLG Düsseldorf, B. v. 4. 2. 2009 – Az.: VII-Verg 70/08; B. v. 14. 5. 2008 – Az.: VII-Verg 17/08; B. v. 20. 2. 2007 – Az.: VII – Verg 3/07; Hanseatisches OLG, B. v. 25. 2. 2002 – Az.: 1 Verg 1/01; OLG Naumburg, B. v. 1. 9. 2004 – Az.: 1 Verg 11/04, B. v. 28. 9. 2001 – Az.: 1 Verg 6/01; 1. VK Bremen, B. v. 6. 2. 2003 – Az.: VK 1/03; 1. VK Bund, B. v. 12. 11. 2003 – Az.: VK 1–107/03; VK Münster, B. v. 13. 2. 2008 – Az.: VK 29/07; VK Nordbayern, B. v. 24. 1. 2008 – Az.: 21.VK – 3194 – 52/07; 1. VK Sachsen, B. v. 5. 9. 2002 – Az.: 1/SVK/073-02).

9959 Nur wenn die Bieter die Zuschlagsfristverlängerung ablehnen und aufgrund des verspäteten Zuschlags mit keinem Bieter ein Vertrag zustande kommt, ist das Vergabeverfahren durch **Aufhebung aus schwerwiegendem Grund** (§ 17 Abs. 1 lit. d) VOL/A) zu beenden. Allein der Fristablauf genügt zur Beendigung nicht (BayObLG, B. v. 1. 10. 2001 – Az.: Verg 6/01).

9960 Zu den **Auswirkungen auf die Informationspflicht des § 101 a GWB** vgl. die Kommentierung zu → § 101 a GWB Rdn. 67.

9961 Nach einer anderen Auffassung stellt ein zur Ausschreibung eingereichtes Angebot einen Antrag im zivilrechtlichen Sinne dar, für den die §§ 145 ff. BGB gelten. Nach § 146 BGB **erlischt jedoch ein Antrag**, wenn er nicht dem Antragenden gegenüber nach den §§ 147 bis 149 BGB rechtzeitig angenommen wird. Ein **Zuschlag kann nicht mehr erteilt** werden. Auch **aus Sicht der Vergabestelle kommt eine rückwirkende Annahmeerklärung nicht mehr Betracht**. Die verspätete Annahme eines Antrags regelt § 150 Abs. 1 BGB. Hiernach gilt die Annahme als neuer Antrag, den der ursprünglich Antragende durch eine gesonderte Erklärung anzunehmen hat. Danach **kann ein Zuschlag – im Sinne einer einfachen Annahmeerklärung gem. § 146 BGB – auf ein mittlerweile erloschenes Angebot nicht mehr erteilt werden**. Jedenfalls in seinem ursprünglichen Bestand nimmt dieses somit nicht mehr an der Ausschreibung teil (OLG Thüringen, B. v. 30. 10. 2006 – Az.: 9 Verg 4/06; 3. VK Bund, B. v. 21. 5. 2007 – Az.: VK 3–40/07; 1. VK Sachsen, B. v. 25. 1. 2008 – Az.: 1/SVK/088-07; VK Thüringen, B. v. 27. 3. 2008 – Az.: 360–4003.20–641/2008-002-UH).

110.8.6 Verlängerung der Zuschlags- und Bindefrist nach Ablauf

110.8.6.1 Grundsätzliche Zulässigkeit der Verlängerung

9962 Im Rahmen des § 18 Abs. 2 VOB/A ist eine **Verlängerung der Zuschlags- und Bindefrist auch nach Ablauf der Zuschlags- und Bindefrist zulässig** (BayObLG, B. v. 12. 9. 2000 – Az.: Verg 4/00; OLG Düsseldorf, B. v. 20. 2. 2007 – Az.: VII – Verg 3/07; Hanseatisches OLG, B. v. 25. 2. 2002 – Az.: 1 Verg 1/01; VK Baden-Württemberg, B. v. 29. 6. 2009 – Az.: 1 VK 27/09; VK Bremen, B. v. 16. 7. 2003 – Az.: VK 12/03; 2. VK Bund, B. v. 26. 2. 2007 – Az.: VK 2–09/07; VK Münster, B. v. 13. 2. 2008 – Az.: VK 29/07; VK Nordbayern, B. v. 19. 11. 2008 – Az.: 21.VK – 3194 – 50/08; B. v. 24. 1. 2008 – Az.: 21.VK – 3194 – 52/07; 1. VK Sachsen, B. v. 21. 8. 2002 – Az.: 1/SVK/077-02; VK Schleswig-Holstein, B. v. 10. 10. 2007 – Az.: VK-SH 20/07; B. v. 2. 2. 2005 – Az.: VK-SH 01/05; VK Südbayern, B. v. 19. 1. 2009 – Az.: Z3-3-3194-1-39-11-08). Auch wenn die **VOL/A keine dem § 18 Abs. 2 VOB/A entsprechende Regelung enthält**, ergibt sich **aus dem Gesamtzusammenhang der Vorschriften über öffentliche Aufträge**, dass auch **im Bereich der VOL/A eine Verlängerung der Zuschlags- und Bindefrist nach deren Ablauf zulässig** ist.

9963 Dem kann nicht entgegen gehalten werden, eine **mehrmonatige Verlängerung der Zuschlags- und Bindefrist beeinträchtige die Dispositionsmöglichkeit der Bieter in unzulässiger Weise**. Da die Bindefristbestimmung insbesondere die Bieter der engeren Wahl schützen soll, können gerade diese auf diesen Schutz verzichten bzw. eine weitergehende Bindung nach eigener Kalkulation und aktueller Risikoabschätzung „anbieten" (OLG Düsseldorf, B. v. 29. 12. 2001 – Az.: Verg 22/01; VK Hamburg, B. v. 18. 12. 2001 – Az.: VgK FB 8/01; B. v. 14. 8. 2003 – Az.: VgK FB 3/03; 1. VK Sachsen, B. v. 5. 9. 2002 – Az.: 1/SVK/073-02).

9964 Den Grundsätzen des Wettbewerbs (§ 97 Abs. 1 GWB) und der Gleichbehandlung (§ 97 Abs. 2 GWB) wird bereits in hinreichender Weise Rechnung getragen, wenn **nach Fristablauf allen für die Vergabe noch in Betracht kommenden Bietern die Möglichkeit gegeben wird, weiterhin am Verfahren teilzunehmen** (OLG Naumburg, B. v. 13. 5. 2003 – Az.: 1 Verg 2/03; 1. VK Sachsen, B. v. 5. 10. 2001 – Az.: 1/SVK/87-01; im Ergebnis ebenso OLG München, B. v. 23. 6. 2009 – Az.: Verg 08/09). Dazu ist ausreichend, dass diese Bieter aufgefordert werden, der sachlich gebotenen Fristverlängerung zuzustimmen (2. VK des Bundes, B. v. 4. 5. 2001 – Az.: VK 2–12/01; VK Hamburg, B. v. 18. 12. 2001 – Az.: VgK FB 8/01).

Vergabe- und Vertragsordnung für Leistungen Teil A VOL/A § 10 **Teil 4**

110.8.6.2 Rechtsfolgen

110.8.6.2.1 Neues Angebot des Auftraggebers. Nach dem Ablauf der Bindefrist 9965
stellt der **Zuschlag** seitens des Auftraggebers lediglich eine verspätete Annahme dar, die gemäß
§ 150 Abs. 1 BGB als **neuer Antrag** zu werten ist (OLG Düsseldorf, B. v. 4. 2. 2009 –
Az.: VII-Verg 70/08; B. v. 20. 2. 2007 – Az.: VII – Verg 3/07; Hanseatisches OLG, B. v. 25. 2.
2002 – Az.: 1 Verg 1/01; Saarländisches OLG, Urteil v. 21. 3. 2006 – Az.: 4 U 51/05–79; OLG
Thüringen, B. v. 30. 10. 2006 – Az.: 9 Verg 4/06; VK Baden-Württemberg, B. v. 29. 6. 2009 –
Az.: 1 VK 27/09; 3. VK Bund, B. v. 21. 5. 2007 – Az.: VK 3–40/07; VK Münster, B. v. 13. 2.
2008 – Az.: VK 29/07; VK Nordbayern, B. v. 24. 1. 2008 – Az.: 21.VK – 3194 – 52/07; 1. VK
Sachsen, B. v. 26. 7. 2001 – Az.: 1/SVK/73-01; VK Schleswig-Holstein, B. v. 10. 10. 2007 –
Az.: VK-SH 20/07; VK Südbayern, B. v. 19. 1. 2009 – Az.: Z3-3-3194-1-39–11-08; B. v.
30. 1. 2001 – Az.: 09-05/00).

110.8.6.2.2 Reaktionsmöglichkeiten der Bieter. Die Bieter haben die **Möglichkeit,** 9966
diesen Antrag anzunehmen oder abzulehnen (VK Baden-Württemberg, B. v. 29. 6. 2009
– Az.: 1 VK 27/09).

Eine **Annahme** ist dann **nicht mehr möglich, wenn der Bieter schon zuvor deutlich** 9967
gemacht hat, dass er sich nicht mehr an sein Angebot gebunden fühlt. Maßgeblich ist
insoweit, wie ein objektiver Empfänger in der Situation des Auftraggebers die entsprechenden
Bietererklärungen verstehen kann (3. VK Bund, B. v. 21. 5. 2007 – Az.: VK 3–40/07).

Bieter, die sich mit der Verlängerung der Zuschlags- und Bindefrist einverstanden erklärt haben, 9968
sind **bis zum Ablauf der neuen Zuschlags- und Bindefrist an ihre Angebote gebunden**
(VK Magdeburg, B. v. 14. 11. 2000 – Az.: 33–32571/07 VK 18/00 MD). Auf dieses **Angebot**
kann der **Zuschlag erteilt werden** (VK Saarland, B. v. 8. 7. 2003 – Az.: 1 VK 05/2003).

Die Tatsache, dass der Bieter auf eine Anfrage der Vergabestelle zwecks Verlängerung der 9969
Bindefrist hin **keine Erklärung abgibt, bedeutet nicht, dass der Bieter nunmehr kein**
Interesse mehr an dem Zuschlag hat. Das Unterlassen einer Einverständniserklärung mit der
Verlängerung der Bindefrist ist mehrdeutig. Dies kann auch bedeuten, dass sich der Bieter für
den Fall eines – für ihn aufgrund von Verzögerungen durch Nachprüfungsverfahren usw. zeitlich
oft nicht absehbaren – Zuschlags **nur nicht binden, sondern dann frei – unter Berück-**
sichtigung der dann geltenden Bedingungen, insbesondere seiner Auslastung – ent-
scheiden können will, ob er das in dem Zuschlag zu erblickenden Angebot der Ver-
gabestelle annehmen will oder nicht (OLG Düsseldorf, B. v. 25. 4. 2007 – Az.: VII – Verg
3/07; B. v. 20. 2. 2007 – Az.: VII – Verg 3/07). Vgl. dazu im Einzelnen die Kommentierung zu
→ § 107 GWB Rdn. 87 ff.

110.8.6.2.3 Verpflichtung des Auftraggebers zur Nachfrage, ob der wirtschaftlichste 9970
Bieter noch zu seinem Angebot steht. Da die **öffentliche Hand zur sparsamen und**
effizienten Verwendung der von den Bürgern aufgebrachten Mittel verpflichtet ist
(vgl. u. a. § 7 BHO), hat die in § 150 Abs. 1 BGB vorgesehene Möglichkeit zugleich eine **Ver-**
pflichtung des Auftraggebers zur Folge, entsprechend zu verfahren, wenn das Ange-
bot mit dem sachlichen Inhalt des alten Angebots das annehmbarste darstellt. Mit den
haushaltsrechtlichen Bindungen, denen öffentliche Auftraggeber unterliegen, ist es in der Regel
unvereinbar, ein preislich günstiges Angebot von der Wertung zur Auftragsvergabe nur deshalb
auszunehmen, weil auf es der Zuschlag nicht mehr durch einfache Annahmeerklärung erteilt
werden kann, sondern ein eigener entsprechender Antrag und die Annahme durch den Bieter
nötig sind (BGH, Urteil v. 28. 10. 2003 – Az.: X ZB 14/03; OLG Düsseldorf, B. v. 4. 2. 2009
– Az.: VII-Verg 70/08; B. v. 14. 5. 2008 – Az.: VII-Verg 17/08; OLG München, B. v. 23. 6.
2009 – Az.: Verg 08/09). Die **übrigen Bieter können auch nicht darauf vertrauen, dass**
ein Vertragsschluss wegen des Ablaufs der Bindefrist unterbleibt (OLG Düsseldorf, B. v.
14. 5. 2008 – Az.: VII-Verg 17/08).

110.8.6.3 Verpflichtung des Auftraggebers zur Zulassung neuer Angebote

Das OLG Thüringen lässt zwar keine Verlängerung einer bereits abgelaufenen Bindefrist zu, 9971
kommt aber im Ergebnis zu dem gleichen Ergebnis. Nach Ansicht des OLG Thüringen ist es
jedenfalls **(auch) Sache der Vergabestelle, für die Einhaltung der Zuschlagsfrist Sorge**
zu tragen. Deshalb wird man eine **Obliegenheit** annehmen müssen, nach der sie **rechtzeitig**
vor Ablauf einer in den Ausschreibungsbedingungen festgelegten Bindefrist auf alle
Bieter mit dem Ziel einer Fristverlängerung zuzugehen hat, wenn sich abzeichnet, dass
diese aus bestimmten Gründen (z. B. wegen der Einleitung eines Nachprüfungsverfahrens) nicht

2023

eingehalten werden kann. Zwar liegt es daneben (auch) im Verantwortungsbereich des einzelnen Bieters, die ununterbrochene Bindung an sein Angebot sicherzustellen und ein Erlöschen im Sinne des § 146 BGB zu verhindern. Doch spricht zumindest unter **Gleichbehandlungsgesichtspunkten** viel dafür, **eine Ausschreibung nicht schon vorschnell** an dem – möglicherweise durch ein laufendes Nachprüfungsverfahren in den Hintergrund geratenen und daher von allen Verfahrensbeteiligten unter Einschluss der Vergabestelle übersehenen – Umstand scheitern zu lassen, dass die Angebote sämtlicher Bieter wegen Überschreitens der Bindefrist erloschen sind. Es wäre mit dem Ziel des effektiven Wettbewerbsschutzes kaum vereinbar, in einem solchen Falle die Ausschreibung aufzuheben und der Vergabestelle zu gestatten, freihändig den Zuschlag zu erteilen. Da **weder eine Bevorzugung noch eine Benachteiligung eines einzelnen Bieters zu besorgen** ist, liegt es vielmehr unter den genannten Vorzeichen auf der Hand, die Vergabestelle noch nachträglich zu verpflichten, die Bindefrist mit gleicher Wirkung für alle Bieter neu zu bestimmen und diesen die Chance zu geben, sämtliche – obschon gem. § 146 BGB formal erloschenen – Angebote mit identischem Inhalt erneut einzureichen, und der Ausschreibung auf diese Weise ihren Fortgang zu geben (OLG Thüringen, B. v. 30. 10. 2006 – Az.: 9 Verg 4/06; VK Schleswig-Holstein, B. v. 10. 10. 2007 – Az.: VK-SH 20/07; im Ergebnis ebenso 2. VK Bund, B. v. 26. 2. 2007 – Az.: VK 2–09/07).

110.8.6.4 Zugang der Annahmeerklärung des Bieters beim Auftraggeber

9972 Um einen wirksamen Liefer- oder Dienstleistungsvertrag zu schließen, muss der Bieter die verspätete Annahmeerklärung des öffentlichen Auftraggebers, die ja ein neues Angebot darstellt, annehmen und diese **Annahme muss dem Auftraggeber wiederum zugehen** (1. VK Sachsen, B. v. 26. 7. 2001 – Az.: 1/SVK/73-01).

9973 Spätestens zum Zeitpunkt der Aufnahme der Arbeiten durch den Bieter ist von einem Vertragsschluss durch konkludentes Handeln auszugehen (VK Halle, B. v. 13. 3. 2001 – Az.: VK Hal 23/99).

110.8.6.5 Hinweis

9974 Die übrigen Ausführungen zur **Verlängerung der Zuschlags- und Bindefrist vor Ablauf** gelten auch für die **Verlängerung der Zuschlags- und Bindefrist nach Ablauf**. Vgl. daher die Kommentierung → Rdn. 54 ff.

110.8.7 Literatur

9975 – Bornheim, Helmerich/Badelt, Thomas, Verzögerte Zuschlagserteilung bei öffentlichen Bauaufträgen – zivilrechtliche Folgen, ZfBR 2008, 249
– Breyer, Wolfgang/Burdinski, Michael, Rechtsfolgen der Änderung von ausgeschriebenen Ausführungsfristen im Zuschlagsschreiben (1), VergabeR 2007, 38
– Bitterich, Klaus, Tücken des Vertragsschlusses nach prüfungsbedingt verzögertem Vergabeverfahren, NZBau 2007, 354
– Diehr, Uwe, Der Gestaltungsspielraum des öffentlichen Auftraggebers bei verschobenem Zuschlag nach Bindefristverlängerung, ZfBR 2007, 657
– Hormann, Carsten, Vertragsanpassung nach verzögerter Zuschlagserteilung – Zugleich Anmerkung zu BGH, Urteil vom 11. Mai 2009 – VII ZR 11/08, ZfBR 2009, 529
– Kapellmann, Klaus, Der Anspruch auf Bauzeitverlängerung und auf Mehrvergütung bei verschobenem Zuschlag – und, was „recht und billig" ist, NZBau 2007, 401
– Kapellmann, Klaus, Zeitliche und geldliche Folgen eines nach Verlängerung der Bindefrist erteilten Zuschlags, NZBau 2003, 1
– Kuhn, Christian, Zur Erstattungsfähigkeit von Mehrkosten infolge nachprüfungsbedingt verzögerter Zuschlagerteilung, ZfBR 2007, 741
– Leinemann, Ralf, Die neue Rechtsprechung des BGH zum Vergabeverfahrensrisiko, NJW 2010, 471
– Leinemann, Ralf, Zu Inhalt und Umfang des Vergabeverfahrensrisikos, BauR 2009, 1032
– Markus, Jochen, Proportionale Anpassung der Ausführungsfristen bei verlängerter Zuschlags- und Bindefrist, NZBau 2008, 561

- Pauly, Holger, Zu Wesen und Umfang der Mehrvergütungsansprüche des Auftragnehmers im Falle eines nach verlängerter Zuschlagsfrist erteilten Zuschlags, BauR 2009, 560
- Peters, Frank, Die behindernde Wirkung eines Nachprüfungsverfahrens, NZBau 2010, 156
- Schellenberg, Martin, Nachtragsschleusen geöffnet – Bundesgerichtshof: Preissteigerungen berücksichtigen, Behörden Spiegel Juni 2009, 23
- Tomic, Alexander, Vergabeverzögerung – Bauzeitänderung, NZBau 2010, 5
- Verfürth, Frank, Mehrkosten bei verspätetem Zuschlag – Vermeidungsstrategien öffentlicher Auftraggeber, NZBau 2010, 1
- Vogelheim, Markus, Das Kooperationsgebot und die verzögerte Vergabe, NVwZ 2008, 1209
- Wessel, Markus, Bauzeitverzögerungen, Ausführungsfristen und „Zeitpuffer", ZfBR 2010, 527

110.9 Zurückziehung von Angeboten (§ 10 Abs. 2)

110.9.1 Allgemeines

Bis zum Ablauf der Angebotsfrist können Angebote in allen für deren Einreichung vorgesehenen Formen zurückgezogen werden. Die **Formen der Einreichung eines Angebots** sind wiederum **in § 13 Abs. 1 definiert** (schriftliche Angebote, elektronische Angebote und Angebote mittels Telekopie). Vgl. daher die Kommentierung zu → § 13 VOL/A Rdn. 19 ff.

110.9.2 Möglichkeit der Zurückziehung durch Abgabe eines unvollständigen Angebots?

Ein Bieter, der **kein annahmefähiges Angebot** abgegeben hat, weil in seinem Angebot in der Ausschreibung geforderte Erklärungen fehlen (z. B. eine Nachunternehmererklärung), ist an sein Angebot nicht gebunden. Räumt man diesem Bieter die Möglichkeit ein, über sein Angebot nach Angebotsergänzung zu disponieren (z. B. Ergänzung des Angebots), hätte es dieser infolge seines nicht annahmefähigen Angebots nicht gebundene Bieter nach dem Eröffnungstermin in der Hand, in Kenntnis des Ergebnisses der Ausschreibung sein Angebot entweder durch Nachreichen der im Angebot nicht enthaltenen Erklärung annahmefähig zu machen oder durch die Weigerung, sein Angebot entsprechend den Anforderungen der Ausschreibung zu vervollständigen, den Ausschluss des Angebots herbeizuführen **und somit sein Angebot faktisch auch nach Ablauf der Angebotsfrist zurückzuziehen**. Da dem Bewerber somit nur unter Schädigung des Wettbewerbs die Möglichkeit eingeräumt werden könnte, sein Angebot durch Nachholung der fehlenden Erklärungen zu vervollständigen, ist **in diesen Fällen das Angebot auszuschließen** (BayObLG, B. v. 19. 3. 2002 – Az.: Verg 2/02; VK Nordbayern, B. v. 13. 11. 2002 – Az.: 320.VK-3194-35/02; VK Südbayern, B. v. 1. 7. 2003 – Az.: 22-06/03, B. v. 12. 3. 2003 – Az.: 04-02/03).

Diese **Rechtsprechung ist durch die VOL/A 2009**, die in § 16 Abs. 2 VOL/A dem Bieter ausdrücklich die Möglichkeit einräumt, fehlende geforderte Erklärungen und Nachweise nachzureichen, **überholt**.

110.9.3 Änderung von Angeboten

Auch **nachträgliche Korrekturen eines Angebotes sind nur bis zum Ablauf der Angebotsfrist möglich**, um letztlich eine Gleichbehandlung aller Bieter zu gewährleisten (2. VK Bund, B. v. 10. 10. 2002 – Az.: VK 2–76/02; VK Münster, B. v. 25. 2. 2003 – Az.: VK 01/03).

111. § 11 VOL/A – Grundsätze der Informationsübermittlung

(1) **Die Auftraggeber geben in der Bekanntmachung oder den Vergabeunterlagen an, ob Informationen auf dem Postweg, mittels Telekopie, direkt, elektronisch oder durch eine Kombination dieser Kommunikationsmittel übermittelt werden.**

Teil 4 VOL/A § 11 Vergabe- und Vertragsordnung für Leistungen Teil A

(2) Das für die elektronische Übermittlung gewählte Netz muss allgemein verfügbar sein und darf den Zugang der Bewerber oder Bieter zu den Vergabeverfahren nicht beschränken. Die dafür zu verwendenden Programme und ihre technischen Merkmale müssen

– allgemein zugänglich,

– kompatibel mit allgemein verbreiteten Erzeugnissen der Informations- und Kommunikationstechnologie und

– nichtdiskriminierend

sein.

(3) Die Auftraggeber haben dafür Sorge zu tragen, dass den interessierten Unternehmen die Informationen über die Anforderungen an die Geräte, die für die elektronische Übermittlung der Anträge auf Teilnahme und der Angebote erforderlich sind, einschließlich Verschlüsselung zugänglich sind.

111.1 Änderungen in der VOL/A 2009

9980 § 11 VOL/A 2009 entspricht § 16 Nr. 4, 5 und 6 VOL/A 2006. Inhaltlich erfolgten keine Änderungen, sondern nur redaktionelle Klarstellungen.

111.2 Angabe der Kommunikationsmittel (§ 11 Abs. 1, Abs. 2)

111.2.1 Inhalt

9981 § 11 Abs. 1, Abs. 2 enthält die Regelung, dass die Auftraggeber in der Bekanntmachung oder den Vergabeunterlagen angeben, ob Informationen auf dem Postweg, mittels Telekopie, direkt, elektronisch oder durch eine Kombination dieser Kommunikationsmittel übermittelt werden sowie die Verfügbarkeitsvoraussetzungen für die elektronische Kommunikation angeben. Diese **Regelung entspricht im Wesentlichen der Vorschrift des Art. 42 Abs. 1, 2 und 4 der Vergabekoordinierungsrichtlinie.**

111.2.2 Auswahl der Kommunikationsmittel

9982 Die **Auswahl des Kommunikationsmittels steht im Ermessen des Auftraggebers**. § 11 Abs. 1 VOL/A verlangt lediglich, dass die Kommunikationsmittel den Bietern bekannt gegeben werden. Der **Auftraggeber muss sich nicht auf ein ausschließliches Kommunikationsmittel festlegen oder gar alle angegebenen Kommunikationsmittel kumulativ anwenden. Es obliegt dem Bieter sicherzustellen, dass er über alle angegebenen Kommunikationswege erreichbar ist** und die übermittelten Informationen auch beachtet. Gibt z. B. der Auftraggeber an, dass Informationen zur Ausschreibung auch elektronisch übermittelt werden, ist die Übermittlung neuer Informationen im Wege einer E-Mail-Benachrichtigung vergaberechtskonform (3. VK Bund, B. v. 5. 2. 2008 – Az.: VK 3–17/08).

111.2.3 Information der auf einer Vergabeplattform registrierten Nutzer

9983 Es liegt **kein Verstoß gegen das Gleichbehandlungsgebot darin, dass Bieter, die auf einer Vergabeplattform registriert sind, in etwas anderer Art und Weise** von neuen **Informationen in Kenntnis gesetzt werden, als Bieter, die die Vergabeunterlagen nur postalisch angefordert haben,** wenn der einzige Unterschied darin besteht, dass Bieter, die die Vergabeunterlagen nur postalisch angefordert haben, die geänderten Vergabeunterlagen direkt als Dateianhang erhalten, während bei den auf der Vergabeplattform registrierten Bietern die E-Mail auf die auf der Vergabeplattform zur Verfügung stehenden Informationen weiterverweist. Hier ist also **zusätzlich der Zwischenschritt über das Login auf der Vergabeplattform erforderlich, um Zugriff auf die geänderten Vergabeunterlagen zu erhalten.** Dieser Unterschied ist minimal und durch die technischen Anforderungen bei der Nutzung der Internetplattform bedingt. Die Bieter haben die Wahl, ob sie sich des Systems der Vergabeplattform mit seinen spezifischen Anforderungen bedienen wollen oder nicht. Sie werden bei der

Registrierung auf der Plattform durch die Teilnahmebedingungen von der beabsichtigten Vorgehensweise bei erforderlichen Mitteilungen über das Vergabeverfahren in Kenntnis gesetzt. Eine Benachteiligung der betroffenen Bieter ist damit nicht verbunden, **zumal mit der Registrierung auf der Vergabeplattform auch spezifische Vorteile verbunden** sind, beispielsweise können die Vergabeunterlagen kostenlos heruntergeladen werden und die Formulare können direkt elektronisch ausgefüllt werden (3. VK Bund, B. v. 5. 2. 2008 – Az.: VK 3–17/08).

111.3 Literatur

– Graef, Eberhard, Rechtsfragen zur Kommunikation und Informationsübermittlung im neuen Vergaberecht, NZBau 2008, 34 9984

112. § 12 VOL/A – Bekanntmachung, Versand der Vergabeunterlagen

(1) Öffentliche Ausschreibungen, Beschränkte Ausschreibungen mit Teilnahmewettbewerb und Freihändige Vergaben mit Teilnahmewettbewerb sind in Tageszeitungen, amtlichen Veröffentlichungsblättern, Fachzeitschriften oder Internetportalen bekannt zu machen. Bekanntmachungen in Internetportalen müssen zentral über die Suchfunktion des Internetportals www.bund.de ermittelt werden können.

(2) Aus der Bekanntmachung müssen alle Angaben für eine Entscheidung zur Teilnahme am Vergabeverfahren oder zur Angebotsabgabe ersichtlich sein. Sie enthält mindestens:

a) die Bezeichnung und die Anschrift der zur Angebotsabgabe auffordernden Stelle, der den Zuschlag erteilenden Stelle sowie der Stelle, bei der die Angebote oder Teilnahmeanträge einzureichen sind,

b) die Art der Vergabe,

c) die Form, in der Teilnahmeanträge oder Angebote einzureichen sind,

d) Art und Umfang der Leistung sowie den Ort der Leistungserbringung,

e) gegebenenfalls die Anzahl, Größe und Art der einzelnen Lose,

f) gegebenenfalls die Zulassung von Nebenangeboten,

g) etwaige Bestimmungen über die Ausführungsfrist,

h) die Bezeichnung und die Anschrift der Stelle, die die Vergabeunterlagen abgibt oder bei der sie eingesehen werden können.

i) die Teilnahme- oder Angebots- und Bindefrist,

j) die Höhe etwa geforderter Sicherheitsleistungen,

k) die wesentlichen Zahlungsbedingungen oder Angabe der Unterlagen, in denen sie enthalten sind,

l) die mit dem Angebot oder dem Teilnahmeantrag vorzulegenden Unterlagen, die die Auftraggeber für die Beurteilung der Eignung des Bewerbers oder Bieters verlangen,

m) sofern verlangt, die Höhe der Kosten für Vervielfältigungen der Vergabeunterlagen bei Öffentlichen Ausschreibungen,

n) die Angabe der Zuschlagskriterien, sofern diese nicht in den Vergabeunterlagen genannt werden.

(3) Die Vergabeunterlagen sind zu übermitteln

a) bei Öffentlicher Ausschreibung an alle anfordernden Unternehmen,

b) bei Beschränkter Ausschreibung mit Teilnahmewettbewerb und Freihändiger Vergabe mit Teilnahmewettbewerb an die Unternehmen, die einen Teilnahmeantrag gestellt haben, geeignet sind und ausgewählt wurden, oder

c) bei Beschränkter Ausschreibung und Freihändiger Vergabe ohne Teilnahmewettbewerb an die Unternehmen, die von den Auftraggebern ausgewählt wurden.

Teil 4 VOL/A § 12 Vergabe- und Vertragsordnung für Leistungen Teil A

(4) **Die Namen der Unternehmen, die Vergabeunterlagen erhalten oder eingesehen haben, sind vertraulich zu behandeln.**

112.1 Änderungen in der VOL/A 2009

9985 In § 12 Abs. 1 Satz 1 sind **alle Ausschreibungsformen mit Richtung auf eine unbestimmte Anzahl von potenziellen Bewerbern bzw. Bietern aufgenommen** worden.

9986 **§ 12 Abs. 1 Satz 2** sieht zwingend eine Verknüpfung von Bekanntmachungen in Internetportalen **mit dem Internetportal des Bundes** www.bund.de vor.

9987 **§ 12 Abs. 2** enthält zwingende Mindestangaben für den Inhalt der Bekanntmachung. Insoweit werden alle Bekanntmachungen für alle Ausschreibungsformen zusammengefasst.

9988 **§ 12 Abs. 3** wurde **inhaltlich klarer** gefasst.

9989 Die **Vorschrift des § 17 Nr. 4 VOL/A 2006** über die Regelung der **Abgabe der Vergabeunterlagen in doppelter bzw. einfacher Ausfertigung** wurde **ersatzlos gestrichen**.

9990 Ebenso wurde die **Vorschrift des § 17 Nr. 6 VOL/A 2006** über die Regelung von **zusätzlichen sachdienlichen Auskünften** und **wichtigen Aufklärungen** wurde **ersatzlos gestrichen**.

112.2 Vergleichbare Regelungen

9991 Der **Vorschrift des § 12 VOL/A** vergleichbar sind im Bereich der VOL/A **§ 15 EG VOL/A**, im Bereich der VOB **§§ 12, 12 a VOB/A** und im Bereich der VOF **§ 9 VOF**. Die Kommentierungen zu diesen Vorschriften können daher ergänzend zu der Kommentierung des § 12 herangezogen werden.

112.3 Bieterschützende Vorschrift

9992 Die **Bestimmungen über die Veröffentlichung von Vergabevorhaben besitzen generell bieterschützende, die Diskriminierungsfreiheit sichernde Wirkung** (BGH, Urteil v. 27. 11. 2007 – Az.: X ZR 18/07; VK Südbayern, B. v. 26. 11. 2002 – Az.: 46-11/02, B. v. 18. 3. 2002 – Az.: 04-02/02) dahingehend, dass durch die Veröffentlichung gesichert werden soll, dass **ein möglichst breiter Markt von der Vergabeabsicht Kenntnis erlangen und sich an den Ausschreibungen beteiligen** kann. Die **Beschränkung auf nationale oder gar regionale Märkte unter Ausgrenzung externer Marktteilnehmer soll vermieden** werden. Es besteht dementsprechend ein Anspruch auf Information über die Vergabevorhaben, der nach § 97 Abs. 7 GWB einklagbar ist. Die Bestimmungen über die Veröffentlichung haben zudem **insbesondere in ihrer konkreten Bestimmung der Inhalte der Veröffentlichung nach den Bekanntmachungsmustern und der Festlegung, was mindestens zu den Verdingungsunterlagen gehört** sowie, **in welcher Form sie den Bewerbern auszuhändigen sind, bieterschützende Wirkung** zur Sicherung der Gleichbehandlung und wiederum der Diskriminierungsfreiheit, damit die Bewerber ihre Angebote auf dem Stand gleicher Information und gleicher Chancen abgeben können. Hierzu gehört auch die Chancengleichheit hinsichtlich der verfügbaren Zeit zur Erstellung des kompletten Angebotes (VK Düsseldorf, B. v. 17. 10. 2003 – Az.: VK – 31/2003 – L; VK Münster, B. v. 21. 8. 2003 – Az.: VK 18/03).

112.4 Sinn und Zweck der Vorschriften über die Vergabebekanntmachung

9993 Bei den Vorschriften über die Vergabebekanntmachung handelt es sich **nicht um reine Formvorschriften, sondern um Ordnungsbestimmungen, die die Transparenz des grenzüberschreitenden Wettbewerbs in der EG fördern** und die ungerechtfertigte Bevorzugung von Unternehmen durch die Vergabestellen des eigenen Landes erschweren sollen (BayObLG, B. v. 4. 2. 2003 – Az.: Verg 31/02 – für die öffentliche Ausschreibung; VK Südbayern, B. v. 18. 3. 2002 – Az.: 04-02/02).

9994 § 12 Abs. 1 VOL/A sieht eine Pflicht zur Bekanntmachung öffentlicher Ausschreibungen beispielsweise durch Tageszeitungen, amtliche Veröffentlichungsblätter oder Internetportale vor. **Dadurch soll** – nicht anders als durch die EU-weite Ausschreibung nach § 15 EG VOL/A –

2028

ein transparentes und am Wettbewerbsprinzip orientiertes Vergabeverfahren gefördert werden (BayObLG, B. v. 4. 2. 2003 – Az.: Verg 31/02; VK Brandenburg, B. v. 22. 5. 2008 – Az.: VK 11/08).

Die Bekanntmachung soll außerdem potentiell am Auftrag interessierten Unternehmen eine **sachgerechte Entscheidung darüber** ermöglichen, ob sie sich **am Vergabeverfahren beteiligen wollen** (OLG Düsseldorf, B. v. 9. 3. 2007 – Az.: VII – Verg 5/07; 1. VK Sachsen, B. v. 26. 3. 2008 – Az.: 1/SVK/005–08; 2. VK Sachsen-Anhalt, B. v. 10. 6. 2009 – Az.: VK 2 LVwA LSA – 13/09). 9995

Ausschreibungsunterlagen sollen möglichst ungehindert zeitnah, vollständig und richtig den an der Vergabe des Auftrags interessierten Unternehmen zur Kenntnis gebracht werden. Es besteht daher ein **öffentliches Interesse** daran, dass diese Unterlagen nicht nur hinsichtlich der einzelnen, sonst nicht ohne weiteres zugänglichen Ausschreibungsunterlagen, sondern gerade auch in deren vollständiger Zusammenstellung in einer (gedruckten und online zugänglichen) Datenbank von Dritten ungehindert genutzt werden können. Würde der Datenbankschutz dazu führen, dass die in der Datenbank zusammengestellten Ausschreibungsunterlagen lediglich den Abonnenten des entsprechenden Informationsdienstes eines Bundeslandes zugänglich wären, bestünde die Gefahr, dass Unternehmen aus anderen Teilen des Bundesgebietes oder aus anderen Mitgliedstaaten der Europäischen Union auf die Ausschreibung nicht aufmerksam würden. Damit wäre der Wettbewerb, der durch die Ausschreibung eröffnet werden soll, möglicherweise eingeschränkt (BGH, B. v. 28. 9. 2006 – Az.: I ZR 261/03). 9996

112.5 Rechtsprechung des EuGH und des EuG zu Bekanntmachungen von Ausschreibungen unterhalb der Schwellenwerte

Vgl. dazu die Kommentierung zu → § 100 GWB Rdn. 40 ff. 9997

112.6 Auslegung der Vergabebekanntmachung

112.6.1 Allgemeines

Die **Bekanntmachung** ist **nach den §§ 133, 157 BGB auszulegen**. Hierbei kommt es (ebenso wie für Auslegung von Vergabe- und Vertragsunterlagen) allein auf die Frage an, wie die Bekanntmachung von Seiten der potentiellen Bieter und Bewerber zu verstehen ist – **objektiver Empfängerhorizont** – (OLG Düsseldorf, B. v. 24. 5. 2006 – Az.: VII – Verg 14/06; OLG München, B. v. 10. 9. 2009 – Az.: Verg 10/09; B. v. 16. 6. 2009 – Az.: Verg 07/09; 2. VK Bund, B. v. 5. 6. 2003 – Az.: VK 2–42/03; VK Düsseldorf, B. v. 19. 4. 2007 – Az.: VK – 10/2007 – B; VK Hessen, B. v. 8. 7. 2008 – Az.: 69 d VK – 29/2008; VK Südbayern, 31. 7. 2009 – Az.: Z3-3-3194-1-35–06/09). Für die Auslegung ist der **Wortlaut und der Gesamtzusammenhang der Regelungen maßgebend** (VK Hessen, B. v. 8. 7. 2008 – Az.: 69 d VK – 29/2008). 9998

Da es sich **bei Vergabebekanntmachungen nicht um fachrechtliche Veröffentlichungen** handelt, die formaljuristischen Voraussetzungen entsprechen müssen, sondern um allgemeinverständliche Vorgaben zu Angebotsvoraussetzungen an einen unbestimmten Bieterkreis, haben **Begriffsauslegungen des Bekanntmachungstextes vorrangig mit Blick auf das Verständnis des durchschnittlichen Bieters** zu erfolgen. Etwaige dem allgemeinen Sprachgebrauch entgegenstehende **terminologische Besonderheiten**, die sich ausschließlich aus spezifischen Fachgesetzen ergeben, **haben dahinter zurückzutreten** (VK Berlin, B. v. 15. 7. 2009 – Az.: VK – B 1–16/09; 3. VK Bund, B. v. 24. 8. 2010 – Az.: VK 3–78/10). 9999

Für die Auslegung der Bekanntmachung ist unerheblich, welchen Inhalt die später den Bietern übersandten Vertragsunterlagen hatten. Für die Bekanntmachung **auslegungsrelevant sind nur solche die Umstände, die bis zur Veröffentlichung gegeben waren**. Nur bis dahin hervorgetretene Umstände können bedeutsam dafür sein, wie die Bekanntmachung zu dem maßgebenden Zeitpunkt ihrer Veröffentlichung objektiv zu verstehen war und welchen Inhalt sie deshalb hatte und fortan behielt. Hat eine Vergabebekanntmachung einen bestimmten (durch Auslegung) festgestellten Inhalt, kann dieser nicht durch die später übersandten Vertragsunterlagen verändert werden. **Abweichende Vergabe- und Vertragsunterlagen werfen (nur noch) die Frage auf, ob sie eine zulässige Konkretisierung der Bekanntmachung** 10000

Teil 4 VOL/A § 12 Vergabe- und Vertragsordnung für Leistungen Teil A

darstellen (was zurückhaltend zu beurteilen ist) oder **ob sie als unbeachtlich zu verwerfen** sind, weil es für das richtige Verständnis der Bekanntmachung grundsätzlich nur auf den Inhalt der Vergabebekanntmachung ankommen kann (OLG Düsseldorf, B. v. 24. 5. 2006 – Az.: VII – Verg 14/06; VK Südbayern, B. v. 21. 4. 2009 – Az.: Z3-3-3194-1-09-02/09).

10001 **Anderer Auffassung** ist die **3. VK Bund.** Für die **Auslegung dessen, was der Auftraggeber vorgegeben hat** – zwingend z. B. das Fabrikat ... oder auch vergleichbare Produkte – ist **nicht nur isoliert auf die Bekanntmachung abzustellen**, zumal es sich bei diesen Vorgaben um keine Angaben handelt, die zwingend in die Bekanntmachung aufzunehmen sind. **Relevant ist vielmehr eine Gesamtschau aller Vorgaben.** Für den sachverständigen Bieter – und auf dessen Empfängerhorizont ist für die Auslegung dessen, was der Auftraggeber vorgegeben hat, gemäß §§ 133, 157 BGB abzustellen – war letztendlich erkennbar, dass auch andere Produkte als z. B. ... angeboten werden konnten, so sie vergleichbar sind (3. VK Bund, B. v. 22. 1. 2010 – Az.: VK 3–235/09).

112.6.2 Beispiele aus der Rechtsprechung

10002 – der Wortlaut des Ausschreibungstextes spricht davon, dass zunächst für den Bieter oder die Mitglieder der Bietergemeinschaft selbst die unter III.2.3 a)-d) genannten Nachweise beizubringen sind. Darüber hinaus sind diese Nachweise, also die in a) – d) genannten, auch für die Nachunternehmer der Bieter beizubringen. Der **Wortlaut des Ausschreibungstextes unter e) ist nach dem objektiven Empfängerhorizont klar und eindeutig so zu verstehen, dass die zuvor aufgeführten Nachweise, also alle in a)-d) genannten Nachweise bzw. Erklärungen, auch für die durch den Bieter benannten Nachunternehmer zu erbringen** waren. Eine unklare oder missverständliche Formulierung des Passus unter d), welche mehrere Interpretationsmöglichkeiten bietet, liegt nicht vor (VK Düsseldorf, B. v. 19. 4. 2007 – Az.: VK – 10/2007 – B)

– schreibt der öffentliche Auftraggeber einen **Auftrag mit einer Leistungszeit von 36 Monaten** aus und fordert er zulässigerweise bestimmte Eignungsnachweise, müssen die **Eignungsnachweise auch ohne besonderen Hinweis die gesamte Vertragslaufzeit abdecken** (OLG Düsseldorf, B. v. 24. 5. 2006 – Az.: VII – Verg 14/06)

112.7 Bindung des Auftraggebers an die Bekanntmachung

10003 Grundsätzlich ist die **Vergabestelle an ihre Bekanntmachung gebunden; sie kann sich allenfalls in engen Grenzen durch „widersprechende" bzw. konkretisierende Vertragsunterlagen von diesen Festlegungen befreien.** Insbesondere ist zu bedenken, dass potentielle Bewerber nicht nur nach Erhalt der Vertragsunterlagen darüber entscheiden, ob sie ein Angebot abgeben oder nicht. Eine **negative Entscheidung treffen viele potentielle Bewerber nämlich schon aufgrund der Bekanntmachung.** Das betrifft nicht nur solche Bewerber, die wegen einer fehlenden oder fehlerhaften Bekanntmachung keine Kenntnis von dem Vergabevorgang haben), sondern auch solche Bewerber, für die von vornherein feststeht, dass sie ausschließlich (z. B. wegen ihres beschränkten Leistungsspektrums) Nebenangebote abgeben können. Diese Bewerber werden schon aufgrund einer solchen Bekanntmachung, die isolierte Nebenangebote ausschließt, von einer Bewerbung und bereits von einer Anforderung der Ausschreibungsunterlagen Abstand nehmen. Würde die Vergabestelle nachträglich doch z. B. auf das bereits bekannt gemachte Erfordernis eines Hauptangebotes verzichten, so würde dadurch der Wettbewerb zu Lasten dieser Bieter (und zu Gunsten derjenigen, die die Anforderungen der Bekanntmachung nicht ernst nehmen) verzerrt werden. Im Ergebnis könnte es dem Auftraggeber also gestattet sein, die Bedingungen der Bekanntmachung gegebenenfalls in einem verschärfenden Sinne zu konkretisieren, eine **nachträgliche Aufhebung dieser Bedingungen durch die Leistungsbeschreibung aber wäre ihr aus Gründen des Gleichbehandlungs- und Transparenzgebotes nicht mehr erlaubt.** Dies wäre nur bei einer vorherigen Korrektur der Bekanntmachung möglich (OLG Düsseldorf, B. v. 27. 10. 2010 – Az.: VII-Verg 47/10; OLG Hamburg, B. v. 24. 9. 2010 – Az.: 1 Verg 2/10; 2. VK Bund, B. v. 19. 4. 2010 – Az.: VK 2–23/10; B. v. 5. 6. 2003 – Az.: VK 2–42/03; 3. VK Bund, B. v. 24. 7. 2009 – VK 3–136/09; 1. VK Sachsen, B. v. 10. 11. 2006 – Az.: 1/SVK/096-06; VK Südbayern, B. v. 21. 4. 2009 – Az.: Z3-3-3194-1-09-02/09; B. v. 19. 1. 2009 – Az.: Z3-3-3194-1-41–11-08; B. v. 19. 1. 2009 – Az.: Z3-3-3194-1-39–11-08; im Ergebnis ebenso OLG Düsseldorf, B. v. 9. 3. 2007 – Az.: VII – Verg 5/07).

112.8 Bekanntmachungen von öffentlichen Ausschreibungen, beschränkten Ausschreibungen und freihändigen Vergaben mit Teilnahmewettbewerb (§ 12 Abs. 1)

112.8.1 Änderung in der VOL/A

Um alle Formen der Ausschreibungen, die sich an einen unbestimmten Kreis von potenziellen Bewerbern oder Bietern wenden, zu erfassen, wurde **in § 12 Abs. 1 Satz 1 neben der öffentlichen Ausschreibung auch die beschränkte Ausschreibung mit Teilnahmewettbewerb und die freihändige Vergabe mit Teilnahmewettbewerb aufgenommen.** 10004

112.8.2 Begriff der Bekanntmachung

Unter „Bekanntmachung" ist **nicht nur die Bekanntmachung im Supplement zum Amtsblatt der Europäischen Gemeinschaften** zu verstehen, sondern **jede Bekanntgabe einer öffentlichen Ausschreibung in Tageszeitungen oder in einem amtlichen Veröffentlichungsblatt** (KG Berlin, B. v. 10. 10. 2002 – Az.: 2 KartVerg 13/02). 10005

112.8.3 Wahl des Bekanntmachungsmediums

112.8.3.1 Allgemeines

Bekanntmachungen erfolgen in der Praxis **in Druckmedien oder elektronischen Medien** (sei es auf der Homepage des öffentlichen Auftraggebers oder in Sammelportalen). 10006

112.8.3.2 Auswahl des Bekanntmachungsmediums

Bei der Wahl des Publikationsorgans hat der Auftraggeber darauf zu achten, dass **mit dem gewählten Medium die in Betracht kommenden Wirtschaftskreise erreicht werden**. Entsprechend dem Sinn und Zweck der öffentlichen Ausschreibung muss **ein ausreichend großer, prinzipiell unbeschränkter Bewerberkreis angesprochen** werden. Deshalb kann etwa die Bekanntmachung allein in einem nur regional verbreiteten Veröffentlichungsblatt im Einzelfall unzureichend sein (BayObLG, B. v. 4. 2. 2003 – Az.: Verg 31/02). Um die für eine Ausschreibung erforderliche Publizität zu erreichen, **kann es erforderlich sein, die Bekanntmachung mit demselben Inhalt in verschiedenen Bekanntmachungsorganen zu veröffentlichen**. Eine **Veröffentlichung in einer Fachzeitschrift** wird in Betracht kommen, wenn ein **fachspezifischer Bieterkreis ohne regionale Begrenzung erreicht** werden soll (VK Brandenburg, B. v. 22. 5. 2008 – Az.: VK 11/08). 10007

Es verstößt also gegen Vergaberecht, wenn der zu erstrebende Wettbewerb durch die Veröffentlichung der **Ausschreibung in einer Lokalzeitung unzulässigerweise auf Bewerber beschränkt wird, die in einer bestimmten Region bzw. in bestimmten Orten ansässig** sind. Die in einer Tageszeitung veröffentlichte Ausschreibung muss überregionalen Wettbewerb zulassen. Die **Forderung nach Wettbewerb steht auch gleichberechtigt neben dem Ziel, mit Haushaltsmitteln sparsam zu wirtschaften.** Die Ausschreibung darf nicht ihrer Funktion als Auswahlverfahren zur Ermittlung des wirtschaftlichsten Angebots beraubt werden und die Mitbewerber um ihre Chance bringen, im Leistungswettbewerb um den Auftrag zu kämpfen (OVG Schleswig-Holstein, Urteil v. 23. 8. 2001 – Az: 4 L 5/01). 10008

Nach der **Rechtsprechung des EuGH bedeutet die Verpflichtung zur transparenten Bekanntmachung**, dass **alle interessierten Unternehmen vor der Vergabe Zugang zu angemessenen Informationen über den jeweiligen Auftrag haben müssen**. Ein **wichtiges Kriterium** in diesem Zusammenhang ist die **Marktrelevanz des Auftrages**, die sich insbesondere aus dem Auftragsgegenstand ergibt. Sind z. B. Gegenstand der Ausschreibung Laboratoriumsuntersuchungen, muss das vom Auftraggeber gewählte Bekanntmachungsorgan das spezielle Fachgebiet ansprechen, auf dem sich die Ausschreibung bewegt, um die notwendige Breitenwirkung zu erzielen. Das ist **bei Laboratoriumsuntersuchungen z. B. das Deutsche Ärzteblatt oder die Zeitschrift Laboratoriumsmedizin** (VK Brandenburg, B. v. 22. 5. 2008 – Az.: VK 11/08). 10009

112.8.3.3 Bedeutung einer EU-weiten Bekanntmachung

Mit der **EU-weiten Bekanntmachung nach § 15 EG VOL/A wird bereits der territorial weitestgehende Verbreitungsgrad** erreicht. Sinn und Zweck der Publizitätspflicht 10010 erfordern eine **Parallelveröffentlichung in inländischen Veröffentlichungsblättern jedenfalls nicht generell**. Mag auch im Einzelfall eine zusätzliche inländische Bekanntmachung durchaus sinnvoll erscheinen, so ist doch eine allgemeine rechtliche Verpflichtung hierzu zu verneinen. Die **Veröffentlichung im Amtsblatt der EG erfüllt im Regelfall zugleich die Anforderungen des § 12 VOL/A**. Dabei kann offen bleiben, ob das Amtsblatt der EG nicht ohnehin unter den Wortlaut „amtliche Veröffentlichungsblätter" in § 12 Abs. 1 VOL/A fällt, da es sich zwar nicht um ein inländisches, aber im Inland Geltung beanspruchendes amtliches Veröffentlichungsblatt handelt. Jedenfalls wird **durch die Veröffentlichung im Amtsblatt der EG die durch § 12 VOL/A bezweckte Publizität und Transparenz in der erforderlichen Breitenwirkung hergestellt** und damit dem Sinn des § 12 VOL/A Rechnung getragen (BayObLG, B. v. 4. 2. 2003 – Az.: Verg 31/02).

112.8.3.4 Elektronische Bekanntmachung

10011   Für öffentliche **Aufträge ab den Schwellenwerten** hat die Rechtsprechung klar gestellt, dass eine **elektronische Bekanntmachung ausreichend** ist. Das Supplement zum Amtsblatt der Europäischen Gemeinschaften, in dem alle EU-weiten Ausschreibungen erscheinen, wird seit April 1999 nicht mehr in gedruckter, sondern ausschließlich in elektronischer Form auf zwei Arten zur Verfügung gestellt, nämlich über das Internet mit Zugriff auf die Ausschreibungs-Datenbank TED (http://ted.europa.eu) und auf einer im Abonnement erhältlichen CD-Rom. Die TED-Datenbank ist einfach handhabbar und ermöglicht eine gezielte, auf die individuellen Bedürfnisse des Unternehmers zugeschnittene Suche nach ihn interessierenden Ausschreibungen. Angesichts der allgemeinen Verbreitung elektronischer Mittel im Wirtschaftsleben kann davon ausgegangen werden, dass eine **regelmäßige Datenbank-Recherche über Internet auch für mittlere und kleine Unternehmen keine unzumutbare Hürde** darstellt (BayObLG, B. v. 4. 2. 2003 – Az.: Verg 31/02).

10012   Über eine **elektronische Veröffentlichungsplattform kann zwar ein großer Auftraggeberkreis und ungehinderter Zugang zu Ausschreibungen gewährleistet** werden. Dieses **Bekanntmachungsmedium genügt** nach dem Regelungszweck des § 12 VOL/A nur dann den **Anforderungen der Transparenz**, wenn dem **durchschnittlichen Nutzer des Internets auch der entsprechende Internetauftritt des Auftraggebers bekannt** ist. Intransparenz wird dann anzunehmen sein, wenn sich Bekanntmachungen nur zufällig oder mit großem Aufwand finden lassen. Dass z. B. sich eine am 1. Januar 2008 eröffnete Vergabeplattform zum Zeitpunkt einer Ausschreibung Anfang 2008 im Internetverkehr bereits durchgesetzt hat, ist angesichts der kurzen Nutzungsdauer und der erst nach Nutzungsbeginn erfolgten Bekanntmachung über die Internetplattform fraglich. Dies gilt auch vor dem Hintergrund der unübersichtlichen Zersplitterung des Bekanntmachungsmarktes, auf dem der Bund, fast jedes Bundesland und jede mittelgroße Kleinstadt Bekanntmachungen zu Ausschreibungen über das Internet zur Verfügung stellen (VK Brandenburg, B. v. 22. 5. 2008 – Az.: VK 11/08).

112.8.3.5 Verlinkung mit dem Internetportal www.bund.de (§ 12 Abs. 1 Satz 2)

10013   Nach § 12 Abs. 1 Satz 2 müssen Bekanntmachungen in Internetportalen zentral über die **Suchfunktion des Internetportals www.bund.de** ermittelt werden können. **Sinn und Zweck** dieser Regelung ist es, eine möglichst umfassende Bekanntmachungsplattform aufzubauen, um den **Suchaufwand der Unternehmen** nach Ausschreibungen **möglichst in Grenzen** zu halten.

112.8.4 Unterschiedliche Inhalte von Bekanntmachungen derselben Ausschreibung

10014   Ein **Bewerber muss darauf vertrauen können, dass die Bekanntmachungsvorschriften vollständig beachtet werden**, insbesondere dass die Aufforderung zur Angebotsabgabe alle in der VOL/A genannten Angaben enthält und insofern vollständig ist. **Der Bewerber braucht auch z. B. die Aufforderung zur Angebotsabgabe nicht anhand einer anderen Veröffentlichung**, z. B. der europaweiten Vergabebekanntmachung auf ihre Vollständigkeit **zu überprüfen** (VK Münster, B. v. 18. 1. 2005 – VK 32/04; B. v. 21. 8. 2003 – Az.: VK 18/03).

112.8.5 Bezeichnung einer „Öffentlichen Ausschreibung" als „Offenes Verfahren"

10015   Nicht jede ungenaue oder falsche Angabe in der Bekanntmachung beeinträchtigt die Transparenz des Vergabeverfahrens und macht dieses fehlerhaft. **Erforderlich ist, dass bei den Bewerbern **Unklarheiten über die Modalitäten der Ausschreibung aufkommen können**. Hieran fehlt es u. a. dann, wenn in einer im Amtsblatt der EG zu veröffentlichenden Ausschreibung von „Öffentlicher Ausschreibung" statt von einem „Offenen Verfahren" die Rede ist. Dies muss erst recht gelten, wenn die europaweite Publikation unter Nennung der richtigen Verfahrensart erfolgt und lediglich in den nationalen Publikationsorganen die Verfahrensart fehlerhaft bezeichnet wird. Eine Aufhebung und erneute Ausschreibung ist nicht erforderlich (VK Schleswig-Holstein, B. v. 5. 8. 2004 – Az.: VK-SH 19/04). Dies muss auch für den umgekehrten Fall gelten.

112.8.6 Vorrang des Inhalts der Bekanntmachung gegenüber den Vertragsunterlagen

Die **Bekanntmachung** kann **nicht als bloßer unverbindlicher Vorläufer vor den Vertragsunterlagen** angesehen werden. Ansonsten könnte der Auftraggeber durch den Inhalt der Anforderungen in seiner Bekanntmachung Unternehmen von der weiteren Befassung mit dem Vergabeverfahren abhalten, obwohl in seinen Vertragsunterlagen völlig andere Anforderungen gestellt werden. **Vorrangig ist deshalb die Veröffentlichung, die gegenüber abweichenden Vertragsunterlagen verbindlich** ist (OLG München, B. v. 12. 11. 2010 – Az.: Verg 21/10; VK Arnsberg, B. v. 2. 7. 2010 – Az.: VK 12/10; VK Düsseldorf, B. v. 21. 5. 2007 – Az.: VK – 13/2007 – B). Andernfalls könnte ein **Verstoß gegen den Gleichbehandlungsgrundsatz und das Wettbewerbsprinzip** vorliegen, weil Bieter, welche aufgrund der europäischen Bekanntmachung die Vergabeunterlagen wegen der fehlenden Möglichkeit von Varianten nicht angefordert haben, gegenüber den Bietern benachteiligt würden, welche die Unterlagen anfordern (OLG München, B. v. 12. 11. 2010 – Az.: Verg 21/10). 10016

Im Falle **widersprüchlicher oder mehrdeutiger Formulierungen** geht der **Inhalt der Bekanntmachung den Aussagen in den Verdingungsunterlagen vor** (OLG München, B. v. 12. 11. 2010 – Az.: Verg 21/10; VK Düsseldorf, B. v. 14. 8. 2006 – Az.: VK – 32/2006 – B). 10017

112.8.7 Erläuternde Hinweise der VOL/A 2009

Die Auftraggeber können im Amtsblatt der Europäischen Gemeinschaften (Adresse siehe § 15 EG Abs. 2) Hinweise auf die Vergabe von Liefer- oder Dienstleistungsaufträgen veröffentlichen, die unterhalb der EU-Schwellenwerte liegen. 10018

Internetportale im Sinne des § 12 sind Internetseiten, die verschiedene regelmäßig benötigte Dienste bündeln oder eine Übersicht für den Einstieg in einen Themenkomplex schaffen. Über in aller Regel leicht bedienbare, sichere und personalisierbare Zugangssysteme erhält der Anwender mit Rücksicht auf seine jeweiligen Zugriffsberechtigungen einen internetbasierten Zugang zu Informationen, Anwendungen, Prozessen und Personen, die auf den durch das Portal erschlossenen Systemen verfügbar sind.

112.8.8 Literatur

– Drügemöller, Albert, Elektronische Bekanntmachungen im Vergaberecht, NVwZ 2007, 177   10019

112.9 Inhalt der Bekanntmachung (§ 12 Abs. 2)

112.9.1 Änderung in der VOL/A 2009

§ 12 Abs. 2 VOL/A 2009 schreibt im Gegensatz zur VOL/A 2006 **bestimmte Mindestinhalte** der Bekanntmachung für alle Ausschreibungsformen mit vorheriger Bekanntmachung **zwingend** vor. 10020

112.9.2 Notwendiger Inhalt

112.9.2.1 Grundsatz

§ 12 Abs. 2 arbeitet in § 12 Abs. 2 Satz 1 **einmal mit einer Generalklausel** („Aus der Bekanntmachung müssen alle Angaben für eine Entscheidung zur Teilnahme am Vergabeverfahren 10021

Teil 4 VOL/A § 12 Vergabe- und Vertragsordnung für Leistungen Teil A

oder zur Angebotsabgabe ersichtlich sein") und **zum anderen** in § 12 Abs. 2 Satz 2 **mit bestimmten Mindestinhalten.**

10022 § 12 Abs. 2 Satz 1 ist insoweit **identisch mit** § 8 Abs. 1 Satz 1 (notwendiger Inhalt der Vergabeunterlagen).

112.9.2.2 Mindestinhalt der Bekanntmachung

10023 112.9.2.2.1 Adressdaten (§ 12 Abs. 2 Satz 2 lit. a). Nach dieser Regelung sind die **Bezeichnung** und die **Anschrift** der zur Angebotsabgabe auffordernden Stelle, der den Zuschlag erteilenden Stelle sowie der Stelle, bei der die Angebote oder Teilnahmeanträge einzureichen sind, anzugeben.

10024 Diese **verschiedenen Stellen** können **in einer Institution zusammenfallen**, sie können aber auch z. B. bei einer Rahmenvereinbarung mit mehreren Auftraggebern und der Beteiligung eines freiberuflichen Büros für die Durchführung des Ausschreibungsverfahrens **zwei oder drei Institutionen umfassen.**

10025 112.9.2.2.2 **Form der Teilnahmeanträge oder Angebote (§ 12 Abs. 2 Satz 2 lit. c).** Diese Angabe ist **neu in die VOL/A 2009 aufgenommen** worden.

10026 Die **Formen der Einreichung eines Angebots** sind **in** § 13 Abs. 1 definiert (auf dem Postweg oder direkt eingereichte Angebote, elektronische Angebote und Angebote mittels Telekopie). Vgl. insoweit die Kommentierung zu → § 13 Rdn. 20 ff.

10027 Die **Form der Einreichung eines Teilnahmeantrags ist im ersten Abschnitt der VOL/A nicht definiert.** Dagegen **enthält** § 14 EG VOL/A 2009 eine **Auflistung** der Formen der Teilnahmeanträge (schriftliche Teilnahmeanträge, elektronische Teilnahmeanträge, Teilnahmeanträge mittels Telekopie und telefonische Teilnahmeanträge). Es sind **keine Gründe ersichtlich**, diese **Formen nicht auch für Verfahren unterhalb der Schwellenwerte zuzulassen.**

10028 112.9.2.2.3 **Art und Umfang der Leistung sowie Ort der Leistungserbringung (§ 12 Abs. 2 Satz 2 lit. d).** Nach § 12 Abs. 2 Satz 2 lit. d) VOL/A sind Art und Umfang der auszuschreibenden Leistung in der Vergabebekanntmachung anzugeben. **Nicht erforderlich** ist die **Angabe der Einzelheiten der zu erbringenden Leistungen.** Notwendig sind aber erschöpfende Angaben, anhand denen sich die Unternehmen ein Bild vom Auftrag machen und abschätzen können, **ob sich dieser Auftrag zur Abgabe eines Angebots eignet** (VK Brandenburg, B. v. 25. 4. 2003 – Az.: VK 21/03).

10029 Bekanntmachungen über den Inhalt eines öffentlichen Auftrags müssen so genau sein, dass der **wesentliche Inhalt des öffentlichen Auftrags davon umfasst** ist; wesentliche zusätzliche Arbeiten (z. B. der Bau neuer Autobahnfahrstreifen) **führen zu einer erneuten Bekanntmachungspflicht** (EuGH, Urteil v. 22. 4. 2010 – Az.: C-423/07).

10030 § 12 Abs. 2 Satz 2 lit. d) VOL/A verlangt **nur, dass Art und Umfang der Leistung in der Bekanntmachung anzugeben sind.** Das entspricht der Anforderung in Art. 9 Abs. 4 und Anhang IV der Richtlinie 93/36/EWG in der Fassung der Richtlinie 2001/78/EG, die Gesamtmenge oder den Gesamtumfang des Auftrags klar anzugeben. **Hieraus folgt aber nicht, dass auch der sich hieraus nach Schätzung der Vergabestelle ergebende Auftragswert zu benennen ist.** „Menge" bzw. „Umfang" sind den konkreten Beschaffungsbedarf beschreibende und konkretisierende Angaben, während für die Angabe des sich hieraus ergebenden Auftragswertes zusätzlich eine sich auf diese Menge bzw. diesen Umfang beziehende Kalkulation erforderlich ist. Die Notwendigkeit dieser Angabe folgt daher nicht aus den zitierten Vorschriften der Richtlinien 93/36/EWG und 2001/78/EG (Hanseatisches OLG Bremen, B. v. 26. 6. 2009 – Az.: Verg 3/2005). **Auch für die Vergabekoordinierungsrichtlinie folgt weder aus Art. 36 noch aus Anhang VII Teil A Nr. 6 eine entsprechende Verpflichtung.**

10031 112.9.2.2.4 **Anzahl, Größe und Art der einzelnen Lose (§ 12 Abs. 2 Satz 2 lit. e).** 112.9.2.2.4.1 **Bedeutung für den Entschluss zur Angebotsabgabe.** Die Angabe, dass nicht nach einzelnen Losen vergeben werden soll, ist **für die Kalkulation des Bieters von Bedeutung** (3. VK Bund, B. v. 21. 9. 2004 – Az.: VK 3–110/04; B. v. 16. 9. 2004 – Az.: VK 3–104/04). Wer für mehrere Fach- oder Teillose ein Angebot abgeben kann, wird möglicherweise günstiger kalkulieren können (VK Baden-Württemberg, B. v. 14. 9. 2001 – Az.: 1 VK 24/01).

10032 112.9.2.2.4.2 **Bekanntmachungsformular.** Ist eine losweise Ausschreibung erfolgt und **kommt nach den Vorstellungen des Auftraggebers sowohl eine Gesamtlosvergabe als** auch eine losweise Vergabe in Betracht, so sollen die Bieter sowohl auf die Gesamtleistung als auch auf mehrere Lose als auch auf ein einzelnes Los anbieten, d.h. es **müssen im Bekanntmachungsformular alle drei Alternativen angekreuzt** werden (OLG Naumburg, Urteil v. 2. 7. 2009 – Az.: 1 U 5/09).

112.9.2.2.4.3 Sonstiges. Aus der in der Aufforderung zur Angebotsabgabe enthaltenen Formulierung: „**Losweise Vergabe bleibt vorbehalten**" ergibt sich, dass sowohl eine Gesamtvergabe möglich bleiben soll **als auch eine losweise Vergabe** als zusätzliche Möglichkeit eingeführt werden soll (3. VK Bund, B. v. 21. 9. 2004 – Az.: VK 3–110/04; B. v. 16. 9. 2004 – Az.: VK 3–104/04). 10033

Unterteilt ein öffentlicher Auftraggeber einen Auftrag in Lose und ergibt sich aus der Vergabebekanntmachung zugleich, dass er sowohl eine Einzellosvergabe als auch eine Gesamtlosvergabe in Betracht zieht, so **begründet allein die Angabe in der Aufforderung zur Angebotsabgabe, dass ein Angebot nur auf ein einzelnes Los erfolgen kann, kein schutzwürdiges Vertrauen eines Bieters dahin, dass die Auftragsvergabe zwingend auf die jeweiligen Einzellose erfolgen wird**. Dies gilt jedenfalls dann, wenn der öffentliche Auftraggeber Nebenangebote auch in der Form zugelassen hat, dass sich das Angebot sich auf mehrere Lose bezieht (OLG Naumburg, Urteil v. 2. 7. 2009 – Az.: 1 U 5/09). 10034

112.9.2.2.4.4 Bekanntgabe auch der später auszuschreibenden Lose? Bei der **getrennten Ausschreibung und Vergabe eines einzelnen Loses ist den Bietern nicht bekannt zu geben, dass der Gesamtbedarf ein weiteres, getrennt ausgeschriebenes und zu vergebendes Los umfasst.** Dies kann zwar kalkulationsrelevant sein, weil bei der Preisermittlung für das erste Angebot die reelle Chance auf die Erteilung des Zuschlags für den nachfolgenden Leistungszeitraum mit berücksichtigt werden kann. Im Ergebnis wird damit aber die Eröffnung einer Spekulationsmöglichkeit begehrt, denn es ist völlig unsicher, wer den Zuschlag für den Zweitauftrag erhält. Dies ist **vom Schutzzweck des Transparenzgebots jedoch nicht umfasst.** Die Eröffnung solcher Spekulationsmöglichkeiten steht der Vergleichbarkeit der Angebote der beteiligten Bieter und damit den Grundsätzen der Gleichbehandlung und Transparenz geradezu entgegen: Um eine möglichst weitgehende Vergleichbarkeit der abgegebenen Angebote zu erreichen, sind durch das Vergaberecht nicht nur Pflichten für den Auftraggeber, z.B. bei der Gestaltung der Leistungsbeschreibung, festgelegt. Vielmehr ist auch der Bieter gehalten, seine Preise seriös und auskömmlich zu kalkulieren (3. VK Bund, B. v. 29. 9. 2005 – Az.: VK 3–121/05). 10035

112.9.2.2.5 Zulassung von Nebenangeboten (§ 12 Abs. 2 Satz 2 lit. f). § 12 Abs. 2 Satz 2 lit. f) ist neu in die VOL/A 2009 aufgenommen worden. 10036

Die Regelung korrespondiert mit § 8 Abs. 4, wonach die Auftraggeber Nebenangebote zulassen können. **Fehlt eine entsprechende Angabe in der Bekanntmachung oder den Vergabeunterlagen, sind keine Nebenangebote zugelassen.** 10037

112.9.2.2.6 Verlangte Nachweise für die Beurteilung der Eignung der Bieter (§ 12 Abs. 2 Satz 2 lit. l). 112.9.2.2.6.1 Grundsätzliche Benennung der Eignungsanforderungen in der Bekanntmachung. Aus § 12 Abs. 2 Satz 2 lit. l) VOL/A folgt, dass **allein die Anforderung der Nachweise gemäß der Vergabebekanntmachung rechtlich verbindlich** ist, ohne dass der Auftraggeber von diesen Forderungen im Rahmen des Aufforderungsschreibens abweichen darf (OLG Celle, B. v. 31. 7. 2008 – Az.: 13 Verg 3/08; OLG Düsseldorf, B. v. 23. 6. 2010 – Az.: VII-Verg 18/10; B. v. 29. 4. 2009 – Az.: VII-Verg 73/08; B. v. 12. 3. 2008 – Az.: VII – Verg 56/07; OLG Frankfurt, B. v. 15. 7. 2008 – Az.: 11 Verg 4/08; B. v. 10. 6. 2008 – Az.: 11 Verg 3/08; OLG Hamburg, B. v. 24. 9. 2010 – Az.: 1 Verg 2/10; Thüringer OLG, B. v. 21. 9. 2009 – Az.: 9 Verg 7/09; 2. VK Bund, B. v. 19. 4. 2010 – Az.: VK 2–23/10; 3. VK Bund, B. v. 6. 2. 2008 – Az.: VK 3–11/08; B. v. 5. 2. 2008 – Az.: VK 3–23/08; B. v. 5. 2. 2008 – Az.: VK 3–08/08; B. v. 18. 1. 2007 – Az.: VK 3–150/06; B. v. 22. 11. 2004 – Az.: VK 3–203/04; VK Düsseldorf, B. v. 21. 5. 2007 – Az.: VK – 13/2007 – B; B. v. 19. 4. 2007 – Az.: VK – 10/2007 – B; VK Rheinland-Pfalz, B. v. 20. 4. 2010 – Az.: VK 2–7/10; VK Thüringen, B. v. 17. 3. 2009 – Az.: 250–4003.20–650/2009-003-EF). **Über die Vergabebekanntmachung hinausgehende Nachweise** im Aufforderungsschreiben oder in den Vergabeunterlagen **dürfen nicht gefordert**, ihre Nichtvorlage somit auch **nicht bei der Angebotswertung berücksichtigt** werden. Beides liefe den Vorgaben des Transparenz- und des Gleichbehandlungsgebots nach § 97 Abs. 1 und 2 GWB zuwider, in dessen Lichte die Vorschriften der VOL/A auszulegen und zu handhaben sind (OLG Celle, B. v. 31. 7. 2008 – Az.: 13 Verg 3/08; OLG Düsseldorf, B. v. 23. 6. 2010 – Az.: VII-Verg 18/10; B. v. 29. 4. 2009 – Az.: VII-Verg 73/08; B. v. 12. 3. 2008 – Az.: VII – Verg 56/07; B. v. 18. 10. 2006 – Az.: VII – 10038

Teil 4 VOL/A § 12 Vergabe- und Vertragsordnung für Leistungen Teil A

Verg 35/06; OLG Hamburg, B. v. 24. 9. 2010 – Az.: 1 Verg 2/10; Thüringer OLG, B. v. 21. 9. 2009 – Az.: 9 Verg 7/09; 1. VK Bund, B. v. 27. 8. 2008 – Az.: VK 1–102/08; B. v. 11. 7. 2008 – Az.: VK 1–75/08; 2. VK Bund, B. v. 19. 4. 2010 – Az.: VK 2–23/10; B. v. 21. 9. 2009 – Az.: VK 2–126/09; 3. VK Bund, B. v. 18. 1. 2007 – Az.: VK 3–150/06; B. v. 13. 10. 2004 – Az.: VK 3–194/04; B. v. 20. 7. 2004 – Az.: VK 3–80/04; VK Düsseldorf, B. v. 2. 6. 2008 – Az.: VK 15/2008 – L; B. v. 16. 2. 2006 – Az.: VK – 02/2006 – L; B. v. 28. 11. 2005 – Az.: VK – 40/2005 – B; VK Münster, B. v. 12. 5. 2009 – Az.: VK 5/09; B. v. 21. 12. 2005 – Az.: VK 25/05; B. v. 18. 1. 2005 – VK 32/04; VK Rheinland-Pfalz, B. v. 20. 4. 2010 – Az.: VK 2–7/10; 1. VK Sachsen, B. v. 22. 7. 2010 – Az.: 1/SVK/022-10; VK Thüringen, B. v. 17. 3. 2009 – Az.: 250–4003.20-650/2009-003-EF; B. v. 23. 9. 2005 – Az.: 360–4002.20-007/05-NDH).

10039   Eine Abweichung von den Vorgaben des § 12 Abs. 2 Satz 2 lit. l) VOL/A ist **nur in Ausnahmefällen bei Vorliegen eines zwingenden Grundes möglich** (OLG Frankfurt, B. v. 15. 7. 2008 – Az.: 11 Verg 4/08).

10040   **Verweist der Auftraggeber in der Vergabebekanntmachung** hinsichtlich der vorzulegenden Eignungsunterlagen **lediglich auf die Vergabeunterlagen** und **fordert er die Vorlage bestimmter Eignungsunterlagen erstmals in den Vergabeunterlagen**, ist dies nach Art. 44 Abs. 2 UA 3 Richtlinie 2004/18/EG **unzulässig** (OLG Düsseldorf, B. v. 23. 6. 2010 – Az.: VII-Verg 18/10).

10041   **112.9.2.2.6.2 Zulässigkeit lediglich einer Konkretisierung. Der öffentliche Auftraggeber ist nicht verpflichtet, sämtliche Einzelheiten** z. B. seiner Nachweisforderungen **schon in der Bekanntmachung anzugeben.** Es reicht vielmehr aus, wenn der Auftraggeber in der Vergabebekanntmachung angibt, welche Nachweise er von den Bietern fordert. Ein darüber hinausgehender Inhalt der Vergabebekanntmachung, insbesondere die Auflistung und Konkretisierung von Nachweisen mit weiteren Einzelheiten, muss nicht in der Bekanntmachung, sondern **kann in den Vertragsunterlagen erfolgen** (OLG Celle, B. v. 31. 7. 2008 – Az.: 13 Verg 3/08; OLG Düsseldorf, B. v. 27. 10. 2010 – Az.: VII-Verg 47/10; B. v. 23. 6. 2010 – Az.: VII-Verg 18/10; B. v. 29. 4. 2009 – Az.: VII-Verg 73/08; B. v. 13. 8. 2008 – Az.: VII-Verg 28/08; B. v. 4. 6. 2008 – Az.: VII-Verg 21/08; B. v. 23. 1. 2008 – Az.: VII – Verg 36/07; B. v. 2. 5. 2007 – Az.: VII – Verg 1/07; B. v. 18. 10. 2006 – Az.: VII – Verg 35/06; B. v. 9. 7. 2003 – Az.: Verg 26/03; OLG Frankfurt, B. v. 26. 8. 2008 – Az.: 11 Verg 8/08; B. v. 15. 7. 2008 – Az.: 11 Verg 4/08; B. v. 10. 6. 2008 – Az.: 11 Verg 3/08; OLG Hamburg, B. v. 24. 9. 2010 – Az.: 1 Verg 2/10; OLG Rostock, B. v. 16. 1. 2008 – Az.: 17 Verg 3/07; Thüringer OLG, B. v. 21. 9. 2009 – Az.: 9 Verg 7/09; VK Arnsberg, B. v. 7. 10. 2009 – Az.: VK 23/09; VK Brandenburg, B. v. 17. 9. 2009 – Az.: VK 21/08; 1. VK Bund, B. v. 27. 8. 2008 – Az.: VK 1–102/08; B. v. 11. 7. 2008 – Az.: VK 1–75/08; 2. VK Bund, B. v. 19. 4. 2010 – Az.: VK 2–23/10; B. v. 21. 9. 2009 – Az.: VK 2–126/09; B. v. 13. 6. 2007 – Az.: VK 2–51/07; 3. VK Bund, B. v. 6. 2. 2008 – Az.: VK 3–11/08; B. v. 5. 2. 2008 – Az.: VK 3–23/08; B. v. 5. 2. 2008 – Az.: VK 3–08/08; B. v. 20. 11. 2007 – Az.: VK 3–136/07; VK Düsseldorf, B. v. 21. 1. 2009 – Az.: VK – 43/2008 – L; VK Münster, B. v. 23. 10. 2003 – Az.: VK 19/03; VK Rheinland-Pfalz, B. v. 20. 4. 2010 – Az.: VK 2–7/10; 1. VK Sachsen, B. v. 10. 11. 2006 – Az.: 1/SVK/096-06; VK Schleswig-Holstein, B. v. 27. 7. 2006 – Az.: VK-SH 17/06; VK Südbayern, B. v. 21. 4. 2009 – Az.: Z3-3-3194-1-09-02/09). Ein transparentes Vergabeverfahren und die Gleichbehandlung aller Bieter ist ohne weiteres dann noch sichergestellt, wenn der Auftraggeber in der Bekanntmachung mitteilt, welche der Nachweise die Bieter beizubringen haben, und er die **weiteren Einzelheiten dieser Nachweisanforderung sodann in den Vertragsunterlagen näher konkretisiert** (OLG Düsseldorf, B. v. 27. 10. 2010 – Az.: VII-Verg 47/10; B. v. 29. 4. 2009 – Az.: VII-Verg 73/08; B. v. 12. 3. 2008 – Az.: VII – Verg 56/07; OLG Frankfurt, B. v. 15. 7. 2008 – Az.: 11 Verg 4/08; B. v. 10. 6. 2008 – Az.: 11 Verg 3/08; OLG Hamburg, B. v. 24. 9. 2010 – Az.: 1 Verg 2/10; Thüringer OLG, B. v. 21. 9. 2009 – Az.: 9 Verg 7/09; 1. VK Bund, B. v. 11. 7. 2008 – Az.: VK 1–75/08; 2. VK Bund, B. v. 19. 4. 2010 – Az.: VK 2–23/10; VK Düsseldorf, B. v. 23. 4. 2007 – Az.: VK – 09/2007 – B; VK Münster, B. v. 21. 12. 2005 – Az.: VK 25/05; B. v. 18. 1. 2005 – VK 32/04; VK Rheinland-Pfalz, B. v. 20. 4. 2010 – Az.: VK 2–7/10; 1. VK Sachsen, B. v. 18. 6. 2009 – Az.: 1/SVK/017-09; B. v. 5. 5. 2009 – Az.: 1/SVK/009-09).

10042   **Sinn und Zweck** z. B. **der Bezeichnung der Eignungsnachweise** in der Bekanntmachung ist es nämlich, dem an der Auftragsvergabe potentiell interessierten Unternehmen eine **sachgerechte Entscheidung darüber zu ermöglichen, ob sie sich am Vergabeverfahren beteiligen**, also der Verdingungsunterlagen anfordern wollen (OLG Düsseldorf, B. v. 9. 3. 2007 – Az.: VII – Verg 5/07; B. v. 2. 5. 2007 – Az.: VII – Verg 1/07; OLG Frankfurt, B. v. 15. 7. 2008 – Az.: 11 Verg 4/08; B. v. 10. 6. 2008 – Az.: 11 Verg 3/08; OLG Hamburg, B. v. 24. 9. 2010 –

Az.: 1 Verg 2/10; OLG Naumburg, B. v. 2. 7. 2009 – Az.: 1 Verg 2/09; Thüringer OLG, B. v. 21. 9. 2009 – Az.: 9 Verg 7/09; 2. VK Bund, B. v. 19. 4. 2010 – Az.: VK 2–23/10; VK Düsseldorf, B. v. 21. 1. 2009 – Az.: VK – 43/2008 – L; VK Rheinland-Pfalz, B. v. 20. 4. 2010 – Az.: VK 2–7/10; 1. VK Sachsen, B. v. 22. 7. 2010 – Az.: 1/SVK/022-10; 2. VK Sachsen-Anhalt, B. v. 10. 6. 2009 – Az.: VK 2 LVwA LSA – 13/09; VK Thüringen, B. v. 17. 3. 2009 – Az.: 250–4003.20–650/2009-003-EF).

Ein öffentlicher Auftraggeber kann sich also die Auswahl und Bekanntgabe der geforderten Eignungsnachweise nicht für die Zeit der Versendung der Vertragsunterlagen vorbehalten. Der Interessent für einen bekannt gemachten Auftrag soll bereits aus der Vergabebekanntmachung und „auf den ersten Blick" das formelle Anforderungsprofil der Bewerbungsbedingungen erkennen können, um eine Entscheidung über die – oft sogar kostenträchtige – Anforderung der Vergabeunterlagen treffen zu können. Dem **liegt die Vorstellung zugrunde, dass ein Unternehmen u. U. eine Vielzahl von Vergabebekanntmachungen durchsieht und zunächst „grob sortiert", auf welche Bekanntmachungen hin es sich meldet, und bei welchen Ausschreibungen es bereit ist, einen sukzessiv zunehmenden Aufwand zur Auftragserlangung zu betreiben**. Eine Entscheidung auf den „ersten Blick" ist nicht gewährleistet, wenn die Angabe der vorzulegenden Unterlagen erst in den noch anzufordernden Vertragsunterlagen vorbehalten wird (OLG Naumburg, B. v. 2. 7. 2009 – Az.: 1 Verg 2/09; 1. VK Sachsen, B. v. 22. 7. 2010 – Az.: 1/SVK/022-10). 10043

Der **Auftraggeber** muss sich also **bereits bei der Vergabebekanntmachung** darüber klar geworden sein, **ob und welche Nachweise er von den Bietern verlangen** will. In den **Vertragsunterlagen** kann er diese Anforderungen allenfalls dahingehend konkretisieren, ob und welche der in der Bekanntmachung angegebenen **Unterlagen er mit dem Angebot beigebracht** sehen oder ob er **hinsichtlich bestimmter Unterlagen auf eine solche Beibringung verzichten** und sich **vorbehalten will, diese zu gegebener Zeit nachzufordern** oder auf die **Vorlage ganz zu verzichten** (1. VK Sachsen, B. v. 9. 2. 2009 – Az.: 1/SVK/071-08). 10044

Der Auftraggeber muss sämtliche von ihm geforderten Eignungsnachweise in der Vergabebekanntmachung benennen. Diese können in anderen Unterlagen, z. B. Begleitdokumenten, lediglich präzisiert werden. Hierbei ist jedoch zu beachten, dass bereits aus der Vergabebekanntmachung erkennbar sein muss, ob für den Interessenten eine Bewerbung in Betracht kommt. So **hat beispielsweise der Auftraggeber die Anforderungen an Referenzen bereits genau in der Bekanntmachung zu beschreiben** (2. VK Sachsen-Anhalt, B. v. 10. 6. 2009 – Az.: VK 2 LVwA LSA – 13/09). 10045

Offener ist das Schleswig-Holsteinische Oberlandesgericht. Die **europaweite Vergabebekanntmachung schließt es nicht aus, dass zu einzelnen Anforderungen der Ausschreibung präzisierte Anforderungen angegeben werden**. Der Wortlaut der für das Aufforderungsschreiben zur Angebotsabgabe maßgeblichen Vorschrift in § 8 Abs. 1 Satz 1 VOL/A bestätigt dies, denn für dieses Schreiben wird verlangt, dass es „alle Angaben" enthält, die „für den Entschluss zur Abgabe eines Angebots notwendig sind". Damit ist klar, **dass die für die Abgabe eines wertungsfähigen Angebots zu erfüllenden Anforderungen allein auf der Grundlage der europaweiten Vergabebekanntmachung nicht abschließend zu bestimmen sind**. Bei Liefer- und Dienstleistungsausschreibungen ist das Anschreiben **(Aufforderung zur Angebotsabgabe) für die Bestimmung der geforderten Nachweise maßgeblich**. Es bedarf somit zur verlässlichen Bestimmung der mit der Abgabe eines Angebots verbundenen Anforderungen der Prüfung des Angebotsanforderungsschreibens i. S. d. § 8 Abs. 1 Satz 1 VOL/A und der diesem beigefügten Angaben (Schleswig-Holsteinisches OLG, B. v. 22. 5. 2006 – Az.: 1 Verg 5/06). Nach dieser Rechtsprechung muss die **Forderung z. B. nach Vorlage eines Gewerbezentralregisterauszugs nicht unbedingt in der Vergabebekanntmachung erfolgen**. 10046

Um dem Transparenzgebot und dem Diskriminierungsverbot zu genügen, muss eine Eignungsanforderung **auch so hinreichend klar und deutlich formuliert** sein, dass es einem **verständigen Bieter ohne eigene Interpretation eindeutig erkennbar wird, was ein öffentlicher Auftraggeber fordert**. Etwaige Unklarheiten dürfen nicht zu Lasten der Bieter gehen (OLG Frankfurt, B. v. 15. 7. 2008 – Az.: 11 Verg 4/08; B. v. 10. 6. 2008 – Az.: 11 Verg 3/08; OLG Düsseldorf, B. v. 12. 3. 2008 – Az.: VII – Verg 56/07; OLG Naumburg, B. v. 2. 7. 2009 – Az.: 1 Verg 2/09; 3. VK Bund, B. v. 24. 7. 2009 – Az.: VK 3–136/09; VK Düsseldorf, B. v. 7. 10. 2009 – Az.: VK – 31/2009 – L; B. v. 16. 2. 2006 – Az.: VK – 02/2006 – L; 1. VK Sachsen, B. v. 09. 2. 2009 – Az.: 1/SVK/071-08). 10047

Teil 4 VOL/A § 12 Vergabe- und Vertragsordnung für Leistungen Teil A

10048 Hat der **Auftraggeber in der europaweiten Bekanntmachung unter dem Punkt „Auftragsbedingungen" Eignungsnachweise verlangt, ist der Bieter verpflichtet, diese Eignungsnachweise mit dem Angebot einzureichen.** Es schadet nicht, dass sich das Erfordernis unter der Rubrik III 1 „Auftragsbedingungen" der Bekanntmachung befindet, nicht aber unter der Rubrik III 2 „Teilnahmebedingungen". Aus der Einteilung des Bekanntmachungs-Formulars in diese Rubriken kann nicht gefolgert werden, dass lediglich die Teilnahmebedingungen mit der Angebotsabgabe erfüllt werden müssen, nicht aber die Auftragsbedingungen. Eine solche Unterscheidung der Rechtsfolgen von Teilnahme- und Auftragsbedingungen ist nicht zu treffen (OLG Rostock, B. v. 16. 1. 2008 – Az.: 17 Verg 3/07).

10049 112.9.2.2.6.3 **Zulässigkeit des Verweises auf eine Checkliste?** Die **Rechtsprechung lässt** bisher **offen,** ob es ausreicht, wenn der **Auftraggeber in der Bekanntmachung der Eignungsanforderungen** lediglich auf eine den Vergabeunterlagen beigefügte Anlage „**Checkliste Eignungsanforderungen**" verweist. Diese Vorgehensweise hat den **Vorteil,** dass sie dem **Bieter eine klare Vorgabe an die Hand gibt** und die oft für den Bieter verwirrende Bezugnahme sowohl auf die Bekanntmachung als auch auf die Vertragsunterlagen vermeidet. Wenn **beinahe zeitgleich mit der Veröffentlichung der Bekanntmachung** die **Vertragsunterlagen kostenlos von der Vergabeplattform des Auftraggebers heruntergeladen** werden können, ist es **für die Bieter auch möglich, sich frühzeitig auf die Anforderungen im Einzelnen einstellen** (3. VK Bund, B. v. 6. 2. 2008 – Az.: VK 3–11/08; B. v. 5. 2. 2008 – Az.: VK 3–23/08; B. v. 5. 2. 2008 – Az.: VK 3–08/08).

10050 **Eher restriktiv** beurteilt dies die **VK Thüringen.** Ein Verstoß gegen die Pflicht der Nennung von Auswahlkriterien bereits in der Vergabebekanntmachung ist **auch nicht deshalb zu verneinen,** weil das durch die Bewerber auszufüllende sog. „**Formblatt**", spätestens mit diesem oder aufgrund seines Inhaltes, allen Bewerbern die Auswahlkriterien hätten bekannt sein müssen. Die **Verwendung eines** durch die Bewerber auszufüllenden **Formblattes ersetzt nicht** die notwendige **Bekanntgabe der verwendeten Auswahlkriterien** (VK Thüringen, B. v. 14. 11. 2003 – Az.: 216–4004.20–031/03-ABG).

10051 112.9.2.2.6.4 **Verbot der Änderung der bekannt gemachten Eignungskriterien.** Das **Verbot der Änderung der bekannt gemachten Eignungsnachweise** betrifft auch den **Fall, dass der Auftraggeber während der Angebotsabgabefrist** z. B. auf eine Bieternachfrage hin die **zusätzliche Unterzeichnung einer Eignungserklärung** (Umsatznachweis) fordert (OLG Düsseldorf, B. v. 2. 5. 2007 – Az.: VII – Verg 1/07). Will der Auftraggeber also die Eignungskriterien ändern, muss eine **neue Bekanntmachung** erfolgen.

10052 **Vergaberechtswidrig** ist es auch, wenn ein Auftraggeber sich vorbehält, **potentielle Bieter erstmals in den Verdingungsunterlagen darüber zu informieren, ob und ggfs. wie sie ihre Leistungsfähigkeit belegen sollen** (OLG Koblenz, B. v. 7. 11. 2007 – Az.: 1 Verg 6/07).

10053 **Vergaberechtswidrig** ist es auch, wenn der **Auftraggeber es versäumt, bei der Forderung des Mindestjahresumsatzes für die letzten 3 Jahre in der Vergabebekanntmachung die geforderte Höhe anzugeben.** Allein die Angabe in der Vergabebekanntmachung, dass ein Mindestumsatz gefordert wird, ist vage und unbestimmt. Hierdurch können die Interessenten nicht abschätzen, ob für sie eine Bewerbung sinnvoll ist. Benennt der Auftraggeber erst in den für den Teilnahmewettbewerb anzufordernden Begleitdokumenten die konkrete Höhe des Mindestumsatzes, kann dies **aufgrund der wesentlichen Bedeutung dieser Angabe** für die Interessenten nicht als Konkretisierung aus der Vergabebekanntmachung angesehen werden, sondern **als neue Forderung** (2. VK Sachsen-Anhalt, B. v. 10. 6. 2009 – Az.: VK 2 LVwA LSA – 13/09).

10054 **Nicht ausreichend** ist, wenn eine **Vergabestelle sämtlichen Bietern vor Angebotsabgabe mitteilt, dass ein bestimmter Nachweis nicht mehr vorzulegen** ist. Denn entscheidend und verbindlich ist die europaweite Bekanntmachung. Interessenten, die möglicherweise keinen solchen Nachweis vorlegen konnten, haben sich gegebenenfalls allein aufgrund dieser Bekanntmachung nicht mehr gemeldet. Insofern liegt ein **Verstoß gegen das Transparenz- und Gleichbehandlungsgebot vor, der im Ausschreibungsverfahren nicht heilbar** ist (VK Münster, B. v. 12. 5. 2009 – Az.: VK 5/09).

10055 112.9.2.2.6.5 **Ausnahme von dem Verbot der Änderung bekannt gemachter Eignungskriterien.** Allerdings darf der Auftraggeber **von der in der Vergabebekanntmachung enthaltenen Forderung, wonach bestimmte Eignungsnachweise mit dem Angebot vorzulegen sind, in der Aufforderung zur Abgabe eines Angebots abrücken und beispielsweise regeln, dass diese erst zu einem späteren Zeitpunkt vorzulegen** sind (z. B.

bei Auftragserteilung). Auch die **Art des vorzulegenden Nachweises kann er später – allerdings nur im Sinne einer Verringerung der Anforderungen – abweichend von der Bekanntmachung regeln.** An die Art des Nachweises **erhöhte (qualifizierte) Anforderungen darf er nachträglich in den Vergabeunterlagen demgegenüber nicht stellen** (KG Berlin, B. v. 20. 8. 2009 – Az.: 2 Verg 4/09; OLG Düsseldorf, B. v. 4. 6. 2008 – Az.: VII-Verg 21/08; Thüringer OLG, B. v. 21. 9. 2009 – Az.: 9 Verg 7/09; im Ergebnis ebenso VK Düsseldorf, B. v. 7. 10. 2009 – Az.: VK – 31/2009 – L).

Auch die **Nachforderung von Eignungsnachweisen**, die grundsätzlich in der Vergabebekanntmachung anzugeben sind, in den Vertragsunterlagen ist nur dann zulässig, wenn sich der **Auftraggeber die Nachforderung in der Vergabebekanntmachung vorbehalten hat** (LSG Nordrhein-Westfalen, B. v. 28. 4. 2009 – Az.: L 21 KR 40/09 SFB). 10056

112.9.2.2.6.6 Zeitpunkt, bis zu dem geforderte Eignungsnachweise vorgelegt werden müssen. Die **Richtlinie 2004/18/EG** des Europäischen Parlaments und des Rates vom 31. März 2004 über die Koordinierung der Verfahren zur Vergabe öffentlicher Bauaufträge, Lieferaufträge und Dienstleistungsaufträge **enthält in Art. 44 Abs. 2, Art. 47 ff. zum Zeitpunkt, bis zu dem die Unterlagen einzureichen sind, keine Vorschriften.** Nach Art. 51 kann der Auftraggeber den Bieter zwar auffordern, Bescheinigungen und Dokumente zu vervollständigen oder zu erläutern, was erst nach Ablauf der Angebotsfrist erfolgen kann, besagt aber nichts zu der Frage, ob die Bescheinigungen und Dokumente – die dann vervollständigt oder erläutert werden können – bereits in der Zeit bis zum Ablauf der Angebotsfrist eingereicht sein müssen oder nicht. Die **VOL/A verhält sich in § 12 Abs. 2 Satz 2 lit. l) gleichfalls nicht zu diesem Punkt** (OLG Düsseldorf, B. v. 6. 6. 2007 – Az.: VII – Verg 8/07; OLG München, B. v. 21. 8. 2008 – Az.: Verg 13/08; VK Düsseldorf, B. v. 7. 10. 2009 – Az.: VK – 31/2009 – L). 10057

Die **Vergabestelle ist auch nicht verpflichtet, die Vorlage einer Verpflichtungserklärung bereits in der Bekanntmachung der Ausschreibung zu verlangen.** Nach Artikel 47 Abs. 2 und 4, Artikel 48 Abs. 3 und 6 der Vergabekoordinierungsrichtlinie vom 31. 3. 2004 können **Nachweise zu Nachunternehmern sowohl in der Bekanntmachung als auch in den Vergabeunterlagen gefordert werden.** Auch wenn in Artikel 48 Abs. 6, anders wie in Artikel 47 Abs. 4, die Passage über Nachunternehmer nicht in Bezug genommen ist, bleibt es, abgesehen davon, dass es sich dabei um ein Redaktionsversehen handeln könnte, dabei, dass, wenn schon die diesbezüglichen Angaben des Bieters selbst mit den Vergabeunterlagen gefordert werden können, dies erst recht für entsprechende Nachweise zum Nachunternehmer gilt. Im Übrigen ergibt sich auch aus Artikel 36 der Richtlinie in Verbindung mit Anhang VII Teil A zur Richtlinie, dass **Verpflichtungserklärungen nicht bereits in der Bekanntmachung gefordert werden müssen** (OLG München, B. v. 6. 11. 2006 – Az.: Verg 17/06). 10058

Vgl. dazu auch die Kommentierung zu § 101 GWB. 10059

112.9.2.2.6.7 Keine Angabe der Gewichtung der Eignungskriterien. Vgl. dazu die Kommentierung zu → § 97 GWB Rdn. 624 ff. 10060

112.9.2.2.6.8 Keine Kenntnis des Bieters vom Inhalt der Bekanntmachung erforderlich. Es ist **nicht erforderlich, dass der Bieter vom Inhalt der Bekanntmachung Kenntnis hatte oder ob ihm nur die Verdingungsunterlagen bekannt waren.** Der europaweite Wettbewerb richtet sich an einen unbestimmten Kreis von Unternehmen/ Personen. Die Belange der gesamten (potentiellen) Bieterschaft sind zu berücksichtigen, wenn es um die Bestimmung und Auslegung der reglementierten Wettbewerbsbedingungen gilt. Die **Rechtssicherheit und Gleichbehandlung zwingt dazu, für alle Wettbewerbsteilnehmer einheitliche Anforderungen zu stellen.** Aus der Situation des einzelnen Bieters können sich deshalb nur in schwerwiegenden Ausnahmefällen Abweichungen rechtfertigen. Das bloße Unterlassen der Kenntnisnahme einer ansonsten ordnungsgemäß vorgenommenen Bekanntmachung kann jedoch nicht dazu führen, dass für die Antragstellerin andere Anforderungen gelten würden als für Bieter, denen der Text der Veröffentlichung bekannt war (OLG Düsseldorf, B. v. 9. 3. 2007 – Az.: VII – Verg 5/07; 3. VK Bund, B. v. 7. 2. 2007 – Az.: VK 3–07/07; VK Düsseldorf, B. v. 21. 5. 2007 – Az.: VK – 13/2007 – B). 10061

112.9.2.2.6.9 Zulässigkeit der Forderung nach Vorlage von Eignungsnachweisen bereits mit der Anforderung der Angebotsunterlagen? Die Rechtsprechung lässt bisher offen, ob es zulässig ist, wenn der Auftraggeber die Vorlage von Eignungsnachweisen bereits mit der Anforderung der Angebotsunterlagen verlangt. Wenn aber die Vergabestelle verlangt, dass die Nachweise bereits mit der Anforderung der Angebotsunterlagen 10062 einzureichen waren, macht das nur in der Vergabebekanntmachung Sinn. Die Unterlagen, die die potentiellen Bieter erst anfordern sollen, können nicht Grundlage für bereits zuvor zu erfüllende Nachweispflichten sein (OLG Celle, B. v. 31. 7. 2008 – Az.: 13 Verg 3/08).

10063 **Übersendet die Vergabestelle einem Bieter die Ausschreibungsunterlagen, obwohl dieser keinen Eignungsnachweis vorlegt, ändert sie auch nicht die Vergabebedingungen dahin ab, dass der entsprechende Nachweis nicht oder erst zu einem späteren Zeitpunkt verlangt wird.** Hier ist geboten, davon auszugehen, dass die Vergabebekanntmachung eine eindeutige Vorgabe enthält. Dann lässt sich dem Umstand, dass die Vergabestelle die Ausschreibungsunterlagen versandt hat, obwohl der bereits für diesen Zeitpunkt verlangte Eignungsnachweis nicht vorlag, eine so weit reichende Bedeutung nicht zumessen. Der Auftraggeber darf nämlich von den in der Vergabebekanntmachung festgelegten Eignungskriterien sowie von den dazu benannten Nachweisen inhaltlich nicht abweichen und diese nicht ändern oder erweitern, sondern sie lediglich konkretisieren (OLG Celle, B. v. 31. 7. 2008 – Az.: 13 Verg 3/08).

10064 112.9.2.2.6.10 **Fehlende Bekanntgabe von Eignungsnachweisen in der Bekanntmachung.** Die **fehlende Bekanntgabe von Eignungsnachweisen in der Bekanntmachung** führt zur **Unmöglichkeit der Angebotswertung** in der zweiten Wertungsstufe und zur Unmöglichkeit der Einhaltung der Vergabegrundsätze gemäß VOL/A und VOB/A, **wenn nicht gerade jeder Bieter den Auftrag ausführen können soll.** Der **Verstoß kann** aufgrund fehlender gesetzlicher Regelung **nicht** durch eine nachträgliche Bekanntgabe von geforderten Eignungsnachweisen in den Vergabeunterlagen **geheilt werden** (VK Thüringen, B. v. 17. 3. 2009 – Az.: 250–4003.20–650/2009-003-EF).

10065 112.9.2.2.6.11 **Keine Verpflichtung zur Wiederholung der Eignungsanforderungen in der Angebotsaufforderung.** Es ist **nicht erforderlich, die bekannt gemachten Eignungsanforderungen in der Angebotsaufforderung zu wiederholen** (OLG Celle, B. v. 31. 7. 2008 – Az.: 13 Verg 3/08; OLG Düsseldorf, B. v. 9. 3. 2007 – Az.: VII – Verg 5/07; 3. VK Bund, B. v. 7. 2. 2007 – Az.: VK 3–07/07).

10066 Die Tatsache, dass ein Auftraggeber in der Angebotsaufforderung die Nachweise und Angaben nicht nochmals zusätzlich zur Bekanntmachung auflistet, ändert nichts daran, dass diese in der Bekanntmachung wirksam gefordert werden. Dass ein **Auftraggeber die in der Bekanntmachung genannten Angaben nicht noch einmal in der Angebotsaufforderung wiederholt, kann so nicht verstanden werden, dass er auf die bekannt gemachten Vorgaben nunmehr verzichtet** (3. VK Bund, B. v. 18. 1. 2007 – Az.: VK 3–150/06).

10067 112.9.2.2.6.12 **Unterschiedliche Inhalte von Bekanntmachungen derselben Ausschreibung.** Vgl. dazu zunächst die Kommentierung → Rdn. 30.

10068 Für die Frage, welche Eignungsnachweise obligatorisch vorzulegen sind, wenn die Vergabestelle im Supplement, im Ausschreibungsanzeiger und in den Vertragsunterlagen **unterschiedliche Anforderungen an die Eignungsnachweise veröffentlicht**, ist **auf den Inhalt der EU-weiten Vergabebekanntmachung abzustellen**. Der Interessent soll bereits aus der Vergabebekanntmachung und vor der Veranlassung eigener Aufwendungen erkennen können, ob für ihn eine Bewerbung in Betracht kommt; hierfür besitzt die Bekanntgabe der Eignungskriterien und geforderten Eignungsnachweise besondere Bedeutung. Der Vergabestelle ist eine vollständige und verbindliche Angabe dieser Daten im Rahmen der Vergabebekanntmachung zumutbar (OLG München, B. v. 21. 8. 2008 – Az.: Verg 13/08; OLG Naumburg, B. v. 26. 2. 2004 – Az.: 1 Verg 17/03; 1. VK Bund, B. v. 31. 8. 2009 – Az.: VK 1–152/09; VK Düsseldorf, B. v. 19. 4. 2007 – Az.: VK – 10/2007 – B; VK Münster, B. v. 17. 11. 2005 – Az.: VK 21/05).

10069 112.9.2.2.7 **Angabe der Zuschlagskriterien (§ 12 Abs. 2 Satz 2 lit. n).** 112.9.2.2.7.1 **Änderung in der VOL/A 2009. § 12 Abs. 2 Satz lit. n)** ist **neu in die VOL/A** aufgenommen worden. Gemäß dieser Regelung hat der **Auftraggeber die Pflicht, die Zuschlagskriterien anzugeben**, sofern diese nicht in den Vergabeunterlagen genannt werden.

10070 Im Vergleich zu den Vorschriften über die Ausschreibungen ab den Schwellenwerten sind **nur die Zuschlagskriterien selbst, nicht aber eine Gewichtung** mehrerer Zuschlagskriterien anzugeben.

10071 Eine vergleichbare Verpflichtung des öffentlichen Auftraggebers **enthält die VOB/A 2009 nicht**.

10072 112.9.2.2.7.2 **Zwingende Verpflichtung des Auftraggebers.** § 12 Abs. 2 Satz 2 lit. n) enthält nach dem Wortlaut eine **für den Auftraggeber zwingende Verpflichtung**.

112.9.2.2.7.3 Zuschlagskriterien. Vgl. insofern umfassend die **Kommentierung zu** 10073
→ **§ 97 GWB Rdn. 918 ff.**

112.9.2.2.7.4 Angabe der Zuschlagskriterien entweder in der Bekanntmachung 10074
oder in den Vergabeunterlagen. Der **Auftraggeber** hat die **Wahl**, die Zuschlagskriterien entweder in der Bekanntmachung oder in den Vergabeunterlagen anzugeben.

112.9.3 Fakultativer Inhalt

Der **Auftraggeber kann** neben den zwingend vorgeschriebenen Mindestinhalten **auch wei-** 10075
tere Informationen in die Bekanntmachung aufnehmen. Welche Informationen dies sind, kann **nur im Kontext der konkreten Ausschreibung entschieden** werden.

112.10 Übermittlung der Vergabeunterlagen (§ 12 Abs. 3)

112.10.1 Änderung in der VOL/A 2009

§ 12 Abs. 3 VOL/A 2009 differenziert im Gegensatz zu § 7 Nr. 2 Abs. 1 VOL/A 2006 10076
hinsichtlich der einzelnen Ausschreibungsarten.

112.10.2 Übermittlung bei öffentlicher Ausschreibung (§ 12 Abs. 3 lit. a)

Bei Öffentlicher Ausschreibung sind die Vergabeunterlagen **an alle anfordernden Unter-** 10077
nehmen zu übermitteln. Die **Beschränkung innerhalb des § 7 Nr. 2 Abs. 1 Satz 2 VOL/A 2006** auf die Unternehmen, die sich gewerbsmäßig mit der Ausführung von Leistungen der ausgeschriebenen Art befassen, wurde **gestrichen**. **Hintergrund** ist die Rechtsprechung des EuGH zur Zulässigkeit eines Generalunternehmer- und Generalübernehmereinsatzes; danach ist die Beschränkung des § 7 Nr. 2 Abs. 1 Satz 2 VOL/A 2006 unzulässig.

112.10.3 Übermittlung bei beschränkter Ausschreibung und freihändiger Vergabe mit Teilnahmewettbewerb (§ 12 Abs. 3 lit. b)

Bei **beschränkter Ausschreibung und freihändiger Vergabe jeweils mit Teilnahme-** 10078
wettbewerb sind die Vergabeunterlagen an die Unternehmen, die einen Teilnahmeantrag gestellt haben, geeignet sind und ausgewählt wurden, zu übermitteln. **Inhaltlich** hat sich insoweit im Vergleich zur VOL/A 2006 **nichts geändert**.

112.10.4 Übermittlung bei beschränkter Ausschreibung und freihändiger Vergabe ohne Teilnahmewettbewerb (§ 12 Abs. 3 lit. c)

Bei **beschränkter Ausschreibung und freihändiger Vergabe jeweils ohne Teilnahme-** 10079
wettbewerb sind die Vergabeunterlagen an die Unternehmen, die vom Auftraggeber ausgewählt wurden, zu übermitteln. **Inhaltlich** hat sich insoweit im Vergleich zur VOL/A 2006 **nichts geändert**.

112.10.5 Anforderung der Vergabeunterlagen

Die Übermittlung der Vergabeunterlagen durch den Auftraggeber setzt bei öffentlichen Aus- 10080
schreibungen die Anforderung der Vergabeunterlagen durch die Bewerber voraus.

Eine **ordnungsgemäße „Anforderung"** der Verdingungsunterlagen liegt **nur** vor, **wenn** 10081
sie nach der Bekanntmachung der Ausschreibung erfolgt. Das Argument, die VOL/A sehe keinen frühestmöglichen Zeitpunkt für die Anforderung vor, weshalb eine Interessensbekundung auch schon vor Beginn des Vergabeverfahrens als gültig anzusehen sei, trifft so nicht zu. **Das gesamte Verfahren** ist mit seinen Bestimmungen über die Bekanntmachung, Aufforderung zur Angebotsabgabe sowie die einzuhaltenden Formen und Fristen (§§ 12, 15 EG VOL/A) **auf einen Startpunkt gerichtet**, ab dem die Unternehmen unter gleichen Wettbewerbsbedingungen um den Auftrag konkurrieren. Erst mit der Bekanntmachung wird der zu

Teil 4 VOL/A § 12 Vergabe- und Vertragsordnung für Leistungen Teil A

vergebende Auftrag in seiner konkreten Gestalt mit Außenwirkung festgelegt und für jeden Interessenten ersichtlich. Es ist **dem Auftraggeber nicht zuzumuten** – und wäre unter den Gesichtspunkten von Gleichbehandlung und Transparenz des Verfahrens auch bedenklich –, wenn **Interessenten aufgrund früherer Interessenbekundung eine gleichsam „automatische" Zusendung der Vergabeunterlagen erwarten könnten**. Umgekehrt ist auch denjenigen Interessenten, die wie hier aufgrund bestehender Vertragsbeziehung mit dem Auftraggeber schon vorher von der beabsichtigten Ausschreibung wissen, **eine Anforderung der Vergabeunterlagen nach Erscheinen der Bekanntmachung ohne weiteres zumutbar**. Im Ergebnis hat der Auftraggeber die Vergabeunterlagen daher an alle diejenigen Interessenten auszuhändigen, die nach der Bekanntmachung ihr Interesse bekunden (BayObLG, B. v. 4. 2. 2003 – Az.: Verg 31/02).

112.10.6 Mitwirkungspflicht des Bewerbers bei erkennbaren Problemen mit der Übersendung

10082 Den Bieter können im Rahmen eines Vergabeverfahrens zur Wahrung seiner Interessen gewisse Obliegenheiten treffen. Insbesondere **obliegt es einem Bewerber, der die Vergabeunterlagen angefordert hat, die Vergabestelle frühzeitig zu benachrichtigen, falls er die Unterlagen nicht innerhalb der für einen normalen Postlauf anzusetzenden Zeitspanne erhält und daher ein postalisches Versehen nahe liegt.** Den aus dem Verstoß gegen die Obliegenheit resultierenden Nachteil, dass sich ein Bieter an dem Vergabeverfahren nicht mehr beteiligen kann, hat er selbst zu tragen. Er kann nicht erwarten, dass die Vergabestelle Obliegenheitsverletzung des Bieters dadurch „kompensiert", dass sie den Submissionstermin um die für eine Angebotserstellung benötigte Zeit verschiebt (OLG Düsseldorf, B. v. 21. 12. 2005 – Az.: VII – Verg 75/05; 2. VK Bund, B. v. 28. 9. 2005 – Az.: VK 2–120/05).

112.10.7 Pflicht des Auftraggebers zur erneuten Übersendung der Vergabeunterlagen

10083 Die **Vergabestelle** ist im Rahmen des Möglichen und Zumutbaren **grundsätzlich verpflichtet, dem Bieter die Vergabeunterlagen erneut zuzusenden**, wenn sie z. B. auf dem Postweg verloren gegangen sind. Insoweit ist es auch **nicht Sache der Vergabestelle, zu entscheiden, ob noch eine ausreichende Kalkulationszeit verbleibt oder nicht**; dies ist **Angelegenheit des Bieters** (OLG Düsseldorf, B. v. 21. 12. 2005 – Az.: VII – Verg 75/05).

112.10.8 Pflicht des Auftraggebers zur Dokumentation des Versands von Nachträgen und der Sicherstellung einer Rückmeldung über den Empfang

10084 Zwar **konstatiert die VOL/A keine Verpflichtung des Auftraggebers** etwa einen Kurierdienst oder andere Sonderzustellungswege zu wählen und **gestattet durchaus die Übermittlung per Post**, entbindet den Auftraggeber aber nicht davon letztendlich dafür Sorge zu tragen, dass die Bieter von gleichen Voraussetzungen ausgehen können. Damit korrespondiert der Pflicht des Bieters, alle abgefragten Erklärungen abzugeben und die Vergabeunterlagen nicht abzuändern. Befindet sich hinsichtlich von **Nachträgen zur Leistungsbeschreibung** jedoch in der Vergabeakte **lediglich eine Abschrift des jeweiligen Schriftsatzes ohne Postabgangsvermerk**, so dass zum einen nicht nachvollziehbar ist, wie und in welcher zeitlichen Reihenfolge diese Nachträge versandt worden sind und keineswegs sichergestellt werden ist, ob ein Empfang stattgefunden hat, versäumt der Auftraggeber es, durch den **Verzicht auf jede Art von Rückmeldung über den Empfang**, eine gleiche Beurteilungsbasis für die zu erstellenden Angebote herzustellen. Die **Ausschreibung ist ab Versand der Vergabeunterlagen zu wiederholen** (VK Arnsberg, B. v. 14. 7. 2006 – Az.: VK 18/06).

10085 Versendet die Vergabestelle **Änderungen der Vergabeunterlagen mittels Telefax**, so ist das im „RUNDSENDEBERICHT" enthaltene „OK" weder ein Beleg dafür, dass ein Fax auch tatsächlich bei dem Bieter ankam, noch dafür, wenn es denn angekommen sein sollte, ob es den von der Vergabestelle behaupteten Inhalt hatte. Für per Briefpost und per Fax übersandte Schreiben besteht keine Möglichkeit eines Anscheinsbeweises den Erhalt betreffend. Durch den „OK"-Vermerk wird nur die Herstellung der Verbindung zwischen dem Gerät des Absenders und demjenigen des Empfängers bestätigt. Keine Aussage wird über den „OK"-Vermerk dahingehend getroffen, ob die Daten auch tatsächlich übermittelt wurden. Es besteht die Möglichkeit, dass Störungen in Leitung oder beim Gerät des Empfängers die Übermittlung verhindern. Gleichfalls sind die bestehenden Manipulationsmöglichkeiten als problematisch anzusehen. Diese Fakten sprechen dagegen, in dem „OK"-Sendebericht einen prima-facie-Beweis für den Zugang der Willenserklärung zu sehen. Nach herrschender Meinung ist **ein durch Fax übermitteltes Schreiben erst zu dem Zeitpunkt eingegangen, in dem es vom Empfängergerät ausgedruckt** wurde. Erst in diesem Fall ist es schriftlich verkörpert in den Machtbereich des Empfängers gelangt. Diesen Nachweis kann der „OK"-Vermerk nicht liefern. Kann die Vergabestelle den bestrittenen Zugang ihres, das Leistungsverzeichnis inhaltlich verändernden Schreibens (Fax) nicht beweisen, ist der Bieter so zu stellen, als ob er dieses Schreiben (Fax) nicht erhalten habe. Damit ist die Vergabestelle ihrer obliegenden Pflicht zur umfassenden, eindeutigen Leistungsbeschreibung (§ 7 Abs. 1 VOL/A), der Mitteilungspflicht aller die geforderte Leistung oder die Grundlagen der Preisermittlung betreffenden Angaben nicht nachgekommen. Zumindest diesem Bieter wurden durch den anzunehmenden Nichterhalt der Informationen – im Gegensatz zu den anderen Bewerbern – **wesentliche Angaben für die Angebotserarbeitung vorenthalten** und ihm die Möglichkeit genommen, ein den leistungsmäßigen Forderungen der Vergabestelle entsprechendes Angebot abzugeben. Dadurch wird dieser Bieter in seinem Recht auf Gleichbehandlung im Vergabeverfahren gemäß § 97 Abs. 2 GWB verletzt. Die **Ausschreibung ist bei weiter bestehender Vergabeabsicht ab Versand der Vergabeunterlagen zu wiederholen** (VK Thüringen, B. v. 26. 2. 2008 – Az.: 2008-003-G).

112.11 Auskünfte und Aufklärungen an Bewerber und Bieter

112.11.1 Änderung in der VOL/A 2009

Die **Vorschrift des § 17 Nr. 6 VOL/A 2006** über Auskünfte und Aufklärungen an Bewerber und Bieter wurde in der VOL/A 2009 für den Unterschwellenbereich **ersatzlos gestrichen**. Für europaweite Ausschreibungen gilt die Regelung des § 12 EG Abs. 8.   10086

Diese Streichung ist mit Blick auf die Bedürfnisse der Praxis **nicht besonders gelungen**, da gerade bei immer komplexer werdenden Ausschreibungen Rückfragen an der Tagesordnung sind. Die Streichung ist im Zweifel der angestrebten „Verschlankung" der VOL/A geschuldet.   10087

112.11.2 Analoge Anwendung des § 12 Abs. 7 VOB/A

Im Sinne der Praktikabilität der Handhabung der VOL/A besteht eindeutig eine **Regelungslücke**, für deren Schließung sich – unter dem Grundsatz der Einheitlichkeit des Vergaberechts – der **12 Abs. 7 VOB/A anbietet**.   10088

Die **Anwendung von § 12 EG Abs. 8 VOL/A 2009** ist **weniger sachgerecht**, da auch diese **Regelung Lücken aufweist** (vgl. die Kommentierung zu → § 12 EG Rdn. 48 ff.).   10089

112.11.3 Sinn und Zweck der Auskunftsregelung

Die Auskunftspflicht des öffentlichen Auftraggebers **dient der Einhaltung eines fairen, mit möglichst großer Beteiligung geführten Wettbewerbs** und damit auch der **Gleichbehandlung der beteiligten Bewerber** (OLG Naumburg, B. v. 23. 7. 2001 – Az.: 1 Verg 2/01; 1. VK Sachsen, B. v. 24. 4. 2008 – Az.: 1/SVK/015-08).   10090

112.11.4 Auskunftspflicht des Auftraggebers

Nach § 12 Abs. 7 VOB/A analog können die Bieter eines Vergabeverfahrens von der Vergabestelle während des Laufes der Angebotsfrist sachdienliche Auskünfte verlangen; die **Vergabestelle ist zur unverzüglichen und (natürlich auch) inhaltlich zutreffenden Beantwortung dieser Anfragen verpflichtet** (OLG Naumburg, B. v. 23. 7. 2001 – Az.: 1 Verg 2/01).   10091

112.11.5 Form der Erteilung der Auskünfte

Eine **bestimmte Form**, die der Auftraggeber bei Erteilung der Auskünfte einzuhalten hat, ist **nicht vorgeschrieben**. Wenn ein Bieter **verbindliche Auskünfte der Vergabestelle** haben   10092

Teil 4 VOL/A § 12 Vergabe- und Vertragsordnung für Leistungen Teil A

will, kann ihm nur geraten werden, **seine Anfragen zur Leistungsbeschreibung offiziell und insbesondere schriftlich gegenüber der Vergabestelle zu stellen**. Die Vergabestelle ist dann wegen des Gleichbehandlungsgrundsatzes verpflichtet, wettbewerbsrelevante Fragen und Antworten auch den übrigen Bietern zukommen zu lassen. Dieses einzig korrekte Verfahren hat für die Bieter im übrigen auch den Vorteil, dass sie die Auskünfte rechtzeitig erlangen und ihnen nicht entgegengehalten werden kann, sie hätten mit unzuständigen Mitarbeitern gesprochen oder deren Auskünfte falsch verstanden (2. VK Bund, B. v. 11. 9. 2002 – Az.: VK 2–42/02).

112.11.6 Begriff der „zusätzlichen Auskünfte"

10093　Bei zusätzlichen Auskünften handelt es sich um **Mitteilungen, die nur für den anfragenden Bewerber wichtig sind**, weil er z. B. die Aufgabenstellung oder das Anschreiben vollständig oder in einzelnen Punkten missverstanden oder nicht genau gelesen hat (2. VK Bund, B. v. 24. 6. 2003 – Az.: VK 2–46/03; VK Lüneburg, B. v. 27. 6. 2005 – Az.: VgK-23/2005; B. v. 24. 11. 2003 – Az.: 203-VgK-29/2003).

10094　Auch wenn die zusätzliche Auskunft nur für den anfragenden Bewerber wichtig ist, **muss sie nach der VOB/A 2009 analog allen Bewerbern mitgeteilt** werden.

112.11.7 Begriff der „sachdienlichen" Auskünfte

10095　Um eine sachdienliche Auskunft handelt es sich, wenn die Information, die erbeten wird, individuelle Missverständnisse des Bewerbers beheben oder individuelle Verständnisfragen hinsichtlich der Verdingungsunterlagen oder des Anschreibens beantworten soll, also **Auskünfte über technische Fragen ebenso wie solche, die für die vom Bewerber vorzunehmende Preiskalkulation von Bedeutung sein können**. Die Individualität der erteilten Auskunft macht es entbehrlich, diese allen anderen Bewerbern zur Kenntnis zu geben (OLG Düsseldorf, B. v. 23. 3. 2005 – Az.: VII – Verg 77/04). Die Auskunftspflicht des öffentlichen Auftraggebers dient der Einhaltung eines fairen, mit möglichst großer Beteiligung geführten Wettbewerbs und damit auch der Gleichbehandlung der beteiligten Bewerber (OLG Naumburg, B. v. 23. 7. 2001 – Az.: 1 Verg. 2/01).

10096　Auch wenn die sachdienliche Auskunft nur für den anfragenden Bewerber wichtig ist, **muss sie nach der VOB/A 2009 analog allen Bewerbern mitgeteilt** werden.

112.11.8 Begriff der „wichtigen Aufklärungen"

112.11.8.1 Änderung in der VOB/A 2009

10097　Die **VOB/A 2006 differenzierte** in § 17 Abs. 7 Nr. 1 und 2 **zwischen zusätzlichen sachdienlichen Auskünften und wichtigen Aufklärungen. Diese Differenzierung ist in der VOB/A 2009 weggefallen**. Da man aber nicht davon ausgehen kann, dass den Bewerbern nach der VOB/A 2009 keine wichtigen Aufklärungen gegeben werden sollen, müssen entgegen der älteren Rechtsprechung zu § 17 Nr. 7 VOB/A auch die „wichtigen Aufklärungen" zu den zusätzlichen sachdienlichen Auskünften gezählt werden.

112.11.8.2 Ältere Rechtsprechung zum Begriff der „wichtigen Aufklärungen"

10098　Bei zusätzlichen Auskünften handelt es sich um Mitteilungen, die nur für den anfragenden Bewerber wichtig sind, weil er z. B. die Verdingungsunterlagen oder das Anschreiben vollständig oder in einzelnen Punkten missverstanden oder nicht genau gelesen hat. Erst **wenn derartige Missverständnisse nicht subjektiv, sondern objektiv bedingt sind, weil sie sich als Folge von Unzulänglichkeiten der Leistungsbeschreibung darstellen**, liegt **eine wichtige Auskunft** im Sinne des Abs. 2 vor (VK Sachsen, B. v. 11. 12. 2009 – Az.: 1/SVK/054-09; B. v. 26. 6. 2009 – Az.: 1/SVK/024-09; B. v. 24. 4. 2008 – Az.: 1/SVK/015-08; B. v. 17. 9. 2007 – Az.: 1/SVK/058-07). Teilweise wird sogar die Häufung von Nachfragen der Bewerber vorausgesetzt, bevor der Auftraggeber prüfen muss, ob dies nicht eine Folge objektiv missverständlicher Passagen in der Leistungsbeschreibung ist (OLG Düsseldorf, B. v. 23. 3. 2005 – Az.: VII – Verg 77/04; 2. VK Bund, B. v. 24. 6. 2003 – Az.: VK 2–46/03; VK Lüneburg, B. v. 27. 6. 2005 – Az.: VgK-23/2005; B. v. 24. 11. 2003 – Az.: 203-VgK-29/2003).

"Wichtig" im Sinne dieser Vorschrift sind also alle Informationen, die **ersichtlich nicht** 10099
nur individuelle Missverständnisse einzelner Bieter aufklären. Lassen Bieterfragen erkennen, dass bestimmte Umstände kalkulationserheblich sind bzw. sein können, und beantwortet die Vergabestelle eine entsprechende Frage, darf sie an die **Beurteilung der "Wichtigkeit" dieser Informationen im Übrigen keine hohen Anforderungen stellen** (2. VK Hessen, B. v. 26. 4. 2007 – Az.: 69 d VK – 08/2007; 1. VK Sachsen, B. v. 11. 12. 2009 – Az.: 1/SVK/054-09).

112.11.8.3 Beispiele aus der Rechtsprechung

– fragt ein Bieter, ob **trotz der Ausschreibung eines Laser-Druckers sowohl Drucker** 10100
mit Laser-Technologie als auch Drucker mit LED-Technologie oder beispielsweise auch LCD –Technologie angeboten werden können, und **bejaht** der Auftraggeber dies, ist diese **Mitteilung allen Bietern zu geben** (VK Sachsen, B. v. 17. 9. 2007 – Az.: 1/SVK/058-07)

– fragt ein Bieter, ob auch **Kosten vom Auftragnehmer zu tragen sind, die dadurch entstehen, dass aufgrund geänderter Normen Verkehrsschilder oder passive Schutzeinrichtungen ausgetauscht bzw. erweitert werden müssen**, ist es, um bei allen Bietern Unklarheiten über nach ihrer Auffassung kalkulationserhebliche Umstände zu vermeiden, geboten, die Hinweise diesen insgesamt zur Verfügung zu stellen (2. VK Hessen, B. v. 26. 4. 2007 – Az.: 69 d VK – 08/2007)

112.11.9 Unverzügliche Erteilung der Auskünfte

Eine **Rückäußerung am Angebotsabgabetermin** ist materiell gesehen **nicht unverzüg-** 10101
lich (1. VK Sachsen, B. v. 5. 10. 2002 – Az.: 1/SVK/87-01). Richtet ein Bieter seine **Frage jedoch erst weniger als 24 h vor Ablauf der Frist zur Angebotsabgabe** an den Auftraggeber, ist dieser **weder verpflichtet, die Frage noch zu beantworten, noch sie an alle Bieter weiterzuleiten** (VK Baden-Württemberg, B. v. 26. 3. 2010 – Az.: 1 VK 11/10).

112.11.10 Beachtung des Gleichheitsgrundsatzes

Stellt eine Vergabestelle nur einem Bieter wettbewerbs- und preisrelevante Kalku- 10102
lationsgrundlagen zur Verfügung und macht sie diese anderen Bietern nicht auch zugänglich, liegt eine Ungleichbehandlung vor, die mangels vergleichbarer Angebote zur Aufhebung des Vergabeverfahrens führt. Grundlage der Regelung des § 12 Abs. 7 VOB/A analog ist das Prinzip der Gleichbehandlung aller Teilnehmer an einem Vergabeverfahren (VK Lüneburg, B. v. 24. 11. 2003 – Az.: 203-VgK-29/2003; VK Sachsen, B. v. 26. 6. 2009 – Az.: 1/SVK/024-09; B. v. 7. 12. 2006 – Az.: 1/SVK/100-06).

Der Verstoß gegen § 12 Abs. 7 VOB/A analog ist auch nicht etwa durch eine Verpflichtung 10103
des Auftraggebers zur erneuten Angebotswertung unter Berücksichtigung der Rechtsauffassung der Vergabekammer heilbar, da dieser Verstoß gegen die Informationspflicht unmittelbar Auswirkungen auf die Angebotskalkulation haben musste. Eine **nachträgliche Korrektur der Angebotskalkulationen und damit der Angebotspreise bei allen Bietern ist in einem laufenden Vergabeverfahren nicht möglich** (VK Lüneburg, B. v. 24. 11. 2003 – Az.: 203-VgK-29/2003; VK Sachsen, B. v. 7. 12. 2006 – Az.: 1/SVK/100-06). In einem solchen Fall kommt **nur die Aufhebung des Vergabeverfahrens oder Zurückversetzung des Vergabeverfahrens in den Stand nach Vergabebekanntmachung** in Betracht (VK Sachsen, B. v. 7. 12. 2006 – Az.: 1/SVK/100-06).

112.11.11 Festlegung einer Frist durch den Auftraggeber für den Eingang von Fragen

Die Auskunftspflicht des öffentlichen Auftraggebers dient der Einhaltung eines fairen, mit 10104
möglichst großer Beteiligung geführten Wettbewerbs und damit auch der Gleichbehandlung der beteiligten Bewerber. Bei **Verfahren unterhalb der Schwellenwerte ist dem Auftraggeber ein berechtigtes Interesse zuzugestehen, eine Frist für den letztmöglichen Eingang von Fragen zu den Verdingungsunterlagen festzusetzen**. Zweck einer solchen Regelung ist es nämlich, individuellen Klärungsbedarf im Rahmen der laufenden Angebotsfrist zu kanali-

Teil 4 VOL/A § 13 Vergabe- und Vertragsordnung für Leistungen Teil A

sieren, so dass ein geordneter Ablauf des Verfahrens nicht beeinträchtigt wird. Im Sinne der beschleunigten Durchführung von Vergabe(nachprüfungs-)verfahren hat der **Auftraggeber ein berechtigtes Interesse daran, dass Unklarheiten in den Vergabeunterlagen durch die Bieter bis zu einem bestimmten Termin abschließend benannt und bearbeitet werden können.** Dies gilt umso mehr, wenn die Zeiträume zur Bearbeitung der Vergabeunterlagen ausreichend lang bemessen sind. Dem Bieter ist nicht zuzugestehen, durch zögerliche Anfragen das Vergabeverfahren zu verschleppen, um so eine immer weitere Verschiebung des Termins zur Angebotsabgabe zu erreichen (VK Sachsen, B. v. 24. 4. 2008 – Az.: 1/SVK/015-08).

112.11.12 Rechtsfolge einer durch den Bewerber nicht erfolgten Erkundigung

10105 Vgl. dazu die **Kommentierung zu → § 7 VOL/A Rdn. 101 ff.**

112.11.13 Reaktionsmöglichkeiten des Auftraggebers bei einer unklaren Leistungsbeschreibung

10106 Stellt der Auftraggeber z. B. aufgrund von Rückfragen der Bewerber oder Bieter fest, dass die Leitungsbeschreibung unklar oder widersprüchlich ist, kann er die **Ausschreibung aus wichtigem Grund gemäß § 17 VOL/A aufheben oder eine Klarstellung nach § 12 Abs. 7 VOB/A analog** gegenüber allen Bewerbern abgeben. Er kann aber auch das **Verfahren bis zum Zuschlag durchführen,** wenn die Weiterführung des Vergabeverfahrens die **Rechte der Bieter** trotz des Verstoßes gegen den Grundsatz der Eindeutigkeit der Leistungsbeschreibung **nicht tangiert** weil alle Bieter die mehrdeutigen Klauseln im selben Sinne verstehen (OLG Frankfurt, Urteil v. 3. 7. 2007 – Az.: 11 U 54/06).

113. § 13 VOL/A – Form und Inhalt der Angebote

(1) Die Auftraggeber legen fest, in welcher Form die Angebote einzureichen sind. Auf dem Postweg oder direkt eingereichte Angebote müssen unterschrieben sein; elektronisch übermittelte Angebote sind mit einer „fortgeschrittenen elektronischen Signatur" nach dem Signaturgesetz und den Anforderungen der Auftraggeber oder mit einer „qualifizierten elektronischen Signatur" nach dem Signaturgesetz zu versehen; in den Fällen des § 3 Absatz 5 Buchstabe i genügt die „elektronische Signatur" nach dem Signaturgesetz, bei Abgabe des Angebotes mittels Telekopie die Unterschrift auf der Telekopievorlage.

(2) Die Auftraggeber haben bei Ausschreibungen die Unversehrtheit und Vertraulichkeit der Angebote zu gewährleisten. Auf dem Postweg oder direkt zu übermittelnde Angebote sind in einem verschlossenen Umschlag einzureichen, als solche zu kennzeichnen und bis zum Ablauf der Angebotsfrist unter Verschluss zu halten. Bei elektronisch zu übermittelnden Angeboten ist die Unversehrtheit durch entsprechende organisatorische und technische Lösungen nach den Anforderungen des Auftraggebers und die Vertraulichkeit durch Verschlüsselung sicherzustellen. Die Verschlüsselung muss bis zum Ablauf der Angebotsfrist aufrechterhalten bleiben.

(3) Die Angebote müssen alle geforderten Angaben, Erklärungen und Preise enthalten.

(4) Änderungen an den Vertragsunterlagen sind unzulässig. Korrekturen des Bieters an seinen Eintragungen müssen zweifelsfrei sein.

(5) Der Bieter hat auf Verlangen im Angebot anzugeben, ob für den Gegenstand des Angebots gewerbliche Schutzrechte bestehen oder von dem Bieter oder anderen beantragt sind. Der Bieter hat stets anzugeben, wenn er erwägt, Angaben aus seinem Angebot für die Anmeldung eines gewerblichen Schutzrechtes zu verwerten.

(6) Bietergemeinschaften haben in den Angeboten jeweils die Mitglieder sowie eines ihrer Mitglieder als bevollmächtigten Vertreter für den Abschluss und die Durchführung des Vertrages zu benennen. Fehlt eine dieser Angaben im Angebot, so ist sie vor der Zuschlagserteilung beizubringen.

Vergabe- und Vertragsordnung für Leistungen Teil A   VOL/A § 13   **Teil 4**

113.1 Änderungen in der VOL/A 2009

§ 13 Abs. 1 Satz 1 VOL/A 2009 ist gegenüber der Vorschrift des § 18 Nr. 2 VOL/A 2006   10107
neu aufgenommen.

In § 13 Abs. 1 Satz 2 wird die Abgabe eines Angebotes **mittels Telekopie** ermöglicht.   10108

§ 13 Abs. 3 und 4 sind **klarer gefasst** worden.   10109

Ansonsten erfolgten **redaktionelle Änderungen.**   10110

113.2 Vergleichbare Regelungen

Der Vorschrift des § 13 VOL/A vergleichbar sind im Bereich der VOL/A **§ 16 EG VOL/A**   10111
und im Bereich der VOB/A **§§ 13, 13 a VOB/A.** Die Kommentierung zu diesen Vorschriften
kann daher ergänzend zu der Kommentierung des § 13 herangezogen werden.

113.3 Bieterschützende Vorschrift

113.3.1 § 13

Die Regelung des § 13 **entfaltet bieterschützende Wirkung** (1. VK Sachsen, B. v. 5. 9.   10112
2002 – Az.: 1/SVK/073-02).

113.3.2 § 13 Abs. 1 Satz 2

Die Frage, ob ein **Angebot rechtsverbindlich unterschrieben** ist, ist **keine Bestim-**   10113
mung, die ein subjektives Recht gemäß § 97 Abs. 7 GWB eines Bieters darstellt und
dessen Verletzung er rügen kann. Zwar ist die Vorschrift des § 13 Abs. 1 Satz 2 VOL/A eine
vergaberechtliche Regelung, die **(auch) einen bieterschützenden Zweck** im Sinne des § 97
Abs. 7 GWB hat. Es besteht jedoch **kein** darüber hinausgehender **Anspruch eines Bieters,
dass ein Angebot eines Mitbieters auch rechtsverbindlich unterschrieben sein müsste.**
Dies ergibt sich bereits aus dem Fehlen einer derartigen Bestimmung in der VOL/A seit dem
Jahr 2000. Darüber hinaus kann ein Bieter auch keine weitergehenden Rechte bezogen auf
Formvorschriften gegen einen Mitbieter haben als die Vergabestelle selbst (VK Hessen, B. v.
27. 2. 2003 – Az.: 69 d VK – 70/2002).

113.3.3 § 13 Abs. 3

Die **Vorschriften der §§ 13 Abs. 3, 16 Abs. 3 lit. a) VOL/A sind als bieterschützend**   10114
zu qualifizieren. Denn diese Verhaltensanforderungen an den öffentlichen Auftraggeber dienen der Sicherheit der Grundsätze des § 97 Abs. 1 GWB nicht nur objektiv rechtlich, sondern
auch im Interesse der übrigen Bewerber (VK Niedersachsen, B. v. 16. 4. 2010 – Az.: VgK-
10/2010).

113.4 Allgemeine Anforderungen des § 13 an die Bieter

Das Vergabeverfahren **verlangt als formalisiertes Verfahren vom Bieter eine große**   10115
Genauigkeit bei der Gestaltung seiner Angebotsunterlagen. Ungenauigkeiten beim
Ausfüllen der Angebotsunterlagen **fallen in die Risikosphäre des Bieters** und können nicht
durch Nachsichtigkeit der Vergabestelle korrigiert werden (VK Rheinland-Pfalz, B. v. 7. 6. 2002
– Az.: VK 13/02).

113.5 Auslegung des Angebots

113.5.1 Notwendigkeit einer Auslegung

Fügt der Bieter die mit Firmenstempel versehene und unterschriebene Leistungsbeschreibung   10116
seinem Angebot bei, **erkennt er damit den Inhalt der Leistungsbeschreibung vollum-**

fänglich an und erklärt damit objektiv, dass das von ihm angebotene Produkt die darin beschriebenen technischen Merkmale und damit die Vorgaben und Bedingungen des Auftraggebers auch tatsächlich erfüllt. Ein solches Angebot ist weder unklar noch bedarf es einer Auslegung (VK Schleswig-Holstein, B. v. 9. 7. 2010 – Az.: VK-SH 11/10).

10117 Eine **Auslegungsbedürftigkeit** als Voraussetzung für eine Auslegung **besteht dann nicht, wenn die Willenserklärung nach Wortlaut und Zweck einen eindeutigen Inhalt hat und für eine Auslegung kein Raum** ist (VK Münster, B. v. 15. 8. 2007 – Az.: VK 13/07; VK Schleswig-Holstein, B. v. 20. 10. 2010 – Az.: VK-SH 16/10; B. v. 15. 5. 2006 – Az.: VK-SH 10/06).

113.5.2 Verpflichtung zur Auslegung

10118 Die **Vergabestelle** ist zur Auslegung eines Angebots **nicht nur berechtigt, sondern auch verpflichtet** (OLG Düsseldorf, B. v. 4. 5. 2009 – Az.: VII-Verg 68/08; B. v. 25. 6. 2008 – Az.: VII – Verg 22/08; VK Südbayern, B. v. 5. 2. 2010 – Az.: Z3-3-3194-1-66–12/09).

113.5.3 Grundsätze der Auslegung

10119 Bei dem **Angebot** eines Bieters handelt es sich um eine bürgerlichrechtliche **empfangsbedürftige Willenserklärung**, die nach den §§ 133, 157 BGB unter Berücksichtigung der von der Rechtsprechung entwickelten Grundsätze **auszulegen** ist. Bei der Ermittlung des Inhaltes ist **nicht am Wortlaut zu haften** (OLG Celle, B. v. 13. 3. 2002 – Az.: 13 Verg 4/02). Vielmehr sind empfangsbedürftige Willenserklärungen so auszulegen, wie sie der **Erklärungsempfänger nach Treu und Glauben unter Berücksichtigung der Verkehrssitte verstehen muss** (OLG Celle, B. v. 5. 9. 2007 – Az.: 13 Verg 9/07; B. v. 7. 6. 2007 – Az.: 13 Verg 5/07; B. v. 13. 3. 2002 – Az.: 13 Verg 4/02; OLG Düsseldorf, B. v. 14. 10. 2009 – Az.: VII-Verg 9/09; B. v. 4. 5. 2009 – Az.: VII-Verg 68/08; B. v. 25. 6. 2008 – Az.: VII – Verg 22/08; B. v. 27. 9. 2006 – Az.: VII – Verg 36/06; OLG Frankfurt, B. v. 14. 10. 2008 – Az.: 11 Verg 11/2008; B. v. 25. 7. 2008 – Az.: 11 Verg 10/08; OLG Koblenz, B. v. 15. 7. 2008 – Az.: 1 Verg 2/08; OLG München, B. v. 24. 11. 2008 – Az.: Verg 23/08; B. v. 21. 2. 2008 – Az.: Verg 01/08; B. v. 17. 9. 2007 – Az.: Verg 10/07; Thüringer OLG, B. v. 5. 12. 2001 – Az.: 6 Verg 4/01; VK Brandenburg, B. v. 16. 12. 2009 – Az.: VK 42/09; 1. VK Bund, B. v. 4. 6. 2007 – Az.: VK 1–47/07; B. v. 4. 6. 2007 – Az.: VK 1–44/07; B. v. 1. 6. 2007 – Az.: VK 1–41/07; 2. VK Bund, B. v. 30. 12. 2009 – Az.: VK 2–222/09; 3. VK Bund, B. v. 18. 9. 2008 – Az.: VK 3–122/08; B. v. 18. 9. 2008 – Az.: VK 3–119/08; VK Münster, B. v. 15. 9. 2009 – Az.: VK 14/09; B. v. 30. 4. 2009 – Az.: VK 4/09; VK Niedersachsen, B. v. 27. 8. 2009 – Az.: VgK-35/2009; VK Nordbayern, B. v. 8. 6. 2010 – Az.: 21.VK – 3194 – 11/10; B. v. 19. 3. 2009 – Az.: 21.VK – 3194 – 08/09; B. v. 9. 9. 2008 – Az.: 21.VK – 3194 – 34/08; B. v. 14. 4. 2005 – Az.: 320.VK – 3194 – 09/05; 1. VK Sachsen, B. v. 17. 12. 2007 – Az.: 1/SVK/074-07; B. v. 27. 9. 2001 – Az.: 1/SVK/85-01, 1/SVK/85-01G; VK Schleswig-Holstein, B. v. 20. 10. 2010 – Az.: VK-SH 16/10; B. v. 15. 5. 2006 – Az.: VK-SH 10/06; VK Südbayern, B. v. 5. 2. 2010 – Az.: Z3-3-3194-1-66–12/09; B. v. 19. 4. 2005 – Az.: 03/05; B. v. 17. 2. 2004 – Az.: 03-01/04; B. v. 17. 2. 2004 – Az.: 67-12/03). Bei der Auslegung dürfen **nur solche Umstände berücksichtigt** werden, die **bei Zugang der Erklärung für den Empfänger erkennbar** waren. Auf dessen Horizont und Verständnismöglichkeit ist die Auslegung abzustellen (OLG Frankfurt, B. v. 14. 10. 2008 – Az.: 11 Verg 11/2008; B. v. 25. 7. 2008 – Az.: 11 Verg 10/08; OLG München, B. v. 21. 2. 2008 – Az.: Verg 01/08; VK Brandenburg, B. v. 16. 12. 2009 – Az.: VK 42/09; VK Hessen, B. v. 11. 2. 2002 – Az.: 69d VK – 48/2001; VK Niedersachsen, B. v. 27. 8. 2009 – Az.: VgK-35/2009; VK Nordbayern, B. v. 19. 3. 2009 – Az.: 21.VK – 3194 – 08/09; B. v. 9. 9. 2008 – Az.: 21.VK – 3194 – 34/08; VK Schleswig-Holstein, B. v. 20. 10. 2010 – Az.: VK-SH 16/10; B. v. 15. 5. 2006 – Az.: VK-SH 10/06; VK Südbayern, B. v. 13. 8. 2009 – Az.: Z3-3-3194-1-38-07/09). Dies gilt auch dann, wenn der Erklärende die Erklärung anders verstanden hat und auch verstehen durfte. **Entscheidend** ist im Ergebnis nicht der empirische Wille des Erklärenden, sondern **der durch normative Auslegung zu ermittelnde objektive Erklärungswert** seines Verhaltens (OLG Celle, B. v. 5. 9. 2007 – Az.: 13 Verg 9/07; B. v. 7. 6. 2007 – Az.: 13 Verg 5/07; OLG Frankfurt, B. v. 14. 10. 2008 – Az.: 11 Verg 11/2008; B. v. 25. 7. 2008 – Az.: 11 Verg 10/08; OLG Koblenz, B. v. 15. 7. 2008 – Az.: 1 Verg 2/08; OLG München, B. v. 21. 2. 2008 – Az.: Verg 01/08; OLG Naumburg, B. v. 12. 6. 2001 – Az.: 1 Verg 1/01; VK Brandenburg, B. v. 16. 12. 2009 – Az.: VK 42/09; VK Niedersachsen, B. v. 27. 8. 2009 – Az.: VgK-35/2009; VK Nordbayern, B. v. 19. 3. 2009 – Az.: 21.VK – 3194

Vergabe- und Vertragsordnung für Leistungen Teil A VOL/A § 13 **Teil 4**

– 08/09; B. v. 9. 9. 2008 – Az.: 21.VK – 3194 – 34/08; B. v. 29. 12. 2005 – Az.: 320.VK – 3194 – 40/05; 1. VK Sachsen, B. v. 17. 12. 2007 – Az.: 1/SVK/074-07; VK Schleswig-Holstein, B. v. 20. 10. 2010 – Az.: VK-SH 16/10; B. v. 15. 5. 2006 – Az.: VK-SH 10/06; VK Südbayern, B. v. 13. 8. 2009 – Az.: Z3-3-3194-1-38-07/09; B. v. 19. 4. 2005 – Az.: 10-03/05; B. v. 17. 2. 2004 – Az.: 03-01/04; B. v. 17. 2. 2004 – Az.: 67-12/03). Beachtet werden muss bei der Interpretation von Bietererklärungen schließlich **auch das in § 97 Abs. 1 und 2 GWB aufgestellte Gebot der Auftragsvergabe im Rahmen eines transparenten Wettbewerbs unter Gleichbehandlung der Bieter** (OLG Frankfurt, B. v. 14. 10. 2008 – Az.: 11 Verg 11/2008; B. v. 25. 7. 2008 – Az.: 11 Verg 10/08; OLG München, B. v. 21. 2. 2008 – Az.: Verg 01/08; BayObLG, B. v. 16. 9. 2002 – Az.: Verg 19/02; VK Niedersachsen, B. v. 27. 8. 2009 – Az.: VgK-35/2009; VK Nordbayern, B. v. 19. 3. 2009 – Az.: 21.VK – 3194 – 08/09; VK Südbayern, B. v. 13. 8. 2009 – Az.: Z3-3-3194-1-38-07/09; B. v. 16. 7. 2003 – Az.: 25-06/03, B. v. 3. 4. 2003 – Az.: 10-03/03).

Auch nachträglich abgegebene Erläuterungen des Bieters darüber, wie er sein Angebot im Zeitpunkt seiner Abgabe verstanden wissen wollte und welchem Inhalt er ihm beimaß, dürfen in vergaberechtlicher Hinsicht bei der Auslegung des Angebots nicht unberücksichtigt bleiben. Die Sichtweise, es komme allein auf die Auslegung des Angebots aus der Sicht des Empfängers im Zeitpunkt des Zugangs des Angebots an, blendet die nachträglichen Erläuterungen über den Inhalt des Angebots und den daran erkennbaren wahren Willen des Bieters aus. Zur Feststellung, welchen Inhalt der Erklärende seinem Angebot tatsächlich beimisst, sind **deshalb auch zeitlich später entstandene, den Inhalt erläuternde Äußerungen des Bieters heranzuziehen**, die einen Rückschluss auf seinen Willen im Zeitpunkt der Angebotsabgabe zulassen. Sie zählen zu den begleitenden Umständen. Solche Erläuterungen sind – selbst wenn sie nicht in unmittelbarer zeitlicher Nähe zum Angebot abgegeben worden sind – bei der Auslegung des Angebots zu berücksichtigen. Dies eröffnet nicht die Gefahr, dass ein Bieter nachträglich den Inhalt seines Angebots verändernde Erklärungen gegenüber der Vergabestelle abgibt, um, wenn er – aus welchen Gründen auch immer – dies nicht mehr will, nicht den Zuschlag zu erhalten. Erstens handelt es sich dabei um einen bloß theoretischen Einwand. Und zweitens bleibt immer noch zu prüfen, ob die nachträglich gemachten Äußerungen tatsächlich einen zuverlässigen Rückschluss auf den Inhalt des Angebots erlauben (OLG Düsseldorf, B. v. 14. 10. 2009 – Az.: VII-Verg 9/09 – instruktive Entscheidung; B. v. 12. 3. 2007 – Az.: VII – Verg 53/06). 10120

Zu den allgemein anerkannten Auslegungsregeln gehört der **Grundsatz einer nach beiden Seiten interessengerechten und im Zweifel vergaberechtskonformen Auslegung.** Die Erklärungen des Auftraggebers in einer europaweiten Ausschreibung müssen so ausgelegt werden, wie sie von dem gesamten Adressatenkreis objektiv verstanden werden müssen, denn maßgeblich für die Auslegung ist die Sicht des mit ihr angesprochenen Empfängerkreises. Bei der Beurteilung dieses Verständnisses müssen **auch die das Vergaberecht beherrschenden Grundsätze, wie sie durch die Richtlinien zum Vergaberecht manifestiert sind, berücksichtigt** werden. Denn es kann im Zweifel nicht angenommen werden, dass der Auftraggeber gegen diese Grundsätze verstoßen will. **Hauptziel der Gemeinschaftsvorschriften über das öffentliche Auftragswesen ist die Gewährleistung des freien Dienstleistungsverkehrs und die Öffnung für einen unverfälschten Wettbewerb in allen Mitgliedstaaten.** Dieses doppelte Ziel verfolgt das Gemeinschaftsrecht unter anderem durch die Anwendung des Grundsatzes der Gleichbehandlung der Bieter und der sich daraus ergebenden Verpflichtung zur Transparenz. Nach dem Grundsatz der Gleichbehandlung der Bieter, der die Entwicklung eines gesunden und effektiven Wettbewerbs zwischen den Unternehmern, die sich um einen öffentlichen Auftrag bewerben, fördern soll, müssen die Bieter bei der Abfassung ihrer Angebote die gleichen Chancen haben, was voraussetzt, dass die Angebote aller Wettbewerber den gleichen Bedingungen unterworfen sein müssen. Der damit einhergehende Grundsatz der Transparenz soll im Wesentlichen die Gefahr einer Günstlingswirtschaft oder willkürlichen Entscheidung des Auftraggebers ausschließen. Er verlangt, dass alle Bedingungen und Modalitäten des Vergabeverfahrens in der Bekanntmachung oder im Lastenheft klar, genau und eindeutig formuliert sind, damit alle durchschnittlich fachkundigen Bieter bei Anwendung der üblichen Sorgfalt deren genaue Bedeutung verstehen und sie in gleicher Weise auslegen können und der Auftraggeber im Stande ist, tatsächlich zu überprüfen, ob die Angebote der Bieter die für den betreffenden Auftrag geltenden Kriterien erfüllen (BGH, Urteil v. 22. 7. 2010 – Az.: VII ZR 213/08). 10121

Mit diesen dem Zivilrecht entnommenen Grundsätzen zur Auslegung von **Wil-** 10122 **lenserklärungen korrespondiert die vergaberechtliche Vorschrift des § 15 VOB/A.**

2049

Eine „**Berichtigung**" **des Angebotsinhaltes durch den Auftraggeber im Wege der Aufklärung nach § 15 VOB/A unter Berücksichtigung nachgereichter Unterlagen ist demzufolge ebenso nicht zulässig.** Die Grenzen des Nachverhandlungsverbots aus § 15 VOB/A würden überschritten, wenn man nachträgliche, von den im Submissionstermin verlesenen Angebotsendpreisen abweichende Mengen- und damit Preiskorrekturen zulassen wollte. Fügt der Bieter seinem Angebot eine falsche Kurztextseite, bei, ist dies ein Versäumnis des Bieters, das nicht im Wege eines Aufklärungsgespräches geheilt werden kann. Davon abgesehen besteht ein Anspruch des Bieters auf Aufklärung des Angebotes gemäß § 15 VOB/A ohnehin nicht (VK Schleswig-Holstein, B. v. 20. 10. 2010 – Az.: VK-SH 16/10).

10123 Ergänzend kann auch die – sehr umfangreiche – **Rechtsprechung zur Auslegung der Leistungsbeschreibung** herangezogen werden; vgl. insoweit die Kommentierung zu → § 7 VOL/A Rdn. 68 ff.

113.5.4 Beispiele aus der Rechtsprechung

10124 – letztlich ist ein **Angebot gemäß §§ 133, 157 BGB auszulegen.** Der öffentliche Auftraggeber ist zur Auslegung eines Angebots berechtigt und verpflichtet. Maßstab der Auslegung ist, wie ein mit den Umständen vertrauter Dritter in der Lage des öffentlichen Auftraggebers das Angebot nach Treu und Glauben mit Rücksicht auf die Verkehrssitte verstehen durfte und musste. Dabei ist der dem Angebot zugrunde liegende wahre Bieterwille zu erforschen. Ausgehend von diesen Grundsätzen ist **bei Prüfung von Angeboten im Entsorgungsdienstleistungsbereich immer die ausgeschriebene Fraktion maßgeblich.** Wenn ein Bieter aufgefordert wird, diesbezüglich Referenzen vorzulegen, würde einer mit den Umständen vertrauter Auftraggeber die Angabe der Referenzen doch nicht auf die gerade nicht ausgeschriebene Abfallfraktion beziehen. Vielmehr kann er zunächst einmal davon ausgehen, dass die Referenzen sich tatsächlich auf die ausgeschriebenen Abfallfraktionen beziehen (OLG Düsseldorf, B. v. 14. 10. 2009 – Az.: VII-Verg 40/09; VK Münster, B. v. 15. 9. 2009 – Az.: VK 14/09)

– trägt der **Bieter bei einer Position einen Schrägstrich** ein und trägt er in **drei anderen Positionen** des Leistungsverzeichnisses bei der Angabe des Einzel- und Gesamtpreises **eine „0"** ein, muss in der Gesamtschau des Angebots aus Sicht des Empfängers davon ausgegangen werden, dass die **unterschiedliche Ausfüllung der Positionen nicht die gleiche Bedeutung** haben kann. Die Vergabestelle kann deshalb den **Schrägstrich als fehlende Preisangabe** werten (VK Nordbayern, B. v. 9. 9. 2008 – Az.: 21.VK – 3194 – 34/08)

– **gibt der Nachunternehmer in der Verfügbarkeitserklärung nur an, die Kapazitäten zur Verfügung stellen zu können**, gibt eine **Auslegung der Erklärung** entsprechend §§ 133, 157 BGB einem verständigen Auftraggebers jedoch **hinreichenden Aufschluss darüber, dass der Nachunternehmer nicht lediglich seine grundsätzliche Eignung bekundet**, ohne eine Verpflichtung einzugehen oder eingegangen zu sein. Die Fortführung des zitierten Satzes – „um die Anforderungen aus dem Leistungsverzeichnis zu erfüllen" – **deutet bereits auf den verbindlichen Willen des Nachunternehmers hin, seine Kapazitäten auch tatsächlich bereitzustellen**, vor allem aber macht der nachfolgende Satz, in dem von den „mir/uns übertragenen Leistungen" die Rede ist, deutlich, dass bereits eine Einigung zwischen Nachunternehmer und ASt zu 2. vorliegt. Aufgrund dieser Einigung über die Untervergabe der Nachunternehmerleistungen kann die ASt zu 2. die Kapazitäten des Nachunternehmers tatsächlich für sich beanspruchen. Die **Verpflichtung des Nachunternehmers, seine Mittel der ASt zu 2. zur Verfügung zu stellen, ist damit hinreichend belegt.** Eine kleinliche, auf einer ausdrücklichen „**Verpflichtung**" beharrende Auslegung würde dem erkennbaren Willen des Nachunternehmers nicht gerecht und verbietet sich insbesondere angesichts des Umstandes, dass der Ag den Verdingungsunterlagen **kein Muster für eine Verpflichtungserklärung beigefügt** hatte (2. VK Bund, B. v. 3. 7. 2007 – Az.: VK 2–45/07, VK 2–57/07)

– entscheidend ist, welchen objektiven Erklärungswert das Angebot unter Berücksichtigung aller ihm bekannten Umstände aus der Sicht des Erklärungsempfängers hatte. Auch dann **wenn formbedürftige Erklärungen auszulegen sind, sind Umstände außerhalb der Urkunde zu berücksichtigen; es genügt, wenn der aus Umständen außerhalb der Urkunde ermittelte rechtsgeschäftliche Wille in der Urkunde einen, wenn auch unvollkommenen Ausdruck gefunden hat** (OLG Celle, B. v. 7. 6. 2007 – Az.: 13 Verg 5/07)

– eine **verständige Auslegung** unter Heranziehung und Würdigung der Gesamtheit der Aussagen des Angebotes und unter **Beachtung der allgemein anerkannten Auslegungsregel, wonach die Parteien im Zweifel vernünftige Ziele und redliche Absichten verfolgen**, musste demnach zu dem Schluss kommen, dass die Antragstellerin den Zuschlag für den ausgeschriebenen Dienstleistungsauftrag erhalten wollte und aus diesem Grund sämtliche für die Zuschlagserteilung erforderlichen Voraussetzungen zu akzeptieren bereit war (OLG Düsseldorf, B. v. 27. 9. 2006 – Az.: VII – Verg 36/06)

– macht ein Bieter in seinem Angebot beispielsweise **zu geforderten Zuschlägen keinerlei Angaben**, kann dies nach dem objektiven Erklärungswert aus der Sicht eines verständigen Auftraggebers aber nicht derart aufgefasst werden, dass der Bieter in den Positionen keine Zuschläge kalkuliert hat und somit im Bedarfsfall auch keine entsprechende Vergütung beansprucht. Der **Auftraggeber muss hingegen von einem unvollständigen Angebot ausgehen** (VK Südbayern, B. v. 16. 7. 2003 – Az.: 25-06/03).

113.6 Angabe der Form der Angebote (§ 13 Abs. 1 Satz 1)

Nach § 13 Abs. 1 Satz 1 muss der **Auftraggeber festlegen**, in welcher Form die Angebote einzureichen sind. Die **Transformationsvorschrift für die Bekanntmachung** ist § 12 Abs. 2 Satz 2 lit. c) VOL/A.   10125

113.7 Form der Angebote (§ 13 Abs. 1 Satz 2)

113.7.1 Grundsatz

Der Auftraggeber legt fest, in welcher Form die Angebote einzureichen sind und entscheidet damit **darüber, ob Bieter die Angebote auf dem Postweg oder direkt, elektronisch oder mittels Telekopie einreichen können**. Eine entsprechende Regelung enthält die **VOF 2009**.   10126

Die **VOB/A** lässt dagegen **nur schriftliche und elektronische**, aber **keine Angebote mittels Telekopie** zu.   10127

113.7.2 Auf dem Postweg oder direkt eingereichte Angebote

113.7.2.1 Begriffsbestimmung

Die **VOL/A unterscheidet** in § 13 Abs. 2 Satz 2 zwischen einerseits auf dem Postweg oder direkt eingereichten Angeboten und andererseits elektronischen Angeboten sowie drittens Angeboten mittels Telekopie. Die VOL/A **vermeidet damit den Begriff der schriftlichen Angebote**. Dies ist insoweit auch konsequent, da **Erklärungen** – und damit auch Angebote – **mittels Telekopie nicht die Schriftform erfüllen** (§ 126 BGB). Nach § 126 Abs. 1 BGB ist die durch Gesetz vorgeschriebene Schriftform nur gewahrt, wenn die Urkunde von dem Aussteller eigenhändig durch Namensunterschrift oder mittels notariell beglaubigten Handzeichens unterzeichnet wird. Eine **Telekopie enthält keine eigenhändige Unterzeichnung. Die Unterschrift ist nur vom Original übernommen.** Dieses bleibt beim Absender (BGH, Urteil v. 28. 1. 1993 – Az.: IX ZR 259/91).   10128

113.7.2.2 Unterzeichnung der auf dem Postweg oder direkt eingereichten Angebote

113.7.2.2.1 Grundsätze.
Nach § 13 Abs. 1 Satz 2 **müssen Angebote, die auf dem Postweg oder direkt eingereicht wurden, unterschrieben** sein.   10129

Angebote **ohne Unterschrift sind keine Angebote im Rechtssinne** und haben schon aus diesem Grunde auszuscheiden (VK Arnsberg, B. v. 13. 7. 2010 – Az.: VK 11/10; 3. VK Bund, B. v. 27. 4. 2006 – Az.: VK 3–21/06; VK Düsseldorf, B. v. 21. 4. 2006 – Az.: VK – 16/2006 – L). Das nachträgliche Einholen der Unterschrift ist unzulässig. Durch den Verzicht auf das Erfordernis der „Rechtsverbindlichkeit" in § 13 Abs. 1 VOL/A – gegenüber älteren Fassungen des § 13 VOL/A – soll lediglich klargestellt werden, dass für die Angebotsabgabe keine über die Formvorschriften des BGB hinausgehenden Anforderungen gelten sollen (3. VK Bund, B. v. 29. 6. 2006 – Az.: VK 3–48/06; B. v. 29. 6. 2006 – Az.: VK 3–39/06; VK Lüneburg, B. v. 28. 7. 2003 – Az.: 203-VgK-13/2003); hinsichtlich der **Wirksamkeit eines von einem Pro-**   10130 kuristen unterzeichneten Angebotes wird auf § 50 Abs. 1 HGB verwiesen (VK Hessen, B. v. 16. 12. 2005 – 69 d VK – 88/2005).

10131 Aufgrund der **vergaberechtlichen Kaskade**, die in § 4 VgV die Anwendung der VOL/A – im Oberschwellenbereich – verbindlich macht, handelt es sich um ein im materiellen Sinne **gesetzliches Schriftformerfordernis**. Wird hiergegen verstoßen, so bestimmt sich die Rechtsfolge nach § 125 BGB, wonach das **Angebot nichtig** ist (3. VK Bund, B. v. 27. 4. 2006 – Az.: VK 3–21/06).

10132 Das – inzwischen aufgegebene – Merkmal der „rechtsverbindlichen" Unterschrift hielt den Auftraggeber dazu an, die Vertretungsbefugnis der unterzeichnenden Person (oder deren Mehrheit) und die Rechtswirksamkeit des Angebots, einer Willenserklärung im bürgerlich-rechtlichen Sinn, zu überprüfen. Diese Anforderung ist aufgegeben worden, weil es **unzweckmäßig** erschien, dem **Auftraggeber die nicht selten mit weiteren Nachforschungen verbundene Prüfung einer Bevollmächtigung des Angebotsunterzeichners aufzuerlegen** (OLG Düsseldorf, B. v. 22. 12. 2004 – Az.: VII – Verg 81/04; 2. VK Mecklenburg-Vorpommern, B. v. 7. 1. 2008 – Az.: 2 VK 5/07). Eine **Nachprüfungspflicht des Auftraggebers** besteht insoweit also **nicht**. Deshalb ist es auch **nicht erforderlich**, dass der **Bieter die Rechtsverbindlichkeit** der Unterschrift unter dem Angebot **durch Nachweise belegt** (3. VK Bund, B. v. 3. 7. 2007 – Az.: VK 3–64/07).

10133 **Auf die Prüfung, ob tatsächlich die gesetzlichen Vertreter der Bieter unterzeichnet haben, kam und kommt es also nicht an.** Ab der ab dem Jahre 2000 geltenden Fassung der VOL/A bzw. VOB/A hat der Verordnungsgeber bewusst auf das zusätzliche Merkmal der „rechtsverbindlichen" Unterschrift in den Regelungen der §§ 13 und 16 VOL/A verzichtet. Ein Bieter muss also grundsätzlich ein Angebot, soweit es nur unterschrieben ist, gegen sich gelten lassen, wobei **im Zweifelsfall von dem Vorliegen einer Anscheinsvollmacht auszugehen ist** (VK Hessen, B. v. 27. 2. 2003 – Az.: 69 d VK – 70/2002; 1. VK Sachsen, B. v. 31. 1. 2005 – Az.: 1/SVK/144-04).

10134 113.7.2.2.2 Forderung nach einer rechtsverbindlichen Unterschrift. Der **Auftraggeber ist rechtlich nicht gehindert, zu den früher geltenden strengeren Anforderungen einer rechtsverbindlichen Unterschrift – oder anderen Anforderungen – zurückzukehren** (OLG Frankfurt, B. v. 26. 8. 2008 – Az.: 11 Verg 8/08; OLG Karlsruhe, B. v. 24. 7. 2007 – Az.: 17 Verg 6/07; OLG Naumburg, B. v. 29. 1. 2009 – Az.: 1 Verg 10/08; 2. VK Mecklenburg-Vorpommern, B. v. 7. 1. 2008 – Az.: 2 VK 5/07; 1. VK Sachsen, B. v. 19. 5. 2010 – Az.: 1/SVK/015-10; 1. VK Sachsen-Anhalt, B. v. 12. 9. 2008 – Az: 1 VK LVwA 11/08; B. v. 7. 3. 2006 – Az: 1 VK LVwA 01/06), zumal sich sachliche Gründe dafür nicht verneinen lassen. Denn das Erfordernis der Verbindlichkeit des Angebots, das ohne Weiteres mit dem Begriff der „Rechtsverbindlichkeit" gleichzusetzen ist, stellt klar, dass das Angebot als bürgerlich-rechtliche Willenserklärung des Bieters rechtsgültig und wirksam zu sein hat, so gefasst sein muss, dass es nur noch einer Annahmeerklärung des Auftraggebers bedarf und dass es den Auftraggeber von der Ungewissheit und den Verzögerungen freistellt, die mit der Angebotsunterzeichnung durch einen Vertreter ohne Vertretungsmacht verbunden sein können. Angebote, zu denen es dem Unterzeichner an der Vertretungsberechtigung mangelt, sind schwebend unwirksam (§ 177 Abs. 1 BGB). Ihre Wirksamkeit hängt von einer – nach Aufforderung des anderen Teils befristet zu erklärenden – Genehmigung durch den Vertretenen ab (§ 177 Abs. 2, § 182 Abs. 1, § 184 Abs. 1 BGB). Es ist **zu respektieren, wenn sich der Auftraggeber den daraus resultierenden möglichen Erschwernissen** (freilich unter Inkaufnahme anderer, die Verbindlichkeit betreffender Prüfungsobliegenheiten) **nicht stellen will** und über ein lediglich „unterschriebenes" Angebot hinaus in den Verdingungsunterlagen die **Rechtsverbindlichkeit der Angebotserklärung** fordert (OLG Düsseldorf, B. v. 22. 12. 2004 – Az.: VII – Verg 81/04; OLG Frankfurt, B. v. 26. 8. 2008 – Az.: 11 Verg 8/08; OLG Karlsruhe, B. v. 24. 7. 2007 – Az.: 17 Verg 6/07). Dies gilt auch dann, wenn der Auftraggeber die **Rechtsverbindlichkeit der Angebotserklärung und deren Nachweis** fordert (OLG Frankfurt, B. v. 26. 8. 2008 – Az.: 11 Verg 8/08).

10135 Wird die Unterzeichnung durch „**rechtsverbindliche Unterschrift**" verlangt, **nicht jedoch der Nachweis der Vertretungsmacht des Unterzeichners** mit dem Angebot, so genügt dieser Anforderung jede Unterschrift eines Erklärenden, der zum Zeitpunkt des Ablaufes der Vorlagefrist tatsächlich bevollmächtigt war. Den **Nachweis über seine Vertretungsmacht kann er jederzeit, auch nachträglich, führen**. Die allgemeinen zivil- und handelsrechtlichen Vorschriften, die mangels ausdrücklicher Regelung im Vergaberecht subsidiär anzuwenden sind, sehen eine **Pflicht zur Vorlage einer Vollmachtsurkunde bei einem Han-

Vergabe- und Vertragsordnung für Leistungen Teil A   VOL/A § 13   **Teil 4**

deln in Vertretung nicht vor, sondern lediglich die Pflicht, dass der Wille, in fremdem Namen aufzutreten, deutlich zu Tage tritt, und dass das Handeln im Rahmen einer dem Vertreter bereits eingeräumten Vertretungsmacht erfolgt (OLG Frankfurt, B. v. 9. 7. 2010 – Az.: 11 Verg 5/10; OLG Naumburg, B. v. 29. 1. 2009 – Az.: 1 Verg 10/08; B. v. 13. 10. 2008 – Az.: 1 Verg 10/08).

Nach § 49 Abs. 1 HGB **ermächtigt die Prokura**, deren Wirksamkeit nicht von der Handelsregistereintragung gemäß § 53 HGB abhängt, zu allen gerichtlichen und außergerichtlichen Geschäften, die der Betrieb eines Handelsgewerbes mit sich bringt, also **auch zur Abgabe von Angeboten in einem Vergabeverfahren**. Demgegenüber ist bei einem Großunternehmen die Unterzeichnung des Angebotes durch Vorstandsmitglieder nicht zu erwarten (OLG München, B. v. 8. 5. 2009 – Az.: Verg 06/09). 10136

113.7.2.2.3 Stelle der Unterzeichnung. Es ist erforderlich, dass **mit der Unterschrift zweifelsfrei der gesamte Angebotsinhalt abgedeckt** wird. Ein Angebot muss ausgeschieden werden, wenn letzteres nicht der Fall ist. Die Unterschrift hat auf dem Angebot in einer Weise zu erfolgen, die deutlich macht, dass sich der Unterzeichner das gesamte Angebot mit seiner Unterschrift zu Eigen macht (OLG Celle, B. v. 19. 8. 2003 – Az.: 13 Verg 20/03; OLG Düsseldorf, B. v. 18. 7. 2005 – Az.: VII – Verg 39/05; 3. VK Bund, B. v. 6. 6. 2005 – Az.: VK 3–43/05; VK Düsseldorf, B. v. 21. 4. 2006 – Az.: VK – 16/2006 – L; 1. VK Sachsen, B. v. 19. 5. 2010 – Az.: 1/SVK/015-10). Grundsätzlich wird dann eine Unterschrift am Ende des Angebotes oder auf dem Anschreiben, das auf das beigefügte Angebot Bezug nimmt, diesem Erfordernis genügen (VK Düsseldorf, B. v. 21. 4. 2006 – Az.: VK – 16/2006 – L; VK Lüneburg, B. v. 28. 7. 2003 – Az.: 203-VgK-13/2003). 10137

An welcher Stelle der Angebote die **Unterschrift bzw. Unterschriften anzubringen** sind, **lässt § 13 VOL/A offen**. Deshalb fügen viele Auftraggeber den Vergabeunterlagen ein Formblatt „Angebot" bei, durch dessen Gestaltung sichergestellt wird, dass die darauf angebrachte Unterschrift sich auf das gesamte Angebot bezieht. Ist eine Unterschrift vorhanden, befindet sie sich aber **nicht an der eindeutig gekennzeichneten und geforderten Stelle im Angebot, so ist dieses Angebot auszuschließen** (VK Düsseldorf, B. v. 21. 4. 2006 – Az.: VK – 16/2006 – L; VK Lüneburg, B. v. 28. 7. 2003 – Az.: 203-VgK-13/2003). **Weist allerdings das Formblatt keine Unterschriftsleiste auf** und gibt es zudem in den Verdingungsunterlagen andere Gelegenheiten zur (abschließenden) Unterschrift, **schadet eine fehlende Unterschrift auf dem Formblatt „Angebot" nicht** (OLG Düsseldorf, B. v. 21. 6. 2006 – Az.: VII – Verg 24/06). Eine **Berichtigung eines Formfehlers**, das heißt ein Nachholen der Unterschrift an der richtigen Stelle kommt eventuell in Betracht, wenn zweifelsfrei erkennbar ist, dass sich die an falscher Stelle befindliche Unterschrift auf das gesamte Angebot beziehen soll (VK Nordbayern, B. v. 28. 2. 2001 – Az.: 320.VK-3194-25/00). 10138

113.7.2.2.4 Anzahl der Unterschriften. Der Auftraggeber kann z. B. in den Vergabeunterlagen vorgeben, dass auch die Bewerbererklärung rechtsverbindlich unterzeichnet sowie dokumentenecht sein muss. Der Auftraggeber macht dann von der **Möglichkeit der Ermessensausübung** Gebrauch, die den Vergabevorschriften nicht entgegensteht (VK Halle, B. v. 30. 5. 2002 – Az.: VK Hal 11/02). 10139

Hat ein Auftraggeber in den Vergabeunterlagen vorgegeben, dass das Angebot rechtsverbindlich **auf dem Leistungsverzeichnis mit seinen Anlagen und den Besonderen Vertragsbedingungen unterschrieben** sein muss, hat er von der Möglichkeit der Ermessensausübung Gebrauch gemacht, die den Vergabevorschriften nicht entgegensteht (VK Halle, B. v. 12. 7. 2001 – AZ: VK Hal 09/01). 10140

Auch eine **zusätzliche Absicherung der erklärten Preise durch eine gesonderte Unterschrift ist zulässig**. Der Auftraggeber kann sich auf die umfassende Unterschrift im Angebotsschreiben beschränken, kann aber auch darüber hinaus gehen. So werden typischerweise Bietererklärungen und diverse Eignungserklärungen mit einer gesonderte Erklärungsunterschrift verbunden, die, wenn sie fehlt, Zweifel am Erklärungswillen des Bieters entstehen lässt (VK Arnsberg, B. v. 13. 7. 2010 – Az.: VK 11/10). 10141

113.7.2.2.5 Unterzeichnung des Angebotes bei Bietergemeinschaften. 113.7.2.2.5.1 Begriff der Bietergemeinschaft. Zum Begriff der Bietergemeinschaft vgl. die Kommentierung zu → § 6 VOL/A Rdn. 13. 10142

113.7.2.2.5.2 Angebot eines Einzelbieters oder Angebot einer Bietergemeinschaft?. Angebote müssen die Identität des Bieters erkennen lassen. Das gilt für Einzelbieter wie 10143

2053

für Bietergemeinschaften. Aus dem **Angebot einer Bietergemeinschaft muss hervorgehen, dass es sich um das Angebot einer Bietergemeinschaft handelt und welche Unternehmen diese Bietergemeinschaft bilden.** Maßgeblicher Zeitpunkt für die Bestimmung, wem ein Angebot zuzurechnen ist, ist das zum Eröffnungstermin vorliegende Angebot. Dieses legt die Identität des Bieters fest. Besteht Streit, wer als Bieter eines bestimmten Angebots anzusehen ist, ist durch Auslegung zu ermitteln, wer das Angebot abgegeben hat. Dabei ist auf den „objektiven Empfängerhorizont" abzustellen; entscheidend ist, wie ein mit den Umständen des Einzelfalles vertrauter Dritter in der Lage der Vergabestelle die Erklärung nach Treu und Glauben mit Rücksicht auf die Verkehrssitte verstehen musste oder durfte (OLG Düsseldorf, B. v. 3. 1. 2005 – Az.: VII – Verg 82/04; OLG Frankfurt, B. v. 15. 7. 2008 – Az.: 11 Verg 4/08; VK Südbayern, B. v. 10. 11. 2003 – Az.: 49-10/03). Ein entscheidender Punkt bei dieser Auslegung ist, wer das Angebot unterschrieben hat (OLG Karlsruhe, B. v. 24. 7. 2007 – Az.: 17 Verg 6/07; BayObLG, B. v. 20. 8. 2001 – Az.: Verg 11/01).

10144   **113.7.2.2.5.3 Grundsätzliche Anforderung an die Unterzeichnung von Angeboten einer Bietergemeinschaft.** Sinn und Zweck des Ausschreibungsverfahrens ist die Einholung verbindlicher Angebote. Wann dies der Fall ist, richtet sich nach **allgemeinen zivilrechtlichen Regeln**. **Bietergemeinschaften** treten in der Praxis als **Gesellschaft bürgerlichen Rechts** auf. Eine **rechtsverbindliche Unterschrift** liegt in diesem Fall nur dann vor, wenn **alle am Angebot beteiligten Unternehmer unterschreiben** (VK Hessen, B. v. 27. 2. 2003 – Az.: 69 d VK – 70/2002; VK Südbayern, B. v. 17. 7. 2001 – Az.: 23-06/01), weil grundsätzlich allen von ihnen Außenvertretungsvollmacht zukommt. Die Vertretungsmacht richtet sich in der Regel nach der Geschäftsführungsbefugnis. Ein Gesellschafter ist gemäß § 714 BGB nur dann berechtigt, die anderen Gesellschafter gegenüber Dritten zu vertreten, wenn ihm nach dem Gesellschaftsvertrag die alleinige Geschäftsbefugnis zusteht (VK Brandenburg, B. v. 26. 3. 2002 – Az.: VK 3/02).

10145   **113.7.2.2.5.4 Unterzeichnung von Angeboten einer Bietergemeinschaft durch einen Bevollmächtigten.** Die **Unterschrift des Angebots einer Bietergemeinschaft kann auch durch einen nach allgemeinen Regeln hierzu Bevollmächtigten abgegeben werden** (OLG Frankfurt, B. v. 15. 7. 2008 – Az.: 11 Verg 4/08; Schleswig-Holsteinisches OLG, B. v. 15. 2. 2005 – Az.: 6 Verg 6/04; VK Brandenburg, B. v. 16. 10. 2007 – Az.: VK 38/07). Bietergemeinschaften haben in der Regel die Rechtsqualität einer Gesellschaft des bürgerlichen Rechts (GbR) gemäß den §§ 705 ff. BGB. Die Vertretungsmacht richtet sich nach der Geschäftsführungsbefugnis. Ein Gesellschafter ist gem. § 714 BGB in der Regel nur dann berechtigt, die anderen Gesellschafter gegenüber Dritten zu vertreten, wenn ihm nach dem Gesellschaftsvertrag die alleinige Geschäftsführungsbefugnis zusteht. Von dem Grundsatz, dass alle Mitglieder einer Bietergemeinschaft das Angebot zu unterzeichnen haben, gibt es **nur die Ausnahme, dass einer mit Vertretungsmacht für die anderen Mitglieder der Bietergemeinschaft handelt.** Bestehen **Zweifel** daran, dass ein Teilnehmer einer Bietergemeinschaft mit wirksamer Vertretungsmacht für die anderen handelt, dann führt dies dazu, dass die **Unterschriften der übrigen nicht entbehrlich sind** (VK Lüneburg, B. v. 17. 10. 2003 – Az.: 203-VgK-20/2003).

10146   **Nach den Umständen des Einzelfalls kann man aber auch davon auszugehen, dass ein Vertreter befugt sein soll, eine Bietergemeinschaft als Einzelvertreter zu vertreten.** Deutlich in diese Richtung weist der Umstand, dass der Einzelvertreter im Besitz des Namensstempels der übrigen Mitglieder der Bietergemeinschaft , den er auf dem Angebot anbringt; mangels gegenteiliger Anhaltspunkte ist davon auszugehen, dass dieser Stempel mit den Willen der übrigen Mitglieder der Bietergemeinschaft und mit deren Einverständnis, Erklärungen im Namen der Bietergemeinschaft abzugeben, zu ihm gelangt ist. Vor allem aber spricht für eine Einzelvertretungsmacht, dass die von den einzelnen Mitgliedern der Bietergemeinschaft abgegebenen Angebotsbestandteile dem Auftraggeber in einem Umschlag zugingen, dass sie also zuvor dem Einzelvertreter von den übrigen Geschäftsführern zugeleitet worden waren, sie dem Gesamt-Angebot beizufügen und dieses einheitliche Angebot abzugeben. Dies lässt vernünftigerweise nur den Schluss zu, dass der Einzelvertreter das Angebot nach dem Willen der übrigen Mitglieder der Bietergemeinschaft in deren Namen allein abgeben sollte (OLG Frankfurt, B. v. 15. 7. 2008 – Az.: 11 Verg 4/08; B. v. 20. 7. 2004 – 11 Verg 14/04; VK Brandenburg, B. v. 16. 10. 2007 – Az.: VK 38/07).

10147   **113.7.2.2.5.5 Nachträgliche Genehmigung bei fehlender Unterschrift aller Mitglieder von Bietergemeinschaften.** Die **Rechtsprechung** ist insoweit **nicht einheitlich**.

Im **Schrifttum** ist **umstritten**, ob die Grundsätze über die nachträgliche Genehmigungsfähigkeit der rechtsgeschäftlichen Willenserklärung vollmachtloser Vertreter im Falle von Bietergemeinschaften anwendbar sind. Zum Teil wird dies **verneint**, weil die strenge Förmlichkeit des § 16 VOL/A das allgemeine Recht des BGB verdränge. Im Interesse eines für alle Bieter chancengleichen Wettbewerbs sei dies auch sachgerecht. **Andernfalls seien Manipulationen nicht auszuschließen**, da es Teilnehmern einer Bietergemeinschaft sonst nach Kenntnisnahme der Angebote anderer Bieter freistünde, je nach Auslastung der eigenen Betriebe und der Akquisition möglicherweise ertragreicherer anderer Angebote eine Genehmigung der Willenserklärung der vollmachtlosen Vertreter abzugeben oder zu verweigern. Nach einer **anderen Auffassung** ist im Falle der Unterschriftsvertretung bei Bietergemeinschaften mit der Vorlage des Angebots nicht zwingend ein Vollmachtsnachweis vorzulegen. Auch nach dieser Auffassung werden aber in den Fällen, in denen lediglich ein Mitglied einer Bietergemeinschaft ein Angebot in Vertretung der anderen Mitglieder unterschreibt, die **Voraussetzungen der Rechtsscheinvollmachten regelmäßig nur begrenzt nachzuweisen sein**. Die Duldungs- bzw. die Anscheinsvollmacht **setzt voraus, dass der Vertretene wissentlich zulässt bzw. hätte erkennen müssen**, dass jemand für ihn wie ein Vertreter auftritt und Dritte nach Treu und Glauben bei Anwendung der ihnen jeweils zumutbaren Sorgfalt auf die Erteilung einer entsprechenden Vollmacht schließen dürfen. Dabei muss das Verhalten des einen Teils, aus dem der Geschäftspartner die Bevollmächtigung eines Dritten vermeintlich schließen kann, **von einer gewissen Häufigkeit und Dauer** sein. Eine solche **Häufigkeit und Dauer der Stellvertretung wird bei einer Angebotsunterzeichnung eines Mitglieds einer Bietergemeinschaft in Vertretung eines anderen Mitglieds regelmäßig nicht gegeben sein** (VK Lüneburg, B. v. 17. 10. 2003 – Az.: 203-VgK-20/2003). Eine nachträgliche Genehmigung scheidet dann aus.

Demgegenüber ist nach einer anderen Meinung im Falle der Unterschriftsvertretung bei Bietergemeinschaften mit der Vorlage des Angebots **nicht zwingend ein Vollmachtsnachweis vorzulegen**. Es ist **ausreichend**, dass die **Vollmacht rechtzeitig vor Zuschlagserteilung vorgelegt** wird (VK Baden-Württemberg, B. v. 20. 9. 2001 – Az.: 1 VK 26/01; ähnlich VK Südbayern, B. v. 17. 7. 2001 – Az.: 23-06/01).

Je nach den Umständen des Einzelfalls kommt auch eine **konkludente Genehmigung** in Betracht, z. B. wenn die Mitglieder einer Bietergemeinschaft die das jeweilige Unternehmen betreffenden Angebotsunterlagen an einen Einzelvertreter übersenden. Jedenfalls aber liegt eine **konkludente Genehmigung darin**, dass die Mitglieder der Bietergemeinschaft einen **Nachprüfungsantrag nach § 107 GWB und eine vorliegende sofortige Beschwerde erheben** (OLG Frankfurt, B. v. 20. 7. 2004 – 11 Verg 14/04).

113.7.2.2.5.6 Anwendung der Grundsätze über die Duldungs- und Anscheinsvollmacht und das Handeln eines vollmachtlosen Vertreters. Nach Auffassung des OLG Frankfurt musste für das damals geltende Recht (VOL/A 2002) davon ausgegangen werden, dass für die Angebotsabgabe keine über das BGB hinausgehenden Anforderungen gestellt werden dürfen. Dies hat vor allem zur Folge, dass sowohl die **Grundsätze über die Duldungs- und Anscheinsvollmacht als auch über das Handeln eines vollmachtlosen Vertreters im Vergabeverfahren uneingeschränkt Anwendung finden**, so dass dessen Handeln auch noch nach dem Beginn der Angebotswertung nachträglich genehmigt werden kann (OLG Frankfurt, B. v. 20. 7. 2004 – 11 Verg 14/04; im Ergebnis ebenso 1. VK Sachsen, B. v. 16. 6. 2005 – Az.: 1/SVK/056-05).

Diese Rechtsprechung **gilt auch für die VOL/A 2009**.

113.7.2.2.5.7 Weitere Beispiele aus der Rechtsprechung

– leitet der Auftraggeber nach Aufhebung des offenen Verfahrens ein nichtoffenes Verfahren ein und teilt er den Bietern mit, es seien schriftliche Angebote einzureichen und Basis des Nichtoffenen Verfahrens seien die Verdingungsunterlagen des vorangegangenen Verfahrens, so sind die dort genannten Formvorschriften und Mindestbedingungen einzuhalten. Fordert der Auftraggeber, dass Formblätter und Erklärungen unterschrieben sein müssen, (...) und das Angebot vom Bieter rechtsverbindlich an den genannten Stellen zu unterschreiben ist, so **ist es nicht ausreichend, das alte Angebot zu kopieren und nicht unterzeichnet abzugeben oder lediglich ein geändertes neues Preisblatt einzureichen**. Derartige Angebote sind zwingend auszuschließen, denn es liegt keine Willenserklärung des Bieters vor, die das Angebot in seiner Gesamtheit umfasst (1. VK Sachsen, B. v. 19. 5. 2010 – Az.: 1/SVK/015-10)

Teil 4 VOL/A § 13   Vergabe- und Vertragsordnung für Leistungen Teil A

– im Streitfall hat **zwar nur ein Mitglied der Bietergemeinschaft**, die Fa. ... auf das Angebotsformular **unter dem „Namen des Bieters" einen Stempel angebracht**, gleichfalls hat **nur die Fa. ... das Angebotsformular unterschrieben**. Dies ist aber **unschädlich, denn diesem Formular lag zugleich eine ausdrückliche Erklärung bei, dass es sich um eine „Bietergemeinschaft"** handle, die aus den Firmen ... gebildet werde. Die Beigeladene Ziff. 1 hat auf Seite 2 des Angebotsformulars ausdrücklich darauf verwiesen, dass dem Angebot ein Begleitschreiben beigefügt sei. Dass sich die **Person des Bieters aus dem Zusammenhang mit einem beigefügten Begleitschreiben ergibt, genügt**. In der „Erklärung der Bietergemeinschaft" wurde mitgeteilt, dass geschäftsführendes Mitglied (bevollmächtigter Vertreter) die Fa. ... sei und dass dieses geschäftsführende Mitglied die Arbeitsgemeinschaftsmitglieder gegenüber dem Auftraggeber rechtsverbindlich vertrete. Die **„Bietergemeinschaftserklärung" war mit dem Firmenstempel beider Mitglieder der Bietergemeinschaft versehen und unterschrieben** (OLG Karlsruhe, B. v. 24. 7. 2007 – Az.: 17 Verg 6/07)

– ist ein Formular Bestandteil der Vergabeunterlagen, aus dem zweifelsfrei hervorgeht, dass es bei der Einreichung des Angebots beigelegt werden muss und das **Angebot nur auf diesem Formular unterschrieben werden kann, ist dieses zwingend von der Wertung auszuschließen, wenn die Unterschrift an anderer Stelle erfolgt** ist (VK Hessen, B. v. 19. 3. 2009 – Az.: 69 d VK – 05/2009)

– über das den Verdingungsunterlagen beiliegende und im EVM(B)Ang unter Anlagen aufgeführte Formblatt Erg Wart, sowie der Verweisung in diesem Formblatt auf den beiliegenden Wartungsvertrag, der wiederum den Verdingungsunterlagen beilag, **wird letzterer nach Auffassung der Vergabekammer Angebotsbestandteil, gehört zu den unter Punkt 8 des EVM(B)Ang auf Seite 1 aufgeführten Anlagen, wird damit auch von den von der Bietergemeinschaft geleisteten Unterschriften unter dem EVM(B)Ang abgedeckt**. Damit ist der Sinn und Zweck des § 21 Nr. 1 Abs. 1 Satz 1 VOB/A, verbindliche Angebote durch Unterschriftsleistung, erfüllt. **Unerheblich** ist es deshalb nach Auffassung der Vergabekammer, dass die auf Seite 6 des Wartungsvertrages **nochmals zu leistende Unterschrift** der Bietergemeinschaft **nicht vorhanden** ist, diese wurde bereits mit der Unterschrift auf Seite 3 des EVM(B)Ang geleistet (VK Thüringen, B. v. 18. 3. 2003 – Az.: 216–4002.20-001/03-MHL)

– die **Unterschrift des Bieters auf dem Angebotsschreiben umfasst nur diejenigen Angebote, die unter den Anlagen zum Angebotsschreiben aufgeführt sind**. Ist ein Angebot bei diesen Anlagen nicht genannt, muss es zwingend gesondert unterschrieben werden. Wenn die gesonderte Unterschrift (z. B. für den Wartungsvertrag) ebenfalls fehlt, ist das Gesamtangebot unvollständig und gemäß § 25 Nr. 1 Abs. 1 Buchstabe b) VOB/A auszuschließen (VK Nordbayern, B. v. 3. 8. 2001 – Az.: 320.VK-3194-23/01)

10154   113.7.2.2.6 Angebot eines Bieters für einen Dritten. 113.7.2.2.6.1 Grundsatz. Ein Bieter, der in gewillkürter Verfahrensstandschaft für ein anderes Unternehmen am Wettbewerb teilnimmt, will nicht selbst Auftragnehmer für die maßgebliche Vertragsleistung werden, sondern nur Vermittler des Auftrags für den Dritten sein. Anders wäre dies nur zu beurteilen, wenn die Ausschreibung selbst die Vermittlung entsprechender Leistungen etwa im Sinne einer Maklertätigkeit (vgl. § 652 BGB) beträfe. Dann entspräche die angebotene auch der ausgeschriebenen Leistung. **Ansonsten muss die Identität des ausgeschriebenen Auftrags gewahrt bleiben. Davon kann jedenfalls dann nicht mehr die Rede sein, wenn zentrale Leistungen des künftigen Vertrags nicht Gegenstand des Angebots des Bieters sind, sondern der Auftraggeber wegen dieser Leistungen in vertragliche Beziehungen mit einem Dritten treten müsste** (BayObLG, B. v. 29. 10. 2004 – Az.: Verg 022/04).

10155   113.7.2.2.6.2 Weitere Beispiele aus der Rechtsprechung

– weist das Angebotsbegleitschreiben eine andere Anschrift als die Anschrift des Bieters aus und trägt die Unterschrift im Angebot einen anderen Stempel, zeigt es aber eindeutig die Handelsregisternummer des Bieters, ist das Angebot dem Bieter zuzurechnen (VK Südbayern, B. v. 10. 11. 2003, Az.: 49-10/03).

10156   113.7.2.2.7 **Wertung von Angeboten mit fehlenden oder unvollständigen Unterschriften.** Zur Wertung von Angeboten mit unvollständigen Unterschriften vgl. die Kommentierung zu → § 16 VOL/A Rdn. 383 ff.

2056

Vergabe- und Vertragsordnung für Leistungen Teil A VOL/A § 13 Teil 4

113.7.3 Elektronische Angebote (§ 13 Abs. 1 Satz 2)

113.7.3.1 Allgemeines

§§ 13, 16 EG stellen für alle Abschnitte der VOL die Ermächtigung dar, auch elektronische Angebote zuzulassen. Die **elektronische Angebotsabgabe ist Teil des umfassenden und ganzheitlichen Prozesses der elektronischen Ausschreibung und Vergabe (E-Vergabe).** Dieser Prozess steht auf der Prioritätenliste der Kommission der Europäischen Gemeinschaften und der Politik in der Bundesrepublik Deutschland relativ weit oben, hat aber bisher aus vielfältigen Gründen den **Durchbruch im Bereich der Angebotsabgabe noch nicht geschafft.** 10157

113.7.3.2 Umsetzung der Vorgaben der Vergabekoordinierungsrichtlinie

§§ 13, 16 EG setzen die Vorgaben des Art. 42 Abs. 1–3 der Vergabekoordinierungsrichtlinie um. 10158

113.7.3.3 Sonstige Regelungen über die elektronische Angebotsabgabe

Der Bereich der E-Vergabe wird nicht nur durch unmittelbare vergaberechtliche Vorschriften geregelt, sondern durch eine **Vielzahl weiterer Vorschriften mittelbar bestimmt.** 10159

113.7.3.3.1 Europarechtliche Regelungen. 113.7.3.3.1.1 Richtlinie über den elektronischen Geschäftsverkehr (e-commerce-Richtlinie). 113.7.3.3.1.1.1 Allgemeines. Die e-commerce-Richtlinie (Richtlinie 2000/31/EG des Europäischen Parlaments und des Rates vom 8. Juni 2000 über bestimmte rechtliche Aspekte der Dienste der Informationsgesellschaft, insbesondere des elektronischen Geschäftsverkehrs, im Binnenmarkt („Richtlinie über den elektronischen Geschäftsverkehr"), ABl. L 178 vom 17. 7. 2000, S. 1–16) **umfasst nach ihrem Inhalt auch die öffentlichen Aufträge, sofern sie elektronisch abgewickelt werden.** 10160

113.7.3.3.1.1.2 Recht auf Abgabe eines elektronischen Angebots?. In der vergaberechtlichen Literatur ist **umstritten, ob sich aus der e-commerce-Richtlinie eine Verpflichtung der öffentlichen Auftraggeber zur Zulassung elektronischer Angebote ergibt.** Bund, Bundesländer und der Großteil der Literatur lehnen diese Auffassung ab. Nach Art. 22 der europäischen Richtlinie über den elektronischen Geschäftsverkehr (e-commerce-Richtlinie) sind die Mitgliedstaaten der EU (lediglich) verpflichtet, die erforderlichen Rechts- und Verwaltungsvorschriften zur Umsetzung der e-commerce-Richtlinie in Kraft zu setzen, um dieser Richtlinie vor dem 17. 1. 2002 nachzukommen. Diese Verpflichtung hatte die Bundesrepublik Deutschland für den Bereich der öffentlichen Aufträge durch die Vergabeverordnung vom 9. 1. 2001 sowie die VOL 2000 und die VOB 2000 erfüllt. Die **Vergabe öffentlicher Aufträge kann elektronisch abgewickelt werden.** 10161

Ist die grundsätzliche Verpflichtung zur Umsetzung der e-commerce-Richtlinie erfüllt, werden die Einzelheiten durch die speziellere Regelung der Vergabekoordinierungsrichtlinie und der Sektorenrichtlinie geregelt. **Nach diesen Richtlinien – in ihrer novellierten Fassung – können die öffentlichen Auftraggeber elektronische Angebote zulassen. Entsprechend lauten die Formulierungen in der Vergabeverordnung bzw. der VOL und der VOB.** 10162

Es gibt also **aus der e-commerce-Richtlinie kein Recht auf Abgabe eines elektronischen Angebotes.** 10163

113.7.3.3.1.2 Signaturrichtlinie. Das Europäische Parlament und der Rat der Europäischen Union haben die **Richtlinie 1999/93/EG vom 13. Dezember 1999 über gemeinschaftliche Rahmenbedingungen für elektronische Signaturen (ABl. L 13 vom 19. 1. 2000, S. 12)** beschlossen. Auch der Bereich der öffentlichen Aufträge wird grundsätzlich vom Regelungsgehalt der Signaturrichtlinie umfasst. 10164

113.7.3.3.2 Nationale Regelungen. Zur Ausfüllung insbesondere der europäischen Richtlinien hat die Bundesrepublik Deutschland verschiedene Vorschriften erlassen, um die elektronische Angebotsabgabe bzw. den Prozess der ganzheitlichen eVergabe möglich zu machen. Es sind dies insbesondere: 10165

– das Gesetz über Rahmenbedingungen für elektronische Signaturen und zur Änderung weiterer Vorschriften vom 16. Mai 2001 (Bundesgesetzblatt I 2001 S. 876), zuletzt geändert durch Artikel 4 des Gesetzes vom 17. Juli 2009 (BGBl. I S. 2091)

– die Verordnung zur elektronischen Signatur (Signaturverordnung – SigV) vom 16. November 2001 (BGBl. I S. 3074), zuletzt geändert durch Verordnung vom 17. 12. 2009 (BGBl. I S. 3932)

Teil 4 VOL/A § 13 Vergabe- und Vertragsordnung für Leistungen Teil A

– das Gesetz zur Anpassung der Formvorschriften des Privatrechts und anderer Vorschriften an den modernen Rechtsgeschäftsverkehr vom 13. Juli 2001 (BGBl. I 2001 S. 1542 ff.)
– das Dritte Gesetz zur Änderung verwaltungsverfahrensrechtlicher Vorschriften (3. VwVfÄndG) vom 21. August 2002 (BGBl. I 2002 S. 3322).

113.7.3.4 Signaturanforderung (§ 13 Abs. 1 Satz 2)

10166 **113.7.3.4.1 Signaturstufe.** § 13 Abs. 1 Satz 2 verlangt – als **Äquivalent der Unterschrift** – nach Wahl des Auftraggebers eine fortgeschrittene elektronische Signatur nach dem Signaturgesetz und den Anforderungen des Auftraggebers – mittlere Sicherheitsstufe – oder eine qualifizierte elektronische Signatur nach dem Signaturgesetz – höchste Sicherheitsstufe –. Die Einzelheiten ergeben sich jeweils aus dem Signaturgesetz.

10167 **Zur Erleichterung der elektronischen Angebotsabgabe** wurde **mit der VOL/A 2006** neben der bisherigen qualifizierten elektronischen Signatur **auch die fortgeschrittene elektronische Signatur nach dem Signaturgesetz in Verbindung mit den Anforderungen des Auftraggebers als Wahloption** für die Auftraggeber vorgesehen. In der Literatur werden erhebliche Bedenken gegen die Funktionsäquivalenz fortgeschrittener elektronischer Signaturen mit der eigenhändigen Unterschrift geäußert (Roßnagel/Paul, NZBau 2007, 74).

10168 In den Fällen des § 3 Abs. 5 Buchstabe i) – also bei **freihändigen Vergaben**, wenn sie durch Ausführungsbestimmungen von einem Bundesminister – ggf. Landesminister – bis zu einem bestimmten Höchstwert zugelassen sind – **genügt die „elektronische Signatur"** nach dem Signaturgesetz – niedrigste Sicherheitsstufe. Eine entsprechende **Regelung fehlt in der VOB/A**.

113.7.3.5 Anwendungsprojekte

10169 Der Bund, verschiedene Bundesländer sowie andere Institutionen unternehmen derzeit Anwendungsprojekte, um die Anwendung der elektronischen Vergabe als geschlossenes System umzusetzen.

10170 **Wichtige Anwendungsprojekte** finden Sie unter

– www.evergabe-online.de (identisch mit www.e-vergabe.bund.de),
– www.vergabe.bayern.de
– www.vergabe.berlin.de
– www.evergabe.nrw.de.

113.7.3.6 Literatur

10171 – Burgi, Martin, Ein gangbarer Weg zur elektronischen Vergabe: Die Angebotsabgabe in einer Kombinationslösung, VergabeR 2006, 149
– Denk, Heiko/Paul, Sandra/Roßnagel, Alexander/Schnellenbach-Held, Martina, Der Einsatz intelligenter Softwareagenten im elektronischen Vergabeverfahren, NZBau 2004, 131
– Drügemöller, Albert, Elektronische Bekanntmachungen im Vergaberecht, NVwZ 2007, 177
– Fährmann, Uwe: Integrierte E-Procurement-Lösungen für öffentliche Auftraggeber, E-Government in der Praxis – Leitfaden für Politik und Verwaltung, Frankfurt 2005, 83
– Faßnacht, Klaus, Sparen mit E-Vergabe, Prozessanalyse belegt Einspareffekte elektronischer Beschaffungssysteme, Jahrbuch Verwaltungsmodernisierung 2005/2006, Wegweiser GmbH, 2005, 98
– Graef, Eberhard, Rechtsfragen zur Kommunikation und Informationsübermittlung im neuen Vergaberecht, NZBau 2008, 34
– Heinze, Florian, Die elektronische Vergabe öffentlicher Aufträge, Dissertation, Frankfurt am Main, 2005
– Jansen, Stephan/Dippel, Norbert, Elektronische Beschaffung und Vergabe in der öffentlichen Verwaltung: Rechtliche, organisatorische und wirtschaftliche Aspekte, Köln, 2005
– Kosilek, Ernest, Elektronische Beschaffung in Kommunen, Dissertation, Lohmar, 2004
– Müller, Martin/Ernst, Tobias, Elektronische Vergabe ante portas – Übersicht über aktuelle und zukünftige Rechtsfragen, NJW 2004, 1768
– Roßnagel, Alexander/Paul, Sandra, Die Nutzung privater Vergabeplattformen durch öffentliche Auftraggeber, VergabeR 2007, 313

- Roßnagel, Alexander/Paul, Sandra, Die Form des Bieterangebots in der elektronischen Vergabe, NZBau 2007, 74
- Schindler, Sven, Zulässigkeit der Beschränkung der Angebotsabgabe auf elektronische Form durch öffentliche Auftraggeber, NZBau 2008, 746
- Schinzer, Heiko, E-Einkauf und E-Vergabe – Vergabemanagement: Bindeglied zum Internet, Behörden Spiegel Dezember 2007, 25
- Schinzer, Heiko, Kostenlose Austauschbörse – E-Vergabe: Standards für Leistungsverzeichnisse, Behörden Spiegel September 2007, 22
- Schwarz, Michael, Der große Sprung – Der E-Vergabe gehört die Zukunft – Vergabe24, Behörden Spiegel September 2007, 21
- Weyand, Rudolf, Darf abgeschrieben werden? Vergabeportale und Urheberrechte, Behörden Spiegel August 2007, 21
- Weyand, Rudolf, Langsames Bohren dicker Bretter – Warten auf einen nationalen Bekanntmachungsdienst, Behörden Spiegel Mai 2007, 21

113.7.4 Angebote mittels Telekopie

113.7.4.1 Änderung in der VOL/A 2009

Aus § 13 Abs. 1 Satz 2 ergibt sich, dass **auch eine Angebotsabgabe mittels Telekopie ermöglicht** wird. 10172

Eine vergleichbare Regelung **kennt zwar die VOF (§ 8)**, die **VOB/A 2009** jedoch nicht. 10173

113.7.4.2 Historie

Schon die **VgV 2001** hatte **für den Bereich der Ausschreibungen ab den Schwellenwerten nach VOL/A** über **§ 15 VgV** (Elektronische Angebotsabgabe) – inzwischen außer Kraft – das Vergaberecht insoweit für die Abgabe von Angeboten mittels Telekopie geöffnet. Einzige Voraussetzung nach § 15 VgV war, dass die **Vertraulichkeit der Angebote gewahrt werden musste**. An dieser Voraussetzung war die praktische Umsetzung der Angebotsabgabe per Telekopie insgesamt gescheitert. 10174

113.7.4.3 Unterschrift bei Angeboten mittels Telekopie

Nach § 13 Abs. 1 Satz 2 genügt bei Angeboten mittels Telekopie die **Unterschrift auf der Telekopievorlage**. Bei Zweifelsfragen muss der Auftraggeber Einsicht in die Telekopievorlage nehmen. 10175

113.7.4.4 Umfassende Möglichkeit der Angebotsabgabe mittels Telekopie

Die **sprachliche Fassung** von § 13 Abs. 1 Satz 2 am Ende **macht nicht ganz klar**, ob die Möglichkeit der Abgabe von Telekopieangeboten sich nur auf die Fälle des § 3 Abs. 5 Buchstabe i) bezieht, also **freihändige Vergaben**, wenn sie durch Ausführungsbestimmungen von einem Bundesminister – ggf. Landesminister – bis zu einem bestimmten Höchstwert zugelassen sind, oder ob eine umfassende Angebotsabgabe mittels Telekopie zulässig ist. Der **Rückgriff auf § 13 EG Abs. 1** lässt erkennen, dass die **Angebotsabgabe mittels Telekopie umfassend** ermöglicht werden soll. 10176

113.8 Gewährleistung der Unversehrtheit und der Vertraulichkeit der Angebote (§ 13 Abs. 2)

113.8.1 Grundsatz (§ 13 Abs. 2 Satz 1)

Nach § 13 Abs. 2 Satz 1 haben die Auftraggeber bei Ausschreibungen die **Unversehrtheit und Vertraulichkeit der Angebote zu gewährleisten**. 10177

113.8.2 Änderungen in der VOL/A 2009

§ 13 Abs. 2 Satz 1 bezieht sich ausdrücklich **nur auf Ausschreibungen**. 10178

10179 Der **Begriff der „Integrität der Daten"** aus § 21 Nr. 1 Abs. 2 VOL/A 2006 wurde durch den **Begriff der „Unversehrtheit"** ersetzt.

10180 Ansonsten erfolgten **redaktionelle Änderungen**.

113.8.3 Anwendungsbereich

10181 § 13 Abs. 2 Satz 1 bezieht sich ausdrücklich **nur auf Ausschreibungen**, also auf öffentliche und beschränkte Ausschreibungen. Die **freihändigen Vergaben** sind damit vom Anwendungsbereich des § 13 Abs. 2 ausdrücklich **ausgeschlossen**. Bei freihändigen Vergaben gibt es also keine Anforderungen an die Unversehrtheit und keine Anforderungen an die Vertraulichkeit der Angebote. Angebote können also im Rahmen von freihändigen Vergaben ohne Verstoß gegen die VOL/A **per Telekopie oder per unverschlüsselter Email** abgegeben werden.

113.8.4 Begriff der Unversehrtheit

10182 Der **Begriff** selbst ist in der VOL/A **nicht definiert**. Im Vergleich zu dem Begriff der „Datenintegrität" aus der VOL/A 2006 und der VOB/A 2009 geht die Verpflichtung zur Unversehrtheit über die Sicherstellung der Datenintegrität deutlich hinaus. Die Verpflichtung des Auftraggebers zur Gewährleistung der Unversehrtheit umfasst die Verpflichtung des Auftraggebers, dafür zu sorgen, dass **ab dem Zugang des Angebots** in den Verantwortungsbereich des Auftraggebers **alles dafür getan** wird, das **Angebot jeder unbefugten Zugriffsmöglichkeit** zu entziehen.

113.8.5 Vertraulichkeit der Angebote

10183 Neben der Verpflichtung zur Gewährleistung der Unversehrtheit gibt es daneben gleichrangig die **Verpflichtung des Auftraggebers zur Gewährleistung der Vertraulichkeit der Angebote**.

10184 Ganz allgemein gilt im Ausschreibungs- und Vergabeverfahren für Auftraggeber und Bieter bzw. Bewerber ein **Vertraulichkeitsgebot hinsichtlich** aller im Rahmen des Ausschreibungs- und Vergabeverfahrens erhaltenen **Informationen** (vgl. die Kommentierung zu → § 97 GWB Rdn. 294 ff.).

10185 Ein **besonderes Vertraulichkeitsgebot gilt für den Inhalt der Angebote**. Ohne diese Vertraulichkeit ist eine wettbewerbliche Vergabe – einer der Eckpfeiler des deutschen Vergaberechts – nicht möglich.

10186 Die **Umsetzung des Vertraulichkeitsgebots** erfolgt für die einzelnen Formen der Angebotsabgabe in § 13 Abs. 2 Satz 2–4.

113.8.6 Gewährleistung der Unversehrtheit und der Vertraulichkeit der auf dem Postweg oder direkt zu übermittelnden Angebote (§ 13 Abs. 2 Satz 2)

113.8.6.1 Einreichung in einem verschlossenen Umschlag

10187 **113.8.6.1.1 Sinn und Zweck der Regelung.** Der **Zweck** der Regelung besteht darin, die **Möglichkeit einer Einsichtnahme in Angebote vor Angebotseröffnung im Submissionstermin auch seitens der Vergabestelle auszuschließen**. Der Grundsatz, dass Angebote bei Ausschreibungen verschlossen einzugehen haben und erstmals im Submissionstermin geöffnet werden, ist grundlegend für den gesamten Ablauf derartiger Vergabeverfahren (1. VK Bund, B. v. 13. 5. 2003 – Az.: VK 1–31/03).

10188 **113.8.6.1.2 Schutz des Angebotes durch einen Umschlag oder ähnliche Mittel.** Ein **Behältnis** gilt dann als **verschlossen**, wenn es **mit Vorkehrungen versehen** ist, die **der Kenntnisnahme ein deutliches Hindernis bereiten**. Ein bloßes Zusammenfalten oder Zusammenhalten reicht nicht aus. Nur bei einem mit Klebeband verschlossenen Karton lässt sich, ebenso wie bei einem zugeklebten Umschlag im Eröffnungstermin erkennen, ob die Angebote ordnungsgemäß verschlossen sind oder ob der Umschlag, der Karton oder sonstiges Behältnis im Zeitraum zwischen Zustellung und Beginn des Öffnungstermins schon einmal geöffnet wurden. Bei lediglich zusammengefalteten Kartondeckeln kann der Verhandlungsleiter diese Feststellung nicht treffen (VK Lüneburg, B. v. 20. 8. 2002 – Az.: 203-VgK-12/2002).

In Fällen, in denen das Angebot zu dick ist, um in einen herkömmlichen Umschlag im Wort- 10189
sinne des § 13 VOL/A zu passen, **muss eine andere Art der Verpackung möglich und
zulässig sein.** Erforderlich ist aber stets, dass **dem Zweck der Norm Rechung getragen
wird,** der darin besteht, die Möglichkeit einer Einsichtnahme in Angebote vor Angebotseröffnung im Submissionstermin auch seitens der Vergabestelle auszuschließen. Eine verschlossene
Verpackung, die in ihrer Wirkung einem verschlossenen Umschlag gleichkommt, ist **z. B. ein
vollständiges Verpacken eines Ordners in Packpapier und Verkleben desselben mit
Paketklebeband.** Es geht zu Lasten eines Bieters, wenn er eine wenig professionelle Verpackungsart wählt, welche die unbefugte Einsichtnahme in sein Angebot möglich macht (1. VK
Bund, B. v. 13. 5. 2003 – Az.: VK 1–31/03).

113.8.6.2 Kennzeichnung und verschlossene Aufbewahrung

113.8.6.2.1 Sinn und Zweck. Die Regelung des § 13 Abs. 2 Satz 2 VOL/A, nach der auf 10190
dem Postweg oder direkt zu übermittelnde Angebote als solche zu kennzeichnen sind und bis
zum Ablauf der Angebotsfrist unter Verschluss zu halten sind, **dient den Interessen der Bieter, da diese Regelung einen fairen Wettbewerb sichern soll.** Dieser soll unter gleichen
Bedingungen stattfinden und verhindern, dass einzelne Bieter nachträglich ihr eigenes Angebot
verändern, falls sie Einzelheiten von Angeboten ihrer Konkurrenz erfahren, was insbesondere im
Zusammenwirken mit einem Mitarbeiter einer Vergabestelle bei unverschlossenen Angeboten
möglich wäre (VK Lüneburg, B. v. 20. 8. 2002 – Az.: 203-VgK-12/2002).

113.8.6.2.2 Anforderungen an den Eingangs- und Kennzeichnungsvermerk. Ein 10191
„Eingangs- und Kennzeichnungsvermerk" im Sinne einer beweissichernden Aufschrift
muss in einem förmlichen Verfahren, wie es auch das Vergabeverfahren nach der VOL/A und
der VOB/A darstellt, **den Aussteller erkennen lassen.** Der Eingangsvermerk soll gewährleisten, dass der Wettbewerb zwischen den Bietern unter gleichen Bedingungen stattfindet und
nicht einzelne Bieter ihr Angebot nachträglich ergänzen oder verändern können. Hierzu bedarf
es eines **Namenszeichens am Eingangsvermerk, damit auch in Vertretungs- und
Mehrfachvertretungsfällen unkompliziert festgestellt werden kann, wer die Sendung
entgegengenommen und verwahrt hat.** Maßgeblich bleibt aber, dass mit dem Namenszeichen o. ä. eine konkrete Person die Verantwortung für die inhaltliche Richtigkeit des gefertigten Vermerks und die Authentizität der Posteingänge übernimmt
und im Bedarfsfalle hierfür auch in die Verantwortung genommen werden kann, was
bei einer äußerlich anonymen Aufschrift nicht gewährleistet ist (OLG Naumburg, B. v.
31. 3. 2008 – Az.: 1 Verg 1/08).

Empfangsbekenntnisse mit Eingangszeit, Stempel und Unterschrift der die Sen- 10192
**dung entgegen nehmenden Mitarbeiter des Auftraggebers und eine Eintragung ins
Posteingangsbuch können den ordnungsgemäßen Eingangsvermerk nicht ersetzen.**
Nach § 14 Abs. 1 Satz 1 VOL/A sollen die Angebote selbst mit einem Eingangsvermerk versehen
werden. Der Eingangsvermerk soll auf dem (ungeöffneten) Umschlag angebracht werden. Mit
ihm soll das Angebot selbst körperlich gekennzeichnet werden, wie sich aus der Bestimmung für
elektronische Angebote ebenfalls ergibt. Die körperliche Kennzeichnung der konkreten Angebotsumschläge soll dem Verhandlungsleiter die notwendige Feststellung der Rechtzeitigkeit des
Eingangs der im Umschlag enthaltenen Unterlagen ermöglichen. Die **Unmittelbarkeit dieser
Kennzeichnung ist nicht gewahrt durch ein gesondertes Schreiben, dessen Original
seiner Bestimmung nach auch nicht mehr in der Vergabeakte ist.** Es genügt **auch das
nachträgliche Zeugnis des Ausstellers des Empfangsbekenntnisses den Anforderungen des § 14 Abs. 1 VOL/A nicht.** Ist die Feststellung der Identität des Ausstellers des Vermerks von einer Beweisaufnahme, gar von der Einholung eines Schriftsachverständigengutachtens abhängig, so fehlt dieser Feststellung gerade die verlangte Unkompliziertheit für jedermann
(OLG Naumburg, B. v. 31. 3. 2008 – Az.: 1 Verg 1/08).

Der Senat verkennt nicht, dass er in seiner Entscheidung **auf einen formalen Aspekt des** 10193
**Vergabeverfahrens zurückgreift, der bislang in der vergaberechtlichen Literatur und
u. U. auch in der Vergabepraxis geringe Beachtung gefunden** hat. Dass ein rechtserheblicher Vermerk in einem förmlichen Verfahren mit einem Namenszeichen seines Ausstellers zu
versehen ist, stellt jedoch **keine neuartige Formalisierung dar, sondern lediglich die
Anwendung eines in der Rechtsordnung anerkannten Begriffsverständnisses.** So sind
auch Eingangsvermerke auf Schriftstücken in förmlichen behördlichen oder gerichtlichen Verfahren jeweils mit Namenszeichen zu versehen (OLG Naumburg, B. v. 31. 3. 2008 – Az.: 1
Verg 1/08).

Teil 4 VOL/A § 13 Vergabe- und Vertragsordnung für Leistungen Teil A

10194 Als lesbares Handzeichen werden **sowohl Unterschrift als auch Paraphe** angesehen (3. VK Bund, B. v. 12. 5. 2009 – VK 3–109/09).

113.8.7 Gewährleistung der Unversehrtheit und der Vertraulichkeit der elektronisch zu übermittelnden Angebote (§ 13 Abs. 2 Satz 3)

113.8.7.1 Unversehrtheit durch Signatur und weitere organisatorische und technische Maßnahmen

10195 Die Unversehrtheit **stellt zunächst einmal der Bieter durch** eine den Vorgaben des Auftraggebers entsprechende **Signatur sicher**. Die **Signatur ersetzt die Unterschrift** und stellt sicher, dass das Angebot auch tatsächlich von diesem Bieter stammt.

10196 **Nach dem Zugang** des Angebots in den Machtbereich des Auftraggebers muss dieser durch **organisatorische und technische Maßnahmen** die Unversehrtheit des Angebots sicherstellen. Entsprechende **Vorgaben für die Geräte**, die für den elektronischen Empfang der Angebote verwendet werden, sind **in Anhang II der VOL/A** enthalten. Die Geräte müssen gewährleisten, dass:

a) für die Angebote eine elektronische Signatur verwendet werden kann,

b) Tag und Uhrzeit des Eingangs der Teilnahmeanträge oder Angebote genau bestimmbar sind,

c) ein Zugang zu den Daten nicht vor Ablauf des hierfür festgesetzten Termins erfolgt,

d) bei einem Verstoß gegen das Zugangsverbot der Verstoß sicher festgestellt werden kann,

e) ausschließlich die hierfür bestimmten Personen den Zeitpunkt der Öffnung der Daten festlegen oder ändern können,

f) der Zugang zu den übermittelten Daten nur möglich ist, wenn die hierfür bestimmten Personen gleichzeitig und erst nach dem festgesetzten Zeitpunkt tätig werden und

g) die übermittelten Daten ausschließlich den zur Kenntnisnahme bestimmten Personen zugänglich bleiben.

113.8.7.2 Vertraulichkeit durch Verschlüsselung

10197 Im Vergleich mit den schriftlich eingereichten Angeboten übernimmt die **Verschlüsselung die Funktion des „ungeöffneten Umschlags"** im Sinne von § 13 VOL/A. Damit wird die **Vertraulichkeit sichergestellt**. Im Gegensatz zur elektronischen Signatur **gibt es für die Verschlüsselung (die Kryptographie) keinerlei aktuelle gesetzliche Grundlage**.

10198 Nach **§ 12 Abs. 2 lit. c) VOL/A** ist der Auftraggeber verpflichtet, die Form, in der Angebote einzureichen sind, anzugeben. Bei Zulassung elektronischer Angebote muss der Auftraggeber **auch Angaben zu den Verfahren zur Ver- und Entschlüsselung** der Angebote machen. Dies wird in der Praxis auch Angaben zum **Verfahren der elektronischen Signatur** einschließen. Ansonsten besteht die Gefahr, dass er im Rahmen des Ausschreibungs- und Vergabeprozesses mit Verfahren konfrontiert wird, auf die er technisch nicht eingerichtet ist.

113.8.8 Gewährleistung der Unversehrtheit und der Vertraulichkeit der mittels Telekopie zu übermittelnden Angebote

10199 Die **VOL/A** enthält dazu weder im ersten Abschnitt noch im zweiten Abschnitt irgendwelche **Vorgaben**.

10200 **Praktisch** gibt es für mittels Telekopie zu übermittelnde Angebote in Ausschreibungen **zwei Möglichkeiten**, nämlich einmal die Bereitstellung eines Telefaxgerätes in einem abgeschlossenen Raum oder die Einrichtung eines elektronischen Briefkastens für Computerfaxe.

10201 Ich sehe derzeit **keine Möglichkeit**, einen Raum für die Dauer z. B. einer zweiwöchigen Angebotsfrist so abzuschließen, dass niemand (einschließlich Reinigungsservice oder Hausmeisterservice) diesen Raum betreten kann. Außerdem muss selbst bei durchschnittlich großen Ausschreibungen das Empfangsgerät auf technische Korrektheit und ausreichenden Papiervorrat kontrolliert werden (insbesondere in der Endphase einer Ausschreibung). Damit ergibt sich eine **nicht ausschließbare Möglichkeit des Bruchs der Vertraulichkeit**, sodass **diese Möglichkeit der Angebotsabgabe mittels Telefax in der Praxis ausscheidet**.

Eine **vergleichbare Schwäche** weist die Einrichtung eines elektronischen Briefkastens auf. Schon aufgrund der Struktur von Computerumgebungen wird es mindestens eine – eher mehrere Personen – geben müssen, die bei Störungen, Virenbefall u. ä. Zugriff auf diesen elektronischen Briefkasten haben müssen.

113.9 Angabe aller geforderten Angaben, Erklärungen und Preise (§ 13 Abs. 3)

113.9.1 Änderung in der VOL/A 2009

§ 13 Abs. 3 wurde insofern **klarer gefasst**, als nunmehr der **Bieter ausdrücklich alle geforderten Angaben, Erklärungen und Preise angeben** muss.

113.9.2 Sinn und Zweck

Die Bestimmung des § 13 Abs. 3 VOL/A liegt im Sinne eines echten Wettbewerbes, indem sie **speziell der leichteren Vergleichbarkeit der Angebote durch den Auftraggeber dienen soll** (VK Südbayern, B. v. 5. 9. 2003 – Az.: 37-08/03).

Gemäß dem Wortlaut, aber auch nach Sinn und Zweck der Vorschrift begründet § 13 Abs. 3 VOL/A für die Bieter die **durch keinen Vorbehalt eingeschränkte Obliegenheit, die geforderten Angaben und Erklärungen mit dem Angebot zu machen**. In der dahingehenden Forderung **kommt zum Ausdruck, dass der Auftraggeber alle für seine Vergabeentscheidung wesentlichen Angaben in den eingehenden Angeboten vorfinden und sich dadurch in die Lage gesetzt sehen will, die Angebote in jeder sich aus den Verdingungsunterlagen ergebenden Hinsicht miteinander zu vergleichen**. Dagegen muss der Auftraggeber sich nicht darauf verweisen lassen, den Inhalt vom Bieter als bekannt vorausgesetzter Angaben im Wege eigener Nachforschungen auf sein Vorliegen und seine Aktualität zu überprüfen und dazu gegebenenfalls Erkundigungen bei ausgeschiedenen Bediensteten, anderen Abteilungen seines Geschäftsbereichs oder unter Umständen auch bei den eigenen Gesellschaftern einzuholen. In der Regel kennt der Auftraggeber zudem nicht den Grund, warum ein Bieter von einer geforderten Angabe oder Erklärung abgesehen hat. Das Unterbleiben kann auch auf einem Versehen des Bieters beruhen (OLG Düsseldorf, B. v. 21. 12. 2005 – Az.: VII – Verg 69/05).

113.9.3 Muss-Regelung

Ebenso wie die vergleichbare Regelung des § 21 Nr. 1 Abs. 1 VOL/A 2006 ist **§ 13 Abs. 3 VOL/A 2009 als Muss-Vorschrift ausgestaltet**.

113.9.4 Minus-Preise

Minuspreise sind, selbst wenn die entsprechenden Positionen des Leistungsverzeichnisses dem Bieter voraussichtlich einen nicht zu vermeidenden Aufwand abverlangen, **nicht von vornherein ausgeschlossen**. Das gilt jedenfalls dann, wenn die Ausschreibungsunterlagen negative Einheitspreise ausdrücklich gestatten (OLG Dresden, B. v. 28. 3. 2006 – Az.: WVerg 0004/06).

Umgekehrt **können die Auftraggeber Minus-Preise oder negative Preise ausschließen**. Gibt der Bieter in einem solchen Fall dennoch einen negativen Preis an, handelt es sich um eine **Änderung der Vergabeunterlagen, die zum Angebotsausschluss führt** (VK Arnsberg, B. v. 6. 7. 2010 – Az.: VK 07/10).

113.9.5 Umrechnungszeitpunkt bei Angeboten mit anderer Währung

Der Auftraggeber kann auch Angebote in anderen Währungen als den Euro zulassen. Für die Festlegung des Umrechnungskurses ist auf den Submissionstermin abzustellen. Dieser Tag ist der einzige Fixtermin für alle Bieter in Bezug auf das Angebot und ermöglicht eine diskriminierungsfreie und transparente Umrechnung der (jewei-

Teil 4 VOL/A § 13 Vergabe- und Vertragsordnung für Leistungen Teil A

ligen) **Währung**. Daher kann der Auftraggeber weder auf die Angebotseinreichung abstellen noch einen von ihm willkürlich festgelegten Wertungstermin als entscheidenden Zeitpunkt für die Bestimmung des Umrechnungskurses wählen. Unschädlich ist auch, dass dieser festgestellte Preis am Tag der Submission, Schwankungen des Wechselkurses vorausgesetzt, nicht der letztlich von dem Auftraggeber zu zahlenden Summe entsprechen wird. Das Risiko der Abweichung hat der Auftraggeber durch die Eröffnung der Möglichkeit, Angebote in der jeweiligen Landeswährung abgeben zu können, übernommen (2. VK Bund, B. v. 15. 2. 2005 – Az.: VK 2–06/05).

113.9.6 Hinweis zur Kommentierung

10210 Durch die enge Verknüpfung des § 13 Abs. 3 mit § 16 VOL/A – in der Praxis der Vergabestellen und der Rechtsprechung – erfolgt eine **zusammenhängende Kommentierung bei** → **§ 16 VOL/A Rdn. 375 ff.**

113.10 Änderungen an den Vertragsunterlagen und Korrekturen des Bieters an seinen Eintragungen (§ 13 Abs. 4)

113.10.1 Änderung in der VOL/A 2009

10211 Die **Regelungen** über die **Änderungen der Vertragsunterlagen** und über **Korrekturen des Bieters an seinen Eintragungen** wurden **in § 13 Abs. 4 zusammengefasst**.

113.10.2 Hinweis zur Kommentierung

10212 Durch die enge Verknüpfung des § 13 Abs. 4 mit § 16 VOL/A – in der Praxis der Vergabestellen und der Rechtsprechung – erfolgt eine **zusammenhängende Kommentierung bei** → **§ 16 VOL/A Rdn. 388 ff. bzw. Rdn. 452 ff.**

113.11 Formerfordernisse für Angebote von Bietergemeinschaften (§ 13 Abs. 6)

113.11.1 Änderung in der VOL/A 2009

10213 Im Gegensatz zur vergleichbaren Regelung des § 21 Nr. 4 VOL/A 2006 wurde in § 13 Abs. 6 VOL/A 2009 **der Begriff der „Arbeitsgemeinschaften" gestrichen**. Dies ist **auch korrekt**, da Arbeitsgemeinschaften in aller Regel erst nach dem Zuschlag gebildet werden.

113.11.2 Bietergemeinschaften

10214 Vgl. dazu im Einzelnen die Kommentierung zu → § 6 VOL/A Rdn. 13 ff.

113.11.3 Benennung der Mitglieder und eines bevollmächtigten Vertreters

10215 Gemäß § 13 Abs. 6 haben **Bietergemeinschaften** eines ihrer Mitglieder als **bevollmächtigten Vertreter für den Abschluss und die Durchführung des Vertrags zu bezeichnen**. Nach § 13 Abs. 6 Satz 2 VOL/A kann die fehlende Bezeichnung im Angebot auch nach dem Angebot, vor der Zuschlagserteilung, beigebracht werden. Der **Sinn der (zwingenden) Bestimmung über die Benennung eines bevollmächtigten Vertreters liegt darin, dass der Auftraggeber „spätestens kurz vor dem Vertragsschluss" wissen muss, wer von der betreffenden Arbeitsgemeinschaft oder den sonst in Frage kommenden gemeinschaftlichen Bietern verantwortlich ist**, wer der Vertragspartner sein soll und/oder wer diesen verantwortlich und mit allen Rechten und Pflichten vertritt. Ein **Fehlen dieser Benennung stellt nach § 16 VOL/A keinen Ausschlussgrund dar**, denn § 13 Abs. 6 VOL/A ist in § 16 VOL/A nicht genannt (OLG Karlsruhe, B. v. 24. 7. 2007 – Az.: 17 Verg 6/07).

113.12 Sonstige Formerfordernisse

Öffentliche Auftraggeber legen den Bietern neben den Formregelungen des § 13 VOL/A in Ergänzenden Vertragsbedingungen weitere Formerfordernisse auf. 10216

113.12.1 Forderung nach Einreichung des Angebots in all seinen Bestandteilen in deutscher Sprache

Die Forderung eines Auftraggebers, dass das Angebot in all seinen Bestandteilen in deutscher Sprache einzureichen ist, schließt nicht von vornherein die Vorlage fremdsprachiger, nicht von einer Übersetzung in das Deutsche begleiteter Nachweise aus. § 7 EG Abs. 6 VOL/A lässt z. B. Urkunden ausländischer Gerichte oder Verwaltungsbehörden (die vielfach nicht in Deutsch ausgestellt sind) zu, ohne zu erwähnen, dass sie von einer Übersetzung in das Deutsche – etwa möglicherweise sogar durch einen öffentlich bestellten oder beeidigten Dolmetscher – begleitet sein müssen. Art. 45 Abs. 3 Richtlinie 2004/18/EG bzw. Art. 52 Abs. 2 UA 2 und Abs. 3 UA 3 Richtlinie 2004/17/EG lassen in anderen EU-Mitgliedsstaaten erteilte Zertifikate zu. Dass Angebote auf Deutsch erfolgen müssen, bedeutet – vergleichbar bei den vergleichbaren Vorschriften der § 184 GVG und § 23 Abs. 1 VwVfG – nicht, dass Unterlagen, die im Original fremdsprachig sind, von vornherein von einer Übersetzung in das Deutsche begleitet sein müssen. Nach § 142 Abs. 3 ZPO ist es Sache des Gerichts, ob es die Übersetzung einer Urkunde anordnet; erst nach fruchtlosem Ablauf einer gesetzten Frist kann es eine fremdsprachige Urkunde unberücksichtigt lassen. § 23 Abs. 4 VwVfG lässt auch bei fristgebundenen Anträgen die Vorlage von Unterlagen in einer Fremdsprache zu, wobei es der Behörde überlassen bleibt, ob sie eine Übersetzung (gegebenenfalls durch einen bestellten oder beeidigten Dolmetscher) verlangt (was bei ihr verständlichen Sprachen insbesondere im technischen Bereich unterbleiben kann. Es **wäre eine unnötige Verteuerung, von vornherein Übersetzungen technischer Unterlagen zu verlangen, obwohl Auftraggeber und Bieter der benutzten Sprache (insbesondere des Englischen) hinreichend mächtig** sind (OLG Düsseldorf, B. v. 30. 11. 2009 – Az.: VII-Verg 41/09). 10217

113.13 Muster und Proben

113.13.1 Hinweis

Im **Gegensatz zur VOB/A** sind **Muster und Proben nicht ausdrücklich in der VOL/A** erwähnt. Dennoch kann **auch bei Ausschreibungen nach der VOL/A ein Bedürfnis nach der Vorlage von Mustern und Proben bestehen**, z.B. bei Büromöbelausschreibungen. Von daher kann die Rechtsprechung zur VOB/A grundsätzlich übernommen werden. 10218

113.13.2 Sinn und Zweck

Muster sollen dazu dienen, **Leistungsangebote noch klarer und eindeutiger**, als durch eine reine Wortbeschreibung möglich, **zu verdeutlichen sowie etwaige Zweifelsfragen zu klären**, um Missverständnissen von vornherein zu begegnen (VK Baden-Württemberg, B. v. 4. 12. 2003 – Az.: 1 VK 64/03; VK Düsseldorf, B. v. 21. 1. 2009 – Az.: VK – 43/2008 – L). 10219

113.13.3 Rechtsnatur

Muster stellen in entsprechender Anwendung der §§ 13 Abs. 3, 16 VOL/A im Rechtssinn Bietererklärungen dar. Sind verlangte Muster nicht oder unvollständig vorgelegt worden, kann das betreffende Angebot auszuschließen sein (OLG Düsseldorf, B. v. 14. 11. 2007 – Az.: VII – Verg 23/07; 1. VK Bund, B. v. 5. 8. 2009 – Az.: VK 1–128/09). Vgl. dazu im Einzelnen die Kommentierung zu → § 16 VOL/A Rdn. 159. 10220

113.14 Formerfordernisse an Teilnahmeanträge

113.14.1 Fehlende ausdrückliche Regelung in der VOL/A

Im **Gegensatz zu Angeboten (§ 13) fehlt in der VOL/A** – ebenso wie in der VOF **und der VOB/A** – eine Regelung darüber, ob Teilnahmeanträge z.B. unterschrieben sein müssen oder nicht. 10221

Teil 4 VOL/A § 14 Vergabe- und Vertragsordnung für Leistungen Teil A

113.14.2 Notwendigkeit einer Unterschrift?

10222 Eine Teilnahmeerklärung ist eine **formfreie Willenserklärung**, aus der **nur hervorgehen muss**, dass der die Willenserklärung Abgebende sich die Willenerklärung mit einem bestimmten Inhalt zurechnen lassen will. Eine **Unterschrift ist grundsätzlich nicht notwendig**, wenn sich die eindeutige Zuordnung aus dem ganzen Kontext der Teilnahmeerklärung ergibt.

114. § 14 VOL/A – Öffnung der Angebote

(1) **Bei Ausschreibungen sind auf dem Postweg und direkt übermittelte Angebote ungeöffnet zu lassen, mit Eingangsvermerk zu versehen und bis zum Zeitpunkt der Öffnung unter Verschluss zu halten. Elektronische Angebote sind auf geeignete Weise zu kennzeichnen und verschlüsselt aufzubewahren. Mittels Telekopie eingereichte Angebote sind ebenfalls entsprechend zu kennzeichnen und auf geeignete Weise unter Verschluss zu halten.**

(2) **Die Öffnung der Angebote wird von mindestens zwei Vertretern des Auftraggebers gemeinsam durchgeführt und dokumentiert. Bieter sind nicht zugelassen. Dabei wird mindestens festgehalten:**

a) **Name und Anschrift der Bieter,**

b) **die Endbeträge ihrer Angebote und andere den Preis betreffende Angaben,**

c) **ob und von wem Nebenangebote eingereicht worden sind.**

(3) **Die Angebote und ihre Anlagen sowie die Dokumentation über die Angebotsöffnung sind auch nach Abschluss des Vergabeverfahrens sorgfältig zu verwahren und vertraulich zu behandeln.**

114.1 Änderungen in der VOL/A 2009

10223 Nach § 14 Abs. 1 Satz 1 VOL/A 2009 bezieht sich § 14 **ausdrücklich nur noch auf Ausschreibungen**.

10224 Die Regelung über die **Zuständigkeit für die Anbringung des Eingangsvermerks** (§ 22 Nr. 1 Satz 2 VOL/A 2006) ist **gestrichen**.

10225 Entsprechend der Zulassung von **Telekopieangeboten** in § 13 Abs. 1 sind **Regelungen zur Kennzeichnung und sicheren Aufbewahrung** vorgeschrieben.

114.2 Vergleichbare Regelungen

10226 Der Vorschrift des § 14 VOL/A vergleichbar ist im Bereich der VOL/A **§ 17 EG VOL/A** und im Bereich der VOB **§ 14 VOB/A**. Die Kommentierung zu dieser Vorschrift kann daher ergänzend zu der Kommentierung des § 14 herangezogen werden.

114.3 Bieterschützende Vorschrift

114.3.1 § 14 Abs. 2

10227 Die Vergabestelle verstößt mit der unvollständigen Führung der Niederschrift zur Angebotseröffnung (fehlende Angebotssummen) gegen § 97 Abs. 1 und 7 GWB in Verbindung mit § 14 Abs. 2 VOL/A. Diese Bestimmung ist eine „Ist" Bestimmung, d.h. es ist so zu verfahren, Abweichungen von der Bestimmung sind nicht zulässig. Die **Niederschrift über die Verhandlung dient den Interessen des Bieters und denen der Vergabestelle indem bestimmte Daten gesichert werden, gleichzeitig aber auch als Beweis deren Vorliegens und damit der Verfahrenstransparenz**. Mit z.B. der Nichteintragung der Angebotssummen und von Nebenangeboten in die Niederschrift zur Verhandlung liegt eine **Verletzung des § 97 Abs. 7 GWB** vor, indem die Bestimmungen über das Vergabeverfahren, § 14 Abs. 2 VOL/A, nicht eingehalten werden (VK Thüringen, B. v. 26. 6. 2001 – Az.: 216–4003.20–027/01-J-S).

114.4 Behandlung der Angebote bis zur Öffnung (§ 14 Abs. 1)

114.4.1 Geltungsbereich nur für Ausschreibungen

In § 14 Abs. 1 Satz 1 VOL/A 2009 ist ausdrücklich klargestellt worden, dass **§ 14 nur für die formstrengen Verfahren der öffentlichen Ausschreibung und der beschränkten Ausschreibung gilt**; das Verfahren der freihändigen Vergabe ist hiervon ausgenommen. In der VOL/A 2006 war diese Beschränkung des Geltungsbereichs **lediglich in der Überschrift zu § 22 VOL/A** enthalten. 10228

114.4.2 Behandlung von auf dem Postweg oder direkt übermittelten Angeboten (§ 14 Abs. 1 Satz 1)

114.4.2.1 Hinweis

§ 14 Abs. 1 Satz 1 **knüpft an § 13 Abs. 2 Satz 2 an**, wonach auf dem Postweg oder direkt zu übermittelnde Angebote in einem verschlossenen Umschlag einzureichen, als solche zu kennzeichnen und bis zum Ablauf der Angebotsfrist unter Verschluss zu halten sind. **Im letzten Punkt sind die Regelungen sogar identisch.** Vgl. daher zunächst die Kommentierung zu → § 13 VOL/A Rdn. 71 ff. 10229

114.4.2.2 Auf dem Postweg oder direkt übermittelte Angebote

114.4.2.2.1 **Allgemeines.** Vgl. insoweit die Kommentierung zu → § 13 VOL/A Rdn. 22 ff. 10230

114.4.2.2.2 **Verbot der Öffnung.** Das Verbot der Öffnung der Angebote vor der förmlichen Angebotseröffnung ist **Ausdruck des Geheimwettbewerbs** (vgl. insoweit die Kommentierung zu → § 97 GWB Rdn. 40 ff.) und **des Vertraulichkeitsgebots** (vgl. insoweit die Kommentierung zu → § 97 GWB Rdn. 276 ff.), die beide **vom Auftraggeber unbedingt zu beachten** sind. 10231

114.4.2.2.3 **Eingangsvermerk (Kennzeichnung) und verschlossene Aufbewahrung.** Vgl. insoweit die Kommentierung zu → § 13 VOL/A Rdn. 85 ff. 10232

114.4.3 Behandlung von elektronischen Angeboten (§ 14 Abs. 1 Satz 2)

114.4.3.1 Hinweis

14 Abs. 1 Satz 2 **knüpft an § 13 Abs. 2 Satz 3 an**, wonach bei elektronisch zu übermittelnden Angeboten die Unversehrtheit durch entsprechende organisatorische und technische Lösungen nach den Anforderungen des Auftraggebers und die Vertraulichkeit durch Verschlüsselung sicherzustellen ist. Vgl. daher die Kommentierung zu → § 13 VOL/A Rdn. 89 ff. 10233

114.4.4 Behandlung von mittels Telekopie eingereichten Angeboten (§ 14 Abs. 1 Satz 3)

114.4.4.1 Hinweis

14 Abs. 1 Satz 3 **knüpft an § 13 Abs. 2 Satz 3 an**, wonach bei Abgabe des Angebotes mittels Telekopie die Unterschrift auf der Telekopievorlage genügt. Vgl. daher die Kommentierung zu → § 13 VOL/A Rdn. 93 ff. 10234

114.4.4.2 Kennzeichnung

Mittels Telekopie bei Ausschreibungen eingereichte Angebote sind **im Ergebnis wie per Post oder direkt bzw. elektronisch übermittelte Angebote zu kennzeichnen.** Da bei per Telekopie in Papierform eingereichten Angeboten jeglicher Inhaltsschutz fehlt, **führt die Kennzeichnung unmittelbar zur Kenntnis eines Dritten vom Inhalt des Angebots und damit zu einem Bruch der notwendigen Vertraulichkeit. Damit führt die Kennzeichnung unmittelbar zu einem nicht heilbaren Vergaberechtsfehler**, denn den förmlichen Verfahren der öffentlichen Ausschreibung und der beschränkten Ausschreibung ist die Gewährleistung der Vertraulichkeit des Inhalts der Angebote bis zum förmlichen Eröffnungstermin immanent. Gegebenenfalls lässt sich dieses **Ergebnis bei per Computerfax** eingereichten Angeboten durch technische Vorrichtungen vermeiden; dies wird die Zukunft zeigen müssen. 10235

Teil 4 VOL/A § 14 Vergabe- und Vertragsordnung für Leistungen Teil A

114.4.4.3 Gewährleistung der Vertraulichkeit

10236 Vgl. dazu die Kommentierung zu → § 13 VOL/A Rdn. 93 ff.

114.5 Öffnung der Angebote (§ 14 Abs. 2)

114.5.1 Grundsatz

10237 Bei Ausschreibungen ist für die Öffnung und Verlesung (Eröffnung) der Angebote ein Eröffnungstermin abzuhalten, in dem die Bieter nicht zugelassen sind.

10238 Der **Eröffnungstermin** ist bei Vergabeverfahren auch nach der VOL/A **wesentlich für die Absicherung der notwendigen Verfahrenstransparenz**. Die angebotsrelevanten Angebotsteile sind im Protokoll zu vermerken (VK Thüringen, B. v. 8. 9. 2000 – Az.: 216–4002.20-014/00-SLF).

114.5.2 Gestaffelte Eröffnungstermine bei Parallelausschreibungen

10239 Gegen die Parallelausschreibung selbst und die **Festlegung gestaffelter Eröffnungstermine** bestehen **keine Bedenken rechtlicher Art**. Auch die **Bestimmung eines gemeinsamen letzten Einreichungstermins für alle Angebote** steht mit dem Vergaberecht im Einklang (BayObLG, B. v. 21. 12. 2000 – Az.: Verg 13/00). Dies ist auch sinnvoll wegen der besonderen wettbewerblichen Situation bei gestaffelten Eröffnungsterminen. So wird Vorsorge dagegen getroffen, dass Bieter Kenntnisse aus früheren Eröffnungsterminen erlangen und wettbewerbswidrig Vorteile für ihre erst später zu eröffnenden Angebote ziehen könnten (VK Nordbayern, B. v. 27. 11. 2000 – Az.: 320.VK-3194- 30/00; 1. VK Sachsen, B. v. 1. 2. 2002 – Az.: 1/SVK/131-01, B. v. 1. 2. 2002 – Az.: 1/SVK/135-01; B. v. 1. 2. 2002 – Az.: 1/SVK/139-01, B. v. 13. 2. 2002 – Az.: 1/SVK/003-02).

114.5.3 Verlegung des Eröffnungstermins

10240 Der öffentliche Auftraggeber kann den Eröffnungstermin bei Vorliegen triftiger Gründe – auch auf Wunsch mehrerer Bieter – verschieben (VK Südbayern, B. v. 30. 6. 2000 – Az.: 09-05/00).

10241 Auch eine **geringfügige Verschiebung des Eröffnungstermins**, die sich im Rahmen von 15 bis maximal 30 Minuten hält, ist als vergaberechtlich tolerierbar anzusehen (VK Lüneburg, B. v. 20. 12. 2004 – Az.: 203-VgK-54/2004).

10242 Die **Vergabestelle** ist jedoch dann, wenn **glaubhaft gemacht wurde, dass die Verdingungsunterlagen z.B. auf dem Postweg nur von einem Bieter verloren gegangen sind, nicht zur Verschiebung des Eröffnungstermins verpflichtet** (OLG Düsseldorf, B. v. 21. 12. 2005 – Az.: VII – Verg 75/05).

114.5.4 Ablauf des Eröffnungstermins

114.5.4.1 Änderungen in der VOL/A 2009

10243 Nach § 14 Abs. 2 muss der Eröffnungstermin von **mindestens** zwei Vertretern des Auftraggebers durchgeführt werden.

10244 Die **Dokumentationspflicht obliegt allen Vertretern** des Auftraggebers.

10245 **Entfallen ist die Pflicht** zur Feststellung, ob die Angebote ordnungsgemäß verschlossen und äußerlich gekennzeichnet bzw. verschlüsselt sind und die **Pflicht zur Kennzeichnung** in allen wesentlichen Teilen einschließlich der Anlagen.

114.5.4.2 Anwesenheit von mindestens zwei Vertretern des Auftraggebers

10246 § 14 VOL/A **verpflichtet den öffentlichen Auftraggeber, den Eröffnungstermin von mindestens zwei Personen durchführen zu lassen**. Sinn und Zweck der Regelung des § 14 ist die kontrollierte Angebotseröffnung und die Vermeidung von Manipulationen (VK Thüringen, B. v. 12. 2. 2001 – Az.: 216–4003.20-001/01-GTH).

Die in § 14 Abs. 2 VOL/A niedergelegte Verpflichtung zur Einhaltung des Vieraugenprinzips 10247
ist eine zentrale Verpflichtung für jeden Auftraggeber, um eine faires und transparentes Verfahren sichern und nachweisen zu können. Ein **Hinweis**, das ein **weiterer Mitarbeiter** bei der Öffnung der Angebote geholfen hat und insoweit **anwesend gewesen** ist, **ersetzt die relevante und verantwortungsvolle Erklärung des „Vertreters des Auftraggebers" nicht** und weist auf organisatorische Mängel in der Ausgestaltung der Vergabestelle und der dort zu beachtenden formalen Vorgaben hin. Vor dem Hintergrund eines Vorwurfs der manipulativen Wertung ist dieser Verstoß **verfahrensrelevant und nicht heilbar**. Die **Ausschreibung ist aufzuheben** (VK Arnsberg, B. v. 10. 3. 2008 – Az.: VK 05/08).

114.5.4.3 Prüfung des Verschlusses und der äußeren Kennzeichnung der Angebote bzw. der Verschlüsselung

Nach § 22 Nr. 3 Abs. 1 VOL/A 2006 hatte der Verhandlungsleiter zunächst festzustellen, ob 10248
die Angebote ordnungsgemäß verschlossen und äußerlich gekennzeichnet bzw. verschlüsselt waren. Daher waren **auch nicht ordnungsgemäß verschlossene bzw. verschlüsselte Angebote im Eröffnungsverfahren zuzulassen**, und zwar jedenfalls für die **Konstellation, dass auf Grund der Umstände ohne vernünftige Zweifel ausgeschlossen werden kann, dass das nicht verschlossene Angebot noch auf Grund von Informationen nachgebessert wurde**, welche der Anbieter erst im Eröffnungstermin erlangt hat (OLG des Landes Sachsen-Anhalt, Urteil vom 18. 11. 1999 – Az.: 3 U 169/98; 2. VK Bund, B. v. 20. 6. 2002 – Az.: VK 2–28/02).

Diese **Pflicht** der Vertreter des Auftraggebers ist **nicht mehr explizit in der VOL/A 2009** 10249
aufgeführt. Andererseits gehört es zur notwendigen **Dokumentation einer förmlichen Angebotseröffnung**, um jederzeit nachweisen zu können, dass die Pflicht zur sorgfältigen Verwahrung erfüllt wurde und dass bereits der Anschein einer Manipulation und Korruption durch Zulassung geöffneter Angebote vermieden wird. Auch diese Kürzung des Textes der VOL/A ist anscheinend der allgemeinen Kürzung der VOL/A geschuldet und **vernachlässigt Bedürfnisse der Praxis**.

114.5.4.4 Prüfung des Eingangs der Angebote bis zum Ablauf der Angebotsfrist

Nach § 22 Nr. 3 Abs. 1 VOL/A 2006 hatte der Verhandlungsleiter als zweites festzustellen, 10250
ob die Angebote bis zum Ablauf der Angebotsfrist bei der für den Eingang als zuständig bezeichneten Stelle eingegangen waren.

Diese **Pflicht** der Vertreter des Auftraggebers ist **nicht mehr explizit in der VOL/A 2009** 10251
aufgeführt. Andererseits ist der **Auftraggeber zwingend verpflichtet, solche Angebote gemäß § 16 Abs. 3 lit. e) auszuschließen**, die nicht fristgerecht eingegangen sind, sofern der Bieter dies zu vertreten hat. Aufgrund der notwendigen Dokumentation des Eröffnungstermins in einem förmlichen Protokoll sollte diese Feststellung ebenfalls weiterhin in dem Eröffnungstermin getroffen werden. Auch diese Kürzung des Textes der VOL/A ist anscheinend der allgemeinen Kürzung der VOL/A geschuldet und **vernachlässigt Bedürfnisse der Praxis**.

Zu den **Anforderungen an die Rechtzeitigkeit des Eingangs** vgl. die Kommentierung 10252
zu → § 16 VOL/A Rdn. 501 ff.

114.5.4.5 Dokumentation des Eröffnungstermins (§ 14 Abs. 2 Satz 3)

114.5.4.5.1 Zwingende Regelung. § 14 Abs. 2 ist eine „Ist" **Bestimmung**, das heißt es 10253
ist so zu verfahren, **Abweichungen von der Bestimmung sind nicht zulässig**. Die Niederschrift über die Verhandlung dient den Interessen des Bieters und denen der Vergabestelle, indem bestimmte Daten angegeben werden, gleichzeitig aber auch als Beweis deren Vorliegens und damit der Verfahrenstransparenz (VK Thüringen, B. v. 26. 6. 2001 – Az.: 216–4003.20–027/01-J-S, B. v. 7. 3. 2001 – Az.: 216–4002.20–001/01-SCZ).

114.5.4.5.2 Dokumentation durch mindestens zwei Vertreter des Auftraggebers. 10254
Die Dokumentation des Eröffnungstermins muss durch mindestens zwei Vertreter des Auftraggebers erfolgen (§ 14 Abs. 2 Satz 1). Dies bedeutet, dass das **Protokoll als Ausdruck der Dokumentation auch von mindestens zwei Vertretern des Auftraggebers unterschrieben** sein muss.

114.5.4.5.3 Rechtscharakter der Dokumentation und Beweislastverteilung. Die Nie- 10255
derschrift ist lediglich eine **Privaturkunde**, mit der der Nachweis des Fehlens oder des Nicht-

eintritts von Tatsachen, die nicht in die Urkunde aufgenommen wurden, nicht ohne weiteres geführt werden kann. Der **öffentliche Auftraggeber** hat jedoch nach § 14 Abs. 2 VOL/A auch im Verhältnis zu den Bietern die **Verpflichtung zur Anfertigung einer Niederschrift** über den Verlauf des Eröffnungstermins, **in der alle wesentlichen Vorgänge und Sachverhalte festzuhalten sind.** Dazu gehören hinsichtlich der Angebote insbesondere die für die Bemessung des Preises wesentlichen Angaben einschließlich der Zahl der Nebenangebote. In die Protokollierungspflicht eingeschlossen sind damit auch Angaben über nicht im eigentlichen Gebot enthaltene zusätzliche Preisnachlässe in Neben- oder Hauptangeboten, soweit sie Auswirkungen auf die anderweitig genannten und ohne ihre Berücksichtigung bestimmten Angebotspreise aufweisen können. **Kommt der Ausschreibende** dem bei der Protokollierung des Eröffnungstermins **nicht nach**, liegt darin die **Verletzung einer vertraglichen Nebenpflicht**, die es ihm **verwehrt**, sich im Verhältnis zu den betroffenen Bietern auf die **Unvollständigkeit des Protokolls zu berufen.** Er muss sich diesen gegenüber jedenfalls bis zu dem ihm obliegenden Gegenbeweis diesen gegenüber vielmehr so behandeln lassen, als sei die Niederschrift vollständig und inhaltlich richtig. Soweit diese z.B. streitige Preisnachlässe nicht aufführt, ist es somit nicht Sache des Bieters, nachzuweisen, dass diese im Eröffnungstermin noch nicht vorlagen. Die Beweislast für ihre vorhergehende Einreichung trifft vielmehr im Ergebnis den öffentlichen Auftraggeber (BGH, Urteil v. 26. 10. 1999 – Az.: X ZR 30/98).

10256   **114.5.4.5.4 Bestandteile der Dokumentation.** Der **Inhalt der Niederschrift ist in der VOL/A in Form eines Mindestinhaltes geregelt.** In die Niederschrift sind mindestens Angaben aufzunehmen über

– Name und Anschrift der Bieter

– die Endbeträge der Angebote und andere den Preis betreffende Angaben,

– ob und von wem Nebenangebote eingereicht worden sind.

10257   Diese **Aufzählung ist nicht abschließend.** Auch n**achträgliche, im Rahmen der Angebotsprüfung festgestellte Nachlässe, Skonti, Nebenangebote und andere angebotsrelevante Angaben sind in die Niederschrift nachzutragen** (VK Thüringen, B. v. 26. 6. 2001 – Az.: 216–4003.20–027/01-J-S).

114.5.4.6 Kennzeichnung der Angebote

10258   **114.5.4.6.1 Änderung in der VOL/A 2009.** Im Gegensatz zu § 22 Nr. 3 Satz 2 VOL/A 2006 ist in der VOL/A 2009 **weder im ersten noch im zweiten Abschnitt eine Kennzeichnungspflicht der geöffneten Angebote enthalten.**

10259   Damit ist ein **wesentlicher Baustein zur Vorsorge gegen Manipulation und Korruption im Laufe des weiteren Vergabeverfahrens weggefallen.** Der Auftraggeber kann zumindest bei per Post und direkt übermittelten Angeboten insoweit nur noch mit erheblichem Aufwand nachprüfen, ob das Angebot, das bei der Eröffnung vorlag, identisch ist mit dem Angebot, auf das der Zuschlag erteilt werden soll; der Auftraggeber müsste dann eine Kopie der Angebote des Eröffnungstermins anfertigen und die Kopie mit dem Original im Einzelnen vergleichen.

10260   Der **Auftraggeber** ist also **gut beraten**, zumindest bei per Post und direkt übermittelten Angeboten **weiterhin eine Kennzeichnung vorzunehmen.**

10261   Die **VOB/A enthält** in § 14 Abs. 3 Satz 2 **weiterhin eine Kennzeichnungspflicht.**

10262   **114.5.4.6.2 Grundsätze zur Kennzeichnung.** Die **Kennzeichnung erfolgt üblicherweise durch Datierung und Lochung.** Sie soll verhindern, dass nachträglich einzelne Bestandteile der Angebote ausgetauscht oder entfernt und damit die Angebote manipuliert werden (VK Arnsberg, B. v. 10. 3. 2008 – Az.: VK 05/08; VK Münster, B. v. 13. 2. 2008 – Az.: VK 29/07). Sie dient damit der **Gewährleistung der Authentizität der Angebote** und ist **unabdingbare Grundvoraussetzung zur Sicherung eines transparenten und fairen Wettbewerbs** (VK Sachsen-Anhalt, B. v. 28. 1. 2009 – Az: 1 VK LVwA 29/08). Mit der Kennzeichnung soll auch der ordnungsgemäße, faire Wettbewerb sichergestellt werden. Eine **mit Bleistift aufgetragene eingekreiste Ziffer auf den Angeboten** erfüllt die **Kennzeichnungspflicht nicht** (1. VK Sachsen, B. v. 24. 5. 2007 – Az.: 1/SVK/029-07; B. v. 24. 2. 2005 – Az.: 1/SVK/005-05; B. v. 24. 2. 2005 – Az.: 1/SVK/004–05).

10263   Kennzeichnung bedeutet, dass **alle wesentlichen Angebotsbestandteile, die zum Zeitpunkt der Angebotseröffnung vorliegen,** entweder einheitlich (z. Bsp. **durch Lochung**) **gekennzeichnet** oder aber (z. Bsp. **durch Siegelung**) **verbunden** werden müssen, um einen

Vergabe- und Vertragsordnung für Leistungen Teil A VOL/A § 14 **Teil 4**

nachträglichen versehentlichen oder bewussten Austausch einzelner Bestandteile des Angebots bzw. deren Entfernung zu verhindern. Dies **gilt auch für die Urkalkulation** (OLG Naumburg, B. v. 31. 3. 2008 – Az.: 1 Verg 1/08).

Auftraggeberseitige Ermessenserwägungen zur Wesentlichkeit einzelner Bieterunterlagen haben nur dann **hinreichende Aussicht auf Bestätigung** durch die Vergabekammer, wenn diese **zumindest einen gewissen systematischen Ansatz erkennen lassen**. Dies ist jedoch nicht der Fall, wenn sich z. B. im Angebot der Antragstellerin keine Kennzeichnung durch Lochung auf dem Angebotsschreiben, dem Verzeichnis der Unternehmerleistungen, der Verpflichtungserklärung sowie auf den Nebenangeboten findet, aber das Angebotsschreiben im Angebot der Beigeladenen sehr wohl gekennzeichnet ist, jedoch die Lochung u. a. auf dem Leistungsverzeichnis sowie den Nebenangeboten fehlt (VK Sachsen-Anhalt, B. v. 28. 1. 2009 – Az.: 1 VK LVwA 29/08). 10264

114.5.4.6.3 Rechtsfolge einer fehlenden Kennzeichnung. Die **unterlassene Kennzeichnung der vorgelegten Angebote stellt einen gravierenden Vergaberechtsverstoß dar**, der objektiv selbst durch eine Rückversetzung des Vergabeverfahrens auf den Zeitpunkt der Angebotseröffnung kein rechtmäßiges Vergabeverfahren mehr erwarten lässt. Der **Auftraggeber hat keine Möglichkeit** bei einer Verpflichtung durch die Vergabekammer zur erneuten Prüfung der Angebote diesen **Kennzeichnungsmangel zu heilen** (VK Münster, B. v. 13. 2. 2008 – Az.: VK 29/07; 1. VK Sachsen, B. v. 24. 5. 2007 – Az.: 1/SVK/029-07; B. v. 24. 2. 2005 – Az.: 1/SVK/005-05; B. v. 24. 2. 2005 – Az.: 1/SVK/004–05; VK Sachsen-Anhalt, B. v. 28. 1. 2009 – Az: 1 VK LVwA 29/08). Die **Ausschreibung ist aufzuheben** (VK Arnsberg, B. v. 10. 3. 2008 – Az.: VK 05/08; VK Sachsen-Anhalt, B. v. 28. 1. 2009 – Az: 1 VK LVwA 29/08). 10265

Diese **Rechtsprechung wird auch für die VOL/A 2009 gelten**, wenn der Auftraggeber intern festgelegt hat, dass eine Kennzeichnung durchzuführen ist. 10266

114.5.4.6.4 Beweislast. Ist **nicht sicher, ob bestimmte Teile eines Angebots tatsächlich bei Angebotseröffnung vorlagen, weil sie nicht gelocht waren, kommen Regeln der Beweislast** zum Tragen. Danach trägt **grundsätzlich der Antragsteller die Beweislast für die seinem Antrag günstigen Tatsachen**; z. B. die Nichterweislichkeit der Unvollständigkeit des Angebotes eines anderen Bieters geht dann grundsätzlich zu Lasten des Antragstellers. Davon ist jedoch dann eine **Ausnahme geboten, wenn wesentliche Bestandteile der Angebote durch den Auftraggeber nicht gekennzeichnet** werden. Folge des Verstoßes gegen die Pflicht zur Kennzeichnung der Angebote sowie der Unklarheiten der Niederschrift ist, dass nunmehr der **Auftraggeber die Beweislast für die Vollständigkeit des Angebotes, auf das er den Zuschlag erteilen will, trägt**. Denn der Auftraggeber hat die ihm zu Gebote stehenden Mittel, Transparenz zu schaffen, nicht genutzt. Er hat weder die Angebote ordnungsgemäß gekennzeichnet noch die Angebotsöffnung nachvollziehbar dokumentiert. Die Pflicht zur Kennzeichnung der Angebote dient gerade dazu, Unklarheiten der vorliegenden Art zu vermeiden. Macht ein Auftraggeber von der Möglichkeit der eindeutigen Kennzeichnung nicht Gebrauch, so geht dies zu seinen Lasten. Die **Situation ist dabei vergleichbar derjenigen eines Auftraggebers, der seiner Dokumentationspflicht nicht nachkommt** (VK Baden-Württemberg, B. v. 16. 6. 2008 – Az.: 1 VK 18/08). 10267

Diese **Rechtsprechung wird auch für die VOL/A 2009 gelten**, wenn der Auftraggeber intern festgelegt hat, dass eine Kennzeichnung durchzuführen ist. 10268

114.6 Geheimhaltungsgebot (§ 14 Abs. 3)

114.6.1 Sinn und Zweck

Sinn der Geheimhaltungsvorschrift ist es, den **Wettbewerb zu sichern** und auch nach der Öffnung der Angebote durch ihre vertrauliche Behandlung zu verhindern, dass Außenstehende Einfluss auf die weitere Behandlung der Angebote, insbesondere auf die Entscheidung über den Zuschlag, dadurch nehmen, dass sie sich mit Kenntnis von dem Inhalt der einzelnen Angebote verschaffen. Dieser **Gesichtspunkt gelangt gerade im Verhandlungsverfahren zu besonderer Bedeutung**, da das Verhandlungsverfahren Nachträge und Nachbesserungen des abgegebenen Angebotes bis zur Zuschlagsentscheidung zulässt (VK Düsseldorf, B. v. 25. 7. 2000 – Az.: VK – 14/2000 – L). 10269

2071

Teil 4 VOL/A § 14 Vergabe- und Vertragsordnung für Leistungen Teil A

114.6.2 Beispiele aus der Rechtsprechung

10270
- die **Nennung eines Bieters als aktueller Dienstleister für eine erneut ausgeschriebene Dienstleistung und der Kosten der Dienstleistungen sind keine Daten aus einem aktuellen Vergabeverfahren, deren Bekanntgabe der Bieter als Verstoß gegen § 22 Nr. 6 VOL/A rügen kann.** Deren Veröffentlichung könnte auf das zur Nachprüfung vorliegende Verfahren keinen Einfluss haben. Es handelt sich um Daten aus einem bestehenden Vertragsverhältnis. Die Tatsache, dass der Bieter in der Vergangenheit den Zuschlag erhielten und die Höhe des Gebots waren zudem wahrscheinlich sowieso gemäß § 28a VOL/A zu veröffentlichen. Im Übrigen könnte jeder Bürger über die Verwaltung die Daten, soweit sie unbekannt sein sollten, erfragen, ohne dass diese die Antwort verweigern könnte (OLG Karlsruhe, B. v. 16. 6. 2010 – Az.: 15 Verg 4/10)

- § 22 Nr. 8 VOB/A und § 22 Nr. 6 Abs. 1 Satz 1 VOL/A sehen vor, dass die **Angebote und ihre Anlagen sorgfältig zu verwahren und vertraulich zu behandeln** sind. Es soll damit verhindert werden, dass die Angebote nachträglich verändert oder ergänzt werden. Die Auftraggeberin hat **gegen die Pflicht zur ordnungsgemäßen Aufbewahrung des Angebots der Antragstellerin verstoßen, indem sie den USB-Stick mit dem Angebot gelöscht und wieder zur Speicherung anderer Daten verwendet hat, nachdem sie die auf dem USB-Stick befindliche Datei mit dem Angebot sowohl auf die Festplatte des Laptops ihrer Vergabestelle als auch auf den USB-Stick ihres Rechnungsprüfungsamtes kopiert** hatte. Das **Originalangebot existiert damit in wesentlichen Teilen nicht mehr**. Die Auftraggeberin kann sich nicht darauf berufen, dass dadurch, dass es sich um eine selbstrechnende Datei gehandelt habe, keine Manipulationen möglich gewesen seien, und dass die Angebotsdatei lediglich verschoben worden sei. Die Auftraggeberin hat gerade mit eine elektronische Vergabe mit den dafür erforderlichen Sicherungsmechanismen durchgeführt (VK Niedersachsen, B. v. 23. 4. 2009 – Az.: VgK-10/2009)

- es liegt ein schwerwiegender Verstoß gegen § 22 Nr. 8 vor, wenn **ein mit der Projektsteuerung beauftragter Externer die Angebote in die Betriebsräume eines Unternehmens verbringt, für das er hauptberuflich tätig ist und das im Rahmen einer Konzernbeteiligung als potentieller Lieferant für die von den Bietern angebotenen Leistungen in Betracht kommt**. Dies gilt insbesondere dann, wenn es dem Auftraggeber mangels gefertigter Kopien auch gar nicht mehr möglich ist, festzustellen, ob die vorliegenden Angebote tatsächlich den abgegebenen Angeboten entsprechen (1. VK Sachsen, B. v. 24. 5. 2007 – Az.: 1/SVK/029-07)

- erhält der öffentliche Auftraggeber im Rahmen einer öffentlichen Ausschreibung einen kostengünstigen Sondervorschlag, teilt er diesen Sondervorschlag den übrigen Bietern zur Nachkalkulation ihrer eigenen Angebote mit und **verhandelt er außerdem mit dem Bieter über den Sondervorschlag solange, bis aus seiner Sicht ein wirtschaftliches Preis-Leistungs-Verhältnis erreicht wird, verstößt dieses Vorgehen einmal gegen das Geheimhaltungsgebot des Inhalts der Angebote**. Es stellt darüber hinaus eine unzulässige Nachverhandlung im Sinne von § 24 Nr. 3 VOB/A dar (VK Baden-Württemberg, B. v. 11. 10. 2000 – Az.: 1 VK 24/00).

114.6.3 Geheimhaltungsgebot im kommunalen Bereich

10271 Gerade im **kommunalen Bereich ist es oft schwierig, das Geheimhaltungsgebot einzuhalten**. Die **VK Sachsen** sieht insoweit **keinen Verstoß gegen bieterschützende Vorschriften**, wenn ein (geplanter) Zuschlagsbieter vor der formellen Entscheidung des Auftraggebers öffentlich (in der Presse) bekannt wird; dies deshalb, weil ein Verwaltungsfachausschuss eine entsprechend gleich lautende Verwaltungsvorlage favorisierte und zudem der Landrat ausdrücklich auf die noch zu treffende Entscheidung des Ausschusses hingewiesen hatte (1. VK Sachsen, B. v. 8. 7. 2004 – Az.: 1/SVK/044-04).

10272 Die Entscheidung setzt sich mit dem Geheimhaltungsgebot im Wesentlichen über § 30 VwVfG auseinander und ist **im Ergebnis abzulehnen**. Auch im kommunalen Bereich sollten die Vertreter der Kommunen (Stadt- und Gemeinderäte, Bürgermeister usw.) aus den in → Rdn. 47 genannten Gründen die **Geheimhaltungspflicht beachten**.

10273 Das **OLG Karlsruhe differenziert je nach dem Stand des Vergabeverfahrens**. Nach § 14 Abs. 3 VOL/A sind Angebote und ihre Anlagen vertraulich zu behandeln. Dies **bedeutet jedoch nicht, dass ausnahmslos kein anderer Bieter oder kein Dritter davon Kenntnis** erlangen darf, welcher Bieter das wirtschaftlichste Angebot abgegeben hat, wie hoch dieses Angebot ist und wie viele Angebote abgegeben wurden. Die **absolute Geheimhaltung zumindest bis zum Zuschlagszeitpunkt wäre auch mit § 22 EG VOL/A und § 101 a GWB nicht zu vereinbaren.** Diese Vorschriften ordnen an, dass nicht berücksichtigten Bietern die Tatsache der Zurückweisung des Angebots und (§ 22 EG VOL/A: auf Antrag) die Gründe für Ablehnung des Angebots mitzuteilen sind. Andererseits ist die Verhandlung über die Öffnung der Angebote gemäß § 14 Abs. 2 VOL/A nicht einmal für Bieter zugänglich und ist weder Bietern noch Öffentlichkeit Einsicht in die Verhandlungsniederschrift zu gewähren. Unter Berücksichtigung des Sinns von § 14 Abs. 3 VOL/A, (auch) sicherzustellen, dass die Angebote nachträglich nicht mehr verändert werden und ein fairer Wettbewerb gewährleistet ist, dass Außenstehende keinen Einfluss auf die Weiterbehandlung der Angebote und die Entscheidung über den Zuschlag nehmen können, ist daher **das Vertraulichkeitsgebot je nach Stand des Vergabeverfahrens unterschiedlich streng zu handhaben.** Schon vor dem Zuschlag können jedenfalls und müssen teilweise, wie oben ausgeführt, einzelne Daten eines Angebots einem anderen Bieter mitgeteilt werden. Die Geheimhaltung auch des Namens des Bieters mit dem wirtschaftlichsten Gebot, dem der Beigeladenen, der Höhe des Gebots und der Anzahl der abgegebenen Gebote ist nach dem Zweck des Vertraulichkeitsgebots zum Zeitpunkt der Veröffentlichung nicht mehr erforderlich, wenn das **Vergabeverfahren schon weitgehend abgeschlossen ist, die Verwaltung die Wertung der Angebote abgeschlossen und eine Vorentscheidung über den Zuschlag getroffen hat**, weil die Vorentscheidung im zuständigen Kreisausschuss in nichtöffentlicher Sitzung behandelt worden ist und **nur noch die formelle Entscheidung über den Zuschlag durch den zuständigen Kreistag aussteht, eine Entscheidung, die nicht in dessen Ermessen steht.** Eine Einflussnahme Dritter auf die Zuschlagsentscheidung erscheint bei dieser Situation nahezu ausgeschlossen. Dafür, dass z. B. die **Kreistagsmitglieder für die Beschlussfassung in öffentlicher Sitzung über die genannten Daten unterrichtet werden, bestehen zudem sachliche Gründe**, wenn es z. B. um die **zukünftigen Kosten der Abfallentsorgung geht, die von erheblichem öffentlichen Interesse sind.** Die Einwohner des Kreises sind unmittelbar durch die Entsorgungsleistungen und durch die Gebührenzahlungspflicht betroffen. Der Kreistag ist eines ihrer kommunalen Vertretungsorgane, das ihre Interessen wahrzunehmen und in diesem Fall über die Vergabe der Entsorgungsleistungen zu entscheiden hat. Die Bekanntgabe des Namens des voraussichtlichen zukünftigen Entsorgungsunternehmers und dessen Kosten stellen daher keine Vergaberechtsverletzung dar, wenn der Zweck des Vertraulichkeitsgebots die Geheimhaltung nicht mehr gebieten. **Wenn daher der Auftraggeber in einer Beschlussvorlage für den Kreistag, der allein über den Zuschlag zu entscheiden hat, die Anzahl der abgegebenen Gebote, den Namen des Bieters mit dem wirtschaftlichsten Gebot und die Höhe dieses Gebots ohne weitere Einzelheiten aus den Angeboten und ihren Anlagen mitteilt, ist daher der Vertraulichkeitsgrundsatz gemäß § 14 Abs. 3 VOL/A nicht verletzt** (OLG Karlsruhe, B. v. 16. 6. 2010 – Az.: 15 Verg 4/10).

114.7 Pflicht zur Aufbewahrung von Briefumschlägen, Paketverpackungen u. ä.

Die **Aufbewahrungspflicht von Briefumschlägen und Paketverpackungen der Angebote ist ausdrücklich weder in der VOL/A 2009 noch in der VOB/A 2009 geregelt. Aus Beweisgründen sollte sie sich auf diejenigen Behältnisse der nicht ordnungsgemäß oder verspätet eingegangenen Angebote beschränken** (OLG Naumburg, B. v. 29. 1. 2009 – Az.: 1 Verg 10/08 – für § 22 Nr. 6 Abs. 1 Satz 2 VOL/A 2006). 10274

114.8 Öffnung von Teilnahmeanträgen

§ 14 VOL/A gilt für die Durchführung eines Teilnahmewettbewerbes weder unmittelbar noch in entsprechender Anwendung. § 14 VOL/A regelt ausdrücklich nur die Öffnung und Behandlung von Angeboten bei öffentlichen und beschränkten Ausschreibungsverfahren. Einem solchen förmlichen Verfahren ist die Durchführung eines Teilnahmewettbewerbes nicht gleichzusetzen. **Die VOL/A gibt der ausschreibenden Stelle nicht vor, wann die Teilnahmeanträge zu öffnen sind** (VK Nordbayern, B. v. 27. 10. 2000 – Az.: 320.VK-3194-26/00). 10275

Für die **Öffnung von Teilnahmeanträgen bei EU-weiten Ausschreibungen** sind die **Förmlichkeiten nach § 14 EG VOL/A zu beachten**; vgl. die Kommentierung zu → § 14 EG Rdn. 6 ff. 10276

Teil 4 VOL/A § 15 Vergabe- und Vertragsordnung für Leistungen Teil A

114.9 Kein Eröffnungstermin für nachgeforderte Unterlagen

10277   Gemäß § 14 Abs. 2 VOL/A ist ein Eröffnungstermin abzuhalten für die Öffnung und Verlesung (Eröffnung) der Angebote. **Werden dagegen Unterlagen, deren Anforderung sich ein Auftraggeber vorbehalten hat, nach Eröffnungstermin angefordert, ist für die Feststellung, welcher Bieter Unterlagen innerhalb der gesetzten Frist eingereicht hat und welchen Inhalt sie haben, kein weiteres förmliches Verfahren vorgesehen** (OLG Karlsruhe, B. v. 8. 1. 2010 – Az.: 15 Verg 1/10).

115. § 15 VOL/A – Aufklärung des Angebotsinhalts, Verhandlungsverbot

Bei Ausschreibungen dürfen die Auftraggeber von den Bietern nur Aufklärungen über das Angebot oder deren Eignung verlangen. Verhandlungen sind unzulässig.

115.1 Änderungen in der VOL/A 2009

10278   Die **Überschrift** wurde der Zielrichtung der Vorschrift **angepasst**.

10279   Die **Regelung des § 24 Nr. 1 Abs. 2 VOL/A 2006**, dass dann, wenn ein Bieter die geforderten Aufklärungen und Angaben verweigert, sein Angebot unberücksichtigt bleiben kann, wurde **gestrichen**.

10280   Die **Regelung des § 24 Nr. 2 Abs. 2 VOL/A 2006**, dass ausnahmsweise bei einem Nebenangebot oder bei einem Angebot aufgrund funktionaler Leistungsbeschreibung mit dem Bieter, dessen Angebot als das wirtschaftlichste gewertet wurde, im Rahmen der geforderten Leistung über notwendige technische Änderungen geringen Umfangs verhandelt werden darf und dass hierbei auch der Preis entsprechend angepasst werden kann, wurde **gestrichen**.

115.2 Vergleichbare Regelungen

10281   Der Vorschrift des § 15 VOL/A vergleichbar ist im Bereich der VOL **§ 18 EG VOL/A** und im Bereich der VOB/A **§ 15 VOB/A**. Die Kommentierungen zu diesen Vorschriften können daher ergänzend zu der Kommentierung des § 15 herangezogen werden.

115.3 Bieterschützende Vorschrift

115.3.1 Grundsatz

10282   § 15 VOL/A ist eine **bieterschützende Vorschrift** (OLG Düsseldorf, B. v. 14. 3. 2001 – Az.: Verg 30/00; VK Halle, B. v. 6. 6. 2000 – Az.: VK Hal 09/00; 1. VK Sachsen, B. v. 13. 12. 2002 – Az.: 1/SVK/105-02, B. v. 1. 2. 2002 – Az.: 1/SVK/139-01).

115.3.2 Bieterschützende Vorschrift für den Bieter, mit dem unstatthafte Verhandlungen geführt werden?

10283   § 15 VOL/A **bezweckt nicht den Schutz des Bieters, mit dem unzulässige Nachverhandlungen geführt werden**. Sinn des sich aus § 15 VOL/A ergebenden Nachverhandlungsverbots ist es, den Wettbewerb unter gleichen Bedingungen für alle Bieter aufrechtzuerhalten. Würde man den Bieter, mit dem unzulässige Nachverhandlungen geführt werden, in den Schutzbereich des § 15 VOL/A einbeziehen, würde man ihm eine durch Verfälschung des Wettbewerbs erlangte Position einräumen, die die Regelung des § 15 VOL/A gerade missbilligt (OLG München, B. v. 17. 9. 2007 – Az.: Verg 10/07; 1. VK Bund, B. v. 18. 10. 1999 – Az.: VK 1–25/99).

115.4 Sinn und Zweck der Vorschrift

10284   Mit der Regelung des § 15 VOL/A wird bestimmt, dass Verhandlungen, insbesondere über Änderungen der Angebote oder Preise, unstatthaft sind. Damit **soll sichergestellt werden,**

Vergabe- und Vertragsordnung für Leistungen Teil A VOL/A § 15 **Teil 4**

dass der Wettbewerb ordnungsgemäß abläuft, die Gleichbehandlung der Bieter gewährleistet ist und das Transparenzgebot gewahrt wird. Mit der Abgabe der Angebote durch die Bieter sind diese an ihr Angebot gebunden. Eine nachträgliche Änderung würde gegen die Gleichbehandlung der Bieter und die Transparenz des Wettbewerbs verstoßen. **Jeder Bieter muss sich darauf verlassen können, dass nicht nur für ihn, sondern für alle anderen Bieter die Unabänderbarkeit des einmal abgegebenen Angebotes gilt** (VK Nordbayern, B. v. 14. 1. 2010 – Az.: 21.VK – 3194 – 64/09).

Das Verhandlungsverbot hat auch einen **deutlichen Bezug zur sparsamen Haushaltsführung**. Entgegen anders lautenden Stimmen verhindert es keineswegs die Erzielung günstiger Preise für die Auftraggeber. Die **Erfahrung zeigt vielmehr, dass gerade die formal korrekt durchgeführte öffentliche Ausschreibung den günstigsten Angebotspreis zur Folge hat, weil alle Bieter an die Grenze ihrer Auftragskalkulation gehen müssen, um eine Chance auf den Zuschlag zu haben**. Sie können nämlich nicht von vornherein einen Aufschlag kalkulieren, den sie sich im Nachhinein (teilweise) abverhandeln lassen (OVG Nordrhein-Westfalen, Urteil v. 22. 2. 2005 – Az.: 15 A 1065/04).

10285

115.5 Keine Verpflichtung des Auftraggebers zur Führung von Aufklärungsgesprächen

115.5.1 Grundsatz

Einen **Anspruch auf Aufklärung hat der Bieter**, der ein unklares Angebot vorgelegt hat, **grundsätzlich nicht** (OLG Dresden, B. v. 9. 1. 2004 – Az.: WVerg 16/03, B. v. 10. 7. 2003 – Az.: WVerg 0015/02; OLG Frankfurt, B. v. 26. 5. 2009 – Az.: 11 Verg 2/09; B. v. 16. 9. 2003 – Az.: 11 Verg 11/03; OLG Koblenz, B. v. 15. 7. 2008 – Az.: 1 Verg 2/08; OLG München, B. v. 31. 8. 2010 – Az.: Verg 12/10; VK Arnsberg, B. v. 24. 5. 2004 – Az.: VK 1–5/04; 1. VK Bund, B. v. 21. 4. 2010 – Az.: VK 1–31/10; B. v. 13. 7. 2005 – Az.: VK 1–59/05; 2. VK Bund, B. v. 9. 1. 2007 – Az.: VK 2–152/06; 3. VK Bund, B. v. 4. 2. 2010 – Az.: VK 3 – 3/10; B. v. 26. 3. 2007 – Az.: VK 3–19/07; B. v. 21. 7. 2005 – Az.: VK 3–61/05; VK Düsseldorf, B. v. 7. 6. 2001 – Az.: VK – 13/2001 – B, B. v. 2. 8. 2000 – Az.: VK – 15/2000 – L; VK Hamburg, B. v. 13. 4. 2007 – Az.: VgK FB 1/07; VK Hessen, B. v. 21. 3. 2003 – Az.: 69 d VK – 11/2003; VK Lüneburg, B. v. 17. 4. 2007 – Az.: VgK-11/2007; B. v. 26. 7. 2005 – Az.: VgK-31/2005; B. v. 12. 7. 2005 – Az.: VgK-29/2005; VK Münster, B. v. 28. 6. 2007 – Az.: VK 10/07; VK Niedersachsen, B. v. 24. 10. 2008 – Az.: VgK-35/2008; VK Nordbayern, B. v. 9. 9. 2008 – Az.: 21.VK – 3194 – 34/08; B. v. 20. 8. 2008 – Az.: 21.VK – 3194 – 39/08; 1. VK Sachsen, B. v. 5. 4. 2006 – Az.: 1/SVK/027-06; B. v. 23. 1. 2004 – Az.: 1/SVK/160-03, B. v. 10. 3. 2003 – Az.: 1/SVK/012-03; VK Schleswig-Holstein, B. v. 20. 10. 2010 – Az.: VK-SH 16/10; VK Thüringen, B. v. 25. 1. 2002 – Az.: 216–4002.20–081/01-GTH; B. v. 10. 12. 2001 – Az.: 216–4002.20–081/01-GTH). Schließlich ist es **Sache des Bieters, ein vollständiges und zweifelsfreies Angebot abzugeben** (OLG Koblenz, B. v. 15. 7. 2008 – Az.: 1 Verg 2/08). § 15 VOB/A gibt dem Bieter also grundsätzlich keinen Anspruch auf Nachverhandlungen, sondern stellt sie in das Ermessen des Auftraggebers (OLG Frankfurt, B. v. 26. 8. 2008 – Az.: 11 Verg 8/08).

10286

115.5.2 Ausnahmen

115.5.2.1 Treu und Glauben

Eine Pflicht zur Führung eines Aufklärungsgesprächs kann unter dem Gesichtspunkt von Treu und Glauben in Betracht kommen, wenn der öffentliche Auftraggeber **in der Vergangenheit einen konkreten Vertrauenstatbestand gesetzt** hat (OLG Dresden, B. v. 10. 7. 2003 – Az.: WVerg 0015/02; ähnlich OLG Frankfurt, B. v. 26. 5. 2009 – Az.: 11 Verg 2/09; B. v. 26. 3. 2002 – Az.: 11 Verg 3/01; 3. VK Saarland, B. v. 23. 4. 2007 – Az.: 3 VK 02/2007, 3 VK 03/2007).

10287

Zum Gesichtspunkt von Treu und Glauben allgemein vgl. die Kommentierung zu → § 97 GWB Rdn. 303 ff.

10288

115.5.2.2 Offenkundiges Versehen des Bieters

Die **Rechtsprechung** ist insoweit **nicht einheitlich**.

10289

10290 Nach einer Meinung fällt es zwar grundsätzlich in den Verantwortungsbereich des Bieters, ein vollständiges Angebot abzugeben und damit gehen Unvollständigkeiten zu seinen Lasten. Allerdings besteht in einer **Situation, in der ein Versehen des Bieters für die Vergabestelle offenkundig ist, die Pflicht, beim Bieter nachzufragen.** § 15 lässt diese Möglichkeit, Zweifel über die Angebote zu beheben, ausdrücklich zu (1. VK Bund, B. v. 25. 10. 2002 – Az.: VK 1–71/02).

10291 Nach einer anderen Auffassung **besteht eine solche Nachfragepflicht** z. B. bei einem offensichtlich überhöhten Einheitspreis **nicht** (VK Hessen, B. v. 18. 3. 2002 – Az.: 69 d VK – 03/2002).

115.5.2.3 Verursachung des Aufklärungsbedarfs durch den Auftraggeber

10292 In dem Fall einer eindeutigen Angebotsabgabe ist davon auszugehen, dass sich das grundsätzlich im Rahmen des § 15 VOL/A bestehende Aufklärungsermessen des Auftraggebers zu einer **Aufklärungspflicht verdichtet, wenn nicht der Bieter, sondern der öffentliche Auftraggeber selbst durch eigene Recherchen die Zweifel in Bezug auf das Angebot verursacht.** In einem solchen Fall ist der Auftraggeber verpflichtet, die Zweifel durch Nachfrage bei dem Bieter aufzuklären (OLG Frankfurt, B. v. 26. 5. 2009 – Az.: 11 Verg 2/09; 1. VK Bund, B. v. 22. 5. 2003 – Az.: VK 1–29/03; 3.VK Bund, B. v. 4. 2. 2010 – Az.: VK 3 – 3/10; B. v. 12. 1. 2005 – Az.: VK 3–218/04; VK Schleswig-Holstein, B. v. 12. 7. 2005 – Az.: VK-SH 14/05; ähnlich OLG Celle, B. v. 21. 8. 2003 – Az.: 13 Verg 13/03).

10293 Ist eine **Ausschreibung unklar** und **legt ein Bieter sie vertretbar anders aus** als vom Ausschreibenden beabsichtigt, ist der **Ausschreibende zu einer Unterrichtung über den genauen Inhalt des Angebotes verpflichtet** (OLG Köln, Urteil v. 16. 12. 1999 – Az.: 7 U 27/99; VK Niedersachsen, B. v. 24. 10. 2008 – Az.: VgK-35/2008).

10294 **Weist ein Bieter mit dem Angebot darauf hin**, dass ein **Teil** der ausgeschriebenen Leistung **nicht mehr lieferbar** ist, darf der öffentliche Auftraggeber nicht einfach aus den Angeboten der anderen Bieter die gegenteilige Behauptung als wahr unterstellen. Vielmehr **muss der Auftraggeber diesen Hinweisen durch Aufklärung nachgehen**, anstatt zu Lasten eines Bieters einen nicht geklärten Sachverhalt zu unterstellen. Die Vergabestelle geht dann bei der **Wertung von einem nicht zutreffenden oder nicht vollständig ermittelten Sachverhalt** aus (VK Münster, B. v. 10. 3. 2006 – Az.: VK 2/06).

10295 Eine **zur Aufklärung verpflichtende Sachlage** ist gegeben, wenn der Auftraggeber einerseits Mindestanforderungen zur Faxfunktionalität formuliert und andererseits in seiner Leistungsbeschreibung deutlich macht, dass nicht alle anzubietenden Geräte über diese Funktionalität verfügen müssen und er darüber hinaus erst im Wege der Beantwortung einer Bieteranfrage den Bietern mitteilt, dass auch Geräte, die bei Vertragsbeginn noch nicht für einen vernetzten Standort vorgesehen sind und über die Faxfunktionalität nicht verfügen müssen, diesbezüglich nachrüstbar sein müssen (VK Niedersachsen, B. v. 24. 10. 2008 – Az.: VgK-35/2008).

115.5.2.4 Glaubhafte Darlegungen des Bieters

10296 Hätte ein öffentlicher Auftraggeber die entsprechenden Bemerkungen eines Bieters in seinen Angebotsunterlagen in einem **Bietergespräch aufklären können**, unterlässt er dies jedoch und schließt das Angebot ohne weitere Prüfung aus, **entspricht dies nicht einer sachgerechten Prüfung der Angebote** (1. VK Sachsen, B. v. 21. 5. 2001 – Az.: 1/SVK/32-01).

115.5.2.5 Ausforschung durch die Vergabestelle?

10297 Ein **Aufklärungsanspruch liegt fern**, wenn ein Angebot keine ergänzungsfähigen Angaben zur Eignung des Bieters enthält, sondern sich – zudem ohne jeden Nachweis im eigentlichen Sinne – auf **unsubstantiierte Pauschalbehauptungen** beschränkt, die geradezu **Gegenstand einer Ausforschung durch die Vergabestelle** sein müssten, damit zu den geforderten Eignungskriterien Klarheit gewonnen werden könnte (OLG Dresden, B. v. 17. 8. 2001 – Az.: WVerg 0005/01).

115.6 Aufklärungsbedarf

10298 Voraussetzung für ein Aufklärungsgespräch ist, **dass überhaupt Aufklärungsbedarf besteht** und der Auftraggeber für eine ordnungsgemäße Wertung des Angebots auf die nachgereichten Angaben bzw. Unterlagen angewiesen ist (Thüringer OLG, B. v. 14. 11. 2002 – Az.:

Vergabe- und Vertragsordnung für Leistungen Teil A VOL/A § 15 **Teil 4**

6 Verg 7/02; VK Niedersachsen, B. v. 24. 10. 2008 – Az.: VgK-35/2008; im Ergebnis ebenso OLG Koblenz, B. v. 15. 7. 2008 – Az.: 1 Verg 2/08).

So ist ein **Aufklärungsverlangen hinsichtlich der Grundlagen der Preisermittlung** **10299** **eines Bieters** – insbesondere unter Berücksichtigung des im Vergabeverfahren geltenden Verhältnismäßigkeitsgrundsatzes – **nur zulässig**, wenn das Angebot inhaltlich bewertet wird und die Vergabestelle einem für die Vergabeentscheidung erheblichen Informationsbedürfnis, d. h. einem im Zusammenhang mit einem konkreten Ausschlussgrund bzw. mit der Prüfung eines zuvor bekannt gemachten Zuschlagskriteriums stehenden Informationsbedürfnis folgt, wenn die **geforderten Angaben geeignet sind, dieses Informationsbedürfnis der Vergabestelle zu befriedigen, und wenn der Vergabestelle die Erlangung dieser Informationen auf einfachere Weise nicht möglich** ist (OLG Naumburg, B. v. 22. 9. 2005 – Az.: 1 Verg 8/05).

Wird eine bestimmte Fabrikatsangabe in der Leistungsbeschreibung zwar nicht gefordert, **10300** **weist aber ein Bieter den Auftraggeber darauf hin**, aus patentrechtlichen Gründen an der Lieferung des von ihm für die Kalkulation zugrunde gelegten Fabrikats gehindert zu sein und nicht über eine Lieferzusage des einzigen in Betracht kommenden konkurrierenden Herstellers zu verfügen, hat der **Auftraggeber einen berechtigten Anhaltspunkt für Zweifel an der Leistungsfähigkeit des Bieters, zu deren Klärung er sich des in § 15 VOL/A vorgesehenen Mittels bedienen darf** (2. VK Bund, B. v. 9. 12. 2009 – Az.: VK 2–192/09).

115.7 Aufklärungsgespräche (§ 15 Satz 1)

115.7.1 Änderung in der VOL/A 2009

Das Verhandlungsverbot bei Ausschreibungen wird nunmehr dadurch klargestellt, dass in § 15 **10301** Satz 1 der **Begriff Verhandlung durch den Begriff der Aufklärung ersetzt** wurde.

115.7.2 Ausnahmevorschrift

Nach § 15 darf der Auftraggeber nach der Öffnung der Angebote bis zur Zuschlagsentschei- **10302** dung mit einem Bieter nur verhandeln, um sich über seine Eignung, insbesondere seine technische und wirtschaftliche Leistungsfähigkeit, das Angebot selbst, etwaige Nebenangebote, die geplante Art der Durchführung, etwaige Ursprungsorte oder Bezugsquellen von Stoffen sowie über die Angemessenheit der Preise zu unterrichten. **§ 15 VOL/A** ist eine **Ausnahmevorschrift, deren Grenzen restriktiv zu sehen** sind (OLG München, B. v. 17. 9. 2007 – Az.: Verg 10/07; OVG Nordrhein-Westfalen, Urteil v. 22. 2. 2005 – Az.: 15 A 1065/04; 2. VK Bund, B. v. 30. 12. 2009 – Az.: VK 2–222/09; 2. VK Brandenburg, B. v. 6. 2. 2007 – Az.: 2 VK 5/07; B. v. 21. 7. 2005 – Az.: VK 3–61/05; 3. VK Bund, B. v. 23. 11. 2009 – Az.: VK 3–199/09; VK Hamburg, B. v. 13. 4. 2007 – Az.: VgK FB 1/07; VK Lüneburg, B. v. 17. 4. 2007 – Az.: VgK-11/2007; B. v. 6. 6. 2006 – Az.: VgK-11/2006; B. v. 26. 7. 2006 – Az.: VgK-31/2005; B. v. 20. 5. 2005 – Az.: VgK-18/2005; 3. VK Saarland, B. v. 23. 4. 2007 – Az.: 3 VK 02/2007, 3 VK 03/2007; 1. VK Sachsen, B. v. 17. 12. 2007 – Az.: 1/SVK/074-07; B. v. 17. 12. 2007 – Az.: 1/SVK/073-07; B. v. 21. 5. 2001 – Az.: 1/SVK/32-01, B. v. 1. 2. 2002 – Az.: 1/SVK/139-01).

115.7.3 Aufklärungsmaßnahme im engeren Sinn

Die Nachverhandlung ist dem Auftraggeber **ausschließlich als eine Aufklärungsmaß-** **10303** **nahme im engeren Sinne gestattet**. Sie **darf nicht dazu dienen, dem Bieter eine inhaltliche Änderung oder Ergänzung seines Angebots zu ermöglichen** (OLG Frankfurt, B. v. 9. 7. 2010 – Az.: 11 Verg 5/10; OLG München, B. v. 2. 9. 2010 – Az.: Verg 17/10; B. v. 17. 9. 2007 – Az.: Verg 10/07; VK Berlin, B. v. 18. 3. 2009 – Az.: VK B 2 30/08; 2. VK Brandenburg, B. v. 6. 2. 2007 – Az.: 2 VK 5/07; 2. VK Bund, B. v. 9. 6. 2010 – Az.: VK 2–38/10; B. v. 13. 6. 2007 – Az.: VK 2–51/07; B. v. 19. 11. 2003 – Az.: VK 2–114/03; 3. VK Bund, B. v. 23. 11. 2009 – Az.: VK 3–199/09; VK Hamburg, B. v. 13. 4. 2007 – Az.: VgK FB 1/07; VK Lüneburg, B. v. 17. 4. 2007 – Az.: VgK-11/2007; B. v. 6. 6. 2006 – Az.: VgK-11/2006; B. v. 20. 5. 2005 – Az.: VgK-18/2005; VK Münster, B. v. 31. 10. 2007 – Az.: VK 22/07; VK Niedersachsen, B. v. 15. 12. 2009 – Az.: VgK-63/2009; B. v. 16. 3. 2009 – Az.: VgK-04/2009; B. v. 24. 10. 2008 – Az.: VgK-35/2008; 3. VK Saarland, B. v. 23. 4. 2007 – Az.: 3 VK 02/2007, 3

VK 03/2007; 1. VK Sachsen, B. v. 17. 12. 2007 – Az.: 1/SVK/074-07; B. v. 17. 12. 2007 – Az.: 1/SVK/073-07; B. v. 11. 1. 2007 – Az.: 1/SVK/116-06; B. v. 5. 4. 2006 – Az.: 1/SVK/027-06; VK Schleswig-Holstein, B. v. 28. 1. 2008 – Az.: VK-SH 27/07); folglich **können im Wege einer Nachverhandlung insbesondere nicht fehlende, zwingende Angaben im Angebot nachgeholt** werden (OLG Celle, B. v. 2. 7. 2002 – Az.: 13 Verg 6/02; OLG Düsseldorf, B. v. 30. 7. 2003 – Az.: Verg 32/03; OLG Frankfurt, B. v. 9. 7. 2010 – Az.: 11 Verg 5/10; VK Niedersachsen, B. v. 15. 12. 2009 – Az.: VgK-63/2009; VK Nordbayern, B. v. 14. 1. 2010 – Az.: 21.VK – 3194 – 64/09; 3. VK Saarland, B. v. 23. 4. 2007 – Az.: 3 VK 02/2007, 3 VK 03/2007; 1. VK Sachsen, B. v. 5. 4. 2006 – Az.: 1/SVK/027-06; VK Schleswig-Holstein, B. v. 28. 1. 2008 – Az.: VK-SH 27/07). Aufklärungsverhandlungen können insgesamt nur dazu dienen, **einen feststehenden Sachverhalt aufzuklären, nicht aber diesen zu verändern** (OLG Celle, B. v. 10. 1. 2008 – Az.: 13 Verg 11/07; OLG Düsseldorf, B. v. 14. 3. 2001 – Az.: Verg 30/00; OLG Koblenz, B. v. 15. 7. 2008 – Az.: 1 Verg 2/08; 2. VK Brandenburg, B. v. 6. 2. 2007 – Az.: 2 VK 5/07; VK Hamburg, B. v. 13. 4. 2007 – Az.: VgK FB 1/07; VK Lüneburg, B. v. 6. 6. 2006 – Az.: VgK-11/2006; B. v. 20. 5. 2005 – Az.: VgK-18/2005; VK Münster, B. v. 31. 10. 2007 – Az.: VK 22/07; VK Nordbayern, B. v. 14. 1. 2010 – Az.: 21.VK – 3194 – 64/09; 3. VK Saarland, B. v. 23. 4. 2007 – Az.: 3 VK 02/2007, 3 VK 03/2007; 1. VK Sachsen, B. v. 17. 12. 2007 – Az.: 1/SVK/074-07; B. v. 17. 12. 2007 – Az.: 1/SVK/073-07; B. v. 5. 4. 2006 – Az.: 1/SVK/027-06; B. v. 27. 9. 2001 – Az.: 1/SVK/85-01, 1/SVK/85-01G).

10304 Dies ergibt sich **aus dem der VOL/A zugrunde liegenden Wettbewerbsgedanken**. Es soll nämlich verhindert werden, dass die Wettbewerbslage durch nachträgliche Zugeständnisse von Bietern verändert wird bzw. einzelne Bieter bevorzugt werden (VK Berlin, B. v. 18. 3. 2009 – Az.: VK B 2 30/08; 2. VK Brandenburg, B. v. 6. 2. 2007 – Az.: 2 VK 5/07; VK Niedersachsen, B. v. 24. 10. 2008 – Az.: VgK-35/2008; VK Schleswig-Holstein, B. v. 28. 1. 2008 – Az.: VK-SH 27/07; VK Südbayern, B. v. 18. 3. 2002 – Az.: 04-02/02). Daher müssen solche Verhandlungen, die im Widerspruch zum Wettbewerbsprinzip stehen, eine eindeutige Ausnahme bilden (1. VK Bund, B. v. 29. 5. 2002 – Az.: VK 1–23/02; VK Südbayern, B. v. 14. 8. 2002 – Az.: 32-07/02).

115.7.4 Ansprechpartner

10305 Die **Vergabestelle ist nicht gehalten**, sich wegen Einzelheiten von aufklärungsbedürftigen Sachverhalten (z. B. Produkten) selbst z. B. **an die jeweiligen Hersteller der betreffenden Produkte** zu wenden. Sie kann die entsprechenden Unterlagen jedenfalls von ihren potentiellen Vertragspartnern, also von Bietern verlangen, welche nach dem Submissionsergebnis Zuschlagsaussicht haben (Thüringer OLG, B. v. 14. 11. 2002 – Az.: 6 Verg 7/02).

10306 Die Formulierung in § 15 VOL/A besagt nicht, dass „nur mit einem (dem) Bieter" **verhandelt werden dürfe**, sondern dass der Auftraggeber „mit einem Bieter nur verhandeln darf, um sich zu unterrichten." Schon sprachlich, aber auch von Sinn und Zweck der Vorschrift kann daraus nicht abgeleitet werden, die Vergabestelle dürfe nicht auch andere Informationen nutzen. Sicherlich wird die Vergabestelle gehalten sein, sich in erster Linie an den Bieter zu halten, und wird dies in aller Regel auch tun, zumal es oftmals um Sachverhalte oder Fragen geht, die ohnehin nur der Bieter klären bzw. beantworten kann. Im Übrigen **ist es dem Auftraggeber aber unbenommen, zu seiner Absicherung auch andere Erkenntnisquellen zu nutzen** (VK Hessen, B. v. 7. 10. 2004 – Az.: 69 d – VK – 60/2004).

115.7.5 Gleichbehandlung der Bieter

10307 Der verfassungsrechtlich verankerte (Art. 3 GG) Gleichheitsgrundsatz gehört seit jeher zu den elementaren Prinzipien des deutschen Vergaberechts und hat in § 97 Abs. 2 GWB eine spezifische gesetzliche und verdingungsrechtliche Normierung erfahren. Er ist in allen Phasen des Vergabeverfahrens zu beachten und dient dazu, die Vergabeentscheidung im Interesse eines funktionierenden Wettbewerbs auf willkürfreie, sachliche Erwägungen zu stützen. **Macht der Auftraggeber von seiner ihm in § 15 VOL/A eingeräumten Möglichkeit Gebrauch, nach Öffnung der Angebote technische Detailfragen mit einzelnen Bietern aufzuklären, so muss er diese Möglichkeit zur Vermeidung von Wettbewerbsnachteilen in gleichem Umfange auch allen anderen Bietern gewähren.** Er ist zur Vermeidung einer gleichbehandlungswidrigen Diskriminierung insbesondere daran gehindert, bei der Beurteilung der Aufklärungsfähigkeit gegenüber einzelnen Bietern strengere Maßstäbe anzulegen (OLG Saarbrücken, B. v. 29. 5. 2002 – Az.: 5 Verg 1/01).

Eine Vergabestelle muss **mit allen Bietern Gespräche führen**, in deren Angebote der **auf-** 10308
klärungsbedürftige Sachverhalt enthalten ist (2. VK Bund, B. v. 20. 6. 2002 – Az.: VK 2–
28/02).

Dementsprechend stellt ein **Aufklärungsgespräch** zum Inhalt der Ausschreibung **mit nur** 10309
einem Bieter keinen Verstoß gegen den Gleichbehandlungsgrundsatz dar, wenn alle
übrigen Bieter die Ausschreibung im Sinne des Auftraggebers verstanden haben (2. VK
Brandenburg, B. v. 18. 10. 2005 – Az.: 2 VK 62/05).

Unzulässige Nachverhandlungen liegen außerhalb des nach § 15 VOL/A Zulässigen und 10310
können folglich **keinen Anspruch auf Gleichbehandlung** begründen (OLG Koblenz, B. v.
15. 7. 2008 – Az.: 1 Verg 2/08).

115.7.6 Beschränkung der Gespräche auf aussichtsreiche Bieter

Es erscheint zulässig und wirtschaftlich geboten, dass **Aufklärungen des Angebotsinhalts** 10311
auf solche Angebote beschränkt werden, die in der Wertung an erster, zweiter und
gegebenenfalls an dritter Stelle stehen (OLG München, B. v. 15. 11. 2007 – Az.: Verg 10/07;
B. v. 17. 9. 2007 – Az.: Verg 10/07; VK Baden-Württemberg, B. v. 7. 8. 2003 – Az.: 1 VK 33/
03, 1 VK 34/03, 1 VK 35/03).

115.7.7 Anspruch auf Wiederholung von Aufklärungsgesprächen

Betrifft die Aufklärungsverhandlung „das Angebot selbst" im Sinne von § 15 VOL/A, so hat 10312
der Bieter alle Vorbereitungen zu treffen, um den erfolgreichen Abschluss der Verhandlung zu
gewährleisten. **Misslingt die Aufklärungsverhandlung wegen fehlender Fachkompetenz**
der vom Bieter entsandten Vertreter/Mitarbeiter, so muss sich dies der Bieter zu-
rechnen lassen (§ 166 Abs. 1, § 278 BGB). Eine **Wiederholung** der Aufklärungsverhandlung
mit geänderten oder angepassten Randbedingungen würde zu einer Benachteiligung der anderen Bieter führen und ist deshalb **unzulässig** (VK Brandenburg, B. v. 12. 4. 2002 – Az.: VK
15/02; 1. VK Bund, B. v. 7. 6. 1999 – Az.: VK 1–11/99; im Ergebnis ebenso OLG München,
B. v. 31. 8. 2010 – Az.: Verg 12/10).

115.7.8 Zulässiger bzw. unzulässiger Inhalt von Aufklärungsgesprächen

115.7.8.1 Aufklärungsgespräch über Preise

Nach Öffnung der Angebote bis zur Zuschlagerteilung darf der Auftraggeber sich zwar über 10313
ein zweifelhaft formuliertes Angebot oder die Angemessenheit der Preise informieren. Die **Ver-**
handlungen dürfen jedoch nicht den eindeutigen Inhalt des Angebots verändern (OLG
Celle, B. v. 22. 5. 2003 – Az.: 13 Verg 10/03; VK Lüneburg, B. v. 6. 6. 2006 – Az.: VgK-11/
2006). **Nachträgliche Preisangaben übersteigen den Rahmen von § 15 VOL/A**. Blieben
fehlende Preisangaben Nachverhandlungen vorbehalten, könnte der Bieter sein Angebot nach
Abgabe noch erheblich, möglicherweise entscheidend verändern. Dies ist mit dem Wettbewerbs-
und Gleichbehandlungsgrundsatz nach § 97 Abs. 1 u. 2 GWB nicht vereinbar (VK Nordbayern,
B. v. 12. 11. 2004 – Az.: 320.VK – 3194 – 43/04; VK Schleswig-Holstein, B. v. 20. 10. 2010 –
Az.: VK-SH 16/10).

Auch die Klärung von widersprüchlichen Preisangaben kann nicht Gegenstand einer 10314
zulässigen Nachverhandlung sein. Lässt man die Modifizierung von wesentlichen Preisangaben eines Angebots in einer Nachverhandlung zu, so eröffnet man dem jeweiligen Bieter – gegebenenfalls in Zusammenspiel mit dem Auftraggeber – einen unkontrollierbaren Spielraum zur
nachträglichen Manipulation von wertungsrelevanten Positionen. Dies ist nicht mehr von § 15
VOL/A gedeckt (VK Brandenburg, B. v. 22. 2. 2008 – Az.: VK 3/08; 3. VK Bund, B. v. 21. 7.
2005 – Az.: VK 3–61/05; VK Lüneburg, B. v. 6. 6. 2006 – Az.: VgK-11/2006; VK Schleswig-
Holstein, B. v. 20. 10. 2010 – Az.: VK-SH 16/10).

115.7.8.2 Aufklärungsgespräch über Lieferfristen

Zweck der nach § 15 VOL/A zulässigen Bietergespräche ist die Unterrichtung des Auftrag- 10315
gebers unter anderem über die vom jeweiligen Bieter geplante Art der Durchführung der Lie-
fer- oder Dienstleistungsmaßnahme, das heißt die **Aufklärung der vom jeweiligen Bieter**

beabsichtigten Ausführungsfristen. Die **Aufklärung hat dem gemäß passiv zu erfolgen**, das heißt ohne dass der Auftraggeber dem Bieter neue, von den Vergabeunterlagen abweichende Vorgaben macht und deren „Bestätigung" abfragt (OLG Naumburg, Urteil v. 29. 3. 2003 – Az.: 1 U 119/02; VK Münster, B. v. 15. 8. 2007 – Az.: VK 13/07). Die erstmalige Festlegung von z. B. Lieferfristen ist daher nicht zulässig (VK Arnsberg, B. v. 24. 5. 2004 – Az.: VK 1–5/04). Zulässig ist aber ein **Aufklärungsgespräch über die Gesamtstundenanzahl und deren Verteilung auf die Liefer- oder Dienstleistungszeit und das ausführende Personal** (3. VK Bund, B. v. 25. 6. 2008 – Az.: VK 3–68/08).

115.7.8.3 Aufklärungsgespräch über die Art der Ausführung

10316   Die **Rechtsprechung** hierzu ist **nicht einheitlich**.

10317   Die **Erklärung des Bieters, er werde den Beschrieb der Position erfüllen, stellt keine Verhandlung im Sinne eines Forderns und Nachgebens bzw. keine Änderung des Angebotes dar**, denn die Qualität des Ausgeschriebenen bietet bzw. schuldet er sowieso. Der **Bieter verhandelt insoweit nicht**. Er stellt lediglich klar, dass er unabhängig vom bezeichneten Produkt so wie ausgeschrieben leisten wird. Wenn in dieser Erklärung eine Änderung des Angebotes vorliegt, dann darin, dass der Bieter gewissermaßen zum Ausgeschriebenen zurückkehrt, also das bietet was der Beschrieb vorgibt. Unstatthaft wäre dagegen die Änderung, die zu einem gegenüber dem Leistungsverzeichnis veränderten Leistungsumfang führen würde. Soweit **beispielsweise die vergebende Stelle eine Qualitätsminderung akzeptiert, ist die Grenze des § 15 VOL/A erreicht** (VK Hannover, B. v. 13. 8. 2002 – Az.: 26 045 – VgK – 9/2002).

10318   Dagegen betont eine andere Meinung, dass es eine über den Verhandlungsspielraum des § 15 VOL/A hinausgehende **unzulässige Nachverhandlung** nach § 15 VOL/A darstellt, wenn der **Auftraggeber nach Angebotsabgabe auf Nachfrage „kostenneutrale" Leistungsergänzungen (= Hebungen auf LV-Niveau) des bisherigen Angebotsinhalts** zugestanden erhält (1. VK Sachsen, B. v. 13. 12. 2002 – Az.: 1/SVK/105-02).

115.7.8.4 Aufklärungsgespräch über die Kalkulation

10319   Ein Aufklärungsgespräch kann auch **über die Kalkulation eines Angebotes** geführt werden. Insoweit genügt die **Vorlage der Urkalkulation zum Zeitpunkt des Aufklärungsgespräches** (VK Brandenburg, B. v. 26. 3. 2002 – Az.: VK 4/02).

10320   Bei vom Auftraggeber zwingend vorgegebenen Kalkulationsgrundlagen dient – wie sich aus § 7 VOL/A, wonach die Leistungsbeschreibung u. a. so abgefasst sein muss, dass alle Bewerber die Beschreibung „im gleichen Sinne verstehen müssen" und dass miteinander vergleichbare Angebote zu erwarten sind – die **einheitliche Preiskalkulation sämtlicher Bieter entsprechend den Vorgaben der Vergabestelle dem chancengleichen Bieterwettbewerb im Sinn des § 97 Abs. 1, 2 GWB**. Um der Vergabestelle die einheitliche Würdigung sämtlicher Angebote zu ermöglichen, ist es ihr **folgerichtig gemäß § 15 VOL/A auch gestattet, zur Aufklärung des Angebotsinhalts u. a. „Einsicht in die vorzulegenden Preisermittlungen (Kalkulationen)" zu nehmen.** Anderenfalls können die Angebote der einzelnen Bieter nicht miteinander verglichen und untereinander bewertet werden. Billigt man einzelnen Bietern eine eigenmächtige Abänderung der Vorgaben zu, werden diejenigen Bieter benachteiligt, die sich an die Vorgaben halten. Die Bieter haben lediglich die Möglichkeit, im Rahmen der Angebotserstellung auf eine ihrer Meinung nach gegebene Fehlerhaftigkeit der zwingend einzuhaltenden Vorgaben hinzuweisen. Die Vergabestelle kann dann auf diese Vorschläge reagieren und die ggf. daraufhin vorgenommenen Änderungen an der Leistungsbeschreibung allen Bietern gleichermaßen zugänglich machen (3. VK Bund, B. v. 3. 5. 2005 – Az.: VK 3–19/05).

115.7.8.5 Aufklärungsgespräch über Materialien, Fabrikate und Verrechnungssätze für Stundenlohnarbeiten

10321   Fehlen die an verschiedenen Stellen des Leistungsverzeichnisses einzutragenden Angaben zu Materialien und Fabrikaten, die gesamten einzutragenden Verrechnungssätze für Stundenlohnarbeiten, insgesamt etwa 100 Angaben, die von dem Bieter nach Ablauf der Angebotsfrist nachgefordert und nachgeliefert werden, werden **keine Zweifelsfragen geklärt, sondern fehlende, aber zwingend zu machende Angaben umfassend nachgeholt**; dies ist nach § 15 nicht zulässig (VK Düsseldorf, B. v. 7. 6. 2001 – Az.: VK – 13/2001 – B).

10322   Speziell die **Angabe von Fabrikaten ist eine Qualitätsaussage**, die wesentliche Auswirkungen auf den Angebotspreis hat und damit **dem Nachverhandlungsverbot des § 15**

Vergabe- und Vertragsordnung für Leistungen Teil A VOL/A § 15 **Teil 4**

VOL/A unterfällt (VK Münster, B. v. 15. 10. 2004 – Az.: VK 28/04; im Ergebnis ebenso VK Nordbayern, B. v. 20. 8. 2008 – Az.: 21.VK – 3194 – 39/08; VK Südbayern, B. v. 9. 5. 2008 – Az.: Z3-3-3194-1-13–04/08; B. v. 11. 5. 2005 – Az.: 17-04/05).

Anderer Auffassung ist insoweit die **VK Lüneburg**: Ist vom Bieter die Angabe von Fabrikaten gefordert und bietet ein Bieter ein Leitfabrikat oder ein gleichwertiges Fabrikat an, fehlt zwar eine geforderte Angabe, weil sich der Bieter nicht – obwohl gefordert – auf ein Fabrikat festlegt. Die **fehlende Angabe kann aber durch eine Aufklärung nachgetragen werden**. Die Stellung des Angebots in der Wertung kann sich nicht verändern, weil der Bieter sich hinsichtlich der Eigenschaften des Fabrikats durch die Bezugnahme auf das Leitfabrikat festgelegt hat. Das Angebot muss nicht zwingend ausgeschlossen werden (VK Lüneburg, B. v. 3. 5. 2005 – Az.: VgK-14/2005). 10323

Bietet hingegen der Bieter nicht das Leitfabrikat, sondern ein davon abweichendes Fabrikat an und fehlen in einer Vielzahl von Positionen die ausdrücklich geforderten Typenangaben, ist eine **Aufklärung nach § 15 VOB/A nicht zulässig** (VK Lüneburg, B. v. 26. 7. 2005 – Az.: VgK-31/2005). 10324

Es ist nicht erforderlich, dass die Gleichwertigkeit des vom Bieter angebotenen Produkts mit dem Angebot nachgewiesen wird. Vielmehr kann die **Vergabestelle sich die Gleichwertigkeit des angebotenen Produktes (Alternativprodukts) auch noch im Laufe eines Vergabeverfahrens nachweisen lassen** und entsprechende Aufklärungsgespräche nach § 15 VOL/A mit dem Bieter führen. Allerdings ist die Vergabestelle dazu nicht verpflichtet (VK Münster, B. v. 17. 6. 2005 – Az.: VK 12/05). 10325

Zulässig sind auch ergänzende Angaben über das von dem Bieter gewählte Erzeugnis oder Fabrikat (VK Nordbayern, B. v. 28. 6. 2005 – Az.: 320.VK – 3194 – 21/05). Gerade wenn der Auftraggeber die **Ausschreibung produktneutral** gestaltet hat, besteht für ihn ein **ureigenes Interesse an der Information über das angebotene Produkt**, auch um feststellen zu können, ob das angebotene Produkt den Anforderungen des Leistungsverzeichnisses entspricht. Dieses **grundsätzliche Informationsbedürfnis besteht auch dann, wenn einziges Wertungskriterium der Preis ist**. Insofern ergibt sich kein Unterschied zu einer bereits im Leistungsverzeichnis enthaltenen Frage nach Fabrikaten und Typen (OLG München, B. v. 2. 9. 2010 – Az.: Verg 17/10; B. v. 15. 11. 2007 – Az.: Verg 10/07; VK Nordbayern, B. v. 21. 7. 2008 – Az.: 21.VK – 3194 – 27/08). 10326

Verhandlungen über geforderte, aber nicht eindeutig benannte Typangaben sind demgegenüber nicht zulässig (VK Hessen, B. v. 7. 10. 2004 – Az.: 69d – VK – 60/2004). 10327

Vgl. hierzu auch die Kommentierung zu → § 16 VOL/A Rdn. 155 zur **Nachforderung von Typangaben als fehlende Erklärung.** 10328

115.7.8.6 Aufklärungsgespräch über die Eignung

Die **Rechtsprechung** hierzu ist **nicht einheitlich**. 10329

Erlaubt sind nach § 15 VOL/A so genannte **Aufklärungsverhandlungen, bei denen es in erster Linie um die Eignung des Bieters** geht, insbesondere seine Fachkunde, Leistungsfähigkeit und Zuverlässigkeit geht (OLG Frankfurt, B. v. 9. 7. 2010 – Az.: 11 Verg 5/10; Saarländisches OLG, B. v. 28. 4. 2004 – Az.: 1 Verg 4/04; VK Baden-Württemberg, B. v. 10. 10. 2008 – Az.: 1 VK 31/08). 10330

Allerdings kommt ein **Nachfordern fehlender Eignungsnachweise** über § 15 VOL/A seitens des Auftraggebers **nicht in Betracht, da sonst den Geboten der Transparenz und des chancengleichen Wettbewerbs des § 97 Abs. 1, 2 GWB nicht Rechnung getragen** würde. Eine nachträgliche Anforderung stellt eine unzulässige Nachverhandlung im Sinn von § 15 VOL/A dar. Die Nachverhandlung kann dem Auftraggeber ausschließlich als eine Aufklärungsmaßnahme im engeren Sinne gestattet. Sie darf nicht dazu dienen, dem Bieter eine inhaltliche Änderung oder Ergänzung seines Angebots zu ermöglichen; folglich können insbesondere nicht im Angebot fehlende, zwingende Angaben nachgeholt werden (2. VK Brandenburg, B. v. 6. 2. 2007 – Az.: 2 VK 5/07; 2. VK Bund, B. v. 13. 6. 2007 – Az.: VK 2–51/07; 3. VK Bund, B. v. 7. 2. 2007 – Az.: VK 3–07/07; B. v. 29. 1. 2007 – Az.: VK 3–04/07; B. v. 18. 1. 2007 – Az.: VK 3–153/06; B. v. 18. 1. 2007 – Az.: VK 3–150/06; B. v. 20. 7. 2004 – Az.: VK 3–80/04; VK Schleswig-Holstein, B. v. 28. 1. 2008 – Az.: VK-SH 27/07; VK Südbayern, B. v. 7. 12. 2007 – Az.: Z3-3-3194-1-49–10/07). 10331

Ein **Nachreichen eines lesbaren Handelsregisterauszuges kommt also nach § 15 VOL/A nicht in Betracht** (OLG Düsseldorf, B. v. 16. 1. 2006 – Az.: VII – Verg 92/05), 10332 ebenso das **Nachfordern eines Gewerbezentralregisterauszugs** (1. VK Bund, B. v. 4. 4. 2007 – Az.: VK 1–23/07; 3. VK Bund, B. v. 18. 1. 2007 – Az.: VK 3–153/06; anders 2. VK Brandenburg, B. v. 20. 2. 2007 – Az.: 2 VK 2/07).

10333 Dies gilt **auch für einen vorgeschalteten Teilnahmewettbewerb**, in dem ein Bieter z. B. unvollständige Eignungsnachweise vorlegt (3. VK Bund, B. v. 19. 10. 2004 – Az.: VK 3–191/04).

10334 Ein Aufklärungsgespräch über bzw. ein Nachreichen einer **fehlenden oder unvollständigen Verfügbarkeitserklärung ist nicht zulässig** (OLG München, B. v. 6. 11. 2006 – Az.: Verg 17/06; 1. VK Bund, B. v. 22. 9. 2006 – Az.: VK 1–103/06; 2. VK Bund, B. v. 9. 8. 2006 – Az.: VK 2–80/06; VK Nordbayern, B. v. 8. 3. 2007 – Az.: 21.VK – 3194 – 05/07; VK Südbayern, B. v. 15. 12. 2006 – Az.: 34-11/06). Ansonsten **trägt der Auftraggeber den Geboten der Transparenz und des chancengleichen Wettbewerbs des § 97 Abs. 1, 2 GWB nicht Rechnung**. Die Nachverhandlung ist dem Auftraggeber ausschließlich als eine Aufklärungsmaßnahme im engeren Sinne gestattet. Sie **darf nicht dazu dienen, dem Bieter eine Nachholung von Angaben und Erklärungen zu ermöglichen**, die bereits mit Angebotsabgabe zu erfolgen hatten (2. VK Bund, B. v. 3. 7. 2007 – Az.: VK 2–45/07, VK 2–57/07).

10335 Vgl. hierzu auch die Kommentierung zu → § 16 VOL/A Rdn. 155 zur **Nachforderung von Eignungserklärungen als fehlende Erklärungen**.

115.7.8.7 Aufklärungsgespräch über Verbindlichkeit der Unterschrift

10336 Zur rechtsverbindlichen Unterschrift bei einer GmbH ist der Geschäftsführer zuständig. Zwar ist es nicht zwingend erforderlich, dass der Geschäftsführer selbst das Angebot unterschreibt, doch ist **bei der Unterschrift durch einen Angestellten nicht ohne weiteres vom Vorliegen einer Bevollmächtigung im Innenverhältnis auszugehen**, sofern nicht der Rechtsschein einer Anscheins- oder Duldungsvollmacht vorliegt. Vielmehr hat der Unterzeichnende, wenn er nicht begründet davon ausgehen darf, dass die Vergabestelle seine Vertretungsbefugnis kennt, seine Berechtigung nachzuweisen. **Fehlt dieser Nachweis, ist der Auftraggeber gehalten, dies bei der Prüfung des Angebots aufzuklären** und den Nachweis der Bevollmächtigung im Rahmen des § 15 VOL/A nachzufordern (VK Baden-Württemberg, B. v. 6. 9. 2004 – Az.: 1 VK 54/04).

115.7.8.8 Aufklärungsgespräch über die ungenügende Beschreibung eines Nebenangebots

10337 Die ungenügende Beschreibung eines Nebenangebotes kann nicht mit einer Aufklärung des Angebotsinhalts nach § 15 VOL/A nachgebessert werden. **Wird der Nachweis der Gleichwertigkeit eines Nebenangebotes nicht, wie gefordert, mit der Angebotsabgabe erbracht, so kann der Nachweis nicht im Wege des § 15 VOL/A nachgeholt werden.** Derartig weit reichende nachgereichte Angaben sind im Hinblick auf das Verhandlungsverbot nicht zulässig. Soweit die erforderlichen Präzisierungen Nebenangebote dazu führen, dass der Bieter den Leistungsumfang ändern und im Rahmen der sog. „Aufklärung" eine in seinem Angebot so nicht enthaltene Leistung anbieten kann, entstehen **Manipulationsmöglichkeiten** (VK Lüneburg, B. v. 12. 7. 2005 – Az.: VgK-29/2005).

115.7.8.9 Aufklärungsgespräch über Lieferfristen

10338 Die **erstmalige Festlegung** von z. B. Lieferfristen ist **nicht zulässig** (VK Arnsberg, B. v. 24. 5. 2004 – Az.: Az.: VK 1–5/04), auch **nicht die Präzisierung von unklaren Lieferfristen** (VK Nordbayern, B. v. 15. 1. 2009 – Az.: 21.VK – 3194 – 59/08).

115.7.8.10 Aufklärungsgespräch über die fehlende Erklärung zu Nachunternehmerleistungen

10339 Eine **Nachholung der nach den Ausschreibungsunterlagen mit dem Angebot abzugebenden Erklärungen darüber, welche Leistungen der Bieter selbst ausführt und welche durch Nachunternehmer ausgeführt werden, in einem Aufklärungsgespräch nach § 15 VOL/A kommt nicht in Betracht.** Ein transparentes und die Bieter gleich behandelndes Vergabeverfahren ist nur zu erreichen, wenn lediglich in jeder Hinsicht vergleichbare Angebote gewertet werden. Dies erfordert beispielsweise, dass hinsichtlich jeder Position der Leistungsbeschreibung alle zur Kennzeichnung der insoweit angebotenen Leistung geeigneten Parameter bekannt sind, deren Angabe den Bieter nicht unzumutbar belastet und die ausweislich der Ausschreibungsunterlagen gefordert waren, so dass sie als Umstände ausgewiesen sind, die für die Vergabeentscheidung relevant sein sollen; der Ausschlusstatbestand ist nicht erst dann gegeben, wenn das betreffende Angebot wegen fehlender Angaben im Ergebnis nicht mit anderen Angeboten verglichen werden kann. Deshalb ist die **Berücksichtigung einer späteren Änderung oder Ausgestaltung der Gebote nach § 15 VOL/A ausgeschlossen. Eine solche ist immer dann gegeben, wenn sich die nachträgliche Erklärung nicht lediglich auf die inhaltliche Klärung eines an sich festgelegten Gebotes beschränkt** (vgl. § 15 VOL/A). An der notwendigen Festlegung fehlte es, wenn offen bleibt, welche Leistungen angebotsgemäß durch Nachunternehmer auszuführen sind (BGH, Urteil v. 18. 9. 2007 – Az.: X ZR 89/04; 3. VK Saarland, B. v. 23. 4. 2007 – Az.: 3 VK 02/2007, 3 VK 03/2007).

Vgl. hierzu auch die Kommentierung zu → § 16 VOL/A Rdn. 155 zur **Nachforderung von fehlenden Erklärungen.**   10340

115.7.8.11 Ermöglichung der Nachholung einer Teststellung

Steht für den Auftraggeber fest, dass ein **Testgerät nicht seinen Anforderungen entspricht**, darf er dem **Bieter nicht die Möglichkeit der Lieferung eines neuen Testgerätes „unter Demonstration der Funktionalitäten" einräumen** (VK Sachsen, B. v. 7. 1. 2008 – Az.: 1/SVK/077-07).   10341

115.7.8.12 Beifügung anderer Treiber

Ist ein **Bieter verpflichtet, sämtliche Treiber zu liefern, die dem Angebot beigefügt waren**, neben Custom-Treibern also auch z.B. Universaltreiber und ergibt eine Teststellung, dass **kein Treiber die Ausschreibungsbedingungen erfüllt**, erscheint es **angesichts der Schwierigkeiten, die beim Zusammenspiel von EDV-Komponenten häufig auftreten, durchaus noch sachgerecht, zwei Treiberarten beizufügen** (2. VK Bund, B. v. 11. 12. 2008 – Az.: VK 2–76/08).   10342

115.7.8.13 Aufklärungsgespräch über mögliche Varianten der Ausführung

Die **Nennung unterschiedlicher Varianten mag im Rahmen eines Aufklärungsgespräches zwar dann noch als zulässig angesehen werden können, wenn jede der Varianten gleichermaßen ausschreibungskonform** ist, denn in diesem Falle besteht unter dem Gesichtspunkt der Ausschreibungskonformität grundsätzlich kein weiteres Klärungsinteresse des Auftraggebers. Die **durch § 15 VOL/A gezogenen Grenzen werden aber jedenfalls dann überschritten, wenn die als Angebotsinhalt vorgestellten Alternativen nicht sämtlich ausschreibungskonform sind**, denn dann ist nicht ersichtlich, dass der Wille des Bieters auf ein der Ausschreibung entsprechendes Angebot gerichtet war. Vielmehr bedarf es in einem solchen Falle, um die Ausschreibungskonformität herzustellen, einer Auswahl des Auftraggebers zwischen den ihm genannten Varianten und der Festlegung, welche zur Ausführung gelangen soll. Genau diese nachträgliche Festlegung eines eindeutigen, wertbaren Angebotsinhalts, wie sie in den weiteren Aufklärungsgesprächen erfolgt ist, untersagt indes das von § 15 VOL/A ausgesprochene Verbot von Nachverhandlungen. **Sofern alle im Aufklärungsgespräch genannten Ausführungsarten nicht der Ausschreibung entsprechen, ist das Angebot nicht nur unklar, sondern auch** – was offen bleiben kann, stattdessen – **wegen Abweichens von den Vergabeunterlagen gemäß § 16 Abs. 3 lit. d) i.V.m. § 13 Abs. 4 Satz 1 VOL/A zwingend auszuschließen** (2. VK Bund, B. v. 9. 6. 2010 – Az.: VK 2–38/10).   10343

115.7.8.14 Weitere Beispiele aus der Rechtsprechung zu § 24 VOL/A

– die **Klärung bestimmter technischer Ausdrucksweisen, wie z. B. angebotene Materialien**, sind **zulässig** (VK Nordbayern, B. v. 22. 7. 2010 – Az.: 21.VK – 3194 – 26/10)   10344

– lässt man die Modifizierung von wettbewerbsrelevanten Parametern eines Angebots in einer Aufklärung zu, so eröffnet man dem jeweiligen Bieter einen unkontrollierbaren Spielraum zur nachträglichen Manipulation von wertungsrelevanten Positionen. Dies ist nicht mehr von § 24 Nr. 1 Absatz 1 VOL/A, der als Ausnahmevorschrift eng auszulegen ist, gedeckt. Insbesondere besteht die Gefahr, dass – unter Verstoß gegen § 24 VOL/A – **eine unstatthafte Preisverhandlung stattfindet, wenn ein Bieter die Möglichkeit hat, sich erst in Kenntnis des Ergebnisses der Submission zu entscheiden, auf die Lohngleitung verbindlich zu verzichten, um sich so einen Wettbewerbsvorteil bei der Wertung zu sichern.** In dieser Situation übt ein Auftraggeber zutreffend den ihm zustehenden Ermessensspielraum da-

hingehend aus, auf eine Aufklärung zu verzichten (2. VK Bund, B. v. 30. 12. 2009 – Az.: VK 2–222/09)
- § 24 VOL/A **verbietet die Nachforderung von im Angebot nicht vorgelegter zwingend geforderter Nachweise und Erklärungen** (VK Berlin, B. v. 18. 3. 2009 – Az.: VK B 2 30/08)
- bei der **Aufklärung der Erklärung eines Bieters, sich an die Leistungsbeschreibung und die ergänzenden Vertragsbedingungen gebunden zu halten**, handelt es sich um keine inhaltliche Änderung des Angebots, m. a. W. um **kein unstatthaftes Nachverhandeln** (OLG Düsseldorf, B. v. 25. 6. 2008 – Az.: VII – Verg 22/08)
- der **Auftraggeber ist nicht gehalten, im Wege der Nachverhandlung nach § 24 VOL/A den Bietern die Möglichkeit einzuräumen, die von ihm gewünschten unterschriebenen Nachunternehmererklärungen nachzureichen**. § 24 VOL/A enthält eine abschließende Aufzählung der zulässigen Verhandlungsgründe. Hiernach sind Verhandlungen erlaubt, soweit sie sich auf das rein Informatorische beschränken. Eine **nachträgliche Festlegung des Nachunternehmereinsatzes und eine Vervollständigung der Anlagen zur Tariftreue und zur Nachunternehmererklärung übersteigen dieses Maß** (3. VK Saarland, B. v. 23. 4. 2007 – Az.: 3 VK 02/2007, 3 VK 03/2007)
- **zulässig** ist die **Klärung von Zweifelsfragen** wie die Aufklärung bestimmter technischer und wirtschaftlicher Ausdrucksweisen, wie z. B. angebotene Materialien oder Verfahrenstechniken (OLG München, B. v. 17. 9. 2007 – Az.: Verg 10/07)
- Verhandlungen über **fehlende Nachweise (Organigramm, Qualifikationsnachweise von Mitarbeitern, Referenzliste)** sind **nicht zulässig** (2. VK Brandenburg, B. v. 6. 2. 2007 – Az.: 2 VK 5/07)
- **beabsichtigt der Auftraggeber entweder, einen Bieter zu beauftragen und hierbei in nicht unerheblichem Umfang vom Ursprungsangebot abzuweichen oder will er zunächst den Zuschlag auf das Ursprungsangebot erteilen mit der Absicht, den Leistungsumfang anschließend entsprechend der mit der Beigeladenen getroffenen Absprache zu den ausgehandelten Konditionen wieder einzuschränken**, verstößt diese Vorgehensweise gegen Vergaberecht (VK Baden-Württemberg, B. v. 15. 8. 2005 – Az.: 1 VK 47/05)
- eine **nachträgliche Spezifizierung** zu den Angaben zum **Nachunternehmereinsatz** bzw. zum **Verfügbarkeitsnachweis** im Sinne der Rechtsprechung des EuGH zum **Generalübernehmerangebot** ist unzulässig (VK Nordbayern, B. v. 9. 10. 2006 – Az.: 21.VK – 3194 – 30/06; VK Hessen, B. v. 5. 10. 2004 – Az.: 69 d – VK – 56/2004; B. v. 25. 8. 2004 – Az.: 69 d – VK – 52/2004)
- die **Nachunternehmererklärung kann nicht im Rahmen des Aufklärungsgespräches nach § 24 VOL/A „nachgeschoben" werden**. § 24 VOL/A dient lediglich der Nachverhandlung mit dem Ziel der Aufklärung, wenn damit der ansonsten schon feststehende Sachverhalt nicht verändert wird. Die nachträgliche Benennung von Nachunternehmern mit einem Leistungsumfang von über 30% kommt in jedem Fall einer unstatthaften Änderung des Angebotes gleich, die dem Nachverhandlungsverbot des § 24 VOL/A unterfällt (OLG Koblenz, B. v. 13. 2. 2006 – Az.: 1 Verg 1/06; VK Schleswig-Holstein, B. v. 5. 8. 2004 – Az.: VK-SH 19/04; im Ergebnis ebenso VK Nordbayern, B. v. 8. 3. 2005 – Az.: 320.VK – 3194 – 05/05; VK Münster, B. v. 15. 10. 2004 – Az.: VK 28/04)
- ein **nicht bestimmbarer Eigenleistungsanteil** eines Bieters kann nicht nachträglich im Sinne von § 24 VOL/A geklärt werden (VK Südbayern, B. v. 17. 5. 2004 – Az.: 17-03/04; VK Nordbayern, B. v. 12. 2. 2004 – Az.: 320.VK-3194-01/04)
- eine Vergabestelle hält sich **im Rahmen des ihr zustehenden Ermessens**, wenn sie einem Bieter eine Ergänzung seines Angebotes, das nur in zwei Positionen unvollständig ist, gestattet, während sie mit einem anderen Bieter, dessen Angebot in mehr als 40 Positionen Unvollständigkeiten aufweist und der Vergabestelle auch nicht als das wirtschaftlich günstigste Angebot erscheint, keine Aufklärungsgespräche führt (OLG Frankfurt, B. v. 16. 9. 2003 – Az.: 11 Verg 11/03)
- bringt ein Bieter im Bietergespräch zum Ausdruck, dass **niedrige Preise daraus resultieren**, dass er im Auftragsfall beabsichtigt, **Teile des ausgehobenen Bodens, sofern geeignet, einzubauen**, setzt er sich mit dieser Darlegung der Wiederverwendung nicht in Widerspruch zu seinem ursprünglichen Angebot, sondern **erläutert dieses nur** (1. VK Sachsen, B. v. 12. 4. 2002 – Az.: 1/SVK/024-02, 1/SVK/024-02g)

– eine **vorweggenommene summenmäßige Nachtragsbegrenzung** ist keine unzulässige Nachverhandlung im Sinne des § 24 VOL/A, da sie inhaltlich keine Frage der Zuschlagserteilung, sondern der Abwicklung ist (1. VK Sachsen, B. v. 12. 4. 2002 – Az.: 1/SVK/024-02, 1/SVK/024-02g).

115.7.9 Verweigerung von Aufklärungen und Angaben durch den Bieter

115.7.9.1 Änderung in der VOL/A 2009

Die Regelung des § 24 Nr. 1 Abs. 2 VOL/A 2006, wonach dann, wenn ein **Bieter die ge-** 10345 **forderten Aufklärungen und Angaben verweigert, sein Angebot unberücksichtigt bleiben kann**, ist in der VOL/A 2009 **gestrichen** worden. Da eine solche Situation in der Praxis jedoch gar nicht so selten ist, kann der Auftraggeber die **Regelung des § 15 Abs. 2 VOB/A 2009 – die inhaltlich § 24 Nr. 1 Abs. 2 VOL/A 2006 und der Rechtsprechung entspricht – analog** anwenden.

115.7.9.2 Rechtsprechung zu § 15 Abs. 2 VOB/A

§ 15 Abs. 2 VOB/A ist eine **Ermessensvorschrift**. Im Rahmen der Ermessensentscheidung 10346 muss der **Auftraggeber insbesondere prüfen, inwieweit er Lücken nicht anderweitig –** etwa durch Heranziehung sonstiger ihm zur Verfügung stehender Informationen – **schließen kann**, bevor er die Verweigerung einer Auskunft zum Anlass für einen Angebotsausschluss nimmt (OLG München, B. v. 21. 8. 2008 – Az.: Verg 13/08).

115.7.10 Fruchtloser Ablauf einer Frist

115.7.10.1 Hinweis auf § 15 Abs. 2 VOB/A

Nach § 15 Abs. 2 VOB/A kann ein **Angebot ebenfalls unberücksichtigt** bleiben, wenn 10347 ein **Bieter die ihm gesetzte angemessene Frist zur Lieferung von Aufklärungen und Angaben unbeantwortet verstreichen** lässt. Diese Änderung der VOB/A 2009 nimmt die Ergebnisse der Rechtsprechung zu dieser Frage in die VOB/A 2009 auf. Weder die VOL/A 2006 noch die VOL/A 2009 enthalten eine Regelung dieser praxisrelevanten Frage, so dass auch insoweit **§ 15 Abs. 2 VOB/A 2009 analog anzuwenden** ist.

115.7.10.2 Ältere Rechtsprechung

Leistet ein Bieter vom Auftraggeber geforderte Aufklärungen nicht, ist **dieses Verhalten** 10348 **einer Verweigerung im Sinne des § 15 Abs. 2 VOB/A gleichzusetzen**. Es stellt keinen Unterschied dar, ob ein Bieter sich einem berechtigten Aufklärungsersuchen des Auftraggebers durch Nichtreagieren vollständig verschließt oder dem Aufklärungsersuchen durch unzureichende Angaben nicht nachkommt. Die gegenteilige Ansicht würde dazu führen, dass ein Bieter, obwohl der Inhalt eines Aufklärungsersuchens für ihn erkennbar ist, durch unzureichende Angaben auf ein Aufklärungsersuchen des Auftraggebers die Rechtsfolge des § 15 Abs. 2 VOB/A umgehen könnte und **dadurch eine Vergabeentscheidung ungerechtfertigter Weise hinauszögert** (1. VK Bund, B. v. 14. 11. 2003 – Az.: VK 1–109/03; 2. VK Bund, B. v. 9. 12. 2009 – Az.: VK 2–192/09; im Ergebnis ebenso VK Münster, B. v. 28. 6. 2007 – Az.: VK 10/07; 1. VK Sachsen, B. v. 24. 4. 2008 – Az.: 1/SVK/015-08).

Die Überschreitung einer Antwortfrist stellt dann **keine Verweigerung der geforderten** 10349 **Aufklärung** im Sinne des § 15 Abs. 2 VOB/A dar, wenn der **Bieter nicht nur** durch die Übermittlung von aus seiner Sicht zur Beantwortung der gestellten Frage geeigneten Informationen **deutlich macht, dass er durchaus willens ist, die geforderte Auskunft zu geben und wenn er auch erklärt, weshalb eine frühere Reaktion seinerseits nicht möglich war**, z. B. aufgrund von Betriebsferien in der Woche vor Ostern bei einem kleineren Handwerksbetrieb (2. VK Bund, B. v. 30. 5. 2007 – Az.: VK 2–39/07).

115.7.10.3 Setzung einer Ausschlussfrist

115.7.10.3.1 Zulässigkeit. Sinn und Zweck der Regelung des § 15 gebieten es, dem 10350 **Auftraggeber ein Recht zur Setzung von Ausschlussfristen zur Einreichung von erläuternden Erklärungen einzuräumen**. Letztendlich resultiert Aufklärungsbedarf im Sinne von § 15 VOL/A nämlich aus Lücken in einem Angebot. Auch wenn der Bieter diese Lücken ohne Verletzung des Nachverhandlungsverbots durch ergänzende Unterrichtung des Auftraggebers schließen kann und wenn der Auftraggeber sie hinnehmen muss, ohne das Angebot so-

Teil 4 VOL A/§ 15 Vergabe- und Vertragsordnung für Leistungen Teil A

fort ausschließen zu können, so enthält § 15 VOL/A eine Ausnahme vom Grundsatz, dass im offenen Verfahren nach der VOL/A die Angebote vollständig und wertungsfähig zum Eröffnungstermin vorliegen müssen. Aus dem Grundsatz des vollständigen und sofort wertungsfähigen Angebots folgt, dass die öffentlichen Auftraggeber prinzipiell davon ausgehen können, die Bewertung der eröffneten Angebote werde nicht durch nachinformationsbedingte Verzögerungen hinausgeschoben werden, so dass der Auftraggeber den für die Beschaffung insgesamt vorgesehenen Zeitrahmen mit dieser Vorgabe bestimmen kann. Ergibt sich sodann programmwidrig zusätzlicher Aufklärungsbedarf, so ist es **sachgerecht und vergaberechtlich unbedenklich, eine so bewirkte Verschiebung des Beschaffungsrahmens durch Fristsetzung entweder ganz zu vermeiden oder auf ein mit dem Beschaffungsbedarf vereinbares Maß zu beschränken.** Hierbei ist auch zu bedenken, dass ein zusätzlicher, gemäß § 15 VOL/A zu bewältigender Aufklärungsbedarf die für die Ausschreibung geltenden Zuschlags- und Bindefristen und damit das Gleichbehandlungsprinzip berührt, auf dessen Wahrung alle Bieter Anspruch haben. Im Interesse eines zügigen und strukturierten weiteren Verfahrensablaufs muss es daher für den Auftraggeber möglich sein, den Bietern, soweit Aufklärungsbedarf besteht, hierfür entsprechende Fristen zu setzen. Eine solche Frist kann der Auftraggeber auch im Sinne einer Ausschlussfrist setzen mit der Folge, dass grundsätzlich eine verspätete Information als verweigerte Information behandelt wird, so dass das im Sinne von § 15 VOL/A lückenhafte Angebot dem Wertungsausschluss unterfällt (sofern nicht eine Nachforderung nach § 16 VOL/A möglich ist). Eine andere Auslegung des § 15 VOL/A würde dazu führen, dass die Bieter jederzeit bis zur Zuschlagserteilung weitere Unterlagen übersenden könnten, die der Auftraggeber prüfen müsste und die ggf. zu einer anderen Wertung führen würden. Damit bestünde die **Gefahr, das Vergabeverfahren unabsehbar zu verzögern und nicht mehr handhabbar zu gestalten**. Das Verfahren wäre außerdem mit dem Gleichbehandlungsprinzip als einem der elementaren Vergaberechtssätze nicht mehr vereinbar (Thüringer OLG, B. v. 14. 11. 2002 – Az.: 6 Verg 7/02; 1. VK Bund, B. v. 19. 11. 2007 – Az.: VK 1–128/07; VK Thüringen, B. v. 6. 9. 2002 – Az.: 216–4002.20–021/02-GRZ).

10351 **115.7.10.3.2 Anforderungen an die Ausschlussfrist.** Die Folge, dass die nach Ablauf einer vom Auftraggeber gesetzten Angebotsergänzungsfrist der Vergabestelle übergebenen Unterlagen nicht zur Kenntnis genommen werden, weil die Auskunft inzwischen als verweigert gilt, erfordert, dass die **Vergabestelle**, wenn sie in einem Fall des § 15 VOL/A zum Mittel der Ausschlussfrist greift, den **Charakter dieser Frist als Ausschlussfrist für den Bieter eindeutig erkennbar macht**, denn die Annahme einer Auskunftsverweigerung ist nur dann haltbar, wenn der betroffene Bieter zweifelsfrei weiß, wovon der Auftraggeber ausgeht und wie er sich verhalten wird, sollte der Bieter seine „Chance" zu angebotsergänzenden Angaben nicht fristgemäß wahrnehmen. Dazu braucht sich die **Vergabestelle zwar nicht des Ausdrucks „Ausschlussfrist" zu bedienen**, sie muss aber **unmissverständlich darauf hinweisen oder sonst zu erkennen geben**, dass es sich dabei um die **letzte und abschließende Möglichkeit zur Vorlage der Unterlagen** handelt. Zu solcher Klarheit besteht vor allem dann Anlass, wenn der Bieter vor Fristablauf dem Auftraggeber bzw. der Vergabestelle zu erkennen gegeben hat, dass er gewillt ist, dem Aufklärungsbedarf der Vergabestelle Rechnung zu tragen, sich hierzu in der ursprünglich gesetzten Frist aber außer Stande sieht. Will die Vergabestelle in einer solchen Situation gegenüber einem aufklärungsbereiten Bieter allein aus der Versäumnis einer gesetzten Frist die Rechtsfolge der Nichtberücksichtigung des Angebots ableiten, muss sie hierauf in einer beim Bieter jeden Zweifel ausschließenden Weise hinweisen (Thüringer OLG, B. v. 14. 11. 2002 – Az.: 6 Verg 7/02).

10352 In zeitlicher Hinsicht ist in der Regel eine Antwortfrist von **weniger als einer Woche als unzumutbar** anzusehen (VK Nordbayern, B. v. 4. 12. 2006 – Az.: 21.VK – 3194 – 39/06).

115.7.10.4 Begründungspflicht

10353 Bei einer Entscheidung analog § 15 Abs. 2 VOB/A **trifft die Vergabestelle eine gesteigerte Begründungspflicht**, da es sich hier um eine Ermessensvorschrift handelt. Anhand der Vergabeakte muss sich nachvollziehen lassen, ob die Vergabestelle ihr Ermessen überhaupt ausgeübt hat und welche Erwägungen der Entscheidung zugrunde gelegen haben (Bundeskartellamt, VK A des Bundes, B. v. 22. 10. 2002 – Az.: VKA – 02/01).

115.7.10.5 Weitere Beispiele aus der Rechtsprechung

10354 – mit der **Weigerung eines Bieters, die Einstellungen im Routenplaner „map&guide" preiszugeben**, verweigert sich der Bieter einem berechtigten Verlangen des Auf-

traggebers, so dass dieser angesichts seiner vorherigen Feststellungen zu Zeitüberschreitungen ohne Ermessensfehler das Angebot des Bieters **ausschließen** darf (VK Niedersachsen, B. v. 17. 6. 2010 – Az.: VgK-28/2010)

– eine **unvollständige Aufklärung kann nicht darin gesehen werden, dass der Bieter die Vorlage der Kalkulation der Nachunternehmer unterlassen** hat. Die Vorlage dieser Kalkulation kann vom Bieter nicht verlangt werden. Zwar ist er im Rahmen der gebotenen Aufklärung bei Verdacht des Vorliegens einer Mischkalkulation auch gehalten, zu den Nachunternehmerangeboten vorzutragen. Kalkulationsgrundlage eines Bieters in einem solchen Falle ist nämlich der vom Nachunternehmer angebotene Preis. Bei Wertung der Angebote liegt jedoch im Regelfall eine vertragliche Bindung des Nachunternehmers noch gar nicht vor, da der Bieter nicht weiß, ob er den Auftrag erlangen wird. Der Bieter ist daher allenfalls im Besitz eines Angebotes des Nachunternehmers. Der Auftraggeber kann daher bei Nachunternehmerpreisen nur Auskunft über die Zusammensetzung desselben unter Berücksichtigung eines etwaigen Generalunternehmer-Zuschlages verlangen, sich aber nicht die Kalkulation vorlegen lassen (Brandenburgisches OLG, B. v. 13. 9. 2005 – Az.: Verg W 9/05)

115.7.10.6 Geltung des § 15 Abs. 2 VOB/A analog im Verhandlungsverfahren

Zur **Geltung von § 15 Abs. 2 VOB/A analog im Verhandlungsverfahren** vgl. die Kommentierung zu → § 101 GWB Rdn. 192.   10355

115.8 Unstatthafte Nachverhandlungen (§ 15 Satz 2)

115.8.1 Sinn und Zweck

Das Verhandlungsverbot soll das **EU-rechtliche Gleichbehandlungsgebot** – in § 97 Abs. 2   10356
GWB verankert – sicherstellen und den **Wettbewerb nach § 97 Abs. 1 GWB unter gleichen Bedingungen für alle Bieter aufrechterhalten** (1. VK Sachsen, B. v. 21. 7. 2004 – Az.: 1/SVK/050-04).

115.8.2 Initiator von unstatthaften Nachverhandlungen

Auch wenn ein **Bieter von sich aus anbietet, das Angebot zu ändern oder Preisnach-**   10357
lässe zu gewähren, darf der Auftraggeber darauf nicht eingehen. Denn § 15 Satz 2 VOL/A verbietet nicht nur eine Verhandlungsinitiative des Auftraggebers, sondern Angebotsänderungen insgesamt. Dadurch soll der ordnungsgemäße Wettbewerb gesichert werden. Dieser wäre gefährdet, wenn man Änderungen von Angeboten zwar nicht auf Wunsch des Auftraggebers, aber nach Vorschlägen einzelner Bieter zuließe (VK Südbayern, B. v. 25. 7. 2002 – Az.: 26-06/02).

115.8.3 Weitere Beispiele aus der Rechtsprechung für unzulässige Nachverhandlungen

– der VSt ist es verwehrt, **nach der Angebotsabgabe zu erfragen, welcher der Preise**   10358
entweder in dem Langtext- oder in dem Kurztext-Leistungsverzeichnis – gelten soll. Verhandlungen über Änderungen der Angebote oder Preise sind nach § 15 VOL/A unstatthaft (VK Nordbayern, B. v. 2. 7. 2010 – Az.: 21.VK – 3194 – 21/10)

– blieben fehlende Preisangaben Nachverhandlungen vorbehalten, könnte der Bieter sein Angebot nach Abgabe noch erheblich, möglicherweise entscheidend verändern. Dies ist mit dem Wettbewerbs- und Gleichbehandlungsgrundsatz nach § 97 Abs. 1 u. 2 GWB nicht vereinbar. **Auch die Klärung von widersprüchlichen Preisangaben kann nicht Gegenstand einer zulässigen Nachverhandlung sein.** Lässt man die Modifizierung von wesentlichen Preisangaben eines Angebots in einer Nachverhandlung zu, so eröffnet man dem jeweiligen Bieter – gegebenenfalls in Zusammenspiel mit dem Auftraggeber – einen **unkontrollierbaren Spielraum zur nachträglichen Manipulation** von wertungsrelevanten Positionen (1. VK Sachsen, B. v. 16. 12. 2009 – Az.: 1/SVK/057-09)

– ist eine **Aufgliederung des Stundenverrechnungssatzes** (z. B. bei der Ausschreibung von Reinigungsdienstleistungen) **als Vordruck den Verdingungsunterlagen beigefügt und**

Teil 4   VOLA/§ 15 Vergabe- und Vertragsordnung für Leistungen Teil A

mit diesen ausgefüllt zurückzureichen, so ist die Unterlage wesentliches Element der Preisdarstellung und ermöglicht allein die für den Auftraggeber wichtige Überprüfung der Auskömmlichkeit der kalkulierten Preise. **Angebote, die diese Unterlage nicht enthalten, fehlt daher eine für die Wertung wesentliche Preisangabe.** Sie sind **zwingend auszuschließen, eine Nachreichung kommt nicht in Betracht** (VK Düsseldorf, B. v. 11. 1. 2006 – Az.: VK – 50/2005 – L)

– vergaberechtlich gibt es gemäß § 15 VOL/A das Verbot von Nachverhandlungen, weil anderenfalls die Transparenz des Vergabeverfahrens verloren ginge. **Insbesondere widerspräche es der Grundidee des Vergabeverfahrens, wenn die werkvertragliche Vergütung nach der Erteilung des Zuschlags noch erhöht werden könnte, wie zum Beispiel durch den Wegfall eines angebotenen Nachlasses** (OLG Naumburg, Urteil v. 23. 12. 2004 – Az.: 4 U 162/04)

– handelt es sich bei ungezwungener Betrachtung der Vorgänge **nicht um eine „Klarstellung" des Preises, sondern um eine einverständliche Preisänderung**, wodurch die Vergleichbarkeit der Angebote gestört worden ist, handelt es sich um eine unzulässige Nachverhandlung (BGH, Urteil v. 6. 2. 2002 – Az.: X ZR 185/99; VGH Baden-Württemberg, Urteil v. 5. 8. 2002 – Az.: 1 S 379/01)

– **fehlende Angaben zum beabsichtigten Nachunternehmereinsatz** dürfen nicht durch Nachverhandlungen nachgeholt werden (OLG Düsseldorf, B. v. 30. 7. 2003 – Az.: Verg 32/03; BayObLG, B. v. 17. 6. 2002 – Az.: Verg 14/02; VK Rheinland-Pfalz, B. v. 10. 10. 2003 – Az.: VK 18/03; 2. VK Bund, B. v. 6. 10. 2003 – Az.: VK 2–80/03; VK Nordbayern, B. v. 9. 8. 2005 – Az.: 320.VK – 3194 – 27/05; B. v. 17. 7. 2003 – Az.: 320.VK-3194-24/03, B. v. 11. 11. 2002 – Az.: 320.VK-3194-34/02, B. v. 7. 6. 2002 – Az.: 320.VK-3194-17/02, B. v. 21. 5. 2002 – Az.: 320.VK-3194-13/02; VK Südbayern, B. v. 12. 3. 2003 – Az.: 04-02/03, B. v. 9. 10. 2002 – Az.: 40-09/02)

– eine **nachträgliche Spezifizierung** der in der Liste der Nachunternehmerleistungen enthaltenen Leistungen (ohne die durch konzernrechtlich verbundene Unternehmen zu erbringenden Leistung) im Sinne einer Zuweisung der Leistungen **zu Leistungen im „eigenen Betrieb"** im Sinne der Ziffer 10.2 EVM (B) BVB (= Leistung konzernrechtlich verbundener Unternehmen) **einerseits und „echten" Nachunternehmerleistungen andererseits** greift unmittelbar in die vorgenommene Bestimmung des Nachunternehmereinsatzes (im Sinne einer Reduzierung) ein und übersteigt das durch § 24 VOB/A vorgegebene Maß der informatorischen Aufklärung bereits insoweit, als die Antragstellerin als Bieterin entscheiden könnte, ob sie ihr Angebot zuschlagsgeeignet werden lassen will oder nicht. Dies würde aber gerade dem Wettbewerbs- und Gleichbehandlungsgrundsatz (§ 97 Abs. 1 und 2 GWB) widersprechen (VK Hessen, B. v. 21. 3. 2003 – Az.: 69 d – VK 11/2003)

– die **nachträglich erklärte Bereitschaft** des Bieters, die **Leistung nach Maßgabe der Leistungsbeschreibung zu erbringen**, muss aus Rechtsgründen außer Betracht bleiben. In einem solchen Fall handelt es sich bei einem „Aufklärungsgespräch" in Wahrheit um eine **unstatthafte Nachverhandlung** (2.VK Bund, B. v. 5. 3. 2003 – Az.: VK 2–04/03)

– hat ein Bieter **Preise anstelle von Minderkosten als Additionsposten eingetragen** und entsprechend addiert, liegt **kein Multiplikationsfehler von Mengenansatz und Einheitspreis** vor. Es ist daher nicht zulässig, in Absprache mit dem Bieter diese positive Posten in Minderkosten umzuwandeln und damit unzulässig über den Preis nachzuverhandeln (1. VK Sachsen, B. v. 3. 7. 2003 – Az.: 1/SVK/067-03)

– Nachverhandlungen mit dem Ziel, **einem infolge unvollständiger Preisangaben nicht annahmefähigen Angebot** durch **Ergänzungen zur Annahmefähigkeit zu verhelfen**, sind als Verhandlungen über Änderung der Angebote nach § 15 VOL/A **unstatthaft** (VK Brandenburg, B. v. 18. 6. 2003 – Az.: VK 31/03)

– Verhandlungen über eine Änderung der Angebote und der Preise sind unstatthaft, dies gilt vor allem auch für erst **nach Angebotseröffnung zur Sprache kommende Preisnachlässe** (VK Brandenburg, B. v. 21. 10. 2002 – Az.: VK 55/02)

– ein unzulässiges Nachverhandeln liegt deshalb auch bereits dann vor, wenn ein Vertreter des Bieters vor der Vergabe bei einer telefonischen Rückfrage **Gelegenheit erhält, einen zweifelhaften Preisnachlass zu bestätigen** (VK Lüneburg, B. v. 10. 9. 2002 – Az.: 203-VgK-15/2002)

– **fordert ein Bieter** aufgrund zeitlich bedingter, geänderter, technischer und wirtschaftlicher Rahmenbedingungen **für die Zustimmung zur Zuschlags- und Bindefristverlängerung als Bedingung einen schon jetzt anzuerkennenden **Pauschalnachtrag**, führt dies nach Ablauf der bisherigen Zuschlags- und Bindefrist zum Entfallen der Bindung des Submissionsangebotes und zum Ausschluss des abgeänderten Angebotes (1. VK Sachsen, B. v. 1. 10. 2002 – Az.: 1/SVK/084-02)

– ein Bieter verhandelt durch das **Angebot eines 2%igen Abschlags im Fall der Verlängerung der Zuschlags- und Bindefrist unstatthaft** im Sinne von § 15 VOL/A nach. Denn durch sein Vorgehen wird nach Angebotseröffnung der Preis eines Bieters zu Lasten der anderen Bieter unzulässig gedrückt (BayObLG, B. v. 21. 8. 2002 – Az.: Verg 21/02, B. v. 15. 7. 2002 – Az.: Verg 15/02)

– der Auftraggeber ist nicht befugt, den Bieter zu Handlungen zu bewegen, die eine Änderung des Inhaltes seines Angebotes, insbesondere seiner Preisgestaltung, bedeuten. Namentlich geht es nicht an, **im Wege von Verhandlungen gemeinschaftlich Kalkulationsirrtümer oder sonstige Fehlkalkulationen des Bieters zu beseitigen**. Denn dies wäre in besonderer Weise geeignet, den Bieterwettbewerb zu beeinträchtigen (OLG Düsseldorf, B. v. 30. 4. 2002 – Az.: Verg 3/02; 1. VK Sachsen, B. v. 21. 7. 2004 – Az.: 1/SVK/050-04)

– die **ungenügende Beschreibung eines Nebenangebotes** kann nicht mit einer Aufklärung des Angebotsinhalts nach § 15 VOL/A nachgebessert werden (VK Nordbayern, B. v. 25. 3. 2002 – Az.: 320.VK-3194-06/02)

– es liegt eine unzulässige Nachverhandlung vor, wenn im Rahmen eines Aufklärungsgespräches **Änderungen in den Verdingungsunterlagen vorgenommen und das ursprüngliche Angebot entsprechend geändert wird**, z.B. nachträglich vereinbart wird, die Baustelleneinrichtung, die als Position nach Leistungserbringung abzurechnen ist, jetzt nach Bautenstand abzurechnen (1. VK Sachsen, B. v. 12. 4. 2002 – Az.: 1/SVK/024-02, 1/SVK/024-02g)

– ein öffentlicher Auftraggeber verstößt gegen § 15 VOL/A, wenn er sich für ein Nebenangebot vom Bieter bestätigen lässt, dass eine **Preisanpassung nach § 2 Nr. 3 VOL/B ausgeschlossen** wird. Ein Verstoß liegt vor, weil es in § 2 Nr. 3 VOL/B letztlich um eine Preisänderung geht, die ein nach § 15 VOL/A verbotenes Gesprächsthema ist (2. VK Mecklenburg-Vorpommern, B. v. 27. 11. 2001 – Az.: 2 VK 15/01)

– hat ein **Nebenangebot nach den Erläuterungen** des Bieters im Aufklärungsgespräch einen **Inhalt, der von dem abweicht**, was sich aus einer Auslegung des schriftlich abgegebenen Nebenangebots nach dem objektiven Verständnis aus der Sicht des Erklärungsempfängers ergibt, so liegt eine **grundsätzlich unzulässige nachträgliche Änderung des Nebenangebots** vor, die dazu zwingt, es von der Wertung auszuschließen (VK Baden-Württemberg, B. v. 15. 5. 2003 – Az.: 1 VK 20/03)

– der Vergabestelle ist es verwehrt, **nach der Angebotsfrist eine Veränderung der Mengenansätze des Leistungsverzeichnisses** vorzunehmen. Dies käme einer unstatthaften Änderung der Angebote im Sinne des § 15 VOL/A gleich (VK Nordbayern, B. v. 11. 10. 2006 – Az.: 21.VK-3194-31/06; B. v. 27. 6. 2001 – Az.: 320.VK-3194-16/01)

– erhält der öffentliche Auftraggeber im Rahmen einer öffentlichen Ausschreibung einen kostengünstigen Sondervorschlag, teilt er diesen Sondervorschlag den übrigen Bietern zur Nachkalkulation ihrer eigenen Angebote mit und **verhandelt er außerdem mit dem Bieter über den Sondervorschlag solange, bis aus seiner Sicht ein wirtschaftliches Preis-Leistungs-Verhältnis erreicht wird**, verstößt dieses Vorgehen einmal gegen das Geheimhaltungsgebot des Inhalts der Angebote. Es stellt darüber hinaus **eine unzulässige Nachverhandlung** im Sinne von § 15 VOL/A dar (VK Baden-Württemberg, B. v. 11. 10. 2000 – Az.: 1 VK 24/00)

115.8.4 Rechtsfolge einer unstatthaften Nachverhandlung

Durch die Verbotsnorm des § 15 Satz 2 VOL/A soll der Wettbewerb für alle Bieter unter gleichen Bedingungen aufrechterhalten werden. Dieses Ziel wird bereits dadurch erreicht, dass ein gegen das Nachverhandlungsverbot verstoßendes Verhalten von Bieter und Auftraggeber eine Rechtsverletzung zu Lasten anderer Bieter darstellen kann, die von diesen Bietern entweder in einem Vergabenachprüfungsverfahren geltend gemacht werden kann oder im Falle eines bereits erfolgten Zuschlags Schadensersatzansprüche aus culpa in contrahendo auslösen kann. Ein darüber hinaus gehender Sanktionscharakter erscheint weder geboten noch interessengerecht. **Vergaberechtliche Bestimmungen stehen also der Berücksichtigung des ur-**

sprünglichen Angebots bei der erneuten Entscheidung über den Zuschlag nicht entgegen (1. VK Bund, B. v. 22. 7. 2002 – Az.: VK 1–59/02). Ein Ausschluss des Bieters, der nachverhandelt hat, ist nicht notwendig, sondern nur der **Ausschluss des nachverhandelten Angebots** (BGH, Urteil v. 6. 2. 2002 – Az.: X ZR 185/99; OLG München, B. v. 15. 11. 2007 – Az.: Verg 10/07; B. v. 17. 9. 2007 – Az.: Verg 10/07; B. v. 9. 8. 2005 – Az.: Verg 011/05; BayObLG, B. v. 15. 7. 2002 – Az.: Verg 15/02; Saarländisches OLG, Urteil v. 24. 6. 2008 – Az.: 4 U 478/07; VK Baden-Württemberg, B. v. 16. 3. 2006 – Az.: 1 VK 8/06; 2. VK Mecklenburg-Vorpommern, B. v. 27. 11. 2001 – Az.: 2 VK 15/01; 1. VK Sachsen, B. v. 16. 12. 2003 – Az.: 1/SVK/146-03; B. v. 7. 5. 2002 – Az.: 1/SVK/035-02, B. v. 12. 4. 2002 – Az.: 1/SVK/024-02, 1/SVK/024-02g).

10360 Durch das Verbot von Nachverhandlungen soll die Gleichbehandlung der Bieter gesichert werden. Hat ein **Auftraggeber im Anschluss an unzulässige Nachverhandlungen sämtliche Bieter aufgefordert, ein ergänzendes und finales Angebot abzugeben, hat jeder Bieter nunmehr die Möglichkeit, ein Angebot zu der abgeänderten Leistungsbeschreibung abzugeben.** Die Bieter werden damit gleichbehandelt. Dass einer der Bieter in dieser Phase kein Angebot mehr einreicht (möglicherweise vor dem Hintergrund, dass er die vorgenommenen Änderungen der Leistungsbeschreibung für unzulässig hält), war seine **freie Entscheidung, die aber nichts daran änderte, dass ihm die gleiche Chance auf Zuschlagserteilung zustand wie auch den übrigen Bietern** (OLG Düsseldorf, B. v. 13. 1. 2010 – Az.: I-27 U 1/09).

115.9 Statthafte Nachverhandlungen?

115.9.1 Änderung in der VOL/A 2009

10361 Die **Regelung des § 24 Nr. 2 Abs. 2 VOL/A 2006**, dass ausnahmsweise bei einem Nebenangebot oder bei einem Angebot aufgrund funktionaler Leistungsbeschreibung mit dem Bieter, dessen Angebot als das wirtschaftlichste gewertet wurde, im Rahmen der geforderten Leistung über notwendige technische Änderungen geringen Umfangs verhandelt werden darf und dass hierbei auch der Preis entsprechend angepasst werden kann, wurde **gestrichen**.

10362 Eine dem § 24 Nr. 2 Abs. 2 VOL/A 2006 vergleichbare Regelung ist **in § 15 Abs. 3 VOB/A 2009** enthalten.

115.9.2 Konsequenzen der Änderung

10363 Da sowohl § 15 als auch § 18 EG VOL/A 2009 die Ausnahmetatbestände für eine zulässige Nachverhandlung gestrichen haben, folgt daraus, dass im Gegensatz zur VOB/A 2009 keinerlei Verhandlungen zulässig sind, **§ 15 Satz 2 VOL/A 2009 also ein absolutes Verhandlungsverbot festschreibt**.

10364 Dieses **absolute Verhandlungsverbot** ist mit Blick auf z. B. komplexe IT-Ausschreibungen **sehr praxisfeindlich** und fördert im Ergebnis voraussichtlich die Flucht in die freihändige Vergabe bzw. das Verhandlungsverfahren.

115.10 Verhandlungsverbot im Teilnahmewettbewerb

10365 **Auch im Teilnahmewettbewerb** gilt, dass ein Bewerber seinen **Teilnahmeantrag nur bis zum Schlusstermin für dessen Eingang fixieren** und die damit bezogene Wettbewerbsposition nicht nachträglich verändern kann. Auch die entsprechend § 15 VOL/A vorgenommene Angebotsaufklärung darf nur Inhalte des Teilnahmeantrags aufdecken, die dieser bereits hatte, nicht aber nachträglich fehlende Angaben ergänzen oder „ungünstige" Angaben modifizieren. Verbleiben nach (in diesem Rahmen zulässiger) Angebotsaufklärung z. B. noch Zweifel, ob der Bewerber eine Teilnahme an einem Wettbewerb um (genau) die ausgeschriebene Leistung erstrebt, gehen diese Zweifel zu Lasten des Teilnahmebewerbers. **Maßgeblicher Zeitpunkt für die Beurteilung der (Vergabe-)Rechtmäßigkeit des Ergebnisses eines Teilnahmewettbewerbs ist derjenige der Auswahlentscheidung; nach diesem Zeitpunkt abgegebene Bietererklärungen sind unbeachtlich** (OLG Schleswig-Holstein, B. v. 19. 1. 2007 – Az.: 1 Verg 14/06).

115.11 Abgrenzung der Ausschlusstatbestände der §§ 13 Abs. 3, 16 Abs. 2 VOL/A und § 15 VOL/A

§ 13 Abs. 3 VOL/A erfasst den Zeitpunkt der Angebotsabgabe und regelt die zu diesem Zeitpunkt erforderlichen Voraussetzungen – die Erklärungen betreffend – des Angebots. Fehlen zu diesem Zeitpunkt geforderte Erklärungen, führt dies gemäß § 16 Abs. 2 VOL/A zur Möglichkeit der Nachforderung. **Werden dagegen geforderte Erklärungen im weiteren Verfahrensablauf – insbesondere im Rahmen durchgeführter Aufklärung – verlangt und Erklärungsdefizite festgestellt, ist ein Rückgriff auf § 13 VOL/A weder erforderlich noch gestattet. Für diese Angebotsaufklärungs- und Reaktionsrechtsfolgen enthält die VOL/A eine Spezialregelung, welche in § 15 VOL/A ihren Niederschlag gefunden hat.** Wollte man auf § 13 VOL/A zurückgreifen, **liefe § 15 VOL/A leer** (1. VK Hessen, B. v. 15. 6. 2007 – Az.: 69 d VK – 17/2007). 10366

115.12 Zeitpunkt der Anwendbarkeit des § 15 VOL/A

Nachverhandlungen nach Zuschlagserteilung verstoßen nicht gegen das Verbot des § 15 VOL/A. Die **Vorschrift bezieht sich nur auf den Zeitraum zwischen Ablauf der Angebotsfrist und dem Zuschlagstermin** (OLG Celle, Urteil v. 25. 6. 2008 – Az.: 14 U 14/08). 10367

115.13 Literatur

– Ziekow, Jan/Siegel, Thorsten, Zulassung von Nachverhandlungen im Vergabeverfahren? – Rechtliche Rahmenbedingungen und erste Zwischenergebnisse des Zweiten Modellversuchs des Landes Nordrhein-Westfalen, NZBau 2005, 22. 10368

116. § 16 VOL/A – Prüfung und Wertung der Angebote

(1) Die Angebote sind auf Vollständigkeit sowie auf rechnerische und fachliche Richtigkeit zu prüfen.

(2) Erklärungen und Nachweise, die auf Anforderung der Auftraggeber bis zum Ablauf der Angebotsfrist nicht vorgelegt wurden, können bis zum Ablauf einer zu bestimmenden Nachfrist nachgefordert werden. Dies gilt nicht für die Nachforderung von Preisangaben, es sei denn, es bandelt sich um unwesentliche Einzelpositionen, deren Einzelpreise den Gesamtpreis nicht verändern oder die Wertungsreihenfolge und den Wettbewerb nicht beeinträchtigen.

(3) Ausgeschlossen werden:

a) Angebote, die nicht die geforderten oder nachgeforderten Erklärungen und Nachweise enthalten,

b) Angebote, die nicht unterschrieben bzw. nicht elektronisch signiert sind,

c) Angebote, in denen Änderungen des Bieters an seinen Eintragungen nicht zweifelsfrei sind,

d) Angebote, bei denen Änderungen oder Ergänzungen an den Vertragsunterlagen vorgenommen worden sind,

e) Angebote, die nicht form- oder fristgerecht eingegangen sind, es sei denn, der Bieter hat dies nicht zu vertreten,

f) Angebote von Bietern, die in Bezug auf die Vergabe eine unzulässige, wettbewerbsbeschränkende Abrede getroffen haben,

g) nicht zugelassene Nebenangebote.

(4) Außerdem können Angebote von Bietern ausgeschlossen werden, die auch als Bewerber von der Teilnahme am Wettbewerb hätten ausgeschlossen werden können (§ 6 Absatz 5).

(5) Bei der Auswahl der Angebote, die für den Zuschlag in Betracht kommen, sind nur Bieter zu berücksichtigen, die für die Erfüllung der vertraglichen Verpflichtungen die erforderliche Eignung besitzen.

Teil 4 VOL/A § 16   Vergabe- und Vertragsordnung für Leistungen Teil A

(6) Erscheint ein Angebot im Verhältnis zu der zu erbringenden Leistung ungewöhnlich niedrig, verlangen die Auftraggeber vom Bieter Aufklärung. Auf Angebote, deren Preise in offenbarem Missverhältnis zur Leistung stehen, darf der Zuschlag nicht erteilt werden.

(7) Bei der Wertung der Angebote berücksichtigen die Auftraggeber vollständig und ausschließlich die Kriterien, die in der Bekanntmachung oder den Vergabeunterlagen genannt sind.

(8) Bei der Entscheidung über den Zuschlag berücksichtigen die Auftraggeber verschiedene durch den Auftragsgegenstand gerechtfertigte Kriterien, beispielsweise Qualität, Preis, technischer Wert, Ästhetik, Zweckmäßigkeit, Umwelteigenschaften, Betriebskosten, Lebenszykluskosten, Rentabilität, Kundendienst und technische Hilfe, Lieferzeitpunkt und Lieferungs- oder Ausführungsfrist.

116.1 Änderungen in der VOL/A 2009

10369 §§ 23, 25 VOL/A 2006 wurden **zu einem einheitlichen Paragraphen zusammengefasst**.

10370 § 23 Nr. 1 VOL/A 2006, der einen Verzicht auf eine Prüfung bestimmter Angebote (z.B. solcher Angebote, die verspätet eingereicht wurden) vorsah, wurde **ersatzlos gestrichen**, was systematisch korrekt ist.

10371 § 16 Abs. 2 VOL/A 2009 enthält **erstmals die Möglichkeit, fehlende Erklärungen, Nachweise und Preisangaben nachzufordern**.

10372 Die **unterschiedliche Behandlung von wesentlichen und unwesentlichen fehlenden Preisangaben hinsichtlich des zwingenden Ausschlusses** ist in § 16 Abs. 3 VOL/A 2009 nicht mehr enthalten.

10373 § 16 Abs. 7 VOL/A 2009 enthält im Gegensatz zur VOL/A 2006 **auch für die Unterschwellenvergaben die Verpflichtung, die Zuschlagskriterien anzugeben**.

10374 § 16 Abs. 8 VOL/A 2009 enthält das **neue Zuschlagskriterium der „Lebenszykluskosten"**.

10375 Die **Zuschlagsregelung des § 25 Nr. 3 VOL/A 2006** (Der Zuschlag ist auf das unter Berücksichtigung aller Umstände wirtschaftlichste Angebot zu erteilen. Der niedrigste Angebotspreis allein ist nicht entscheidend) ist **in § 18 VOL/A 2009 aufgenommen**.

116.2 Vergleichbare Regelungen

10376 Der **Vorschrift des § 16 VOL/A vergleichbar** sind im Bereich des GWB **§ 97 Abs. 4 GWB**, im Bereich der VOL **§ 19 EG VOL/A**, im Bereich der VOF **§§ 11, 20 VOF** und im Bereich der VOB **§§ 16, 16a VOB/A**. Die Kommentierungen zu diesen Vorschriften können daher ergänzend zu der Kommentierung des § 16 herangezogen werden.

116.3 Bieterschützende Vorschrift

116.3.1 § 16

10377 Die Regelung des § 16 entfaltet bieterschützende Wirkung (1. VK Sachsen, B. v. 13. 12. 2002 – Az.: 1/SVK/105-02, B. v. 5. 9. 2002 – Az.: 1/SVK/073-02).

116.3.2 § 16 Abs. 3 lit. a)

10378 Die **Vorschriften der §§ 13 Abs. 3, 16 Abs. 3 lit. a) VOL/A sind als bieterschützend zu qualifizieren**. Denn diese Verhaltensanforderungen an den öffentlichen Auftraggeber dienen der Sicherheit der Grundsätze des § 97 Abs. 1 GWB nicht nur objektiv rechtlich, sondern auch im Interesse der übrigen Bewerber (VK Niedersachsen, B. v. 16. 4. 2010 – Az.: VgK-10/2010).

116.3.3 § 16 Abs. 3 lit. b), c), d)

Die Vorschrift des § 16 Abs. 3 Buchst. b), c), d) VOL/A, die sich auf die Sicherung der Vergleichbarkeit der Angebote beziehen, **schützen die übrigen Bieter in ihrem Anspruch auf transparente, gleiche Behandlung der Angebote** (VK Düsseldorf, B. v. 14. 8. 2006 – Az.: VK – 32/2006 – B). **10379**

116.3.4 § 16 Abs. 3 lit. d)

§ 16 Abs. 3 lit. d) VOL/A 2009 ist eine bieterschützende Vorschrift (1. VK Bund, B. v. 26. 2. 2003 – Az.: VK 1–07/03). **10380**

116.3.5 § 16 Abs. 3 lit. f)

Bei der Vorschrift des § 16 Abs. 3 f) VOL/A handelt es sich um eine Regelung, die dem **Schutz der subjektiven Rechte der Bieter dient**, so dass eine Verletzung für einen Vergaberechtsverstoß, den ein Bieter rügen könnte, relevant ist (VK Hessen, B. v. 27. 2. 2003 – Az.: 69 d VK – 70/2002; 1. VK Sachsen, B. v. 19. 7. 2006 – Az.: 1/SVK/060-06; B. v. 19. 7. 2006 – Az.: 1/SVK/059-06; B. v. 20. 1. 2005 – Az.: 1/SVK/127-04; VK Schleswig-Holstein, B. v. 26. 10. 2004 – Az.: VK-SH 26/04). **10381**

116.3.6 § 16 Abs. 3 lit. g)

Die **Vorschrift des § 16 Abs. 3 g) ist gegenüber anderen Bietern bieterschützend**, denn der Verstoß hiergegen berührt deren subjektive Rechte auf Einhaltung der Vergabevorschriften (VK Hessen, B. v. 30. 9. 2009 – Az.: 69 d VK – 32/2009). **10382**

116.3.7 § 16 Abs. 5

Bei **§ 16 Abs. 5 VOL/A** handelt es sich um eine **bieterschützende Vorschrift** (1. VK Bund, B. v. 23. 4. 2009 – Az.: VK 1–62/09; 3. VK Bund, B. v. 7. 2. 2007 – Az.: VK 3–07/07; 1. VK Sachsen, B. v. 23. 5. 2002 – Az.: 1/SVK/039-02). **10383**

116.3.8 § 16 Abs. 6

Die in § 16 Abs. 6 VOL/A geregelte **Pflicht des Auftraggebers, ein auf den ersten Blick ungewöhnlich niedrig erscheinendes Angebot zu prüfen**, ist **drittschützend** (1. VK Brandenburg, B. v. 8. 12. 2006 – Az.: 1 VK 49/06; 3. VK Bund, B. v. 2. 8. 2006 – Az.: VK 3–75/06; B. v. 4. 7. 2006 – Az.: VK 3–60/06; B. v. 30. 6. 2006 – Az.: VK 3–45/06; B. v. 30. 6. 2006 – Az.: VK 3–42/06; B. v. 29. 6. 2006 – Az.: VK 3–48/06; B. v. 29. 6. 2006 – Az.: VK 3–39/06; 1. VK Sachsen, B. v. 1. 10. 2002 – Az.: 1/SVK/084-02). **10384**

Nach Auffassung des OLG Düsseldorf entfaltet § 16 Abs. 6 VOL/A die **bieterschützende Wirkung aber nicht zugunsten eines Antragstellers, sondern nur zugunsten desjenigen Bieters, dessen Angebot wegen Unauskömmlichkeit des Preises von einem Ausschluss bedroht ist**. Unterlässt der Auftraggeber eine Prüfung, kann (nur) der vom Ausschluss seines Angebots betroffene Bieter im Nachprüfungsverfahren erzwingen, dass das Vergabeverfahren in den Stand zurückversetzt wird, in dem der Auftraggeber diese Prüfung nachholen kann. Aufgrund der Beschwerde eines Antragstellers kann die Auskömmlichkeit der Kalkulation eines Beigeladenen dagegen nicht zum Gegenstand einer Überprüfung werden (OLG Düsseldorf, B. v. 11. 2. 2009 – Az.: VII-Verg 69/08 – relative Schutzwirkung; B. v. 29. 9. 2008 – Az.: VII-Verg 50/08; B. v. 6. 3. 2008 – Az.: VII Verg 53/07; B. v. 2. 5. 2007 – Az.: VII – Verg 1/07; B. v. 28. 9. 2006 – Az.: VII – Verg 49/06; VK Baden-Württemberg, B. v. 31. 7. 2009 – Az.: 1 VK 30/09; B. v. 28. 7. 2009 – Az.: 1 VK 42/09; B. v. 5. 1. 2009 – Az.: 1 VK 63/08; 1. VK Bund, B. v. 29. 1. 2009 – Az.: VK 1–180/08; 2. VK Bund, B. v. 6. 9. 2010 – Az.: VK 2–74/10; B. v. 9. 7. 2010 – Az.: VK 2–59/10; B. v. 22. 12. 2009 – Az.: VK 2–204/09; B. v. 30. 10. 2009 – Az.: VK 2–180/09; VK Münster, B. v. 4. 8. 2010 – Az.: VK 5/10; B. v. 26. 8. 2009 – Az.: VK 11/09). **10385**

116.3.9 § 16 Abs. 6 Satz 2

Die **Rechtsprechung** ist **nicht einheitlich**. **10386**

Teil 4 VOL/A § 16 Vergabe- und Vertragsordnung für Leistungen Teil A

10387 Nach einer Auffassung hat § 16 Abs. 6 Satz 2 VOL/A **keine bieterschützende Wirkung**. § 16 Abs. 6 Satz 2 VOL/A, wonach auf ein Angebot, das in offenbarem Missverhältnis zu Leistung steht, ein Zuschlag nicht erteilt werden darf, **dient dem Schutz der Vergabestelle**. Die Regelung soll dazu dienen, spätere Schäden der Vergabestelle zu verhindern, weil der Auftragnehmer, der einen unangemessen niedrigen Preis anbietet, den Auftrag möglicherweise nicht oder nicht ordnungsgemäß ausführt (BSG, B. v. 22. 4. 2009 – Az.: B 3 KR 2/09 D; VK Baden-Württemberg, B. v. 26. 3. 2010 – Az.: 1 VK 11/10; B. v. 2. 2. 2010 – Az.: 1 VK 75/09; B. v. 21. 8. 2009 – Az.: 1 VK 40/09; B. v. 31. 7. 2009 – Az.: 1 VK 30/09; B. v. 28. 7. 2009 – Az.: 1 VK 42/09; 3. VK Bund, B. v. 10. 12. 2009 – Az.: VK 3–211/09; VK Südbayern, B. v. 14. 9. 2007 – Az.: Z3-3-3194-1-33–07/07; B. v. 27. 11. 2006 – Az.: Z3-3-3194-1-33–10/06). Die **Vorschrift bezweckt nicht, den Konkurrenten zu schützen**, so dass der sich nicht auf deren Verletzung berufen könne (BSG, B. v. 22. 4. 2009 – Az.: B 3 KR 2/09 D; OLG Düsseldorf, B. v. 29. 9. 2008 – Az.: VII-Verg 50/08; B. v. 6. 3. 2008 – Az.: VII – Verg 53/07; B. v. 28. 9. 2006 – Az.: VII – Verg 49/06; OLG Naumburg, B. v. 2. 4. 2009 – Az.: 1 Verg 10/08; VK Baden-Württemberg, B. v. 26. 3. 2010 – Az.: 1 VK 11/10; B. v. 21. 8. 2009 – Az.: 1 VK 40/09; B. v. 28. 7. 2009 – Az.: 1 VK 42/09; B. v. 5. 1. 2009 – Az.: 1 VK 63/08; B. v. 12. 12. 2008 – Az.: 1 VK 50/08; B. v. 17. 1. 2008 – Az.: 1 VK 52/07; B. v. 16. 11. 2004 – Az.: 1 VK 69/04; B. v. 12. 11. 2004 – Az.: 1 VK 70/04; B. v. 18. 6. 2003 – Az.: 1 VK 25/03; 1. VK Bund, B. v. 7. 4. 2009 – Az.: VK 1–32/09; B. v. 20. 12. 2007 – Az.: VK 1–143/07; B. v. 20. 4. 2005 – Az.: VK 1–23/05; B. v. 30. 8. 2004 – Az.: VK 1–96/04; B. v. 26. 8. 2004 – Az.: VK 1–105/04; B. v. 1. 4. 2004 – Az.: VK 1–09/04; B. v. 11. 3. 2004 – Az.: VK 1–151/03; B. v. 15. 7. 2003 – Az.: VK 1–53/03; B. v. 22. 5. 2003 – Az.: VK 1–29/03; 2. VK Bund, B. v. 15. 5. 2009 – Az.: VK 2–21/09; B. v. 16. 9. 2008 – Az.: VK 2–97/08; B. v. 6. 6. 2008 – Az.: VK 2–46/08; B. v. 15. 11. 2007 – Az.: VK 2–123/07; B. v. 15. 11. 2007 – Az.: VK 2–120/07; B. v. 15. 11. 2007 – Az.: VK 2–117/07; B. v. 15. 11. 2007 – Az.: VK 2–114/07; B. v. 15. 11. 2007 – Az.: VK 2–108/07; B. v. 15. 11. 2007 – Az.: VK 2–105/07; B. v. 15. 11. 2007 – Az.: VK 2–102/07; B. v. 11. 11. 2004 – Az.: VK 2–196/04; B. v. 16. 8. 2004 – Az.: VK 2–06/04; B. v. 16. 2. 2004 – Az.: VK 2–22/04; B. v. 17. 12. 2002 – Az.: VK 2–90/02; B. v. 12. 11. 2002 – Az.: VK 2–86/02; B. v. 5. 9. 2002 – Az.: VK 2–68/02; 3. VK Bund, B. v. 10. 12. 2009 – Az.: VK 3–211/09; B. v. 6. 8. 2008 – Az.: VK 3–104/08; B. v. 24. 7. 2008 – Az.: VK 3–95/08; B. v. 16. 6. 2008 – Az.: VK 3–65/08; B. v. 20. 11. 2007 – Az.: VK 3–136/07 – abgelehnt; B. v. 20. 11. 2007 – Az.: VK 3–127/07; B. v. 14. 11. 2007 – Az.: VK 3–124/07; B. v. 2. 11. 2006 – Az.: VK 3–117/06; B. v. 7. 8. 2006 – Az.: VK 3–93/06; B. v. 7. 8. 2006 – Az.: VK 3–90/06; B. v. 7. 8. 2006 – Az.: VK 3–87/06; B. v. 7. 8. 2006 – Az.: VK 3–84/06; B. v. 7. 8. 2006 – Az.: VK 3–81/06; B. v. 7. 8. 2006 – Az.: VK 3–78/06; B. v. 2. 8. 2006 – Az.: VK 3–75/06; B. v. 4. 7. 2006 – Az.: VK 3–60/06; B. v. 30. 6. 2006 – Az.: VK 3–45/06; B. v. 30. 6. 2006 – Az.: VK 3–42/06; B. v. 29. 6. 2006 – Az.: VK 3–48/06; B. v. 29. 6. 2006 – Az.: VK 3–39/06; B. v. 12. 7. 2005 – Az.: VK 3–67/05; B. v. 12. 7. 2005 – Az.: VK 3–64/05; B. v. 27. 5. 2005 – Az.: VK 3–37/05; VK Hamburg, B. v. 17. 12. 2002 – Az.: VgK FB 3/02; VK Hessen, B. v. 30. 5. 2005 – Az.: 69 d VK – 16/2005; B. v. 30. 5. 2005 – Az.: 69 d VK – 10/2005; B. v. 2. 1. 2003 – Az.: 69 d VK – 53/2002; B. v. 2. 1. 2003 – Az.: 69 d VK – 54/2002; B. v. 2. 1. 2003 – Az.: 69 d VK – 55/2002; B. v. 2. 1. 2003 – Az.: 69 d VK – 57/2002; VK Münster, B. v. 21. 12. 2001 – Az.: VK 22/01; VK Nordbayern, B. v. 28. 1. 2009 – Az.: 21.VK – 3194 – 55/08; B. v. 26. 2. 2008 – Az.: 21.VK – 3194 – 02/08; B. v. 4. 12. 2006 – Az.: 21.VK – 3194 – 39/06; VK Rheinland-Pfalz, B. v. 13. 2. 2001 – Az.: VK 28/00; 1. VK Sachsen, B. v. 27. 3. 2006 – Az.: 1/SVK/021-06; B. v. 11. 2. 2005 – Az.: 1/SVK/128-04; VK Schleswig-Holstein, B. v. 6. 6. 2007 – Az.: VK-SH 10/07; B. v. 26. 10. 2004 – Az.: VK-SH 26/04; VK Südbayern, B. v. 14. 9. 2007 – Az.: Z3-3-3194-1-33–07/07; B. v. 10. 2. 2006 – Az. Z3-3-3194-1-57–12/05).

10388 Nach der Gegenmeinung ist zwar richtig, dass **§ 16 Abs. 6 Satz 2 VOL/A in erster Linie dem Schutz des Auftraggebers dient**. Der Auftraggeber muss ein Interesse daran haben, nicht mit einer Zuschlagserteilung auf ein sog. Unterangebot Gefahr zu laufen, dass der Auftragnehmer den Auftrag nicht ordnungsgemäß erfüllen kann. Die **Vorschriften schützen aber auch den Mitbewerber, der sich gleichfalls an der Ausschreibung beteiligt hat und zu Recht erwartet, dass seinem Angebot nicht ein unseriös kalkuliertes Angebot vorgezogen wird**, bei dem die ordnungsgemäße Vertragsdurchführung möglicherweise nicht sichergestellt ist. Auch hat er einen Anspruch darauf, dass Dumping-Angebote, die nicht wettbewerblich begründet sind oder zur gezielten und planmäßigen Verdrängung von Wettbewerbern abgegeben werden, nicht zum Zuge kommen. Dies folgt auch aus dem Wettbewerbsgrundsatz, der es erfordert, dass alle Unternehmen, die sich an der öffentlichen Ausschreibung beteiligen wollen und leistungsfähig sind, eine gerechte Chance auf den Zuschlag erhalten (OLG Celle,

Vergabe- und Vertragsordnung für Leistungen Teil A VOL/A § 16 **Teil 4**

B. v. 18. 12. 2003 – Az.: 13 Verg 22/03; 2. VK Brandenburg, B. v. 10. 11. 2006 – Az.: 2 VK 44/06; 2. VK Mecklenburg-Vorpommern, B. v. 28. 11. 2008 – Az.: 2 VK 7/08; 3. VK Saarland, B. v. 12. 12. 2005 – Az.: 3 VK 03/2005 und 3 VK 04/2005; 1. VK Sachsen, B. v. 23. 2. 2009 – Az.: 1/SVK/003–09; B. v. 9. 2. 2009 – Az.: 1/SVK/071-08; B. v. 27. 3. 2006 – Az.: 1/SVK/021-06; B. v. 28. 5. 2001 – Az.: 1/SVK/35-01, B. v. 27. 1. 2003 – Az.: 1/SVK/123-02, 1/SVK/123-02G; VK Südbayern, B. v. 10. 2. 2006 – Az. Z3-3-3194-1-57–12/05).

Vermittelnd zwischen diesen beiden Positionen steht die Auffassung, dass man eine **Ausnahme vom grundsätzlich nicht bieterschützenden Charakter** des § 16 Abs. 6 Satz 2 VOL/A lediglich **in eng begrenzten Ausnahmefällen** annehmen kann, zum Beispiel wenn **das Angebot in der zielgerichteten Absicht erfolgt, einen oder mehrere Wettbewerber vom Markt zu verdrängen** (OLG Düsseldorf, B. v. 14. 10. 2009 – Az.: VII-Verg 40/09; B. v. 25. 2. 2009 – Az.: VII-Verg 6/09; B. v. 29. 9. 2008 – Az.: VII-Verg 50/08; B. v. 28. 9. 2006 – Az.: VII – Verg 49/06; B. v. 17. 6. 2002 – Az.: Verg 18/02, B. v. 4. 9. 2002 – Verg 37/02; in diese Richtung BayObLG, B. v. 3. 7. 2002 – Az.: Verg 13/02; OLG Koblenz, B. v. 15. 10. 2009 – Az.: 1 Verg 9/09; B. v. 26. 10. 2005 – Az.: 1 Verg 4/05; OLG Naumburg, B. v. 2. 4. 2009 – Az.: 1 Verg 10/08; LSG Nordrhein-Westfalen, B. v. 10. 3. 2010 – Az.: L 21 SF 41/10; VK Arnsberg, B. v. 3. 12. 2009 – Az.: VK 30/09; VK Baden-Württemberg, B. v. 26. 3. 2010 – Az.: 1 VK 11/10; B. v. 2. 2. 2010 – Az.: 1 VK 75/09; B. v. 28. 7. 2009 – Az.: 1 VK 42/09; B. v. 5. 1. 2009 – Az.: 1 VK 63/08; B. v. 12. 12. 2008 – Az.: 1 VK 50/08; B. v. 17. 1. 2008 – Az.: 1 VK 52/07; B. v. 16. 11. 2004 – Az.: 1 VK 69/04, B. v. 12. 11. 2004 – Az.: 1 VK 70/04; 1. VK Brandenburg, B. v. 13. 7. 2007 – Az.: 1 VK 24/07; B. v. 8. 12. 2006 – Az.: 1 VK 49/06; 1. VK Bund, B. v. 3. 2. 2010 – Az.: VK 1–236/09; B. v. 7. 4. 2009 – Az.: VK 1–32/09; B. v. 29. 1. 2009 – Az.: VK 1–180/08; B. v. 20. 12. 2007 – Az.: VK 1–143/07; B. v. 30. 8. 2005 – Az.: VK 1–95/05; B. v. 30. 8. 2005 – Az.: VK 1–92/05; B. v. 30. 8. 2005 – Az.: VK 1–89/05; B. v. 28. 12. 2004 – Az.: VK 1–141/04; B. v. 15. 7. 2003 – Az.: VK 1–53/03, B. v. 22. 5. 2003 – Az.: VK 1–29/03; 2. VK Bund, B. v. 22. 12. 2009 – Az.: VK 2–204/09; B. v. 30. 10. 2009 – Az.: VK 2–180/09; B. v. 16. 9. 2008 – Az.: VK 2–97/08; B. v. 6. 6. 2008 – Az.: VK 2–46/08; B. v. 15. 11. 2007 – Az.: VK 2–123/07, B. v. 15. 11. 2007 – Az.: VK 2–120/07, B. v. 15. 11. 2007 – Az.: VK 2–117/07, B. v. 15. 11. 2007 – Az.: VK 2–114/07, B. v. 15. 11. 2007 – Az.: VK 2–108/07, B. v. 15. 11. 2007 – Az.: VK 2–105/07; B. v. 15. 11. 2007 – Az.: VK 2–102/07; B. v. 18. 8. 2005 – Az.: VK 2–93/05; B. v. 18. 8. 2005 – Az.: VK 2–90/05; B. v. 11. 11. 2004 – Az.: VK 2–196/04; B. v. 8. 1. 2004 – Az.: VK 2–124/031; 3. VK Bund, B. v. 10. 12. 2009 – Az.: VK 3–211/09; B. v. 26. 3. 2009 – Az.: VK 3–43/09; B. v. 6. 8. 2008 – Az.: VK 3–104/08; B. v. 24. 7. 2008 – Az.: VK 3–95/08; B. v. 16. 6. 2008 – Az.: VK 3–65/08; B. v. 14. 11. 2007 – Az.: VK 3–124/07; B. v. 7. 8. 2006 – Az.: VK 3–93/06; B. v. 7. 8. 2006 – Az.: VK 3–90/06; B. v. 7. 8. 2006 – Az.: VK 3–87/06; B. v. 7. 8. 2006 – Az.: VK 3–84/06; B. v. 7. 8. 2006 – Az.: VK 3–81/06; B. v. 7. 8. 2006 – Az.: VK 3–78/06; B. v. 2. 8. 2006 – Az.: VK 3–75/06; B. v. 4. 7. 2006 – Az.: VK 3–60/06; B. v. 29. 6. 2006 – Az.: VK 3–48/06; B. v. 29. 6. 2006 – Az.: VK 3–39/06; B. v. 7. 9. 2005 – Az.: VK 3–115/05; B. v. 7. 9. 2005 – Az.: VK 3–112/05; B. v. 6. 9. 2005 – Az.: VK 3–109/05; B. v. 31. 8. 2005 – Az.: VK 3–106/05; B. v. 31. 8. 2005 – Az.: VK 3–103/05; B. v. 31. 8. 2005 – Az.: VK 3–100/05; B. v. 31. 8. 2005 – Az.: VK 3–97/05; B. v. 12. 8. 2005 – Az.: VK 3–94/05; B. v. 12. 8. 2005 – Az.: VK 3–91/05; B. v. 12. 8. 2005 – Az.: VK 3–88/05; B. v. 11. 8. 2005 – Az.: VK 3–85/05; B. v. 12. 7. 2005 – Az.: VK 3–67/05; B. v. 28. 9. 2004 – Az.: VK 3–107/04; VK Münster, B. v. 2. 7. 2004 – Az.: VK 13/04; VK Nordbayern, B. v. 28. 1. 2009 – Az.: 21.VK – 3194 – 55/08; B. v. 26. 2. 2008 – Az.: 21.VK – 3194 – 02/08; B. v. 21. 11. 2003 – Az.: 320.VK-3194-38/03; VK Südbayern, B. v. 14. 9. 2007 – Az.: Z3-3-3194-1-33–07/07; B. v. 10. 2. 2006 – Az. Z3-3-3194-1-57–12/05). Die **Verdrängung aus einer einzelnen Auftragsvergabe ist grundsätzlich nicht ausreichend.** Drittschützende Wirkung kann der Vorschrift auch in den Fällen zukommen, in denen die **Unterangebote den Bieter selber in solche Schwierigkeiten** bringen, dass er den Auftrag nicht vertragsgemäß durchführen kann (OLG Düsseldorf, B. v. 29. 9. 2008 – Az.: VII-Verg 50/08; B. v. 28. 9. 2006 – Az.: VII – Verg 49/06; VK Baden-Württemberg, B. v. 26. 3. 2010 – Az.: 1 VK 11/10; B. v. 12. 12. 2008 – Az.: 1 VK 50/08; 1. VK Bund, B. v. 7. 4. 2009 – Az.: VK 1–32/09; B. v. 20. 12. 2007 – Az.: VK 1–143/07; B. v. 28. 12. 2004 – Az.: VK 1–141/04; B. v. 26. 2. 2003 – Az.: VK 1–07/03; 3. VK Bund, B. v. 6. 8. 2008 – Az.: VK 3–104/08; B. v. 24. 7. 2008 – Az.: VK 3–95/08; VK Südbayern, B. v. 14. 9. 2007 – Az.: Z3-3-3194-1-33–07/07).

Maßgebend für die Verdrängung ist der **Anbietermarkt für Leistungen der ausgeschriebenen Art**, der nicht auf das Zuständigkeitsgebiet des Auftraggebers zu beschränken ist,

10389

10390

sondern – z. B. für Entsorgungsleistungen – **wahrscheinlich bundesweit abzugrenzen** ist (OLG Düsseldorf, B. v. 25. 2. 2009 – Az.: VII-Verg 6/09).

116.4 Wertungsstufen

116.4.1 Erläuternde Hinweise der VOL/A

10391 Aus der Anordnung der Absätze des § 16 ist keine verbindliche Prüfungs- und Wertungsreihenfolge abzuleiten.

116.4.2 Änderung durch die VOL/A 2009

10392 Bei der Wertung nach § 16 VOL/A (und § 16 VOB/A) werden die **Angebote nach ihrer Gesamtheit betrachtet** und **miteinander** hinsichtlich ihres Inhalts und ihrer Preise **verglichen**. Die Wertung der Angebote erfolgt in **vier Stufen**:

– Ermittlung der Angebote, die wegen inhaltlicher oder formeller Mängel auszuschließen sind (§ 16 Abs. 1–4 VOL/A),

– Prüfung der Eignung der Bieter in persönlicher und sachlicher Hinsicht (§ 16 Abs. 5 VOL/A),

– Prüfung der Angebotspreise (§ 16 Abs. 6 VOL/A) und

– Auswahl des wirtschaftlichsten Angebots (§ 18 Abs. 1 VOL/A).

10393 **Auffallend – und für die Praxis eher verwirrend** – ist die formale Trennung der ersten drei Wertungsstufen (in § 16 VOL/A geregelt) und der vierten Wertungsstufe (in § 18 Abs. 1 geregelt).

10394 Im Gegensatz dazu sind in **§ 16 VOB/A 2009 alle Wertungsstufen enthalten**.

116.4.3 Rechtsprechung zu den Wertungsstufen

10395 Da sich **inhaltlich an den Wertungsstufen der VOL/A nichts geändert** hat, kann die Rechtsprechung zu § 25 VOL/A weiter verwendet werden.

10396 Im Wertungsvorgang ist **nacheinander zu untersuchen**, ob Angebote ausgeschlossen werden müssen, ob die Bieter geeignet sind, welche in der Wertung verbliebenen Angebote in die engere Wahl kommen und welches von diesen Angeboten das annehmbarste Angebot ist (BGH, Urteil v. 15. 4. 2008 – Az.: X ZR 129/06; OLG Celle, B. v. 31. 7. 2008 – Az.: 13 Verg 3/08; B. v. 3. 3. 2005 – Az.: 13 Verg 21/04; Thüringer OLG, Urteil vom 27. 2. 2002 – Az.: 6 U 360/01; VK Baden-Württemberg, B. v. 18. 7. 2003 – Az.: 1 VK 30/03, B. v. 21. 11. 2001 – Az.: 1 VK 37/01; 1. VK Brandenburg, B. v. 14. 6. 2007 – Az.: 1 VK 17/07; B. v. 14. 5. 2007 – Az.: 2 VK 14/07; 1. VK Bund, B. v. 11. 11. 2003 – Az.: VK 1–103/03; 2. VK Bund, B. v. 10. 12. 2003 – Az.: VK 1–116/03; 3. VK Bund, B. v. 16. 3. 2007 – Az.: VK 3–13/07; 2. VK Mecklenburg-Vorpommern, B. v. 7. 1. 2008 – Az.: 2 VK 5/07; VK Lüneburg, B. v. 23. 2. 2004 – Az.: 203-VgK-01/2004; VK Münster, B. v. 28. 6. 2007 – Az.: VK 10/07; 1. VK Sachsen, B. v. 21. 2. 2005 – Az.: 1/SVK/008-05; B. v. 11. 2. 2005 – Az.: 1/SVK/128-04; B. v. 8. 2. 2005 – Az.: 1/SVK/003–05; VK Südbayern, B. v. 29. 4. 2009 – Az.: Z3-3-3194-1-11–03/09; B. v. 21. 7. 2005 – Az.: 30-06/05; B. v. 11. 5. 2005 – Az.: 17-04/05). Die Vergabestelle hat auf dieser Grundlage das wirtschaftlich annehmbarste Angebot auszuwählen, auf das der Zuschlag zu erteilen ist (BGH, Urteil v. 15. 4. 2008 – Az.: X ZR 129/06). Diese **strenge Struktur ergibt sich aus den Vorgaben des Europäischen Vergaberechts** (2. VK Bremen, B. v. 25. 6. 2003 – Az.: VK 10/03).

116.4.4 Grundsätzliche Trennung der einzelnen Stufen bei der Wertung

10397 Die vier strikt vorgegebenen Wertungsstufen sind **unbedingt voneinander zu trennen**. Eine **Vermischung der Wertungsstufen** ist unzulässig und **kann zur Rechtswidrigkeit des Vergabeverfahrens führen** (BGH, Urteil v. 15. 4. 2008 – Az.: X ZR 129/06; Thüringer OLG, Urteil vom 27. 2. 2002 – Az.: 6 U 360/01; VK Brandenburg, B. v. 14. 6. 2007 – Az.: 1 VK 17/07; B. v. 14. 5. 2007 – Az.: 2 VK 14/07; B. v. 26. 4. 2004 – Az.: VK 7/04; B. v. 27. 10.

2003 – Az.: VK 60/03, B. v. 18. 11. 2002 – Az.: VK 60/02; 2. VK Bremen, B. v. 25. 6. 2003 – Az.: VK 10/03; 1. VK Bund, B. v. 5. 8. 2009 – Az.: VK 1–128/09; 3. VK Bund, B. v. 23. 1. 2009 – Az.: VK 3–194/08; B. v. 16. 3. 2007 – Az.: VK 3–13/07; VK Köln, B. v. 28. 11. 2006 – Az.: VK VOL 37/2006; 2. VK Mecklenburg-Vorpommern, B. v. 7. 1. 2008 – Az.: 2 VK 5/07; VK Münster, B. v. 28. 6. 2007 – Az.: VK 10/07; B. v. 17. 11. 2005 – Az.: VK 21/05; VK Sachsen, B. v. 11. 2. 2005 – Az.: 1/SVK/128-04; VK Südbayern, B. v. 21. 7. 2005 – Az.: 30-06/05; B. v. 11. 5. 2005 – Az.: 17-04/05).

116.4.5 Verpflichtung zur umfassenden Prüfung und Wertung aller Angebote?

Aus den gesetzlichen Vorschriften lässt sich **keine Verpflichtung der Vergabestelle** herleiten, **alle eingegangenen Angebote bis ins letzte Detail abschließend zu prüfen**, wenn **klar erkennbar ist, dass bestimmte Details für das Wertungsergebnis unter keinen denkbaren Umständen von Relevanz** sind. Die gegenteilige Auffassung führt dazu, dass die Ressourcen der Vergabestelle in der Kürze der ihr zur Verfügung stehenden Prüfungszeit übermäßig beansprucht würden, ohne dass dem ein für die Wertung bedeutsames Resultat gegenüberstehen würde. Das gilt insbesondere für Fälle, bei dem die Prüfung mit einem großen personellen und Sachaufwand verbunden ist (2. VK Bund, B. v. 18. 7. 2002, Az.: VK 2–40/02). 10398

Es ist **unter Wahrung der Wettbewerbsgrundsätze zulässig, bei Vorliegen sehr vieler Angebote zunächst die 10 preisgünstigsten Angebote** auf formale Korrektheit, Eignung und Wirtschaftlichkeit zu überprüfen und, sollte sich daraus kein zuschlagsfähiges Angebot ermitteln lassen, **dann die nächste Preisgruppe zu prüfen, wenn die strikte inhaltliche Trennung der Wertungsstufen eingehalten** wird (VK Düsseldorf, B. v. 11. 1. 2006 – Az.: VK – 50/2005 – L). 10399

Solange nicht einzelne Erwägungen oder Kriterien miteinander vermischt oder doppelt geprüft werden, **darf ein öffentlicher Auftraggeber die Angebotswertung auch so gestalten, dass er etwa Angebote, von denen klar zu erkennen ist, dass sie nach den anzuwendenden Wertungskriterien keine Aussicht auf den Zuschlag haben, vorab aussondert und den entsprechenden Wertungsschritt vorzieht, um den Prüfungsaufwand zu begrenzen** (1. VK Bund, B. v. 5. 8. 2009 – Az.: VK 1–128/09). 10400

116.4.6 Prüfungsreihenfolge der einzelnen Stufen

Die **strikte Einhaltung einer Reihenfolge ist nicht zwingend vorgegeben**. Artikel 44 Abs. 1 der Richtlinie 2004/18/EG des Europäischen Parlaments und des Rates vom 31. März 2004 über die Koordinierung der Verfahren zur Vergabe öffentlicher Bauaufträge, Lieferaufträge und Dienstleistungsaufträge – VKR – kann nicht so verstanden werden, dass im Rahmen der Eignungsprüfung auch Angebote ausgeschlossen werden sollen, bei denen auf Grund besonderer Umstände eine sinnvolle Aussage über die Eignung noch gar nicht möglich ist. Ein **logischer Zwang, die Eignung abschließend vor der Wirtschaftlichkeit zu prüfen, besteht** gerade wegen des Gebotes der strikten Trennung nicht. Eine Änderung der Prüfungsfolge **kann allenfalls dazu führen, dass das Angebot, das als wirtschaftlichstes ermittelt wurde, heraus fällt und das nächst wirtschaftlichste „nachrückt"; das Ergebnis wäre nicht anders als bei Einhaltung der regelmäßigen Reihenfolge**. Deshalb ist es ja auch unproblematisch, dass der Auftraggeber in eine erneute Prüfung der Eignung eintritt, wenn die Vergabestelle z. B. von schweren Verfehlungen erst nachträglich erfährt; dann ist der Auftraggeber sogar verpflichtet, die Zuverlässigkeitsprüfung nochmals aufzugreifen (2. VK Mecklenburg-Vorpommern, B. v. 7. 1. 2008 – Az.: 2 VK 5/07). 10401

Der **Grundsatz der Trennung der Wertungsstufen ist also nicht zeitlich dergestalt zu verstehen, dass jede einzelne Stufe gleichermaßen „bestandskräftig" abgeschlossen ist, bevor die nächste angegangen wird**. Vielmehr ist das **Gebot der Trennung der Wertungsstufen in erster Linie inhaltlicher Natur**, das heißt Aspekte, die bereits auf einer Stufe bei der Angebotsprüfung eine Rolle gespielt haben, dürfen bei der späteren Wertung auf der vierten Stufe nicht mehr berücksichtigt werden. Dies betrifft in erster Linie die Trennung von Eignung und Wirtschaftlichkeitsprüfung, so dass einem geeignetem Unternehmen bei der Wirtschaftlichkeitsprüfung auf der vierten Wertungsebene nicht nochmals „Pluspunkte" gegeben werden dürfen, weil der Auftraggeber es für geeigneter hält als einen ebenfalls grundsätzlich geeigneten Konkurrenten. Verboten ist es einem öffentlichen Auftraggeber außerdem, eine feh- 10402 lerfrei getroffene Entscheidung, für die ihm ein Beurteilungsspielraum eingeräumt ist (z. B. ob ein Bieter angesichts der vorgelegten Nachweise als geeignet anzusehen ist), durch eine andere, ebenso von seinem Beurteilungsspielraum gedeckte Entscheidung zu ersetzen. Eine solche **inhaltliche Vermischung von Stufen und der dort bereits berücksichtigten Aspekte findet jedoch nicht statt, wenn formale Eignungsnachweise erst dann vorgelegt werden, nachdem die Angebotswertung auf der vierten Wertungsstufe bereits erfolgt** ist. Ebenso wenig wie das nachträgliche Feststellen von Fehlern z. B. bei der Eignungsprüfung, die vom Auftraggeber in jedem Stadium des Vergabeverfahrens und gegebenenfalls auch erst im Nachprüfungsverfahren zu berücksichtigen sind, verstößt es gegen die rechtlichen Grundsätze der Angebotswertung, wenn ein Auftraggeber z. B. aus Gründen der Verfahrensvereinfachung erst von denjenigen Bietern Eignungsnachweise abfordert, die nach der Prüfung der Wirtschaftlichkeit der Angebote in die engere Wahl kommen (3. VK Bund, B. v. 23. 1. 2009 – Az.: VK 3–194/08).

116.4.7 Verpflichtung des öffentlichen Auftraggebers, zwingend auszuschließende Angebote auf den weiteren Wertungsstufen weiter zu prüfen und zu werten?

10403   Zwar ist ein öffentlicher Auftraggeber, der **auf der zweiten Wertungsstufe** im Rahmen der formellen Eignungsprüfung **Ausschlussgründe** feststellt, **im Regelfall nicht gehalten, bislang ungeprüfte Angebotselemente einer weiteren inhaltlichen Bewertung zu unterziehen**. Dieses gilt jedenfalls dann, wenn nicht konkrete Anhaltspunkte nahe legen, dass die Erklärungen, deren Fehlen oder Unvollständigkeit den Ausschluss begründen, an anderer Stelle des Angebots nachgeholt werden. Insbesondere bei **Massenausschreibungen mit identischen Verdingungsunterlagen und einer hohen Anzahl von Bietern** hat der öffentliche Auftraggeber ein berechtigtes Interesse daran, bei der Angebotswertung mit Hilfe eigens entwickelter Formulare nur die wertungsrelevanten Aspekte festzustellen und sich diese nicht aus einem umfangreichen Angebot zusammen zu suchen. Führt der öffentliche **Auftraggeber aber trotz des Vorliegens eines Ausschlussgrundes eine weitere Angebotsprüfung** durch, so **dürfen die sich aus der fortgesetzten tatsächlichen Befassung mit dem Inhalt des Angebots ergebenden Erkenntnisse nicht unberücksichtigt** bleiben. Diese Verpflichtung findet ihre Rechtfertigung in der Selbstbindung des öffentlichen Auftraggebers. Seine Entscheidung, die Bewertung fortzusetzen, dient dem Ziel, sich weitere Erkenntnisse über den Inhalt des Angebots zu verschaffen. Sie ist damit nur sinnvoll, wenn sichergestellt ist, dass diese Erkenntnisse auch bei der Entscheidung über die Zuschlagsfähigkeit des Angebots verwertet werden und **vorläufige Ergebnisse gegebenenfalls korrigiert werden** können (OLG Düsseldorf, B. v. 12. 10. 2007 – Az.: VII – Verg 28/07).

116.4.8 Verpflichtung des öffentlichen Auftraggebers zur Schaffung eines Informationskreislaufs bei einer arbeitsteiligen Organisation der Prüfung und Wertung

10404   Eine **arbeitsteilige Organisation der Prüfungsabläufe** birgt – anders als wenn Prüfung und Entscheidung in der Hand einer Person liegen – **grundsätzlich die Gefahr, dass relevante Informationen nicht weitergeleitet** und damit bei der abschließenden Entscheidung nicht verwertet werden. Da der Bieter aber in arbeitsteilig organisierten Vergabeverfahren nicht anders und schlechter stehen darf, als wäre sein Angebot von einer Person geprüft worden, **obliegt es dem öffentlichen Auftraggeber, durch organisatorische Vorkehrungen einen Informationskreislauf zu schaffen**, der die Verwertbarkeit sämtlicher Erkenntnisse der tatsächlich durchgeführten Wertungsstufen sicherstellt. So muss er dafür Sorge tragen, dass die mit der weiteren Bewertung des Angebots befassten Prüfer über bis dato erkannte Ausschlussgründe und den sie tragenden Sachverhalt informiert sind und dass der Rücklauf neuer Erkenntnisse zu der für die abschließende Entscheidung zuständige Stelle gesichert ist. So muss z. B. ein Auftraggeber dann, wenn er sich trotz des Vorliegens von Ausschlussgründen auf der zweiten Wertungsstufe zur Fortsetzung der Angebotswertung entschließt, veranlassen, dass der mit der weiteren Bewertung befassten Prüfgruppe das bisherige Prüfergebnis nebst Begründung bekannt gemacht wird und **etwaige neue, eine Korrektur der vorläufigen Ausschlussentscheidung rechtfertigende Erkenntnisse an die über den Zuschlag entscheidende Stelle zurück gelangt** (OLG Düsseldorf, B. v. 12. 10. 2007 – Az.: VII – Verg 28/07).

116.4.9 Abschließende positive Regelung der Ausschlussgründe im Vergaberecht?

Die **Rechtsprechung** ist insoweit **nicht einheitlich.**

Daraus, dass die Ausschlussgründe von Angeboten in der Vergabekoordinierungsrichtlinie (Richtlinie 2004/18/EG) nicht geregelt sind, lassen sich, da die Richtlinie kein umfassendes und abschließendes Regelwerk beinhaltet, keine Rückschlüsse auf die Unzulässigkeit eines Ausschlussgrundes ziehen. **Die Richtlinie enthält insbesondere keinen abschließenden Katalog der von der Vergabestelle zu berücksichtigenden Ausschlusskriterien. Vielmehr gilt, soweit die Richtlinie keine Regelung enthält, das bisherige Recht weiter** (OLG München, B. v. 7. 4. 2006 – Az.: Verg 05/06).

Die **Ausschlussgründe des § 16 Abs. 3, 4 VOL/A** (nicht anders verhält es sich im Anwendungsbereich des **§ 16 Abs. 1 VOB/A**) sind **restriktiv anzuwenden.** Sie **erlauben keine erweiternde Auslegung** oder eine **entsprechende Anwendung** auf – vermeintlich – gleich oder ähnlich gelagerte Fallgestaltungen (OLG Düsseldorf, B. v. 14. 10. 2009 – Az.: VII-Verg 9/09).

GWB, VgV, VOB/A, VOL/A und VOF normieren die für den Ausschluss von Bietern und Angeboten geltenden Ausschlussgründe abschließend. Dem öffentlichen **Auftraggeber ist es somit verwehrt, außerhalb dieser vergaberechtlich geregelten Ausschlusstatbestände weitere Ausschlussgründe festzulegen.** Der Handlungsspielraum des öffentlichen Auftraggebers beschränkt sich insoweit auf die Möglichkeit, in der Bekanntmachung oder den Vergabeunterlagen Obliegenheiten des Bieters festzulegen, die sich bei Nichterfüllung unter einen vergaberechtlich normierten Ausschlusstatbestand subsumieren lassen (1. VK Bund, B. v. 18. 1. 2007 – Az.: VK 1–148/06; 3. VK Bund, B. v. 18. 3. 2008 – Az.: VK 3–35/08).

Auch für den **Fall, dass „rechnerische Fehler" bei der Überprüfung der Angebote auftauchen, geht die VOL grundsätzlich nicht davon aus, solche Angebote von der weiteren Vergabe auszuschließen.** Insoweit fehlt in § 16 Abs. 3, 4 VOL/A eine entsprechende Ausschlussbestimmung; vielmehr bleiben derartige Angebote mit im Vergabewettbewerb (VK Saarland, B. v. 2. 2. 2009 – Az.: 1 VK 10/2008).

Mit einem **Ausschluss z. B. wegen Nichtvorlage von Führungszeugnissen wird kein neuer weiterer Ausschlussgrund geschaffen.** Das **Anfordern von Unterlagen dient lediglich der Überprüfung, ob ein Ausschlusstatbestand gegeben** ist. Die Tatsache, dass ein Ausschluss geboten ist, wenn zulässigerweise geforderte Nachweise nicht rechtzeitig vorgelegt werden, ist bereits in § 16 Abs. 2 VOL/A geregelt. Es handelt sich folglich um keinen neuen Ausschlussgrund (VK Baden-Württemberg, B. v. 10. 10. 2008 – Az.: 1 VK 31/08).

Nach anderer Auffassung ist der **Ausschlussgrund der Nichterfüllung der Anforderungen des Leistungsverzeichnisses nicht ausdrücklich in der VOL/A oder der VOB/A genannt,** doch muss ein derartiges Angebot ausgeschlossen werden, weil es wegen der sich nicht deckenden Willenserklärungen nicht zu dem beabsichtigten Vertragsschluss führen kann (OLG München, B. v. 29. 3. 2007 – Az.: Verg 02/07; BayObLG, B. v. 8. 12. 2004 – Az.: Verg 019/04; im Ergebnis ebenso VK Hannover, B. v. 29. 9. 2004 – Az.: 26 045 – VgK 09/2004; VK Nordbayern, B. v. 12. 11. 2004 – Az.: 320.VK – 3194 – 43/04; VK Schleswig-Holstein, B. v. 14. 9. 2005 – Az.: VK-SH 21/05). Dieser **Fall** lässt sich aber ohne weiteres dem **Ausschlussgrund der Änderung der Vergabeunterlagen** (§ 16 Abs. 3 lit. d) VOL/A) zuordnen.

Es genügt in diesem Sinne vergaberechtlich auch nicht, dass die für das Inverkehrbringen oder die Inbetriebnahme erforderlichen technischen Voraussetzungen eines Gerätes erst zum Zeitpunkt der Lieferung vorliegen. Vielmehr **kommt es für die Frage, ob das Gerät der Leistungsbeschreibung entspricht, auf den Zeitpunkt der Angebotslegung an.** Wollte man auf den in der Zukunft liegenden Lieferzeitpunkt abstellen, würde in das Vergabeverfahren eine nicht tolerierbare Unsicherheit getragen. Es wäre nämlich nicht sicher, ob die Voraussetzung z. B. der MPG-Konformität jemals vorliegen wird und damit ein Vertrag über die Lieferung des Geräts zustande kommt, für das der Zuschlag erteilt werden soll. Dies **gilt auch dann, wenn diese Unsicherheit nur bei einem optional angebotenen Gerät besteht und ggf. auf die Standardposition zurückgegriffen werden kann** (OLG München, B. v. 27. 1. 2006 – Az.: VII – Verg 1/06).

Ein **Ausschlussgrund kann sich auch daraus ergeben, dass das Angebot hinsichtlich seines Leistungsinhalts ungenau** ist. Das Angebot muss so klar und eindeutig formuliert sein,

Teil 4 VOL/A § 16 Vergabe- und Vertragsordnung für Leistungen Teil A

dass der Auftraggeber nur noch durch einfache Annahmeerklärung (den Zuschlag) einen eindeutigen Vertrag zustande bringen kann, ohne dass er sich der Gefahr aussetzt, dass es im Laufe der Vertragsabwicklung zu Auseinandersetzungen über den Angebotsinhalt kommt. Erfüllt das Angebt diese Vorgaben nicht, so **stellt dies einen Ausschlussgrund dar**. Wenn schon Änderungen des Bieters an seinen Angaben zweifelsfrei sein müssen, so muss dies nämlich erst recht das Angebot als solches sein (3. VK Bund, B. v. 16. 2. 2006 – Az.: VK 3 – 03/06).

116.5 Grundsatz der Wahrheit der Bieterangaben

10414   Im Rahmen der Prüfung und Wertung **darf ein öffentlicher Auftraggeber zunächst grundsätzlich darauf vertrauen, dass die von einem Bieter in den Angebotsunterlagen gemachten Angaben wahrheitsgemäß erfolgt** sind. Lediglich dann, wenn ihm **konkrete Anhaltspunkte** vorliegen, die zuverlässige Rückschlüsse darauf ermöglichen, dass bestimmte **Erklärungen des Bieters nicht der Wahrheit entsprechen**, ist er gehalten, von Amts wegen die **Richtigkeit der entsprechenden Angaben näher zu überprüfen** (OLG Celle, B. v. 13. 12. 2007 – Az.: 13 Verg 10/07; VK Brandenburg, B. v. 17. 12. 2009 – Az.: VK 21/09). Werden **aufgrund konkreter Anhaltspunkte Angebotsaufklärungen notwendig**, die z. B. die **Nichteinhaltung der Mindestanforderungen bei der Eignungsprüfung auf der zweiten Wertungsstufe zum Ergebnis haben**, läge ein **Verstoß gegen das Gleichbehandlungsgebot** aus § 97 Abs. 2 GWB vor, **sähe der Auftraggeber bei dieser gesicherten Erkenntnis zugunsten eines Bieters von der Einhaltung der für alle Bieter geltenden Ausschreibungsbedingungen** ab (VK Brandenburg, B. v. 17. 12. 2009 – Az.: VK 21/09).

116.6 1. Wertungsstufe: Prüfung und Ausschluss nach § 16 Abs. 1–4

116.6.1 Gegenstand der 1. Wertungsstufe (§ 16 Abs. 1)

Die **Angebote** sind **auf Vollständigkeit** sowie **auf rechnerische und fachliche Richtigkeit** zu prüfen.

116.6.2 Prüfung auf Vollständigkeit

116.6.2.1 Grundsatz

10415   Die **Angebote** sind daraufhin **zu überprüfen, ob alle geforderten Erklärungen – einschließlich der Preisangaben – und Nachweise in dem Angebot enthalten** sind. Dabei kann es sich um Eignungserklärungen und -nachweise (z. B. Eigenerklärung über den Personalstand, Unbedenklichkeitsbescheinigung von Sozialversicherungsträgern) sowie um fachliche Erklärungen und Nachweise handeln.

10416   Das **Ergebnis ist zu dokumentieren** und bildet die **Grundlage entweder für Nachforderungen** nach § 16 Abs. 2 **oder für den Angebotsausschluss** nach § 16 Abs. 3.

116.6.2.2 Fehlende oder unvollständige Preisangaben

10417   116.6.2.2.1 **Grundsätze**. Jedes **Angebot**, dass **nicht alle geforderten Preise mit dem Betrag** angibt, der für die betreffende Leistung beansprucht wird, ist **unvollständig** (OLG Düsseldorf, B. v. 9. 2. 2008 – Az.: VII-Verg 66/08; B. v. 10. 12. 2008 – Az.: VII-Verg 51/08; B. v. 20. 10. 2008 – Az.: VII – Verg 41/08; OLG Koblenz, B. v. 15. 5. 2003 – Az.: 1 Verg 3/03; VK Bund, B. v. 14. 8. 2003 – Az.: VK 2–62/03).

10418   Als **fehlende Preisangabe ist eine Auslassung oder eine Angabe mit unbestimmtem Bedeutungsgehalt** zu bewerten (OLG Naumburg, B. v. 2. 4. 2009 – Az.: 1 Verg 10/08).

10419   Für die Qualifizierung eines Angebots wegen fehlender Preisangaben muss eine **Erklärungslücke** bestehen, die **nur der Bieter füllen kann** (VK Arnsberg, B. v. 29. 1. 2009 – Az.: VK 34/08).

10420   Von einer **unvollständigen Preisangabe** kann nur ausgegangen werden, wenn bezüglich sämtlicher oder zumindest einer einzigen Ordnungsziffer(n) des Leistungsverzeichnisses dargelegt wird, dass zwar – wie vom Auftraggeber gefordert – **ein Preis angegeben** wurde, der aber **dem tatsächlich vom Bieter für die Leistung beanspruchten Preis nicht entspricht**, und damit die Preisangabe unvollständig ist (OLG Düsseldorf, B. v. 9. 2. 2009 – Az.: VII-Verg 66/08; B. v. 20. 10. 2008 – Az.: VII – Verg 41/08; B. v. 29. 9. 2008 – Az.: VII-Verg 50/08; OLG Naumburg, B. v. 2. 4. 2009 – Az.: 1 Verg 10/08).

Der **Einwand, fehlende Preisangaben müssten 0 € bedeuten, da eine Zusammenrechnung der übrigen Preisangaben die entsprechende Summe ergeben würden, geht fehl**, da damit die Eindeutigkeit des Angebots nicht mit letzter Sicherheit gegeben ist. Unterstellte man, dass eine Preisangabe schlichtweg vergessen wurde, so führt eine mit einem Tabellenkalkulationsprogramm durchgeführte Addition immer zu einer richtigen Summe. Auch sind Fälle denkbar, in denen ein anderer Bearbeiter als derjenige, der die Einzelpreise errechnet, die Gesamtaddition durchführt (1. VK Sachsen, B. v. 16. 12. 2009 – Az.: 1/SVK/057-09). 10421

Die **Feststellung einer unvollständigen, da unzutreffenden Preisangabe setzt nicht den Nachweis einer Mischkalkulation**, m. a. W. voraus, dass ermittelt wird oder werden kann, welcher gegebenenfalls abgepreisten Leistung welche andere, aus Gründen der Kompensation aufgepreiste Leistung im Angebot des betroffenen Bieters entspricht. Eine unvollständige Preisangabe, die zum Ausschluss des Angebots führt, ist vielmehr schon anzunehmen, wenn ein einzelner oder einziger Preis unzutreffend, d. h. nicht so, wie gefordert, vollständig mit dem Betrag angegeben worden ist, den der Bieter für die betreffende Leistung tatsächlich beansprucht. Denn nach dem Zweck der Norm ist mit dem zutreffenden Betrag jeder in der Leistungsbeschreibung oder den übrigen Ausschreibungsunterlagen vorgesehene Preis anzugeben (OLG Düsseldorf, B. v. 9. 2. 2009 – Az.: VII-Verg 66/08). 10422

Ist die **Angabe eines genehmigten Entgeltes als Preis gefordert**, wird aber ein **nicht genehmigtes Entgelt als Preis angegeben, entspricht dieses Angebot einem Angebot ohne Preisangabe**, weil der Bieter aus rechtlichen Gründen gehindert ist, diesen Preis zu verlangen (VK Baden-Württemberg, B. v. 6. 10. 2008 – Az.: 1 VK 35/08). 10423

Ist ein **Preis pro Probe in den Verdingungsunterlagen nicht gefordert, darf er auch nicht angeboten werden, weshalb auch eine Wertung des Preises pro Probe zwar ein Hilfsmittel ist, um die Preise überhaupt miteinander vergleichen zu können, allerdings vergaberechtlich nicht zulässig**. Es werden von beiden Bietern gerade keine Einzelproben angeboten, sondern Kits mit unterschiedlich großen Reaktionsplatten. Die theoretische und rechnerische Reduzierung der Angebotspreise auf einen Preis pro Probe verfälscht die Angebote. Denn was bei diesen „vergleichbaren" Preisen pro Probe wiederum nicht berücksichtigt werden konnte, ist das unterschiedliche Verfahren beider Bieter (VK Schleswig-Holstein, B. v. 26. 11. 2009 – Az.: VK-SH 22/09 – instruktive Entscheidung). 10424

Der **Auftraggeber kann auch Angebote in anderen Währungen als den Euro zulassen**. Für die Festlegung des Umrechnungskurses ist auf den Submissionstermin abzustellen. Dieser Tag ist der einzige Fixtermin für alle Bieter in Bezug auf das Angebot und ermöglicht eine diskriminierungsfreie und transparente Umrechnung der (jeweiligen) Währung. Daher kann der Auftraggeber weder auf die Angebotseinreichung abstellen noch einen von ihm willkürlich festgelegten Wertungstermin als entscheidenden Zeitpunkt für die Bestimmung des Umrechnungskurses wählen. Unschädlich ist auch, dass dieser festgestellte Preis am Tag der Submission, Schwankungen des Wechselkurses vorausgesetzt, nicht der letztlich von dem Auftraggeber zu zahlenden Summe entsprechen wird. Das Risiko der Abweichung hat der Auftraggeber durch die Eröffnung der Möglichkeit, Angebote in der jeweiligen Landeswährung abgeben zu können, übernommen (2. VK Bund, B. v. 15. 2. 2005 – Az.: VK 2–06/05). 10425

Ein **Auftraggeber ist berechtigt, in seinem Kalkulationsblatt eine bestimmte Zuordnung von Preisbestandteilen zu dem anzubietenden Preis vorzunehmen**. Der Bieter muss diesen Vorgaben entsprechen und ist nicht ohne weiteres berechtigt, die vorgegebenen Preisbestandteile zu verschieben. **Ausgeschlossen ist es aber nicht, dass die Preisbestandteile denjenigen Kosten beziehungsweise Kostengruppen zugeordnet werden dürfen, bei denen sie tatsächlich anfallen**. Es ist nicht auszuschließen, dass insoweit ein Unterschied zwischen einem Bieter, der eine eigene Werkstatt und einen eigenen Betriebshof für seine in seinem Eigentum stehenden Fahrzeuge vorhält und einem Bieter, welcher die Fahrzeuge anmietet besteht und dieser deshalb zwangsläufige eine andere als die vorgegebene Kalkulationsstruktur anwenden muss und darf (VK Hessen, B. v. 28. 1. 2010 – Az.: 69 d VK – 57/2009). 10426

116.6.2.2.2 Möglichkeit des rechnerischen Nachvollziehens fehlender Preise. Auf Grund der vom Bundesgerichtshof aufgestellten Grundsätze **kann ein Angebot selbst dann nicht um Preisangaben ergänzt werden, wenn diese durch einfache Rechenschritte** 10427 zweifelsfrei nachvollzogen werden könnten und auch keine Hinweise erkennbar sind, die den Verdacht begründen könnten, dass die Preiseintragungen aus spekulativen Beweggründen unterlassen worden seien. Vielmehr ist **jedes Angebot gegebenenfalls auszuschließen**, das **nicht alle geforderten Preise mit dem Betrag angibt, der für die betreffende Leistung beansprucht wird** und **auch jedes Angebot, bei dem nicht alle ausweislich der Ausschreibungsunterlagen geforderten Erklärungen und Angaben enthalten sind** (2. VK Bund, B. v. 14. 8. 2003 – Az.: VK 2–62/03; VK Hamburg, B. v. 6. 10. 2003 – Az.: VKBB-3/03).

10428 Gibt ein Bieter im Leistungsverzeichnis die von der Vergabestelle geforderten Einzel- und Gesamtpreise nicht an, ist das Angebot einer Wertung nicht zugänglich. Etwas anderes ergibt sich auch nicht daraus, wenn der Bieter in einer Anlage zu dem Angebot aufgeschlüsselte Preise für einzelne Teilleistungen aufführt. Der **Vergabestelle ist es nicht gestattet, auf mathematischem Wege selbst einen Wert für ein Angebot zu errechnen** (VK Magdeburg, B. v. 16. 10. 2002 – Az: 33–32571/07 VK 09/02 MD).

10429 Füllt ein Bieter in einem Angebotsformular das Feld „Endbetrag einschließlich Umsatzsteuer" nicht aus, ergibt sich aber der abgefragte Endbetrag aus der „Zusammenstellung" auf der letzten Seite des Angebotes und wird hieraus auch in der Submission verlesen, ist das **Fehlen** des Betrages an der im Angebotsformular vorgesehenen Stelle **nicht wettbewerbserheblich und muss daher ausnahmsweise nicht zum Ausschluss des Angebotes führen** (VK Hessen, B. v. 19. 9. 2005 – Az.: 69 d VK – 42/2005).

10430 116.6.2.2.3 **Rechtsprechung des EuG zu dem Fall eines fehlenden, aber eindeutig aus dem Angebot abzuleitenden Preises.** Ein **Angebot ist nicht unvollständig** und **muss nicht abgelehnt werden, wenn der fehlende Preis für einen bestimmten Posten mit Sicherheit aus einem für einen anderen Posten derselben Leistungsbeschreibung angegebenen Preis oder zumindest nach Einholung von Klarstellungen zum Inhalt dieses Angebots bei dessen Verfasser abgeleitet werden kann**. Es handelt es sich in einem solchen Fall nicht um die Einfügung eines neuen Preises für den betreffenden Posten in der fraglichen Leistungsbeschreibung, sondern um eine einfache Klarstellung zum Inhalt des Angebots, wonach der für einen bestimmten Posten angebotene Preis so zu verstehen ist, dass er auch für jeden anderen Posten gleichen oder ähnlichen Inhalts angeboten wird. In einem solchen Fall ist die rein grammatikalische und enge Auslegung einer vorgesehenen Bedingung zur Ablehnung wirtschaftlich vorteilhafter Angebote aufgrund offenkundiger und unbedeutender sachlicher Auslassungen oder Irrtümer führen, was letztlich nicht mit dem „Grundsatz der Wirtschaftlichkeit" zu vereinbaren ist (EuG, Urteil v. 10. 12. 2009 – Az.: T-195/08; OLG Düsseldorf, B. v. 21. 4. 2010 – Az.: VII-Verg 53/09).

10431 In die **gleiche Richtung** gehen die 1. VK Sachsen und das OLG Dresden. Eine fehlende Preisangabe liegt vor, wenn sich aus den von den Bietern in den Los- und Preisblättern vorgenommenen Eintragungen keine zweifelsfreien Preisangaben entnehmen lassen, mithin **nicht eindeutig erkennbar ist, zu welchem Preis die ausgeschriebene Leistung tatsächlich angeboten wird**. Wenn sich **anhand von Auslegung ergibt, dass eine Preisangabe eindeutig und unzweifelhaft ist, liegt schon tatbestandlich kein Fall des § 16 Abs. 2 VOL/A vor,** so dass diese Angebote im Vergabewettbewerb zu belassen sind (1. VK Sachsen, B. v. 28. 12. 2009 – Az.: 1/SVK/060-09).

10432 Eine **Preisangabe fehlt nicht schon dann, wenn sie auf einem Preisblatt nicht exakt an der dafür vorgegebenen Stelle steht, sondern geringfügig nach oben, unten oder seitwärts verschoben erfolgt, ohne dass dadurch ein abweichender Sinnzusammenhang und damit Erklärungsinhalt auch nur möglich erschiene**. Formenstrenge, so berechtigt sie aus Sicht des Senats ist, darf nicht zum bloßen Schematismus werden, wenn sie nicht zum Selbstzweck werden und gerade dadurch die vergaberechtlichen Ziele (z. B. einer möglichst wettbewerbsorientierten Bieterauswahl) gefährden soll, zu deren Erreichung sie gedacht ist (OLG Dresden, B. v. 16. 3. 2010 – Az.: WVerg 0002/10).

10433 Der Auftraggeber ist **in einem solchen Fall auch nicht an die Voraussetzungen gemäß § 16 Abs. 2 Satz 2 gebunden.**

10434 116.6.2.2.4 **Auslegung fehlender Preisangaben als Verzicht auf einen Preis.** Bei dem **Angebot** eines Bieters handelt es sich um eine bürgerlichrechtliche empfangsbedürftige **Willenserklärung, die nach den §§ 133, 157 BGB unter Berücksichtigung der von der Rechtsprechung entwickelten Grundsätze auszulegen** ist. Danach sind **empfangsbedürftige Willenserklärungen so auszulegen, wie sie der Erklärungsempfänger nach Treu und Glauben**

unter Berücksichtigung der Verkehrssitte verstehen muss. Bei der Auslegung dürfen nur solche Umstände berücksichtigt werden, die bei Zugang der Erklärung für den Empfänger erkennbar waren. Auf dessen Horizont und Verständnismöglichkeit ist die Auslegung abzustellen. Dies gilt auch dann, wenn der Erklärende die Erklärung anders verstanden hat und auch verstehen durfte. Entscheidend ist im Ergebnis nicht der empirische Wille des Erklärenden, sondern der **durch normative Auslegung zu ermittelnde objektive Erklärungswert seines Verhaltens**. Beachtet werden muss bei der Interpretation von Bietererklärungen schließlich auch das in § 97 Abs. 1 und 2 GWB aufgestellte Gebot der Auftragsvergabe im Rahmen eines transparenten Wettbewerbs unter Gleichbehandlung der Bieter. Macht ein Bieter in seinem Angebot beispielsweise **zu geforderten Zuschlägen keinerlei Angaben**, kann dies nach dem objektiven Erklärungswert aus der Sicht eines verständigen Auftraggebers aber nicht derart aufgefasst werden, dass der Bieter in den Positionen keine Zuschläge kalkuliert hat und somit im Bedarfsfall auch keine entsprechende Vergütung beansprucht. Der Auftraggeber muss hingegen von einem **unvollständigen Angebot** ausgehen (VK Südbayern, B. v. 16. 7. 2003 – Az.: 25-06/03).

116.6.2.2.5 Angabe nur eines symbolischen Preises (z. B. 1 € bzw. 1 Cent). Die Angabe „0,00" ist als Preisangabe zu verstehen. „Preisangabe" bedeutet, dass da, wo der Preis eingetragen werden muss, etwas geschrieben steht, das wie ein Preis aussieht. Dazu zählen nicht nur Zahlen, sondern auch andere Angaben wie 0 (BSG, B. v. 22. 4. 2009 – Az.: B 3 KR 2/09 D; OLG München, B. v. 12. 11. 2010 – Az.: Verg 21/10; OLG Naumburg, B. v. 29. 1. 2009 – Az.: 1 Verg 10/08; VK Schleswig-Holstein, B. v. 26. 5. 2009 – Az.: VK-SH 04/09). Führt eine solche Angabe zu einem Unterangebot des Bieters, so kann er sie unter bestimmten Voraussetzungen anfechten (Saarländisches OLG, Urteil v. 24. 6. 2008 – Az.: 4 U 478/07). 10435

Voraussetzung für die Annahme, die Preisangabe „0-Euro" als eine dem Vergaberecht genügende Preisangabe für eine angebotene Leistung zu interpretieren, **ist, dass die Leistung – wenn auch kostenlos – überhaupt angeboten worden ist**. Eine nicht angebotene Leistung zu bepreisen, macht rechtlich und faktisch keinen Sinn, da sie nicht Teil eines Angebots ist, auf das ein Zuschlag erfolgen könnte. Daher sind **fehlende Preisangaben für tatsächlich angebotene Leistungen von fehlenden Leistungen im Angebot zu unterscheiden**. Bei „0 Euro" Angaben gilt es daher zu prüfen, ob die Leistung gar nicht oder kostenlos angeboten wird. Dementsprechend ist die **Willenserklärung des Bieters im Angebot auszulegen** (VK Schleswig-Holstein, B. v. 26. 5. 2009 – Az.: VK-SH 04/09). 10436

116.6.2.2.6 Unzulässige Mischkalkulation als fehlender Preis. 116.6.2.2.6.1 Grundsätze. An einer für die Berücksichtigung eines Angebots erforderlichen vollständigen und den Betrag, der für die betreffende Leistung beansprucht wird, benennenden **Erklärung über den Preis fehlt es bei einem Angebot, wenn dieses Angebot auf einer Mischkalkulation beruht, bei der durch so genanntes „Abpreisen" bestimmter ausgeschriebener Leistungen auf einen Einheitspreis von z. B. 0,01 € und so genanntes „Aufpreisen" der Einheitspreise anderer angebotener Positionen Preise benannt werden, die die für die jeweiligen Leistungen geforderten tatsächlichen Preise weder vollständig noch zutreffend wiedergeben**. Ein Bieter, der in seinem Angebot die von ihm tatsächlich für einzelne Leistungspositionen geforderten Einheitspreise auf verschiedene Einheitspreise anderer Leistungspositionen verteilt, benennt nicht die von ihm geforderten Preise im Sinne von § 13 Abs. 3 VOL/A, sondern „versteckt" die von ihm geforderten Angaben zu den Preisen der ausgeschriebenen Leistungen in der Gesamtheit seines Angebots. Ein solches Angebot widerspricht dem in § 13 Abs. 1 VOL/A niedergelegten Grundsatz, weil es grundsätzlich ungeeignet ist, einer transparenten und alle Bieter gleichbehandelnden Vergabeentscheidung ohne weiteres zu Grunde gelegt zu werden. Deshalb sind **Angebote, bei denen der Bieter die Einheitspreise einzelner Leistungspositionen in „Mischkalkulationen" auf andere Leistungspositionen umlegt, grundsätzlich von der Wertung auszuschließen** (BGH, Urteil v. 7. 6. 2005 – Az.: X ZR 19/02; B. v. 18. 5. 2004 – Az.: X ZB 7/04; OLG Brandenburg, Urteil v. 6. 8. 2008 – Az.: 4 U 122/07; B. v. 20. 3. 2007 – Az.: Verg W 12/06; B. v. 13. 9. 2005 – Az.: Verg W 9/05; OLG Dresden, B. v. 1. 7. 2005 – Az.: WVerg 0007/05; OLG Düsseldorf, B. v. 20. 10. 2008 – Az.: VII – Verg 41/08; OLG Frankfurt, B. v. 17. 10. 2005 – Az.: 11 Verg 8/05; B. v. 16. 8. 2005 – Az.: 11 Verg 7/05; OLG Karlsruhe, B. v. 16. 3. 2007 – Az.: 17 Verg 4/07; OLG München, B. v. 10. 11. 2010 – Az.: Verg 19/10; OLG Naumburg, B. v. 22. 9. 2005 – Az.: 1 Verg 7/05; B. v. 22. 9. 2005 – Az.: 1 Verg 8/05; B. v. 5. 8. 2005 – Az.: 1 Verg 7/05; OLG Nürnberg, Hinweisbeschluss v. 18. 7. 2007 – Az.: 1 U 970/07; OLG Rostock, B. v. 6. 7. 2005 – Az.: 17 Verg 8/05; B. v. 17. 6. 2005 – Az.: 17 Verg 8/05; B. v. 10. 6. 2005 – Az.: 17 Verg 9/05; Thüringer OLG, B. v. 23. 1. 2006 – Az.: 9 Verg 8/05; VK Arnsberg, B. v. 29. 1. 2009 – 10437

Az.: VK 34/08; VK Baden-Württemberg, B. v. 17. 1. 2008 – Az.: 1 VK 52/07; B. v. 12. 2. 2007 – Az.: 1 VK 1/07; B. v. 18. 10. 2005 – Az.: 1 VK 62/05; 2. VK Bund, B. v. 3. 5. 2007 – Az.: VK 2–27/07; B. v. 11. 1. 2005 – Az.: VK 2–220/04; 3. VK Bund, B. v. 22. 3. 2005 – Az.: VK 3–13/05; VK Hannover, B. v. 17. 11. 2004 – Az.: 26 045 – VgK 11/2004; VK Hessen, B. v. 21. 4. 2005 – Az.: 69 d VK – 20/2005; B. v. 21. 4. 2005 – Az.: 69 d VK – 09/2005; B. v. 25. 8. 2004 – Az.: 69 d – VK – 52/2004; VK Lüneburg, B. v. 14. 9. 2005 – Az.: VgK-40/2005; VK Nordbayern, B. v. 25. 2. 2010 – Az.: 21.VK – 3194 – 04/10; B. v. 17. 11. 2009 – Az.: 21.VK – 3194 – 50/09; B. v. 28. 10. 2009 – Az.: 21.VK – 3194 – 47/09; VK Rheinland-Pfalz, B. v. 11. 4. 2003 – Az.: VK 4/03; 1. VK Saarland, B. v. 1. 10. 2007 – Az.: 1 VK 02/2007; 1. VK Sachsen, B. v. 24. 4. 2008 – Az.: 1/SVK/015-08; B. v. 3. 3. 2008 – Az.: 1/SVK/002–08; B. v. 17. 12. 2007 – Az.: 1/SVK/073-07; B. v. 14. 3. 2005 – Az.: 1/SVK/011-05; B. v. 11. 3. 2005 – Az.: 1/SVK/009-05; VK Schleswig-Holstein, B. v. 3. 12. 2008 – Az.: VK-SH 12/08; B. v. 28. 7. 2006 – Az.: VK-SH 18/06; B. v. 15. 5. 2006 – Az.: VK-SH 10/06; B. v. 6. 10. 2005 – Az.: VK-SH 27/05; VK Südbayern, B. v. 6. 4. 2006 – Az.: 06-03/06; VK Thüringen, B. v. 28. 4. 2005 – Az.: 360–4002.20-005/05-MGN).

10438 Da ein sich an der Ausschreibung nach Einheitspreisen beteiligender Bieter gemäß § 13 Abs. 3 VOB/A bei Meidung des eventuellen Ausschlusses seines Angebots von der Wertung gehalten ist, die für die jeweiligen Leistungen geforderten tatsächlichen Preise vollständig und zutreffend anzugeben, kommt es **für die Frage, ob ein Angebot dieser Voraussetzung genügt, nicht auf die Frage an, aus welchen Gründen ein Bieter in seinem Angebot Einheitspreise für bestimmte Leistungspositionen auf andere Leistungspositionen verteilt und so die tatsächlich für die jeweiligen Leistungen geforderten Preise nicht wie in der Ausschreibung gefordert angibt** (BGH, B. v. 18. 5. 2004 – Az.: X ZB 7/04; VK Baden-Württemberg, B. v. 12. 2. 2007 – Az.: 1 VK 1/07; 1. VK Saarland, B. v. 1. 10. 2007 – Az.: 1 VK 02/2007).

10439 Nach dieser Rechtsprechung sind Einzelpreise von z. B. 0,01 € u. ä. also **nur dann nicht zulässig, wenn eine Mischkalkulation stattfindet, Preisbestandteile also in mehreren Positionen enthalten** sind. Liegen hierfür keine Anhaltspunkte vor, kann es sich **gegebenenfalls um ein unangemessen niedriges oder hohes Angebot** handeln (Brandenburgisches OLG, B. v. 13. 9. 2005 – Az.: Verg W 9/05; 1. VK Sachsen, B. v. 11. 3. 2005 – Az.: 1/SVK/009-05; VK Schleswig-Holstein, B. v. 3. 12. 2008 – Az.: VK-SH 12/08; B. v. 28. 6. 2006 – Az.: VK-SH 18/06; vgl. dazu die Kommentierung → Rdn. 541 ff).

10440 **Gibt es ebenso keine „überpreisten" Positionen, verbietet sich die Annahme einer kompensatorischen Preisverlagerung** (Mischkalkulation). Ein Ausschlussgrund kann in einem solchen Fall nicht angenommen werden (VK Schleswig-Holstein, B. v. 6. 10. 2005 – Az.: VK-SH 27/05). Ein Angebotsausschluss wegen einer Mischkalkulation setzt also die (Sachverhalts-)Feststellung voraus, dass die **„Aufpreisung" bzw. „Abpreisung" einzelner Positionen unmittelbar miteinander korrespondiert – Konnexität –** (Thüringer OLG, B. v. 23. 1. 2006 – Az.: 9 Verg 8/05; VK Berlin, B. v. 2. 6. 2009 – Az.: VK B 2–12/09; VK Nordbayern, B. v. 28. 10. 2009 – Az.: 21.VK – 3194 – 47/09; VK Schleswig-Holstein, B. v. 3. 12. 2008 – Az.: VK-SH 12/08).

10441 Es **fehlt nicht an einer Preisangabe**, wenn ein Bieter bei der Darstellung der Kalkulation des von ihm geforderten Preises (eine Preisposition), **einen Preisnachlass bei einer der Positionen der Kalkulation berücksichtigt.** Hierin ist kein unzulässiges Verschieben von Preisangaben im Sinne der Entscheidung des BGH vom 18. 5. 2004, X ZB 7/04 zu sehen (VK Baden-Württemberg, B. v. 16. 3. 2006 – Az.: 1 VK 8/06).

10442 Die **Erklärung eines Bieters, auf bestimmte Positionen einen so genannten Subventionsabschlag zu gewähren, ist nicht zu beanstanden.** Die Kalkulation eines Unternehmers ist Ausfluss der unternehmerischen Freiheit. Ein reiner Abzug führt nicht zu einer Verlagerung von Kosten in eine andere Leistungsposition. Er begründet auch keine Vermutung dahingehend, dass eine Verlagerung stattgefunden hat. Eine **aus Wettbewerbsgründen vorgenommene Herabsetzung einzelner Einheitspreise kann nur dann zum erstrebten Erfolg bei der Ausschreibung führen, wenn an anderer Stelle kein Ausgleich erfolgt** (VK Nordbayern, B. v. 28. 10. 2009 – Az.: 21.VK – 3194 – 47/09).

10443 **116.6.2.2.6.2 Feststellung einer unzulässigen Mischkalkulation und Beweislast.** Nach **Auffassung des OLG Düsseldorf** schreiben die Vertrags- und Verdingungsordnungen einem Bieter nicht vor, wie er seine Preise kalkuliert. Dies liegt als Ausdruck der Freiheit unternehmerischen Handelns vielmehr in seinem Verantwortungsbereich. **Mischkalkulationen (oder besser: Kosten- oder Preisverlagerungen) sind von daher nicht per se anstößig.** Sie sind nicht zu beanstanden, wenn im Angebot jedenfalls der Preis genannt wird, den der Bieter nach dem Ergebnis seiner Kalkulation dem Auftraggeber tatsächlich in Rechnung zu stellen beabsichtigt. So betrachtet darf z. B. ein Bieter einen aufgrund Abrechnung nach GOÄ bei den betriebsärztlichen Untersuchungen und Leistungen erwarteten Erlösüberschuss der Preiskalkulation bei Leistungen nach § 3 ASiG durchaus gutbringen und solche Leistungen dergestalt gewissermaßen quer subventionieren, sofern aufgrund dessen nicht anzunehmen ist, dass es sich bei dem für Leistungen nach § 3 ASiG angegebenen Preis nicht um den nach der Kalkulation des Bieters tatsächlich beanspruchten und infolgedessen zutreffenden Preis handelt (OLG Düsseldorf, B. v. 9. 2. 2009 – Az.: VII-Verg 66/08; in eine ähnliche Richtung BSG, B. v. 22. 4. 2009 – Az.: B 3 KR 2/09 D).

Der **Nachweis** einer Mischkalkulation ist **geführt, wenn der Bieter selbst eingesteht, eine Mischkalkulation vorgenommen zu haben** (OLG Brandenburg, B. v. 20. 3. 2007 – Az.: Verg W 12/06; VK Lüneburg, B. v. 14. 9. 2005 – Az.: VgK-40/2005; 1. VK Sachsen, B. v. 17. 12. 2007 – Az.: 1/SVK/073-07; VK Schleswig-Holstein, B. v. 28. 7. 2006 – Az.: VK-SH 18/06). 10444

Für den Fall, dass Zweifel daran bestehen, ob die Einheitspreise die tatsächlich geforderten Preise für die jeweilige Position enthalten, ist eine **Aufklärung darüber erforderlich** (OLG Frankfurt, B. v. 17. 10. 2005 – Az. 11 Verg 8/05; B. v. 16. 8. 2005 – Az.: 11 Verg 7/05; OLG Naumburg, B. v. 5. 8. 2005 – Az.: 1 Verg 7/05; VK Nordbayern, B. v. 17. 11. 2009 – Az.: 21.VK – 3194 – 50/09; B. v. 28. 10. 2009 – Az.: 21.VK – 3194 – 47/09; 1. VK Sachsen, B. v. 24. 4. 2008 – Az.: 1/SVK/015-08; B. v. 3. 3. 2008 – Az.: 1/SVK/002–08). **Insbesondere ungewöhnlich niedrig bepreiste Angebote in einzelnen Leistungsverzeichnispositionen begründen eine widerlegliche Vermutung für eine Mischkalkulation.** Sie widersprechen dem allgemeinen Erfahrungssatz, ein Bieter kalkuliere auf dem einschlägigen Markt seinen Preis so, dass eine einwandfreie Leistungsausführung einschließlich Gewährleistung und die Erzielung einer Gewinnspanne möglich ist (Brandenburgisches OLG, B. v. 20. 3. 2007 – Az.: Verg W 12/06; B. v. 13. 9. 2005 – Az.: Verg W 9/05; 1. VK Sachsen, B. v. 24. 4. 2008 – Az.: 1/SVK/015-08; B. v. 3. 3. 2008 – Az.: 1/SVK/002–08). Ergibt die Aufklärung auf Grund der von dem Bieter gelieferten Angaben, dass die **ausgewiesenen Preise tatsächlich die von dem Bieter für die Leistung geforderten Preise nachvollziehbar ausweisen,** kann das **Angebot nicht** mehr gemäß § 16 Abs. 3 lit. a) VOL/A **ausgeschlossen** werden (1. VK Sachsen, B. v. 24. 4. 2008 – Az.: 1/SVK/015-08; B. v. 3. 3. 2008 – Az.: 1/SVK/002–08). Ist der Bieter jedoch **nicht in der Lage, nachzuweisen**, dass die von ihm angebotenen Einheitspreise den tatsächlich von ihm geforderten Betrag für die Leistung ausweisen, ist die **Vergabestelle nicht verpflichtet weitere Ermittlungen** darüber anzustellen, welche Preise für die Leistung tatsächlich gefordert werden. Die Vergabestelle ist auch nicht verpflichtet nachzuweisen in welche Positionen Kostenanteile anderer Positionen verlagert wurden, was im Fall einer Verteilung auf mehrere Positionen so gut wie ausgeschlossen wäre. Es reicht der Beleg aus, dass im Angebot des Bieters nach Aufklärung Einheitspreise vorliegen, die nicht den tatsächlich für diese Leistung geforderten Betrag enthalten (ist die Leistung zu diesem Preis nach Angabe der Umstände und individuellen Möglichkeiten des Bieters, sowie der anfallenden Kosten so wie angegeben durch den Bieter realisierbar). **Kann der Bieter diese Frage nicht nachvollziehbar beantworten ist das Angebot** des Bieters gemäß § 16 Abs. 3 lit. a) VOL/A **auszuschließen**. Das bedeutet auch, dass **betreffend des Nachweises über das Vorliegen tatsächlicher Einheitspreise der Bieter in der Pflicht ist und nicht die Vergabestelle** (VK Sachsen, B. v. 24. 4. 2008 – Az.: 1/SVK/015-08). Die gelieferten Nachweise müssen für die Vergabestelle nachvollziehbar sein, haben im Bedarfsfall auch die Kalkulationsgrundlagen (Aufgliederung der Leistung in deren Einzelbestandteile) zu enthalten. Die Vergabestelle hat die von dem Bieter vorgelegten Erklärungen zu prüfen und zu bewerten, vorausgesetzt die abgegebenen Erklärungen des Bieters sind nachvollziehbar und ermöglichen somit überhaupt eine Prüfung (VK Lüneburg, B. v. 5. 7. 2005 – Az.: VgK-26/2005; VK Schleswig-Holstein, B. v. 28. 7. 2006 – Az.: VK-SH 18/06; VK Thüringen, B. v. 23. 9. 2005 – Az.: 360–4002.20-007/05-NDH; B. v. 28. 4. 2005 – Az.: 360–4002.20-005/05-MGN). 10445

Im Rahmen der Überprüfung auffälliger Cent-Positionen kommt es bei der vergaberechtlichen Nachprüfung durch die Vergabekammer einzig und allein darauf an, was der betroffene Bieter aufgrund einer fristgebundenen Vorlageverpflichtung des Auftraggebers in concreto zu deren Rechtfertigung vorlegen sollte – und auch vorgelegt hat -, nicht aber darauf, was etwa ein Allgemeines Rundschreiben (z. B. das ARS 25/2004) abstrakt fordert oder welche Nachweise danach tauglich oder weniger tauglich erscheinen (Brandenburgisches OLG, B. v. 13. 9. 2005 – Az.: Verg W 9/05; 1. VK Sachsen, B. v. 3. 3. 10446

Teil 4 VOL/A § 16   Vergabe- und Vertragsordnung für Leistungen Teil A

2008 – Az.: 1/SVK/002–08; B. v. 14. 3. 2005 – Az.: 1/SVK/011-05; B. v. 11. 3. 2005 – Az.: 1/SVK/009-05). Würde man dies anders sehen wollen, hätte es die Vergabestelle in der Hand, eine an der Oberfläche bleibende Abfrage beim betroffenen Bieter vorzunehmen, um dessen Angebot dann – ohne konkrete Nachfrage oder Bietergespräch – nur deshalb nach § 16 Abs. 3 lit. a) VOL/A auszuschließen, weil dieser seiner (nur) aus dem Allgemeinen Rundschreiben abgeleiteten Nachweispflicht nicht tiefgründig genug nachgekommen ist. Bei einer derart sanktionierten Vorgehensweise wäre der Manipulation, insbesondere in mehrzügigen Entscheidungsprozessen mit unterschiedlichen Behörden, Tür und Tor geöffnet (1. VK Sachsen, B. v. 27. 4. 2005 – Az.: 1/SVK/032-05).

10447   **Entscheidend ist also, ob ein Bieter zu streitigen Positionen des Leistungsverzeichnisses plausible Erklärungen samt abgeforderter Unterlagen beibringt** und den Verdacht einer Mischkalkulation etc. durch Vorlage der Urkalkulation zerstreut; dann ist ein Ausschluss unter Hinweis auf ein angeblich höheres Nachweisniveau (z. B. aufgrund eines Allgemeinen Rundschreibens) vergaberechtswidrig (OLG Dresden, B. v. 1. 7. 2005 – Az.: WVerg 0007/05; OLG Frankfurt, B. v. 17. 10. 2005 – Az. 11 Verg 8/05; B. v. 16. 8. 2005 – Az.: 11 Verg 7/05; OLG Rostock, B. v. 6. 7. 2005 – Az.: 17 Verg 8/05; 1. VK Sachsen, B. v. 3. 3. 2008 – Az.: 1/SVK/002–08; B. v. 12. 7. 2005 – Az.: 1/SVK/073-05; B. v. 27. 4. 2005 – Az.: 1/SVK/032-05; B. v. 11. 3. 2005 – Az.: 1/SVK/009-05; VK Schleswig-Holstein, B. v. 6. 10. 2005 – Az.: VK-SH 27/05).

10448   Auch das **OLG Koblenz** stellt darauf ab, ob eine **Mischkalkulation erkennbar** ist, welche **Erklärung der Bieter zu sehr niedrigen Preisen abgibt** und ob es **konkrete Anhaltspunkte für eine Mischkalkulation** gibt (OLG Koblenz, B. v. 10. 5. 2005 – Az.: 1 Verg 3/05; im Ergebnis ebenso Brandenburgisches OLG, B. v. 13. 9. 2005 – Az.: Verg W 9/05).

10449   Nach Auffassung des OLG Nürnberg kann das **Vorliegen einer Mischkalkulation im Rahmen eines Angebots offenkundig sein**, wenn z. B. angebotene Einheitspreise für bestimmte Positionen als tatsächliches Entgelt für die ausgewiesene Position nicht darstellbar sind und ein im Vergleich zu anderen Angeboten sehr hoher Einheitspreis für eine damit in Zusammenhang stehende Position offenkundig wenigstens einen Entgeltanteil enthält, zumal wenn damit gerechnet werden konnte, dass die abzurechnende Menge der Menge aus der abgepreisten Position entspricht wird. Der **Grund für diese Preisverlagerung lag ersichtlich in der durch die unrichtige Mengenangabe in der Ausschreibung eröffneten Chance, den Angebotspreis durch Auf- und Abpreisungen vorteilhaft verändern zu können** (OLG Nürnberg, Hinweisbeschluss v. 18. 7. 2007 – Az.: 1 U 970/07).

10450   Eine **Verweigerung der Vorlage entsprechender Nachweise (z. B. Verträge) mit dem Hinweis darauf, es handele sich um vertrauliche Betriebsgeheimnisse, führt dazu, dass die Angaben des Bieters für den Auftraggeber letztlich nicht verifizierbar** sind. Der Bieter kommt mit diesen Angaben zwar grundsätzlich nicht der Erklärungspflicht nach, die ihr die Rechtsprechung gegenüber Nachfragen der Vergabestelle zu nach dem Angebotsinhalt nicht nachvollziehbaren Preisangaben auferlegt. Ein Auftraggeber, der sich in diesem Zusammenhang auf bloße verbale Beteuerungen eines Bieters, und seien sie in sich auch plausibel, verweisen lassen müsste, ohne entsprechend aussagekräftige Nachweise für den Inhalt der Erklärung verlangen zu können, gewinnt damit keine belastbaren und der Transparenz des Vergabeverfahrens förderlichen Erkenntnisse. Die **Vergabestellen haben demgegenüber keine ernsthaften Überprüfungsmöglichkeiten mehr**. Bietern, die durch ihre Angebotsgestaltung den Verdacht unzulässiger Preisverlagerung ausgelöst haben, sind daher alle Erklärungen abzuverlangen, die geeignet sind, diese Zweifel auszuräumen. Den Bietern obliegt mithin auch die entsprechende Darlegungs- und Beweislast. Erst eine solcherart geschaffene nachvollziehbare Tatsachengrundlage versetzt die Vergabestelle auch in die Lage, den betroffenen Bieter gegenüber ansonsten nahe liegenden Beanstandungen konkurrierender Beteiligter in der Wertung zu belassen, ohne das Risiko gegenläufiger Nachprüfungsbegehren fürchten zu müssen. Der Einwand, z. B. bestehende Verträge und deren Details als Betriebsgeheimnisse nicht offen legen zu wollen, greift nicht, da diese Unterlagen im Vergabeverfahren vertraulich behandelt und die Interessen des Bieters damit gewahrt werden (OLG Rostock, B. v. 8. 3. 2006 – Az.: 17 Verg 16/05).

10451   Nach Auffassung des Oberlandesgerichts Naumburg ist **in solchen Fällen im Zweifelsfalle der Nachweis der Unvollständigkeit eines Angebots von der Vergabestelle zu führen**, die sich auf das Vorliegen eines Ausschlussgrundes nach § 16 Abs. 3 lit. b) VOL/A beruft. Es gilt nichts Anderes als für alle anderen Ausschlussgründe nach § 16 Abs. 3 VOL/A. Im Zweifel sind also die Preisangaben von Bietern als vollständig und zutreffend gemacht hinzunehmen (OLG

Vergabe- und Vertragsordnung für Leistungen Teil A VOL/A § 16 **Teil 4**

Naumburg, B. v. 22. 9. 2005 – Az.: 1 Verg 7/05; B. v. 5. 8. 2005 – Az.: 1 Verg 7/05; im Ergebnis ebenso OLG Frankfurt, B. v. 17. 10. 2005 – Az. 11 Verg 8/05; B. v. 16. 8. 2005 – Az.: 11 Verg 7/05; OLG Rostock, B. v. 8. 3. 2006 – Az.: 17 Verg 16/05; B. v. 6. 7. 2005 – Az.: 17 Verg 8/05; B. v. 17. 6. 2005 – Az.: 17 Verg 8/05; VK Arnsberg, B. v. 29. 1. 2009 – Az.: VK 34/08; VK Baden-Württemberg, B. v. 18. 10. 2005 – Az.: 1 VK 62/05; VK Hessen, B. v. 21. 4. 2005 – Az.: 69 d VK – 20/2005; B. v. 21. 4. 2005 – Az.: 69 d VK – 09/2005; VK Nordbayern, B. v. 17. 11. 2009 – Az.: 21.VK – 3194 – 50/09; 1. VK Sachsen, B. v. 14. 3. 2005 – Az.: 1/SVK/011-05; VK Schleswig-Holstein, B. v. 3. 12. 2008 – Az.: VK-SH 12/08; B. v. 15. 5. 2006 – Az.: VK-SH 10/06; VK Südbayern, B. v. 6. 4. 2006 – Az.: 06-03/06).

Im **Grundsatz gilt, dass die Vergabestelle einen von ihr behaupteten Ausschlussgrund** im Angebot eines Bieters **konkret zu benennen** hat und im Zweifelsfall die **Feststellungslast für dessen Vorliegen** trägt, wobei der Begriff der objektiven Feststellungslast den im zivilprozessualen Beibringungsverfahren gebräuchlichen Begriff der Beweislast ersetzt. An **dieser Regel ist auch für die Prüfung einer Mischkalkulation festzuhalten**. Eine Umkehr der Feststellungslast zulasten eines Bieters tritt nicht dadurch ein, dass in seinem Angebot besonders hohe und niedrige Einheitspreise zusammentreffen und er daher seinerseits das Fehlen einer Konnexität nachzuweisen hätte. Gegen einen solchen Ansatz spricht, dass andernfalls die Kalkulationshoheit des Unternehmens empfindlich beeinträchtigt würde. Um schon dem Verdacht einer Mischkalkulation bzw. dem Risiko eines Ausschlusses sicher zu entgehen, müsste es eng am üblichen Marktpreis kalkulieren und jegliche Preisabweichungen nach oben und nach unten strikt vermeiden. Das hätte nicht nur zur Folge, dass die Möglichkeiten des Wettbewerbs im Ganzen gesehen erheblich beschnitten würden und faktisch nur noch eine Preisgestaltung in einem eng segmentierten Bereich opportun wäre, sondern liefe auch einem der Grundziele des Wettbewerbs, nämlich der kostengünstigen Beschaffung im Interesse der Schonung der öffentlichen Haushalte, zuwider. **Noch gravierender erscheint die Gefahr willkürlicher Ausschreibungsergebnisse.** Wenn allein das Zusammentreffen außergewöhnlich hoher und niedriger Einheitspreise schon eine unzulässige Mischkalkulation indizieren und ggf. zum Ausschluss eines Angebots führen sollte, hätte es die Vergabestelle häufig in der Hand, einen von ihr nicht gewünschten Bieter aus dem Wettbewerb zu drängen (Thüringer OLG, B. v. 23. 1. 2006 – Az.: 9 Verg 8/05; im Ergebnis ebenso VK Nordbayern, B. v. 28. 10. 2009 – Az.: 21.VK – 3194 – 47/09). 10452

Erklärt ein Bieter ausdrücklich, dass er einem **Kalkulationsirrtum erlegen und Material teilweise nicht kalkuliert** hat, dass er sich jedoch an seinen im Angebot angegebenen Preisen festhalten lassen will, werden mithin im Angebot keine Preisbestandteile verschoben, vielmehr sind **Preisbestandteile vergessen** worden. Darin liegt **keine unzulässige Mischkalkulation** (OLG Brandenburg, B. v. 20. 3. 2007 – Az.: Verg W 12/06). 10453

116.6.2.2.6.3 Mischkalkulation durch Übernahme einer Mischkalkulation eines **Nachunternehmers.** Gibt ein **Nachunternehmer gegenüber dem Bieter Preise an, die eine Mischkalkulation beinhalten, und übernimmt der Bieter diese Preise** – zuzüglich eines Aufschlags für Wagnis und Gewinn – **handelt es sich nicht um die wahren Preise,** weil ausgelassene Kosten (z. B. anteilige Kosten für Personal, AfA, Verwaltungskosten, kalkulatorischer Verschleiß) tatsächlich ebenfalls beansprucht werden, aber nicht berücksichtigt worden sind, weil der Nachunternehmer diese Kostenbestandteile in andere Leistungspositionen eingerechnet hat. Ein **Bieter, der unzutreffende Preisangaben des Nachunternehmers unberichtigt übernimmt, macht diese zum Gegenstand seines Angebots,** dies jedenfalls dann, wenn die Nachunternehmerleistungen im Angebotsblankett nach den Positionen des Leistungsverzeichnisses aufgegliedert werden. Die Angebotspreise sind in diesen Fällen unvollständig und unzutreffend, mit der Folge, dass das Angebot einem zwingenden Wertungsschluss unterliegt. **Darauf, ob unvollständige und unzutreffende Preisangaben des Nachunternehmers vom Bieter bewusst übernommen werden, kommt es nicht an. Maßgebend ist der objektive Befund** (OLG Düsseldorf, B. v. 16. 5. 2006 – Az.: VII – Verg 19/06). 10454

116.6.2.2.6.4 Prüfungssystematik für die Feststellung einer Mischkalkulation. Faktisch erschöpft sich die Nachprüfbarkeit einer unzulässigen Mischkalkulation aus Sicht der Vergabestelle **im ersten Stadium nach Öffnung der Angebote in einer summarischen Bewertung der Angemessenheit der Einheitspreise**. Weichen diese in einzelnen Positionen in besonders auffälliger Weise nach oben und nach unten ab, wobei als Vergleichsmaßstab die übrigen Bestandteile des eigenen Angebots (insbesondere die Preisgestaltung gleichartiger Leistungen), der Bieterpreisspiegel und schließlich, soweit vorhanden, ein Marktpreis in Betracht kommen), 10455 men können, kann dies ein hinreichender Anlass zu weiteren Ermittlungen bieten. **Keinesfalls rechtfertigt jedoch ein solcher Befund bereits den Ausschluss eines Angebots.** Denn das bloße Zusammentreffen außergewöhnlich hoher und außergewöhnlich niedriger Positionspreise in einem Angebot erlaubt schon deshalb nicht ohne weiteres den Schluss auf eine unzulässige Mischkalkulation, weil sie unverbunden nebeneinander zulässig sind. **Mithin bedarf es vor Ausschluss eines Angebots zusätzlich der gesonderten Feststellung der Konnexität auffälliger Angebotspreise.** Es liegt auf der Hand, in einem **zweiten Schritt die interne Kalkulation des Bieters** in den Blick zu nehmen. Da dies allerdings die **geschützte, dem besonderen Geheimhaltungsinteresse** (vgl. § 111 Abs. 2 GWB) **des Unternehmens unterliegende Sphäre** berührt, liegt es zunächst an ihm, an einer solchen Einbeziehung mitzuwirken oder aber sie zu versagen und ggf. nachteilige Konsequenzen hinsichtlich der Beweislast in Kauf zu nehmen. Auf Anforderung der Vergabestelle bzw. der Vergabeprüfungsinstanzen wird der Bieter zur Vermeidung von Verfahrensnachteilen namentlich die sog. **schriftliche Urkalkulation offen zu legen** haben, worin üblicherweise im Zuge der Angebotsvorbereitung die für die einzelnen Leistungen aus Sicht des Unternehmens anfallenden Kosten und Erträge bilanzierend gegenüber gestellt werden. **Ergeben sich insoweit Abweichungen oder Lücken im Sinne einer Preisverlagerung** gegenüber dem im Angebot verlautbarten Preisgefüge, führt das zum **Ausschluss** gem. § 16 Abs. 3 lit. b) VOL/A. Finden hingegen die nach außen deklarierten Einheitspreise in den privaten Kalkulationsunterlagen ihre Entsprechung, so wird das Angebot vorläufig als mangelfrei zu gelten haben, da es sich dann um die nach Aktenlage tatsächlich kalkulierten Preise handelt. Ist **in den internen Kalkulationsunterlagen nicht einmal angedeutet**, dass **ein niedriger, ggf. sogar unter Selbstkosten liegender Einheitspreis gerade mit der Erhöhung eines anderen signifikant hohen Einheitspreises aufgefangen werden soll**, so schließt das zwar einen gegenteiligen unternehmerischen Willen nicht aus. Jedoch kommt **im Rahmen der Prüfung einer Preisverlagerung ein Rückgriff auf externe Vergleichsmaßstäbe nicht in Betracht**. Denn für die – wie meist bei subjektiven Merkmalen – schwierige Ermittlung eines unternehmerischen Willens geben weder der Preisspiegel der übrigen Angebote noch die Höhe des Marktpreises etwas her. Räumt daher der Bieter die Konnexität verschiedener Einheitspreise nicht von sich aus ein, **kommt in einem dritten Prüfungsschritt ein Nachweis nur durch eine auf die konkreten Umstände des Einzelfalls bezogene förmliche Beweisaufnahme in Betracht**, soweit sich dadurch weiterführende Erkenntnisse, etwa hinsichtlich entsprechender Willensäußerungen der handelnden Organe des Unternehmens, gewinnen lassen (Thüringer OLG, B. v. 23. 1. 2006 – Az.: 9 Verg 8/05).

10456 **116.6.2.2.6.5 Weitere Beispiele aus der Rechtsprechung**

– Angebote, bei denen der Bieter die Einheitspreise einzelner Leistungspositionen in Mischkalkulationen auf andere Leistungspositionen umlegt, sind grundsätzlich nach § 25 Nr. 1 Abs. 1a VOL/A von der Wertung auszuschließen. Solch ein **Sachverhalt kann nur angenommen werden,** wenn die niedrigeren Preise einzelner Leistungspositionen durch entsprechende Erhöhungen bei anderen Positionen abgedeckt werden. Im Zusammenhang mit der **Ausschreibung von Abfallentsorgungsleistungen muss ein angebotener Mietpreis von 0,00 € für die Gestellung von Behältern für die Abfallentsorgung nicht zwangsläufig zur Annahme führen, es liege eine unzulässige Mischkalkulation vor.** Kann der Bieter plausibel begründen, dass seine zu kalkulierenden Gestellungs- und Vorhaltekosten für die Abfallbehälter sehr gering sind und liegt er mit seinem Gesamtangebot für die Abfallentsorgungsleistungen preislich an erster Stelle, ist für die Annahme, der Bieter könne die Kosten für die Gestellung der Behälter in den Angebotspreis für die eigentlichen Abfallentsorgungsleistungen verschoben haben, kein Raum (VK Schleswig-Holstein, B. v. 3. 12. 2008 – Az.: VK-SH 12/08)

– **hat ein Bieter aber eine Mischkalkulation selber sowohl im Begleitschreiben zum Angebot** („Ist enthalten. ...") **und im Aufklärungsschreiben dargestellt,** dass mischkalkuliert wurde, ist der Nachweis einer Mischkalkulation geführt. Aus diesem Grunde ist ein **Angebot zwingend auszuschließen** (1. VK Sachsen, B. v. 17. 12. 2007 – Az.: 1/SVK/073-07)

– **fehlt** es an einer **Vorgabe der Vergabestelle zur Berücksichtigung der Gemeinkosten im Leistungsverzeichnis, können** diese **Kosten** auch **nicht in unzulässiger Weise verlagert** worden sein (OLG Rostock, B. v. 8. 3. 2006 – Az.: 17 Verg 16/05)

– **ein nachvollziehbarer Kalkulationsirrtum** kann den Anschein einer Mischkalkulation entkräften (OLG Rostock, B. v. 6. 7. 2005 – Az.: 17 Verg 8/05)

– auch wenn in Abweichung vom Wortlaut des Leistungsverzeichnisses die Kalkulation eines Leistungsbestandteils einer Pauschalpreis-Position in einer anderen Pauschalpreis-Position erfolgt, ist ein Ausschluss nicht geboten, wenn eine **Wettbewerbsrelevanz offensichtlich ausgeschlossen ist, wenn also das Fehlen der geforderten Preisangaben oder der geforderten Erklärungen unter keinem denkbaren Gesichtspunkt zu einer Wettbewerbsbeeinträchtigung führen kann** (VK Baden-Württemberg, B. v. 18. 4. 2005 – Az.: 1 VK 10/05)

– die Tatsache, dass ein Bieter für verschiedene Positionen **wesentlich günstigere Preise anbietet als die anderen Bieter, indiziert nicht, dass eine unzulässige Mischkalkulation vorliegt**. Insbesondere ist nicht ersichtlich, dass unterstellte „Abpreisungen" in einzelnen Positionen zu „Aufpreisungen" in anderen Positionen geführt hätten, da Einzelpreise und Gesamtpreis günstig sind (VK Lüneburg, B. v. 5. 7. 2005 – Az.: VgK-26/2005; 3. VK Bund, B. v. 22. 3. 2005 – Az.: VK 3–13/05)

– allerdings **kann die Kammer im Ergebnis nicht nachweisen, dass der eigentlich zu fordernde Preis in anderen Positionen aufgefangen** wurde. Es mag mangels Entscheidungsrelevanz daher dahingestellt bleiben, ob die strengen Vorgaben des Bundesministeriums für ... einen Ausschluss aufgrund der 1-Cent-Preise gerechtfertigt hätten (2. VK Bund, B. v. 11. 1. 2005 – Az.: VK 2–220/04)

116.6.2.2.6.6 Literatur 10457

– Freise, Harald, Mischkalkulationen bei öffentlichen Aufträgen: Der BGH hat entschieden – und nun?, NZBau 2005, 135

– Hausmann, Friedrich/Bultmann, Peter, Der Ausschluss spekulativer Angebote, ZfBR 2004, 671

– Köster, Bernd, Die Zulässigkeit von Mischkalkulation und Niedrigpreisangeboten bei Ausschreibungen nach der VOB im Spiegel der neueren Rechtsprechung, BauR 2004, 1374

– Leinemann, Ralf/Kirch, Thomas, Der Angriff auf die Kalkulationsfreiheit – Die systematische Verdrehung der BGH-Entscheidung zur „Mischkalkulation", VergabeR 2005, 563

– Müller-Wrede, Malte, Die Behandlung von Mischkalkulationen unter besonderer Berücksichtigung der Darlegungs- und Beweislast, NZBau 2006, 73

– Stemmer, Michael, Vergabe und Vergütung bei misch- und auffällig hoch oder niedrig kalkulierten Einheitspreisen, ZfBR 2006, 128

116.6.2.2.6.7 Angabe „enthalten ... 0,00" bzw. „in Pos. enthalten ... 0,00" bzw. 10458 **„incl."**. Nach der Rechtsprechung des Bundesgerichtshofs zur Unzulässigkeit der Angabe nur eines symbolischen Preises **führen solche Preisangaben ebenfalls zum zwingenden Ausschluss eines Angebots, wenn eine Mischkalkulation und eine Verteilung eines Preises auf mehrere Positionen stattfinden** (Saarländisches OLG, B. v. 9. 11. 2005 – Az.: 1 Verg 4/05).

Die **Rechtsprechung zur Mischkalkulation fordert vom Bieter jedoch nicht die** 10459 **Zerlegung eines wahren Preises in Unterpreise, die es für die vom Bieter angebotene technische Lösung nicht gibt** und die vom Auftraggeber nur für den Fall einer anderen technischen Lösung abgefragt werden. Die Preisangabe „in vorgenannter Type enthalten" ist also dann nicht unvollständig, wenn **ein Produkt zusammen mit einem anderen Produkt ein einheitliches Leistungsteil bildet**, so dass eine gesonderte Preisausweisung für Bestandteile dieses Leistungsteiles unmöglich ist (OLG München, B. v. 5. 7. 2005 – Az.: Verg 009/05).

116.6.2.2.7 Fehlende Preisangaben in einem Wartungsvertrag. Fehlen geforderte 10460 **Preisangaben in einem Wartungsvertrag**, ist das **Angebot zwingend auszuschließen** (1. VK Sachsen, B. v. 16. 1. 2008 – Az.: 1/SVK/084-07; VK Südbayern, B. v. 21. 7. 2006 – Az.: Z3-3-3194-1-21–06/06).

Lässt ein Bieter einen **Wartungsvertrag** für einen Zeitraum von fünf Jahren, der nach der 10461 Vergabebekanntmachung **Bestandteil der Angebote** ist, **unausgefüllt** und **fehlen auch in der Zusammenfassung des Angebotes**, die auszufüllen ist, **sämtliche Preisangaben**, rechtfertigt dies den **Ausschluss des Angebots** (VK Brandenburg, B. v. 18. 6. 2003 – Az.: VK 31/03; VK Nordbayern, B. v. 25. 10. 2002 – Az.: 320.VK3194-26/02).

Gibt der Bieter in einem Formularmuster unter der Überschrift „Vergütung" **nicht an,** 10462 **wie die Vergütung** (die Zahlungsweise) **erfolgen soll, ist das Angebot unvollständig**, denn dadurch ist ein wesentlicher Vertragsbestandteil, die Zahlungsmodalität, offen geblieben;

das **Angebot ist zwingend auszuschließen** (VK Hessen, B. v. 27. 3. 2006 – Az.: 69 d VK – 10/2006).

10463 **116.6.2.2.8 Fehlende Preisangaben bei einer Leistungsbeschreibung mit Leistungsprogramm.** Es ist zulässig, in einer **Leistungsbeschreibung mit Leistungsprogramm** die **wesentlichen Positionen mit Preisangaben** zu versehen. Mit diesen Preisangaben zu den Einheitspreisen sollen die wesentlichen Positionen (Hauptpositionen der Leistungsbeschreibung) ausdrücklich einzeln ausgewiesen und damit detailliert aufgeschlüsselt werden. Die in den Einheitspreislisten abgegebenen **Einheitspreise sind kalkulationsrelevant** und lassen **Rückschlüsse auf die Angemessenheit angegebener Pauschalpreise** bei der Bewertung des Angebots zu. Sie sind zudem **Kalkulationsgrundlage für** gegebenenfalls während der Bauphase erforderlich werdende **Änderungen der Ausführung**. Werden diese **Positionen nicht mit Preisen versehen**, ist das **Angebot unvollständig** (Hanseatisches OLG Hamburg, B. v. 21. 1. 2004 – Az.: 1 Verg 5/03; VK Hamburg, B. v. 6. 10. 2003 – Az.: VKBB-3/03; VK Magdeburg, B. v. 23. 8. 2001 – Az.: 33–32571/07 VK 16/01 MD).

10464 **116.6.2.2.9 Fehlende bzw. geänderte Preisangaben in einem Kurz-Leistungsverzeichnis.** Weicht ein Bieter **im Kurz-Leistungsverzeichnis mit selbst erfundenen Leistungspositionen von den Vorgaben des Muster-Leistungsverzeichnisses** des Auftraggebers **ab**, das derartig bezeichnete Leistungspositionen gar nicht aufweist, machen diese Angaben das **Angebot unvollständig**. Insoweit ist es wegen der identitätswahrenden Wirkung des Kurz-Leistungsverzeichnisses und der Vergleichbarkeit der Angebote irrelevant, wenn diese Positionen inhaltlich (wohl) den tatsächlichen Leistungspositionen entsprechen (1. VK Sachsen, B. v. 13. 6. 2003 – Az.: 1/SVK/053-03).

10465 **116.6.2.2.10 Fehlende Preisangaben über in Einheitspreise einkalkulierte Zuschläge.** Fordert der Auftraggeber **Angaben über in Einheitspreise einkalkulierte Zuschläge**, so ist dies **vom Bieter grundsätzlich zu befolgen**, zumal solche Angaben durchaus hilfreich für die Ermittlung veränderter Nachtragspreise nach Vertragsabschluß, z. B. gemäß § 2 Nr. 3 VOL/B sein können (VK Südbayern, B. v. 16. 7. 2003 – Az.: 25-06/03).

10466 **116.6.2.2.11 Fehlender Gesamtpreis bei mehreren Bedarfspositionen. Unterlässt ein Bieter es** in einem Angebot, in seinem Angebot so genannte **Bedarfspositionen zu einem Gesamtpreis auf zu addieren** und ist es allen Beteiligten und für jeden Laien klar ersichtlich, dass in keinem Fall eine Beauftragung aller Bedarfspositionen angedacht ist, ist eine **Gesamtberechnung der Kosten aller Bedarfspositionen ersichtlich sinnlos**. Auf die Abgabe einer solchen Erklärung aber kann der Auftraggeber keinen Anspruch haben. Welche Bedeutung die Forderung nach Bildung dieses Gesamtpreises hat, ist nicht klar. Die **Nichterfüllung kann jedenfalls nicht zum Ausschluss des Angebots führen** (VK Arnsberg, B. v. 28. 1. 2004 – Az.: VK 1–30/2003).

10467 **116.6.2.2.12 Fehlende Preise bei einer Alternativposition.** Das **Fehlen einer Preisangabe für eine Alternativposition** macht ein Angebot unvollständig und führt **gegebenenfalls zum Ausschluss** des dadurch unvollständigen Angebots (OLG Naumburg, B. v. 5. 5. 2004 – Az.: 1 Verg 7/04).

10468 **116.6.2.2.13 Fehlende Aufschlüsselung der Preise.** Die Bestimmung des § 13 Abs. 3 VOL/A ist nach der Rechtsprechung dahin zu verstehen, dass die Angebote die geforderten Preise enthalten müssen. **Darunter fällt auch, dass der Bieter im Angebot die jeweils geforderten Einzelpreise nennt, da es sonst nicht vollständig ist**. Verlangt der Auftraggeber die **aufgegliederte Angabe von Einheitspreisen, so muss der Bieter auch dies befolgen**. Gefordert sind ein Angebot des Bieters und seine Aufschlüsselung der Einheitspreise (OLG Düsseldorf, B. v. 23. 3. 2005 – Az.: VII – Verg 02/05; im Ergebnis ebenso OLG Celle, B. v. 2. 10. 2008 – Az.: 13 Verg 4/08; VK Lüneburg, B. v. 26. 6. 2008 – Az.: VgK-23/2008).

10469 Sind die **Bieter verpflichtet, bei technischen Nebenangeboten die** alternativ angebotene **Leistung nach Mengenansätzen und Einzelpreisen aufzugliedern**, besteht diese **Verpflichtung auch, wenn sie die alternative Leistung zum Pauschalpreis anbieten** wollten. Kommt ein Bieter dieser Forderung nach Aufschlüsselung der Leistung nach Mengenansätzen und Einzelpreisen nicht nach, macht er somit nicht die geforderten Angaben mit der Folge, dass sein **Nebenangebot unvollständig und gegebenenfalls von der Wertung auszuschließen** ist (VK Baden-Württemberg, B. v. 6. 4. 2009 – Az.: 1 VK 13/09).

10470 **116.6.2.2.14 Häufung von Fantasiepreisen als fehlende Preise.** Es ist davon auszugehen, dass ein **Bieter die geforderten Preise nicht angibt**, wenn er eine Vielzahl von Positionen in einem ganzen Titel des Leistungsverzeichnisses wahllos einheitlich mit einem

Vergabe- und Vertragsordnung für Leistungen Teil A VOL/A § 16 **Teil 4**

Phantasiebetrag bepreist, der ersichtlich in keinem Zusammenhang mit der Leistungsbeschreibung und dem Leistungsverzeichnis steht. Ein solcher Fall ist so zu behandeln, als wenn der Bieter in dem gesamten Titel überhaupt keine Preise ausweist. Wollte man dies anders sehen, ginge die Forderung des Auftraggebers, für die einzelnen Positionen des Leistungsverzeichnisses Preise anzugeben, ins Leere. Der Bieter könnte dann irgendwelche Preise angeben, wenn am Ende nur die von ihm geforderte Summe für den Gesamtauftrag erscheint (Brandenburgisches OLG, B. v. 30. 11. 2004 – Az.: Verg W 10/04).

116.6.2.2.15 Einrechnen von Leistungsbestandteilen in eine Position entgegen der Positionsbeschreibung. Rechnet der Bieter Leistungsbestandteile in eine Position ein, obwohl der Inhalt dieser Position genau beschrieben ist und diese Leistungsbestandteile nicht umfasst, verstößt er gegen § 13 Abs. 3 VOL/A, der dem Bieter vorschreibt, Preise und sonstige Erklärungen so wie in den Ausschreibungsunterlagen gefordert, vollständig und zutreffend anzugeben. Der angebotene Preis entspricht dann nicht dem beschriebenen Leistungsumfang. Er bezieht darüber hinausgehende Leistungsbestandteile mit ein und ist damit gemessen an der Vorgabe des Leistungsverzeichnisses unzutreffend. Das **Angebot ist unvollständig und gegebenenfalls auszuschließen**. Ob der Bieter im Gegenzug in anderen Leistungspositionen „Abpreisungen" vorgenommen, d.h. ein Angebot unterhalb des tatsächlich kalkulierten und beanspruchten Preises abgegeben und damit noch in weiteren Punkten unzutreffende (und unvollständige) Preisangaben gemacht hat, kann in solchen Fällen dahinstehen. Solche den Bereich der Leistungsbeschreibung zu Einheitspreisen betreffenden Mischkalkulationen durch „Auf- und Abpreisen" sind besondere, aber nicht die einzigen Fälle vorschriftswidriger Preisangaben. **Ist die Leistung nach Umfang und Ausführungsart genau bestimmt, liegt eine unzutreffende Erklärung zum Preis schon dann vor, wenn dieser nur in der entsprechenden Position nicht der Leistungsvorgabe entspricht.** Unerheblich sind auch die subjektiven Beweggründe, die den Bieter zu der unrichtigen Preisangabe veranlasst haben. Maßgeblich ist allein der objektive Erklärungsinhalt. Selbst wenn der Bieter der Auffassung ist, dass z.B. die Betriebs-, Vorhalte- und Gerätemietkosten anderen Teilleistungen nicht zugerechnet und die Vorgabe des Leistungsverzeichnisses daher nicht erfüllt werden können, darf er sich über den erklärten Willen des Auftraggebers nicht einfach hinwegsetzen. Es ist dann seine Aufgabe, das Leistungsverzeichnis als unvollständig zu rügen und den Auftraggeber zur Abhilfe aufzufordern (OLG Koblenz, B. v. 2. 1. 2006 – Az.: 1 Verg 6/05).

10471

116.6.2.2.16 Minus-Preise. Vgl. **zur allgemeinen Zulässigkeit** die Kommentierung zu → § 13 VOL/A Rdn. 101.

10472

Eine **geforderte Preisangabe** – der Betrag, der für die betreffende Leistung beansprucht wird – **„fehlt" nicht allein deshalb, weil sie negativ ist.** Bedenklich können Minuspreise allerdings werden, wenn der konkrete Verdacht einer grundsätzlich unzulässigen Mischkalkulation besteht, bei der durch „Aufpreisen" der Einheitspreise anderer angebotener Positionen Preise benannt werden, die kompensatorisch wirken und deshalb die geforderten tatsächlichen Preise weder vollständig noch zutreffend wiedergeben (OLG Dresden, B. v. 28. 3. 2006 – Az.: WVerg 0004/06). **Vgl. zur Mischkalkulation** die Kommentierung zu → § 16 VOL/A Rdn. 69 ff.

10473

116.6.2.2.17 Fehlende Preisangaben durch eine Nichtübernahme der Preisangaben eines Nachunternehmers?. Der **Bieter** ist gemäß § 13 Abs. 3 VOL/A **nur verpflichtet, den Preis, den er vom Auftraggeber beansprucht, in das Leistungsverzeichnis einzutragen, nicht aber denjenigen, den sein Nachunternehmer im Falle der Auftragserteilung von ihm fordert.** Der Bieter ist also nicht verpflichtet, den Preis eines Nachunternehmerangebots in sein Angebot zu übernehmen. Er **kann** daran **Zuschläge** (z.B. wegen Gewinns oder Überwachungsaufwands) oder **Abschläge** (Nachlässe) **vornehmen.** Dadurch werden die Preisangaben des Bieters nicht unvollständig oder unzutreffend, solange er nur die von ihm tatsächlich kalkulierten Preise angibt, die er dem Auftraggeber in Rechnung stellen will (OLG Düsseldorf, B. v. 26. 7. 2006 – Az.: VII – Verg 19/06).

10474

116.6.2.2.18 Fehlende Preisangaben durch einen Schrägstrich. Ein **Schrägstrich in den Preisangaben** kann vom objektiven Erklärungswert **nicht ohne weiteres mit einer Null gleichgesetzt** werden. Ein **Schrägstrich kann** in diesem Zusammenhang sowohl dergestalt verstanden werden, dass an dieser Stelle keine gesonderte Vergütung verlangt wird, er kann aber auch bedeuten, dass die **Position entgegen der Forderung der Vergabestelle nicht angeboten wird.** Trägt z.B. der Bieter bei einer Position einen Schrägstrich ein und trägt er in drei anderen Positionen des Leistungsverzeichnisses bei der Angabe des Einzel- und Gesamtpreises eine „0" ein, muss in der Gesamtschau des Angebots aus Sicht des Empfängers davon ausge-

10475

gangen werden, dass die unterschiedliche Ausfüllung der Positionen nicht die gleiche Bedeutung haben kann. Die **Vergabestelle kann deshalb den Schrägstrich als fehlende Preisangabe werten** (VK Nordbayern, B. v. 9. 9. 2008 – Az.: 21.VK – 3194 – 34/08; 1. VK Sachsen, B. v. 16. 12. 2009 – Az.: 1/SVK/057-09, im Ergebnis ebenso 1. VK Sachsen-Anhalt, B. v. 29. 1. 2009 – AZ: 1 VK LVwA 31/08).

10476   **116.6.2.2.19 Fehlender Einheitspreis und Eintragung „kein Angebot".** Enthält ein Angebot anstelle des Einheitspreises den Eintrag „kein Angebot", kann das unvollständige **Hauptangebot zunächst nicht gewertet werden**, weil die Grundposition – im Gegensatz zu Alternativpositionen – unbedingt in die Wertung einbezogen werden muss (VK Hannover, B. v. 5. 7. 2002 – Az.: 26045 – VgK – 4/2002).

10477   **116.6.2.2.20 Fehlende Preisuntergliederung in Material- und Lohnkosten.** Fordert der Auftraggeber die **aufgegliederte Angabe von Einheitspreisen in Material- und Lohnkosten**, so muss der **Bieter das grundsätzlich befolgen**, zumal solche Preisbestandteile durchaus hilfreich für die Ermittlung veränderter Preise nach Vertragsabschluss sein können. Folgt der Bieter dieser Vorgabe nicht, ist das Angebot unvollständig und gegebenenfalls auszuschließen (2. VK Bund, B. v. 19. 2. 2002 – Az.: VK 2 – 02/02; VK Nordbayern, B. v. 8. 5. 2007 – Az.: 21.VK – 3194 – 20/07; VK Südbayern, B. v. 3. 6. 2004 – Az.: 36-05/04).

10478   **116.6.2.2.21 Fehlende Preise im schriftlichen Angebot, die sich aber auf einem Datenträger befinden.** Im schriftlichen Angebot fehlende Preise können auch **nicht dadurch geheilt** werden, dass gegebenenfalls **beigefügte Disketten die Preise** enthalten, da das **Gebot der Schriftlichkeit nicht erfüllt** ist. Die EMV-Erg DV, die Bestandteil der Verdingungsunterlagen sein können, bestimmen in Übereinstimmung mit diesen rechtlichen Rahmenbedingungen in Ziffer 1.3 ausdrücklich, dass dem schriftlichen Angebot beigefügte Disketten lediglich als Arbeitsmittel dienen und bei inhaltlichen Widersprüchen zwischen Diskette und schriftlicher Fassung ausschließlich das schriftliche Angebot gilt (1. VK Bund, B. v. 6. 2. 2001 – Az.: VK 1–3/01, B. v. 16. 5. 2002 – Az.: VK 1–21/02).

10479   **116.6.2.2.22 Fehlende Preisangaben durch falsche Umsatzsteuerangaben. Objektiv falsche Preisangaben wegen falscher Umsatzsteuerangaben entfallen nicht durch diese Fehlerhaftigkeit**, denn sie lösen keine Lücke aus, die nicht unmittelbar und durch jeden kundigen Dritten objektiv richtig gefüllt werden könnte. Es handelt sich so genommen um **„Erklärungen des Gesetzgebers"**, die zu verändern dem Bieter gar nicht möglich ist (VK Arnsberg, B. v. 29. 1. 2009 – Az.: VK 34/08).

10480   **116.6.2.2.23 Fehlende Preisangaben durch fehlende Angabe von Stundenverrechnungssätzen.** Bei einem Stundenverrechnungssatz handelt es sich um eine **erforderliche Preisangabe**, wenn dieser nicht nur Kalkulationsgrundlage für die jeweils anzubietende Pauschalvergütung ist, sondern **nach dem Stundenverrechnungssatz auch diejenigen Leistungen vergütet werden sollen**, die nicht Bestandteil der pauschal vergüteten Leistungen sind und bei Bedarf auf besondere Anforderung durch den Auftraggeber erfolgen sollen (1. VK Bund, B. v. 29. 1. 2009 – Az.: VK 1–180/08).

10481   Die **Nennung eines Betrages einschließlich des Zusatzes „zzgl. tarifl. Zulagen NRW"** stellt eine Preisangabe – als Stundenverrechnungssatz – dar. Die Inbezugnahme der tariflichen Zulagen führt dazu, dass abhängig von Tag und Uhrzeit der angebotene Stundenverrechnungssatz mit oder ohne im Einzelfall einschlägigen in Nordrhein-Westfalen geltenden tariflichen Zulagen zu vergüten ist. Damit handelt es sich aber **nicht um eine fehlende Festlegung des Preises und damit eine fehlende Preisangabe, sondern um eine Preisangabe, aus der sich automatisch** – und von einem Bieter nicht beeinflussbar – ausgehend vom Zeitpunkt der Leistungserbringung unmittelbar aus dem Angebot heraus **ein bestimmter Preisbetrag ergibt** (1. VK Bund, B. v. 29. 1. 2009 – Az.: VK 1–180/08).

10482   **116.6.2.2.24 Fehlende Preise in einem Nebenangebot.** Auch wenn ein Bieter in einem Nebenangebot eine zum Teil technisch abweichende Leistung anbietet, muss er **die in „Sammelpositionen" enthaltenen Leistungen im Einzelnen nach Einheits- und Gesamtpreisen getrennt ausweisen**. Solche Angaben sind auch nicht unzumutbar. Schon wegen der Kalkulation etwaiger Mehrvergütungen gemäß § 2 Nr. 3 VOL/B sind die Preise nicht ohne Einfluss auf die Kalkulation und damit auf den Wettbewerb (OLG Koblenz, B. v. 15. 5. 2003 – Az.: 1 Verg. 3/03; VK Rheinland-Pfalz, B. v. 11. 4. 2003 – Az.: VK 4/03).

10483   **116.6.2.2.25 Fehlende Preisangaben mangels Genehmigung.** Im Bereich von Postzustellungsleistungen ist keine freie Preisbildung zulässig; vielmehr findet auf der Grundlage des Postgesetzes eine Entgeltregulierung statt. Die Zustellung ist nach § 33 Abs. 1 des Postgesetzes eine hoheitlich wahrzunehmende Aufgabe. Das Unternehmen, das Zustellleistungen erbringt, ist im Umfang der durch die entsprechende Lizenz der Bundesnetzagentur vermittelten Befugnisse beliehener Unternehmer. Das Entgelt, das das mit der Zustellung beauftragte Unternehmen erheben kann, steht unter einem Genehmigungsvorbehalt der Bundesnetzagentur (§ 34 des Postgesetzes). **Fehlt es an einer Entgeltgenehmigung, sind die geschlossenen Verträge nach § 23 Abs. 2 Satz 2 des Postgesetzes unwirksam.** § 23 Abs. 2 Satz 2 des Postgesetzes verweist zwar nach seinem Wortlaut auf die Entgeltgenehmigungen nach § 19 des Postgesetzes. Gleichwohl wird unter Hinweis auf den Regulierungszweck des Genehmigungsvorbehalts des § 34 des Postgesetzes allgemein angenommen, dass bei Fehlen einer Entgeltgenehmigung nach § 34 des Postgesetzes ebenfalls die Rechtsfolge der Unwirksamkeit der Verträge nach § 23 Abs. 2 Satz 2 des Postgesetzes eintritt. Die Bundesnetzagentur kann außerdem nach § 23 Abs. 3 des Postgesetzes die Durchführung eines Vertrages, der wegen Fehlens einer Entgeltgenehmigung unwirksam ist, untersagen. Angesichts dessen ist die **Vorlage der Entgeltgenehmigung der Bundesnetzagentur für den angebotenen Preis eine für die Angebotswertung wesentliche Preisangabe, deren Fehlen gegebenenfalls zum Ausschluss** von der Wertung führt (VK Schleswig-Holstein, B. v. 8. 1. 2009 – Az.: VK-SH 14/08).

Hat ein Bieter die **für einen Preis notwendige Entgeltgenehmigung der Regulierungsbehörde für diesen Preis nicht vorgelegt** und diese noch nicht einmal beantragt, und verlangt die Vergabestelle einen genehmigten Preis, so ist ein **Angebot mit einem nicht genehmigten Preis unvollständig,** da ihm wesentliche Elemente fehlen (BayObLG, B. v. 24. 11. 2004 – Az.: Verg 025/04). 10484

Ist für die Vergabe von Postzustellungsleistungen nach den Verdingungsunterlagen der **Besitz einer postrechtlichen Entgeltgenehmigung** der Bundesnetzagentur über die angebotenen Preise und deren Vorlage auf Verlangen des Auftraggebers **gefordert,** so **umfasst die Angebotsprüfung durch den Auftraggeber die Feststellung der Übereinstimmung der angebotenen Preise mit den von der Bundesnetzagentur genehmigten Preisen.** Eine **Prüfung der Vereinbarkeit des Inhalts der Genehmigungen mit höherrangigem Recht** – hier den Bestimmungen des Postgesetzes – **findet nicht statt.** Denn auch (möglicherweise) rechtswidrige Verwaltungsakte entfalten nach Eintritt der Unanfechtbarkeit grundsätzlich eine Bindungswirkung – so genannte Tatbestandswirkung von Verwaltungsakten – im Rechtsverkehr, solange sie nicht von der erlassenden Behörde aufgehoben oder erfolgreich angefochten werden. Die **Bindungswirkung von Verwaltungsakten für Behörden, Gerichte und andere Betroffene beschränkt sich auf den Entscheidungssatz (Tenor) des Verwaltungsakts;** sie gilt nicht für die dem Verwaltungsakt beigefügte Begründung. Der **Entscheidungssatz** des Verwaltungsakts ist zur näheren Bestimmung dessen, was durch den Verwaltungsakt geregelt wird, **unter Heranziehung der Gründe auszulegen.** Da die Entgeltgenehmigungen jeweils auf die im Zusammenhang mit den Genehmigungsverfahren bei der Bundesnetzagentur von dem Bieter vorgelegten Leistungsbeschreibungen über die Rahmenbedingungen der Zustellungsleistungen Bezug nehmen, kann auch der **Inhalt dieser Leistungsbeschreibungen für die Auslegung der Entscheidungssätze der Genehmigungen herangezogen werden.** Außerdem ist bei der Auslegung der Entgeltgenehmigungen das materielle Recht, auf dessen Grundlage die Verwaltungsakte erlassen worden sind (hier das Postgesetz), zu beachten (VK Schleswig-Holstein, B. v. 8. 1. 2009 – Az.: VK-SH 14/08). Nach diesen Grundsätzen ist z. B. zu beurteilen, ob ein **Mischpreis genehmigt ist und in ein Angebot aufgenommen werden kann.** 10485

Der Auftraggeber kann verlangen, dass die Bieter mit dem Angebot „die **Entgeltgenehmigung für den angebotenen Preis"** vorzulegen haben. Fordert ein Bieter dann **einen von dem genehmigten Preis unterschiedlichen Preis, ist die Ausschreibungsbedingung nicht erfüllt.** Der Bieter kann in solchen Fällen auch **nicht damit argumentieren,** dass sich der **Preis aus der Entgeltgenehmigung auf das Standardprodukt ePZA beziehe,** das eine Einlieferung der Sendungen bei der Antragstellerin durch den Auftraggeber voraussetze. Der Antragsgegner habe jedoch auch die Abholung der Sendungen beim Auftraggeber und (soweit erforderlich) die Frankierung ausgeschrieben. Diese **Serviceleistungen seien nicht Teil des Produktes,** auf das sich die Entgeltgenehmigung beziehe, vielmehr habe sie diese selbstständig kalkuliert und zu dem genehmigten Preis für das Produkt ePZA hinzugerechnet. Für ein solches Verständnis wäre **nur dann Raum, wenn und soweit nach den Vorschriften des Postgesetzes ausgeschlossen wäre, dass die Antragstellerin als Inhaberin der Exklusivlizenz ein Entgelt für Zustellungen einschließlich zusätzlicher Leistungen wie Abholung und Frankierung genehmigt bekommt.** Hinzu kommen müsste, dass diese rechtliche Einschätzung allgemeiner Praxis entspricht. Denn nur 10486

Teil 4 VOL/A § 16 Vergabe- und Vertragsordnung für Leistungen Teil A

dann käme es in Betracht, den Ausschreibungstext entgegen seinem eigentlichen Wortlaut zu verstehen und für die Antragstellerin als Entgeltgenehmigung „für den angebotenen Preis" die – den tatsächlich angebotenen Endpreis unterschreitende – Entgeltgenehmigung für Zustellungen ohne Zusatzleistungen ausreichen zu lassen. Das **OLG Celle lässt diese Frage im Ergebnis offen** (OLG Celle, B. v. 13. 12. 2007 – Az.: 13 Verg 10/07).

10487   Eine **moderatere Linie** verfolgt das OLG München. Eine **Vergabestelle darf davon ausgehen, dass das von einem Bieter verlangte Entgelt während der Vertragslaufzeit durch die Bundesnetzagentur genehmigt** ist. Spezifisch postrechtliche Fragestellungen können und müssen im Vergabeverfahren nicht abschließend geklärt werden (OLG München, B. v. 8. 5. 2009 – Az.: Verg 06/09).

10488   Enthält eine **Genehmigung** der Bundesnetzagentur **lediglich Preise für Staffeln ab 10 000 PZA pro Abholstelle** und wird ein Mischpreis unter Einbeziehung des Preises der ersten Staffel angeboten unabhängig von einer Mindestmenge in der jeweiligen Abholstelle, **entspricht der angebotene Preis nicht der Genehmigung** (VK Arnsberg, B. v. 15. 1. 2009 – Az.: VK 31/08; B. v. 15. 1. 2009 – Az.: VK 30/08).

10489   **Fordert der Auftraggeber von den Bietern eine Entgeltgenehmigung für den (Gesamt-)Preis**, weil der Auftraggeber aufgrund der vorgelegten Genehmigung sicher gehen will, dass der Auftrag über die Zustellungen auch zu dem angebotenen Festpreis zustande kommen kann (wofür die Genehmigung des vereinbarten Entgeltes nach §§ 34, 23 Abs. 1 PostG Voraussetzung ist, denn nach diesen Bestimmungen darf der Lizenznehmer keinen anderen Preis als den genehmigten fordern), kann ein **sachkundiger Bieter diese Forderung** nach der Entgeltgenehmigung **nur so verstehen, dass die Bundesnetzagentur den tatsächlich angegebenen Preis genehmigen musste**. Dies gilt auch dann, wenn in den Verdingungsunterlagen nicht die Entgeltgenehmigung für den angebotenen Preis, sondern die vollständige Entgeltgenehmigung für förmliche Zustellungen gefordert wäre. Für ein abweichendes Verständnis wäre nur dann Raum, wenn und soweit nach den Vorschriften des Postgesetzes ausgeschlossen wäre, dass ein Bieter ein Entgelt für Zustellungen einschließlich zusätzlicher Leistungen wie Abholung und Frankierung genehmigt bekommt und diese Einschätzung allgemeiner Praxis entspricht. Nur dann käme es in Betracht, den Ausschreibungstext so zu verstehen, dass eine den tatsächlichen Endpreis unterschreitende Entgeltgenehmigung für Zustellungen ohne Zusatzleistungen ausreichen sollte. **Beziehen sich die vorgelegten Genehmigungen nicht auf den tatsächlich angebotenen Preis**, weil der Bieter weitere Preisbestandteile für die Abholung, Rechnungslegung, Transportumschläge auf den ihm genehmigten Preis aufgeschlagen hat, liegt der tatsächlich geforderte Preis über den genehmigten Entgelten; ein solches **Angebot ist unvollständig und gegebenenfalls wegen Fehlens geforderter Angaben und Erklärungen auszuschließen** (OLG Frankfurt, B. v. 24. 2. 2009 – Az.: 11 Verg 19/08; VK Baden-Württemberg, B. v. 6. 10. 2008 – Az.: 1 VK 35/08).

10490   Ist **Gegenstand des Auftrags die Ausführung der förmlichen Zustellung**, zu der die Abholung bei den einzelnen Abholstellen, die Beförderung, Zustellung und Rückführung an die jeweilige Abholstelle zählen und **verlangt der Auftraggeber die Angabe des Einheitspreises pro „förmlicher Zustellung", kann nicht ernstlich zweifelhaft erscheinen, dass sich die geforderte Angabe des Einheitspreises bzw. der Preiseinheit auf den Gesamtpreis pro PZA und nicht nur auf den von der Genehmigung erfassten Teil bezieht**. Weist der Bieter daher in den Preisblättern nur die genehmigten Entgelte aus, während der Preis pro PZA höher liegt, weil er zusätzliche Aufschläge, ohne diese im Einzelnen zu kennzeichnen, nur pauschal bei der Bezifferung der (Gesamt-)Angebotssumme berücksichtigt, ist das **Angebot gegebenenfalls auszuschließen, weil der Bieter die geforderten Preise nicht wie verlangt angegeben** hat (OLG Frankfurt, B. v. 24. 2. 2009 – Az.: 11 Verg 19/08).

10491   Die **Entgeltgenehmigung für förmliche Zustellungen exklusive Abholung kann mit dem gesondert genehmigten Entgelt für die Abholung kombiniert** werden (OLG München, B. v. 8. 5. 2009 – Az.: Verg 06/09).

10492   **116.6.2.2.26 Fehlende Preise wegen Rundungsdifferenzen zwischen Angebotspreisen und Kalkulationspreisen. Rundungsbedingte Differenzen zwischen den Angebotspreisen und den sich aus den auf Anforderung des Auftraggebers nachgereichten Kalkulationsbögen ergebenden Beträgen sind hinzunehmen**, wenn in sämtlichen vom Bieter auszufüllenden Bögen (mit dem Angebot einzureichende Berechnung des kalkulierten Stundenverrechnungssatzes, Angebotspreise, nachgereichte Kalkulation) die auszufüllenden Nachkommastellen auf zwei begrenzt sind, und zwar sowohl in den Vordersätzen als auch in den Gesamtbeträgen und dies bei der Multiplikation mit gleichfalls „krummen" Zahlen (naturge-

Vergabe- und Vertragsordnung für Leistungen Teil A VOL/A § 16 **Teil 4**

mäß) zu Rundungsdifferenzen führt, wenn intern zunächst mit den „genauen" Zahlen (also Zahlen, die mehr als zwei Nachkommastellen aufweisen) weitergerechnet und erst zum Schluss gegebenenfalls eine Rundung vorgenommen wird und es so z. B. zu erklären ist, dass der **Angebotspreis für bestimmte Leistungen mit 1046,40 €** endet, während eine Multiplikation von Einsatzstunden und Stundenverrechnungssatz/Einsatzstunde 1046,41 € ergibt (OLG Düsseldorf, B. v. 1. 9. 2010 – Az.: VII-Verg 37/10).

116.6.2.2.27 Weitere Beispiele aus der älteren Rechtsprechung 10493

– gibt ein Bieter trotz eindeutiger Forderung **keinen Preis für das gesamte Los** an, sondern **staffelt er seine Angebotspreise nochmals nach Altersstruktur in Preise** für Kindertagesstätten, Grundschulen mit/ohne Hort oder nur Horteinrichtungen sowie Gesamt- bzw. Oberschulen, **fehlt es insoweit an einer für die Wertung wesentlichen Preisangabe**, § 25 Nr. 1 Abs. 1a) VOL/A (VK Brandenburg, B. v. 12. 8. 2009 – Az.: VK 28/09)

– findet sich in einzelnen Positionen eines Angebots unter den Spalten **Preis je Einheit und Gesamtbetrag jeweils ein Strich**, hat der Bieter die Positionen zwar zur Kenntnis genommen, sie **aufgrund der fehlenden Angaben aber nicht ausgepreist und damit nicht angeboten**. Dies führt gemäß §§ 25 Nr. 1 Abs. 1a), 21 Nr. 1 Abs. 1 Satz 1 VOL/A zum **zwingenden Ausschluss von der weiteren Wertung** (1. VK Sachsen-Anhalt, B. v. 29. 1. 2009 – AZ: 1 VK LVwA 31/08)

– das Angebot muss den Preis für die zu erbringende Leistung enthalten (§ 21 Nr. 1 Abs. 1 Satz 1 VOL/A). Der **Angebotspreis ist insoweit unverzichtbarer Erklärungsinhalt eines Angebotes**. Die Antragstellerin hat ihrem **Angebot ausschließlich eine Kostenkalkulation beigefügt**. Sie hat damit zwar ihre Kalkulationsgrundlagen offen gelegt, jedoch **nicht eindeutig und verbindlich zu erkennen gegeben**, dass sie den **ausgewiesenen Betrag tatsächlich verbindlich als Preis** für die Erbringung der durch die Auftraggeberin geforderten Leistung **beanspruchen will** (VK Brandenburg, B. v. 22. 2. 2008 – Az.: VK 3/08)

– zwar unterliegt nach dem Wortlaut von § 25 Nr. 1 Abs. 2a VOL/A („können") in diesen Fällen der Ausschluss des Angebots dem Ermessen des Auftraggebers. Der Bundesgerichtshof hat aber wiederholt entschieden, dass Angebote, die dem § 21 Nr. 1 Abs. 1 und 2 VOB/A nicht entsprechen, weil ihnen geforderte Angaben und Erklärungen fehlen, zwingend von der Vergabe auszuschließen sind. Dem – so der BGH -stehe nicht entgegen, dass § 21 Nr. 1 Abs. 1 VOB/A als Sollvorschrift formuliert ist. **Entsprechendes hat zu gelten, wenn Erklärungen nach § 21 Nr. 1 Abs. 1 VOL/A fehlen oder unvollständig sind.** Im Streitfall war der Antragsgegner im Wege einer **Ermessensreduzierung auf Null daran gehindert, mit dem Angebot der Antragstellerin zu 1 anders zu verfahren, als es von der Wertung auszunehmen.** Denn aufgrund der hierauf gerichteten Forderung des Antragsgegners war die **beispielhafte Erklärung zu den Maßnahmekosten als ein Umstand ausgewiesen, der für die Vergabeentscheidung relevant sein**, m. a. W. wettbewerbliche Relevanz aufweisen sollte. Da eine sachgerechte, transparente und auf Gleichbehandlung aller Bieter bedachte Vergabeentscheidung nur getroffen werden kann, wenn hinsichtlich aller relevanten Umstände eine Vergleichbarkeit der Angebote gewährleistet ist, sind **solche Angebote, die die geforderte Erklärung nicht enthalten, mindestens im Wege einer Ermessensreduzierung auf Null von der Wertung auszuschließen** (OLG Düsseldorf, B. v. 26. 11. 2007 – Az.: VII – Verg 53/05)

– nach den Verdingungsunterlagen hatte der Bieter mit dem Angebot die Preise und alle sonstigen geforderten Angaben und Erklärungen vorzulegen. Das Preisblatt E.2 der Antragstellerin enthielt widersprüchliche Preisangaben. **Brutto- und Netto-Preis stimmten aufgrund eines falschen Mehrwertsteuersatzes nicht überein. Auch wenn erkennbar war, dass der Antragstellerin beim Ausfüllen des Preisblattes ein Fehler unterlaufen sein musste, konnte der Auftraggeber nicht durch Auslegung ermitteln, welcher der beiden Preise tatsächlich gemeint war.** Er konnte nicht einfach davon ausgehen, der in der Brutto-Spalte genannte Preis korrekt war und aus der Tatsache, dass die angebotene PSA-Dienstleistung mit dem vollen Umsatzsteuersatz zu versteuern war, folgern, dass in den Spalten Netto-Preis und Umsatzsteuer ein Schreibfehler vorliegen musste. Es war nämlich ebenso wahrscheinlich, dass der Antragstellerin ein Fehler bei der Brutto-Summe unterlaufen war. Der Auftraggeber konnte durch Überprüfung der rechnerischen Richtigkeit der angebotenen Preise in der „Rückrechnung" bzw. „Vorrechnung" nicht den tatsächlich gewollten Angebotspreis ermitteln, da der Ausgangspunkt für die Überprüfung des Rechenvorgangs nicht eindeutig festgelegt werden konnte. Theoretisch war auch nicht auszuschließen, dass

Teil 4 VOL/A § 16   Vergabe- und Vertragsordnung für Leistungen Teil A

keiner der beiden Preise, sondern ein dritter Preis gewollt war (2. VK Bund, B. v. 9. 1. 2007 – Az.: VK 2–152/06)

– unstreitig hat der Bieter die **Anlage 4 b „Erklärung über Zuwendungen der öffentlichen Hand"** nicht mit seinem Angebot vorgelegt. In dieser Anlage waren Preisangaben zu machen. Dies ergibt sich zum einen daraus, dass eine Erklärung darüber abgegeben werden musste, ob das Angebot Subventionen, Zuschüsse oder Beihilfe enthielt. Zum anderen musste für den Fall, dass dies zutraf, die Höhe des Betrags angegeben werden. Das Formblatt 4 b ist in Verbindung mit den Punkten 2.1.16 und insbesondere 3.4.3 des Teils A der Leistungsbeschreibung auszulegen. Danach war der Angebotspreis das einzige Zuschlagskriterium. Darüber hinaus war in der Anlage 4 b ausführlich erläutert, was der Begriff „Fördermittel" beinhaltete und welche Auswirkungen die Berücksichtigung derartiger Fördermittel bei dem Angebotspreis hatte. Die Vergabestelle hatte unter Punkt 3.4.3 des Teils A der Verdingungsunterlagen ausdrücklich angegeben, dass sie bei der Wertung der Angebote den vom Bieter genannten Angebotspreis fiktiv um die zuvor erläuterten freiwilligen Zahlungen oder Erträge anteilig erhöhen werde, um zu gewährleisten, dass im Zuge der Angebotswertung ein bereinigter Preisvergleich stattfinden konnte. **Im Übrigen enthielt Punkt 3.4.3 auch die unmissverständliche Formulierung „preismindernd". Damit war ausdrücklich klargestellt, dass evtl. Zuwendungen, die in den Angebotspreis einflossen, preisrelevant waren. Dass die Preisangaben wesentlich waren, ist unzweifelhaft** (VK Hessen, B. v. 14. 2. 2005 – Az.: 69 d VK – 90/2004)

– ist eine **Aufgliederung des Stundenverrechnungssatzes** (z. B. bei der Ausschreibung von Reinigungsdienstleistungen) **als Vordruck den Verdingungsunterlagen beigefügt und mit diesen ausgefüllt zurückzureichen, so ist die Unterlage wesentliches Element der Preisdarstellung** und ermöglicht allein die für den Auftraggeber wichtige Überprüfung der Auskömmlichkeit der kalkulierten Preise. **Angebote, die diese Unterlage nicht enthalten, fehlt daher eine für die Wertung wesentliche Preisangabe.** Sie sind daher nach § 25 Nr. 1 Absatz 1 a) VOL/A **zwingend auszuschließen** (VK Düsseldorf, B. v. 11. 1. 2006 – Az.: VK – 50/2005 – L)

– hat der **Auftraggeber unmissverständlich zum Ausdruck gebracht, dass bei allen Positionen der Pförtnerdienste Preisangaben zu machen waren und hat ein Bieter dem nicht genügt** (er hat für die Wochenend- und Feiertage keine Preisangaben gemacht), ist das **Angebot zwingend auszuschließen** (OLG Düsseldorf, B. v. 19. 10. 2005 – Az.: VII – Verg 38/05)

– bestimmt die Vergabestelle eindeutig, dass die Bieter die **Preisfaktoren für eine Preisgleitklausel** angeben müssen und **geben die Bieter diese Daten nicht an, ist das Angebot zwingend auszuschließen**; eine Nachholung der fehlenden Angaben im Wege des § 24 VOL/A scheidet aus (VK Lüneburg, B. v. 27. 6. 2005 – Az.: VgK-23/2005)

– bestimmt die Vergabestelle eindeutig, dass ein **Preisblatt auszufüllen** und zu unterschreiben ist und **gibt der Bieter das Preisblatt nicht** – auch nicht in elektronischer Form – **ab**, ist das **Angebot** wegen fehlender wesentlicher Preise **zwingend auszuschließen** (1. VK Bund, B. v. 9. 2. 2005 – Az.: VK 2–03/05)

– **indem die Umwandlung eines Tagessatzes als Preis in einen Monatssatz als Preis zugelassen wird, ist eine wettbewerblich relevante Manipulationsmöglichkeit eröffnet.** Denn es ist keineswegs zwingend, dass sich der Monatssatz aus dem Tagessatz errechnet, indem dieser mit 30 multipliziert wird. Vielmehr ist auch denkbar, dass sich der Monatssatz auch aus der Multiplikation des Tagessatzes mit 31 oder mit der durchschnittlichen Anzahl der Arbeitstage pro Monat ergeben könnte; ein variabler Monatssatz abhängig von der jeweiligen Monatslänge (28 bis 31 Tage) würde eine Änderung der Verdingungsunterlagen bedeuten, ist aber ansonsten ebenfalls denkbar (1. VK Bund, B. v. 5. 11. 2004 – VK 1–138/04)

– dass in § 25 Nr. 1 Abs. 1 a VOL/A der Angebotsausschluss auf „wesentliche Preisangaben" beschränkt ist, ist unerheblich, wenn es um **fehlende Preisangaben in Hauptpositionen** geht, da es sich in solchen Fällen immer um wesentliche Preisangaben handelt. Der Vergabestelle ist in derartigen Sachverhalten kein Beurteilungsspielraum zuzugestehen (VK Südbayern, B. v. 27. 8. 2003 – Az.: 33-07/03)

– ist der **Bieter aufgefordert**, mit seinem Angebot eine **Preisliste** abzugeben und im Leistungsverzeichnis **Rabattsätze (in %) von dieser Liste** anzubieten, setzen sich die Angebote aus zwei Preisangaben zusammen, nämlich aus dem Listenpreis und dem darauf gewährten Nachlass. Fehlt einer der beiden Faktoren, so ist der Angebotspreis nicht feststellbar und somit das Angebot nicht wertbar (BayObLG, B. v. 21. 10. 2004 – Az.: Verg 017/04; VK Nordbayern, B. v. 8. 7. 2003 – 320.VK-3194-21/03)

– **bei von dem Auftraggeber geforderten eigenen Listenpreisen (bzw. Angebotspreisen mit genehmigungsfreiem Anpassungsmechanismus) handelt es sich um eine wesentliche Preisangabe** im Sinn von § 25 Nr. 1 Abs. 1 (a) VOL/A. Erkennbares Ziel der Anforderung eines eigenen Listenpreises des Bieters ist die Transparenz, Nachvollziehbarkeit und Kalkulierbarkeit der Preise, auch im Hinblick auf spätere Preisentwicklungen im IT-Bereich sowie als Bezugsgröße für die Rabattgewährung. Die Angabe eines eigenen Listenpreises ist auch für die Zeit nach Angebotsabgabe von erheblicher Bedeutung und vermeidet Streitigkeiten über den Vertragsinhalt. Auch dies spricht für eine wesentliche Preisangabe (VK Schleswig-Holstein, B. v. 10. 1. 2006 – Az.: VK-SH 30/05)

– lässt ein Bieter ersichtlich Positionen bewusst offen, ist ein derartiges Angebot – bei einer **Vielzahl der nicht verpreisten Positionen, immerhin 30** – nicht zuschlagfähig (Brandenburgisches OLG, B. v. 27. 2. 2003 – Az.: Verg W 2/03)

– eine **ausdrücklich als Ausschlusskriterium gekennzeichnete Anforderung ist unmittelbar wettbewerbsrelevant** und von Einfluss auf die Position des Bieters, da die Nichterfüllung eines Ausschlusskriteriums nicht nur eine andere Bieterreihenfolge, sondern sogar den Ausschluss des betreffenden Bieters zur Folge hat (1. VK Bund, B. v. 20. 3. 2003 – Az.: VK 1–13/03)

116.6.2.3 Widersprüchliche Preisangaben

Enthält ein Angebot widersprüchliche Preisangaben (z.B. eventuell aufgrund eines „Zahlendrehers"), so dass für den Auftraggeber der tatsächlich gewollte Preis nicht erkennbar ist, ist dies **dem Fehlen von Preisangaben gleichzustelle**n, da wegen der Nichterkennbarkeit des tatsächlich gewollten Preises eine vergleichende Wertung mit anderen Angeboten nicht möglich ist (VK Arnsberg; B. v. 2. 9. 2010 – Az.: VK 16/10; 1. VK Bund, B. v. 13. 7. 2005 – Az.: VK 1–59/05; 2. VK Bund, B. v. 9. 1. 2007 – Az.: VK 2–152/06; 3. VK Bund, B. v. 21. 7. 2005 – Az.: VK 3–61/05; VK Münster, B. v. 17. 11. 2005 – Az.: VK 21/05; VK Nordbayern, B. v. 2. 7. 2010 – Az.: 21.VK – 3194 – 21/10; im Ergebnis ebenso OLG Brandenburg, B. v. 6. 11. 2007 – Az.: Verg W 12/07; VK Brandenburg, B. v. 22. 2. 2008 – Az.: VK 3/08). 10494

Ein Angebot ist z.B. **widersprüchlich und daher gegebenenfalls auszuschließen**, wenn der Bieter widersprüchliche Angaben über die von ihm verlangten Preise dadurch abgibt, dass er einerseits eine **bestimmte Stundenanzahl für Kontroll- und Aufsichtsarbeiten im Reinigungsbereich anbietet, gleichzeitig aber den dafür unabdingbar notwendigen Aufwand nicht mit einkalkuliert** (OLG Düsseldorf, B. v. 25. 4. 2007 – Az.: VII – Verg 3/07; B. v. 20. 2. 2007 – Az.: VII – Verg 3/07; VK Düsseldorf, B. v. 2. 5. 2008 – Az.: VK – 10/2008 – L). 10495

Ein Angebot enthält auch dann **widersprüchliche Preisangaben, wenn das Angebot eine bestimmte Mitarbeiterstundenzahl und der Bieter den dafür unabdingbar notwendigen Aufwand nicht mit einkalkuliert**; dies stellt einen derart gravierender Mangel im Angebot dar, dass es ausgeschlossen werden muss und für einen Zuschlag nicht in Betracht kommt. Nach der Neufassung des Arbeitnehmer-Entsendegesetzes zum 1. 7. 2007 gelten gemäß dessen Art. 1 Satz 4 **die Rechtsnormen des Tarifvertrages des Gebäudereinigerhandwerks für alle in Deutschland Beschäftigten**. Dieser Tarifvertrag ist gemäß § 5 TVG mit Wirkung vom 1. 4. 2004 für allgemeinverbindlich erklärt worden. Er sieht sieben Lohngruppen vor. Der niedrigste Stundensatz beträgt in der Lohngruppe 1 (Innen- und Unterhaltsreinigungsarbeiten) in den neuen Bundesländern 6,36 € und 7,87 € in den alten Bundesländern. Die Glasreinigung fällt in die Lohngruppen 5 und 6 (Hilfsarbeiten in der Glas- und Außenreinigung – Reinigungsarbeiten in fachlichen Teilbereichen der Glas- und Außenreinigung). Die **Lohnkosten für jede Mitarbeiterstunde sind höher als der Mindestlohn. Es treten noch lohngebundene Kosten hinzu**, mit denen jeder Bieter kalkulieren muss. Hierzu zählen insbesondere die Arbeitgeberbeiträge zur Sozialversicherung. Der Anteil der Sozialversicherungsbeiträge beträgt gerichtsbekannt etwas mehr als 40% des Bruttolohns. Diese tragen Arbeitgeber und Arbeitnehmer nahezu paritätisch. **Die Bieter, die den gesetzlichen Mindestlohn zahlen, müssen deshalb zwingend zum Mindestlohn noch 20% Lohnnebenkosten hinzurechnen**. Ergibt sich danach, dass der von einem Bieter angegebene Anteil der Löhne und lohngebundenen Kosten am von ihm geforderten Nettopreis unter dem Betrag liegt, der sich bei Zahlung des Mindestlohns zzgl. zwingender Lohnnebenkosten zu bezahlen ist, ist das Angebot damit in sich widersprüchlich. Die Erklärung, der Bieter vergüte seine Mitarbeiter 10496 mit dem gesetzlichen Mindestlohn, steht in Widerspruch zu dem von ihm angegebenen Lohnkostenanteil an der geforderten Vergütung (OLG Brandenburg, B. v. 6. 11. 2007 – Az.: Verg W 12/07; im Ergebnis ebenso VK Düsseldorf, B. v. 2. 5. 2008 – Az.: VK – 10/2008 – L).

116.6.2.4 Ausnahmsweise Unbeachtlichkeit eines fehlenden Preises (§ 16 Abs. 2)

10497 **116.6.2.4.1 Änderung in der VOL/A 2009.** Nach § 16 Abs. 2 Satz 1 können fehlende Erklärungen – zu denen auch Preisangaben gehören – die **bis zum Ablauf der Angebotsfrist nicht vorgelegt wurden, bis zum Ablauf einer zu bestimmenden Nachfrist nachgefordert werden.** Umfasst davon sind nach § 16 Abs. 2 Satz 2 **fehlende Preisangaben für unwesentliche Einzelpositionen, deren Einzelpreise den Gesamtpreis nicht verändern oder die Wertungsreihenfolge und den Wettbewerb nicht beeinträchtigen.** Ziel auch dieser Regelung ist es, die **hohe Ausschlussrate zu reduzieren** und einen **umfassenden Wettbewerb sicher zu stellen.** Andere Preisangaben können nicht nachgefordert werden.

10498 Diese Neuregelung ist **eine der wichtigsten Änderungen in der VOL/A 2009.**

10499 **116.6.2.4.2 Vereinbarkeit mit europäischem Recht.** Die **Regelungen der Vergabekoordinierungsrichtlinie und der Sektorenrichtlinie** sehen die **Möglichkeit der Ergänzung von Preisangaben nicht vor.** Lediglich für den Bereich der Eignungsangaben gibt Art. 51 VKR dem öffentlichen Auftraggeber die Möglichkeit, eignungsbezogene Bescheinigungen und Dokumente zu vervollständigen oder zu erläutern.

10500 Insoweit **spricht vieles dafür, dass die Neuregelung der VOL/A 2009 über die Ergänzung fehlender Preisangaben mit europäischem Recht nicht vereinbar** ist.

10501 **116.6.2.4.3 Ermessensentscheidung über die Nachforderung.** § 16 Abs. 2 Satz 1 VOL/A 2009 **gibt dem Auftraggeber ein Ermessen**, ob er Erklärungen – einschließlich von Preisangaben – und Nachweise **nachfordert oder nicht.** Um Schwierigkeiten bei der Nachforderung z. B. durch unklare oder widersprüchliche Vergabeunterlagen zu vermeiden, sollte der **Auftraggeber entsprechende Überlegungen bereits bei der Erstellung der Vergabeunterlagen anstellen und möglichst auch dokumentieren.**

10502 Insoweit können die **Grundsätze, die die Rechtsprechung zum fakultativen Ausschluss von Angeboten nach § 25 Nr. 1 Abs. 2 VOL/A 2006 herausgearbeitet hat, übernommen** werden, da die Situation vergleichbar ist.

10503 **116.6.2.4.3.1 Dokumentation der Ausübung des Ermessens.** Angebote, die nicht die geforderten oder nachgeforderten Erklärungen enthalten, sind gemäß § 16 Abs. 3 lit. a) VOL/A grundsätzlich auszuschließen. Ergibt sich nicht, **ob und wie sich der Auftraggeber mit der Frage der möglichen Nachforderung auseinandersetzt**, hat der Auftraggeber es sich zu leicht gemacht und **insoweit willkürlich gehandelt**, als er lediglich vermerkt, dass eine (letztendlich preis- und leistungsrelevante) Erklärung noch fehlt. Dann ist nicht auszuschließen, dass ein Ermessensnichtgebrauch oder zumindest ein Ermessensfehlgebrauch vorliegt, die dem Gleichbehandlungsgrundsatz des § 97 Abs. 2 GWB widerspricht (OLG Naumburg, B. v. 26. 2. 2004 – Az.: 1 Verg 17/03; VK Lüneburg, B. v. 10. 9. 2002 – Az.: 203-VgK-15/2002). Eine **Ermessensausübung durch die Vergabekammer** im Nachprüfungsverfahren ist **nicht eröffnet** (OLG Naumburg, B. v. 26. 2. 2004 – Az.: 1 Verg 17/03).

10504 **116.6.2.4.3.2 Ermessensreduzierung auf Null und eventuelle Konsequenzen.** Hat ein Auftraggeber bestimmte Unterlagen zu **unbedingt zur Angebotsabgabe vorzulegenden Angebotsunterlagen erklärt**, ist der **Auftraggeber** aus Gründen der Gleichbehandlung aller Bieter **verpflichtet, an dieser Voraussetzung zwingend festzuhalten** (OLG Celle, B. v. 4. 3. 2010 – Az.: 13 Verg 1/10; B. v. 13. 12. 2007 – Az.: 13 Verg 10/07; OLG Düsseldorf, B. v. 19. 3. 2009 – Az.: VII-Verg 8/09; B. v. 28. 4. 2008 – Az.: VII – Verg 1/08; OLG Karlsruhe, B. v. 6. 2. 2007 – Az.: 17 Verg 5/06; OLG Koblenz, B. v. 13. 2. 2006 – Az.: 1 Verg 1/06; OLG München, B. v. 31. 8. 2010 – Az.: Verg 12/10; B. v. 23. 11. 2006 – Az.: Verg 16/06; OLG Rostock, B. v. 16. 1. 2008 – Az.: 17 Verg 3/07; LSG Nordrhein-Westfalen, B. v. 2. 4. 2009 – Az.: L 21 KR 35/09 SFB; VK Arnsberg, B. v. 13. 11. 2009 – Az.: VK 26/09; VK Baden-Württemberg, B. v. 6. 10. 2008 – Az.: 1 VK 35/08; B. v. 16. 9. 2008 – Az.: 1 VK 34/08; 1. VK Brandenburg, B. v. 17. 9. 2009 – Az.: VK 21/08; B. v. 31. 8. 2006 – Az.: 1 VK 33/06; 1. VK Bund, B. v. 12. 2. 2009 – Az.: VK 1–189/08; VK Münster, B. v. 30. 4. 2009 – Az.: VK 4/09; B. v. 25. 9. 2007 – Az.: VK 20/07; B. v. 19. 6. 2007 – Az.: VK 12/07; VK Niedersachsen, B. v. 16. 4. 2010 – Az.: VgK-10/2010; B. v. 15. 12. 2009 – Az.: VgK-63/2009; VK Nordbayern, B. v. 1. 4. 2008 – Az.: 21.VK – 3194 – 09/08; 1. VK Saarland, B. v. 12. 7. 2007 – Az.: 1 VK

04/2007; 1. VK Sachsen, B. v. 10. 9. 2009 – Az.: 1/SVK/035-09; B. v. 28. 7. 2008 – Az.: 1/SVK/037-08; B. v. 14. 3. 2007 – Az.: 1/SVK/006–07; VK Schleswig-Holstein, B. v. 20. 4. 2010 – Az.: VK-SH 03/10; B. v. 23. 1. 2009 – Az.: VK-SH 18/08; B. v. 27. 7. 2006 – Az.: VK-SH 17/06; VK Südbayern, B. v. 26. 9. 2008 – Az.: Z3-3-3194-1-25–07/08; B. v. 9. 10. 2007 – Az.: Z3-3-3194-1-45–08/07; B. v. 14. 9. 2007 – Az.: Z3-3-3194-1-33–07/07), selbst wenn kein einziger Bieter diese Voraussetzung erfüllt hätte. Ein auf Transparenz, Gleichbehandlung und Wettbewerb ausgerichtetes Vergabeverfahren bedingt nämlich, dass der Auftraggeber, um Willkürentscheidungen und subjektiv motivierte Vergabeentscheidungen zu verhindern, an einmal festgelegte Mindestparameter gebunden ist (1. VK Bund, B. v. 9. 2. 2005 – Az.: VK 2–03/05; VK Niedersachsen, B. v. 16. 4. 2010 – Az.: VgK-10/2010; B. v. 15. 12. 2009 – Az.: VgK-63/2009; VK Schleswig-Holstein, B. v. 23. 1. 2009 – Az.: VK-SH 18/08). Sollten deshalb alle Bieter diese Voraussetzungen nicht erfüllen, ist es dem Auftraggeber – auch im Verhandlungsverfahren – untersagt, das ehemalige Anforderungsniveau nachträglich abzusenken (VK Niedersachsen, B. v. 16. 4. 2010 – Az.: VgK-10/2010). Vielmehr bleibt dem Auftraggeber in einem solchen Fall lediglich der **Verzicht auf die Vergabe bzw. die Aufhebung der Ausschreibung**. Eine Nachbesserungschance für sämtliche Bieter oder aber für einen Bieter, bei dem das Anforderungsniveau als einzigem in der geforderten hohen Weise verlangt wurde, besteht gerade nicht (VK Hessen, B. v. 2. 6. 2004 – Az.: 69 d – VK – 24/2004; 1. VK Sachsen, B. v. 29. 2. 2004 – Az.: 1/SVK/157-03).

Da eine sachgerechte, transparente und auf Gleichbehandlung der Bieter abzielende Vergabeentscheidung nur getroffen werden kann, wenn die Angebote – bzw. zum Zeitpunkt der Entscheidung über die Teilnahme am Verhandlungsverfahren die Teilnahmeanträge – in jeder sich aus den Verdingungsunterlagen ergebenden Hinsicht vergleichbar sind, **sind auch im Anwendungsbereich der VOL/A solche Angebote, die vom Auftraggeber geforderte Erklärungen nicht vollständig enthalten, unter den vergaberechtlichen Geboten des Wettbewerbs zwingend auszuschließen** (VK Schleswig-Holstein, B. v. 20. 4. 2010 – Az.: VK-SH 03/10; B. v. 23. 1. 2009 – Az.: VK-SH 18/08; im Ergebnis ebenso VK Baden-Württemberg, B. v. 16. 9. 2008 – Az.: 1 VK 34/08). 10505

Dies gilt allerdings nur dann, wenn der **Auftraggeber auf die Konsequenz des Ausschlusses bei fehlenden Unterlagen ausdrücklich hingewiesen** hat (OLG Celle, B. v. 7. 6. 2007 – Az.: 13 Verg 5/07; OLG Dresden, B. v. 16. 3. 2010 – Az.: WVerg 0002/10; VK Lüneburg, B. v. 24. 5. 2004 – Az.: 203-VgK-14/2004; 1. VK Sachsen, B. v. 14. 3. 2007 – Az.: 1/SVK/006–07; VK Schleswig-Holstein, B. v. 27. 7. 2006 – Az.: VK-SH 17/06). 10506

Ein Angebotsausschluss kann außerdem nur erfolgen, soweit **Art, Inhalt und Zeitpunkt der vorzulegenden Unterlagen eindeutig und wirksam gefordert** worden sind. Es muss demnach erkennbar sein, dass der öffentliche Auftraggeber für das konkrete Vergabeverfahren überhaupt bestimmte Unterlagen fordert. Ferner muss der **Inhalt der vorzulegenden Unterlagen eindeutig und unmissverständlich aus der Bekanntmachung und den Vergabeunterlagen hervorgehen** (OLG Dresden, B. v. 16. 3. 2010 – Az.: WVerg 0002/10; OLG Düsseldorf, B. v. 28. 4. 2008 – Az.: VII – Verg 1/08; 2. VK Bund, B. v. 4. 3. 2008 – Az.: VK 2–19/08; VK Schleswig-Holstein, B. v. 9. 7. 2010 – Az.: VK-SH 11/10). 10507

Kann ein Bieter versäumte Angaben und Erklärungen in seinem Angebot faktisch nicht mehr nachholen (z. B. weil ein Nachunternehmer den Bieter nicht beliefern will), kann das dem Auftraggeber durch § 16 Abs. 2 VOL/A eingeräumte **Ermessen nur dahingehend vergaberechtskonform ausgeübt werden, dass das Angebot wegen Unvollständigkeit ausgeschlossen** wird (VK Lüneburg, B. v. 23. 2. 2007 – Az.: VgK-06/2007). 10508

116.6.2.4.4 Überprüfbarkeit der Ermessensentscheidung. Eine Entscheidung zur Nachforderung oder zu einem Ausschluss wegen fehlender Erklärungen unterliegt dem Beurteilungsspielraum des Auftraggebers, **der von der Vergabekammer nur auf seine Grenzen überprüfbar ist** (OLG Celle, B. v. 13. 12. 2007 – Az.: 13 Verg 10/07; VK Brandenburg, B. v. 31. 8. 2006 – Az.: 1 VK 33/06; VK Lüneburg, B. v. 23. 2. 2007 – Az.: VgK-06/2007; VK Mecklenburg-Vorpommern, B. v. 7. 1. 2008 – Az.: 1 VK 10/07; VK Nordbayern, B. v. 28. 7. 2003 – Az.: 320.VK-3194-26/03; 1. VK Sachsen, B. v. 29. 2. 2004 – Az.: 1/SVK/157-03; VK Schleswig-Holstein, B. v. 20. 4. 2010 – Az.: VK-SH 03/10). Dementsprechend kann die Ermessensentscheidung des Auftraggebers im Nachprüfungsverfahren nur daraufhin überprüft werden, ob **Ermessensfehler vorliegen**, insbesondere ob die Vergabestelle ihr Ermessen überhaupt und ordnungsgemäß ausgeübt hat, **ob der Sachverhalt zutreffend und vollständig ermittelt** worden ist oder ob die **Entscheidung durch sachfremde Erwägungen bestimmt** worden ist (VK Lüneburg, B. v. 24. 5. 2004 – Az.: 203-VgK-14/2004). 10509

Teil 4 VOL/A § 16   Vergabe- und Vertragsordnung für Leistungen Teil A

10510 **116.6.2.4.5 Inhaltliche Voraussetzungen einer Nachforderung von Preisangaben.** **§ 16 Abs. 2 Satz 2 stellt mehrere Voraussetzungen für die Zulässigkeit der Nachforderung von Preisangaben** auf. Sind diese Voraussetzungen erfüllt, ist eine Nachforderung zulässig; sind diese Voraussetzungen nicht erfüllt, ist eine Nachforderung unzulässig.

10511 **116.6.2.4.5.1 Fehlende Preise für mehrere unwesentliche Einzelpositionen.** Nach dem **klaren Wortlaut des § 16 Abs. 2 VOL/A** darf nicht nur bei einer einzigen Position, sondern **bei mehreren unwesentlichen Positionen** der Preis fehlen. Im Gegensatz zur Regelung der VOL/A ist hingegen **im Rahmen der VOB/A bei mehreren fehlenden Preisen ein Rückgriff** auf die entsprechende Ausnahmeregelung des § 16 Abs. 1 Nr. 1 lit. c) VOB/A **nicht zulässig**.

10512 **116.6.2.4.5.2 Unwesentliche Einzelpositionen.** Der **Begriff der unwesentlichen Einzelposition** ist **nicht näher definiert**. Er hängt vom jeweiligen Einzelfall ab.

10513 **116.6.2.4.5.3 Keine Änderung des Gesamtpreises durch die Nachforderung.** Eine Nachforderung eines fehlenden Preises ist **nach dieser Alternative** nur zulässig, wenn sich **auch bei einer Nachforderung der Gesamtpreis nicht verändert**. Darunter sind einmal **die Fälle** zu fassen, in denen der **Bieter die ausdrückliche Eintragung eines Einzelpreises vergessen**, diesen **fehlenden Preis aber in der Gesamtaddition** – beim Gesamtpreis – **berücksichtigt** hat. Insoweit muss sich der rechnerisch vom Auftraggeber ermittelte Gesamtpreis von der Summe der Einzelpreise unterscheiden.

10514 **Zum zweiten** fällt unter diese Alternative die Aussage des Bieters auf die Aufforderung zur Nachreichung hin, dass der **nachgeforderte Preis 0 Euro** beträgt.

10515 **Diese Änderung der VOL/A ist problematisch**, da sie dem Gesamtpreis, der normalerweise im Vergleich zum Einheitspreis keine Rolle spielt, ein viel zu großes Gewicht einräumt. Außerdem bietet diese Regelung einen verhältnismäßig einfachen Ansatz zur Manipulation und Korruption.

10516 Eine **vergleichbare Regelung** ist **in § 16 VOB/A 2009 nicht enthalten**.

10517 **116.6.2.4.5.4 Keine Beeinträchtigung der Wertungsreihenfolge und des Wettbewerbs.** Eine Nachforderung eines fehlenden Preises ist **nach dieser Alternative** nur zulässig, wenn **auch bei einer Nachforderung keine Beeinträchtigung der Wertungsreihenfolge und des Wettbewerbs eintritt**. Es muss also nach der Nachforderung eine **vergleichende rechnerische Prüfung dahin stattfinden, ob sich durch die Hinzurechnung des nachgeforderten Preises eine Änderung der Wertungsreihenfolge ergibt**; ist dies der Fall, ist die Nachforderung unzulässig und das Angebot wegen eines fehlenden Preises nach § 16 Abs. 3 lit. a) auszuschließen.

10518 § 16 VOB/A 2009 wählt einen anderen Weg. Eine Außerachtlassung des fehlenden Preises für eine einzige unwesentliche Position ist nach § 16 Abs. 1 Nr. 1 lit. c) VOB/A nur dann möglich, wenn die **Wertung dieser Position mit dem höchsten Wettbewerbspreis für diese Position keine Änderung der Wertungsreihenfolge** bedeutet. Es muss also eine **fiktive rechnerische Prüfung** erfolgen.

10519 **116.6.2.4.5.5 Ältere vergleichbare Rechtsprechung.** Die Rechtsprechung hat in vereinzelten Entscheidungen trotz der Vorgaben des BGH ebenfalls Ausnahmen zugelassen, wonach die strikte Anwendung der Entscheidungssätze des Bundesgerichtshofes dazu führt, dass auch Angebote von der Wertung auszuschließen wären, bei denen entweder nur unbedeutende oder sich auf den Wettbewerb nicht auswirkende Erklärungen fehlen. Dies wäre ein **überspitzter Formalismus, der dem Wettbewerb nicht dienlich ist. Ist demnach eine Wettbewerbsrelevanz offensichtlich ausgeschlossen**, kann also das Fehlen der geforderten Erklärungen unter keinem denkbaren Gesichtspunkt zu einer Wettbewerbsbeeinträchtigung führen, kann das Angebot nicht ausgeschlossen werden (OLG München, B. v. 5. 7. 2005 – Az.: Verg 009/05; BayObLG, B. v. 15. 9. 2004 – Az.: Verg 026/03; Schleswig-Holsteinisches OLG, B. v. 10. 3. 2006 – Az.: 1 (6) Verg 13/05; VK Brandenburg, B. v. 21. 12. 2004 – Az.: VK 64/0; VK Nordbayern, B. v. 15. 10. 2008 – Az.: 21.VK – 3194 – 48/08; VK Schleswig-Holstein, B. v. 10. 10. 2007 – Az.: VK-SH 20/07). **Auch nach der Auffassung des OLG Düsseldorf** ist die **fehlende Angabe z. B. von Fassadenplänen für den Auftraggeber objektiv ohne Bedeutung und dazu ohne Relevanz für den Bieterwettbewerb** (OLG Düsseldorf, B. v. 5. 4. 2006 – Az.: VII – Verg 3/06).

10520 Nach Auffassung des **OLG Celle** gilt – ausgehend von den Vorgaben des Bundesgerichtshofs, wonach zum einen die vom Bieter bekannt zu gebenden Parameter auf solche beschränkt sind,

„deren **Angabe den Bieter nicht unzumutbar belastet**", und zum anderen der **Gedanke von Treu und Glauben** zu den von den öffentlichen Auftraggebern zu beachtenden rechtlichen Grundlagen nach § 97 Abs. 7 GWB gehört – der Grundsatz, dass beim Fehlen von Preisen und geforderten Erklärungen ein Angebot zwingend auszuschließen ist, **ausnahmsweise dann nicht, wenn die Unvollständigkeit eine unbedeutende und sich auf den Wettbewerb nicht auswirkende Position betrifft und wenn der Auftraggeber selbst bei der Wertung der verschiedenen Angebote zu erkennen gibt, dass es ihm auf die geforderte Angabe in keiner Weise ankommt.** Dadurch widerlegt der Auftraggeber die grundsätzliche Annahme, dass den von ihm in den Ausschreibungsunterlagen geforderten Preisangaben und Erklärungen Relevanz für die Vergabeentscheidung zukommt. In einem solchen Ausnahmefall, in dem die geforderte Angabe als reiner Formalismus anzusehen wäre, stellt sich der Ausschluss eines Angebots, das diese Angaben nicht enthält, durch den Auftraggeber als **Verstoß gegen den auch im Vergabeverfahren geltenden Grundsatz von Treu und Glauben** dar (OLG Celle, B. v. 2. 10. 2008 – Az.: 13 Verg 4/08).

Eine Ausnahme hinsichtlich des formal gebotenen Ausschlusses von Angeboten, die entsprechend § 13 Abs. 3 VOL/A nicht vollständige Preise enthalten, ist dann geboten, wenn eine **Wettbewerbsrelevanz offensichtlich ausgeschlossen ist, wenn also das Fehlen der geforderten Preisangaben oder der geforderten Erklärungen unter keinem denkbaren Gesichtspunkt zu einer Wettbewerbsbeeinträchtigung führen kann** (VK Baden-Württemberg, B. v. 18. 4. 2005 – Az.: 1 VK 10/05).

116.6.2.4.6 Unzulässigkeit der Ergänzung fehlender Preise durch Bildung von Mittelpreisen. Eine Lösung, einen **Mittelpreis aus dem Zweit- und Drittplazierten in die Positionen einzusetzen, bei denen Preise eines mindestfordernden Angebotes fehlen**, ist ebenfalls nicht praktikabel, da **nicht rechtsverbindlich** (1. VK Sachsen, B. v. 12. 3. 2003 – Az.: 1/SVK/015-03).

116.6.2.5 Fehlende oder unvollständige sonstige Erklärungen und Nachweise (§ 16 Abs. 2)

116.6.2.5.1 Begriff und Inhalt. Geforderte **Erklärungen sind solche, die nicht bereits Inhalt der Ausschreibungsunterlagen sind und von einem Bieter aufgrund eines entsprechenden Verlangens des Auftraggebers zwingend abgegeben werden müssen**, damit sie Bestandteil seines Angebots und späterhin des Vertrages werden können (VK Baden-Württemberg, B. v. 15. 3. 2007 – Az.: 1 VK 03/07; B. v. 31. 1. 2007 – Az.: 1 VK 83/06; 2. VK Bund, B. v. 21. 1. 2004 – Az.: VK 2–126/03; VK Südbayern, B. v. 16. 7. 2007 – Az.: Z3-3-3194-1-28-06/07; B. v. 6. 10. 2006 – Az.: 26-08/06).

Geforderte Erklärungen können **sowohl den technischen Inhalt als auch die rechtlichen und sonstigen Rahmenbedingungen** der zu erbringenden Leistung **betreffen**. Die Erklärungen müssen sich auch genau auf die ausgeschriebene Leistung beziehen (VK Baden-Württemberg, B. v. 15. 3. 2007 – Az.: 1 VK 03/07; B. v. 31. 1. 2007 – Az.: 1 VK 83/06; VK Nordbayern, B. v. 24. 1. 2008 – Az.: 21.VK – 3194 – 52/07; VK Südbayern, B. v. 5. 8. 2003 – Az.: 29-07/03).

Geforderte Erklärungen, Nachweise oder sonstige mit Angebotsabgabe zu erfüllende Vorgaben **müssen vom jeweiligen Bieter selbst erbracht werden. Jedes Angebot ist für sich gesondert dahin zu prüfen, ob es den Vorgaben der Ausschreibung entspricht.** Kein Bieter kann sich darauf berufen, dass z. B. geforderte Mustersteine bereits von einem anderen Bieter vorgelegt wurden und er die gleichen Steine angeboten habe wie dieser andere Bieter (VK Hessen, B. v. 11. 3. 2004 – Az.: 69 d – VK – 06/2004).

Angaben und Erklärungen, die der Bieter laut den Ausschreibungsbedingungen vorzulegen hat, **müssen vollständig sein**. Ein **Recht des Bieters zu entscheiden**, welcher Teil des geforderten Dokuments für den Auftraggeber von Bedeutung ist und welcher zur Ersparung von Kopierkosten oder zum Schutz von Betriebsgeheimnissen weggelassen werden kann, **besteht nicht**. Die Vergabestelle umgekehrt kann von sich aus nicht beurteilen, ob der fehlende Teil für sie wesentliche Informationen enthält (OLG München, B. v. 29. 11. 2007 – Az.: Verg 13/07; B. v. 29. 3. 2007 – Az.: Verg 02/07; VK Südbayern, B. v. 9. 10. 2007 – Az.: Z3-3-3194-1-45–08/07).

Muster stellen in entsprechender Anwendung der §§ 13 Abs. 3, 16 VOL/A im Rechtssinn Bietererklärungen dar. Sind verlangte Muster nicht oder unvollständig vorgelegt worden, kann das betreffende Angebot auszuschließen sein. Der **Angebotsinhalt (und damit**

der ggf. **zukünftige Vertragsgegenstand) werden nicht erst durch das überlassene Muster festgelegt, sondern bereits in dem schriftlichen Angebot** selbst. Nicht erst ein Muster konkretisiert das Angebot eines Bieters, sondern **umgekehrt muss das Muster dem Angebot entsprechen** („**zum Angebot gehörig**") (OLG Düsseldorf, B. v. 14. 11. 2007 – Az.: VII – Verg 23/07; 1. VK Bund, B. v. 5. 8. 2009 – Az.: VK 1–128/09).

10528   **116.6.2.5.2 Eindeutige Bestimmung der geforderten Erklärungen oder Nachweise.**
116.6.2.5.2.1 Notwendigkeit einer eindeutigen Bestimmung. Der Auftraggeber hat die Möglichkeit, beim Fehlen von geforderten Erklärungen oder Nachweisen im Wege der Ermessensausübung ohne Nachforderung ein unvollständiges Angebot auszuschließen. Angesichts dieser **gravierenden Rechtsfolge** ist ein sorgfältiges und eindeutiges Handeln des Auftraggebers notwendig. Damit ist eine eindeutige Bestimmung der geforderten Erklärungen oder Nachweise durch den Auftraggeber **auch weiterhin erforderlich**.

10529   **116.6.2.5.2.2 Eindeutige Bestimmung der Erklärungen oder Nachweise.** Die mit dem Fehlen von Erklärungen verbundenen eventuell schwerwiegenden Folgen gebieten es, dass die **ausschreibende Stelle eindeutig bestimmt, welche Erklärungen sie für die Angebotswertung fordert**. Wie die Leistung selbst eindeutig und erschöpfend zu beschreiben ist (vgl. § 7 Abs. 1 VOL/A), erfordert es das Prinzip der Gleichbehandlung auch, eine objektive Mehrdeutigkeit der Ausschreibungsunterlagen in den geforderten Belegen nicht zum Nachteil eines Bieters ausschlagen zu lassen (BGH, Urteil v. 10. 6. 2008 – Az.: X ZR 78/07; OLG Düsseldorf, B. v. 30. 6. 2010 – Az.: VII-Verg 13/10; B. v. 9. 12. 2009 – Az.: VII-Verg 37/09; B. v. 21. 11. 2007 – Az.: Verg 32/07; OLG München, B. v. 12. 11. 2010 – Az.: Verg 21/10; B. v. 31. 8. 2010 – Az.: Verg 12/10; B. v. 21. 5. 2010 – Az.: Verg 02/10; B. v. 10. 12. 2009 – Az.: Verg 16/09; B. v. 10. 9. 2009 – Az.: Verg 10/09; OLG Naumburg, B. v. 2. 7. 2009 – Az.: 1 Verg 2/09; OLG Rostock, B. v. 8. 3. 2006 – Az.: 17 Verg 16/05; BayObLG, B. v. 28. 5. 2003 – Az.: Verg 6/03; VK Arnsberg, B. v. 30. 11. 2009 – Az.: VK 32/09; VK Baden-Württemberg, B. v. 10. 9. 2009 – Az.: 1 VK 41/09; B. v. 11. 8. 2009 – Az.: 1 VK 36/09; B. v. 20. 1. 2009 – Az.: 1 VK 69/08; B. v. 10. 10. 2008 – Az.: 1 VK 31/08; B. v. 11. 4. 2008 – Az.: 1 VK 09/08; B. v. 7. 11. 2007 – Az.: 1 VK 43/07; 2. VK Bund, B. v. 30. 12. 2009 – Az.: VK 2–222/09; B. v. 21. 9. 2009 – Az.: VK 2–126/09; B. v. 20. 12. 2005 – Az.: VK 2–159/05; B. v. 20. 12. 2005 – Az.: VK 2–156/05; 3. VK Bund, B. v. 10. 6. 2010 – Az.: VK 3–51/10; B. v. 4. 6. 2010 – Az.: VK 3–48/10; B. v. 11. 3. 2010 – Az.: VK 3–18/10; B. v. 4. 2. 2010 – Az.: VK 3 – 3/10; VK Düsseldorf, B. v. 19. 3. 2007 – Az.: VK – 03/2007 – B; VK Hessen, B. v. 10. 11. 2008 – Az.: 69 d VK – 53/2008; VK Münster, B. v. 25. 9. 2007 – Az.: VK 20/07; VK Nordbayern, B. v. 8. 7. 2010 – Az.: 21.VK – 3194 – 22/10; B. v. 8. 6. 2010 – Az.: 21.VK – 3194 – 11/10; B. v. 21. 4. 2009 – Az.: 21.VK – 3194 – 10/09; B. v. 21. 7. 2008 – Az.: 21.VK – 3194 – 27/08; B. v. 21. 6. 2007 – Az.: 21.VK – 3194 – 23/07; B. v. 15. 3. 2007 – Az.: 21.VK – 3194 – 06/07; B. v. 28. 6. 2005 – Az.: 320.VK – 3194 – 21/05; B. v. 28. 7. 2003 – Az.: 320.VK-3194-26/03; 1. VK Sachsen, B. v. 18. 6. 2009 – Az.: 1/SVK/017-09; B. v. 7. 3. 2008 – Az.: 1/SVK/003–08; B. v. 10. 11. 2006 – Az.: 1/SVK/096-06; VK Schleswig-Holstein, B. v. 7. 7. 2009 – Az.: VK-SH 05/09; B. v. 7. 3. 2008 – Az.: VK-SH 02/08; im Ergebnis ebenso VK Südbayern, B. v. 6. 10. 2006 – Az.: 26-08/06; 1. VK Bund, B. v. 20. 3. 2003 – Az.: VK 1–13/03).

10530   Es muss also erkennbar sein, dass der öffentliche **Auftraggeber für das konkrete Vergabeverfahren überhaupt bestimmte Unterlagen fordert**. Ferner muss der **Inhalt** der vorzulegenden Unterlagen **eindeutig und unmissverständlich** aus der Bekanntmachung und den Vergabeunterlagen hervorgehen (OLG München, B. v. 10. 12. 2009 – Az.: Verg 16/09; VK Baden-Württemberg, B. v. 10. 9. 2009 – Az.: 1 VK 41/09; B. v. 11. 8. 2009 – Az.: 1 VK 36/09).

10531   Wird in den Ausschreibungsunterlagen **einmal verlangt, dass der Bieter die Eignungsnachweise vorzulegen habe,** an anderer Stelle hingegen formuliert „Als Nachweis Ihrer Eignung sollten dem Angebot als Angebotsabgabe als Anlage folgende aktuellen Unterlagen beiliegen ..." und behält sich an wieder anderer Stelle die Auftraggeberin vor, nicht beiliegende bzw. nicht den Anforderungen entsprechende Dokumente **nachzufordern** bzw. wird darauf hingewiesen, dass das Fehlen von Nachweisen zum Ausschluss führt, wenn der Bieter der Nachforderung nicht nachkommt bzw. wenn zum Zeitpunkt der abschließenden Wertung eines der Dokumente nicht vorliegt, kann **angesichts dieser Vielschichtigkeit, der teils mehrdeutigen und widersprüchlichen Regelungen nicht davon ausgegangen werden, dass ein Ausschlussgrund vorliegt, wenn die geforderten Nachweise nicht oder nicht vollständig vorgelegt** werden (VK Baden-Württemberg, B. v. 7. 11. 2007 – Az.: 1 VK 43/07).

10532   Bei der **Frage, ob bestimmte Unterlagen gefordert** sind, sind alle Vergabeunterlagen, u.a. auch das Angebotsaufforderungsschreiben zu berücksichtigen. Haben z.B. die Bieter auf

Verlangen dem Auftraggeber die **Preisermittlung für die vertragliche Leistung** (z. B. zwecks Prüfung der Angemessenheit der Preise) zu übergeben und haben die Bieter **außerdem die ihrer Kalkulationsmethode entsprechenden Formblätter zur Preisaufgliederung** ausgefüllt mit seinem Angebot abzugeben, so **handelt es sich bei den geforderten „Formblättern zur Preisaufgliederung" nicht um die „Preisermittlung", sondern um die so genannte Urkalkulation** (OLG Karlsruhe, B. v. 24. 7. 2007 – Az.: 17 Verg 6/07; **weiteres instruktives Beispiel**: OLG Düsseldorf, B. v. 6. 6. 2007 – Az.: VII – Verg 8/07).

Zur Feststellung, welche Erklärungen oder Unterlagen gefordert werden, sind zunächst die **Vergabeunterlagen auszulegen**. Welcher Erklärungswert den Vergabeunterlagen zukommt, ist anhand der für Willenserklärungen geltenden Grundsätze, §§ 133, 157 BGB, zu ermitteln. Diese sind zwar selbst keine Angebote im Sinne der §§ 145 ff. BGB, bilden diese aber gleichsam spiegelbildlich ab. Die **vertraglichen Unterlagen, welche an eine Vielzahl von Bietern gerichtet sind, sind nach dem objektiven Empfängerhorizont der potenziellen Bieter, also eines abstrakt bestimmten Adressatenkreises auszulegen.** Etwaige Unklarheiten gehen nicht zu Lasten des Bieters, sondern zu Lasten der formulierenden Vergabestelle (OLG München, B. v. 31. 8. 2010 – Az.: Verg 12/10). 10533

Fordert der Auftraggeber eine bestimmte Unterlagen bereits mit Angebotsabgabe, richtet sich die Forderung allerdings an den Auftragnehmer, ist die Forderung nicht widerspruchsfrei. Mit dieser Formulierung ist ein Zeitpunkt in Bezug genommen, der nach Auftragserteilung liegt, was in Widerspruch zu der Vorgabe steht, dass der Plan mit dem Angebot vorzulegen ist – bei Angebotsabgabe besteht erst ein Bieterstatus, nicht dagegen bereits ein Auftragnehmerstatus. Die Rechtsfolge eines eventuellen Angebotsausschlusses wegen fehlender Unterlagen ist für den betroffenen Bieter, der völlig vom Wettbewerb ausgeschlossen wird, sehr schwerwiegend. Sie kann daher nur eingreifen, wenn die Vorgabe des Auftraggebers, mit der er die betreffende Erklärung fordert, in sich klar und widerspruchsfrei ist (3. VK Bund, B. v. 10. 6. 2010 – Az.: VK 3–51/10; B. v. 4. 6. 2010 – Az.: VK 3–48/10). 10534

116.6.2.5.2.3 Eindeutige Bestimmung des Zeitpunkts der Vorlage. Eindeutig feststehen muss aus Gründen der Gleichbehandlung auch, **zu welchem Zeitpunkt die Erklärungen vorliegen müssen** (mit dem Angebot oder zu einem späteren Zeitpunkt). Aufgrund einer Unklarheit in den Vergabeunterlagen kann sich die Nichtvorlage oder fehlerhafte Vorlage von geforderten Belegen nicht zum Nachteil der Bieter z. B. in Form eines Ausschlusses aus dem Vergabeverfahren auswirken (OLG Düsseldorf, B. v. 9. 12. 2009 – Az.: VII-Verg 37/09; B. v. 7. 4. 2005 – Az.: VII – Verg 12/05; OLG München, B. v. 10. 12. 2009 – Az.: Verg 16/09; B. v. 10. 9. 2009 – Az.: Verg 10/09; VK Baden-Württemberg, B. v. 11. 4. 2008 – Az.: 1 VK 09/08; 1. VK Brandenburg, B. v. 1. 2. 2006 – Az.: 1 VK 81/05; 2. VK Bund, B. v. 11. 2. 2005 – Az.: VK 2–223/04; VK Düsseldorf, B. v. 19. 3. 2007 – Az.: VK – 03/2007 – B; VK Nordbayern, B. v. 8. 6. 2010 – Az.: 21.VK – 3194 – 11/10; B. v. 28. 6. 2005 – Az.: 320.VK – 3194 – 21/05). 10535

Enthält die Aufforderung zur Angebotsabgabe die Angabe, dass der Nachweis z. B. bereits erbrachter vergleichbarer Leistungen von den Bietern **nur auf Verlangen zu erbringen** war, ist die Nachreichung der Referenzlisten nach einer entsprechenden Aufforderung ausreichend (2. VK Bund, B. v. 10. 12. 2003 – Az.: VK 1–116/03; im Ergebnis ebenso 2. VK Brandenburg, B. v. 18. 10. 2005 – Az.: 2 VK 62/05). 10536

Die Anwendung der Regelung des § 16 Abs. 3 lit. a) ist **nicht zulässig**, wenn sich **Forderungen nach Abgabe von Nachweisen** nicht an die Bieter, sondern **an den Auftragnehmer richten**. Damit werden die Nachweise nicht bei Angebotsabgabe verlangt, sondern erst vor einer Auftragserteilung (VK Nordbayern, B. v. 30. 9. 2004 – Az.: 320.VK – 3194 – 39/04). 10537

116.6.2.5.2.4 Verfrühte Vorlage von Erklärungen oder Nachweisen. Wenn ein **Bieter eine von der Vergabestelle geforderte Erklärung in Kenntnis des Umstands, dass er erst zu einem späteren Zeitpunkt zur Vorlage verpflichtet** ist, bereits **zu einem früheren Zeitpunkt** als gefordert vorlegt, so muss er sich an dieser **Erklärung jedenfalls dann festhalten** lassen, wenn er mit der verfrühten Vorlage nicht zugleich deutlich macht, dass dieser Erklärung nur vorbereitender Charakter zukommen soll und eine letztgültige Erklärung zum geforderten späteren Zeitpunkt noch nachfolgen wird (VK Berlin, B. v. 15. 7. 2009 – Az.: VK – B 1–16/09). Vgl. zu den **allgemeinen Anforderungen an die Auslegung einer entsprechenden Vergabebekanntmachung** die Kommentierung zu → § 12 VOL/A Rdn. 14 ff. 10538

Anderer Auffassung sind zumindest **teilweise** die **2. VK Bund und das OLG Düsseldorf.** Der Auffassung, dass ein Bieter, der eine von der Vergabestelle geforderte Erklärung be- 10539 reits früher als gefordert vorlegt, sich an der Erklärung festhalten lassen muss, wenn er nicht zugleich deutlich gemacht hat, dass der Erklärung nur vorbereitender Charakter zukomme und eine letztgültige Erklärung noch nachfolgen wird, ist indes **insoweit nicht zu folgen, als darin ohne weiteres ein zwingender Ausschlussgrund bei vorzeitiger Vorlage inhaltlich unzureichender Erklärungen bejaht wird**. Denn es ist nicht ersichtlich, weshalb eine Vergabestelle einen Bieter, der noch keinerlei Erklärung vorgelegt hat, dazu auffordern darf, dies nunmehr zu tun, während sie gleichzeitig nicht einmal die Möglichkeit haben soll, einen Bieter zur Vervollständigung einer bereits vorgelegten, aber inhaltlich unzulänglichen Erklärung aufzufordern. Der vorzeitigen Vorlage einer Erklärung ist regelmäßig auch keine Weigerung des Bieters zu entnehmen, die Erklärung auf entsprechenden Nachweis hin zu ergänzen (2. VK Bund, B. v. 21. 9. 2009 – Az.: VK 2–126/09). Außerdem beruhen im Allgemeinen inhaltlich unzureichende Erklärungen auf einem Versehen und lassen nicht darauf schließen, der Bieter sei nicht willens oder in der Lage, diese ordnungsgemäß zu ergänzen. Diese **Auffassung widerspricht auch Art. 51 Richtlinie 2004/18/EG**, wonach der Auftraggeber den Bieter auffordern kann, unzureichende Erklärungen und Nachweise zu vervollständigen (OLG Düsseldorf, B. v. 30. 11. 2009 – Az.: VII-Verg 41/09).

10540 **116.6.2.5.2.5 Zumutbarkeit der Beschaffung von Nachweisen.** Soweit die Vorlage eines Nachweises (z. B. eines Gewerbezentralregisterauszuges) mit dem Angebot verlangt wird, wird eine Obliegenheit des Bieters begründet, deren Nichterfüllung zu seinen Lasten geht. Es **kann zwar durchaus Fälle geben, in denen die Beschaffung eines Nachweises** (z. B. eines Gewerbezentralregisterauszuges) **für den Bieter mit einem sehr großen Aufwand verbunden** ist. Lässt sich aber entnehmen, dass hinsichtlich der Beschaffung **keine Unmöglichkeit** besteht, **muss der Bieter ein entsprechendes Engagement zur Beschaffung der Nachweise aufwenden** (VK Schleswig-Holstein, B. v. 27. 7. 2006 – Az.: VK-SH 17/06).

10541 **116.6.2.5.2.6 Beispiele aus der Rechtsprechung für vollständige Erklärungen**

– diese Forderung ist **auch dann erfüllt, wenn zwar eine geforderte Erklärung** (z. B. eine Systemangabe) **nicht ausdrücklich abgegeben** wird, sich jedoch **aus dem Kontext des Angebotes die Erklärung** (z. B. das System) **eindeutig und zweifelsfrei ergibt** (VK Bremen, B. v. 21. 9. 2005 – Az.: VK 10/05).

– ähnlich **weit geht das OLG Düsseldorf**, das **bei geforderten Umsatzzahlen genügen lässt, dass der Bieter eine Aufstellung mit Referenzen vorlegt**, aus der sich Auftragssumme, Zeitraum und Art der Arbeit näher ergeben und **aus der sich die Umsatzzahlen ermitteln lässt** (OLG Düsseldorf, B. v. 6. 6. 2007 – Az.: VII – Verg 8/07).

10542 **116.6.2.5.2.7 Beispiele aus der Rechtsprechung für fehlende geforderte Erklärungen oder Nachweise. 116.6.2.5.2.7.1 Fehlende Angabe von Kalkulationskosten.** Die von Bietern zu leistende **Angabe sonstiger Kalkulationskosten** – z. B. hinsichtlich der von ihnen kalkulierten Vertriebskosten – stellt eine Erklärung im Sinne von § 13 Abs. 3 VOL/A dar. Es handelt sich bei den anzugebenden Vertriebskosten **nicht um eine Preisangabe. Die im Kalkulationsschema einzeln aufgeführten Positionen bezeichnen keine Preise, sondern stellen dar, wie sich der von dem Bieter angebotene Preis zusammensetzt.** Die im Kalkulationsschema aufgeführten Positionen zielen lediglich auf Erklärungen der Bieter ab, wie sie ihre angebotenen Leistungen kalkuliert haben. Insoweit ähnelt das Kalkulationsschema den Formblättern „EFB-Preis". Auch diese Formblätter dienen der Offenlegung der internen Kalkulation. So bezeichnen auch die in diesen Formblättern eingetragenen Angaben selbst keine Preise, sondern erklären die Art ihres Zustandekommens. Die einzelnen in den Formblättern EFB-Preis sowie die im streitgegenständlichen Fall im Kalkulationsschema abgefragten Positionen stellen dagegen „Erklärungen" im Sinne von § 13 Abs. 3 VOL/A dar (VK Schleswig-Holstein, B. v. 20. 4. 2010 – Az.: VK-SH 03/10).

10543 **116.6.2.5.2.7.2 Fehlende oder unvollständige oder widersprüchliche Angabe der Nachunternehmerleistungen. 116.6.2.5.2.7.2.1 Grundlage sowie Sinn und Zweck.** Insbesondere die **Bundesländer** fordern – **auf der rechtlichen Grundlage von Tariftreue- oder Landesvergabegesetzen** (vgl. die Kommentierung zu → § 97 GWB Rdn. 880 ff) oder auf der Basis des § 97 Abs. 4 Satz 1 n. F. – von den Bewerbern die **Angabe, welche Leistungen an Nachunternehmer vergeben** werden.

10544 Gerade bei größeren Projekten besteht ein **erhebliches Interesse der Vergabestelle daran, über die Vertragspartner und deren Subunternehmer Bescheid zu wissen**. Die zuverlässige Ausführung der Leistung hängt nicht nur von der Fachkunde und Leistungsfähigkeit des Bieters ab, sondern auch von der **Eignung der von ihm eingeschalteten Nachunterneh-**

Vergabe- und Vertragsordnung für Leistungen Teil A   VOL/A § 16 **Teil 4**

mer, welche die Leistung faktisch erbringen. Darum ist der Vergabestelle grundsätzlich zuzubilligen, vor der Zuschlagserteilung die Eignung der Nachunternehmer überprüfen zu können (OLG München, B. v. 22. 1. 2009 – Az.: Verg 26/08).

116.6.2.5.2.7.2.2 Allgemeines. Zu den „Erklärungen" im Sinn von § 16 Abs. 2   10545
VOL/A gehören auch Angaben dazu, welche Leistungen der Bieter nicht selbst erbringen, sondern durch Nachunternehmer erbringen lassen will (BGH, Urteil v. 18. 9. 2007 – Az.: X ZR 89/04; OLG Celle, B. v. 2. 10. 2008 – Az.: 13 Verg 4/08; OLG Düsseldorf, B. v. 30. 11. 2009 – Az.: VII-Verg 41/09; VK Arnsberg, B. v. 30. 5. 2008 – Az.: VK 10/08; 2. VK Bund, B. v. 28. 5. 2010 – Az.: VK 2–47/10; B. v. 30. 5. 2008 – Az.: VK 2–55/08; VK Nordbayern, B. v. 24. 1. 2008 – Az.: 21.VK – 3194 – 52/07; 3. VK Saarland, B. v. 23. 4. 2007 – Az.: 3 VK 02/2007, 3 VK 03/2007; 1. VK Sachsen, B. v. 10. 3. 2010 – Az.: 1/SVK/001–10; B. v. 16. 1. 2008 – Az.: 1/SVK/084-07; VK Südbayern, B. v. 31. 5. 2007 – Az.: Z3-3-3194-1-17-04/07). Bei **Nachunternehmererklärungen kann ein Einfluss auf den Wettbewerb auch nicht ausgeschlossen werden**. Denn Art und Umfang einschließlich der Frage der Tariftreuebindung eines beabsichtigten Nachunternehmereinsatzes stellen eine kalkulationserhebliche Erklärung dar, die sich auf die Wettbewerbsstellung auswirkt. Für den Bieter ist bei der Angebotskalkulation von erheblicher Bedeutung, welche Leistungen im eigenen Betrieb ausgeführt und welche z. B. aus betriebswirtschaftlichen oder technischen Gründen auf Nachunternehmen übertragen werden. Wegen dieser Preiswirksamkeit kann eine Vergabestelle deshalb durchaus ein Interesse daran haben, dass bereits mit dem Angebot die Art und der Umfang des beabsichtigten Nachunternehmereinsatzes eindeutig zu erklären und Nachunternehmererklärungen vorzulegen sind (LG Hannover, Urteil v. 17. 9. 2007 – Az.: 10 O 63/07; 3. VK Saarland, B. v. 23. 4. 2007 – Az.: 3 VK 02/2007, 3 VK 03/2007; 1. VK Sachsen, B. v. 10. 3. 2010 – Az.: 1/SVK/001–10; B. v. 16. 1. 2008 – Az.: 1/SVK/084-07).

116.6.2.5.2.7.2.3 Forderung nach Angabe der Nachunternehmerleistungen „der   10546
zweiten Reihe". Zur **Forderung bzw. Verpflichtung nach Angabe der Nachunternehmerleistungen „der zweiten Reihe"** vgl. die Kommentierung zu → § 97 GWB Rdn. 530 ff.

116.6.2.5.2.7.2.4 Auslegung einer Nachunternehmererklärung. Die Erklärungen zum   10547
Nachunternehmereinsatz sind **nach § 133 BGB auszulegen**. Nur solche Umstände dürfen dabei berücksichtigt werden, die bei dem Zugang der Erklärung für den **Empfänger** erkennbar waren. Auf dessen **Horizont und Verständnismöglichkeit** ist bei der Auslegung abzustellen. Dies gilt auch dann, wenn der Erklärende die Erklärung anders verstanden hat. **Entscheidend ist** im Ergebnis nicht der empirische Wille des Erklärenden, sondern **der durch normative Auslegung zu ermittelnde objektive Erklärungswert** seines Verhaltens (BGH, Urteil v. 10. 6. 2008 – Az.: X ZR 78/07; OLG Celle, B. v. 2. 10. 2008 – Az.: 13 Verg 4/08). In diesem Zusammenhang ist auf die **Sicht eines „verständigen Auftraggebers in dessen damaliger Situation"** abzustellen. Beachtet werden muss bei der Interpretation von Bietererklärungen schließlich auch das in § 97 Abs. 1 und 2 GWB aufgestellte Gebot der Auftragsvergabe im Rahmen eines transparenten Wettbewerbs und der Gleichbehandlung der Bieter (BayObLG, B. v. 11. 2. 2004 – Az.: Verg 1/04; VK Schleswig-Holstein, B. v. 17. 1. 2006 – Az.: VK-SH 32/05).

Muss ein Bieter aufgrund der Gestaltung der Vergabeunterlagen erkennen, dass mit den bei-   10548
den grundlegenden Alternativen (z. B. nach den Mustern des VHB) verschiedene und sich gegenseitig ausschließende Unternehmenseigenschaften abgefragt waren, denn entweder konnte ein Unternehmen darauf eingerichtet oder nicht darauf eingerichtet sein, die angebotenen Leistungen im eigenen Betrieb zu erbringen, hat ein **Schweigen eines Bieters in diesem Punkt keinen Erklärungswert. Es ist erst recht nicht dahin auszulegen, er habe erklären wollen, die Leistungen vollständig im eigenen Unternehmen zu erbringen**. Für ein derartiges Verständnis fehlt es an zureichenden Anhaltspunkten. So bleibt denkbar, dass Angaben versehentlich unterblieben waren. Genauso wenig ist auszuschließen, dass ein Bieter Angaben bewusst unterlässt und eine Zustimmung des Auftraggebers erwartet, wenn sich in der Ausführungsphase herausstellen sollte, dass Nachunternehmer zuziehen sein würden. Ausdrückliche Erklärungen zur Ausführung im eigenen Betrieb werden abgefordert, damit in der Phase der Auftragsausführung klare Verhältnisse darüber herrschen, ob der Auftragnehmer die Leistungen selbst oder durch einen Nachunternehmer erbringt. Darum sind **Angaben zur Ausführung im eigenen Unternehmen – sofern sie bei der Angebotsabgabe abgefragt werden – vom Bieter zwingend zu machen. Das Unterlassen einer dahingehenden Erklärung kann nicht durch eine Auslegung ersetzt werden**, der zufolge es so angesehen werden soll,

als sei das Unternehmen des Bieters auf eine Selbstausführung eingerichtet und werde die Leistungen im eigenen Unternehmen erbringen (OLG Düsseldorf, B. v. 30. 6. 2004 – Az.: VII – Verg 22/04).

10549 Es ist jedoch insoweit **weder Aufgabe der Vergabestelle, noch ist es für sie zumutbar, erst durch intensive Durchsicht der Angebotsunterlagen herauszufinden, in welchem Umfang der Bieter den Einsatz von Nachunternehmern angeboten** hat. Dies würde zu einer unzulässigen Umkehr der Pflichten von Vergabestelle und Bietern führen. Die Verpflichtung der Vergabestelle, den Leistungsinhalt eindeutig und erschöpfend zu beschreiben (vgl. § 7 Abs. 1 VOL/A), entspricht auf der anderen Seite die Verpflichtung der Bieter, die geforderten Erklärungen zum Eigenleistungs- und Nachunternehmeranteil in einer präzisen und unmissverständlichen Weise abzugeben. Der Auftraggeber kann von diesem Erfordernis auch nicht absehen, da dies eine Verletzung der Grundsätze von Transparenz und Gleichbehandlung zur Folge haben würde. Die Angebotsbedingungen gelten gleichermaßen für alle Bieter des Vergabeverfahrens. Der öffentliche Auftraggeber hat hier keinen Ermessensspielraum (VG Neustadt an der Weinstraße, B. v. 20. 2. 2006 – Az.: 4 L 210/06; VK Rheinland-Pfalz, B. v. 16. 3. 2005 – Az.: VK 05/04)

10550 Ein wertbares Angebot verlangt **zwingend die Angabe der Ordnungsziffern. Die namentliche Beschreibung der Teilleistung allein reicht nicht aus**. Für die Vergabestelle ist ohne Angabe der Ordnungsziffern nicht eindeutig erkennbar, in welchem Umfang Leistungen z. B. durch Nachunternehmer erbracht werden sollen. Um den Nachunternehmer-Angebotsinhalt auf der Grundlage der Ausschreibungsbedingungen hinreichend zu ermitteln, müsste die Vergabestelle von sich aus sämtliche Positionen des Leistungsverzeichnisses entsprechend überprüfen. Es ist jedoch **weder Aufgabe der Vergabestelle noch ist es für sie zumutbar, erst durch intensive Durchsicht der Angebotsunterlagen herauszufinden, in welchem Umfang der Bieter z. B. den Einsatz von Nachunternehmern angeboten hat**. Dies würde zu einer **unzulässigen Umkehr der Pflichten von Vergabestelle und Bietern** führen. Die Verpflichtung der Vergabestelle, den Leistungsinhalt eindeutig und erschöpfend zu beschreiben, entspricht auf der anderen Seite die Verpflichtung der Bieter, die geforderten Erklärungen z. B. zum Eigenleistungs- und Nachunternehmeranteil in einer präzisen und unmissverständlichen Weise abzugeben. Der Auftraggeber kann von diesem Erfordernis auch nicht absehen, da dies eine Verletzung der Grundsätze von Transparenz und Gleichbehandlung zur Folge haben würde. Die Angebotsbedingungen gelten gleichermaßen für alle Bieter des Vergabefahrens. Der öffentliche Auftraggeber hat hier keinen Ermessensspielraum (VK Rheinland-Pfalz, B. v. 10. 10. 2003 – Az.: VK 18/03).

10551 Das **Schleswig-Holsteinische OLG** vertritt im Gegensatz dazu eine **eher moderate Position**. Nach dieser Auffassung ist **die zu einzelnen Positionen erfolgte Angabe, Nachunternehmer nur „anteilig" beauftragen zu wollen, nicht unbestimmt**. Soweit sie sich **auf Leistungspositionen bezieht, die sich „querschnittsartig" im Leistungsverzeichnis finden** (z. B. Baustelleneinrichtung), ist sie – sinnvoll – **dahin zu verstehen, dass die „anteilige" Zuordnung dieser Querschnittspositionen in Bezug auf die jeweils betroffene Nachunternehmerleistung erfolgen soll**. Im Übrigen ergibt sich bei der gebotenen Auslegung der Erklärung nach dem objektiven Empfängerhorizont eines fachkundigen Bieters (§ 133 BGB), dass die „anteilige" Tätigkeit von Nachunternehmern sich auf die – schlagwortartig bezeichnete – Teilleistung (z. B. „Fräsarbeiten") aus einer Position bezieht, die jeweils an einen Nachunternehmer vergeben werden soll. Es **mag sein, dass eine andere Auslegung denkbar ist** (z. B. hinsichtlich der Mengensätze), wenngleich **dies nicht als nahe liegend** erscheint. Allein wegen dieser Möglichkeit kann aber nicht von einer mangelhaften Erklärung i. S. d. § 16 Abs. 2 VOL/A ausgegangen werden. Zum einen ist dazu **im Rahmen des § 15 VOL/A eine Aufklärung zulässig**, ohne dass insoweit der Angebotsinhalt verändert wird. Zum anderen ist zu berücksichtigen, dass von der Angabe „anteilig" nur wenige Bereiche des sehr umfangreichen Leistungsverzeichnisses betroffen sind. Der „Wert" der Nachunternehmerleistung bleibt bei verständiger Angebotsauslegung ermittelbar. Die Nachunternehmererklärung ermöglicht es der Vergabestelle, sich über den Inhalt einer (unterstellt) zu Gunsten der Beschwerdeführerin erfolgenden Vergabeentscheidung hinreichende Gewissheit verschaffen kann (Schleswig-Holsteinisches OLG, B. v. 10. 3. 2006 – Az.: 1 (6) Verg 13/05).

10552 Es ist auch hinsichtlich der Forderung nach Angabe der Nachunternehmer **Sache des Auftraggebers, auf eine eindeutige und transparente Formulierung der Forderungen zu achten**. So muss er z. B. eine **Definition des Begriffs der „(anderen) Unternehmen" in dem Sinne in die Vergabeunterlagen aufnehmen**, dass sämtliche, selbständigen, aber auch konzernverbundenen Unternehmen, wie z. B. ein Schwester- oder Tochterunternehmen oder eine Muttergesellschaft, im europarechtlichen Sinne „Unternehmen" sind. Schließlich muss er **klarstellen, dass ein „Sich der Fähigkeiten bedienen" nicht nur in der Ausführung eines Teils der Hauptleistung, sondern auch in der (notwendigen) Ausführung einer Nebenleistung durch ein drittes Unternehmen liegt.** Alternativ hat der Auftraggeber auch im **Wege einer negativen Abgrenzung** die Tätigkeiten aufzählen können, für die er eine Benennung eines Unternehmers und Verpflichtungserklärungen nicht fordert (etwa Hilfstätigkeiten wie Speditionsleistungen). Dies **verlangt vom Auftraggeber nichts Unzumutbares.** Sind die **Vergabeunterlagen** in Verbindung mit den Umständen in diesem Punkt **unklar** und hat dies der **Auftraggeber zu verantworten**, darf ein **Ausschluss des Angebots** wegen Unvollständigkeit der Nachunternehmerliste auf diese Bewerbungsbedingung **nicht** gestützt werden (OLG Düsseldorf, B. v. 20. 10. 2008 – Az.: VII – Verg 41/08; im Ergebnis ebenso VK Hessen, B. v. 10. 11. 2008 – Az.: 69 d VK – 53/2008).

Der **BGH bleibt in einer späteren Entscheidung bei seiner sehr konsequenten Linie,** 10553 die einer Auslegung zu Gunsten eines Bieters kaum einen Spielraum lässt (BGH, Urteil v. 18. 9. 2007 – Az.: X ZR 89/04).

116.6.2.5.2.7.2.5 Geringfügig unklarer Umfang der Angabe der Nachunternehmer- 10554 **leistungen.** Die **Rechtsprechung** ist insoweit **nicht einheitlich.**

Nach einer Auffassung ist auch dann, wenn die an einen **Nachunternehmer zu vergeben-** 10555 **den Leistungen nur einen ganz geringfügigen Anteil an dem Gesamtauftrag ausmachen,** ein **Angebot ohne Angaben zum Nachunternehmereinsatz unvollständig** und damit nicht ohne weiteres annahmefähig (BayObLG, B. v. 25. 10. 2003 – Az.: Verg 14/03; VK Hessen, B. v. 17. 10. 2007 – Az.: 69 d VK – 43/2007; VK Schleswig-Holstein, B. v. 5. 3. 2004 – Az.: VK-SH 04/04; VK Südbayern, B. v. 2. 12. 2005 – Az.: Z3-3-3194-1-48-10/05).

Nach Auffassung der VK Nordbayern kann dahinstehen, ob ein Angebot ausgeschlossen wer- 10556 den muss, wenn der **unklare Umfang der Nachunternehmerleistung nur einen ganz geringfügigen Anteil an dem Gesamtauftrag** ausmacht. Bei einem **Anteil von rd. 65% des Gesamtauftrages** kann das Angebot **ausgeschlossen** werden (VK Nordbayern, B. v. 13. 11. 2003 – Az.: 320.VK-3194- 40/03).

Ob ein **Nachunternehmereinsatz lediglich untergeordneter Natur** ist, kann nur **auf-** 10557 **grund einer funktionalen Betrachtung des Gesamtauftrags beurteilt** werden, für die der auf den Nachunternehmerauftrag entfallende Teil des Angebotspreises oder die an den Nachunternehmer zu entrichtende Vergütung allein nicht ausschlaggebend sind. Auf den Streitfall bezogen ist mit Blick hierauf festzustellen, dass die Entsorgungsleistungen ohne einen Behälteränderungsdienst lückenhaft und unvollständig wären. Damit die Entsorgung insgesamt funktioniert, muss auch ein Austausch oder eine Ausgabe von Abfallbehältern, und zwar auch soweit diese bei Änderungen oder Neuansiedlungen von den Einwohnern bei einer Auslieferungsstelle selbst abgeholt werden sollen, reibungslos gewährleistet sein (OLG Düsseldorf, B. v. 22. 12. 2004 – Az.: VII – Verg 81/04).

116.6.2.5.2.7.2.6 Langjährige Möglichkeit, Nachunternehmererklärungen nachzu- 10558 **reichen.** Die **Rechtsprechung** ist **nicht einheitlich.**

Handhabt eine Vergabestelle die **Bedingung über den Ausschluss von Angeboten bei** 10559 **Nichtvorlage einer entsprechenden Erklärung mit dem Angebot nicht wortgetreu,** sondern lässt sie Nachunternehmererklärungen auch dann zu, wenn sie nicht bereits dem Angebot beigefügt waren, dort nur angekündigt und auf Anforderung der Vergabestelle nachgereicht wurden, erweckt die Vergabestelle beim betroffenen Bieterkreis, der als Auftragnehmer von Bauleistungen der in Rede stehenden Art in Betracht kommt, den nachhaltigen Eindruck, durch die vorgenannte Vorgehensweise dem Erfordernis der Vorlage eines Nachunternehmerverzeichnisses genügen zu können. Unter den Bietern wird damit ein entsprechendes **Vertrauen geschaffen.** Der Vergabestelle ist es daher **nach dem Grundsatz von Treu und Glauben, der als allgemeiner Rechtsgrundsatz auch im Vergaberecht gilt,** verwehrt, ohne eine entsprechende **rechtzeitige und deutliche Vorankündigung gegenüber dem Bieterkreis sich auf den Wortlaut der Bewerbungsbedingungen zu berufen** und in Abweichung von ihrer bisherigen Vergabepraxis ein Angebot als unvollständig zu betrachten, weil die Nachunternehmererklärung dem Angebot nicht beigefügt, sondern nur angekündigt war (OLG Düsseldorf, B. v. 23. 7. 2003 – Az.: Verg 24/03, B. v. 28. 5. 2003 – Az.: Verg 9/03, B. v. 20. 3. 2003 – Az.: Verg 08/03).

Nach einer anderen Auffassung können **Usancen in der Geschäftsverbindung von Par-** 10560 **teien** zwar als zu berücksichtigende Begleitumstände die **Auslegung der konkreten Willens-**

erklärung beeinflussen. Ob hiervon angesichts von nur punktuellen Kontakte des Bieters mit der Vergabestelle überhaupt gesprochen werden kann, mag dahinstehen. Jedenfalls wird die **zivilrechtliche Auslegung überlagert durch das vergaberechtliche Transparenzgebot**. Dieses verlangt, dass **nur solche Begleitumstände in die Auslegung** einbezogen werden können, die nicht nur für die beteiligten Vertragspartner, sondern darüber hinaus zumindest auch **für alle noch für die Auftragsvergabe in Frage kommenden Bieter erkennbar sind**. Denn **andernfalls** wären **Manipulationsmöglichkeiten** für öffentliche Auftraggeber und die von ihnen bevorzugten Bieter eröffnet, die durch die Gestaltung des Vergabeverfahrens gerade verhindert werden sollen. Vor diesem Hintergrund muss auch die **Berufung auf ein gewachsenes Vertrauen Einschränkungen erfahren** (BayObLG, B. v. 16. 9. 2002 – Az.: Verg 19/02).

10561   Noch weiter geht die 2. VK Bund: danach vermag eine **fehlerhafte Anwendung der vergaberechtlichen Vorschriften in früheren Verfahren keinen Vertrauenstatbestand zugunsten eines Bieters zu begründen**. Der Vergabestelle steht es grundsätzlich frei, die Anforderungen für jedes Vergabeverfahren neu zu definieren. Dies muss umso mehr bei einer **Korrektur einer vergaberechtswidrigen Praxis** gelten. Nur in den Fällen, in denen die bisherige Praxis nicht vergaberechtswidrig war, kann durch eine langjährige und gegenüber allen Bietern gleichermaßen praktizierte Übung ein schutzwürdiges Vertrauen auf Seiten der Bieter entstehen. Auch aus Gründen der Transparenz des Verfahrens – insbesondere im Hinblick auf die schutzwürdigen Interessen von Erstbietern – ist eine Fortführung von vergaberechtswidrigen Praktiken nicht zu tolerieren (2. VK Bund, B. v. 14. 4. 2004 – Az.: VK 2–34/04; im Ergebnis ebenso VK Nordbayern, B. v. 13. 12. 2007 – Az.: 21.VK – 3194 – 46/07).

10562   Zum Grundsatz von Treu und Glauben im Vergaberecht vgl. die Kommentierung zu → § 97 GWB Rdn. 303 ff.

10563   116.6.2.5.2.7.2.7 **Langjährige Übung, bestimmte Nachunternehmerleistungen nicht als nachunternehmererklärungspflichtige Leistungen aufzufassen. Die Bindung eines Auftraggebers an von ihm begründete Vertrauenstatbestände kann so weit gehen, dass er objektiv vorliegende Ausschlussgründe nicht beachten darf, wenn er sich damit in Widerspruch zu seiner ständigen Vergabepraxis setzt**. Dies ist etwa der Fall, **wenn der Auftraggeber z. B. in seiner bisherigen Ausschreibungspraxis nicht die Angabe der anerkannten Prüfstelle als Nachunternehmen verlangt hat** und der Auftraggeber keine einzige Ausschreibung benennen kann, in der eine solche Forderung erhoben wurde und ein Bieter dagegen unwidersprochen zahlreiche Ausschreibungen anführen kann, an denen er sich beteiligt hat, die eine Fremdüberwachung erforderten und in denen der Auftraggeber gleichwohl keine negativen Folgen daraus gezogen hat, dass die Bieter die anerkannte Prüfstelle nicht als Nachunternehmer benannten. Zu berücksichtigen ist auch, wenn die Vergabekammer aus eigener Sachkunde, insbesondere unter Berücksichtigung der Erfahrungen des als VOL-Sachverständiger tätigen ehrenamtlichen Beisitzers, feststellen kann, dass es die bisherige Vorgehensweise des Auftraggebers ist, Prüfinstitute nicht als Nachunternehmer anzusehen die auch der ganz überwiegenden Praxis der Auftraggeber entspricht. Der einzige Umstand, der eine beabsichtigte Abweichung des Auftraggebers von seinem bisherigen Vorgehen andeuten konnte, war die Aufnahme einer eigenständigen Position für die Prüfleistung in das Leistungsverzeichnis. Diese Änderung gegenüber der bisherigen Ausschreibungspraxis lässt indes nicht mit der gebotenen Klarheit erkennen, dass die anerkannte Prüfstelle nunmehr – anders als bei den vorausgegangenen Ausschreibungen – als Nachunternehmen anzugeben sei. Um die Wertbarkeit der Angebote nicht von der Zufälligkeit abhängig zu machen, ob ein Bieter bei anderen Vergabestellen bereits die Erfahrung gemacht hat, dass die anerkannte Prüfstelle als Nachunternehmen benannt werden soll, wäre es nach alledem erforderlich gewesen, ausdrücklich zu verlangen, dass die anerkannte Prüfstelle als Nachunternehmen zu benennen und ein entsprechender Verfügbarkeitsnachweis vorzulegen ist. **Mangels einer solchen hinreichend deutlichen Forderung des Auftraggebers fehlt es an der notwendigen Voraussetzung dafür, das Fehlen einer solchen Erklärung bzw. eines solchen Nachweises im Angebot mit dessen Ausschluss ahnden zu können**. In solchen Fällen wird der Auftraggeber dem Bieter vielmehr Gelegenheit zu geben haben, seine Erklärungen und Nachweise hinsichtlich der Überwachung durch eine anerkannte Prüfstelle zu ergänzen (2. VK Bund, B. v. 26. 5. 2008 – Az.: VK 2–49/08).

10564   Dies gilt **sowohl für die Fremdüberwachung** durch eine anerkannte Prüfstelle nach DIN 1045-3 **als auch für die Eigenüberwachung** (2. VK Bund, B. v. 26. 5. 2008 – Az.: VK 2–49/08).

116.6.2.5.2.7.2.8 Fehlende Rückgabe eines vom Auftraggeber beigefügten Form- 10565
blatts. Fordert der Auftraggeber ein Verzeichnis der Leistungen anderer Unternehmer und legt er ein entsprechendes Formblatt bei, ohne aber ausdrücklich die Rückgabe dieses Formblatts zu fordern, ist ein **Angebot vollständig, wenn der Bieter das Verzeichnis der Leistungen anderer Unternehmer in anderer Form beilegt** (3. VK Bund, B. v. 10. 6. 2010 – Az.: VK 3–51/10; B. v. 4. 6. 2010 – Az.: VK 3–48/10).

116.6.2.5.2.7.2.9 Zumutbarkeit der Nennung der Nachunternehmer in der Nach- 10566
unternehmererklärung. Ein typisches Beispiel für die Frage, ob Erklärungen den Bieter – im Sinne der Rechtsprechung des Bundesgerichtshofs – **unzumutbar belasten**, ist die **Forderung des Auftraggebers nach Benennung der Nachunternehmer.** Insoweit fasst die VK Sachsen in einer älteren Entscheidung die Interessenlage folgendermaßen zusammen:

Die **Eintragung eines Bieters „o.glw."** bei der Benennung ihrer Nachunternehmer 10567
führt nicht zum zwingenden Ausschluss aus dem Bieterfeld. Zwar behält sich der Bieter mit dieser Bezeichnung vor, den namentlich genannten Nachunternehmer eventuell durch einen anderen zu ersetzen, und sich in soweit nicht zu 100% an ihr Angebot gebunden. Dies muss jedoch nicht zu einem zwingenden Ausschluss von der Wertung führen. Ein zwingender Ausschluss ist nur dann geboten, wenn sich das Angebot durch die fehlenden bzw. nicht zu 100% zugesicherten Nachunternehmer-Angaben insgesamt nicht mehr werten lasse. Dies muss erst recht gelten, wenn nur ein verschwindend geringer Anteil der ausgeschriebenen Leistung an Nachunternehmer vergeben werden soll. Es ist dem Auftraggeber zuzumuten, dass die von dem Bieter zunächst benannten Nachunternehmer gegebenenfalls noch ausgetauscht werden. **Vor Erteilung des Zuschlags auf einen Bieter ist es diesem unmöglich, verbindliche Vertragsverhandlungen mit seinen Nachunternehmern zu führen. Es widerspräche den Grundsätzen der Wirtschaftlichkeit**, wenn ein Bieter in jedem Fall einen Nachunternehmer binden müsste und dieser dann bis zur Entscheidung über den Zuschlag die entsprechenden Kapazitäten frei halten müsste. Dies ist schon deswegen nicht zu fordern, weil Unternehmen bekanntermaßen an einer Vielzahl von Auslobungsverfahren gleich welcher Art teilnehmen (müssen), um in einem oder zwei Fällen tatsächlich den Zuschlag zu erhalten. Es **müsste dann eigentlich ständig fest gebundene Nachunternehmer „vorhalten", um rechtlich einwandfreie Nachunternehmerlisten abgeben zu können** (1. VK Sachsen, B. v. 6. 5. 2002 – Az.: 1/SVK/034-02; im Ergebnis ebenso OLG Celle, B. v. 8. 11. 2001 – Az.: 13 Verg 12/01).

Das OLG Düsseldorf hingegen (B. v. 28. 4. 2008 – Az.: VII – Verg 1/08; B. v. 5. 5. 2004 – 10568
Az.: VII – Verg 10/04) vertritt die Auffassung, dass dann, wenn der **Bieter** in seinem Angebot einen Nachunternehmer benennt, er **mit Ablauf der Angebotsabgabefrist hieran gebunden** ist. Er kann für die betreffenden Arbeiten weder einen anderen noch einen zusätzlichen Nachunternehmer anbieten. Ebenso wenig darf der öffentliche Auftraggeber eine dahingehende Angebotsänderung gestatten. Der Bieter ist **in gleicher Weise gehindert, sein Angebot dahin abzuändern, dass die in Rede stehenden Arbeiten nicht mehr durch einen Nachunternehmer, sondern im eigenen Betrieb ausgeführt werden sollen** (OLG Düsseldorf, B. v. 5. 5. 2004 – Az.: VII – Verg 10/04; 1. VK Bund, B. v. 9. 10. 2009 – Az.: VK 1–176/09).

Dies **gilt auch dann**, wenn die Mindestanforderungen z.B. an ein Nebenangebot dem Bie- 10569
ter neben dem Einsatz von selbstständigen und unselbstständigen Nachunternehmern **auch den Rückgriff auf bestimmte, in den Vergabeunterlagen benannte Nachunternehmer erlauben**, wenn dadurch z.B. Unternehmen, die nicht über eine eigene vollständige Kompetenz verfügen, ermöglicht werden soll, sich an der Ausschreibung im Interesse eines echten Wettbewerbs zu beteiligen. Davon ist aber die **Frage rechtlich zu trennen, ob in dem Austausch eines – wie gefordert – mit dem Angebot benannten Nachunternehmers gegen einen anderen Nachunternehmer eine Änderung des Angebotes zu sehen** ist, nämlich eine Änderung der vom Bieter abgegebenen Erklärungen zum Nachunternehmereinsatz (OLG Düsseldorf, B. v. 28. 4. 2008 – Az.: VII – Verg 1/08).

Sehen Vergabeunterlagen vor, dass **Nachunternehmer nur „auf Verlangen" der Vergabe-** 10570
stelle zu benennen sind, müssen die Nachunternehmer nicht zwingend bei Angebotsabgabe benannt werden. Aus einem den Vergabeunterlagen beigefügten **Formular, das Spalten zur Angabe von Nachunternehmern enthält, ergibt sich nichts** Anderes (BGH, Urteil v. 10. 6. 2008 – Az.: X ZR 78/07; VK Schleswig-Holstein, B. v. 6. 10. 2005 – Az.: VK-SH 27/05).

Anderer Auffassung sind insoweit die **VK Brandenburg** und die **VK Rheinland-Pfalz**. 10571
Der Auftraggeber spricht bereits durch die **Übersendung des Vordrucks „Verzeichnis der Nachunternehmerleistungen"** sein Verlangen aus, die Nachunternehmer zu bezeich-

nen (1. VK Brandenburg, B. v. 30. 6. 2005 – Az.: VK 29/05; VK Rheinland-Pfalz, B. v. 24. 2. 2005 – Az.: VK 28/04).

10572 Die **alternative Angabe von mehreren Nachunternehmern zu einer Teilleistung ist nicht eindeutig**, wenn „der" Name des Nachunternehmers, also desjenigen Unternehmens, das im Auftragsfalle auch den Auftrag ausführen soll, anzugeben ist. Durch Alternativangaben ist für den Auftraggeber nicht eindeutig, welches Unternehmen im Auftragsfalle eingesetzt werden soll, denn durch die Angabe mehrerer Nachunternehmer **behält sich der Bieter die Option vor, den einen oder anderen Nachunternehmer einzusetzen**. Hierdurch behält er zum einen die **Möglichkeit, noch einen preisrelevanten Wettbewerb innerhalb der Nachunternehmer mit Kostenvorteilen durchzuführen**. Zum anderen kann er – anders als Bieter mit eindeutig angegebenen Nachunternehmern, denen bei Wegfall des vorgesehenen Nachunternehmers der Einsatz eines gleichwertigen anderen Nachunternehmers oder ein Umschwenken auf nunmehrige Eigenleistung versagt ist – dem Ausschluss seines Angebotes entgehen und dennoch im Wettbewerb verbleiben. Der **Auftraggeber kann zudem bei solchen mehrdeutigen Angaben die Eignung der Nachunternehmer nicht überprüfen**. Nicht eindeutig ist darüber hinaus die Benennung mehrerer Unternehmen, wenn gleichzeitig mehrere Teilleistungen beschrieben werden. In diesem Zusammenhang ist unklar, ob ein Unternehmen sämtliche Teilleistungen einer genannten Position ausführen soll oder ob die Einzelleistungen von verschiedenen der alternativ benannten Nachunternehmer erbracht werden. Welcher Nachunternehmer im letzteren Fall jeweils für welche Einzelleistung eingesetzt werden soll, bleibt ebenfalls fraglich (1. VK Brandenburg, B. v. 30. 6. 2005 – Az.: VK 29/05).

10573 Der **BGH beurteilt die Interessenlage – und damit auch die Zumutbarkeit**, ohne allerdings daran rechtliche Konsequenzen zu knüpfen – dergestalt, dass die VOB/A selbst lediglich – fakultativ – vorsieht, dass der Auftraggeber die Bieter auffordern kann, in ihrem Angebot die Leistungen anzugeben, die sie an Nachunternehmer zu vergeben beabsichtigen (§ 8 Abs. 2 Nr. 2 VOB/A). **Die VOL/A trifft darüber keine explizite Regelung, lässt aber eine entsprechende Frage des Auftraggebers zu, sodass sich letztlich kein Unterschied zur VOB/A ergibt**. Diese Angaben reichen zunächst aus, um den Auftraggeber darüber ins Bild zu setzen, wie der einzelne Bieter den Auftrag zu erfüllen gedenkt. Den **Bietern ist es zuzumuten, schon in diesem Stadium des Vergabeverfahrens Auskunft darüber zu geben, ob für bestimmte Leistungsteile eine Subunternehmereinschaltung vorgesehen ist**. Anders kann es sich verhalten, wenn sie schon bei der Angebotsabgabe verbindlich mitteilen müssen, welche Subunternehmer sie bei der Ausführung einschalten wollen. Um dazu wahrheitsgemäße Erklärungen abzugeben, müssten sich alle Ausschreibungsteilnehmer die Ausführung der fraglichen Leistungen von den jeweils ins Auge gefassten Nachunternehmern bindend zusagen lassen. Eine **solche Handhabung kann die Bieter insgesamt in Anbetracht des Umstands, dass der Zuschlag naturgemäß nur auf ein Angebot ergeht, in einem Maße belasten, das in der Regel nicht in einem angemessenen Verhältnis zu den Vorteilen dieser Vorgehensweise für die Vergabestellen steht**. Sie ersparen sich damit lediglich den zusätzlichen organisatorischen und zeitlichen Aufwand, zu gegebener Zeit nach Angebotseröffnung von einem engeren Kreis der Bieter – etwa von denjenigen, deren Angebote in die engere Wahl gelangt sind – die gegebenenfalls vorgesehenen Nachunternehmer zu erfragen. Zusätzlich ist zu bedenken, dass sich das **Risiko der Auftraggeber, lukrative Angebote wegen unvollständiger Abgabe von geforderten Erklärungen ausschließen zu müssen**, nach den Beobachtungen des Senats mit der steigenden Zahl dieser vorgesehenen Erklärungen und außerdem dann erhöht, wenn die Abgabe verbindlich zum frühestmöglichen Zeitpunkt, also mit dem Angebot vor dem Eröffnungstermin verlangt wird (BGH, Urteil v. 10. 6. 2008 – Az.: X ZR 78/07).

10574 Der **BGH berücksichtigt** bei seinen Erwägungen zu den Vorteilen für die Vergabestelle **nicht**, dass die Forderung nach Nennung der Nachunternehmer bereits mit Angebotsabgabe gegebenenfalls die **einzige Möglichkeit ist, zu einem fairen Vertragsverhältnis zwischen Hauptunternehmer und Nachunternehmer beizutragen**. Ein solches ausgewogenes Verhältnis kommt dem Auftraggeber im Zuge der Bauausführung nach aller Erfahrung in erheblichem Maße zugute. Der vom BGH konzedierte zusätzliche Aufwand bedingt wiederum eine **längere Zuschlags- und Bindefrist**, die **kaum im Vorhinein zu bestimmen** ist und bei einer etwaigen Verlängerung der Zuschlags- und Bindefrist zu **eventuellen Nachtragsforderungen des Auftragnehmers** führt. Demgegenüber müssen die Bieter für eine saubere Kalkulation während der Angebotsbearbeitung sowieso mit Nachunternehmern sprechen und verhandeln, sodass auch eine **Namensnennung zumutbar** ist.

2130

Die **VK Sachsen** versteht die Entscheidung des BGH sogar dahingehend, dass eine **Forde-** 10575
rung in den Ausschreibungsunterlagen, die für die Subvergabe vorgesehenen Unternehmen
bereits im Angebot **konkret zu benennen und eine entsprechende Verpflichtungserklärung vorzulegen, die Bieter in der Regel unverhältnismäßig belastet.** Diese Vorgabe ist
deshalb unzumutbar mit der Folge, dass Angebote, die sie nicht einhalten, nicht ausgeschlossen
werden dürfen. Dies **gilt erst recht im Stadium eines Teilnahmewettbewerbs**, in dem
zum Zeitpunkt der geforderten Vorlage der Verpflichtungserklärung noch nicht einmal ein Leistungsverzeichnis vorliegt. In Anbetracht der Kenntnis von einer nur grob umrissenen Leistungsbeschreibung ist dies im Lichte der Rechtsprechung des BGH erst recht als unzumutbar anzusehen (1. VK Sachsen, B. v. 22. 7. 2010 – Az.: 1/SVK/022-10; B. v. 10. 10. 2008 – Az.: 1/SVK/
051-08; anders in einer aktuellen Entscheidung – 1. VK Sachsen, B. v. 10. 3. 2010 –
Az.: 1/SVK/001–10).

Auch das OLG München geht in diese Richtung. Von der Frage, ob es grundsätzlich unzu- 10576
mutbar ist, Nachunternehmer namentlich zu benennen und Verpflichtungserklärungen vorzulegen, ist das **weitere Problem zu unterscheiden, zu welchem Zeitpunkt dies zumutbar
verlangt werden kann. Weder Art. 43 Abs. 3 und Abs. 6 noch Art. 25 VKR nennen
hier einen Zeitpunkt.** Es kann unzumutbar sein, bereits mit Angebotsabgabe die Benennung
der Nachunternehmer und die Verpflichtungserklärung vorzulegen, wenn z. B. **keine besondere technische Leistung oder kein außergewöhnliches Liefer- oder Dienstleistungs-
projekt** ausgeschrieben sind. Gegenüber der Vergabestelle ist die Verpflichtungserklärung
lediglich eine rechtlich unverbindliche Absichtserklärung. Dennoch ist es für den Bieter, der sich
regelmäßig und auch für sich überschneidende Zeiträume an Ausschreibungen beteiligt, **unzumutbar, bereits bei Angebotsabgabe diese Erklärungen vorzulegen. Entweder ist er
gezwungen, rechtlich verbindliche Erklärungen vorzuspiegeln, oder er ist möglicherweise gezwungen, auf bewährte Vertragspartner zu verzichten.** Er kann auch nicht die
Auswechslung der einmal benannten Subunternehmer von vornherein vorsehen, weil dies in der
Regel nur mit Zustimmung des Auftraggebers möglich ist, vgl. § 4 Nr. 4 VOL/B. Um dem Interesse der Vergabestelle an der Eignungsprüfung der benannten Nachunternehmer Genüge zu tun,
sind die **geforderten Erklärungen aber spätestens bis zu dem Zeitpunkt einzureichen,
in welchem die Vergabestelle ihre geplante Zuschlagserteilung treffen will.** In diesem
Fall ist es dem Bieter zuzumuten, sich nun um eine Zusage des Nachunternehmers zu bemühen
(OLG München, B. v. 22. 1. 2009 – Az.: Verg 26/08).

Nach Auffassung des OLG Düsseldorf **kann die Rechtsprechung des Bundesgerichts-** 10577
**hofs nicht dahingehend verstanden werden, ein Bieter dürfe darauf vertrauen, bis
zum Auftragsbeginn Unterauftragnehmer nicht benennen zu müssen.** Denn die Vergabestelle muss in die Lage versetzt werden, noch vor Zuschlagserteilung die Eignung der
Nachunternehmer des in die engere Auswahl gelangten Angebots zu prüfen. **Jedenfalls das
Erfordernis der Benennung der Nachunternehmer zumindest in der Phase der An-
gebotswertung entspricht dem erkennbaren Interesse eines Auftraggebers**, der z. B. die
Eignung der Nachunternehmer in personeller und technischer Hinsicht für die Ausführung des
Schülerspezialverkehrs und die Zuverlässigkeit einer Prüfung unterziehen will (OLG Düsseldorf,
B. v. 4. 5. 2009 – Az.: VII-Verg 68/08).

Ergibt sich aus den vom Auftraggeber verwendeten unterschiedlichen Formblättern **nicht** 10578
**eindeutig, ob mit dem Angebot auch die Namen der möglichen Nachunternehmer
anzugeben** sind, kann ein **Angebot** mit der Begründung, die Namen seien nicht angegeben
worden, **nicht ausgeschlossen werden** (1. VK Bund, B. v. 24. 3. 2005 – Az.: VK 1–14/05;
VK Hessen, B. v. 10. 11. 2008 – Az.: 69 d VK – 53/2008).

116.6.2.5.2.7.2.10 Berechnung des Nachunternehmeranteils. Vgl. zur Berechnung des 10579
Nachunternehmeranteils die **Kommentierung zu → § 97 GWB Rdn. 486 ff.**

116.6.2.5.2.7.2.11 Weitere Beispiele aus der Rechtsprechung 10580

– **benennt eine Bietererklärung lediglich** einen Nachunternehmer W, der täglich mit mehreren LKWs für die Klärschlammabfuhr der Kläranlagen …, … und … unterwegs sei und könnten diese Fahrzeuge kurzfristig umdisponiert werden und könnte die ASt im Bedarfsfall ein
eigenes Fahrzeug vom Standort … einsetzen und habe sich für den „Notdienst" die Spedition R in einer Entfernung von 100 km von … verpflichtet, innerhalb von 3 h Transporteinheiten zu stellen, ist **aus diesen Angaben nicht erkennbar, welche und wie viele Fahrzeuge des Nachunternehmers W mit welcher Kapazität sich wo befinden, um
im Bedarfsfall einen Abtransport des Klärschlamms im zur Verfügung stehen-**

den Zeitfenster sicher zu stellen (VK Nordbayern, B. v. 8. 7. 2010 – Az.: 21.VK – 3194 – 22/10)

– ob die Bieter den Vergabeunterlagen in der Zusammenschau entnehmen oder nicht entnehmen müssen, sie hätten die vorgesehenen Nachunternehmer bereits im Angebot namentlich zu benennen, ist **im Wege der Auslegung zu ermitteln**. Hierbei ist es **Sache des öffentlichen Auftraggebers, auf eine eindeutige und transparente Vorformulierung** der von den Bietern verlangten, für die Vergabeentscheidung **relevanten Erklärungen zu achten**. Ein **hierarchisches Zusammenspiel in den einzelnen Bestandteilen der Vergabeunterlagen zu erkennen**, erfordert eine vertragsrechtlich versierte Gesamtschau, die **von den Bietern im Vergabewettbewerb erfahrungsgemäß aber nicht geleistet wird und die von ihnen auch nicht erwartet werden kann**. Auch allein dadurch, dass ein **Vordruck auch eine Spalte für vorgesehene Nachunternehmer enthält, müssen die Bieter nicht das Verlangen einer verbindlichen Benennung der Nachunternehmer im Angebot erkennen**. Das gilt umso mehr, wenn der für die Auslegung in erster Linie bedeutsame Wortlaut z. B. der Bewerbungsbedingungen das Verständnis nahe legt, der Auftraggeber wolle sich vorbehalten, die ausführenden Nachunternehmer zu gegebener Zeit nach Angebotseröffnung gegebenenfalls benannt zu bekommen (BGH, Urteil v. 10. 6. 2008 – Az.: X ZR 78/07)

– Angebote, die nicht alle geforderten Erklärungen enthalten, sind gegebenenfalls auszuschließen. Das gilt nach ständiger Rechtsprechung des BGH **für alle eindeutig und zumutbar geforderten Erklärungen und gilt auch für uneindeutige Erklärungen**. Das Angebot der Antragstellerin ist danach unvollständig, weil sie im Angebotschreiben **teilweise Bruttopreise angegeben hat statt Nettopreisen, keine Verpflichtungserklärung für den deklarierten Nachunternehmer** für die Instandhaltung vorgelegt hat und **keinerlei Gleichwertigkeitsnachweise** beim Angebot abweichender Produkte (VK Arnsberg, B. v. 30. 11. 2009 – Az.: VK 32/09)

– wenn die Vergabestelle hinreichend bestimmte Erklärungen bzw. Dokumente von den Bietern fordert (im Entscheidungsfall „vergleichbare Referenzen") und ein Bieter zusätzliche Dokumente vorlegt, die der Vorgabe nicht entsprechen, so trägt der jeweilige Bieter das Risiko, welches mit der Vorlage nicht abgefragter Erklärungen verbunden ist. Der Vergabestelle steht es in einem solchen Falle frei, alle vorgelegten Dokumente so aufzufassen, als ob sie aus Sicht des vorlegenden Bieters der Vorgabe entsprechen sollen. Insbesondere ist die **Vergabestelle nicht verpflichtet, sich aus einer Vielzahl vorgelegter Unterlagen die der Vorgabe entsprechenden Dokumente zusammenzusuchen** (VK Berlin, B. v. 15. 7. 2009 – Az.: VK – B 1–16/09)

– zur Beurteilung der Frage, ob die **notwendigen Bestimmtheitserfordernisse für die Angabe der Nachunternehmerleistungen eingehalten** sind, ist eine **Gesamtschau** des Angebots vorzunehmen und auf die objektive Sicht eines verständigen Empfängers abzustellen. Die **Angaben „Montagearbeiten" bzw. Demontagearbeiten" sind zur Bestimmung von Nachunternehmerleistungen grundsätzlich nicht ausreichend**, denn aus ihnen kann – auch im Rahmen einer Gesamtschau des Angebots – nicht klar und bestimmt genug entnommen werden, welche Arbeiten der Bieter selbst und welche der Nachunternehmer ausführen soll. Um den **konkreten Bezug der Nachunternehmerleistungen zum Leistungsverzeichnis** herstellen zu können, bedarf es des **Verweises auf einzelne Titel bzw. Untertitel oder Ziffern des Leistungsverzeichnisses oder aber einer gesonderten Erklärung über den genauen Umfang** der Arbeiten (LG Hannover, Urteil v. 17. 9. 2007 – Az.: 10 O 63/07)

– fordert der Auftraggeber Nachunternehmer namentlich zu benennen und die jeweils zu erbringende Teilleistung durch Angabe der Ordnungsziffer so wie einer verbalen Umschreibung der Tätigkeit zu bezeichnen, **muss sich der genaue Umfang der beabsichtigten Nachunternehmerleistung zumindest aus dem Zusammenspiel zwischen der ziffernmäßigen Bezeichnung der Teilleistung und ihrer konkreten Tätigkeitsbeschreibung so eindeutig bestimmen lassen, dass dem Auftraggeber eine konkrete Zuordnung jeder einzelnen Positionen des Leistungsverzeichnisses zu einem bestimmten Nachunternehmer möglich** ist (OLG Celle, B. v. 2. 10. 2008 – Az.: 13 Verg 4/08)

– enthält ein dem Angebot beigefügtes **Verzeichnis der Leistungen anderer Unternehmen** Teilleistungen mit den entsprechenden Ordnungsziffern 5. 9. 0001 bis 5. 9. 0007 und **enthält die ebenfalls mit dem Angebot beizubringende Verpflichtungserklärung jedoch le-**

diglich die Ordnungsziffern 005.009.0002, 005.009.0003, 005.009.0006 und 005.009. 0007, sind nicht allein die im Verzeichnis anderer Unternehmen gemachten Angaben maßgebend. Zwar sind in der Verpflichtungserklärung die Angaben von Ordnungsziffern grundsätzlich entbehrlich; findet jedoch dort lediglich eine einschränkende Nennung von Ordnungszahlen statt, so ist der Erklärungsinhalt des potentiellen Nachunternehmers ebenfalls nur ein eingeschränkter. Denn erst mit der Unterschrift unter der Verpflichtungserklärung dokumentiert das entsprechende Unternehmen seine Bereitschaft und Kapazität zur Leistungserbringung nach Außen. **Können daher weder die Vergabestelle noch die erkennende Kammer aufgrund der mangelnden Kongruenz der Darlegung in den betreffenden Formblättern eindeutig ermitteln, welche Leistungen das benannte Nachunternehmen tatsächlich zu erbringen bereit ist,** hat der Bieter seine Verpflichtung zur Abgabe vollständiger und in ihrem Erklärungsinhalt unmissverständlicher Angebote nicht erfüllt (VK Sachsen-Anhalt, B. v. 6. 6. 2008 – Az.: 1 VK LVwA 07/08)

– auf die **wettbewerbliche Relevanz fehlender Angaben zu Nachunternehmerleistungen kommt es nicht an.** Ein Ausschluss kommt nur dann nicht in Betracht, wenn sich die strittige Angabe eindeutig durch Auslegung ermitteln lässt (VK Arnsberg, B. v. 30. 5. 2008 – Az.: VK 10/08)

– der Umstand, dass in der Nachunternehmerliste die von Nachunternehmern zu erbringenden Arbeiten zwar nach Ziffern des Leistungsverzeichnisses, nicht aber textlich im einzelnen in Spalte 2 aufgeführt werden, rechtfertigt nicht die Annahme, dass die Nachunternehmerliste unvollständig ist. Die Antragstellerin war nicht gehalten, die textlichen Bestandteile der entsprechenden Leistungsverzeichnispositionen noch einmal in die Subunternehmerliste abzuschreiben. Die **schlagwortartige Bezeichnung reichte hier aus, weil die Angabe der Leistungsverzeichnispositionen nach Ordnungsziffern die Subunternehmerleistung hinreichend konkretisiert** (OLG Brandenburg, B. v. 19. 2. 2008 – Az.: Verg W 22/07)

– **widersprechen** sich die **Angaben eines Bieters im Begleitschreiben zum Angebot und im Angebot hinsichtlich der Nachunternehmerleistungen,** ist das Angebot **zwingend auszuschließen** (VK Münster, B. v. 31. 10. 2007 – Az.: VK 22/07)

– entgegen der Auffassung der Antragstellerin liegt die geforderte **Erklärung auch nicht in der von Seiten des beabsichtigten Nachunternehmers unterzeichneten Erklärung über die Einhaltung der am Ort der Leistungserbringung geltenden Lohn- und Gehaltstarife oder der weiteren Erklärung über die Einhaltung der tarifvertraglichen und öffentlich-rechtlichen Bestimmungen bei der Ausführung von Liefer- oder Dienstleistungsaufträgen.** Entgegen der Auffassung der Antragstellerin weisen diese Erklärungen keinen Erklärungswert dahingehend auf, dass die Antragstellerin für den Fall der Auftragserteilung tatsächlich über die Mittel des Nachunternehmens verfügen kann. Insofern fehlt es an einer Erklärung, dass der Nachunternehmer im Falle des Zuschlagserteilung zugunsten der Antragstellerin für das konkrete gegenständliche Bauprojekt tatsächlich zur Auftragsausführung verpflichtet ist (VK Schleswig-Holstein, B. v. 10. 10. 2007 – Az.: VK-SH 20/07)

– werden in den Ausschreibungsunterlagen **geforderte Erklärungen hinsichtlich der Nachunternehmer nicht abgegeben,** führt dies **zwingend** dazu, dass ein solches **Angebot von der Wertung auszuschließen** ist (KG Berlin, B. v. 7. 5. 2007 – Az.: 23 U 31/06)

– bereits das **bloße Ankreuzen der für den Fall hier relevanten Formblätter 212 EG und 317 EG im Aufforderungsschreiben zur Abgabe eines Angebotes** macht für den hier einzig und allein relevanten billig und gerecht denkenden Dritten hinreichend **deutlich, dass die Verpflichtungserklärungen der Nachunternehmer im Bedarfsfall dem Angebot beizufügen waren.** Ob der Bedarfsfall vorliegt kann durch den Auftraggeber nicht vorgegeben werden. Dies liegt einzig und allein im Ermessen des Anbietenden, der sein Angebot in Eigenverantwortung zu erstellen und abzugeben hat. ... Allein der Umstand, dass das Formblatt 317EG von der Antragstellerin ihrem Angebot ausgefüllt beigefügt wurde, lässt vielmehr den Rückschluss zu, dass es sich bei dem entsprechenden Vortrag um eine bloße Schutzbehauptung der Antragstellerin handelt. Denn auch in diesem Formblatt wird auf das Erfordernis der Vorlage der Verpflichtungserklärung der Nachunternehmer verwiesen. Darüber hinaus ist diese Verpflichtung in **Ziffer 7 Satz 2 der Bewerbungsbedingungen (Formblatt 212 EG) ebenfalls ausdrücklich vorgegeben.** Dort findet sich zusätzlich der Hinweis zur Vorlagepflicht mit dem Angebot (1. VK Sachsen-Anhalt, B. v. 9. 2. 2007 – Az.: 1 VK LVwA 43/06)

Teil 4 VOL/A § 16 Vergabe- und Vertragsordnung für Leistungen Teil A

- **beschreibt ein Bieter** in der Spalte Teilleistungen die von ihm zur Übertragung an Nachunternehmer vorgesehenen Leistungen jeweils mit **„Teilleistungen dieser Positionen als Lohnleistung ca. ... EUR netto"**, lässt diese Bezeichnung nicht eindeutig erkennen, ob sämtliche der in den aufgeführten Positionen enthaltenen Lohnleistungen an Nachunternehmer vergeben werden sollen oder nur ein Teil der Lohnleistungen. **Welche dies sind, bleibt offen**, zumal es sich um Leistungen handelt, auf die der Betrieb der Beigeladenen eingerichtet ist (1. VK Brandenburg, B. v. 5. 7. 2006 – Az.: 1 VK 23/06)
- ist aus einer beigelegten Liste der Nachunternehmer **objektiv für den Auftraggeber nicht erkennbar**, ob es sich bei dem dort dargestellten **Nachunternehmereinsatz um solche Nachunternehmerleistungen handelt auf die das eigene Unternehmen des Antragstellers nicht eingerichtet ist** oder um solche, die auch durch das Unternehmen des Antragstellers erbracht werden können, hat das Fehlen dieser alternativ abzugebenden, sich gegenseitig ggf. ausschließenden Erklärungen zur Folge, dass das Angebot seinem Inhalt nach weder eindeutig noch bestimmbar und damit **nicht annahmefähig** ist (1. VK Sachsen, B. v. 22. 7. 2005 – Az.: 1/SVK/080-05)
- ein Angebot ist gegebenenfalls auszuschließen, wenn **geforderte Angaben zum tatsächlichen Nachunternehmereinsatz nicht in zweifelsfreier und vollständiger Art und Weise gemacht** wurden. Dies betrifft auch im Leistungsverzeichnis abgeforderte Planungsleistungen, wenn der Bieter auf diese Leistungen im eigenen Betrieb unstreitig nicht eingerichtet war und ist (1. VK Sachsen, B. v. 8. 6. 2005 – Az.: 1/SVK/051-05)
- durch die Angabe **„Teilleistungen"** (**ohne Angabe der Ordnungszahlen der Leistungsbeschreibung**) auf Nachunternehmer übertragen zu wollen, ist **Art und Umfang der zu übertragenden Arbeiten nicht hinreichend bestimmbar** und das Angebot zwingend auszuschließen (VK Hamburg, B. v. 27. 10. 2005 – Az.: VK BSU-3/05; VK Hamburg, B. v. 3. 11. 2005 – Az.: VK BSU-3/05; 1. VK Sachsen-Anhalt, B. v. 21. 4. 2005 – Az.: 1 VK LVwA 17/05)
- durch die Angabe, die **„Holzarbeiten"** und die **„Hilfs- und Transportarbeiten"** (ohne Angabe der Ordnungszahlen der Leistungsbeschreibung) auf Nachunternehmer übertragen zu wollen, ist **Art und Umfang der zu übertragenden Arbeiten nicht hinreichend bestimmbar** und das Angebot zwingend auszuschließen (VK Nordbayern, B. v. 9. 8. 2005 – Az.: 320.VK – 3194 – 27/05)
- bei **Widersprüchen hinsichtlich der Nachunternehmerleistungen durch unterschiedliche Angaben in verschiedenen Formblättern ist das Angebot zwingend auszuschließen** (VG Neustadt an der Weinstraße, B. v. 20. 2. 2006 – Az.: 4 L 210/06; VK Nordbayern, B. v. 4. 4. 2006 – Az.: 21.VK – 3194 – 09/06; B. v. 8. 3. 2005 – Az.: 320.VK – 3194 – 05/05; VK Brandenburg, B. v. 25. 2. 2005 – Az.: VK 4/05; B. v. 25. 2. 2005 – Az.: VK 3/05)
- **fehlt** die von der Vergabestelle geforderte **Erklärung** darüber, **welche Leistungen** denn an Nachunternehmer **vergeben werden sollen**, ist der **Umfang der an Nachunternehmer zu vergebenden Leistungen unklar** und **behält sich der Bieter vor**, Teile dieser Leistungen **selber auszuführen**, ist das Angebot zwingend auszuschließen (VK Thüringen, B. v. 28. 4. 2005 – Az.: 360–4002.20-005/05-MGN)
- die fehlende Angabe von Ordnungsziffern in der Nachunternehmererklärung soll in den Fällen nicht zum Angebotsausschluss führen, in denen sich aus der **schlagwortartigen Bezeichnung der Leistung eindeutig ergibt, welche Arbeiten an Nachunternehmer übertragen werden sollen. Bei der Gesamtvergabe eines Titels an einen Nachunternehmer kann auf die zusätzliche Bezeichnung sämtlicher einzelner Ordnungsziffern verzichtet werden, sofern diese Absicht des Bieters nachvollziehbar** ist (OLG Dresden, B. v. 11. 4. 2006 – Az.: WVerg 0006/06; VK Schleswig-Holstein, B. v. 17. 1. 2006 – Az.: VK-SH 32/05)
- **fehlt** die geforderte Zuordnung der Nachunternehmerleistungen zu den **Ordnungsziffern**, ist das Angebot **gegebenenfalls auszuschließen** (OLG Dresden, B. v. 11. 4. 2006 – Az.: WVerg 0006/06; OLG Koblenz, B. v. 13. 2. 2006 – Az.: 1 Verg 1/06; Schleswig-Holsteinisches OLG, B. v. 8. 12. 2005 – Az.: 6 Verg 12/05; OLG Naumburg, B. v. 25. 10. 2005 – Az.: 1 Verg 5/05; B. v. 18. 7. 2005 – Az.: 1 Verg 5/05; VK Schleswig-Holstein, B. v. 17. 1. 2006 – Az.: VK-SH 32/05; VK Thüringen, B. v. 9. 9. 2005 – Az.: 360–4002.20-009/05-SON; VK Sachsen, Beschluss vom 14. 2. 2006 – Az.: 1/SVK/005–06, 1/SVK/005–06G; B. v. 23. 8. 2005 – Az.: 1/SVK/098-05; VK Arnsberg, B. v. 27. 7. 2005 – Az.: VK 10/2005; VK Rheinland-Pfalz, B. v. 16. 3. 2005 – Az.: VK 05/04; B. v. 29. 11. 2004 – Az.: VK 20/04; VK Südbayern, B. v. 3. 6. 2004 – Az.: 36-05/04); nur **ausnahmsweise** kann

Vergabe- und Vertragsordnung für Leistungen Teil A   VOL/A § 16 **Teil 4**

die fehlende Angabe von Ordnungsziffern in der Nachunternehmererklärung nicht zum Angebotsausschluss führen und zwar in den Fällen, in denen sich **aus der schlagwortartigen Bezeichnung der Leistung eindeutig ergibt, welche Arbeiten an Nachunternehmer übertragen werden sollen** (Schleswig-Holsteinisches OLG, B. v. 8. 12. 2005 – Az.: 6 Verg 12/05; VK Südbayern, B. v. 29. 5. 2006 – Az.: 12-04/06; VK Hamburg, B. v. 27. 10. 2005 – Az.: VK BSU-3/05; VK Schleswig-Holstein, B. v. 17. 1. 2006 – Az.: VK-SH 32/05; B. v. 6. 10. 2005 – Az.: VK-SH 27/05; VK Arnsberg, B. v. 27. 7. 2005 – Az.: VK 10/2005; VK Rheinland-Pfalz, B. v. 16. 3. 2005 – Az.: VK 05/04)

– angesichts der in tatrichterlicher Würdigung der Ausschreibungsunterlagen getroffenen Feststellung des Berufungsgerichts, die Bieter hätten Art und Umfang der durch Nachunternehmer auszuführenden Leistungen und die Namen der vorgesehenen Nachunternehmer angeben müssen, war das **Angebot der Klägerin jedenfalls deshalb auszuschließen, weil die Klägerin nicht einmal angegeben hatte, welche Arbeiten sie durch Nachunternehmer ausführen lassen würde** (BGH, Urteil vom 16. 3. 2004 – Az.: X ZR 23/03)

– die **unterbliebene Vorlage des Nachunternehmerverzeichnisses** zieht **gegebenenfalls den Ausschluss** des Angebots nach sich (OLG Düsseldorf, B. v. 30. 7. 2003 – Az.: Verg 32/03)

– ergibt die Prüfung der Nachunternehmererklärung, dass **einige Positionen widersprüchlich und unklar** sind (der Bieter gibt an, 140 m² an Nachunternehmer weiter zu geben, von der Vergabestelle wurden jedoch nur 18 m² ausgeschrieben, vom Bieter wird eine Zahl in m² angegeben, von der Vergabestelle jedoch Stückzahlen verlangt), handelt es sich **keineswegs um einzelne Ungereimtheiten, die „von der Vergabestelle ohne weiteres als Schreibfehler erkennbar gewesen sind"**, vielmehr ist diese Nachunternehmererklärung widersprüchlich und unklar (VK Südbayern, B. v. 17. 5. 2004 – Az.: 17-03/04)

– werden **die zu vergebenden Teilleistungen nicht eindeutig beschrieben, Ordnungszahlen nicht benannt** und **die Nachunternehmer nicht benannt**, ist das Angebot gegebenenfalls auszuschließen (2. VK Bund, B. v. 14. 4. 2004 – Az.: VK 2–34/04)

– dem Angebot der Antragstellerin fehlt die Nachunternehmererklärung. **Nach der ständigen neueren Rechtsprechung ist diese als wettbewerbsrelevant anzusehen**. Das Angebot ist gegebenenfalls auszuschließen (VK Arnsberg, B. v. 5. 4. 2004 – Az.: VK 1–4/04)

– die **fehlende Angabe über den Umfang der Nachunternehmerleistungen** zieht **gegebenenfalls den Ausschluss** des Angebots nach sich (1. VK Brandenburg, B. v. 5. 7. 2006 – Az.: 1 VK 23/06; VK Nordbayern, B. v. 17. 7. 2003 – Az.: 320.VK-3194-24/03; VK Münster, B. v. 15. 10. 2004 – Az.: VK 28/04; VK Schleswig-Holstein, B. v. 5. 8. 2004 – Az.: VK-SH 19/04, B. v. 5. 3. 2004 – Az.: VK-SH 04/04)

– wird im Angebot für einzelne Leistungsbereiche ein **Nachunternehmereinsatz bis zu 30% des Gesamtauftragswertes erklärt**, stellt diese Angabe wegen der **fehlenden konkreten Zuordnung keine vollständige Erklärung** zu Art und Umfang des geplanten Nachunternehmereinsatzes dar (BayObLG, B. v. 25. 10. 2003 – Az.: Verg 14/03)

– erklärt der Bieter, die **Lohnleistungsanteile bestimmter LV-Gruppen weiter zu vergeben**, ist diese **Erklärung unklar, weil sie eine konkrete Festlegung zum Umfang der Nachunternehmerleistung nicht enthält**. Es ist nicht erkennbar, welcher Lohnanteil in diesen LV-Gruppen enthalten ist. Damit kann der Umfang der Nachunternehmerleistung nicht ermittelt werden. Ist der **Umfang des beabsichtigten Nachunternehmereinsatzes unzureichend feststellbar, kann das Angebot unberücksichtigt bleiben** (VK Nordbayern, B. v. 13. 11. 2003 – Az.: 320.VK-3194-40/03)

– ergibt sich **trotz der Verwendung eines falschen Formblattes** aus handschriftlich angemerkten Begründungen, dass Nachunternehmer nur für Leistungen eingesetzt werden, auf die das Unternehmen nicht eingerichtet ist, liegt ein offensichtlicher Irrtum des Bieters beim Verwenden der Formblätter vor; dieser **Irrtum ist unbeachtlich** (BayObLG, B. v. 1. 3. 2004 – Az.: Verg 2/04)

– macht ein Bieter zwar deutlich, dass er beabsichtigt, Teile der Leistung durch Nachunternehmer erbringen zu lassen, **füllt er aber ein vom Auftraggeber vorgegebenes Formblatt nicht aus** und macht er die **erforderlichen Angaben zu Art und Umfang der Nachunternehmerleistungen auch nicht** – was das fehlende Formular möglicherweise hätte kompensieren können – **an anderer Stelle**, ist das **Angebot gegebenenfalls auszuschließen** (1. VK Bund, B. v. 17. 9. 2003 – Az.: VK 1–75/03)

- **erklärt** der Bieter **im Angebot, keine Nachunternehmer** einzusetzen, und gibt er in einem **Formblatt** dennoch einen Zuschlag **für Nachunternehmerleistungen** an, ist die **Erklärung im Angebot entscheidend** (VK Südbayern, B. v. 14. 1. 2004 – Az.: 62-12/03)

– erklärt der Bieter, dass er derzeit den Umfang des Nachunternehmereinsatzes nicht absehen kann, dieser aber **optional zwischen 0% und maximal 30% liegen** werde, gibt er damit eine geforderte Erklärung – nämlich die Nennung des Umfangs eines beabsichtigten Nachunternehmereinsatzes – nicht ab. Er hält sich vielmehr vor, erst nach Auftragserteilung, je nach Auslastung des eigenen Personals, variabel zu entscheiden, ob er Nachunternehmer einsetzen will oder nicht. Er **schafft sich damit gegenüber den Mitbewerbern einen Wettbewerbsvorteil**; das Angebot ist gegebenenfalls auszuschließen (BayObLG, B. v. 25. 10. 2003 – Az.: Verg 14/03; VK Südbayern, B. v. 27. 8. 2003 – Az.: 34-07/03, B. v. 27. 8. 2003 – Az.: 35-07/03).

10581   **116.6.2.5.2.7.3 Fehlende oder unvollständige oder widersprüchliche Verpflichtungs- oder Verfügbarkeitserklärung. 116.6.2.5.2.7.3.1 Sinn und Zweck einer Verpflichtungs- oder Verfügbarkeitserklärung. Die** Vorlage einer Erklärung des **Nachunternehmers**, dass dieser dem Bieter im Falle der Auftragserteilung **zur Verfügung steht, eröffnet der Vergabestelle eine größere Sicherheit bei der Überprüfung der Angaben der Bieter**. Denn es ist durchaus möglich, dass ein Bieter einen Nachunternehmer benennt, ohne sich dessen Mitwirkung zu versichern. Ein solcher Bieter würde sich auf Kosten der übrigen Bieter, die mit ihren Nachunternehmern möglicherweise bereits Vorverträge geschlossen haben, einen Wettbewerbsvorteil verschaffen. Die Vergabestelle kann bei der Angebotswertung aufgrund der Papierform eine Verifizierung der Angaben der Bieter aber nicht vornehmen. Es ist daher **aus ihrer Sicht sinnvoll, sich für den Fall des Einsatzes von Nachunternehmern bei der Angebotsabgabe gleichzeitig eine Erklärung bzw. einen Nachweis vorlegen zu lassen, dass der Bieter über die genannten Ressourcen auch verfügt** (2. VK Bund, B. v. 9. 8. 2006 – Az.: VK 2–80/06).

10582   **116.6.2.5.2.7.3.2 Grundlage.** Die VOL/A enthält **in den Basisparagraphen keine ausdrückliche Regelung über die Vorlage einer Verpflichtungserklärung.** In **§ 7 EG Abs. 9 Satz 2** ist hingegen enthalten, dass beim Einsatz von Nachunternehmen nachgewiesen werden muss, dass dem Bieter die erforderlichen Mittel des Nachunternehmers z. B. durch eine entsprechende Verpflichtungserklärung zur Verfügung stehen. Angesichts des Sinns und Zwecks der Verpflichtungserklärung ist eine entsprechende **Forderung des Auftraggebers auch im Unterschwellenbereich zulässig.**

10583   Nach Auffassung der 1. VK Bund ist vergaberechtlich weder die **Forderung nach einer Verpflichtungserklärung in der Bekanntmachung noch den Vergabeunterlagen geboten.** Denn die **Verpflichtung, dass ein Bieter, der zum Nachweis seiner Leistungsfähigkeit einen Nachunternehmer einsetzen will, dem Auftraggeber nachzuweisen hat, dass er über die Mittel des als Nachunternehmen benannten Unternehmens verfügen kann, ergibt sich – für Verfahren ab den Schwellenwerten – unmittelbar aus § 7 EG Abs. 9 VOL/A** Die Nachweispflicht besteht nach dieser Vorschrift unabhängig davon, ob die Vorlage von Verpflichtungserklärungen vom Auftraggeber (in der Bekanntmachung oder den Vergabeunterlagen) gefordert worden ist. **Auch aus dem Transparenzgebot folgt angesichts des klaren Wortlauts der genannten Vorschriften nicht, dass der Auftraggeber die sich unmittelbar aus der Norm ergebende Verpflichtung des Bieters/Bewerbers noch einmal in der Bekanntmachung wiederholen muss** (1. VK Bund, B. v. 30. 10. 2007 – Az.: VK 1–113/07; B. v. 24. 10. 2007 – Az.: VK 1–116/07; B. v. 2. 10. 2007 – Az.: VK 1–104/07).

10584   **116.6.2.5.2.7.3.3 Inhaltliche Einzelheiten.** Nach allgemeinen Grundsätzen versteht man unter einer Verpflichtungserklärung die **Verpflichtung eines Rechtsträgers zur Vornahme eines Tuns, Duldens oder Unterlassens.** Im Normalfall bedeutet diese Verpflichtung, dass ein anderer Rechtsträger dieses Tun, Dulden oder Unterlassen von dem Verpflichteten einfordern kann, d. h., es entsteht ein Anspruch gegen den Verpflichteten. Hierzu genügen keinesfalls unverbindliche Absichtserklärungen. Vielmehr muss der Bieter von seinem benannten Nachunternehmer nach Zuschlagserteilung die Durchführung des Liefer- oder Dienstleistungsvertrages fordern können. **Dies bedeutet, dass für eine Verpflichtungserklärung nur aufschiebend bedingte, verbindliche Vorverträge oder rechtlich verbindliche Einstandsverpflichtungserklärungen (harte Patronatserklärung) von der Vergabestelle akzeptiert werden können.** Nur so kann die „wirtschaftliche Einheit" von Bieter und Nachunternehmer für den

Vergabe- und Vertragsordnung für Leistungen Teil A VOL/A § 16 **Teil 4**

Auftraggeber gewährleistet werden (VK Brandenburg, B. v. 21. 11. 2007 – Az.: VK 45/07; VK Schleswig-Holstein, B. v. 10. 10. 2007 – Az.: VK-SH 20/07; VK Südbayern, B. v. 23. 10. 2006 – Az.: 30-09/06).

Es ist **unschädlich, dass die Verpflichtungserklärungen zunächst einmal Erklärungen der Nachunternehmer sind, deren originärer Adressat nicht der Auftraggeber ist, sondern der Bieter**. Indem der Bieter diese Verpflichtungserklärungen seinem eigenen Angebot beifügt, **macht er sich diese Erklärungen**, die für die Zwecke der vorliegenden Ausschreibung von den Nachunternehmern an den Bieter adressiert worden waren, **zu Eigen**; die Nachunternehmer haben ihrerseits die Verpflichtungserklärungen in dem vollen Bewusstsein abgegeben, dass diese seitens des Bieters dem Auftraggeber vorgelegt werden würden. **Ein Zu-Eigen-Machen ergibt sich zwanglos bereits aus dem Sinn und Zweck der Verpflichtungserklärungen und damit aus einer Auslegung des Angebots, ohne dass es einer zusätzlichen ausdrücklichen Verbalisierung seitens des Bieters** etwa dergestalt **bedurft hätte**, dass er beabsichtige, Nachunternehmer für die in den Verpflichtungserklärungen genannten Leistungsbereiche einzusetzen. Die Beifügung der Verpflichtungserklärungen ist vielmehr selbsterklärend (3. VK Bund, B. v. 10. 6. 2010 – Az.: VK 3–51/10; B. v. 4. 6. 2010 – Az.: VK 3–48/10).

10585

Die **Berufung auf die Leistungen eines anderen Unternehmens im Rahmen des Nachweises der Leistung und Fachkunde ist zulässig**; sie ist aber **davon abhängig**, dass der Bieter den Nachweis darüber führt, dass ihm die erforderlichen Mittel des anderen Unternehmens bei der Erfüllung des Auftrages zur Verfügung stehen. Aus der Erklärung muss hervorgehen, dass ein Zugriffsrecht auf fremde Ressourcen tatsächlich besteht; die Erklärung muss sich nach dem Wortlaut der Vorschrift vor gerade auf die für die Erfüllung des Auftrages erforderlichen Mittel beziehen. Diesen **Anforderungen genügt eine Erklärung nicht, wenn dort zwar uneingeschränkt die Vorlage der Nachweise der Muttergesellschaft zugunsten der Tochtergesellschaft gebilligt wird, eine verbindliche Vereinbarung über die Überlassung bestimmter, zur Erfüllung des Auftrages erforderlicher Mittel jedoch nicht getroffen, sondern einer späteren Vereinbarung vorbehalten** wird. Die **Personenidentität des Betriebsstättenleiters und des Geschäftsführers zweier Unternehmen ist insoweit nicht geeignet**, weil sie nicht zwingend den Schluss auf die Verpflichtung eines der Unternehmen zur Überlassung technischer oder personeller Mittel an das andere Unternehmen zulässt (OLG Brandenburg, B. v. 9. 2. 2010 – Az.: Verg W 10/09; B. v. 9. 2. 2010 – Az.: Verg W 9/09).

10586

Gegenüber der Vergabestelle ist die Verpflichtungserklärung lediglich eine **rechtlich unverbindliche Absichtserklärung** (OLG München, B. v. 22. 1. 2009 – Az.: Verg 26/08).

10587

Ein **Nachunternehmerverzeichnis** ist als bieterseitige Auflistung der im Zuschlagsfall zum Einsatz kommenden Nachunternehmen **nicht mit der Erklärung dieser Unternehmen gleichzusetzen**, dass diese zur Erbringung der Nachunternehmerleistung auch tatsächlich in der Lage und willens sind (VK Sachsen-Anhalt, B. v. 12. 9. 2008 – Az: 1 VK LVwA 11/08).

10588

Führen die Nachunternehmer in den Nachunternehmererklärungen **lediglich aus, dass ihnen selbst die erforderlichen Mittel zur Verfügung stehen, genügt eine solche Erklärung nicht**, insbesondere dann, wenn sie **ohne jeden Hinweis** auf die für den konkreten Ausführungszeitraum vorhandene **Vertragsgestaltung** mit den Nachunternehmern, auf die der Bieter dann verbindlich zurückgreifen könnte, sind (VK Südbayern, B. v. 23. 10. 2006 – Az.: 30-09/06).

10589

Die Verpflichtungserklärungen müssen inhaltlich ausreichend sein. Verpflichtungserklärungen, die lediglich die Bezeichnung des anderen Unternehmens und die Unterzeichnung enthalten, jedoch **bezüglich der Firma, der gegenüber bzw. für die die Verpflichtung erklärt werden soll, nicht ausgefüllt sind** und auch ansonsten keine Anhaltspunkte, die eine Auslegung als Verpflichtungserklärung gegenüber der bzw. für die Antragstellerin tragen würden, bieten, **reichen nicht aus**. Ohne Bezeichnung des Unternehmens, bei dessen Beauftragung der Nachunternehmer sich seinerseits verpflichten will, kann jedoch nicht von einer rechtlich beachtlichen Erklärung gesprochen werden (OLG Frankfurt, B. v. 9. 7. 2010 – Az.: 11 Verg 5/10). Ebenso sind **Verpflichtungserklärungen, in denen nur eine Teilleistung angegeben sind und in denen nicht alle einschlägigen Ordnungsziffern des Leistungsverzeichnisses wiederholt werden**, nicht ausreichend. Im Falle einer „Mischbenennung" einer Teilleistung muss deutlich werden, welches Unternehmen welche „Teil – Teilleistung" durchführen will, was aussagefähig nur anhand der Splittung der Ordnungsziffern erfolgen kann. Nur dann kann der

10590

Auftraggeber feststellen, ob der gesamte Bereich abgedeckt ist (VK Düsseldorf, B. v. 26. 6. 2007 – Az.: VK – 18/2007 – B).

10591 **Enthalten Verpflichtungserklärungen ein zumindest zum Zeitpunkt der Erklärung noch nicht gefordertes Plus**, nämlich die Information über das ausführende Unternehmen und die Zusage seiner Bereitschaft, für den Nachunternehmereinsatz zur Verfügung zu stehen, ist **unschädlich**; relevant ist allein, dass die Verpflichtungserklärungen jedenfalls die von dem Auftraggeber nachgefragten Angaben enthalten (3. VK Bund, B. v. 10. 6. 2010 – Az.: VK 3–51/10; B. v. 4. 6. 2010 – Az.: VK 3–48/10).

10592 Eine **fachlosbezogene Angabe der Arbeiten** wie auch die **Angabe des Liefer- oder Dienstleistungszeitraumes** sind in der Verfügbarkeitserklärung **zwar möglich, aber nicht erforderlich** (OLG München, B. v. 6. 11. 2006 – Az.: Verg 17/06).

10593 Wird ein **Angebot durch eine Bietergemeinschaft** abgegeben, müssen die **Nachunternehmer eine Verpflichtungserklärung auch gegenüber der Bietergemeinschaft abgeben**; eine Erklärung nur einem Mitglied der Bietergemeinschaft gegenüber genügt nicht (VK Thüringen, B. v. 23. 3. 2007 – Az.: 360–4002.20–874/2007 – 002-SÖM).

10594 **Geben die Nachunternehmer der zweiten Reihe Verpflichtungserklärungen nur zugunsten des Nachunternehmers der ersten Reihe, nicht jedoch gegenüber dem Generalunternehmer ab, rechtfertigt dies eine Nachforderung bzw. einen Ausschluss des Angebotes des Generalunternehmers nicht.** Für die eingeschalteten Nachunternehmer im ersten und zweiten Glied liegt eine Verpflichtungserklärung vor, die sich auf den Generalunternehmer zurückführen lassen. Dies reicht für die Annahme aus, dass dem Generalunternehmer als Bieterin die Leistungen der Nachunternehmer zur Verfügung stehen. Das **Vertragsgefüge zwischen Haupt- und Nachunternehmern ist derart, dass sich der Auftraggeber an den Bieter, der Bieter an den Subunternehmer und der Sub-Subunternehmer seinerseits sich an seinen Subunternehmer bindet. Dies ist auch jedem öffentlichen Auftraggeber bekannt.** Wenn er hiervon abweichend unabhängig von den vertraglichen Strukturen Verpflichtungserklärungen zugunsten des Bieters hätte verlangen wollen, hätte er hierauf besonders hinweisen müssen. Geschieht dies nicht, sind die Erklärungen der Sub-Subunternehmer gegenüber dem Generalunternehmer ausreichend (OLG Brandenburg, B. v. 19. 2. 2008 – Az.: Verg W 22/07).

10595 **Unschädlich ist es auch, wenn ein Nachunternehmer der zweiten Reihe in seiner Verpflichtungserklärung auf sein Angebot Bezug nimmt, das nicht vorgelegt** wird. Der Auftraggeber fordert die Vorlage einer Verpflichtungserklärung eines Nachunternehmers, um sicher zu gehen, dass der Generalunternehmer bzw. seine Nachunternehmer über die Leistungen des Nachunternehmers der zweiten Reihe verfügen. Eine entsprechende Verpflichtungserklärung hat der betreffende Nachunternehmer der zweiten Reihe abgegeben. Er hat erklärt, dass er sich verpflichtet, die entsprechenden Leistungsverzeichnispositionen auszuführen. **Für die Frage der Leistungsfähigkeit des jeweiligen Bieters ist es ohne Bedeutung, welche Konditionen er mit seinem Nachunternehmer vereinbart** hat. Das Angebot des Nachunternehmers ist deshalb nicht Bestandteil der im Rahmen eines Vergabeverfahren vom Auftraggeber geforderten Subunternehmer-Verpflichtungserklärung und muss auch nicht vorgelegt werden, damit von einer Vollständigkeit des Angebotes ausgegangen werden kann (OLG Brandenburg, B. v. 19. 2. 2008 – Az.: Verg W 22/07).

10596 116.6.2.5.2.7.3.4 **Form der Verpflichtungs- bzw. Verfügbarkeitserklärung.** Art. 47 Abs. 2 und Art. 48 Abs. 3 S. 2 der Vergabekoordinierungsrichtlinie nennen zwar als Beispiel für den Nachweis die Vorlage von Zusagen der Unternehmen, deren Mittel der Bieter einzusetzen beabsichtigt und stellen insoweit auf einen Fremdbeleg ab, doch ist damit **keine abschließende Regelung hinsichtlich der Art des Nachweises** getroffen. **Eigenbelege dürften deshalb grundsätzlich zulässig sein, wenn sich der Auftraggeber mit dieser Form der Verfügbarkeitserklärung begnügt** (2. VK Bund, B. v. 29. 12. 2006 – Az.: VK 2–131/06; B. v. 29. 12. 2006 – Az.: VK 2–128/06; B. v. 29. 12. 2006 – Az.: VK 2–125/06).

10597 **Ein Stempel allein – ohne Unterschrift – verschafft der Erklärung nicht die notwendige Rechtsverbindlichkeit.** Er bezeichnet lediglich – zur Vereinfachung der Schreibarbeit – das „andere Unternehmen". Dass es sich zweifelsfrei um eine rechtsverbindliche Erklärung des Nachunternehmers handelt, ergibt sich daraus nicht (VK Brandenburg, B. v. 21. 11. 2007 – Az.: VK 45/07).

10598 Reicht ein Bieter die **Verpflichtungserklärung** des von ihm vorgesehenen Unternehmens nur **in Fax-Kopie** ein, d. h. ohne eine Originalunterschrift eines Bevollmächtigten dieses ande-

Vergabe- und Vertragsordnung für Leistungen Teil A VOL/A § 16 Teil 4

ren Unternehmens, kann eine Nachforderung bzw. ein **Ausschluss auf eine fehlende Originalunterschrift jedoch nicht gestützt** werden, wenn es jedenfalls an einem **eindeutigen Verlangen einer original unterschriebenen Erklärung des dritten Unternehmens fehlt** (OLG Naumburg, B. v. 5. 12. 2008 – Az.: 1 Verg 9/08).

116.6.2.5.2.7.3.5 Zeitpunkt der Forderung nach einer Verpflichtungs- bzw. Verfügbarkeitserklärung. Die Vergabestelle ist nicht verpflichtet, die Vorlage einer Verpflichtungserklärung bereits in der Bekanntmachung der Ausschreibung zu verlangen. Nach Artikel 47 Abs. 2 und 4, Artikel 48 Abs. 3 und 6 der Vergabekoordinierungsrichtlinie vom 31. 3. 2004 können **Nachweise zu Nachunternehmern sowohl in der Bekanntmachung als auch in den Vergabeunterlagen gefordert werden**. Auch wenn in Artikel 48 Abs. 6, anders wie in Artikel 47 Abs. 4, die Passage über Nachunternehmer nicht in Bezug genommen ist, bleibt es, abgesehen davon, dass es sich dabei um ein Redaktionsversehen handeln könnte, dabei, dass, wenn schon die diesbezüglichen Angaben des Bieters selbst erst mit den Vergabeunterlagen gefordert werden können, dies erst recht für entsprechende Nachweise zum Nachunternehmer gilt. Im Übrigen ergibt sich auch aus Artikel 36 der Richtlinie in Verbindung mit Anhang VII Teil A zur Richtlinie, dass **Verpflichtungserklärungen nicht bereits in der Bekanntmachung gefordert werden müssen** (OLG München, B. v. 6. 11. 2006 – Az.: Verg 17/06; OLG Naumburg, B. v. 4. 9. 2008 – Az.: 1 Verg 4/08; 1. VK Bund, B. v. 30. 10. 2007 – Az.: VK 1–113/07; B. v. 24. 10. 2007 – Az.: VK 1–116/07; VK Düsseldorf, B. v. 26. 6. 2007 – Az.: VK – 18/2007 – B). 10599

Entsprechend ist **§ 7 EG Abs. 9 Satz 2 VOL/A 2009** formuliert. 10600

116.6.2.5.2.7.3.6 Weitere Beispiele aus der Rechtsprechung zu § 25 VOL/A 2006 10601

– verlangt die Angebotsaufforderung von den Bietern, Nachunternehmer mit dem Angebot zu benennen und die geforderten Verpflichtungserklärungen der Nachunternehmer nach § 7a Nr. 3 Abs. 6 VOL/A mit dem Angebot einzureichen und **ist die Anforderung der Angebotsaufforderung im Hinblick auf den Zeitpunkt der Einreichung („mit dem Angebot") eindeutig**, da sie keinen Zweifel daran lässt, dass die verbindlichen Angaben zum Nachunternehmereinsatz schon mit dem Angebot erfolgen sollen, **genügt diesen Anforderungen das Angebot** der Antragstellerin **nicht**, wenn beim Angebot der Antragstellerin **zumindest die erforderlichen Benennungen von weiteren für die Auftragsvergabe notwendigen Unterauftragnehmern**, die die Antragstellerin auch auf Anforderung der Antragsgegnerin nicht nachgereicht hat, **fehlten** (OLG Düsseldorf, B. v. 4. 5. 2009 – Az.: VII-Verg 68/08)

– das **Eignungskriterium des mit dem Angebot einzureichenden Nachweises der Herstellungskapazitäten ist durch den Umstand gerechtfertigt**, dass ein Auftraggeber zu einem frühen Zeitpunkt Klarheit darüber erlangen muss, ob ein Bieter hinreichende Mittel besitzt, um die ordnungsgemäße Ausführung des Auftrages zu gewährleisten. Dem steht nicht entgegen, dass der BGH ausgeführt hat, dass eine Nachunternehmererklärung Bieter in einem Maße unzumutbar belasten kann, in der Regel nicht in einem angemessenen Verhältnis zu den Vorteilen dieser Vorgehensweise für die Vergabestellen steht. Denn **an der Kenntnis von Unterauftragnehmern besteht für gesetzliche Krankenkassen (aber auch für Arzneimittelhersteller) jedenfalls bei der Rabattierung von Arzneimitteln allein schon angesichts der Verpflichtungen aus §§ 2 Abs. 4, 12, 70 Abs. 1 SGB V bereits im Zeitpunkt der Abgabe des Angebotes ein erhebliches Interesse**, so dass das von den Krankenkassen gewählte Vorgehen unter dem Gesichtspunkt der Gewährleistung von Versorgungssicherheit keinen durchgreifenden Bedenken unterliegt. Denn es hatte sich während der letzten Rabattrunde herausgestellt, dass einige Bieter ihre Verpflichtungen nicht erfüllen konnten (LSG Nordrhein-Westfalen, B. v. 2. 4. 2009 – Az.: L 21 KR 35/09 SFB)

– legt ein Bieter 12 Verpflichtungserklärungen verschiedener Nachunternehmer nach einem von ihm selbst entworfenen Muster vor, in denen der Umfang der durchzuführenden **Postdienstleistungen** dargestellt und eine hierauf bezogene Verpflichtungserklärung abgegeben werden soll, **enthalten aber nur 5 dieser Erklärungen durch die Angabe der Postleitzahlen oder die Benennung der zu bedienenden Landkreise Hinweise auf Art und Umfang der zu übernehmenden Leistungen**, während die übrigen Verpflichtungserklärungen blanko unterschrieben worden sind und Hinweise auf den Umfang der Tätigkeit in räumlicher oder sonstiger Hinsicht den Erklärungen nicht zu entnehmen sind, **bleibt letztlich offen, in welchem Umfang der Bieter selbst die nach dem Vertrag geschuldeten Leistungen erbringen will und für welche Teilleistungen er sich der von ihm benannten**

Nachunternehmer **bedienen will** (VK Schleswig-Holstein, B. v. 23. 1. 2009 – Az.: VK-SH 18/08)

10602 **116.6.2.5.2.7.3.7 Fehlen eines an sich durch den Auftraggeber vorgesehenen Formblattes und vergleichbare Fälle.** Das **bloße Fehlen** eines an den Bieter seitens des Auftraggebers zu übermittelnden **Vordrucks** zur Abgabe einer Erklärung **berechtigt einen Bieter grundsätzlich nicht dazu, die geforderte Erklärung zu unterlassen** (1. VK Sachsen, B. v. 13. 4. 2006 – Az.: 1/SVK/028-06). Wird von einem Bieter die Abgabe einer inhaltlich eindeutigen Erklärung gefordert, **hat er diese unabhängig davon abzugeben, ob der Auftraggeber dafür einen Vordruck bereitstellt** oder nicht (VK Hessen, B. v. 28. 1. 2010 – Az.: 69 d VK – 57/2009).

10603 Wird in einem formularmäßig vorgefertigten Anschreiben ein **Hinweis auf das Formblatt „EFB NU-317" zur Nachunternehmererklärung vor Versendung an die Bewerber durchgestrichen** und befindet sich die **Streichung vor dem Text des Anschreibens in der Anlagenliste, ist dies unschädlich.** Die Streichung enthält damit objektiv nur die Mitteilung, dass das bezeichnete Formblatt dem Anschreiben nicht beigefügt ist. Eine (konkludente) Aussage, dass eine entsprechende Erklärung entgegen z. B. den Bewerbungsbedingungen in keinem Fall erforderlich sein soll, lässt sich der Streichung weder für sich noch in Verbindung mit der Nichtbeifügung des Formblatts entnehmen. Einer solchen Annahme fehlte schon deswegen die Grundlage, weil die Angaben zum Nachunternehmereinsatz nicht von der Verfügbarkeit eines bestimmten Formulars abhängig sind (OLG Koblenz, B. v. 7. 7. 2004 – Az.: 1 Verg 1 und 2/04). Das **Formular hat außerdem lediglich den Sinn und Zweck der Arbeitserleichterung.** Auf Seiten der Bieter wird die Abgabe der geforderten Erklärung erleichtert, weil die konkreten Inhalte der Erklärungen formularmäßig vorgegeben werden. Auf Seiten der Vergabestelle wird der Vergleich der Angebote erleichtert (VK Schleswig-Holstein, B. v. 5. 8. 2004 – Az.: VK-SH 19/04).

10604 Das **Unternehmerverzeichnis Formblatt 317 EG ist einschließlich der Verfügbarkeitsnachweise mit dem Angebot vorzulegen, wenn in der Angebotsaufforderung die Formblätter 317 EG und 320 als in Abhängigkeit vom Angebot zurückzugebende Unterlagen gekennzeichnet sind.** Die Vorbemerkung im Formblatt 317 bestätigt dies durch den Hinweis, dass mit dem Angebot die Unternehmen, deren Fähigkeiten sich der Bieter im Auftragsfall bedienen will, zu benennen und die Nachweise vorzulegen sind, dass dem Bieter die erforderlichen Mittel dieser Unternehmen zur Verfügung stehen. **Dass im Formblatt „Angebotsschreiben" das Unternehmerverzeichnis 317 EG nebst Anlagen nicht bereits vom Auftraggeber als eine vom Bieter im Einzelfall bei Bedarf beizufügende Unterlage angekreuzt worden war, steht nicht im Widerspruch zu den genannten Vorgaben,** sondern erklärt sich daraus, dass die Aufzählung der Unterlagen unter der Hauptüberschrift „1 Mein/Unser Angebot umfasst:" steht, so dass ein Ankreuzen der nur im – vom Angebot des Bieters abhängigen – Bedarfsfall beizufügenden Unterlagen durch den Auftraggeber den Eindruck hätte erwecken können, dass der Bieter müsse diese Unterlagen in jedem Fall vorlegen, auch wenn er sich keiner anderen Unternehmen bedienen will. Ein solches Verständnis wäre zwar nicht zwingend. Denn das Ankreuzen des Formblatts 317 EG im Formular „Angebotsschreiben" durch den Auftraggeber hätte nicht notwendigerweise bedeutet, dass der Vorbehalt „bei Bedarf beizufügen" unbeachtlich geworden wäre, zumal die Hauptüberschrift „1 Mein Angebot umfasst:" wiederum eingeschränkt ist durch die nachfolgende Formulierung „1.1 Vertragsbestandteile, die soweit erforderlich ausgefüllt wurden und beigefügt sind". Es ist daher ohne weiteres nachvollziehbar, dass der **Auftraggeber, um solchen Unklarheiten vorzubeugen, das Formular 317 EG im Formblatt „Angebotsschreiben" nicht angekreuzt, sondern es dem Bieter überlassen hat, dies im Falle des Einsatzes von Nachunternehmern zu tun.** Angesichts der klaren Formulierungen in der Angebotsaufforderung sowie im Formblatt 317 EG selbst konnte dies von einem Bieter verständigerweise nicht dahin ausgelegt werden, er müsse die Unternehmererklärung auch dann nicht mit dem Angebot vorlegen, wenn er Nachunternehmen einzusetzen beabsichtigt (2. VK Bund, B. v. 26. 5. 2008 – Az.: VK 2–49/08).

10605 **116.6.2.5.2.7.4 Fehlende Fabrikatsangaben. 116.6.2.5.2.7.4.1 Allgemeines.** Trägt ein Bieter den **Namen eines Lieferanten und nicht den des Hersteller**s ein, obwohl dieser abgefragt wurde, **fehlt ein eindeutiges Fabrikat** (VK Nordbayern, B. v. 9. 8. 2005 – Az.: 320.VK – 3194 – 27/05).

10606 Es ist **nicht die Aufgabe der Vergabestelle, anhand von Prospekten und Datenblättern, einzelne Positionen des Angebots zu ergänzen**, um festzustellen, was der Bieter eventuell angeboten haben könnte. Es ist die **Aufgabe des Bieters, bei der Abgabe des Angebots das Produkt auszuwählen**, das den Vorgaben der Leistungsbeschreibung entspricht (OLG Frankfurt, B. v. 26. 5. 2009 – Az.: 11 Verg 2/09; VK Nordbayern, B. v. 20. 8. 2008 – Az.: 21.VK – 3194 – 39/08).

116.6.2.5.2.7.4.2 Zulässigkeit von produktidentifizierenden Angaben. Die Forderung nach einer Fabrikatsangabe wird durch die Nennung zweier Hersteller mit jeweils einer Palette von Fabrikaten nicht erfüllt. Es fehlen insoweit produktidentifizierende Angaben (VK Arnsberg, B. v. 2. 10. 2005 – Az.: VK 18/2005). 10607

Wenn der vom Bieter benannte **Hersteller unter dem angegebenen Fabrikat mehrere geeignete Produkte anbietet**, ist weder die erforderliche Vergleichbarkeit mit den entsprechenden Positionen in einem insoweit vollständigen Angebot eines anderen Bieters gewährleistet noch die Möglichkeit von nachträglichen Manipulationen ausgeschlossen (2. VK Bund, B. v. 30. 5. 2007 – Az.: VK 2–39/07; VK Lüneburg, B. v. 1. 2. 2008 – Az.: VgK-48/2007; VK Nordbayern, B. v. 9. 5. 2006 – Az.: 21.VK – 3194 – 13/06; VK Südbayern, B. v. 6. 10. 2006 – Az.: 26-08/06). 10608

Noch weiter geht die **VK Südbayern**. Die Vergabekammer erkennt **keinen Ermessensspielraum für den Auftraggeber, ein Angebot schon deshalb zu werten, weil es von der vom Bieter benannten Herstellerfirma nur ein Produkt gibt, das die Systemparameter des Leistungsverzeichnisses erfüllt („produktidentifizierende Angabe")**. Es kann insoweit auch nicht auf den „objektiven Empfängerhorizont" abgestellt werden, wonach entscheidend ist, wie ein mit den Umständen des Einzelfalles vertrauter Dritter in der Lage des Auftraggebers die Erklärung nach Treu und Glauben mit Rücksicht auf die Verkehrssitte verstehen muss oder darf. Der Auftraggeber hat eine Erklärung zum „Fabrikat (insbesondere Herstellerangabe und genaue Typenbezeichnung)" gefordert, die vom Bieter so nicht abgegeben wurde, weil er lediglich die Herstellerfirma benannt hat (VK Südbayern, B. v. 19. 1. 2006 – Az.: Z3-3-3194-1-56–12/05). 10609

Ähnlich argumentiert die 2. VK Bund. Auf eine Produktidentifizierung abzustellen, erscheint bereits vom Ansatz her bedenklich. Denn die dem Bieter abverlangten Hersteller- und Typenangaben sollen das Produkt genau bezeichnen, damit der Auftraggeber überprüfen kann, ob dieses tatsächlich den Anforderungen der Leistungsbeschreibung genügt. Die Auswahl des Produkts hat dabei der Bieter zu treffen, der dementsprechend das Risiko trägt, ein Produkt anzubieten, das den Anforderungen aus Sicht des Auftraggebers nicht genügt. **Wenn ein Bieter dagegen lediglich den Hersteller benennt und es dem Auftraggeber überlässt, sich aus der Angebotspalette des Herstellers das geeignete Produkt auszusuchen, verlagert er das Auswahlrisiko auf den Auftraggeber.** Er stellt sich damit besser als derjenige Bieter, der tatsächlich alle geforderten Angaben selbst vornimmt und deshalb das Auswahlrisiko trägt. Auf diese Weise verschafft er sich einen Wettbewerbsvorteil, der ihm nach den in der Ausschreibung festgelegten Regeln nicht gebührt. Zudem birgt eine Recherche des Auftraggebers, welches Produkt bzw. wie viele Produkte des benannten Herstellers dem Ausschreibungstext genügen, ein erhebliches **Risiko, dass die Angebotspalette des Herstellers nur unvollständig zur Kenntnis genommen und das Produkt als durch die Herstellerangabe eindeutig identifiziert betrachtet wird, obwohl tatsächlich noch andere Erzeugnisse der Herstellers der Positionsbeschreibung entsprechen und es daher an der Eindeutigkeit der Produktangabe fehlt.** Dies kann etwa dann der Fall sein, wenn das vorhandene Prospektmaterial nicht vollständig ist oder der Internetauftritt des Herstellers nur eine Auswahl der lieferbaren Produkte verzeichnet. Unsicherheiten über den Angebotsgegenstand, die durch vom Bieter zu machenden Angaben vermieden werden sollten, bleiben in diesem Falle zunächst unbemerkt. Darüber hinaus ist es denkbar, dass der Auftraggeber ein anderes Produkt für ausschreibungskonform hält als der Bieter. Liefert dieser dann ein anderes als das vom Auftraggeber erwartete Erzeugnis, so entstehen im Rahmen der Vertragsausführung **genau jene Meinungsverschiedenheiten, denen mit der geforderten Produktidentifizierung in der Angebotsphase hätte vorgebeugt werden können** (2. VK Bund, B. v. 30. 5. 2007 – Az.: VK 2–39/07). 10610

Anderer Auffassung ist insoweit die VK Sachsen. Legt der Auftraggeber oder der Bieter zur Überzeugung de Vergabekammer dar, dass **durch die Angabe bestimmter technischer Parameter im Leistungsverzeichnis im Ergebnis nur ein einziges Produkt übrig bleibt**, ist damit die vom BGH geforderte Vergleichbarkeit des streitgegenständlichen Angebotes mit anderen gewährleistet (1. VK Sachsen, B. v. 10. 11. 2006 – Az.: 1/SVK/096-06). 10611

Teil 4 VOL/A § 16 Vergabe- und Vertragsordnung für Leistungen Teil A

10612 116.6.2.5.2.7.4.3 **Keine näheren Erläuterungen zu einem Produkt.** Die **Angabe des Fabrikats sowie des Typs dient der Identifikation des angebotenen Produkts und soll die Vergabestelle in den Stand versetzen, sich davon zu überzeugen, ob das Produkt der Ausschreibung entspricht.** Der Bieter ist an seine diesbezüglichen Angaben gebunden. Der Vergabestelle steht es frei, über die Fabrikats-/Typenbezeichnung hinausgehende Erläuterungen zu dem angegebenen Produkt zu fordern, soweit sie dies für notwendig hält. Es bleibt ansonsten **jedem Hersteller überlassen, zu entscheiden, in welcher Weise er seine Produkte durch die Beifügung von Typenbezeichnungen kennzeichnet und damit identifizierbar macht.** Einen allgemeinen Grundsatz, wonach die Typenbezeichnung bestimmte Mindestinhalte zu den wesentlichen Merkmalen des Produkts vermitteln müsste, gibt es nicht. Angesichts des Spezialisierungsgrades und der Komplexität des z. B. Anlagenbaus lassen sich die wesentlichen technischen Identifizierungsmerkmale auch schwerlich in einer Typenbezeichnung unterbringen. Es **bleibt jedem Auftraggeber unbenommen, sich die benötigten Informationen im Rahmen eines Aufklärungsgesprächs nach § 15 VOL/A zu beschaffen.** Die Vorschrift nennt ausdrücklich das Angebot selbst als möglichen Gegenstand von Aufklärungsgesprächen (VK Schleswig-Holstein, B. v. 7. 3. 2008 – Az.: VK-SH 02/08).

10613 116.6.2.5.2.7.4.4 **Zulässigkeit der Einräumung eines Wahlrechts für den Auftraggeber.** Trägt ein **Bieter das Fabrikat mit dem Zusatz „o.glw."** ein, ist diese Angabe nach allgemeinen Grundsätzen auszulegen. Nach den gesamten Umständen kann sie dahin verstanden werden, dass der Bieter das jeweils angegebene Fabrikat anbieten, dem Auftraggeber aber die Möglichkeit einräumen will, bei der Bauausführung den Einsatz eines gleichwertigen Alternativherstellers bzw. -produkts zu bestimmen. Diese **Erklärung zum Auswählen ist nach dem bürgerlichen Recht ausgeschlossen,** weil eine derartige Erklärung kein „Angebot" ist. Ein Vertrag kommt dadurch zustande, dass der Auftraggeber auf ein Angebot eines Bieters die vorbehaltslose Annahme des Angebotes erklärt. Ein **Angebot muss also so konkret sein, dass ohne weitere Festlegung, Ergänzung oder Differenzierung der angebotenen Leistungen der Zuschlag durch ein einfaches „Ja" erteilt werden** kann (OLG München, B. v. 2. 9. 2010 – Az.: Verg 17/10; VK Hannover, B. v. 16. 1. 2004 – Az.: 26045 – VgK 14/2003; VK Hessen, B. v. 1. 11. 2005 – Az.: 69d VK – 68/2005; VK Südbayern, B. v. 16. 7. 2007 – Az.: Z3-3-3194-1-28-06/07; B. v. 11. 5. 2005 – Az.: 17-04/05).

10614 Gibt ein Bieter bei einem zwingend einzutragenden Erzeugnis **zwei bzw. drei Hersteller bzw. Produkte an, behält er sich offen, was vergaberechtlich nicht zulässig ist,** welchen Hersteller bzw. welches Produkt seiner Wahl er nach Zuschlagserteilung einbauen wird. Ein Offenhalten des Erzeugnisses stellt eine Abweichung von den Ausschreibungsunterlagen dar, die dazu führt, dass kein ausschreibungskonformes Angebot vorliegt. Dies **gilt auch dann, wenn alle eingetragenen Hersteller oder Produkte die im Leistungsverzeichnis genannten Parameter erfüllen.** Eine Wahlmöglichkeit des Herstellers bzw. des Erzeugnisses für den Bieter lässt sich auch aus der Formulierung im Leistungsverzeichnis „oder gleichwertig" nach Wahl des AN" nicht ableiten. Das **Angebot ist seinem Inhalt nach weder eindeutig noch bestimmt** und damit weder als Hauptangebot noch als Nebenangebot annahmefähig. Die **Wettbewerbsrelevanz ergibt sich aus dem Vorteil, mit preiswerteren Fabrikaten kalkulieren und damit einen niedrigeren Gesamtpreis anbieten zu können.** Indem sich der Bieter eine Wahlmöglichkeit z.B. im Hinblick auf die zu liefernden Fabrikate bis zur Ausführung vorbehält, hat er einen Wettbewerbsvorteil gegenüber Bietern, die sich auf ein einzelnes Produkt festgelegt haben, denn dieser Bieter kann nach Beauftragung zwischen mehreren Produkten wählen und so möglicherweise auf geänderte Marktbedingungen reagieren und günstigere Preise erzielen. Eine Mehrfachnennung ist zudem auch **gemäß den Ausschreibungsbedingungen oftmals nicht zulässig** (VK Südbayern, B. v. 16. 7. 2007 – Az.: Z3-3-3194-1-28-06/07).

10615 Gemäß § 13 Abs. 3 VOL/A müssen Angebote die Preise und die geforderten Erklärungen enthalten. Das **Vertragsangebot soll klar, vollständig und in jeder Hinsicht zweifelsfrei sein. Unzulässig ist es, wenn der Bieter innerhalb desselben Angebots zwei oder mehrere Produkte zur Wahl stellt.** Die Erklärung ist dann nicht zweifelsfrei. **Gegebenenfalls kann es sich bei solchen Fällen jedoch um mehrere Hauptangebote** handeln, was jedenfalls **dann zulässig** ist, wenn es sich **um eine funktionale Ausschreibung** handelt. Insoweit können die Bieter nämlich unterschiedliche Produkte anbieten, um den Anforderungen der Leistungsbeschreibung nachzukommen. Es ist in solchen Fällen möglich, dass mehrere Produkte auf die Leistungsbeschreibung passen (2. VK Bund, B. v. 13. 6. 2007 – Az.: VK 2–48/07).

10616 116.6.2.5.2.7.4.5 **Fabrikatsangaben im Kurz-Leistungsverzeichnis.** Wenn der Bieter ein **Kurz-Leistungsverzeichnis** abgibt, ist er ebenfalls **verpflichtet, geforderte Fabrikatsanga-

Vergabe- und Vertragsordnung für Leistungen Teil A   VOL/A § 16   **Teil 4**

ben zu machen. Er kann ohne weiteres im Kurz-Leistungsverzeichnis integriert oder auf einer gesonderten Auflistung die im Leistungsverzeichnis über die Preiseintragungen hinaus geforderten Erklärungen machen, da sie über die Ordnungsziffern des Leistungsverzeichnisses eindeutig zugeordnet werden können (VK Düsseldorf, B. v. 30. 9. 2003 – Az.: VK – 25/2003 – B).

116.6.2.5.2.7.4.6 Fiktion der Angabe der Leitfabrikate. Der öffentliche **Auftraggeber** kann **vorschreiben**, dass bei **Nichtabgabe von eigenen Erklärungen über angebotene Fabrikate** bei Vorhandensein eines „Leitfabrikates" das **Leitfabrikat als angegeben gilt**. Dann sind **fehlende Fabrikatsangaben** gemäß den Ausschreibungsbedingungen **nicht als fehlende Erklärung**, sondern als Angebot des Leitfabrikates anzusehen (1. VK Brandenburg, B. v. 5. 7. 2006 – Az.: 1 VK 23/06; VK Düsseldorf, B. v. 30. 9. 2003 – Az.: VK – 25/2003 – B; VK Saarland, B. v. 15. 3. 2006 – Az.: 3 VK 02/2006; VK Thüringen, B. v. 22. 3. 2005 – Az.: 360–4002.20-002/05-MGN). In einer **neueren Entscheidung** vertritt hingegen die VK Thüringen die Auffassung, dass **fehlende Fabrikatsangaben trotz Nennung von Leitfabrikaten und der Klausel, dass dann, wenn der Bieter keine Fabrikatsangabe macht, das Leitfabrikat als angeboten gilt, unvollständig sind** (VK Thüringen, B. v. 3. 3. 2006 – Az.: 360–4002.20-004/06-ABG). 10617

Ist vom Bieter die Angabe von einzubauenden Fabrikaten gefordert und **bietet ein Bieter ein Leitfabrikat oder ein gleichwertiges Fabrikat** an, fehlt zwar eine geforderte Angabe, weil sich der Bieter nicht – obwohl gefordert – auf ein Fabrikat festlegt. Die **fehlende Angabe kann aber durch eine Aufklärung nachgetragen werden**. Die Stellung des Angebots in der Wertung kann sich nicht verändern, weil der Bieter sich hinsichtlich der Eigenschaften des Fabrikats durch die Bezugnahme auf das Leitfabrikat festgelegt hat (VK Lüneburg, B. v. 3. 5. 2005 – Az.: VgK-14/2005). 10618

Anderer Auffassung ist insoweit die **VK Baden-Württemberg**. Die Kammer hält das Verhalten eines Bieters, das von ihm anzubietende Fabrikat durch Angabe von zwei Fabrikaten mit dem Zusatz „oder gleichwertig" nicht definitiv anzugeben, also offen zu halten, vergaberechtlich nicht für zulässig, weil der Bieter nach Zuschlagserteilung ein Fabrikat seiner Wahl anbieten könnte, über welches Streit hinsichtlich der Gleichwertigkeit entstehen kann. **Ein Offenhalten des Fabrikats stellt eine Abweichung von den Ausschreibungsunterlagen dar, die dazu führt, dass kein ausschreibungskonformes Angebot vorliegt** (VK Baden-Württemberg, B. v. 25. 5. 2005 – Az.: 1 VK 25/05). 10619

Eine **Angabe des Bieters** mit dem Inhalt „wie ausgeschrieben" bzw. „Element wie ausgeschrieben" ist eine Willenserklärung der Antragstellerin. Diese Eintragung **verhindert, dass eine Fiktion z. B. einer Typenangabe eintritt** (1. VK Sachsen, B. v. 9. 5. 2006 – Az.: 1/SVK/036-06; B. v. 20. 4. 2006 – Az.: 1/SVK/029-06). 10620

116.6.2.5.2.7.4.7 Keine Fabrikatsangabe durch die Angabe des Herstellers. Weist ein Angebot insofern Defizite bei den geforderten Fabrikatsangaben auf, **als nur immer der Hersteller und bei einigen Positionen zusätzlich noch die Zulassungsnummer angegeben wird und fehlen weitere Angaben zu den tatsächlich angebotenen Fabrikaten/Produkten, ist das Angebot hinsichtlich dieser Positionen nicht eindeutig**; gerade wegen der fehlenden weiteren Angaben zu den angebotenen Fabrikaten ist eine **eindeutige Identifizierung und vergleichende Beurteilung nicht möglich** (VK Hannover, B. v. 10. 5. 2004 – Az.: 26 045 – VgK 02/2004). 10621

116.6.2.5.2.7.4.8 Keine Fabrikatsangabe durch Bezug zur Vorposition. Die **Auslegung des Angebotsinhaltes** kann **grundsätzlich nicht dergestalt erfolgen**, dass wegen des Bezuges einer Position, in der ein Bieter ein Fabrikat angeben muss, zur Vorposition **auch jeweils das Fabrikat der Vorposition angeboten wird, da die Vorposition jeweils dem vorgegebenen Fabrikat folgt** und ein Wechsel der Fabrikate weder sinnvoll noch üblich ist. Dagegen kann z. B. der Inhalt von Angeboten sprechen, in denen Bieter in einigen Vorpositionen ein Leitfabrikat und in der Folgeposition jedoch ein anderes Fabrikat anbieten (1. VK Brandenburg, B. v. 5. 7. 2006 – Az.: 1 VK 23/06). 10622

Anderer Auffassung ist insoweit die **VK Nordbayern**. Auch im Vergaberecht besteht grundsätzlich die **Möglichkeit der Auslegung von Angeboten** (§ 133 BGB). Ergibt sich z. B. aus der **Gesamtschau des vom Auftraggeber vorgegebenen Leistungsverzeichnisses** mit dem von dem Bieter gefertigten Kurz-Leistungsverzeichnis (Positionsliste), dass in allen Positionen bei bestimmten Arbeiten die bauseits vorgegebenen Leitprodukte angeboten werden sollten, ist insoweit vorrangig der objektive Erklärungswert, abgestellt auf die Sicht eines verständigen Auftraggebers in deren damaliger Situation zu ermitteln. Ist dabei festzuhalten, dass 10623

2143

der **Bieter in einer identischen Positions-Nr. ebenfalls das vorgegebene Leitprodukt anbietet**, kann hieraus abgeleitet werden, dass auch unter der unvollständigen Positions-Nr. das Leitprodukt angeboten werden soll. Hierfür spricht insbesondere auch, wenn der **Bieter in seiner Positionsliste unter beiden Positionen das verlangte Produkt zum identischem Einheitspreis anbietet**. Der fehlende Eintrag stellt daher ein **unbeachtliches Schreibversehen** dar (VK Nordbayern, B. v. 8. 5. 2007 – Az.: 21.VK – 3194 – 20/07).

10624   Für den Fall eines fehlenden Preises vertreten das EuG und das OLG Düsseldorf im Ergebnis die Auffassung, **dass ein Angebot nicht unvollständig ist und nicht abgelehnt werden muss, wenn der fehlende Preis für einen bestimmten Posten mit Sicherheit aus einem für einen anderen Posten derselben Leistungsbeschreibung angegebenen Preis oder zumindest nach Einholung von Klarstellungen zum Inhalt dieses Angebots bei dessen Verfasser abgeleitet werden kann** (→ Rdn. 62). Das OLG Düsseldorf lässt es insoweit ausdrücklich offen, ob diese Rechtsprechung auch für fehlende Erklärungen oder Nachweise gilt (OLG Düsseldorf, B. v. 21. 4. 2010 – Az.: VII-Verg 53/09).

10625   **116.6.2.5.2.7.4.9 Keine Fabrikatsangabe durch Bezug zu einem technisch identischen Los. Fehlende Produktangaben bei einem Fachlos sind nicht ohne weiteres anhand eines Rückschlusses aus den Produktangaben zu einem technisch identischen Fachlos der Ausschreibung zu beheben**. Denn trotz der identischen technischen Ausstattung ist aus dem **objektiven Empfängerhorizont der Vergabestelle**, der für die Auslegung des Angebots maßgebend ist, ein **eindeutig artikulierter Bindungswille insoweit nicht erkennbar**. Die Verwendung identischer Produkte war den Bietern freigestellt, aber nicht vorgeschrieben. Denn an keiner Stelle der Verdingungsunterlagen findet sich ein Hinweis, dass eine fachlosübergreifende Produktidentität erforderlich ist. Die **stillschweigende Erstreckung** der zu einem Fachlos gemachten Angaben auf die Ausstattung des anderen Fachloses im Angebot eines Bieters stellt damit **nur eine unter mehreren denkbaren Auslegungsvarianten** im Rahmen einer rechtsgeschäftlichen Auslegung nach §§ 133, 157 BGB dar. Eine andere ist, dass der Bieter sich im Falle des Zuschlagserhalts möglicherweise gerade auf sein Schweigen in diesem Punkt beruft und verlangt, den Inhalt nach seinem Ermessen gestalten zu dürfen (vgl. § 315 BGB). In Betracht kommt auch die Annahme einer Vertragslücke, die unbeschadet der Einigung der Parteien im Übrigen eine gesonderte Nachverhandlung über die offenen Fragen notwendig macht. Selbst wenn man auf der rechtsgeschäftlichen Ebene – unter Berücksichtigung des jeweiligen Für und Wider aufgrund eines Abwägungsprozesses – im Ergebnis möglicherweise der erstgenannten Auslegungsvariante den Vorzug einräumen wollte, **reicht das in vergaberechtlicher Hinsicht nicht aus** (OLG Thüringen, B. v. 11. 1. 2007 – Az. 9 Verg 9/06).

10626   Für den Fall eines fehlenden Preises vertreten das EuG und das OLG Düsseldorf im Ergebnis die Auffassung, dass ein **Angebot nicht unvollständig** ist und **nicht abgelehnt werden muss, wenn der fehlende Preis für einen bestimmten Posten mit Sicherheit aus einem für einen anderen Posten derselben Leistungsbeschreibung angegebenen Preis oder zumindest nach Einholung von Klarstellungen zum Inhalt dieses Angebots bei dessen Verfasser abgeleitet werden kann** (Rdn. 62 ff.). Das OLG Düsseldorf lässt es insoweit ausdrücklich offen, ob diese Rechtsprechung auch für fehlende Erklärungen oder Nachweise gilt (OLG Düsseldorf, B. v. 21. 4. 2010 – Az.: VII-Verg 53/09).

10627   **116.6.2.5.2.7.4.10 Fabrikatsangabe ohne Gleichwertigkeitsnachweise.** Verlangt die Vergabestelle für den Fall, dass das Angebot ein anderes Fabrikat als das Leitfabrikats enthält, dass **Gleichwertigkeitsnachweise mit dem Angebot zwingend abzugeben** sind und **liegen dem Angebot keine derartigen Gleichwertigkeitsnachweise bei**, ist das **Angebot** unvollständig (VK Thüringen, B. v. 11. 6. 2009 – Az.: 250–4002.20–2532/2009-002-SOK).

10628   **116.6.2.5.2.7.5 Fehlende Typen- und Herstellerangaben.** Ein transparentes, auf Gleichbehandlung aller Bieter beruhendes Vergabeverfahren ist nur zu erreichen, wenn lediglich Angebote gewertet werden, die in jeder sich aus den Verdingungsunterlagen ergebenden Hinsicht vergleichbar sind. **Fehlende Typenangaben** eines Bieters **beeinträchtigen** die **Vergleichbarkeit seines Angebots mit den Angeboten anderer Bieter**. Dem Angebot ist letztlich nicht zu entnehmen, ob er mit den von ihm zur Verwendung vorgesehenen Produkten die abstrakten Anforderungen des Leistungsverzeichnisses wird erfüllen können, weil seine Angaben zur Produktidentifizierung nicht ausreichen (BGH, Urteil v. 7. 6. 2005 – Az.: X ZR 19/02; OLG Dresden, B. v. 10. 7. 2003 – Az.: WVerg 0015/02; OLG Frankfurt, B. v. 26. 5. 2009 – Az.: 11 Verg 2/09; B. v. 16. 9. 2003 – Az.: 11 Verg 11/03; VK Baden-Württemberg, B. v. 21. 6. 2005 – Az.: 1 VK 32/05; VK Brandenburg, B. v. 15. 11. 2005 – Az.: 2 VK 64/05; B. v. 28. 6. 2005 –

Vergabe- und Vertragsordnung für Leistungen Teil A   VOL/A § 16   **Teil 4**

Az.: VK 20/05; B. v. 5. 4. 2005 – Az.: VK 9/05; 2. VK Bund, B. v. 30. 5. 2008 – Az.: VK 2-55/08; B. v. 21. 1. 2004 – Az.: VK 2–126/03; 3. VK Bund, B. v. 21. 9. 2010 – Az.: VK 3-90/10; VK Hessen, B. v. 24. 10. 2005 – Az.: 69d – VK – 62/2005; B. v. 20. 10. 2004 – Az.: 69 d – VK – 61/2004; B. v. 19. 9. 2005 – Az.: 69 d VK – 42/2005; VK Lüneburg, B. v. 26. 7. 2005 – Az.: VgK-31/2005; VK Nordbayern, B. v. 20. 8. 2008 – Az.: 21.VK – 3194 – 39/08; B. v. 16. 2. 2005 – Az.: 320.VK – 3194 – 02/05; B. v. 4. 11. 2004 – Az.: 320.VK – 3194 – 41/04; B. v. 8. 9. 2004 – Az.: 320.VK – 3194 – 31/04; 1. VK Sachsen, B. v. 10. 11. 2006 – Az.: 1/SVK/096-06; B. v. 18. 6. 2003 – Az.: 1/SVK/042-03; 1. VK Sachsen-Anhalt, B. v. 21. 11. 2005 – Az.: 1 VK LVwA 44/05; VK Südbayern, B. v. 6. 10. 2006 – Az.: 26-08/06; B. v. 13. 7. 2004 – Az.: 46-06/04; VK Thüringen, B. v. 11. 10. 2006 – Az.: 360–4002.20–026/06-SLF).

Die **Angabe einer unzutreffenden, weil nicht einer (offiziellen) Bezeichnung des Herstellers folgenden Typenangabe liegt ähnlich**. Die Angabe einer vom Hersteller nicht verwendeten und damit nicht existierenden Typenbezeichnung wirft die gleichen Probleme auf wie eine fehlende Typenbezeichnung, weil die Vergabestelle das angebotene Produkt nicht identifizieren kann und die Angabe damit für die Wertung unbrauchbar ist. Aus dem Leistungsverzeichnis heraus kann der Auftraggeber nicht ersehen, mit welchem konkreten Produkt der Auftragnehmer den Vertrag erfüllen wird. **Unvollständige und deshalb unbrauchbare Erklärungen stehen fehlenden gleich** (OLG Frankfurt, B. v. 26. 5. 2009 – Az.: 11 Verg 2/09).   10629

Fordert der Auftraggeber trotz der Vorgabe von Leitfabrikaten eine Angabe von Hersteller- bzw. Typangaben – auch durch Wiederholung der Leitangaben – so ist **der Vermerk „LV" bei den geforderten Hersteller- bzw. Typangaben grundsätzlich ausreichend** (VK Lüneburg, B. v. 26. 7. 2005 – Az.: VgK-31/2005).   10630

Eine ausdrückliche Angabe von Hersteller- und Typangaben kann auch in der Weise erfolgen, dass der Bieter durch Wiederholungszeichen vorstehende Textpassagen in Bezug nimmt. Bei Wiederholungszeichen- umgangssprachlich auch „Gänsefüsschen" genannt – handelt es sich um in der deutschen Schriftsprache übliche Zeichen, die die allgemein bekannte Aussage beinhalten, dass der über ihnen stehende Text wiederholt wird. Ihre Verwendung führt auch zu eindeutigen Erklärungen, wenn der Bieter die Wiederholungszeichen nicht fortlaufend benutzt, so dass zweifelhaft sein kannte, auf welche Textpassage sie sich überhaupt beziehen, und wenn der Bieter diese Zeichen stets mittig unter der Textpassage setzt, die wiederholt werden soll. Wenn zu den einzelnen Leistungspositionen jeweils der Hersteller und die Typbezeichnung des angebotenen Produkts anzugeben sind, ist bei verständiger Auslegung auch offensichtlich, dass die Wiederholungszeichen sowohl die darüber stehende Angabe des Herstellers als auch die darüber stehende Angabe der Typbezeichnung und nicht etwa nur eines von beidem in Bezug nehmen (2. VK Bund, B. v. 20. 12. 2005 – Az.: VK 2–159/05; B. v. 20. 12. 2005 – Az.: VK 2–156/05).   10631

Bei Angabe des ausgeschriebenen Leitfabrikats durch den Bieter und lediglich zwei fehlenden Typenbezeichnungen kann die Vergabestelle davon ausgehen, dass auch der vorgegebene Typ angeboten wird; das Angebot ist also vollständig (OLG Düsseldorf, B. v. 4. 7. 2005 – Az.: VII – Verg 35/05; 2. VK Bund, B. v. 12. 5. 2005 – Az.: VK – 2–24/05).   10632

Eine weitere **Ausnahme von der Unvollständigkeit** macht die VK Brandenburg für den Fall, dass der **Bieter das vom ihm angebotene Gerät durch eine Vielzahl von sachgerecht geforderten Spezifikationen beschreibt, jedoch auf eine detaillierte Typ-Angabe verzichtet, weil** z. B. der angebotene Herd eine **Sonderanfertigung** sein wird und er als Typangabe „Herd" angibt (2. VK Brandenburg, B. v. 28. 6. 2005 – Az.: VK 20/05).   10633

Ein **verständiger Bieter, der ein Leitfabrikat anbietet, kann davon ausgehen, dass das vom Antragsgegner ausgewählte Leitfabrikat sonstige zusätzlich genannte Funktionen z. B. als Notabdichtung erfüllt und es der Vorlage einer Herstellererklärung nicht bedarf.** Ein anderes Verständnis muss in den Verdingungsunterlagen unmissverständlich und klar zum Ausdruck kommen (OLG Düsseldorf, B. v. 5. 4. 2006 – Az.: VII – Verg 3/06).   10634

Ein **Bieter muss**, wenn er **der Auffassung ist, er brauche deshalb den jeweiligen Typ nicht zu nennen**, weil es von dem Hersteller **keine Typbezeichnung gibt**, die **Vergabestelle hierauf hinweisen** bzw. die Forderung nach Nennung eines Typs bei der Position des Leistungsverzeichnisses **rügen** (OLG Frankfurt, B. v. 26. 5. 2009 – Az.: 11 Verg 2/09; VK Hessen, B. v. 4. 4. 2005 – Az.: 69d VK – 05/2005).   10635

Es schadet einem Angebot nicht, wenn der Bieter teilweise **statt der in den Leistungsverzeichnissen verlangten Typenbezeichnungen lediglich die Fabrikate angibt** und mit   10636

Stempelaufdruck auf deren „Beschrieb" verweist und er vorträgt, dass es sich bei den betreffenden Leistungspositionen **um solche Fabrikate handle, die vom Hersteller überhaupt nur in einer einzigen und typenmäßig nicht näher benannten Ausführung** (unter dem Fabrikatsnamen) vertrieben würden. – typidentifizierende Angaben (OLG Thüringen, B. v. 11. 1. 2007 – Az.: 9 Verg 9/06).

10637　Nach der Rechtsprechung des OLG Düsseldorf ist dann, wenn Angebote Erklärungen z. B. zum Fabrikat und zum Typ einer geforderten Pollerleuchte enthalten sollen und der Antragsteller im Angebot zwar die verlangte Fabrikatsangabe, jedoch nicht den Typ der angebotenen Leuchte benennt, das **Angebot wegen dieses Mangels nicht von der Wertung auszunehmen, wenn der Auftraggeber unter dieser Ordnungsziffer des Leistungsverzeichnisses unstatthafte produktspezifische Vorgaben angebracht** hat. Wer so ausschreibt, erwirbt keine rechtliche Handhabe, Angebote, die im Zuge einer solchen Ausschreibung nicht alle verlangten Angaben oder Erklärungen enthalten, ggf. von der Wertung auszunehmen. Die **Aufnahme des Zusatzes „oder gleichwertig" führt aus dem Verbot der produktspezifischen Ausschreibung nicht hinaus.** Ein solcher **Zusatz** ist in Verbindung mit dem Verweis auf eine bestimmte Produktion oder Herkunft **nur zugelassen, wenn der Auftragsgegenstand nicht hinreichend genau und allgemein verständlich beschrieben werden kann** (OLG Düsseldorf, B. v. 14. 10. 2009 – Az.: VII-Verg 9/09).

10638　**Ist im Leistungsverzeichnis bei bestimmten Positionen lediglich die Angabe eines Fabrikats verlangt** und sind sämtliche Bieter offensichtlich davon ausgegangen, dass jedenfalls nicht notwendigerweise neben der Herstellerbezeichnung eine Typenangabe zu erfolgen hat, und ist auch dem Senat aus anderen Leistungsverzeichnissen bekannt, dass es durchaus üblich ist, neben dem Fabrikat die Typenangabe zu verlangen, ist die Auslegung durch die Bieter nicht von der Hand zu weisen. Der BGH hat ebenfalls in seiner grundlegenden Entscheidung vom 18. 2. 2003 – X ZB 44/02 – die Angaben zu Hersteller/Fabrikat von den Angaben zu den Typen unterschieden. Zudem dürfen Unklarheiten nicht zu Lasten des Bieters gehen. **Es stellt für den öffentlichen Auftraggeber auch keine unzumutbare Belastung dar, neben das Wort „Fabrikat" noch das Wort „Typenbezeichnung" o. ä. anzufügen** (OLG München, B. v. 12. 11. 2010 – Az.: Verg 21/10).

10639　116.6.2.5.2.7.6 **Fehlender Versicherungsnachweis.** Ein **Angebot ist unvollständig, wenn es nicht den geforderten Nachweis der Haftpflichtversicherung mit der verlangten Mindestdeckungssumme enthält** und die Vergabestelle bereits in der Bekanntmachung darauf hingewiesen hatte, dass ein solcher Nachweis erforderlich ist (VK Südbayern, B. v. 5. 2. 2010 – Az.: Z3-3-3194-1-66–12/09).

10640　Ein **fehlender aktueller Nachweis über die Gültigkeit der Haftpflichtversicherung** führt zur Unvollständigkeit des Angebots (1. VK Sachsen, B. v. 12. 6. 2003 – Az.: 1/SVK/054-03; 1. VK Sachsen-Anhalt, B. v. 31. 7. 2008 – Az.: 1 VK LVwA 04/08).

10641　116.6.2.5.2.7.7 **Fehlender Nachweis der Entsorgung.** Bei der **Beseitigung chemischer Altlasten ist der lückenlose Nachweis einer vorschriftsmäßigen Entsorgung unverzichtbar.** Denn bei diesen Erklärungen und Nachweisen handelt es sich um unverzichtbare Grundlagen des Angebotes, ohne die es nicht angenommen werden kann (OLG Naumburg, B. v. 11. 6. 2003 – Az.: 1 Verg 06/03; im Ergebnis ebenso KG Berlin, B. v. 21. 12. 2009 – Az.: 2 Verg 11/09).

10642　Wird in den Vergabeunterlagen die **Vorlage eines entsprechenden Zertifikates des Bieters** erfordert, so hat eine **Bietergemeinschaft für jedes einzelne ihrer Mitglieder ein aktuell gültiges Zertifikat** vorzulegen (KG Berlin, B. v. 21. 12. 2009 – Az.: 2 Verg 11/09).

10643　Auch **fehlende Annahmeerklärungen von Entsorgungsanlagen** führen zur Unvollständigkeit des Angebots (3. VK Bund, B. v. 20. 3. 2006 – Az.: VK 3–09/06).

10644　116.6.2.5.2.7.8 **Fehlende Eignungsnachweise. 116.6.2.5.2.7.8.1 Grundsätze.** Angebote, denen die nach der Bekanntmachung **geforderten Eignungsnachweise nicht beigefügt waren, sind unvollständig.** Das folgt aus §§ 13 Abs. 3, 16 Abs. 3 lit. a) VOL/A. Die **Rechtsfolge eines eventuellen Ausschlusses** nach erfolgloser Nachforderung ergibt sich dann aus § 16 Abs. 3 lit. a) VOL/A (OLG Düsseldorf, B. v. 9. 3. 2007 – Az.: VII – Verg 5/07; B. v. 28. 6. 2006 – Az.: VII – Verg 18/06; B. v. 7. 3. 2006 – Az.: VII – Verg 98/05; B. v. 14. 10. 2005 – Az.: VII – Verg 40/05; B. v. 16. 11. 2003 – Az.: VII – Verg 47/03; OLG Koblenz, B. v. 4. 7. 2007 – Az.: 1 Verg 3/07; VK Berlin, B. v. 18. 3. 2009 – Az.: VK B 2 30/07; 1. VK Bund, B. v. 29. 10. 2007 – Az.: VK 1–110/07; B. v. 21. 5. 2007 – Az.: VK 1–32/07; 2. VK Bund, B. v. 13. 6. 2007 – Az.: VK 2–51/07; 3. VK Bund, B. v. 17. 12. 2008 – Az.: VK 3–167/08; B. v.

Vergabe- und Vertragsordnung für Leistungen Teil A　　　　　　VOL/A § 16　**Teil 4**

26. 6. 2008 – Az.: VK 3–71/08; B. v. 3. 5. 2007 – Az.: VK 3–31/07; B. v. 19. 3. 2007 – Az.: VK 3–16/07; B. v. 7. 2. 2007 – Az.: VK 3–07/07; B. v. 18. 1. 2007 – Az.: VK 3–153/06; B. v. 12. 12. 2006 – Az.: VK 3–141/06; B. v. 29. 7. 2005 – Az.: VK 3–76/05; B. v. 22. 11. 2004 – Az.: VK 3–203/04; VK Düsseldorf, B. v. 19. 4. 2007 – Az.: VK – 10/2007 – B; VK Hessen, B. v. 30. 11. 2005 – Az.: 69 d VK – 83/2005; 1. VK Sachsen, B. v. 14. 9. 2009 – Az.: 1/ SVK/042-09; 1. VK Sachsen-Anhalt, B. v. 17. 4. 2007 – Az.: 1 VK LVwA 04/07; VK Schleswig-Holstein, B. v. 18. 12. 2007 – Az.: VK-SH 25/07; VK Südbayern, B. v. 7. 4. 2006 – Az.: 07-03/06; B. v. 24. 11. 2005 – Az.: Z3-3-3194-1-42–09/05).

In einer sehr aktuellen Entscheidung **tendiert demgegenüber das OLG Düsseldorf dahin**, mit Blick auf die neuen Regelungen des § 16 Abs. 1 Nr. 3 VOB/A 2009 und des § 19 Abs. 2 EG VOL/A gegebenenfalls einen **Ausschluss nach den Vorschriften über fehlende Erklärungen** vorzunehmen (OLG Düsseldorf, B. v. 30. 6. 2010 – Az.: VII-Verg 13/10). 　10645

Ein **Beurteilungsspielraum bei der Prüfung von Fachkunde, Leistungsfähigkeit und Zuverlässigkeit** eines Bieters bezieht sich **lediglich auf die Frage, ob auf der Grundlage der geforderten und entsprechend vorgelegten Eignungsnachweise die Eignung eines Bieters bejaht werden kann**. Hingegen kommt dem Auftraggeber **kein Ermessen** dahingehend zu, von den bekannt gemachten Eignungsanforderungen abzuweichen und auch bei Fehlen geforderter Eignungsnachweise die Eignung aus anderen Gründen anzunehmen, z.B. weil ihm der betreffende Bieter aus früheren Geschäftsbeziehungen bekannt ist. Vgl. insoweit die Kommentierung zu → § 97 GWB Rdn. 819 ff. 　10646

Es **kommt auch nicht darauf an, ob die fehlenden Eignungsangaben wettbewerbserheblich oder objektiv wertungsrelevant** sind. Dadurch, dass die Vergabestelle in den Verdingungsunterlagen die Vorlage von Eignungsnachweisen fordert, werden diese als Umstand ausgewiesen, der für sie **auf jeden Fall wertungsrelevant** ist (3. VK Bund, B. v. 26. 6. 2008 – Az.: VK 3–71/08). 　10647

Einem **Bieter**, der **im Vertrauen auf die Festlegung in der Angebotsanforderung**, wonach Angaben bzw. Nachweise nach § 6 Abs. 3 VOL/A **(nur) auf Verlangen vorzulegen** sind, auf die **Übersendung von Unterlagen zu seiner Eignung bei Angebotsabgabe verzichtet** und eine Anfrage seitens der Vergabestelle abwartet, **kann nicht zum Vorwurf gemacht werden, er habe unvollständige oder verspätete Angaben gemacht**. Nur eine eindeutige und unmissverständliche Festlegung, dass Erklärungen/Nachweise bereits mit Angebotsabgabe vorzulegen sind, rechtfertigt bei Unterlassen der Vorlage gegebenenfalls einen zwingenden Angebotsausschluss (OLG München, B. v. 21. 8. 2008 – Az.: Verg 13/08). 　10648

116.6.2.5.2.7.8.2 Einzelfälle. Fordert der Auftraggeber z.B. die **Bilanzen für je drei aufeinander folgende Geschäftsjahre** und legt der Bieter lediglich zwei Bilanzen vor, erfüllt der Bieter die geforderten Nachweise nicht. **Die fehlende dritte Bilanz wird auch nicht dadurch ersetzt, dass in einer Bilanz auch die Zahlen des Vorjahres angegeben sind**. Die Angaben der entsprechenden Vorjahreszahlen des Vorjahres sind vielmehr zwingender Bestandteil einer vollständigen Bilanz. Eine komplette Bilanz muss die Aktiva, Passiva und die jeweiligen Vorjahresdaten ausweisen. Darauf muss der Auftraggeber die Bieter nicht etwa in den Verdingungsunterlagen hinweisen, dieser Mindestgehalt folgt vielmehr unmittelbar aus § 265 Abs. 2 Satz 1 HGB (VK Lüneburg, B. v. 6. 9. 2004 – Az.: 203-VgK-39/2004). 　10649

Fordert der Auftraggeber z.B. ein **Gütezeichen oder einen bestehenden Vertrag über eine Fremdüberwachung**, ist die **Vorlage eines Antrags auf Fremdüberwachung beim Güteschutz nicht ausreichend** (1. VK Sachsen, B. v. 29. 10. 2004 – Az.: 1/SVK/101-04). 　10650

Fordert z.B. der Auftraggeber als Teilnahmebedingung von den Teilnehmern, dass sie zum Nachweis ihrer technischen Leistungsfähigkeit Referenzen vorlegen, die u.a. **Angaben zur Leistungszeit und zum Rechnungswert** enthalten und legt ein Bieter mit seinem Angebot jedoch nur eine – wenn auch umfangreiche – Liste mit den Namen und einer kurzen Beschreibung des Vertragsinhalts bei, lassen sich weder die Leistungszeit noch der Rechnungswert diesen Angaben entnehmen, sodass das **Angebot unvollständig** ist (3. VK Bund, B. v. 29. 7. 2005 – Az.: VK 3–76/05; im Ergebnis ebenso 1. VK Sachsen, B. v. 5. 5. 2009 – Az.: 1/SVK/009-09; VK Schleswig-Holstein, B. v. 30. 8. 2006 – Az.: VK-SH 20/06; VK Südbayern, B. v. 24. 11. 2005 – Az.: Z3-3-3194-1-42–09/05). Dies gilt auch für den Fall, dass die **verlangten Leistungen den Geschäftsjahren nicht zuordenbar sind**, obwohl die Zuordenbarkeit ausdrücklich verlangt war (1. VK Sachsen-Anhalt, B. v. 17. 4. 2007 – Az.: 1 VK LVwA 04/07). 　10651

Die VK Schleswig-Holstein lässt von diesem **Grundsatz eine Ausnahme für den Fall** zu, dass **sämtliche fristgerecht eingegangenen Angebote hinsichtlich der geforderten** 　10652

Nachweise (mehr oder weniger) **unvollständig** sind (VK Schleswig-Holstein, B. v. 18. 12. 2007 – Az.: VK-SH 25/07; B. v. 8. 7. 2005 – Az.: VK-SH 18/05).

10653 **Verhindert ein Bieter z. B. durch eine Geheimhaltungsbedingung, dass der Auftraggeber vom Inhalt eines Eignungsnachweises (z. B. einer Bilanz) Kenntnis nehmen kann, sind solche Vorbehalte oder Bedingungen vom öffentlichen Auftraggeber zu beachten.** Der Auftraggeber ist nicht befugt, die von einem Bieter eingereichten Unterlagen oder Erklärungen gegen dessen erklärten Willen zu öffnen und einzusehen. Er ist an die diesbezüglichen Vorgaben eines Bieters – z. B. an die Bedingung, dass dabei ein Vertreter anwesend sein muss – rechtlich gebunden. Solche Vorgaben, Bedingungen und Vorbehalte sind vergaberechtlich indes nicht zugelassen und nicht hinzunehmen. **Werden sie von einem Bieter dennoch gemacht, ist die mit einer Bedingung oder einem Vorbehalt belegte Angabe, Erklärung oder Unterlage im Rechtssinn als nicht eingereicht zu werten.** Die eingegangenen Angebote müssen dem öffentlichen Auftraggeber in jeder durch die Vergabebekanntmachung und die Verdingungsunterlagen vorgegebenen Hinsicht zur vorbehaltlosen Kenntnisnahme und Prüfung offen stehen. Anders ist nicht sicherzustellen, dass in jeder Hinsicht vergleichbare Angebote gewertet werden und die Vergabeentscheidung das im Vergabeverfahren zu beachtende Gebot der Gleichbehandlung der Bieter wahrt (OLG Düsseldorf, B. v. 13. 1. 2006 – Az.: VII – Verg 83/05).

10654 Fordert der Auftraggeber, dass **bestimmte Eignungserklärungen an einer bestimmten Stelle im Angebot einzutragen** sind und befinden sich diese **Erklärungen nicht an dieser Stelle, aber dennoch inhaltlich unmissverständlich und eindeutig an einer anderen Stelle des Angebots, ist das Angebot nicht unvollständig** (OLG Düsseldorf, B. v. 12. 10. 2007 – Az.: VII – Verg 28/07; im Ergebnis ebenso VK Münster, B. v. 30. 4. 2009 – Az.: VK 4/09).

10655 116.6.2.5.2.7.8.3 **Inhaltlich falsche Eignungsnachweise.** Die 3. VK Bund **differenziert danach, ob Eignungsnachweise insgesamt fehlen oder inhaltlich unzutreffend bzw. unvollständig sind. In einer inhaltlich unzutreffenden Angabe ist kein Fehlen von Eignungsnachweisen zu sehen**. Zu differenzieren ist nämlich zwischen dem vollständigen Fehlen von Eignungsnachweisen, was ohne zur Unvollständigkeit führt und der inhaltlich unzutreffenden Angabe von Eignungsdaten andererseits. Im zweitgenannten Fall sind Angaben vorhanden, nur sind sie inhaltlich falsch. **Auch wenn in falschen Angaben als „Minus" das Unterlassen und damit das Fehlen richtiger Angaben inbegriffen ist, können inhaltlich unzutreffende Angaben nicht der formellen Ebene des Fehlens von Eignungsangaben zugeordnet werden**, zumal die inhaltliche Fehlerhaftigkeit bei Prüfung der Angebote durch den Auftraggeber oftmals gar nicht auf den ersten Blick erkennbar sein wird. Richtig ist vielmehr, die **inhaltliche Fehlerhaftigkeit von Eignungsangaben der materiellen Eignungsprüfung zuzuordnen**, indem sie als Basis für die Beantwortung der Frage dienen, ob der Bieter die erforderliche Eignung materiell auch tatsächlich aufweist. Macht ein Bieter beispielsweise bewusst wahrheitswidrige Angaben, um seine Eignung zu positiv darzustellen, so kann die Tatsache der bewussten Falschangabe seitens des Auftraggebers als Indiz für fehlende Zuverlässigkeit gewertet werden (VK Bund, B. v. 19. 3. 2007 – Az.: VK 3–16/07).

10656 116.6.2.5.2.7.8.4 **Weitere Beispiele aus der älteren Rechtsprechung**

– verlangt ein Auftraggeber vom Bieter eine Erklärung darüber, dass dieser im Auftragsfall über die zum Zwecke der Sicherstellung des öffentlichen Personennahverkehrs erforderlichen Fahrzeuge allein verfüge und den Einsatz der Fahrzeuge allein regeln könne, so **reicht dafür der Hinweis darauf, dass eine solche Verfügungsbefugnis sich bereits aus dem der Anmietung der Fahrzeuge zu Grunde liegenden Mietvertrag ergebe, nicht aus. Der Bieter muss vielmehr eine eindeutige rechtsverbindliche Erklärung im geforderten Sinne abgeben**, da nur eine solche Erklärung dem Auftraggeber die Möglichkeit eröffnet, die in der Erklärung der enthaltenen Forderung durchzusetzen und zu sanktionieren (VK Hessen, B. v. 28. 1. 2010 – Az.: 69 d VK – 57/2009)

– fordert der Auftraggeber die Angabe der Umsatz- und Mitarbeiterzahlen als auch die Vorlage von Referenzen als für die Abgabe des Angebotes verbindliche Voraussetzungen, führt diese **Forderung zu einer Selbstbindung der ausschreibenden Stelle und damit zum Ausschluss der Angebote, die diese Voraussetzung nicht erfüllen** (OLG Brandenburg, B. v. 9. 2. 2010 – Az.: Verg W 10/09)

– ein Angebot ist wegen fehlender Nachweise nach § 25 Nr. 1 Abs. 2 Buchst. a) VOL/A auszuschließen, wenn der **Bieter trotz Aufforderung durch die Vergabestelle fehlende**

Nachweise (Zertifikate Entsorgungsfachbetrieb, immissionsschutzrechtliche Anlagengenehmigungen) für drei der im Angebot enthaltenen Kraftwerke nicht vorlegt. Es ist einem **Bieter zumutbar, innerhalb von 7 Kalendertagen** die Zertifizierungen als Entsorgungsfachbetrieb und die Genehmigungen nach BImSchG für die in seinem Angebot benannten Verwertungsanlagen vorzulegen, wenn die **Frist von 7 Kalendertagen für die Nachreichung bereits in der Aufforderung zur Angebotsabgabe den Bietern bekannt gegeben** worden war (VK Nordbayern, B. v. 14. 1. 2010 – Az.: 21.VK – 3194 – 64/09)

– ein **Angebot** ist gemäß § 25 Nr. 2 Abs. 1 VOL/A **zwingend von der Wertung auszuschließen**, wenn der **Bieter seine Eignung nicht** wie gefordert **nachgewiesen** hat, weil er die zum Nachweis seiner Leistungsfähigkeit i. S. d. § 7a Nr. 3 Abs. 1 lit. a) VOL/A **geforderte Haftpflichtversicherung nicht in der entsprechenden Höhe, nämlich mit einer Deckungssumme für Sachschäden von 1 000 000 Euro je Schadensereignis, erbracht,** sondern vielmehr dem Angebot eine Bescheinigung mit geringerer **Deckungssumme** (600 000 Euro) und eine **Absichtserklärung über die Aufstockung der Versicherungssumme für den Fall der Zuschlagserteilung** beigefügt hat (3. VK Bund, B. v. 4. 11. 2009 – Az.: VK 3–190/09)

– wird vom **Auftraggeber lediglich eine Verpflichtungserklärung dahingehend** gefordert, dass das Waldholz und die Sägewerksnebenprodukte **FS C- oder PEFC-zertifiziert sein müssen, lässt sich daraus nicht herleiten, dass die Bieter als Unternehmen selbst entsprechend zertifiziert sein müssen** (VK Baden-Württemberg, B. v. 11. 8. 2009 – Az.: 1 VK 36/09)

– **fordert der Auftraggeber die Vorlage einer jeweils gültigen Postlizenz auch für jeden Subunternehmer** in Kopie mit dem Angebot und wird diese **Vorgabe der Vergabestelle von keinem der Bieter gerügt, kann sich ein Bieter nicht darauf berufen, dass die Lizenzen nicht erforderlich** gewesen wären. Sie waren klar und zumutbar gefordert und stehen mit dem Auftrag in Zusammenhang, da sie der Eignungsprüfung dienen. Auch wenn die Vergabestelle bei fehlenden Nachweisen in der Bekanntmachung bzw. der Bewerbungsbedingungen vorsieht, dass das Angebot ausgeschlossen werden kann und damit den Gesetzestext von § 25 Nr. 2 Abs. 1 VOL/A wiederholt, bedeutet dies jedoch nicht, dass der VSt hier ein Ermessen eröffnet ist. § 25 Nr. 2 Abs. 1 VOL/A verweist auf § 21 Nr. 1 Abs. 1 VOL/A. Danach müssen Angebote die Preise sowie die geforderten Angaben und Erklärungen enthalten. Soweit die geforderten Angaben und Erklärungen also nicht vorgelegt wurden, liegt ein zwingender Ausschlussgrund vor. **Es obliegt nicht dem Spielraum der VSt von klaren Festlegungen der Bekanntmachung bzw. der Verdingungsunterlagen im Nachhinein bei der Wertung abzuweichen. Vielmehr ist die VSt an ihre Festlegungen hinsichtlich der verlangten Eignungsnachweise gebunden** (VK Nordbayern, B. v. 25. 11. 2009 – Az.: 21.VK – 3194 – 52/09)

– hat ein **Bieter entgegen den Vorgaben in der Bekanntmachung keine Studiennachweise der für die Projektleitung verantwortlichen Personen vorgelegt**, ist sein **Angebot** deshalb gemäß § 25 Nr. 2 Abs. 1 VOL/A **zwingend von der Wertung auszuschließen**, wenn es für die Bieter hinreichend deutlich war, dass solche Studiennachweise und Belege als Fremderklärung mit dem Angebot hätten vorgelegt werden müssen (1. VK Bund, B. v. 9. 10. 2009 – Az.: VK 1–176/09)

– gehört ein Bieterunternehmen einem Konzernverbund oder einer Firmengruppe an, ist eine Berücksichtigung von finanziellen, materiellen und personellen Ressourcen anderer Unternehmen dieses Verbundes zumindest dann unbedenklich, wenn und soweit die Firmen dieser Gruppe als wirtschaftliche Einheit betrachtet werden können. Für den Bereich der Referenzen ist anerkannt, dass ein Bieter auch auf die für ein Tochter- oder Schwesterunternehmen ausgestellten Referenzen sowie umgekehrt zurückgreifen kann, sofern dieses Unternehmen mit ihm personell weitgehend identisch ist. Ein **Angebot ist deshalb nicht zwingend wegen Unvollständigkeit gemäß § 25 Nr. 1 Abs. 2 a) bzw. Abs. 2 VOL/A von der Wertung auszuschließen, wenn ein Bieter es unterlassen hat, seinem Angebot sämtliche geforderten Eignungsnachweise in Form von Referenzen und Eigenerklärungen nicht nur sich selbst, sondern zusätzlich auch für seine für die Ausführung des streitgegenständlichen Auftrags eingeplanten Tochtergesellschaften** beizufügen (VK Schleswig-Holstein, B. v. 23. 10. 2009 – Az.: VK-SH 14/09)

– da es sich bei dem **Nachweis ausreichender Produktionskapazitäten** um einen **Eignungsnachweis** handelt, ist Ausschlusstatbestand insoweit § 25 Nr. 2 Abs. 1 VOL/A, der

keinen Raum für Ermessenserwägungen eröffnet (3. VK Bund, B. v. 20. 3. 2009 – Az.: VK 3–22/09)

– weist der Auftraggeber in Ziffer 7.2, letzter Absatz, seiner Leistungsbeschreibung darauf hin, dass die **Bieter ihr Preisangebot als Datei im aidf-format auf die Vergabeplattform hochzuladen haben und dass Angebote, die diesen Anforderungen nicht entsprechen, als nicht ordnungsgemäß eingegangen gelten und nicht berücksichtigt werden** und sind aber in der erforderlichen Gesamtschau der Verdingungsunterlagen an verschiedenen Stellen Widersprüchlichkeiten feststellbar, die dazu führen, dass die Abgabe des Leistungsverzeichnisses im aidf-Format nicht in der notwendigen Eindeutigkeit gefordert werden, weil der Auftraggeber beispielsweise im 2. Absatz der Ziffer 7.2 auffordert, die Angebotspreise in die dafür vorgesehenen Felder des auf der e-Vergabe-Plattform zur Verfügung stehenden Leistungsverzeichnisses einzutragen, dieses Leistungsverzeichnis auf der Plattform aber in zwei Versionen zur Verfügung, sowohl als pdf-Datei als auch als aidf-Datei, **ist es für einen durchschnittlich verständigen und fachkundigen, mit dem neuen System e-Vergabe (noch) nicht übermäßig vertrauten Bieter durchaus denkbar, auch auf das Leistungsverzeichnis im pdf-Format zurück zu greifen**. Da die übrigen abzugebenden Nachweise und Erklärungen ebenfalls im pdf-Format auszufüllen und einzureichen sind, liegt ein solches Vorgehen auch nicht fern. Der Bieter bewegt sich zudem wie gefordert innerhalb des von der Plattform zur Verfügung gestellten elektronischen Angebotsassistenten AnA. Ein „Fehler" kann ihm daher auch nicht zwangsläufig auffallen. Dies gilt insbesondere auch deshalb, weil das in Ziffer I.2 der Vergabeunterlagen (Angebotsabgabe) vorgesehene Verfahren auf das pdf-Format verweist. Ein **Ausschluss wegen Änderungen der Vergabeunterlagen durch Verwendung eines falschen Dateiformats ist nicht zulässig** (3. VK Bund, B. v. 7. 1. 2009 – Az.: VK 3–176/08)

– der **Versicherungsnachweis ist – ebenso wie der Gewerbezentralregisterauszug – ein Eignungsnachweis**, der der Beurteilung der Zuverlässigkeit des Bieters dient. Auch die Nichtvorlage geforderter Eignungsnachweise fällt unter § 25 Nr. 1 lit. a VOL/A. Denn diese Norm sanktioniert die Nichtvorlage geforderter Erklärungen und betrifft damit formal unvollständige Angebote. § 25 Nr. 2 Abs. 1 VOL/A betrifft dagegen die materielle Beurteilung, ob anhand der vorgelegten Unterlagen die Eignung zu bejahen ist. **Fehlen geforderte Erklärungen i. S. d. § 21 Nr. 1 Abs. 1 Satz 1 VOL/A, ist das betreffende Angebot zwingend auszuschließen, denn es liegt eine Ermessensreduzierung auf Null vor**. Denn gemäß § 21 Nr. 1 Abs. 1 Satz 1 VOL/A müssen Angebote die geforderten Angaben und Erklärungen enthalten. Angebote, bei denen diese fehlen, sind unvollständig. Der Gleichbehandlungsgrundsatz nach § 97 Abs. 2 GWB verbietet es dem Auftraggeber, unvollständige Angebote zu berücksichtigen. Das Gebot der Vollständigkeit ist auch im Rahmen der VOL/A zu beachten. Da der öffentliche Auftraggeber sich durch die Ausschreibung dem Gleichbehandlungsgebot unterworfen hat, darf er nur solche Angebote werten, die alle geforderten Erklärungen enthalten (VK Baden-Württemberg, B. v. 13. 11. 2008 – Az.: 1 VK 41/08; B. v. 5. 11. 2008 – Az.: 1 VK 42/08)

– ein Angebot, mit dem die in der Bekanntmachung **geforderte Referenzliste nicht in der Form und mit dem Inhalt eingereicht** wurde, wie die Vergabestelle dies verlangte, ist **zwingend auszuschließen** (VK Hessen, B. v. 8. 7. 2008 – Az.: 69 d VK – 29/2008)

– fordert der Auftraggeber einen **Nachweis der Zulassung als Entsorgungsfachbetrieb** und legt der Bieter nur dar, dass er für „Rückbau, Verwertungs- und Entsorgungsarbeiten" präqualifiziert und unter der Nummer … im Präqualifikationsverzeichnis eingetragen ist, ist dies **nicht entscheidend, wenn sich die Präqualifikation auf einen Nachunternehmer bezieht** (OLG Celle, B. v. 2. 10. 2008 – Az.: 13 Verg 4/08)

– das Nebenangebot der Beigeladenen war schließlich mangels geforderter Eignungsnachweise von der Wertung auszuschließen. Nach der Bekanntmachung unter Ziffern III.2.2. und den Ziffern 9.1 der Leistungsbeschreibung wurde von der Antragsgegnerin bei einer Einbeziehung von Unterauftragnehmern von jedem (sowohl konzernverbundenen als auch konzernunabhängigen) Nachauftragnehmer neben anderen Eignungsnachweisen auch die **Vorlage der Eigenerklärung des Bieters nach Anlage 3 (Insolvenzerklärung) mit dem Angebot von jedem Nachauftragnehmer verlangt**. Das Nebenangebot der Beigeladenen war unvollständig. Dem **Angebot waren die Eigenerklärungen nach Anlage 3 der Verdingungsunterlagen der Nachunternehmer der zweiten Reihe („von jedem Nachauftragnehmer") nicht beigefügt** (OLG Düsseldorf, B. v. 28. 4. 2008 – Az.: VII – Verg 1/08)

– der **Auftraggeber hat gegen § 25 Nr. 2 Abs. 1 VOL/A verstoßen**. Danach kommen bei der Auswahl der Angebote, die für den Zuschlag in Betracht kommen, nur Bieter in Betracht, die für die Erfüllung der vertraglichen Verpflichtungen die erforderliche Fachkunde, Leistungsfähigkeit und Zuverlässigkeit besitzen. Dem **Angebot der Beigeladenen lagen keine Umsatzzahlen aus den letzten drei Geschäftsjahren bei, so wie die Antragsgegnerin dies gefordert hatte**. Ausweislich der Bekanntmachung aus dem Jahre 2007 mussten es die letzten drei Geschäftsjahre sein. Damit waren Umsatzzahlen für die Jahre 2006, 2005 und 2004 vorzulegen (VK Münster, B. v. 31. 10. 2007 – Az.: VK 23/07)

– der Auftraggeber hatte in Ziff. 6 der Angebotsaufforderung u. a. gefordert, dass die Bieter mit dem Angebot **Erklärungen** einzureichen hatten, dass über das Vermögen kein **Insolvenzverfahren** oder vergleichbares gesetzliches Verfahren eröffnet oder die Eröffnung beantragt ist oder dieser Antrag mangels Masse abgelehnt worden ist und dass sich der Bieter nicht in **Liquidation** befindet. Zumindest die Erklärung, dass sich die **ASt nicht in Liquidation befindet, war ausweislich der Vergabeakte in den Angeboten der ASt auf die Lose … nicht enthalten** (3. VK Bund, B. v. 8. 5. 2007 – Az.: VK 3–37/07)

– wie die Vergabekammer in den Gründen ihrer Entscheidung – von der Beschwerde unbeanstandet – festgestellt hat, wiesen die **Angebote der Beigeladenen keine Angaben über eigene Umsätze bei vergleichbaren Leistungen, über bisher ausgeführte Leistungen (diese jeweils in den drei letzten abgeschlossenen Geschäftsjahren) und über die Zahl der beschäftigten Arbeitskräfte** auf. Diesbezügliche Angaben waren in der Vergabebekanntmachung **ausdrücklich gefordert** worden (OLG Düsseldorf, B. v. 9. 3. 2007 – Az.: VII – Verg 5/07)

– **fehlt es an einem aktuellen und beglaubigten Handelsregisterauszug**, wie in der Bekanntmachung und den Verdingungsunterlagen gefordert, hat der Bieter einen geforderten Eignungsnachweise nicht erbracht und ist mit seinem **Angebot zwingend auszuschließen** (1. VK Bund, B. v. 4. 4. 2007 – Az.: VK 1–23/07)

– legt ein Bieter nicht die mit Angebotsabgabe geforderte **Erklärung des Sozialversicherungsträgers über die Beitragszahlung sowie den Nachweis der bestehenden Betriebshaftpflicht- und der Kfz-Haftpflichtversicherungen für den Mindestfahrzeugbestand** vor, ist das **Angebot zwingend auszuschließen** (1. VK Sachsen, B. v. 14. 3. 2007 – Az.: 1/SVK/006–07)

– wird der auftraggeberseitig getroffenen Festlegung nicht entsprochen, **mit dem Angebot auch einen Übersichts- und Zeitplan für die Errichtung der Annahmestelle vorzulegen** und sieht dabei das vom Auftraggeber herausgegebene Formblatt 8-4 unter anderem die Angabe des Zeitpunkts der Antragsstellung zur Erteilung der Baugenehmigung für die Errichtung der Annahmestelle vor, **reicht die Eintragung des Zeitpunktes der Bauvoranfrage nicht**. Der Prüfungsmaßstab einer Bauvoranfrage entspricht nicht dem einer Baugenehmigung, so dass auch in einem derartigen Fall das Beantragen der Baugenehmigung unentbehrlich ist (1. VK Sachsen-Anhalt, B. v. 7. 7. 2006 – Az.: 1 VK LVwA 11/06)

– fehlt einem Bieter die **zwingend geforderte Genehmigung der Bundesnetzagentur für den angebotenen Preis** über den gesamten Zeitraum des Angebots und kann ein Bieter aus Gründen, die in seiner Rechtssphäre liegen, eine solche notwendige Genehmigung nicht erlangen, **kann er sich eben auf Ausschreibungen, die eine solche erfordern, nicht bewerben bzw. ist auszuschließen** wenn er die Voraussetzungen des Leistungsverzeichnisses nicht erfüllt (VK Arnsberg, B. v. 29. 12. 2006 – Az.: VK 31/06)

– fordert ein Auftraggeber u. a., dass die **Bieter bestimmte Angaben zum Umsatz sowie über die Anzahl der beschäftigten Arbeitskräfte machen und eine AÜG-Bescheinigung** im Original vorzulegen haben, handelt es sich insoweit um Angaben zum Nachweis der Eignung eines Bieters im Sinn von § 7 Nr. 4 VOL/A (3. VK Bund, B. v. 29. 1. 2007 – Az.: VK 3–04/07; B. v. 18. 1. 2007 – Az.: VK 3–150/06)

– **fordert der Auftraggeber ein Zertifikat als Entsorgungsfachbetrieb** und legt der Bieter **ein nicht mehr gültiges Entsorgungszertifikat vor**, ist das **Angebot zwingend auszuschließen** (3. VK Saarland, B. v. 12. 12. 2005 – Az.: 3 VK 03/2005 und 3 VK 04/2005)

116.6.2.5.2.7.9 Fehlende Wartungsanweisung und fehlender Entwurf eines Wartungsvertrages. Fehlt es einem Angebot an einer **ausführlichen Wartungsanweisung und der vorläufigen Fassung eines Wartungsvertrages, ohne die eine sachgerechte und ordnungsgemäße Wertung nicht möglich ist** und die daher Einfluss auf die Preiskalkulation

10657

und damit auf das Wettbewerbsergebnis haben, ist das Angebot unvollständig (VK Schleswig-Holstein, B. v. 1. 4. 2004 – Az.: VK-SH 05/04).

10658 **116.6.2.5.2.7.10 Fehlende Angaben zu Schutzmaßnahmen.** Fehlen beim Angebot eines Bieters die geforderten Eintragungen zu den Schutzmaßnahmen, ist das **Angebot unvollständig** (VK Nordbayern, B. v. 4. 8. 2004 – Az.: 320.VK – 3194 – 28/04).

10659 **116.6.2.5.2.7.11 Fehlende Prüfzeugnisse. 116.6.2.5.2.7.11.1 Allgemeines.** Sind geforderte **Prüfzeugnisse nicht erforderlich,** ist das **Angebot** wegen des Fehlens der Prüfzeugnisse **nicht unvollständig** (BayObLG, B. v. 15. 9. 2004 – Az.: Verg 026/03).

10660 Werden vom Auftraggeber **bestimmte Qualitätsanforderungen gestellt, kann er auch angebotene Produkte akzeptieren, die für die Zertifizierung erfolgreich geprüft, für die aber die Zertifikate zum Zeitpunkt des Angebotes noch nicht ausgestellt sind** (2. VK Brandenburg, B. v. 18. 10. 2005 – Az.: 2 VK 62/05).

10661 Ein gefordertes **Prüfzeugnis wird im Falle der Zuschlagserteilung (selbst) nicht Vertragsbestandteil.** Es dient nur dem Nachweis der vertraglich geforderten Leistungsqualität nach DIN EN 1317-2. Indem ein Bieter eine dieser DIN entsprechende Schutzeinrichtung angeboten hat, hat er die für die angebotene Leistung „geforderte Erklärung" im Sinn von § 13 Abs. 3 VOL/A abgegeben. Das **Prüfzeugnis kann auch nachgereicht werden,** weil damit gemäß § 15 VOB/A nur aufgeklärt wird, ob das angebotene Produkt die Anforderungen der DIN EN 1317-2 erfüllt. Der Angebotsinhalt wie auch der Bieterwettbewerb werden dadurch nicht nachträglich verändert (Schleswig-Holsteinisches OLG, B. v. 10. 3. 2006 – Az.: 1 (6) Verg 13/05).

10662 **116.6.2.5.2.7.11.2 Weitere Beispiele aus der älteren Rechtsprechung**

– zu den nach § 13 Abs. 3 VOL/A geforderten Erklärungen gehören auch **Prüfzeugnisse über bestimmte Eigenschaften und Qualitätsanforderungen eines Produktes. Prospekte des jeweiligen Herstellers oder Produktdatenblätter genügen nicht den Anforderungen an ein Prüfzeugnis**. Dieses soll der Vergabestelle die Feststellung der Eignung des angebotenen Produktes für den vorgesehenen Einsatz ermöglichen, sein Fehlen beeinträchtigt also die Vergleichbarkeit der Angebote und ist damit „wertungsrelevant". Beim Fehlen eines geforderten Prüfzeugnisses ist das Angebot daher unvollständig (VK Hessen, B. v. 6. 7. 2009 – Az.: 69 d VK – 20/2009)

10663 **116.6.2.5.2.7.12 Fehlende Garantieerklärung.** Eine von der Vergabestelle geforderte Garantieerklärung ist in dem dafür vorgegebenen Formblatt abzugeben. **Müssen bestimmte Werte, die die Bieter im Rahmen einer Garantieerklärung abzugeben haben, von der Vergabestelle noch errechnet und in das dafür vorgesehene Formblatt übertragen werden, liegt keine Garantieerklärung** vor, mit der Folge, dass das betreffende Angebot unvollständig ist (OLG Frankfurt, B. v. 8. 2. 2005 – Az.: 11 Verg 24/04; VK Hessen, B. v. 12. 7. 2004 – Az.: 69 d – VK – 31/2004). Gerade wegen der verschärften Haftungsfolgen bei Annahme einer Garantie muss eine **Garantiezusage klar und eindeutig erfolgen** (OLG Frankfurt, B. v. 8. 2. 2005 – Az.: 11 Verg 24/04).

10664 **116.6.2.5.2.7.13 Fehlende Angaben über die Zahlung von Steuern und Sozialabgaben.** Das Fehlen von geforderten Erklärungen macht ein Angebot unvollständig. Dies gilt auch für **Erklärungen über die Zahlung von Steuern und Sozialabgaben** (OLG Düsseldorf, B. v. 9. 6. 2004 – Az.: VII – Verg 11/04; 1. VK Bund, B. v. 28. 4. 2005 – Az.: VK 1–35/05; VK Düsseldorf, B. v. 22. 7. 2002 – Az.: VK – 19/2002 – L; VK Münster, B. v. 9. 3. 2004 – Az.: VK 02/04; 1. VK Sachsen, B. v. 13. 4. 2006 – Az.: 1/SVK/028-06). Dazu, ob solche fehlenden Angaben trotz Nachforderung nicht zum Ausschluss führen, vgl. die Kommentierung → Rdn. 343.

116.6.2.5.2.7.14 Fehlender oder veralteter Gewerbezentralregisterauszug

10665 Zur Zulässigkeit einer Forderung nach Vorlage eines Gewerbezentralregisterauszugs vgl. die Kommentierung zu → § 6 VOL/A Rdn. 118.

10666 Vgl. zum **Ausschluss nach erfolgloser Nachforderung** die Kommentierung → Rdn. 155 ff.

10667 **116.6.2.5.2.7.15 Fehlende bzw. fehlerhafte Vertragsentwürfe.** Fordert der Auftraggeber die Vorlage des Entwurfs eines Forfaitierungsvertrages und legt der Bieter ein Formular für die Abtretung von Mietzinsforderungen zu Sicherungszwecken, also eine so genannte fiduziarische Abtretung bzw. Sicherungszession vor, ist die Forderung des Leistungsverzeichnisses nicht erfüllt. Die Forfaitierung ist ein Ankauf der Forderung (z. B. der Mietzinsforderung) unter Verzicht auf den Rückgriff gegen den bisherigen Gläubiger, das heißt es findet ein Gläubigerwechsel statt, der private Investor haftet nach dem Forderungsverkauf, bei dem die Abtretung der Forderung Erfüllungshandlung ist, nur für den rechtlichen Bestand der Forderung, nicht für deren Einbringlichkeit (OLG Naumburg, B. v. 11. 10. 2005 – Az.: 1 Verg 10/05). Das **Angebot ist unvollständig**.

116.6.2.5.2.7.16 Fehlende Darstellung zum Personal- und Geräteeinsatz. Entspricht die Darstellung zum Personal- und Geräteeinsatz nicht den Anforderungen der Vergabeunterlagen, ist das Angebot unvollständig (1. VK Sachsen-Anhalt, B. v. 17. 4. 2007 – Az.: 1 VK LVwA 04/07; VK Schleswig-Holstein, B. v. 30. 8. 2006 – Az.: VK-SH 20/06). 10668

116.6.2.5.2.7.17 Fehlende geforderte Muster. Angeforderte Muster der angebotenen Leistung sollen nähere Erklärungen der Bieter, wie diese beschaffen ist, ersetzen. Das **gebietet**, sie den vom öffentlichen Auftraggeber **geforderten Erklärungen vergaberechtlich gleich zu behandeln**. Fehlen Muster, deren Vorlage der öffentliche Auftraggeber im Hinblick auf die Prüfung der Wirtschaftlichkeit des Angebots wünscht, oder ist das verlangte Muster unvollständig, ist das Angebot unvollständig (BGH, B. v. 26. 9. 2006 – Az.: X ZB 14/06). 10669

Die **Teststellung im EDV-Bereich ist einer Bemusterung im allgemeinen Sinne gleichzusetzen**. Muster oder Bemusterungen stellen nach Rechtsprechung des BGH und des OLG Düsseldorf **Bietererklärungen** dar. Sind verlangte Muster nicht oder unvollständig vorgelegt worden, kann das betreffende Angebot gegebenenfalls auszuschließen sein. **Mängel der Teststellung**, insbesondere bezogen auf das Fehlen einer geforderten Software, **sind einem unvollständigen Muster gleichzusetzen** (1. VK Sachsen, B. v. 7. 3. 2008 – Az.: 1/SVK/ 003–08; B. v. 7. 1. 2008 – Az.: 1/SVK/077-07). 10670

116.6.2.5.2.7.18 Fehlende Ethikerklärung. Die in einer **Ethikerklärung geforderte Angabe, ob ein Bieter in den letzten 18 Monaten für den Auftraggeber Beratungsleistungen erbracht hat, stellt keinen Eignungsnachweis** dar. Denn dieser Umstand betrifft nicht die Eignung eines Bieters. Vielmehr kann er trotz – oder gerade aufgrund – einer solchen Beratungstätigkeit fachkundig, leistungsfähig und zuverlässig sein. Die **Ethikklausel dient vielmehr der Sicherung des Wettbewerbs**. Indem der Auftraggeber den Abschluss von Verträgen mit solchen Bietern ausschließt, die innerhalb der genannten Zeiträume beratend für ihn tätig waren, wird vermieden, dass diese Bieter aufgrund eines durch ihre Beratungstätigkeit erlangten Informationsvorsprungs Kalkulationsvorteile gegenüber anderen Bietern haben oder im Rahmen ihrer Beratungstätigkeit bei der Ausgestaltung der ausgeschriebenen Maßnahme mitgewirkt und infolge dessen die jeweiligen Anforderungen eher erfüllen als andere Bieter (2. VK Bund, B. v. 27. 3. 2007 – Az.: VK 2–18/07). 10671

116.6.2.5.2.7.19 Fehlende deutschsprachige Unterlagen. Die Forderung eines Auftraggebers, dass das Angebot in all seinen Bestandteilen in deutscher Sprache einzureichen ist, schließt nicht von vornherein die Vorlage fremdsprachiger, nicht von einer Übersetzung in das Deutsche begleiteter Nachweise aus. § 7 EG Abs. 7 VOL/A lässt z. B. Urkunden ausländischer Gerichte oder Verwaltungsbehörden (die vielfach nicht in Deutsch ausgestellt sind) zu, ohne zu erwähnen, dass sie von einer Übersetzung in das Deutsche – etwa möglicherweise sogar durch einen öffentlich bestellten oder beeidigten Dolmetscher – begleitet sein müssen. Art. 45 Abs. 3 Richtlinie 2004/18/EG bzw. Art. 52 Abs. 2 UA 2 und Abs. 3 UA 3 Richtlinie 2004/17/EG lassen in anderen EU-Mitgliedsstaaten erteilte Zertifikate zu. **Dass Angebote auf Deutsch erfolgen müssen, bedeutet – vergleichbar bei den vergleichbaren Vorschriften der § 184 GVG und § 23 Abs. 1 VwVfG – nicht, dass Unterlagen, die im Original fremdsprachig sind, von vornherein von einer Übersetzung in das Deutsche begleitet sein müssen.** Nach § 142 Abs. 3 ZPO ist es Sache der Gerichts, ob es die Übersetzung einer Urkunde anordnet; erst nach fruchtlosem Ablauf einer gesetzten Frist kann es eine fremdsprachige Urkunde unberücksichtigt lassen. § 23 Abs. 4 VwVfG lässt auch bei fristgebundenen Anträgen die Vorlage von Unterlagen in einer Fremdsprache zu, wobei es der Behörde überlassen bleibt, ob sie eine Übersetzung (gegebenenfalls durch einen bestellten oder beeidigten Dolmetscher) verlangt (was bei ihr verständlichen Sprachen insbesondere im technischen Bereich unterbleiben kann. **wäre eine unnötige Verteuerung, von vornherein Übersetzungen technischer Unterlagen zu verlangen, obwohl Auftraggeber und Bieter der benutzten Sprache (insbesondere des Englischen) hinreichend mächtig** sind (OLG Düsseldorf, B. v. 30. 11. 2009 – Az.: VII-Verg 41/09). 10672

116.6.2.5.2.7.20 Fehlende Ergänzende Vertragsbedingungen und Leistungsbeschreibung. Schickt ein Bieter die Ergänzenden Vertragsbedingungen mit seinem 10673

Teil 4 VOL/A § 16 Vergabe- und Vertragsordnung für Leistungen Teil A

Angebot zwar nicht in Papierform zurück, obwohl der **Auftraggeber deren Rückgabe in der Angebotsaufforderung und in dem von ihm vorformulierten Angebotsschreiben durch Ankreuzen der entsprechenden Kästchen gefordert** hat, ist das **Angebot dennoch nicht unvollständig**, weil die Ergänzenden Vertragsbedingungen Bestandteil des Angebots sind und somit im Falle eines Vertragsschlusses auch Vertragsinhalt sind, **wenn der Bieter in dem von ihm ordnungsgemäß unterschriebenen Angebotsformular gemäß Ziffer 1.1 erklärt, dass u. a. diese Vertragsbedingungen von seinem Angebot umfasst** werden. Im Falle der Zuschlagserteilung nimmt der Auftraggeber dieses Angebot so an, der Vertrag kommt also mit dem von dem Auftraggeber ausgeschriebenen Inhalt, also einschließlich der von ihm vorgegebenen Ergänzenden Vertragsbedingungen, zustande gekommen (§§ 145 ff. BGB). Die Rückgabe der Ergänzenden Vertragsbedingungen ist daher für deren verbindliche Geltung nicht erforderlich. Die **physische Beifügung dieser Vertragsbedingungen zum Angebot hat keinen hierüber hinausgehenden Erklärungswert.** Dies **gilt auch für die Leistungsbeschreibung** (OLG Düsseldorf, B. v. 25. 6. 2008 – Az.: VII – Verg 22/08; 3. VK Bund, B. v. 18. 3. 2008 – Az.: VK 3–35/08; VK Nordbayern, B. v. 28. 1. 2009 – Az.: 21.VK – 3194 – 55/08; VK Südbayern, B. v. 5. 2. 2010 – Az.: Z3-3-3194-1-66–12/09).

10674   **116.6.2.5.2.7.21 Fehlende Besondere Vertragsbedingungen.** Die Anerkennung von **Besonderen Vertragsbedingungen** ist eine Erklärung der Bieter i. S. v. § 16 Abs. 2 VOB/A. Es handelt sich in der Regel um eine von der Vergabestelle vorformulierte Unterlage, die **vom Bieter an keiner Stelle individuell auszufüllen oder zu ergänzen** ist. Deswegen kann ein Angebot auch ohne diese Unterlage in jeder Hinsicht mit den Angeboten anderer Bieter verglichen und bewertet werden. **Fehlende Unterlagen bzw. Vertragsbedingungen, bei denen keine eigenständigen Eintragungen der Bieter gefordert waren, rechtfertigten selbst nach der VOL/A 2006 keinen Angebotsausschluss** (VK Nordbayern, B. v. 22. 9. 2010 – Az.: 21.VK – 3194 – 34/10).

10675   **116.6.2.5.2.7.22 Fehlende Teile der Leistungsbeschreibung.** Nach Auffassung des OLG Frankfurt ist ein **Angebot auch dann nicht unvollständig, wenn der Bieter nicht die gesamte Leistungsbeschreibung, sondern nur deren letzte Seite unterschreibt und dem Angebot beifügt**. Ein anderes Verständnis überspannt die Anforderungen, die im Rahmen eines Vergabeverfahrens ungeachtet der hier zu wahrenden Formstrenge an ein Angebot zu stellen sind. Die Unterzeichnung der Leistungsbeschreibung durch den Bieter hat den Zweck, dem Auftraggeber Gewissheit darüber zu verschaffen, dass der Bieter die Leistungsbeschreibung in allen Punkten als für sich verbindlich anerkennt. Das Unterzeichnen der letzten Seite des Leistungsverzeichnisses kann von einem verständigen Erklärungsempfänger nur als ein solches Anerkenntnis gewertet werden. Will ein Bieter von einzelnen Punkten der Leistungsbeschreibung abweichen, muss er diese Punkte kenntlich machen. Das Kopieren der oft umfänglichen und ohnehin beiden Beteiligten bekannten Leistungsbeschreibung durch den Bieter erscheint danach als bloße Förmelei (OLG Frankfurt, B. v. 20. 7. 2004 – 11 Verg 14/04).

10676   **116.6.2.5.2.7.23 Fehlende Angaben in einem Kurz-Leistungsverzeichnis.** Die **Kurzfassung** ist regelmäßig zusammen mit dem vom Auftraggeber übersandten Leistungsverzeichnis **Bestandteil des Angebots** und somit führt das **Fehlen von im Leistungsverzeichnis ausdrücklich verlangten Angaben zur Unvollständigkeit der eingereichten Kurzfassung** (VK Halle, B. v. 16. 1. 2001 – AZ: VK Hal 35/00). Daher muss die auch bei Kurzfassungen verlangte Angabe des Einheitspreises nach Vorgabe des Leistungsverzeichnisses entsprechend verstanden werden, nämlich als in Lohn- und Materialkosten aufgegliederte Angabe von Einheitspreisen (BayObLG, B. v. 18. 9. 2001 – Az.: Verg 10/01).

10677   **116.6.2.5.2.7.24 Fehlende Umsatznachweise.** Legt ein Bieter **keine Nachweise und Dokumente zum Umsatz der letzten drei Jahre, bezogen auf die ausgeschriebene Leistung, mit dem Angebot vor, ist das Angebot unvollständig.** Diese Erklärungen sind solche, die objektiv vorliegen, das heißt die unabhängig vom Willen des jeweiligen Bieters vorhanden oder nicht vorhanden sind und nicht mehr im Nachgang durch den Bieter zu seinen Gunsten, oder Ungunsten verändert werden können; z. B. – entweder wurden die Leistungen in der Vergangenheit erbracht oder nicht erbracht, die Tatsache der Leistungsausführung oder Nichtleistungsausführung in der Vergangenheit ist unabhängig von dem Vorliegen einer Bescheinigung zum Zeitpunkt der Angebotseröffnung. Eine mögliche Manipulation durch den Bieter ist in einem solchen Fall ausgeschlossen, solche Unterlagen sind im Bedarfsfall von der Vergabestelle nachzufordern (VK Thüringen, B. v. 15. 1. 2004 – Az.: 360–4003.20–030/03-GTH; im Ergebnis ebenso 2. VK Bund, B. v. 29. 12. 2006 – Az.: VK 2–125/06; VK Münster, B. v. 29. 12. 2004 – VK 31/04).

116.6.2.5.2.7.25 Fehlende Bilanzen. Fordert der Auftraggeber die **Bilanzen für je drei** 10678
aufeinander folgende Geschäftsjahre und legt der Bieter lediglich zwei Bilanzen vor, erfüllt
der Bieter die geforderten Nachweise nicht. **Die fehlende dritte Bilanz wird auch nicht
dadurch ersetzt, dass in einer Bilanz auch die Zahlen des Vorjahres angegeben sind.**
Die Angaben der entsprechenden Vorjahreszahlen des Vorjahres sind vielmehr zwingender Bestandteil einer vollständigen Bilanz. Eine komplette Bilanz muss die Aktiva, Passiva und die
jeweiligen Vorjahresdaten ausweisen. Darauf muss der Auftraggeber die Bieter nicht etwa in den
Vergabeunterlagen hinweisen, dieser Mindestgehalt folgt vielmehr unmittelbar aus § 265 Abs. 2
Satz 1 HGB (VK Lüneburg, B. v. 6. 9. 2004 – Az.: 203-VgK-39/2004).

116.6.2.5.2.7.26 Fehlender Nachweis der Berufsgenossenschaft. Legt der Bieter einen 10679
Nachweis zur Berufsgenossenschaft vor, der die Forderungen der Vergabestelle nicht erfüllt,
ist das Angebot unvollständig. Bei diesem Nachweis handelt es sich um eine objektiv, unabhängig vom augenblicklichen Willen des Bieters vorliegende, oder nicht vorliegende Erklärung
handelt, die nicht nachträglich durch den Bieter verändert werden kann. Die Erklärung kann
durch die Vergabestelle **nachgeholt** werden (VK Thüringen, B. v. 15. 1. 2004 – Az.: 360–
4003.20–030/03-GTH; im Ergebnis ebenso OLG Düsseldorf, B. v. 9. 6. 2004 – Az.: VII – Verg
11/04; VK Münster, B. v. 9. 3. 2004 – Az.: VK 02/04).

Auch die **Nichtvorlage einer Mitgliedsbescheinigung der Berufsgenossenschaft führt** 10680
zur Unvollständigkeit des Angebots. Mit der Forderung nach dem Nachweis der Mitgliedschaft **will der Auftraggeber feststellen, ob der Bieter die Aufnahme des Geschäftsbetriebes ordnungsgemäß angezeigt** und damit der Berufsgenossenschaft die Möglichkeit gegeben hat, eine eventuelle Beitragspflicht zu prüfen, die zu entrichtenden Beiträge festzustellen
und ihre gesetzlichen und satzungsmäßigen Aufgaben etwa auf dem Gebiet der Gefahrenabwehr
(§ 14 SGB VII) im Betrieb wahrzunehmen. Dieser **Teilaspekt der Zuverlässigkeit ist bei
Nichtvorlage der geforderten Mitgliedsbescheinigung nicht nachgewiesen** (OLG Koblenz, B. v. 4. 7. 2007 – Az.: 1 Verg 3/07).

116.6.2.5.2.7.27 Fehlende bzw. ungenügende Bürgschaft. Fordert der Auftraggeber 10681
von den Bietern eine **Vertragserfüllungsbürgschaft** im Sinne von § 9 VOL/A in Höhe von
5% der Bruttoauftragssumme und **erreicht die von einem Bieter zugesicherte Bürgschaft
den erforderlichen Wert nicht**, weist der Bieter die geforderte Sicherheiten für den Auftrag
nicht in der geforderten Weise nach; sein **Angebot ist unvollständig.** Der Auftraggeber verstößt gegen den Gleichbehandlungs- und Transparenzgrundsatz aus §§ 97 Abs. 1 und 2 GWB,
wenn er Angebote akzeptiert, die nicht den Ausschreibungsbedingungen entsprechen (VK
Münster, B. v. 9. 3. 2004 – Az.: VK 02/04).

116.6.2.5.2.7.28 Fehlende unerfüllbare Erklärungen und Nachweise. Zwar ordnet 10682
§ 16 Abs. 2 Satz 1 VOL/A an, dass Angebote, die nicht die geforderten Angaben
und Erklärungen enthalten, nachgebessert werden können. Hierzu gehören auch Erklärungen Dritter, die als Nachweis für die Qualität der angebotenen Leistung im Hinblick darauf
gefordert werden, dass nach § 97 Abs. 5 GWB der öffentliche Auftraggeber die Wirtschaftlichkeit eines Angebots zu prüfen und festzustellen hat. § 16 Abs. 2 VOL/A geht aber davon aus,
dass die geforderten Angaben und Erklärungen Vorgaben betreffen, die erfüllt werden können.
Denn **etwas, was für jedermann unmöglich ist, kann schlechterdings nicht durchgesetzt werden. Das verbietet, aus der Nichterfüllung eines hierauf gerichteten Verlangens nachteilige Folgen für die Bieter herzuleiten.** Bei einer unerfüllbaren Anforderung
leidet das Vergabeverfahren vielmehr an einem grundlegenden Mangel, dessentwegen es nicht in
Betracht kommt, überhaupt auf dieser Grundlage einen Auftrag für die nachgefragte Leistung zu
erteilen. **Das gilt nicht nur für den Fall, dass die Erbringung der nachgefragten Leistung selbst ganz oder teilweise objektiv unmöglich ist, sondern gleichermaßen, wenn
bestimmte Nachweise über die Beschaffenheit der angebotenen Leistung verlangt
werden, aber nicht rechtzeitig beigebracht werden können.** Denn auch dann fehlt es
vom öffentlichen Auftraggeber für wesentlich gehaltene Grundlage für den Vergleich der abgegebenen Angebote und damit für die sachgerechte Entscheidung, der das eingeleitete Vergabeverfahren dienen soll. In einem unter anderem durch eine unmöglich zu erfüllende Vorgabe
gekennzeichneten Vergabeverfahren darf deshalb auch in einem solchen Fall kein Auftrag vergeben werden. **Kann der grundlegende Mangel des eingeleiteten Vergabeverfahrens nicht
durch transparente und diskriminierungsfreie Änderung der betreffenden Vorgabe
behoben werden und/oder macht der öffentliche Auftraggeber von dieser Möglichkeit keinen Gebrauch, ist er deshalb gehalten, die Ausschreibung wegen des ihr anhaftenden Mangels aufzuheben.** Die Handhabe hierzu bietet § 17 Nr. 1 VOB/A. Eine

Teil 4 VOL/A § 16 Vergabe- und Vertragsordnung für Leistungen Teil A

Nachforderung und daran anschließend ein **Ausschluss bloß einzelner Bieter und die Erteilung des Auftrags an einen anderen Bieter, der ebenfalls den gewünschten Nachweis nicht rechtzeitig vorgelegt hat, kommen jedenfalls nicht in Betracht** (BGH, Beschluss v. 26. 9. 2006 – Az.: X ZB 14/06; OLG Karlsruhe, B. v. 6. 2. 2007 – Az.: 17 Verg 5/06; OLG München, B. v. 28. 7. 2008 – Az.: Verg 12/08; LG Frankfurt (Oder), Urteil v. 14. 11. 2007 – Az.: 13 O 360/07; 1. VK Bund, B. v 22. 9. 2006 – Az.: VK 1–103/06; VK Düsseldorf, B. v. 29. 3. 2007 – Az.: VK – 08/2007 – B; 1. VK Sachsen, B. v. 10. 4. 2007 – Az.: 1/SVK/020-07; im Ergebnis ebenso VK Brandenburg, B. v. 19. 12. 2008 – Az.: VK 40/08).

10683   Ist es einem Bieter auf Grund der Praxis einiger Finanzämter, steuerliche **Unbedenklichkeitsbescheinigungen** grundsätzlich nicht mehr zu erteilen, objektiv unmöglich, diesen geforderten Nachweis beizubringen, **genügt der Nachweis durch eine Eigenerklärung des Bieters** (1. VK Bund, B. v 22. 9. 2006 – Az.: VK 1–103/06).

10684   **116.6.2.5.2.7.29 Weitere Beispiele aus der älteren Rechtsprechung.** Die Beispiele aus der älteren Rechtsprechung beziehen sich noch auf § 25 VOL/A. Die **Beispiele können aber auch dann weiter verwendet werden, wenn der Bieter nicht oder nicht rechtzeitig seiner Ergänzungspflicht nachgekommen soll.**

10685   – nach § 25 Nr. 1 Abs. 2 lit. a) VOL/A sind solche Angebote von der Wertung auszuschließen, welche gemäß § 21 Nr. 1 Abs. 1 Satz 1 VOL/A geforderte Angaben und Erklärungen nicht enthalten. Geht aus den Verdingungsunterlagen hervor, dass die Angebote „die Preise und alle sonstigen geforderten Angaben und Erklärungen enthalten (müssen)" und werden die Bieter darauf hingewiesen, dass unvollständige Angebote ausgeschlossen werden und **gehört zu den „geforderten Angaben und Erklärungen" auch die im „Textfeld" eines Vordrucks einzutragenden Angaben zum Provider, ist dieses „Textfeld" von den Bietern auszufüllen, und zwar unabhängig davon, ob der eigene Provider oder ein externer Provider genutzt werden soll.** Das Fehlen dieser geforderten Angaben oder Erklärungen im Vordruck hat zur Folge, dass das Angebot kraft einer Ermessensreduzierung auf Null von der Wertung auszuschließen ist. **Mit der Abfrage der Provider-Daten wird der Zweck verfolgt, zu klären, mit welchen Mitteln ein Bieter den bei der Abwicklung der Maßnahme geforderten elektronischen Datenaustausch an der angegebenen Schnittstelle durchführen will; hiervon hängt ab, ob der Datenaustausch reibungslos funktioniert** (2. VK Bund, B. v. 7. 6. 2010 – Az.: VK 3–54/10)

– ein verständiger Bieter muss die **Anforderung des Auftraggebers, die Verbrauchswerte für den Betriebszustand „Druckbereitschaft/Stand-by" anzugeben, dahingehend verstehen, dass der Auftraggeber die Verbrauchswerte für denjenigen Betriebszustand in Erfahrung bringen will, in dem die zu beschaffenden Geräte sich zwar nicht im tatsächlichen Einsatz befinden, aber ohne Rückkehr– und damit Wartezeiten in den Arbeitsbetrieb versetzt werden können.** Dieses Verständnis folgt sowohl aus der Verwendung der Bezeichnung „Druckbereitschaft/Stand-by" als auch aus den sich aus dem Beschaffungszweck mit hinreichender Deutlichkeit ergebenden Erwartungen und Interessen des Auftraggebers. Nicht nur im allgemeinen Sprachgebrauch wird mit dem Begriff „Stand-by" ein Betriebszustand beschrieben, der einen sofortigen Übergang in den Arbeitszustand ermöglicht, ohne dass der Nutzer eine spürbare Verzögerung und Wartezeit in Kauf nehmen muss und damit eine unmittelbare Betriebsbereitschaft bezeichnet. Auch die Hersteller von Druckgeräten sowie die diesen Bereich betreffenden nationalen Richtlinien, internationalen Abkommen sowie gemeinschaftlichen Kennzeichnungsprogramme differenzieren zwischen einem Betriebszustand, in dem das Gerät ohne erneutes Einschalten unmittelbar einsatzbereit ist und – ggfs. mehreren weiteren – Betriebszuständen, in denen der Energieverbrauch geringer ist, aber das Gerät Rückkehrzeiten benötigt, bis es wieder einsatzbereit ist. Obgleich in den Bedienungshandbüchern und Produktblättern der am Vergabeverfahren beteiligten Anbieter für die unterschiedlichen Betriebszustände verschiedene Begriffe verwendet werden – abhängig unter anderem davon, wie viele Zwischenstufen ein Gerät aufweist – besteht in der Sache Einigkeit, dass es zwischen dem Betrieb und dem Ausschalten des Gerätes einen Betriebszustand gibt, in dem das Gerät ohne erneutes Anschalten unmittelbar und ohne für den Nutzer spürbare zeitliche Verzögerungen betriebsbereit ist. **Bilden die Verbrauchswerte von Fotokopierern ein Zuschlagskriterium, sollen die Angaben der Bieter erkennbar inhaltlich bewertet und nicht nur formal auf Vorhandensein geprüft werden, so dass die materiell unzutreffende Angabe eines Verbrauchswertes dem Fehlen geforderter Erklärungen** im Sinne des § 21 Nr. 1 Abs. 1 S. 1 VOL/A **gleichzu**-

Vergabe- und Vertragsordnung für Leistungen Teil A VOL/A § 16 Teil 4

setzen ist und den Ausschluss des Angebots nach § 25 Nr. 1 Abs. 2 lit. a) VOL/A zur Folge hat (OLG Düsseldorf, B. v. 21. 4. 2010 – Az.: VII-Verg 53/09)

- die **Antragstellerin hat zu dem geforderten Modus „Standby/Druckbereitschaft" nicht die Wattzahlen benannt, die die von ihr für die Leistungsgruppen 2 bis 6 angebotenen Geräte tatsächlich in diesem Modus verbrauchen.** Sie hat unstreitig die Wattzahlen eines Modus angegeben, der technisch gesehen eine reduzierte Betriebsbereitschaft, einen sog. sleep-modus, betraf. Zwar hat die Antragsgegnerin in ihren Ausschreibungsunterlagen an keiner Stelle erläutert, dass sie unter dem Begriff Standby/Druckbereitschaft einen Betriebszustand verstand, in dem ohne jede Rückkehrzeit die Inbetriebnahme und der Druckvorgang ausgelöst werden kann. Jedoch hat sie **zur Überzeugung der Kammer nachgewiesen, dass dies einhellig in der Fachwelt darunter zu verstehen sei und diese Erklärung damit für ein Fachunternehmen unmissverständlich und eindeutig gefordert** war. Das Angebot ist zwingend auszuschließen (VK Arnsberg, B. v. 13. 11. 2009 – Az.: VK 26/09)

- **bei den abgefragten Angaben zum Provider handelt es sich um geforderte Angaben und Erklärungen im Sinne des § 21 Nr. 1 Abs. 1 Satz 1 VOL/A.** Gemäß Punkt A. 6 der Verdingungsunterlagen war die Erklärung zur Server- und Softwarelösung mit dem Angebot abzugeben. Des Weiteren wurde dort mitgeteilt, dass unvollständige Angebote ausgeschlossen würden. Die Angaben zur Server- und Softwarelösung waren für alle Mitglieder einer Bietergemeinschaft in einem Vordruck D.5 zusammenzufassen. Nach allem war das Formblatt D.5 vollständig ausgefüllt mit dem Angebot vorzulegen, und die danach erforderlichen Angaben zum Provider stellen Angaben und Erklärungen im Sinne des § 21 Nr. 1 Abs. 1 Satz 1 VOL/A dar (1. VK Bund, B. v. 12. 2. 2009 – Az.: VK 1–189/08)

- findet sich in einzelnen Positionen eines Angebots **keine geforderte Mengenangabe**, hat der Bieter die Positionen zwar zur Kenntnis genommen, sie aufgrund der fehlenden Angaben aber nicht angeboten. Dies führt gemäß §§ 25 Nr. 1 Abs. 1 a), 21 Nr. 1 Abs. 1 Satz 1 VOL/A zum **zwingenden Ausschluss von der weiteren Wertung** (1. VK Sachsen-Anhalt, B. v. 29. 1. 2009 – AZ: 1 VK LVwA 31/08)

- ist den Ausschreibungsunterlagen in der Leistungsbeschreibung und den Qualitätsstandards im ...-verkehr **eindeutig zu entnehmen, dass Lieferzeitprognosen mit dem Angebot nachzuweisen sind** („ist vor Angebotsabgabe eine Lieferfrist-Prognose bei dem potenziellen Lieferanten einzuholen, die im Angebot nachzuweisen ist") und **kommt ein Bieter dieser Forderung nicht nach, ist das Angebot unvollständig und auszuschließen** (VK Südbayern, B. v. 26. 9. 2008 – Az.: Z3-3-3194-1-25–07/08)

- verlangt der Auftraggeber eine **gesonderte Erklärung der Bieter über die Bereitschaft der Bieter, einen Vertrag gemäß den „Ergänzenden Vertragsbedingungen für die Beschaffung von IT-Leistungen – EVB-IT** – „hier EVB-IT Überlassung für die zeitlich unbefristete Überlassung von Standardsoftware gegen Einmalvergütung (EVB-IT Überlassung Typ ...)" abzuschließen, und **fehlt diese Erklärung, ist das Angebot zwingend auszuschließen** (OLG Düsseldorf, B. v. 12. 3. 2008 – Az.: VII – Verg 56/07)

- die VSt hat zu Recht das Angebot der ASt aus der Wertung genommen, weil die **Deckblätter zu den Positionen 4.40, 4.50, 6.30, 8.30, 8.40 fehlen und damit die Leistungen mit unzutreffenden Mengen angeboten** wurden. Nach § 25 Nr. 1 Abs. 2 Buchst. a VOL/A können Angebote ausgeschlossen werden, die nicht die geforderten Angaben und Erklärungen enthalten. **Bei unzutreffenden Mengenansätzen hat der öffentliche Auftraggeber keinen Ermessensspielraum, sondern ist gezwungen das Angebot aus der Wertung zu nehmen.** Der Bieter muss davon ausgehen, dass der Auftraggeber die Lieferung regelmäßig in der von ihm vorgegebenen Menge ausgeführt haben will. Nur dann ist eine erschöpfende, vergleichende Wertung der einzelnen Angebote möglich und ein transparenter, chancengleicher Bieterwettbewerb i. S. d. § 97 Abs. 1 u. 2 GWB gewährleistet. Auf ein solches Angebot kann schon wegen der sich nicht deckenden Willenserklärungen der Zuschlag nicht erteilt werden. Eine **nachträgliche Mengenkorrektur** in der Form, dass von der VSt lediglich der Einheitspreis durch Division Gesamtpreis/geänderte Menge errechnet wird, ist **nicht zulässig**, da dies einer nicht statthaften Änderung des Angebots gleichkäme (VK Nordbayern, B. v. 1. 4. 2008 – Az.: 21.VK – 3194 – 09/08)

- ist die **Vorlage einer Kopie der Autorisierung** (Bescheinigung, Zertifikat, Bestätigung), dass der Bieter und spätere Auftragnehmer vom ... (...) autorisiert ist, die **Vordrucke „... (...)" bei der Bundesdruckerei GmbH zu beziehen** und an ... zu **vertreiben**, und sind

2157

Teil 4 VOL/A § 16 Vergabe- und Vertragsordnung für Leistungen Teil A

diese **Unterlagen unvollständig**, ist in einem solchen Fall, auch wenn die Vorschrift des § 25 Ziffer 1 Abs. 2 VOL/A als Kann-Vorschrift ausgestaltet ist, das **Ermessen der Vergabestelle auf Null reduziert, so dass ein Ausschluss des Angebots zu erfolgen hat** (OLG München, B. v. 23. 11. 2006 – Az.: Verg 16/06)

- **unvollständige Entgeltgenehmigung und Beschluss der Bundesnetzagentur** (OLG München, B. v. 29. 11. 2007 – Az.: Verg 13/07; VK Südbayern, B. v. 9. 10. 2007 – Az.: Z3-3-3194-1-45-08/07)

- **fehlender Gewerbezentralregisterauszug** (3. VK Bund, B. v. 18. 1. 2007 – Az.: VK 3-153/06; VK Schleswig-Holstein, B. v. 27. 7. 2006 – Az.: VK-SH 17/06); anders 2. VK Brandenburg, die den Gewerbezentralregisterauszug zu den Erklärungen nach § 25 Nr. 1 Abs. 2 VOL/A zählt (B. v. 20. 2. 2007 – Az.: 2 VK 2/07)

- das **Fehlen der Produktdatenblätter und der Typenangaben** führt bereits zu einem zwingenden Ausschluss der Angebote; insoweit ist der Ermessensspielraum, der sich zunächst aus § 25 Nr. 1 Absatz 2a) VOL/A ergibt, auf Null reduziert, da zum einen die selbst aufgestellte Forderung der Vorlage von angebotsspezifizierenden Prospekten etc. mit Angebotsabgabe nicht erfüllt wurde. Zum anderen ist durch das gleichzeitige Fehlen von Produktblätter und Typenangaben eine **Vergleichbarkeit dieses Angebotes mit den Angeboten anderer Bieter nicht mehr gewährleistet**. Dem Angebot der Antragstellerin ist letztlich nicht zu entnehmen, ob es die abstrakten Anforderungen des Leistungsverzeichnisses wird erfüllen können. Auch ist nicht erkennbar, ob es mit den von der Auftraggeberin vorgegebenen Produktparametern vergleichbar ist, weil die Angaben zur Produktidentifizierung nicht ausreichen (1. VK Sachsen, B. v. 18. 11. 2004 – Az.: 1/SVK/108-04)

- die Nichtberücksichtigung des Bieters im weiteren Vergabeverfahren erfolgte zu Recht, weil der Bieter – wie einige andere Bieter ebenfalls – **nicht die zwingend geforderten Mustersteine/Musterplatten als Referenzmaterial bereits mit Angebotsabgabe oder jedenfalls bis zum Ende der Abgabefrist eingereicht** hat (VK Hessen, B. v. 11. 3. 2004 – Az.: 69d – VK – 06/2004)

- das **Fehlen** eines geforderten **Nachweises über die Zertifizierung der für die Leistungsrealisierung vorgesehenen Betriebsstätte gemäß § 52 KrW-/AbfG** führt zwingend zum Angebotsausschluss (VK Thüringen, B. v. 23. 12. 2004 – Az.: 360–4003.20–031/04-ABG)

- ein **Nachreichen** bzw. späteres Einholen eines Nachweises **weit nach dem Ende der Angebotsfrist und der Nachreichfrist verstößt gegen den Gleichbehandlungsanspruch** aller Teilnehmer am Vergabeverfahren und gegen das Gebot der Einhaltung der Bestimmungen über das Vergabeverfahren (§ 97 Abs. 2 und 7 GWB) und ist als unzulässig zu verwerfen (VK Südbayern, B. v. 14. 2. 2003 – Az.: 02-01/03)

- **fehlen bei einem Angebot eine Vielzahl von Eignungsnachweisen** wie beispielsweise die Umsatzangaben der letzten drei Jahre in der ausgeschriebenen Leistungsart, eine Liste der wesentlichen in den letzten Jahren erbrachten Leistungen mit Angabe des Rechnungswertes, der Leistungszeit, sowie eine Erklärung, dass kein Insolvenzverfahren oder ein vergleichbares gesetzliches Verfahren eröffnet oder die Eröffnung beantragt oder dieser Antrag mangels Masse abgelehnt worden ist und die Vergabestelle diese Angaben gefordert, um der Fachkunde, Leistungsfähigkeit und Zuverlässigkeit des Bieters im Hinblick auf die besondere Leistung zu beurteilen, **ist das Angebot mangels entsprechender Eignungsnachweise einer Wertung nicht zugänglich**. Es ist daher auch aus diesem Grunde zwingend vom weiteren Vergabewettbewerb auszuschließen. Der Vergabestelle steht insoweit kein Ermessensspielraum zu (VK Magdeburg, B. v. 16. 10. 2002 – Az: 33–32571/07 VK 09/02 MD)

- die **Aussage über die Geldbearbeitung** ist eine Erklärung über einen maßgeblichen Bereich der **Leistungsbeschreibung zur Bewachung des Parkraumes und damit als preis- und leistungsrelevant anzusehen**, da die hohen Sicherheitsanforderungen an die Geldbearbeitung und den Transport die Preiskalkulation in jedem Fall beeinflussen dürfen und ebenso die Leistung (VK Lüneburg, B. v. 10. 9. 2002 – Az.: 203-VgK-15/2002)

- die von der Vergabestelle **vorformulierten Angebotsdaten**, der **Gegenstand der Ausschreibung mit den Angebotsbedingungen** und die **Wertungskriterien** sowie die **Vertragsbedingungen der Vergabestelle sind Unterlagen, die an keiner Stelle vom Bieter individuell auszufüllen oder zu ergänzen** sind; sie enthalten also **keine eigenständigen Erklärungen der Bieter**. Erklärt der Bieter die Anerkennung dieser Unterlagen und gilt die

Vergabe- und Vertragsordnung für Leistungen Teil A   VOL/A § 16   **Teil 4**

Unterschrift für alle Bestandteile des Angebots, ist aus Sicht des objektiven Erklärungsempfängers die Gültigkeit der entsprechenden Ausschreibungsunterlagen anerkannt. Ein solches Angebot kann daher von der Vergabestelle auch ohne Beifügung der fraglichen Unterlagen in jeder Hinsicht mit den Angeboten anderer Bieter verglichen und bewertet werden (VK Nordbayern, B. v. 28. 1. 2009 – Az.: 21.VK – 3194 – 55/08)

– fordert die Vergabestelle mit Angebotsabgabe **Angaben zum beabsichtigten Leistungsablauf** und im Falle der Auftragserteilung die Anfertigung eines mit dem Auftraggeber abgestimmten Zeitenplans, so ist der **Bieter verpflichtet, innerhalb der Angebotsfrist seine Vorstellungen zur beabsichtigten Reihenfolge bei der Ausführung der Leistungen darzustellen.** Fehlen diese Angaben, ist das **Angebot unvollständig** (OLG Naumburg, B. v. 4. 9. 2008 – Az.: 1 Verg 4/08)

– das **Fehlen eines wirksam geforderten Lageplans** hat gegebenenfalls den **Ausschluss des Angebots** zur Folge (OLG Frankfurt, B. v. 7. 8. 2007 – Az.: 11 Verg 3/07, 4/07)

– das **Fehlen von wirksam geforderten Erläuterungsberichten** hat gegebenenfalls den **Ausschluss des Angebots** zur Folge (OLG Frankfurt, B. v. 7. 8. 2007 – Az.: 11 Verg 3/07, 4/07)

– das Angebot ist unvollständig, weil die in Position 3. 6. 170 wirksam geforderte **Ausführungsbeschreibung nicht beigefügt** war. Bei der in Position 3. 6. 170 erwähnten **Ausführungsbeschreibung handelt es sich um eine zum Angebot abzugebende Beschreibung der Art und Weise der Ausführung einer Leistung** und damit um eine Erklärung im Sinne des § 21 Nr. 1 Abs. 2 Satz 5 VOB/A (B. v. 20. 6. 2007 – Az.: VK 3–55/07)

– legt ein Bieter mit dem Angebot **nicht die geforderte technische Dokumentation vor**, ist das **Angebot gegebenenfalls auszuschließen** (2. VK Bund, B. v. 3. 7. 2007 – Az.: VK 2–45/07, VK 2–57/07)

– das **Fehlen von wirksam und eindeutig geforderten Maßnahmen zur Sicherung der Einhaltung des Fertigstellungstermins** hat gegebenenfalls den Ausschluss des Bieters zur Folge (VK Lüneburg, B. v. 17. 4. 2007 – Az.: VgK-11/2007)

– aus dem **Umstand, dass Blatt 1 des Angebotsvordrucks EVM (B) Ang EG 213 EG fehlt**, lässt sich im konkreten Fall **nicht die rechtliche Konsequenz ziehen, dass das Angebot als solches** wegen fehlender Nachweise oder Erklärungen zwingend als „unvollständig" im Sinne der einschlägigen Rechtsprechung des BGH gemäß § 25 Nr. 1 VOB/A **von der Wertung auszuschließen** ist. Der Bieter hat seinem Angebot sämtliche von der Vergabestelle vorgegebenen Anlagen und Erklärungen beigefügt. Er hat auch auf Blatt 3 des Angebotsschreibens mit Unterschrift u. a. bestätigt, dass die Unterschrift für alle Teile des Angebotes Geltung haben soll. Dies folgt aus Nr. 8 der Angebotserklärung. Insofern hat er damit zweifelsfrei und rechtsverbindlich erklärt, dass die dem Angebot beigefügten Anlagen Bestandteil des Angebotsinhalts werden so wie es – zusätzlich – auch Nr. 1.1 des Angebotsvordrucks (Seite 1) als Erklärungsinhalt verlangt. **Einzige Rechtfertigung und Zielsetzung des dreiseitigen Angebotsvordrucks ist es, unmissverständlich deutlich zu machen, dass sich die Unterschrift des Bieters auf alle Teile des Angebots bezieht.** Bei dem **Angebot des Bieters ist dies nach den konkreten Umständen dieses Einzelfalles so erfüllt.** Es wäre eine **unerträgliche Förmelei**, trotz der unterschriebenen Erklärung: „die nachstehende Unterschrift gilt für alle Teile des Angebots" das Angebot des Bieters allein wegen Fehlens der Liste der von der Vergabestelle verlangten und dem Angebot des Beters tatsächlich beigefügten Anlagen als unvollständig auszuschließen (VK Köln, B. v. 30. 8. 2006 – Az.: VK VOB 27/2006)

116.6.2.5.2.8 Sonstige Unvollständigkeiten. 116.6.2.5.2.8.1 **Fehlende Gliederung des** 10686 **Angebots entsprechend den Vorgaben des Auftraggebers.** Stellt die Vergabestelle in den Bewerbungsbedingungen ausdrücklich klar, dass das **Angebot jedes Bieters analog den Vergabeunterlagen zu gliedern ist** und fehlt es einem Angebot daran, ist das Angebot unvollständig und nach der älteren Rechtsprechung zwingend auszuschließen (OLG Frankfurt, B. v. 8. 2. 2005 – Az.: 11 Verg 24/04). Unter **Berücksichtigung von Sinn und Zweck der neuen Regelung des § 16 Abs. 2 VOL/A 2009 ist die Vorschrift analog anzuwenden** und der Bieter zur Ergänzung aufzufordern.

116.6.2.5.2.8.2 **Fehlende Erklärungen in einem Nebenangebot.** Auch Nebenangebote 10687 sind gemäß den oben dargestellten Grundsätzen **wegen Fehlens wesentlicher geforderter Erklärungen** unvollständig (OLG Koblenz, B. v. 29. 8. 2003 – Az.: 1 Verg 7/03).

10688 **116.6.2.5.2.8.3 Unvollständigkeit der geforderten Erklärungen und Angaben wegen eines Geheimhaltungsbedürfnisses des Bieters.** Ein Geheimhaltungsbedürfnis besteht **gegenüber der Vergabestelle nicht**. Zum einen hat die Vergabestelle die eingereichten Angebote samt Unterlagen vertraulich zu behandeln, **§ 14 Abs. 3 VOL/A**, so dass keine Gefahr besteht, dass die Unterlagen in die Hände der Mitbewerber gelangen. Dieser Gefahr kann ein Bieter im Vergabeverfahren und im Nachprüfungsverfahren dadurch noch verstärkt vorbeugen, dass er die entsprechenden **Unterlagen als geheimhaltungsbedürftig kennzeichnet**, § 111 Abs. 3 GWB. Zum anderen **setzt ein Vertragsschluss gegenseitiges Vertrauen voraus. Dieses wäre von Beginn an zerstört, wenn ein Vertragspartner dem anderen vertragswesentliche Unterlagen vorenthält**. Dem Bieter steht auch kein Recht zu, eine Entscheidung darüber zu treffen, welcher Teil der geforderten Unterlagen für den Auftraggeber von Bedeutung ist und welcher als irrelevant weggelassen werden kann. Es ist Sache des Auftraggebers, die Relevanz der Unterlagen für seine Vergabeentscheidung zu beurteilen (OLG München, B. v. 2-9. 11. 2007 – Az.: Verg 13/07; VK Südbayern, B. v. 9. 10. 2007 – Az.: Z3-3-3194-1-45–08/07).

10689 **116.6.2.5.2.8.4 Sonstige Motivlagen für die Unvollständigkeit oder Fehlerhaftigkeit.** Es kann **keine Rolle** spielen, **aus welchen Gründen** ein Bieter seinem Angebot eine unmissverständlich geforderte Erklärung nicht beifügt bzw. seine Erklärung mit unzutreffendem Inhalt abgibt (VK Schleswig-Holstein, B. v. 20. 4. 2010 – Az.: VK-SH 03/10).

116.6.2.6 Beweislast für die Vollständigkeit eines Angebots

10690 Der **Nachweis für die Vollständigkeit eines Angebots obliegt dem Bieter**. Denn er trägt nach allgemeinen Grundsätzen die Darlegungs- und Beweislast dafür, dass er ein vollständiges Angebot eingereicht hat (OLG Düsseldorf, B. v. 16. 11. 2003 – Az.: VII – Verg 47/03; VK Baden-Württemberg, B. v. 23. 3. 2006 – Az.: 1 VK 6/06).

10691 Die **Beweislast für das Vorliegen eines Ausschlussgrundes (z. B. wegen Unvollständigkeit) trägt derjenige, der sich auf den Ausschlussgrund beruft**, also z. B. der Auftraggeber oder ein Antragsteller, der sich im Rahmen eines Nachprüfungsverfahrens auf die Unvollständigkeit des Angebots eines anderen Bieters beruft (OLG Karlsruhe, B. v. 11. 5. 2005 – Az.: 6 W 31/05; VK Sachsen, B. v. 28. 10. 2008 – Az.: 1/SVK/054-08). Lässt sich nicht klären, ob die tatsächlichen Voraussetzungen dafür vorliegen, einen Bieter auszuschließen, geht diese **Nichterweislichkeit jedenfalls dann nicht zu Lasten des Bieters, wenn sie im Verantwortungsbereich der Vergabestelle liegt** (VK Sachsen, B. v. 28. 10. 2008 – Az.: 1/SVK/054-08).

116.6.2.7 Angebote mit mehrdeutigen Angaben und Widersprüchen sowie falschen Erklärungen

10692 Angebote mit mehrdeutigen Angaben und Widersprüchen (also **unklare Angebote**) sind ebenso unvollständig wie Angebote mit fehlenden Erklärungen und Nachweisen (OLG Düsseldorf, B. v. 9. 6. 2010 – Az.: VII-Verg 5/10; OLG Frankfurt, B. v. 9. 7. 2010 – Az.: 11 Verg 5/10; 2. VK Bund, B. v. 9. 6. 2010 – Az.: VK 2–38/103. VK Bund, B. v. 5. 7. 2010 – Az.: VK 3–60/10). Dies gilt namentlich auch im Bereich von Nachunternehmererklärungen (BayObLG, B. v. 27. 7. 2004 – Az.: Verg 014/04; B. v. 11. 2. 2004 – Az.: Verg 1/04; 2. VK Bund, B. v. 30. 12. 2009 – Az.: VK 2–222/09; im Ergebnis ebenso 3. VK Bund, B. v. 5. 7. 2010 – Az.: VK 3–60/10 – für **widersprüchliche Angaben zur Bindefrist**; VK Nordbayern, B. v. 24. 1. 2008 – Az.: 21.VK – 3194 – 52/07 – **für unklare Lohnangaben** in den Formblättern EFB-Preis 1 a bzw. EFB-Preis 2; B. v. 12. 4. 2007 – Az.: 21.VK – 3194 – 16/07; 1. VK Sachsen, B. v. 14. 3. 2007 – Az.: 1/SVK/006–07; B. v. 29. 12. 2005 – Az.: 320.VK – 3194 – 40/05).

10693 **Angebote müssen, um wertbar zu sein, inhaltlich in sich schlüssig und widerspruchsfrei sein.** Macht z. B. ein Bieter unter den B-Kriterien Angaben, welche dem im Rahmen der A-Kriterien bestätigten Qualifikationsniveau der einzusetzenden Mitarbeiter widersprechen und diese entwerten, kann darüber nicht hinweggegangen werden. Vielmehr darf der Auftraggeber dies zum Anlass nehmen, das entsprechende Angebot wegen widersprüchlicher Angaben zu den A-Kriterien (Ausschlusskriterien) von der Wertung auszunehmen (OLG Düsseldorf, B. v. 9. 6. 2010 – Az.: VII-Verg 5/10).

10694 **Ergeben mehrfach vorgelegte Formblätter einen widersprüchlichen Erklärungsinhalt**, so dass ein eindeutiger objektiver Erklärungswert für den Auftraggeber nicht zu ermitteln ist, ist das **Angebot nicht wertbar** (2. VK Bund, B. v. 30. 12. 2009 – Az.: VK 2–222/09).

Eine unzutreffende Erklärung ist – ausgehend von der entsprechenden Rechtsprechung zu den Preisangaben – **mit einer fehlenden Erklärung gleichzusetzen**. In der Rechtsprechung ist anerkannt, dass eine unzutreffende Preisangabe eine fehlende bzw. unvollständige Preisangabe darstellt. Eine Preisangabe ist dabei dann unzutreffend, wenn sie nicht mit demjenigen Preis vorgenommen worden ist, der für die betreffende Leistung tatsächlich beansprucht wird. Ein Bieter, der in seinem Angebot Positionen des Leistungsverzeichnisses mit Preisen versieht, bei denen Teile des tatsächlich geforderten Entgelts nicht bei der jeweils ausgewiesenen Position erklärt werden, sondern in andere Positionen eingerechnet werden, ohne dass aus dem Angebot der tatsächlich geforderte Preis für die Leistung etwa infolge erläuternder Zusätze ersichtlich wird, gibt schon objektiv die geforderten Erklärungen nicht vollständig ab. Zutreffend beansprucht ist dagegen derjenige Preis, den der Bieter für die Leistung tatsächlich kalkuliert hat und den er folglich tatsächlich berechnen will. Diese **Grundsätze für die Preisangaben sind auf den Fall falscher Erklärungen übertragbar**. Zwar handelt es sich bei den z. B. in einem Kalkulationsschema anzugebenden Kosten nicht um Preisangaben. Dennoch sind es Erklärungen, die wie Preisangaben zwingend mit dem Angebot abzugeben waren. **Die Interessenlage des Auftraggebers ist vergleichbar**. Der Auftraggeber hat ein Interesse daran zu erfahren, mit welchen kalkulatorischen Kosten die Bieter ihre angebotenen Leistungen – tatsächlich – kalkuliert haben (VK Schleswig-Holstein, B. v. 20. 4. 2010 – Az.: VK-SH 03/10; im Ergebnis ebenso OLG Frankfurt, B. v. 9. 7. 2010 – Az.: 11 Verg 5/10). 10695

Nach der Rechtsprechung zu § 25 VOL/A 2006 muss bei auf den ersten Blick unklaren oder unvollständigen Erklärungen einem Ausschluss jedoch die **Prüfung vorangehen, ob nicht im Wege der Auslegung ein eindeutiger oder vollständiger Inhalt ermittelt werden kann**. Die Anwendung der §§ 21, 25 VOL/A kann sich nicht darin erschöpfen, eine **rein schematische „Vollständigkeitskontrolle" der Bietererklärung** vorzunehmen (OLG Frankfurt, B. v. 9. 7. 2010 – Az.: 11 Verg 5/10). Diese Rechtsprechung hat durch die Möglichkeit der Nachforderung einen großen Teil ihrer Bedeutung verloren. 10696

116.6.2.8 Ausnahmsweise Unbeachtlichkeit von fehlenden Erklärungen oder Nachweisen (§ 16 Abs. 2)

116.6.2.8.1 Änderung in der VOL/A 2009. Nach § 16 Abs. 2 Satz 1 können fehlende Erklärungen oder Nachweise, die **bis zum Ablauf der Angebotsfrist nicht vorgelegt wurden, bis zum Ablauf einer zu bestimmenden Nachfrist nachgefordert werden**. 10697

Diese Neuregelung ist **eine der wichtigsten Änderungen in der VOL/A 2009**. 10698

116.6.2.8.2 Vereinbarkeit mit europäischem Recht. 116.6.2.8.2.1 Allgemeines. Die Regelungen der Vergabekoordinierungsrichtlinie und der Sektorenrichtlinie sehen die **Möglichkeit der allgemeinen Nachforderung von Erklärungen und Nachweisen nicht vor. Lediglich für den Bereich der Eignungsangaben** gibt Art. 51 VKR dem öffentlichen Auftraggeber die Möglichkeit, eignungsbezogene Bescheinigungen und Dokumente zu vervollständigen oder zu erläutern. 10699

Insoweit **spricht vieles dafür, dass die Neuregelung der VOL/A 2009 über** die **umfassende Möglichkeit der Nachforderung von Erklärungen und Nachweisen mit europäischem Recht nicht vereinbar** ist. 10700

116.6.2.8.2.2 Nachforderung von Eignungsnachweisen. Vgl. dazu die Kommentierung zu → § 7 EG Rdn. 44. 10701

116.6.2.8.3 Ermessensentscheidung über die Nachforderung. Vgl. dazu die Kommentierung → Rdn. 133. 10702

116.6.2.8.4 Dokumentation der Ausübung des Ermessens. Vgl. dazu die Kommentierung → Rdn. 135. 10703

116.6.2.8.5 Ermessensreduzierung auf Null und eventuelle Konsequenzen. Vgl. dazu die Kommentierung → Rdn. 136. 10704

116.6.2.8.6 Überprüfbarkeit der Ermessensentscheidung. Vgl. dazu die Kommentierung → Rdn. 141. 10705

116.6.2.8.7 Länge der Nachfrist. Der Auftraggeber kann den Bietern zur Ergänzung fehlender Erklärungen oder Nachweise eine **Nachfrist** setzen. Die **Länge der Frist ist in der VOL/A nicht vorgegeben**. Sie muss einmal berücksichtigen, welchen Zeitbedarf die Bieter zur Ergänzung voraussichtlich benötigen; zum andern ist das **Interesse des Auftraggebers an** 10706 einer schnellen Durchführung des Vergabeverfahrens besonders zu gewichten, zumal der Bieter schon seit längerem weiß, welche Erklärungen und Nachweise von ihm gefordert werden. Eine **relativ kurze Nachfrist** verstößt also nicht gegen das Gebot der Verhältnismäßigkeit.

10707 Die **VOB/A 2009** arbeitet in § 16 Abs. 1 Nr. 3 mit einer **Frist von sechs Kalendertagen nach Aufforderung durch den Auftraggeber.**

10708 **116.6.2.8.8 Keine Verfälschung des Wettbewerbs durch die Nachreichungsmöglichkeit.** Grundsätzlich findet die Wertung zu dem Zeitpunkt statt, in welchem die Angebote abzugeben sind bzw. die Aufklärungsverhandlungen abgeschlossen sind. Denn dann kann der öffentliche Auftraggeber anhand der vorliegenden Unterlagen feststellen, welches Angebot das wirtschaftlich günstigste ist und ob die Bieter geeignet sind. Die **Vergabestelle darf einem Bieter nicht so lange und so oft Gelegenheit geben, sein Angebot bzw. seine Unterlagen nachzubessern, bis dieser alle Anforderungen der Ausschreibung erfüllt.** So zeigt auch die Neuregelung in § 16 Abs. 2 Satz 1 VOL/A, dass für das Nachreichen von Erklärungen und Nachweisen Fristen einzuhalten sind. **Anderenfalls würde sich eine ungerechtfertigte Bevorzugung der Bieter ergeben, welche Primärrechtsschutz in Anspruch nehmen.** Nur ausnahmsweise können später vorgelegte Nachweise Berücksichtigung finden. Dies ist beispielsweise der Fall, wenn in der Bekanntmachung Nachweise nicht gefordert worden sind, welche aber für die Leistung unumgänglich erforderlich sind, oder wenn die Anforderung so unklar war, dass eine weitere Nachfrist zu setzen war. Keinesfalls aber dient ein Nachprüfungsverfahren dazu, dem jeweiligen Bieter generell das Nachschieben von Erklärungen zu ermöglichen. Möglich ist lediglich, von den Vergabestellen zu Unrecht nicht berücksichtigte Tatsachen oder übersehene Eignungsnachweise noch heranzuziehen, weil deren Nichtberücksichtigung fehlerhaft war (OLG München, B. v. 31. 8. 2010 – Az.: Verg 12/10).

116.6.2.9 Besondere Prüfungspflicht bei einer Häufung von formalen Fehlern der Bieter

10709 Wenn bei einem offenen Vergabeverfahren von 21 Angeboten 20 von der Wertung ausgeschlossen werden sollen, ist der **Sinn und Zweck des Verfahrens, der oftmals in einem Preis- und Wirtschaftlichkeitsvergleich zu sehen ist, gefährdet.** Ein Preisvergleich sowie auch ein Vergleich der Wirtschaftlichkeit verschiedener Angebote sind aber nicht möglich, wenn zuvor schon aus formalen oder auch aus technischen Gründen heraus sämtliche Angebote bis auf ein einziges aus der Wertung ausgeschlossen werden. Aufgrund solcher besonderen Umstände besteht eine **verschärfte Prüfungspflicht des öffentlichen Auftraggebers, deren Erfüllung auch nachvollziehbar dokumentiert werden muss** (2. VK Bund, B. v. 17. 1. 2002 – Az.: VK 2–46/01).

116.6.2.10 Rechtsprechung zu Ausnahmen vom zwingenden Ausschluss nach § 25 VOL/A bzw. VOB/A 2006

10710 Mit Blick auf den zwingenden Ausschluss von Angeboten bei fehlenden Erklärungen und Nachweisen in der VOL/A 2006 und VOB/A 2006 hatte sich zu einzelnen Fallgestaltungen eine – eher ältere – Rechtsprechung entwickelt, die von dem zwingenden Angebotsausschluss absah. **Hinsichtlich der Tendenz der VOB/A 2009 zur Erhaltung und Heilung unvollständiger Angebote – auch nach fruchtloser Nachforderung – wird diese Rechtsprechung noch aufgeführt.**

10711 **116.6.2.10.1 Fehlende Angaben über die Zahlung von Steuern und Sozialabgaben.** Ob das Fehlen von geforderten Erklärungen zum Ausschluss eines Angebotes führen muss, richtet sich danach, ob es sich um Nachweise handelt, die ohne Einfluss auf das Ergebnis des Wettbewerbs nachträglich eingeholt werden können. **Noch ausstehende Erklärungen über die Zahlung von Steuern und Sozialabgaben haben keine Auswirkungen auf die Preisangaben und weiteren Leistungsinhalte des Angebotes.** Der Bieter kann seine Position durch die nachträgliche Vorlage der Nachweise nicht mehr verbessern, allenfalls kann er, wenn der Nachweis nicht erbracht werden kann, seine Position zugunsten der übrigen Wettbewerber wieder verlieren. Es ist daher kein Verstoß gegen Vergabebestimmungen, wenn der Bieter nicht wegen fehlender Erklärungen mit ihrem Angebot ausgeschlossen wird (VK Düsseldorf, B. v. 22. 7. 2002 – Az.: VK – 19/2002 – L).

10712 Nach anderer Auffassung (VK Münster, B. v. 9. 3. 2004 – Az.: VK 02/04; ebenso OLG Düsseldorf, B. v. 9. 6. 2004 – Az.: VII – Verg 11/04; 1. VK Sachsen, B. v. 13. 4. 2006 – Az.: 1/

Vergabe- und Vertragsordnung für Leistungen Teil A VOL/A § 16 **Teil 4**

SVK/028-06; 1. VK Bund, B. v. 28. 4. 2005 – Az.: VK 1–35/05) führte eine **verspätet vorgelegte Unbedenklichkeitsbescheinigung** des Finanzamtes zum **zwingenden Ausschluss des Angebots**.

116.6.2.10.2 Fehlende Urkalkulation. 116.6.2.10.2.1 Rechtsprechung. Die **Rechtsprechung** ist **unterschiedlich**. 10713

Nach einer Auffassung kann eine **Urkalkulation des Nachunternehmers aus der Interessensituation heraus nicht verlangt werden** (Brandenburgisches OLG, B. v. 13. 9. 2005 – Az.: Verg W 9/05). 10714

Kalkulationen sind nur im Ausnahmefall vorzulegen, wenn sie nötig sind, um die Angemessenheit der Preise zu überprüfen. Danach ist es **ausreichend, dass die erforderlichen Unterlagen für den Fall der Auftragserteilung nachgereicht werden**, da die in der Urkalkulation und der Preisaufgliederung enthaltenen Angaben erst im Rahmen des § 2 VOL/B nach Vertragsschluss relevant werden können (VK Brandenburg, B. v. 25. 8. 2002 – Az.: VK 45/02). 10715

Dies gilt **selbst dann**, wenn die **Vorlage der Urkalkulation ausdrücklich mit der Angebotsabgabe gefordert wird** (VK Thüringen, B. v. 15. 1. 2004 – Az.: 360–4003.20–030/03-GTH; im Ergebnis ebenso 2. VK Bund, B. v. 21. 1. 2004 – Az.: VK 2–126/03). 10716

Nach einer anderen Auffassung fallen unter **Erklärungen im Sinne des § 13 Abs. 3 VOL/A** alle Erklärungen, die sowohl den Inhalt als auch die rechtlichen und sonstigen Rahmenbedingungen der zu erbringenden Leistung betreffen. Hierzu gehört **auch die Urkalkulation**, die die Preisermittlung im Detail festhält. Die **Bieter werden durch die Vorlage der Urkalkulation auch nicht unzumutbar in ihren Rechten beeinträchtigt**, wenn ihnen nach den Gesamtumständen gestattet war, die Preisermittlung **ggf. in einem verschlossenen Umschlag einzureichen**, der von der Vergabestelle verschlossen aufbewahrt wird. **Fehlt deshalb die geforderte Urkalkulation, ist das Angebot unvollständig** (OLG Düsseldorf, B. v. 8. 12. 2009 – Az.: VII-Verg 52/09; OLG Karlsruhe, B. v. 24. 7. 2007 – Az.: 17 Verg 6/07; B. v. 4. 5. 2007 – Az.: 17 Verg 5/07; 2. VK Bund, B. v. 22. 5. 2007 – Az.: VK 1–35/07; VK Baden-Württemberg, B. v. 17. 3. 2007 – Az.: 1 VK 07/07, 08/07). 10717

116.6.2.10.2.2 Literatur 10718

– Brieskorn, Eckhard/Stamm, Jürgen, Die vergaberechtliche Renaissance der Urkalkulation und deren Bedeutung für das Nachtragsmanagement, NZBau 2008, 414

116.6.2.10.3 Weitere Beispiele aus der Rechtsprechung 10719

– verwendet der Auftraggeber einen Angebotsvordruck und macht der Bieter zwar Angaben zum Angebotsgegenstand und Preisangaben, **vergisst er aber Angaben zu Ort und Datum, wie unter der Unterschriftszeile vorgesehen**, ergibt sich aber der Ort aus dem Angebotsvordruck selbst, da der Vordruck oben die vollständige Anschrift des Bieters enthält und ergibt sich das Datum aus dem Angebotsanschreiben, bei das Fehlen des Datums, das ohne weiteres bereits auf der ersten Seite des Angebotsschreibens zu ersehen ist, bei der Unterschriftenzeile **nicht so erheblich, dass es zum Ausschluss des Angebotes wegen Unvollständigkeit berechtigt** (VK Niedersachsen, B. v. 16. 4. 2010 – Az.: VgK-10/2010)

116.6.3 Prüfung auf rechnerische Richtigkeit (§ 16 Abs. 1)

Gegenstand der 1. Wertungsstufe ist auch die **Prüfung der Angebote auf rechnerische Richtigkeit**. 10720

116.6.3.1 Korrekturen im Rahmen der rechnerischen Prüfung

Auch die VOL/A 2009 stellt hierfür – im Gegensatz zu § 16 Abs. 4 VOB/A 2009 – **kein Instrumentarium zur Verfügung**. In Zweifelsfällen kann zumindest auf die Rechtsprechung zu § 16 Abs. 4 VOB/A zurückgegriffen werden (VK Nordbayern, B. v. 30. 9. 2010 – Az.: 21.VK – 3194 – 33/10; im Ergebnis ebenfalls 1. VK Bund, B. v. 4. 6. 2007 – Az.: VK 1–47/07; B. v. 4. 6. 2007 – Az.: VK 1–44/07; B. v. 1. 6. 2007 – Az.: VK 1–41/07; 1. VK Sachsen, B. v. 26. 6. 2009 – Az.: 1/SVK/024-09). 10721

116.6.3.2 Grundsätze

Nach den Vorgaben der VOL/A ist ein **rechnerisch fehlerhaftes Angebot grundsätzlich nicht von der weiteren Vergabe auszuschließen** (OLG Saarbrücken, B. v. 27. 5. 2009 – Az.: 1 Verg 2/09; 2. VK Bund, B. v. 24. 5. 2005 – Az.: VK 2–42/05; VK Saarland, B. v. 2. 2. 2009 – Az.: 1 VK 10/2008). 10722

Teil 4 VOL/A § 16 Vergabe- und Vertragsordnung für Leistungen Teil A

10723 Der **Grundsatz der Transparenz und der Gleichbehandlung verbietet im Regelfall eine Korrektur der vom Bieter im Angebot festgelegten Preise**. Der Bieter ist für die von ihm gemachten Preisangaben grundsätzlich allein verantwortlich, er trägt das Kalkulationsrisiko und muss sich an seinen Angaben festhalten lassen. **Nachträgliche Preiskorrekturen bieten große Manipulationsgefahr und eröffnen die Möglichkeit, einem Bieter in Kenntnis der Konkurrenzangebote einen Wettbewerbsvorteil zu verschaffen**. Bei widersprüchlichen und unterschiedlichen Preisangaben muss der öffentliche Auftraggeber den wirklichen Bieterwillen erforschen, wobei eine **restriktive Bewertung** geboten ist. Ist festzustellen, dass das Angebot des Bieters interpretationsfähig ist, muss der öffentliche Auftraggeber sehr genau prüfen, ob er das Angebot nicht auszuschließen hat. Steht dagegen der Einsatzpreis für eine Leistung zweifelsfrei fest und sind dem **Bieter lediglich offensichtliche Additions- oder Multiplikationsfehler unterlaufen, wird eine rechnerische Korrektur bzw. Berichtigung im Allgemeinen für zulässig erachtet**. Eine spezielle Regelung hat der Gesetzgeber in § 16 Abs. 4 VOB/A für das Verhältnis Einheitspreis/Gesamtpreis getroffen. Demnach verbietet sich eine Korrektur des Einheitspreises, dieser ist bei Diskrepanzen die bindende Berechnungsgrundlage (OLG München, B. v. 29. 7. 2010 – Az.: Verg 09/10; B. v. 10. 12. 2009 – Az.: Verg 16/09).

10724 Einzig zulässige Korrekturen, welche der Auftraggeber bei der rechnerischen Bewertung der Angebote vornehmen darf, sind also **Additionsfehler und Multiplikationsfehler**. § 16 Abs. 4 Nr. 1 VOB/A 2009 stellt deutlich dar, dass der **angegebene Einheitspreis** maßgeblich für eine eventuelle rechnerische Korrektur ist. Dieser darf folglich **unter keinen Umständen von der Auftraggeberseite verändert** werden (OLG Saarbrücken, B. v. 27. 5. 2009 – Az.: 1 Verg 2/09; 1. VK Sachsen, B. v. 3. 7. 2003 – Az.: 1/SVK/067-03, B. v. 17. 7. 2002 – Az.: 1/SVK/069-02).

10725 Eine **Korrektur** im Rahmen der rechnerischen Prüfung nach § 16 Abs. 4 Nr. 1 **scheidet aus, wenn die Multiplikation von Mengenansatz und Einheitspreis dem eingesetzten Gesamtbetrag entspricht**; ein rechnerischer Widerspruch oder Rechenfehler besteht dann nicht (2. VK Bund, B. v. 28. 7. 2006 – Az.: VK 2–50/06; VK Hessen, B. v. 18. 3. 2002 – Az.: 69 d VK – 03/2002; 1. VK Sachsen, B. v. 3. 7. 2003 – Az.: 1/SVK/067-03).

116.6.3.3 Bedeutung des Einheitspreises

10726 Die **Rechtsprechung** ist insoweit **nicht einheitlich**.

10727 Ergibt das Produkt aus Menge und Einheitspreis nicht den angegebenen Gesamtbetrag, so ist gemäß § 16 Abs. 4 Nr. 1 VOB/A die **Multiplikation der Menge mit dem angegebenen Einheitspreis maßgebend**. Von dieser **Regel** ist **auch dann nicht abzuweichen, wenn der Einheitspreis offenbar falsch ist**. Dies gilt unabhängig davon, ob der falsche Einheitspreis versehentlich oder mit Absicht in das Angebot eingesetzt wurde. Nur durch die konsequente Anwendung der Rechenregel des § 16 Abs. 4 Nr. 1 VOB/A kann Manipulationsversuchen wirksam begegnet werden. Es wird im Einzelfall kaum nachzuweisen sein, wann der Fall einer absichtlichen Veränderung des Einheitspreises vorliegt und wann nicht. Jeder Bieter muss sich daran festhalten lassen, dass er grundsätzlich für die von ihm gemachten Preisangaben selbst verantwortlich ist (OLG Saarbrücken, B. v. 27. 5. 2009 – Az.: 1 Verg 2/09; LG Köln, Urteil v. 23. 2. 2005 – Az: 28 O (Kart) 561/04; 1. VK Bund, B. v. 31. 7. 2007 – Az.: VK 1–65/07; VK Nordbayern, B. v. 30. 11. 2001 – Az.: 320.VK-3194-40/01). Aus dem gleichen Grund kommt bei einer derartigen Sachverhaltskonstellation **auch keine Aufklärung der „richtigen" Einheitspreise gemäß § 15 VOL/A in Betracht**. In beiden Fällen hätte es nämlich ein Bieter in Kenntnis des Submissionsergebnisses in der Hand, die Angabe der „richtigen" Einheitspreise an der Zuschlagsfähigkeit ihres Angebots zu orientieren (OLG Saarbrücken, B. v. 27. 5. 2009 – Az.: 1 Verg 2/09; 1. VK Bund, B. v. 13. 8. 2007 – Az.: VK 1–86/07).

10728 Wird dadurch das **Angebot zu teuer, so scheidet es aus dem Wettbewerb aus; wird es unangemessen niedrig, muss es gegebenenfalls als Unterangebot nach § 16 Abs. 6 Satz 2 VOL/A ausgeschieden werden**. Auch in Ausnahmefällen kann keine Abänderung des falschen Einheitspreises entsprechend dem Gesamtbetrag in Betracht kommen, nicht einmal dann, wenn aus den Umständen eindeutig und völlig zweifelsfrei zu schließen ist, dass ein ganz bestimmter Einheitspreis gewollt war. **Diese Auslegung** entspricht nicht nur dem Wortlaut des § 16 Abs. 4 Nr. 1 VOB/A, sie **entspricht auch dessen Sinn und Zweck**. Sinn und Zweck der Norm ist nämlich der Schutz des Auftraggebers, nicht aber der Schutz des Bieters vor seinen eigenen (zu niedrigen) Angeboten und damit vor sich selbst. Dem Sinn und Zweck den Auftraggeber zu schützen und ihm in dem streng formalisierten Vergabeverfahren eine Hilfestellung zu geben, wie zu verfahren ist, wenn er festgestellt hat, dass der Gesamtbetrag nicht dem Ergebnis der Multiplikation von Mengenansatz und Einheitspreis entspricht, kann § 16 Abs. 4 Nr. 1 VOB/A nur dann erfüllen, wenn er als eine § 133 BGB konkretisierende Auslegungsregel betrachtet wird. Die Norm weist nämlich den Auftraggeber an, dass er in den genannten Fällen eben nicht den Einheitspreis korrigieren darf, sondern dass die anderen Preise zu korrigieren sind. Andere Möglichkeiten, die denkbar wären, um den Willen des Bieters zu erforschen, etwa den Bieter zu befragen, was er denn wirklich gemeint hat oder den Einheitspreis zu korrigieren, sieht § 16 Abs. 4 Nr. 1 VOB/A eben nicht vor. Eine **andere Auslegung überbürdet das Risiko, das § 16 Abs. 4 Nr. 1 VOB/A dem Auftraggeber gerade abnehmen will, nämlich das Risiko dass seine Korrektur des Angebots – weil er den falschen Korrekturmaßstab gewählt hat – später als vergaberechtswidrig gekennzeichnet wird, dem Auftraggeber.** Der Auftraggeber trägt nach dieser Auslegung das Risiko, ob gerade noch § 16 Abs. 4 Nr. 1 VOB/A anwendbar ist oder ob er gerade nicht mehr anwendbar ist und etwa einer der ganz wenigen Ausnahmefälle von der Auslegungsregel des § 16 Abs. 4 Nr. 1 VOB/A vorliegt. Wenn der Auftraggeber sich nicht darauf verlassen kann, dass er strikt nach der Regel des § 16 Abs. 4 Nr. 1 VOB/A verfahren darf, und dass er dann, wenn er dieser Regel folgt vergaberechtsgemäß gehandelt hat, wird die **Vorschrift weitgehend obsolet. Ihr Ziel, dem Auftraggeber eine Hilfestellung zu geben, läuft weitgehend leer** (OLG Saarbrücken, B. v. 27. 5. 2009 – Az.: 1 Verg 2/09).

Nach einer anderen Auffassung hingegen kommt eine **Korrektur des Einheitspreises** nach den Grundsätzen zur Auslegung von Willenserklärungen im Sinne von § 133 BGB **in Betracht, wenn der Einheitspreis offensichtlich zu hoch oder zu niedrig angegeben** ist. Hierfür muss sich aus dem Angebot eindeutig ergeben, dass hinsichtlich des Einheitspreises ein Schreibfehler vorliegt (2. VK Bund, B. v. 24. 5. 2005 – Az.: VK 2–42/05). 10729

Auch die VK Saarland vertritt einen **entsprechenden Ansatz.** Trägt ein Bieter unter der Position 05.06.0040 fälschlicherweise die identischen Werte „Einheitspreis" und „Gesamtpreis" der „benachbarten" Position 05.06.0050 ein und zwar als Einheitspreis den Betrag xx Euro und als Gesamtpreissumme den Betrag von xx Euro und hätte sich tatsächlich allerdings bei einem Einheitspreis von xx Euro multipliziert mit der Stückzahl der Position 05.06.0040, nämlich 2.990, ein ganz anderer Betrag ergeben, und zwar xx Euro und kann der Auftraggeber aus der Gesamtsumme des von dem Bieter zu den Unterpositionen der Position 05.06. eingetragenen Betrages von xx Euro jedoch genau ersehen, dass der Bieter in seiner Kalkulation des Angebotes bei der Position 05.06.0040 von ganz anderen als den von ihm im Rahmen der nachträglichen Korrektur angesetzten Werten ausgegangen ist, nämlich von einem Einheitswert von xx Euro, der, multipliziert mit dem m^3-Faktor von 2.990 (= Stückzahl), eben zu einem Gesamtpreis bei der Position 05.06.0040 von xx Euro geführt hätte, liegt ein **Fall offenkundig und deutlich zu Tage tretender Differenz zwischen erklärtem Einheitspreis/Gesamtpreis und tatsächlich kalkuliertem und auch vom Erklärungswillen erfassten Einheitspreis/Gesamtpreis** vor. Ein Fall offenkundig und deutlich zu Tage tretender Differenz zwischen erklärtem Einheitspreis/Gesamtpreis und tatsächlich kalkuliertem und auch vom Erklärungswillen erfassten Einheitspreis/Gesamtpreis **lässt sich weder in vergaberechtlicher Hinsicht zulässiger noch in befriedigender Weise mit der Auslegungsregel des § 16 Abs. 4 Nr. 1 VOB/A lösen.** Für den Fall eines solchen eklatanten Erklärungs-/Übertragungsfehlers ist die Auslegungsregel des § 16 Abs. 4 Nr. 1 VOB/A nicht einschlägig; die **Rechenregel des § 16 Abs. 4 Nr. 1 VOB/A darf vielmehr außer Acht gelassen** und ausnahmsweise der Einheitspreis entsprechend der Auslegungsregel des § 133 BGB angepasst, d. h. geändert werden. Die gegenteilige Auffassung, die aus der Auslegungsregel des § 16 Abs. 4 Nr. 1 VOB/A ein absolutes Verbot herleitet, Einheitspreise seitens des Auftraggebers abzuändern, wird für derart offensichtliche Fälle nicht geteilt, weil sie **zu wenig differenziert und am Ende sowohl dem Auftraggeber – trotz positiven gegenteiligen Wissens um die tatsächliche Erklärungslage – als auch dem Bieter Manipulationsmöglichkeiten eröffnet**, also genau das Gegenteil dessen erreicht, was sie sich als Ziel, das es zu verhindern gilt, gesetzt hat. Eine differenzierende Betrachtung kann auch schon deshalb geboten sein, weil eine **strikte Anwendung der Auslegungsregel des § 16 Abs. 4 Nr. 1 VOB/A möglicherweise die Interessen und Rechte von anderen Bietern auf einen transparenten und fairen Wettbewerb im Sinne von § 97 Abs. 7 in Verbindung mit § 97 Abs. 1 GWB, berühren und verletzen kann** (VK Saarland, B. v. 2. 2. 2009 – Az.: 1 VK 10/2008). Das Saarländische OLG hat die **Entscheidung jedoch aufgehoben** (OLG Saarbrücken, B. v. 27. 5. 2009 – Az.: 1 Verg 2/09; im Ergebnis ebenso 1. VK Sachsen, B. v. 26. 6. 2009 – Az.: 1/SVK/024–09). 10730

116.6.3.4 Ergänzung eines fehlenden Einheitspreises durch Rückgriff auf die Konkurrenzangebote

10731 116.6.3.4.1 Regelung in der VOB/A 2009. Im **Sonderfall des Fehlens eines Einheitspreises in einer einzelnen unwesentlichen Position** ist nach § 16 Abs. 1 Nr. 1 lit. c) VOB/A 2009 ein **Rückgriff auf das höchste Konkurrenzangebot zulässig**. Diesen Weg hat die VOL/A 2009 nicht gewählt, sondern die Möglichkeit der Nachforderung zugelassen. Daraus ergibt sich wiederum, dass die Ergänzung eines fehlenden Einheitspreises durch Rückgriff auf die Preise von Konkurrenzangeboten **im Bereich der VOL/A 2009 nicht zulässig** ist.

10732 116.6.3.4.2 Ältere Rechtsprechung. Wenn es möglich ist, **bei angegebenen Einzelpreisen und fehlendem Gesamtpreis** letzteren ohne Verstoß gegen § 13 Abs. 1 Nr. 3 VOB/A **durch schlichte Addition zu ermitteln**, dann ist es **nur konsequent, auch die umgekehrte Rechenoperation für vergaberechtskonform zu halten**, nämlich aus einem vorhandenen Gesamtpreis und – mit Ausnahme eines einzigen – vorhandenen Einzelpreisen den allein fehlenden Preis durch Rückrechnung zu ermitteln (OLG Dresden, B. v. 18. 10. 2001 – Az.: WVerg 0008/01).

10733 Diese Rechtsprechung wiederum ist mit der Rechtsprechung des Bundesgerichtshofes zur Vollständigkeit von Angeboten nicht vereinbar; vgl. im Einzelnen die Kommentierung → Rdn. 49 ff.

10734 Außerdem **obliegen die Kalkulation und damit eine für eine Leistungsposition verlangte Vergütung dem ausschließlichen Aufgabenbereich des Bieters**. Die Angebotskalkulation berührt den Kernbereich unternehmerischen Handelns im Wettbewerb um öffentliche Aufträge und damit die Freiheit des Wettbewerbs in diesem Marktgeschehen schlechthin. Vom Bieter zu treffende Kalkulationsannahmen können deshalb durch Ansätze von Auftraggeberseite nicht ersetzt werden (VK Nordbayern, B. v. 4. 12. 2006 – Az.: 21.VK – 3194 – 39/06; B. v. 12. 11. 2004 – Az.: 320.VK – 3194 – 43/04).

116.6.3.5 Berücksichtigung von offensichtlichen Übertragungsfehlern beim Gesamtpreis

10735 Weist ein Angebot für eine Position einen Einheitspreis („EP") aus und sind ferner unter der gleichen Positionsnummer die jeweiligen Preise einer ersten, zweiten, dritten und vierten folgenden Leistung (z. B. Wartung) einzeln aufgelistet, bleibt aber das **Feld für den daraus resultierenden Gesamtpreis („GP") leer**, folgt daraus, dass der Bieter nur den Einheitspreis einer einzigen Leistung in seine Gesamtkalkulation hat einfließen lassen. Der auf dem Schlussblatt des Angebots ermittelte **Gesamtbetrag beruht mithin auf einem offensichtlichen Übertragungsfehler**, da er nicht alle in den jeweiligen Leistungssegmenten aufgeführten Einzelpreise umfasst. Es begegnet **keinen Bedenken, wenn die Vergabestelle diesen Mangel dahingehend bereinigt**, dass sie die bezifferten vier Einzelpreise berücksichtigt und anstelle des isoliert veranschlagten Einheitspreises der Auftragssumme hinzufügt. Eine solche rechnerische Ergänzung eines lediglich im Übertrag und damit offensichtlich unvollständigen Angebots ist bei einer am objektiven Empfängerhorizont ausgerichteten Auslegung sogar geboten, denn die Vergabestelle darf die Erklärung des Bieters so verstehen, dass jede der ausgepreisten Positionen Bestandteil der Offerte sein soll. Das gilt jedenfalls dann, wenn die Nachrechnung keinen Unklarheiten oder Zweifeln unterliegt und allein auf den im Angebot selbst enthaltenen Angaben gründet. Hierin liegt auch keine Abweichung von der Rechtsprechung des Bundesgerichtshofs (Thüringer OLG, B. v. 16. 7. 2003 – Az.: 6 Verg 3/03).

116.6.3.6 Berücksichtigung von offensichtlich falsch eingetragenen Einheits- und Gesamtpreisen

10736 Hat ein Bieter **Preise anstelle von Minderkosten als Additionsposten eingetragen** und entsprechend addiert, ist diese Konstellation in § 16 Abs. 4 Nr. 1 VOB/A nicht vorgesehen. Es liegt **kein Multiplikationsfehler von Mengenansatz und Einheitspreis** vor. Es ist daher nicht zulässig, in Absprache mit dem Bieter diese positive Posten in Minderkosten umzuwandeln und damit unzulässig über den Preis nach zu verhandeln (1. VK Sachsen, B. v. 3. 7. 2003 – Az.: 1/SVK/067-03).

10737 Ein transparentes, gemäß § 97 II GWB auf Gleichbehandlung aller Bieter beruhendes Vergabeverfahren, wie es die VOL/A gewährleisten soll, ist nur zu erreichen, wenn in jeder sich aus den Vergabeunterlagen ergebenden Hinsicht ohne weiteres vergleichbare Angebote abgegeben werden. Die nach der Submission hergestellte Vergleichbarkeit der Angebote wäre gefährdet, wenn Angebote verändert werden könnten. Das **alleinige Risiko richtiger Kalkulation sowie das Risiko einer Fehlkalkulation trifft grds. den Anbieter.** Jeder Bieter muss sich daran festhalten lassen, dass er für die von ihm gemachten Preisangaben selbst verantwortlich ist. **Von dieser Regel ist auch dann nicht abzuweichen, wenn der Einheitspreis offenbar falsch ist.** Dies gilt unabhängig davon, ob der falsche Einheitspreis versehentlich oder mit Absicht in das Angebot eingesetzt wurde. Nur durch konsequente Anwendung der Regel kann Manipulationsversuchen wirksam begegnet werden. Es wird im Einzelfall nämlich kaum nachzuweisen sein, wann der Fall einer absichtlichen Veränderung des Einheitspreises vorliegt und wann nicht. Es kommt grds. nicht darauf an, aus welchen Gründen und mit welcher Absicht ein Bieter Einheitspreise nicht wie gefordert angibt (VK Baden-Württemberg, B. v. 27. 12. 2004 – Az.: 1 VK 79/04).

Anderer Auffassung ist das **OLG München.** Es trifft zwar zu, dass grundsätzlich nur Angebote gewertet werden dürfen, welche vollständige und widerspruchsfreie Preisangaben enthalten. Der Grund hierfür liegt darin, dass Manipulationen begegnet werden soll. Der Bieter hätte es sonst bei unvollständigen oder widersprüchlichen Preisangaben in der Hand, die Auskömmlichkeit seines Angebotes je nach Lage des Ausschreibungsverfahrens herzustellen. Eine **Ausnahme muss jedoch für offensichtliche Fehler gelten. Sinn des Vergabeverfahrens ist es nämlich auch, das wirtschaftlich günstigste Angebot zu wählen und ein solches nicht an formalistischen Gesichtspunkten scheitern zu lassen.** Liegen demnach **offensichtliche Denkfehler** vor, die für den Auftraggeber erkennbar sind, oder **offensichtliche Rechenfehler**, deren Korrektur anhand des angegebenen Einheits- oder Gesamtpreises ohne weiteres möglich ist, dürfen solche Fehler korrigiert werden. Dies muss **aber auch für andere offensichtliche Eintragungsfehler** gelten. Hat ein Bieter den gleichen Preis z. B. einmal für eine Kilowattstunde und einmal für eine Megawattstunde angegeben, stellt dies nicht nur für eine verständige Vergabestelle ein offensichtliches Versehen dar, zumal wenn die Auftraggeber selbst die Bieter mit zwei unterschiedlichen Maßeinheiten überrascht hatten, obwohl die gleichen Preise abgefragt wurden und nur die Objektzugehörigkeit anders aufgeteilt war. **Auch für einen durchschnittlichen Verbraucher ist erkennbar, dass der für eine Kilowattstunde angegebene Preis 1000-fach überhöht war und nicht ernst gemeint sein konnte.** Es ist daher der im allgemeinen Zivilrecht geltende Rechtssatz heranzuziehen, dass offensichtlich falsche empfangsbedürftige Willenserklärungen, die der Empfänger aber richtig versteht, in diesem richtig gemeinten Sinn dem Vertrag zugrunde zu legen sind. In einem solchen Fall ist jedenfalls dann eine Manipulationsgefahr zu vernachlässigen, wenn der überhöhte Preis zweifelsfrei auf den zahlenmäßig richtigen Preis korrigiert werden kann, da dieser an anderen Stellen mehrfach korrekt angegeben worden ist (OLG München, B. v. 29. 7. 2010 – Az.: Verg 09/10).

116.6.3.7 Berücksichtigung von falschen Rechenoperationen

Errechnet der Bieter eine **fehlerhafte Angebotssumme**, weil er **eine vom Auftraggeber vorgegebenen Rechenoperation falsch angewendet** hat, stehen jedoch die **Grundlagen der Berechnung** (z. B. die vom Bieter kalkulierten Aufwendungen) und der **Berechnungsmodus** (z. B. Formel zur Annuitätenberechnung) objektiv fest, **darf der Auftraggeber die Angebotssumme korrigieren.** Unerheblich ist, ob das falsche Ergebnis auf einen Denkfehler oder einen schlichten Rechenfehler zurückzuführen ist (OLG München, B. v. 10. 12. 2009 – Az.: Verg 16/09).

116.6.3.8 Hinzurechnung von Preisen durch den Auftraggeber

Ziel der Leistungsbeschreibung ist es hinsichtlich der ausgeschriebenen Leistung eine ex-ante-Transparenz herzustellen, um dadurch dem Bieter die Möglichkeit zu geben, seine Erfolgsaussichten bei der Beteiligung an einer Ausschreibung abzuschätzen. Diese Abschätzbarkeit für den Bieter würde vollständig entwertet, wenn er damit rechnen müsste, dass **sein eigener Angebotspreis durch Hinzurechnung seitens der Vergabestelle erhöht würde, weil andere Bieter Leistungsmerkmale anbieten, die über die Leistungsbeschreibung hinausgehen** (1. VK Bund, B. v. 11. 10. 2002 – Az.: VK 1–75/02).

116.6.3.9 Zuschlag auf ein rechnerisch ungeprüftes Angebot?

Auf ein rechnerisch ungeprüftes Angebot **kann kein Zuschlag erteilt** werden, da dies ein Verstoß gegen § 16 VOL/A wäre. Zum einen ist im Rahmen der Prüfung und Wertung von

Teil 4 VOL/A § 16 Vergabe- und Vertragsordnung für Leistungen Teil A

Angeboten festzustellen, welche Preisangebote abgegeben wurden und dann, ob die Preise angemessen sind (VK Südbayern, B. v. 14. 8. 2002 – Az.: 32-07/02).

116.6.4 Prüfung auf fachliche Richtigkeit (§ 16 Abs. 1)

116.6.4.1 Erläuternde Hinweise der VOL/A

10742 Die Überprüfung auf fachliche Richtigkeit enthält auch die Überprüfung technischer Gesichtspunkte.

116.6.5 Zwingender Ausschluss von Angeboten (§ 16 Abs. 3)

116.6.5.1 Ausschluss von Angeboten mit fehlenden geforderten oder nachgeforderten Erklärungen und Nachweisen (§ 16 Abs. 3 lit. a)

10743 116.6.5.1.1 **Änderungen in der VOL/A.** Die **unterschiedliche Behandlung von wesentlichen und unwesentlichen fehlenden Preisangaben** hinsichtlich des zwingenden **Ausschlusses** ist in § 16 Abs. 3 VOL/A 2009 **nicht mehr enthalten.**

10744 116.6.5.1.2 **Eindeutige und klare Benennung der Rechtsfolge.** § 16 Abs. 3 nennt verschiedene zwingende Ausschlussgründe für Angebote. Trifft der **Auftraggeber** aber **in den Vergabeunterlagen widersprüchliche Aussagen** hinsichtlich der Rechtsfolge fehlender Angaben (z. B. erfolgt nach einer Formulierung wegen fehlender Einheitspreisangaben zwingend und nach einer anderen Aussage nur ein fakultativer Ausschluss des Angebotes), kann **kein zwingender Ausschluss** vorgenommen werden; es muss eine **Einzelfallprüfung** erfolgen (VK Düsseldorf, B. v. 29. 4. 2009 – Az.: VK – 2/2009 – L; 1. VK Sachsen, B. v. 5. 7. 2002 – Az.: 1/SVK/064-02).

10745 116.6.5.1.3 **Inhalt.** Nach § 16 Abs. 3 werden Angebote, die nicht die geforderten oder nachgeforderten Erklärungen und Nachweise enthalten, **zwingend ausgeschlossen.**

10746 Unter den Begriff der **Erklärungen fallen auch Preisangaben.**

10747 Zu **fehlenden geforderten Preisangaben** vgl. die Kommentierung → Rdn. 49 ff.

10748 Zu **fehlenden geforderten sonstigen Erklärungen und Nachweisen** vgl. die Kommentierung → Rdn. 155 ff.

10749 Zur **Möglichkeit der Nachforderung bei fehlenden Preisangaben** vgl. die Kommentierung → Rdn. 129 ff.

10750 Zur **Möglichkeit der Nachforderung bei fehlenden sonstigen Erklärungen und Nachweisen** vgl. die Kommentierung → Rdn. 329 ff.

116.6.5.2 Ausschluss von Angeboten, die nicht unterschrieben bzw. nicht elektronisch signiert sind (§ 16 Abs. 3 lit. b)

10751 116.6.5.2.1 **Grundsatz.** Angebote, die dem **Erfordernis einer** – ggf. (rechts)verbindlichen – **Unterschrift nicht genügen**, sind gemäß § 16 Abs. 3 lit. b) VOL/A **von der Wertung grundsätzlich zwingend auszuschließen** (OLG Frankfurt, B. v. 26. 8. 2008 – Az.: 11 Verg 8/08). Zu den Anforderungen an die Unterschrift vgl. im Einzelnen die Kommentierung zu → § 13 VOL/A Rdn. 23 ff.

10752 116.6.5.2.2 **Nicht eindeutig unterschriebene Angebote.** Der **Fall der nicht eindeutig unterschriebenen Angebote**, bei denen also der Vertragspartner nicht eindeutig ermittelt werden kann, ist in der VOL/A nicht geregelt. Die **Rechtsprechung wendet auf diese Fälle § 16 Abs. 3 lit. b) VOL/A an und kommt so zu einem zwingenden Ausschluss** dieser Angebote (3. VK Bund, B. v. 4. 10. 2004 – Az.: VK 3–152/04).

10753 116.6.5.2.3 **Unvollständige Unterschrift im kommunalen Bereich.** Die Gemeindeordnungen – z. B. § 64 Abs. 1 GO NRW – können bei den die Gemeinde verpflichtenden Erklärungen das **Erfordernis einer Gesamtvertretung** durch den Bürgermeister oder seinen Stellvertreter und einen vertretungsberechtigten Beamten oder Angestellten konstituieren. **Fehlt dann** bei einem Angebot z. B. die Unterschrift des Bürgermeisters oder seines Stellvertreters, ist das **Angebt zwingend auszuschließen** (OLG Düsseldorf, B. v. 22. 12. 2004 – Az.: VII – Verg 81/04).

116.6.5.2.4 Angebote ohne entsprechende Signatur. § 13 Abs. 1 Satz 2 verlangt – als 10754 **Äquivalent der Unterschrift** – bei elektronischen Angeboten nach Wahl des Auftraggebers eine fortgeschrittene elektronische Signatur nach dem Signaturgesetz und den Anforderungen des Auftraggebers oder eine qualifizierte elektronische Signatur nach dem Signaturgesetz. **Fehlt eine entsprechende Signatur**, ist das Angebot **zwingend auszuschließen**.

116.6.5.2.5 Beispiele aus der Rechtsprechung 10755

– ist ein Formular Bestandteil der Vergabeunterlagen, aus dem zweifelsfrei hervorgeht, dass es bei der Einreichung des Angebots beigelegt werden muss und das **Angebot nur auf diesem Formular unterschrieben werden kann**, ist dieses zwingend von der Wertung auszuschließen, wenn die Unterschrift an anderer Stelle erfolgt ist (VK Hessen, B. v. 19. 3. 2009 – Az.: 69 d VK – 05/2009)

– über das den Verdingungsunterlagen beiliegende und im EVM(B)Ang unter Anlagen aufgeführte Formblatt Erg Wart, sowie der Verweisung in diesem Formblatt auf den beiliegenden Wartungsvertrag, der wiederum den Verdingungsunterlagen beilag, **wird letzterer nach Auffassung der Vergabekammer Angebotsbestandteil, gehört zu den unter Pkt. 8 des EVM (B) Ang auf Seite 1 aufgeführten Anlagen, wird damit auch von den von der Bietergemeinschaft geleisteten Unterschriften unter dem EVM (B) Ang abgedeckt**. Damit ist der Sinn und Zweck des § 21 Nr. 1 Abs. 1 VOL/A, verbindliche Angebote durch Unterschriftsleistung, erfüllt. **Unerheblich** ist es deshalb nach Auffassung der Vergabekammer, dass die auf Seite 6 des Wartungsvertrages **nochmals zu leistende Unterschrift** der Bietergemeinschaft **nicht vorhanden** ist, diese wurde bereits mit der Unterschrift auf Seite 3 des EVM(B)Ang geleistet (VK Thüringen, B. v. 18. 3. 2003 – Az.: 216–4002.20-001/03-MHL)

– die **Unterschrift des Bieters auf dem Angebotsschreiben umfasst** nur diejenigen **Angebote, die unter den Anlagen zum Angebotsschreiben aufgeführt sind**. Ist ein Angebot bei diesen Anlagen nicht genannt, muss es zwingend gesondert unterschrieben werden. Wenn die gesonderte Unterschrift (z. B. für den Wartungsvertrag) ebenfalls fehlt, ist das Gesamtangebot unvollständig und gemäß § 25 Nr. 1 Abs. 1 Buchstabe b) VOL/A auszuschließen (VK Nordbayern, B. v. 3. 8. 2001 – Az.: 320.VK-3194-23/01)

116.6.5.3 Ausschluss von Angeboten, in denen Änderungen des Bieters an seinen Eintragungen nicht zweifelsfrei sind (§ 16 Abs. 3 lit. c)

116.6.5.3.1 Sinn und Zweck der Regelung. Zwingend auszuschließen sind Angebote, in 10756 denen Änderungen des Bieters an seinen Eintragungen nicht zweifelsfrei sind. Die **Regelung soll verhindern**, dass sich ein Bieter nach Erhalt des Zuschlags darauf berufen kann, er habe etwas ganz anderes an Leistung oder Preis angeboten. **Manipulationen sollen ausgeschlossen werden** (OLG München, B. v. 23. 6. 2009 – Az.: Verg 08/09; VK Baden-Württemberg, B. v. 29. 6. 2009 – Az.: 1 VK 27/09; VK Schleswig-Holstein, B. v. 20. 10. 2010 – Az.: VK-SH 16/10).

116.6.5.3.2 Änderungen des Bieters an seinen Eintragungen. Als Änderungen an den 10757 Eintragungen sind **nach dem weiten Begriffsverständnis jegliche Korrekturen und/oder Ergänzungen am Angebotsinhalt** anzusehen. Dabei ist der **gesamte Inhalt des Angebots und seiner Bestandteile in den Blick zu nehmen**. Die Vorschrift erfasst damit gerade die **bis zur unwiderruflichen Einreichung des Angebots** – gewissermaßen von vorneherein – **vom Bieter angebrachten inhaltlichen Änderungen**, wohingegen **nachträgliche Änderungen an Angebotsinhalt unstatthafte Nachverhandlungen** sind, die nicht zum Ausschluss des Angebots führen, sondern nach § 15 VOL/A nur bei der Wertung außer Betracht zu bleiben haben (OLG Düsseldorf, B. v. 13. 8. 2008 – Az.: VII – Verg 42/07).

116.6.5.3.3 Nicht zweifelsfreie Änderungen. 116.6.5.3.3.1 Grundsatz. Die **Eindeu-** 10758 **tigkeit einer Abänderung setzt voraus, dass sie den Abändernden unzweifelhaft erkennen lässt sowie den Zeitpunkt der Abänderung deutlich macht**. Dies ist **bei bloßen Durchstreichungen** und der Verwendung von „Blanko-Fluid" (einem „Tipp-Ex" vergleichbaren Produkt) oder „Blanco-Roller" ohne namentliche Abzeichnung samt Datumsangabe **nicht gegeben**. **Änderungen** des Bieters an seinen Eintragungen **müssen daher zumindest mit einem Signum der ändernden Person und sollten zusätzlich noch mit einer Datumsangabe versehen** sein (VK Schleswig-Holstein, B. v. 5. 1. 2006 – Az.: VK-SH 31/05).

116.6.5.3.3.2 Angebote unter Verwendung von „Tipp-ex". Die **Rechtsprechung** ist 10759 insoweit **nicht eindeutig**.

10760 Änderungen des Bieters an seinen Eintragungen müssen zweifelsfrei sein. „**Tipp-ex-Eintragungen sind nicht zweifelsfrei**, weil bereits bei normalem Gebrauch sich der Korrekturlack ablösen kann und damit der überschriebene (ebenfalls „dokumentenechte") Einheitspreis zur Wertung kommt. **Der mit Korrekturlack überdeckte Einheitspreis ist damit hinsichtlich der Änderung des Antragstellers durch überdecken und Eintrag eines neuen „dokumentenechten" Einheitspreises nicht mehr zweifelsfrei** (VK Südbayern, B. v. 14. 12. 2004 – Az.: 69-10/04).

10761 Nach einer anderen Auffassung sind – allerdings in einem Einzelfall – die **mit Tipp-Ex vorgenommenen Änderungen** nach den Feststellungen der Vergabekammer **zweifelsfrei**. Zwar lässt sich durch den aufgetragenen Tipp-Ex-Streifen **ein zunächst angegebener Preis „erahnen"**. Jedoch ist aus dem Preisblatt eindeutig erkennbar, dass dieser – ursprüngliche – Preis nicht mehr maßgeblich sein sollte, sondern **der neue, über den Tipp-Ex-Streifen geschriebene Preis**. Dieser ist auch eindeutig lesbar (3. VK Bund, B. v. 29. 6. 2006 – Az.: VK 3–48/06; B. v. 29. 6. 2006 – Az.: VK 3–39/06).

10762 **116.6.5.3.3.3 Angebote unter Verwendung von Korrekturband.** Bei Benutzung von Korrekturband kann sich das Korrekturband selbst bei intensiverer mechanischer Behandlung nicht ablösen lassen, ohne das darunter befindliche Papier (mit den ursprünglichen Eintragungen) mit zu entfernen; bei diesen Fällen greift die unter → Rdn. 392 dargestellte Begründung nicht. **Dennoch besteht auch in diesen Fällen die Forderung der VOL/A, dass Änderungen an den Eintragungen des Bieters nicht nur als solche sondern auch als vom Bieter stammend erkennbar sein müssen Ist dies nicht der Fall, ist das Angebot unter Manipulations- und Korruptionsgesichtspunkten auszuschließen**. Es ist im Lichte der Korruptionsprävention jedoch ebenfalls ein anerkennenswertes Bedürfnis des öffentlichen Auftraggebers, dass über die Frage, ob die vorgenommenen Änderungen schon vor Angebotsabgabe oder erst im Nachhinein vorgenommen wurden, kein Streit entsteht. **Das Interesse des Auftraggebers an einer Bekämpfung möglicher Korruptions- und Manipulationsmöglichkeiten ist grundsätzlich anerkennenswert** (VK Schleswig-Holstein, B. v. 5. 1. 2006 – Az.: VK-SH 31/05).

10763 Das **Schleswig-Holsteinische Oberlandesgericht** (B. v. 11. 8. 2006 – Az.: 1 Verg 1/06) **relativiert diese Auffassung**. Ist die Person, die die auf dem Korrekturband geschriebenen Zahlen eingetragen hat, mittels der verwendeten Handschrift zu ermitteln, werden dadurch theoretisch denkbare nachträgliche Manipulationen zumindest erschwert. Das **Interesse des Auftraggebers,** (unter Umständen korruptionsbeeinflusste) **nachträgliche Angebotsmanipulationen auszuschließen, ist zwar grundsätzlich anzuerkennen**. Der Auftraggeber muss hierfür aber die entsprechenden Vorkehrungen ergreifen (Forderung nach einem Angebotsdoppel, interne Kontrollmechanismen usw.). Soweit **dennoch Möglichkeiten rechtswidriger oder (gar) strafbarer Manipulationen theoretisch denkbar bleiben, kann allein der Hinweis auf derartige Möglichkeiten nicht zu Lasten des Bieters** gehen.

10764 Nach Auffassung des OLG München ist eine **Korrektur mittels TippEx-Korrekturroller zweifelsfrei**, wenn sich **aus der Multiplikation der Mengenzahl mit dem korrigierten Einheitspreis der unkorrigierte Gesamtpreis ergibt** und eine **Manipulation ausgeschlossen** ist, weil der Bieter sein Angebot im verschlossenen Umschlag abgegeben hatte, das Angebot von der Vergabestelle gelocht und in Verwahrung genommen wurde. Eine Manipulation könnte höchstens noch durch die Vergabestelle erfolgen, welche daran aber keinerlei Interesse haben dürfte (OLG München, B. v. 23. 6. 2009 – Az.: Verg 08/09; im Ergebnis ebenso 1. VK Sachsen, B. v. 28. 12. 2009 – Az.: 1/SVK/060-09).

10765 **Ebenso** argumentiert die **VK Baden-Württemberg**. Hat ein Bieter in einer Position des Leistungsverzeichnisses eine **Ziffer bei der Fabrikatsangabe durchgestrichen und eine andere Zahl deutlich lesbar darüber geschrieben** und wurde bei einer anderen **Position der ursprüngliche Preis mit Tipp-Ex-Korrekturband überklebt und neue Zahlen leserlich eingetragen** und wurden in anderen Positionen **Preise durchgestrichen und die korrigierten Zahlen oberhalb der Durchstreichung hingeschrieben, ohne dass zusätzlich vermerkt wurde, von wem die Änderungen zu welchem Zeitpunkt vorgenommen** wurden, lässt sich jedoch **eindeutig feststellen, dass der Bieter sein Angebot selbst vor Angebotsabgabe korrigiert** hat, weil es sich um die **gleiche Handschrift unter Verwendung desselben Stiftes** handelt, ist das **Angebot nicht wegen nicht zweifelsfreier Änderungen an den Eintragungen auszuschließen**. Die Regelung des § 16 Abs. 3 lit. c) VOL/A soll verhindern, dass sich ein Bieter nach Erhalt des Zuschlags darauf berufen kann, er

Vergabe- und Vertragsordnung für Leistungen Teil A   VOL/A § 16   **Teil 4**

habe etwas anderes an Leistung oder Preis angeboten. Manipulationen sollen ausgeschlossen werden. Hat der **Bieter sein Angebot im verschlossenen Umschlag abgegeben und wurde das Angebot von der Vergabestelle gelocht und verwahrt, ist eine Manipulation durch den Bieter daher ausgeschlossen.** Ein Ausschlussgrund besteht insoweit nicht, da die Änderungen eindeutig von dem Bieter stammen und zweifelsfrei erkennen lassen, welche Preise angeboten und welche Fabrikate verwendet werden (VK Baden-Württemberg, B. v. 29. 6. 2009 – Az.: 1 VK 27/09).

116.6.5.3.4 Auslegung einer Änderung. Zur Ermittlung seines Erklärungsgehalts **10766** auf etwaige (insbesondere unklare) Änderungen ist das Angebot nach den für Willenserklärungen maßgebenden Grundsätzen entsprechend den §§ 133, 157 BGB auszulegen. Der öffentliche Auftraggeber ist zur Auslegung eines Angebots berechtigt und verpflichtet. Maßstab der Auslegung ist, wie ein mit den Umständen vertrauter Dritter in der Lage des öffentlichen Auftraggebers das Angebot nach Treu und Glauben mit Rücksicht auf die Verkehrssitte verstehen durfte und musste. Dabei ist der dem Angebot zugrunde liegende wahre Bieterwille zu erforschen (OLG Düsseldorf, B. v. 13. 8. 2008 – Az.: VII – Verg 42/07).

Vgl. zur **Auslegung eines Angebots** insgesamt die Kommentierung zu → § 13 VOL/A **10767** Rdn. 10 ff.

116.6.5.3.5 Rechtsfolge einer nicht zweifelsfreien Änderung. Angebote, die **unklare** **10768** **Eintragungen** aufweisen, können mit den übrigen Angeboten per se nicht verglichen werden. Sie sind **ohne unzulässige Nachverhandlungen ebenso wenig für den Auftraggeber annahmefähig** (OLG Düsseldorf, B. v. 13. 8. 2008 – Az.: VII – Verg 42/07).

116.6.5.3.6 Weitere Beispiele aus der Rechtsprechung **10769**

– ein **Antragsteller relativiert seine im Angebotsblatt verbindlich getroffenen Angaben zur Lieferfrist (24 Stunden) durch eine im Begleitschreiben gemachte Angabe „innerhalb von ca. 24 h".** Letztere bedeutet bei Betrachtung vom objektiven Empfängerhorizont aus nicht spätestens nach 24 Stunden, sondern kann sowohl eine Lieferung innerhalb von 24 Stunden beinhalten, als auch eine längere Lieferzeit. Das **Angebot ist zwingend auszuschließen**, weil die Änderungen des Bieters an seinen Eintragungen nicht zweifelsfrei sind (VK Nordbayern, B. v. 15. 1. 2009 – Az.: 21.VK – 3194 – 59/08)

– macht ein **Antragsteller die Einhaltung der Lieferfrist von der Bedingung abhängig, dass die Bücher verlagsseitig verfügbar** sind, kann hierunter bei objektiver Betrachtung nicht nur der Fall verstanden werden, dass die Bücher nicht lieferbar sind. Vielmehr kann darunter **auch das Problem fallen, dass der Verlag die Auslieferung an den Antragsteller nicht rechtzeitig bewirkt.** Das **Angebot ist zwingend auszuschließen**, weil die Änderungen des Bieters an seinen Eintragungen nicht zweifelsfrei sind (VK Nordbayern, B. v. 15. 1. 2009 – Az.: 21.VK – 3194 – 59/08)

116.6.5.4 Ausschluss von Angeboten, bei denen Änderungen oder Ergänzungen an den Vertragsunterlagen vorgenommen worden sind (§ 16 Abs. 3 lit. d)

116.6.5.4.1 Änderung in der VOL/A 2009. Der **Begriff der Verdingungsunterlagen** **10770** wurde durch den **Begriff der Vertragsunterlagen ersetzt.**

116.6.5.4.2 Grundsatz. Gemäß § 13 Abs. 4 Satz 1 VOL/A sind **Änderungen an den** **10771** **Vertragsunterlagen durch den Bieter unzulässig.** Sie haben nach § 16 Abs. 3 lit. d) VOL/A zur Folge, dass das Angebot, welches nicht der Leistungsbeschreibung des Auftraggebers entspricht, **von der Wertung ausgeschlossen werden muss** (OLG Düsseldorf, B. v. 14. 10. 2009 – Az.: VII-Verg 9/09; B. v. 4. 5. 2009 – Az.: VII-Verg 68/08; B. v. 28. 4. 2008 – Az.: VII – Verg 1/08; B. v. 29. 4. 2003 – Az.: Verg 22/03; OLG Koblenz, B. v. 3. 4. 2008 – Az.: 1 Verg 1/08; VK Baden-Württemberg, B. v. 12. 12. 2008 – Az.: 1 VK 50/08; VK Berlin, B. v. 20. 4. 2009 – Az.: VK – B 2–10/09; VK Brandenburg, B. v. 12. 8. 2009 – Az.: VK 28/09; 1 VK Bund, B. v. 29. 7. 2010 – Az.: VK 1–67/10; 3. VK Bund, B. v. 5. 7. 2010 – Az.: VK 3–60/10; B. v. 4. 2. 2010 – Az.: VK 3 – 3/10; B. v. 3. 2. 2010 – Az.: VK 3 – 1/10; B. v. 21. 8. 2009 – Az.: VK 3–154/09; VK Lüneburg, B. v. 23. 2. 2007 – Az.: VgK-06/2007; VK Niedersachsen, B. v. 16. 3. 2009 – Az.: VgK-04/2009; B. v. vom 16. 10. 2008 – Az.: VgK-30/2008; VK Nordbayern, B. v. 28. 10. 2009 – Az.: 21.VK – 3194 – 46/09; B. v. 10. 6. 2008 – Az.: 21.VK – 3194 – 25/08; VK Sachsen, B. v. 25. 6. 2008 – Az.: 1/SVK/029-08; VK Schleswig-Holstein, B. v. 22. 7. 2009 – Az.: VK-SH 06/09; B. v. 26. 5. 2009 – Az.: VK-SH 04/09; VK Südbayern, B. v. 7. 12. 2007 – Az.: Z3-3-3194-1-49–10/07; B. v. 3. 8. 2007 – Az.: Z3-3-3194-1-32–07/07).

Teil 4 VOL/A § 16 Vergabe- und Vertragsordnung für Leistungen Teil A

10772 Schon aus Gründen der Gleichbehandlung und Transparenz (§ 97 Abs. 2 und Abs. 1 GWB) ist es **dem Auftraggeber im Vergabeverfahren nicht gestattet, Anforderungen in der Leistungsbeschreibung nachträglich fallen zu lassen** und damit Bieter, die sich an die Vorgaben gehalten haben, zu benachteiligen (3. VK Bund, B. v. 11. 3. 2010 – Az.: VK 3–18/10).

10773 Der Verstoß gegen § 16 Abs. 3 lit. d) in Verbindung mit § 13 Abs. 4 Satz 1 VOL/A hat den zwingenden Ausschluss des Angebots zur Folge. Der **öffentliche Auftraggeber hat bei Angeboten, die den Vorgaben des § 13 Abs. 4 Satz 1 VOL/A nicht entsprechen, kein Recht zu einer wie auch immer gearteten großzügigen Handhabe, sondern ist gezwungen, das betreffende Angebot aus der Wertung zu nehmen**. Ein transparentes, auf Gleichbehandlung aller Bieter beruhendes Vergabeverfahren ist nur gewährleistet, wenn in jeder Hinsicht vergleichbare Angebote vorliegen (3. VK Bund, B. v. 4. 2. 2010 – Az.: VK 3 – 3/10; B. v. 8. 1. 2010 – Az.: VK 3–229/09).

10774 **116.6.5.4.3 Sinn und Zweck der Vorschrift des § 13 Abs. 4 Satz 1 VOL/A.** § 13 Abs. 4 Satz 1 VOL/A soll sicherstellen, dass das **Angebot den ausgeschriebenen Leistungen und den sonstigen Verdingungsunterlagen entspricht** (OLG Frankfurt, B. v. 26. 5. 2009 – Az.: 11 Verg 2/09; 3. VK Bund, B. v. 4. 2. 2010 – Az.: VK 3 – 3/10; VK Lüneburg, B. v. 1. 2. 2008 – Az.: VgK-48/2007; B. v. 23. 2. 2007 – Az.: VgK-06/2007; VK Münster, B. v. 15. 8. 2007 – Az.: VK 13/07; VK Niedersachsen, B. v. 16. 3. 2009 – Az.: VgK-04/2009; B. v. 24. 10. 2008 – Az.: VgK-35/2008; B. v. vom 16. 10. 2008 – Az.: VgK-30/2008; 1. VK Sachsen, B. v. 25. 6. 2008 – Az.: 1/SVK/029-08; B. v. 24. 4. 2008 – Az.: 1/SVK/015-08; B. v. 17. 12. 2007 – Az.: 1/SVK/074-07; VK Schleswig-Holstein, B. v. 20. 10. 2010 – Az.: VK-SH 16/10; VK Südbayern, B. v. 11. 4. 2006 – Az.: 08-03/06). Es geht nicht allein darum, dass der Auftraggeber eigenverantwortlich bestimmt, zu welchen Bedingungen er den Vertrag abschließen möchte, sondern auch darum, dass die **übrigen Teilnehmer an der Ausschreibung nicht durch eine Änderung der Verdingungsunterlagen durch einen Mitbieter einen Wettbewerbsnachteil erleiden** (VK Münster, B. v. 15. 8. 2007 – Az.: VK 13/07; VK Niedersachsen, B. v. 16. 3. 2009 – Az.: VgK-04/2009; 1. VK Sachsen, B. v. 25. 6. 2008 – Az.: 1/SVK/029-08; B. v. 24. 4. 2008 – Az.: 1/SVK/015-08; B. v. 17. 12. 2007 – Az.: 1/SVK/074-07; VK Südbayern, B. v. 11. 4. 2006 – Az.: 08-03/06). Der durch die öffentliche Ausschreibung eröffnete Wettbewerb der Bieter kann nur gewährleistet werden, wenn **Änderungen an den Vertragsunterlagen ausgeschlossen werden**, weil andernfalls die Vergleichbarkeit der Angebote leidet (OLG Frankfurt am Main, B. v. 8. 2. 2005 – Az.: 11 Verg 24/04; VK Baden-Württemberg, B. v. 20. 1. 2009 – Az.: 1 VK 69/08; 2. VK Brandenburg, B. v. 25. 2. 2005 – Az.: VK 6/05; B. v. 10. 6. 2004 – Az.: VK 21/04; B. v. 20. 8. 2001 – Az.: 2 VK 80/01; 1. VK Bund, B. v. 29. 7. 2010 – Az.: VK 1–67/10; B. v. 10. 4. 2007 – Az.: VK 1–20/07; 3. VK Bund, B. v. 21. 8. 2009 – Az.: VK 3–154/09; B. v. 20. 6. 2007 – Az.: VK 3–55/07; B. v. 21. 7. 2004 – Az.: VK 3–83/04; VK Halle, B. v. 16. 1. 2001 – AZ: VK Hal 35/00; VK Lüneburg, B. v. 1. 2. 2008 – Az.: VgK-48/2007; B. v. 12. 6. 2007 – Az.: VgK-23/2007; B. v. 29. 5. 2007 – Az.: VgK-19/2007; B. v. 23. 2. 2007 – Az.: VgK-06/2007; B. v. 5. 11. 2004 – Az.: 203-VgK-48/2004; B. v. 9. 7. 2004 – Az.: 203-VgK-22/2004; VK Münster, B. v. 25. 1. 2006 – Az.: VK 23/05; B. v. 21. 12. 2005 – Az.: VK 25/05; B. v. 5. 10. 2005 – Az.: VK 19/05; B. v. 20. 4. 2005 – Az.: VK 6/05; VK Niedersachsen, B. v. 27. 8. 2009 – Az.: VgK-35/2009; B. v. 16. 3. 2009 – Az.: VgK-04/2009; B. v. 24. 10. 2008 – Az.: VgK-35/2008; B. v. vom 16. 10. 2008 – Az.: VgK-30/2008; VK Nordbayern, B. v. 10. 6. 2008 – Az.: 21.VK – 3194 – 25/08; B. v. 8. 5. 2008 – Az.: 21.VK – 3194 – 17/08; B. v. 15. 1. 2008 – Az.: 21.VK – 3194 – 49/07; B. v. 10. 1. 2008 – Az.: 21.VK – 3194 – 56/07; B. v. 4. 4. 2006 – Az.: 21.VK – 3194 – 09/06; B. v. 16. 2. 2005 – Az.: 320.VK – 3194 – 02/05; B. v. 11. 2. 2005 – Az.: 320.VK-3194-51/04; B. v. 1. 2. 2005 – Az.: 320.VK – 3194 – 56/04; B. v. 4. 11. 2004 – Az.: 320.VK – 3194 – 41/04; B. v. 4. 8. 2004 – Az.: 320.VK – 3194 – 28/04; VK Saarland, B. v. 15. 3. 2006 – Az.: 3 VK 02/2006; B. v. 31. 1. 2006 – Az.: 1 VK 05/2005; 1. VK Sachsen, B. v. 25. 6. 2008 – Az.: 1/SVK/029-08; B. v. 24. 4. 2008 – Az.: 1/SVK/015-08; B. v. 17. 12. 2007 – Az.: 1/SVK/074-07; B. v. 14. 3. 2007 – Az.: 1/SVK/006–07; B. v. 11. 1. 2007 – Az.: 1/SVK/116-06; B. v. 5. 4. 2006 – Az.: 1/SVK/027-06; B. v. 16. 9. 2005 – Az.: 1/SVK/114-05; VK Schleswig-Holstein, B. v. 22. 7. 2009 – Az.: VK-SH 06/09; B. v. 26. 5. 2009 – Az.: VK-SH 04/09; B. v. 15. 5. 2006 – Az.: VK-SH 10/06; B. v. 28. 4. 2006 – Az.: VK-SH 05/06; B. v. 13. 12. 2004 – Az.: VK-SH-33/04; VK Südbayern, B. v. 17. 2. 2004 – Az.: 03-01/04, B. v. 17. 2. 2004 – Az.: 67-12/03).

10775 Außerdem soll der **Auftraggeber davor geschützt werden**, den Zuschlag auf ein unbemerkt geändertes Angebot in der möglicherweise irrigen Annahme zu erteilen, dieses sei das wirtschaftlichste (OLG Frankfurt, B. v. 26. 5. 2009 – Az.: 11 Verg 2/09; BayObLG, B. v. 16. 9. 2002 – Az.: Verg 19/02; VK Brandenburg, B. v. 27. 3. 2008 – Az.: VK 5/08; 3. VK Bund, B. v.

4. 2. 2010 – Az.: VK 3 – 3/10; VK Nordbayern, B. v. 4. 8. 2004 – Az.: 320.VK – 3194 – 28/04; 1. VK Saarland, B. v. 14. 7. 2010 – Az.: 1 VK 08/2010; VK Schleswig-Holstein, B. v. 20. 10. 2010 – Az.: VK-SH 16/10).

Die Vorschrift soll darüber hinaus **sicherstellen, dass der Auftraggeber von jeder umständlichen Nachprüfung der Vertragsunterlagen auf Übereinstimmung mit dem ursprünglichen Text entbunden** wird (VK Brandenburg, B. v. 27. 3. 2008 – Az.: VK 5/08). 10776

Ein derartiges Angebot muss auch schon deshalb unberücksichtigt bleiben, weil es **wegen der sich nicht deckenden Willenserklärungen** zwischen Auftraggeber und Auftragnehmer **nicht zu dem** beabsichtigten **Vertragsabschluss** führen kann (VK Berlin, B. v. 20. 4. 2009 – Az.: VK – B 2–10/09; 1. VK Brandenburg, B. v. 30. 1. 2008 – Az.: VK 56/07, VK 58/07; B. v. 31. 8. 2006 – Az.: 1 VK 33/06; 3. VK Bund, B. v. 20. 6. 2007 – Az.: VK 3–55/07; VK Münster, B. v. 20. 4. 2005 – Az.: VK 6/05; VK Nordbayern, B. v. 8. 5. 2008 – Az.: 21.VK – 3194 – 17/08; B. v. 24. 1. 2008 – Az.: 21.VK – 3194 – 52/07; B. v. 15. 1. 2008 – Az.: 21.VK – 3194 – 49/07; B. v. 13. 12. 2007 – Az.: 21.VK – 3194 – 46/07; B. v. 10. 1. 2008 – Az.: 21.VK – 3194 – 56/07; B. v. 15. 3. 2007 – Az.: 21.VK – 3194 – 06/07; B. v. 27. 2. 2007 – Az.: 21.VK – 3194 – 04/07; B. v. 13. 2. 2007 – Az.: 21.VK – 3194 – 02/07; B. v. 16. 1. 2007 – Az.: 21.VK – 3194 – 43/06; B. v. 9. 5. 2006 – Az.: 21.VK – 3194 – 13/06; B. v. 4. 4. 2006 – Az.: 21.VK – 3194 – 09/06; B. v. 16. 2. 2005 – Az.: 320.VK – 3194 – 02/05; VK Südbayern, B. v. 3. 8. 2007 – Az.: Z3-3-3194-1-32–07/07; B. v. 29. 5. 2006 – Az.: 12-04/06; B. v. 27. 4. 2006 – Az.: 04-02/06). 10777

Auch **soll durch diese Regelung verhindert werden, dass Bieter bewusst mehrdeutige Änderungen an ihren Eintragungen vornehmen, in der Absicht, die Vergabestelle** (Saarländisches OLG, B. v. 9. 11. 2005 – werde sie schon zu ihrem Gunsten auslegen Az.: 1 Verg 4/05). 10778

116.6.5.4.4 Alternative zur Änderung für die Bieter. Hat ein Bieter die Absicht, von den Vertragsunterlagen abweichende Angebote einzureichen, **muss er dies in Form eines Nebenangebotes tun**. Änderungen an den Vertragsunterlagen selbst sind jedoch in jedem Fall, also auch im Falle von Nebenangeboten unzulässig, da sie die Vergleichbarkeit der Angebote gefährden. Gehen die Bieter von unterschiedlichen Voraussetzungen aus, fehlt es an der Vergleichbarkeit der eingereichten Angebote (VK Brandenburg, B. v. 25. 2. 2005 – Az.: VK 6/05; VK Lüneburg, B. v. 11. 3. 2008 – Az.: VgK-05/2008; B. v. 1. 2. 2008 – Az.: VgK-48/2007; B. v. 12. 6. 2007 – Az.: VgK-23/2007; B. v. 29. 5. 2007 – Az.: VgK-19/2007; B. v. 21. 9. 2004 – Az.: 203-VgK-42/2004; VK Lüneburg, B. v. 11. 3. 2008 – Az.: VgK-05/2008; B. v. 11. 4. 2005 – Az.: VgK-09/2005; B. v. 21. 9. 2004 – Az.: 203-VgK-42/2004; VK Niedersachsen, B. v. 27. 8. 2009 – Az.: VgK-35/2009; B. v. 16. 3. 2009 – Az.: VgK-04/2009; B. v. vom 16. 10. 2008 – Az.: VgK-30/2008). 10779

116.6.5.4.5 Begriff der Vertragsunterlagen. Die **Vertragsunterlagen** sind **definiert in § 8 Abs. 1 Satz 2 lit. c) VOL/A.** Vgl. insoweit die Kommentierung zu → § 8 VOL/A Rdn. 14. 10780

116.6.5.4.6 Änderung der Vertragsunterlagen. Welche Teile der Vertragsunterlagen geändert oder ergänzt werden, ist dabei unbeachtlich. Denn die Vertragsunterlagen als Ganzes und in allen ihren Teilen sind Grundlage der Angebote der sich beteiligenden Bieter; diese müssen also – um vergleichbar zu bleiben – von dem gleichen unveränderten Text, wie ihn der Auftraggeber aufgrund der VOL/A erarbeitet und an die Bieter verschickt hat, ausgehen (OLG Düsseldorf, B. v. 28. 7. 2005 – Az.: VII – Verg 45/05; B. v. 18. 7. 2005 – Az.: VII – Verg 39/05; OLG Frankfurt, B. v. 21. 4. 2005 – Az.: 11 Verg 1/05; LG Göttingen, Urteil v. 28. 2. 2008 – Az.: 8 O 184/06; 1. VK Brandenburg, B. v. 27. 3. 2008 – Az.: VK 5/08; B. v. 30. 1. 2008 – Az.: VK 56/07, VK 58/07; B. v. 31. 8. 2006 – Az.: 1 VK 33/06; 1. VK Bund, B. v. 10. 4. 2007 – Az.: VK 1–20/07; 3. VK Bund, B. v. 8. 2. 2008 – Az.: VK 3–29/08; B. v. 5. 2. 2008 – Az.: VK 3–17/08; B. v. 20. 6. 2007 – Az.: VK 3–55/07; B. v. 6. 6. 2005 – Az.: VK 3–43/05; VK Lüneburg, B. v. 18. 12. 2003 – Az.: 203-VgK-35/2003; VK Münster, B. v. 5. 4. 2006 – Az.: VK 5/06; B. v. 10. 3. 2006 – Az.: VK 2/06; B. v. 25. 1. 2006 – Az.: VK 23/05; B. v. 21. 12. 2005 – Az.: VK 25/05; VK Saarland, B. v. 15. 3. 2006 – Az.: 3 VK 02/2006; B. v. 31. 1. 2006 – Az.: 1 VK 05/2005; VK Schleswig-Holstein, B. v. 22. 7. 2009 – Az.: VK-SH 06/09; B. v. 26. 5. 2009 – Az.: VK-SH 04/09; B. v. 15. 5. 2006 – Az.: VK-SH 10/06; B. v. 13. 12. 2004 – Az.: VK-SH-33/04; VK Südbayern, B. v. 3. 8. 2007 – Az.: Z3-3-3194-1-32–07/07; B. v. 29. 5. 2006 – Az.: 12-04/06). 10781

116.6.5.4.7 Begriff der Änderungen der Vertragsunterlagen. 116.6.5.4.7.1 Allgemeines. Der Begriff der Änderung ist **weit auszulegen** (OLG Frankfurt, B. v. 26. 5. 2009 – 10782

Teil 4 VOL/A § 16   Vergabe- und Vertragsordnung für Leistungen Teil A

Az.: 11 Verg 2/09; Urteil v. 3. 7. 2007 – Az.: 11 U 54/06; VK Arnsberg, B. v. 2. 9. 2010 – Az.: VK 16/10; 1. VK Saarland, B. v. 14. 7. 2010 – Az.: 1 VK 08/2010; 1. VK Sachsen, B. v. 19. 5. 2010 – Az.: 1/SVK/015-10; VK Schleswig-Holstein, B. v. 20. 10. 2010 – Az.: VK-SH 16/10; B. v. 22. 7. 2009 – Az.: VK-SH 06/09; B. v. 26. 5. 2009 – Az.: VK-SH 04/09; VK Südbayern, B. v. 26. 6. 2008 – Az.: Z3-3-3194-1-16-04/08). Ob die Vertragsunterlagen im Angebot geändert worden sind, ist **durch Vergleich des Inhalts des Angebots mit den in den Vertragsunterlagen geforderten Leistungen** festzustellen (BSG, B. v. 22. 4. 2009 – Az.: B 3 KR 2/09 D; OLG Frankfurt, B. v. 14. 10. 2008 – Az.: 11 Verg 11/2008; B. v. 25. 7. 2008 – Az.: 11 Verg 10/08; OLG Naumburg, B. v. 29. 1. 2009 – Az.: 1 Verg 10/08; VK Brandenburg, B. v. 16. 12. 2009 – Az.: VK 42/09; 1. VK Sachsen, B. v. 19. 5. 2010 – Az.: 1/SVK/015-10; VK Schleswig-Holstein, B. v. 20. 10. 2010 – Az.: VK-SH 16/10).

10783   **116.6.5.4.7.2 Änderungen am Inhalt der ausgeschriebenen Leistung. 116.6.5.4.7.2.1 Allgemeines. Änderungen** können in **Ergänzungen und Streichungen** bestehen; sie können sich aber auch **auf den (technischen) Inhalt der Leistungen** beziehen. Eine Änderung der Vertragsunterlagen liegt daher vor, wenn der **Bieter die zu erbringende Leistung abändert und eine andere als die ausgeschriebene Leistung anbietet** (BSG, B. v. 22. 4. 2009 – Az.: B 3 KR 2/09 D; OLG Düsseldorf, B. v. 9. 6. 2010 – Az.: VII-Verg 5/10; B. v. 17. 11. 2008 – Az.: VII-Verg 49/08; B. v. 2. 5. 2007 – Az.: VII – Verg 1/07; B. v. 12. 3. 2007 – Az.: VII – Verg 53/06; B. v. 29. 3. 2006 – Az.: VII – Verg 77/05; B. v. 28. 7. 2005 – Az.: VII – Verg 45/05; B. v. 20. 5. 2005 – Az.: VII – Verg 19/05; OLG Frankfurt, B. v. 26. 5. 2009 – Az.: 11 Verg 2/09; B. v. 21. 4. 2005 – Az.: 11 Verg 1/05; B. v. 8. 2. 2005 – Az.: 11 Verg 24/04; OLG Koblenz, B. v. 5. 12. 2007 – Az.: 1 Verg 7/07; OLG München, B. v. 28. 7. 2008 – Az.: Verg 10/08; VK Arnsberg, B. v. 9. 9. 2010 – Az.: VK 18/10; B. v. 2. 9. 2010 – Az.: VK 16/10; VK Baden-Württemberg, B. v. 20. 1. 2009 – Az.: 1 VK 69/08; B. v. 26. 7. 2005 – Az.: 1 VK 39/05; VK Berlin, B. v. 20. 4. 2009 – Az.: VK – B 2–10/09; VK Brandenburg, B. v. 30. 1. 2008 – Az.: VK 56/07, VK 58/07; 1. VK Bund, B. v. 27. 6. 2006 – Az.: VK 1–40/06; 3. VK Bund, B. v. 11. 3. 2010 – Az.: VK 3–18/10; B. v. 4. 2. 2010 – Az.: VK 3 – 3/10; B. v. 18. 9. 2008 – Az.: VK 3–122/08; B. v. 18. 9. 2008 – Az.: VK 3–119/08; B. v. 6. 5. 2008 – Az.: VK 3–53/08; B. v. 6. 6. 2005 – Az.: VK 3–43/05; VK Lüneburg, B. v. 23. 2. 2007 – Az.: VgK-06/2007; VK Münster, B. v. 16. 1. 2008 – Az.: VK 28/07; B. v. 15. 8. 2007 – Az.: VK 13/07; B. v. 5. 4. 2006 – Az.: VK 5/06; B. v. 10. 3. 2006 – Az.: VK 2/06; B. v. 25. 1. 2006 – Az.: VK 23/05; B. v. 21. 12. 2005 – Az.: VK 25/05; B. v. 5. 10. 2005 – Az.: VK 19/05; B. v. 20. 4. 2005 – Az.: VK 6/05; VK Nordbayern, B. v. 22. 7. 2010 – Az.: 21.VK – 3194 – 26/10; B. v. 8. 6. 2010 – Az.: 21.VK – 3194 – 11/10; B. v. 10. 6. 2008 – Az.: 21.VK – 3194 – 25/08; B. v. 8. 5. 2008 – Az.: 21.VK – 3194 – 17/08; B. v. 15. 1. 2008 – Az.: 21.VK – 3194 – 49/07; B. v. 10. 1. 2008 – Az.: 21.VK – 3194 – 56/07; B. v. 12. 4. 2007 – Az.: 21.VK – 3194 – 16/07; B. v. 13. 2. 2007 – Az.: 21.VK – 3194 – 02/07; B. v. 16. 1. 2007 – Az.: 21.VK – 3194 – 43/06; B. v. 9. 5. 2006 – Az.: 21.VK – 3194 – 13/06; 1. VK Saarland, B. v. 14. 7. 2010 – Az.: 1 VK 08/2010; 3. VK Saarland, B. v. 15. 3. 2006 – Az.: 3 VK 02/2006; B. v. 31. 1. 2006 – Az.: 1 VK 05/2005; 1. VK Sachsen, B. v. 19. 5. 2010 – Az.: 1/SVK/015-10; B. v. 9. 2. 2009 – Az.: 1/SVK/071-08; B. v. 25. 6. 2008 – Az.: 1/SVK/029-08; B. v. 24. 4. 2008 – Az.: 1/SVK/015-08; B. v. 17. 12. 2007 – Az.: 1/SVK/074-07; B. v. 5. 4. 2006 – Az.: 1/SVK/027-06; B. v. 7. 7. 2005 – Az.: 1/SVK/061-05; VK Schleswig-Holstein, B. v. 20. 10. 2010 – Az.: VK-SH 16/10; B. v. 22. 7. 2009 – Az.: VK-SH 06/09; B. v. 26. 5. 2009 – Az.: VK-SH 04/09; VK Südbayern, B. v. 26. 6. 2008 – Az.: Z3-3-3194-1-16-04/08; B. v. 11. 4. 2006 – Az.: 08-03/06; VK Thüringen, B. v. 7. 5. 2009 – Az.: 250–4003.20–2304/2009-007-SHK; B. v. 25. 9. 2006 – Az.: 360–4002.20–017/06-NDH; B. v. 6. 7. 2006 – Az.: 360–4003.20–010/06-HIG). Ob die Vertragsunterlagen im Angebot **geändert worden sind, ist im Wege eines Vergleiches des Inhalts des Angebots mit den in den Vertragsunterlagen geforderten Leistungen** festzustellen (OLG Düsseldorf, B. v. 17. 11. 2008 – Az.: VII-Verg 49/08; B. v. 2. 5. 2007 – Az.: VII – Verg 1/07; VK Arnsberg, B. v. 9. 9. 2010 – Az.: VK 18/10; 1. VK Saarland, B. v. 14. 7. 2010 – Az.: 1 VK 08/2010; VK Südbayern, B. v. 26. 6. 2008 – Az.: Z3-3-3194-1-16-04/08). Dies ist dann **anders zu beurteilen, wenn der Auftraggeber keine eindeutigen Vertragsunterlagen herausgibt**, der **Bieter die Widersprüche in der Leistungsbeschreibung** (z. B. zwischen Plänen und Textbeschreibung) durch eine Anfrage beim Auftraggeber **zu klären versucht und der Auftraggeber diese Anfrage nicht beantwortet** (VK Baden-Württemberg, B. v. 26. 7. 2005 – Az.: 1 VK 39/05).

10784   Dieses **Verständnis deckt sich mit der Interpretation, die die Verfasser der VOL/A dem Begriff der Änderungsvorschläge und Nebenangebote in den Erläuterungen zu § 17 Nr. 3 Abs. 5 VOL/A 2002 beigelegt haben**. Verändert ein Bieter inhaltlich die in den

Vergabe- und Vertragsordnung für Leistungen Teil A VOL/A § 16 **Teil 4**

Vertragsunterlagen enthaltenen Anforderungen des Auftraggebers, ist sein Angebot ohne Rücksicht darauf, ob der Auftraggeber diesen Mangel selbst erkannt und sanktioniert hat, zwingend von der Wertung auszunehmen (OLG Düsseldorf, B. v. 28. 7. 2005 – Az.: VII – Verg 45/05).

Auch **Abweichungen von den Vorgaben der Vertragsunterlagen** ändern die Vertragsunterlagen in unzulässiger Weise (BGH, B. v. 26. 9. 2006 – Az.: X ZB 14/06; Urteil v. 1. 8. 2006 – Az.: X ZR 115/04; OLG München, B. v. 2. 9. 2010 – Az.: Verg 17/10; OLG Naumburg, B. v. 2. 7. 2009 – Az.: 1 Verg 2/09; 3. VK Bund, B. v. 11. 3. 2010 – Az.: VK 3–18/10; VK Münster, B. v. 15. 8. 2007 – Az.: VK 13/07; VK Nordbayern, B. v. 24. 1. 2008 – Az.: 21.VK – 3194 – 52/07; B. v. 15. 1. 2008 – Az.: 21.VK – 3194 – 49/07; B. v. 10. 1. 2008 – Az.: 21.VK – 3194 – 56/07; B. v. 13. 12. 2007 – Az.: 21.VK – 3194 – 46/07; B. v. 21. 8. 2007 – Az.: 21.VK – 3194 – 36/07; B. v. 4. 4. 2006 – Az.: 21.VK – 3194 – 09/06; VK Saarland, B. v. 15. 3. 2006 – Az.: 3 VK 02/2006; 1. VK Sachsen, B. v. 11. 1. 2007 – Az.: 1/SVK/116-06; VK Südbayern, B. v. 26. 6. 2008 – Az.: Z3-3-3194-1-16-04/08). 10785

Wird eine **Lösung (als Hauptangebot) angeboten, die von den Vorgaben der Vertragsunterlagen – und zwar der Leistungsbeschreibung – abweicht** und damit die Anforderungen der Vertragsunterlagen nicht erfüllt, stellen diese Änderungen der Leistungsbeschreibung als Teil der Vertragsunterlagen **Verstöße gegen § 13 Abs. 4 Satz 1 VOL/A** dar; dementsprechend sind Angebote, denen abgeänderte Leistungsbeschreibungen zugrunde liegen, zwingend auszuschließen (OLG München, B. v. 2. 9. 2010 – Az.: Verg 17/10; 1. VK Bund, B. v. 27. 1. 2005 – Az.: VK 1–225/04). 10786

Die **Unterzeichung und physische Rücksendung eines Vertragsentwurfs** an den Auftraggeber stellen eine rechtsgeschäftliche Erklärung des Bieters dar. Der Umstand, dass **beides unterbleibt**, dokumentiert aus Sicht des Empfängers, dass der Vertragsentwurf und die (geänderten) Vertragsbedingungen von dem Bieter nicht akzeptiert werden sollen und **führt zu einer Änderung der Vertragsunterlagen** (OLG Düsseldorf, B. v. 4. 5. 2009 – Az.: VII-Verg 68/08). 10787

Vgl. zu dem **Fall eines nur subjektiven Abweichens von den Vorgaben der Vertragsunterlagen** und des **daraus folgenden Ausschlusses wegen mangelnder Zuverlässigkeit** die Kommentierung zu → § 97 GWB Rdn. 621. 10788

Streitig ist, ob die **nachträgliche Korrektur eines Preises oder eines sonstigen Angebotsbestandteils eine Änderung des Angebots** im Sinn von § 16 VOL/A darstellt. Selbst wenn dies so gesehen wird, führt dies lediglich dazu, dass das **Angebot nicht mit dem korrigierten, sondern mit dem ursprünglichen Angebotspreis zu bewerten** ist. Einen Angebotsausschluss kann dieses Verhalten jedoch nicht nach sich ziehen (3. VK Bund, B. v. 19. 7. 2005 – Az.: VK 3–58/05). 10789

116.6.5.4.7.2.2 Änderungen durch ein Begleitschreiben. Nach der überwiegenden Auffassung gehört auch ein **Begleitschreiben zu den Vertragsunterlagen** (BSG, B. v. 22. 4. 2009 – Az.: B 3 KR 2/09 D; OLG Düsseldorf, B. v. 13. 8. 2008 – Az.: VII – Verg 42/07; OLG München, B. v. 21. 2. 2008 – Az.: Verg 01/08; B. v. 23. 11. 2006 – Az.: Verg 16/06; 3. VK Bund, B. v. 5. 7. 2010 – Az.: VK 3–60/10; VK Lüneburg, B. v. 11. 3. 2008 – Az.: VgK-05/2008; VK Münster, B. v. 31. 10. 2007 – Az.: VK 22/07; VK Nordbayern, B. v. 19. 3. 2009 – Az.: 21.VK – 3194 – 08/09; B. v. 15. 1. 2009 – Az.: 21.VK – 3194 – 59/08). Das **Begleitschreiben** des Bieters ist also **regelmäßig Bestandteil seines Angebots**. Dies wird **besonders deutlich, wenn das Angebot mit dem Begleitschreiben übersandt** und **auf das Angebot als Anlage Bezug genommen** wird. Dann ist das Begleitschreiben dem beigefügten Angebot vom **objektiven Empfängerhorizont** her zuzuordnen. Dass dies die Vergabestelle auch so versteht, zeigt sich bereits dadurch, dass das Begleitschreiben zusammen mit dem von der Vergabestelle vorgegebenen Angebotsunterlagen bei Angebotseröffnung gelocht und in die formale Prüfung einbezogen wird (VK Nordbayern, B. v. 19. 3. 2009 – Az.: 21.VK – 3194 – 08/09). 10790

Sowohl das **Begleitschreiben als auch der Angebotstext werden zeitgleich eingereicht und stehen miteinander in einem engen Zusammenhang**. Beide Unterlagen werden **nach Öffnung gekennzeichnet und werden somit wesentlicher Teil des Angebotes**. Wenn ein Bieter seinem Angebot selbst verfasste rechtsverbindliche Erklärungen, beispielsweise in einem Begleitschreiben beifügt, dann sollen diese in der Regel auch Inhalt des Angebotes sein. Einen anderen Sinn können diese Erklärungen jedenfalls aus der Sicht eines Bieters nicht haben. So werden **in Begleitschreiben häufig Preisnachlässe oder andere Vorteile von den Bietern genannt**. Solche Angaben sollen und können rechtserheb- 10791

2175

Teil 4 VOL/A § 16 Vergabe- und Vertragsordnung für Leistungen Teil A

liche Auswirkungen haben. Auch die Beifügung eigener Geschäftsbedingungen durch den Bieter, zum Beispiel auf der Rückseite des Angebotsschreibens, ist als eine rechtsverbindliche Erklärung einzustufen, die – obwohl nur im Anschreiben – dennoch im Kontext mit dem Angebot steht und regelmäßig zum Ausschluss des Angebotes führt. Soweit sich rechtserhebliche Erklärungen in dem Anschreiben zum Angebot befinden, mit denen der Bieter Vorteile einräumt, steht es völlig außer Frage, dass auch diese Erklärungen Inhalt des Angebotes werden. Wird der Zuschlag auf ein solches Angebot erteilt, so kann der Bieter nicht anschließend das Anschreiben als nicht rechtsverbindlich, da nicht Inhalt des Angebots, darstellen. Gleiches gilt aber auch für den umgekehrten Fall (VK Münster, B. v. 31. 10. 2007 – Az.: VK 22/07).

10792 Nach einer anderen Auffassung gehört das **Anschreiben nicht zu den Vertragsunterlagen** (1. VK Sachsen, B. v. 7. 5. 2002 – Az.: 1/SVK/035-02, B. v. 4. 6. 2002 – Az.: 1/SVK/049-02).

10793 **Inhaltlich** kann sich das Schreiben auf **reine Höflichkeitsfloskeln** beschränken, dann ist es **rechtlich bedeutungslos**. Sofern das Schreiben **angebotsrelevante Inhalte** wie Angebotspreis, Lieferfristen, oder auch Allgemeine Geschäftsbedingungen umfasst, muss die Vergabestelle diese Erklärungen sei es zugunsten oder zuungunsten des Bieters berücksichtigen. Es ist dann eine **Frage der Auslegung des Angebotes, wie die im Begleitschreiben aufgeführten Inhalte sich in den Gesamtkontext des Angebots einfüge** (OLG München, B. v. 21. 2. 2008 – Az.: Verg 01/08; VK Nordbayern, B. v. 19. 3. 2009 – Az.: 21.VK – 3194 – 08/09).

10794 Die Vorschrift des § 13 Abs. 4 Satz 1 VOL/A soll allgemein verhindern, dass etwaige Änderungen oder Ergänzungen bei der Prüfung der Angebote unbemerkt bleiben und der Zuschlag auf ein solches Angebot in der irrigen Annahme, es sei das Wirtschaftlichste, erteilt wird. Diese **Gefahr ist bei Änderungen, die in einem Begleitschreiben enthalten sind, das Anmerkungen enthält, die mit den Intentionen des Auftraggebers möglicherweise nicht übereinstimmen, eher noch größer als in dem Fall, dass sichtbare Änderungen in der Leistungsbeschreibung oder anderen Vertragsunterlagen vorgenommen werden**. Dabei ist auch unerheblich, ob im Einzelfall der „Ergänzungsversuch" des Bieters deswegen ins Leere geht, weil die Vergabeunterlagen des Auftraggebers lückenlos sind. Es ist ein anerkennenswertes Auftraggeberinteresse zu verhindern, dass über die Geltung von Vertragsbedingungen nachträglich Streit entsteht bzw. von vornherein einen solchen Streit dadurch zu unterbinden, dass ergänzende Bedingungen als von den Verdingungsunterlagen abweichend behandelt werden (OLG Frankfurt, Urteil vom 3. 7. 2007 – Az.: 11 U 54/06; VK Arnsberg, B. v. 4. 8. 2008 – Az.: VK 15/08; 1. VK Brandenburg, B. v. 3. 4. 2007 – Az.: 1 VK 9/07; B. v. 25. 2. 2005 – Az.: VK 6/05; VK Münster, B. v. 31. 10. 2007 – Az.: VK 22/07; B. v. 15. 8. 2007 – Az.: VK 13/07; VK Nordbayern, B. v. 26. 10. 2006 – Az.: 21.VK – 3194 – 32/06; 1. VK Sachsen, B. v. 16. 9. 2005 – Az.: 1/SVK/114-05).

10795 **116.6.5.4.7.2.3 Änderungen durch Beifügen von Allgemeinen Geschäftsbedingungen durch den Bieter. Die 2. VK Bund verpflichtet den Auftraggeber, zu prüfen, ob die beigefügten AGB überhaupt rechtlich wirksamer Bestandteil des Angebots geworden** sind. Grundsätzlich gilt, dass AGB des Verwenders nur dann in das Angebot einbezogen werden, wenn der Verwender ausdrücklich darauf hinweist, dass der Vertrag unter Zugrundelegung seiner AGB abgeschlossen werden soll (§ 305 Abs. 2 Nr. 1 BGB). Nicht ausreichend ist beispielsweise der bloße Abdruck der AGB auf der Rückseite des Vertrages oder in einem Katalog (2. VK Bund, B. v. 29. 3. 2006 – Az.: VK 2–11/06).

10796 Eine **Einbeziehung der Allgemeinen Geschäftsbedingungen in das Angebot scheitert nicht daran, dass in dem Angebotsschreiben EVM (B) Ang EG 213 EG unter der Formulierung „Mein Angebot umfasst" die Allgemeinen Geschäftsbedingungen eines Bieters nicht eingetragen sind**, wenn keine entsprechende Einschränkung enthalten ist. Aus der maßgeblichen Sicht einer verständigen Vergabestelle kann die Erklärung in dem Formblatt nicht so verstanden werden, dass der **Bieter sein Angebot nur auf die dort benannten Unterlagen beschränkt und weitere beigefügte Unterlagen nicht Bestandteil des Angebots sein sollen**. Die Vergabestelle muss davon ausgehen, dass ein Bieter sein Angebot sorgfältig erstellt und die von ihm beigefügten Erklärungen und Unterlagen in das Angebot einbezogen wissen will. Die **Vergabestelle kann ohne konkrete Anhaltspunkte nicht unterstellen, dass der Bieter eine Erklärung irrtümlich abgegeben hat oder nur versehentlich dem Angebot Unterlagen beigefügt hat**. Dies gilt nur dann nicht, wenn die Beifügung von Unterlagen offensichtlich und für Dritte ohne weiteres erkennbar nur ein Versehen darstellen kann oder ein gefestigter Rechtssatz besteht, dass die vorgelegten Erklärungen die Einbeziehung der Unterlagen des Bieters ausschließen (OLG München, B. v. 21. 2. 2008 – Az.: Verg 01/08; VK Nordbayern, B. v. 19. 3. 2009 – Az.: 21.VK – 3194 – 08/09).

Ein **Rechtssatz, dass auf der Rückseite eines Schreibens abgedruckte Allgemeine** 10797
Geschäftsbedingungen ohne weiteren Hinweis nicht in ein Angebot bzw. ein Vertragswerk einbezogen werden können, besteht nicht. Die Obliegenheit eines ausdrücklichen Hinweises gilt nach § 310 Abs. 1 BGB nicht gegenüber juristischen Personen des öffentlichen Rechts. Daran hat sich auch durch die Fassung des § 310 Abs. 1 BGB zum 1. 1. 2009 nichts geändert. § 310 Abs. 1 Satz 1 BGB gilt unverändert. Auch gegenüber juristischen Personen des öffentlichen Rechts muss aber der **Wille des Verwenders, bestimmte AGB zum Vertragsbestandteil werden zu lassen, in irgendeiner Weise schlüssig zum Ausdruck kommen.** Ob der Abdruck Allgemeiner Geschäftsbedingungen auf der Rückseite eines Schreibens ohne weiteren Hinweis hierfür ausreicht, ist strittig. Die **Verkehrssitte und oder der Grundsatz von Treu und Glauben gebietet kein Verständnis des Empfängers,** dass die **allgemeinen Geschäftsbedingungen im behördlichen oder kaufmännischen Verkehr bei Abdruck auf der Rückseite eines Schreibens nicht Bestandteil des Angebots sein können.** Vielmehr hatte die Vergabestelle davon auszugehen, dass die Antragstellerin alle das Angebot betreffenden Erklärungen berücksichtigt wissen will (OLG München, B. v. 21. 2. 2008 – Az.: Verg 01/08; VK Lüneburg, B. v. 11. 3. 2008 – Az.: VgK–05/2008; VK Nordbayern, B. v. 19. 3. 2009 – Az.: 21.VK – 3194 – 08/09).

Die **Rechtsprechung** zu den Konsequenzen von beigefügten und nach dem Willen des Bieters einbezogenen Geschäftsbedingungen ist **nicht einheitlich.** 10798

Hinsichtlich der rechtlichen Konsequenzen wirksam einbezogener Allgemeiner Geschäftsbedingungen schaden nach einer Auffassung **Allgemeine Geschäftsbedingungen für Leistungen eines Bieters auf der Rückseite des Anschreibens zum Angebot nicht.** Ein solches Anschreiben enthält keine Bestandteile/Informationen, die auf das Angebot wirken. Es ist nach Aufmachung und Inhalt ein reines Übersendungsschreiben. Das Angebot selbst ist das von dem Bieter zum Eröffnungstermin abgegebene Einheitliche Verdingungsmuster – EVM (B) Ang 213 mit den darin aufgeführten und beigefügten Anlagen. Unter Nr. 1.6 dieses EVM's hätte der Bieter die Möglichkeit gehabt, eigene Geschäftsbedingungen mit zum Vertragsbestandteil zu erklären, hiervon ist jedoch kein Gebrauch gemacht worden. Aus diesen Gründen sind die Allgemeinen Geschäftsbedingungen für Liefer- oder Dienstleistungsverträge, die auf der Rückseite des Übersendungsschreibens abgedruckt sind, **nicht als Änderung an den Vertragsunterlagen im Sinne von § 13 Abs. 4 Satz 1 VOL/A zu betrachten** (VK Brandenburg, B. v. 16. 12. 2004 – Az.: VK 70/04; VK Hannover, B. v. 6. 9. 2002 – Az.: 26 045 – VgK – 11/2002). 10799

Im Gegensatz dazu führt nach anderer Meinung die Einbeziehung eigener Allgemeiner Geschäftsbedingungen durch einen Bewerber als **unzulässige Ergänzung der Vertragsunterlagen grundsätzlich zum Ausschluss des Angebots.** Es kann offen bleiben, ob dieser Rechtssatz auch dann gilt, wenn die Vertragsunterlagen keine Ausschließlichkeit erkennen lassen; ebenso bedarf es keiner Entscheidung darüber, wann ein solches Schweigen als Einverständnis der Vergabestelle mit Auftragnehmerbedingungen zu werten ist. Jedenfalls dort, wo die Vergabestelle Ergänzungen ausdrücklich mit dem Ausschluss des Angebots sanktioniert, ist für zusätzliche Vertragsbedingungen des Auftragnehmers kein Raum, so dass ein mit solchen Bedingungen ausgestattetes Angebot die Vertragsunterlagen ändert. Dabei ist auch unerheblich, ob im Einzelfall der „Ergänzungsversuch" des Bieters deswegen ins Leere geht, weil die Vertragsunterlagen des Auftraggebers lückenlos sind. Es ist ein **anerkennenswertes Auftraggeberinteresse,** zu verhindern, dass **über die Geltung von Vertragsbedingungen nachträglich Streit entsteht bzw. von vornherein einen solchen Streit dadurch zu unterbinden, dass ergänzende Bedingungen als Abweichung von den Vertragsunterlagen behandelt werden** (OLG München, B. v. 21. 2. 2008 – Az.: Verg 01/08; Thüringer OLG, B. v. 17. 3. 2003 – Az.: 6 Verg 2/03; 1. VK Brandenburg, B. v. 3. 4. 2007 – Az.: 1 VK 9/07; 3. VK Bund, B. v. 5. 7. 2010 – Az.: VK 3–60/10; B. v. 18. 9. 2008 – Az.: VK 3–122/08; B. v. 18. 9. 2008 – Az.: VK 3–119/08; B. v. 21. 7. 2004 – Az.: VK 3–83/04; VK Hessen, B. v. 20. 10. 2004 – Az.: 69 d – VK – 61/2004; VK Lüneburg, B. v. 11. 3. 2008 – Az.: VgK–05/2008; VK Magdeburg, B. v. 16. 10. 2002 – Az.: 33–32571/07 VK MD 11/02; VK Nordbayern, B. v. 19. 3. 2009 – Az.: 21.VK – 3194 – 08/09; B. v. 12. 4. 2007 – Az.: 21.VK – 3194 – 16/07; B. v. 27. 2. 2007 – Az.: 21.VK – 3194 – 04/07; VK Saarland, B. v. 1. 3. 2005 – Az.: 1 VK 01/2005; VK Sachsen, B. v. 16. 11. 2006 – Az.: 1/SVK/097-06; B. v. 14. 1. 2004 – Az.: 1/SVK/153-03; VK Schleswig-Holstein, B. v. 17. 3. 2006 – Az.: VK-SH 02/06; B. v. 7. 3. 2005 – Az.: VK-SH 03/05; VK Thüringen, B. v. 11. 2. 2010 – Az.: 250–4002.20–253/2010-001-EF; ähnlich VK Arnsberg, B. v. 20. 11. 2001 – Az.: VK 2–14/2001). 10800

Nach Auffassung der VK Nordbayern ist dann, wenn ein Bieter sein Angebot auf seinem Briefpapier abgibt, auf dem die **eigenen Zahlungsbedingungen vorgedruckt** sind, und diese 10801 eigenen Zahlungsbedingungen den Vorgaben der Vergabestelle widersprechen, das Angebot wegen unzulässiger Änderungen an den Vertragsunterlagen **auszuschließen** (VK Nordbayern, B. v. 27. 2. 2007 – Az.: 21.VK – 3194 – 04/07; B. v. 21. 7. 2004 – Az.: 320.VK – 3194 – 24/04). Hat ein Bieter auf jeder Seite der von ihm mit einem EDV-Ausdruck selbst gefertigten Kurzfassung des Leistungsverzeichnisses „**Zahlbar innerhalb 8 Tagen ohne Abzug**" angegeben, ist diese Zahlungsfrist Wille des Bieters zur Angebotsabgabe und Inhalt des Angebots. Ein verständiger Empfänger muss diese eindeutige Formulierung jedenfalls so verstehen. Daran ändert die Tatsache nichts, dass diese Zahlungsfrist auf dem EDV-Papier vorgedruckt ist. Eine Erklärung ist immer so zu verstehen wie sie formuliert ist (VK Nordbayern, B. v. 21. 9. 2001 – Az.: 320.VK-3194-32/01).

10802   Fügt der Bieter **entgegen den ausdrücklichen Vergabeunterlagen eigene allgemeine Geschäftsbedingungen bei, ist das Angebot zwingend auszuschließen** (VK Thüringen, B. v. 11. 2. 2010 – Az.: 250–4002.20–253/2010-001-EF; B. v. 14. 4. 2005 – Az.: 360–4003.20-017/05-G-S; B. v. 22. 7. 2004 – Az.: 360–4003.20–047/04-EF-S).

10803   Der **Auffassung**, dass **allein das Beifügen von allgemeinen Geschäftsbedingungen eine unzulässige Änderung der Vertragsunterlagen beinhaltet**, ist zuzustimmen. Neben den bereits genannten Argumenten ist aus Sicht des Auftraggebers hervorzuheben, dass es eine **unzumutbare Überforderung des** oftmals nicht juristisch ausgebildeten bzw. unterstützten **Auftraggebers** bedeutet, solche unklaren Angebote rechtlich zu bewerten; außerdem bringen diese unklaren Angebote immer Verzögerungen der Auftragsvergabe mit sich, die mit dem **Ziel der schnellen und reibungslosen Umsetzung von Investitionsvorhaben** – einem neben dem Bieterschutz wesentlichen Hauptanliegen des Vergaberechts – nicht vereinbar sind (OLG München, B. v. 21. 2. 2008 – Az.: Verg 01/08; VK Lüneburg, B. v. 11. 3. 2008 – Az.: VgK-05/2008).

10804   Die eigenen Verkaufs- und **Lieferbedingungen verlieren auch nicht ihre Gültigkeit, wenn der Bieter in der Biebererklärung durch rechtsverbindliche Unterschrift die Zusätzlichen Vertragsbedingungen für Lieferungen und Leistungen der Vergabestelle anerkennt**. Dadurch wird zumindest unklar, welche Allgemeinen Geschäftsbedingungen für die Ausführung der Lieferleistungen gelten sollen. Der Auftraggeber ist jedoch verpflichtet eine eingehende, vergleichende Wertung durchzuführen. Dies ist **nur mit klaren, in sich unwidersprüchlichen Angeboten** möglich (VK Nordbayern, B. v. 26. 10. 2006 – Az.: 21.VK – 3194 – 32/06; B. v. 21. 7. 2004 – Az.: 320.VK – 3194 – 24/04).

10805   Eine Änderung an den Vertragsunterlagen ist auch nicht dadurch ausgeschlossen, dass die Vertragsbedingungen des Auftraggebers in der Regel eine **AGB-rechtliche Abwehrklausel** enthalten. Im Zweifel enthalten auch die Allgemeinen Geschäftsbedingungen des Auftragnehmers solche Abwehrklauseln, so dass dies nach der Rechtsprechung zur Folge hat, dass **bei zwei widersprechenden Allgemeinen Geschäftsbedingungen keine dieser Vertragsbedingungen gilt**. Es liegt dann **ein Dissens** vor, der dazu führt, dass die vom Auftraggeber gewollte Vertragsbedingung gerade nicht zum Vertragsbestandteil wird, wenn es zur Zuschlagserteilung kommt (VK Lüneburg, B. v. 11. 3. 2008 – Az.: VgK-05/2008; B. v. 20. 8. 2004 – Az.: 203-VgK-41/2004; VK Thüringen, B. v. 11. 2. 2010 – Az.: 250–4002.20–253/2010-001-EF).

10806   Wenn aber die Beifügung eigener Geschäftsbedingungen eine Änderung der Vertragsunterlagen darstellt, kann überhaupt gar kein Zweifel daran bestehen, dass auch **die ausdrückliche Weigerung, die Geschäftsbedingungen des Auftraggebers sowie die Mindestbedingungen der Leistungsbeschreibung anzuerkennen**, die **Folge eines zwingenden Angebotsausschlusses** verwirklicht (VK Schleswig-Holstein, B. v. 17. 3. 2006 – Az.: VK-SH 02/06).

10807   **116.6.5.4.7.2.4 Änderung durch Abweichung von den Kalkulationsgrundlagen.** Gibt der öffentliche **Auftraggeber Vorgaben für die Kalkulation der Bieter** (z. B. eine bestimmte Räumleistung pro Tag bei einem mit Altmunition verseuchten Gelände), ist der **Bieter an diese Vorgaben gebunden**. Auch wenn der Bieter der Auffassung ist, dass die vom Auftraggeber genannten Vorgaben nicht sachgemäß sind und nur der Bieter selbst die durchschnittliche Räumleistung bestimmen könne, so darf er diese zwingenden Vorgaben – selbst wenn seine Einschätzung in der Sache zutreffend sein sollte – nicht eigenmächtig im Rahmen seines Hauptangebotes verändern. Denn **würde man einzelnen Bietern eine eigenmächtige Abänderung zubilligen, würden die Bieter benachteiligt, die sich an die Vorgaben halten**. Der **Bieter** hat lediglich die **Möglichkeit, im Rahmen der Angebotserstellung auf die Fehlerhaftigkeit der zwingend einzuhaltenden Vorgaben hinzuweisen**. Die Vergabestelle kann dann auf diese Vorschläge reagieren und die gegebenenfalls daraufhin vorgenommenen Änderungen an der Leistungsbeschreibung allen Bietern gleichermaßen zugänglich machen (2. VK Bund, B. v. 14. 10. 2003 – Az.: VK 2–90/03, B. v. 14. 10. 2003 – Az.: VK 2–96/03; 3. VK Bund, B. v. 3. 5. 2005 – Az.: VK 3–19/05; B. v. 5. 4. 2004 – Az.: VK 3–38/04).

Fordert eine Leistungsbeschreibung für jede der betreffenden Leistungspositionen die **Einhaltung einer technischen Vorgabe** (z. B. eines Schallleistungspegels von 80 dB), sind die Vorgaben des Leistungsverzeichnisses folglich schon dann nicht erfüllt, wenn bei **bloß einer Position der zugelassene Maximalwert überschritten wird**. An die Überschreitung dieses vorgegebenen Höchstwertes knüpft sich – und zwar ohne Rücksicht, in welchem Umfang der Maximalwert nicht eingehalten wird – zwingend der Ausschluss des Angebots (OLG Düsseldorf, B. v. 8. 5. 2002 – Az.: Verg 4/02). 10808

Gibt der **Auftraggeber zwingend bestimmte Zeitfenster vor**, in denen die Leistung erbracht werden muss, und weicht ein Bieter hiervon ab, ist das Angebot auszuschließen (OLG Naumburg, B. v. 6. 4. 2004 – Az.: 1 Verg 3/04; 1. VK Bund, B. v. 21. 4. 2004 – Az.: VK 1–45/04). 10809

Hat der **Auftraggeber unstreitig Mengenänderungen vorgenommen und diese nachweisbar den Bietern mitgeteilt**, kalkuliert jedoch ein **Bieter noch mit den alten Mengenangaben**, liegt eine **unzulässige Änderung der Vertragsunterlagen** vor (2. VK Bund, B. v. 28. 7. 2006 – Az.: VK 2–50/06). 10810

116.6.5.4.7.2.5 Änderung durch die Preisangabe „in Pos. .... enthalten". Die **Rechtsprechung** ist insoweit **nicht einheitlich**. 10811

Nach einer Meinung stellt die **Preisangabe „in Pos. ... enthalten" keine Änderung der Vertragsunterlagen** gemäß § 16 Abs. 3 lit. d in Verbindung mit 13 Abs. 4 Satz 1 VOL/A dar. Dies folgt daraus, dass Vergabeunterlagen gem. § 8 VOL/A ausschließlich vom Auftraggeber hergestellt werden. Aus ihnen fertigt der Bieter durch seine Angaben gem. § 13 Abs. 1 VOL/A sein Angebot. Die Eintragung „In Pos. ... enthalten" in der Spalte „Preis" kann daher schon begrifflich keine Änderung der Vertragsunterlagen sein (1. VK Sachsen, B. v. 24. 7. 2002 – Az.: 1/SVK/063-02). 10812

Nach einer anderen Auffassung ist **durch die Vermengung von Leistungspositionen**, die entgegen den Vorgaben des Leistungsverzeichnisses vorgenommen wurde (Einrechnung von Positionen in andere Positionen), die **Vergleichbarkeit der Angebote in den Einheitspreisen nicht mehr möglich**. Der Bieter hat dadurch die **Vertragsunterlagen in unzulässiger Weise geändert** (Saarländisches OLG, B. v. 9. 11. 2005 – Az.: 1 Verg 4/05; VK Rheinland-Pfalz, B. v. 11. 4. 2003 – Az.: VK 4/03; VK Südbayern, B. v. 15. 6. 2001 – Az.: 18-05/01). Nur in **Ausnahmefällen** kann durch Hinweis auf Sammelpositionen abgewichen werden und zwar allenfalls dann, wenn es sich um **geringfügige Verstöße handelt, die keinerlei Auswirkungen auf die Wettbewerbsposition des Bieters haben** und **keine Beeinträchtigung der Vergleichbarkeit der Angebote** nach sich ziehen (VK Rheinland-Pfalz, B. v. 11. 4. 2003 – Az.: VK 4/03). 10813

Rechnet ein Bieter **Einheitspreise einer Teilleistung in andere Positionen** des Leistungsverzeichnisses **ein**, ist durch diese Vermengung von Leistungspositionen, die vom Bieter entgegen den Vorgaben des Leistungsverzeichnisses vorgenommen wurde, die Vergleichbarkeit der Angebote in den Einheitspreisen nicht mehr möglich. Dadurch **ändert der Bieter die Vertragsunterlagen in unzulässiger Weise** (VK Südbayern, B. v. 27. 8. 2003 – Az.: 33-07/03). 10814

Vgl. dazu auch die **Rechtsprechung zu § 16 VOL/A zu unzulässigen Mischpreisen** → Rdn. 69 ff. 10815

116.6.5.4.7.2.6 **Änderungen durch nicht verlangte Preisangaben.** Macht ein Bieter durch das **Einsetzen der Kalkulationsposten** in den Unterbeschreibungen des Leistungsverzeichnisses **mehr, als von ihm verlangt ist**, wird dadurch sein Angebot aber weder im Sinne des § 13 Abs. 4 Satz 1 VOL/A geändert, noch hat er Änderungen vorgenommen. Das **Angebot ist auch in sich nicht missverständlich**, wenn der geforderte Preis ohne weiteres aus den Einzelpositionen zu errechnen ist (BGH, Urteil v. 6. 2. 2002 – Az.: X ZR 185/99). 10816

116.6.5.4.7.2.7 **Änderungen durch irrtümlich eingefügte Positionen.** Ist offensichtlich, dass ein Bieter **bestimmte Positionen versehentlich in das Angebot** (Kurz-Leistungsverzeichnis) **eingefügt** hat, ist dies **unschädlich**, weil der Fehler für jedermann leicht erkennbar ist (OLG Celle, B. v. 13. 3. 2002 – Az.: 13 Verg 4/02). 10817

Teil 4 VOL/A § 16 Vergabe- und Vertragsordnung für Leistungen Teil A

10818 **116.6.5.4.7.2.8 Änderungen durch nicht angebotene Teile der ausgeschriebenen Leistung.** Bietet ein Unternehmen **wesentliche Teile der ausgeschriebenen Leistung nicht an**, hat er damit die Vorgaben der Leistungsbeschreibung nicht anerkannt. Auch dies **stellt eine Veränderung der Vertragsunterlagen dar**. Damit ist auch insoweit ein Vergleich mit den Angeboten anderer Bieter ausgeschlossen (VK Magdeburg, B. v. 23. 8. 2001 – Az.: 33–32571/07 VK 16/01 MD; VK Thüringen, B. v. 6. 7. 2006 – Az.: 360–4003.20-010/06-HIG).

10819 Dies ist dann **anders zu beurteilen, wenn der Auftraggeber keine eindeutigen Vergabeunterlagen herausgibt**, der **Bieter die Widersprüche in der Leistungsbeschreibung** (z. B. zwischen Plänen und Textbeschreibung) durch eine Anfrage beim Auftraggeber **zu klären versucht und der Auftraggeber diese Anfrage nicht beantwortet** (VK Baden-Württemberg, B. v. 26. 7. 2005 – Az.: 1 VK 39/05).

10820 **116.6.5.4.7.2.9 Änderungen durch Nichtabgabe von verlangten Erklärungen.** Gibt ein **Bieter mit seinem Angebot eine vom Auftraggeber geforderte Erklärung** (z. B. „Ausschreibungsanerkennung") **nicht ab**, obwohl diese Erklärung Bestandteil der Vergabeunterlagen ist und hat der Bieter dahingehend, ob diese Erklärung überhaupt verlangt werden durfte, keine Rügen erhoben, hat der **Bieter dadurch die Vertragsunterlagen unzulässig geändert** (VK Südbayern, B. v. 10. 11. 2003 – Az.: 49-10/03). Dies gilt auch, wenn der Bieter eine **geforderte Erklärung der gesamtschuldnerischen Haftung nicht abgibt** (OLG Düsseldorf, B. v. 29. 3. 2006 – Az.: VII – Verg 77/05; OLG Naumburg, B. v. 31. 3. 2004 – Az.: 1 Verg 1/04).

10821 **116.6.5.4.7.2.10 Änderungen durch Nichtzurücksendung des Leistungsverzeichnisses. Mangelt es den Angebotsunterlagen an der beizufügenden Leistungsbeschreibung, liegt hierin eine unzulässige Änderung an den Vertragsunterlagen**, welche die Vergleichbarkeit der Angebote gefährdet. Kennzeichnend für den Inhalt einer Leistungsbeschreibung sind individuell aufgestellte Regelungen zur Bauausführung, zur Verwendung und zum Einbau von Materialien und Stoffen, die sich in einer solchen Ausführlichkeit nicht im Leistungsverzeichnis wieder finden. Die **Leistungsbeschreibung ist daher unverzichtbarer Erklärungsinhalt jeden Angebotes** (1. VK Sachsen-Anhalt, B. v. 17. 4. 2007 – Az.: 1 VK LVwA 04/07).

10822 **116.6.5.4.7.2.11 Änderungen durch Angaben zum Ausführungstermin.** Macht ein **Bieter die Leistungszeit von der Verhandlung und Klärung aller technischen Einzelheiten abhängig**, hält sich der Bieter in seiner Eigenschaft als potentieller Auftragnehmer objektiv einen Punkt des Vertrags, über den nach der Erklärung des Auftraggebers eine Vereinbarung getroffen werden soll, zunächst **offen** (§ 154 Abs. 1 Satz 1 BGB). Dass in dem Anschreiben der Vergabestelle die Frist für die Ausführung dagegen nur mit „voraussichtlich" umschrieben ist, ist unerheblich, weil das Anschreiben nicht zu den Vergabeunterlagen gehört und damit nicht Vertragsbestandteil wird. Ein entsprechendes Angebot ist wegen Änderung auszuschließen (BayObLG, B. v. 16. 9. 2002 – Az.: Verg 19/02).

10823 **116.6.5.4.7.2.12 Änderung durch Widersprüche zwischen Muster und schriftlichem Angebot.** Widersprechen sich Muster und schriftliches Angebot, so ergibt sich für den Auftraggeber das **Risiko, nicht sicher sein zu können, wonach sich die Leistung bei einer Beauftragung dieses Bieters richten würde**, da unklar ist, was genau angeboten wird. Bei einer Beauftragung bestünde die Gefahr, dass der Bieter unter Berufung auf sein Muster Leistungen erbringt, die von dem Leistungsverzeichnis des Auftraggebers abweichen, so dass der Auftraggeber etwas anderes als das eigentlich ausgeschriebene erhält. Aus diesem Grund ist ein **durch die abweichende Bemusterung als widersprüchlich zu kennzeichnendes Angebot aus der Wertung auszuschließen** (VK Baden-Württemberg, B. v. 4. 12. 2003 – Az.: 1 VK 64/03).

10824 **116.6.5.4.7.2.13 Änderung der Mängelanspruchsfrist.** Unzulässig ist eine Änderung der vom Auftraggeber vorgegebenen Mängelanspruchsfrist (2. VK Bund, B. v. 23. 1. 2004 – Az.: VK 2–132/03).

10825 **116.6.5.4.7.2.14 Änderung durch Beifügung einer eigenen Tariftreueerklärung.** Legt der Bieter dem Angebot eine selbst verfasste und unterzeichnete „Erklärung zur Einhaltung des tariflichen Mindestlohnes (Mindestlohnerklärung)" mit einem anderen Wortlaut als die Tariftreueerklärung des Auftraggebers bei, verändert er den Inhalt der Vertragsunterlagen. Auch die Argumentation, dass die eigene „Tariftreueerklärung" nichts Gegenteiliges zu derjenigen der Vergabestelle beinhaltet, führt nicht dazu, dass keine Veränderung der Vertragsunterlagen vorliegt. Welchen Sinn würde es machen, wenn eine eigene verfasste Erklärung extra dem Angebot beigefügt wird, wenn nicht den, dass dessen Inhalt zum Gegenstand des Angebotes wird – im Gegensatz zu derjenigen Erklärung, die die Vergabestelle bereits vorgab (VK Thüringen, B. v. 1. 11. 2004 – Az.: 360–4002.20–033/04–MGN).

116.6.5.4.7.2.15 Änderung durch Nichtbeachtung von tariflichen Entlohnungsregelungen. Gibt eine Vergabestelle in den Vertragsunterlagen vor, dass die **Bieter bei der Kalkulation ihrer Angebote von einem bestimmten Tarif auszugehen haben** und **entspricht ein Angebot** z. B. in einem Stundensatz **nicht dem tariflich vorgegebenen Stundensatz**, kommt dies einer **Änderung der Vertragsunterlagen** gleich. Der Bieter verschafft sich damit gegenüber anderen Bietern, die sich an die diesbezüglichen Vorgaben halten, einen ungerechtfertigten Wettbewerbsvorteil; das Angebot ist zwingend auszuschließen (2. VK Sachsen-Anhalt, B. v. 1. 9. 2004 – Az.: VK 2 – LVwA 26/04).

10826

116.6.5.4.7.2.16 Änderung durch Ersetzen von Eigengeräten durch Fremdgeräte. Allein in der Durchführung der zu vergebenden Leistungen **mit Fremdgeräten anstatt mit Eigengeräten** liegt **keine vergaberechtlich unzulässige Angebotsänderung**, weil die **Identität der für die Leistungsausführung durch die Bietergemeinschaft einzusetzenden Geräte vollständig erhalten bleibt.** Das Angebot in Verbindung z. B. mit der Geräteliste enthält die Erklärung des Anbietenden, dass das Gerät (und Personal) in tatsächlicher und rechtlicher Hinsicht bei der Ausführung der Leistung zur Verfügung steht. Diese Erklärung ist nach wie vor richtig, wenn sich nur die rechtlichen Verhältnisse bezüglich der Eigentümerstellung – wie zum Beispiel im Falle einer Sicherungsübereignung von Geräten an eine Bank – geändert haben. Die Änderung der Eigentümerstellung unter Erhalt ihrer Verfügbarkeit berührt den Inhalt des Angebots nicht (OLG Düsseldorf, B. v. 26. 1. 2005 – Az.: VII – Verg 45/04).

10827

116.6.5.4.7.2.17 Änderung der Zuschlags- und Bindefrist. Die Zuschlagsfrist wird einseitig durch den Auftraggeber gegenüber dem Bieter festgesetzt. Der Auftraggeber muss einen einheitlichen Zeitpunkt für den Fristablauf festlegen, weil er den Zuschlag nur auf ein Angebot erteilen kann und es insbesondere wegen des geltenden Gleichbehandlungsgrundsatzes darauf ankommt, dass für sämtliche Bieter dieselbe Annahmefrist gilt. Ein **Bieter ist nicht berechtigt, die in den Vergabeunterlagen vorgesehene Zuschlags- und Bindefrist einseitig abzuändern.** Der aus einer entsprechenden Verletzung resultierende Angebotsausschluss ist zwingend (2. VK Bund, B. v. 3. 4. 2006 – Az.: VK 2–14/06; 3. VK Bund, B. v. 5. 7. 2010 – Az.: VK 3–60/10; VK Rheinland-Pfalz, B. v. 10. 12. 2004 – Az.: VK 23/04). Dies **gilt auch im Verhandlungsverfahren**, weil es auch im Verhandlungsverfahren eines bindenden und damit annahmefähigen Angebots als Grundlage weiterführender Verhandlungen bedarf (2. VK Bund, B. v. 3. 4. 2006 – Az.: VK 2–14/06).

10828

116.6.5.4.7.2.18 Änderungen durch die Verwendung einer veralteten Version der Vertragsunterlagen. Die **Verwendung einer veralteten Version der Vertragsunterlagen** ist eine **unzulässige Änderung** und führt zum zwingenden Angebotsausschluss (VK Baden-Württemberg, B. v. 30. 4. 2008 – Az.: 1 VK 12/08; 3. VK Bund, B. v. 8. 2. 2008 – Az.: VK 3–29/08; B. v. 5. 2. 2008 – Az.: VK 3–17/08). **Voraussetzung** ist allerdings, dass **dem Bieter der aktualisierte Text der Vertragsunterlagen übersandt** wird und ihm **unmissverständlich mitgeteilt wird, dass die geänderten Seiten gegen die vorhandenen Seiten der Vertragsunterlagen ausgetauscht und mit dem Angebot in aktualisierter Fassung eingereicht** werden sollen (VK Baden-Württemberg, B. v. 30. 4. 2008 – Az.: 1 VK 12/08). Zur **Beweislast** in solchen Fällen vgl. die Kommentierung zu → § 7 VOL/A Rdn. 379.

10829

Eine **Änderung liegt aber dann nicht vor**, wenn ein **Bieter in seinem Angebot zum Teil Vorgänger-Versionen der zu verwendenden Vordrucke verwendet** hat und die insoweit verwendeten **Vordrucke vom Aufbau und Inhalt bzw. Textwortlaut identisch** sind und sich **Unterschiede** – bis auf die unterschiedlichen Vordruck-Nummern – **nur vereinzelt aus Zeilen- bzw. Textumbrüchen und in einem Fall durch Ersetzung des lateinischen „lit." durch das deutsche Synonym „Buchst." ergeben.** In einem solchen Fall ist das Angebot inhaltlich und dem Wortlaut nach bezogen auf die betroffenen Vordrucke ohne Weiteres vergleichbar mit Angeboten, die die vorgegebenen Vordrucke verwendet haben und daher keine Änderung der Verdingungsunterlagen vorliegt (1. VK Bund, B. v. 29. 7. 2010 – Az.: VK 1–67/10).

10830

116.6.5.4.7.2.19 Änderungen zugunsten des Auftraggebers (z. B. Verlängerung der Mängelanspruchsfrist. Bietet ein Unternehmen ausdrücklich, sogar unter Hinweis auf die Abweichung von den Ausschreibungsbedingungen, eine Verlängerung der Gewährleistungsfrist um ein Jahr an, liegt in dieser Verlängerung der Gewährleistungsfrist folglich rein formal be-

10831

trachtet ein Abweichen von den Vorgaben, welche der Auftraggeber für den Vertragsinhalt gesetzt hat. Diese Abweichung ist unabhängig davon gegeben, ob sie zum Vorteil oder zum Nachteil des Auftraggebers gereicht. In der Verlängerung der Gewährleistungsfrist liegt auch ein Abweichen von den Vergabeunterlagen im Rechtssinne des § 13 Abs. 4 Satz 1 VOL/A. Zwar beinhaltet die z. B. 5-jährige Frist als Minus die vom Auftraggeber vorgegebene 4-jährige Frist, aber dennoch **bleibt die Tatsache bestehen, dass die verlängerte Gewährleistungsfrist bei einer rein formalen Betrachtungsweise abweicht von den hier auftraggeberseitig zur Vertragsgrundlage gemachten Vorgaben der VOL/B**. Eine rein formale Betrachtungsweise, die unabhängig von der materiellen Bedeutung und unabhängig von der Auswirkung auf das Wertungsergebnis allein auf den Umstand der Diskrepanz mit den Vorgaben des Auftraggebers abstellt, ist **aus Gründen der Gleichbehandlung geboten, da ein vergleichbar strenger Maßstab ebenso beim Ausschlusstatbestand des Fehlens von Erklärungen und Eignungsnachweisen gilt**. Auch dort kommt es nach der jüngeren Rechtsprechung nicht darauf an, von welchem substantiellen Gehalt fehlende Erklärungen sind oder ob sie sich in irgendeiner Weise auf das Wettbewerbsergebnis ausgewirkt haben. **Die identischen, formalen Maßstäbe sind auch beim Tatbestand des Abweichens von den Vertragsunterlagen heranzuziehen**, da die Heranziehung ungleicher Maßstäbe zu ungleichen Ergebnissen bei vergleichbaren Sachverhalten und damit zu ungerechtfertigter Ungleichbehandlung führen würde, je nachdem, welcher Ausschlusstatbestand zufälligerweise gerade einschlägig ist (3. VK Bund, B. v. 20. 6. 2007 – Az.: VK 3–55/07; im Ergebnis ebenso 2. VK Bund, B. v. 30. 11. 2009 – Az.: VK 2–195/09).

10832   Die **zwingende Rechtsfolge** – Angebotsausschluss – **erfasst das Angebot insgesamt**, nicht z. B. lediglich ein „überschießendes" Gewährleistungsjahr. §§ 16 Abs. 3 lit. d), 13 Abs. 4 Satz 1 VOL/A beinhalten **keine Möglichkeit eines partiellen Angebotsausschlusses** (3. VK Bund, B. v. 20. 6. 2007 – Az.: VK 3–55/07).

10833   Wenn der Bieter die zu erbringende Leistung abändert, in dem er eine andere als die ausgeschriebene Leistung anbiete, liegt ein Ausschlussgrund nach §§ 16 Abs. 3 lit. d), 13 Abs. 4 Satz 1 VOL/A vor. Dies **gilt auch dann, wenn ein angebotenes Fabrikat qualitativ nach oben von den Vorgaben der Leistungsbeschreibung abweicht** (VK Baden-Württemberg, B. v. 26. 1. 2010 – Az.: 1 VK 71/09).

10834   **116.6.5.4.7.2.20 Änderungen durch Nachunternehmererklärungen. Eine Erklärung, die ein potentieller Nachunternehmer eines Bieters diesem gegenüber im Zusammenhang mit der Angebotsbearbeitung abgibt, ist keine Erklärung im Vergabeverfahren**. Eine solche Erklärung hat zunächst einmal nur Auswirkungen auf die Rechtsbeziehung zwischen dem Nachunternehmer und dem Bieter. Nur soweit sich **dieser die Erklärung des Nachunternehmers** auch in Bezug z. B. auf eine – unterstellte – Einschränkung der Gewährleistung beziehungsweise den Leistungsumfang allgemein **zu Eigen und damit zum Teil seines Angebots macht**, stellt sich die Frage, ob der Bieter die Verdingungsunterlagen unzulässig geändert hat (VK Schleswig-Holstein, B. v. 7. 3. 2008 – Az.: VK-SH 02/08).

10835   **116.6.5.4.7.2.21 Änderungen durch ein Nebenangebot. Da es zum Wesen eines Nebenangebotes** gehört, **von den Vorgaben der Leistungsbeschreibung zumindest teilweise abzuweichen** (Thüringer OLG, B. v. 19. 3. 2004 – Az.: 6 U 1000/03; B. v. 18. 3. 2004 – Az.: 6 Verg 1/04) und die VOL/A von der grundsätzlichen Möglichkeit der Abgabe und Wertung von Nebenangeboten ausgeht (vgl. etwa § 16 Abs. 3 lit. g) VOL/A), können **§ 16 Abs. 4 1 lit. d) VOL/A i. V. m. § 13 Abs. 4 Satz 1 VOL/A nicht für Nebenangebote gelten** (1. VK Bund, B. v. 19. 4. 2002 – Az.: VK 1–09/02).

10836   **116.6.5.4.7.2.22 Änderung durch Weglassen einer als Ausschlusskriterium gekennzeichneten Anforderung**. Bei der unvollständigen Ausfüllung eines Leistungsverzeichnisses in der Weise, dass **eine als Ausschlusskriterium gekennzeichnete Anforderung** nicht nur oberflächlich oder ausweichend beantwortet, sondern komplett ignoriert oder ausgelassen wird bzw. schlicht unausgefüllt bleibt, handelt es sich um die **Änderung des Bieters an den Vertragsunterlagen** im Sinne des § 13 Abs. 4 Satz 1 VOL/A, die gemäß § 16 Abs. 3 lit. d) VOL/A zwingend einen Ausschluss des Angebots zur Folge hat, da sie die Vergleichbarkeit der Angebote gefährdet. Denn die Nichtbeachtung eines Ausschlusskriteriums kann nicht anders gewertet werden als seine ausdrückliche Kennzeichnung als „nicht erfüllt", was ebenso zum Ausschluss des Angebots aus der Wertung führen würde. Dementsprechend werden als Änderungen an den Vertragsunterlagen nicht nur Streichungen oder Ergänzungen angesehen, sondern auch z. B. die Herausnahme von Teilen aus den Vertragsunterlagen. Die Änderungen können sich sowohl auf den technischen Inhalt (Abänderung der zu erbringenden

Leistung) als auch auf die vertraglichen Regelungen (z. B. Ausführungsfristen, Gewährleistungsfristen, Sicherheitsleistungen, Zahlungsweise) beziehen (VK Thüringen, B. v. 14. 4. 2005 – Az.: 360–4003.20-017/05-G-S; 2.VK Bund, B. v. 5. 3. 2003 – Az.: VK 2–04/03).

116.6.5.4.7.2.23 Änderung durch Nichtangabe des zur Vergabe an Nachunternehmer vorgesehenen Leistungsumfangs. Die Änderung der Vertragsunterlagen ist hierbei darin zu sehen, dass der **Bieter** – entgegen seiner bestehenden Verpflichtung – **mit der Abgabe des Angebotes auf die Benennung des dazu zu übertragenden Leistungsumfanges verzichtet.** Er schafft damit nicht nur die Möglichkeit des falschen Eindrucks von dem Umfang der zu übertragenden Leistung, sondern bezeichnet darüber hinaus den zu übertragenden Leistungsumfang nicht zutreffend (VK Thüringen, B. v. 14. 4. 2005 – Az.: 360–4003.20-017/05-G-S).

10837

116.6.5.4.7.2.24 Änderung durch Auswechslung eines Nachunternehmers. Das OLG Düsseldorf (B. v. 28. 4. 2008 – Az.: VII – Verg 1/08; B. v. 5. 5. 2004 – Az.: VII – Verg 10/04) vertritt die Auffassung, dass dann, wenn der **Bieter** in seinem Angebot einen Nachunternehmer benennt, er **mit Ablauf der Angebotsabgabefrist hieran gebunden** ist. Er kann für die betreffenden Arbeiten weder einen anderen noch einen zusätzlichen Nachunternehmer anbieten. Ebenso wenig darf der öffentliche Auftraggeber eine dahingehende Angebotsänderung gestatten. Der Bieter ist **in gleicher Weise gehindert, sein Angebot dahin abzuändern, dass die in Rede stehenden Arbeiten nicht mehr durch einen Nachunternehmer, sondern im eigenen Betrieb ausgeführt werden sollen** (OLG Düsseldorf, B. v. 5. 5. 2004 – Az.: VII – Verg 10/04; 1. VK Bund, B. v. 9. 10. 2009 – Az.: VK 1–176/09).

10838

Das ist jedenfalls dann der Fall, wenn der **Auftraggeber ausdrücklich vorgesehen hat, dass der Austausch eines Nachunternehmers** in der Zeit zwischen Angebotsabgabe und Zuschlagserteilung **nicht zulässig** ist (OLG Düsseldorf, B. v. 23. 6. 2010 – Az.: VII-Verg 18/10).

10839

116.6.5.4.7.2.25 Weitere Beispiele aus der Rechtsprechung

10840

– **fordert** der Auftraggeber im Leistungsverzeichnis die Lieferung von 40 Sauerstoffinsufflationseinheiten, deren **Sauerstoffdurchflussmesser mit digitaler Anzeige** ausgestattet sind und enthält ein Angebot Einheiten mit einer analogen Anzeige, werden die **Vorgaben des Leistungsverzeichnisses nicht erfüllt** (VK Nordbayern, B. v. 22. 7. 2010 – Az.: 21.VK – 3194 – 26/10)

– **fordert** der Auftraggeber im Leistungsverzeichnis ein **einarmiges, horizontal schwenkbares Tragarmsystem mit pneumatischen Bremsen** und enthält ein **Angebot ein System mit mechanischen Bremsen**, werden die **Vorgaben des Leistungsverzeichnisses nicht erfüllt**. Bei mechanischen Bremsen werden die Armsysteme über konstanten Reibwiderstand gehalten. Die Bremskraft bei einer pneumatischen Bremse wirkt in Abhängigkeit der Beschleunigung. Dies hat den Vorteil, dass bei unbeabsichtigtem Anstoßen des Tragarms dessen ungewollte Bewegung schneller wieder abgebremst wird und zum Stillstand kommt (VK Nordbayern, B. v. 22. 7. 2010 – Az.: 21.VK – 3194 – 26/10)

– die **Einschränkung auf Auslieferung von Postsendungen auf die Werktage Dienstag bis Samstag statt der geforderten werktäglichen Auslieferung** erfüllt den Tatbestand der Änderung der Vergabeunterlagen (OLG Düsseldorf, B. v. 4. 10. 2010 – Az.: VII-Verg 43/10; VK Arnsberg, B. v. 2. 9. 2010 – Az.: VK 16/10)

– setzt der **Auftraggeber für die Unterbringung von Asylbewerbern Mindestwohnbereichsgrößen pro Person** fest, so ist die Mindestraumgröße zwingend. Die **im Mietrecht angewandte Toleranzgrenze von 10% zur Bestimmung eines Mietmangels ist vorliegend nicht anzuwenden. Toleranzgrenzen sind dem Vergaberecht fremd.** Auch kleinste Abweichungen führen hier zum Ausschluss, sofern der Auftraggeber diese nicht explizit zugelassen hat. Messungenauigkeiten im Vorfeld gehen zu Lasten des Bieters (1. VK Sachsen, B. v. 19. 5. 2010 – Az.: 1/SVK/015-10)

– ein Angebot ändert die Vergabeunterlagen ab, wenn Gegenstand des ausgeschriebenen Vertrages allein die „Beschaffung von Blutgasanalysesystemen" ist, das **Angebot eines Bieters jedoch zusätzlich die Übernahme alter Systeme des Auftraggebers vorsieht.** Ein solches Angebot ist zwingend auszuschließen (OLG Düsseldorf, B. v. 3. 3. 2010 – Az.: VII-Verg 11/10)

– **weisen die Bekanntmachung und die Ausschreibungsunterlagen ausdrücklich darauf hin, dass BOS-zugelassene Empfänger Vertragsgegenstand sind, darf ein Bieter**

Teil 4 VOL/A § 16 Vergabe- und Vertragsordnung für Leistungen Teil A

nicht ernsthaft annehmen, dass ein Zuschlag, also ein Auftrag, auf ein Angebot erteilt wird, wenn sich die darin angebotenen Meldeempfänger erst im Zulassungsstadium befinden. Dem kann nicht entgegengesetzt werden, dass der Auftraggeber dann die fehlende Zulassung als Ausschlusskriterium hätte definieren müssen, wenn die Leistungsbeschreibung ganz klar regelt, dass ein Ausschluss auch dann möglich ist, wenn ein Leistungsmerkmal nicht als Ausschlusskriterium bezeichnet wurde (VK Baden-Württemberg, B. v. 15. 2. 2010 – Az.: 1 VK 04/10)

– die **Änderung der Zahlungsmodalitäten begründet einen zwingenden Ausschlussgrund**, wenn gemäß § 15 der Zusätzlichen Vertragsbedingungen (ZVB), die laut Aufforderungsschreiben zur Angebotsabgabe Bestandteil der Verdingungsunterlagen sind, die Zahlung nach Erfüllung der Leistung erfolgt, wobei die Erfüllung der Leistung nach § 12 ZVB dann gegeben ist, wenn die Abnahme erklärt wurde und wenn die Antragstellerin mit Angebotsabgabe einen anderen Zahlungsvorschlag unterbreitet hat, indem sie vorsieht, dass 80% der Auftragssumme bereits vor der Abnahme gezahlt werden sollen (5% nach Abschluss der Datenerhebungsphase, 55% bei Lieferung der Systemplattform sowie 20% nach bestandenem ILT). Ein **solches Angebot ist gemäß § 25 Nr. 1 Abs. 1 lit. e) i. V. m. § 21 Nr. 1 Abs. 4 VOL/A von der Wertung auszuschließen** (VK Rheinland-Pfalz, B. v. 29. 1. 2010 – Az.: VK 1–62/09)

– jeder nach der Leistungsbeschreibung anzugebende Preis ist so wie gefordert, vollständig und mit dem Betrag anzugeben, der für die betreffende Leistung beansprucht wird. **Hat ein Pflegevertrag ausschließlich Softwareleistungen zum Gegenstand, sind die Bieter verpflichtet, auch allein diese Leistungen zu bepreisen. Werden darüber hinaus auch Hardwareleistungen angeboten, die augenscheinlich in den Preispositionen vom Auftraggeber vergessen wurden, entspricht dies nicht der Rechtsprechung des BGH.** Der Bieter hat es insoweit in der Hand, über eine Rüge oder eine Anfrage auf eine Änderung der Preisabfrage durch den Auftraggeber hinzuwirken. Die eigenmächtige Korrektur und Aufnahme der Hardwarekosten in den Softwarevertrag wirkt sich zu seinen Lasten aus. Ein Angebot, das keine zutreffende Preisangabe erhält, kann nicht gewertet werden. Der öffentliche Auftraggeber hat insoweit kein Recht zu einer wie auch immer gearteten großzügigen Handhabe, sondern er ist gezwungen, das betreffende Angebot auszuschließen (VK Rheinland-Pfalz, B. v. 29. 1. 2010 – Az.: VK 1–62/09)

– nach § 25 Nr. 1 Abs. 1 lit. d) VOL/A in Verbindung mit § 21 Nr. 1 Abs. 4 VOL/A sind solche Angebote von der Wertung auszuschließen, bei denen Änderungen oder Ergänzungen an den Verdingungsunterlagen vorgenommen worden sind. **Erteilt der Auftraggeber den expliziten Hinweis, dass die Vornahme von Änderungen und Ergänzungen in den Verdingungsunterlagen, auch bezüglich der Gliederung, unzulässig** sind und gibt der **Bieter entgegen der Leistungsbeschreibung**, der zufolge unter Tz. 4.1 Angaben zu „Preise Servicezeit", und unter Tz. 4.2 Angaben zu „Preise Bereitschaftszeit" gemacht werden sollten, **in seinem Angebot die „Preise Servicezeit" unter Tz. 4.2 und die Preise Bereitschaftszeit unter Tz. 4.3 an, ist das Angebot auszuschließen** (3. VK Bund, B. v. 8. 1. 2010 – Az.: VK 3–229/09)

– ein **Angebot, das den Anforderungen des Leistungsverzeichnisses nicht entspricht, ist zwingend auszuschließen, auch wenn dieser Ausschlussgrund nicht ausdrücklich in der VOL/A genannt** wird und Änderungen oder Ergänzungen an den Verdingungsunterlagen nicht vorgenommen werden; doch können sich nicht deckende Willenserklärungen nicht zu dem beabsichtigten Vertragsschluss führen (VK Brandenburg, B. v. 17. 12. 2009 – Az.: VK 21/09)

– **fordert die Vergabestelle ausdrücklichen einen digitalen Eingang**, also ein Gerät, welches beim Empfang der Signale keine Umwandlung von digitalen in analoge Signale vornehmen muss und **entspricht das Angebot in diesem Punkt nicht den Anforderungen des Leistungsverzeichnisses, kann ein Zuschlag auf dieses Angebot nicht erteilt werden**; das Angebot ist zwingend auszuschließen, § 25 Nr. 1 Abs. 1 d VOL/A (OLG München, B. v. 5. 11. 2009 – Az.: Verg 15/09)

– dann, wenn die **Bieter Streichungen oder inhaltliche Änderungen an den Verdingungsunterlagen vornehmen**, sind die **betreffenden Angebote** wegen einer Änderung an den Verdingungsunterlagen **von der Wertung auszuschließen**. Die **Unterzeichnung und Zurücksendung des unveränderten Vertragenwurfs** stellt aber keine (erneute) Änderung der Vertragsbedingungen dar, da ersichtlich der Vertragsentwurf in der Fassung des Schreibens der Antragsgegnerin zu 1 vom 15. Juli 2008 maßgeblich sein sollte. Mit einer Rücksendung

Vergabe- und Vertragsordnung für Leistungen Teil A VOL/A § 16 **Teil 4**

des unterschriebenen Vertragsentwurfs – ggf. unter Beifügung des Schreibens der Antragsgegnerin vom 15. Juli 2008 – hätte die Antragstellerin zu erkennen gegeben, dass sie mit dem Vertragsentwurf in der Fassung des Schreibens vom 15. Juli 2008 einverstanden war und ein Angebot auf Abschluss des Vertrages unterbreitet. Die Unterzeichung und physische Rücksendung des Vertragsentwurfs stellten eine rechtsgeschäftliche Erklärung des Bieters dar. Der Umstand, dass beides unterblieb, dokumentiert aus Sicht des Empfängers, dass der Vertragsentwurf und die (geänderten) Vertragsbedingungen von dem Bieter nicht akzeptiert werden sollen und führt zu einer Änderung der Verdingungsunterlagen (OLG Düsseldorf, B. v. 4. 5. 2009 – Az.: VII-Verg 68/08)

– geben die **Verdingungsunterlagen konkrete Vertragsbedingungen für die Leistungserbringung zwingend und ausnahmslos** vor, so stellt die **beabsichtigte teilweise Inanspruchnahme von Leistungen der Deutschen Post AG nach deren allgemeinen Postbeförderungsbedingungen** eine inhaltliche Abweichung hierzu dar (OLG Naumburg, B. v. 2. 7. 2009 – Az.: 1 Verg 2/09)

– die **der Kalkulation eines Bieters zugrunde liegenden Erwägungen sind in aller Regel nicht von Bedeutung**; die Angebote sollten gewertet werden. Geht einer der Bieter von anderen Gegebenheiten aus, fehlt es an einer Vergleichbarkeit der Angebote. Will der **Auftraggeber ein Angebot für Erst- und Folgeversorgungen und schreibt er für die Bildung von Wertungssummen eine bestimmte Berechnungsweise vor, dann haben sich die Bieter bei der Erstellung der Angebote danach zu richten**, wenn ihr Angebot in die Wertung gelangen soll (BSG, B. v. 22. 4. 2009 – Az.: B 3 KR 2/09 D)

– wenn die Vergabestelle **bei einer IT-Beschaffung unterschiedliche „Warenkörbe" für vollständig neu zu liefernde Geräte (mit Stückzahlen) und zum Anderen für Austausch-/Erweiterungskomponenten bildet**, muss es dem Bieter eindeutig vermittelt werden, dass nur gerade die kaufmännisch nahe liegende Konsequenz, in bestimmten **Stückzahlen abgenommene Neugeräte günstiger anzubieten als die Summe ihrer Einzelkomponenten, nicht gezogen** werden darf (VK Düsseldorf, B. v. 29. 4. 2009 – Az.: VK – 2/2009 – L)

– bietet ein Antragsteller in seinem „Angebotsdokument" die **Leistungen Installation eines neuen PC-Systems bzw. Druckers, Abbau und Entsorgung eines Altsystems, Einbau von Hardwareerweiterungen an den Clients, Erstellung und Verteilung von Softwarepaketen, Manuelle Softwareinstallation und Deinstallation von Clients und Servern ab einer Stückzahl von mehr als fünf Systemen nur gegen separate Berechnung** an, wohingegen nach der Leistungsbeschreibung diese **Leistungen im Gesamtpreis enthalten sein sollten**, stellt dies eine Änderung an den Verdingungsunterlagen i. S. d. § 21 Nr. 1 Abs. 4 VOL/A dar. Das Angebot ist gemäß § 25 Nr. 1 Abs. 1 lit. d) i. V. m. § 21 Nr. 1 Abs. 4 VOL/A zwingend vom Verfahren auszuschließen (VK Baden-Württemberg, B. v. 12. 12. 2008 – Az.: 1 VK 50/08)

– fordert der Auftraggeber: „**Von dem Auftragnehmer werden Transportumschläge den Abholstellen kostenlos zur Verfügung gestellt**" und „**arbeitet" ein Bieter Kosten für die Transportumschläge in die „Angebotssumme ein**", indem er die Kosten auf den genehmigten Preis aufschlägt, **weicht** sein **Angebot** eindeutig **von der geforderten Leistung ab** (OLG Frankfurt, B. v. 24. 2. 2009 – Az.: 11 Verg 19/08)

– eine **Preisangabe mit Bezugnahme auf die „tariflichen Zulagen NRW" stellt keine Änderung der Verdingungsunterlagen** nach § 21 Nr. 1 Abs. 4 VOL/A dar (1. VK Bund, B. v. 29. 1. 2009 – Az.: VK 1–180/08)

– ein Angebot entspricht nicht den Anforderungen der Leistungsbeschreibung, wenn als **Fahrtzeit ein Zeitraum von 1:30h vorgegeben ist und diese Fahrtzeit bei Abgabe des Angebots unstreitig nicht eingehalten wird (1:31h)**. Ein Vertrag kann daher auf der Grundlage der beiderseitigen Willenserklärungen zu diesem Zeitpunkt nicht zustande kommen. Die Angebote sollen gewertet werden unmittelbar nach Angebotsabgabe. Ausschlaggebend können daher nur die Verhältnisse sein, die sich zu diesem Zeitpunkt ergeben. Dass sich später – etwa durch Aufhebung einer Umleitung oder Freigabe einer Straße – andere Zeiten ergeben, spielt keine Rolle. Denn die Wertung hat zeitnah und möglichst rasch stattzufinden, um den Beschaffungsbedarf zu decken, und kann nicht solange aufgeschoben werden, bis sich über einen gewissen Zeitraum gleich bleibende Ergebnisse finden. Es ist auch nicht zu beanstanden, wenn der Auftraggeber die Prüfung und Wertung der Angebote nach dem Kriterium „Fahrtzeit wird berechnet nach dem E.-Planer" wünscht und nicht nach der von den Bietern selbst ermittelten Fahrtzeit. Im Gegenteil wird mit dieser Vorgabe ein für alle Bieter gleicher, objektiver und vergleichbarer Maßstab bei der Wertung angelegt (OLG München, B. v. 2. 3. 2009 – Az.: Verg 01/09)

– ist nach den Verdingungsunterlagen der **Gesamtpreis für die Wertung maßgebend** und fehlt auf z. B. der Seite 8 des Preisblattes für die dort aufgelisteten 6 Artikel wegen **fehlender Zeilen die Möglichkeit, die jeweiligen Gesamtsummen anzugeben**, ist bei einer **Gesamtbetrachtung der Verdingungsunterlagen** davon auszugehen, dass auch die Summenpreise für die auf Seite 8 des Preisblattes aufgeführten Kleidungsstücke für die Wertung „Summe insgesamt brutto" herangezogen werden und deshalb die **einzelnen Summenpreise auf Seite 8 des Preisblattes durch Ergänzung der fehlenden Zeilen durch die Bieter einzutragen** sind. Dies entspricht dem objektiven Erklärungswert der Unterlagen. Hierin liegt keine Änderung der Verdingungsunterlagen (VK Baden-Württemberg, B. v. 20. 1. 2009 – Az.: 1 VK 69/08)

– das Verbot der Änderung von Verdingungsunterlagen trägt dem Umstand Rechnung, dass ein fairer Wettbewerb vergleichbare Angebote verlangt. Eine **Veränderung im Sinne des § 21 Nr. 1 Abs. 4 VOL/A liegt deshalb immer nur dann vor, wenn die angebotene Leistung infolge der Veränderungen nicht mehr der Leistungsbeschreibung des öffentlichen Auftraggebers entspricht**, also eine andere Leistung angeboten wird. Hiervon **kann nicht ausgegangen werden**, wenn ein Bieter **neben dem Einzelpreis zusätzlich noch die Gesamtsumme aus der vorgegebenen Menge und dem Einzelpreis angibt**. Damit werden die Verdingungsunterlagen nicht geändert, sie enthalten lediglich eine zusätzliche Information (VK Baden-Württemberg, B. v. 20. 1. 2009 – Az.: 1 VK 69/08)

– ist durch die Bieter als Sicherheit für eine ordnungsgemäße Durchführung der vertraglichen Leistungen bei Auftragserteilung eine **Anzahlungsbürgschaft in Höhe von 30% sowie bei der Gesamtsystemabnahme eine Gewährleistungsbürgschaft in Höhe von 10% des Gesamtauftragswertes** anzubieten und können die Bieter unter Abweichung von dieser Standardregelung Vorschläge mit späteren Teilzahlungen in ihr Angebot einarbeiten und dafür Sonderpunkte erhalten, sind **nur solche Vorschläge zugelassen, die im Vergleich zur Standardregelung eine Besserstellung des Auftraggebers beinhalten**. Durch ein Nichtanbieten der im Standardentwurf enthaltenen Bürgschaften erhöht ein Bieter das grundsätzlich stets vorhandene Risiko der Nichtdurchsetzbarkeit von vertraglichen Ansprüchen im Falle der Insolvenz des Bieters zu Lasten des Auftraggebers. Dies stellt eine Schlechterstellung der Auftraggeberseite und eine unzulässige Änderung der Vergabeunterlagen dar (VK Sachsen-Anhalt, B. v. 12. 9. 2008 – Az: 1 VK LVwA 11/08)

– eine **unzulässige Änderung der Vergabeunterlagen** liegt vor, wenn ein Bieter **Austauschteile für lediglich 119 Bordrechner anbietet**, obwohl das **Leistungsverzeichnis ein Angebot für 160 Bordrechner erkennbar abverlangt** (VK Sachsen-Anhalt, B. v. 12. 9. 2008 – Az: 1 VK LVwA 11/08)

– Änderungen können in Ergänzungen und Streichungen bestehen; sie können sich aber auch auf den technischen Inhalt der Leistungen beziehen. Eine **Änderung der Verdingungsunterlagen liegt daher auch vor, wenn der Bieter die zu erbringende Leistung abändert und eine andere als die ausgeschriebene Leistung anbietet**. Das ist u. a. dann der Fall, wenn nicht das in der **Leistungsbeschreibung geforderte kompakte System**, sondern eine **Kombination von Einzelkomponenten**, die vom Bieter selbst zusammengesetzt und als kombiniertes Gerät angeboten wird, angeboten wird (VK Münster, B. v. 16. 1. 2008 – Az.: VK 28/07)

– ob die Verdingungsunterlagen im Angebot geändert worden sind, ist im Wege eines Vergleiches des Inhalts des Angebots mit den in den Verdingungsunterlagen geforderten Leistungen festzustellen. Auch **Abweichungen von den Vorgaben der Verdingungsunterlagen – z. B. durch eine Abweichung von vorgegebenen Leistungsrichtwerten – ändern die Verdingungsunterlagen in unzulässiger Weise** (VK Südbayern, B. v. 26. 6. 2008 – Az.: Z3-3-3194-1-16-04/08)

– bietet der Bieter in der LV Positionen 1. 1. 0010 ein **Netzwerk-Chassis in 19 Bauweise mit einem bereits integrierten Netzteil**, was dazu führt, dass in der Position 1. 1. 0020 anstelle der dort geforderten **2 Netzteilmodule lediglich ein Netzteilmodul** offeriert wird und sind in Position 1. 1. 0110 insgesamt **6 Stackkabel für die Zusammenschaltung zum Stack gefordert**, wobei hier **nur 3 Stück angeboten** sind und sind in Position 1. 1. 00 120 insgesamt **6 Mini Gabit Interfaces Converter gefordert**, wobei hier insgesamt

12 Stück dem Angebot zu Grunde gelegt werden, ändert der Bieter die Verdingungsunterlagen in unzulässiger Weise (VK Sachsen, B. v. 25. 6. 2008 – Az.: 1/SVK/029-08)

– hat der Bieter lediglich diejenigen Versicherungen in seinem Angebot mit einkalkuliert, für die aus seiner Sicht klare Kalkulationsparameter in den Verdingungsunterlagen vorgegeben waren, hat er nach eigenem Bekunden **abgesehen von der Haftpflichtversicherung für die weiter geforderten Versicherungen für die seines Erachtens keine genauen Angaben zu Umfang oder Wert der versicherten Gebäude vorlagen, nicht kalkuliert.** Das Angebot ist mithin mit dem Argument der unzulässigen Änderung an den Verdingungsunterlagen vom weiteren Vergabeverfahren zu Recht **ausgeschlossen** worden (1. VK Sachsen, B. v. 24. 4. 2008 – Az.: 1/SVK/015-08)

– macht der **Bieter jegliche Verwendung etc. des Angebots von seiner Zustimmung abhängig** (im Wege von als Eigentumsvorbehalt bezeichneten einseitig von dem Bieter vorgegebenen zusätzlichen Vertragsbedingungen), steht dies einer im Vertragsentwurf vorgesehenen Berechtigung des Auftraggebers entgegen, vom Bieter zu liefernde Schnittstellenbeschreibungen an ein anderes Unternehmen weiterzugeben. Damit hat der **Bieter die Verdingungsunterlagen in unzulässiger Weise ergänzt** (1. VK Bund, B. v. 29. 7. 2008 – Az.: VK 1–78/08)

– auch die **Ergänzung des Angebots um die Haftungsausschlüsse der Produzenten von sog. Freeware**, die mit der angebotenen Software geliefert werden soll, stellt eine **Abänderung der Verdingungsunterlagen** dar (VK Arnsberg, B. v. 4. 8. 2008 – Az.: VK 15/08)

– garantiert der Auftragnehmer nach der Leistungsbeschreibung dem Auftraggeber die Installation und den Betrieb einer Grundwasserreinigungsanlage in näher bestimmter Weise und hat er die GWRA betriebsbereit zu erstellen, **ändert ein Bieter, der seine Einheitspreise unter Berücksichtigung der Tatsache kalkuliert, dass er bereits Betreiber die Pilotanlage ist und deshalb in die Kalkulation der Einheitspreise die Weiterverwendung und ggf. erforderliche Ergänzungen der bestehenden Anlagenteile einbezieht**, in unzulässiger Weise die Verdingungsunterlagen (VK Brandenburg, B. v. 27. 3. 2008 – Az.: VK 5/08)

– ein Angebot, das den Anforderungen des Leistungsverzeichnisses nicht entspricht, ist zwingend auszuschließen. Zwar ist dieser Ausschlussgrund nicht ausdrücklich in der VOL/A genannt, doch können die sich nicht deckenden Willenserklärungen nicht zu dem beabsichtigten Vertragsschluss führen. Der Antragsteller **bietet** im Los 6 die **nachgefragte Schülerbeförderung nicht im vorgegebenen Zeitfenster an** (VK Nordbayern, B. v. 21. 8. 2007 – Az.: 21.VK – 3194 – 36/07)

– ist ein **Vordruck** von den Bietern **nur im Rahmen des Teilnahmewettbewerbs zu verwenden**, nicht aber im Rahmen der Angebotsabgabe und hält sich der Bieter nicht an diese Vorgabe, sondern **verwendet den Vordruck auch zur Angebotsabgabe, führt dieser Verstoß bereits zum Ausschluss von der Wertung** (3. VK Bund, B. v. 4. 2. 2010 – Az.: VK 3 – 3/10)

– versieht ein Bieter den Umschlag mit der Urkalkulation mit dem einschränkenden Vermerk, dieser dürfe nur in seinem Beisein geöffnet werden, sind sämtliche sich in dem Umschlag befindenden Erklärungen als nicht abgegeben anzusehen. Maßgeblich ist, dass der Bieter die Öffnung des Umschlages unter eine unzulässige Bedingung gestellt hat. **Vorbehalte oder Bedingungen der vorliegenden Art sind vom Auftraggeber zu beachten.** Der Auftraggeber ist nicht befugt, die von einem Bieter eingereichten Unterlagen oder Erklärungen gegen dessen erklärten Willen zu öffnen und einzusehen. Er ist an die Vorgabe eines Bieters, ein Umschlag dürfe nur in seinem bzw. dem Beisein eines Vertreters geöffnet werden, rechtlich gebunden. Indes sind derartige Vorgaben, Vorbehalte oder Bedingungen vergaberechtlich nicht zugelassen und nicht hinzunehmen. Werden sie von einem Bieter dennoch gemacht, sind die mit einer Bedingung oder einem Vorbehalt belegten Erklärungen oder Unterlagen im Rechtssinn als nicht abgegeben bzw. eingereicht zu werten. **Die eingegangenen Angebote müssen dem öffentlichen Auftraggeber in jeder durch die Vergabebekanntmachung und die Verdingungsunterlagen vorgegebenen Hinsicht zur vorbehaltlosen Kenntnisnahme und Prüfung offen stehen.** Anders ist nicht sicherzustellen, dass in jeder Hinsicht vergleichbare Angebote gewertet werden und die Vergabeentscheidung das Gebot der Gleichbehandlung der Bieter (§ 97 Abs. 2 GWB) wahrt (OLG Düsseldorf, B. v. 15. 3. 2010 – Az.: VII-Verg 12/10)

Teil 4 VOL/A § 16 Vergabe- und Vertragsordnung für Leistungen Teil A

- **bringt ein Bieter auf dem verschlossenen Umschlag der Urkalkulation den Vorbehalt an**, der Umschlag dürfe nur in seinem Beisein geöffnet werden und soll der Auftraggeber nach den Bewerbungsbedingungen vorbehaltlos und uneingeschränkt berechtigt sein, den Umschlag zu öffnen und die Urkalkulation einzusehen, schränkt ein solcher **Vermerk** auf dem Umschlag dieses **Recht des Auftraggebers ein**, indem die Öffnung unter einen Vorbehalt gestellt wird. Damit verstößt der Bieter mit der nicht statthaften Änderung der Verdingungsunterlagen gegen § 25 Nr. 1 Abs. 1 lit. b i. V. m. § 21 Nr. 1 Abs. 3 VOB/A. Das **Angebot muss ausgeschlossen werden** (OLG Düsseldorf, B. v. 15. 3. 2010 – Az.: VII-Verg 12/10; 3. VK Bund, B. v. 3. 2. 2010 – Az.: VK 3 – 1/10)

- gibt der Auftraggeber bestimmte Formblätter (z. B. als Tabellen) vor und **benutzt der Bieter stattdessen eigene Formblätter**, bedeutet dies eine **Änderung der Vergabeunterlagen**; das Angebot ist zwingend auszuschließen (VK Arnsberg, B. v. 30. 11. 2009 – Az.: VK 32/09)

- die **Verwendung eigener Formulare durch den Bieter an Stelle der Formulare des Auftraggebers ohne inhaltliche Änderung** stellt **keine unzulässige Änderung** der Vergabeunterlagen dar (1. VK Sachsen, B. v. 26. 6. 2009 – Az.: 1/SVK/024-09)

- eine unmissverständliche, einer Aufklärung nach § 24 VOB/A nicht mehr zugängliche **Abweichung von den Verdingungsunterlagen liegt jedoch in dem unter 3.4 aufgenommenen Zahlungsplan und den dort prozentual festgelegten „Zahlungsmeilensteinen"** vor. Die dortigen Zahlungsziele für den Zeitraum nach Auftragsvergabe bis zur endgültigen vertraglichen Abnahme sind zwar in der Praxis der Bauvergabe nicht unüblich. Sie legen jedoch Zahlungsmodalitäten und damit Bedingungen fest, die in den hier vorliegenden Verdingungsunterlagen gerade nicht geregelt wurden (VK Niedersachsen, B. v. 27. 8. 2009 – Az.: VgK-35/2009)

- dann, wenn die **Bieter Streichungen oder inhaltliche Änderungen an den Verdingungsunterlagen vornehmen**, sind die **betreffenden Angebote** wegen einer Änderung an den Verdingungsunterlagen **von der Wertung auszuschließen**. Die **Unterzeichnung und Zurücksendung des unveränderten Vertragenwurfs** stellt aber keine (erneute) Änderung der Vertragsbedingungen dar, da ersichtlich der Vertragsentwurf in der Fassung des Schreibens der Antragsgegnerin vom 1 vom 15. Juli 2008 maßgeblich sein sollte. Mit der Rücksendung des unterschriebenen Vertragsentwurfs – ggf. unter Beifügung des Schreibens der Antragsgegnerin vom 15. Juli 2008 – hätte die Antragstellerin zu erkennen gegeben, dass sie mit dem Vertragsentwurf in der Fassung des Schreibens vom 15. Juli 2008 einverstanden war und ein Angebot auf Abschluss des Vertrages unterbreitet. Die Unterzeichung und physische Rücksendung des Vertragsentwurfs stellten eine rechtsgeschäftliche Erklärung des Bieters dar. Der Umstand, dass beides unterblieb, dokumentiert aus Sicht des Empfängers, dass der Vertragsentwurf und die (geänderten) Vertragsbedingungen von dem Bieter nicht akzeptiert werden sollen und führt zu einer Änderung der Verdingungsunterlagen (OLG Düsseldorf, B. v. 4. 5. 2009 – Az.: VII-Verg 68/08)

- **fordert der Auftraggeber eine von einem zugelassenen Kreditinstitut oder Kreditversicherer abzugebende „Bereitschaftserklärung Sicherheitsleistung" und legt der Bieter ein Bestätigungsschreiben einer Sparkasse über ein „Termingeld Konto-Nr. 1" vor, hat der Bieter die mit der Abgabe des Angebots geforderten Erklärung damit nicht abgegeben** (formale Nichterfüllung der geforderten Nachweis- und Erklärungsführung). Die abgegebene Erklärungen und der beigefügte Nachweis genügen auch inhaltlich nicht den Anforderungen, die die Vergabestelle mit ihren Forderungen nach entsprechenden Nachweisen und Erklärungen gestellt hat (materielle Nichterfüllung der geforderten Nachweis- und Erklärungsführung). Das Termingeldkonto mit dem Verwendungszweck „Ausschreibung" stellt substantiell etwas anderes dar, als das, was die Vergabestelle mit der Ausschreibung gefordert hat. Sie stellt ein „aliud" dar, das deshalb nicht dazu führt, dass der Bieter mit seinem Angebot den Anforderungen genügt hat (VK Thüringen, B. v. 7. 5. 2009 – Az.: 250–4003.20–2304/2009-007-SHK)

- auch eine **Unternehmensbeschreibung** ist für die Bestimmung bzw. für das Verständnis von Art und Umfang der von einem Bieter angebotenen Leistungen **keinesfalls bedeutungslos**. Selbst wenn die Unternehmensbeschreibung dazu dienen sollte, die Eignung des Bieters darzutun, und sie deshalb grundsätzlich der zweiten Wertungsstufe zuzuordnen sei, folgt daraus indes nicht, dass die Unternehmensdarstellung keine Erklärungen enthalten könnte, die Verpflichtungen aus der Leistungsbeschreibung abändern. Denn zum einen ist das **Angebot als Einheit aufzufassen**. Die in der Unternehmensbeschreibung enthaltenen Aussagen können daher nicht außer acht gelassen werden, wenn es darum geht, festzustellen, ob der Bieter tatsächlich diejenigen Verpflichtungen einzugehen bereit ist, auf denen der Auftraggeber besteht. Zum anderen liegt es nicht fern, dass ein Bieter die Vorgaben des Leistungsverzeichnisses gerade innerhalb seiner Darlegungen zur Eignung seines Unternehmens modifiziert, um auf diese Weise seine Leistungsfähigkeit anhand eines veränderten Leistungsprogramms leichter darlegen zu können (2. VK Bund, B. v. 6. 6. 2008 – Az.: VK 2–46/08)

– auch **hinsichtlich der angebotenen Warenannahme liegt ein Ausschlussgrund gemäß § 25 Nr. 1 Abs. 1 lit. d VOL/A** wegen Änderungen und Ergänzungen an den Verdingungsunterlagen vor. Der Bieter hatte die Warenannahme in der von ihm vorgelegten Unternehmensbeschreibung auf S. 1 wie folgt dargestellt: „Die Warenannahme erfolgt ab Lagergrundstück und muss an Werktagen von 7.00 bis 16.00 Uhr gewährleisten sein.". **Montags bis donnerstags sind damit die von dem Auftraggeber vorgeschrieben Fristen eingehalten, nicht aber freitags.** Hier schließt der Bieter nach seiner Geschäftszeit bereits um 14.45 Uhr, statt um 16.00 Uhr. Aus den bereits unter b. dargelegten Gründen ist in dieser Verkürzung der Annahmefrist für die angelieferten Materialien eine Änderung der vorgegebenen Frist zu sehen (2. VK Bund, B. v. 29. 2. 2008 – Az.: VK 2–16/08)

– stellt ein Bieter die **Auftragsannahme in der Unternehmensbeschreibung** so dar: „Unser Call-Center ermöglicht die **Einrichtung eines Bestelltelefons, an dem zu den üblichen Geschäftszeiten Bestellwünsche entgegengenommen** werden und Auskünfte zu Broschüreninhalten gegeben werden können.", und überprüft der Auftraggeber aufgrund des unklaren Verweises auf die „üblichen Geschäftszeiten" dies und stellt fest, dass die **üblichen Geschäftszeiten des Bieters** (nach seinem Internetauftritt) **nicht den von dem Auftraggeber vorgesehenen Zeiten des Telefonservices (8.00 bis 18.00 Uhr) entsprechen**, weil die Geschäftszeiten des Bieters danach montags bis donnerstags von 7.00 bis 16 Uhr und freitags bis 14.45 Uhr liegen, ist der **Verweis auf die üblichen Geschäftszeiten im Angebot des Bieters nach objektivem Empfängerhorizont auf die eigenen Geschäftszeiten des Bieters zu beziehen.** Denn dieser erläutert im Rahmen der Unternehmensbeschreibung die Auftragsannahme in seinem Unternehmen. In diesem Zusammenhang stellt er seine eigenen Arbeitsabläufe dar. Insofern ist es folgerichtig, auch von den eigenen Arbeits- und Geschäftszeiten des Bieters auszugehen. Anhaltpunkte für eine andere Auslegung der Erklärung ergeben sich nicht aus dem Kontext der Unternehmensbeschreibung. Das **Angebot des Bieters hat damit die geforderten Servicezeiten abgeändert.** Eine nachträgliche Korrektur ist nicht möglich (2. VK Bund, B. v. 6. 6. 2008 – Az.: VK 2–46/08; B. v. 29. 2. 2008 – Az.: VK 2–16/08)

– **beschreibt ein Bieter den Versand der Publikationen** in der von ihr vorgelegten Unternehmensbeschreibung folgendermaßen: „Die **Durchlaufzeit** vom Eingang der Bestellung bis zur Übergabe an die Deutsche Post Ag, den Kurierdienst oder den Spediteur wird vom Kunden bestimmt und **beträgt bei uns in der Regel 3 Arbeitstage**", setzt sich der **Bieter mit dieser Beschreibung der Leistung in Widerspruch zu den von dem Auftraggeber geforderten Lieferzeiten von 48 beziehungsweise 24 Stunden** (2. VK Bund, B. v. 29. 2. 2008 – Az.: VK 2–16/08)

– zum anderen mangelt es dem Angebot an der beizufügenden Leistungsbeschreibung mit Preisangebot. Darin liegt eine **unzulässige Änderung an den Verdingungsunterlagen, die gemäß § 25 Nr. 1 Abs. 1 d) VOL/A zwingend zum Ausschluss des Angebotes** führt. Die Leistungsbeschreibung ist Bestandteil der Verdingungsunterlagen. Die Verdingungsunterlagen sind Grundlage der Angebote der sich beteiligenden Bieter. Diese **müssen also – um vergleichbar zu bleiben – von dem gleichen unveränderten Text, wie ihn der Auftraggeber aufgrund der VOL/A erarbeitet und an die Bieter verschickt hat, ausgehen** (VK Brandenburg, B. v. 22. 2. 2008 – Az.: VK 3/08)

– hat ein **Auftraggeber** zulässigerweise in den Verdingungsunterlagen **vorgegeben**, dass das **Datenanschlusskabel 5m lang sein muss und „aus einem Stück** und ohne andere Verstärker, Steckverbindungen oder Kupplungen am USB-Port eines USB 2.0 konformen PC betrieben werden" kann, erfüllt ein **Gerät** diese Vorgabe nicht, wenn **das Datenanschlusskabel aus zwei mittels einer Steckverbindung verbundenen Teilen von 15 bzw. 485 cm Länge besteht**; das Angebot ist zwingend auszuschließen (3. VK Bund, B. v. 5. 3. 2008 – Az.: VK 3–32/08)

– will ein Auftraggeber die **Anlieferung „Fertig aufgestellt beim Empfänger/Verwendungsstelle",** will er die Anlieferung damit auch in den jeweils hierfür vorgesehenen Büro-

oder Vorratsraum. **Bietet ein Unternehmen dagegen in dem Angebotsbegleitschreiben eine „Lieferung: Frei Haus, einschließlich Verpackung", entspricht dieses Angebot nicht den Vorgaben der Ausschreibung**. Es stellt ein weniger gegenüber dem vom Auftraggeber Nachgesuchten dar. Denn beiden Begriffen kommt durchaus eine unterschiedlich inhaltliche Bedeutung zu. Während man unter „Lieferung frei Haus" nach allgemeinem Sprachgebrauch von Industrie und Handel die Lieferung hinter die erste verschlossene Tür versteht, ist unter „Fertig aufgestellt beim Empfänger/Verwendungsstelle" die Lieferung an die im Bestell- oder Abrufschein genannte Lieferadresse, einschließlich Stockwerk und Zimmernummer gemeint. Deshalb ist ein **solches Angebot zwingend auszuschließen** (OLG München, B. v. 23. 11. 2006 – Az.: Verg 16/06)

- auch wenn der Bieter **mit der Änderung ohne Mehrkosten eine höherwertige Leistung** anbietet, **ändert er die Vergabeunterlagen** (OLG Frankfurt, Urteil vom 3. 7. 2007 – Az.: 11 U 54/06)

- Ausweislich ihres mit dem Angebot vorgelegten Konzepts beabsichtigt die Beigeladene, Niederlegungen in einem abgestuften System wie folgt vorzunehmen:
  1. Niederlegung in der Wachtmeisterei des zuständigen Amtsgerichts, wo dies zugelassen wird
  2. Niederlegung in der J.-Niederlassung, soweit eine solche im betreffenden Amtsgerichtsbezirk vorhanden ist
  3. Niederlegung in einer dazu geeigneten Niederlassung externer Dritte (unternehmensexterne Niederlassungsstellen).

  Bei dieser Ausgestaltung widerspricht das abgestufte Zustellungssystem der Beigeladenen nicht der zivilprozessualen Vorschrift (§ 181 ZPO) über die Niederlegung und ändert infolgedessen nicht die Verdingungsunterlagen ab. Es trägt dem Umstand Rechnung, dass die Amtsgerichte Ersatzzustellungen durch Niederlegungen kraft Gesetzes nicht länger vornehmen müssen (OLG Düsseldorf, B. v. 2. 5. 2007 – Az.: VII – Verg 1/07)

- zwar hat der Antragsteller im Anschreiben zu seinem Angebot darauf hingewiesen, dass **einzelne Nachbestellungen, sofern sie einen Wert von 25 000,- Euro nicht erreichten, nur dann als zur Schulbuchsammelbestellung gehörig bewertet würden, wenn sie innerhalb von vier Wochen erfolgten**. Da diese Bedingungen jedoch **sinngemäß die amtliche Begründung zu § 7 Abs. 3 Buchpreisbindungsgesetz**, BR-Drs. 334/02 vom 19. April 2002, aufgreift, handelt es sich hierbei lediglich um eine Wiedergabe der gesetzlich ohnehin zwingend vorgegebenen Rahmenbedingungen der Leistungserbringung und **keine Änderung** (VK Düsseldorf, B. v. 24. 4. 2007 – Az.: VK – 11/2007 – L)

- dem Auftraggeber ist im Ergebnis darin zu folgen, dass der Antragsteller die Mindestanforderungen der Leistungsbeschreibung verfehlt hat, indem er in der Leistungsklasse 1 einen Tischkopierer DIN A4 angeboten hat, dessen **Papierversorgung mit zwei Kassetten und ... Blatt** erfolgt. Die Leistungsbeschreibung enthält hingegen die ausdrückliche Vorgabe von **einer Papierkassette mit mehr als ... Blatt**. Die Leistungsbeschreibung in der Leistungsklasse 1 sieht zwar die Möglichkeit vor, in einer gesonderten Spalte Abweichungen einzutragen. Aber aus dem nach §§ 133, 157 BGB maßgeblichen Empfängerhorizont eines fachkundigen Bieters war die **Leistungsbeschreibung in diesem Punkt so zu verstehen, dass sich etwaige Abweichungen innerhalb der durch die Mindestanforderungen eröffneten Spielräume zu bewegen hatten**. So wäre beispielsweise eine Papierversorgung mit einer Kassette von ... Blatt DIN A 4 durch die Mindestanforderungen gedeckt gewesen. Diese Voraussetzungen erfüllt das Angebot des Antragstellers nicht (1. VK Brandenburg, B. v. 31. 8. 2006 – Az.: 1 VK 33/06)

- eine **Preisangabe mit Bezugnahme auf die „tariflichen Zulagen NRW" stellt keine Änderung der Verdingungsunterlagen** dar (1. VK Bund, B. v. 29. 1. 2009 – Az.: VK 1-180/08)

- **fügt ein Bieter das Angebot eines Nachunternehmers, das Änderungen der Vergabeunterlagen enthält, seinem Angebot an den Auftraggeber bei, ändert er ebenfalls die Vergabeunterlagen**. Selbst wenn man das Angebot des Nachunternehmers lediglich als informatorisches Begleitschreiben betrachtete, wäre es dennoch als Teil des Angebots anzusehen (2. VK Bund, B. v. 30. 11. 2009 – Az.: VK 2–195/09)

- sieht die Leistungsbeschreibung unstreitig vor, dass die **gleichen Systemkomponenten für Implantate den gleichen Preis haben müssen**, während das Angebot der Antragstellerin demgegenüber **Systemkomponenten enthält, die in der überwiegenden Mehrheit** ebenso unstreitig mit unterschiedlichen bzw. abweichenden Preisen versehen sind, ist das Angebot zwingend auszuschließen. An diesem Ergebnis vermag insbesondere der Umstand nichts zu ändern, dass die Antragstellerin die mit abweichenden Preisen versehenen Komponenten lediglich als Produktinformation verstanden wissen wollte. Denn zum einen würde dieses kein anderes Ergebnis rechtfertigen, da die Preisblätter nicht dafür vorgesehen waren, faktisch nicht zum Angebot gehörende Komponenten zu enthalten; zum anderen aber war auch die Absicht, dass die zusätzlich angegebenen Komponenten eine – seitens der Antragsgegnerin bereits überhaupt nicht abgeforderte – Produktinformation darstellen sollten, nicht einmal als solche erkennbar (VK Berlin, B. v. 27. 3. 2007 – Az.: VK – B 1–6/07)

- **verlangt die Vergabestelle** für eine ausgeschriebene Software auf dem Angebotsvordruck **ein Festpreisangebot** und weicht der Bieter mit seinem Angebot von dieser Vorgabe ab, indem er auf der Anlage „Kostenübersicht" ein **Lizenzierungsmodell anbietet**, dessen Preis sich nach der Anzahl der Einwohner richtet, ist das **Angebot zwingend auszuschließen** (VK Nordbayern, B. v. 12. 4. 2007 – Az.: 21.VK – 3194 – 16/07)

- das **Fehlen von nach vorne gerichteten Lautsprechern** gemäß den Verdingungsunterlagen führt zum zwingenden Ausschluss des betreffenden Angebots (1. VK Bund, B. v. 1. 3. 2007 – Az.: VK 1–11/07)

- ein Angebot ist auszuschließen, wenn die angebotenen **Hochschränke mit einem Zwei-Scharnier-System ausgestattet** sind und die **Vorgaben** auf Seite 29 des **Leistungsverzeichnisses ein Vier-Scharnier-System beinhalten** (VK Nordbayern, B. v. 13. 12. 2007 – Az.: 21.VK – 3194 – 46/07)

- enthält ein Angebot hinsichtlich eines Einzelpreises einen **klar und eindeutig formulierten Preisvorbehalt** z. B. mit folgendem Wortlaut: Bemerkung: „inkl. Barrierefreiheit gem. § 10 HmbGGbM, Preisvorbehalt wegen fehlender Konkretisierung der Anforderungen", handelt es sich um eine **unzulässige Änderung** (VK Hamburg, B. v. 13. 4. 2007 – Az.: VgK FB 1/07)

- ist sowohl in der Vergabebekanntmachung als auch in den Verdingungsunterlagen gefordert, dass der Bieter sich nur auf ein Los bewerben darf (**Loslimitierung**) und wird in den Verdingungsunterlagen darauf hingewiesen, dass die Abgabe von mehr als einem Los zum zwingenden Ausschluss führt, **ändert ein Bieter, der die Verdingungsunterlagen dahingehend nicht beachtet hat, die Verdingungsunterlagen** (1. VK Sachsen, B. v. 14. 3. 2007 – Az.: 1/SVK/006–07)

- wenn ein **Bieter in zeitlicher Hinsicht einen anderen Personaleinsatz anbietet**, als ausweislich der Verdingungsunterlagen vom Auftraggeber nachgefragt, **ändert er die Verdingungsunterlagen unzulässigerweise**. Das Angebot ist daher zwingend von der Wertung auszuschließen (3. VK Bund, B. v. 14. 7. 2006 – Az.: VK 3–63/06)

- das Angebot einer **teilweisen Unterbringung von Asylbewerbern in Wohnungen** stellt eine unzulässige **Änderung** der Verdingungsunterlagen dar, wenn diese eine **Unterbringung in einer Gemeinschaftsunterkunft** vorsehen (VK Thüringen, B. v. 6. 7. 2006 – Az.: 360–4003.20–010/06-HIG).

- **definiert der Auftraggeber als Arbeitstage auch die Samstage** und fordert ein Bieter **Zuschläge für Samstagsarbeit, ändert er die Vergabeunterlagen**; das Angebot ist zwingend auszuschließen (VK Saarland, B. v. 15. 3. 2006 – Az.: 3 VK 02/2006)

- eine **Ergänzung des Leistungsverzeichnisses durch den Zusatz „in Position ... enthalten"** stellt eine Anmerkung dar, die offensichtlich zur Erläuterung des mit 0,00 Euro angegebenen Preises gegeben wurde. Auch derartige Erläuterungen **dürfen nicht in den Verdingungsunterlagen angebracht werden**, sondern sind auf einer besonderen Anlage dem Angebot beizufügen (Saarländisches OLG, B. v. 9. 11. 2005 – Az.: 1 Verg 4/05)

- benutzt ein Antragsteller bei seinem Angebot **veraltete Verdingungsunterlagen, ändert er die Verdingungsunterlagen** (OLG Düsseldorf, B. v. 28. 7. 2005 – Az.: VII – Verg 45/05)

- **Angaben eines Bieters zur Erläuterung der Preisermittlung** werden nicht Vertragsinhalt, sondern **bleiben bloße interne Kalkulationsgrundlagen**, solange sie keinen Niederschlag im Vertragstext finden; solche Angaben bedeuten keine Änderung der Vergabeunterlagen (OLG Naumburg, B. v. 22. 9. 2005 – Az.: 1 Verg 7/05)

- die **Verwendung eigener Formulare** durch den Bieter **an Stelle der Formulare des Auftraggebers ohne inhaltliche Änderung** stellt **keine unzulässige Änderung der Vergabeunterlagen** dar (VK Thüringen, B. v. 23. 9. 2005 – Az.: 360–4002.20–007/05-NDH)

- ergänzt ein Bieter die in der Leistungsbeschreibung geforderten Leistungen eigenständig um weitere Leistungen, ändert er gleichzeitig das Angebot (1. VK Sachsen, B. v. 21. 12. 2004 – Az.: 1/SVK/112-04)
- mit dem **Angebot eines ungeprüften statt eines in der Ausschreibung geforderten geprüften Filters ändert** der Bieter die Verdingungsunterlagen (1. VK Sachsen, B. v. 18. 11. 2004 – Az.: 1/SVK/108-04)
- mit dem **Zusatz „Mehrwertsteuer in jeweils gesetzlicher Höhe, z. Zt. 16%"** ändert der Bieter **nicht** die Verdingungsunterlagen (1. VK Sachsen, B. v. 13. 9. 2004 – Az.: 1/SVK/080-04)
- mit dem **Zusatz „zuzüglich der jeweils gültigen Umsatzsteuer (derzeit 16%")** ändert der Bieter **nicht** die Verdingungsunterlagen (1. VK Sachsen, B. v. 8. 6. 2006 – Az.: 1/SVK/047-06)
- legt eine Vergabestelle fest, dass die Bezahlung nach Lieferung und Abnahme erfolgt und Abschlags-, Zwischenzahlungen oder Vorauskasse ausgeschlossen sind und bietet ein Interessent als Zahlungsbedingung „20% Anzahlung bei Vertragsabschluss" an, **ändert er somit die Zahlungsbedingungen der Vergabestelle ab**; das Angebot ist zwingend auszuschließen (VK Nordbayern, B. v. 11. 2. 2005 – Az.: 320.VK-3194-51/04)
- bietet ein Unternehmen **statt eines festen Gesamtpreises auf der Grundlage einer „unverbindlichen" jährlichen Aufwandsschätzung einen „voraussichtlichen" Gesamtaufwand** an, ist das Angebot zwingend auszuschließen (OLG Düsseldorf, B. v. 3. 1. 2005 – Az.: VII – Verg 82/04)
- die Anmerkung in einem Anschreiben, mit dem das Angebot vorgelegt und in dem ausgeführt wird, dass die **aufgeführten Preise Gültigkeit bis zu einem bestimmten Datum besitzen**, verstößt gegen den Grundsatz der Abgabe klarer und eindeutiger Angebote (VK Baden-Württemberg, B. v. 21. 12. 2004 – Az.: 1 VK 83/04)
- mit dem **Zusatz „(NCS – ohne genaue Farbangabe lt. Hersteller nicht anbietbar!)"** macht der Bieter deutlich, dass er der Forderung des Auftraggebers (NCS-Farbton nach Wahl des Auftraggebers, ohne das dieser vor Angebotsabgabe genau bezeichnet wird) nicht entsprechen will oder kann; bietet er stattdessen einen RAL-Farbton an, ändert er die Angebotsunterlagen (VK Schleswig-Holstein, B. v. 13. 12. 2004 – Az.: VK-SH-33/04)
- mit dem Zusatz **„Für die Berechnung der Mehrwertsteuer gilt der am Tage der Abnahme gültige Mehrwertsteuersatz"** ändert der Bieter nicht unzulässigerweise die Verdingungsunterlagen; dieser Zusatz muss gemäß §§ 133, 157 BGG BGB steuerrechtskonform ausgelegt werden (OLG Schleswig-Holstein, B. v. 22. 5. 2006 – Az.: 1 Verg 5/06; VK Schleswig-Holstein, B. v. 17. 1. 2006 – Az.: VK-SH 32/05; anderer Auffassung ist die **1. VK Sachsen** in einem – allerdings nach der Rechtsprechung der 1. VK Sachsen **nicht mehr aktuellen** – Beschluss (1. VK Sachsen, B. v. 16. 9. 2005 – Az.: 1/SVK/114-05)
- mit dem Zusatz **„Für die Berechnung der Mehrwertsteuer gilt der am Tage der Abnahme gültige Mehrwertsteuersatz"** ändert der Bieter unzulässigerweise die Verdingungsunterlagen (VK Thüringen, B. v. 22. 3. 2005 – Az.: 360–4002.20-002/05-MGN; 1. VK Sachsen, B. v. 12. 2. 2004 – Az.: 1/SVK/164-03, 1/SVK/164-03G)
- die **Änderung der Parameter einer Preisgleitklausel** stellt eine unzulässige Änderung der Verdingungsunterlagen dar (VK Baden-Württemberg, B. v. 23. 2. 2004 – Az.: 1 VK 03/04; VK Südbayern, B. v. 17. 2. 2004 – Az.: 03-01/04)
- das **Streichen der LV-Vorgabe** Edelstahl in einer Position des Leistungsverzeichnisses ist eine unzulässige Änderung an den Verdingungsunterlagen (1. VK Sachsen, B. v. 10. 9. 2003 – Az.: 1/SVK/107-03)
- die **Änderung einer vorgesehenen Kopplung des Strompreises an den marktüblichen Strompreis** stellt eine unzulässige Änderung der Verdingungsunterlagen dar (VK Baden-Württemberg, B. v. 23. 2. 2004 – Az.: 1 VK 03/04)
- die **Aufnahme einer verbindlichen Stromabnahmemenge** durch den Bieter stellt eine unzulässige Änderung der Verdingungsunterlagen dar (VK Baden-Württemberg, B. v. 23. 2. 2004 – Az.: 1 VK 03/04)
- die **Änderung der vorgeschriebenen Vorratshaltung für Heizmaterial** durch den Bieter stellt eine unzulässige Änderung der Verdingungsunterlagen dar (VK Baden-Württemberg, B. v. 23. 2. 2004 – Az.: 1 VK 03/04)

- die Tatsache, dass ein **Bieter irrtümlich ein falsches Muster beifügt**, das im Übrigen die gleiche Verpackung wie die von ihm angebotene und vom Auftraggeber geforderte Ausführung und sogar eine gemeinsame Abbildung als Etikett aufweist, ist zwar geeignet, beim Auftraggeber entsprechende Zweifel über die Beschaffenheit des Angebotes zu wecken. Ein **zwingender Angebotsausschluss – wegen Änderung der Verdingungsunterlagen – lässt sich daraus jedoch nicht ableiten.** Vielmehr ist der Auftraggeber gehalten, gem. § 24 Nr. 1 Abs. 1 VOL/A die damit verbundenen Zweifel in einem Aufklärungsgespräch mit dem Bieter aufzuklären (VK Lüneburg, B. v. 15. 9. 2003 – Az.: 203-VgK-13/2003)

- legt sich eine Ausschreibung durch die Angabe der Bezugsbasis und die den Bietern vorgegebene Gestaltung der Angebotsunterlagen **auf eine variable Ausgestaltung etwaiger Preisnachlässe fest**, so liegt in der **Einreichung eines Angebots mit einem pauschalen Preisnachlass** nicht nur eine mathematisch variierte Ausdrucksform für den gleichen Sachverhalt vor, sondern **etwas sachlich Verschiedenes**, das sich dem Vergleich mit variablen Nachlassofferten letztlich entzieht und daher eine an identischen Wertungsmaßstäben orientierte Angebotsauswahl ausschließt (OLG Dresden, B. v. 8. 11. 2002 – Az.: WVerg 0018/02); ein **solches Angebot** ist wegen Änderung der Verdingungsunterlagen **auszuschließen**; anderer Auffassung VK Münster, B. v. 21. 12. 2005 – Az.: VK 25/05

- zwar werden als Änderung der Verdingungsunterlagen **typischerweise Streichungen aus oder Ergänzungen der Verdingungsunterlagen** angesehen. Jedoch ist nach dem Sinn und Zweck der Vorschrift auch ein **Angebot, das nicht den Vorgaben der Leistungsbeschreibung entspricht, als eine Abänderung anzusehen.** Die Vorschriften über den zwingenden Ausschluss der Angebote bei veränderten Verdingungsunterlagen sollen gerade verhindern, dass Angebote bezuschlagt werden, die nicht den Bedürfnissen des Auftraggebers entsprechen und durch die Berücksichtigung solcher Angebote im Wertungsprozess andere Bieter in ihren Wettbewerbschancen benachteiligt werden (1. VK Bund, B. v. 11. 11. 2003 – Az.: VK 1–103/03)

- die Aufnahme des **Hinweises – durch den Bieter – auf die Geltung der VOL in der neuesten Fassung** im Fall der Zuschlagserteilung bedeutet **keine unzulässige Änderung**, wenn **Bestandteil der Ausschreibungsunterlagen ebenfalls die VOL in der neuesten Fassung** ist (2. VK Bund, B. v. 21. 1. 2004 – Az.: VK 2–126/03; VK Thüringen, B. v. 20. 10. 2003 – Az.: 216–4002.20–055/03 EF-S-G)

- **verwendet der Bieter andere Preisblätter als vom Auftraggeber gefordert**, handelt es sich **nicht um eine Abänderung der Leistungsbeschreibung**. Die **Preisblätter selbst** werden bei Auftragserteilung **nicht selbst Vertragsbestandteil**, denn letztlich soll nur die im Leistungsverzeichnis umschriebene Leistung geschuldet werden. Für die Vergabestelle als Auftraggeber ergibt sich aus den Angaben im Preisblatt auch nicht ein Anspruch darauf, dass die einzelnen im Preisblatt aufgeführten Teilleistungen auch zu dem genannten Preis erbracht werden. Soweit veraltete statt neuer Preisblätter dem Angebot beigelegt wurden, ist die **Nachforderung der neuen Preisblätter nicht geeignet, dem Bieter einen vergaberechtswidrigen Wettbewerbsvorteil** zu verschaffen. Der Bieter hat sich bereits im Rahmen seines Angebotes hinsichtlich des Gesamtpreises festgelegt und kann damit durch das Nachreichen der Preisblätter nicht mehr sein Angebot manipulieren. Sollte ein Bieter differierende Angaben in den mit dem Angebot abgegebenen und den nachgereichten Preisblättern gemacht haben, kann eine Vergabestelle außerdem die gegebenenfalls bestehenden Abweichungen feststellen. Demnach ist allein durch die Möglichkeit des Nachreichens der aktuellen Preisblätter keine Wettbewerbsverzerrung zu befürchten (2. VK Bund, B. v. 26. 9. 2003 – Az.: VK 2–88/03)

- enthält ein Angebot eine **abweichende Erklärung zur Bindefrist**, eine **abweichende Erklärung zu den Bürgschaftsbedingungen, eigene AGB, abweichende Erklärungen bezüglich. der Regelungen der Vertragsstrafen**, sind diese Erklärungen regelmäßig preisrelevant und damit von der Wertung auszuschließen (VK Arnsberg, B. v. 20. 11. 2001 – Az.: VK 2–14/2001)

- schreibt ein Bieter **in zahlreiche Leistungspositionen handschriftlich Produkte hinein**, die insbesondere in technischer Hinsicht von den geforderten Anforderungen des Leistungsverzeichnisses abweichen, ändert er die Verdingungsunterlagen; das Angebots ist zwingend auszuschließen (1. VK Sachsen, B. v. 9. 5. 2003 – Az.: 1/SVK/034-03)

- das **Vermischen von Einheits- und Gesamtpreispositionen mit einer Sammelposition** stellt eine nach § 21 Nr. 1 Abs. 2 VOB/A **unzulässige Änderung der Verdingungs-

Teil 4 VOL/A § 16 Vergabe- und Vertragsordnung für Leistungen Teil A

unterlagen dar. Der Bieter weicht vom Leistungsverzeichnis insoweit ab, als er die Eintragung der geforderten Einheits- und Gesamtpreispositionen unterlässt und diese Positionen stattdessen in eine Sammelposition einrechnet. Durch das Vermengen von Leistungspositionen ist für den **Auftraggeber nicht mehr erkennbar, welche Preisgrundlagen für die Leistung z. B. im Falle von Nachträgen gelten** bzw. ob angemessene Preise verlangt werden. Leistungspositionen enthalten ein Nachtragspotential und der Auftraggeber kann bei vermischten Preispositionen nicht mehr sicher sein, welcher Preisanteil für die nachgerechnete Leistung gelten soll, ob z.B. 10 oder 90% der Gesamtpreisposition zugrunde zu legen sind. Der Auftraggeber kann daher besonderen Wert darauf legen, dass die Einzelleistungen ausgewiesen sind (VK Rheinland-Pfalz, B. v. 11. 4. 2003 – Az.: VK 4/03)

– bietet ein **Unternehmen entgegen den Vergabeunterlagen Vorauszahlungen an** (z.B. bei Auftragserteilung 30%; bei Lieferung 30%; bei Montageende 30%; nach erfolgreichem Probebetrieb und Abnahme 10%), ändert er damit die Verdingungsunterlagen und das Angebot des Bieters ist gemäß § 25 Nr. 1 Abs. 1 lit. b) VOB/A in Verbindung mit § 21 Nr. 1 Abs. 3 VOB/A **auszuschließen** (VK Thüringen, B. v. 18. 3. 2003 – Az.: 216–4002.20-001/03-MHL)

– wollen oder können **Bewerber** die Leistung nicht nach Maßgabe der Verdingungsunterlagen anbieten, so steht es ihnen **frei**, besonders gekennzeichnete **Nebenangebote** abzugeben, sofern diese zugelassen waren. **Änderungen** der vom Auftraggeber vorgegebenen **Fabrikate sind nicht zulässig** (VK Rheinland-Pfalz, B. v. 8. 5. 2002 – Az.: VK 8/02; VK Nordbayern, B. v. 15. 2. 2002 – Az.: 320.VK-3194-02/02)

– eine **Änderung der Fabrikate nach Angebotsabgabe** ist nicht mehr zulässig und bedeutet eine **unzulässige Änderung des Angebots**, die zum Ausschluss des Angebots führen muss (VK Hannover, B. v. 6. 9. 2002 – Az.: 26 045 – VgK – 11/2002)

– bietet ein Unternehmen **sechs Grundpositionen des Leistungsverzeichnisses als Alternativpositionen und eine Position, die überhaupt nicht angefragt war, an**, handelt es sich um **unzulässige Änderungen der Verdingungsunterlagen**. Hierbei ist es unerheblich, ob vom Bieter vorgenommene Änderungen unwesentliche Leistungspositionen betreffen oder nicht. Auch kommt es nicht darauf an, ob die Abweichung letztlich irgendeinen Einfluss auf das Wettbewerbsergebnis haben kann (VK Südbayern, B. v. 18. 12. 2002 – Az.: 51-11/02)

– gibt der Bieter im Angebot an, dass er **bestimmte Leistungen an Nachunternehmer** vergeben will und reicht er ein Formblatt EFB-Preis nach, aus dem zu entnehmen ist, dass er nur **Teile von Lohnleistungen an Nachunternehmer** vergeben möchte, bedeutet dies eine unzulässige **Änderung der Verdingungsunterlagen** (VK Südbayern, B. v. 25. 3. 2002 – Az.: 05-02/02)

– ein Bieter ist gehalten, die Formulare des Auftraggebers zu akzeptieren und sein Angebot darauf einzustellen. Macht ein Bieter dies nicht und **benennt er an Stelle des vorgesehenen** (und vorgedruckten) **prozentualen Nachlasses eine absolute Zahl**, nimmt er damit **Änderungen an den Verdingungsunterlagen** vor; daher ist das Angebot zwingend auszuschließen (1. VK Sachsen, B. v. 13. 9. 2002 – Az.: 1/SVK/082-02)

– als Änderungen an den Verdingungsunterlagen im Sinne des § 21 Nr. 1 Abs. 3 VOB/A gelten **Streichungen oder Ergänzungen bzw. die Herausnahme von Teilen aus den Verdingungsunterlagen**. Sie können sich sowohl auf den technischen Inhalt (Abänderung der zu erbringenden Leistung) beziehen, als auch auf die vertraglichen Regelungen. Derart geänderte Angebote dürfen nicht gewertet werden. **Unschädlich** ist, wenn ein Bieter **allgemeine Erläuterungen zum besseren Verständnis seines Angebotes** macht. Dies könnte, ohne jegliche Ergänzung oder Abänderung der Verdingungsunterlagen auf einer gesonderten Anlage erfolgen (VK Halle, B. v. 16. 1. 2001 – AZ: VK Hal 35/00)

– bietet ein **Unternehmen sowohl die ausgeschriebenen Versicherungsdienstleistungen als auch eine Mitgliedschaft in seinem Versicherungsverein auf Gegenseitigkeit an**, wird mit dem Angebot **keine andere als die ausgeschriebene Leistung angeboten** (OLG Düsseldorf, B. v. 29. 3. 2006 – Az.: VII – Verg 77/05; VK Thüringen, B. v. 6. 12. 2005 – Az.: 360–4003.20–026/05-SLZ)

– bietet ein **Unternehmen eine Mitgliedschaft in ihrem Versicherungsverein auf Gegenseitigkeit an**, sucht der Auftraggeber jedoch **einen Vertragspartner für Versicherungsdienstleistungen**, wird mit dem Angebot **eine andere als die ausgeschriebene Leistung angeboten**; außerdem sind die Angebote wegen der Möglichkeit der Nachschussverpflichtung inhaltlich nicht mit den anderen Angeboten vergleichbar (VK Münster, B. v. 5. 10. 2005 – Az.: VK 19/05; aufgehoben durch OLG Düsseldorf, B. v. 29. 3. 2006 – Az.: VII – Verg 77/05)

– hat ein Bieter ausschreibungswidrig für die Ausrüstung der eingesetzten Busfahrzeuge an den Fahrerterminals **keinen Bordrechner mit Tastatur** angeboten, bei dem ein **spürbarer Druckpunkt** vorhanden ist, kann sie dem nicht entgegenhalten, bei der von ihr angebotenen **Touch-Screen-Oberfläche** sei die Tastatur auf dem Bildschirm vorhanden. Die Touch-Screen-Oberfläche war nicht ausgeschrieben und ist auch nicht gleichwertig; das Angebot ist wegen Änderung der Verdingungsunterlagen auszuschließen (Brandenburgisches OLG, B. v. 27. 2. 2003 – Az.: Verg W 2/03)

– gibt der Auftraggeber eine Zahlungsfrist von 21 Kalendertagen nach Eingang der Rechnung vor und **„erbittet" die Antragstellerin eine Zahlungsfrist von 30 Tagen nach Rechnungsdatum**, ist diese Zahlungsfrist isoliert gesehen zwar länger. Die Anknüpfung an das Rechnungsdatum kann – je nach Eingang der Rechnung – aber im Einzelfall die Zahlungsfrist von 21 Kalendertagen unterschreiten. Dass der Bieter das Zahlungsziel „erbittet", ändert an der **Beurteilung einer Änderung** nichts, weil im Falle der Zuschlagserteilung dieser Bitte entsprochen werden würde und der Vertrag mit dem von dem Bieter „erbetenen" – und insoweit gestellten – Zahlungsmodalität zustande kommen würde (VK Hessen, B. v. 2. 6. 2004 – Az.: 69 d – VK – 24/2004)

– wenn ein Bieter in dem ihm mit den Verdingungsunterlagen ausgereichten und auszufüllenden **Formblatt** „Bieterangaben Energieverbrauch/Kosten Haupt-Kälteanlage", die sog. **„feste Vorgabe"**, dem in Spalte 23 ausgewiesenen **„Faktor/Anteil: 0,69"** streicht und dafür **eine „1"** einsetzt, ändert er in unzulässiger Weise diese Verdingungsunterlage ab (VK Thüringen, B. v. 21. 4. 2008 – Az.: 360–4002.20–772/2008-001-SM)

– das Angebot der ASt ist des Weiteren auszuschließen, weil das in der Pos. 01.3 angebotene Produkt nicht den Vorgaben des Leistungsverzeichnisses entspricht. Die entsprechende LV-Position sieht einen **ISDN-Controller mit CAPI 2.0 Treibersoftware (14.4kBit/s) und zusätzlicher Kompressionssoftware für die schnellere digitale Datenübertragung** vor. Angeboten wurde ein **ISDN-Modem 56 k**. Die Datenübertragung erfolgt hier gemäß Datenblatt mit einem modulierten analogen Signal. Die Gleichwertigkeit in der Datenübertragung der beiden Systeme ist nicht gegeben (VK Nordbayern, B. v. 8. 5. 2008 – Az.: 21.VK – 3194 – 17/08)

– ausweislich der Festlegungen im Leistungsverzeichnis waren **Standkühlschränke** anzubieten, die entsprechend der beispielhaft herausgegriffenen Position 3.1. 8. 70 **mit einer elektronischen Steuerung samt digitaler Anzeige der Temperatur ausgestattet sein mussten**. Gleiches gilt für die u. a. in Position 2.3. 4. 70 geforderten Unterbaukühlschränke. Da die Antragstellerin entsprechend den Forderungen im Formblatt „Aufstellung der im Leistungsverzeichnis angebotenen Fabrikate" sowohl die Fabrikats- als auch die jeweilige Typenbezeichnung der Standkühlschränke sowie der Unterbaukühlschränke unter Benennung der einzelnen Leistungspositionen angeben musste und auch angegeben hat, blieb der erkennenden Kammer hier nur die Schlussfolgerung, dass sich das **abgeforderte Leistungsprofil mit der angebotenen Leistung nicht deckt. Denn ausweislich des Ergebnisses einer Nachfrage beim Hersteller der benannten Produkte, verfügen diese nicht über die hier geforderten Besonderheiten der elektronischen Steuerung samt digitaler Temperaturanzeige** (1. VK Sachsen-Anhalt, B. v. 21. 9. 2007 – Az: 1 VK LVwA 18/07)

– die **strittigen Positionen** des Leistungsverzeichnisses haben die **Lieferung und Montage von Arbeitstischkombinationen** zum Inhalt. Welche Vorgaben die Vergabestelle diesbezüglich gemacht hat, ist anhand des LV sowie der in Bezug genommenen und der in der elektronischen Version beigefügten Detailpläne festzustellen (§ 9 Nr. 7 VOB/A), die Teil der Leistungsbeschreibung sind. Hierbei ist der objektive Erklärungswert unter Berücksichtigung der Verkehrssitte zu ermitteln, wobei nicht auf die Sicht eines einzelnen, sondern aller potentiellen Bieter in deren damaliger Situation abzustellen ist. Die Verdingungsunterlagen sind als Ganzes daher so zu verstehen, wie sie von einem fachkundigen und mit einschlägigen Aufträgen vertrauten Bieter aufgefasst werden können. Unter Beachtung der genannten Auslegungsgrundsätze ist die Kammer entgegen der Antragstellerin der Ansicht, dass in den Positionen 42. 1. 02.001 und 002 des Leistungsverzeichnisses **eine Arbeitstischkombination verlangt wird, welche aus einem Arbeitstisch und einem 3-seitig geschlossenen, an der Frontseite offenen Unterbauschrank besteht** (VK Südbayern, B. v. 27. 4. 2006 – Az.: 04-02/06)

- fügt ein Bieter seinem Angebot ein Begleitschreiben bei, in dem es **u. a.** heißt „**Als Zahlungsziel gelten 14 Tage ohne Abzug nach Rechnungsstellung als vereinbart**", gibt er **ein nicht der Ausschreibung entsprechendes Angebot** ab, wenn in der Leistungsbeschreibung keine Angaben über Zahlungsbedingungen gemacht wurden, und deshalb gemäß § 17 Nr. 1 Satz 3 der Verdingungsverordnung für Leistungen Teil B gilt, dass die Zahlung des Rechnungsbetrages binnen eines Monats nach Eingang der prüfbaren Rechnung zu erfolgen hat. Das **Angebot ist auszuschließen** (OLG München, B. v. 29. 11. 2007 – Az.: Verg 13/07)

- auch wenn der Bieter **mit der Änderung ohne Mehrkosten eine höherwertige Leistung** anbietet, **ändert er die Vergabeunterlagen** (OLG Frankfurt, Urteil vom 3. 7. 2007 – Az.: 11 U 54/06)

- ein **Bieter, der zusätzliche Zahlungsbedingungen des Nachunternehmers unberichtigt übernimmt**, macht diese zum Gegenstand seines Angebotes, dies jedenfalls dann, wenn die Nachunternehmerleistungen im Angebot nach den Positionen der Leistungsbeschreibung gesondert aufgegliedert werden. Er **ändert damit die Vergabeunterlagen** (VK Brandenburg, B. v. 16. 12. 2009 – Az.: VK 42/09)

- ein Bieter ändert die von der Vergabestelle geforderte Verbindlichkeitserklärung der Angebote bis zum Ende der Zuschlags- und Angebotsbindefrist dadurch ab, dass er Teile seines Angebotes mit „Richtpreisen", also unverbindlichen Preisen versieht. Darin liegt eine **unzulässige Veränderung der Verdingungsunterlagen vor (aus verbindlichen Preisen werden unverbindliche Richtpreise**), die zwingend zum Ausschluss führt (VK Thüringen, B. v. 3. 3. 2006 – Az.: 360–4002.20-004/06-ABG)

- wenn gemäß § 13 Abs. 1 Nr. 5 VOB/A die Änderungen des Bieters an seinen Eintragungen im Angebot zweifelsfrei sein müssen, gilt dies **erst recht für das Angebot selbst**. Gibt der **Bieter durch zweifelhafte Erklärungen Anlass zu der Befürchtung, er wolle von den Verdingungsunterlagen abweichen, so darf er jedenfalls nicht darauf vertrauen, dass der Auftraggeber ihm durch Aufklärungsersuchen die Gelegenheit einräumt, die Zweifel am Inhalt seines Angebotes auszuräumen**. Im Ergebnis ist daher der Ausschluss eines solchen Angebotes nicht zu beanstanden (2. VK Bund, B. v. 6. 6. 2008 – Az.: VK 2–46/08)

- **keine unzulässigen Änderungen** sind in einem Begleitschreiben enthaltene **Klarstellungen, Kalkulationsannahmen und Erklärungen** des Bieters, die **lediglich Hinweise auf die von ihm vorgenommene Preisermittlung geben**. Solche Angaben werden nicht Vertragsinhalt, sondern bleiben interne Kalkulationsgrundlagen (BGH, Urteil v. 20. 1. 2009 – Az.: X ZR 113/07)

- nimmt ein Bieter **mehrfach Streichungen an dem vom Auftraggeber vorgegebenen Leistungsverzeichnis** vor und sind diese von erheblichem Gewicht, liegt darin eine **Änderung der Verdingungsunterlagen**. Auch aufgrund dieser Änderung ist ein Vergleich mit allen anderen Angeboten, in denen die Vorgaben für die Verdingungsunterlagen eingehalten werden, nicht möglich (VK Magdeburg, B. v. 23. 8. 2001 – Az.: 33–32571/07 VK 16/01 MD)

10841   116.6.5.4.7.3 Änderungen in der Person des Anbieters. 116.6.5.4.7.3.1 Grundsatz. Der **Austausch einer Vertragspartei stellt also eine besonders tief greifende Angebotsänderung dar**, weil ein Kernelement des anzubahnenden Vertragsverhältnisses – Parteien, Leistung, Gegenleistung – verändert wird (OLG Düsseldorf, B. v. 6. 10. 2005 – Az.: VII – Verg 56/05; B. v. 16. 11. 2005 – Az.: VII – Verg 56/05).

10842   116.6.5.4.7.3.2 Bildung oder Auflösung einer Bietergemeinschaft und ähnliche Fälle. **Änderungen können auch in der Person des Anbietenden** entstehen, z. B. der Ersetzung einer Bietergemeinschaft durch einen Einzelbieter oder der Änderung der Mitglieder einer Bietergemeinschaft (OLG Düsseldorf, B. v. 24. 5. 2005 – Az.: VII – Verg 28/05 – für den Fall, dass sich durch das **Ausscheiden von zwei Gesellschaftern einer Bietergemeinschaft** die Identität des Bieters ändert, weil dadurch die **Gesellschaft endete und aus der Bietergemeinschaft ein Einzelbieter** wurde oder der **Bieteränderung durch Gesellschaftsauflösung im Wege der Gesamtrechtsnachfolge** (OLG Düsseldorf, B. v. 25. 5. 2005 – Az.: VII – Verg 08/05; 3. VK Bund, B. v. 26. 7. 2005 – Az.: VK 3–73/05) oder der **Umwandlung durch Verschmelzung** (OLG Düsseldorf, B. v. 18. 10. 2006 – Az.: VII – Verg 30/06, B. v. 11. 10. 2006 – Az.: VII – Verg 34/06 – jeweils mit **sehr ausführlicher Darstellung der Problematik**).

10843   Vgl. zur **Unzulässigkeit der Bildung einer nachträglichen Bietergemeinschaft** die Kommentierung zu → § 6 VOL/A Rdn. 18 ff.

Keine Änderung liegt vor, wenn entweder der **Auftraggeber oder die Bietergemein-** 10844
schaft selbst diese Rechtsprechung missbräuchlich nutzt. Nur so kann dem die Vergabeverfahren beherrschenden **Gleichbehandlungs- und Transparenzgebot mit der nötigen Rechtssicherheit zum Durchbruch verholfen werden,** indem sowohl Manipulationsmöglichkeiten des Auftraggebers (Auftraggeber verspricht einem Bietergemeinschaftsmitglied nach der Kündigung derselben einen Auftrag als Subunternehmer des erstplatzierten Bieters und eliminiert so das ebenfalls aussichtsreiche Angebot der Bietergemeinschaft) als auch der Bietergemeinschaft (Bietergemeinschaft will nicht mehr an ihr Angebot gebunden sein und „lässt sich durch ein Mitglied kündigen") erfolgreich „ein Riegel vorgeschoben" wird (3. VK Saarland, B. v. 9. 3. 2007 – Az.: 3 VK 01/2007).

116.6.5.4.7.3.3 **Änderung der Zusammensetzung einer Bietergemeinschaft.** Nach 10845
einer Auffassung ändert sich durch eine Änderung der Zusammensetzung einer Bietergemeinschaft damit nicht automatisch auch das Angebot. Spätestens seit der **Entscheidung des BGH zur Teilrechtsfähigkeit der (Außen)GbR** steht fest, dass eine **Bietergemeinschaft,** die ja eine GbR ist, als Teilnehmerin am Rechtsverkehr selbst Trägerin von Rechten und Pflichten und in diesem Rahmen (ohne juristische Person zu sein) **rechtsfähig** ist. Mit ihrer Teilnahme am Wettbewerb um die streitgegenständliche Auftragsvergabe stellt sich eine **Bietergemeinschaft danach als teilrechtsfähiges Zuordnungsobjekt der vergaberechtlichen (und u. U. künftigen werkvertraglichen) Rechtsbeziehungen mit der Auftraggeberin dar mit der zwangsläufigen Folge, dass ein Wechsel im Mitgliederbestand keinen Einfluss auf den Fortbestand der mit der Gesellschaft bestehenden Rechtsverhältnisse hat** (OLG Celle, B. v. 5. 9. 2007 – Az.: 13 Verg 9/07).

Die **Besonderheiten des Vergaberechts gebieten es nicht, Bietergemeinschaften in** 10846
Vergabeverfahren abweichend zu behandeln. Um ein faires und transparentes Vergabeverfahren zu gewährleisten, sind Bieter nach Ablauf der Angebotsfrist an ihr Angebot gebunden und dürfen dementsprechend ihr Angebot danach nicht mehr ändern. **Scheidet ein insolventer Gesellschafter aus der Bietergemeinschaft aus, ändert sich dadurch** – wie ausgeführt – **die Identität des Bieters nicht. Was sich möglicherweise ändert, sind Umstände, die für die Beurteilung der Eignung des – in seiner Identität unveränderten – Bieters von Bedeutung sind.** Könnten solche neuen Umstände eingeführt werden, die sich positiv auf seine Stellung im Wettbewerb auswirken, wären Manipulationen zu befürchten. Hier gilt indessen für Bietergemeinschaften dasselbe wie für andere gesellschaftsrechtlich organisierte Bieter auch: Wird beispielsweise ein unzuverlässiger Gesellschafter, der die Eignung des Bieters in Frage stellen könnte, nachträglich ausgetauscht, so darf die Vergabestelle dies nicht mehr berücksichtigen, um nicht gegen den Grundsatz des fairen Wettbewerbs zu verstoßen. **Anders stellt sich die Situation dar, wenn sich nachträglich Umstände ergeben, die die Eignung des Bieters in Frage stellen. In einem solchen Fall kann und muss die Vergabestelle erneut in die Eignungsprüfung eintreten und ggf. einen ungeeignet gewordenen Bieter nachträglich ausschließen.** Die Vergabestelle kann nicht gezwungen sein, sehenden Auges einen ungeeigneten Bieter zu beauftragen. Konkurrierende Bieter können dadurch nicht benachteiligt werden, weil es für sie nur vorteilhaft sein kann, wenn ein nachträglich ungeeignet gewordener Konkurrent ausgeschlossen wird. Schließlich würde es auch einen **nicht hinnehmbaren Widerspruch bedeuten, dass die Insolvenz eines Einzelbieters lediglich zu einer erneuten Eignungsprüfung Anlass gibt, während die Insolvenz eines Mitgliedes einer Bietergemeinschaft** – infolge eines zwingenden Ausscheidens des Gesellschafters aus der Bietergemeinschaft – **stets und ohne Rücksicht auf den Einzelfall den zwingenden Ausschluss der Bietergemeinschaft zur Folge hätte.** Die Möglichkeit für mittelständische Unternehmen, sich erfolgreich an Ausschreibungen öffentlicher Bauleistungen zu beteiligen (vgl. § 97 Abs. 3 GWB), würde in ungerechtfertigter Weise wesentlich eingeschränkt. Für große und bedeutende Bauprojekte bestünde die Gefahr, dass sich nur noch ganz wenige Großunternehmen mit Aussicht auf Erfolg bewerben könnten. Das **Ziel eines möglichst breit angelegten Wettbewerbs würde erheblich erschwert** (OLG Celle, B. v. 5. 9. 2007 – Az.: 13 Verg 9/07).

Nach einer anderen Auffassung führt vergaberechtlich z. B. die Beendigung der Bieter- 10847
gemeinschaft und die „Übernahme" des Angebots durch ein ehemaliges Mitglied er Bietergemeinschaft zu einem Wechsel in der Person des Bieters, denn die **Person (die Identität) des Bieters ist Bestandteil des Angebots.** Inhalt des Angebots ist nicht nur die Beschaffenheit der versprochenen Leistungen, sondern auch die Person des Leistenden (oder deren Mehrheit). Im Zeitraum zwischen Angebotsabgabe und Zuschlagserteilung sind jedoch einseitige Ange-

botsänderungen in sachlicher wie auch in personeller Hinsicht grundsätzlich unstatthaft. Das **Verbot einer (nachträglichen) Änderung des Angebots erstreckt sich auch auf die Zusammensetzung einer Bietergemeinschaft. Bietergemeinschaften können nur bis zur Angebotsabgabe gebildet und geändert werden.** Die Angebotsabgabe bildet hierfür eine zeitliche Zäsur. Nach der Angebotsabgabe sind Änderungen – namentlich Auswechslungen – grundsätzlich nicht mehr zuzulassen, da in ihnen eine unzulässige Änderung des Angebots liegt (OLG Karlsruhe, B. v. 15. 10. 2008 – Az.: 15 Verg 9/08 – für den Teilnahmewettbewerb; OLG München, B. v. 21. 5. 2008 – Az.: Verg 05/08). Eine **Änderung an der Person des Bieters und an der Zusammensetzung einer Bietergemeinschaft nach Angebotseinreichung und -eröffnung und vor Zuschlagserteilung kommt wegen der ansonsten gegebenen, erheblichen Wettbewerbseinflüsse auf den ordnungsgemäßen Vergabewettbewerb nicht in Betracht.** Das gilt selbst dann, wenn das Angebot inhaltlich unverändert bleibt und an die Stelle der bisherigen zweigliedrigen Bietergemeinschaft nach dem Ausscheiden der verbleibende Gesellschafter an die Stelle der Bietergemeinschaft tritt. Änderungen an der Person eines Bieters oder der Zusammensetzung einer Bietergemeinschaft können außerdem nicht grundsätzlich unter Hinweis darauf, dass sie den Vergabewettbewerb nicht beeinträchtigten, gutgeheißen werden (OLG Düsseldorf, B. v. 24. 5. 2005 – Az.: VII – Verg 28/05; VK Hessen, B. v. 28. 6. 2005 – Az.: 69 d VK – 07/2005).

10848 116.6.5.4.7.3.4 **Auflösung einer Kommanditgesellschaft und die Ersetzung durch eine GmbH.** Auch die **Auflösung einer Kommanditgesellschaft und die Ersetzung durch eine GmbH erweist sich nicht eine als bloß „strukturelle", d. h. wettbewerbsneutrale Maßnahme, sondern als vollständiger Austausch des bislang bietenden Rechtsträgers.** An die Stelle der bislang beteiligten Kommanditgesellschaft tritt eine andere Rechtsperson. Daran ändert nichts, wenn die GmbH zuvor Gesellschafterin in der KG war und deren Vermögen übernommen hat. Sofern derartige Maßnahmen nach Zuschlagserteilung vergaberechtlich unbedenklich sein sollen, greift dieser Gesichtspunkt im hier nachzuprüfenden Vergabeverfahren schon im Ansatz nicht durch. Denn **nach Zuschlagserteilung ergriffene Maßnahmen sind schon per se nicht geeignet, einen eingeleiteten Bieterwettbewerb zu stören.** Insofern macht es einen durchgreifenden Unterschied, ob die Änderung der Rechtspersönlichkeit eines Bieters „eine juristische Sekunde vor oder nach Zuschlagserteilung" vorgenommen worden ist. Nur im ersten Falle ist der noch unentschiedene Bieterwettbewerb in Gefahr. Ein **Wertungswiderspruch zwischen Zivil- und Vergaberecht** im Falle eines Angebotsausschlusses besteht für einen solchen Fall in Wirklichkeit nicht. **Zivilrechtsordnung und Vergaberecht schützen unterschiedliche Rechtsgüter.** Die zivilrechtliche Vertragsfreiheit, die sich in der Fortwirkung des Angebotes der S. GmbH & Co. KG äußert, stößt hier vielmehr – wie nicht selten – an die Grenzen des Vergaberechts, das einen fairen, gleichen und transparenten Bieterwettbewerb zu gewährleisten hat (OLG Düsseldorf, B. v. 25. 5. 2005 – Az.: VII – Verg 08/05; 3. VK Bund, B. v. 26. 7. 2005 – Az.: VK 3–73/05).

10849 116.6.5.4.7.3.5 **Formwechselnde Umwandlung.** Keine Änderung in diesem Sinne liegt ebenfalls bei einer formwechselnden Umwandlung gemäß § 202 Abs. 1 UmwG vor. Denn **kennzeichnend für die formwechselnde Umwandlung gemäß § 202 Abs. 1 UmwG ist, dass an ihr nur ein Rechtsträger beteiligt ist, und es weder zu einer Gesamtrechtsnachfolge eines Rechtsträgers in das Vermögen eines anderen kommt noch dass es der Übertragung der einzelnen Vermögensgegenstände bedarf.** Die formwechselnde Umwandlung wird durch das Prinzip der Identität des Rechtsträgers, der Kontinuität seines Vermögens (wirtschaftliche Identität) und der Diskontinuität seiner Verfassung bestimmt. Der wesentliche Unterschied des Formenwechsels gegenüber den anderen Arten der Umwandlung liegt in dieser wirtschaftlichen Kontinuität des Rechtsträgers vor und nach dem Formenwechsel. Bleibt die rechtliche Identität des Bieters erhalten, so hat die Vergabestelle in derartigem Fallgestaltungen zu prüfen, ob der Bieter weiterhin leistungsfähig ist. Es hat also **kein zwingender Ausschluss des Angebots zu erfolgen, sondern die Vergabestelle hat die Eignung dieses Bieters erneut zu prüfen** (VK Münster, B. v. 28. 8. 2007 – Az.: VK 14/07, VK 15/07).

10850 116.6.5.4.7.3.6 **Umfirmierung.** Keine **Änderung** beinhaltet die **reine Umfirmierung** eines Bieters unter **Beibehaltung der Struktur und der Identität z. B. der Gesellschaft** (OLG Düsseldorf, B. v. 12. 3. 2008 – Az.: VII – Verg 56/07; VK Baden-Württemberg, B. v. 28. 10. 2008 – Az.: 1 VK 39/08; VK Brandenburg, B. v. 28. 1. 2008 – Az.: VK 59/07; VK Lüneburg, B. v. 8. 5. 2006 – Az.: VgK-07/2006).

10851 116.6.5.4.7.3.7 **Übertragung von Rechten und Pflichten auf eine Betreibergesellschaft.** Sieht die Ausschreibung eine Übertragung von Rechten und Pflichten auf eine Projektgesellschaft vor, wird die Bieter- und Vertragspartnerstellung desjenigen, der ein Angebot abgegeben hat, nicht berührt. Ansonsten ist eine Übertragung der Vertragspartnerstellung nur mit Zustimmung des Auftraggebers zulässig (OLG München, B. v. 21. 5. 2008 – Az.: Verg 05/08).

116.6.5.4.7.3.8 Maßgeblicher Zeitpunkt. Abzustellen ist bei der Prüfung eventueller Änderungen auf Bieterseite **auf den Zeitpunkt der Handelregistereintragung.** Der Ausschluss eines Angebots ist eine weit reichende Beeinträchtigung eines Bieters, der nur durch feststehende Tatsachen gerechtfertigt sein kann. Genau daran fehlt es, wenn dieser Bieter weiterhin im Handelsregister eingetragen ist. Zudem handelt es sich bei dem Ausschluss aufgrund gesellschaftsrechtlicher Umstrukturierungen um einen zwingenden Ausschlussgrund, der sich bereits aus dem Nachverhandlungsverbot in § 15 VOL/A ergibt. Denn durch die Veränderungen eines wesentlichen Vertragselementes, wie die Benennung der konkreten Vertragsparteien, wird nicht erst die auf der zweiten Stufe zu prüfende Eignung des Bieters in Frage gestellt, sondern das Angebot ist insgesamt formal nicht in Ordnung und kann damit nicht zur Wertung zugelassen werden. Es fehlt an der richtigen Bezeichnung der Vertragspartner. **Allerdings muss dieser Formmangel dann auch tatsächlich festgestellt werden können, was anhand des Handelsregisterauszuges möglich ist** (VK Münster, B. v. 26. 10. 2007 – Az.: VK 25/07).

10852

116.6.5.4.7.3.9 Literatur

10853

– Burbulla, Rainer, Die Beteiligung von Objektgesellschaften an Vergabeverfahren, NZBau 2010, 145
– Heiermann, Wolfgang, Der vergaberechtliche Grundsatz der Unveränderlichkeit der Bietergemeinschaft im Lichte der neueren Rechtsprechung des Bundesgerichtshofes zur Rechtsfähigkeit der Gesellschaft bürgerlichen Rechts, ZfBR 2007, 759
– Kirch, Thomas/Kues, Jarl-Hendrik, Alle oder keiner? – Zu den Folgen der Insolvenz eines Mitglieds einer Bietergemeinschaft im laufenden Vergabeverfahren, VergabeR 2008, 32
– Prieß, Hans-Joachim/Sachs, Bärbel, Irrungen, Wirrungen: Der vermeintliche Bieterwechsel – Warum entgegen OLG Düsseldorf (NZBau 2007, 254) im Falle einer Gesamtrechtsnachfolge die Bieteridentität regelmäßig fortbesteht, NZBau 2007, 763
– Rittwage, Ralf, Unternehmensverschmelzung als unzulässiger Bieterwechsel?, NZBau 2007, 232
– Roth, Frank, Änderung der Zusammensetzung von Bietergemeinschaften und Austausch von Nachunternehmern im laufenden Vergabeverfahren, NZBau 2005, 316
– Schmidt, Lars, Wider den Ausschlussautomatismus: Kein zwingender Ausschluss einer Bietergemeinschaft bei Insolvenz eines Mitgliedsunternehmens, NZBau 2008, 41

116.6.5.4.8 Berücksichtigung des Umfangs und der wirtschaftlichen Auswirkungen der Änderungen. Es spielt keine Rolle, ob die vom Bieter vorgenommenen Änderungen zentrale und wichtige oder eher unwesentliche Leistungspositionen betreffen. Ebenso wenig kommt es darauf an, ob die Abweichungen letztlich irgendeinen Einfluss auf das Wettbewerbsergebnis haben können. Dafür spricht schon der Wortlaut der Vorschriften. Weder § 13 Abs. 4 Satz 1 VOL/A noch § 16 Abs. 3 lit. d) VOL/A ist eine Beschränkung auf sachlich oder gewichtsmäßig ins Gewicht fallende Leistungspositionen zu entnehmen. § 13 Abs. 4 Satz 1 VOL/A untersagt jedwede Abänderung der Vertragsunterlagen und § 16 Abs. 3 lit. d) VOL/A ordnet den Angebotsausschluss zwingend für jeden Fall einer unzulässigen Änderung der Vertragsunterlagen und ohne Rücksicht auf die Bedeutung der betroffenen Leistungspositionen und die wirtschaftlichen Auswirkungen der vorgenommenen Änderung an. Nur ein solches Verständnis wird auch dem **Normenzweck der Vorschriften gerecht, durchsichtige**, in den ausgewiesenen Leistungspositionen **identische und miteinander ohne weiteres vergleichbare Vertragsangebote zu gewährleisten**, um so einen **echten fairen Wettbewerb unter den Bietern sicherzustellen** (OLG Düsseldorf, B. v. 28. 7. 2005 – Az.: VII – Verg 45/05; B. v. 15. 12. 2004 – Az.: VII – Verg 47/04; B. v. 14. 3. 2001 – Az.: Verg 32/00; OLG Frankfurt, Urteil v. 3. 7. 2007 – Az.: 11 U 54/06; VK Brandenburg, B. v. 25. 2. 2005 – Az.: VK 6/05; B. v. 10. 6. 2004 – Az.: VK 21/04; B. v. 18. 6. 2003 – Az.: VK 31/03, B. v. 31. 1. 2003 – Az.: VK 37/02, VK 39/02, VK 41/02; 1. VK Bund, B. v. 10. 4. 2007 – Az.: VK 1–20/07; B. v. 27. 6. 2006 – Az.: VK 1–40/06; B. v. 19. 4. 2002 – Az.: VK 1–09/02; 2. VK Bund, B. v. 30. 11. 2009 – Az.: VK 2–195/09; 3. VK Bund, B. v. 6. 5. 2008 – Az.: VK 3–53/08; B. v. 6. 6. 2008 – Az.: VK 3–43/05; VK Münster, B. v. 15. 8. 2007 – Az.: VK 13/07; B. v. 20. 4. 2005 – Az.: VK 6/05; VK Nordbayern, B. v. 15. 1. 2008 –

10854

Teil 4 VOL/A § 16   Vergabe- und Vertragsordnung für Leistungen Teil A

Az.: 21.VK – 3194 – 49/07; B. v. 13. 12. 2007 – Az.: 21.VK – 3194 – 46/07; B. v. 29. 5. 2001 – Az.: 320.VK-3194- 08/01; 1. VK Saarland, B. v. 14. 7. 2010 – Az.: 1 VK 08/2010; 3. VK Saarland, B. v. 15. 3. 2006 – Az.: 3 VK 02/2006; B. v. 31. 1. 2006 – Az.: 1 VK 05/2005; VK Schleswig-Holstein, B. v. 15. 5. 2006 – Az.: VK-SH 10/06; B. v. 17. 3. 2006 – Az.: VK-SH 02/06; B. v. 31. 3. 2005 – Az.: VK-SH 05/05; B. v. 13. 12. 2004 – Az.: VK-SH-33/04; VK Südbayern, B. v. 29. 5. 2006 – Az.: 12-04/06; B. v. 27. 4. 2006 – Az.: 04-02/06; B. v. 10. 5. 2005 – Az.: 14-03/05; B. v. 3. 4. 2003 – Az.: 10-03/03, B. v. 25. 3. 2002 – Az.: 05-02/02, B. v. 20. 6. 2001 – Az.: 15-05/011).

10855 Einem **Angebotsausschluss steht auch nicht entgegen, wenn eine Vorgabe des Leistungsverzeichnisses nur minimal überschritten** wird. Ein **Rechtsmissbrauch kann darin keinesfalls gesehen werden**, eher würde gegen den Gleichbehandlungsrundsatz verstoßen, wenn nur hinsichtlich eines Bieters von der vorgegebenen Norm abgewichen werden würde. Es steht im Übrigen im Ermessen des Auftraggebers, welche Anforderungen er an die ausgeschriebene Leistung stellen will. Will er die Einhaltung bestimmter Vorgaben, dann haben sich die Bieter bei der Erstellung der Angebote danach zu richten, wenn ihr Angebot in die Wertung gelangen soll (OLG München, B. v. 2. 3. 2009 – Az.: Verg 01/09).

10856 **116.6.5.4.9 Auslegung entsprechender Änderungserklärungen.** Die Erklärung eines Bieters zu seinem Angebot, die gegebenenfalls eine Änderung bedeutet, ist **so auszulegen, wie sie von einem verständigen Empfänger in der Lage des Auftraggebers objektiv aufzufassen war**, es kommt also nicht darauf an, wie der Auftraggeber sie im vorliegenden Einzelfall tatsächlich verstanden hat (1. VK Sachsen, B. v. 13. 2. 2002 – Az.: 1/SVK/002-02).

10857 Zwar können nach der Rechtsprechung des Bundesgerichtshofs auch **nachträgliche Erklärungen der Parteien bei der Auslegung berücksichtigt werden**. Es ist jedoch stets zu prüfen, ob die nachträgliche Erklärung tatsächlich einen zuverlässigen Rückschluss auf den Inhalt des Angebots erlauben. **Nachträgliche Äußerungen können nur insoweit berücksichtigt werden, insoweit sie einen Rückschluss auf das maßgebliche Verständnis des Angebots zulassen**. Maßgeblich ist der **objektive Empfängerhorizont**. Die nachträglichen Erklärungen müssen daher nicht nur einen Rückschluss auf den wahren Willen des Erklärenden zum Zeitpunkt der Angebotsabgabe, sondern auch auf das Verständnis des Empfängers des Angebots zu dem Zeitpunkt des Zugangs des Angebots zulassen. Die **Auslegung, dass die Allgemeinen Geschäftsbedingungen sowohl nach dem Willen des Erklärenden als auch nach dem Willen der Vergabestelle von vorneherein keine Anwendungen finden sollten, müssen objektiv nachvollziehbar** sein (OLG München, B. v. 21. 2. 2008 – Az.: Verg 01/08).

10858 Vgl. im Einzelnen die Kommentierung zu → § 13 VOL/A Rdn. 13 ff.

10859 **116.6.5.4.10 Änderungen nur in einem Exemplar des Angebots.** Die Änderung an der Vertragsunterlage wiegt nicht deswegen weniger schwer, weil sie **nur auf einem Exemplar des Angebots vorgenommen** wurde. Das **Verbot der Änderung an Vertragsunterlagen gilt für jede Ausfertigung des Angebots**. Der Auftraggeber muss sich darauf verlassen können, identische Exemplare zu erhalten, die jeweils das Veränderungsverbot beachten. Bei nicht durchgängig in jedem Angebot vorgenommenen Änderungen ist die Gefahr besonders groß, dass diese zunächst vom Auftraggeber unbemerkt bleiben, weil er nach Durchsicht eines oder mehrer unveränderter Exemplare darauf vertraut, die übrigen Ausfertigungen seien inhaltlich identisch (2. VK Bund, B. v. 3. 4. 2006 – Az.: VK 2–14/06).

10860 **116.6.5.4.11 Umdeutung eines wegen Änderungen unzulässigen Angebots in ein Nebenangebot.** Es würde eine **Umgehung der eindeutigen Vorschriften der § 13 Abs. 4 Satz 1 VOL/A und § 16 Abs. 3 lit. d) VOL/A bedeuten**, wenn ein Angebot, das unzulässigerweise die Vertragsunterlagen ändert und deshalb zwingend auszuschließen ist, in ein wertungsfähiges Nebenangebot umgedeutet werden könnte. Dies widerspräche der Zielsetzung des § 13 Abs. 2 VOL/A, an den ein strenger Maßstab anzulegen ist, um die Vergleichbarkeit der Angebote zu sichern. Eine Qualifizierung als Nebenangebot kommt nur in Betracht, wenn aus einer Erklärung des Bieters oder aus der äußeren Gestaltung des Angebotes erkennbar ist, dass der Bieter ein Nebenangebot abgeben wollte (OLG Koblenz, B. v. 15. 7. 2008 – Az.: 1 Verg 2/08; 1. VK Bund, B. v. 30. 1. 2004 – Az.: VK 1–141/03, B. v. 19. 4. 2002 – Az.: VK 1-09/02; im Ergebnis ebenso VK Brandenburg, B. v. 27. 3. 2008 – Az.: VK 5/08; 1. VK Sachsen, B. v. 9. 5. 2003 – Az.: 1/SVK/034-03; VK Südbayern, B. v. 10. 11. 2003 – Az.: 49-10/03).

10861 Hinzu kommt, dass es **Sache des Bieters** ist, zu entscheiden, **ob er ein Haupt- oder ein Nebenangebot abgeben möchte**; wollte der Bieter ein Hauptangebot abgeben, so darf die

Vergabe- und Vertragsordnung für Leistungen Teil A VOL/A § 16 **Teil 4**

Vergabestelle sich keine Korrekturfunktion anmaßen und ein als solches gewolltes Hauptangebot in ein Nebenangebot umdeuten. Der Wille, ein Nebenangebot abzugeben, muss im Angebot selbst deutlich werden (1. VK Bund, B. v. 30. 1. 2004 – Az.: VK 1–141/03; 1. VK Sachsen, B. v. 5. 2. 2007 – Az.: 1/SVK/125-06).

116.6.5.4.12 Eindeutige Beschreibung von Gegenstand und Inhalt der Leistung. Die **Feststellung der Abweichung** eines Bieterangebots von den in den Vergabeunterlagen gemachten Vorgaben **setzt voraus, dass der Gegenstand und Inhalt der Leistung eindeutig beschrieben** sind und die am Auftrag interessierten Unternehmen daran klar erkennen können, wann jeweils die Grenze zu einer inhaltlichen Änderung der Leistungsanforderungen des Auftraggebers überschritten ist. Unter welchen Voraussetzungen das Angebot die Rechtsfolge eines wegen einer Änderung der Vertragsunterlagen zwingenden Angebotsausschlusses § 16 Abs. 3 lit. d), § 13 Abs. 4 Satz 1 VOL/A trifft, **muss für die am Auftrag interessierten Unternehmen aus Gründen der Gleichbehandlung der Bieter und der Transparenz des Vergabeverfahrens anhand der Vertragsunterlagen selbst klar und unmissverständlich zu erkennen** sein (OLG Düsseldorf, B. v. 20. 5. 2005 – Az.: VII – Verg 19/05; VK Münster, B. v. 11. 2. 2010 – Az.: VK 29/09; VK Nordbayern, B. v. 12. 5. 2009 – Az.: 21.VK – 3194 – 11/09). Ergibt sich aus den Vertragsunterlagen **kein Anhalt dafür, dass der Bieter die Leistung nicht entsprechend der Ausschreibung angeboten** hat, gehen ansonsten eventuelle Unklarheiten in den Vergabeunterlagen zu Lasten der Vergabestelle, können also nicht zum Ausschluss des Angebots des betreffenden Bieters führen (VK Nordbayern, B. v. 12. 5. 2009 – Az.: 21.VK – 3194 – 11/09). 10862

116.6.5.4.13 Zulässige Änderungen durch den Bieter. Die Rechtsprechung gibt **für seltenste Ausnahmefälle** dem **Bieter die Befugnis zur eigenmächtigen Änderung** der Vertragsunterlagen: 10863

– es kann nicht zu Lasten des Bieters gehen, wenn er die Vergabeunterlagen mit gut vertretbarem Ergebnis auslegt, mit diesem Inhalt seinem Angebot zu Grunde legt (z. B. Begriffe in der Leistungsbeschreibung durchstreicht und ändert) und den Auftraggeber darauf hinweist, wie er die Vergabeunterlagen in diesem Punkt verstanden hat. Solche Hinweise sollten zweckmäßigerweise zwar in Form eines Vermerks angebracht werden, es ist jedoch unschädlich, wenn der Bieter den Weg der Streichung und Ersetzung im Angebotsblankett gewählt hat. Eine Änderung der Vergabeunterlagen im Sinne von § 13 Abs. 4 Satz 1 VOL/A ist darin bei wertender Betrachtung nicht zu sehen; ein **Ausschluss des Bieters bei vom Auftraggeber zu verantwortenden Missverständnissen kommt nicht in Betracht** (KG Berlin, B. v. 22. 8. 2001 – Az.: KartVerg 03/01; 1. VK Bund, B. v. 19. 4. 2002 – Az.: VK 1–09/02)

– ein Bieter kann Änderungen in dem Fall vornehmen, dass es **widersprüchliche Leistungsverzeichnis-Vorgaben** des Auftraggebers gibt und dieser **auf Nachfragen überhaupt nicht reagiert** (1. VK Sachsen, B. v. 15. 5. 2002 – Az.: 1/SVK/032-02)

– ein Bieter kann Änderungen vornehmen, wenn er aufgrund einer Abstimmung mit dem **Auftraggeber dazu ermächtigt** wurde (VK Südbayern, B. v. 18. 3. 2002 – Az.: 04-02/02)

– eine Ausnahme des Verbots von Änderungen wird nur anerkannt, wenn in seltenen Fällen die **Ergänzungen die Vergleichbarkeit des Angebotes nicht beeinträchtigen** und lediglich **der Erleichterung der Auswertetätigkeit des Auftraggebers** dienen (VK Düsseldorf, B. v. 30. 9. 2002 – Az.: VK – 26/2002 – L)

116.6.5.5 Ausschluss von Angeboten, die nicht formgerecht eingegangen sind, es sei denn, der Bieter hat dies nicht zu vertreten (§ 16 Abs. 3 lit. e)

116.6.5.5.1 Änderung in der VOL/A 2009. 116.6.5.5.1.1 Allgemeines. Der zwingende Angebotsausschluss nicht formgerecht eingegangener Angebote ist **neu in die VOL/A 2009 aufgenommen** worden. 10864

Die **Formvorschriften an Angebote legen** gemäß § 13 Abs. 1 VOL/A die **Auftraggeber fest**. Vgl. insoweit die Kommentierung zu → § 13 VOL/A Rdn. 19 ff. 10865

116.6.5.5.1.2 Formvorschriften für Nebenangebote. Der **fakultative Ausschluss von Nebenangeboten**, die nicht auf besonderer Anlage gemacht worden oder als solche nicht deutlich gekennzeichnet sind, gemäß § 25 Nr. 1 Abs. 2 lit. c) VOL/A 2006 ist **ersatzlos gestrichen** worden. Es gibt damit keine formellen Formvorschriften für Nebenangebote mehr. 10866

Im Gegensatz dazu sieht § 16 Abs. 1 Nr. 1 lit. f VOB/A 2009 eine **neu in die VOB/A 2009 aufgenommene zwingende Ausschlussregelung** vor. § 25 Nr. 1 Abs. 2 VOB/A 2006 10867 sah insofern bisher nur einen fakultativen Ausschlusstatbestand vor (OLG Düsseldorf, B. v. 23. 3. 2010 – Az.: VII-Verg 61/09).

116.6.5.6 Ausschluss von Angeboten, die nicht fristgerecht eingegangen sind, es sei denn, der Bieter hat dies nicht zu vertreten (§ 16 Abs. 3 lit. e)

10868   116.6.5.6.1 Sinn und Zweck. Die strengen Regelungen, die zum Ausschluss eines Angebots wegen Fristversäumung führen, haben den **Sinn und Zweck, Manipulationsmöglichkeiten einzuschränken**. Daher setzt **§ 16 Abs. 3 lit. e) VOL/A auch voraus, dass das Angebot mit Ablauf der Angebotsfrist dem Zugriff des Bieters entzogen** war. Es soll von vorneherein verhindert werden, dass ein Bieter sein Angebot nach Ablauf der Angebotsfrist ändert, insbesondere indem er durch Öffnung anderer Angebote erlangte Informationen verwendet (VK Baden-Württemberg, B. v. 7. 8. 2009 – Az.: 1 VK 35/09).

10869   **116.6.5.6.2 Fristgerechter Eingang. 116.6.5.6.2.1 Allgemeines.** Der **Auftraggeber legt gemäß §§ 10, 12 Abs. 2 Satz 2 lit. i) in der Bekanntmachung die Angebotsfrist**, also die Frist, bis zu der Angebote abgegeben werden können, **fest**. Vgl. dazu die Kommentierung zu → § 10 VOL/A Rdn. 6ff. und zu → § 12 VOL/A Rdn. 36ff.

10870   Entscheidend ist für die Rechtzeitigkeit ist, **ob das Angebot dem Auftraggeber fristgerecht zugegangen** ist.

10871   **116.6.5.6.2.2 Begriff des Zugangs. 116.6.5.6.2.2.1 Grundsatz.** Entscheidend für den Zugang ist **gemäß § 130 BGB der Übergang in den Machtbereich des Empfängers und seine Möglichkeit, unter normalen Umständen Kenntnis erlangen zu können** (OLG Celle, B. v. 7. 6. 2007 – Az.: 13 Verg 5/07; VK Baden-Württemberg, B. v. 7. 8. 2009 – Az.: 1 VK 35/09; 3. VK Bund, B. v. 1. 9. 2006 – Az.: VK 3–105/06; B. v. 28. 8. 2006 – Az.: VK 3–102/06; B. v. 28. 8. 2006 – Az.: VK 3–99/06; VK Südbayern, B. v. 7. 4. 2006 – Az.: 07-03/06).

10872   **116.6.5.6.2.2.2 Zugang an der richtigen Eingangsstelle beim Auftraggeber**
        Zum Machtbereich des Empfängers gehören insoweit auch die von ihm zur Entgegennahme von Erklärungen bereitgehaltenen Einrichtungen. Sollen z. B. Schriftstücke im Rahmen eines Vergabeverfahrens direkt von den am Empfang tätigen Mitarbeitern des Auftraggebers oder eines vom Auftraggeber beauftragten Dritten entgegen genommen werden, ist diese Empfangsstelle eine zur Entgegennahme von Erklärungen bereitgehaltene Einrichtung in diesem Sinne (OLG Celle, B. v. 7. 6. 2007 – Az.: 13 Verg 5/07). Zum **Machtbereich gehören auch die von dem Auftraggeber zur Entgegennahme von Erklärungen bereitgehaltenen Stellen**. Der **Auftraggeber** als Empfänger **kann sich ebenso eines so genannten Empfangsboten bedienen**. Empfangsbote ist, wer vom Empfänger (ohne Vertreter zu sein) zur Entgegennahme von Erklärungen bestellt worden ist oder nach der Verkehrsanschauung als bestellt anzusehen ist, z. B. die Mitarbeiter der Warenannahme. Die **Erklärungen an einen Empfangsboten gehen in dem Zeitpunkt zu, in dem nach dem regelmäßigen Verlauf der Dinge die Weiterleitung an den Adressaten zu erwarten** war. Es ist üblicherweise zu erwarten, dass eine Sendung, die bei der Warenannahme um 8.26 Uhr eingeht und als Terminsache gekennzeichnet ist, jedenfalls vor 13.30 Uhr zur intern zuständigen Stelle gelangt (VK Baden-Württemberg, B. v. 7. 8. 2009 – Az.: 1 VK 35/09 – instruktiver Beschluss).

10873   Eine schriftliche Willenserklärung, wie es die Abgabe eines Angebots im Vergabeverfahren darstellt, ist nicht bereits dann im Rechtssinn in den Machtbereich des Empfängers gelangt, wenn sich der Erklärungsbote des Absenders im Gebäude des Empfängers befindet. Um die Verfügungsgewalt des Empfängers zu begründen, ist die **Übergabe des Schriftstücks an den Adressaten bzw. an seinen Empfangsvertreter oder eine sonstige Empfangsvorrichtung notwendig** (1. VK Bund, B. v. 23. 1. 2007 – Az.: VK 1–08/07; B. v. 23. 1. 2007 – Az.: VK 1–05/07; B. v. 23. 1. 2007 – Az.: VK 1–166/06; B. v. 23. 1. 2007 – Az.: VK 1–163/06).

10874   Hat der **Auftraggeber eine bestimmte Stelle (z. B. ein bestimmtes Zimmer) benannt, muss das Angebot auch dort abgegeben werden**. Gibt der Bieter dann das Angebot z. B. beim Pförtner ab, ist es **als verspätet zurückzuweisen**. **Pförtner** kontrollieren den Zugang zu Gebäuden oder Betriebsgeländen. Sie sind erste Ansprechpartner für Besucher. Besonders in sicherheitsrelevanten Bereichen verhindern sie das Eindringen von Unbefugten und überwachen zeitliche bzw. örtliche Zugangsberechtigungen. Pförtner sind **keine Empfangsvertreter**. Wenn die Mitarbeiter der Wache auch nicht angewiesen sind, eingehende Postsendungen, die Angebote zu einem Ausschreibungsverfahren enthalten, unverzüglich persönlich der

Submissionsstelle zu überbringen, sind sie **auch keine Empfangsboten** (VK Brandenburg, B. v. 26. 1. 2005 – VK 81/04).

Wird **in der Ausschreibung keine Zimmernummer benannt, ist die erstmalige Aus-** 10875
händigung an einen Empfangsgehilfen der Vergabestelle maßgeblich (VK Südbayern, B. v. 7. 4. 2006 – Az.: 07-03/06). Als Beweis für den rechtzeitigen Zugang genügt z. B. der die Sendungsverfolgung abschließende Scanner-Ausdruck mit einer bestimmten Zeitangabe. Diese Sendungsverfolgung inklusive dem Scanner-Ausdruck ist auch ein geeigneter Urkundenbeweis gem. § 110 Abs. 1 GWB (1. VK Sachsen, B. v. 29. 9. 1999 – 1 VK 16/99).

Ist eine **juristische Person Auftraggeber**, ist der **Einwurf in den Postbriefkasten der** 10876
juristischen Person (z. B. im Rathaus) im Sinne des Übergangs in den Machtbereich des Empfängers **ausreichend**, da ein an eine Behörde gerichtetes Schreiben mit Eingang bei der hierfür eingerichteten Stelle und nicht erst bei Vorlage bei dem zuständigen Bediensteten zugeht. Auch wenn in den Verdingungsunterlagen bestimmt ist, dass das „Angebot an einem bestimmten Tag in einem bestimmten Zimmer vorliegen muss, ändert sich daran nichts. Eine zur Fristwahrung notwendige Handlung darf nämlich grundsätzlich bis zum Ablauf des letzten Tages (24:00 Uhr) vorgenommen werden; allerdings ist der **Erklärungsempfänger (Behörde) nur bis zum Ende der üblichen Zeit (Dienstschluss) zur Mitwirkung verpflichtet** (VK Schleswig-Holstein, B. v. 26. 10. 2004 – Az.: VK-SH 26/04).

Trägt der Angebotsumschlag eines Bieters den Eingangsstempel des Tages nach Ablauf der 10877
Angebotsabgabefrist, so **kann der Bieter trotzdem glaubhaft machen, dass die Angebotsangabefrist doch eingehalten wurde**, wenn z. B. der Bieter vorträgt, das Angebot nach Dienstschluss in den Briefkasten des Auftraggebers eingeworfen zuhaben und im Rahmen des Nachprüfungsverfahrens diesen **Briefkasten entsprechend beschreiben kann** und der **Briefkasten über keinerlei Vorrichtung zur Zeiterfassung verfügt**, sodass die Eingänge jeden Morgen gleich nach Dienstschluss geöffnet und mit dem Eingangsstempel des jeweiligen Tages versehen werden (VK Schleswig-Holstein, B. v. 28. 1. 2008 – Az.: VK-SH 27/07). Dieser Sachverhalt dürfte aber bei Ausschreibungen nach der VOB/A kaum vorkommen, da in aller Regel der Zeitpunkt des Eröffnungstermins innerhalb der normalen Büroarbeitszeiten liegt.

116.6.5.6.2.2.3 Einlegung in ein Postfach. Der **Übergang der Sendung in den** 10878
Machtbereich der Angebotsstelle ist auch bereits durch Einlegung der Sendung in das Postfach erfolgt. Unabhängig davon, wie häufig ein Postfach tatsächlich geleert wird, besteht die grundsätzliche Möglichkeit des Postfachinhabers, jederzeit auf den Inhalt des Postfachs Zugriff zu nehmen. Es ist insoweit vergleichbar mit einem Briefkasten, für den anerkannt ist, dass sich darin befindliche Post bereits im Machtbereich des Briefkasteninhabers befindet. Allerdings hat die **Vergabestelle die Möglichkeit, aus ihrem Machtbereich einzelne Bereiche herauszugreifen und den wirksamen Zugang auf diese Orte zu beschränken.** Aus der Vorgabe in Verdingungsunterlagen, dass die Angebote an die Hausanschrift der Angebotsstelle zu adressieren sind, lässt sich jedoch nicht ableiten, dass nur die Hausanschrift zulässiger Eingangsort für Angebote ist, denn in den Verdingungsunterlagen war ausdrücklich die Versendung der Angebote per Post gestattet. **Folgerichtig sind alle für Post üblichen Zugangsorte im Machtbereich der Angebotsstelle als Eingangsort zulässig. Dazu gehört auch das Postfach.** Postsendungen werden nämlich gemäß den „Allgemeinen Geschäftsbedingungen der Deutschen Post AG für die Nutzung von Postfächern (AGB Postfach)" Ziffer 3 Abs. 4 „in der Regel" in das Postfach eingelegt „wenn nichts anderes vereinbart worden ist". Maßgeblich für die Möglichkeit der Kenntnisnahme und damit für den Zugangszeitpunkt ist dann teil der Zeitpunkt der üblichen Leerung des Postfaches, sondern der Zeitpunkt des Ablaufs der Angebotsfrist, in dem das Postfach von dem Auftraggeber nochmals hätte geleert werden müssen. Zwar wird bei der Zustellung in Postfächer für die Möglichkeit der Kenntnisnahme und damit für den Zugangszeitpunkt in der Regel auf den Zeitpunkt der üblichen Leerung des Postfachs abgestellt. **Wenn der Postfachinhaber indes mit dem Eingang fristgebundener Sendungen rechnet bzw. rechnen muss, ist nach der Verkehrsanschauung zu erwarten, dass das Postfach neben den üblichen Leerungen auch zum Zeitpunkt des Fristablaufs geleert wird** (3. VK Bund, B. v. 1. 9. 2006 – Az.: VK 3–105/06; B. v. 28. 8. 2006 – Az.: VK 3–102/06; B. v. 28. 8. 2006 – Az.: VK 3–99/06).

Noch weiter geht die 1. VK Bund. Ein öffentlicher **Auftraggeber**, der für den Zugang der 10879
an ihn gerichteten Angebote im Rahmen eines Vergabeverfahrens ein **Postfach eröffnet, ist nicht nur verpflichtet, dieses zum Ablauf einer Angebotsabgabefrist zu leeren.** Vielmehr **können ihn auch weitere Obliegenheiten treffen**, wenn z. B. der **Auftraggeber über die an seine Postfachadresse gerichteten Einschreiben mittels so genannter**

Teil 4 VOL/A § 16 Vergabe- und Vertragsordnung für Leistungen Teil A

„Kundenbelege", die von der Deutschen Post AG in ihr Postfach eingelegt werden, informiert wird. Dieser Kundenbeleg dient gerade dazu, den Auftraggeber über an ihn gerichtete und bei der Deutschen Post AG bis zur Abholung hinterlegte Eingangspost zu informieren. Vor dem Hintergrund, dass bei dem Auftraggeber als Vergabestelle **häufig fristgebundene Angebote per Einschreiben eingehen, trifft ihn daher bei der Kontrolle der Kundenbelege eine besondere Sorgfaltspflicht.** So hätte ihm z. B. aufgrund einer fehlenden Nummer eines Kundenbelegs auffallen müssen, dass an einem bestimmten Tag offensichtlich ein Kundenbeleg für ein eingegangenes Einschreiben erstellt wurde. Hinzu kommt, dass der Auftraggeber gerade unmittelbar vor Ablauf einer Angebotsfrist mit fristgebundener Eingangspost rechnen musste. Selbst wenn dem Auftraggeber zuzugeben ist, dass er noch nicht wissen kann, von wem er Angebote erhält, so hätte er aus dem fehlenden Kundenbeleg zumindest schließen können, dass er ein Einschreiben erhalten hat. **Es hätte daher dem Auftraggeber oblegen, die Vollständigkeit der Kundenbelege der Deutschen Post AG zu prüfen, das Fehlen eines Belegs festzustellen und daraufhin den Verbleib der z. B. am Eröffnungstag eingetroffenen Einschreiben innerhalb der Angebotsfrist am Postschalter aufzuklären** (1. VK Bund, B. v. 2. 12. 2009 – Az.: VK 1–206/09).

10880   **116.6.5.6.2.3 Analoge Anwendung?** Der zwingende Ausschlussgrund des § 16 Abs. 3 lit. e) VOL/A knüpft allein an die objektive Tatsache an, dass ein Angebot nicht fristgerecht eingegangen ist. **Warum dem so ist oder ob jemandem ein Schuldvorwurf gemacht werden kann, ist grundsätzlich unerheblich.** Mit dieser strengen Regelung soll von vorn herein verhindert werden, dass ein Bieter sein Angebot nach Ablauf der Angebotsfrist ändert, insbesondere indem er durch Öffnung anderer Angebote erlangte Informationen verwendet. Eine **entsprechende Anwendung dieser Norm unter Heranziehung der aus § 242 BGB entwickelten Grundsätze zur Zugangsfiktion infolge unberechtigter Annahmeverweigerung wäre mit den Grundprinzipien des Vergaberechts wie Transparenz und Gleichbehandlungsgebot nicht zu vereinbaren,** weil ein fiktiv zugegangenes Angebot tatsächlich – u. U. für Stunden oder gar Tage – unkontrollierbar in den Händen des Bieters bliebe. Damit wäre der Manipulation Tür und Tor geöffnet (OLG Koblenz, B. v. 20. 2. 2009 – Az.: 1 Verg 1/09).

10881   **116.6.5.6.3 Übermittlungsrisiko des Bieters für die Rechtzeitigkeit.** Das Übermittlungsrisiko für die Rechtzeitigkeit eines Angebotes trägt der Bieter. Insbesondere kann ein verspätet eingegangenes Angebot auch dann nicht zur Wertung zugelassen werden, wenn die **Verspätung etwa damit begründet wird, dass das Angebot so frühzeitig zur Post gegeben worden sei, dass mit einem rechtzeitigen Eingang zu rechnen gewesen sei** oder die **Deutsche Post das Angebot falsch zugestellt hat.** Der rechtzeitige Zugang liegt insoweit in der Risikosphäre des jeweiligen Bieters, ist daher von ihm zu vertreten (VK Baden-Württemberg, B. v. 1. 7. 2002 – Az.: 1 VK 31/02; VK Nordbayern, B. v. 1. 4. 2008 – Az.: 21.VK – 3194 – 09/08; 1. VK Sachsen, B. v. 29. 12. 2004 – Az.: 1/SVK/123-04). **Anderer Auffassung** ist insoweit die 3. VK Bund **für den Fall, dass konkrete Anhaltspunkte** dafür bestehen, dass im **Verantwortungsbereich der Vergabestelle Ursachen für die Nichterweislichkeit** ausschlussrelevanter Tatsachen gesetzt wurde (3. VK Bund, B. v. 1. 9. 2006 – Az.: VK 3–105/06; B. v. 28. 8. 2006 – Az.: VK 3–102/06; B. v. 28. 8. 2006 – Az.: VK 3–99/06).

10882   Ein verspäteter Eingang des Angebots ist nur dann nicht dem Bieter zuzurechnen, wenn die Verspätung entweder der Auftraggeber oder **niemand, z. B. Naturereignisse, zu vertreten haben.** Eine andere Auslegung ist mit dem Gleichheitsgrundsatz aus § 97 Abs. 2 GWB nicht vereinbar (VK Nordbayern, B. v. 1. 4. 2008 – Az.: 21.VK – 3194 – 09/08).

10883   **116.6.5.6.4 Teilweise verspätetes Angebot.** Das Gebot der Formstrenge gebietet es, Angebote, die verspätet eingegangen sind, von der Wertung auszuschließen. Dies **gilt auch, wenn ein Bieter zwar fristgerecht ein Angebotsanschreiben einreicht, wesentliche Bestandteile wie z. B. die ausgefüllten Vergabeunterlagen aber erst verspätet folgen** (VK Lüneburg, B. v. 24. 11. 2003 – Az.: 203-VgK-29/2003).

10884   In diesen Fällen kommt auch ein Ausschluss wegen Unvollständigkeit in Betracht.

10885   **116.6.5.6.5 Neues Angebot nach Ablauf der Bindefrist.** Eine von einem Bieter erst **nachträglich nach Ablauf der Bindefrist vorgenommene Fristverlängerung** kann zwar im Wege rechtsgeschäftlicher Auslegung (§§ 133, 157 BGB) ohne weiteres als Abgabe eines neuen Angebots angesehen werden, welches seinem Inhalt nach mit dem zuvor erloschenen identisch ist. Trotz dieser inhaltlichen Übereinstimmung darf es gleichwohl **aufgrund der zwingenden Vorschrift des § 16 Abs. 3 lit. e) VOL/A nicht gewertet** werden, da die

Vergabe- und Vertragsordnung für Leistungen Teil A VOL/A § 16 **Teil 4**

Angebotsfrist überschritten ist und in dieser Hinsicht weder der Vergabestelle noch den Vergabeprüfungsinstanzen ein Ermessensspielraum eingeräumt wäre (OLG Thüringen, B. v. 30. 10. 2006 – Az.: 9 Verg 4/06).

Es ist aber **jedenfalls (auch) Sache der Vergabestelle, für die Einhaltung der Zuschlagsfrist Sorge zu tragen**. Dann wird man **auch eine Obliegenheit annehmen müssen, nach der sie rechtzeitig vor Ablauf einer in den Ausschreibungsbedingungen festgelegten Bindefrist auf alle Bieter mit dem Ziel einer Fristverlängerung zuzugehen** hat, wenn sich abzeichnet, dass diese aus bestimmten Gründen (z. B. wegen der Einleitung eines Nachprüfungsverfahrens) nicht eingehalten werden kann. Zwar liegt es daneben (auch) im Verantwortungsbereich des einzelnen Bieters, die ununterbrochene Bindung an sein Angebot sicherzustellen und ein Erlöschen im Sinne des § 146 BGB zu verhindern. Doch spricht zumindest unter Gleichbehandlungsgesichtspunkten viel dafür, eine Ausschreibung nicht schon vorschnell an dem – möglicherweise durch ein laufendes Nachprüfungsverfahren in den Hintergrund geratenen und daher von allen Verfahrensbeteiligten unter Einschluss der Vergabestelle übersehenen – Umstand scheitern zu lassen, dass die Angebote sämtlicher Bieter wegen Überschreitens der Bindefrist erloschen sind. Es wäre mit dem Ziel des effektiven Wettbewerbsschutzes kaum vereinbar, in einem solchen Falle die Ausschreibung aufzuheben und der Vergabestelle zu gestatten, freihändig den Zuschlag zu erteilen. Da weder eine Bevorzugung noch eine Benachteiligung eines einzelnen Bieters zu besorgen ist, liegt es vielmehr unter den genannten Vorzeichen auf der Hand, die Vergabestelle noch nachträglich zu verpflichten, die Bindefrist mit gleicher Wirkung für alle Bieter neu zu bestimmen und diesen die Chance zu geben, sämtliche – obschon gem. § 146 BGB formal erloschenen – Angebote mit identischem Inhalt erneut einzureichen, und der Ausschreibung auf diese Weise ihren Fortgang zu geben (OLG Thüringen, B. v. 30. 10. 2006 – Az.: 9 Verg 4/06).

10886

Rechtstechnisch lässt sich eine solche Konsequenz zwanglos damit begründen, dass die gegenüber der ursprünglichen Angebotsfrist **verspätete Angebotsabgabe** durch Umstände verursacht sind, die nicht in der Sphäre des einzelnen Bieters, sondern vielmehr in der **Sphäre aller Bieter** liegen und **mehr noch im Verantwortungsbereich der Vergabestelle anzusiedeln** sind (OLG Thüringen, B. v. 30. 10. 2006 – Az.: 9 Verg 4/06).

10887

116.6.5.6.6 Darlegungs- und Beweislast für den rechtzeitigen Zugang eines Angebotes. Nach allgemeinen prozessualen Grundsätzen trägt derjenige die Beweislast für das Vorliegen der entsprechenden Tatbestandsvoraussetzungen, der sich auf die jeweilige Norm beruft; danach hat der **Auftraggeber, der sich auf die Verspätung beruft, die Beweislast.** Zu demselben Ergebnis gelangt man, wenn man zwar **grundsätzlich die Beweislast dafür, dass ein vollständiges Angebot rechtzeitig eingereicht worden ist, dem jeweiligen Bieter auferlegt**, hiervon jedoch dann eine **Ausnahme** macht, **wenn es im Verantwortungsbereich der Vergabestelle liegt, dass sich die für einen Ausschlussgrund erforderlichen Tatbestandsvoraussetzungen nicht erweisen lassen.** Bereits aus der Dokumentationspflicht gemäß z. B. § 97 Abs. 1 GWB und der Regelungen in VOL/A bzw. VOB/A ergibt sich die **grundsätzliche Verpflichtung der Vergabestelle, die geeigneten Vorkehrungen zu treffen, um im Streitfall die Verspätung beweiskräftig belegen zu können** (OLG Celle, B. v. 7. 6. 2007 – Az.: 13 Verg 5/07; VK Nordbayern, B. v. 1. 4. 2008 – Az.: 21.VK – 3194 – 09/08).

10888

116.6.5.6.7 Darlegungs- und Beweislast für den vollständigen Zugang eines Angebotes und Umkehr der Beweislast. Der **Bieter** trägt die **Darlegung- und Beweislast für den vollständigen Zugang seines Angebotes**. Gelingt ihm dieser nicht oder bleibt es beim non liquet, ist sein Angebot somit zwingend auszuschließen (3. VK Bund, B. v. 8. 9. 2008 – Az.: VK 3–116/08; VK Nordbayern, B. v. 1. 4. 2008 – Az.: 21.VK – 3194 – 09/08; 1. VK Sachsen, B. v. 29. 2. 2004 – Az.: 1/SVK/157-03 bei Ermessensreduzierung auf Null).

10889

Sind die Angebote nach der ausdrücklichen Vorgabe der Vertragsunterlagen **in loser, nicht gebundener Form einzureichen, begünstigt dies einen Verlust im Gefahrenbereich des Auftraggebers.** Nach § 16 Abs. 1 VOL/A muss eine Vollständigkeitsprüfung stattfinden, bei welcher das Fehlen einer Seite auffallen muss; das Fehlen bedarf dann der Dokumentation. **Ist eine solche Prüfung und Dokumentation jedoch zunächst nicht erfolgt, obwohl das Angebot auch in formeller Hinsicht geprüft wurde und wird das Fehlen erst einen Monat später in der zweiten fachlichen Wertung dokumentiert, stellt sich die Sachlage so dar, dass das Angebot vollständig eingereicht wurde, die fehlende Seite dann aber im Verantwortungsbereich des Auftraggebers verloren gegangen ist.** Die letztendliche Unaufklärbarkeit des Sachverhalts muss deshalb aufgrund der dokumentierten Abläufe in

10890

diesem Fall zu Lasten des Auftraggebers gehen (3. VK Bund, B. v. 8. 9. 2008 – Az.: VK 3–116/08).

10891   **116.6.5.6.8 Annahmeverweigerung durch den Auftraggeber.** Eine **Annahmeverweigerung durch den Auftraggeber hat nicht ohne weiteres nachteilige Folgen für den Bieter.** Gelingt es ihm, das Angebot rechtzeitig an anderer Stelle abzugeben, besteht keine Veranlassung, die Annahmeverweigerung durch einen Eingriff in das Vergabeverfahren zu sanktionieren. Sie könnte **allenfalls dann als schadenskausaler Vergaberechtsverstoß** im Sinne des § 107 Abs. 2 GWB angesehen werden, wenn sie **auch ursächlich dafür war, dass das Angebot dem Verhandlungsleiter nicht (rechtzeitig) vorliegt** und deshalb aus der Wertung genommen werden muss (OLG Koblenz, B. v. 20. 2. 2009 – Az.: 1 Verg 1/09).

10892   **116.6.5.6.9 Zurückversetzung des Vergabeverfahrens und Zulassung verspäteter Angebote.** Die Tatsache der **verspäteten Einreichung** des Angebots ist **rechtlich unerheblich,** wenn der betroffene **Antragsteller** nach (teilweiser) Aufhebung des Vergabeverfahrens wegen eines Rechtsverstoßes, der sich in einem früheren Stadium des Verfahrens zugetragen hat, **Gelegenheit erhalten muss, ein neues Angebot einzureichen und dabei den geltend gemachten Ausschlussgrund zu vermeiden** (OLG Düsseldorf, B. v. 21. 5. 2008 – Az.: VII – Verg 19/08).

10893   **116.6.5.6.10 Schadenersatzansprüche wegen verspäteter Zustellung.** Ein **Bieter kann gegen ein Postzustellungsunternehmen** wegen Überschreitung der für den eingelieferten Express-Brief vereinbarten Lieferfrist einen **Schadensersatzanspruch aus § 425 Abs. 1 HGB** haben (OLG Köln, Urteil v. 24. 5. 2005 – Az.: 3 U 195/04).

10894   **116.6.5.6.11 Ausnahme vom Übermittlungsrisiko des Bieters für die Rechtzeitigkeit. Nicht auszuschließen sind Angebote,** die zwar nicht fristgerecht eingegangen sind, der Bieter dies aber nicht zu vertreten hat.

10895   Ein Angebot kann nicht gewertet werden, wenn es nicht fristgerecht eingegangen ist. Ist das **Nichtvorliegen jedoch nicht vom Bieter zu vertreten**, weil das Angebot die Vergabestelle rechtzeitig erreicht hätte, wenn die Angebotsabgabefrist – wie in der Aufforderung zur Abgabe des Angebots angegeben – **termingerecht Bestand gehabt hätte und nicht verkürzt worden wäre**, macht dies die Aufhebung des gesamten Vergabeverfahrens unumgänglich (VK Nordbayern, B. v. 15. 4. 2002 – Az.: 320.VK-3194-08/02).

10896   **116.6.5.6.12 Zwingender Ausschluss eines nicht fristgerecht eingegangenen Angebots.** Der Ausschluss nicht fristgerecht eingegangener Angebote ist nach dem Inhalt dieser Bestimmung **zwingend** (OLG Brandenburg, B. v. 19. 1. 2009 – Az.: Verg W 2/09; VK Nordbayern, B. v. 15. 4. 2002 – Az.: 320.VK-3194-08/02; 1. VK Sachsen, B. v. 29. 12. 2004 – Az.: 1/SVK/123-04). Nachdem die für alle Bieter gleichermaßen geltende **Angebotsfrist abgelaufen** ist, kommt die **Berücksichtigung eines danach eingehenden Angebots aus Gründen der Gewährleistung eines fairen Wettbewerbs und einer Gleichbehandlung aller Bieter auf keinen Fall mehr in Betracht** (OLG Naumburg, B. v. 29. 4. 2008 – Az.: 1 W 14/08).

10897   Nach der Vorschrift des § 16 Abs. 3 lit. e) sind **auch solche Angebote – bzw. Bieter – auszuschließen, die in einem ungeregelten Verfahren nach Ablauf einer Angebotsabgabefrist abgegeben wurden** (OLG Düsseldorf, B. v. 13. 6. 2007 – Az.: VII – Verg 2/07).

10898   **116.6.5.6.13 Weitere Beispiele aus der Rechtsprechung**
– hat die Deutsche Post AG auf ihrem Auslieferungsbeleg festgehalten, dass sie die Sendung in das Postfach der Vergabestelle eingelegt hat, ist damit jedoch nicht unumstößlich bewiesen, dass dies tatsächlich auch der Fall war. Dagegen spricht, dass es keinen weiteren Beleg dafür gibt, dass das Einschreiben tatsächlich in den Empfangsbereich der Vergabestelle gelangte. Obwohl der Posteingang in einem standardisierten Verfahren abläuft, der dazu hätte führen müssen, dass die Sendung registriert wird, fehlt eine solche Registrierung. Weitgehend ausgeschlossen kann auch, dass die Sendung, ohne dass sie registriert wurde, in den Postlauf gegeben wurde. Jeder Bedienstete, dem die Sendung versehentlich zugeleitet worden wäre, hätte auf Anhieb deren Dringlichkeit erkannt und diese an das zuständige Bauamt weitergeleitet. Die auffälligen Aufkleber ließen keinen Zweifel an der Wichtigkeit und Eilbedürftigkeit des Einschreibens zu. Dass das Poststück das Bauamt nicht auf diesem Wege erreichte, lässt annehmen, dass dieses der Vergabestelle nicht zugegangen war. Der **Sachverhalt lässt vermuten, dass das Einschreiben entgegen der Aussage auf dem Auslieferungsvermerk doch nicht in das Postfach der Stadt eingelegt wurde** (VK Baden-Württemberg, B. v. 13. 10. 2003 – Az.: 1 VK 57/03)

116.6.5.7 Ausschluss von Angeboten von Bietern, die in Bezug auf die Vergabe eine unzulässige, wettbewerbsbeschränkende Abrede getroffen haben (§ 16 Abs. 3 lit. f)

Mit dieser Regelung **soll in erster Linie verhindert** und ggf. **sanktioniert** werden, dass potentielle Konkurrenten in Bezug auf eine bestimmte Ausschreibung **heimliche Absprachen mit dem Ziel** treffen, durch Vermeidung eines echten Wettbewerbs ein ihnen genehmes, **möglichst hohes Preisniveau zu erreichen** oder zu erhalten (1. VK Brandenburg, B. v. 3. 4. 2007 – Az.: 1 VK 9/07). 10899

Der **Begriff der wettbewerbsbeschränkenden Abrede und wichtige Fälle** aus der Rechtsprechung zu Fragen einer unzulässigen Wettbewerbsbeschränkung sind in der Kommentierung zu → § 97 GWB Rdn. 11 ff. dargestellt. 10900

116.6.5.8 Ausschluss von nicht zugelassenen Nebenangeboten (§ 16 Abs. 3 lit. g)

Gemäß § 16 Abs. 3 lit. g) VOL/A sind Nebenangebote auszuschließen, wenn der Auftraggeber in der Bekanntmachung gemäß § 12 Abs. 2 Satz 2 lit. f) erklärt, dass er diese nicht zulässt. Dieser **Ausschlussgrund gilt auch dafür, dass der Auftraggeber weitere besondere Kriterien für den Ausschluss oder die Zulassung von Nebenangeboten in den Vergabeunterlagen ausdrücklich niedergelegt hat und diese Formvorschriften nicht erfüllt werden** (VK Lüneburg, B. v. 3. 12. 2004 – Az.: 203-VgK-52/2004). 10901

Die Vorschrift erfasst auch solche Nebenangebote, deren **Umfang und/oder Inhalt materiellen Beschränkungen unterliegen sollen**, z. B. wenn der Auftraggeber bestimmt, dass Nebenangebote mit negativen Preisen nur gewertet werden, wenn die betroffene Position als Pauschale angeboten wird (VK Thüringen, B. v. 11. 1. 2007 – Az.: 360–4002.20–024/06-HIG). 10902

116.6.6 Auslegung des Angebots als Mittel zur Behebung von Fehlern oder Unvollständigkeiten

Bei der Auslegung von Angeboten als Mittel zur Behebung ihnen anhaftender Fehler oder Unvollständigkeiten ist jedenfalls in bestimmten Konstellationen Zurückhaltung geboten, da Sinn und Zweck der vergaberechtlichen Ausschlussgründe auf dahingehende Vorgaben des Auftraggebers darin liegen, **mehr Transparenz in einem zügigen und für den Auftraggeber leicht zu handhabenden Vergabeverfahren zu schaffen**, in dem die Gleichbehandlung der Bieter sichergestellt ist. Ohnedies kann ein transparentes, die Gleichbehandlung der Bieter respektierendes Vergabeverfahren nur erreicht werden, wenn in jeder sich aus den Verdingungsunterlagen ergebender Hinsicht grundsätzlich von einem weiteren vergleichbare Angebote abgegeben werden. Eine **Auslegung des Angebots ist jedoch nicht schlechthin ausgeschlossen, sondern ist vom Auftraggeber als Mittel der Wahl anzuwenden, wenn sie aus dem Angebot selbst heraus unschwer möglich ist und zu einem unzweifelhaften Ergebnis führt**. Ein genereller und ausnahmsloser Ausschluss jeder Auslegung wäre weder mit dem Verhältnismäßigkeitsgebot noch mit dem Grundsatz der Wirtschaftlichkeit der Beschaffung in Einklang zu bringen (OLG Düsseldorf, B. v. 9. 6. 2010 – Az.: VII-Verg 5/10). 10903

116.6.7 Fakultativer Ausschluss von Angeboten (§ 16 Abs. 4)

116.6.7.1 Änderungen in der VOL/A 2009

Die **fakultative Ausschlussregelung** des § 25 Nr. 1 Abs. 2 lit. a) VOL/A 2006 **für Angebote, die nicht die geforderten Angaben und Erklärungen enthalten**, wurde in eine zwingende Ausschlussregelung mit Nachforderungsmöglichkeiten umgewandelt (§ 16 Abs. 2, Abs. 3). 10904

Die **fakultative Ausschlussregelung** des § 25 Nr. 1 Abs. 2 lit. b) VOL/A 2006 **für Nebenangebote, die nicht auf besonderer Anlage gemacht worden oder als solche nicht deutlich gekennzeichnet** sind, wurde **ersatzlos gestrichen**. 10905

116.6.7.2 Ausschluss von Angeboten von Bietern gemäß der Regelung des § 6 Abs. 5 für Bewerber

Nach § 16 Abs. 4 können Angebote von Bietern ausgeschlossen werden, die auch als Bewerber von der Teilnahme am Wettbewerb hätten ausgeschlossen werden können. § 16 Abs. 4 überträgt damit die Ausschlussgründe des § 6 Abs. 5 für Teilnahmeanträge von Bewerbern auf Angebote von Bietern. 10906

Vgl. daher die Kommentierung zu → § 6 VOL/A Rdn. 163 ff. 10907

Teil 4 VOL/A § 16   Vergabe- und Vertragsordnung für Leistungen Teil A

116.7 2. Wertungsstufe: Eignungsprüfung (§ 16 Abs. 5)

10908 § 16 Abs. 5 VOL/A deckt sich inhaltlich im Wesentlichen mit § 97 Abs. 4 Halbsatz 1 bzw. § 16 Abs. 2 VOB/A. Deshalb erfolgt eine **einheitliche Kommentierung dieser Wertungsstufe bei** → **§ 97 GWB Rdn. 543 ff.**

116.8 3. Wertungsstufe: Prüfung der Angebote auf ein offenbares Missverhältnis zwischen Preis und Leistung (§ 16 Abs. 6)

10909 In der dritten Phase der Angebotswertung hat der **Auftraggeber die Angemessenheit der Angebotspreise zu prüfen** (OLG Celle, B. v. 30. 9. 2010 – Az.: 13 Verg 10/10).

10910 Der öffentliche Auftraggeber hat insoweit **sorgfältig zu prüfen und zu erwägen**, ob ein **niedriges Unterkostenangebot berücksichtigt** und ggf. bezuschlagt werden kann oder nicht. Hierzu ist **zunächst festzustellen, ob ein überprüfungspflichtiges niedriges Angebot vorliegt.** Im Weiteren hat er das **Angebot auf seine wirtschaftliche Auskömmlichkeit zu überprüfen**, wobei der Bieter zu hören ist. Schließlich ist **unter Berücksichtigung der Stellungnahme und der Erläuterungen des Bieters zu werten**, ob trotz des niedrigen Angebots eine ordnungs- und vertragsgemäße Leistungserbringung zu erwarten ist oder nicht (VK Baden-Württemberg, B. v. 26. 1. 2010 – Az.: 1 VK 71/09; VK Schleswig-Holstein, B. v. 6. 6. 2007 – Az.: VK-SH 10/07).

116.8.1 Vorliegen eines ungewöhnlich niedrigen Angebots

10911 Ein ungewöhnlich niedriges Angebot ist ein **Angebot mit einem ungewöhnlich niedrigen Angebotspreis**.

116.8.1.1 Ungewöhnlich niedriger Angebotspreis

10912 **116.8.1.1.1 Unterschiedliche Terminologie der VOL/A und der VOB/A. VOL/A und VOB/A verwenden insoweit für den gleichen Sachverhalt – leider immer noch – unterschiedliche Begriffe.** Während die VOL/A von ungewöhnlich niedrigen Angeboten spricht, verwendet die VOB/A den Begriff des unangemessen niedrigen Angebots. Inhaltlich besteht nach der Rechtsprechung kein Unterschied.

10913 **116.8.1.1.2 Allgemeines.** Von einem ungewöhnlich niedrigen Preis ist dann auszugehen, wenn der angebotene (Gesamt-)Preis derart **eklatant von dem an sich angemessenen Preis abweicht**, dass die **genauere Überprüfung nicht im einzelnen erforderlich** ist und die **Ungewöhnlichkeit des Angebotspreises sofort ins Auge fällt** (OLG Düsseldorf, B. v. 9. 2. 2009 – Az.: VII-Verg 66/08; B. v. 19. 11. 2003 – Az.: Verg 22/03; OLG Karlsruhe, B. v. 16. 6. 2010 – Az.: 15 Verg 4/10; OLG Koblenz, B. v. 28. 10. 2009 – Az.: 1 Verg 8/09; OLG München, B. v. 21. 5. 2010 – Az.: Verg 02/10; LG Leipzig, Urteil v. 24. 1. 2007 – Az.: 06HK O 1866/062; VK Baden-Württemberg, B. v. 29. 4. 2009 – Az.: 1 VK 15/09; B. v. 11. 9. 2003 – Az.: 1 VK 52/03, B. v. 30. 4. 2002 – Az.: 1 VK 17/02; VK Berlin, B. v. 27. 7. 2009 – Az.: VK – B 1–18/09; B. v. 2. 6. 2009 – Az.: VK B 2–12/09; VK Brandenburg, B. v. 10. 11. 2006 – Az.: 2 VK 44/06; 3. VK Bund, B. v. 2. 8. 2006 – Az.: VK 3–75/06; VK Hessen, B. v. 20. 8. 2009 – Az.: 69 d VK – 26/2009; B. v. 30. 5. 2005 – Az.: 69 d VK – 10/2005; VK Lüneburg, B. v. 1. 2. 2008 – Az.: VgK-48/2007; B. v. 5. 7. 2005 – Az.: VgK-26/2005; B. v. 3. 5. 2005 – Az.: VgK-14/2005; VK Münster, B. v. 28. 6. 2007 – Az.: VK 10/07; B. v. 2. 7. 2004 – Az.: VK 13/04; VK Rheinland-Pfalz, B. v. 4. 5. 2005 – Az.: VK 08/05; B. v. 6. 4. 2005 – Az.: VK 09/05; B. v. 4. 4. 2005 – Az.: VK 08/04; 3. VK Saarland, B. v. 12. 12. 2005 – Az.: 3 VK 03/2005 und 3 VK 04/2005; VK Schleswig-Holstein, B. v. 6. 6. 2007 – Az.: VK-SH 10/07; B. v. 10. 2. 2005 – VK-SH 02/05; VK Südbayern, B. v. 14. 9. 2007 – Az.: Z3-3-3194-1-33-07/07; B. v. 6. 6. 2007 – Az.: Z3-3-3194-1-19-05/07; B. v. 27. 11. 2006 – Az.: Z3-3-3194-1-33–10/06; B. v. 10. 2. 2006 – Az. Z3-3-3194-1-57–12/05; VK Thüringen, B. v. 30. 1. 2006 – Az.: 360–4003.20–055/05-EF-S; B. v. 21. 1. 2004 – Az.: 360–4002.20–037/03-MHL). Ein **beträchtlicher Preisabstand** zwischen dem niedrigsten und den nachfolgenden Angeboten **allein ist für sich genommen noch kein hinreichendes Merkmal** dafür, dass der niedrige Preis auch im Verhältnis zur zu erbringenden Leistung ungewöhnlich niedrig ist (OLG Karlsruhe, B. v. 16. 6. 2010 – Az.: 15 Verg 4/10; OLG München, B. v. 21. 5. 2010 – Az.: Verg 02/10; OLG Schleswig-Holstein, B. v. 26. 7. 2005 – Az.: 1 Verg 3/07; LG Leipzig, Urteil v. 24. 1. 2007 – Az.: 06HK O 1866/062; 1. VK Brandenburg, B. v. 8. 12. 2006 – Az.: 1 VK 49/06; 2.

Vergabe- und Vertragsordnung für Leistungen Teil A VOL/A § 16 **Teil 4**

VK Brandenburg, B. v. 10. 11. 2006 – Az.: 2 VK 44/06; VK Lüneburg, B. v. 1. 2. 2008 – Az.: VgK-48/2007).

Auch ein erheblich unter den Preisen anderer Bieter liegendes Angebot kann sachgerechte und 10914 auskömmlich kalkulierte Wettbewerbspreise enthalten (OLG Karlsruhe, B. v. 16. 6. 2010 – Az.: 15 Verg 4/10; OLG Schleswig-Holstein, B. v. 26. 7. 2007 – Az.: 1 Verg 3/07). Hinzukommen müssen vielmehr **Anhaltspunkte dafür, dass der Niedrigpreis wettbewerblich nicht begründet** ist (OLG Karlsruhe, B. v. 16. 6. 2010 – Az.: 15 Verg 4/10; LG Leipzig, Urteil v. 24. 1. 2007 – Az.: 06HK O 1866/062; 1. VK Brandenburg, B. v. 8. 12. 2006 – Az.: 1 VK 49/06; VK Lüneburg, B. v. 1. 2. 2008 – Az.: VgK-48/2007). Dabei ist zu berücksichtigen, dass der **Bieter mangels verbindlicher Kalkulationsregeln grundsätzlich in seiner Preisgestaltung frei** bleibt (BGH, B. v. 18. 5. 2004 – Az.: X ZB 7/04; OLG Düsseldorf, B. v. 9. 2. 2009 – Az.: VII-Verg 66/08; B. v. 28. 9. 2006 – Az.: VII – Verg 49/06; OLG München, B. v. 21. 5. 2010 – Az.: Verg 02/10; OLG Naumburg, B. v. 22. 9. 2005 – Az.: 1 Verg 7/05; LG Leipzig, Urteil v. 24. 1. 2007 – Az.: 06HK O 1866/062; VK Lüneburg, B. v. 1. 2. 2008 – Az.: VgK-48/2007; B. v. 5. 7. 2005 – Az.: VgK-26/2005; B. v. 3. 5. 2005 – Az.: VgK-14/2005; B. v. 24. 5. 2004 – Az.: 203-VgK-14/2004; B. v. 29. 4. 2004 – Az.: 203-VgK-11/2004, B. v. 24. 11. 2003 – Az.: 203-VgK-29/2003, B. v. 24. 9. 2003 – Az.: 203-VgK-17/2003, B. v. 10. 3. 2003 – Az.: 203-VgK-01/2003; VK Niedersachsen, B. v. 30. 6. 2010 – Az.: VgK-26/2010; VK Nordbayern, B. v. 4. 12. 2006 – Az.: 21.VK – 3194 – 39/06; VK Rheinland-Pfalz, B. v. 4. 5. 2005 – Az.: VK 08/05; B. v. 4. 4. 2005 – Az.: VK 08/04; 3. VK Saarland, B. v. 12. 12. 2005 – Az.: 3 VK 03/2005 und 3 VK 04/2005; 1. VK Sachsen, B. v. 27. 4. 2005 – Az.: 1/SVK/032-05; VK Südbayern, B. v. 14. 9. 2007 – Az.: Z3-3-3194-1-33–07/07; VK Thüringen, B. v. 30. 1. 2006 – Az.: 360–4003.20–055/05-EF-S).

Der öffentliche Auftraggeber hat insoweit **sorgfältig zu prüfen und zu erwägen**, ob ein 10915 **niedriges Unterkostenangebot berücksichtigt** und ggf. bezuschlagt werden kann oder nicht. Hierzu ist **zunächst festzustellen, ob ein überprüfungspflichtiges niedriges Angebot vorliegt.** Im Weiteren hat er das **Angebot auf seine wirtschaftliche Auskömmlichkeit zu überprüfen,** wobei der Bieter zu hören ist. Schließlich ist **unter Berücksichtigung der Stellungnahme und der Erläuterungen des Bieters zu werten,** ob trotz des niedrigen Angebots eine ordnungs- und vertragsgemäße Leistungserbringung zu erwarten ist oder nicht (1. VK Sachsen, B. v. 23. 2. 2009 – Az.: 1/SVK/003–09; VK Schleswig-Holstein, B. v. 6. 6. 2007 – Az.: VK-SH 10/07).

116.8.1.1.3 Gesamtpreis als Ausgangspunkt der Beurteilung der Ungewöhnlichkeit. 10916
Für die Prüfung der Ungewöhnlichkeit des niedrigen Angebotespreises ist **nicht auf einzelne Positionen des Leistungsverzeichnisses, sondern auf den Gesamtpreis,** die Endsumme des Angebotes **abzustellen** (OLG Brandenburg, B. v. 20. 3. 2007 – Az.: Verg W 12/06; OLG Düsseldorf, B. v. 9. 2. 2009 – Az.: VII-Verg 66/08; B. v. 10. 12. 2008 – Az.: VII-Verg 51/08; OLG München, B. v. 21. 5. 2010 – Az.: Verg 02/10; OLG Rostock, B. v. 6. 7. 2005 – Az.: 17 Verg 8/05; B. v. 17. 6. 2005 – Az.: 17 Verg 8/05; OLG Schleswig-Holstein, B. v. 26. 7. 2007 – Az.: 1 Verg 3/07; VK Baden-Württemberg, B. v. 18. 10. 2005 – Az.: 1 VK 62/05, B. v. 11. 9. 2003 – Az.: 1 VK 52/03; VK Hessen, B. v. 20. 8. 2009 – Az.: 69 d VK – 26/2009; VK Lüneburg, B. v. 1. 2. 2008 – Az.: VgK-48/2007; B. v. 5. 7. 2005 – Az.: VgK-26/2005; B. v. 3. 5. 2005 – Az.: VgK-14/2005; VK Niedersachsen, B. v. 30. 6. 2010 – Az.: VgK-26/2010; VK Rheinland-Pfalz, B. v. 6. 4. 2005 – Az.: VK 09/05; 3. VK Saarland, B. v. 12. 12. 2005 – Az.: 3 VK 03/2005 und 3 VK 04/2005; 1. VK Sachsen, B. v. 23. 2. 2009 – Az.: 1/SVK/003–09; B. v. 9. 2. 2009 – Az.: 1/SVK/071-08; B. v. 9. 12. 2005 – Az.: 1/SVK/141-05; VK Schleswig-Holstein, B. v. 6. 6. 2007 – Az.: VK-SH 10/07; B. v. 15. 5. 2006 – Az.: VK-SH 10/06; VK Südbayern, B. v. 14. 9. 2007 – Az.: Z3-3-3194-1-33–07/07; B. v. 27. 11. 2006 – Az.: Z3-3-3194-1-33–10/06). Deshalb liegt noch kein Missverhältnis zwischen Preis und Leistung vor, wenn ein Bieter für eine bestimmte Einzelleistung entweder keinen oder einen auffallend niedrigen Preis eingesetzt hat, **sofern er dies bei entsprechend hoher Kalkulation bei anderen Positionen ausgleichen kann** (KG Berlin, B. v. 26. 2. 2004 – Az.: 2 Verg 16/03, B. v. 15. 3. 2004 – Az.: 2 Verg 17/03; BayObLG, B. v. 18. 9. 2003 – Az.: Verg 12/03; OLG Celle, B. v. 22. 5. 2003 – Az.: 13 Verg 10/03; OLG Dresden, B. v. 6. 6. 2002 – Az.: WVerg 0005/02; VK Baden-Württemberg, B. v. 30. 4. 2002 – Az.: 1 VK 17/02, B. v. 20. 3. 2002 – Az.: 1 VK 4/02; 2. VK Bund, B. v. 10. 12. 2003 – Az.: VK 1–116/03; VK Lüneburg, B. v. 24. 5. 2004 – Az.: 203-VgK-14/2004; B. v. 29. 4. 2004 – Az.: 203-VgK-11/2004, B. v. 24. 9. 2003 – Az.: 203-VgK-17/2003; VK Rheinland-Pfalz, B. v. 6. 4. 2005 – Az.: VK 09/05; 1. VK Sachsen, B. v. 16. 7. 2002 – Az.: 1/SVK/061-02, B. v. 23. 5. 2002 – Az.: 1/SVK/039-02, B. v. 12. 4. 2002 –

Teil 4   VOL/A § 16   Vergabe- und Vertragsordnung für Leistungen Teil A

Az.: 1/SVK/024-02, 1/SVK/024-02g; VK Schleswig-Holstein, B. v. 6. 6. 2007 – Az.: VK-SH 10/07; VK Thüringen, B. v. 21. 1. 2004 – Az.: 360–4002.20–037/03MHL).

10917   **116.8.1.1.4 Einzelpreise als Punkt der Beurteilung der Unangemessenheit. 116.8.1.1.4.1 Grundsatz.** Der Auftraggeber ist **auch berechtigt und verpflichtet, die Preise für einzelne Leistungspositionen zu prüfen** (BayObLG, B. v. 18. 9. 2003 – Az.: Verg 12/03; OLG Naumburg, B. v. 7. 5. 2002 – Az.: 1 Verg 19/01; 2. VK Brandenburg, B. v. 18. 10. 2005 – Az.: 2 VK 62/05; 1. VK Sachsen, B. v. 23. 2. 2009 – Az.: 1/SVK/003–09; B. v. 12. 4. 2002 – Az.: 1/SVK/024-02, 1/SVK/024-02g; VK Schleswig-Holstein, B. v. 6. 6. 2007 – Az.: VK-SH 10/07; B. v. 15. 5. 2006 – Az.: VK-SH 10/06; VK Südbayern, B. v. 27. 11. 2006 – Az.: Z3-3-3194-1-33–10/06). Ist bei gewichtigen Einzelpositionen ein Missverhältnis zwischen Leistung und Preis festzustellen, kommt es darauf an, ob **an anderer Stelle des Angebots ein entsprechender Ausgleich geschaffen** ist und damit das Angebot insgesamt kein Missverhältnis zwischen Leistung und Preis aufweist (VK Nordbayern, B. v. 15. 1. 2004 – Az.: 320.VK-3194-46/03; VK Schleswig-Holstein, B. v. 6. 6. 2007 – Az.: VK-SH 10/07).

10918   **116.8.1.1.4.2 Anwendung eines Mittelwertverfahrens.** Die **Ermittlung von Mittelwerten für einzelne Leistungstitel führt ohne Berücksichtigung der Gesamtangebote zu keiner transparenten Beurteilung der Preisunterschiede**, um daraus Indizien für die Ungewöhnlichkeit eines niedrigen Preises abzuleiten. Denn maßgebend für die Beurteilung ist zunächst der für die Leistung geforderten Gesamtpreis (Angebotssumme), nicht einzelne Leistungspositionen. Außer Betracht bleibt, ob etwa die Preise für einzelne Positionen in einem Missverhältnis zu entsprechenden Einzelleistungen stehen. Denn der niedrige Preis für Einzeltitel kann durch andere Positionen ausgeglichen werden, sofern keine unzulässige Mischkalkulation stattfindet, das heißt keine überhöhten Spekulationspreise an anderer Stelle „versteckt" werden (VK Berlin, B. v. 2. 6. 2009 – Az.: VK B 2–12/09).

10919   **116.8.1.1.4.3 Preise von 0,01 € u. ä.** Vgl. dazu und **insbesondere zur Rechtsprechung des BGH zur Mischkalkulation** die Kommentierung → Rdn. 69 ff.

10920   Nach dieser Rechtsprechung sind Einzelpreise von z. B. 0,01 € u. ä. also nur dann nicht zulässig, wenn eine Mischkalkulation stattfindet, Preisbestandteile also in mehreren Positionen enthalten sind. **Handelt es sich um einen ungewöhnlich niedrigen Preis, der nicht auf andere Positionen „ausstrahlt", ist das Angebot vollständig** und entsprechend den nachfolgenden Grundsätzen zu prüfen (VK Hessen, B. v. 25. 8. 2004 – Az.: 69 d – VK – 52/2004; VK Schleswig-Holstein, B. v. 28. 6. 2006 – Az.: VK-SH 18/06).

10921   **116.8.1.1.5 Anhaltspunkte für die Ungewöhnlichkeit eines niedrigen Preises.** Als Anhaltspunkt sind grundsätzlich die **Preisvorstellungen des Auftraggebers (Haushaltsansatz) und die Angebotssummen der anderen Bieter** heranzuziehen (OLG Brandenburg, B. v. 20. 3. 2007 – Az.: Verg W 12/06; OLG Celle, B. v. 30. 9. 2010 – Az.: 13 Verg 10/10; OLG München, B. v. 21. 5. 2010 – Az.: Verg 02/10; Thüringer OLG, B. v. 29. 8. 2008 – Az.: 9 Verg 5/08; VK Berlin, B. v. 27. 7. 2009 – Az.: VK – B 1–18/09; 3. VK Bund, B. v. 8. 6. 2006 – Az.: VK 3–75/06; VK Münster, B. v. 28. 6. 2007 – Az.: VK 10/07; VK Nordbayern, B. v. 4. 12. 2006 – Az.: 21.VK – 3194 – 39/06; 1. VK Sachsen, B. v. 11. 10. 2001 – Az.: 1/SVK/98-01, 1/SVK/98- 01g, B. v. 10. 9. 2003 – Az.: 1/SVK/107-03; VK Schleswig-Holstein, B. v. 6. 6. 2007 – Az.: VK-SH 10/07; VK Südbayern, B. v. 6. 6. 2007 – Az.: Z3-3-3194-1-19-05/07; B. v. 10. 2. 2006 – Az. Z3-3-3194-1-57–12/05; VK Thüringen, B. v. 30. 1. 2006 – Az.: 360–4003.20–055/05-EF-S; B. v. 21. 1. 2004 – Az.: 360–4002.20–037/03-MHL). Die **VK Hessen spricht insoweit vom Erwartungswert**, der in erster Linie der Kostenschätzung dient, die erforderlich ist, um die für die Vergabe nötigen Mittel in den Haushalt einzustellen und den Auftragswert für die beabsichtigte Ausschreibung zu schätzen (VK Hessen, B. v. 30. 5. 2005 – Az.: 69 d VK – 16/2005; B. v. 30. 5. 2005 – Az.: 69 d VK – 10/2005). Bei einem solchen **Preisvergleich sind die Angebote, die zwingend ausgeschlossen werden müssen, nicht zu berücksichtigen** (OLG Koblenz, B. v. 23. 12. 2003 – Az.: 1 Verg 8/03; anderer Auffassung OLG München, B. v. 2. 6. 2006 – Az.: Verg 12/06; VK Nordbayern, B. v. 27. 6. 2008 – Az.: 21.VK – 3194 – 23/08).

10922   Der **Erwartungswert dient in erster Linie der Kostenschätzung**, die erforderlich ist, um die für die Vergabe nötigen Mittel in den Haushalt einzustellen und den Auftragswert für die beabsichtigte Ausschreibung zu schätzen. Bei **Beschaffungen von Dienstleistungen liegt es nahe, dass deshalb nur auf bisher bekannte Erfahrungswerte zurückgegriffen werden kann, wobei ein Sicherheitszuschlag einzukalkulieren** ist. Der so ermittelte Erwartungswert kann jedoch nicht den aktuellen Marktpreis widerspiegeln. Dieser bildet sich gerade erst durch eine aktuelle Nachfrage und aktuelle Angebote, wobei abhängig von der Art der zu beschaffenden Leistung und dem Zeitraum der Ausschreibung individuelle Faktoren mit einfließen (VK Hessen, B. v. 30. 5. 2005 – Az.: 69 d VK – 16/2005; B. v. 30. 5. 2005 – Az.: 69 d VK – 10/2005).

Liegt eine große Differenz (mehr als 10%) zwischen dem Angebot des preisgünstigsten Bieters und dem des nachfolgenden Bieters vor, ist **auch die Aussagekraft der zweiten Vergleichsgröße, der Kostenberechnung, kritisch zu hinterfragen** (mögliche Projektänderungen nach Aufstellung der Kostenberechnung, war es überhaupt eine Kostenberechnung oder nur Kostenschätzung, Beachtung der Genauigkeit der Kostenermittlung (Kostenberechnung, Kostenschätzung oder anderes), aktuelle Basisdaten, Gruppenbildung von Angeboten unterhalb der Kostenberechnung, usw.). Erst nach diesen Betrachtungen kann die Kostenberechnung als aussagekräftige Vergleichsgröße herangezogen, oder ausgeschlossen werden. Hilfsweise kann nach Ausschluss der Kostenberechnung, im Falle des Vorliegens einer Angebotsgruppe (Angebote, die eng beieinander liegen) **deren Mittelpreis als Vergleichsgröße** (möglicher Marktpreis) angenommen werden. Liegen bei diesen Vergleichen die Differenzen zum preisgünstigsten Angebot weit über 10%, ist von den Bietern Aufklärung zu verlangen (VK Berlin, B. v. 2. 6. 2009 – Az.: VK B 2–12/09; VK Südbayern, B. v. 6. 6. 2007 – Az.: Z3-3-3194-1-19-05/07; VK Thüringen, B. v. 30. 1. 2006 – Az.: 360–4003.20–055/05-EF-S; B. v. 6. 7. 2001 – Az.: 216–4002. 20-020/01-NDH). 10923

Demgegenüber besagt nach Auffassung des Oberlandesgerichts Koblenz der **prozentuale Abstand zu Angebotspreisen besser platzierter Bieter für sich allein nichts darüber, ob ein Missverhältnis zwischen Preis und Leistung besteht**. Es ist vielmehr mangels entgegenstehender Indizien davon auszugehen, dass **jeder im Wettbewerb stehende und ernsthaft am Auftrag interessierte Bieter ein marktorientiertes Angebot** abgibt. Dass es angesichts unterschiedlicher betriebsindividueller Verhältnisse dabei auch zu größeren Preisunterschieden kommen kann, liegt in der Natur der Sache (OLG Koblenz, B. v. 23. 12. 2003 – Az.: 1 Verg 8/03; im Ergebnis ebenso OLG München, B. v. 21. 5. 2010 – Az.: Verg 02/10; OLG Schleswig-Holstein, B. v. 26. 7. 2007 – Az.: 1 Verg 3/07; VK Nordbayern, B. v. 4. 12. 2006 – Az.: 21.VK – 3194 – 39/06). 10924

Es gibt **zahlreiche Gründe für erhebliche Preisschwankungen** in Angeboten. In manchen Marktsegmenten gibt es durch Mindestlöhne, einheitliche Fixkosten und standardisierte Leistungen nur geringe Preisunterschiede. Umgekehrt können sachliche Gründe zu erheblichen Unterschieden führen, etwa die **Entwicklung effizienterer Betriebsabläufe, brach liegende Kapazitäten** (deren Kosten wenigstens zumindest teilweise erwirtschaftet werden sollen) oder das **Bemühen, in einem Markt neu einzusteigen** (OLG München, B. v. 21. 5. 2010 – Az.: Verg 02/10). 10925

Unterschreitet **bei losweiser Ausschreibung** der Angebotspreis des Bieters, dem der Zuschlag erteilt werden soll, den **unteren Durchschnittspreis der vom Auftraggeber festgestellten Bandbreite um knapp 8%, ist diese Preisunterschreitung kein überzeugungskräftiges Anzeichen dafür, dass der von diesem Bieter angebotene Preis im Verhältnis zu der zu erbringenden Leistung ungewöhnlich niedrig** ist. Es handelt sich um eine vergleichsweise geringe Abweichung vom Durchschnittspreis, die die Gefahr einer nicht zuverlässigen und vertragsgerechten Erbringung der Leistung nicht zu begründen vermag. Von daher kommt es auch nicht darauf an, dass zwischen dem Angebot des Bieters, dem der Zuschlag erteilt werden soll, und dem des nächstfolgenden Angebots ein preislicher Abstand von etwa 20% gegeben ist. Der Preisabstand ist kein ausreichendes Indiz für einen ungewöhnlich niedrigen Preis. Denn es spricht nichts dafür, dass gerade das höhere Preisangebot das allein marktgerechte ist (OLG Düsseldorf, B. v. 23. 3. 2005 – Az.: VII – Verg 68/04; im Ergebnis ebenso OLG Brandenburg, B. v. 20. 3. 2007 – Az.: Verg W 12/06). 10926

Zur Feststellung eines ungewöhnlich niedrigen Angebots sind **konkrete Anhaltspunkte dafür zu verlangen, dass der niedrige Preis keinen Wettbewerbspreis darstellt**, der Ausdruck der konkreten, betriebsindividuellen Verhältnisse und zugleich Reaktion des Unternehmens auf das wettbewerbliche Umfeld ist (1. VK Brandenburg, B. v. 8. 12. 2006 – Az.: 1 VK 49/06). Ein niedriger Preis kann **bei einer arbeitsintensiven Tätigkeit auf ein niedrigeres Gehaltsniveau zurückzuführen** sein. Hierbei handelt es sich um einen legitimen Preisvorteil des Anbieters (VK Nordbayern, B. v. 4. 12. 2006 – Az.: 21.VK – 3194 – 39/06). 10927

Auch in der **Erstellung eines Idealpreisspiegels, in den zu jeder Leistungsposition das jeweils niedrigste Angebot aller Bieter eingeflossen ist, liegt kein zulässiger Vergleichsmaßstab**. Vielmehr **widerspricht es einer betriebswirtschaftlichen Kostenrech- 10928

Teil 4 VOL/A § 16   Vergabe- und Vertragsordnung für Leistungen Teil A

nung, weil die Bieter unterschiedliche Kalkulationssätze verwenden. Die Kalkulation und somit eine für die Teilleistung angebotene Vergütung obliegt ausschließlich dem Aufgabebereich des Bieters. Die Angebotskalkulation berührt den Kernbereich unternehmerischen Handelns im Wettbewerb (VK Südbayern, B. v. 14. 9. 2007 – Az.: Z3-3-3194-1-33–07/07; B. v. 6. 6. 2007 – Az.: Z3-3-3194-1-19-05/07).

10929   Zur Feststellung eines ungewöhnlich niedrigen Angebotes **kann auch nicht ein bepreistes Leistungsverzeichnis**, das vom Auftraggeber **anhand von aktuell recherchierten Marktpreisen erarbeitet** wurde, herangezogen werden (VK Südbayern, B. v. 6. 6. 2007 – Az.: Z3-3-3194-1-19-05/07).

10930   Ein **Antragsteller kann einem Auftraggeber nicht Umfang und Ausgestaltung der Auskömmlichkeitsprüfung diktieren** oder zu einem immer weiter und tiefer gehenden Rechtfertigungsszenario zwingen, bis schlussendlich aus Sicht des Antragstellers ein Rechtfertigungsmanko der Beigeladenen zu konstatieren ist (1. VK Sachsen, B. v. 23. 2. 2009 – Az.: 1/SVK/003–09).

10931   **116.8.1.1.6 Weitere Beispiele aus der älteren Rechtsprechung für die Vermutung eines ungewöhnlich niedrigen Preises**

– Unterkostenangebote sind für sich genommen nicht unzulässig. Auch ein öffentlicher Auftraggeber ist nicht verpflichtet, nur auskömmliche Angebote zu akzeptieren. Dabei geht die Rechtsprechung davon aus, dass die **Vergabestellen verpflichtet sind die Angemessenheit der Preise zu prüfen, wenn der Abstand zwischen dem erstplatzierten und dem nächstplatzierten Angebot eines Bieters mehr als 20%** beträgt (VK Münster, B. v. 4. 8. 2010 – Az.: VK 5/10)

– die Frage, ab welchem Preisabstand der Auftraggeber Anlass zu Zweifeln der Angemessenheit des Preises haben muss, hängt vom Einzelfall, insbesondere vom Auftragsgegenstand und von der Marktsituation ab. Gemäß § 5 Satz 1 des Niedersächsischen Landesvergabegesetzes (LVergabeG) i. d. F. vom 15. 12. 2008 (Nds. GVBl. Seite 411) kann die Vergabestelle die Kalkulation eines unangemessen niedrigen Angebotes, auf das der Zuschlag erteilt werden könnte, überprüfen; bei einer Abweichung von mindestens 10 vom Hundert vom nächsthöheren Angebot ist sie hierzu verpflichtet. Das Landesvergabegesetz gilt jedoch ausweislich seiner Präambel in seiner Regelung in § 2 Abs. 1 LVergabeG ausdrücklich nur für öffentliche Bauaufträge. **Für Liefer- und Dienstleistungen i. S. der VOL/A gibt es eine derart verbindliche Aufgreifschwelle nicht. Rechtssprechung und Schrifttum orientieren sich zumindest für den Liefer- und Dienstleistungsbereich mehrheitlich an einer 20%-Schwelle** (VK Niedersachsen, B. v. 30. 6. 2010 – Az.: VgK-26/2010)

– die Rechtsprechung geht davon aus, dass die Vergabestelle verpflichtet ist, die Angemessenheit der Preise zu prüfen, wenn der **Abstand zwischen dem erstplatzierten und dem nächstplatzierten Angebot eines Bieters mehr als 20% beträgt** (VK Baden-Württemberg, B. v. 26. 1. 2010 – Az.: 1 VK 71/09)

– **nach der herrschenden Rechtsprechung ist eine Beurteilung als „ungewöhnlich niedrig" etwa bei einer Abweichung von ca. 20% vom günstigsten der eingegangenen Angebote gegeben**. Bei besonders dynamischen Märkten, wie etwa der Abfallbeseitigung, werden auch größere Abweichungen noch nicht zwingend als eine Nachfragepflicht auslösend angesehen. Erst wenn der angebotene Preis derart eklatant von dem an sich angemessenen Preis abweicht, dass dies sofort ins Auge springt, muss der Auftraggeber von einem ungewöhnlich niedrigen Preis ausgehen. Erst in diesem Fall besteht für ihn eine Nachfragepflicht. Liegen die **Abstände etwa bei einer Differenz von ca. 1,5% zwischen den zwei günstigsten Angeboten, begründet dies nicht die Annahme eines ungewöhnlich „niedrigen Preises"** im Sinne des § 25 Nr. 2 Abs. 2 VOL/A und damit auch keine Verpflichtung der Vergabestelle zur Überprüfung von Einzelpositionen (VK Hessen, B. v. 20. 8. 2009 – Az.: 69 d VK – 26/2009)

– zunächst ist festzuhalten, dass die **Angebote von ASt und BGl weniger als 10% auseinander liegen**. Die ASt kommt preislich innerhalb der Bieterreihenfolge nur auf Platz 6. Insoweit bestand **kein Anlass für die VSt, von einem offenbaren Missverhältnis zwischen Leistung und Preis auszugehen**, zumal das Angebot der BGl auch weniger als 10% **von ihrer eigenen Kostenschätzung differiert** (VK Nordbayern, B. v. 26. 2. 2008 – Az.: 21.VK – 3194 – 02/08)

– stellt der Auftraggeber fest, dass die **Angebote Unterschiede von 14% bzw. 19% aufweisen**, erscheint es zunächst **nicht rechtsfehlerhaft, die Angebote** als im Verhältnis zur

Vergabe- und Vertragsordnung für Leistungen Teil A   VOL/A § 16   **Teil 4**

erbringenden Leistung ungewöhnlich niedrige Angebote einzustufen und folglich die Einzelposten **näher zu überprüfen** (VK Schleswig-Holstein, B. v. 6. 6. 2007 – Az.: VK-SH 10/07)

– beträgt die **Abweichung des erstplatzierten Angebots** für die Leistung der sicherheitstechnischen Betreuung **zu einer aktuellen Kostenschätzung rund 54%,** statuiert für derart ungewöhnlich niedrig kalkulierte Angebote **§ 25 Nr. 2 Abs. 2 VOL/A eine Aufklärungs- und Prüfungspflicht der Vergabestelle.** Eine Aufklärung wurde vonseiten des Auftraggebers eingeleitet, jedoch die daraufhin gemachten **Angaben des Bieters im weiteren Verlauf des Vergabeverfahrens vergaberechtlich nicht hinreichend auf ihre Plausibilität überprüft.** Die Anforderungen an die Prüfung der Auskömmlichkeit erhöhen sich vorliegend umso mehr, als der Auftraggeber selbst den Begriff des „Dumpingpreises" in der Vergabeakte niedergelegt hat. Aus den Vergabeakten ergibt sich nicht, dass sich der Auftraggeber ernsthaft mit der Frage der Auskömmlichkeit des Angebotes des Bieters auseinandergesetzt hat. Vielmehr hat er die **generalisierenden Behauptungen**, das Angebot sei kalkuliert und auskömmlich, da er den Auftrag von administrativen Kosten freihalte, die erforderlichen Strukturen bereits vorhanden seien, die nicht allein von vorliegendem Auftrag getragen werden müssten und durch die regionale Zuordnung der Mitarbeiter zu ihrem Wohnsitz geringe Fahrzeiten anfielen, **ohne weitere Erläuterung der Kalkulation und Vorlage geeigneter Unterlagen genügen lassen** (VK Brandenburg, B. v. 8. 12. 2006 – Az.: 1 VK 49/06)

– das Indiz für einen unangemessen niedrigen Preis, nämlich eine erhebliche Abweichung zum nachfolgenden Angebot der Antragstellerin, wird **üblicherweise bei 10%** festgemacht (VK Düsseldorf, B. v. 24. 11. 2009 – Az.: VK – 26/2009 – L; B. v. 8. 9. 2009 – Az.: VK – 17/ 2009 – L)

– nach § 25 Nr. 2 Abs. 2 und 3 VOL/A darf auf ein ungewöhnlich niedriges Angebot ein Zuschlag nicht erteilt werden, wenn dessen Preis in einem auffälligen Missverhältnis zu der zu erbringenden Leistung steht. Dabei geht die **Rechtsprechung davon aus, dass die Vergabestellen verpflichtet sind die Angemessenheit der Preise zu prüfen, wenn der Abstand zwischen dem erstplatzierten und dem nächstplatziertem Angebot eines Bieters mehr als 20%** beträgt (VK Münster, B. v. 15. 9. 2009 – Az.: VK 14/09)

– ist ein Bieter zwar mit 3 144 000 € (brutto mit 16% Mehrwertsteuer) mit Abstand die günstigste Bieterin für das Los 3 und liegen der zweitgünstigste Bieter bei 3 328 000 € und die Beigeladene bei 3 323 000 €, liegt die Differenz zum nächstplazierten Bieter damit **unter 10%. Dies rechtfertigt einen Ausschluss wegen unangemessen niedriger Preise nicht.** Dies gilt vor allem auch deshalb, weil nach der **Kostenschätzung des Auftraggebers die Kosten** für das Los 3 **noch erheblich unter dem von der Antragstellerin angebotenen Preis liegt** (OLG Brandenburg, B. v. 20. 3. 2007 – Az.: Verg W 12/06)

– es **spielt keine Rolle**, dass ausweislich der Vergabeempfehlung **von einem Abstand von 9,5% ausgegangen wurde, dieser tatsächlich jedoch über 11%** betrug. Denn selbst eine Abweichung des Preises des niedrigsten Angebotes zu dem nächst höherem **Angebot von mehr als 20% rechtfertigt** nach der Rechtsprechung **für sich allein noch nicht die Annahme, dass ein offenbares Missverhältnis** vorliegt. Hinzukommen müssen vielmehr **Anhaltspunkte**, dass der **Niedrigpreis wettbewerblich nicht begründet** ist, es sich also um keinen Wettbewerbspreis handelt (VK Hessen, B. v. 30. 5. 2005 – Az.: 69 d VK – 10/ 2005)

– geht es um einen **Preisunterschied von annähernd 50% zum Zweitbieter**, greift unstreitig die Vermutung für einen unangemessen niedrigen Preis (VK Südbayern, B. v. 10. 2. 2006 – Az. Z3-3-3194-1-57–12/05)

– in der überwiegenden Anzahl der Fälle ist **bei Differenzen von größer 10% die Vermutung für das Vorliegen eines nicht angemessenen Angebotspreises** gegeben (VK Thüringen, B. v. 30. 1. 2006 – Az.: 360–4003.20–055/05-EF-S)

– ein **offenbares Missverhältnis** ist erst dann anzunehmen, wenn zwischen dem günstigsten Angebot (hier der Beigeladenen) und dem nächsten Angebot ein **preislicher Abstand von mehr als 20% gegeben ist** (3. VK Bund, B. v. 2. 8. 2006 – Az.: VK 3–75/06; 2. VK Bund, B. v. 24. 8. 2004 – Az.: VK 2–115/04)

– eine **Nachfrage- bzw. Aufklärungspflicht** setzt etwa bei einer **Abweichung von mehr als 20%** vom günstigsten der eingegangenen übrigen Angebote an (OLG Frankfurt am Main, B. v. 30. 3. 2004 – Az.: 11 Verg 4/04, 5/04)

- ein **prozentualer Abstand zu Angebotspreisen der besser platzierten Bieter (bis zu knapp 8%) besagt für sich allein nichts darüber**, ob ein Missverhältnis zwischen Preis und Leistung besteht. Es ist vielmehr mangels entgegenstehender Indizien davon auszugehen, dass jeder im Wettbewerb stehende und ernsthaft am Auftrag interessierte Bieter ein marktorientiertes Angebot abgibt. Dass es angesichts unterschiedlicher betriebsindividueller Verhältnisse dabei auch zu größeren Preisunterschieden kommen kann, liegt in der Natur der Sache (OLG Koblenz, B. v. 18. 12. 2003 – Az.: 1 Verg 8/03)
- beträgt die **Differenz** zu dem nach Angebotseröffnung nächst platzierten Bieter **fast 13%** und **zu dem niedrigsten** in der abschließenden Wertung verbliebenen Angebot – ohne Berücksichtigung des eingeräumten Nachlasses – **rund 22%**, liegt ein Unterangebot vor (BayObLG, B. v. 18. 9. 2003 – Az.: Verg 12/03)
- liegt ein Angebot **18,4% unter dem nächsthöheren Angebot** bzw. beträgt die **Differenz** zwischen einem Angebot und dem nächsthöheren Angebot **21,35%**, ist ein solcher Preisabstand zwischen dem niedrigsten und den nachfolgenden Angeboten für **sich genommen kein hinreichendes Merkmal dafür**, dass der niedrige Preis auch im Verhältnis zur zu erbringenden Leistung ungewöhnlich niedrig ist oder gar in offenbarem Missverhältnis zu ihr steht (BayObLG, B. v. 3. 7. 2002 – Az.: Verg 13/02)
- liegt ein **Angebot im Preis knapp 35% unter dem nächstniedrigen Angebot und ca. 52% unter dem höchsten Angebot**, kann zunächst von einem unangemessen niedrigen Preis ausgegangen werden (OLG Celle, B. v. 18. 12. 2003 – Az.: 13 Verg 22/03; VK Lüneburg, B. v. 24. 9. 2003 – Az.: 203-VgK-17/2003)
- angesichts eines **Preisabstandes von 9%** hat der Auftraggeber keine Veranlassung, ein Angebot als ungewöhnlich niedrig einzustufen und einer Angemessenheitsprüfung zu unterziehen (VK Lüneburg, B. v. 14. 5. 2004 – Az.: 203-VgK-13/2004)
- angesichts eines **Preisabstandes von 30%** hat der Auftraggeber ein Angebot als ungewöhnlich niedrig einzustufen und einer Angemessenheitsprüfung zu unterziehen (VK Lüneburg, B. v. 2. 7. 2004 – Az.: VK 13/04; B. v. 29. 4. 2004 – Az.: 203-VgK-11/2004)
- angesichts eines **geringen Preisabstandes von 5,47%** hat der Auftraggeber keine Veranlassung, ein Angebot als ungewöhnlich niedrig einzustufen und einer Angemessenheitsprüfung zu unterziehen (VK Lüneburg, B. v. 26. 4. 2004 – Az.: 203-VgK-10/2004)
- liegt im Hinblick auf den Gesamtpreis (Angebotssumme) das **Angebot des Antragstellers um weniger als 1% niedriger als das Angebot des Beigeladenen**, ist ein aufklärungsbedürftiges Missverhältnis von Preis und Leistung nicht gegeben (VK Thüringen, B. v. 21. 1. 2004 – Az.: 360–4002.20–037/03-MHL)
- weicht ein Angebot von dem nächst günstigeren Angebot **um ca. 44% nach unten** ab, ist eine Angemessenheitsprüfung notwendig (VK Lüneburg, B. v. 24. 11. 2003 – Az.: 203-VgK-29/2003)
- liegt ein Angebot **lediglich 16,9% unter dem nächstfolgenden** und berücksichtigt man, dass der **Angebotspreis einen Anteil Gewinn und Wagnis beinhaltet**, so wird die Differenz zwischen einem auskömmlichen und einem nicht auskömmlichen Angebot nochmals deutlich geringer. Insgesamt betrachtet kann somit erst von einem Angebot gesprochen werden, dessen Preis in einem offenbaren Missverhältnis zur Leistung steht, wenn sich die **Preisabweichung** grob darstellt, wovon ausgegangen wird, wenn diese **über 20 bis 25% liegt** (VK Baden-Württemberg, B. v. 18. 7. 2003 – Az.: 1 VK 30/03)
- liegt ein **Angebot ca. 15,6% unterhalb des nächsten Angebots und ca. 17% unterhalb des über alle fünf Angebote gemittelten Angebotspreises** (1/5 der Summe aller Angebotspreise), ist ein solcher **Preisabstand** zwischen dem niedrigsten und dem nachfolgenden Angebot für sich genommen **kein hinreichendes Merkmal** dafür, dass der niedrige Preis auch im Verhältnis zu der angebotenen Leistung ungewöhnlich niedrig ist oder gar in einem offenbaren Missverhältnis hierzu steht; auch ein auffälliger Abstand kann darauf zurückzuführen sein, dass die anderen Angebote überhöht sind, z. B. weil es sich um Kartellpreise handelt (VK Baden-Württemberg, B. v. 30. 4. 2002 – Az.: – 1 VK 17/02); vielmehr müssen in jedem Fall Anhaltspunkte hinzukommen, dass der niedrige Preis wettbewerbrechtlich nicht begründet ist, es sich also nicht um einen echten Wettbewerbspreis handelt (VK Bremen, B. v. 16. 7. 2003 – Az.: VK 12/03)
- beträgt – bezogen auf den Mittelpreis der vorgelegten Angebote – die **Abweichung ca. 18%**, darf bei einem solchen Preisunterschied der Auftraggeber gemäß § 25 Nr. 3 Abs. 1

VOB/A den Zuschlag **nicht ohne jegliche Prüfung der Angemessenheit des Preises** auf dieses Angebot erteilen (VK Lüneburg, B. v. 10. 3. 2003 – Az.: 203-VgK-01/2003)
- in der Regel werden **bei durchschnittlich dynamischen Märkten preisliche Abweichungen von 15 bis 20% als nicht bedenklich** einzustufen sein (VK Baden-Württemberg, B. v. 16. 11. 2004 – Az.: 1 VK 69/04; 2. VK Bund, B. v. 27. 8. 2002 – Az.: VK 2–60/02)
- eine **10-%-Differenz ist von der Rechtsprechung als Grenzwert entwickelt** worden. Die Überschreitung dieser Grenze zieht jedoch nicht automatisch den Ausschluss eines Angebotes nach sich, sondern es wird eine Überprüfung der niedrigen Angebotssumme erforderlich (1. VK Sachsen, B. v. 4. 7. 2003 – Az.: 1/SVK/073-03, 1/SVK/073-03g, B. v. 13. 9. 2002 – Az.: 1/SVK/082-02; VK Nordbayern, B. v. 15. 1. 2004 – Az.: 320.VK-3194-46/03)
- nach herrschender Meinung wird davon ausgegangen, dass eine **Differenz** des preisgünstigsten Bieters zum zweitgünstigsten Bieter **von ca. 10% keinen Anlass zu Bedenken** hinsichtlich der Angemessenheit des Angebotspreises gibt (VK Thüringen, B. v. 25. 10. 2001 – Az.: 216–4002.20–036/01-G-S)
- eine Aufklärung der Angemessenheit des Gesamtpreises ist nicht geboten, wenn der Preisabstand zum Angebot der Antragstellerin **nur etwa 2,5%** und zu den nächstplatzierten Angeboten **etwa 8,5%** ausmacht und die einschlägige Rechtsprechung eine Angemessenheitsprüfung des Preises nach § 25 Nr. 3 Abs. 2 VOB/A erst oberhalb von 10% Preisabstand für zwingend hält (VK Münster, B. v. 10. 2. 2004 – Az.: VK 1/04)
- die **Differenz** der Endsummen der Angebote beträgt im vorliegenden Fall **nur 3,8%**. Allgemein wird die **kritische Grenze bei einer Abweichung von 10%** zum nächst höheren Angebot gezogen (1. VK Sachsen, B. v. 23. 5. 2002 – Az.: 1/SVK/039- 02)
- der Auftraggeber hat angesichts der **Abweichung des Angebots** vom nächst günstigeren Angebot **um 16% Anlass**, dieses Angebot gem. § 25 Nr. 2 Abs. 2 VOL/A zu prüfen (VK Lüneburg, B. v. 12. 11. 2001 – Az.: 203-VgK-19/2001)
- der Angebotspreis liegt **um 2% vor dem nächstliegenden Angebot und um 4% vor dem Hauptangebot**. Von einem unangemessenen niedrigen Angebotspreis kann deshalb nicht ausgegangen werden (VK Nordbayern, B. v. 27. 6. 2001 – Az.: 320.VK-3194-16/01)
- problematisch ist die Feststellung eines nicht auskömmlichen Preises in einem **Fall, in dem es keine Erfahrungswerte für eine wettbewerbliche Preisbildung gibt**, weil es sich bei dem nachgefragten Produkt um eine Spezialanfertigung handelt, für die es bisher keinen Markt gibt. **Nur der Vergleich mit den Angebotspreisen der anderen Bieter** ist zur Annahme eines nicht auskömmlichen Preis **nicht ausreichend** (2. VK Bund, B. v. 22. 4. 2002 – Az.: VK 2–08/02)

116.8.1.2 Ungewöhnlich hoher Angebotspreis

Im Gegensatz zur VOB/A **regelt § 16 Abs. 6 VOL/A 2009 nicht ausdrücklich** den Fall eines ungewöhnlich hohen Angebotspreises.

116.8.1.2.1 Grundsatz. Auf Angebote, deren Preise in offenbarem Missverhältnis zur Leistung stehen, darf der Zuschlag nicht erteilt werden (§ 16 Abs. 6 Satz 2). Unter diese Angebote fallen auch Angebote mit einem ungewöhnlich hohen Preis. Deshalb gelten die nachfolgend dargestellten **Regelungen für Angebote mit einem ungewöhnlich niedrigen Preis auch für Angebote mit einem ungewöhnlich hohen Preis.**

116.8.1.2.2 Beispiele für die Vermutung eines ungewöhnlich hohen Preises

- **Gründe dafür, bei einer Überschreitung des Schätzpreises von 5,29% das von § 25 Nr. 2 Abs. 3 VOL/A vorausgesetzte „offenbare Missverhältnis" zu bejahen**, während bei einem Unterbieten des Schätzpreises bzw. des Preises des nächstplazierten Angebotes zumindest Abweichungen von weniger als 10% nicht einmal Veranlassung zu einer näheren Überprüfung des Preises geben, **sind nicht ersichtlich**. Ein offensichtliches Missverhältnis von Preis und Leistung liegt in einer solchen Situation nicht vor (2. VK Bund, B. v. 6. 9. 2010 – Az.: VK 2–74/10)
- Preise, die **ca. 16% über einem Durchschnittspreis** liegen, sind **noch marktüblich** (VK Baden-Württemberg, B. v. 29. 4. 2009 – Az.: 1 VK 15/09)
- es kann **nicht von einem unangemessen hohen Preis** ausgegangen werden, wenn der **Angebotspreis** zwar die **Endsumme der Kostenschätzung** des von der Antragsgegnerin eingeschalteten Ingenieurbüros **um rund 16,6%** übersteigt, die **Kostenschätzung** aber

aus Oktober 2005 stammt, während das **Angebot im November 2006 eingereicht** wurde und gerade in diesem Zeitraum eine **erhebliche Steigerung der Baupreise** stattgefunden hat und wenn es **zu Massenmehrungen** gekommen ist. Auch aus dem von der früheren Beigeladenen errechneten Angebotspreis lässt sich nicht auf eine Überhöhung des Angebotspreises der Antragstellerin schließen. Dabei kann zugunsten der Antragsgegnerin davon ausgegangen werden, dass die frühere Beigeladene – trotz der von der Vergabekammer beanstandeten fehlenden Referenzen – geeignet und ihr Angebot nicht wegen eines ungewöhnlich niedrigen Angebots auszuschließen ist. Der von ihr angebotene Preis ist nämlich darauf zurückzuführen, dass sie damit versucht hat, sich **zu Geschäften mit der Antragsgegnerin durch einen „Kampfpreis" Zutritt zu verschaffen** (OLG Düsseldorf, B. v. 6. 6. 2007 – Az.: VII – Verg 8/07)

– zur Feststellung eines unangemessen hohen Angebotes können auch die Ergebnisse vergleichbarer Ausschreibungen und übliche Marktpreise herangezogen werden. Es sind keine Gründe ersichtlich, anders als bei der Feststellung eines unangemessen niedrigen Angebots nicht auf einen Preisvergleich mit anderen Anbietern abzustellen. Ebenso erscheint die Spanne von 10% zum nächsten Angebot, die die Rechtsprechung als Kriterium eines unangemessen niedrigen Preises ansieht, als brauchbares Beurteilungskriterium. Damit stellt sich die Frage, welche Vergleichspreise heranzuziehen sind. Ob ein ausgeschlossenes Konkurrenzangebot einen zulässigen Vergleichsmaßstab darstellt oder nicht, wird sich deshalb nur anhand des Einzelfalls entscheiden lassen. **Steht ein unangemessen hoher Preis in Rede, ist mithin zu prüfen, ob – in Relation zur angebotenen Leistung – der verlangte Gesamtpreis erheblich übersetzt** ist (VK Münster, B. v. 28. 6. 2007 – Az.: VK 10/07)

– da **in der Praxis Überangebote keine Rolle spielen**, gibt es zur Frage, bei welchem relativen Abstand zu einem günstigeren Angebot ein Missverhältnis zur Leistung anzunehmen ist, bezogen auf die VOB/A und auf die VOL/A kaum verwertbare Rechtsprechung. Es sind aber **keine Gründe ersichtlich**, anders als bei der Feststellung eines unangemessen niedrigen Angebots **nicht auf einen Preisvergleich mit anderen Anbietern abzustellen** (VK Nordbayern, B. v. 27. 6. 2008 – Az.: 21.VK – 3194 – 23/08). **Ebenso erscheint die Spanne von 10% zum nächsten Angebot, die die Rechtsprechung als Kriterium eines unangemessen niedrigen Preises ansieht, als brauchbares Beurteilungskriterium. Das** schließt nicht aus, dass im Einzelfall auch das zweithöchste Angebot übeteuert oder umgekehrt bereits unangemessen niedrig ist (OLG München , B. v. 2. 6. 2006 – Az.: Verg 12/06; VK Brandenburg, B. v. 14. 12. 2007 – Az.: VK 50/07 – **sehr instruktive Entscheidung für den Ablauf einer Prüfung und Wertung**)

– zwar übersteigt der Angebotspreis des in Rede stehenden Bieters die **Preise der anderen Bieter in einer Größenordnung zwischen 66% und 100%**. Daraus alleine kann indes nicht auf ein offenbares Missverhältnis zwischen Preis und Leistung geschlossen werden (OLG Düsseldorf, B. v. 19. 11. 2003 – Az.: VII – Verg 22/03).

116.8.2 Folgerung aus der Feststellung eines ungewöhnlich niedrigen oder hohen Preises: Aufklärungspflicht des Auftraggebers (§ 16 Abs. 6 Satz 1)

116.8.2.1 Änderung in der VOL/A 2009

10935 Während § 25 Nr. 2 Abs. 2 VOL/A 2006 Inhalt und Ablauf der Aufklärungspflicht des Auftraggebers wenigstens in den Grundzügen beschrieb, **statuiert § 16 Abs. 6 Satz 1 VOL/A 2009 nur noch eine Aufklärungspflicht**. Die näheren Einzelheiten wurden **gestrichen**. Auch diese Streichung dürfte der Straffung der VOL/A geschuldet sein und ist **für die Praxis eher schädlich**.

116.8.2.2 Grundsatz

10936 Der Auftraggeber hat nicht allein deshalb, weil ein Angebot im Preis ungewöhnlich niedrig ist, Anlass, es unberücksichtigt zu lassen. Er hat das **Angebot in den Einzelpositionen zu überprüfen** und von dem Bieter die erforderlichen Belege zu verlangen (OLG Celle, B. v. 30. 9. 2010 – Az.: 13 Verg 10/10; B. v. 18. 12. 2003 – Az.: 13 Verg 22/03; OLG München, B. v. 21. 5. 2010 – Az.: Verg 02/10; OLG Schleswig-Holstein, B. v. 26. 7. 2007 – Az.: 1 Verg 3/07; Thüringer OLG, B. v. 29. 8. 2008 – Az.: 9 Verg 5/08; VK Arnsberg, B. v. 8. 8. 2006 – Az.: VK 21/06; VK Baden-Württemberg, B. v. 26. 1. 2010 – Az.: 1 VK 71/09; 1. VK Bund, B. v. 20. 4. 2005 – Az.: VK 1–23/05; B. v. 25. 2. 2005 – Az.: VK 1–08/05; VK Düsseldorf, B. v. 26. 8. 2004 – Az.: VK –

Vergabe- und Vertragsordnung für Leistungen Teil A   VOL/A § 16   **Teil 4**

30/2004 – L; VK Lüneburg, B. v. 24. 9. 2003 – Az.: 203-VgK-17/2003; 3. VK Saarland, B. v 12. 12. 2005 – Az.: 3 VK 03/2005 und 3 VK 04/2005; 1. VK Sachsen, B. v. 1. 4. 2010 – Az.: 1/SVK/007–10; B. v. 11. 2. 2005 – Az.: 1/SVK/128-04; B. v. 8. 2. 2005 – Az.: 1/SVK/003–05; B. v. 26. 7. 2001 – Az.: 1/SVK/73-01;VK Südbayern, B. v. 10. 2. 2006 – Az. Z3-3-3194-1-57–12/05; VK Thüringen, B. v. 11. 2. 2010 – Az.: 250–4002.20–253/2010-001-EF; B. v. 4. 10. 2004 – Az.: 360–4003.20–037/04-SLF; ebenso **für Aufträge der europäischen Kommission** Europäisches Gericht 1. Instanz, Urteil v. 11. 5. 2010 – Az.: T-121/08; Urteil v 6. 7. 2005 – Az.: T-148/04).

Die Vergabestelle verfügt über **keinerlei Ermessen dahingehend, ob sie eine Überprüfung durchführt oder davon absieht**. Die Aufklärungspflicht setzt ein, sobald die Vergabestelle Anhaltspunkte für einen ungewöhnlich niedrigen Angebotspreis hat (OLG Celle, B. v. 30. 9. 2010 – Az.: 13 Verg 10/10; 1. VK Bund, B. v. 20. 4. 2005 – Az.: VK 1–23/05; 1. VK Sachsen-Anhalt, B. v. 7. 7. 2006 – Az.: 1 VK LVwA 11/06; VK Schleswig-Holstein, B. v. 6. 6. 2007 – Az.: VK-SH 10/07; VK Südbayern, B. v. 10. 2. 2006 – Az. Z3-3-3194-1-57–12/05).   10937

Ist aufgrund des bestehenden großen Preisunterschieds von einem überprüfungspflichtigen niedrigen Angebot auszugehen und **unternimmt der Auftraggeber nichts, um zu ermitteln, ob es sich um ein unangemessen niedriges Angebot handelt**, fehlt es an konkreten Anhaltspunkten dafür, dass der niedrige Preis keinen Wettbewerbspreis darstellt. Ein **Angebotsausschluss wegen eines unangemessen niedrigen Preises kommt daher ohne nähere Aufklärung nicht in Betracht** (OLG Celle, B. v. 30. 9. 2010 – Az.: 13 Verg 10/10; VK Baden-Württemberg, B. v. 26. 1. 2010 – Az.: 1 VK 71/09).   10938

116.8.2.3 Aufklärungsverlangen

Sinn der Vorschrift ist es, dem Bieter die Möglichkeit einzuräumen, mit seinen Argumenten darzulegen, dass er in der Lage ist, seine Leistungen auftragsgerecht zu erbringen, und **ihn vor der Willkür des Auftraggebers zu schützen**. Es reicht auch nicht, wenn bei Aufklärungsgesprächen ein Hinweis auf Zweifel an der Angemessenheit der Preise erfolgt. Spätestens nach Abschluss des Aufklärungsgespräches muss der Auftraggeber von dem Bieter eine Aufklärung verlangen (BayObLG, B. v. 18. 9. 2003 – Az.: Verg 12/03; OLG Celle, B. v. 30. 9. 2010 – Az.: 13 Verg 10/10; Thüringer OLG, B. v. 29. 8. 2008 – Az.: 9 Verg 5/08; 2. VK Bund, B. v. 24. 5. 2005 – Az.: VK 2–42/05; VK Nordbayern, B. v. 15. 1. 2004 – Az.: 320.VK-3194-46/03). § 16 Abs. 6 Satz 1 ist letztlich auf **Art. 55 Abs. 1** der Vergabekoordinierungsrichtlinie und die gefestigte Rechtsprechung des Europäischen Gerichtshofes zur ehemaligen Baukoordinierungsrichtlinie zurückzuführen (OLG Naumburg, B. v. 7. 5. 2002 – Az.: 1 Verg 19/01).   10939

116.8.2.4 Aufklärungspflicht auch bei Ausschreibungen von Leistungen des Anhangs I B der VOL/A

Auch für Auftragsvergaben unterhalb der Schwellenwerte ergibt sich eine Aufklärungspflicht unter Beteiligung des Bieters bereits aus den für diese Vergabe maßgeblichen Basisparagraphen der VOL/A. Denn § 16 Abs. 6 VOL/A sieht vor, dass der Auftraggeber vom Bieter Aufklärung verlangt. Der Sinn dieser Regelung ist es, dem Bieter die Möglichkeit einzuräumen, mit seinen Argumenten darzulegen, dass er in der Lage ist, seine Leistungen auftragsgerecht zu erbringen, und ihn vor der Willkür des Auftragsgebers zu schützen. **Deshalb darf der Auftraggeber auch bei Vergaben von Leistungen nach dem Anhang I B der VOL/A von einem solchen Aufklärungsverlangen in Textform nicht absehen** (OLG Celle, B. v. 30. 9. 2010 – Az.: 13 Verg 10/10).   10940

116.8.2.5 Zumutbare Frist für eine Antwort des Bieters

Dem Bieter ist eine **angemessene Frist** für zusätzliche Angaben einzuräumen (OLG Celle, B. v. 30. 9. 2010 – Az.: 13 Verg 10/10; VK Lüneburg, B. v. 24. 9. 2003 – Az.: 203-VgK-17/2003).   10941

116.8.2.6 Inhalt der Prüfung

Der Auftraggeber muss das Angebot hinsichtlich seiner preislichen Ungewöhnlichkeit überprüfen und zu diesem Zwecke **nicht nur die Einzelpositionen überprüfen, sondern dafür auch vom Bieter die erforderlichen Belege verlangen und ihm gegebenenfalls mitteilen, welche Unterlagen oder Positionen für unannehmbar erachtet werden**. Selbst in den Fällen, in denen ein Angebot nach Auffassung des Auftraggebers unrealistisch ist, ist der Bieter dennoch zur Stellungnahme aufzufordern (VK Lüneburg, B. v. 24. 9. 2003 – Az.: 203-   10942

2217

VgK-17/2003, B. v. 25. 8. 2003 – Az.: 203-VgK-18/2003; 1. VK Sachsen, B. v. 8. 2. 2005 – Az.: 1/SVK/003–05; VK Schleswig-Holstein, B. v. 6. 6. 2007 – Az.: VK-SH 10/07; VK Südbayern, B. v. 10. 2. 2006 – Az. Z3-3-3194-1-57–12/05; VK Thüringen, B. v. 11. 2. 2010 – Az.: 250–4002.20–253/2010-001-EF).

10943   Bei der **Prüfung spielt es insbesondere keine Rolle, ob die Kalkulationsmethode des Bieters branchenüblich ist oder nicht**. **Entscheidend** ist vielmehr ihre **Nachvollziehbarkeit** aus betriebswirtschaftlicher und rechtlicher Sicht. Wenn diese Nachvollziehbarkeit gegeben ist, besteht auch kein Grund zur Annahme einer Unauskömmlichkeit (1. VK Bund, B. v. 9. 5. 2005 – Az.: VK 2–20/05; B. v. 20. 4. 2005 – Az.: VK 1–23/05; B. v. 25. 2. 2005 – Az.: VK 1–08/05 – instruktiver Fall aus der Gebäudereinigung).

10944   Zu der preislichen Ungewöhnlichkeit seines Angebotes hat der **Bieter grundsätzlich so konkrete Angaben zu machen wie auch Erklärungen abzugeben, dass deren Richtigkeit anhand von Belegen und weiteren Nachweisen ggfs. verifiziert und nachgewiesen werden können**. **Der Nachweis ist nicht dadurch geführt, dass Angaben und Erklärungen allein wertenden Inhalts abgegeben** werden. Der Nachweis der Angemessenheit eines Angebotspreises ist erst geführt, wenn diese Aussagen tatsächlich belegt werden können. Schließlich lassen erst die Tatsachen selbst eine solche Schlussfolgerung zu. Der Nachweis der Angemessenheit eines Angebotspreises ist dabei in geeigneter Weise zu führen. Allein allgemein gehaltene Erklärungen abzugeben oder Angaben zu machen, sind – per se – für eine solche Nachweisführung aber ungeeignet. So ist z.B. die Aussage, „über eine hochmoderne Fertigungstechnologie zu verfügen", nichts sagend (VK Thüringen, B. v. 11. 2. 2010 – Az.: 250–4002.20–253/2010-001-EF).

10945   **Benennt der Bieter z. B. individuelle und nachprüfbare Sonderkonditionen** (etwa nachgewiesene Einsparungen, Bezugspreise, Rabatte, abgeschriebene Maschinen und Geräte usw.) nach schriftlicher Aufforderung und **legt er sie schlüssig dar**, sind diese **nachgewiesenen Vorteile** (Kosteneinsparpotential) **dem Angebot** des Bieters im Rahmen einer fiktiven „Internen Addition zum Angebotspreis" **hinzuzufügen**. Liegt der abschließende fiktive Angebotspreis unter Beachtung nur der glaubwürdigen Einsparpotenziale danach wieder unter 10% zum Nächstbieter, so kann von der Wahrscheinlichkeit eines angemessenen Preises ausgegangen werden. Macht der Bieter demgegenüber **keine, nur pauschale** (wir stehen zu dem Preis, der Preis ist angemessen, widersprüchliche Angaben usw.) oder **keine plausiblen Erklärungen für sein Niedrigstangebot, ist der Nachweis des Vorliegens eines angemessenen Angebotspreises nicht erbracht**, das Angebot in der vierten Wertungsstufe nicht mehr weiter zu prüfen (VK Thüringen, B. v. 9. 9. 2005 – Az.: 360–4002.20–009/05-SON, B. v. 13. 11. 2002 – Az.: 216–4002.20–057/02-EF-S).

116.8.2.7 Prognoseentscheidung und Beurteilungsspielraum

10946   Der Auftraggeber läuft bei der Zuschlagserteilung auf ein Unterangebot Gefahr, dass der Auftragnehmer in wirtschaftliche Schwierigkeiten gerät und den Auftrag nicht oder nicht ordnungsgemäß, insbesondere nicht mängelfrei, zu Ende führt. **Vor diesem Hintergrund kann es dem Auftraggeber nicht zugemutet werden, ein ihm unauskömmlich erscheinendes Angebot zunächst anzunehmen und bei nicht ordnungsgemäßer Leistungserbringung seine Rechte sodann auf der Ebene der Vertragsdurchführung durchzusetzen**. Das Vergaberecht will gerade dies verhindern, indem es Angebote, die erhebliche Zweifel an einer ordnungsgemäßen Vertragsdurchführung erwarten lassen, von vornherein aus dem Kreis der zuschlagsfähigen Angebote ausschließt. Dabei handelt es sich um eine **Prognoseentscheidung**, die der Auftraggeber auf der Grundlage des Angebots und der hierzu von dem Bieter erteilten Auskünfte zu treffen hat (1. VK Bund, B. v. 20. 4. 2005 – Az.: VK 1–23/05; VK Schleswig-Holstein, B. v. 6. 6. 2007 – Az.: VK-SH 10/07).

10947   Der **Sinn der Auskömmlichkeitsprüfung** liegt darin, dem Bieter die Möglichkeit einzuräumen, mit seinen Argumenten darzulegen, dass er in der Lage ist, seine Leistungen auftragsgerecht zu erbringen (1. VK Sachsen, B. v. 8. 2. 2005 – Az.: 1/SVK/003–05). Dabei darf nicht vergessen werden, dass es sich bei der **Bewertung der dann abgegebenen Antworten um eine Prognoseentscheidung handelt, die der Auftraggeber auf der Grundlage des Angebots und der hierzu von dem Bieter erteilten Auskünfte zu treffen hat**. Bei dieser Prognoseentscheidung hat der öffentliche Auftraggeber zwar keinen Ermessensspielraum, dafür aber – im Gegensatz zur Prüfungspflicht bei der Feststellung eines ungewöhnlich niedrigen Preises – einen Beurteilungsspielraum, der einer nur eingeschränkten Nachprüfbarkeit durch die Vergabekammer unterliegt. Eine Verletzung dieses Beurteilungsspielraums liegt nur dann vor, wenn die von der Vergabestelle getroffenen Sachverhaltsermittlungen und -feststellungen oder die Anwendung vergaberechtlicher Rechtsbegriffe auf willkürlichen und sachwidrigen Erwägungen beruhen (1. VK Sachsen, B. v. 23. 2. 2009 – Az.: 1/SVK/003–09; B. v. 27. 3. 2006 – Az.: 1/SVK/021-06).

Maßgeblich für die Entscheidung des Auftraggebers kann auch sein, **ob dieser auch nach Überprüfung der eingeholten Auskünfte noch so erhebliche Zweifel an der Auskömmlichkeit eines Angebots haben konnte, dass ihm ein Zuschlag auf das Angebot wegen der damit verbundenen Risiken nicht zugemutet** werden konnte. Dabei handelt es sich um eine **Prognoseentscheidung**, die auf der Grundlage des Angebots und der erteilten Auskünfte zu treffen ist. Der öffentliche **Auftraggeber** hat insoweit einen **Beurteilungsspielraum, der lediglich eingeschränkt überprüfbar** ist. Eine Verletzung kommt nur in Betracht, wenn die Sachverhaltsermittlungen oder die Anwendung vergaberechtlicher Rechtsbegriffe auf willkürlichen oder sachwidrigen Erwägungen beruht (VK Berlin, B. v. 27. 7. 2009 – Az.: VK – B 1–18/09). 10948

116.8.2.8 Prüfungspflicht aufgrund gesetzlicher Regelungen

Verschiedene Bundesländer haben Vergabegesetze bzw. Vergaberichtlinien erlassen, in denen u. a. auch eine Prüfungspflicht hinsichtlich unangemessen hoher oder niedriger Preise geregelt sind. 10949

116.8.2.9 Berlin

Nach § 3 Ausschreibungs- und Vergabegesetz Berlin kann sich der Auftraggeber bei begründeten Zweifeln an der Angemessenheit des Angebotes die Kalkulationsunterlagen des Bieters vorlegen lassen. Legt der Bieter seine Kalkulationsunterlagen nicht vor, ist er vom weiteren Vergabeverfahren ausgeschlossen. **Begründete Zweifel im vorgenannten Sinne können nach dem Gesetz insbesondere dann vorliegen, wenn der angebotene Preis mindestens 10% unter dem nächsthöheren Angebot oder dem Schätzpreis des Auftraggebers liegt.**

116.8.2.9.1 Bremen. Nach § 14 Abs. 1 Vergabegesetz für das Land Bremen hat der Auftraggeber ein Angebot vertieft zu prüfen, wenn dieses Angebot, auf das der Zuschlag erteilt werden könnte, ungewöhnlich niedrig erscheint. Von der Vermutung, dass ein ungewöhnlich niedriges Angebot vorliegt, kann im Regelfall immer dann ausgegangen werden, wenn die **rechnerisch geprüfte Angebotssumme um mindestens 20 v. H. unter der Kostenschätzung des Auftraggebers liegt oder das zu prüfende Angebot um mehr als 10 v. H. vom nächst höheren abweicht.** 10950

116.8.2.9.2 Hamburg. Nach § 6 Hamburgisches Vergabegesetz hat die Vergabestelle bei Ausschreibungen von Bauleistungen dann, wenn ein Angebot, auf das der Zuschlag erteilt werden könnte, **um mindestens 10 Prozent vom nächst höheren Angebot abweicht**, die Kalkulation des Angebots zu überprüfen. Im Rahmen dieser Überprüfung sind die Bieter verpflichtet, die ordnungsgemäße Kalkulation nachzuweisen. Kommen die Bieter dieser Verpflichtung nicht nach, so kann die Vergabestelle sie vom weiteren Vergabeverfahren ausschließen. 10951

116.8.2.9.3 Niedersachsen. Nach § 5 Abs. 1 Landesvergabegesetz Niedersachsen **besteht bei Bauaufträgen** eine Prüfpflicht des öffentlichen Auftraggebers hinsichtlich der – eventuellen – Unangemessenheit eines Angebotes, auf das der Zuschlag erteilt werden könnte, **wenn dieses Angebot um mindestens 10 vom Hundert vom nächst höheren Angebot abweicht** (VK Lüneburg, VK Niedersachsen, B. v. 30. 6. 2010 – Az.: VgK-26/2010; B. v. 1. 2. 2008 – Az.: VgK-48/2007). 10952

116.8.2.9.4 Schleswig-Holstein. Nach § 6 Abs. 3 des Gesetzes zur tariflichen Entlohnung bei öffentlichen Aufträgen (Tariftreuegesetz) **muss der öffentliche Auftraggeber ungewöhnlich niedrige Angebote**, auf die der Zuschlag erfolgen soll, überprüfen, **wenn diese um 10% oder mehr vom nächsthöheren Angebot abweichen** oder sonstige Anhaltspunkte für einen Verstoß gegen die Verpflichtungen aus § 3 Tariftreuegesetz vorliegen. 10953

116.8.2.9.5 Thüringen. Nach Ziffer 7.1 der Richtlinie zur Mittelstandsförderung und Berücksichtigung Freier Berufe sowie zum Ausschluss ungeeigneter Bewerber bei der Vergabe öffentlicher Aufträge des Landes Thüringen (Vergabe-Mittelstandsrichtlinie) **soll die Prüfung der Angemessenheit insbesondere in den Fällen erfolgen, in denen das preislich billigste Angebot zehn v. H. unter der eigenen Preisvorstellung oder dem preislich folgenden Angebot liegt.** Besteht danach die widerlegbare Vermutung eines unangemessen nied- 10954

Teil 4 VOL/A § 16 Vergabe- und Vertragsordnung für Leistungen Teil A

rigen Preises, auf den der Zuschlag nicht erteilt werden darf, ist eine Aufklärung der Gründe für den niedrigen Preis notwendig. Die **Gründe für den niedrigen Angebotspreis sind auf ihre Nachvollziehbarkeit zu überprüfen.**

116.8.2.10 Festsetzung eines Schwellenwerts für eine Prüfung durch den Auftraggeber

10955   Gegen die Festlegung einer „**Aufklärungsschwelle**" durch den öffentlichen Auftraggeber bestehen keine Bedenken (OLG Düsseldorf, B. v. 30. 11. 2005 – Az.: VII – Verg 65/05; B. v. 23. 11. 2005 – Az.: VII – Verg 66/05; VK Berlin, B. v. 27. 7. 2009 – Az.: VK – B 1–18/09; 3. VK Bund, B. v. 4. 7. 2006 – Az.: VK 3–60/06; B. v. 29. 6. 2006 – Az.: VK 3–48/06; B. v. 29. 6. 2006 – Az.: VK 3–39/06). So ist es z. b. im Reinigungsbereich **bei einer Abweichung einzelner Leistungsmaße von mehr als 25% über dem Durchschnitt der noch im Wettbewerb befindlichen Bieter** sachgerecht, die insoweit betroffenen Bieter um konkrete Aufklärung hinsichtlich der Auskömmlichkeit ihres Angebots zu ersuchen. Bei den Reinigungsdienstleistungen handelt es nämlich um personalintensive Dienstleistungen, die einer Rationalisierung durch Arbeitsorganisation sowie den Einsatz von Maschinen und Geräten zwar zugänglich sind, deren Rationalisierung aber gerade wegen der Personalintensität auch natürliche Grenzen gesetzt sind. Vor diesem Hintergrund ist es vergaberechtlich nicht zu beanstanden, wenn der Auftraggeber zumindest solche Angebote einer Auskömmlichkeitsprüfung unterzieht, bei denen die pro Stunde durch eine Reinigungskraft erbrachte qm-Leistung (das sog. Leistungsmaß) deutlich über dem Bieterdurchschnitt liegt (1. VK Bund, B. v. 20. 4. 2005 – Az.: VK 1–23/05).

10956   Hat sich ein Auftraggeber auf eine Größenordnung zur Festlegung einer Aufgreifschwelle verständigt, bei deren Unterschreiten das Verfahren zur Aufklärung von Angeboten eingeleitet werden soll, **tritt mit der Festlegung der Grenzwerte für die Angebotswertung jedoch keine endgültige Bindung** in der Frage ein, ob und unter welchen Voraussetzungen ein Angebot preislich ungewöhnlich niedrig erschien, **wenn die Festlegung** – z. B. bei einer bundesweiten Ausschreibung – **von den Preisen der eingehenden Angebote und von den regional zu erwartenden Schwankungen abhängig** ist (OLG Düsseldorf, B. v. 23. 11. 2005 – Az.: VII – Verg 66/05).

116.8.2.11 Prüfungsnotwendigkeiten bei Schülerbeförderungsleistungen

10957   Für sich genommen **besagt der Umstand, dass das Angebot eines Bieters den Angebotspreis von zwei Konkurrenzofferten namhaft übersteigt, recht wenig**. Es ist z. B. nicht ausgeschlossen, dass es sich dabei **um sog. Unterkostenangebote handelt** oder das gezahlte Entgelt darauf zurückgeht. Dann ist auch der Ansatz einer am Preisindex orientierten Preissteigerung nichts sagend. Zwar fehlt es – was Unterkostenangebote anbelangt – an einer Substantiierung. Eine gewisse Bestätigung erfährt eine solche Annahme aber dadurch, dass ein **weiteres Angebot den von dem Bieter angebotenen Preis übersteigt**. Ein **unangemessen hoher Preis kann ebenso wenig isoliert aus dem Umstand gefolgert** werden, dass **im Vertragszeitraum deutlich weniger Schüler zu befördern sind als in Vorjahren**. Dies kann zwar zu gewissen Leistungsersparnissen führen. Zwingend ist das jedoch vor allem dann nicht, wenn infolge der Schülerzahl mögliche Einsparungen in Relation zu den Fahrstrecken gesetzt werden, die unabhängig von der Zahl der beförderten Schüler gefahren werden müssen. Die **bei der Auftragsausführung anfallenden Kilometerleistungen nehmen in Abhängigkeit von der Zahl der Fahrgäste nicht zwingend ab, sondern bleiben eher gleich hoch**. Untersuchungen darüber hat der Auftraggeber nicht angestellt. Er hat es damit bewenden lassen, das Preisangebot des Bieters in Beziehung zu setzen zu Haushaltsansätzen, zu einem bisher gezahlten Beförderungsentgelt und zu preisgünstigeren Konkurrenzangeboten. Dies genügt freilich nicht zum Nachweis eines unangemessen hohen Preises im Angebot des Bieters, da der Auftraggeber über den zugrunde liegenden Sachverhalt einschließlich der Kalkulation nicht angemessen aufgeklärt hat und Bedenken nicht nachgegangen ist, sondern sich **auf eine Feststellung gewisser, auf einen überhöhten Preis hindeutender Anhaltspunkte beschränkt hat, die freilich einer näheren Überprüfung hätten unterzogen werden sollen. Den Nachteil der Nichterweislichkeit hat der Auftraggeber zu tragen**. Beim Nachweis der Tatsachen, die ein unangemessen hohes Preisangebot annehmen lassen und zu einem Angebotsausschluss führen, trifft den öffentlichen Auftraggeber vor den Vergabenachprüfungsinstanzen die Darlegungs- und Beweislast (OLG Düsseldorf, B. v. 31. 10. 2007 – Az.: VII – Verg 24/07).

116.8.2.12 Prüfungsmöglichkeiten bei Reinigungsdienstleistungen

Gegen die Festlegung einer „Aufklärungsschwelle" durch den öffentlichen Auftraggeber bestehen keine Bedenken (OLG Düsseldorf, B. v. 30. 11. 2005 – Az.: VII – Verg 65/05; B. v. 23. 11. 2005 – Az.: VII – Verg 66/05; VK Berlin, B. v. 27. 7. 2009 – Az.: VK – B 1–18/09; 3. VK Bund, B. v. 4. 7. 2006 – Az.: VK 3–60/06; B. v. 29. 6. 2006 – Az.: VK 3–48/06; B. v. 29. 6. 2006 – Az.: VK 3–39/06). So ist es z.b. im Reinigungsbereich **bei einer Abweichung einzelner Leistungsmaße von mehr als 25% über dem Durchschnitt der noch im Wettbewerb befindlichen Bieter** sachgerecht, die insoweit betroffenen Bieter um konkrete Aufklärung hinsichtlich der Auskömmlichkeit ihres Angebots zu ersuchen. Bei den Reinigungsdienstleistungen handelt es sich nämlich um personalintensive Dienstleistungen, die einer Rationalisierung durch Arbeitsorganisation sowie den Einsatz von Maschinen und Geräten zwar zugänglich sind, deren Rationalisierung aber gerade wegen der Personalintensität auch natürliche Grenzen gesetzt sind. Vor diesem Hintergrund ist es vergaberechtlich nicht zu beanstanden, wenn der Auftraggeber zumindest solche Angebote einer Auskömmlichkeitsprüfung unterzieht, bei denen die pro Stunde durch eine Reinigungskraft erbrachte qm-Leistung (das sog. Leistungsmaß) deutlich über dem Bieterdurchschnitt liegt (1. VK Bund, B. v. 20. 4. 2005 – Az.: VK 1–23/05). 10958

Die Vergabekammer erachtet es als sachgerecht, im Hinblick auf die Auskömmlichkeit des Angebots bei Reinigungsleistungen **auf die Leistungsmaße abzustellen und den Durchschnittswert der Kalkulationswerte der Mitbewerber zu Grunde** zu legen. Insoweit ist es sachgerecht, bei Angeboten, deren Leistungsparameter den Durchschnitt aller noch an der Wertung beteiligten Bieter um mehr als 20% überschreiten, und bei Angeboten, deren Stundenverrechnungssatz 10% unter dem Durchschnitt liegen, ein Aufklärungsgespräch zu führen (VK Berlin, B. v. 27. 7. 2009 – Az.: VK – B 1–18/09). 10959

Bei Reinigungsleistungen ist **gerade das Leistungsmaß, welches die qm-Leistung einer Reinigungskraft pro Stunde darstellt, ein geeigneter Ansatzpunkt, um die Auskömmlichkeit der Preise zu beurteilen**. Ist das Leistungsmaß ungewöhnlich hoch angesetzt, ist eine Besorgnis der Vergabestelle, die Leistung könnte letztlich nicht ordnungsgemäß erbracht werden, weil die auf dieser Grundlage kalkulierten Preise nicht auskömmlich sind, berechtigt. Die Vergabestelle konnte als Vergleichsbasis den Durchschnittswert der übrigen im Wettbewerb befindlichen Bieter zu Grunde legen. Da es sich bei Reinigungsdienstleistungen um personalintensive Dienstleistungen handelt, die zudem tarifgebunden sind, sind Rationalisierungsmaßnahmen in diesem Bereich natürliche Grenzen gesetzt (VK Berlin, B. v. 27. 7. 2009 – Az.: VK – B 1–18/09). 10960

Im Rahmen der Prüfung der Auskömmlichkeit geht es dem Auftraggeber um die Überprüfung, **ob alle Leistungen des Leistungskatalogs zu dem gebotenen Preis vertragsgemäß erbracht werden können**. Insofern ist **von einem Bieter zu erwarten, dass er gerade bei niedrigen und knapp kalkulierten Preisen genau darlegen kann, wie er die einzelnen Posten des Leistungskatalogs zu erfüllen gedenkt und sich sein Flächenmaß letztlich erklärt**. Eine der zulässigen Aufforderung zur Erläuterung entsprechende Aufklärung hätte daher zumindest alle einzelnen Arbeitsschritte präzise voneinander abgrenzen und die Tatsache, dass einzelne Reinigungshandlungen nicht täglich erbracht werden müssen, berücksichtigen müssen. **Pauschale Verweise** auf ungefähre Zeiten, die im Ergebnis zudem teils weit von dem eigenen Ansatz abweichen, sind **unzureichend** (VK Berlin, B. v. 27. 7. 2009 – Az.: VK – B 1–18/09). 10961

Bei **Zweifeln an der Auskömmlichkeit eines Angebotes trägt der Bieter die Beweislast dafür, den Anschein der Unauskömmlichkeit bezogen auf das konkrete Angebot zu widerlegen. Mit dem Hinweis auf vergleichbare Referenzobjekte oder eine bisherige Reinigung der Räume wird dem nicht Genüge getan**. Referenzobjekte sind im Rahmen der Prüfung der Auskömmlichkeit eines Angebots nicht geeignet, Zweifel aufzuklären. Die Kalkulation eines Angebots kann sich immer nur auf eine bestimmte Leistung unter den konkreten Ausschreibungsbedingungen beziehen. Gegenstand des Vergabeverfahrens ist nur das konkrete Angebot im laufenden Verfahren (VK Berlin, B. v. 27. 7. 2009 – Az.: VK – B 1–18/09). 10962

116.8.2.13 Ungewöhnlich niedrige Preise im Softwarebereich

Anders als bei Bauleistungen oder dem Abschleppen von Fahrzeugen sind bei dem Angebot von Software Preisdifferenzen weit weniger aussagekräftig. Bauarbeiter- und 10963

Teil 4 VOL/A § 16 Vergabe- und Vertragsordnung für Leistungen Teil A

Fahrerlöhne, Bau- und Betriebsstoffe, sowie Fahrzeuge kosten alle Konkurrenten ungefähr gleich. Auch der zur Erbringung der Leistung erforderliche Zeitaufwand wird sich kalkulatorisch nicht stark unterscheiden. Ganz unterschiedliche Gestehungskosten haben dagegen abhängig von den Lagerstättenverhältnissen zum Beispiel Bergbauunternehmen, was zeigt, dass sich **eine einheitliche Betrachtung unterschiedlicher Branchen verbietet und eine erhebliche prozessuale Differenz zum nächstgünstigen Bieter allein kein offenbares Missverhältnis begründen** muss. Einem Unternehmen hingegen, das seit langer Zeit ein einziges Softwareprodukt, das allerdings ständig aktualisiert werden muss, vertreibt, entstehen durch einen Neukunden einmalige Kosten für die Einrichtung/Anpassung der Software bei diesem, die Einweisung von dessen Personal sowie laufende Betreuungskosten (Aktualisierung der Software und Hotline verteilt auf alle Anwender). **Bereits amortisierte Kosten der Softwareentwicklung brauchen nicht berücksichtigt zu werden**, ebenso wenig der Aufwand für völlige Neuentwicklungen, wenn man sie nicht betreibt. Sie müssen dann nicht in die Lizenzkosten eingerechnet werden. Ein günstiges Angebot in diesem Punkt kann ein auffälliges Missverhältnis zur Leistung nicht begründen (OLG München, B. v. 11. 5. 2007 – Az.: Verg 04/07).

10964   Zu berücksichtigen sind bei der Prüfung solcher auf den ersten Blick Unterkostenangebote die **Fragen, ob die Kosten beziehungsweise der Zeitansatz für die Einweisung des Personals und der Monatskosten für Hotline und Softwarepflege bei allen Bietern in einer ähnlichen Größenordnung** liegen (OLG München, B. v. 11. 5. 2007 – Az.: Verg 04/07).

10965   **Unterschiede in der Einschätzung des Zeitaufwandes**, um den Datenbestand aus dem alten Programm zu übertragen und das neue Programm beim Kunden betriebsbereit einzurichten, hängen vom Programm und dessen Eigenschaften, ab. Natürlich können sich gerade in diesem Bereich kleinere und größere Friktionen ergeben, wie allgemein bekannt ist. Diese können zu exorbitanten Kostensteigerungen führen. Der **Unternehmer ist jedoch frei, ob er insoweit eher vorsichtig mit einer Sicherheitsmarge kalkuliert oder ein Risiko eingeht und sich dafür beim Preiswettbewerb einen Vorteil verschafft** (OLG München, B. v. 11. 5. 2007 – Az.: Verg 04/07).

116.8.2.14 Verweigerung einer notwendigen Mitarbeit des Bieters

10966   Der Bieter **muss** zwar die **entsprechenden Auskünfte nicht erteilen**, er wird der Aufforderung in der Regel aber nachkommen, **um einen Ausschluss zu vermeiden** (OLG Celle, B. v. 18. 12. 2003 – Az.: 13 Verg 22/03; VK Lüneburg, B. v. 24. 9. 2003 – Az.: 203-VgK17/2003).

10967   **Verweigert der Bieter** eine entsprechende **Mitarbeit** bei der Aufklärung und ist er auch im Rahmen des Beschwerdeverfahrens nicht bereit, dem Auftraggeber eine seriöse Chance zur Prüfung dieser Angaben einzuräumen, ist das **Angebot auszuschließen** (OLG Naumburg, B. v. 6. 4. 2004 – Az.: 1 Verg 3/04).

10968   Macht ein **Bieter keine, nur pauschale oder keine plausiblen Erklärungen für sein Angebot**, ist der Nachweis des Vorliegens eines angemessenen Angebotspreises nicht erbracht, ist das **Angebot in der vierten Wertungsstufe nicht mit einzubeziehen** (VK Südbayern, B. v. 27. 11. 2006 – Az.: Z3-3-3194-1-33–10/06).

116.8.2.15 Beweislast

10969   Die Rechtsprechung ist insoweit **nicht einheitlich**.

10970   Der **bloße Hinweis eines Bieters, dass er bereits an der Grenze kalkuliert habe, rechtfertigt keinesfalls den Schluss, dass das günstigere Angebot eines anderen Bieters damit automatisch ein Unterangebot** sein muss. Die **materielle Beweislast** dafür, dass der von einem Konkurrenten angebotene Preis in einem offenbaren Missverhältnis zur Leistung steht, **trägt der Antragsteller, nicht der Auftraggeber** (VK Nordbayern, B. v. 17. 11. 2009 – Az.: 21.VK – 3194 – 50/09; B. v. 28. 1. 2009 – Az.: 21.VK – 3194 – 55/08).

10971   Nach einer anderen Auffassung ist der **Auftraggeber ist für das Vorliegen eines unangemessenen Verhältnisses zwischen Preis und Leistung darlegungs- und beweispflichtig** (OLG München, B. v. 21. 5. 2010 – Az.: Verg 02/10; VK Nordbayern, B. v. 26. 2. 2008 – Az.: 21.VK – 3194 – 02/08). Diese Wertung geht davon aus, dass es sich bei § 16 Abs. 6 VOL/A grundsätzlich um eine nicht die Bieter, sondern die Auftraggeber schützende Vorschrift handelt. Die so vorgenommene Verteilung der Beweislast lässt sich auf den Fall nicht anwenden, in dem sich nicht der Auftraggeber vor einem Niedrigangebot schützen will, sondern den Zuschlag auf dieses erteilen will. Eine Verlagerung der Beweislast auf einen diese Entscheidung anfechtenden Bieter wäre nicht sachgerecht, da dieser die (geheim zu haltenden) Kalkulationsgrundlagen des Angebots, auf das der Zuschlag erteilt werden soll, nicht einmal kennen darf. Der Wortlaut des § 16 Abs. 6 VOL/A löst jedoch das Problem, denn er verpflichtet den Auftraggeber, sich bei einem unangemessen niedrig anmutenden Angebot beim Bieter nach den Gründen für das Abweichen des Preises zu erkundigen. Dies bedeutet aber logischerweise, dass die **Beweislast im Falle der Nachfrage auf diesen Bieter übergeht**, denn eine Nachfrage allein beseitigt den Anschein der Unwirtschaftlichkeit nicht. Der Bieter ist gehalten, dem Auftraggeber auf dessen Nachfrage schlüssig darzulegen, dass es sich bei seinem Angebot um die ausgeschriebene Leistung handelt. Alles Andere würde die zwingend in § 16 Abs. 6 VOL/A normierte Nachfragepflicht zu einer Farce werden lassen. Der Auftraggeber muss durch die Auskunft des Bieters in die Lage versetzt werden, sich selbst und den Wettbewerb vor unangemessen niedrigen Angeboten zu schützen (1. VK Sachsen, B. v. 11. 10. 2001 – Az.: 1/SVK/98-01/SVK/98-01g; im Ergebnis ebenso VK Schleswig-Holstein, B. v. 6. 6. 2007 – Az.: VK-SH 10/07; VK Thüringen, B. v. 9. 9. 2005 – Az.: 360–4002.20-009/05-SON).

Bei **Zweifeln an der Unauskömmlichkeit** eines Angebotes **trägt also der Bieter die Beweislast dafür, den Anschein der Unauskömmlichkeit bezogen auf das konkrete Angebot zu widerlegen**. Der Bieter ist folglich gehalten, dem **Auftraggeber auf dessen Nachfrage schlüssig darzulegen, dass es sich um ein auskömmliches Angebot handelt**. Diese Beweislastverteilung ist sachgerecht, weil nur der Bieter in der Lage ist, zur (zweifelhaften) Auskömmlichkeit seiner Kalkulation Stellung zu nehmen und die dem Anschein nach berechtigten Bedenken der Vergabestelle zu entkräften. Mit dem pauschalen Hinweis eines Bieters z. B. auf die Einführung eines Leistungslohns, die Verringerung von Fahrzeiten bei derzeit unklarer Personallage und das Vorhandensein der erforderlichen Strukturen wird dem nicht Genüge getan (VK Brandenburg, B. v. 8. 12. 2006 – Az.: 1 VK 49/06). 10972

Diese **Beweislastverteilung ist sachgerecht, weil nur der betreffende Bieter in der Lage ist, zur** (zweifelhaften) **Auskömmlichkeit seiner Kalkulation Stellung zu nehmen** und die dem Anschein nach berechtigten Bedenken der Vergabestelle zu entkräften (1. VK Bund, B. v. 20. 4. 2005 – Az.: VK 1–23/05). 10973

Ausnahmetatbestände hat der **konkurrierende Bieter selbst mit eigenständigen Tatsachen vorzutragen** (OLG Dresden, B. v. 6. 6. 2002 – Az.: WVerg 0005/02); gegebenenfalls können solche **auch aus den weiteren Umständen erkennbar** sein (VK Bremen, B. v. 16. 7. 2003 – Az.: VK 12/03; VK Düsseldorf, B. v. 22. 10. 2003 – Az.: VK – 29/2003 – L). 10974

Die materielle **Beweislast in einem Nachprüfungsverfahren** dafür, dass der von einem Bieter angebotene Preis im Sinne von § 16 Abs. 6 VOL/A ungewöhnlich niedrig ist, trägt der **Antragsteller des Nachprüfungsverfahrens, nicht der Auftraggeber** (OLG München, B. v. 11. 5. 2007 – Az.: Verg 04/07; VK Nordbayern, B. v. 18. 9. 2008 – Az.: 21.VK – 3194 – 43/08; B. v. 26. 2. 2008 – Az.: 21.VK – 3194 – 02/08). 10975

116.8.3 Wertung eines Angebots mit einem unangemessen niedrigen Preis (§ 16 Abs. 6 Satz 2)

116.8.3.1 Wertung der VOL/A

Auf Angebote, deren Preise in offenbarem Missverhältnis zur Leistung stehen, darf der **Zuschlag nicht erteilt** werden. Dieses **Verbot dient dem Ziel, die wirklich seriös kalkulierten Angebote in die letzte Wertungsphase einzubeziehen** (OLG Düsseldorf, B. v. 19. 11. 2003 – Az.: VII – Verg 22/03). 10976

116.8.3.2 Erläuternder Hinweis der VOL/A

Ein offenbares Missverhältnis zwischen Preis und Leistung ist nur dann anzunehmen, wenn der Preis von den Erfahrungswerten wettbewerblicher Preisbildung so grob abweicht, dass dies sofort ins Auge fällt. Die Vergabestelle wird in ihre Abwägung, ob ein offenbares Missverhältnis vorliegt, alle Erkenntnisse zur Beurteilung des Preis-/Leistungsverhältnisses im Einzelfall einbeziehen. 10977

116.8.3.3 Rechtsprechung

116.8.3.3.1 Grundsatz. Unterkostenangebote sind für sich gesehen nicht unzulässig (OLG Dresden, B. v. 1. 7. 2005 – Az.: WVerg 0007/05; OLG Düsseldorf, B. v. 12. 10. 2005 – 10978

Teil 4 VOL/A § 16 Vergabe- und Vertragsordnung für Leistungen Teil A

Az.: VII – Verg 37/05; OLG Koblenz, B. v. 26. 10. 2005 – Az.: 1 Verg 4/05; OLG München, B. v. 21. 5. 2010 – Az.: Verg 02/10; VK Berlin, B. v. 2. 6. 2009 – Az.: VK B 2–12/09; 1. VK Bund, B. v. 10. 11. 2009 – Az.: VK 1–191/09; VK Münster, B. v. 4. 8. 2010 – Az.: VK 5/10; B. v. 15. 9. 2009 – Az.: VK 14/09; 2. VK Mecklenburg-Vorpommern, B. v. 28. 11. 2008 – Az.: 2 VK 7/08; VK Niedersachsen, B. v. 30. 6. 2010 – Az.: VgK-26/2010; 1. VK Sachsen, B. v. 1. 4. 2010 – Az.: 1/SVK/007–10; B. v. 23. 2. 2009 – Az.: 1/SVK/003–09). Auch ein **öffentlicher Auftraggeber ist nicht verpflichtet, nur „auskömmliche" Angebote zu berücksichtigen** (VK Baden-Württemberg, B. v. 26. 3. 2010 – Az.: 1 VK 11/10; B. v. 28. 7. 2009 – Az.: 1 VK 42/09; 1. VK Bund, B. v. 10. 11. 2009 – Az.: VK 1–191/09; VK Hessen, B. v. 20. 8. 2009 – Az.: 69 d VK – 26/2009; VK Lüneburg, B. v. 1. 2. 2008 – Az.: VgK-48/2007; VK Münster, B. v. 4. 8. 2010 – Az.: VK 5/10; B. v. 15. 9. 2009 – Az.: VK 14/09; VK Niedersachsen, B. v. 30. 6. 2010 – Az.: VgK-26/2010; 1. VK Saarland, B. v. 8. 7. 2003 – Az.: 1 VK 05/2003; 1. VK Sachsen, B. v. 23. 2. 2009 – Az.: 1/SVK/003–09; B. v. 23. 5. 2002 – Az.: 1/SVK/039-02), sofern er nach Prüfung zu dem Ergebnis gelangt, dass der **Anbieter auch zu diesen Preisen zuverlässig und vertragsgerecht wird leisten können** (BSG, B. v. 22. 4. 2009 – Az.: B 3 KR 2/09 D; OLG Dresden, B. v. 7. 5. 2010 – Az.: WVerg 6/10; OLG Düsseldorf, B. v. 12. 10. 2005 – Az.: VII – Verg 37/05; B. v. 17. 6. 2002 – Az.: Verg 18/02; ; OLG München, B. v. 21. 5. 2010 – Az.: Verg 02/10; VK Arnsberg, B. v. 8. 2006 – Az.: VK 21/06; 1. VK Bund, B. v. 10. 11. 2009 – Az.: VK 1–191/09; VK Düsseldorf, B. v. 2. 5. 2006 – Az.: VK – 17/2006 – B; VK Lüneburg, B. v. 8. 5. 2006 – Az.: VgK-07/2006; VK Münster, B. v. 15. 9. 2009 – Az.: VK 14/09; 1. VK Sachsen, B. v. 23. 2. 2009 – Az.: 1/SVK/003–09; ähnlich 2. VK Brandenburg, B. v. 15. 11. 2005 – Az.: 2 VK 64/05; B. v. 18. 10. 2005 – Az.: 2 VK 62/05; 2. VK Mecklenburg-Vorpommern, B. v. 28. 11. 2008 – Az.: 2 VK 7/08; VK Niedersachsen, B. v. 30. 6. 2010 – Az.: VgK-26/2010). Bei einem grundsätzlich leistungsfähigen Bieter kann es **verschiedene Gründe geben, im Einzelfall auch ein nicht auskömmliches oder jedenfalls sehr knapp kalkuliertes Angebot abzugeben** (OLG Celle, B. v. 18. 12. 2003 – Az.: 13 Verg 22/03, B. v. 24. 4. 2003 – Az.: 13 Verg 4/03; OLG Dresden, B. v. 7. 5. 2010 – Az.: WVerg 6/10; BayObLG, B. v. 18. 9. 2003 – Az.: Verg 12/03; VK Düsseldorf, B. v. 26. 8. 2004 – Az.: VK – 30/2004 – L; VK Lüneburg, B. v. 1. 2. 2008 – Az.: VgK-48/2007; B. v. 8. 5. 2006 – Az.: VgK-07/2006; B. v. 5. 7. 2005 – Az.: VgK-26/2005; B. v. 3. 5. 2005 – Az.: VgK-14/2005; B. v. 24. 5. 2004 – Az.: VgK-14/2004; B. v. 29. 4. 2004 – Az.: 203-VgK-11/2004; B. v. 10. 3. 2003 – Az.: 203-VgK-07/2003; VK Münster, B. v. 15. 9. 2009 – Az.: VK 14/09; VK Niedersachsen, B. v. 30. 6. 2010 – Az.: VgK-26/2010; VK Nordbayern, B. v. 21. 11. 2003 – Az.: 320.VK-3194-38/03; 3. VK Saarland, B. v. 12. 12. 2005 – Az.: 3 VK 03/2005 und 3 VK 04/2005), z. B. einen **Deckungsbeitrag zu den eigenen Gemeinkosten zu erlangen** – Kapazitätsauslastung – (OLG Dresden, B. v. 7. 5. 2010 – Az.: WVerg 6/10; VK Südbayern, B. v. 14. 9. 2007 – Az.: Z3-3-3194-1-33–07/07), oder als **„Newcomer" ins Geschäft zu kommen** (Brandenburgisches OLG, B. v. 13. 9. 2005 – Az.: Verg W 9/05; OLG Dresden, B. v. 7. 5. 2010 – Az.: WVerg 6/10; OLG Düsseldorf, B. v. 12. 10. 2005 – Az.: VII – Verg 37/05; B. v. 17. 6. 2002 – Az.: Verg 18/02; 2. VK Brandenburg, B. v. 15. 11. 2005 – Az.: 2 VK 64/05; VK Düsseldorf, B. v. 26. 8. 2004 – Az.: VK – 30/2004 – L; VK Südbayern, B. v. 14. 9. 2007 – Az.: Z3-3-3194-1-33–07/07); auch **besonders günstige Einkaufsmöglichkeiten für Baumaterial** oder die **Verlagerung eines Teils der Produktion in das Ausland** können tragende Gründe sein (1. VK Sachsen, B. v. 26. 7. 2001 – Az.: 1/SVK/73-01), ebenso der **gegenwärtige Arbeitsmarkt** für Botenfahrer (VK Hamburg, B. v. 17. 12. 2002 – Az.: VgK FB 3/02); auch ein **nachvollziehbarer Kalkulationsirrtum** kann Ursache eines solchen Angebots sein (OLG Rostock, B. v. 6. 7. 2005 – Az.: 17 Verg 8/05) oder **das zur Zeit in der Bauwirtschaft herrschende niedrige Preisniveau** (OLG Düsseldorf, B. v. 4. 7. 2005 – Az.: VII – Verg 35/05). Es würde geradezu einen **Verstoß gegen das** – für die Auslegung der § 16 Abs. 6 VOL/A verbindliche – **europäische Richtlinienrecht bedeuten**, wenn man einen öffentlichen Auftraggeber dazu verpflichten würde, **nur auskömmliche oder kostendeckende Preise der Bieter zu akzeptieren** (OLG Düsseldorf, B. v. 17. 6. 2002 – Az.: Verg 18/02; VK Baden-Württemberg, B. v. 21. 8. 2009 – Az.: 1 VK 40/09; B. v. 17. 1. 2008 – Az.: 1 VK 52/07; VK Südbayern, B. v. 14. 9. 2007 – Az.: Z3-3-3194-1-33–07/07).

10979   Es ist auch nicht Sinn der Vorschrift aus § 16 Abs. 6 VOL/A, den Bietern (mittelbar) kostendeckende Preise zu garantieren (VK Düsseldorf, B. v. 22. 10. 2003 – Az.: VK – 29/2003 – L; VK Südbayern, B. v. 14. 9. 2007 – Az.: Z3-3-3194-1-33–07/07).

10980   Maßgeblich für die Entscheidung des Auftraggebers ist in diesem Zusammenhang, ob der **Auftraggeber nach Überprüfung der eingeholten Auskünfte so erhebliche Zweifel** an einer ordnungsgemäßen Vertragerfüllung haben darf, dass ihm **bei objektiver Betrachtung**

Vergabe- und Vertragsordnung für Leistungen Teil A   VOL/A § 16   **Teil 4**

ein Zuschlag wegen der damit verbundenen Risiken nicht zugemutet werden kann (VK Nordbayern, B. v. 4. 12. 2006 – Az.: 21.VK – 3194 – 39/06).

116.8.3.3.2 Ausnahmen. Angebote, die in der **Absicht** abgegeben werden oder die zumindest die **Gefahr begründen, andere Marktteilnehmer zu verdrängen** (BSG, B. v. 22. 4. 2009 – Az.: B 3 KR 2/09 D; OLG München, B. v. 21. 5. 2010 – Az.: Verg 02/10; VK Baden-Württemberg, B. v. 21. 8. 2009 – Az.: 1 VK 40/09; VK Berlin, B. v. 2. 6. 2009 – Az.: VK B 2–12/09; 1. VK Bund, B. v. 20. 12. 2007 – Az.: VK 1–143/07; B. v. 10. 8. 2005 – Az.: VK 1–86/05; 2. VK Bund, B. v. 15. 11. 2007 – Az.: VK 2–123/07, B. v. 15. 11. 2007 – Az.: VK 2–120/07, B. v. 15. 11. 2007 – Az.: VK 2–117/07, B. v. 15. 11. 2007 – Az.: VK 2–114/07, B. v. 15. 11. 2007 – Az.: VK 2–108/07, B. v. 15. 11. 2007 – Az.: VK 2–105/07; B. v. 15. 11. 2007 – Az.: VK 2–102/07; 2. VK Brandenburg, B. v. 15. 11. 2005 – Az.: 2 VK 64/05; VK Münster, B. v. 15. 9. 2009 – Az.: VK 14/09; B. v. 17. 6. 2005 – Az.: VK 12/05; 1. VK Sachsen, B. v. 1. 4. 2010 – Az.: 1/SVK/007–10; B. v. 1. 10. 2002 – Az.: 1/SVK/084-02; VK Südbayern, B. v. 14. 9. 2007 – Az.: Z3-3-3194-1-33–07/07) **oder die erwarten lassen, dass der Anbieter den Auftrag nicht wird durchführen können** (BSG, B. v. 22. 4. 2009 – Az.: B 3 KR 2/09 D; KG Berlin, B. v. 26. 2. 2004 – Az.: 2 Verg 16/03, B. v. 15. 3. 2004 – Az.: 2 Verg 17/03, B. v. 22. 8. 2001 – Az.: KartVerg 03/01; OLG München, B. v. 21. 5. 2010 – Az.: Verg 02/10; VK Baden-Württemberg, B. v. 21. 8. 2009 – Az.: 1 VK 40/09; VK Berlin, B. v. 2. 6. 2009 – Az.: VK B 2–12/09; 1. VK Bund, B. v. 20. 12. 2007 – Az.: VK 1–143/07; 2. VK Bund, B. v. 15. 11. 2007 – Az.: VK 2–123/07, B. v. 15. 11. 2007 – Az.: VK 2–120/07, B. v. 15. 11. 2007 – Az.: VK 2–117/07, B. v. 15. 11. 2007 – Az.: VK 2–114/07, B. v. 15. 11. 2007 – Az.: VK 2–108/07, B. v. 15. 11. 2007 – Az.: VK 2–105/07; B. v. 15. 11. 2007 – Az.: VK 2–102/07; 2. VK Brandenburg, B. v. 15. 11. 2005 – Az.: 2 VK 64/05; VK Nordbayern, B. v. 21. 11. 2003 – Az.: 320.VK-3194-38/03; VK Südbayern, B. v. 14. 9. 2007 – Az.: Z3-3-3194-1-33–07/07) oder wenn das **Angebot von vornherein darauf angelegt ist, den Auftraggeber im Rahmen der Bauausführung zu übervorteilen** (VK Düsseldorf, B. v. 26. 8. 2004 – Az.: VK – 30/2004 – L), schädigen auch die übrigen Bieter, die entweder einem gezielten Verdrängungswettbewerb ausgesetzt sind oder bei Ausfall des ersten Auftragnehmers nun nicht mehr genügend freie Kapazitäten haben, um den Auftrag zu übernehmen (OLG Düsseldorf, B. v. 17. 6. 2002 – Az.: Verg 18/02; VK Baden-Württemberg, B. v. 21. 2. 2002 – Az.: 1 VK 52/01; VK Düsseldorf, B. v. 22. 10. 2003 – Az.: VK – 29/2003 – L; VK Saarland, B. v. 8. 7. 2003 – Az.: 1 VK 05/2003). Ein **solches Angebot ist auszuschließen**.

10981

Die **Wettbewerbswidrigkeit** eines solchen ohne Rücksicht auf die Konsequenzen abgegebenen Angebots ist darin zu erblicken, dass es für die anderen höher und kostendeckend anbietenden Mitbewerber die schädigende Folge haben kann, dass sie in einem Zeitpunkt, in dem sie den Auftrag gut hätten annehmen und durchführen können, den Auftrag nicht erhalten, zu einem späteren Zeitpunkt aber den Auftrag (nachdem der erste Auftragnehmer wegen seines Unterangebots gescheitert ist) wegen der weiteren Entwicklung der geschäftlichen Verhältnisse – aus welchen Gründen auch immer – nicht mehr übernehmen können (OLG Düsseldorf, B. v. 17. 6. 2002 – Az.: Verg 18/02).

10982

Die **Darlegungs- und Beweislast für eine Marktverdrängungsabsicht** liegt bei demjenigen, der sich darauf beruft, also **beim Auftraggeber oder einem konkurrierenden Bieter** (OLG Düsseldorf, B. v. 12. 10. 2005 – Az.: VII – Verg 37/05; OLG München, B. v. 21. 5. 2010 – Az.: Verg 02/10; 1. VK Bund, B. v. 10. 8. 2005 – Az.: VK 1–86/05 – sehr instruktiver Beschluss; VK Schleswig-Holstein, B. v. 15. 5. 2006 – Az.: VK-SH 10/06).

10983

116.8.3.3.3 Rechtsprechung der VK Sachsen. Nach der Rechtsprechung der VK Sachsen darf dann, wenn **trotz Einbeziehung der quantifizierten Einsparpotenziale die Lücke nach wie vor über 10 Prozent bleibt, auf das Angebot entsprechend § 16 Abs. 6 Satz 2 VOL/A der Zuschlag nicht erteilt werden.** Dabei geht die VK Sachsen in ständiger Rechtsprechung auf Grundlage des klaren Wortlauts etwa des § 16 Abs. 6 VOL/A davon aus, dass es einem Auftraggeber **entgegen durchaus anders lautender Rechtsprechung nicht erlaubt ist, ein erkanntes Dumpingangebot dennoch zu bezuschlagen.** Wollte man dies nämlich anders sehen, so müsste man Selbiges auch bei einer festgestellten Nichteignung eines Bieters oder bei einer Diskriminierung eines Bieters (darf kein Unternehmen diskriminiert werden – darf der Zuschlag nicht erteilt werden) anerkennen, was in der Rechtsprechung erkennbar ebenfalls nicht vertreten wird (1. VK Sachsen, B. v. 8. 7. 2004 – Az.: 1/SVK/044-04; B. v. 17. 6. 2004 – Az.: 1/SVK/038-04, 1/SVK/038-04G).

10984

Teil 4 VOL/A § 16 Vergabe- und Vertragsordnung für Leistungen Teil A

10985 **116.8.3.3.4 Weitere Beispiele aus der Rechtsprechung**

- insgesamt beruht die **Einschätzung des Auftraggebers, dass das Angebot technisch nicht auskömmlich kalkuliert** ist und daher ein **Risiko besteht, dass eine ordnungsgemäße Vertragserfüllung im Falle der Bezuschlagung nicht erfolgen könne**, auf einer **nachvollziehbaren Beurteilung**. Diese Beurteilung, die sich auf die Nachvollziehbarkeit aus betriebswirtschaftlicher und rechtlicher Sicht bezogen hat, ist aufgrund einer umfassenden Sachverhaltsermittlung unter Würdigung der Stellungnahmen des Bieters mit sachgerechten Erwägungen zustande gekommen (VK Schleswig-Holstein, B. v. 6. 6. 2007 – Az.: VK-SH 10/07)

- ein Bieter kann einen **niedrigen Angebotspreis dadurch erklären**, dass er aufgebrochenes Abbruchmaterial im Auftragsfall einer **weiteren Verwertung** zuführen kann und den **erwarteten Erlös in der Kalkulation „gegengerechnet"** hat (OLG Düsseldorf, B. v. 26. 7. 2006 – Az.: VII – Verg 19/06)

- der Bieter will nach Überzeugung der Vergabekammer **mit seinem aggressiven Niedrigstangebot** (25% unter allen anderen Bietern) **den lokalen Markt gezielt von Konkurrenten frei halten** (1. VK Sachsen, B. v. 1. 10. 2002 – Az.: 1/SVK/084-02)

- führt ein Bieter Restrukturierungsmaßnahmen in der Firma, einen abgeschlossenen günstigen Haustarif für die Fahrer und eingebrochene Gewinnmargen ohne nähere Erläuterungen als Begründung für niedrige Angebote an, kann ein **Angebot wegen mangelnder finanzieller Leistungsfähigkeit ausgeschlossen** werden (VK Hessen, B. v. 16. 1. 2004 – Az.: 69 d VK – 72/2003)

- **legt ein Bieter bei Gebäudereinigungsleistungen dem Angebot im Vergleich zu den anderen noch im Wettbewerb befindlichen Bietern in der ganz überwiegenden Zahl der Raumgruppen ungewöhnlich hohe Leistungsmaße zugrunde** und übersteigen die Leistungsmaße selbst den vom Auftraggeber festgelegten Grenzwert für eine Nachfrage nochmals erheblich, drängen sich erhebliche Zweifel an der Auskömmlichkeit des Angebots auf; beschränken sich die **Erklärungen des Bieters überwiegend auf generalisierende Aussagen** (Organisation der Arbeitsabläufe sowie auf die Motivation und Leistungsbereitschaft der Mitarbeiter), **kann das Angebot ausgeschlossen werden** (1. VK Bund, B. v. 20. 4. 2005 – Az.: VK 1–23/05).

116.8.4 Ungewöhnlich niedrige Angebote bei Aufträgen unterhalb der Schwellenwerte, an denen jedoch ein eindeutiges grenzüberschreitendes Interesse besteht

10986 Ein **automatischer Ausschluss von als ungewöhnlich niedrig angesehenen Angeboten auf Aufträge, an denen ein eindeutiges grenzüberschreitendes Interesse besteht**, kann eine **indirekte Diskriminierung** darstellen, soweit in der Praxis Wirtschaftsteilnehmer aus anderen Mitgliedstaaten benachteiligt werden, die aufgrund anderer Kostenstrukturen erhebliche Skalenerträge erzielen können oder sich mit kleineren Gewinnmargen begnügen, um auf dem fraglichen Markt besser Fuß zu fassen, und deshalb in der Lage sind, ein wettbewerbsfähiges und gleichzeitig ernsthaftes und verlässliches Angebot zu machen, das der öffentliche Auftraggeber jedoch wegen der genannten Regelung nicht berücksichtigen könnte. Außerdem **kann eine solche Regelung zu wettbewerbswidrigen Verhaltensweisen und Absprachen und sogar zu kollusiven Praktiken** zwischen Unternehmen auf nationaler oder örtlicher Ebene führen, die darauf abzielen, die öffentlichen Bauaufträge diesen Unternehmen vorzubehalten. Die Anwendung der Vorschrift des automatischen Ausschlusses von als ungewöhnlich niedrig angesehenen Angeboten auf Aufträge, an denen ein eindeutiges grenzüberschreitendes Interesse besteht, kann daher **Wirtschaftsteilnehmern aus anderen Mitgliedstaaten die Möglichkeit nehmen, in einen wirksameren Wettbewerb mit den in dem fraglichen Mitgliedstaat ansässigen Wirtschaftsteilnehmern zu treten**, und beeinträchtigt damit ihren Zugang zum Markt dieses Staates, indem sie die **Ausübung der Niederlassungs- und der Dienstleistungsfreiheit behindert**, was eine Beschränkung dieser Freiheiten darstellt. Die Anwendung einer solchen Regelung auf Aufträge von eindeutigem grenzüberschreitendem Interesse **hindert die öffentlichen Auftraggeber**, denen jede Möglichkeit genommen wird, die Zuverlässigkeit und Ernsthaftigkeit von ungewöhnlich niedrigen Angeboten zu prüfen, **daran, ihrer Pflicht zur Einhaltung der grundlegenden Vorschriften des Vertrags auf dem Gebiet des freien Verkehrs und des allgemeinen Diskriminierungsverbots nachzukommen**. Es läuft auch dem eigenen Interesse der öffentlichen Auftraggeber zuwider, wenn ihnen diese Prüfungsmöglichkeit genommen wird, da sie die bei ihnen eingereichten Angebote nicht unter den Bedingungen eines wirksamen Wettbewerbs beurteilen und den Auftrag somit nicht nach den auch im öffentlichen Interesse aufgestellten Kriterien des niedrigsten Preises oder des wirtschaftlich günstigsten Angebots vergeben können (EuGH, Urteil v. 15. 5. 2008 – Az.: C-147/06, C-148/06).

Selbst **wenn ein eindeutiges grenzüberschreitendes Interesse besteht**, könnte ein automatischer Ausschluss bestimmter Angebote wegen ihres ungewöhnlich niedrigen Preises (z. B. auf der Basis der §§ 16 VOL/A bzw. VOB/A) **zulässig** sein, wenn eine **übermäßig hohe Zahl von Angeboten die Anwendung einer entsprechenden Vorschrift rechtfertigt**. In einem solchen Fall könnte der betroffene öffentliche Auftraggeber nämlich gezwungen sein, **so viele Angebote einer Prüfung zu unterziehen, dass dies seine administrativen Möglichkeiten übersteigen oder durch die Verzögerung, die durch diese Prüfung einträte, die Verwirklichung des Projekts gefährden würde**. Fünf gültige Angebote genügen hierfür jedoch nicht (EuGH, Urteil v. 15. 5. 2008 – Az.: C-147/06, C-148/06). 10987

Die Entscheidung des EuGH reiht sich nahtlos in die nationale Rechtsprechung zum Ausschluss von Angeboten mit unangemessen niedrigen Preisen ein. Sie macht deutlich, dass die **Vorschrift des § 16 Abs. 6 VOL/A auch im unterschwelligen Auftragsbereich in den allermeisten Fällen nicht nach ihrem jeweiligen Wortlaut angewendet werden können**. 10988

116.8.5 Spekulationsangebote

116.8.5.1 Begriff

Spekulationsangebote sind eine **besondere Ausprägung eines unangemessen hohen bzw. niedrigen Angebotes** (VK Baden-Württemberg, B. v. 20. 3. 2002 – Az.: 1 VK 4/02). 10989

Spekulationsangebote und Spekulationspreise liegen dann vor, wenn der im Leistungsverzeichnis eingetragene Preis nicht ausreicht, den mit der einzelnen Leistung verbundenen Aufwand zu decken, oder bei denen der Preis deutlich über dem Wert liegt, der am Markt üblicherweise für eine Leistung der ausgeschriebenen Art erzielt werden kann. Erhofft sich ein Bieter größere Mengen als ausgeschrieben, so setzt er in Erwartung von Nachtragsaufträgen bei diesen Positionen einen hohen Preis an. Geht der Bieter davon aus, dass sich die Menge der ausgeschriebenen Leistungen verringert, setzt er niedrigere Beträge an, weil er dann die Mindermengen dem Auftraggeber vergüten müsste. Um bei hoch angesetzten Preisen für erwartete Mehrmengen die Chance auf den Auftrag nicht zu verschlechtern, reduziert er den Preis bei anderen Positionen, damit sein Angebot insgesamt das günstigste bleibt (Brandenburgisches OLG, B. v. 13. 9. 2005 – Az.: Verg W 9/05). 10990

116.8.5.2 Grundsätzliche Zulässigkeit

Spekulative, das heißt in ihrer wirtschaftlichen Risikobelastung für den Bieter nicht abschließend geklärte **Angebote** sind, soweit sie nicht allein in wettbewerbsverdrängender Absicht erfolgen, **nicht grundsätzlich verboten** (Brandenburgisches OLG, B. v. 13. 9. 2005 – Az.: Verg W 9/05; OLG Dresden, B. v. 6. 6. 2002 – Az.: WVerg 0005/02; Thüringer OLG, Urteil vom 27. 2. 2002 – Az.: 6 U 360/01; VK Münster, B. v. 4. 8. 2010 – Az.: VK 5/10). 10991

Da die **Preisgestaltung ausschließlich Angelegenheit des Bieters** ist (BGH, B. v. 18. 5. 2004 – Az.: X ZB 7/04; 1. VK Sachsen, B. v. 27. 4. 2005 – Az.: 1/SVK/032-05), ist es also vom Grundsatz her **nicht zu beanstanden**, dass ein Bieter – gegebenenfalls unter Ausnutzung einer mangelhaften Leistungsbeschreibung oder besonderer Kenntnisse über die örtlichen Verhältnisse – **einzelne Einzelpreise abweichend von einem ordnungsgemäß ermittelten Preis anbietet**. Sie sind regelmäßig wertbar und können **allenfalls dann zu einer Nichtwertbarkeit führen, wenn zahlreiche Positionen mit Spekulationspreisen versehen sind**. Bestehen hierfür keine Anhaltspunkte, hat – selbst wenn es sich um ein spekulatives Preis handelt – das Angebot eines Bieters in der Wertung zu verbleiben (VK Münster, B. v. 4. 8. 2010 – Az.: VK 5/10; VK Rheinland-Pfalz, B. v. 10. 10. 2003 – Az.: VK 19/03). 10992

Es gibt eine **Reihe von Gründen**, wie beispielsweise der Verzicht auf Kostendeckung aus Gründen der Kapazitätsauslastung oder die Absicht, sich einen Marktzutritt zu verschaffen oder die Absicht, einen bereits in der Vergangenheit ausgeführten Auftrag weiter durchführen zu 10993 können, die einen **Bieter veranlassen können, andere als ordnungsgemäß kalkulierte Preise im Angebot anzugeben**. Die Kalkulation ist Angelegenheit des Bieters. Eine Kalkulation besteht aus einer Zusammenstellung von bestimmten preislichen und leistungsmäßigen Annahmen. Die Annahmen unterscheiden sich bei den einzelnen Unternehmen, dies zeigt bereits die unterschiedliche Höhe der jeweiligen Angebote. Dem einzelnen Bieter ist es nicht verwehrt, aus Gründen des Wettbewerbs den Aufwand in einer Leistungsposition kalkulatorisch niedriger anzusetzen, als er sich objektiv darstellt. Daraus folgt, dass Angebotspreise und Kalkulationspreise keinesfalls übereinstimmen müssen. Insofern ist es **vergaberechtlich nicht zu beanstanden, wenn ein Bieter bestimmte rechnerische Rundungswerte zugunsten des öffentlichen Auftraggebers im Angebot einsetzt** (VK Münster, B. v. 4. 8. 2010 – Az.: VK 5/10).

116.8.5.3 Wertung von Spekulationspreisen

10994 Spekulationspreise können eine **Verpflichtung der Vergabestelle begründen**, ein für den Auftraggeber aus dieser Spekulation gegebenenfalls folgendes **wirtschaftliches Risiko zu prüfen**, um auch auf diese Weise ihrer Verpflichtung zur Vergabe auf das wirtschaftlichste Angebot zu genügen. In diesem Zusammenhang mögen auch „sachwidrig" kalkulierte Einzelpreise vergaberechtlich relevant werden, wenn zwar der angebotene Gesamtpreis angemessen ist (etwa weil unter- und überkalkulierte Einzelpreise sich kompensieren), aber **absehbar das Risiko der Verschiebung von „billigen" Leistungsanteilen zu für sich gesehen unangemessen hoch kalkulierten anderen Leistungsteilen in der Auftragsabwicklung besteht**, die Spekulation des Bieters also – jedenfalls auch – ins Kalkül zieht, dass er ohnehin Nachforderungen werde stellen können, die den Angebotsendpreis letztlich als unrealistisch erscheinen lassen mögen. Wenn der Auftraggeber dieses Risiko sieht, muss er ihm nachgehen und das „Gefahrenpotential" aufklären; er mag auch verpflichtet sein, bei der Prüfung der Wirtschaftlichkeit eines Angebots das Preisrisiko zu berücksichtigen, das im Fall von konkret zu erwartenden Mengenänderungen mit Spekulationsangeboten verbunden ist (OLG Dresden, B. v. 6. 6. 2002 – Az.: WVerg 0005/02).

10995 Der Auftraggeber ist **vergaberechtlich nicht verpflichtet, bei Ungewissheiten durch ein Spekulationsangebot zu Gunsten des spekulierenden Unternehmens** seine Hoffnung darauf zu setzen, dass die möglichen Nachforderungen sich in solchen Grenzen halten werden, dass die Preiswürdigkeit seines Angebots am Ende gewahrt bleibt. So können im Rahmen einer **Prognoseentscheidung verschiedene spekulative Risiken eines Angebots** in ihrer Gesamtheit sowohl in Bezug auf die Wahrscheinlichkeit ihrer Verwirklichung als auch hinsichtlich ihres möglichen Ausmaßes groß genug sein, um die anfängliche Preiswürdigkeit des Angebots zu kompensieren und den **Auftraggeber zu berechtigen, es nicht als das wirtschaftlichste einzustufen** (Brandenburgisches OLG, B. v. 13. 9. 2005 – Az.: Verg W 9/05; KG Berlin, B. v. 15. 3. 2004 – Az.: 2 Verg 17/03; VK Südbayern, B. v. 23. 8. 2004, Az.: 120.3–3194.1–48-07/04; Stemmer, IBR 2005, 233).

116.8.5.4 Wertung von Spekulationspreisen bei Bedarfspositionen

10996 Im Rahmen der Prognose über die Wirtschaftlichkeit des (Spekulations-)Angebots der Antragstellerin ist der **Auftraggeber berechtigt zu unterstellen, dass die Bedarfsposition in voller Höhe erforderlich werden kann**. Es ist nicht zu beanstanden, wenn der Auftraggeber bei seiner Prüfung **gleichsam den schlimmsten Fall in den Blick nimmt**. Es ist lebensnah anzunehmen, dass ein Bieter, der einen Auftrag erhalten hat, in dem er bestimmte Positionen spekulativ aufgepreist hat, bei der Ausführung nach Kräften versuchen wird, daraus Nutzen zu ziehen (KG Berlin, B. v. 15. 3. 2004 – Az.: 2 Verg 17/03; VK Hessen, B. v. 25. 8. 2004 – Az.: 69 d – VK – 52/2004).

116.8.5.5 Voraussetzungen für einen Angebotsausschluss von Spekulationsangeboten

10997 **116.8.5.5.1 Spekulationsangebot als Mischkalkulation.** Vgl. zur Mischkalkulation grundsätzlich die Kommentierung → Rdn. 69 ff.

10998 Diese Rechtsprechung greift auch für den Fall, dass ein Bieter einen **prozentualen Anteil von Stoffkosten für eine spätere Wartung** bereits in die Einheitspreise für die Montage übernimmt (VK Hannover, B. v. 17. 11. 2004 – Az.: 26 045 – VgK 11/2004).

10999 **116.8.5.5.2 Sonstige Fallkonstellationen.** Die **Rechtsprechung** hierzu ist **nicht einheitlich**.

Erkennt ein Bieter, dass einzelne Positionen im Leistungsverzeichnis mit weit überhöhten Mengenansätzen ausgeschrieben sind und gibt er deshalb für diese Positionen weit aus dem Rahmen fallende niedrige Einheitspreise an, ohne den Auftraggeber entgegen den Bewerbungsbedingungen auf die Unrichtigkeit des Leistungsverzeichnisses hinzuweisen, ist er nicht ausreichend zuverlässig im Sinne von § 16 Abs. 5 VOL/A. Bedenken gegen die Vorgaben im Leistungsverzeichnis hat der einzelne Bieter im Ausschreibungsverfahren dem Auftraggeber mitzuteilen, damit dieser noch vor Zuschlag den Fehler beheben und zu einem ordnungsgemäßen Ende des Ausschreibungsverfahrens kommen kann. So weist in der Regel bereits der erste Satz der Bewerbungsbedingungen darauf hin, dass der Bieter bei Unklarheiten des Leistungsverzeichnisses den Auftraggeber zu informieren hat. Dies muss erst recht für eine vom Bieter als fehlerhaft oder zweifelhaft angesehene Position des Leistungsverzeichnisses gelten. Der Bieter darf den Vertrag nicht unter dem geheimen Vorbehalt schließen, eine bestimmte Leistung gar nicht erbringen zu wollen. Erbringt er sie tatsächlich nicht, begeht er eine Vertragsverletzung, da er nach dem objektiven Erklärungswert seines Angebotes eine Leistung angeboten hat, welche dem Leistungsverzeichnis entspricht. Muss er sie aus irgendwelchen Gründen doch erbringen, sei es, wie hier möglich, weil sich die Witterungsverhältnisse anders entwickeln als angenommen, ist der Auftrag für ihn unwirtschaftlich (BayObLG, B. v. 18. 9. 2003 – Az.: Verg 12/03). 11000

Lässt sich eine Spekulationsabsicht des Bieters ausmachen, so kann dieser auf Stufe 2 der Wertung bei der Prüfung der Zuverlässigkeit des Bieters Relevanz zukommen. **Auf die Unzuverlässigkeit des Bieters kann z. B. geschlossen werden, wenn dieser die Unrichtigkeit des vom Auftraggebers aufgestellten Leistungsverzeichnisses erkennt, welches in einer Position weit überhöhte Mengenansätze enthält, auf diese Unwichtigkeit nicht hinweist, sondern statt dessen durch aus dem Rahmen fallende niedrige Einheitspreise eine günstige Stelle im Ausschreibungsverfahren zu erlangen sucht** (Brandenburgisches OLG, B. v. 13. 9. 2005 – Az.: Verg W 9/05). 11001

Nach einer anderen Auffassung kann es der Bieterseite auch nicht generell, sondern **allenfalls in außergewöhnlichen Sachverhaltsgestaltungen nach den Grundsätzen von Treu und Glauben auferlegt werden, die Auftraggeber auf fehlerhaft oder zweifelhaft angesehene Positionen hinzuweisen**, ähnlich wie die Auftraggeber nach der Rechtsprechung des Bundesgerichtshofs nur in engen Grenzen verpflichtet sind, die Bieter auf Kalkulationsirrtümer hinzuweisen. Den Bietern kann generell nicht angesonnen werden, den Interessen der Marktgegenseite nur deshalb erhöhte Rücksichtnahme zukommen zu lassen, **weil es sich dabei um öffentliche Auftraggeber handelt**. Diese können im Vergabewettbewerb keine wie auch immer geartete Sonderbehandlung im Vergleich zu privaten Parteien beanspruchen. Die Gefahr ihrer prinzipiell unangemessenen Übervorteilung resultiert aus dieser Sicht nicht, weil der Wettbewerb selbst und die damit verbundene Notwendigkeit, das preiswerteste Angebot abzugeben, um einen Auftrag zu erlangen, das immanente Korrektiv gegen eventuelle übermäßige Preisspekulationen bietet (KG Berlin, B. v. 26. 2. 2004 – Az.: 2 Verg 16/03, B. v. 15. 3. 2004 – Az.: 2 Verg 17/03). 11002

Soweit es Angebote mit signifikanten Aufpreisungen bei einzelnen Einheiten betrifft, sind die **schützenswerten Interessen der öffentlichen Auftraggeber erst dann erheblich berührt, wenn die Gefahr besteht, dass sich das bei der Wertung vermeintlich wirtschaftlichste Angebot infolge der Aufpreisungen im Nachhinein auf Grund von abrechnungsfähigen Mehrmengen als nachteilig und letztlich teurer erweisen könnte, als ein Angebot mit einem höheren Submissionspreis**. Ob diese Gefahr spekulativer Übervorteilung der Vergabestelle besteht, ist regelmäßig im Rahmen einer Prognoseentscheidung zu beurteilen. Dabei dürfen sich der Auftraggeber oder die Nachprüfungsinstanzen nicht mit bloßen Mutmaßungen zufrieden geben. Vielmehr müssen Umstände festgestellt werden können, die mit einiger Wahrscheinlichkeit die Annahme rechtfertigen, dass es bei diesen Positionen zu erheblichen Nachforderungen kommen kann. Dabei ist das mutmaßliche finanzielle Ausmaß der potentiellen überproportionalen Nachforderungen schon deshalb von erheblicher Bedeutung, weil die befürchteten nachträglichen Verteuerungen auf Grund des Gebots zur möglichst wirtschaftlichen Beschaffung in Beziehung zu setzen sind zu den Vorteilen, die das auszuschließende Angebot auf Grund des preislichen Abstands zu demjenigen Angebot aufweist, das an seiner Stelle angenommen werden soll. Außerdem ist zu prüfen, ob sich eventuell Vorteile auf Grund der vorgenommenen Abpreisungen bei anderen Positionen ergeben könnten (KG Berlin, B. v. 26. 2. 2004 – Az.: 2 Verg 16/03, B. v. 15. 3. 2004 – Az.: 2 Verg 17/03). 11003

Teil 4 VOL/A § 16 Vergabe- und Vertragsordnung für Leistungen Teil A

116.8.6 Literatur

11004 – Bechtolsheim, Caroline/Fichtner, Leonie, „Stolperstein Angemessenheitsprüfung" – Die Prüfung von Auskömmlichkeit und Angemessenheit i. S. von § 25 Nr. 2 II und III VOL/A und § 25 Nr. 3 I VOB/A unter Auswertung aktueller Rechtsprechung, VergabeR 2005, 574

– Konrad, Heinrich, Das Ende so genannter Spekulationsangebote bei öffentlichen Ausschreibungen nach der VOB/A, NZBau 2004, 524

– Leinemann, Ralf, Umgang mit Spekulationspreisen, Dumpingangeboten und Mischkalkulationen, VergabeR 2008, 346

– Stemmer, Darf bei spekulativer Preisbildung mit berichtigten Mengen gewertet werden?, IBR 2005, 233

116.9 4. Wertungsstufe: Auswahl des wirtschaftlichsten Angebots (§ 16 Abs. 7, Abs. 8, § 18 Abs. 1)

116.9.1 Änderungen in der VOL/A 2009

11005 Die **Zuschlagsregelung des § 25 Nr. 3 VOL/A 2006** (Der Zuschlag ist auf das unter Berücksichtigung aller Umstände wirtschaftlichste Angebot zu erteilen. Der niedrigste Angebotspreis allein ist nicht entscheidend) ist **in § 18 VOL/A 2009 aufgenommen**. Damit wird die Prüfung der 4. Wertungsstufe sowohl in § 16 VOL/A 2009 als auch in § 18 VOL/A 2009 geregelt, ein für die **Praxis unglücklicher Umstand**.

116.9.2 Berücksichtigung der in der Bekanntmachung oder den Vergabeunterlagen genannten Zuschlagskriterien (§ 16 Abs. 7)

116.9.2.1 Änderung in der VOL/A 2009

11006 Mit der **Regelung des § 16 Abs. 7 VOL/A 2009**, dass die Auftraggeber bei der Wertung der Angebote auch im Unterschwellenbereich vollständig und ausschließlich die Kriterien berücksichtigen, die in der Bekanntmachung oder den Vergabeunterlagen genannt sind, **übernimmt die VOL/A 2009 eine Regelung, die zwingend nur für Ausschreibungen und Vergaben ab den Schwellenwerten verbindlich** ist.

11007 Der **Auftraggeber muss also entweder in der Bekanntmachung oder den Vergabeunterlagen die Zuschlagskriterien benennen** und muss sich bei der Wertung an diese Zuschlagskriterien halten. Im **Unterschied zum Oberschwellenbereich wurde im Unterschwellenbereich auf eine Gewichtung der Zuschlagskriterien verzichtet**.

11008 In der **VOB/A 2009 fehlt** eine dem § 16 Abs. 7 VOL/A **vergleichbare Regelung**.

116.9.2.2 Benennung der Zuschlagskriterien in den Vergabeunterlagen oder in der Bekanntmachung

11009 Gemäß **§ 8 Abs. 1 Satz 2 lit. b)** bestehen die Vergabeunterlagen in der Regel unter anderem aus der Beschreibung der Einzelheiten der Durchführung des Verfahrens (Bewerbungsbedingungen), einschließlich der Angabe der Zuschlagskriterien, sofern nicht in der Bekanntmachung bereits benannt. Vgl. insoweit die Kommentierung zu → § 8 VOL/A Rdn. 9 ff.

11010 Gemäß **§ 12 Abs. 2 Satz 2 lit. n)** enthält die Bekanntmachung die Angabe der Zuschlagskriterien, sofern diese nicht in den Vergabeunterlagen genannt werden. Vgl. insoweit die Kommentierung zu → § 12 VOL/A Rdn. 85 ff.

116.9.2.3 Bindung des Auftraggebers an die veröffentlichten Zuschlagskriterien

11011 Nach § 16 Abs. 7 berücksichtigen die Auftraggeber bei der Wertung der Angebote **vollständig und ausschließlich die bekannt gemachten Zuschlagskriterien**. Zur daraus resultierenden **Bindung des Auftraggebers** vgl. die Kommentierung zu → § 97 GWB Rdn. 999 ff.

116.9.3 Berücksichtigung von bestimmten durch den Auftragsgegenstand gerechtfertigten Zuschlagskriterien (§ 16 Abs. 8)

116.9.3.1 Änderungen in der VOL/A 2009

§ 16 Abs. 8 VOL/A 2009 nennt im Vergleich zu § 25 VOL/A 2006 erstmals beispielhaft verschiedene Zuschlagskriterien. 11012

In die Auflistung der Zuschlagskriterien ist das **Kriterium der „Lebenszykluskosten"** neu aufgenommen worden. 11013

116.9.3.2 Hinweis

Vgl. zu den einzelnen **Zuschlagskriterien** die Kommentierung zu → § 97 GWB Rdn. 918 ff. 11014

116.9.3.3 Rechtfertigung durch den Auftragsgegenstand

116.9.3.3.1 Grundsätze. Ebenso wie **Eignungsanforderungen** müssen auch **Zuschlagskriterien** durch den Auftragsgegenstand gerechtfertigt sein. 11015

Die vom Auftraggeber als Zuschlagskriterien für die Ermittlung des wirtschaftlich günstigsten Angebots **festgelegten Kriterien müssen** insbesondere **mit dem Gegenstand des Auftrags zusammenhängen** (LSG Baden-Württemberg, B. v. 17. 2. 2009 – Az.: L 11 WB 381/09; 3. VK Bund, B. v. 26. 3. 2009 – Az.: VK 3–43/09; B. v. 20. 3. 2009 – Az.: VK 3–34/09; B. v. 20. 3. 2009 – Az.: VK 3–22/09; B. v. 30. 1. 2009 – Az.: VK 3–221/08; B. v. 29. 1. 2009 – Az.: VK 3–200/08; B. v. 29. 1. 2009 – Az.: VK 3–197/08; B. v. 23. 1. 2009 – Az.: VK 3–194/08; VK Südbayern, B. v. 26. 3. 2009 – Az.: Z3-3-3194-1-03-01/09). 11016

116.9.4 Zuschlag auf das wirtschaftlichste Angebot (§ 18 Abs. 1)

Am **Ende der vierten Wertungsstufe steht die Zuschlagsentscheidung**, und zwar als Auswahlentscheidung des wirtschaftlichsten Angebots (§ 18 Abs. 1). 11017

Die **Regelung entspricht im Wesentlichen der Vorschrift des Art. 53 Abs. 1 Buchstabe a) der Vergabekoordinierungsrichtlinie.** §§ 16 Abs. 8, 18 Abs. 1 VOL/A 2009 und § 16 Abs. 6 Nr. 3 VOB/A 2009 decken sich inhaltlich im Wesentlichen mit § 97 Abs. 5 GWB. Deshalb erfolgt eine **einheitliche Kommentierung** dieses Teils der vierten Wertungsstufe bei → § 97 GWB Rdn. 908 ff. 11018

116.9.5 Wertung von Nebenangeboten

116.9.5.1 Änderung in der VOL/A 2009

Die **Regelung des § 25 Nr. 4 VOL/A 2006**, wonach Nebenangebote, die der Auftraggeber bei der Ausschreibung gewünscht oder ausdrücklich zugelassen hat, ebenso zu werten sind wie die Hauptangebote und wonach sonstige Nebenangebote berücksichtigt werden können, wurde **ersatzlos gestrichen**. 11019

Unstreitig ist jedoch, dass dann, **wenn der Auftraggeber Nebenangebote zugelassen hat**, diese **Nebenangebote auch geprüft und gewertet werden müssen**. 11020

116.9.5.2 Hinweis

Vgl. zu dem Begriff des Nebenangebotes, zu Sinn und Zweck sowie Risiken eines Nebenangebots, den möglichen Inhalten und zur Zulassung bzw. dem Ausschluss von Nebenangeboten die Kommentierung zu → § 8 VOL/A Rdn. 47 ff.; vgl. zu den Formvorschriften für Nebenangebote die Kommentierung → Rdn. 490 ff. 11021

116.9.5.3 Prüfungsstufen für ein Nebenangebot

Bei Nebenangeboten ist **zunächst** zu prüfen, ob **Nebenangebote überhaupt vom Auftraggeber zugelassen** sind. Danach ist zu prüfen, ob das **Nebenangebot die vorgegebenen Mindestbedingungen erfüllt**. Dabei ist im nächsten Schritt zu klären, ob das **Nebenangebot in der Fassung der Angebotsabgabe den Nachweis der Gleichwertigkeit erbracht** hat. Erst danach ist in einer vierten Stufe zu untersuchen, ob die **behauptete Gleichwertigkeit** 11022

Teil 4 VOL/A § 16   Vergabe- und Vertragsordnung für Leistungen Teil A

auch objektiv gegeben ist. Erst am Schluss dieses Prüfkanons ist die **Vergleichsprüfung** vorzunehmen, ob sich das Nebenangebot gegenüber dem wirtschaftlichsten Hauptangebot oder anderen − wertbaren − Nebenangeboten als **wirtschaftlicher/vorteilhafter** darstellt (1. VK Sachsen, B. v. 5. 2. 2007 − Az.: 1/SVK/125-06; B. v. 10. 11. 2006 − Az.: 1/SVK/096-06; B. v. 23. 5. 2003 − Az.: 1/SVK/030-03).

11023   Die Wertung eines Nebenangebots erfordert also einen **zusätzlichen, bei Hauptangeboten nicht erforderlichen Prüfungsschritt**: Festzustellen ist, ob das Nebenangebot im Verhältnis zu den Vorgaben des Leistungsverzeichnisses und den daraufhin abgegebenen Hauptangeboten **qualitativ und quantitativ gleichwertig** ist (OLG Naumburg, B. v. 8. 2. 2005 − Az.: 1 Verg 20/04; 1. VK Bund, B. v. 26. 3. 2002 − Az.: VK 1−07/02, B. v. 19. 4. 2002 − Az.: VK 1−09/02; VK Hessen, B. v. 16. 7. 2004 − Az.: 69 d − VK − 39/2004; VK Nordbayern, B. v. 15. 10. 2008 − Az.: 21.VK − 3194 − 48/08). **Fehlt es daran, darf das Nebenangebot nicht berücksichtigt werden**. Andernfalls würde die Vergabestelle nachträglich das ursprüngliche Anforderungsprofil verändern, was im Widerspruch zum Gebot der Gleichbehandlung aller Bieter stünde. Gleichwertigkeit setzt auf jeden Fall voraus, dass die Variante den Zweck, den der Auftraggeber mittels der nachgefragten Leistung erkennbar erreichen will, erfüllen kann. Sie muss dem Willen des Auftraggebers in technischer und wirtschaftlicher Hinsicht gerecht werden. Zur Gleichwertigkeit gehören auch die technische Durchführbarkeit und die baurechtliche Zulässigkeit (VK Nordbayern, B. v. 15. 10. 2008 − Az.: 21.VK − 3194 − 48/08).

116.9.5.4 Wertungskriterien für Nebenangebote

11024   **116.9.5.4.1 Allgemeines.** Es gibt eine sehr umfangreiche Rechtsprechung dazu, unter welchen inhaltlichen Voraussetzungen Nebenangebote zu werten sind. Im Ergebnis kreist die Diskussion über die inhaltliche Gleichwertigkeit immer darum, **ob Nebenangebote zu dem Hauptangebot gleichwertig** sind. Das **Merkmal der Gleichwertigkeit findet sich allerdings weder in den Basisparagraphen noch in den a-Paragraphen** (ein instruktives Beispiel für die Parallelität der Gleichwertigkeitsprüfung findet sich in der Entscheidung des Brandenburgischen OLG, B. v. 20. 8. 2002 − Az.: Verg W 6/02).

11025   **116.9.5.4.2 Wertung von Nebenangeboten bei dem alleinigen Zuschlagkriterium des Preises?** Die Wertung von „Varianten" im Sinne des Art. 24 der Richtlinie 2004/18/EG (VKR) **scheidet** bereits deswegen **aus**, wenn als **Zuschlagkriterium allein der Preis** genannt ist (OLG Düsseldorf, B. v. 18. 10. 2010 − Az.: VII-Verg 39/10; B. v. 23. 3. 2010 − Az.: VII-Verg 61/09). Bei richtlinienkonformem Verständnis der in den Vergabeordnungen über Nebenangebote getroffenen Bestimmungen dürfen bei Erreichen des maßgebenden Schwellenwerts **Nebenangebote nur bei Aufträgen, die nach dem Kriterium des wirtschaftlich günstigsten Angebots vergeben werden, nicht indes bei Auftragsvergaben allein nach dem Kriterium des niedrigsten Preises zugelassen** werden − vgl. Art. 24 Abs. 1, Art. 53 Abs. 1 Richtlinie 2004/18 − (OLG Düsseldorf, B. v. 15. 6. 2010 − Az.: VII-Verg 10/10).

11026   **116.9.5.4.3 Inhaltliche Wertungskriterien für Nebenangebote. 116.9.5.4.3.1 Rechtsprechung des Europäischen Gerichtshofes.** Nach der Rechtsprechung des Europäischen Gerichtshofes ist ein öffentlicher Auftraggeber, der nicht ausgeschlossen hat, dass Nebenangebote vorgelegt werden, **verpflichtet, in den Vergabeunterlagen die Mindestanforderungen zu erläutern, die diese Nebenangebote erfüllen müssen**. Denn nur die Erläuterung in den Vergabeunterlagen ermöglicht den Bietern in gleicher Weise die Kenntnis von den Mindestanforderungen, die ihre Nebenangebote erfüllen müssen, um vom Auftraggeber berücksichtigt werden zu können. Es geht dabei um eine **Verpflichtung zur Transparenz, die die Beachtung des Grundsatzes der Gleichbehandlung der Bieter gewährleisten soll**, der bei jedem von der Richtlinie erfassten Vergabeverfahren für Aufträge einzuhalten ist (OLG Düsseldorf, B. v. 19. 5. 2010 − Az.: VII-Verg 4/10; 1. VK Bund, B. v. 20. 8. 2008 − Az.: VK 1−108/08; 3. VK Bund, B. v. 3. 2. 2010 − Az.: VK 3 − 1/10; VK Nordbayern, B. v. 18. 7. 2007 − Az.: 21.VK − 3194 − 27/07). Hat der Auftraggeber entgegen Art. 24 Abs. 3 der Vergabekoordinierungsrichtlinie keine Angaben zu Mindestanforderungen gemacht, **kann folglich ein Nebenangebot selbst dann nicht berücksichtigt werden, wenn die Nebenangebote nicht**, wie in Art. 24 Abs. 2 vorgesehen, in der Bekanntmachung **für unzulässig erklärt worden** sind (EuGH, Urteil v. 16. 10. 2003 − Az.: C-421/01; OLG Brandenburg, B. v. 29. 7. 2008 − Az.: Verg W 10/08; B. v. 20. 3. 2007 − Az.: Verg W 12/06; OLG Düsseldorf, B. v. 23. 12. 2009 − Az.: VII-Verg 30/09; B. v. 22. 8. 2007 − Az.: VII − Verg 20/07; B. v. 29. 3. 2006 − Az.: VII − Verg 77/05; B. v. 27. 4. 2005 − Az.: VII − Verg 23/05; OLG München, B. v. 12. 11. 2010 − Az.: Verg 21/10; OLG Rostock, B. v. 5. 7. 2006 − Az.: 17 Verg 7/06; VK Baden-Württemberg,

Vergabe- und Vertragsordnung für Leistungen Teil A   VOL/A § 16   Teil 4

B. v. 13. 8. 2009 – Az.: 1 VK 37/09; 1. VK Brandenburg, B. v. 16. 5. 2007 – Az.: 1 VK 13/07; 2. VK Bund, B. v. 17. 7. 2008 – Az.: VK 2–67/08; VK Niedersachsen, B. v. 24. 2. 2009 – Az.: VgK-57/2008; VK Nordbayern, B. v. 18. 12. 2007 – Az.: 21.VK – 3194 – 47/07; B. v. 4. 10. 2005 – Az.: 320.VK – 3194 – 30/05; B. v. 11. 8. 2005 – Az.: 320.VK-3194-25/05; B. v. 21. 7. 2004 – Az.: 320.VK – 3194 – 24/04; VK Südbayern, B. v. 29. 4. 2009 – Az.: Z3-3-3194-1–11–03/09; VK Thüringen, B. v. 15. 5. 2009 – Az.: 250–4002.20–2493/2009-003-EIC; B. v. 5. 5. 2009 – Az.: 250–4002.20–2398/2009-002-ABG). Der **allgemeine Hinweis des Auftraggebers auf das Erfordernis einer Gleichwertigkeit des Nebenangebots mit dem Hauptangebot genügt nicht** (OLG Brandenburg, B. v. 29. 7. 2008 – Az.: Verg W 10/08; OLG Düsseldorf, B. v. 23. 12. 2009 – Az.: VII-Verg 30/09; B. v. 29. 3. 2006 – Az.: VII – Verg 77/05; VK Nordbayern, B. v. 18. 12. 2007 – Az.: 21.VK – 3194 – 47/07).

Für **Vergaben ab den Schwellenwerten** ist diese Rechtsprechung über die Regelung des § 19 EG Abs. 3 lit. g) in die VOL/A eingefügt worden. 11027

116.9.5.4.3.2 Geltung der Rechtsprechung des EuGH auch für Ausschreibungs- und Vergabeverfahren unterhalb der Schwelle?. Für **Vergaben ab den Schwellenwerten** ist diese Rechtsprechung über die Regelung des § 19 EG Abs. 3 lit. g) in die VOL/A eingefügt worden. Für **Ausschreibungen unterhalb der Schwellenwerte** soll diese **Rechtsprechung nach dem Text der VOL/A damit nicht gelten**. 11028

Die **Rechtsprechung** ist insoweit **nicht einheitlich**. 11029

Der öffentliche Auftraggeber ist **aufgrund der nationalen Bestimmungen der VOL nicht gehalten, im Vergabeverfahren Mindestbedingungen für Nebenangebote vorzugeben** (1. VK Sachsen, B. v. 5. 2. 2007 – Az.: 1/SVK/125-06). 11030

Auch derjenige Artikel der Vergabekoordinierungsrichtlinie, aus dem der EuGH seine Forderung nach Erläuterungen von Mindestanforderungen, die Änderungsvorschläge erfüllen müssen, **ableitet, findet im nationalen Recht keine Umsetzung**; auch deshalb kann **die darauf fußende Rechtsprechung nicht auf Vergaben unterhalb der Schwellenwerte übertragen** werden (1. VK Sachsen, B. v. 5. 2. 2007 – Az.: 1/SVK/125-06). 11031

Auch das **Transparenz- bzw. Gleichbehandlungsgebot** ist hinsichtlich nationaler Vergaben **nicht soweit auszulegen** oder auszudifferenzieren, **dass sich aus ihm die Pflicht** des Auftraggebers **ergibt**, in den Vergabeunterlagen die **Mindestanforderungen zu erläutern**, die Änderungsvorschläge erfüllen müssen (1. VK Sachsen, B. v. 5. 2. 2007 – Az.: 1/SVK/125-06). 11032

Nach **Auffassung des OLG Zweibrücken** hingegen **erfordert jedoch das im Bauvergaberecht geltende Transparenzgebot auch bei Aufträgen unterhalb des so genannten Schwellenwertes, dass die Nebenangebote bestimmte Mindestanforderungen erfüllen**. Insoweit enthält z. B. das vom Bundesministerium für Verkehr, Bau und Stadtentwicklung herausgegebene Vergabehandbuch 2002 für die Durchführung von Bauaufgaben des Bundes im Zuständigkeitsbereich der Finanzbauverwaltungen (VHB) in Teil II Nr. 212 EVM (B) BwB/E Nr. 5 Bewerbungsbedingungen für die Vergabe von Bauleistungen, die auch die näheren Einzelheiten zum Inhalt und der Abgabe von Nebenangeboten regeln. Danach sind **Nebenangebote, soweit sie Positionen des Leistungsverzeichnisses betreffen, nach Mengenansätzen und Einzelpreisen entsprechend dem Leistungsverzeichnis aufzugliedern, auch wenn sie diese im Ergebnis in einer Pauschalsumme anbieten. Nebenangebote, die diesen Anforderungen nicht entsprechen, sind von der Wertung auszuschließen**, somit unzulässig. Die **Regelungen des Vergabehandbuchs** sind zwar nur im Bereich von Baumaßnahmen des Bundes verbindliche Arbeitsgrundlage. Sie **entsprechen aber den allgemeinen Grundsätzen, welche nach Ansicht des Senats an die inhaltlichen Anforderungen einer Ausschreibung und deren Durchführung zu stellen sind**. Nebenangebote dürfen nämlich gemäß § 16 Abs. 6 VOB/A nur berücksichtigt werden, wenn sie den in der Ausschreibung geforderten Kriterien technisch und wirtschaftlich gleichwertig sind. Dies ist im Vergabetermin zu prüfen und für alle beteiligten Bieter transparent zu machen. Nur so kann eine Benachteiligung von Mitbietern im Wettbewerb vermieden werden. Dem **entspricht auf Seiten des Auftraggebers das Erfordernis, bereits in den Verdingungsunterlagen die Mindestanforderungen zu erläutern, die von Änderungsvorschlägen oder Nebenangeboten erfüllt werden müssen** und anzugeben, in welcher Art und Weise solche eingereicht werden können, vgl. Art. 19 der Richtlinie 93/37/EWG des Rates vom 14. Juni 1993 zur Koordinierung der Verfahren zur Vergabe öffentlicher Bauaufträge. Auch diese Vorschrift macht deutlich, dass im Hinblick auf das durch die öffentliche Ausschreibung entstehende vor- 11033

Teil 4 VOL/A § 16 Vergabe- und Vertragsordnung für Leistungen Teil A

vertragliche Vertrauensverhältnis Aufklärungs- und Hinweispflichten bestehen. Diese **dürfen sich nicht nur auf Aufträge oberhalb des Schwellenwertes beschränken, sondern sind entsprechend auf alle öffentlichen Vergabeverfahren anzuwenden** (OLG Zweibrücken, Urteil v. 24. 1. 2008 – Az.: 6 U 25/06). Nach dieser Rechtsprechung muss also **auch bei Ausschreibungen unterhalb der Schwellenwerte** der **Auftraggeber die Mindestanforderungen an Nebenangebote erläutern**.

11034   Die **Konsequenzen aus der Rechtsprechung des EuGH** werden deshalb nachfolgend dargestellt.

11035   **116.9.5.4.3.3 Konsequenzen aus der Rechtsprechung des Europäischen Gerichtshofes. 116.9.5.4.3.3.1 Grundsatz.** Es ist damit nicht mehr zulässig – zumindest für Ausschreibungen ab den Schwellenwerten – Nebenangebote überhaupt zu prüfen oder werten, wenn der Auftraggeber versäumt hat, die **Mindestanforderungen zu erläutern, die diese Nebenangebote erfüllen müssen** (OLG Brandenburg, B. v. 29. 7. 2008 – Az.: Verg W 10/08; B. v. 20. 3. 2007 – Az.: Verg W 12/06; OLG Düsseldorf, B. v. 23. 12. 2009 – Az.: VII-Verg 30/09; B. v. 10. 12. 2008 – Az.: VII-Verg 51/08; B. v. 22. 8. 2007 – Az.: VII – Verg 20/07; OLG Koblenz, B. v. 31. 5. 2006 – Az.: 1 Verg 3/06; OLG München, B. v. 12. 11. 2010 – Az.: Verg 21/10; B. v. 11. 8. 2005 – Az.: Verg 012/05; B. v. 15. 7. 2005 – Az.: Verg 014/05; B. v. 5. 7. 2005 – Az.: Verg 009/05; BayObLG, B. v. 22. 6. 2004 – Az.: Verg 013/04; OLG Rostock, B. v. 5. 7. 2006 – Az.: 17 Verg 7/06; Schleswig-Holsteinisches OLG, B. v. 15. 2. 2005 – Az.: 6 Verg 6/04; VK Arnsberg, B. v. 13. 6. 2006 – Az.: VK 15/06; B. v. 16. 8. 2005 – Az.: VK 14/2005; B. v. 16. 8. 2005 – Az.: VK 13/2005; VK Brandenburg, B. v. 16. 5. 2007 – Az.: 1 VK 13/07; B. v. 18. 10. 2005 – Az.: 2 VK 56/05; B. v. 5. 4. 2005 – Az.: VK 9/05; B. v. 1. 3. 2005 – Az.: VK 8/05; B. v. 28. 2. 2005 – VK 02/05; 1. VK Bund, B. v. 30. 9. 2005 – Az.: VK 1–122/05; 2. VK Bund, B. v. 25. 4. 2005 – Az.: VK 2–21/05; VK Düsseldorf, B. v. 8. 8. 2005 – Az.: VK-07/2005-B; VK Lüneburg, B. v. 19. 4. 2005 – Az.: VgK-11/2005; VK Münster, B. v. 10. 3. 2006 – Az.: VK 2/06; B. v. 25. 1. 2006 – Az.: VK 23/05; B. v. 21. 12. 2005 – Az.: VK 25/05; VK Nordbayern, B. v. 18. 12. 2007 – Az.: 21.VK – 3194 – 47/07; B. v. 7. 11. 2005 – Az.: 320.VK – 3194 – 35/05; B. v. 4. 10. 2005 – Az.: 320.VK – 3194 – 30/05; B. v. 11. 8. 2005 – Az.: 320.VK-3194-25/05; B. v. 18. 1. 2005 – Az.: 320.VK – 3194 – 54/04; B. v. 2. 12. 2004 – Az.: 320.VK – 3194 – 47/04; B. v. 24. 8. 2004 – Az.: 320.VK – 3194 – 30/04; B. v. 6. 8. 2004 – Az.: 320.VK – 3194 – 26/04; 1. VK Sachsen, B. v. 9. 1. 2006 – Az.: 1/SVK/149-05; VK Südbayern, B. v. 29. 4. 2009 – Az.: Z3-3-3194-1-11–03/09; B. v. 27. 4. 2006 – Az.: 04-02/06; B. v. 10. 6. 2005 – Az.: 20-04/05, B. v. 3. 5. 2005 – Az.: 15-03/05, B. v. 23. 8. 2004, Az.: 120.3–3194.1–48-07/04; VK Thüringen, B. v. 15. 5. 2009 – Az.: 250–4002.20–2493/2009-003-EIC; B. v. 5. 5. 2009 – Az.: 250–4002.20–2398/2009-002-ABG; B. v. 1. 11. 2004 – Az.: 360–4002.20–033/04–MGN).

11036   **116.9.5.4.3.3.2 Notwendigkeit der Erläuterung der technischen Mindestanforderungen? 116.9.5.4.3.3.2.1 Grundsätze. Streitig ist in der Rechtsprechung**, ob zur Erfüllung der vom Europäischen Gerichtshof aufgestellten Forderung genügt, **ob – lediglich formale Mindestanforderungen** oder **ob auch technische Mindestanforderungen formuliert werden müssen**.

11037   Nach einer Auffassung kann der **Auftraggeber, der von bestimmten technischen Entwicklungen oder neuen Produkten auf dem Markt keine Kenntnis hat, eine Leistungsbeschreibung gar nicht formulieren**, die diese Möglichkeiten einbeziehen. Das bedeutet, dass der Bieter sein Nebenangebot selbst so planen und kalkulieren muss, dass es keine unabwägbaren Risiken wie z. B. das Mengen- und Preis- oder Realisierungsrisiko enthält. Folgt man der Gegenansicht, würde das Risiko der Leistungsbeschreibung für Nebenangebote dem öffentlichen Auftraggeber zugemutet, was letztlich dazu führen würde, dass **aufgrund mangelnder Kenntnis von neuen Produkten oder Entwicklungen Nebenangebote nicht mehr zugelassen werden könnten**, wenn der öffentliche Auftraggeber diese nicht schon bei Erstellung der Leistungsbeschreibung im Blick gehabt hätte. **Eine derartige Betrachtung würde dem Zweck von Nebenangeboten zuwiderlaufen und ist daher vom EuGH auch so nicht formuliert worden** (2. VK Bund, B. v. 25. 4. 2005 – Az.: VK 2–21/05; VK Lüneburg, B. v. 22. 3. 2006 – Az.: VgK-05/2006; B. v. 20. 3. 2006 – Az.: VgK-04/2006; B. v. 27. 6. 2005 – Az.: VgK-23/2005; B. v. 20. 5. 2005 – Az.: VgK-18/2005; B. v. 3. 5. 2005 – Az.: VgK-14/2005; B. v. 19. 4. 2005 – Az.: VgK-11/2005; B. v. 11. 1. 2005 – Az.: 203-VgK-55/2004; B. v. 6. 12. 2004 – Az.: 203-VgK-50/2004; VK Schleswig-Holstein, B. v. 3. 11. 2004 – Az.: VK-SH 28/04).

11038   Die durch Artikel 24 Abs. 4 VKR geforderten Mindestanforderungen **sollen lediglich gewährleisten, dass sich die Bieter über den Rahmen klar sind, in dem sie von den**

Vergabe- und Vertragsordnung für Leistungen Teil A   VOL/A § 16   **Teil 4**

Festlegungen für das Hauptangebot abweichen dürfen und mit einer Akzeptanz ihrer Nebenangebote rechnen können. Dazu bedarf es grundsätzlich **keiner Festlegung von Mindestbedingungen in Form eines „Schattenleistungsverzeichnisses" für Nebenangebote** (VK Lüneburg, B. v. 22. 3. 2006 – Az.: VgK-05/2006; B. v. 20. 3. 2006 – Az.: VgK-04/2006).

Nach anderer Auffassung **müssen die Vergabeunterlagen auch technische Mindestanforderungen enthalten** (OLG Brandenburg, B. v. 29. 7. 2008 – Az.: Verg W 10/08; B. v. 20. 3. 2007 – Az.: Verg W 12/06; OLG Düsseldorf, B. v. 23. 12. 2009 – Az.: VII-Verg 30/09; OLG Koblenz, B. v. 26. 7. 2010 – Az.: 1 Verg 6/10; B. v. 31. 5. 2006 – Az.: 1 Verg 3/06; BayObLG, B. v. 22. 6. 2004 – Az.: Verg 13/04; VK Nordbayern, B. v. 18. 7. 2007 – Az.: 21.VK – 3194 – 27/07). **Rein formelle Vorgaben in den Verdingungsunterlagen, die bei der Abgabe von Nebenangeboten einzuhalten sind, genügen nicht**, z. B. Vorgaben zur äußeren Form des Nebenangebots (deutliche Kennzeichnung als Nebenangebot, umfassende Beschreibung etc.) und inwieweit sie auch ohne die Abgabe eines Hauptangebots zugelassen sind. Dem Transparenzgrundsatz ist jedoch nur dann gedient, wenn ein Mindestmaß an inhaltlichen Vorgaben, denen die Nebenangebote entsprechen müssen, in den Verdingungsunterlagen enthalten ist (OLG Brandenburg, B. v. 29. 7. 2008 – Az.: Verg W 10/08; B. v. 20. 3. 2007 – Az.: Verg W 12/06; OLG Düsseldorf, B. v. 23. 12. 2009 – Az.: VII-Verg 30/09; OLG Koblenz, B. v. 31. 5. 2006 – Az.: 1 Verg 3/06; OLG München, B. v. 5. 7. 2005 – Az.: Verg 009/05; 1. VK Brandenburg, B. v. 16. 5. 2007 – Az.: 1 VK 13/07; B. v. 18. 10. 2005 – Az.: 2 VK 56/05; B. v. 1. 3. 2005 – Az.: VK 8/05; B. v. 21. 12. 2004 – Az.: VK 64/04; 1. VK Bund, B. v. 30. 9. 2005 – Az.: VK 1–122/05; B. v. 24. 3. 2005 – Az.: VK 1–14/05; 2. VK Bund, B. v. 25. 4. 2005 – Az.: VK 2–21/05; VK Düsseldorf, B. v. 8. 8. 2005 – Az.: VK-07/2005-B; VK Münster, B. v. 10. 3. 2006 – Az.: VK 2/06; B. v. 25. 1. 2006 – Az.: VK 23/05; VK Niedersachsen, B. v. 24. 2. 2009 – Az.: VgK-57/2008; VK Nordbayern, B. v. 7. 11. 2005 – Az.: 320.VK – 3194 – 35/05; im Ergebnis ebenso VK Südbayern, B. v. 29. 4. 2009 – Az.: Z3-3-3194-1-11-03/09; B. v. 27. 4. 2006 – Az.: 04-02/06).

Die nationalen Vorschriften werden überlagert von der für Vergabeverfahren oberhalb der Schwellenwerte geltenden Richtlinie 2004/18/EG des Europäischen Parlamentes und des Rates vom 31. März 2004. Unter dem **Begriff „Varianten" ist dort in Art. 24 Abs. 3 zu Nebenangeboten und Änderungsvorschlägen geregelt**, dass die öffentlichen Auftraggeber in den Verdingungsunterlagen anzugeben haben, welche Mindestanforderungen die Varianten erfüllen müssen und in welcher Art und Weise sie einzureichen sind. Nach **Art. 24 Abs. 4 dürfen sie nur Varianten berücksichtigen**, die die von ihnen verlangten Mindestanforderungen erfüllen. Der Wortlaut der Richtlinienbestimmungen unterscheidet hinsichtlich der in den Verdingungsunterlagen aufzunehmenden Vorgaben zwischen „der Art und Weise", in der Nebenangebote eingereicht sind, und den „Mindestanforderungen, die die Varianten (Änderungsvorschläge) erfüllen müssen". Diese **Differenzierung zeigt, dass das Aufstellen rein formaler Wertungsvoraussetzungen für Nebenangebote nicht ausreichend sein kann, denn sie beträfen nur die „Art und Weise" der Einreichung solcher Angebote. Fordern die Richtlinien darüber hinaus Mindestanforderungen, so können damit nur leistungsbezogene, d. h. sachlich-technische Vorgaben gemeint sein** (OLG Brandenburg, B. v. 20. 3. 2007 – Az.: Verg W 12/06; 1. VK Brandenburg, B. v. 16. 5. 2007 – Az.: 1 VK 13/07; VK Südbayern, B. v. 29. 4. 2009 – Az.: Z3-3-3194-1-11-03/09).

Da der europäische Gesetzgeber und der EuGH den Grundsätzen der Transparenz und Chancengleichheit aller Bieter die **höchste Priorität** einräumen, ist der **Einwand der mangelnden Praktikabilität** aufgrund eines erheblichen zusätzlichen Planungsaufwandes durch die Vergabestelle in diesem Zusammenhang zurückzuweisen. Auch die **Problematik, dass die Forderung von Mindestbedingungen für Nebenangebote dem Sinn und Zweck des Vergabeverfahrens entgegenstünden**, da sonst kostengünstige und innovative Unternehmen nicht mehr zum Zug kämen, ist vor diesem Hintergrund **hinzunehmen** (OLG Brandenburg, B. v. 20. 3. 2007 – Az.: Verg W 12/06; OLG Koblenz, B. v. 31. 5. 2006 – Az.: 1 Verg 3/06; 1. VK Brandenburg, B. v. 16. 5. 2007 – Az.: 1 VK 13/07; VK Düsseldorf, B. v. 8. 8. 2005 – Az.: VK-07/2005-B).

Die **Zielvorstellung des nationalen Rechts (Praktikabilität) ist nicht die der europäischen Vergaberichtlinie**. Ihr geht es vielmehr um die **Verpflichtung zur Transparenz und die Gewährleistung der Gleichbehandlung aller Bieter**. Diese **Bestrebung ist als vorrangig zu akzeptieren**. Entscheidend ist daher der Gesichtspunkt, dass alle an der Abgabe von Nebenangeboten interessierten Bieter mit denselben Vorgaben umgehen und nur diejenigen

Berücksichtigung finden sollen, die mit ihren Angeboten die aufgestellten Anforderungen erfüllen. Nur in diesem Rahmen kann der Zweck der nationalen Vorschriften noch Berücksichtigung finden (OLG Brandenburg, B. v. 20. 3. 2007 – Az.: Verg W 12/06; OLG Koblenz, B. v. 31. 5. 2006 – Az.: 1 Verg 3/06; 1. VK Brandenburg, B. v. 16. 5. 2007 – Az.: 1 VK 13/07).

11043   116.9.5.4.3.3.2.2 Einzelfälle. Mit diesen Vorgaben sollen den Bietern Anhaltspunkte bei der Fertigung von Nebenangeboten gegeben werden und es soll **verhindert werden, dass ein Bieter von der Vergabestelle nicht erwünschte Abweichungen erarbeitet, die von vorn herein keine Chance auf Berücksichtigung haben**. Für die Abgabe von Nebenangeboten wird den Bietern somit ein Spielraum in der Weise eingeräumt, dass die inhaltlichen Anforderungen an Hauptangebote gelockert und Bedingungen speziell für Nebenangebote beschrieben werden. Der allgemeine **Hinweis, dass das Nebenangebot alle Leistungen umfassen muss, die zu einer einwandfreien Ausführung der Liefer- oder Dienstleistung erforderlich sind, genügt nicht** (VK Südbayern, B. v. 29. 4. 2009 – Az.: Z3-3-3194-1-11-03/09).

11044   Lässt der Auftraggeber Nebenangebote zu, muss er **mit Positiv- oder Negativkriterien den Rahmen abstecken, innerhalb dessen sich die Nebenangebote bewegen sollen**. Dafür ist nicht erforderlich, **sich im Voraus auf jede denkbare Variante einzustellen** oder gar für jede Position der Leistungsbeschreibung Mindestanforderungen aufzustellen (OLG Koblenz, B. v. 26. 7. 2010 – Az.: 1 Verg 6/10).

11045   Die **Mindestbedingungen dürfen nicht lediglich abstrakt und für die Gestaltung von Nebenangeboten „inhaltsleer"** sein, sondern müssen sich auf den Beschaffungsvorgang und die konkrete Ausgestaltung von Nebenangeboten beziehen. Dies ist insbesondere dann zu beachten, wenn die Erstellung von Angeboten und auch von Nebenangeboten für die Bieter teilweise mit einem erheblichen finanziellen Aufwand verbunden ist; die **Bieter müssen in der Lage sein, klar zu erkennen, was als Nebenangebot zugelassen** ist, um diesen Aufwand nicht umsonst zu betreiben. Auf der anderen Seite **muss auch klar sein, in welchem Rahmen Nebenangebote zugelassen sind, damit es nicht zu Wettbewerbsverzerrungen kommt**, indem ein Bieter von der Abgabe eines ihm durchaus möglichen Nebenangebots Abstand nimmt in der Annahme, ein solches sei nicht zugelassen (3. VK Bund, B. v. 3. 2. 2010 – Az.: VK 3 – 1/10).

11046   Es kann **auch nicht auf die Anforderungen zurückgegriffen werden, welche das Leistungsverzeichnis aufstellt**. Denn das Leistungsverzeichnis befasst sich nur mit den Anforderungen, welche an das Hauptangebot gestellt werden. Hingegen ist es Sinn eines Nebenangebotes, eine vom Hauptangebot abweichende Lösung vorzuschlagen. Würde man also die Mindestanforderungen an Nebenangebote mit den Anforderungen an Hauptangebote gleichstellen, könnte es keine Nebenangebote mehr geben, weil diese dem Leistungsverzeichnis gerade nicht entsprechen (VK Brandenburg, B. v. 16. 5. 2007 – Az.: 1 VK 13/07). Das **Argument, es sei der Vergabestelle in der Praxis unmöglich, im Vorhinein alle Kriterien anzugeben**, da sie nicht wisse und auch nicht wissen könne, in welchen Punkten Alternativen angeboten würden, **greift nicht durch**. Denn der Auftraggeber ist in der Lage, seine Erwartungen an die ausgeschriebene Leistung und die in den einzelnen Unterpunkten enthaltenen Leistungsbeschreibungen zu formulieren. In der **Ausschreibung einer Liefer- oder Dienstleistung dürfte vor allem das vom Auftraggeber erwartete Ergebnis zu formulieren sein** (1. VK Bund, B. v. 30. 9. 2005 – Az.: VK 1–122/05).

11047   **Anderer Auffassung** ist insoweit das **OLG Düsseldorf**. Auch wenn sich die **inhaltlichen Mindestanforderungen an Nebenangebote nicht von den auch auf Hauptangebote anzuwendenden Anforderungen unterscheiden**, der **Auftraggeber aber unter den für Hauptangebote geltenden Bedingungen für Nebenangebote indes eine inhaltliche Auswahl trifft, genügt dies dem Erfordernis der Bestimmung eines Mindestmaßes von Anforderungen für Nebenangebote** (OLG Düsseldorf, B. v. 23. 12. 2009 – Az.: VII-Verg 30/09; B. v. 22. 8. 2007 – Az.: VII – Verg 20/07). Die **Anforderungen, wonach Änderungsvorschläge/Nebenangebote den Konstruktionsprinzipien und den vom Auftraggeber vorgesehenen Planungsvorgaben entsprechen müssen, stellen hinreichende inhaltliche Mindestanforderungen dar**. Indem der Auftraggeber die Mindestanforderungen auf Planungsvorgaben und Konstruktionsprinzipien beschränkt, trifft der Auftraggeber zugleich eine inhaltliche Auswahl unter den Bedingungen, die für die Hauptangebote gelten sollen. Dieses genügt einem erforderlichen Mindestmaß an Anforderungen für Nebenangebote, die nicht

Vergabe- und Vertragsordnung für Leistungen Teil A VOL/A § 16 **Teil 4**

lediglich abstrakt und für die konkrete Gestaltung von Nebenangeboten inhaltsleer sein dürfen (OLG Düsseldorf, B. v. 23. 12. 2009 – Az.: VII-Verg 30/09; 2. VK Bund, B. v. 17. 7. 2008 – Az.: VK 2–67/08; B. v. 25. 4. 2005 – Az.: VK 2–21/05; B. v. 14. 12. 2004 – Az.: VK 2–208/ 04; 3. VK Bund, B. v. 3. 2. 2010 – Az.: VK 3 – 1/10; ähnlich 2. VK Brandenburg, B. v. 18. 10. 2005 – Az.: 2 VK 56/05).

Einen ähnlich praktikablen Ansatz wählt das OLG Düsseldorf, wenn eine **Kombination der** 11048 **Festlegung, dass die Qualitätsstandards für Hauptangebote von Nebenangeboten nicht unterschritten werden dürfen** und der **Festlegung**, dass Nebenangebote zugelassen werden, um die **Erzielung einer gleich bleibenden Qualität durch von der Leistungsbeschreibung abweichende und gegebenenfalls günstigere Lösungen zu ermöglichen**, verbunden mit der Forderung, dass im **Nebenangebot nachvollziehbar und plausibel erläutert** wird, durch welches Verfahren oder welche Methode der Bieter dieses Ziel erreichen will, der Anforderung der Festlegung von Mindeststandards für Nebenangebote **genügt**. Diese Anforderungen an Nebenangebote sind eindeutig, konkret und verständlich (OLG Düsseldorf, B. v. 19. 5. 2010 – Az.: VII-Verg 4/10).

Nicht ausreichend ist, wenn die **Vergabeunterlagen auf eine nationale Rechtsvorschrift** 11049 **verweisen, nach der Nebenangebote qualitativ gleichwertig mit der ausgeschriebenen Leistung sein müssen**. Vielmehr ist **erforderlich, dass die Vergabeunterlagen ein Mindestmaß an inhaltlichen Vorgaben enthalten**, die Nebenangebote zu erfüllen haben; die Anforderungen dürfen nicht lediglich abstrakt und für die konkrete Gestaltung von Nebenangeboten „inhaltsleer" sein, sondern müssen sich auf den konkreten Beschaffungsvorgang und die konkrete Ausgestaltung von Nebenangeboten beziehen (1. VK Bund, B. v. 20. 8. 2008 – Az.: VK 1–108/08; VK Niedersachsen, B. v. 24. 2. 2009 – Az.: VgK-57/2008).

Entscheidend und ausreichend ist es, dass der Auftraggeber **u. a. mit der Bezugnahme auf** 11050 **die in Plänen zum Ausdruck kommenden Gestaltungsmerkmale, aber auch mit den weiteren technischen Anforderungen** – beispielsweise dem Verbot, ein Abmagerungsangebot zu unterbreiten – den **Spielraum für die Bieter so klar definiert hat, dass trotz der Zulassung von Nebenangeboten nicht gänzlich Unvergleichbares miteinander verglichen werden muss**, sondern auf transparente Weise eine gemeinsame Basis für den Wettbewerb geschaffen wurde. Dass dabei letztlich ein gewisser Beurteilungsspielraum des Auftraggebers verbleibt, ist weder zu beanstanden noch stellt dies ein Spezifikum der Bewertung von Nebenangeboten dar (2. VK Bund, B. v. 17. 7. 2008 – Az.: VK 2–67/08).

Ähnlich argumentiert das Schleswig-Holsteinische OLG (B. v. 15. 2. 2005 – Az.: 6 Verg 11051 6/04),wenn es fordert, dass die Angabe von Mindestbedingungen **nur dort erforderlich ist, wo Nebenangebote eine Anforderung betreffen, die nicht schon aus dem Kontext der Vergabeunterlagen heraus hinreichend klar bestimmbar** sind (ebenso VK Schleswig-Holstein, B. v. 7. 5. 2008 – Az.: VK-SH 05/08).

Ähnlich argumentiert das OLG Düsseldorf. Werden **inhaltliche Mindestanforderungen,** 11052 die Nebenangebote zu erfüllen haben, **nur negativ umschrieben, ist dies nicht zu beanstanden**, sofern dadurch jedenfalls inhaltliche Mindestanforderungen aufgestellt worden sind (OLG Düsseldorf, B. v. 10. 12. 2008 – Az.: VII-Verg 51/08).

Ähnlich argumentiert auch die VK Arnsberg mit der **Bewertung, dass der Auftraggeber** 11053 **nur dazu verpflichtet sein kann, die für ihn erkennbaren Rahmen zu umreißen, den die gewünschte Leistung benötigt** (VK Arnsberg, B. v. 13. 6. 2006 – Az.: VK 15/06; B. v. 16. 8. 2005 – Az.: VK 13/2005).

Ähnlich argumentiert auch die VK Münster. Eine Vergabestelle ist nicht verpflichtet, positiv 11054 alle möglichen Gesichtspunkte aufzuführen, die von einem Nebenangebot erfüllt werden sollen. Dies kann sie in der Regel auch nicht und dies würde auch dazu führen, dass die Bieter keine innovativen Vorschläge zum Entwurf der ausschreibenden Stelle mehr machen können. Vielmehr ist es völlig ausreichend, wenn eine **Vergabestelle eine „Negativabgrenzung" macht, indem sie klarstellt, welche Besonderheiten oder Mindestanforderungen ein Nebenangebot erfüllen soll**. In diesem Sinne hat der öffentliche Auftraggeber in seinen Verdingungsunterlagen aus Gründen der Transparenz und Gleichbehandlung zu erläutern, welche grundlegenden Anforderungen die Nebenangebote erfüllen müssen. Schließlich **bestimmt der Artikel 24 der Vergabekoordinierungsrichtlinie lediglich, dass Mindestanforderungen gestellt werden, aber es wird nicht verlangt, dass ein öffentlicher Auftraggeber „Mindestinhalte" für Nebenangebote positiv formuliert und diese den Bietern vorgibt** (VK Münster, B. v. 25. 1. 2006 – Az.: VK 23/05). Folgende Hinweise für Nebenangebote erfüllen diese Voraussetzung:

- wenn im Nebenangebot die Ausführungsfrist geändert werden sollte, dann ist aber der Fertigstellungstermin zu beachten;
- die Kostensumme im Nebenangebot ist wie im Hauptangebot nach Einzelpreisen aufzugliedern;
- rechtsverbindliche Unterschrift im Nebenangebot und eine Massengarantie;

(VK Münster, B. v. 10. 3. 2006 – Az.: VK 2/06; B. v. 21. 12. 2005 – Az.: VK 25/05).

11055 Soweit für die ausgeschriebenen Leistungen gesetzliche Bestimmungen bzw. Rechtsverordnungen gelten (z. B. KrW-/AbfG, BImSchG, BBodSchG; Berufsgenossenschaftliches Regelwerk (BGR)), **bedarf es deren Angabe (Wiederholung) als „Mindestbedingungen" in den Ausschreibungsunterlagen nicht**. Der Auftraggeber ist auch **nicht gehalten, die aus allgemein geltenden öffentlich-rechtlichen Vorschriften abzuleitenden Prozess- oder Produktanforderungen in der Ausschreibung zu benennen** (Schleswig-Holsteinisches OLG, B. v. 5. 4. 2005 – Az.: 6 Verg 1/05). Die Vergabestelle ist, da die **Übersichtlichkeit der Ausschreibung leiden würde und für die Bieter damit kein nennenswerter Vorteil verbunden wäre**, nicht verpflichtet, derartige Regelwerke in die Ausschreibungsunterlagen einzufügen (OLG München, B. v. 9. 9. 2010 – Az.: Verg 16/10).

11056 Die Voraussetzungen der Rechtsprechung des EuGH werden **durch Runderlasse, die bestimmte konkrete Anforderungen z. B. im umweltschutztechnischen Bereich stellen, erfüllt** (OLG Düsseldorf, B. v. 7. 1. 2005 – Az.: VII – Verg 106/04).

11057 Nach Auffassung der 3. VK des Bundes wird der **Rechtsprechung des EuGH dadurch Rechnung getragen, dass es sich bei den Nebenangeboten um technische Nebenangebote handeln muss**. Bei dieser Forderung handelt es sich nicht nur um Vorgaben zur äußeren Form der abzugebenden Nebenangebote. Die Auftraggeber macht mit der Forderung nach technischen Nebenangeboten vielmehr eine Vorgabe zur Ausgestaltung und Konzeption des Nebenangebots – und damit zum Inhalt desselben -, dem Nebenangebote mindestens genügen müssen (3. VK Bund, B. v. 4. 5. 2005 – Az.: VK 3–22/05).

11058 **116.9.5.4.3.3.2.3 Notwendigkeit der Erläuterung der kaufmännischen Mindestanforderungen?**. Art. 24 VKR unterscheidet nicht zwischen der Art der Nebenangebote. Deswegen ist es grundsätzlich unerheblich, ob es sich bei einem Nebenangebot um eine technische oder kaufmännische Abweichung von den Verdingungsunterlagen handelt. **Auch bei kaufmännischen Nebenangeboten sind bereits in der Vergabebekanntmachung oder in den Vergabeunterlagen die Mindestbedingungen zu erläutern** (VK Brandenburg, B. v. 1. 3. 2005 – Az.: VK 8/05; VK Nordbayern, B. v. 11. 2. 2005 – Az.: 320.VK-3194-55/04; B. v. 22. 12. 2004 – Az.: 320.VK – 3194 – 49/04).

11059 Nach **Auffassung des Thüringer OLG** hingegen hat die Vergabestelle nur für solche Nebenangebote, die auch Abweichungen von den Vergabeunterlagen enthalten, Mindestbedingungen zu stellen, **nicht hingegen für bloße Preisnachlässe, für die Mindestbedingungen schon nicht vorstellbar** sind (Thüringer OLG, B. v. 21. 9. 2009 – Az.: 9 Verg 7/09).

11060 **116.9.5.4.3.3.2.4 Notwendigkeit der separaten Festlegung bei losweiser Ausschreibung.** Bejaht man die Notwendigkeit der Festlegung von technischen Mindestanforderungen an Nebenangebote, bedarf es **für eine aus mehreren Losen bestehende Ausschreibung einer separaten Festlegung von Mindestanforderungen**, wenn durch ihre Zulassung Leistungspositionen anderer Lose betroffen sein können (VK Brandenburg, B. v. 5. 4. 2005 – Az.: VK 9/05; B. v. 28. 2. 2005 – VK 02/05).

11061 **116.9.5.4.3.3.2.5 Notwendigkeit der Prüfung der gesamten Vergabeunterlagen durch den Bieter.** Der Umfang der Benennung der Mindestanforderungen in wirtschaftlicher, technischer oder formaler Hinsicht ist nicht festgelegt. Entscheidend für den EuGH und für die europäische Norm ist die **Erkennbarkeit für den Bieter**. Diese **ergibt sich aus** dem Wortlaut sowohl der europäischen Richtlinien als auch der Entscheidung selbst aus **den (gesamten) Vergabeunterlagen** (VK Arnsberg, B. v. 16. 8. 2005 – Az.: VK 13/2005; B. v. 16. 8. 2005 – Az.: VK 13/2005).

116.9.5.4.3.3.2.6 Verpflichtung des Bieters zur Prüfung der Vereinbarkeit von Nebenangeboten mit den Mindestanforderungen und eventuelle Auslegung

11062 Es **obliegt nicht dem Aufgabenbereich des Auftraggebers** Sorge dafür zu tragen, dass ein **Änderungsvorschlag eines Bieters sich innerhalb der zwingenden Vorgaben bewegt**. Vielmehr obliegt es dem Verantwortungsbereich des Bieters, bei der Erarbeitung des Nebenangebots die Vereinbarkeit mit den Festlegungen zu beachten und bei Zweifel ergänzende

Informationen von der Auftraggeberseite einzuholen (VK Nordbayern, B. v. 18. 7. 2007 – Az.: 21.VK – 3194 – 27/07; im Ergebnis ebenso VK Baden-Württemberg, B. v. 21. 4. 2008 – Az.: 1 VK 10/08).

Tendenziell anderer Auffassung ist das OLG Celle. Ein **Bieter, der unklare oder widersprüchliche Anforderungen der Vergabestelle in vertretbarer Weise ausgelegt** und sein (Neben)Angebot auf diese mögliche Auslegung ausgerichtet hat, **kann nicht** mit der Begründung **ausgeschlossen werden**, sein (Neben)Angebot entspreche nicht den Ausschreibungsbedingungen (OLG Celle, B. v. 3. 6. 2010 – Az.: 13 Verg 6/10). 11063

Maßstab für die Auslegung der Mindestanforderungen ist nicht das individuelle Verständnis, sondern der verständige Bieter, aus dessen Perspektive durch die Zulassung von Nebenangeboten gerade die Möglichkeit eröffnet werden sollte, durch individuelle Lösungsvorschläge jedweder Natur der Antragsgegnerin nachzuweisen, dass eine Überschreitung der Leistungsobergrenzen nicht zu einem Qualitätsverlust führen muss (OLG Düsseldorf, B. v. 19. 5. 2010 – Az.: VII-Verg 4/10). 11064

116.9.5.4.3.3.2.7 Weitere Beispiele aus der Rechtsprechung 11065

– eine Formulierung, wonach **bei Versicherungsleistungen der Deckungsumfang des Hauptangebotes in keiner Position durch das Nebenangebot unterschritten werden darf**, ist eine klare und eindeutig zu erfüllende Mindestanforderung (OLG Düsseldorf, B. v. 29. 3. 2006 – Az.: VII – Verg 77/05; VK Münster, B. v. 5. 10. 2005 – Az.: VK 19/05)

116.9.5.4.3.3.2.8 Literatur 11066

– Freise, Harald, Mindestanforderungen an Nebenangebote, – Das „Aus" für Nebenangebote oberhalb der Schwellenwerte? -, NZBau 2006, 548

– Müller-Stoy, Der Einfluss des Europäischen Gerichtshofes auf das deutsche Vergaberecht in Bausachen, ibr-online 12/2004 (www.ibr-online.de/2007-11) (einschließlich einer intensiven Auseinandersetzung mit den Argumenten, die aus Sicht der Vergabepraxis gegen eine umfassende Umsetzung der Rechtsprechung des EuGH sprechen)

– Wagner, Volkmar/Steinkemper, Ursula, Bedingungen für die Berücksichtigung von Nebenangeboten und Änderungsvorschlägen, NZBau 2004, 253

116.9.5.4.3.4 Gleichwertigkeit eines Nebenangebotes. 116.9.5.4.3.4.1 Notwendigkeit einer entsprechenden Prüfung für Vergabeverfahren ab den Schwellenwerten?. 11067

Das Kriterium der Gleichwertigkeit ist gesetzlich nicht positiviert. Vielmehr wurde es von der Rechtsprechung zu einer Zeit entwickelt, als es gesetzliche Bestimmungen zu Mindestanforderungen für Nebenangebote noch nicht gab. **Mithilfe des Kriteriums der Gleichwertigkeit wurde versucht, einen Maßstab zu kreieren, anhand dessen eine Vergleichbarkeit eines Nebenangebots zum Hauptangebot geprüft werden konnte**. Seit 2006 hingegen regelt die Vergabekoordinierungsrichtlinie 2004/18/EG in den Artikeln 3 und 4 nunmehr für Vergaben ab den Schwellenwerten zwingend, dass öffentliche Auftraggeber für den Fall der Zulassung von Varianten in den Verdingungsunterlagen die von diesen Varianten einzuhaltenden Mindestanforderungen nennen. Zudem berücksichtigen die öffentlichen Auftraggeber nur solche Varianten, die die von ihnen verlangten Mindestanforderungen erfüllen. Diese Richtlinie hat im Wesentlichen inhaltsgleich Einzug in § 19 EG Abs. 3 VOL/A gefunden, wonach der Auftraggeber nur Nebenangebote berücksichtigt, „die die von ihm verlangten Mindestanforderungen erfüllen." Die **obligatorische Vorgabe von Mindestanforderungen bezweckt ebenfalls die Sicherstellung der Gleichwertigkeit von Nebenangeboten**. Die Frage, ob es angesichts der nunmehr zwingend von dem öffentlichen Auftraggeber aufzustellenden Mindestbedingungen **für Vergaben ab den Schwellenwerten** einer Gleichwertigkeitsprüfung überhaupt noch bedarf, erscheint daher eher zweifelhaft (VK Schleswig-Holstein, B. v. 7. 5. 2008 – Az.: VK-SH 05/08).

Nach Meinung des OLG Brandenburg **kann der Auffassung, dass bei der Wertung von Nebenangeboten auf das Erfordernis der Gleichwertigkeit verzichtet werden kann**, weil die Vorgabe von Mindestbedingungen die Vergleichbarkeit der Angebote sicherstellt, **nicht gefolgt werden**. Die Erfüllung von Mindestanforderungen sind schon begrifflich kein Äquivalent für die Gleichwertigkeit, sondern lediglich das Minimum dessen, was der Auftraggeber vorgibt, um überhaupt im Übrigen in die Gleichwertigkeitsprüfung einzutreten. Der bloße Umstand, dass das Nebenangebot den vorgegebenen Mindestbedingungen entspricht, führt deshalb nicht zur Annahme seiner Gleichwertigkeit mit dem Amtsvorschlag (OLG Brandenburg, B. v. 29. 7. 2008 – Az.: Verg W 10/08). 11068

11069 Der **gleichen Auffassung** ist die 2. VK Bund. Die Feststellung, die Mindestanforderungen an Nebenangebote seien erfüllt, enthebt zumindest nicht stets – Ausnahmen wären etwa anzunehmen, wenn der Auftraggeber hinreichend klar zu verstehen gegeben hat, dass eine Gleichwertigkeitsprüfung nicht stattfinden wird – von einer weitergehenden Prüfung der Gleichwertigkeit. Denn **hielte man die Erfüllung der Mindestbedingungen für ausreichend, so wären Angebote, die diese Hürde genommen haben, nurmehr an den Zuschlagskriterien zu messen. Ist alleiniges Zuschlagskriterium der Preis, wäre der Auftraggeber gezwungen, stets das billigere Nebenangebot zu bezuschlagen, obwohl dies möglicherweise qualitative Nachteile aufweist, die eine gegenüber dem Hauptangebot geringere Wirtschaftlichkeit bewirken.** Beim Vergleich von Hauptangeboten stellt sich dieses Problem nicht, weil das für die Wirtschaftlichkeit entscheidende Preis-Leistungs-Verhältnis durch den von den Bietern zu nennenden Preis einerseits und das vom Auftraggeber im Wege der Leistungsbeschreibung definierte, für alle Bieter gleiche Leistungssoll bestimmt wird. Beim Nebenangebot hat der Auftraggeber hingegen jenseits der Vorgabe von Mindestbedingungen keine Möglichkeiten, das Leistungsniveau vorzugeben. Dies hat zur Folge, dass der Vergleich der Preise von Nebenangeboten einerseits und Hauptangeboten andererseits nicht ohne weiteres Aufschluss darüber gibt, welches Angebot wirtschaftlicher ist. Ein solcher Vergleich der Wirtschaftlichkeit setzt vielmehr voraus, dass auch für das Nebenangebot die Wirtschaftlichkeit in Gestalt eines Preis-Leistungsverhältnisses bestimmt wird. **Darin liegt aus Sicht der Kammer der Sinn und zulässige Gegenstand der vom Auftraggeber vorzunehmenden „Gleichwertigkeitsprüfung": Der Auftraggeber soll sich durch die – mit dem Begriff „Gleichwertigkeitsprüfung" allerdings unglücklich bezeichnete – ergänzende Prüfung über die Vor- und Nachteile des Nebenangebotes, d. h. dessen (geringere, höhere oder gleiche) Wertigkeit, Klarheit verschaffen und sich ein Urteil darüber bilden, ob es den Vorzug vor dem bestplazierten Hauptangebot oder einem anderen Nebenangebot verdient, wobei dem Auftraggeber ein erheblicher Beurteilungsspielraum zuzubilligen ist. Dabei müssen – anders als der geläufige Begriff der Gleichwertigkeitsprüfung insinuiert – grundsätzlich auch nicht gleichwertige Nebenangebote, die jedoch die Mindestanforderungen erfüllen, die Chance haben, den Zuschlag zu erhalten, wenn sie ein besseres Preis-Leistungsverhältnis als das beste Hauptangebot aufweisen.** Denn anderenfalls wären die Mindestanforderungen bedeutungslos (2. VK Bund, B. v. 9. 6. 2010 – Az.: VK 2–38/10).

11070 116.9.5.4.3.4.2 Inhalt der Gleichwertigkeit. Für die Frage der Gleichwertigkeit eines angebotenen Fabrikats im Verhältnis zum ausgeschriebenen Fabrikat ist **in erster Linie auf die sonstige allgemeine Leistungsbeschreibung abzustellen**; denn mit ihr bringt der Auftraggeber für die Bieter erkennbar zum Ausdruck, auf welche Leistungsmerkmale es ihm wesentlich ankommt (BayObLG, B. v. 29. 4. 2002 – Az.: Verg 10/02; VK Schleswig-Holstein, B. v. 17. 3. 2006 – Az.: VK-SH 02/06; VK Südbayern, B. v. 19. 6. 2007 – Az.: Z3-3-3194-1-18-05/07; B. v. 24. 6. 2004 – Az.: 37-05/04). Zu ermitteln ist außerdem die **Tauglichkeit des Alternativprodukts** zu dem von der Vergabestelle **vorgesehenen Gebrauch** (VK Bremen, B. v. 15. 11. 2006 – Az.: VK 2/06).

11071 **Ansonsten kommt es nicht darauf an, ob einzelne Eigenschaften von Produkten voneinander abweichen oder nicht. Vielmehr ist insoweit eine Gesamtbetrachtung vorzunehmen.** Andernfalls ist, da eine vollständige Gleichwertigkeit in allen Bereichen und hinsichtlich aller Eigenschaften bei nahezu keinem Produkt zu erreichen sein wird, die vertraglich vorausgesetzte Gleichwertigkeit eines verwandten Produkts mit dem Leitprodukt in den überwiegenden Fällen nicht zu erzielen (OLG Naumburg, Urteil v. 15. 3. 2005 – Az.: 9 U 135/04; VK Bremen, B. v. 15. 11. 2006 – Az.: VK 2/06).

11072 116.9.5.4.3.4.3 Anforderungen an die Gleichwertigkeit. 116.9.5.4.3.4.3.1 **Allgemeines. Ein Nebenangebot kann nur berücksichtigt werden, wenn er im Vergleich zur ausgeschriebenen Leistung annehmbarer** ist. Annehmbarer heißt, dass der **Bietervorschlag entweder eine bessere Lösung darstellt und nicht teurer ist oder eine gleichwertige Lösung darstellt und preislich günstiger** ist (VK Nordbayern, B. v. 6. 2. 2003 – Az.: 320.VK-3194-01/03) oder das Alternativangebot die **Qualität der ausgeschriebenen Liefer- oder Dienstleistung sogar noch übertrifft**, dabei aber preislich im Rahmen des Hauptangebots bleibt (VK Baden-Württemberg, B. v. 23. 4. 2002 – Az.: 1 VK 16/02, B. v. 8. 1. 2002 – Az.: 1 VK 46/01).

11073 Nach der Definition der VK Brandenburg ist in der Regel davon auszugehen, dass ein **Bietervorschlag nur dann zum Zuge** kommen kann, wenn er **unter Abwägung aller techni-**

Vergabe- und Vertragsordnung für Leistungen Teil A VOL/A § 16 **Teil 4**

schen und wirtschaftlichen, gegebenenfalls auch gestalterischen und funktionsbedingten Gesichtspunkten wirtschaftlicher ist als der **Auftraggebervorschlag**, wobei es hinsichtlich der Wirtschaftlichkeit **auch auf die Folgekosten** (zum Beispiel Unterhaltungskosten, Betriebskosten, Lebensdauer) **ankommt** (VK Brandenburg, B. v. 26. 3. 2002 – Az.: VK 3/02; instruktiv VK Schleswig-Holstein, B. v. 19. 1. 2005 – Az.: VK-SH 37/04; im Ergebnis ebenso OLG Celle, B. v. 10. 1. 2008 – Az.: 13 Verg 11/07; VK Lüneburg, B. v. 12. 6. 2007 – Az.: VgK-23/2007; VK Niedersachsen, B. v. 24. 2. 2009 – Az.: VgK-57/2008).

Das Nebenangebot muss auch den **Zweck, den der Auftraggeber mittels der nachgefragten Leistung erreichen will, erfüllen.** Dabei geht es entscheidend um die Frage, ob das Nebenangebot, so wie es vorliegt, mit hinreichender Sicherheit geeignet ist, dem Willen des Auftraggebers in allen technischen und wirtschaftlichen Einzelheiten gerecht zu werden (OLG Brandenburg, B. v. 29. 7. 2008 – Az.: Verg W 10/08; OLG Celle, B. v. 3. 6. 2010 – Az.: 13 Verg 6/10; VK Baden-Württemberg, B. v. 29. 10. 2002 – Az.: 1 VK 50/02; VK Brandenburg, B. v. 26. 3. 2002 – Az.: VK 3/02; 1. VK Sachsen, B. v. 23. 1. 2004 – Az.: 1/SVK/160-03, B. v. 10. 3. 2003 – Az.: 1/SVK/012-03, B. v. 5. 11. 2002 – Az.: 1/SVK/096-02; VK Schleswig-Holstein, B. v. 17. 3. 2006 – Az.: VK-SH 02/06). 11074

Ein Nebenangebot kann auch nur dann gleichwertig sein, wenn die angebotene und von den Vorgaben abweichende Leistung in **tatsächlicher wie technischer und rechtlicher Hinsicht durchführbar** ist (VK Brandenburg, B. v. 29. 5. 2002 – Az.: VK 19/02; 1. VK Bund, B. v. 26. 3. 2002 – Az.: VK 1–07/02). 11075

116.9.5.4.3.4.3.2 Qualitative und quantitative Gleichwertigkeit. Nebenangebote müssen einem Hauptangebot qualitativ und quantitativ gleichwertig sein (OLG Brandenburg, B. v. 29. 7. 2008 – Az.: Verg W 10/08; OLG Celle, B. v. 10. 1. 2008 – Az.: 13 Verg 11/07; VK Münster, B. v. 11. 2. 2010 – Az.: VK 29/09; VK Thüringen, B. v. 15. 5. 2009 – Az.: 250–4002.20–2493/2009-003-EIC). 11076

Als **nicht quantitativ gleichwertig** sind Nebenangebote zu bezeichnen, die einen **geringeren als den vom Auftraggeber vorgesehenen Leistungsumfang zum Inhalt** haben (VK Nordbayern, B. v. 30. 9. 2004 – Az.: 320.VK – 3194 – 39/04; B. v. 6. 2. 2003 – Az.: 320.VK 3194-01/03; VK Thüringen, B. v. 15. 5. 2009 – Az.: 250–4002.20–2493/2009-003-EIC). 11077

Eine **qualitative Gleichwertigkeit** ist nicht schon dadurch gegeben, dass mit dem Alternativangebot lediglich der Zweck der nachgefragten Leistung erreicht werden kann. Vielmehr ist die Alternative dahingehend zu prüfen, ob sie den **Mindestbedingungen des Leistungsverzeichnisses entspricht.** Eine Gleichwertigkeit zum Vorschlag der ausschreibenden Stelle kann nur dann festgestellt werden, wenn die Alternative die verbindlichen qualitativen Vorgaben des Leistungsverzeichnisses erfüllt (Thüringer OLG, B. v. 18. 3. 2004 – Az.: 6 Verg 1/04; VK Baden-Württemberg, B. v. 2. 8. 2005 – Az.: 1 VK 43/05; VK Lüneburg, B. v. 12. 6. 2007 – Az.: VgK-23/2007; VK Niedersachsen, B. v. 24. 2. 2009 – Az.: VgK-57/2008; VK Nordbayern, B. v. 6. 4. 2004 – Az.: 320.VK-3194-09/04; VK Schleswig-Holstein, B. v. 17. 3. 2006 – Az.: VK-SH 02/06). 11078

Nebenangebote dürfen daher auch **nicht von verbindlichen Festlegungen des Leistungsverzeichnisses**, die für Haupt- und Nebenangebote gleichermaßen gelten, **abweichen.** Die Verbindlichkeit kann sich durch Auslegung der Vergabeunterlagen oder aus allgemeinen Erwägungen ergeben. Bieter, die ein zugelassenes Nebenangebot abgeben, müssen dies berücksichtigen und im Zweifel um Klarstellung bitten (OLG Naumburg, B. v. 8. 2. 2005 – Az.: 1 Verg 20/04; VK Lüneburg, B. v. 12. 6. 2007 – Az.: VgK-23/2007). 11079

116.9.5.4.3.4.3.3 Abmagerungsangebote. „Abmagerungsangebote", die gegenüber dem Hauptangebot lediglich einen geänderten Leistungsumfang aufweisen, sind **unzulässig**, weil nicht gleichwertig. Nebenangebote, die quantitativ nicht gleichwertig sind, dürfen darüber hinaus vom Auftraggeber nicht gewertet werden, da diese den Wettbewerb verzerren. Dies deshalb, da nicht auszuschließen ist, dass andere Bieter bei Kenntnis des entsprechend veränderten Leistungsumfangs günstigere Angebote abgegeben hätten. Nur für den Fall, dass eine Wettbewerbsverzerrung mit Sicherheit ausgeschlossen werden kann, darf ein solcher Bietervorschlag gewertet werden (OLG Hamm, B. v. 25. 10. 2005 – Az.: 24 U 39/05; VK Baden-Württemberg, B. v. 2. 8. 2005 – Az.: 1 VK 43/05; VK Südbayern, B. v. 9. 9. 2003 – Az.: 38-08/03, B. v. 5. 8. 2003, Az.: 29-07/03). 11080

Um kein abgemagertes Nebenangebot handelt es sich demgegenüber, wenn sich aus der Leistungsbeschreibung erkennen lässt, dass **Überkapazitäten gefordert** werden, und ein **Bieter** daraufhin nicht diese Überkapazität anbietet, sondern **den geschuldeten Erfolg mit einem** 11081 geringeren Aufwand anbietet und damit denselben Leistungsumfang mit weniger Aufwand realisiert (VK Baden-Württemberg, B. v. 23. 2. 2004 – Az.: 1 VK 03/04).

11082 116.9.5.4.3.4.3.4 **Veränderung der Standards einer Ausschreibung.** Eine **einsetzende Wettbewerbsverzerrung** kann gegeben sein, wenn **durch einen Bieter Standards der Leistung verändert** werden und die dadurch veränderte Leistung der Konkurrenzsituation der anderen Bieter entzogen wird, also nicht festgestellt werden kann, welche Angebote die Konkurrenten bei von vornherein geänderten Standards abgegeben hätten. Eine **Zulassung solcher Abweichungen von den Standards würde zu einem willkürlichen Verhalten**, d.h. einer **freien Entscheidung des Auftraggebers** führen, die zu einer Ungleichbehandlung der Teilnehmer am Vergabeverfahren führen würde (OLG Hamm, B. v. 25. 10. 2005 – Az.: 24 U 39/05; VK Baden-Württemberg, B. v. 2. 8. 2005 – Az.: 1 VK 43/05; B. v. 15. 5. 2003 – Az.: 1 VK 20/03; VK Schleswig-Holstein, B. v. 17. 3. 2006 – Az.: VK-SH 02/06).

11083 116.9.5.4.3.4.3.5 **Sonstige nachteilige Nebenangebote.** Im Nebenangebot dargelegte technische Vorschläge, die den gestellten Anforderungen zwar grundsätzlich genügen, aber **in anderer Hinsicht, etwa bezüglich Störungsanfälligkeit, Wartungsintensität oder Verschleiß**, hinter dem Vorschlag der ausschreibenden Stelle zurückbleiben, sind damit nicht gleichwertig (VK Baden-Württemberg, B. v. 29. 10. 2002 – Az.: 1 VK 50/02).

11084 116.9.5.4.3.4.3.6 **Massenänderungen.** Da es bei einer **bloßen Reduzierung von Mengenansätzen des Leistungsverzeichnisses (definitionsgemäß) an einem gleichwertigen Nebenangebot fehlt**, müssen die (verringerten) Mengenansätze in einem Nebenangebot erkennbar gemacht und der technische Weg zu ihrer Realisierung bei Angebotsabgabe erläutert werden. Zwar können sich Massenreduzierungen als Folge eines technisch durchdachten Nebenangebotes ergeben. Der Bieter muss die Vergabestelle dann aber darüber aufklären, dass die Einsparungen auf der gewählten Alternativkonstruktion und nicht auf bloßen Mengenreduzierungen beruhen, so dass sie von dem Verwaltungsvorschlag nicht in gleicher Weise erzielt werden können. Andernfalls wäre der Auftraggeber nicht in der Lage, eine bloße Massenreduzierung auszuschließen. Auf mögliche und vorhersehbare Bedenken und Einwände der Vergabestelle muss der Bieter aber bereits bei Abgabe des Angebots eingehen. Das setzt voraus, dass die **Masseneinsparungen transparent gemacht und erklärt werden**. Eine Wertung eines Nebenangebots kann deshalb daran scheitern, dass der Bieter nicht alle Angaben, die zur Feststellung der Gleichwertigkeit erforderlich waren, bei Angebotsabgabe gemacht hat. Soweit ein Bieter verspätet vorträgt, die erzielten Masseneinsparungen seien Folge des von ihm gewählten technischen Konzeptes, muss er sich darauf verweisen lassen, dass er eben dies in der Erläuterung ihres Nebenangebots bei Angebotsabgabe hätte darlegen und eine bloße Massenreduzierung ausschließen müssen (OLG Frankfurt, B. v. 26. 3. 2002 – Az.: 11 Verg 3/01).

11085 116.9.5.4.3.4.3.7 **Ausführung nach Wahl des Auftragnehmers.** Die Einbeziehung eines Nebenangebotes in die Wertung setzt voraus, dass sich der Auftraggeber ein klares Bild über die im Rahmen eines Nebenangebotes vorgesehene Ausführung machen kann. Nebenangebote müssen so gestaltet sein, dass der Auftraggeber in der Lage ist, diese zu prüfen und zu werten. Bei der Auslegung des Nebenangebotes ist folglich gemäß den §§ 133, 157 BGB auf den Empfängerhorizont des Auftraggebers abzustellen. **Enthält das Nebenangebot die Formulierung „nach Wahl des Auftragnehmers", ist das Nebenangebot aus Sicht des Auftraggebers zu unbestimmt und darf nicht gewertet werden** (1. VK Sachsen, B. v. 21. 5. 2004 – Az.: 1/SVK/036-04; B. v. 14. 12. 2001 – Az.: 1/SVK/123-01).

11086 116.9.5.4.3.4.3.8 **Gänzlich unterschiedliche Leistungsinhalte.** Haben konkurrierende Angebote nach Art oder Umfang **gänzlich unterschiedliche Leistungsinhalte** zum Gegenstand, so ist einem wirtschaftlichen Vergleich der Boden entzogen, weil es an einer gemeinsamen Bezugsgröße fehlt (Thüringer OLG, B. v. 19. 3. 2004 – Az.: 6 U 1000/03; B. v. 18. 3. 2004 – Az.: 6 Verg 1/04).

11087 116.9.5.4.3.4.3.9 **Teilweise unterschiedliche Leistungsinhalte.** Fasst ein Bieter in einem Nebenangebot Teilleistungen aus verschiedenen Losen zusammen und hält er sich im Übrigen bewusst nicht an die Gliederung des Hauptangebotes und **bietet er damit eine eigene, abgeschlossene Leistung an**, die nach Auffassung des Bieters vollständiger und weniger problematisch als die nach Losen getrennte Ausschreibung, ist die **Vergabestelle weder verpflichtet, das unvollständige Angebot**, z.B. durch die Hereinnahme von Leistungsteilen durch andere Bieter **zu vervollständigen noch darf sie** durch Verhandlungen im Rahmen des § 15 VOL/A **inhaltlich unklare oder unvollständige Angebote präzisieren oder vervollständigen**. Nebenangebote müssen aus sich heraus so gestaltet sein, dass der Auftraggeber anhand des von

Vergabe- und Vertragsordnung für Leistungen Teil A VOL/A § 16 **Teil 4**

ihm erstellten Leistungsverzeichnisses ohne weiteres in der Lage ist, das Angebot zu prüfen und zu werten, insbesondere auch festzustellen, ob die Gleichwertigkeit vorliegt (VK Hessen, B. v. 20. 10. 2004 – Az.: 69 d – VK – 62/2004).

116.9.5.4.3.4.3.10 Weitere Beispiele aus der Rechtsprechung 11088

– wenn der **Auftraggeber für das Hauptangebot eine bestimmte äußere Form vorgibt**, aber (auch) **insoweit zugleich Nebenangebote zulässt**, kann dies nur bedeuten, dass **auch ein Produkt mit einem abweichenden Aussehen angeboten werden darf**. Es muss gerade keine Ähnlichkeit bestehen (OLG Koblenz, B. v. 26. 7. 2010 – Az.: 1 Verg 6/10)

– ergibt die Prüfung durch den Auftraggeber, dass ein **Nebenangebot den festgelegten Mindestbedingungen entspricht und auch im Übrigen** im Vergleich zu den Festlegungen des Leistungsverzeichnisses für das Hauptangebot **als gleichwertig zu werten** ist, **muss der Auftraggeber dieses Nebenangebot bei der Ermittlung des wirtschaftlichsten Angebotes berücksichtigen**. Nur **ausnahmsweise** kann der vergaberechtliche Transparenzgrundsatz gemäß § 97 Abs. 1 GWB oder der Gleichbehandlungsgrundsatz gemäß § 97 Abs. 2 GWB einer Berücksichtigung derartiger Nebenangebote entgegenstehen. Das ist dann der Fall, wenn das **Nebenangebot zwar gleichwertig ist, die angebotene Konstruktion aber derart vom Leistungsverzeichnis abweicht, dass sich der Wettbewerb aus der Sicht eines fachkundigen Bieters schlechterdings nicht auf die Akzeptanz derartiger Nebenangebot einstellen konnte** (VK Niedersachsen, B. v. 16. 3. 2009 – Az.: VgK-04/2009)

– ein **Nebenangebot, das von der Vorgabe „fabrikneues Material"**, die eindeutig, verbindlich und daher weder für die Auftraggeber selbst noch für die Bieter disponibel ist, **abweicht, darf nicht gewertet** werden (VK Lüneburg, B. v. 12. 10. 2004 – Az.: 203-VgK-45/2004)

– bei **verbindlich vorgegebenen Vertragsstrafenregelungen** können und dürfen sich die Bieter darauf einstellen, dass **Nebenangebote ohne Vertragsstrafenregelungen nicht zulässig** sind (VK Lüneburg, B. v. 21. 9. 2004 – Az.: 203-VgK-42/2004)

116.9.5.4.3.4.4 Darlegung der Gleichwertigkeit. 116.9.5.4.3.4.4.1 Umfassende Dar- 11089
legung. Zweifelsfrei hat der **Bieter bei Abgabe eines Nebenangebots die volle Verantwortung hinsichtlich einer ordnungsgemäßen, mängelfreien und pünktlichen Ausführung.** Dies bedeutet jedoch nicht, dass sich der Auftraggeber blind darauf verlassen kann oder gar muss, dass der Bieter eine solche Leistung erbringen wird. Vielmehr hat der **Auftraggeber eigenständig zu prüfen**, ob das Nebenangebot seinen Vorstellungen über die auszuführende Leistung entspricht, ob es zweckdienlich, machbar und mit dem Hauptangebot vergleichbar ist (OLG München, B. v. 10. 12. 2009 – Az.: Verg 16/09).

Die **Gleichwertigkeit** muss **soweit dargelegt** werden, dass **der Auftraggeber sie ohne be-** 11090
sondere Schwierigkeit prüfen kann (OLG München, B. v. 10. 12. 2009 – Az.: Verg 16/09; OLG Stuttgart, Urteil v. 30. 4. 2007 – Az.: 5 U 4/06; VK Baden-Württemberg, B. v. 21. 4. 2008 – Az.: 1 VK 10/08; B. v. 18. 10. 2005 – Az.: 1 VK 62/05; B. v. 2. 8. 2005 – Az.: 1 VK 43/05; B. v. 25. 5. 2005 – Az.: 1 VK 25/05; VK Brandenburg, B. v. 24. 11. 2005 – Az.: 1 VK 69/05; 3. VK Bund, B. v. 22. 3. 2005 – Az.: VK 3–13/05; VK Hessen, B. v. 1. 11. 2005 – Az.: 69 d VK – 68/2005; 2. VK Mecklenburg-Vorpommern, B. v. 27. 11. 2001 – Az.: 2 VK 15/01; VK Niedersachsen, B. v. 8. 1. 2010 – Az.: VgK-68/2009; 1. VK Sachsen, B. v. 9. 1. 2006 – Az.: 1/SVK/149-05; B. v. 6. 4. 2005 – Az.: 1/SVK/022-05; 1. VK Sachsen-Anhalt, B. v. 15. 9. 2006 – Az.: 1 VK LVwA 28/06; VK Schleswig-Holstein, B. v. 7. 5. 2008 – Az.: VK-SH 05/08; VK Südbayern, B. v. 19. 6. 2007 – Az.: Z3-3-3194-1-18-05/07; VK Thüringen, B. v. 4. 11. 2009 – Az.: 250–4002.20–5693/2009-013-SM). Weicht das Nebenangebot in technischer Hinsicht vom Hauptangebot ab, ist es Aufgabe des Bieters, die Gleichwertigkeit durch entsprechende Unterlagen wie Prüfzeugnisse, Gutachten, Qualitätsnachweise etc. nachzuweisen (OLG Stuttgart, Urteil v. 30. 4. 2007 – Az.: 5 U 4/06; VK Baden-Württemberg, B. v. 18. 10. 2005 – Az.: 1 VK 62/05; B. v. 2. 8. 2005 – Az.: 1 VK 43/05; B. v. 25. 5. 2005 – Az.: 1 VK 25/05; B. v. 15. 5. 2003 – Az.: 1 VK 20/03; VK Brandenburg, B. v. 16. 5. 2007 – Az.: 1 VK 13/07; B. v. 21. 12. 2004 – Az.: VK 64/04; VK Schleswig-Holstein, B. v. 7. 5. 2008 – Az.: VK-SH 05/08). Dabei ist die **Darlegung der Gleichwertigkeit nicht auf die Feststellung einer abstraktgenerellen Eignung** der alternativ angebotenen technischen Lösung zur Durchführung des Liefer- oder Dienstleistungsvorhabens zu beschränken, so dass es nicht nur z. B. auf die grundsätzliche Verwendbarkeit von z. B. zwei unterschiedlichen Materialien ankommt. **Maßgeblich** ist die **Gesamtschau aller wertbildenden Kriterien**, zu denen neben dem technischen Wert und dem Preis **insbesondere**

Teil 4 VOL/A § 16 Vergabe- und Vertragsordnung für Leistungen Teil A

auch die **Betriebs- und Folgekosten** gehören. Dementsprechend muss die Beschreibung des Nebenangebots es dem Auftraggeber ermöglichen, im Vergleich der Lösung des Nebenangebots mit der ausgeschriebenen Hauptleistung die **relativen Vor- und Nachteile unter allen maßgeblichen Gesichtspunkten** zu erkennen (Brandenburgisches OLG, B. v. 12. 11. 2002 – Az.: Verg W 16/02; OLG Koblenz, B. v. 5. 9. 2002 – Az.: Verg 4/02; VK Brandenburg, B. v. 21. 9. 2005 – Az.: 2 VK 54/05; VK Hessen, B. v. 1. 11. 2005 – Az.: 69 d VK – 68/2005). Die **Verantwortung für die Vollständigkeit der Unterlagen zur Prüfung der Gleichwertigkeit** liegt in der **Zuständigkeit des Bieters** (VK Schleswig-Holstein, B. v. 7. 5. 2008 – Az.: VK-SH 05/08; VK Südbayern, B. v. 19. 6. 2007 – Az.: Z3-3-3194-1-18-05/07).

11091   **Aufgabe der Vergabestelle** ist es **nicht**, an Hand gelieferter Fakten und Zahlen **Untersuchungen über die Gleichwertigkeit des Nebenangebots** anzustellen. Es kommt nicht auf die Möglichkeit der Nachweiserstellung durch die Vergabestelle mittels gelieferter Daten und Fakten an, sondern darauf, dass **bereits geführte Nachweise mit dem Angebot vorzulegen** sind (VK Thüringen, B. v. 4. 11. 2009 – Az.: 250–4002.20–5693/2009-013-SM).

11092   Die **Forderung der Vergabestelle nach Nachweisen im Fall der Abgabe von Nebenangeboten ist auch nicht unverhältnismäßig**. Der zeitliche Wertungsumfang von Hauptangeboten wird dadurch begrenzt, dass dem technischen Inhalt umfangreiche Ermittlungen durch die Vergabestelle, bereits im Vorfeld der Ausschreibung, vorangingen. Diese bilden dann den Ausschreibungsinhalt. Eine Prüfung eines Hauptangebotes, insbesondere zu dessen technischem Inhalt, erübrigt sich somit vom Umfang her fast. Im Gegensatz dazu **bedürfen Nebenangebote, insbesondere mit geänderten technischen, konstruktiven Lösungen, eines größeren Prüfungsumfanges**, der im dafür notwendigen Zeitaufwand seinen Ausdruck findet. Angesichts der **zeitlich eng begrenzten Dauer eines Vergabeverfahrens war es deshalb der Vergabestelle nicht verwehrt, an Stelle der durchaus möglichen Forderung nach Einzeldaten, Nachweise abzufordern**. Eine Unverhältnismäßigkeit ist aus der Forderung der Vergabestelle nicht abzuleiten (VK Thüringen, B. v. 4. 11. 2009 – Az.: 250–4002.20–5693/2009-013-SM).

11093   **116.9.5.4.3.4.4.2 Analoge Anwendung des § 7 VOL/A.** Die Verantwortung für die Vollständigkeit der Unterlagen zur Prüfung der Gleichwertigkeit liegt in der Zuständigkeit des Bieters. Stets ist der Zusammenhang zu den Hauptangeboten herzustellen, so dass die Vergabestelle eine eindeutige und nachprüfbare Zuschlagsentscheidung treffen kann. Dazu ist eine **klare und in sich geschlossene übersichtliche und erschöpfende Beschreibung des Nebenangebots zwingend erforderlich** (OLG München, B. v. 10. 12. 2009 – Az.: Verg 16/09; VK Hannover, B. v. 15. 11. 2002 – Az.: 26 045 – VgK – 15/2002; VK Nordbayern, B. v. 15. 10. 2008 – Az.: 21.VK – 3194 – 48/08; B. v. 21. 5. 2003 – Az.: 320.VK-3194-14/03, 320.VK-3194-15/03; VK Schleswig-Holstein, B. v. 5. 8. 2004 – Az.: VK-SH 19/04). Im Besonderen müssen die Leistungsangaben des Bieters den Anforderungen entsprechen, wie sie für das umgekehrte Verhältnis in Teil A **§ 7 VOL/A** festgelegt sind (VK Südbayern, B. v. 3. 9. 2003 – Az.: 36-08/03, B. v. 30. 8. 2002 – Az.: 29-07/02). Den Bieter treffen damit **bei Erstellung von Nebenangeboten die gleichen Pflichten wie sie gemäß § 7 VOL/A an den Auftraggeber bei Abfassung der Leistungsbeschreibung zu stellen sind** (OLG Koblenz, B. v. 29. 8. 2003 – Az.: 1 Verg 7/03, B. v. 15. 5. 2003, Az.: 1 Verg 3/03, B. v. 5. 9. 2002 – Az.: Verg 4/02; VK Baden-Württemberg, B. v. 2. 8. 2005 – Az.: 1 VK 43/05, B. v. 7. 4. 2004 – Az.: 1 VK 13/04, B. v. 15. 5. 2003 – Az.: 1 VK 20/03; VK Brandenburg, B. v. 29. 5. 2002 – Az.: VK 19/02; 1. VK Bund, B. v. 25. 3. 2003 – Az.: VK 1–11/03; 3. VK Bund, B. v. 22. 3. 2005 – Az.: VK 3–13/05; VK Hannover, B. v. 5. 2. 2004 – Az.: 26 045 – VgK 15/2003; VK Nordbayern, B. v. 22. 12. 2004 – Az.: 320.VK – 3194 – 49/04; B. v. 28. 10. 2002 – Az.: 320.VK-3194-32/02; 1. VK Sachsen, B. v. 27. 6. 2005 – Az.: 1/SVK/064-05; B. v. 23. 1. 2004 – Az.: 1/SVK/160-03, B. v. 5. 11. 2002 – Az.: 1/SVK/096-02; 1. VK Sachsen-Anhalt, B. v. 15. 9. 2006 – Az.: 1 VK LVwA 28/06; VK Südbayern, B. v. 3. 5. 2005 – Az.: 15-03/05; B. v. 5. 9. 2002 – Az.: 35-07/02; VK Thüringen, B. v. 8. 4. 2003 – Az.: 216–4002.20–002/03-J-S).

11094   Eine **eindeutige und erschöpfende, nach Teilleistungen aufgespaltene Beschreibung** ist grundsätzlich erforderlich, damit die Vergabestelle überprüfen kann,
– ob ein Nebenangebot vollständig und damit technisch möglich ist oder unvollständig ist,
– ob ein Nebenangebot den technischen Vorschriften entspricht,
– ob ein Nebenangebot gegen zwingende Vorgaben der Vergabeunterlagen verstößt,
– ob ein Nebenangebot wirtschaftlich und mit einem angemessenen Preis versehen ist, und

- welche wertungserheblichen Vor- und Nachteile ein Nebenangebots gegenüber anderen Angeboten hat und
- im Stadium der Auftragsausführung – ob die Ausführung der Leistung vertragsgemäß ist. (VK Nordbayern, B. v. 15. 10. 2008 – Az.: 21.VK – 3194 – 48/08).

Außerdem ist das Angebot die Grundlage für die Abrechnung der Leistung. 11095

Der Bieter eines Nebenangebots kann **anstelle eines Leistungsverzeichnisses eine andere** 11096 **Art der Leistungsbeschreibung wählen,** die o. a. Anforderungen erfüllt und einen gewissen Detaillierungsgrad besitzt (VK Münster, B. v. 22. 8. 2002 – Az.: VK 07/02).

Einem **Bieter, der ein neuartiges Produkt anbietet,** das in den bestehenden Regelwer- 11097 ken, Zulassungen o. ä. noch nicht erfasst ist, **obliegt eine erhöhte Pflicht zum Nachweis der Gleichwertigkeit.** Schon begrifflich ist unter dem Wort „Nachweis" jedenfalls ein **Mehr an Belegen, Zertifikaten, Gutachten o. ä.** zu verstehen, als eine bloße eigene Beschreibung des Produkts (VK Baden-Württemberg, B. v. 21. 4. 2008 – Az.: 1 VK 10/08).

116.9.5.4.3.4.4.3 Verzicht auf die Darlegung der Gleichwertigkeit. Die Nachweis- 11098 pflicht des Bieters trifft nur in dem Rahmen zu, wo für die Vergabestelle bei der Aufklärung/Prüfung des Nebenangebots erhöhter Eigenaufwand erforderlich wird. **Keine Nachweise sind in den Fällen erforderlich,** wo es sich um Angaben handelt, die **im täglichen Gebrauch der Vergabestelle** (Planer) **Normalität** sind, **vorhandenes, anwendungsbereites Wissen darstellen** (z. B. gängige übliche Materialien, Erzeugnisse und deren Materialkennwerte, Leistungswerte). Hierbei geht ein Bieter aber bei Nichtnachweis immer das Risiko ein, dass er auf einen fachfremden Planer trifft (VK Südbayern, B. v. 19. 6. 2007 – Az.: Z3-3-3194-1-18-05/07; VK Thüringen, B. v. 18. 3. 2003 – Az.: 216–4002.20-001/03-MHL).

Es handelt sich also um den Ausnahmefall, dass ein **Nachweis verzichtbar** ist, da die 11099 **Gleichwertigkeit des Nebenangebotes offensichtlich** ist oder ein **Auftraggeber sie auf Grund vorhandenen Sachverstands ohne Weiteres erkennen kann** (VK Rheinland-Pfalz, B. v. 31. 7. 2003 – Az.: VK 16/03).

116.9.5.4.3.4.4.4 Prüfungspflicht des Auftraggebers. Bei Nebenangeboten hat der **Auf-** 11100 **traggeber** eine **besonders eingehende und alle Vergabekriterien gewichtende und zueinander ins Verhältnis setzende, vergleichend abwägende Wertung durchzuführen** (VK Lüneburg, B. v. 29. 8. 2002 – Az.: 203-VgK13/2002; VK Südbayern, B. v. 3. 9. 2003 – Az.: 36-08/03, B. v. 30. 8. 2002 – Az.: 29-07/02).

Der Auftraggeber **genügt seiner Aufklärungspflicht,** wenn er z. B. mit der Beigeladenen 11101 **zwei Aufklärungsgespräche** führt und sich die **Urkalkulationen sowie die Kalkulationen einzelner Einheitspreise vorlegen** lässt (1. VK Sachsen, B. v. 12. 4. 2002 – Az.: 1/SVK/024-02, 1/SVK/024-02g).

Dem öffentlichen Auftraggeber kann im Rahmen der von ihm anzustellenden Ermittlungen 11102 **nicht abverlangt werden,** sämtliche inhaltliche Versäumnisse eines oder mehrerer am Vergabeverfahren teilnehmender **Bieter zu heilen;** dies **verstieße auch** gegen die wichtigste Verpflichtung, die das Vergaberechtsänderungsgesetz den öffentlichen Auftraggebern auferlegt hat, **den Wettbewerbsgrundsatz** aus § 97 Abs. 1 GWB. Bestandteil des Wettbewerbs ist auch die vollständige, übersichtliche und nachvollziehbare Präsentation der eigenen Angebote und die Herausstellung der Vor- und ggf. Nachteile abweichender technischer Lösungen gegenüber dem Verwaltungsentwurf unter Berücksichtigung der speziellen subjektiven Anforderungen des Auftraggebers in jeweils vorliegenden Verfahren. Einem öffentlichen Auftraggeber kann keineswegs die Pflicht auferlegt werden, dass er **bei einem nicht vollständig als gleichwertig ausgestalteten Nebenangebot stets auf eine eventuell technisch mögliche Ergänzung zur Gleichwertigkeit hinwirkt;** eine solche Pflicht kann allenfalls im Zuge des Gleichbehandlungsgrundsatzes aus vorhergehenden entsprechenden Hinweisen an Mitbewerber resultieren (VK Brandenburg, B. v. 29. 5. 2002 – Az.: VK 19/02). Im Übrigen liegt es in der Risikosphäre des Bieters, ob ein Nebenangebot tatsächlich Gleichwertigkeit erreicht und damit berücksichtigungsfähig bleibt (VK Südbayern, B. v. 30. 8. 2002 – Az.: 29-07/02).

Die **Vergabestelle** ist also **nicht verpflichtet, mit eigenen Mitteln weitere Nachfor-** 11103 **schungen zur Gleichwertigkeit des Nebenangebots anzustellen.** Eigene Nachforschungen obliegen ihr **nur im Rahmen der verfügbaren Erkenntnisquellen und innerhalb der zeitlichen Grenzen der Zuschlags- und Angebotsfrist** (Brandenburgisches OLG, B. v. 20. 8. 2002 – Az.: Verg W 6/02; OLG Koblenz, B. v. 5. 9. 2002 – Az.: Verg 4/02; OLG Rostock, B. v. 5. 3. 2002 – Az.: 17 Verg 3/02; VK Baden-Württemberg, B. v. 21. 4. 2008 – Az.: 1 VK 10/08; VK Brandenburg, B. v. 24. 11. 2005 – Az.: 1 VK 69/05; B. v. 21. 12. 2004 – Az.: VK 64/04; 1. VK Bund, B. v. 25. 3. 2003 – Az.: VK 1–11/03; VK Rheinland-Pfalz, B. v. 31. 7. 2003 – Az.: VK 16/03, B. v. 7. 3. 2002 – Az.: VK 2/02; 1. VK Sachsen, B. v. 27. 6. 2005 – Az.: 1/SVK/064-05; B. v. 23. 1. 2004 – Az.: 1/SVK/160-03).

11104   Zwar ist es grundsätzlich denkbar, dass Nebenangebote nicht nur in fachlicher Hinsicht, sondern auch hinsichtlich ihrer Vertragsbedingungen vom Hauptangebot abweichen. Erforderlich ist aber in jedem Fall, dass der Bieter mit Angebotsabgabe die Nebenangebote so unterbreitet, dass der Auftraggeber in der Lage ist, die Gleichwertigkeit der Nebenangebote im Vergleich zu einem ausschreibungskonformen Hauptangebot festzustellen. Der **zumutbare Prüfungsaufwand eines Auftraggebers wird bei der Unterbreitung einer kompletten AGB aber überschritten**. Es ist ein anerkennenswertes Auftraggeberinteresse zu verhindern, dass über die Geltung von Vertragsbedingungen nachträglich Streit entsteht und den Prüfungsumfang im Vergabeverfahren im Interesse einer schnellen und reibungslosen Umsetzung des Investitionsvorhabens nicht ausufern zu lassen. Eine **derartige materielle Prüfung der Bedingungswerke kann der Vergabestelle und den weiteren Bietern nicht zugemutet werden** (VK Lüneburg, B. v. 11. 3. 2008 – Az.: VgK-05/2008).

11105   **116.9.5.4.3.4.4.5 Darlegungs- und Beweislast für die Gleichwertigkeit**. Ist **fraglich**, ob ein im Nebenangebot unterbreitetes technisches Alternativangebot in den jeweiligen Kriterien **gleichwertig** mit dem Vorschlag der ausschreibenden Stelle ist, so **geht dies zulasten des Bieters**. Auch wenn ausdrücklich Nebenangebote im Vergabeverfahren zugelassen sind, ist es dem **Auftraggeber nicht zuzumuten**, in jedem Einzelfall **dem Bieter den Nachweis über die Nicht-Gleichwertigkeit von dessen Angebot zu liefern** (VK Baden-Württemberg, B. v. 23. 6. 2003 – Az.: 1 VK 28/03, B. v. 7. 3. 2003 – Az.: 1 VK 06/03, 1 VK 11/03, B. v. 29. 10. 2002 – Az.: 1 VK 50/02).

11106   **116.9.5.4.3.4.4.6 Darlegung des Umfangs der Ersetzung des Hauptangebots**. Bei Nebenangeboten, die sich **nur auf einen Teil des Hauptangebotes beziehen**, muss **für die Vergabestelle erkennbar sein, welche Bestandteile des Hauptangebotes durch das Nebenangebot ersetzt oder verändert werden** sollen und welche Teile des Hauptangebotes unverändert weiter gelten sollen. Erfüllt ein Nebenangebot diese Anforderungen nicht, ist es unklar und widersprüchlich (VK Südbayern, B. v. 19. 3. 2002 – Az.: 06-02/02).

11107   Sind nach den Vorgaben der Vergabeunterlagen Nebenangebote oder Änderungsvorschläge, soweit sie Teilleistungen (Positionen) des Leistungsverzeichnisses beeinflussen (ändern, ersetzen, entfallen lassen, zusätzlich erfordern), nach Mengenansätzen und Einzelpreisen aufzugliedern, enthält dies die (formale) Anforderung, in einem Nebenangebot im Einzelnen auszuweisen, inwieweit Mengenansätze und Preise bei sämtlichen Positionen, auf die sich ein Änderungsvorschlag bezieht, beeinflusst werden. Dem Auftraggeber ist nicht zuzumuten, im Angebot nach zusätzlichen, durch ein Nebenangebot gegebenen Einsparungen zu forschen. Die Vergabestelle hätte aber, auch wenn sie ein zusätzliches Einsparungspotenzial erkannt hätte, von einer Berücksichtigung absehen müssen. Es ist nicht selbstverständlich oder zwingend, einen zusätzlichen Preisvorteil bei der Bewertung eines Sondervorschlags zu werten. Der Gesamtpreis muss sich nicht gewissermaßen automatisch weiter reduzieren. So konnte sich z.B. der Bieter vorbehalten haben, weitere Einsparungen nicht an den Auftraggeber weiterzureichen, sondern diese erlössteigernd einzusetzen. Dies ist zumal deswegen nicht auszuschließen, wenn der Bieter jene Einsparungen im Angebot nicht genannt hat und er ebenso wenig verpflichtet war, den Auftraggeber davon profitieren zu lassen. **Vom Bieter im Zusammenhang mit Nebenangeboten nicht aufgezeigte Einsparungen darf der Auftraggeber daher in der Regel nicht werten** (OLG Düsseldorf, B. v. 10. 12. 2008 – Az.: VII-Verg 51/08).

11108   **116.9.5.4.3.4.4.7 Zeitpunkt der Darlegung der Gleichwertigkeit**. Da die zwingende Ausschlussregelung des § 16 Abs. 3 VOL/A den Fall der fehlenden Darlegung der Gleichwertigkeit nicht erwähnt, greift die Regelung des § 16 Abs. 2 VOL/A; eine **Nachforderung fehlender Nachweise ist möglich**. Dies **entspricht auch dem Sinn und Zweck der Änderung der entsprechenden Vorschriften der VOL/A 2009**, nämlich die hohe Ausschlussrate zu reduzieren und einen umfassenden Wettbewerb sicher zu stellen.

11109   **116.9.5.4.3.4.5 Weitere Beispiele aus der Rechtsprechung**

– **Nebenangebote sind eigenständige Angebote mit dem technischen Inhalt des Hauptangebots**, soweit dieses unverändert Gegenstand des Nebenangebots wird, und den

Vergabe- und Vertragsordnung für Leistungen Teil A   VOL/A § 16   **Teil 4**

Änderungen gegenüber dem Hauptangebot. Wenn ein Bieter dann **nicht ankreuzt, dass der zum Hauptangebot eingeräumte Preisnachlass auch für die Nebenangebote gelte**, bedeutet dies, dass für diese Nebenangebote in ihrer jeweiligen Gesamtheit kein Nachlass gewährt wird (VK Baden-Württemberg, B. v. 13. 8. 2009 – Az.: 1 VK 37/09)

– **pauschale Äußerungen**, wie „es geht schon", oder „es wird eingehalten werden", aber auch „es gibt keine Auswirkungen", **reichen nicht als Nachweis der Einhaltung der Forderungen oder der Gleichwertigkeit** aus (VK Thüringen, B. v. 8. 4. 2003 – Az.: 216–4002. 20-002/03-J-S)

– ist **für den Auftraggeber nicht ohne Weiteres ersichtlich**, inwieweit die Vorschläge im Nebenangebot zu einer **Einsparung** führen können, ist er vielmehr **gezwungen, den Angebotsendpreis bei Einbeziehung der beiden Nebenangebote selbst zu ermitteln** und ist diese **Berechnung** angesichts der Länge des Leistungsverzeichnisses und der Tatsache, dass die Positionen im Nebenangebot unterschiedlichen Titeln zuzurechnen sind und sich die Zwischensummen auch entsprechend ändern, **sehr komplex** und bedarf einer erweiterten rechnerischen Überprüfung des gesamten Angebotes für jedes der beiden Nebenangebote, sind die Nebenangebote nicht eindeutig und nicht wertbar. Die Vergleichsrechnung kann der Bieter nicht auf den Auftraggeber abwälzen (1. VK Sachsen, B. v. 12. 6. 2003 – Az.: 1/SVK/054-03)

– **weicht ein Bieter von einem verbindlichen Terminplan** ab, ist das Nebenangebot **nicht gleichwertig** (VK Lüneburg, B. v. 4. 7. 2003 – Az.: 203-VgK-11/2003)

– den Anforderungen an ein Nebenangebot genügt ein Nebenangebot nicht, wenn der **Bieter ein Produkt anbietet, welches noch nicht existiert**, sondern sich nur in Prospekten wieder findet (1. VK Sachsen, B. v. 24. 4. 2003 – Az.: 1/SVK/031-03)

– als Auftraggeberin hat die Vergabestelle letztlich das Risiko für jede von ihr akzeptierte Lösung zu tragen. Es ist daher in ihren **Ermessensspielraum gestellt, ob sie sich für eine teurere, dafür aber risikoärmere Lösung oder für eine zwar preiswertere, dafür aber mit nicht absehbaren Risiken verbundene Lösung entscheiden** will. Unter Berücksichtigung der wissenschaftlichen Zwecke, denen die Räumlichkeiten mit ihren technischen Einrichtungen dienen sollen, hat sie sich ohne Verstoß gegen vergaberechtliche Vorschriften für die sichere Lösung entschieden und die Gleichwertigkeit der von dem Bieter vorgeschlagenen Lösung verneint (2. VK Bund, B. v. 18. 7. 2002 – Az.: VK 2–40/02)

– hat der Auftraggeber ausdrücklich eine **Aufschlüsselung des Nebenangebots nach Mengensätzen und Einheitspreisen gefordert** und bestimmt, dass Nebenangebote, die dieser Forderung nicht entsprechen, von der Wertung ausgeschlossen werden können, kann ein **Pauschalpreisnebenangebot nicht zur Wertung zugelassen** werden, weil Einheitspreise und Mengenangaben fehlen. Der Auftraggeber kann damit das Risiko einer Mehrvergütung – also bei einer erheblichen Abweichung von der vertraglich vorgesehenen Leistung – ebenso wenig prüfen wie das Risiko einer Mehrvergütung. **Auch bei Pauschalangeboten besteht das Risiko einer nachträglichen Preisanpassung** (VK Münster, B. v. 22. 8. 2002 – Az.: VK 07/02; OLG Frankfurt, B. v. 26. 3. 2002 – Az.: 11 Verg 3/01)

– in einem Pauschalpreis-Nebenangebot müssen **alle Fakten enthalten sein, die zur einwandfreien Ausführung der Leistung erforderlich werden**. Fehlt es an dieser Voraussetzung, ist es nicht wertbar (1. VK Sachsen, B. v. 13. 2. 2002 – Az.: 1/SVK/003-02)

– Nebenangebote sind mit den Vorgaben der Lieferung und des Einbaus von ungebrauchten Bauteilen nicht gleichwertig, wenn **gebrauchte Materialien verwendet werden** und z.B. wegen der Abnutzung und der Materialermüdung von einer verkürzten Restnutzungsdauer auszugehen ist (1. VK Bund, B. v. 19. 4. 2002 – Az.: VK 1–09/02)

116.9.5.5 Beurteilungsspielraum bei der Wertung von Nebenangeboten und Grenzen der Überprüfbarkeit der Wertungsentscheidung

Hinsichtlich der **Wertung von Nebenangeboten** ist der Vergabestelle ein **objektiver und subjektiver Beurteilungsspielraum** eingeräumt (OLG Brandenburg, B. v. 29. 7. 2008 – Az.: Verg W 10/08; OLG Celle, B. v. 3. 6. 2010 – Az.: 13 Verg 6/10; B. v. 10. 1. 2008 – Az.: 13 Verg 11/07; OLG Frankfurt, B. v. 7. 8. 2007 – Az.: 11 Verg 3/07, 4/07; OLG Hamm, B. v. 25. 10. 2005 – Az.: 24 U 39/05; OLG Naumburg, B. v. 8. 2. 2005 – Az.: 1 Verg 20/04; OLG Stuttgart, Urteil v. 30. 4. 2007 – Az.: 5 U 4/06; VK Arnsberg, B. v. 25. 3. 2009 – Az.: VK 04/09; VK Baden-Württemberg, B. v. 18. 10. 2005 – Az.: 1 VK 62/05; B. v. 25. 5.

11110

Teil 4 VOL/A § 16 Vergabe- und Vertragsordnung für Leistungen Teil A

2005 – Az.: 1 VK 25/05; VK Brandenburg, B. v. 16. 5. 2007 – Az.: 1 VK 13/07; B. v. 21. 9. 2005 – Az.: 2 VK 54/05; VK Lüneburg, B. v. 12. 6. 2007 – Az.: VgK-23/2007; B. v. 19. 4. 2005 – Az.: VgK-11/2005; VK Münster, B. v. 11. 2. 2010 – Az.: VK 29/09; VK Niedersachsen, B. v. 8. 1. 2010 – Az.: VgK-68/2009; VK Nordbayern, B. v. 15. 10. 2008 – Az.: 21.VK – 3194 – 48/08; B. v. 18. 7. 2007 – Az.: 21.VK – 3194 – 27/07; 1. VK Sachsen, B. v. 10. 11. 2006 – Az.: 1/SVK/096-06; VK Schleswig-Holstein, B. v. 7. 5. 2008 – Az.: VK-SH 05/08). Zwar gilt grundsätzlich, dass die Auslegung und Anwendung von unbestimmten Rechtsbegriffen einer vollständigen Nachprüfung unterliegt. Sofern aber im Einzelfall bei der Wertung von Angeboten ein Beurteilungsspielraum bzw. eine Bewertungsprärogative besteht, **können die Vergabekammer bzw. der Vergabesenat nicht ihre Wertung an die Stelle der Wertung der Vergabestelle setzen** (VK Nordbayern, B. v. 18. 7. 2007 – Az.: 21.VK – 3194 – 27/07). Dann wird lediglich geprüft, ob die **Verwaltung die gesetzlichen Grenzen eingehalten und dem Zweck der Ermächtigung entsprechend Gebrauch gemacht** hat. Es geht um die Gesamtschau zahlreicher, die Entscheidung beeinflussender Einzelumstände und somit um eine Wertung geht, die im Gegensatz zur Anwendung bloßer Verfahrensregeln der VOL/A einen angemessenen Beurteilungsspielraum voraussetzt. Hiernach ist bei der **Wertung von Nebenangeboten** eine **Überschreitung des gegebenen Bewertungsspielraums nur dann** anzunehmen, wenn das **vorgeschriebene Verfahren nicht eingehalten** wird, **nicht von einem zutreffenden und vollständig ermittelten Sachverhalt ausgegangen** wird, **sachwidrige Erwägungen in die Wertung einbezogen** werden oder der sich im Rahmen der Beurteilungsermächtigung haltende **Beurteilungsmaßstab nicht zutreffend angewandt** wird (OLG Celle, B. v. 3. 6. 2010 – Az.: 13 Verg 6/10; B. v. 10. 1. 2008 – Az.: 13 Verg 11/07; VK Arnsberg, B. v. 25. 3. 2009 – Az.: VK 04/09; VK Baden-Württemberg, B. v. 18. 10. 2005 – Az.: 1 VK 62/05; B. v. 25. 5. 2005 – Az.: 1 VK 25/05; B. v. 23. 6. 2003 – Az.: 1 VK 28/03, B. v. 20. 3. 2002 – Az.: 1 VK 4/02, B. v. 7. 3. 2003 – Az.: 1 VK 06/03, 1 VK 11/03; VK Berlin, B. v. 29. 6. 2004 – Az.: VK – B 1–24/04; 2. VK Bremen, B. v. 19. 2. 2003 – Az.: VK 2/03; VK Hessen, B. v. 14. 3. 2002 – Az.: 69 d – VK 07/2002; B. v. 16. 7. 2004 – Az.: 69 d – VK – 39/2004; VK Nordbayern, B. v. 15. 10. 2008 – Az.: 21.VK – 3194 – 48/08; VK Rheinland-Pfalz, B. v. 4. 6. 2002 – Az.: VK 14/02, B. v. 7. 3. 2002 – Az.: VK 2/02; 1. VK Sachsen, B. v. 10. 11. 2006 – Az.: 1/SVK/096-06; B. v. 26. 1. 2004 – Az.: 1/SVK/161-03, B. v. 4. 7. 2003 – Az.: 1/SVK/073-03, 1/SVK/073-03g; VK Schleswig-Holstein, B. v. 7. 5. 2008 – Az.: VK-SH 05/08; B. v. 17. 3. 2006 – Az.: VK-SH 02/06; B. v. 3. 11. 2004 – Az.: VK-SH 28/04).

116.9.5.6 Unterschiedliche Gutachteräußerungen

11111 Es steht im Ermessen der Vergabestelle, **im Falle sich widersprechender Gutachteräußerungen** sich auf **dasjenige Verfahren festzulegen, das die geringsten Risiken** birgt. Ein solche Entscheidung ist nicht ermessensfehlerhaft (Hanseatisches OLG Bremen, B. v. 4. 9. 2003 – Az.: Verg 5/2003).

116.9.5.7 Einheitliche Wertung eines Nebenangebotes?

11112 Ein einheitlich abgegebenes Nebenangebot kann, auch wenn es technisch in voneinander unabhängige Teile aufgegliedert werden kann und dies der Vergabestelle erkennbar war, **jedenfalls dann nicht teilweise gewertet werden, wenn der Bieter sein Einverständnis hierzu nicht mit dem Angebot zweifelsfrei zum Ausdruck gebracht hat** (OLG Dresden, B. v. 6. 6. 2002 – Az.: WVerg 0005/02).

116.9.5.8 Rechtsfolge der fehlenden Gleichwertigkeit

11113 Die **Rechtsprechung** ist insoweit **nicht einheitlich**.

11114 Nach einer Auffassung darf **ein nicht gleichwertiges Angebot in die Wertung nur dann einbezogen werden, wenn eine Wettbewerbsverzerrung mit Sicherheit ausgeschlossen werden kann**. Es muss gesichert sein, dass nicht ein anderer Anbieter in Kenntnis des Umstandes, dass der Auftraggeber auch einen geänderten Standard der Leistung akzeptiert, ein noch günstigeres Angebot abgegeben hätte. Eine Leistungsmodifizierung darf jedoch den Regelungssinn des Änderungsverbots nach § 15 VOL/A nicht unterlaufen, nämlich die Sicherstellung eines ordnungsgemäßen Wettbewerbs. Demnach ist eine **Leistungsmodifizierung bei Zuschlagserteilung nicht möglich, wenn diese zu einer völligen Umgestaltung der ausgeschriebenen Leistung** und damit zu einer Wettbewerbsverzerrung führen würde (VK Nordbayern, B. v. 6. 4. 2004 – Az.: 320.VK-3194-09/04).

11115 Nach einer anderen Auffassung darf dann, wenn die **Gleichwertigkeit zu verneinen ist, das Nebenangebot nicht berücksichtigt werden**, da andernfalls eine nachträgliche Abwandlung des ursprünglichen Anforderungsprofils durch die Vergabestelle gegeben wäre, die in Widerspruch zum Gebot der Gleichbehandlung aller Bieter steht (VK Südbayern, B. v. 9. 9. 2003 – Az.: 38-08/03).

116.9.5.9 Wertung eines Pauschalpreisangebotes als Nebenangebot

Vgl. dazu die **Kommentierung zu** → **§ 8 VOL/A Rdn. 63**. 11116

116.9.5.10 Umdeutung eines wegen Änderungen unzulässigen Angebots in ein Nebenangebot

Vgl. dazu die Kommentierung → Rdn. 492. 11117

116.9.5.11 Umdeutung eines Nebenangebots in ein zweites Hauptangebot

Hat ein **Bieter sein Nebenangebot sprachlich als solches eindeutig bezeichnet und auf besonderer Anlage abgegeben, ist es dem Auftraggeber nicht möglich, dieses in ein „zweites Hauptangebot" umzudeuten.** Eine solch eigenmächtige Qualifizierung des Nebenangebotes als Hauptangebot kommt allenfalls in Betracht, wenn aus einer Erklärung des Bieters oder aus der äußeren Gestaltung des Angebotes erkennbar ist, dass der Bieter hier ein zweites Hauptangebot hat abgeben wollen. Hinzu kommt, dass es Sache des Bieters ist, zu entscheiden, ob er ein Haupt- oder ein Nebenangebot abgeben möchte. Will der Bieter ein Nebenangebot abgeben, so darf die Vergabestelle sich keine Korrekturfunktion anmaßen und ein als solches gewolltes Nebenangebot in ein Hauptangebot umdeuten. Der **Wille, ein (zweites) Hauptangebot abzugeben, muss im Angebot selbst deutlich werden** (1. VK Sachsen, B. v. 5. 2. 2007 – Az.: 1/SVK/125-06). 11118

116.9.5.12 Literatur

– Bartl, Harald, Zur falschen Praxis bei Nebenangeboten und Änderungsvorschlägen, WRP 2004, 712 11119

– Wagner, Volkmar/Steinkemper, Ursula, Bedingungen für die Berücksichtigung von Nebenangeboten und Änderungsvorschlägen, NZBau 2004, 253

– Wirner, Helmut, Nebenangebote und Änderungsvorschläge bei der Vergabe öffentlicher Bauaufträge in der Entscheidungspraxis der Vergabekammern und Oberlandesgerichte, ZfBR 2005, 152

116.9.6 Wertung von Preisnachlässen

116.9.6.1 Regelung in der VOL/A

Im Gegensatz zur VOB/A 2009 trifft die **VOL/A 2009 keine Regelung** über mögliche Inhalte und die Wertung von Preisnachlässen. 11120

116.9.6.2 Begriff

Preisnachlass bedeutet einen **prozentualen oder als Euro-Betrag angebotenen Abzug von der Angebots- oder Abrechnungssumme** (VK Brandenburg, B. v. 21. 10. 2002 – Az.: VK 55/02). 11121

116.9.6.3 Zulässigkeit von Preisnachlässen

Es ist für die Auswirkung eines zulässigen Preisnachlasses ohne Bedingung letztlich ohne Belang, ob dieser von vornherein im Preis mit einbezogen wird oder an gesonderter Stelle auf den Einheitspreis/Endpreis ausdrücklich gewährt wird. Eine Regelung, die von den **Bietern verlangt, Preisnachlässe und Skonti in die Einheitspreise einzukalkulieren, beschwert die Bieter daher nicht** (VK Lüneburg, B. v. 12. 11. 2001 – Az.: 203-VgK-19/2001). 11122

116.9.6.4 Preisnachlässe ohne Bedingungen

Ein unbedingter Preisnachlass liegt vor, wenn der **Auftraggeber gegen einen geringeren Preis genau das erhalten soll** was er nach dem Inhalt seiner Ausschreibung erwartet (2. VK Mecklenburg-Vorpommern, B. v. 27. 11. 2001 – Az.: 2 VK 15/01; 1. VK Sachsen, B. v. 10. 11. 2006 – Az.: 1/SVK/096-06). 11123

116.9.6.5 Preisnachlässe mit Bedingungen

11124 **116.9.6.5.1 Preisnachlässe mit Bedingungen, deren Erfüllung im Einflussbereich des Bieters liegen.** Ein Nachlass, der unter der **Bedingung** steht, die der **Nachlassgewährende bestimmen oder beeinflussen kann** (z. B. ein **Preisnachlass**, der sich an die Durchführung einzelner Teile der vom Bieter auszuführenden Liefer- oder Dienstleistung knüpft), verfälscht den **Wettbewerb und kann nicht hingenommen werden**. Das Nebenangebot kann im Wettbewerb mit anderen Bietern nicht herangezogen werden, da eine Wertung zu Wettbewerbsverzerrungen der Vergabeentscheidung führen würde (VK Baden-Württemberg, B. v. 7. 3. 2003 – Az.: 1 VK 06/03, 1 VK 11/03, B. v. 31. 10. 2001 – Az.: 1 VK 36/01).

11125 **116.9.6.5.2 Preisnachlässe mit Bedingungen, deren Erfüllung im Einflussbereich des Auftraggebers liegen. 116.9.6.5.2.1 Grundsätze.** Bei der Frage der Berücksichtigung von Preisnachlässen mit Bedingungen kommt es auf die **faktische Erfüllbarkeit der Bedingung durch den Auftraggeber** an (VK Baden-Württemberg, B. v. 31. 10. 2001 – Az.: 1 VK 36/01). Diese ist dann **nicht gegeben, wenn sich der Eintritt der Bedingung einer exakten Vorhersage (Beurteilung) durch den Auftraggeber entzieht**. Denn es vermag nicht zu überzeugen, wenn der Auftraggeber aufgrund seiner Einschätzung den Preisnachlass wertet, sich dadurch die Bieterrangfolge verschiebt und am Ende vielleicht der Nachlass gar nicht genutzt werden kann, weil die Bedingung nicht eingetreten ist. Konsequenterweise kann deshalb ein Angebot nicht gewertet werden, wenn es die Erfüllung der ausgeschriebenen Leistung mit Bedingungen verknüpft, deren Eintritt ungewiss ist (VK Brandenburg, B. v. 21. 10. 2002 – Az.: VK 55/02).

11126 **116.9.6.5.2.2 Skonto. 116.9.6.5.2.2.1 Begriff.** Skonto bedeutet einen **prozentualen Abzug vom Rechnungsbetrag**, der **bei sofortiger oder kurzfristiger** (hinsichtlich des Zeitraums im Einzelnen festgelegter) **Zahlung gewährt** wird (VK Baden-Württemberg, B. v. 7. 3. 2003 – Az.: 1 VK 06/03, 1 VK 11/03). Bei der **Skontoabrede handelt es sich also um einen aufschiebend bedingten Teilerlass der Forderung für den Fall fristgerechter Zahlung**. Ausgangspunkt ist stets der von den Parteien des Vertrags ausgehandelte Preis als Forderung für eine bestimmte Leistung. Der Skonto ist die Inaussichtstellung einer Prämie für zügige bzw. fristgerechte Zahlung, also eine Zahlungsmodalität, die weder die rechtlichen Rahmenbedingungen für die Ausführung der Leistung noch den Preis als solchen ändert (BayObLG, B. v. 9. 9. 2004 – Az.: Verg 018/04).

11127 **116.9.6.5.2.2.2 Wertung eines handelsüblichen Skontoangebots bei genehmigungsbedürftigen Postdienstleistungen.** Ein **Angebot mit einem handelsüblichen Skonto bei genehmigungsbedürftigen Postdienstleistungen widerspricht auch dann nicht der erteilten Entgeltgenehmigung, wenn in der Entgeltgenehmigung von der Genehmigung eines Skontos nicht die Rede ist**. Ein solches Skonto muss jedenfalls in einem üblichen Rahmen auch nicht genehmigt werden. Sinn der Entgeltgenehmigung ist es, durch das in § 20 Abs. 1 PostG enthaltene Konzept zur Kostenkontrolle **sowohl einen Preishöhenmissbrauch als auch einen Preisbehinderungsmissbrauch als auch einen Diskriminierungsmissbrauch auszuschließen**. Deshalb dürfen gemäß § 20 Abs. 2 Nr. 2 PostG genehmigungsbedürftige Entgelte keine Abschläge enthalten, die die Wettbewerbsmöglichkeiten anderer Unternehmen in missbräuchlicher Weise beeinträchtigen. Diese **Voraussetzungen liegen bei der Gewährung eines handelsüblichen Skontos nicht vor**. Der Sinn der durchgeführten Kostenkontrolle wird nicht dadurch zerstört, dass für die rechtzeitige Zahlung ein Abzug in Form eines Skontos vorgenommen wird. Ein Skonto ist kein niedrigerer Preis, sondern ein bedingter Teilerlass für den Fall, dass der Auftraggeber fristgerecht oder sogar verfrüht zahlt. Deshalb sind Skonti grundsätzlich bei der Wertung der Angebote nicht zu berücksichtigen. Die **Gewährung eines Skontos wird in den Entgeltgenehmigungen auch an keiner Stelle abgehandelt oder abgefragt. In einem anderen preisgebundenen Markt, dem Buchmarkt, ist ein Skontoverbot im Buchpreisbindungsgesetz ausdrücklich ausgesprochen**. Eine entsprechende Regelung fehlt im Postgesetz. Auch wenn es hier die Bedingungen des Mustervertrages nahe legen, dass eine Zahlung innerhalb des Skonto-Zeitraumes regelmäßig erfolgen wird, ist es für den Bieter nicht absehbar, ob die Skontogewährung auch tatsächlich eintritt (OLG München, B. v. 29. 11. 2007 – Az.: Verg 13/07).

11128 **116.9.6.5.2.3 Andere Preisnachlässe mit sonstigen Bedingungen.** Durch die Bedingung **darf keine unzulässige Änderung der Verdingungsunterlagen bewirkt** werden (VK Baden-Württemberg, B. v. 15. 7. 2004 – Az.: 1 VK 34/04, B. v. 7. 3. 2003 – Az.: 1 VK 06/03, 1 VK 11/03).

Vergabe- und Vertragsordnung für Leistungen Teil A VOL/A § 16 **Teil 4**

Die Bedingung – **Einräumung eines Nachlasses nur für den Fall, dass der Bieter** 11129
nicht ohnehin zum Zuge kommt – ist offensichtlich unvereinbar mit dem vergaberechtlichen Wettbewerbsprinzip und daher schon aus diesem Grund **unzulässig** (BayObLG, B. v. 21. 8. 2002 – Az.: Verg 21/02; 1. VK Sachsen, B. v. 21. 5. 2004 – Az.: 1/SVK/036-04).

116.9.6.6 Missverständliche und widersprüchliche Preisnachlässe

116.9.6.6.1 Grundsatz. Gerade weil auslegungsbedürftige Preisnachlässe von Bietern die 11130
Transparenz des Vergabeverfahrens beeinträchtigen können, sind **missverständliche Preisnachlässe** („Gesamtrabatt") **unzulässig**, sodass ein Ausschlussgrund vorliegt (LG Chemnitz, Urteil v. 23. 5. 2002 – Az.: 10 4857/01; im Ergebnis ebenso VK Baden-Württemberg, B. v. 7. 3. 2003 – Az.: 1 VK 06/03, 1 VK 11/03).

Hat ein Bieter in seinem Anschreiben zum Angebot sowie auf dem Formblatt EVM (L) Ang 11131
jeweils einen Preisnachlass in Höhe von 10% eingetragen, aber – dem widersprechend – in seiner Erläuterung zum Komplettangebot die Höhe des Nachlasses mit jeweils 8% angegeben und das Zustandekommen dieses Preisnachlasses erläutert, handelt es sich um ein **widersprüchliches Angebot**, das **zwingend auszuschließen** ist (OLG Naumburg, B. v. 30. 7. 2004 – Az.: 1 Verg 10/04).

116.9.6.6.2 Weitere Beispiele aus der Rechtsprechung 11132

– bei Unklarheit darüber, ob der Nachlass sich **auf** einen **Brutto- oder Nettobetrag bezieht**, kann der Nachlass **nicht gewertet** werden (VK Thüringen, B. v. 9. 4. 2002 – Az.: 216–4002.20- 009/02-EF-S)

– bei einem Angebot mit dem Inhalt „**bei Vergabe mehrerer Lose gemeinsam gewähren wir einen Nachlass von 3%** auf die Angebotssumme" kann aus der Nachlassofferte nicht geschlossen werden, ob der Nachlass für das Gesamtangebot aller Lose gelten soll (VK Nordbayern, B. v. 26. 10. 2001 – Az.: 320.VK-3194-37/01)

116.9.6.7 Vom Auftraggeber ausgeschlossene Pauschalnachlässe

Gibt ein Auftraggeber nach seinen Bewerbungsbedingungen **vor, dass Nachlässe ohne** 11133
Bedingung nur als Vomhundertsatz auf die Abrechnungssumme gewertet werden und gibt ein Beter einen **Pauschalnachlass** an, entspricht dieser nicht den von der Vergabestelle vorgegebenen Forderungen laut Bewerbungsbedingungen; er ist **damit nicht zu werten** (VK Thüringen, B. v. 15. 6. 2006 – Az.: 360–4002.20–024/06-J-S).

116.9.6.8 Unzulässige Preisnachlässe bei der Beschaffung von preisgebundenen Schulbüchern

Nachlässe beim Kauf preisgebundener Schulbücher einzuräumen, ist den Buch- 11134
händlern indessen ebenso verboten, wie sie sich nicht darauf einlassen dürfen, dass der Käufer abweichend von dem bindenden, als Barzahlungspreis zu verstehenden **Endpreis nach § 5 BuchpreisbindG einen Skontobetrag abzieht**. Diese Bestimmung verbietet nach Wortlaut, Entstehungsgeschichte und Sinn des Gesetzes auch, dass der Käufer – statt den sofort fälligen vom Verleger festgesetzten Endpreis zu entrichten – für sich ein Zahlungsziel beansprucht und für den Fall, dass er diese Frist nicht ausschöpft, einen Abzug von dem verbindlichen Endpreis vornimmt. Wie den u. a. in § 5 Abs. 4 Nr. 6 BuchpreisbindG ergibt, geht das Gesetz davon aus, dass der Endpreis, der für die gewerbsmäßigen Verkäufer von Büchern an Letztabnehmer bindend ist, der sofort zu entrichtende Preis ist; bei einem kreditweisen Verkauf darf er anders festgesetzt werden, indem der Barzahlungspreis um im voraus bestimmte Teilzahlungszuschläge erhöht wird. Damit wird dem Umstand Rechnung getragen, dass der Verzicht des Buchhändlers auf den sofortigen Ausgleich der Rechnung bei Fälligkeit, d. h. bei Auslieferung der Ware, die Einräumung eines Kredits darstellt, der bei fehlender Gegenleistung zu einer verbotenen Unterschreitung des gebundenen Preises führt. Diese Auslegung des Gesetzes entspricht nicht nur der Begründung, sondern auch der Entstehungsgeschichte des Gesetzes. Dieses sollte u. a. im Hinblick auf europarechtliche Bedenken die in Jahrzehnten gewachsene Buchpreisbindung in Deutschland auf eine rechtssichere Grundlage stellen. Ein wesentliches Kennzeichen dieser Buchpreisbindung war das an alle Buchhändler gerichtete, durch Sammel- oder Einzelrevers eingeführte Verbot, Bücher ohne Zustimmung des Verlegers unter Gewährung eines Barzahlungsnachlasses zu verkaufen. **Daran ändert auch nichts, dass bis zum Inkrafttreten des Buchpreisbindungsgesetzes Buchhändler nicht immer sofort Bezahlung des festgesetzten Preises gefordert, sondern mitunter bis zu 60 Tage zugewartet haben, ehe sie auf einen Ausgleich der Rechnung gedrungen haben.** Wenn

die Verleger und Wettbewerber gegen diese den vereinbarten Regeln widersprechende Vorgehensweise nicht eingeschritten sind, bedeutet dies weder, dass sich die Buchhändler ordnungsgemäß verhalten haben, noch hat sich daraus die Übung ergeben können, dass Bücher auf Kredit verkauft und bei sofortiger Bezahlung ein Barzahlungsrabatt gewährt werden durfte (BGH, Urteil vom 24. 6. 2003 – Az.: KZR 32/02).

11135 Gemäß § 7 Abs. 3 BuchPrG sind bei der Beschaffung von preisgebundenen Schulbüchern **Nachlässe für bestimmte Absatzmengen** einzuräumen. **Weitere zusätzliche wirtschaftliche Vergünstigungen sind ausgeschlossen, weil § 7 Abs. 3 BuchPrG einen abschließenden Tatbestand darstellt** und weder durch die Einräumung von Skonto noch durch die Gewährung anderer Zahlungsziele umgangen werden darf. Alle wirtschaftlichen Vergünstigungen, die zur Unterschreitung des durch § 7 Abs. 3 BuchPrG gebundenen Preises führen, stellen eine unzulässige Umgehung dar. § 7 BuchPrG regelt abschließend die Fälle, in denen beim Verkauf von Büchern keine Bindung an den gemäß § 5 festgesetzten Preis an Letztabnehmer besteht. **Die in Absatz 3 geregelten Schulbuchnachlässe sind ein Spezialfall der Mengennachlässe, die den Besonderheiten des Schulbuchgeschäfts Rechnung tragen.** Andere oder weitergehende Mengennachlässe oder Nachlässe sind im Bereich des Schulbuchgeschäfts unzulässig (VK Münster, B. v. 15. 5. 2007 – Az.: VK 11/07).

11136 Es ergibt sich auch nicht aus § 4 Abs. 3 VO PR Nr. 30/53, dass bestimmte Vorteile, wozu insbesondere Mengenrabatte gehören, an den öffentlichen Auftraggeber weiterzugeben sind. Die **Nachlassstaffel in § 7 Abs. 3 BuchPrG geht zwar auf die o. g. Vorschrift zurück; diese ist aber hier nicht unmittelbar anwendbar, weil die VO PR Nr. 30/53 nur für die Ermittlung von Preisen im Rahmen des allgemeinen Preisrechts gilt. Kann hingegen der Marktpreis im Wettbewerb, also durch eine Ausschreibung ermittelt werden, kommt die VO PR Nr. 30/53 überhaupt nicht zur Anwendung.** Im Bereich der preisgebundenen Schulbücher gibt es weiterhin den Wettbewerb, so dass § 4 Abs. 3 VO PR Nr. 30/53 hier nicht anwendbar ist (VK Münster, B. v. 15. 5. 2007 – Az.: VK 11/07).

116.9.7 Besondere Hinweise für die Wertung von Angeboten mit Medizinprodukten, deren Übereinstimmung mit der Richtlinie 93/42 bestätigt wurde

11137 Wenn **angebotene Produkte beim öffentlichen Auftraggeber trotz CE-Kennzeichnung Bedenken hinsichtlich der Gesundheit oder Sicherheit der Patienten wecken**, verwehren es der Grundsatz der Gleichbehandlung der Bieter und die Pflicht zur Transparenz, die unabhängig davon gelten, ob die Richtlinie 93/36 anwendbar ist, zur Verhinderung von Willkür **dem betreffenden öffentlichen Auftraggeber, selbst das fragliche Angebot direkt abzulehnen, und verpflichten ihn dazu, ein Verfahren wie das Schutzverfahren nach Art. 8 der Richtlinie 93/42 einzuhalten**, das eine objektive und unabhängige Beurteilung und Kontrolle der geltend gemachten Risiken gewährleistet. Darüber hinaus ist dem öffentlichen Auftraggeber nach diesem Grundsatz und dieser Verpflichtung **untersagt, ein den Anforderungen der Ausschreibung genügendes Angebot unter Berufung auf Gründe abzulehnen, die nicht in der Ausschreibung vorgesehen sind und die nach Einreichung dieses Angebots angeführt werden.** Ist der öffentliche Auftraggeber der Ansicht, dass das Material die öffentliche Gesundheit gefährden kann, so ist er verpflichtet, zum **Zweck der Durchführung des genannten Schutzverfahrens die zuständige nationale Stelle zu unterrichten** (EuGH, Urteil vom 19. 3. 2009 – Az.: C-489/06; Urteil vom 14. 6. 2007 – Az.: C-6/05).

116.9.8 Besondere Hinweise für die Prüfung und Wertung von Angeboten bei der Ausschreibung von Personenbeförderungsleistungen

11138 Ein **Auftraggeber kann sich mit nachvollziehbaren Gründen** (gute Testnoten, Verfügbarkeit auch für kleinere Unternehmen, Funktion „Zwischenziele") **für den Routenplaner „google maps"** zur Verwendung im Rahmen der Prüfung und Wertung von Angeboten über Beförderungsleistungen entscheiden; eine **entsprechende Prüfung und Wertung ist insbesondere dann vertretbar**, wenn er die Ergebnisse sogar mit weiteren Routenplanern nachvollzogen, den Bietern günstige Einstellungen gewählt und einen großzügigen Sicherheitsabschlag für etwaige Abweichungen einberechnet hat (VK Niedersachsen, B. v. 17. 6. 2010 – Az.: VgK-28/2010).

Ein **Abfahren der Touren** ist ein auch angesichts des stets im Vergaberecht zu beachtenden Grundsatzes der Gleichbehandlung der Bieter **nicht zu realisierender Aufwand** (VK Niedersachsen, B. v. 17. 6. 2010 – Az.: VgK-28/2010).

117. § 17 VOL/A – Aufhebung von Vergabeverfahren

(1) **Die Vergabeverfahren können ganz oder bei Vergabe nach Losen auch teilweise aufgehoben werden, wenn**

a) **kein Angebot eingegangen ist, das den Bewerbungsbedingungen entspricht,**

b) **sich die Grundlagen der Vergabeverfahren wesentlich geändert haben,**

c) **sie kein wirtschaftliches Ergebnis gehabt haben,**

d) **andere schwerwiegende Gründe bestehen.**

(2) **Die Bewerber oder Bieter sind von der Aufhebung der Vergabeverfahren unter Bekanntgabe der Gründe unverzüglich zu benachrichtigen.**

117.1 Änderungen in der VOL/A 2009

Der Geltungsbereich der Vorschrift umfasst nach dem Wortlaut die **Vergabeverfahren, also nicht nur Ausschreibungen, sondern auch z. B. freihändige Vergaben.**

Die **Gründe für eine vollständige Aufhebung bzw. die Aufhebung von Losen** wurden zusammengefasst.

Die **Mitteilungspflicht** des Auftraggebers über die Aufhebung wurde **auf die Bewerber ausgedehnt.**

117.2 Vergleichbare Regelungen

Der **Vorschrift des § 17 VOL/A vergleichbar** sind im Bereich der VOL/A **§ 20 EG VOL/A** und im Bereich der VOB **§§ 17, 17 a VOB/A**. Die Kommentierungen zu diesen Vorschriften können daher ergänzend zu der Kommentierung des § 17 herangezogen werden.

117.3 Bieterschützende Vorschrift

Wie § 107 Abs. 2 Satz 1 GWB entnommen werden kann, ist das Verfahren vor der Vergabekammer eröffnet, wenn die Einhaltung von Vergabevorschriften nachzuprüfen sein kann, deren Nichtbeachtung Unternehmen in ihren Rechten nach § 97 Abs. 7 GWB verletzen kann. **Damit kann auch die Aufhebung einer im offenen Verfahren erfolgten Ausschreibung eines öffentlichen Liefer- oder Dienstleistungsauftrags nicht außerhalb der Nachprüfung im Verfahren nach §§ 107 ff. GWB stehen.** Diese Maßnahme kann nämlich der Regelung in § 17, § 20 EG VOL/A widersprechen, bei der es sich um eine Bestimmung über das Vergabeverfahren handelt, auf deren Einhaltung Unternehmen nach § 97 Abs. 7 GWB Anspruch haben. Insoweit besteht Einigkeit, dass jedenfalls solche Bestimmungen § 97 Abs. 7 GWB unterfallen, die (auch) zum Schutz wohlberechtigter Interessen von am Vergabeverfahren teilnehmenden oder daran interessierten Unternehmen aufgestellt worden sind. **Um solch eine Bestimmung handelt es sich bei der Regelung in § 17 Abs. 1, § 20 EG Abs. 1 VOL/A.** § 17 Abs. 1 mag zwar ursprünglich allein aus haushaltsrechtlichen Gründen Aufnahme in die VOL/A gefunden haben, um haushaltsrechtlich gebundenen Auftraggebern eine kostenfreie Loslösung von einer einmal eingeleiteten Ausschreibung zu ermöglichen. Jedenfalls durch die Verbindlichkeit, die § 17 Abs. 1, § 20 EG Abs. 1 VOL/A infolge § 4 VgV für Verfahren zur Vergabe öffentlicher Liefer- und Dienstleistungsaufträge im Anwendungsbereich des § 100 GWB erlangt hat, beinhaltet diese Regelung jedoch in diesem Bereich ein vergaberechtliches Gebot, ein Vergabeverfahren nur aus den dort genannten Gründen aufzuheben. Dieses **Gebot hat bieterschützende Wirkung.** Es dient dazu sicherzustellen, dass die Aufhebung der Ausschreibung nicht als Maßnahme der Diskriminierung einzelner Bieter missbraucht werden kann, weil hiernach die Aufhebung der Ausschreibung nur in ganz engen Ausnahmefällen vergabe-

Teil 4 VOL/A § 17   Vergabe- und Vertragsordnung für Leistungen Teil A

rechtlich zulässig ist (BGH, B. v. 18. 2. 2003 – Az.: X ZB 43/02; OLG Koblenz, B. v. 10. 4. 2003 – Az.: 1 Verg 01/03; VK Baden-Württemberg, B. v. 28. 10. 2008 – Az.: 1 VK 39/08; VK Brandenburg, B. v. 30. 7. 2002 – Az.: VK 38/02; 2. VK Bund, B. v. 15. 6. 2004 – Az.: VK 2-40/03; 3. VK Bund, B. v. 16. 3. 2007 – Az.: VK 3–13/07; VK Düsseldorf, B. v. 28. 9. 2007 – Az.: VK – 27/2007 – B; VK Hessen, B. v. 10. 6. 2004 – Az.: 69 d – VK – 27/2004; B. v. 10. 6. 2004 – Az.: 69 d – VK – 28/2004; 1. VK Sachsen, B. v. 5. 9. 2002 – Az.: 1/SVK/073-02; VK Schleswig-Holstein, B. v. 4. 2. 2008 – Az.: VK-SH 28/07; B. v. 26. 7. 2006 – Az.: VK-SH 11/06; B. v. 28. 4. 2006 – Az.: VK-SH 05/06; B. v. 28. 4. 2006 – Az.: VK-SH 04/06; B. v. 28. 4. 2006 – Az.: VK-SH 03/06; B. v. 14. 9. 2005 – Az.: VK-SH 21/05; VK Südbayern, B. v. 29. 1. 2007 – Az.: Z3-3-3194-1-37–11/06; B. v. 15. 12. 2006 – Az.: 34-11/06; B. v. 23. 11. 2006 – Az.: 32-10/06).

117.4 Sinn und Zweck der Vorschrift

11145   Die Bestimmungen über die Aufhebung der Ausschreibung (§ 17, § 20 EG VOL/A) **dienen neben einem Schutz der Bieter vor einer nutzlosen Erstellung zeit- und kostenintensiver Angebote auch der Diskriminierungsabwehr** (BayObLG, B. v. 15. 7. 2002 – Az.: Verg 15/02; VK Düsseldorf, B. v. 28. 9. 2007 – Az.: VK – 27/2007 – B; VK Schleswig-Holstein, B. v. 23. 10. 2009 – Az.: VK-SH 14/09; VK Südbayern, B. v. 29. 7. 2009 – Az.: Z3-3-3194-1-27-05/09; B. v. 21. 7. 2008 – Az.: Z3-3-3194-1-23–06/08; B. v. 6. 6. 2007 – Az.: Z3-3-3194-1-19-05/07; B. v. 29. 1. 2007 – Az.: Z3-3-3194-1-37–11/06; B. v. 15. 12. 2006 – Az.: 34-11/06; B. v. 23. 11. 2006 – Az.: 32-10/06), da sie den **Auftraggeber daran hindern, die Voraussetzungen für ein Verhandlungsverfahren zu schaffen** (VK Südbayern, B. v. 6. 6. 2007 – Az.: Z3-3-3194-1-19-05/07).

117.5 Geltungsbereich

117.5.1 Änderung in der VOL/A 2009

11146   Der Geltungsbereich der Vorschrift umfasst nach dem Wortlaut die **Vergabeverfahren, also nicht nur Ausschreibungen, sondern auch z. B. freihändige Vergaben**.

11147   Demgegenüber erfasst die vergleichbare Vorschrift des **§ 17 VOB/A nach dem Wortlaut nur Ausschreibungen**.

117.6 Aufhebung als Ermessensentscheidung

11148   Eine Aufhebungsentscheidung nach § 17 VOL/A steht im **Ermessen der Vergabestelle** (BGH, B. v. 10. 11. 2009 – Az.: X ZB 8/09; KG Berlin, B. v. 21. 12. 2009 – Az.: 2 Verg 11/09; OLG Bremen, B. v. 17. 3. 2003 – Az.: Verg 2/2003; OLG Celle, B. v. 10. 6. 2010 – Az.: 13 Verg 18/09; OLG Düsseldorf, B. v. 9. 6. 2010 – Az.: VII-Verg 14/10; B. v. 4. 7. 2005 – Az.: VII – Verg 35/05; OLG Koblenz, B. v. 8. 12. 2008 – Az.: 1 Verg 4/08; B. v. 23. 12. 2003 – Az.: 1 Verg 8/03; OLG München, B. v. 29. 9. 2009 – Az.: Verg 12/09; B. v. 29. 3. 2007 – Az.: Verg 02/07; OLG Naumburg, B. v. 26. 10. 2005 – Az.: 1 Verg 12/05; Thüringer OLG, B. v. 20. 6. 2005 – Az.: 9 Verg 3/05; BayObLG, B. v. 17. 2. 2005 – Verg 027/04; VK Baden-Württemberg, B. v. 28. 10. 2008 – Az.: 1 VK 39/08; 1. VK Brandenburg, B. v. 18. 1. 2007 – Az.: 1 VK 41/06; 2. VK Brandenburg, B. v. 28. 6. 2005 – Az.: VK 20/05; 1. VK Bund, B. v. 14. 2. 2008 – Az.: VK 1–12/08; B. v. 10. 4. 2007 – Az.: VK 1–20/07; 2. VK Bund, B. v. 28. 6. 2007 – Az.: VK 2–60/07; 3. VK Bund, B. v. 20. 6. 2007 – Az.: VK 3–55/07; VK Düsseldorf, B. v. 28. 9. 2007 – Az.: VK – 27/2007 – B; B. v. 2. 3. 2007 – Az.: VK – 05/2007 – L; VK Münster, B. v. 28. 5. 2010 – Az.: VK 4/10; B. v. 13. 12. 2005 – Az.: VK 24/05; VK Nordbayern, B. v. 8. 7. 2010 – Az.: 21.VK – 3194 – 22/10; VK Schleswig-Holstein, B. v. 6. 10. 2005 – Az.: VK-SH 27/05; VK Südbayern, B. v. 29. 7. 2009 – Az.: Z3-3-3194-1-27-05/09; B. v. 21. 7. 2008 – Az.: Z3-3-3194-1-23–06/08; B. v. 29. 1. 2007 – Az.: Z3-3-3194-1-37–11/06; B. v. 15. 12. 2006 – Az.: 34-11/06; B. v. 23. 11. 2006 – Az.: 32-10/06; B. v. 14. 12. 2004 – Az.: 70-10/04; B. v. 14. 12. 2004 – Az.: 69-10/04; B. v. 14. 12. 2004 – Az.: 68-10/04; B. v. 13. 7. 2004 – Az.: 46-06/04; B. v. 13. 7. 2004 – Az.: 39-05/04). Ein **Bieter** hat – auch wenn ein Aufhebungsgrund vorliegen mag – **keinen Anspruch auf Aufhebung, sondern nur auf ermessensfehlerfreie Entscheidung** der Vergabestelle (BGH, B. v. 10. 11. 2009 – Az.: X ZB 8/09; OLG Düsseldorf, B. v. 9. 6. 2010 – Az.: VII-Verg 14/10).

Vergabe- und Vertragsordnung für Leistungen Teil A VOL/A § 17 **Teil 4**

117.7 Pflicht zur Aufhebung

117.7.1 Rechtsprechung

Dieses **Ermessen kann** – wie sonst auch – **mit dem Ergebnis auf Null reduziert** sein, 11149
dass nur eine Aufhebung – als **ultima ratio** – ermessensfehlerfrei wäre (KG Berlin, B. v. 21. 12.
2009 – Az.: 2 Verg 11/09; OLG Dresden, B. v. 28. 3. 2006 – Az.: WVerg 0004/06; B. v. 6. 6.
2002 – Az.: WVerg 0005/02; OLG Koblenz, B. v. 8. 12. 2008 – Az.: 1 Verg 4/08; OLG Naumburg, B. v. 26. 10. 2005 – Az.: 1 Verg 12/05; VK Baden-Württemberg, B. v. 5. 9. 2005 – Az.: 1
VK 51/05; 1. VK Brandenburg, B. v. 18. 1. 2007 – Az.: 1 VK 41/06; 3. VK Bund, B. v. 20. 6.
2007 – Az.: VK 3–55/07; VK Düsseldorf, B. v. 28. 9. 2007 – Az.: VK – 27/2007 – B; VK
Münster, B. v. 28. 5. 2010 – Az.: VK 4/10; B. v. 13. 12. 2005 – Az.: VK 24/05; VK Rheinland-Pfalz, B. v. 29. 1. 2010 – Az.: VK 1–62/09; 1. VK Sachsen-Anhalt, B. v. 21. 4. 2005 –
Az.: 1 VK LVwA 17/05; VK Schleswig-Holstein, B. v. 26. 11. 2009 – Az.: VK-SH 22/09; B. v.
6. 10. 2005 – Az.: VK-SH 27/05; B. v. 1. 4. 2004 – Az.: VK-SH 05/04; VK Südbayern, B. v.
21. 7. 2008 – Az.: Z3-3-3194-1-23–06/08; B. v. 29. 1. 2007 – Az.: Z3-3-3194-1-37–11/06; B.
v. 15. 12. 2006 – Az.: 34-11/06; B. v. 23. 11. 2006 – Az.: 32-10/06).

Eine Pflicht zur Aufhebung ist immer dann gegeben, wenn **ohne die Aufhebung das** 11150
**Wettbewerbsprinzip, das Gleichbehandlungsgebot oder das Diskriminierungsverbot
verletzt** würde (1. VK Brandenburg, B. v. 18. 1. 2007 – Az.: 1 VK 41/06; VK Hamburg, B. v.
25. 7. 2002 – Az.: VgK FB 1/02; 1. VK Sachsen, B. v. 17. 9. 2007 – Az.: 1/SVK/058-07; B. v.
10. 4. 2007 – Az.: 1/SVK/020-07) oder – **als „ultima ratio"** -, wenn das bisherige Verfahren
mit **derart gravierenden Mängeln behaftet** ist, dass diese im Rahmen einer **chancengleichen und wettbewerbsgerechten Eignungs- und Angebotsprüfung nicht mehr heilbar**
sind (OLG Koblenz, B. v. 26. 10. 2005 – Az.: 1 Verg 4/05; VK Münster, B. v. 17. 11. 2005 –
Az.: VK 21/05; VK Rheinland-Pfalz, B. v. 29. 1. 2010 – Az.: VK 1–62/09; 1. VK Sachsen, B.
v. 10. 4. 2007 – Az.: 1/SVK/020-07; B. v. 18. 8. 2006 – Az.: 1/SVK/077-06; VK Schleswig-Holstein, B. v. 26. 11. 2009 – Az.: VK-SH 22/09; B. v. 6. 10. 2005 – Az.: VK-SH 27/05).

Dies ist z. B. der Fall, wenn der **Aufhebungsgrund** nach § 17 Abs. 1 lit. a) – d) VOL/A 11151
gleichzeitig einen Verstoß gegen andere Vergabevorschriften darstellt und der Zuschlag
schon deswegen rechtswidrig wäre. Weitere Voraussetzung ist, dass die **Rechtswidrigkeit nur
durch die Aufhebung beseitigt** werden kann (VK Südbayern, B. v. 21. 7. 2008 – Az.: Z3-3-3194-1-23–06/08; B. v. 29. 1. 2007 – Az.: Z3-3-3194-1-37–11/06; B. v. 15. 12. 2006 –
Az.: 34-11/06; B. v. 23. 11. 2006 – Az.: 32-10/06; B. v. 13. 7. 2004 – Az.: 46-06/04; B. v.
13. 7. 2004 – Az.: 39-05/04).

Eine Ermessensreduzierung auf Null kommt außerdem **nur in Ausnahmefällen** in Betracht, 11152
etwa dann, wenn eine **wettbewerblich und wirtschaftlich fundierte Vergabe nicht mehr
möglich** ist (OLG Rostock, B. v. 6. 3. 2009 – Az.: 17 Verg 1/09; VK Berlin, B. v. 4. 5. 2009 –
Az.: VK – B 2–5/09; 1. VK Brandenburg, B. v. 18. 1. 2007 – Az.: 1 VK 41/06; 3. VK Bund, B.
v. 20. 6. 2007 – Az.: VK 3–55/07; VK Münster, B. v. 28. 5. 2010 – Az.: VK 4/10; 1. VK Sachsen, B. v. 10. 4. 2007 – Az.: 1/SVK/020-07; VK Schleswig-Holstein, B. v. 26. 11. 2009 –
Az.: VK-SH 22/09; VK Südbayern, B. v. 29. 7. 2009 – Az.: Z3-3-3194-1-27-05/09; B. v.
23. 11. 2006 – Az.: 32-10/06) oder ein **Bieter einseitig und schwerwiegend beeinträchtigt**
wird (BayObLG, B. v. 17. 2. 2005 – Verg 027/04; VK Münster, B. v. 17. 11. 2005 – Az.: VK
21/05; VK Südbayern, B. v. 23. 11. 2006 – Az.: 32-10/06).

Eine Pflicht zur Aufhebung kommt weiterhin namentlich bei der **Wahl eines unzulässigen** 11153
Vergabeverfahrens, z. B. der Wahl der nationalen öffentlichen statt des EU-weiten Offenen
Verfahrens (VK Lüneburg, B. v. 10. 10. 2006 – Az.: VgK-23/2006 -; VK Niedersachsen, B. v.
vom 16. 10. 2008 – Az.: VgK-30/2008; VK Schleswig-Holstein, B. v. 26. 11. 2009 – Az.: VK-SH 22/09), **der Erstellung grob unvollständiger oder falscher Vergabeunterlagen** (OLG
Rostock, B. v. 6. 3. 2009 – Az.: 17 Verg 1/09; 1. VK Brandenburg, B. v. 18. 1. 2007 – Az.: 1
VK 41/06; VK Schleswig-Holstein, B. v. 26. 11. 2009 – Az.: VK-SH 22/09) **oder der gezielten Verschaffung eines wettbewerbsverzerrenden Informationsvorsprungs zugunsten
eines einzelnen Bieters** in Betracht (Thüringer OLG, B. v. 20. 6. 2005 – Az.: 9 Verg 3/05),
ebenso, wenn eine **sachgerechte Wertung der Angebote mangels Vergleichbarkeit nicht
möglich** ist (1. VK Brandenburg, B. v. 18. 1. 2007 – Az.: 1 VK 41/06) oder eine **nicht verfahrensneutrale Leistungsbeschreibung in Verbindung mit einer mangelhaften Dokumentation** vorliegt (VK Südbayern, B. v. 29. 1. 2007 – Az.: Z3-3-3194-1-37–11/06) oder
bei **Nichtbekanntgabe der das Hauptkriterium Preis ausfüllenden Regeln** (VK Südbay-

ern, B. v. 23. 11. 2006 – Az.: 32-10/06) oder einer **Änderung des Beschaffungsgegenstandes** (VK Niedersachsen, B. v. vom 16. 10. 2008 – Az.: VgK-30/2008) oder einer **Vorabvergabe von bestimmten Leistungsteilen**, wenn dadurch eine **Kalkulation der verbleibenden Leistungsteile nicht möglich** ist (VK Arnsberg, B. v. 26. 5. 2009 – VK 10/09) oder einer **Vermischung von Eignungs- und Zuschlagskriterien** (1. VK Bund, B. v. 31. 8. 2009 – Az.: VK 1–152/09) oder wenn ein Auftraggeber aufgrund von widersprüchlichen Angaben in den Vergabeunterlagen **nicht in der Lage ist, überhaupt ein zuschlagfähiges Hauptangebot zu ermitteln**, das die von ihm verbindlich vorgegebene Qualitätsanforderung durchweg einhält (VK Lüneburg, B. v. 29. 1. 2004 – Az.: 203-VgK-40/2003).

11154   Eine **Pflicht zur Aufhebung** besteht etwa in den Fällen, in denen irreparable **Mängel der Leistungsbeschreibung vorliegen, sofern diese erheblich sind**. In diesen Fällen kann einem Bieter ein vergaberechtlicher Anspruch auf Aufhebung des Vergabeverfahrens erwachsen, um so die Chance zu erhalten, in einem sich anschließenden, neuen Vergabeverfahren ein Angebot zu einem konkurrenzfähigen Preis anzubieten (VK Lüneburg, B. v. 4. 9. 2003 – Az.: 203-VgK-16/2003; VK Münster, B. v. 17. 11. 2005 – Az.: VK 21/05).

11155   **Benennt ein Auftraggeber vergaberechtswidrig reine Eignungskriterien als Zuschlagskriterien, kann er diesem Vergabefehler nicht dadurch abhelfen, dass er bei der Wertung nur den Preis als Zuschlagskriterium verwendet und die Eignungskriterien außer Betracht lässt.** Die Angabe der Zuschlagskriterien soll den Bietern die Möglichkeit einräumen, ihr Angebot den Kriterien entsprechend auszurichten. Es widerspricht dem Transparenzgrundsatz, nachträglich weitere Kriterien hinzuzufügen oder umgekehrt solche wegzulassen. Zwar ist nicht auszuschließen, dass die Bieterreihenfolge die gleiche ist, nennt ein Auftraggeber von vornherein nur den Preis als Zuschlagskriterium. Es kann aber auch nicht ausgeschlossen werden, dass Bieter bei einer solchen Konstellation andere Preise bieten. **Eine sachgerechte Wertung ist einem Auftraggeber deshalb in der Regel nicht mehr möglich.** Einerseits würde er gegen Vergaberecht verstoßen, würde er der Wertung die Eignungskriterien neben dem Preis zugrunde legen, andererseits kann er die Wertung nicht nur auf den Preis stützen. Ist folglich eine sachgerechte Wertung der Angebote in aller Regel nicht mehr möglich, liegt **grundsätzlich ein wichtiger Grund nach § 17 Abs. 1 lit. a) VOL/A vor, der zur Aufhebung berechtigt bzw. verpflichtet** (VK Baden-Württemberg, B. v. 7. 10. 2005 – Az.: 1 VK 56/05).

11156   Dies gilt **jedoch nicht, wenn alle Bieter – außer einem – vom Verfahren auszuschließen sind**, da es dann gar nicht zu einem Vergleich der Angebote unter Zugrundelegung der unzulässigen Zuschlagskriterien kommt (VK Baden-Württemberg, B. v. 7. 10. 2005 – Az.: 1 VK 56/05).

11157   **Versendet der Auftraggeber irrtümlicherweise ein unvollständiges Blankett des Leistungsverzeichnisses an die Bieter und stellt er darüber hinaus einigen Bietern das Leistungsverzeichnis in digitaler Form zur Verfügung**, bei dem **zumindest bei zwei Bietern im schriftlichen Leistungsverzeichnis fehlende Positionen enthalten** sind, ist ein transparentes die Gleichbehandlung aller Bieter wahrendes Verfahren ist nicht mehr durchführbar, da die Leistung nicht gemäß § 7 Abs. 1 VOL/A eindeutig und so erschöpfend beschrieben ist, dass alle Bieter die Beschreibung im gleichen Sinne verstehen müssen. Miteinander vergleichbare Angebote können daher nicht vorliegen. Der **Wettbewerb kann auf der Grundlage unterschiedlicher Leistungsverzeichnisse nicht aufrechterhalten werden und ist daher aufzuheben** (VK Düsseldorf, B. v. 31. 10. 2005 – Az.: VK – 30/2005 – B).

11158   **Stellt eine Vergabestelle nur einem Bieter wettbewerbs- und preisrelevante Kalkulationsgrundlagen zur Verfügung und macht sie diese anderen Bietern nicht auch zugänglich**, liegt ein Verstoß des Auftraggebers gegen § 17 Nr. 6 Absatz 2 VOL/A 2006 durch Ungleichbehandlung vor, die **mangels vergleichbarer Angebote zur Aufhebung des Vergabeverfahrens führt**. Grundlage der Regelung des § 17 Nr. 6 Absatz 2 VOL/A 2006 ist das Prinzip der Gleichbehandlung aller Teilnehmer an einem Vergabeverfahren. Eine solche Änderung kann auch während eines Vergabeverfahrens nicht mehr in zulässiger Weise durch den Auftraggeber vorgenommen werden. Es ist nämlich denkbar, dass neben den Bietern, die ein Angebot abgegeben haben, auch andere Bewerber, die sich bisher nicht am Wettbewerb beteiligten, ein Angebot unterbreiten könnten (VK Sachsen, B. v. 17. 9. 2007 – Az.: 1/SVK/058-07).

11159   Eine **Aufhebung der Ausschreibung** gem. § 17 Abs. 1 lit. b) oder lit. d) VOL/A wegen Unklarheit der Vergabeunterlagen kommt nur dann **in Betracht, wenn** eine Auftragsvergabe auf der Grundlage der bisherigen Vergabeunterlagen für den Auftraggeber oder die Bieter unzumutbar geworden ist. Eine Aufhebung der gesamten Ausschreibung ist nicht gerechtfertigt, wenn der Nachteil durch die unklaren Vergabeunterlagen einen klar abgrenzbaren Teilbereich der Vergabeunterlagen berührt und durch eine **Klarstellung und eine nochmalige Abgabe eines Angebotes zu einzelnen Positionen des Leistungsverzeichnisses** eine Gleichbehandlung aller Bieter erreicht wird (1. VK Bund, B. v. 24. 3. 2005 – Az.: VK 1–14/05; 2. VK Bund, B. v. 11. 2. 2005 – Az.: VK 2–223/04).

117.7.2 Literatur

– Müller-Wrede, Malte/Schade, Verena, Anspruch ausgeschlossener Bieter auf Aufhebung, VergabeR 2005, 460   **11160**

117.8 Alternative zur Aufhebung

Der **öffentliche Auftraggeber kann auch berechtigte Gründe haben, warum er eines von sämtlich den Ausschreibungsbedingungen zuwiderlaufenden Angeboten dennoch als zuschlagsfähig einstuft,** etwa weil ihm die vorgekommenen Abweichungen im Hinblick auf die eigenen Interessen als Auftraggeber nicht gewichtig erscheinen. Es vermag nicht einzuleuchten, warum der Auftraggeber, der ein Beschaffungsvorhaben durch öffentliche Ausschreibung dem Wettbewerb öffnet, trotz des Scheiterns der Angebotseinholung jedem Bieter gegenüber weiterhin der Bindung an das Vergaberecht unterworfen und gezwungen werden soll, sein Interesse an einem möglichst zeitnahen Abschluss des Beschaffungsvorhabens zurückzustellen. Daher ist es legitim, in der genannten Sonderkonstellation ausnahmsweise den Zuschlag auf ein Angebot zu gestatten, wenn der Vergabestelle meint, mit diesem ungeachtet etwaiger Mängel das Beschaffungsvorhaben verwirklichen zu können; eine Pflicht zur Aufhebung besteht deshalb nicht (Thüringer OLG, B. v. 20. 6. 2005 – Az.: 9 Verg 3/05).   **11161**

Die **Konstellation der Mangelhaftigkeit sämtlicher teilnehmenden Angebote allein reicht zu einer Ermessensreduzierung auf Null und der Pflicht zur Aufhebung nicht aus**, da diese Konstellation dem § 17 Abs. 1 lit. a) VOL/A bereits tatbestandsmäßig zugrunde liegt, ohne dass dies auf der Rechtsfolgeseite der Norm zwingend die Aufhebung zur Folge hätte (BGH, B. v. 26. 9. 2006 – Az.: X ZB 14/06; Urteil. v. 1. 8. 2006 – Az.: X ZR 115/04; OLG Celle, B. v. 10. 6. 2010 – Az.: 13 Verg 18/09; OLG München, B. v. 29. 9. 2009 – Az.: Verg 12/09B. v. 29. 3. 2007 – Az.: Verg 02/07; OLG Naumburg, B. v. 26. 10. 2005 – Az.: 1 Verg 12/05; VK Berlin, B. v. 18. 3. 2009 – Az.: VK B 2 30/08; 2. VK Brandenburg, B. v. 28. 6. 2005 – Az.: VK 20/05; 1. VK Bund, B. v. 14. 2. 2008 – Az.: VK 1–12/08; B. v. 10. 4. 2007 – Az.: VK 1–20/07; B. v. 7. 12. 2005 – Az.: VK 1–146/05; 3. VK Bund, B. v. 20. 6. 2007 – Az.: VK 3–55/07; B. v. 20. 9. 2006 – Az.: VK 3–108/06; VK Lüneburg, B. v. 21. 7. 2008 – Az.: VgK-25/2008; VK Münster, B. v. 13. 12. 2005 – Az.: VK 24/05; 1. VK Sachsen, B. v. 19. 5. 2010 – Az.: 1/SVK/015-10; B. v. 19. 5. 2009 – Az.: 1/SVK/008–09; B. v. 16. 1. 2008 – Az.: 1/SVK/084-07; VK Südbayern, B. v. 15. 12. 2006 – Az.: 34-11/06; anderer Auffassung 1. VK Sachsen-Anhalt, B. v. 17. 4. 2007 – Az.: 1 VK LVwA 04/07).   **11162**

Sollte ein Auftraggeber also im Rahmen der Prüfung und Wertung zu dem Ergebnis gelangen, dass sämtliche Angebote Fehler enthalten, die zum zwingenden Angebotsausschluss führen, hat er zu prüfen, ob er **nach Ausübung pflichtgemäßen Ermessens die Ausschreibung nach § 17 Abs. 1 lit. a) VOL/A aufhebt**. In diesem Fall kann der Auftraggeber nach § 3 EG Abs. 4 VOL/A ggf. **in einem vereinfachten Verfahren ein neues Vergabeverfahren einleiten**. Hält der Auftraggeber **ein solches Vorgehen nicht für zweckmäßig**, hat er **unter strikter Wahrung des Gleichbehandlungsgrundsatzes** (§ 97 Abs. 2 GWB) das **Vergabeverfahren fortzuführen**. Unzulässig ist es dann z. B., fehlende Nachweise und Erklärungen nur bei einem Bieter nachzufordern. Aus **Gründen der Chancengleichheit ist hierzu allen Bietern Gelegenheit zu geben**. Diese nachgereichten Unterlagen, die ordnungsgemäß und rechtzeitig beim Auftraggeber eingegangen sind, hat der Auftraggeber seiner wiederholten formalen Angebotsprüfung zugrunde zu legen und bei den weiteren Wertungsstufen zu berücksichtigen. Deshalb sind auch diese Stufen der Angebotswertung zu wiederholen. Die Ergebnisse hat der Auftraggeber im Vergabevermerk zu dokumentieren (OLG Celle, B. v. 10. 6. 2010 – Az.: 13 Verg 18/09; OLG München, B. v. 29. 5. 2009 – Az.: Verg 12/09; 2. VK Brandenburg, B. v. 15. 11. 2005 – Az.: 2 VK 64/05; VK Lüneburg, B. v. 21. 7. 2008 – Az.: VgK-25/2008; 1. VK Sachsen, B. v. 19. 5. 2010 – Az.: 1/SVK/015-10; B. v. 19. 5. 2009 – Az.: 1/SVK/008–09; B. v. 23. 2. 2009 – Az.: 1/SVK/003–09).   **11163**

Teil 4 VOL/A § 17 Vergabe- und Vertragsordnung für Leistungen Teil A

11164 Der Auftraggeber kann in diesen Fällen auch z. B. aus Gründen der Praktikabilität **den Mangel bei allen Angeboten unberücksichtigt lassen** und die Wertung weiter fortsetzen (VK Berlin, B. v. 18. 3. 2009 – Az.: VK B 2 30/08; 3. VK Bund, B. v. 20. 9. 2006 – Az.: VK 3–108/06; B. v. 20. 3. 2006 – Az.: VK 3–09/06).

11165 In Anbetracht dessen, dass die Anordnung zur Aufhebung einer Ausschreibung eine endgültige Maßnahme darstellt und einen schwerwiegenden Eingriff in die Privatautonomie und die Vertragsfreiheit des öffentlichen Auftraggebers bildet, kann **nicht jede Unklarheit in den Vergabeunterlagen zur Aufhebung der Ausschreibung führen** (VK Münster, B. v. 5. 4. 2006 – Az.: VK 5/06; B. v. 10. 3. 2006 – Az.: VK 2/06). Dies gilt z. b. dann, wenn es sich dabei nur um ein **untergeordnetes technisches Detail** handelt und die **Bieter die Vergabeunterlagen offensichtlich alle aufgrund ihrer Fachkunde entsprechend richtig ausgelegt** haben, so dass **vergleichbare Angebote vorhanden** sind (VK Münster, B. v. 5. 4. 2006 – Az.: VK 5/06).

11166 Der Auftraggeber **muss also im konkreten Fall prüfen, ob er die Ausschreibung aufhebt oder einen anderen, dem Verhältnismäßigkeitsgrundsatz eher entsprechenden Weg beschreiten** kann, um das von ihm mit der Aufhebung angestrebte Ziel – z. B. Änderung der Leistungsbeschreibung – zu erreichen. Kann etwa der Auftraggeber alle Bieter über einen Fehler im Leistungsverzeichnis informieren und kann er den Bietern Gelegenheit geben, neue Preisangebote einzureichen und entsteht hierdurch keine große Verzögerung des Verfahrens, ist eine solche Alternative in Betracht zu ziehen (OLG Düsseldorf, B. v. 19. 11. 2003 – Az.: VII – Verg 59/03; VK Baden-Württemberg, B. v. 15. 8. 2005 – Az.: 1 VK 47/05; 1. VK Bund, B. v. 10. 4. 2007 – Az.: VK 1–20/07; B. v. 26. 9. 2003 – Az.: VK 1–81/03; ähnlich 2. VK Bund, B. v. 15. 11. 2007 – Az.: VK 2–102/07; 2. VK Brandenburg, B. v. 15. 11. 2005 – Az.: 2 VK 64/05).

117.9 Teilaufhebung

117.9.1 Teilaufhebung von einzelnen Losen

11167 § 17 VOL/A lässt – im Gegensatz zu § 17 VOB/A 2009 – **auch eine Teilaufhebung zu**. Wenn eine Ausschreibung, die mehrere Lose umfasst, wegen eines Aufhebungsgrundes, der nur ein Los betrifft, insgesamt aufgehoben werden müsste, so würden die **Bieter**, die für die anderen Lose Angebote abgegeben haben, **unverhältnismäßig benachteiligt**. Die **Teilaufhebung einer Ausschreibung**, bezogen auf eines von mehreren Losen, kann beispielsweise **als milderes Mittel im Vergleich zur Gesamtaufhebung zulässig** sein, wenn nur die Verdingungsunterlagen für ein Los wesentlich geändert werden müssen oder für nur ein Los keine annehmbaren Angebote abgegeben wurden (1. VK Sachsen, B. v. 14. 3. 2007 – Az.: 1/SVK/006–07; B. v. 17. 7. 2002 – Az.: 1/SVK/069-02; VK Südbayern, B. v. 20. 7. 2002 – Az.: 27-06/02).

117.9.2 Teilaufhebung von einzelnen Positionen

11168 Eine **Leistung, die nicht in Lose aufgeteilt wurde, ist einer weiteren Aufspaltung in kleinere Einheiten, die etwa als Lose gelten könnten, nicht zugänglich**. Eine solche Ausweitung der Analogie aus § 17 VOL/A ist nicht möglich und widerspricht der rechtlichen Systematik der Analogie. Denn wenn schon die Voraussetzungen für einen Analogieschluss bestehen (Regelungslücke, vergleichbarer Lebenssachverhalt, vergleichbare Vorschrift), so ist der dann gezogene Analogieschluss eng anzuwenden und darf nicht nochmals ausgeweitet werden. **In einer Ausschreibung können also nicht einzelne Positionen aufgehoben werden** (1. VK Sachsen, B. v. 17. 7. 2002 – Az.: 1/SVK/069-02).

117.10 Enge Auslegung der Voraussetzungen einer Aufhebung

11169 Die Vorschrift des § 17 VOL/A ist **nach ihrem Sinn und Zweck eng auszulegen** (BGH, Urteil v. 8. 9. 1998 – Az.: X ZR 48/97; OLG Celle, B. v. 10. 6. 2010 – Az.: 13 Verg 18/09; OLG Düsseldorf, Urteil v. 8. 1. 2002 – Az: 21 U 82/01; 1. VK Bund, B. v. 29. 9. 2009 – Az.: VK 1–167/09; 2. VK Bund, B. v. 11. 12. 2008 – Az.: VK 2–76/08; B. v. 2. 7. 2004 – Az.: VK 2–28/04; B. v. 24. 6. 2004 – Az.: VK 2–73/04; VK Düsseldorf, B. v. 28. 9. 2007 – Az.: VK – 27/2007 – B; VK Schleswig-Holstein, B. v. 23. 10. 2009 – Az.: VK-SH 14/09). Sie trägt dem Vertrauen des Bieters darauf Rechnung, dass das Ausschreibungsverfahren entsprechend seinen Funktionen und seinem Regelungszusammenhang normalerweise durch den Zuschlag an einen der Teilnehmer, das heißt die Erteilung des Auftrags, seinen Abschluss findet (OLG Celle, B. v. 10. 6. 2010 – Az.: 13 Verg 18/09; OLG Naumburg, B. v. 13. 10. 2006 – Az.: 1 Verg 7/06; B. v. 13. 10. 2006 – Az.: 1 Verg 6/06; BayObLG, B. v. 15. 7. 2002 – Az.: Verg 15/02; VK Düsseldorf, B. v. 28. 9. 2007 – Az.: VK – 27/2007 – B; VK Südbayern, B. v. 17. 8. 2004 – Az.: 20-04/04).

Die enge Auslegung knüpft also an die **schützenswerten Interessen der Bieter** an. Denn bejaht man die Voraussetzungen der Bestimmung, so kann der Auftraggeber sich rechtmäßig von der Ausschreibung lösen, ohne Schadensersatzansprüche der Bieter – auch solche, die sich lediglich auf das negative Interesse richten – gewärtigen zu müssen. **Anzuerkennen sind daher nur solche Gründe, die dem Auftraggeber trotz sorgfältiger Prüfung erst nach Beginn der Ausschreibung bekannt geworden und von ihm nicht zu vertreten sind und die darüber hinaus ein solches Gewicht haben, dass ihm ein Festhalten an der Ausschreibung nicht zugemutet werden kann** (1. VK Bund, B. v. 29. 9. 2009 – Az.: VK 1–167/09). 11170

117.11 Aufhebungsgründe des § 17 VOL/A

117.11.1 Abschließende Aufzählung

§ 17 nennt verschiedene Gründe, nach denen eine Ausschreibung aufgehoben werden kann. Die **Aufzählung in § 17 Abs. 1 VOL/A ist als abschließend zu betrachten** (VK Magdeburg, B. v. 6. 3. 2000 – Az.: VK-OFD LSA-01/00; 1. VK Sachsen, B. v. 18. 6. 2009 – Az.: 1/SVK/017-09; B. v. 17. 7. 2007 – Az.: 1/SVK/046-07; VK Südbayern, B. v. 7. 6. 2000 – Az.: 120.3–3194.1–08-05/00, B. v. 20. 6. 2000 – Az.: 25-11/00, B. v. 27. 4. 2001 – Az.: 08-04/01). 11171

117.11.2 Strenger Maßstab und restriktive Auslegung

Bei den in § 17 VOL/A genannten Aufhebungsgründen handelt es sich um **Tatbestände, die – als Ausnahmevorschriften – eng auszulegen** sind, weil die Bieter im Hinblick auf den mit ihrer Angebotsabgabe verbundenen Kosten und Arbeitsaufwand grundsätzlich ein rechtlich schützenswertes Interesse daran haben, dass das Vergabeverfahren nicht leichtfertig in Gang gesetzt und nicht ohne besonderen Grund aufgehoben wird. Bei der **Prüfung der unter § 17 Abs. 1 lit. a)–d) VOL/A genannten Gründe greifen daher auch ein strenger Maßstab und eine restriktive Auslegung** Platz (OLG Celle, B. v. 10. 6. 2010 – Az.: 13 Verg 18/09; VK Münster, B. v. 28. 5. 2010 – Az.: VK 4/10). 11172

117.11.3 Kein den Bewerbungsbedingungen entsprechendes Angebot (§ 17 Abs. 1 lit. a)

117.11.3.1 Änderung in der VOL/A

Der **Begriff der „Ausschreibungsunterlagen"** in § 26 Nr. 1 lit. a) VOL/A 2006 wurde durch den **Begriff der „Bewerbungsbedingungen"** ersetzt. 11173

Es handelt sich insoweit um **keine inhaltliche Änderung**, sondern um eine **Klarstellung**. 11174

117.11.3.2 Bewerbungsbedingungen

§ 8 Abs. 1 Satz 2 lit. b) definiert Bewerbungsbedingungen als **Beschreibung der Einzelheiten der Durchführung des Verfahrens**, einschließlich der Angabe der Zuschlagskriterien, sofern nicht in der Bekanntmachung bereits genannt. 11175

117.11.3.3 Kein entsprechendes Angebot

Der Auftraggeber kann das Vergabeverfahren unter Beachtung der Mitteilungspflichten gemäß § 17 Abs. 1 lit. a) VOL/A aufheben, wenn **kein Angebot eingegangen ist, das den Bewerbungsbedingungen entspricht** (VK Münster, B. v. 13. 12. 2005 – Az.: VK 24/05; 1. VK Sachsen, B. v. 17. 7. 2007 – Az.: 1/SVK/046-07). 11176

Teil 4 VOL/A § 17   Vergabe- und Vertragsordnung für Leistungen Teil A

11177 Ein **Aufhebungsgrund** nach § 17 Abs. 1 lit. a) VOL/A **besteht nicht, wenn zumindest ein Angebot eingegangen ist, das den Bewerbungsbedingungen entspricht** (OLG Koblenz, B. v. 18. 12. 2003 – Az.: 1 Verg 8/03; OLG München, B. v. 2. 3. 2009 – Az.: Verg 01/09; VK Niedersachsen, B. v. 24. 10. 2008 – Az.: VgK-35/2008; 1. VK Sachsen, B. v. 18. 6. 2009 – Az.: 1/SVK/017-09; B. v. 17. 7. 2007 – Az.: 1/SVK/046-07). Ein Angebot ist nicht nur nach dem Wortlaut des § 17 Abs. 1 lit. a) VOL/A ausreichend, um den Aufhebungsgrund nach dieser Vorschrift zu versagen. Auch eine Entscheidung des Europäischen Gerichtshofes, wonach eine Regelung im Vergaberecht, nach der die Aufhebung der Ausschreibung zulässig ist, wenn nur ein gültiges Angebot vorliegt, als richtlinienkonform zu werten ist, bedeutet im Unkehrschluss nicht, dass die Ausschreibung auch nach deutschem Recht aufgehoben werden kann, wenn lediglich ein wertbares Angebot vorliegt (VK Niedersachsen, B. v. 24. 10. 2008 – Az.: VgK-35/2008; VK Schleswig-Holstein, B. v. 24. 10. 2003 – Az.: VK-SH 24/03). Eine Aufhebung trotz Eingangs eines einzigen wertbaren Angebotes ist vielmehr **lediglich dann gerechtfertigt, wenn nach dem Sachverhalt eine der anderen Fallgruppen des § 17 VOL/A vorliegt** (VK Niedersachsen, B. v. 24. 10. 2008 – Az.: VgK-35/2008).

11178 Nach § 17 Abs. 1 lit. a) VOL/A kann eine Ausschreibung aufgehoben werden, wenn kein Angebot eingegangen ist, das den Ausschreibungsbedingungen entspricht. **Hiervon wird auch ausgegangen, wenn die eingegangenen Angebote wegen unangemessen hoher Preise gem. § 16 Abs. 6 Satz 2 VOL/A keine Berücksichtigung finden** können (VK Baden-Württemberg, B. v. 29. 4. 2009 – Az.: 1 VK 15/09).

117.11.3.4 Wesentliche Änderung der Grundlagen der Vergabeverfahren (§ 17 Abs. 1 lit. b)

11179 **117.11.3.4.1 Änderung in der VOL/A 2009.** Auch in § 17 Abs. 1 lit. b) wird klargestellt, dass sich dieser **Aufhebungsgrund** nicht nur auf Ausschreibungen, sondern **auf Vergabeverfahren bezieht.**

11180 **117.11.3.4.2 Allgemeines zur wesentlichen Änderung.** Für eine wesentliche Änderung der Grundlagen ist eine **derartige Änderung erforderlich**, dass eine **Auftragsvergabe** auf der Grundlage der bisherigen Vergabeunterlagen **für den Auftraggeber oder die Bieter unzumutbar** geworden ist (OLG Düsseldorf, B. v. 3. 1. 2005 – Az.: VII – Verg 72/04; 2. VK Bund, B. v. 11. 12. 2008 – Az.: VK 2–76/08; VK Sachsen, B. v. 7. 1. 2008 – Az.: 1/SVK/077-07; 2. VK Sachsen-Anhalt, B. v. 23. 5. 2006 – Az.: VK 2-LVwA LSA 17/06; B. v. 23. 5. 2006 – Az.: VK 2-LVwA LSA 16/06; VK Südbayern, B. v. 17. 8. 2004 – Az.: 20-04/04). Streitig in der Rechtsprechung ist, ob man die Maßstäbe anzulegen hat, wie sie für eine **Änderung der Geschäftsgrundlage** (§ 313 BGB) gefordert werden (so 1. VK Sachsen, B. v. 8. 11. 2001 – Az.: 1/SVK/104-01, eher ablehnend BayObLG, B. v. 15. 7. 2002 – Az.: Verg 15/02). Die Umstände müssen aber **so erheblich sein, dass eine Anpassung der Angebote nicht in Betracht kommt.** Zu berücksichtigen ist bei der Anwendung des § 17 Abs. 1 lit. b) VOL/A auch, **in welchem Stadium sich das Vergabeverfahren befindet.** Je weiter es fortgeschritten ist, desto eher verdient das Vertrauen des Bieters in dessen Abschluss durch Zuschlagserteilung und damit seine Amortisationschance den Vorrang (BayObLG, B. v. 15. 7. 2002 – Az.: Verg 15/02).

11181 **Wesentlich sind Änderungen auch dann,** wenn eine nicht voraussehbare **ganz entscheidende Abänderung der bisherigen Beschaffungsabsicht,** die durch die Vergabeunterlagen ausgedrückt wird, **notwendig** ist und dies **nicht durch bloße, im Bereich des Zumutbaren liegende Änderungen einzelner Positionen erreicht** werden kann (LG Leipzig, Urteil v. 31. 5. 2007 – Az.: 6 O 2003/06).

11182 Eine wesentliche **Änderung kann auf der Bedarfs- oder der Finanzierungsseite liegen.** Mit dem Begriff „wesentlich" wird verdeutlicht, dass die **Änderung der Grundlagen der Ausschreibung** nicht unbedeutend, sondern **einschneidend und nachhaltig** sein muss (VK Hamburg, B. v. 14. 8. 2003 – Az.: VgK FB 3/03).

11183 Eine **reine Motivänderung auf Seiten der Vergabestelle** (z. B. die Entscheidung für eine wirtschaftlichere Ausführungsart) **reicht für eine Aufhebung nicht aus,** da § 17 Abs. 1 lit. b) VOL/A nicht darauf abstellt, ob der Auftraggeber die Vergabeunterlagen ändern will, sondern ob er sie **ändern muss** (VK Südbayern, B. v. 17. 8. 2004 – Az.: 20-04/04).

11184 **117.11.3.4.3 Keine vorherige Kenntnis des Auftraggebers von der Änderung.** Für eine Aufhebung können **nur Gründe** angeführt werden, die **dem Ausschreibenden nicht bereits vor Einleitung der Verfahrens bekannt waren.** Erst nachträglich, das heißt **nach**

Vergabe- und Vertragsordnung für Leistungen Teil A VOL/A § 17 **Teil 4**

Beginn der Vergabeverfahren bekannt gewordene Gründe berechtigen zur Aufhebung wegen der wesentlichen Änderung der Vergabeunterlagen (OLG Düsseldorf, B. v. 8. 3. 2005 – Az.: VII – Verg 40/04; B. v. 3. 1. 2005 – Az.: VII – Verg 72/04; VK Brandenburg, B. v. 17. 9. 2002 – Az.: VK 50/02, B. v. 30. 7. 2002 – Az.: VK 38/02; 2. VK Bund, B. v. 11. 12. 2008 – Az.: VK 2–76/08; VK Düsseldorf, B. v. 28. 9. 2007 – Az.: VK – 27/2007 – B; VK Nordbayern, B. v. 12. 10. 2006 – Az.: 21.VK – 3194 – 25/06; 1. VK Sachsen, B. v. 18. 8. 2006 – Az.: 1/ SVK/077-06; VK Schleswig-Holstein, B. v. 24. 10. 2003 – Az.: VK-SH 24/03; VK Südbayern, B. v. 17. 8. 2004 – Az.: 20-04/04).

Die Vergabestelle hat vor Ausschreibung **mit der gebotenen und ihr möglichen Sorgfalt zu prüfen, ob alle erkennbaren Eventualitäten berücksichtigt** sind (OLG Düsseldorf, B. v. 8. 3. 2005 – Az.: VII – Verg 40/04; 2. VK Bremen, B. v. 23. 1. 2002 – Az.: VK 11/01). 11185

117.11.3.4.4 **Keine Zurechenbarkeit der Gründe zum Auftraggeber.** Die **Gründe, die eine Aufhebung rechtfertigen sollen, dürfen nicht der Vergabestelle zurechenbar** sein (OLG Düsseldorf, B. v. 8. 3. 2005 – Az.: VII – Verg 40/04; LG Leipzig, Urteil v. 31. 5. 2007 – Az.: 6 O 2003/06; 2. VK Bremen, B. v. 23. 1. 2002 – Az.: VK 11/01;m 2. VK Bund, B. v. 11. 12. 2008 – Az.: VK 2–76/08; VK Düsseldorf, B. v. 28. 9. 2007 – Az.: VK – 27/2007 – B; VK Köln, B. v. 3. 1. 2007 – Az.: VK VOB 44/2006; VK Nordbayern, B. v. 12. 10. 2006 – Az.: 21.VK – 3194 – 25/06; 1. VK Sachsen, B. v. 18. 8. 2006 – Az.: 1/SVK/077-06; VK Schleswig-Holstein, B. v. 26. 11. 2009 – Az.: VK-SH 22/09; B. v. 23. 10. 2009 – Az.: VK-SH 14/09; VK Südbayern, B. v. 17. 8. 2004 – Az.: 20-04/04), z.B. ein **fehlerhaft erstelltes Leistungsverzeichnis** (VK Köln, B. v. 3. 1. 2007 – Az.: VK VOB 44/2006; 2. VK Sachsen-Anhalt, B. v. 23. 5. 2006 – Az.: VK 2-LVwA LSA 17/06; 2. VK Sachsen-Anhalt, B. v. 23. 5. 2006 – Az.: VK 2-LVwA LSA 16/06; VK Schleswig-Holstein, B. v. 26. 11. 2009 – Az.: VK-SH 22/09; B. v. 23. 10. 2009 – Az.: VK-SH 14/09). 11186

Eine **rechtmäßige Aufhebung** ist im Rahmen des Auffangtatbestandes z.B. des § 17 Abs. 1 lit. d) VOL/A in Form eines anderen schwerwiegenden Grundes möglich, wenn dem öffentlichen Auftraggeber ein Festhalten an seiner ursprünglichen Vergabeabsicht aus vergleichbar schwerwiegenden Gründen vergaberechtlich unmöglich oder unzumutbar ist. Dabei können diese schwerwiegenden Gründe sowohl in der Person des Ausschreibenden liegen als auch auf Veränderungen der tatsächlichen oder rechtlichen Verhältnisse zurückzuführen sein. Nur solche Gründe kommen in Betracht, deren Gewicht unter Berücksichtigung aller Interessen den anderen in § 17 VOL/A genannten Gründen gleichkommt. **Um das Vorliegen eines „anderen schwerwiegenden Grundes" nach z.B. § 17 Abs. 1 lit. d) VOL/A bejahen zu können, bedarf es daher nicht nur eines schwerwiegenden Fehlers im Vergabeverfahren. Vielmehr ist als ungeschriebenes Tatbestandsmerkmal zusätzlich erforderlich, dass der betreffende Aufhebungsgrund nicht auf den Auftraggeber zurückzuführen ist**, also nicht der Risikosphäre des Auftraggebers zuzuordnen ist. Nach der Rechtsprechung des BGH liegt ein „anderer schwerwiegender Grund" nur dann vor, wenn dieser nicht in den Verantwortungsbereich des Auftraggebers fällt bzw. für diesen vor Versendung der Verdingungsunterlagen nicht voraussehbar war. Denn der Teilnehmer an einer Ausschreibung darf erwarten, dass der Auftraggeber seine Verdingungsunterlagen vor deren Absendung mit der gebotenen und ihm möglichen Sorgfalt prüft. Demzufolge ist **in der Rechtsprechung anerkannt, dass Fehler oder Widersprüche in den Vergabeunterlagen grundsätzlich zu Lasten des Auftraggebers gehen**. Die Verpflichtung des Auftraggebers, die Leistung eindeutig und erschöpfend zu beschreiben, darf nicht auf den Bieter abgewälzt werden. Diesem **Grundsatz liefe es zuwider, dem Auftraggeber im Falle fehlerhafter Verdingungsunterlagen einen legitimen Aufhebungsgrund nach § 17 VOL/A einzuräumen.** Zu berücksichtigen sind dabei zudem **die rechtlichen Folgen**, die mit der Annahme eines Aufhebungsgrundes nach § 17 VOL/A einhergehen. Wird nämlich das Vorliegen eines solchen Aufhebungsgrundes bejaht, **indiziert dies die Rechtmäßigkeit der Aufhebung und wird dem Antragsteller die Möglichkeit entzogen, erfolgreich Schadensersatz für seine aufgrund der Aufhebung nutzlosen Aufwendungen geltend zu machen** (VK Schleswig-Holstein, B. v. 26. 11. 2009 – Az.: VK-SH 22/09; B. v. 23. 10. 2009 – Az.: VK-SH 14/09). 11187

Ein **Auftraggeber hat die Aufhebung einer Ausschreibung nicht zu vertreten, wenn er sich zum Zeitpunkt der Ausschreibung auf eine gerichtliche Entscheidung stützen darf und sich die Rechtsprechung dann ändert.** Dabei kommt es nicht darauf an, ob die damalige gerichtliche Entscheidung materiell-rechtlich zutreffend war. Nach ständiger Rechtsprechung des Bundesgerichtshofs zur Amtshaftung besteht bei einem materiell unrechtmäßigen Verhalten eines Amtswalters ein eigenständiger Entschuldigungsgrund, wenn ein mit mehreren 11188

2261

Rechtskundigen besetztes Kollegialgericht sein Verhalten nach sorgfältiger Prüfung und Würdigung als objektiv rechtmäßig gebilligt hat. Die Rechtsprechung des BGH geht nämlich auf die Erwägung zurück, dass **von einem Beamten keine bessere Einsicht als von einem Kollegialgericht verlangt werden könne**, das seine Entscheidung nach sorgfältiger Prüfung der Rechtslage trifft. Dies **muss auch für Angestellte** gelten. Es spielt **auch keine Rolle, wenn es sich bei der gerichtlichen Entscheidung (nur) um eine Entscheidung im vorläufigen Rechtsschutz** handelt. Der summarische Charakter einer Entscheidung im vorläufigen Rechtsschutz bezieht sich – jedenfalls bei Entscheidungen der Gerichte oberer Instanzen – nicht auf die Behandlung von Rechtsfragen, sondern nur auf die Behandlung beweisbedürftiger Tatsachen, denn es handelt sich auch (auch haftungsrechtlich) um volle Rechtsprechungsakte. **Für die Rechtsanwendung gelten gegenüber dem Erkenntnisverfahren keine Besonderheiten** (LG Leipzig, Urteil v. 31. 5. 2007 – Az.: 6 O 2003/06).

11189   **117.11.3.4.5 Fehlerhaftes Leistungsverzeichnis.** Eine rechtmäßige Aufhebung mit der Begründung einer wesentlichen Änderung der Grundlagen der Vergabeverfahren setzt in jedem Fall voraus, dass die Gründe für die Änderung dem Ausschreibenden bei Erstellung der Vergabeunterlagen nicht bekannt gewesen sind und nicht von dem Auftraggeber verursacht wurden. **Fehler und Unzulänglichkeiten in der Leistungsbeschreibung** zählen regelmäßig nicht dazu. Sie **sind in jedem Fall dem Ausschreibenden anzulasten**. Ein überarbeitungsbedürftiges Leistungsverzeichnis **aufgrund mangelnder Sorgfalt bei der Erstellung rechtfertigt keine Aufhebung nach § 17 Abs. 1 lit. b) VOL/A** (OLG Düsseldorf, B. v. 16. 2. 2005 – Az.: VII – Verg 72/04; OLG Naumburg, B. v. 13. 10. 2006 – Az.: 1 Verg 7/06; B. v. 13. 10. 2006 – Az.: 1 Verg 6/06; VK Magdeburg, B. v. 2. 4. 2001 – Az.: VK-OFD LSA-03/01; 2. VK Sachsen-Anhalt, B. v. 23. 5. 2006 – Az.: VK 2-LVwA LSA 17/06; B. v. 23. 5. 2006 – Az.: VK 2-LVwA LSA 17/06; B. v. 23. 5. 2006 – Az.: VK 2-LVwA LSA 16/06; VK Schleswig-Holstein, B. v. 26. 11. 2009 – Az.: VK-SH 22/09; B. v. 23. 10. 2009 – Az.: VK-SH 14/09).

11190   Ähnlich argumentiert das KG Berlin (B. v. 15. 3. 2004 – Az.: 2 Verg 17/03). Auch wenn falsche Mengenangaben in Leistungsverzeichnissen vergaberechtlich sehr bedenklich sind, gerade weil sie zur Spekulation einladen, **müssen sie im Interesse der Allgemeinheit am raschen Abschluss der Vergabeverfahren bis zu einem gewissen Maße toleriert werden, solange keine unlauteren Motive des Auftraggebers zu Tage treten**. Soweit in der Fachliteratur die Ansicht vertreten wird, für aus konkretem Anlass erfolgte fiktive Mengenänderungen müsste die in § 2 Abs. 3 VOB/B vorgesehene 10%ige Abweichung die Grenze des Zulässigen bilden und größere Abweichungen die Aufhebung des Vergabeverfahrens auslösen, kann dies jedenfalls nicht schon für derartige Abweichungen bei einzelnen Positionen, unabhängig von deren Volumen und Verhältnis zum gesamten Vergabeprojekt, gelten.

11191   Eine **rechtmäßige Aufhebung** ist im Rahmen des Auffangtatbestandes z. B. des § 17 Abs. 1 lit. d) VOL/A in Form eines anderen schwerwiegenden Grundes möglich, wenn dem öffentlichen Auftraggeber ein Festhalten an seiner ursprünglichen Vergabeabsicht aus vergleichbar schwerwiegenden Gründen vergaberechtlich unmöglich oder unzumutbar ist. Dabei können diese schwerwiegenden Gründe sowohl in der Person des Ausschreibenden liegen als auch auf Veränderungen der tatsächlichen oder rechtlichen Verhältnisse zurückzuführen sein. Nur solche Gründe kommen in Betracht, deren Gewicht unter Berücksichtigung aller Interessen den anderen in § 17 VOL/A genannten Gründen gleichkommt. **Um das Vorliegen eines „anderen schwerwiegenden Grundes" nach z. B. § 17 Abs. 1 lit. d) VOL/A bejahen zu können, bedarf es daher nicht nur eines schwerwiegenden Fehlers im Vergabeverfahren. Vielmehr ist als ungeschriebenes Tatbestandsmerkmal zusätzlich erforderlich, dass der betreffende Aufhebungsgrund nicht auf den Auftraggeber zurückzuführen ist**, also nicht der Risikosphäre des Auftraggebers zuzuordnen ist. Nach der Rechtsprechung des BGH liegt ein „anderer schwerwiegender Grund" nur dann vor, wenn dieser nicht in den Verantwortungsbereich des Auftraggebers fällt bzw. für diesen vor Versendung der Vergabeunterlagen nicht voraussehbar war. Denn der Teilnehmer an einer Ausschreibung darf erwarten, dass der Auftraggeber seine Vergabeunterlagen vor deren Absendung mit der gebotenen und ihm möglichen Sorgfalt prüft. Demzufolge ist **in der Rechtsprechung anerkannt, dass Fehler oder Widersprüche in den Vergabeunterlagen grundsätzlich zu Lasten des Auftraggebers gehen**. Die Verpflichtung des Auftraggebers, die Leistung eindeutig und erschöpfend zu beschreiben, darf nicht auf den Bieter abgewälzt werden. Diesem **Grundsatz liefe es zuwider, dem Auftraggeber im Falle fehlerhafter Vergabeunterlagen einen legitimen Aufhebungsgrund nach § 17 VOL/A einzuräumen. Zu berücksichtigen sind dabei zudem die rechtlichen Folgen**, die mit der Annahme eines Aufhebungsgrundes nach § 17 VOL/A einhergehen. Wird nämlich das Vorliegen eines solchen Aufhebungsgrundes bejaht, **indiziert dies die Rechtmäßigkeit der Aufhebung und wird dem Antragsteller die Möglichkeit entzogen, erfolgreich Schadensersatz für seine aufgrund der Aufhebung nutzlosen Aufwendungen geltend zu machen** (VK Schleswig-Holstein, B. v. 26. 11. 2009 – Az.: VK-SH 22/09; B. v. 23. 10. 2009 – Az.: VK-SH 14/09).

117.11.3.4.6 Weitere Beispiele aus der Rechtsprechung 11192

– will der Auftraggeber aus einer Gesetzesänderung Konsequenzen für ein laufendes Vergabeverfahren ziehen, ohne dass dies erforderlich wäre, um den Beschaffungszweck zu erreichen, ist dies kein Grund, der eine Aufhebung der Ausschreibung rechtfertigt. Hat z. B. das Bestehen eines Auftraggebers auf einer Tariftreueforderung ausweislich des Vergabevermerks – nicht zuletzt dem Einfluss eines Bundesministeriums geschuldete – politische Gründe, kann den Bietern indes nicht angesonnen werden, im Hinblick auf solche politischen Erwägungen des Auftraggebers eine Aufhebungsentscheidung als rechtmäßig hinzunehmen. Sie dürfen vielmehr erwarten, dass ein einmal eingeleitetes Vergabeverfahren nach den für dieses geltenden rechtlichen Grundlagen mit einem Zuschlag beendet wird, sofern wertbare Angebote vorliegen. Entscheidet sich der Auftraggeber gleichwohl wegen aus seiner Sicht für den Fall der Durchführung eines neuen Vergabeverfahrens erweiterter rechtlicher Möglichkeiten für die Aufhebung der Ausschreibung, so hat er die Konsequenzen zumindest in Form von Schadensersatzansprüchen zu tragen. **Ihn durch die Anerkennung der Rechtmäßigkeit der Aufhebung von jedem (Schadensersatz-)Risiko zu entlasten, das mit Änderungen der Rechtslage und darauf gestützten Aufhebungsentscheidungen verbunden ist, wäre ersichtlich unangemessen** (1. VK Bund, B. v. 29. 9. 2009 – Az.: VK 1–167/09)

– bei einer Aufhebungsentscheidung dürfte die **nachträgliche Kenntniserlangung von bereits zu Beginn des Verfahrens vorhandenen, für die Ausschreibung wesentlichen Gesichtspunkten der Änderung der Umstände selbst gleichzustellen sein, wenn der Auftraggeber seine anfängliche Unkenntnis nicht zu vertreten** hatte. Der Auftraggeber hat keine Veranlassung, nach Schutzrechten zu forschen, wenn er bei den zuvor durchgeführten Ausschreibungen bezüglich des gleichen Beschaffungsgegenstandes keinerlei Hinweise auf das Schutzrecht eines Bieters erhalten hat, obwohl er explizit danach gefragt hat. Die anfängliche Unkenntnis des Auftraggebers von dem Gebrauchsmuster ist daher nicht dem Auftraggeber zuzurechnen, sondern dem Bieter, der geforderte Angaben zum Schutzrecht auch in der vorangegangenen Ausschreibung nicht gemacht hat, obwohl das Gebrauchsmuster längst zu seinen Gunsten eingetragen worden war. Die nachträgliche Erlangung der Kenntnis von dem Schutzrecht kann daher als ein Umstand gewertet werden, der die Grundlagen der Ausschreibung wesentlich geändert hat (2. VK Bund, B. v. 15. 9. 2008 – Az.: VK 2–91/08)

– ist eine **wettbewerblich und wirtschaftlich fundierte Vergabe nicht mehr möglich** und ist eine **Vergabe für den Auftraggeber sinnlos** geworden und sind je nach Entscheidung des Auftraggebers entweder diejenigen Bieter, die ihr Angebot nach der neuen oder nach der alten Ausbildungsverordnung strukturiert haben, einseitig und schwerwiegend beeinträchtigt, liegt ein schwerwiegender Aufhebungsgrund im Sinn von § 26 Abs. 1 lit. d) VOL/A vor, weil der Auftraggeber im laufenden Ausschreibungsverfahren feststellen musste, dass die von ihm erstellte **Leistungsbeschreibung hinsichtlich des entscheidenden Aspektes nicht hinreichend klar im Sinne des § 8 Nr. 1 Abs. 1 VOL/A war**, was die Bieter dazu veranlasst hatte, bei Erstellung ihrer Angebote von gänzlich unterschiedlichen Voraussetzungen auszugehen (1. VK Sachsen, B. v. 18. 8. 2006 – Az.: 1/SVK/077-06)

– eine kalkulationserhebliche **Unklarheit der Verdingungsunterlagen hat allerdings nicht zwingend die Aufhebung der Ausschreibung und Wiederholung des gesamten Vergabeverfahrens zur Folge.** Diese Maßnahme kommt als „ultima ratio" vielmehr nur dann in Betracht, wenn eine Korrektur im laufenden Verfahren nicht mehr möglich ist (etwa weil die Leistungsbeschreibung grundlegend überarbeitet werden muss). **Genügt hingegen eine Klarstellung zu einem einzigen Punkt**, reicht es aus, das Vergabeverfahren in ein früheres Stadium zurückzuversetzen, in dem eine Korrektur des Fehlers noch möglich ist und so den Bietern die Gelegenheit zu geben, ihre Angebote zu überarbeiten (OLG Koblenz, B. v. 26. 10. 2005 – Az.: 1 Verg 4/05)

117.11.3.5 Unwirtschaftliches Ergebnis der Vergabeverfahren (§ 17 Abs. 1 lit. c)

117.11.3.5.1 Grundsätze. Der Aufhebungsgrund „unwirtschaftliches Ergebnis einer Ausschreibung" ist **in der VOL/A** – im Gegensatz zur VOB/A – **ausdrücklich enthalten**. Dieser 11193

Grund kann aber **auch als schwerwiegender Grund** angesehen werden (VK Düsseldorf, B. v. 28. 9. 2007 – Az.: VK – 27/2007 – B).

11194 **Hintergrund** der dem öffentlichen Auftraggeber gesetzlich gegebenen Aufhebungsmöglichkeit ist das **Gebot an den öffentlichen Auftraggeber, aus haushaltsrechtlichen Gründen die Mittelverwendung sparsam und wirtschaftlich** durchzuführen. Würde der Auftraggeber trotz sorgfältig ermittelter Kostenschätzung verpflichtet werden, den Zuschlag auf ein Angebot zu erteilen, das kostenmäßig erheblich über dem von ihm veranschlagten Kostenansatz liegt, würde dies das **Gebot zur sparsamer Wirtschaftsführung unterlaufen**. Dies hat zur Konsequenz, dass der Bieter nicht schon von vornherein eine Zuschlagserteilung erwarten kann, auch wenn er das annehmbarste Angebot abgegeben hat. Hingegen muss er grundsätzlich darauf vertrauen können, dass der Auftraggeber nur Leistungen ausschreibt, von denen der Ausschreibende bei pflichtgemäßer Ermittlung ihrer voraussichtlichen Kosten annehmen kann, sie mit den hierfür zur Verfügung stehenden Mitteln auch bezahlen zu können (1. VK Bund, B. v. 11. 6. 2008 – Az.: VK 1–63/08).

11195 Bei der Entscheidung, ob dieser Aufhebungsgrund vorliegt, handelt es sich um eine **Ermessensentscheidung der Vergabestelle**, bei welcher der Vergabestelle ein **erheblicher Ermessensspielraum eröffnet** ist. Die Vergabekammer kann nur überprüfen, ob ein Ermessensfehler vorliegt (VK Nordbayern, B. v. 27. 6. 2008 – Az.: 21.VK – 3194 – 23/08).

11196 **117.11.3.5.2 Einzelheiten.** Das Ergebnis eines Vergabeverfahrens ist dann **nicht wirtschaftlich, wenn das Preis-Leistungs-Verhältnis der Angebote für den öffentlichen Auftraggeber nicht akzeptabel** ist (VK Düsseldorf, B. v. 28. 9. 2007 – Az.: VK – 27/2007 – B; im Ergebnis ebenso 1. VK Bund, B. v. 11. 6. 2008 – Az.: VK 1–63/08), oder es liegen qualitativ keine zufrieden stellenden Angebote vor, weil **den Bietern zum Beispiel die erforderliche Fachkunde fehlt** (VK Münster, B. v. 10. 7. 2001 – Az.: VK 15/01) oder wenn **selbst das günstigste Angebot wesentlich über dem Marktpreis** liegt (1. VK Bund, B. v. 11. 6. 2008 – Az.: VK 1–63/08; 2. VK Bund, B. v. 28. 6. 2007 – Az.: VK 2–60/07).

11197 Nach einer anderen Auffassung beurteilt sich die Wirtschaftlichkeit eines Angebots letztlich danach, ob ein **Angebot im Preis unangemessen von der Leistung abweicht** (VK Nordbayern, B. v. 27. 6. 2008 – Az.: 21.VK – 3194 – 23/08). Dies kann der Auftraggeber nach verschiedenen Gesichtspunkten beurteilen. So besteht die Möglichkeit, **eigene Kostenschätzungen, vergleichbare Marktpreise oder andere eingegangene Angebote** heranzuziehen (VK Nordbayern, B. v. 30. 7. 2008 – Az.: 21.VK – 3194 – 13/08; B. v. 27. 6. 2008 – Az.: 21.VK – 3194 – 23/08).

11198 Ein **bloßer preislicher Vorteil von 15,28% genügt nicht**, um per se die Unwirtschaftlichkeit der übrigen, preislich näher beieinander liegenden Angebote zu indizieren (VK Baden-Württemberg, B. v. 27. 9. 2004 – Az.: 1 VK 66/04).

11199 Eine **Mehrausgabe um beinahe 100% bewegt sich in einer Größenordnung, die mit dem Gebot zu sparsamer und wirtschaftlicher Verwendung von Haushaltsmitteln nicht mehr zu vereinbaren ist**. Die Überlegung, durch gesonderte Ausschreibung der einzelnen Lose mehr als 2 Bieter zur Abgabe eines Angebotes bewegen und damit auch günstigere Preise durch verstärkten Wettbewerb zu erzielen, ist vor diesem Hintergrund nachvollziehbar. Zwar hätten diese strategischen Erwägungen bereits vor Bekanntmachung angestellt werden können, jedoch konnte zum damaligen Zeitpunkt nicht erwartet werden, dass lediglich zwei Bieter im Verfahren auftreten würden, wobei ein Bieter zudem ein Zusammenschluss von drei am (lokalen) Markt bedeutenden Unternehmen der Branche ist. Dies bestätigt auch die **Tatsache, dass das Interesse an der Ausschreibung sich in 14 Anforderungen der Vergabeunterlagen niedergeschlagen** hat. Damit **kann zwar nicht sicher festgestellt werden, dass die Neuausschreibung tatsächlich einen günstigeren Preis erzielen wird**. Angesichts der großen Abweichung der eingegangenen Angebote von der Kostenschätzung **erscheint es jedoch möglich und realistisch, dass die durch die Neuausschreibung entstehenden Kosten im Vergleich zu den möglichen Ersparnissen weit geringer ins Gewicht fallen**. Vor diesem Hintergrund ist die **Entscheidung zur Aufhebung sachlich gerechtfertigt und vertretbar und nicht als ermessensfehlerhaft zu beanstanden**, als sie den öffentlichen Belangen des Haushalts den Vorzug vor dem Interesse der Antragstellerin auf Erteilung des Auftrages gegeben hat (VK Düsseldorf, B. v. 28. 9. 2007 – Az.: VK – 27/2007 – B).

11200 Ein **Angebot zu einem Preis, der unterhalb der Kostenschätzung der Vergabestelle selbst liegt, kann nicht unwirtschaftlich im Sinne von § 17 VOL/A sein** und schon gar nicht einen anderen schwerwiegenden Grund für die Aufhebung der Ausschreibung nach § 17 VOL/A liefern. Anderenfalls hätte es die Vergabestelle bei einer Vielzahl von Vergaben in der Hand, im Falle eines ihr nicht genehmen wirtschaftlichen Ergebnisses der Ausschreibung diese aufzuheben, nämlich immer dann, wenn das Angebot des preisgünstigsten Bieters wegen formeller oder inhaltlicher Fehler auszuschließen ist. Mit Rücksicht auf die Schutzinteressen der Bieter, die sich häufig mit erheblichem finanziellen Aufwand an dem Ausschreibungsverfahren beteiligt haben, wäre dies nicht akzeptabel und mit dem Schutzzweck der bieterschützenden Vorschrift des § 17 VOL/A, der die Aufhebung der Ausschreibung als Ausnahmefall verstanden wissen will, nicht zu vereinbaren (VK Schleswig-Holstein, B. v. 14. 9. 2005 – Az.: VK-SH 21/05).

Die **Vergabestelle darf zur Feststellung einer Unwirtschaftlichkeit der eingegangenen Angebote nicht auf kostengünstigere Vergleichsangebote von Bietern abstellen, die sie zuvor wegen Nichterfüllung der Anforderungen der Ausschreibung ausgeschlossen hat oder ausschließen müsste**. Denn mit der Annahme des Ausschlussgrundes hat die Vergabestelle bereits inzident dessen kalkulationserhebliche, auf die Wettbewerbstellung der Bieter sich auswirkende Bedeutung bejaht, so dass sie folgerichtig von der Möglichkeit eines ursächlichen Zusammenhangs zwischen den Preisen der ausgeschlossenen Angebote und ihrer Mängel ausgehen muss. Damit entfällt die Eignung jener Angebote nicht nur für eine Zuschlagserteilung, sondern für jegliche wertende Berücksichtigung im Vergabeverfahren (VK Schleswig-Holstein, B. v. 14. 9. 2005 – Az.: VK-SH 21/05). 11201

Die **VK Hessen differenziert** in dieser Frage. Nach ihrer Auffassung kann das Angebot eines ausgeschlossenen Bieters zur Beurteilung der Wirtschaftlichkeit der verbliebenen Angebote herangezogen werden, wenn die **Gründe für den Ausschluss nicht preisrelevant sein konnten** (VK Hessen, B. v. 28. 2. 2006 – Az.: 69 d VK – 02/2006). 11202

Sind **zum Zeitpunkt der Angebotserstellung** unstreitig **keine Fördermittel für die Leistung** oder Teile der Leistung erhältlich, können aber **zwischenzeitlich wieder Förderanträge gestellt** werden, kann dies den Bietern zum Zeitpunkt der Angebotsabgabe nicht vorgehalten werden. Die **fiktive Einrechnung von Fördermitteln** durch den Auftraggeber bei der Frage, ob ein wirtschaftliches Angebot vorliegt, stellt ein **ungewöhnliches Wagnis für die Bieter** dar (VK Nordbayern, B. v. 30. 7. 2008 – Az.: 21.VK – 3194 – 13/08). 11203

117.11.3.5.3 Erläuternde Hinweise der VOL/A. Unter § 17 Abs. 1 lit. c) ist auch der Fall zu verstehen, dass selbst das Mindestangebot zu hoch befunden wurde. 11204

117.11.3.6 Andere schwerwiegende Gründe (§ 17 Abs. 1 lit. d)

117.11.3.6.1 Erfordernis einer Interessenabwägung. Die Feststellung eines schwerwiegenden Grundes erfordert eine **Interessenabwägung, für die die jeweiligen Verhältnisse des Einzelfalls maßgeblich** sind (OLG Düsseldorf, B. v. 3. 1. 2005 – Az.: VII – Verg 72/04; VK Schleswig-Holstein, B. v. 26. 11. 2009 – Az.: VK-SH 22/09). 11205

117.11.3.6.2 Strenge Anforderungen. Schwerwiegende Gründe sind nicht mit „triftigen" Gründen gleichzusetzen. An einer Aufhebung sind wegen der von den Bietern aufgewandten Kosten sowie der aufgewandten Zeit **strenge Anforderungen zu stellen** (OLG Dresden, B. v. 28. 3. 2006 – Az.: WVerg 0004/06; OLG Düsseldorf, B. v. 26. 1. 2005 – Az.: VII – Verg 45/04; B. v. 3. 1. 2005 – Az.: VII – Verg 72/04; B. v. 19. 11. 2003 – Az.: VII – Verg 59/03; OLG München, B. v. 27. 1. 2006 – Az.: VII – Verg 1/06; VK Baden-Württemberg, B. v. 28. 10. 2008 – Az.: 1 VK 39/08; B. v. 11. 8. 2004 – Az.: 1 VK 56/04; B. v. 14. 9. 2001 – Az.: 1 VK 24/01; 2. VK Bund, B. v. 11. 12. 2008 – Az.: VK 2–76/08; VK Hamburg, B. v. 25. 7. 2002 – Az.: VgK FB 1/02; VK Lüneburg, B. v. 27. 1. 2005 – Az.: 203-VgK-57/2004; VK Magdeburg, B. v. 4. 2. 2001 – Az.: VK-OFD LSA- 03/01; VK Münster, B. v. 28. 5. 2010 – Az.: VK 4/10; VK Niedersachsen, B. v. 24. 10. 2008 – Az.: VgK-35/2008; VK Nordbayern, B. v. 12. 10. 2006 – Az.: 21.VK – 3194 – 25/06; VK Schleswig-Holstein, B. v. 26. 11. 2009 – Az.: VK-SH 22/09; B. v. 14. 9. 2005 – Az.: VK-SH 21/05). 11206

Nicht jedes rechtlich oder tatsächlich fehlerhafte Verhalten der Vergabestelle reicht zur Begründung aus. Ein **Aufhebungsgrund ist daher nur dann zu bejahen, wenn einerseits der Fehler von so großem Gewicht ist, dass ein Festhalten des öffentlichen Auftraggebers an dem fehlerhaften Verfahren mit Gesetz und Recht schlechterdings nicht zu vereinbaren** wäre und andererseits von den **Bietern**, insbesondere auch mit Blick auf die Schwere des Fehlers, **erwartet werden kann, dass sie auf die Bindung des Ausschreibenden an Recht und Gesetz Rücksicht nehmen** (OLG Dresden, B. v. 28. 3. 2006 – Az.: WVerg 11207

0004/06; OLG München, B. v. 27. 1. 2006 – Az.: VII – Verg 1/06; VK Schleswig-Holstein, B. v. 26. 11. 2009 – Az.: VK-SH 22/09).

11208 117.11.3.6.3 Schwerwiegender Grund als Summe von Einzelgesichtspunkten. Ein schwerwiegender Grund kann sich auch aufgrund einer Gesamtbetrachtung aus einer Reihe von Einzelgesichtspunkten ergeben, die jeder für sich noch nicht schwerwiegend wären (VK Hamburg, B. v. 25. 7. 2002 – Az.: VgK FB 1/02; VK Lüneburg, B. v. 27. 1. 2005 – Az.: 203-VgK-57/2004; 1. VK Sachsen, B. v. 18. 8. 2006 – Az.: 1/SVK/077-06).

11209 117.11.3.6.4 Unzureichende Finanzierung. 117.11.3.6.4.1 Grundsatz. Die **Unternehmen**, die sich an einem Vergabeverfahren beteiligen, für die der Ausschreibende die Einhaltung der Regeln der VOL/A zugesagt hat, **können erwarten**, dass der **Ausschreibende** sich im Hinblick darauf bereits im Vorfeld der Ausschreibung **entsprechend verhalten hat**. Der Bieter darf deshalb davon ausgehen, dass nur Leistungen ausgeschrieben sind, von denen der Ausschreibende bei pflichtgemäßer Ermittlung ihrer voraussichtlichen Kosten annehmen kann, sie mit den hierfür zur Verfügung stehenden Mitteln auch bezahlen zu können. Bei dem gebotenen strengen Maßstab, der insoweit anzulegen ist, ist demgemäß eine **Aufhebung der Ausschreibung regelmäßig dann nicht nach § 17 Abs. 1 lit. d) VOL/A gerechtfertigt, wenn die fehlende Finanzierung bei einer mit der gebotenen Sorgfalt durchgeführten Ermittlung des Kostenbedarfs bereits vor der Ausschreibung dem Ausschreibenden hätte bekannt sein müssen** (BGH, Urteil v. 5. 11. 2002 – Az.: X ZR 232/00; OLG Koblenz, B. v. 15. 1. 2007 – Az.: 12 U 1016/05; 1. VK Bund, B. v. 11. 6. 2008 – Az.: VK 1–63/08; B. v. 17. 1. 2008 – Az.: VK 1–152/07; 2. VK Bund, B. v. 6. 9. 2010 – Az.: VK 2–74/10; VK Düsseldorf, B. v. 28. 9. 2007 – Az.: VK – 27/2007 – B; VK Münster, B. v. 28. 5. 2010 – Az.: VK 4/10; 1. VK Sachsen, B. v. 5. 9. 2002 – Az.: 1/SVK/073-02; VK Schleswig-Holstein, B. v. 10. 2. 2005 – VK-SH 02/05; im Ergebnis ebenso VK Hessen, B. v. 28. 2. 2006 – Az.: 69 d VK – 02/2006).

11210 Unter § 17 Abs. 1 lit. d) VOL/A ist auch der Fall zu subsumieren, dass selbst das **Mindestangebot für zu hoch befunden** wird (VK Südbayern, B. v. 21. 8. 2003 – Az.: 32-07/03).

11211 Andererseits leitet sich die dem öffentlichen Auftraggeber insoweit gegebene **Aufhebungsmöglichkeit aus dem für die öffentliche Hand geltenden Gebot sparsamer Wirtschaftsführung ab**. Hierzu stünde es im Widerspruch, wenn der Auftraggeber trotz einer mit der gebotenen Sorgfalt ermittelten Kostenschätzung verpflichtet würde, den Zuschlag auf ein Angebot zu erteilen, dass den von ihr veranschlagten Kostenrahmen erheblich übersteigt. Zweck des Vergaberechts ist es, dem Auftraggeber in einem solchen Fall die Möglichkeit einzuräumen, eine Ausschreibung vorzeitig zu beenden, um so der öffentlichen Hand eine sparsame Verwendung der ihr anvertrauten Mittel zu ermöglichen. Mit diesem Zweck wäre es unvereinbar, wenn in jedem eingeleiteten Vergabeverfahren auch ein Zuschlag erteilt werden müsste. Auch der Bieter, der im Rahmen einer Ausschreibung das annehmbarste Angebot abgegeben hat, hat deshalb nicht von vornherein Anlass, darauf zu vertrauen, dass ihm der ausgeschriebene Auftrag erteilt wird (VK Berlin, B. v. 5. 11. 2009 – Az.: VK – B 2–35/09; 1. VK Bund, B. v. 11. 6. 2008 – Az.: VK 1–63/08; B. v. 17. 1. 2008 – Az.: VK 1–152/07).

11212 117.11.3.6.4.2 Maßgebliches Budget. Für die **Frage der zur Verfügung stehenden Haushaltsmittel kann es nicht auf das errechnete „Vergabebudget" des einzelnen Loses ankommen. Abzustellen ist vielmehr auf das Gesamtvolumen des Liefer- oder Dienstleistungsvorhabens**. In den kommunalen Haushalt z. B. wird das Projekt insgesamt eingestellt und nicht losweise. Sofern Unterkonten für einzelne Lose eingerichtet werden, sind diese **wechselseitig deckungsfähig**. Sollte sich also beispielsweise ein Los preisgünstiger als erwartet erweisen, kann der eingesparte Betrag anderweitig innerhalb des Gesamtvorhabens ausgegeben werden. Ein Auftraggeber kann sich daher nicht darauf berufen, ihm würden die finanziellen Mittel fehlen solange er nicht nachweist, dass das zur Verfügung stehende Gesamtbudget überschritten ist. Für die **Frage der Rechtmäßigkeit einer Aufhebung aufgrund fehlender Haushaltsmittel kann es folglich nur auf das Gesamtbudget eines Projekts ankommen, nicht jedoch auf die Einzellose** (VK Baden-Württemberg, B. v. 28. 10. 2008 – Az.: 1 VK 39/08; VK Berlin, B. v. 5. 11. 2009 – Az.: VK – B 2–35/09).

11213 117.11.3.6.4.3 Anforderungen an die Kostenschätzung. Die Umstände, welche die Beantwortung der Frage der ausreichenden Finanzierung entscheidend beeinflussen, stehen im vorhinein nicht fest; der eine Ausschreibung ins Auge fassende **Auftraggeber muss sich vielmehr aufgrund einer Prognose entscheiden, die aus nachträglicher Sicht unvollkommen sein kann**. Es ist deshalb schon im Ansatz verfehlt, der vom Auftraggeber durchge-

Vergabe- und Vertragsordnung für Leistungen Teil A   VOL/A § 17   **Teil 4**

führten Kostenschätzung entgegen zu halten, selbst das günstigste Bieterangebot habe deutlich über der Kostenschätzung gelegen, und schon aus dieser – erst nachträglich offenbar gewordenen – Differenz abzuleiten, die Kostenschätzung des Streithelfers sei offensichtlich falsch gewesen. Festzuhalten ist auch, dass eine **Prognose notwendigerweise Schätzung** ist. Eine genaue Kostenberechnung kann im Vorhinein nicht erfolgen. **Möglich ist nur eine zeitnahe Aufstellung**, die alle bereits bei ihrer Ausarbeitung erkennbaren Daten in einer der Materie angemessenen und methodisch vertretbaren Weise unter Berücksichtigung vorhersehbarer Kostenentwicklungen berücksichtigt. Ob eine solche Kostenermittlung gegeben ist, ist eine **Frage des Einzelfalls** (BGH, Urteil v. 5. 11. 2002 – Az.: X ZR 232/00; OLG Koblenz, B. v. 15. 1. 2007 – Az.: 12 U 1016/05; 1. VK Bund, B. v. 11. 6. 2008 – Az.: VK 1–63/08; B. v. 17. 1. 2008 – Az.: VK 1–152/07; 2. VK Bund, B. v. 6. 9. 2010 – Az.: VK 2–74/10; VK Düsseldorf, B. v. 28. 9. 2007 – Az.: VK – 27/2007 – B; VK Schleswig-Holstein, B. v. 10. 2. 2005 – VK-SH 02/05; VK Südbayern, B. v. 21. 8. 2003 – Az.: 32-07/03).

Die Beteiligten eines Vergabeverfahrens haben nach diesen Grundsätzen eine **Kostenschätzung hinzunehmen**, die aufgrund ihrer objektiv vorliegenden und erkennbaren Daten **als vertretbar** erscheint. Daran wird es **regelmäßig fehlen**, wenn die Kostenschätzung auf erkennbar unrichtigen Daten beruht oder wichtige Aspekte außer Acht lässt oder pauschal und auf ungeprüft anderen Kalkulationsgrundlagen beruhende Werte übernimmt (2. VK Bund, B. v. 6. 9. 2010 – Az.: VK 2–74/10; VK Hessen, B. v. 28. 2. 2006 – Az.: 69 d VK – 02/2006; VK Schleswig-Holstein, B. v. 10. 2. 2005 – VK-SH 02/05). 11214

Überschreitet im Rahmen eines im Wettbewerb um die ausgeschriebene Leistung zustande gekommenen Preisniveaus und -gefüges **nur eines von vier Angeboten den Schwellenwert und weist dieses Angebot einen sehr großen Abstand zu den übrigen Geboten** auf, während die übrigen diesen Wert zum Teil deutlich unterschreiten, ist es **rechtsfehlerhaft**, allein aus einem vom Sachverständigen ermittelten Schätzwert **auf eine schuldhafte Fehlschätzung des Gesamtauftragswertes zu schließen** (BGH, Urteil v. 27. 11. 2007 – Az.: X ZR 18/07). 11215

Für die Beurteilung der Ordnungsmäßigkeit der der Beurteilung der Wirtschaftlichkeit zugrunde gelegten Kostenschätzung sind die **aktuellen Preisentwicklungen vor der Prüfung der Aufhebung mit einzubeziehen** (VK Nordbayern, B. v. 27. 6. 2008 – Az.: 21.VK – 3194 – 23/08). 11216

Für eine ordnungsgemäße Kostenschätzung muss der **Auftraggeber gegebenenfalls eine Anpassung der Kalkulationsgrundlage an geänderte Umstände vornehmen**, um überhaupt eine geeignete Grundlage für die Wirtschaftlichkeitsprüfung im Rahmen des § 17 Abs. 1 lit. d) VOL/A zu erhalten. **Macht er dies nicht, kommt es auf die Frage, zu welcher Verteuerung die Änderung der Kalkulationsgrundlage im Einzelnen geführt hat, nicht an.** Ebenso ist unbeachtlich, ob die prozentuale Abweichung des Angebotspreises eines Bieters den noch tragbaren Rahmen einhält, um von einem wirtschaftlichen Angebot auszugehen, da die Kostenschätzung des Auftraggebers bereits den Anforderungen an eine zeitnahe und ordnungsgemäße Kostenschätzung nicht entspricht (1. VK Bund, B. v. 11. 6. 2008 – Az.: VK 1–63/08). 11217

Es ist **grundsätzlich nicht zu beanstanden**, dass der Auftraggeber für die Frage, ob überteuerte Angebote vorliegen, **seine eigene vorab aufgestellte Kostenberechnung zum Vergleich heranzieht**. **Voraussetzung** ist allerdings, dass es sich um eine **zutreffende Kostenberechnung** handelt und dass diese den **aktuellen Gegebenheiten zum Zeitpunkt der Ausschreibung entspricht** bzw. eine Prognose bis zur tatsächlichen Bauausführung beinhaltet. Die **Darlegungslast** liegt insoweit bei dem **Auftraggeber** (VK Baden-Württemberg, B. v. 28. 10. 2008 – Az.: 1 VK 39/08). 11218

Ist die **Kostenschätzung nicht deckungsgleich mit dem Leistungsverzeichnis**, sondern sind z. B. im Leistungsverzeichnis **noch weitere Positionen, die erhebliche Mehraufwendungen im Vergleich zur Kostenschätzung verursachten, aufgenommen** worden (beispielsweise um Bedarfspositionen für diverse unterschiedliche Maßnahmen, die in der Kostenberechnung nicht in den Gesamtauftragswert eingerechnet waren, dennoch aber als Leistungen im Leistungsverzeichnis aufgenommen und gefordert wurden), hat der Auftraggeber keine vertretbare Kostenschätzung vorgenommen, sondern eine Leistung ausgeschrieben, die zuvor nicht ordnungsgemäß geschätzt wurde. Die **Aufhebung der Ausschreibung ist somit gegenüber den Bietern nicht gerechtfertigt** (VK Münster, B. v. 28. 5. 2010 – Az.: VK 4/10). 11219

11220

Es ist von einem Auftraggeber **nicht zu verlangen, dass eine im Vorfeld erstellte Kostenberechnung immer exakt deckungsgleich mit dem später herausgegeben Leistungsverzeichnis** ist, da sich immer auch noch Änderungen ergeben können. Wenn allerdings ein Auftraggeber eine Ausschreibung aufheben möchte, weil alle Angebote überteuert seien, trifft ihn die **Pflicht, eine aktualisierte Aufstellung zu machen, die dem Leistungsverzeichnis und damit den vom Bieter zu kalkulierenden Positionen entspricht** (VK Baden-Württemberg, B. v. 28. 10. 2008 – Az.: 1 VK 39/08).

11221 Die **VK Brandenburg übernimmt für die Kostenschätzung die Maßstäbe, welche die Rechtsprechung an die Ermittlung des voraussichtlichen Auftragswerts im Sinn von § 3 VgV stellt** (VK Brandenburg, B. v. 14. 12. 2007 – Az.: VK 50/07). Vgl. dazu die Kommentierung zu → § 3 VgV Rdn. 11 ff.

11222 **117.11.3.6.4.4 Weitere Beispiele aus der Rechtsprechung**

– angesichts des Umstandes, dass die Preisschätzung – auf die eine Aufhebung wegen Überschreitung der finanziellen Mittel des Auftraggebers gestützt wird – prognostischen Charakter hat, ist dem Auftraggeber zwar ein gewisser Beurteilungsspielraum zuzubilligen. Erforderlich ist jedoch, dass der Auftraggeber bei der Kostenschätzung mit der gebotenen Sorgfalt vorgeht und unter Berücksichtigung vorhersehbarer Kostenentwicklungen zeitnah alle bei der Ausarbeitung der Schätzung erkennbaren Daten in einer den Umständen des geplanten Vergabeverfahrens angemessenen und methodisch vertretbaren Weise berücksichtigt. Der **Beurteilungsspielraum wird daher überschritten, wenn der Auftraggeber bei der Preisschätzung Faktoren außer Betracht lässt, deren Bedeutung für die zu erwartenden Preise sich geradezu aufdrängt** (2. VK Bund, B. v. 6. 9. 2010 – Az.: VK 2–74/10 – instruktive Entscheidung)

– als derartiger schwerwiegender Grund ist z. B. auch die **wesentliche Änderung in den allgemeinen Markt-, Währungs- und Preisverhältnissen** anzusehen, sofern diese sich **auf das konkrete Vorhaben erheblich auswirkt** (OLG Celle, Urteil v. 25. 6. 2008 – Az.: 14 U 14/08)

– der Auftraggeber hat diese Schätzung der Gesamtvergütung ordnungsgemäß, also objektiv und unter richtiger Einschätzung aller Umstände vorzunehmen, wobei **an die Schätzung selbst keine übertriebenen Anforderungen gestellt werden dürfen**. Die Kostenschätzung als ein der Ausschreibung vorgeschalteter Vorgang ist **mit gewissen Unsicherheiten und Unwägbarkeiten behaftet**; sie kann nicht an den gleichen Maßstäben wie das Angebot der Teilnehmer am Ausschreibungsverfahren gemessen werden. Ihrem Gegenstand nach **bildet sie eine Prognose, die dann nicht zu beanstanden ist, wenn sie unter Berücksichtigung aller verfügbaren Daten in einer der Materie angemessenen und methodisch vertretbaren Weise erarbeitet** wurde. Gegenstand der gerichtlichen Prüfung ist daher die Frage, ob die der Entscheidung des Auftraggebers zugrunde liegende Prognose den an sie zu stellenden Anforderungen genügt. Dem Charakter der Prognose entsprechend **können dabei lediglich die bei ihrer Aufstellung vorliegenden Erkenntnisse berücksichtigt werden**, nicht jedoch solche Umstände, die erst im Nachhinein bei einer rückschauenden Betrachtung erkennbar und in ihrer Bedeutung ersichtlich werden. Aus der Sicht der Beteiligten sind ihre **Ergebnisse hinzunehmen, wenn die Prognose aufgrund der bei ihrer Aufstellung objektiv vorliegenden und erkennbaren Daten als vertretbar erscheint**. Daran wird es regelmäßig fehlen, wenn die Kostenschätzung auf erkennbar unrichtigen Daten beruht oder wichtige Aspekte außer Acht lässt oder pauschal und auf ungeprüft anderen Kalkulationsgrundlagen beruhende Werte übernimmt. Dabei ist auch zu berücksichtigen, dass **dem Auftraggeber bei der Kostenschätzung eine gewisse Toleranz zugebilligt** werden muss (VK Brandenburg, B. v. 14. 12. 2007 – Az.: VK 50/07)

– die **Schätzung des Auftraggebers beruht auf den Preisen für die seither laufenden Dienstleistungsverträge** und einem **Abschlag von jeweils 30% bzw. 20% auf die einzelnen Lose**. Weder aus dem Vergabevermerk noch aus den Akten des Antragsgegners oder den in den beiden Nachprüfungsverfahren gewechselten Schriftsätzen ergibt sich jedoch eine nachvollziehbare Begründung für diese Abschläge. Es liegt also **keine Kostenschätzung vor, die Grundlage für die Behauptung eines unwirtschaftlichen Angebotes sein könnte**. Vielmehr gibt es nur eine unzureichende Kalkulation über den zu erwartenden Kostenumfang, auf die allein sich der Antragsgegner nicht als Beleg für die Behauptung, die Ausschreibung habe zu keinem wirtschaftlichen Ergebnis geführt, berufen könnte (VK Hessen, B. v. 28. 2. 2006 – Az.: 69 d VK – 02/2006)

Vergabe- und Vertragsordnung für Leistungen Teil A VOL/A § 17 **Teil 4**

– es entspricht der einhelligen Ansicht, dass der **Auftraggeber, der nach Öffnung der Angebote feststellt, dass er die ausgeschriebene Leistung in der ursprünglichen Form nicht haben möchte, etwa weil die Haushaltsmittel nicht ausreichen**, diesen Konfliktsfall nur durch Aufhebung und Neuausschreibung lösen kann (VK Baden-Württemberg, B. v. 15. 8. 2005 – Az.: 1 VK 47/05)

– die Vergabestelle hat grundsätzlich die Möglichkeit, bei einem sachlichen Grund von einer Ausschreibung Abstand zu nehmen und die Ausschreibung vorzeitig zu beenden. Diese **Möglichkeit ist insbesondere dann gegeben, wenn die abgegebenen Angebote deutlich über den zur Verfügung stehenden Kosten liegen und die Vergabestelle als Teil der öffentlichen Hand wegen des Gebots, mit den ihr anvertrauten Mitteln sparsam umzugehen und zu wirtschaften, verpflichtet ist, ein Vergabevorhaben wegen der Finanzierungslücke aufzugeben** (VK Bremen, B. v. 21. 9. 2005 – Az.: VK 10/05)

– insbesondere **nicht voraussehbare, aber entscheidende Veränderungen der Finanzierungsgrundlage** können zur Aufhebung der Ausschreibung führen (VK Südbayern, B. v. 17. 8. 2004 – Az.: 20-04/04)

– eine **Überschreitung** der geplanten Haushaltsmittel **in Höhe von ca. 0,5%** des Haushaltsansatzes ist **kein Aufhebungsgrund**. Eine Aufhebung ist nur gerechtfertigt, wenn die abgegebenen **Gebote deutlich über den geschätzten Kosten** liegen (VK Südbayern, B. v. 21. 8. 2003 – Az.: 32-07/03)

– werden die **haushaltsrechtlichen Vorgaben zur Finanzierung** einer Leistung auf **politischen Druck hin um 10% abgesenkt**, kann diese fehlerhafte Berechnung der Kosten der Leistung keine Aufhebung rechtfertigen, die sich von der Höhe her auf das (scheinbare) Überschreiten dieses fehlerhaft ermittelten Haushaltsansatzes bezieht (1. VK Sachsen, B. v. 5. 9. 2002 – Az.: 1/SVK/073-02)

117.11.3.6.5 „Inhaltsleere" von Angeboten auf eine funktionale Leistungsbeschreibung. Für eine Aufhebung ist erforderlich, dass eine Auftragsvergabe auf der Grundlage der bisherigen Vergabeunterlagen für den Antragsgegner oder die Bieter **unzumutbar** ist. Eine Unzumutbarkeit für die Bieter lässt sich nicht ohne weiteres feststellen, wenn sich mehrere Bieter zur Abgabe eines Angebotes im Stande gesehen haben. Auch für den Auftraggeber lässt sich eine solche **Unzumutbarkeit nicht eindeutig feststellen**, wenn die **Inhaltsleere einer funktionalen Leistungsbeschreibung auf den Vorgaben des Auftraggebers** beruht (Brandenburgisches OLG, B. v. 19. 9. 2003 – Az.: Verg W 4/03). 11223

117.11.3.6.6 Fehlerhafte Leistungsbeschreibung. Die **Rechtsprechung** ist insoweit **nicht einheitlich**. 11224

Eine fehlerhafte **Leistungsbeschreibung ist immer dem Auftraggeber zuzurechnen**; insoweit liegt **kein die Aufhebung rechtfertigender Grund im Sinne von § 17 Abs. 1 lit. d) VOL/A** vor (OLG Düsseldorf, B. v. 16. 2. 2005 – Az.: VII – Verg 72/04; VK Baden-Württemberg, B. v. 14. 9. 2001 – Az.: 1 VK 24/01). Dennoch **kann eine Ausschreibung** mit einer fehlerhaften Leistungsbeschreibung **aufgehoben werden**, was allerdings zu **Schadenersatzansprüchen** führen kann. 11225

Nach anderer Auffassung ist ein schwerwiegender Aufhebungsgrund im Sinn von § 17 Abs. 1 lit. d) VOL/A gegeben, **wenn der Auftraggeber im laufenden Ausschreibungsverfahren feststellen muss, dass die von ihm erstellte Leistungsbeschreibung hinsichtlich mehrerer Aspekte nicht hinreichend eindeutig im Sinne des § 7 Abs. 1 VOL/A ist**, was die Bieter mit großer Wahrscheinlichkeit dazu veranlasst hat, bei der Kalkulation ihrer Angebote von gänzlich unterschiedlichen Voraussetzungen auszugehen. Der schwerwiegende Grund ist hier gegeben, weil eine Reihe von Einzelgesichtspunkten vorliegen, welche jeder für sich wohl noch nicht schwerwiegend wäre, sich dies aber aus einer Summierung der Einzelgründe im Rahmen einer Gesamtbetrachtung ergibt (**14 zum Teil sehr umfängliche Rügen und Einwendungen der Bieter und daraus resultierend 3 Bieterrundschreiben mit ergänzenden Informationen, Forderungen der Bieter, auch mit anwaltlicher Unterstützung, nach Aufhebung der Ausschreibung u. a. wegen undurchsichtiger und widersprüchlicher Leistungsbeschreibung und Ausschreibungsunterlagen und eklatanter Verstöße gegen das Vergaberecht**). Der Auftraggeber ist dann angesichts der zahlreichen gerügten Widersprüche und Fehler in der Ausschreibung nicht mehr in der Lage, im Rahmen der Wertung der Angebote nachvollziehbar zu entscheiden, ob vergleichbare Angebote vorlagen, die seine Qualitätsanforderungen einhalten. Hinzu kommt, dass ganz erhebliche Differenzen in den Angebotsendsummen bestehen (VK Lüneburg, B. v. 27. 1. 2005 – Az.: 203-VgK-57/2004). 11226

11227 Zu den Einzelheiten eines Schadenersatzanspruchs vgl. die Kommentierung zu → § 126 GWB Rdn. 44 ff.

11228 **117.11.3.6.7 Veränderung von Terminen durch ein Nachprüfungsverfahren.** Kann der vertraglich vorgesehene **Anfangstermin** für die Inanspruchnahme von ausgeschriebenen Leistungen **auf Grund der Durchführung eines Nachprüfungsverfahrens nicht eingehalten** werden, zieht dies grundsätzlich **ebenso wenig die zwangsläufige Notwendigkeit nach sich, das Vergabeverfahren aufzuheben,** wie eine nachprüfungsbedingte Verzögerung des Baubeginns bei der Vergabe von Bauleistungen. Eine Aufhebung des Vergabeverfahrens kann sich nur dann als unumgänglich erweisen, wenn **Anpassungen an den Zeitablauf unmöglich und deshalb Wettbewerbsverzerrungen zu besorgen sind** (KG Berlin, B. v. 13. 8. 2002 – Az.: KartVerg 8/02; OLG Naumburg, B. v. 13. 10. 2006 – Az.: 1 Verg 7/06; B. v. 13. 10. 2006 – Az.: 1 Verg 6/06; 2. VK Sachsen-Anhalt, B. v. 23. 5. 2006 – Az.: VK 2-LVwA LSA 17/06; B. v. 23. 5. 2006 – Az.: VK 2-LVwA LSA 16/06).

11229 **117.11.3.6.8 Ablauf der Zuschlags- und Bindefrist.** Nach Ablauf der Zuschlags- und Bindefrist wird der Vertrag nicht schon mit dem Zuschlag geschlossen; vielmehr stellt der Zuschlag in diesem Fall ein neues Angebot dar, das der Annahme durch den Bieter bedarf. Nimmt der Bieter dann den Zuschlag an, kommt der Vertrag zustande. **Nur wenn er den Zuschlag ablehnt und aufgrund des verspäteten Zuschlags auch mit keinem anderen Bieter ein Vertrag zustande kommt, ist das Vergabeverfahren durch Aufhebung aus schwerwiegendem Grund (§ 17 Abs. 1 lit. d) VOL/A) zu beenden.** Allein der **Fristablauf genügt** zur Beendigung **nicht** (BayObLG, B. v. 1. 10. 2001 – Az.: Verg 6/01, B. v. 12. 9. 2000 – Az.: Verg 4/00, B. v. 21. 5. 1999 – Az.: Verg 1/99; OLG Naumburg, B. v. 13. 10. 2006 – Az.: 1 Verg 7/06; B. v. 13. 10. 2006 – Az.: 1 Verg 6/06; VK Nordbayern, B. v. 19. 11. 2008 – Az.: 21.VK – 3194 – 50/08; 2. VK Sachsen-Anhalt, B. v. 23. 5. 2006 – Az.: VK 2-LVwA LSA 17/06; B. v. 23. 5. 2006 – Az.: VK 2-LVwA LSA 16/06; VK Südbayern, B. v. 25. 7. 2002 – Az.: 26-06/02).

11230 **117.11.3.6.9 Mangelnde Eignung aller Bieter.** Die **Nichteignung aller beteiligten Bieter** ist an sich geeignet, einen Aufhebungsgrund darzustellen (2. VK Bund, B. v. 24. 6. 2005 – Az.: VK 2–70/05; B. v. 24. 6. 2004 – Az.: VK 2–73/04).

11231 **117.11.3.6.10 Anders nicht heilbarer Vergaberechtsfehler.** Die Aufhebung eines Vergabeverfahrens **wegen eines anders nicht heilbaren Vergaberechtsfehlers** aufgrund entsprechender Entscheidungen der Vergabekammer ist ein Aufhebungsgrund wegen eines schwerwiegenden Grundes (1. VK Bund, B. v. 29. 9. 2004 – Az.: VK 1–162/04; B. v. 23. 9. 2004 – Az.: VK 1–129/04; B. v. 23. 9. 2004 – Az.: VK 1–126/04; **ähnlich** VK Schleswig-Holstein, B. v. 14. 9. 2005 – Az.: VK-SH 21/05 **für einen schwerwiegenden Fehler des Vergabeverfahrens**).

11232 Die im Sinne von § 14 VOL/A unterlassene Kennzeichnung der vorgelegten Angebote – die in der VOL/A 2009 nicht mehr verpflichtend ist – stellt einen gravierenden **Vergaberechtsverstoß dar**, der objektiv selbst durch eine Rückversetzung des Vergabeverfahrens auf den Zeitpunkt der Angebotseröffnung kein rechtmäßiges Vergabeverfahren mehr erwarten lässt. Damit können die entsprechend § 14 Abs. 3 VOB/A erforderlichen Feststellungen durch den Auftraggeber nicht mehr zweifelsfrei getroffen werden. Der **Auftraggeber hat keine Möglichkeit** bei einer Verpflichtung durch die Vergabekammer zur erneuten Prüfung der Angebote diesen **Kennzeichnungsmangel zu heilen**. Vgl. zu den Rechtsprechungsnachweisen die Kommentierung zu → § 14 VOL/A Rdn. 36 ff.

11233 **Bewirkt die Ausschreibung praktisch eine vergaberechtlich grundsätzlich nicht zulässige Monopolstellung eines Bieters**, bewirkt sie eine Wettbewerbsverengung oder verhindert sogar die Entstehung eines Wettbewerbs. Sie **macht den potenziellen Bietern einen Marktzutritt praktisch unmöglich**. Ein solcher Mangel der Ausschreibung, der das dem Vergabeverfahren innewohnende Wettbewerbsprinzip, den Grundsatz der Diskriminierungsfreiheit und den Grundsatz der Transparenz verletzt, ist **als schwerwiegend zu bezeichnen** (Schleswig-Holsteinisches OLG, B. v. 9. 3. 2010 – Az.: 1 Verg 4/09).

11234 Trotz der Geltung der VOL/A ist der Ausschreibende **auch dann, wenn kein Aufhebungsgrund nach § 17 Abs. 1 lit. d) VOL/A besteht, nicht gezwungen, einen der Ausschreibung entsprechenden Auftrag zu erteilen.** Es kann viele Gründe dafür geben, die unabhängig davon, ob die Voraussetzungen des § 17 VOL/A erfüllt sind, den Ausschreibenden hindern, eine einmal in die Wege geleitete Ausschreibung ordnungsgemäß mit der Erteilung des Zuschlags an die Bieter zu beenden. Hierzu kann sich der Ausschreibende insbesondere dann veranlasst sehen, wenn eine Diskriminierungsfreiheit oder die Korrektur des Fehlers im Laufe des Vergabeverfahrens und dessen Fortsetzung nicht möglich ist, weil sich der Fehler auf die Erstellung der Angebote ausgewirkt und somit durch eine Wiederholung der Angebotsbewertung nicht zu beseitigen ist. Daraus ist abzuleiten, dass ein „Vertretenmüssen" des zur Aufhebung der Ausschreibung führenden Grundes dann der Ausschreibung nicht entgegensteht, wenn das Vergabeverfahren im Hinblick auf den Aufhebungsgrund nicht mehr diskriminierungsfrei und wettbewerbsrechtlich wirksam fortgesetzt werden kann. Die **Möglichkeit, bei einem solchen sachlichen Grund eine Ausschreibung durch Aufhebung zu beenden, ist notwendige Folge davon, dass es Zweck des Vergabeverfahrens ist, einen ordnungsgemäßen Wettbewerb zu gewährleisten**. Wird nach der Ausschreibung der Bieterkreis auf diejenigen Unternehmen – faktisch – beschränkt, die über ein bestimmtes Produkt verfügen bzw. darauf verlässlichen Zugriff haben, kann gegenüber allen anderen Unternehmen kein diskriminierungsfreier Wettbewerb mehr stattfinden. Dann bleibt nur noch die Aufhebung der Ausschreibung. Es ist dann Sache der Vergabestelle, neue (diskriminierungsfreie) Ausschreibungsbedingungen zu formulieren (Schleswig-Holsteinisches OLG, B. v. 9. 3. 2010 – Az.: 1 Verg 4/09).

117.11.3.6.11 Vergleichbare Entscheidung einer Vergabekammer. Hat eine Vergabekammer – z. B. unter Berufung auf Beschlüsse eines Vergabesenats zu vergleichbaren Sachverhalten – festgestellt, dass eine Leistungsbeschreibung ein ungewöhnliches Wagnis für die Bieter enthält und dem Auftraggeber aufgegeben, das zugrunde liegende Vergabeverfahren aufzuheben, bezieht sich diese Entscheidung zwar nur auf die diesen Nachprüfungsverfahren jeweils zugrunde liegenden Sachverhalte und entfalten keine unmittelbare Wirkung für andere Ausschreibungen. **Liegt jedoch derselbe Fehler auch anderen Ausschreibungen zugrunde, die eine identische Leistungsbeschreibung haben, ist es vergaberechtlich über § 17 Abs. 1 lit. d) VOL/A legitimiert, wenn der Auftraggeber als an Recht und Gesetz gebundener öffentlicher Auftraggeber die Vorgaben der Vergabekammer auch für ein Verfahren umsetzt, das nicht unmittelbar von dem Beschluss erfasst wird** (3. VK Bund, B. v. 30. 9. 2004 – Az.: VK 3–116/04). 11235

117.11.3.6.12 Entschluss zur Aufgabe des Beschaffungsvorhabens. Ein schwerwiegender, nicht vorhersehbarer Grund kann darin liegen, dass der **Auftraggeber beschließt, von dem Beschaffungsvorhaben endgültig Abstand zu nehmen** (OLG Düsseldorf, B. v. 26. 1. 2005 – Az.: VII – Verg 45/04). 11236

117.11.3.6.13 Verlängerung der Liefer- bzw. Dienstleistungszeit und geänderte Losaufteilung. Eine **beabsichtigte Verlängerung der Liefer- bzw. Dienstleistungszeit von 36 Monaten auf 48 Monate und die Aufteilung eines Loses 2 in zwei Teillose sind keine schwerwiegenden und für die Vergabestelle nicht vorhersehbaren Umstände**, die eine Rückgängigmachung der Ausschreibung erlauben, sondern dies sind Fragen der Planung des Umfangs des Beschaffungsvorhabens und damit für die Antragsgegnerin im Zeitpunkt der Planung vorhersehbare Umstände (OLG Düsseldorf, B. v. 26. 1. 2005 – Az.: VII – Verg 45/04). 11237

117.11.3.6.14 Drohender Verfall von Fördermitteln. Bei einem VOF-Verfahren ist der Verzicht auf eine Auftragsvergabe nach der Rechtsprechung sachlich nachvollziehbar und damit **vergaberechtlich zulässig**, wenn ein **Auftraggeber durch zwei vorausgegangene Nachprüfungsverfahren in Zeitnot gerät und die Durchführung eines Projektes selbst erledigt**, um bewilligte Fördermittel zeitnah abrufen zu können (VK Brandenburg, B. v. 17. 8. 2004 – Az.: VK 23/04). 11238

117.11.3.6.15 Politische Neubewertung eines Beschaffungsvorhabens. Die VK Brandenburg lässt die Aufhebung einer Ausschreibung auch dann zu, wenn sie auf sachlichen Gründen, nämlich auf einer politisch angestoßenen Neubewertung der mit der Gründung einer gemischtwirtschaftlichen Gesellschaft verbundenen Vor- und Nachteile, beruht. Maßgeblich ist allein die Sachlichkeit der der Aufhebung zugrunde liegenden Gründe. Bei der Beurteilung der Sachlichkeit ist ein objektiver Maßstab anzulegen. **Danach kann das Vorliegen eines sachlichen Grundes auch bejaht werden, wenn die Tatsachen, die zur ursprünglichen Entscheidung der Einleitung des Vergabeverfahrens geführt haben, sich nicht geändert haben, der Auftraggeber nunmehr eine andere Bewertung dieser Tatsachen vornimmt.** Solange diese abändernde Bewertung nicht auf unsachlichen Erwägungen des Auftraggebers beruht, steht es ihm frei, auf die Vergabe zu verzichten (VK Brandenburg, B. v. 30. 8. 2004 – Az.: VK 34/04). 11239

Diese Rechtsprechung **eröffnet dem Auftraggeber einen weiten Spielraum zur Aufhebung von Ausschreibungen**, ohne finanzielle Konsequenzen fürchten zu müssen, und ist 11240 mit der ganz überwiegenden Rechtsprechung zur engen Auslegung von § 17 VOL/A **nur schwer vereinbar**.

11241 **Anderer Auffassung** ist die **VK Bund**. Hätte der **Auftraggeber bereits bei sorgfältiger Vorbereitung der Ausschreibung erkennen können, dass** z. B. **die Tariftreueforderung vergaberechtlich voraussichtlich keinen Bestand haben würde** – worauf insbesondere eine Entscheidung eines Vergabesenats hindeutete – und stellt der Auftraggeber **dennoch eine mit dieser Rechtsprechung ersichtlich nicht zu vereinbarende Tariftreueforderung** auf und modifiziert diese auch nach Rügen nicht, so **kann den Bietern eine Aufhebung**, die zu einem Wegfall nicht nur ihrer Zuschlagschancen im laufenden Vergabeverfahren, sondern **auch ihres Anspruches auf Ersatz des negativen Interesses führen würde, nicht zugemutet werden**. Dies wäre nur dann der Fall, wenn die Mängel der Ausschreibung solches Gewicht hätten, dass ein Festhalten des Auftraggebers an der Ausschreibung von den Bietern unter Berücksichtigung der Bindung des Auftraggebers an Recht und Gesetz billigerweise nicht erwartet werden kann. Eine solche Situation **liegt dann nicht vor, wenn der Auftraggeber nur deshalb nicht an der Ausschreibung festhält, weil er aus politischen Gründen eine Vergabe auf der Grundlage des vor dem Inkrafttreten des novellierten GWB am 24. April 2009 geltenden und nach § 131 Abs. 8 GWB n. F. für das vorliegende Verfahren weiterhin maßgebenden Rechts ablehnt**. Dies rechtfertigt es jedoch nicht, die Bieter durch das Bejahen einer rechtmäßigen Aufhebung von vornherein um etwaige Ansprüche auf Ersatz ihrer Aufwendungen zu bringen (1. VK Bund, B. v. 29. 9. 2009 – Az.: VK 1–167/09).

11242 **117.11.3.6.16 Vorliegen nur eines Teilnahmeantrags**. Um das Vorliegen eines anderen schwerwiegenden Grundes im Sinne des § 17 Abs. 1 lit. d) VOL/A ausnahmsweise bejahen zu können, muss dieser Grund ein Gewicht haben, der den anderen, in § 17 Abs. 1 lit. a) – c) VOL/A genannten Gründen, gleichkommt. **Es ist im Teilnahmewettbewerb nicht so, dass zwingende Aufhebungsvoraussetzung das vollständige Fehlen berücksichtigungsfähiger Teilnahmeanträge sein müsste und das Vorliegen auch nur eines berücksichtigungsfähigen Teilnahmeantrags in jedem Fall die Fortführung des Verfahrens erzwingen würde**. Die **Aufhebung ist jedoch aufgrund der im Vergleich zur Angebotserstellung beim Offenen Verfahren unterschiedlichen Situation bei der Angebotserstellung nach durchgeführtem Teilnahmewettbewerb bei einer freihändigen Vergabe geboten**. Während beim Offenen Verfahren der Bieter nichts von seiner Alleinstellung weiß, sein Angebot also zumindest der subjektiven Vorstellung nach im Wettbewerb erstellt wurde, **könnte im Teilnahmewettbewerb der alleinige Bieter in positiver Kenntnis dessen, dass keine weiteren Wettbewerber den Teilnahmewettbewerb überstanden haben, sein Angebot zu Monopolkonditionen erstellen**. Der Auftraggeber hätte in einer derartigen Situation keine Vergleichsmöglichkeit mit anderen Angeboten und infolge dessen auch keine Gewähr dafür, dass aufgrund der verringerten Wettbewerbsintensität die vom Vergaberecht bezweckte wirtschaftliche Mittelverwendung gegeben ist (2. VK Bund, B. v. 4. 6. 2010 – Az.: VK 2–32/10).

11243 **117.11.3.6.17 Keine vorherige Kenntnis des Auftraggebers von den Gründen**. Die **Rechtsprechung** ist insoweit **nicht einheitlich**.

11244 **§ 17 Abs. 1 lit. d) VOL/A setzt im Gegensatz zu den übrigen Aufhebungstatbeständen nicht voraus, dass der Auftraggeber den Aufhebungsgrund nicht zu vertreten hat**. Gerade dann, wenn der Auftraggeber den Aufhebungsgrund bei Anwendung der gebotenen Sorgfalt hätte vermeiden können, sind jedoch **besonders hohe Anforderungen an das Gewicht des Aufhebungsgrundes zu stellen** (2. VK Bund, B. v. 11. 12. 2008 – Az.: VK 2–76/08).

11245 Der Auffassung, dass der Aufhebungsgrund grundsätzlich nach Beginn der Ausschreibung ohne vorherige Kenntnis des Auftraggebers aufgetreten sein muss, wenn der Aufhebungsgrund des § 17 Abs. 1 lit. d) VOL/A eingreift, ist nicht beizutreten. Die **Frage der Kenntnis und des Entstehungszeitpunktes des schwerwiegenden Mangels einer Ausschreibung ist allein unter dem Gesichtspunkt der Schadensersatzpflicht erheblich**, denn der Auftraggeber, der den Auftragsgrund vor Beginn der Ausschreibung kennt und ihn zu vertreten hat, macht sich gegenüber dem Unternehmer schadensersatzpflichtig, der durch die Beteiligung am Angebotsverfahren erhebliche Aufwendungen tätigt. Die **Vorschrift des § 17 Abs. 1 lit. d) VOL/A nimmt eine Einschränkung in dem Sinne, dass der Aufhebungsgrund grundsätzlich nach Beginn der Ausschreibung ohne vorherige Kenntnis des Auftraggebers aufgetreten sein muss, gerade nicht vor**. Auf dieser Linie liegt auch die Entscheidung des Bundesgerichtshofs. Danach sei ein schwerwiegender Grund im Sinne des § 17 Abs. 1 lit. d)

VOL/A nicht ohne Weiteres schon deshalb gegeben, weil der Ausschreibende bei der Einleitung oder der Durchführung des Verfahrens fehlerhaft gehandelt habe. Ein Fehler des Ausschreibenden könne nicht immer und jedenfalls nicht schon deshalb ohne Weiteres genügen, weil der Auftraggeber es dann in der Hand hätte, nach seiner freien Entscheidung durch Verstöße gegen das Vergaberecht den bei der Vergabe öffentlichen Aufträgen bestehenden Bindungen zu entgehen. Eine solche Folge wäre mit Sinn und Zweck des Ausschreibungsverfahrens, insbesondere auch im Hinblick auf die Vorgaben des Rechts der europäischen Gemeinschaften nicht zu vereinbaren. Im Einzelnen bedürfe es daher für die Feststellung eines schwerwiegenden Grundes einer Interessenabwägung, für die die Verhältnisse des jeweiligen Einzelfalls maßgeblich sind. Danach kann ein rechtlicher Fehler des Vergabeverfahrens zu einem schwerwiegenden Mangel in diesem Sinne führen, wenn er einerseits von so großem Gewicht ist, dass eine Bindung des öffentlichen Auftraggebers mit Recht und Gesetz nicht zu vereinbaren wäre, und andererseits von den an dem öffentlichen Ausschreibungsverfahren teilnehmenden Unternehmen, insbesondere auch mit Blick auf die Schwere dieses Fehlers, erwartet werden kann, dass sie auf diese rechtlichen und tatsächlichen Bedingungen Rücksicht nehmen. Die **Ausführungen zeigen, dass selbst dann ein schwerwiegender Grund im Sinne des § 17 Abs. 1 lit. d) VOL/A vorliegen kann, wenn die Aufhebungsgründe aus der Sphäre des Ausschreibenden herrühren oder auf seinem Verschulden beruhen, jedoch das Ergebnis einer umfassenden Interessenabwägung sein kann, einen schwerwiegenden Grund im Sinne des § 17 Abs. 1 lit. d) VOL/A zu bejahen** (Schleswig-Holsteinisches OLG, B. v. 9. 3. 2010 – Az.: 1 Verg 4/09).

Es **besteht auch kein berechtigtes Bieterinteresse, den Auftraggeber in solchen Fällen gleichsam zum Gefangenen seines eigenen Fehlers zu machen und ihn dazu zu zwingen, einen als schwerwiegend falsch erkannten Weg fortzusetzen.** Zwar hat jeder Bieter nach § 97 Abs. 7 GWB Anspruch darauf, dass der Auftraggeber die Bestimmungen über das Vergabeverfahren einhält. Er hat jedoch keinen Anspruch darauf, dass der Auftraggeber zu Lasten der Verwirklichung der durch § 97 GWB geschützten Grundsätze des Wettbewerbs und der Diskriminierungsfreiheit ein fehlerhaftes Verhalten fortsetzt (Schleswig-Holsteinisches OLG, B. v. 9. 3. 2010 – Az.: 1 Verg 4/09). 11246

Vgl. ansonsten die Kommentierung → Rdn. 45. 11247

117.11.3.6.18 Keine Zurechenbarkeit der Gründe zum Auftraggeber. Vgl. dazu die Kommentierung → Rdn. 47. 11248

117.11.3.6.19 Weitere Beispiele aus der Rechtsprechung 11249

– ein Aufhebungsgrund gemäß § 17 Abs. 1 lit. d) VOL/A („andere schwerwiegende Gründe") ist **nicht erkennbar, wenn zwar das Vergabeverfahren mit derart schwerwiegenden Fehlern behaftet ist**, die im Grunde eine Aufhebung rechtfertigen, diese **Fehler jedoch auf das fehlerhafte Leistungsverzeichnis zurückzuführen, das der Antragsgegner erstellt und infolgedessen auch zu verantworten hat**, was einem Aufhebungsgrund nach § 17 Abs. 1 lit. d) VOL/A entgegensteht. Die **Fehlerhaftigkeit** der Verdingungsunterlagen liegt dabei **in dem Umstand**, dass der Antragsgegner **den von den Bietern zu erbringenden Leistungsumfang an einen Leistungsbeginn geknüpft hat, der objektiv nur von der Antragstellerin erfüllt werden konnte** (VK Schleswig-Holstein, B. v. 23. 10. 2009 – Az.: VK-SH 14/09)

– der **Auftraggeber** ist dann, wenn die Rechtsbeständigkeit eines Schutzrechtes von ihm bezweifelt wird, **berechtigt, die Klärung durch die Fachbehörden und -gerichte abzuwarten**, ehe er eine Zuschlagsentscheidung trifft; deshalb ist es **auch gerechtfertigt, die Ausschreibung aufzuheben**, wenn diese fachrechtliche Klärung voraussichtlich nicht einmal binnen Jahresfrist erfolgt sein wird. Dem Auftraggeber diese Möglichkeit zu verwehren und ihn stets zum „Durchentscheiden" einer umstrittenen schutzrechtlichen Fragestellung zu verpflichten, wäre weder mit dem Beurteilungsspielraum zu vereinbaren, der dem Auftraggeber grundsätzlich hinsichtlich der Zweckmäßigkeit seines vergaberechtlichen Vorgehens zusteht, noch ließe sich ein solcher Zwang zum Abschluss eines einmal eingeleiteten Vergabeverfahrens durch Zuschlag damit vereinbaren, dass der Auftraggeber grundsätzlich keinem Kontrahierungszwang unterliegt. **Zu prüfen ist in solchen Fallgestaltungen daher lediglich, ob die schutzrechtliche Streitigkeit vom Auftraggeber aus vertretbaren Gründen als so gewichtig eingestuft wurde, dass er von der Auftragsvergabe im laufenden Vergabeverfahren abgesehen und zum Mittel der Aufhebung gegriffen** hat (2. VK Bund, B. v. 15. 9. 2008 – Az.: VK 2–91/08); vgl. dazu die Kommentierung zu § 97 GWB RZ 409 ff.

Teil 4 VOL/A § 17

- die Aufhebung einer Ausschreibung aus schwerwiegendem Grund ist dann noch möglich, wenn die **geforderten Referenzen über Reinigungsleistungen von den Bietern unterschiedlich verstanden werden und deshalb eine Wertung der unterschiedlichen Angebote nicht möglich** ist (OLG Frankfurt, B. v. 24. 10. 2006 – Az.: 11 Verg 008/06, 11 Verg 009/06)
- die **Befürchtung, mit einem Nachprüfungsverfahren überzogen zu werden, ist kein** „anderer schwerwiegender Grund" für eine Aufhebung (VK Nordbayern, B. v. 12. 10. 2006 – Az.: 21.VK – 3194 – 25/06)
- können **Wahlpositionen wegen** einer hierfür von der Vergabestelle **nicht erstellten Bewertungsmatrix nicht gewertet** werden, liegt hierin **kein schwerwiegender Grund**, der eine Aufhebung der Ausschreibung erfordert (OLG München, B. v. 27. 1. 2006 – Az.: VII – Verg 1/06)
- wenn **ein den Wettbewerb verzerrender Informationsvorsprung** zu einem vor allem in preislicher Hinsicht überlegenen Angebot des betreffenden Bieters führt und dieses Angebot für die Entscheidung über den Zuschlag relevant wäre, wird der Auftraggeber im Allgemeinen die Ausschreibung aufheben müssen (OLG Rostock, B. v. 9. 5. 2001 – Az.: 17 W 4/01)
- schwerwiegende Gründe, die eine Aufhebung des Verfahrens unabweisbar machen, müssen auch dann zu diesem Schritt berechtigen, **wenn die Aufhebungsgründe bereits bei Verfahrenseinleitung hätten bekannt sein können**. Die Vergabestelle kann nicht gehalten sein, ein Ausschreibungsverfahren fortzuführen, das erkennbar – und unheilbar – rechtswidrig ist und dessen Entscheidungen mit dem Risiko behaftet bleiben, jederzeit (verfahrenskonform) mit Aussicht auf Erfolg angegriffen zu werden. Die Konsequenzen eines fahrlässig fehlerhaft eingeleiteten Vergabeverfahrens sind vielmehr **evtl. Schadensersatzansprüche des benachteiligten Bieters** (VK Bremen, B. v. 6. 1. 2003 – Az.: VK 5/02)
- nicht jeder Fehler in einem Leistungsverzeichnis rechtfertigt die Aufhebung des Verfahrens aufgrund § 17 Abs. 1 lit. d) VOL/A. Eine **ungenaue Leistungsbeschreibung in fünf Positionen** (davon eine Bedarfsposition, die nicht in die Wertungssumme einfließt) **bei einem Gesamtumfang von über 110 Positionen kann nicht als schwerwiegender Grund** im Sinne des § 17 Abs. 1 lit. d) VOL/A angesehen werden (VK Magdeburg, B. v. 2. 4. 2001 – Az.: VK-OFD LSA-03/01)
- lediglich **geringfügige Änderungen einzelner Positionen** der auszuführenden Leistung sowie **geringfügige Änderungen in der Beschaffenheit der Leistung** sind **kein Grund zur Aufhebung der Ausschreibung**, sondern können zulässigerweise in der Vertragsabwicklung gemäß § 2 VOL/B aufgefangen werden (1. VK Sachsen, B. v. 8. 11. 2001 – Az.: 1/SVK/104-01)
- die **Unklarheiten einer Leistungsbeschreibung** führen jedoch dann nicht zur Aufhebung einer Ausschreibung, wenn infolge dieses Mangels **Angebote** eingehen, **die noch miteinander verglichen werden können** (VK Düsseldorf, B. v. 22. 7. 2002 – Az.: VK – 19/2002 – L)
- ein vom Antragsteller gegen den Auftraggeber durchsetzbarer zwingender Aufhebungsgrund gemäß § 17 Abs. 1 lit. d) VOL/A besteht nicht, wenn **nur marginale, aber keine grundlegenden Änderungen der Verdingungsunterlagen vonnöten sind** (1. VK Sachsen, B. v. 9. 4. 2002 – Az.: 1/SVK/021-02)
- ist dagegen **ein Leistungsverzeichnis missverständlich**, was z. B. dadurch bestätigt werden kann, dass mehrere Bieter das von der Vergabestelle Gewollte auch tatsächlich missverstanden haben und handelt es sich **der Sache nach um einen zentralen Punkt**, ist es der **Vergabestelle nicht zumutbar, den Zuschlag** trotz Aufdeckung der Missverständlichkeit **zu erteilen**. Eine grundlegende Änderung der Verdingungsunterlagen im Sinne einer Korrektur der missverständlichen Formulierungen ist in dieser Situation geboten, um nachfolgende Auseinandersetzungen auf der vertraglichen Ebene zu vermeiden (2. VK Bund, B. v. 19. 7. 2002 – Az.: VK 2–44/02; im Ergebnis ebenso 1. VK Bund, B. v. 6. 12. 2006 – Az.: VK 1–133/06)
- das **rechtswidrige Verlangen nach einer Tariftreueerklärung** und das **rechtswidrige Mitwirken einer nach § 16 VgV ausgeschlossenen Person** rechtfertigen eine Aufhebung wegen eines schwerwiegenden Grundes im Sinne von § 17 Abs. 1 lit. d) VOL/A (Hanseatisches OLG Hamburg, B. v. 4. 11. 2002 – Az.: 1 Verg 3/02)
- eine zur Aufhebung aus schwerwiegendem Grund berechtigende Sachlage **kann u. a. eintreten**, wenn im Rahmen des Vergabeverfahrens überhaupt **nur ein Angebot eingegangen** ist

und sich **dem Auftraggeber deshalb keine Vergleichsmöglichkeiten bieten**, so dass der auch von den europarechtlichen Vorgaben bezweckte Wettbewerb nicht in ausreichendem Umfang erreicht wurde. Eine **Aufhebung** kann jedoch angesichts der hieran zu stellenden strengen Anforderungen **dann nicht mehr rechtmäßig erfolgen, wenn mehrere Angebote eingegangen** sind und lediglich nach der Prüfung der Angebote **nur eines in der Wertung verbleibt** (VK Niedersachsen, B. v. 24. 10. 2008 – Az.: VgK-35/2008)

– **allein die Absicht, die Ausschreibungsstrategie zu ändern, stellt ebenfalls keinen schwerwiegenden Grund im Sinn des § 17 Abs. 1 lit. d) VOL/A dar**. Angesichts des bereits dargestellten Vertrauensschutzes der Bieter sind an das Vorliegen eines solchen Grundes strenge Anforderungen zu stellen, insbesondere dürfen die zugrunde liegenden Umstände für den Auftraggeber nicht bereits vor der Bekanntmachung vorhersehbar gewesen sein. Da die Entscheidung, die einzelnen Leistungsabschnitte nun getrennt auszuschreiben, ausschließlich die Frage der Planung des Umfangs des Beschaffungsvorhabens betreffen, die der Antragsgegnerin bereits im Zeitpunkt der Bekanntmachung möglich war, bildet sie für sich genommen keinen schwerwiegenden Grund im Sinne der Vorschrift (VK Düsseldorf, B. v. 28. 9. 2007 – Az.: VK – 27/2007 – B)

– die Aufhebung einer Ausschreibung aus schwerwiegendem Grund ist dann noch möglich, wenn die **geforderten Referenzen von den Bietern unterschiedlich verstanden werden und deshalb eine Wertung der unterschiedlichen Angebote nicht möglich** ist (OLG Frankfurt, B. v. 24. 10. 2006 – Az.: 11 Verg 008/06, 11 Verg 009/06)

117.12 Sonstige Aufhebungsgründe und Rechtsfolgen

117.12.1 Kein Kontrahierungszwang

In ständiger Rechtsprechung hat der Bundesgerichtshof herausgearbeitet, dass trotz Geltung der VOL/A der Ausschreibende auch dann, wenn kein Aufhebungsgrund nach § 17 VOL/A besteht, **nicht gezwungen werden kann, einen der Ausschreibung entsprechenden Auftrag zu erteilen**. Damit wäre die Annahme, es müsse in jedem Fall eines eingeleiteten Vergabeverfahrens ein Zuschlag erteilt werden, schlechthin unvereinbar (vgl. im Einzelnen die Kommentierung zu → § 114 GWB Rdn. 71 ff)

11250

117.12.2 Rechtsfolge einer sonstigen Aufhebung (Schadenersatz)

117.12.2.1 Grundsätze

Ob die Aufhebung einer Ausschreibung durch die in § 17 VOL/A normierten Gründe gedeckt ist, ist demnach **lediglich für die Frage nach Schadensersatzansprüchen bedeutsam** (OLG Celle, Urteil vom 30. 5. 2002 – Az.: 13 U 266/01; OLG Koblenz, B. v. 15. 1. 2007 – Az.: 12 U 1016/05; LG Düsseldorf, Urteil v. 29. 10. 2008 – Az.: 14 c O 264/08; 1. VK Bund, B. v. 4. 12. 2001 – Az.: VK 1–43/01; VK Lüneburg, B. v. 22. 5. 2002 – Az.: 203-VgK-08/ 2002).

11251

Der **Bieter mit dem annehmbarsten Angebot verdient im Interesse einer fairen Risikobegrenzung Vertrauensschutz davor, dass seine Amortisationschance durch zusätzliche Risiken vollständig beseitigt wird**, die in den vergaberechtlichen Bestimmungen keine Grundlage finden. Er darf mit Blick auf die mit Kosten und Arbeitsaufwand verbundene Erarbeitung eines Angebots beim öffentlichen Auftrag regelmäßig darauf vertrauen, dass die mit seiner Beteiligung verbundenen Aufwendungen nicht von vornherein nutzlos sind, insbesondere dass der Auftraggeber nicht leichtfertig ausschreibt und die Ausschreibung nicht aus anderen Gründen als den in § 17 VOL/A genannten beendet (BGH, Urteil v. 8. 9. 1998 – Az.: X ZR 48/97; OLG Koblenz, B. v. 15. 1. 2007 – Az.: 12 U 1016/05; 2. VK Bund, B. v. 2. 7. 2004 – Az.: VK 2–28/04; BayObLG, B. v. 15. 7. 2002 – Az.: Verg 15/02).

11252

117.12.2.2 Aufhebung einer Ausschreibung ohne anschließende Auftragsvergabe

Erst durch die Erteilung des Auftrags erweist es sich als berechtigt, auf die eine Realisierung von Gewinn einschließende Durchführung der ausgeschriebenen Maßnahme vertraut zu haben. **Unterbleibt die Vergabe des Auftrags**, kommt hingegen regelmäßig nur eine **Entschädigung im Hinblick auf Vertrauen in Betracht**, nicht im Ergebnis nutzlose Aufwen-

11253

dungen für die Erstellung des Angebots und die Teilnahme am Ausschreibungsverfahren tätigen zu müssen (BGH, Urteil v. 8. 9. 1998 – Az.: X ZR 48/97, Urteil v. 5. 11. 2002 – Az.: X ZR 232/00; OLG Düsseldorf, Urteil v. 31. 1. 2001 – Az.: U (Kart) 9/00).

117.12.2.3 Aufhebung einer Ausschreibung mit anschließender – unveränderter – Auftragsvergabe

11254 Auch der Bieter, der im Rahmen einer geschehenen Ausschreibung das annehmbarste Angebot abgegeben hat, hat deshalb nicht von vornherein Anlass, darauf zu vertrauen, dass ihm der ausgeschriebene Auftrag erteilt wird und er sein positives Interesse hieran realisieren kann. Regelmäßig kann vielmehr **ein sachlich gerechtfertigter Vertrauenstatbestand**, der zu einem Ersatz entgangenen Gewinns einschließenden Anspruch führen kann, **erst dann gegeben** sein, **wenn der ausgeschriebene Auftrag tatsächlich – wenn auch unter Verstoß gegen die VOL/A – erteilt wurde**. Erst durch die Erteilung des Auftrags erweist es sich als berechtigt, auf die eine Realisierung von Gewinn einschließende Durchführung der ausgeschriebenen Maßnahme vertraut zu haben (BGH, Urteil v. 8. 9. 1998 – Az.: X ZR 48/97, Urteil vom 5. 11. 2002 – Az.: X ZR 232/00; OLG Düsseldorf, Urteil v. 12. 6. 2003 – Az.: 5 U 109/02).

11255 Ein solcher Anspruch kommt vor allem in Betracht, wenn das Vergabeverfahren tatsächlich mit einer Auftragserteilung seinen Abschluss gefunden hat und der Zuschlag bei regelrechter Durchführung des Vergabeverfahrens **nicht dem tatsächlich auserwählten Bieter, sondern mit an Sicherheit grenzender Wahrscheinlichkeit dem (übergangenen) Bieter hätte erteilt werden müssen** (OLG Dresden, Urteil v. 27. 1. 2006 – Az.: 20 U 1873/05; OLG Düsseldorf, Urteil v. 31. 1. 2001 – Az.: U (Kart) 9/00; Schleswig-Holsteinisches OLG, B. v. 18. 1. 2001 – Az.: 11 U 139/99).

11256 Im Falle einer unzulässigen Aufhebung der Ausschreibung hat der öffentliche Auftraggeber dem **einzigen Bieter den entgangenen Gewinn (positives Interesse**) zu ersetzen, wenn dieser mit seinem Angebot zu berücksichtigen gewesen wäre. Dies gilt erst Recht, wenn der öffentliche **Auftraggeber das Vorhaben nicht endgültig aufgibt**, sondern die Ausführung **einzelner Gewerke über einen längeren Zeitraum hinweg nacheinander vornehmen** lässt (OLG Düsseldorf, Urteil v. 8. 1. 2002 – Az.: 21 U 82/01).

117.12.2.4 Aufhebung einer Ausschreibung mit anschließender – veränderter – Auftragsvergabe

11257 Der Schluss, dass der annehmbarste Bieter berechtigterweise darauf vertrauen durfte, den Auftrag zu erhalten, kann gleichwohl dann gezogen werden, **wenn der später tatsächlich erteilte Auftrag bei wirtschaftlicher Betrachtungsweise das gleiche Vorhaben und den gleichen Auftragsgegenstand betrifft** (OLG Dresden, Urteil v. 27. 1. 2006 – Az.: 20 U 1873/05). **Bestehen insoweit erhebliche Unterschiede, kommt ein solcher Schluss hingegen regelmäßig nicht in Betracht**. Die Unterschiede stehen dann dafür, dass der ausgeschriebene Auftrag nicht zur Ausführung gelangt ist. Ein Anspruch, der den Ersatz entgangenen Gewinns einschließt, kann deshalb in diesen Fällen regelmäßig nur dann bestehen, wenn der sich übergangen fühlende Bieter auf **Besonderheiten** verweisen kann, **die den Auftraggeber hätten veranlassen müssen, ihm – auch – den geänderten Auftrag zu erteilen** (BGH, Urteil v. 5. 11. 2002 – Az.: X ZR 232/00; Schleswig-Holsteinisches OLG, B. v. 18.012001 – Az.: 11 U 139/99).

117.12.2.5 Verzicht auf die Vergabe einer ausgeschriebenen Leistung

11258 Dem öffentlichen Auftraggeber muss es möglich sein – also insbesondere ohne das Erfordernis schwerwiegender Gründe oder einer Ausnahmesituation – die **Aufhebung eines Vergabeverfahrens herbeizuführen, wenn er gänzlich Abstand von der Vergabe eines zunächst ausgeschriebenen Auftrages nehmen will**. Denn er soll nicht allein deshalb, weil er ein öffentliches Vergabeverfahren eingeleitet hat, eine Leistung in Auftrag geben müssen, von deren Beschaffung er aus welchen Gründen auch immer – mangelnde finanzielle Mittel, fehlerhafte Einschätzung, Wegfall oder anderweitige Befriedigung des Bedürfnisses – nunmehr endgültig Abstand nehmen will. Einem solchen **Verzicht ist gleich zu setzen die Erledigung mit eigenen Möglichkeiten oder die Erledigung über ein Inhouse-Geschäft** (OLG Brandenburg, B. v. 19. 12. 2002 – Az.: Verg W 9/02).

11259 Ein solcher **Verzicht darf aber nicht sachwidrig** sein. Es ist mit den vergaberechtlichen Verfahrensgrundsätzen, insbesondere des Diskriminierungs- und des Willkürverbots **nicht ver-**

einbar, ein **Vergabeverfahren wegen des Mangels an mehreren geeigneten Bewerbern aufzuheben**, wenn der **Auftraggeber** durch die von ihm vorgenommene Auswahl der Eignungsanforderungen und der hierfür verbindlich geforderten Eignungsnachweise den **Schwerpunkt des Wettbewerbs in den Bereich der bieterbezogenen Eignungsprüfung verlagert hat**, was bei einer Ausschreibung freiberuflicher Leistungen nach VOF durchaus sinnvoll sein kann, zulässig erscheint und jedenfalls von keinem Bewerber gerügt worden ist. Die **geringe Zahl der Verhandlungspartner** – hier sogar die Reduzierung auf einen einzigen Bieter – ist notwendige, jedenfalls vorhersehbare Folge dieser Vergabestrategie und rechtfertigt daher nicht, auf die Fortführung des Verhandlungsverfahrens zu verzichten (OLG Naumburg, B. v. 17. 5. 2006 – Az.: 1 Verg 3/06).

117.13 Beweislast für das Vorliegen von Aufhebungsgründen

Der **öffentliche Auftraggeber trägt die Beweislast** dafür, dass er zur Aufhebung der Ausschreibung berechtigt ist (OLG Düsseldorf, B. v. 3. 1. 2005 – Az.: VII – Verg 72/04; OLG Saarbrücken, Urteil v. 2. 7. 2003 – Az: 1 U 113/03–31, 1 U 113/03). 11260

117.14 Rechtsnatur der Aufhebung

Bei der Aufhebung handelt es sich um einen **internen, aber endgültigen Beschluss des Auftraggebers, das Ausschreibungsverfahren zu beenden.** Dieser **Beschluss ist eine (nicht empfangsbedürftige) Willenserklärung**, die nicht unbedingt schriftlich niedergelegt sein muss, auch wenn dies aus Transparenzgründen zu empfehlen ist (VK Brandenburg, B. v. 21. 5. 2008 – Az.: VK 9/08; B. v. 30. 7. 2002 – Az.: VK 38/02; VK Schleswig-Holstein, B. v. 14. 9. 2005 – Az.: VK-SH 21/05; B. v. 24. 10. 2003 – Az.: VK-SH 24/03). 11261

Nach einer anderen Auffassung stellt die **Erklärung der Aufhebung des Vergabeverfahrens eine einseitige, empfangsbedürftige Willenserklärung** dar, die zunächst einmal nur zum Inhalt hat, dass das Vergabeverfahren nach dem Willen der Vergabestelle nicht weitergeführt soll, sondern aufgehoben ist. Einer solchen Erklärung kommt nicht die gleiche Wirkung wie der Erklärung zur Zuschlagserteilung zu. Als einseitig abzugebende, empfangsbedürftige Erklärung hat sie in der Folge ihrer Abgabe „**nur**" die Wirkung, dass die Bieter mit Abgabe dieser Erklärung durch die Vergabestelle an ihre bereits abgegebenen Angebote nicht mehr gebunden sind (VK Thüringen, B. v. 20. 5. 2008 – Az.: 250–4003.20–1121/2008-011-EF). 11262

117.15 Bekanntmachung der Aufhebungsentscheidung

Das (vorvertragliche) Rechtsverhältnis, welches durch die Ausschreibung zwischen dem öffentlichen Auftraggeber und den Bietern entsteht, kann nicht durch eine bloß behördeninterne Willensbildung, sondern nur dadurch beendet werden, dass die Entscheidung zur Aufhebung des Vergabeverfahrens den Bietern bekannt gemacht wird. Dies gebietet es, **für die Außenwirksamkeit der Aufhebungsentscheidung auf deren Bekanntgabe gegenüber dem jeweiligen Bieter abzustellen** (OLG Düsseldorf, B. v. 28. 2. 2002 – Az.: Verg 37/01; OLG Koblenz, B. v. 10. 4. 2003 – Az.: 1 Verg 1/03; VK Schleswig-Holstein, B. v. 10. 2. 2005 – VK-SH 02/05; im Ergebnis ebenso VK Brandenburg, B. v. 21. 5. 2008 – Az.: VK 9/08). 11263

Die **Bekanntmachung** kann insbesondere bei öffentlichen Auftraggebern im Sinne des § 98 Satz 1 Nr. 1 GWB nur durch dessen **zuständiges Organ** erfolgen. Eine **Bekanntmachung erfolgt auch nicht dadurch**, dass ein **Bieter irgendwie von dem internen Aufhebungsbeschluss erfährt**. Eine Bekanntmachung muss vielmehr zielgerichtet und mit Bekanntgabewillen an denjenigen erfolgen, den der Inhalt der bekannt zu gebenden Erklärung betrifft (VK Brandenburg, B. v. 30. 7. 2002 – Az.: VK 38/02). 11264

117.16 Rechtsfolge der Bekanntmachung der Aufhebungsentscheidung

Die **Rechtsprechung** ist **nicht einheitlich**. 11265

Nach einer Auffassung ist durch die bekannt gemachte Aufhebung der Ausschreibung das **Vergabeverfahren ex tunc beendet**. Die Aufhebung bewirkt, dass **alle im Rahmen der** 11266

Ausschreibung eingereichten Angebote erlöschen. Dies gilt unabhängig davon, ob die Aufhebung rechtmäßig oder deshalb rechtswidrig ist, weil keiner der Aufhebungsgründe des § 17 VOL/A vorliegt. Daran wird auch nichts dadurch geändert, dass alle Bieter auf Rückfrage der Vergabestelle erklärt haben, sich an ihr Angebot gebunden halten. Die **Vergabestelle kann ein einmal aufgehobenes Verfahren nicht wieder aufnehmen.** Aus der Tatsache, dass im Interesse eines effektiven Rechtsschutzes die **Aufhebung einer Ausschreibung im Nachprüfungsverfahren überprüft und aufgehoben werden kann,** folgt aber **nicht,** dass die Vergabestelle ihre Entscheidung über die Aufhebung der Vergabe als unwirksam einstufen bzw. **die Aufhebung einer Ausschreibung aufheben** und ein einmal aufgehobenes Verfahren – auch nicht mit Zustimmung der Bieter – ohne weiteres einfach fortsetzen kann (2. VK Bremen, B. v. 13. 11. 2002 – Az.: VK 6/02).

11267   Nach einer anderen Meinung kann im Gegensatz zur Zuschlagserteilung die **Erklärung der Aufhebung schon durch das Handeln der Vergabestelle korrigiert, d. h. aufgehoben, zurückgenommen, widerrufen und damit in ihrem Inhalt abgeändert werden.** Die Vergabestelle ist nicht gehindert, die einmal erklärte Aufhebung einer Ausschreibung in der Weise zu korrigieren, dass sie nunmehr erklärt, das Vergabeverfahren (doch) fortsetzen zu wollen. Dies führt zwar nicht gleichsam automatisch dazu, dass die Bieter nunmehr wieder an ihr Angebot gebunden sind. Das **Vergabeverfahren kann aber jedenfalls mit den Angeboten fortgesetzt werden, zu denen sich die Bieter nach Korrektur der Aufhebungserklärung** („Aufhebung der Aufhebung") durch die Vergabestelle **positiv erklärt haben** (VK Thüringen, B. v. 13. 2. 2003 – Az.: 216–4002.20-003/03-EF-S).

11268   Das Vorliegen der Voraussetzungen **eines Aufhebungsgrundes nach § 17 VOL/A** ist für die **Frage der Wirksamkeit der Aufhebung irrelevant** und daher nicht zu prüfen (1. VK Bund, B. v. 9. 4. 2001 – Az.: VK 1–7/01).

117.17 Unterrichtungspflicht (§ 17 Abs. 2)

117.17.1 Änderung in der VOL/A 2009

11269   Die **Mitteilungspflicht** des Auftraggebers über die Aufhebung wurde **auf die Bewerber ausgedehnt.**

117.17.2 Sinn und Zweck der Unterrichtungspflicht

11270   Von dem internen Verwaltungsentschluss der Aufhebung haben die beteiligten Wettbewerber zunächst keine Kenntnis und **halten nach wie vor Sach- und Personalmittel für die ausgeschriebene Leistung vor,** weshalb sie unverzüglich, das heißt ohne schuldhaftes Zögern (§ 121 BGB) zu benachrichtigen sind (VK Schleswig-Holstein, B. v. 24. 10. 2003 – Az.: VK-SH 24/03).

117.17.3 Notwendiger Inhalt bei einer Aufhebung nach § 17 Abs. 1 lit. a)

11271   Die **Rechtsprechung** ist **nicht einheitlich.**

11272   Die Vergabestelle ist nicht verpflichtet, bei einer Aufhebung nach § 17 Abs. 1 lit. a) VOL/A die Gründe detailliert mitzuteilen. Es **genügt vielmehr, den Wortlaut des § 17 Abs. 1 lit. a) VOL/A wiederzugeben** (VK Nordbayern, B. v. 2. 7. 1999 – Az.: 320.VK-3194-11/99).

11273   Nach einer anderen Meinung reicht eine **Formalbegründung im Fall des § 17 Abs. 1 lit. a) VOL/A nicht aus.** Der Bieter hat ein **Recht auf Information über die wirklichen Gründe der Aufhebung,** damit er sich über die Bedeutung im Hinblick auf ein eventuell neues Ausschreibungsverfahren ein hinreichendes Bild machen kann (VK Düsseldorf, B. v. 5. 2. 2001 – Az.: VK – 26/2000 – L).

117.18 Rücknahme der Aufhebung

11274   Vgl. dazu die Kommentierung → Rdn. 128.

117.19 Missbrauch der Aufhebungsmöglichkeit (Scheinaufhebung)

11275   Vgl. dazu die **Kommentierung zu** → **§ 114 GWB** Rdn. 56 ff.

Vergabe- und Vertragsordnung für Leistungen Teil A VOL/A § 18 **Teil 4**

117.20 Neues Vergabeverfahren im Anschluss an die Aufhebung

117.20.1 Änderung in der VOL/A 2009

Die **Regelung des § 26 Nr. 5 VOL/A 2009**, dass eine neue Ausschreibung oder eine Frei- **11276**
händige Vergabe nur zulässig ist, wenn die vorhergehende Ausschreibung über denselben Gegenstand ganz oder teilweise aufgehoben ist, wurde **ersatzlos gestrichen**. Dies bedeutet, dass
der **Auftraggeber auch vor Aufhebung dieselbe Leistung erneut ausschreiben kann**. Er
wird sich dann aber mit hoher Wahrscheinlichkeit **Schadenersatzansprüchen** aussetzen.

117.20.2 Wahl der neuen Vergabeart

Die Vergabestelle ist nach der Aufhebung der Ausschreibung in der **Wahl eines neuen Ver-** **11277**
gabeverfahrens nicht frei. Sie muss vielmehr prüfen, welche Ausschreibung bzw. Vergabe
nach den **Bestimmungen der §§ 3, 3 EG VOL/A** zur Anwendung kommt (2. VK Bremen,
B. v. 13. 11. 2002 – Az.: VK 6/02).

117.21 Überprüfung der Aufhebungsentscheidung in einem Vergabe-nachprüfungsverfahren

Vgl. dazu die **Kommentierung zu → § 102 GWB** Rdn. 44 ff. bzw. die **Kommentierung** **11278**
zu **→ § 114 GWB** Rdn. 68 ff.

117.22 Literatur

– Burbulla, Rainer, Aufhebung der Ausschreibung und Vergabenachprüfungsverfahren, ZfBR **11279**
 2009, 134
– Dieck-Bogatzke, Britta, Probleme der Aufhebung der Ausschreibung – Ein Überblick über
 die aktuelle Rechtsprechung des OLG Düsseldorf, VergabeR 2008, 392

118. § 18 VOL/A – Zuschlag

(1) **Der Zuschlag ist auf das unter Berücksichtigung aller Umstände wirtschaft-**
lichste Angebot zu erteilen. Der niedrigste Angebotspreis allein ist nicht entschei-
dend.

(2) **Die Annahme eines Angebotes (Zuschlag) erfolgt in Schriftform, elektronischer**
Form oder mittels Telekopie.

(3) **Bei einer Zuschlagserteilung in elektronischer Form genügt eine „fortgeschrit-**
tene elektronische Signatur", in den Fällen des § 3 Absatz 5 Buchstabe i eine „elek-
tronische Signatur" nach dem Signaturgesetz, bei Übermittlung durch Telekopie die
Unterschrift auf der Telekopievorlage.

118.1 Änderungen in der VOL/A

Die **Regelung des § 25 Nr. 3 VOL/A 2009** – die vierte Wertungsstufe – wurde **in § 18** **11280**
Abs. 1 VOL/A 2009 übernommen.

§ 18 Abs. 2 VOL/A 2009 ergänzt die **möglichen grundsätzlichen Formen der Zu-** **11281**
schlagserteilung.

§ 18 Abs. 3 VOL/A 2009 beschreibt die **Anforderungen an die Unterschrift** bei den **11282**
möglichen Formen der Zuschlagserteilung.

118.2 Vergleichbare Regelungen

Der Vorschrift des § 18 VOL/A vergleichbar sind im Bereich der VOL **§ 21 EG VOL/A**, im **11283**
Bereich der VOF **§ 11 VOF** und im Bereich der VOB **§ 18 VOB/A**. Die Kommentierungen
zu diesen Vorschriften können daher ergänzend zu der Kommentierung des § 18 herangezogen
werden.

118.3 Zuschlag auf das wirtschaftlichste Angebot (§ 18 Abs. 1)

118.3.1 Allgemeines

11284 Am **Ende der vierten Wertungsstufe steht die Zuschlagsentscheidung**, und zwar als Auswahlentscheidung des wirtschaftlichsten Angebots (§ 18 Abs. 1).

11285 Die **Regelung entspricht im Wesentlichen der Vorschrift des Art. 53 Abs. 1 Buchstabe a) der Vergabekoordinierungsrichtlinie**. §§ 16 Abs. 8, 18 Abs. 1 VOL/A 2009 und § 16 Abs. 6 Nr. 3 VOB/A 2009 decken sich inhaltlich im Wesentlichen mit § 97 Abs. 5 GWB. Deshalb erfolgt eine **einheitliche Kommentierung** dieses Teils der vierten Wertungsstufe bei → § 97 GWB Rdn. 909 ff.

118.3.2 Erläuternde Hinweise der VOL/A

11286 Das wirtschaftlichste Angebot ist unter Beachtung des Grundsatzes der Wirtschaftlichkeit und Sparsamkeit zu ermitteln. Das wirtschaftlichste Angebot ist dasjenige Angebot, bei dem das günstigste Verhältnis zwischen der gewünschten Leistung und dem angebotenen Preis erzielt wird. Maßgebend für die Leistung sind alle auftragsbezogenen Umstände (siehe auch § 16 Abs. 8). Nichtauftragsbezogene Gesichtspunkte dürfen als Kriterien bei der Wertung der Angebote nicht herangezogen werden.

118.4 Formen der Annahme eines Angebots – Zuschlag – (§ 18 Abs. 2)

118.4.1 Änderung in der VOL/A 2009

11287 § 18 Abs. 2 VOL/A 2009 ergänzt die möglichen Formen der Annahme eines Angebots (Zuschlag) **ausdrücklich um die elektronische Form und die Telekopie**. Beide Möglichkeiten standen dem Auftraggeber auch bisher schon zur Verfügung.

11288 Während die VOL/A 2009 **bei der Form der Abgabe der Angebote die Schriftform ausdrücklich vermeidet**, wird die **Schriftform beim Zuschlag weiterhin erwähnt**.

11289 Die **VOB/A 2009** enthält zu den Formen des Zuschlags **keine gesonderten Regelungen**.

118.4.2 Begriff des Zuschlags

11290 Vgl. dazu die Kommentierung zu → § 114 GWB Rdn. 156 ff.

118.4.3 Schriftform

11291 Nach § 126 Abs. 1 BGB ist die durch Gesetz vorgeschriebene Schriftform nur gewahrt, wenn die Urkunde von dem Aussteller eigenhändig durch Namensunterschrift oder mittels notariell beglaubigten Handzeichens unterzeichnet wird.

118.4.4 Elektronische Form und Telekopie

11292 Vgl. dazu die Kommentierung zu → § 18 VOL/A Rdn. 18 ff.

118.4.5 Mündlicher Zuschlag

118.4.5.1 Änderung in der VOL/A 2009

11293 § 28 Nr. 1 Abs. 1 Satz 2 VOL/A 2006, wonach dann, wenn ausnahmsweise der Zuschlag nicht schriftlich erteilt wird, er umgehend schriftlich zu bestätigen ist, wurde in der VOL/A 2009 **gestrichen**.

118.4.5.2 Ältere Rechtsprechung

11294 § 28 Nr. 1 Abs. 1 Satz 2 VOL/A 2006 war eine Formvorschrift im Sinne des § 126 BGB, mit der Folge, dass der Zuschlag schriftlich hätte ergehen müssen. Die **Bestimmung stellt eine**

Vergabe- und Vertragsordnung für Leistungen Teil A VOL/A § 18 **Teil 4**

Ordnungsvorschrift dar. Ein mündlich erteilter Zuschlag war nach dem zweiten Halbsatz des § 28 Nr. 1 Abs. 1 Satz 2 VOL/A 2006 **allein zu Dokumentations- und Beweiszwecken schriftlich zu bestätigen**. Satz 2 setzt aber voraus, dass der Zuschlag („ausnahmsweise") auch mündlich wirksam erteilt werden kann. Dies bestätigte § 28 Nr. 1 Abs. 2 VOL/A. Unabhängig davon bedürfen auch **Bauaufträge keiner Schriftform** (vgl. §§ 28, 29 VOB/A 2006). Ein **sachlicher Grund, die Rechtslage bei Dienst- und Lieferverträgen anders zu beurteilen, besteht nicht** (OLG Düsseldorf, B. v. 14. 5. 2008 – Az.: VII-Verg 17/08).

Demgegenüber vertrat die VK Münster die Auffassung, dass **§ 28 Nr. 1 Abs. 1 S atz 2 VOL/A eine Formvorschrift im Sinne von § 125 BGB darstellt. Formvorschriften können nicht durch Parteivereinbarungen abbedungen werden**, sondern sie sind von allen Beteiligten einzuhalten. Dass gemäß § 28 Nr. 1 VOB/A der **Zuschlag bei einer Bauvergabe keinen gesetzlichen Formerfordernissen unterliegt, bedeutet nicht, dass dies auch im Bereich der VOL/A angenommen werden kann**. Denn der Wortlaut von § 28 Nr. 1 Abs. 1 Satz 2 VOL/A ist eindeutig (VK Münster, B. v. 13. 2. 2008 – Az.: VK 29/07).

11295

118.4.5.3 Wertung

Nach der ausdrücklichen Änderung der VOL/A 2009 muss davon ausgegangen werden, dass der **Zuschlag nur in den in § 18 Abs. 2 VOL/A 2009 erwähnten Formen möglich ist**. Die Rechtsprechung des OLG Düsseldorf (→ Rdn. 15) findet keine Anwendung mehr.

11296

118.4.6 Unterschriftserfordernis bei der elektronischen Form (§ 18 Abs. 3)

Bei einer Zuschlagserteilung in elektronischer Form genügt eine „fortgeschrittene elektronische Signatur", in den Fällen des § 3 Abs. 5 Buchst. i) eine „elektronische Signatur" nach dem Signaturgesetz. Vgl. dazu die **Kommentierung zu → § 13 VOL/A Rdn. 60 ff.**

11297

118.4.7 Unterschriftserfordernis bei der Telekopie (§ 18 Abs. 3)

Bei einer Zuschlagserteilung durch Übermittlung einer Telekopie genügt die **Unterschrift auf der Telekopievorlage**. Vgl. dazu die **Kommentierung zu → § 13 VOL/A Rdn. 69**.

11298

118.5 Vergaberechtskonforme Auslegung der Zuschlagserklärung

Zu den allgemein anerkannten Auslegungsregeln – auch einer Zuschlagserklärung – gehört der **Grundsatz einer nach beiden Seiten interessengerechten und im Zweifel vergaberechtskonformen Auslegung** (BGH, Urteil v. 22. 7. 2010 – Az.: VII ZR 213/08).

11299

Die **Erklärungen des Auftraggebers in einer europaweiten Ausschreibung müssen so ausgelegt werden, wie sie von dem gesamten Adressatenkreis objektiv verstanden werden müssen**, denn maßgeblich für die Auslegung ist die Sicht des mit ihr angesprochenen Empfängerkreises. Bei der Beurteilung dieses Verständnisses müssen **auch die das Vergaberecht beherrschenden Grundsätze, wie sie durch die Richtlinien zum Vergaberecht manifestiert sind, berücksichtigt** werden. Denn es kann im Zweifel nicht angenommen werden, dass der öffentliche Auftraggeber gegen diese Grundsätze verstoßen will. **Hauptziel der Gemeinschaftsvorschriften über das öffentliche Auftragswesen ist die Gewährleistung des freien Dienstleistungsverkehrs und die Öffnung für einen unverfälschten Wettbewerb in allen Mitgliedstaaten**. Dieses doppelte Ziel verfolgt das Gemeinschaftsrecht unter anderem durch die Anwendung des Grundsatzes der Gleichbehandlung der Bieter und der sich daraus ergebenden Verpflichtung zur Transparenz. Nach dem Grundsatz der Gleichbehandlung der Bieter, der die Entwicklung eines gesunden und effektiven Wettbewerbs zwischen den Unternehmern, die sich um einen öffentlichen Auftrag bewerben, fördern soll, müssen die Bieter bei der Abfassung ihrer Angebote die gleichen Chancen haben, was voraussetzt, dass die Angebote aller Wettbewerber den gleichen Bedingungen unterworfen sein müssen. Der damit einhergehende Grundsatz der Transparenz soll im Wesentlichen die Gefahr einer Günstlingswirtschaft oder willkürlichen Entscheidung des Auftraggebers ausschließen. Er verlangt, dass alle Bedingungen und Modalitäten des Vergabeverfahrens in der Bekanntmachung oder im Lastenheft klar, genau und eindeutig formuliert sind, damit alle durchschnittlich fachkundigen Bieter bei Anwendung der üblichen Sorgfalt deren genaue Bedeutung verstehen und sie in gleicher Weise auslegen können und der Auftraggeber im Stande ist, tatsächlich zu überprüfen, ob die

11300

Angebote der Bieter die für den betreffenden Auftrag geltenden Kriterien erfüllen (BGH, Urteil v. 22. 7. 2010 – Az.: VII ZR 213/08).

119. § 19 VOL/A – Nicht berücksichtigte Bewerbungen und Angebote, Informationen

(1) **Die Auftraggeber teilen unverzüglich, spätestens innerhalb von 15 Tagen nach Eingang eines entsprechenden Antrags, den nicht berücksichtigten Bietern die Gründe für die Ablehnung ihres Angebotes, die Merkmale und Vorteile des erfolgreichen Angebotes sowie den Namen des erfolgreichen Bieters und den nicht berücksichtigten Bewerbern die Gründe für ihre Nichtberücksichtigung mit.**

(2) **Die Auftraggeber informieren nach Beschränkten Ausschreibungen ohne Teilnahmewettbewerb und Freihändigen Vergaben ohne Teilnahmewettbewerb für die Dauer von drei Monaten über jeden vergebenen Auftrag ab einem Auftragswert von 25 000 Euro ohne Umsatzsteuer auf Internetportalen oder ihren Internetseiten. Diese Information enthält mindestens folgende Angaben:**

– **Name des Auftraggebers und dessen Beschaffungsstelle sowie deren Adressdaten,**

– **Name des beauftragten Unternehmens; soweit es sich um eine natürliche Person handelt, ist deren Einwilligung einzuholen oder die Angabe zu anonymisieren,**

– **Vergabeart,**

– **Art und Umfang der Leistung,**

– **Zeitraum der Leistungserbringung.**

(3) **Die Auftraggeber können die Informationen zurückhalten, wenn die Weitergabe den Gesetzesvollzug vereiteln würde oder sonst nicht im öffentlichen Interesse läge oder die berechtigten Geschäftsinteressen von Unternehmen oder den fairen Wettbewerb beeinträchtigen würde.**

119.1 Änderungen in der VOL/A 2009

11301 § 19 Abs. 1 VOL/A 2009 regelt die **Informationspflichten gegenüber Bietern** als auch – neu – **gegenüber Bewerbern**.

11302 § 19 Abs. 1 VOL/A 2009 enthält im Gegensatz zu § 27 Nr. 1 VOL/A 2006 eine **Höchstfrist von 15 Tagen**, innerhalb derer der Auftraggeber entsprechende Informationen erteilen muss.

11303 § 19 Abs. 1 VOL/A 2009 erweitert die Informationspflicht gegenüber nicht berücksichtigten Bietern um die Pflichten, die **Merkmale und Vorteile des erfolgreichen Angebotes sowie den Namen des erfolgreichen Bieters** zu nennen.

11304 § 19 Abs. 2 VOL/A 2009 enthält eine **neue Ex-post-Informationspflicht** für beschränkte Ausschreibungen ohne Teilnahmewettbewerb und freihändige Vergaben ohne Teilnahmewettbewerb ab einer bestimmten Auftragssumme.

11305 § 19 Abs. 3 VOL/A 2009 gibt dem Auftraggeber die **Möglichkeit**, unter bestimmten Voraussetzungen **Informationen zurück zu halten**.

11306 Die **Verpflichtung des Bieters** in § 27 Nr. 1 VOL/A 2006, einem Antrag auf Informationen einen **adressierten Freiumschlag beizufügen**, ist **gestrichen** worden.

11307 Die **Pflicht des Auftraggebers** in § 27 Nr. 1 VOL/A 2006, in den Verdingungsunterlagen bereits darauf **hinzuweisen, dass das Angebot nicht berücksichtigt** worden ist, wenn bis zum Ablauf der Zuschlagsfrist kein Auftrag erteilt wurde, ist **gestrichen** worden.

11308 Die **Einschränkungen der Informationspflicht des § 27 Nr. 3 VOL/A 2006** bei geringen Auftragswerten u. ä. ist **gestrichen** worden.

119.2 Vergleichbare Regelungen

11309 Der **Vorschrift des § 19 VOL/A vergleichbar** sind im Bereich der VOL/A **§ 22 EG VOL/A**, im Bereich der VOB **§§ 19, 19 a VOB/A** und im Bereich der VOF **§ 14 VOF**. Die

Kommentierungen zu diesen Vorschriften können daher ergänzend zu der Kommentierung des § 19 herangezogen werden.

119.3 Optionsrecht des Bieters bzw. des Bewerbers

§§ 19, 22 EG VOL/A räumen dem Bieter bzw. Bewerber eine **bloße Option auf Auskünfte** ein, von der er nicht Gebrauch zu machen braucht. Eine der **Rügeobliegenheit des § 107 Abs. 3 GWB gegebenenfalls korrespondierende Informationsobliegenheit** der Bieter bzw. Bewerber mit dem Ziel, an weitere Informationen vom Auftraggeber zu gelangen, um gegebenenfalls Fehler im Wertungsprozess zu erkennen und die Unverzüglichkeit zu wahren, **ergibt sich aus diesen Vorschriften nicht** (VK Brandenburg, B. v. 26. 3. 2002 – Az.: VK 4/02). 11310

Der neu eingefügte § 19 Abs. 2 enthält **kein Optionsrecht**, sondern eine **zwingende Informationsverpflichtung** des öffentlichen Auftraggebers. 11311

119.4 Nachträglicher Informationsanspruch

Die §§ 19, 22 EG VOL/A geben dem unterlegenen Bieter **nach ihrem Wortlaut nur einen nachträglichen Informationsanspruch** über den Ausgang des mit Zuschlag abgeschlossenen Vergabeverfahrens (OLG Koblenz, B. v. 10. 8. 2000 – Az.: 1 Verg. 2/00). 11312

119.5 Verhältnis zu § 101 a GWB

Vgl. dazu im Einzelnen die Kommentierung zu → § 101 a GWB Rdn. 160 ff. 11313

119.6 Inhalt der Benachrichtigung der nicht berücksichtigten Bieter (§ 19 Abs. 1)

Nach § 19 Abs. 1 VOL/A sind allen nicht berücksichtigten Bietern die **Gründe für die Ablehnung ihres Angebots** sowie die **Merkmale und Vorteile des erfolgreichen Angebots** sowie der **Name des erfolgreichen Bieters** mitzuteilen. Der **Umfang der Mitteilung** an die unterlegenen Bieter ist also um die **Angabe der „Merkmale und Vorteile des erfolgreichen Angebots"** und **„Name des erfolgreichen Bieters"** ergänzt worden. 11314

Der konkrete Inhalt der **„Merkmale und Vorteile des Angebots des erfolgreichen Bieters"** bleibt völlig offen. Letztlich wird man mindestens darunter die prägenden Bestandteile des entsprechenden Angebots in preislicher und fachtechnischer Sicht verstehen müssen. Der Auftraggeber hat mit dieser Neuregelung einen **erheblichen praktischen Zusatzaufwand** zu bewältigen. 11315

Die **Rechtsprechung zum notwendigen Inhalt der Information nach § 101 a GWB** (vgl. die Kommentierung zu → § 101 a GWB Rdn. 71 ff.) kann sicherlich **analog herangezogen** werden. 11316

119.7 Inhalt der Benachrichtigung der nicht berücksichtigten Bewerber (§ 19 Abs. 1)

Nach § 19 Abs. 1 sind **den nicht berücksichtigten Bewerbern die Gründe für die Nichtberücksichtigung** mitzuteilen. Der Umfang der Informationspflicht ist also deutlich geringer als bei der Information der nicht berücksichtigten Bieter. 11317

119.8 Forderung nach einem frankierten Rückumschlag

119.8.1 Änderung in der VOL/A 2009

Mit der Streichung der entsprechenden Regelung des § 27 Nr. 1 VOL/A 2006 ist **nicht bestimmt worden, dass der Auftraggeber** für den Fall der schriftlichen Benachrichtigung **keinen frankierten Rückumschlag mehr fordern darf**. 11318

119.8.2 Rechtsprechung

11319   Die **Forderung eines frankierten Rückumschlages bedeutet in der Sache keinen Vergaberechtsverstoß**. Denn es ist grundsätzlich nicht zu beanstanden, dass eine Behörde für ihre Auslagen Gebühren erhebt. Es bedeutete auch keinen Vergaberechtsverstoß, wenn bei Durchführung von Vergabeverfahren eine Vergabestelle für die Übersendung der Vergabeunterlagen ein Entgelt verlangt. Fordert eine Vergabestelle für die Übersendung der Begründung ihrer Vergabeentscheidung darüber hinaus einen frankierten Rückumschlag, bedeutet dies **keine außer Verhältnis stehende weitere Belastung des Bieters** (2. VK Bund, B. v. 14. 10. 2003 – Az.: VK 2–90/03).

119.9 Rechtsfolge bei unterlassener Benachrichtigung

11320   Erfüllt der Auftraggeber seine Informations- und Benachrichtigungspflicht nach § 19 nicht, sondern lässt er die Bieter in dem Glauben, weiterhin aussichtsreich am Vergabeverfahren beteiligt zu sein, kann er sich nach den **Grundsätzen über das so genannte Verhandlungsverschulden (culpa in contrahendo) schadensersatzpflichtig machen** (OLG Düsseldorf, B. v. 19. 7. 2000 – Az.: Verg 10/00).

119.10 Ex-post-Transparenzpflicht (§ 19 Abs. 2)

119.10.1 Änderungen in der VOL/A 2009

11321   Gemäß § 19 Abs. 2 VOL/A 2009 ist vorgeschrieben, dass bei **beschränkten Ausschreibungen ohne Teilnahmewettbewerb und freihändigen Vergaben ohne Teilnahmewettbewerb ab einem Auftragswert von mehr als 25.000 € ohne Umsatzsteuer nach Zuschlagserteilung eine Information erfolgen muss**.

11322   Die **VOB/A 2009** hat eine **teilweise andere Regelung** eingeführt. In Korrespondenz mit der Schwellenwertregelung nach § 3 Abs. 3 VOB/A 2009 ist in § 20 Abs. 3 VOB/A 2009 vorgeschrieben, dass bei **beschränkten Ausschreibungen ohne Teilnahmewettbewerb ab einem Auftragswert von mehr als 25 000 € ohne Umsatzsteuer** und **bei freihändigen Vergaben ab einem Auftragswert von mehr als 15 000 € ohne Umsatzsteuer nach Zuschlagserteilung eine Information erfolgen muss**.

11323   Die **in § 19 Abs. 5 VOB/A 2009 enthaltene ex-ante-Transparenzpflicht** wurde **in die VOL/A 2009 nicht eingeführt**.

119.10.2 Sinn und Zweck der Regelung

11324   Zum Ausgleich der Möglichkeiten einer beschränkten Ausschreibung und freihändigen Vergabe und der dadurch bestehenden **latenten Marktabschottungs- sowie Manipulations- und Korruptionsgefahr** wurde eine ex-post-Transparenzpflicht geschaffen.

119.10.3 Informationsmedium

11325   § 19 sieht als Informationsmedium **Internetportale oder Internetseiten der öffentlichen Auftraggeber** vor.

119.10.4 Zeitlicher Nachlauf der Information zur Auftragsvergabe

11326   Soll der Sinn und Zweck der Information erreicht werden, bedingt dies einen entsprechenden zeitlichen Nachlauf der Information. In **Anlehnung an die Frist des § 23 EG Abs. 1** sollte eine **Nachlauffrist von 48 Kalendertagen nicht überschritten** werden.

119.10.5 Schwellenwert

11327   Die Pflicht zur Schaffung einer ex-post-Transparenz **gilt erst ab einem Auftragswert von 25 000 EUR ohne Umsatzsteuer**. Zur Berechnung im Einzelnen können die Grundsätze des § 3 VgV entsprechend herangezogen werden. Vgl. insoweit die Kommentierung zu → § 3 VgV Rdn. 11 ff.

119.10.6 Inhalt und zeitliche Bereitstellung der Information

Die Information **muss folgende Angaben** enthalten   11328
– Adressdaten des Auftraggebers und dessen Beschaffungsstelle sowie deren Adressdaten
– Name des beauftragten Unternehmens; soweit es sich um eine natürliche Person handelt, ist deren Einwilligung einzuholen oder die Angabe zu anonymisieren
– Vergabeart
– Art und Umfang der Leistung
– Zeitraum der Leistungserbringung.

Darüber hinausgehende Angaben sind selbstverständlich **zulässig**.   11329
Die Informationen müssen **mindestens drei Monate vorgehalten** werden.   11330

119.10.7 Verhältnis zu den Regelungen über Aufträge, die dem Konjunkturpaket II unterfallen

Vgl. zu den **Konjunkturpaketen** zunächst die Kommentierung zu → § 3 VOL/A Rdn. 33   11331
bzw. Rdn. 81.

Die **Verwaltungsregelungen zu den Konjunkturpaketen sehen ebenfalls eine ex-**   11332
post-Transparenz vor. Gibt es daher im Rahmen der Einführungserlasse zur VOL/A 2009 keine Sonderregelung, **gilt die ex-post-Transparenz auch für Aufträge, die den Konjunkturpakten unterfallen** und **einen niedrigeren Schwellenwert** haben.

119.11 Zurückhaltung von Informationen (§ 19 Abs. 3)

119.11.1 Änderung in der VOL/A 2009

Nach § 19 Abs. 3 VOL/A 2009 können die Auftraggeber die Informationen zurückhalten,   11333
wenn die Weitergabe den Gesetzesvollzug vereiteln würde oder sonst nicht im öffentlichen Interesse läge, oder die berechtigten Geschäftsinteressen von Unternehmen oder den fairen Wettbewerb beeinträchtigen würde.

119.12 Antrag auf Feststellung einer Verletzung des § 19 VOL/A

Ein Antrag festzustellen, dass ein öffentlicher Auftraggeber unter Verstoß gegen § 19 VOL/A   11334
einen Bieter nicht rechtzeitig über den beabsichtigten Ausschluss des Angebots unterrichtet hat, ist **im Vergabenachprüfungsverfahren unzulässig**. Gemäß § 114 Abs. 2 GWB kann die Feststellung einer Rechtsverletzung (nur) beantragt werden, wenn sich das Nachprüfungsverfahren erledigt hat. § 114 Abs. 2 GWB stellt eine abschließende Regelung für das Nachprüfungsverfahren dar. Sonstige Feststellungsanträge passen nicht zu dem auf Primärrechtsschutz gerichteten Vergabenachprüfungsverfahren, das im Hinblick auf den noch zu erteilenden Zuschlag besonders eilbedürftig ist (OLG Frankfurt, B. v. 27. 6. 2003 – Az.: 11 Verg 3/03).

119.13 Presserechtliche Auskunftsansprüche

Grundsätzlich gehen presserechtliche Auskunftsansprüche sowohl den in der Richt-   11335
linie 2004/18/EG vom 31. 3. 2004 über die Koordinierung des Verfahren zur Vergabe öffentlicher Bauaufträge, Lieferaufträge und Dienstleistungsaufträge enthaltenen **Vertraulichkeitsbestimmungen als auch eventuellen zwischen Auftraggeber und Auftragnehmer vertraglich vereinbarten Vertraulichkeitsregelung vor**. Ob durch eine Auskunftserteilung eventuelle durch das Pressegesetz geschützte und schutzwürdige private Interessen verletzt werden, ist im Einzelfall zu prüfen (VG Düsseldorf, Urteil v. 15. 10. 2008 – Az.: 1 K 3286/08).

119.14 Literatur

– Schaller, Hans, Dokumentations-, Informations-, Mitteilungs-, Melde- und Berichtspflichten   11336
im öffentlichen Auftragswesen, VergabeR 2007, 394

Teil 4 VOL/A § 20 Vergabe- und Vertragsordnung für Leistungen Teil A

120. § 20 VOL/A – Dokumentation

Das Vergabeverfahren ist von Anbeginn fortlaufend zu dokumentieren, so dass die einzelnen Stufen des Verfahrens, die einzelnen Maßnahmen sowie die Begründung der einzelnen Entscheidungen festgehalten werden.

120.1 Änderungen in der VOL/A 2009

11337 Die **Überschrift** der Vorschrift wurde im Vergleich zu § 30 VOL/A 2006 der Rechtsprechung angepasst.

11338 **Inhaltlich** wurde § 20 VOL/A 2009 **der Rechtsprechung zur Dokumentationspflicht der Vergabeverfahren ab den Schwellenwerten angepasst.**

120.2 Vergleichbare Regelungen

11339 Der Vorschrift des § 20 VOL/A vergleichbar sind im Bereich der VOL/A **§ 24 EG VOL/A**, im Bereich der VOB/A **§§ 20, 20 a VOB/A** und im Bereich der VOF **§ 12 VOF**. Die Kommentierungen zu diesen Vorschriften können daher ergänzend zu der Kommentierung des § 20 herangezogen werden.

120.3 Bieterschützende Vorschrift

11340 Die **Vorschriften über die Dokumentationspflicht** und das Transparenzgebot **haben bieterschützenden Charakter**. Erst ein formalisierter und umfassender Vergabevermerk gewährleistet eine spätere Nachprüfbarkeit der Richtigkeit von Feststellungen und getroffenen Entscheidungen sowohl gegenüber den Bewerbern, als auch gegenüber Rechnungsprüfungsbehörden, Zuwendungsgebern sowie der EG-Kommission. Die Bieter haben ein subjektives Recht auf eine ausreichende Dokumentation und Begründung der einzelnen Verfahrensschritte (OLG Düsseldorf, B. v. 26. 7. 2002 – Az.: Verg 28/02; VK Brandenburg, B. v. 1. 10. 2002 – Az.: VK 53/02, B. v. 30. 7. 2002 – Az.: VK 38/02; 1. VK Bund, B. v. 14. 10. 2003 – Az.: VK 1–95/03, B. v. 19. 9. 2003 – Az.: VK 1–77/03; 2. VK Bund, B. v. 10. 12. 2003 – Az.: VK 1–116/03; VK Lüneburg, B. v. 11. 1. 2005 – Az.: 203-VgK-55/2004; B. v. 25. 7. 2002 – Az.: 203-VgK-11/2002, B. v. 14. 1. 2002 – Az.: 203-VgK-22/2001; 1. VK Saarland, B. v. 23. 1. 2006 – Az.: 1 VK 06/2005; 3. VK Saarland, B. v. 23. 4. 2007 – Az.: 3 VK 02/2007, 3 VK 03/2007; B. v. 9. 3. 2007 – Az.: 3 VK 01/2007; 1. VK Sachsen, B. v. 5. 11. 2002 – Az.: 1/SVK/096-02; VK Südbayern, B. v. 26. 6. 2008 – Az.: Z3-3-3194-1-16-04/08; VK Thüringen, B. v. 20. 12. 2002 – Az.: 216–4004.20–062/02-EF-S).

11341 Dies gilt **auch für § 20 VOL/A** (OLG Rostock, B. v. 20. 8. 2003 – Az.: 17 Verg 9/03; 1. VK Brandenburg, B. v. 12. 4. 2007 – Az.: 1 VK 11/07; VK Hamburg, B. v. 30. 7. 2007 – Az.: VgK FB 6/07; VK Lüneburg, B. v. 23. 2. 3004 – Az.: 203-VgK-01/2004, B. v. 3. 2. 2004 – Az.: 203-VgK41/2003; 1. VK Saarland, B. v. 23. 1. 2006 – Az.: 1 VK 06/2005; 3. VK Saarland, B. v. 23. 4. 2007 – Az.: 3 VK 02/2007, 3 VK 03/2007) bzw. **§ 12 VOF** (3. VK Saarland, B. v. 9. 3. 2007 – Az.: 3 VK 01/2007).

120.4 Materieller und formeller Inhalt der Dokumentation

11342 § 20 VOL/A regelt den **materiellen und formellen Inhalt der Dokumentation nur dem Grunde nach**. **Nähere Einzelheiten** enthalten die **Erläuterungen** zu § 20.

11343 Vgl. zum notwendigen Inhalt der Dokumentation im Einzelnen die **Kommentierung zu → § 97 GWB** Rdn. 171 ff.

121. § 1 EG – Anwendungsbereich

(1) **Die folgenden Regeln gelten für die Vergabe von Aufträgen über Leistungen (Liefer- und Dienstleistungen), soweit sie dem vierten Teil des Gesetzes gegen Wettbewerbsbeschränkungen unterliegen. Sie gelten nicht für**

Vergabe- und Vertragsordnung für Leistungen Teil A   EG § 1 **Teil 4**

– **Bauleistungen,** die unter die Vergabe- und Vertragsordnung für Bauleistungen – VOB – fallen und
– **Dienstleistungen,** die unter die Vergabeordnung für freiberufliche Leistungen – VOF – fallen.

(2) Für die Vergabe von Aufträgen, deren Gegenstand Dienstleistungen im Sinne des Anhangs 1 Teil A sind, findet dieser Abschnitt uneingeschränkt Anwendung.

(3) Für die Vergabe von Aufträgen, deren Gegenstand Dienstleistungen im Sinne des Anhangs 1 Teil B sind, findet § 4 Absatz 4 der Vergabeverordnung – VgV – Anwendung.

121.1 Änderungen in der VOL/A 2009

Die **neue Überschrift** fasst den Geltungsbereich der Regelung genauer.	11344
Inhaltlich wurde die **Vorschrift gestrafft,** aber im Grundsatz nicht geändert.	11345
Die **Anwendungsregelungen für gemischte Aufträge** wurden **gestrichen.**	11346

121.2 Verknüpfung zum GWB (§ 1 EG Abs. 1 Satz 1)

§ 1 EG Abs. 1 Satz 1 definiert den Anwendungsbereich des zweiten Abschnitts der   11347
VOL/A 2009 einmal über eine Verknüpfung zum GWB. Nur Aufträge über Leistungen, die dem vierten Teil des Gesetzes gegen Wettbewerbsbeschränkungen unterliegen, fallen auch in den Anwendungsbereich des zweiten Abschnitts der VOL/A 2009. Die Anwendbarkeit dieses Abschnitts setzt also voraus, dass ein Liefer- oder Dienstleistungsauftrag im Sinn von § 99 GWB vorliegt, dass ein öffentlicher Auftraggeber im Sinn von § 98 Nr. 1–3, 5, 6 GWB handelt, dass die Schwellenwerte der VgV erreicht oder überschritten sind und dass keine Ausnahme nach § 100 GWB vorliegt.

121.3 Positiv-Abgrenzung: Leistungen (§ 1 EG Abs. 1 Satz 1)

§ 1 EG Abs. 1 Satz 1 definiert den Anwendungsbereich des zweiten Abschnitts der   11348
VOL/A 2009 positiv außerdem dadurch, dass es sich um **Leistungen** (Liefer- und Dienstleistungen der Anhänge I A und I B der VOL/A 2009) handeln muss.

121.4 Negativ-Abgrenzung: Keine Bauleistungen und keine Leistungen nach der VOF (§ 1 EG Abs. 1 Satz 2)

§ 1 EG Abs. 1 Satz 1 definiert den Anwendungsbereich des zweiten Abschnitts der   11349
VOL/A 2009 negativ außerdem dadurch, dass es sich weder um **Bauleistungen, die** unter die Vergabe- und Vertragsordnung für Bauleistungen – VOB – fallen noch um Dienstleistungen, die unter die Vergabeordnung für freiberufliche Leistungen – VOF – fallen, handeln darf.

Zum **Begriff der Bauleistungen** und der **Abgrenzung zu Leistungen** vgl. die Kommen-   11350
tierung zu → § 99 GWB Rdn. 82 ff und Rdn. 77 ff.

Zu den **Dienstleistungen, die unter die Vergabeordnung für freiberufliche Leistun-**   11351
gen – VOF – fallen, vgl. die Kommentierung zu → § 1 VOF Rdn. 7 ff.

121.5 Leistungen des Anhangs I A und des Anhangs I B

121.5.1 Allgemeines

Die **Anhänge I Teil A und I Teil B der VOL/A** entsprechen den Anhängen II Teil A   11352
und II Teil B der Vergabekoordinierungsrichtlinie (VKR).

Je nachdem, ob eine Leistung unter Anhang I Teil A oder Anhang I Teil B handelt, gelten   11353
unterschiedliche Regelungen für die Ausschreibung und Vergabe dieser Leistung.

Die Leistungen des Anhangs I Teil A und des Anhangs I Teil B können **Gegenstand entwe-**   11354
der der VOL/A 2. Abschnitt oder der VOF sein.

Teil 4 EG § 1 Vergabe- und Vertragsordnung für Leistungen Teil A

121.5.2 Leistungen des Anhangs I A

121.5.2.1 Landverkehr einschließlich Geldtransport und Kurierdienste, ohne Postverkehr (Kategorie 2)

11355 **121.5.2.1.1 Allgemeines.** Kategorie 2 betrifft nicht den Eisenbahnverkehr; dieser fällt unter Anhang I B und dort die Kategorie 18.

11356 **121.5.2.1.2 Beispiele aus der Rechtsprechung**
- soweit es um das **Abschleppen von Pkws** geht, handelt es sich um eine prioritäre **Dienstleistung nach Kategorie 2** (OLG Düsseldorf, B. v. 24. 3. 2010 – Az.: VII-Verg 58/09 – Anwendung der VOL)
- Leistungen der **Rettungs- und Krankentransporte unter Begleitung eines Sanitäters** fallen sowohl unter Anhang I A, Kategorie 2, als auch unter Anhang I B, Kategorie 25 – der **Schwerpunkt ist mithin entscheidend** (1. VK Sachsen, B. v. 6. 3. 2009 – Az.: 1/SVK/001–09; B. v. 29. 8. 2008 – Az.: 1/SVK/042-08; B. v. 29. 8. 2008 – Az.: 1/SVK/041-08; B. v. 26. 3. 2008 – Az.: 1/SVK/005–08 – jeweils Anwendung der VOL)
- **Rettungs- und Krankentransporte ohne Begleitung eines Sanitäters** fallen unter Anhang I A, Kategorie 2 (Europäischer Gerichtshof, Urteil v. 24. 9. 1998 – Az.: C-76/97; BayObLG, B. v. 28. 5. 2003 – Az.: Verg 7/03 – jeweils Anwendung der VOL).

121.5.2.2 Datenverarbeitung und verbundene Tätigkeiten (Kategorie 7)

11357 **121.5.2.2.1 Begriffsinhalt.** In der Kategorie 7 sind aufgeführt lediglich **zwei nur schwer fassbare Allgemeinbegriffe**. Mit Blick auf die einzelnen Tätigkeiten, die in dem Gemeinsamen Vokabular für öffentliche Aufträge (Common Procurement Vocabulary – CPV) unter dem Code 50300000 ff. aufgeführt sind, wird deutlich, dass **für jeden Einzelfall einer Ausschreibung entschieden** werden muss, ob es sich um eine freiberufliche oder eher gewerbliche Dienstleistung handelt. Während z. B. die Wartung und Reparatur von Büromaschinen eher eine gewerbliche Dienstleistung darstellt, dürfte die strategische Prüfung und Planung im Bereich Informationssysteme oder -technologie eine freiberufliche Dienstleistung sein.

11358 **121.5.2.2.2 Beispiele aus der Rechtsprechung**
- bei dem **Angebot eines … Online-Informationsdienstes bzw. der Nutzung einer … Online-Datenbank handelt es sich primär um Leistungen aus der Kategorie „Datenverarbeitung und verbundene Tätigkeiten"** (Anhang II Teil A Kategorie 7 der Richtlinie 2004/18/EG). Dementsprechend sind die Leistungen auch nicht dem Anhang II Teil B zuzuordnen. Insbesondere **gehören sie nicht dem Bereich „Rechtsberatung"** (Anhang II Teil B Kategorie 21 der Richtlinie 2004/18/EG) an. Hierunter fallen nur juristische Beratungstätigkeiten und Vertretungen und damit verbundene Tätigkeiten wie Beurkundungen, nicht jedoch die elektronische Verwaltung juristischer Informationen (1. VK Bund, B. v. 5. 2. 2009 – Az.: VK 1–186/08)
- Erstellung eines **Softwaresystems für Abfallwirtschaftsbetriebe** von Städten und Landkreisen – Vergabe nach VOF – (VK Baden-Württemberg, B. v. 3. 6. 2002 – Az.: 1 VK 20/02)
- die **Vergabe von DV-Programmen** kann dann, wenn der **Leistungsumfang im Laufe des Verfahrens einem Entwicklungsprozess unterworfen** und von Anfang an nicht so vorstrukturiert ist, dass die Bieter das Leistungsprogramm ohne weiteres hätten abarbeiten können, die **Anwendung der VOF rechtfertigen** (VK Baden-Württemberg, B. v. 7. 1. 2003 – Az.: 1 VK 68/02)

121.5.2.3 Forschung und Entwicklung (Kategorie 8)

11359 **121.5.2.3.1 Allgemeines.** Der **Wortlaut der Kategorie 8 deckt sich** – einschließlich der Fußnote – mit dem **Wortlaut des § 100 Abs. 2 lit. n) GWB**, sodass auf die dortige Kommentierung (§ 100 GWB Rdn. 166 ff.) zurückgegriffen werden kann.

11360 **121.5.2.3.2 Beispiele aus der Rechtsprechung**
- die **Entwicklung von Indikatoren und Instrumenten für Messung und Ermittlung der Versorgungsqualität** sind als Entwicklungsleistungen nicht erschöpfend und eindeutig im Sinne einer Leistungsbeschreibung nach der VOL/A beschreibbar. Es handelt sich gemäß **§§ 1, 2 Absatz 1 VOF i. V. m. Anhang I A Kategorie 8 (Forschung und Entwicklung) um eine freiberufliche Leistung** (2. VK Bund, B. v. 15. 5. 2009 – Az.: VK 2–21/09)

– **Untersuchung von Rüstungsaltlastverdachtsstandorten** – freiberufliche Dienstleistung bejaht – (VK Südbayern, B. v. 27. 9. 2002 – Az.: 36-08/02; bestätigt durch BayObLG, B. v. 27. 2. 2003 – Az.: Verg 25/02)

121.5.2.4 Buchführung, -haltung und -prüfung (Kategorie 9)

121.5.2.4.1 Von Kategorie 9 umfasste Dienstleistungen. In der Kategorie 9 sind aufgeführt lediglich Buchführung, -haltung und -prüfung. Mit Blick auf die einzelnen Tätigkeiten, die in dem Gemeinsamen Vokabular für öffentliche Aufträge (Common Procurement Vocabulary – CPV) unter dem Code 74121000 ff. aufgeführt sind, fällt hierunter sicherlich **auch die Wirtschaftsprüfung**. Für dieses Ergebnis spricht ebenfalls, dass **§ 6 Abs. 5 der VgV vom 22. 2. 1994 ersatzlos gestrichen** wurde; diese Regelung beinhaltete, dass das Vergaberecht auf Dienstleistungsaufträge, deren Tätigkeit in der gesetzlich vorgeschriebenen Prüfung von Jahresabschlüssen durch Wirtschaftsprüfer bzw. Wirtschaftsprüfungsgesellschaften einschließlich der Prüfung nach § 53 Haushaltsgrundsätzegesetz bestand. 11361

Inwieweit die von Kategorie 9 umfassten Dienstleistungen freiberuflicher oder nichtfreiberuflicher Art sind, muss **im Einzelfall** entschieden werden. Angesichts der Anforderungen an den Begriff der freiberuflichen Dienstleistung werden die **reine Buchführung und Buchhaltung eher nicht** als freiberuflich einzuordnen sein. 11362

121.5.2.4.2 Beispiele aus der Rechtsprechung 11363

– **Wirtschaftsprüferleistungen** – freiberufliche Dienstleistung im Ergebnis bejaht – Anwendung der VOF (KG Berlin, B. v. 6. 2. 2003 – Az.: 2 Verg 1/03; 3. VK Bund, B. v. 16. 7. 2010 – Az.: VK 3–66/10; 1. VK Sachsen, B. v. 2. 12. 2005 – Az.: 1/SVK/138-05)

121.5.2.5 Markt- und Meinungsforschung (Kategorie 10)

Von Markt- und Meinungsforschung umfasst sind u. a.: 11364

– Wirtschaftsforschung

– Sozialforschung

– Durchführbarkeitsstudien

– Statistische Dienstleistungen

Inwieweit die von Kategorie 10 umfassten Dienstleistungen freiberuflicher oder nichtfreiberuflicher Art sind, muss **im Einzelfall entschieden** werden. 11365

121.5.2.6 Unternehmensberatung und verbundene Tätigkeiten (Kategorie 11)

121.5.2.6.1 Von Kategorie 11 umfasste Dienstleistungen 11366

Unter die Kategorie 11 fallen u. a.:

– Beratung im Bereich Forschung und Entwicklung

– Beratungsdienste im Bereich Wirtschaftsförderung

– Öffentlichkeitsarbeit

– Sicherheitsberatung

– Umweltschutzberatung

– Beratung im Bereich Energieeinsparung

Inwieweit die von Kategorie 11 umfassten Dienstleistungen freiberuflicher oder nichtfreiberuflicher Art sind, muss **im Einzelfall** entschieden werden. Insgesamt dürften die freiberuflichen Dienstleistungen überwiegen. 11367

121.5.2.6.2 Beispiele aus der Rechtsprechung. Die Entscheidungen aus dem **Bereich insbesondere der Öffentlichkeitsarbeit machen deutlich, dass die öffentlichen Auftraggeber für die Ausschreibung von der Anwendbarkeit der VOL** ausgehen: 11368

– OLG Düsseldorf, B. v. 5. 10. 2000 – Az.: Verg 14/00

– VK Bund, B. v. 28. 4. 2003 – Az.: VK 1–19/03

121.5.2.7 Architektur u. a. (Kategorie 12)

121.5.2.7.1 Von Kategorie 12 umfasste Dienstleistungen. Die **Dienstleistungen der Kategorie 12 bilden den Schwerpunkt der freiberuflichen Dienstleistungen**, die von öffentlichen Auftraggebern nachgefragt werden. 11369

Teil 4 EG § 1 Vergabe- und Vertragsordnung für Leistungen Teil A

11370 Unter die Kategorie 12 fallen u. a.:
- Dienstleistungen von Architekturbüros
- Architekturentwurf
- Dienstleistungen von Ingenieurbüros
- Dienstleistungen im Straßenbau
- Dienstleistungen im Eisenbahnbau
- Haustechnik
- Dienstleistungen im Bereich Gesundheitsschutz und Sicherheit
- Dienstleistungen im Bereich Bauwirtschaft
- Dienstleistungen in der Tragwerksplanung
- Dienstleistungen für die Prüfung der Tragwerksplanung
- Dienstleistungen im Bereich Maschinenbau und Elektrotechnik
- Stadtplanung und Landschaftsgestaltung
- Geologische und geophysikalische Beratung
- Bodenuntersuchungen
- Vermessungsdienste
- Kartographiedienste
- Luftbildvermessung
- Katastervermessung
- Zerstörungsfreie Prüfungen

11371 **121.5.2.7.2 Beispiele aus der Rechtsprechung**
- die nach der Ausschreibung primär durchzuführende **Fortschreibung des städtebaulichen Rahmenplanes sowie die Mitgestaltung von Bebauungsplanentwürfen sind planerische Tätigkeiten**, die im Zeitpunkt der Bekanntmachung durch die Auftraggeberin nicht durch eine Aufgabenbeschreibung in der Weise vorgegeben werden konnte, die es allen Bietern ermöglicht hätte, ohne Rücksprache mit der Auftraggeberin und ohne Vorarbeiten den Angebotspreis zu kalkulieren. Die **im Zusammenhang mit bzw. nach der Planung vorzunehmenden Arbeitsschritte, wie Erörterung der Sanierungsmaßnahmen mit Betroffenen, Fortschreibung und Kontrolle der Kosten- und Finanzierungsübersichten, Öffentlichkeitsarbeit usw. sind zwar allgemein beschreibbar, aber im Verhältnis zur planerischen Tätigkeit nur als Hilfsmittel zu qualifizieren**, um das Ziel der Aufgabenstellung zu erreichen. Sie können nicht dazu führen, die **Leistung des Sanierungsträgers** insgesamt eindeutig und erschöpfend beschreibbar zu machen (VK Brandenburg, B. v. 23. 11. 2004 – Az.: VK 58/04)
- bei der **Vornahme einer archäologischen Baubegleitung, einer archäologischen Untersuchung sowie der Erstellung eines Grabungsberichts** handelt es sich um Tätigkeiten von intellektuellem Charakter, die eine hohe Qualifikation verlangen. Bei ihrer Ausübung hat das persönliche Element besondere Bedeutung und diese Ausübung setzt eine große Selbstständigkeit bei der Vornahme der beruflichen Handlungen voraus; außerdem erhält der Auftragnehmer ein tätigkeitsbezogenes Entgelt und nicht ein Erfolgshonorar. Deshalb ist die VOF anzuwenden (VK Brandenburg, B. v. 12. 5. 2004 – Az.: VK 8/04)
- Dienstleistungen zur **Erstellung und Ausführung von Plänen zur Errichtung einer Kinderklinik in einem Krankenhaus** und der **entsprechenden medizinischen Einrichtungen** fallen unter Kategorie 12 des Anhangs I A (EuGH, Urteil v. 4. 3. 1999 – Az.: C-258/97)
- **Planungsleistungen für den Neubau einer Dreifachturnhalle** mit Forum (Leistungsphasen 3–9 HOAI) an einer Realschule (VK Düsseldorf, B. v. 30. 1. 2001 – Az.: VK – 32/2000)
- die **Projektsteuerung** ist eine Leistung nach Anhang I A, Kategorie 12. Nach in der Verordnung (EWG) Nr. 3693/93 des Rates niedergelegten CPA-Nomenklatur (Gemeinsames Vokabular für öffentliche Aufträge) erfasst der Anhang I A, Kategorie 12, CPV-Nr. 867 das **Projektmanagement im Bauwesen** (VK Nordbayern, B. v. 19. 7. 2002 – Az.: 320.VK-3194-20/02; 1. VK Sachsen, B. v. 19. 5. 2000 – Az.: 1/SVK/42-00, B. v. 5. 1. 2001 –

Vergabe- und Vertragsordnung für Leistungen Teil A EG § 1 **Teil 4**

Az.: 1/SVK/111-00; VK Südbayern, B. v. 31. 10. 2002 – Az.: 42-10/02; VK Thüringen, B. v. 22. 1. 2003, Az.: 216–4004.20–067/02-EF-S; im Ergebnis ebenso VK Arnsberg, B. v. 20. 5. 2008 – Az.: VK 09/08; B. v. 19. 3. 2008 – Az.: VK 07/08)

121.5.2.8 Verlegen und Drucken gegen Vergütung oder auf vertraglicher Grundlage (Kategorie 15)

121.5.2.8.1 Beispiele aus der Rechtsprechung 11372

– ein **Konzessionsvertrag über öffentliche Verlagsdienstleistungen** ist beim derzeitigen Stand des Gemeinschaftsrechts **vom Anwendungsbereich** der Richtlinie 92/50/EWG des Rates vom 18. Juni 1992 über die Koordinierung der Verfahren zur Vergabe öffentlicher Dienstleistungsaufträge in der durch die Richtlinie 97/52/EG des Europäischen Parlaments und des Rates vom 13. Oktober 1997 geänderten Fassung **ausgenommen**, obwohl er seinem spezifischen Gegenstand nach vom Anhang IA dieser Richtlinie, auf den deren Art. 8 verweist, erfasst wird (EuGH, Urteil v. 30. 5. 2002 – Az.: C-358/00 – Vorlage durch das OLG Düsseldorf, B. v. 2. 8. 2000 – Az.: Verg 7/00).

121.5.3 Leistungen des Anhangs I B

121.5.3.1 Gaststätten und Beherbergungsgewerbe (Kategorie 17)

121.5.3.1.1 Beispiele aus der Rechtsprechung 11373

– Verträge über das **Betreiben eines Flüchtlingswohnheims** – Anhang I B, Kategorien 17, 25, Anwendung der VOL/A – (VK Lüneburg, B. v. 25. 8. 2003 – Az.: 203-VgK-18/2003)
– Verträge über den **Betrieb einer Obdachlosenunterkunft für Frauen** – Anhang I B, Kategorien 17, 25 – Anwendung der VOL/A – (VK Lüneburg, B. v. 30. 8. 2004 – Az.: 203-VgK-38/2004)

121.5.3.2 Eisenbahnen (Kategorie 18)

121.5.3.2.1 Allgemeines. Kategorie 18 bedeutet inhaltlich eine Ausnahme zu Kategorie 2 11374
(Landverkehr einschließlich Geldtransport und Kurierdienste, ohne Postverkehr).

121.5.3.2.2 Beispiele aus der Rechtsprechung 11375

– Verträge über **Schienenpersonennahverkehrsleistungen** – Anhang I B, Kategorie 18 VOL/A – (1. VK Sachsen, B. v. 5. 2. 2007 – Az.: 1/SVK/125-06; B. v. 16. 5. 2003 – Az.: 1/SVK/035-03)

121.5.3.3 Neben- und Hilfstätigkeiten des Verkehrs (Kategorie 20)

121.5.3.3.1 Beispiele aus der Rechtsprechung 11376

– soweit es um die **Inkassotätigkeit in Zusammenhang mit dem Abschleppen und Lagern von abgeschleppten Pkws** geht, handelt es sich um eine **nicht prioritäre Dienstleistung nach Kategorie 20, 21 oder 27** (OLG Düsseldorf, B. v. 24. 3. 2010 – Az.: VII-Verg 58/09)
– soweit es um das **Lagern von abgeschleppten Pkws** geht, handelt es sich um eine **nicht prioritäre Dienstleistung nach Kategorie 20** (OLG Düsseldorf, B. v. 24. 3. 2010 – Az.: VII-Verg 58/09)
– 3. VK Bund, B. v. 7. 2. 2007 – Az.: VK 3–07/07

121.5.3.4 Rechtsberatung (Kategorie 21)

121.5.3.4.1 Allgemeines 11377

Unter die Kategorie 21 fallen u. a.:

– Vertretung vor Gericht
– Rechtsberatung und -auskunft
– Software-Urheberrechtsberatung
– Rechtliche Dokumentations- und Beglaubigungsdienste

Da die Rechtsberatung gesetzlich im wesentlichen Rechtsanwälten, Patentanwälten und No- 11378
taren vorbehalten ist und diese Personengruppen typische Beispiele für freiberufliche Dienst-

leister sind, gelten **Rechtsberatungsdienstleistungen ganz überwiegend als freiberufliche Leistungen.**

11379 Nach § 25 Gesetz über die Tätigkeit europäischer Rechtsanwälte in Deutschland (EuRAG) darf ein europäischer Rechtsanwalt, der Dienstleistungen im Sinne des Art. 50 EG erbringt, vorübergehend in Deutschland die Tätigkeiten eines Rechtsanwalts ausüben (dienstleistender europäischer Rechtsanwalt). Deshalb **kann auch eine grenzüberschreitende Bietergemeinschaft, z. B. bestehend aus bei deutschen Gerichten zugelassenen Rechtsanwälten und aus einem österreichischen Rechtsanwalt anwaltliche Dienstleistungen anbieten** (OLG Düsseldorf, B. v. 21. 4. 2010 – Az.: VII-Verg 55/09).

11380 121.5.3.4.2 Beispiele aus der Rechtsprechung

– die **begleitende Rechtsberatung** im Rahmen eines Ausschreibungsverfahrens zur Bereederung von Forschungsschiffen (OLG Hamburg, B. v. 24. 9. 2010 – Az.: 1 Verg 2/10)

– soweit es um die **Inkassotätigkeit in Zusammenhang mit dem Abschleppen und Lagern von abgeschleppten Pkws** geht, handelt es sich um eine **nicht prioritäre Dienstleistung nach Kategorie 20, 21 oder 27** (OLG Düsseldorf, B. v. 24. 3. 2010 – Az.: VII-Verg 58/09)

– **Beratungsleistungen für die Beschaffung eines Neubaus für das Land Niedersachsen im Modell einer Öffentlich-Privaten Partnerschaft (ÖPP)** sind freiberufliche Dienstleistungen i. S. der **§§ 1, 2 VOF** (VK Niedersachsen, B. v. 10. 6. 2010 – Az.: VgK-17/2010; B. v. 25. 3. 2010 – Az.: VgK-07/2010)

– **besteht die zu erbringende Dienstleistung im Wesentlichen in der außergerichtlichen Rechtsberatung und ist es Aufgabe des Auftragnehmers, den Auftraggeber während der Durchführung des Bauvorhabens umfassend zu beraten und Sachverhalte auf ihre rechtlichen und kostenrelevanten Risiken zu untersuchen, handelt es sich bei den Leistungen um solche, deren Lösung sich erst durch die Erbringung der Leistung entwickelt und zu deren Realisierung dem Auftragnehmer ein nicht unerheblicher Beurteilungsspielraum verbleibt. Die „Lösung" ist mit einer Reihe von Unwägbarkeiten verbunden.** Zum einen in zeitlicher Hinsicht, weil aufgrund des Zusammenhangs mit dem Bauvertrag unklar bleibt, wann die Rechte und Pflichten aus dem Rechtsberatungsvertrag erfüllt sein werden. Die Bauzeit ist zwar auf einen bestimmten Zeitraum veranschlagt worden; je nach Verzögerungen im Bauablauf ist es aber denkbar, dass sich der Zeitraum mehr oder weniger deutlich verlängert. Eine Verzögerung im Bauablauf hat zur Folge, dass die Rechte und Pflichten aus dem Rechtsberatungsvertrag fortbestehen. Zum anderen in inhaltlicher Hinsicht, weil Art und Umfang der sich stellenden Rechtsfragen von dem Auftraggeber ex ante nicht sicher abgeschätzt werden konnten. Der Auftraggeber hat im Rahmen der Gewichtung zu erkennen gegeben, dass aus seiner Sicht die Rechtsgebiete Baurecht, Vergaberecht und Beihilferecht von zentraler Bedeutung sind. Welche Rechtsfragen sich tatsächlich im Verlauf der Realisierung des Bauprojektes stellen werden, wird sich erst in Zukunft zeigen. **Angesichts dieser Unwägbarkeiten wäre es dem Auftraggeber bei Durchführung eines offenen oder nicht offenen Verfahrens kaum möglich gewesen, die an eine ordnungsgemäße Leistungsbeschreibung zu stellenden Anforderungen zu erfüllen. Die Dienstleistung war also nicht vorab eindeutig und erschöpfend beschreibbar, sodass die VOL/A keine Anwendung** findet (3. VK Bund, B. v. 1. 12. 2009 – Az.: VK 3–205/09; im Ergebnis ebenso OLG Düsseldorf, B. v. 21. 4. 2010 – Az.: VII-Verg 55/09)

– bei dem **Angebot eines … Online-Informationsdienstes bzw. der Nutzung einer … Online-Datenbank handelt es sich primär um Leistungen aus der Kategorie „Datenverarbeitung und verbundene Tätigkeiten"** (Anhang II Teil A Kategorie 7 der Richtlinie 2004/18/EG). Dementsprechend sind die Leistungen auch nicht dem Anhang II Teil B zuzuordnen. Insbesondere **gehören sie nicht dem Bereich „Rechtsberatung"** (Anhang II Teil B Kategorie 21 der Richtlinie 2004/18/EG) an. Hierunter fallen nur juristische Beratungstätigkeiten und Vertretungen und damit verbundene Tätigkeiten wie Beurkundungen, nicht jedoch die elektronische Verwaltung juristischer Informationen (1. VK Bund, B. v. 5. 2. 2009 – Az.: VK 1–186/08)

11381 121.5.3.4.3 Literatur

– Würfel, Wolfgang, Keine Ausschreibungspflicht für juristische Beratungsdienstleistungen: Schiffshebewerk Niederfinow, NZBau 2010, 420

Vergabe- und Vertragsordnung für Leistungen Teil A   EG § 1   **Teil 4**

121.5.3.5 Arbeits- und Arbeitskräftevermittlung (Kategorie 22)

121.5.3.5.1 Beispiele aus der Rechtsprechung   11382
- **Durchführung von Eingliederungsmaßnahmen** (3. VK Bund, B. v. 16. 3. 2007 – Az.: VK 3–13/07)
- **Durchführung von Eingliederungsmaßnahmen auf der Grundlage des § 37 II SGB III** – Anhang I B, Kategorie 22 (2. VK Bund, B. v. 17. 8. 2005 – Az.: VK 2–81/05)
- **Dienstleistungen der Konzeption und Durchführung von Beauftragungen mit der Vermittlung nach § 37 a SGB III (nunmehr: § 37 SGB III)** – Anhang I B, Kategorie 22 VOL/A (1. VK Bund, B. v. 30. 3. 2004 – Az.: VK 1–03/04)
- **Einrichtung eines Bewerberzentrums in der Agentur für Arbeit im Rahmen des § 37 SGB III** – Anhang I B, Kategorie 22 VOL/A (3. VK Bund, B. v. 19. 4. 2004 – Az.: VK 3–44/04)

121.5.3.6 Auskunfts- und Schutzdienste, ohne Geldtransport (Kategorie 23)

121.5.3.6.1 Beispiele aus der Rechtsprechung   11383
- **Sicherheits- und Überwachungsdienstleistungen** – Anhang I B, Kategorie 23, Anwendung der VOL/A (OLG Celle, B. v. 30. 9. 2010 – Az.: 13 Verg 10/10)
- **Sicherheits- und Überwachungsdienstleistungen** – Anhang I B, Kategorie 23, Anwendung der VOL/A (VK Lüneburg, B. v. 4. 9. 2008 – Az.: VgK-29/2008)
- Verträge über **Auskunfts- und Schutzdienste** – Anhang I B, Kategorien 27 und 23, Anwendung der VOL/A (2. VK Bund, B. v. 10. 6. 2005 – Az.: VK 2–36/05)
- Verträge über die **Betreibung und Bewachung einer Erstaufnahmeeinrichtung für Asylbewerber** – Anhang I B, Kategorien 23, 27 VOL/A – (VK Brandenburg, B. v. 15. 9. 2003 – Az.: VK 57/03)
- **Ausführung der Informationsdienste und Dienste der Telefonzentrale** – Anhang I B, Kategorie 23 VOL/A (VK Lüneburg, B. v. 25. 3. 2004 – Az.: 203-VgK-07/2004)

121.5.3.7 Unterrichtswesen und Berufsausbildung (Kategorie 24)

121.5.3.7.1 Allgemeines   11384

Zu der Kategorie 24 zählen neben dem klassischen Schulunterricht, den die öffentlichen Auftraggeber traditionell und ganz überwiegend mit eigenem Lehrpersonal erbringen, u. a.:
- mit Ausbildungsprogrammen verbundene Dienstleistungen
- Schulungsseminare
- Berufsausbildung
- Fachausbildung
- Einführung und Ausbildung im Umgang mit Computern.

Insbesondere die **Arbeitsverwaltungen des Bundes und der Bundesländer** schreiben   11385
entsprechende Leistungen aus.

Die Leistungen selbst sind – wie die Rechtsberatungsdienstleistungen – **ganz überwiegend**   11386
freiberufliche Leistungen.

121.5.3.7.2 Beispiele aus der Rechtsprechung   11387
- **individuelle betriebliche Qualifizierung (InbeQ) für behinderte Menschen mit besonderem Unterstützungsbedarf** (§ 38a Abs. 2 SGB IX) im Rahmen der Unterstützten Beschäftigung – Ausschreibung nach VOL/A (3. VK Bund, B. v. 29. 4. 2009 – Az.: VK 3–76/09)
- Maßnahmen zur **Berufsausbildung** – Ausschreibung nach VOL/A (3. VK Bund, B. v. 6. 8. 2008 – Az.: VK 3–104/08; B. v. 24. 7. 2008 – Az.: VK 3–95/08)
- Leistungen der **Berufsausbildung in einer außerbetrieblichen Einrichtung** – Ausschreibung nach VOL/A (3. VK Bund, B. v. 3. 7. 2007 – Az.: VK 3–64/07)
- Durchführung von praxisbezogenen **Fortbildungsprogrammen für Nachwuchsführungskräfte aus Entwicklungsländern** in der Bundesrepublik Deutschland – Ausschreibung nach VOL/A – (2. VK Bund, B. v. 26. 3. 2003 – Az.: VK 2–06/03)

Teil 4 EG § 1 Vergabe- und Vertragsordnung für Leistungen Teil A

- Vergabe von **Maßnahmen nach § 241 SGB III (ausbildungsbegleitende Hilfen)** – Ausschreibung nach VOL/A – (1. VK Bund, B. v. 2. 7. 2003 – Az.: VK 1–49/03)
- **ausbildungsbegleitende Hilfen für lernbeeinträchtigte und sozial benachteiligte deutsche Auszubildende sowie ausländische Jugendliche** – Anwendung der VOL/A – (1. VK Bund, B. v. 19. 8. 2003 – Az.: VK 1–69/03)
- Verträge über **Unterrichtsleistungen** – Anhang I B, Kategorie 24, Anwendung der VOL/A – (1. VK Bund, B. v. 8. 1. 2004 – Az.: VK 1–117/03)
- **Konzeption und Durchführung von Maßnahmen der Eignungsfeststellung und Trainingsmaßnahmen im Sinne des § 48 SGB III** – Anwendung der VOL/A (3. VK Bund, B. v. 24. 3. 2004 – Az.: VK 3–36/04; 1. VK Bund, B. v. 25. 5. 2004 – Az.: VK 1–54/04; B. v. 13. 4. 2004 – Az.: VK 1–35/04; 2. VK Bund, B. v. 16. 2. 2004 – Az.: VK 2–22/04)
- **Abschluss von Verträgen über die Konzeption und Durchführung von Berufsvorbereitenden Bildungsmaßnahmen** – Anwendung der VOL/A (OLG Düsseldorf, B. v. 27. 10. 2004 – Az.: VII – Verg 52/04; 2. VK Bund, B. v. 20. 7. 2005 – Az.: VK 2–72/05; 1. VK Bund, B. v. 28. 12. 2004 – Az.: VK 1–141/04; B. v. 13. 5. 2004 – Az.: VK 1–42/04; B. v. 20. 7. 2004 – Az.: VK 1–75/04; B. v. 20. 7. 2004 – Az.: VK 1–78/04).

121.5.3.8 Gesundheits-, Veterinär- und Sozialwesen (Kategorie 25)

11388 **121.5.3.8.1 Allgemeines**

Unter die Kategorie 25 fallen u. a.:

- Dienstleistungen von Krankenhäusern und zugehörige Leistungen
- Dienstleistungen von praktischen Ärzten
- Dienstleistungen von Zahnarztpraxen
- Dialysedienste
- Einsatz von Krankenwagen
- Dienstleistungen im pharmazeutischen Bereich
- Behindertenfürsorgeleistungen
- Kinder- und Jugendfürsorgeleistungen
- Rehabilitation

11389 **121.5.3.8.2 Beispiele aus der Rechtsprechung**

- die **Tätigkeit als sog. „HilfsmittelLogistikCenter" (HLC)** ist der Kategorie 25 des Anhangs I B zur VOL/A, „Gesundheitswesen", zuzuordnen. Die Tätigkeit umfasst u. a. die Abholung nicht mehr benötigter Hilfsmittel und deren Reinigung, Desinfektion, Überprüfung und Einlagerung, sowie die Belieferung der Leistungserbringer mit Hilfsmitteln zum Wiedereinsatz sowie die entsprechende Dokumentation. Damit ist Gegenstand der ausgeschriebenen Leistung der unmittelbare Umgang mit medizinischen Hilfsmitteln. Es handelt sich dabei nicht um bloße logistische oder verwaltende Tätigkeit, denn es sind spezifische medizintechnische und medizinrechtliche Kenntnisse erforderlich. Hierfür ist auch das Erfordernis der Qualifizierung nach dem Medizinproduktegesetz (MPG) ein Indiz. Unbeschadet der Frage, ob nicht bereits der Umgang mit Medizinprodukten aufgrund der medizinrechtlichen Sonderregeln eine Zuordnung zum Gesundheitswesen rechtfertigt, **weist die Tätigkeit vorliegend Besonderheiten auf, die eine Einordnung zum Gesundheitswesen rechtfertigen**. So weisen etwa die Desinfektion und Reinigung wiederum selbst Bezüge zum Gesundheitswesen auf. Wiederum sind spezielle Kenntnisse (bspw. Hygienevorschriften) erforderlich (VK Baden-Württemberg, B. v. 16. 1. 2009 – Az.: 1 VK 65/08)
- **Bewirtschaftung einer Erstaufnahmeeinrichtung** und einer **zentralen Unterbringungseinrichtung für Flüchtlinge und asylbegehrende Ausländer** (VK Arnsberg, B. v. 25. 8. 2008 – Az.: VK 14/08)
- Leistungen der **Rettungs- und Krankentransporte unter Begleitung eines Sanitäters** fallen sowohl unter Anhang I A, Kategorie 2, als auch unter Anhang I B, Kategorie 25 – der **Schwerpunkt ist mithin entscheidend** (1. VK Sachsen, B. v. 29. 8. 2008 – Az.: 1/SVK/042-08; B. v. 29. 8. 2008 – Az.: 1/SVK/041-08; B. v. 26. 3. 2008 – Az.: 1/SVK/005-08)

Vergabe- und Vertragsordnung für Leistungen Teil A　　　　　　　　　EG § 1 **Teil 4**

- **Beratung, Betreuung und Durchführung der internen und externen Laborleistungen** der Städtischen Krankenhaus ... GmbH – Anhang I B, Kategorie 25 (VK Brandenburg, B. v. 22. 5. 2008 – Az.: VK 11/08 – Anwendung der VOL/A)
- **Durchführung der Schuldner- und Insolvenzberatung** für Personen, bei denen Sozialhilfebedürftigkeit zu erwarten ist oder schon besteht (VK Hamburg, B. v. 24. 7. 2007 – Az.: VgK FB 4/07)
- Verträge mit dem **Schwerpunkt bei labormedizinischen Dienstleistungen** (VK Saarland, B. v. 19. 5. 2006 – Az.: 3 VK 03/2006)
- Verträge über den **Betrieb einer Obdachlosenunterkunft für Frauen** – Anhang I B, Kategorien 17, 25 – Anwendung der VOL/A – (VK Lüneburg, B. v. 30. 8. 2004 – Az.: 203-VgK-38/2004)
- **Verträge über die Durchführung von Leistungen nach dem Bundessozialhilfegesetz** – Anhang I B, Kategorie 25 (VK Münster, B. v. 28. 5. 2004 – Az.: VK 10/04 – Anwendung der VOL/A)
- **BSE-Tests** unterfallen der Kategorie 25 (Gesundheits-, Veterinär- und Sozialwesen) des Anhangs I B der DLR. Zu den Dienstleistungen des Veterinärwesens gehören nach CPC 93 201 bzw. 93 209 Dienstleistungen des Veterinärwesens sowie nach CPC 93 199 Dienstleistungen von medizinischen Laboratorien und medizinische Analysedienste (OLG München, B. v. 21. 4. 2006 – Az.: Verg 8/06; VK Nordbayern, B. v. 14. 3. 2006 – Az.: 21.VK – 3194 – 07/06; VK Baden-Württemberg, B. v. 4. 5. 2004 – Az.: 1 VK 16/04 – Anwendung der VOL/A)
- die **Kategorie 25** des Anhangs I B bezieht sich **ausschließlich auf die medizinischen Aspekte der Gesundheitsdienstleistungen**, die Gegenstand eines öffentlichen Auftrags sind, und nicht auf die Beförderungsaspekte, die in die Kategorie 2 (Landverkehr) des Anhangs I A fallen (Europäischer Gerichtshof, Urteil vom 24. 9. 1998 – Az.: C-76/97; BayObLG, B. v. 28. 5. 2003 – Az.: Verg 7/03 – Anwendung der VOL/A)
- die **Leistungen für die Durchführung einer Erziehungs-, Ehe-, Familien- und Lebensberatungsstelle** sind Dienstleistungen nach Anhang I B, Kategorie 25 (VK Thüringen, B. v. 12. 2. 2001 – Az.: 216–4003.20-001/01-GTH – Anwendung der VOL/A)
- Verträge über das **Betreiben eines Flüchtlingswohnheims** – Anhang I B, Kategorien 17 und 25, Anwendung der VOL/A – (VK Lüneburg, B. v. 25. 8. 2003 – Az.: 203-VgK-18/2003)

121.5.3.9 Sonstige Dienstleistungen (Kategorie 27)

121.5.3.9.1 Allgemeines　　　　　　　　　　　　　　　　　　　　　　　　　　　　　　11390

Die Kategorie 27 hat Auffangcharakter.

121.5.3.9.2 Beispiele aus der Rechtsprechung　　　　　　　　　　　　　　　　　　11391

- **Dolmetsch- und Übersetzungsleistungen**, die in Anhang II Teil A der Richtlinie nicht aufgeführt sind, fallen in die Kategorie 27 „Sonstige Dienstleistungen" des Anhangs II Teil A der Richtlinie (EuGH, Urteil v. 18. 11. 2010 – Az.: C-226/09)
- soweit es um die **Inkassotätigkeit in Zusammenhang mit dem Abschleppen und Lagern von abgeschleppten Pkws** geht, handelt es sich um eine **nicht prioritäre Dienstleistung nach Kategorie 20, 21 oder 27** (OLG Düsseldorf, B. v. 24. 3. 2010 – Az.: VII-Verg 58/09)
- **maschineller Holzeinschlag** und **Rücken von Holz** (VK Brandenburg, B. v. 1. 2. 2010 – Az.: VK 1/10)
- Verträge über **Auskunfts- und Schutzdienste** – Anhang I B, Kategorien 27 und 23, Anwendung der VOL/A (2. VK Bund, B. v. 10. 6. 2005 – Az.: VK 2–36/05)
- Verträge über die **Betreibung und Bewachung einer Erstaufnahmeeinrichtung für Asylbewerber** – Anhang I B, Kategorien 23 und 27, Anwendung der VOL/A – (VK Brandenburg, B. v. 15. 9. 2003 – Az.: VK 57/03)

121.5.4 Ausschreibungs- und Vergaberegeln für Dienstleistungen nach Anhang I Teil A (§ 1 EG Abs. 2)

Für die Vergabe von Aufträgen, deren Gegenstand Dienstleistungen im Sinne des Anhangs 1 Teil A sind, findet dieser Abschnitt uneingeschränkt Anwendung. Es **gelten also alle Vorschriften des zweiten Abschnitts der VOL/A 2009**.　　　　　　　　　　　　　　11392

Teil 4 EG § 2 Vergabe- und Vertragsordnung für Leistungen Teil A

121.5.5 Ausschreibungs- und Vergaberegeln für Dienstleistungen nach Anhang I Teil B (§ 1 EG Abs. 3)

11393 Für die Vergabe von Aufträgen, deren Gegenstand Dienstleistungen im Sinne des Anhangs I Teil B sind, findet § 4 Abs. 4 Vergabeverordnung – VgV – Anwendung. Nach § 4 Abs. 4 VgV **gelten für die Vergabe von Aufträgen, deren Gegenstand Dienstleistungen nach Anhang I Teil B der VOL/A sind, § 8 EG, § 15 EG Absatz 10 und § 23 EG VOL/A sowie die Regelungen des Abschnitts 1 der VOL/A mit Ausnahme von § 7 VOL/A.**

11394 Es ist also einmal zu beachten, dass **bei der Leistungsbeschreibung u. a. die technischen Anforderungen unter Bezugnahme auf europäische Spezifikationen festzulegen** sind; es gelten die im Anhang TS vorgesehenen Regelungen.

11395 In der **nationalen Bekanntmachung zur Ausschreibung ist die zuständige Vergabekammer zu benennen,** eine im Vergleich zur VOL/A 2006 neue Regelung.

11396 Zum andern sind die **Vorschriften über die Mitteilungen über vergebene Aufträge** zu beachten.

11397 Zur **Anwendbarkeit des Vergaberechts** und des **Vergaberechtsschutzes** bei Leistungen nach Anhang I Teil B vgl. die Kommentierung zu → § 100 GWB Rdn. 63 ff.

121.5.6 CPC-Referenznummer und CPV-Referenznummer

11398 In den Anhängen zur VOL/A wird zur Kennzeichnung **sowohl auf die CPC-Referenz-Nummer als auch auf die CPV-Referenznummer Bezug genommen.** Die CPC-Referenz-Nummer stammt aus der Zentralen Gütersystematik der Vereinten Nationen (Central Product Classification). Die CPC-Referenz-Nummer ist ab dem **20. 12. 2003** durch ein einheitliches Klassifikationssystem für öffentliche Aufträge, das Gemeinsame Vokabular für öffentliche Aufträge (Common Procurement Vocabulary – CPV), ersetzt. Dieses CPV beruht auf der **Verordnung (EG) Nr. 213/2008 vom 28. 11. 2007** über das **Gemeinsame Vokabular für öffentliche Aufträge (CPV);** die Verordnung ist im Amtsblatt der Europäischen Union L 74/1 vom 15. 3. 2008 veröffentlicht; vgl. im Einzelnen die **Kommentierung zu § 14 VgV.**

11399 Bei **unterschiedlichen Auslegungen zwischen CPV und CPC gilt die CPC-Nomenklatur** (Art. 1 Abs. 14 Unterabsatz 2 VKR).

121.5.7 Ausschreibung von gemischten Leistungen des Anhangs I Teil A und des Anhangs I Teil B

121.5.7.1 Änderung in der VOL/A 2009

11400 **§ 1 a Nr. 2 Abs. 3 VOL/A 2006,** wonach Aufträge, deren Gegenstand Dienstleistungen des Anhangs I A und des Anhangs I B sind, nach den Regelungen für diejenigen Dienstleistungen vergeben werden, deren Wert überwiegt, wurde **gestrichen.**

121.5.7.2 Anwendung von § 99 Abs. 7 GWB

11401 **§ 99 Abs. 7 GWB** regelt die Anwendung des Vergaberechts für gemischte Leistungen. Auch wenn der Fall der Ausschreibung von gemischten Leistungen des Anhangs I A und des Anhangs I B in § 99 Abs. 7 nicht ausdrücklich geregelt ist, gelten für einen solchen Auftrag die **Bestimmungen für die Tätigkeit, die wertmäßig überwiegt.**

11402 Zu den **Einzelheiten** vgl. die Kommentierung zu → § 99 GWB Rdn. 531 ff.

122. § 2 EG – Grundsätze

(1) Aufträge werden in der Regel im Wettbewerb und im Wege transparenter Vergabeverfahren an fachkundige, leistungsfähige und zuverlässige (geeignete) Unternehmen zu angemessenen Preisen vergeben. Dabei darf kein Unternehmen diskriminiert werden.

(2) Mittelständische Interessen sind bei der Vergabe öffentlicher Aufträge vornehmlich zu berücksichtigen. Leistungen sind in der Menge aufgeteilt (Teillose) und

Vergabe- und Vertragsordnung für Leistungen Teil A   EG § 3 **Teil 4**

getrennt nach Art oder Fachgebiet (Fachlose) zu vergeben. Mehrere Teil- oder Fachlose dürfen zusammen vergeben werden, wenn wirtschaftliche oder technische Gründe dies erfordern.

(3) Die Durchführung von Vergabeverfahren lediglich zur Markterkundung und zum Zwecke von Ertragsberechnungen ist unzulässig.

(4) Bei der Vergabe sind die Vorschriften über die Preise bei öffentlichen Aufträgen zu beachten.

122.1 Änderungen in der VOL/A 2009

Die **Überschrift** wurde von „Grundsätze der Vergabe" in „Grundsätze" geändert. 11403

Inhaltlich sind in § 2 EG VOL/A 2009 **Regelungen aus § 2 VOL/A 2006** (Grundsätze 11404 der Vergabe), **§ 5 VOL/A 2006** (Vergabe nach Losen), **§ 16 VOL/A** (Grundsätze der Ausschreibung und der Informationsübermittlung) und **§ 15 VOL/A 2006** (Preise) zusammengefasst worden.

In § 2 EG Abs. 1 wurde das **Transparenzgebot des § 97 Abs. 1 GWB** ausdrücklich 11405 aufgenommen.

In § 2 EG Abs. 2 wurde die **Regelung des § 97 GWB Abs. 3 Satz 1–3** wortgleich 11406 übernommen.

122.2 Unterschied zu § 2 VOL/A

Im Unterschied zu § 2 Abs. 2 VOL/A (1. Abschnitt) wurde in § 2 **EG Abs. 2** die Regelung 11407 des § 97 GWB Abs. 3 Satz 1–3 wortgleich übernommen.

Inhaltlich vgl. daher die Kommentierung zu → § 97 GWB Rdn. 306 ff. 11408

122.3 Hinweis

Da **bis auf § 2 EG Abs. 2** ansonsten keine Unterschiede zu § 2 VOL/A (1. Abschnitt) bestehen, gilt die Kommentierung zu § 2 auch für § 2 EG. Vgl. daher die Kommentierung zu → § 2 VOL/A Rdn. 1 ff. 11409

123. § 3 EG – Arten der Vergabe

(1) Die Vergabe von Aufträgen erfolgt im offenen Verfahren. In begründeten Ausnahmefällen ist ein nicht offenes Verfahren, ein Verhandlungsverfahren oder ein wettbewerblicher Dialog zulässig.

(2) Ein nicht offenes Verfahren ist zulässig, wenn

a) die Leistung nach ihrer Eigenart nur von einem beschränkten Kreis von Unternehmen in geeigneter Weise ausgeführt werden kann, besonders wenn außergewöhnliche Eignung (§ 2 EG Absatz 1 Satz 1) erforderlich ist,

b) das offene Verfahren für den Auftraggeber oder die Bewerber einen Aufwand verursachen würde, der zu dem erreichbaren Vorteil oder dem Wert der Leistung im Missverhältnis stehen würde,

c) ein offenes Verfahren kein wirtschaftliches Ergebnis gehabt hat,

d) ein offenes Verfahren aus anderen Gründen unzweckmäßig ist.

(3) Die Auftraggeber können Aufträge im Verhandlungsverfahren mit vorheriger öffentlicher Aufforderung zur Teilnahme (Teilnahmewettbewerb) vergeben, wenn

a) in einem offenen oder einem nicht offenen Verfahren oder einem wettbewerblichen Dialog nur Angebote abgegeben worden sind, die ausgeschlossen wurden, sofern die ursprünglichen Bedingungen des Auftrags nicht grundlegend geändert werden;

die Auftraggeber können in diesen Fällen von einem Teilnahmewettbewerb absehen, wenn sie in das Verhandlungsverfahren alle Unternehmen einbeziehen, welche die Voraussetzungen an Fachkunde, Leistungsfähigkeit und Zuverlässigkeit erfüllen und form- und fristgerechte Angebote abgegeben haben,

b) es sich um Aufträge handelt, die ihrer Natur nach oder wegen der damit verbundenen Risiken die vorherige Festlegung eines Gesamtpreises nicht zulassen,

c) die zu erbringenden Dienstleistungsaufträge, insbesondere geistig-schöpferische Dienstleistungen der Kategorie 6 des Anhangs I A, dergestalt sind, dass vertragliche Spezifikationen nicht hinreichend genau festgelegt werden können, um den Auftrag durch die Wahl des besten Angebots in Übereinstimmung mit den Vorschriften über offene und nicht offene Verfahren vergeben zu können.

(4) Die Auftraggeber können Aufträge im Verhandlungsverfahren ohne Teilnahmewettbewerb vergeben:

a) wenn in einem offenen oder einem nicht offenen Verfahren keine oder keine wirtschaftlichen Angebote abgegeben worden sind, sofern die ursprünglichen Bedingungen des Auftrags nicht grundlegend geändert werden;

b) wenn es sich um die Lieferung von Waren handelt, die nur zum Zwecke von Forschungen, Versuchen, Untersuchungen, Entwicklungen oder Verbesserungen hergestellt werden, wobei unter diese Bestimmung nicht eine Serienfertigung zum Nachweis der Marktfähigkeit des Produktes oder zur Deckung der Forschungs- und Entwicklungskosten fällt;

c) wenn der Auftrag wegen seiner technischen oder künstlerischen Besonderheiten oder aufgrund des Schutzes von Ausschließlichkeitsrechten (z. B. Patent-, Urheberrecht) nur von einem bestimmten Unternehmen durchgeführt werden kann;

d) soweit dies unbedingt erforderlich ist, wenn aus dringlichen zwingenden Gründen, die die Auftraggeber nicht voraussehen konnten, die vorgeschriebenen Fristen nicht eingehalten werden können. Die Umstände, die die zwingende Dringlichkeit begründen, dürfen auf keinen Fall dem Verhalten der Auftraggeber zuzuschreiben sein;

e) bei zusätzlichen Lieferungen des ursprünglichen Auftragnehmers, die entweder zur teilweisen Erneuerung von gelieferten Waren oder Einrichtungen zur laufenden Benutzung oder zur Erweiterung von Lieferungen oder bestehenden Einrichtungen bestimmt sind, wenn ein Wechsel des Unternehmens dazu führen würde, dass die Auftraggeber Waren mit unterschiedlichen technischen Merkmalen kaufen müssten und dies eine technische Unvereinbarkeit oder unverhältnismäßige technische Schwierigkeiten bei Gebrauch, Betrieb oder Wartung mit sich bringen würde. Die Laufzeit dieser Aufträge sowie die der Daueraufträge darf in der Regel drei Jahre nicht überschreiten;

f) für zusätzliche Dienstleistungen, die weder in dem der Vergabe zugrunde liegenden Entwurf noch im zuerst geschlossenen Vertrag vorgesehen sind, die aber wegen eines unvorhergesehenen Ereignisses zur Ausführung der darin beschriebenen Dienstleistungen erforderlich sind, sofern der Auftrag an das Unternehmen vergeben wird, das diese Dienstleistung erbringt, wenn sich die zusätzlichen Dienstleistungen in technischer und wirtschaftlicher Hinsicht nicht ohne wesentlichen Nachteil für den Auftraggeber vom Hauptauftrag trennen lassen oder wenn diese Dienstleistungen zwar von der Ausführung des ursprünglichen Auftrags getrennt werden können, aber für dessen Vollendung unbedingt erforderlich sind.

Der Gesamtwert der Aufträge für die zusätzlichen Dienstleistungen darf jedoch 50 vom Hundert des Wertes des Hauptauftrags nicht überschreiten;

g) bei neuen Dienstleistungen, die in der Wiederholung gleichartiger Leistungen bestehen, die durch den gleichen Auftraggeber an das Unternehmen vergeben werden, das den ersten Auftrag erhalten hat, sofern sie einem Grundentwurf entsprechen und dieser Entwurf Gegenstand des ersten Auftrags war, der entweder im offenen oder nicht offenen Verfahren vergeben wurde. Die Möglichkeit der Anwendung des Verhandlungsverfahrens muss bereits in der Ausschreibung des ersten Vorhabens angegeben werden; der für die nachfolgenden Dienstleistungen in Aussicht genommene Gesamtauftragswert wird vom Auftraggeber bei der Berechnung des Auftragswertes berücksichtigt. Das Verhandlungsverfahren darf jedoch nur innerhalb von drei Jahren nach Abschluss des ersten Auftrags angewandt werden;

h) wenn im Anschluss an einen Wettbewerb im Sinne des Absatzes 8 Satz 1 der Auftrag nach den Bedingungen dieses Wettbewerbs an den Gewinner oder an einen der Preisträger vergeben werden muss. Im letzteren Fall müssen alle Preisträger des Wettbewerbs zur Teilnahme an den Verhandlungen aufgefordert werden;

i) bei auf einer Warenbörse notierten und gekauften Ware;

j) wenn Waren zu besonders günstigen Bedingungen bei Lieferanten, die ihre Geschäftstätigkeit endgültig einstellen, oder bei Insolvenzverwaltern oder Liquidatoren im Rahmen eines Insolvenz-, Vergleichs- oder Ausgleichsverfahrens oder eines in den Vorschriften eines anderen Mitgliedstaates vorgesehenen gleichartigen Verfahrens erworben werden.

(5) Vergeben die Auftraggeber einen Auftrag im nicht offenen Verfahren oder im Verhandlungsverfahren mit Teilnahmewettbewerb, so können sie eine Höchstzahl von Unternehmen bestimmen, die zur Angebotsabgabe aufgefordert werden. Die Zahl ist in der Bekanntmachung anzugeben. Sie darf im nicht offenen Verfahren nicht unter fünf, im Verhandlungsverfahren mit Teilnahmewettbewerb nicht unter drei liegen.

(6) Die Auftraggeber können vorsehen, dass das Verhandlungsverfahren in verschiedenen aufeinander folgenden Phasen abgewickelt wird, um so die Zahl der Angebote, über die verhandelt wird, oder die zu erörternden Lösungen anhand der vorgegebenen Zuschlagskriterien zu verringern. Wenn die Auftraggeber dies vorsehen, geben sie dies in der Bekanntmachung oder in den Vergabeunterlagen an. In der Schlussphase des Verfahrens müssen so viele Angebote vorliegen, dass ein echter Wettbewerb gewährleistet ist, sofern eine ausreichende Anzahl von geeigneten Bewerbern vorhanden ist.

(7) Die Auftraggeber können für die Vergabe eines Auftrags einen wettbewerblichen Dialog durchführen, sofern sie objektiv nicht in der Lage sind,

– die technischen Mittel anzugeben, mit denen ihre Bedürfnisse und Ziele erfüllt werden können oder

– die rechtlichen oder finanziellen Bedingungen des Vorhabens anzugeben.

Zu diesem Zweck gehen die Auftraggeber wie folgt vor:

a) Sie beschreiben und erläutern ihre Bedürfnisse und Anforderungen in der Bekanntmachung oder in einer Leistungsbeschreibung. In der Bekanntmachung können sie eine Höchstzahl von Unternehmen bestimmen, die zur Teilnahme am Dialog aufgefordert werden und die nicht unter drei liegen darf.

b) Mit den im Anschluss an die Bekanntmachung ausgewählten Unternehmen eröffnen die Auftraggeber einen Dialog, in dem sie ermitteln und festlegen, wie ihre Bedürfnisse am besten erfüllt werden können. Dabei können sie mit den ausgewählten Unternehmen alle Einzelheiten des Auftrages erörtern. Sie sorgen dafür, dass alle Unternehmen bei dem Dialog gleich behandelt werden, geben Lösungsvorschläge oder vertrauliche Informationen eines Unternehmens nicht ohne dessen Zustimmung an die anderen Unternehmen weiter und verwenden diese nur im Rahmen des Vergabeverfahrens.

c) Die Auftraggeber können vorsehen, dass der Dialog in verschiedenen aufeinander folgenden Phasen abgewickelt wird, um die Zahl der in der Dialogphase zu erörternden Lösungen anhand der Zuschlagskriterien zu verringern. Die Unternehmen, deren Lösungen nicht für die nächstfolgende Dialogphase vorgesehen sind, werden darüber informiert.

d) Die Auftraggeber erklären den Dialog für abgeschlossen, wenn eine oder mehrere Lösungen gefunden worden sind, die ihre Bedürfnisse erfüllen oder erkennbar ist, dass keine Lösung gefunden werden kann. Im Fall der ersten Alternative fordern sie die Unternehmen auf, auf der Grundlage der eingereichten und in der Dialogphase näher ausgeführten Lösungen ihr endgültiges Angebot vorzulegen, das alle zur Ausführung des Projekts erforderlichen Einzelheiten enthalten muss. Die Auftraggeber können verlangen, dass Präzisierungen, Klarstellungen und Ergänzungen zu diesen Angeboten gemacht werden. Diese Präzisierungen, Klarstellungen oder Ergänzungen dürfen jedoch keine Änderung der grundlegenden Elemente des Angebotes oder der Ausschreibung zur Folge haben, die den Wettbewerb verfälschen oder diskriminierend wirken könnte.

e) Die Auftraggeber bewerten die Angebote aufgrund der in der Bekanntmachung oder in den Vergabeunterlagen festgelegten Zuschlagskriterien und wählen das wirtschaftlichste Angebot aus. Sie dürfen das Unternehmen, dessen Angebot als das wirtschaftlichste ermittelt wurde, auffordern, bestimmte Einzelheiten des Angebotes näher zu erläutern oder im Angebot enthaltene Zusagen zu bestätigen. Dies darf nicht dazu führen, dass wesentliche Aspekte des Angebotes oder der Ausschreibung geändert werden, und dass der Wettbewerb verzerrt wird oder andere am Verfahren beteiligte Unternehmen diskriminiert werden.

f) Verlangen die Auftraggeber, dass die am wettbewerblichen Dialog teilnehmenden Unternehmen Entwürfe, Pläne, Zeichnungen, Berechnungen oder andere Unterlagen ausarbeiten, müssen sie einheitlich für alle Unternehmen, die die geforderte Unterlage rechtzeitig vorgelegt haben, eine angemessene Kostenerstattung hierfür gewähren.

(8) Die Auftraggeber können, soweit die entsprechenden Leistungen nicht unter die VOF fallen, Auslobungen (Wettbewerbe) für Aufträge durchführen, die zu einer Dienstleistung führen sollen. Dabei verfahren sie wie folgt:

a) Die Auftraggeber teilen ihre Absicht durch Bekanntmachung nach dem im Anhang XII der Verordnung (EG) zur Einführung von Standardformularen für die Veröffentlichung von Vergabebekanntmachungen auf dem Gebiet der öffentlichen Aufträge in der jeweils geltenden Fassung enthaltenen Muster mit und machen die auf die Durchführung des Wettbewerbs anwendbaren Regeln den an der Teilnahme am Wettbewerb Interessierten zugänglich.

b) Bei Wettbewerben mit beschränkter Teilnehmerzahl haben die Auftraggeber eindeutige und nicht diskriminierende Auswahlkriterien festzulegen. Die Zahl der Bewerber muss ausreichen, um einen echten Wettbewerb zu gewährleisten.

c) Das Preisgericht darf nur aus Preisrichtern bestehen, die von den Teilnehmern des Wettbewerbs unabhängig sind. Wird von den Wettbewerbsteilnehmern eine bestimmte berufliche Qualifikation verlangt, muss mindestens ein Drittel der Preisrichter über dieselbe oder eine gleichwertige Qualifikation verfügen. Es trifft Entscheidungen und Stellungnahmen selbstständig und unabhängig aufgrund von Wettbewerbsarbeiten, die anonym vorgelegt werden, aufgrund der Kriterien, die in der Bekanntmachung genannt sind. Das Preisgericht erstellt einen von den Preisrichtern zu unterzeichnenden Bericht über die Rangfolge der von ihm ausgewählten Projekte und über die einzelnen Wettbewerbsarbeiten.

d) Auftraggeber, die einen Wettbewerb durchgeführt haben, geben spätestens 48 Tage nach Durchführung eine Bekanntmachung nach dem im Anhang XIII der Verordnung (EG) Nr. 1564/2005 enthaltenen Muster an das Amt für amtliche Veröffentlichungen der Europäischen Gemeinschaften. Die Bestimmungen über die Behandlung nicht berücksichtigter Bewerbungen gelten entsprechend.

123.1 Änderungen in der VOL/A 2009

11410 § 3 EG wurde insgesamt **gemäß den Vergabearten übersichtlicher gegliedert**.

11411 In § 3 EG Abs. 2 sind die **Voraussetzungen, nach denen ein nichtoffenes Verfahren zulässig** ist, zusammengefasst. Die Verweisung des § 3a VOL/A 2006 auf § 3 VOL/A 2006 ist entfallen.

11412 In § 3 EG Abs. 7 sind die **Voraussetzungen und der Ablauf eines wettbewerblichen Dialogs aufgenommen** worden. Die Verweisung auf § 6a VgV ist gestrichen worden, da die Vorschrift des § 6a VgV gestrichen wurde.

11413 In § 3 EG Abs. 8 sind die Regelungen für die Durchführung von **Wettbewerben**, soweit die entsprechenden Leistungen nicht unter die VOF fallen, **aufgenommen** worden. § 31a VOL/A 2006 wurde demgemäß gestrichen.

11414 Ansonsten erfolgten **redaktionelle Änderungen**.

123.2 Vergleichbare Regelungen

Der **Vorschrift des § 3 EG VOL/A vergleichbar** sind im Bereich des GWB § 101, im Bereich der VOL/A § 3 und im Bereich der VOB §§ 3, 3a. Die Kommentierungen zu diesen Vorschriften können daher ergänzend zu der Kommentierung des § 3 EG herangezogen werden. 11415

123.3 Bieterschützende Vorschrift

Vgl. dazu die **Kommentierung zu** → **§ 101 GWB Rdn. 7 ff.** 11416

123.4 Vergabeart des offenen Verfahrens (§ 3 EG Abs. 1 Satz 1)

123.4.1 Begriff des offenen Verfahrens

Das **offene Verfahren entspricht im Grundsatz der öffentlichen Ausschreibung.** Vgl. zu den Einzelheiten die **Kommentierung zu** → **§ 101 GWB Rdn. 11.** 11417

123.4.2 Vorrang des offenen Verfahrens

Aus § 3 EG Abs. 1 ergibt sich der **Vorrang des offenen Verfahrens.** Dieser Vorrang ist – höherrangig – definiert in § 101 Abs. 7 GWB. Vgl. zu den Einzelheiten die **Kommentierung zu** → **§ 101 GWB Rdn. 210.** 11418

123.5 Vergabeart des nicht offenen Verfahrens (§ 3 EG Abs. 1 Satz 2)

Das **nichtoffene Verfahren entspricht im Grundsatz der beschränkten Ausschreibung nach öffentlichem Teilnahmewettbewerb.** Vgl. zu den Einzelheiten die **Kommentierung zu** → **§ 101 GWB Rdn. 17.** 11419

123.6 Vergabeart des Verhandlungsverfahrens (§ 3 EG Abs. 1 Satz 2)

Das **Verhandlungsverfahren tritt an die Stelle der freihändigen Vergabe.** Vgl. zu den Einzelheiten die **Kommentierung zu** → **§ 101 GWB Rdn. 99 ff.** 11420

123.7 Vergabeart des wettbewerblichen Dialogs (§ 3 EG Abs. 1 Satz 2)

Vgl. zu den Einzelheiten die **Kommentierung zu** → **§ 101 GWB Rdn. 80 ff.** 11421

123.8 Zulässigkeit eines nichtoffenen Verfahrens (§ 3 EG Abs. 2)

123.8.1 Änderung in der VOL/A 2009

Während die VOL/A 2006 in § 3a Nr. 1 Abs. 1 mit einem Verweis auf die Ausnahmetatbestände des § 3 VOL/A 2006 arbeitete, sind nun **in § 3 EG Abs. 2 VOL/A 2009 die Voraussetzungen**, unter denen ein nicht offenes Verfahren durchgeführt werden kann, **erschöpfend aufgeführt.** 11422

123.8.2 Zulässigkeitsvoraussetzungen

123.8.2.1 Eignung nur eines beschränkten Kreises von Unternehmen (§ 3 EG Abs. 2 lit. a)

Vgl. dazu die **Kommentierung zu** → **§ 3 VOL/A Rdn. 20.** 11423

123.8.2.2 Unverhältnismäßiger Aufwand (§ 3 EG Abs. 2 lit. b)

123.8.2.2.1 Grundsätze. Wenn das Offene Verfahren für den Auftraggeber oder die Bewerber einen Aufwand verursachen würde, der zu dem erreichbaren Vorteil oder dem Wert der 11424

Leistung im Missverhältnis steht, kann der Auftrageber das nicht offene Verfahren wählen. **§ 3 EG Abs. 2 lit. b) VOL/A soll dabei sowohl den Auftraggeber als auch die Bewerber schützen**, um unnötigen, sachlich nicht gerechtfertigten Aufwand oder Kosten auf beiden Seiten zu ersparen. Stets muss der **absolute Ausnahmecharakter des nicht offenen Verfahrens** gegenüber dem offenen Verfahren beachtet werden. Der **Auftraggeber muss im Rahmen des § 3 EG Abs. 2 lit. b) VOL/A eine Prognose anstellen**, welchen konkreten Aufwand ein offenes Verfahren bei ihm, aber auch bei der noch unbekannten Anzahl potenzieller Bieter voraussichtlich verursachen würde. Dabei hat er auf Grundlage benötigter Vergabeunterlagen, den Kalkulationsaufwand eines durchschnittlichen Bieters für die Erstellung und Übersendung der Angebote und dessen sonstige Kosten (Einholung von Auskünften bei Zulieferern etc.) zu schätzen. Zum Teil kann der Auftraggeber auch auf Erfahrungswerte parallel gelagerter Ausschreibungen zurückgreifen oder auf eigene Schätzungen. Diese ermittelten **Schätzkosten sind danach in ein Verhältnis zu dem beim Auftraggeber durch das offene Verfahren erreichbaren Vorteil oder den Wert der Leistung zu setzen** (OLG Naumburg, B. v. 10. 11. 2003 – Az.: 1 Verg 14/03; 1. VK Sachsen, B. v. 20. 8. 2004 – Az.: 1/SVK/067-04 – sehr instruktives Beispiel).

11425   123.8.2.2.2 Hinweis. Sowohl die Basisregelung des § 3 VOL/A 2009 als auch die VOB/A 2009 kennen diesen Ausnahmetatbestand nicht mehr. Die Streichung in der VOB/A 2009 erklärt sich aus der Aufnahme von Schwellenwerten für die Zulässigkeit von beschränkten Ausschreibungen und nicht offenen Verfahren.

123.8.2.3 Kein wirtschaftliches Ergebnis eines offenen Verfahrens (§ 3 EG Abs. 2 lit. c)

11426   Vgl. dazu die Kommentierung zu → § 3 VOL/A Rdn. 28.

123.8.2.4 Unzweckmäßigkeit aus anderen Gründen (§ 3 EG Abs. 2 lit. d)

11427   Vgl. dazu die Kommentierung zu → § 3 VOL/A Rdn. 24.

123.9 Zulässigkeit eines Verhandlungsverfahrens mit Teilnahmewettbewerb (§ 3 EG Abs. 3)

123.9.1 Hinweis

11428   Vgl. zu den **grundsätzlichen Einzelheiten des Verhandlungsverfahrens** die **Kommentierung zu** → **§ 101 GWB Rdn. 100 ff.**

123.9.2 Enumerative Aufzählung

11429   § 3 EG Abs. 3 nennt in den Nummern a–c abschließend die Fallkonstellationen, nach denen ein Verhandlungsverfahren mit Teilnahmewettbewerb zulässig ist.

123.9.3 Nur auszuschließende Angebote in einem offenen oder nichtoffenen Verfahren oder wettbewerblichen Dialog und keine grundlegenden Änderungen der ursprünglichen Bedingungen (§ 3 EG Abs. 3 lit. a)

123.9.3.1 Änderung in der VOL/A 2009

11430   **§ 3 EG Absatz 3 lit. a) VOL/A setzt Art. 30 Abs. 1 lit. a VKR richtlinienkonform um**. Im Gegensatz zu § 3a Nr. 1 Absatz 5a VOL/A 2006 erfordert die Vorschrift nicht mehr, dass **sämtliche Angebote bereits auf der ersten Wertungsstufe fakultativ ausschließbar oder obligatorisch auszuschließen** sind. Ein Ausschlussgrund – auf welcher Stufe auch immer – genügt.

123.9.3.2 Auszuschließende Angebote

11431   Vgl. dazu die Kommentierung zur Änderung in der VOL/A → Rdn. 21.

123.9.3.3 Keine grundlegenden Änderungen der ursprünglichen Bedingungen des Auftrags

11432   Der **Begriff der ursprünglichen Bedingungen des Auftrags bezieht sich in erster Linie auf die Vergabeunterlagen einschließlich der Leistungsbeschreibung**, als auch die

Eignungs- und Zuschlagskriterien. Im Einzelfall betrifft dies aber auch die **Änderung der rechtlichen Rahmenbedingungen**. Für eine grundlegende Änderung der ursprünglichen Bedingungen ist eine **derartige Änderung erforderlich, dass eine Auftragsvergabe auf der Grundlage der bisherigen Verdingungsunterlagen für den Auftraggeber oder die Bieter unzumutbar geworden ist, oder gar ein aliud beschafft** wird (VK Sachsen, B. v. 7. 1. 2008 – Az.: 1/SVK/077-07).

Der **Begriff der grundlegenden Änderungen** ist in der VOL/A **nicht definiert**. Neben den wenigen entschiedenen Fragen zu diesem Komplex kann man **ergänzend die Rechtsprechung zur Frage der Aufhebung einer Ausschreibung bei wesentlicher Änderung der Grundlagen der Ausschreibung** (§ 17 Abs. 1 lit. b) VOL/A heranziehen. Vgl. insoweit die Kommentierung zu → § 17 VOL/A Rdn. 41 ff. 11433

Wird ein **Leistungsverzeichnis im Wesentlichen in identischer Fassung aus dem offenen Verfahren übernommen** und ergibt sich eine **Änderung lediglich hinsichtlich der Vorlage des Gewerbezentralregisterauszuges**, der im Verhandlungsverfahren nunmehr nur auf Verlangen gefordert wird, ist vor dem Hintergrund des geänderten Abforderung von Eignungsnachweisen, die insbesondere nicht die Qualität des Nachweises betreffen, **keine grundlegende Änderung der Vertragsunterlagen** vorhanden (1. VK Sachsen, B. v. 17. 12. 2007 – Az.: 1/SVK/073-07). 11434

Eine solche wesentliche Änderung liegt in der **Abforderung zwei weiterer Testgeräte nicht, wenn alle sonstigen Rahmenbedingungen des Auftrages gleich bleiben** (VK Sachsen, B. v. 7. 1. 2008 – Az.: 1/SVK/077-07). 11435

123.9.3.4 Rechtmäßige Aufhebung eines offenen oder nichtoffenen Verfahrens

Als **ungeschriebenes Tatbestandsmerkmal** setzt § 3 EG Abs. 3 lit. a) voraus, dass ein **offenes oder nichtoffenes Verfahren rechtmäßig aufgehoben** wurde, da insbesondere aus Sicht des Auftraggebers **nur dann ein weiteres Vergabeverfahren über den gleichen Leistungsgegenstand** begonnen werden soll und kann. 11436

Der Vergabestelle ist der **Zugang zu dem „nachrangigen" Verhandlungsverfahren nur dann** ohne weiteres **eröffnet, wenn ihr nicht das Scheitern des vorangegangenen** – und an sich vorrangigen – **Verfahrens zuzurechnen** ist, weil die von ihr zu verantwortenden Ausschreibungsbedingungen die Erfüllung des ausgeschriebenen Auftrags bis an die Grenze der Unmöglichkeit erschwerten und deshalb keine oder keine wirtschaftlichen Angebote eingegangen sind (OLG Dresden, B. v. 16. 10. 2001 – Az.: WVerg 0007/01; VK Sachsen, B. v. 7. 1. 2008 – Az.: 1/SVK/077-07). 11437

123.9.3.5 Bindung an das aufgehobene Verfahren

Die **Rechtsprechung** ist insoweit **nicht einheitlich**. 11438

Der **Auftraggeber ist an die Zuschlagskriterien eines aufgehobenen Offenen Verfahrens auch im nachfolgenden Verhandlungsverfahren gebunden**. Die Vergabestelle weicht von diesen selbst aufgestellten Kriterien ab, wenn sie neue Kriterien in die Wertung einführt. Dies macht die Wertungsentscheidung intransparent und im Ergebnis fehlerhaft. Der Rechtsgedanke, der dem § 9a VOL/A 2006 zugrunde liegt und wonach die Zuschlagsentscheidung nicht auf Kriterien gestützt werden darf, die nicht vorher bekannt gegeben wurden, greift auch hier (VK Südbayern, B. v. 21. 4. 2004 – Az.: 24-04/04). 11439

Der Auftraggeber ist nach einer Aufhebung **nicht an die Leistungsbeschreibung und den Inhalt der Vergabeunterlagen des aufgehobenen Vergabeverfahrens gebunden** (OLG Düsseldorf, B. v. 3. 3. 2010 – Az.: VII-Verg 46/09). 11440

123.9.3.6 Ausnahme von dem Erfordernis eines Teilnahmewettbewerbs

Gemäß § 3 EG Abs. 3 lit. a VOL/A ist ein Verhandlungsverfahren ohne Teilnahmewettbewerb möglich, wenn der Antragsgegner alle Unternehmen einbezieht, welche als geeignet im bisherigen Verfahren anzusehen waren und die form- und fristgerechte Angebote abgegeben hatten. Die **Konsequenz aus einem solchen Verfahren – keine Eignungsprüfung mehr – ergibt sich damit z. B. für die Interimsvergabe aus dem Gesetz**: § 3 EG Abs. 3 lit. a VOL/A setzt die Eignungsprüfung als abgeschlossen voraus (VK Arnsberg, B. v. 21. 12. 2009 – Az.: VK 41/09). 11441

123.9.4 Liefer- oder Dienstleistungsaufträge, die eine vorherige Festlegung eines Gesamtpreises nicht zulassen (§ 3 EG Abs. 3 lit. b)

11442 § 3 EG Abs. 3 lit. b) VOL/A beinhaltet zwei **Fallgruppen**, weil die Vorschrift voraussetzt, dass es sich um Liefer- oder Dienstleistungsaufträge handelt, „die ihrer Natur nach oder wegen der damit verbundenen Risiken eine vorherige Festlegung eines Gesamtpreises nicht zulassen". Entscheidend ist aber in beiden Fällen, dass im Zeitpunkt der Entscheidung, welches Vergabeverfahren gewählt werden kann, den zukünftigen Bietern voraussichtlich die Bildung eines Gesamtpreises nicht möglich sein wird, weil der Bedarf, den der öffentliche Auftraggeber als gegeben ansieht und deshalb ausschreiben will, dessen Kalkulation nicht zulässt. Das kommt **nur in ganz besonders gelagerten Beschaffungsfällen** in Betracht. Die **Vorschrift ist demnach stets so auszulegen und anzuwenden, dass ihr Anwendungsbereich nicht zur Regel wird** (BGH, B. v. 10. 11. 2009 – Az.: X ZB 8/09).

11443 Bei der **ersten Fallgruppe** des § 3 EG Abs. 3 lit. b) VOL/A **folgt die Unmöglichkeit**, den Gesamtpreis vorher festzusetzen, **aus der Natur der zu liefernden Sache oder Dienstleistung**. Dies betrifft **Fallgestaltungen, bei denen eine vorherige exakte Festlegung der zu liefernden Sachen oder der auszuführenden Dienstleistungen und/oder deren Kalkulation aufgrund von Umständen, die in der Natur des zu Beschaffenden liegen, objektiv nicht möglich** ist. Ein Fall der ersten Alternative kann etwa bei Reparaturleistungen angenommen werden, bei denen das Ausmaß der erforderlichen Reparaturen erst nach Beginn der Arbeiten deutlich wird. Die zweite Alternative kommt etwa in Betracht bei der Ausschreibung eines mobilen Systems zum Einzug von Verwarnungsgeldern, wenn die Vergütung pro Zahlungsvorgang erfolgen soll, deren Anzahl aber nicht abschätzbar ist. Diese Auslegung von § 3 EG Abs. 3 lit. b) VOL/A entspricht auch den Erwägungen zu Art. 30 Abs. 1 b der Richtlinie 2004/18/EG des Europäischen Parlaments und des Rates vom 31. März 2004 über die Koordinierung der Verfahren zur Vergabe öffentlicher Bauaufträge, Lieferaufträge und Dienstleistungsaufträge – ABl. L 134 v. 30. 4. 2004, S. 114, dort Erwägungsgrund 31 – (BGH, B. v. 10. 11. 2009 – Az.: X ZB 8/09).

11444 Bei der **zweiten Fallgruppe** ist eine vorherige Festlegung der zu liefernden Sachen oder der zur erbringenden Dienstleistungen durch die Vergabestelle zwar möglich; jedoch **kann die Kalkulation eines Gesamtpreises durch die Bieter aufgrund dem Auftrag immanenter Umstände nicht ohne Spekulation erfolgen, so dass es unbillig erscheint, ihre Folgen ohne weiteres allein dem Bieter aufzubürden**. Zu denken ist hierbei zum Beispiel an den Bau eines Tunnels, dessen Beschaffenheit zwar im Einzelnen beschrieben werden kann, bei dem aber bereits abzusehen ist, dass die Erfüllung des Auftrags durch unbekannte geologische Gegebenheiten beeinflusst wird oder an die Entsorgung von Altlasten eines Grundstücks, wenn verhandelt werden muss, wer das Risiko von etwaigen Zusatzkosten trägt (BGH, B. v. 10. 11. 2009 – Az.: X ZB 8/09).

11445 **Sieht sich der Auftraggeber in der Lage, von vornherein ein differenziertes Leistungsverzeichnis zu erstellen**, in dem die nachgefragten Leistungen im Einzelnen beschrieben sind und bildet der Auftraggeber die Eigenschaften eines jeden ihm bekannten marktgängigen Systems in allen Einzelheiten ab und lässt zusätzlich Raum für gleichwertige Alternativen, ergibt sich dadurch zwar zwangsläufig bei den einzelnen Systemen eine Vielzahl von unterschiedlichen Eintragungsmöglichkeiten, es **handelt es sich aber deshalb noch nicht um Alternativpositionen, die es dem Bieter unmöglich machten, vergleichbare und bepreiste Angebote zu machen**. Für die mit der Situation des – ohnehin begrenzten – Marktes ebenfalls vertrauten Bieter ist **vielmehr offensichtlich, was genau der Auftraggeber beschaffen will, nämlich eines der beschriebenen auf dem Markt befindlichen Systeme**. Die unterschiedlichen Funktionsparameter in den Einzelpositionen dienen lediglich der produktneutralen Beschreibung und gleichzeitig der Vorbereitung einer ausdifferenzierten Bewertungsmatrix. Dass die verschiedenen **Bieter z. B.** unterschiedliche Endoskopiesysteme vertreiben, kann nicht ausreichen, um ein Verhandlungsverfahren zuzulassen. Denn **anderenfalls könnte wegen der Produktvielfalt in den meisten Bereichen bei vielen Ausschreibungen vom Grundsatz des offenen Verfahrens abgewichen werden. Die Ausnahme würde zur Regel**. Es ist **auch nicht ersichtlich, dass es dem Auftraggeber in irgendeiner Weise auf die Entwicklung einer Leistung im Laufe des Verfahrens angekommen** wäre. Er wusste vielmehr sehr genau, welche Anforderungen z. B. die Endoskopiesysteme erfüllen sollten und war daher auch in der Lage, die gewünschte Leistung von Beginn des Verfahrens an konkret zu beschreiben, wie eine Zusam-

Vergabe- und Vertragsordnung für Leistungen Teil A EG § 3 **Teil 4**

menschau des Leistungsverzeichnisses mit der Bewertungstabelle ergibt. Der Auftraggeber hat jedem möglichen Ausstattungsmerkmal einen Punktwert zugeordnet, mit der Folge, dass dasjenige Angebot gewinnen sollte, das die meisten Ausstattungsmerkmale erfüllt. Die Bieter hatten daher die Möglichkeit, unter Nennung eines vorherigen Gesamtpreises ein Produkt anzubieten, das möglichst viele der Ausstattungsmerkmale aufweist, zu denen Angaben gefordert waren (BGH, B. v. 10. 11. 2009 – Az.: X ZB 8/09).

Die Unmöglichkeit einer Festlegung des Gesamtpreises i. S. des § 3 EG Abs. 3 lit. b) VOL/A **muss regelmäßig in der Natur der Leistung oder in den mit dieser verbundenen Risiken liegen**. Diese Risiken dürfen weder vom Auftraggeber noch vom Auftragnehmer beherrschbar sein. Diese **Risiken wiederum müssen zur Unmöglichkeit der Bildung eines Gesamtpreises und damit zur Unmöglichkeit der Bildung einer für alle Unternehmen einheitlichen Preisstruktur, aus welcher sich der Gesamtpreis der Angebotsabgabe errechnen lässt, führen**. Fehlt es an einer solchen Preisstruktur, können Angebote der Verfahrensteilnehmer nicht miteinander verglichen werden. Der Auftrag kann dann nur in einer Verhandlung mit den Unternehmen über die finanziellen Bedingungen und die Preisstruktur vergeben werden. Die **Voraussetzung des Ausnahmetatbestandes gem. § 3 EG Abs. 3 lit. b) VOL/A steht damit ebenso wie der Ausnahmetatbestand der Unmöglichkeit einer genauen Festlegung der vertraglichen Spezifikationen gem. § 3 EG Abs. 3 lit. c) VOL/A in einem Spannungsverhältnis zu der Pflicht zur erschöpfenden Beschreibung der Leistung gem. § 7 Abs. 1 VOL/A**. Der Auftraggeber ist grundsätzlich verpflichtet, die Vergabe so vorzubereiten, dass eine hinreichend bestimmte Leistungsbeschreibung formuliert wird, so dass vergleichbare Angebote abgegeben werden können (VK Niedersachsen, B. v. 8. 7. 2009 – Az.: VgK-29/2009).

11446

Ein **Auftrag über die Restabfallentsorgung** bezieht sich auf eine Dienstleistung, die ihrer Natur nach oder wegen der damit verbundenen Risiken eine vorherige Festlegung der Gesamtleistung nicht zulässt. Auch die Auswahl der Teilnehmer mit Hilfe eines vorherigen Offenen Teilnehmerwettbewerbs ist nicht zu beanstanden (1. VK Sachsen, B. v. 13. 5. 2002 – Az.: 1/SVK/029-02; VK Baden-Württemberg, B. v. 12. 7. 2001 – Az.: 1 VK 12/01).

11447

Ist **Gegenstand der Ausschreibung** entweder die **Erstellung einer komplexen IT-Anwendung** oder die **Anpassung einer vorhandenen** und soll diese **in zwei verschiedenen Bundesländern eingesetzt** werden und jeweils **Eigenheiten berücksichtigen**, die hinsichtlich Aufbau, Verwaltung und Bedürfnissen völlig unterschiedlich sind und kommt zu der sich bereits daraus ergebenden Komplexität noch hinzu, dass diese **neue Anwendung auch noch die Bedürfnisse eines bereits entwickelten Verfahrens bzw. eines in der Entwicklung befindlichen Verfahrens erfüllen** muss und wird eine **solche Anwendung derzeit auf dem Markt nicht angeboten**, sind die **Voraussetzungen** des § 3 EG Abs. 3 lit. b) VOL/A **erfüllt**. Alleine schon die Tatsache, dass es zwei gleichberechtigte Lösungsvarianten gibt, lässt erkennen, dass durch die beteiligten Bieter kein Gesamtpreis im Rahmen eines Offenen Verfahrens festgelegt werden kann. So kann die Anpassung einer vorhandenen Anwendung zwar kostengünstiger sein als die vollständige Entwicklung – ist aber aus anderen Gründen – zu berücksichtigen ist hier insbesondere das Fehlerrisiko und die somit zu kalkulierenden Gewährleistungskosten. Zudem stehen **Möglichkeiten der Preisreduzierung im Raum, die ebenso großen Einfluss auf die Höhe des Gesamtpreises** haben (VK Südbayern, B. v. 25. 10. 2006 – Az.: Z3-3-3194-1-28–09/06).

11448

Gemäß § 3 EG Abs. 3 lit. b) VOL/A ist ein Verhandlungsverfahren mit vorgeschaltetem Teilnahmewettbewerb zulässig in Ausnahmefällen, wenn es sich um Liefer- oder Dienstleistungsaufträge handelt, die ihrer Natur nach oder wegen der damit verbundenen Risiken eine vorherige Festlegung eines Gesamtpreises nicht zulassen. **Um einen solchen Ausnahmefall handelt es sich nicht bei Rahmenvereinbarungen, bei denen die Lieferleistung beschreibbar ist und nur die Liefermenge nicht abschließend im Vorhinein feststeht. Dass das Auftragsvolumen im vornhinein nicht abschließend bestimmbar ist, ist per se typisch für Rahmenvereinbarungen**. Dies hat sich auch in der Regelung des § 4 EG VOL/A niedergeschlagen. Ebenso geht der europäische Gesetzgeber in seiner Begriffsbestimmung der Rahmenvereinbarung (vgl. Art. 1 Abs. 5 der Richtlinie 2004/18/EG) davon aus, dass bei einer solchen Vereinbarung die Menge nicht immer von vornherein feststeht. Vor diesem Hintergrund wurde jedoch davon abgesehen, für Rahmenvereinbarungen grundsätzlich das Verhandlungsverfahren zuzulassen. Vielmehr gelten für Rahmenvereinbarungen die allgemeinen Verfahrensvorschriften (Art. 32 Abs. 2 Satz 1 der Richtlinie 2004/18/EG); insbesondere finden die allgemeinen Vorschriften zur Wahl der Verfahrensart Anwendung. **Dementsprechend kann schon nicht**

11449

aufgrund des Vorliegens einer (typischen) Rahmenvereinbarung der Ausnahmefall für ein Verhandlungsverfahren nach § 3 EG Abs. 3 lit. b) VOL/A gegeben sein (1. VK Bund, B. v. 19. 11. 2008 – Az.: VK 1–135/08; B. v. 19. 11. 2008 – Az.: VK 1–126/08).

11450 Es kann auch **nicht davon ausgegangen** werden, dass ein Fall des § 3 EG Abs. 3 lit. b) VOL/A, der auf Art. 30 Abs. 1 lit. b) der Richtlinie 2004/18/EG beruht, vorliegt, **wenn kein Gesamtpreis im Sinne eines Festpreises für den gesamten Auftrag bestimmt werden kann**. Wie sich aus dem Erwägungsgrund zur Vorgängervorschrift des Art. 30 Abs. 1 lit. b) der Richtlinie 2004/18/EG (nämlich Art. 11 Abs. 2 lit. b) der Richtlinie 92/50/EWG (Dienstleistungskoordinierungsrichtlinie); für Lieferleistungen gab es eine entsprechende Regelung zuvor nicht) ergibt, sollte ein Verhandlungsverfahren in Fällen ermöglicht werden, in denen die zu erbringende Leistung nicht ausreichend genau beschreibbar ist und daher die Auswahl des besten Angebots nach den Bestimmungen des offenen oder nicht offenen Verfahrens nicht möglich ist. **Es geht damit nicht um die Bestimmung des zu zahlenden Endpreises an sich, sondern um die Vergleichbarkeit der Angebote in preislicher bzw. wirtschaftlicher Hinsicht.** An einer Vergleichbarkeit fehlt es z. B. bei Rabattvereinbarungen nicht, da sich die Rabatte und die sich daraus ergebenden Gesamtpreise der einzelnen Angebote ohne Weiteres bestimmen und vergleichen lassen (1. VK Bund, B. v. 19. 11. 2008 – Az.: VK 1–135/08; B. v. 19. 11. 2008 – Az.: VK 1–126/08).

11451 **Zu trennen ist davon die Problematik des Kalkulationsrisikos für die Bieter (und gegebenenfalls des Auftraggebers)**, das z. B. bei der Ausschreibung von Rabattverträgen über Arzneimitteln darin besteht, dass der zu vergebende Bedarf im vorhinein nicht abschließend quantifizierbar ist, weil er der Menge nach nur näherungsweise, jedoch nicht exakt prognostiziert werden kann. Da wesentlicher Inhalt der Angebote die gewährten Rabatte (in Verbindung mit den Preisen) sein werden, sind die absetzbaren Mengen für die Bieter grundsätzlich von Bedeutung. Die **hinsichtlich des Mengenbedarfs bestehende Unsicherheit und das daraus resultierende Risiko werden jedoch nicht durch die Durchführung eines Verhandlungsverfahrens beseitigt oder minimiert**. Zwar wäre es im Rahmen eines Verhandlungsverfahrens möglich, bis zu einem späten Zeitpunkt im Verfahren noch aktuelle Bedarfszahlen der Bedarfsschätzung zugrunde zu legen. Da es sich jedoch in jedem Fall um einen zukünftigen Bedarf handelt, erlaubt auch die Berücksichtigung neuerer Zahlen nicht zwangsläufig eine genaue Vorhersage der Bedarfsmenge. Abgesehen davon, dass unvorhergesehene externe Ereignisse eintreten können, ist aber auch bei einer „ungestörten" Bedarfsentwicklung nicht ersichtlich, wie um einige Monate jüngere Bedarfsdaten vor dem Hintergrund vorliegender Daten für einen größeren Zeitraum in der Vergangenheit einerseits und einer Vertragslaufzeit von bis zu vier Jahren andererseits ein Mehr an Schätzungssicherheit bringen würden. Sollte es sich um eine volatilen Bedarf handeln, wären auch jüngste Daten wenig verlässlich, wenn nicht sogar möglicherweise (z. B. wegen kurzzeitiger „Ausreißer") irreführend; bei einer stetigen Bedarfsentwicklung würden auch jüngere Daten die Bedarfsprognose nicht ändern. **Will der Auftraggeber erreichen, dass er bei einer ungewissen Bedarfsmenge Angebote von einerseits aus Bietersicht auskömmlichen und andererseits aus Auftraggebersicht wirtschaftlichen Rabatten erhält, muss er gegebenenfalls die Rahmenvereinbarungen entsprechend konstruieren, etwa dadurch, dass er zum Angebot von nach Mengen gestaffelten Rabatten auffordert** (1. VK Bund, B. v. 19. 11. 2008 – Az.: VK 1–135/08; B. v. 19. 11. 2008 – Az.: VK 1–126/08).

11452 Die **Einführung einer neuen zentralen Verwaltungssoftware – wie z. B. einer OMS** – stellt an die Erstellung eines notwendigen Pflichtenheftes und damit einer ordnungsgemäßen Leistungsbeschreibung i. S. des § 7 VOL/A deutlich überdurchschnittliche Anforderungen. Bei der **Vergabe komplexer IT-Leistungen ist daher häufig eine vorherige Festlegung auf einen Preis nicht möglich** (VK Niedersachsen, B. v. 8. 7. 2009 – Az.: VgK-29/2009).

123.9.5 Unmöglichkeit der Festlegung der vertraglichen Spezifikationen bei bestimmten Dienstleistungen (§ 3 EG Abs. 3 lit. c)

11453 Die Bezugnahme des § 3 EG Abs. 3 lit. c) VOL/A auf Dienstleistungen der Kategorie 6 des Anhangs I A stellt **weder eine Vermutung noch ein Indiz dafür dar, dass die dort genannten Versicherungsdienstleistungen** in ihren vertraglichen Spezifikationen vom öffentlichen Auftraggeber nicht hinreichend genau festgelegt werden können. Es bleibt damit auch für Versicherungsdienstleistungen bei dem Vorrang des Offenen Verfahrens/der öffentlichen Ausschreibung (OLG Düsseldorf, B. v. 18. Oktober 2000 – Az.: Verg 3/00).

Vergabe- und Vertragsordnung für Leistungen Teil A EG § 3 **Teil 4**

Wenn die **Festschreibung bestimmter technischer Bedingungen dazu führt**, dass eine **Weiterentwicklung auf technischem Gebiet**, die zu einer günstigen und wirtschaftlichen Lösung beitragen kann, **ausgeschlossen wird**, es aber **Ziel der Ausschreibung ist, die Innovationskraft und das Wissen der Bieter zu nutzen**, um die wirtschaftlichste und auf lange Sicht beste Lösung zu finden, **können die Spezifikationen nicht festgelegt werden**. Es darf insoweit auch nicht außer Acht gelassen werden, dass beide Bundesländer unterschiedliche – insbesondere technische – Anforderungen an die Entwicklung stellen. Dem Bieter stehen hier verschiedene Wege offen. So können z.B. zwei verschiedene Programme, eine Modulbauweise oder auch ein einheitliches Programm mit Zusatzprogrammen für jedes Bundesland angeboten werden. Auch die **unterschiedliche Finanzierung in beiden Bundesländern stellt eine weitere Schwierigkeit bei der Festlegung der vertraglichen Spezifikation** dar (VK Südbayern, B. v. 25. 10. 2006 – Az.: Z3-3-3194-1-28–09/06). 11454

123.10 Zulässigkeit eines Verhandlungsverfahrens ohne Teilnahmewettbewerb (§ 3 EG Abs. 4)

123.10.1 Hinweis

Vgl. zu den **grundsätzlichen Einzelheiten des Verhandlungsverfahrens** die **Kommentierung zu → § 101 GWB Rdn. 100 ff.** 11455

123.10.2 Enumerative Aufzählung und enge Auslegung

Wie sich insbesondere aus der zwölften Begründungserwägung der Richtlinie 93/36 und der achten Begründungserwägung der Richtlinie 93/37 ergibt, hat das Verhandlungsverfahren Ausnahmecharakter und darf nur in bestimmten, genau festgelegten Fällen zur Anwendung gelangen. **Aus diesem Grund bestimmen die Artikel 6 Absatz 3 Buchstabe a der Richtlinie 93/36 und 7 Absatz 3 Buchstabe a der Richtlinie 93/37 abschließend die Fälle, in denen das Verhandlungsverfahren ohne vorherige öffentliche Vergabebekanntmachung angewandt werden kann.** Nach der Rechtsprechung sind die Ausnahmen von den Vorschriften, die die Wirksamkeit der Rechte nach dem Vertrag im Bereich der öffentlichen Lieferungs- oder Dienstleistungsaufträge gewährleisten sollen, **eng auszulegen;** die **Beweislast** dafür, dass die außergewöhnlichen Umstände, die die Ausnahme rechtfertigen, tatsächlich vorliegen, obliegt **demjenigen, der sich auf sie berufen will** (EuGH, Urteil v. 15. 10. 2009 – Az.: C-275/08; Urteil v. 18. 11. 2004 – Az.: C-126/03; OLG Karlsruhe, B. v. 21. 7. 2010 – Az.: 15 Verg 6/10). Die **Mitgliedstaaten** können daher **weder Tatbestände für die Anwendung des Verhandlungsverfahrens schaffen**, die in den genannten Richtlinien nicht vorgesehen sind, noch die ausdrücklich in diesen Richtlinien vorgesehenen **Tatbestände um neue Bestimmungen ergänzen**, die die Anwendung des genannten Verfahrens erleichtern, da sie sonst die praktische Wirksamkeit der betreffenden Richtlinien beseitigen würden (z.B. die Anwendung des Verhandlungsverfahrens zulassen, wenn ein Auftrag nicht in einem offenen oder nicht offenen Verfahren vergeben werden konnte oder der Bewerber nicht zum Vergabeverfahren zugelassen wurden, und die ursprünglichen Bedingungen des Auftrags bis auf den Preis, der nicht um mehr als 10% erhöht werden darf, nicht geändert werden) – (EuGH, Urteil vom 13. 1. 2005 – Az.: C-84/03; VK Sachsen, B. v. 7. 1. 2008 – Az.: 1/SVK/077-07). 11456

Die vom EuGH genannten Begründungserwägungen sind in der neuen Vergabekoordinierungsrichtlinie (2004/18/EG) nicht mehr ausdrücklich enthalten. Der **Ausnahmecharakter des Verhandlungsverfahrens ergibt sich aber eindeutig und zwingend aus dem Stufenverhältnis der Ausschreibungsarten** (VK Sachsen, B. v. 7. 1. 2008 – Az.: 1/SVK/077-07). 11457

Die Zulässigkeit der Durchführung eines Verhandlungsverfahrens ohne Teilnahmewettbewerb richtet sich **ausschließlich nach § 3 EG Abs. 4 VOL/A, ein Rückgriff auf die Vorschriften des § 3 Abs. 5 VOL/A ist nicht zulässig** (1. VK Bund, B. v. 20. 5. 2003 – Az.: VK 1-35/03). 11458

Ein **Auftraggeber ist in einem Verhandlungsverfahren ohne vorherigen Teilnahmewettbewerb nicht verpflichtet, mit mindestens drei Unternehmen zu verhandeln.** § 3 EG Abs. 5 Satz 3 VOL/A sieht dies ausdrücklich nur für Verhandlungsverfahren mit Öffentlicher Bekanntmachung vor, nicht jedoch, wenn eine solche Bekanntmachung z.B. gemäß § 3 EG Abs. 4 lit. d) VOL/A unterbleiben darf. **Gerade in den dringlichen Fällen wäre eine** 11459

2307

Teil 4 EG § 3   Vergabe- und Vertragsordnung für Leistungen Teil A

andere Vorgehensweise auch nicht aus allgemeinen wettbewerblichen Gründen angezeigt, da das Einholen von Angeboten von mehreren Unternehmen mit einem in solchen Eilfällen unzumutbar langen zeitlichen Aufwand verbunden wäre und die Verfahrenserleichterungen, die in solchen dringenden Fällen ausnahmsweise gerade zugelassen sind, im Ergebnis konterkarieren würde (1. VK Bund, B. v. 3. 9. 2009 – Az.: VK 1–155/09).

11460   Zu den **Mindestfristen für die Angebotsabgabe im Rahmen von Verhandlungsverfahren ohne Vergabebekanntmachung** vgl. die Kommentierung zu → § 101 GWB Rdn. 171.

123.10.3 Möglichkeiten eines Verhandlungsverfahrens ohne Teilnahmewettbewerb

123.10.3.1 Keine oder keine wirtschaftlichen Angebote in einem offenen oder nichtoffenen Verfahren und keine grundlegenden Änderungen der ursprünglichen Auftragsbedingungen (§ 3 EG Abs. 4 lit. a)

11461   **123.10.3.1.1 Gemeinschaftskonforme Auslegung.** Die Regelung des § 3 EG Abs. 4 lit. a) entspricht von seiner Fassung her nicht den Anforderungen des Art. 30 Abs. 1 2. Unterabsatz der Richtlinie 2004/18/EG (Vergabekoordinierungsrichtlinie). Darin heißt es: „Die öffentlichen Auftraggeber brauchen keine Bekanntmachung zu veröffentlichen, wenn sie in das betreffende Verhandlungsverfahren alle Bieter und nur die Bieter einbeziehen, die die Kriterien der Artikel 46 bis 52 erfüllen und die im Verlauf des vorangegangenen offenen oder nichtoffenen Verfahrens oder wettbewerblichen Dialogs Angebote eingereicht haben, die den formalen Voraussetzungen für das Vergabeverfahren entsprechen." **Nach dieser Richtlinie dürfen somit in das Verhandlungsverfahren nur Bieter einbezogen werden, die im Erstverfahren weder bei der formalen Prüfung noch in der Eignungsprüfung ausgeschlossen worden sind. Die Einbeziehung weiterer Bieter ist danach unzulässig. Der deutsche Verordnungsgeber hat also die Anforderungen des Art. 30 Abs. 1 2.Unterabschnitt VKR – auch in der Fassung der VOL/A 2009 – nicht vollständig übernommen.** Jedenfalls fehlt die ausdrückliche Anordnung, dass der Kreis der an einem Verhandlungsverfahren ohne vorangegangene öffentliche Bekanntmachung beteiligten Bieter auf die am vorausgegangenen Verfahren bereits beteiligten und die Anforderungen der Art. 46 bis 52 erfüllenden Bieter zu beschränken ist. Nach dem **Gebot der gemeinschaftsrechtskonformen Auslegung inländischen Rechts** muss die Vorschrift des § 3 EG Abs. 4 lit. a) VOL/A 2009 dahingehend ausgelegt werden, dass auch nach deutschem Recht **in einem Verhandlungsverfahren im Anschluss an ein vorhergehendes – aufgehobenes – Vergabeverfahren ohne öffentliche Bekanntmachung nur die Bieter einbezogen werden dürfen, die geeignet sind und die in dem vorangegangenen Verfahren Angebote abgegeben haben, die nicht aus formalen Gründen ausgeschlossen worden sind** (OLG Bremen, B. v. 3. 4. 2007 – Az.: Verg 2/07; VK Köln, B. v. 10. 2. 2009 – Az.: VK VOB 39/2008; 1. VK Sachsen, B. v. 17. 12. 2007 – Az.: 1/SVK/073-07; im Ergebnis ebenso OLG Naumburg, B. v. 25. 9. 2008 – Az.: 1 Verg 3/08).

11462   Etwas **versteckt** ist – mit gewissen Modifikationen – eine **richtlinienkonforme Umsetzung in § 3 EG Abs. 3 lit. a) VOL/A 2009 enthalten.**

11463   **123.10.3.1.2 Keine wirtschaftlichen Angebote.** Nach § 3 EG Abs. 4 lit. a) VOL/A ist ein Verhandlungsverfahren ohne vorherigen Teilnahmewettbewerb dann zulässig, wenn bei einem Offenen Verfahren oder Nichtoffenen Verfahren keine oder keine wirtschaftlichen Angebote abgegeben worden sind, sofern die ursprünglichen Bedingungen des Auftrags nicht grundlegend geändert werden. Erste **Voraussetzung** ist somit, dass **ausschließlich Angebote** vorgelegen haben müssen, die nach Prüfung, unter Zugrundelegung allgemeiner Erfahrungssätze sowie der in der Ausschreibung genannten Wirtschaftlichkeitskriterien, **in einem unangemessenen Preis-Leistungs-Verhältnis** standen. Für das Vorliegen eines unangemessenen Verhältnisses ist der **Auftraggeber grundsätzlich darlegungs- und beweispflichtig.** Der bloße Hinweis, dass die finanziellen Mittel nicht ausreichen, vermag diese Darlegungs- und Beweispflicht nicht zu begründen (VK Sachsen, B. v. 7. 1. 2008 – Az.: 1/SVK/077-07; VK Südbayern, B. v. 21. 8. 2003 – Az.: 32-07/03).

11464   **Voraussetzung für nicht wirtschaftliche Angebote ist ein unangemessenes Preis-Leistungs-Verhältnis der eingegangenen Angebote.** Ob die Angebote ein solches Missverhältnis zwischen angebotener Leistung und Preis aufweisen, kann **jedoch nicht allein anhand** eines Vergleichs mit den bisherigen Kosten eines Auftraggebers entschieden werden. Denn die bisher von dem Auftraggeber aufgewandten Kosten bemessen sich auf Grundlage der bestehenden Verträge mit den bisherigen Vertragspartnern. Zwar **mögen diese Kosten ein Indiz für den Wert der erbrachten Dienstleistungen sein**. Sie spiegeln jedoch nicht zwangsläufig den heutigen Wert der erbrachten Dienstleistung wieder. Dies gilt umso mehr, als **Preisanpassungen der bestehenden Verträge teilweise bereits mehrere Jahre zurückliegen**. Bei der **Prüfung, ob ein Missverhältnis zwischen Preis und Leistung vorliegt, muss aber auf den aktuellen Wert der angebotenen Leistung abgestellt** werden. D. h. der Auftraggeber muss anhand einer aktuellen und nachvollziehbaren Schätzung des heutigen Wertes der ausgeschriebenen Leistung überprüfen, ob die Angebotspreise als unwirtschaftlich anzusehen sind. Dies ergibt sich bereits daraus, dass der aktuell für die geforderten Leistungen zu zahlende Preis nicht zwingend niedriger sein muss, als der bisher gezahlte, z. B. wegen möglicher Steigerungen der angebotsrelevanten Kosten (VK Baden-Württemberg, B. v. 26. 9. 2008 – Az.: 1 VK 33/08).

Vgl. zu einem **wirtschaftlichen Angebot allgemein** die Kommentierung zu → § 21 EG Rdn. 5. **11465**

123.10.3.1.3 Keine grundlegenden Änderungen der ursprünglichen Bedingungen des Auftrags. Vgl. dazu die Kommentierung zu → § 3 EG Rdn. 23 ff. **11466**

123.10.3.1.4 Rechtmäßige Aufhebung eines offenen oder nichtoffenen Verfahrens. **11467**
Vgl. dazu die Kommentierung zu → § 3 EG Rdn. 27 ff.

123.10.3.1.5 Bindung an das aufgehobene Verfahren. Vgl. dazu die Kommentierung zu **11468**
→ § 3 EG Rdn. 29 ff.

123.10.3.2 Lieferung von Waren zum Zwecke von Forschungen u. ä.
(§ 3 EG Abs. 4 lit. b)

Nach § 3 EG Abs. 4 lit. b) VOL/A kann das Verhandlungsverfahren zur Vergabe von Lieferungen herangezogen werden, wenn **die zu liefernden Erzeugnisse zum Zwecke von Forschungen, Versuchen, Untersuchungen, Entwicklungen oder Verbesserungen hergestellt werden**, es sei denn es handelt sich um eine Serienfertigung zum Nachweis der Marktfähigkeit oder zur Deckung der Forschungs- und Entwicklungskosten. **Die zu liefernde Ware muss selbst Gegenstand der beabsichtigten Forschung sein**. Die Beschaffung von Produkten, die benötigt werden, um Forschungen, Versuche etc. durchzuführen, kann nicht im Verhandlungsverfahren ohne vorherige Bekanntmachung durchgeführt werden (OLG Düsseldorf, B. v. 3. 3. 2010 – Az.: VII-Verg 46/09). **11469**

123.10.3.3 Auftragsdurchführung nur von einem bestimmten Unternehmen
(§ 3 EG Abs. 4 lit. c)

123.10.3.3.1 Hinweis. Vgl. insoweit zunächst die Kommentierung zu → § 3 VOL/A **11470**
Rdn. 74 ff.

§ 3 EG Abs. 4 lit. c) ist **enger gefasst** als § 3 Abs. 5 lit. l). **§ 3 EG Abs. 4 lit. c nennt verschiedene Gründe**, weshalb eine Auftragdurchführung nur von einem bestimmten Unternehmen erfolgen kann.

123.10.3.3.2 Grundsätze. § 3 EG Abs. 4 lit. c) VOL/A ist als **Ausnahmevorschrift zum** **11471**
Wettbewerbsgrundsatz nach § 97 Abs. 1 GWB restriktiv auszulegen, da sie die Auftragsvergabe weitgehend dem Wettbewerb entzieht, indem im Verhandlungsverfahren ohne vorgeschaltetem Teilnahmewettbewerb gezielt nur mit einem Bieter verhandelt wird und andere Unternehmen weder einbezogen werden noch durch Bekanntmachung in transparenter Weise über die Beauftragungsmöglichkeit Kenntnis erlangen können (1. VK Bund, B. v. 3. 9. 2009 – Az.: VK 1–155/09; B. v. 5. 2. 2009 – Az.: VK 1–186/09).

Voraussetzung für die Durchführung eines Verhandlungsverfahrens ohne Teilnahmewettbewerb nach § 3 EG Abs. 4 lit. c) VOL/A ist **nicht nur, dass ein Ausschließlichkeitsrecht besteht**. Die Norm fordert darüber hinaus als **eng auszulegender Ausnahmetatbestand zusätzlich, dass aufgrund des Ausschließlichkeitsrechts nur ein einziges Unternehmen in der gesamten EU den fraglichen Auftrag durchführen kann** (1. VK Bund, B. v. 3. 9. 2009 – Az.: VK 1–155/09; 2. VK Bund, B. v. 22. 8. 2008 – Az.: VK 2–73/08). **11472**

11473 Die **bloße Behauptung**, mit der fraglichen Lieferung habe nur ein bestimmter Lieferant beauftragt werden können, weil der auf nationaler Ebene vorhandene Wettbewerber kein Erzeugnis angeboten habe, das den notwendigen technischen Anforderungen entsprochen habe, kann nicht für den Nachweis genügen, dass die außergewöhnlichen Umstände, die die in Art. 6 Abs. 3 Buchst. c der Richtlinie 93/36 vorgesehenen Ausnahmen rechtfertigen, tatsächlich vorlagen. Es ist nämlich nicht auszuschließen, dass Unternehmen, die zur Lieferung z. B. einer geeigneten Software in der Lage gewesen wären, hätten ermittelt werden können, wenn **ernsthafte Nachforschungen auf europäischer Ebene** angestellt worden wären (EuGH, Urteil v. 15. 10. 2009 – Az.: C-275/08).

11474 **Ähnlich weit** geht das **OLG Karlsruhe**. Aufträge können im Verhandlungsverfahren ohne vorherige Öffentliche Vergabebekanntmachung vergeben werden, wenn der **Auftrag wegen seiner technischen Besonderheiten – bezogen auf die Europäische Union – nur von einem bestimmten Unternehmen durchgeführt werden kann**. Wie auch der Vergleich mit den anderen Regelungen der Vorschrift zeigt, ist **maßgeblich auf die besonderen Fähigkeiten eines Unternehmens in technischer Hinsicht und nicht auf die Eigenschaften eines von dem Unternehmer hergestellten Produkts abzustellen**. Nur ein Unternehmen darf in der Lage sein, den Auftrag durchzuführen; das Unternehmen muss gleichsam **Monopolist** für die Erbringung der nachgefragten Leistung sein. Nur ein bestimmter Lieferant darf also in technischer Hinsicht die zur Auftragsausführung erforderliche besondere Befähigung oder die geeignete Ausstattung besitzen. Der Auftrag muss mit besonderen Schwierigkeiten verbunden sein, die einer fachlich ungewöhnlichen Lösung bedarf. Diese **Voraussetzung liegt schon dann nicht vor, wenn ein Lieferant sich die erforderlichen besonderen Fähigkeiten oder Ausstattungen bis zur Ausschreibung bzw. zum Zuschlagstermin aneignen bzw. erwerben kann**. Für die Beantwortung der Frage nach den technischen Fähigkeiten des Auftragnehmers kann auch nicht darauf abgestellt werden, dass die Antragstellerin **möglicherweise die nachgefragte Leistung nicht öffentlich als Serienprodukt** anbietet. Berücksichtigt und geprüft werden muss auch, ob **eventuell ein ausreichender Zeitraum für neue Entwicklung vorhanden** ist (OLG Karlsruhe, B. v. 21. 7. 2010 – Az.: 15 Verg 6/10).

11475 123.10.3.3.3 Beschaffung von Softwarelizenzen, die auf bereits vorhandenen Lizenzen aufbauen. Entscheidet sich ein öffentlicher Auftraggeber dafür, **bei der durchzuführenden Beschaffung auf vorhandenen Lizenzen „aufzubauen"**, rechtfertigt dies nicht, andere Unternehmen unter Berufung auf die Ausnahmevorschrift des § 3 EG Abs. 4 lit. c) vom Wettbewerb auszuschließen. Unterschieden werden müssen **zwei Fallkonstellationen: die von § 3 EG Abs. 4 lit. c) VOL/A gedeckte**, wonach es **aufgrund objektiver Faktoren tatsächlich nur einen Anbieter gibt**, und die **zweite**, wonach der **Auftraggeber sich** – aus welchen Gründen auch immer – **für ein bestimmtes Unternehmen und seine Produkte entscheidet**. Der zweite Fall kann nicht zur Begründung dienen, dass kein förmliches Vergabeverfahren durchgeführt wird. Der Auftraggeber hat vielmehr die Alternative, ein völlig neues Produkt zu beschaffen. Soweit er vorträgt, dass die Umstellung auf ein neues System einen **erheblichen Zeitbedarf** von z. B. mehreren Monaten erfordert und es auch **wegen der erforderlichen Kompatibilität** zwischen verschiedenen Softwareanwendungen nicht wünschenswert gewesen wäre, ein neues System einzuführen, mag dies **zwar nachvollziehbar** sein. Es rechtfertigt jedoch nicht die Anwendung der ganz eng auszulegenden Ausnahmevorschrift des § 3 EG Abs. 4 lit. c) VOL/A. Dieser Tatbestand kommt möglicherweise zur Anwendung, wenn Programme mit Schnittstellen zu einer vorhandenen Software nur vom dem Inhaber der Ausschließlichkeitsrechte an der vorhandenen Software beschafft werden können bzw. wenn die Andockung der neuen Software an eine vorhandene nur unter Eingriff in die Programmstruktur und unter Verletzung von Urheberrechten möglich ist (VK Hessen, B. v. 27. 4. 2007 – Az.: 69 d VK – 11/2007).

11476 123.10.3.3.4 **Beschaffung von patentgeschützten Arzneimitteln.** 123.10.3.3.4.1 **Rechtsprechung.** Ein Ausschließlichkeitsrecht scheidet schon dann aus, wenn auch bei einem Zuschnitt auf einzelne, patentgeschützte Wirkstoffe zumindest **noch die Re- und Parallelimporteure als Wettbewerber der Patentrechtsinhaber um einen der Rabattverträge zu berücksichtigen** wären (2. VK Bund, B. v. 22. 8. 2008 – Az.: VK 2–73/08).

11477 Die Anwendung des § 3 EG Abs. 4 lit. c) VOL/A, der auf Art. 31 Nr. 1 lit. b) der Richtlinie 2004/18/EG des Europäischen Parlaments und des Rates vom 31. März 2004 über die Koordinierung der Verfahren zur Vergabe öffentlicher Bauaufträge, Lieferaufträge und Dienstleistungsaufträge (VKR) zurückgeht, **lässt sich nicht allein damit rechtfertigen, dass so hinsichtlich eines bestimmten Wirkstoffes ein Patent besteht**. Die genannten Vorschriften setzen

Vergabe- und Vertragsordnung für Leistungen Teil A EG § 3 **Teil 4**

vielmehr des Weiteren voraus, dass infolgedessen nur ein Anbieter den Auftrag durchführen kann. Dies ist bei einem Patent nicht ohne Weiteres der Fall. **Infolge des Erschöpfungsgrundsatzes kann die Einfuhr von Medikamenten durch Dritte aus dem EU-Bereich nicht untersagt werden.** Die zitierten Vorschriften greifen mithin **nur dann ein, wenn keine Händler vorhanden sind, die in der Lage sind, das Medikament mit dem betreffenden Wirkstoff einzuführen** (OLG Düsseldorf, B. v. 20. 10. 2008 – Az.: VII-Verg 46/08).

123.10.3.3.4.2 Literatur 11478

– Gabriel, Marc, Vom Festbetrag zum Rabatt – Gilt die Ausschreibungspflicht von Rabattverträgen auch im innovativen Bereich patentgeschützter Arzneimittel?, NZS 2008, 455

123.10.3.3.5 Kunsttransporte. Der Ausnahmetatbestand des § 3 EG Abs. 4 lit. c) VOL/A 11479 vom Grundsatz des Offenen Verfahrens ist eng auszulegen. Zum einen **stellt allein der Wunsch bzw. die Vorgabe eines Leihgebers, einen bestimmten Spediteur zu beauftragen und anderenfalls die Überlassung der Leihgaben zu verweigern, keine „technische oder künstlerische Besonderheit" i. S. d. § 3 EG Abs. 4 lit. c) VOL/A dar.** Zwar sieht die Vergabekammer die praktischen Schwierigkeiten der Ag, die zumindest bei privaten Leihgebern oder bei solchen, die aus anderen Gründen nicht ans EU-Vergaberecht gebunden sind, **keine Möglichkeit hat, deren Praxis bei der Erteilung von Transportaufträgen zu beeinflussen, und dennoch nicht auf deren Leihgaben verzichten möchte.** Sollte jedoch allein das Verhalten eines nicht ans Vergaberecht gebundenen Dritten eine „Besonderheit" i. S. d. § 3 EG Abs. 4 lit. c) VOL/A sein können, so dass Verträge unter den geringen Anforderungen des § 3 EG Abs. 4 lit. c) VOL/A direkt vergeben werden dürften, würde dies dem vergaberechtlichen Wettbewerbsgrundsatz und dem grundsätzlichen Vorrang des Offenen Verfahrens im Sinne der gebotenen engen Auslegung der Ausnahmetatbestände des § 3 EG Abs. 4 VOL/A zuwiderlaufen. Diese Transportaufträge können auch nicht „aufgrund des Schutzes eines Ausschließlichkeitsrechts" i. S. d. § 3 EG Abs. 4 lit. c) VOL/A nur von einem bestimmten Unternehmen ausgeführt und aus diesem Grund im Verhandlungsverfahren vergeben werden. Von diesem Tatbestand umfasst sind nämlich lediglich etwaige Ausschließlichkeitsrechte des Auftragnehmers selbst, nicht jedoch allenfalls das Ausschließlichkeitsrecht (Eigentum) des Leihgebers, der dem Auftragnehmer lediglich sein Eigentum zur Durchführung einer Transportleistung zur Verfügung stellt (1. VK Bund, B. v. 3. 9. 2009 – Az.: VK 1–155/09).

123.10.3.3.6 Weitere Beispiele. Das **Eigentum eines Unternehmens an den blauen** 11480 **Tonnen stellt keine technische Besonderheit im Sinn des § 3 EG Abs. 4 lit. c VOL/A dar**, denn diese hätte auch von anderen Unternehmen beschafft werden können. Ebenso wenig begründet es ein Ausschließlichkeitsrecht. Es ist nicht auszuschließen, dass andere Unternehmen vergleichbar günstige Angebote unter Einbeziehung ihrer eigenen Tonnenbestände hätten vorlegen können. Diese Konstellation **stellt allenfalls einen Wettbewerbsvorteil dar, der aber keineswegs unüberwindlich** ist (VK Arnsberg, B. v. 16. 12. 2009 – Az.: VK 36/09).

Gibt eine Herstellerfirma ein Softwareprodukt, das zwingend Gegenstand einer 11481 Ausschreibung ist, an eine Vielzahl von Händlern, Mitbewerbern und Generalunternehmern ab und nicht etwa nur an den Endkunden, dann ist eine Beschaffung der gewünschten Software im Rahmen eines Händlerwettbewerbs ohne weiteres möglich. Die Beschaffung im Rahmen eines Händlerwettbewerbs ist in der IT-Branche auch durchaus üblich, stellt somit keine Besonderheit dar. Zudem bleibt dann auch der Wettbewerb in Bezug auf andere Hersteller offen, die dem Auftraggeber möglicherweise überhaupt noch nicht bekannt sind. Ein **Verhandlungsverfahren ist bei einer solchen Konstellation nicht zulässig** (VK Münster, B. v. 18. 2. 2010 – Az.: VK 28/09).

Auch wenn die **Forderung nach einem Generalunternehmer** aufgrund der Komplexität 11482 und der zwingend erforderlichen höchsten Verfügbarkeit der Anlagen **sinnvoll und nachvollziehbar erscheint, stellt diese Forderung keinen Grund für die Durchführung eines Verhandlungsverfahrens** dar. Auch solche Generalunternehmerverträge können ohne weiteres in offenen Verfahren ausgeschrieben werden (VK Münster, B. v. 18. 2. 2010 – Az.: VK 28/09).

123.10.3.3.7 Darlegungs- und Beweislast. Die **Voraussetzungen** einer Anwendung des 11483 § 3 EG Abs. 4 lit. c) sind **von dem Auftraggeber darzulegen und zu beweisen** (OLG Karlsruhe, B. v. 21. 7. 2010 – Az.: 15 Verg 6/10).

123.10.3.4 Dringliche zwingende Gründe (§ 3 EG Abs. 4 lit. d)

123.10.3.4.1 Rechtsprechung des EuGH. Ein Verhandlungsverfahren ohne Vergabebe- 11484 kanntmachung wegen Dringlichkeit ist nach europäischem Recht **nur anwendbar**, wenn kumulativ drei Voraussetzungen erfüllt sind. Es müssen ein **unvorhersehbares Ereignis**, **dringliche und zwingende Gründe**, die die Einhaltung der in anderen Verfahren vorgeschriebenen Fristen nicht zulassen, und ein **Kausalzusammenhang zwischen dem unvorhersehbaren Ereignis und den sich daraus ergebenden dringlichen, zwingenden Gründen** gegeben sein (EuGH, Urteil v. 15. 10. 2009 – Az.: C-275/08; Urteil v. 2. 6. 2005 – Az.: C-394/02; Urteil v. 18. 11. 2004 – Az.: C-126/03).

11485   123.10.3.4.2 Zwingende und dringliche Gründe. An das **Vorliegen des Ausnahmetatbestandes nach § 3 EG Abs. 4 lit. d) sind hohe Anforderungen zu stellen**. Als zwingende und dringende Gründe kommen **nur akute Gefahrensituationen und höhere Gewalt**, z.B. durch Katastrophenfälle in Betracht, die **zur Vermeidung von Schäden für Leib und Leben der Allgemeinheit ein schnelles, die Einhaltung der Fristen ausschließendes Handeln erfordern**. Latente oder durch regelmäßige Wiederkehr (z.B. Frühlingshochwasser) **vorhersehbare Gefahren sind daher in der Regel keine zwingenden Gründe**. Latent vorhandene Gefahren können durch das Hinzutreten unvorhersehbarer Ereignisse allerdings zu akuten Gefahren werden, die einen dringlichen Handlungsbedarf begründen können. Dem Auftraggeber steht bei der Einschätzung der Gefahrenlage ein Beurteilungsspielraum zu, der sich aber an den Wertsetzungen des Vergaberechts orientieren und dem Ausnahmecharakter einer formlosen Vergabe Rechnung tragen muss.

11486   **Bloße finanzielle Gründe bzw. wirtschaftliche Erwägungen** werden diesen **Anforderungen regelmäßig nicht gerecht** (OLG Celle, B. v. 29. 10. 2009 – Az.: 13 Verg 8/09).

11487   123.10.3.4.3 Unvorhersehbarkeit. Ebenso sind **an die Unvorhersehbarkeit hohe Anforderungen zu stellen** (OLG Celle, B. v. 29. 10. 2009 – Az.: 13 Verg 8/09; 3. VK Saarland, B. v. 24. 10. 2008 – Az.: 3 VK 02/2008). Vorhersehbar sind alle Umstände, die bei einer sorgfältigen Risikoabwägung unter Berücksichtigung der aktuellen Situation und deren möglicher Fortentwicklung nicht ganz unwahrscheinlich sind. Vorhersehbar sind dabei nicht nur Umstände, die nach dem gewöhnlichen Lauf der Dinge eintreten können, sondern auch nicht ganz lebensfremde Abweichungen vom üblichen Verlauf.

11488   Dass angesichts der seinerzeit stetig steigenden **Preise für die Verwertung von Altpapier der Markt auch für private Anbieter stark an Attraktivität gewinnen** würde und diese versuchen würden, mit eigenen gewerblichen Sammlungen auf den Markt zu drängen, war dem **Auftraggeber bekannt oder zumindest vorhersehbar**, so dass er sich nicht mit Erfolg auf ein unvorhersehbares Ereignis im Sinne von § 3 EG Abs. 4 lit. d) VOL/A berufen kann (OLG Celle, B. v. 29. 10. 2009 – Az.: 13 Verg 8/09).

11489   123.10.3.4.4 Kausalität. **Zwischen den unvorhersehbaren Ereignissen und den zwingenden Gründen für die Unmöglichkeit der Einhaltung der Fristen muss ein Kausalzusammenhang bestehen**. Die Unmöglichkeit der Einhaltung der Fristen muss sich aus den unvorhersehbaren Ereignissen ergeben. Dabei ist zu berücksichtigen, dass eine Einhaltung auch der verkürzten Fristen nicht mehr möglich sein darf, da auch eine Veröffentlichung mit verkürzten Fristen dem Verhandlungsverfahren ohne Vergabebekanntmachung vorgeht.

11490   123.10.3.4.5 Keine Zurechnung der Gründe für die Dringlichkeit zu einem Verhalten des Auftraggebers. Dass die **die Dringlichkeit auslösenden Umstände auf keinen Fall dem Verhalten des Auftraggebers zuzurechnen sein** dürfen, setzt kein Verschulden beim Auftraggeber voraus. Es geht nicht um subjektive Vorwerfbarkeit, sondern darum, ob sie in der Sphäre des Auftraggebers begründet sind. Dazu gehören auch Verzögerungen, die sich aus der Abhängigkeit von Entscheidungen anderer Behörden ergeben (VK Düsseldorf, B. v. 15. 8. 2003 – Az.: VK – 23/2003 – L).

11491   123.10.3.4.6 Umfang der Vergabe. Einen unbefristeten Vertrag **aus einer punktuellen Engpasslage** im Verhandlungsverfahren **ohne vorherige Bekanntmachung an zumeist lokale Anbieter** zu vergeben, **sprengt den Ausnahmetatbestand** des § 3 EG Abs. 4 lit. d) VOL/A (1. VK Sachsen, B. v. 7. 4. 2004 – Az.: 1/SVK/023-04).

11492   123.10.3.4.7 Vergleich der Fristen. Vgl. zunächst die Kommentierung zu → § 3 VOL/A Rdn. 49.

11493   Sind zwischen der Entscheidung, z.B. eine verwendete Software zu ersetzen, der Aufnahme von Verhandlungen und dem Abschluss des betreffenden Vertrags **mehrere Monate verstrichen, liegen die Voraussetzungen einer Dringlichkeit nicht vor** (EuGH, Urteil v. 15. 10. 2009 – Az.: C-275/08).

11494   123.10.3.4.8 Abrufbarkeit von Fördermitteln. Vgl. die Kommentierung zu → § 3 VOL/A Rdn. 50.

123.10.3.4.9 Eilbedürftigkeit während der Dauer eines Nachprüfungsverfahrens **11495**
oder eines notwendigen Vorverfahrens. Ein **Auftraggeber ist bei dringenden, unaufschiebbaren Dienstleistungen** wie etwa bei Krankentransporten oder Schülerfreistellungsverkehren oder BSE-Tests oder der Krankenhausversorgung mit Wäsche, **berechtigt und gegebenenfalls faktisch gezwungen, diese Dienstleistungen zeitlich befristet, bis zum rechtskräftigen Abschluss eines Nachprüfungsverfahrens im Verhandlungsverfahren ohne vorherige öffentliche Vergabebekanntmachung gemäß § 3 EG Abs. 4 lit. d) VOL/A zu vergeben.** Die Alternative, die ausgeschriebenen Dienstleistungen während des schwebenden Nachprüfungs- oder zweitinstanzlichen Beschwerdeverfahrens gar nicht durchführen zu lassen, besteht für den Auftraggeber in diesen Fällen regelmäßig nicht. Auch über eigenes Personal zur vorübergehenden Durchführung der ausgeschriebenen Dienstleistungen verfügt ein Auftraggeber regelmäßig nicht. Dieses Interesse des Auftraggebers und das öffentliche Interesse z. B. an dem reibungslosen Betriebsablauf in der Klinik und die Durchführung der für Gesundheit und Leben der Patienten unabdingbaren Hygienemaßnahmen überwiegen das Interesse eines Antragstellers, nach rechtskräftigem Abschluss des Nachprüfungsverfahrens einen möglichst ungeschmälerten Auftrag zu erhalten, jedoch nur, soweit die Verzögerung des Zuschlags durch das Nachprüfungsverfahren oder das sich daran anschließendes Beschwerdeverfahren veranlasst ist (2. VK Brandenburg, B. v. 1. 2. 2007 – Az.: 2 VK 56/06; VK Lüneburg, B. v. 27. 6. 2003 – Az.: 203-VgK-14/2003; VK Schleswig-Holstein, B. v. 11. 9. 2009 – Az.: VK-SH 14/09).

Auch kann z. B. die Aussetzung eines Vergabeverfahrens zur Durchführung eines Schutzverfahrens nach der Richtlinie 93/42 für die Lieferung von Medizinprodukten zu Verzögerungen führen, die für den Betrieb eines Krankenhauses Probleme verursachen können. Entsprechend Art. 14b der Richtlinie 93/42 ist jedoch das Ziel des Schutzes der öffentlichen Gesundheit ein zwingendes Erfordernis des Allgemeininteresses, das die Mitgliedstaaten zu Ausnahmen vom Grundsatz des freien Warenverkehrs berechtigt, sofern die getroffenen Maßnahmen dem Grundsatz der Verhältnismäßigkeit entsprechen. **Im Dringlichkeitsfall wäre ein Krankenhaus daher berechtigt, alle vorläufigen Maßnahmen zu treffen, die geboten sind, damit es die für seinen Betrieb notwendigen Medizinprodukte beschaffen kann. Es müsste jedoch gegebenenfalls beweisen, dass dringliche Umstände vorliegen, die eine solche Ausnahme vom Grundsatz des freien Warenverkehrs rechtfertigen können, und dartun, dass die getroffenen Maßnahmen verhältnismäßig sind** (EuGH, Urteil v. 14. 6. 2007 – Az.: C-6/05). **11496**

123.10.3.4.10 Interimsvergaben. Für durch das Scheitern laufender Verträge hervorgerufene Zwangslagen enthält das Vergaberecht geeignete, wettbewerbskonforme Instrumente. Gemäß § 3 EG Abs. 4 lit. d) VOL/A können Auftraggeber Aufträge im Verhandlungsverfahren ohne vorherige öffentliche Vergabebekanntmachung vergeben, soweit dies unbedingt erforderlich ist, wenn aus dringlichen zwingenden Gründen, die der Auftraggeber nicht voraussehen konnte, die vorgeschriebenen Fristen nicht eingehalten werden können. Die Umstände, die die zwingende Dringlichkeit begründen, dürfen auf keinen Fall dem Verhalten des Auftraggebers zuzuschreiben sein. **Soweit sich der Auftragsgegenstand auf Dienst- oder Lieferleistungen der Daseinsvorsorge bezieht, ist in Rechtsprechung und Schrifttum anerkannt, dass der Grundsatz der Kontinuität dieser Leistungen eine nahtlose Weiterführung gegenüber den Nutzern erfordert.** Ursache einer solchen drohenden Funktionsstörung kann die Insolvenz des Auftragnehmers oder aber auch eine Schlechtleistung sein, die den Auftraggeber zur Kündigung des Vertrages oder zur Rücktrittserklärung zwingt, oder eine Verzögerung des Vergabeverfahrens durch laufenden Rechtsschutz sein. In derartigen Fällen kann der Auftraggeber zur Abwendung eines drohenden vertragslosen Zustandes entsprechend § 3 EG Abs. 4 lit. d) VOL/A auf das Verhandlungsverfahren ohne Bekanntmachung zurückgreifen (VK Lüneburg, B. v. 3. 7. 2009 – Az.: VgK-30/2009). **11497**

Eine derartige Auftragsvergabe im Wege eines Verhandlungsverfahrens ohne Bekanntmachung ist **jedoch regelmäßig nicht für einen längeren Vertragszeitraum zulässig.** Das Verhandlungsverfahren ohne Bekanntmachung bildet von allen Verfahrensarten die ultima ratio. Im Interesse eines möglichst breit angelegten Wettbewerbs haben öffentliche Auftraggeber gemäß § 101 Abs. 6 GWB grundsätzlich das offene Verfahren anzuwenden, es sei denn, aufgrund des GWB ist etwas anderes gestattet. Der Auftraggeber muss daher alles ihm zumutbare unternehmen, um den Dienstleistungs- oder Lieferauftrag einem offenen oder ggf. nicht offenen Verfahren zuzuführen. Ein Verhandlungsverfahren ohne Bekanntmachung zur Abwendung eines drohenden vertragslosen Zustandes auf der Grundlage des § 3 EG Abs. 4 lit. d) VOL/A ist daher **11498**

Teil 4 EG § 3   Vergabe- und Vertragsordnung für Leistungen Teil A

regelmäßig **nur interimsweise zulässig**. Die **Vertragsdauer** einer derartig zulässigen Interimsbeauftragung ist daher **auf den Zeitraum zu beschränken, der für die Erhaltung der Kontinuität der Dienstleistung während der Vorbereitung und rechtskräftigen Durchführung eines sich anschließenden ordnungsgemäßen offenen oder nicht offenen Verfahrens erforderlich** ist. Die Vertragsdauer für die Interimsvergabe sollte also zwar ausreichend, aber möglichst kurz bemessen sein und **in der Regel ein Jahr nicht übersteigen** (VK Lüneburg, B. v. 3. 7. 2009 – Az.: VgK-30/2009).

11499 Es sind **Fallkonstellationen denkbar**, in denen ein Auftraggeber sich auch dann im Rahmen des ihm durch § 3 EG Abs. 4 lit. d) VOL/A eingeräumten Ermessens hält, wenn er **zur Gewährleistung von unaufschiebbaren, äußerst dringenden Leistungen oder Lieferleistungen für einen angemessen Interimszeitraum direkt auf das zweitplatzierte Angebot des vorangegangenen Vergabeverfahrens zurückgreifen will**. Eine solche Verhandlungsführung mit nur einem Bieter wäre jedoch nur gerechtfertigt, wenn parallele Interimsverhandlungen mit allen im vorangegangenen Vergabeverfahren beteiligten Bietern zumindest kurzfristig nicht zur Abwendung eines drohenden vertragslosen Zustandes geeignet und deshalb für den Auftraggeber in der konkreten Situation nicht zumutbar sind. Der Auftraggeber muss eine derartige Not- und Zwangslage im Einzelnen darlegen (VK Lüneburg, B. v. 3. 7. 2009 – Az.: VgK-30/2009).

11500 Jedoch ist auch für den Fall, dass ein öffentlicher Auftraggeber **Leistungen nur für eine Interimszeit** – z.B. bis zum Abschluss eines Nachprüfungsvertrages oder bis zur Abwicklung eines geregelten Ausschreibungs- und Vergabeverfahrens – vergeben will, **darauf zu achten, ob die Voraussetzungen des § 3 EG Abs. 4 lit. d) VOL/A im Einzelfall vorliegen** (OLG Hamburg, B. v. 14. 3. 2008 – Vgk FB 1/08; OLG Dresden, B. v. 25. 1. 2008 – Az.: WVerg 010/07 – instruktiver Fall; VK Arnsberg, B. v. 25. 8. 2008 – Az.: VK 14/08 – für den Bereich der Daseinsvorsorge).

11501   123.10.3.4.11 Hochwasserbedingte Beschaffungen. Vgl. dazu die Kommentierung zu → § 3 VOL/A Rdn. 51.

11502   123.10.3.4.12 Auftragsvergabe im Insolvenzfall. Vgl. dazu die Kommentierung zu → § 3 VOL/A Rdn. 53.

11503   123.10.3.4.13 Weitere Beispiele aus der Rechtsprechung
– ein dringlicher zwingender Grund i. S. d. § 3 EG Abs. 4 lit. d) VOL/A, der den Auftraggeber dazu zwingt, die Transportleistungen schnellstmöglich zu vergeben, kann der **Beginn einer Ausstellung** sein. Hierbei ist zu berücksichtigen, dass der Antransport der Exponate (an den sich ein angemessener Zeitraum für das Auspacken und die Installation der Ausstellungsobjekte anschließt) bis zum einem bestimmten Zeitpunkt abgeschlossen sein muss. Außerdem kann der Auftraggeber weder voraussehen, dass er die vorgeschriebenen Fristen nicht einhalten kann, **noch hat er die die Dringlichkeit begründenden Umstände zu vertreten, wenn er ein vorausgegangenes Offenes Verfahren deshalb aufheben muss, weil die Bieter allesamt auszuschließende Angebote abgegeben** haben (1. VK Bund, B. v. 3. 9. 2009 – Az.: VK 1–155/09).

123.10.3.5 Zusätzliche Lieferungen des ursprünglichen Auftragnehmers (§ 3 EG Abs. 4 lit. e)

11504 Die in dieser Vorschrift genannten **Bedingungen müssen kumulativ vorliegen** (VK Hessen, B. v. 27. 4. 2007 – Az.: 69 d VK – 11/2007).

11505 Die Norm erlaubt auch für Ersatz- oder Ergänzungskäufe zu einer früheren Beschaffungsmaßnahme das Verhandlungsverfahren ohne öffentliche Vergabebekanntmachung nur unter der Bedingung, dass die Beauftragung eines anderen Lieferanten den Erwerb von Waren mit abweichenden technischen Merkmalen zur Folge hätte und diese Abweichungen zu unverhältnismäßigen technischen Schwierigkeiten beim Gebrauch führen würden. Daran **fehlt es von vornherein, wenn auch ein drittes Unternehmen (rechtlich und tatsächlich) dazu in der Lage ist, den Ersatz- oder Ergänzungsbedarf zu decken und Waren zu liefern, die mit denjenigen der ursprünglichen Anschaffung identisch sind** (OLG Düsseldorf, B. v. 28. 5. 2003 – Az.: Verg 10/03).

11506 Die **Neulieferung** muss entweder der teilweisen Erneuerung oder der Erweiterung der ursprünglichen Lieferung dienen, also **in unmittelbarem inhaltlichen Zusammenhang** zu dieser stehen. Eine **Erneuerung in diesem Sinn** liegt **nur bei der Anpassung der ursprünglichen Lieferung oder Einrichtung an den neuesten Stand der Technik oder bei dem Austausch von Teilen vor. Erneuerung setzt demnach voraus, dass das ursprüngliche Produkt als Ganzes grundlegend vorhanden bleibt und nur aus bestimmten, notwendigen Gründen verändert wird. Das trifft bei einer reinen Verdoppelung von Lizenzen im Softwarebereich nicht zu. Der **Begriff der „Erneuerung"** erfasst auch **nicht derartige Zusatzbeschaffungen, die das ursprüngliche Produkt in einem weiten Umfang abändern** (VK Hessen, B. v. 27. 4. 2007 – Az.: 69 d VK – 11/2007).

Eine **Erweiterung ist die Ausdehnung des Umfangs oder der Stückzahl**. Erhöht sich 11507 die Stückzahl um mehr als das Doppelte, wird eine Erweiterung im Sinn des § 3 EG Abs. 4 lit. e) VOL/A ausgeschlossen. Erweiterung kann nur eine Beschaffung sein, die den durch die vorhandenen Produkte vorgegebenen Rahmen nicht so ausweitet, dass es sich gewissermaßen um eine **komplette Neubeschaffung** handelt (VK Hessen, B. v. 27. 4. 2007 – Az.: 69 d VK – 11/2007; im Ergebnis ebenso OLG Frankfurt, B. v. 10. 7. 2007 – Az.: 11 Verg 5/07).

Das Risiko für die Nichterweislichkeit der Tatbestandsvoraussetzungen des § 3 EG Abs. 4 11508 VOL/A trägt allein die Vergabestelle, so dass sie bei Zweifelsfällen gut beraten ist, den Weg eines förmlichen Vergabeverfahrens mit Vorabbenachrichtigung zu wählen. Wenn jedoch die **Voraussetzungen des § 3 EG Abs. 4 lit. e) VOL/A objektiv vorliegen** (z. B. Lieferung von Pockenimpfstoffen) und zwar auch, wenn es sich um Gründe aus dem subjektiven Interessenbereich des Auftraggebers handelt, braucht die Vergabestelle kein förmliches Vergabeverfahren einzuleiten (2. VK Bund, B. v. 11. 4. 2003 – Az.: VK 2–10/03).

123.10.3.6 Auf einer Warenbörse notierte und gekaufte Waren (§ 3 EG Abs. 4 lit. i)

123.10.3.6.1 Allgemeines. Als Beispielsfall kommt z. B. der Einkauf von Strom über so ge- 11509 nannte Strombörsen in Betracht.

123.10.3.6.2 Literatur 11510

– Burgi, Martin, Energierecht und Vergaberecht, Recht der Energiewirtschaft 6/2007, 145
– Meyer-Hofmann, Bettina/Tönnemann, Sven, Stromeinkauf an der European Energy Exchange – Ein Fall für das Verhandlungsverfahren ohne vorherige Bekanntmachung?, ZfBR 2009, 554

123.10.3.7 Waren zu besonders günstigen Bedingungen (§ 3 EG Abs. 4 lit. j)

Eine vorteilhafte Gelegenheit liegt nur dann vor, wenn es sich um **eine einmalige oder nur** 11511 **sehr kurzfristig sich bietende Beschaffungsmöglichkeit** handelt, die zudem noch Verkaufspreise unterhalb der üblichen Einkaufspreise für den Auftraggeber verspricht (OLG Düsseldorf, B. v. 8. 5. 2002 – Az.: Verg 5/02).

123.10.3.8 Fristen bei einem Verhandlungsverfahren ohne öffentliche Vergabebekanntmachung

Zu den **Mindestfristen für die Angebotsabgabe im Rahmen von Verhandlungsver-** 11512 **fahren ohne Vergabebekanntmachung** vgl. die Kommentierung zu → § 101 GWB Rdn. 171.

123.10.3.9 Zulässigkeit von Verhandlungen nur mit einem „preferred Bidder"?

Zur **Zulässigkeit von Verhandlungen mit einem „preferred Bidder"** vgl. die Kom- 11513 mentierung zu → § 101 GWB Rdn. 194.

123.11 Begrenzung der Anzahl der Bieter (§ 3 EG Abs. 5)

123.11.1 Bekanntmachung der Mindestzahl der Teilnehmer, die zur Angebotsabgabe aufgefordert werden?

Nach § 3 EG Abs. 5 können die Auftraggeber im nicht offenen Verfahren oder im Verhand- 11514 lungsverfahren mit Teilnahmewettbewerb eine **Höchstzahl von Unternehmen bestimmen**, die zur Angebotsabgabe aufgefordert werden. Die Zahl ist in der Bekanntmachung anzugeben.

§ 3 EG Abs. 5 beruht auf Art. 44 Abs. 3 VKR, setzt aber nicht alle Vorgaben dieser 11515 Regelung um. Es fehlt die Angabe, dass die Auftraggeber in der Bekanntmachung die von

Teil 4 EG § 4   Vergabe- und Vertragsordnung für Leistungen Teil A

ihnen vorgesehenen objektiven und nicht diskriminierenden Kriterien oder Vorschriften für die Auswahl der Bewerber und die vorgesehene Mindestzahl angeben müssen. In **richtlinienkonformer Ergänzung** sind diese Angaben unbedingt zu machen.

11516   Vgl. im Einzelnen die Kommentierung zu → § 101 GWB Rdn. 33 ff.

123.11.2 Bekanntmachung der Höchstzahl der Teilnehmer, die zur Angebotsabgabe aufgefordert werden?

11517   Vgl. dazu die Kommentierung zu → § 101 GWB Rdn. 36.

123.11.3 Nennung der objektiven Auswahlkriterien bereits in der Bekanntmachung

11518   Vgl. dazu die Kommentierung zu → § 101 GWB Rdn. 25 ff.

123.11.4 Mindestanzahl der Teilnehmer (§ 3 EG Abs. 5 Satz 2)

11519   Vgl. dazu die Kommentierung zu → § 101 GWB Rdn. 33 ff.

123.12 Abwicklung des Verhandlungsverfahrens in verschiedenen Phasen (§ 3 EG Abs. 6)

11520   Vgl. dazu die Kommentierung zu → § 101 GWB Rdn. 117 ff.

123.13 Wettbewerblicher Dialog (§ 3 EG Abs. 7)

11521   Vgl. zu den Einzelheiten die **Kommentierung zu** → § 101 GWB Rdn. 81 ff.

123.14 Wettbewerbe (§ 3 EG Abs. 8)

123.14.1 Änderung in der VOL/A 2009

11522   In § 3 EG Abs. 8 sind die **Regelungen des § 31a VOL/A 2006 übernommen** worden.

123.14.2 Vergleichbare Regelungen

11523   Der Vorschrift des § 3 EG Abs. 8 VOL/A 2009 **vergleichbar** ist im Bereich der VOF 2009 **§§ 15–17 VOF**. Die Kommentierungen zu diesen Vorschriften können daher ergänzend zu der Kommentierung des § 3 EG Abs. 8 herangezogen werden.

123.14.3 Bedeutung in Praxis und Rechtsprechung

11524   **Weder in der Praxis noch in der Rechtsprechung** spielen Wettbewerbe nach § 3 EG Abs. 8 **eine Rolle**.

124. § 4 EG – Rahmenvereinbarungen

(1) Rahmenvereinbarungen sind Aufträge, die ein oder mehrere Auftraggeber an ein oder mehrere Unternehmen vergeben können, um die Bedingungen für Einzelaufträge, die während eines bestimmten Zeitraumes vergeben werden sollen, festzulegen, insbesondere über den in Aussicht genommenen Preis. Das in Aussicht genommene Auftragsvolumen ist so genau wie möglich zu ermitteln und bekannt zu geben, braucht aber nicht abschließend festgelegt zu werden. Die Auftraggeber dürfen für dieselbe Leistung nicht mehrere Rahmenvereinbarungen abschließen.

(2) Die Erteilung von Einzelaufträgen nach den Absätzen 3 bis 6 ist nur zulässig zwischen den Auftraggebern, die ihren voraussichtlichen Bedarf für das Vergabeverfahren gemeldet haben, und den Unternehmen, mit denen die Rahmenvereinbarungen abgeschlossen wurden.

(3) Wird eine Rahmenvereinbarung mit einem Unternehmen geschlossen, so werden die auf dieser Rahmenvereinbarung beruhenden Einzelaufträge entsprechend den Bedingungen der Rahmenvereinbarung vergeben. Vor der Vergabe der Einzelaufträge können die Auftraggeber das an der Rahmenvereinbarung beteiligte Unternehmen in Textform konsultieren und dabei auffordern, sein Angebot erforderlichenfalls zu vervollständigen.

(4) Wird eine Rahmenvereinbarung mit mehreren Unternehmen geschlossen, so müssen mindestens drei Unternehmen beteiligt sein, sofern eine ausreichend große Zahl von Unternehmen die Eignungskriterien und eine ausreichend große Zahl von zulässigen Angeboten die Zuschlagskriterien erfüllt.

(5) Die Vergabe von Einzelaufträgen, die auf einer mit mehreren Unternehmen geschlossenen Rahmenvereinbarung beruhen, erfolgt

a) sofern alle Bedingungen festgelegt sind, nach den Bedingungen der Rahmenvereinbarung ohne erneuten Aufruf zum Wettbewerb oder

b) sofern nicht alle Bedingungen in der Rahmenvereinbarung festgelegt sind, nach erneutem Aufruf der Parteien zum Wettbewerb zu denselben Bedingungen, die erforderlichenfalls zu präzisieren sind, oder nach anderen in der Rahmenvereinbarung genannten Bedingungen.

(6) Im Fall von Absatz 5 Buchstabe b ist folgendes Verfahren einzuhalten:

a) Vor Vergabe jedes Einzelauftrags konsultieren die Auftraggeber in Textform die Unternehmen, ob sie in der Lage sind, den Einzelauftrag auszuführen.

b) Die Auftraggeber setzen eine angemessene Frist für die Abgabe der Angebote für jeden Einzelauftrag; dabei berücksichtigen sie insbesondere die Komplexität des Auftragsgegenstands und die für die Übermittlung der Angebote erforderliche Zeit.

c) Die Auftraggeber geben an, in welcher Form die Angebote einzureichen sind; der Inhalt der Angebote ist bis zum Ablauf der Angebotsfrist geheim zu halten.

d) Die Auftraggeber vergeben die einzelnen Aufträge an das Unternehmen, das auf der Grundlage der in der Rahmenvereinbarung aufgestellten Zuschlagskriterien das wirtschaftlichste Angebot abgegeben hat.

(7) Die Laufzeit einer Rahmenvereinbarung darf vier Jahre nicht überschreiten, es sei denn der Auftragsgegenstand oder andere besondere Umstände rechtfertigen eine Ausnahme.

124.1 Hinweis

§ 4 EG VOL/A 2009 ist **gemeinsam mit § 4 VOL/A 2009 kommentiert**; vgl. daher die Kommentierung zu → § 4 VOL/A Rdn. 12 ff.   11525

125. § 5 EG – Dynamische elektronische Verfahren

(1) Die Auftraggeber können für die Vergabe von Aufträgen über marktübliche Waren und Leistungen ein dynamisches elektronisches Verfahren gemäß § 101 Absatz 6 Satz 2 GWB einrichten. Die Auftraggeber verwenden bei der Einrichtung des dynamischen elektronischen Verfahrens und bei der Vergabe der Aufträge dabei ausschließlich elektronische Mittel gemäß § 13 EG Absatz 2 und 3 und § 16 EG Absatz 1 und 2. Sie haben dieses Verfahren als offenes Vergabeverfahren in allen Phasen von der Einrichtung bis zur Vergabe des zu vergebenden Auftrags durchzuführen. Alle Unternehmen, die die Eignungskriterien erfüllen und ein erstes vorläufiges Angebot im Einklang mit den Vergabeunterlagen und den etwaigen zusätzlichen Do-

kumenten vorgelegt haben, werden zur Teilnahme zugelassen. Die Unternehmen können jederzeit ihre vorläufigen Angebote nachbessern, sofern die Angebote mit den Vergabeunterlagen vereinbar bleiben.

(2) Beim dynamischen elektronischen Verfahren ist Folgendes einzuhalten:

a) In der Bekanntmachung wird angegeben, dass es sich um ein dynamisches elektronisches Verfahren handelt.

b) In den Vergabeunterlagen sind insbesondere der Gegenstand der beabsichtigten Beschaffungen sowie alle erforderlichen Informationen zum dynamischen elektronischen Verfahren, zur verwendeten elektronischen Ausrüstung des Auftraggebers, zu den Datenformaten und zu den technischen Vorkehrungen und Merkmalen der elektronischen Verbindung zu präzisieren.

c) Es ist auf elektronischem Wege ab dem Zeitpunkt der Veröffentlichung der Bekanntmachung und bis zur Beendigung des dynamischen elektronischen Verfahrens ein freier, unmittelbarer und uneingeschränkter Zugang zu den Vergabeunterlagen und den zusätzlichen Dokumenten zu gewähren und in der Bekanntmachung die Internet-Adresse anzugeben, unter der diese Dokumente abgerufen werden können.

d) Die Auftraggeber ermöglichen während der gesamten Laufzeit des dynamischen elektronischen Verfahrens jedem Unternehmen, ein vorläufiges Angebot zu unterbreiten, um zur Teilnahme am dynamischen elektronischen Verfahren zugelassen zu werden. Sie prüfen dieses Angebot innerhalb einer Frist von höchstens 15 Kalendertagen ab dem Zeitpunkt der Vorlage des Angebots. Sie können die Frist zur Angebotswertung verlängern, sofern nicht zwischenzeitlich ein Aufruf zum Wettbewerb erfolgt. Die Auftraggeber unterrichten das Unternehmen unverzüglich darüber, ob das Unternehmen zur Teilnahme am dynamischen elektronischen Verfahren zugelassen ist oder sein vorläufiges Angebot abgelehnt wurde.

e) Für jeden Einzelauftrag hat ein gesonderter Aufruf zum Wettbewerb zu erfolgen. Vor diesem Aufruf zum Wettbewerb veröffentlichen die Auftraggeber eine vereinfachte Bekanntmachung nach Anhang IX der Verordnung (EG) zur Einführung von Standardformularen für die Veröffentlichung von Vergabebekanntmachungen auf dem Gebiet der öffentlichen Aufträge in der jeweils geltenden Fassung, in der alle interessierten Unternehmen aufgefordert werden, innerhalb einer Frist von mindestens 15 Kalendertagen ab dem Versand der vereinfachten Bekanntmachung ein vorläufiges Angebot abzugeben. Die Auftraggeber nehmen den Aufruf zum Wettbewerb erst dann vor, wenn alle fristgerecht eingegangenen vorläufigen Angebote ausgewertet wurden.

f) Die Auftraggeber fordern alle zugelassenen Unternehmen auf, endgültige Angebote für die zu vergebenden Aufträge einzureichen. Für die Einreichung der Angebote legen sie eine angemessene Frist fest. Sie vergeben den Auftrag an das Unternehmen, das nach den in der Bekanntmachung für die Einrichtung des dynamischen elektronischen Verfahrens aufgestellten Zuschlagskriterien das wirtschaftlichste Angebot vorgelegt hat. Die Zuschlagskriterien können in der Aufforderung zur Abgabe eines endgültigen Angebots präzisiert werden.

g) Die Laufzeit eines dynamischen elektronischen Verfahrens darf grundsätzlich vier Jahre nicht überschreiten. Eine Überschreitung der Laufzeit ist nur in besonders zu begründenden Fällen zulässig.

(3) Eine Entscheidung der Auftraggeber, auf ein eingeleitetes dynamisches elektronisches Verfahren zu verzichten, ist den zugelassenen Unternehmen unverzüglich mitzuteilen.

125.1 Hinweis

11526 § 5 EG VOL/A 2009 ist **gemeinsam mit § 5 VOL/A 2009 kommentiert**; vgl. daher die Kommentierung zu → § 5 VOL/A Rdn. 2 ff.

Vergabe- und Vertragsordnung für Leistungen Teil A   EG § 6   **Teil 4**

126. § 6 EG – Teilnehmer am Wettbewerb

(1) Bewerber oder Bieter, die gemäß den Rechtsvorschriften des Staates, in dem sie ansässig sind (Herkunftsland), zur Erbringung der betreffenden Leistung berechtigt sind, dürfen nicht allein deshalb zurückgewiesen werden, weil sie gemäß den einschlägigen deutschen Rechtsvorschriften entweder eine natürliche oder juristische Person sein müssten.

(2) Bewerber- und Bietergemeinschaften sind wie Einzelbewerber und -bieter zu behandeln. Für den Fall der Auftragserteilung können die Auftraggeber verlangen, dass eine Bietergemeinschaft eine bestimmte Rechtsform annimmt, sofern dies für die ordnungsgemäße Durchführung des Auftrages notwendig ist.

(3) Von den Bewerbern und Bietern dürfen Entgelte für die Durchführung der Vergabeverfahren nicht erhoben werden.

(4) Ein Unternehmen ist von der Teilnahme an einem Vergabeverfahren wegen Unzuverlässigkeit auszuschließen, wenn der Auftraggeber Kenntnis davon hat, dass eine Person, deren Verhalten dem Unternehmen zuzurechnen ist, rechtskräftig verurteilt ist wegen:

a) § 129 des Strafgesetzbuches (Bildung krimineller Vereinigungen), § 129a des Strafgesetzbuches (Bildung terroristischer Vereinigungen), § 129b des Strafgesetzbuches (kriminelle und terroristische Vereinigungen im Ausland),

b) § 261 des Strafgesetzbuches (Geldwäsche, Verschleierung unrechtmäßig erlangter Vermögenswerte),

c) § 263 des Strafgesetzbuches (Betrug), soweit sich die Straftat gegen den Haushalt der Europäischen Gemeinschaften oder gegen Haushalte richtet, die von den Europäischen Gemeinschaften oder in deren Auftrag verwaltet werden,

d) § 264 des Strafgesetzbuches (Subventionsbetrug), soweit sich die Straftat gegen den Haushalt der Europäischen Gemeinschaften oder gegen Haushalte richtet, die von den Europäischen Gemeinschaften oder in deren Auftrag verwaltet werden,

e) § 334 des Strafgesetzbuches (Bestechung), auch in Verbindung mit Artikel 2 des EU-Bestechungsgesetzes, Artikel 2 § 1 des Gesetzes zur Bekämpfung internationaler Bestechung, Artikel 7 Absatz 2 Nummer 10 des Vierten Strafrechtsänderungsgesetzes und § 2 des Gesetzes über das Ruhen der Verfolgungsverjährung und die Gleichstellung der Richter und Bediensteten des Internationalen Strafgerichtshofes,

f) Artikel 2 § 2 des Gesetzes zur Bekämpfung internationaler Bestechung (Bestechung ausländischer Abgeordneter im Zusammenhang mit internationalem Geschäftsverkehr) oder

g) § 370 der Abgabenordnung, auch in Verbindung mit § 12 des Gesetzes zur Durchführung der gemeinsamen Marktorganisationen und der Direktzahlungen (MOG), soweit sich die Straftat gegen den Haushalt der Europäischen Gemeinschaften oder gegen Haushalte richtet, die von den Europäischen Gemeinschaften oder in deren Auftrag verwaltet werden.

Einem Verstoß gegen diese Vorschriften gleichgesetzt sind Verstöße gegen entsprechende Strafnormen anderer Staaten. Ein Verhalten einer rechtskräftig verurteilten Person ist einem Unternehmen zuzurechnen, wenn sie für dieses Unternehmen bei der Führung der Geschäfte selbst verantwortlich gehandelt hat oder ein Aufsichts- oder Organisationsverschulden gemäß § 130 des Gesetzes über Ordnungswidrigkeiten (OWiG) einer Person im Hinblick auf das Verhalten einer anderen für das Unternehmen handelnden, rechtskräftig verurteilten Person vorliegt.

(5) Von einem Ausschluss nach Absatz 4 kann nur abgesehen werden, wenn zwingende Gründe des Allgemeininteresses vorliegen und andere Unternehmen die Leistung nicht angemessen erbringen können oder wenn aufgrund besonderer Umstände des Einzelfalls der Verstoß die Zuverlässigkeit des Unternehmens nicht in Frage stellt.

(6) Von der Teilnahme am Wettbewerb können Bewerber ausgeschlossen werden,

Teil 4 EG § 6   Vergabe- und Vertragsordnung für Leistungen Teil A

a) über deren Vermögen das Insolvenzverfahren oder ein vergleichbares gesetzliches Verfahren eröffnet oder die Eröffnung beantragt oder dieser Antrag mangels Masse abgelehnt worden ist,

b) die sich in Liquidation befinden,

c) die nachweislich eine schwere Verfehlung begangen haben, die ihre Zuverlässigkeit als Bewerber in Frage stellt,

d) die ihre Verpflichtung zur Zahlung von Steuern und Abgaben sowie der Beiträge zur gesetzlichen Sozialversicherung nicht ordnungsgemäß erfüllt haben,

e) die im Vergabeverfahren vorsätzlich unzutreffende Erklärungen in Bezug auf ihre Eignung abgegeben haben.

(7) Hat ein Bieter oder Bewerber vor Einleitung des Vergabeverfahrens den Auftraggeber beraten oder sonst unterstützt, so hat der Auftraggeber sicherzustellen, dass der Wettbewerb durch die Teilnahme des Bieters oder Bewerbers nicht verfälscht wird.

126.1 Änderungen in der VOL/A 2009

11527   § 6 EG Abs. 3 enthält im Vergleich zu § 7a VOL/A 2006 das ausdrückliche **Verbot, von den Bewerbern und Bietern Entgelte für die Durchführung der Vergabeverfahren zu verlangen.**

11528   § 6 EG Abs. 7 enthält die Verpflichtung des Auftraggebers, **im Fall von vorbefassten Bietern Wettbewerbsvorteile auszugleichen.**

126.2 Vergleichbare Vorschriften

11529   Der **Vorschrift des § 6 EG VOL/A vergleichbar** sind im Bereich des GWB **§ 97 Abs. 4 GWB**, im Bereich der VOB **§§ 6, 6a VOB/A**, im Bereich der VOF **§§ 4, 5, 13 VOF** und im Bereich der VOL **§ 6 VOL/A**. Die Kommentierungen zu diesen Vorschriften können daher ergänzend zu der Kommentierung des § 6 EG herangezogen werden.

126.3 Rechtsform der Bewerber oder Bieter zum Zeitpunkt der Abgabe einer Bewerbung oder eines Angebots (§ 6 EG Abs. 1)

11530   Bewerber oder Bieter, die gemäß den Rechtsvorschriften des EG-Mitgliedsstaates oder des Vertragsstaates des EWR-Abkommens, in dem sie ansässig sind, zur Erbringung der entsprechenden Dienstleistung berechtigt sind, dürfen nicht allein deshalb zurückgewiesen werden, weil sie gemäß den einschlägigen deutschen Rechtsvorschriften entweder eine natürliche oder juristische Person sein müssten.

11531   Die Regelung ist eine besondere Ausprägung des Gleichbehandlungsgebots. Sie hat **keine praktische Bedeutung**, da entsprechende Rechtsformvorschriften in der Bundesrepublik Deutschland nicht existieren.

126.4 Gleichsetzung von Bewerber- und Bietergemeinschaften und Einzelbietern (§ 6 EG Abs. 2)

11532   Die Vorschrift des § 6 EG Abs. 2 VOL/A 2009 deckt sich mit § 6 Abs. 1 VOL/A 2009; vgl. daher die Kommentierung zu → § 6 VOL/A Rdn. 10ff.

126.5 Verbot der Forderung eines Entgelts für die Durchführung eines Vergabeverfahrens (§ 6 EG Abs. 3)

11533   Die Vorschrift des § 6 EG Abs. 3 VOL/A 2009 deckt sich mit § 6 Abs. 2 VOL/A 2009; vgl. daher die Kommentierung zu → § 6 VOL/A Rdn. 34ff.

126.6 Zwingende Ausschlussgründe (§ 6 EG Abs. 4)

126.6.1 Allgemeines

§ 6 EG Abs. 3 legt fest, dass Unternehmen von der Teilnahme an einem Vergabeverfahren **wegen Unzuverlässigkeit auszuschließen** sind, wenn der Auftraggeber Kenntnis davon hat, dass eine Person, deren Verhalten dem Unternehmen zuzurechnen ist, rechtskräftig wegen Verstoßes gegen bestimmte Vorschriften verurteilt worden ist. Ein **Verhalten einer rechtskräftig verurteilten Person ist einem Unternehmen zuzurechnen,** wenn sie für dieses Unternehmen bei der Führung der Geschäfte selbst verantwortlich gehandelt hat oder ein Aufsichts- oder Organisationsverschulden gemäß § 130 des Gesetzes über Ordnungswidrigkeiten (OWiG) einer Person im Hinblick auf das Verhalten einer anderen für das Unternehmen handelnden, rechtskräftig verurteilten Person vorliegt. 11534

Diese **Regelung entspricht der zwingenden Vorschrift des Art. 45 Abs. 1 der Vergabekoordinierungsrichtlinie,** die in die nationalen Straf- und Ordnungswidrigkeitsbestimmungen umgesetzt wurde. 11535

126.6.2 Keine Verpflichtung zur Vorlage einer Bestätigung nach § 6 EG Abs. 4

§ 6 EG Abs. 4 VOL/A regelt einen Ausschlusstatbestand, jedoch nicht die Frage, ob und welche Nachweise sich ein öffentlicher Auftraggeber von den Bietern zum Beleg ihrer Zuverlässigkeit vorlegen lassen muss. Ebenso wenig wie bei anderen Vergabeverfahren erscheint es auch bei der Vergabe von Rabattverträgen über Arzneimittel nicht angezeigt, ohne weitere Anhaltspunkte die potentiellen Bieter von vornherein gleichsam unter einen Generalverdacht zu stellen, die in § 6 EG Abs. 4 VOL/A genannten schwerwiegenden Tatbestände verwirklicht zu haben. Ein **öffentlicher Auftraggeber braucht sich daher weder hier noch in anderen Vergabeverfahren von einem Bieter grundsätzlich ausdrücklich bestätigen oder bescheinigen zu lassen**, dass dieser nicht wegen einer solchen Tat rechtskräftig verurteilt wurde (1. VK Bund, B. v. 26. 11. 2009 – Az.: VK 1–197/09). 11536

126.6.3 Über die Aufzählung in § 6 EG Abs. 3 hinausgehende Straftatbestände

Ein **Verstoß gegen § 266a StGB** (Vorenthalten und Veruntreuen von Arbeitsentgelt) ist **keine schwere Verfehlung,** für die ohne weiteres ein Ausschluss wegen Unzuverlässigkeit nach **§ 6 EG Abs. 3 VOL/A 2006** vorgegeben ist (VK Nordbayern, B. v. 22. 1. 2007 – Az.: 21.VK – 3194 – 44/06). 11537

126.6.4 Kein Verbot der Forderung nach Vorlage eines Führungszeugnisses bereits mit dem Angebot

§ 6 EG Abs. 4 VOL/A bzw. Art. 45 der Richtlinie 2004/18/EG verbietet es den Auftraggebern nicht, bereits mit der Vorlage des Angebots Führungszeugnisse zu verlangen. Eine **Auslegung** des Art. 45 der EU-Richtlinie dahingehend, dass ein Auftraggeber **nur dann berechtigt sei, ein Führungszeugnis von den Bewerbern zu verlangen, wenn er bereits Kenntnis davon habe, dass einer der in § 45 Abs. 1 genannten Ausschlussgründe vorliegt, lässt sich weder dem Wortlaut der Richtlinie entnehmen noch ist dies mit Sinn und Zweck der Regelung vereinbar.** Nach Art. 45 Abs. 1 Satz 1 der Richtlinie ist ein Bieter von der Teilnahme an einem Vergabeverfahren auszuschließen, wenn der Auftraggeber Kenntnis davon hat, dass der Bieter wegen einer der dort genannten Straftatbestände rechtskräftig verurteilt wurde. Der nachfolgende Text, § 45 Abs. 1 letzter Absatz, lautet dann ganz neutral, dass der Auftraggeber zum Zwecke der Anwendung dieses Absatzes gegebenenfalls Unterlagen verlangen kann. Es erschließt sich nicht, weshalb man angesichts dieses Wortlauts dem Text entnehmen will, dass der Auftraggeber erst nach Kenntnis soll Unterlagen verlangen dürfen. Diese Textzeilen so zu verstehen, dass es dem Auftraggeber gestattet ist, Nachweise zu fordern, um zu ermitteln, ob der Ausschlussgrund gegeben ist. Der Formulierung in § 6 EG Abs. 4 VOL/A bzw. § 45 Abs. 3 der Richtlinie kann ebenfalls nicht entnommen werden, dass es dem Auftraggeber nicht gestattet sein sollte, Führungszeugnisse bereits mit dem Angebot zu verlangen. Mit der Formulierung, dass der Auftraggeber zum Nachweis dafür, dass ein Bewerber wegen der genannten Delikte nicht vorbestraft ist bzw. dass die Kenntnis hiervon 11538 unrichtig ist, ein Strafregisterauszug oder eine gleichwertige Urkunde zu akzeptieren habe, wird lediglich zum Ausdruck gebracht, dass der Bewerber mit diesen Mitteln den Gegenbeweis führen kann, wenn der Auftraggeber nicht schon zuvor eigene Ermittlungen mit diesen Nachweisen angestellt hat. Und es wird hiermit zum Ausdruck gebracht, dass diese Nachweise zwingende Aussagekraft genießen (VK Baden-Württemberg, B. v. 10. 10. 2008 – Az.: 1 VK 31/08).

126.6.5 Literatur

11539 – Ohrtmann, Nicola, Korruption im Vergaberecht, Konsequenzen und Prävention – Teil 1: Ausschlussgründe, NZBau 2007, 201

126.7 Fakultativer Ausschluss von Bewerbern (§ 6 EG Abs. 6)

11540 Die Vorschrift des § 6 EG Abs. 6 VOL/A 2009 deckt sich mit § 6 Abs. 5 VOL/A 2009; vgl. daher die Kommentierung zu → § 6 VOL/A Rdn. 163 ff.

126.8 Teilnahme von vorbefassten Bietern oder Bewerbern (§ 6 EG Abs. 7)

11541 Die Vorschrift des § 6 EG Abs. 7 VOL/A 2009 deckt sich mit § 6 Abs. 6 VOL/A 2009; vgl. daher die Kommentierung zu → § 6 VOL/A Rdn. 224 ff.

127. § 7 EG – Nachweis der Eignung

(1) **Von den Unternehmen dürfen zum Nachweis ihrer Fachkunde, Leistungsfähigkeit und Zuverlässigkeit (Eignung) nur Unterlagen und Angaben gefordert werden, die durch den Gegenstand des Auftrags gerechtfertigt sind. Grundsätzlich sind Eigenerklärungen zu verlangen. Die Forderung von anderen Nachweisen als Eigenerklärungen haben die Auftraggeber in der Dokumentation zu begründen.**

(2) **In finanzieller und wirtschaftlicher Hinsicht kann von dem Unternehmen zum Nachweis seiner Leistungsfähigkeit in der Regel Folgendes verlangt werden:**

a) **Vorlage entsprechender Bankauskünfte,**

b) **bei Dienstleistungsaufträgen entweder entsprechende Bankerklärungen oder den Nachweis entsprechender Berufshaftpflichtversicherungsdeckung,**

c) **Vorlage von Bilanzen oder Bilanzauszügen des Unternehmens, falls deren Veröffentlichung nach dem Gesellschaftsrecht des Staates, in dem das Unternehmen ansässig ist, vorgeschrieben ist,**

d) **Erklärung über den Gesamtumsatz des Unternehmens sowie den Umsatz bezüglich der besonderen Leistungsart, die Gegenstand der Vergabe ist, jeweils bezogen auf die letzten drei Geschäftsjahre.**

(3) **In fachlicher und technischer Hinsicht kann das Unternehmen je nach Art, Menge und Verwendungszweck der zu erbringenden Leistung seine Leistungsfähigkeit folgendermaßen nachweisen:**

a) **durch eine Liste der wesentlichen in den letzten drei Jahren erbrachten Leistungen mit Angabe des Rechnungswertes, der Leistungszeit sowie der öffentlichen oder privaten Auftraggeber:**

– **bei Leistungen an öffentliche Auftraggeber durch eine von der zuständigen Behörde ausgestellte oder beglaubigte Bescheinigung,**

– **bei Leistungen an private Auftraggeber durch eine von diesen ausgestellte Bescheinigung; ist eine derartige Bescheinigung nicht erhältlich, so ist eine einfache Erklärung des Unternehmens zulässig,**

b) **durch die Beschreibung der technischen Ausrüstung, der Maßnahmen des Unternehmens zur Gewährleistung der Qualität sowie der Untersuchungs- und Forschungsmöglichkeiten des Unternehmens,**

Vergabe- und Vertragsordnung für Leistungen Teil A EG § 7 **Teil 4**

c) durch Angaben über die technische Leitung oder die technischen Stellen, unabhängig davon, ob sie dem Unternehmen angeschlossen sind oder nicht, und zwar insbesondere über diejenigen, die mit der Qualitätskontrolle beauftragt sind,

d) bei Lieferaufträgen durch Muster, Beschreibungen und/oder Fotografien der zu erbringenden Leistung, deren Echtheit auf Verlangen des Auftraggebers nachgewiesen werden muss,

e) bei Lieferaufträgen durch Bescheinigungen der zuständigen amtlichen Qualitätskontrollinstitute oder -dienststellen, mit denen bestätigt wird, dass die durch entsprechende Bezugnahmen genau gekennzeichneten Leistungen bestimmten Spezifikationen oder Normen entsprechen,

f) sind die zu erbringenden Leistungen komplexer Art oder sollen sie ausnahmsweise einem besonderen Zweck dienen, durch eine Kontrolle, die von den Behörden des Auftraggebers oder in deren Namen von einer anderen damit einverstandenen zuständigen amtlichen Stelle aus dem Land durchgeführt wird, in dem das Unternehmen ansässig ist; diese Kontrolle betrifft die Produktionskapazitäten und erforderlichenfalls die Untersuchungs- und Forschungsmöglichkeiten des Unternehmens sowie die von diesem zur Gewährleistung der Qualität getroffenen Vorkehrungen,

g) durch Studiennachweise und Bescheinigungen über die berufliche Befähigung, insbesondere der für die Leistungen verantwortlichen Personen.

(4) Die Auftraggeber können Eignungsnachweise, die durch Präqualifizierungsverfahren erworben werden, zulassen.

(5) Die Auftraggeber geben bereits in der Bekanntmachung an, welche Nachweise vorzulegen sind. Kann ein Unternehmen aus einem stichhaltigen Grund die vom Auftraggeber geforderten Nachweise nicht beibringen, so kann es seine Leistungsfähigkeit durch Vorlage anderer, vom Auftraggeber für geeignet erachteter Belege nachweisen.

(6) Als Nachweis dafür, dass die Kenntnis gemäß § 6 EG Absatz 4 unrichtig ist und die dort genannten Fälle nicht vorliegen, akzeptieren die Auftraggeber einen Auszug aus dem Bundeszentralregister oder eine gleichwertige Urkunde einer zuständigen Gerichts- oder Verwaltungsbehörde des Herkunftslands. Wenn eine Urkunde oder Bescheinigung vom Herkunftsland nicht ausgestellt wird oder nicht vollständig alle vorgesehenen Fälle erwähnt, kann dies durch eine eidesstattliche Erklärung oder eine förmliche Erklärung vor einer zuständigen Gerichts- oder Verwaltungsbehörde, einem Notar oder einer dafür qualifizierten Berufsorganisation des Herkunftslands ersetzt werden.

(7) Die Auftraggeber können von den Bewerbern oder Bietern entsprechende Bescheinigungen der zuständigen Stellen oder Erklärungen darüber verlangen, dass die in § 6 EG Absatz 6 genannten Ausschlussgründe auf sie nicht zutreffen. Als ausreichender Nachweis für das Nichtvorliegen der in § 6 EG Absatz 6 genannten Tatbestände sind zu akzeptieren:

– bei den Buchstaben a und b ein Auszug aus dem Strafregister, eine Erklärung der Stelle, die das Insolvenzregister führt, oder – in Ermangelung solcher – eine gleichwertige Bescheinigung einer Gerichts- oder Verwaltungsbehörde des Ursprungs- oder Herkunftslandes des Unternehmens, aus der hervorgeht, dass sich das Unternehmen nicht in einer solchen Lage befindet,

– bei dem Buchstaben d eine von der zuständigen Behörde des betreffenden Mitgliedstaates ausgestellte Bescheinigung.

Wird eine solche Bescheinigung in dem betreffenden Land nicht ausgestellt oder werden darin nicht alle in § 6 EG Absatz 6 Buchstaben a bis c vorgesehenen Fälle erwähnt, so kann sie durch eine eidesstattliche Erklärung ersetzt werden, die das betreffende Unternehmen vor einer Gerichts- oder Verwaltungsbehörde, einem Notar oder jeder anderen befugten Behörde des betreffenden Staates abgibt.

In den Staaten, in denen es einen derartigen Eid nicht gibt, kann dieser durch eine feierliche Erklärung ersetzt werden. Die zuständige Behörde oder der Notar stellen eine Bescheinigung über die Echtheit der eidesstattlichen oder der feierlichen Erklärung aus.

Teil 4 EG § 7   Vergabe- und Vertragsordnung für Leistungen Teil A

(8) Unternehmen können aufgefordert werden, den Nachweis darüber zu erbringen, dass sie im Berufs- oder Handelsregister nach Maßgabe der Rechtsvorschriften des Landes der Gemeinschaft oder des Vertragsstaates des EWR-Abkommens eingetragen sind, in dem sie ansässig sind.

(9) Ein Unternehmen kann sich, auch als Mitglied einer Bietergemeinschaft, zum Nachweis der Leistungsfähigkeit und Fachkunde der Fähigkeiten anderer Unternehmen bedienen, ungeachtet des rechtlichen Charakters der zwischen ihm und diesen Unternehmen bestehenden Verbindungen. Es muss in diesem Fall dem Auftraggeber nachweisen, dass ihm die erforderlichen Mittel bei der Erfüllung des Auftrags zur Verfügung stehen, indem es beispielsweise eine entsprechende Verpflichtungserklärung dieser Unternehmen vorlegt.

(10) Verlangen die Auftraggeber zum Nachweis dafür, dass das Unternehmen bestimmte Qualitätsanforderungen erfüllt, die Vorlage von Bescheinigungen von unabhängigen Qualitätsstellen, so nehmen diese auf Qualitätsnachweisverfahren auf der Grundlage der einschlägigen Normen und auf Bescheinigungen Bezug, die durch Stellen zertifiziert sind, die den europäischen Zertifizierungsnormen entsprechen. Gleichwertige Bescheinigungen von Stellen aus anderen Mitgliedstaaten sind anzuerkennen. Die Auftraggeber erkennen auch andere gleichwertige Nachweise für Qualitätssicherungsmaßnahmen an.

(11) Verlangen bei der Vergabe von Dienstleistungsaufträgen die Auftraggeber als Nachweis der technischen Leistungsfähigkeit, dass die Unternehmen bestimmte Normen für die Umweltmanagement erfüllen, die Vorlage von Bescheinigungen unabhängiger Stellen, so nehmen sie auf das Gemeinschaftssystem für das Umweltmanagement und die Umweltbetriebsprüfung (EMAS) oder auf Normen für das Umweltmanagement Bezug, die auf den einschlägigen europäischen oder internationalen Normen beruhen und von entsprechenden Stellen zertifiziert sind, die dem europäischen Gemeinschaftsrecht oder europäischen oder internationalen Zertifizierungsnormen entsprechen. Gleichwertige Bescheinigungen von Stellen in anderen Mitgliedstaaten sind anzuerkennen. Die Auftraggeber erkennen auch andere Nachweise für gleichwertige Umweltmanagementmaßnahmen an, die von den Unternehmen vorgelegt werden.

(12) Die Unternehmen sind verpflichtet, die geforderten Nachweise vor Ablauf der Teilnahme- oder der Angebotsfrist oder der nach § 19 EG Absatz 2 vorgesehenen Frist einzureichen, wenn diese nicht für den Auftraggeber auf elektronischem Weg verfügbar sind.

(13) Die Auftraggeber können Unternehmen auffordern, die vorgelegten Nachweise zu vervollständigen oder zu erläutern.

127.1 Änderungen in der VOL/A 2009

11542   § 7 EG Abs. 1 Satz 2 verpflichtet den Auftraggeber, im Rahmen der **Prüfung der Eignung** grundsätzlich nur Eigenerklärungen zu verlangen.

11543   § 7 EG Abs. 2 lit. a) eröffnet die Möglichkeit, **auch für Dienstleistungsaufträge die Vorlage entsprechender Bankauskünfte** zu verlangen.

11544   Mit § 7 EG Abs. 4 wird das **Präqualifikationsverfahren auch für den VOL-Bereich eingeführt**.

11545   § 7 EG Abs. 12 verpflichtet die **Bieter nur dann zur Vorlage geforderter Nachweise** innerhalb bestimmter Fristen, wenn die **Nachweise für den Auftraggeber nicht elektronisch verfügbar** sind.

11546   § 7 EG Abs. 13 spricht **nicht mehr von Bescheinigungen, sondern von Nachweisen**.

127.2 Vergleichbare Vorschriften

11547   Vgl. die **Kommentierung zu** → § 6 VOL/A Rdn. 7.

127.3 Bieterschützende Regelung

11548   Vgl. die **Kommentierung zu** → § 6 VOL/A Rdn. 8.

127.4 Nachweis der Eignung (§ 7 EG Abs. 1, Abs. 2, Abs. 3, Abs. 4)

127.4.1 Begriff der Eignung (§ 7 EG Abs. 1 Satz 1)

Die **Eignung** setzt sich aus den Eigenschaften Fachkunde, Leistungsfähigkeit und Zuverlässigkeit zusammen. Im Gegensatz zur VOL/A 2006 **verwendet die VOL/A 2009 den Begriff der Eignung in § 7 EG nunmehr ausdrücklich.** 11549

127.4.2 Inhalt der Eignung

Vgl. dazu die Kommentierung zu → § 97 GWB Rdn. 555 ff. 11550

127.4.3 Allgemeine Anforderungen an vom Auftraggeber geforderte Angaben und Nachweise (Rechtfertigung durch den Gegenstand des Auftrags)

Vgl. die **Kommentierung zu** → **§ 6 VOL/A Rdn. 44**. 11551

127.4.4 Möglichkeiten der Feststellung der Eignung (§ 7 EG Abs. 1 Satz 2, Satz 3)

Vgl. die **Kommentierung zu** → **§ 6 VOL/A Rdn. 38 ff**. 11552

127.4.5 Nachweise in finanzieller und wirtschaftlicher Hinsicht (§ 7 EG Abs. 2)

127.4.5.1 Keine abschließende Aufzählung

Aus der Vorschrift des § 7 EG Abs. 2 und Abs. 3 VOL/A kann ein **abschließender Katalog von zulässigen Anforderungen** (ausgedrückt in den entsprechend vorzulegenden Nachweisen und Angaben) **nicht entnommen** werden. Je nach Eigenart der nachgefragten Leistung muss es dem Auftraggeber möglich sein, auch andere/weitere Anforderungen zu stellen (OLG Karlsruhe, B. v. 29. 8. 2008 – Az.: 15 Verg 8/08; VK Düsseldorf, B. v. 23. 5. 2008 – Az.: VK – 7/2008 – L). 11553

127.4.5.2 Inhalt

Vgl. die **Kommentierung zu** → **§ 6 VOL/A Rdn. 76 ff**. 11554

127.4.6 Nachweise in fachlicher und technischer Hinsicht (§ 7 EG Abs. 3)

127.4.6.1 Abschließende Aufzählung?

Die **Rechtsprechung** hierzu ist **nicht eindeutig**. 11555

Nach einer Auffassung kann bei einer europaweiten Ausschreibung der Auftraggeber die technische Leistungsfähigkeit und Fachkunde der Bieter an Hand der in **§ 7 EG Abs. 3 VOL/A** genannten Kriterien überprüfen. Der **dort angegebene Kriterienkatalog ist abschließend**; weitere Merkmale kann der Auftraggeber nicht heranziehen (2. VK Bund, B. v. 23. 5. 2002 – Az.: VK 2–16/02, B. v. 23. 5. 2002 – Az.: VK 2–18/02; VK Halle, B. v. 16. 8. 2001 – Az: VK Hal 14/01). 11556

Andere Vergabekammern hingegen betrachten die **Aufzählung als nicht abschließend**. Der Verordnungsgeber hatte ausgeführt, dass in der Regel die dort genannten Nachweise verlangt werden können. Damit hat er ausgeschlossen, dass die Vergabestelle auch noch weitere Unterlagen fordern kann. Darüber hinaus können nach § 7 EG Abs. 1 Satz 1 VOL/A von den Bewerbern zum Nachweis ihrer Eignung entsprechende Angaben gefordert werden, soweit es durch den Gegenstand des Auftrags gerechtfertigt ist (VK Magdeburg, B. v. 24. 10. 2001 – Az.: 33–32571/07 VK 18/01 MD). Außerdem **muss es einem Auftraggeber möglich bleiben, auch außerhalb des Kataloges des § 7 EG Abs. 3 VOL/A spezifische Eignungskriterien festzulegen**, die zur sachgerechten Prüfung der fachlichen Eignung eines Bieter geeignet sind, sofern er dies den Teilnehmern am Wettbewerb zur Kenntnis bringt (VK Düsseldorf, B. v. 23. 5. 2008 – Az.: VK – 7/2008 – L; 3. VK Saarland, B. v. 19. 1. 2004 – Az.: 3 VK 05/ 2003). 11557

Teil 4 EG § 7 Vergabe- und Vertragsordnung für Leistungen Teil A

127.4.6.2 Inhalt

11558 Vgl. die **Kommentierung zu** → **§ 6 VOL/A Rdn. 127 ff.**

127.5 Angabe der vorzulegenden Nachweise bereits in der Bekanntmachung (§ 7 EG Abs. 5 Satz 1)

11559 Vgl. dazu die **Kommentierung zu** → **§ 12 VOL/A Rdn. 54 ff.**

127.6 Nachweis der Eignung auf andere Art (§ 7 EG Abs. 5 Satz 2)

127.6.1 Allgemeines

11560 Nach § 7 EG Abs. 5 Satz 2 kann ein Unternehmen dann, wenn es aus einem berechtigten Grund die geforderten Nachweise nicht beibringen kann, den Nachweis seiner Eignung durch Vorlage jedes anderen vom Auftraggeber als geeignet erachteten Belegs erbringen. Diese **Regelung entspricht der zwingenden Vorschrift des Art. 47 Abs. 5 der Vergabekoordinierungsrichtlinie**. Der **Auftraggeber** ist **verpflichtet**, die von ihm als geeignet erachteten **Belege anzuerkennen**.

127.6.2 Voraussetzungen

11561 Der **berechtigte Grund und die Vorlage eines anderen geeigneten Nachweises sind die kumulativen Voraussetzungen dafür, dass die Eignung anders als mit den geforderten Nachweisen belegt werden darf**. Sie ermöglichen lediglich ein anderes Mittel für den Nachweis, **erlauben es dagegen nicht, den Nachweis erst zu einem späteren Zeitpunkt zu erbringen** (2. VK Bund, B. v. 13. 6. 2007 – Az.: VK 2–51/07).

11562 Eine **Rechtfertigung** wird dem Bieter auch **nur aus solchen Umständen** erwachsen können, die **er nicht selbst** z.B. durch verspätete Antragstellung hinsichtlich eines Gewerbezentralregisterauszugs **verursacht** hat (2. VK Bund, B. v. 13. 6. 2007 – Az.: VK 2–51/07).

11563 Fordert der Auftraggeber **Nachweise von Sozialversicherungsträgern über die Beitragszahlungen** und sind **alle für einen Bieter tätigen Personen einschließlich der Geschäftsführer bei einer ihrer Muttergesellschaften angestellte „Leiharbeitnehmer"**, stellt dies einen stichhaltigen Grund im Sinne des § 7 EG Abs. 5 Satz 2 VOL/A dar, denn es **gibt niemanden, der dem Bieter die geforderten Unbedenklichkeitsbescheinigungen ausstellen könnte**. Die Grundsätze des Vergaberechts, insbesondere das Transparenz- und Gleichbehandlungsgebot, **gebieten allerdings, dass ein Bieter die Voraussetzungen der die Notwendigkeit der Vorlage geforderter Nachweise suspendierenden Ausnahmenorm innerhalb der Vorlagefrist darlegt und zugleich geeignete Belege** – wie etwa den Gestellungsvertrag – **beifügt**. Ansonsten ist das Angebot unvollständig und gegebenenfalls zwingend auszuschließen (OLG Koblenz, B. v. 4. 7. 2007 – Az.: 1 Verg 3/07).

127.6.3 Weitere Beispiele aus der Rechtsprechung

11564 – muss der Bieter **nach der Vergabebekanntmachung** im Bereich technische Leistungsfähigkeit nachweisen, dass er in der Lage ist, den Anforderungen des Auftraggebers an die Beihilfespezifische Belegverarbeitung nachzukommen und **für den Nachweis der technischen Leistungsfähigkeit nachvollziehbare Referenzen „für ähnlich gelagerte Aufträge"** vorlegen und fordert der Auftraggeber in den Verdingungsunterlagen die Vorlage von mindestens zwei Referenzen „über entsprechende Installationen in vergleichbarer Größe und Komplexität aus dem Bereich der Belegerkennung bei privaten Krankenversicherungen", wird zum einen eine konkrete Mindestanzahl von Referenzen festgelegt und zum anderen die weiter gefasste Formulierung („ähnlich gelagerte Aufträge") auf den Bereich der privaten Krankenversicherung inhaltlich beschränkt. Diese **Einengung der Nachweismöglichkeiten** stellt eine – **unzulässige** – **inhaltliche Änderung der Nachweisanforderungen** dar (1. VK Bund, B. v. 11. 7. 2008 – Az.: VK 1–75/08)

127.7 Bescheinigungen oder Urkunden über das Nichtvorliegen der Ausschlussgründe des § 6 EG Abs. 4 (§ 7 EG Abs. 6)

Zu den **Ausschlussgründen des § 6 EG Abs. 4** vgl. die Kommentierung → Rdn. 8 ff. 11565

127.8 Bescheinigungen oder Erklärungen über das Nichtvorliegen der Ausschlussgründe des § 6 EG Abs. 6 (§ 7 EG Abs. 7)

Zu den **Ausschlussgründen des § 6 EG Abs. 6** vgl. die Kommentierung → Rdn. 14. 11566

127.9 Nachweise über Eintragungen im Berufs- oder Handelsregister (§ 7 EG Abs. 8)

Der **Auftraggeber kann die Unternehmen auffordern**, einen Nachweis über die Eintragung in einem Berufs- oder Handelsregister vorzulegen. Zur **Eintragung in ein Berufs- oder Handelsregister** vgl. die Kommentierung zu → § 6 VOL/A Rdn. 137 ff. 11567

127.10 Berücksichtigung der Fähigkeiten Dritter (§ 7 EG Abs. 9)

127.10.1 Allgemeines

Nach § 7 EG Abs. 9 können Bieter sich, gegebenenfalls auch als Mitglied einer Bietergemeinschaft, bei der Erfüllung eines Auftrags der Fähigkeiten anderer Unternehmen bedienen, ungeachtet des rechtlichen Charakters der zwischen ihm und diesen Unternehmen bestehenden Verbindungen. Er muss in diesem Fall dem Auftraggeber gegenüber nachweisen, dass ihm die erforderlichen Mittel zur Verfügung stehen, indem er beispielsweise eine entsprechende Verpflichtungserklärung dieser Unternehmen vorlegt. Die Regelung setzt die **Rechtsprechung des EuGH zur Zulässigkeit eines Generalunternehmer- bzw. Generalübernehmereinsatzes um**; vgl. insoweit die **Kommentierung** zu → § 97 GWB Rdn. 438 ff. und Rdn. 501 ff. 11568

127.10.2 Zeitpunkt der Vorlage des Verfügbarkeitsnachweises (§ 7 EG Abs. 9 Satz 2)

Nach dem **Wortlaut des § 7 EG Abs. 9 VOL/A muss der Verfügbarkeitsnachweis nicht mit dem Angebot vorgelegt** werden. Die **Vorschrift dient der Umsetzung der Europäischen Richtlinie 2004/18/EG** des Europäischen Parlaments und des Rates vom 31. März 2004. Nach dem Inhalt des § 7 EG Abs. 9 VOL/A und in dem Verständnis, dass mit dieser Vorschrift die Umsetzung der entsprechenden Vorschriften der Europäischen Richtlinie 2004/18/EG , Art 48 Abs. 3 und 4 erfolgte, ist damit **folgendes festzustellen**, dass der **Nachweis, dass dem Bieter die Mittel aller Mitglieder der Gemeinschaft oder die der zur Auftragsdurchführung Nachunternehmer zur Verfügung stehen, nicht allein auf die Abgabe von entsprechenden „Verpflichtungserklärungen" beschränkt** ist, das **einen bestimmten Zeitpunkt, bis zu dem dieser Nachweis zu führen ist, weder die nationale, noch die europäische Vorschrift festlegt** und dass **auch Mitglieder von Bietergemeinschaften den Nachweis der Verfügbarkeit der Leistungen des jeweils anderen Mitglieds gegenüber der Vergabestelle zu führen** haben. Daraus folgt weiterhin, dass, soweit die Vergabestelle nicht eine andere Vorgabe gemacht hat, die **Nachweisführung** für die in Frage stehenden Tatsachen **also nicht auf den Zeitpunkt der Angebotsabgabe verkürzt** ist. **Auch nach Angebotsabgabe** kann damit ein entsprechender Nachweis – insbesondere dann, wenn die Vergabestelle einen Anlass für eine entsprechende Aufforderung des Bieters dazu hat – geführt werden (VK Münster, B. v. 28. 8. 2007 – Az.: VK 14/07, VK 15/07; VK Südbayern, B. v. 26. 9. 2008 – Az.: Z3-3-3194-1-25-07/08; VK Thüringen, B. v. 11. 2. 2008 – Az.: 360–4003.20–149/2008-004-EF). 11569

127.11 Qualitätssicherung und Zertifizierung (§ 7 EG Abs. 10)

127.11.1 Grundsatz

Nach § 7 EG Abs. 10 können Auftraggeber zum Nachweis dafür, dass Unternehmen bestimmte Qualitätssicherungsnormen erfüllt, die Vorlage von Bescheinigungen unabhängiger Stellen verlangen. Diese **Regelung entspricht der fakultativen Vorschrift des Art. 49 der Vergabekoordinierungsrichtlinie**. 11570

Teil 4 EG § 7 Vergabe- und Vertragsordnung für Leistungen Teil A

127.11.2 Zertifizierung

127.11.2.1 Hinweis

11571 Zu **allgemeinen Fragen der Zertifizierung** vgl. die Kommentierung zu → § 97 GWB Rdn. 801 ff.

127.11.2.2 Forderung nach einer Zertifizierung gemäß der Entsorgungsfachbetriebsverordnung

11572 Vgl. dazu die Kommentierung zu → § 6 VOL/A Rdn. 143 ff.

127.11.2.3 Literatur

11573 – Friedrich, Thomas/Zillmer, Matthias, Zwischenruf – Unzulässige Qualitätsmanagementsystem (QMS)-Forderung gegenüber Apotheken bei Ausschreibung der Hilfsmittelversorgung gemäß § 127 SGB V, SGb 2009, 351

127.12 Umweltmanagement (§ 7 EG Abs. 11)

11574 Nach § 7 EG Abs. 11 können die Auftraggeber **bei der Vergabe von Dienstleistungsaufträgen** als Nachweis der technischen Leistungsfähigkeit verlangen, dass die Unternehmen bestimmte Normen für das Umweltmanagement erfüllen. Diese **Regelung entspricht der fakultativen Vorschrift des Art. 50 der Vergabekoordinierungsrichtlinie**.

11575 Der Auftraggeber kann zum Nachweis dafür, dass der Bewerber oder Bieter bestimmte Normen für das Umweltmanagement erfüllt, die Vorlage von Bescheinigungen unabhängiger Stellen verlangen. In diesen Fällen kann er u. a. **auf das Gemeinschaftssystem für das Umweltmanagement und die Umweltbetriebsprüfung (EMAS)** Bezug nehmen.

11576 Der **Begriff EMAS steht für „Eco-Management and Audit Scheme"**. EMAS ist die höchste europäische Auszeichnung für betriebliches Umweltmanagement. Sie beruht auf der EG-Umwelt-Audit-Verordnung (Verordnung (EG) Nr. 761/2001). Das Bundesumweltministerium wirbt zusammen mit dem Bundeswirtschaftsministerium dafür, dass die Bundesbehörden in geeigneten Fällen die Teilnahme am europäischen Umweltmanagementsystem EMAS berücksichtigen. Mit einem gemeinsamen **Schreiben vom 30. 8. 2004** haben sich die beiden Ministerien an alle Bundesbehörden gewandt. In dem Schreiben der beiden Ministerien an die Bundesbehörden wird erläutert, wie EMAS bei der öffentlichen Auftragsvergabe berücksichtigt werden kann. Dem Schreiben liegen detaillierte Hinweise des Bundesumweltministeriums zum rechtlichen Rahmen bei.

11577 Die **Zertifizierung nach der DIN EN ISO 9001: 2000 ist keine Zertifizierung über ein Umweltmanagement**. Ein Umweltmanagement ist der Teilbereich des Managements einer Organisation, der sich mit den betrieblichen und behördlichen Umweltschutzbelangen der Organisation beschäftigt. Es dient zur Sicherung einer nachhaltigen Umweltverträglichkeit der betrieblichen Produkte und Prozesse einerseits sowie der Verhaltensweisen der Mitarbeiter andererseits. Die **Zertifizierung nach der DIN EN ISO 9001: 2000 bezieht sich hingegen auf ein Qualitätsmanagement**; die genannte DIN ist eine Qualitätsmanagementnorm. Die DIN beschreibt modellhaft das gesamte Qualitätsmanagementsystem einer Organisation. Das **Umweltmanagement kann Bestandteil des Qualitätsmanagements sein, ist dies jedoch nicht notwendig**. Rückschlüsse auf ein Umweltmanagement lassen sich deshalb aus einer Zertifizierung nach einer Qualitätsmanagementnorm nicht ziehen (VK Schleswig-Holstein, B. v. 22. 4. 2008 – Az.: VK-SH 03/08).

127.13 Zeitpunkt der Vorlage von geforderten Nachweisen (§ 7 EG Abs. 12)

127.13.1 Änderung in der VOL/A 2009

11578 Die Regelung des § 7 EG Abs. 12 ist **neu in die VOL/A 2009 aufgenommen** worden.

11579 Eine **vergleichbare Regelung kennt die VOB/A 2009 nicht**.

127.13.2 Ausdrückliche Regelung des Zeitpunkts der Vorlage

11580 § 7 EG Abs. 12 **statuiert für die Unternehmen (also die Bewerber und die Bieter) erstmals den Zeitpunkt**, an dem sie geforderte Nachweise vorlegen müssen, nämlich **vor**

Vergabe- und Vertragsordnung für Leistungen Teil A   EG § 7 **Teil 4**

Ablauf der Teilnahmefrist bei vorgeschalteten Teilnahmewettbewerben, **vor Ablauf der Angebotsfrist** bei der Abgabe von Angeboten und **vor Ablauf der nach § 19 EG Abs. 2 vom Auftraggeber bestimmten Frist** zur Nachlieferung von fehlenden Nachweisen.

127.13.3 Sachlicher Geltungsbereich (Nachweise)

Die §§ 6 und 7 EG VOL/A, in denen insbesondere auch die Vorlage von Eignungsnachweisen geregelt ist, **benutzen den Begriff des Nachweises durchgängig als Oberbegriff und subsumieren hierunter verschiedene Formen der Nachweisführung**. Vgl. dazu im Einzelnen die Kommentierung zu → § 6 VOL/A Rdn. 39. **§ 7 EG Abs. 12 umfasst damit – wie auch § 7 EG Abs. 13 – alle Formen von Nachweisen, also auch z. B. Eigenerklärungen**.   11581

127.13.4 Die Ausnahme der Verfügbarkeit auf elektronischem Weg für den Auftraggeber

Bieter und Bewerber sind nur verpflichtet, Nachweise zu einem bestimmten Zeitpunkt vorzulegen, wenn diese **Nachweise nicht für den Auftraggeber auf elektronischem Weg verfügbar** sind. Bei solchen Nachweisen gibt es also **keine Pflicht zur Vorlage**, ein Angebot ist deshalb nicht unvollständig. Sinn und Zweck der Regelung ist es, den **Aufwand der Nachweisführung für die Bieter und Bewerber möglichst gering** zu halten. Um den Aufwand beim Auftraggeber bei der Eignungsprüfung nicht deutlich zu erhöhen, müssen im Gegenzug die **Bewerber und Bieter dem Auftraggeber mitteilen, auf welchem elektronischen Weg** der Nachweis zur Verfügung steht.   11582

Ein praktischer Anwendungsfall der Regelung sind beispielsweise im Internet einsehbare **Handelsregistereintragungen**.   11583

127.14 Vervollständigung oder Erläuterung von Nachweisen (§ 7 EG Abs. 13)

127.14.1 Änderung in der VOL/A 2009

§ 7 EG Abs. 13 spricht **nicht mehr von Bescheinigungen, sondern von Nachweisen**.   11584

127.14.2 Sachlicher Anwendungsbereich (Nachweise)

Nach § 7 EG Abs. 13 kann der Auftraggeber Unternehmen auffordern, die vorgelegten Nachweise zu vervollständigen oder zu erläutern. Der **Satz bezieht sich von der Entstehungsgeschichte her auf alle Eignungsanforderungen** (OLG Düsseldorf, B. v. 14. 10. 2009 – Az.: VII-Verg 40/09; 1. VK Sachsen, B. v. 10. 10. 2008 – Az.: 1/SVK/051-08; im Ergebnis ebenso VK Schleswig-Holstein, B. v. 28. 1. 2008 – Az.: VK-SH 27/07).   11585

Die §§ 6 und 7 EG VOL/A, in denen insbesondere auch die Vorlage von Eignungsnachweisen geregelt ist, **benutzen den Begriff des Nachweises durchgängig als Oberbegriff und subsumieren hierunter verschiedene Formen der Nachweisführung**. Vgl. dazu im Einzelnen die Kommentierung zu → § 6 VOL/A Rdn. 39. **§ 7 EG Abs. 13 umfasst damit – wie § 7 EG Abs. 12 – alle Formen von Nachweisen, also auch z. B. Eigenerklärungen**.   11586

127.14.3 Vervollständigung oder Erläuterung

Die Regelung des § 7 EG Abs. 13 ist **inhaltlich gleichlautend** mit Art. 34 der Richtlinie 92/50/EWG vom 18. Juni 1992 bzw. **Art. 51 der Richtlinie 2004/18/EG vom 31. März 2004 (VKR)**. Diese **Bestimmung kann nicht als generelle Öffnungsklausel** dahin verstanden werden, dass das Nachreichen vollständig fehlender Eignungsunterlagen zulässig ist, solange nur ein einziger Eignungsnachweis beigefügt wurde. Die ergänzungsfähigen „vorgelegten Nachweise" im Sinn von § 7 EG Abs. 13 VOL/A sind **nicht als Gesamtheit aller geforderten Bescheinigungen zum Nachweis der Eignung** zu verstehen, so dass Nachweise bereits dann „vorgelegt" sind und dementsprechend nachträglich ergänzt werden dürfen, wenn überhaupt nur ir-   11587 gend ein Eignungs-Nachweis eingereicht wurde. Die **Bestimmung ist vielmehr dahin auszulegen, dass sie sich auf jeden einzelnen Eignungsnachweis isoliert bezieht** und der öffentliche **Auftraggeber demzufolge nur dazu auffordern darf, einen bestimmten Nachweis, der bereits vorgelegt wurde, inhaltlich zu vervollständigen oder zu erläutern und damit ggf. inhaltliche Lücken zu schließen**. Die Aspekte der Gleichbehandlung und Transparenz verbieten eine andere Handhabung (3. VK Bund, B. v. 25. 10. 2006 – Az.: VK 3–114/06; 2. VK Mecklenburg-Vorpommern, B. v. 7. 1. 2008 – Az.: 2 VK 5/07; 1. VK Sachsen, B. v. 10. 10. 2008 – Az.: 1/SVK/051-08).

11588   Der öffentliche Auftraggeber ist also **nur dann berechtigt, einen Bieter zur Vervollständigung aufzufordern, wenn ein konkreter Nachweis zwar vorgelegt wurde, dieser aber uneindeutig oder lückenhaft** ist. **Nicht dagegen bevollmächtigt diese Vorschrift den Auftraggeber, die Nachreichung bis zur Abgabefrist überhaupt nicht vorgelegter Bescheinigungen zu fordern**. Dies ergibt sich zum einen bereits aus dem Wortlaut („die vorgelegten Nachweise zu vervollständigen"), d. h., die Nachweise müssen bereits „vorgelegt" worden sein. Und „vervollständigen" kann man ohnehin nur etwas, das in Teilen bereits vorliegt. Zum anderen ergibt sich diese **Beschränkung auch aus allgemeinen vergaberechtlichen Prinzipien**. Die Nachforderung bestimmter Angaben stellt dann eine **Diskriminierung anderer Bieter** dar. Es ist nicht auszuschließen, dass die Nachforderung einen wie auch immer gearteten Wettbewerbsvorteil für diesen Bieter mit sich bringt, wodurch eine Diskriminierung anderer Bieter vorliegt. Insoweit ist z. B. ein **zeitlicher Vorteil**, der bei einer nachträglichen Einholung der geforderten Unterlagen anfällt, **nicht von der Hand zu weisen**. § 7 EG Abs. 13 VOL/A kann aber nicht als Rechtfertigungsnorm für eine Diskriminierung angesehen werden, sondern wird in seinem Anwendungsbereich gerade durch den Nichtdiskriminierungsgrundsatz beschränkt. Dem Nichtdiskriminierungsgrundsatz kann der Auftraggeber dadurch Genüge tun, dass er von ihm als nicht-zwingend angesehene Nachweise mit dem Zusatz „ist auf Verlangen vorzulegen" versieht oder die Möglichkeit des § 19 EG Abs. 2 nutzt. Dann ist eine Gleichbehandlung der Bieter möglich (1. VK Sachsen, B. v. 10. 10. 2008 – Az.: 1/SVK/051-08; VK Schleswig-Holstein, B. v. 28. 1. 2008 – Az.: VK-SH 27/07).

127.14.4 Vergleich zur VOF 2009

11589   § 7 EG Abs. 13 VOL/A 2009 enthält lediglich die Möglichkeit, dass die Auftraggeber Unternehmen auffordern können, die **vorgelegten Nachweise zu vervollständigen oder zu erläutern**. Eine ausdrückliche **Regelung wie in § 5 Abs. 3 VOF 2009**, dass fehlende Erklärungen und Nachweise nachgereicht werden können, ist damit **nicht verbunden**.

127.14.5 Regelungslücke für vorgeschaltete Teilnahmewettbewerbe im Bereich der VOL/A

11590   Mit Blick auf den Inhalt der Regelung des § 7 Abs. 13 VOL/A 2009 und der der Regelung des § 5 Abs. 3 VOF 2009 ergibt sich damit eine **Regelungslücke innerhalb der VOL/A 2009 für die Möglichkeit, fehlende Erklärungen und Nachweise in einem Teilnahmewettbewerb nachzufordern**.

11591   Vgl. dazu die Kommentierung zu → § 101 GWB Rdn. 48 ff.

128. § 8 EG – Leistungsbeschreibung, Technische Anforderungen

(1) **Die Leistung ist eindeutig und erschöpfend zu beschreiben, so dass alle Bewerber die Beschreibung im gleichen Sinne verstehen müssen und dass miteinander vergleichbare Angebote zu erwarten sind (Leistungsbeschreibung).**

(2) **Die technischen Anforderungen sind in der Leistungsbeschreibung zu formulieren:**
1. entweder unter Bezugnahme auf die im Anhang TS definierten technischen Spezifikationen in der Rangfolge:
    a) nationale Normen, mit denen europäische Normen umgesetzt werden,
    b) europäische technische Zulassungen,

c) gemeinsame technische Spezifikationen,

d) internationale Normen und andere technische Bezugssysteme, die von den europäischen Normungsgremien erarbeitet wurden oder,

e) falls solche Normen und Spezifikationen fehlen, nationale Normen, nationale technische Zulassungen oder nationale technische Spezifikationen für die Planung, Berechnung und Ausführung von Bauwerken und den Einsatz von Produkten;

jede Bezugnahme ist mit dem Zusatz „oder gleichwertig" zu versehen;

2. oder in Form von Leistungs- oder Funktionsanforderungen, die so genau zu fassen sind, dass sie ein klares Bild vom Auftragsgegenstand vermitteln und den Auftraggebern die Erteilung des Zuschlags ermöglichen;

3. oder als Kombination von Nummer 1 und 2, d. h.

a) in Form von Leistungsanforderungen unter Bezugnahme auf die Spezifikationen gemäß Nummer 1 als Mittel zur Vermutung der Konformität mit diesen Leistungs- und Funktionsanforderungen,

b) oder mit Bezugnahme auf die Spezifikationen gemäß Nummer 1, hinsichtlich bestimmter Merkmale und mit Bezugnahme auf die Leistungs- und Funktionsanforderungen gemäß Nummer 2 hinsichtlich anderer Merkmale.

(3) Verweisen die Auftraggeber auf die in Absatz 2 Nummer 1 Buchstabe a genannten technischen Anforderungen, so dürfen sie ein Angebot nicht mit der Begründung ablehnen, die angebotenen Waren und Dienstleistungen entsprächen nicht den von ihnen herangezogenen Spezifikationen, wenn die Unternehmen in ihren Angeboten den Auftraggebern mit geeigneten Mitteln nachweisen, dass die von ihnen vorgeschlagenen Lösungen den Anforderungen der technischen Spezifikation, auf die Bezug genommen wurde, gleichermaßen entsprechen. Als geeignete Mittel gelten insbesondere eine technische Beschreibung des Herstellers oder ein Prüfbericht einer anerkannten Stelle.

(4) Legen die Auftraggeber die technischen Anforderungen in Form von Leistungs- oder Funktionsanforderungen fest, so dürfen sie ein Angebot, das einer nationalen Norm, mit der eine europäische Norm umgesetzt wird oder einer europäischen technischen Zulassung, einer gemeinsamen technischen Spezifikation, einer internationalen Norm oder einem technischen Bezugssystem, das von den europäischen Normungsgremien erarbeitet wurde, entspricht, nicht zurückweisen, wenn diese Spezifikationen die von ihnen geforderten Leistungs- oder Funktionsanforderungen betreffen. Die Bieter müssen in ihren Angeboten mit geeigneten Mitteln nachweisen, dass die der Norm entsprechende jeweilige Ware oder Dienstleistung den Leistungs- oder Funktionsanforderungen der Auftraggeber entspricht. Als geeignete Mittel gelten insbesondere eine technische Beschreibung des Herstellers oder ein Prüfbericht einer anerkannten Stelle.

(5) Schreiben die Auftraggeber Umwelteigenschaften in Form von Leistungs- oder Funktionsanforderungen vor, so können sie die Spezifikationen verwenden, die in europäischen, multinationalen oder anderen Umweltzeichen definiert sind, wenn

a) sie sich zur Definition der Merkmale des Auftragsgegenstandes eignen,

b) die Anforderungen des Umweltzeichens auf der Grundlage von wissenschaftlich abgesicherten Informationen ausgearbeitet werden,

c) die Umweltzeichen im Rahmen eines Verfahrens erlassen werden, an dem interessierte Kreise wie staatliche Stellen, Verbraucher, Hersteller, Händler und Umweltorganisationen teilnehmen können und

d) das Umweltzeichen für alle Betroffenen zugänglich und verfügbar ist.

Die Auftraggeber können in den Vergabeunterlagen angeben, dass bei Waren oder Dienstleistungen, die mit einem Umweltzeichen ausgestattet sind, vermutet wird, dass sie den in der Leistungs- oder Aufgabenbeschreibung festgelegten technischen Anforderungen genügen. Die Auftraggeber müssen jedes andere geeignete Beweismittel, wie technische Unterlagen des Herstellers oder Prüfberichte anerkannter Stellen, akzeptieren.

(6) **Anerkannte Stellen** sind die Prüf- und Eichlaboratorien im Sinne des Eichgesetzes sowie die Inspektions- und Zertifizierungsstellen, die mit den anwendbaren europäischen Normen übereinstimmen. Die Auftraggeber erkennen Bescheinigungen von in anderen Mitgliedstaaten ansässigen anerkannten Stellen an.

(7) Soweit es nicht durch den Auftragsgegenstand gerechtfertigt ist, darf in den technischen Anforderungen nicht auf eine bestimmte Produktion oder Herkunft oder ein besonderes Verfahren oder auf Marken, Patente, Typen, einen bestimmten Ursprung oder eine bestimmte Produktion verwiesen werden, wenn dadurch bestimmte Unternehmen oder bestimmte Produkte begünstigt oder ausgeschlossen werden. Solche Verweise sind jedoch ausnahmsweise zulässig, wenn der Auftragsgegenstand nicht hinreichend genau und allgemein verständlich beschrieben werden kann; solche Verweise sind mit dem Zusatz „oder gleichwertig" zu versehen.

128.1 Änderungen in der VOL/A 2009

11592   Die **Überschrift** wurde **um die technischen Anforderungen erweitert**.

11593   In **§ 8 EG Abs. 1** sind die **allgemeinen Anforderungen an Leistungsbeschreibungen** aus § 7 Abs. 1 VOL/A **übernommen** worden.

11594   Ansonsten erfolgten **redaktionelle Änderungen und Klarstellungen**.

128.2 Hinweis

11595   **Vgl. zu den Punkten**

- Vergleichbare Regelungen

- Bieterschützende Vorschrift

- Grundsätze

- Festlegung der Liefer- bzw. Dienstleistungsaufgabe und damit Festlegung des Inhalts der Leistungsbeschreibung

- Festlegung des Sicherheitsniveaus einer Leistungsbeschreibung

- Notwendigkeit der Festlegung strategischer Ziele und Leistungsanforderungen in der Leistungsbeschreibung

- Pflicht der Vergabestelle, bestehende Wettbewerbsvorteile und -nachteile potentieller Bieter durch die Gestaltung der Vergabeunterlagen „auszugleichen"?

- Positionsarten einer Leistungsbeschreibung

- Auslegung der Leistungsbeschreibung

- Beistellungen im Rahmen von Dienstleistungsaufträgen

11596   die **Kommentierung zu** → **§ 7 VOL/A Rdn. 4ff.**

128.3 Eindeutigkeit der Leistungsbeschreibung (§ 8 EG Abs. 1)

11597   Vgl. dazu die **Kommentierung zu** → **§ 7 VOL/A Rdn. 85ff.**

128.4 Formulierung der technischen Anforderungen in der Leistungsbeschreibung (§ 8 EG Abs. 2)

128.4.1 Allgemeines

11598   § 8 EG Abs. 2 gibt dem **Auftraggeber drei Möglichkeiten**, die **technischen Anforderungen** in der Leistungsbeschreibung **zu formulieren**, nämlich **einmal** unter **Bezugnahme auf technische Spezifikationen** in einer bestimmten Rangfolge, **zum zweiten in Form von Leistungs- oder Funktionsanforderungen** und **drittens** als **Kombination** der beiden ersten Möglichkeiten.

Vergabe- und Vertragsordnung für Leistungen Teil A EG § 8 **Teil 4**

128.4.2 Technische Spezifikationen (§ 8 EG Abs. 2 Nr. 1)

128.4.2.1 Begriff

128.4.2.1.1 Allgemeines. Der Begriff „technische Spezifikation" wird **unterschiedlich** 11599
verwendet: Teilweise werden die **konkreten technischen Anforderungen im Leistungsverzeichnis** als „technische Spezifikationen" angesehen, teilweise werden darunter **nur die technischen Regelwerke** verstanden. Die **Begriffsbestimmungen im Anhang TS zur VOL/A sind insoweit nicht eindeutig.** Nach Nr. 1 des Anhangs TS sind technische Spezifikationen sämtliche, insbesondere in den Verdingungsunterlagen enthaltenen, technischen Anforderungen an eine Bauleistung, ein Material, ein Erzeugnis oder eine Lieferung, mit deren Hilfe die Bauleistung, das Material, das Erzeugnis oder die Lieferung so bezeichnet werden können, dass sie ihren durch den öffentlichen Auftraggeber festgelegten Verwendungszweck erfüllen. Danach könnten auch die technischen Anforderungen im Leistungsverzeichnis als „technische Spezifikation" angesehen werden. Nach Nr. 2 des Anhangs TS wird dagegen eine „Norm" als technische Spezifikation bezeichnet (Brandenburgisches OLG, B. v. 20. 8. 2002 – Az.: Verg W 6/02; OLG Koblenz, B. v. 15. 5. 2003 – Az.: 1 Verg. 3/03; VK Südbayern, B. v. 10. 6. 2005 – Az.: 20-04/05).

Nach einer anderen Auffassung zählen individuelle Festlegungen des Leistungsver- 11600
zeichnisses an die zu erbringende Leistung **nicht zu den technischen Spezifikationen**. Dies ergibt sich aus § 9 Nr. 4 Abs. 2 und 3 VOB/A (a. F.), wonach in den Verdingungsunterlagen auf die technischen Spezifikationen Bezug zu nehmen ist (OLG München, B. v. 11. 8. 2005 – Az.: Verg 012/05; VK Münster, B. v. 17. 6. 2005 – Az.: VK 12/05; VK Nordbayern, B. v. 13. 2. 2007 – Az.: 21.VK – 3194 – 02/07; B. v. 18. 1. 2005 – Az.: 320.VK – 3194 – 54/04; VK Südbayern, B. v. 10. 6. 2005 – Az.: 20-04/05). Bei einem **anderen Verständnis** könnte außerdem der Auftraggeber **individuelle auf das Bauvorhaben bezogene technische Vorgaben, auf welche er Wert legt, nicht mehr verbindlich festlegen.** Denn jedes von den Angaben abweichende Angebot wäre dann als Hauptangebot nach § 13 Abs. 2 VOB/A zu werten, sofern es dem geforderten Schutzniveau in Bezug auf Sicherheit, Gesundheit und Gebrauchstauglichkeit entspricht (OLG München, B. v. 28. 7. 2008 – Az.: Verg 10/08).

Diese **unterschiedliche Rechtsprechung hat weiterhin Bestand**, da sich an den **Defini-** 11601
tionen des Anhangs TS insoweit nichts geändert hat und die **technischen Spezifikationen in den Verdingungsunterlagen zu formulieren sind** entweder unter Bezug auf die in Anhang TS definierten technischen Spezifikationen in einer bestimmten Reihenfolge oder in Form von Leistungs- oder Funktionsanforderungen, die genau so zu fassen sind, dass sie den Bewerbern oder Bietern ein klares Bild vom Auftragsgegenstand vermitteln und dem Auftraggeber die Erteilung des Zuschlags ermöglichen oder als Kombination von beidem (§ 8 EG Abs. 2).

Vom Grundsatz her kann diese **Rechtsprechung auch auf die VOL/A übertragen** wer- 11602
den.

128.4.2.1.2 DIN-Normen. Bei der **Normreihe DIN** handelt es sich um **technische** 11603
Spezifikationen entsprechend der Begriffsbestimmung im Anhang TS Ziffer 1. Sie sind produktbezogen. Die **DIN-Normen sind keine Rechtsnormen, sondern private technische Regelungen mit Empfehlungscharakter.** DIN-Normen können die anerkannten Regeln der Technik wiedergeben oder hinter diesen zurückbleiben. Sie werden von dem gemeinnützigen Verein Deutsche Normen erarbeitet und von ihm herausgegeben. Bei Stoffen und Bauteilen, für die DIN-Normen bestehen, muss die Beschreibung der DIN-Güte- und Maßbestimmungen entsprechen (VK Brandenburg, B. v. 24. 1. 2002 – Az.: 2 VK 114/01).

Der **Auftraggeber** ist **nicht gehindert**, bei den Anforderungen an eine Leistung im Rah- 11604
men der Leistungsbeschreibung **über die Vorgaben der jeweiligen DIN hinauszugehen**. DIN-Normen spiegeln einen bestimmten technischen Standard wieder, der aber durch die laufende Fortentwicklung von Produkten überholt werden kann (VK Münster, B. v. 20. 4. 2005 – Az.: VK 6/05).

Ist eine **geplante europäische Norm** für ein Produkt, die ein einheitliches Prüfungsverfah- 11605
ren für Europa enthalten und die Vergleichbarkeit garantieren soll, **nicht bekannt gemacht und in Kraft getreten,** kann diese auch nicht einer Ausschreibung zugrunde gelegt werden (VK Südbayern, B. v. 29. 1. 2007 – Az.: Z3-3-3194-1-37–11/06).

128.4.2.1.3 Forderung nach einer RAL-Zertifizierung von Produkten. Die Forde- 11606
rung eines Auftraggebers nach RAL-Zertifizierung stellt **nicht eine Vorgabe bestimmter**

Teil 4 EG § 8 Vergabe- und Vertragsordnung für Leistungen Teil A

Erzeugnisse oder Verfahren im Sinne des § 8 EG Abs. 7 VOL/A dar, da grundsätzlich jedem Hersteller die Möglichkeit offen steht, seine Produkte RAL zertifizieren zu lassen. Es liegt jedoch ein **Verstoß gegen § 8 EG Abs. 2 VOL/A** vor. Danach darf auf Normen Bezug genommen werden. Diese müssen jedoch allgemein anerkannt sein und dürfen Anbieter aus anderen Mitgliedstaaten nicht benachteiligen, was bei europaweit eingeführten Normen durch einen Zusatz (z. B. – EN) angezeigt wird. Bei nur nationalen Normen und Zertifizierungen wie z. B. dem RAL-Gütezeichen, die naturgemäß Produkten aus dem EU-Ausland nicht zu eigen sind, **muss hingegen zwingend der Zusatz „oder gleichwertig" erfolgen, nur dann können die im Bezug genommenen Normen als diskriminierungsfreie Richtwerte verstanden werden** (OLG Koblenz, B. v. 15. 3. 2001 – Az.: 1 Verg. 1/01; VK Berlin, B. v. 15.02.206 – Az.: VK – B 1–63/05; 3. VK Hessen, B. v. Juni 2001 – Az.: 69 d VK 14/2001; VK Köln, B. v. 3. 7. 2002 – Az.: VK VOL 4/2002; VK Rheinland-Pfalz, B. v. 13. 2. 2001 – Az.: VK 28/00; 3. VK Saarland, B. v. 19. 1. 2004 – Az.: 3 VK 05/2003; VK Thüringen, B. v. 7. 2. 2006 – Az.: 360–4002.20–063/05-EF-S).

11607   **128.4.2.1.4 NATO-Vorschriften.** Es ist **fraglich**, ob auf einer NATO-Vorschrift basierende technische Vorgaben technische Spezifikationen im Sinne des insoweit maßgeblichen Anhangs TS (Technische Spezifikationen) der VOL/A sind (1. VK Bund, B. v. 11. 11. 2003 – Az.: VK 1–103/03).

128.4.2.2 Formulierung von technischen Spezifikationen unter Bezugnahme auf die in Anhang TS definierten technischen Spezifikationen

11608   Werden **technische Spezifikationen in den Vergabeunterlagen** unter Bezug auf die in Anhang TS definierten technischen Spezifikationen formuliert und zwar **durch Bezugnahme auf nationale Normen**, mit denen europäische Normen umgesetzt werden, **europäische technische Zulassungen, gemeinsame technische Spezifikationen, internationale Normen und andere technische Bezugssysteme**, die von den europäischen Normungsgremien erarbeitet wurden oder, falls solche Normen und Spezifikationen fehlen, **nationale Normen, nationale technische Zulassungen oder nationale technische Spezifikationen für die Planung, Berechnung und Ausführung von Bauwerken und den Einsatz von Produkten**, ist **jede Bezugnahme mit dem Zusatz „oder gleichwertig" zu versehen**.

11609   Werden **technische Spezifikationen in den Vergabeunterlagen** dagegen formuliert in Form von Leistungs- oder Funktionsanforderungen, **entfällt** der **Zusatz „oder gleichwertig"**.

128.5 Ersetzung von nationalen Normen (§ 8 EG Abs. 3)

11610   Verweist der Auftraggeber in der Leistungs- oder Aufgabenbeschreibung **auf die in nationalen Normen genannten Spezifikationen**, so darf er ein Angebot nicht mit der Begründung ablehnen, die angebotene Leistung entspräche nicht den herangezogenen Spezifikationen, sofern der **Bieter in seinem Angebot dem Auftraggeber nachweist, dass die von ihm vorgeschlagenen Lösungen den Anforderungen der technischen Spezifikation, auf die Bezug genommen wurde, gleichermaßen entsprechen**. Als geeignetes Mittel kann eine technische Beschreibung des Herstellers oder ein Prüfbericht einer anerkannten Stelle gelten. Die **Nachweispflicht liegt** also **beim Bieter**.

128.6 Ersetzung von Leistungs- oder Funktionsanforderungen (§ 8 EG Abs. 4)

11611   Nimmt ein **Bieter zur Darlegung der Erfüllung der vom Auftraggeber geforderten Leistungs- oder Funktionsanforderungen** auf nationale Normen, mit der eine europäische Norm umgesetzt wird oder eine europäische technische Zulassung, eine gemeinsame technische Spezifikation, eine internationale Norm oder ein technisches Bezugssystem, das von den europäischen Normungsgremien erarbeitet wurde, **Bezug, muss er dem Auftraggeber nachweisen**, dass die der Norm entsprechende jeweilige Leistung den Leistungs- oder Funktionsanforderungen des Auftraggebers entspricht. Die **Bestimmung** stimmt mit den Regelungen in **Art. 23 Abs. 5 der Richtlinie 2004/18/EG überein** (OLG Düsseldorf, B. v. 22. 10. 2009 – Az.: VII-Verg 25/09).

128.7 Spezifikationen für Umwelteigenschaften (§ 8 EG Abs. 5, Abs. 6)

Schreibt der Auftraggeber **Umwelteigenschaften in Form von Leistungs- oder Funktionsanforderungen** vor, so kann er unter bestimmten Bedingungen die Spezifikationen verwenden, die in **europäischen, multinationalen Umweltzeichen oder anderen Umweltzeichen definiert** sind. 11612

128.8 Verweis auf Produktion oder Herkunft oder ein besonderes Verfahren oder auf Marken, Patente, Typen eines bestimmten Ursprungs oder einer bestimmten Produktion (§ 8 EG Abs. 7)

128.8.1 Vergleich mit den Regelungen der Basisparagraphen

Für Verfahren ab den Schwellenwerten sind die **Änderungen in den Basisparagraphen nicht vollzogen** worden. 11613

128.8.2 Grundsatz, Ausnahmen und Hinweis

Trotz der im Vergleich zu den Basisparagraphen unterschiedlichen Formulierungen **gilt auch für Verfahren ab den Schwellenwerten der Grundsatz, dass produkt-, hersteller- und verfahrensneutral** ausgeschrieben werden muss. Von diesem Grundsatz gibt es **zwei Ausnahmen**, dass nämlich eine **Rechtfertigung durch den Auftragsgegenstand** vorliegt bzw. dass der **Auftragsgegenstand nicht hinreichend genau und allgemein verständlich beschrieben werden kann**. 11614

Im Ergebnis kann also die **Rechtsprechung zu § 7 Abs. 3 und Abs. 4 auch für Ausschreibungen ab den Schwellenwerten (§ 8 EG Abs. 7) verwendet** werden. Vgl. daher die Kommentierung zu → § 7 VOL/A Rdn. 310ff. 11615

128.9 Modifizierung der VOL/A für den Kauf oder bei Ersetzung oder Nachrüstung technischer Geräte und Ausrüstungen durch § 4 Abs. 6 VgV

128.9.1 Text

Beim Kauf technischer Geräte und Ausrüstungen oder bei Ersetzung oder Nachrüstung vorhandener technischer Geräte und Ausrüstungen sind im Falle des Absatzes 1 die Bestimmungen des Abschnittes 2 des Teiles A der VOL/A mit folgenden Maßgaben anzuwenden: 11616

– § 8 EG VOL/A findet mit der Maßgabe Anwendung, dass mit der Leistungsbeschreibung im Rahmen der technischen Anforderungen von den Bietern Angaben zum Energieverbrauch von technischen Geräten und Ausrüstungen zu fordern sind; dabei ist in geeigneten Fällen eine Analyse minimierter Lebenszykluskosten oder eine vergleichbare Methode zur Gewährleistung der Wirtschaftlichkeit vom Bieter zu fordern

128.9.2 Hintergrund (Verordnungsbegründung zu § 4 Abs. 6 VgV)

§ 4 Abs. 6 VgV dient der **Umsetzung des vergaberelevanten Teils der Energieeffizienzrichtlinie**. 11617

Zur Sicherstellung der Vorbildfunktion der öffentlichen Hand auf dem Gebiet der Energieeffizienz werden in § 6 Absatz 2 VgV der vergaberelevante Teil der Richtlinie 2006/32/EG des Europäischen Parlaments und des Rates vom 05. April 2006 über Energieeffizienz und Energiedienstleistungen und zur Aufhebung der Richtlinie 93/76/EWG des Rates (ABl. L 114 vom 5. 4. 2006, S. 64) (Energieeffizienzrichtlinie), nämlich Artikel 5 sowie der Anhang VI, Buchstabe c) und Buchstabe d) Maßnahmen aus der Liste der förderungsfähigen Maßnahmen im Bereich der energieeffizienten öffentlichen Beschaffung, umgesetzt. 11618

Um eine Aufsplitterung vergaberechtlicher Regelungen zu vermeiden, werden diese Vorgaben in die VgV übernommen. Dies dient zum einen der Anwenderfreundlichkeit, und zum anderen wird so die Anwendung von Energieeffizienzkriterien im Vergabeverfahren am besten 11619

Teil 4 EG § 9 Vergabe- und Vertragsordnung für Leistungen Teil A

gewährleistet. Gleichzeitig wird dem Beschluss der Bundesregierung vom 28. 6. 2006 zur Vereinheitlichung des Vergaberechts Rechnung getragen. Entsprechende Regelungen finden sich in § 7 Abs. 4 SektVO.

11620 Die Aufnahme dieser Regelung soll die Bedeutung der Berücksichtigung von Energieeffizienzkriterien bei der Beschaffung hervorheben. Die Berücksichtigung weiterer, insbesondere umweltbezogener Kriterien, ist keinesfalls ausgeschlossen. Im Gegenteil, es können auch andere umweltbezogenen Kriterien Berücksichtigung finden.

11621 Bezüglich der noch ausstehenden Umsetzung der Richtlinie „saubere Fahrzeuge" haben BMWi und BMU folgendes vereinbart: Die Bundesregierung geht in Übereinstimmung mit der Rechtsauffassung der Europäischen Kommission davon aus, dass die energieeffiziente Beschaffung von Fahrzeugen im Rahmen der Umsetzung der Richtlinie 2009/33/EG in nationales Recht erfolgen wird.

128.9.3 Regelungstechnischer Anwendungsbereich

11622 Nach § 4 Abs. 6 VgV steht die Anwendung dieser Regelung unter dem **Vorbehalt, dass § 4 Abs. 1 VgV Anwendung findet**; dies wiederum bedeutet, dass die Regelung des § 4 Abs. 6 nur für den Bereich des zweiten Abschnitts der VOL/A zwingend anzuwenden ist, **also nur Ausschreibungen ab den Schwellenwerten betrifft**. Dementsprechend ist in der Verweisung auf die VOL/A auch **nur § 8 EG VOL/A aufgeführt**.

128.9.4 Sachlicher Anwendungsbereich

11623 § 4 Abs. 6 VgV betrifft **nur solche Leistungsbeschreibungen, die den Kauf technischer Geräte und Ausrüstungen oder die Ersetzung oder Nachrüstung vorhandener technischer Geräte und Ausrüstungen umfassen**. Der reine Dienstleistungsbereich ist also völlig ausgeklammert.

128.9.5 Zwingende Berücksichtigung im Rahmen der Leistungsbeschreibung

11624 **§ 4 Abs. 6 VgV verpflichtet den Auftraggeber zwingend**, mit der Leistungsbeschreibung im Rahmen der technischen Anforderungen von den Bietern Angaben zum Energieverbrauch von technischen Geräten und Ausrüstungen zu fordern; dabei ist in geeigneten Fällen eine Analyse minimierter Lebenszykluskosten oder eine vergleichbare Methode zur Gewährleistung der Wirtschaftlichkeit vom Bieter zu fordern.

129. § 9 EG – Vergabeunterlagen

(1) **Die Vergabeunterlagen umfassen alle Angaben, die erforderlich sind, um eine Entscheidung zur Teilnahme am Vergabeverfahren oder zur Angebotsabgabe zu ermöglichen. Sie bestehen in der Regel aus**

a) dem Anschreiben (Aufforderung zur Angebotsabgabe oder Begleitschreiben für die Abgabe der angeforderten Unterlagen),

b) der Beschreibung der Einzelheiten der Durchführung des Verfahrens (Bewerbungsbedingungen), einschließlich der Angabe der Zuschlagskriterien und deren Gewichtung, sofern nicht in der Bekanntmachung bereits genannt und

c) den Vertragsunterlagen, die aus Leistungsbeschreibung und Vertragsbedingungen bestehen.

(2) **Die Auftraggeber haben die Zuschlagskriterien zu gewichten. Die Gewichtung kann mit einer angemessenen Marge erfolgen. Kann nach Ansicht der Auftraggeber die Gewichtung aus nach vollziehbaren Gründen nicht angegeben werden, so legen die Auftraggeber die Kriterien in absteigender Reihenfolge ihrer Bedeutung fest.**

(3) **Im offenen Verfahren darf bei direkter oder postalischer Übermittlung für die Vervielfältigung der Vergabeunterlagen Kostenersatz gefordert werden. Die Höhe des Kostenersatzes ist in der Bekanntmachung anzugeben.**

(4) Sofern die Auftraggeber Nachweise verlangen, haben sie diese in einer abschließenden Liste zusammenzustellen.

(5) **Die Auftraggeber können Nebenangebote zulassen.** Fehlt eine entsprechende Angabe in der Bekanntmachung oder den Vergabeunterlagen, sind keine Nebenangebote zugelassen. Lassen die Auftraggeber Nebenangebote zu. legen sie hierzu in der Bekanntmachung oder den Vergabeunterlagen Mindestanforderungen fest.

129.1 Änderungen in der VOL/A 2009

Die Vorschrift wurde **insgesamt neu geordnet**.

Begrifflich blieb der Oberbegriff „Vergabeunterlagen" gleich; der Begriff der „**Verdingungsunterlagen**" als „Teilmenge" der Vergabeunterlagen" wurde durch den **Begriff der „Vertragsunterlagen"** ersetzt.

Die **Vorschrift des § 20 VOL/A 2006 (Kostenerstattung für den Auftraggeber bzw. die Bieter) wurde teilweise in § 9 EG integriert** und als eigenständige Vorschrift gestrichen.

§ 9 EG Abs. 4 enthält die Verpflichtung des Auftraggebers, **alle verlangten Nachweise in einer abschließenden Liste zusammen zu stellen**.

Die **Bestimmungen zu Nebenangeboten** wurden in § 9 EG Abs. 5 zusammengefasst.

129.2 Vergleich zur Basisregelung des § 8 VOL/A

§ 9 EG wurde im Vergleich zur Basisregelung des § 8 VOL/A **um die Verpflichtungen** des Auftraggebers zur **Gewichtung der Zuschlagskriterien** und zur **Festlegung von Mindestanforderungen für Nebenangebote** ergänzt und **sprachlich** an die europaweiten Verfahren **angepasst**.

129.3 Vergleichbare Regelungen

Vgl. insoweit die Kommentierung zu → § 8 VOL/A Rdn. 5.

129.4 Vergabeunterlagen (§ 9 EG Abs. 1)

§ 9 EG Abs. 1 entspricht im Grundsatz § 8 Abs. 1 VOL/A mit dem einzigen **Unterschied, dass die Zuschlagskriterien gewichtet werden müssen** (§ 9 EG Abs. 1 Satz 2 lit. b). Die Einzelheiten der Gewichtung ergeben sich aus § 9 EG Abs. 2.

Vgl. daher zu § 9 EG Abs. 1 die **Kommentierung zu → § 8 VOL/A 6**.

129.5 Gewichtung der Zuschlagskriterien (§ 9 EG Abs. 2)

129.5.1 Grundsatz

Nach § 9 EG Abs. 2 haben die Auftraggeber die Zuschlagskriterien zu gewichten. Die Gewichtung kann mit einer angemessenen Marge erfolgen. Kann nach Ansicht der Auftraggeber die Gewichtung aus nachvollziehbaren Gründen nicht angegeben werden, so legen die Auftraggeber die Kriterien in absteigender Reihenfolge ihrer Bedeutung fest.

129.5.2 Hinweis

Vgl. zur Angabe der Gewichtung der Zuschlagskriterien die **Kommentierung zu → § 97 GWB Rdn. 932 ff.**

129.6 Kostenersatz für die Vervielfältigung der Vergabeunterlagen (§ 9 EG Abs. 3)

§ 9 EG Abs. 3 entspricht inhaltlich der Regelung des **§ 8 Abs. 2**. Vgl. daher die Kommentierung zu → § 8 VOL/A Rdn. 23 ff.

129.7 Abschließende Liste von Nachweisen (§ 9 EG Abs. 4)

11637 § 9 EG Abs. 4 entspricht der Regelung des § 8 Abs. 3. Vgl. daher die Kommentierung zu → § 8 VOL/A Rdn. 39.

129.8 Angaben über die Zulassung von Nebenangeboten und die Mindestanforderungen für Nebenangebote (§ 9 EG Abs. 5)

129.8.1 Hinweis

11638 § 9 EG Abs. 5 entspricht im Grundsatz § 8 Abs. 4 VOL/A mit dem einzigen **Unterschied, dass nach § 9 EG Abs. 5 Satz 3 bei Zulassung von Nebenangeboten Mindestanforderungen für Nebenangebote zuzulassen** sind. Vgl. daher die Kommentierung zu → § 8 VOL/A Rdn. 47 ff.

129.8.2 Erläuterung der Mindestanforderungen an Nebenangebote (§ 9 EG Abs. 5 Satz 3)

11639 Bei Ausschreibungen ab den Schwellenwerten hat der EuGH entschieden, dass der Auftraggeber **verpflichtet ist, in den Verdingungsunterlagen die Mindestanforderungen zu erläutern, die diese Nebenangebot erfüllen müssen**. Zu den Einzelheiten vgl. die Kommentierung zu → § 16 VOL/A Rdn. 658 ff.

130. § 10 EG – Aufforderung zur Angebotsabgabe und zur Teilnahme am wettbewerblichen Dialog

(1) Ist ein Teilnahmewettbewerb durchgeführt worden, so wählen die Auftraggeber anhand der mit den Teilnahmeanträgen vorgelegten oder durch die Bewerber elektronisch verfügbar gemachten Unterlagen unter den Bewerbern, die den Anforderungen an Fachkunde, Leistungsfähigkeit, und Zuverlässigkeit entsprechen, diejenigen aus, die sie gleichzeitig und unter Beifügen der Vergabeunterlagen in Textform auffordern, in einem nicht offenen oder einem Verhandlungsverfahren ein Angebot einzureichen oder am wettbewerblichen Dialog teilzunehmen. Teilnahmeanträge, die nach Ablauf der vorgeschriebenen Einreichungsfrist nicht den Anforderungen des § 14 EG entsprechen, dürfen nicht berücksichtigt werden.

(2) Bei Aufforderung zur Angebotsabgabe in nicht offenen Verfahren und Verhandlungsverfahren oder zur Teilnahme an einem wettbewerblichen Dialog enthalten die Vergabeunterlagen mindestens Folgendes:

a) im nicht offenen Verfahren und Verhandlungsverfahren mit öffentlichem Teilnahmewettbewerb den Hinweis auf die veröffentlichte Bekanntmachung,

b) beim wettbewerblichen Dialog den Termin und den Ort des Beginns der Dialogphase,

c) alle vorgesehenen Zuschlagskriterien, einschließlich deren Gewichtung oder, sofern diese aus nachvollziehbaren Gründen nicht angegeben werden können, der absteigenden Reihenfolge der ihnen zuerkannten Bedeutung,

d) ob beabsichtigt ist, ein Verhandlungsverfahren oder einen wettbewerblichen Dialog in verschiedenen Phasen abzuwickeln, um die Zahl der Angebote zu verringern,

e) die Stelle, an die sich der Bewerber oder Bieter zur Nachprüfung behaupteter Verstöße gegen Vergabestimmungen wenden kann.

Die Angaben zu den Buchstaben c und d können anstatt in der Aufforderung auch in der Vergabebekanntmachung erfolgen.

Vergabe- und Vertragsordnung für Leistungen Teil A EG § 10 **Teil 4**

130.1 Änderungen in der VOL/A 2009

§ 10 EG VOL/A 2009 enthält **Elemente** des § 7a VOL/A 2006 (Teilnehmer am Wettbewerb), des § 9a VOL/A 2006 (Vergabeunterlagen) und des § 32a VOL/A 2006 (Nachprüfungsbehörden). 11640

§ 10 EG VOL/A 2009 enthält im Vergleich zur VOL/A 2009 eine **umfassende Regelung** zur Aufforderung zur Angebotsabgabe und zur Teilnahme am wettbewerblichen Dialog. 11641

§ 10 EG Abs. 1 VOL/A 2009 enthält eine **zwingende Ausschlussregelung** für solche Teilnahmeanträge, die den Anforderungen des § 14 EG nicht entsprechen. 11642

Außerdem erfolgten **redaktionelle Änderungen und Ergänzungen**. 11643

130.2 Auswahl der Teilnehmer bei einem Teilnahmewettbewerb (§ 10 EG Abs. 1)

130.2.1 Grundsätze

Vgl. dazu die Kommentierung zu → § 101 GWB Rdn. 44 ff. 11644

130.2.2 Elektronisch verfügbar gemachte Unterlagen (§ 10 EG Abs. 1 Satz 1)

§ 10 EG Abs. 1 Satz 1 knüpft inhaltlich an **§ 7 EG Abs. 12 an**, wonach Bewerber geforderte Unterlagen dann nicht vorlegen müssen, wenn sie für den Auftraggeber auf elektronischem Weg verfügbar sind. Vgl. insoweit die Kommentierung zu → § 7 EG Rdn. 37 ff. 11645

130.2.3 Nicht zu berücksichtigende Teilnahmeanträge (§ 10 EG Abs. 1 Satz 2)

130.2.3.1 Änderung in der VOL/A 2009

Die Regelung des § 10 EG Abs. 1 Satz ist **neu in die VOL/A 2009 aufgenommen** worden. 11646

130.2.3.2 Inhalt

Teilnahmeanträge, die nach Ablauf der vorgeschriebenen Einreichungsfrist nicht den Anforderungen des § 14 EG entsprechen, dürfen nicht berücksichtigt werden. Vgl. insoweit die **Kommentierung zu** → § 14 EG Rdn. 1 ff. 11647

130.3 Notwendiger Inhalt der Vergabeunterlagen (§ 10 EG Abs. 2 Satz 1)

130.3.1 Hinweis auf die veröffentlichte Bekanntmachung (§ 10 EG Abs. 2 Satz 1 lit. a)

Die **Vergabeunterlagen müssen** nach § 10 EG Abs. 2 Satz 1 lit. a) im nicht offenen Verfahren und Verhandlungsverfahren mit öffentlichem Teilnahmewettbewerb den **Hinweis auf die veröffentlichte Bekanntmachung** enthalten. Insoweit **genügt z. B. das Aktenzeichen der Bekanntmachung in TED**. Hintergrund der Regelung ist, dass der Bieter schnell und einfach überprüfen kann, ob **gravierende Unterschiede zwischen der Bekanntmachung und den Vergabeunterlagen bestehen, z. B. hinsichtlich der Eignungskriterien**. 11648

130.3.2 Termin und Ort des Beginns der Dialogphase (§ 10 EG Abs. 2 Satz 1 lit. b)

Die **Vergabeunterlagen müssen** nach § 10 EG Abs. 2 Satz 1 lit. b) beim Wettbewerblichen Dialog den Termin und den Ort des Beginns der Dialogphase enthalten. 11649

130.3.3 Zuschlagskriterien einschließlich Gewichtung bzw. absteigende Reihenfolge der den Zuschlagskriterien zuerkannten Bedeutung (§ 10 EG Abs. 2 Satz 1 lit. c)

Die **Vergabeunterlagen müssen** nach § 10 EG Abs. 2 Satz 1 lit. c) **alle vorgesehenen Zuschlagskriterien** enthalten, einschließlich deren **Gewichtung** oder, sofern diese aus nachvollziehbaren Gründen nicht angegeben werden können, der **absteigenden Reihenfolge der ihnen zuerkannten Bedeutung**. 11650

Teil 4 EG § 10 Vergabe- und Vertragsordnung für Leistungen Teil A

11651 Vgl. zu den **Zuschlagskriterien** die Kommentierung zu → § 97 GWB Rdn. 918 ff., zur **Gewichtung der Zuschlagskriterien** die Kommentierung zu → § 97 GWB Rdn. 932 ff. und zur **absteigenden Reihenfolge der den Zuschlagskriterien zuerkannten Bedeutung** die Kommentierung zu → § 97 GWB Rdn. 940 ff.

11652 Die **Angaben nach § 10 EG Abs. 2 lit. c)** können nach § 10 EG Abs. 2 Satz 2 **auch in der Vergabebekanntmachung** erfolgen.

130.3.4 Phasenabwicklung eines Verhandlungsverfahrens oder wettbewerblichen Dialogs (§ 10 EG Abs. 2 Satz 1 lit. d)

11653 Die **Vergabeunterlagen müssen** nach § 10 EG Abs. 2 Satz 1 lit. d) angeben, ob beabsichtigt ist, ein **Verhandlungsverfahren oder einen wettbewerblichen Dialog in verschiedenen Phasen abzuwickeln**, um die Zahl der Angebote zu verringern. Es handelt sich um eine **zwingende Verpflichtung**, so dass der Auftraggeber dann, wenn er keine entsprechenden Angaben gemacht hat, mit allen Bietern bis zum Ende des Verfahrens verhandeln muss.

11654 Die **Angaben nach § 10 EG Abs. 2 lit. d)** können nach § 10 EG Abs. 2 Satz 2 **auch in der Vergabebekanntmachung** erfolgen.

130.3.5 Nennung der Vergabenachprüfungsstelle (§ 10 EG Abs. 2 Satz 1 lit. e)

11655 Die **Vergabeunterlagen müssen** nach § 10 EG Abs. 2 Satz 1 lit. e) die **Stelle, an die sich der Bewerber oder Bieter zur Nachprüfung behaupteter Verstöße gegen Vergabestimmungen wenden kann**, angeben.

130.3.5.1 Aufbau der Nachprüfungsbehörden

11656 Die Nachprüfungsbehörden im Sinne von § 10 EG Abs. 2 Satz 1 lit. e) VOL/A sind geregelt in den §§ 102 ff. GWB. **Zu unterscheiden** sind:
- die **Vergabekammern** und
- die **Vergabesenate**.

130.3.5.2 Vergabekammern (§ 104 GWB)

11657 Zu den **Einzelheiten**, insbesondere den Adressen der Vergabekammern, vgl. die Kommentierung zu → § 104 GWB Rdn. 5 ff.

11658 Die Vergabekammern müssen **zwingend genannt** werden.

130.3.5.3 Vergabesenate (§ 116 Abs. 3 GWB)

11659 Zu den **Einzelheiten** vgl. die Kommentierung zu → § 116 GWB Rdn. 100.

130.3.5.4 Konkrete Angabe

11660 Die Nachprüfungsbehörden sind **so konkret anzugeben, dass sich die Bieter ohne eigenen Nachforschungsaufwand an sie wenden können**. Mindestens notwendig ist die Angabe des Behördennamens, des Ortes, der Straße und der Telefonnummer.

130.3.5.5 Nachprüfungsbehörden bei der Ausschreibung von Losen von Lieferaufträgen

11661 Vgl. dazu im **Einzelnen** die Kommentierung zu § 2 VgV.

130.3.5.6 Fehler bei der Nennung der Nachprüfungsbehörde

11662 130.3.5.6.1 **Verspätete Bekanntgabe der Anschrift der zuständigen Vergabekammer.** Eine **verspätete Bekanntgabe** der Anschrift der zuständigen Vergabestelle führt **nicht zur Unwirksamkeit** der Vergabeentscheidung, da dem **Bewerber die Nachfrage zumutbar** ist (OLG Rostock, B. v. 16. 5. 2001 – Az.: 17 W 1/01, 17 W 2/01).

11663 130.3.5.6.2 **Kausalität zwischen einer fehlerhaften Bekanntgabe und einem eventuellen Schaden.** Trifft es zu, dass der öffentliche Auftraggeber in der Bekanntmachung z. B. der Vorinformation zur Auftragsvergabe nicht die für das Nachprüfungsverfahren zuständige Verga-

Vergabe- und Vertragsordnung für Leistungen Teil A EG § 11 **Teil 4**

bekammer genannt hat und dieses Versäumnis auch nicht durch einen entsprechenden Hinweis in den Ausschreibungsunterlagen geheilt hat, kann ein **Antragsteller im Nachprüfungsverfahren jedoch nicht geltend machen, dass ihm durch diesen Vergaberechtsverstoß ein Schaden entstanden ist,** da die **Vergabekammer auf Antrag des Antragstellers das Nachprüfungsverfahren eingeleitet hat** (VK Südbayern, B. v. 26. 11. 2002 – Az.: 46-11/02).

131. § 11 EG – Vertragsbedingungen

(1) Die Allgemeinen Vertragsbedingungen (VOL/B) sind grundsätzlich zum Vertragsgegenstand zu machen. Zusätzliche Allgemeine Vertragsbedingungen dürfen der VOL/B nicht widersprechen. Für die Erfordernisse einer Gruppe gleichgelagerter Einzelfälle können Ergänzende Vertragsbedingungen Abweichungen von der VOL/B vorsehen.

(2) Vertragsstrafen sollen nur für die Überschreitung von Ausführungsfristen vereinbart werden, wenn die Überschreitung erhebliche Nachteile verursachen kann. Die Strafe ist in angemessenen Grenzen zu halten.

(3) Andere Verjährungsfristen als nach § 14 VOL/B sind nur vorzusehen, wenn dies nach der Eigenart der Leistung erforderlich ist.

(4) Auf Sicherheitsleistungen soll ganz oder teilweise verzichtet werden, es sei denn sie erscheinen ausnahmsweise für die sach- und fristgemäße Durchführung der verlangten Leistung notwendig. Die Sicherheit für die Erfüllung sämtlicher Verpflichtungen aus dem Vertrag soll 5 vom Hundert der Auftragssumme nicht überschreiten.

(5) Wird ein Unternehmen, das nicht öffentlicher Auftraggeber ist, mit der Wahrnehmung oder Durchführung einer öffentlichen Aufgabe betraut, verpflichtet der Auftraggeber das Unternehmen, sofern es Unteraufträge an Dritte vergibt, die Regeln über die Berücksichtigung mittelständischer Interessen (§ 2 EG Absatz 2) einzuhalten.

131.1 Änderungen in der VOL/A 2009

§ 11 EG fasst Teile des § 9 VOL/A 2006 und die §§ 12, 13 und 14 der VOL/A 2006 in einer Vorschrift zusammen. 11664

Die **Arten der Vertragsbedingungen** wurden **reduziert** (§ 11 EG Abs. 1). 11665

In § 11 EG Abs. 5 ist die **Regelung des § 97 Abs. 3 Satz 3 GWB aufgenommen** worden. 11666

Ansonsten gab es **redaktionelle Änderungen**. 11667

131.2 Vergleich zur Basisregelung des § 9 VOL/A

§ 11 EG wurde im Vergleich zur Basisregelung des § 9 VOL/A **um den Abs. 5 ergänzt**. 11668

131.3 Bieterschützende Vorschrift

131.3.1 Hinweis

Vgl. zunächst die Kommentierung zu → § 9 VOL/A Rdn. 4. 11669

131.3.2 § 11 EG Abs. 5

§ 11 EG Abs. 5 deckt sich inhaltlich mit § 97 Abs. 3 Satz 4 GWB. Vgl. daher die Kommentierung zu → § 97 GWB Rdn. 310 ff. 11670

131.4 Vertragsbedingungen (§ 11 EG Abs. 1)

Vgl. die Kommentierung zu → § 9 VOL/A Rdn. 6 ff. 11671

131.5 Vertragsstrafen (§ 11 EG Abs. 2)

11672 Vgl. die Kommentierung zu → § 9 VOL/A Rdn. 37 ff.

131.6 Beschleunigungsvergütungen

11673 Vgl. die Kommentierung zu → § 9 VOL/A Rdn. 55 ff.

131.7 Verjährungsfristen (§ 11 EG Abs. 3)

11674 Vgl. die Kommentierung zu → § 9 VOL/A Rdn. 60 ff.

131.8 Sicherheitsleistungen (§ 11 EG Abs. 4)

11675 Vgl. die Kommentierung zu → § 9 VOL/A Rdn. 69 ff.

131.9 Vergabe von Unteraufträgen (§ 11 EG Abs. 5)

131.9.1 Grundsatz

11676 Gemäß § 11 EG Abs. 5 muss ein **Auftragnehmer, der nicht selbst öffentlicher Auftraggeber ist** und mit der Wahrnehmung oder Durchführung einer öffentlichen Aufgabe betraut wird, vom öffentlichen Auftraggeber verpflichtet werden, dann wenn es Unteraufträge an Dritte vergibt, die **Regeln über die Berücksichtigung mittelständischer Interessen (§ 2 EG Abs. 2) einzuhalten.**

131.9.2 Hintergrund

11677 Um eine **mittelstandsfreundliche Auftragsvergabe auch im Rahmen einer Öffentlich-Privaten-Partnerschaft sicher zu stellen**, wurde nach der Gesetzesbegründung in § 97 Abs. 3 Satz 4 GWB 2009 die Regelung aufgenommen, dass der **öffentliche Auftraggeber** ein im Rahmen einer ÖPP beauftragtes Unternehmen – sofern dieses Unternehmen Unteraufträge vergibt – **verpflichten muss, die Unteraufträge ebenfalls mittelstandsfreundlich zu vergeben.** Da die **Gesetzesbegründung** hinsichtlich der Öffentlich-Privaten-Partnerschaft keinen Ausdruck im Gesetzestext des GWB und der VOL/A gefunden hat, gilt die Regelung des § 97 Abs. 3 Satz 4 GWB 2009 und des § 11 EG Abs. 5 VOL/A 2009 für jede Unterauftragsvergabe.

132. § 12 EG – Fristen

(1) Bei der Festsetzung der Fristen für den Eingang der Angebote und der Anträge auf Teilnahme berücksichtigen die Auftraggeber unbeschadet der nachstehend festgelegten Mindestfristen insbesondere die Komplexität des Auftrags und die Zeit, die für die Ausarbeitung der Angebote erforderlich ist. Die Auftraggeber bestimmen eine angemessene Frist, innerhalb der die Bieter an ihre Angebote gebunden sind (Bindefrist).

(2) Beim offenen Verfahren beträgt die Angebotsfrist mindestens 52 Tage, gerechnet vom Tage der Absendung der Bekanntmachung an.

(3) Diese Angebotsfrist kann verkürzt werden, wenn

a) die öffentlichen Auftraggeber eine Vorinformation gemäß § 15 EG Absatz 6 nach dem vorgeschriebenen Muster (Anhang I der Verordnung [EG] zur Einführung von Standardformularen für die Veröffentlichung von Vergabebekanntmachungen auf dem Gebiet der öffentlichen Aufträge in der jeweils geltenden Fassung) mindestens 52 Tage, höchstens aber 12 Monate vor dem Zeitpunkt der Absendung der Bekanntmachung des Auftrags im Offenen Verfahren nach § 15 EG Absatz 1 bis 4

Vergabe- und Vertragsordnung für Leistungen Teil A EG § 12 **Teil 4**

im Amtsblatt der Europäischen Gemeinschaften oder in ihrem Beschafferprofil nach § 15 EG Absatz 5 veröffentlicht haben. Diese Vorinformation oder das Beschafferprofil muss mindestens ebenso viele Informationen wie das Muster einer Bekanntmachung für das offene Verfahren (Anhang II der in Satz 1 genannten Verordnung [EG]) enthalten, soweit diese Informationen zum Zeitpunkt der Veröffentlichung der Bekanntmachung für die Vorinformation vorlagen, und

b) die verkürzte Frist für die Interessenten ausreicht, um ordnungsgemäße Angebote einreichen zu können. Sie sollte in der Regel nicht weniger als 36 Tage vom Zeitpunkt der Absendung der Bekanntmachung des Auftrags an betragen; sie muss auf jeden Fall mindestens 22 Tage betragen.

(4) Beim nicht offenen Verfahren, wettbewerblichen Dialog und im Verhandlungsverfahren mit öffentlichem Teilnahmewettbewerb beträgt die von den Auftraggebern festzusetzende Frist für den Antrag auf Teilnahme mindestens 37 Tage ab dem Tag der Absendung der Bekanntmachung. In Fällen besonderer Dringlichkeit (beschleunigtes Verfahren) beim nicht offenen Verfahren und Verhandlungsverfahren mit öffentlichem Teilnahmewettbewerb beträgt diese Frist mindestens 15 Tage oder mindestens 10 Tage bei elektronischer Übermittlung, jeweils gerechnet vom Tag der Absendung der Bekanntmachung an.

(5) Die von den Auftraggebern festzusetzende Angebotsfrist beim nicht offenen Verfahren beträgt mindestens 40 Tage, gerechnet vom Tag der Absendung der Aufforderung zur Angebotsabgabe an. In Fällen besonderer Dringlichkeit beträgt die Frist mindestens 10 Tage, gerechnet vom Tage der Absendung der Aufforderung zur Angebotsabgabe an. Haben die Auftraggeber eine Vorinformation veröffentlicht, können sie die Frist für den Eingang der Angebote im Allgemeinen auf 36 Tage ab dem Tag der Absendung der Aufforderung zur Angebotsabgabe, jedoch keinesfalls weniger als 22 Tage festsetzen. Absatz 3 Buchstabe a gilt entsprechend.

(6) Bei elektronisch erstellten und übermittelten Bekanntmachungen können die Fristen nach Absatz 2 und 3 Buchstabe b und Absatz 4 Satz 1 um 7 Tage verkürzt werden. Machen die Auftraggeber die Vergabeunterlagen und alle zusätzliche Unterlagen elektronisch frei, direkt und vollständig verfügbar, können sie die Frist für den Eingang der Angebote nach Absatz 2 und Absatz 5 Satz 1 um weitere 5 Tage verkürzen.

(7) Machen die Auftraggeber die Vergabeunterlagen und alle zusätzlichen Unterlagen nicht auf elektronischem Weg frei, direkt und vollständig verfügbar und sind die Vergabeunterlagen und die zusätzlichen Unterlagen rechtzeitig angefordert worden, so müssen die Auftraggeber die genannten Unterlagen innerhalb von 6 Tagen nach Eingang des Antrags an die Unternehmen absenden.

(8) Die Auftraggeber müssen rechtzeitig angeforderte zusätzliche Auskünfte über die Vergabeunterlagen und das Anschreiben spätestens 6 Tage, beim nicht offenen Verfahren oder beschleunigten Verhandlungsverfahren spätestens 4 Tage vor Ablauf der Angebotsfrist erteilen.

(9) Können die Angebote nur nach einer Ortsbesichtigung oder Einsichtnahme in nicht übersandte Vergabeunterlagen erstellt werden oder konnten die Fristen nach Absatz 7 oder 8 nicht eingehalten werden, so sind die Angebotsfristen entsprechend zu verlängern.

(10) Bis zum Ablauf der Angebotsfrist können Angebote in allen für deren Einreichung vorgesehenen Formen zurückgezogen werden.

132.1 Änderungen in der VOL/A 2009

In § 12 EG sind die **Regelungen der §§ 18, 18a, 19 VOL/A 2006** (Form und Frist der Angebote, Zuschlags- und Bindefrist) **zusammengefasst**. 11678

Inhaltlich wurde **§ 12 EG** – mit Ausnahme der Fristenregelungen für europaweite Ausschreibungen – **radikal zusammengestrichen** und lässt damit wesentliche Bedürfnisse der Anwender der VOL/A auf der Seite der öffentlichen Auftraggeber außer Acht. 11679

132.2 Bieterschützende Vorschrift

Bei § 12 EG Abs. 1 VOL/A handelt es sich um eine Norm mit bieterschützendem Charakter im Sinne des im Sinne des § 97 Abs. 7 GWB. Denn **nur bei ausreichenden Fristen haben** 11680

Teil 4 EG § 12 Vergabe- und Vertragsordnung für Leistungen Teil A

die Bieter die Möglichkeit, ein ordnungsgemäßes Angebot zu erstellen. § 12 EG Abs. 1 VOL/A ist demnach nicht eine bloße Ordnungsvorschrift, sondern eine subjektiv bieterschützende Regelung (2. VK Bund, B. v. 28. 9. 2005 – Az.: VK 2–120/05; B. v. 17. 4. 2003 – Az.: VK 2–16/03).

132.3 Vergleichbare Regelungen

11681 Der **Vorschrift des § 12 EG Abs. 1 VOL/A vergleichbar** sind im Bereich der VOL/A **§ 10 VOL/A**, im Bereich der VOB **§§ 10, 10a VOB/A** und im Bereich der VOF **§ 7 VOF**. Die Kommentierungen zu diesen Vorschriften können daher ergänzend zu der Kommentierung des § 12 EG herangezogen werden.

132.4 Arten von Fristen im Rahmen des § 12 EG VOL/A

11682 Vgl. dazu die Kommentierung zu → § 10 VOL/A Rdn. 5 ff.

132.5 Angebotsfrist (§ 12 EG Abs. 1)

132.5.1 Hinweis

11683 Vgl. zu den **Themen** Begriff der Angebotsfrist, Rechtscharakter der Angebotsfrist, Dauer der Angebotsfrist, Nennung unterschiedlicher Angebotsfristen durch den Auftraggeber, Ende der Angebotsfrist und Verlängerung der Angebotsfrist die Kommentierung zu → § 10 VOL/A Rdn. 6 ff.

132.6 Teilnahmefrist (§ 12 EG Abs. 1)

132.6.1 Hinweis

11684 Vgl. dazu die Kommentierung zu → § 10 VOL/A Rdn. 34.

132.7 Zuschlagsfrist

132.7.1 Hinweis

11685 Vgl. zu den **Themen** Begriff der Zuschlagsfrist, Sinn und Zweck der Zuschlagsfrist, Dauer der Zuschlagsfrist und fehlende Zuschlagsfristbestimmung die Kommentierung zu → § 10 VOL/A Rdn. 36 ff.

132.8 Bindefrist

132.8.1 Hinweis

11686 Vgl. zu den **Themen** Begriff und Inhalt der Bindefrist, Ausnahme von der Bindung an die Bindefrist, Verbot der Manipulation des Vergabeverfahrens über die Verlängerung der Zuschlags- und Bindefristen, Verlängerung der Bindefrist vor Ablauf, Folge des Ablaufs der Zuschlags- und Bindefristen, Verlängerung der Bindefrist nach Ablauf und Literatur die Kommentierung zu → § 10 VOL/A Rdn. 43 ff.

132.9 Sonderregelungen für Fristen im Rahmen europaweiter Ausschreibungen (§ 12 EG Abs. 2 – Abs. 7)

132.9.1 Allgemeines

11687 § 12 EG Abs. 2 – Abs. 7 enthält **Sonderregelungen in Hinsicht auf die Dauer und eventuelle Fristverkürzungen** für die Angebots- und die Bewerbungsfrist gegliedert nach der Art des Vergabeverfahrens.

132.9.2 Berechnung der Fristen

Die Berechnung der Fristen erfolgt nach der **Verordnung** (EWG/Euratom) Nr. 1182/71 des Rates vom 3. Juni 1971 **zur Festlegung der Regeln für die Fristen, Daten und Termine**, ABl. EG Nr. L 124 S. 1. So gelten zum Beispiel als **Tage alle Tage einschließlich Feiertage, Sonntage und Sonnabende** (Saarländisches OLG, B. v. 9. 11. 2005 – Az.: 1 Verg 4/05). 11688

Die **Verordnung ist im Gegensatz zur VOB/A 2009 und VOF 2009 als Anhang III in** die VOL/A 2009 **aufgenommen**. 11689

132.9.3 Dauer der Angebotsfrist beim Offenen Verfahren (§ 12 EG Abs. 2, Abs. 3)

132.9.3.1 Regelfrist (§ 12 EG Abs. 2)

132.9.3.1.1 Grundsatz und Zeitpunkt des Beginns. Beim Offenen Verfahren beträgt die Frist für den Eingang der Angebote (Angebotsfrist) mindestens 52 Kalendertage, **gerechnet vom Tag der Absendung der Bekanntmachung**. Es ist **für die Angebotsfrist also nicht entscheidend, wann der Bewerber die Vergabeunterlagen zugesandt erhalten hat oder er die (nationale) Ausschreibung zur Kenntnis genommen hat**. Vielmehr ist gemäß § 12 EG Abs. 2 VOL/A der Beginn der Angebotsfrist an den Zeitpunkt der Absendung der Bekanntmachung an das EU-Amtsblatt gekoppelt. Dabei nimmt der Verordnungsgeber in Kauf, dass die Bekanntmachung gegebenenfalls erst bis zu 12 Tage später tatsächlich veröffentlicht wird, § 15 EG Abs. 3 VOL/A (1. VK Sachsen, B. v. 9. 12. 2002 – Az.: 1/SVK/102-02, B. v. 2. 10. 2001 – Az.: 1/SVK/88-01). 11690

132.9.3.1.2 Mindestfrist. § 12 EG Abs. 2 legt eine **Mindestfrist** fest, die – außer in den Fällen von Abs. 3 und Abs. 6 – nicht unterschritten werden darf. Sie **darf – und muss gegebenenfalls – verlängert** werden, wenn dies erforderlich ist, damit die Bieter ein ordnungsgemäßes und wirtschaftliches Angebot abgeben können. Vgl. insoweit die Kommentierung zu § 10 VOL/A – **Angemessenheit der Dauer der Angebotsfrist** → Rdn. 10 ff. 11691

132.9.3.2 Abkürzung der Regelfrist bei einer Vorinformation (§ 12 EG Abs. 3)

132.9.3.2.1 Formale Voraussetzungen der Abkürzung der Regelfrist (§ 12 EG Abs. 3 lit. a). Diese Abkürzung der Regelfrist ist nur zulässig, wenn die öffentlichen Auftraggeber eine **Vorinformation** gemäß § 15 EG Abs. 6 nach dem vorgeschriebenen Muster (Anhang I der Verordnung (EG) zur Einführung von Standardformularen für die Veröffentlichung von Vergabebekanntmachungen im Rahmen von Verfahren zur Vergabe öffentlicher Aufträge gemäß der Richtlinie 2004/17/EG und der Richtlinie 2004/18/EG des Europäischen Parlaments und des Rates in der jeweils geltenden Fassung) **mindestens 52 Tage, höchstens aber 12 Monate vor dem Zeitpunkt der Absendung der Bekanntmachung des Auftrags im offenen Verfahren** nach § 15 EG Abs. 1–4 im Amtsblatt der Europäischen Gemeinschaften oder in ihrem Beschafferprofil nach § 15 EG Abs. 5 **veröffentlicht** haben und die Vorinformation oder das Beschafferprofil mindestens ebenso viele Informationen wie das Muster einer Bekanntmachung für das offene Verfahren (Anhang II der in Satz 1 genannten Verordnung (EG)) enthalten hat, soweit diese Informationen zum Zeitpunkt der Veröffentlichung der Bekanntmachung für die Vorinformation vorlagen. 11692

132.9.3.2.2 Angemessenheit der abgekürzten Frist (§ 12 EG Abs. 3 lit. b). Nach § 12 EG Abs. 3 lit. b) muss die verkürzte Frist für die Interessenten ausreichen, um ordnungsgemäße Angebote einreichen zu können. 11693

Die in § 12 EG Abs. 2 und 3 VOL/A genannten **Fristen sind Mindestfristen, und die Möglichkeit einer Fristverkürzung nach Vorinformation ist nicht zwingend**. Gemäß § 12 EG Abs. 3 lit. b) VOL/A müssen aber auch die verkürzten Fristen ausreichend sein, um ordnungsgemäße Angebote abgeben zu können. Dies bedeutet, dass der Auftraggeber nur dann von der Verkürzung der Angebotsfrist Gebrauch machen soll, wenn die Angebotsfrist für die teilnehmenden Unternehmen als ausreichend angesehen werden kann, also dass die Mindestfristen des § 12 EG VOL/A nicht in jedem Fall angemessen sind (1. VK Sachsen, B. v. 1. 2. 2002 – Az.: 1/SVK/139- 01). Der **unbestimmte Rechtsbegriff der Angemessenheit ist entsprechend den Realitäten auszulegen**. Abzustellen ist mithin auch auf den **Umfang der zu vergebenden Leistung** und der **Vergabeunterlagen** (1. VK Sachsen, B. v. 9. 12. 2002 – Az.: 1/SVK/102-02). 11694

Teil 4 EG § 12 Vergabe- und Vertragsordnung für Leistungen Teil A

11695   Die Veröffentlichung einer **Vorinformation** gem. § 12 EG Abs. 3 VOL/A stellt **keine automatische Begründung für die Reduzierung der Angebotsfristen** dar. Diese müssen vom Auftraggeber stets im Einzelfall auf ihre Angemessenheit überprüft werden (1. VK Sachsen, B. v. 9. 12. 2002 – Az.: 1/SVK/102-02).

11696   Der Auftraggeber muss insbesondere in den **Fällen**, in denen er von der ohnehin schon **verkürzten Angebotsfrist von 36 Tagen** ab Absendung der Bekanntmachung **weiter nach unten abweichen will**, sicher stellen, dass für sämtliche Teilsegmente des Ausschreibungsverfahrens ausreichend Zeit für die Bewerber und Bieter vorgesehen ist (1. VK Sachsen, B. v. 9. 12. 2002 – Az.: 1/SVK/102-02).

11697   Die **22-Tages-Frist** des § 12 EG Abs. 3 lit. b) VOL/A ist **nicht als zulässige Regelfrist, sondern als absolute Untergrenze ausgestaltet**, für deren Verwendung außergewöhnliche Ausnahmetatbestände erforderlich sind (1. VK Sachsen, B. v. 2. 10. 2001 – Az.: 1/SVK/88-01).

11698   Zu **bestimmten Fallkonstellationen** (z. B. Parallelausschreibungen, ÖPP-Projekte) vgl. die Kommentierung zu → § 10 VOL/A Rdn. 15 ff.

132.9.3.3 Abkürzung der Fristen bei elektronischen Bekanntmachungen (§ 12 EG Abs. 6 Satz 1)

11699   Gemäß § 12 EG Abs. 6 Satz 1 können bei elektronisch erstellten und übermittelten Bekanntmachungen die Angebotsfristen nach § 12 EG Abs. 2 und Abs. 3 lit. b) um 7 Kalendertage verkürzt werden. Die **Regelung entspricht der Vorschrift des Art. 38 Abs. 5 der Vergabekoordinierungsrichtlinie**.

132.9.3.4 Abkürzung der Fristen bei freier, direkter und vollständiger Verfügbarkeit der Vergabeunterlagen und zusätzlicher Unterlagen (§ 12 EG Abs. 6 Satz 2)

11700   132.9.3.4.1 Inhalt. Gemäß § 12 EG Abs. 6 Satz 2 können die Auftraggeber dann, wenn sie die Vergabeunterlagen und alle zusätzliche Unterlagen elektronisch frei, direkt und vollständig verfügbar machen, die Frist für den Eingang der Angebote nach Absatz 2 und Abs. 5 Satz 1 um weitere 5 Tage verkürzen. Die **Regelung entspricht im Wesentlichen der Vorschrift des Art. 38 Abs. 6 der Vergabekoordinierungsrichtlinie**.

11701   132.9.3.4.2 **Begriff der Vergabeunterlagen und aller zusätzlichen Unterlagen.** Nach Art. 38 bzw. 39 der Vergabekoordinierungsrichtlinie sind unter dem Begriff der Vergabeunterlagen die Verdingungsunterlagen und alle zusätzlichen Unterlagen zu verstehen. Nach **nationalem Recht handelt es sich um die Vertragsunterlagen des § 9 EG VOL/A**.

11702   132.9.3.4.3 **Freie und direkte Verfügbarkeit der Vergabeunterlagen.** Entscheidend für die Voraussetzungen einer Verkürzung der Angebotsfrist nach § 12 EG Abs. 6 Satz 2 VOL/A ist, dass die dort **vorausgesetzte schnelle und unmittelbare Zugriffsmöglichkeit für alle Bieter zur Verfügung** steht. Dies ist **der Fall, wenn sich jeder Bieter auf der Internetplattform registrieren und sich den gewünschten Zugriff verschaffen** kann. Eine darüber hinaus den Bietern eröffnete Möglichkeit, auf den Zugriff per Internet zu verzichten und die Unterlagen auch postalisch zu verlangen, ist lediglich ein Zusatzangebot und für das **Vorliegen der Voraussetzungen der Fristverkürzung unbeachtlich** (OLG Düsseldorf, B. v. 17. 4. 2008 – Az.: VII – Verg 15/08; 3. VK Bund, B. v. 7. 2. 2008 – Az.: VK 3–169/07).

11703   132.9.3.4.4 **Vollständige Verfügbarkeit der Vergabeunterlagen.** Eine vollständige Verfügbarkeit beinhaltet, dass **alle Teile der Vergabeunterlagen**, also auch **Pläne** verfügbar sind.

132.9.3.5 Verkürzung der Fristen im Rahmen der Regelungen zum Konjunkturpaket II

11704   Gemäß der **Pressemitteilung der Europäischen Kommission vom 19. 12. 2008 (IP/08/2040)** erlaubt die Richtlinie 2004/18/EG über die Vergabe öffentlicher Aufträge den Rückgriff auf beschleunigte Verfahren, wenn dies aus Dringlichkeitsgründen erforderlich ist. Die Kommission erkennt an, dass der Ausnahmecharakter der aktuellen Wirtschaftslage dazu führen kann, dass eine raschere Durchführung umfangreicher öffentlicher Arbeiten notwendig wird. Diese Dringlichkeit dürfte grundsätzlich zur Rechtfertigung des Rückgriffs auf das beschleunigte Verfahren ausreichen, womit sich die Dauer des Verfahrens insgesamt von 87 Tagen auf 30 Tage verringert. Die Annahme der Dringlichkeit sollte in den Jahren 2009 und 2010 für alle größeren öffentlichen Projekte gelten. **Da für das offene Verfahren insoweit keine Regelung getroffen wurde, können die Angebotsfristen unter Hinweis auf das Konjunkturpaket II nicht abgekürzt werden.**

132.9.4 Dauer der Bewerbungsfrist beim Nichtoffenen Verfahren, wettbewerblichen Dialog und Verhandlungsverfahren mit öffentlichem Teilnahmewettbewerb (§ 12 EG Abs. 4)

132.9.4.1 Begriff der Bewerbungsfrist

Bewerbungsfrist ist die Frist für den Eingang der Anträge auf Teilnahme beim Auftraggeber. 11705

132.9.4.2 Regelfrist (§ 12 EG Abs. 4 Satz 1)

Beim Nichtoffenen Verfahren, wettbewerblichen Dialog und Verhandlungsverfahren mit öffentlichem Teilnahmewettbewerb beträgt die **Bewerbungsfrist mindestens 37 Kalendertage**, gerechnet ab dem Tage der Absendung der Bekanntmachung. 11706

132.9.4.3 Abkürzung der Regelfrist beim nichtoffenen Verfahren und beim Verhandlungsverfahren mit öffentlichem Teilnahmewettbewerb aus Gründen der besonderen Dringlichkeit (§ 12 EG Abs. 4 Satz 2)

132.9.4.3.1 Inhalt. Die Regelfrist kann nach § 12 EG Abs. 5 Satz 2 Satz **aus Gründen der besonderen Dringlichkeit auf 15 Kalendertage** verkürzt werden. 11707

132.9.4.3.2 Mindestfrist. § 12 EG Abs. 5 Satz 2 legt eine **Mindestfrist** fest, die – außer im Fall der elektronischen Übermittlung – nicht unterschritten werden darf. Dies **ergibt sich aus Art. 38 Abs. 8 lit. a) Vergabekoordinierungsrichtlinie**. Sie **darf – und muss gegebenenfalls – verlängert** werden, wenn dies erforderlich ist, damit die Bieter ein ordnungsgemäßes und wirtschaftliches Angebot abgeben können. Vgl. insoweit die Kommentierung zu § 10 VOL/A – **Angemessenheit der Dauer der Angebotsfrist** → Rdn. 10 ff. 11708

132.9.4.3.3 Besondere Dringlichkeit. Nach der § 12 EG Abs. 4 Satz 2 VOL/A zugrunde liegenden Wertung findet **eine Abwägung des Interesses an der in Rede stehenden Beschaffung und der Belange potentieller Bewerber um eine Auftragsvergabe nicht statt**. Es ist auch dem von ihnen selbst zu tragenden unternehmerischen Risiko möglicher Bewerber zuzuordnen, dass die Abkürzung der Bewerbungsfrist die zur Verfügung stehende Zeit beschränkt, mit anderen interessierten Bewerbern Bietergemeinschaften einzugehen. Mit Blick auf den Beschaffungszweck ist es nur folgerichtig, dass **den Bedarfsträgern und den mit der Umsetzung betrauten Vergabestellen** in einem **rechtlich nur beschränkt nachprüfbaren Rahmen** auch die **Wahl der zweckentsprechenden Mittel und Maßnahmen sowie die Entscheidung übertragen** ist, ob und mit welchem wo ansetzenden Beschleunigungsgrad diese beschafft und/oder verwirklicht werden sollen. Damit ist nicht die Möglichkeit zu einer willkürlichen Handhabung eines Vergabeverfahrens und der anschließenden Auftragsvergabe eröffnet. Denn die das Vergabeverfahren betreffenden **Entscheidungen, bleiben nach den allgemeinen Grundsätzen darauf überprüfbar**, ob die Vergabestelle ihre Entscheidung auf der **Grundlage eines zutreffend ermittelten Sachverhalts getroffen** und diese **nicht mit sachfremden Erwägungen und willkürfrei begründet** hat (OLG Düsseldorf, B. v. 17. 7. 2002 – Az.: Verg 30/02). 11709

Die Verkürzung der Frist ist **nur in eng zu fassenden Ausnahmefällen zulässig, weil dadurch der europaweite Wettbewerb faktisch begrenzt wird zugunsten der beschleunigten Durchführung des Verfahrens**. Die Dringlichkeit setzt die nach objektiven Gesichtspunkten zu beurteilende Eilbedürftigkeit der beabsichtigten Beschaffung voraus. Die Eilbedürftigkeit muss sich zudem in aller Regel **aus Umständen ergeben, die nicht der organisatorischen Sphäre des öffentlichen Auftraggebers selbst zuzurechnen sind** (OLG Düsseldorf, B. v. 1. 8. 2005 – Az.: VII – Verg 41/05; 3. VK Bund, B. v. 9. 6. 2005 – Az.: VK 3–49/05). 11710

132.9.4.3.4 Beispiele aus der Rechtsprechung 11711

– in der Bundesrepublik Deutschland besteht eine (latente) **Gefahrenlage**, der zu Folge es jeder Zeit zu **terroristischen Anschlägen** kommen kann, die ähnliche Ziele und ähnliche Auswirkungen haben können wie diejenigen, die sich am 11. 9. 2001 in den Vereinigten Staaten von Amerika ereignet haben. Dies entspricht der Einschätzung der politischen Instanzen in der Bundesrepublik (namentlich der Bundesregierung) und der sie unterstützenden Sicherheitsbehörden, denen im Rahmen dieser Beurteilung eine **Einschätzungsprärogative** zuzuerkennen ist, mit der Folge, dass ihre Beurteilung der Sicherheitslage von den Betroffenen hingenommen werden muss. Bei dieser Sachlage ist die Beschaffung als besonders dringlich einzustufen (OLG Düsseldorf, B. v. 17. 7. 2002 – Az.: Verg 30/02).

Teil 4 EG § 12

11712 **132.9.4.3.5 Verkürzung der Fristen im Rahmen der Regelungen zum Konjunkturpaket II.** Gemäß der **Pressemitteilung der Europäischen Kommission vom 19. 12. 2008 (IP/08/2040)** erlaubt die Richtlinie 2004/18/EG über die Vergabe öffentlicher Aufträge den Rückgriff auf beschleunigte Verfahren, wenn dies aus Dringlichkeitsgründen erforderlich ist. Die Kommission erkennt an, dass der Ausnahmecharakter der aktuellen Wirtschaftslage dazu führen kann, dass eine raschere Durchführung umfangreicher öffentlicher Arbeiten notwendig wird. Diese Dringlichkeit dürfte grundsätzlich zur Rechtfertigung des Rückgriffs auf das beschleunigte Verfahren ausreichen, womit sich die Dauer des Verfahrens insgesamt von 87 Tagen auf 30 Tage verringert. Die Annahme der Dringlichkeit sollte in den Jahren 2009 und 2010 für alle größeren öffentlichen Projekte gelten. **Danach können die Auftraggeber die Frist für Teilnahmeanträge auf 10 Tage verkürzen, wenn die Vergabebekanntmachung elektronisch übermittelt wurde.**

132.9.4.4 Abkürzung der Regelfrist bei elektronischen Bekanntmachungen (§ 12 EG Abs. 6 Satz 1)

11713 Gemäß § 12 EG Abs. 6 Satz 1 kann bei elektronisch erstellten und übermittelten Bekanntmachungen die **Bewerbungsfrist um 7 Tage verkürzt** werden.

132.9.4.5 Abkürzung der Regelfrist bei elektronischen Bekanntmachungen (§ 12 EG Abs. 4 Satz 2)

11714 Gemäß § 12 EG Abs. 4 Satz 2 kann – über die Regelung des § 12 EG Abs. 6 Satz 1 hinaus – die Bewerbungsfrist bei elektronischer Übermittlung der Bekanntmachung auf mindestens 10 Tage verkürzt werden. Die **Regelung entspricht der Vorschrift des Art. 38 Abs. 5 der Vergabekoordinierungsrichtlinie.**

132.9.5 Dauer der Angebotsfrist beim Nichtoffenen Verfahren (§ 12 EG Abs. 5)

132.9.5.1 Regelfrist (§ 12 EG Abs. 5 Satz 1)

11715 Beim nicht offenen Verfahren beträgt die **Angebotsfrist mindestens 40 Kalendertage**, gerechnet vom Tag der Absendung der Aufforderung zur Angebotsabgabe.

132.9.5.2 Abkürzung der Regelfrist wegen besonderer Dringlichkeit (§ 12 EG Abs. 5 Satz 2)

11716 **132.9.5.2.1 Inhalt.** Gemäß § 12 EG Abs. 5 Satz 2 beträgt in Fällen besonderer Dringlichkeit die **Frist mindestens 10 Tage**, gerechnet vom **Tage der Absendung** der Aufforderung zur Angebotsabgabe an.

11717 **132.9.5.2.2 Besondere Dringlichkeit. 132.9.5.2.2.1 Allgemeines.** Vgl. dazu die Kommentierung → Rdn. 32.

11718 **132.9.5.2.2.2 Verkürzung der Fristen im Rahmen der Regelungen zum Konjunkturpaket II.** Gemäß der **Pressemitteilung der Europäischen Kommission vom 19. 12. 2008 (IP/08/2040)** erlaubt die Richtlinie 2004/18/EG über die Vergabe öffentlicher Aufträge den Rückgriff auf beschleunigte Verfahren, wenn dies aus Dringlichkeitsgründen erforderlich ist. Die Kommission erkennt an, dass der Ausnahmecharakter der aktuellen Wirtschaftslage dazu führen kann, dass eine raschere Durchführung umfangreicher öffentlicher Arbeiten notwendig wird. Diese Dringlichkeit dürfte grundsätzlich zur Rechtfertigung des Rückgriffs auf das beschleunigte Verfahren ausreichen, womit sich die Dauer des Verfahrens insgesamt von 87 Tagen auf 30 Tage verringert. Die Annahme der Dringlichkeit sollte in den Jahren 2009 und 2010 für alle größeren öffentlichen Projekte gelten. **Danach können die Auftraggeber die Angebotsfrist auf 10 Tage verkürzen.**

132.9.5.3 Abkürzung der Regelfrist bei Vorinformation (§ 12 EG Abs. 5 Satz 3, 4)

11719 **132.9.5.3.1 Inhalt.** Haben die Auftraggeber eine Vorinformation veröffentlicht, können sie die Frist für den Eingang der Angebote im Allgemeinen **auf 36 Tage ab dem Tag der Absendung** der Aufforderung zur Angebotsabgabe, jedoch keinesfalls weniger als 22 Tage **festsetzen**.

11720 **132.9.5.3.2 Formale Voraussetzungen der Abkürzung der Regelfrist.** Nach § 12 EG Abs. 5 Satz 3 **gilt für diesen Fall § 12 EG Abs. 3 lit. a) entsprechend.** Die formalen Voraussetzungen einer Vorinformation müssen also vorliegen. Vgl. dazu die Kommentierung zu → § 15 EG Rdn. 34 ff.

132.9.5.3.3 Angemessenheit der abgekürzten Frist. § 12 EG Abs. 5 Satz 3 enthält keine 11721 ausdrückliche Verweisung auf § 12 EG Abs. 3 lit. b), wonach eine angemessene Angebotsfrist festzusetzen ist. Diese **Forderung ergibt sich aber einmal aus § 12 EG Abs. 1 und dem Sinn und Zweck einer Bekanntmachung.**

132.9.5.4 Abkürzung der Angebotsfrist bei freier, direkter und vollständiger Verfügbarkeit der Vergabeunterlagen und zusätzlicher Unterlagen (§ 12 EG Abs. 6 Satz 2)

132.9.5.4.1 Inhalt. Machen die Auftraggeber die Vergabeunterlagen und alle zusätzliche 11722 Unterlagen elektronisch frei, direkt und vollständig verfügbar, können sie die **Mindestfrist von 40 Tagen** für den Eingang der Angebote beim nicht offenen Verfahren **um weitere 5 Tage verkürzen.**

132.9.5.4.2 Hinweis. Zu den **Voraussetzungen für die Inanspruchnahme** der Abkür- 11723 zung der Angebotsfrist gemäß § 12 EG Abs. 6 Satz 2 vgl. die Kommentierung → Rdn. 23 ff.

132.9.6 Versendefrist für Unterlagen, die nicht auf elektronischem Weg frei, direkt und vollständig verfügbar sind (§ 12 EG Abs. 7)

Gemäß § 12 EG Abs. 7 ist der **Auftraggeber verpflichtet,** dann wenn er die Vergabeunter- 11724 lagen und alle zusätzlichen Unterlagen nicht auf elektronischem Weg frei, direkt und vollständig verfügbar macht und die Vergabeunterlagen und die zusätzlichen Unterlagen rechtzeitig angefordert worden sind, die **genannten Unterlagen innerhalb von 6 Tagen nach Eingang des Antrags an die Unternehmen absenden.** Daraus resultiert eine zeitliche Verknüpfung zur Absendung der Bekanntmachung, da der Auftraggeber die entsprechenden Unterlagen bei elektronischer Bekanntmachung spätestens 11 Tage nach Absendung der Bekanntmachung vorbereitet haben muss.

132.9.7 Auskunftserteilung (§ 12 EG Abs. 8)

132.9.7.1 Änderung in der VOL/A 2009

In § 12 EG Abs. 8 VOL/A 2009 wurde eine **Fristenregelung auch für das nicht offene** 11725 **und das beschleunigte Verhandlungsverfahren aufgenommen.**

132.9.7.2 Sinn und Zweck der Auskunftsregelung

Vgl. die Kommentierung zu → § 12 VOL/A Rdn. 106. 11726

132.9.7.3 Auskunftspflicht des Auftraggebers

Vgl. die Kommentierung zu → § 12 VOL/A Rdn. 107. 11727

132.9.7.4 Form der Erteilung der Auskünfte

Vgl. die Kommentierung zu → § 12 VOL/A Rdn. 108. 11728

132.9.7.5 Begriff der „zusätzlichen Auskünfte" und mögliche Konsequenzen

Die Rechtsprechung zur VOL/A 2006 und § 17 Nr. 6 VOL/A 2006 selbst **differenzierten** 11729 **zwischen zusätzlichen sachdienlichen Auskünften und wichtigen Aufklärungen**; nur letztere mussten allen Bietern mitgeteilt werden.

Nach der älteren Rechtsprechung handelt es sich bei zusätzlichen Auskünften um **Mitteilun-** 11730 **gen, die nur für den anfragenden Bewerber wichtig sind,** weil er z. B. die Aufgabenstellung oder das Anschreiben nicht vollständig oder in einzelnen Punkten missverstanden oder nicht genau gelesen hat (2. VK Bund, B. v. 24. 6. 2003 – Az.: VK 2–46/03; VK Lüneburg, B. v. 27. 6. 2005 – Az.: VgK-23/2005; B. v. 24. 11. 2003 – Az.: 203-VgK-29/2003).

Nach der älteren Rechtsprechung handelt es sich um eine sachdienliche Auskunft, wenn die 11731 Information, die erbeten wird, individuelle Missverständnisse des Bewerbers beheben oder indi-

Teil 4 EG § 12   Vergabe- und Vertragsordnung für Leistungen Teil A

viduelle Verständnisfragen hinsichtlich der Verdingungsunterlagen oder des Anschreibens beantworten soll, also **Auskünfte über technische Fragen ebenso wie solche, die für die vom Bewerber vorzunehmende Preiskalkulation von Bedeutung sein können**. Die Individualität der erteilten Auskunft macht es entbehrlich, diese allen anderen Bewerbern zur Kenntnis zu geben (OLG Düsseldorf, B. v. 23. 3. 2005 – Az.: VII – Verg 77/04). Die Auskunftspflicht des öffentlichen Auftraggebers dient der Einhaltung eines fairen, mit möglichst großer Beteiligung geführten Wettbewerbs und damit auch der Gleichbehandlung der beteiligten Bewerber (OLG Naumburg, B. v. 23. 7. 2001 – Az.: 1 Verg. 2/01).

11732   Nach der älteren Rechtsprechung sind „**Wichtig**" im Sinne der Vorschrift des § 17 VOL/A 2006 alle Informationen, die **ersichtlich nicht nur individuelle Missverständnisse einzelner Bieter aufklären**. Lassen Bieterfragen erkennen, dass bestimmte Umstände kalkulationserheblich sind bzw. sein können, und beantwortet die Vergabestelle eine entsprechende Frage, darf sie an die **Beurteilung der „Wichtigkeit" dieser Informationen im Übrigen keine hohen Anforderungen stellen** (2. VK Hessen, B. v. 26. 4. 2007 – Az.: 69d VK – 08/2007; 1. VK Sachsen, B. v. 11. 12. 2009 – Az.: 1/SVK/054-09).

11733   Da man aber nicht davon ausgehen kann, dass den Bewerbern sowohl nach der VOB/A 2009 als auch nach der VOL/A 2009 keine wichtigen Aufklärungen gegeben werden sollen, müssen entgegen der älteren Rechtsprechung auch die „wichtigen Aufklärungen" zu den zusätzlichen Auskünften gezählt werden. Der **Auftraggeber muss insoweit selbst abwägen, welche zusätzlichen Auskünfte er nur an einzelne Bieter oder an alle Bieter erteilt. Im Zweifel ist es angeraten, alle zusätzlichen Auskünfte an alle Bieter zu geben**.

11734   **Stellt eine Vergabestelle nur einem Bieter wettbewerbs- und preisrelevante Kalkulationsgrundlagen zur Verfügung und macht sie diese anderen Bietern nicht auch zugänglich, liegt eine Ungleichbehandlung vor, die mangels vergleichbarer Angebote zur Aufhebung des Vergabeverfahrens führt**. Grundlage ist das Prinzip der Gleichbehandlung aller Teilnehmer an einem Vergabeverfahren (VK Lüneburg, B. v. 24. 11. 2003 – Az.: 203-VgK-29/2003; VK Sachsen, B. v. 26. 6. 2009 – Az.: 1/SVK/024-09; B. v. 7. 12. 2006 – Az.: 1/SVK/100-06).

11735   Der Verstoß gegen § 12 Abs. 7 VOB/A analog ist auch nicht etwa durch eine Verpflichtung des Auftraggebers zur erneuten Angebotswertung unter Berücksichtigung der Rechtsauffassung der Vergabekammer heilbar, da dieser Verstoß gegen die Informationspflicht unmittelbar Auswirkungen auf die Angebotskalkulation haben musste. Eine **nachträgliche Korrektur der Angebotskalkulationen und damit der Angebotspreise bei allen Bietern ist in einem laufenden Vergabeverfahren nicht möglich** (VK Lüneburg, B. v. 24. 11. 2003 – Az.: 203-VgK-29/2003; VK Sachsen, B. v. 7. 12. 2006 – Az.: 1/SVK/100-06). In einem solchen Fall kommt **nur die Aufhebung des Vergabeverfahrens oder Zurückversetzung des Vergabeverfahrens in den Stand nach Vergabebekanntmachung** in Betracht (VK Sachsen, B. v. 7. 12. 2006 – Az.: 1/SVK/100-06).

132.9.7.6 Unverzügliche Erteilung der Auskünfte

11736   Vgl. die Kommentierung zu → § 12 VOL/A Rdn. 117.

132.9.7.7 Frist für die Erteilung von Auskünften

11737   Die Auftraggeber müssen rechtzeitig angeforderte zusätzliche Auskünfte über die Vergabeunterlagen und das Anschreiben **spätestens 6 Tage beim offenen Verfahren, beim nicht offenen Verfahren oder beschleunigten Verhandlungsverfahren spätestens 4 Tage vor Ablauf der Angebotsfrist** erteilen.

132.9.7.8 Rechtzeitig angeforderte Auskünfte und Festlegung einer Frist durch den Auftraggeber für den Eingang von Fragen

11738   Vgl. dazu die Kommentierung zu → § 12 VOL/A Rdn. 117ff.

132.9.7.9 Rechtsfolge einer durch den Bewerber nicht erfolgten Erkundigung

11739   Vgl. dazu die Kommentierung zu → § 12 VOL/A Rdn. 121.

132.9.7.10 Reaktionsmöglichkeiten des Auftraggebers bei einer unklaren Leistungsbeschreibung

11740   Vgl. dazu die Kommentierung zu → § 12 VOL/A Rdn. 122.

Vergabe- und Vertragsordnung für Leistungen Teil A EG § 14 **Teil 4**

132.9.8 Zurückziehung von Angeboten (§ 12 EG Abs. 10)

§ 12 EG Abs. 10 ist wortgleich mit § 10 Abs. 2. Vgl. daher die Kommentierung zu **11741**
→ § 10 VOL/A Rdn. 105 ff.

133. § 13 EG – Grundsätze der Informationsübermittlung

(1) Die Auftraggeber geben in der Bekanntmachung oder den Vergabeunterlagen an, ob Informationen auf dem Postweg, mittels Telekopie, direkt, elektronisch oder durch eine Kombination dieser Kommunikationsmittel übermittelt werden.

(2) Das für die elektronische Übermittlung gewählte Netz muss allgemein verfügbar sein und darf den Zugang der Bewerber oder Bieter zu den Vergabeverfahren nicht beschränken. Die dafür zu verwendenden Programme und ihre technischen Merkmale müssen

– allgemein zugänglich,

– kompatibel mit allgemein verbreiteten Erzeugnissen der Informations- und Kommunikationstechnologie und

– nichtdiskriminierend

sein.

(3) Die Auftraggeber haben dafür Sorge zu tragen, dass den interessierten Unternehmen die Informationen über die Anforderungen an die Geräte, die für die elektronische Übermittlung der Anträge auf Teilnahme und der Angebote erforderlich sind, einschließlich Verschlüsselung zugänglich sind. Außerdem muss gewährleistet sein, dass die Geräte die in Anhang II genannten Anforderungen erfüllen können.

133.1 Änderungen in der VOL/A 2009

§ 13 EG VOL/A 2009 entspricht § 16 Nr. 4, 5 und 6 VOL/A 2006. Inhaltlich erfolg- **11742**
ten keine Änderungen, sondern nur redaktionelle Klarstellungen.

133.2 Vergleich zur Basisregelung des § 11 VOL/A

Im Vergleich zur Basisregelung des § 11 VOL/A enthält § 13 EG Abs. 3 Satz 2 zusätzlich **11743**
noch die Regelung, dass gewährleistet sein muss, dass die **Geräte, die für die elektronische Übermittlung der Anträge auf Teilnahme und der Angebote erforderlich sind, die in Anhang II der VOL/A 2009 genannten Anforderungen** erfüllen müssen.

133.3 Hinweis

Vgl. ansonsten **insgesamt die Kommentierung zu § 11 VOL/A 2009.** **11744**

134. § 14 EG – Anforderungen an Teilnahmeanträge

(1) Die Auftraggeber gewährleisten die Unversehrtheit und die Vertraulichkeit der übermittelten Teilnahmeanträge.

(2) Auf dem Postweg oder direkt übermittelte Teilnahmeanträge sind in einem verschlossenen Umschlag einzureichen und als solche zu kennzeichnen. Bis zum Ablauf der für ihre Einreichung vorgesehenen Frist werden sie unter Verschluss gehalten.

(3) Bei mittels Telekopie übermittelten Teilnahmeanträgen ist dies durch entsprechende organisatorische und technische Lösungen nach den Anforderungen des Auftraggebers sicherzustellen; dies gilt auch für elektronisch übermittelte Teilnahmeanträge, wobei deren Vertraulichkeit durch Verschlüsselung sicherzustellen ist. Die

2351

Verschlüsselung muss bis zum Ablauf der für die Einreichung vorgesehenen Frist aufrechterhalten bleiben.

(4) Telefonisch angekündigte Teilnahmeanträge sind vom Bewerber vor Ablauf der Frist für die Abgabe der Teilnahmeanträge in Textform einzureichen.

134.1 Änderungen in der VOL/A 2009

11745 Entsprechend der Öffnung der VOL/A 2009 für die Abgabe von Angeboten mittels Telekopie **räumt § 14 EG Abs. 3 den Bewerbern die Möglichkeit ein**, unter bestimmten Voraussetzungen **Teilnahmeanträge mittels Telekopie einzureichen**.

11746 § 14 EG Abs. 1 verpflichtet die Auftraggeber zur **Gewährleistung der Unversehrtheit der Teilnahmeanträge**.

11747 Ansonsten erfolgten **im Vergleich zu § 16a VOL/A 2006 redaktionelle Änderungen**.

134.2 Vergleichbare Regelungen

11748 Der **Vorschrift des § 14 EG VOB/A vergleichbar** sind im Bereich der VOL **§ 11 VOL/A**, im Bereich der VOB/A **§ 11a VOB/A** und im Bereich der VOF **§ 8 VOF**. Die Kommentierungen zu diesen Vorschriften können daher ergänzend zu der Kommentierung des § 14 EG herangezogen werden.

134.3 Sinn und Zweck der Vorschrift

11749 In Umsetzung von Art. 42 Abs. 3 und 6 der Vergabekoordinierungsrichtlinie war die **Antragstellung auf Teilnahme einerseits für alle Mittel der Informationsübertragung in Textform oder telefonisch zu öffnen** und andererseits die **Anforderungen an die Sicherstellung der Vertraulichkeit durch den Auftraggeber auch für Teilnahmeanträge aufzunehmen**.

134.4 Anforderungen an die Auftraggeber bei Teilnahmeanträgen – Generalklausel – (§ 14 EG Abs. 1)

134.4.1 Änderungen in der VOL/A

11750 § 14 EG Abs. 1 verpflichtet die Auftraggeber zur **Gewährleistung der Unversehrtheit der Teilnahmeanträge**, ist also **umfassender als § 16a Abs. 1 VOL/A 2006**, der von der Integrität der Daten sprach.

134.4.2 Inhalt

11751 § 14 EG Abs. 1 bildet eine **Generalklausel** zur Festlegung der Pflichten des Auftraggebers; die Generalklausel wird in § 14 EG Abs. 2 Satz 2 und Abs. 3 für auf dem Postweg oder direkt übermittelte Teilnahmeanträge sowie für mittels Telekopie übermittelte Teilnahmeanträge **näher definiert**.

11752 Die Auftraggeber haben die Unversehrtheit und die Vertraulichkeit der übermittelten Teilnahmeanträge **sicher zu stellen**. Die Forderung bezieht sich auf das gesamte Vergabeverfahren; sie beginnt also mit Eingang des Teilnahmeantrags. Im Ergebnis müssen **Teilnahmeanträge wie Angebote behandelt werden**.

134.5 Anforderungen an die Bewerber und die Auftraggeber bei auf dem Postweg oder direkt übermittelten Teilnahmeanträgen (§ 14 EG Abs. 2)

134.5.1 Anforderungen an die Bewerber bei auf dem Postweg oder direkt übermittelten Teilnahmeanträgen (§ 14 EG Abs. 2 Satz 1)

11753 Damit die Auftraggeber ihrer Pflicht zur Sicherstellung der Unversehrtheit und – vor allem – der Vertraulichkeit nachkommen können, **müssen die Bewerber auf dem Postweg oder**

direkt übermittelte Teilnahmeanträge in einem verschlossenen Umschlag einreichen. Teilnahmeanträge werden damit im Ergebnis wie Angebote behandelt (§§ 13 Abs. 2 Satz 2, 16 EG Abs. 2 Satz 2). Vgl. daher die Kommentierung zu → § 13 VOL/A Rdn. 81 ff.

134.5.2 Anforderungen an die Auftraggeber bei auf dem Postweg oder direkt übermittelten Teilnahmeanträgen (§ 14 EG Abs. 2 Satz 1 und 2)

Nach § 14 EG Abs. 2 Satz 1 und 2 müssen die Auftraggeber die Teilnahmeanträge **als solche kennzeichnen und bis zum Ablauf der Bewerbungsfrist unter Verschluss halten.** Teilnahmeanträge werden damit im Ergebnis wie Angebote behandelt (§§ 13 Abs. 2 Satz 2, 16 EG Abs. 2 Satz 2). Vgl. daher die Kommentierung zu → § 13 VOL/A Rdn. 84 ff. 11754

Aus der Gleichstellung von Angeboten und Teilnahmeanträgen ergibt sich weiterhin, dass die Teilnahmeanträge bis zum Ablauf der Bewerbungsfrist ungeöffnet bleiben müssen. Dies bedeutet **in der Praxis eine Änderung der bisherigen Handhabung**, da schon aus Gründen der Beschleunigung z.B. eines VOF-Verfahrens Teilnahmeanträge, die schon vor Ablauf der für ihre Einreichung vorgesehenen Frist eingereicht wurden, bereits geprüft wurden. Die **Auftraggeber müssen also einen entsprechenden Verfahrensablauf sicherstellen.** 11755

134.6 Anforderungen an die Auftraggeber bei mittels Telekopie übermittelten Teilnahmeanträgen (§ 14 EG Abs. 3)

134.6.1 Grundsatz

Aus § 14 EG Abs. 3 ergibt sich, dass **auch eine Abgabe eines Teilnahmeantrags mittels Telekopie ermöglicht** wird. 11756

Die **VOB/A 2009** lässt diese Möglichkeit ebenfalls zu (§ 11 a Abs. 2 Satz 1). 11757

134.6.2 Inhalt und Praxisproblem

Bei mittels Telekopie übermittelten Teilnahmeanträgen ist die **Unversehrtheit und Vertraulichkeit durch entsprechende organisatorische und technische Lösungen nach den Anforderungen des Auftraggebers sicherzustellen.** 11758

Praktisch gibt es für mittels Telekopie zu übermittelnde Teilnahmeanträge **zwei Möglichkeiten**, nämlich einmal die Bereitstellung eines Telefaxgerätes in einem abgeschlossenen Raum oder die Einrichtung eines elektronischen Briefkastens für Computerfaxe. 11759

Ich sehe derzeit **keine Möglichkeit**, einen Raum für die Dauer z.B. einer zweiwöchigen Bewerbungsfrist so abzuschließen, dass niemand (einschließlich Reinigungsservice oder Hausmeisterservice) diesen Raum betreten kann. Außerdem muss selbst bei durchschnittlich großen Bewerbungsverfahren das Empfangsgerät auf technische Korrektheit und ausreichenden Papiervorrat kontrolliert werden (insbesondere in der Endphase eines Teilnahmewettbewerbs). Damit ergibt sich eine **nicht ausschließbare Möglichkeit des Bruchs der Vertraulichkeit**, sodass **diese Möglichkeit der Abgabe eines Teilnahmeantrags mittels Telefax in der Praxis ausscheidet.** 11760

Derzeit ist auch **nicht ersichtlich, wie bei einer Telekopie ohne Bruch der Vertraulichkeit ein Kennzeichnungsvermerk angebracht** werden soll. 11761

Eine **vergleichbare Schwäche** weist die Einrichtung eines elektronischen Briefkastens auf. Schon aufgrund der Struktur von Computerumgebungen wird es mindestens eine – eher mehrere Personen – geben müssen, die bei Störungen, Virenbefall u.ä. Zugriff auf diesen elektronischen Briefkasten haben müssen. 11762

134.7 Anforderungen an die Auftraggeber bei elektronisch übermittelten Teilnahmeanträgen (§ 14 EG Abs. 3)

Auch bei elektronisch übermittelten Teilnahmeanträgen ist die **Unversehrtheit und Vertraulichkeit** durch entsprechende organisatorische und technische Lösungen nach den Anforderungen des Auftraggebers sicherzustellen. Die **Vertraulichkeit** der elektronisch übermit- 11763

Teil 4 EG § 14   Vergabe- und Vertragsordnung für Leistungen Teil A

telten Teilnahmeanträge ist **durch Verschlüsselung sicher zu stellen**. Die Verschlüsselung muss bis zum Ablauf der für ihre Einreichung vorgesehenen Frist aufrechterhalten bleiben. **§ 14 EG Abs. 3 entspricht §§ 13 Abs. 2 Satz 3 und Satz 4, 16 EG Abs. 2 Satz 3 und Satz 4**; vgl. daher die Kommentierung Rd. 10169ff.

134.8 Telefonisch angekündigte Teilnahmeanträge (§ 14 EG Abs. 4)

134.8.1 Änderung in der VOL/A 2009

11764   Während nach **§ 16a Nr. 2 VOL/A 2006 Teilnahmeanträge auch telefonisch gestellt werden konnten** und durch Übermittlung per Post, direkt oder elektronisch bestätigt werden mussten, lässt **§ 14 EG Abs. 4 nur noch die telefonische Ankündigung von Teilnahmeanträgen** und die nachfolgende Stellung von Teilnahmeanträgen in Textform zu.

134.8.2 Nachfolgende Übermittlung der Teilnahmeanträge in Textform

134.8.2.1 Allgemeines

11765   Zur **Bestimmung des Begriffs der Textform ist auf § 126b BGB zurückzugreifen**. Danach **fallen unter den Begriff der Textform zum einen schriftliche Urkunden**, aber auch jede andere lesbare Form, sofern die **dauerhafte Wiedergabe in Schriftzeichen gewährleistet ist und die Person des Erklärenden genannt** wird. **Taugliche Medien für die Übermittlung in Textform sind insbesondere Telefax, CDs, Disketten und E-Mails** aber natürlich auch herkömmliche Schriftstücke.

134.8.2.2 Widerspruch zu § 14 EG Abs. 1–3?

11766   Mit dem Verweis auf die Textform des § 126b BGB entsteht **kein Widerspruch zu den Anforderungen des § 14 EG Abs. 1–3**. Der Auftraggeber muss mit der Aufforderung zur Abgabe eines Teilnahmeantrags gemäß § 13 EG Abs. 1 die Kommunikationswege angeben; er muss sich damit auch überlegen, wie er mit den Möglichkeiten der Bewerber nach § 14 EG Abs. 4 umgeht, und zwar unter Beachtung der Anforderungen des § 14 EG.

11767   Es spricht insoweit auch **nichts dagegen**, wenn der **Auftraggeber z. B. hinsichtlich der allgemeinen Kommunikation und der Abgabe des Teilnahmeantrags differenziert**, also für die allgemeine Kommunikation wie etwa Bewerberfragen Email und Telefax vorschreibt und für die Abgabe des Teilnahmeantrags nur die Schriftform zulässt.

134.9 Hinweis auf § 10 EG Abs. 1 Satz 2

11768   Die Formvorschriften des § 14 EG spielen deshalb eine große Rolle, weil **gemäß § 10 EG Abs. 1 Satz 2 Teilnahmeanträge**, die nach Ablauf der vorgeschriebenen Einreichungsfrist nicht den Anforderungen des § 14 EG entsprechen, **nicht berücksichtigt werden dürfen**.

134.10 Unterzeichnung der Teilnahmeanträge

134.10.1 Fehlende ausdrückliche Regelung in der VOL/A

11769   Im **Gegensatz zu Angeboten (§ 16 EG) fehlt in der VOL/A EG – ebenso wie in der VOF und der VOB/A** – eine Regelung darüber, ob Teilnahmeanträge unterschrieben sein müssen oder nicht.

134.10.2 Notwendigkeit einer Unterschrift?

11770   Eine Teilnahmeerklärung ist eine **formfreie Willenserklärung**, aus der **nur hervorgehen muss**, dass der die Willenserklärung Abgebende sich die Willenerklärung mit einem bestimmten Inhalt zurechnen lassen will. Eine **Unterschrift ist grundsätzlich nicht notwendig**, wenn sich die eindeutige Zuordnung aus dem ganzen Kontext der Teilnahmeerklärung ergibt.

134.11 Geltung für alle Verfahren mit Teilnahmeanträgen

§ 14 EG gilt für alle Verfahren mit Teilnahmeanträgen, also für das Nichtoffene Verfahren, das Verhandlungsverfahren und den Wettbewerblichen Dialog. 11771

134.12 Literatur

– Graef, Eberhard, Rechtsfragen zur Kommunikation und Informationsübermittlung im neuen Vergaberecht, NZBau 2008, 34 11772

135. § 15 EG – Bekanntmachung, Versand der Vergabeunterlagen

(1) Die Bekanntmachung einer beabsichtigten Auftragsvergabe wird nach dem in Anhang II der Verordnung (EG) zur Einführung von Standardformularen für die Veröffentlichung von Vergabebekanntmachungen auf dem Gebiet der öffentlichen Aufträge in der jeweils geltenden Fassung enthaltenen Muster erstellt.

(2) Die Bekanntmachung ist auf elektronischem oder auf anderem Wege unverzüglich dem Amt für amtliche Veröffentlichungen der Europäischen Gemeinschaften zu übermitteln. Sofern keine elektronische Übermittlung der Bekanntmachung erfolgt, ist der Inhalt der Bekanntmachung auf ca. 650 Worte beschränkt. In Fällen besonderer Dringlichkeit muss die Bekanntmachung mittels Telekopie oder auf elektronischem Weg übermittelt werden. Die Auftraggeber müssen den Tag der Absendung nachweisen können.

(3) Elektronisch erstellte und übersandte Bekanntmachungen werden spätestens fünf Tage nach ihrer Absendung an das Amt für amtliche Veröffentlichungen der Europäischen Gemeinschaften veröffentlicht. Nicht elektronisch erstellte und übersandte Bekanntmachungen werden spätestens zwölf Tage nach der Absendung veröffentlicht. Die Bekanntmachungen werden unentgeltlich ungekürzt im Supplement zum Amtsblatt der Europäischen Gemeinschaften in der jeweiligen Originalsprache und eine Zusammenfassung der wichtigsten Bestandteile davon in den anderen Amtssprachen der Gemeinschaft veröffentlicht; hierbei ist nur der Wortlaut in der Originalsprache verbindlich.

(4) Die Bekanntmachung darf in der Bundesrepublik Deutschland nicht vor dem Tag der Absendung an das Amt für amtliche Veröffentlichungen der Europäischen Gemeinschaften veröffentlicht werden. Diese Veröffentlichung darf keine anderen Angaben enthalten als die an das Amt für amtliche Veröffentlichungen der Europäischen Gemeinschaften abgesandten Bekanntmachung oder als in einem Beschafferprofil veröffentlicht wurden. Auf das Datum der Absendung der europaweiten Bekanntmachung an das Amt. für amtliche Veröffentlichungen der Europäischen Gemeinschaften ist in der nationalen Bekanntmachung hinzuweisen.

(5) Die Auftraggeber können im Internet ein Beschafferprofil einrichten. Es enthält Angaben über geplante und laufende Vergabeverfahren, über vergebene Aufträge sowie alle sonstigen für die Auftragsvergabe relevanten Informationen wie zum Beispiel Kontaktstelle, Telefon- und Telefaxnummer, Anschrift, E-Mail-Adresse des Auftraggebers.

(6) Die Auftraggeber veröffentlichen sobald wie möglich nach Beginn des jeweiligen Haushaltsjahres nicht verbindliche Bekanntmachungen, die Angaben enthalten über alle für die nächsten 12 Monate beabsichtigten Aufträge, deren nach der Vergabeverordnung geschätzter Wert jeweils mindestens 750 000 Euro beträgt. Die Lieferaufträge sind nach Warenbereichen unter Bezugnahme auf die Verordnung (EG) über das Gemeinsame Vokabular für öffentliche Aufträge (CPV) des Europäischen Parlaments und des Rates in der jeweils geltenden Fassung aufzuschlüsseln, die Dienstleistungsaufträge nach den im Anhang I A genannten Kategorien.

(7) Die Vorinformation wird sobald wie möglich nach Beginn des Haushaltsjahres an das Amt für amtliche Veröffentlichungen der Europäischen Gemeinschaften ge-

sandt oder im Beschafferprofil veröffentlicht. Veröffentlichen die Auftraggeber eine Vorinformation im Beschafferprofil, melden sie dies dem Amt für amtliche Veröffentlichungen der Europäischen Gemeinschaften zuvor auf elektronischem Wege nach dem im Anhang VIII der in Absatz 1 genannten Verordnung (EG) enthaltenen Muster. Die Bekanntmachung ist nur dann zwingend vorgeschrieben, wenn die Auftraggeber die Möglichkeit wahrnehmen, die Frist für den Eingang der Angebote gemäß § 12 EG Absatz 3 zu verkürzen.

(8) Die Bekanntmachung über die Vorinformation ist nach dem im Anhang I der in Absatz 1 genannten Verordnung (EG) enthaltenen Muster zu erstellen und an das Amt für amtliche Veröffentlichungen der Europäischen Gemeinschaften zu übermitteln.

(9) Die Auftraggeber können auch Bekanntmachungen über öffentliche Liefer- oder Dienstleistungsaufträge, die nicht der Bekanntmachungspflicht unterliegen, an das Amt für amtliche Veröffentlichungen der Europäischen Gemeinschaften übermitteln.

(10) Die Auftraggeber benennen die Stelle, an die sich der Bewerber oder Bieter zur Nachprüfung von Vergabeverstößen wenden kann.

(11) Die Vergabeunterlagen sind zu übermitteln

a) im offenen Verfahren an alle anfordernden Unternehmen,

b) im nicht offenen Verfahren und Verhandlungsverfahren mit Teilnahmewettbewerb an die Unternehmen, die einen Teilnahmeantrag gestellt haben, geeignet sind und ausgewählt wurden oder

c) bei Verhandlungsverfahren ohne Teilnahmewettbewerb an die Unternehmen, die von den Auftraggebern ausgewählt wurden.

(12) Die Namen der Unternehmen, die Vergabeunterlagen erhalten oder eingesehen haben, sind vertraulich zu behandeln.

135.1 Änderungen in der VOL/A 2009

11773 In § 15 EG Abs. 1 wurde die **statische Verweisung auf die Verordnung** (EG) zur Einführung von Standardformularen für die Veröffentlichung von Vergabebekanntmachungen auf dem Gebiet der öffentlichen Aufträge **durch eine dynamische Verweisung ersetzt**.

11774 In § 15 EG Abs. 6 wurde die **statische Verweisung auf die Verordnung** (EG) über das Gemeinsame Vokabular für öffentliche Aufträge (CPV) **durch eine dynamische Verweisung ersetzt**.

135.2 Vergleichbare Regelungen

11775 Der **Vorschrift des § 15 EG VOL/A vergleichbar** sind im Bereich der VOL/A § 12 VOL/A, im Bereich der VOB §§ 12, 12a VOB/A und im Bereich der VOF § 9 VOF. Die Kommentierungen zu diesen Vorschriften können daher ergänzend zu der Kommentierung des § 15 EG herangezogen werden.

135.3 Bieterschützende Vorschrift

135.3.1 Grundsätze

11776 Vgl. die Kommentierung zu → § 12 VOL/A Rdn. 8.

135.3.2 § 15 EG Abs. 1, Abs. 2

11777 Die **Vorschrift des § 15 EG Abs. 1, Abs. 2** hat **bieterschützenden Charakter** (OLG Naumburg, B. v. 16. 9. 2002 – Az.: 1 Verg 02/02).

135.4 Sinn und Zweck der Vorschriften über die Vergabebekanntmachung

11778 Vgl. die Kommentierung zu → § 12 VOL/A Rdn. 9 ff.

Vergabe- und Vertragsordnung für Leistungen Teil A   EG § 15 **Teil 4**

135.5 Auslegung der Vergabebekanntmachung

Vgl. die Kommentierung zu → § 12 VOL/A Rdn. 14ff. 11779

135.6 Bindung des Auftraggebers an die Bekanntmachung

Vgl. die Kommentierung zu → § 12 VOL/A Rdn. 19ff. 11780

135.7 Bekanntmachung Offener Verfahren, Nichtoffener Verfahren, eines Wettbewerblichen Dialogs oder eines Verhandlungsverfahrens mit Vergabebekanntmachung (§ 15 EG Abs. 1)

135.7.1 Änderungen in der VOL/A 2009

In § 15 EG Abs. 1 wurde die **statische Verweisung auf die Verordnung** (EG) zur Einführung von Standardformularen für die Veröffentlichung von Vergabebekanntmachungen auf dem Gebiet der öffentlichen Aufträge **durch eine dynamische Verweisung** auf die **Verordnung (EG) zur Einführung von Standardformularen für die Veröffentlichung von Vergabebekanntmachungen auf dem Gebiet der öffentlichen Aufträge ersetzt.** 11781

135.7.2 Bekanntmachungsmuster

Die **Verordnung (EG) Nr. 1564/2005 zur Einführung von Standardformularen für die Veröffentlichung von Vergabebekanntmachungen im Rahmen von Verfahren zur Vergabe öffentlicher Aufträge gemäß den Richtlinien 89/665/EWG und 92/13/EWG des Rates,** zuletzt geändert durch die **Verordnung (EG) Nr. 1150/2009 der Kommission vom 10. November 2009** (Amtsblatt der Europäischen Union L 313/3 vom 28. 11. 2009) enthält in ihren Anhängen die Bekanntmachungsmuster. 11782

Die **Standardformulare für Bekanntmachungen über vergebene Aufträge** sind Gegenstand von Anhang III und Anhang VI der Verordnung (EG) Nr. 1564/2005 der Kommission vom 7. September 2005 zur Einführung von Standardformularen für die Veröffentlichung von Vergabebekanntmachungen im Rahmen von Verfahren zur Vergabe öffentlicher Aufträge gemäß den Richtlinien 2004/17/EG und 2004/18/EG des Europäischen Parlaments und des Rates. Um die **volle Wirksamkeit der Richtlinien 89/665/EWG und 92/13/EWG**, geändert durch Richtlinie 2007/66/EG, **zu gewährleisten, sind die Standardformulare dieser Bekanntmachungen angepasst** worden, so dass die öffentlichen Auftraggeber und die Auftraggeber die Begründung in diese Bekanntmachungen aufnehmen können, die Gegenstand von Artikel 2f der Richtlinien 89/665/EWG und 92/13/EWG ist. Die **geänderten Formulare sind seit dem 1. 12. 2009 zu verwenden.** 11783

Die Richtlinien 89/665/EWG und 92/13/EWG sehen eine **Bekanntmachung für eine freiwillige Ex-ante-Transparenz** vor, die der Gewährleistung einer vorvertraglichen Transparenz auf freiwilliger Basis dienen soll. Grundlagen für derartige Veröffentlichungen sind Art. 3a der Rechtsmittelrichtlinie bzw. der Sektorenrechtsmittelrichtlinie. Für eine derartige Bekanntmachung bedarf es ebenfalls eines Standardformulars. Dieses **Formular XIV ist spätestens seit dem 21. 12. 2009 zu verwenden.** 11784

Die **Verordnung** zur Einführung von Standardformularen für die Veröffentlichung von Vergabebekanntmachungen ist **in allen ihren Teilen verbindlich und gilt unmittelbar** in jedem Mitgliedstaat. Ein **Umsetzungsschritt** ist also **nicht erforderlich**. 11785

Zurzeit gibt es folgende Bekanntmachungsmuster: 11786

– Vorinformation
– Bekanntmachung
– Bekanntmachung über vergebene Aufträge
– Regelmäßige nicht verbindliche Bekanntmachung – Sektoren
– Bekanntmachung – Sektoren
– Bekanntmachung über vergebene Aufträge – Sektoren

Teil 4 EG § 15   Vergabe- und Vertragsordnung für Leistungen Teil A

- Bekanntmachung über das Bestehen eines Prüfungssystems – Sektoren
- Bekanntmachung über ein Beschafferprofil
- Vereinfachte Bekanntmachung im Rahmen eines dynamischen Beschaffungssystems
- Baukonzession
- Vergabebekanntmachung – Konzession
- Wettbewerbsbekanntmachung
- Bekanntmachung über die Ergebnisse eines Wettbewerbs
- Bekanntmachung über zusätzliche Informationen, Informationen über nichtabgeschlossene Verfahren oder Berichtigung
- Freiwillige ex-ante-Transparenzbekanntmachung.

11787   Sie finden die Bekanntmachungsmuster auch unter der **Internetadresse** http://simap.europa.eu/buyer/forms-standard/index_de.htm.

135.7.3 Inhalt der Bekanntmachung

135.7.3.1 Bekanntgabe der Leistung

11788   Die Bekanntmachung muss **hinreichend genau angeben, welche Leistung** der Auftragnehmer ausführen soll. Dies ist dann nicht der Fall, wenn nicht das Ausgeschriebene, sondern eine andere Leistung Gegenstand oder Schwerpunkt der Ausschreibung sein soll (VK Thüringen, B. v. 21. 11. 2001 – Az.: 216-4004.20-059/01-G-S).

135.7.3.2 „Setzen" von Dienstleistungserbringern in Verhandlungsverfahren und Bekanntmachung

11789   Hat eine Vergabestelle in der Ausschreibung **bereits ausgewählte Dienstleistungserbringer „gesetzt", ist dies zulässig**, obwohl diese Möglichkeit weder in der VOL/A noch in der VOF erwähnt ist. Dies erfordert aber sicherzustellen, dass nicht das Vergabeverfahren seinen eigentlichen Sinn verliert und nur der Form halber durchgeführt wird. Deshalb muss die **Zahl der Bewerber, die zu Verhandlungen über Leistung und Preis aufgefordert werden**, nicht nur **deutlich über der Zahl bereits vorher ausgewählter Bewerber liegen**, sondern auch die nach § 3 EG Abs. 5 Satz 3 VOL/A vorgeschriebene Zahl von 3 Bewerbern darf nicht durch die Zahl der gesetzten Bewerber vermindert werden. Im konkreten Fall heißt dies, dass mit mindestens 4 Bewerbern Verhandlungen zu führen sind (1. VK Bremen, B. v. 25. 10. 2001 – Az.: VK 5/01).

11790   Außerdem müssen die gesetzten Bewerber die Auswahlkriterien, denen die anderen Bewerber unterworfen werden, ebenfalls erfüllen (OLG Rostock, B. v. 1. 8. 2003 – Az.: 17 Verg 7/03).

11791   Das **Setzen eines vorbefassten Bewerbers ist grundsätzlich unzulässig** (1. VK Sachsen, B. v. 5. 10. 2004 – Az.: 1/SVK/092-04, 1/SVK/092-04G).

135.7.3.3 Benennung der Eignungskriterien in der Bekanntmachung

11792   Vgl. dazu die Kommentierung zu → § 12 VOL/A Rdn. 54ff.

135.8 Zwingende Veröffentlichung der Bekanntmachungen im Amtsblatt der Europäischen Gemeinschaften (§ 15 EG Abs. 2 Satz 1)

11793   Nach § 15 EG Abs. 2 Satz 1 sind die **Bekanntmachungen zwingend im Amtsblatt der Europäischen Gemeinschaften** zu veröffentlichen. Die Veröffentlichung selbst erfolgt durch **das Amt für amtliche Veröffentlichungen der Europäischen Gemeinschaften** (2, rue Mercier, L-2985 Luxemburg, Telefax 00 352/2929-44619; -42 623; -42 670; E-Mail info@publications.europa.eu).

135.9 Form der Übermittlung der Bekanntmachungen an das Amt für amtliche Veröffentlichungen der Europäischen Gemeinschaften (§ 15 EG Abs. 2 Satz 1, Satz 3)

11794   Die Bekanntmachungen können schriftlich oder elektronisch per E-Mail übermittelt werden. Inzwischen bietet das Amt für amtliche Veröffentlichungen der Europäischen Gemeinschaften auch die Möglichkeit, **Bekanntmachungen online unter http://simap.europa.eu/index_ de.htm unter der Rubrik „Auftraggeber-Seite" zu veröffentlichen.** Bei Nutzung der Online-Formulare ist eine vorherige Anmeldung und Registrierung erforderlich.

In **Fällen besonderer Dringlichkeit** muss die Bekanntmachung **mittels Telefax oder auf elektronischem Weg** übermittelt werden. 11795

135.10 Umfang der Übermittlung der Bekanntmachungen an das Amt für amtliche Veröffentlichungen der Europäischen Gemeinschaften (§ 15 EG Abs. 2 Satz 2)

Bei einer **elektronischen Übermittlung der Bekanntmachung** gibt es **keine Begrenzung für den Umfang des Inhalts der Bekanntmachung.** Soweit **keine elektronische Übermittlung der Bekanntmachung** erfolgt, **darf der Inhalt der Bekanntmachung rund 650 Worte nicht überschreiten.** 11796

135.11 Veröffentlichung der Bekanntmachungen im Supplement zum Amtsblatt der Europäischen Gemeinschaften (§ 15 EG Abs. 3)

135.11.1 Allgemeines

Die **schriftliche Version** des Supplements ist seit April 1999 **eingestellt** worden. Zugang zu den im Supplement enthaltenen Informationen gibt es über 11797

– Amtsblatt/Reihe S auf CD-ROM,

– Online-Datenbank **TED (Tenders Electronic Daily).**

Die CD-ROM mit täglich ca. 650 Ausschreibungen kann als tägliche Ausgabe oder als zweimal wöchentlich erscheinende Ausgabe abonniert werden. Ansprechpartner für ein Abonnement sind die EUR-OP-Vertriebsstellen. 11798

TED ist die Internet-Version des Supplements zum Amtsblatt (http://ted.europa.eu) mit einer täglichen Aktualisierung. Der Zugang erfolgt ab dem 1. 1. 1999 kostenlos online über das Internet. 11799

135.11.2 Zulässigkeit einer rein elektronischen Bekanntmachung

Die TED-Datenbank ist einfach handhabbar und ermöglicht eine gezielte, auf die individuellen Bedürfnisse des Unternehmers zugeschnittene Suche nach ihn interessierenden Ausschreibungen. Angesichts der allgemeinen Verbreitung elektronischer Mittel im Wirtschaftsleben kann davon ausgegangen werden, dass eine **regelmäßige Datenbank-Recherche über Internet auch für mittlere und kleine Unternehmen keine unzumutbare Hürde** darstellt (BayObLG, B. v. 4. 2. 2003 – Az.: Verg 31/02). 11800

135.11.3 Schnellere Veröffentlichung elektronischer Bekanntmachungen

Elektronisch erstellte und übersandte Bekanntmachungen werden **spätestens 5 Kalendertage nach ihrer Absendung veröffentlicht.** Diese **Bevorzugung** ist **Ausdruck der Bemühung der EU-Kommission** um eine möglichst weite und möglichst freie Verbreitung von öffentlichen Aufträgen. 11801

135.11.4 Literatur

– Drügemöller, Albert, Elektronische Bekanntmachungen im Vergaberecht, NVwZ 2007, 177 11802

135.12 Inländische Veröffentlichung der Bekanntmachungen (§ 15 EG Abs. 4)

135.12.1 Wahl des Bekanntmachungsmediums

Vgl. die Kommentierung zu → § 12 VOL/A Rdn. 22 ff. 11803

Teil 4 EG § 15 Vergabe- und Vertragsordnung für Leistungen Teil A

135.12.2 Inhalt und Zeitpunkt der inländischen Veröffentlichung

11804 Nach § 15 EG Abs. 4 dürfen inländische Veröffentlichungen **nur die dem Amt für amtliche Veröffentlichungen der Europäischen Gemeinschaften übermittelten Angaben enthalten** und dürfen **nicht vor Absendung an dieses Amt veröffentlicht** werden. Die Regelung ist **Ausdruck des Gleichbehandlungsgebots** inländischer und ausländischer Interessenten an öffentlichen Aufträgen.

135.13 Beschafferprofil (§ 15 EG Abs. 5)

11805 Gemäß § 15 EG Abs. 5 können Auftraggeber im Internet ein Beschafferprofil einrichten, in dem allgemeine Informationen wie Kontaktstelle, Telefon- und Faxnummer, Postanschrift und E-Mail-Adresse sowie Angaben über Ausschreibungen, geplante und vergebene Aufträge oder aufgehobene Verfahren veröffentlicht werden können. Die Regelung nimmt die **Bemühungen der EU-Kommission um die verstärkte Nutzung des Internet für die Ausschreibung und Vergabe öffentlicher Aufträge auf.**

135.14 Vorinformation (§ 15 EG Abs. 6–8)

135.14.1 Sinn und Zweck der Vorinformation

11806 Das Verfahren der Vorinformation ist im Rahmen der Bekanntmachungsvorschriften der Vergabekoordinierungsrichtlinie geregelt. Diese **Vorschriften sollen die Entstehung eines echten Wettbewerbs auf dem Gebiet des öffentlichen Auftragswesens auf Gemeinschaftsebene fördern**, indem sie sicherstellen, dass die potenziellen Bieter aus anderen Mitgliedstaaten auf die verschiedenen Angebote unter vergleichbaren Bedingungen wie die nationalen Bieter antworten können (EuGH, Urteil v. 26. 9. 2000 – Az.: C-225/98).

135.14.2 Bedeutung der Vorinformation

135.14.2.1 Formalitätscharakter oder materielle Bedeutung?

11807 Der Gemeinschaftsgesetzgeber wollte den potenziellen Bietern dadurch, dass er die Ausübung der Befugnis des öffentlichen Auftraggebers, die Fristen für den Eingang der Gebote zu verkürzen, von der Verpflichtung abhängig machte, die Bekanntmachung einer Vorinformation zu veröffentlichen, dieselben Fristen für die Ausarbeitung ihres Angebots gewährleisten, die ihnen bei Geltung der normalen Fristen zur Verfügung gestanden hätten. Die **Veröffentlichung der Bekanntmachung einer Vorinformation** ist daher nur zwingend, wenn die öffentlichen Auftraggeber von der Möglichkeit Gebrauch machen, die Fristen für den Eingang der Gebote zu verkürzen (EuGH, Urteil v 26. 9. 2000 – Az.: C-225/98).

11808 **Bei der Vorinformation handelt es sich dennoch nicht um eine bloße Formalität, sondern ihr kommt wegen der hoch angesiedelten Transparenz materielle Bedeutung zu** (VK Thüringen, B. v. 21. 11. 2001 – Az.: 216–4004.20–059/01-G-S).

11809 Jedoch folgt aus dem Charakter der Vorinformation als einer dem Vergabeverfahren vorgeschalteten Information (langfristige unverbindliche Information zu einem beabsichtigten Vergabeverfahren ohne konkrete Angaben, die eine Kalkulation ermöglichen könnten), dass **Verstöße des Auftraggebers gegen § 15 EG Abs. 6–8 VOL/A nicht zur Rechtswidrigkeit des Vergabeverfahrens führen können** (VK Thüringen, B. v. 28. 5. 2001 – Az.: 216–4002.20–028/01-GTH, B. v. 9. 9. 2003, Az.: 216–4003.20–015/03-GTH).

135.14.2.2 Möglichkeit der Fristverkürzung

11810 Nach § 12 EG Abs. 3 lit. a) kann die **Frist für den Eingang der Angebote verkürzt** werden, wenn eine Vorinformation gemäß § 15 EG Abs. 6 nach dem vorgeschriebenen Muster (Anhang I der Verordnung (EG) Nr. 1564/2005) mindestens 52 Tage, höchstens aber 12 Monate vor dem Zeitpunkt der Absendung der Bekanntmachung des Auftrags im Offenen Verfahren nach § 15 EG Abs. 1–4 im Amtsblatt der Europäischen Gemeinschaften oder in dem Beschafferprofil veröffentlicht wurde.

135.14.3 Zwingende Vorinformation (§ 15 EG Abs. 7 Satz 3)

Die Vorinformation ist **nur dann zwingend** vorgeschrieben, wenn die **Auftraggeber die Möglichkeit wahrnehmen wollen, die Frist für den Eingang der Angebote gem. § 12 EG Abs. 3 lit. a) zu verkürzen.** 11811

135.14.4 Schwellenwerte für die Vorinformation (§ 15 EG Abs. 6)

Die öffentlichen Auftraggeber müssen nur solche Leistungen unverbindlich bekannt machen, deren Wert **mindestens 750 000 €** beträgt. 11812

135.14.5 Zeitpunkt der Vorinformation (§ 15 EG Abs. 6, Abs. 7)

Die Vorinformation muss zeitlich nach den Regeln des § 15 EG Abs. 6 VOL/A erfolgen, also sobald wie möglich nach Beginn des jeweiligen Haushaltsjahres. **Ein „vor Jahren" durchgeführtes Vorinformationsverfahren genügt diesen Anforderungen nicht** (VK Thüringen, B. v. 21. 11. 2001 – Az.: 216–4002.20-004/02-G-S). 11813

135.14.6 Übermittlung der Vorinformation (§ 15 EG Abs. 7, Abs. 8)

135.14.6.1 Übermittlung der Vorinformation an das Amt für amtliche Veröffentlichungen der Europäischen Gemeinschaften

Die Vorinformation ist zwingend dem Amt für amtliche Veröffentlichungen der Europäischen Gemeinschaften (2, rue Mercier, L-2985 Luxemburg, Telefax 00 352/2929–44619; – 42 623; – 42 670; E-Mail info@publications.europa.eu) zu übermitteln. 11814

135.14.6.2 Form der Übermittlung der Vorinformation an das Amt für amtliche Veröffentlichungen der Europäischen Gemeinschaften

Die Vorinformation kann schriftlich oder elektronisch per E-Mail übermittelt werden. Inzwischen bietet das Amt für amtliche Veröffentlichungen der Europäischen Gemeinschaften auch die Möglichkeit, **Bekanntmachungen online unter http://simap.europa.eu/index_de.htm unter der Rubrik „Auftraggeber-Seite" zu veröffentlichen.** Bei Nutzung der Online-Formulare ist eine vorherige Anmeldung und Registrierung erforderlich. 11815

Eine weitere **Möglichkeit** der Übermittlung der Vorinformation ist die **Veröffentlichung im Beschafferprofil** nach § 15 EG Abs. 5; in diesem Fall ist dem Amt für amtliche Veröffentlichungen zuvor auf elektronischem Wege die Veröffentlichung mit dem in Anhang VIII der Verordnung (EG) Nr. 1564/2005 enthaltenen Muster zu melden. 11816

135.15 Bekanntmachungen über öffentliche Liefer- oder Dienstleistungsaufträge, die nicht der Bekanntmachungspflicht unterliegen (§ 15 EG Abs. 9)

Die **Auftraggeber können auch Bekanntmachungen über** öffentliche Liefer- oder Dienstleistungs**aufträge, die nicht der Bekanntmachungspflicht unterliegen**, an das Amt für amtliche Veröffentlichungen der Europäischen Gemeinschaften übermitteln. Die Regelung ist Ausdruck des Bemühens, möglichst viele Aufträge europaweit bekannt zu machen. 11817

135.16 Nennung der Vergabenachprüfungsstelle (§ 15 EG Abs. 10)

135.16.1 Änderung in der VOL/A 2009

Die Regelung des § 32a VOL/A 2006 ist in § 15 EG Abs. 10 VOL/A 2009 enthalten. 11818

135.16.2 Zwingende Regelung

Nach dem ausdrücklichen Wortlaut des § 15 EG Abs. 10 VOL/A handelt es sich um eine **zwingende Verpflichtung des Auftraggebers**. 11819

135.16.3 Hinweis

11820 Vgl. dazu die **Kommentierung zu** → § 10 EG Rdn. 16 ff.

135.17 Übermittlung der Vergabeunterlagen (§ 15 EG Abs. 11)

135.17.1 Änderung in der VOL/A 2009

11821 § 15 EG Abs. 11 ist neu in die VOL/A 2009 **aufgenommen** worden.

135.17.2 Hinweis

11822 § 15 EG Abs. 11 entspricht inhaltlich der Regelung des § 12 Abs. 3 für die Unterschwellenausschreibungen. Vgl. daher die Kommentierung → § 12 VOL/A Rdn. 92 ff.

136. § 16 EG – Form und Inhalt der Angebote

(1) Die Auftraggeber legen fest, in welcher Form die Angebote einzureichen sind. Auf dem Postweg oder direkt übermittelte Angebote müssen unterschrieben sein; elektronisch übermittelte Angebote sind mit einer „fortgeschrittenen elektronischen Signatur" nach dem Signaturgesetz und den Anforderungen der Auftraggeber oder mit einer „qualifizierten elektronischen Signatur" nach dem Signaturgesetz zu versehen; bei Abgabe des Angebotes mittels Telekopie genügt die Unterschrift auf der Telekopievorlage.

(2) Die Auftraggeber haben die Unversehrtheit und Vertraulichkeit der Angebote zu gewährleisten. Auf dem Postweg oder direkt zu übermittelnde Angebote sind in einem verschlossenen Umschlag einzureichen, als solche zu kennzeichnen und bis zum Ablauf der Angebotsfrist unter Verschluss zu halten. Bei elektronisch zu übermittelnden Angeboten ist die Unversehrtheit durch entsprechende organisatorische und technische Lösungen nach den Anforderungen des Auftraggebers und die Vertraulichkeit durch Verschlüsselung sicherzustellen. Die Verschlüsselung muss bis zum Ablauf der Angebotsfrist aufrechterhalten bleiben.

(3) Die Angebote müssen alle geforderten Angaben, Erklärungen und Preise enthalten.

(4) Änderungen an den Vertragsunterlagen sind unzulässig. Änderungen des Bieters an seinen Eintragungen müssen zweifelsfrei sein.

(5) Der Bieter hat auf Verlangen im Angebot anzugeben, ob für den Gegenstand des Angebots gewerbliche Schutzrechte bestehen oder von dem Bieter oder anderen beantragt sind. Der Bieter hat stets anzugeben, wenn er erwägt, Angaben aus seinem Angebot für die Anmeldung eines gewerblichen Schutzrechtes zu verwerten.

(6) Bietergemeinschaften haben in den Angeboten jeweils die Mitglieder sowie eines ihrer Mitglieder als bevollmächtigten Vertreter für den Abschluss und die Durchführung des Vertrages zu benennen. Fehlt eine dieser Angaben im Angebot, so ist sie vor der Zuschlagserteilung beizubringen.

136.1 Änderungen in der VOL/A 2009

11823 § 16 EG Abs. 1 Satz 1 VOL/A 2009 ist gegenüber den §§ 18, 18a VOL/A 2006 **neu aufgenommen**.

11824 In § 16 EG Abs. 1 Satz 2 wird die Abgabe eines Angebotes **mittels Telekopie** ermöglicht.

11825 § 16 EG Abs. 3 und 4 sind **klarer gefasst** worden.

11826 Ansonsten erfolgten **redaktionelle Änderungen**.

136.2 Vergleichbare Regelungen

Der Vorschrift des § 16 EG VOL/A vergleichbar sind im Bereich der VOL/A **§ 13 VOL/A** und im Bereich der VOB/A **§§ 13, 13a VOB/A**. Die Kommentierung zu diesen Vorschriften kann daher ergänzend zu der Kommentierung des § 16 EG herangezogen werden.   **11827**

136.3 Bieterschützende Vorschrift

136.3.1 § 16 EG

Die Regelung des **§ 13 entfaltet bieterschützende Wirkung** (1. VK Sachsen, B. v. 5. 9. 2002 – Az.: 1/SVK/073-02).   **11828**

136.3.2 § 16 EG Abs. 1 Satz 2

Die Frage, ob ein **Angebot rechtsverbindlich unterschrieben** ist, ist **keine Bestimmung, die ein subjektives Recht gemäß § 97 Abs. 7 GWB eines Bieters darstellt** und dessen Verletzung er rügen kann. Zwar ist die Vorschrift des § 16 EG Abs. 1 Satz 2 VOL/A eine vergaberechtliche Regelung, die **(auch) einen bieterschützenden Zweck** im Sinne des § 97 Abs. 7 GWB hat. Es besteht jedoch **kein** darüber hinausgehender **Anspruch eines Bieters, dass ein Angebot eines Mitbieters auch rechtsverbindlich unterschrieben sein müsste**. Dies ergibt sich bereits aus dem Fehlen einer derartigen Bestimmung in der VOL/A seit dem Jahr 2000. Darüber hinaus kann ein Bieter auch keine weitergehenden Rechte bezogen auf Formvorschriften gegen einen Mitbieter haben als die Vergabestelle selbst (VK Hessen, B. v. 27. 2. 2003 – Az.: 69 d VK – 70/2002).   **11829**

136.3.3 § 16 EG Abs. 3

Die **Vorschriften der §§ 16 EG Abs. 3, 19 EG Abs. 3 lit. a) VOL/A sind als bieterschützend zu qualifizieren**. Denn diese Verhaltensanforderungen an den öffentlichen Auftraggeber dienen der Sicherheit der Grundsätze des § 97 Abs. 1 GWB nicht nur objektiv rechtlich, sondern auch im Interesse der übrigen Bewerber (VK Niedersachsen, B. v. 16. 4. 2010 – Az.: VgK-10/2010).   **11830**

136.4 Allgemeine Anforderungen des § 16 EG an die Bieter

Vgl. die Kommentierung zu → § 13 VOL/A Rdn. 9.   **11831**

136.5 Auslegung des Angebots

Vgl. die Kommentierung zu → § 13 VOL/A Rdn. 10 ff.   **11832**

136.6 Angabe der Form der Angebote (§ 16 EG Abs. 1 Satz 1)

Nach § 16 EG Abs. 1 Satz 1 muss der **Auftraggeber festlegen**, in welcher Form die Angebote einzureichen sind. Eine besondere **Transformationsvorschrift für die Bekanntmachung** gibt es – im Gegensatz zu § 12 Abs. 2 Satz 2 lit. c) VOL/A für den Unterschwellenbereich – nicht.   **11833**

136.7 Form der Angebote (§ 16 EG Abs. 1 Satz 2)

136.7.1 Hinweis

§ 16 EG Abs. 1 Satz 2 entspricht grundsätzlich der Regelung des § 13 Abs. 1 Satz 2. Für die **europaweiten Ausschreibungen** fehlt lediglich die Abschwächung der Signaturanforderung für die Fälle des § 3 Abs. 5 Buchstabe i), also der Fälle, in denen freihän-   **11834**

Teil 4 EG § 17 Vergabe- und Vertragsordnung für Leistungen Teil A

dige Vergaben durch Ausführungsbestimmungen von einem Bundesminister – gegebenenfalls Landesminister – bis zu einem bestimmten Höchstwert zugelassen ist.

11835 Vgl. daher zum Inhalt des § 16 EG Abs. 1 Satz 2 die Kommentierung zu → § 13 VOL/A Rdn. 20 ff.

136.8 Gewährleistung der Unversehrtheit und der Vertraulichkeit der Angebote (§ 16 EG Abs. 2)

11836 § 16 EG Abs. 2 entspricht grundsätzlich der Regelung des § 13 Abs. 2. Für die **europaweiten Ausschreibungen fehlt lediglich die Ausnahme des Anwendungsbereiches für freihändige Vergaben. § 16 EG Abs. 2 gilt also auch für Verhandlungsverfahren.**

11837 Vgl. daher zum Inhalt des § 16 EG Abs. 2 die Kommentierung zu → § 13 VOL/A Rdn. 71 ff.

136.9 Angabe aller geforderten Angaben, Erklärungen und Preise (§ 16 EG Abs. 3)

11838 § 16 EG Abs. 3 ist identisch mit § 13 Abs. 3. Vgl. daher die Kommentierung → § 13 VOL/A Rdn. 98 ff.

136.10 Änderungen an den Vertragsunterlagen und Korrekturen des Bieters an seinen Eintragungen (§ 16 EG Abs. 4)

11839 § 16 EG Abs. 4 ist identisch mit § 13 Abs. 4. Vgl. daher die Kommentierung → § 13 VOL/A Rdn. 105.

136.11 Formerfordernisse für Angebote von Bietergemeinschaften (§ 16 EG Abs. 6)

11840 § 16 EG Abs. 6 ist identisch mit § 13 Abs. 6. Vgl. daher die Kommentierung → § 13 VOL/A Rdn. 107 ff.

136.12 Sonstige Formerfordernisse

11841 Vgl. die Kommentierung zu → § 13 VOL/A Rdn. 110 ff.

136.13 Muster und Proben

11842 Vgl. die Kommentierung zu → § 13 VOL/A Rdn. 112 ff.

137. § 17 EG – Öffnung der Angebote

(1) **Auf dem Postweg und direkt übermittelte Angebote sind ungeöffnet zu lassen, mit Eingangsvermerk zu versehen und bis zum Zeitpunkt der Öffnung unter Verschluss zu halten. Elektronische Angebote sind auf geeignete. Weise zu kennzeichnen und verschlüsselt aufzubewahren. Mittels Telekopie eingereichte Angebote sind ebenfalls entsprechend zu kennzeichnen und auf geeignete Weise unter Verschluss zu halten.**

(2) Die Öffnung der Angebote wird von mindestens zwei Vertretern des Auftraggebers gemeinsam durchgeführt und dokumentiert. Bieter sind nicht zugelassen. Dabei wird mindestens festgehalten:

a) Name und Anschrift der Bieter,

b) die Endbeträge ihrer Angebote und andere den Preis betreffende Angaben,

c) ob und von wem Nebenangebote eingereicht worden sind.

Vergabe- und Vertragsordnung für Leistungen Teil A   EG § 18   **Teil 4**

(3) **Die Angebote und ihre Anlagen sowie die Dokumentation über die Angebotsöffnung sind auch nach Abschluss des Vergabeverfahrens sorgfältig zu verwahren und vertraulich zu behandeln.**

137.1 Änderungen in der VOL/A

Die Regelung über die **Zuständigkeit für die Anbringung des Eingangsvermerks** (§ 22 Nr. 1 Satz 2 VOL/A 2006) ist **gestrichen**. 11843

Entsprechend der Zulassung von **Telekopieangeboten** in § 16 EG Abs. 1 sind **Regelungen zur Kennzeichnung und sicheren Aufbewahrung** vorgeschrieben. 11844

137.2 Vergleichbare Regelungen

Der Vorschrift des § 17 EG VOL/A vergleichbar ist im Bereich der VOL/A **§ 14 VOL/A** und im Bereich der VOB **§ 14 VOB/A**. Die Kommentierung zu dieser Vorschrift kann daher ergänzend zu der Kommentierung des § 17 EG herangezogen werden. 11845

137.3 Bieterschützende Vorschrift

137.3.1 § 17 EG Abs. 2

Die Vergabestelle verstößt mit der unvollständigen Führung der Niederschrift zur Angebotseröffnung (fehlende Angebotssummen) gegen § 97 Abs. 1 und 7 GWB in Verbindung mit § 17 EG Abs. 2 VOL/A. Diese Bestimmung ist eine „Ist" Bestimmung, d. h. es ist so zu verfahren, Abweichungen von der Bestimmung sind nicht zulässig. Die **Niederschrift über die Verhandlung** dient den Interessen des Bieters und denen der Vergabestelle indem bestimmte Daten gesichert werden, gleichzeitig aber auch als Beweis deren Vorliegens und damit der Verfahrenstransparenz. Mit z. B. der Nichteintragung der Angebotssummen und von Nebenangeboten in die Niederschrift zur Verhandlung liegt eine **Verletzung des § 97 Abs. 7 GWB** vor, indem die Bestimmungen über das Vergabeverfahren, § 17 EG Abs. 2 VOL/A, nicht eingehalten werden (VK Thüringen, B. v. 26. 6. 2001 – Az.: 216–4003.20–027/01-J-S). 11846

137.4 Hinweis

§ 17 EG entspricht grundsätzlich der Regelung des § 14. Für die **europaweiten Ausschreibungen** fehlt lediglich die Ausnahme des Anwendungsbereiches für freihändige Vergaben. § 17 EG gilt also auch für Verhandlungsverfahren. 11847

Vgl. daher zum Inhalt des § 17 EG die Kommentierung zu → § 14 VOL/A Rdn. 4ff. 11848

138. § 18 EG – Aufklärung des Angebotsinhalts, Verhandlungsverbot

Im offenen und im nicht offenen Verfahren dürfen die Auftraggeber von den Bietern nur Aufklärungen über das Angebot oder deren Eignung verlangen. Verhandlungen sind unzulässig.

138.1 Änderungen in der VOL/A 2009

Die **Überschrift** wurde der Zielrichtung der Vorschrift **angepasst**. 11849

Die **Regelung des § 24 Nr. 1 Abs. 2 VOL/A 2006**, dass dann, wenn ein Bieter die geforderten Aufklärungen und Angaben verweigert, sein Angebot unberücksichtigt bleiben kann, wurde **gestrichen**. 11850

Die **Regelung des § 24 Nr. 2 Abs. 2 VOL/A 2006**, dass ausnahmsweise bei einem Nebenangebot oder bei einem Angebot aufgrund funktionaler Leistungsbeschreibung mit dem Bieter, 11851

2365

dessen Angebot als das wirtschaftlichste gewertet wurde, im Rahmen der geforderten Leistung über notwendige technische Änderungen geringen Umfangs verhandelt werden darf und dass hierbei auch der Preis entsprechend angepasst werden kann, wurde **gestrichen**.

138.2 Vergleichbare Regelungen

11852   Der Vorschrift des § 18 EG VOL/A vergleichbar ist im Bereich der VOL **§ 15 VOL/A** und im Bereich der VOB/A **§ 15 VOB/A**. Die Kommentierungen zu diesen Vorschriften können daher ergänzend zu der Kommentierung des § 18 EG herangezogen werden.

138.3 Bieterschützende Vorschrift

138.3.1 Grundsatz

11853   § 18 EG VOL/A ist eine **bieterschützende Vorschrift** (OLG Düsseldorf, B. v. 14. 3. 2001 – Az.: Verg 30/00; VK Halle, B. v. 6. 6. 2000 – Az.: VK Hal 09/00; 1. VK Sachsen, B. v. 13. 12. 2002 – Az.: 1/SVK/105-02, B. v. 1. 2. 2002 – Az.: 1/SVK/139-01).

138.3.2 Bieterschützende Vorschrift für den Bieter, mit dem unstatthafte Verhandlungen geführt werden?

11854   § 18 EG VOL/A **bezweckt nicht den Schutz des Bieters, mit dem unzulässige Nachverhandlungen geführt werden**. Sinn des sich aus § 18 EG VOL/A ergebenden Nachverhandlungsverbots ist es, den Wettbewerb unter gleichen Bedingungen für alle Bieter aufrechtzuerhalten. Würde man den Bieter, mit dem unzulässige Nachverhandlungen geführt werden, in den Schutzbereich des § 18 EG VOL/A einbeziehen, würde man ihm eine durch Verfälschung des Wettbewerbs erlangte Position einräumen, die die Regelung des § 18 EG VOL/A gerade missbilligt (OLG München, B. v. 17. 9. 2007 – Az.: Verg 10/07; 1. VK Bund, B. v. 18. 10. 1999 – Az.: VK 1–25/99).

138.4 Hinweis

11855   **§ 18 EG entspricht grundsätzlich** der Regelung des § 15. Lediglich die **Begrifflichkeiten** für die Verfahren wurden **angepasst**. Vgl. daher die Kommentierung zu → § 15 VOL/A Rdn. 4 ff.

139. § 19 EG – Prüfung und Wertung der Angebote

(1) Die Angebote sind auf Vollständigkeit sowie auf rechnerische und fachliche Richtigkeit zu prüfen.

(2) Erklärungen und Nachweise, die auf Anforderung der Auftraggeber bis zum Ablauf der Angebotsfrist nicht vorgelegt wurden, können bis zum Ablauf einer zu bestimmenden Nachfrist nachgefordert werden. Dies gilt nicht für Preisangaben, es sei denn, es handelt sich um unwesentliche Einzelpositionen, deren Einzelpreise den Gesamtpreis nicht verändern oder die Wertungsreihenfolge und den Wettbewerb nicht beeinträchtigen.

(3) Ausgeschlossen werden:

a) Angebote, die nicht die geforderten oder nachgeforderten Erklärungen und Nachweise enthalten,

b) Angebote, die nicht unterschrieben bzw. nicht elektronisch signiert sind,

c) Angebote, in denen Änderungen des Bieters an seinen Eintragungen nicht zweifelsfrei sind,

d) Angebote, bei denen Änderungen oder Ergänzungen an den Vertragsunterlagen vorgenommen worden sind,

Vergabe- und Vertragsordnung für Leistungen Teil A EG § 19 **Teil 4**

e) Angebote, die nicht form- oder fristgerecht eingegangen sind, es sei denn, der Bieter hat dies nicht zu vertreten,

f) Angebote von Bietern, die in Bezug auf die Vergabe eine unzulässige, wettbewerbsbeschränkende Abrede getroffen haben,

g) nicht zugelassene Nebenangebote sowie Nebenangebote, die die verlangten Mindestanforderungen nicht erfüllen.

(4) Außerdem können Angebote von Bietern ausgeschlossen werden, die auch als Bewerber von der Teilnahme am Wettbewerb hätten ausgeschlossen werden können (§ 6 EG Absatz 6).

(5) Bei der Auswahl der Angebote, die für den Zuschlag in Betracht kommen, sind nur Bieter zu berücksichtigen, die die für die Erfüllung der vertraglichen Verpflichtungen erforderliche Eignung besitzen.

(6) Erscheint ein Angebot im Verhältnis zu der zu erbringenden Leistung ungewöhnlich niedrig, verlangen die Auftraggeber vom Bieter Aufklärung. Auf Angebote, deren Preise in offenbarem Missverhältnis zur Leistung stehen, darf der Zuschlag nicht erteilt werden.

(7) Angebote, die aufgrund einer staatlichen Beihilfe ungewöhnlich niedrig sind, können allein aus diesem Grund nur dann zurückgewiesen werden, wenn das Unternehmen nach Aufforderung innerhalb einer von den Auftraggebern festzulegenden ausreichenden Frist nicht nachweisen kann, dass die betreffende Beihilfe rechtmäßig gewährt wurde. Auftraggeber, die unter diesen Umständen ein Angebot zurückweisen, müssen die Kommission der Europäischen Gemeinschaften darüber unterrichten.

(8) Bei der Wertung der Angebote berücksichtigen die Auftraggeber entsprechend der bekannt gegebenen Gewichtung vollständig und ausschließlich die Kriterien, die in der Bekanntmachung oder den Vergabeunterlagen genannt sind.

(9) Bei der Entscheidung über den Zuschlag berücksichtigen die Auftraggeber verschiedene durch den Auftragsgegenstand gerechtfertigte Kriterien, beispielsweise Qualität, Preis, technischer Wert, Ästhetik, Zweckmäßigkeit, Umwelteigenschaften, Betriebskosten, Lebenszykluskosten, Rentabilität, Kundendienst und technische Hilfe, Lieferzeitpunkt und Lieferungs- oder Ausführungsfrist.

139.1 Änderungen in der VOL/A

§§ 23, 25 und 25 a VOL/A 2006 wurden **zu einem einheitlichen Paragraphen zusammengefasst**. 11856

§ 23 Nr. 1 VOL/A 2006, der einen Verzicht auf eine Prüfung bestimmter Angebote (z. B. solcher Angebote, die verspätet eingereicht wurden) vorsah, wurde **ersatzlos gestrichen**, was systematisch korrekt ist. 11857

§ 19 EG Abs. 2 VOL/A 2009 enthält **erstmals die Möglichkeit, fehlende Erklärungen, Nachweise und Preisangaben nachzufordern**. 11858

Die **unterschiedliche Behandlung von wesentlichen und unwesentlichen fehlenden Preisangaben hinsichtlich des zwingenden Ausschlusses** ist in § 19 EG Abs. 3 VOL/A 2009 **nicht mehr enthalten**. 11859

§ 19 EG Abs. 9 VOL/A 2009 enthält das **neue Zuschlagskriterium der „Lebenszykluskosten"**. 11860

Die Zuschlagsregelung des § 25 Nr. 3 VOL/A 2006 (Der Zuschlag ist auf das unter Berücksichtigung aller Umstände wirtschaftlichste Angebot zu erteilen. Der niedrigste Angebotspreis allein ist nicht entscheidend) ist **in § 21 EG Abs. 1 VOL/A 2009 aufgenommen**. 11861

In § 19 EG Abs. 8 VOL/A 2009 wurde eine Anpassung an die Bestimmungen der Vergabekoordinierungsrichtlinie vorgenommen, und zwar **durch den eingefügten Zusatz „entsprechend der bekannt gegebenen Gewichtung"**.

139.2 Vergleichbare Regelungen

Der **Vorschrift des § 19 EG VOL/A** vergleichbar sind im Bereich des GWB § 97 Abs. 4 GWB, im Bereich der VOL § 16 EG VOL/A, im Bereich der VOF §§ 11, 20 VOF 11862

Teil 4 EG § 19   Vergabe- und Vertragsordnung für Leistungen Teil A

und im Bereich der VOB §§ 16, 16a VOB/A. Die Kommentierungen zu diesen Vorschriften können daher ergänzend zu der Kommentierung des § 19 EG herangezogen werden.

139.3 Bieterschützende Vorschrift

139.3.1 § 19 EG

11863   Die Regelung des § 19 EG entfaltet bieterschützende Wirkung (1. VK Sachsen, B. v. 13. 12. 2002 – Az.: 1/SVK/105-02, B. v. 5. 9. 2002 – Az.: 1/SVK/073-02).

139.3.2 § 19 EG Abs. 3 lit. a)

11864   Die **Vorschriften der §§ 16 EG Abs. 3, 19 EG Abs. 3 lit. a) VOL/A sind als bieterschützend zu qualifizieren**. Denn diese Verhaltensanforderungen an den öffentlichen Auftraggeber dienen der Sicherheit der Grundsätze des § 97 Abs. 1 GWB nicht nur objektiv rechtlich, sondern auch im Interesse der übrigen Bewerber (VK Niedersachsen, B. v. 16. 4. 2010 – Az.: VgK-10/2010).

139.3.3 § 19 EG Abs. 3 lit. b), c), d)

11865   Die Vorschrift des § 19 EG Abs. 3 Buchst. b), c), d) VOL/A, die sich auf die Sicherung der Vergleichbarkeit der Angebote beziehen, **schützen die übrigen Bieter in ihrem Anspruch auf transparente, gleiche Behandlung der Angebote** (VK Düsseldorf, B. v. 14. 8. 2006 – Az.: VK – 32/2006 – B).

139.3.4 § 19 EG Abs. 3 lit. d)

11866   § 19 EG Abs. 3 lit. d) VOL/A 2009 ist eine bieterschützende Vorschrift (1. VK Bund, B. v. 26. 2. 2003 – Az.: VK 1–07/03).

139.3.5 § 19 EG Abs. 3 lit. f)

11867   Bei der Vorschrift des § 19 EG Abs. 3f) VOL/A handelt es sich um eine Regelung, die dem **Schutz der subjektiven Rechte der Bieter dient**, so dass eine Verletzung für einen Vergaberechtsverstoß, den ein Bieter rügen könnte, relevant ist (VK Hessen, B. v. 27. 2. 2003 – Az.: 69d VK – 70/2002; 1. VK Sachsen, B. v. 19. 7. 2006 – Az.: 1/SVK/060-06; B. v. 19. 7. 2006 – Az.: 1/SVK/059-06; B. v. 20. 1. 2005 – Az.: 1/SVK/127-04; VK Schleswig-Holstein, B. v. 26. 10. 2004 – Az.: VK-SH 26/04).

139.3.6 § 19 EG Abs. 3 lit. g)

11868   Die **Vorschrift des § 19 EG Abs. 3g) ist gegenüber anderen Bietern bieterschützend**, denn der Verstoß hiergegen berührt deren subjektive Rechte auf Einhaltung der Vergabevorschriften (VK Hessen, B. v. 30. 9. 2009 – Az.: 69d VK – 32/2009).

139.3.7 § 19 EG Abs. 5

11869   Bei § 19 EG Abs. 5 VOL/A handelt es sich um eine **bieterschützende Vorschrift** (1. VK Bund, B. v. 23. 4. 2009 – Az.: VK 1–62/09; 3. VK Bund, B. v. 7. 2. 2007 – Az.: VK 3–07/07; 1. VK Sachsen, B. v. 23. 5. 2002 – Az.: 1/SVK/039-02).

139.3.8 § 19 EG Abs. 6 Satz 1

11870   Die in § 19 EG Abs. 6 VOL/A geregelte **Pflicht des Auftraggebers, ein auf den ersten Blick ungewöhnlich niedrig erscheinendes Angebot zu prüfen**, ist **drittschützend** (1. VK Brandenburg, B. v. 8. 12. 2006 – Az.: 1 VK 49/06; 3. VK Bund, B. v. 2. 8. 2006 – Az.: VK 3–75/06; B. v. 4. 7. 2006 – Az.: VK 3–60/06; B. v. 30. 6. 2006 – Az.: VK 3–45/06; B.

Vergabe- und Vertragsordnung für Leistungen Teil A EG § 19 **Teil 4**

v. 30. 6. 2006 – Az.: VK 3–42/06; B. v. 29. 6. 2006 – Az.: VK 3–48/06; B. v. 29. 6. 2006 – Az.: VK 3–39/06; 1. VK Sachsen, B. v. 1. 10. 2002 – Az.: 1/SVK/084-02).

Nach Auffassung des OLG Düsseldorf entfaltet § 19 EG Abs. 6 VOL/A die **bieterschützen-** 11871 **de Wirkung aber nicht zugunsten eines Antragstellers, sondern nur zugunsten desjenigen Bieters, dessen Angebot wegen Unauskömmlichkeit des Preises von einem Ausschluss bedroht ist.** Unterlässt der Auftraggeber eine Prüfung, kann (nur) der vom Ausschluss seines Angebots betroffene Bieter im Nachprüfungsverfahren erzwingen, dass das Vergabeverfahren in den Stand zurückversetzt wird, in dem der Auftraggeber diese Prüfung nachholen kann. Aufgrund der Beschwerde eines Antragstellers kann die Auskömmlichkeit der Kalkulation eines Beigeladenen dagegen nicht zum Gegenstand einer Überprüfung werden (OLG Düsseldorf, B. v. 11. 2. 2009 – Az.: VII-Verg 69/08 – relative Schutzwirkung; B. v. 29. 9. 2008 – Az.: VII-Verg 50/08; B. v. 6. 3. 2008 – Az.: VII – Verg 53/07; B. v. 2. 5. 2007 – Az.: VII – Verg 1/07; B. v. 28. 9. 2006 – Az.: VII – Verg 49/06; VK Baden-Württemberg, B. v. 31. 7. 2009 – Az.: 1 VK 30/09; B. v. 28. 7. 2009 – Az.: 1 VK 42/09; B. v. 5. 1. 2009 – Az.: 1 VK 63/08; 1. VK Bund, B. v. 29. 1. 2009 – Az.: VK 1–180/08; 2. VK Bund, B. v. 22. 12. 2009 – Az.: VK 2–204/09; B. v. 30. 10. 2009 – Az.: VK 2–180/09; VK Münster, B. v. 26. 8. 2009 – Az.: VK 11/09).

139.3.9 § 19 EG Abs. 6 Satz 2

Die **Rechtsprechung** ist **nicht einheitlich**. 11872

Nach einer Auffassung hat § 19 EG Abs. 6 Satz 2 VOL/A **keine bieterschützende Wir-** 11873 **kung**. § 19 EG Abs. 6 Satz 2 VOL/A, wonach auf ein Angebot, das in offenbarem Missverhältnis zu Leistung steht, ein Zuschlag nicht erteilt werden darf, **dient dem Schutz der Vergabestelle**. Die Regelung soll dazu dienen, spätere Schäden der Vergabestelle zu verhindern, weil der Auftragnehmer, der einen unangemessen niedrigen Preis anbietet, den Auftrag möglicherweise nicht oder nicht ordnungsgemäß ausführt (BSG, B. v. 22. 4. 2009 – Az.: B 3 KR 2/09 D; VK Baden-Württemberg, B. v. 26. 3. 2010 – Az.: 1 VK 11/10; B. v. 2. 2. 2010 – Az.: 1 VK 75/09; B. v. 21. 8. 2009 – Az.: 1 VK 40/09; B. v. 31. 7. 2009 – Az.: 1 VK 30/09; B. v. 28. 7. 2009 – Az.: 1 VK 42/09; 3. VK Bund, B. v. 10. 12. 2009 – Az.: VK 3–211/09; VK Südbayern, B. v. 14. 9. 2007 – Az.: Z3-3-3194-1-33–07/07; B. v. 27. 11. 2006 – Az.: Z3-3-3194-1-33–10/06). Die **Vorschrift bezweckt nicht, den Konkurrenten zu schützen**, so dass der sich nicht auf deren Verletzung berufen könne (BSG, B. v. 22. 4. 2009 – Az.: B 3 KR 2/09 D; OLG Düsseldorf, B. v. 29. 9. 2008 – Az.: VII-Verg 50/08; B. v. 6. 3. 2008 – Az.: VII – Verg 53/07; B. v. 28. 9. 2006 – Az.: VII – Verg 49/06; OLG Naumburg, B. v. 2. 4. 2009 – Az.: 1 Verg 10/08; VK Baden-Württemberg, B. v. 26. 3. 2010 – Az.: 1 VK 11/10; B. v. 21. 8. 2009 – Az.: 1 VK 40/09; B. v. 28. 7. 2009 – Az.: 1 VK 42/09; B. v. 5. 1. 2009 – Az.: 1 VK 63/08; B. v. 12. 12. 2008 – Az.: 1 VK 50/08; B. v. 17. 1. 2008 – Az.: 1 VK 52/07; B. v. 16. 11. 2004 – Az.: 1 VK 69/04; B. v. 12. 11. 2004 – Az.: 1 VK 70/04; B. v. 18. 6. 2003 – Az.: 1 VK 25/03; 1. VK Bund, B. v. 7. 4. 2009 – Az.: VK 1–32/09; B. v. 20. 12. 2007 – Az.: VK 1–143/07; B. v. 20. 4. 2005 – Az.: VK 1–23/05; B. v. 30. 8. 2004 – Az.: VK 1–96/04; B. v. 26. 8. 2004 – Az.: VK 1–105/04; B. v. 1. 4. 2004 – Az.: VK 1–09/04, B. v. 11. 3. 2004 – Az.: VK 1–151/03; B. v. 15. 7. 2003 – Az.: VK 1–53/03, B. v. 22. 5. 2003 – Az.: VK 1–29/03; 2. VK Bund, B. v. 15. 5. 2009 – Az.: VK 2–21/09; B. v. 16. 9. 2008 – Az.: VK 2–97/08; B. v. 6. 6. 2008 – Az.: VK 2–46/08; B. v. 15. 11. 2007 – Az.: VK 2–123/07, B. v. 15. 11. 2007 – Az.: VK 2–120/07, B. v. 15. 11. 2007 – Az.: VK 2–117/07; B. v. 15. 11. 2007 – Az.: VK 2–114/07, B. v. 15. 11. 2007 – Az.: VK 2–108/07, B. v. 15. 11. 2007 – Az.: VK 2–105/07; B. v. 15. 11. 2007 – Az.: VK 2–102/07; B. v. 11. 11. 2004 – Az.: VK 2–196/04; B. v. 16. 8. 2004 – Az.: VK 2–06/04; B. v. 16. 2. 2004 – Az.: VK 2–22/04, B. v. 17. 12. 2002 – Az.: VK 2–90/02; B. v. 12. 11. 2002 – Az.: VK 2–86/02, B. v. 5. 9. 2002 – Az.: VK 2–68/02; 3. VK Bund, B. v. 10. 12. 2009 – Az.: VK 3–211/09; B. v. 6. 8. 2008 – Az.: VK 3–104/08; B. v. 24. 7. 2008 – Az.: VK 3–95/08; B. v. 16. 6. 2008 – Az.: VK 3–65/08; B. v. 20. 11. 2007 – Az.: VK 3–136/07 – abgelehnt; B. v. 20. 11. 2007 – Az.: VK 3–127/07; B. v. 14. 11. 2007 – Az.: VK 3–124/07; B. v. 2. 11. 2006 – Az.: VK 3–117/06; B. v. 7. 8. 2006 – Az.: VK 3–93/06; B. v. 7. 8. 2006 – Az.: VK 3–90/06; B. v. 7. 8. 2006 – Az.: VK 3–87/06; B. v. 7. 8. 2006 – Az.: VK 3–84/06; B. v. 7. 8. 2006 – Az.: VK 3–81/06; B. v. 7. 8. 2006 – Az.: VK 3–78/06; B. v. 2. 8. 2006 – Az.: VK 3–75/06; B. v. 4. 7. 2006 – Az.: VK 3–60/06; B. v. 30. 6. 2006 – Az.: VK 3–45/06; B. v. 30. 6. 2006 – Az.: VK 3–42/06; B. v. 29. 6. 2006 – Az.: VK 3–48/06; B. v. 29. 6. 2006 – Az.: VK 3–39/06; B. v. 12. 7. 2005 – Az.: VK 3–67/05; B. v. 12. 7. 2005 – Az.: VK 3–64/05; B. v. 27. 5. 2005 – Az.: VK 3–37/05; VK Hamburg, B. v. 17. 12. 2002 – Az.: VgK FB 3/02;

VK Hessen, B. v. 30. 5. 2005 – Az.: 69 d VK – 16/2005; B. v. 30. 5. 2005 – Az.: 69 d VK – 10/2005; B. v. 2. 1. 2003 – Az.: 69 d VK – 53/2002, B. v. 2. 1. 2003 – Az.: 69 d VK – 54/2002, B. v. 2. 1. 2003 – Az.: 69 d VK – 55/2002, B. v. 2. 1. 2003 – Az.: 69 d VK – 57/2002; VK Münster, B. v. 21. 12. 2001 – Az.: VK 22/01; VK Nordbayern, B. v. 28. 1. 2009 – Az.: 21.VK – 3194 – 55/08; B. v. 26. 2. 2008 – Az.: 21.VK – 3194 – 02/08; B. v. 4. 12. 2006 – Az.: 21.VK – 3194 – 39/06; VK Rheinland-Pfalz, B. v. 13. 2. 2001 – Az.: VK 28/00; 1. VK Sachsen, B. v. 27. 3. 2006 – Az.: 1/SVK/021-06; B. v. 11. 2. 2005 – Az.: 1/SVK/128-04; VK Schleswig-Holstein, B. v. 6. 6. 2007 – Az.: VK-SH 10/07; B. v. 26. 10. 2004 – Az.: VK-SH 26/04; VK Südbayern, B. v. 14. 9. 2007 – Az.: Z3-3-3194-1-33–07/07; B. v. 10. 2. 2006 – Az. Z3-3-3194-1-57–12/05).

11874 Nach der Gegenmeinung ist zwar richtig, dass § 19 EG Abs. 6 Satz 2 VOL/A in erster Linie dem **Schutz des Auftraggebers dient**. Der Auftraggeber muss ein Interesse daran haben, nicht mit einer Zuschlagserteilung auf ein sog. Unterangebot Gefahr zu laufen, dass der Auftragnehmer den Auftrag nicht ordnungsgemäß erfüllen kann. Die **Vorschriften schützen aber auch den Mitbewerber, der sich gleichfalls an der Ausschreibung beteiligt hat und zu Recht erwartet, dass seinem Angebot nicht ein unseriös kalkuliertes Angebot vorgezogen wird**, bei dem die ordnungsgemäße Vertragsdurchführung möglicherweise nicht sichergestellt ist. Auch hat er einen Anspruch darauf, dass Dumping-Angebote, die nicht wettbewerblich begründet sind oder zur gezielten und planmäßigen Verdrängung von Wettbewerbern abgegeben werden, nicht zum Zuge kommen. Dies folgt auch aus dem Wettbewerbsgrundsatz, der es erfordert, dass alle Unternehmen, die sich an der öffentlichen Ausschreibung beteiligen wollen und leistungsfähig sind, eine gerechte Chance auf den Zuschlag erhalten (OLG Celle, B. v. 18. 12. 2003 – Az.: 13 Verg 22/03; 2. VK Brandenburg, B. v. 10. 11. 2006 – Az.: 2 VK 44/06; 2. VK Mecklenburg-Vorpommern, B. v. 28. 11. 2008 – Az.: 2 VK 7/08; 3. VK Saarland, B. v. 12. 12. 2005 – Az.: 3 VK 03/2005 und 3 VK 04/2005; 1. VK Sachsen, B. v. 23. 2. 2009 – Az.: 1/SVK/003–09; B. v. 9. 2. 2009 – Az.: 1/SVK/071–08; B. v. 27. 3. 2006 – Az.: 1/SVK/021-06; B. v. 28. 5. 2001 – Az.: 1/SVK/35-01, B. v. 27. 1. 2003 – Az.: 1/SVK/123-02, 1/SVK/123-02G; VK Südbayern, B. v. 10. 2. 2006 – Az. Z3-3-3194-1-57–12/05).

11875 **Vermittelnd** zwischen diesen beiden Positionen steht die Auffassung, dass man eine **Ausnahme vom grundsätzlich nicht bieterschützenden Charakter** des § 19 EG Abs. 6 Satz 2 VOL/A lediglich **in eng begrenzten Ausnahmefällen** annehmen kann, zum Beispiel wenn **das Angebot in der zielgerichteten Absicht erfolgt, einen oder mehrere Wettbewerber vom Markt zu verdrängen** (OLG Düsseldorf, B. v. 14. 10. 2009 – Az.: VII-Verg 40/09; B. v. 25. 2. 2009 – Az.: VII-Verg 6/09; B. v. 29. 9. 2008 – Az.: VII-Verg 50/08; B. v. 28. 9. 2006 – Az.: VII – Verg 49/06; B. v. 17. 6. 2002 – Az.: Verg 18/02, B. v. 4. 9. 2002 – Verg 37/02; in diese Richtung BayObLG, B. v. 3. 7. 2002 – Az.: Verg 13/02; OLG Koblenz, B. v. 15. 10. 2009 – Az.: 1 Verg 9/09; B. v. 26. 10. 2005 – Az.: 1 Verg 4/05; OLG Naumburg, B. v. 2. 4. 2009 – Az.: 1 Verg 10/08; LSG Nordrhein-Westfalen, B. v. 10. 3. 2010 – Az.: L 21 SF 41/10; VK Arnsberg, B. v. 3. 12. 2009 – Az.: VK 30/09; VK Baden-Württemberg, B. v. 26. 3. 2010 – Az.: 1 VK 11/10; B. v. 2. 2. 2010 – Az.: 1 VK 75/09; B. v. 28. 7. 2009 – Az.: 1 VK 42/09; B. v. 5. 1. 2009 – Az.: 1 VK 63/08; B. v. 12. 12. 2008 – Az.: 1 VK 50/08; B. v. 17. 1. 2008 – Az.: 1 VK 52/07; B. v. 16. 11. 2004 – Az.: 1 VK 69/04, B. v. 12. 11. 2004 – Az.: 1 VK 70/04; 1. VK Brandenburg, B. v. 13. 7. 2007 – Az.: 1 VK 24/07; B. v. 8. 12. 2006 – Az.: 1 VK 49/06; 1. VK Bund, B. v. 3. 2. 2010 – Az.: VK 1–236/09; B. v. 7. 4. 2009 – Az.: VK 1–32/09; B. v. 29. 1. 2009 – Az.: VK 1–180/08; B. v. 20. 12. 2007 – Az.: VK 1–143/07; B. v. 30. 8. 2005 – Az.: VK 1–95/05; B. v. 30. 8. 2005 – Az.: VK 1–92/05; B. v. 30. 8. 2005 – Az.: VK 1–89/05; B. v. 28. 12. 2004 – Az.: VK 1–141/04; B. v. 15. 7. 2003 – Az.: VK 1–53/03, B. v. 22. 5. 2003 – Az.: VK 1–29/03; 2. VK Bund, B. v. 22. 12. 2009 – Az.: VK 2–204/09; B. v. 30. 10. 2009 – Az.: VK 2–180/09; B. v. 16. 9. 2008 – Az.: VK 2–97/08; B. v. 6. 6. 2008 – Az.: VK 2–46/08; B. v. 15. 11. 2007 – Az.: VK 2–123/07, B. v. 15. 11. 2007 – Az.: VK 2–120/07, B. v. 15. 11. 2007 – Az.: VK 2–117/07, B. v. 15. 11. 2007 – Az.: VK 2–114/07, B. v. 15. 11. 2007 – Az.: VK 2–108/07, B. v. 15. 11. 2007 – Az.: VK 2–105/07; B. v. 15. 11. 2007 – Az.: VK 2–102/07; B. v. 18. 8. 2005 – Az.: VK 2–93/05; B. v. 18. 8. 2005 – Az.: VK 2–90/05; B. v. 11. 11. 2004 – Az.: VK 2–196/04; B. v. 8. 1. 2004 – Az.: VK 2–124/031; 3. VK Bund, B. v. 10. 12. 2009 – Az.: VK 3–211/09; B. v. 26. 3. 2009 – Az.: VK 3–43/09; B. v. 6. 8. 2008 – Az.: VK 3–104/08; B. v. 24. 7. 2008 – Az.: VK 3–95/08; B. v. 16. 6. 2008 – Az.: VK 3–65/08; B. v. 14. 11. 2007 – Az.: VK 3–124/07; B. v. 7. 8. 2006 – Az.: VK 3–93/06; B. v. 7. 8. 2006 – Az.: VK 3–90/06; B. v. 7. 8. 2006 – Az.: VK 3–87/06; B. v. 7. 8. 2006 – Az.: VK 3–84/06; B. v. 7. 8. 2006 – Az.: VK 3–81/06; B. v. 7. 8. 2006 – Az.: VK 3–78/06; B. v. 2. 8. 2006 – Az.: VK 3–75/06; B. v. 4. 7. 2006 – Az.: VK 3–60/06; B. v. 29. 6. 2006 – Az.: VK 3–48/06; B. v. 29. 6. 2006 – Az.: VK 3–39/06; B. v. 7. 9. 2005 – Az.: VK 3–115/05; B. v. 7. 9. 2005

Vergabe- und Vertragsordnung für Leistungen Teil A EG § 19 **Teil 4**

– Az.: VK 3–112/05; B. v. 6. 9. 2005 – Az.: VK 3–109/05; B. v. 31. 8. 2005 – Az.: VK 3–106/05; B. v. 31. 8. 2005 – Az.: VK 3–103/05; B. v. 31. 8. 2005 – Az.: VK 3–100/05; B. v. 31. 8. 2005 – Az.: VK 3–97/05; B. v. 12. 8. 2005 – Az.: VK 3–94/05; B. v. 12. 8. 2005 – Az.: VK 3–91/05; B. v. 12. 8. 2005 – Az.: VK 3–88/05; B. v. 11. 8. 2005 – Az.: VK 3–85/05; B. v. 12. 7. 2005 – Az.: VK 3–67/05; B. v. 28. 9. 2004 – Az.: VK 3–107/04; VK Münster, B. v. 2. 7. 2004 – Az.: VK 13/04; VK Nordbayern, B. v. 28. 1. 2009 – Az.: 21.VK – 3194 – 55/08; B. v. 26. 2. 2008 – Az.: 21.VK – 3194 – 02/08; B. v. 21. 11. 2003 – Az.: 320.VK-3194-38/03; VK Südbayern, B. v. 14. 9. 2007 – Az.: Z3-3-3194-1-33-07/07; B. v. 10. 2. 2006 – Az. Z3-3-3194-1-57–12/05). Die **Verdrängung aus einer einzelnen Auftragsvergabe ist grundsätzlich nicht ausreichend**. Drittschützende Wirkung kann der Vorschrift auch in den Fällen zukommen, in denen die **Unterangebote den Bieter selber in solche Schwierigkeiten** bringen, dass er den Auftrag nicht vertragsgemäß durchführen kann (OLG Düsseldorf, B. v. 29. 9. 2008 – Az.: VII-Verg 50/08; B. v. 28. 9. 2006 – Az.: VII – Verg 49/06; VK Baden-Württemberg, B. v. 26. 3. 2010 – Az.: 1 VK 11/10; B. v. 12. 12. 2008 – Az.: 1 VK 50/08; 1. VK Bund, B. v. 7. 4. 2009 – Az.: VK 1–32/09; B. v. 20. 12. 2007 – Az.: VK 1–143/07; B. v. 28. 12. 2004 – Az.: VK 1–141/04; B. v. 26. 2. 2003 – Az.: VK 1–07/03; 3. VK Bund, B. v. 6. 8. 2008 – Az.: VK 3–104/08; B. v. 24. 7. 2008 – Az.: VK 3–95/08; VK Südbayern, B. v. 14. 9. 2007 – Az.: Z3-3-3194-1-33–07/07).

Maßgebend für die Verdrängung ist der **Anbietermarkt für Leistungen der ausgeschriebenen Art**, der nicht auf das Zuständigkeitsgebiet des Auftraggebers zu beschränken ist, sondern – z. B. für Entsorgungsleistungen – **wahrscheinlich bundesweit abzugrenzen** ist (OLG Düsseldorf, B. v. 25. 2. 2009 – Az.: VII-Verg 6/09). 11876

139.4 Wertungsstufen

Vgl. insoweit die **Kommentierung zu** → **§ 16 VOL/A Rdn. 24 ff.**, die **auch für § 19 EG** gilt. 11877

139.5 Grundsatz der Wahrheit der Bieterangaben

Vgl. insoweit die **Kommentierung zu** → **§ 16 VOL/A Rdn. 46**, die **auch für § 19 EG** gilt. 11878

139.6 1. Wertungsstufe: Prüfung und Ausschluss nach § 19 EG Abs. 1–4

§ 19 EG Abs. 1–4 unterscheidet sich von **§ 16 Abs. 1–4** einmal in **§ 19 EG Abs. 3 lit. g)** dadurch, dass über § 16 Abs. 3 lit. g) hinaus auch solche Nebenangebote ausgeschlossen werden, die die verlangten Mindestanforderungen nicht erfüllen. Da in der Rechtsprechung jedoch auch vertreten wird, dass diese Voraussetzung ebenfalls bei Unterschwellenvergaben zu prüfen ist, ist eine Kommentierung des § 19 EG Abs. 3 lit. g) bereits in § 16 Abs. 3 lit. g) erfolgt. 11879

Der zweite Unterschied besteht darin, dass **§ 19 EG Abs. 4** – verfahrensmäßig folgerichtig – auf **§ 6 EG Abs. 6** verweist. **§ 19 EG Abs. 4 überträgt damit die Ausschlussgründe des § 6 EG Abs. 6 für Teilnahmeanträge von Bewerbern auf Angebote von Bietern**. Vgl. daher die Kommentierung zu → § 6 EG Rdn. 14. 11880

Ansonsten kann die **Kommentierung zu** → **§ 16 VOL/A Rdn. 47 ff.** auch für die 1. Wertungsstufe nach § 19 EG Abs. 1–4 **übernommen** werden. 11881

139.7 2. Wertungsstufe: Eignungsprüfung (§ 19 EG Abs. 5)

§ 19 EG Abs. 5 VOL/A ist wortgleich mit **§ 16 Abs. 5** und deckt sich inhaltlich im Wesentlichen mit **§ 97 Abs. 4 Halbsatz 1 bzw. § 16 Abs. 2 VOB/A**. Deshalb erfolgt eine **einheitliche Kommentierung dieser Wertungsstufe bei** → **§ 97 GWB Rdn. 543 ff**. 11882

139.8 3. Wertungsstufe: Prüfung der Angebote auf ein offenbares Missverhältnis zwischen Preis und Leistung (§ 19 EG Abs. 6, Abs. 7)

139.8.1 Hinweis

§ 19 EG Abs. 6 ist wortgleich mit **§ 16 Abs. 6**. Vgl. daher die Kommentierung → **§ 16 VOL/A Rdn. 541 ff**. 11883

139.8.2 Aufgrund einer staatlichen Beihilfe ungewöhnlich niedrige Angebote (§ 19 EG Abs. 7)

139.8.2.1 Allgemeines

11884   Die **Regelung entspricht im Wesentlichen der Vorschrift des Art. 55 Abs. 3 der Vergabekoordinierungsrichtlinie**.

139.8.2.2 § 19 EG Abs. 7 VOL/A als Verfahrensregelung

11885   Steuervergünstigungen, wie sie einem Bieter als gGmbH zuteil werden (§§ 51 f. AO; 5 Abs. 1 Nr. 9 KStG; 3 Nr. 6 GewStG; 3 Abs. 1 Nr. 3 b GrStG; 12 Nr. 8 UStG), können zwar eine Beihilfe im Sinne des Art. 87 EGV sein. Ob eine Beihilfe EU-rechtswidrig ist, hängt aber auch vom Begünstigungszweck ab. Diese **Frage ist allerdings grundsätzlich nicht von der Vergabestelle oder den Nachprüfungsbehörden zu entscheiden**. Auch hat selbst eine feststehende Rechtswidrigkeit einer Beihilfe nicht zwangsläufig zur Folge, dass das Angebot des Empfängers ausgeschlossen werden muss. Vielmehr **gibt § 19 EG Abs. 7 VOL/A vor, wie die Vergabestelle zu verfahren hat**, wenn der begründete Verdacht eines rechtswidrig subventionierten Angebots im Raum steht. Am Ende kann, muss aber nicht der Angebotsausschluss stehen (OLG Koblenz, B. v. 28. 10. 2009 – Az.: 1 Verg 8/09).

139.8.2.3 Rechtsfolge eines aufgrund einer staatlichen Beihilfe ungewöhnlich niedrigen Angebots

11886   An keiner Stelle lässt sich dem Vergaberecht entnehmen, dass der **Erhalt nicht notifizierter Beihilfen zum Angebotsausschluss führt oder die Vergabestelle verpflichtet ist, durch eine Erhöhung des Angebotspreises die nicht notifizierte Beihilfe zu neutralisieren.** Der Empfang nicht notifizierter Beihilfen findet im Gegenteil ausschließlich Erwähnung im Zusammenhang mit dem Verbot, den Zuschlag auf ein Angebot zu erteilen, dessen Preise in einem offenbaren Missverhältnis zu der angebotenen Leistung steht. Die VOB hält den öffentlichen Auftraggeber dazu an, den betreffenden Bieter vor einer Ablehnung seines Angebots über die Bedenken an der Angemessenheit seiner Preise zu unterrichten und ihm Gelegenheit zur Stellungnahme zu geben Dieselbe Verpflichtung trifft die Vergabestelle dann, wenn der ungewöhnlich niedrige Angebotspreis auf dem Erhalt einer staatlichen Beihilfe beruht. In einem solchen Fall muss der Auftraggeber dem Bieter Gelegenheit für den Nachweis geben, dass die Beihilfe der Kommission der Europäischen Union angezeigt oder von ihr genehmigt worden ist; einen Ausschluss des Angebotes hat die Vergabestelle zudem der Kommission der Europäischen Union mitzuteilen. **Ausschließlich diese Anhörungs- und Informationspflicht normiert die Verdingungsordnung**, wenn der Angebotspreis wegen zugeflossener staatlicher Fördermittel ungewöhnlich niedrig ausgefallen ist. **Daraus lässt sich im Umkehrschluss folgern, dass die Vergabestelle eine weitergehende Verpflichtung – namentlich die Pflicht zum Ausschluss des Angebotes oder zur Erhöhung des Angebotspreises um den Vorteil der erhaltenen und nicht notifizierten Beihilfe – nicht trifft** (OLG Düsseldorf, B. v. 26. 7. 2002 – Az.: Verg 22/02; OLG Koblenz, B. v. 28. 10. 2009 – Az.: 1 Verg 8/09).

139.9 4. Wertungsstufe: Auswahl des wirtschaftlichsten Angebots (§ 19 EG Abs. 8, Abs. 9, § 21 EG Abs. 1)

139.9.1 Änderung in der VOL/A 2009

11887   Die **Zuschlagsregelung** des § 25 Nr. 3 VOL/A 2006 (Der Zuschlag ist auf das unter Berücksichtigung aller Umstände wirtschaftlichste Angebot zu erteilen. Der niedrigste Angebotspreis allein ist nicht entscheidend) ist **in § 21 EG VOL/A 2009 aufgenommen**. Damit wird die Prüfung der 4. Wertungsstufe sowohl in § 19 EG VOL/A 2009 als auch in § 21 EG VOL/A 2009 geregelt, ein für die **Praxis unglücklicher Umstand**.

139.9.2 Bindung des Auftraggebers an die veröffentlichten Zuschlagskriterien einschließlich der Gewichtung (§ 19 EG Abs. 8)

11888   Vgl. dazu die **Kommentierung zu** → § 97 GWB Rdn. 999 ff.

Vergabe- und Vertragsordnung für Leistungen Teil A   EG § 20 **Teil 4**

139.9.3 Berücksichtigung von bestimmten durch den Auftragsgegenstand gerechtfertigten Zuschlagskriterien (§ 19 EG Abs. 9)

139.9.3.1 Änderungen in der VOL/A 2009

In die Auflistung der Zuschlagskriterien ist das **Kriterium der "Lebenszykluskosten"** neu **aufgenommen** worden.   11889

139.9.3.2 Hinweis

Vgl. **zu den einzelnen Zuschlagskriterien** die Kommentierung zu → § 97 GWB   11890
Rdn. 918 ff.

139.9.3.3 Modifizierung der VOL/A für den Kauf oder bei Ersetzung oder Nachrüstung technischer Geräte und Ausrüstungen durch § 4 Abs. 6 VgV

139.9.3.3.1 Text. Beim Kauf technischer Geräte und Ausrüstungen oder bei Ersetzung oder Nachrüstung vorhandener technischer Geräte und Ausrüstungen sind im Falle des Absatzes 1 die Bestimmungen des Abschnittes 2 des Teiles A der VOL/A mit folgenden Maßgaben anzuwenden:

– § 19 EG VOL/A findet mit der Maßgabe Anwendung, dass der Energieverbrauch von technischen Geräten und Ausrüstungen als Kriterium bei der Entscheidung über den Zuschlag berücksichtigt werden kann.

139.9.3.3.2 Hintergrund (Verordnungsbegründung zu § 4 Abs. 6 VgV). Vgl. die   11891
Kommentierung zu → § 8 EG Rdn. 26 ff.

139.9.3.4 Regelungstechnischer Anwendungsbereich

Nach § 4 Abs. 6 VgV steht die Anwendung dieser Regelung unter dem **Vorbehalt, dass § 4**   11892
Abs. 1 VgV Anwendung findet; dies wiederum bedeutet, dass die Regelung des § 4 Abs. 6 nur für den Bereich des zweiten Abschnitts der VOL/A zwingend anzuwenden ist, **also nur Ausschreibungen ab den Schwellenwerten betrifft**. Dementsprechend ist in der Verweisung auf die VOL/A auch **nur § 8 EG VOL/A** aufgeführt.

139.9.3.5 Sachlicher Anwendungsbereich

§ 4 Abs. 6 VgV betrifft **nur solche Leistungsbeschreibungen, die den Kauf technischer**   11893
Geräte und Ausrüstungen oder die Ersetzung oder Nachrüstung vorhandener technischer Geräte und Ausrüstungen umfassen. Der reine Dienstleistungsbereich ist also völlig ausgeklammert.

139.9.3.6 Das Zuschlagskriterium "Energieverbrauch"

Zu den **Einzelheiten hinsichtlich des Zuschlagskriteriums "Energieverbrauch"** vgl.   11894
die Kommentierung zu → § 97 GWB Rdn. 1049.

139.9.4 Zuschlag auf das wirtschaftlichste Angebot (§ 21 EG Abs. 1)

Am **Ende der vierten Wertungsstufe steht die Zuschlagsentscheidung**, und zwar als   11895
Auswahlentscheidung des wirtschaftlichsten Angebots (§ 21 EG Abs. 1).

Die **Regelung entspricht im Wesentlichen der Vorschrift des Art. 53 Abs. 1 Buch-**   11896
stabe a) der Vergabekoordinierungsrichtlinie. §§ 19 EG Abs. 8, Abs. 9, 21 EG Abs. 1 VOL/A 2009 und § 16 Abs. 6 Nr. 3 VOB/A 2009 decken sich inhaltlich im Wesentlichen mit § 97 Abs. 5 GWB. Deshalb erfolgt eine **einheitliche Kommentierung** dieses Teils der vierten Wertungsstufe bei → § 97 GWB Rdn. 909 ff.

140. § 20 EG – Aufhebung von Vergabeverfahren

(1) **Die Vergabeverfahren können ganz oder bei Vergabe nach Losen auch teilweise aufgehoben werden, wenn**

Teil 4 EG § 20 Vergabe- und Vertragsordnung für Leistungen Teil A

a) kein Angebot eingegangen ist, das den Bewerbungsbedingungen entspricht,
b) sich die Grundlagen der Vergabeverfahren wesentlich geändert haben,
c) sie kein wirtschaftliches Ergebnis gehabt haben,
d) andere schwerwiegende Gründe bestehen.

(2) Die Bewerber oder Bieter sind von der Aufhebung der Vergabeverfahren unter Bekanntgabe der Gründe unverzüglich zu benachrichtigen.

(3) Die Auftraggeber teilen den Bewerbern oder Bietern nach Aufhebung des Vergabeverfahrens unverzüglich die Gründe für ihre Entscheidung mit, auf die Vergabe eines im Amtsblatt der Europäischen Gemeinschaften bekannt gemachten Auftrages zu verzichten oder das Verfahren erneut einzuleiten. Auf Antrag teilen sie ihnen dies auch in Textform mit.

140.1 Änderungen in der VOL/A 2009

11897 Der Geltungsbereich der Vorschrift umfasst nach dem Wortlaut die **Vergabeverfahren, also nicht nur offene und nicht offene Verfahren, sondern auch z. B. Verhandlungsverfahren**.

11898 Die **Gründe für eine vollständige Aufhebung bzw. die Aufhebung von Losen** wurden zusammengefasst.

11899 Die **Mitteilungspflicht** des Auftraggebers über die Aufhebung wurde **auf die Bewerber ausgedehnt**.

140.2 Vergleichbare Regelungen

11900 Der **Vorschrift des § 20 EG VOL/A vergleichbar** sind im Bereich der VOL/A **§ 17 VOL/A** und im Bereich der VOB **§§ 17, 17a VOB/A**. Die Kommentierungen zu diesen Vorschriften können daher ergänzend zu der Kommentierung des § 20 EG herangezogen werden.

140.3 Bieterschützende Vorschrift

11901 Vgl. die Kommentierung zu → § 17 VOL/A Rdn. 5.

140.4 Sinn und Zweck der Vorschrift

11902 Vgl. die Kommentierung zu → § 17 VOL/A Rdn. 6.

140.5 Geltungsbereich

11903 Der Geltungsbereich der Vorschrift umfasst nach dem Wortlaut die **Vergabeverfahren, also nicht nur offene und nicht offene Verfahren, sondern auch z. B. Verhandlungsverfahren**.

140.6 Aufhebung als Ermessensentscheidung

11904 Vgl. die Kommentierung zu → § 17 VOL/A Rdn. 9.

140.7 Pflicht zur Aufhebung

11905 Vgl. die Kommentierung zu → § 17 VOL/A Rdn. 10.

140.8 Alternative zur Aufhebung

11906 Vgl. die Kommentierung zu → § 17 VOL/A Rdn. 22.

140.9 Teilaufhebung

Vgl. die Kommentierung zu → § 17 VOL/A Rdn. 28.   11907

140.10 Enge Auslegung der Voraussetzungen einer Aufhebung

Vgl. die Kommentierung zu → § 17 VOL/A Rdn. 30 ff.   11908

140.11 Aufhebungsgründe des § 20 EG VOL/A (§ 20 EG Abs. 1)

§ 20 EG Abs. 1 VOL/A ist **wortgleich mit** § 17 Abs. 1 VOL/A. Vgl. daher die Kommentierung zu → § 17 VOL/A Rdn. 32 ff.   11909

140.12 Sonstige Aufhebungsgründe und Rechtsfolgen

Vgl. die Kommentierung zu → § 17 VOL/A Rdn. 111 ff.   11910

140.13 Beweislast für das Vorliegen von Aufhebungsgründen

Vgl. die Kommentierung zu → § 17 VOL/A Rdn. 121.   11911

140.14 Rechtsnatur der Aufhebung

Vgl. die Kommentierung zu → § 17 VOL/A Rdn. 122.   11912

140.15 Bekanntmachung der Aufhebungsentscheidung

Vgl. die Kommentierung zu → § 17 VOL/A Rdn. 124.   11913

140.16 Rechtsfolge der Bekanntmachung der Aufhebungsentscheidung

Vgl. die Kommentierung zu → § 17 VOL/A Rdn. 126.   11914

140.17 Unterrichtungspflicht über die Aufhebung (§ 20 EG Abs. 2)

§ 20 EG Abs. 2 VOL/A ist **wortgleich mit** § 17 Abs. 2 VOL/A. Vgl. daher die Kommentierung zu → § 17 VOL/A Rdn. 130.   11915

140.18 Unterrichtungspflicht über den Verzicht auf eine Auftragsvergabe bzw. eine erneute Einleitung (§ 20 EG Abs. 3)

140.18.1 Änderungen in der VOL/A

Die Regelung des § 26a VOL/A 2006 ist als § 20 EG Abs. 3 in § 20 EG integriert worden.   11916

140.18.2 Notwendigkeit der Regelung?

In § 17a VOB/A 2009 ist die **ausdrückliche Informationspflicht gegenüber den Bewerbern oder Bietern** zur Mitteilung der Gründe für seine Entscheidung, auf die Vergabe eines im Amtsblatt der Europäischen Gemeinschaften bekannt gemachten Auftrages zu verzichten oder das Verfahren erneut einzuleiten, entfallen. Nach Auffassung des DVA ist **diese Informationspflicht bereits in § 17 Abs. 2 VOB/A 2009** enthalten und konnte daher entfallen.   11917

Teil 4 EG § 21 Vergabe- und Vertragsordnung für Leistungen Teil A

140.18.3 Umfang der Mitteilungspflicht

11918 § 20 EG Abs. 3 VOL/A soll **Transparenz und Willkürfreiheit des Vergabeverfahrens gewährleisten.** Insofern erfüllt § 20 EG Abs. 3 VOL/A **eine dem § 101a GWB vergleichbare Funktion für den Fall der Aufhebung eines Vergabeverfahrens.** Diesem Sinn und Zweck wird der Auftraggeber **nur gerecht, wenn er den Bewerbern seine Verzichts- bzw. Aufhebungsentscheidung nachvollziehbar darlegt.** Dazu gehört, dass der Bewerber aus den Gründen entnehmen können muss, was inhaltlich der Grund für den Verzicht war, da ansonsten eine mögliche Verletzung des Transparenz- und Gleichbehandlungsgebots gar nicht überprüfbar ist (VK Schleswig-Holstein, B. v. 10. 2. 2005 – VK-SH 02/05).

11919 Für die Mitteilung der Gründe im Sinne des § 20 EG Abs. 3 VOL/A kommt es also lediglich darauf an, dass die Gründe mitgeteilt werden, auf die sich der Auftraggeber bei seiner Entscheidung gestützt hat. **Ob diese Gründe vergaberechtskonform sind, ist für die Mitteilung irrelevant.** Durch die Mitteilung im Sinne des § 20 EG Abs. 3 VOL/A soll ein Bewerber lediglich in den Stand versetzt werden **zu prüfen, ob der Verzicht auf die Vergabe bzw. die Aufhebung des Vergabeverfahrens rechtmäßig ist oder nicht.** Werden Gründe mitgeteilt, die eine Aufhebung nicht zu tragen vermögen, so kann aber ein Bewerber ermessen, ob und inwieweit er Vergaberechtsschutz in Anspruch nehmen kann und will (VK Schleswig-Holstein, B. v. 10. 2. 2005 – VK-SH 02/05; VK Brandenburg, B. v. 17. 9. 2002 – Az.: VK 50/02).

11920 Die Vergabestelle ist also **nicht verpflichtet, eine erschöpfende und vollständige Mitteilung aller Aufhebungsgründe sowie eine bis in die Einzelheiten gehende Begründung zu liefern** (VK Schleswig-Holstein, B. v. 10. 2. 2005 – VK-SH 02/05).

140.18.4 Literatur

11921 – Schaller, Hans, Dokumentations-, Informations-, Mitteilungs-, Melde- und Berichtspflichten im öffentlichen Auftragswesen, VergabeR 2007, 394

140.19 Rücknahme der Aufhebung

11922 Vgl. die Kommentierung zu → § 17 VOL/A Rdn. 128.

140.20 Missbrauch der Aufhebungsmöglichkeit (Scheinaufhebung)

11923 Vgl. dazu die **Kommentierung zu** → § 114 GWB Rdn. 56 ff.

140.21 Neues Vergabeverfahren im Anschluss an die Aufhebung

11924 Vgl. die Kommentierung zu → § 17 VOL/A Rdn. 137.

140.22 Überprüfung der Aufhebungsentscheidung in einem Vergabenachprüfungsverfahren

11925 Vgl. dazu die **Kommentierung zu** → § 102 GWB Rdn. 44 ff. bzw. die **Kommentierung zu** → § 114 GWB Rdn. 68 ff.

140.23 Literatur

11926 Vgl. die Kommentierung zu → § 17 VOL/A Rdn. 140.

141. § 21 EG – Zuschlag

(1) **Der Zuschlag ist auf das unter Berücksichtigung aller Umstände wirtschaftlichste Angebot zu erteilen. Der niedrigste Angebotspreis allein ist nicht entscheidend.**

Vergabe- und Vertragsordnung für Leistungen Teil A   EG § 22 **Teil 4**

(2) Die Annahme eines Angebotes (Zuschlag) erfolgt in Schriftform, elektronischer Form oder mittels Telekopie.

(3) Bei einer Zuschlagserteilung in elektronischer Form genügt eine „fortgeschrittene elektronische Signatur" nach dem Signaturgesetz, bei Übermittlung durch Telekopie die Unterschrift auf der Telekopievorlage.

141.1 Änderungen in der VOL/A 2009

Die **Regelung des** § 25 Nr. 3 VOL/A 2009 – die vierte Wertungsstufe – wurde **in** § 21 EG Abs. 1 VOL/A 2009 übernommen.   11927

§ 21 EG Abs. 2 VOL/A 2009 ergänzt die **möglichen grundsätzlichen Formen der** Zuschlagserteilung.   11928

§ 21 EG Abs. 3 VOL/A 2009 beschreibt die **Anforderungen an die Unterschrift** bei den möglichen Formen der Zuschlagserteilung.   11929

141.2 Vergleichbare Regelungen

Der Vorschrift des § 21 EG VOL/A vergleichbar sind im Bereich der VOL **§ 18 VOL/A**, im Bereich der VOF **§ 11 VOF** und im Bereich der VOB **§ 18 VOB/A**. Die Kommentierungen zu diesen Vorschriften können daher ergänzend zu der Kommentierung des § 21 EG herangezogen werden.   11930

141.3 Zuschlag auf das wirtschaftlichste Angebot (§ 21 EG Abs. 1)

§ 21 EG Abs. 1 ist **wortgleich mit** § 18 Abs. 1. Vgl. daher die Kommentierung zu → § 18 VOL/A Rdn. 5 ff.   11931

141.4 Formen der Annahme eines Angebots – Zuschlag – (§ 21 EG Abs. 2)

§ 21 EG Abs. 2 ist **wortgleich mit** § 18 Abs. 2. Vgl. daher die Kommentierung zu → § 18 VOL/A Rdn. 8.   11932

141.5 Unterschriftserfordernis bei der elektronischen Form der Annahme eines Angebots (§ 21 EG Abs. 3)

Bei einer Zuschlagserteilung in elektronischer Form genügt eine „fortgeschrittene elektronische Signatur". Vgl. dazu die **Kommentierung zu** → § 13 VOL/A Rdn. 60.   11933

141.6 Unterschriftserfordernis bei der Telekopie als Mittel der Annahme eines Angebots (§ 21 EG Abs. 3)

Bei einer Zuschlagserteilung durch Übermittlung einer Telekopie genügt die **Unterschrift auf der Telekopievorlage**. Vgl. dazu die **Kommentierung zu** → § 13 VOL/A 69.   11934

141.7 Vergaberechtskonforme Auslegung der Zuschlagserklärung

Vgl. die Kommentierung zu → § 18 VOL/A Rdn. 20.   11935

142. § 22 EG – Nicht berücksichtigte Bewerbungen und Angebote

(1) Die Auftraggeber teilen unverzüglich, spätestens innerhalb von 15 Tagen nach Eingang eines entsprechenden Antrags, den nicht berücksichtigten Bietern die Gründe für die Ablehnung ihres Angebotes, die Merkmale und Vorteile des erfolgreichen Angebots sowie den Namen des erfolgreichen Bieters und den nicht berücksichtigten Bewerbern die Gründe für ihre Nichtberücksichtigung mit.

(2) Die Auftraggeber können die Informationen zurückhalten, wenn die Weitergabe den Gesetzesvollzug vereiteln würde oder sonst nicht im öffentlichen Interesse läge oder die berechtigten Geschäftsinteressen von Unternehmen oder den fairen Wettbewerb beeinträchtigen würde.

142.1 Änderungen in der VOL/A 2009

11936 § 22 EG Abs. 1 VOL/A 2009 erweitert die Informationspflicht auf alle Bieter und nicht nur – wie in § 27a Nr. 1 VOL/A 2006 – auf die Bieter, die in ordnungsgemäßes Angebot eingereicht haben.

142.2 Vergleichbare Regelungen

11937 Der **Vorschrift des § 22 EG VOL/A vergleichbar** sind im Bereich der VOL/A **§ 19 VOL/A**, im Bereich der VOB **§§ 19, 19a VOB/A** und im Bereich der VOF **§§ 10 Abs. 5, 14 VOF**. Die Kommentierungen zu diesen Vorschriften können daher ergänzend zu der Kommentierung des § 22 EG herangezogen werden.

142.3 Optionsrecht des Bieters bzw. des Bewerbers

11938 Vgl. die Kommentierung zu → § 19 VOL/A Rdn. 10.

142.4 Nachträglicher Informationsanspruch

11939 Vgl. die Kommentierung zu → § 19 VOL/A Rdn. 12.

142.5 Verhältnis zu § 101a GWB

11940 Vgl. dazu im Einzelnen die Kommentierung zu → § 101a GWB Rdn. 160ff.

142.6 Inhalt der Benachrichtigung der nicht berücksichtigten Bieter (§ 22 EG Abs. 1)

11941 § 22 EG Abs. 1 ist wortgleich mit § 19 Abs. 1 VOL/A. Vgl. daher die Kommentierung zu → § 19 VOL/A Rdn. 14.

142.7 Inhalt der Benachrichtigung der nicht berücksichtigten Bewerber (§ 22 EG Abs. 1)

11942 § 22 EG Abs. 1 ist wortgleich mit § 19 Abs. 1 VOL/A. Vgl. daher die Kommentierung zu → § 19 VOL/A Rdn. 17.

142.8 Forderung nach einem frankierten Rückumschlag

11943 Vgl. die Kommentierung zu → § 19 VOL/A Rdn. 18.

142.9 Rechtsfolge bei unterlassener Benachrichtigung

11944 Vgl. die Kommentierung zu → § 19 VOL/A Rdn. 20.

142.10 Zurückhaltung von Informationen (§ 22 EG Abs. 3)

11945 § 22 EG Abs. 2 ist wortgleich mit § 19 Abs. 3 VOL/A. Vgl. daher die Kommentierung zu → § 19 VOL/A Rdn. 33.

Vergabe- und Vertragsordnung für Leistungen Teil A   EG § 23 **Teil 4**

142.11 Antrag auf Feststellung einer Verletzung des § 22 EG VOL/A

Vgl. die Kommentierung zu → § 19 VOL/A Rdn. 34.   **11946**

142.12 Presserechtliche Auskunftsansprüche

Vgl. die Kommentierung zu → § 19 VOL/A Rdn. 35.   **11947**

142.13 Literatur

Vgl. die Kommentierung zu → § 19 VOL/A Rdn. 36.   **11948**

143. § 23 EG – Bekanntmachung über die Auftragserteilung

(1) Die Auftraggeber machen innerhalb von 48 Tagen nach Vergabe des Auftrags über jeden vergebenen Auftrag Mitteilung nach dem im Anhang III der Verordnung (EG) zur Einführung von Standardformularen für die Veröffentlichung von Vergabebekanntmachungen auf dem Gebiet der öffentlichen Aufträge in der jeweils gellenden Fassung an das Amt für amtliche Veröffentlichungen der Europäischen Gemeinschaften. Die Auftraggeber brauchen bestimmte Angaben über die Auftragsvergabe jedoch nicht mitzuteilen, wenn die Weitergabe den Gesetzesvollzug vereiteln würde oder dies dem öffentlichen Interesse zuwiderläuft, die legitimen geschäftlichen Interessen einzelner öffentlicher oder privater Unternehmen berührt oder den fairen Wettbewerb zwischen den Unternehmen beeinträchtigen würde.

(2) Bei der Mitteilung von vergebenen Aufträgen über Dienstleistungen nach Anhang I B geben die Auftraggeber an, ob sie mit der Veröffentlichung einverstanden sind.

(3) Bei Rahmenvereinbarungen umfasst die Bekanntmachung den Abschluss der Rahmenvereinbarung, aber nicht die Einzelaufträge, die aufgrund der Rahmenvereinbarung vergeben wurden.

(4) Die Auftraggeber können die Bekanntmachung nach Absatz 1 mit dem Ergebnis der Vergabe der Einzelaufträge im Rahmen eines dynamisch elektronischen Verfahrens pro Quartal eines Kalenderjahres zusammenfassen. In diesem Fall versenden sie die Zusammenstellung spätestens 48 Tage nach Quartalsende.

143.1 Änderungen in der VOL/A 2009

In § 23 EG Abs. 1 wurde – im Vergleich zu § 28a Nr. 2 VOL/A 2006 – als weiterer Grund **11949**
dafür, bestimmte Angaben über die Auftragsvergabe nicht mitzuteilen, aufgenommen, wenn die Weitergabe den Gesetzesvollzug vereiteln würde.

143.2 Vergleichbare Regelungen

Der **Vorschrift des § 23 EG VOL/A vergleichbar** sind im Bereich der VOF **§ 14 VOF** **11950**
und im Bereich der VOB **§ 18a VOB/A**. Die Kommentierungen zu diesen Vorschriften können daher ergänzend zu der Kommentierung des § 23 EG herangezogen werden.

143.3 Bieterschützende Vorschrift

§ 23 EG VOL/A ist **ersichtlich nicht bieterschützend** (Thüringer OLG, B. v. 16. 1. 2002 **11951**
– Az.: 6 Verg 7/01; LG Leipzig, Urteil v. 24. 1. 2007 – Az.: 06HK O 1866/06).

143.4 Literatur

– Schaller, Hans, Dokumentations-, Informations-, Mitteilungs-, Melde- und Berichtpflichten **11952**
im öffentlichen Auftragswesen, VergabeR 2007, 394

144. § 24 EG – Dokumentation

(1) Das Vergabeverfahren ist von Anbeginn fortlaufend zu dokumentieren, so dass die einzelnen Stufen des Verfahrens, die einzelnen Maßnahmen sowie die Begründung der einzelnen Entscheidungen festgehalten werden.

(2) Die Dokumentation umfasst mindestens Folgendes:

a) den Namen und die Anschrift des öffentlichen Auftraggebers, Gegenstand und Wert des Auftrags, der Rahmenvereinbarung oder des dynamischen Beschaffungssystems,

b) die Namen der berücksichtigten Bewerber oder Bieter und die Gründe für ihre Auswahl,

c) die Namen der nicht berücksichtigten Bewerber oder Bieter und die Gründe für ihre Ablehnung,

d) die Gründe für die Ablehnung von ungewöhnlich niedrigen Angeboten,

e) den Namen des erfolgreichen Bieters und die Gründe für die Auswahl seines Angebots sowie – falls bekannt – den Anteil am Auftrag oder an der Rahmenvereinbarung, den der Zuschlagsempfänger an Dritte weiterzugeben beabsichtigt,

f) bei nicht offenen Verfahren, Verhandlungsverfahren und wettbewerblichen Dialogen die Gründe, die die Anwendung dieser Verfahrens rechtfertigen,

g) gegebenenfalls die Gründe, aus denen die Auftraggeber auf die Vergabe eines Auftrags, den Abschluss einer Rahmenvereinbarung oder die Einrichtung eines dynamischen Beschaffungssystems verzichtet haben,

h) die Gründe, aufgrund derer mehrere Teil- oder Fachlose zusammen vergeben werden sollen,

i) die Gründe, warum der Gegenstand des Auftrags die Vorlage von Eignungsnachweisen erfordert und gegebenenfalls warum in diesen Fällen Nachweise verlangt werden müssen, die über Eigenerklärungen hinausgehen,

j) die Gründe der Nichtangabe der Gewichtung der Zuschlagskriterien.

144.1 Änderungen in der VOL/A 2009

11953   Die **Überschrift** der Vorschrift wurde im Vergleich zu § 30 VOL/A 2006 der Rechtsprechung angepasst.

11954   § 24 EG Abs. 2 **verpflichtet** den Auftraggeber, **bestimmte Punkte immer zu dokumentieren**.

144.2 Vergleichbare Regelungen

11955   Der Vorschrift des § 24 EG VOL/A vergleichbar sind im Bereich der VOL/A **§ 20 VOL/A**, im Bereich der VOF **§ 12 VOF** und im Bereich der VOB **§§ 20, 20a VOB/A**. Die Kommentierungen zu diesen Vorschriften können daher ergänzend zu der Kommentierung des § 24 EG herangezogen werden.

144.3 Bieterschützende Vorschrift

11956   Vgl. die Kommentierung zu → **§ 20 VOL/A Rdn. 4**, die **auch für § 24 EG** gilt.

144.4 Materieller und formeller Inhalt der Dokumentation (§ 24 EG Abs. 1, Abs. 2)

11957   Vgl. zum notwendigen Inhalt der Dokumentation im Einzelnen die **Kommentierung zu** → **§ 97 GWB Rdn. 171 ff.**

Teil 5
Vergabeordnung für freiberufliche Leistungen (VOF)

Inhaltsverzeichnis

Die Angaben beziehen sich auf Seitenzahlen

145.	Einführung	2393
145.1	Allgemeines	2393
145.2	Aktuelle Fassung	2393
145.3	Inhalt und Aufbau	2393
145.4	Fortschreibung	2393
145.5	Handbuch für die Vergabe und Ausführung von freiberuflichen Leistungen im Straßen- und Brückenbau (HVA F-StB)	2393
145.6	Literatur	2394
146.	§ 1 – Anwendungsbereich	2394
146.1	Änderungen in der VOF 2009	2394
146.2	Vergleichbare Regelungen	2395
146.3	Der VOF unterfallende Aufträge über freiberufliche Dienstleistungen nach Anhang I Teil A und Wettbewerbe (§ 1 Abs. 1, Abs. 2)	2395
146.3.1	Grundsatz	2395
146.3.2	Dienstleistungsaufträge (§ 1 Abs. 1)	2395
146.3.3	Freiberufliche Dienstleistungen (§ 1 Abs. 1)	2395
146.3.4	Dienstleistungen, deren Gegenstand eine Aufgabe ist, deren Lösung nicht vorab eindeutig und erschöpfend beschrieben werden kann (§ 1 Abs. 1)	2397
146.3.5	Dienstleistungen des Anhangs I Teil A	2400
146.3.6	Erreichen oder Überschreiten der Schwellenwerte (§ 1 Abs. 2)	2404
146.3.7	Wettbewerbe (§ 1 Abs. 1)	2404
146.4	Der VOF unterfallende Aufträge über freiberufliche Dienstleistungen nach Anhang I Teil B (§ 1 Abs. 2, Abs. 3 Satz 1)	2404
146.4.1	Grundsatz	2404
146.4.2	Dienstleistungsaufträge	2404
146.4.3	Freiberufliche Dienstleistungen (§ 1 Abs. 1)	2404
146.4.4	Dienstleistungen, deren Gegenstand eine Aufgabe ist, deren Lösung nicht vorab eindeutig und erschöpfend beschrieben werden kann (§ 1 Abs. 1)	2404
146.4.5	Dienstleistungen des Anhangs I Teil B	2405
146.5	Ausschreibung von gemischten Leistungen des Anhangs I Teil A und des Anhangs I Teil B (§ 1 Abs. 3 Satz 2)	2409
146.6	Richtlinie HVA F-StB (05/2010)	2409
146.6.1	Allgemeines	2409
146.6.2	Vergaben unter den Schwellenwerten	2410
146.6.3	Vergaben oberhalb der EU-Schwellenwerte	2410
147.	§ 2 – Grundsätze	2410
147.1	Änderungen in der VOF 2009	2411
147.2	Vergleichbare Regelungen	2411
147.3	Bieterschützende Vorschrift	2411
147.4	Fachkundige, leistungsfähige und zuverlässige (geeignete) Unternehmen (§ 2 Abs. 1 Satz 1)	2411
147.4.1	Allgemeiner Inhalt der Eignung und der Eignungskriterien „Fachkunde, Leistungsfähigkeit und Zuverlässigkeit"	2411
147.4.2	VOF-bezogene Einzelheiten der Eignungskriterien	2411
147.5	Diskriminierungsverbot (§ 2 Abs. 1 Satz 2)	2411
147.6	Gleichbehandlungsgebot (§ 2 Abs. 2)	2412
147.7	Unabhängigkeit von Ausführungs- und Lieferinteressen (§ 2 Abs. 3)	2412
147.8	Angemessene Beteiligung von kleineren Büroorganisationen und Berufsanfängern (§ 2 Abs. 4)	2412
147.8.1	Sinn und Zweck der Regelung	2412

147.8.2	Begriff der kleineren Büroorganisationen und Berufsanfänger	2412
147.8.3	Rechtsprechung zu § 2 Abs. 4 VOF	2412
147.9	**Analoge Anwendung der Grundsätze und der Rechtsprechung zur losweisen Vergabe**	**2413**
147.9.1	Allgemeines	2413
147.9.2	Losweise Vergabe von Architekten- und Ingenieurleistungen	2413
147.9.3	Richtlinie HVA F-StB (05/2010)	2413
147.10	**Ausschließliche Verantwortung des Auftraggebers für das Vergabeverfahren**	**2414**
147.10.1	Änderungen in der VOF 2009	2414
147.10.2	Geltung dieses Grundsatzes auch ohne ausdrückliche Verankerung in der VOF 2009	2414
148.	**§ 3 – Vergabeart**	**2415**
148.1	**Änderungen in der VOF 2009**	**2415**
148.2	**Bieterschützende Vorschrift**	**2416**
148.3	**Verhandlungsverfahren mit vorheriger öffentlicher Aufforderung zur Teilnahme – Teilnahmewettbewerb – (§ 3 Abs. 1)**	**2416**
148.3.1	Regelfall der Vergabe	2416
148.3.2	Begriff und Inhalt des Verhandlungsverfahrens mit vorherigem Teilnahmewettbewerb	2416
148.4	**Abwicklung in verschiedenen Phasen (§ 3 Abs. 2)**	**2416**
148.5	**Mitteilung über den vorgesehenen weiteren Ablauf des Verfahrens (§ 3 Abs. 3)**	**2416**
148.5.1	Änderung in der VOF 2009	2416
148.5.2	Hinweis	2416
148.6	**Verhandlungsverfahren ohne Teilnahmewettbewerb (§ 3 Abs. 4)**	**2417**
148.6.1	Änderungen in der VOF 2009	2417
148.6.2	Restriktive Auslegung und Beweislast für das Vorliegen der Zulässigkeitsvoraussetzungen	2417
148.6.3	Die einzelnen Tatbstände	2417
148.6.4	Optionsmöglichkeiten als Rechtfertigungsgrund für einen Verzicht auf einen Teilnahmewettbewerb?	2418
148.7	**Wiederaufnahme eines bereits ausgeschiedenen Bewerbers in das Verhandlungsverfahren**	**2419**
149.	**§ 4 – Teilnehmer am Vergabeverfahren**	**2419**
149.1	**Änderungen in der VOF 2009**	**2420**
149.2	**Vergleichbare Vorschriften**	**2421**
149.3	**Bieterschützende Regelung**	**2421**
149.3.1	§ 4 Abs. 5	2421
149.4	**Bewerber oder Bieter (§ 4 Abs. 1 Satz 1)**	**2421**
149.4.1	Begriff des Bewerbers und des Bieters	2421
149.4.2	Bewerber- und Bietergemeinschaften	2421
149.5	**Rechtsform der Bewerber oder Bieter zum Zeitpunkt der Abgabe einer Bewerbung oder eines Angebots (§ 4 Abs. 1 Satz 2)**	**2424**
149.6	**Auskunftsverpflichtungen der Bewerber oder Bieter (§ 4 Abs. 2)**	**2424**
149.6.1	Änderung in der VOF 2009	2424
149.7	**Benennungsverpflichtungen der Bewerber (§ 4 Abs. 3)**	**2424**
149.7.1	Änderung in der VOF 2009	2424
149.8	**Forderung des Auftraggebers nach Annahme einer bestimmten Rechtsform von Bietergemeinschaften (§ 4 Abs. 4)**	**2425**
149.8.1	Änderung in der VOF 2009	2425
149.8.2	Allgemeines	2425
149.8.3	Grundsätzliche Zulässigkeit der Forderung nach einer gesamtschuldnerischen Haftung einer Bietergemeinschaft	2426
149.8.4	Forderung nach Aufschlüsselung der Leistungsteile einer Bietergemeinschaft bezogen auf die Mitglieder der Bietergemeinschaft	2426
149.8.5	Einstimmigkeitserfordernis bei Entscheidungen einer Bietergemeinschaft	2426
149.8.6	Benennung der Mitglieder und Bezeichnung eines bevollmächtigten Vertreters bei Bietergemeinschaften	2426
149.8.7	Literatur	2427
149.9	**Teilnahme von vorbefassten Bietern oder Bewerbern (§ 4 Abs. 5)**	**2427**

149.9.1	Änderung in der VOF 2009	2427
149.9.2	Vergleichbare Regelungen	2427
149.9.3	Sinn und Zweck der Regelung – Gesetzesbegründung zu § 4 Abs. 5 VgV (a.F.)	2427
149.9.4	Rechtsprechung	2427
149.9.5	Literatur	2430
149.10	**Zwingende Ausschlussgründe (§ 4 Abs. 6)**	**2431**
149.10.1	Änderung in der VOF 2009	2431
149.10.2	Allgemeines	2431
149.10.3	Keine Verpflichtung zur Vorlage einer Bestätigung nach § 4 Abs. 6	2431
149.10.4	Über die Aufzählung in § 4 Abs. 6 hinausgehende Straftatbestände	2431
149.10.5	Kein Verbot der Forderung nach Vorlage eines Führungszeugnisses bereits mit dem Angebot	2431
149.10.6	Literatur	2432
149.11	**Fakultativer Ausschluss von Bewerbern oder Bietern (§ 4 Abs. 9)**	**2432**
149.11.1	Änderung in der VOF 2009	2432
149.11.2	Sinn und Zweck der Regelung	2432
149.11.3	Ermessensentscheidung	2432
149.11.4	Die einzelnen Ausschlussgründe nach § 4 Abs. 9	2433
149.11.5	Abschließende Regelung des § 4 Abs. 6, Abs. 9	2444
149.11.6	Nachweis über Eigenerklärungen	2444
150.	**§ 5 – Nachweis der Eignung**	**2444**
150.1	**Änderungen in der VOF 2009**	**2446**
150.2	**Vergleichbare Vorschriften**	**2446**
150.3	**Bieterschützende Regelung**	**2446**
150.3.1	§ 5 Abs. 1	2446
150.4	**Begriff der Eignung (§ 5 Abs. 1 Satz 1)**	**2446**
150.5	**Inhalt der Eignung**	**2446**
150.6	**Allgemeine Anforderungen an vom Auftraggeber geforderte Angaben und Nachweise – Rechtfertigung durch den Gegenstand des Auftrags – (§ 5 Abs. 1 Satz 1)**	**2446**
150.6.1	Grundsätze	2446
150.6.2	Wichtige Einzelfälle	2447
150.7	**Möglichkeiten der Feststellung der Eignung (§ 5 Abs. 2)**	**2447**
150.7.1	Änderung in der VOF 2009	2447
150.7.2	Terminologie	2447
150.7.3	Eigenerklärungen (§ 5 Abs. 2 Satz 1)	2448
150.7.4	Andere Nachweise (§ 5 Abs. 2 Satz 2)	2449
150.8	**Nachforderungsmöglichkeit (§ 5 Abs. 3)**	**2451**
150.8.1	Änderung in der VOF 2009	2451
150.8.2	Vergleichbare Regelungen	2451
150.8.3	Inhalt und Anwendbarkeit	2451
150.9	**Nachweise in finanzieller und wirtschaftlicher Hinsicht (§ 5 Abs. 4)**	**2451**
150.9.1	Keine abschließende Aufzählung	2451
150.9.2	Bankauskünfte (§ 5 Abs. 4 lit. a)	2451
150.9.3	Nachweis einer entsprechenden Berufshaftpflichtversicherungsdeckung (§ 5 Abs. 4 lit. a)	2452
150.9.4	Bilanzen oder Bilanzauszüge (§ 5 Abs. 4 lit. b)	2453
150.9.5	Gesamtumsatz sowie Umsatz bezüglich der Leistungsart, die Gegenstand der Vergabe ist, bezogen auf die letzten drei Geschäftsjahre (§ 5 Abs. 4 lit. c)	2453
150.9.6	Über die Aufzählung in § 5 Abs. 4 hinausgehende Nachweise der finanziellen und wirtschaftlichen Leistungsfähigkeit	2456
150.10	**Nachweise in fachlicher Hinsicht (§ 5 Abs. 5)**	**2458**
150.10.1	Allgemeines	2458
150.10.2	Berufliche Befähigung (§ 5 Abs. 5 lit. a)	2458
150.10.3	Wesentliche in den letzten drei Jahren erbrachte Leistungen (§ 5 Abs. 5 lit. b)	2458
150.10.4	Technische Leitung (§ 5 Abs. 5 lit. c)	2459
150.10.5	Beschäftigtenanzahl und Führungskräfte (§ 5 Abs. 5 lit. d)	2460
150.10.6	Maßnahmen zur Qualitätssicherung (§ 5 Abs. 5 lit. f)	2460
150.10.7	Angabe der Nachunternehmerleistungen (§ 5 Abs. 5 lit. h)	2461
150.11	**Über die Aufzählung in § 5 Abs. 4 hinausgehende Eignungsnachweise**	**2461**
150.11.1	Grundsatz	2461

Teil 5 Inhaltsverzeichnis
Vergabeordnung für freiberufliche Leistungen

150.11.2	Auszug aus dem Bundeszentralregister	2461
150.11.3	Auszug aus dem Gewerbezentralregister	2462
150.11.4	Vorlage einer Gewerbeanmeldung	2463
150.11.5	Bestätigungsvermerk eines Wirtschaftsprüfers	2463
150.11.6	Bonitätsindex bei Auskunfteien (Creditreform)	2463
150.11.7	Zertifizierung	2463
150.11.8	Getrennte Vergabe von Projektsteuerungs- und Objektüberwachungsleistungen	2463
150.11.9	Getrennte Vergabe von Leistungen der Bauoberleitung und der örtlichen Bauüberwachung	2464
150.12	**Weitere Beispiele aus der Rechtsprechung**	2464
150.13	**Berücksichtigung der Kapazitäten Dritter (§ 5 Abs. 6)**	2466
150.13.1	Allgemeines	2466
150.13.2	Zeitpunkt der Vorlage des Verfügbarkeitsnachweises (§ 5 Abs. 6 Satz 2)	2466
150.14	**Nachweise über Qualitätssicherung und Zertifizierung (§ 5 Abs. 7)**	2467
150.15	**Nachweise über Umweltmanagement (§ 5 Abs. 8)**	2468
150.16	**Bescheinigungen der zuständigen Berufskammer (§ 5 Abs. 9)**	2468
150.16.1	Änderung in der VOF 2009	2468
150.16.2	Bedeutung in der Praxis	2468
150.17	**Richtlinie HVA F-StB (05/2010)**	2468
151.	**§ 6 – Aufgabenbeschreibung**	2468
151.1	**Änderungen in der VOF 2009**	2469
151.2	**Vergleichbare Regelungen**	2469
151.3	**Bieterschützende Vorschrift**	2470
151.3.1	§ 6 Abs. 1	2470
151.3.2	§ 6 Abs. 7	2470
151.4	**Unterschied der Aufgabenbeschreibung zur Leistungsbeschreibung z. B. nach § 8 EG**	2470
151.5	**Notwendigkeit einer Aufgabenbeschreibung**	2470
151.6	**Inhalt und Zweck der Aufgabenbeschreibung**	2470
151.7	**Unterschiedliche Anforderungen an die Aufgabenbeschreibung hinsichtlich Art und Umfang je nach Stadium des Vergabeverfahrens**	2471
151.8	**Festlegung der Planungsaufgabe und damit Festlegung des Inhalts der Aufgabenbeschreibung**	2471
151.8.1	Grundsätze	2471
151.8.2	Funktion der Nachprüfungsinstanzen	2473
151.8.3	Begrenzung der Definitionsmacht des Auftraggebers	2474
151.9	**Festlegung des Sicherheitsniveaus einer Leistungsbeschreibung**	2475
151.10	**Notwendigkeit der Festlegung strategischer Ziele und Leistungsanforderungen in der Aufgabenbeschreibung**	2475
151.11	**Pflicht der Vergabestelle, bestehende Wettbewerbsvorteile und -nachteile potentieller Bieter durch die Gestaltung der Vergabeunterlagen „auszugleichen"?**	2475
151.11.1	Grundsätze	2475
151.11.2	Weitere Beispiele aus der Rechtsprechung	2476
151.12	**Auslegung der Aufgabenbeschreibung**	2477
151.12.1	Notwendigkeit einer Auslegung	2477
151.12.2	Objektiver Empfängerhorizont	2477
151.12.3	Sonstige Anhaltspunkte	2478
151.12.4	Vergaberechtskonforme Auslegung	2478
151.12.5	VOF-konforme Auslegung	2478
151.13	**Klarheit und Eindeutigkeit der Aufgabenbeschreibung (§ 6 Abs. 1)**	2479
151.13.1	Änderung in der VOF 2009	2479
151.13.2	Notwendiger Inhalt der Aufgabenbeschreibung im Stadium des Teilnahmewettbewerbs	2479
151.13.3	Gleicher Empfängerhorizont für alle Bewerber	2479
151.13.4	Fehlerhafte Aufgabenbeschreibungen	2483
151.14	**Formulierung der technischen Anforderungen in der Aufgabenbeschreibung (§ 6 Abs. 2)**	2485

151.14.1	Allgemeines	2485
151.14.2	Technische Spezifikationen (§ 6 Abs. 2 Nr. 1)	2486
151.15	**Ersetzung von nationalen Normen (§ 6 Abs. 3)**	**2487**
151.16	**Ersetzung von Leistungs- oder Funktionsanforderungen (§ 6 Abs. 4)**	**2487**
151.17	**Spezifikationen für Umwelteigenschaften (§ 6 Abs. 5, Abs. 6)**	**2487**
151.18	**Verweis auf Produktion oder Herkunft oder ein besonderes Verfahren oder auf Marken, Patente, Typen eines bestimmten Ursprungs oder einer bestimmten Produktion (§ 6 Abs. 7)**	**2487**
151.18.1	Vergleichbare Regelungen	2487
151.18.2	Bedeutung in der Rechtsprechung	2487
151.19	**Angabe aller die Erfüllung der Aufgabenstellung beeinflussenden Umstände**	**2487**
151.19.1	Änderung in der VOF 2009	2487
151.20	**Änderung der Aufgabenbeschreibung durch den Auftraggeber**	**2488**
151.20.1	Änderung der Aufgabenbeschreibung während der Ausschreibung	2488
151.20.2	Änderung der Aufgabenbeschreibung vor dem Verhandlungsgespräch	2488
151.20.3	Änderung der Aufgabenbeschreibung gemäß der Vorgabe der Vergabekammer bzw. des Vergabesenats	2489
152.	**§ 7 – Fristen**	**2491**
152.1	**Änderungen in der VOF 2009**	**2491**
152.2	**Vergleichbare Regelungen**	**2491**
152.3	**Bieterschützende Vorschrift**	**2491**
152.4	**Fristen für den Antrag auf Teilnahme (§ 7 Abs. 1, Abs. 2)**	**2491**
152.4.1	Berechnung der Fristen	2491
152.4.2	Begriff der Bewerbungsfrist	2491
152.4.3	Dauer der Bewerbungsfrist	2492
152.4.4	Fristverkürzung für ergänzende Unterlagen?	2494
152.5	**Ordnungsgemäßer Antrag auf Teilnahme**	**2495**
152.6	**Auskunftserteilung (§ 7 Abs. 3)**	**2495**
152.6.1	Sinn und Zweck der Auskunftsregelung	2495
152.6.2	Auskunftspflicht des Auftraggebers	2495
152.6.3	Form der Erteilung der Auskünfte	2495
152.6.4	Begriff der „zusätzlichen Auskünfte" und mögliche Konsequenzen	2495
152.6.5	Unverzügliche Erteilung der Auskünfte	2496
152.6.6	Frist für die Erteilung von Auskünften	2496
152.6.7	Rechtzeitig angeforderte Auskünfte und Festlegung einer Frist durch den Auftraggeber für den Eingang von Fragen	2496
153.	**§ 8 – Grundsätze der Informationsübermittlung**	**2497**
153.1	**Änderungen in der VOF 2009**	**2498**
153.2	**Vergleichbare Regelungen**	**2498**
153.2.1	Vergleichbare Regelungen für die Grundsätze der Informationsübermittlung	2498
153.2.2	Vergleichbare Regelungen für die Anforderungen an Teilnahmeanträge	2498
153.2.3	Vergleichbare Regelungen für die Anforderungen an Angebote	2498
153.3	**Angabe der Kommunikationsmittel (§ 8 Abs. 1, Abs. 2)**	**2498**
153.3.1	Inhalt	2498
153.3.2	Auswahl der Kommunikationsmittel	2498
153.3.3	Information der auf einer Vergabeplattform registrierten Nutzer	2499
153.3.4	Literatur	2499
153.4	**Anforderungen an Teilnahmeanträge (§ 8 Abs. 3, Abs. 4)**	**2499**
153.4.1	Allgemeines	2499
153.4.2	Anforderungen an die Auftraggeber bei Teilnahmeanträgen – Generalklausel – (§ 8 Abs. 3 Satz 1)	2499
153.4.3	Anforderungen an die Bewerber bei auf dem Postweg oder direkt übermittelten Teilnahmeanträgen (§ 8 Abs. 3 Satz 2)	2500
153.4.4	Anforderungen an den Auftraggeber bei auf dem Postweg oder direkt übermittelten Teilnahmeanträgen (§ 8 Abs. 3 Satz 2, 3)	2501
153.4.5	Anforderungen an den Auftraggeber hinsichtlich Unversehrtheit und Vertraulichkeit bei mittels Telefax übermittelten Teilnahmeanträgen (§ 8 Abs. 3 Satz 4)	2502

2387

Teil 5 Inhaltsverzeichnis   Vergabeordnung für freiberufliche Leistungen

153.4.6	Anforderungen an den Auftraggeber hinsichtlich Unversehrtheit und Vertraulichkeit bei elektronisch übermittelten Teilnahmeanträgen (§ 8 Abs. 3 Satz 5)	2503
153.4.7	Telefonisch gestellte Teilnahmeanträge (§ 8 Abs. 4)	2503
153.4.8	Unvollständige Teilnahmeanträge	2504
153.4.9	Unterzeichnung der Teilnahmeanträge	2504
153.5	**Anforderungen an Angebote (§ 8 Abs. 3, Abs. 5)**	**2504**
153.5.1	Anforderungen an die Auftraggeber bei Angeboten – Generalklausel – (§ 8 Abs. 3 Satz 1)	2504
153.5.2	Anforderungen an die Bieter bei auf dem Postweg oder direkt übermittelten Angeboten (§ 8 Abs. 3 Satz 2)	2505
153.5.3	Anforderungen an den Auftraggeber bei auf dem Postweg oder direkt übermittelten Angeboten (§ 8 Abs. 3 Satz 2, 3)	2505
153.5.4	Anforderungen an den Auftraggeber hinsichtlich Unversehrtheit und Vertraulichkeit bei mittels Telefax Angeboten (§ 8 Abs. 3 Satz 4)	2505
153.5.5	Richtlinie HVA F-StB (05/2010)	2505
153.5.6	Unterschriftserfordernis für Angebote (§ 8 Abs. 5)	2505
154.	**§ 9 – Bekanntmachungen**	**2513**
154.1	**Änderungen in der VOF 2009**	**2513**
154.2	**Vergleichbare Regelungen**	**2513**
154.3	**Bieterschützende Vorschrift**	**2513**
154.3.1	Grundsätze	2513
154.3.2	§ 9 Abs. 1, Abs. 3	2514
154.3.3	§ 9 Abs. 2	2514
154.4	**Sinn und Zweck der Vorschriften über die Vergabebekanntmachung**	**2514**
154.5	**Auslegung der Vergabebekanntmachung**	**2515**
154.5.1	Allgemeines	2515
154.5.2	Beispiele aus der Rechtsprechung	2515
154.6	**Bindung des Auftraggebers an die Bekanntmachung**	**2516**
154.7	**Bekanntmachung einer beabsichtigten Auftragsvergabe (§ 9 Abs. 1)**	**2516**
154.7.1	Bekanntmachungsmuster	2516
154.7.2	Inhalt der Bekanntmachung	2517
154.8	**Bekanntmachung eines Wettbewerbs (§ 9 Abs. 2)**	**2517**
154.8.1	Änderungen in der VOF 2009	2517
154.8.2	Bekanntmachungsmuster	2518
154.8.3	Bekanntmachungspflicht	2518
154.8.4	Inhalt der Bekanntmachung	2518
154.9	**Zwingende Veröffentlichung der Bekanntmachungen im Amtsblatt der Europäischen Gemeinschaften (§ 9 Abs. 3 Satz 1)**	**2519**
154.10	**Form der Übermittlung der Bekanntmachungen an das Amt für amtliche Veröffentlichungen der Europäischen Gemeinschaften (§ 9 Abs. 3 Satz 1, Satz 3)**	**2519**
154.11	**Umfang der Übermittlung der Bekanntmachungen an das Amt für amtliche Veröffentlichungen der Europäischen Gemeinschaften (§ 9 Abs. 3 Satz 2)**	**2519**
154.12	**Veröffentlichung der Bekanntmachungen im Supplement zum Amtsblatt der Europäischen Gemeinschaften (§ 9 Abs. 4)**	**2519**
154.12.1	Allgemeines	2519
154.12.2	Zulässigkeit einer rein elektronischen Bekanntmachung	2519
154.12.3	Schnellere Veröffentlichung elektronischer Bekanntmachungen (§ 9 Abs. 4 Satz 1, Satz 2)	2520
154.12.4	Bekanntmachung in allen Amtssprachen (§ 9 Abs. 4 Satz 3)	2520
154.12.5	Inländische Veröffentlichung der Bekanntmachungen (§ 9 Abs. 4 Satz 4)	2520
154.13	**Beschafferprofil (§ 9 Abs. 5)**	**2521**
154.14	**Vorinformation**	**2521**
154.14.1	Änderung in der VOF 2009	2521
154.15	**Literatur**	**2521**
155.	**§ 10 – Auswahl der Bewerber**	**2521**
155.1	**Änderungen in der VOF 2009**	**2522**

155.2	Vergleichbare Regelungen	2522
155.3	Bieterschützende Vorschrift	2522
155.4	**Einbettung der Auswahl der Bewerber in das VOF-Verfahren**	**2522**
155.4.1	Grundsatz	2522
155.4.2	Strikte Trennung der beiden Stufen	2523
155.5	**Auswahl der Bewerber über die Eignungskriterien (§ 10 Abs. 1)**	**2523**
155.5.1	Eignungskriterien und Eignungsprüfung	2523
155.5.2	Nachweis der Eignung	2523
155.6	**Benennung der Eignungskriterien in der Bekanntmachung (§ 10 Abs. 2)**	**2523**
155.6.1	Terminologie	2523
155.6.2	Grundsätzliche Benennung der Eignungsanforderungen in der Bekanntmachung	2523
155.7	**Auswahl unter den Bewerbern durch Los (§ 10 Abs. 3)**	**2528**
155.7.1	Änderungen in der VOF 2009	2528
155.7.2	Vorherige Information?	2528
155.7.3	Voraussetzungen des Losverfahrens	2528
155.8	**Bekanntmachung der Zahl der zur Verhandlung aufgeforderten Bewerber (§ 10 Abs. 4)**	**2528**
155.9	**Auswahlentscheidung**	**2528**
155.9.1	Grundsatz	2528
155.9.2	Hinweis	2529
155.10	**Pflicht der Vergabestelle zur Benachrichtigung der Bewerber über die Eignungsentscheidung (§ 10 Abs. 5)**	**2529**
155.10.1	Änderungen in der VOF 2009	2529
155.10.2	Vergleichbare Regelungen	2529
155.10.3	Nachträglicher Informationsanspruch	2529
155.10.4	Verhältnis zu § 101 a GWB	2529
155.10.5	Inhaltliche Anforderungen	2529
155.10.6	Beweislast für den Zugang der Mitteilung beim Bewerber	2529
155.10.7	Mitteilung im Rahmen eines laufenden Vergabenachprüfungsverfahrens	2529
155.11	**Richtlinie HVA F-StB (05/2010)**	**2529**
156.	**§ 11 – Aufforderung zur Verhandlung, Auftragserteilung**	**2530**
156.1	**Änderungen in der VOF 2009**	**2531**
156.2	**Vergleichbare Regelungen**	**2531**
156.3	**Bieterschützende Vorschrift**	**2531**
156.4	**Zweite Phase des VOF-Verfahrens**	**2531**
156.4.1	Grundsätze	2531
156.4.2	Allgemeiner Ablauf der 2. Stufe des VOF-Verfahrens	2532
156.5	**Aufforderung zur Verhandlung (§ 11 Abs. 1)**	**2532**
156.5.1	Notwendigkeit einer Aufforderung zur Verhandlung	2532
156.5.2	Gleichzeitige Aufforderung aller Bewerber zur Verhandlung (§ 11 Abs. 1 Satz 1)	2533
156.5.3	Textform	2533
156.5.4	Möglicher Inhalt des Verhandlungsgesprächs (§ 11 Abs. 1 Satz 2)	2533
156.6	**Notwendiger Inhalt der Aufforderung zur Verhandlung (§ 11 Abs. 2)**	**2533**
156.6.1	Änderungen in der VOF 2009	2533
156.6.2	Anschreiben mit den Verfahrensbedingungen	2533
156.6.3	Angaben zu den Fristen	2534
156.6.4	Hinweis auf die Bekanntmachung	2534
156.6.5	Nennung der Zuschlagskriterien	2534
156.6.6	Aufgabenbeschreibung	2534
156.6.7	Vertragsentwurf	2534
156.6.8	Richtlinie HVA F-StB (05/2010)	2534
156.7	**Öffnung der Angebote**	**2535**
156.7.1	Allgemeines	2535
156.7.2	Richtlinie HVA F-StB (05/2010)	2536
156.8	**Nachreichung fehlender Erklärungen und Nachweise (§ 11 Abs. 3)**	**2536**
156.8.1	Änderungen in der VOF 2009	2536
156.8.2	Grundsatz	2536

156.8.3	Zeitlicher Kontext der Regelung des § 11 Abs. 3	2536
156.8.4	Ermessensentscheidung über die Nachforderung	2536
156.8.5	Überprüfbarkeit der Ermessensentscheidung	2539
156.9	**Angabe der Zuschlagskriterien und deren Gewichtung (§ 11 Abs. 4)**	**2539**
156.9.1	Änderungen in der VOF 2009	2539
156.9.2	Bedeutung der Vorschrift des § 11 Abs. 4	2539
156.9.3	Angabe der Zuschlagskriterien (§ 11 Abs. 4 Satz 1)	2540
156.9.4	Angabe der Gewichtung der Zuschlagskriterien (§ 11 Abs. 4 Satz 2, 3)	2541
156.10	**Die Zuschlagskriterien (§ 11 Abs. 5)**	**2541**
156.10.1	Änderungen in der VOF 2009	2541
156.10.2	Hinweis	2541
156.10.3	Rechtfertigung durch den Auftragsgegenstand	2542
156.10.4	Grundsatz der Trennung von Eignungs- und Zuschlagskriterien (§ 11 Abs. 5 Satz 2)	2542
156.10.5	Auftragskriterium „Preis/Honorar" (§ 11 Abs. 5 Satz 3)	2542
156.11	**Aushandlung der Auftragsbedingungen (Verhandlungsgespräche)**	**2547**
156.11.1	Allgemeines	2547
156.11.2	Ablauf der Verhandlungsgespräche	2547
156.11.3	Richtlinie HVA F-StB (05/2010)	2550
156.11.4	Bindung an die Entscheidung einer Auswahlkommission	2551
156.11.5	Nachträgliche Beseitigung von Wertungsfehlern des Auftraggebers	2551
156.11.6	Unterkostenangebote	2551
156.12	**Notwendigkeit eines zuschlagsfähigen Angebots (§ 11 Abs. 6 Satz 1)**	**2552**
156.12.1	Änderungen in der VOF 2009	2552
156.12.2	Hinweis	2552
156.13	**Vertragsschluss mit dem Bieter mit der bestmöglichen Leistung (§ 11 Abs. 6 Satz 2)**	**2552**
156.13.1	Änderungen in der VOF 2009	2552
156.13.2	Bieter mit der erwarteten bestmöglichen Leistung	2552
156.14	**Vertragsschluss (§ 11 Abs. 7)**	**2552**
156.14.1	Hinweis	2552
156.14.2	Allgemeines	2552
156.14.3	Vertragsschluss durch einen entsprechenden Ratsbeschluss einer Gemeindevertretung?	2553
156.14.4	Vertragsschluss durch einen entsprechenden Aufsichtsratsbeschluss eines Krankenhauses	2553
156.14.5	Vertragsschluss durch Entgegennahme von Teilleistungen?	2553
156.14.6	Fehlende Regelung der Vergütung bei einem Architekten- bzw. Bauingenieurvertrag bei Vertragsschluss	2553
156.15	**Verzicht auf die Vergabe eines VOF-Auftrages (§ 11 Abs. 7)**	**2553**
156.15.1	Begriffe	2553
156.15.2	Hinweis	2553
156.15.3	Grundsätze der Aufhebung eines VOF-Verfahrens	2554
156.15.4	Teilweiser Verzicht auf die Vergabe eines VOF-Auftrages	2554
156.16	**Richtlinie HVA F-StB (05/2010)**	**2554**
157.	**§ 12 – Dokumentation**	**2555**
157.1	**Änderungen in der VOF 2009**	**2555**
157.2	**Vergleichbare Regelungen**	**2555**
157.3	**Bieterschützende Vorschrift**	**2555**
157.4	**Materieller und formeller Inhalt der Dokumentation (§ 12 Abs. 1, Abs. 2)**	**2556**
158.	**§ 13 – Kosten**	**2556**
158.1	**Änderungen in der VOF 2009**	**2556**
158.2	**Vergleichbare Regelungen**	**2556**
158.3	**Bieterschützende Vorschrift**	**2556**
158.4	**Verbot der Forderung eines Entgelts für die Durchführung eines Vergabeverfahrens (§ 13 Abs. 1 Satz 1)**	**2556**
158.5	**Erhebung von Kopierkosten bei Durchführung eines Wettbewerbs (§ 13 Abs. 1 Satz 2)**	**2556**
158.5.1	Sachlicher Anwendungsbereich	2556
158.5.2	Ermessensregelung	2557

158.5.3	Kopierkosten	2557
158.5.4	Kosten der Versendung	2557
158.5.5	Bestandteile der Kopierkosten	2557
158.5.6	Darlegungs- und Beweislast für die Höhe der Kosten	2557
158.5.7	Kostenersatzanspruch nur des öffentlichen Auftraggebers	2557
158.5.8	Kostenerstattungsanspruch eines Dritten	2558
158.6	**Kostenerstattung für die Ausarbeitung der Bewerbungs- und Angebotsunterlagen**	**2558**
158.7	**Kostenerstattung für über die Bewerbungs- und Angebotsunterlagen hinausgehende Unterlagen (§ 13 Abs. 3)**	**2558**
158.7.1	Vergleichbare Regelungen	2558
158.7.2	Gesetzliche Gebühren- oder Honorarordnungen	2558
159.	**§ 14 – Informationen über die Auftragserteilung, Verzicht auf die Auftragserteilung**	**2558**
159.1	**Änderungen in der VOF 2009**	**2559**
159.2	**Vergleichbare Regelungen**	**2559**
159.3	**Bieterschützende Vorschrift**	**2559**
159.4	**Pflicht der Vergabestelle zur Benachrichtigung der Bieter (§ 14 Abs. 5)**	**2559**
159.4.1	Optionsrecht des Bieters	2559
159.4.2	Nachträglicher Informationsanspruch	2559
159.4.3	Verhältnis zu § 101 a GWB	2559
159.4.4	Inhalt der Benachrichtigung der nicht berücksichtigten Bieter	2559
159.4.5	Forderung nach einem frankierten Rückumschlag	2560
159.4.6	Rechtsfolge bei unterlassener Benachrichtigung	2560
159.5	**Verzicht auf die Vergabe eines VOF-Auftrages (§ 14 Abs. 6)**	**2560**
159.6	**Annex: Behandlung und Aufbewahrung der nichtberücksichtigten Bewerbungsunterlagen und Angebote**	**2560**
159.6.1	Richtlinie HVA F-StB (05/2010)	2560
160.	**§ 15 – Grundsätze**	**2560**
160.1	**Änderungen in der VOF 2009**	**2561**
160.2	**Vergleichbare Regelungen**	**2561**
160.3	**Wettbewerbe (§ 15 Abs. 1)**	**2561**
160.4	**Planungswettbewerbe (§ 15 Abs. 2)**	**2561**
160.4.1	Begriff	2561
160.4.2	Veröffentlichte einheitliche Richtlinien für Planungswettbewerbe	2561
160.4.3	Durchführung von Planungswettbewerben	2562
160.5	**Bekanntmachung von Planungswettbewerben**	**2562**
160.6	**Bekanntmachung der auf die Durchführung von Wettbewerben anwendbaren Regeln (§ 15 Abs. 3)**	**2562**
160.7	**Verbot der räumlichen Begrenzung der Teilnehmer und Verbot der Differenzierung nach der Rechtsform der Bewerber (§ 15 Abs. 4)**	**2562**
160.8	**Gewährleistung von Chancengleichheit (§ 15 Abs. 5)**	**2562**
160.9	**Anonymität von Wettbewerbsbeiträgen (§ 15 Abs. 6)**	**2562**
160.9.1	Änderungen in der VOF 2009	2562
160.9.2	Hinweis	2563
161.	**§ 16 – Wettbewerbsdurchführung**	**2563**
161.1	**Änderungen in der VOF 2009**	**2563**
161.2	**Aussetzung von Preisen und Anerkennungen (§ 16 Abs. 1)**	**2563**
161.3	**Vorbefasste Teilnehmer (§ 16 Abs. 2)**	**2564**
161.3.1	Hinweis	2564
161.3.2	Bieterschützende Regelung	2564
161.3.3	Sinn und Zweck der Regelung – Gesetzesbegründung zu § 4 Abs. 5 VgV (a.F.)	2564
161.3.4	Rechtsprechung	2564
161.4	**Beurteilungsspielraum des Preisgerichts bei der Auswahlentscheidung (§ 16 Abs. 5)**	**2566**

Teil 5 Inhaltsverzeichnis Vergabeordnung für freiberufliche Leistungen

161.5	Anwendung der Eignungskriterien auf alle Teilnehmer (§ 16 Abs. 5)	2567
161.6	Bedeutung der Entscheidung eines Preisgerichts (§ 16 Abs. 5)	2567
161.7	Anonyme Vorlage von Wettbewerbsbeiträgen (§ 16 Abs. 5 Satz 2)	2567
161.8	Bindung des Preisgerichts an die Vorgaben des Auslobers (§ 16 Abs. 5 Satz 2, Satz 3)	2568
161.9	Konsequenzen der Verletzung wesentlicher vergaberechtlicher Vorgaben durch das Preisgericht	2568
161.10	Primärrechtsschutz bereits im Planungswettbewerb	2569
161.11	Rangfolgenbildung nach RPW und Nachrücken (§ 16 Abs. 6 Satz 4)	2569
161.12	Kooperatives Workshopverfahren	2569
162.	**§ 17 – Auftrag, Nutzung**	**2569**
162.1	Änderungen in der VOF 2009	2569
162.2	Beauftragung im Anschluss an einen Planungswettbewerb (§ 17 Abs. 1)	2570
162.2.1	Hintergrund der Regelung	2570
162.2.2	Vergaberechtliche Zulässigkeit der Regelung	2570
162.2.3	Keine zwingende Beauftragung des ersten Preisträgers zulässig	2570
162.2.4	Kein absoluter Kontrahierungszwang mit einem Preisträger	2573
163.	**§ 18 – Anwendungsbereich**	**2575**
163.1	Architekten- und Ingenieurleistungen	2575
163.1.1	Architekten- und Ingenieurleistungen nach der HOAI	2575
163.1.2	Sonstige Leistungen	2575
164.	**§ 19 – Qualifikation des Auftragnehmers**	**2576**
164.1	Änderungen in der VOF 2009	2576
164.2	Architekt oder eine Fachrichtung (§ 19 Abs. 1)	2576
164.3	Keine abschließende Qualifikationsregelung	2576
165.	**§ 20 – Auftragserteilung**	**2576**
165.1	Änderungen in der VOF 2009	2577
165.2	Bieterschützende Vorschrift	2577
165.3	Verhältnis von § 20 zu § 11	2577
165.4	Ermittlung des Auftragnehmers (§ 20 Abs. 1)	2577
165.4.1	Subjektive Wertung und Prognose des Auftraggebers	2577
165.4.2	Anforderungen an eine Auftragsverhandlung (§ 20 Abs. 1 Satz 2)	2577
165.4.3	Ersetzung der Auftragsverhandlung durch die Empfehlung eines Preisgerichts	2578
165.4.4	Nachholung eines Auftragsgespräches im Nachprüfungsverfahren	2578
165.4.5	Wiederholung einer Präsentation nach einem Nachprüfungsverfahren	2578
165.5	Präsentation von Referenzobjekten (§ 20 Abs. 2 Satz 1)	2579
165.5.1	Allgemeines	2579
165.5.2	Unaufgefordert vorgelegte Lösungsvorschläge (§ 20 Abs. 2 Satz 2)	2579
165.6	Lösungsvorschläge für die Planungsaufgabe (§ 20 Abs. 3)	2579
165.6.1	Allgemeines	2579
165.6.2	Überprüfung eventueller Verstöße im Nachprüfungsverfahren	2579

145. Einführung zur VOF

145.1 Allgemeines

Die Vergabeordnung für freiberufliche Dienstleistungen (VOF) ist neben der Vergabe- und Vertragsordnung für Bauleistungen (VOB) und der Vergabe- und Vertragsordnung für Leistungen (VOL) die **dritte große Säule innerhalb der Vergabeordnungen**. 11958

145.2 Aktuelle Fassung

Im Zuge der Aktualisierung der Vergabe- und Vertragsordnungen im Jahr 2009 wurde auch die VOF geändert. Die VOF 2009 vom 18. 11. 2009 wurde im Bundesanzeiger Nr. 185a vom 8. 12. 2009 bekannt gemacht; sie ist am **11. 6. 2010** – bundesweit – in Kraft getreten. 11959

Die **Neufassung der VOF umfasst insbesondere eine Anpassung ihrer Struktur und Chronologie des Verfahrensablaufes an die ebenfalls neu gefassten Vergabe- und Vertragsordnungen für Bauleistungen (VOB) und für Liefer- und Dienstleistungen (VOL)**. In VgV und VOF doppelt enthaltene Regelungen sind in der VOF entfallen, das für die Vergabe freiberuflicher Dienstleistungen anzuwendende Verhandlungsverfahren wurde bezüglich Inhalt und Ablauf klarer beschrieben. Damit wurde dem Auftrag, das Vergaberecht zu vereinfachen und dessen Regelungsdichte zu entflechten, Rechnung getragen. 11960

145.3 Inhalt und Aufbau

Die VOF regelt die **Vergabe von freiberuflichen Dienstleistungsaufträgen**, die nicht eindeutig und erschöpfend beschreibbar sind. Alle übrigen Dienstleistungsaufträge werden nach der Vergabe- und Vertragsordnung für Leistungen (VOL) ausgeschrieben und vergeben. 11961

Die VOF gilt lediglich für die Vergabe von freiberuflichen Dienstleistungsaufträgen ab den Schwellenwerten; für **freiberufliche Dienstleistungsaufträge unterhalb dieser Schwellenwerte** sind im Ergebnis nur die **haushaltsrechtlichen Regelungen der öffentlichen Auftraggeber** anzuwenden. 11962

Während VOB und VOL in einen Teil A (Ausschreibungs- und Vergabeverfahren) und einen Teil B (Abwicklung eines Vertrages) gegliedert sind, **kennt die VOF einen Teil B nicht**; die VOF regelt also nur das Vergabeverfahren für freiberufliche Dienstleistungsaufträge. Herr Rechtsanwalt Prof. Friedrich Quack (ein ehemaliger Richter am Bundesgerichtshof) hat zwar im Auftrag des AHO ein Rechtsgutachten zu „Konzept und inhaltlicher Ausführung einer Vertragsordnung für Architekten- und Ingenieurverträge VOF/B" erarbeitet. Diese gutachterliche Tätigkeit wurde von einer Ingenieurarbeitsgruppe im AHO begleitet. Zu einer VOF/B hat dieses Gutachten jedoch nicht geführt. 11963

145.4 Fortschreibung

Verantwortlich für die inhaltliche Fortschreibung der VOF ist der **Hauptausschuss** zur Erarbeitung der Vergabeordnung für freiberufliche Leistungen (VOF); die **Geschäftsführung** liegt beim **Ministerium für Wirtschaft und Technologie des Bundes**. 11964

145.5 Handbuch für die Vergabe und Ausführung von freiberuflichen Leistungen im Straßen- und Brückenbau (HVA F-StB)

Um den Kommentar für die Praxis **noch aktueller und anwendungsfreundlicher** zu gestalten, ist **in die Kommentierung das Handbuch** für die Vergabe und Ausführung von freiberuflichen Leistungen im Straßen- und Brückenbau – HVA F-StB –, Ausgabe September 2006, in der Fassung vom Mai 2010 **eingearbeitet**. 11965

Das „Handbuch für die Vergabe und Ausführung von freiberuflichen Leistungen im Straßen- und Brückenbau (**HVA F-StB**)" ist **eine vom Bundesministerium für Verkehr, Bau und Stadtentwicklung, Abteilung Straßenbau herausgegebene Loseblatt-Sammlung von** 11966

Teil 5 VOF § 1 Vergabeordnung für freiberufliche Leistungen

Regelungen für den Abschluss und die Gestaltung der Verträge über Leistungen der Ingenieure und Landschaftsarchitekten sowie für die Abwicklung der Verträge.

11967 Das HVA F-StB berücksichtigt

– die „Verordnung über die Honorare für Architekten- und Ingenieurleistungen (Honorarordnung für Architekten und Ingenieure – HOAI)" vom 11. August 2009 (BGBl. I S. 2732–2809)

– sowie die Neufassung der Vergabeordnung für freiberufliche Leistungen – VOF – vom 18. November 2009, veröffentlicht als Beilage im Bundesanzeiger am 8. Dezember 2009 (Nr. 185 a).

145.6 Literatur

11968 – Gloyer, Christian/Zheng, Shuji, China: Neue Regeln für die Ausschreibung von Planungsleistungen, ZfBR 2009, 34

– Hänsel, Tobias, Die Vergabe von Architekten- und Ingenieurleistungen, Carl Heymanns Verlag, 2005

– Leinemann, Ralf, Die Vergabe öffentlicher Aufträge, Carl Heymanns Verlag, 3. Auflage, 2004

– Müller-Wrede, Malte, Kommentar zur VOF, 3. Auflage, Werner Verlag, 2007

– Reidt/Stickler/Glahs, Vergaberecht/Kommentar, Verlag Dr. Otto Schmidt, Köln, 2. Auflage, 2003

– Stemmer, Michael/Wierer, Karl, Die Vergabe von Architekten- und Ingenieurleistungen nach VOF, VergabeR 2006, 7

– Voppel/Osenbrück/Bubert, Verdingungsordnung für Freiberufliche Leistungen (VOF), Verlag C. H. Beck, 2. Auflage 2008

– Weyand, Rudolf, Leitfaden VOF-Verfahren, Verfahrensschritte, rechtlicher Rahmen und nützliche Tipps für Auftraggeber und Bewerber, 2009

146. § 1 VOF – Anwendungsbereich

(1) **Die folgenden Regeln gelten für die Vergabe von Aufträgen über Dienstleistungen des Anhangs I Teil A, die im Rahmen einer freiberuflichen Tätigkeit erbracht oder im Wettbewerb mit freiberuflich Tätigen angeboten werden und deren Gegenstand eine Aufgabe ist, deren Lösung nicht vorab eindeutig und erschöpfend beschrieben werden kann, sowie bei Wettbewerben nach Kapitel 2.**

(2) **Die Bestimmungen der VOF sind anzuwenden, sofern der geschätzte Auftragswert die Schwellenwerte für Dienstleistungen oder Wettbewerbe ohne Umsatzsteuer nach § 2 der Vergabeverordnung erreicht oder überschreitet.**

(3) **Für die Vergabe der in Anhang I Teil B genannten Dienstleistungen gelten nur § 6 Absatz 2 bis 7 und § 14. Aufträge, deren Gegenstand Dienstleistungen sowohl des Anhangs I Teil A als auch des Anhangs I Teil B sind, werden nach den Regelungen für diejenigen Dienstleistungen vergeben, deren Wert anteilsmäßig überwiegt.**

146.1 Änderungen in der VOF 2009

11969 Die §§ 1, 2 VOF 2006 wurden in § 1 VOF 2009 zusammen gefasst.

11970 Die **VOF erstreckt sich ausdrücklich nur auf Dienstleistungen**, während die VOF 2006 noch von Leistungen sprach.

11971 § 1 VOF 2009 definiert den Anwendungsbereich der VOF auf **Dienstleistungsaufträge, deren Gegenstand eine Aufgabe ist, deren Lösung nicht vorab eindeutig und erschöpfend beschrieben werden kann** und **übernimmt** damit die **Definition des § 5 Satz 2 VgV.**

11972 § 1 Abs. 1 enthält neu einen ausdrücklichen Hinweis auf die **Geltung der VOF auch für Wettbewerbe.**

Vergabeordnung für freiberufliche Leistungen   VOF § 1   **Teil 5**

Ansonsten wurden aus der Vorschrift **Dopplungen zu § 100 GWB** (Hinweis auf Aufträge   11973
über Schiedsgerichts- und Schlichtungsleistungen sowie Aufträge über Forschungs- und Entwicklungsdienstleistungen) **gestrichen** und die Regelung insgesamt **redaktionell überarbeitet.**

146.2 Vergleichbare Regelungen

Der **Vorschrift des § 1 VOF – als Abgrenzungsregelung – im Grundsatz vergleich-**   11974
bar sind im Bereich der **VOL/A § 1 EG VOL/A** und im Bereich der VOB **§§ 1, 1a**
VOB/A. Die Kommentierungen zu diesen Vorschriften können daher ergänzend zu der Kommentierung des § 1 herangezogen werden.

146.3 Der VOF unterfallende Aufträge über freiberufliche Dienstleistungen nach Anhang I Teil A und Wettbewerbe (§ 1 Abs. 1, Abs. 2)

146.3.1 Grundsatz

Vom **Anwendungsbereich der VOF** umfasst sind gemäß § 1 Abs. 1 und Abs. 2 ne-   11975
ben **Wettbewerben nur**

– Dienstleistungsaufträge,
– die freiberufliche Dienstleistungen umfassen,
– deren Gegenstand eine Aufgabe ist, deren Lösung nicht vorab eindeutig und erschöpfend beschrieben werden kann,
– sofern der geschätzte Auftragswert die Schwellenwerte für Dienstleistungen oder Wettbewerbe ohne Umsatzsteuer nach § 2 der Vergabeverordnung erreicht oder überschreitet und
– die Dienstleistungen zum Anhang I Teil A gehören.

146.3.2 Dienstleistungsaufträge (§ 1 Abs. 1)

§ 1 Abs. 1 spricht ausdrücklich nur von **Aufträgen über Dienstleistungen.** Vgl. dazu die   11976
Kommentierung zu § 99 GWB Rdn. 208 ff.

146.3.3 Freiberufliche Dienstleistungen (§ 1 Abs. 1)

146.3.3.1 Allgemeines

§ 1 VOF **unterscheidet** einmal zwischen **Dienstleistungen, die im Rahmen einer frei-**   11977
beruflichen Tätigkeit erbracht und zum zweiten zwischen **Dienstleistungen, die im**
Wettbewerb mit freiberuflich Tätigen angeboten werden.
Das Merkmal der freiberuflichen Tätigkeiten ist auch das **Abgrenzungsmerkmal zur**
VOL/A. § 1 VOL/A 2009 nimmt alle freiberuflichen Tätigkeiten – gleichgültig ob sie
die Schwellenwerte nach der VgV erreichen oder nicht – aus dem Anwendungsbereich der VOL/A heraus.

146.3.3.2 Begriff der freiberuflichen Tätigkeiten

146.3.3.2.1 Allgemeines. Weder die VOF noch die VOL/A (§§ 1, 1 EG) definieren den   11978
Inhalt einer freiberuflichen Tätigkeit. Insoweit kann aber einmal auf die in der Fußnote zu § 1
VOL/A enthaltene **Definition des § 18 Abs. 1 Nr. 1 EStG** zurückgegriffen werden. Danach
gehören zu der freiberuflichen Tätigkeit die **selbständig ausgeübte wissenschaftliche,**
künstlerische, schriftstellerische, unterrichtende oder erzieherische Tätigkeit, die selbständige Berufstätigkeit der Ärzte, Zahnärzte, Tierärzte, Rechtsanwälte, Notare, Patentanwälte, Vermessungsingenieure, Ingenieure, Architekten, Handelschemiker, Wirtschaftsprüfer, Steuerberater, beratenden Volks- und Betriebswirte, vereidigten Buchprüfer (vereidigten Bücherrevisoren), Steuerbevollmächtigten, Heilpraktiker, Dentisten, Krankengymnasten, Journalisten, Bildberichterstatter, Dolmetscher, Übersetzer, Lotsen und ähnlicher Berufe. Die Definition des § 18
Abs. 1 Nr. 1 EStG ist **nicht abschließend.**

2395

Teil 5 VOF § 1   Vergabeordnung für freiberufliche Leistungen

11979   Ähnlich definiert **§ 1 Partnerschaftsgesellschaftsgesetz (PartGG)** die freiberufliche Tätigkeit: Die Freien Berufe haben im allgemeinen **auf der Grundlage besonderer beruflicher Qualifikation oder schöpferischer Begabung die persönliche, eigenverantwortliche und fachlich unabhängige Erbringung von Dienstleistungen höherer Art im Interesse der Auftraggeber und der Allgemeinheit** zum Inhalt. Ausübung eines Freien Berufs im Sinne dieses Gesetzes ist die selbständige Berufstätigkeit der Ärzte, Zahnärzte, Tierärzte, Heilpraktiker, Krankengymnasten, Hebammen, Heilmasseure, Diplom-Psychologen, Mitglieder der Rechtsanwaltskammern, Patentanwälte, Wirtschaftsprüfer, Steuerberater, beratenden Volks- und Betriebswirte, vereidigten Buchprüfer (vereidigte Buchrevisoren), Steuerbevollmächtigten, Ingenieure, Architekten, Handelschemiker, Lotsen, hauptberuflichen Sachverständigen, Journalisten, Bildberichterstatter, Dolmetscher, Übersetzer und ähnlicher Berufe sowie der Wissenschaftler, Künstler, Schriftsteller, Lehrer und Erzieher (im Ergebnis ebenso OLG München, B. v. 28. 4. 2006 – Az.: Verg 6/06).

11980   Der Europäische Gerichtshof hat sich – in einem steuerrechtlichen Zusammenhang – ebenfalls mit der Begriffsbestimmung des freien Berufes auseinandergesetzt. Freie Berufe sind danach **Tätigkeiten, die ausgesprochen intellektuellen Charakter** haben, eine **hohe Qualifikation verlangen** und gewöhnlich einer genauen und strengen berufsständischen Regelung unterliegen. Bei der Ausübung einer solchen Tätigkeit hat das **persönliche Element besondere Bedeutung**, und diese Ausübung setzt auf jeden Fall eine **große Selbständigkeit bei der Vornahme der beruflichen Handlungen** voraus (EuGH, Urteil v. 11. 10. 2001 – Az.: C-267/99).

11981   **146.3.3.2.2 Beispiele aus der Rechtsprechung**
– die **ärztliche Tätigkeit** ist, wenn sie selbständig ausgeübt wird, typischerweise freiberuflich (Saarländisches OLG, B. v. 20. 9. 2006 – Az.: 1 Verg 3/06)

146.3.3.3 Leistungen im Wettbewerb mit freiberuflich Tätigen

11982   Bei Leistungen, die im Wettbewerb mit freiberuflich Tätigen angeboten werden, handelt es sich um **freiberufliche Leistungen, die von Personen- oder Kapitalgesellschaften angeboten werden**, die von freiberuflich Tätigen gebildet worden sind; Leistungsanbieter sind also beispielsweise Gesellschaften des bürgerlichen Rechts (GbR), Gesellschaften mit beschränkter Haftung (GmbH) oder Aktiengesellschaften (AG).

11983   Obwohl solche Gesellschaften steuer- und gewerberechtlich Gewerbebetriebe sind, handelt es sich **vergaberechtlich um freiberufliche Leistungen**. § 1 hat also insofern klarstellenden Charakter.

146.3.3.4 Erläuternde Hinweise der VOL/A

11984   Weiterhin sind alle „Leistungen, die im Rahmen einer freiberuflichen Tätigkeit erbracht" werden, dem Abschnitt 1 entzogen. Welche Leistungen hierunter fallen, ergibt sich aus dem Katalog des § 18 Abs. 1 Nr. 1 EStG. Die Aufzählung ist nicht abschließend. Wird eine freiberufliche Leistung gleichzeitig im Wettbewerb von einem Gewerbebetrieb angeboten, findet die VOL auch auf die entsprechen de Leistung des Gewerbebetriebes keine Anwendung. Liegt zwischen freiberuflich Tätigen und Gewerbebetrieben ein Wettbewerbsverhältnis nicht vor, d. h., wird eine der Natur nach freiberufliche Leistung ausschließlich durch Gewerbebetriebe erbracht, ist die VOL hingegen uneingeschränkt anwendbar. Die Frage, ob ein Wettbewerbsverhältnis zwischen freiberuflich Tätigen und Gewerbebetrieben besteht, ist vom jeweiligen Auftraggeber im Einzelfall und im Voraus aufgrund der vorhandenen Marktübersicht zu beurteilen. Es kommt nicht auf die potentielle Fähigkeit der freiberuflich Tätigen an, derartige Leistungen zu erbringen, sondern auf die Erfahrung des Auftraggebers, dass diese Leistungen in der Vergangenheit auch tatsächlich von freiberuflich Tätigen erbracht worden sind. Wird die Leistung nur von Gewerbebetrieben erbracht und ist daher mit einem Parallelangebot der freiberuflich Tätigen nicht zu rechnen, ist die Leistung nach dem Verfahren der VOL zu vergeben.

11985   Stellt sich im Laufe des VOL-Verfahrens wider Erwarten heraus, dass auch freiberuflich Tätige die Leistung erbringen und sich u. U. sogar um den Auftrag bewerben, so ist entscheidend, dass diese Leistung in der Vergangenheit nicht von freiberuflich Tätigen, sondern nur von Gewerbebetrieben erbracht wurde. Es kommt daher nicht auf die potentielle Fähigkeit der freiberuflich Tätigen an, derartige Leistungen zu erbringen, sondern auf die Erfahrung des Auftraggebers, dass diese Leistungen in der Vergangenheit auch tatsächlich von freiberuflich Tätigen erbracht worden sind.

Vergabeordnung für freiberufliche Leistungen VOF § 1 **Teil 5**

§ 1 zweiter Spiegelstrich lässt insbesondere §§ 7 und 55 BHO (bzw. die entsprechenden landes- und kommunalrechtlichen Bestimmungen) unberührt. Einheitliche Grundsätze für die Vergabe der Gesamtheit freiberuflicher Leistungen sind nicht vorhanden. Es ist daher nach den Rechtsgrundsätzen des § 55 BHO (bzw. den entsprechenden landes- oder kommunalrechtlichen Bestimmungen) zu verfahren. Nach § 55 Abs. 1 BHO muss dem Abschluss von Verträgen über Lieferungen und Leistungen eine Öffentliche Ausschreibung vorausgehen, sofern nicht die Natur des Geschäfts oder besondere Umstände eine Ausnahme rechtfertigen. 11986

Mit Rücksicht auf den Ausnahmecharakter bedarf es grundsätzlich für das Vorliegen der Ausnahmesituation des § 55 BHO der Prüfung im Einzelfall. Es kann jedoch davon ausgegangen werden, dass der Ausnahmetatbestand bei freiberuflichen Leistungen in der Regel erfüllt ist. Sie können daher grundsätzlich freihändig vergeben werden. 11987

Freiberufliche Leistungen sind an solche Bewerber zu vergeben, deren Fachkunde, Leistungsfähigkeit und Zuverlässigkeit feststeht, die über ausreichende Erfahrungen verfügen und die Gewähr für eine wirtschaftliche Planung und Ausführung bieten. Die Aufträge sollen möglichst gestreut werden.

146.3.4 Dienstleistungen, deren Gegenstand eine Aufgabe ist, deren Lösung nicht vorab eindeutig und erschöpfend beschrieben werden kann (§ 1 Abs. 1)

146.3.4.1 Allgemeines

§ 1 Abs. 1 unterwirft nur **solche freiberuflichen Dienstleistungen der VOF**, deren Gegenstand eine Aufgabe ist, deren Lösung nicht vorab eindeutig und erschöpfend beschrieben werden kann. § 5 Abs. 2 VgV – als Verweisungsnorm für die VOF – **definiert den Anwendungsbereich identisch**. 11988

146.3.4.2 Eindeutige und erschöpfende Beschreibbarkeit

146.3.4.2.1 **Europarechtlicher Hintergrund.** Das Kriterium, dass die Leistung vorab nicht eindeutig und erschöpfend beschreibbar ist, geht zurück auf **Art. 30 Abs. 1 Buchstabe c) Vergabekoordinierungsrichtlinie** (ehemals **Art. 11 Abs. 2 lit. c DLR** („dass vertragliche Spezifikationen nicht hinreichend genau festgelegt werden können") sowie auf den **24. Erwägungsgrund der – inzwischen aufgehobenen – DLR** („wenn die zu erbringende Leistung nicht ausreichend genau beschreibbar ist"). Entscheidend für die Zulassung des Verhandlungsverfahrens nach der VOF ist demnach also, dass es sich um Dienstleistungen handelt, die vor Auftragsvergabe nicht hinreichend genau und erschöpfend beschreibbar sind, um im Rahmen der Bestimmungen eines offenen oder nichtoffenen Verfahrens vergeben werden zu können (insbesondere müsste der Auftraggeber hier im Stande sein, auf Grund seiner Leistungsbeschreibung ohne Verhandlungen einseitig den Zuschlag zu erteilen und somit den Vertrag mit einem Bieter zu schließen). Es handelt sich **bei Art. 30 Abs. 1 Buchstabe c) Vergabekoordinierungsrichtlinie** (ehemals **Art. 11 Abs. 2 lit. c DLR**) **um einen Ausnahmetatbestand des Verhandlungsverfahrens zum Anwendungsbereich des Offenen bzw. nichtoffenen Verfahrens.** Das Verhandlungsverfahren setzt aber generell voraus (also auch bei der Vergabe von freiberuflichen Leistungen), dass zwischen einem fachlich hinreichend erfahrenem Auftraggeber und einem fachkundigen Auftragnehmer vorab Gespräche und Verhandlungen hinsichtlich der zu erbringenden Leistung geführt werden müssen, um den Auftrag in der notwendigen Eindeutigkeit und Bestimmtheit erteilen zu können. Hierauf bei der Eingrenzung der Merkmale „nicht eindeutig und erschöpfend beschreibbar" (§§ 5 VgV, § 1 VOF) abzustellen (Saarländisches OLG, B. v. 20. 9. 2006 – Az.: 1 Verg 3/06; VK Südbayern, B. v. 31. 10. 2002 – Az.: 42-10/02). 11989

146.3.4.2.2 **Inhalt.** Eine im Vorhinein nicht eindeutig und erschöpfend beschreibbare freiberufliche Leistung, die nach der VOF, und zwar grundsätzlich im Verhandlungsverfahren mit vorheriger Vergabebekanntmachung zu vergeben ist (§ 3 Abs. 1 VOF), **liegt vor, wenn eine geistig-schöpferische, planerische Leistung im Sinne der Lösung einer Aufgabe nachgefragt wird**, 11990

– deren Resultat im Voraus noch nicht feststeht bzw.
– deren Lösung sich erst durch die Leistung entwickelt bzw.
– ohne deren planerische Umsetzung/vorweggenommene Planung vorab eine eindeutige und erschöpfende Beschreibung nicht möglich ist bzw.
– zu deren Realisierung ein Beurteilungsspielraum gegeben ist.

Teil 5 VOF § 1 Vergabeordnung für freiberufliche Leistungen

Insbesondere wird es dabei um Fälle gehen, in denen das Ergebnis der Leistung das entscheidende ist (**Werkvertrag**); kommt es darauf an, dass der Dienstleistungserbringer in einer bestimmten Weise tätig wird (**Dienstvertrag**), wird sich die Art des Tätigwerdens oftmals genau beschreiben lassen. Es ist daher im Einzelfall festzustellen, ob die beauftragte Leistung der einen oder der anderen Kategorie zugehört (VK Saarland, B. v. 19. 5. 2006 – Az.: 3 VK 03/2006; VK Südbayern, B. v. 31. 10. 2002 – Az.: 42-10/02; im Ergebnis ebenso VK Brandenburg, B. v. 23. 11. 2004 – Az.: VK 58/04).

11991 Es kann **kein scharfer, eindeutiger Trennstrich** gezogen werden zwischen einer nicht beschreibbaren geistig-schöpferischen Lösung und einer bereits „gelösten" und nur noch auszuführenden Dienst- oder Werkleistung. Jede Leistungserbringung erfordert geistige und schöpferische Arbeit im Sinne einer eigenen Arbeitsorganisation, Arbeitstechnik, Anwendung fachlicher Regeln, Lösung von situationsbedingten Schwierigkeiten, so wie eine geistig-schöpferische Leistung in jedem einzukaufenden Produkt bereits verkörpert wird. Damit sich auch eine Leistungsbeschreibung im Leistungsbereich der „Lösung" nur mehr oder weniger annähern, aber – zumindest in der Regel – keine Durchführungsanordnung für jede Minute und jeden Handgriff darstellen. Haben sich daher bei der konkreten Aufgabe die Vorgaben des Auftraggebers der Lösung bereits soweit genähert, dass **kein Raum für notwendige Verhandlungen** verbleibt und **hat der Auftragnehmer keinen kreativen Spielraum mehr**, um erstmalig dem Auftraggeber etwa zu beachtende Anforderungen mit den dazu in Frage kommenden planerisch/technischen Lösungen zu benennen, besteht keine Veranlassung bzw. Notwendigkeit, die gewünschte Leistung unter Anwendung der Regelungen der VOF zu beschaffen (OLG München, B. v. 28. 4. 2006 – Az.: Verg 6/06; VK Düsseldorf, B. v. 30. 9. 2002 – Az.: VK – 26/2002 – L).

11992 Ist ein solcher **schöpferischer, gestalterischer und konstruktiver Freiraum in erkennbarem Maß vorhanden und gewollt**, geht es insbesondere darum, dass der **Auftragnehmer** aufgrund seiner beruflichen Erfahrung und Kompetenz eine **eigenständige, kreative Lösung findet**, so mag das planerische Ziel des Auftrags beschreibbar sein, **nicht jedoch die planerische Umsetzung** (OLG München, B. v. 28. 4. 2006 – Az.: Verg 6/06).

11993 146.3.4.2.3 Beschreibbarkeit von Architekten- und Ingenieurleistungen. Die **Rechtsprechung** hatte sich bisher mehrmals mit Fragen der Beschreibbarkeit von Architekten- und Ingenieurleistungen zu befassen. Die **Ergebnisse** sind **nicht einheitlich**.

11994 146.3.4.2.3.1 Erteilung eines Vollauftrages im Sinne der HOAI. Bei der Vergabe von Architekten- und Ingenieurleistungen wird im Allgemeinen davon ausgegangen, dass die **Leistungen vorab nicht eindeutig und erschöpfend beschreibbar sind, wenn ein Vollauftrag (Leistungsphasen 1/2–8/9) erteilt werden soll**. Dies ergibt sich daraus, dass hierbei der Planungsanteil, der den überwiegenden Anteil des Vollauftrags ausmacht, von einer geistig-schöpferischen Tätigkeit geprägt ist und sich somit einer Beschreibbarkeit entzieht (VK Südbayern, B. v. 31. 10. 2002 – Az.: 42-10/02). Dies ist nach der Rechtsprechung unstreitig.

11995 146.3.4.2.3.2 Vergabe der Leistungen ab der Leistungsphase 6 der HOAI. Es ist **höchst fragwürdig, ob die Leistungsphasen 5 bis 9** – nach HOAI detailliert beschrieben und mit einem mit Planungsunterlagen versehenem Planfeststellungsbescheid verbunden – **überhaupt noch nicht beschreibbare Elemente im Sinne einer geistig schöpferischen Leistung enthalten**. Die Aufgabenstellung der Leistungsgruppe 5 ist in der HOAI detailliert beschreiben und bedeutet die Umsetzung der dem Genehmigungsbescheid zugrunde liegenden Planung 1:100 in eine ausführungsgerechte Darstellung Maßstab 1:50. Die Leistungsstufe 6 umfasst die Vorbereitung der Vergabe, in der keine gestalterischen Elemente mehr enthalten sind. Stufe 7 ist beschrieben mit der Mitwirkung bei der Vergabe und handelt vom Zusammenstellen der Verdingungsunterlagen bis hin zur Kostenkontrolle (VK Arnsberg, B. v. 9. 4. 2002 – Az.: VK 3-03/02).

11996 Bei der **isolierten Vergabe der Objektüberwachung (entsprechend Leistungsphase 8) ist grundsätzlich die VOL/A anzuwenden**, da die Leistung regelmäßig eindeutig beschreibbar ist. Lediglich wenn ganz besondere Anforderungen an den Objektüberwacher gestellt werden, die eine Beschreibbarkeit der Leistung nicht ermöglichen, kann die VOF Anwendung finden. In einem solchen Fall ist in dem Vergabevermerk eine Begründung für die fehlende Beschreibbarkeit der Leistung aufzunehmen (1. VK Sachsen, B. v. 29. 6. 2001 – Az.: 1/SVK/ 31-01; im Ergebnis ebenso VK Arnsberg, B. v. 9. 4. 2002 – Az.: VK 3-03/02; in der Tendenz ebenso VK Schleswig-Holstein, B. v. 12. 11. 2004 – Az.: VK-SH 30/04).

11997 Die VK Südbayern (B. v. 31. 10. 2002 – Az.: 42-10/02) hat in diesem Sinne die Anwendbarkeit der VOF auch für die Objektüberwachung bejaht, wenn es sich **bei der Baumaßnahme** zum großen Teil um Umbau und Sanierungsarbeiten handelt, welche schon von ihrer Natur her vorab nicht hinreichend beschreibbar sind. Dem Auftragnehmer soll nämlich hierbei eigenverantwortlich die technische und gestalterische Umsetzung der Planung übertragen werden. Um den Erfolg seiner Leistung gewährleisten zu können, ist ihm eine gewisse Entscheidungsfreiheit bzw. ein Beurteilungsspielraum zuzugestehen, der es ihm ermöglicht, schnell auf unvorhergesehene Umstände zu reagieren. Die von Architekten und Ingenieuren bewirkten Leistungsergebnisse in Form des mit dem Auftraggeber vereinbarten „Werkes" sind das Erfordernis von Denkprozessen, deren für die Erfüllung der Aufgabenstellung erforderlichen Leistungen in Inhalt und Ablauf nicht vorab, erst recht nicht eindeutig und erschöpfend beschreibbar sind. **Dies gilt auch für die Leistungen im Rahmen der Projektsteuerung und Objektüberwachung.** So ist es erforderlich, dem Planungs- und Baugeschehen förderliche Reaktionen auf unerwartete Ereignisse im Zuge der Abwicklung einer Maßnahme durch den Einsatz von Ingenieurerfahrung und -kreativität sowie Managementerfahrung garantieren zu können. Derartige Reaktionen sind wegen der Unkalkulierbarkeit unerwarteter Ereignisse nicht „vorab eindeutig und erschöpfend zu beschreiben".

146.3.4.2.3.3 Vergabe von Projektsteuerungsleistungen. Die Rechtsprechung bejaht die **11998** Anwendbarkeit der VOF bei der Vergabe von Projektsteuerungsleistungen, ohne sich allerdings im Einzelnen mit dem Tatbestandsmerkmal der „Beschreibbarkeit" auseinander zu setzen (VK Arnsberg, B. v. 20. 5. 2008 – Az.: VK 09/08; B. v. 19. 3. 2008 – Az.: VK 07/08; VK Nordbayern, B. v. 19. 7. 2002 – Az.: 320.VK-3194-20/02; 1. VK Sachsen, B. v. 19. 5. 2000 – Az.: 1/SVK/42-00, B. v. 5. 1. 2001 – Az.: 1/SVK/111-00; VK Südbayern, B. v. 31. 10. 2002 – Az.: 42-10/02; VK Thüringen, B. v. 26. 8. 2010 – Az.: 250–4004.20–2423/2010-005-J; B. v. 22. 1. 2003 – Az.: 216–4004.20–067/02-EF-S).

146.3.4.2.4 Beschreibbarkeit von DV-Leistungen. Eine Ausschreibung von DV-Leis- **11999** tungen im Verhandlungsverfahren der VOF durchzuführen, kann sachlich gerechtfertigt sein, wenn der **Leistungsumfang im Laufe des Verfahrens einem Entwicklungsprozess unterworfen** und von Anfang an nicht so vorstrukturiert ist, dass die Bieter das Leistungsprogramm ohne weiteres hätten abarbeiten können (VK Baden-Württemberg, B. v. 7. 1. 2003 – Az.: 1 VK 68/02).

146.3.4.2.5 Beschreibbarkeit von Altlastenverdachtsstandorten. Die VK Südbayern **12000** (B. v. 27. 9. 2002 – Az.: 36-08/02; bestätigt durch BayObLG, B. v. 27. 2. 2003 – Az.: Verg 25/02) war im konkreten Fall der Auffassung, dass eine **Untersuchung von Rüstungsaltlastverdachtsstandorten im Sinne einer vertieften historischen Erkundung der Einzelstandorte mit Prioritätensetzung nach der VOF** ausgeschrieben werden musste.

146.3.4.2.6 Beschreibbarkeit von juristischen Beratungsdienstleistungen. Hat der **12001** **Auftraggeber nur den Gegenstand der erwarteten Beratungsleistungen beschrieben sowie Zielvorstellungen und Rahmenbedingungen gesetzt und ist die juristische Beratung lediglich ihrer Art und ihrem Zusammenhang nach umschrieben** (z. B. juristische Prüfung von Mehrkosten, Nachträgen, Bedenkenanmeldungen und Behinderungsanzeigen sowie von Korrespondenz, Teilnahme an Besprechungen), handelt es sich um eine Aufgabe, deren **Lösung vorab nicht eindeutig und erschöpfend beschrieben** werden kann. Die Beschreibung ist nach den Umständen ebenso wenig schon als abschließend aufzufassen, was sich am verschiedentlichen Gebrauch des Ausdrucks „insbesondere" aber auch an der Tatsache zeigt, dass der Auftragnehmer – ersichtlich im Benehmen mit dem Auftraggeber – zur Wahrnehmung „weiterer Geschäfte im Zusammenhang mit dem Bauprojekt" herangezogen werden soll. **Bei der Ausführung der Leistung hat der Auftragnehmer beträchtliche Kognitions-, Bewertungs- und Gestaltungsspielräume**, die sich auf das Erkennen von Problemstellungen, die Entwicklung von Lösungswegen und die Beratungsergebnisse erstrecken. Insoweit ist schon unklar, welche Rechtsfragen (mit Ausnahme möglicherweise einer bereits vorliegenden Nachtragsproblematik) sich in der Vertragslaufzeit stellen werden. Jedes auftretende Problem ist sodann unter tatsächlichen und rechtlichen Aspekten zu würdigen. Bei den Lösungen spielen sowohl die Bedürfnisse des Auftraggebers als auch die Opportunität eines Vorschlags und die Kreativität des Auftragnehmers eine gewichtige Rolle. Es sollen Vorschläge für das weitere Vorgehen des Auftraggebers unterbreitet werden. In Anbetracht der theoretischen und praktischen Bandbreite denkbarer Lösungen schließt das in der Regel die Möglichkeit und Notwendigkeit ein, dass dem Auftragnehmer vom Auftraggeber, ggf. auch wiederholt, zunächst Sachinformationen erteilt werden, die Vertragsparteien darüber sowie über Lösungsvarianten sprechen und verhandeln, und dass sich erst im Gespräch die Lösung herausbildet und formt, mit der Folge, dass danach erst beschrieben werden kann,

Teil 5 VOF § 1 Vergabeordnung für freiberufliche Leistungen

welche Leistung dem Auftragnehmer genau obliegt. Die **Leistung ist demnach zwar bestimmbar, aber nicht von vorneherein beschreibbar** (OLG Düsseldorf, B. v. 21. 4. 2010 – Az.: VII-Verg 55/09).

12002 Die **Vergabe einer Bereederung von Forschungsschiffen einer Hochschule** wird in der Vergangenheit nur sehr selten – wenn überhaupt – vorgekommen sein. Es liegen daher **keine Erfahrungen vor, die es ermöglichen, vorauszusehen, welche Probleme und Fragestellungen sich im Laufe des Vergabeverfahrens ergeben können und welchen Umfang die Beratungsleistungen annehmen wird**. Die Rechtsberatung wird zwar ihren Schwerpunkt im Vergaberecht haben, es kommen aber einige Besonderheiten hinzu. So wird es auch um die Lösung von spezifisch seerechtlichen und schiffahrtswirtschaftlichen Fragestellungen gehen, also aus einer Sondermaterie, die weder die Antragsgegnerin noch Rechtsanwälte, die sich auf das Vergaberecht spezialisiert haben, beherrschen. So sieht die Leistungsbeschreibung etwa unter Ziffer 1.1 die Mitwirkung bei der Erarbeitung des Bereederungsvertrages sowie aller diesen ergänzenden Dokumente vor. Desgleichen setzt die Mitwirkung bei der Auswahl der Bieter eine Kenntnis des Spezialmarktes der Reeder und der Besonderheiten der international geprägten Schifffahrtswirtschaft voraus. Die **Vorhersehbarkeit der zu lösenden Aufgaben wird weiter dadurch erschwert, dass es nicht um die Bereederung von Handelsschiffen, sondern von staatlichen Forschungsschiffen geht**. Es ist daher mit zahlreichen wechselseitigen Nachfragen und Abstimmungen zu rechnen. Der Auftraggeber kann die sich daraus ergebenden Unwägbarkeiten nicht übersehen Er ist deshalb nicht in der Lage, eine vorab konkretisierte und festgelegte Leistung zu beschreiben, die es dem Bieter ermöglicht, seinen Angebotspreis zu kalkulieren und ein Vertragsangebot abzugeben, ohne in direkten Kontakt zu dem Auftraggeber zu treten. Das ist aber die Voraussetzung, um die alternativen Vergabearten zum Verhandlungsverfahren, das offene und das nichtoffene Verfahren, anwenden zu können (OLG Hamburg, B. v. 24. 9. 2010 – Az.: 1 Verg 2/10).

12003 **146.3.4.2.7 Weitere Beispiele aus der Rechtsprechung**

– **Erstellung eines Leitungskatasters Trinkwasser** (1. VK Sachsen, B. v. 6. 10. 2000 – Az.: 1/SVK/80-00), wobei die Vergabekammer die **Anwendbarkeit der VOF offen** ließ

– **Unterstützung der Gemeinsamen Verwaltungsbehörde** (GVB) des Landes ... **bei der Erfüllung ihrer Aufgaben im Rahmen der Organisation, Begleitung und Bewertung der EU-Strukturfonds** (OLG Rostock, B. v. 9. 5. 2001 – Az.: 17 W 4/01) – **Anwendbarkeit der VOF** nicht in Zweifel gezogen

146.3.4.3 Beschreibbarkeit vorab

12004 Das Wort „vorab" macht deutlich, dass es für die **Beurteilung der Beschreibbarkeit auf eine Beurteilung ex-ante** ankommt. Dabei ist die **Sicht des Auftraggebers ausschlaggebend**, der im Rahmen der Vorbereitung der Ausschreibung beurteilen muss, welches Verfahren und welche Verdingungsordnung anwendbar sind. Dies kann jedoch nur grundsätzlich gelten, da hierbei nicht auf den einzelnen Auftraggeber abzustellen ist (VK Südbayern, B. v. 31. 10. 2002 – Az.: 42-10/02).

146.3.5 Dienstleistungen des Anhangs I Teil A

146.3.5.1 Allgemeines

12005 Die **Anhänge I Teil A** und **I Teil B der VOF** entsprechen den **Anhängen I Teil A und I Teil B der VOL/A** sowie **den Anhängen II Teil A und II Teil B der Vergabekoordinierungsrichtlinie (VKR)**.

12006 Je nachdem, ob eine Leistung unter Anhang I Teil A oder Anhang I Teil B handelt, gelten **unterschiedliche Regelungen** für die Ausschreibung und Vergabe dieser Leistung.

12007 Die Leistungen des Anhangs I Teil A und des Anhangs I Teil B können **Gegenstand entweder der VOF oder der VOL/A 2. Abschnitt** sein.

146.3.5.2 Rechtsprechung

12008 **146.3.5.2.1 Landverkehr einschließlich Geldtransport und Kurierdienste, ohne Postverkehr (Kategorie 2). 146.3.5.2.1.1 Allgemeines.** Kategorie 2 betrifft nicht den Eisenbahnverkehr; dieser fällt unter Anhang I B und dort die Kategorie 18.

2400

Vergabeordnung für freiberufliche Leistungen VOF § 1 **Teil 5**

146.3.5.2.1.2 Beispiele aus der Rechtsprechung 12009

– soweit es um das **Abschleppen von Pkws** geht, handelt es sich um eine prioritäre **Dienstleistung nach Kategorie 2** (OLG Düsseldorf, B. v. 24. 3. 2010 – Az.: VII-Verg 58/09 – Anwendung der VOL)

– Leistungen der **Rettungs- und Krankentransporte unter Begleitung eines Sanitäters** fallen sowohl unter Anhang I A, Kategorie 2, als auch unter Anhang I B, Kategorie 25 – der **Schwerpunkt ist mithin entscheidend** (1. VK Sachsen, B. v. 6. 3. 2009 – Az.: 1/SVK/ 001–09; B. v. 29. 8. 2008 – Az.: 1/SVK/042-08; B. v. 29. 8. 2008 – Az.: 1/SVK/041-08; B. v. 26. 3. 2008 – Az.: 1/SVK/005–08 – jeweils Anwendung der VOL)

– **Rettungs- und Krankentransporte ohne Begleitung eines Sanitäters** fallen unter Anhang I A, Kategorie 2 (Europäischer Gerichtshof, Urteil v. 24. 9. 1998 – Az.: C-76/97; BayObLG, B. v. 28. 5. 2003 – Az.: Verg 7/03 – jeweils Anwendung der VOL).

146.3.5.2.2 Datenverarbeitung und verbundene Tätigkeiten (Kategorie 7). 12010
146.3.5.2.2.1 Begriffsinhalt. In der Kategorie 7 sind aufgeführt lediglich **zwei nur schwer fassbare Allgemeinbegriffe**. Mit Blick auf die einzelnen Tätigkeiten, die in dem Gemeinsamen Vokabular für öffentliche Aufträge (Common Procurement Vocabulary – CPV) unter dem Code 50 300 000 ff. aufgeführt sind, wird deutlich, dass **für jeden Einzelfall einer Ausschreibung entschieden** werden muss, ob es sich um eine freiberufliche oder eher gewerbliche Dienstleistung handelt. Während z. B. die Wartung und Reparatur von Büromaschinen eher eine gewerbliche Dienstleistung darstellt, dürfte die strategische Prüfung und Planung im Bereich Informationssysteme oder -technologie eine freiberufliche Dienstleistung sein.

146.3.5.2.2.2 Beispiele aus der Rechtsprechung 12011

– bei dem **Angebot eines ... Online-Informationsdienstes bzw. der Nutzung einer ... Online-Datenbank** handelt es sich primär um Leistungen aus der Kategorie „Datenverarbeitung und verbundene Tätigkeiten" (Anhang II Teil A Kategorie 7 der Richtlinie 2004/18/EG). Dementsprechend sind die Leistungen auch nicht dem Anhang II Teil B zuzuordnen. Insbesondere **gehören sie nicht dem Bereich „Rechtsberatung"** (Anhang II Teil B Kategorie 21 der Richtlinie 2004/18/EG) an. Hierunter fallen nur juristische Beratungstätigkeiten und Vertretungen und damit verbundene Tätigkeiten wie Beurkundungen, nicht jedoch die elektronische Verwaltung juristischer Informationen (1. VK Bund, B. v. 5. 2. 2009 – Az.: VK 1–186/08)

– Erstellung eines **Softwaresystems für Abfallwirtschaftsbetriebe** von Städten und Landkreisen – Vergabe nach VOF – (VK Baden-Württemberg, B. v. 3. 6. 2002 – Az.: 1 VK 20/02)

– die **Vergabe von DV-Programmen** kann dann, wenn der **Leistungsumfang im Laufe des Verfahrens einem Entwicklungsprozess unterworfen** und von Anfang an nicht so vorstrukturiert ist, dass die Bieter das Leistungsprogramm ohne weiteres hätten abarbeiten können, die **Anwendung der VOF rechtfertigen** (VK Baden-Württemberg, B. v. 7. 1. 2003 – Az.: 1 VK 68/02)

146.3.5.2.3 Forschung und Entwicklung (Kategorie 8). 146.3.5.2.3.1 Allgemeines. 12012
Der **Wortlaut der Kategorie 8 deckt sich** – einschließlich der Fußnote – mit dem **Wortlaut des § 100 Abs. 2 lit. n) GWB**, sodass auf die Kommentierung zu dieser Vorschrift (§ 100 GWB Rdn. 166 ff.) zurückgegriffen werden kann.

146.3.5.2.3.2 Beispiele aus der Rechtsprechung 12013

– die **Entwicklung von Indikatoren und Instrumenten für Messung und Ermittlung der Versorgungsqualität** sind als Entwicklungsleistungen nicht erschöpfend und eindeutig im Sinne einer Leistungsbeschreibung nach der VOL/A beschreibbar. Es handelt sich gemäß **§ 1 Abs. 1 VOF i. V. m. Anhang I A Kategorie 8 (Forschung und Entwicklung) um eine freiberufliche Leistung** (2. VK Bund, B. v. 15. 5. 2009 – Az.: VK 2–21/09)

– **Untersuchung von Rüstungsaltlastverdachtsstandorten** – freiberufliche Dienstleistung bejaht – (VK Südbayern, B. v. 27. 9. 2002 – Az.: 36-08/02; bestätigt durch BayObLG, B. v. 27. 2. 2003 – Az.: Verg 25/02)

146.3.5.2.4 Buchführung, -haltung und -prüfung (Kategorie 9). 146.3.5.2.4.1 Von 12014
Kategorie 9 umfasste Dienstleistungen. In der Kategorie 9 sind aufgeführt lediglich Buchführung, -haltung und -prüfung. Mit Blick auf die einzelnen Tätigkeiten, die in dem Gemeinsamen Vokabular für öffentliche Aufträge (Common Procurement Vocabulary – CPV) unter dem Code 74 121 000 ff. aufgeführt sind, fällt hierunter sicherlich **auch die Wirt-**

schaftsprüfung. Für dieses Ergebnis spricht ebenfalls, dass § 6 Abs. 5 der VgV vom 22. 2. 1994 ersatzlos gestrichen wurde; diese Regelung beinhaltete, dass das Vergaberecht auf Dienstleistungsaufträge, deren Tätigkeit in der gesetzlich vorgeschriebenen Prüfung von Jahresabschlüssen durch Wirtschaftsprüfer bzw. Wirtschaftsprüfungsgesellschaften einschließlich der Prüfung nach § 53 Haushaltsgrundsätzegesetz bestand.

12015   Inwieweit die von Kategorie 9 umfassten Dienstleistungen freiberuflicher oder nichtfreiberuflicher Art sind, muss **im Einzelfall** entschieden werden. Angesichts der Anforderungen an den Begriff der freiberuflichen Dienstleistung werden die **reine Buchführung und Buchhaltung eher nicht** als freiberuflich einzuordnen sein.

12016   **146.3.5.2.4.2 Beispiele aus der Rechtsprechung**
– **Wirtschaftsprüferleistungen** – freiberufliche Dienstleistung im Ergebnis bejaht – Anwendung der VOF (KG Berlin, B. v. 6. 2. 2003 – Az.: 2 Verg 1/03; 3. VK Bund, B. v. 16. 7. 2010 – Az.: VK 3–66/10; 1. VK Sachsen, B. v. 2. 12. 2005 – Az.: 1/SVK/138-05)

12017   **146.3.5.2.5 Markt- und Meinungsforschung (Kategorie 10).** Von Markt- und Meinungsforschung umfasst sind u. a.:

– Wirtschaftsforschung

– Sozialforschung

– Durchführbarkeitsstudien

– Statistische Dienstleistungen

12018   Inwieweit die von Kategorie 10 umfassten Dienstleistungen freiberuflicher oder nichtfreiberuflicher Art sind, muss **im Einzelfall entschieden** werden.

12019   **146.3.5.2.6 Unternehmensberatung und verbundene Tätigkeiten (Kategorie 11).**
146.3.5.2.6.1 Von Kategorie 11 umfasste Dienstleistungen. Unter die Kategorie 11 fallen u. a.:

– Beratung im Bereich Forschung und Entwicklung

– Beratungsdienste im Bereich Wirtschaftsförderung

– Öffentlichkeitsarbeit

– Sicherheitsberatung

– Umweltschutzberatung

– Beratung im Bereich Energieeinsparung

12020   Inwieweit die von Kategorie 11 umfassten Dienstleistungen freiberuflicher oder nichtfreiberuflicher Art sind, muss **im Einzelfall** entschieden werden. Insgesamt dürften die freiberuflichen Dienstleistungen überwiegen.

12021   **146.3.5.2.6.2 Beispiele aus der Rechtsprechung.** Die Entscheidungen aus dem **Bereich insbesondere der Öffentlichkeitsarbeit machen deutlich, dass die öffentlichen Auftraggeber für die Ausschreibung von der Anwendbarkeit der VOL** ausgehen:

– OLG Düsseldorf, B. v. 5. 10. 2000 – Az.: Verg 14/00

– VK Bund, B. v. 28. 4. 2003 – Az.: VK 1–19/03

12022   **146.3.5.2.7 Architektur u. a. (Kategorie 12). 146.3.5.2.7.1 Von Kategorie 12 umfasste Dienstleistungen.** Die **Dienstleistungen der Kategorie 12 bilden den Schwerpunkt der freiberuflichen Dienstleistungen**, die von öffentlichen Auftraggebern nachgefragt werden.

12023   Unter die Kategorie 12 fallen u. a.:

– Dienstleistungen von Architekturbüros

– Architekturentwurf

– Dienstleistungen von Ingenieurbüros

– Dienstleistungen im Straßenbau

– Dienstleistungen im Eisenbahnbau

– Haustechnik

– Dienstleistungen im Bereich Gesundheitsschutz und Sicherheit

Vergabeordnung für freiberufliche Leistungen	VOF § 1 **Teil 5**

– Dienstleistungen im Bereich Bauwirtschaft
– Dienstleistungen in der Tragwerksplanung
– Dienstleistungen für die Prüfung der Tragwerksplanung
– Dienstleistungen im Bereich Maschinenbau und Elektrotechnik
– Stadtplanung und Landschaftsgestaltung
– Geologische und geophysikalische Beratung
– Bodenuntersuchungen
– Vermessungsdienste
– Kartographiedienste
– Luftbildvermessung
– Katastervermessung
– Zerstörungsfreie Prüfungen

146.3.5.2.7.2 Beispiele aus der Rechtsprechung 12024

– die nach der Ausschreibung primär durchzuführende **Fortschreibung des städtebaulichen Rahmenplanes sowie die Mitgestaltung von Bebauungsplanentwürfen sind planerische Tätigkeiten**, die im Zeitpunkt der Bekanntmachung durch die Auftraggeberin nicht durch eine Aufgabenbeschreibung in der Weise vorgegeben werden konnte, die es allen Bietern ermöglicht hätte, ohne Rücksprache mit der Auftraggeberin und ohne Vorarbeiten den Angebotspreis zu kalkulieren. Die **im Zusammenhang mit bzw. nach der Planung vorzunehmenden Arbeitsschritte, wie Erörterung der Sanierungsmaßnahmen mit Betroffenen, Fortschreibung und Kontrolle der Kosten- und Finanzierungsübersichten, Öffentlichkeitsarbeit usw.** sind zwar allgemein beschreibbar, aber im Verhältnis zur planerischen Tätigkeit nur als Hilfsmittel zu qualifizieren, um das Ziel der Aufgabenstellung zu erreichen. Sie können nicht dazu führen, die **Leistung des Sanierungsträgers** insgesamt eindeutig und erschöpfend beschreibbar zu machen (VK Brandenburg, B. v. 23. 11. 2004 – Az.: VK 58/04)

– bei der **Vornahme einer archäologischen Baubegleitung, einer archäologischen Untersuchung sowie der Erstellung eines Grabungsberichts** handelt es sich um Tätigkeiten von intellektuellem Charakter, die eine hohe Qualifikation verlangen. Bei ihrer Ausübung hat das persönliche Element besondere Bedeutung und diese Ausübung setzt eine große Selbstständigkeit bei der Vornahme der beruflichen Handlungen voraus; außerdem erhält der Auftragnehmer ein tätigkeitsbezogenes Entgelt und nicht ein Erfolgshonorar. Deshalb ist die VOF anzuwenden (VK Brandenburg, B. v. 12. 5. 2004 – Az.: VK 8/04)

– Dienstleistungen zur **Erstellung und Ausführung von Plänen zur Errichtung einer Kinderklinik in einem Krankenhaus** und **der entsprechenden medizinischen Einrichtungen** fallen unter Kategorie 12 des Anhangs I A (EuGH, Urteil v. 4. 3. 1999 – Az.: C-258/97)

– **Planungsleistungen für den Neubau einer Dreifachturnhalle** mit Forum (Leistungsphasen 3–9 HOAI) an einer Realschule (VK Düsseldorf, B. v. 30. 1. 2001 – Az.: VK – 32/2000)

– die **Projektsteuerung** ist eine Leistung nach Anhang I A, Kategorie 12. Nach in der Verordnung (EWG) Nr. 3693/93 des Rates niedergelegten CPA-Nomenklatur (Gemeinsames Vokabular für öffentliche Aufträge) erfasst der Anhang I A, Kategorie 12, CPV-Nr. 867 das **Projektmanagement im Bauwesen** (VK Nordbayern, B. v. 19. 7. 2002 – Az.: 320.VK-3194-20/02; 1. VK Sachsen, B. v. 19. 5. 2000 – Az.: 1/SVK/42-00, B. v. 5. 1. 2001 – Az.: 1/SVK/111-00; VK Südbayern, B. v. 31. 10. 2002 – Az.: 42-10/02; VK Thüringen, B. v. 22. 1. 2003, Az.: 216-4004.20-067/02-EF-S; im Ergebnis ebenso VK Arnsberg, B. v. 20. 5. 2008 – Az.: VK 09/08; B. v. 19. 3. 2008 – Az.: VK 07/08)

146.3.5.2.8 Verlegen und Drucken gegen Vergütung oder auf vertraglicher Grund- 12025
lage (Kategorie 15). 146.3.5.2.8.1 Beispiele aus der Rechtsprechung

– ein **Konzessionsvertrag über öffentliche Verlagsdienstleistungen** ist beim derzeitigen Stand des Gemeinschaftsrechts **vom Anwendungsbereich** der Richtlinie 92/50/EWG des Rates vom 18. Juni 1992 über die Koordinierung der Verfahren zur Vergabe öffentlicher Dienstleistungsaufträge in der durch die Richtlinie 97/52/EG des Europäischen Parlaments und des Rates vom 13. Oktober 1997 geänderten Fassung **ausgenommen**, obwohl er seinem

Teil 5 VOF § 1 Vergabeordnung für freiberufliche Leistungen

spezifischen Gegenstand nach vom Anhang IA dieser Richtlinie, auf den deren Art. 8 verweist, erfasst wird (EuGH, Urteil v. 30. 5. 2002 – Az.: C-358/00 – Vorlage durch das OLG Düsseldorf, B. v. 2. 8. 2000 – Az.: Verg 7/00).

146.3.5.3 Ausschreibungs- und Vergaberegeln für Dienstleistungen nach Anhang I Teil A

12026 Für die Vergabe von Aufträgen, deren Gegenstand Dienstleistungen im Sinne des Anhangs I Teil A sind, **gelten alle Vorschriften der VOF 2009.**

146.3.6 Erreichen oder Überschreiten der Schwellenwerte (§ 1 Abs. 2)

12027 Die **Schwellenwerte sind in § 2 VgV definiert.** Vgl. daher die Kommentierung zu § 2 VgV Rdn. 2 ff.

146.3.7 Wettbewerbe (§ 1 Abs. 1)

12028 Die **VOF ist** – neben den Aufträgen über Dienstleistungen des Anhangs I Teil A, die im Rahmen einer freiberuflichen Tätigkeit erbracht oder im Wettbewerb mit freiberuflich Tätigen angeboten werden und deren Gegenstand eine Aufgabe ist, deren Lösung nicht vorab eindeutig und erschöpfend beschrieben werden kann – auch auf **Wettbewerbe nach Kapitel 2 der VOF anzuwenden.**

12029 Auch bei Wettbewerben nach Kapitel 2 ist das **Erreichen oder Überschreiten des Schwellenwertes nach § 2 VgV Voraussetzung.** Zum entsprechenden Schwellenwert vgl. die Kommentierung zu § 2 VgV Rdn. 7.

146.4 Der VOF unterfallende Aufträge über freiberufliche Dienstleistungen nach Anhang I Teil B (§ 1 Abs. 2, Abs. 3 Satz 1)

146.4.1 Grundsatz

12030 Vom **Anwendungsbereich der VOF umfasst sind** gemäß § 1 Abs. 2 und Abs. 3 Satz 1 nur

– Dienstleistungsaufträge,
– die freiberufliche Dienstleistungen umfassen,
– deren Gegenstand eine Aufgabe ist, deren Lösung nicht vorab eindeutig und erschöpfend beschrieben werden kann,
– sofern der geschätzte Auftragswert die Schwellenwerte für Dienstleistungen oder Wettbewerbe ohne Umsatzsteuer nach § 2 der Vergabeverordnung erreicht oder überschreitet und
– die Dienstleistungen zum Anhang I Teil B gehören.

146.4.2 Dienstleistungsaufträge

12031 Auch § 1 Abs. 3 spricht ausdrücklich nur von **Aufträgen über Dienstleistungen.** Vgl. dazu die **Kommentierung zu § 99 GWB** Rdn. 208 ff.

146.4.3 Freiberufliche Dienstleistungen (§ 1 Abs. 1)

12032 Vgl. die Kommentierung Rdn. 9 ff.

146.4.4 Dienstleistungen, deren Gegenstand eine Aufgabe ist, deren Lösung nicht vorab eindeutig und erschöpfend beschrieben werden kann (§ 1 Abs. 1)

12033 Vgl. die Kommentierung Rdn. 20.

Vergabeordnung für freiberufliche Leistungen VOF § 1 **Teil 5**

146.4.5 Dienstleistungen des Anhangs I Teil B

146.4.5.1 Allgemeines

Vgl. die Kommentierung Rdn. 37. 12034

146.4.5.2 Rechtsprechung

146.4.5.2.1 Gaststätten und Beherbergungsgewerbe (Kategorie 17). 146.4.5.2.1.1 12035
Beispiele aus der Rechtsprechung

– Verträge über das **Betreiben eines Flüchtlingswohnheims** – Anhang I B, Kategorien 17, 25, Anwendung der VOL/A – (VK Lüneburg, B. v. 25. 8. 2003 – Az.: 203-VgK-18/2003)

– Verträge über den **Betrieb einer Obdachlosenunterkunft für Frauen** – Anhang I B, Kategorien 17, 25 – Anwendung der VOL/A – (VK Lüneburg, B. v. 30. 8. 2004 – Az.: 203-VgK-38/2004)

146.4.5.2.2 Eisenbahnen (Kategorie 18). 146.4.5.2.2.1 Allgemeines. Kategorie 18 be- 12036
deutet inhaltlich eine Ausnahme zu Kategorie 2 (Landverkehr einschließlich Geldtransport und Kurierdienste, ohne Postverkehr).

146.4.5.2.2.2 Beispiele aus der Rechtsprechung 12037

– Verträge über **Schienenpersonennahverkehrsleistungen** – Anhang I B, Kategorie 18 VOL/A – (1. VK Sachsen, B. v. 5. 2. 2007 – Az.: 1/SVK/125-06; B. v. 16. 5. 2003 – Az.: 1/SVK/035-03)

146.4.5.2.3 Neben- und Hilfstätigkeiten des Verkehrs (Kategorie 20). 146.4.5.2.3.1 12038
Beispiele aus der Rechtsprechung

– soweit es um die **Inkassotätigkeit in Zusammenhang mit dem Abschleppen und Lagern von abgeschleppten Pkws** geht, handelt es sich um eine **nicht prioritäre Dienstleistung nach Kategorie 20, 21 oder 27** (OLG Düsseldorf, B. v. 24. 3. 2010 – Az.: VII-Verg 58/09)

– soweit es um das **Lagern von abgeschleppten Pkws** geht, handelt es sich um eine **nicht prioritäre Dienstleistung nach Kategorie 20** (OLG Düsseldorf, B. v. 24. 3. 2010 – Az.: VII-Verg 58/09)

– 3. VK Bund, B. v. 7. 2. 2007 – Az.: VK 3–07/07

146.4.5.2.4 Rechtsberatung (Kategorie 21). 146.4.5.2.4.1 Allgemeines. Unter die Ka- 12039
tegorie 21 fallen u. a.:

– Vertretung vor Gericht

– Rechtsberatung und -auskunft

– Software-Urheberrechtsberatung

– Rechtliche Dokumentations- und Beglaubigungsdienste

Da die Rechtsberatung gesetzlich im wesentlichen Rechtsanwälten, Patentanwälten und No- 12040
taren vorbehalten ist und diese Personengruppen typische Beispiele für freiberufliche Dienstleister sind, gelten **Rechtsberatungsdienstleistungen ganz überwiegend als freiberufliche Leistungen.**

Nach § 25 Gesetz über die Tätigkeit europäischer Rechtsanwälte in Deutschland (EuRAG) 12041
darf ein europäischer Rechtsanwalt, der Dienstleistungen im Sinne des Art. 50 EG erbringt, vorübergehend in Deutschland die Tätigkeiten eines Rechtsanwalts ausüben (dienstleistender europäischer Rechtsanwalt). Deshalb **kann auch eine grenzüberschreitende Bietergemeinschaft, z. B. bestehend aus bei deutschen Gerichten zugelassenen Rechtsanwälten und aus einem österreichischen Rechtsanwalt anwaltliche Dienstleistungen anbieten** (OLG Düsseldorf, B. v. 21. 4. 2010 – Az.: VII-Verg 55/09).

146.4.5.2.4.2 Beispiele aus der Rechtsprechung 12042

– die **begleitende Rechtsberatung** im Rahmen eines Ausschreibungsverfahrens zur Bereederung von Forschungsschiffen (OLG Hamburg, B. v. 24. 9. 2010 – Az.: 1 Verg 2/10)

– soweit es um die **Inkassotätigkeit in Zusammenhang mit dem Abschleppen und Lagern von abgeschleppten Pkws** geht, handelt es sich um eine **nicht prioritäre Dienstleistung nach Kategorie 20, 21 oder 27** (OLG Düsseldorf, B. v. 24. 3. 2010 – Az.: VII-Verg 58/09)

Teil 5 VOF § 1   Vergabeordnung für freiberufliche Leistungen

- **Beratungsleistungen für die Beschaffung eines Neubaus für das xxx Niedersachsen im Modell einer Öffentlich-Privaten Partnerschaft (ÖPP)** sind freiberufliche Dienstleistungen i. S. der **§§ 1, 2 VOF** (VK Niedersachsen, B. v. 10. 6. 2010 – Az.: VgK-17/2010; B. v. 25. 3. 2010 – Az.: VgK-07/2010)

- besteht die zu erbringende Dienstleistung im Wesentlichen in der außergerichtlichen Rechtsberatung und ist es Aufgabe des Auftragnehmers, den Auftraggeber während der Durchführung des Bauvorhabens umfassend zu beraten und Sachverhalte auf ihre rechtlichen und kostenrelevanten Risiken zu untersuchen, handelt es sich bei den Leistungen um solche, deren Lösung sich erst durch die Erbringung der Leistung entwickelt und zu deren Realisierung dem Auftragnehmer ein nicht unerheblicher Beurteilungsspielraum verbleibt. Die „Lösung" ist mit einer Reihe von Unwägbarkeiten verbunden. Zum einen in zeitlicher Hinsicht, weil aufgrund des Zusammenhangs mit dem Bauvertrag unklar bleibt, wann die Rechte und Pflichten aus dem Rechtsberatungsvertrag erfüllt sein werden. Die Bauzeit ist zwar auf einen bestimmten Zeitraum veranschlagt worden; je nach Verzögerungen im Bauablauf ist es aber denkbar, dass sich der Zeitraum mehr oder weniger deutlich verlängert. Eine Verzögerung im Bauablauf hat zur Folge, dass die Rechte und Pflichten aus dem Rechtsberatungsvertrag fortbestehen. Zum anderen in inhaltlicher Hinsicht, weil Art und Umfang der sich stellenden Rechtsfragen von dem Auftraggeber ex ante nicht sicher abgeschätzt werden konnten. Der Auftraggeber hat im Rahmen der Gewichtung zu erkennen gegeben, dass aus seiner Sicht die Rechtsgebiete Baurecht, Vergaberecht und Beihilferecht von zentraler Bedeutung sind. Welche Rechtsfragen sich tatsächlich im Verlauf der Realisierung des Bauprojektes stellen werden, wird sich erst in Zukunft zeigen. **Angesichts dieser Unwägbarkeiten wäre es dem Auftraggeber bei Durchführung eines offenen oder nicht offenen Verfahrens kaum möglich gewesen, die an eine ordnungsgemäße Leistungsbeschreibung zu stellenden Anforderungen zu erfüllen. Die Dienstleistung war also nicht vorab eindeutig und erschöpfend beschreibbar, sodass die VOL/A keine Anwendung** findet (3. VK Bund, B. v. 1. 12. 2009 – Az.: VK 3–205/09; im Ergebnis ebenso OLG Düsseldorf, B. v. 21. 4. 2010 – Az.: VII-Verg 55/09)

- bei dem **Angebot eines … Online-Informationsdienstes bzw. der Nutzung einer … Online-Datenbank handelt es sich primär um Leistungen aus der Kategorie „Datenverarbeitung und verbundene Tätigkeiten"** (Anhang II Teil A Kategorie 7 der Richtlinie 2004/18/EG). Dementsprechend sind die Leistungen auch nicht dem Anhang II Teil B zuzuordnen. Insbesondere **gehören sie nicht dem Bereich „Rechtsberatung"** (Anhang II Teil B Kategorie 21 der Richtlinie 2004/18/EG) an. Hierunter fallen nur juristische Beratungstätigkeiten und Vertretungen und damit verbundene Tätigkeiten wie Beurkundungen, nicht jedoch die elektronische Verwaltung juristischer Informationen (1. VK Bund, B. v. 5. 2. 2009 – Az.: VK 1–186/08)

12043   146.4.5.2.4.3 Literatur

- Würfel, Wolfgang, Keine Ausschreibungspflicht für juristische Beratungsdienstleistungen: Schiffshebewerk Niederfinow, NZBau 2010, 420

12044   146.4.5.2.5 Arbeits- und Arbeitskräftevermittlung (Kategorie 22). 146.4.5.2.5.1 Beispiele aus der Rechtsprechung

- **Durchführung von Eingliederungsmaßnahmen** (3. VK Bund, B. v. 16. 3. 2007 – Az.: VK 3–13/07 – VOL/A)

- **Durchführung von Eingliederungsmaßnahmen auf der Grundlage des § 37 II SGB III** – Anhang I B, Kategorie 22 VOL/A (2. VK Bund, B. v. 17. 8. 2005 – Az.: VK 2–81/05)

- **Dienstleistungen der Konzeption und Durchführung von Beauftragungen mit der Vermittlung nach § 37a SGB III (nunmehr: § 37 SGB III)** – Anhang I B, Kategorie 22 VOL/A (1. VK Bund, B. v. 30. 3. 2004 – Az.: VK 1–03/04)

- **Einrichtung eines Bewerberzentrums in der Agentur für Arbeit im Rahmen des § 37 SGB III** – Anhang I B, Kategorie 22 VOL/A (3. VK Bund, B. v. 19. 4. 2004 – Az.: VK 3–44/04)

12045   146.4.5.2.6 Auskunfts- und Schutzdienste, ohne Geldtransport (Kategorie 23). 146.4.5.2.6.1 Beispiele aus der Rechtsprechung

- **Sicherheits- und Überwachungsdienstleistungen** – Anhang I B, Kategorie 23, Anwendung der VOL/A (OLG Celle, B. v. 30. 9. 2010 – Az.: 13 Verg 10/10)

Vergabeordnung für freiberufliche Leistungen VOF § 1 **Teil 5**

- **Sicherheits- und Überwachungsdienstleistungen** – Anhang I B, Kategorie 23, Anwendung der VOL/A (VK Lüneburg, B. v. 4. 9. 2008 – Az.: VgK-29/2008)
- Verträge über **Auskunfts- und Schutzdienste** – Anhang I B, Kategorien 27 und 23, Anwendung der VOL/A (2. VK Bund, B. v. 10. 6. 2005 – Az.: VK 2–36/05)
- Verträge über die **Betreibung und Bewachung einer Erstaufnahmeeinrichtung für Asylbewerber** – Anhang I B, Kategorien 23, 27 VOL/A – (VK Brandenburg, B. v. 15. 9. 2003 – Az.: VK 57/03)
- **Ausführung der Informationsdienste und Dienste der Telefonzentrale** – Anhang I B, Kategorie 23 VOL/A (VK Lüneburg, B. v. 25. 3. 2004 – Az.: 203-VgK-07/2004)

146.4.5.2.7 Unterrichtswesen und Berufsausbildung (Kategorie 24). 146.4.5.2.7.1 12046
Allgemeines. Zu der Kategorie 24 zählen neben dem klassischen Schulunterricht, den die öffentlichen Auftraggeber traditionell und ganz überwiegend mit eigenem Lehrpersonal erbringen, u. a.:

- mit Ausbildungsprogrammen verbundene Dienstleistungen
- Schulungsseminare
- Berufsausbildung
- Fachausbildung
- Einführung und Ausbildung im Umgang mit Computern.

Insbesondere die **Arbeitsverwaltungen des Bundes und der Bundesländer** schreiben 12047
entsprechende Leistungen aus.

Die Leistungen selbst sind – wie die Rechtsberatungsdienstleistungen – **ganz überwiegend** 12048
freiberufliche Leistungen.

146.4.5.2.7.2 Beispiele aus der Rechtsprechung 12049
- **individuelle betriebliche Qualifizierung (InbeQ) für behinderte Menschen mit besonderem Unterstützungsbedarf** (§ 38a Abs. 2 SGB IX) im Rahmen der Unterstützten Beschäftigung – Ausschreibung nach VOL/A (3. VK Bund, B. v. 29. 4. 2009 – Az.: VK 3–76/09)
- Maßnahmen zur **Berufsausbildung** – Ausschreibung nach VOL/A (3. VK Bund, B. v. 6. 8. 2008 – Az.: VK 3–104/08; B. v. 24. 7. 2008 – Az.: VK 3–95/08)
- Leistungen der **Berufsausbildung in einer außerbetrieblichen Einrichtung** – Ausschreibung nach VOL/A (3. VK Bund, B. v. 3. 7. 2007 – Az.: VK 3–64/07)
- Durchführung von praxisbezogenen **Fortbildungsprogrammen für Nachwuchsführungskräfte aus Entwicklungsländern** in der Bundesrepublik Deutschland – Ausschreibung nach VOL/A – (2. VK Bund, B. v. 26. 3. 2003 – Az.: VK 2–06/03)
- Vergabe von **Maßnahmen nach § 241 SGB III (ausbildungsbegleitende Hilfen)** – Ausschreibung nach VOL/A – (1. VK Bund, B. v. 2. 7. 2003 – Az.: VK 1–49/03)
- **ausbildungsbegleitende Hilfen für lernbeeinträchtigte und sozial benachteiligte deutsche Auszubildende sowie ausländische Jugendliche** – Anwendung der VOL/A – (1. VK Bund, B. v. 19. 8. 2003 – Az.: VK 1–69/03)
- Verträge über **Unterrichtsleistungen** – Anhang I B, Kategorie 24, Anwendung der VOL/A – (1. VK Bund, B. v. 8. 1. 2004 – Az.: VK 1–117/03)
- **Konzeption und Durchführung von Maßnahmen der Eignungsfeststellung und Trainingsmaßnahmen im Sinne des § 48 SGB III** – Anwendung der VOL/A (3. VK Bund, B. v. 24. 3. 2004 – Az.: VK 3–36/04; 1. VK Bund, B. v. 25. 5. 2004 – Az.: VK 1–54/04; B. v. 13. 4. 2004 – Az.: VK 1–35/04; 2. VK Bund, B. v. 16. 2. 2004 – Az.: VK 2–22/04)
- **Abschluss von Verträgen über die Konzeption und Durchführung von Berufsvorbereitenden Bildungsmaßnahmen** – Anwendung der VOL/A (OLG Düsseldorf, B. v. 27. 10. 2004 – Az.: VII – Verg 52/04; 2. VK Bund, B. v. 20. 7. 2005 – Az.: VK 2–72/05; 1. VK Bund, B. v. 28. 12. 2004 – Az.: VK 1–141/04; B. v. 13. 5. 2004 – Az.: VK 1–42/04; B. v. 20. 7. 2004 – Az.: VK 1–75/04; B. v. 20. 7. 2004 – Az.: VK 1–78/04).

146.4.5.2.8 Gesundheits-, Veterinär- und Sozialwesen (Kategorie 25). 146.4.5.2.8.1 12050
Allgemeines. Unter die Kategorie 25 fallen u.a.:

- Dienstleistungen von Krankenhäusern und zugehörige Leistungen

Teil 5 VOF § 1 Vergabeordnung für freiberufliche Leistungen

- Dienstleistungen von praktischen Ärzten
- Dienstleistungen von Zahnarztpraxen
- Dialysedienste
- Einsatz von Krankenwagen
- Dienstleistungen im pharmazeutischen Bereich
- Behindertenfürsorgeleistungen
- Kinder- und Jugendfürsorgeleistungen
- Rehabilitation

12051 **146.4.5.2.8.2 Beispiele aus der Rechtsprechung**
- die **Tätigkeit** als sog. **„HilfsmittelLogistikCenter" (HLC) ist der Kategorie 25 des Anhangs I B zur VOL/A, „Gesundheitswesen", zuzuordnen.** Die Tätigkeit umfasst u. a. die Abholung nicht mehr benötigter Hilfsmittel und deren Reinigung, Desinfektion, Überprüfung und Einlagerung, sowie die Belieferung der Leistungserbringer mit Hilfsmitteln zum Wiedereinsatz sowie die entsprechende Dokumentation. Damit ist Gegenstand der ausgeschriebenen Leistung der unmittelbare Umgang mit medizinischen Hilfsmitteln. Es handelt sich dabei nicht um bloße logistische oder verwaltende Tätigkeit, denn es sind spezifische medizintechnische und medizinrechtliche Kenntnisse erforderlich. Hierfür ist auch das Erfordernis der Qualifizierung nach dem Medizinproduktegesetz (MPG) ein Indiz. Unbeschadet der Frage, ob nicht bereits der Umgang mit Medizinprodukten aufgrund der medizinrechtlichen Sonderregeln eine Zuordnung zum Gesundheitswesen rechtfertigt, **weist die Tätigkeit vorliegend Besonderheiten auf, die eine Einordnung zum Gesundheitswesen rechtfertigen.** So weisen etwa die Desinfektion und Reinigung wiederum selbst Bezüge zum Gesundheitswesen auf. Wiederum sind spezielle Kenntnisse (bspw. Hygienevorschriften) erforderlich (VK Baden-Württemberg, B. v. 16. 1. 2009 – Az.: 1 VK 65/08)
- **Bewirtschaftung einer Erstaufnahmeinrichtung** und einer **zentralen Unterbringungseinrichtung für Flüchtlinge und asylbegehrende Ausländer** (VK Arnsberg, B. v. 25. 8. 2008 – Az.: VK 14/08)
- Leistungen der **Rettungs- und Krankentransporte unter Begleitung eines Sanitäters** fallen sowohl unter Anhang I A, Kategorie 2, als auch unter Anhang I B, Kategorie 25 – der **Schwerpunkt ist mithin entscheidend** (1. VK Sachsen, B. v. 29. 8. 2008 – Az.: 1/SVK/042-08; B. v. 29. 8. 2008 – Az.: 1/SVK/041-08; B. v. 26. 3. 2008 – Az.: 1/SVK/005–08)
- **Beratung, Betreuung und Durchführung der internen und externen Laborleistungen** der Städtischen Krankenhaus ... GmbH – Anhang I B, Kategorie 25 (VK Brandenburg, B. v. 22. 5. 2008 – Az.: VK 11/08 – Anwendung der VOL/A)
- **Durchführung der Schuldner- und Insolvenzberatung** für Personen, bei denen Sozialhilfebedürftigkeit zu erwarten ist oder schon besteht (VK Hamburg, B. v. 24. 7. 2007 – Az.: VgK FB 4/07)
- Verträge mit dem **Schwerpunkt bei labormedizinischen Dienstleistungen** (VK Saarland, B. v. 19. 5. 2006 – Az.: 3 VK 03/2006)
- Verträge über den **Betrieb einer Obdachlosenunterkunft für Frauen** – Anhang I B, Kategorien 17, 25 – Anwendung der VOL/A – (VK Lüneburg, B. v. 30. 8. 2004 – Az.: 203-VgK-38/2004)
- **Verträge über die Durchführung von Leistungen nach dem Bundessozialhilfegesetz** – Anhang I B, Kategorie 25 (VK Münster, B. v. 28. 5. 2004 – Az.: VK 10/04 – Anwendung der VOL/A)
- **BSE-Tests** unterfallen der Kategorie 25 (Gesundheits-, Veterinär- und Sozialwesen) des Anhangs I B der DLR. Zu den Dienstleistungen des Veterinärwesens gehören nach CPC 93201 bzw. 93209 Dienstleistungen des Veterinärwesens sowie nach CPC 93199 Dienstleistungen von medizinischen Laboratorien und medizinische Analysedienste (OLG München, B. v. 21. 4. 2006 – Az.: Verg 8/06; VK Nordbayern, B. v. 14. 3. 2006 – Az.: 21.VK – 3194 – 07/06; VK Baden-Württemberg, B. v. 4. 5. 2004 – Az.: 1 VK 16/04 – Anwendung der VOL/A)
- die **Kategorie 25** des Anhangs I B bezieht sich **ausschließlich auf die medizinischen Aspekte der Gesundheitsdienstleistungen**, die Gegenstand eines öffentlichen Auftrags sind, und nicht auf die Beförderungsaspekte, die in die Kategorie 2 (Landverkehr) des An-

Vergabeordnung für freiberufliche Leistungen VOF § 1 **Teil 5**

hangs I A fallen (Europäischer Gerichtshof, Urteil vom 24. 9. 1998 – Az.: C-76/97; BayObLG, B. v. 28. 5. 2003 – Az.: Verg 7/03 – Anwendung der VOL/A)
– die **Leistungen für die Durchführung einer Erziehungs-, Ehe-, Familien- und Lebensberatungsstelle** sind Dienstleistungen nach Anhang I B, Kategorie 25 (VK Thüringen, B. v. 12. 2. 2001 – Az.: 216–4003.20-001/01-GTH – Anwendung der VOL/A)
– Verträge über das **Betreiben eines Flüchtlingswohnheims** – Anhang I B, Kategorien 17 und 25, Anwendung der VOL/A – (VK Lüneburg, B. v. 25. 8. 2003 – Az.: 203-VgK-18/2003)

146.4.5.2.9 Sonstige Dienstleistungen (Kategorie 27). 146.4.5.2.9.1 Allgemeines. 12052
Die Kategorie 27 hat Auffangcharakter.

146.4.5.2.9.2 Beispiele aus der Rechtsprechung 12053
– **Dolmetsch- und Übersetzungsleistungen**, die in Anhang II Teil A der Richtlinie nicht aufgeführt sind, fallen in die Kategorie 27 „Sonstige Dienstleistungen" des Anhangs II Teil A der Richtlinie (EuGH, Urteil v. 18. 11. 2010 – Az.: C-226/09)
– soweit es um die **Inkassotätigkeit in Zusammenhang mit dem Abschleppen und Lagern von abgeschleppten Pkws** geht, handelt es sich um eine **nicht prioritäre Dienstleistung nach Kategorie 20, 21 oder 27** – VOL/A – (OLG Düsseldorf, B. v. 24. 3. 2010 – Az.: VII-Verg 58/09)
– **maschineller Holzeinschlag** und **Rücken von Holz** – VOL/A – (VK Brandenburg, B. v. 1. 2. 2010 – Az.: VK 1/10)
– Verträge über **Auskunfts- und Schutzdienste** – Anhang I B, Kategorien 27 und 23, Anwendung der VOL/A (2. VK Bund, B. v. 10. 6. 2005 – Az.: VK 2–36/05)
– Verträge über die **Betreibung und Bewachung einer Erstaufnahmeeinrichtung für Asylbewerber** – Anhang I B, Kategorien 23 und 27, Anwendung der VOL/A – (VK Brandenburg, B. v. 15. 9. 2003 – Az.: VK 57/03)

146.4.5.3 Ausschreibungs- und Vergaberegeln für Dienstleistungen nach Anhang I Teil B

Für die Vergabe von Aufträgen, deren Gegenstand der VOF unterfallende freiberufliche 12054
Dienstleistungen im Sinne des Anhangs I Teil B sind, **gelten nur § 6 Abs. 2 bis 7 VOF und § 14 VOF.**

Es ist also einmal zu beachten, dass **bei der Leistungsbeschreibung u. a. die technischen** 12055
Anforderungen unter Bezugnahme auf europäische Spezifikationen festzulegen sind; es gelten die im Anhang TS vorgesehenen Regelungen.

Zum andern sind die **Vorschriften über die Mitteilungen über vergebene Aufträge** zu 12056
beachten.

Zur **Anwendbarkeit des Vergaberechts** und des **Vergaberechtsschutzes** bei Leistungen 12057
nach Anhang I Teil B vgl. die Kommentierung zu § 100 GWB Rdn. 63 ff.

146.5 Ausschreibung von gemischten Leistungen des Anhangs I Teil A und des Anhangs I Teil B (§ 1 Abs. 3 Satz 2)

Gemischte Leistungen werden nach den Regelungen für diejenigen Dienstleistungen vergeben, **deren Wert anteilsmäßig überwiegt.** Diese Regelung entspricht **Art. 22 VKR**, der 12058
bestimmt, dass Aufträge über Dienstleistungen gemäß nach den Artikeln 23 bis 55 vergeben werden, wenn der **Wert der Dienstleistungen gemäß Anhang II Teil A höher ist als derjenige der Dienstleistungen gemäß Anhang II Teil B.** I

146.6 Richtlinie HVA F-StB (05/2010)

146.6.1 Allgemeines

Aufträge für freiberufliche Leistungen der Ingenieure und Landschaftsarchitekten werden im 12059
Verhandlungsverfahren bzw. freihändig vergeben. Sie sind in der Regel geistig-schöpferische Leistungen, die sich in ihrem Wesen grundlegend von dem Herstellen eines Bauwerks, der Lie-

Teil 5 VOF § 2   Vergabeordnung für freiberufliche Leistungen

ferung von Waren oder dem Erbringen gewerblicher Dienstleistungen unterscheiden. Wegen dieser Eigenart der Leistungen findet i. Allg. die „Vergabe- und Vertragsordnung für Leistungen – ausgenommen Bauleistungen –, Teil A (VOL/A)" keine Anwendung (Vertragsaufstellung/Vergabeverfahren, Nr. 1.1.1 Allgemeines, Abs. 1).

12060   Für die Vergabe von freiberuflichen Leistungen der Ingenieure und Landschaftsarchitekten ab dem maßgebenden Schwellenwert nach der EU-Verordnung 1177/2009 (im Regelfall 193 000 EUR ohne Umsatzsteuer) ist die „Vergabeordnung für freiberufliche Leistungen (VOF)" anzuwenden (Vertragsaufstellung/Vergabeverfahren, Nr. 1.1.1 Allgemeines, Abs. 1).

146.6.2 Vergaben unter den Schwellenwerten

12061   Bei einem Auftragswert unterhalb der Schwellenwerte ist dem öffentlichen Auftraggeber kein formelles Vergabeverfahren vorgeschrieben. In der Regel hat eine Leistungsanfrage bei mehreren Bewerbern (mindestens drei) zu erfolgen, wenn die Vergabestelle über die entsprechende Marktübersicht verfügt. Ansonsten ist ein öffentlicher Teilnahmewettbewerb durchzuführen (Vertragsaufstellung/Vergabeverfahren, Nr. 1.1.2 Vergaben unter den Schwellenwerten, Abs. 1).

12062   Wenn die geforderten Leistungen im verbindlichen Teil der HOAI enthalten sind, keine wesentlichen zusätzlichen Leistungen erforderlich werden, ausschließlich verbindlich fest vorgegebene Zu- oder Abschläge vorzunehmen sind, keine oder unwesentliche Nebenkosten anfallen und die Mindestsätze der entsprechenden Honorarzone nicht überschritten werden, kann eine freihändige Vergabe nach Verhandlung mit nur einem Bewerber erfolgen.

Ist eine der vorgenannten Bedingungen nicht erfüllt, hat eine Leistungsanfrage bei mehreren Bewerbern zu erfolgen (Vertragsaufstellung/Vergabeverfahren, Nr. 1.1.2 Vergaben unter den Schwellenwerten, Abs. 2).

12063   Wenn die geforderten Leistungen in der unverbindlichen Anlage 1 der HOAI (Beratungsleistungen) enthalten sind (gemäß § 3 (1) der HOAI sind die Honorare für Beratungsleistungen nicht verbindlich geregelt), ist das Vergabeverfahren gemäß Nr. (1) durchzuführen.

12064   Die in der Anlage 1 aufgenommenen Regelungen sind unverbindlich und sollen für die praktische Anwendung als Orientierungswerte zur Verfügung stehen (Vertragsaufstellung/Vergabeverfahren, Nr. 1.1.2 Vergaben unter den Schwellenwerten, Abs. 3).

12065   Bei Prüfingenieurleistungen genügt die Verhandlung mit einem Bewerber, wenn das Honorar ausschließlich oder weit überwiegend aus Anteilen des Grundhonorars nach den RVP festgelegt ist. Ansonsten gelten die Regelungen gemäß Nr. (2) analog (Vertragsaufstellung/Vergabeverfahren, Nr. 1.1.2 Vergaben unter den Schwellenwerten, Abs. 4).

12066   Dem Grundsatz der wechselnden Bewerberauswahl ist eine hohe Bedeutung beizumessen und entsprechend im Vergabevermerk zu dokumentieren (Vertragsaufstellung/Vergabeverfahren, Nr. 1.1.2 Vergaben unter den Schwellenwerten, Abs. 5).

146.6.3 Vergaben oberhalb der EU-Schwellenwerte

12067   Leistungen mit einem Auftragswert ab dem Schwellenwert sind entsprechend § 3 der VOF im Verhandlungsverfahren mit mehreren Bewerbern im Regelfall nach vorheriger Vergabebekanntmachung zu vergeben (Vertragsaufstellung/Vergabeverfahren, Nr. 1.1.2 Vergaben oberhalb der Schwellenwerte, Abs. 1).

12068   Bei Entscheidungen im Vergabeverfahren ist § 16 VgV zu beachten. Demnach dürfen als voreingenommen geltende Personen auf Seiten des Auftraggebers nicht mitwirken (Vertragsaufstellung/Vergabeverfahren, Nr. 1.1.2 Vergaben oberhalb der Schwellenwerte, Abs. 3).

147. § 2 VOF – Grundsätze

(1) **Aufträge werden an fachkundige, leistungsfähige und zuverlässige Unternehmen vergeben. Dabei darf kein Unternehmen diskriminiert werden.**

(2) **Die Teilnehmer an einem Vergabeverfahren sind gleich zu behandeln, es sei denn, eine Benachteiligung ist auf Grund des Vierten Teils des Gesetzes gegen Wettbewerbsbeschränkungen (GWB) ausdrücklich geboten oder gestattet.**

Vergabeordnung für freiberufliche Leistungen   VOF § 2   **Teil 5**

(3) **Aufträge sollen unabhängig von Ausführungs- und Lieferinteressen vergeben werden.**

(4) **Kleinere Büroorganisationen und Berufsanfänger sollen angemessen beteiligt werden.**

147.1 Änderungen in der VOF 2009

Die **Überschrift** wurde von „Grundsätze der Vergabe" in „Grundsätze" geändert. 12069

Die ausdrückliche Erwähnung der **ausschließlichen Verantwortung des Auftraggebers** 12070
für das Vergabeverfahren in § 4 Abs. 1 VOF 2006 wurde gestrichen.

Das **Diskriminierungsverbot** wurde ausdrücklich in § 2 Abs. 1 Satz 2 VOF 2009 **aufge-** 12071
nommen.

Als § 2 Abs. 2 VOF 2009 wurde **wortgleich** die **Regelung des § 97 Abs. 2 GWB** auf- 12072
genommen.

Der **Hinweis auf die Unzulässigkeit unlauterer und wettbewerbsbeschränkender** 12073
Verhaltensweisen in § 4 Abs. 3 VOF 2006 wurde **gestrichen**.

147.2 Vergleichbare Regelungen

Der **Vorschrift des § 2 VOF** vergleichbar sind im Bereich des GWB **§ 97 GWB**, im Be- 12074
reich der VOL/A **§§ 2, 2 EG VOL/A** und im Bereich der VOB **§ 2 VOB/A**. Die Kommentierungen zu diesen Vorschriften können daher ergänzend zu der Kommentierung des § 2 VOF
2009 herangezogen werden.

147.3 Bieterschützende Vorschrift

§ 2 Abs. 1 Satz 1 VOF dient dem Schutz des Auftraggebers. Die Einhaltung dieser Vor- 12075
schrift **begründet aber auch für die Bieter subjektive Rechte**, da sie einen Anspruch darauf haben, sich im Wettbewerb grundsätzlich nur mit geeigneten Konkurrenten messen zu müssen (VK Südbayern, B. v. 6. 5. 2002 – Az.: 12-04/02).

§ 2 Abs. 1 Satz 2 VOF ist eine bieterschützende Vorschrift (1. VK Bund, B. v. 20. 7. 12076
2004 – Az.: VK 1–75/04; B. v. 20. 7. 2004 – Az.: VK 1–78/04).

147.4 Fachkundige, leistungsfähige und zuverlässige (geeignete) Unternehmen (§ 2 Abs. 1 Satz 1)

147.4.1 Allgemeiner Inhalt der Eignung und der Eignungskriterien „Fachkunde, Leistungsfähigkeit und Zuverlässigkeit"

Zu dem **allgemeinen Inhalt** der Eignung und der Eignungskriterien „Fachkunde, Leistungs- 12077
fähigkeit und Zuverlässigkeit" sowie zum **rechtlichen Inhalt und zur Nachprüfbarkeit** vgl.
die **Kommentierung zu § 97 GWB** Rdn. 543 ff.

147.4.2 VOF-bezogene Einzelheiten der Eignungskriterien

Zu den **VOF-bezogenen Einzelheiten der Eignungskriterien** vgl. die Kommentierung 12078
zu § 5 VOL/A.

147.5 Diskriminierungsverbot (§ 2 Abs. 1 Satz 2)

Das Diskriminierungsverbot ist die **negative Ausformulierung des Gleichbehandlungs-** 12079
gebots des § 97 Abs. 2 GWB. Vgl. **zu Inhalt und Reichweite, zu wichtigen Ausprä-**
gungen und zu Beispielen die Kommentierung zu § 97 GWB Rdn. 276 ff.

Teil 5 VOF § 2
Vergabeordnung für freiberufliche Leistungen

147.6 Gleichbehandlungsgebot (§ 2 Abs. 2)

12080 § 2 Abs. 2 entspricht wörtlich § 97 Abs. 2 GWB. Vgl. daher die Kommentierung zu § 97 GWB Rdn. 276 ff.

147.7 Unabhängigkeit von Ausführungs- und Lieferinteressen (§ 2 Abs. 3)

12081 Die Soll-Regelung des § 2 Abs. 3 VOF will die Unabhängigkeit von Bietern von ausführenden Unternehmen sicherstellen und so etwa **einer produktspezifischen Ausrichtung des generalplanenden Bieters entgegenwirken.** Dabei **entscheiden die Umstände des Einzelfalls.** Ein genereller Ausschluss gesellschaftsrechtlich verbundener Bewerber ist nicht zulässig; gegebenenfalls sind andere Möglichkeiten der Sicherung der Unabhängigkeit in Betracht zu ziehen (OLG Stuttgart, B. v. 28. 11. 2002 – Az.: 2 Verg 14/02).

12082 Ein „**Generalverdacht**", wonach eine Verflechtung stets die unabhängige Leistungserbringung verhindert, **besteht nicht** und wird durch § 2 Abs. 3 VOF auch nicht vorgegeben. Gegebenenfalls ist im Rahmen der nachfolgenden Ausschreibungen zu prüfen, ob sich infolge einer Verflechtung möglicherweise Wettbewerbsvorteile realisieren (3. VK Bund, B. v. 28. 8. 2006 – Az.: VK 3–99/06).

147.8 Angemessene Beteiligung von kleineren Büroorganisationen und Berufsanfängern (§ 2 Abs. 4)

147.8.1 Sinn und Zweck der Regelung

12083 Der Vorschrift liegt ersichtlich die **Erwägung zugrunde, dass die Bewältigung quantitativ oder qualitativ komplexer Leistungseinheiten kleinen Unternehmen mangels entsprechender Kapazitäten häufig nicht möglich** ist und sie daher von vornherein chancenlos bei der Auftragsvergabe wären, wenn deren Gegenstand die ungeteilte Gesamtleistung wäre (OLG Thüringen, B. v. 6. 6. 2007 – Az.: 9 Verg 3/07).

147.8.2 Begriff der kleineren Büroorganisationen und Berufsanfänger

12084 Von Sinn und Zweck der Vorschrift lässt sich der Begriff in **Analogie zu dem Begriff der kleinen und mittleren Unternehmen** näher erläutern. Vgl. dazu die Kommentierung zu § 97 GWB Rdn. 410 ff.

147.8.3 Rechtsprechung zu § 2 Abs. 4 VOF

12085 Die Rechtsprechung hierzu befasst sich im Wesentlichen mit der „**Newcomer-Problematik**" und ist nicht einheitlich.

12086 Ganz allgemein wird **§ 2 Abs. 4 VOF eher als allgemeiner Programmsatz** verstanden, denn es kann nicht strikt vom öffentlichen Auftraggeber verlangt werden, an schwierigen und komplexen Aufträgen Berufsanfänger immer angemessen zu beteiligen (OLG Düsseldorf, B. v. 23. 7. 2003 – Az.: Verg 27/03; VK Lüneburg, B. v. 25. 9. 2006 – Az.: VgK-19/2006).

12087 Bei dieser Regelung handelt es sich **um einen allgemeinen Hinweis darauf, dass die öffentliche Hand auch „Newcomern" eine vernünftige Chance geben muss.** Andererseits folgt daraus nicht, dass bei besonders schwierigen und komplexen Planungen – zu denen auch die Planung eines Krankenhausbaus gehört –, für die große Erfahrungen erforderlich sind, Berufsanfänger „angemessen" zu berücksichtigen sind. Dieses „**angemessen" bezieht sich vielmehr auf die gesamte Vergabepraxis eines Auftraggebers**, wenn nicht sogar auf die Gesamtaufträge aller öffentlichen Auftraggeber in einer Periode. In der Praxis können daher „Newcomer" unter den Architektur- und Planungsbüros – dazu gehören sowohl Existenzgründer wie auch etablierte Büros, die sich auf einen anderen Bereich spezialisiert haben und ihr Tätigkeitsfeld ausdehnen wollen – zumindest bei schwierigen und komplexen Planungen häufig letztlich nur zum Zuge kommen, indem sie sich – nicht federführend – an Bietergemeinschaften beteiligen, deren Federführung einem im jeweiligen Planungsbereich erfahrenen und etablierten Architektur- oder Planungsbüro obliegt (VK Lüneburg, B. v. 25. 9. 2006 – Az.: VgK-19/2006; B. v. 3. 8. 2001 – Az.: 203-VgK-15/2001).

Die VK Sachsen hingegen ist der Auffassung, dass die uneingeschränkte und ausschließliche **Verwendung des Kriteriums vergangener Erfahrungen** letztlich dem Wettbewerbsgedanken und der Vorschrift des § 2 Abs. 4 VOF zuwider laufen, da neue Bewerber von vornherein schlechtere Bedingungen vorfinden würden (1. VK Sachsen, B. v. 19. 5. 2000 – Az.: 1/SVK/42-00). 12088

Zur **Eignung von „Newcomern" allgemein** vgl. die Kommentierung zu § 97 GWB Rdn. 771 ff. 12089

147.9 Analoge Anwendung der Grundsätze und der Rechtsprechung zur losweisen Vergabe

147.9.1 Allgemeines

§ 2 Abs. 4 VOF 2009 ist eine **Ausprägung** der Verpflichtung des Auftraggebers aus § 97 Abs. 3 GWB zur losweisen Ausschreibung und Vergabe. 12090

Da die **Regelung des § 97 Abs. 3 GWB** auch über die Ausprägung des § 2 Abs. 4 VOF 2009 hinaus für Ausschreibungen und Vergaben nach der VOF gilt, ist grundsätzlich **auch im VOF-Bereich eine Teilung der Aufträge in Lose anzustreben** – und wird in der Praxis auch durchgeführt. Von daher kann die Rechtsprechung zu § 97 Abs. 3 GWB entsprechend herangezogen werden, soweit dies mit der VOF als Vergaberegelung für freiberufliche Dienstleistungen vereinbar ist. Vgl. daher die Kommentierung zu § 97 GWB Rdn. 306 ff. 12091

147.9.2 Losweise Vergabe von Architekten- und Ingenieurleistungen

147.9.2.1 Grundsatz

Das **praktisch wichtigste Anwendungsgebiet der VOF** ist – wie die Rechtsprechung zeigt – die **Vergabe von Architekten- und Ingenieurleistungen**. Auch diese Aufträge können losweise vergeben werden, z.B. entsprechend dem Aufbau der Leistungsbilder der HOAI. 12092

147.9.2.2 Beispiele aus der Rechtsprechung

– die losweise **Aufgliederung der Leistungen bei der Technischen Ausrüstung** (Teil IX der HOAI) in die Lose „Gas-, Wasser- und Abwassertechnik", „Wärmeversorgungs-, Brauchwassererwärmungs- und Raumlufttechnik" sowie „Elektrotechnik" (VK Südbayern, B. v. 25. 7. 2000 – Az.: 120.3–3194.1–13-06/00) 12093

– die losweise **Aufgliederung der Planungsleistungen für ein Gebäude** in die Lose „Objektplanung für Gebäude", „Ingenieurleistungen für Tragwerksplanung" und „Technische Gebäudeausrüstung" (VK Südbayern, B. v. 25. 7. 2000 – Az.: 120.3–3194.1–13-06/00)

– die losweise **Aufgliederung der Planungsleistungen für ein Gebäude** in die Lose „Objektplanung für Gebäude", „Ingenieurleistungen für Tragwerksplanung" und „Technische Gebäudeausrüstung" (VK Brandenburg, B. v. 19. 3. 2003 – Az.: 5/03)

– bei einer **abschnittsweisen Erweiterung eines Stadtbahn-Netzes** um eine unterirdische Streckenführung die losweise Aufgliederung in zwei Lose „Streckenabschnitte (Planungsabschnitte A und B)", diese wiederum jeweils in die Lose „Objektplanung Verkehrsanlagen gemäß § 55 HOAI" und die Objektplanung „Ingenieurbauwerke gemäß § 55 HOAI" einschließlich anteiliger Tragwerksplanung gemäß § 64 HOAI (A 1 und A 2 bzw. B 1 und B 2) – VK Düsseldorf, B. v. 12. 7. 2000 – Az.: VK 13/2000 – L

147.9.2.3 Vergabe von Generalplaneraufträgen

147.9.2.3.1 Rechtsprechung. Die Rechtsprechung hat sich **bereits mehrfach mit Vergabeverfahren beschäftigt**, bei denen Auftragsgegenstand die Vergabe von Generalplaneraufträgen war: 12094

– Architektur, technische Beratung und Planung (Generalplanerleistungen) für den Neubau (Errichtung) einer **Zentralküche für ein Zentralkrankenhaus** (Hanseatisches OLG in Bremen, B. v. 13. 11. 2003 – Az.: Verg. 8/2003)

Teil 5 VOF § 2 Vergabeordnung für freiberufliche Leistungen

- Objekt- und Fachplanungsleistungen für die Gesamtsanierung/Restaurierung, die Modernisierung, den Umbau und die Erweiterung eines **Stadttheaters als Ganzes** (Thüringer OLG, B. v. 8. 4. 2003 – Az.: 6 Verg 9/02; vorhergehend VK Thüringen, B. v. 17. 10. 2002 – Az.: 216-4004.20-020/02-HBN)
- **Generalplanerleistung gemäß §§ 15, 73 HOAI** (VK Nordbayern, B. v. 23. 1. 2003 – Az.: 320.VK-3194-44/02)
- Durchführung einer Bestandsaufnahme der Gesamtanlage einer Botschaft sowie des weiteren die **Erstellung einer Generalplanung für den Bereich der Wohnblocks**, letzteres mit dem Ziel der Beseitigung vorhandener Baumängel, einer teilweisen Neuaufteilung des Wohnungsbestandes und einer Anpassung an den aktuellen deutschen Standard (2. VK Bund, B. v. 8. 8. 2002 – Az.: VK 2–54/02)
- **Generalplanerleistung** für den Neubau einer Hauptfeuerwache mit Feuerwehrübungshaus – **Architektur, technische Beratung und Planung, integrierte technische Leistungen, Landschaftsplanung** – (VK Nordbayern, B. v. 14. 8. 2001 – Az.: 320.VK-3194-26/01)
- **Generalplanungsleistung für den Neubau eines Hallenbades** (OLG Stuttgart, B. v. 28. 11. 2002 – Az.: 2 Verg 14/02).

12095 Die für die insbesondere im Baubereich vergleichbare **Problematik der Unternehmereinsatzform des Generalunternehmers** ist bisher jedoch noch nicht thematisiert bzw. entschieden worden.

147.9.3 Richtlinie HVA F-StB (05/2010)

12096 Eine Streuung der Aufträge ist anzustreben. Je nach Leistungsumfang sollen regelmäßig auch kleine und mittlere Büros berücksichtigt werden (Vertragsaufstellung/Vergabeverfahren, Nr. 1.3.2 Streuung der Aufträge, Abs. 2).

12097 Sind bei einer Baumaßnahme Leistungen aus mehreren Fachbereichen bzw. aus mehreren Teilen der HOAI zu erbringen, so ist zu entscheiden, ob mit mehreren Auftragnehmern für jeden Fachbereich getrennte Verträge geschlossen werden sollen oder ob auf Grund der ganzheitlichen Betrachtung der zu erbringenden Leistung sowie im Hinblick auf den für den Auftraggeber/Auftragnehmer geringeren Koordinierungsaufwand nur ein alle Fachbereiche umfassender Vertrag mit einem Auftragnehmer (ggf. mit einer Arbeitsgemeinschaft z. B. aus Ingenieuren und Landschaftsarchitekten der verschiedenen Fachbereiche) geschlossen werden soll (Vertragsaufstellung/Vergabeverfahren, Nr. 1.3.3 Vertrag für Leistungen aus mehreren Fachbereichen, Abs. 3).

12098 Eine Aufteilung in mehrere Einzelverträge kommt dann in Betracht, wenn die fachbereichsbezogenen Leistungen zeitlich erheblich voneinander versetzt erbracht werden müssen oder wenn die fachbereichsbezogenen Leistungen nicht oder nur geringfügig aufeinander abgestimmt oder miteinander koordiniert werden müssen. In jedem Fall sind die Einzelverträge so rechtzeitig abzuschließen, dass die Teilleistungen sachgerecht in die Gesamtleistung integriert werden können (Vertragsaufstellung/Vergabeverfahren, Nr. 1.3.3 Vertrag für Leistungen aus mehreren Fachbereichen, Abs. 4).

147.10 Ausschließliche Verantwortung des Auftraggebers für das Vergabeverfahren

147.10.1 Änderungen in der VOF 2009

12099 Die ausdrückliche Erwähnung der **ausschließlichen Verantwortung des Auftraggebers für das Vergabeverfahren** in § 4 Abs. 1 VOF 2006 wurde gestrichen.

147.10.2 Geltung dieses Grundsatzes auch ohne ausdrückliche Verankerung in der VOF 2009

12100 Auch ohne ausdrückliche Erwähnung dieses Grundsatzes muss er **weiterhin Beachtung** finden. **Zum Inhalt** vgl. die Kommentierung zu § 97 GWB Rdn. 152 ff.

148. § 3 VOF – Vergabeart

(1) Aufträge werden im Verhandlungsverfahren mit vorheriger öffentlicher Aufforderung zur Teilnahme (Teilnahmewettbewerb) vergeben.

(2) Der Auftraggeber kann vorsehen, dass das Verhandlungsverfahren in verschiedenen aufeinander folgenden Phasen abgewickelt wird, um so die Zahl der Angebote, über die verhandelt wird, anhand der in der Bekanntmachung oder in den Vertragsunterlagen angegebenen Zuschlagskriterien zu verringern. In der Bekanntmachung oder in den Vergabeunterlagen ist anzugeben, ob diese Möglichkeit in Anspruch genommen wird.

(3) Bei der Aufforderung zur Verhandlung teilt der Auftraggeber den ausgewählten Bewerbern den vorgesehenen weiteren Ablauf des Verfahrens mit.

(4) Die Auftraggeber können in folgenden Fällen Aufträge im Verhandlungsverfahren ohne Teilnahmewettbewerb vergeben:

a) wenn der Auftrag aus technischen oder künstlerischen Gründen oder aufgrund des Schutzes von Ausschließlichkeitsrechten (z.B. Patent-/Urheberrecht) nur von einer bestimmten Person ausgeführt werden kann,

b) wenn im Anschluss an einen Wettbewerb im Sinne des Kapitels 2 der Auftrag gemäß den einschlägigen Bestimmungen an den Gewinner oder an einen Preisträger des Wettbewerbes vergeben werden muss. Im letzteren Fall müssen alle Preisträger des Wettbewerbes zur Teilnahme an den Verhandlungen aufgefordert werden,

c) soweit dies unbedingt erforderlich ist, wenn aus dringlichen, zwingenden Gründen, die die Auftraggeber nicht voraussehen konnten, die vorgeschriebenen Fristen nicht eingehalten werden können. Die Umstände, die die zwingende Dringlichkeit begründen, dürfen auf keinen Fall dem Verhalten der Auftraggeber zuzuschreiben sein,

d) für zusätzliche Dienstleistungen, die weder in dem der Vergabe zugrunde liegenden Entwurf noch im zuerst geschlossenen Vertrag vorgesehen sind, die aber wegen eines unvorhergesehenen Ereignisses zur Ausführung der darin beschriebenen Dienstleistungen erforderlich sind, sofern der Auftrag an eine Person vergeben wird, die diese Dienstleistungen erbringt,

– wenn sich die zusätzlichen Dienstleistungen in technischer und wirtschaftlicher Hinsicht nicht ohne wesentlichen Nachteil für den Auftraggeber vom Hauptauftrag trennen lassen oder

– wenn diese Dienstleistungen zwar von der Ausführung des ursprünglichen Auftrags getrennt werden können, aber für dessen Vollendung unbedingt erforderlich sind.

Der Gesamtwert der Aufträge für die zusätzlichen Dienstleistungen darf jedoch 50 v. H. des Wertes des Hauptauftrages nicht überschreiten,

e) bei neuen Dienstleistungen, die in der Wiederholung gleichartiger Leistungen bestehen, die durch den gleichen Auftraggeber an die Person vergeben werden, die den ersten Auftrag erhalten hat, sofern sie einem Grundentwurf entsprechen und dieser Entwurf Gegenstand des ersten Auftrags war. Die Möglichkeit der Anwendung dieses Verfahrens muss bereits in der Bekanntmachung des ersten Vorhabens angegeben werden. Dieses Verfahren darf jedoch nur binnen drei Jahren nach Abschluss des ersten Auftrags angewandt werden.

148.1 Änderungen in der VOF 2009

Im Vergleich zu § 5 VOF 2006 wurde die **Überschrift geändert**.   12101

Die **Definition** des § 5 Abs. 1 VOF 2006 des **Verhandlungsverfahrens** wurde **gestrichen**.   12102

In § 3 Abs. 3 VOF 2009 wurde die **Verpflichtung des Auftraggebers** neu aufgenommen, den ausgewählten Bewerbern bei der Aufforderung zur Verhandlung den **vorgesehenen weiteren Ablauf des Verfahrens mitzuteilen**.   12103

Teil 5 VOF § 3   Vergabeordnung für freiberufliche Leistungen

12104   Die Möglichkeit in **§ 5 Abs. 2 lit. a) VOF 2006**, ein **Verhandlungsverfahren ohne Teilnahmewettbewerb** dann durchzuführen, wenn der Gegenstand des Auftrags eine **besondere Geheimhaltung erfordert**, wurde **gestrichen**.

12105   Ansonsten erfolgten **redaktionelle Änderungen**.

148.2 Bieterschützende Vorschrift

12106   Die **Bestimmungen über die Vergabearten** – auch **§ 3 VOF** – sind grundsätzlich **bieterschützend** und nachprüfbar. Der **Schutzzweck** erfasst in erster Linie Bieter, deren Rechte wegen einer rechtswidrig unterlassenen Vergabebekanntmachung verletzt werden (VK Nordbayern, B. v. 4. 10. 2007 – Az.: 21.VK – 3194 – 41/07).

148.3 Verhandlungsverfahren mit vorheriger öffentlicher Aufforderung zur Teilnahme – Teilnahmewettbewerb – (§ 3 Abs. 1)

148.3.1 Regelfall der Vergabe

12107   § 3 Abs. 1 bestimmt das **Verhandlungsverfahren mit vorheriger öffentlicher Aufforderung zur Teilnahme (Teilnahmewettbewerb) als den Regelfall der Vergabeart des Verhandlungsverfahrens**, nach der Aufträge über freiberufliche Leistungen vergeben werden. Nach **§ 3 Abs. 4 können in Ausnahmefällen** Aufträge über freiberufliche Leistungen **im Verhandlungsverfahren ohne Teilnahmewettbewerb** vergeben werden.

148.3.2 Begriff und Inhalt des Verhandlungsverfahrens mit vorherigem Teilnahmewettbewerb

12108   Begriff und Inhalt des Verhandlungsverfahrens sind **in § 101 Abs. 5 GWB definiert**. Vgl. daher die Kommentierung zu § 101 GWB Rdn. 99 ff.

148.4 Abwicklung in verschiedenen Phasen (§ 3 Abs. 2)

12109   Nach § 3 Abs. 2 VOF können die Auftraggeber vorsehen, dass das Verhandlungsverfahren **in verschiedenen aufeinander folgenden Phasen abgewickelt wird, um so die Zahl der Angebote, über die verhandelt wird, oder die zu erörternden Lösungen anhand der vorgegebenen Zuschlagskriterien zu verringern**. Wenn die Auftraggeber dies vorsehen, geben sie dies in der Bekanntmachung oder in den Vergabeunterlagen an. Die **Regelung entspricht teilweise Art. 44 Abs. 4 VKR**.

12110   Im Gegensatz zur vergleichbaren Regelung des § 3 EG Abs. 6 VOL/A 2009 **fehlt in § 3 Abs. 2 VOF 2009 die** – auch in **Art. 44 Abs. 4 VKR** enthaltene – Bestimmung, dass in der Schlussphase des Verfahrens so viele Angebote vorliegen müssen, dass ein echter Wettbewerb gewährleistet ist, sofern eine ausreichende Anzahl von geeigneten Bewerbern vorhanden ist. Aufgrund des Vorrangs der Vorschriften der VKR, die insoweit in der VOF 2009 nicht vollständig umgesetzt wurden, ist diese fehlende Bestimmung analog zu ergänzen.

148.5 Mitteilung über den vorgesehenen weiteren Ablauf des Verfahrens (§ 3 Abs. 3)

148.5.1 Änderung in der VOF 2009

12111   Die Regelung wurde **neu in die VOF 2009 aufgenommen**.

148.5.2 Hinweis

12112   Gesetzestechnisch ist der Standort der Regelung nicht optimal. Vom Zusammenhang her gehört § 3 Abs. 3 VOF zu § 11 VOF, in der die Aufforderung zur Verhandlung

Vergabeordnung für freiberufliche Leistungen VOF § 3 Teil 5

geregelt ist. Im Sinne der Praktikabilität und der umfassenden Kommentierung erfolgt die Erläuterung des § 3 Abs. 3 im Rahmen von § 11; vgl. daher die Kommentierung zu § 11 VOF Rdn. 17.

148.6 Verhandlungsverfahren ohne Teilnahmewettbewerb (§ 3 Abs. 4)

148.6.1 Änderungen in der VOF 2009

Die Möglichkeit in § 5 Abs. 2 lit. a) VOF 2006, ein **Verhandlungsverfahren ohne Teilnahmewettbewerb** dann durchzuführen, wenn der Gegenstand des Auftrags eine **besondere Geheimhaltung erfordert**, wurde **gestrichen**. Diese Ausnahmeregelung ist nun in **§ 100 Abs. 2 lit. GWB umfassend geregelt**. 12113

148.6.2 Restriktive Auslegung und Beweislast für das Vorliegen der Zulässigkeitsvoraussetzungen

Die Zulässigkeitsvoraussetzungen sind in § 3 Abs. 4 aufgeführt. **§ 3 Abs. 4 ist restriktiv auszulegen** (VK Brandenburg, B. v. 12. 5. 2004 – Az.: VK 8/04). 12114

Die Beweislast dafür, dass die außergewöhnlichen Umstände, die eine Ausnahme vom Erfordernis eines Teilnahmewettbewerbs rechtfertigen, tatsächlich vorliegen, **obliegt demjenigen, der sich auf sie berufen will** (Europäischer Gerichtshof, Urteil vom 10. 4. 2003 – Az.: C-20/01 und C-28/01). 12115

148.6.3 Die einzelnen Tatbestände

148.6.3.1 Beauftragung im Anschluss an einen Planungswettbewerb (§ 3 Abs. 4 lit. b)

148.6.3.1.1 Beauftragung des Gewinners eines Wettbewerbs (1. Alternative). Nach der Vorschrift des § 3 Abs. 4 lit. b) können Auftraggeber **Aufträge im Anschluss an einen Planungswettbewerb** im Verhandlungsverfahren ohne vorherige Vergabebekanntmachung vergeben, wenn im Anschluss an einen Wettbewerb im Sinne des Kapitels 2 der VOF 2009 der Auftrag **an den Gewinner eines Wettbewerbes vergeben werden muss**. In diesem Fall **genügt ein Verhandlungsgespräch mit dem Gewinner** des Wettbewerbs. Die Verpflichtung, alle Preisträger zu Verhandlungen aufzufordern ist nämlich nur sinnvoll, wenn alle Preisträger gleichermaßen noch Aussicht auf den Planungsauftrag haben (VK Nordbayern, B. v. 28. 1. 2003 – Az.: 320.VK3194-42/02). 12116

Die **Rechtsprechung sieht jedoch eine Festlegung der Auftragserteilung an den Gewinner eines Wettbewerbs als vergaberechtlich unzulässig** an; vgl. insoweit die Kommentierung zu § 17 VOF Rdn. 5. 12117

148.6.3.1.2 Beauftragung eines Preisträgers eines Wettbewerbs (2. Alternative). Soll im Anschluss an einen Wettbewerb im Sinne des Kapitels 2 der VOF 2009 dagegen der Auftrag **an einen Preisträger eines Wettbewerbes vergeben werden,** müssen alle Preisträger des Wettbewerbs zur Teilnahme an den Verhandlungen aufgefordert werden (1. VK Saarland, B. v. 20. 2. 2008 – Az.: 1 VK 07/2007; VK Nordbayern, B. v. 10. 10. 2002 – Az.: 320.VK-3194-28/02, B. v. 28. 1. 2003 – Az.: 320.VK-3194-42/02). 12118

Hat sich der Auftraggeber in seiner Bekanntmachung darauf festgelegt, dass „jeder Dienstleistungsauftrag im Anschluss an den Wettbewerb" „an den bzw. an einen der Gewinner des Wettbewerbs vergeben" wird, **kann eine mit einer „Anerkennung" versehene Wettbewerbsarbeit nicht als „Gewinner" gelten. Dies sind nur die mit einem Preis ausgezeichneten Arbeiten** (VK Düsseldorf, B. v. 12. 11. 2009 – Az.: VK – 21/2009 – L). 12119

Hat sich der Auftraggeber in der Bekanntmachung darauf festgelegt, nur mit den „Gewinnern" des Wettbewerbs in Verhandlungen zu treten, werden diese **Gewinner durch eine einmalige, nicht beliebig oft wiederholbare Entscheidung des Preisgerichtes bestimmt**. Die VOF sieht in § 16 Absatz 6 lediglich die „Nichtberücksichtigung" eines Preisträgers vor, dessen Arbeit gegen Wettbewerbsregeln verstößt. Die Wiederholung des Wettbewerbes unter veränderten Bedingungen unter Einbeziehung aller Teilnehmer, also eine allgemeine Verhandlungsrunde nach Preisverleihung, sehen die Bestimmungen zum Preiswettbewerb nicht vor. Dies wäre mit den Besonderheiten eines Preiswettbewerbes auch nicht vereinbar. **Dadurch, dass** 12120

2417

Teil 5 VOF § 3 Vergabeordnung für freiberufliche Leistungen

sich die Vergabestelle an die Entscheidung eines unabhängigen Preisgerichtes bindet, sind ihr bestimmte Gestaltungsmöglichkeiten eines Verhandlungsverfahrens verschlossen. Ist der **Wettbewerb dadurch fehlgeschlagen, dass mit keinem „Gewinner" vergaberechtskonform weiter über die Beauftragung verhandelt werden kann, muss ein neues Verfahren eingeleitet werden**, wobei auch zu berücksichtigen ist, ob das Preisgericht für den Ausfall aller preisgekrönten Arbeiten keine Vorsorge durch Bestimmung von nachrückenden Arbeiten getroffen hat. Dabei ist es **im Ergebnis unerheblich, ob keine mit einem Preis versehene oder ggf. nachrückende Arbeit die Wettbewerbsbedingungen erfüllt oder ob die Vergabestelle die unter den bekannt gemachten Rahmenbedingungen zustande gekommene Arbeiten nicht mehr realisieren will, sondern andere Bedingungen stellen möchte.** Denn auch in diesem Fall müsste sie vergaberechtskonform mit allen Wettbewerbsteilnehmern neu verhandeln, ist daran jedoch gehindert, da sie sich selbst auf eine Verhandlung nur mit Preisträgern beschränkt hat (VK Düsseldorf, B. v. 12. 11. 2009 – Az.: VK – 21/2009 – L).

12121   Es ist **kein Preisträger vorhanden**, mit dem der Auftraggeber vergaberechtskonform die eigentlichen Auftragsverhandlungen aufnehmen könnte, wenn **eine Arbeit das den Bewerbern vorgegebene Baufeld verlassen hat und die anderen Arbeiten nur zu verwirklichen wären, wenn fremde Grundstücke in Anspruch genommen werden würden**, was gegen die Vorgabe der Einhaltung von Bau- und Bauplanungsrecht verstößt (VK Düsseldorf, B. v. 12. 11. 2009 – Az.: VK – 21/2009 – L).

12122   Zum **Planungswettbewerb allgemein** und zur **Frage der Weiterbeauftragung** vgl. die Kommentierung zu § 17 VOF Rdn. 2.

148.6.3.2 Dringliche, zwingende Gründe (§ 3 Abs. 4 lit. c)

12123   Ist ein Auftraggeber **aus internen Gründen** (z. B. Finanznot, Vorrang der Suche nach einem privaten Investor) an einer früheren Bekanntmachung des Wettbewerbes gehindert, liegen die **Voraussetzungen auf den Verzicht eines Teilnahmewettbewerbes nicht vor**. Denn solche internen Gründe sind genau diejenigen, die es nicht rechtfertigen, dann später den Wettbewerb für die Bieter einzuschränken (VK Düsseldorf, B. v. 30. 9. 2002 – Az.: VK – 26/2002 – L).

12124   **Selbst wenn die Voraussetzungen des § 3 Abs. 4 lit. c) VOF vorlägen, entfällt damit nur die Pflicht, die Vergabeabsicht bekannt zu geben.** Nach dem in § 3 Abs. 1 VOF enthaltenen Grundsatz, wonach freiberufliche Leistungen im Verhandlungsverfahren zu vergeben sind, muss der Auftraggeber ein solches Verfahren aber durchführen. Eine **Direktvergabe erfüllt die an ein Verhandlungsverfahren gestellten Anforderungen nicht**. So müssen nach § 10 Abs. 4 VOF **mindestens drei Bewerber zur Verhandlung aufgefordert** werden. Durch diese Regelung **soll der Sicherstellung eines ordnungsgemäßen Vergabewettbewerbs Rechnung getragen** werden. Mangelt es an einer hinreichenden Anzahl geeigneter Bewerber, weil sich nur zwei oder sogar nur ein Bewerber um die Teilnahme am Verhandlungsverfahren beworben haben oder in der Lage waren, ihre Eignung nachzuweisen, kann sogar die Verhandlung mit weniger als drei Bewerbern ein ordnungsgemäßes Verfahren darstellen (OLG Düsseldorf, B. v. 1. 10. 2009 – Az.: VII-Verg 31/09; VK Düsseldorf, B. v. 12. 11. 2009 – Az.: VK – 21/2009 – L).

148.6.4 Optionsmöglichkeiten als Rechtfertigungsgrund für einen Verzicht auf einen Teilnahmewettbewerb?

12125   Auf ein durchgeführtes und mit der Zuschlagserteilung abgeschlossenes Verhandlungsverfahren, dem ein Teilnahmewettbewerb vorangegangen ist und das optionale Leistungen enthielt, kann nicht dergestalt aufgebaut werden, dass ohne erneute Bekanntmachung einer entsprechenden Vergabeabsicht, allein mit den dort als präqualifiziert bezeichneten Bewerbern Verhandlungen mit dem Ziel geführt werden können, weitere Leistungsstufen zu vergeben. Der **Vorbehalt der Vergabe weiterer Leistungsphasen bzw. eines fehlenden Rechtsanspruchs der Übertragung weiterer Projektsteuerungsleistungen reicht jedenfalls nicht aus den Verzicht auf ein Vergabeverfahren nach § 3 Abs. 4 VOF zu begründen** (Thüringer OLG, B. v. 19. 10. 2010 – Az.: 9 Verg 5/10; VK Thüringen, B. v. 26. 8. 2010 – Az.: 250-4004.20–2423/2010-005-J).

12126   Vgl. insoweit auch die Kommentierung zu § 99 GWB Rdn. 442.

Vergabeordnung für freiberufliche Leistungen VOF § 4 **Teil 5**

148.7 Wiederaufnahme eines bereits ausgeschiedenen Bewerbers in das Verhandlungsverfahren

Unter bestimmten Umständen kann es **zulässig** sein, **einen bereits ausgeschiedenen Bewerber wieder in das laufende Verhandlungsverfahren aufzunehmen**. Wenn ein Auftraggeber im Verhandlungsverfahren nicht verpflichtet ist, mit allen oder mit wenigstens 3 Bietern bis zur Auftragserteilung zu verhandeln, so muss es umso mehr erlaubt sein, bereits ausgeschlossene Bieter wieder aufzunehmen (VK Baden-Württemberg, B. v. 24. 8. 2001 – Az.: 1 VK 20/01).

12127

149. § 4 VOF – Teilnehmer am Vergabeverfahren

(1) Bewerber oder Bieter können einzelne oder mehrere natürliche oder juristische Personen sein, die Leistungen nach § 1 Absatz 1 ausführen. Sind Bewerber gemäß der Rechtsvorschriften des Staates, in dem sie ansässig sind (Herkunftsland), zur Erbringung der betreffenden Leistung berechtigt, dürfen sie nicht allein deshalb zurückgewiesen werden, weil sie gemäß den einschlägigen deutschen Rechtsvorschriften entweder eine natürliche oder juristische Person sein müssten.

(2) Bewerber oder Bieter können verpflichtet werden, Auskünfte darüber zu geben,
– ob und auf welche Art sie wirtschaftlich mit Unternehmen verknüpft sind oder
– ob und auf welche Art sie auf den Auftrag bezogen in relevanter Weise mit Anderen zusammenarbeiten,
sofern dem nicht berufsrechtliche Vorschriften entgegenstehen.

(3) Bewerber oder Bieter sind zu verpflichten, die Namen und die berufliche Qualifikation der Personen anzugeben, die die Leistung tatsächlich erbringen.

(4) Soll der Auftrag an mehrere Bieter gemeinsam vergeben werden, kann der Auftraggeber verlangen, dass diese im Falle der Auftragserteilung eine bestimmte Rechtsform annehmen, sofern dies für die ordnungsgemäße Durchführung des Auftrages notwendig ist und berufsrechtliche Vorschriften dem nicht entgegenstehen.

(5) Haben Bewerber oder Bieter vor Einleitung des Vergabeverfahrens Auftraggeber beraten oder sonst unterstützt, haben die Auftraggeber sicherzustellen, dass der Wettbewerb durch die Teilnahme dieser Bewerber oder Bieter nicht verfälscht wird.

(6) Ein Bewerber oder Bieter ist von der Teilnahme an einem Vergabeverfahren wegen Unzuverlässigkeit auszuschließen, wenn der Auftraggeber Kenntnis davon hat, dass eine Person, deren Verhalten dem Unternehmen zuzurechnen ist, rechtskräftig verurteilt worden ist:

a) § 129 des Strafgesetzbuches (StGB) (Bildung krimineller Vereinigungen), § 129a StGB (Bildung terroristischer Vereinigungen), § 129b StGB (kriminelle und terroristische Vereinigungen im Ausland),

b) § 261 StGB (Geldwäsche, Verschleierung unrechtmäßig erlangter Vermögenswerte),

c) § 263 StGB (Betrug), soweit sich die Straftat gegen den Haushalt der EG oder gegen Haushalte richtet, die von der EG oder in ihrem Auftrag verwaltet werden,

d) § 264 StGB (Subventionsbetrug), soweit sich die Straftat gegen den Haushalt der EG oder gegen Haushalte richtet, die von der EG oder in ihrem Auftrag verwaltet werden,

e) § 334 StGB (Bestechung), auch in Verbindung mit Artikel 2 des EU-Bestechungsgesetzes, Artikel 2 § 1 des Gesetzes zur Bekämpfung internationaler Bestechung, Artikel 7 Absatz 2 Nummer 10 des Vierten Strafrechtsänderungsgesetzes und § 2 des Gesetzes über das Ruhen der Verfolgungsverjährung und die Gleichstellung der Richter und Bediensteten des Internationalen Strafgerichtshofes,

f) Artikel 2 § 2 des Gesetzes zur Bekämpfung internationaler Bestechung (Bestechung ausländischer Abgeordneter im Zusammenhang mit internationalem Geschäftsverkehr),

g) § 370 der Abgabenordnung, auch in Verbindung mit § 12 des Gesetzes zur Durchführung der gemeinsamen Marktorganisationen und der Direktzahlungen (MOG), soweit sich die Straftat gegen den Haushalt der EG oder gegen Haushalte richtet, die von der EG oder in ihrem Auftrag verwaltet werden.

Einem Verstoß gegen diese Vorschriften gleichgesetzt sind Verstöße gegen entsprechende Strafnormen anderer Staaten. Ein Verhalten einer rechtskräftig verurteilten Person ist einem Bewerber oder Bieter zuzurechnen, wenn sie für diesen Bewerber oder Bieter bei der Führung der Geschäfte selbst verantwortlich gehandelt hat oder ein Aufsichts- oder Organisationsverschulden gemäß § 130 des Gesetzes über Ordnungswidrigkeiten (OWiG) dieser Person im Hinblick auf das Verhalten einer anderen für den Bewerber oder Bieter handelnden, rechtskräftig verurteilten Person vorliegt.

(7) Als Nachweis, dass die Kenntnis gemäß Absatz 6 unrichtig ist und die dort genannten Fälle nicht vorliegen, akzeptieren die Auftraggeber einen Auszug aus dem Bundeszentralregister oder eine gleichwertige Urkunde einer zuständigen Gerichts- oder Verwaltungsbehörde des Herkunftslands. Wird eine Urkunde oder Bescheinigung vom Herkunftsland nicht ausgestellt oder nicht vollständig alle vorgesehenen Fälle erwähnt, kann dies durch eine eidesstattliche Erklärung oder eine förmliche Erklärung vor einer zuständigen Gerichts- oder Verwaltungsbehörde, einem Notar oder einer dafür qualifizierten Berufsorganisation des Herkunftslands ersetzt werden.

(8) Von einem Ausschluss nach Absatz 6 kann nur abgesehen werden, wenn zwingende Gründe des Allgemeininteresses vorliegen und Andere die Leistung nicht angemessen erbringen können oder wenn aufgrund besonderer Umstände des Einzelfalls der Verstoß die Zuverlässigkeit des Bewerbers oder Bieters nicht in Frage stellt.

(9) Von der Teilnahme am Vergabeverfahren können Bewerber oder Bieter ausgeschlossen werden,

a) die sich im Insolvenzverfahren oder in Liquidation befinden oder ihre Tätigkeit eingestellt haben oder sich aufgrund eines in den einzelstaatlichen Rechtsvorschriften vorgesehenen gleichartigen Verfahrens in einer entsprechenden Lage befinden,

b) die aufgrund eines rechtskräftigen Urteils aus Gründen bestraft worden sind, die ihre berufliche Zuverlässigkeit in Frage stellen,

c) die im Rahmen ihrer beruflichen Tätigkeit eine schwere Verfehlung begangen haben, die vom Auftraggeber nachweislich festgestellt wurde,

d) die ihre Verpflichtung zur Zahlung der Steuern und Abgaben nicht erfüllt haben,

e) die sich bei der Erteilung von Auskünften, die nach den §§ 4, 5 und 10 eingeholt werden können, in erheblichem Maß falscher Erklärungen schuldig gemacht haben oder diese Auskünfte unberechtigterweise nicht erteilen.

149.1 Änderungen in der VOF 2009

12128 In § 4 Abs. 1 Satz 1 VOF 2009 sind **neben den Bewerbern auch die Bieter als Teilnehmer** am Vergabeverfahren aufgeführt.

12129 In § 4 Abs. 1 Satz 2 VOF 2009 ist das **Verbot der Forderung nach Annahme einer bestimmten Rechtsform** aufgenommen worden.

12130 Die **zwingende Verpflichtung des Auftraggebers**, die Bewerber zu bestimmten Auskünften zu verpflichten (§ 7 Abs. 2 VOF 2006), wurde in eine **fakultative Regelung** umgewandelt (§ 4 Abs. 2 VOF 2009).

12131 § 4 Abs. 5 VOF 2009 enthält neu die Verpflichtung des Auftraggebers, **im Fall von vorbefassten Bietern Wettbewerbsvorteile auszugleichen**.

12132 § 4 Abs. 6–8 VOF 2009 enthalten die **besonderen Ausschlusskriterien des § 11 VOF 2006**.

12133 Ansonsten erfolgten **redaktionelle Änderungen**.

149.2 Vergleichbare Vorschriften

Der **Vorschrift des § 4 VOF vergleichbar** sind im Bereich des GWB **§ 97 Abs. 4 GWB**, im Bereich der VOF **§ 5 VOF**, im Bereich der VOB **§§ 6, 6a VOB/A** und im Bereich der VOL **§§ 6, 7 EG VOL/A**. Die Kommentierungen zu diesen Vorschriften können daher ergänzend zu der Kommentierung des § 4 herangezogen werden.

12134

149.3 Bieterschützende Regelung

149.3.1 § 4 Abs. 5

Bei **§ 4 Abs. 5 VOF** handelt es sich um eine **bieterschützende Vorschrift**, deren Anwendung nicht zur Disposition eines öffentlichen Auftraggebers steht (1. VK Bund, B. v. 17. 3. 2004 – Az.: VK 1–07/04; VK Münster, B. v. 2. 7. 2004 – Az.: VK 13/04).

12135

149.4 Bewerber oder Bieter (§ 4 Abs. 1 Satz 1)

149.4.1 Begriff des Bewerbers und des Bieters

Als „Bewerber" werden herkömmlicherweise **um Aufträge bemühte Unternehmen bezeichnet, solange sie noch kein Angebot abgegeben haben**, also noch nicht zum „Bieter" geworden sind (BayObLG, B. v. 4. 2. 2003 – Az.: Verg 31/02; OLG Koblenz, B. v. 5. 9. 2002 – Az.: 1 Verg. 2/02; VK Südbayern, B. v. 26. 11. 2002 – Az.: 46-11/02).

12136

Bieter ist, wer bereits ein Angebot abgegeben hat (OLG Koblenz, B. v. 5. 9. 2002 – Az.: 1 Verg. 2/02).

12137

149.4.2 Bewerber- und Bietergemeinschaften

Bewerber und Bieter können auch **mehrere natürliche oder juristische Personen** sein. Es handelt sich dann um **Bewerbergemeinschaften** oder **Bietergemeinschaften**.

12138

149.4.2.1 Gleichsetzung von Bewerber- und Bietergemeinschaften und Einzelbewerbern und -bietern

Teilnehmer am Vergabeverfahren können auch Bewerber- und Bietergemeinschaften sein. Die **Rechtsform eines Bewerbers oder Bieters ist grundsätzlich kein Kriterium für die Zulassung bzw. für den Ausschluss seines Teilnahmeantrags bzw. seines Angebotes**; ein Teilnahmeantrag oder ein Angebot darf nicht deshalb ausgeschlossen werden, weil es von einer Bewerber- oder Bietergemeinschaft stammt (VK Brandenburg, B. v. 1. 2. 2002 – Az.: 2 VK 119/01).

12139

149.4.2.2 Begriff der Bietergemeinschaft

Bietergemeinschaften sind **Zusammenschlüsse mehrerer Unternehmen zur gemeinschaftlichen Abgabe eines Angebots** mit dem Ziel, den durch die Verdingungsunterlagen beschriebenen Auftrag gemeinschaftlich zu erhalten und auszuführen (VK Arnsberg, B. v. 2. 2. 2006 – Az.: VK 30/05; 3. VK Bund, B. v. 4. 10. 2004 – Az.: VK 3–152/04; VK Lüneburg, B. v. 14. 1. 2002 – Az.: 203-VgK-22/2001; VK Rheinland-Pfalz, B. v. 14. 6. 2005 – Az.: VK 16/05; 1. VK Sachsen, B. v. 20. 9. 2006 – Az.: 1/SVK/085-06). Damit haben auch kleine und mittlere Unternehmen die Möglichkeit, sich zusammen mit andern Unternehmen um Aufträge zu bewerben, die ihre Leistungsfähigkeit im Einzelfall überschreiten würden (OLG Düsseldorf, B. v. 9. 1. 2008 – Az.: VII-Verg 33/07; 1. VK Sachsen, B. v. 20. 9. 2006 – Az.: 1/SVK/085-06; VK Südbayern, B. v. 13. 9. 2002 – Az.: 37-08/02). Bei der Bietergemeinschaft erfolgt in der Regel eine **Arbeitsteilung im Sinne einer Bündelung der gemeinsamen Fähigkeiten**, indem beispielsweise ein Unternehmen die **kaufmännische Seite des Auftrags betreut**, während das andere Unternehmen sich dadurch einbringt, indem es die **baulichen Ausführungen übernimmt** (OLG Düsseldorf, B. v. 9. 1. 2008 – Az.: VII-Verg 33/07).

12140

149.4.2.3 Unterschied zur Arbeitsgemeinschaft

Als Arbeitsgemeinschaft wird der Zusammenschluss von Fachunternehmen bezeichnet, mit dem Ziel, den erhaltenen Auftrag gemeinsam auszuführen (VK Arnsberg, B. v. 2. 2. 2006 – Az.:

12141

Teil 5 VOF § 4 Vergabeordnung für freiberufliche Leistungen

VK 30/05). **Üblicherweise wandelt sich eine Bietergemeinschaft im Falle einer Auftragserteilung in eine Arbeitsgemeinschaft**. Sowohl Bietergemeinschaften als auch Arbeitsgemeinschaften sind Gesellschaften des bürgerlichen Rechts gemäß §§ 705 ff. BGB (VK Südbayern, B. v. 17. 7. 2001 – Az.: 23-06/01).

149.4.2.4 Rechtsform der Bietergemeinschaft

12142   Bei einer Bietergemeinschaft handelt es sich **grundsätzlich um eine Gesellschaft bürgerlichen Rechts gemäß §§ 705 ff. BGB, durch die sich mehrere Unternehmen zusammengeschlossen haben, um ein gemeinsames Angebot abzugeben und im Auftragsfall den Vertrag gemeinsam als ARGE auszuführen** (KG Berlin, B. v. 7. 5. 2007 – Az.: 23 U 31/06).

149.4.2.5 Verdeckte Bietergemeinschaft

12143   149.4.2.5.1 **Allgemeines.** Firmen können sich zusammenschließen, um gemeinschaftlich ein Angebot abzugeben, auch wenn dies nach außen nicht sichtbar wird, weil gegenüber der Vergabestelle nur eine Firma als Bieter auftritt. Das **Vorliegen einer verdeckten Bietergemeinschaft muss aus objektiven Umständen ableitbar sein**, z. B. einem „Letter of Intent", in denen dargelegt ist, dass die Parteien beabsichtigen, „gemeinschaftlich eine Leistung zu erbringen" und zusammen ein Angebot zu erstellen, wobei alle Kostensätze, Mengengerüste und Gewinnaufschläge „einvernehmlich" festgelegt werden sollen. Eine solche Vertragsgestaltung geht über das normale Verhältnis von Haupt- und Subunternehmer hinaus, welches in der Regel dadurch geprägt ist, dass der Subunternehmer einzelne Teilleistungen im Auftrag und auf Rechnung des Hauptunternehmers ausführt. Es liegt in solchen Fällen mithin eine Bietergemeinschaft zur gemeinschaftlichen Abgabe eines Angebots mit dem Ziel der gemeinschaftlichen Erbringung der Leistungen vor (VK Rheinland-Pfalz, B. v. 14. 6. 2005 – Az.: VK 16/05; VK Schleswig-Holstein, B. v. 17. 9. 2008 – Az.: VK-SH 10/08).

12144   149.4.2.5.2 **Ausschluss von verdeckten Bietergemeinschaften.** Die Gewährleistung eines Geheimwettbewerbs zwingt zum **Ausschluss von Angeboten von Bietern, die nach den Umständen eine verdeckte Bietergemeinschaft eingegangen sind** (VK Rheinland-Pfalz, B. v. 14. 6. 2005 – Az.: VK 16/05; VK Schleswig-Holstein, B. v. 17. 9. 2008 – Az.: VK-SH 10/08). Vgl. insoweit auch die **Kommentierung zu § 97 GWB Rdn. 56**.

149.4.2.6 Bildung einer nachträglichen Bietergemeinschaft

12145   149.4.2.6.1 **Bildung einer nachträglichen Bietergemeinschaft im Zeitraum zwischen abgeschlossenem Teilnahmewettbewerb und Aufforderung zur Angebotsabgabe. Die Zulässigkeit der Bildung einer nachträglichen Bietergemeinschaft ist davon abhängig**, ob die **Grundsätze eines wettbewerbsmäßigen und nicht diskriminierenden Vergabeverfahrens durch den Zusammenschluss verletzt** werden. Insbesondere ist die Bildung einer Bietergemeinschaft nur dann gestattet, wenn derjenige Bieter, der sich nachträglich mit einem weiteren Unternehmen zu einer Arbeitsgemeinschaft zusammenschließt, auch ohne den Zusammenschluss den Auftrag erhalten hätte. Dies ist aber nur möglich, wenn der **Zusammenschluss mit einem Unternehmen erfolgt, das wenigstens am Vergabeverfahren teilgenommen hat**. Ein Zusammenschluss mit einem außenstehenden Unternehmen widerspricht den Grundsätzen einer wettbewerbsmäßigen Vergabe. **Generell** ist die nachträgliche Bildung einer Bietergemeinschaft vom Auftraggeber **restriktiv zu handhaben**, da sie den Wettbewerb zwischen den Bietern um einen öffentlichen Auftrag eingrenzt. Aus dieser Formulierung ergibt sich, dass eine Billigung der nachträglichen Bildung der Bietergemeinschaft im Ermessen des Auftraggebers steht und von dessen Einverständnis abhängig ist (VK Südbayern, B. v. 17. 7. 2001 – Az.: 23-06/01).

12146   Nach einer anderen Auffassung gilt die **Unzulässigkeit der Bildung von Bietergemeinschaften** z. B. nach Abschluss des Teilnahmewettbewerbs und erfolgter Aufforderung zur Angebotsabgabe auch für den Fall, dass eine Bietergemeinschaft allein aus mehreren vom Auftraggeber zur Angebotsabgabe aufgeforderten Teilnehmern nachträglich gebildet wurde. Zwar haben diese Teilnehmer einzeln die Kriterien des Teilnahmewettbewerbs erfüllt und die im Teilnahmewettbewerb vorgelagerte Eignungsprüfung einzeln erfolgreich durchlaufen. Dies **ändert jedoch nichts an der Tatsache, dass die Bietergemeinschaft selbst nicht am Teilnahmewettbewerb teilgenommen** hat, keine eigene Eignungsprüfung durchlaufen hat und nicht zur Angebotsabgabe aufgefordert werden bzw. aufgefordert werden konnte. Auch insoweit ist die Verletzung des Gleichbehandlungsgrundsatzes in Bezug auf andere Bieter aus den oben genannten Gründen zu besorgen. Zudem ist in der nachträglichen Bildung einer Bietergemeinschaft aus zur Angebotsabgabe aufgeforderten Teilnehmern eine **unzulässige Beschränkung des Wettbewerbs zu sehen**. Denn die ohnehin nach Auswahl durch den Auftraggeber beschränkte Anzahl von Bietern bei der Angebotsabgabe (nach erfolgtem Teilnahmewettbewerb) wird durch Bildung einer Bietergemeinschaft aus zwei oder mehreren einzeln aufgeforderten Bietern weiter beschränkt. § 8 a Nr. 3 VOB/A sieht gerade vor, dass eine ausreichend große Anzahl von Bietern zur Angebotsabgabe aufgefordert wird, um hinreichenden Wettbewerb zu sichern. Den **ausgewählten Bietern wird dementsprechend auch nicht mitgeteilt, wen der Auftraggeber im Übrigen zur Angebotsabgabe aufgefordert** hat. Die nachträgliche Bildung von Bietergemeinschaften zwischen aufgeforderten Bietern schränkt demgegenüber den vorgesehenen Wettbewerb ein (1. VK Bund, B. v. 22. 2. 2008 – Az.: VK 1–4/08).

149.4.2.6.2 Bildung einer nachträglichen Bietergemeinschaft im Zeitraum zwischen Angebotsabgabe und Zuschlagserteilung. 149.4.2.6.2.1 Rechtsprechung. Im Zeitraum zwischen Angebotsabgabe und Zuschlagserteilung sind **Angebotsänderungen in sachlicher wie auch in personeller Hinsicht grundsätzlich unstatthaft.** Das **Verbot einer Änderung des Angebots erstreckt sich auch auf die Zusammensetzung einer Bietergemeinschaft**. Bietergemeinschaften können – wie der sinngemäßen Auslegung von § 13 Abs. 5 VOB/A zu entnehmen ist – nur bis zur Angebotsabgabe gebildet und geändert werden. Die Angebotsabgabe bildet hierfür eine zeitliche Zäsur. Nach der Angebotsabgabe bis zur Erteilung des Zuschlags sind Änderungen, namentlich Auswechslungen, grundsätzlich nicht mehr zuzulassen, da in ihnen eine unzulässige Änderung des Angebots liegt. **Bietergemeinschaften können grundsätzlich nur in der Zeit bis zum Einreichen des Angebots gebildet werden. Dasselbe hat für Veränderungen in der Zusammensetzung der Bietergemeinschaft (für ein Hinzutreten, einen Wegfall von Mitgliedern oder die Veräußerung eines Betriebsteils) in der Zeit nach Abgabe des Angebots bis zur Zuschlagserteilung zu gelten** (OLG Düsseldorf, B. v. 24. 5. 2005 – Az.: VII – Verg 28/05; B. v. 26. 1. 2005 – Az.: VII – Verg 45/04; 1. VK Bund, B. v. 22. 2. 2008 – Az.: VK 1–4/08; VK Hessen, B. v. 30. 7. 2008 – Az.: 69d VK – 34/2008; B. v. 28. 6. 2005 – Az.: 69d VK – 07/2005; VK Nordbayern, B. v. 14. 4. 2005 – Az.: 320.VK – 3194 – 09/05; 3. VK Saarland, B. v. 9. 3. 2007 – Az.: 3 VK 01/2007).

Die **Zulässigkeit der Bildung einer nachträglichen Bietergemeinschaft ist davon abhängig**, ob die **Grundsätze eines wettbewerbsmäßigen und nicht diskriminierenden Vergabeverfahrens durch den Zusammenschluss verletzt** werden. Unter Zugrundelegung dieses zutreffenden Maßstabs wäre es unzulässig, einem vorn liegenden Bieter mit einem angemessenen Preis, aber ungenügender Leistungsfähigkeit, zu gestatten, sich nachträglich durch den Zusammenschluss mit einem weiteren Unternehmen die erforderliche Leistungsfähigkeit zu verschaffen und dieser Arbeitsgemeinschaft dann den Auftrag zu erteilen. In diesem Fall würden die Wertungsgrundsätze dadurch verletzt, dass ein **Bieter**, dessen **Angebot wegen mangelnder Eignung auszuscheiden** ist, nur durch diese Maßnahme zum Auftrag verholfen wird, während der **Bieter**, der die **Eignungsvoraussetzungen erfüllt und dem aufgrund des Wettbewerbsergebnisses insgesamt daher der Auftrag zustehen würde**, leer ausgeht (1. VK Bund, B. v. 22. 2. 2008 – Az.: VK 1–4/08; VK Lüneburg, B. v. 28. 8. 2001 – Az.: 203-VgK-17/2001).

149.4.2.6.2.2 Verbot durch den Auftraggeber. Verwendet ein öffentlicher Auftraggeber in seinen Bewerbungsbedingungen die **Regelung, dass beim Nichtoffenen Verfahren Angebote von Bietergemeinschaften, die sich erst nach Aufforderung zur Angebotsabgabe aus aufgeforderten Unternehmen gebildet haben, nicht zugelassen sind,** ist diese **Regelung auch mit den in § 2 VOF verankerten Prinzipien eines fairen und diskriminierungsfreien Wettbewerbs zu vereinbaren.** Im Bereich des Nichtoffenen Verfahrens hat es der Auftraggeber, selbstverständlich unter Beachtung des Gleichbehandlungsgrundsatzes, in der Hand, die potentiellen Auftragnehmer – und auch bereits den Bieterkreis und damit unmittelbar den konkreten Wettbewerb für das durchzuführende Objekt durch die Aufforderung von unter bestimmten Kriterien ausgesuchten Unternehmen zur Angebotsabgabe festzulegen. Inhaltlich stellt die Regelung in den Bewerbungsbedingungen eine weitere Angabe zu § 4 Abs. 4 VOF dar. Wenn der Auftraggeber vorgeben kann, welche Rechtsform eine Bietergemeinschaft haben muss, an die der Auftrag evtl. vergeben wird, schließt dies den Hinweis auf die – an sich selbstverständliche – Möglichkeit der Teilnahme als Bietergemeinschaft bzw. Unzulässigkeit eines nach Angebotsaufforderung erfolgten Zusammenschlusses ein (VK Brandenburg, B. v. 1. 2. 2002 – Az.: 2 VK 119/01).

Teil 5 VOF § 4 Vergabeordnung für freiberufliche Leistungen

12150 **149.4.2.6.2.3 Beispiele aus der Rechtsprechung**

– **veräußert ein Mitglied einer Bietergemeinschaft einen Teilbetrieb** an einen Dritten, **bleibt aber Mitglied der Bietergemeinschaft** und tritt der Erwerber des Teilbetriebs nicht in die Bietergemeinschaft ein, bleibt die **rechtliche Identität der Bietergemeinschaft erhalten** (OLG Düsseldorf, B. v. 26. 1. 2005 – Az.: VII – Verg 45/04)

12151 **149.4.2.6.3 Missbrauch durch Änderung der Bietergemeinschaft**. Keine Änderung **in dem Sinne** einer zum zwingenden Ausschluss des Teilnahmeantrags oder des Angebots führenden Änderung liegt vor, wenn entweder der **Auftraggeber oder die Bietergemeinschaft selbst die Rechtsprechung zur Änderung eines Angebots missbräuchlich nutzt**. Nur so kann dem die Vergabeverfahren beherrschenden **Gleichbehandlungs- und Transparenzgebot mit der nötigen Rechtssicherheit zum Durchbruch verholfen werden**, indem sowohl Manipulationsmöglichkeiten des Auftraggebers (Auftraggeber verspricht einem Bietergemeinschaftsmitglied nach der Kündigung derselben einen Auftrag als Subunternehmer des erstplatzierten Bieters und eliminiert so das ebenfalls aussichtsreiche Angebot der Bietergemeinschaft) als auch der Bietergemeinschaft (Bietergemeinschaft will nicht mehr an ihr Angebot gebunden sein und „lässt sich durch ein Mitglied kündigen") erfolgreich „ein Riegel vorgeschoben" wird (3. VK Saarland, B. v. 9. 3. 2007 – Az.: 3 VK 01/2007).

149.4.2.7 Parallele Beteiligung als Einzelbieter und Mitglied einer Bietergemeinschaft
12152 Vgl. dazu die Kommentierung zu § 97 GWB Rdn. 49 ff.

149.4.2.8 Parallele Beteiligung als Einzelbewerber und Mitglied einer Bewerbergemeinschaft
12153 Vgl. dazu die Kommentierung zu § 97 GWB Rdn. 58 ff.

149.4.2.9 Sonstige Fälle möglicher Wettbewerbsbeschränkungen
12154 Vgl. dazu die Kommentierung zu § 97 GWB Rdn. 39 ff.

149.5 Rechtsform der Bewerber oder Bieter zum Zeitpunkt der Abgabe einer Bewerbung oder eines Angebots (§ 4 Abs. 1 Satz 2)

12155 Sind Bewerber oder Bieter gemäß den Rechtsvorschriften des Staates, in dem sie ansässig sind (Herkunftsland), zur Erbringung der entsprechenden Leistung berechtigt, dürfen sie nicht allein deshalb zurückgewiesen werden, weil sie gemäß den einschlägigen deutschen Rechtsvorschriften entweder eine natürliche oder juristische Person sein müssten.

12156 Die **Regelung entspricht inhaltlich** – nicht jedoch vom Wortlaut her – **§ 6 EG Abs. 1 VOL/A 2009**.

12157 Die Regelung ist eine besondere Ausprägung des Gleichbehandlungsgebots. Sie hat keine praktische Bedeutung, da entsprechende Rechtsformvorschriften in der Bundesrepublik Deutschland nicht existieren.

149.6 Auskunftsverpflichtungen der Bewerber oder Bieter (§ 4 Abs. 2)

149.6.1 Änderung in der VOF 2009

12158 Die **zwingende Verpflichtung des Auftraggebers**, die Bewerber zu bestimmten Auskünften zu verpflichten (§ 7 Abs. 2 VOF 2006), wurde in eine **fakultative Regelung** umgewandelt.

12159 Die Auskünfte können **entweder in der ersten Verfahrensstufe** des VOF-Verfahrens, dem Teilnahmewettbewerb, **oder in der zweiten Verfahrensstufe des VOF-Verfahrens**, dem Auftragsverfahren, gefordert werden.

149.7 Benennungsverpflichtungen der Bewerber (§ 4 Abs. 3)

149.7.1 Änderung in der VOF 2009

12160 Die **zwingende Verpflichtung** zur Nennung der Namen und der beruflichen Qualifikation der die Leistung tatsächlich ausführenden Personen ist **entweder in der ersten Verfahrens-

Vergabeordnung für freiberufliche Leistungen VOF § 4 **Teil 5**

stufe des VOF-Verfahrens, dem Teilnahmewettbewerb, **oder in der zweiten Verfahrensstufe des VOF-Verfahrens**, dem Auftragsverfahren, zu fordern.

149.8 Forderung des Auftraggebers nach Annahme einer bestimmten Rechtsform von Bietergemeinschaften (§ 4 Abs. 4)

149.8.1 Änderung in der VOF 2009

Die Forderung des Auftraggebers nach Annahme einer bestimmten Rechtsform von Bietergemeinschaften **bezieht sich nicht mehr auf Bewerbergemeinschaften (so § 7 Abs. 3 VOF 2006)** – an die sowieso kein Auftrag vergeben wird –, sondern **terminologisch korrekt auf Bietergemeinschaften**. 12161

Neu eingefügt in die VOF 2009 wurde die Einschränkung, dass eine Forderung des Auftraggebers nach Annahme einer bestimmten Rechtsform von Bietergemeinschaften nur gestellt werden kann, wenn **berufsrechtliche Vorschriften einer solchen Forderung nicht entgegenstehen**. 12162

149.8.2 Allgemeines

Von **Bietergemeinschaften kann nicht verlangt werden, dass sie zwecks Einreichung des Angebots eine bestimmte Rechtsform annehmen**; dies kann jedoch verlangt werden, wenn ihnen der Auftrag erteilt worden ist. Diese Regelung ist **Ausdruck eines gerechten Ausgleichs zwischen den Interessen von Bietergemeinschaften und den Belangen der öffentlichen Auftraggeber**. Ersteren würde es die Teilnahme am Wettbewerb über Gebühr erschweren, müssten sie stets schon für die Abgabe von Angeboten eine andere Rechtsform annehmen, als die, in der sie typischerweise auftreten, also als GbR, ggf. OHG. Letzteren kann es nicht verwehrt sein, auf die Annahme einer bestimmten Rechtsform zu bestehen, sofern dies für die ordnungsgemäße Durchführung des Auftrags notwendig ist (KG Berlin, B. v. 13. 8. 2002 – Az.: KartVerg 8/02). 12163

Der Auftraggeber kann also verlangen, dass die Bieter die rechtlichen Voraussetzungen dafür erbringen müssen, um in der Rechtsform des beliehenen Unternehmens (z. B. gemäß § 44 Abs. 3 LHO für das Land Berlin) tätig werden zu können, also **für den Fall der Auftragserteilung die Rechtsform einer juristischen Person annehmen** (KG Berlin, B. v. 13. 8. 2002 – Az.: KartVerg 8/02). 12164

Auch der EuGH hat in der Rechtssache C-57/01 (Makedonio Metro) entschieden, dass bei der Vergabe einer öffentlichen Baukonzession von einer Bietergemeinschaft die Annahme einer bestimmten Rechtsform erst nach Zuschlagserteilung verlangt werden kann. Diese **Rechtsprechung bestätigt der EuGH mit Urteil vom 18. 12. 2007**: Nach **Art. 26 Abs. 2 der Richtlinie 92/50 (DKR) – identisch mit Art. 4 Abs. 1 VKR** - dürfen die öffentlichen Auftraggeber Bewerber oder Bieter, die gemäß den Rechtsvorschriften des Mitgliedstaats, in dem sie ansässig sind, zur Erbringung einer Dienstleistung berechtigt sind, nicht allein deshalb zurückweisen, weil sie gemäß den Rechtsvorschriften des Mitgliedstaats, in dem der Auftrag vergeben wird, entweder eine natürliche oder eine juristische Person sein müssten. Aus dieser Vorschrift ergibt sich, dass die **öffentlichen Auftraggeber die Bewerber oder Bieter, die gemäß den Rechtsvorschriften des betreffenden Mitgliedstaats zur Erbringung der betreffenden Dienstleistung berechtigt sind, auch nicht allein deshalb von einem Ausschreibungsverfahren ausschließen dürfen, weil ihre Rechtsform nicht einer spezifischen Kategorie von juristischen Personen entspricht**. Daraus ergibt sich, dass die fragliche Vorschrift jeder nationalen Regelung entgegensteht, die Bewerber oder Bieter, die gemäß den Rechtsvorschriften des betreffenden Mitgliedstaats zur Erbringung der betreffenden Dienstleistung berechtigt sind, von der Vergabe öffentlicher Dienstleistungsaufträge, deren Wert den Schwellenwert für die Anwendung der Richtlinie 92/50 überschreitet, allein deshalb ausschließt, weil sie nicht die einer bestimmten Kategorie von juristischen Personen entsprechende Rechtsform haben. Folglich sind **nationale Bestimmungen, die die Vergabe von wirtschaftlich bedeutsamen lokalen öffentlichen Dienstleistungsaufträgen, deren Wert den Schwellenwert für die Anwendung der Richtlinie 92/50 – und damit auch der VKR – überschreiten, auf Kapitalgesellschaften beschränken, nicht mit Art. 26 Abs. 2 der Richtlinie 92/50 – damit auch Art. Abs. 1 VKR – vereinbar** (EuGH, Urteil v. 18. 12. 2007 – Az.: C-220/06). 12165

149.8.3 Grundsätzliche Zulässigkeit der Forderung nach einer gesamtschuldnerischen Haftung einer Bietergemeinschaft

12166 Zur Zulässigkeit der Forderung nach einer gesamtschuldnerischen Haftung genügt es darauf hinzuweisen, dass die **geforderte Erklärung die Bieter nicht unzumutbar belastet, dass dem Antragsgegner die Entscheidung darüber obliegt**, ob und gegebenenfalls welche Vorgaben er hinsichtlich einer Haftung des Auftragnehmers machen will, und dass eine **gesamtschuldnerische Haftung z. B. in Schadensfällen zweckmäßig sein kann**. Rechtliche Hindernisse, von einer Bietermehrheit eine gesamtschuldnerische Haftung zu verlangen, bestehen grundsätzlich nicht (OLG Düsseldorf, B. v. 29. 3. 2006 – Az.: VII – Verg 77/05).

149.8.4 Forderung nach Aufschlüsselung der Leistungsteile einer Bietergemeinschaft bezogen auf die Mitglieder der Bietergemeinschaft

12167 Der **Auftraggeber kann von einer Bietergemeinschaft verlangen, dass sie auflistet, welcher Leistungsteil von welchem Mitglied der Bietergemeinschaft ausgeführt** wird. Eine Antwort, aus der sich eine entsprechende inhaltliche Aufteilung der Gesamtleistung ergäbe, **kann eine Bietergemeinschaft allerdings nur dann erteilen, wenn bei ihr intern eine solche Aufteilung auch beabsichtigt** ist. Dies mag erfahrungsgemäß der Regelfall sein; ein notwendiges und einer Bietergemeinschaft wesensmäßiges Strukturmerkmal, ohne das eine vergaberechtlich statthafte Bietergemeinschaft nicht gebildet werden könnte, ist darin aber nicht zu sehen. Eine **zulässige Bietergemeinschaft liegt nicht nur dann vor, wenn ihre Mitglieder voneinander abgrenzbare, aber aufeinander bezogene Teilleistungen einer ausgeschriebenen Gesamtleistung erbringen, sondern auch dann, wenn zwei Unternehmen – bei identischem Leistungsspektrum** – nicht jedes für sich, etwa aus Kapazitätsgründen, wohl aber gemeinsam Interesse an dem zu vergebenden Auftrag haben und ungeachtet ihrer unternehmensrechtlichen Trennung **bei der Erfüllung des Vertrags als operative geschäftliche Einheit handeln wollen und können** (OLG Dresden, B. v. 16. 3. 2010 – Az.: WVerg 0002/10.

149.8.5 Einstimmigkeitserfordernis bei Entscheidungen einer Bietergemeinschaft

12168 Grundsätzlich sind alle **Entscheidungen während der Angebotsvorbereitung bis zur Abgabe einschließlich der Verhandlung und alle Entscheidungen in Bezug auf das Angebot einstimmig von den Parteien zu treffen**. Damit soll sichergestellt werden, dass kein Gesellschafter im Rahmen seiner gesamtschuldnerischen Haftung in eine Angebotsbindung hinein gerät, mit welcher er sich nicht identifizieren kann. Die Notwendigkeit der Zustimmung aller Gesellschafter zum Angebot bezieht sich nicht nur auf die Angebotssumme, sondern auch **auf sämtliche Bestandteile und Inhalte des Angebots wie z. B. Preisvorstellungen und Aufgabenverteilung**. Ein Anspruch eines Gesellschafters auf Zustimmung gegen andere Gesellschafter wird nur ausnahmsweise angenommen, wenn es sich um eine notwendige Geschäftsführungsmaßnahme im Sinne des § 744 Abs. 2 BGB handelt oder sich der betroffene Gesellschafter ohne vertretbaren Grund weigert zuzustimmen, obgleich der Gesellschaftszweck und das Interesse der Gesellschaft es erfordern (KG Berlin, B. v. 7. 5. 2007 – Az.: 23 U 31/06).

149.8.6 Benennung der Mitglieder und Bezeichnung eines bevollmächtigten Vertreters bei Bietergemeinschaften

12169 Eine der Regelung des § 13 Abs. 6 VOL/A 2009, dass **Bietergemeinschaften eines ihrer Mitglieder als bevollmächtigten Vertreter für den Abschluss und die Durchführung des Vertrags zu bezeichnen haben** und dass die fehlende Bezeichnung im Angebot auch nach dem Angebot, vor der Zuschlagserteilung, beigebracht werden kann, fehlt in der VOF 2009. Der Auftraggeber kann aber eine entsprechende Regelung z. B. in die Aufforderung zu den Verhandlungsgesprächen aufnehmen.

12170 Der **Sinn der Bestimmung über die Benennung eines bevollmächtigten Vertreters liegt darin, dass der Auftraggeber „spätestens kurz vor dem Vertragsschluss" wissen muss**, wer von der betreffenden Arbeitsgemeinschaft oder den sonst in Frage kommenden gemeinschaftlichen Bietern verantwortlich ist, wer der Vertragspartner sein soll und/oder wer diesen verantwortlich und mit allen Rechten und Pflichten vertritt (OLG Karlsruhe, B. v. 24. 7. 2007 – Az.: 17 Verg 6/07).

149.8.7 Literatur

– Noch, Rainer, Gemeinsam sind sie stärker – Bietergemeinschaften zu Lasten der öffentlichen Hand?, Behörden Spiegel Februar 2007, S. 19
– Ohrtmann, Nicola, Bietergemeinschaften – Chancen und Risiken, VergabeR 2008, 426

12171

149.9 Teilnahme von vorbefassten Bietern oder Bewerbern (§ 4 Abs. 5)

149.9.1 Änderung in der VOF 2009

Im Zuge der Änderung der VgV wurde die **Regelung des § 4 Abs. 5 VgV a. F. in die VOF 2009 integriert**.

12172

149.9.2 Vergleichbare Regelungen

Der Vorschrift des § 4 Abs. 5 VOF **vergleichbar** sind im Bereich der VOL/A die Regelungen der §§ 6 Abs. 6, 6 EG Abs. 7 VOL/A 2009 und im Bereich der VOB/A 2009 die Regelung des § 6a Abs. 9 VOB/A 2009.

12173

149.9.3 Sinn und Zweck der Regelung – Gesetzesbegründung zu § 4 Abs. 5 VgV (a. F.)

Die Vorschrift sollte **die so genannte Projektantenproblematik klären**. Sie betrifft die Frage, wie mit Unternehmen und Beratern umzugehen ist, die den Auftraggeber zunächst bei der Vorbereitung des Vergabeverfahrens beraten oder unterstützen und anschließend, nach Beginn des Vergabeverfahrens, als Bewerber bzw. Bieter am Vergabeverfahren teilnehmen möchten. In diesen Fällen können Gefahren für den Vergabewettbewerb bestehen, denn einerseits verfügt der Projektant durch seine vorbereitende Tätigkeit möglicherweise über einen (erheblichen) Informationsvorsprung. Zum andern kann ein Projektant möglicherweise durch seine vorbereitende Tätigkeit das Vergabeverfahren so beeinflussen, dass ihn z. B. die Leistungsbeschreibung einseitig begünstigt.

12174

In ÖPP-Vorhaben stellt sich die Projektantenproblematik häufig in besonderem Maße, da die Auftraggeber frühzeitig auf externen spezialisierten Sachverstand angewiesen sind. Darüber hinaus greifen öffentliche Auftraggeber bei ÖPP-Vorhaben häufig im Vorfeld auf die Kompetenz späterer Bieter zurück, um die Marktfähigkeit und Realisierbarkeit des Vorhabens frühzeitig sicherzustellen. In vielen Fällen beruhen ÖPP-Vorhaben auch auf der Initiative potentieller Anbieter.

12175

Die deutsche Rechtsprechung zur Projektantenproblematik ist bislang uneinheitlich. Auf europäischer Ebene hat der EuGH mit Urteil vom 3. März 2005 über eine explizite Regelung zur Projektantenproblematik im belgischen Recht entschieden (Az.: C-21/03 und C-34/03). Der **EuGH kam zunächst zu dem Ergebnis, dass die Beteiligung von Projektanten auf Bieterseite im Vergabeverfahren grundsätzlich geeignet ist, den ordnungsgemäßen Vergabewettbewerb zu gefährden. Er hielt jedoch eine Regelung für unverhältnismäßig und gemeinschaftsrechtswidrig, nach der jeder, der an der Vorbereitung des Vergabeverfahrens mitgewirkt habe, generell vom Vergabeverfahren auszuschließen sei.** Es sei vielmehr geboten, in jedem Einzelfall zu hinterfragen, ob die Beteiligung im Vorfeld den Vergabewettbewerb nachhaltig negativ beeinflussen könne.

12176

149.9.4 Rechtsprechung

149.9.4.1 Begriff der Beratung

Die Anwendung des § 4 Abs. 5 VOF setzt eine Beratung oder sonstige Unterstützung des Auftraggebers durch den Bieter im Vorfeld des Vergabeverfahrens voraus. Eine **Beratung stellt einen kommunikativen Austausch oder auch eine praktische Anleitung dar, die zum Ziel hat, eine Aufgabe oder ein Problem zu lösen.** Diese Voraussetzungen sind nicht erfüllt, wenn der Betreffende in **keinem entsprechenden Auftragsverhältnis zu der Vergabestelle** steht und weder ein rechtliches Verhältnis noch eine sonstige Beziehung bestand, innerhalb derer ein fachlicher Austausch zwischen dem Betreffenden und der Vergabestelle

12177

stattgefunden hat, der das Ziel hatte, auf die Lösung einer Aufgabe der Vergabestelle hinzuwirken (VK Hessen, B. v. 12. 2. 2008 – Az.: 69d VK – 01/2008).

149.9.4.2 Begriff der sonstigen Unterstützung

12178 Der **Begriff der "Unterstützung"** ist zwar **weiter gefasst** als der Begriff der "Beratung". Er umfasst aber nur **jede Tätigkeit im Vorfeld eines Vergabeverfahrens, die einen Bezug gerade zu diesem Verfahren aufweist**. Eine **Tätigkeit setzt ein Auftragsverhältnis zwischen den Beteiligten voraus**, das z. B. durch die bloße Beteiligung des Betreffenden an einem zwei Jahre zurückliegenden Planungswettbewerb nicht gegeben ist, insbesondere dann, der Wettbewerb weder eine Vorbereitung noch eine Art Vorstufe zu dem jetzigen Verfahren ist. Entscheidend ist, dass die Projektantenproblematik, die durch § 4 Abs. 5 VgV a. F. gelöst werden soll, nur dann zum tragen kommt, wenn der Auftraggeber vor dem Vergabeverfahren externen, spezialisierten Sachverstand eingeholt hat, um gerade das Vergabeverfahren vorzubereiten und die bestehenden Aufgaben in dessen Zusammenhang zu lösen (VK Hessen, B. v. 12. 2. 2008 – Az.: 69 d VK – 01/2008).

149.9.4.3 Begriff der Vorbefasstheit

12179 Teilweise arbeitet die Rechtsprechung in solchen Fällen auch mit dem **Begriff der Vorbefasstheit**. Von einer "Vorbefassung" in einem begrifflichen Sinne kann nur dann gesprochen werden, wenn auch der **Gegenstand des streitgegenständlichen Verhandlungsverfahrens mit dem der Vorbefassung identisch** ist. Die Identität des Ausschreibungsgegenstandes z. B. in einem VOF-Verfahren ist dabei nicht bereits dadurch gegeben, dass Objekt des ausgelobten Planungsauftrages das Gebäude ist, wie es auch vorher Gegenstand einer Studie war. Vielmehr ist es für die Entscheidung, ob mit der Aufgabenstellung z. B. 2008 eine gegenständliche Identität mit der Ausschreibung im Jahre z. B. 2002 gegeben ist, erforderlich, die **jeweilige Aufgabenstellung zum Gegenstand einer vergleichenden Betrachtung zu machen** (VK Thüringen, B. v. 12. 12. 2008 – Az.: 250–4004.20–5909/2008-015-SM).

149.9.4.4 Wissensvorsprung

12180 **§ 4 Abs. 5 VOF ist weit gefasst** und umfasst damit jede Tätigkeit im Vorfeld eines Vergabeverfahrens, die einen Bezug zu diesem Verfahren aufweist. Dies **charakterisiert die Stellung eines Projektanten** (OLG Brandenburg, B. v. 22. 5. 2007 – Az.: Verg W 13/06; VK Baden-Württemberg, B. v. 30. 3. 2007 – Az.: 1 VK 06/07; VK Nordbayern, B. v. 4. 5. 2009 – Az.: 21.VK – 3194 – 06/09).

12181 Es ist **unerheblich, ob die Vergabestelle Auftraggeberin der Tätigkeit**, die zu einem Wettbewerbsvorsprung geführt hat, war. Es **kommt auch nicht darauf an, ob der Vergabestelle der Sachverhalt**, der zu einem Wettbewerbsvorsprung geführt hat, **bekannt** war (VK Nordbayern, B. v. 9. 8. 2007 – Az.: 21.VK – 3194 – 32/07).

149.9.4.5 Ausgleich eines Wissensvorsprungs

12182 **149.9.4.5.1 Allgemeines.** Gemäß § 4 Abs. 5 VOF muss der Auftraggeber sicherstellen, dass der Wettbewerb durch die Teilnahme des vorbefassten Bieters nicht verfälscht wird. Daraus folgt, dass **der Auftraggeber bestehende Zweifel bezüglich einer Wettbewerbsverfälschung auszuräumen hat**. Denn die Verpflichtung, sicherzustellen, dass der Wettbewerb nicht verfälscht wird, umfasst notwendig auch die Pflicht, den Erfolg der Sicherstellungsbemühungen darzulegen. **Bestehen Zweifel, ist die Sicherstellung misslungen** (VK Baden-Württemberg, B. v. 30. 3. 2007 – Az.: 1 VK 06/07; VK Thüringen, B. v. 19. 9. 2008 – Az.: 250–4003.20–2110/2008-008-SHK).

12183 Die Egalisierungs- oder Sicherstellungsbemühungen zur Schaffung eines Wettbewerbs unter gleich informierten Bietern setzen voraus, dass der **Auftraggeber Indizien hat oder zumindest eine auf greifbaren Tatsachen beruhende Vermutung für eine Wettbewerbsverzerrung hegt**, aus der sich weitere Maßnahmen ergeben könnten (VK Sachsen, B. v. 28. 10. 2008 – Az.: 1/SVK/054-08).

12184 **149.9.4.5.2 Ethikerklärung.** Manche öffentlichen Auftraggeber versuchen die **Projektantenproblematik über den Weg einer Ethikerklärung auszuräumen**. Die in einer solchen **Ethikerklärung geforderte Angabe, ob ein Bieter in den letzten 18 Monaten für den Auftraggeber Beratungsleistungen erbracht hat, dient der Sicherung des Wettbewerbs**. Indem der Auftraggeber den Abschluss von Verträgen mit solchen Bietern ausschließt, die innerhalb des genannten Zeitraums beratend für ihn tätig waren, wird vermieden, dass diese Bieter aufgrund eines durch ihre Beratungstätigkeit erlangten Informationsvorsprungs Kalkulationsvorteile gegenüber anderen Bietern haben oder im Rahmen ihrer Beratungstätigkeit bei der Ausgestaltung der ausgeschriebenen Maßnahme mitgewirkt und infolge dessen die jeweiligen Anforderungen eher erfüllen als andere Bieter. Die aktuelle **Rechtsprechung hat keine Bedenken gegen die Forderung nach einer solchen Erklärung geäußert** (2. VK Bund, B. v. 27. 3. 2007 – Az.: VK 2–18/07).

149.9.4.5.3 Ausschluss eines Bewerbers oder Bieters. In Übereinstimmung mit den Vorgaben des europäischen Rechts **verpflichtet die Regelung in § 4 Abs. 5 den Auftraggeber, bei einem Einsatz von sog. Projektanten sicherzustellen, dass der Wettbewerb nicht verfälscht wird.** Dies kann insbesondere bedeuten, dass der Auftraggeber einen etwaigen Informationsvorsprung des Projektanten gegenüber anderen Bietern oder Bewerbern ausgleicht. Nur wenn keine geeigneten Maßnahmen in Betracht kommen, die eine Verfälschung des Wettbewerbs verhindern, kommt ein Ausschluss des Projektanten vom Vergabeverfahren in Betracht (OLG Düsseldorf, B. v. 4. 5. 2009 – Az.: VII-Verg 68/08; VK Baden-Württemberg, B. v. 30. 3. 2007 – Az.: 1 VK 06/07; 1. VK Bund, B. v. 9. 10. 2009 – Az.: VK 1–176/09; 3. VK Bund, B. v. 4. 11. 2009 – Az.: VK 3–190/09; VK Sachsen, B. v. 26. 6. 2009 – Az.: 1/SVK/024-09; B. v. 28. 10. 2008 – Az.: 1/SVK/054-08). Der **Ausschluss** des „vorbefassten Bewerbers" ist **ultima ratio** (VK Sachsen, B. v. 26. 6. 2009 – Az.: 1/SVK/024-09; B. v. 28. 10. 2008 – Az.: 1/SVK/054-08). Die Gründe, die für den im Einzelfall in Betracht kommenden Ausschluss eines Unternehmens aus dem Wettbewerb sprechen könnten, **bestehen auch in einem Verhandlungsverfahren** darin, dass wegen des aus den vorbereitenden Planungsarbeiten erlangten Informationsvorsprungs die Gefahr einer Begünstigung des Angebots des planenden Unternehmens im Vergabeverfahren bestehen kann bzw. das planende Unternehmen unbeabsichtigt versuchen kann, die Bedingungen für den öffentlichen Auftrag in seinem Sinn zu beeinflussen (OLG Düsseldorf, B. v. 4. 5. 2009 – Az.: VII-Verg 68/08).

12185

149.9.4.6 Gestufte Verteilung der Beweislast

Hinsichtlich einer möglichen Wettbewerbsverzerrung ergibt sich daraus folgende **gestufte Verteilung der Beweislast**:

– (1) Zunächst muss **eine auf Tatsachen oder Indizien beruhende, greifbare Vermutung für eine Wettbewerbsverzerrung** bestehen.

– (2) Weiter muss dann eine **Kausalität zwischen der Unterstützungsleistung und der möglichen Wettbewerbsverzerrung** bestehen. Damit sind die Wettbewerbsverzerrungen, die nicht mit der Beratungs-/Unterstützungsleistung zusammenhängen, wie beispielsweise eine reine Konzernverbundenheit oder Personenidentität, nicht unter § 4 Abs. 5 VOF zu subsumieren, denn in diesen Fällen besteht die Möglichkeit des Ausschlusses nach § 97 Abs. 1 GWB.

– (3) Erst dann ist der „**vorbefasste Bewerber" aufgefordert, nachzuweisen**, dass ihm durch die Vorbefassung kein ungerechtfertigter Vorteil erwachsen ist. Gelingt ihm dies nicht, so hat der Auftraggeber zur Wahrung der Grundsätze aus § 97 GWB die geeigneten Maßnahmen zu treffen. Gelingt hingegen dem Auftraggeber auf der zuvorigen Stufe bereits nicht eine konkrete, greifbare Wettbewerbsverfälschung zu benennen, so entsteht schon keine Entlastungspflicht des Bieters. Andernfalls würde hierdurch dem **Bieter zugemutet, sich gegen einen konturlosen Schatten zu verteidigen**

(VK Sachsen, B. v. 28. 10. 2008 – Az.: 1/SVK/054-08).

12186

149.9.4.7 Weitere Beispiele aus der – älteren – Rechtsprechung

– grundsätzlich gilt, dass ein vorbefasster Bieter oder Bewerber gem. § 4 Abs. 5 VgV **nur dann auszuschließen ist, wenn die durch seine Beteiligung eingetretene Wettbewerbsverfälschung durch andere Maßnahmen, so z. B. durch Herstellung eines Informationsgleichstandes aller Bieter nicht hergestellt werden kann.** Dabei trifft die **VSt die Darlegungs- und Beweislast, dass sie ihrer Pflicht, den Wettbewerb sicher zu stellen, nachgekommen** ist. Kann die VSt nicht darstellen, dass ein Ausgleich des Wissensvorsprungs durch eine angemessene Einsicht in die vorhandenen Unterlagen nicht ausreichend ausgeglichen werden könnte, kommt ein Ausschluss – der das letzte Mittel ist, wenn der Wettbewerb nicht anders sichergestellt werden kann – nicht in Betracht (VK Nordbayern, B. v. 4. 5. 2009 – Az.: 21.VK – 3194 – 06/09)

12187

- eine **Vorbefassung** mit dem Gesamtprojekt durch die von einem Bewerber seinerzeit durchgeführte Begutachtung der Stromversorgung der genannten Rechenzentren und dem Aufzeigen möglicher Lösungswege zur Erhöhung der Versorgungssicherheit ist **vergaberechtlich unschädlich**, solange der **Auftraggeber gewährleistet, dass im Zuge des Verhandlungsverfahrens alle (ausgewählten) Bewerber den gleichen Informationsstand erhalten**, indem **allen Bewerbern insbesondere auch die Ergebnisse der seinerzeitigen Sachverständigentätigkeit offen gelegt** werden. Dazu ist der Auftrageber nach der im Rahmen des ÖPP-Beschleunigungsgesetzes 2006 einfügten Regelung des § 4 Abs. 5 VgV ausdrücklich verpflichtet (VK Niedersachsen, B. v. 11. 2. 2009 – Az.: VgK-56/2008)
- die **Identität des Gegenstandes** des Verhandlungsverfahrens 2008 mit dem der Studie 2002 ist nicht mehr gegeben, wenn ein **erheblicher zeitlicher Abstand** der zu bearbeitenden Aufgaben (z. B. aus 2002 und 2008) besteht, wenn sich die **inhaltlichen Vorgaben wesentlich geändert** haben und wenn die **Zielstellung unterschiedlich** ist. Bestand z. B. eine Aufgabenstellung darin, den Inhalt und den voraussichtlichen Umfang von Baumaßnahmen, einschließlich der dabei entstehenden Kosten für eine Generalsanierung zu ermitteln, und stehen bei der neuen Aufgabenstellung im Mittelpunkt des Verhandlungsverfahrens die Teilnehmer selbst, fehlt die Identität (VK Thüringen, B. v. 19. 9. 2008 – Az.: 250–4003.20-2110/2008-008-SHK)
- aus §§ 4 Abs. 5, 6 Abs. 3 VgV in Verbindung mit dem Urteil des EuGH vom 3. März 2005 (C-21/03 u. C-34/03 – Fabricom) folgt, dass **allein der Umstand, dass ein Bieter bereits vor Einleitung des Vergabeverfahrens für den Auftraggeber mit dem Gegenstand der Ausschreibung befasst gewesen war, nicht dessen Ausschluss rechtfertigt**. Im konkreten Fall hat die **Vergabestelle einem möglichen Informationsvorsprung** des Beigeladenen dadurch **Rechnung getragen**, dass sie **allen Interessenten** nicht nur **sämtliche Unterlagen zur Verfügung** stellte, die unter Mitwirkung des Beigeladenen entstanden waren. Den **Bietern war es sogar ausdrücklich erlaubt, Ergebnisse der vorbefassten Planer**, also auch des Beigeladenen, **in ihr Konzept einfließen** zu lassen. Außerdem hatten alle Bieter die **Möglichkeit zu einer eingehenden Besichtigung der Bestandsimmobilie** (OLG Koblenz, B. v. 6. 11. 2008 – Az.: 1 Verg 3/08)
- die **abstrakte Möglichkeit der Vorteilserlangung reicht nicht aus**. Nur derjenige Wissensvorsprung, der konkret für die ausgeschriebenen Leistungen von Vorteil ist, ist vergaberechtlich bedeutsam. Wollte man die abstrakte Möglichkeit der Wettbewerbsbeeinträchtigung ausreichen, also „den bösen Schein" genügen lassen, läge darin ein Verstoß gegen den Grundsatz, dass Gegenstand des Nachprüfungsverfahrens immer nur Vergabeverstöße sein können, welche konkret geeignet sind, sich auf Angebot und/oder Wertung im jeweiligen Einzelfall auszuwirken. Erscheint eine **konkrete Wettbewerbsverfälschung bei sachlicher Betrachtung der ausgeschriebenen Leistung möglich**, so **obliegt dem betreffenden Unternehmen der Nachweis, dass ihm durch die Vorbefassung kein ungerechtfertigter Vorteil erwachsen ist**. Dem Auftraggeber obliegt daneben die Verpflichtung, **den Wissensvorsprung des einen Bieters auszugleichen durch Information aller anderen Bieter**. Gelingt beides nicht, so kann zur Wahrung der Grundsätze aus § 97 GWB der Ausschluss des vorbefassten Unternehmens erfolgen (OLG Brandenburg, B. v. 22. 5. 2007 – Az.: Verg W 13/06)
- besteht der Wissensvorsprung in einer ausgeführten Ausführungsplanung, ist zum Ausgleich ein intensives Durcharbeiten der Unterlagen erforderlich. Diese umfassen 11 Ordner mit jeweils etwa 10–20 Plänen. 7,5 Tage reichen hier nach Überzeugung der Kammer nicht aus. Die Kammer ist vielmehr der Ansicht, dass allein, um sich das bei der Beantwortung der Fragen im Vergabegespräch vorteilhafte Wissen der Beigeladenen u. a. über Schnittstellen und Planungen von Drittanbietern zu erarbeiten, ein **Zeitraum von drei bis vier Wochen notwendig** ist (VK Baden-Württemberg, B. v. 30. 3. 2007 – Az.: 1 VK 06/07).

149.9.5 Literatur

12188
- Behrens, Hans-Werner, Zulassung zum Vergabewettbewerb bei vorausgegangener Beratung des Auftraggebers – Zur Projektantenproblematik auf der Grundlage der Neuregelung des § 4 V VgV, NZBau 2006, 752
- Kolpatzik, Christoph, „Berater als Bieter" vs „Bieter als Berater", VergabeR 2007, 279
- Kupczyk, Björn, Die Projektantenproblematik im Vergaberecht, NZBau 2010, 21

Vergabeordnung für freiberufliche Leistungen VOF § 4 **Teil 5**

- Müller-Wrede, Malte/Lux, Johannes, Die Behandlung von Projektanten im Vergabeverfahren
  - Zugleich eine Anmerkung zu OLG Düsseldorf, Beschl. vom 25. 10. 2005 - Verg 67/05 und VK Bund, Beschl. vom 6. 6. 2005 - VK 2-33/05, ZfBR 2006, 327
- Prieß, Hans-Joachim/Frinton, Pascal, Ausschluss bleibt Ausnahme, NZBau 2009, 300

149.10 Zwingende Ausschlussgründe (§ 4 Abs. 6)

149.10.1 Änderung in der VOF 2009

Im Vergleich zu § 11 VOF 2006 **erstreckt sich diese zwingende Ausschlussregelung sowohl auf Bewerber als auch auf Bieter.** 12189

149.10.2 Allgemeines

§ 4 Abs. 6 legt fest, dass ein Bewerber oder Bieter von der Teilnahme an einem Vergabeverfahren **wegen Unzuverlässigkeit auszuschließen** ist, wenn der Auftraggeber Kenntnis davon hat, dass eine Person, deren Verhalten dem Unternehmen zuzurechnen ist, rechtskräftig wegen Verstoßes gegen bestimmte Vorschriften verurteilt worden ist. Ein **Verhalten einer rechtskräftig verurteilten Person ist einem Unternehmen zuzurechnen,** wenn sie für dieses Unternehmen bei der Führung der Geschäfte selbst verantwortlich gehandelt hat oder ein Aufsichts- oder Organisationsverschulden gemäß § 130 des Gesetzes über Ordnungswidrigkeiten (OWiG) einer Person im Hinblick auf das Verhalten einer anderen für das Unternehmen handelnden, rechtskräftig verurteilten Person vorliegt. 12190

Diese **Regelung entspricht der zwingenden Vorschrift des Art. 45 Abs. 1 der Vergabekoordinierungsrichtlinie,** die in die nationalen Straf- und Ordnungswidrigkeitsbestimmungen umgesetzt wurde. 12191

149.10.3 Keine Verpflichtung zur Vorlage einer Bestätigung nach § 4 Abs. 6

§ 4 Abs. 6 VOF regelt einen Ausschlusstatbestand, jedoch nicht die Frage, ob und welche Nachweise sich ein öffentlicher Auftraggeber von den Bietern zum Beleg ihrer Zuverlässigkeit vorlegen lassen muss. Ebenso wenig wie bei anderen Vergabeverfahren erscheint es nicht angezeigt, ohne weitere Anhaltspunkte die potentiellen Bieter von vornherein gleichsam unter einen Generalverdacht zu stellen, die in § 4 Abs. 6 VOF genannten schwerwiegenden Tatbestände verwirklicht zu haben. Ein **öffentlicher Auftraggeber braucht sich daher weder hier noch in anderen Vergabeverfahren von einem Bieter grundsätzlich ausdrücklich bestätigen oder bescheinigen zu lassen,** dass dieser nicht wegen einer solchen Tat rechtskräftig verurteilt wurde (1. VK Bund, B. v. 26. 11. 2009 - Az.: VK 1-197/09). 12192

149.10.4 Über die Aufzählung in § 4 Abs. 6 hinausgehende Straftatbestände

Ein **Verstoß gegen § 266a StGB** (Vorenthalten und Veruntreuen von Arbeitsentgelt) ist **keine schwere Verfehlung,** für die ohne weiteres ein Ausschluss wegen Unzuverlässigkeit nach **§ 4 Abs. 6 VOF** vorgegeben ist (VK Nordbayern, B. v. 22. 1. 2007 - Az.: 21.VK - 3194 - 44/06). 12193

149.10.5 Kein Verbot der Forderung nach Vorlage eines Führungszeugnisses bereits mit dem Angebot

§ 4 Abs. 6 VOF bzw. Art. 45 der Richtlinie 2004/18/EG verbietet es den **Auftraggebern nicht, bereits mit der Vorlage des Angebots Führungszeugnisse zu verlangen.** Eine **Auslegung** des Art. 45 der EU-Richtlinie dahingehend, dass ein Auftraggeber **nur dann berechtigt sei, ein Führungszeugnis von den Bewerbern zu verlangen, wenn er bereits Kenntnis davon habe, dass einer der in § 45 Abs. 1 genannten Ausschlussgründe vorliegt, lässt sich weder dem Wortlaut der Richtlinie entnehmen noch ist dies mit Sinn und Zweck der Regelung vereinbar.** Nach Art. 45 Abs. 1 Satz 1 der Richtlinie ist ein Bieter von der Teilnahme an einem Vergabeverfahren auszuschließen, wenn der Auftraggeber Kenntnis davon hat, dass der Bieter wegen einer der dort genannten Straftatbestände rechtskräf- 12194 tig verurteilt wurde. Der nachfolgende Text, § 45 Abs. 1 letzter Absatz, lautet dann ganz neutral, dass der Auftraggeber zum Zwecke der Anwendung dieses Absatzes gegebenenfalls Unterlagen verlangen kann. Es erschließt sich nicht, weshalb man angesichts dieses Wortlauts dem Text entnehmen will, dass der Auftraggeber erst nach Kenntnis soll Unterlagen verlangen dürfen. Diese Textzeilen so zu verstehen, dass es dem Auftraggeber gestattet ist, Nachweise zu fordern, um zu ermitteln, ob der Ausschlussgrund gegeben ist. Der Formulierung in § 4 Abs. 6 VOF bzw. § 45 Abs. 3 der Richtlinie kann ebenfalls nicht entnommen werden, dass es dem Auftraggeber nicht gestattet sein sollte, Führungszeugnisse bereits mit dem Angebot zu verlangen. Mit der Formulierung, dass der Auftraggeber zum Nachweis dafür, dass ein Bewerber wegen der genannten Delikte nicht vorbestraft ist bzw. dass die Kenntnis hiervon unrichtig ist, ein Strafregisterauszug oder eine gleichwertige Urkunde zu akzeptieren habe, wird lediglich zum Ausdruck gebracht, dass der Bewerber mit diesem Mitteln den Gegenbeweis führen kann, wenn der Auftraggeber nicht schon zuvor eigene Ermittlungen mit diesen Nachweisen angestellt hat. Und es wird hiermit zum Ausdruck gebracht, dass diese Nachweise zwingende Aussagekraft genießen (VK Baden-Württemberg, B. v. 10. 10. 2008 – Az.: 1 VK 31/08).

149.10.6 Literatur

12195 – Ohrtmann, Nicola, Korruption im Vergaberecht, Konsequenzen und Prävention – Teil 1: Ausschlussgründe, NZBau 2007, 201

149.11 Fakultativer Ausschluss von Bewerbern oder Bietern (§ 4 Abs. 9)

149.11.1 Änderung in der VOF 2009

12196 Im Vergleich zu § 11 Abs. 4 VOF 2006 **erstreckt sich diese fakultative Ausschlussregelung sowohl auf Bewerber als auch auf Bieter.**

149.11.2 Sinn und Zweck der Regelung

12197 Der **Tatbestand von § 4 Abs. 9 VOF zielt darauf ab, dass beim Vorliegen bestimmter, typisierend verwendeter Merkmale Bieter oder Bewerber keine zureichende Gewähr dafür bieten, den abzuschließenden Vertrag ordnungsgemäß erfüllen zu können**. Die Tatbestandselemente der Norm betreffen die Eignungsmerkmale der Fachkunde, Leistungsfähigkeit und Zuverlässigkeit. Da sie nach dem Norminhalt und -zweck (nur) in einem typisierenden Sinn zu verstehen sind, ist die **Entscheidung über den Ausschluss dem Ermessen des Auftraggebers anheim gegeben – und seinem Beurteilungsspielraum**, soweit es den Tatbestand der Fachkunde, Leistungsfähigkeit und Zuverlässigkeit betrifft (KG Berlin, B. v. 13. 3. 2008 – Az.: 2 VERG 18/07; OLG Düsseldorf, B. v. 5. 12. 2006 – Az.: VII – Verg 56/06; VK Brandenburg, B. v. 16. 10. 2007 – Az.: VK 38/07; 1. VK Bund, B. v. 29. 10. 2007 – Az.: VK 1–110/07; VK Lüneburg, B. v. 12. 6. 2007 – Az.: VgK-23/2007; VK Münster, B. v. 13. 2. 2007 – Az.: VK 17/06).

149.11.3 Ermessensentscheidung

12198 Die Vergabestelle verfügt **auf der Tatbestandsseite des § 4 Abs. 9 VOF über einen Beurteilungsspielraum** bei der Einschätzung, ob ein Bieter trotz des Vorliegens eines Ausschlussgrundes noch die erforderliche Eignung aufweist oder ob er vom Vergabewettbewerb auszuschließen ist. Die **Entscheidung über den Ausschluss (Rechtsfolgenseite) ist eine Ermessensentscheidung** (KG Berlin, B. v. 13. 3. 2008 – Az.: 2 VERG 18/07; Hanseatisches OLG Bremen, B. v. 24. 5. 2006 – Az.: Verg 1/2006; OLG Düsseldorf, B. v. 9. 6. 2010 – Az.: VII-Verg 14/10; B. v. 5. 12. 2006 – Az.: VII – Verg 56/06; OLG Frankfurt, B. v. 24. 6. 2004 – Az.: 11 Verg 6/04; OLG München, B. v. 21. 8. 2008 – Az.: Verg 13/08; Saarländisches OLG, B. v. 18. 12. 2003 – Az.: 1 Verg 4/03; VK Brandenburg, B. v. 16. 10. 2007 – Az.: VK 38/07; 1. VK Bund, B. v. 29. 10. 2007 – Az.: VK 1–110/07; 2. VK Bund, B. v. 17. 8. 2005 – Az.: VK 2–81/05; VK Düsseldorf, B. v. 16. 2. 2006 – Az.: VK – 02/2006 – L; B. v. 31. 10. 2005 – Az.: VK – 30/2005 – B; VK Hessen, B. v. 28. 6. 2005 – Az.: 69d VK – 07/2005; VK Lüneburg, B. v. 18. 10. 2005 – Az.: VgK-47/2005; VK Münster, B. v. 13. 2. 2007 – Az.: VK 17/06; VK Schleswig-Holstein, B. v. 26. 10. 2004 – Az.: VK-SH 26/04). **Ermessen bedeutet**, dass der Ausschreibende eine auf sachlichen Erwägungen beruhende Entscheidung über die weitere Teil-

Vergabeordnung für freiberufliche Leistungen VOF § 4 **Teil 5**

nahme der einzelnen Bieter zu treffen hat (OLG Düsseldorf, B. v. 9. 6. 2010 – Az.: VII-Verg 14/10; OLG München, B. v. 21. 4. 2006 – Az.: Verg 8/06). Der Anspruch der übrigen Teilnehmer an der Ausschreibung geht nicht weiter. Zwar können diese von ihr eine ermessensfehlerfreie Entscheidung verlangen. Auch das bedeutet jedoch nur, dass sie ihre Entscheidung nicht aus unsachlichen Gründen treffen darf und kann. Eine hinreichend sachlich motivierte und begründete Entscheidung zugunsten auch eines ungetreuen Bieters ist ihr jedoch auch danach nicht schlechthin verwehrt (BGH, Urteil v. 18. 9. 2001 – Az: X ZR 51/00; OLG Düsseldorf, B. v. 5. 12. 2006 – Az.: VII – Verg 56/06; 1. VK Bund, B. v. 29. 10. 2007 – Az.: VK 1-110/07).

Das Vorliegen eines der in **§ 4 Abs. 9 VOF** genannten Tatbestände lässt **grundsätzlich auf einen solch gravierenden Mangel an Eignung** schließen, dass ein **Ausschluss zwar regelmäßig gerechtfertigt, nicht aber zwingend geboten** ist (1. VK Bund, B. v. 11. 10. 2002 – Az.: VK 1–75/02). 12199

Im Einzelfall kann sich dieses **Ermessen auf Null reduzieren** mit der Folge, dass eine Pflicht zum Ausschluss besteht (1. VK Bund, B. v. 29. 10. 2007 – Az.: VK 1–110/07). Maßgeblich muss unter dem Gesichtspunkt des Eignungsprinzips sein, ob und in welchem Umfang der zu beurteilende Sachverhalt geeignet ist, die Leistungsfähigkeit des Bieters in Frage zu stellen. 12200

Der **Beurteilungsspielraum wird nur dann überschritten,** 12201
– wenn ein **vorgeschriebenes Verfahren nicht eingehalten** wird,
– wenn nicht von einem **zutreffenden und vollständig ermittelten Sachverhalt** ausgegangen wird (1. VK Sachsen, B. v. 28. 1. 2004 – Az.: 1/SVK/158-03),
– wenn **sachwidrige Erwägungen** in die Wertung **einbezogen** werden oder
– wenn der sich im Rahmen der Beurteilungsermächtigung haltende **Beurteilungsmaßstab nicht zutreffend angewandt** wird
(OLG Düsseldorf, B. v. 9. 6. 2010 – Az.: VII-Verg 14/10; VK Baden-Württemberg, B. v. 31. 3. 2003 – Az.: 1 VK 13/03; VK Brandenburg, B. v. 16. 10. 2007 – Az.: VK 38/07; VK Nordbayern, B. v. 18. 9. 2003 – Az.: 320.VK-3194-31/ 03).

Die **Ausübung des Ermessens muss erfolgen und dokumentiert** werden (OLG Düsseldorf, B. v. 9. 6. 2010 – Az.: VII-Verg 14/10; 1. VK Bund, B. v. 29. 10. 2007 – Az.: VK 1-110/07; VK Lüneburg, B. v. 12. 6. 2007 – Az.: VgK-23/2007; B. v. 18. 10. 2005 – Az.: VgK-47/2005; VK Südbayern, B. v. 7. 7. 2006 – Az.: 11-04/06). 12202

Sowohl die **Ermessensausübung** als auch der vorgelagerte **Betätigung des Beurteilungsspielraums unterliegen der Kontrolle der Nachprüfungsinstanzen** darauf, ob die nach allgemeinen Grundsätzen zu beachtenden Grenzen eingehalten worden sind (OLG Düsseldorf, B. v. 5. 12. 2006 – Az.: VII – Verg 56/06; VK Brandenburg, B. v. 16. 10. 2007 – Az.: VK 38/07; 1. VK Bund, B. v. 29. 10. 2007 – Az.: VK 1–110/07; VK Münster, B. v. 13. 2. 2007 – Az.: VK 17/06). 12203

Zur **Bindung** des öffentlichen Auftraggebers **an eine einmal getroffene Ermessensentscheidung** vgl. die **Kommentierung zu § 97 GWB Rdn. 1327 ff.** 12204

149.11.4 Die einzelnen Ausschlussgründe nach § 4 Abs. 9

149.11.4.1 Unternehmen im Insolvenz- oder einem vergleichbaren Verfahren (§ 4 Abs. 9 lit. a)

149.11.4.1.1 Allgemeines. Der Ausschlussgrund des § 4 Abs. 9 lit. a) VOF knüpft an den **Wegfall der finanziellen Leistungsfähigkeit** des Teilnehmers an. Der öffentliche Auftraggeber hat ein berechtigtes Interesse daran, dass der Bewerber bzw. Bieter während der Ausführung des Dienstleistungsauftrags und für die Dauer der Gewährleistung über ausreichende finanzielle Mittel verfügt, um die Dienstleistung ordnungsgemäß und pünktlich auszuführen und Mängelansprüche zu erfüllen (VK Nordbayern, B. v. 18. 9. 2003 – Az.: 320.VK-3194-31/03). 12205

Ein **durchgeführter Verlustausgleich durch einen Gesellschafter stellt keine Insolvenzsituation** dar (2. VK Bund, B. v. 17. 8. 2005 – Az.: VK 2–81/05). 12206

149.11.4.1.2 Insolvenz eines Mitgliedes einer Bietergemeinschaft. Allein die Tatsache der vorläufigen Insolvenz oder der Eröffnung des Insolvenzverfahrens über das Vermögen eines Mitglieds einer anbietenden Bietergemeinschaft führt nicht zur zwingenden Nichtberücksichti- 12207

Teil 5 VOF § 4 Vergabeordnung für freiberufliche Leistungen

gung des Bieters wegen mangelnder Eignung, sondern **ermöglicht lediglich einen ermessensgebundenen Ausschlussgrund** (1. VK Sachsen, B. v. 1. 10. 2002 – Az.: 1/SVK/084-02).

12208 Befindet sich **nur ein Partner einer Bietergemeinschaft in Insolvenz**, ist allerdings der **Ausschluss der gesamten Bietergemeinschaft gerechtfertigt** (VK Nordbayern, B. v. 18. 9. 2003 – Az.: 320.VK-3194-31/03).

12209 **149.11.4.1.3 Ermessensentscheidung.** § 4 Abs. 9 lit. a) VOF **erlaubt dem öffentlichen Auftraggeber keineswegs**, einen Bieter oder Bewerber **allein aufgrund einer durch die Eröffnung eines Insolvenzverfahrens eingetretenen abstrakten Gefährdungslage**, ohne eine gezielte und konkrete Überprüfung seiner Eignung, d. h. einer Fachkunde, Leistungsfähigkeit und Zuverlässigkeit trotz eingeleiteten Insolvenzverfahrens, ohne Betätigung des dabei auf der Tatbestandsseite auszuübenden Beurteilungsspielraums und des auf der Rechtsfolgenseite eingeräumten Ermessens und vor allen Dingen ohne eine Kontrolle der bei der Ausübung von Beurteilungs- und Ermessensspielräumen einzuhaltenden Grenzen vom Wettbewerb **auszuschließen** (OLG Düsseldorf, B. v. 5. 12. 2006 – Az.: VII – Verg 56/06).

12210 Der Auftraggeber hat gemäß § 4 Abs. 9 lit. a) VOF einen **Beurteilungsspielraum**, den die Vergabekammer nicht vorwegnehmen kann (VK Arnsberg, B. v. 10. 3. 2006 – Az.: VK 03/06). Der Auftraggeber hat die finanzielle Leistungsfähigkeit der Bieter zu überprüfen. Gegebenenfalls kommt eine **Ermessensreduzierung auf Null** wegen Wegfall der finanziellen Leistungsfähigkeit in Betracht. **Es kann einem Auftraggeber auch nicht verwehrt werden, im Falle der Insolvenz mit dem Insolvenzverwalter „Verhandlungen" zu führen** (VK Brandenburg, B. v. 14. 3. 2005 – Az.: VK 7/05).

12211 **149.11.4.1.4 Nachweis für das Nichtvorliegen der Insolvenz und Liquidation. Grundsätzlich ist es unbedenklich, von Bewerbern Erklärungen, die sich auf die Ausschlussgründe des § 4 Abs. 9 lit. a) – e) VOF beziehen, zu verlangen.** Voraussetzung dazu ist nicht bereits ein Anfangsverdacht oder gar ein schon konkretisierter Verdacht, der auf das Bestehen eines Ausschlussgrundes hindeutet. Aus § 4 Abs. 9 VOF ergibt sich diese Einschränkung nicht (OLG München, B. v. 27. 1. 2005 – Az.: Verg 002/05).

12212 **Grundsätzlich genügt als Nachweis für das Nichtvorliegen der Insolvenz und Liquidation** – und damit das Nichtvorliegen des Ausschlusstatbestandes nach § 4 Abs. 9 VOF – eine **einfache Eigenerklärung (Selbstauskunft)**, es sei denn, der Auftraggeber fordert ausdrücklich eine qualifizierte (Fremd-)Erklärung (OLG Düsseldorf, B. v. 4. 6. 2008 – Az.: VII-Verg 21/08).

149.11.4.2 Nachweislich festgestellte schwere Verfehlung (§ 4 Abs. 9 lit. c)

12213 **149.11.4.2.1 Begriff der schweren Verfehlung. 149.11.4.2.1.1 Allgemeines.** Beim Begriff der „schweren Verfehlung" handelt es sich um einen **unbestimmten Rechtsbegriff, bei dessen Auslegung der Vergabestelle ein Beurteilungsspielraum zukommt** (OLG München, B. v. 21. 5. 2010 – Az.: Verg 02/10).

12214 Eine schwere Verfehlung im Sinne des § 4 Abs. 9 lit. c) VOF muss **bei wertender Betrachtung vom Gewicht her** den **zwingenden Ausschlussgründen** des § 4 Abs. 6 VOF **zumindest nahe kommen** (OLG Düsseldorf, B. v. 9. 4. 2008 – Az.: VII-Verg 2/08; im Ergebnis ebenso 2. VK Bund, B. v. 15. 5. 2009 – Az.: VK 2–21/09). „Schwere Verfehlungen" sind also **erhebliche Rechtsverstöße**, die geeignet sind, die Zuverlässigkeit eines Bewerbers grundlegend in Frage zu stellen. Sie müssen schuldhaft begangen worden sein und erhebliche Auswirkungen haben (OLG München, B. v. 21. 5. 2010 – Az.: Verg 02/10).

12215 **149.11.4.2.1.2 Unspezifizierte Vorwürfe, Vermutungen oder vage Verdachtsgründe.** Es besteht in Rechtsprechung und Schrifttum Einigkeit, dass **unspezifizierte Vorwürfe, Vermutungen oder vage Verdachtsgründe nicht ausreichen** (Hanseatisches OLG Bremen, B. v. 24. 5. 2006 – Az.: Verg 1/2006; OLG Düsseldorf, B. v. 28. 7. 2005 – Az.: VII – Verg 42/05; OLG München, B. v. 21. 5. 2010 – Az.: Verg 02/10; VK Baden-Württemberg; B. v. 28. 1. 2009 – Az.: 1 VK 58/08; VK Düsseldorf, B. v. 13. 3. 2006 – Az.: VK – 08/2006 – L; VK Münster, B. v. 26. 8. 2009 – Az.: VK 11/09). Vielmehr müssen die schwere Verfehlungen belegenden **Indiztatsachen einiges Gewicht** haben (LG Düsseldorf, Urteil v. 16. 3. 2005 – Az.: 12 O 225/04; VK Düsseldorf, B. v. 31. 10. 2005 – Az.: VK – 30/2005 – B). Sie müssen kritischer Prüfung durch ein mit der Sache befasstes Gericht standhalten und die Zuverlässigkeit des Bieters nachvollziehbar in Frage stellen. Voraussetzung für einen Ausschluss ist, dass **konkrete**, z. B. durch schriftlich fixierte Zeugenaussagen, sonstige Aufzeichnungen, Belege oder Schriftstücke **objektivierte Anhaltspunkte für schwere Verfehlungen bestehen** (VK Nordbayern, B. v. 22. 1. 2007 – Az.: 21.VK – 3194 - 44/06). Die verdachtbegründenden Umstände müssen zudem **aus seriösen Quellen** stammen und der Verdacht muss einen gewissen Grad an „Erhärtung" erfahren haben. Das **Vorliegen eines rechtskräftigen Urteils ist demgegenüber nicht erforderlich** (VK Düsseldorf, B. v. 13. 3. 2006 – Az.: VK – 08/2006 – L; VK Nordbayern, B. v. 22. 1. 2007 – Az.: 21.VK – 3194 - 44/06). Auch die **Anklageerhebung und die Eröffnung des Hauptverfahrens brauchen nicht abgewartet zu werden**. Wollte man in Fällen, bei denen die zum Ausschluss führenden Verfehlungen ein strafrechtlich relevantes Verhalten zum Gegenstand haben, verlangen, dass eine Anklageerhebung oder gar eine rechtskräftige Verurteilung erfolgt ist, würde das in der Praxis zu schwer erträglichen Ergebnissen führen. Zwischen dem Bekannt werden strafbarer Handlungen, der Anklageerhebung und deren rechtskräftiger Aburteilung liegen – gerade bei Straftaten mit wirtschaftlichem Bezug – oft Jahre. Dem öffentlichen **Auftraggeber** kann bei dringenden Verdachtsmomenten, zumal, wenn sich die vorgeworfenen Taten gegen ihn selbst oder ihm nahe stehende Unternehmen richten, **nicht zugemutet werden**, mit dem betreffenden Bewerber dessen ungeachtet **weiter ohne Einschränkungen in Geschäftsverkehr zu treten**, denn dies setzt gegenseitiges Vertrauen voraus (Saarländisches OLG, B. v. 18. 12. 2003 – Az.: 1 Verg 4/03; LG Berlin, Urteil v. 22. 3. 2006 – Az.: 23 O 118/04).

Allein die **Angaben von Zeugen, die ein unmittelbares oder mittelbares Eigeninteresse am Ausschluss eines Bieters haben**, etwa weil sie oder deren Arbeitgeber mit dem Bieter in Konkurrenz stehen, sind deshalb **nicht ausreichend**, erforderlich sind vielmehr darüber hinausgehende objektive Belege (OLG München, B. v. 21. 5. 2010 – Az.: Verg 02/10). 12216

149.11.4.2.1.3 Tatbestände. Nicht jedes Fehlverhalten eines Bieters führt zwingend zum Ausschluss seines Angebots. Eine Verfehlung ist nur dann **schwer, wenn sie schuldhaft begangen wird und erhebliche Auswirkungen hat** (LG Düsseldorf, Urteil v. 16. 3. 2005 – Az.: 12 O 225/04; 2. VK Bund, B. v. 15. 5. 2009 – Az.: VK 2–21/09; B. v. 13. 7. 2005 – Az.: VK 2–75/05; VK Düsseldorf, B. v. 31. 10. 2005 – Az.: VK – 30/2005 – B; VK Nordbayern, B. v. 22. 1. 2007 – Az.: 21.VK – 3194 - 44/06). 12217

Unter schweren Verfehlungen sind nur folgende Umstände zu fassen: **Verstöße gegen strafrechtliche Vorschriften** (z. B. Beamtenbestechung, Vorteilsgewährung, Diebstahl, Unterschlagung, Erpressung, Betrug, Untreue und Urkundenfälschung, die noch zu keiner – zumindest erstinstanzlichen – Verurteilung geführt haben, **Verstöße gegen das GWB** (z. B. Preisabsprachen) **und UWG sowie Verstöße gegen zivil- und arbeitsrechtliche Vorschriften**, wie z. B. nach §§ 823, 826, 123, 134, 138 BGB (1. VK Sachsen, B. v. 25. 6. 2003 – Az.: 1/SVK/051-03). 12218

Ein **Verstoß gegen § 266a StGB** (Vorenthalten und Veruntreuen von Arbeitsentgelt) ist **keine schwere Verfehlung**, für die ohne weiteres ein Ausschluss wegen Unzuverlässigkeit **nach § 4 Abs. 6 VOF 2009** vorgegeben ist (VK Nordbayern, B. v. 22. 1. 2007 – Az.: 21.VK – 3194 - 44/06). 12219

Streitige **Tarifverstöße stellen** zurzeit **keine nachgewiesene schwere Verfehlung dar**. Soweit ein Unternehmer sich per Erklärung verpflichtet seine Beschäftigten nach dem in einem Bundesland geltenden Tarif zu bezahlen und weitergehend auch der Nachunternehmer dazu verpflichtet wird, stellt ein Verstoß gegen dieses Erklärung keinen Straftatbestand dar. Das **Fehlverhalten geht über das Niveau der Vertragsverletzung nicht hinaus**. Die Merkmale einer schweren Verfehlung werden nicht erfüllt (VK Hannover, B. v. 3. 9. 2003 – Az.: 26 045 – VgK – 13/2003). 12220

Sachliche Meinungsverschiedenheiten reichen nicht aus, erst recht nicht etwa ein Streit über die Gewährleistungs- oder Abrechnungsfragen (LG Düsseldorf, Urteil v. 16. 3. 2005 – Az.: 12 O 225/04; VK Düsseldorf, B. v. 31. 10. 2005 – Az.: VK – 30/2005 – B; 1. VK Sachsen, B. v. 17. 7. 2007 – Az.: 1/SVK/046-07). Der Ausschluss von einem Vergabeverfahren darf **keine Sanktion für Probleme in der Vertragsabwicklung bei einem anderen Vorhaben** sein (1. VK Sachsen, B. v. 25. 6. 2003 – Az.: 1/SVK/051-03). 12221

Der **Vorschlag eines Bieters, die Vergabekammer nicht einzuschalten, sofern der Auftraggeber bereit ist, den Bieter im weiteren Verfahren zu beteiligen, stellt keine schwere Verfehlung dar**, wenn es zu Recht gerügte Verfahrensfehler gibt, die sich nur dadurch beseitigen lassen, dass der Auftraggeber von sich aus oder nach Anweisung durch die Vergabekammer den Bieter am weiteren Vergabeverfahren beteiligt (OLG Düsseldorf, B. v. 7. 12. 2005 – Az.: VII – Verg 68/05). 12222

Teil 5   VOF § 4 　　　　　　　　　　　Vergabeordnung für freiberufliche Leistungen

12223   Der **Vorschlag eines Bieters, die Vergabekammer nicht einzuschalten, sofern der Auftraggeber bereit ist, dem Bieter sonstige Aufträge zu erteilen, stellt keine nachweisbare schwere Verfehlung** dar, wenn es nach **Auffassung des Bieters darum geht, in einen Pool von Bietern zu gelangen**, an die z. B. Planungsaufträge üblicherweise und rechtmäßig freihändig vergeben werden (OLG Düsseldorf, B. v. 7. 12. 2005 – Az.: VII – Verg 68/05).

12224   Der Versuch eines Antragstellers, einen Beigeladenen, auf dessen Angebot der Zuschlag erteilt werden soll, **zu einer wettbewerbswidrigen Absprache zu Lasten der Vergabestelle zu bewegen, in dem er zu einer wie auch immer gearteten Zusammenarbeit veranlasst werden soll mit dem Ziel, den Zuschlag auf sein eigenes Angebot zu erhalten und den Mehrpreis in geeigneter Form zwischen sich und dem Beigeladenen aufzuteilen**, ist wettbewerbswidrig und erfüllt auch zugleich den Tatbestand der schweren Verfehlung nach § 4 Abs. 9 lit. c) VOF. Das **Fehlverhalten kann auch nur durch Ausschluss aus diesem Verfahren beantwortet werden**, weil die Zuverlässigkeit anders nicht wieder hergestellt werden kann. Die Vergabestelle muss davon ausgehen, dass dieser Antragsteller bereit ist, auch bei Abwicklung eines eigenen Auftrags mit allen anderen Nachunternehmern ebenfalls zu ihren Lasten zu kooperieren. Damit entfällt seine Zuverlässigkeit (VK Arnsberg, B. v. 2. 5. 2008 – Az.: VK 08/08).

12225   Auch kann ein besonders vorwerfbares Verhalten, wie z. B. **die bewusste Nichterfüllung einer vertraglichen Verpflichtung, eine schwere Verfehlung darstellen**, sofern dem **Auftraggeber** angesichts des Verhaltens des Bieters unter Berücksichtigung der Grundsätze des Vergabeverfahrens **nicht zugemutet werden kann**, mit diesem in vertragliche Beziehung zu treten und somit eine schwerwiegende Störung des für Vertragspartner unabdingbaren Vertrauensverhältnisses vorliegt. Insbesondere eine schuldhafte Verletzung vertraglicher Beziehungen kann jedoch nur dann einen zulässigen Ausschlussgrund darstellen, wenn die Vertragsverletzung aufgrund einseitigen Verschuldens des Auftragnehmers eingetreten ist und der Auftragnehmer durch sein Verhalten das erneute Eingehen einer Vertragsbeziehung für den Auftraggeber unzumutbar gemacht hat. Andernfalls wäre ein genereller Ausschluss des Bieters vom Verfahren unangemessen (VK Düsseldorf, B. v. 31. 10. 2005 – Az.: VK – 30/2005 – B).

12226   Auch **eine bruchstückhafte und erst auf Nachfrage sukzessive Offenlegung der Verhältnisse in einem für die Vergabestelle erkennbar sensiblen Punkt** stellt bereits ein Fehlverhalten dar, das die Zuverlässigkeit in Frage stellt (VK Düsseldorf, B. v. 13. 3. 2006 – Az.: VK – 08/2006 – L).

12227   Eine schwere Verfehlung kann darin liegen, dass ein Bieter sich Geschäftsgeheimnisse im Sinn von § 17 Abs. 2 UWG dadurch verschafft, dass er selbst oder sein Informant irgendwelche Mittel im Sinne des § 17 Abs. 2 Nr. 1 UWG einsetzt oder gezielte Mitteilungen aus dem internen Geschäftsbereich der Vergabestelle im Sinne des § 17 Abs. 1 UWG empfängt. Das Tatbestandsmerkmal des „sonst" Sich-Verschaffens in § 17 Abs. 2 Nr. 2 UWG muss den kasuistisch aufgeführten Varianten gleichwertig sein bzw. einen entsprechenden Unrechtsgehalt aufweisen, mithin **genügt die bloße passive Entgegennahme eines Geschäftsgeheimnisses nicht**; es fehlt an einem objektiv tatbestandsmäßigen Fehlverhalten (OLG Thüringen, B. v. 16. 7. 2007 – Az.: 9 Verg 4/07).

12228   Gibt ein Beteiligter eines Vergabeverfahrens an eine politische Institution wie eine Staatskanzlei den Hinweis, dass der von einer Vergabestelle präferierte Zuschlagsaspirant „75% der Leistungen in Österreich" erbringen lasse, kann der Sinn dieser Äußerung nach allgemeiner Lebenserfahrung **nur so verstanden** werden, dass die **Staatskanzlei ihren (politischen) Einfluss einsetzen solle, sich für eine Auftragsvergabe an ein heimisches Unternehmen statt an eine überwiegend mit ausländischen Fachkräften besetzte Bietergemeinschaft zu verwenden**. Intendiert ist damit ersichtlich, die Staatskanzlei als maßgebende und einflussreiche staatliche Institution an ihre Verantwortung für regionale bzw. nationale Wirtschaftsinteressen (Arbeitsplätze, Wirtschaftswachstum, Steueraufkommen usw.) zu erinnern und diese zu veranlassen, zugunsten des Bieters zu intervenieren. Hierzu ist zu bemerken, dass im Rahmen eines nach Gemeinschaftsrecht auszuschreibenden Vorhabens **alle Bewerber, unabhängig von ihrer Herkunft oder des Sitzes bzw. räumlichen Tätigkeitsschwerpunkts eines Unternehmens, gleich zu behandeln sind** (Art. 49 EGV – jetzt Art. 56 AEUV, § 97 Abs. 2 GWB). Das **Diskriminierungsverbot ist eine der tragenden Säulen des geltenden Vergaberechts**. Wie insbesondere der EuGH bereits ausdrücklich entschieden hat, steht gerade die Dienstleistungsfreiheit im Sinne einer strikten Chancengleichheit aller im Gebiet der Europäi-

Vergabeordnung für freiberufliche Leistungen VOF § 4 **Teil 5**

schen Union angesiedelten Unternehmen unter dem besonderen Schutz des Vergaberechts. **Art. 49 EGV (jetzt Art. 56 AEUV) verbietet auch alle versteckten Formen der Diskriminierung**, die durch die formale Anwendung anderer Unterscheidungsmerkmale tatsächlich zum gleichen Ergebnis führen wie eine offensichtliche Diskriminierung aufgrund der Staatsangehörigkeit. Der **hohe Stellenwert dieser Grundsätze, über deren Einhaltung die Vergabeprüfungsinstanzen zu wachen haben, wird allerdings seitens politischer Gremien und Einrichtungen** – die zugegebenermaßen nicht nur rechtliche, sondern auch andere Belange des Gemeinwohls, etwa ökonomischer, sozialer, gesellschaftlicher Art, in ihre Gestaltungsentscheidungen in den Blick zu nehmen haben – **nicht ausnahmslos hinreichend berücksichtigt**. So kann, wie auch Erfahrungen in der Vergangenheit gezeigt haben, nicht immer ausgeschlossen werden, dass politischer Einfluss im Sinne protektionistischer Maßnahmen zugunsten regionaler oder nationaler Unternehmen ausgeübt wird statt auf eine den gesetzlichen Regeln folgende neutrale europaweite Bestenauslese zu vertrauen. Gerade vor diesem Hintergrund kann aber **ein Verhalten, mit dem offen zum Bruch eines der tragenden Prinzipien des Vergaberechts aufgerufen wird, wie es das Diskriminierungsverbot darstellt, nur als – versuchte – grob rechtswidrige Einflussnahme auf ein laufendes Vergabeverfahren gewertet** werden. Dabei spricht viel dafür, dass schon dies das Merkmal einer schweren Verfehlung erfüllt. Mag man ggf. noch über die Frage streiten, ob ein Mittel, das auf einem wettbewerbswidrigem Informationsvorsprung gründet, nicht einmal zu erlaubten Zwecken eingesetzt werden darf, mag man ferner ggf. unterschiedlicher Meinung darüber sein, ob ein Fehlverhalten nicht bereits daraus resultiert, dass der Teilnehmer eines Vergabeverfahrens staatliche Stellen offen zur Diskriminierung eines ausländischen Mitbewerbers auffordert, so ist bei einer Konstellation, in der beide Verfehlungen zusammentreffen, kein Zweifel an der schweren Verfehlung (OLG Thüringen, B. v. 16. 7. 2007 – Az.: 9 Verg 4/07).

Wer – zumal vor Jahren – einen privaten (Groß-)Auftraggeber mit Schmiergeldern 12229 **gefügig gemacht hat**, muss **deshalb noch nicht notwendig** – selbst wenn eine „Selbstreinigung" noch nicht stattgefunden haben sollte – **die für die anstehende Abwicklung eines Dienstleistungsauftrags erforderliche Zuverlässigkeit vermissen** lassen (KG Berlin, B. v. 13. 3. 2008 – Az.: 2 Verg 18/07).

Eine schwere Verfehlung kann **bei schwerwiegenden Verstößen gegen die Grundsätze** 12230 **des Geheimwettbewerbs** vorliegen, insbesondere bei Preisabsprachen oder sonst weitgehender, den Kernbereich des Angebots oder zugehöriger Kalkulationsgrundlagen betreffender Offenlegung von Angeboten (OLG Düsseldorf, B. v. 9. 4. 2008 – Az.: VII-Verg 2/08).

Die – wenn auch sachlich unbegründete – **anwaltliche Geltendmachung von Ansprü-** 12231 **chen z. B. auf Abgabe einer Unterlassungserklärung**, ist als solche eine grundsätzlich zulässige Maßnahme zivilrechtlicher Rechtsverfolgung und **kann** daher **nicht als eine mit Preisabsprachen oder korruptivem Verhalten gleichzusetzende Verfehlung qualifiziert werden** (2. VK Bund, B. v. 15. 5. 2009 – Az.: VK 2–21/09).

Angesichts des Umstandes, dass ein **Bieter über einen langen Zeitraum seiner Ver-** 12232 **pflichtung zur Zahlung von Tariflöhnen sowie zur Abführung von Sozialversicherungsbeiträgen in erheblichem Umfang nicht nachgekommen** ist sowie des entsprechend unrichtigen Inhalts der Eigenerklärungen, in der der Bieter diese Vorgänge nicht offen gelegt, sondern versichert hat, gegenwärtig und auch in der Vergangenheit seinen diesbezüglichen Verpflichtungen nachgekommen zu sein, nicht ausräumbare Zweifel an der Zuverlässigkeit dieses Bieters (OLG Düsseldorf, B. v. 9. 6. 2010 – Az.: VII-Verg 14/10).

149.11.4.2.1.4 Tatbestände nach dem Hamburgischen Korruptionsregistergesetz. 12233
Nach **§ 1 Abs. 1 Hamburgisches Gesetz zur Einrichtung und Führung eines Korruptionsregisters** – HmbKorRegG – vom 18. 2. 2004 (Hamburgisches Gesetz- und Verordnungsblatt, Teil I, Nr. 12 vom 3. 3. 2004, Seite 98) liegt eine Verfehlung vor, wenn im Falle eines Selbstständigen durch denjenigen in eigener Person, im Falle eines sonstigen Unternehmens durch einen verantwortlich Handelnden im Rahmen der wirtschaftlichen Betätigung

– eine Straftat nach §§ 334, 335 (Bestechung, besonders schwere Fälle der Bestechung), § 333 (Vorteilsgewährung), § 253 (Erpressung), § 261 (Geldwäsche, Verschleierung unrechtmäßig erlangter Vermögenswerte), § 263 (Betrug), § 264 (Subventionsbetrug), § 265b (Kreditbetrug), § 266a (Vorenthalten und Veruntreuen von Arbeitsentgelt), § 267 (Urkundenfälschung), § 298 (Wettbewerbsbeschränkende Absprachen bei Ausschreibungen), § 299 (Bestechlichkeit und Bestechung im geschäftlichen Verkehr) Strafgesetzbuch (StGB), §§ 19, 20, 20a oder 22 des Gesetzes über die Kontrolle von Kriegswaffen,

Teil 5 VOF § 4 Vergabeordnung für freiberufliche Leistungen

– ein Verstoß gegen § 81 des Gesetzes gegen Wettbewerbsbeschränkungen (GWB), insbesondere nach § 14 GWB durch Preisabsprachen und Absprachen über die Teilnahme am Wettbewerb oder

– ein Verstoß nach § 5 Schwarzarbeitsgesetz, gegen § 6 Arbeitnehmer-Entsendegesetz, § 16 Arbeitnehmer-Überlassungsgesetz und §§ 3 und 4 des Hamburgischen Vergabegesetzes

begangen wurde.

12234 **149.11.4.2.2 Fälle schnell feststellbarer, objektiv nachweisbarer Eignungsdefizite.** Weil der Anwendungsbereich des § 4 Abs. 9 lit. c) VOF aus Gründen der praktischen Handhabbarkeit **auf Fälle schnell feststellbarer, objektiv nachweisbarer Eignungsdefizite beschränkt** ist, kommt der Ausschluss eines Bieters nach dieser Vorschrift nur in Betracht, wenn bereits nach Aktenlage ein konkreter, ohne weiteres greifbarer Verdacht besteht. Sind die vom Auftraggeber zum Nachweis der Unzuverlässigkeit unterbreiteten Indiztatsachen so schwach und zweifelhaft, dass sie nur durch umfangreiche Beweiserhebungen erhärtet und konkretisiert werden könnten, wäre ein Ausschluss nach § 4 Abs. 9 lit. c) VOF nicht gerechtfertigt. Es ist mit dem **Sinn des unter dem Beschleunigungsgrundsatz stehenden Vergabenachprüfungsverfahrens nicht vereinbar, wenn eine ausufernde Beweisaufnahme zwecks Feststellung, ob schwere Verfehlungen „nachweislich" sind, durchgeführt werden müsste** (OLG Frankfurt, B. v. 24. 6. 2004 – Az.: 11 Verg 6/04; Saarländisches OLG, B. v. 18. 12. 2003 – Az.: 1 Verg 4/03, B. v. 8. 7. 2003 – Az.: 5 Verg 5/02).

12235 Voraussetzung für einen Ausschluss von der Teilnahme am Wettbewerb wegen einer schweren Verfehlung ist, dass es **zumindest konkrete Anhaltspunkte gibt**, z. B. durch entsprechende Aufzeichnungen, Belege oder andere Schriftstücke, wobei allerdings reine Verdachtsmomente nicht ausreichend sind. **Nicht erforderlich ist das Vorliegen eines rechtskräftigen Bußgeldbescheides oder Urteils.** Auch das **Vorliegen einer Anklageschrift oder eines Eröffnungsbeschlusses muss nicht abgewartet werden** (OLG Frankfurt, B. v. 24. 6. 2004 – Az.: 11 Verg 6/04; LG Berlin, Urteil v. 22. 3. 2006 – Az.: 23 O 118/04; VK Düsseldorf, B. v. 16. 2. 2006 – Az.: VK – 02/2006 – L; VK Lüneburg, B. v. 18. 10. 2005 – Az.: VgK-47/2005; VK Nordbayern, B. v. 22. 1. 2007 – Az.: 21.VK – 3194 – 44/06).

12236 Ist eine Person, der eine schwere Verfehlung vorgeworfen wird, **in der ersten Instanz freigesprochen** worden, **kann der Auftraggeber den erfolgten Freispruch zum Anlass nehmen, den Verdächtigen nicht wegen einer schweren Verfehlung für unzuverlässig zu halten.** Es erscheint nicht ermessensfehlerhaft, wenn eine Vergabestelle sich an einem strafgerichtlichen Freispruch orientiert. Dabei ist dem **Auftraggeber zuzugestehen, dass er selbst keine weitergehenden Ermittlungen als eine Ermittlungsbehörde vornehmen kann.** Auch wenn z. B. die **Staatsanwaltschaft im Strafverfahren Berufung eingelegt hat,** erscheint es nicht ermessensfehlerhaft, dass sich eine Vergabestelle an der Unschuldsvermutung orientiert und den erstinstanzlich erfolgten Freispruch ihrer Entscheidung zu Grunde legt. Sie muss nicht den weiteren Fortgang des Verfahrens abwarten und damit das eigene Vergabeverfahren verzögern. Insbesondere eine Anhörung der beschuldigten Person wird nur bedingt brauchbar sein, da im Falle einer schweren Verfehlung nicht zwangsläufig von einer Selbstbelastung der angehörten Person auszugehen ist (VK Düsseldorf, B. v. 16. 2. 2006 – Az.: VK – 02/2006 – L).

12237 **149.11.4.2.3 Unschuldsvermutung.** Die Unschuldsvermutung als Ausprägung des Rechtsanspruches auf ein faires Verfahren (Art 6 Abs. 2 MRK) will sicherstellen, dass niemand als schuldig behandelt wird, ohne dass ihm in einem gesetzlich geregelten Verfahren seine Schuld nachgewiesen ist. Daraus folgt, dass Maßnahmen, die den vollen Nachweis der Schuld erfordern, nicht getroffen werden dürfen, bevor jener erbracht ist. **Schwere, die Zuverlässigkeit in Frage stellende Verfehlungen im Sinne von § 4 Abs. 9 lit. c) VOF müssen nicht unbedingt strafbare Handlungen sein.** Ihre Annahme setzt, auch wenn ein kriminelles Verhalten im Raum steht, **nicht den vollen Nachweis strafrechtlicher Schuld** voraus. Die Unschuldsvermutung besagt im Übrigen nicht, dass einem Tatverdächtigen bis zur rechtskräftigen Verurteilung als Folge der Straftaten, deren er verdächtig ist, überhaupt keine Nachteile entstehen dürfen. So berührt die Unschuldsvermutung beispielsweise nicht die Zulässigkeit von Strafverfolgungsmaßnahmen. Selbst ein so einschneidender freiheitsbeschränkender Eingriff wie die Anordnung von Untersuchungshaft ist zulässig, sofern ein dringender Tatverdacht besteht und ein Haftgrund vorliegt. Die **Unschuldsvermutung hindert dementsprechend auch nicht geschäftliche Nachteile als Folge eines durch den dringenden Verdacht strafbarer Handlungen provozierten Vertrauensverlustes** (Saarländisches OLG, B. v. 18. 12. 2003 – Az.: 1 Verg 4/03).

149.11.4.2.4 Diskriminierungsverbot. Das **Diskriminierungsverbot** – eines der Grundprinzipien des Vergaberechtes –, das für öffentliche Auftraggeber schon aus Art. 3 Grundgesetz folgt, weil die Grundrechte nach allgemeiner Auffassung fiskalische Hilfsgeschäfte der öffentlichen Verwaltung und hiermit zusammenhängende öffentliche Auftragsvergaben erfassen, **steht der Berücksichtigung noch nicht rechtskräftig abgeurteilter strafbarer Handlungen ebenfalls nicht entgegen.** Das Gebot der Gleichbehandlung besagt nur, dass allen Bewerbern die gleichen Chancen eingeräumt werden müssen und dass kein Bewerber ohne sachliche Gründe bevorzugt oder benachteiligt werden darf. Steht ein Bewerber im dringenden Verdacht, strafbare Handlungen zum Nachteil des Auftraggebers begangen zu haben, liegt ein sachlicher Grund für dessen Ausschluss vor (Saarländisches OLG, B. v. 18. 12. 2003 – Az.: 1 Verg 4/03). 12238

149.11.4.2.5 Verantwortung für die schwere Verfehlung bei juristischen Personen. Wegen des Ausschlussgrundes kommt es bei juristischen Personen selbstverständlich nicht auf diese selbst, sondern auf die verantwortlich Handelnden an, bei einer GmbH also auf den **Geschäftsführer** (OLG Düsseldorf, B. v. 28. 7. 2005 – Az.: VII – Verg 42/05; Saarländisches OLG, B. v. 18. 12. 2003 – Az.: 1 Verg 4/03). 12239

149.11.4.2.6 Nachträgliche Berücksichtigung von schweren Verfehlungen. Wenn die Vergabestelle von schweren Verfehlungen erst nachträglich – also z. B. zu einem Zeitpunkt, in dem ein neu gegründetes Unternehmen nach dem Teilnahmewettbewerb bei Beschränkter Ausschreibung bereits zum weiteren Angebotswettbewerb zugelassen worden ist – **erfährt, ist sie nicht gehindert und sogar verpflichtet, die Zuverlässigkeits- und Zulassungsprüfung nochmals aufzugreifen.** Sollte nämlich die Vergabestelle bei Beschränkter Ausschreibung erst nach dem Abschluss des Teilnahmewettbewerbs von schweren Verfehlungen eines – inzwischen bereits zugelassenen – Bewerbers erfahren, so dass sie ihr Ermessen nach dieser Vorschrift bis zur Zulassungsentscheidung gar nicht hat ausüben können, würde es dem Zweck dieser Bestimmung in unerträglicher Weise widersprechen, wenn die Vergabestelle an ihre Zulassungsentscheidung in dem Sinne gebunden wäre, dass sie die Zuverlässigkeitsprüfung in der Phase unmittelbar vor der Wertung der Angebote nicht mehr nachholen könnte (OLG Düsseldorf, B. v. 18. 7. 2001 – Az.: Verg 16/01). 12240

149.11.4.2.7 Beweislast für das Vorliegen einer schweren Verfehlung und rechtliches Gehör. Für das Vorliegen einer schweren Verfehlung ist der **Auftraggeber beweispflichtig** (VK Hessen, B. v. 9. 2. 2004 – Az.: 69d – VK – 79/2003 + 80/2003; VK Lüneburg, B. v. 18. 10. 2005 – Az.: VgK-47/2005; VK Nordbayern, B. v. 22. 1. 2007 – Az.: 21.VK – 3194 – 44/06). Soweit **Grundlage eine nicht rechtskräftige Entscheidung** ist, ist dem **Bewerber**, der ausgeschlossen werden soll, **rechtliches Gehör zu gewähren**, in dem ihm unter Nennung der maßgeblichen Tatsachen, Gelegenheit zur Stellungnahme gegeben wird. Für das Tatbestandsmerkmal „**nachweislich**" sind **hohe Anforderungen** zu stellen. Bestehen **begründete Zweifel**, kann von einem **Nachweis nicht gesprochen werden** (1. VK Sachsen, B. v. 25. 6. 2003 – Az.: 1/SVK/051-03). 12241

149.11.4.2.8 Notwendigkeit einer umfassenden Aufklärung. Die Vergabestelle ist im Rahmen der Ermittlung des Sachverhalts einer angenommenen schweren Verfehlung bzw. anschließender Selbstreinigung **innerhalb des ihr zumutbaren Rahmens auch verpflichtet, die zugrunde liegenden Tatsachen aufzuklären und zu berücksichtigen und die Besonderheiten des Einzelfalls in ihre Entscheidung mit einzubeziehen** (VK Düsseldorf, B. v. 13. 3. 2006 – Az.: VK – 08/2006 – L). 12242

149.11.4.2.9 Notwendigkeit einer Zeugenvernehmung. Trotz Geltung des Untersuchungsgrundsatzes (§ 110 GWB) und der in § 120 Abs. 2 GWB vorgenommenen Verweisung auf Verfahrensvorschriften der ZPO ist es **nicht unbedingt notwendig**, dass der **Nachweis der Unzuverlässigkeit**, soweit er auch auf Angaben von Zeugen gründet, **ausnahmslos durch unmittelbare Vernehmung der Zeugen im Vergabenachprüfungsverfahren zu führen** ist. Es können im Wege des Urkundenbeweises auch **polizeiliche Vernehmungsprotokolle verwertet** werden, aus denen sich der Inhalt von Zeugenaussagen in anderen Verfahren ergibt. Eine **Vernehmung kann allerdings geboten sein**, wenn der vom Auftraggeber zu führende Nachweis mit einer **einzigen belastenden Zeugenaussage „steht oder fällt"** und wenn es entscheidend auf die persönliche Glaubwürdigkeit gerade dieses Zeugen ankommt (Saarländisches OLG, B. v. 18. 12. 2003 – Az.: 1 Verg 4/03). 12243

149.11.4.2.10 Rechtliches Gehör für den Bieter. Dem **betroffenen Bieter ist rechtliches Gehör zu gewähren.** Er hat die Möglichkeit, organisatorische Maßnahmen darzulegen, die die Befürchtung künftigen Fehlverhaltens ausräumen (OLG München, B. v. 21. 5. 2010 – Az.: Verg 02/10). 12244

Teil 5 VOF § 4 Vergabeordnung für freiberufliche Leistungen

12245 **149.11.4.2.11 Abschließende Regelung.** Die Vorschrift des § 4 Abs. 9 lit. c) VOF enthält jedenfalls in ihrem wortsinngemäßen Anwendungsbereich, der eine einzelne Verfehlung des Bewerbers zum Gegenstand hat, eine **abschließende Regelung** (OLG Düsseldorf, B. v. 7. 12. 2005 – Az.: VII – Verg 68/05).

12246 **149.11.4.2.12 Pauschale Forderung des Auftraggebers nach einer Erklärung gemäß § 4 Abs. 9 lit. c).** Die Forderung des Auftraggebers nach einer pauschalen Erklärung des Bieters zu dem möglichen Ausschlussgrund des § 4 Abs. 9 lit. c) VOF ist viel zu unbestimmt, als dass sie **sinnvoll außer mit „nein"** beantwortet werden könnte (2. VK Brandenburg, B. v. 15. 2. 2006 – Az.: 2 VK 82/05).

12247 **149.11.4.2.13 Entwurf eines Gesetzes zur Einrichtung eines Registers über unzuverlässige Unternehmen.** Die Bundesregierung hatte am 11. 6. 2002 den **Entwurf eines Gesetzes zur Einrichtung eines Registers über unzuverlässige Unternehmen** in den Bundestag eingebracht. Der Bundesrat hat am 27. 9. 2002 dieses Gesetz zur Einrichtung eines Registers über unzuverlässige Unternehmen („Korruptionsregister") abgelehnt, nachdem zuvor im Vermittlungsausschuss keine Einigung erzielt worden war.

12248 **149.11.4.2.14 Literatur**

– Battis, Ulrich/Kersten, Jens, Die Deutsche Bahn AG als Untersuchungsrichter in eigener Sache? – Zur Verfassungswidrigkeit der „Verdachtssperre" in der Richtlinie der Deutschen Bahn AG zur Sperrung von Auftragnehmern und Lieferanten vom 4. 11. 2003, NZBau 2004, 303

– Freund, Matthias, Korruption in der Auftragsvergabe, VergabeR 2007, 311

– Gabriel, Marc, Einflussnahme von Unternehmen auf öffentliche Auftragsvergaben: Persuasion, Kollusion oder Korruption?, VergabeR 2006, 173

– Ohle, Mario/Gregoritza, Anna, Grenzen des Anwendungsbereichs von Auftragssperren der öffentlichen Hand – am Beispiel der Gesetzes- und Verordnungslage des Landes Berlin –, ZfBR 2004, 16

– Ohrtmann, Nicola, Korruption im Vergaberecht, Konsequenzen und Prävention – Teil 1: Ausschlussgründe, NZBau 2007, 201

– Ohrtmann, Nicola, Korruption im Vergaberecht, Konsequenzen und Prävention – Teil 2: Konsequenzen und Selbstreinigung, NZBau 2007, 278

– Pietzcker, Jost, Die Richtlinien der Deutschen Bahn AG über die Sperrung von Auftragnehmern, NZBau 2004, 530

– Prieß, Hans-Joachim, Exclusio corruptoris? – Die gemeinschaftsrechtlichen Grenzen des Ausschlusses vom Vergabeverfahren wegen Korruptionsdelikten, NZBau 2009, 587

– Prieß, Hans-Joachim/Stein, Roland, Nicht nur sauber, sondern rein: Die Wiederherstellung der Zuverlässigkeit durch Selbstreinigung, NZBau 2008, 230

– Stein, Roland/Friton, Pascal, Internationale Korruption, zwingender Ausschluss und Selbstreinigung, VergabeR 2010, 151

149.11.4.3 Erfüllung der Verpflichtung zur Zahlung der Steuern und Abgaben u. ä. (§ 4 Abs. 9 lit. d)

12249 **149.11.4.3.1 Spielraum des Gesetzgebers.** Die **EU-Vergaberichtlinien stehen einer nationalen Regelung oder Verwaltungspraxis nicht entgegen**, nach der ein Leistungserbringer, der bei Ablauf der Frist für die Einreichung des Antrags für Teilnahme am Vergabeverfahren seine **Verpflichtungen im Bereich der Sozialbeiträge sowie der Steuern und Abgaben nicht durch vollständige Zahlung der entsprechenden Beträge erfüllt hat, seine Situation**

– aufgrund staatlicher Maßnahmen der Steueramnestie oder der steuerlichen Milde oder

– aufgrund einer mit der Verwaltung getroffenen Vereinbarung über Ratenzahlung oder Schuldenentlastung oder

– durch Einlegung eines verwaltungsrechtlichen oder gerichtlichen Rechtsbehelfs

nachträglich regularisieren kann, sofern er innerhalb der in der nationalen Regelung oder durch die Verwaltungspraxis festgelegten Frist nachweist, dass er Begünstigter solcher Maßnahmen oder einer solchen Vereinbarung war oder dass er innerhalb dieser Frist ein solches Rechtsmittel eingelegt hat (EuGH, Urteil v. 9. 2. 2006 – Az.: C-228/04, C-226/04).

149.11.4.3.2 Unbedenklichkeitsbescheinigung des Finanzamts. § 4 Abs. 9 lit. d) ge- 12250
stattet dem Auftraggeber, von der Teilnahme am Wettbewerb (u. a.) solche Unternehmen auszuschließen, die ihre Verpflichtung zur Zahlung von Steuern und Abgaben nicht ordnungsgemäß erfüllt haben. Der Auftraggeber darf von den Bewerbern oder Bietern entsprechende Bescheinigungen der zuständigen Stelle oder Erklärungen verlangen. Nach dieser Vorschrift ist ein Auftraggeber (**zwar nicht gezwungen, aber**) **befugt, bereits in der Bekanntmachung der Ausschreibung von den Bietern die Vorlage einer „gültigen Freistellungsbescheinigung" oder – mit anderen Worten – einer gültigen Unbedenklichkeitsbescheinigung des zuständigen Finanzamts zu verlangen**, um sich auf diese Weise rasch und verhältnismäßig sicher über einen wichtigen Aspekt der Zuverlässigkeit der jeweiligen Bieters vergewissern zu können. Denn die Nichtzahlung oder die säumige Zahlung von Steuern mit einem Auflaufenlassen von Steuerrückständen ist ein Indiz für das Fehlen genügender wirtschaftlicher Leistungsfähigkeit. Ferner bezweckt § 4 Abs. 9 lit. d) VOF, dass der **öffentliche Auftraggeber möglichst nur mit solchen Bieterunternehmen in vertragliche Beziehungen tritt, die sich gesetzmäßig verhalten und auch ihre steuerrechtlichen Pflichten erfüllen** (BGH, Urteil v. 21. 3. 1985 – Az: VII ZR 192/83; OLG Koblenz, B. v. 4. 7. 2007 – Az.: 1 Verg 3/07). Es ist schließlich auch der Zweck der Vorschrift, dass sich der Auftraggeber schon im Vorfeld bei der Angebotsprüfung vor der möglichen Inanspruchnahme durch Zwangsvollstreckungsmaßnahmen schützt, die das Finanzamt wegen der Steuerschulden des potentiellen Auftragnehmers verhängt (OLG Düsseldorf, B. v. 24. 6. 2002 – Az.: Verg 26/02).

Die Unbedenklichkeitsbescheinigung des Finanzamtes kann allerdings Bedenken gegen die 12251
Eignung grundsätzlich nicht ausräumen, da die **Unbedenklichkeitsbescheinigung nicht besagt, dass keine Steuerschulden bestehen**; die Steuerschulden können z. B. auch gestundet sein (VK Nordbayern, B. v. 28. 8. 2000 – Az.: 320.VK-3194-19/00).

Die **Forderung** eines Auftraggebers nach einem **„Nachweis über die Erfüllung der Ver-** 12252
pflichtung zur Zahlung von Steuern und Abgaben" bedeutet die **Pflicht zur Vorlage einer Bescheinigung über alle Steuerarten, die beim Bieter anfallen** (OLG Koblenz, B. v. 4. 7. 2007 – Az.: 1 Verg 3/07).

Nach Auffassung des **OLG Düsseldorf hingegen** erscheint es dann, wenn der **Auftragge-** 12253
ber ohne genaue Spezifizierung eine „Bescheinigung der zuständigen Stelle(n), aus denen hervorgeht, dass der Bieter seine Verpflichtungen zur Zahlung der Steuern, Abgaben und Beiträge zur Sozialversicherung nach den Rechtsvorschriften des Landes, in dem er ansässig ist, erfüllt hat" fordert, **aus der maßgeblichen Sicht eines verständigen Bieters erforderlich, aber auch ausreichend**, durch die **Bescheinigung des zuständigen Finanzamtes** nachzuweisen, dass **bei der Abführung von Umsatz- und Lohnsteuer**, d. h. **bei den wirtschaftlich und damit für die Beurteilung der Zuverlässigkeit bedeutendsten Steuerarten keine Rückstände** bestehen (OLG Düsseldorf, B. v. 23. 1. 2008 – Az.: VII – Verg 36/07).

Legt ein Bieter von dem für ihn zuständigen Finanzamt am Unternehmenssitz die Bescheini- 12254
gung vor, dass im Hinblick auf die dort abgeführte Umsatzsteuer, Gewerbesteuer, Körperschaftsteuer und Kapitalertragsteuer keine Rückstände bestehen und **ergeben sich keine Hinweise oder Erklärungen zur Abführung der Lohnsteuer aus dieser Bescheinigung, ist die Forderung des Auftraggebers nach Vorlage der Bescheinigung einer zuständigen Behörde** (Finanzamt) bzw. einer großen Krankenkasse, dass der Bewerber seiner Verpflichtung zur Zahlung von Steuern und Abgaben sowie der Beiträge zur gesetzlichen Sozialversicherung ordnungsgemäß nachgekommen sei, **nicht erfüllt. Die von dem Auftraggeber erhobene Forderung ist dahingehend zu verstehen, dass auch die ordnungsgemäße Abführung der wichtigen Steuerarten Umsatz- und Lohnsteuer nachgewiesen** werden soll. Auch wenn es sich bei der Lohnsteuer nicht um eine Unternehmenssteuer handelt, ist es **für die Beurteilung der Zuverlässigkeit erkennbar von besonderer Bedeutung, dass die wirtschaftlich wichtigen Steuerarten, zu denen die Lohnsteuer gehört, abgeführt worden sind.** Dies entspricht auch der Sichtweise eines verständigen Bieters (OLG Düsseldorf, B. v. 16. 12. 2009 – Az.: VII-Verg 32/09).

Das **Finanzamt darf die Ausstellung einer Unbedenklichkeitsbescheinigung nur dann** 12255
von einer Gegenleistung abhängig machen, wenn diese in einem inneren Zusammenhang mit der beantragten Bescheinigung steht. Der Bundesgerichtshof hat es bisher offen gelassen, ob ein solcher Zusammenhang zu bejahen ist, wenn die verlangte Gegenleistung dazu dient, die Voraussetzungen für die Erteilung der Bescheinigung zu schaffen, insbesondere ein der Erteilung entgegenstehendes Hindernis zu beseitigen. Er ist deshalb auch nicht darauf eingegangen, **ob es möglich ist, bei einem Bewerber, der mit Steuerzahlungen in**

Rückstand ist, die Ausstellung der Bescheinigung an die Erfüllung fälliger Steuerschulden zu knüpfen. Nicht zulässig ist es jedenfalls, wenn die Erteilung einer Unbedenklichkeitsbescheinigung nicht der Sicherung bereits fälliger Steuerschulden dient, sondern in erster Linie künftige Steuerschulden sichern soll (BGH, Urteil v. 21. 3. 1985 – Az: VII ZR 192/83).

12256 Die Bescheinigung eines Amtsgerichts für die **Forderung einer „Unbedenklichkeitsbescheinigung zur Erteilung öffentlicher Aufträge"** ohne nähere Angaben kann nicht mit der Begründung zurückgewiesen werden, man habe die Bescheinigung einer Stadtkasse erwartet (VK Arnsberg, B. v. 28. 1. 2009 – Az.: VK 35/08).

12257 **149.11.4.3.3 Unbedenklichkeitsbescheinigungen von Sozialversicherungsträgern.** Die **Zahlung der gesetzlichen Sozialversicherungsbeiträge erfolgt** zum (überwiegenden) Teil an die **Krankenkassen**, die für den Einzug bestimmter Sozialversicherungsbeiträge zuständig sind, nämlich die Beiträge zur Kranken-, Renten-, Pflege- und Arbeitslosenversicherung. Ein weiterer (geringerer) **Teil der Sozialversicherungsbeiträge**, nämlich die Unfallversicherungsbeiträge, werden von den **Berufsgenossenschaften** eingezogen. Die **Unbedenklichkeitsbescheinigungen der Krankenkasse sowie der Berufsgenossenschaft geben somit Aufschluss darüber, ob der Bieter jeweils seiner Verpflichtung zur Entrichtung der vorgenannten Beiträge vollständig nachgekommen** ist. Sie lassen erkennen, ob er über die erforderlichen finanziellen Mittel und die notwendige Zuverlässigkeit verfügt, indem er seinen Verpflichtungen regelmäßig und umfassend nachkommt (OLG Koblenz, B. v. 4. 7. 2007 – Az.: 1 Verg 3/07; 1. VK Bund, B. v. 20. 4. 2005 – Az.: VK 1–23/05).

12258 Das **Verlangen einer Bescheinigung des Unfallversicherungsträgers verstößt nicht gegen Vergaberecht.** Der Auffassung, die Vorlage einer Bescheinigung der Krankenkasse über die Abführung von Sozialversicherungsbeiträgen sei ausreichend, während die Vorlage einer Bescheinigung des Unfallversicherungsträgers nicht mehr erforderlich und damit unverhältnismäßig sei, kann nicht gefolgt werden. Es steht **grundsätzlich im Ermessen des Auftraggebers, ob und welche Eignungsnachweise er verlangt**, wobei der Grundsatz der Verhältnismäßigkeit Anwendung findet (OLG Koblenz, B. v. 4. 7. 2007 – Az.: 1 Verg 3/07; 1. VK Bund, B. v. 20. 4. 2005 – Az.: VK 1–23/05).

12259 Verlangt ein Auftraggeber den „**Nachweis über die Erfüllung der gesetzlichen Verpflichtung in der Sozialversicherung**", kann das vernünftigerweise nur bedeuten, dass jeder Bieter belegen soll, dass er in der Vergangenheit alle Sozialabgaben pünktlich und gewissenhaft gezahlt hat. Dies wiederum bedeutet die **Pflicht zur Vorlage von Bescheinigungen aller beim Bieter vertretenen Krankenkassen**. Würde ein „repräsentativer Nachweis" ausreichen, wäre der Willkür Tür und Tor geöffnet, weil es einem Auftraggeber faktisch freigestellt wäre, ob er die Bescheinigung einer Krankenkasse als repräsentativ ansieht oder nicht (OLG Koblenz, B. v. 4. 7. 2007 – Az.: 1 Verg 3/07). Die **Vorlage sämtlicher Krankenversicherungsbescheinigungen** ist auch **nicht als schlechterdings unzumutbar** zu werten; sie zu fordern, ist durch das Ermessen des Auftraggebers gedeckt (2. VK Bund, B. v. 12. 10. 2009 – Az.: VK 2–177/09).

12260 **Teilweise anderer Auffassung** ist die 3. VK Bund. Gibt ein **öffentlicher Auftraggeber nicht vor, wann und durch welche Bescheinigungen oder Erklärungen er den Nachweis der Zahlung der Beiträge zur gesetzlichen Krankenversicherung als erbracht ansieht, kann** die Nachweisforderung durchaus so verstanden werden, dass – wie es wohl auch der bisher gängigen Praxis entspricht – die **exemplarische Bescheinigung einer einzigen gesetzlichen Krankenkasse genügt**. Selbst wenn man es unter dem Grundsatz der Verhältnismäßigkeit überhaupt für zulässig hielte, die Vorlage von Bescheinigungen der Krankenkassen aller bei einem Bieter beschäftigten Arbeitnehmer zu fordern, so muss diese **Forderung, die ja mit der Konsequenz des zwingenden Ausschlusses bei Fehlen einer einzigen – und sei es auch noch so unwichtigen – Bescheinigung behaftet ist, jedenfalls in der Bekanntmachung klar und eindeutig bezeichnet** sein (3. VK Bund, B. v. 15. 7. 2008 – Az.: VK 3–89/08; B. v. 24. 1. 2008 – Az.: VK 3–151/07).

149.11.4.4 Unzutreffende Eignungserklärungen (§ 4 Abs. 9 lit. e)

12261 **149.11.4.4.1 Aufklärungspflicht des Bieters über nach Angebotsabgabe eintretende Änderungen der Eignung.** Bei einer entscheidenden Bedeutung der Eignungskriterien für die Auftragserteilung besteht eine Aufklärungspflicht eines Bieters auch über solche Umstände, nach denen der Auftraggeber zwar nicht gefragt, die aber für die Beurteilung offensichtlich bedeutsam sind, weil sie den Vertragszweck vereiteln oder gefährden könnten. Diese Darlegungspflicht ist eine selbstverständliche Obliegenheit eines Bieters, die auf der Tatsache beruht, dass er zur Erfüllung des Auftrags über die erforderlichen personellen und/oder technischen Mittel verfügt und diese Verfügungsbefugnis durch den Eintritt neuer Umstände auch nicht verloren hat. **Dazu kann auch ein Gesellschafterwechsel gehören, wenn er entscheidende Auswirkungen auf die Ausstattung der Gesellschaft, insbesondere hinsichtlich der Personalstärke und des Verlustes von Personal mit dem für den Auftrag nötigen Know-how hat.** Ein Bieter darf daher diesen Umstand nicht verschweigen, sondern hätte **die Vergabestelle von sich aus darauf hinweisen müssen**, damit diese Gelegenheit erhielt, die Eignung unter Zugrundelegung der neuen Aspekte nochmals zu überprüfen (VK Hessen, B. v. 28. 6. 2005 – Az.: 69 d VK – 07/2005).

149.11.4.4.2 Zurechnung falscher Angaben in einem Konzern. Eine **juristische Person muss sich regelmäßig das Verschulden (und natürlich auch den Vorsatz) ihrer Mitglieder anrechnen lassen.** Das Ergebnis, dass auf diesem Wege an sich weitgehend unabhängige Niederlassungen durch das Fehlverhalten ihrer Mitarbeiter in Zentralen und anderen Niederlassungen betroffen sein können, muss hingenommen werden, da anderenfalls jede Zentrale jede Niederlassung jederzeit exkulpieren könnte und eine Zurechenbarkeit im Sinne der Regelung und letztlich auch im Sinne der zugrunde liegenden europäischen Richtlinie regelmäßig unterlaufen werden könnte (VK Arnsberg, B. v. 22. 10. 2001 – Az.: VK 2–13/2001).

149.11.4.4.3 Beispiele aus der Rechtsprechung

– **erweckt ein Bieter bei seinem Angebot durch das Organigramm, bei dem unter seiner Firma für diesen Auftrag die Verantwortungs- und Hierarchiestruktur dargestellt und die Aufgaben bestimmten und benannten Mitarbeitern zugewiesen worden ist, den Eindruck, als handele es sich bei den maßgeblichen Mitarbeitern um eigene Angestellte**, wobei dies um so mehr gilt, als sich der Bieter als großes und mitarbeiterstarkes Unternehmen präsentiert hatte und **stellt sich erst auf Nachfrage des Auftraggebers heraus, dass von den 14 in der „Vorstellung der Mitarbeiter" genannten Personen sieben „freie Mitarbeiter" waren, von denen zumindest drei eigene Büros unterhielten und ein weiterer in leitender Position in einem anderen Büro tätig war, verschleiert der Bieter den weitgehenden Einsatz von Drittunternehmen**. Das ist um so gewichtiger, als es sich ersichtlich nicht nur um Personen, die von dem Bieter lediglich aus sozialversicherungs- und steuerrechtlichen Gründen als „freie Mitarbeiter" beschäftigt wurden, sondern auch um „echte Nachunternehmer" mit eigenen Büros und eigenem Kundenkreis handelte. Dass die Verhältnisse auf Nachfragen des Auftraggebers schließlich richtig gestellt worden sind, änderte nichts mehr daran, dass das Vertrauen aufgrund der unvollständigen Angaben des Bieters erschüttert war. Aufgrund dieses Verhaltens konnte der Auftraggeber ohne Ermessensüberschreitung zu dem Ergebnis kommen, dass eine langfristige Zusammenarbeit, die eines uneingeschränkten Vertrauens in die Integrität und die Sach- und Fachkunde des Auftragnehmers bedurfte, erheblichen Zweifeln begegnete, zumal es dem Bieter – aus welchen Gründen auch immer – nicht möglich war, das Projektteam vollständig im Verhandlungstermin persönlich vorzustellen. Der **Auftraggeber hat den Bieter deshalb zu Recht nach § 4 Abs. 9 lit. e) VOF (= Art. 45 Abs. 2 lit. g) VKR) ausgeschlossen** (OLG Düsseldorf, B. v. 5. 5. 2009 – Az.: VII-Verg 14/09)

– grundsätzlich sind die Bewerber einer VOF-Ausschreibung verpflichtet, Auskünfte gemäß §§ 4, 5 VOF zu erteilen, wenn der Auftraggeber dies in der Vergabebekanntmachung bzw. der Aufgabenbeschreibung verlangt. Bewerber können gemäß § 4 Abs. 9 lit. e VOF ausgeschlossen werden, die sich bei der Erteilung der entsprechenden Auskünfte in erheblichem Maß falscher Erklärungen schuldig gemacht haben oder diese Auskünfte unberechtigterweise nicht erteilen. Gemäß § 4 Abs. 2. Spiegelstrich VOF sind die Bewerber zu verpflichten, Auskünfte darüber zu geben, ob und auf welche Art sie auf den Auftrag bezogen in relevanter Weise mit anderen zusammenarbeiten. Nach § 5 Abs. 5 lit. h) VOF kann der Nachweis der Eignung durch **Angabe des Auftragsanteils erbracht werden, für den der Bewerber möglicherweise einen Unterauftrag zu erteilen beabsichtigt**. Die genannten Nachweise und Erklärungen sind für eine sachgerechte Auswahl der Bewerber und eine sich anschließende Auftragserteilung grundlegend. Insofern genießt **ein Bewerber von vornherein kein Vertrauen, der die wirklichen Verhältnisse schuldhaft falsch darstellt oder verschweigen** hat (3. VK Bund, B. v. 6. 4. 2009 – Az.: VK 3–49/09)

– Vorlage alter Gewerberegisterauszüge (VK Arnsberg, B. v. 22. 10. 2001 – Az.: VK 2–13/2001).

Teil 5 VOF § 5 Vergabeordnung für freiberufliche Leistungen

12264 **149.11.4.4.4 Literatur**

– Götting, Susanne/Götting, Bert, Kriminalisierung des Kartellrechts? Eine Analyse von Gesetzgebung und Rechtsprechung – zugleich eine Anmerkung zu BGH – Urteil vom 11. 7. 2001 – 1 StR 576/00 (ZfBR 2002, 82 ff.), ZfBR 2004, 341

149.11.5 Abschließende Regelung des § 4 Abs. 6, Abs. 9

12265 Die Vorschrift des § 4 Abs. 9 lit. c) VOF enthält jedenfalls in ihrem wortsinngemäßen Anwendungsbereich, der eine einzelne Verfehlung des Bewerbers zum Gegenstand hat, eine **abschließende Regelung** (OLG Düsseldorf, B. v. 7. 12. 2005 – Az.: VII – Verg 68/05).

12266 § 4 VOF kennt auch **keinen Ausschlussgrund „Nichtliquidität"** (VK Hessen, B. v. 23. 1. 2006 – Az.: 69 d VK – 93/2005).

12267 Die zur VOF 2006 streitige Frage, ob § 11 VOF 2006 (= § 4 Abs. 6–9 VOF 2009) eine abschließende Regelung mit Blick auf **unvollständige Teilnahmeanträge** darstellt, ist **durch die Nachforderungsmöglichkeit des § 5 Abs. 3 VOF 2009 erledigt**. Vgl. insoweit die Kommentierung zu § 5 VOF Rdn. 37 ff.

149.11.6 Nachweis über Eigenerklärungen

12268 Gemäß § 5 Abs. 2 Satz 1 sind die **Nachweise gemäß § 4 Abs. 9 im Wege von Eigenerklärungen zu verlangen**. Vgl. insoweit die Kommentierung zu § 5 VOF Rdn. 19.

150. § 5 VOF – Nachweis der Eignung

(1) **Zum Nachweis der Fachkunde, Leistungsfähigkeit und Zuverlässigkeit (Eignung) dürfen nur Unterlagen und Angaben gefordert werden, die durch den Gegenstand des Auftrages gerechtfertigt sind. Dabei hat der Auftraggeber die berechtigten Interessen der Bewerber oder Bieter am Schutz ihrer technischen, fachlichen oder handelsbezogenen Betriebsgeheimnisse zu berücksichtigen; die Verpflichtung zur beruflichen Verschwiegenheit bleibt unberührt.**

(2) **Grundsätzlich sind als Nachweise nach Absatz 4 Buchstabe c und Absatz 5 Buchstabe b bis f und h sowie nach § 4 Absatz 9 Eigenerklärungen zu verlangen. Die Forderung von darüber hinausgehenden Unterlagen und Angaben haben die Auftraggeber in der Dokumentation zu begründen.**

(3) **Fehlende Erklärungen und Nachweise, die bis zum Ablauf der Bewerbungsfrist nicht vorgelegt wurden, können auf Anforderung der Auftraggeber bis zum Ablauf einer zu bestimmenden Nachfrist nachgereicht werden.**

(4) **Der Nachweis der finanziellen und wirtschaftlichen Leistungsfähigkeit des Bewerbers kann in der Regel durch einen oder mehrere der nachstehenden Nachweise erbracht werden:**

a) **entsprechende Bankerklärung oder den Nachweis entsprechender Berufshaftpflichtversicherungsdeckung,**

b) **Vorlage von Bilanzen oder Bilanzauszügen, falls deren Veröffentlichung nach dem Gesellschaftsrecht des Mitgliedsstaates, in dem der Bewerber ansässig ist, vorgeschrieben ist,**

c) **Erklärung über den Gesamtumsatz des Bewerbers und seinen Umsatz für entsprechende Dienstleistungen in den letzten drei Geschäftsjahren.**

Kann ein Bewerber oder Bieter aus einem berechtigten Grund die vom Auftraggeber geforderten Nachweise nicht beibringen, so kann er den Nachweis seiner finanziellen und wirtschaftlichen Leistungsfähigkeit durch Vorlage jedes anderen, vom Auftraggeber für geeignet erachteten Belegs erbringen.

(5) **Der Nachweis der fachlichen Eignung kann folgendermaßen erbracht werden:**

a) **soweit nicht bereits durch Nachweis der Berufszulassung erbracht, durch Studiennachweise und Bescheinigungen über die berufliche Befähigung des Bewerbers** oder Bieters und/oder der Führungskräfte des Unternehmens, insbesondere der für die Dienstleistungen verantwortlichen Person oder Personen,

b) durch eine Liste der wesentlichen in den letzten drei Jahren erbrachten Leistungen mit Angabe des Rechnungswertes, der Leistungszeit sowie der öffentlichen oder privaten Auftraggeber der Dienstleistungen,

- bei Leistungen für öffentliche Auftraggeber durch eine von der zuständigen Behörde ausgestellte oder beglaubigte Bescheinigung,

- bei Leistungen für private Auftraggeber durch eine vom Auftraggeber ausgestellte Bescheinigung; ist eine derartige Bescheinigung nicht erhältlich, so ist eine einfache Erklärung des Bewerbers zulässig,

c) durch Angabe über die technische Leitung,

d) durch eine Erklärung, aus der das jährliche Mittel der vom Bewerber oder Bieter in den letzten drei Jahren Beschäftigten und die Anzahl seiner Führungskräfte in den letzten drei Jahren ersichtlich ist,

e) durch eine Erklärung, aus der hervorgeht, über welche Ausstattung, welche Geräte und welche technische Ausrüstung der Bewerber oder Bieter für die Dienstleistungen verfügen wird,

f) durch eine Beschreibung der Maßnahmen des Bewerbers oder Bieters zur Gewährleistung der Qualität und seiner Untersuchungs- und Forschungsmöglichkeiten (z.B. durch Fortbildungszertifikate von Kammern und Verbänden),

g) sind die zu erbringenden Leistungen komplexer Art oder sollten sie ausnahmsweise einem besonderen Zweck dienen, durch eine Kontrolle, die vom Auftraggeber oder in dessen Namen von einer anderen damit einverstandenen zuständigen amtlichen Stelle aus dem Land durchgeführt wird, in dem der Bewerber oder Bieter ansässig ist; diese Kontrolle betrifft die Leistungsfähigkeit und erforderlichenfalls die Untersuchungs- und Forschungsmöglichkeiten des Bewerbers sowie die zur Gewährleistung der Qualität getroffenen Vorkehrungen,

h) durch die Angabe, welche Teile des Auftrags der Bewerber oder Bieter unter Umständen als Unterauftrag zu vergeben beabsichtigt.

(6) Ein Bewerber oder Bieter kann sich, auch als Mitglied einer Bietergemeinschaft, bei der Erfüllung eines Auftrags der Kapazitäten anderer Unternehmen bedienen, ungeachtet des rechtlichen Charakters der zwischen ihm und diesen Unternehmen bestehenden Verbindungen. Er muss in diesem Fall vor Zuschlagserteilung dem Auftraggeber gegenüber nachweisen, dass ihm die erforderlichen Mittel zur Verfügung stehen, z.B. durch Vorlage einer entsprechenden Verpflichtungserklärung dieser Unternehmen.

(7) Verlangen die Auftraggeber zum Nachweis dafür, dass die Bewerber oder Bieter bestimmte Qualitätssicherungsnormen erfüllen, die Vorlage von Bescheinigungen unabhängiger Stellen, so nehmen sie auf Qualitätssicherungsverfahren Bezug, die den einschlägigen europäischen Normen entsprechen und von entsprechenden Stellen gemäß den europäischen Zertifizierungsnormen zertifiziert sind. Gleichwertige Bescheinigungen von Stellen aus anderen EG-Mitgliedstaaten sind anzuerkennen. Die Auftraggeber erkennen auch andere gleichwertige Nachweise für Qualitätssicherungsmaßnahmen an.

(8) Verlangen die Auftraggeber als Merkmal der technischen Leistungsfähigkeit den Nachweis dafür, dass die Bewerber oder Bieter bestimmte Normen für das Umweltmanagement erfüllen, die Vorlage von Bescheinigungen unabhängiger Stellen, so nehmen sie auf das Gemeinschaftssystem für das Umweltmanagement und die Umweltbetriebsprüfung (EMAS) oder auf Normen für das Umweltmanagement Bezug, die auf den einschlägigen europäischen oder internationalen Normen beruhen und von entsprechenden Stellen zertifiziert sind, die dem europäischen Gemeinschaftsrecht oder europäischen oder internationalen Zertifizierungsnormen entsprechen. Gleichwertige Bescheinigungen von Stellen in anderen EG-Mitgliedstaaten sind anzuerkennen. Die Auftraggeber erkennen auch andere Nachweise für gleichwertige Umweltmanagementmaßnahmen an, die von den Bewerbern oder Bietern vorgelegt werden.

Teil 5 VOF § 5 Vergabeordnung für freiberufliche Leistungen

(9) **Bei der Prüfung der Eignung erkennen die Auftraggeber als Nachweis auch Bescheinigungen der zuständigen Berufskammer an.**

150.1 Änderungen in der VOF 2009

12269 Der Nachweis der Eignung ist in der VOF 2009 – im **Gegensatz zu §§ 12, 13 VOF 2006 – in einer Vorschrift** geregelt.

12270 **§ 5 Abs. 1 VOF 2009 enthält neu** die ausdrückliche Verpflichtung des Auftraggebers, **nur mit dem Auftragsgegenstand zusammenhängende Unterlagen und Angaben zu fordern.**

12271 **§ 5 Abs. 2 VOF 2009 enthält neu** die ausdrückliche Verpflichtung des Auftraggebers, **grundsätzlich nur Eigenerklärungen zu verlangen.**

12272 **§ 5 Abs. 3 VOF 2009 enthält neu** die **Möglichkeit zur Nachreichung fehlender Erklärungen und Nachweise** im Rahmen des Teilnahmewettbewerbs.

12273 **§ 5 Abs. 7 enthält neu die Möglichkeit, Nachweise zur Qualitätssicherung** zu fordern.

12274 **§ 5 Abs. 9 enthält neu die Möglichkeit, Eignungsnachweise auch durch Bescheinigungen der zuständigen Berufskammern** darzulegen.

150.2 Vergleichbare Vorschriften

12275 Der **Vorschrift des § 5 VOF vergleichbar** sind im Bereich des GWB **§ 97 Abs. 4 GWB**, im Bereich der VOB **§§ 6, 6a VOB/A** und im Bereich der VOL **§§ 6, 7 EG VOL/A**. Die Kommentierungen zu diesen Vorschriften können daher ergänzend zu der Kommentierung des § 5 herangezogen werden.

150.3 Bieterschützende Regelung

150.3.1 § 5 Abs. 1

12276 Die **Vorschrift aus § 5 Abs. 1 VOF schützt die Bieter** in ihren Rechten auf ein diskriminierungsfreies Verfahren. Es handelt sich nicht um eine bloße an die Vergabestelle gerichtete Ordnungsvorschrift. Die abschließende Benennung der Eignungsnachweise schützt die Bieter einerseits davor, dass nachträglich höhere Anforderungen gestellt werden und davor, dass ein Wettbewerber durch nachträgliche Zulassung eines auf ihn zugeschnittenen Nachweises besser gestellt wird. Die Vorschrift unterliegt aufgrund ihrer auf aller Bieter gerichteten Schutzwirkung **nicht der Disposition einzelner Bieter und/oder der Vergabestelle** (OLG Düsseldorf, B. v. 18. 7. 2001 – Az.: Verg 16/01; VK Düsseldorf, B. v. 24. 1. 2001 – Az.: VK – 31/2000 – B; VK Südbayern, B. v. 7. 12. 2007 – Az.: Z3-3-3194-1-49–10/07).

150.4 Begriff der Eignung (§ 5 Abs. 1 Satz 1)

12277 Die **Eignung setzt sich aus den Eigenschaften Fachkunde, Leistungsfähigkeit und Zuverlässigkeit zusammen.**

150.5 Inhalt der Eignung

12278 Vgl. dazu die Kommentierung zu § 97 GWB Rdn. 555 ff.

150.6 Allgemeine Anforderungen an vom Auftraggeber geforderte Angaben und Nachweise – Rechtfertigung durch den Gegenstand des Auftrags – (§ 5 Abs. 1 Satz 1)

150.6.1 Grundsätze

12279 Mit der **Pflicht des Auftraggebers**, die **Eignung** der am Auftrag interessierten Unternehmen zu **prüfen**, korrespondiert das **Recht, die Vorlage von Eignungsnachweisen zu fordern** (OLG Koblenz, B. v. 3. 9. 2010 – Az.: VK 2–28/10).

Vergabeordnung für freiberufliche Leistungen VOF § 5 **Teil 5**

Der öffentliche Auftraggeber darf von den Bewerbern oder Bietern die Vorlage von Angaben, 12280
Bescheinigungen oder Nachweisen verlangen, die **durch den Gegenstand des ausgeschriebenen Auftrags gerechtfertigt** erscheinen. Entscheidend ist, ob aus verständiger Sicht der Vergabestelle ein **berechtigtes Interesse an den in der Ausschreibung aufgestellten Forderungen** besteht, so dass diese als **sachlich gerechtfertigt und verhältnismäßig** erscheinen und den **Bieterwettbewerb nicht unnötig einschränken** (VK Arnsberg, B. v. 29. 12. 2006 – Az.: VK 31/06; 3. VK Bund, B. v. 29. 1. 2007 – Az.: VK 3–04/07; B. v. 18. 1. 2007 – Az.: VK 3–150/06; VK Münster, B. v. 12. 5. 2009 – Az.: VK 5/09; B. v. 23. 10. 2003 – Az.: VK 19/03; VK Schleswig-Holstein, B. v. 28. 1. 2008 – Az.: VK-SH 27/07).

150.6.2 Wichtige Einzelfälle

Der **Nachweis einer Mitarbeiterzahl, die für die Durchführung sämtlicher Lose, für** 12281
die ein Angebot abgegeben wird, erforderlich ist, ist bereits zum Zeitpunkt der Angebotsabgabe zu weitgehend und damit unzulässig. Gemäß § 5 Abs. 1 Satz 1 VOF kann der öffentliche Auftraggeber Angaben und Nachweise zur fachlichen Leistungsfähigkeit fordern, soweit dies durch den Auftragsgegenstand gerechtfertigt ist. Ebenso sieht Art. 44 Abs. 2 UAbs. 2 der Richtlinie 2004/18/EG vor, dass Mindestanforderungen zur Leistungsfähigkeit mit dem Auftragsgegenstand zusammenhängen und ihm angemessen sein müssen. **Es erscheint nicht angemessen, von den Bietern zu verlangen, bereits mit Angebotsabgabe und damit ohne dass sie Gewissheit über die Zuschlagserteilung auf ihr Angebot haben, einen entsprechenden Mitarbeiterbestand vorzuhalten** (1. VK Bund, B. v. 27. 8. 2008 – Az.: VK 1–102/08).

Die **Forderung nach einer Erklärung über die Einhaltung eines Mindestlohns in** 12282
Form einer Verpflichtungserklärung ist mit § 5 Abs. 1 Satz 1 VOF vereinbar. Von den Bewerbern können insoweit zum Nachweis ihrer Fachkunde, Leistungsfähigkeit und Zuverlässigkeit entsprechende Angaben gefordert werden, soweit es durch den Gegenstand des Auftrags gerechtfertigt ist. Zwar ist im Falle eines für allgemeinverbindlich erklärten Mindestlohns jeder Bieter ohnehin rechtlich verpflichtet, den Mindestlohn einzuhalten. Eine entsprechende Verpflichtungserklärung hat daher prinzipiell nur deklaratorischen Charakter. Allerdings **dient sie dem Auftraggeber zum Nachweis darüber, dass der Bieter sich an die rechtlichen Rahmenbedingungen auf der Grundlage des AEntG halten wird und damit insoweit zuverlässig ist.** Eine derartige Eigenerklärung ist zweckmäßig und bewegt sich im Rahmen des § 5 Abs. 1 Satz 1 VOF (3. VK Bund, B. v. 9. 9. 2009 – Az.: VK 3–163/09).

150.7 Möglichkeiten der Feststellung der Eignung (§ 5 Abs. 2)

150.7.1 Änderung in der VOF 2009

§ 5 Abs. 2 VOF verpflichtet die Auftraggeber ausdrücklich, grundsätzlich (nur) Eigenerklärungen zu verlangen. Die **Forderung von anderen Nachweisen** als Eigenerklärungen haben die Auftraggeber **in der Dokumentation zu begründen**. Hintergrund der Regelung ist das Bestreben, den Nachweisaufwand der Bieter möglichst zu minimieren.

150.7.2 Terminologie

§ 5 VOF, in denen insbesondere auch die Vorlage von Eignungsnachweisen geregelt ist, **be-** 12283
nutzt den Begriff des Nachweises durchgängig als Oberbegriff und subsumiert hierunter verschiedene Formen der Nachweisführung. So kann der Eignungsnachweis gemäß § 5 VOF zum Beispiel **durch Angaben des Bieters** (§ 5 Abs. 4 VOF), **Bescheinigungen zuständiger Stellen** (§ 5 Abs. 7 lit. f), Abs. 9 VOF) sowie **durch Eigenerklärungen des Bieters** (§ 5 Abs. 4, Abs. 5 VOF) geführt werden. Aufgrund dieser klaren Terminologie der VOF darf ein mit öffentlichen Vergaben vertrauter Bieter nicht annehmen, dass unter den in der Auftragsbekanntmachung geforderten Erklärungen etwas anderes zu verstehen sei als unter „in der Bekanntmachung geforderten Nachweise" (1. VK Bund, B. v. 21. 5. 2007 – Az.: VK 1–32/07).

Der **Begriff „Nachweis" stellt ein Synonym für die Begriffe „Beweis" und „Beleg"** 12284
dar. Der Nachweis als das Ergebnis einer Beweisführung kann mit unterschiedlichen Mitteln oder Belegen geführt werden. Der **Begriff Nachweis stellt einen Oberbegriff dar. Er er-**

2447

Teil 5 VOF § 5 Vergabeordnung für freiberufliche Leistungen

fasst sämtlich **Arten von Belegen und Beweismitteln** (notarielle Urkunden, amtliche Bescheinigungen, Eigen- und Fremderklärungen, Vertragsurkunden). Die VOB/A und die VOL/A und die VOF lassen zum „Nachweis" der wirtschaftlichen Leistungsfähigkeit des Bieters neben Fremderklärungen (Bankauskünfte, Bankerklärungen, Nachweis einer Berufshaftpflichtversicherung, Bilanzen und Bilanzauszügen) auch Eigenerklärungen über den Gesamtumsatz des Unternehmens sowie den Umsatz bezüglich der besonderen Leistungsart genügen. Entsprechendes gilt auch für den Nachweis der fachlichen und technischen Leistungsfähigkeit. Für den Nachweis der Zuverlässigkeit eines Unternehmens gilt nichts anderes (OLG Düsseldorf, B. v. 4. 6. 2008 – Az.: VII-Verg 21/08).

12285   Der **Begriff der „Bescheinigung" umfasst ausschließlich Fremderklärungen, nicht aber Eigenerklärungen.** Dies ergibt sich sowohl aus dem allgemeinen Sprachgebrauch als auch aus der in den Vergabeordnungen verwandten Begrifflichkeit. So legt § 4 Abs. 7 VOF fest, dass der Auftraggeber eine Bescheinigung der zuständigen Behörde zu akzeptieren hat. Sofern eine solche nicht ausgestellt wird, kann sie durch eine eidesstattliche Erklärung des Unternehmens ersetzt werden. Hierin **kommt eine klare Unterscheidung zwischen von Dritten auszustellenden Bescheinigungen einerseits und Eigenerklärungen des Bieters andererseits** zum Ausdruck. **Für einen verständigen Bieter kann daher kein Zweifel daran bestehen, dass eine Eigenerklärung dem Nachweiserfordernis nicht genügt.** Der Umstand, dass die Bekanntmachung und die Vergabeunterlagen gegebenenfalls nur von einer „Bescheinigung" sprechen, ohne „der zuständigen Behörde" hinzuzusetzen, begründet keine Unklarheiten. **Dass nur eine Bescheinigung einer zuständigen Stelle geeignet ist, den Nachweis über die Erfüllung der Verpflichtungen zu erbringen, bedarf keines besonderen Hinweises, sondern versteht sich von selbst** (2. VK Bund, B. v. 12. 10. 2009 – Az.: VK 2–177/09).

12286   Ist die Art der Belege in der Bekanntmachung nicht definiert, sind **Fremd- und Eigenbelege zulässig.** Bei der Wahl von Eigenbelegen sind mangels näherer Bestimmung selbst hergestellte Urkunden und Eigenerklärungen zugelassen. **Eigenerklärungen müssen** die Voraussetzungen eines „Nachweises" erfüllen, d. h. richtig, **vollständig und aus sich heraus verständlich sein** (OLG Düsseldorf, B. v. 6. 7. 2005 – Az.: VII – Verg 22/05). Hat der Auftraggeber aber eindeutig **Nachweise von Dritten gefordert, ist eine Eigenerklärung nicht ausreichend** (VK Münster, B. v. 27. 4. 2007 – Az.: VK 06/07).

150.7.3 Eigenerklärungen (§ 5 Abs. 2 Satz 1)

150.7.3.1 Begrenzung des Vorrangs der Eigenerklärungen auf bestimmte Eignungsnachweise

12287   Im Gegensatz zu § 7 EG Abs. 1 Satz 2 gilt der **Vorrang der Eigenerklärungen nicht absolut.** Der Vorrang gilt **nur für Erklärungen über den Gesamtumsatz des Bewerbers und seinen Umsatz für entsprechende Dienstleistungen** in den letzten drei Geschäftsjahren (§ 5 Abs. 4 lit. c), die **fachlichen Nachweise** gemäß § 5 Abs. 5 lit. b)–f) und lit. h) sowie die **finanziellen Nachweise** gemäß § 4 Abs. 9.

150.7.3.2 Allgemeines

12288   Sich bei Eignungsanforderungen **allein auf Eigenerklärungen der Bieter zu verlassen, birgt grundsätzlich zwar ein gewisses Risiko, ist aber weder unüblich noch zu beanstanden.** Zum einen kann ein Bieter bei vorsätzlicher Abgabe einer unzutreffenden Erklärung ohne weiteres z. B. nach § 4 Abs. 9 lit. e) VOF ausgeschlossen werden, zum anderen dient dies dem vergaberechtlichen Beschleunigungsgrundsatz. Durch die Einholung von Eigenerklärungen kann der **Aufwand**, der auf Seiten der Bieter für die Einholung und auf Seiten des Auftraggebers für die Überprüfung etwaiger Bestätigungen von Seiten Dritter anfallen würde, **deutlich reduziert** werden (2. VK Bund, B. v. 16. 9. 2008 – Az.: VK 2–97/08).

12289   Eine **Eigenerklärung des Bieters** z. B. zu seiner wirtschaftlichen Leistungsfähigkeit **bedarf nicht per se der Unterzeichnung.** Daran ändert der Umstand nichts, dass eine „Erklärung" z. B. zu den Gesamtumsätzen gefordert wird. Der **Begriff der Erklärung verlangt aus sich selbst heraus keine Unterzeichnung durch den Bieter, um als Eignungsnachweis dienen zu können.** Auch nicht unterzeichnete Erklärungen haben Erklärungswert, wenn sie dem Angebot bestimmungsgemäß als Anlage beigefügt sind und sie – was regelmäßig der Fall sein wird – **von der Unterschrift auf dem Angebotsblankett gedeckt** sind. Will der Auftraggeber, dass Eigenerklärungen gesondert unterzeichnet werden, muss er dies in der Vergabebekanntmachung oder – konkretisierend – mit der Aufforderung zur Abgabe eines Angebots oder in den Vergabeunterlagen verlangen (OLG Düsseldorf, B. v. 2. 5. 2007 – Az.: VII – Verg 1/07).

Für die vom öffentlichen **Auftraggeber anzuwendende Prüfungstiefe bei der Verifizierung und Kontrolle von Eigenerklärungen gilt zunächst**, dass Eignungsentscheidungen, bei denen **dem Auftraggeber eine Einschätzungsprärogative zukommt**, grundsätzlich nur auf der Grundlage gesicherter Erkenntnisse ergehen dürfen. Die Anforderungen an den Grad der Erkenntnissicherheit sind aber nicht nur an den vergaberechtlichen Grundsätzen der Transparenz und Diskriminierungsfreiheit, sondern **auch am Interesse des öffentlichen Auftraggebers an einer zügigen Umsetzung von Beschaffungsabsichten und einem raschen Abschluss von Vergabeverfahren zu messen**. Dem öffentlicher Auftraggeber kommt insoweit zu Gute, dass sich **aus dem auch im Vergaberecht geltenden Grundsatz von Treu und Glauben Zumutbarkeitsgrenzen für Überprüfungs- und Kontrollpflichten ergeben**. In dem durch die Beteiligung an einer Ausschreibung gemäß §§ 311 Abs. 2, 241 Abs. 2 BGB begründeten Schuldverhältnis sind im Rahmen der Eignungsprüfung die Belange der anderen am Auftrag interessierten Unternehmen nur im Rahmen des Zumutbaren zu berücksichtigen. Die **Grenzen der Zumutbarkeit werden durch den kurzen Zeitraum, in dem die Entscheidung über die Auftragsvergabe zu treffen ist sowie durch die begrenzten Ressourcen und administrativen Möglichkeiten des öffentlichen Auftraggebers, weitere Überprüfungen vorzunehmen, bestimmt**. Für die Entscheidung, ob Bewerber oder ein Bieter auf Grund seiner Eigenerklärungen als geeignet bzw. ungeeignet zu beurteilen ist, ist demnach **nicht erforderlich, dass der öffentliche Auftraggeber sämtliche in Betracht kommenden Erkenntnisquellen ausschöpft**, um die gemachten Angaben zu verifizieren. Vielmehr darf er seine Entscheidung auf eine methodisch vertretbar erarbeitete, befriedigende Erkenntnislage stützen und von einer Überprüfung von Eigenerklärungen absehen, wenn und soweit sich keine objektiv begründeten, konkreten Zweifel an der Richtigkeit ergeben. Nur in diesem Fall ist er gehalten, weitere Nachforschungen anzustellen und gegebenenfalls von neuem in die Eignungsprüfung einzutreten. Ansonsten ist die Entscheidung des öffentlichen Auftraggebers über die Eignung eines Bewerbers (oder Bieters) **bereits dann hinzunehmen, wenn sie unter Berücksichtigung der schon bei Aufstellung der Prognose aufgrund zumutbarer Aufklärung gewonnenen Erkenntnisse (noch) vertretbar erscheint** (OLG Düsseldorf, B. v. 2. 12. 2009 – Az.: VII-Verg 39/09).

150.7.3.3 Eigenerklärung bezogen auf außerordentlich gekündigte Vertragsverhältnisse

Die Forderung nach einer **Eigenerklärung bezogen auf außerordentlich gekündigte Vertragsverhältnisse** ist **ungewöhnlich**, aber **zumutbar** (VK Arnsberg, B. v. 15. 1. 2009 – Az.: VK 31/08; B. v. 15. 1. 2009 – Az.: VK 30/08).

150.7.4 Andere Nachweise (§ 5 Abs. 2 Satz 2)

150.7.4.1 Begründungspflicht in der Dokumentation

In Ausnahmefällen können Auftraggeber neben Eigenerklärungen auch andere Nachweise verlangen, müssen diese **Forderung** aber **in der Dokumentation des Vergabeverfahrens begründen**.

150.7.4.2 Beurteilungs- und Ermessensspielraum

Angesichts des grundsätzlich **breiten Einkaufsspektrums im Zuständigkeitsbereich auch der VOF** wird man dem öffentlichen Auftraggeber einen **ebenso breiten Beurteilungs- und Ermessensspielraum** in der Entscheidung einräumen müssen, ob Eigenerklärungen für die Eignungsprüfung genügen oder ob weitergehende Nachweise – insbesondere Referenzen – gefordert werden dürfen.

150.7.4.3 Anforderungen an andere Nachweise

150.7.4.3.1 Allgemeines.
Wenn Unterlagen von Dritten als Eignungsnachweise gefordert werden, ist davon auszugehen, dass es sich bei diesen **Unterlagen um von den Dritten ausgestellte Dokumente handeln muss**; eigene Erklärungen der Bieter sind dementsprechend nicht ausreichend (1. VK Bund, B. v. 4. 8. 2004 – Az.: VK 1–87/04).

12295 Haben die **Aussteller von Nachweisen** – z. B. Finanzämter – **auf dem Original unmissverständlich zum Ausdruck gebracht**, dass sie **sich von (unbeglaubigten) Fotokopien distanzieren** und solche im Rechtsverkehr gerade nicht als von ihnen stammende „Bescheinigung der zuständigen Behörde" gelten lassen wollen (z. B. durch den Zusatz auf dem Nachweis, er sei nur im Original bzw. als beglaubigte Fotokopie gültig), legt ein Bieter mit Beifügung von – **unbeglaubigten** – Fotokopien rechtlich nur Eigenerklärungen vor, die einen Hinweis darauf enthalten, dass die geforderten, aber nicht vorgelegten Belege existieren (OLG Koblenz, B. v. 4. 7. 2007 – Az.: 1 Verg 3/07). Deshalb **genügt die Vorlage einer einfachen Kopie dieser Fremderklärung nicht,** wenn der Aussteller der Fremderklärung deren Gültigkeit ausdrücklich auf die Vorlage des Originals oder einer beglaubigten Kopie beschränkt hat (OLG Naumburg, B. v. 8. 10. 2009 – Az.: 1 Verg 9/09).

12296 Das **Verlangen nach beglaubigten Kopien von Eignungsnachweisen stellt keine unzumutbare Belastung für die Bieter** dar, solange es **sachlich gerechtfertigt und verhältnismäßig erscheint** (1. VK Sachsen, 30. 4. 2008 – Az.: 1/SVK/020-08).

12297 Fordert der Auftraggeber bestimmte Eignungsnachweise, z. B. Angaben zu der Ausführung von Leistungen in den letzten drei abgeschlossenen Geschäftsjahren, die mit der zu vergebenden Leistung vergleichbar sind, **muss er auch klar sagen, welche Eignungsmerkmale anhand welcher Nachweise geprüft werden sollen**. Macht er dies nicht, kann keiner der Bieter wegen fehlender Nachweise ausgeschlossen werden (1. VK Bund, B. v. 4. 9. 2007 – Az.: VK 1–89/07).

12298 **150.7.4.3.2 Gültigkeitsdauer und Unterschrift.** Sehen die Ausschreibungsunterlagen zwingend vor, dass die Bieter ihre Eignung zur Auftragsdurchführung innerhalb der Frist zur Angebotsabgabe nachzuweisen haben, und ist ein bestimmter Termin zur Abgabe der geforderten Eignungsnachweise vorgesehen, **kommt es darauf an, dass die Unterlagen zu diesem Zeitpunkt Gültigkeit haben** (OLG Düsseldorf, B. v. 9. 6. 2004 – Az.: VII – Verg 11/04; 1. VK Sachsen, B. v. 23. 2. 2009 – Az.: 1/SVK/003–09; B. v. 14. 3. 2007 – Az.: 1/SVK/006–07).

12299 Sofern in der Vergabebekanntmachung und den Vergabeunterlagen **als Eignungsnachweis ein durch eine Zertifizierungsstelle ausgestelltes Zertifikat gefordert** wird, **muss dieses zum Zeitpunkt der Angebotsabgabe noch Gültigkeit** besitzen. Ansonsten ist der Nachweis nachzufordern und gegebenenfalls das Angebot zwingend auszuschließen (1. VK Sachsen, B. v. 23. 2. 2009 – Az.: 1/SVK/003–09).

12300 In Ausschreibungsbedingungen werden oftmals pauschal **aktuelle Nachweise** z. B. der Sozialversicherungsträger oder der Finanzbehörden gefordert, und zwar **ohne dass das Merkmal der Aktualität konkretisiert ist. Je länger das Ausstellungsdatum zurückliegt, desto mehr verliert die Urkunde an Beweiskraft,** weil mit dem nicht belegten Zeitraum auch die – zumindest theoretische – Möglichkeit einer falschen Darstellung der Wirklichkeit steigt (VK Berlin, B. v. 1. 11. 2004 – Az.: VK – B 2–52/04). Auf der anderen Seite ist zugunsten der Bieter zu berücksichtigen, dass die Ausstellung aktueller Nachweise manchmal länger als die Bewerbungsfrist dauert. In diesen Fällen genügt es, wenn der Bieter nachweist, dass er den aktuellen Nachweis unverzüglich beantragt hat und der Vergabestelle zusagt, ihn unverzüglich nachzureichen. **Spätester Zeitpunkt für die Ergänzung der Vergabeunterlagen ist jedoch die Entscheidung über die Auftragserteilung** im Sinn von § 11 VOF durch den Auftraggeber. Ein **späterer Zeitpunkt ist mit dem legitimen Interesse des Auftraggebers an einer korrekten Vergabeentscheidung nicht zu vereinbaren.**

12301 Fügt ein Antragsteller seinem Angebot keine Kopie eines aktuellen Handelsregisterauszuges bei, sondern einen **selbst abgerufenen Ausdruck über die „Wiedergabe des aktuellen Registerinhalts",** Handelsregister B des Amtsgerichts, handelt es sich **hierbei um einen Nachweis, der mit der Vorlage einer Kopie aus dem Handelsregister gleichwertig** ist. Verfasser des vorgelegten Dokumentes ist nicht der Antragsteller selbst. Es handelt sich vielmehr um einen mittels Computer bei dem zuständigen Handelsregister abgerufenen Ausdruck über den aktuellen Registerinhalt, der ebenso wie eine Kopie aus dem Handelsregisterauszuges die Richtigkeit der darin enthaltenen Angaben belegt (OLG Düsseldorf, B. v. 9. 6. 2004 – Az.: VII – Verg 11/04).

12302 **150.7.4.3.3 Anforderungen an den Inhalt der geforderten Nachweise.** Es obliegt dem Bewerber bzw. Bieter selbst, **die geforderten Nachweise so vorzulegen, dass der Auftraggeber dessen Eignung ohne weitere Nachforschungen prüfen kann**. Es würde wiederum

Vergabeordnung für freiberufliche Leistungen VOF § 5 **Teil 5**

den Grundsätzen eines transparenten, chancengleichen Bieterwettbewerbs widersprechen, wenn ein Auftraggeber verpflichtet wäre, unvollständige Angaben eines Bewerbers durch weitere Recherchen zu vervollständigen. **Die Darlegungs- und Beweislast trägt nach allgemeinen Grundsätzen der Bewerber bzw. der Bieter selbst**, ebenso gehen Unklarheiten seiner Bewerbung zu seinen Lasten (3. VK Bund, B. v. 19. 10. 2004 – Az.: VK 3–191/04).

150.7.4.3.4 Allgemeine Anforderungen an die Konkretheit des Verlangens von Nachweisen. Die geforderten Nachweise sind **vom Auftraggeber zu konkretisieren**. Ohne die erforderliche Konkretisierung ist die Anforderung zu unbestimmt und deshalb für die Bieter unbeachtlich. Der Auftraggeber muss also sagen, was er will (OLG München, B. v. 18. 7. 2008 – Az.: Verg 13/08; 1. VK Bund, B. v. 4. 9. 2007 – Az.: VK 1–89/07; VK Düsseldorf, B. v. 21. 5. 2007 – Az.: VK – 13/2007 – B). Dies folgt **aus dem Transparenz- und Gleichbehandlungsgebot**, da andernfalls ein vergaberechtswidriger Spielraum für Willkürentscheidungen eröffnet würde (1. VK Bund, B. v. 4. 9. 2007 – Az.: VK 1–89/07). 12303

150.7.4.4 Anwendungsfälle

Einzelne Anwendungsfälle sind in der Kommentierung zu § 5 Abs. 4 und Abs. 5 dargestellt. 12304

150.8 Nachforderungsmöglichkeit (§ 5 Abs. 3)

150.8.1 Änderung in der VOF 2009

§ 5 Abs. 3 VOF 2009 **enthält neu** die **Möglichkeit zur Nachreichung fehlender Erklärungen und Nachweise** im Rahmen des Teilnahmewettbewerbs. 12305

150.8.2 Vergleichbare Regelungen

§ 7 EG Abs. 13 VOL/A 2009 **enthält lediglich die Möglichkeit,** dass die Auftraggeber Unternehmen auffordern können, die **vorgelegten Nachweise zu vervollständigen oder zu erläutern**. Eine ausdrückliche Regelung, dass fehlende Erklärungen und Nachweise nachgereicht werden können, ist damit nicht verbunden. 12306

Für den **Verfahrensabschnitt der Angebotsabgabe enthält § 19 EG Abs. 2 VOL/A** eine Nachforderungsmöglichkeit. 12307

150.8.3 Inhalt und Anwendbarkeit

Vgl. dazu die Kommentierung zur Auswahl der Teilnehmer § 101 GWB Rdn. 48 ff. 12308

150.9 Nachweise in finanzieller und wirtschaftlicher Hinsicht (§ 5 Abs. 4)

150.9.1 Keine abschließende Aufzählung

Aus der Vorschrift des § 5 Abs. 4 VOF kann ein **abschließender Katalog von zulässigen Anforderungen** (ausgedrückt in den entsprechend vorzulegenden Nachweisen und Angaben) **nicht entnommen** werden. Je nach Eigenart der nachgefragten Leistung muss es dem Auftraggeber möglich sein, auch andere/weitere Anforderungen zu stellen (OLG Karlsruhe, B. v. 29. 8. 2008 – Az.: 15 Verg 8/08; VK Düsseldorf, B. v. 23. 5. 2008 – Az.: VK – 7/2008 – L). 12309

150.9.2 Bankauskünfte (§ 5 Abs. 4 lit. a)

Definiert der Auftraggeber nicht genau, welche Bankerklärung mit welchem Inhalt er möchte, kommt es darauf an, was ein durchschnittlicher Bieter darunter verstehen konnte und durfte. **Konkretisiert der Auftraggeber seine Nachweisforderung nicht, bleibt es den Bietern überlassen, mit welchem Inhalt solche Bankerklärungen abgegeben werden** (OLG Düsseldorf, B. v. 6. 7. 2005 – Az.: VII – Verg 22/05; VK Düsseldorf, B. v. 28. 10. 2005 – Az.: VK – 34/2005 – L). 12310

150.9.3 Nachweis einer entsprechenden Berufshaftpflichtversicherungsdeckung (§ 5 Abs. 4 lit. a)

150.9.3.1 Nachweis bereits für den Teilnahmewettbewerb

12311 Für einen **Teilnahmewettbewerb** stellt es **eine nicht zumutbare Einschränkung der Bieterrechte** dar, wollte man im Hinblick auf den **im Ergebnis des Vergabeverfahrens abzuschließenden z. B. Dienstleistungsvertrag** schon für das Stadium des Auswahlverfahrens verlangen, dass der Bieter rechtliche und finanzielle Bindungen eingeht, obwohl erst mit dem Abschluss des Vertrages auch der **Abschluss einer entsprechenden Berufshaftpflichtversicherung nachzuweisen** ist (VK Thüringen, B. v. 2. 3. 2009 – Az.: 250–4004.20–584/2009-002-EF).

12312 Auch nach Auffassung der VK Baden-Württemberg kann darin, dass sich der **Auftraggeber vorbehält, zur Bietereignung den Nachweis über das Bestehen einer Haftpflichtversicherung über Deckungssummen von 7,5 Mio. € für Personenschäden bzw. 50 Mio. € für Sachschäden vorlegen zu lassen, ein Vergabefehler zu sehen sein. Es handelt sich insoweit um eine unzumutbare Forderung.** Es kann von den Bietern nicht erwartet werden, dass sie, ohne dass feststeht, dass sie den Zuschlag erhalten, Versicherungsverträge über solche Summen abschließen, die weit über das übliche Maß hinausgehen (VK Baden-Württemberg, B. v. 13. 8. 2009 – Az.: 1 VK 31/09).

150.9.3.2 Nachweis für die Auftragserteilung

12313 Der **Auftraggeber ist berechtigt, umfassenden Berufshaftpflichtversicherungsschutz** für die zu vergebende Leistung zu verlangen (OLG Thüringen, B. v. 6. 6. 2007 – Az.: 9 Verg 3/07; VK Baden-Württemberg, B. v. 13. 11. 2008 – Az.: 1 VK 41/08; VK Südbayern, B. v. 7. 7. 2006 – Az.: 11-04/06). Eine entsprechende **Forderung ist insbesondere nicht unzumutbar oder sachfremd**. Der Auftraggeber verlangt die Vorlage zum Nachweis der wirtschaftlichen und finanziellen Leistungsfähigkeit des Bieters, mithin als Eignungsnachweis. Auch die **Forderung nach summenmäßigem Ausweis der Deckungssummen im Nachweis ist nicht unzumutbar**. Durch sie will der Auftraggeber Nachforschungen zur Höhe der Deckung vermeiden. Dem Bieter wird es regelmäßig leichter möglich sein, die Deckungssummen zu ermitteln und bestätigen zu lassen (VK Baden-Württemberg, B. v. 13. 11. 2008 – Az.: 1 VK 41/08).

12314 Der **Forderung nach einem Versicherungsnachweis** liegt regelmäßig das **Interesse des Auftraggebers** zugrunde, durch die Forderung eines entsprechenden Versicherungsnachweises **einer haftpflichtschadensbedingten Gefährdung der ordnungsgemäßen Leistungserbringung durch eine vermeidbare Verschlechterung der wirtschaftlichen Lage des Leistungserbringers ebenso entgegenzuwirken**, wie die **Realisierung der eigenen Ansprüche auf Schadensersatz durch die Existenz eines solventen Schuldners abzusichern**. Die insoweit regelmäßig auftraggeberseitig ausgelöste Pflicht zur Nachweisführung umfasst für alle potentiellen Bieter daher erkennbar das Erfordernis, den Beweis für das Bestehen einer Haftpflichtversicherung zumindest bis zum Zeitpunkt des avisierten Ausführungsbeginns – besser noch bis zum eingeplanten Ausführungsende – der eigentlichen Leistungserbringung mit der Angebotsabgabe vorzulegen (1. VK Sachsen-Anhalt, B. v. 31. 7. 2008 – Az.: 1 VK LVwA 04/08).

12315 Die **Forderung „Nachweis über die Haftpflichtversicherung und deren Deckungsrisiken und Deckungssummen bei einem in der EU zugelassenen Versicherungsunternehmen" reicht grundsätzlich aus** für die vergaberechtskonforme Bekanntmachung von Mindestanforderungen. Fügt der Auftraggeber jedoch in dem Bekanntmachungsformular dem **Nachsatz** „Möglicherweise geforderte Mindeststandards: **Siehe hierzu die in den Verdingungsunterlagen beschriebenen Anforderungen**" hinzu, wird unklar, ob die zuvor genannten Erklärungen bzw. Nachweise wirklich zwingend sind; die Vergabestelle hält sich damit ihre Entscheidung offen, ob und welche Mindeststandards (= Mindestanforderungen) sie stellen will. Dies ist **unzulässig** (OLG Düsseldorf, B. v. 12. 3. 2008 – Az.: VII – Verg 56/07).

12316 Fordert der Auftraggeber eine **Eigenerklärung über das Bestehen einer Betriebshaftpflichtversicherung oder die Bereitschaft eines Versicherungsunternehmens**, im Falle der Zuschlagserteilung auf ein Los eine solche Versicherung mit dem Bieter abzuschließen und legt der Bieter ein Schreiben der Stadtverwaltung Xxx des Inhaltes vor, dass bestätigt (wird), dass der Kommunalservice Xxx – als Bieter – über den

Vergabeordnung für freiberufliche Leistungen VOF § 5 **Teil 5**

**Versicherungsvertrag der Stadt Xxx beim Kommunalen Schadensausgleich (KSA) ..,
haftpflichtversichert ist, hat der Bieter die mit der Abgabe des Angebots geforderte
Erklärung damit nicht abgegeben** (formale Nichterfüllung der geforderten Nachweis- und
Erklärungsführung). Die abgegebene Erklärung und der beigefügte Nachweis genügen auch
inhaltlich nicht den Anforderungen, die die Vergabestelle mit ihren Forderungen nach entsprechenden Nachweisen und Erklärungen gestellt hat (materielle Nichterfüllung der geforderten
Nachweis- und Erklärungsführung). Die Mitversicherung über die Stadt Xxx beim „Kommunalen Schadenausgleich (KSA)stellt substantiell etwas anderes dar, als das, was die Vergabestelle
mit der Ausschreibung gefordert hat. Sie stellt ein „aliud" dar, das deshalb nicht dazu führt, dass
der Bieter mit seinem Angebot den Anforderungen genügt hat (VK Thüringen, B. v. 7. 5. 2009
– Az.: 250–4003.20–2304/2009-007-SHK).

Die **Anforderung „Nachweis einer Berufshaftpflichtversicherungsdeckung durch** 12317
Vorlage einer Bestätigung der Versicherung" kann nur auf eine einzige Weise sinnvoll ausgelegt werden, nämlich die, dass der Begriff „Versicherung" als das versichernde Unternehmen aufzufassen ist. Die Formulierung im Ganzen ergibt lediglich dann
einen Sinn, wenn mit „Versicherung" das Versicherungsunternehmen gemeint ist. Legt man
hingegen das Verständnis zugrunde, wonach Versicherung hier praktisch den Bestand der Versicherung beinhalten soll, „das Versicherte" also, so hätte für eine derartige Auffassung der
erste Teil der Anforderung („Nachweis einer Berufshaftpflichtversicherungsdeckung") bereits
für sich alleine ausgereicht. Der Zusatz „durch Vorlage einer Bestätigung der Versicherung"
macht in Erweiterung der Grundanforderung ergänzend deutlich, „wer" nach der Vorstellung
des Auftraggebers Urheber des Nachweises sein muss (VK Berlin, B. v. 15. 7. 2009 – Az.: VK
– B 1–16/09).

150.9.4 Bilanzen oder Bilanzauszüge (§ 5 Abs. 4 lit. b)

Ein **tauglicher Eignungsnachweis ist auch die Vorlage von Bilanzen oder Bilanz-** 12318
auszügen des bietenden Unternehmens, falls deren Veröffentlichung nach dem Gesellschaftsrecht des Staates, in dem das Unternehmen ansässig ist, vorgeschrieben ist. Entsprechende Dokumente sollten aber **nur gefordert werden, wenn der Auftraggeber zur inhaltlichen
Prüfung in der Lage** ist.

150.9.5 Gesamtumsatz sowie Umsatz bezüglich der Leistungsart, die Gegenstand der Vergabe ist, bezogen auf die letzten drei Geschäftsjahre (§ 5 Abs. 4 lit. c)

150.9.5.1 Zulässiger Eignungsnachweis

Die **Mitteilung von Umsatzzahlen bezogen auf die besondere Leistungsart** ist ein 12319
zum Nachweis der finanziellen und wirtschaftlichen Leistungsfähigkeit **geeigneter Nachweis**
(OLG Brandenburg, B. v. 9. 2. 2010 – Az.: Verg W 10/09; B. v. 9. 2. 2010 – Az.: Verg W
9/09).

150.9.5.2 Ausschluss von Newcomern

Zur mit einer entsprechenden Forderung verbundenen **Problematik des Ausschlusses von** 12320
Newcomern vgl. die Kommentierung zu § 97 GWB Rdn. 771 ff.

150.9.5.3 Inhalt der Forderung

Erforderlich ist die Angabe des gesamten mit vergleichbaren Leistungen erzielten 12321
Umsatzes in dem betreffenden Zeitraum. Dies ergibt sich aus dem Wortlaut. Die Angabe des gesamten Umsatzes und nicht eines Teils desselben ist **auch nach dem Sinn und
Zweck der Anforderung erforderlich:** Der Auftraggeber will in die Lage versetzt werden,
die wirtschaftliche und finanzielle Leistungsfähigkeit der Unternehmen beurteilen zu können,
die sich mit einem Angebot am Wettbewerb um einen wirtschaftlich bedeutenden Bauauftrag
beteiligen. Die Beurteilung der wirtschaftlichen und finanziellen Leistungsfähigkeit der jeweiligen Unternehmen erfordert aber aus Sicht des Auftraggebers offensichtlich nicht nur die Angabe ausgewählter Projekte und der mit diesen erzielten Umsätze, sondern der gesamten mit vergleichbaren Projekten erzielten Umsätze innerhalb des angegebenen Zeitraums. **Ansonsten**
kann der Auftraggeber **ggf. nur die Angabe einiger Referenzprojekte mit entsprechen-**

2453

Teil 5 VOF § 5 Vergabeordnung für freiberufliche Leistungen

den Umsätzen, nicht aber „seinen Umsatz in den letzten drei abgeschlossenen Geschäftsjahren" fordern (3. VK Bund, B. v. 6. 7. 2006 – Az.: VK 3–54/06).

12322   Fordert der Auftraggeber in der Bekanntmachung und in der Angebotsaufforderung von den Bietern Angaben zum „Umsatz des Unternehmers in den letzten drei abgeschlossenen Geschäftsjahren, soweit er Dienstleistungen betrifft, die mit der zu vergebenden Leistung vergleichbar sind ..." und gibt der Bieter die „Betriebsleistung" einer Firmengruppe, zu der der Bieter gehört, für drei Jahre an, genügt dies schon deshalb nicht, weil er keine Angaben über seine eigene Leistungsfähigkeit, sondern über den Umsatz und die Anzahl der Mitarbeiter der Firmengruppe macht, die neben dem Bieter weitere Unternehmen an mehreren Standorten umfasst. Außerdem ist fraglich, ob die Betriebsleistung identisch mit dem vergleichbaren Umsatz ist (3. VK Bund, B. v. 26. 6. 2008 – Az.: VK 3–71/08).

12323   Die Eignung ist in Bezug auf den konkreten Bieter zu prüfen, der öffentliche Auftraggeber gibt hierbei eine Prognose ab, ob vom künftigen Auftragnehmer eine vertragsgemäße Ausführung der Leistung erwartet werden kann. Eine solche **Prüfung ist jedoch nicht möglich, wenn eine selbstständige juristische Person Umsatzangaben für eine andere Person macht**. Zwar kann ein Bieter zum Nachweis seiner Eignung grundsätzlich auch auf die Fähigkeiten verbundener Unternehmen verweisen. Dies muss der Bieter **dem Auftraggeber gegenüber zumindest offen legen** (3. VK Bund, B. v. 17. 12. 2008 – Az.: VK 3–167/08).

12324   Verlangt der Auftraggeber Angaben über den Umsatz des Unternehmens **in den letzten drei abgeschlossenen Geschäftsjahren**, soweit diese Dienstleistungen betrifft, die mit der zu vergebenden Leistung vergleichbar sind und **liegen die Leistungen außerhalb des geforderten Zeitraums der letzten 3 abgeschlossenen Geschäftsjahre**, weil sie entweder älteren Datums sind oder es sich hierbei um solche Leistungen handelt, die selbst erst z. B. in 2009 abgeschlossen wurden oder bis heute nicht abgeschlossen und damit noch nicht beendet sind und handelt es sich bei Referenzen tatsächlich um keine eigenen Leistungen, sondern betreffen sie vielmehr die Leistungen Dritter, wird die **Eignungsforderung nicht erfüllt** (VK Thüringen, B. v. 24. 6. 2009 – Az.: 250–4002.20–3114/2009-005-SOK).

12325   Fordert der Auftraggeber eine „**Erklärung über den Umsatz ..., bezogen auf die letzten 3 Geschäftsjahre**", ergibt sich aus diesem Wortlaut nicht, dass die Umsatzangaben sich auf die jeweiligen Geschäftsjahre beziehen und auf diese aufgeteilt werden sollen. Ein verständiger Bieter darf diese Forderung zumindest auch auf den Gesamtzeitraum der letzten drei Geschäftsjahre beziehen (OLG Düsseldorf, B. v. 31. 10. 2007 – Az.: VII – Verg 24/07).

12326   Fordert der Auftraggeber eine „**Erklärung über den Umsatz ..., bezogen auf die letzten 3 Geschäftsjahre**", sind **solche Erklärungen nicht unvollständig, die innerhalb der drei Jahre nur einen geringeren als den vollen Jahreszeitraum umfassen** (z. B. November 200X bis Dezember 200X), weil ein Bieter z. B. seine Geschäftstätigkeit nicht unmittelbar zu Beginn eines Jahres aufgenommen hat. **Art. 47 Abs. 1 c) der Richtlinie 2004/18/EG bestimmt für die Angabe der Gesamtumsätze insoweit ergänzend, dass die Angaben entsprechend dem Gründungsdatum oder aber dem Datum der Tätigkeitsaufnahme des Wirtschaftsteilnehmers gemacht werden sollen, sofern diese verfügbar** sind. Die Richtlinienvorschrift ist so zu verstehen, dass sich die Umsatzangaben eines neu auf dem Markt auftretenden Unternehmens jedenfalls dann, wenn der öffentliche Auftraggeber nicht klar und eindeutig vorgibt, dass nur Wirtschaftsteilnehmer (Unternehmen) zu einer Angebotsabgabe zugelassen sein sollen, welche die geforderten Umsatzangaben für die jeweils genannten vollen Geschäftsjahre machen können, **auf den Zeitraum des tatsächlichen Tätigseins auf dem betreffenden Markt beschränken** können. Die Regelungen der VOB/A und der VOL/A und der VOF sind **richtlinienkonform dahin auszulegen** (OLG Düsseldorf, B. v. 31. 10. 2007 – Az.: VII – Verg 24/07; 2. VK Bund, B. v. 30. 10. 2009 – Az.: VK 2–180/09).

150.9.5.4 Kein Einschluss des Anteils von gemeinsam mit anderen Unternehmen ausgeführten Aufträgen

12327   Bei dem **Kriterium „Gesamtumsatz der letzten drei Jahre" ist es nicht zulässig, in die entsprechende Berechnung auch die Umsätze von Nachunternehmern einzubeziehen**. Die Berücksichtigung der Daten von Nachunternehmern für die Beurteilung der finanziellen und wirtschaftlichen Leistungsfähigkeit eines Bewerbers ist nicht sachgerecht: Im Haftungsfall kann der Auftraggeber nur auf seinen Vertragspartner und dessen eigene Haftungsmasse zurückgreifen. Vertragspartner ist jedoch nur der Einzelbieter selbst bzw. sämtliche Mit-

Vergabeordnung für freiberufliche Leistungen VOF § 5 **Teil 5**

glieder einer Bietergemeinschaft, nicht jedoch hierüber hinaus etwaige Nachunternehmer (3. VK Bund, B. v. 13. 9. 2005 – Az.: VK 3–82/05).

Es ist auch nicht zulässig, hinsichtlich der Umsatzangaben einer rechtlich selbständigen Zweigniederlassung auf Angaben zur Hauptniederlassung zu verweisen (1. VK Sachsen-Anhalt, B. v. 31. 7. 2008 – Az.: 1 VK LVwA 04/08). 12328

150.9.5.5 Vorgabe eines bestimmten Jahresumsatzes

Anerkannt ist, dass eine Vergabestelle zur Frage der Leistungsfähigkeit Umsätze der Bewerber abfragen darf. Wenn sie **aus den benannten Umsätzen Ausschlussgründe konstruiert**, so **bedürfen diese einer sachlichen Rechtfertigung**, um nicht einzelne Bewerber zu diskriminieren (2. VK Bund, B. v. 16. 12. 2004 – Az.: VK 2–205/04; 2. VK Sachsen-Anhalt, B. v. 10. 6. 2009 – Az.: VK 2 LVwA LSA – 13/09). 12329

Der **Auftraggeber ist auch grundsätzlich nicht daran gehindert, als Nachweis der wirtschaftlichen und finanziellen Leistungsfähigkeit einen Mindestumsatz von den Bewerbern zu fordern**. Diese **Entscheidung liegt in seinem Ermessen**. In z. B. § 5 Abs. 4 VOF sind die zu fordernden Eignungsnachweise in finanzieller und wirtschaftlicher Hinsicht nicht abschließend benannt. Die Auftraggeber haben die Möglichkeit, noch weitere Nachweise zu fordern, soweit dies sachgerecht ist. Die Angabe eines Mindestumsatzes lässt erkennen, dass das Unternehmen eine bestimmte Größe aufweist. Der Auftraggeber hat grundsätzlich die Möglichkeit, kleinen Unternehmen den Zugang zum Wettbewerb zu verwehren, wenn er einschätzt, dass diese nicht gewährleisten können, die Leistung ordnungsgemäß zu erbringen. Allerdings **überschreitet der Auftraggeber sein Ermessen, wenn er einen Mindestumsatz fordert, der in keinem angemessenen Verhältnis zur Leistung steht** (2. VK Sachsen-Anhalt, B. v. 10. 6. 2009 – Az.: VK 2 LVwA LSA – 13/09). 12330

Das Erfordernis eines bestimmten Jahresumsatzes (Mindestumsatzes) in den letzten drei Jahren kann sehr hoch erscheinen insbesondere angesichts der Marktstruktur auf einem relevanten Markt. Zumal für den Fall einer weiteren Losunterteilung erscheint es weder als gerechtfertigt noch als erforderlich, um die Leistungsfähigkeit des Auftragnehmers sicher zu stellen. Der **Wettbewerbsgrundsatz – § 97 Abs. 1 GWB – gebietet, den Kreis der Bieter nicht durch überzogen hohe Anforderungen an deren Leistungsfähigkeit über Gebühr einzuschränken** (1. VK Bund, B. v. 21. 9. 2001 – Az.: VK 1–33/01). 12331

Das **Ermessen des Auftraggebers rechtfertigt es nicht, einen vielfach höheren Mindestumsatz (z. B. das 18-fache des geschätzten jährlichen Leistungsumfanges) von den Bewerbern zu verlangen**. Hierdurch wird der Wettbewerb in unzulässiger Weise verengt. Es muss gewährleistet werden, dass Unternehmen, die die Leistung in tatsächlicher Hinsicht erbringen können, nicht vom Vergabeverfahren ausgeschlossen werden. Es ist dabei dem Auftraggeber auch möglich, einen höheren Mindestumsatz als den jährlich geschätzten Auftragswert zu fordern. Dabei ist jedoch ein Missverhältnis nicht vertretbar (2. VK Sachsen-Anhalt, B. v. 10. 6. 2009 – Az.: VK 2 LVwA LSA – 13/09). 12332

150.9.5.6 Forderung nach Angabe von Auftragswerten

Fordert der Auftraggeber eine **Liste von Referenzen mit Angabe u. a. des Auftragswertes**, so kann das Wort „Auftragswert" auch als **Aussage über tatsächlich erbrachte Leistungen** im Rahmen der als Referenzen angegebenen Aufträge verstanden werden. Es ist **keinesfalls zwingend, die Formulierung „Auftragswerte" nur in der Form von Umsatzzahlen und mithin als Geldbeträge zu verstehen** (VK Münster, B. v. 28. 6. 2007 – Az.: VK 10/07). 12333

150.9.5.7 Weitere Beispiele aus der Rechtsprechung

– die **Forderung nach einer Bescheinigung eines Abschlussprüfers zum Nachweis der finanziellen Leistungsfähigkeit eines Bieters** z. B. gemäß § 2 Abs. 2 Nr. 2 PBZugV ist **zulässig**, sofern das Unternehmen beziehungsweise der Bieter nach § 316 Abs. 1 HGB von einem Abschlussprüfer geprüft worden ist (VK Hessen, B. v. 28. 1. 2010 – Az.: 69 d VK – 57/2009) 12334

– die **Mitteilung von Umsatzzahlen bezogen auf die besondere Leistungsart** ist ein zum Nachweis der finanziellen und wirtschaftlichen Leistungsfähigkeit **geeigneter Nachweis** (OLG Brandenburg, B. v. 9. 2. 2010 – Az.: Verg W 9/09; B. v. 9. 2. 2010 – Az.: Verg W 10/09)

Teil 5 VOF § 5   Vergabeordnung für freiberufliche Leistungen

– der **Nachweis eines Qualitätssicherungssystems kann insbesondere auch bei Dienstleistungsaufträgen gefordert** werden. Bei der Frage, ob im Hinblick auf die Leistung Gründe für ein solches Qualifizierungssystem vorliegen, ist dem Auftraggeber ein Beurteilungsspielraum zuzugestehen (VK Hessen, B. v. 19. 2. 2009 – Az.: 69 d VK – 01/2009)

– **handelt es sich bei der ausgeschriebenen Leistung um eine völlig neue Maßnahme und fordert der Auftraggeber Erfahrungen mit vergleichbaren Leistungen, ist es erforderlich, schon in den Verdingungsunterlagen eindeutige Aussagen dazu zu machen, welche abstrakten Gesichtspunkte Maßstab für die Vergleichbarkeit sein sollen.** Es ist ohnehin ein grundlegendes Prinzip des Vergaberechts, das über den Transparenzgrundsatz auch im Rahmen der hier einschlägigen Basisvorschriften gilt, dass die Bieter von Anfang an die Möglichkeit haben müssen, zu erkennen, welche Eignungsanforderungen gestellt werden, um frustrierten Aufwendungen für ein nutzloses – da von einem von vornherein ungeeigneten Bieter eingereichtes – Angebot vorzubeugen. Dies gilt insbesondere bei der erstmaligen Ausschreibung einer neuen gesetzlichen Maßnahme, wo klar ist, dass es für den Fachkundenachweis noch keine identischen Leistungen aus der Vergangenheit geben kann und dass bei den potentiellen Bietern noch Unsicherheit besteht, was der Auftraggeber als vergleichbar ansieht (3. VK Bund, B. v. 30. 4. 2009 – Az.: VK 3–82/09)

– hat ein Bieter, der im Jahre 2004 bereits als Gesellschaft bestand, in diesem Jahr keine Umsätze getätigt, kommt er formell seiner „Pflicht", anzugeben, welche Umsätze er erzielt hat, nach, wenn er korrekt angibt, im Jahre 2004 keinen Umsatz erzielt zu haben. Nach Auffassung der Kammer **beinhaltet eine Forderung, die Umsatzzahlen der vergangenen drei Geschäftsjahre anzugeben, nicht die Aussage, dass ein Bieter ausgeschlossen wird, wenn er für ein Jahr keinen Umsatz aufweist.** Der Bieter hat die tatsächlichen Zahlen anzugeben. Die **Vergabestelle hat sodann im Rahmen ihres Beurteilungsspielraums zu prüfen, ob sich aufgrund dieser Angaben die Eignung der Bieter ergibt**. Diese **kann auch dann gegeben sein, wenn für das erste Jahr keine Umsätze angegeben werden können.** Bei dieser Beurteilung sind die tatsächlich erzielten Umsätze in Bezug zu den tatsächlich aufgrund Zuschlags zu erbringenden Leistungen zu setzen und es ist eine Gesamtschau mit den übrigen Eignungsnachweisen vorzunehmen (VK Baden-Württemberg, B. v. 7. 11. 2007 – Az.: 1 VK 43/07).

150.9.6 Über die Aufzählung in § 5 Abs. 4 hinausgehende Nachweise der finanziellen und wirtschaftlichen Leistungsfähigkeit

150.9.6.1 Nachweis der Zahlung von Steuern und Abgaben u. ä.

12335   **150.9.6.1.1 Spielraum des Gesetzgebers.** Die **EU-Vergaberichtlinien stehen einer nationalen Regelung oder Verwaltungspraxis nicht entgegen**, nach der ein Leistungserbringer, der bei Ablauf der Frist für die Einreichung des Antrags auf Teilnahme am Vergabeverfahren seine **Verpflichtungen im Bereich der Sozialbeiträge sowie der Steuern und Abgaben nicht durch vollständige Zahlung der entsprechenden Beträge erfüllt hat, seine Situation**

– aufgrund staatlicher Maßnahmen der Steueramnestie oder der steuerlichen Milde oder

– aufgrund einer mit der Verwaltung getroffenen Vereinbarung über Ratenzahlung oder Schuldenentlastung oder

– durch Einlegung eines verwaltungsrechtlichen oder gerichtlichen Rechtsbehelfs

nachträglich regularisieren kann, sofern er innerhalb der in der nationalen Regelung oder durch die Verwaltungspraxis festgelegten Frist nachweist, dass er Begünstigter solcher Maßnahmen oder einer solchen Vereinbarung war oder dass er innerhalb dieser Frist ein solches Rechtsmittel eingelegt hat (EuGH, Urteil v. 9. 2. 2006 – Az.: C-228/04, C-226/04).

12336   **150.9.6.1.2 Unbedenklichkeitsbescheinigung des Finanzamts.** § 4 Abs. 9 lit. d) gestattet dem Auftraggeber, von der Teilnahme am Wettbewerb (u. a.) solche Unternehmen auszuschließen, die ihre Verpflichtung zur Zahlung von Steuern und Abgaben nicht ordnungsgemäß erfüllt haben. Der Auftraggeber darf von den Bewerbern oder Bietern entsprechende Bescheinigungen der zuständigen Stelle oder Erklärungen verlangen. Nach dieser Vorschrift ist ein Auftraggeber (**zwar nicht gezwungen, aber**) **befugt, bereits in der Bekanntmachung der Ausschreibung von den Bietern die Vorlage einer „gültigen Freistellungsbescheinigung" oder – mit anderen Worten – einer gültigen Unbedenklichkeitsbescheinigung**

Vergabeordnung für freiberufliche Leistungen VOF § 5 **Teil 5**

des zuständigen Finanzamts zu verlangen, um sich auf diese Weise rasch und verhältnismäßig sicher über einen wichtigen Aspekt der Zuverlässigkeit des jeweiligen Bieters vergewissern zu können. Denn die Nichtzahlung oder die säumige Zahlung von Steuern mit einem Auflaufenlassen von Steuerrückständen ist ein Indiz für das Fehlen genügender wirtschaftlicher Leistungsfähigkeit. Ferner bezweckt § 4 Abs. 9 lit. d) VOF, dass der **öffentliche Auftraggeber möglichst nur mit solchen Bieterunternehmen in vertragliche Beziehungen tritt, die sich gesetzmäßig verhalten und auch ihre steuerrechtlichen Pflichten erfüllen** (BGH, Urteil v. 21. 3. 1985 – Az: VII ZR 192/83; OLG Koblenz, B. v. 4. 7. 2007 – Az.: 1 Verg 3/07). Es ist schließlich auch der Zweck der Vorschrift, dass sich der Auftraggeber schon im Vorfeld bei der Angebotsprüfung vor der möglichen Inanspruchnahme durch Zwangsvollstreckungsmaßnahmen schützt, die das Finanzamt wegen der Steuerschulden des potentiellen Auftragnehmers verhängt (OLG Düsseldorf, B. v. 24. 6. 2002 – Az.: Verg 26/02).

Die Unbedenklichkeitsbescheinigung des Finanzamtes kann allerdings Bedenken gegen die Eignung grundsätzlich nicht ausräumen, da die **Unbedenklichkeitsbescheinigung nicht besagt, dass keine Steuerschulden bestehen**; die Steuerschulden können z. B. auch gestundet sein (VK Nordbayern, B. v. 28. 8. 2000 – Az.: 320.VK-3194-19/00). 12337

Die **Forderung** eines Auftraggebers nach einem „**Nachweis über die Erfüllung der Verpflichtung zur Zahlung von Steuern und Abgaben**" bedeutet die **Pflicht zur Vorlage einer Bescheinigung über alle Steuerarten, die beim Bieter anfallen** (OLG Koblenz, B. v. 4. 7. 2007 – Az.: 1 Verg 3/07). 12338

Nach Auffassung des **OLG Düsseldorf hingegen** erscheint es dann, wenn der **Auftraggeber ohne genaue Spezifizierung** eine „Bescheinigung der zuständigen Stelle(n), aus denen hervorgeht, dass der Bieter seine Verpflichtungen zur Zahlung der Steuern, Abgaben und Beiträge zur Sozialversicherung nach den Rechtsvorschriften des Landes, in dem er ansässig ist, erfüllt hat" fordert, **aus der maßgeblichen Sicht eines verständigen Bieters erforderlich, aber auch ausreichend**, durch die **Bescheinigung des zuständigen Finanzamtes** nachzuweisen, dass **bei der Abführung von Umsatz- und Lohnsteuer**, d. h. **bei den wirtschaftlich und damit für die Beurteilung der Zuverlässigkeit bedeutendsten Steuerarten keine Rückstände** bestehen (OLG Düsseldorf, B. v. 23. 1. 2008 – Az.: VII – Verg 36/07). 12339

Legt ein Bieter von dem für ihn zuständigen Finanzamt am Unternehmenssitz die Bescheinigung vor, dass im Hinblick auf die dort abgeführte Umsatzsteuer, Gewerbesteuer, Körperschaftsteuer und Kapitalertragsteuer keine Rückstände bestehen und **ergeben sich keine Hinweise oder Erklärungen zur Abführung der Lohnsteuer aus dieser Bescheinigung, ist die Forderung des Auftraggebers nach Vorlage der Bescheinigung einer zuständigen Behörde** (Finanzamt) bzw. einer großen Krankenkasse, dass der Bewerber seiner Verpflichtung zur Zahlung von Steuern und Abgaben sowie der Beiträge zur gesetzlichen Sozialversicherung ordnungsgemäß nachgekommen sei, **nicht erfüllt. Die von dem Auftraggeber erhobene Forderung ist dahingehend zu verstehen, dass auch die ordnungsgemäße Abführung der wichtigen Steuerarten Umsatz- und Lohnsteuer nachgewiesen** werden soll. Auch wenn es sich bei der Lohnsteuer nicht um eine Unternehmenssteuer handelt, ist es **für die Beurteilung der Zuverlässigkeit erkennbar von besonderer Bedeutung, dass die wirtschaftlich wichtigen Steuerarten, zu denen die Lohnsteuer gehört, abgeführt worden sind**. Dies entspricht auch der Sichtweise eines verständigen Bieters (OLG Düsseldorf, B. v. 16. 12. 2009 – Az.: VII-Verg 32/09). 12340

Das **Finanzamt** darf die **Ausstellung einer Unbedenklichkeitsbescheinigung nur dann von einer Gegenleistung abhängig machen, wenn diese in einem inneren Zusammenhang mit der beantragten Bescheinigung** steht. Der Bundesgerichtshof hat es bisher offen gelassen, ob ein solcher Zusammenhang zu bejahen ist, wenn die verlangte Gegenleistung dazu dient, die Voraussetzungen für die Erteilung der Bescheinigung zu schaffen, insbesondere ein der Erteilung entgegenstehendes Hindernis zu beseitigen. Er ist deshalb auch nicht darauf eingegangen, **ob es möglich ist, bei einem Bewerber, der mit Steuerzahlungen in Rückstand ist, die Ausstellung der Bescheinigung an die Erfüllung fälliger Steuerschulden zu knüpfen**. Nicht zulässig ist es jedenfalls, wenn die **Erteilung einer Unbedenklichkeitsbescheinigung** nicht der Sicherung bereits fälliger Steuerschulden dient, sondern **in erster Linie künftige Steuerschulden sichern soll** (BGH, Urteil v. 21. 3. 1985 – Az: VII ZR 192/83). 12341

Die Bescheinigung eines Amtsgerichts für die **Forderung einer „Unbedenklichkeitsbescheinigung zur Erteilung öffentlicher Aufträge"** ohne nähere Angaben kann nicht mit 12342

2457

Teil 5 VOF § 5   Vergabeordnung für freiberufliche Leistungen

der Begründung zurückgewiesen werden, man habe die Bescheinigung einer Stadtkasse erwartet (VK Arnsberg, B. v. 28. 1. 2009 – Az.: VK 35/08).

12343   **150.9.6.1.3 Unbedenklichkeitsbescheinigungen von Sozialversicherungsträgern.** Die **Zahlung der gesetzlichen Sozialversicherungsbeiträge erfolgt** zum (überwiegenden) Teil an die **Krankenkassen**, die für den Einzug bestimmter Sozialversicherungsbeiträge zuständig sind, nämlich die Beiträge zur Kranken-, Renten-, Pflege- und Arbeitslosenversicherung. Ein weiterer (geringerer) **Teil der Sozialversicherungsbeiträge**, nämlich die Unfallversicherungsbeiträge, werden von den **Berufsgenossenschaften** eingezogen. Die **Unbedenklichkeitsbescheinigungen der Krankenkasse sowie der Berufsgenossenschaft geben somit Aufschluss darüber, ob der Bieter jeweils seiner Verpflichtung zur Entrichtung der vorgenannten Beiträge vollständig nachgekommen** ist. Sie lassen erkennen, ob er über die erforderlichen finanziellen Mittel und die notwendige Zuverlässigkeit verfügt, indem er seinen Verpflichtungen regelmäßig und umfassend nachkommt (OLG Koblenz, B. v. 4. 7. 2007 – Az.: 1 Verg 3/07; 1. VK Bund, B. v. 20. 4. 2005 – Az.: VK 1–23/05).

12344   Das **Verlangen einer Bescheinigung des Unfallversicherungsträgers verstößt nicht gegen Vergaberecht**. Der Auffassung, die Vorlage einer Bescheinigung der Krankenkasse über die Abführung von Sozialversicherungsbeiträgen sei ausreichend, während die Vorlage einer Bescheinigung des Unfallversicherungsträgers nicht mehr erforderlich und damit unverhältnismäßig sei, kann nicht gefolgt werden. Es steht **grundsätzlich im Ermessen des Auftraggebers, ob und welche Eignungsnachweise er verlangt**, wobei der Grundsatz der Verhältnismäßigkeit Anwendung findet (OLG Koblenz, B. v. 4. 7. 2007 – Az.: 1 Verg 3/07; 1. VK Bund, B. v. 20. 4. 2005 – Az.: VK 1–23/05).

12345   Verlangt ein Auftraggeber den „**Nachweis über die Erfüllung der gesetzlichen Verpflichtung in der Sozialversicherung**", kann das vernünftigerweise nur bedeuten, dass jeder Bieter belegen soll, dass er in der Vergangenheit alle Sozialabgaben pünktlich und gewissenhaft gezahlt hat. Dies wiederum bedeutet die **Pflicht zur Vorlage von Bescheinigungen aller beim Bieter vertretenen Krankenkassen**. Würde ein „repräsentativer Nachweis" ausreichen, wäre der Willkür Tür und Tor geöffnet, weil es einem Auftraggeber faktisch freigestellt wäre, ob er die Bescheinigung einer Krankenkasse als repräsentativ ansieht oder nicht (OLG Koblenz, B. v. 4. 7. 2007 – Az.: 1 Verg 3/07). Die **Vorlage sämtlicher Krankenversicherungsbescheinigungen** ist auch **nicht als schlechterdings unzumutbar** zu werten; sie zu fordern, ist durch das Ermessen des Auftraggebers gedeckt (2. VK Bund, B. v. 12. 10. 2009 – Az.: VK 2–177/09).

12346   **Teilweise anderer Auffassung** ist die **3. VK Bund**. Gibt ein **öffentlicher Auftraggeber nicht vor, wann und durch welche Bescheinigungen oder Erklärungen er den Nachweis der Zahlung der Beiträge zur gesetzlichen Krankenversicherung als erbracht ansieht, kann die Nachweisforderung durchaus so verstanden werden**, dass – wie es wohl auch der bisher gängigen Praxis entspricht – die **exemplarische Bescheinigung einer einzigen gesetzlichen Krankenkasse genügt**. Selbst wenn man es unter dem Grundsatz der Verhältnismäßigkeit überhaupt für zulässig hielte, die Vorlage von Bescheinigungen der Krankenkassen aller bei einem Bieter beschäftigten Arbeitnehmer zu fordern, so muss diese **Forderung, die ja mit der Konsequenz des zwingenden Ausschlusses bei Fehlen einer einzigen – und sei es auch noch so unwichtigen – Bescheinigung behaftet ist, jedenfalls in der Bekanntmachung klar und eindeutig bezeichnet** sein (3. VK Bund, B. v. 15. 7. 2008 – Az.: VK 3–89/08; B. v. 24. 1. 2008 – Az.: VK 3–151/07).

150.10 Nachweise in fachlicher Hinsicht (§ 5 Abs. 5)

150.10.1 Allgemeines

12347   § 5 Abs. 5 eröffnet dem Auftraggeber mehrere Möglichkeiten, Nachweise über die Eignung eines Bewerbers zu fordern. Nach dem Wortlaut von § 5 Abs. 5 ist die **Liste der möglichen Nachweise abschließend**. Weitere Merkmale kann der Auftraggeber nicht heranziehen (2. VK Bund, B. v. 23. 5. 2002 – Az.: VK 2–18/02).

12348   Dies kann aber **dann nicht** gelten, wenn **für die Durchführung der Leistung gesetzlich normierte weitere Eignungsnachweise gefordert werden können**, z. B. eine Sanierungsträgerbestätigung eines Bundeslandes (VK Brandenburg, B. v. 23. 11. 2004 – Az.: VK 58/04).

12349   **§ 5 Abs. 5 VOF sieht über die Entscheidung der Auftraggeberseite** hinaus, ob man eines, mehrere oder gleich alle dort aufgeführten Alternativen zum Gegenstand des verbindli-

Vergabeordnung für freiberufliche Leistungen   VOF § 5   **Teil 5**

chen Anforderungsprofils machen möchte, **keine weitere Entscheidung des Auftraggebers** vor. Die Auftraggeberseite muss sich gerade nicht zwischen zwei oder mehreren Alternativen entscheiden, die sich inhaltlich ausschließen. Der **Auftraggeber kann also pauschal die Nachweise gemäß § 5 Abs. 5 lit. a) bis h) verlangen** (1. VK Sachsen-Anhalt, B. v. 24. 2. 2006 – Az: 1 VK LVwA 51/05).

150.10.2 Berufliche Befähigung (§ 5 Abs. 5 lit. a)

Die **Forderung des Nachweises „Qualifikation der Projektmitarbeiter"** ist **üblich**   12350
und daher **nicht sachfremd.** Es entspricht den Anforderungen das Vergaberechts (VK Südbayern, B. v. 19. 12. 2006 – Az.: Z3-3-3194-1-35–11/06).

Der Auftraggeber kann einen **Nachweis über die Anerkennung als Prüfingenieur** fordern.   12351
Ein Bewerber ist im weiteren Verfahren **nicht zu berücksichtigen, wenn die Anerkennung als Prüfingenieur altersbedingt während der Vertragslaufzeit erlischt**. Ist nach der Bekanntmachung die Erbringung der Dienstleistung einem besonderen Berufsstand, nämlich Prüfingenieuren und Prüfsachverständigen (bzw. Prüfämter) für Standsicherheit der Fachrichtung 1 (=Massivbau), oder solchen mit vergleichbarer Qualifikation, vorbehalten, **genügt die Anerkennungsurkunde den Anforderungen der Ausschreibung nicht, wenn diese im Jahr 2011 altersbedingt erlischt** (§ 7 Abs. 1 Nr. 4 PrüfVBau) und damit die **vorgesehene Vertragslaufzeit bis 30. 6. 2015 bei weitem unterschreitet** (VK Südbayern, 31. 7. 2009 – Az.: Z3-3-3194-1-35–06/09).

150.10.3 Wesentliche in den letzten drei Jahren erbrachte Leistungen (§ 5 Abs. 5 lit. b)

150.10.3.1 Hinweis

Im Ergebnis umfasst dieser Eignungsnachweis die **Abfrage von Referenzen**. Vgl. insoweit   12352
die Kommentierung zu § 97 GWB Rdn. 678 ff.

150.10.3.2 Keine Forderung nach vergleichbaren Leistungen

Im Gegensatz zur Regelung des § 6 Abs. 3 VOB/A fordert die VOF – wie die VOL/A -   12353
keine Nachweise über vergleichbare Leistungen, sondern nur über die insgesamt erbrachten Leistungen. Diese Regelung deckt sich auch mit der entsprechenden Vorschrift der Vergabekoordinierungsrichtlinie (Art. 32).

Die Forderung von Referenzen wesentlicher Leistungen für die vergangenen drei Jahre als   12354
Nachweis der fachlichen Eignung **ist gemäß § 13 VOF zulässiges und sachgerechtes Kriterium**. Der Bewerber sollte sich hier auf die Art der zu vergebenden Leistung konzentrieren und nicht alle erdenklichen ähnlichen Leistungen aufführen. Eine solch **beliebige Zusammenstellung erschwert die Information des prüfenden und wertenden Auftraggebers** unnötig und läuft **Gefahr, den Blick auf das Wesentliche zu verstellen**. Hier gilt demnach „Qualität anstelle von Quantität", gerade dieser Nachweis ist vorzuziehen (VK Südbayern, B. v. 19. 12. 2006 – Az.: Z3-3-3194-1-35–11/06).

150.10.3.3 Inhalt einer Forderung nach vergleichbaren Leistungen im VOF-Bereich

Behält sich ein Auftraggeberseite ausdrücklich die **Vergabe weiterer Leistungsphasen** an   12355
den im Rahmen eines Verhandlungsverfahrens zu ermittelnden Vertragspartner **vor**, hat sich die **Eignungsprüfung auf alle Leistungsphasen** z.B. der §§ 55, 64 HOAI **zu erstrecken. Deshalb müssen die abgeforderten Referenzangaben das gesamte mögliche Leistungsspektrum** der Objekt- und Tragwerksplanung nach §§ 55, 64 HOAI **umfassen**; eine isolierte Betrachtung der z.B. konkret ausgeschriebenen Leistungsphasen 1 und 2 für Objekt- und der Tragwerksplanung scheidet aus (1. VK Sachsen-Anhalt, B. v. 30. 11. 2006 – Az.: 1 VK LVwA 35/06).

150.10.4 Technische Leitung (§ 5 Abs. 5 lit. c)

Auch dieses **Kriterium entspricht den Anforderungen des Vergaberechts**. Dieser Eig-   12356
nungsnachweis erstreckt sich vorrangig auf die berufliche Befähigung des im Auftragsfalle für die technische Leitung vorgesehenen Personals. Für die **technische Leitung werden im all-

Teil 5 VOF § 5 Vergabeordnung für freiberufliche Leistungen

gemeinen Mitarbeiter erwartet, die über eine berufliche Befähigung und eine mindestens fünfjährige Berufserfahrung verfügen (VK Südbayern, B. v. 19. 12. 2006 – Az.: Z3-3-3194-1-35–11/06).

150.10.5 Beschäftigtenanzahl und Führungskräfte (§ 5 Abs. 5 lit. d)

12357 Anerkannt als zulässige **Forderung ist ein Nachweis über die Anzahl an Arbeitskräften**, die aufgrund des Umfangs der zu vergebenden Arbeit erforderlich sind (VK Südbayern, B. v. 19. 12. 2006 – Az.: Z3-3-3194-1-35–11/06). Die **stärkere Gewichtung einer höheren Anzahl von Beschäftigten ist vor allem mit dem Interesse des Auftraggebers zu rechtfertigen**, nicht nur die für die Bearbeitung des zur Ausschreibung stehenden Projekts vorgesehenen Mitarbeiter in seine Wertung einzubeziehen, sondern eine Vorstellung vom Kontingent weiterer Fachkräfte, auf die unter besonderen Umständen, bei unvorhergesehenem Zusatzbedarf, ohne Zeitverzug zurückgegriffen werden kann, zu erhalten. Es ist **weder sachfremd noch willkürlich, wenn der Auftraggeber Wert darauf legt, dass das von ihm beauftragte Planungsbüro eine angemessene personelle Reserve für einen bei komplexen Projekten nie völlig auszuschließenden Zusatzbedarf vorhalten kann**. Zu berücksichtigen ist auch, dass die Diskrepanz der Umsatz- und/oder Mitarbeiterzahlen kleinerer, mittlerer und großer Büros regelmäßig für den Auftraggeber eines Großprojekts zugleich auch Maßstab für die Höhe seines eigenen Risikos hinsichtlich der finanziellen Absicherung und der vollständigen Erfüllung des zu vergebenden Vorhabens ist, sodass eine diesbezügliche Differenzierung zu Lasten kleinerer Büros sachlich gerechtfertigt ist (VK Lüneburg, B. v. 25. 9. 2006 – Az.: VgK-19/2006).

150.10.6 Maßnahmen zur Qualitätssicherung (§ 5 Abs. 5 lit. f)

150.10.6.1 Änderung in der VOF 2009

12358 Die Maßnahmen des Bewerbers oder Bieters zur Gewährleistung der Qualität und seiner Untersuchungs- und Forschungsmöglichkeiten können – **neu** – auch **durch Fortbildungszertifikate von Kammern und Verbänden nachgewiesen** werden.

150.10.6.2 Rechtsprechung

12359 **Qualitätssicherung** ist ein für den Nachweis der fachlichen Eignung gemäß § 5 Abs. 5 VOF **zulässiges und sachgerechtes Kriterium**. Jeweils **geeignete Maßnahmen** zur Gewährleistung der Qualität sind die **Einrichtung und Aufrechterhaltung eines Qualitätsmanagementsystems** nach DIN EN ISO 9001, die **auftragsspezifische Entwicklung und Anwendung eines Qualitätsmanagementplans** und dessen **Umsetzung in der Auftragsbearbeitung** (VK Südbayern, B. v. 19. 12. 2006 – Az.: Z3-3-3194-1-35–11/06).

12360 Eine **geeignete Maßnahme zur Gewährleistung der Qualität ist insbesondere auch die Einrichtung und Aufrechterhaltung eines Qualitätsmanagementsystems nach DIN EN ISO 9001**. Es ist daher nicht zu beanstanden, dass ein Auftraggeber für eine vorhandene Zertifizierungsurkunde nach ISO 9001 bzw. eine Eigenerklärung des Bewerbers, dass eine solche Zertifizierung angestrebt wird, einen Punkt vergeben will. Objektive Zertifikate als Resultat der Investition eines Unternehmens in seine Qualitätssicherung und die daraus gewonnenen Erkenntnisse verringern das Risiko von Fehleinschätzungen durch den Auftraggeber bei der Ermittlung der fachlichen Eignung. Die **Forderung bzw. Berücksichtigung von Zertifikaten hinsichtlich eines Qualitätsmanagements sind daher als Auswahlkriterium im Rahmen von baulich, finanziell und sicherheitstechnisch anspruchsvollen und im öffentlichen Interesse stehenden Projekten wie z. B. Krankenhausbauvorhaben nicht sachfremd, sondern zweckmäßig** (VK Lüneburg, B. v. 25. 9. 2006 – Az.: VgK-19/2006).

12361 Bestandteil der Qualitätssicherung ist auch die **Sicherstellung der kurzfristigen Erreichbarkeit**. Hierbei handelt es sich **ebenfalls um ein übliches und nicht sachfremdes Kriterium**. So kann z.B. der Bewerber fünf Punkte erhalten, der **unabhängig vom Sitz seines Büros sicherstellt, dass er für die Zeit der Aufgabenerfüllung stets erreichbar und im Bedarfsfall kurzfristig präsent** ist. Die **Entfernung des Bürositzes** vom Sitz des Auftraggebers bzw. des Projektgebiets – maßgebend ist die kürzere Entfernung – **fließt daher in die Wertung ein** (Entfernung bis zu 100 km fünf Punkte, bis zu 200 km vier Punkte ...). Zwar wird dadurch die Sicherstellung der kurzfristigen Erreichbarkeit unvorhersehbar nur über km-

Vergabeordnung für freiberufliche Leistungen VOF § 5 **Teil 5**

Vergleiche bewertet, ohne die konkrete durchschnittliche Reisezeit zu berücksichtigen. **Die Beurteilung anhand der kilometermäßigen Entfernung ist aber nicht willkürlich. Dies gilt auch für eine Grenze von 100 km.** So muss es eine Festlegung geben, anhand welcher die Punktabzüge erfolgen (VK Südbayern, B. v. 19. 12. 2006 – Az.: Z3-3-3194-1-35– 11/06).

150.10.6.3 Hinweis

§ 5 Abs. 4 lit. f) VOL/A 2009 ist im Zusammenhang mit § 5 Abs. 7 VOF 2009 zu lesen, wonach die Anforderungen an Nachweise für Qualitätssicherungsmaßnahmen definiert sind. 12362

150.10.7 Angabe der Nachunternehmerleistungen (§ 5 Abs. 5 lit. h)

Der Nachweis der Eignung kann u. a. durch Angabe des Auftragsanteils, für den der Bewerber möglicherweise einen Unterauftrag zu erteilen beabsichtigt, erbracht werden. Der **Auftraggeber kann** also von den Bewerbern **verlangen**, dass sie die **Nachunternehmerleistungen angeben** (OLG München, B. v. 28. 4. 2006 – Az.: Verg 6/06; VK Südbayern, B. v. 19. 12. 2006 – Az.: Z3-3-3194-1-35–11/06). 12363

Gerade bei größeren Projekten besteht ein **erhebliches Interesse der Vergabestelle daran, über die Vertragspartner und deren Subunternehmer Bescheid zu wissen**. Die zuverlässige Ausführung der Leistung hängt nicht nur von der Fachkunde und Leistungsfähigkeit des Bieters ab, sondern auch von der **Eignung der von ihm eingeschalteten Nachunternehmer**, welche die Leistung faktisch erbringen. Darum ist der Vergabestelle grundsätzlich zuzubilligen, vor der Zuschlagserteilung die Eignung der Nachunternehmer überprüfen zu können (OLG München, B. v. 22. 1. 2009 – Az.: Verg 26/08). 12364

150.11 Über die Aufzählung in § 5 Abs. 4 hinausgehende Eignungsnachweise

150.11.1 Grundsatz

Da nach dem Wortlaut von **§ 5 Abs. 2 und Abs. 4 VOF 2009** und nach dem Sinn und Zweck der Regelungen diese Vorschriften **keine abschließende Wirkung** haben, kann der Auftraggeber im Teilnahmewettbewerb **auch andere Eignungsnachweise** – z. B. zur Prüfung der Zuverlässigkeit – **verlangen**. 12365

150.11.2 Auszug aus dem Bundeszentralregister

Im Bundeszentralregister werden rechtskräftige Entscheidungen der Strafgerichte eingetragen, wobei sich **diese Eintragungen ausschließlich auf natürliche Personen beziehen**, weil nur diese – im Gegensatz zu den juristischen Personen – straffällig werden können. Das **Bundeszentralregister gibt somit Auskunft darüber, ob die betreffende Person vorbestraft ist oder nicht**. Vor diesem Hintergrund wird in § 32 BZRG von einem „Führungszeugnis" gesprochen, dass in unterschiedlicher Belegart, entweder Belegart N oder Belegart O, das für die Vorlage bei einer deutschen Behörde bestimmt ist, ausgestellt wird. Der Hinweis „Bundeszentralregisterauszug" führt somit zwangsläufig zu dem Begriff des Führungszeugnisses. 12366

Gemäß § 1 BZRG **führt das Bundesamt für Justiz seit dem 1. 1. 2007** das **Bundeszentralregister**, das Gewerbezentralregister und das Zentrale Staatsanwaltliche Verfahrensregister als Registerbehörde und hat damit diese Aufgabe vom Generalbundesanwalt beim Bundesgerichtshof zuständigkeitshalber übernommen. 12367

Gegen die Forderung eines Bundeszentralregisterauszuges bestehen grundsätzlich **keine Bedenken** (VK Münster, B. v. 27. 4. 2007 – Az.: VK 06/07). Die Beibringung eines Auszuges aus dem Bundeszentralregister stellt **keine unverhältnismäßige Anforderung an die Bieter**, wenn die Vergabestelle die **Bearbeitungsfrist zur Erteilung eines Auszuges ausreichend berücksichtigt**. Dem kann die Vergabestelle dadurch Rechnung tragen, dass sie die Beantragung eines Auszugs akzeptiert, wenn dieser zeitnah nachgereicht wird. Sofern ein solcher Auszug gefordert wird, versteht es sich aus dem Sachzusammenhang von selbst, **dass dieser auch aktuell sein muss**. Denn je länger das Ausstellungsdatum zurückliegt, desto mehr verliert die Urkunde an Beweiskraft, weil mit dem nicht belegten Zeitraum auch die – zumin- 12368

Teil 5 VOF § 5 Vergabeordnung für freiberufliche Leistungen

dest theoretische – Möglichkeit einer nicht erfassten Straftat wächst. Dementsprechend bestimmt § 5 Abs. 1 Satz 3 SchwArbG, dass bei Bauaufträgen Auszüge aus dem Gewerbe- oder Bundeszentralregister nicht älter als drei Monate sein dürfen. Das Erfordernis der Aktualität ergibt sich auch aus § 30 Abs. 5 BRZG, wonach Führungszeugnisse zur Vorlage bei Behörden, nach Antragstellung direkt an diese übermittelt werden (VK Berlin, B. v. 1. 11. 2004 – Az.: VK – B 2–52/04).

12369 Verlangt der öffentliche Auftraggeber als **Eignungsnachweis einen Bundeszentralregisterauszug der Einzelunternehmer bzw. sämtlicher natürlicher Vertreter der juristischen Person**, müssen diejenigen Bieter, die nicht Einzelunternehmer sind, einen **Bundeszentralregisterauszug hinsichtlich ihrer Vertreter**, was wiederum natürliche Personen sind, vorlegen (VK Münster, B. v. 27. 4. 2007 – Az.: VK 06/07).

150.11.3 Auszug aus dem Gewerbezentralregister

150.11.3.1 Allgemeines

12370 Das **Gewerbezentralregister betrifft** – im Gegensatz zum Bundeszentralregister – **sowohl natürliche als auch juristische Personen** und enthält gemäß § 149 Abs. 2 GewO u. a. **Eintragungen über bestimmte strafgerichtliche Verurteilungen**, die im Zusammenhang mit der Gewerbeausübung begangen wurden.

12371 Gemäß § 1 BZRG **führt das Bundesamt für Justiz seit dem 1. 1. 2007** das Bundeszentralregister, das **Gewerbezentralregister** und das Zentrale Staatsanwaltliche Verfahrensregister als Registerbehörde und hat damit diese Aufgabe vom Generalbundesanwalt beim Bundesgerichtshof zuständigkeitshalber übernommen.

12372 **Gegen die Forderung eines Gewerbezentralregisterauszuges** bestehen grundsätzlich **keine Bedenken** (VK Baden-Württemberg, B. v. 5. 11. 2008 – Az.: 1 VK 42/08; 3. VK Bund, B. v. 24. 1. 2008 – Az.: VK 3–151/07; VK Münster, B. v. 27. 4. 2007 – Az.: VK 06/07; VK Nordbayern, B. v. 26. 2. 2008 – Az.: 21.VK – 3194 - 02/08). Der **Gewerbezentralregisterauszug** (§ 150 GWO) ist für den Auftraggeber ein **Hilfsmittel zur Beurteilung der Zuverlässigkeit** eines Bieters oder Bewerbers (VK Baden-Württemberg, B. v. 5. 11. 2008 – Az.: 1 VK 42/08; 3. VK Bund, B. v. 24. 1. 2008 – Az.: VK 3–151/07; B. v. 18. 1. 2007 – Az.: VK 3–153/06; VK Lüneburg, B. v. 27. 10. 2006 – Az.: VgK-26/2006; VK Südbayern, B. v. 7. 4. 2006 – Az.: 07-03/06). Eingetragen werden z. B. **Verwaltungsentscheidungen der Gewerbebehörden** wegen Unzuverlässigkeit oder Ungeeignetheit sowie **Bußgeldentscheidungen** gegen Gewerbetreibende (VK Südbayern, B. v. 7. 4. 2006 – Az.: 07-03/06).

12373 Durch das Inkrafttreten der Änderungen im **Zweiten Gesetz zum Abbau bürokratischer Hemmnisse insbesondere in der mittelständischen Wirtschaft (MEG II** – BGBl 2007 Teil 1 Nr. 47 vom 13. 9. 2007) am 14. 9. 2007 im Bereich des § 21 SchwarzArbG sollten bei öffentlichen Bauaufträgen und im Bereich des § 6 Satz 4 AEntG bei Liefer-, Bau- oder Dienstleistungsaufträgen **insbesondere mittelständische Betriebe mit der Wiederzulassung von Eigenerklärungen von zusätzlichen Kosten und Aufwand entlastet** werden. Dies bezieht sich aber ausschließlich darauf, dass bisher der Nachweis für das Fehlen des entsprechenden Ausschlussgrundes für die Teilnahme am öffentlichen Wettbewerb durch die gesetzliche Vorgabe in § 21 SchwarzArbG und § 6 Satz 4 AEntG zwingend nur mit einem GZR-Auszug, der nicht älter als 3 Monate sein durfte, geführt werden konnte. Die **Vergabestelle konnte allerdings insoweit auch bisher schon eine eigene Auskunft nach § 150 a GewO einholen. Diese dient nunmehr nur noch der Überwachung der mit dem MEG II wieder zugelassenen Eigenerklärungen der Bieter.** Daraus kann **keine Beschränkung der öffentlichen Auftraggeber für die Prüfung der Zuverlässigkeit von Bietern auf den § 150 a Abs. 1 Nr. 4 GewO** gefolgert werden. Der Gesetzgeber zielte mit dem MEG II darauf ab, dass den Bietern bei einer Beteiligung am öffentlichen Wettbewerb nicht für jede Bewerbung um einen öffentlichen Auftrag durch die Regelungen in § 21 SchwarzArbG und § 6 Satz 4 AEntG per Gesetz die Vorlage aktueller GZR-Auszüge nicht älter als 3 Monate auferlegt wird. Nur insoweit sollte eine Entlastung erfolgen. Dies ergibt sich auch aus der Bundestagsdrucksache 16/4764, S. 10 f. **Aus der Begründung zu den Änderungen in § 21 SchwarzArbG und § 6 Satz 4 AEntG im MEG II ist nicht zu entnehmen, dass generell die Vergabestellen keine GZR-Auszüge mehr nach § 150 GewO von den Bietern verlangen dürften.** Es sollten nicht die Prüfungsumfänge für die öffentlichen Auftraggeber im Hinblick auf die Zuverlässigkeit der Bieter eingeschränkt werden. Diese Frage wurde überhaupt

Vergabeordnung für freiberufliche Leistungen VOF § 5 **Teil 5**

nicht thematisiert. Dies zeigt auch, dass der eigene GZR-Auskunftsanspruch der öffentlichen Auftraggeber nach § 150a Abs. 1 Nr. 4 GewO genau auf die korrespondierenden wieder zugelassenen Eigenerklärungen abgestimmt ist. Für eine weitergehende Interpretation besteht kein Raum (VK Nordbayern, B. v. 26. 2. 2008 – Az.: 21.VK – 3194 - 02/08; 1. VK Sachsen, B. v. 28. 7. 2008 – Az.: 1/SVK/037-08).

150.11.3.2 Literatur

– Kühnen, Jürgen, Nochmals: Gewerbezentralregisterauszug und Vergabeverfahren, NZBau 2007, 762 12374

– Uwer, Dirk/Hübschen, Nikolas, Gewerbezentralregisterauszug und Vergabeverfahren – Zur Umgehung beschränkter Auskunftsansprüche öffentlicher Auftraggeber, NZBau 2007, 757

150.11.4 Vorlage einer Gewerbeanmeldung

Fordert der Auftraggeber eine **Gewerbeanmeldung – nicht älter als drei Monate** –, ergibt sich bei verständiger Würdigung der Anforderung, dass nicht eine längstens drei Monate zurückliegende Gewerbeanmeldung gefordert ist, sondern **ein höchstens drei Monate alter Nachweis über die Gewerbeanmeldung** (OLG Brandenburg, B. v. 17. 12. 2008 – Az.: Verg W 17/08). 12375

150.11.5 Bestätigungsvermerk eines Wirtschaftsprüfers

Bei dem **Bestätigungsvermerk einer Wirtschaftsprüfergesellschaft handelt es sich um die Zusammenfassung der Prüfung des Jahresabschlusses einer Kapitalgesellschaft.** Der Abschlussprüfer ist gemäß § 323 Abs. 1 Handelsgesetzbuch (HGB) zur gewissenhaften und unparteiischen Prüfung verpflichtet. Der Bestätigungsvermerk ist gemäß § 322 Abs. 2 HGB in geeigneter Weise zu ergänzen, wenn zusätzliche Bemerkungen erforderlich erscheinen, um einen falschen Eindruck über den Inhalt der Prüfung und die Tragweite des Bestätigungsvermerks zu vermeiden. In einem derartigen Bestätigungsvermerk sind gemäß § 322 Abs. 3 Satz 2 HGB insbesondere die Risiken der künftigen Entwicklung des Unternehmens zutreffend darzustellen. Ein **Bestätigungsvermerk ist aufgrund der handelsrechtlichen Vorschriften eine ausreichend gesicherte Information**, die von einem Auftraggeber für die eigene Einschätzung der finanziellen Leistungsfähigkeit eines Bieters zugrunde gelegt werden kann. Auch der Lagebericht, auf den der Bestätigungsvermerk Bezug nimmt, ist eine ausreichend sichere Informationsquelle. Nach § 289 HGB ist im Lagebericht der Geschäftsverlauf und die Lage der Kapitalgesellschaft so darzustellen, dass ein den tatsächlichen Verhältnissen entsprechendes Bild vermittelt wird (2. VK Bund, B. v. 10. 2. 2004 – Az.: VK 2–150/03). 12376

150.11.6 Bonitätsindex bei Auskunfteien (Creditreform)

Auch wenn der Bonitätsindex eines Bewerbers nach den Definitionen der Creditreform bedeutet, dass eine „**sehr schwache Bonität**" vorliegt, führt dies **nicht an sich zur Verneinung der Eignung**. Dabei kann dahinstehen, inwieweit eine Auskunft der Creditreform grundsätzlich geeignet ist, aussagekräftige Informationen zur Frage der Eignung eines Bewerbers zu geben. Aber selbst eine – unterstellte – „sehr schwache Bonität" bedeutet nicht automatisch, dass das Unternehmen nicht geeignet ist. Insbesondere ist aufgrund dieser Einschätzung nicht zu erwarten, dass der Bewerber die Leistung nicht erfüllen und den Auftrag nicht einwandfrei ausführen wird (1. VK Bund, B. v. 27. 9. 2002 – Az.: VK 1–63/02). 12377

150.11.7 Zertifizierung

Vgl. dazu die Kommentierung zu § 97 GWB Rdn. 801 ff. 12378

150.11.8 Getrennte Vergabe von Projektsteuerungs- und Objektüberwachungsleistungen

Bauüberwachung und deren Controlling (Überwachung) in Form der Projektsteuerung können nicht in einer Person zusammentreffen. Damit würde diese Person letzt- 12379

Teil 5 VOF § 5   Vergabeordnung für freiberufliche Leistungen

lich sich selbst kontrollieren. Aus Rechtsgründen ist dies ausgeschlossen. Denn eine Person kann schon aufgrund der Interessenkollision nicht zugleich auf der Auftragnehmer- und der Auftraggeberseite stehen und sich selbst koordinieren und kontrollieren. **Insoweit fehlt es an der Zuverlässigkeit** (1. VK Brandenburg, B. v. 11. 7. 2006 – Az.: 1 VK 25/06).

150.11.9 Getrennte Vergabe von Leistungen der Bauoberleitung und der örtlichen Bauüberwachung

12380   Im Teil VII der HOAI – Ingenieurbauwerke und Verkehrsanlagen – sind die Leistungen der örtlichen Bauüberwachung in § 57 HOAI aufgeführt, die Bauoberleitung hat als Leistungsphase 8 im § 55 Abs. 2 HOAI ihren Niederschlag gefunden. Die **HOAI geht also von der getrennten Vergabe beider Leistungen aus, da Bestandteil der Bauoberleitung vor allem die Aufsicht über die örtliche Bauüberwachung ist. Vergaberechtlich können Bauoberleitung und örtliche Bauüberwachung nicht in einer Person zusammentreffen.** Damit würde sich ein Bieter bzw. Bewerber letztlich selbst überwachen. Aus Rechtsgründen und der damit verbundenen Interessenkollision ist dies ausgeschlossen. Deshalb entfällt die Aufsicht über die örtliche Bauüberwachung, wenn sie und die Bauoberleitung in einer Hand liegen (VK Brandenburg, B. v. 11. 9. 2006 – Az.: 2 VK 34/06, 1 VK 35/06).

150.12 Weitere Beispiele aus der Rechtsprechung

12381   – das Angebot der Beigeladenen ist nicht wegen fehlender Erklärung insoweit auszuschließen. Nach dem Wortlaut der Bekanntmachung hatte die Antragsgegnerin **lediglich Angaben zur Eintragung in ein Berufsregister gefordert. Diese Angaben hat die Beigeladene im Rahmen ihrer Erklärung nach § 13 Abs. 2 VOF gemacht, indem sie dort die Eintragung in das Verzeichnis der Architektenkammern angegeben hat**. Ein Registerauszug war damit nicht gefordert (VK Arnsberg, B. v. 19. 3. 2008 – Az.: VK 07/08)

– die **Kriterien „Gründungsjahr des Büros" und „Erste Fertigstellung eines Krankenhausprojekts des Büros (mindestens Leistungsphasen 1–5 vom Büro erbracht)" stellen eine sachlich nicht gerechtfertigte und deshalb gegen den Gleichheitsgrundsatz des § 4 Abs. 2 VOF verstoßende Bevorzugung „alteingesessener" Büroorganisationen dar**. Es ist sachlich nicht zu rechtfertigen, z. B. ein 16 Jahre zurückliegendes Krankenhausprojekt erheblich höher zu bewerten als die Betreuung eines den aktuellen Anforderungen und Bedingungen ausgesetzten Krankenhausprojektes. Da die Sicherheits- und Technikstandards im Krankenhausbau der letzten 15 bis 20 Jahre laufend Veränderungen erfahren haben, kann die Fertigstellung eines Krankenhauses in den Jahren vor 1990 oder auch weniger langen Zeiträumen nur unzureichend Auskunft über die fachliche Eignung zur Durchführung aktueller Krankenhausprojekte geben. Zumindest kann diese länger zurückliegende Leistung nicht höher bewertet werden als die Betreuung eines in jüngerer Zeit realisierten Krankenhausprojekts (VK Lüneburg, B. v. 25. 9. 2006 – Az.: VgK-19/2006)

– dem **Kriterium „in Planung/Bau befindliche Projekte der letzten 8 Jahre" kann ein Auftraggeber ein großes Gewicht zumessen.** Für dieses Kriterium sind insgesamt 12 Punkte zu erzielen, wobei der Auftraggeber Zusatzpunkte für Projekte > 20 Mio. €, für Krankenhausprojekte, für Referenzschreiben und für den Fall von mindestens zwei realisierten Krankenhausprojekten mit Investitionssummen von je > 50 Mio. € vergibt. Auch hier werden insbesondere Planungsleistungen für solche Projekte gutgeschrieben, die den ausgeschriebenen Planungsleistungen für das Krankenhausbauprojekt des Auftraggebers vergleichbar sind. Gerade auch diese aktuellen vergleichbaren Tätigkeiten erlauben dem Auftraggeber qualifizierte Aussagen für die Ermittlung der am meisten geeigneten Bewerber (VK Lüneburg, B. v. 25. 9. 2006 – Az.: VgK-19/2006)

– dem **Kriterium „Realisierte Projekte der letzten 8 Jahre (bereits in Betrieb genommen)" kann ein Auftraggeber z. B. mit max. 26 erreichbaren Punkten das größte Gewicht zumessen.** Dabei kann für jedes angegebene Projekt ein Punkt erreicht werden. Für jedes angegebene Projekt > 20 Mio. € Investitionssumme, jedes angegebene Krankenhausprojekt, jedes angegebene Krankenhausprojekt > 40 Mio. € Investitionssumme ist jeweils 1 Zusatzpunkt zu erzielen. Weitere Zusatzpunkte sind zu erzielen, wenn ein Referenzschreiben zum Projekt vorliegt, wenn die Leistungsphasen bis 9 realisiert wurden und wenn mindestens zwei Krankenhausprojekte mit Investitionssummen von je > 80 Mio. € realisiert wurden. Im letzteren Fall werden sogar 2 Zusatzpunkte vergeben. Die vom Auftraggeber

Vergabeordnung für freiberufliche Leistungen VOF § 5 **Teil 5**

angeforderten Nachweise hinsichtlich der Höhe der Investitionssumme und der Größe von in den letzten 8 Jahren realisierten Projekten fließen als Maßstab in die Auswahlkriterien der Erfahrung und der technischen Leistungsfähigkeit und damit in die Prognose der wirtschaftlichsten Leistungserbringung ein. Diese **Kriterien finden durch ihre Einbeziehung gleichwertiger Krankenhausprojekte in die Bewertungsmatrix und die dadurch bedingte Vergleichbarkeit mit der aktuellen Auftragsvergabe ihre Rechtfertigung und sind deshalb nicht willkürlich, sondern sachbezogen** (VK Lüneburg, B. v. 25. 9. 2006 – Az.: VgK-19/2006)

– es bestehen **keine Bedenken, Teilnahmeanträge mit weit reichendem Nachunternehmereinsatz schlechter zu bewerten als solche, die einen Nachunternehmereinsatz nur zu einem sehr geringen Umfang** vorsehen. Es ist offensichtlich, dass der **Einsatz vieler verschiedener Unternehmen eines höheren Maßes an Koordination bedarf** und ein **höheres Friktionspotenzial** birgt als der Einsatz einer geringeren Zahl an Unternehmen. Das Wertungskriterium fällt zudem mit 3% nur moderat ins Gewicht (3. VK Bund, B. v. 7. 6. 2006 – Az.: VK 3–33/06)

– das **Auswahlkriterium „junges Büro" ist kein zulässiges Auswahlkriterium** (1. VK Sachsen, B. v. 3. 12. 2004 – Az.: 1/SVK/104-04, 1/SVK/104-04G); **Anmerkung des Verfassers:** in dieser Entscheidung **knüpft die VK aber sehr stark daran an**, dass dieses Auswahlkriterium nicht bekannt gemacht wurde; bei Erfüllung dieser Voraussetzung ist eine **bestimmte Quote für junge Büros zulässig**

– das **Auswahlkriterium „Erfahrung der Bewerber im Krankenhaus-, Arztpraxen- und Laborbau u. ä."** ist ein zulässiges Auswahlkriterium bei der Vergabe von Projektsteuerungsleistungen für ein Medizinisches Versorgungszentrum (3. VK der Freien Hansestadt Bremen, B. v. 16. 12. 2004 – Az.: VK 4/04)

– die Bewertungsmatrix endet mit 310 erreichbaren Punkten. Sie enthält **folgende Aufschlüsselung**: „Mitarbeiter 10, Führungskräfte 10, Name/Qualifikation 30, Projektteam 15, Haftpflichtversich(erung) 10, Aufträge mit Wert 15, Bearbeitungszeitraum 10, Erfahrung Großküchenbau 50, Wirtschaftl(iche) Planung 30, Erfahr(ung) Energ(ie) Einspar(ung) 30, Erfahr(ung) Techn(ischer) Ausbau 50, Auftraggeber 10, Ausstattung + Geräte 20, Umsatz 20, Bilanzen Ja/Nein (X), ArGe Ja/Nein (X), HR-Eintragung Ja/Nein (X), AK-Mitglied Ja/Nein (X)" (Hanseatisches OLG in Bremen, B. v. 13. 11. 2003 – Az.: Verg. 8/2003)

– es steht einer Vergabestelle frei, den Aspekt der umfänglichen Erfahrung im Bereich der Koordination der Aufgaben bei der Erstellung eines solchen Bauwerks, also die **Generalplanungserfahrung**, insbesondere bei einem – möglicherweise aus Kostengründen eher schlichten – Zweckbau **höher zu bewerten**. Es mag einer Vergabestelle gerade darauf ankommen, hier umfassend von Baubetreuungsaufgaben freigestellt zu werden. Aus diesem Grund ist eine Bewertung der Generalplanererfahrung im Krankenhausbau mit insgesamt maximal 70 Punkten von 400 möglichen keineswegs als sachfremd anzusehen (VK Arnsberg, B. v. 15. 7. 2003 – Az.: VK 3–16/2003)

– es ist zwar **grundsätzlich zulässig**, das **Kriterium „Erfahrung mit einem Bewerber"** als einen Faktor bei der Bewertung der Teilnahmeanträge mit einzubeziehen. Dies darf jedoch **nicht in der Weise** erfolgen, dass **diesem Kriterium ein überwiegendes Gewicht zukommt**, da auf diese Weise der Wettbewerb begrenzt wird. Andere Teilnehmer, die auf Grund ihrer Referenzen durchaus geeignet sein könnten, die jeweils geplante Maßnahme durchzuführen, können so nie in den engeren Kreis der Teilnehmer gelangen, da sie das maßgebliche Merkmal der Erfahrung mit diesem Auftraggeber niemals erfüllen können (1. VK Sachsen, B. v. 13. 6. 2001 – Az.: 1/SVK/44-01)

– das von der VST verwandte Auswahlkriterium „a) angemessene Honorarforderungen" stellt kein geeignetes Kriterium der Auswahl der Bewerber dar, die zu Verhandlungsgesprächen eingeladen werden sollen. Die **Frage „angemessener Honorarforderungen"** ist im Ergebnis durchgeführter Verhandlungsgespräche zu treffen. Aus diesem Grunde kann der „Preis" für die ausgeschriebene Leistung nach § 16 Abs. 2 Satz 2 VOF in diesem genannten Rahmen ein Kriterium der Auftragserteilung sein. Dagegen kann das **Kriterium kein Merkmal der Auswahl von Bewerbern** sein (VK Thüringen, B. v. 14. 11. 2003 – Az.: 216–4004.20–031/03-ABG)

– die angewandten Auftragskriterien selbst stellen in Teilen eine Vergaberechtsverletzung, der Verletzung des Gleichbehandlungsgrundsatzes (§ 97 Abs. 2 GWB) dar. Dazu gehören insbesondere die **nachfolgend durch die Vergabestelle verwandten Kriterien**:

Teil 5 VOF § 5 Vergabeordnung für freiberufliche Leistungen

– Wie und in welchem Umfang wurden bisher GA-Fördermittel in Ihrem Büro bearbeitet?
– Sind förderfähige Kosten des Freistaats Thüringen bekannt, welche Einfluss auf Planung und Baudurchführung haben? Können Sie Ausführungen dazu machen? Sind Ihnen die Kriterien für nicht förderfähige Kosten bekannt?
– Inwieweit sind sie mit den örtlichen Gegebenheiten des vorgesehenen Standortes vertraut?
– Inwieweit sind Sie mit Ämtern und Behörden in der Region vertraut bzw. kennen deren Strukturen und Zuständigkeiten?

(VK Thüringen, B. v. 14. 11. 2003 – Az.: 216–4004.20–031/03-ABG)

– dazu gehörten unter anderem die **Erfahrungen von Bewerbern bei der Durchführung von Projekten vergleichbaren Umfangs und Zuschnitts**, eine **Darstellung der büromäßigen Struktur, der Organisation** und der **technischen Ausstattung** sowie **Angaben zur Art und Qualifikation des bei der Auftragsausführung einzusetzen den Personals**. Die genannten **Kriterien konnten einer Bewertung der Eignung von Bewerbern zugrunde gelegt werden**. Sie stehen in keinem Widerspruch zu den diesbezüglichen Rechtsvorschriften der § 12 Abs. 1 und § 13 Abs. 1, Abs. 2, namentlich der Buchstabe a) und b) VOF (OLG Düsseldorf, B. v. 29. 10. 2003 – Az.: Verg 43/03)

– vielmehr kann durch die **ausschließlich preisbezogene Vorauswahl** der **insgesamt auftragsbezogen Leistungsfähigste aus dem Bieterwettbewerb ausscheiden**, nur weil er sich (knapp) nicht unter den drei billigsten Bietern befindet. Dies ist von den Vergabevorschriften ersichtlich nicht gewollt, die – wie § 16 VOF – die Wichtigkeit der Leistungsfähigkeit für den konkreten Auftrag durch eine nicht abschließende Aufzählung auftragsbezogener Kriterien hervorheben und damit einen inhaltlichen Rahmen der zulässigen Vergabekriterien setzen. **Ziel des Vergabeverfahrens nach der VOF ist es gerade nicht, allein auf den billigsten zu erwartenden Preis abzuschließen**. Der Auftraggeber hat vielmehr denjenigen Bewerber auszuwählen, der am ehesten die Gewähr für eine sachgerechte und qualitätsvolle Leistungserfüllung bietet. Nur ausnahmsweise kann der Preis/das Honorar ausschließliche Berücksichtigung finden, wie namentlich dann, wenn es um standardisierte Produkte geht, zu denen freiberufliche Leistungen regelmäßig nicht gehören (OLG Düsseldorf, B. v. 8. 10. 2003 – Az.: VII – Verg 48/03)

150.13 Berücksichtigung der Kapazitäten Dritter (§ 5 Abs. 6)

150.13.1 Allgemeines

12382 Nach § 5 Abs. 6 können Bieter sich, gegebenenfalls auch als Mitglied einer Bietergemeinschaft, bei der Erfüllung eines Auftrags der Kapazitäten anderer Unternehmen bedienen, ungeachtet des rechtlichen Charakters der zwischen ihm und diesen Unternehmen bestehenden Verbindungen. Er muss in diesem Fall dem Auftraggeber gegenüber nachweisen, dass ihm die erforderlichen Mittel zur Verfügung stehen, indem er beispielsweise eine entsprechende Verpflichtungserklärung dieser Unternehmen vorlegt. Die Regelung setzt die **Rechtsprechung des EuGH zur Zulässigkeit eines Generalunternehmer- bzw. Generalübernehmereinsatzes um**; vgl. insoweit die **Kommentierung** zu § 97 GWB Rdn. 438 ff. und Rdn. 501 ff.

150.13.2 Zeitpunkt der Vorlage des Verfügbarkeitsnachweises (§ 5 Abs. 6 Satz 2)

150.13.2.1 Allgemeines

12383 Nach dem ausdrücklichen Wortlaut des § 5 Abs. 6 Satz 2 VOF 2009 **genügt** es, wenn der Bewerber oder Bieter **dem Auftraggeber vor Zuschlagserteilung nachweist**, dass ihm die entsprechenden Kapazitäten zur Verfügung stehen. **Etwas anderes** kann allenfalls dann gelten, wenn der Auftraggeber in der Bekanntmachung oder den Vergabeunterlagen eine Frist zur Vorlage der entsprechenden Verfügbarkeitsnachweise bestimmt. Ist dies nicht der Fall, kann der Bewerber bzw. Bieter seiner Nachweispflicht auch noch im Laufe des Vergabeverfahrens nachkommen (1. VK Bund, B. v. 10. 4. 2008 – Az.: VK 1–33/08).

12384 § 5 Abs. 6 Satz 2 VOF 2009 ist damit **klarer und eindeutiger gefasst** als die vom Grundsatz her vergleichbare Vorschrift des § 7 EG Abs. 9 VOL/A 2009.

150.13.2.2 Einzelfälle

Zwar besteht gemäß § 13 Abs. 2 BauPrüfVO die Möglichkeit, dass der Prüfingenieur für Standsicherheit sich bei der Prüftätigkeit neben angestellten Mitarbeitern auch der Mithilfe von Angehörigen eines Zusammenschlusses nach § 10 Abs. 1 Satz 3 Nr. 2 BauPrüfVO bedient, sofern er in diesem Fall ein Weisungsrecht hat. **§ 13 Abs. 2 BauPrüfVO bezieht sich aber allein auf die Befugnis des Prüfingenieurs im bauordnungsrechtlichen Sinne**, bei der Aufgabenerledigung auch diesen Personenkreis einschalten zu dürfen, obwohl dieser selbst nicht aus anerkannten Prüfingenieuren besteht. **Eine ganz andere – von § 13 Abs. 2 BauPrüfVO nicht erfasste – vergaberechtliche Frage der Leistungsfähigkeit ist aber, ob und inwieweit dem ASt die Ressourcen auch tatsächlich zur Verfügung stehen, selbst wenn er nach der BauPrüfVO baurechtlich generell befugt ist, diese Personen einzuschalten.** Auch wäre der konkrete Nachweis zu erbringen, dass dem ASt im Falle eines Rückgriffs auf die Ressourcen einer anderen Gesellschaft ein Weisungsrecht im Sinne des § 13 Abs. 2 BauPrüfVO zustünde. **Jedenfalls ersetzt die Regelung in § 13 Abs. 2 BauPrüfVO nicht etwa die vergaberechtlich notwendigen, vom Auftraggeber zulässigerweise geforderten Angaben zur Überprüfung der Leistungsfähigkeit des Bewerbers im Rahmen der Eignungsprüfung** (3. VK Bund, B. v. 18. 2. 2010 – Az.: VK 3–6/10). 12385

150.14 Nachweise über Qualitätssicherung und Zertifizierung (§ 5 Abs. 7)

Nach § 5 Abs. 7 VOF können Auftraggeber zum Nachweis dafür, dass Unternehmen bestimmte Qualitätssicherungsnormen erfüllen, die Vorlage von Bescheinigungen unabhängiger Stellen verlangen. Diese **Regelung entspricht der fakultativen Vorschrift des Art. 49 der Vergabekoordinierungsrichtlinie.** 12386

150.15 Nachweise über Umweltmanagement (§ 5 Abs. 8)

Nach § 5 Abs. 8 VOF können die Auftraggeber als Nachweis der technischen Leistungsfähigkeit verlangen, dass die Unternehmen bestimmte Normen für das Umweltmanagement erfüllen. Diese **Regelung entspricht der fakultativen Vorschrift des Art. 50 der Vergabekoordinierungsrichtlinie.** 12387

Der Auftraggeber kann zum Nachweis dafür, dass der Bewerber oder Bieter bestimmte Normen für das Umweltmanagement erfüllt, die Vorlage von Bescheinigungen unabhängiger Stellen verlangen. In diesen Fällen kann er u. a. **auf das Gemeinschaftssystem für das Umweltmanagement und die Umweltbetriebsprüfung (EMAS)** Bezug nehmen. 12388

Der **Begriff EMAS steht für „Eco-Management and Audit Scheme". EMAS ist die höchste europäische Auszeichnung für betriebliches Umweltmanagement. Sie beruht auf der EG-Umwelt-Audit-Verordnung (Verordnung (EG) Nr. 761/2001).** Das Bundesumweltministerium wirbt zusammen mit dem Bundeswirtschaftsministerium dafür, dass die Bundesbehörden in geeigneten Fällen die Teilnahme am europäischen Umweltmanagementsystem EMAS berücksichtigen. Mit einem gemeinsamen **Schreiben vom 30. 8. 2004** haben sich die beiden Ministerien an alle Bundesbehörden gewandt. In dem Schreiben der beiden Ministerien an die Bundesbehörden wird erläutert, wie EMAS bei der öffentlichen Auftragsvergabe berücksichtigt werden kann. Dem Schreiben liegen detaillierte Hinweise des Bundesumweltministeriums zum rechtlichen Rahmen bei. 12389

Die **Zertifizierung nach der DIN EN ISO 9001: 2000 ist keine Zertifizierung über ein Umweltmanagement. Ein Umweltmanagement ist der Teilbereich des Managements einer Organisation, der sich mit den betrieblichen und behördlichen Umweltschutzbelangen der Organisation beschäftigt.** Es dient zur Sicherung einer nachhaltigen Umweltverträglichkeit der betrieblichen Produkte und Prozesse einerseits sowie der Verhaltensweisen der Mitarbeiter andererseits. Die **Zertifizierung nach der DIN EN ISO 9001: 2000 bezieht sich hingegen auf ein Qualitätsmanagement**; die genannte DIN ist eine Qualitätsmanagementnorm. Die DIN beschreibt modellhaft das gesamte Qualitätsmanagementsystem einer Organisation. Das **Umweltmanagement kann Bestandteil des Qualitätsmanagements sein, ist dies jedoch nicht notwendig.** Rückschlüsse auf ein Umweltmanagement lassen sich deshalb aus einer Zertifizierung nach einer Qualitätsmanagementnorm nicht ziehen (VK Schleswig-Holstein, B. v. 22. 4. 2008 – Az.: VK-SH 03/08). 12390

150.16 Bescheinigungen der zuständigen Berufskammer (§ 5 Abs. 9)

150.16.1 Änderung in der VOF 2009

12391 § 5 Abs. 9 enthält neu die Möglichkeit, Eignungsnachweise auch durch Bescheinigungen der zuständigen Berufskammern darzulegen.

150.16.2 Bedeutung in der Praxis

12392 **Wesentliche praktische Bedeutung** kann die Vorschrift bei der **Ausschreibung von Architekten- und Ingenieurleistungen** bekommen.

150.17 Richtlinie HVA F-StB (05/2010)

12393 Die Leistungen sind nur an solche Ingenieure oder Landschaftsarchitekten zu vergeben, die Fachkunde, Leistungsfähigkeit, Zuverlässigkeit und ausreichende Erfahrungen haben und die Gewähr für eine wirtschaftliche und termingerechte Planung und Bauausführung bieten (Vertragsaufstellung/Vergabeverfahren, Nr. 1.3.1 Allgemeines, Abs. 1).

151. § 6 VOF – Aufgabenbeschreibung

(1) Die Aufgabe ist klar und eindeutig zu beschreiben, damit alle Bewerber oder Bieter die Beschreibung im gleichen Sinne verstehen können.

(2) Die technischen Anforderungen sind in der Aufgabenbeschreibung zu formulieren:

1. entweder unter Bezugnahme auf die im Anhang TS definierten technischen Spezifikationen in der Rangfolge:

   a) nationale Nonnen, mit denen europäische Normen umgesetzt werden,

   b) europäische technische Zulassungen,

   c) gemeinsame technische Spezifikationen,

   d) internationale Normen und andere technische Bezugssysteme, die von den europäischen Normungsgremien erarbeitet wurden oder,

   e) falls solche Normen und Spezifikationen fehlen, nationale Normen, nationale technische Zulassungen oder nationale technische Spezifikationen für die Planung, Berechnung und Ausführung von Bauwerken und den Einsatz von Produkten.

   Jede Bezugnahme ist mit dem Zusatz „oder gleichwertig" zu versehen;

2. oder in Form von Leistungs- oder Funktionsanforderungen, die so genau zu fassen sind, dass sie ein klares Bild vom Auftragsgegenstand vermitteln und den Auftraggebern die Erteilung des Zuschlags ermöglichen;

3. oder als Kombination von Nummer 1 und 2, d.h.

   a) in Form von Leistungsanforderungen unter Bezugnahme auf die Spezifikationen gemäß Nummer 1 als Mittel zur Vermutung der Konformität mit diesen Leistungs- oder Funktionsanforderungen;

   b) oder mit Bezugnahme auf die Spezifikationen gemäß Nummer 1 hinsichtlich bestimmter Merkmale und mit Bezugnahme auf die Leistungs- und Funktionsanforderungen gemäß Nummer 2 hinsichtlich anderer Merkmale.

(3) Verweisen die Auftraggeber auf die in Absatz 2 Nummer 1 Buchstabe a genannten technischen Anforderungen, so dürfen sie ein Angebot nicht mit der Begründung ablehnen, die angebotene Dienstleistung entspräche nicht den Spezifikationen, sofern die Bieter in ihrem Angebot den Auftraggebern mit geeigneten Mitteln nachweisen, dass die von ihnen vorgeschlagenen Lösungen den Anforderungen der technischen Spezifikation, auf die Bezug genommen wurde, gleichermaßen entsprechen. Als geeignetes Mittel gelten insbesondere eine technische Beschreibung des Herstellers oder ein Prüfbericht einer anerkannten Stelle.

(4) Legen die Auftraggeber die technischen Anforderungen in Form von Leistungs- oder Funktionsanforderungen fest, so dürfen sie ein Angebot, das einer nationalen Norm, mit der eine europäische Norm umgesetzt wird, oder einer europäischen technischen Zulassung, einer gemeinsamen technischen Spezifikation, einer internationalen Norm oder einem technischen Bezugssystem, das von den europäischen Normungsgremien erarbeitet wurde, entspricht, nicht zurückweisen, wenn diese Spezifikationen die geforderten Leistungs- oder Funktionsanforderungen betreffen. Die Bieter müssen in ihren Angeboten mit geeigneten Mitteln dem Auftraggeber nachweisen, dass die der Norm entsprechende jeweilige Dienstleistung den Leistungs- oder Funktionsanforderungen der Auftraggeber entspricht. Als geeignete Mittel gelten eine technische Beschreibung des Herstellers oder ein Prüfbericht einer anerkannten Stelle.

(5) Schreiben die Auftraggeber Umwelteigenschaften in Form von Leistungs- oder Funktionsanforderungen vor, so können sie die Spezifikationen verwenden, die in europäischen, multinationalen oder anderen Umweltzeichen definiert sind, wenn

a) sie sich zur Definition der Merkmale des Auftragsgegenstands eignen,

b) die Anforderungen des Umweltzeichens auf der Grundlage von wissenschaftlich abgesicherten Informationen ausgearbeitet werden,

c) die Umweltzeichen im Rahmen eines Verfahrens erlassen werden, an dem interessierte Kreise wie z.B. staatliche Stellen, Verbraucher, Hersteller, Händler und Umweltorganisationen teilnehmen können und

d) das Umweltzeichen für alle Betroffenen zugänglich und verfügbar ist.

Die Auftraggeber können in den Vergabeunterlagen angeben, dass bei Dienstleistungen, die mit einem Umweltzeichen ausgestattet sind, vermutet wird, dass sie den in der Leistungs- oder Aufgabenbeschreibung festgelegten technischen Anforderungen genügen. Die Auftraggeber müssen jedes andere geeignete Beweismittel, wie technische Unterlagen des Herstellers oder Prüfberichte anerkannter Stellen, akzeptieren.

(6) Anerkannte Stellen sind die Prüf- und Eichlaboratorien im Sinne des Eichgesetzes sowie die Inspektions- und Zertifizierungsstellen, die mit den anwendbaren europäischen Normen übereinstimmen. Die Auftraggeber erkennen Bescheinigungen von in anderen Mitgliedstaaten ansässigen anerkannten Stellen an.

(7) Soweit es nicht durch den Auftragsgegenstand gerechtfertigt ist, darf in den technischen Anforderungen nicht auf eine bestimmte Produktion oder Herkunft oder ein besonderes Verfahren oder auf Marken, Patente, Typen, eines bestimmten Ursprungs oder einer bestimmten Produktion verwiesen werden, wenn dadurch bestimmte Unternehmen oder bestimmte Produkte begünstigt oder ausgeschlossen werden. Solche Verweise sind jedoch ausnahmsweise zulässig, wenn der Auftragsgegenstand nicht hinreichend genau und allgemein verständlich beschrieben werden kann; solche Verweise sind mit dem Zusatz „oder gleichwertig" zu versehen.

151.1 Änderungen in der VOF 2009

In § 6 Abs. 1 VOF 2009 ist die **Verpflichtung zu einer klaren und eindeutigen Aufgabenbeschreibung neu aufgenommen** worden. 12394

§ 8 Abs. 8 VOF 2006, wonach insbesondere solche Umstände anzugeben sind, die dem Auftragnehmer ein ungewöhnliches Wagnis aufbürden oder auf die er keinen Einfluss hat und deren Einwirkung auf die Honorare oder Preise und Fristen er nicht im Voraus abschätzen kann, ist **gestrichen** worden. 12395

Ansonsten erfolgten **redaktionelle Änderungen**. 12396

151.2 Vergleichbare Regelungen

Der **Vorschrift des § 6 VOF vergleichbar** sind im Bereich der VOB/A **§ 7 VOB/A** und im Bereich der VOL **§§ 7, 8 EG VOL/A**. Die Kommentierungen zu diesen Vorschriften können daher ergänzend zu der Kommentierung des § 6 herangezogen werden. 12397

151.3 Bieterschützende Vorschrift

151.3.1 § 6 Abs. 1

12398 Die **Vorschrift zielt** darauf ab, den **Bietern eine klare Kalkulationsgrundlage zu liefern**. Zugleich – und damit korrespondierend – hat sie den **Zweck, die Vergleichbarkeit der Angebote zu sichern**. Soweit Leistungen wegen ersichtlicher Unausführbarkeit nicht verlässlich kalkuliert werden können, stellen sie keine hinreichende Basis für einen Vergleich der Angebote dar. Eine **unzutreffende Leistungsbeschreibung kann insoweit Bieterrechte verletzen** (Saarländisches OLG, B. v. 23. 11. 2005 – Az.: 1 Verg 3/05; B. v. 29. 9. 2004 – Az.: 1 Verg 6/04; VK Baden-Württemberg, B. v. 26. 7. 2005 – Az.: 1 VK 39/05; VK Brandenburg, B. v. 18. 1. 2007 – Az.: 1 VK 41/06 für den vergleichbaren § 7 Abs. 1 VOL/A; 1. VK Bund, B. v. 6. 3. 2002 – Az.: VK 1–05/02; 2. VK Bund, B. v. 16. 2. 2004 – Az.: VK 2–22/04; VK Hamburg, B. v. 30. 7. 2007 – Az.: VgK FB 6/07; VK Südbayern, B. v. 8. 6. 2006 – Az.: 14–05/06). Der **Wortlaut des Abs. 1 des § 7 VOL/A hat also eindeutig eine bieterschützende Tendenz**. Ist das Nachprüfungsverfahren im Falle europaweiter Publizität des Vergabeverfahrens eröffnet, so kann ein Bieter im Falle eines Verstoßes gegen § 7 Abs. 1 VOL/A die Wiederholung des Vergabeverfahrens erzwingen (VK Lüneburg, B. v. 29. 1. 2004 – Az.: 203-VgK-40/2003, B. v. 30. 10. 2003 – Az.: 203-VgK-21/2003).

151.3.2 § 6 Abs. 7

12399 § 6 Abs. 7 VOF hat bieterschützende Funktion. Die **Aufrechterhaltung eines funktionierenden Wettbewerbes dient der Wahrung der Bieterrechte**; diese können sich auf die Verletzung des Gebots zur produktneutralen Ausschreibung berufen (BayObLG, B. v. 15. 9. 2004 – Az.: Verg 026/03; VK Hessen, B. v. 19. 10. 2006 – Az.: 69 d VK – 51/2006; im Ergebnis ebenso VK Südbayern, B. v. 29. 1. 2007 – Az.: 39-12/06; B. v. 28. 4. 2005 – Az.: 13-03/05).

151.4 Unterschied der Aufgabenbeschreibung zur Leistungsbeschreibung z. B. nach § 8 EG

12400 Anders als die VOB/A und die VOL/A kennt die VOF keine Leistungsbeschreibung im klassischen Sinne. **An die Stelle der Leistungsbeschreibung tritt** in der VOF die so genannte „**Aufgabenbeschreibung**". Diese Unterscheidung hat ihren wesentlichen Grund darin, dass die VOF schon vom Anwendungsbereich her keine eindeutig und erschöpfend beschreibbaren Leistungen erfasst (OLG Rostock, B. v. 9. 5. 2001 – Az.: 17 W 4/01).

151.5 Notwendigkeit einer Aufgabenbeschreibung

12401 Die Aushändigung einer Aufgabenbeschreibung an die Bewerber ist unabdingbares Merkmal einer jeden Ausschreibung (VK Thüringen, B. v. 16. 9. 2003 – Az.: 216–4004.20–046/03-G-S). **Ohne die Aufforderung zur Angebotsabgabe an die ausgewählten Bewerber und das Führen von Verhandlungsgesprächen über die Auftragsbedingungen ist ein Verhandlungsverfahren nicht vergaberechtskonform**. Ein Gespräch zur „Vorstellung des Unternehmens" und „der das Projekt betreuenden Personen und deren Referenzen" genügt den Anforderungen an ein Verhandlungsgespräch im Sinne der VOF nicht (1. VK Sachsen, B. v. 5. 10. 2004 – Az.: 1/SVK/092-04, 1/SVK/092-04G).

151.6 Inhalt und Zweck der Aufgabenbeschreibung

12402 Im Geltungsbereich der VOF versteht man unter dem Begriff der „Aufgabenbeschreibung" die **Beschreibung einer durch die Bewerber zu erfüllenden Aufgabenstellung**, ohne dass damit die Leistung als solche, nämlich die konkrete Lösung der Aufgabe mit allen dazu führenden Lösungsschritten beschrieben wäre oder beschrieben werden könnte (VK Thüringen, B. v. 16. 9. 2003 – Az.: 216–4004.20–046/03-G-S).

12403 Im Verhandlungsverfahren nach VOF ist daher den für Verhandlungen ausgewählten Bewerbern eine **Aufgabenbeschreibung** nach § 6 VOF zu übermitteln, auf deren Basis diese zur Abgabe eines Angebotes aufgefordert werden (2. VK Brandenburg, B. v. 14. 12. 2002 – Az.: 2

Vergabeordnung für freiberufliche Leistungen VOF § 6 **Teil 5**

VK 106/01, B. v. 25. 10. 2002 – Az.: VK 51/02; 1. VK Bund, B. v. 10. 5. 2001 – Az.: VK 1–11/01).

Bei Planungsleistungen **kann sich die Aufgabenbeschreibung auf die in der HOAI beschriebenen Leistungsbilder beziehen**, um die Leistungsanforderungen zu umschreiben; freilich müssen diese Vorgaben um Angaben zum konkreten Objekt ergänzt werden (2. VK Mecklenburg-Vorpommern, B. v. 17. 1. 2003 – Az.: 2 VK 17/02). 12404

151.7 Unterschiedliche Anforderungen an die Aufgabenbeschreibung hinsichtlich Art und Umfang je nach Stadium des Vergabeverfahrens

Die Anforderungen an die Auftraggeber hinsichtlich Art und Umfang der Aufgabenbeschreibung sind je nach Stadium des Vergabeverfahrens unterschiedlich: 12405

Zur **Vorbereitung des Auswahlverfahrens** kann sich die Aufgabenbeschreibung in der Vergabebekanntmachung unter Beachtung von § 6 Abs. 2 und 3 auf diejenigen Angaben konzentrieren, die es den Bewerbern erlauben, ihre Auskünfte und Formalitäten an den wirtschaftlichen und technischen Mindestanforderungen des Auftraggebers zu orientieren. 12406

Zur **Vorbereitung der Auftragsverhandlungen** mit den nach § 10 Abs. 1 VOF ausgewählten Bewerbern muss der Auftraggeber die Aufgabenbeschreibung der Vergabebekanntmachung zur Aufgabenbeschreibung für die Aufforderung zur Angebotsabgabe erweitern und so ergänzen, dass alle auf die fachliche Leistung bezogenen Vergabekriterien, insbesondere die in § 11 Abs. 4 Sätze 1 und 2 genannten für die Bewerber klar erkennbar und für ihn selbst eindeutig wertbar sind (VK Südbayern, B. v. 29. 9. 2000 – Az.: 120.3–3194.1–18-08/00). 12407

Gerade für eine Objektplanung mit Sanierung bedarf es einer differenzierten Beschreibung der Aufgabe, um den Anforderungen der Aufgabenbeschreibung genügen zu können. Die **Vergabestelle muss dem Bewerber daher Pläne (Bestandszeichnungen der Grundrisse, Schnitte, Ansichten, Detailzeichnungen sowie einen Übersichtsplan/Lageplan) zur Verfügung stellen**, damit dieser den Umfang der planerischen Leistungen zumindest überschlägig ermitteln kann. Darüber hinaus bedarf es zum Gegenstand der Planung der Aufgabenbeschreibung zur Minimierung des ungewöhnlichen Wagnisses einer **detaillierten Aufgabenbeschreibung (Raumprogramm, Integration vorhandener Gebäude in das Gesamtvorhaben, Termine etc.)**. Ohne diese Angaben kann der Bewerber seinen Planungsaufwand, der wiederum zur Grundlage seiner Zeitplanung wird, nicht ermitteln (2. VK Mecklenburg-Vorpommern, B. v. 17. 1. 2003 – Az.: 2 VK 17/02). 12408

151.8 Festlegung der Planungsaufgabe und damit Festlegung des Inhalts der Aufgabenbeschreibung

151.8.1 Grundsätze

Es ist **Sache des Auftraggebers**, zu entscheiden, **welche Dienstleistungsaufgabe verwirklicht** werden soll. Der öffentliche **Auftraggeber ist also grundsätzlich frei in der Definition** dessen, was er beschaffen möchte (OLG Düsseldorf, B. v. 15. 6. 2010 – Az.: VII-Verg 10/10; B. v. 14. 4. 2010 – Az.: VII-Verg 60/09; B. v. 3. 3. 2010 – Az.: VII-Verg 46/09; B. v. 17. 2. 2010 – Az.: VII-Verg 42/09; B. v. 9. 12. 2009 – Az.: VII-Verg 37/09; B. v. 22. 10. 2009 – Az.: VII-Verg 25/09; B. v. 4. 3. 2009 – Az.: VII-Verg 67/08; B. v. 17. 11. 2008 – Az.: VII-Verg 52/08; B. v. 26. 7. 2006 – Az.: VII – Verg 19/06; B. v. 14. 4. 2005 – Az.: VII – Verg 93/04; OLG Koblenz, B. v. 10. 6. 2010 – Az.: 1 Verg 3/10; OLG München, B. v. 31. 8. 2010 – Az.: Verg 12/10; B. v. 5. 11. 2009 – Az.: Verg 15/09; B. v. 2. 3. 2009 – Az.: Verg 01/09; B. v. 28. 7. 2008 – Az.: Verg 10/08; OLG Naumburg, B. v. 5. 12. 2008 – Az.: 1 Verg 9/08; OLG Schleswig-Holstein, B. v. 19. 1. 2007 – Az.: 1 Verg 14/06; Thüringer OLG, B. v. 6. 6. 2007 – Az.: 9 Verg 3/07; B. v. 26. 6. 2006 – Az.: 9 Verg 2/06; LSG Baden-Württemberg, B. v. 17. 2. 2009 – Az.: L 11 WB 381/09; LSG Nordrhein-Westfalen, B. v. 19. 11. 2009 – Az.: L 21 KR 55/09 SFB; B. v. 8. 10. 2009 – Az.: L 21 KR 39/09 SFB; B. v. 24. 8. 2009 – Az.: L 21 KR 45/09 SFB; VK Baden-Württemberg, B. v. 28. 5. 2009 – Az.: 1 VK 21/09; VK Berlin, B. v. 9. 2. 2009 – Az.: VK-B 1–28/08; VK Brandenburg, B. v. 24. 9. 2009 – Az.: VK 21/09; B. v. 15. 2. 2006 – Az.: 2 VK 82/05; B. v. 21. 9. 2005 – Az.: 2 VK 54/05; 1. VK Bund, B. v. 20. 1. 2010 – Az.: VK 1–233/09; B. v. 20. 1. 2010 – Az.: VK 1–230/09; B. v. 10. 12. 2009 – Az.: VK 1–188/09; B. v. 4. 12. 2009 – Az.: VK 1–203/09; B. v. 26. 11. 2009 – Az.: VK 1–197/09; B. v. 12409

2471

Teil 5 VOF § 6 Vergabeordnung für freiberufliche Leistungen

10. 11. 2009 – Az.: VK 1–191/09; B. v. 30. 7. 2008 – Az.: VK 1–90/08; 2. VK Bund, B. v. 9. 12. 2009 – Az.: VK 2–192/09; B. v. 14. 10. 2009 – Az.: VK 2–174/09; B. v. 31. 8. 2009 – Az.: VK 2–108/09; B. v. 15. 5. 2009 – Az.: VK 2–21/09; B. v. 20. 4. 2009 – Az.: VK 1–13/09; B. v. 15. 9. 2008 – Az.: VK 2–94/08; B. v. 22. 8. 2008 – Az.: VK 2–73/08; 3. VK Bund, B. v. 24. 8. 2010 – Az.: VK 3–78/10; B. v. 10. 5. 2010 – Az.: VK 3–42/10; B. v. 1. 10. 2009 – Az.: VK 3–172/09; B. v. 21. 8. 2009 – Az.: VK 3–154/09; B. v. 26. 3. 2009 – Az.: VK 3–43/09; B. v. 20. 3. 2009 – Az.: VK 3–40/09; B. v. 20. 3. 2009 – Az.: VK 3–34/09; B. v. 20. 3. 2009 – Az.: VK 3–22/09; B. v. 23. 1. 2009 – Az.: VK 3–194/08; B. v. 5. 3. 2008 – Az.: VK 3–32/08; VK Hessen, B. v. 10. 9. 2007 – Az.: 69 d VK – 37/2007; B. v. 10. 9. 2007 – Az.: 69 d VK – 29/2007; VK Münster, B. v. 18. 3. 2010 – Az.: VK 1/10; B. v. 7. 10. 2009 – Az.: VK 18/09; B. v. 20. 4. 2005 – Az.: VK 6/05; VK Niedersachsen, B. v. 25. 3. 2010 – Az.: VgK-07/2010; B. v. 16. 11. 2009 – Az.: VgK-62/2009; VK Nordbayern, B. v. 10. 2. 2010 – Az.: 21.VK – 3194 - 01/10; B. v. 28. 10. 2009 – Az.: 21.VK – 3194 - 46/09; B. v. 21. 4. 2009 – Az.: 21.VK – 3194 - 10/09; B. v. 16. 4. 2008 – Az.: 21.VK – 3194 - 14/08; B. v. 13. 2. 2007 – Az.: 21.VK – 3194 - 02/07; B. v. 16. 1. 2007 – Az.: 21.VK – 3194 - 43/06; 3. VK Saarland, B. v. 7. 9. 2009 – Az.: 3 VK 01/2009; 1. VK Sachsen, B. v. 6. 3. 2009 – Az.: 1/SVK/001–09; B. v. 29. 8. 2008 – Az.: 1/SVK/042-08; B. v. 29. 8. 2008 – Az.: 1/SVK/041-08; VK Schleswig-Holstein, B. v. 9. 7. 2010 – Az.: VK-SH 11/10; B. v. 22. 7. 2009 – Az.: VK-SH 06/09; B. v. 28. 11. 2006 – Az.: VK-SH 25/06; VK Südbayern, B. v. 21. 7. 2008 – Az.: Z3-3-3194-1-23–06/08; B. v. 29. 1. 2007 – Az.: 39-12/06; B. v. 29. 5. 2006 – Az.: 12-04/06). Das Risiko, dass der von ihm bestimmte Leistungsgegenstand sich als nicht geeignet zur Erreichung der mit ihm verfolgten Zwecke erweist, trägt der Auftraggeber (1. VK Bund, B. v. 6. 3. 2002 – Az.: VK 1–05/02; im Ergebnis ebenso VK Lüneburg, B. v. 18. 6. 2004 – Az.: 203-VgK-29/2004, B. v. 18. 12. 2003 – Az.: 203-VgK-35/2003). Weder im Vergabeverfahren noch im Nachprüfungsverfahren ist **für die am Auftrag interessierten Unternehmen Raum, eigene**, insbesondere abändernde **Vorstellungen hinsichtlich des Auftragsgegenstandes anzubringen** oder gar gegen den Auftraggeber durchzusetzen (OLG Düsseldorf, B. v. 15. 6. 2010 – Az.: VII-Verg 10/10; B. v. 14. 4. 2010 – Az.: VII-Verg 60/09; B. v. 17. 2. 2010 – Az.: VII-Verg 42/09; B. v. 4. 3. 2009 – Az.: VII-Verg 67/08).

12410   Das **Vergabeverfahren** und ein sich daran anschließendes Vergabenachprüfungsverfahren **dienen grundsätzlich allein dazu, den Vertragspartner für den vom Auftraggeber einseitig festgesetzten Auftragsgegenstand zu finden. Sie können nicht dazu benutzt werden, um Vorstellungen des Unternehmers über einen anderen Auftragsgegenstand zu verfolgen oder gar durchzusetzen**. Anders ist dies in gewissem Umfange nur dann, wenn der Auftraggeber den Auftragsgegenstand nicht vollständig selbst beschreibt und dem Unternehmer Raum für eigene Vorstellungen (z. B. mittels der Zulassung von Nebenangeboten, Alternativpositionen oder einer funktionellen Ausschreibung) zubilligt (OLG Düsseldorf, B. v. 4. 3. 2009 – Az.: VII-Verg 67/08).

12411   Ausgangspunkt der Angebotsvergleichbarkeit ist die Aufgabenbeschreibung, deren Erstellung Sache des öffentlichen Auftraggebers ist, der sich an seinem Beschaffungsbedarf orientiert. Daher **obliegt es zunächst ihm allein festzulegen, welche Leistungseigenschaften und -inhalte der Auftragsgegenstand seiner Auffassung nach haben soll und umgekehrt, welche weiteren Kriterien für ihn möglicherweise nicht relevant sind**, soweit dies nur für alle Bieter hinreichend deutlich und transparent wird. Solche **weiteren Kriterien, die für den öffentlichen Auftraggeber nicht relevant sind, können bei objektiver Betrachtung daher durchaus Produkt- oder Leistungsunterschiede charakterisieren**; sie führen jedoch nicht dazu, dass diese Produkte oder Leistungen im Rahmen der betreffenden Ausschreibung nicht miteinander verglichen werden könnten – vorausgesetzt, diese Güter oder Leistungen genügen gleichermaßen den Anforderungen des öffentlichen Auftraggebers. Ein Vergaberechtsverstoß liegt also nicht bereits darin, dass ein öffentlicher Auftraggeber Vorgaben an den Inhalt der Angebote stellt, die auch solche Angebote erfüllen, die aus Sicht eines Bieters unterschiedliche Eigenschaften aufweisen und somit (ebenfalls aus Sicht des Bieters) nicht untereinander vergleichbar sind. Maßgeblich ist vielmehr die Sicht des öffentlichen Auftraggebers als Nachfrager. Die **abgegebenen Angebote müssen daher lediglich geeignet sein, den in der Leistungsbeschreibung eindeutig und erschöpfend beschriebenen Bedarf des öffentlichen Auftraggebers zu decken** (1. VK Bund, B. v. 20. 1. 2010 – Az.: VK 1–233/09).

12412   Die **Bestimmung des Auftragsgegenstands ist einer etwaigen Ausschreibung und Vergabe vorgelagert** und muss vom öffentlichen Auftraggeber erst einmal in einer zu einer Nachfrage führenden Weise getroffen werden, bevor die Vergabe und das Vergabeverfahren betreffende Belange der an der Leistungserbringung interessierten Unternehmen berührt sein kön-

Vergabeordnung für freiberufliche Leistungen VOF § 6 **Teil 5**

nen. Dagegen können Bieter nicht mit Erfolg beanspruchen, dem Auftraggeber eine andere Leistung mit anderen Beschaffungsmerkmalen und Eigenschaften, als von ihm in den Verdingungsunterlagen festgelegt worden ist, anzudienen (OLG Düsseldorf, B. v. 15. 6. 2010 – Az.: VII-Verg 10/10; B. v. 3. 3. 2010 – Az.: VII-Verg 46/09; B. v. 17. 2. 2010 – Az.: VII-Verg 42/09; 3. VK Bund, B. v. 24. 8. 2010 – Az.: VK 3–78/10; B. v. 10. 5. 2010 – Az.: VK 3–42/10).

Anders als z. B. bei der Frage, in welcher Weise die Leistung auszuschreiben ist oder welcher Bieter im Einklang mit dem Vergaberecht den Zuschlag erhalten darf, ist der Auftraggeber bei der Formulierung des Bedarfs grundsätzlich autonom. Der **öffentliche Auftraggeber muss als späterer Nutzer der nachgefragten Leistung schließlich am besten wissen, was er braucht** (VK Baden-Württemberg, B. v. 17. 3. 2004 – Az.: 1 VK 12/04; 1. VK Bund, B. v. 30. 7. 2008 – Az.: VK 1–90/08; B. v. 8. 1. 2004 – Az.: VK 1–117/03; 2. VK Bund, B. v. 15. 9. 2008 – Az.: VK 2–94/08; B. v. 22. 8. 2008 – Az.: VK 2–73/08; 3. VK Bund, B. v. 5. 3. 2008 – Az.: VK 3–32/08; 1. VK Sachsen, B. v. 6. 3. 2009 – Az.: 1/SVK/001–09; B. v. 29. 8. 2008 – Az.: 1/SVK/042-08; B. v. 29. 8. 2008 – Az.: 1/SVK/041-08; VK Südbayern, B. v. 29. 1. 2007 – Az.: 39-12/06). 12413

Die Vergabestelle ist auch **nicht verpflichtet**, ihren **Bedarf so auszurichten, dass möglichst alle auf dem Markt agierenden Teilnehmer leistungs- und angebotsfähig** sind (LSG Nordrhein-Westfalen, B. v. 19. 11. 2009 – Az.: L 21 KR 55/09 SFB; VK Hessen, B. v. 10. 9. 2007 – Az.: 69 d VK – 37/2007; B. v. 10. 9. 2007 – Az.: 69 d VK – 29/2007; VK Münster, B. v. 20. 4. 2005 – Az.: VK 6/05; VK Nordbayern, B. v. 16. 4. 2008 – Az.: 21.VK – 3194 – 14/08; 3. VK Saarland, B. v. 7. 9. 2009 – Az.: 3 VK 01/2009; 1. VK Sachsen, B. v. 6. 3. 2009 – Az.: 1/SVK/001–09; B. v. 29. 8. 2008 – Az.: 1/SVK/042–08; B. v. 29. 8. 2008 – Az.: 1/SVK/041-08; VK Schleswig-Holstein, B. v. 22. 7. 2009 – Az.: VK-SH 06/09; B. v. 28. 11. 2006 – Az.: VK-SH 25/06; VK Südbayern, B. v. 29. 1. 2007 – Az.: 39-12/06; VK Thüringen, B. v. 8. 5. 2008 – Az.: 250–4002.20–899/2008-006-G). 12414

Dies gilt **auch im Rahmen eines Teilnahmewettbewerbs** (OLG Schleswig-Holstein, B. v. 19. 1. 2007 – Az.: 1 Verg 14/06; VK Schleswig-Holstein, B. v. 28. 11. 2006 – Az.: VK-SH 25/06). 12415

Der Auftraggeber **darf in der Anforderung zur Beschaffenheit seiner Dienstleistung auch von technischen Regelwerken abweichen** (VK Brandenburg, B. v. 17. 12. 2009 – Az.: VK 21/09). 12416

Dem öffentlichen **Auftraggeber muss es darüber hinaus möglich sein, im Verlaufe des Verfahrens gewonnenen Erkenntnisse zu verwerten;** anderenfalls würde der Auftraggeber dazu verpflichtet, eine Dienstleistung zu kaufen, von der er bereits im Zeitpunkt der Zuschlagserteilung weiß, dass sie seine Bedürfnisse nicht optimal befriedigt. Ein derartiges Ergebnis stünde nicht im Einklang mit den Grundsätzen der Wirtschaftlichkeit und Sparsamkeit, zu deren Einhaltung öffentliche Stellen verpflichtet sind (3. VK Bund, B. v. 21. 8. 2009 – Az.: VK 3–154/09). 12417

151.8.2 Funktion der Nachprüfungsinstanzen

Das **Vergaberecht regelt grundsätzlich nicht das „Ob" oder „Was" einer Beschaffung, sondern lediglich das „Wie".** Sofern an die Beschaffenheit der Leistung keine ungewöhnlichen Anforderungen gestellt werden, ist es deshalb **vergaberechtlich auch nicht zu beanstanden, wenn der Auftraggeber mit der bisherigen Bedarfsdeckung zufrieden ist und daher den nunmehr zu vergebenden neuen öffentlichen Auftrag unter Verwendung ähnlicher oder gleicher Bedingungen dem Wettbewerb unterstellt** (VK Lüneburg, B. v. 7. 9. 2005 – Az.: VgK-38/2005). 12418

Schon in Ermangelung entsprechender vergaberechtlicher Vorschriften, deren Einhaltung überprüft werden könnte, ist es **nicht Aufgabe vergaberechtlicher Nachprüfungsinstanzen und liegt auch nicht in deren Kompetenz, zu überprüfen, ob der vom Auftraggeber definierte Bedarf in sinnvoller Weise definiert wurde oder ob andere als die nachgefragten Varianten vorteilhafter bzw. wirtschaftlicher wären** (OLG Düsseldorf, B. v. 9. 12. 2009 – Az.: VII-Verg 37/09; B. v. 17. 11. 2008 – Az.: VII-Verg 52/08; B. v. 6. 7. 2005 Az.: VII – Verg 26/05; B. v. 14. 4. 2005 – Az.: VII – Verg 93/04; OLG München, B. v. 2. 3. 2009 – Az.: Verg 01/09; B. v. 28. 7. 2008 – Az.: Verg 10/08; VK Baden-Württemberg, B. v. 28. 5. 2009 – Az.: 1 VK 21/09; 3. VK Bund, B. v. 26. 3. 2009 – Az.: VK 3–43/09; VK Hessen, B. v. 10. 9. 2007 – Az.: 69 d VK – 37/2007; B. v. 10. 9. 2007 – Az.: 69 d VK – 12419

Teil 5 VOF § 6 Vergabeordnung für freiberufliche Leistungen

29/2007; 2. VK Bund, B. v. 15. 9. 2008 – Az.: VK 2–94/08; VK Münster, B. v. 20. 4. 2005 – Az.: VK 6/05; 1. VK Sachsen, B. v. 29. 8. 2008 – Az.: 1/SVK/042-08; B. v. 29. 8. 2008 – Az.: 1/SVK/041-08; VK Schleswig-Holstein, B. v. 22. 7. 2009 – Az.: VK-SH 06/09; B. v. 28. 11. 2006 – Az.: VK-SH 25/06; VK Südbayern, B. v. 21. 7. 2008 – Az.: Z3-3-3194-1-23–06/08; B. v. 29. 1. 2007 – Az.: 39-12/06; VK Thüringen, B. v. 8. 5. 2008 – Az.: 250–4002.20–899/2008-006-G).

12420 Die **Vergabenachprüfungsinstanzen haben weder eine bestmögliche noch eine möglichst risikolose Beschaffung durch den öffentlichen Auftraggeber sicherzustellen**. Wie ein Privater hat der öffentliche Auftraggeber allein die Art der zu vergebenden Leistung und den Auftragsgegenstand zu bestimmen. Wenn der Auftraggeber durch die Beschreibung der Leistung – z.B. durch Aufstellen bestimmter, von den Angeboten (lediglich) einzuhaltender Mindestanforderungen – gewisse Risiken im Hinblick auf den angestrebten Leistungserfolg in Kauf nehmen will, ist dies von den Vergabenachprüfungsinstanzen hinzunehmen (OLG Düsseldorf, B. v. 9. 12. 2009 – Az.: VII-Verg 37/09).

151.8.3 Begrenzung der Definitionsmacht des Auftraggebers

151.8.3.1 Begrenzung durch die Grundsätze des Wettbewerbs, der Transparenz und der Gleichbehandlung

12421 Die Definitionsmacht des öffentlichen Auftraggebers hinsichtlich des Beschaffungsgegenstandes wird **begrenzt durch die Verpflichtung, den vergaberechtlichen Grundsätzen des Wettbewerbs, der Transparenz und der Gleichbehandlung Rechnung zu tragen** (OLG Karlsruhe, B. v. 21. 7. 2010 – Az.: 15 Verg 6/10; VK Baden-Württemberg, B. v. 28. 5. 2009 – Az.: 1 VK 21/09; 2. VK Bund, B. v. 9. 12. 2009 – Az.: VK 2–192/09; B. v. 31. 8. 2009 – Az.: VK 2–108/09; B. v. 15. 5. 2009 – Az.: VK 2–21/09; B. v. 20. 4. 2009 – Az.: VK 1–13/09 B. v. 22. 8. 2008 – Az.: VK 2–73/08; 3. VK Bund, B. v. 1. 10. 2009 – Az.: VK 3–172/09; VK Hessen, B. v. 10. 9. 2007 – Az.: 69 d VK – 37/2007; B. v. 10. 9. 2007 – Az.: 69 d VK – 29/2007; VK Nordbayern, B. v. 10. 2. 2010 – Az.: 21.VK – 3194 – 01/10; B. v. 16. 4. 2008 – Az.: 21.VK – 3194 – 14/08; 1. VK Sachsen, B. v. 6. 3. 2009 – Az.: 1/SVK/001–09; VK Schleswig-Holstein, B. v. 22. 7. 2009 – Az.: VK-SH 06/09). Eine **willkürliche Diskriminierung von Bietern im Wege der Leistungsbeschreibung ist daher unzulässig**, und die Aufgabenbeschreibung darf nicht in solchem Maße fehlerhaft sein, dass eine Vergleichbarkeit der auf ihr basierenden Angebote schlechterdings ausgeschlossen erscheint (1. VK Bund, B. v. 6. 3. 2002 – Az.: VK 1–05/02; 2. VK Bund, B. v. 22. 8. 2008 – Az.: VK 2–73/08; VK Lüneburg, B. v. 18. 12. 2003 – Az.: 203-VgK-35/2003).

151.8.3.2 Begrenzung durch das Gebot der Losaufteilung

12422 Seine **Grenzen findet die Dispositionsfreiheit auch im Gebot der Losaufteilung**, wie es in § 97 Abs. 3 GWB bzw. § 2 Abs. 2 VOL/A niedergelegt ist (2. VK Bund, B. v. 15. 9. 2008 – Az.: VK 2–94/08). Vgl. dazu die **Kommentierung zu § 97 Abs. 3 GWB** RZ 333.

151.8.3.3 Begrenzung durch den Grundsatz der produkt- und verfahrensneutralen Ausschreibung

12423 Die Freiheit des öffentlichen Auftraggebers, seinen Bedarf autonom zu definieren, besteht nur innerhalb der Grenzen des Vergaberechts. Diese **Grenzen** sind **überschritten**, wenn die **Bestimmung des Beschaffungsgegenstandes gegen den Grundsatz der produktneutralen Ausschreibung verstößt** (OLG Koblenz, B. v. 10. 6. 2010 – Az.: 1 Verg 3/10; OLG München, B. v. 5. 11. 2009 – Az.: Verg 15/09; 2. VK Bund, B. v. 9. 12. 2009 – Az.: VK 2–192/09; B. v. 14. 10. 2009 – Az.: VK 2–174/09; B. v. 20. 4. 2009 – Az.: VK 1–13/09).

12424 Der öffentliche Auftraggeber und die Vergabenachprüfungsinstanzen müssen **auch auf die Abgrenzung achten, ob das einer Ausschreibung zugrunde gelegte Leistungsprofil der allein der Disposition der Vergabestelle überlassenen Dienstleistung** im Sinn von § 1 VOF **zuzurechnen** ist **oder** aber innerhalb dieses Rahmens **als produkt- bzw. verfahrensspezifische Beschränkung zu gelten hat**, die den bieterschützenden Anforderungen des § 6 Abs. 7 VOF unterliegt. Maßgebend für diese Abgrenzung sind die – anhand der Einzelfallumstände zu ermittelnden – mit dem Beschaffungsprojekt verfolgten Ziele und Zwecke (Thüringer OLG, B. v. 26. 6. 2006 – Az.: 9 Verg 2/06; VK Nordbayern, B. v. 16. 4. 2008 – Az.: 21.VK – 3194 – 14/08).

Vergabeordnung für freiberufliche Leistungen VOF § 6 **Teil 5**

151.9 Festlegung des Sicherheitsniveaus einer Leistungsbeschreibung

Es ist **Aufgabe der Vergabestelle bereits in der Vorphase eines Vergabeverfahrens,** 12425
das Sicherheitsniveau festzulegen, nach dem die ausgeschriebenen Dienstleistungsarbeiten auszuführen sind. Diese Festlegung gilt in allererster Linie bereits für das der Ausschreibungskonzeption zugrunde zu legende Sicherheitskonzept.

Hierbei **verbleibt der Vergabestelle** bei allen die Sicherheit der Dienstleistungsmaßnahmen 12426
betreffenden Fragen auch nach Klärung der technischen Aspekte, die mit einzelnen Lösungsvorschlägen verbunden sind, **grundsätzlich ein Beurteilungsspielraum, den sie mit ihren Wertungen ausfüllen kann.** Die Vergabestelle kann sich ohne Verstoß gegen vergaberechtliche Vorschriften **unter mehreren möglichen Lösungen,** die alle technisch durchführbar und innerhalb einer bestimmten Bandbreite sicher sind, **entweder für die eher konservative,** dafür aber bewährte Lösung **oder für die eher fortschrittliche,** dafür aber aus Sicht der Vergabestelle mit gewissen Risiken behaftete **Lösung entscheiden** (2. VK Bund, B. v. 8. 10. 2003 – Az.: VK 2–78/03; VK Schleswig-Holstein, B. v. 28. 11. 2006 – Az.: VK-SH 25/06).

151.10 Notwendigkeit der Festlegung strategischer Ziele und Leistungsanforderungen in der Aufgabenbeschreibung

Ein **Auftraggeber,** der **im Vorfeld einer Ausschreibung,** noch unbeeinflusst von der 12427
Kenntnis möglicher Angebote der Bieter, **nicht zumindest eigene strategische Ziele und Leistungsanforderungen definiert,** ist im Rahmen einer späteren Wertung der Angebote regelmäßig auch nicht in der Lage, die für ihn wesentlichen Nutzen- und Kostenaspekte der einzelnen Angebote zu analysieren. Er setzt sich der Gefahr aus, seine Zuschlagentscheidung letztlich fremdbestimmt zu treffen. Hierin liegt eine **Verletzung des Wettbewerbsprinzips und auch des Diskriminierungsverbotes,** weil eine Gleichbehandlung aller Angebote auf dieser Grundlage nicht gewährleistet ist (OLG Naumburg, B. v. 16. 9. 2002 – Az.: 1 Verg 02/02; VK Schleswig-Holstein, B. v. 28. 11. 2006 – Az.: VK-SH 25/06).

151.11 Pflicht der Vergabestelle, bestehende Wettbewerbsvorteile und -nachteile potentieller Bieter durch die Gestaltung der Vergabeunterlagen „auszugleichen"?

151.11.1 Grundsätze

Es ist letztlich Sache der Unternehmen, auf welche technischen Verfahren sie sich am Markt 12428
spezialisieren. Dies **kann in Vergabeverfahren grundsätzlich nicht dazu führen, dass ihnen eine wirtschaftliche Ausnutzung eines möglicherweise bestehenden Marktvorteils zum Nachteil ausgelegt wird und ihre Teilnahmechancen am vergaberechtlichen Wettbewerb beschnitten werden.** Dies liefe dem Wettbewerbsprinzip des § 97 Abs. 1 GWB gerade zuwider (OLG Naumburg, B. v. 5. 12. 2008 – Az.: 1 Verg 9/08; VK Baden-Württemberg, B. v. 28. 5. 2009 – Az.: 1 VK 21/09; 2. VK Bund, B. v. 14. 10. 2009 – Az.: VK 2–174/09; B. v. 8. 10. 2003 – Az.: VK 2–78/03; VK Hessen, B. v. 10. 9. 2007 – Az.: 69 d VK – 37/2007; B. v. 10. 9. 2007 – Az.: 69 d VK – 29/2007; VK Schleswig-Holstein, B. v. 28. 11. 2006 – Az.: VK-SH 25/06).

Auch ist ein **Informationsvorsprung nicht per se wettbewerbswidrig** (BayObLG, B. v. 12429
5. 11. 2002 – Az.: Verg 22/02; LSG Berlin-Brandenburg, B. v. 7. 5. 2010 – Az.: L 1 SF 95/10 B Verg; VK Baden-Württemberg, B. v. 28. 5. 2009 – Az.: 1 VK 21/09). Es ist eine **Tatsache,** die weder abänderbar noch zu beanstanden, sondern im Gegenteil **wünschenswert ist, dass die Bieter in einem Vergabeverfahren unterschiedliche Wettbewerbsvoraussetzungen mitbringen.** Es ist die praktische Umsetzung des auch dem Vergaberecht zugrunde liegenden allgemeinen Wettbewerbsgedankens, § 97 Abs. 1 GWB, dass diese vorhandenen Wettbewerbsvorteile bei der Angebotserstellung – und zwar auch im Rahmen von Nebenangeboten – nutzbar gemacht werden. Es wäre **lebensfremd** und würde dem Wettbewerbsprinzip zuwiderlaufen, die **Ausnutzung eines derartigen Wettbewerbsvorteils zu bestrafen,** indem der Vergabestelle verboten wird, ein darauf basierendes Angebot zu werten und gegebenenfalls den Zuschlag hierauf zu erteilen, solange die Vergabestelle nicht ihrerseits den Wettbewerbsvorteil in diskriminierender Weise verschafft hat (OLG Naumburg, B. v. 5. 12. 2008 – Az.: 1 Verg 9/08; LSG

Teil 5 VOF § 6 Vergabeordnung für freiberufliche Leistungen

Berlin-Brandenburg, B. v. 7. 5. 2010 – Az.: L 1 SF 95/10 B Verg; 1. VK Bund, B. v. 11. 6. 2002 – Az.: VK 1–25/02; 2. VK Bund, B. v. 14. 10. 2009 – Az.: VK 2–174/09; VK Hessen, B. v. 13. 10. 2005 – Az.: 69 d VK – 69/2005; VK Schleswig-Holstein, B. v. 28. 11. 2006 – Az.: VK-SH 25/06).

12430 Ebenso ist ein **Kostenvorteil durch mehrere Aufträge nicht zu beanstanden** (2. VK Bund, B. v. 18. 11. 2004 – Az.: VK 2–169/04).

12431 Die **Verpflichtung der Vergabestelle, den Auftrag in einem fairen Wettbewerb zu vergeben, beinhaltet nicht die Schaffung identischer Ausgangsbedingungen**. Potentiell kalkulationserhebliche Unterschiede, die sich aus der **Vielfalt privatrechtlicher Organisationsformen mit verschiedenen Steuerregeln** ergeben, können mit dem Instrumentarium des Vergaberechts ebenso wenig beseitigt werden wie standortabhängige Unterschiede, z. B. unterschiedliche Hebesätze bei der Gewerbesteuer oder niedrigere Steuern im Ausland (OLG Koblenz, B. v. 28. 10. 2009 – Az.: 1 Verg 8/09).

12432 Dies **gilt auch für den Fall, dass der Auftraggeber eine bestimmte Leistung, die vorher von einem Dritten erbracht worden ist, neu ausschreibt und sich der Vorauftragnehmer an diesem Wettbewerb beteiligt**. Zwar hat der Vorauftragnehmer unzweifelhaft einen Informationsvorsprung vor Wettbewerbern, da er die Gegebenheiten bei dem Auftraggeber bereits kennt. Dies ist allerdings in Bezug auf den Vorauftragnehmer immer der Fall, wenn ein Auftraggeber einen Auftrag nach Ablauf der Vertragslaufzeit durch Neuausschreibung in den Wettbewerb gibt. Ein **generelles Bewerbungsverbot des bisherigen Auftragnehmers kann daraus aber nicht abgeleitet werden**. Jedoch gilt nach der Rechtsprechung, dass ein Unternehmen, das einen Informationsvorsprung vor den übrigen Bietern hat, zur Einreichung eines Angebots grundsätzlich zuzulassen ist, es sei denn der Vorsprung lässt sich nicht durch geeignete Maßnahmen zum Schutze der anderen Bieter (z. B. Informationserteilung) ausgleichen (3. VK Bund, B. v. 16. 7. 2010 – Az.: VK 3–66/10).

151.11.2 Weitere Beispiele aus der Rechtsprechung

12433 – der Auftraggeber ist **nicht verpflichtet**, Leistungen, die er aufgrund eigener Erfahrungen in der Vergangenheit bedarfsgerecht ausgeschrieben und bewertet hat, **bei jeder Neuausschreibung abzuändern** nur um den bisherigen Anbietern keinen (vermeintlichen) Wettbewerbsvorteil zu eröffnen (3. VK Bund, B. v. 28. 1. 2005 – Az.: VK 3–221/04)

– ein **aufgrund besonderer Geschäftsbeziehungen erlangter Informationsvorsprung** der hier in Frage stehenden Art ist nicht per se wettbewerbswidrig. Besondere Umstände, die das Verhalten etwa als unlauter oder kartellrechtswidrig erscheinen lassen könnten, sind weder dem Sachvortrag der Beteiligten noch dem sonstigen Akteninhalt zu entnehmen (BayObLG, B. v. 5. 11. 2002 – Az.: Verg 22/02)

– allein die Tatsache, dass **ein Bieter bereits durch frühere Forschungstätigkeit Erfahrungen gesammelt hat** und damit im Gegensatz zu anderen Bietern einen Wettbewerbsvorteil besitzt, bedeutet noch keinen Verstoß gegen das Gleichbehandlungsgebot. Denn bei derartigen Erfahrungen handelt es sich um Werte, die **aufgrund eigener wirtschaftlicher Leistung erworben wurden und damit auch in der Vergabeentscheidung positiv berücksichtigt werden können** (2. VK Bund, B. v. 26. 9. 2003 – Az.: VK 2–66/03)

– die **Möglichkeit, ein Pauschalangebot zu kalkulieren**, hatte lediglich der Bieter, der aufgrund der bei ihm vorhandenen Kenntnisse – **allgemeine Ortskenntnis infolge vorangegangener Aufträge, konkrete Kenntnisse bezüglich des Auftrags infolge Ortsbesichtigung** – über Informationen verfügte, die über die Leistungsbeschreibung hinausgingen. Ihm kam ein – zulässiger – Wissensvorsprung und damit ein Wettbewerbsvorteil im Verhältnis zu den Konkurrenten um den Auftrag zu (1. VK Bund, B. v. 11. 6. 2002 – Az.: VK 1–25/02)

– der **Eignungsgrad und die unternehmensspezifischen Kosten**, die mit einer Auftragsübernahme verbunden wären, differieren je nach personeller und materieller Ausstattung, Lage der Betriebsstätten, der Auslastung und unternehmensspezifischen Erfahrungen. Ein an den Auftraggeber gerichtetes Gebot, derartige Wettbewerbsvorteile bereits bei der Entscheidung über die Leistung, die beschafft werden soll, auszugleichen, gibt es grundsätzlich nicht. Vielmehr **kann ein Auftraggeber**, wenn es vernünftige Gründe dafür gibt, den **Leistungsinhalt so bestimmen, dass einzelne Bieter Wettbewerbsvorteile gegenüber anderen haben**. Der Auftraggeber darf sich dabei z. B. von Erwägungen der Wirtschaftlichkeit leiten lassen, selbstredend jedoch nicht von der Absicht der Bevorzugung eines bestimmten Unternehmens (VK Münster, B. v. 14. 11. 2002 – Az.: VK 16/02)

Vergabeordnung für freiberufliche Leistungen VOF § 6 **Teil 5**

151.12 Auslegung der Aufgabenbeschreibung

151.12.1 Notwendigkeit einer Auslegung

Nur eine **Aufgabenbeschreibung, die unklar** ist, muss ausgelegt werden. Erweist sich die 12434
Aufgabenbeschreibung in den strittigen Punkten aber als **eindeutig**, ist **für die Auslegung
kein Raum** (VK Brandenburg, B. v. 30. 1. 2008 – Az.: VK 56/07, VK 58/07; VK Südbayern,
B. v. 7. 4. 2006 – Az.: 07-03/06).

151.12.2 Objektiver Empfängerhorizont

Beim **Vergabeverfahren nach der VOF ist maßgebend der objektive Empfängerho-** 12435
rizont, also die **Sicht der potentiellen Bieter** (BGH, Urteil v. 23. 1. 2003 – Az.: VII ZR
10/01, Urteil v. 18. 4. 2002 – Az: VII ZR 38/01, Urteil v. 28. 2. 2002 – Az.: VII ZR 376/00;
Brandenburgisches OLG, B. v. 5. 1. 2006 – Az.: Verg W 12/05; OLG Celle, B. v. 13. 12. 2007
– Az.: 13 Verg 10/07; OLG Düsseldorf, B. v. 31. 7. 2007 – Az.: VII – Verg 25/07; OLG Frankfurt, Urteil vom 3. 7. 2007 – Az.: 11 U 54/06; OLG Koblenz, B. v. 5. 12. 2007 – Az.: 1 Verg
7/07; Urteil v. 19. 5. 2006 – Az.: 8 U 69/05; OLG Köln, B. v. 23. 12. 2009 – Az.: 11 U
173/09; OLG München, B. v. 10. 9. 2009 – Az.: Verg 10/09; B. v. 19. 12. 2007 – Az.: Verg
12/07; B. v. 29. 11. 2007 – Az.: Verg 13/07; B. v. 11. 8. 2005 – Az.: Verg 012/05; OLG Saarbrücken, Urteil v. 24. 6. 2008 – Az.: 4 U 478/07; B. v. 13. 11. 2002 – Az.: 5 Verg 1/02; Thüringer OLG, B. v. 30. 3. 2009 – Az.: 9 Verg 12/08; B. v. 29. 8. 2008 – Az.: 9 Verg 5/08; LSG
Hessen, B. v. 15. 12. 2009 – Az.: L 1 KR 337/09 ER Verg; 1. VK Bund, B. v. 11. 11. 2003 –
Az.: VK 1–103/03; 3. VK Bund, B. v. 4. 2. 2010 – Az.: VK 3 – 3/10; B. v. 14. 7. 2006 – Az.:
VK 3–63/06; VK Lüneburg, B. v. 12. 1. 2007 – Az.: VgK-33/2006; VK Münster, B. v. 11. 2.
2010 – Az.: VK 29/09; B. v. 14. 1. 2010 – Az.: VK 26/09; B. v. 22. 9. 2009 – Az.: VK 16/09;
B. v. 16. 1. 2008 – Az.: VK 28/07; VK Rheinland-Pfalz, B. v. 7. 12. 2007 – Az.: VK 39/07;
B. v. 8. 11. 2007 – Az.: VK 43/07; 1. VK Sachsen, B. v. 23. 4. 2010 – Az.: 1/SVK/008–10;
B. v. 7. 3. 2008 – Az.: 1/SVK/003–08; VK Schleswig-Holstein, B. v. 12. 2. 2010 – Az.: VK-SH
27/09; B. v. 26. 5. 2009 – Az.: VK-SH 04/09; B. v. 14. 5. 2008 – Az.: VK-SH 06/08; B. v.
12. 6. 2006 – Az.: VK-SH 12/06; B. v. 28. 4. 2006 – Az.: VK-SH 05/06; VK Südbayern, B. v.
26. 6. 2008 – Az.: Z3-3-3194-1-16-04/08; B. v. 3. 8. 2007 – Az.: Z3-3-3194-1-32–07/07;
B. v. 8. 6. 2006 – Az.: 14-05/06; B. v. 27. 4. 2006 – Az.: 04-02/06; B. v. 7. 4. 2006 – Az.: 07-
03/06; B. v. 13. 7. 2004 – Az.: 46-06/04), **die mit der geforderten Leistung in technischer Hinsicht vertraut sind** (Brandenburgisches OLG, B. v. 14. 9. 2004 – Az.: Verg W
5/04; OLG Celle, B. v. 13. 12. 2007 – Az.: 13 Verg 10/07; OLG Düsseldorf, B. v. 18. 11. 2009
– Az.: VII-Verg 19/09; B. v. 8. 2. 2005 – Az.: VII – Verg 100/04; B. v. 15. 5. 2002 – Az.: Verg
4/01, B. v. 29. 12. 2001 – Az.: Verg 22/01; OLG Frankfurt, Urteil vom 3. 7. 2007 – Az.: 11 U
54/06; OLG Koblenz, B. v. 5. 12. 2007 – Az.: 1 Verg 7/07; OLG München, B. v. 29. 3. 2007 –
Az.: Verg 02/07; B. v. 11. 8. 2005 – Az.: Verg 012/05; BayObLG, B. v. 17. 2. 2005 – Verg
027/04; Saarländisches OLG, Urteil v. 24. 6. 2008 – Az.: 4 U 478/07; Thüringer OLG, B. v.
30. 3. 2009 – Az.: 9 Verg 12/08; B. v. 29. 8. 2008 – Az.: 9 Verg 5/08; LSG Hessen, B. v. 15. 12.
2009 – Az.: L 1 KR 337/09 ER Verg; 3. VK Bund, B. v. 1. 8. 2006 – Az.: VK 3–72/06; B. v.
14. 7. 2006 – Az.: VK 3–63/06; B. v. 22. 3. 2005 – Az.: VK 3–13/05; VK Münster, B. v. 11. 2.
2010 – Az.: VK 29/09; B. v. 14. 1. 2010 – Az.: VK 26/09; B. v. 22. 9. 2009 – Az.: VK 16/09;
B. v. 16. 1. 2008 – Az.: VK 28/07; B. v. 19. 6. 2007 – Az.: VK 12/07; B. v. 5. 4. 2006 – Az.:
VK 5/06; ; B. v. 17. 11. 2005 – Az.: VK 21/05; 1. VK Sachsen, B. v. 23. 4. 2010 – Az.:
1/SVK/008–10; B. v. 7. 3. 2008 – Az.: 1/SVK/003–08; VK Schleswig-Holstein, B. v. 26. 5.
2009 – Az.: VK-SH 04/09; B. v. 12. 6. 2006 – Az.: VK-SH 12/06; B. v. 28. 4. 2006 – Az.: VK-
SH 05/06; VK Südbayern, B. v. 26. 6. 2008 – Az.: Z3-3-3194-1-16-04/08; B. v. 3. 8. 2007 –
Az.: Z3-3-3194-1-32–07/07; B. v. 8. 6. 2006 – Az.: 14-05/06; B. v. 27. 4. 2006 – Az.: 04-
02/06; B. v. 7. 4. 2006 – Az.: 07-03/06; B. v. 10. 5. 2005 – Az.: 14-03/05). Das **mögliche
Verständnis nur einzelner Empfänger kann nicht berücksichtigt** werden (OLG Düsseldorf, B. v. 23. 3. 2005 – Az.: VII – Verg 02/05; OLG Koblenz, B. v. 5. 12. 2007 – Az.: 1 Verg
7/07; Urteil v. 19. 5. 2006 – Az.: 8 U 69/05; B. v. 26. 10. 2005 – Az.: 1 Verg 4/05; 1. VK
Sachsen, B. v. 23. 4. 2010 – Az.: 1/SVK/008–10; VK Schleswig-Holstein, B. v. 28. 4. 2006 –
Az.: VK-SH 05/06; VK Südbayern, B. v. 26. 6. 2008 – Az.: Z3-3-3194-1-16-04/08).

Dabei ist zu berücksichtigen, dass der **jeweils für die Abgabe eines Angebots in Frage** 12436
kommende Bieterkreis über ein erhebliches Fachwissen verfügen muss. Das bedeutet,
dass beispielsweise **selbstverständliche fachliche Zusammenhänge, die für jeden Bieter**

offensichtlich sind oder von ihm ohne weiteres erkannt werden können, nicht eigens dargestellt und erläutert zu werden brauchen. Dies gilt umso mehr, weil es der Bieter in der Hand hat, vor Abgabe seines Angebots etwaige für ihn bestehende Unklarheiten zum Inhalt der Aufgabenbeschreibung durch eine Anfrage bei der Vergabestelle aufzuklären (VK Lüneburg, B. v. 12. 1. 2007 – Az.: VgK-33/2006; VK Münster, B. v. 17. 11. 2005 – Az.: VK 21/05; VK Schleswig-Holstein, B. v. 26. 5. 2009 – Az.: VK-SH 04/09; B. v. 12. 6. 2006 – Az.: VK-SH 12/06; B. v. 28. 4. 2006 – Az.: VK-SH 05/06; B. v. 14. 9. 2005 – Az.: VK-SH 21/05; VK Südbayern, B. v. 26. 6. 2008 – Az.: Z3-3-3194-1-16-04/08).

151.12.3 Sonstige Anhaltspunkte

12437   Neben dem Wortlaut sind bei der Auslegung die **Umstände des Einzelfalls zu berücksichtigen** (BGH, Urteil v. 13. 3. 2008 – Az.: VII ZR 194/06; Urteil v. 18. 4. 2002 – Az: VII ZR 38/01; 1. VK Bund, B. v. 11. 11. 2003 – Az.: VK 1–103/03; VK Münster, B. v. 22. 9. 2009 – Az.: VK 16/09; VK Schleswig-Holstein, B. v. 28. 4. 2006 – Az.: VK-SH 05/06). **Besonders bedeutsam** ist auch der **Wortlaut** (BGH, Urteil v. 13. 3. 2008 – Az.: VII ZR 194/06; Urteil v. 9. 1. 1997 – Az.: VII ZR 259/95; KG Berlin, B. v. 21. 12. 2009 – Az.: 2 Verg 11/09; Brandenburgisches OLG, B. v. 14. 9. 2004 – Az.: Verg W 5/04; OLG Braunschweig, Urteil vom 19. 7. 2001 – Az.: 8 U 134/00; OLG Düsseldorf, Urteil vom 31. 1. 2001 – Az.: U (Kart) 9/00; OLG Koblenz, B. v. 5. 12. 2007 – Az.: 1 Verg 7/07; Urteil v. 19. 5. 2006 – Az.: 8 U 69/05; B. v. 26. 10. 2005 – Az.: 1 Verg 4/05; Thüringer OLG, B. v. 30. 3. 2009 – Az.: 9 Verg 12/08; B. v. 29. 8. 2008 – Az.: 9 Verg 5/08; VK Schleswig-Holstein, B. v. 28. 4. 2006 – Az.: VK-SH 05/06; VK Südbayern, B. v. 13. 7. 2004 – Az.: 46-06/04).

12438   Bei der **Frage, wie eine Aufgabenbeschreibung zu verstehen ist**, darf der **Bieter nicht einfach von der für ihn günstigsten Auslegungsmöglichkeit ausgehen** und unterstellen, nur diese könnte gemeint sein. Er muss sich stattdessen **ernsthaft fragen, was die Vergabestelle aus ihrer Interessenlage heraus wirklich gewollt** hat. Wenn ihm bei dieser Überlegung Zweifel kommen müssen, ob seine Auslegung tatsächlich dem Willen der Vergabestelle entspricht, ist es ihm zumutbar, diese **Zweifel durch eine Anfrage bei der Vergabestelle aufzuklären** (OLG Brandenburg, B. v. 4. 3. 2008 – Az.: Verg W 3/08; OLG Köln, B. v. 23. 12. 2009 – Az.: 11 U 173/09; 2. VK Bund, B. v. 22. 1. 2003 – Az.: VK 2–94/02; VK Schleswig-Holstein, B. v. 11. 2. 2010 – Az.: VK-SH 29/09; B. v. 26. 5. 2009 – Az.: VK-SH 04/09; B. v. 14. 5. 2008 – Az.: VK-SH 06/08; B. v. 12. 6. 2006 – Az.: VK-SH 12/06; B. v. 28. 4. 2006 – Az.: VK-SH 05/06; VK Südbayern, B. v. 26. 6. 2008 – Az.: Z3-3-3194-1-16-04/08). Um die Abgabe vergleichbarer Angebote sicherzustellen und damit einen **fairen Wettbewerb zu gewährleisten**, ist es nämlich zwingend erforderlich, dass sämtliche Bieter eines Vergabeverfahrens die ausgeschriebenen Leistungsmerkmale in gleicher Weise verstehen und demzufolge vergleichbare Angebote abgeben können. Dieser das Vergabeverfahren tragende Grundsatz würde ausgehebelt werden, wollte man jedem Bieter bei Zweifeln am Wortlaut der Ausschreibungsunterlagen zugestehen, diese nach eigenem Gutdünken auszulegen und sein Angebot darauf abzustellen (OLG Brandenburg, B. v. 4. 3. 2008 – Az.: Verg W 3/08; VK Südbayern, B. v. 26. 6. 2008 – Az.: Z3-3-3194-1-16-04/08).

12439   **Intensive Auslegungsbemühungen**, wie sie im Streitfall einem Gericht obliegen, sind von einem **Bieter regelmäßig nicht zu erwarten** (OLG Koblenz, B. v. 26. 10. 2005 – Az.: 1 Verg 4/05).

12440   **Nachträglich** – z.B. im Laufe eines Vergabenachprüfungsverfahrens – **auftretende Zweifel** bei der Auslegung der Vergabeunterlagen gehen **zu Lasten der Vergabestelle** (Thüringer OLG, B. v. 29. 8. 2008 – Az.: 9 Verg 5/08).

151.12.4 Vergaberechtskonforme Auslegung

12441   Zu den allgemein anerkannten Auslegungsregeln gehört der **Grundsatz einer nach beiden Seiten interessengerechten und im Zweifel vergaberechtskonformen** Auslegung (BGH, Urteil v. 22. 7. 2010 – Az.: VII ZR 213/08).

151.12.5 VOF-konforme Auslegung

12442   Der Bieter einer Ausschreibung nach der VOF darf **bei möglichen Auslegungszweifeln eine Ausschreibung als den Anforderungen der VOF entsprechend verstehen**. Kann

Vergabeordnung für freiberufliche Leistungen VOF § 6 **Teil 5**

also beispielsweise eine Aufgabenbeschreibung unter anderem auch in einer Weise verstanden werden, dass dem Bieter kein ungewöhnliches Wagnis zugemutet wird, so darf der Bieter die Ausschreibung in diesem, mit den Anforderungen der VOF übereinstimmenden Sinne verstehen (BGH, Urteil v. 9. 1. 1997 – Az.: VII ZR 259/95, Urteil v. 11. 11. 1993 – VII ZR 47/93; OLG Koblenz, Urteil v. 19. 5. 2006 – Az.: 8 U 69/05; VK Schleswig-Holstein, B. v. 12. 6. 2006 – Az.: VK-SH 12/06).

151.13 Klarheit und Eindeutigkeit der Aufgabenbeschreibung (§ 6 Abs. 1)

151.13.1 Änderung in der VOF 2009

Die Anforderung, dass die **Aufgabenbeschreibung klar und eindeutig sein muss**, ist **neu in die VOF 2009 aufgenommen** worden. 12443

151.13.2 Notwendiger Inhalt der Aufgabenbeschreibung im Stadium des Teilnahmewettbewerbs

Bei der Aufgabenbeschreibung sind die Anforderungen an die Qualität so gestellt, dass die **Grundsätze der Vergabe nach § 2 VOF konsequent umgesetzt** werden können. Damit soll sichergestellt werden, dass die Bewerber ihre Bewerbung mit dem Ziel der bestmöglichen und möglichst gut vergleichbaren Darstellung ihrer Fachkunde, Leistungsfähigkeit und Zuverlässigkeit formulieren können (OLG Frankfurt, B. v. 16. 8. 2006 – Az.: 11 Verg 3/06; VK Südbayern, B. v. 25. 7. 2000 – Az.: 120.3–3194.1–13–06/00). 12444

151.13.3 Gleicher Empfängerhorizont für alle Bewerber

151.13.3.1 Vergleichbare Regelungen und Unterschiede

§ 6 Abs. 1 VOF 2009 ist in vielen Punkten vergleichbar mit § 8 EG Abs. 1 VOL/A 2009 und mit § 7 Abs. 1 VOB/A 2009. Der **Unterschied** zu diesen Vorschriften liegt darin, dass VOL/A und VOB/A eine erschöpfende Beschreibung fordern, was schon durch die in der VOF geforderte Leistung nicht möglich ist. Auch **können keine miteinander vergleichbaren Angebote** erwartet werden, da dies die Art der Aufgabenstellung, die auf eine eigenständige schöpferische Leistung als „Unikat" hinausläuft, nicht zulässt. 12445

Von daher kann die **Rechtsprechung etwa zu § 8 EG Abs. 1 VOL/A 2009 nur mit großen Einschränkungen** und letztlich bezogen nur auf den Einzelfall **übernommen** werden. 12446

151.13.3.2 Allgemeines

Ebenso wie nach der VOL bzw. der VOB hat die jeweilige Beschreibung so zu erfolgen, dass alle Bewerber die Beschreibung im gleichen Sinne verstehen können. Diese **Zielangabe** für die Aufgabenstellung ist eine **notwendige Bedingung für eine sowohl ordnungsgemäße als auch wettbewerbsgerechte Vergabe**. Der Auftraggeber muss sich so klar ausdrücken, dass die an dem Vergabeverfahren beteiligten Unternehmen unter Zugrundelegung der bei ihnen vorhandenen Fachkenntnisse die Aufgabenstellung objektiv im gleichen Sinne verstehen können (VK Südbayern, B. v. 25. 7. 2000 – Az.: 120.3–3194.1–13–06/00). Nur wenn die Bewerber ein fest umrissenes Bild von der geforderten Leistung haben, kann man ihnen überhaupt zumuten, sich an einem Vergabeverfahren zu beteiligen (OLG Rostock, B. v. 9. 5. 2001 – Az.: 17 W 4/01). 12447

Die Regelung ist damit ein **wesentliches Element des Transparenzgebotes**. Nur bei einer eindeutigen Leistungsbeschreibung ist für die Bewerber erkennbar, was der Auftraggeber erwartet und eine dem Gleichbehandlungsgebot genügende, willkürfreie Auswertung der eingehenden Angebote möglich. Eindeutig und erschöpfend bedeutet also, dass die Aufgabenbeschreibung klar und unmissverständlich, aber auch gründlich und vollständig sein muss (VK Düsseldorf, B. v. 22. 7. 2002 – Az.: VK – 19/2002 – L). 12448

151.13.3.3 Notwendiger Inhalt bei Architekten- und Ingenieurleistungen

Mit der Aufgabenbeschreibung müssen die Bewerber auch die für eine zweifelsfreie und vollständige Kalkulation erforderlichen Unterlagen und Informationen erhalten. Ist die zu verge- 12449 bende Leistung nach einer gesetzlichen Gebühren- oder Honorarordnung zu vergüten, muss die **Beschreibung so beschaffen sein, dass die Preis- oder Honorarangebote gesetzes- oder verordnungskonform sein können**. Der Auftraggeber hat daher alle nach objektiven Kriterien bestimmbaren Bedingungen zur Honorarberechnung vor Beginn des Verhandlungsverfahrens festzulegen (OLG Frankfurt, B. v. 16. 8. 2006 – Az.: 11 Verg 3/06).

12450 In der **Rechtsprechung ist umstritten**, ob der Auftraggeber insoweit die anrechenbaren Kosten bzw. die Honorarzone vorgeben muss oder nicht.

12451 Nach einer Auffassung gehören b**ei den Architekten- und Ingenieurleistungen** zu einer ordnungsgemäßen Aufgabenbeschreibung u. a. **als Mindestvoraussetzung die Festlegung der anrechenbaren Kosten und die Honorarzone**, der die gewünschte Leistung in Abhängigkeit von den Planungsanforderungen zuzuordnen ist und **die Leistungsphasen, deren Vergabe beabsichtigt ist** (OLG Frankfurt, B. v. 28. 11. 2006 – Az.: 11 Verg 4/06; B. v. 16. 8. 2006 – Az.: 11 Verg 3/06 – mit einer **überzeugenden Begründung**; VK Düsseldorf, B. v. 30. 1. 2001 – Az.: VK – 32/2000 – F; im Ergebnis ebenso VK Nordbayern, B. v. 1. 2. 2008 – Az.: 21.VK – 3194 – 53/07).

12452 Ein Verstoß gegen vergaberechtliche Vorschriften ist darin zu sehen, wenn der Auftraggeber zum Zeitpunkt der Leistungsabfrage eine **Honorarzone für die Leistungen, auf die die HOAI Anwendung findet, nicht bestimmt** und diese Festlegung den Teilnehmern des Verhandlungsverfahrens überlässt. Die **Vergabestelle** hat also die für die geforderten Leistungen **gültige Honorarzone festzulegen**. Für deren Bestimmung kann sie das Fachwissen und die Erfahrung der Bewerber oder unabhängiger Institutionen zu Rate ziehen. Die Entscheidung ist aber letztlich von der Vergabestelle zu treffen (1. VK Bremen, B. v. 25. 10. 2001 – Az.: VK 5/01; 2. VK Bund, B. v. September 2001 – Az.: VK 2–24/01, VK 2–26/01). Die **Honorarzone ist also nicht verhandelbar**.

12453 Eine Nichtbenennung der Honorarzone reicht auch nicht aus, um dem Gebot des § 16 Abs. 3 Satz 2 VOF Genüge zu tun, da den Auftragnehmern ansonsten ein **ungebührliches Wagnis** auferlegt würde (VK Halle, B. v. 4. 6. 2002 – Az.: VK Hal 08/02).

12454 Der Auftraggeber hat **geforderte Ingenieurleistungen** aus Gründen der Chancengleichheit der Bieter sowie zur Sicherung der Transparenz des Vergabeverfahrens in einer Leistungsbeschreibung **vollständig anzugeben** (Art. 10 der Richtlinie 2004/17/EG. Sofern bei Leistungsbild der technischen Ausrüstung nach § 73 HOAI (a. F.) **nicht nur Grundleistungen, sondern auch besondere Leistungen erwartet** werden (vgl. § 73 Abs. 3 HOAI a. F.), sind diese den **Bietern neben den Grundleistungen grundsätzlich im Einzelnen bekannt zu geben**. Anders ist nicht zu gewährleisten, dass ohne weiteres miteinander vergleichbare Angebote eingereicht werden. Daran kann nur eine Ausnahme zugelassen werden, wenn positiv festgestellt werden kann, dass sich Unvollständigkeiten oder Unklarheiten im Leistungsverzeichnis lediglich auf einzelne untergeordnete Details beziehen und alle Bieter die Angaben einheitlich und richtig verstanden haben, m. a. W. wenn im Ergebnis trotz eines Mangels die Vergleichbarkeit der Angebote und die Chancengleichheit der Bieter nicht gefährdet sind (OLG Düsseldorf, B. v. 21. 5. 2008 – Az.: VII – Verg 19/08).

12455 Stehen **vom Auftraggeber in den Vergabeunterlagen festgelegte Vergütungsbestimmungen im Widerspruch zu verbindlichem Preisrecht** – so auch zu den Vorschriften der HOAI – kann dies vom Antragsteller eines Vergabenachprüfungsverfahrens im Prinzip mit Erfolg beanstandet werden. Der Auftraggeber stellt dann nämlich im Rechtssinn eine für die Bieter unzumutbare Auftragsbedingung, der diese sich nur dadurch entziehen können, indem sie widersprechen, dadurch allerdings die Vergabebedingungen, m. a. W. die Verdingungsunterlagen, abändern. Eine Abänderung der Vergabebedingungen führt zum Ausschluss des betreffenden Angebots von der Wertung. Nach Zuschlags- und Auftragserteilung ist ein **Anerkenntnis rechtswidriger und in den Verdingungsunterlagen enthaltener Vergütungsbestimmungen hingegen nicht mehr oder nur unter Inkaufnahme großer Unwägbarkeiten zu erreichen**. Um derartige **Unzuträglichkeiten** – insbesondere bei einer Abweichung von unzumutbaren Vergabebedingungen einen Ausschluss des Angebots – zu **vermeiden**, ist einem **Bieter** in einem solchen Fall **zu gestatten, den Verstoß gegen verbindliche Vergütungsvorschriften in einem Vergabenachprüfungsverfahren zu beanstanden** (OLG Düsseldorf, B. v. 21. 5. 2008 – Az.: VII – Verg 19/08).

12456 **Schriftliche Anfragen eines Stadtbauamtes an Architekturbüros, in denen nach der Honorarhöhe für Architektenleistungen gefragt wird, ohne diese Leistungen genau zu spezifizieren, sind wettbewerbswidrig.** Durch die unzureichende Spezifizierung ist es den Architekten nämlich nicht möglich, durch die Zuordnung der Planungsleistungen zu den Honorarzonen der HOAI ihre Honorare zuverlässig zu kalkulieren, ohne dabei Gefahr zu laufen, durch Unterschätzung der Leistungen die vorgeschriebenen Mindestsätze zu unterbieten und damit wettbewerbswidrige Angebote zu unterbreiten (OLG Düsseldorf, Beschluss v. 7. 7. 2004 – Az.: VII – Verg 15/04).

Eine **Gefahr für wettbewerbswidrige Unterbietungen der Mindestsätze der HOAI** besteht auch dann, wenn der **Auftraggeber** im Rahmen eines Vergabeverfahrens nach der VOF von den Bietern einerseits **fordert, die ausgeschriebenen Architekten- und Ingenieurleistungen** mit Ausnahme der Bauüberwachung **zu einem Pauschalpreis entsprechend § 4a HOAI nach Kostenberechnung anzubieten** und eine **Baukostenobergrenze verbunden mit einer so genannten bonus-malus-Regelung zu bestimmen**, andererseits ihnen **aber keine den Vorgaben der HOAI entsprechende Kostenberechnung zur Verfügung stellt**, obwohl diese bereits in den vorangegangenen Leistungsphasen hätte erstellt werden müssen. Der **Auftraggeber ist verpflichtet, den Bietern eine Kostenberechnung nach den Vorgaben der HOAI zur Verfügung zu stellen**, der sie zweifelsfrei die anrechenbaren Kosten zur Kalkulation des anzubietenden Pauschalpreises für die ausgeschriebenen Leistungen entnehmen können. Bei Planungsleistungen richtet sich das Honorar für Grundleistungen bei Gebäuden, Freianlagen und raumbildenden Ausbauten u. a. gemäß § 10 Abs. 1 HOAI nach den anrechenbaren Kosten des Objektes, die gemäß Abs. 2 Nr. 2 unter Zugrundelegung der Kostenermittlungsarten der DIN 276 z.B. für die Leistungsphasen 5 bis 7 nach dem Kostenanschlag, solange dieser noch nicht vorliegt, nach der Kostenberechnung zu ermitteln sind. Eine entsprechende Regelung findet sich für Grundleistungen bei der Technischen Ausrüstung in § 69 Abs. 3 Nr. 2 HOAI, wobei zusätzlich noch zwischen den einzelnen in § 68 S. 1 Nr. 1–6 HOAI vorgesehenen Anlagegruppen zu unterscheiden ist. Die Kostenberechnung ist in der Leistungsphase 3 (Entwurfsplanung) zu erarbeiten (vgl. § 15 Abs. 2 Nr. 3 HOAI). Maßgebend für eine ordnungsgemäße Kostenberechnung sind die Anforderungen, die in der DIN 276/04.81 Teil 3 Abschnitt 2 Abs. 2 gestellt werden. Dort sind drei wesentliche und im einzelnen erläuterte Elemente aufgeführt, nämlich genaue Bedarfsangaben, Planunterlagen in Form von vollständig ausgearbeiteten Vorentwurfs- sowie Entwurfszeichnungen und ausführliche Erläuterungen. Gehört die Kostenberechnung nicht zu den übertragenen Leistungen des Architekten oder Ingenieurs, ist es Sache des Auftraggebers, die Kostenermittlung für die maßgeblichen Kostengruppen so aufbereitet zur Verfügung zu stellen, dass die anrechenbaren Kosten zweifelsfrei ermittelt werden können. Dies muss **erst recht dann gelten, wenn ein Pauschalpreis auf der Grundlage der voraussichtlichen Herstellungskosten sowie eine Baukostenobergrenze vereinbart werden soll, an die nicht nur eine bonus-malus-Regelung geknüpft ist, sondern die als vertraglich geschuldete Beschaffenheit auch eine weit reichende Haftung nach sich ziehen kann**. Ansonsten ist das Risiko, dass die tatsächlichen Baukosten nach der späteren Kostenfeststellung höher sind als nach der Kostenberechnung und infolgedessen der vereinbarte Pauschalpreis die Mindestsätze des Honorars für die Leistungsphasen 5–9 unterschreitet, **völlig unkalkulierbar**. Selbst bei einer nachprüfbaren Kostenberechnung ist dieses Risiko nicht unerheblich, weil die Kostenberechnung in der Phase der Entwurfsplanung und damit noch deutlich vor Erteilung der Baugenehmigung und Erstellung der Ausführungsplanung zu leisten ist und sich gerade durch Auflagen der Baubehörde, bei der Ausführungsplanung aber auch durch Zeitverschiebung erheblich höhere Herstellungskosten ergeben können. Der **Auftraggeber kann auch nicht mit Erfolg geltend machen, die Bieter hätten der Vorläufigkeit der Kostenermittlung durch ein höheres Pauschalhonorar und einer höheren Kostenobergrenze Rechnung tragen können**. Dieser Einwand mag den Unlauterkeitsvorwurf nicht zu entkräften, da es in diesem Zusammenhang allein darauf ankommt, ob die Vorgehensweise des Auftraggebers geeignet war, den Wettbewerb der Bieter negativ zu ihren Gunsten zu beeinflussen. Gerade dies ist aber der Fall, da für die Bieter durch die mitgeteilte Rangfolge der Wertungskriterien erkennbar war, dass die Höhe des Honorars bei der Wertung der Angebote von entscheidender Bedeutung war. Sie durften deshalb generell erwarten, dass derjenige von ihnen den Auftrag erhalten würde, der das niedrigste Angebot abgibt. Dies konnte aber gerade auch derjenige sein, der aufgrund der unzureichenden Kostenermittlung die Mindestsätze mit dem angebotenen Pauschalhonorar unterschritt. Dies war für die Antragsgegnerin wegen der damit einhergehende Kostenersparnis auch von Nutzen. Sie war ungeachtet eines etwaigen Verstoßes gegen bindendes Preisrecht der HOAI bereit, das billigste Angebot anzunehmen. Dies wird dadurch deutlich, dass sie den Preis nach ihrer Wertungsmatrix mit 55% im Vergleich zu den anderen Wertungskriterien gewertet hat (OLG Düsseldorf, Beschluss vom 7. 7. 2004 – Az.: VII – Verg 15/04).

12458 Gerade ein kommunaler Auftraggeber hat dafür Sorge zu tragen, **Architekten nicht zu einer Verletzung zwingender Preisvorschriften der HOAI zu verleiten**. Bevor er einen Auftrag an Architekten vergibt, der der HOAI unterliegt, ist er im Vorfeld **in weitaus stärkerem Maß als ein privater Dritter gehalten und verpflichtet, sein Honorarangebot auf die Vereinbarkeit mit der HOAI zu überprüfen**. Das ist auch keinesfalls unzumutbar, da ihm für eine nähere Überprüfung ausreichende Mittel und Wege zur Verfügung stehen. Seiner im Allgemeininteresse liegenden Verantwortung kann sich ein kommunaler Auftraggeber nicht dadurch entziehen, dass er die alleinige Verantwortung hinsichtlich der Einhaltung der HOAI auf die Architekten in Kenntnis der Tatsache, dass nahezu jeder Architekt ein erkennbares Interesse daran hat, später den endgültigen Auftrag für das Bauvorhaben der Kommune zu erhalten, abwälzt. Diese Aussicht schwindet beträchtlich, wenn ein Architekt einen Vorplanungsauftrag gegen ein Pauschalhonorar mit dem Hinweis ablehnt, das Pauschalhonorar verstoße gegen die HOAI (LG Freiburg, Urteil v. 6. 5. 2002 – Az.: 12 O 29/02).

12459 Der **Bundesgerichtshof** hingegen steht – allerdings im Rahmen eines wettbewerblichen Unterlassungsverfahrens – **auf dem Standpunkt, dass die für die Bemessung des Honorars nach der HOAI maßgeblichen Faktoren der Architekt oder Ingenieur selbst zu ermitteln und in eigener Verantwortung seiner Berechnung zugrunde zu legen hat**. Die **Beachtung des zwingenden Preisrechts der HOAI obliegt den Architekten und Ingenieuren, nicht aber deren Auftraggebern**, ähnlich wie die Einhaltung der Gebührenordnung für Rechtsanwälte in erster Linie Sache des Rechtsanwalts und nicht des Mandanten ist. Der Auftraggeber von Ingenieur- oder Architektenleistungen ist nicht verpflichtet, bereits die Ausschreibung der Leistungen so vorzunehmen, dass sie alle für die Ermittlung der Sätze nach der HOAI erforderlichen Angaben enthält. Er kann vielmehr darauf vertrauen, dass die angesprochenen Ausschreibungsempfänger die für die Ermittlung ihres nach der HOAI zulässigen Honorars erforderlichen Grundlagen in eigener Verantwortung prüfen und ggf. um die Ergänzung in der Ausschreibung fehlender Angaben bitten. Die Prüfung, wie z.B. die anrechenbaren Kosten sowie die jeweilige Honorarzone und die zugrunde zu legende Honorarsatz gemäß den Berechnungsgrundsätzen z.B. der §§ 62ff. HOAI zu ermitteln sind, trifft in erster Linie die Ausschreibungsadressaten; für den Ausschreibenden besteht keine generelle Prüfungspflicht. Dass der **Ausschreibende sich bei der Erstellung der Ausschreibungsunterlagen der Mithilfe eines Dritten bedient, führt selbst dann nicht zu einer Erweiterung der Prüfungspflichten des Ausschreibenden**, wenn der Dritte selbst den Regelungen der HOAI unterworfen sein sollte (BGH, Urteil v. 11. 11. 2004 – Az.: I ZR 156/02, Urteil v. 15. 5. 2003 – Az.: ZR 292/00, Urteil v. 10. 10. 1996 – Az.: I ZR 129/94; OLG Köln, Urteil v. 18. 3. 2005 – Az: 6 U 163/04; LG Freiburg, Urteil v. 6. 5. 2002 – Az.: 12 O 29/02; im Ergebnis ebenso VK Schleswig-Holstein, B. v. 20. 1. 2009 – Az.: VK-SH 17/08).

12460 **Mindestvoraussetzung** für die Abgabe eines Honorarvorschlages ist die Kenntnis, **welche Grundleistungen erbracht** werden müssen. Einem **öffentlichen Auftraggeber kommt aber keine Pflicht** zu, gleichsam als Garant durch Vorkehrungen **dafür Sorge zu tragen, dass die anbietenden Architekten und Ingenieure keine Wettbewerbsverstöße begehen**; deshalb ist die **Vorgabe einer Honorarzone nicht erforderlich**. Überdies erscheint es auch unter praktischen Gesichtspunkten problematisch, etwa eine für angemessen gehaltene Honorarzone vorzugeben. Da die zutreffende Honorarzone nur wertend ermittelt werden kann, liegt es in der Natur der Sache, dass **über das Ergebnis eines solchen Bewertungsprozesses unterschiedliche Auffassungen** bestehen können. Deshalb würde beispielsweise die Wahl einer (zu) niedrigen Honorarzone den öffentlichen Auftraggeber der Gefahr des Vorwurfs aussetzen, seine Aufforderung, einen Honorarvorschlag abzugeben, verleite nicht nur zu einer Unterschreitung der Mindestsätze, sondern setze sie sogar zwangsweise durch. Zu berücksichtigen ist auch, ob der öffentliche Auftraggeber für die Bereiche, für die er eine Honoraranfrage gestellt hat, gegenüber den anbietenden Büros nicht über ein überlegenes Fachwissen verfügt. In solchen Fällen erscheint es auch bei wertender Betrachtung **nicht geboten, dem öffentlichen Auftraggeber die Pflicht aufzuerlegen, die variablen Prozentsätze der Grundleistungen und die angemessene Honorarzone vorzugeben** (LG Offenburg, Urteil v. 28. 5. 2003 – 5 O 125/02 KfH).

12461 Eine **Ausnahme macht auch der BGH für den Fall der planmäßigen Aufforderung zu gebührenrechtlich unzulässigen Angeboten**. Mit einem bestehenden, für die Öffentlich bestellten Vermessungsingenieure zwingenden, Verbot nicht ausdrücklich zugelassener Gebührenvereinbarungen ist die Abgabe verbindlicher Angebote durch einen Öffentlich bestellten Vermessungsingenieur nicht vereinbar. Dies gilt auch hinsichtlich der Vergütung solcher Leistungen, bei denen die Gebührenhöhe nicht ohnehin von

Vergabeordnung für freiberufliche Leistungen VOF § 6 **Teil 5**

vorneherein feststeht, sondern aufgrund der im Einzelnen erforderlich werdenden Leistungen erst errechnet werden muss. Denn auch hier erlaubt die Gebührenregelung keine vorherige Selbstbindung – etwa hinsichtlich einer für die Leistungserbringung erforderlichen Stundenzahl o. ä. –, sondern lediglich eine (nachträgliche) Berechnung aufgrund der tatsächlich erforderlich gewordenen bzw. erbrachten Leistungen; anderenfalls würde dem Zweck der Gebührenregelung zuwider Raum geschaffen für eine von den wirklichen Leistungen unabhängige Gebührenberechnung und damit für einen Wettbewerb der Öffentlich bestellten Vermessungsingenieure mit nur geschätzten und möglicherweise von vorneherein zu niedrig angesetzten Leistungswerten. **Da demnach den Öffentlich bestellten Vermessungsingenieuren die Abgabe verbindlicher Gebührenangebote in allen Fällen, in denen Gebührenvereinbarungen nicht ausdrücklich erlaubt sind, untersagt ist, richtet sich eine Aufforderung zur Abgabe von Angeboten für Vermessungsleistungen auf ein gesetzwidriges Verhalten der angesprochenen Adressaten**, wenn der wesentliche Zweck der schriftlichen Aufforderungen zur Angebotsabgabe die Herbeiführung eines verbindlichen, d. h. dem Vermessungsingenieur bindenden Gesamtkostenangebots, das seinem Wesen nach einem Angebot auf Abschluss einer bindenden Gebührenvereinbarung über die Kosten der gesamten Tätigkeit entspräche. **Hinzukommen muss, dass der Ausschreibende mit solchen Aufforderungen auch planmäßig handelt,** indem er z. B. das Recht zu entsprechenden Ausschreibungen für alle in Betracht kommenden Fälle ausdrücklich in Anspruch nimmt (BGH, Urteil v. 15. 5. 2003 – Az.: ZR 292/00, Urteil v. 4. 10. 1990 – Az.: I ZR 299/88).

Dies gilt **auch für die Ausschreibung von Architekten- und Ingenieurleistungen,** wenn der **Ausschreibende** durch die konkrete Art der Aufforderung zur Angebotsabgabe **bewusst und planmäßig davon ausgeht,** dass der angesprochene Wettbewerberkreis sein Verhalten darauf einrichtet, sich **über bindende Honorarvorschriften hinwegzusetzen.** Dass der Architekt oder Ingenieur sich der Rechtswidrigkeit seines Tuns bewusst ist, ist für die Annahme eines Wettbewerbsverstoßes nicht erforderlich (BGH, Urteil v. 2. 5. 1991 – Az.: I ZR 227/89, Urteil v. 30. 3. 1988 – Az.: I ZR 209/86; LG Freiburg, Urteil v. 6. 5. 2002 – Az.: 12 O 29/02). 12462

151.13.3.4 Weitere Beispiele aus der Rechtsprechung

– die Vergabestelle hat die „Erschließung des kommunalen Industrie- und Gewerbeparks „xxx Straße" in der Stadt xxx" Ziffer II. 1.5), CPV 74-22-40-00–5, CPC 867, als Verhandlungsverfahren (Ziffer IV. 1) europaweit ausgeschrieben. Als Gegenstand des Auftrags/des Verhandlungsverfahrens hat sie die Angabe gemacht, dass dies „**Honorarleistungen nach § 55 HOAI** zur Erschließung des Industrie- und Gewerbegebietes „xxx Straße" in der Stadt xxx mit einer Gesamtgröße von 12,5 ha" sein sollen. Eine „**Aufgabenbeschreibung" im Sinne des § 6 VOF stellt eine solche Ausschreibung nicht dar** 12463

– eine **Aufgabenbeschreibung** ist dann **unvollständig,** wenn es nach dem Willen der Vergabestelle **allein den Bewerbern überlassen bleiben soll, ihren notwendigen Inhalt,** etwa weil Grundleistungen bereits erbracht sein sollen oder diese unter Mitwirkung Dritter zu erledigen seien und damit den Umfang der zu erbringenden Leistung, **selbst zu bestimmen** (VK Thüringen, B. v. 17. 12. 2004 – Az.: 360–4004.20–027/04-SLZ)

– eine eindeutige und erschöpfende Beschreibung **fehlt bei unterschiedlich formulierten Bewerbungs- bzw. Auftragskriterien** im Text der Aufgabenbeschreibung (VK Düsseldorf, B. v. 22. 7. 2002 – Az.: VK – 19/2002 – L)

– eine eindeutige und erschöpfende Beschreibung **fehlt bei unterschiedlichen Forderungen zum Eignungsnachweis** im Text der Aufgabenbeschreibung (VK Düsseldorf, B. v. 22. 7. 2002 – Az.: VK – 19/2002 – L)

– eine eindeutige und erschöpfende Beschreibung **fehlt, wenn die Konturen der nachgefragten Leistung bzw. des nachgefragten Leistungskonglomerates** auf der Basis der Aufgabenbeschreibung **nicht deutlich werden** (1. VK Bund, B. v. 21. 9. 2001 – Az.: VK 1–33/01)

151.13.4 Fehlerhafte Aufgabenbeschreibungen

151.13.4.1 Aufgabenbeschreibungen mit einer unerfüllbaren Forderung

Enthält die Aufgabenbeschreibung eine unerfüllbare Forderung, muss der Auftraggeber das eingeleitete Vergabeverfahren entweder analog § 17 Abs. 1 VOL/A **aufheben oder** 12464

Teil 5 VOF § 6   Vergabeordnung für freiberufliche Leistungen

diskriminierungsfrei die Aufgabenbeschreibung, soweit zur Beseitigung unerfüllbarer Anforderungen erforderlich, **ändern** und den **Bietern angemessene Gelegenheit zur Abgabe neuer Angebote** auf der Basis der veränderten Aufgabenbeschreibung geben (BGH, B. v. 26. 9. 2006 – Az.: X ZB 14/06; Urteil v. 1. 8. 2006 – Az.: X ZR 115/04; OLG Düsseldorf, B. v. 5. 7. 2007 – Az.: VII – Verg 12/07; B. v. 24. 5. 2007 – Az.: VII – Verg 12/07; OLG Karlsruhe, B. v. 6. 2. 2007 – Az.: 17 Verg 5/06; OLG München, B. v. 10. 12. 2009 – Az.: Verg 18/09; B. v. 28. 7. 2008 – Az.: Verg 12/08; LG Frankfurt (Oder), Urteil v. 14. 11. 2007 – Az.: 13 O 360/07; VK Baden-Württemberg, B. v. 29. 6. 2009 – Az.: 1 VK 27/09; VK Brandenburg, B. v. 19. 12. 2008 – Az.: VK 40/08; VK Düsseldorf, B. v. 29. 3. 2007 – Az.: VK – 08/2007 – B; B. v. 2. 3. 2007 – Az.: VK – 05/2007 – L; 1. VK Sachsen, B. v. 10. 10. 2008 – Az.: 1/SVK/051-08; VK Schleswig-Holstein, B. v. 7. 3. 2008 – Az.: VK-SH 02/08; VK Thüringen, B. v. 11. 2. 2010 – Az.: 250–4002.20–253/2010-001-EF). Ein **Ausschluss** des Angebots **darf nicht erfolgen** (VK Baden-Württemberg, B. v. 29. 6. 2009 – Az.: 1 VK 27/09; VK Düsseldorf, B. v. 29. 3. 2007 – Az.: VK – 08/2007 – B; 1. VK Sachsen, B. v. 10. 4. 2007 – Az.: 1/SVK/020-07; VK Schleswig-Holstein, B. v. 7. 3. 2008 – Az.: VK-SH 02/08; VK Thüringen, B. v. 11. 2. 2010 – Az.: 250–4002.20–253/2010-001-EF). Es **kann einem Bieter auch nicht zugemutet** werden, für eine nicht erfüllbare Position dennoch kommentarlos ein Angebot abzugeben und die **Frage der Umsetzbarkeit auf einen eventuellen Rechtsstreit mit dem Auftraggeber nach Zuschlagserteilung zu verlagern** (VK Baden-Württemberg, B. v. 29. 6. 2009 – Az.: 1 VK 27/09).

12465   Das **gilt gleichermaßen**, wenn der **Auftraggeber eine zunächst eindeutige Aufgabenbeschreibung durch Mitteilungen an die Bieter während der Ausschreibung mehrdeutig macht** (3. VK Bund, B. v. 26. 5. 2008 – Az.: VK 3–59/08).

151.13.4.2 Aufgabenbeschreibungen mit Fehlern, die von Bietern erkannt werden

12466   **151.13.4.2.1 Pflicht zur Erkundigung.** Nach einer – älteren – Auffassung hat bei **widersprüchlichen, unverständlichen oder in sich nicht schlüssigen Aufgabenbeschreibungen** der Bieter **unterschiedliche Möglichkeiten**, darauf zu reagieren. Er kann **erstens eine Aufklärungsfrage** an die Vergabestelle richten. Zweitens kann er, wenn er befürchtet, dass ihm durch die – von der Vergabestelle allen Bietern bekannt zu gebende – Aufklärungsfrage und deren Beantwortung seinen Wettbewerbsvorsprung vor seinen Wettbewerbern verlieren würde, **mehrere Angebote** (z.B. Haupt- und Nebenangebot) **auf der Basis jeweils eines unterschiedlichen Verständnisses von den Angebotsbedingungen** abgeben (2. VK Bund, B. v. 22. 1. 2003 – Az.: VK 2–94/02).

12467   Nach einer anderen Meinung **darf der Bieter eine Aufgabenbeschreibung, die nach seiner Auffassung den Vorschriften des § 6 VOF zuwiderläuft, nicht einfach hinnehmen. Vielmehr muss er sich aus der Aufgabenbeschreibung ergebende Zweifelsfragen vor Abgabe seines Angebotes klären**, notfalls auch durch Hinzuziehung rechtlichen Beistandes (OLG Düsseldorf, B. v. 14. 4. 2010 – Az.: VII-Verg 60/09; OLG Frankfurt, B. v. 23. 12. 2005 – Az.: 11 Verg 13/05; LG Frankfurt (Oder), Urteil v. 14. 11. 2007 – Az.: 13 O 360/07; VK Baden-Württemberg, B. v. 29. 1. 2010 – Az.: 1 VK 73/09; 1. VK Saarland, B. v. 14. 7. 2010 – Az.: 1 VK 08/2010; 1. VK Sachsen, B. v. 7. 7. 2005 – Az.: 1/SVK/061-05; VK Schleswig-Holstein, B. v. 21. 12. 2005 – Az.: VK-SH 29/05; VK Südbayern, B. v. 29. 5. 2006 – Az.: 12-04/06). Er hat Erkundigungen einzuholen und ggf. den öffentlichen Auftraggeber aufzufordern, notwendige Konkretisierungen vorzunehmen. Diese Verpflichtung der Kontaktaufnahme zur Vergabestelle bei Ungereimtheiten in den Vergabeunterlagen ist zwingend geboten, da nur so etwaige Unklarheiten unmittelbar aufgeklärt und korrigiert werden können (LG Frankfurt (Oder), Urteil v. 14. 11. 2007 – Az.: 13 O 360/07; VK Schleswig-Holstein, B. v. 21. 12. 2005 – Az.: VK-SH 29/05). Unverzüglichkeit verlangt daher in diesen Fällen (vor Abgabe des Angebotes), dass sich der Bieter umgehend mit der Vergabestelle in Verbindung setzt (VK Lüneburg, B. v. 26. 1. 2005 – Az.: 203-VgK-56/2004; VK Schleswig-Holstein, B. v. 5. 3. 2004 – Az.: VK-SH 03/04).

12468   Regelmäßig enthalten die **Bewerbungsbedingungen öffentlicher Auftraggeber** auch eine **Verpflichtung, den Auftraggeber auf solche Fehler hinzuweisen** (BayObLG, B. v. 22. 6. 2004 – Az.: Verg 013/04; VK Lüneburg, B. v. 29. 10. 2002 – Az.: 23/02; VK Nordbayern, B. v. 9. 4. 2003 – Az.: 320.VK-3194-10/03; 1. VK Saarland, B. v. 14. 7. 2010 – Az.: 1 VK 08/2010; VK Südbayern, B. v. 29. 5. 2006 – Az.: 12-04/06).

12469   Bei Ausschreibungen ab den Schwellenwerten – also immer nach der VOF – kann der Bieter gegebenenfalls die **unverzügliche Rüge der mangelnden Transparenz der Ausschrei-**

bung innerhalb der Angebotsfrist (wegen § 107 Abs. 3 GWB) aussprechen (OLG Naumburg, B. v. 29. 10. 2001 – Az.: 1 Verg 11/01).

151.13.4.2.2 Unterlassene Erkundigung. Unterbleibt eine **Nachfrage, muss der Bieter die versäumte Sachaufklärung gegen sich gelten lassen** und kann der Aufgabenbeschreibung nicht eigenmächtig seine Version aufdrängen (BayObLG, B. v. 22. 6. 2004 – Az.: Verg 013/04; LG Frankfurt (Oder), Urteil v. 14. 11. 2007 – Az.: 13 O 360/07; VK Nordbayern, B. v. 9. 4. 2003 – Az.: 320.VK-3194-10/03; 1. VK Sachsen, B. v. 28. 5. 2003 – Az.: 1/SVK/046-03). Die unterbliebene Sachaufklärung muss also ein Bieter gegen sich gelten lassen. Er ist daher mit seinem Angebot so zu werten, wie es vorliegt (1. VK Sachsen, B. v. 17. 7. 2002 – Az.: 1/SVK/069-02). 12470

151.13.4.2.3 Unterlassene Erkundigung bei unvollständigen Vergabeunterlagen. Grundsätzlich trägt der Bieter nach den allgemeinen Grundsätzen die Darlegungs- und Beweislast dafür, dass er ein vollständiges Angebot eingereicht hat. Etwas anderes muss aber gelten, wenn der Bieter ein unvollständiges Angebot nur deshalb einreicht, weil er selbst keine vollständigen Vergabeunterlagen von der Vergabestelle erhalten hat. Die **Vergabestelle trägt insoweit grundsätzlich die Beweislast dafür, dass die von ihr zur Verfügung gestellten Unterlagen vollständig** waren. Diese **Beweislast spielt aber dann keine Rolle, wenn der Bieter aufgrund des Inhalts der Vergabeunterlagen erkennen musste, dass die Unterlagen nicht vollständig sind**; dann besteht eine Erkundigungspflicht des Bieters (2. VK Bund, B. v. 9. 2. 2005 – Az.: VK 2–12/05). 12471

151.13.4.2.4 Erkundigung durch Dritte. Es steht einem **Bieter frei**, mit der Durchführung der Bieteranfragen **dritte Personen zu beauftragen** (OLG München, B. v. 21. 5. 2008 – Az.: Verg 05/08). 12472

151.13.4.3 Aufgabenbeschreibungen mit Fehlern, die von Bietern nicht erkannt werden

In solchen Fällen ist diejenige **bieterfreundliche und praktikable Anpassung** des fehlerhaften Textes der Leistungsbeschreibung vorzunehmen, die den **Interessen eines objektiven Betrachters entgegen kommt** (1. VK Sachsen, B. v. 9. 4. 2002 – Az.: 1/SVK/021-02). 12473

In Betracht kommt auch, die **Bieter auf fehlerhafte Erklärungen im Angebot, die auf einer fehlerhaften Aufgabenbeschreibung beruhen, hinzuweisen und** ihnen im Rahmen der Prüfung und Wertung **Gelegenheit zur Nachbesserung zu geben**. Dem steht auch nicht eine in den Vergabeunterlagen gesetzte Nachfragefrist entgegen, die die Bewerber einhalten mussten, wenn die Vergabeunterlagen nach ihrer Auffassung Unklarheiten enthielten. Mit dieser Vergabebestimmung kann sich der Auftraggeber nicht seiner Verantwortung für objektiv nicht eindeutig genug formulierte Vergabebedingungen entledigen (OLG Düsseldorf, B. v. 19. 12. 2001 – Az.: Verg 42/01). 12474

Jedenfalls erfordert es in **Fällen, in denen wegen Unklarheiten der Aufgabenbeschreibung Bieter aufgrund einer nachvollziehbaren unterschiedlichen Interpretation der Anforderungen voneinander abweichende Angebote unterbreiten**, das Prinzip der Gleichbehandlung, die **objektive Mehrdeutigkeit der Aufgabenbeschreibung nicht zum Nachteil eines Bieters ausschlagen** zu lassen (VK Nordbayern, B. v. 30. 11. 2009 – Az.: 21.VK – 3194 – 41/09; B. v. 30. 11. 2009 – Az.: 21.VK – 3194 – 40/09). 12475

151.13.4.4 Unschädlichkeit einer fehlerhaften Aufgabenbeschreibung

Eine **unzureichende Aufgabenbeschreibung** kann ausnahmsweise dann, wenn **alle Bieter sie einheitlich und richtig verstehen**, für das Vergabeverfahren **unschädlich** sein (OLG Naumburg, B. v. 16. 9. 2002 – Az.: 1 Verg 02/02; VK Düsseldorf, B. v. 22. 7. 2002 – Az.: VK – 19/2002 – L). 12476

151.14 Formulierung der technischen Anforderungen in der Aufgabenbeschreibung (§ 6 Abs. 2)

151.14.1 Allgemeines

§ 6 Abs. 2 gibt dem **Auftraggeber drei Möglichkeiten**, die **technischen Anforderungen** in der Leistungsbeschreibung **zu formulieren**, nämlich **einmal** unter **Bezugnahme auf** 12477

Teil 5 VOF § 6 Vergabeordnung für freiberufliche Leistungen

technische Spezifikationen in einer bestimmten Rangfolge, **zum zweiten in Form von Leistungs- oder Funktionsanforderungen** und **drittens** als **Kombination** der beiden ersten Möglichkeiten.

151.14.2 Technische Spezifikationen (§ 6 Abs. 2 Nr. 1)

151.14.2.1 Begriff

12478   151.14.2.1.1 Allgemeines. Der Begriff „technische Spezifikation" wird **unterschiedlich verwendet**: Teilweise werden die **konkreten technischen Anforderungen in der Aufgabenbeschreibung** als „technische Spezifikationen" angesehen, teilweise werden darunter **nur die technischen Regelwerke** verstanden. Die **Begriffsbestimmungen im Anhang TS zur VOF sind insoweit nicht eindeutig.** Nach Nr. 1 des Anhangs TS sind technische Spezifikationen sämtliche, insbesondere in den Verdingungsunterlagen enthaltenen, technischen Anforderungen an eine Bauleistung, ein Material, ein Erzeugnis oder eine Lieferung, mit deren Hilfe die Bauleistung, das Material, das Erzeugnis oder die Lieferung so bezeichnet werden können, dass sie ihren durch den öffentlichen Auftraggeber festgelegten Verwendungszweck erfüllen. Danach könnten auch die technischen Anforderungen im Leistungsverzeichnis als „technische Spezifikation" angesehen werden. Nach Nr. 2 des Anhangs TS wird dagegen eine „Norm" als technische Spezifikation bezeichnet (Brandenburgisches OLG, B. v. 20. 8. 2002 – Az.: Verg W 6/02; OLG Koblenz, B. v. 15. 5. 2003 – Az.: 1 Verg. 3/03; VK Südbayern, B. v. 10. 6. 2005 – Az.: 20-04/05).

12479   **Nach einer anderen Auffassung zählen individuelle Festlegungen des Leistungsverzeichnisses** an die zu erbringende Leistung **nicht zu den technischen Spezifikationen**. Dies ergibt sich aus § 9 Nr. 4 Abs. 2 und 3 VOB/A (a.F.), wonach in den Verdingungsunterlagen auf die technischen Spezifikationen Bezug zu nehmen ist (OLG München, B. v. 11. 8. 2005 – Az.: Verg 012/05; VK Münster, B. v. 17. 6. 2005 – Az.: VK 12/05; VK Nordbayern, B. v. 13. 2. 2007 – Az.: 21.VK – 3194 – 02/07; B. v. 18. 1. 2005 – Az.: 320.VK – 3194 – 54/04; VK Südbayern, B. v. 10. 6. 2005 – Az.: 20-04/05). Bei einem **anderen Verständnis** könnte außerdem der Auftraggeber **individuelle auf das Bauvorhaben bezogene technische Vorgaben, auf welche er Wert legt, nicht mehr verbindlich festlegen**. Denn jedes von den Angaben abweichende Angebot wäre dann als Hauptangebot nach § 13 Abs. 2 VOB/A zu werten, sofern es dem geforderten Schutzniveau in Bezug auf Sicherheit, Gesundheit und Gebrauchstauglichkeit entspricht (OLG München, B. v. 28. 7. 2008 – Az.: Verg 10/08).

12480   **Diese unterschiedliche Rechtsprechung hat weiterhin Bestand**, da sich an den **Definitionen des Anhangs TS insoweit nichts geändert** hat und die **technischen Spezifikationen in den Verdingungsunterlagen zu formulieren sind** entweder unter Bezug auf die in Anhang TS definierten technischen Spezifikationen in einer bestimmten Reihenfolge oder in Form von Leistungs- oder Funktionsanforderungen, die genau so zu fassen sind, dass sie den Bewerbern oder Bietern ein klares Bild vom Auftragsgegenstand vermitteln und dem Auftraggeber die Erteilung des Zuschlags ermöglichen oder als Kombination von beidem (§ 6 Abs. 2).

12481   Vom Grundsatz her kann diese **Rechtsprechung auch auf die VOF übertragen** werden.

12482   151.14.2.1.2 NATO-Vorschriften. Es ist **fraglich**, ob auf einer NATO-Vorschrift basierende technische Vorgaben technische Spezifikationen im Sinne des insoweit maßgeblichen Anhangs TS (Technische Spezifikationen) der VOF sind (1. VK Bund, B. v. 11. 11. 2003 – Az.: VK 1–103/03).

151.14.2.2 Formulierung von technischen Spezifikationen unter Bezugnahme auf die in Anhang TS definierten technischen Spezifikationen

12483   Werden **technische Spezifikationen in den Vergabeunterlagen** unter Bezug auf die in Anhang TS definierten technischen Spezifikationen formuliert und zwar **durch Bezugnahme auf nationale Normen**, mit denen europäische Normen umgesetzt werden, **europäische technische Zulassungen, gemeinsame technische Spezifikationen, internationale Normen und andere technische Bezugssysteme**, die von den europäischen Normungsgremien erarbeitet wurden oder, falls solche Normen und Spezifikationen fehlen, **nationale Normen, nationale technische Zulassungen oder nationale technische Spezifikationen für die Planung, Berechnung und Ausführung von Bauwerken und den Einsatz von Produkten**, ist **jede Bezugnahme mit dem Zusatz „oder gleichwertig" zu versehen.**

Vergabeordnung für freiberufliche Leistungen VOF § 6 **Teil 5**

Werden **technische Spezifikationen in den Vergabeunterlagen** dagegen formuliert in Form von Leistungs- oder Funktionsanforderungen, **entfällt** der **Zusatz „oder gleichwertig"**. 12484

151.15 Ersetzung von nationalen Normen (§ 6 Abs. 3)

Verweist der Auftraggeber in der Leistungs- oder Aufgabenbeschreibung **auf die in nationalen Normen genannten Spezifikationen**, so darf er ein Angebot nicht mit der Begründung ablehnen, die angebotene Leistung entspräche nicht den herangezogenen Spezifikationen, sofern der **Bieter in seinem Angebot dem Auftraggeber nachweist, dass die von ihm vorgeschlagenen Lösungen den Anforderungen der technischen Spezifikation, auf die Bezug genommen wurde, gleichermaßen entsprechen**. Als geeignetes Mittel kann eine technische Beschreibung des Herstellers oder ein Prüfbericht einer anerkannten Stelle gelten. Die **Nachweispflicht liegt** also **beim Bieter**. 12485

151.16 Ersetzung von Leistungs- oder Funktionsanforderungen (§ 6 Abs. 4)

Nimmt ein **Bieter zur Darlegung der Erfüllung der vom Auftraggeber geforderten Leistungs- oder Funktionsanforderungen** auf nationale Normen, mit der eine europäische Norm umgesetzt wird oder eine europäische technische Zulassung, eine gemeinsame technische Spezifikation, eine internationale Norm oder ein technisches Bezugssystem, das von den europäischen Normungsgremien erarbeitet wurde, **Bezug, muss er dem Auftraggeber nachweisen**, dass die der Norm entsprechende jeweilige Leistung den Leistungs- oder Funktionsanforderungen des Auftraggebers entspricht. Die **Bestimmung** stimmt mit den Regelungen in **Art. 23 Abs. 5 der Richtlinie 2004/18/EG überein** (OLG Düsseldorf, B. v. 22. 10. 2009 – Az.: VII-Verg 25/09). 12486

151.17 Spezifikationen für Umwelteigenschaften (§ 6 Abs. 5, Abs. 6)

Schreibt der Auftraggeber **Umwelteigenschaften in Form von Leistungs- oder Funktionsanforderungen** vor, so kann er unter bestimmten Bedingungen die Spezifikationen verwenden, die in **europäischen, multinationalen Umweltzeichen oder anderen Umweltzeichen definiert** sind. 12487

151.18 Verweis auf Produktion oder Herkunft oder ein besonderes Verfahren oder auf Marken, Patente, Typen eines bestimmten Ursprungs oder einer bestimmten Produktion (§ 6 Abs. 7)

151.18.1 Vergleichbare Regelungen

§ 6 Abs. 7 VOF 2009 entspricht **wörtlich** der Vorschrift des § 8 EG Abs. 7 VOL/A 2009. 12488

151.18.2 Bedeutung in der Rechtsprechung

§ 6 Abs. 7 spielt in der Rechtsprechung keine Rolle. Daher wird auf eine **Kommentierung verzichtet**. Gegebenenfalls kann auf die Kommentierung zu § 8 EG Abs. 7 VOL/A zurück gegriffen werden; vgl. insoweit die Kommentierung zu § 8 EG VOL/A Rdn. 22 ff. 12489

151.19 Angabe aller die Erfüllung der Aufgabenstellung beeinflussenden Umstände

151.19.1 Änderung in der VOF 2009

In der VOF 2009 wurde die **Regelung**, dass alle die Erfüllung der Aufgabenstellung beeinflussenden Umstände anzugeben sind, **gestrichen**. 12490

Teil 5 VOF § 6 Vergabeordnung für freiberufliche Leistungen

12491 Unabhängig von der Streichung ist diese Forderung **inzidenter schon in § 6 Abs. 1 enthalten**, denn ohne die Angabe aller die Erfüllung der Aufgabenstellung beeinflussenden Umstände ist eine **Aufgabenbeschreibung nicht so klar und eindeutig**, dass alle Bewerber oder Bieter die Beschreibung in gleichem Sinnen verstehen können. Die Streichung kann also nur der „**Verschlankung**" der VOF geschuldet sein.

12492 Vgl. daher **inhaltlich die Kommentierung zu § 6 VOF Rdn. 50 ff.**

151.20 Änderung der Aufgabenbeschreibung durch den Auftraggeber

151.20.1 Änderung der Aufgabenbeschreibung während der Ausschreibung

151.20.1.1 Zulässigkeit und Voraussetzungen

12493 Der Auftraggeber ist nicht darauf beschränkt, Abänderungen der Ausschreibung nur in unbedingt notwendigem Umfange (etwa zur Beseitigung von Verstößen gegen das Vergaberecht) vorzunehmen. Es ist **allein Sache des Auftraggebers zu bestimmen, ob, wann und mit welchem Inhalt er einen Auftrag vergibt.** Er ist nicht gezwungen, den Auftrag überhaupt zu vergeben, und zwar in Allgemeinen auch dann, wenn er aufgrund ordnungsgemäßer Ausschreibung wertbare Angebote erhält. Er ist insbesondere nicht gehalten, einen Zuschlag auf Angebote mit Aufgabenbeschreibungen zu erteilen, von denen er bereits während der laufenden Angebotsfrist erkennt, dass sie seinen Bedürfnissen nicht oder in geringerem Umfange als ursprünglich angenommen entsprechen. Der **Auftraggeber ist mithin nicht darauf beschränkt, rechtliche oder technische Mängel zu beseitigen, sondern kann auf Grund seines Bestimmungsrechts auch aus sonstigen Gründen die Aufgabenbeschreibung ändern. Folge** einer Änderung der Aufgabenbeschreibung während der laufenden Angebotsfrist **kann allenfalls (bei einer wesentlichen Änderung) die Neubekanntmachung oder die Verlängerung der Bewerbungs- bzw. Angebotsfrist** sein (OLG Düsseldorf, B. v. 13. 1. 2010 – Az.: I-27 U 1/09; B. v. 23. 12. 2009 – Az.: VII-Verg 30/09; B. v. 30. 11. 2009 – Az.: VII-Verg 41/09).

12494 Die **Zulässigkeit einer Änderung der Aufgabenbeschreibung richtet sich nach den Grundsätzen der Selbstbindung des Auftraggebers und des Vertrauensschutzes für die Bewerber**. Zwar lässt sich aus diesen Grundsätzen ableiten, dass die **Vergabeunterlagen nach ihrer Bekanntgabe grundsätzlich unverändert bleiben müssen**. Zum einen gibt der Auftraggeber den interessierten Unternehmen durch die Aufforderung zur Angebotsabgabe in Verbindung mit der Überlassung der Vergabeunterlagen zu verstehen, dass er ihre Angebote auf der Grundlage dieser Unterlagen entgegen nehmen und werten wird (Selbstbindung des Auftraggebers). Zum anderen verlassen sich Bewerber und Bieter bei der Durchsicht der Vergabeunterlagen und der Erstellung ihrer Angebote auf diese Zusage des Auftraggebers und auf die Beständigkeit der Vergabeunterlagen für die anstehende Vergabe (Vertrauensschutz für die Bewerber). Im Hinblick auf das **berechtigte Interesse des Auftraggebers, dass er die Leistung angeboten erhält, die er benötigt**, sind von diesem Verbot der Änderung oder Ergänzung während des laufenden Vergabeverfahrens in bestimmten Fällen Ausnahmen zuzulassen. Dies gilt zum einen für Korrekturen von Fehlern oder Ungenauigkeiten wie etwa die Berichtigung missverständlicher Formulierungen, die Ausfüllung von Lücken in der Darstellung, die Präzisierung von Angaben u. ä. Darüber hinaus sind aber auch **Änderungen und Ergänzungen geringen Umfangs als vergaberechtskonform** zu erachten, sofern diese die **Grundlagen des Wettbewerbs und der Preisbildung nicht grundlegend verändern** und den Entschluss der Unternehmen zur Beteiligung oder zur Nichtbeteiligung am Wettbewerb nicht berühren (2. VK Bund, B. v. 16. 3. 2009 – Az.: VK 2–7/09; B. v. 27. 3. 2007 – Az.: VK 2–18/07; 1. VK Sachsen, B. v. 21. 4. 2008 – Az.: 1/SVK/021-08, 1/SVK/021-08-G; im Ergebnis ebenso OLG Düsseldorf, B. v. 17. 4. 2008 – Az.: VII – Verg 15/08; 3. VK Bund, B. v. 7. 2. 2008 – Az.: VK 3–169/07; B. v. 5. 2. 2008 – Az.: VK 3–17/08).

12495 Eine Änderung der Aufgabenbeschreibung ist demgemäß zulässig, wenn sie **vor Ablauf der Bewerbungs- bzw. Angebotsfrist** erfolgt und **alle Bewerber darüber informiert** werden, **Gleichbehandlung also gegeben** ist (1. VK Bund, B. v. 30. 7. 2008 – Az.: VK 1–90/08; B. v. 19. 12. 2002 – Az.: VK 1–95/02; 2. VK Bund, B. v. 27. 3. 2007 – Az.: VK 2–18/07; 1. VK Hessen, B. v. 31. 3. 2008 – Az.: 69 d VK – 9/2008). **Gegebenenfalls** sind die **Bewerbungs- bzw. Angebotsabgabefrist angemessen zu verlängern** (2. VK Bund, B. v. 27. 3. 2007 – Az.: VK 2–18/07; 1. VK Hessen, B. v. 31. 3. 2008 – Az.: 69 d VK – 9/2008) und gegebenenfalls die **Zuschlags- und Bindefrist sowie die Vertragslaufzeit anzupassen** (1. VK Hessen, B. v. 31. 3. 2008 – Az.: 69d VK – 9/2008).

151.20.1.2 Verfahrensalternativen

Ein Auftraggeber ist im Fall einer von ihm angenommenen Änderungsbedürftigkeit der Aufgabenbeschreibung nicht in jedem Fall dazu gezwungen, die Bieter erneut zur Angebotsabgabe aufzufordern. **Zumindest bei inhaltlich eng begrenzten Änderungen hat er vielmehr auch die Möglichkeit, diese den Bietern während der laufenden Angebotsfrist mitzuteilen und ihre Berücksichtigung zu verlangen. Eine solche Vorgehensweise ist in derartigen Fällen sachgerecht, um unverhältnismäßige Verzögerungen zu vermeiden, wie sie bei einer erneuten Aufforderung zur Angebotsabgabe wegen des dabei zu beachtenden Fristenregimes eintreten könnten.** Dies ist etwa dann der Fall, wenn sich die Änderungen auf einen kleinen Teil der Aufgabenbeschreibung beschränken, der mit einem Anteil am Wert der Gesamtleistung von weniger als 3% von untergeordneter Bedeutung war und dies insbesondere keine wesentliche Änderung des Ausschreibungsgegenstandes bewirkt und wenn diese Änderungen nicht willkürlich vorgenommen, sondern mit bautechnischen Notwendigkeiten begründet wurden, die der Auftraggeber während der Angebotsfrist erkannte (2. VK Bund, B. v. 21. 9. 2009 – Az.: VK 2–126/09).

12496

151.20.1.3 Notwendige Information der Bieter

Der Auftraggeber ist verpflichtet, **jedem der beteiligten oder interessierten Unternehmer** wesentliche Änderungen der Angebotsgrundlagen unverzüglich bekannt zu geben (BGH, Urteil v. 24. 4. 1997 – Az.: VII ZR 106/95; 3. VK Bund, B. v. 14. 4. 2008 – Az.: VK 3–38/08 – für das Verhandlungsverfahren). Hierbei sollte er sich auch dahingehend **absichern**, dass ihm alle Bewerber den Empfang der Mitteilung bestätigen (VK Halle, B. v. 25. 4. 2001 – Az.: VK Hal 04/01). Die Sorgfaltspflicht der Vergabestelle erfordert es also, den Zugang von Mitteilungen über Änderungen der Aufgabenbeschreibung auch positiv feststellen zu müssen. **Unterbleibt diese Feststellung** und **verneint der Empfänger den Empfang dieser Mitteilung**, so führt die damit verbundene Feststellung, dass der Zugang der Mitteilung über die Änderungen bei bestimmten Bietern gerade nicht festgestellt werden kann, dazu, dass die **Vergabestelle diesen Bietern nicht entgegenhalten kann, dass sie ein anderes, als das von der Vergabestelle geforderte, Angebot abgegeben haben** (VK Thüringen, B. v. 12. 3. 2008 – Az.: 360–4002.20–414/2008-001-NDH).

12497

Eine solche **Änderung und Information ist auch in der Form zulässig, dass sie auf einer Internetseite – und dort z. B. in den FAQ – veröffentlicht werden**, wenn auch die Vergabeunterlagen grundsätzlich nur zum „download" auf der Webseite des Auftraggebers zur Verfügung standen, so dass er den Kreis der Bewerber nicht kannte und diese somit nicht individuell schriftlich informieren konnte. Der **Auftraggeber sollte allerdings in solchen Fällen einen Hinweis zur Änderungsmodalität auf der Internetseite aufnehmen**. Wenn unter diesen Voraussetzungen ein Bieter die entsprechende Änderung nicht bemerkt hat, ist ihm dies selbst zuzurechnen (2. VK Bund, B. v. 27. 3. 2007 – Az.: VK 2–18/07).

12498

Versendet der Auftraggeber die Änderungen per Computerfax und legt der Bieter, der nach eigenen Angaben dieses Fax nicht erhalten hat, sein Fax-Journal vor und lässt sich daraus entnehmen, dass an dem vom Auftraggeber behaupteten Tag ein 4-seitiges Fax eingegangen ist, dessen Absender nicht angezeigt wurde, sind **sowohl die Tatsache, dass die Seitenzahl genau dem von dem Auftraggeber gefertigten Faxschreiben entspricht, wie auch die Erklärung des Auftraggebers, dass beim Versenden eines Computerfaxes der Server im Telefonnetz über keine Kennung verfügt und daher der Absender am Empfängergerät nicht erkennbar ist, zwar Indizien für den Eingang des Faxes**, sie **genügen aber nicht den Anforderungen an einen Nachweis**. Im Übrigen steht selbst dann, wenn man davon ausgeht, dass das Fax der Auftraggeberin beim Bieter eingegangen ist, nicht fest, dass es der tatsächlich zuständigen Abteilung zugegangen ist. Zu beachten ist in diesem Zusammenhang nämlich, dass der Auftraggeber in diesem Fall an die unzutreffende Nummer geschickt hat. Dies lässt nicht die Annahme zu, dass ein dort eingehendes Fax ordnungsgemäß zugegangen ist. **Wenn es innerhalb des Unternehmens des Bieters zu Versäumnissen bei einer Weiterleitung an die konkret zuständige Stelle gekommen sein sollte, liegt dies im Risikobereich des Auftraggebers, da er eine falsche Fax-Nummer gewählt hatte**. Zugegangen ist eine Willenserklärung erst dann, wenn sie so in den Bereich des Empfängers gelangt ist, dass dieser unter normalen Verhältnissen die Möglichkeit hat, vom Inhalt der Erklärung Kenntnis zu

12499

Teil 5 VOF § 6 Vergabeordnung für freiberufliche Leistungen

nehmen. Zum Bereich des Empfängers gehören auch die von ihm zur Entgegennahme von Erklärungen bereit gehaltenen Einrichtungen; dazu zählt nur das vom Bieter gegenüber dem Auftraggeber angegebene und damit zur Entgegennahme von Erklärungen des Auftraggebers bereit gehaltene Fax. Folglich kann dem Bieter nicht vorgeworfen werden, die Änderung nicht in die Aufgabenbeschreibung eingearbeitet zu haben (VK Baden-Württemberg, B. v. 30. 4. 2008 – Az.: 1 VK 12/08).

12500 Liegen **inhaltlich unterschiedliche Angebote** vor, die auf Änderungen zurückzuführen sind und liegt dies **nicht im Verantwortungsbereich der Bieter**, macht eine solche Situation es unumgänglich, das **Vergabeverfahren in den Stand nach der erfolgten Bekanntmachung der Vergabeabsicht durch die Vergabestelle zurückzuversetzen**. Mit dieser Zurückversetzung des Vergabeverfahrens wird die **Vergabestelle erneut alle Bieter zur Abgabe eines neuen Angebotes aufzufordern haben**. Ihnen ist die – dabei notwendig zu erläuternde – Möglichkeit zu geben, anhand von eindeutigen Vergabeunterlagen ein ordnungsgemäßes Angebot abgeben zu können. Die Vergabestelle hat dafür Sorge zu tragen, dass den Bewerbern eine angemessene Frist zur Ausarbeitung ihrer Angebote zur Verfügung steht (VK Thüringen, B. v. 12. 3. 2008 – Az.: 360–4002.20–414/2008-001-NDH).

151.20.1.4 Verpflichtung des Auftraggebers zur unmissverständlichen Aufforderung an die Bieter, dem Angebot die aktualisierte Fassung der Aufgabenbeschreibung zu Grunde zu legen

12501 Im Hinblick auf die schwerwiegende Konsequenz eines eventuellen Bieterausschlusses sind **an vom Auftraggeber veranlasste Änderungsschreiben hohe Anforderungen zu stellen**. Es muss sich **für einen verständigen Bieter zwanglos und unmissverständlich die Forderung ergeben, dass das Angebot die aktualisierte Fassung der Aufgabenbeschreibung zu Grunde gelegt werden soll**. Nur so kann sichergestellt werden, dass nach aktuellem Stand der Ausschreibungsbedingungen miteinander ohne weiteres vergleichbare Angebote eingehen und ein fairer Bieterwettbewerb gewährleistet ist. Eine **Bitte um „Ergänzung in den Ihnen vorliegenden Ausschreibungen"** genügt nicht. „Ergänzung" ist nicht identisch mit „Seitenaustausch" (VK Baden-Württemberg, B. v. 30. 4. 2008 – Az.: 1 VK 12/08).

151.20.1.5 Obliegenheit der Bieter zur Erkundigung bei dem Auftraggeber über Änderungen

12502 Erhält ein **Bieter eine Information über eine 2. Änderung der Aufgabenbeschreibung und kennt er die 1. Änderung nicht, sind die Umstände des Einzelfalls entscheidend, ob der Bieter sich beim Auftraggeber nach der 1. Änderung erkundigen muss** (VK Baden-Württemberg, B. v. 30. 4. 2008 – Az.: 1 VK 12/08).

151.20.2 Änderung der Aufgabenbeschreibung vor dem Verhandlungsgespräch

12503 Erfolgt eine Änderung der Aufgabenbeschreibung **vor dem Verhandlungsgespräch** und **werden alle Bewerber darüber informiert**, ist also Gleichbehandlung gegeben, ist die Änderung zulässig. (1. VK Bund, B. v. 19. 12. 2002 – Az.: VK 1–95/02). Hierbei sollte der Auftraggeber sich auch dahingehend absichern, dass ihm **alle Bewerber den Empfang der Änderungsmitteilung bestätigen** (VK Halle, B. v. 25. 4. 2001 – Az.: VK Hal 04/01).

151.20.3 Änderung der Aufgabenbeschreibung gemäß der Vorgabe der Vergabekammer bzw. des Vergabesenats

12504 **Eine Änderung ist selbstverständlich auch dann zulässig**, soweit sich **Änderungsbedarf**, weitergehend sogar ein Handlungszwang, **aufgrund der Entscheidung einer Vergabekammer oder eines Vergabesenats ergibt**, wenn ausdrücklich eine Abänderung der Aufgabenbeschreibung gefordert wird. Aber **auch darüber hinaus** ist es dem Auftraggeber **nicht verwehrt**, bei der danach ohnehin gebotenen Anpassung der Vergabeunterlagen **neue Erkenntnisse, die nicht Gegenstand des vorangegangenen Nachprüfungsverfahrens** gewesen waren, **zu verarbeiten und in die Vergabeunterlagen einzubringen**. So kann z. B. ein Auftraggeber Erfahrungen und Erkenntnisse einarbeiten, die er erst im Laufe des Vergabeverfahrens anhand testweise erworbener Leistungsgegenstände gemacht hat. Im Sinne der **Privatautonomie muss es dem öffentlichen Auftraggeber möglich sein, solche besseren Erkenntnisse auch zu verwerten**; ansonsten würde man den Auftraggeber dazu verpflichten,

Vergabeordnung für freiberufliche Leistungen VOF § 7 **Teil 5**

eine Leistung einzukaufen, von dem er bereits im Zeitpunkt der Zuschlagserteilung weiß, dass sie seine Bedürfnisse nicht optimal bedient. Ein derartiges **Ergebnis stünde nicht in Einklang mit den Grundsätzen der Wirtschaftlichkeit und Sparsamkeit**, zu deren Einhaltung öffentliche Stellen verpflichtet sind (3. VK Bund, B. v. 21. 8. 2009 – Az.: VK 3–154/09; B. v. 5. 3. 2008 – Az.: VK 3–32/08).

152. § 7 VOF – Fristen

(1) **Die von den Auftraggebern festgesetzte Frist für den Antrag auf Teilnahme beträgt mindestens 37 Tage ab dem Tag der Absendung der Bekanntmachung. Bei elektronisch erstellten und übermittelten Bekanntmachungen kann diese Frist um sieben Tage verkürzt werden.**

(2) **In den Fällen besonderer Dringlichkeit beträgt die Frist für den Antrag auf Teilnahme mindestens 15 Tage, oder mindestens 10 Tage bei elektronischer Übermittlung, jeweils ab dem Tag der Absendung der Bekanntmachung (Beschleunigtes Verfahren).**

(3) **Die Auftraggeber müssen rechtzeitig angeforderte, zusätzliche Auskünfte über die Aufgaben spätestens 6 Tage, im Beschleunigten Verfahren spätestens 4 Tage vor Ablauf der Bewerbungsfrist, erteilen.**

(4) **Können die Teilnahmeanträge oder Angebote nur nach einer Ortsbesichtigung oder Einsichtnahme in nicht übersandte Unterlagen erstellt werden oder können die Auftraggeber die Auskünfte nicht rechtzeitig erteilen, so sind die Bewerbungs- oder Angebotsfristen entsprechend zu verlängern.**

152.1 Änderungen in der VOF 2009

In der VOF 2009 erfolgten **nur redaktionelle Änderungen**. 12505

152.2 Vergleichbare Regelungen

Der **Vorschrift des § 7 VOF vergleichbar** sind im Bereich der VOB **§§ 10, 10a VOB/A** 12506
und im Bereich der VOL **§§ 10, 12 EG VOL/A**. Die Kommentierungen zu diesen Vorschriften können daher ergänzend zu der Kommentierung des § 7 herangezogen werden.

152.3 Bieterschützende Vorschrift

Die **Fristbestimmung in § 7VOF hat bieterschützenden Charakter.** Sie soll sicherstellen, 12507
dass den Bietern gleiche und auskömmliche, nur bei besonderer Dringlichkeit einer Abkürzung unterliegende, Fristen zur Verfügung stehen, einen Teilnahmeantrag auszuarbeiten (OLG Düsseldorf, B. v. 1. 8. 2005 – Az.: VII – Verg 41/05).

152.4 Fristen für den Antrag auf Teilnahme (§ 7 Abs. 1, Abs. 2)

152.4.1 Berechnung der Fristen

Die Berechnung der Fristen erfolgt nach der **Verordnung** (EWG/Euratom) Nr. 1182/71 des 12508
Rates vom 3. Juni 1971 **zur Festlegung der Regeln für die Fristen, Daten und Termine**, ABl. EG Nr. L 124 S. 1. So gelten zum Beispiel als **Tage alle Tage einschließlich Feiertage, Sonntage und Sonnabende** (Saarländisches OLG, B. v. 9. 11. 2005 – Az.: 1 Verg 4/05).

Die **Verordnung** ist **im Gegensatz zur VOL/A (dort Anhang III) – wie in der** 12509
VOB/A 2009 – nicht in die VOF 2009 **aufgenommen worden**.

152.4.2 Begriff der Bewerbungsfrist

Bewerbungsfrist ist die Frist für den Eingang der Anträge auf Teilnahme beim Auftraggeber. 12510

Teil 5 VOF § 7 Vergabeordnung für freiberufliche Leistungen

152.4.3 Dauer der Bewerbungsfrist

152.4.3.1 Regelfrist (§ 7 Abs. 1 Satz 1)

12511 **152.4.3.1.1 Grundsatz und Zeitpunkt des Beginns.** Die **Bewerbungsfrist beträgt mindestens 37 Kalendertage**, gerechnet ab dem Tage der Absendung der Bekanntmachung. Es ist **für die Bewerbungsfrist also nicht entscheidend, wann der Bewerber die Vergabeunterlagen zugesandt erhalten hat oder er die (nationale) Ausschreibung zur Kenntnis genommen hat**. Vielmehr ist der Beginn der Angebotsfrist an den Zeitpunkt der Absendung der Bekanntmachung an das EU-Amtsblatt gekoppelt. Dabei nimmt der Verordnungsgeber in Kauf, dass die Bekanntmachung gegebenenfalls erst bis zu 12 Tage später tatsächlich veröffentlicht wird, § 9 Abs. 4 VOF (1. VK Sachsen, B. v. 9. 12. 2002 – Az.: 1/SVK/ 102-02, B. v. 2. 10. 2001 – Az.: 1/SVK/88-01).

12512 **152.4.3.1.2 Mindestfrist.** § 7 Abs. 1 legt eine **Mindestfrist** fest, die – außer in den Fällen von Abs. 2 – nicht unterschritten werden darf. Sie **darf – und muss gegebenenfalls – verlängert** werden, wenn dies erforderlich ist, damit die Bieter eine ordnungsgemäße und wirtschaftliche Bewerbung abgeben können. Vgl. insoweit die Kommentierung zu § 10 VOL/A – **Angemessenheit der Dauer der Angebotsfrist** Rdn. 10 ff.

12513 **152.4.3.1.3 Rechtsprechung des EuG zur Angemessenheit von Fristen.** Was das **Erfordernis angemessener Fristen** betrifft, die es **Unternehmen aus anderen Mitgliedstaaten ermöglichen sollen, eine fundierte Einschätzung vorzunehmen und eine Bewerbung zu erstellen, ist darauf hinzuweisen, dass die Auftraggeber den Grundsatz des freien Dienstleistungsverkehrs und das Diskriminierungsverbot** beachten müssen, die die Interessen der in einem Mitgliedstaat niedergelassenen Wirtschaftsteilnehmer schützen sollen, die den in einem anderen Mitgliedstaat ansässigen öffentlichen Auftraggebern Waren oder Dienstleistungen anbieten möchten. Ihr Zweck besteht darin, die Gefahr einer Bevorzugung einheimischer Bieter oder Bewerber bei der Auftragsvergabe durch öffentliche Auftraggeber auszuschalten. Dieser **Zweck ergibt sich aus den Grundsätzen des EG-Vertrags – jetzt des Vertrags über die Arbeitsweise der Europäischen Union** (EuG, Urteil v. 20. 5. 2010 – Az.: T-258/06).

12514 **152.4.3.1.4 Nationale Rechtsprechung.** Die – auch verkürzten – Fristen müssen ausreichend sein, um ordnungsgemäße Bewerbungen abgeben zu können. Dies bedeutet, dass der **Auftraggeber nur dann von der Verkürzung der Bewerbungsfrist Gebrauch machen soll, wenn die Bewerbungsfrist für die teilnehmenden Unternehmen als ausreichend angesehen werden kann**. Der **unbestimmte Rechtsbegriff der Angemessenheit ist entsprechend den Realitäten auszulegen**. Abzustellen ist mithin auch auf den **Umfang der geforderten Bewerbungsunterlagen** (1. VK Sachsen, B. v. 9. 12. 2002 – Az.: 1/SVK/102-02).

12515 Es bleibt jedoch der Organisation und damit der Risikosphäre eines Bewerbers überlassen, mit welchem Engagement und Personaleinsatz er sich an einer Ausschreibung beteiligt. Er kann aber umgekehrt **einen zu knappen Personaleinsatz nicht dem Auftraggeber entgegenhalten**, indem er geltend macht, eine Bewerbungsfrist sei zu knapp bemessen (VK Lüneburg, B. v. 20. 11. 2000 – Az.: 203-VgK-13/2000).

12516 **152.4.3.1.5 Heilung einer zu kurz bemessenen Bewerbungsfrist?** Im **Verwaltungsrecht ist anerkannt**, dass bei Nichteinhaltung von Verfahrens- und Formfehlern durch die Nachholung der in Frage stehenden Verfahrenshandlung der **Verfahrens- bzw. Formfehler geheilt werden** kann, § 45 VwVfG. Im Interesse der Verfahrensökonomie soll durch diese Vorschriften verhindert werden, dass ein im Übrigen rechtmäßiges Verfahren an der Verletzung von Formvorschriften scheitert, die für die Verwaltungsentscheidung an sich nicht weiter maßgeblich sind. Auch wenn das **Vergabeverfahren nicht auf den Erlass eines Verwaltungsaktes gerichtet** ist und deshalb fraglich ist, ob das VwVfG auch in Nachprüfungsverfahren gilt, kann man dazu neigen, **diese Grundsätze auch im Vergaberecht anzuwenden**. Denn auch in diesem formellen Verfahren darf die Verletzung von Formvorschriften nicht zur Aufhebung des Vergabeverfahrens führen, wenn tatsächlich der mit der Formvorschrift bezweckte Erfolg auf anderem Wege erreicht worden ist, ohne die Rechte des Bieters im Ergebnis einzuschränken. (2. VK Bund, B. v. 17. 4. 2003 – Az.: VK 2–16/03).

12517 In späteren Entscheidungen **verbietet die 2. VK Bund einen Zuschlag u. a. wegen Nichteinhaltung der Angebotsfrist;** problematisch ist die **Nichteinhaltung** sowohl im Hinblick auf den **erheblichen Umfang der Ausschreibung**, als auch unter dem **Aspekt fehlender Angaben zu den Kalkulationsgrundlagen** (2. VK Bund, B. v. 15. 11. 2007 – Az.: VK 2–123/07, B. v. 15. 11. 2007 – Az.: VK 2–120/07, B. v. 15. 11. 2007 – Az.: VK 2–117/07,

Vergabeordnung für freiberufliche Leistungen   VOF § 7   **Teil 5**

B. v. 15. 11. 2007 – Az.: VK 2–114/07, B. v. 15. 11. 2007 – Az.: VK 2–108/07, B. v. 15. 11. 2007 – Az.: VK 2–105/07; B. v. 15. 11. 2007 – Az.: VK 2–102/07).

Diese **Rechtsprechung kann auch auf den Teilnahmewettbewerb übertragen werden** mit dem Ergebnis, dass eine **Auswahlentscheidung unter den Bewerbern nicht zulässig** ist. 12518

152.4.3.1.6 Obliegenheit der interessierten Unternehmen zur Vorbeugung der Verkürzung der Bewerbungsfrist. Soweit sich eine **angemessene und ausreichende Bewerbungsfrist** für interessierte Unternehmen **individuell verkürzt** hat, weil sie von der Ausschreibung erst später Kenntnis nahm, erwachsen hieraus für den Auftraggeber keine besonderen Verpflichtungen. Insbesondere ist der **Auftraggeber deswegen nicht gehalten, die Bewerbungsfrist zu verlängern.** Er ist insoweit **auch nicht verpflichtet, im Hinblick auf etwaige Postlaufzeiten die Vergabeunterlagen anders als auf einfachem Postwege zu versenden.** Es ist **Sache der interessierten Unternehmen**, einer weiteren Verkürzung des ihnen zur Verfügung stehenden Zeitraums für die Bewerbung durch geeignete Maßnahmen, z. Bsp. **Abholung der Vergabeunterlagen oder Beauftragung eines Expressdienstes**, vorzubeugen (OLG Naumburg, B. v. 29. 4. 2008 – Az.: 1 W 14/08). 12519

152.4.3.1.7 Ende der Bewerbungsfrist. Das **Ende der Bewerbungsfrist** ist **nicht an ein bestimmtes Ereignis geknüpft**. Vielmehr setzt der **Auftraggeber** das Ende der Bewerbungsfrist in der Bekanntmachung **datumsmäßig fest**. 12520

Bei einem **auf einen Sonntag festgesetzten Frist zur Abgabe der Bewerbung endet die Bewerbungsfrist** mangels besonderer Vereinbarung gemäß § 193 BGB **am Montag um 24.00 Uhr** (Thüringer OLG, B. v. 14. 11. 2001 – Az.: 6 Verg 6/01; VK Thüringen, B. v. 24. 10. 2001 – Az.: 216–4003.20–124/01-EF-S). 12521

152.4.3.1.8 Verlängerung der Bewerbungsfrist. 152.4.3.1.8.1 Zulässigkeit der Verlängerung. Hinsichtlich der Entscheidung über die Verlängerung der Bewerbungsfrist z. B. **wegen von Bewerbern gestellten Fragen steht dem öffentlichen Auftraggeber ein Ermessen** zu. Bei der Ausübung dieses Ermessens darf der Auftraggeber berücksichtigen, welchen Umfang z. B. die Antworten auf Fragen haben, die Kompliziertheit von Sachverhalten etc. Der **Auftraggeber darf dabei auch berücksichtigen, ob und welches Risiko besteht, dass ein Nachprüfungsverfahren** wegen einer von ihm abgelehnten Verlängerung der Bewerbungsfrist oder wegen einer zu kurz bemessenen Verlängerung eingeleitet wird, zumal dann, wenn eine Aussicht auf Erfolg dieses Nachprüfungsverfahrens nicht von vornherein ausgeschlossen werden kann. Die **Grenze sachgerechter Ermessensausübung** bei der Entscheidung über die Verlängerung der Bewerbungsfrist durch den Auftraggeber ist erst dann **überschritten, wenn sachfremde Erwägungen bei dieser Entscheidung eine Rolle spielen**. Eine solche sachfremde Erwägung wäre dann zu bejahen, wenn **einem „bestimmten" präferierten Bieter noch die fristgerechte Abgabe einer Bewerbung "ermöglicht werden soll**. Das liefe auf eine vergaberechtswidrige Manipulation des Ergebnisses des Vergabeverfahrens hinaus (OLG Brandenburg, B. v. 12. 1. 2010 – Az.: Verg W 5/09). 12522

Bei einer Verlängerungsentscheidung stellt es auch keinen Verstoß gegen das Vergaberecht dar, wenn die **Bewerbungsfrist erst kurz vor deren Ablauf verlängert** wird (OLG Brandenburg, B. v. 12. 1. 2010 – Az.: Verg W 5/09). 12523

152.4.3.2 Abkürzung der Regelfrist bei einer Vorinformation?

In § 9 VOF 2009 sind – im Gegensatz zu § 9 VOF 2006 – keine Regelungen mehr über eine Vorinformation enthalten. Dementsprechend gibt es – wie auch in der VOF 2006 – auch **keine Abkürzung der Regelfrist durch eine Vorinformation**. 12524

152.4.3.3 Abkürzung der Regelfrist bei elektronischen Bekanntmachungen (§ 7 Abs. 1 Satz 2)

Gemäß **§ 7 Abs. 1 Satz 2** kann bei elektronisch erstellten und übermittelten Bekanntmachungen die Bewerbungsfrist um 7 Kalendertage verkürzt werden. Die **Regelung entspricht der Vorschrift des Art. 38 Abs. 5 der Vergabekoordinierungsrichtlinie**. 12525

152.4.3.4 Abkürzung der Regelfrist aus Gründen der besonderen Dringlichkeit (§ 7 Abs. 2 1. Alternative)

152.4.3.4.1 Inhalt. Die Regelfrist kann nach § 7 Abs. 2 1. Alternative **aus Gründen der besonderen Dringlichkeit auf 15 Kalendertage** verkürzt werden. 12526

2493

Teil 5 VOF § 7   Vergabeordnung für freiberufliche Leistungen

12527   152.4.3.4.2 Besondere Dringlichkeit. 152.4.3.4.2.1 Grundsätze. Nach der § 7 Abs. 2 VOF zugrunde liegenden Wertung findet **eine Abwägung des Interesses an der in Rede stehenden Beschaffung und der Belange potentieller Bewerber um eine Auftragsvergabe nicht statt**. Es ist auch dem von ihnen selbst zu tragenden unternehmerischen Risiko möglicher Bewerber zuzuordnen, dass die Abkürzung der Bewerbungsfrist die zur Verfügung stehende Zeit beschränkt, mit anderen interessierten Bewerbern Bietergemeinschaften einzugehen. Mit Blick auf den Beschaffungszweck ist es nur folgerichtig, dass **den Bedarfsträgern und den mit der Umsetzung betrauten Vergabestellen** in einem **rechtlich nur beschränkt nachprüfbaren Rahmen** auch die **Wahl der zweckentsprechenden Mittel und Maßnahmen sowie die Entscheidung übertragen** ist, ob und mit welchem wo anzusetzenden Beschleunigungsgrad diese beschafft und/oder verwirklicht werden sollen. Damit ist nicht die Möglichkeit zu einer willkürlichen Handhabung eines Vergabeverfahrens und der anschließenden Auftragsvergabe eröffnet. Denn die das Vergabeverfahren betreffenden **Entscheidungen, bleiben nach den allgemeinen Grundsätzen darauf überprüfbar**, ob die Vergabestelle ihre Entscheidung auf der **Grundlage eines zutreffend ermittelten Sachverhalts getroffen** und diese **nicht mit sachfremden Erwägungen und willkürfrei begründet** hat (OLG Düsseldorf, B. v. 17. 7. 2002 – Az.: Verg 30/02).

12528   Die Verkürzung der Frist ist **nur in eng zu fassenden Ausnahmefällen zulässig, weil dadurch der europaweite Wettbewerb faktisch begrenzt wird zugunsten der beschleunigten Durchführung des Verfahrens**. Die Dringlichkeit setzt die nach objektiven Gesichtspunkten zu beurteilende Eilbedürftigkeit der beabsichtigten Beschaffung voraus. Die Eilbedürftigkeit muss sich zudem in aller Regel **aus Umständen ergeben, die nicht der organisatorischen Sphäre des öffentlichen Auftraggebers selbst zuzurechnen sind** (OLG Düsseldorf, B. v. 1. 8. 2005 – Az.: VII – Verg 41/05; 3. VK Bund, B. v. 9. 6. 2005 – Az.: VK 3–49/05).

12529   **152.4.3.4.2.2 Beispiele aus der Rechtsprechung**

– in der Bundesrepublik Deutschland besteht eine (latente) **Gefahrenlage**, der zu Folge es jeder Zeit zu **terroristischen Anschlägen** kommen kann, die ähnliche Ziele und ähnliche Auswirkungen haben können wie diejenigen, die sich am 11. 9. 2001 in den Vereinigten Staaten von Amerika ereignet haben. Dies entspricht der Einschätzung der politischen Instanzen in der Bundesrepublik (namentlich der Bundesregierung) und der sie unterstützenden Sicherheitsbehörden, denen im Rahmen dieser Beurteilung eine **Einschätzungsprärogative** zuzuerkennen ist, mit der Folge, dass ihre Beurteilung der Sicherheitslage von den Betroffenen hingenommen werden muss. Bei dieser Sachlage ist die Beschaffung als besonders dringlich einzustufen (OLG Düsseldorf, B. v. 17. 7. 2002 – Az.: Verg 30/02).

152.4.3.5 Abkürzung der Regelfrist aus Gründen der besonderen Dringlichkeit bei elektronischer Bekanntmachung (§ 7 Abs. 2 2. Alternative)

12530   152.4.3.5.1 Grundsatz. Gemäß **§ 7 Abs. 2 2. Alternative** kann – über die Regelung des § 7 Abs. 2 1. Alternative hinaus – die Bewerbungsfrist bei elektronischer Übermittlung der Bekanntmachung um mindestens 10 Tage verkürzt werden. Die **Regelung entspricht der Vorschrift des Art. 38 Abs. 5 der Vergabekoordinierungsrichtlinie**.

12531   **152.4.3.5.2 Abkürzung der Regelfrist im Rahmen der Regelungen zum Konjunkturpaket II.** Gemäß der **Pressemitteilung der Europäischen Kommission vom 19. 12. 2008 (IP/08/2040)** erlaubt die Richtlinie 2004/18/EG über die Vergabe öffentlicher Aufträge den Rückgriff auf beschleunigte Verfahren, wenn dies aus Dringlichkeitsgründen erforderlich ist. Die Kommission erkennt an, dass der Ausnahmecharakter der aktuellen Wirtschaftslage dazu führen kann, dass eine raschere Durchführung umfangreicher öffentlicher Arbeiten notwendig wird. Diese Dringlichkeit dürfte grundsätzlich zur Rechtfertigung des Rückgriffs auf das beschleunigte Verfahren ausreichen, womit sich die Dauer des Verfahrens insgesamt von 87 Tagen auf 30 Tage verringert. Die Annahme der Dringlichkeit sollte in den Jahren 2009 und 2010 für alle größeren öffentlichen Projekte gelten. **Danach können die Auftraggeber die Frist für Teilnahmeanträge auf 10 Tage verkürzen, wenn die Vergabebekanntmachung elektronisch übermittelt wurde.**

152.4.4 Fristverkürzung für ergänzende Unterlagen?

12532   Eine **positivrechtliche Regelung, dass für die Zusendung von Unterlagen** – z.B. einen Bewerbungsbogen – **eine von der Bewerbungsfrist abweichende kürzere Frist** ge-

2494

Vergabeordnung für freiberufliche Leistungen VOF § 7 **Teil 5**

setzt werden kann, trifft die VOF nicht. Eine entsprechende Fristsetzung in der Bekanntmachung ist daher unzulässig. In § 7 Abs. 3 VOF ist lediglich zugunsten des Bieters bestimmt, dass vom Auftraggeber rechtzeitig angeforderte zusätzliche Auskünfte über die Aufgabenstellung spätestens sechs Tage vor Ablauf der Bewerberfrist erteilt werden (OLG München, B. v. 16. 6. 2009 – Az.: Verg 07/09).

152.5 Ordnungsgemäßer Antrag auf Teilnahme

Ein ordnungsgemäßer Antrag auf Teilnahme **liegt nur vor, wenn er nach der Bekannt- 12533 machung des Teilnahmewettbewerbs erfolgt**. Das Argument, die VOF sehe keinen frühestmöglichen Zeitpunkt für den Teilnahmeantrag vor, weshalb eine Interessensbekundung auch schon vor Beginn des Vergabeverfahrens als gültig anzusehen sei, trifft so nicht zu. Das **gesamte Verfahren** ist mit seinen Bestimmungen über die Bekanntmachung sowie die einzuhaltenden Formen und Fristen (§§ 7, 9 VOF) **auf einen Startpunkt gerichtet**, ab dem die Unternehmen unter gleichen Wettbewerbsbedingungen um den Auftrag konkurrieren. Erst mit der Bekanntmachung wird der zu vergebende Auftrag in seiner konkreten Gestalt mit Außenwirkung festgelegt und für jeden Interessenten ersichtlich (BayObLG, B. v. 4. 2. 2003 – Az.: Verg 31/02).

152.6 Auskunftserteilung (§ 7 Abs. 3)

152.6.1 Sinn und Zweck der Auskunftsregelung

Die Auskunftspflicht des öffentlichen Auftraggebers **dient der Einhaltung eines fairen, 12534 mit möglichst großer Beteiligung geführten Wettbewerbs** und damit auch der **Gleichbehandlung der beteiligten Bewerber** (OLG Naumburg, B. v. 23. 7. 2001 – Az.: 1 Verg 2/01; 1. VK Sachsen, B. v. 24. 4. 2008 – Az.: 1/SVK/015-08).

152.6.2 Auskunftspflicht des Auftraggebers

Nach § 12 Abs. 7 VOB/A analog können die Bieter eines Vergabeverfahrens von der Verga- 12535 bestelle während des Laufes der Angebotsfrist sachdienliche Auskünfte verlangen; die **Vergabestelle ist zur unverzüglichen und (natürlich auch) inhaltlich zutreffenden Beantwortung dieser Anfragen verpflichtet** (OLG Naumburg, B. v. 23. 7. 2001 – Az.: 1 Verg 2/01).

152.6.3 Form der Erteilung der Auskünfte

Eine **bestimmte Form**, die der Auftraggeber bei Erteilung der Auskünfte einzuhalten hat, 12536 ist **nicht vorgeschrieben**. Wenn ein Bieter **verbindliche Auskünfte der Vergabestelle** haben will, kann ihm nur geraten werden, **seine Anfragen zur Aufgabe offiziell und insbesondere schriftlich gegenüber der Vergabestelle zu stellen**. Die Vergabestelle ist dann wegen des Gleichbehandlungsgrundsatzes verpflichtet, wettbewerbsrelevante Fragen und Antworten auch den übrigen Bietern zukommen zu lassen. Dieses einzig korrekte Verfahren hat für die Bieter im übrigen auch den Vorteil, dass sie die Auskünfte rechtzeitig erlangen und ihnen nicht entgegengehalten werden kann, sie hätten mit unzuständigen Mitarbeitern gesprochen oder deren Auskünfte falsch verstanden (2. VK Bund, B. v. 11. 9. 2002 – Az.: VK 2–42/02).

152.6.4 Begriff der „zusätzlichen Auskünfte" und mögliche Konsequenzen

Die Rechtsprechung zur VOL/A 2006 und § 17 Nr. 6 VOL/A 2006 selbst **differenzierten 12537 zwischen zusätzlichen sachdienlichen Auskünften und wichtigen Aufklärungen**; nur letztere mussten allen Bietern mitgeteilt werden.

Nach der älteren Rechtsprechung zur VOL/A handelt es sich bei zusätzlichen Auskünften 12538 um **Mitteilungen, die nur für den anfragenden Bewerber wichtig sind**, weil er z. B. die Aufgabenstellung oder das Anschreiben unvollständig oder in einzelnen Punkten missverstanden oder nicht genau gelesen hat (2. VK Bund, B. v. 24. 6. 2003 – Az.: VK 2–46/03; VK Lüneburg, B. v. 27. 6. 2005 – Az.: VgK-23/2005; B. v. 24. 11. 2003 – Az.: 203-VgK-29/2003).

Nach der älteren Rechtsprechung zur VOL/A handelt es sich um eine sachdienliche Aus- 12539 kunft, wenn die Information, die erbeten wird, individuelle Missverständnisse des Bewerbers beheben oder individuelle Verständnisfragen hinsichtlich der Verdingungsunterlagen oder des Anschreibens beantworten soll, also **Auskünfte über technische Fragen ebenso wie solche, die für die vom Bewerber vorzunehmende Preiskalkulation von Bedeutung sein können.** Die Individualität der erteilten Auskunft macht es entbehrlich, diese allen anderen Bewerbern zur Kenntnis zu geben (OLG Düsseldorf, B. v. 23. 3. 2005 – Az.: VII – Verg 77/04). Die Auskunftspflicht des öffentlichen Auftraggebers dient der Einhaltung eines fairen, mit möglichst großer Beteiligung geführten Wettbewerbs und damit auch der Gleichbehandlung der beteiligten Bewerber (OLG Naumburg, B. v. 23. 7. 2001 – Az.: 1 Verg. 2/01).

12540   Nach der älteren Rechtsprechung zur VOL/A sind „**Wichtig**" im Sinne der Vorschrift des § 17 VOL/A 2006 alle Informationen, die **ersichtlich nicht nur individuelle Missverständnisse einzelner Bieter aufklären.** Lassen Bieterfragen erkennen, dass bestimmte Umstände kalkulationserheblich sind bzw. sein können, und beantwortet die Vergabestelle eine entsprechende Frage, darf sie an die **Beurteilung der „Wichtigkeit" dieser Informationen im Übrigen keine hohen Anforderungen stellen** (2. VK Hessen, B. v. 26. 4. 2007 – Az.: 69 d VK – 08/2007; 1. VK Sachsen, B. v. 11. 12. 2009 – Az.: 1/SVK/054-09).

12541   Da man aber nicht davon ausgehen kann, dass den Bewerbern sowohl nach der VOB/A 2009 als auch nach der VOL/A 2009 als auch nach der VOF 2009 keine wichtigen Aufklärungen gegeben werden sollen, müssen entgegen der älteren Rechtsprechung auch die „wichtigen Aufklärungen" zu den zusätzlichen Auskünften gezählt werden. Der **Auftraggeber muss insoweit selbst abwägen, welche zusätzlichen Auskünfte er nur an einzelne Bieter oder an alle Bieter erteilt. Im Zweifel ist es angeraten, alle zusätzlichen Auskünfte an alle Bieter zu geben.**

12542   **Stellt eine Vergabestelle nur einem Bieter wettbewerbs- und preisrelevante Kalkulationsgrundlagen zur Verfügung und macht sie diese anderen Bietern nicht auch zugänglich, liegt eine Ungleichbehandlung vor, die mangels vergleichbarer Angebote zur Aufhebung des Vergabeverfahrens führt.** Grundlage ist das Prinzip der Gleichbehandlung aller Teilnehmer an einem Vergabeverfahren (VK Lüneburg, B. v. 24. 11. 2003 – Az.: 203-VgK-29/2003; VK Sachsen, B. v. 26. 6. 2009 – Az.: 1/SVK/024-09; B. v. 7. 12. 2006 – Az.: 1/SVK/100-06).

12543   Der Verstoß gegen § 12 Abs. 7 VOB/A analog ist auch nicht etwa durch eine Verpflichtung des Auftraggebers zur erneuten Angebotswertung unter Berücksichtigung der Rechtsauffassung der Vergabekammer heilbar, da dieser Verstoß gegen die Informationspflicht unmittelbar Auswirkungen auf die Angebotskalkulation haben musste. Eine **nachträgliche Korrektur der Angebotskalkulationen und damit der Angebotspreise bei allen Bietern ist in einem laufenden Vergabeverfahren nicht möglich** (VK Lüneburg, B. v. 24. 11. 2003 – Az.: 203-VgK-29/2003; VK Sachsen, B. v. 7. 12. 2006 – Az.: 1/SVK/100-06). In einem solchen Fall kommt **nur die Aufhebung des Vergabeverfahrens oder Zurückversetzung des Vergabeverfahrens in den Stand nach Vergabebekanntmachung** in Betracht (VK Sachsen, B. v. 7. 12. 2006 – Az.: 1/SVK/100-06).

152.6.5 Unverzügliche Erteilung der Auskünfte

12544   Eine **Rückäußerung am Angebotsabgabetermin** ist materiell gesehen **nicht unverzüglich** (1. VK Sachsen, B. v. 5. 10. 2002 – Az.: 1/SVK/87-01). Richtet ein Bieter seine **Frage jedoch erst weniger als 24 h vor Ablauf der Frist zur Angebotsabgabe** an den Auftraggeber, ist dieser **weder verpflichtet, die Frage noch zu beantworten, noch sie an alle Bieter weiterzuleiten** (VK Baden-Württemberg, B. v. 26. 3. 2010 – Az.: 1 VK 11/10).

152.6.6 Frist für die Erteilung von Auskünften

12545   Die Auftraggeber müssen rechtzeitig angeforderte zusätzliche Auskünfte über die Aufgaben **spätestens 6 Tage, im Beschleunigten Verfahren spätestens 4 Tage vor Ablauf der Bewerbungsfrist** erteilen.

152.6.7 Rechtzeitig angeforderte Auskünfte und Festlegung einer Frist durch den Auftraggeber für den Eingang von Fragen

12546   Die Auskunftspflicht des öffentlichen Auftraggebers dient der Einhaltung eines fairen, mit möglichst großer Beteiligung geführten Wettbewerbs und damit auch der Gleichbehandlung der

Vergabeordnung für freiberufliche Leistungen VOF § 8 **Teil 5**

beteiligten Bewerber. Bei **Verfahren unterhalb der Schwellenwerte ist dem Auftraggeber ein berechtigtes Interesse zuzugestehen, eine Frist für den letztmöglichen Eingang von Fragen zu den Verdingungsunterlagen festzusetzen.** Zweck einer solchen Regelung ist es nämlich, individuellen Klärungsbedarf im Rahmen der laufenden Angebotsfrist zu kanalisieren, so dass ein geordneter Ablauf des Verfahrens nicht beeinträchtigt wird. Im Sinne der beschleunigten Durchführung von Vergabe(nachprüfungs-)verfahren hat der **Auftraggeber ein berechtigtes Interesse daran, dass Unklarheiten in den Vergabeunterlagen durch die Bieter bis zu einem bestimmten Termin abschließend benannt und bearbeitet werden können.** Dies gilt umso mehr, wenn die Zeiträume zur Bearbeitung der Vergabeunterlagen ausreichend lang bemessen sind. Dem Bieter ist nicht zuzugestehen, durch zögerliche Anfragen das Vergabeverfahren zu verschleppen, um so eine immer weitere Verschiebung des Termins zur Angebotsabgabe zu erreichen (VK Sachsen, B. v. 24. 4. 2008 – Az.: 1/SVK/015-08). Diese **Rechtsprechung muss – im Rahmen des § 7 Abs. 3 – auch für Verfahren oberhalb der Schwellenwerte gelten.**

153. § 8 VOF – Grundsätze der Informationsübermittlung

(1) **Die Auftraggeber geben in der Bekanntmachung oder den Vergabeunterlagen an, ob Informationen auf dem Postweg, mittels Telefax, direkt, elektronisch oder durch eine Kombination dieser Kommunikationsmittel übermittelt werden.**

(2) **Das für die elektronische Übermittlung gewählte Netz muss allgemein verfügbar sein und darf den Zugang der Bewerber und Bieter zu den Vergabeverfahren nicht beschränken. Die dafür zu verwendenden Programme und ihre technischen Merkmale müssen**

– allgemein zugänglich,

– kompatibel mit allgemein verbreiteten Erzeugnissen der Informations- und Kommunikationstechnologie und

– nicht diskriminierend

sein.

(3) **Die Auftraggeber gewährleisten die Unversehrtheit und die Vertraulichkeit der übermittelten Anträge auf Teilnahme und der Angebote. Auf dem Postwege oder direkt übermittelte Anträge auf Teilnahme und Angebote sind in einem verschlossenen Umschlag einzureichen und als solche zu kennzeichnen. Bis zum Ablauf der für ihre Einreichung vorgesehenen Frist werden sie unter Verschluss gehalten. Bei per Telefax übermittelten Anträgen auf Teilnahme und Angeboten ist dies durch entsprechende organisatorische und technische Lösungen nach den Anforderungen des Auftraggebers sicherzustellen; dies gilt auch für elektronisch übermittelte Anträge auf Teilnahme und Angebote, wobei deren Vertraulichkeit durch Verschlüsselung sicherzustellen ist. Die Verschlüsselung muss bis zum Ablauf der für ihre Einreichung vorgesehenen Frist aufrechterhalten bleiben.**

(4) **Telefonisch gestellte Anträge auf Teilnahme sind vom Bewerber bis zum Ablauf der Frist für die Abgabe der Anträge auf Teilnahme in Textform zu bestätigen.**

(5) **Angebote müssen unterschrieben sein. Elektronisch übermittelte Angebote sind mit einer fortgeschrittenen elektronischen Signatur nach dem Signaturgesetz und den Anforderungen des Auftraggebers oder mit einer qualifizierten elektronischen Signatur nach dem Signaturgesetz zu versehen. Bei Abgabe des Angebotes per Telefax genügt die Unterschrift auf der Telefaxvorlage.**

(6) **Die Auftraggeber haben dafür zu sorgen, dass den interessierten Unternehmen die Informationen über die Anforderungen an die Geräte, die für die elektronische Übermittlung der Anträge auf Teilnahme und der Angebote erforderlich sind, einschließlich Verschlüsselung zugänglich sind. Außerdem muss gewährleistet sein, dass die Geräte die in Anhang II genannten Anforderungen erfüllen können.**

153.1 Änderungen in der VOF 2009

Die **Überschrift** wurde im Vergleich zu § 4 VOF 2006 **verkürzt**.

Teil 5 VOF § 8 Vergabeordnung für freiberufliche Leistungen

12548 Entsprechend der ausdrücklichen Öffnung der VOF 2009 für die Abgabe von Teilnahmeanträgen und Angeboten mittels Telefax **räumen § 8 Abs. 3 und Abs. 5 den Bewerbern und Bietern die Möglichkeit ein,** unter bestimmten Voraussetzungen **Teilnahmeanträge und Angebote mittels Telefax einzureichen.**

12549 § 8 Abs. 3 verpflichtet die Auftraggeber zur **Gewährleistung der Unversehrtheit der Teilnahmeanträge und Angebote.**

12550 Ansonsten gab es **redaktionelle Änderungen.**

153.2 Vergleichbare Regelungen

12551 § 8 hat – entgegen der Überschrift – eine **heterogene Anwendungsvielfalt.** Von daher muss bei den vergleichbaren Regelungen differenziert werden.

153.2.1 Vergleichbare Regelungen für die Grundsätze der Informationsübermittlung

12552 Der **Vorschrift des § 8 VOF vergleichbar** sind insoweit im Bereich der VOL/A **§§ 11, 13 EG VOL/A** und im Bereich der VOB **§ 11 VOB/A.** Die Kommentierungen zu diesen Vorschriften können daher ergänzend zu der Kommentierung des § 8 VOF 2009 herangezogen werden.

153.2.2 Vergleichbare Regelungen für die Anforderungen an Teilnahmeanträge

12553 Der **Vorschrift des § 8 VOF vergleichbar** ist insoweit im Bereich der VOL/A **§ 14 EG VOL/A** und im Bereich der VOB **§ 11a VOB/A.** Die Kommentierungen zu diesen Vorschriften können daher ergänzend zu der Kommentierung des § 8 VOF 2009 herangezogen werden.

153.2.3 Vergleichbare Regelungen für die Anforderungen an Angebote

12554 Der **Vorschrift des § 8 VOF vergleichbar** ist insoweit im Bereich der VOL/A **§§ 13, 16 EG VOL/A** und im Bereich der VOB **§§ 13, 13a VOB/A.** Die Kommentierungen zu diesen Vorschriften können daher ergänzend zu der Kommentierung des § 8 VOF 2009 herangezogen werden.

153.3 Angabe der Kommunikationsmittel (§ 8 Abs. 1, Abs. 2)

153.3.1 Inhalt

12555 § 8 Abs. 1, Abs. 2 **enthält die Regelung,** dass die Auftraggeber in der Bekanntmachung oder den Vergabeunterlagen angeben, ob Informationen auf dem Postweg, mittels Telekopie, direkt, elektronisch oder durch eine Kombination dieser Kommunikationsmittel übermittelt werden sowie die Verfügbarkeitsvoraussetzungen für die elektronische Kommunikation angeben. Diese **Regelung entspricht im Wesentlichen der Vorschrift des Art. 42 Abs. 1, 2 und 4 der Vergabekoordinierungsrichtlinie.**

12556 Der Auftraggeber legt damit auch fest, in welcher Form die Teilnahmeanträge und Angebote einzureichen sind und entscheidet damit **darüber, ob Bieter die Teilnahmeanträge und Angebote auf dem Postweg oder direkt, elektronisch oder mittels Telekopie einreichen können.**

153.3.2 Auswahl der Kommunikationsmittel

12557 Die **Auswahl des Kommunikationsmittels steht im Ermessen des Auftraggebers.** § 8 Abs. 1 VOF verlangt lediglich, dass die Kommunikationsmittel den Bietern bekannt gegeben werden. Der **Auftraggeber muss sich nicht auf ein ausschließliches Kommunikationsmittel festlegen oder gar alle angegebenen Kommunikationsmittel kumulativ anwenden. Es obliegt dem Bieter sicherzustellen,** dass er über alle angegebenen Kommuni-

Vergabeordnung für freiberufliche Leistungen VOF § 8 **Teil 5**

kationswege erreichbar ist und die übermittelten Informationen auch beachtet. Gibt z. B. der Auftraggeber an, dass Informationen zur Ausschreibung auch elektronisch übermittelt werden, ist die Übermittlung neuer Informationen im Wege einer E-Mail-Benachrichtigung vergaberechtskonform (3. VK Bund, B. v. 5. 2. 2008 – Az.: VK 3–17/08).

153.3.3 Information der auf einer Vergabeplattform registrierten Nutzer

Es liegt **kein Verstoß** gegen das Gleichbehandlungsgebot darin, dass Bieter, die auf 12558 einer Vergabeplattform registriert sind, in etwas anderer Art und Weise von neuen Informationen in Kenntnis gesetzt werden, als Bieter, **die die Vergabeunterlagen nur postalisch angefordert haben**, wenn der einzige Unterschied darin besteht, dass Bieter, die die Vergabeunterlagen nur postalisch angefordert haben, die geänderten Vergabeunterlagen direkt als Dateianhang erhalten, während bei den auf der Vergabeplattform registrierten Bietern die E-Mail auf die auf der Vergabeplattform zur Verfügung stehenden Informationen weiterverweist. Hier ist also **zusätzlich der Zwischenschritt über das Login auf der Vergabeplattform erforderlich, um Zugriff auf die geänderten Vergabeunterlagen zu erhalten.** Dieser Unterschied ist minimal und durch die technischen Anforderungen bei der Nutzung der Internetplattform bedingt. Die Bieter haben die Wahl, ob sie sich des Systems der Vergabeplattform mit seinen spezifischen Anforderungen bedienen wollen oder nicht. Sie werden bei der Registrierung auf der Plattform durch die Teilnahmebedingungen von der beabsichtigten Vorgehensweise bei erforderlichen Mitteilungen über das Vergabeverfahren in Kenntnis gesetzt. Eine Benachteiligung der betroffenen Bieter ist damit nicht verbunden, **zumal mit der Registrierung auf der Vergabeplattform auch spezifische Vorteile verbunden** sind, beispielsweise können die Vergabeunterlagen kostenlos heruntergeladen werden und die Formulare können direkt elektronisch ausgefüllt werden (3. VK Bund, B. v. 5. 2. 2008 – Az.: VK 3–17/08).

153.3.4 Literatur

– Graef, Eberhard, Rechtsfragen zur Kommunikation und Informationsübermittlung im neuen 12559
  Vergaberecht, NZBau 2008, 34

153.4 Anforderungen an Teilnahmeanträge (§ 8 Abs. 3, Abs. 4)

153.4.1 Allgemeines

Die VOF regelt in § 8 Abs. 3 bis Abs. 5 die Anforderungen an Teilnahmeanträge und Ange- 12560
bote. Da insoweit **unterschiedliche Regelungen für Teilnahmeanträge und Angebote bestehen, erfolgt auch eine getrennte Kommentierung.**

In Umsetzung von Art. 42 Abs. 3 und 6 der Vergabekoordinierungsrichtlinie war die **An-** 12561
tragstellung auf Teilnahme einerseits für alle Mittel der Informationsübertragung in Textform oder telefonisch zu öffnen und anderseits die **Anforderungen an die Sicherstellung der Vertraulichkeit durch den Auftraggeber auch für Teilnahmeanträge aufzunehmen.**

153.4.2 Anforderungen an die Auftraggeber bei Teilnahmeanträgen – Generalklausel – (§ 8 Abs. 3 Satz 1)

153.4.2.1 Änderungen in der VOF 2009

§ 8 Abs. 3 Satz 1 verpflichtet die Auftraggeber zur **Gewährleistung der Unversehrtheit** 12562
der Teilnahmeanträge, ist also **umfassender als § 4 Abs. 8 Satz 1 VOF 2006**, der von der Integrität der Daten sprach.

153.4.2.2 Inhalt

§ 8 Abs. 3 Satz 1 bildet eine **Generalklausel** zur Festlegung der Pflichten des Auftragge- 12563
bers; die Generalklausel wird in § 8 Abs. 3 Satz 3 und 4 für auf dem Postweg oder direkt übermittelte Teilnahmeanträge sowie für mittels Telekopie übermittelte Teilnahmeanträge **näher definiert.**

Teil 5 VOF § 8 Vergabeordnung für freiberufliche Leistungen

12564 Die Auftraggeber haben die Unversehrtheit und die Vertraulichkeit der übermittelten Teilnahmeanträge **sicher zu stellen**. Die Forderung bezieht sich auf das gesamte Vergabeverfahren; sie beginnt also mit Eingang des Teilnahmeantrags. Im Ergebnis müssen **Teilnahmeanträge wie Angebote behandelt werden**.

153.4.2.3 Begriff der Unversehrtheit

12565 Der **Begriff** selbst ist **weder in der VOF noch in der VOL/A definiert**. Im Vergleich zu dem Begriff der „Datenintegrität" aus der VOF 2006 und der VOL/A 2009 geht die Verpflichtung zur Unversehrtheit über die Sicherstellung der Datenintegrität deutlich hinaus. Die Verpflichtung des Auftraggebers zur Gewährleistung der Unversehrtheit umfasst die Verpflichtung des Auftraggebers, dafür zu sorgen, dass **ab dem Zugang des Angebots** in den Verantwortungsbereich des Auftraggebers **alles dafür getan** wird, das **Angebot jeder unbefugten Zugriffsmöglichkeit** zu entziehen.

153.4.2.4 Vertraulichkeit der Teilnahmeanträge

12566 **153.4.2.4.1 Grundsätze.** Neben der Verpflichtung zur Gewährleistung der Unversehrtheit gibt es daneben gleichrangig die **Verpflichtung des Auftraggebers zur Gewährleistung der Vertraulichkeit der Teilnahmeanträge**.

12567 Ganz allgemein gilt im Ausschreibungs- und Vergabeverfahren für Auftraggeber und Bieter bzw. Bewerber ein **Vertraulichkeitsgebot hinsichtlich** aller im Rahmen des Ausschreibungs- und Vergabeverfahrens erhaltenen **Informationen** (vgl. die Kommentierung zu § 97 GWB Rdn. 294 ff).

12568 Ein **besonderes Vertraulichkeitsgebot** gilt für den Inhalt der Teilnahmeanträge und der Angebote. Ohne diese Vertraulichkeit ist eine wettbewerbliche Vergabe – einer der Eckpfeiler des deutschen Vergaberechts – nicht möglich.

12569 Die **Umsetzung des Vertraulichkeitsgebots** erfolgt für die einzelnen Formen der Abgabe eines Teilnahmeantrags in § 8 Abs. 3 Satz 4, 5.

12570 **153.4.2.4.2 Beispiele aus der Rechtsprechung**

– die **Regelung** des § 8 Abs. 3 VOF **dient den Interessen der Bieter**, da dadurch ein fairer Wettbewerb gesichert werden soll. Dieser soll unter gleichen Bedingungen stattfinden und verhindern, dass einzelne Bieter nachträglich ihr eigenes Angebot verändern, falls sie Einzelheiten von Angeboten ihrer Konkurrenz erfahren, was insbesondere im **Zusammenwirken mit einem Mitarbeiter einer Vergabestelle bei unverschlossenen Angeboten möglich wäre**. Werden Teilnehmeranträge bereits vor dem Schlusstermin für den Eingang der Teilnahmeanträge geöffnet, stellt dies einen **schweren Verstoß gegen das Gebot der Vertraulichkeit** dar. Dies **gilt auch z. B. für im Laufe des weiteren Verfahrens geforderte Honorarangebote** (VK Südbayern, B. v. 29.7. 2008 – Az.: Z3-3-3194-1-18-05/08).

153.4.3 Anforderungen an die Bewerber bei auf dem Postweg oder direkt übermittelten Teilnahmeanträgen (§ 8 Abs. 3 Satz 2)

153.4.3.1 Grundsatz

12571 Damit die Auftraggeber ihrer Pflicht zur Sicherstellung der Unversehrtheit und – vor allem – der Vertraulichkeit nachkommen können, **müssen die Bewerber auf dem Postweg oder direkt übermittelte Teilnahmeanträge in einem verschlossenen Umschlag einreichen**. Teilnahmeanträge in einem VOF-Verfahren werden damit im Ergebnis wie Angebote in einem VOL-Verfahren behandelt (§§ 13 Abs. 2 Satz 2, 16 EG Abs. 2 Satz 2).

153.4.3.2 Begriffsbestimmung

12572 Die **VOF unterscheidet** in § 8 zwischen einerseits auf dem Postweg oder direkt eingereichten Teilnahmeanträgen und Angeboten und andererseits elektronischen Teilnahmeanträgen und Angeboten sowie drittens Teilnahmeanträgen und Angeboten mittels Telekopie. Die VOF **vermeidet damit den Begriff der schriftlichen Teilnahmeanträge** und **Angebote**. Dies ist insoweit auch konsequent, da die **Erklärungen** – und damit auch Teilnahmeanträge und Angebote – **mittels Telefax nicht die Schriftform erfüllen** (§ 126 BGB). Nach § 126 Abs. 1 BGB ist die durch Gesetz vorgeschriebene Schriftform nur gewahrt, wenn die Urkunde von dem Aus-

Vergabeordnung für freiberufliche Leistungen VOF § 8 **Teil 5**

steller eigenhändig durch Namensunterschrift oder mittels notariell beglaubigten Handzeichens unterzeichnet wird. Ein **Telefax enthält keine eigenhändige Unterzeichnung. Die Unterschrift ist nur vom Original übernommen.** Dieses bleibt beim Absender (BGH, Urteil v. 28. 1. 1993 – Az.: IX ZR 259/91).

153.4.3.3 Einreichung in einem verschlossenen Umschlag

153.4.3.3.1 Sinn und Zweck der Regelung. Der **Zweck** der Regelung besteht darin, die 12573 **Möglichkeit einer Einsichtnahme in Teilnahmeanträge vor Öffnung nach Ablauf der Bewerbungsfrist auch seitens der Vergabestelle auszuschließen** (1. VK Bund, B. v. 13. 5. 2003 – Az.: VK 1–31/03).

153.4.3.3.2 Schutz des Teilnahmeantrags durch einen Umschlag oder ähnliche Mit- 12574 **tel.** Ein **Behältnis** gilt dann als **verschlossen**, wenn es **mit Vorkehrungen versehen** ist, die **der Kenntnisnahme ein deutliches Hindernis bereiten.** Ein bloßes Zusammenfalten oder Zusammenhalten reicht nicht aus. Nur bei einem mit Klebeband verschlossenen Karton lässt sich, ebenso wie bei einem zugeklebten Umschlag erkennen, ob die Teilnahmeanträge ordnungsgemäß verschlossen sind oder ob der Umschlag, der Karton oder sonstiges Behältnis im Zeitraum zwischen Zustellung und Beginn des Öffnungstermins schon einmal geöffnet wurden. Bei lediglich zusammengefalteten Kartondeckeln kann der Verhandlungsleiter diese Feststellung nicht treffen (VK Lüneburg, B. v. 20. 8. 2002 – Az.: 203-VgK-12/2002).

In Fällen, in denen das Angebot zu dick ist, um in einen herkömmlichen Umschlag im Wort- 12575 sinne des § 8 VOF zu passen, **muss eine andere Art der Verpackung möglich und zulässig sein.** Erforderlich ist aber stets, dass **dem Zweck der Norm Rechung getragen** wird, der darin besteht, die Möglichkeit einer Einsichtnahme in Teilnahmeanträge vor Ablauf der Bewerbungsfrist auch seitens der Vergabestelle auszuschließen. Eine verschlossene Verpackung, die in ihrer Wirkung einem verschlossenen Umschlag gleichkommt, ist **z. B. ein vollständiges Verpacken eines Ordners in Packpapier und Verkleben desselben mit Paketklebeband.** Es geht zu Lasten eines Bieters, wenn er eine wenig professionelle Verpackungsart wählt, welche die unbefugte Einsichtnahme in seinen Teilnahmeantrag möglich macht (1. VK Bund, B. v. 13. 5. 2003 – Az.: VK 1–31/03).

153.4.4 Anforderungen an den Auftraggeber bei auf dem Postweg oder direkt übermittelten Teilnahmeanträgen (§ 8 Abs. 3 Satz 2, 3)

153.4.4.1 Kennzeichnung und verschlossene Aufbewahrung

153.4.4.1.1 Sinn und Zweck. Die Regelung des § 8 Abs. 3 VOF, nach der auf dem Post- 12576 weg oder direkt zu übermittelnde Teilnahmeanträge und Angebote als solche zu kennzeichnen sind und bis zum Ablauf der für ihre Einreichung vorgeschriebenen Frist unter Verschluss zu halten sind, **dient den Interessen der Bieter, da diese Regelung einen fairen Wettbewerb sichern soll.** Dieser soll unter gleichen Bedingungen stattfinden und verhindern, dass einzelne Bieter nachträglich ihren eigenen Teilnahmeantrag bzw. ihr eigenes Angebot verändern, falls sie Einzelheiten von Teilnahmeanträgen bzw. Angeboten ihrer Konkurrenz erfahren, was insbesondere im Zusammenwirken mit einem Mitarbeiter einer Vergabestelle bei unverschlossenen Teilnahmeanträgen bzw. Angeboten möglich wäre (VK Lüneburg, B. v. 20. 8. 2002 – Az.: 203-VgK-12/2002).

153.4.4.1.2 Anforderungen an den Eingangs- und Kennzeichnungsvermerk. Ein 12577 „Eingangs- und Kennzeichnungsvermerk" im Sinne einer beweissichernden Aufschrift **muss** in einem förmlichen Verfahren, wie es auch das Vergabeverfahren nach der VOF darstellt, **den Aussteller erkennen lassen.** Der Eingangsvermerk soll gewährleisten, dass der Wettbewerb zwischen den Bewerbern bzw. Bietern unter gleichen Bedingungen stattfindet und nicht einzelne Bewerber bzw. Bieter ihren Teilnahmeantrag bzw. ihr Angebot nachträglich ergänzen oder verändern können. Hierzu bedarf es eines **Namenszeichens am Eingangsvermerk,** damit auch in Vertretungs- und Mehrfachvertretungsfällen unkompliziert festgestellt werden kann, wer die Sendung entgegengenommen und verwahrt hat. Maßgeblich bleibt aber, dass mit dem Namenszeichen o. ä. eine konkrete Person die Verantwortung für die inhaltliche Richtigkeit des gefertigten Vermerks und die Authentizität der Posteingänge übernimmt und im Bedarfsfalle hierfür auch in die Verantwortung genommen werden kann, was bei einer äußerlich anonymen Aufschrift nicht gewährleistet ist (OLG Naumburg, B. v. 31. 3. 2008 – Az.: 1 Verg 1/08).

Teil 5 VOF § 8   Vergabeordnung für freiberufliche Leistungen

12578   Empfangsbekenntnisse mit Eingangszeit, Stempel und Unterschrift der die Sendung entgegen nehmenden Mitarbeiter des Auftraggebers und eine Eintragung ins Posteingangsbuch können den ordnungsgemäßen Eingangsvermerk nicht ersetzen. Nach § 8 Abs. 3 Satz 2 VOF sollen die Teilnahmeanträge bzw. Angebote selbst mit einem Eingangsvermerk versehen werden. Der Eingangsvermerk soll auf dem (ungeöffneten) Umschlag angebracht werden. Mit ihm soll der Teilnahmeantrag bzw. das Angebot selbst körperlich gekennzeichnet werden, wie sich aus der Bestimmung für elektronische Angebote ebenfalls ergibt. Die körperliche Kennzeichnung der konkreten Teilnahmeantrags- bzw. Angebotsumschläge soll dem Verhandlungsleiter die notwendige Feststellung der Rechtzeitigkeit des Eingangs der im Umschlag enthaltenen Unterlagen ermöglichen. Die **Unmittelbarkeit dieser Kennzeichnung ist nicht gewahrt durch ein gesondertes Schreiben, dessen Original seiner Bestimmung nach auch nicht mehr in der Vergabeakte ist**. Es genügt **auch das nachträgliche Zeugnis des Ausstellers des Empfangsbekenntnisses den Anforderungen des § 8 Abs. 3 Satz 2 VOF nicht**. Ist die Feststellung der Identität des Ausstellers des Vermerks von einer Beweisaufnahme, gar von der Einholung eines Schriftsachverständigengutachtens abhängig, so fehlt dieser Feststellung gerade die verlangte Unkompliziertheit für jedermann (OLG Naumburg, B. v. 31. 3. 2008 – Az.: 1 Verg 1/08).

12579   Der Senat verkennt nicht, dass er in seiner Entscheidung **auf einen formalen Aspekt des Vergabeverfahrens zurückgreift, der bislang in der vergaberechtlichen Literatur und u. U. auch in der Vergabepraxis geringe Beachtung gefunden** hat. Dass ein rechtserheblicher Vermerk in einem förmlichen Verfahren mit einem Namenszeichen seines Ausstellers zu versehen ist, stellt jedoch **keine neuartige Formalisierung dar, sondern lediglich die Anwendung eines in der Rechtsordnung anerkannten Begriffsverständnisses**. So sind auch Eingangsvermerke auf Schriftstücken in förmlichen behördlichen oder gerichtlichen Verfahren jeweils mit Namenszeichen zu versehen (OLG Naumburg, B. v. 31. 3. 2008 – Az.: 1 Verg 1/08).

12580   Als lesbares Handzeichen werden **sowohl Unterschrift als auch Paraphe** angesehen (3. VK Bund, B. v. 12. 5. 2009 – VK 3–109/09).

153.4.5 Anforderungen an den Auftraggeber hinsichtlich Unversehrtheit und Vertraulichkeit bei mittels Telefax übermittelten Teilnahmeanträgen (§ 8 Abs. 3 Satz 4)

153.4.5.1 Grundsatz

12581   Aus § 8 Abs. 3 Satz 5 ergibt sich, dass **auch eine Abgabe eines Teilnahmeantrags mittels Telefax ermöglicht** wird.

12582   **VOL/A 2009 (§ 14 EG Abs. 3)** und **VOB/A 2009 (§ 11 a Abs. 2 Satz 1)** lassen diese Möglichkeit ebenfalls zu.

153.4.5.2 Inhalt und Praxisproblem

12583   Bei mittels Telefax übermittelten Teilnahmeanträgen ist die **Unversehrtheit und Vertraulichkeit durch entsprechende organisatorische und technische Lösungen nach den Anforderungen des Auftraggebers sicherzustellen**.

12584   **Praktisch** gibt es für mittels Telefax zu übermittelnde Teilnahmeanträge **zwei Möglichkeiten**, nämlich einmal die Bereitstellung eines Telefaxgerätes in einem abgeschlossenen Raum oder die Einrichtung eines elektronischen Briefkastens für Computerfaxe.

12585   Ich sehe derzeit **keine Möglichkeit**, einen Raum für die Dauer z. B. einer zweiwöchigen Bewerbungsfrist so abzuschließen, dass niemand (einschließlich Reinigungsservice oder Hausmeisterservice) diesen Raum betreten kann. Außerdem muss selbst bei durchschnittlich großen Bewerbungsverfahren das Empfangsgerät auf technische Korrektheit und ausreichenden Papiervorrat kontrolliert werden (insbesondere in der Endphase eines Teilnahmewettbewerbs). Damit ergibt sich eine **nicht ausschließbare Möglichkeit des Bruchs der Vertraulichkeit, sodass diese Möglichkeit der Abgabe eines Teilnahmeantrags mittels Telefax in der Praxis ausscheidet**.

12586   Derzeit ist auch **nicht ersichtlich, wie bei einer Telekopie ohne Bruch der Vertraulichkeit ein Kennzeichnungsvermerk angebracht** werden soll.

Vergabeordnung für freiberufliche Leistungen VOF § 8 **Teil 5**

Eine **vergleichbare Schwäche** weist die Einrichtung eines elektronischen Briefkastens auf. 12587
Schon aufgrund der Struktur von Computerumgebungen wird es mindestens eine – eher mehrere Personen – geben müssen, die bei Störungen, Virenbefall u. ä. Zugriff auf diesen elektronischen Briefkasten haben müssen.

153.4.6 Anforderungen an den Auftraggeber hinsichtlich Unversehrtheit und Vertraulichkeit bei elektronisch übermittelten Teilnahmeanträgen (§ 8 Abs. 3 Satz 5)

153.4.6.1 Unversehrtheit durch Signatur und weitere organisatorische und technische Maßnahmen

Die Unversehrtheit **stellt zunächst einmal der Bewerber bzw. Bieter durch** eine den 12588
Vorgaben des Auftraggebers entsprechende **Signatur sicher**. Die **Signatur ersetzt die Unterschrift** und stellt sicher, dass der Teilnahmeantrag bzw. das Angebot auch tatsächlich von diesem Bewerber bzw. Bieter stammt.

Nach dem Zugang des Teilnahmeantrags bzw. Angebots in den Machtbereich des Auftrag- 12589
gebers muss dieser durch **organisatorische und technische Maßnahmen** die Unversehrtheit des Teilnahmeantrags bzw. Angebots sicherstellen. Entsprechende **Vorgaben für die Geräte**, die für den elektronischen Empfang der Teilnahmeanträge bzw. Angebote verwendet werden, sind **in Anhang II der VOF** enthalten. Die Geräte müssen gewährleisten, dass:

a) für die Angebote eine elektronische Signatur verwendet werden kann,

b) Tag und Uhrzeit des Eingangs der Teilnahmeanträge oder Angebote genau bestimmbar sind,

c) ein Zugang zu den Daten nicht vor Ablauf des hierfür festgesetzten Termins erfolgt,

d) bei einem Verstoß gegen das Zugangsverbot der Verstoß sicher festgestellt werden kann,

e) ausschließlich die hierfür bestimmten Personen den Zeitpunkt der Öffnung der Daten festlegen oder ändern können,

f) der Zugang zu den übermittelten Daten nur möglich ist, wenn die hierfür bestimmten Personen gleichzeitig und erst nach dem festgesetzten Zeitpunkt tätig werden und

g) die übermittelten Daten ausschließlich den zur Kenntnisnahme bestimmten Personen zugänglich bleiben.

153.4.6.2 Vertraulichkeit durch Verschlüsselung

Im Vergleich mit den schriftlich eingereichten Teilnahmeanträgen bzw. Angeboten über- 12590
nimmt die **Verschlüsselung die Funktion des „ungeöffneten Umschlags"** im Sinne von § 8 VOF. Damit wird die **Vertraulichkeit sichergestellt**. Im Gegensatz zur elektronischen Signatur **gibt es für die Verschlüsselung (die Kryptographie) keinerlei aktuelle gesetzliche Grundlage**.

Nach § 8 Abs. 1 VOF ist der Auftraggeber verpflichtet, die Form, in der u. a. Teilnahmean- 12591
träge bzw. Angebote einzureichen sind, anzugeben. Bei Zulassung elektronischer Teilnahmeanträge bzw. Angebote muss der Auftraggeber **auch Angaben zu den Verfahren zur Ver- und Entschlüsselung** der Teilnahmeanträge bzw. Angebote machen. Dies wird in der Praxis auch Angaben zum **Verfahren der elektronischen Signatur** einschließen. Ansonsten besteht die Gefahr, dass er im Rahmen des Ausschreibungs- und Vergabeprozesses mit Verfahren konfrontiert wird, auf die er technisch nicht eingerichtet ist.

153.4.7 Telefonisch gestellte Teilnahmeanträge (§ 8 Abs. 4)

153.4.7.1 Nachfolgende Übermittlung der Teilnahmeanträge in Textform

153.4.7.1.1 Allgemeines. Zur Bestimmung des Begriffs der Textform ist auf § 126 b 12592
BGB zurückzugreifen. Danach fallen unter den Begriff der Textform zum einen schriftliche Urkunden, aber auch jede andere lesbare Form, sofern die dauerhafte Wiedergabe in Schriftzeichen gewährleistet ist und die Person des Erklärenden genannt wird. Taugliche Medien für die Übermittlung in Textform sind insbesondere Telefax, CDs, Disketten und E-Mails aber natürlich auch herkömmliche Schriftstücke.

Teil 5 VOF § 8

12593 **153.4.7.1.2 Widerspruch zu § 8 Abs. 1–3?** Mit dem Verweis auf die Textform des § 126 b BGB entsteht **kein Widerspruch zu den Anforderungen des § 8 Abs. 1–3**. Der Auftraggeber muss mit der Aufforderung zur Abgabe eines Teilnahmeantrags gemäß § 8 Abs. 1 die Kommunikationswege angeben; er muss sich damit auch überlegen, wie er mit den Möglichkeiten der Bewerber nach § 8 Abs. 4 umgeht, und zwar unter Beachtung der Anforderungen des § 8 EG insgesamt.

12594 Es spricht insoweit auch **nichts dagegen**, wenn der **Auftraggeber z. B. hinsichtlich der allgemeinen Kommunikation und der Abgabe des Teilnahmeantrags differenziert**, also für die allgemeine Kommunikation wie etwa Bewerberfragen Email und Telefax vorschreibt und für die Abgabe des Teilnahmeantrags nur die Schriftform zulässt.

153.4.8 Unvollständige Teilnahmeanträge

12595 Nach § 5 Abs. 3 VOF können fehlende Erklärungen und Nachweise **bis zum Ablauf einer zu bestimmenden Nachfrist nachgereicht** werden. Vgl. insoweit die Kommentierung zu § 5 VOF Rdn. 37 ff.

153.4.9 Unterzeichnung der Teilnahmeanträge

153.4.9.1 Fehlende ausdrückliche Regelung in der VOF

12596 Im **Gegensatz zu Angeboten** (§ 8 Abs. 5) **fehlt in der VOF** – ebenso wie in der **VOL/A und der VOB/A** – eine Regelung darüber, ob Teilnahmeanträge unterschrieben sein müssen oder nicht.

153.4.9.2 Notwendigkeit einer Unterschrift?

12597 Eine Teilnahmeerklärung ist eine **formfreie Willenserklärung**, aus der **nur hervorgehen muss**, dass der die Willenserklärung Abgebende sich die Willenerklärung mit einem bestimmten Inhalt zurechnen lassen will. Eine **Unterschrift ist grundsätzlich nicht notwendig**, wenn sich die eindeutige Zuordnung aus dem ganzen Kontext der Teilnahmeerklärung ergibt.

153.4.9.3 Beispiele aus der Rechtsprechung

12598 – ein **transparenter und chancengleicher Bieterwettbewerb** i. S. d. § 97 Abs. 1, 2 GWB, § 4 Abs. 2 VOF ist nicht gewährleistet, wenn eine Bewerbung, die den Bewerber nicht klar erkennen lässt, gemäß § 11 VOF zur Verhandlung zugelassen wird. Die **Person des Bewerbers und gegebenenfalls nachfolgend des Auftragnehmers und Vertragspartners ist von zentraler Bedeutung**. Nur bei Klarheit über die Person des Bewerbers kann die Eignungsprüfung im Bewerberauswahlverfahren, die ja gerade personenbezogen ist, sachgerecht durchgeführt werden. In einem späteren Stadium nach Angebotsabgabe und Auftragserteilung muss der Auftraggeber wissen, wer ihm die Leistung schuldet und gegebenenfalls haftet. Ein chancengleicher Bieterwettbewerb ist daher nur gewährleistet, wenn die gemäß § 5 VOF geforderten Eignungsnachweise dem Bewerber eindeutig zugerechnet werden können. Anderenfalls bestünde die Möglichkeit, sich auf Ressourcen eines Anderen zu berufen, obwohl die entsprechenden Nachweise selbst nicht erbracht werden (können). Damit könnte ein Bewerber die Zulassung zur Verhandlung erreichen, obwohl seine – persönliche – Eignung aufgrund fehlender Angaben nicht nachgewiesen ist. Ist eine **klare Zuordnung nicht möglich, ist die Bewerbung schon aus diesem Grund auszuschließen** (3. VK Bund, B. v. 18. 2. 2010 – Az.: VK 3–6/10)

153.5 Anforderungen an Angebote (§ 8 Abs. 3, Abs. 5)

153.5.1 Anforderungen an die Auftraggeber bei Angeboten – Generalklausel – (§ 8 Abs. 3 Satz 1)

12599 Die Anforderungen entsprechen den Anforderungen für Teilnahmeanträge. Vgl. daher die Kommentierung Rdn. 16 ff.

Vergabeordnung für freiberufliche Leistungen VOF § 8 **Teil 5**

153.5.2 Anforderungen an die Bieter bei auf dem Postweg oder direkt übermittelten Angeboten (§ 8 Abs. 3 Satz 2)

Die Anforderungen entsprechen den Anforderungen für Teilnahmeanträge. Vgl. daher die Kommentierung Rdn. 25 ff. 12600

153.5.3 Anforderungen an den Auftraggeber bei auf dem Postweg oder direkt übermittelten Angeboten (§ 8 Abs. 3 Satz 2, 3)

Die Anforderungen entsprechen den Anforderungen für Teilnahmeanträge. Vgl. daher die Kommentierung Rdn. 30 ff. 12601

153.5.4 Anforderungen an den Auftraggeber hinsichtlich Unversehrtheit und Vertraulichkeit bei mittels Telefax übermittelten Angeboten (§ 8 Abs. 3 Satz 4)

Die Anforderungen entsprechen den Anforderungen für Teilnahmeanträge. Vgl. daher die Kommentierung Rdn. 35 ff. 12602

153.5.5 Richtlinie HVA F-StB (05/2010)

Die Angebote sind sofort nach ihrem Eingang in der Reihenfolge des Eingangs fortlaufend zu nummerieren, mit dem Eingangsstempel, der Uhrzeit des Eingangs und Namenszeichen des Entgegennehmenden zu versehen und zu prüfen, ob die Verschlüsse der Angebote unversehrt sind (Vertragsaufstellung/Vergabeverfahren, Nr. 1.4.3.1 Auswahl des Auftragnehmers, Abs. 8). 12603

Falls der Verschluss eines Angebotes beschädigt ist, ist der Umschlag mit einem Vermerk über Art und vermutliche Ursache der Beschädigung zu versehen und neu zu verschließen (Vertragsaufstellung/Vergabeverfahren, Nr. 1.4.3.1 Auswahl des Auftragnehmers, Abs. 9). 12604

Die Annahme von Angeboten in nicht verschlossenen Umschlägen ist zu verweigern. Sie sind dem Absender ohne Einsichtnahme umgehend zurückzugeben (Vertragsaufstellung/Vergabeverfahren, Nr. 1.4.3.1 Auswahl des Auftragnehmers, Abs. 10). 12605

Unmittelbar nach der Kennzeichnung und Prüfung der Umschläge sind die Angebote unter Verschluss zu halten und vertraulich zu behandeln (Vertragsaufstellung/Vergabeverfahren, Nr. 1.4.3.1 Auswahl des Auftragnehmers, Abs. 11). 12606

153.5.6 Unterschriftserfordernis für Angebote (§ 8 Abs. 5)

153.5.6.1 Änderungen in der VOF 2009

Entsprechend der **ausdrücklichen Öffnung der VOF 2009 für die Abgabe von Angeboten per Telefax** sieht § 8 Abs. 5 Satz 5 vor, dass bei solchen Angeboten die **Unterschrift auf der Telefaxvorlage genügt**. 12607

153.5.6.2 Unterzeichnung der auf dem Postweg oder direkt eingereichten Angebote (§ 8 Abs. 5 Satz 1)

§ 8 Abs. 5 legt **unterschiedliche Bedingungen für die Unterschrift** je nach Form des Angebotes fest. Aus der Zusammenschau des § 8 Abs. 5 Satz 1 mit § 8 Abs. 3 ergibt sich, dass sich § 8 Abs. 5 Satz 1 auf Angebote bezieht, die auf dem Postweg oder direkt übermittelt wurden. 12608

153.5.6.2.1 Grundsätze. Nach § 8 Abs. 5 Satz 1 **müssen Angebote, die auf dem Postweg oder direkt eingereicht wurden, unterschrieben** sein. 12609

Angebote **ohne Unterschrift sind keine Angebote im Rechtssinne** und haben schon aus diesem Grunde auszuscheiden (VK Arnsberg, B. v. 13. 7. 2010 – Az.: VK 11/10; 3. VK Bund, B. v. 27. 4. 2006 – Az.: VK 3–21/06; VK Düsseldorf, B. v. 21. 4. 2006 – Az.: VK – 16/2006 – L). Das nachträgliche Einholen der Unterschrift ist unzulässig. Durch den Verzicht auf das Erfordernis der „Rechtsverbindlichkeit" in § 13 Abs. 1 VOL/A – gegenüber älteren Fassungen des § 13 VOL/A – soll lediglich klargestellt werden, dass für die Angebotsabgabe keine über die Formvorschriften des BGB hinausgehenden Anforderungen gelten sollen (3. VK Bund, B. v. 12610

Teil 5 VOF § 8   Vergabeordnung für freiberufliche Leistungen

29. 6. 2006 – Az.: VK 3–48/06; B. v. 29. 6. 2006 – Az.: VK 3–39/06; VK Lüneburg, B. v. 28. 7. 2003 – Az.: 203-VgK-13/2003); hinsichtlich der **Wirksamkeit eines von einem Prokuristen unterzeichneten Angebotes wird auf § 50 Abs. 1 HGB** verwiesen (VK Hessen, B. v. 16. 12. 2005 - 69 d VK – 88/2005).

12611   Aufgrund der **vergaberechtlichen Kaskade**, die in § 5 VgV die Anwendung der VOF – im Oberschwellenbereich – verbindlich macht, handelt es sich um ein im materiellen Sinne **gesetzliches Schriftformerfordernis**. Wird hiergegen verstoßen, so bestimmt sich die Rechtsfolge nach § 125 BGB, wonach das **Angebot nichtig** ist (3. VK Bund, B. v. 27. 4. 2006 – Az.: VK 3–21/06).

12612   Das – inzwischen aufgegebene – Merkmal der „rechtsverbindlichen" Unterschrift hielt den Auftraggeber dazu an, die Vertretungsbefugnis der unterzeichnenden Person (oder deren Mehrheit) und die Rechtswirksamkeit des Angebots, einer Willenserklärung im bürgerlich-rechtlichen Sinn, zu überprüfen. Diese Anforderung ist aufgegeben worden, weil es **unzweckmäßig erschien, dem Auftraggeber die nicht selten mit weiteren Nachforschungen verbundene Prüfung einer Bevollmächtigung des Angebotsunterzeichners aufzuerlegen** (OLG Düsseldorf, B. v. 22. 12. 2004 – Az.: VII – Verg 81/04; 2. VK Mecklenburg-Vorpommern, B. v. 7. 1. 2008 – Az.: 2 VK 5/07). Eine **Nachprüfungspflicht des Auftraggebers** besteht insoweit also **nicht**. Deshalb ist es auch **nicht erforderlich**, dass der **Bieter die Rechtsverbindlichkeit** der Unterschrift unter dem Angebot **durch Nachweise belegt** (3. VK Bund, B. v. 3. 7. 2007 – Az.: VK 3–64/07).

12613   **Auf die Prüfung, ob tatsächlich die gesetzlichen Vertreter der Bieter unterzeichnet haben, kam und kommt es also nicht an.** Ab der ab dem Jahre 2000 geltenden Fassung der VOL/A bzw. VOB/A – und damit letztlich auch der VOF – hat der Verordnungsgeber bewusst auf das zusätzliche Merkmal der „rechtsverbindlichen" Unterschrift verzichtet. Ein Bieter muss also grundsätzlich ein Angebot, soweit es nur unterschrieben ist, gegen sich gelten lassen, wobei **im Zweifelsfall von dem Vorliegen einer Anscheinsvollmacht auszugehen** ist (VK Hessen, B. v. 27. 2. 2003 – Az.: 69 d VK – 70/2002; 1. VK Sachsen, B. v. 31. 1. 2005 – Az.: 1/SVK/144-04).

12614   153.5.6.2.2 Forderung nach einer rechtsverbindlichen Unterschrift. Der **Auftraggeber ist rechtlich nicht gehindert, zu den früher im Bereich der VOL/A und VOB/A geltenden strengeren Anforderungen einer rechtsverbindlichen Unterschrift – oder anderen Anforderungen – zurückzukehren** (OLG Frankfurt, B. v. 26. 8. 2008 – Az.: 11 Verg 8/08; OLG Karlsruhe, B. v. 24. 7. 2007 – Az.: 17 Verg 6/07; OLG Naumburg, B. v. 29. 1. 2009 – Az.: 1 Verg 10/08; 2. VK Mecklenburg-Vorpommern, B. v. 7. 1. 2008 – Az.: 2 VK 5/07; 1. VK Sachsen, B. v. 19. 5. 2010 – Az.: 1/SVK/015-10; 1. VK Sachsen-Anhalt, B. v. 12. 9. 2008 – Az: 1 VK LVwA 11/08; B. v. 7. 3. 2006 – Az: 1 VK LVwA 01/06), zumal sich sachliche Gründe dafür nicht verneinen lassen. Denn das Erfordernis der Verbindlichkeit des Angebots, das ohne Weiteres mit dem Begriff der „Rechtsverbindlichkeit" gleichzusetzen ist, stellt klar, dass das Angebot als bürgerlich-rechtliche Willenserklärung des Bieters rechtsgültig und wirksam zu sein hat, so gefasst sein muss, dass es nur noch einer Annahmeerklärung des Auftraggebers bedarf und dass es den Auftraggeber von der Ungewissheit und der Verzögerungen freistellt, die mit der Angebotsunterzeichnung durch einen Vertreter ohne Vertretungsmacht verbunden sein können. Angebote, zu denen es dem Unterzeichner an der Vertretungsberechtigung mangelt, sind schwebend unwirksam (§ 177 Abs. 1 BGB). Ihre Wirksamkeit hängt von einer – nach Aufforderung des anderen Teils befristet zu erklärenden – Genehmigung durch den Vertretenen ab (§ 177 Abs. 2, § 182 Abs. 1, § 184 Abs. 1 BGB). Es ist **zu respektieren, wenn sich der Auftraggeber den daraus resultierenden möglichen Erschwernissen** (freilich unter Inkaufnahme anderer, die Verbindlichkeit betreffender Prüfungsobliegenheiten) **nicht stellen will** und über ein lediglich „unterschriebenes" Angebot hinaus in den Verdingungsunterlagen die **Rechtsverbindlichkeit der Angebotserklärung fordert** (OLG Düsseldorf, B. v. 22. 12. 2004 – Az.: VII – Verg 81/04; OLG Frankfurt, B. v. 26. 8. 2008 – Az.: 11 Verg 8/08; OLG Karlsruhe, B. v. 24. 7. 2007 – Az.: 17 Verg 6/07). Dies gilt auch dann, wenn der Auftraggeber die **Rechtsverbindlichkeit der Angebotserklärung und deren Nachweis** fordert (OLG Frankfurt, B. v. 26. 8. 2008 – Az.: 11 Verg 8/08).

12615   Wird die Unterzeichnung durch „**rechtsverbindliche Unterschrift**" verlangt, **nicht jedoch der Nachweis der Vertretungsmacht des Unterzeichners** mit dem Angebot, so genügt dieser Anforderung jede Unterschrift eines Erklärenden, der zum Zeitpunkt des Ablaufes der Vorlagefrist tatsächlich bevollmächtigt war. Den **Nachweis über seine Vertretungsmacht kann er jederzeit, auch nachträglich, führen**. Die allgemeinen zivil- und handelsrechtlichen

Vorschriften, die mangels ausdrücklicher Regelungen im Vergaberecht subsidiär anzuwenden sind, sehen eine **Pflicht zur Vorlage einer Vollmachtsurkunde bei einem Handeln in Vertretung nicht vor**, sondern lediglich die Pflicht, dass der Wille, in fremdem Namen aufzutreten, deutlich zu Tage tritt, und dass das Handeln im Rahmen einer dem Vertreter bereits eingeräumten Vertretungsmacht erfolgt (OLG Frankfurt, B. v. 9. 7. 2010 – Az.: 11 Verg 5/10; OLG Naumburg, B. v. 29. 1. 2009 – Az.: 1 Verg 10/08; B. v. 13. 10. 2008 – Az.: 1 Verg 10/08).

Nach § 49 Abs. 1 HGB **ermächtigt die Prokura**, deren Wirksamkeit nicht von der Handelsregistereintragung gemäß § 53 HGB abhängt, zu allen gerichtlichen und außergerichtlichen Geschäften, die der Betrieb eines Handelsgewerbes mit sich bringt, also **auch zur Abgabe von Angeboten in einem Vergabeverfahren**. Demgegenüber ist bei einem Großunternehmen die Unterzeichnung des Angebotes durch Vorstandsmitglieder nicht zu erwarten (OLG München, B. v. 8. 5. 2009 – Az.: Verg 06/09). 12616

153.5.6.2.3 Stelle der Unterzeichnung. Es ist erforderlich, dass **mit der Unterschrift zweifelsfrei der gesamte Angebotsinhalt abgedeckt** wird. Ein Angebot muss ausgeschieden werden, wenn letzteres nicht der Fall ist. Die Unterschrift hat auf dem Angebot in einer Weise zu erfolgen, die deutlich macht, dass sich der Unterzeichner das gesamte Angebot mit seiner Unterschrift zu Eigen macht (OLG Celle, B. v. 19. 8. 2003 – Az.: 13 Verg 20/03; OLG Düsseldorf, B. v. 18. 7. 2005 – Az.: VII – Verg 39/05; 3. VK Bund, B. v. 6. 6. 2005 – Az.: VK 3– 43/05; VK Düsseldorf, B. v. 21. 4. 2006 – Az.: VK – 16/2006 – L; 1. VK Sachsen, B. v. 19. 5. 2010 – Az.: 1/SVK/015-10). Grundsätzlich wird dann eine Unterschrift am Ende des Angebotes oder auf dem Anschreiben, das auf das beigefügte Angebot Bezug nimmt, diesem Erfordernis genügen (VK Düsseldorf, B. v. 21. 4. 2006 – Az.: VK – 16/2006 – L; VK Lüneburg, B. v. 28. 7. 2003 – Az.: 203-VgK-13/2003). 12617

An welcher Stelle der Angebote die **Unterschrift bzw. Unterschriften anzubringen** sind, **lässt § 8 VOF offen**. Deshalb fügen viele Auftraggeber den Vergabeunterlagen ein **Formblatt „Angebot"** bei, durch dessen Gestaltung sichergestellt wird, dass die darauf angebrachte Unterschrift sich auf das gesamte Angebot bezieht. Ist eine Unterschrift vorhanden, befindet sie sich aber **nicht an der eindeutig gekennzeichneten und geforderten Stelle im Angebot, so ist dieses Angebot auszuschließen** (VK Düsseldorf, B. v. 21. 4. 2006 – Az.: VK – 16/2006 – L; VK Lüneburg, B. v. 28. 7. 2003 – Az.: 203-VgK-13/2003). **Weist allerdings das Formblatt keine Unterschriftsleiste auf** und gibt es zudem in den Verdingungsunterlagen andere Gelegenheiten zur (abschließenden) Unterschrift, **schadet eine fehlende Unterschrift auf dem Formblatt „Angebot" nicht** (OLG Düsseldorf, B. v. 21. 6. 2006 – Az.: VII – Verg 24/06). Eine **Berichtigung eines Formfehlers**, das heißt ein Nachholen der Unterschrift an der richtigen Stelle kommt eventuell in Betracht, wenn zweifelsfrei erkennbar ist, dass sich die an falscher Stelle befindliche Unterschrift auf das gesamte Angebot beziehen soll (VK Nordbayern, B. v. 28. 2. 2001 – Az.: 320.VK-3194-25/00). 12618

153.5.6.2.4 Anzahl der Unterschriften. Der Auftraggeber kann z. B. in den Vergabeunterlagen vorgeben, dass auch die Bewerbererklärung rechtsverbindlich unterzeichnet sowie dokumentenecht sein muss. Der Auftraggeber macht dann von der **Möglichkeit der Ermessensausübung** Gebrauch, die den Vergabevorschriften nicht entgegensteht (VK Halle, B. v. 30. 5. 2002 – Az.: VK Hal 11/02). 12619

Hat ein Auftraggeber in den Vergabeunterlagen vorgegeben, dass das Angebot rechtsverbindlich **auf dem Leistungsverzeichnis mit seinen Anlagen und den Besonderen Vertragsbedingungen unterschrieben** sein muss, hat er von der Möglichkeit der Ermessensausübung Gebrauch gemacht, die den Vergabevorschriften nicht entgegensteht (VK Halle, B. v. 12. 7. 2001 – AZ: VK Hal 09/01). 12620

Auch eine **zusätzliche Absicherung der erklärten Preise durch eine gesonderte Unterschrift ist zulässig**. Der Auftraggeber kann sich auf die umfassende Unterschrift im Angebotsschreiben beschränken, kann aber auch darüber hinaus gehen. So werden typischerweise Bietererklärungen und diverse Eignungserklärungen mit einer gesonderte Erklärungsunterschrift verbunden, die, wenn sie fehlt, Zweifel am Erklärungswillen des Bieters entstehen lässt (VK Arnsberg, B. v. 13. 7. 2010 – Az.: VK 11/10). 12621

153.5.6.2.5 Unterzeichnung des Angebotes bei Bietergemeinschaften. 153.5.6.2.5.1 Begriff der Bietergemeinschaft. Zum Begriff der Bietergemeinschaft vgl. die Kommentierung zu § 4 VOF Rdn. 13. 12622

153.5.6.2.5.2 Angebot eines Einzelbieters oder Angebot einer Bietergemeinschaft? Angebote müssen die Identität des Bieters erkennen lassen. Das gilt für Einzelbieter wie 12623 für Bietergemeinschaften. Aus dem **Angebot einer Bietergemeinschaft muss hervorgehen, dass es sich um das Angebot einer Bietergemeinschaft handelt und welche Unternehmen diese Bietergemeinschaft bilden.** Maßgeblicher Zeitpunkt für die Bestimmung, wem ein Angebot zuzurechnen ist, ist das zum Eröffnungstermin vorliegende Angebot. Dieses legt die Identität des Bieters fest. Besteht Streit, wer als Bieter eines bestimmten Angebots anzusehen ist, ist durch Auslegung zu ermitteln, wer das Angebot abgegeben hat. Dabei ist auf den „objektiven Empfängerhorizont" abzustellen; entscheidend ist, wie ein mit den Umständen des Einzelfalles vertrauter Dritter in der Lage der Vergabestelle die Erklärung nach Treu und Glauben mit Rücksicht auf die Verkehrssitte verstehen musste oder durfte (OLG Düsseldorf, B. v. 3. 1. 2005 – Az.: VII – Verg 82/04; OLG Frankfurt, B. v. 15. 7. 2008 – Az.: 11 Verg 4/08; VK Südbayern, B. v. 10. 11. 2003 – Az.: 49-10/03). Ein entscheidender Punkt bei dieser Auslegung ist, wer das Angebot unterschrieben hat (OLG Karlsruhe, B. v. 24. 7. 2007 – Az.: 17 Verg 6/07; BayObLG, B. v. 20. 8. 2001 – Az.: Verg 11/01).

12624   **153.5.6.2.5.3 Grundsätzliche Anforderung an die Unterzeichnung von Angeboten einer Bietergemeinschaft.** Sinn und Zweck des Ausschreibungsverfahrens ist die Einholung verbindlicher Angebote. Wann dies der Fall ist, richtet sich nach **allgemeinen zivilrechtlichen Regeln**. **Bietergemeinschaften** treten in der Praxis als **Gesellschaft bürgerlichen Rechts** auf. Eine **rechtsverbindliche Unterschrift** liegt in diesem Fall nur dann vor, wenn **alle am Angebot beteiligten Unternehmer unterschreiben** (VK Hessen, B. v. 27. 2. 2003 – Az.: 69d VK – 70/2002; VK Südbayern, B. v. 17. 7. 2001 – Az.: 23-06/01), weil grundsätzlich allen von ihnen Außenvertretungsvollmacht zukommt. Die Vertretungsbefugnis richtet sich in der Regel nach der Geschäftsführungsbefugnis. Ein Gesellschafter ist gemäß § 714 BGB nur dann berechtigt, die anderen Gesellschafter gegenüber Dritten zu vertreten, wenn ihm nach dem Gesellschaftsvertrag die alleinige Geschäftsbefugnis zusteht (VK Brandenburg, B. v. 26. 3. 2002 – Az.: VK 3/02).

12625   **153.5.6.2.5.4 Unterzeichnung von Angeboten einer Bietergemeinschaft durch einen Bevollmächtigten.** Die **Unterschrift des Angebots einer Bietergemeinschaft kann auch durch einen nach allgemeinen Regeln hierzu Bevollmächtigten abgegeben werden** (OLG Frankfurt, B. v. 15. 7. 2008 – Az.: 11 Verg 4/08; Schleswig-Holsteinisches OLG, B. v. 15. 2. 2005 – Az.: 6 Verg 6/04; VK Brandenburg, B. v. 16. 10. 2007 – Az.: VK 38/07). Bietermeinschaften haben in der Regel die Rechtsqualität einer Gesellschaft des bürgerlichen Rechts (GbR) gemäß den §§ 705 ff. BGB. Die Vertretungsbefugnis richtet sich nach der Geschäftsführungsbefugnis. Ein Gesellschafter ist gem. § 714 BGB in der Regel nur dann berechtigt, die anderen Gesellschafter gegenüber Dritten zu vertreten, wenn ihm nach dem Gesellschaftsvertrag die alleinige Geschäftsführungsbefugnis zusteht. Von dem Grundsatz, dass alle Mitglieder einer Bietergemeinschaft das Angebot zu unterzeichnen haben, gibt es **nur die Ausnahme, dass einer mit Vertretungsmacht für die anderen Mitglieder der Bietergemeinschaft handelt**. Bestehen **Zweifel** daran, dass ein Teilnehmer einer Bietergemeinschaft mit wirksamer Vertretungsmacht für die anderen handelt, dann führt dies dazu, dass die **Unterschriften der übrigen nicht entbehrlich sind** (VK Lüneburg, B. v. 17. 10. 2003 – Az.: 203-VgK-20/2003).

12626   **Nach den Umständen des Einzelfalls kann man aber auch davon auszugehen, dass ein Vertreter befugt sein soll, eine Bietergemeinschaft als Einzelvertreter zu vertreten.** Deutlich in diese Richtung weist der Umstand, dass der Einzelvertreter im Besitz eines Namensstempels der übrigen Mitglieder der Bietergemeinschaft , den er auf dem Angebot anbringt; mangels gegenteiliger Anhaltspunkte ist davon auszugehen, dass dieser Stempel mit dem Willen der übrigen Mitglieder der Bietergemeinschaft und mit deren Einverständnis, Erklärungen im Namen der Bietergemeinschaft abzugeben, zu ihm gelangt ist. Vor allem aber spricht für eine Einzelvertretungsmacht, dass die von den einzelnen Mitgliedern der Bietergemeinschaft abgegebenen Angebotsbestandteile dem Auftraggeber in einem Umschlag zugingen, dass sie also zuvor dem Einzelvertreter von den übrigen Geschäftsführern zu dem Zweck zugeleitet worden waren, sie dem Gesamt-Angebot beizufügen und dieses einheitliche Angebot abzugeben. Dies lässt vernünftigerweise nur den Schluss zu, dass der Einzelvertreter das Angebot nach dem Willen der übrigen Mitglieder der Bietergemeinschaft in deren Namen allein abgeben sollte (OLG Frankfurt, B. v. 15. 7. 2008 – Az.: 11 Verg 4/08; B. v. 20. 7. 2004 - 11 Verg 14/04; VK Brandenburg, B. v. 16. 10. 2007 – Az.: VK 38/07).

12627   **153.5.6.2.5.5 Nachträgliche Genehmigung bei fehlender Unterschrift aller Mitglieder von Bietergemeinschaften.** Die **Rechtsprechung** ist insoweit **nicht einheitlich**.

12628   Im **Schrifttum** ist **umstritten**, ob die Grundsätze über die nachträgliche Genehmigungsfähigkeit der rechtsgeschäftlichen Willenserklärung vollmachtloser Vertreter im Falle von Bietergemeinschaften anwendbar sind. Zum Teil wird dies **verneint**, weil die strenge Förmlichkeit des § 8 VOF das allgemeine Recht des BGB verdränge. Im Interesse eines für alle Bieter chancengleichen Wettbewerbs sei dies auch sachgerecht. **Andernfalls seien Manipulationen nicht auszuschließen**, da es Teilnehmern einer Bietergemeinschaft sonst nach Kenntnisnahme der Angebote anderer Bieter freistünde, je nach Auslastung der eigenen Betriebe und der Akquisition möglicherweise ertragreicherer anderer Angebote eine Genehmigung der Willenserklärung der vollmachtlosen Vertreter abzugeben oder zu verweigern. Nach einer **anderen Auffassung** ist im Falle der Unterschriftsvertretung bei Bietergemeinschaften mit der Vorlage des Angebots nicht zwingend ein Vollmachtsnachweis vorzulegen. Auch nach dieser Auffassung werden aber in den Fällen, in denen lediglich ein Mitglied einer Bietergemeinschaft ein Angebot in Vertretung der anderen Mitglieder unterschreibt, die **Voraussetzungen der Rechtsscheinvollmachten regelmäßig nur begrenzt nachzuweisen sein**. Die Duldungs- bzw. die Anscheinsvollmacht **setzt voraus, dass der Vertretene wissentlich zulässt bzw. hätte erkennen müssen**, dass jemand für ihn wie ein Vertreter auftritt und Dritte nach Treu und Glauben bei Anwendung der ihnen jeweils zumutbaren Sorgfalt auf die Erteilung einer entsprechenden Vollmacht schließen dürfen. Dabei muss das Verhalten des einen Teils, aus dem der Geschäftspartner die Bevollmächtigung eines Dritten vermeintlich schließen kann, **von einer gewissen Häufigkeit und Dauer** sein. Eine solche **Häufigkeit und Dauer der Stellvertretung wird bei einer Angebotsunterzeichnung eines Mitglieds einer Bietergemeinschaft in Vertretung eines anderen Mitglieds regelmäßig nicht gegeben sein** (VK Lüneburg, B. v. 17. 10. 2003 – Az.: 203-VgK-20/2003). Eine nachträgliche Genehmigung scheidet dann aus.

Demgegenüber ist nach einer anderen Meinung im Falle der Unterschriftsvertretung bei Bietergemeinschaften mit der Vorlage des Angebots **nicht zwingend ein Vollmachtsnachweis vorzulegen**. Es ist **ausreichend**, dass die **Vollmacht rechtzeitig vor Zuschlagserteilung vorgelegt** wird (VK Baden-Württemberg, B. v. 20. 9. 2001 – Az.: 1 VK 26/01; ähnlich VK Südbayern, B. v. 17. 7. 2001 – Az.: 23-06/01). 12629

Je nach den Umständen des Einzelfalls kommt auch eine **konkludente Genehmigung** in Betracht, z. B. wenn die Mitglieder einer Bietergemeinschaft die das jeweilige Unternehmen betreffenden Angebotsunterlagen an einen Einzelvertreter übersenden. Jedenfalls aber liegt eine **konkludente Genehmigung darin**, dass die Mitglieder der Bietergemeinschaft einen **Nachprüfungsantrag nach § 107 GWB und eine vorliegende sofortige Beschwerde erheben** (OLG Frankfurt, B. v. 20. 7. 2004 - 11 Verg 14/04). 12630

153.5.6.2.5.6 Anwendung der Grundsätze über die Duldungs- und Anscheinsvollmacht und das Handeln eines vollmachtlosen Vertreters. Nach Auffassung des OLG Frankfurt musste für das damals geltende Recht (VOL/A 2002) davon ausgegangen werden, dass für die Angebotsabgabe keine über das BGB hinausgehenden Anforderungen gestellt werden dürfen. Dies hat vor allem zur Folge, dass sowohl die **Grundsätze über die Duldungs- und Anscheinsvollmacht als auch über das Handeln eines vollmachtlosen Vertreters im Vergabeverfahren uneingeschränkt Anwendung finden**, so dass dessen Handeln auch noch nach dem Beginn der Angebotswertung nachträglich genehmigt werden kann (OLG Frankfurt, B. v. 20. 7. 2004 - 11 Verg 14/04; im Ergebnis ebenso 1. VK Sachsen, B. v. 16. 6. 2005 – Az.: 1/SVK/056-05). 12631

Diese Rechtsprechung **gilt auch für die VOF 2009**. 12632

153.5.6.2.5.7 Weitere Beispiele aus der Rechtsprechung 12633

– im Streitfall hat **zwar nur ein Mitglied der Bietergemeinschaft**, die Fa. … auf das Angebotsformular **unter dem „Namen des Bieters" einen Stempel angebracht**, gleichfalls hat **nur die Fa. … das Angebotsformular unterschrieben**. Dies ist aber **unschädlich, denn diesem Formular lag zugleich eine ausdrückliche Erklärung bei, dass es sich um eine „Bietergemeinschaft" handle, die aus den Firmen …gebildet werde**. Die Beigeladene Ziff. 1 hat auf Seite 2 des Angebotsformulars ausdrücklich darauf verwiesen, dass dem Angebot ein Begleitschreiben beigefügt sei. Dass sich die **Person des Bieters aus dem Zusammenhang mit einem beigefügten Begleitschreiben ergibt, genügt**. In der „Erklärung der Bietergemeinschaft" wurde mitgeteilt, dass geschäftsführendes Mitglied (bevollmächtigter Vertreter) die Fa. … sei und dass dieses geschäftsführende Mitglied die Arbeitsgemeinschaftsmitglieder gegenüber dem Auftraggeber rechtsverbindlich vertrete. Die **„Bietergemeinschaftserklärung" war mit dem Firmenstempel beider Mitglieder der Bietergemeinschaft versehen und unterschrieben** (OLG Karlsruhe, B. v. 24. 7. 2007 – Az.: 17 Verg 6/07)

– ist ein Formular Bestandteil der Vergabeunterlagen, aus dem zweifelsfrei hervorgeht, dass es bei der Einreichung des Angebots beigelegt werden muss und das **Angebot nur auf diesem Formular unterschrieben werden kann, ist dieses zwingend von der Wertung auszuschließen, wenn die Unterschrift an anderer Stelle erfolgt** ist (VK Hessen, B. v. 19. 3. 2009 – Az.: 69 d VK – 05/2009)

12634 **153.5.6.2.6 Angebot eines Bieters für einen Dritten. 153.5.6.2.6.1 Grundsatz.** Ein Bieter, der in gewillkürter Verfahrensstandschaft für ein anderes Unternehmen am Wettbewerb teilnimmt, will nicht selbst Auftragnehmer für die maßgebliche Vertragsleistung werden, sondern nur Vermittler des Auftrags für den Dritten sein. Anders wäre dies nur zu beurteilen, wenn die Ausschreibung selbst die Vermittlung entsprechender Leistungen etwa im Sinne einer Maklertätigkeit (vgl. § 652 BGB) beträfe. Dann entspräche die angebotene auch der ausgeschriebenen Leistung. Ansonsten **muss die Identität des ausgeschriebenen Auftrags gewahrt bleiben. Davon kann jedenfalls dann nicht mehr die Rede sein, wenn zentrale Leistungen des künftigen Vertrags nicht Gegenstand des Angebots des Bieters sind, sondern der Auftraggeber wegen dieser Leistungen in vertragliche Beziehungen mit einem Dritten treten müsste** (BayObLG, B. v. 29. 10. 2004 – Az.: Verg 022/04).

12635 **153.5.6.2.6.2 Weitere Beispiele aus der Rechtsprechung**

– weist das Angebotsbegleitschreiben eine andere Anschrift als die Anschrift des Bieters aus und trägt die Unterschrift im Angebot einen anderen Stempel, zeigt es aber eindeutig die Handelsregisternummer des Bieters, ist das Angebot dem Bieter zuzurechnen (VK Südbayern, B. v. 10. 11. 2003, Az.: 49-10/03).

12636 **153.5.6.2.7 Wertung von Angeboten mit fehlenden oder unvollständigen Unterschriften.** Die VOF trifft dazu keine ausdrückliche Regelung. Mit Blick auf die der VOL/A vergleichbare Förmlichkeit des VOF-Verfahrens können die Vorschriften der §§ 16 Abs. 3 lit. b), 19 EG Abs. 3 lit. b) VOL/A übernommen werden. Angebote, die dem **Erfordernis einer** – ggf. (rechts)verbindlichen – **Unterschrift nicht genügen**, sind gemäß § 16 Abs. 3 lit. b) VOL/A **von der Wertung grundsätzlich zwingend auszuschließen** (OLG Frankfurt, B. v. 26. 8. 2008 – Az.: 11 Verg 8/08). Vgl. dazu die Kommentierung zu § 16 VOL/A Rdn. 383 ff.

153.5.6.3 Elektronisch übermittelte Angebote (§ 8 Abs. 5 Satz 2)

12637 **153.5.6.3.1 Allgemeines.** § 8 VOF stellt die Ermächtigung dar, auch elektronische Angebote zuzulassen. Die **elektronische Angebotsabgabe ist Teil des umfassenden und ganzheitlichen Prozesses der elektronischen Ausschreibung und Vergabe (E-Vergabe)**. Dieser Prozess steht auf der Prioritätenliste der Kommission der Europäischen Gemeinschaften und der Politik in der Bundesrepublik Deutschland relativ weit oben, hat aber bisher aus vielfältigen Gründen den **Durchbruch im Bereich der Angebotsabgabe noch nicht geschafft.**

12638 **153.5.6.3.2 Umsetzung der Vorgaben der Vergabekoordinierungsrichtlinie.** § 8 VOF setzt die Vorgaben des Art. 42 Abs. 1–3 der Vergabekoordinierungsrichtlinie um.

12639 **153.5.6.3.3 Sonstige Regelungen über die elektronische Angebotsabgabe.** Der Bereich der E-Vergabe wird nicht nur durch unmittelbare vergaberechtliche Vorschriften geregelt, sondern durch eine **Vielzahl weiterer Vorschriften mittelbar bestimmt.**

12640 **153.5.6.3.3.1 Europarechtliche Regelungen. 153.5.6.3.3.1.1 Richtlinie über den elektronischen Geschäftsverkehr (e-commerce-Richtlinie). 153.5.6.3.3.1.1.1 Allgemeines.** Die **e-commerce-Richtlinie** (Richtlinie 2000/31/EG des Europäischen Parlaments und des Rates vom 8. Juni 2000 über bestimmte rechtliche Aspekte der Dienste der Informationsgesellschaft, insbesondere des elektronischen Geschäftsverkehrs, im Binnenmarkt („Richtlinie über den elektronischen Geschäftsverkehr"), ABl. L 178 vom 17. 7. 2000, S. 1–16) **umfasst nach ihrem Inhalt auch die öffentlichen Aufträge, sofern sie elektronisch abgewickelt werden.**

12641 **153.5.6.3.3.1.1.2 Recht auf Abgabe eines elektronischen Angebots?** In der vergaberechtlichen Literatur ist **umstritten, ob sich aus der e-commerce-Richtlinie eine Verpflichtung der öffentlichen Auftraggeber zur Zulassung elektronischer Angebote ergibt.** Bund, Bundesländer und der Großteil der Literatur lehnen diese Auffassung ab. Nach Art. 22 der europäischen Richtlinie über den elektronischen Geschäftsverkehr (e-commerce-Richtlinie) sind die Mitgliedstaaten der EU (lediglich) verpflichtet, die erforderlichen Rechts- und Verwaltungsvorschriften zur Umsetzung der e-commerce-Richtlinie in Kraft zu setzen, um dieser Richtlinie vor dem 17. 1. 2002 nachzukommen. Diese Verpflichtung hatte die Bundesrepublik Deutschland für den Bereich der öffentlichen Aufträge durch die Vergabeverordnung vom 9. 1. 2001 sowie die VOL 2000 und die VOB 2000 und die VOF 2000 erfüllt. Die **Vergabe öffentlicher Aufträge kann elektronisch abgewickelt werden.**

Ist die grundsätzliche Verpflichtung zur Umsetzung der e-commerce-Richtlinie erfüllt, werden die Einzelheiten durch die speziellere Regelung der Vergabekoordinierungsrichtlinie und der Sektorenrichtlinie geregelt. **Nach diesen Richtlinien – in ihrer novellierten Fassung – können die öffentlichen Auftraggeber elektronische Angebote zulassen. Entsprechend lauten die Formulierungen in der Vergabeverordnung bzw. der VOL und der VOB und der VOF.** 12642

Es gibt also **aus der e-commerce-Richtlinie kein Recht auf Abgabe eines elektronischen Angebotes.** 12643

153.5.6.3.3.1.2 Signaturrichtlinie. Das Europäische Parlament und der Rat der Europäischen Union haben die **Richtlinie 1999/93/EG vom 13. Dezember 1999 über gemeinschaftliche Rahmenbedingungen für elektronische Signaturen (ABl. L 13 vom 19. 1. 2000, S. 12)** beschlossen. Auch der Bereich der öffentlichen Aufträge wird grundsätzlich vom Regelungsgehalt der Signaturrichtlinie umfasst. 12644

153.5.6.3.3.2 Nationale Regelungen. Zur Ausfüllung insbesondere der europäischen Richtlinien hat die Bundesrepublik Deutschland verschiedene Vorschriften erlassen, um die elektronische Angebotsabgabe bzw. den Prozess der ganzheitlichen eVergabe möglich zu machen. Es sind dies insbesondere: 12645

– das Gesetz über Rahmenbedingungen für elektronische Signaturen und zur Änderung weiterer Vorschriften vom 16. Mai 2001 (Bundesgesetzblatt I 2001 S. 876), zuletzt geändert durch Artikel 4 des Gesetzes vom 17. Juli 2009 (BGBl. I S. 2091)

– die Verordnung zur elektronischen Signatur (Signaturverordnung – SigV) vom 16. November 2001 (BGBl. I S. 3074), zuletzt geändert durch Verordnung vom 17. 12. 2009 (BGBl. I S. 3932)

– das Gesetz zur Anpassung der Formvorschriften des Privatrechts und anderer Vorschriften an den modernen Rechtsgeschäftsverkehr vom 13. Juli 2001 (BGBl. I 2001 S. 1542 ff.)

– das Dritte Gesetz zur Änderung verwaltungsverfahrensrechtlicher Vorschriften (3. VwVfÄndG) vom 21. August 2002 (BGBl. I 2002 S. 3322).

153.5.6.3.4 Signaturanforderung (§ 8 Abs. 5 Satz 2). 153.5.6.3.4.1 Signaturstufe. § 8 Abs. 5 Satz 2 verlangt – als **Äquivalent der Unterschrift** – nach Wahl des Auftraggebers eine fortgeschrittene elektronische Signatur nach dem Signaturgesetz und den Anforderungen des Auftraggebers – mittlere Sicherheitsstufe – oder eine qualifizierte elektronische Signatur nach dem Signaturgesetz – höchste Sicherheitsstufe -. Die Einzelheiten ergeben sich jeweils aus dem Signaturgesetz. 12646

Zur Erleichterung der elektronischen Angebotsabgabe wurde **mit der VOF 2006** neben der bisherigen qualifizierten elektronischen Signatur **auch die fortgeschrittene elektronische Signatur nach dem Signaturgesetz in Verbindung mit den Anforderungen des Auftraggebers als Wahloption** für die Auftraggeber vorgesehen. In der Literatur werden erhebliche Bedenken gegen die Funktionsäquivalenz fortgeschrittener elektronischer Signaturen mit der eigenhändigen Unterschrift geäußert (Roßnagel/Paul, NZBau 2007, 74). 12647

153.5.6.3.5 Anwendungsprojekte. Der Bund, verschiedene Bundesländer sowie andere Institutionen unternehmen derzeit Anwendungsprojekte, um die Anwendung der elektronischen Vergabe als geschlossenes System umzusetzen. 12648

Wichtige Anwendungsprojekte finden Sie unter 12649

– www.evergabe-online.de (identisch mit www.e-vergabe.bund.de),
– www.vergabe.bayern.de
– www.vergabe.berlin.de
– www.evergabe.nrw.de.

153.5.6.3.6 Literatur 12650

– Burgi, Martin, Ein gangbarer Weg zur elektronischen Vergabe: Die Angebotsabgabe in einer Kombinationslösung, VergabeR 2006, 149

Teil 5 VOF § 8 Vergabeordnung für freiberufliche Leistungen

- Denk, Heiko/Paul, Sandra/Roßnagel, Alexander/Schnellenbach-Held, Martina, Der Einsatz intelligenter Softwareagenten im elektronischen Vergabeverfahren, NZBau 2004, 131
- Drügemöller, Albert, Elektronische Bekanntmachungen im Vergaberecht, NVwZ 2007, 177
- Fährmann, Uwe: Integrierte E-Procurement-Lösungen für öffentliche Auftraggeber, E-Government in der Praxis – Leitfaden für Politik und Verwaltung, Frankfurt 2005, 83
- Faßnacht, Klaus, Sparen mit E-Vergabe, Prozessanalyse belegt Einspareffekte elektronischer Beschaffungssysteme, Jahrbuch Verwaltungsmodernisierung 2005/2006, Wegweiser GmbH, 2005, 98
- Graef, Eberhard, Rechtsfragen zur Kommunikation und Informationsübermittlung im neuen Vergaberecht, NZBau 2008, 34
- Heinze, Florian, Die elektronische Vergabe öffentlicher Aufträge, Dissertation, Frankfurt am Main, 2005
- Jansen, Stephan/Dippel, Norbert, Elektronische Beschaffung und Vergabe in der öffentlichen Verwaltung: Rechtliche, organisatorische und wirtschaftliche Aspekte, Köln, 2005
- Kosilek, Ernest, Elektronische Beschaffung in Kommunen, Dissertation, Lohmar, 2004
- Müller, Martin/Ernst, Tobias, Elektronische Vergabe ante portas – Übersicht über aktuelle und zukünftige Rechtsfragen, NJW 2004, 1768
- Roßnagel, Alexander/Paul, Sandra, Die Nutzung privater Vergabeplattformen durch öffentliche Auftraggeber, VergabeR 2007, 313
- Roßnagel, Alexander/Paul, Sandra, Die Form des Bieterangebots in der elektronischen Vergabe, NZBau 2007, 74
- Schindler, Sven, Zulässigkeit der Beschränkung der Angebotsabgabe auf elektronische Form durch öffentliche Auftraggeber, NZBau 2008, 746
- Schinzer, Heiko, E-Einkauf und E-Vergabe – Vergabemanagement: Bindeglied zum Internet, Behörden Spiegel Dezember 2007, 25
- Schinzer, Heiko, Kostenlose Austauschbörse – E-Vergabe: Standards für Leistungsverzeichnisse, Behörden Spiegel September 2007, 22
- Schwarz, Michael, Der große Sprung – Der E-Vergabe gehört die Zukunft – Vergabe24, Behörden Spiegel September 2007, 21
- Weyand, Rudolf, Darf abgeschrieben werden? Vergabeportale und Urheberrechte, Behörden Spiegel August 2007, 21
- Weyand, Rudolf, Langsames Bohren dicker Bretter – Warten auf einen nationalen Bekanntmachungsdienst, Behörden Spiegel Mai 2007, 21

153.5.6.4 Angebote mittels Telefax (§ 8 Abs. 5 Satz 3)

12651 **153.5.6.4.1 Änderung in der VOF 2009.** Aus § 8 Abs. 5 Satz 3 ergibt sich, dass **auch eine Angebotsabgabe mittels Telekopie ermöglicht** wird.

12652 Eine vergleichbare Regelung **kennt zwar die VOL/A (§§ 13, 16 EG)**, die **VOB/A 2009** jedoch nicht.

12653 **153.5.6.4.2 Historie.** Schon die **VgV 2001** hatte **für den Bereich der Ausschreibungen ab den Schwellenwerten nach VOL/A über § 15 VgV** (Elektronische Angebotsabgabe) – inzwischen außer Kraft – das Vergaberecht insoweit für die Abgabe von Angeboten mittels Telekopie geöffnet. Einzige Voraussetzung nach § 15 VgV war, dass die **Vertraulichkeit der Angebote gewahrt werden musste. An dieser Voraussetzung war die praktische Umsetzung der Angebotsabgabe per Telekopie insgesamt gescheitert.**

12654 **153.5.6.4.3 Unterschrift bei Angeboten mittels Telefax.** Nach § 8 Abs. 5 Satz 5 genügt bei Angeboten mittels Telefax die **Unterschrift auf der Telefaxvorlage**. Bei Zweifelsfragen muss der Auftraggeber Einsicht in die Telefaxvorlage nehmen.

154. § 9 VOF – Bekanntmachungen

(1) Die Bekanntmachung einer beabsichtigten Auftragsvergabe wird nach dem in Anhang II der Verordnung (EG) Nr. 1564/2005 enthaltenen Muster erstellt.

(2) Auftraggeber, die einen Wettbewerb nach Kapitel 2 durchführen wollen, teilen ihre Absicht durch Bekanntmachung nach dem in Anhang XII der Verordnung (EG) Nr. 1564/2005 enthaltenen Muster mit. Die Bekanntmachung ist dem Amt für amtliche Veröffentlichungen der Europäischen Gemeinschaften unverzüglich mitzuteilen.

(3) Die Bekanntmachung ist auf elektronischem oder anderem Wege unverzüglich dem Amt für amtliche Veröffentlichungen der Europäischen Gemeinschaften zu übermitteln. Soweit keine elektronische Übermittlung der Bekanntmachung erfolgt, darf der Inhalt der Bekanntmachung nicht mehr als 650 Wörter umfassen. In Fällen besonderer Dringlichkeit muss die Bekanntmachung per Telefax oder auf elektronischem Weg übermittelt werden. Der Auftraggeber muss den Tag der Absendung nachweisen können.

(4) Elektronisch erstellte und übersandte Bekanntmachungen werden spätestens fünf Tage nach ihrer Absendung an das Amt für amtliche Veröffentlichungen veröffentlicht. Nicht elektronisch erstellte und übermittelte Bekanntmachungen werden spätestens zwölf Tage nach der Absendung veröffentlicht. Die Bekanntmachungen werden unentgeltlich und ungekürzt im Supplement zum Amtsblatt der Europäischen Gemeinschaften in der jeweiligen Originalsprache und eine Zusammenfassung der wichtigsten Bestandteile davon in den anderen Amtssprachen der Gemeinschaft veröffentlicht. In den Amtsblättern oder der Presse des Landes des Auftraggebers darf die Bekanntmachung nicht vor dem Tag der Absendung an das Amt für amtliche Veröffentlichungen der Europäischen Gemeinschaften veröffentlicht werden; bei der Veröffentlichung ist dieser Zeitpunkt anzugeben. Die Veröffentlichung darf nur die im Amtsblatt der Europäischen Gemeinschaften oder die in einem Beschafferprofil nach Absatz 5 veröffentlichten Angaben enthalten.

(5) Die Auftraggeber können im Internet ein Beschafferprofil einrichten. Es enthält Angaben über geplante und laufende Vergabeverfahren, über vergebene Aufträge sowie alle sonstigen für die Auftragsvergabe relevanten Informationen wie zum Beispiel Kontaktstelle, Telefon- und Telefaxnummer, Anschrift, E-Mail-Adresse des Auftraggebers.

154.1 Änderungen in der VOF 2009

Auch die **Bekanntmachung über die Durchführung eines Wettbewerbs** – bisher in den Vorschriften der VOF 2006 über den Wettbewerb (§ 20) enthalten – wurde **in § 9 aufgenommen**. 12655

In § 9 Abs. 4 wurde die **Ergänzung aufgenommen**, dass eine **Zusammenfassung der wichtigsten Bestandteile der Bekanntmachungen** in den anderen Amtssprachen der Gemeinschaft veröffentlicht wird. 12656

154.2 Vergleichbare Regelungen

Der **Vorschrift des § 9 VOF vergleichbar** sind im Bereich der VOL/A §§ 12, 15 EG VOL/A und im Bereich der VOB §§ 12, 12 a VOB/A. Die Kommentierungen zu diesen Vorschriften können daher ergänzend zu der Kommentierung des § 9 herangezogen werden. 12657

154.3 Bieterschützende Vorschrift

154.3.1 Grundsätze

Die **Bestimmungen über die Veröffentlichung von Vergabevorhaben** besitzen generell bieterschützende, die Diskriminierungsfreiheit sichernde Wirkung (BGH, Urteil v. 27. 11. 2007 – Az.: X ZR 18/07; VK Südbayern, B. v. 26. 11. 2002 – Az.: 46-11/02, B. v. 12658

Teil 5 VOF § 9 Vergabeordnung für freiberufliche Leistungen

18. 3. 2002 – Az.: 04-02/02) dahingehend, dass durch die Veröffentlichung gesichert werden soll, dass **ein möglichst breiter Markt von der Vergabeabsicht Kenntnis erlangen und sich an den Ausschreibungen beteiligen** kann. Die **Beschränkung auf nationale oder gar regionale Märkte unter Ausgrenzung externer Marktteilnehmer soll vermieden** werden. Es besteht dementsprechend ein Anspruch auf Information über die Vergabevorhaben, der nach § 97 Abs. 7 GWB einklagbar ist. Die Bestimmungen über die Veröffentlichung haben zudem **insbesondere in ihrer konkreten Bestimmung der Inhalte der Veröffentlichung nach den Bekanntmachungsmustern und der Festlegung, was mindestens zu den Verdingungsunterlagen gehört** sowie, **in welcher Form sie den Bewerbern auszuhändigen sind, bieterschützende Wirkung** zur Sicherung der Gleichbehandlung und wiederum der Diskriminierungsfreiheit, damit alle Bewerber ihre Angebote auf dem Stand gleicher Information und gleicher Chancen abgeben können. Hierzu gehört auch die Chancengleichheit hinsichtlich der verfügbaren Zeit zur Erstellung des kompletten Angebotes (VK Düsseldorf, B. v. 17. 10. 2003 – Az.: VK – 31/2003 – L; VK Münster, B. v. 21. 8. 2003 – Az.: VK 18/03).

154.3.2 § 9 Abs. 1, Abs. 3

12659 Die **Vorschrift des § 9 Abs. 1, Abs. 3 hat bieterschützenden Charakter** (OLG Naumburg, B. v. 16. 9. 2002 – Az.: 1 Verg 02/02).

154.3.3 § 9 Abs. 2

12660 Die Publikationsregelung des § 9 Abs. 2 hat **bieterschützenden Charakter** (1. VK Sachsen, B. v. 10. 4. 2002 – Az.: 1/SVK/23-02, 1/SVK/23-02G).

154.4 Sinn und Zweck der Vorschriften über die Vergabebekanntmachung

12661 Bei den Vorschriften über die Vergabebekanntmachung handelt es sich **nicht um reine Formvorschriften, sondern um Ordnungsbestimmungen, die die Transparenz des grenzüberschreitenden Wettbewerbs in der EG fördern** und die ungerechtfertigte Bevorzugung von Unternehmen durch die Vergabestellen des eigenen Landes erschweren sollen (BayObLG, B. v. 4. 2. 2003 – Az.: Verg 31/02 – für die öffentliche Ausschreibung; VK Südbayern, B. v. 18. 3. 2002 – Az.: 04-02/02).

12662 § 12 Abs. 1 VOL/A beispielsweise sieht eine Pflicht zur Bekanntmachung öffentlicher Ausschreibungen beispielsweise durch Tageszeitungen, amtliche Veröffentlichungsblätter oder Internetportale vor. **Dadurch soll** – nicht anders als durch die EU-weite Ausschreibung nach § 9 VOF – **ein transparentes und am Wettbewerbsprinzip orientiertes Vergabeverfahren gefördert werden** (BayObLG, B. v. 4. 2. 2003 – Az.: Verg 31/02; VK Brandenburg, B. v. 22. 5. 2008 – Az.: VK 11/08).

12663 Die Bekanntmachung soll außerdem potentiell am Auftrag interessierten Unternehmen eine **sachgerechte Entscheidung darüber** ermöglichen, ob sie sich **am Vergabeverfahren beteiligen wollen** (OLG Düsseldorf, B. v. 9. 3. 2007 – Az.: VII – Verg 5/07; 1. VK Sachsen, B. v. 26. 3. 2008 – Az.: 1/SVK/005–08; 2. VK Sachsen-Anhalt, B. v. 10. 6. 2009 – Az.: VK 2 LVwA LSA – 13/09).

12664 **Ausschreibungsunterlagen sollen möglichst ungehindert zeitnah, vollständig und richtig den an der Vergabe des Auftrags interessierten Unternehmen zur Kenntnis gebracht** werden. Es besteht daher ein **öffentliches Interesse daran, dass diese Unterlagen nicht nur hinsichtlich der einzelnen, sonst nicht ohne weiteres zugänglichen Ausschreibungsunterlagen, sondern gerade auch in deren vollständiger Zusammenstellung in einer (gedruckten und online zugänglichen) Datenbank von Dritten ungehindert genutzt werden können**. Würde der Datenbankschutz dazu führen, dass die in der Datenbank zusammengestellten Ausschreibungsunterlagen lediglich den Abonnenten des entsprechenden Informationsdienstes eines Bundeslandes zugänglich wären, bestünde die Gefahr, dass Unternehmen aus anderen Teilen des Bundesgebietes oder aus anderen Mitgliedstaaten der Europäischen Union auf die Ausschreibung nicht aufmerksam würden. Damit wäre der Wettbewerb, der durch die Ausschreibung eröffnet werden soll, möglicherweise eingeschränkt (BGH, B. v. 28. 9. 2006 – Az.: I ZR 261/03).

154.5 Auslegung der Vergabebekanntmachung

154.5.1 Allgemeines

Die **Bekanntmachung** ist **nach den §§ 133, 157 BGB auszulegen**. Hierbei kommt es (ebenso wie für Auslegung von Vergabe- und Vertragsunterlagen) allein auf die Frage an, wie die Bekanntmachung von Seiten der potentiellen Bieter und Bewerber zu verstehen ist – **objektiver Empfängerhorizont** – (OLG Düsseldorf, B. v. 24. 5. 2006 – Az.: VII – Verg 14/06; OLG München, B. v. 10. 9. 2009 – Az.: Verg 10/09; B. v. 16. 6. 2009 – Az.: Verg 07/09; 2. VK Bund, B. v. 5. 6. 2003 – Az.: VK 2–42/03; VK Düsseldorf, B. v. 19. 4. 2007 – Az.: VK – 10/2007 – B; VK Hessen, B. v. 8. 7. 2008 – Az.: 69 d VK – 29/2008; VK Südbayern, 31. 7. 2009 – Az.: Z3-3-3194-1-35–06/09). Für die Auslegung ist der **Wortlaut und der Gesamtzusammenhang der Regelungen maßgebend** (VK Hessen, B. v. 8. 7. 2008 – Az.: 69 d VK – 29/2008). 12665

Da es sich **bei Vergabebekanntmachungen nicht um fachrechtliche Veröffentlichungen** handelt, die formaljuristische Voraussetzungen entsprechen müssen, sondern um allgemeinverständliche Vorgaben zu Angebotsvoraussetzungen an einen unbestimmten Bieterkreis, haben **Begriffsauslegungen des Bekanntmachungstextes vorrangig mit Blick auf das Verständnis des durchschnittlichen Bieters** zu erfolgen. Etwaige dem allgemeinen Sprachgebrauch entgegenstehende **terminologische Besonderheiten**, die sich ausschließlich aus spezifischen Fachgesetzen ergeben, **haben dahinter zurückzutreten** (VK Berlin, B. v. 15. 7. 2009 – Az.: VK – B 1–16/09; 3. VK Bund, B. v. 24. 8. 2010 – Az.: VK 3–78/10). 12666

Für die Auslegung der Bekanntmachung ist unerheblich, welchen Inhalt die später den Bietern übersandten Vertragsunterlagen hatten. Für die Bekanntmachung **auslegungsrelevant sind nur solche die Umstände, die bis zur Veröffentlichung gegeben waren**. Nur bis dahin hervorgetretene Umstände können bedeutsam dafür sein, wie die Bekanntmachung zu dem maßgebenden Zeitpunkt ihrer Veröffentlichung objektiv zu verstehen war und welchen Inhalt sie deshalb hatte und fortan behielt. Hat eine Vergabebekanntmachung einen bestimmten (durch Auslegung) festgestellten Inhalt, kann dieser nicht durch die später übersandten Vertragsunterlagen verändert werden. **Abweichende Vergabe- und Vertragsunterlagen werfen (nur noch) die Frage auf, ob sie eine zulässige Konkretisierung der Bekanntmachung darstellen** (was zurückhaltend zu beurteilen ist) oder **ob sie als unbeachtlich zu verwerfen** sind, weil es für die richtige Verständnis der Bekanntmachung grundsätzlich nur auf den Inhalt der Vergabebekanntmachung ankommen kann (OLG Düsseldorf, B. v. 24. 5. 2006 – Az.: VII – Verg 14/06; VK Südbayern, B. v. 21. 4. 2009 – Az.: Z3-3-3194-1-09-02/09). 12667

Anderer Auffassung ist die 3. VK Bund. Für die **Auslegung dessen, was der Auftraggeber vorgegeben hat** – zwingend z. B. das Fabrikat ... oder auch vergleichbare Produkte – ist **nicht nur isoliert auf die Bekanntmachung abzustellen**, zumal es sich bei diesen Vorgaben um keine Angaben handelt, die zwingend in die Bekanntmachung aufzunehmen sind. **Relevant ist vielmehr eine Gesamtschau aller Vorgaben**. Für den sachverständigen Bieter – und auf dessen Empfängerhorizont ist für die Auslegung dessen, was der Auftraggeber vorgegeben hat, gemäß §§ 133, 157 BGB abzustellen – war letztendlich erkennbar, dass auch andere Produkte als z. B. ... angeboten werden konnten, so sie vergleichbar sind (3. VK Bund, B. v. 22. 1. 2010 – Az.: VK 3–235/09). 12668

154.5.2 Beispiele aus der Rechtsprechung

– der Wortlaut des Ausschreibungstextes spricht davon, dass zunächst für den Bieter oder die Mitglieder der Bietergemeinschaft selbst die unter III.2.3 a)-d) genannten Nachweise beizubringen sind. Darüber hinaus sind diese Nachweise, also die in a) – d) genannten, auch für die Nachunternehmer der Bieter beizubringen. Der **Wortlaut des Ausschreibungstextes unter e) ist nach dem objektiven Empfängerhorizont klar und eindeutig so zu verstehen, dass die zuvor aufgeführten Nachweise, also alle in a)-d) genannten Nachweise bzw. Erklärungen, auch für die durch den Bieter benannten Nachunternehmer zu erbringen** waren. Eine unklare oder missverständliche Formulierung des Passus unter d), welche mehrere Interpretationsmöglichkeiten bietet, liegt nicht vor (VK Düsseldorf, B. v. 19. 4. 2007 – Az.: VK – 10/2007 – B) 12669

– schreibt der öffentliche Auftraggeber einen **Auftrag mit einer Leistungszeit von 36 Monaten** aus und fordert er zulässigerweise bestimmte Eignungsnachweise, müssen die Eignungsnachweise auch ohne besonderen Hinweis die gesamte Vertragslaufzeit abdecken (OLG Düsseldorf, B. v. 24. 5. 2006 – Az.: VII – Verg 14/06)

154.6 Bindung des Auftraggebers an die Bekanntmachung

12670 Grundsätzlich ist die **Vergabestelle an ihre Bekanntmachung gebunden; sie kann sich allenfalls in engen Grenzen durch „widersprechende" bzw. konkretisierende Vertragsunterlagen von diesen Festlegungen befreien.** Insbesondere ist zu bedenken, dass potentielle Bewerber nicht nur nach Erhalt der Vertragsunterlagen darüber entscheiden, ob sie ein Angebot abgeben oder nicht. Eine **negative Entscheidung treffen viele potentielle Bewerber nämlich schon aufgrund der Bekanntmachung.** Das betrifft nicht nur solche Bewerber, die wegen einer fehlenden oder fehlerhaften Bekanntmachung keine Kenntnis von dem Vergabevorgang haben), sondern auch solche Bewerber, für die von vornherein feststeht, dass sie ausschließlich (z.B. wegen ihres beschränkten Leistungsspektrums) Nebenangebote abgeben können. Diese Bewerber werden schon aufgrund einer solchen Bekanntmachung, die isolierte Nebenangebote ausschließt, von einer Bewerbung und bereits von einer Anforderung der Ausschreibungsunterlagen Abstand nehmen. Würde die Vergabestelle nachträglich doch z. B. auf das bereits bekannt gemachte Erfordernis eines Hauptangebotes verzichten, so würde dadurch der Wettbewerb zu Lasten dieser Bieter (und zu Gunsten derjenigen, die die Anforderungen der Bekanntmachung nicht ernst nehmen) verzerrt werden. Im Ergebnis könnte es dem Auftraggeber also gestattet sein, die Bedingungen der Bekanntmachung gegebenenfalls in einem verschärfenden Sinne zu konkretisieren, eine **nachträgliche Aufhebung dieser Bedingungen durch die Leistungsbeschreibung aber wäre ihr aus Gründen des Gleichbehandlungs- und Transparenzgebotes nicht mehr erlaubt.** Dies wäre nur bei einer vorherigen Korrektur der Bekanntmachung möglich (2. VK Bund, B. v. 19. 4. 2010 – Az.: VK 2–23/10; B. v. 5. 6. 2003 – Az.: VK 2–42/03; 3. VK Bund, B. v. 24. 7. 2009 – VK 3–136/09; 1. VK Sachsen, B. v. 10. 11. 2006 – Az.: 1/SVK/096-06; VK Südbayern, B. v. 21. 4. 2009 – Az.: Z3-3-3194-1-09-02/09; B. v. 19. 1. 2009 – Az.: Z3-3-3194-1-41–11-08; B. v. 19. 1. 2009 – Az.: Z3-3-3194-1-39–11-08; im Ergebnis ebenso OLG Düsseldorf, B. v. 9. 3. 2007 – Az.: VII – Verg 5/07).

154.7 Bekanntmachung einer beabsichtigten Auftragsvergabe (§ 9 Abs. 1)

154.7.1 Bekanntmachungsmuster

12671 Die **Verordnung (EG) Nr. 1564/2005 zur Einführung von Standardformularen für die Veröffentlichung von Vergabebekanntmachungen im Rahmen von Verfahren zur Vergabe öffentlicher Aufträge gemäß den Richtlinien 89/665/EWG und 92/13/EWG des Rates,** zuletzt geändert durch die **Verordnung (EG) Nr. 1150/2009 der Kommission vom 10. November 2009** (Amtsblatt der Europäischen Union L 313/3 vom 28. 11. 2009) enthält in ihren Anhängen die Bekanntmachungsmuster.

12672 Die **Standardformulare für Bekanntmachungen über vergebene Aufträge** sind Gegenstand von Anhang III und Anhang VI der Verordnung (EG) Nr. 1564/2005 der Kommission vom 7. September 2005 zur Einführung von Standardformularen für die Veröffentlichung von Vergabebekanntmachungen im Rahmen von Verfahren zur Vergabe öffentlicher Aufträge gemäß den Richtlinien 2004/17/EG und 2004/18/EG des Europäischen Parlaments und des Rates. Um die **volle Wirksamkeit der Richtlinien 89/665/EWG und 92/13/EWG**, geändert durch Richtlinie 2007/66/EG, **zu gewährleisten, sind die Standardformulare dieser Bekanntmachungen angepasst** worden, so dass die öffentlichen Auftraggeber und die Auftraggeber die Begründung in diese Bekanntmachungen aufnehmen können, die Gegenstand von Artikel 2f der Richtlinien 89/665/EWG und 92/13/EWG ist. Die **geänderten Formulare sind seit dem 1. 12. 2009 zu verwenden.**

12673 Die Richtlinien 89/665/EWG und 92/13/EWG sehen eine **Bekanntmachung für eine freiwillige Ex-ante-Transparenz** vor, die der Gewährleistung einer vorvertraglichen Transparenz auf freiwilliger Basis dienen soll. Grundlagen für derartige Veröffentlichungen sind Art. 3a der Rechtsmittelrichtlinie bzw. der Sektorenrechtsmittelrichtlinie. Für eine derartige Bekanntmachung bedarf es ebenfalls eines Standardformulars. Dieses **Formular XIV ist spätestens seit dem 21. 12. 2009 zu verwenden.**

12674 Die **Verordnung** zur Einführung von Standardformularen für die Veröffentlichung von Vergabebekanntmachungen ist **in allen ihren Teilen verbindlich und gilt unmittelbar** in jedem Mitgliedstaat. Ein **Umsetzungsschritt** ist also **nicht erforderlich.**

Vergabeordnung für freiberufliche Leistungen VOF § 9 **Teil 5**

Zurzeit gibt es folgende Bekanntmachungsmuster: 12675
– Vorinformation
– Bekanntmachung
– Bekanntmachung über vergebene Aufträge
– Regelmäßige nicht verbindliche Bekanntmachung – Sektoren
– Bekanntmachung – Sektoren
– Bekanntmachung über vergebene Aufträge – Sektoren
– Bekanntmachung über das Bestehen eines Prüfungssystems – Sektoren
– Bekanntmachung über ein Beschafferprofil
– Vereinfachte Bekanntmachung im Rahmen eines dynamischen Beschaffungssystems
– Baukonzession
– Vergabebekanntmachung – Konzession
– Wettbewerbsbekanntmachung
– Bekanntmachung über die Ergebnisse eines Wettbewerbs
– Bekanntmachung über zusätzliche Informationen, Informationen über nichtabgeschlossene Verfahren oder Berichtigung
– Freiwillige ex-ante-Transparenzbekanntmachung.

Sie finden die Bekanntmachungsmuster auch unter der **Internetadresse** http://simap.europa. 12676
eu/buyer/forms-standard/index_de.htm.

154.7.2 Inhalt der Bekanntmachung

154.7.2.1 Bekanntgabe der Leistung

Die Bekanntmachung muss **hinreichend genau angeben, welche Leistung** der Auftrag- 12677
nehmer ausführen soll. Dies ist dann nicht der Fall, wenn nicht das Ausgeschriebene, sondern eine andere Leistung Gegenstand oder Schwerpunkt der Ausschreibung sein soll (VK Thüringen, B. v. 21. 11. 2001 – Az.: 216–4004.20–059/01-G-S).

154.7.2.2 „Setzen" von Dienstleistungserbringern und Bekanntmachung

Hat eine Vergabestelle in der Ausschreibung **bereits ausgewählte Dienstleistungserbrin-** 12678
ger „gesetzt", ist dies zulässig, obwohl diese Möglichkeit weder in § 9 VOF noch in § 10 VOF erwähnt ist. Dies erfordert aber sicherzustellen, dass nicht das Vergabeverfahren seinen eigentlichen Sinn verliert und nur der Form halber durchgeführt wird. Deshalb muss die **Zahl der Bewerber, die zu Verhandlungen über Leistung und Preis aufgefordert werden**, nicht nur **deutlich über der Zahl bereits vorher ausgewählter Bewerber liegen**, sondern auch die nach § 10 Abs. 4 VOF vorgeschriebene Zahl von 3 Bewerbern darf nicht durch die Zahl der gesetzten Bewerber vermindert werden. Im konkreten Fall heißt dies, dass mit mindestens 4 Bewerbern Verhandlungen zu führen sind (1. VK Bremen, B. v. 25. 10. 2001 – Az.: VK 5/01).

Außerdem müssen die gesetzten Bewerber die Auswahlkriterien, denen die anderen Bewer- 12679
ber unterworfen werden, ebenfalls erfüllen (OLG Rostock, B. v. 1. 8. 2003 – Az.: 17 Verg 7/03).

Das **Setzen eines vorbefassten Bewerbers ist grundsätzlich unzulässig** (1. VK Sachsen, 12680
B. v. 5. 10. 2004 – Az.: 1/SVK/092-04, 1/SVK/092-04G).

154.8 Bekanntmachung eines Wettbewerbs (§ 9 Abs. 2)

154.8.1 Änderungen in der VOF 2009

Auch die **Bekanntmachung über die Durchführung eines Wettbewerbs** – bisher in den 12681
Vorschriften der VOF 2006 über den Wettbewerb (§ 20) enthalten – wurde **in § 9 aufgenommen**.

154.8.2 Bekanntmachungsmuster

12682 Vgl. die **Kommentierung zu § 9 VOF Rdn. 17 ff.**

154.8.3 Bekanntmachungspflicht

12683 Planungswettbewerbe können jederzeit vor, während oder ohne separates Verhandlungsverfahren ausgelobt werden (§ 15 Abs. 2). Zwingende Voraussetzung ist jedoch, dass der **Auftraggeber, der einen Wettbewerb durchführen will, seine Absicht durch Bekanntmachung mitteilt und unverzüglich dem Amt für amtliche Veröffentlichungen mitteilt** (1. VK Sachsen, B. v. 10. 4. 2002 – Az.: 1/SVK/23-02, 1/SVK/23-02G).

154.8.4 Inhalt der Bekanntmachung

154.8.4.1 Grundsatz

12684 Der **Planungswettbewerb** ist unter den Voraussetzungen des § 3 Abs. 4 lit. b) VOF **Bestandteil des Vergabeverfahrens**. Er muss daher die **allgemeinen Anforderungen an ein Vergabeverfahren**, wie sie insbesondere in § 97 GWB zum Ausdruck kommen, **erfüllen**.

154.8.4.2 Hinweis

12685 Vgl. zunächst die **Kommentierung zu § 9 VOF Rdn. 23 ff.**

154.8.4.3 Beachtung von § 15 Abs. 3

12686 154.8.4.3.1 Grundsatz. Nach § 15 Abs. 3 **sind die auf die Durchführung von Wettbewerben anwendbaren Regeln den an der Teilnahme am Wettbewerb Interessierten mitzuteilen**. Das beinhaltet vom Grundsatz her, dass die **veröffentlichten einheitlichen Richtlinien für Planungswettbewerbe** (vgl. die Kommentierung zu § 15 Abs. 2), die auf den konkreten Wettbewerb Anwendung finden, **bereits in der Bekanntmachung mitzuteilen** sind.

12687 154.8.4.3.2 Anforderungen an die Eignungskriterien für die Teilnehmer. Bei architektonischen Leistungen liegt es zwar in der Natur der nachgefragten Dienstleistung, dass **keine absolut präzisen und objektiven Vorgaben möglich** sind: Die Beurteilung architektonischer Leistungen **unterliegt nun einmal auch einer subjektiven Bewertung und Einschätzung des jeweiligen Beurteilers**; es gibt keine letztendlich allgemeingültigen oder verbindlichen Maßstäbe. Gerade bei dieser Sachlage besteht aber für den öffentlichen Auftraggeber bzw. den Auslober die Verpflichtung, über klare Vorgaben sowohl für die Bewerber als auch für diejenigen, denen die Beurteilung der Bewerbungen und die Auswahl der Wettbewerbsteilnehmer obliegt, ein faires und transparentes Verfahren sicherzustellen. Die **Gewähr dafür, dass das Auswahlverfahren willkürfrei und objektiv abläuft, ist am ehesten gegeben, wenn eingegrenzte Vorgaben vorhanden sind**. Wird lediglich global die „gestalterische Qualifikation" sowie das „gestalterische Können" vorgegeben, so fehlt es an einer präzisierenden Vorgabe. Für die Bewerber wird nicht deutlich, auf welche Aspekte (z. B. Einfügen des Bauwerks in die Umgebung) der Auftraggeber im einzelnen besonderen Wert legt, sie können ihre einzureichenden Referenzprojekte nicht entsprechend optimal auswählen. Ebenso wenig kann sich das Auswahlgremium bei der Beurteilung der Bewerbungen an klaren Vorgaben des Auslobers orientieren, was die Gefahr von – wenn auch nicht bewusst und gewollten, in der Sache aber dennoch – willkürlichen Beurteilungsentscheidungen in sich birgt (3. VK Bund, B. v. 26. 1. 2005 – Az.: VK 3–224/04).

12688 **Grundsätzlich liegen die Auswahlkriterien und die Tiefe bei der Entscheidungsfindung im Ermessen der Vergabestelle.** Wegen einer großen Zahl von Bewerbungen (wenn z. B. mehr als 100 Bewerbungen eingereicht werden) ist die **Erläuterung der Vergabestelle, dass sie mit einem vertretbaren Aufwand nicht detaillierter prüfen konnte, nachvollziehbar und verständlich.** Es ist daher nicht zu beanstanden, dass die Bewertung der eingereichten Blätter ausschließlich nach allgemeinen architektonischen Gesichtspunkten erfolgte (VK Nordbayern, B. v. 18. 6. 2010 – Az.: 21.VK – 3194 – 18/10).

12689 **154.8.4.3.3 Bekanntgabe der angestrebten Zahl an Teilnehmern, der Nachweise und das Auswahlverfahren nach RPW.** Das **Bewerbungsverfahren zu einem nichtoffenen Architektenwettbewerb nach RPW 2008** ist in den Richtlinien für Planungswettbewerbe von 2008 (RPW 2008) in § 3 Abs. 2 geregelt. Demnach sind **in der Wettbewerbsbekanntmachung die angestrebte Zahl an Teilnehmern, die vorzulegenden Nachweise und das zur Auswahl der Teilnehmer angewandte Verfahren anzugeben** (VK Nordbayern, B. v. 18. 6. 2010 – Az.: 21.VK – 3194 – 18/10).

154.9 Zwingende Veröffentlichung der Bekanntmachungen im Amtsblatt der Europäischen Gemeinschaften (§ 9 Abs. 3 Satz 1)

Nach **§ 9 Abs. 3 Satz 1** sind die **Bekanntmachungen zwingend im Amtsblatt der Europäischen Gemeinschaften** zu veröffentlichen. Die Veröffentlichung selbst erfolgt durch **das Amt für amtliche Veröffentlichungen der Europäischen Gemeinschaften** (2, rue Mercier, L-2985 Luxemburg, Telefax 00 352/2929–44619; -42 623; -42 670; E-Mail info@publications.europa.eu).

154.10 Form der Übermittlung der Bekanntmachungen an das Amt für amtliche Veröffentlichungen der Europäischen Gemeinschaften (§ 9 Abs. 3 Satz 1, Satz 3)

Die Bekanntmachungen können schriftlich oder elektronisch per E-Mail übermittelt werden. Inzwischen bietet das Amt für amtliche Veröffentlichungen der Europäischen Gemeinschaften auch die Möglichkeit, **Bekanntmachungen online unter http://simap.europa.eu/index_de.htm unter der Rubrik „Auftraggeber-Seite" zu veröffentlichen**. Bei Nutzung der Online-Formulare ist eine vorherige Anmeldung und Registrierung erforderlich.

In **Fällen besonderer Dringlichkeit** muss die Bekanntmachung **mittels Telefax oder auf elektronischem Weg** übermittelt werden.

154.11 Umfang der Übermittlung der Bekanntmachungen an das Amt für amtliche Veröffentlichungen der Europäischen Gemeinschaften (§ 9 Abs. 3 Satz 2)

Bei einer **elektronischen Übermittlung der Bekanntmachung** gibt es **keine Begrenzung für den Umfang des Inhalts der Bekanntmachung**. Soweit **keine elektronische Übermittlung der Bekanntmachung** erfolgt, **darf der Inhalt der Bekanntmachung rund 650 Worte nicht überschreiten**.

154.12 Veröffentlichung der Bekanntmachungen im Supplement zum Amtsblatt der Europäischen Gemeinschaften (§ 9 Abs. 4)

154.12.1 Allgemeines

Die **schriftliche Version** des Supplements ist seit April 1999 **eingestellt** worden. Zugang zu den im Supplement enthaltenen Informationen gibt es über

– Amtsblatt/Reihe S auf CD-ROM,

– Online-Datenbank **TED (Tenders Electronic Daily)**.

Die CD-ROM mit täglich ca. 650 Ausschreibungen kann als tägliche Ausgabe oder als zweimal wöchentlich erscheinende Ausgabe abonniert werden. Ansprechpartner für ein Abonnement sind die EUR-OP-Vertriebsstellen.

TED ist die Internet-Version des Supplements zum Amtsblatt (http://ted.europa.eu) mit einer täglichen Aktualisierung. Der Zugang erfolgt ab dem 1. 1. 1999 kostenlos online über das Internet.

154.12.2 Zulässigkeit einer rein elektronischen Bekanntmachung

Die TED-Datenbank ist einfach handhabbar und ermöglicht eine gezielte, auf die individuellen Bedürfnisse des Unternehmers zugeschnittene Suche nach ihn interessierenden Ausschrei-

Teil 5 VOF § 9   Vergabeordnung für freiberufliche Leistungen

bungen. Angesichts der allgemeinen Verbreitung elektronischer Mittel im Wirtschaftsleben kann davon ausgegangen werden, dass eine **regelmäßige Datenbank-Recherche über Internet auch für mittlere und kleine Unternehmen keine unzumutbare Hürde** darstellt (BayObLG, B. v. 4. 2. 2003 – Az.: Verg 31/02).

154.12.3 Schnellere Veröffentlichung elektronischer Bekanntmachungen (§ 9 Abs. 4 Satz 1, Satz 2)

12698 Elektronisch erstellte und übersandte Bekanntmachungen werden **spätestens 5 Kalendertage nach ihrer Absendung veröffentlicht.** Diese **Bevorzugung** ist **Ausdruck der Bemühung der EU-Kommission um eine möglichst weite und möglichst freie Verbreitung von öffentlichen Aufträgen.**

154.12.4 Bekanntmachung in allen Amtssprachen (§ 9 Abs. 4 Satz 3)

154.12.4.1 Änderungen in der VOF 2009

12699 In § 9 Abs. 4 Satz 3 wurde die **Ergänzung aufgenommen,** dass eine **Zusammenfassung der wichtigsten Bestandteile der Bekanntmachungen** in den anderen Amtsprachen der Gemeinschaft veröffentlicht wird. Insoweit wurde die VOF an die VOL/A 2009 (und VOL/A 2006) angepasst.

154.12.5 Inländische Veröffentlichung der Bekanntmachungen (§ 9 Abs. 4 Satz 4)

154.12.5.1 Wahl des Bekanntmachungsmediums

12700 154.12.5.1.1 **Allgemeines.** Bekanntmachungen erfolgen in der Praxis **in Druckmedien oder elektronischen Medien** (sei es auf der Homepage des öffentlichen Auftraggebers oder in Sammelportalen).

12701 154.12.5.1.2 **Auswahl des Bekanntmachungsmediums.** Bei der Wahl des Publikationsorgans hat der Auftraggeber darauf zu achten, dass **mit dem gewählten Medium die in Betracht kommenden Wirtschaftskreise erreicht werden.** Entsprechend dem Sinn und Zweck der öffentlichen Ausschreibung muss **ein ausreichend großer, prinzipiell unbeschränkter Bewerberkreis angesprochen** werden. Deshalb kann etwa die Bekanntmachung allein in einem nur regional verbreiteten Veröffentlichungsblatt im Einzelfall unzureichend sein (BayObLG, B. v. 4. 2. 2003 – Az.: Verg 31/02). Um die für eine Ausschreibung erforderliche Publizität zu erreichen, **kann es erforderlich sein, die Bekanntmachung mit demselben Inhalt in verschiedenen Bekanntmachungsorganen zu veröffentlichen.** Eine **Veröffentlichung in einer Fachzeitschrift** wird in Betracht kommen, wenn ein **fachspezifischer Bieterkreis ohne regionale Begrenzung erreicht** werden soll (VK Brandenburg, B. v. 22. 5. 2008 – Az.: VK 11/08).

12702 Es verstößt also gegen Vergaberecht, wenn der zu erstrebende Wettbewerb durch die Veröffentlichung der **Ausschreibung in einer Lokalzeitung unzulässigerweise auf Bewerber beschränkt wird, die in einer bestimmten Region bzw. in bestimmten Orten ansässig** sind. Die in einer Tageszeitung veröffentlichte Ausschreibung muss überregionalen Wettbewerb zulassen. Die **Forderung nach Wettbewerb steht auch gleichberechtigt neben dem Ziel, mit Haushaltsmitteln sparsam zu wirtschaften.** Die Ausschreibung darf nicht ihrer Funktion als Auswahlverfahren zur Ermittlung des wirtschaftlichsten Angebots beraubt werden und die Mitbewerber um ihre Chance bringen, im Leistungswettbewerb um den Auftrag zu kämpfen (OVG Schleswig-Holstein, Urteil v. 23. 8. 2001 – Az: 4 L 5/01).

12703 Nach der **Rechtsprechung des EuGH bedeutet die Verpflichtung zur transparenten Bekanntmachung,** dass **alle interessierten Unternehmen vor der Vergabe Zugang zu angemessenen Informationen über den jeweiligen Auftrag haben müssen.** Ein **wichtiges Kriterium** in diesem Zusammenhang ist die **Marktrelevanz des Auftrages,** die sich insbesondere aus dem Auftragsgegenstand ergibt. Sind z. B. Gegenstand der Ausschreibung Laboratoriumsuntersuchungen, muss das vom Auftraggeber gewählte Bekanntmachungsorgan das spezielle Fachgebiet ansprechen, auf dem sich die Ausschreibung bewegt, um die notwendige Breitenwirkung zu erzielen. Das ist **bei Laboratoriumsuntersuchungen z. B. das Deutsche**

Vergabeordnung für freiberufliche Leistungen VOF § 10 **Teil 5**

Ärzteblatt oder die Zeitschrift Laboratoriumsmedizin (VK Brandenburg, B. v. 22. 5. 2008 – Az.: VK 11/08).

154.12.5.1.3 Bedeutung einer EU-weiten Bekanntmachung. Mit der **EU-weiten Bekanntmachung** nach § 9 VOF wird bereits der territorial weitestgehende Verbreitungsgrad erreicht. Sinn und Zweck der Publizitätspflicht erfordern eine **Parallelveröffentlichung in inländischen Veröffentlichungsblättern jedenfalls nicht generell**. Mag auch im Einzelfall eine zusätzliche inländische Bekanntmachung durchaus sinnvoll erscheinen, so ist doch eine allgemeine rechtliche Verpflichtung hierzu zu verneinen (BayObLG, B. v. 4. 2. 2003 – Az.: Verg 31/02). 12704

154.12.5.2 Inhalt und Zeitpunkt der inländischen Veröffentlichung

Nach § 9 Abs. 4 dürfen inländische Veröffentlichungen **nur die dem Amt für amtliche Veröffentlichungen der Europäischen Gemeinschaften übermittelten Angaben enthalten** und dürfen **nicht vor Absendung an dieses Amt veröffentlicht** werden. Die Regelung ist **Ausdruck des Gleichbehandlungsgebots** inländischer und ausländischer Interessenten an öffentlichen Aufträgen. 12705

154.12.5.3 Richtlinie HVA F-StB (05/2010)

Bekanntmachungen von Verhandlungsverfahren für freiberufliche Leistungen sind nach Absendung an das Amt für amtliche Veröffentlichungen der EU mit identischem Inhalt stets auch im Inland zu veröffentlichen. Für freiberufliche Leistungen im Bundesfernstraßenbau zu Lasten des Bundes hat die Veröffentlichung auf dem Internetportal der Bundesverwaltung www.bund.de zu erfolgen (Vertragsaufstellung/Vergabeverfahren, Nr. 1.4.1.1 Bekanntmachungen, Abs. 3). 12706

154.13 Beschafferprofil (§ 9 Abs. 5)

Gemäß § 9 Abs. 5 können Auftraggeber im Internet ein Beschafferprofil einrichten, in dem allgemeine Informationen wie Kontaktstelle, Telefon- und Faxnummer, Postanschrift und E-Mail-Adresse sowie Angaben über Ausschreibungen, geplante und vergebene Aufträge oder aufgehobene Verfahren veröffentlicht werden können. Die Regelung nimmt die **Bemühungen der EU-Kommission um die verstärkte Nutzung des Internet für die Ausschreibung und Vergabe öffentlicher Aufträge auf.** 12707

154.14 Vorinformation

154.14.1 Änderung in der VOF 2009

Die **VOF 2009 enthält** – im Gegensatz zu § 9 Abs. 1 VOF 2006 – **keine Verpflichtung des Auftraggebers zur Veröffentlichung von Vorinformationen** (unverbindlichen Bekanntmachungen) über in den nächsten zwölf Monaten zur Vergabe vorgesehene Aufträge. 12708

154.15 Literatur

– Drügemöller, Albert, Elektronische Bekanntmachungen im Vergaberecht, NVwZ 2007, 177 12709

155. § 10 VOF – Auswahl der Bewerber

(1) **Die Auftraggeber wählen unter den Bewerbern, die nicht ausgeschlossen wurden und die die Eignungskriterien (Fachkunde, Zuverlässigkeit und Leistungsfähigkeit) erfüllen, diejenigen aus, die sie zu Verhandlungen auffordern.**

(2) **Die der Auswahl zugrunde gelegten Eignungskriterien und die erforderlichen Erklärungen und Nachweise sind von den Auftraggebern in der Bekanntmachung zu benennen.**

(3) Erfüllen mehrere Bewerber gleichermaßen die Anforderungen und ist die Bewerberzahl nach einer objektiven Auswahl entsprechend der zu Grunde gelegten Kriterien zu hoch, kann die Auswahl unter den verbleibenden Bewerbern durch Los getroffen werden.

(4) Die Auftraggeber haben die Mindestzahl und gegebenenfalls die Höchstzahl der zu Verhandlungen aufzufordernden Bewerber in der Bekanntmachung zu benennen. Bei hinreichender Anzahl geeigneter Bewerber darf die Mindestzahl nicht unter drei liegen.

(5) Die Auftraggeber teilen den nicht berücksichtigten Bewerbern nach Abschluss des Teilnahmewettbewerbs innerhalb von 15 Tagen die Gründe für die Ablehnung ihrer Bewerbung um Teilnahme am Verhandlungsverfahren mit. Die Auftraggeber können in Satz 1 genannte Informationen über die Auftragsvergabe zurückhalten, wenn die Weitergabe den Gesetzesvollzug vereiteln würde oder sonst nicht im öffentlichen Interesse läge oder den berechtigten Geschäftsinteressen von Bewerbern oder dem fairen Wettbewerb schaden würde.

155.1 Änderungen in der VOF 2009

12710 § 10 Abs. 1 und Abs. 2 wurden **gestrafft** und **klarer gefasst**.

12711 In § 10 Abs. 3 wurde die Möglichkeit der **Auswahl durch Los** neu aufgenommen.

12712 In § 10 Abs. 4 wurde die **Verpflichtung zur Angabe der Mindestzahl** und zur **eventuellen Angabe einer Höchstzahl in der Bekanntmachung** neu aufgenommen.

12713 § 10 Abs. 5 statuiert eine eigenständige **Informationsverpflichtung** nach Abschluss des Teilnahmewettbewerbs.

155.2 Vergleichbare Regelungen

12714 Der **Vorschrift des § 10 VOF vergleichbar** ist im Bereich der VOL/A **§ 10 EG VOL/A**. Die Kommentierung zu dieser Vorschrift kann daher ergänzend zu der Kommentierung des § 10 herangezogen werden.

155.3 Bieterschützende Vorschrift

12715 Das der Feststellung der Eignung der zur Verhandlung heranzuziehenden Bewerber dienende Auswahlverfahren ist in § 10 VOF für den öffentlichen Auftraggeber verbindlich geregelt. **Die in dieser Vorschrift enthaltenen Regelungen** – namentlich § 10 Abs. 2 VOF – **haben einen bewerberschützenden Charakter** (OLG Düsseldorf, B. v. 29. 10. 2003 – Az.: Verg 43/03; VK Brandenburg, B. v. 27. 1. 2005 – VK 79/04; 1. VK Sachsen, B. v. 16. 3. 2005 – Az.: 1/SVK/014-05).

155.4 Einbettung der Auswahl der Bewerber in das VOF-Verfahren

155.4.1 Grundsatz

12716 Das Verhandlungsverfahren nach der VOF gliedert sich in **zwei Stufen** (§§ 10, 11 VOF):
– auf der ersten Stufe sind die Bewerber **auszuwählen**, die zu Verhandlungsgesprächen eingeladen werden
– auf der zweiten Stufe wird aus dem Kreis der Verhandlungsteilnehmer der **Auftragnehmer ermittelt**.

12717 Während das **Auswahlverfahren** gem. § 10 Abs. 1 VOF anhand der **Auswahlkriterien** Fachkunde (fachliche Eignung), Leistungsfähigkeit und Zuverlässigkeit der Ermittlung derjenigen Bewerber dient, die er zur Verhandlung auffordert, sollen die in § 11 Abs. 5 VOF genannten – nicht abschließenden – **Auftragskriterien** (insbesondere Qualität, technischer Wert, Ästhetik, Preis, Honorar etc.) den Auftraggeber in die Lage versetzen, zu entscheiden, mit wem von den ausgewählten Bewerbern, die die Eignungs-, Leistungs- und Zuverlässigkeitskriterien erfüllen, letztlich der ausgeschriebene Vertrag zu schließen ist (OLG Düsseldorf, B. v. 8. 10.

Vergabeordnung für freiberufliche Leistungen VOF § 10 **Teil 5**

2003 – Az.: VII – Verg 48/03; VK Lüneburg, B. v. 25. 9. 2006 – Az.: VgK-19/2006; B. v. 3. 8. 2001 – Az.: 203-VgK-15/2001; 1. VK Saarland, B. v. 16. 12. 2009 – Az.: 1 VK 13/2009; VK Südbayern, B. v. 19. 12. 2006 – Az.: 35-11/06; B. v. 7. 7. 2006 – Az.: 11-04/06).

155.4.2 Strikte Trennung der beiden Stufen
Vgl. dazu die Kommentierung zu § 97 GWB Rdn. 635 ff. 12718

155.5 Auswahl der Bewerber über die Eignungskriterien (§ 10 Abs. 1)

155.5.1 Eignungskriterien und Eignungsprüfung
Vgl. insoweit die Kommentierung zu § 97 GWB Rdn. 543 ff. 12719

155.5.2 Nachweis der Eignung

155.5.2.1 Zwingende Ausschlusskriterien
Vgl. insoweit die Kommentierung zu § 4 VOF Rdn. 62 ff. 12720

155.5.2.2 Sonstiger Nachweis der Eignung
Vgl. insoweit die Kommentierung zu § 5 VOF Rdn. 11 ff. 12721

155.6 Benennung der Eignungskriterien in der Bekanntmachung (§ 10 Abs. 2)

155.6.1 Terminologie
Die **Benennung der Eignungskriterien** (in der älteren Terminologie findet sich noch der 12722 Begriff der Auswahlkriterien) erfolgt **in dem Muster** für die Bekanntmachung unter Ziffer III.

155.6.2 Grundsätzliche Benennung der Eignungsanforderungen in der Bekanntmachung

155.6.2.1 Grundsatz
Aus § 10 Abs. 2 VOF folgt, dass **allein die Anforderung der Nachweise gemäß der** 12723 **Vergabebekanntmachung rechtlich verbindlich** ist, ohne dass der Auftraggeber von diesen Forderungen im Rahmen des Aufforderungsschreibens abweichen darf (OLG Celle, B. v. 31. 7. 2008 – Az.: 13 Verg 3/08; OLG Düsseldorf, B. v. 23. 6. 2010 – Az.: VII-Verg 18/10; B. v. 29. 4. 2009 – Az.: VII-Verg 73/08; B. v. 12. 3. 2008 – Az.: VII – Verg 56/07; OLG Frankfurt, B. v. 15. 7. 2008 – Az.: 11 Verg 4/08; B. v. 10. 6. 2008 – Az.: 11 Verg 3/08; Thüringer OLG, B. v. 21. 9. 2009 – Az.: 9 Verg 7/09; 2. VK Bund, B. v. 19. 4. 2010 – Az.: VK 2–23/10; 3. VK Bund, B. v. 6. 2. 2008 – Az.: VK 3–11/08; B. v. 5. 2. 2008 – Az.: VK 3–23/08; B. v. 5. 2. 2008 – Az.: VK 3–08/08; B. v. 18. 1. 2007 – Az.: VK 3–150/06; B. v. 22. 11. 2004 – Az.: VK 3– 203/04; VK Düsseldorf, B. v. 21. 5. 2007 – Az.: VK – 13/2007 – B; B. v. 19. 4. 2007 – Az.: VK – 10/2007 – B; VK Rheinland-Pfalz, B. v. 20. 4. 2010 – Az.: VK 2–7/10; VK Thüringen, B. v. 17. 3. 2009 – Az.: 250–4003.20–650/2009-003-EF). **Über die Vergabebekanntmachung hinausgehende Nachweise** im Aufforderungsschreiben oder in den Vergabeunterlagen **dürfen nicht gefordert**, ihre Nichtvorlage somit auch **nicht bei der Angebotswertung berücksichtigt** werden. Beides liefe den Vorgaben des Transparenz- und des Gleichbehandlungsgebots nach § 97 Abs. 1 und 2 GWB zuwider, in dessen Lichte die Vorschriften der VOF auszulegen und zu handhaben sind (OLG Celle, B. v. 31. 7. 2008 – Az.: 13 Verg 3/08; OLG Düsseldorf, B. v. 23. 6. 2010 – Az.: VII-Verg 18/10; B. v. 29. 4. 2009 – Az.: VII-Verg 73/08; B. v. 12. 3. 2008 – Az.: VII – Verg 56/07; B. v. 18. 10. 2006 – Az.: VII – Verg 35/06; Thüringer OLG, B. v. 21. 9. 2009 – Az.: 9 Verg 7/09; 1. VK Bund, B. v. 27. 8. 2008 – Az.: VK 1–102/08; B. v. 11. 7. 2008 – Az.: VK 1–75/08; 2. VK Bund, B. v. 19. 4. 2010 – Az.: VK 2–23/10; B. v. 21. 9. 2009 – Az.: VK 2–126/09; 3. VK Bund, B. v. 18. 1. 2007 – Az.: VK 3–150/06; B. v. 13. 10. 2004 – Az.: VK 3–194/04; B. v. 20. 7. 2004 – Az.: VK 3–80/04; VK Düsseldorf, B. v.

2. 6. 2008 – Az.: VK – 15/2008 – L; B. v. 16. 2. 2006 – Az.: VK – 02/2006 – L; B. v. 28. 11. 2005 – Az.: VK – 40/2005 – B; VK Münster, B. v. 12. 5. 2009 – Az.: VK 5/09; B. v. 21. 12. 2005 – Az.: VK 25/05; B. v. 18. 1. 2005 – VK 32/04; VK Rheinland-Pfalz, B. v. 20. 4. 2010 – Az.: VK 2–7/10; 1. VK Sachsen, B. v. 22. 7. 2010 – Az.: 1/SVK/022-10; VK Thüringen, B. v. 17. 3. 2009 – Az.: 250–4003.20–650/2009-003-EF; B. v. 23. 9. 2005 – Az.: 360–4002.20-007/05-NDH).

12724 Eine Abweichung von den Vorgaben des § 10 Abs. 2 VOF ist **nur in Ausnahmefällen bei Vorliegen eines zwingenden Grundes möglich** (OLG Frankfurt, B. v. 15. 7. 2008 – Az.: 11 Verg 4/08).

12725 **Verweist der Auftraggeber in der Vergabebekanntmachung** hinsichtlich der vorzulegenden Eignungsunterlagen **lediglich auf die Vergabeunterlagen** und **fordert er die Vorlage bestimmter Eignungsunterlagen erstmals in den Vergabeunterlagen**, ist dies nach Art. 44 Abs. 2 UA 3 Richtlinie 2004/18/EG **unzulässig** (OLG Düsseldorf, B. v. 23. 6. 2010 – Az.: VII-Verg 18/10).

155.6.2.2 Zulässigkeit lediglich einer Konkretisierung

12726 Der **öffentliche Auftraggeber ist nicht verpflichtet, sämtliche Einzelheiten** z. B. seiner Nachweisforderungen **schon in der Bekanntmachung anzugeben**. Es reicht vielmehr aus, wenn der Auftraggeber in der Vergabebekanntmachung angibt, welche Nachweise er von den Bietern fordert. Ein darüber hinausgehender Inhalt der Vergabebekanntmachung, insbesondere die Auflistung und Konkretisierung von Nachweisen mit weiteren Einzelheiten, muss nicht in der Bekanntmachung, sondern **kann in den Vertragsunterlagen erfolgen** (OLG Celle, B. v. 31. 7. 2008 – Az.: 13 Verg 3/08; OLG Düsseldorf, B. v. 23. 6. 2010 – Az.: VII-Verg 18/10; B. v. 29. 4. 2009 – Az.: VII-Verg 73/08; B. v. 13. 8. 2008 – Az.: VII-Verg 28/08; B. v. 4. 6. 2008 – Az.: VII-Verg 21/08; B. v. 23. 1. 2008 – Az.: VII – Verg 36/07; B. v. 2. 5. 2007 – Az.: VII – Verg 1/07; B. v. 18. 10. 2006 – Az.: VII – Verg 35/06; B. v. 9. 7. 2003 – Az.: Verg 26/03; OLG Frankfurt, B. v. 26. 8. 2008 – Az.: 11 Verg 8/08; B. v. 15. 7. 2008 – Az.: 11 Verg 4/08; B. v. 10. 6. 2008 – Az.: 11 Verg 3/08; OLG Rostock, B. v. 16. 1. 2008 – Az.: 17 Verg 3/07; Thüringer OLG, B. v. 21. 9. 2009 – Az.: 9 Verg 7/09; VK Arnsberg, B. v. 7. 10. 2009 – Az.: VK 23/09; VK Brandenburg, B. v. 17. 9. 2009 – Az.: VK 21/08; 1. VK Bund, B. v. 27. 8. 2008 – Az.: VK 1–102/08; B. v. 11. 7. 2008 – Az.: VK 1–75/08; 2. VK Bund, B. v. 19. 4. 2010 – Az.: VK 2–23/10; B. v. 21. 9. 2009 – Az.: VK 2–126/09; B. v. 13. 6. 2007 – Az.: VK 2–51/07; 3. VK Bund, B. v. 6. 2. 2008 – Az.: VK 3–11/08; B. v. 5. 2. 2008 – Az.: VK 3–23/08; B. v. 5. 2. 2008 – Az.: VK 3–08/08; B. v. 20. 11. 2007 – Az.: VK 3–136/07; VK Düsseldorf, B. v. 21. 1. 2009 – Az.: VK – 43/2008 – L; VK Münster, B. v. 23. 10. 2003 – Az.: VK 19/03; VK Rheinland-Pfalz, B. v. 20. 4. 2010 – Az.: VK 2–7/10; 1. VK Sachsen, B. v. 18. 11. 2006 – Az.: 1/SVK/096-06; VK Schleswig-Holstein, B. v. 27. 7. 2006 – Az.: VK-SH 17/06; VK Südbayern, B. v. 21. 4. 2009 – Az.: Z3-3-3194-1-09-02/09). Ein transparentes Vergabeverfahren und die Gleichbehandlung aller Bieter ist ohne weiteres dann noch sichergestellt, wenn der Auftraggeber in der Bekanntmachung mitteilt, welche der Nachweise die Bieter beizubringen haben, und er die **weiteren Einzelheiten dieser Nachweisanforderung sodann in den Vertragsunterlagen näher konkretisiert** (OLG Düsseldorf, B. v. 29. 4. 2009 – Az.: VII-Verg 73/08; B. v. 12. 3. 2008 – Az.: VII – Verg 56/07; OLG Frankfurt, B. v. 15. 7. 2008 – Az.: 11 Verg 4/08; B. v. 10. 6. 2008 – Az.: 11 Verg 3/08; Thüringer OLG, B. v. 21. 9. 2009 – Az.: 9 Verg 7/09; 1. VK Bund, B. v. 11. 7. 2008 – Az.: VK 1–75/08; 2. VK Bund, B. v. 19. 4. 2010 – Az.: VK 2–23/10; VK Düsseldorf, B. v. 23. 4. 2007 – Az.: VK – 09/2007 – B; VK Münster, B. v. 21. 12. 2005 – Az.: VK 25/05; B. v. 18. 1. 2005 – VK 32/04; VK Rheinland-Pfalz, B. v. 20. 4. 2010 – Az.: VK 2–7/10; 1. VK Sachsen, B. v. 18. 6. 2009 – Az.: 1/SVK/017-09; B. v. 5. 5. 2009 – Az.: 1/SVK/009-09).

12727 **Sinn und Zweck** z. B. der Bezeichnung der Eignungsnachweise in der Bekanntmachung ist es nämlich, dem an der Auftragsvergabe potentiell interessierten Unternehmen eine **sachgerechte Entscheidung darüber zu ermöglichen, ob sich am Vergabeverfahren beteiligen**, also die Verdingungsunterlagen anfordern wollen (OLG Düsseldorf, B. v. 9. 3. 2007 – Az.: VII – Verg 5/07; B. v. 2. 5. 2007 – Az.: VII – Verg 1/07; OLG Frankfurt, B. v. 15. 7. 2008 – Az.: 11 Verg 4/08; B. v. 10. 6. 2008 – Az.: 11 Verg 3/08; OLG Naumburg, B. v. 2. 7. 2009 – Az.: 1 Verg 2/09; Thüringer OLG, B. v. 21. 9. 2009 – Az.: 9 Verg 7/09; 2. VK Bund, B. v. 19. 4. 2010 – Az.: VK 2–23/10; VK Düsseldorf, B. v. 21. 1. 2009 – Az.: VK – 43/2008 – L; VK Rheinland-Pfalz, B. v. 20. 4. 2010 – Az.: VK 2–7/10; 1. VK Sachsen, B. v. 22. 7. 2010 – Az.: 1/SVK/022-10; 2. VK Sachsen-Anhalt, B. v. 10. 6. 2009 – Az.: VK 2 LVwA LSA – 13/09; VK Thüringen, B. v. 17. 3. 2009 – Az.: 250–4003.20–650/2009-003-EF).

Ein öffentlicher Auftraggeber kann sich also die Auswahl und Bekanntgabe der geforderten 12728
Eignungsnachweise nicht für die Zeit der Versendung der Vertragsunterlagen vorbehalten. Der
Interessent für einen bekannt gemachten Auftrag soll bereits aus der Vergabebekanntmachung
und „auf den ersten Blick" das formelle Anforderungsprofil der Bewerbungsbedingungen erkennen können, um eine Entscheidung über die – oft sogar kostenträchtige – Anforderung
der Vergabeunterlagen treffen zu können. Dem **liegt die Vorstellung zugrunde, dass ein Unternehmen u. U. eine Vielzahl von Vergabebekanntmachungen durchsieht und zunächst „grob sortiert", auf welche Bekanntmachungen hin es sich meldet, und bei
welchen Ausschreibungen es bereit ist, einen sukzessiv zunehmenden Aufwand zur
Auftragserlangung zu betreiben.** Eine Entscheidung auf den „ersten Blick" ist nicht gewährleistet, wenn die Angabe der vorzulegenden Unterlagen erst in den noch anzufordernden Vertragsunterlagen vorbehalten wird (OLG Naumburg, B. v. 2. 7. 2009 – Az.: 1 Verg 2/09; 1. VK
Sachsen, B. v. 22. 7. 2010 – Az.: 1/SVK/022-10).

Der **Auftraggeber** muss sich also **bereits bei der Vergabebekanntmachung** darüber klar 12729
geworden sein, **ob und welche Nachweise er von den Bietern verlangen** will. In den
Vertragsunterlagen kann er diese Anforderungen allenfalls **dahingehend konkretisieren**, ob
und welche der in der Bekanntmachung angegebenen **Unterlagen er mit dem Angebot
beigebracht** sehen oder ob er **hinsichtlich bestimmter Unterlagen auf eine solche Beibringung verzichten** und sich **vorbehalten will, diese zu gegebener Zeit nachzufordern**
oder auf die **Vorlage ganz zu verzichten** (1. VK Sachsen, B. v. 9. 2. 2009 – Az.: 1/SVK/071-
08).

Der Auftraggeber muss sämtliche von ihm geforderten Eignungsnachweise in der Vergabebe- 12730
kanntmachung benennen. Diese können in anderen Unterlagen, z. B. Begleitdokumenten, lediglich präzisiert werden. Hierbei ist jedoch zu beachten, dass bereits aus der Vergabebekanntmachung erkennbar sein muss, ob für den Interessenten eine Bewerbung in Betracht kommt. So
**hat beispielsweise der Auftraggeber die Anforderungen an Referenzen bereits genau
in der Bekanntmachung zu beschreiben** (2. VK Sachsen-Anhalt, B. v. 10. 6. 2009 – Az.:
VK 2 LVwA LSA – 13/09).

Offener ist das Schleswig-Holsteinische Oberlandesgericht. Die **europaweite Vergabebe-** 12731
**kanntmachung schließt es nicht aus, dass zu einzelnen Anforderungen der Ausschrei-
bung präzisierte Anforderungen angegeben werden. Bei Liefer- und Dienstleistungsausschreibungen ist das Anschreiben (Aufforderung zur Angebotsabgabe) für die
Bestimmung der geforderten Nachweise maßgeblich**. Es bedarf somit zur verlässlichen
Bestimmung der mit der Abgabe eines Angebots verbundenen Anforderungen der Prüfung des
Angebotsanforderungsschreibens und der diesem beigefügten Angaben (Schleswig-Holsteinisches OLG, B. v. 22. 5. 2006 – Az.: 1 Verg 5/06). Nach dieser Rechtsprechung muss die **Forderung z. B. nach Vorlage eines Gewerbezentralregisterauszugs nicht unbedingt in
der Vergabebekanntmachung erfolgen**.

Hat der **Auftraggeber in der europaweiten Bekanntmachung unter dem Punkt** 12732
**„Auftragsbedingungen" Eignungsnachweise verlangt, ist der Bieter verpflichtet, diese
Eignungsnachweise mit dem Angebot einzureichen**. Es schadet nicht, dass sich das Erfordernis unter der Rubrik III 1 „Auftragsbedingungen" der Bekanntmachung befindet, nicht aber
unter der Rubrik III 2 „Teilnahmebedingungen". Aus der Einteilung des Bekanntmachungs-
Formulars in diese Rubriken kann nicht gefolgert werden, dass lediglich die Teilnahmebedingungen mit der Angebotsabgabe erfüllt werden müssen, nicht aber die Auftragsbedingungen.
Eine solche Unterscheidung der Rechtsfolgen von Teilnahme- und Auftragsbedingungen ist
nicht zu treffen (OLG Rostock, B. v. 16. 1. 2008 – Az.: 17 Verg 3/07).

155.6.2.3 Zulässigkeit des Verweises auf eine Checkliste?

Die **Rechtsprechung lässt** bisher **offen**, ob es ausreicht, wenn der **Auftraggeber in der** 12733
**Bekanntmachung der Eignungsanforderungen lediglich auf eine den Vergabeunterla-
gen beigefügte Anlage „Checkliste Eignungsanforderungen" verweist**. Diese Vorgehensweise hat den **Vorteil, dass sie dem Bieter eine klare Vorgabe an die Hand gibt** und
die oft für den Bieter verwirrende Bezugnahme sowohl auf die Bekanntmachung als auch auf
die Vertragsunterlagen vermeidet. Wenn **beinahe zeitgleich mit der Veröffentlichung der
Bekanntmachung die Vertragsunterlagen kostenlos von der Vergabeplattform des
Auftraggebers heruntergeladen** werden können, ist es **für die Bieter auch möglich, sich
frühzeitig auf die Anforderungen im Einzelnen einstellen** (3. VK Bund, B. v. 6. 2. 2008
– Az.: VK 3–11/08; B. v. 5. 2. 2008 – Az.: VK 3–23/08; B. v. 5. 2. 2008 – Az.: VK 3–08/08).

Teil 5 VOF § 10   Vergabeordnung für freiberufliche Leistungen

12734   Eher restriktiv beurteilt dies die **VK Thüringen**. Ein Verstoß gegen die Pflicht der Nennung von Auswahlkriterien bereits in der Vergabebekanntmachung ist **auch nicht deshalb zu verneinen**, weil das durch die Bewerber auszufüllende sog. „**Formblatt**", spätestens mit diesem oder aufgrund seines Inhaltes, allen Bewerbern die Auswahlkriterien hätten bekannt sein müssen. Die **Verwendung eines** durch die Bewerber auszufüllenden **Formblattes ersetzt nicht** die notwendige **Bekanntgabe der verwendeten Auswahlkriterien** (VK Thüringen, B. v. 14. 11. 2003 – Az.: 216–4004.20–031/03-ABG).

155.6.2.4 Verbot der Änderung der bekannt gemachten Eignungskriterien

12735   Das **Verbot der Änderung der bekannt gemachten Eignungsnachweise** betrifft auch den **Fall, dass der Auftraggeber während der Angebotsabgabefrist** z. B. auf eine Bieternachfrage hin die **zusätzliche Unterzeichnung einer Eignungserklärung** (Umsatznachweis) fordert (OLG Düsseldorf, B. v. 2. 5. 2007 – Az.: VII – Verg 1/07). Will der Auftraggeber also die Eignungskriterien ändern, muss eine **neue Bekanntmachung** erfolgen.

12736   **Vergaberechtswidrig** ist es auch, wenn ein Auftraggeber sich vorbehält, **potentielle Bieter erstmals in den Verdingungsunterlagen darüber zu informieren, ob und ggfs. wie sie ihre Leistungsfähigkeit belegen sollen** (OLG Koblenz, B. v. 7. 11. 2007 – Az.: 1 Verg 6/07).

12737   **Vergaberechtswidrig** ist es auch, wenn der **Auftraggeber es versäumt, bei der Forderung des Mindestjahresumsatzes für die letzten 3 Jahre in der Vergabebekanntmachung die geforderte Höhe anzugeben**. Allein die Angabe in der Vergabebekanntmachung, dass ein Mindestumsatz gefordert wird, ist vage und unbestimmt. Hierdurch können die Interessenten nicht abschätzen, ob für sie eine Bewerbung sinnvoll ist. Benennt der Auftraggeber erst in den für den Teilnahmewettbewerb anzufordernden Begleitdokumenten die konkrete Höhe des Mindestumsatzes, kann dies **aufgrund der wesentlichen Bedeutung dieser Angabe** für die Interessenten nicht als Konkretisierung aus der Vergabebekanntmachung in diesem Punkt angesehen werden, sondern **als neue Forderung** (2. VK Sachsen-Anhalt, B. v. 10. 6. 2009 – Az.: VK 2 LVwA LSA – 13/09).

12738   **Nicht ausreichend** ist, wenn eine **Vergabestelle sämtlichen Bietern vor Angebotsabgabe mitteilt, dass ein bestimmter Nachweis nicht mehr vorzulegen** ist. Denn entscheidend und verbindlich ist die europaweite Bekanntmachung. Interessenten, die möglicherweise keinen solchen Nachweis vorlegen konnten, haben sich gegebenenfalls allein aufgrund dieser Bekanntmachung nicht mehr gemeldet. Insofern liegt ein **Verstoß gegen das Transparenz- und Gleichbehandlungsgebot vor, der im Ausschreibungsverfahren nicht heilbar** ist (VK Münster, B. v. 12. 5. 2009 – Az.: VK 5/09).

155.6.2.5 Ausnahme von dem Verbot der Änderung bekannt gemachter Eignungskriterien

12739   Allerdings darf der Auftraggeber **von der in der Vergabebekanntmachung enthaltenen Forderung, wonach bestimmte Eignungsnachweise mit dem Angebot vorzulegen sind, in der Aufforderung zur Abgabe eines Angebots abrücken** und beispielsweise regeln, dass diese erst zu einem späteren Zeitpunkt vorzulegen sind (z. B. bei Auftragserteilung). Auch die **Art des vorzulegenden Nachweises** kann er später – allerdings nur im Sinne einer Verringerung der Anforderungen – abweichend von der Bekanntmachung regeln. An die Art des Nachweises **erhöhte (qualifizierte) Anforderungen darf er nachträglich in den Vergabeunterlagen demgegenüber nicht stellen** (KG Berlin, B. v. 20. 8. 2009 – Az.: 2 Verg 4/09; OLG Düsseldorf, B. v. 4. 6. 2008 – Az.: VII-Verg 21/08; Thüringer OLG, B. v. 21. 9. 2009 – Az.: 9 Verg 7/09; im Ergebnis ebenso VK Düsseldorf, B. v. 7. 10. 2009 – Az.: VK – 31/2009 – L).

12740   Auch die **Nachforderung von Eignungsnachweisen**, die grundsätzlich in der Vergabebekanntmachung anzugeben sind, in den Vertragsunterlagen ist nur dann zulässig, wenn sich der **Auftraggeber die Nachforderung in der Vergabebekanntmachung vorbehalten hat** (LSG Nordrhein-Westfalen, B. v. 28. 4. 2009 – Az.: L 21 KR 40/09 SFB).

155.6.2.6 Zeitpunkt, bis zu dem geforderte Eignungsnachweise vorgelegt werden müssen

12741   Vgl. dazu die Kommentierung zu § 101 GWB Rdn. 48 ff.

155.6.2.7 Keine Angabe der Gewichtung der Eignungskriterien
Vgl. dazu die Kommentierung zu § 97 GWB Rdn. 624 ff. 12742

155.6.2.8 Keine Kenntnis des Bieters vom Inhalt der Bekanntmachung erforderlich
Es ist **nicht erforderlich, dass der Bieter vom Inhalt der Bekanntmachung Kenntnis hatte oder ob ihm nur die Verdingungsunterlagen bekannt waren**. Der **europaweite Wettbewerb richtet sich an einen unbestimmten Kreis von Unternehmen/Personen**. Die Belange der gesamten (potentiellen) Bieterschaft sind zu berücksichtigen, wenn es um die Bestimmung und Auslegung der reglementierten Wettbewerbsbedingungen gilt. Die **Rechtssicherheit und Gleichbehandlung zwingt dazu, für alle Wettbewerbsteilnehmer einheitliche Anforderungen zu stellen**. Aus der Situation des einzelnen Bieters können sich deshalb nur in schwerwiegenden Ausnahmefällen Abweichungen rechtfertigen. Das bloße Unterlassen der Kenntnisnahme einer ansonsten ordnungsgemäß vorgenommenen Bekanntmachung kann jedoch nicht dazu führen, dass für die Antragstellerin andere Anforderungen gelten würden als für Bieter, denen der Text der Veröffentlichung bekannt war (OLG Düsseldorf, B. v. 9. 3. 2007 – Az.: VII – Verg 5/07; 3. VK Bund, B. v. 7. 2. 2007 – Az.: VK 3–07/07; VK Düsseldorf, B. v. 21. 5. 2007 – Az.: VK – 13/2007 – B). 12743

155.6.2.9 Fehlende Bekanntgabe von Eignungsnachweisen in der Bekanntmachung
Die **fehlende Bekanntgabe von Eignungsnachweisen in der Bekanntmachung** führt zur **Unmöglichkeit der Angebotswertung** in der zweiten Wertungsstufe und zur Unmöglichkeit der Einhaltung der Vergabegrundsätze gemäß VOF, **wenn nicht gerade jeder Bieter den Auftrag ausführen können soll**. Der **Verstoß kann** aufgrund fehlender gesetzlicher Regelung **nicht** durch eine nachträgliche Bekanntgabe von geforderten Eignungsnachweisen in den Vergabeunterlagen **geheilt werden** (VK Thüringen, B. v. 17. 3. 2009 – Az.: 250–4003.20–650/2009-003-EF). 12744

155.6.2.10 Genaue Beschreibung der Eignungskriterien
155.6.2.10.1 Grundsatz. Um dem Transparenzgebot und dem Diskriminierungsverbot zu genügen, muss eine Eignungsanforderung **auch so hinreichend klar und deutlich formuliert** sein, dass es einem **verständigen Bieter ohne eigene Interpretation eindeutig erkennbar wird, was ein öffentlicher Auftraggeber fordert**. Etwaige Unklarheiten dürfen nicht zu Lasten der Bieter gehen (OLG Frankfurt, B. v. 15. 7. 2008 – Az.: 11 Verg 4/08; B. v. 10. 6. 2008 – Az.: 11 Verg 3/08; OLG Düsseldorf, B. v. 12. 3. 2008 – Az.: VII – Verg 56/07; OLG Naumburg, B. v. 2. 7. 2009 – Az.: 1 Verg 2/09; 3. VK Bund, B. v. 24. 7. 2009 – Az.: VK 3–136/09; VK Düsseldorf, B. v. 7. 10. 2009 – Az.: VK – 31/2009 – L; B. v. 16. 2. 2006 – Az.: VK – 02/2006 – L; 1. VK Sachsen, B. v. 9. 2. 2009 – Az.: 1/SVK/071-08). 12745

155.6.2.10.2 Beispiele aus der Rechtsprechung 12746
- aus dem geforderten Nachweis der Fachkunde, Leistungsfähigkeit, Erfahrung, Wirtschaftlichkeit und Zuverlässigkeit kann **kein Auswahlkriterium „Berufspraxis"** abgeleitet werden (2. VK Bund, B. v. 4. 7. 2003 – Az.: VK 2–50/03)
- die **ständige Verfügbarkeit des Projektleiters vor Ort** ist jedoch keine Selbstverständlichkeit. Vertretungsmöglichkeiten sind im Fall von Urlaub, Krankheit etc. ohnehin unvermeidlich. Da der Projektleiter im rechtlichen und gerade auch im strafrechtlichen Sinne für die Sicherheit auf der Baustelle verantwortlich gemacht wird, hat er schon deshalb entsprechende Organisations- und Kontrollpflichten, die eine Vor-Ort-Betreuung in nicht unerheblichem Umfang notwendig machen. Art und Weise wie auch der Umfang seiner Tätigkeit bleibt aber dem Projektleiter jedenfalls dann selbst überlassen, wenn nicht die Vergabestelle ihre eigenen, konkreten Anforderungen insoweit den Bewerbern zuvor bekannt gemacht hatte (2. VK Bund, B. v. 4. 7. 2003 – Az.: VK 2–50/03)
- enthält die Vergabebekanntmachung **lediglich den Verweis auf die Normen der Verdingungsordnung ohne weitere Konkretisierung, wird der Bewerber nicht zur Vorlage von Referenzen verpflichtet**. Die Verdingungsordnung für freiberufliche Leistungen enthält in § 13 keine Regelung, die die Vorlage von Referenzen fordert. Es werden lediglich Referenzen erwähnt, aber als eine von verschiedenen Nachweismöglichkeiten, die dem Bewerber fakultativ und alternativ zum Nachweis seiner fachlichen Eignung eröffnet sind (OLG Naumburg, B. v. 9. 9. 2003 – Az.: 1 Verg 5/03)

Teil 5 VOF § 10 Vergabeordnung für freiberufliche Leistungen

– die **Anforderung von sämtlichen Nachweisen, die in einer Norm der VOF aufgeführt sind, entbehrt der** in der Vorschrift angelegten **notwendigen Auswahl durch den Auftraggeber**. Die notwendige Anpassung der Nachweise auf die konkret nachgefragte Leistung kann nicht von jedem Bewerber nach dessen individuellem Verständnis erfolgen, sondern muss vom Auftraggeber zur Wahrung der Transparenz und Gleichbehandlung vorgegeben werden. **Unterlässt der Auftraggeber diese bewusste Auswahl, kann keiner der in der Vorschrift aufgeführten Nachweise als gefordert gelten** (VK Düsseldorf, B. v. 21. 11. 2003 – Az.: VK – 33/2003 – L)

155.7 Auswahl unter den Bewerbern durch Los (§ 10 Abs. 3)

155.7.1 Änderungen in der VOF 2009

12747 Die Regelung des § 10 Abs. 3 ist **neu in die VOF 2009 aufgenommen** worden.

155.7.2 Vorherige Information?

12748 Nach der **Rechtsprechung zur VOF 2006** war eine **vorherige Information** der Anwendung eines Losverfahrens in der Bekanntmachung **notwendig** (1. VK Sachsen, B. v. 13. 6. 2001 – Az.: 1/SVK/44-01). Durch die ausdrückliche Aufnahme der Möglichkeit der Anwendung eines Losverfahrens in § 10 Abs. 3 VOF 2009 ist eine **Bekanntmachung nicht mehr erforderlich**.

155.7.3 Voraussetzungen des Losverfahrens

12749 Zwar trifft zu, dass ein Losverfahren unter Umständen dann angewandt werden kann, wenn der öffentliche Auftraggeber aus den zahlreichen Bewerbungen eine rein objektive Auswahl nach qualitativen Kriterien unter gleich qualifizierten Bewerbern nicht mehr nachvollziehbar durchführen kann. **Zur Reduzierung der Bewerberzahl erscheinen unter diesen Voraussetzungen Losentscheidungen zur Auswahl der zu den Verhandlungen zuzulassenden Bewerber als vertretbar.** Dies setzt indes voraus, **dass die geeigneten Bewerber in den ersten Auswahlstufen nach den Mindestanforderungen und in weiteren Auswahlstufen nach weiteren fachlichen Gesichtspunkten ausgewählt** wurden. Bei der nach § 10 VOF zu treffenden Auswahl hat die Vergabestelle auch den in § 11 VOF genannten Leistungskriterien im Rahmen einer Prognoseentscheidung Rechnung zu tragen. Da das Vergabeverfahren seinem Wesen nach die Auswahl desjenigen Bewerbers bezweckt, der die bestmögliche Leistung erwarten lässt, ist ein **Auswahlverfahren unzureichend, welches es unterlässt abzuklären, welche der nicht ausgeschlossenen und geeigneten Bewerber die geforderte Leistung prognostisch am besten erbringen werden**. Die Anwendung eines Losverfahrens vor Klärung dieser Frage beinhaltet eine Rechtsverletzung, weil aufgrund der zuvor erfolgten unzureichenden Differenzierung der potentiell bestgeeignete Bewerber im Rahmen der Auslosung ausscheiden kann (OLG Rostock, B. v. 1. 8. 2003 – Az.: 17 Verg 7/03; VK Arnsberg, B. v. 26. 7. 2004 – Az.: VK 2–12/2004; B. v. 26. 7. 2004 – Az.: VK 2–11/2004; B. v. 13. 7. 2004 – Az.: VK 2–09/2004; B. v. 13. 7. 2004 – Az.: VK 2–08/2004; 2. VK Mecklenburg-Vorpommern, B. v. 7. 1. 2008 – Az.: 2 VK 5/07; 2. VK Sachsen-Anhalt, B. v. 3. 7. 2008 – VK 2 LVwA LSA – 05/08).

155.8 Bekanntmachung der Zahl der zur Verhandlung aufgeforderten Bewerber (§ 10 Abs. 4)

12750 Vgl. dazu die **Kommentierung zu § 101 GWB Rdn. 33 ff.**

155.9 Auswahlentscheidung

155.9.1 Grundsatz

12751 **§ 10 VOF trifft selbst keine formellen bzw. inhaltlichen Regelungen** zur Auswahlentscheidung.

Vergabeordnung für freiberufliche Leistungen VOF § 10 **Teil 5**

155.9.2 Hinweis

Vgl. zur Auswahlentscheidung die **Kommentierung zu § 101 GWB Rdn. 44 ff.** 12752

155.10 Pflicht der Vergabestelle zur Benachrichtigung der Bewerber über die Eignungsentscheidung (§ 10 Abs. 5)

155.10.1 Änderungen in der VOF 2009

Entgegen der Regelung des § 17 Abs. 4 VOF 2006 besteht die Pflicht der Vergabestelle 12753
zur Benachrichtigung **unabhängig von einem Antrag.**

155.10.2 Vergleichbare Regelungen

Der **Vorschrift des § 10 Abs. 5 VOF vergleichbar** sind im Bereich der VOL/A **§§ 19, 22** 12754
EG VOL/A und im Bereich der VOB **§§ 19, 19 a VOB/A.** Die Kommentierungen zu diesen
Vorschriften können daher ergänzend zu der Kommentierung des § 10 Abs. 5 herangezogen
werden.

155.10.3 Nachträglicher Informationsanspruch

§ 10 Abs. 5 VOF gibt dem nicht berücksichtigten Bewerber **nach seinem Wortlaut nur** 12755
einen nachträglichen Informationsanspruch über die Auswahlentscheidung (OLG Koblenz, B. v. 10. 8. 2000 – Az.: 1 Verg. 2/00).

155.10.4 Verhältnis zu § 101 a GWB

Vgl. dazu im Einzelnen die Kommentierung zu § 101 a GWB Rdn. 160 ff. 12756

155.10.5 Inhaltliche Anforderungen

Ein **pauschaler Verweis** auf die mangelnde formale oder/und sachliche Eignung und das 12757
Übersenden eines Kriterienkatalogs **ohne Kennzeichnung der genauen Gründe**, die zum
Ausschluss führen, **genügt nicht den Anforderungen des § 10 Abs. 5 VOF**, weil solche
Schreiben es einem Bewerber nicht ermöglichen, sein Geschäftsverhalten zu überdenken und
Rückschlüsse bei neuen Bewerbungen zu ziehen (VK Brandenburg, B. v. 1. 10. 2002 – Az.: VK
53/02).

155.10.6 Beweislast für den Zugang der Mitteilung beim Bewerber

Maßgebend für die Mitteilung nach § 10 Abs. 5 ist, dass die Gründe bei dem Bewerber an- 12758
kommen. Der **Auftraggeber ist für die Mitteilungspflicht beweispflichtig**; als Beweismittel
kommt z. B. die Sendebestätigung einer Telefaxmitteilung in Betracht (VK Brandenburg, B. v.
1. 10. 2002 – Az.: VK 53/02).

Zur Erhöhung der Beweislast beim Bestreiten des Zugangs von Telefaxbenachrichtigungen 12759
vgl. die Kommentierung zu § 107 GWB Rdn 436.

155.10.7 Mitteilung im Rahmen eines laufenden Vergabenachprüfungsverfahrens

Die Vergabestelle ist **durch die Einleitung des Nachprüfungsverfahrens nicht an einer** 12760
Mitteilung nach § 10 Abs. 5 gehindert, wenn die Vergabekammer lediglich ein Zuschlagsverbot gem. § 115 Abs. 1 GWB ausspricht. An der sonstigen Fortführung des Vergabeverfahrens
ist die Vergabestelle durch das Nachprüfungsverfahren dann nicht gehindert (VK Südbayern, B.
v. 16. 1. 2001 – Az.: 26- 12/00).

155.11 Richtlinie HVA F-StB (05/2010)

In der Ausschlussprüfung werden zunächst alle fristgerecht eingegangenen Bewerbungen dar- 12761
aufhin überprüft, ob die nach der VOF geforderten Erklärungen/Nachweise vollständig und mit

Teil 5 VOF § 11 Vergabeordnung für freiberufliche Leistungen

ausreichendem Inhalt vorliegen (Vertragsaufstellung/Vergabeverfahren, Nr. 1.4.1.2 Auswahl der Bewerber, Abs. 1).

12762   Anschließend erfolgt die inhaltliche Prüfung und Bewertung der Bewerberangaben gemäß Vordruck HVA F-StB ING 24.1. So sind z. B. die gemäß VOF § 4 (2) abgeforderten und vorgelegten Auskünfte zur wirtschaftlichen Verknüpfung mit Unternehmen vor dem Hintergrund der jeweils zu beauftragenden Leistung zu überprüfen und zu bewerten. Hierbei ist nicht das Ziel zu verfolgen, wirtschaftlich mit Unternehmen verknüpfte Bewerber von vornherein vom Wettbewerb auszuschließen. Bewerber mit kritisch zu bewertenden Verknüpfungen (z. B. Büro für Verkehrsplanung ist Tochterfirma einer Straßenbaufirma) sind jedoch vom weiteren Wettbewerb auszuschließen.

12763   Bei Zweifel an der Richtigkeit einzelner Angaben sind diese zu überprüfen (Vertragsaufstellung/Vergabeverfahren, Nr. 1.4.1.2 Auswahl der Bewerber, Abs. 3).

12764   Bleiben Zweifel an der Eignung eines Bewerbers bestehen, kann dieser aus dem weiteren Verfahren ausgeschieden werden. Die Entscheidungsgründe sind für den Vergabevermerk in kurzer Form aktenkundig zu machen (Vertragsaufstellung/Vergabeverfahren, Nr. 1.4.1.2 Auswahl der Bewerber, Abs. 4).

12765   Die Bewerber, die im weiteren Wettbewerbsverfahren bleiben, werden nach einem steigenden Punktesystem gemäß Vordruck HVA F-StB ING 24.2 in eine Reihung gebracht. Dazu sind analog zu der in der Bekanntmachung aufgeführten Bedeutung die vorgelegten Erklärungen und Nachweise im Verhältnis zueinander je nach der vom Bewerber zu erbringenden Leistung zu wichten. Die Summe der Wichtungen muss 100% ergeben (Vertragsaufstellung/Vergabeverfahren, Nr. 1.4.1.2 Auswahl der Bewerber, Abs. 5).

12766   Darüber hinaus soll der Inhalt der Unterlagen eines jeden Bewerbers bei den einzelnen Auswahlkriterien mit einer Punktezahl zwischen 0 und 5 bewertet werden. Sind dabei die Mindestanforderungen nicht erfüllt (0 Punkte des Bewerbers bei einem Kriterium), wird der Bewerber nicht zur Abgabe eines Angebotes aufgefordert.

12767   Das Auswahlverfahren ist entsprechend der Systematik des Vordrucks HVA F-StB-ING 24.2 durchzuführen. Die im Vordruck enthaltene Reihenfolge der Auswahlkriterien ist keine Vorgabe für deren Wichtung. Diese muss in jedem Einzelfall neu festgelegt werden.

12768   Die Entscheidungsgründe für die Wichtung und die Bewertung mit Punktzahlen sind für den Vergabevermerk in kurzer Form aktenkundig zu machen (Vertragsaufstellung/Vergabeverfahren, Nr. 1.4.1.2 Auswahl der Bewerber, Abs. 6).

12769   Nach Abschluss des Auswahlverfahrens sind gemäß § 10 Abs. 5 VOF allen Bewerbern die Gründe für die Ablehnung ihrer Bewerbung mitzuteilen. Erfolgt eine solche Mitteilung nicht, sind diese Bewerber gemäß § 101a GWB vor Zuschlagserteilung mit Vordruck § 101a GWB I „Information gemäß § 101a GWB I" (Vordruck HVA F-StB-ING 25.1) zu verständigen (siehe 1.4.1.4 Abs. (3)) (Vertragsaufstellung/Vergabeverfahren, Nr. 1.4.1.2 Auswahl der Bewerber, Abs. 7).

12770   Die Bewerber mit den höchsten Punktzahlen werden zur Angebotsabgabe aufgefordert. Die Mindestanzahl der aufzufordernden Bewerber muss der in der Vergabebekanntmachung unter IV.1.4 genannten Anzahl entsprechen und darf bei hinreichender Anzahl geeigneter Bewerber nicht unter drei liegen (§ 10 (4) VOF) (Vertragsaufstellung/Vergabeverfahren, Nr. 1.4.1.2 Auswahl der Bewerber, Abs. 7).

156. § 11 VOF – Aufforderung zur Verhandlung, Auftragserteilung

(1) Die Auftraggeber fordern die ausgewählten Bewerber gleichzeitig in Textform zu Verhandlungen auf. Die Verhandlungen können sowohl über den Gegenstand der Leistung als auch über die im Rahmen der Verhandlung abgeforderten Angebote geführt werden.

(2) Die Aufforderung zur Verhandlung enthält mindestens Folgendes:

– das Anschreiben mit den Verfahrensbedingungen, Angaben zu den Fristen, einen Hinweis auf die Bekanntmachung sowie die Zuschlagskriterien, falls sie noch nicht in der Bekanntmachung aufgeführt sind,

Vergabeordnung für freiberufliche Leistungen VOF § 11 **Teil 5**

– die Aufgabenbeschreibung und eventuell einen Vertragsentwurf, aus dem die konkrete Leistung und die Auftragsbedingungen hervorgehen.

(3) Fehlende Erklärungen und Nachweise können auf Verlangen der Auftraggeber bis zum Ablauf einer zu bestimmenden Frist nachgereicht werden.

(4) Die Auftraggeber haben in der Aufgabenbeschreibung oder der Vergabebekanntmachung oder der Aufforderung zur Angebotsabgabe alle Zuschlagskriterien anzugeben, deren Anwendung vorgesehen ist. Sie haben auch anzugeben, wie die einzelnen Kriterien gewichtet werden. Die Gewichtung kann mittels einer Spanne angegeben werden. Kann die Gewichtung aus nachvollziehbaren Gründen nicht angegeben werden, so gibt der Auftraggeber die Kriterien in der absteigenden Reihenfolge ihrer Bedeutung an.

(5) Bei der Entscheidung über die Auftragserteilung berücksichtigen die Auftraggeber verschiedene, durch den Auftragsgegenstand gerechtfertigte Kriterien, zum Beispiel Qualität, fachlicher oder technischer Wert, Ästhetik, Zweckmäßigkeit, Umwelteigenschaften, Kundendienst und technische Hilfe, Leistungszeitpunkt, Ausführungszeitraum oder -frist und Preis/Honorar. Bei der Festlegung dieser Zuschlagskriterien ist auf die klare und nachvollziehbare Abgrenzung zu den Eignungskriterien bei der Auswahl der Bewerber zu achten. Ist die zu erbringende Leistung nach einer gesetzlichen Gebühren- oder Honorarordnung zu vergüten, ist der Preis nur im dort vorgeschriebenen Rahmen zu berücksichtigen.

(6) Die Entscheidung für einen Bieter ist nur auf der Grundlage eines zuschlagsfähigen Angebotes zulässig. Der Auftraggeber schließt den Vertrag mit dem Bieter, der aufgrund des ausgehandelten Auftragsinhalts und der ausgehandelten Auftragsbedingungen im Rahmen der bekannt gemachten Zuschlagskriterien und deren Gewichtung die bestmögliche Leistung erwarten lässt.

(7) Das Verfahren endet mit Vertragsschluss oder mit Verzicht auf die Auftragserteilung.

156.1 Änderungen in der VOF 2009

In § 11 Abs. 1 Satz 2 VOF 2009 sind die **möglichen Gegenstände der Auftragsverhandlung konkretisiert** worden. 12771

In § 11 Abs. 3 VOF 2009 ist die **Möglichkeit** aufgenommen worden, **fehlende Erklärungen und Nachweise nachzureichen**. 12772

In § 11 Abs. 5 VOF 2009 ist ein Hinweis auf die **Notwendigkeit der Abgrenzung zwischen Zuschlagskriterien und Eignungskriterien** aufgenommen worden. 12773

§ 11 Abs. 6 VOF 2009 statuiert die **Notwendigkeit eines zuschlagsfähigen Angebots**. 12774

156.2 Vergleichbare Regelungen

Der **Vorschrift des § 11 VOF im Grundsatz vergleichbar** sind im Bereich der VOB § 16 VOB/A und im Bereich der VOL § 16 VOL/A. Die Kommentierungen zu diesen Vorschriften können daher ergänzend zu der Kommentierung des § 11 herangezogen werden. 12775

156.3 Bieterschützende Vorschrift

Die Bestimmungen des § 11 Abs. 4 Satz 1 und des § 11 Abs. 5 haben bieterschützenden Charakter (VK Schleswig-Holstein, B. v. 11. 1. 2006 – Az.: VK-SH 28/05). 12776

156.4 Zweite Phase des VOF-Verfahrens

156.4.1 Grundsätze

Die **zur Auftragserteilung führende Zuschlagswertung** und das **Verfahren über die Auswahl von geeigneten Bewerbern für die Verhandlungen** sind **eigenständige Abschnitte im Vergabeverfahren** und haben unterschiedliche Zwecke. Die **Bewerberauswahl** 12777

Teil 5 VOF § 11 Vergabeordnung für freiberufliche Leistungen

ist eine **personenbezogene Entscheidung** zur Aussonderung ungeeigneter Bewerber, die **Vergabeentscheidung betrifft den Gegenstand des Auftrages selbst**. Letztere ist weithin eine **auftragsbezogene Prognoseentscheidung**, bei welcher der Vergabestelle ein **grundsätzlich weiter Beurteilungsspielraum** zusteht (OLG Brandenburg, B. v. 13. 9. 2005 – Az.: Verg W 8/05; OLG Koblenz, B. v. 6. 11. 2008 – Az.: 1 Verg 3/08; OLG München, B. v. 9. 2. 2009 – Az.: Verg 27/08; VK Baden-Württemberg, B. v. 4. 4. 2007 – Az.: 1 VK 11/07; 1. VK Bund, B. v. 18. 5. 2006 – Az.: VK 1–25/06; 2. VK Bund, B. v. 15. 5. 2009 – Az.: VK 2–21/09; B. v. 10. 11. 2005 – Az.: VK 2–132/05; 3. VK Bund, B. v. 28. 8. 2006 – Az.: VK 3–99/06; VK Lüneburg, B. v. 25. 9. 2006 – Az.: VgK-19/2006; VK Nordbayern, B. v. 4. 5. 2009 – Az.: 21.VK – 3194 – 06/09; B. v. 1. 2. 2008 – Az.: 21.VK – 3194 – 53/07; 1. VK Sachsen, B. v. 25. 1. 2008 – Az.: 1/SVK/088-07; B. v. 19. 8. 2005 – Az.: 1/SVK/096-05; B. v. 13. 5. 2005 – Az.: 1/SVK/035-05; VK Südbayern, B. v. 19. 12. 2006 – Az.: Z3-3-3194-1-35–11/06). Grenze des Beurteilungsspielraums sind die Grundsätze des Vergabeverfahrens, das Diskriminierungsverbot, der Wettbewerbsgrundsatz und das Transparenzgebot. Eine für den einzelnen Bewerber ungünstige Vergabeentscheidung ist durch die Prognose des wirtschaftlichsten Angebots (§ 97 Abs. 5 GWB) und der bestmöglichen Leistungserbringung (§ 11 Abs. 6 VOF) nur gerechtfertigt, soweit diese durch sachliche Gründe getragen wird, die Vorschriften des Vergabeverfahrens eingehalten wurden und der Sachverhalt zutreffend ermittelt wurde (OLG Düsseldorf, B. v. 8. 10. 2003 – Az.: VII – Verg 48/03; OLG München, B. v. 9. 2. 2009 – Az.: Verg 27/08; 1. VK Sachsen, B. v. 13. 5. 2005 – Az.: 1/SVK/035-05; VK Südbayern, B. v. 12. 1. 2004 – Az.: 61-12/03).

12778 So ist es in einem **kombinierten Ideen- und Preiswettbewerb** zur Auswahl eines Generalplaners **nicht Aufgabe der Nachprüfungsbehörden**, darüber zu **befinden**, ob eine derzeit noch nicht einmal in Ansätzen erkennbare **Detailplanung genehmigungsfähig wäre** und/oder welche technischen Schwierigkeiten bei der Umsetzung einer noch unbekannten Detailplanung auftreten könnten (OLG Koblenz, B. v. 6. 11. 2008 – Az.: 1 Verg 3/08).

156.4.2 Allgemeiner Ablauf der 2. Stufe des VOF-Verfahrens

12779 Im Verhandlungsverfahren nach VOF ist den für Verhandlungen ausgewählten Bewerbern eine **Aufgabenbeschreibung nach § 6 VOF zu übermitteln**, auf deren Basis diese zur Abgabe eines Angebotes aufgefordert werden. Wurden nicht bereits in der Vergabebekanntmachung **alle Auftragskriterien** angegeben, deren Anwendung vorgesehen ist, so hat dies **spätestens in der Aufgabenbeschreibung** zu geschehen. Auf der Basis der Angebote der Bewerber werden im Folgenden **Auftragsgespräche mit allen Bewerbern geführt**, um den Bewerber zu ermitteln, „der im Hinblick auf die gestellte Aufgabe am ehesten die Gewähr für eine sachgerechte und qualitätsvolle Leistungserfüllung bietet. Die **Auftragsgespräche haben sich**, um zielführend sein zu können, **auf die Angebote der Bewerber** und damit auch **das konkret zu vergebende Vorhaben** zu beziehen (2. VK Brandenburg, B. v. 14. 12. 2002 – Az.: 2 VK 106/01; 1. VK Sachsen, B. v. 25. 1. 2008 – Az.: 1/SVK/088-07). In den Auftragsgesprächen muss der **Auftraggeber die Auswahlkriterien** prüfen. Dabei ist er **zu materiellen, also inhaltlich auf die zu lösende Aufgabe bezogenen Gesprächen mit den Bewerbern verpflichtet**. Das Auftragsgespräch dient dazu, vertieft Lösungsansätze des Bewerbers zu erörtern und dabei zu ermitteln, ob sie eine sachgerechte und qualitätsvolle Leistungserfüllung erwarten lassen (Brandenburgisches OLG, B. v. 13. 9. 2005 – Az.: Verg W 8/05).

156.5 Aufforderung zur Verhandlung (§ 11 Abs. 1)

156.5.1 Notwendigkeit einer Aufforderung zur Verhandlung

12780 Ohne die **Aufforderung zur Angebotsabgabe an die ausgewählten Bewerber und das Führen von Verhandlungsgesprächen über die Auftragsbedingungen ist ein Verhandlungsverfahren nicht vergaberechtskonform**. Ein Gespräch zur „Vorstellung des Unternehmens" und „der das Projekt betreuenden Personen und deren Referenzen" genügt den Anforderungen an ein Verhandlungsgespräch im Sinne der VOF nicht (Brandenburgisches OLG, B. v. 13. 9. 2005 – Az.: Verg W 8/05; 1. VK Sachsen, B. v. 25. 1. 2008 – Az.: 1/SVK/088-07; B. v. 5. 10. 2004 – Az.: 1/SVK/092-04, 1/SVK/092-04G), ebenso nicht eine **Dokumentation der Herangehensweise des Planers an die Bauaufgabe, verbunden mit einer Präsentation** (3. VK Saarland, B. v. 9. 3. 2007 – Az.: 3 VK 01/2007; 1. VK Sachsen, B. v. 25. 1. 2008 – Az.: 1/SVK/088-07).

2532

156.5.2 Gleichzeitige Aufforderung aller Bewerber zur Verhandlung (§ 11 Abs. 1 Satz 1)

Der Auftraggeber ist – als **Ausfluss des Gleichbehandlungsgebots des § 97 GWB** – verpflichtet, alle Bewerber gleichzeitig zur Teilnahme an den Verhandlungsgesprächen aufzufordern. Entscheidend ist, dass die Aufforderung an alle Bewerber **gleichzeitig abgesandt** wird.

156.5.3 Textform

Der Auftraggeber fordert die ausgewählten Bewerber **in Textform** zur Verhandlung auf. Zur **Bestimmung des Begriffs der Textform ist auf § 126 b BGB zurückzugreifen.** Danach fallen unter den Begriff der Textform zum einen **schriftliche Urkunden**, aber auch jede andere lesbare Form, sofern die **dauerhafte Wiedergabe in Schriftzeichen gewährleistet ist und die Person des Erklärenden genannt** wird. **Taugliche Medien für die Übermittlung in Textform** sind **insbesondere Telefax, CDs, Disketten und E-Mails** aber natürlich auch herkömmliche Schriftstücke.

156.5.4 Möglicher Inhalt des Verhandlungsgesprächs (§ 11 Abs. 1 Satz 2)

156.5.4.1 Änderungen in der VOF 2009

In § 11 Abs. 1 Satz 2 VOF 2009 ist klargestellt, dass die Auftragsverhandlungen sowohl über den Gegenstand der Leistung als auch über die vorher geforderten Angebote geführt werden können.

156.5.4.2 Grundsatz

Es ist nicht **Aufgabe und Zweck des Verhandlungsgesprächs**, Verhandlungen (nur) über bereits zuvor schriftlich unterbreitete Lösungsvorschläge zu führen, sondern **Lösungsansätze erst vorzutragen**. Die VOF kennt den Begriff des Angebots nicht. Entscheidend für den Zuschlag ist nicht ein schriftlich fixiertes Angebot, sondern erst das Ergebnis der Auftragsverhandlungen. Dabei sind **Verhandlungen inhaltlicher sowie preislicher Art zulässig und können wertungsrelevante Angaben jederzeit nachgeholt** werden. Es gilt insoweit der **Grundsatz der weitgehend freien Verhandelbarkeit von Angeboten freiberuflicher Leistungen**. Grundsätzlich liegt nämlich erst mit Abschluss der Verhandlungen ein zuschlagsfähiges „Angebot" vor (OLG Frankfurt, B. v. 9. 8. 2007 – Az.: 11 Verg 6/07).

156.5.4.3 Hinweis

Insoweit **gelten auch für die Auftragsverhandlungen nach der VOF die allgemeinen Grundsätze des Verhandlungsverfahrens**; vgl. daher die Kommentierung zu § 101 GWB Rdn. 106 ff.

156.6 Notwendiger Inhalt der Aufforderung zur Verhandlung (§ 11 Abs. 2)

156.6.1 Änderungen in der VOF 2009

Der notwendige Inhalt der Aufforderung zur Verhandlung wurde **um das Anschreiben mit den Verfahrensbedingungen, Angaben zu den Fristen und eventuell einen Vertragsentwurf, aus dem die konkrete Leistung und die Auftragsbedingungen hervor gehen**, ergänzt.

156.6.2 Anschreiben mit den Verfahrensbedingungen

Notwendiger Bestandteil der Aufforderung zur Verhandlung ist ein Anschreiben mit den **Verfahrensbedingungen, z. B. Ort, Zeit der Verhandlung, Teilnehmer seitens des Auftraggebers, technische Rahmenbedingungen, zeitlicher Rahmen und Gliederung des Verhandlungsgesprächs**.

Im Kontext mit § 11 Abs. 2 ist § 3 Abs. 3 zu beachten, der die Verpflichtung des Auftraggebers enthält, den ausgewählten Bewerbern den vorgesehenen weiteren Ablauf des Verfahrens mitzuteilen. **In der Regel wird § 3 Abs. 3 inhaltlich von § 11 Abs. 2 mit umfasst.**

Teil 5 VOF § 11   Vergabeordnung für freiberufliche Leistungen

156.6.3 Angaben zu den Fristen

12789   Notwendiger Bestandteil der Aufforderung zur Verhandlung ist auch die **Angabe der Fristen**, also der zeitlichen Rahmenbedingungen, unter denen das Verhandlungsverfahren ablaufen soll, z.B. **Fristen für die Abgabe eines endgültigen Angebots, Fristen für die Information nach § 101a GWB** usw.

156.6.4 Hinweis auf die Bekanntmachung

12790   Notwendiger Bestandteil der Aufforderung zur Verhandlung ist ebenfalls ein **Hinweis auf** die **Bekanntmachung**, also **nicht die Bekanntmachung selbst**. Es genügt danach z.B. die **Nennung der Bekanntmachungsnummer bei TED**.

156.6.5 Nennung der Zuschlagskriterien

12791   Notwendiger Bestandteil der Aufforderung zur Verhandlung ist auch die **Nennung der Zuschlagskriterien**, falls die Zuschlagskriterien nicht bereits in der Bekanntmachung genannt sind. Vgl. insoweit die Kommentierung zu § 11 Abs. 4 und Abs. 5

156.6.6 Aufgabenbeschreibung

12792   Notwendiger Bestandteil der Aufforderung zur Verhandlung ist auch die **Aufgabenbeschreibung**; sie **muss in diesem zweiten Verfahrensabschnitt deutlich aussagekräftiger und genauer sein als in der Bekanntmachung**. Vgl. insoweit insgesamt die Kommentierung zu § 6 VOF Rdn. 50 ff.

156.6.7 Vertragsentwurf

12793   **Fakultativer** Bestandteil der Aufforderung zur Verhandlung ist ein **Vertragsentwurf**, aus dem die konkrete Leistung und die Auftragsbedingungen hervorgehen. So hat es sich beispielsweise im Hauptanwendungsgebiet der VOF, nämlich der Vergabe von Architekten- und Ingenieurleistungen, bewährt, dem Anschreiben einen **Entwurf des Architekten- oder Ingenieurvertrages mit den aus Auftraggebersicht wesentlichen Rahmenbedingungen einschließlich der AVB** beizulegen.

156.6.8 Richtlinie HVA F-StB (05/2010)

12794   Für die Auswahl des Auftragnehmers übersendet der Auftraggeber den nach 1.4.1.2 aus den Bewerbern ausgewählten Bietern die „Vergabeunterlagen" mit Fristsetzung für die Einreichung der Angebote.

12795   Die Vergabeunterlagen sind im Allgemeinen in zwei unterschiedlichen Heftungen zu gestalten, und zwar
   – in die Heftung „Angebotsaufforderung" und
   – in die Heftung „Angebot".
(Vertragsaufstellung/Vergabeverfahren, Nr. 1.4.1.3 Auswahl des Auftragnehmers, Abs. 1).

12796   Veröffentlichte und von jedermann erwerbbare Unterlagen, wie z.B. die Vergabeordnung für freiberufliche Leistungen (VOF), sind den Vergabeunterlagen nicht beizugeben (Vertragsaufstellung/Vergabeverfahren, Nr. 1.4.1.3 Auswahl des Auftragnehmers, Abs. 4).

12797   Im Vertragsentwurf müssen alle die Erfüllung des Vertrages beeinflussenden Umstände enthalten sein, z.B.:
   – Art der Honorarermittlung
   – Ausführungszeitraum oder -fristen
   – Planungsunterlagen.
(Vertragsaufstellung/Vergabeverfahren, Nr. 1.4.1.3 Auswahl des Auftragnehmers, Abs. 5).

12798   In der EU-Aufforderung zur Angebotsabgabe (Vordruck HVA F-StB-ING 17.2) sind die jeweilig maßgebenden Auftragskriterien anzukreuzen bzw. anzugeben. Dabei sind die Auftragskriterien objektbezogen und individuell festzulegen. Erforderlichenfalls sind Kriterien hinzuzufü-

Vergabeordnung für freiberufliche Leistungen   VOF § 11   **Teil 5**

gen oder wegzulassen. Für die Auswahl des Auftragnehmers erforderliche Angaben, Erklärungen oder Nachweise sind vom Bieter gemäß Ziffer 10.2 des Vordrucks HVA F-StB-ING 17.2 mit dem Angebot vorzulegen.

Dies sind z. B.:

Qualität:
- Verfügbarkeit der technischen Ausstattung
- Personaleinsatzplan mit namentlicher Benennung der Personen, die die Leistungen tatsächlich erbringen
- Organisation der Qualitätskontrolle
- Verfügbarkeit des projektleitenden Personals
- Ort der Leistungserbringung
- Anteil Eigenleistungen und Fremdleistungen
- Kundendienst (Kommunikation mit dem Auftraggeber).

Fachlicher und technischer Wert:
- Fachtechnischer Wert der Angebotsunterlagen
- Fachliche Präsentation im Auftragsgespräch
- Zweckmäßigkeit des Leistungskonzeptes
- Koordination der Leistungserbringung, insbesondere Integration und Qualität der Fachplaner.

Leistungszeitraum oder -fristen:
- Sicherstellung von Ausführungszeiträumen/-fristen
- Planungsablauf.

Preis/Honorar:
- Höhe des Gesamtangebotes
- Angemessenheit/Annehmbarkeit der Honorarkosten für Grundleistungen
- Nebenkosten
- Kosten für Besondere Leistungen.

Sonstige objektbezogene Auftragskriterien:
- Erfahrungen des für die Bearbeitung vorgesehenen Personals mit vergleichbaren Leistungen
- Erfahrungen des für die Bearbeitung vorgesehenen Personals mit den einschlägigen Regelwerken
- Erfahrungen in der Zusammenarbeit mit anderen Beteiligten (z. B. Deutsche Bahn AG, Kommunen)
- Ästhetik/Gestaltung (z. B. Referenzobjekte).

Es ist darauf zu achten, dass bei den beispielhaft aufgeführten Kriterien nicht eine doppelte Bewertung dadurch vorgenommen wird, dass diese sowohl unter den Eignungskriterien des Teilnahmeantrages als auch unter den Zuschlagskriterien für das Angebot im selben Verfahren aufgeführt sind (Vertragsaufstellung/Vergabeverfahren, Nr. 1.4.1.3 Auswahl des Auftragnehmers, Abs. 6). 12799

In Nr. 10.1 des Vordrucks HVA F-StB-ING 17.2 sind für alle Vergaben als maßgebende Auftragskriterien immer die Kriterien, Preis/Honorar, Qualität und fachlicher und technischer Wert anzugeben. Weitere Kriterien sind vorzusehen, wenn dies im individuellen Einzelfall erforderlich ist. Die Festlegung der Auftragskriterien einschließlich Unterkriterien sowie deren Wichtung sind im Vergabevermerk zu begründen. Die Summe der Wichtungen muss 100% ergeben. Das Kriterium Preis/Honorar sollte mindestens mit 30% gewichtet werden (Vertragsaufstellung/Vergabeverfahren, Nr. 1.4.1.3 Auswahl des Auftragnehmers, Abs. 7). 12800

156.7 Öffnung der Angebote

156.7.1 Allgemeines

Eine **ausdrückliche Regelung** über die Öffnung der Angebote **fehlt in der VOF**. 12801

Teil 5 VOF § 11   Vergabeordnung für freiberufliche Leistungen

156.7.2 Richtlinie HVA F-StB (05/2010)

12802   Die Öffnung der Angebote erfolgt unverzüglich nach Ablauf des Einreichungstermins ohne Beisein der Bieter (Vertragsaufstellung/Vergabeverfahren, Nr. 1.4.1.3 Auswahl des Auftragnehmers, Abs. 12).

12803   Der Verhandlungsleiter zur Angebotsöffnung soll mit der Aufstellung der Vergabeunterlagen und der Weiterbehandlung der Angebote nicht befasst sein. Am Öffnungstermin ist ein zweiter Bediensteter als Schriftführer zu beteiligen, der die zu fertigende Niederschrift mit zu unterzeichnen hat (Vertragsaufstellung/Vergabeverfahren, Nr. 1.4.1.3 Auswahl des Auftragnehmers, Abs. 13).

12804   Der Verhandlungsleiter hat die Angebote vor der Öffnung darauf zu überprüfen, ob

– die Verschlüsse noch unversehrt

– nur in dem durch Vermerk bereits festgestellten Umfange beschädigt

– sie vor Ablauf der Angebotsfrist eingegangen sind.

(Vertragsaufstellung/Vergabeverfahren, Nr. 1.4.1.3 Auswahl des Auftragnehmers, Abs. 14).

12805   Die Angebote sind sodann in der Reihenfolge ihrer Nummerierung von dem Verhandlungsleiter oder dem Schriftführer zu öffnen und auf der ersten Seite des Angebotsschreibens mit der auf dem Umschlag vermerkten Nummer und Namenszeichen mit Datumsangabe zu versehen. Nach Ablauf der Angebotsfrist, aber **vor** Öffnung des ersten Angebotes eingegangene Angebote sind nicht zu berücksichtigen. Der Sachverhalt ist in der „Niederschrift über die Angebotsöffnung" (Vordruck HVA FStB-ING 22) unter Nr. II.1 festzuhalten (Vertragsaufstellung/Vergabeverfahren, Nr. 1.4.1.3 Auswahl des Auftragnehmers, Abs. 15).

12806   Die Angebote einschließlich eventueller Nebenangebote sind während des Öffnungstermins nach Öffnung der Angebote zu kennzeichnen (z.B. durch Lochstempel). Das Gerät zur Kennzeichnung ist im Übrigen sorgfältig zu verwahren (Vertragsaufstellung/Vergabeverfahren, Nr. 1.4.1.3 Auswahl des Auftragnehmers, Abs. 16).

12807   Nachweislich verspätet (d. h. nach Ablauf der Angebotsfrist) eingegangene Angebote bleiben unberücksichtigt (Vertragsaufstellung/Vergabeverfahren, Nr. 1.4.1.3 Auswahl des Auftragnehmers, Abs. 17).

156.8 Nachreichung fehlender Erklärungen und Nachweise (§ 11 Abs. 3)

156.8.1 Änderungen in der VOF 2009

12808   Die **ausdrückliche Möglichkeit**, dass fehlende Erklärungen und Nachweise nachgereicht werden können, wurde **neu in die VOF 2009 aufgenommen**.

156.8.2 Grundsatz

12809   Nach § 11 Abs. 3 können fehlende Erklärungen – zu denen auch Preisangaben gehören – und Nachweise **bis zum Ablauf einer zu bestimmenden Frist nachgefordert werden.**

156.8.3 Zeitlicher Kontext der Regelung des § 11 Abs. 3

12810   Nach dem Zusammenhang der Vorschrift des § 11 Abs. 3 innerhalb der VOF 2009 und des § 11 VOF 2009 **bezieht sich § 11 Abs. 3 auf den Zeitabschnitt nach der Absendung der Aufforderung zur Verhandlung und der Vorlage eines Angebots durch die Bieter und vor den Verhandlungsgesprächen**. Auftraggeber und Bieter haben also die Möglichkeit, bis zum Beginn der Auftragsverhandlungen die Vergabeunterlagen zu vervollständigen.

156.8.4 Ermessensentscheidung über die Nachforderung

156.8.4.1 Grundsatz des Ausschluss der Bewerber mit unvollständigen Angeboten von den Verhandlungsgesprächen

12811   Auch wenn im **Anwendungsbereich der VOF ein Ausschlussgrund der „fehlenden Angaben und Erklärungen" nicht vorgesehen ist**, darf eine Vergabestelle ein Angebot

Vergabeordnung für freiberufliche Leistungen VOF § 11 **Teil 5**

in der weiteren Prüfung und Wertung der Angebote nicht mehr berücksichtigen. Seine Berücksichtigung verstößt gegen das Gleichbehandlungsgebot aller Bieter (§ 97 Abs. 2 GWB), wenn die Vergabestelle ungleich gelagerte Sachverhalte (Angebote mit Preisen und Angebote ohne Preise) gleich behandelt hat (1. VK Sachsen, B. v. 11. 6. 2010 – Az.: 1/SVK/016-10; VK Thüringen, B. v. 2. 3. 2009 – Az.: 250–4004.20–584/2009-002-EF).

Auch nach Meinung des **OLG Düsseldorf sind unvollständige Angebote auszuschließen**. § 4 VOF bestimmt nur, unter welchen Voraussetzungen Bewerber von der Teilnahme am Vergabeverfahren auszuschließen sind und ist **nicht als eine abschließende Regelung betreffend den Ausschluss von Angebot anzusehen**. Das Fehlen eines ausdrücklichen Ausschlusstatbestandes führt aber nicht dazu, dass zwingende und fakultative Ausschlussgründe von der Vergabestelle selbst in der Ausschreibung konstitutiv begründet werden müssen. Vielmehr **folgt der zwingende Ausschluss formal fehlerhafter Angebote im VOF-Verfahren aus dem in § 97 Abs. 2 enthaltenen Gleichbehandlungs- und Transparenzgebot** als tragender Grundlage des Vergaberechts. Eines ausdrücklichen Hinweises in den Verdingungsunterlagen auf diese sich aus der Reichweite und Bedeutung der maßgeblichen vergaberechtlichen Prinzipien ergebende Konsequenz bedarf es nicht. Das Gleichbehandlungsgebot ist unmittelbarer Ausdruck des Art. 3 GG und des Art. 12 EG und damit fundamentaler Prinzipien des Verfassungs- sowie des Europäischen Gemeinschaftsrechts. Das aus dem Wesen der EU-Vergaberichtlinie abzuleitende Gleichbehandlungsgebot verbietet insbesondere jede Bevorzugung von Unternehmen, etwa durch Berücksichtigung von Angeboten, die den vom Auftraggeber festgelegten Voraussetzungen nicht entsprechen. Das in § 97 Abs. 1 GWB enthaltene Gebot der Transparenz ist die logische Fortsetzung des Gleichbehandlungsgrundsatzes. Indem Auftraggeber Transparenz schaffen, gewährleisten sie unverfälschten Wettbewerb und ermöglichen so die Verwirklichung der Gleichbehandlung. **Verzichtet die Vergabestelle gegenüber einzelnen Bietern auf die Einhaltung bestimmter bekannt gemachter Standards, ohne die Anforderungen an alle Angebote in transparenter und diskriminierungsfreier Weise geändert zu haben, verstößt sie gegen das Transparenzgebot** (OLG Düsseldorf, B. v. 21. 10. 2009 – Az.: VII-Verg 28/09; 2. VK Bund, B. v. 27. 7. 2009 – Az.: VK 2–99/09; 1. VK Sachsen, B. v. 11. 6. 2010 – Az.: 1/SVK/016-10). 12812

Dem durch das **Gleichbehandlungs- und Transparenzgebot begründeten Ausschluss unvollständiger Angebote im VOF-Verfahren steht der Grundsatz der weitgehend freien Verhandelbarkeit von Angeboten freiberuflicher Leistungen nicht entgegen**. Nach der Rechtsprechung des Bundesgerichtshofs sind auch im Verhandlungsverfahren nach der VOB/A, dessen Wesensmerkmal die Verhandlung des Auftraggebers mit den Bietern über den Auftragsinhalt ist, die Anforderungen der Ausschreibungsunterlagen an die Angebote verbindlich. **Der vom Bundesgerichtshof für ein Verhandlungsverfahren nach der VOB/A aus dem Gleichheits- und Transparenzgebot abgeleitete Grundsatz der Verbindlichkeit von Anforderungen, der den Ausschluss von Angeboten, die diese Anforderungen nicht erfüllen, zur Folge hat, beansprucht Geltung auch in einem Verhandlungsverfahren nach der VOF**. Dass dort über freiberufliche Leistungen verhandelt wird, vermag unterschiedliche Rechtsfolgen bei der Behandlung unvollständiger Angebote nicht zu rechtfertigen (OLG Düsseldorf, B. v. 21. 10. 2009 – Az.: VII-Verg 28/09; 2. VK Bund, B. v. 27. 7. 2009 – Az.: VK 2–99/09). 12813

§ 4 betrifft lediglich die Eignung des Bieters bezogene Ausschlussgründe, und zwar hinsichtlich des Teilnahmewettbewerbs. **Geht es dagegen um eine in der Angebotsphase durch die unvollständige Bepreisung des Leistungsverzeichnisses verursachte Abweichung des Angebots von den Verdingungsunterlagen und wollte man in einer solchen Sachverhaltsgestaltung bereits die Möglichkeit eines Angebotsausschlusses verneinen, liefe dies darauf hinaus, dass der Auftraggeber mit dem Bieter solange verhandeln müsste, bis dieser sich bereit findet, sein Angebot zu vervollständigen und den Verdingungsunterlagen anzupassen oder aber der Auftraggeber von seinen Forderungen abrückt. Ein solches Verhandlungsgebot besteht indes nicht**: Auch im Verhandlungsverfahren bleibt es Sache des Auftraggebers, den Auftragsgegenstand zu definieren und das Verfahren zu regeln. Gibt er in transparenter Weise zu erkennen, dass er auf einem bestimmten Angebotsumfang besteht, so ist er zumindest nicht gehalten, Angebote, die von dieser vorgegebenen Verhandlungsgrundlage abweichen, zum Gegenstand von Verhandlungen zu machen. Lässt sich damit jedenfalls eine Ausschlussmöglichkeit nicht schlechterdings verneinen, so sind die allgemeinen vergaberechtlichen Grundsätze auch geeignet, einen grundsätzlich bestehenden Spielraum des Auftraggebers zu beschränken (2. VK Bund, B. v. 27. 7. 2009 – Az.: VK 2–99/09). 12814

156.8.4.2 Nachforderungsmöglichkeit

12815 § 11 Abs. 3 VOF 2009 **gibt dem Auftraggeber ein Ermessen**, ob er Erklärungen – einschließlich von Preisangaben – und Nachweise **nachfordert oder nicht**. Um Schwierigkeiten bei der Nachforderung z. B. durch unklare oder widersprüchliche Vergabeunterlagen zu vermeiden, sollte der **Auftraggeber entsprechende Überlegungen bereits bei der Erstellung der Unterlagen zur Aufforderung zur Verhandlung anstellen und möglichst auch dokumentieren.**

12816 **156.8.4.2.1 Dokumentation der Ausübung des Ermessens.** Angebote, die nicht die geforderten oder nachgeforderten Erklärungen enthalten, erfordern eine Entscheidung des Auftraggebers über einen Ausschluss oder z. B. eine erneute Nachforderung.. Ergibt sich nicht, **ob und wie sich der Auftraggeber mit der Frage der möglichen Nachforderung auseinandersetzt**, hat der Auftraggeber es sich zu leicht gemacht und **insoweit willkürlich gehandelt**, als er lediglich vermerkt, dass eine (letztendlich preis- und leistungsrelevante) Erklärung noch fehlt. Dann ist nicht auszuschließen, dass ein Ermessensnichtgebrauch oder zumindest ein Ermessensfehlgebrauch vorliegt, die dem Gleichbehandlungsgrundsatz des § 97 Abs. 2 GWB widerspricht (OLG Naumburg, B. v. 26. 2. 2004 – Az.: 1 Verg 17/03; VK Lüneburg, B. v. 10. 9. 2002 – Az.: 203-VgK-15/2002). Eine **Ermessensausübung durch die Vergabekammer** im Nachprüfungsverfahren ist **nicht eröffnet** (OLG Naumburg, B. v. 26. 2. 2004 – Az.: 1 Verg 17/03).

12817 **156.8.4.2.2 Ermessensreduzierung auf Null und eventuelle Konsequenzen.** Hat ein Auftraggeber bestimmte Unterlagen zu **unbedingt zur Angebotsabgabe vorzulegenden Angebotsunterlagen erklärt**, ist der **Auftraggeber** aus Gründen der Gleichbehandlung aller Bieter **verpflichtet, an dieser Voraussetzung zwingend festzuhalten** (OLG Celle, B. v. 4. 3. 2010 – Az.: 13 Verg 1/10; B. v. 13. 12. 2007 – Az.: 13 Verg 10/07; OLG Düsseldorf, B. v. 19. 3. 2009 – Az.: VII-Verg 8/09; B. v. 28. 4. 2008 – Az.: VII – Verg 1/08; OLG Karlsruhe, B. v. 6. 2. 2007 – Az.: 17 Verg 5/06; OLG Koblenz, B. v. 13. 2. 2006 – Az.: 1 Verg 1/06; OLG München, B. v. 31. 8. 2010 – Az.: Verg 12/10; B. v. 23. 11. 2006 – Az.: Verg 16/06; OLG Rostock, B. v. 16. 1. 2008 – Az.: 17 Verg 3/07; LSG Nordrhein-Westfalen, B. v. 2. 4. 2009 – Az.: L 21 KR 35/09 SFB; VK Arnsberg, B. v. 13. 11. 2009 – Az.: VK 26/09; VK Baden-Württemberg, B. v. 6. 10. 2008 – Az.: 1 VK 35/08; B. v. 16. 9. 2008 – Az.: 1 VK 34/08; 1. VK Brandenburg, B. v. 17. 9. 2009 – Az.: VK 21/08; B. v. 31. 8. 2006 – Az.: 1 VK 33/06; 1. VK Bund, B. v. 12. 2. 2009 – Az.: VK 1–189/08; VK Münster, B. v. 30. 4. 2009 – Az.: VK 4/09; B. v. 25. 9. 2007 – Az.: VK 20/07; B. v. 19. 6. 2007 – Az.: VK 12/07; VK Niedersachsen, B. v. 16. 4. 2010 – Az.: VgK-10/2010; B. v. 15. 12. 2009 – Az.: VgK-63/2009; VK Nordbayern, B. v. 1. 4. 2008 – Az.: 21.VK – 3194 – 09/08; 1. VK Saarland, B. v. 12. 7. 2007 – Az.: 1 VK 04/2007; 1. VK Sachsen, B. v. 10. 9. 2009 – Az.: 1/SVK/035-09; B. v. 28. 7. 2008 – Az.: 1/SVK/037-08; B. v. 14. 3. 2007 – Az.: 1/SVK/006–07; VK Schleswig-Holstein, B. v. 20. 4. 2010 – Az.: VK-SH 03/10; B. v. 23. 1. 2009 – Az.: VK-SH 18/08; B. v. 27. 7. 2006 – Az.: VK-SH 17/06; VK Südbayern, B. v. 26. 9. 2008 – Az.: Z3-3-3194-1-25-07/08; B. v. 9. 10. 2007 – Az.: Z3-3-3194-1-45-08/07; B. v. 14. 9. 2007 – Az.: Z3-3-3194-1-33-07/07), selbst wenn kein einziger Bieter diese Voraussetzung erfüllt hätte. Ein auf Transparenz, Gleichbehandlung und Wettbewerb ausgerichtetes Vergabeverfahren bedingt nämlich, dass der Auftraggeber, um Willkürentscheidungen und subjektiv motivierte Vergabeentscheidungen zu verhindern, an einmal festgelegte Mindestparameter gebunden ist (1. VK Bund, B. v. 9. 2. 2005 – Az.: VK 2–03/05; VK Niedersachsen, B. v. 16. 4. 2010 – Az.: VgK-10/2010; B. v. 15. 12. 2009 – Az.: VgK-63/2009; VK Schleswig-Holstein, B. v. 23. 1. 2009 – Az.: VK-SH 18/08). Sollten deshalb alle Bieter diese Voraussetzung nicht erfüllen, so ist dem Auftraggeber – auch im Verhandlungsverfahren – untersagt, das ehemalige Anforderungsniveau nachträglich abzusenken (VK Niedersachsen, B. v. 16. 4. 2010 – Az.: VgK-10/2010). Vielmehr bleibt dem Auftraggeber in einem solchen Fall lediglich der **Verzicht auf die Vergabe bzw. die Aufhebung der Ausschreibung.** Eine Nachbesserungschance für sämtliche Bieter oder aber für einen Bieter, bei dem das Anforderungsniveau als einzigem in der gefordert hohen Weise verlangt wurde, besteht gerade nicht (VK Hessen, B. v. 2. 6. 2004 – Az.: 69 d – VK – 24/2004; 1. VK Sachsen, B. v. 29. 2. 2004 – Az.: 1/SVK/157-03).

12818 Da eine sachgerechte, transparente und auf Gleichbehandlung der Bieter abzielende Vergabeentscheidung nur getroffen werden kann, wenn die Angebote – bzw. zum Zeitpunkt der Entscheidung über die Teilnahme am Verhandlungsverfahren die Teilnahmeanträge – in jeder sich aus den Verdingungsunterlagen ergebenden Hinsicht vergleichbar sind, **sind auch im Anwendungsbereich der VOF solche Angebote, die vom Auftraggeber geforderte Erklärun-**

Vergabeordnung für freiberufliche Leistungen   VOF § 11   **Teil 5**

gen nicht vollständig enthalten, unter den vergaberechtlichen Geboten des Wettbewerbs zwingend auszuschließen (VK Schleswig-Holstein, B. v. 20. 4. 2010 – Az.: VK-SH 03/10; B. v. 23. 1. 2009 – Az.: VK-SH 18/08; im Ergebnis ebenso VK Baden-Württemberg, B. v.. 16. 9. 2008 – Az.: 1 VK 34/08).

Dies gilt allerdings nur dann, wenn der **Auftraggeber auf die Konsequenz des Ausschlusses bei fehlenden Unterlagen ausdrücklich hingewiesen** hat (OLG Celle, B. v. 7. 6. 2007 – Az.: 13 Verg 5/07; OLG Dresden, B. v. 16. 3. 2010 – Az.: WVerg 0002/10; VK Lüneburg, B. v. 24. 5. 2004 – Az.: 203-VgK-14/2004; 1. VK Sachsen, B. v. 14. 3. 2007 – Az.: 1/SVK/006–07; VK Schleswig-Holstein, B. v. 27. 7. 2006 – Az.: VK-SH 17/06).   12819

Ein Angebotsausschluss kann außerdem nur erfolgen, soweit **Art, Inhalt und Zeitpunkt der vorzulegenden Unterlagen eindeutig und wirksam gefordert** worden sind. Es muss demnach erkennbar sein, dass der öffentliche Auftraggeber für das konkrete Vergabeverfahren überhaupt bestimmte Unterlagen fordert. Ferner muss der **Inhalt der vorzulegenden Unterlagen eindeutig und unmissverständlich aus der Bekanntmachung und den Vergabeunterlagen hervorgehen** (OLG Dresden, B. v. 16. 3. 2010 – Az.: WVerg 0002/10; OLG Düsseldorf, B. v. 28. 4. 2008 – Az.: VII – Verg 1/08; 2. VK Bund, B. v. 4. 3. 2008 – Az.: VK 2–19/08; VK Schleswig-Holstein, B. v. 9. 7. 2010 – Az.: VK-SH 11/10).   12820

156.8.4.2.3 Bindung an Mindestbedingungen. Ein identisches Ergebnis ergibt sich auf der Basis der Rechtsprechung zu den Grundsätzen des Verhandlungsverfahrens. Vgl. insoweit die Kommentierung zu § 101 GWB Rdn. 147 ff.   12821

156.8.5 Überprüfbarkeit der Ermessensentscheidung

Eine **Entscheidung zur Nachforderung oder zu einem Ausschluss wegen fehlender Erklärungen unterliegt dem Beurteilungsspielraum des Auftraggebers, der von der Vergabekammer nur auf seine Grenzen überprüfbar ist** (OLG Celle, B. v. 13. 12. 2007 – Az.: 13 Verg 10/07; VK Brandenburg, B. v. 31. 8. 2006 – Az.: 1 VK 33/06; VK Lüneburg, B. v. 23. 2. 2007 – Az.: VgK-06/2007; VK Mecklenburg-Vorpommern, B. v. 7. 1. 2008 – Az.: 1 VK 10/07; VK Nordbayern, B. v. 28. 7. 2003 – Az.: 320.VK-3194-26/03; 1. VK Sachsen, B. v. 29. 2. 2004 – Az.: 1/SVK/157-03; VK Schleswig-Holstein, B. v. 20. 4. 2010 – Az.: VK-SH 03/10). Dementsprechend kann die Ermessensentscheidung des Auftraggebers im Nachprüfungsverfahren nur daraufhin überprüft werden, ob **Ermessensfehler vorliegen**, insbesondere ob die Vergabestelle ihr Ermessen überhaupt und ordnungsgemäß ausgeübt hat, **ob der Sachverhalt zutreffend und vollständig ermittelt** worden ist oder ob die **Entscheidung durch sachfremde Erwägungen bestimmt** worden ist (VK Lüneburg, B. v. 24. 5. 2004 – Az.: 203-VgK-14/2004).   12822

156.9 Angabe der Zuschlagskriterien und deren Gewichtung (§ 11 Abs. 4)

156.9.1 Änderungen in der VOF 2009

Der Begriff der „**Auftragskriterien**" in der VOF 2006 wurde durch den Begriff der „**Zuschlagskriterien**" ersetzt.   12823

Im Gegensatz zu § 16 Abs. 2 VOF 2006 wurde in § 11 Abs. 4 die Möglichkeit der Angabe der Zuschlagskriterien in der Aufforderung zur Teilnahme an der Verhandlung durch die **Möglichkeit der Aufforderung zur Angebotsabgabe** ersetzt.   12824

156.9.2 Bedeutung der Vorschrift des § 11 Abs. 4

§ 11 Abs. 4 VOF ist nicht lediglich eine Formvorschrift, sondern eine **Ordnungsvorschrift** (OLG Stuttgart, B. v. 28. 11. 2002 – Az.: 2 Verg 10/02). Hieraus folgt, dass § 11 Abs. 4 VOF zwar ein Wahlrecht eröffnet, aber zugleich auch eine **Verpflichtung** vorgibt, **alle Zuschlagskriterien**, deren Anwendung vorgesehen ist, **anzugeben**. Mit Angabe von Kriterien tritt eine Selbstbindung des Auftraggebers ein. Nach diesem Zeitpunkt ist es vergaberechtswidrig, ein als Auftragskriterium angekündigtes Merkmal wieder fallen zu lassen, oder etwa nach Aufforderung zur Angebotsabgabe neue Kriterien einzuführen (OLG Stuttgart, B. v. 28. 11. 2002 – Az.: 2 Verg 14/02; 1. VK Sachsen, B. v. 5. 9. 2005 – Az.: 1/SVK/104-05; VK Südbayern, B. v. 17. 7. 2003 – Az.: 24-06/03; VK Thüringen, B. v. 16. 1. 2006 – Az.: 360–4004.20–025/05-ARN).   12825

2539

12826 Die **unterbliebene Anwendung bekannt gemachter Zuschlagskriterien verletzt das Transparenzgebot des § 97 Abs. 1 GWB**. Die Bieter haben einen Anspruch auf Durchführung transparenter Vergabeverfahren. Sie haben weiterhin einen Anspruch auf eine Bewertung ihrer Bewerbungen/Angebote allein anhand der durch die Vergabestelle bekannt gemachten Zuschlagskriterien. Dieser Anspruch ist auch dann verletzt, wenn eine Bewertung der Bewerbungen/Angebote anhand einzelner, bekannt gegebener Zuschlagskriterien unterbleibt. Der – fehlerhaft – unterbliebenen Anwendung bekannt gemachter Zuschlagskriterien **gleichzustellen ist dabei auch der Tatbestand des Zusammenführens zweier Zuschlagskriterien zur Verwendung als eigenständiges, neues Zuschlagskriterium** (VK Thüringen, B. v. 16. 1. 2006 – Az.: 360–4004.20–025/05-ARN).

156.9.3 Angabe der Zuschlagskriterien (§ 11 Abs. 4 Satz 1)

156.9.3.1 Hinweis

12827 Zum **Begriff der Zuschlagskriterien allgemein** und den **allgemeinen Anforderungen an die Bekanntgabe** vgl. die Kommentierung zu § 97 GWB Rdn. 918 ff und 951 ff.

156.9.3.2 Angabe von Unterkriterien

12828 Vgl. dazu die Kommentierung zu § 97 GWB Rdn. 964 ff.

156.9.3.3 Angabe der Zuschlagskriterien in der Aufgabenbeschreibung oder der Vergabebekanntmachung oder der Aufforderung zur Angebotsabgabe

12829 Gemäß § 11 Abs. 4 VOF hat der Auftraggeber alle Auftragskriterien, deren Anwendung vorgesehen ist, in der Aufgabenbeschreibung oder der Vergabebekanntmachung oder der Aufforderung zur Angebotsabgabe anzugeben. Dies **fördert die Transparenz des Verfahrens** und eröffnet den Bietern die Möglichkeit, ihre Bewerbung auf die für den Auftraggeber wichtigen Kriterien zu konzentrieren und **vorab zu prüfen**, ob sie den gestellten Anforderungen überhaupt gerecht werden können (VK Brandenburg, B. v. 19. 3. 2003 – Az.: VK 05/03; VK Detmold, B. v. 22. 10. 2002 – Az.: VK.31–35/02).

12830 Nach Abschluss der ersten Stufe des Vergabeverfahrens sind also die Zuschlagskriterien des § 11 Abs. 4 VOF – gewissermaßen die Wertungskriterien der zweiten Stufe – heranzuziehen. Da sie aber für die Vorauswahl der Bewerber keine Rolle spielen, ist es **nicht zwingend erforderlich, die Kriterien nach § 11 Abs. 4 VOF bereits in die Vergabebekanntmachung aufzunehmen**. Dies ergibt sich außerdem aus Art. 40 Abs. 5 Buchstabe e) VKR, in welchem ausdrücklich erwähnt ist, dass der Auftraggeber den von ihm ausgewählten Bewerbern bei der Aufforderung zur Abgabe von Angeboten neben den Verdingungsunterlagen die Kriterien für die Auftragsvergabe mitzuteilen hat, soweit sie nicht bereits in der Vergabebekanntmachung enthalten waren (OLG München, B. v. 28. 4. 2006 – Az.: Verg 6/06; BayObLG, B. v. 24. 9. 2002 – Az.: Verg 16/02).

12831 **Auch aus der Richtlinie 2004/18/EG vom 31. 3. 2004 ergibt sich nichts anderes**. Art. 53 Abs. 2 i. V. m. Art. 40 Abs. 5 c der Richtlinie erlauben, dass der öffentliche Auftraggeber die Gewichtung der Zuschlagskriterien oder gegebenenfalls die absteigende Reihenfolge der Bedeutung der Kriterien in der Aufforderung zur Angebotsabgabe nennt, soweit nicht bereits in der Bekanntmachung, den Verdingungsunterlagen oder der Beschreibung entsprechende Angaben enthalten sind. Die **Argumentation, dass bereits der übersandte Teilnahmeantrag als Teil der Verdingungsunterlagen im Sinne von Art. 53 Abs. 2 der Richtlinie zu verstehen ist und spätestens dieser Angaben zu den einzelnen Zuschlagskriterien bzw. deren Gewichtung enthalten muss, findet in der Richtlinie keine St**ütze. Vielmehr spricht Art. 40 Abs. 1 und 2 der Richtlinie, wonach den ausgewählten Bewerber mit der Aufforderung zur Verhandlung die Verdingungsunterlagen zuzuleiten sind, dafür, dass der vor der Auswahl notwendigerweise übersandte und zurückgeleitete Teilnahmeantrag kein Bestandteil der Verdingungsunterlagen ist (OLG München, B. v. 28. 4. 2006 – Az.: Verg 6/06).

12832 Der Auftraggeber hat also ein dreifaches **Wahlrecht**. Entweder kann er – alle relevanten – Zuschlagskriterien schon in der Vergabebekanntmachung benennen oder er verschiebt die Angabe – aller relevanten – Zuschlagskriterien – auf die Aufgabenbeschreibung nach § 8 VOF oder auf die Aufforderung zur Angebotsabgabe. Aus diesem Wahlrecht folgt im Umkehrschluss damit aber auch, dass der **Auftraggeber an sein einmal ausgeübtes Wahlrecht gebunden** ist. Hat

Vergabeordnung für freiberufliche Leistungen VOF § 11 **Teil 5**

der Auftraggeber demnach schon alle relevanten Zuschlagskriterien in der Vergabebekanntmachung benannt, so kann und darf er diese späterhin auch in der Aufgabenbeschreibung bzw. der Aufforderung zur Verhandlung nicht mehr ändern (1. VK Sachsen, B. v. 6. 8. 2004 – Az.: 1/SVK/062-04, 1/SVK/062-04G).

156.9.3.4 Keine Unterscheidung zwischen „geborenen" und anderen Auftragskriterien

Die Vorschrift des § 11 Abs. 4 VOF ist eindeutig und zwingend. Maßstab für die Angabepflicht ist danach nicht, **ob sich das Zuschlagskriterium „von selbst versteht", sondern dass es für die Wertung überhaupt herangezogen werden soll.** Nur ein strenges Verständnis der Norm wird dem Gebot der Transparenz genügend gerecht. Alle Bewerber sollen aus der Aufgabenbeschreibung bzw. der Vergabebekanntmachung bzw. der Aufforderung zur Angebotsabgabe heraus ein klares Bild von den Zuschlagskriterien gewinnen können. Deshalb greift es auch nicht durch, wenn ein Auftraggeber darauf verweist, dass bestimmte Kriterien schon in § 11 Abs. 5 VOF genannt und deshalb nicht anzugeben seien. **§ 11 Abs. 4 VOF unterscheidet gerade nicht zwischen nicht anzugebenden „geborenen" und „anderen" Zuschlagskriterien.** Anzugeben sind vielmehr „alle Zuschlagskriterien, deren Anwendung vorgesehen ist". Ohnehin sind keineswegs immer alle „geborenen" Kriterien des § 11 Abs. 5 VOF für jeden VOF-Auftrag einschlägig (z. B. „Kundendienst"), so dass der öffentliche Auftraggeber eine entsprechende Auswahl vorzunehmen hat (OLG Düsseldorf, B. v. 27. 11. 2002 – Az.: Verg 45/02). 12833

156.9.3.5 Fehlende Angabe der Zuschlagskriterien

Vgl. dazu die Kommentierung zu § 97 GWB Rdn. 1176 ff. 12834

156.9.4 Angabe der Gewichtung der Zuschlagskriterien (§ 11 Abs. 4 Satz 2, 3)

156.9.4.1 Allgemeines

Vgl. zur Angabe der Gewichtung der Zuschlagskriterien die **Kommentierung zu § 97 GWB Rdn. 932 ff.** 12835

156.9.4.2 Fehlende Angabe der Gewichtung der Zuschlagskriterien

Vgl. dazu die **Kommentierung zu § 97 GWB Rdn. 940 ff.** 12836

156.9.4.3 Unterschiedliche Gewichtung der Zuschlagskriterien in einem Architektenwettbewerb und einem anschließenden Verhandlungsverfahren

Es ist **nicht zu beanstanden**, wenn die Gewichtung der einzelnen Zuschlagskriterien im Verhandlungsverfahren anders vorgenommen wird als in einem vorgeschalteten Architektenwettbewerb (VK Nordbayern, B. v. 12. 8. 2004 – Az.: 320.VK-3194-29/04). 12837

156.10 Die Zuschlagskriterien (§ 11 Abs. 5)

156.10.1 Änderungen in der VOF 2009

Neu in § 11 Abs. 5 VOF 2009 wurde aufgenommen, dass die **Zuschlagskriterien durch den Auftragsgegenstand gerechtfertigt** sein müssen. 12838

Neu ist **§ 11 Abs. 5 Satz 2 VOF 2009**, wonach bei der Festlegung der Zuschlagskriterien auf die **klare und nachvollziehbare Abgrenzung zu den Eignungskriterien** bei der Auswahl der Bewerber zu achten ist. 12839

156.10.2 Hinweis

Vgl. zu 12840
- Begriff des Zuschlagskriteriums
- Keine abschließende Aufzählung der Zuschlagskriterien
- Allgemeine Anforderungen an Zuschlagskriterien
- Nicht-monetäre Zuschlagskriterien

Teil 5 VOF § 11 Vergabeordnung für freiberufliche Leistungen

– Verbot von nicht überprüfbaren Zuschlagskriterien
– Angabe der Tragweite der Zuschlagskriterien
– Bindung des Auftraggebers an die veröffentlichten Zuschlagskriterien einschließlich der Gewichtung
– Verbot von vergabefremden Zuschlagskriterien
die Kommentierung zu § 97 GWB Rdn. 918 ff.

156.10.3 Rechtfertigung durch den Auftragsgegenstand

156.10.3.1 Grundsätze

12841 **Ebenso wie Eignungsanforderungen** müssen **auch Zuschlagskriterien** durch den Auftragsgegenstand gerechtfertigt sein.

12842 Die vom Auftraggeber als Zuschlagskriterien für die Ermittlung des wirtschaftlich günstigsten Angebots **festgelegten Kriterien müssen** insbesondere **mit dem Gegenstand des Auftrags zusammenhängen** (LSG Baden-Württemberg, B. v. 17. 2. 2009 – Az.: L 11 WB 381/09; 3. VK Bund, B. v. 26. 3. 2009 – Az.: VK 3–43/09; B. v. 20. 3. 2009 – Az.: VK 3–34/09; B. v. 20. 3. 2009 – Az.: VK 3–22/09; B. v. 30. 1. 2009 – Az.: VK 3–221/08; B. v. 29. 1. 2009 – Az.: VK 3–200/08; B. v. 29. 1. 2009 – Az.: VK 3–197/08; B. v. 23. 1. 2009 – Az.: VK 3–194/08; VK Südbayern, B. v. 26. 3. 2009 – Az.: Z3-3-3194-1-03-01/09).

156.10.4 Grundsatz der Trennung von Eignungs- und Zuschlagskriterien (§ 11 Abs. 5 Satz 2)

156.10.4.1 Änderungen in der VOF 2009

12843 In § 11 Abs. 5 VOF 2009 ist ein Hinweis auf die **Notwendigkeit der Abgrenzung zwischen Zuschlagskriterien und Eignungskriterien** aufgenommen worden.

156.10.4.2 Hinweis

12844 Vgl. zu dem **Grundsatz der Trennung von Eignungs- und Zuschlagskriterien gerade in VOF-Verfahren** die Kommentierung zu § 97 GWB Rdn. 642 ff.

156.10.5 Auftragskriterium „Preis/Honorar" (§ 11 Abs. 5 Satz 3)

156.10.5.1 Notwendigkeit einer Kostenvorgabe des Auftraggebers

12845 Es ist **nicht zulässig**, dass die Vergabestelle **keine Vorgabe der für das Vorhaben anzusetzenden Baukosten** macht und sie die Feststellung dieser Kosten allein den Bewerbern überlässt. Dies kann dazu führen, dass die vorgelegten Kostenschätzungen erheblich differieren. Es ist darüber hinaus auch für die Vergabestelle unmöglich, die Vergleichbarkeit der auf einer solchen Kostenschätzung beruhenden Honorarangebote herzustellen (VK Nordbayern, B. v. 1. 2. 2008 – Az.: 21.VK – 3194 - 53/07; VK Thüringen, B. v. 12. 6. 2003 – Az.: 216–4004.20–005/03-SCZ).

156.10.5.2 Gewichtung dieses Zuschlagskriteriums

12846 156.10.5.2.1 **Hinweis.** Vgl. zur **Rechtsprechung zur Gewichtung des Zuschlagskriteriums „Preis" außerhalb der VOF** die Kommentierung zu § 97 GWB Rdn. 1023 ff.

12847 156.10.5.2.2 **Gewichtung bei VOF-Verfahren.** Die **Rechtsprechung** hierzu ist **nicht einheitlich.**

12848 Nach einer Auffassung ist ein **Wert**, der für die Preisbildung vergeben wird, wenn er bei einer erreichbaren Gesamtpunktzahl **bei etwa 4%** liegt, **unangemessen niedrig** angesetzt. Dies ist nicht ausreichend, um das grundsätzliche vorhandene Gewicht zwischen Preis und Leistung angemessen zu gewichten. Die **Bedeutung des Angebotspreises** ist vor dem Hintergrund des allgemeinen **Vergabegrundsatzes des Wirtschaftlichkeitsgebots** (§ 97 Abs. 5 GWB) zu gewichten. Bei der Bewertung das Angebote muss grundsätzlich sichergestellt werden, dass der **Preis ein wichtiges, die Vergabeentscheidung substanziell beeinflussendes Kriterium**

Vergabeordnung für freiberufliche Leistungen VOF § 11 **Teil 5**

ist (1. VK Sachsen, B. v. 19. 11. 2001 – Az.: 1/SVK/119-01; OLG Stuttgart, B. v. 28. 11. 2002 – Az.: 2 Verg 14/02).

Demgegenüber vertritt das Bayerische Oberste Landesgericht die Auffassung, dass insbesondere **im Bereich der VOF dem Angebotspreis im Allgemeinen nicht die gleiche hohe Bedeutung zukommt wie in anderen Vergabebereichen.** So kann z.B. die vorgenommene Gewichtung für die wirtschaftliche Seite eines Angebots mit 10% nicht als fehlerhaft erachtet werden; denn der Preis spielt hier nur für Besondere Leistungen und Nebenkosten, nicht jedoch für die im Mittelpunkt stehende Grundleistung (§ 2 Abs. 2 HOAI) eine Rolle (BayObLG, B. v. 20. 8. 2001 – Az.: Verg 9/01; im Ergebnis ebenso VK Brandenburg, B. v. 12. 11. 2008 – Az.: VK 35/08 für eine Gewichtung von 15%; VK Lüneburg, B. v. 7. 6. 2004 – Az.: 203-VgK-16/2004 für eine Gewichtung von 12%). 12849

Ähnlich argumentiert das OLG Düsseldorf: durch eine ausschließlich preisbezogene Vorauswahl kann der insgesamt auftragsbezogen Leistungsfähigste aus dem Bieterwettbewerb ausscheiden, nur weil er sich (knapp) nicht unter den billigsten Bietern befindet. Dies ist von den Vergabevorschriften ersichtlich nicht gewollt, die – wie § 11 VOF – die Wichtigkeit der Leistungsfähigkeit für den konkreten Auftrag durch eine nicht abschließende Aufzählung auftragsbezogener Kriterien hervorheben und damit einen inhaltlichen Rahmen der zulässigen Vergabekriterien setzen. Ziel des Vergabeverfahrens nach der VOF ist es gerade nicht, allein auf den billigsten zu erwartenden Preis abzuschließen. Der **Auftraggeber hat vielmehr denjenigen Bewerber auszuwählen, der am ehesten die Gewähr für eine sachgerechte und qualitätsvolle Leistungserfüllung bietet.** Nur ausnahmsweise kann der Preis/das Honorar ausschließliche Berücksichtigung finden, wie namentlich dann, wenn es um standardisierte Produkte geht, zu denen freiberufliche Leistungen regelmäßig nicht gehören (OLG Düsseldorf, B. v. 8. 10. 2003 – Az.: VII – Verg 48/03). 12850

Auch signalisiert bereits der **abweichende Wortlaut in § 11 Abs. 6 VOF** („bestmögliche Leistung") **eine andere Wertung des Preises als etwa in § 16 Abs. 6 Nr. 3 VOB/A und § 21 EG Abs. 1 VOL/A**, ohne das Preiskriterium völlig zu meiden, und verdeutlicht damit die Besonderheit des Gegenstandes von VOF-Vergabeverfahren (OLG Düsseldorf, B. v. 23. 7. 2003 – Az.: Verg 27/03; VK Brandenburg, B. v. 12. 11. 2008 – Az.: VK 35/08). 12851

§ 11 Abs. 5 Satz 3 VOF stellt von der möglichen Maßgeblichkeit des Auftragskriteriums „Preis" nicht frei. Er gibt nur vor, dass, ist die zu erbringende Leistung nach einer gesetzlichen Gebühren- oder Honorarordnung zu vergüten, der Preis nur im dort vorgeschriebenen Rahmen zu berücksichtigen ist. Ist aber innerhalb dieses Rahmens eine – zulässige – Schwankungsbreite der Angebote denkbar und gegeben, so gewinnt der **Preis wieder seine zumindest mitentscheidende Bedeutung** (OLG Stuttgart, B. v. 28. 11. 2002 – Az.: 2 Verg 14/02, B. v. 28. 11. 2002 – Az.: 2 Verg 10/02; VK Düsseldorf, B. v. 29. 7. 2005 – Az.: VK – 6/2005 – F). 12852

Enthalten die ausgeschriebenen Leistungen weniger planerische Aspekte als durchführungsorientierte Aufgaben, die unter Umständen sogar einer Ausschreibung nach VOL hätten zugänglich sein können, muss auch im Rahmen einer Auftragserteilung nach VOF **der Preis der Leistung ein angemessenes Gewicht haben.** Anders ist die Forderung des § 97 Abs. 5 GWB, wonach der Zuschlag grundsätzlich auf das wirtschaftlichste Angebot zu erteilen ist, auch im Rahmen eines VOF-Verfahrens nicht erfüllbar (VK Arnsberg, B. v. 29. 8. 2003 – Az.: VK 3–21/2003). 12853

156.10.5.3 Vergütung nach einer gesetzlichen Gebühren- oder Honorarordnung

156.10.5.3.1 Angebote unterhalb eines zulässigen Rahmens. 156.10.5.3.1.1 Grundsätze. Ist nach einer gesetzlichen Gebühren- oder Honorarordnung zu vergüten und ist darin ein zwingender Rahmen vorgesehen, darf der Preis nur innerhalb dieses Rahmens Berücksichtigung finden (§ 11 Abs. 5 Satz 3 VOF). Das wird regelmäßig nur an der jeweiligen Untergrenze relevant werden. Das bedeutet, dass ein **Angebot, dessen Preis sich nicht im durch die Gebühren- oder Honorarordnung vorgegebenen Rahmen hält**, insbesondere unterhalb der vorgeschriebenen Mindestsätze liegt, **nicht zum Zuge kommen darf**, auch wenn es im Übrigen die Zuschlagskriterien erfüllt (OLG Frankfurt, B. v. 9. 8. 2007 – Az.: 11 Verg 6/07; B. v. 28. 2. 2006 – Az.: 11 Verg 15/05 und 16/05; OLG Stuttgart, B. v. 28. 11. 2002 – Az.: 2 Verg 14/02; VK Schleswig-Holstein, B. v. 20. 1. 2009 – Az.: VK-SH 17/08). 12854

Zwar führt die **Unterschreitung der Mindestsätze der HOAI nicht dazu, dass der gesamte Vertrag** zwischen Auftraggeber und Architekt bzw. Planer **unwirksam ist. Unwirksam** 12855

2543

Teil 5 VOF § 11 Vergabeordnung für freiberufliche Leistungen

ist aber die **Preisabrede**. Dies führt im Regelfall dazu, dass der Architekt bzw. Planer das Honorar bis zur Höhe des Mindestsatzes nachfordern kann. Im Hinblick darauf kann es dem **Auftraggeber schon aus Gründen der Planungssicherheit nicht zugemutet werden, dass er sich auf eine nichtige Preisabrede einlässt** (OLG Brandenburg, B. v. 8. 1. 2008 – Az.: Verg W 16/07).

12856   Werden nicht alle Grundleistungen einer Leistungsphase oder wesentliche Teile von Grundleistungen dem Auftragnehmer nicht übertragen, so darf für die übertragenen Leistungen nur ein Honorar berechnet werden, das dem Anteil der übertragenen Leistungen an der gesamten Leistungsphase entspricht (§ 8 Abs. 2 HOAI). Insoweit kann auch eine **(versteckte) Unterschreitung des Mindestsatzes durch den Ansatz zu niedriger Prozentsätze aus den Leistungsbildern für die betreffenden Leistungsphasen** erfolgen (OLG Frankfurt, B. v. 9. 8. 2007 – Az.: 11 Verg 6/07).

12857   Streitig ist, wie mit solchen Angeboten umzugehen ist.

12858   **156.10.5.3.2 Anhebung von Angeboten auf die Mindestsätze der HOAI.** Die HOAI hat zwingenden preisrechtlichen Charakter. Die Regelung des § 7 HOAI ist als Preisrecht verbindlich und kann durch Vereinbarung nicht abbedungen werden. Eine **Unterschreitung der Mindestsätze der HOAI im Angebot würde einen Wettbewerbsverstoß** darstellen, wenn ein Architekt oder Ingenieur die Vorschriften der HOAI außer acht lassen würde und erkennbar wäre, dass er sich auf diese Weise einen sachlich nicht gerechtfertigten Vorsprung vor seinen Mitbewerbern verschafft. **Es kann daher rechtlich nicht beanstandet werden, dass der Auftraggeber das Honorarangebot auf die Mindestsätze der HOAI anhebt**, um eine Wettbewerbswidrigkeit zu verhindern und um die Vergleichbarkeit der Angebote herzustellen. Die Anpassung des Angebots an die Mindestsätze der HOAI ist daher im Blick auf § 11 Abs. 5 VOF gerechtfertigt (OLG Frankfurt, B. v. 9. 8. 2007 – Az.: 11 Verg 6/07; B. v. 28. 2. 2006 – Az.: 11 Verg 15/05 und 16/05; VK Baden-Württemberg, B. v. 10. 2. 2003 – Az.: 1 VK 72/02; VK Nordbayern, B. v. 4. 5. 2009 – Az.: 21.VK – 3194 – 06/09; 1. VK Sachsen, B. v. 8. 8. 2008 – Az.: 1/SVK/039-08; VK Südbayern, B. v. 29. 7. 2008 – Az.: Z3-3-3194-1-18-05/08; im Ergebnis ebenso OLG Brandenburg, B. v. 8. 1. 2008 – Az.: Verg W 16/07).

12859   **156.10.5.3.3 Möglichkeit der Nachverhandlung und anschließender Ausschluss.** § 11 Abs. 5 Satz 3 VOF gibt (bloß) vor, dass, ist die zu erbringende Leistung nach einer gesetzlichen Gebühren- oder Honorarordnung zu vergüten, der Preis nur in dort vorgeschriebenen Rahmen zu berücksichtigen ist. Damit ist der nahe liegende Grundsatz ausgesprochen, dass honorarwidrigen Angeboten im Ergebnis der Zuschlag nicht erteilt werden darf. Der **Wortlaut enthält aber gerade kein „ist auszuschließen" oder gar „ist von vornherein auszuschließen"**. Die Wendung stellt selbst nur auf eine Berücksichtigungsfähigkeit ab, die auch dynamische Elemente nicht ausschließt, sodass sich die Berücksichtigungsfähigkeit auch erst als Folge von Nachverhandlungen einstellen kann. Aber nicht nur die weiche Formulierung selbst, sondern auch die Interessenlage gebietet ein solches Verständnis. Es widerspräche nämlich dem Sinn des Vergaberechtes, ein faires Verfahren für einen Wettbewerb zu schaffen, der auch der Erzielung günstiger Preise für die öffentliche Hand dient. Bieter a priori auszuschließen, die – in einem Beispielsfall – leistungsfähig und signifikant günstiger sind, nur weil sie in einem marginalen Randbereich Mindestsätze einer Gebührenordnung unterschritten haben, liefe diesem Sinn zuwider. Dies umso mehr als gerade die vorliegende Vergabeart Nachverhandlungen auch über den Preis eröffnet. **Da auch der Wortlaut diese Sicht eher begünstigt, ist dort, wo ein Angebot Verstöße gegen die Honorarordnung aufweist, zuerst in Nachverhandlungen darüber einzutreten. Erst wenn sich dieser Bieter einer gebotenen Korrektur verschließen würde, wäre sein Angebot endgültig auszuschließen** (OLG Brandenburg, B. v. 8. 1. 2008 – Az.: Verg W 16/07; OLG Frankfurt, B. v. 9. 8. 2007 – Az.: 11 Verg 6/07; B. v. 28. 2. 2006 – Az.: 11 Verg 15/05 und 16/05; OLG Stuttgart, B. v. 28. 11. 2002 – Az.: 2 Verg 14/02; VK Nordbayern, B. v. 4. 5. 2009 – Az.: 21.VK – 3194 – 06/09; 1. VK Sachsen, B. v. 8. 8. 2008 – Az.: 1/SVK/039-08; VK Südbayern, B. v. 29. 7. 2008 – Az.: Z3-3-3194-1-18-05/08).

12860   **156.10.5.3.4 Zulässige Unterschreitung der Mindestsätze.** Nach § 7 Abs. 3 HOAI sind **Unterschreitungen der Mindestsätze nur in Ausnahmefällen und nach schriftlicher Vereinbarung zulässig**. Einen zulässigen Ausnahmefall hat der Bundesgerichtshof anerkannt, wenn **die zu erbringende Leistung einen besonders geringen Aufwand erfordert**, sofern dieser Umstand nicht schon bei den Bemessungsmerkmalen der HOAI zu berücksichtigen ist (VK Düsseldorf, B. v. 30. 1. 2001 – Az.: VK – 32/2000 – F).

156.10.5.3.5 Isolierte Besondere Leistungen. Nach der Begriffsbestimmung des § 3 Abs. 3 HOAI haben **Besondere Leistungen „Ausnahmecharakter".** Sie können zu den Grundleistungen hinzu oder an deren Stelle treten, wenn besondere Anforderungen an die Ausführung des Auftrags gestellt werden, die über die „Allgemeinen Leistungen", d. h. über den Katalog der Grundleistungen hinausgehen oder diese ändern. **Fehlt es an dem von § 3 Abs. 3 HOAI vorausgesetzten Verbund mit Grundleistungen, ist die HOAI nicht einschlägig.** Isolierte Besondere Leistungen sind also Leistungen, die nicht als Grundleistungen in einem Leistungsbild aufgeführt sind und eigenständig beauftragt werden. **Nach der Rechtsprechung des BGH unterliegen sie keiner Preisbindung.** Dies rechtfertigt sich daraus, dass in § 3 Abs. 3 HOAI nur solche Besondere Leistungen genannt werden, die entweder zu Grundleistungen hinzu oder an deren Stelle treten, nicht aber solche, die isoliert vergeben werden. Für sie enthält die HOAI überhaupt keine Honorarregelung. Es fehlt damit an der erforderlichen „Erfassung" i. S. v. § 1 HOAI. Die Folge: Es bestehen insoweit keine preisrechtlichen Beschränkungen. **Das Honorar kann also frei vereinbart werden. Handelt es sich aber um nicht mindestsatzgebundene Leistungen, so entfällt auch der Vorwurf einer Mindestsatzunterschreitung schon im Ansatz** (1. VK Sachsen, B. v. 8. 8. 2008 – Az.: 1/SVK/ 039-08).

12861

156.10.5.3.6 Spielräume der HOAI bei Ausschreibungen von Leistungen, die der HOAI unterfallen. Die Betonung des Leistungsprinzips hat **nicht zur Folge**, dass der **Preis überhaupt keine Rolle** mehr spielt. § 11 Abs. 5 Satz 1 VOF stellt klar, dass auch der Preis ein auf die erwartete fachliche Leistung bezogenes Kriterium ist. Zudem sind die Spielräume der HOAI zu beachten. Zum einen kann es durchaus **Bieter** geben, die ihr **Angebot nicht nach den Mindestsätzen der HOAI** erstellt haben. Zum anderen besteht im Verhandlungsverfahren die Möglichkeit des Ansatzes der **Berechnung eines Erfolgshonorars** nach § 7 Abs. 7 HOAI, der **Bewertung von besonderen Leistungen** sowie der **Bewertung von Leistungen ohne Vergütungsvorschrift**, die **Verhandlung der Stundensätze** und die **Bewertung von Leistungen mit gleitenden Vergütungsvorschriften**. Welche dieser Möglichkeiten sich im konkreten Verfahren realisieren lassen, ist eine Frage des Wettbewerbs und der Verhandlungsgespräche. Eine Beschränkung auf die Differenzierung nach der Höhe der Nebenkosten ist allein wegen der einheitlichen Kalkulationsbasis der anrechenbaren Baukosten daher nicht zwingend (VK Düsseldorf, B. v. 30. 1. 2001 – Az.: VK – 32/2000 – F).

12862

156.10.5.3.7 Keine Berücksichtigung von Preisnachlässen in besonderen Fällen. Wird nach **HOAI abgerechnet** und hat einer der Bieter die Möglichkeit, aufgrund der **Wiederholung von Bauabschnitten einen HOAI-konformen Nachlass** anzubieten, würde es dem Sinn des Vergabeverfahrens, alle Bieter gleich zu behandeln (§ 97 Abs. 2 GWB), **gerade zuwiderlaufen, den angebotenen Preisnachlass zu berücksichtigen**. Denn jedenfalls im Bereich freiberuflicher Leistungen besäße dieser Bieter für einen gesonderten Auftrag einen ungerechtfertigten Wettbewerbsvorsprung gegenüber seinen Mitbewerbern, wenn er auf Erfahrungen aus einem vergleichbaren früheren Auftrag aufbauend eine den anderen Mitbewerbern nicht mögliche Honorarminderung anbieten könnte. Dies würde gerade bei in Bauabschnitten erstellten Großprojekten einen funktionierenden Wettbewerb um den neuen Auftrag empfindlich beeinträchtigen und den **öffentlichen Auftraggeber unter Wirtschaftlichkeitsgesichtspunkten** vielfach dazu zwingen, für den Folgeauftrag wieder den Erstauftragnehmer auswählen zu müssen. Insoweit ergeben sich ähnlich gelagerte Probleme wie beim so genannten Projektanten, der im Vorfeld des Vergabeverfahrens für den Auftraggeber Leistungen erbracht hat, die ihm einen Informationsvorsprung vor anderen Mitbewerbers sichern. Während dort an ein grundsätzliches Verbot der Beteiligung im Vergabeverfahren zu denken ist, kann hier eine **sachgerechte Gleichbehandlung bereits durch die Nichtberücksichtigung des durch den Vorauftrag bedingten preislichen Abschlags** erreicht werden. (Brandenburgisches OLG, B. v. 13. 9. 2005 – Az.: Verg W 8/05; BayObLG, B. v. 20. 8. 2001 – Az.: Verg 9/01).

12863

156.10.5.3.8 Keine Bindung an die in der HOAI genannte Höhe der Umbauzuschläge. Ein grundsätzliches Abweichen vom Rahmen des § 66 Abs. 5 Satz 2 HOAI (20 bis 50 v. H.) ist selbst bei Annahme eines durchschnittlichen Schwierigkeitsgrades der Umbauleistung möglich. Zwar ist die Angabe einer Untergrenze von 20% in Verbindung mit einer Kann-Bestimmung zunächst ein Indiz für einen Mindestsatz. Andererseits hat der Gesetzgeber auch nicht festgelegt, dass sich der Umbauzuschlag ausschließlich in diesem Rahmen bewegen muss (im Sinne einer „kann nur"-Bestimmung). **Nach der amtlichen Begründung zu § 24 HOAI, dem § 66 Abs. 5 HOAI nachgebildet ist und auf den die**

12864

Teil 5 VOF § 11   Vergabeordnung für freiberufliche Leistungen

Begründung verweist, wird durch den vorgegebenen Rahmen weder ein Mindest- noch ein Höchstsatz genannt. Ausdrücklich geht der Gesetzgeber davon aus, dass „ die Vertragsparteien [...] – je nach dem Schwierigkeitsgrad der Leistung – auch einen niedrigeren oder einen höheren Zuschlag vereinbaren [können] (2. VK Bund, B. v. 10. 11. 2005 – Az.: VK 2–132/05).

12865   Diese **Rechtsprechung gilt auch für die HOAI 2009** (z. B. § 35).

12866   **156.10.5.3.9 Keine Übertragung der Rechtsprechung des BGH zur Mischkalkulation auf Vergaben nach der VOF.** Hat ein Bewerber in seinem Preis- bzw. Honorarangebot **lediglich zwei Positionen** (z. B. Flucht- und Rettungswegeplan und SIGE-Plan und Unterlage) **pauschal berechnet und weitere Positionen** (z. B. vorbeugender Brandschutz, organisatorischer Brandschutz, SIGE-Begleitung AP und Ausschreibung, SIGE-Koordination) **pauschal in der Grundleistung Planung bzw. Bauüberwachung berücksichtigt, ist eine solche Angabe weder unter dem Gesichtspunkt der Mischkalkulation noch der fehlenden Preisangabe zu beanstanden.** Auch der BGH hält es nicht generell für unzulässig, dass ein Bieter in seinem Angebot Positionen des Leistungsverzeichnisses in andere Positionen einrechnet, wenn aus dem Angebot der tatsächlich geforderte Preis für die Leistung – etwa infolge erläuternder Zusätze – ersichtlich wird. **Gegen eine solche Preisangabe ist – jedenfalls im Bereich einer Ausschreibung außerhalb der VOB/A – unter dem Gesichtspunkt der Transparenz und Gleichbehandlung nichts einzuwenden.** Anders als bei der Verschiebung von Einheitspreisen in andere (Einheitspreis-)Positionen des Leistungsverzeichnisses besteht nicht die Gefahr, dass es durch Mengenerhöhungen und Mengenreduzierungen bei einzelnen Positionen zu Verschiebungen des Gesamtpreises kommen kann. Da es sich bei den Preispositionen, mit denen die Leistung abgegolten sein soll, um Festpreise handelt, ist die Angabe, dass eine bestimmte Position des Leistungsverzeichnisses bereits mit einer anderen Position pauschal abgegolten sein soll, eindeutig und im Hinblick auf die Vergleichbarkeit der Angebote ausreichend transparent. Ein **Fall von Mischkalkulation liegt nicht vor** (OLG Frankfurt, B. v. 28. 2. 2006 – Az.: 11 Verg 15/05 und 16/05; VK Hessen, B. v. 8. 11. 2005 – Az.: 69 d VK – 67/2005).

12867   **156.10.5.3.10 Keine Bindung an die HOAI bei Planungsleistungen für Auslandsbauten.** Die **HOAI findet nur auf Bauten im Inland**, und zwar unabhängig vom Vertragsstatut (Art. 28 EGBGB), **Anwendung**; dass die Geltung deutschen Rechts vereinbart worden ist (Art. 28 Abs. 1 EGBGB), ändert an der Nichtgeltung der HOAI daher nichts. Auch die Erwähnung der HOAI im Text eines vorgesehenen Vertrages führt nur zu einer subsidiären und ergänzenden Anwendung dieser Vorschriften als frei vereinbartes Vertragsrecht, nicht zur zwingenden Anwendung von HOAI-Vorschriften. Die Bieter können in einem Fall der **Planungsleistungen für Auslandsbauten daher ihre Angebote vollkommen frei kalkulieren** (OLG Düsseldorf, B. v. 13. 8. 2008 – Az.: VII-Verg 28/08).

12868   **156.10.5.3.11 Einbeziehung der Nebenkosten.** Es ist nicht zu beanstanden, wenn ein Auftraggeber die Nebenkosten beim Preis mit hineinrechnet. **Auch die Nebenkostenpauschale**, die in ihrer jeweils angebotenen Höhe durchaus stark differieren kann, **ist durch den Auftraggeber zu bezahlen und zählt daher zu dem Wertungskriterium „Preis"** (1. VK Bund, B. v. 11. 11. 2003 – Az.: VK 1–101/03).

12869   **156.10.5.3.12 Weitere Beispiele aus der Rechtsprechung**

– die von dem Auftraggeber vorgenommene Wertung der Honorarangebote ist nachvollziehbar. Im Vergabevermerk ist verfügt: „**Bei der Wertung des Honorars werden dem wirtschaftlichstem Angebot 10 Punkte vergeben. Bei Abweichungen vom wirtschaftlichstem Angebot werden pro 1% Abweichung jeweils ein Punkt von den 0–10 zu vergebenden Punkten abgezogen."** Gegen diese Vorgehensweise bestehen keine Bedenken (VK Münster, B. v. 30. 3. 2007 – Az.: VK 04/07)

– der Kammer erscheint die Bewertung des Honorars durch einen Punktabzug von jeweils 0,2 nach dem im Preisspiegel erreichten Platz als nicht sachgerecht. Das Kriterium des Honorars wird auf diese Weise ausgehöhlt, da selbst Bieter mit eklatant hohen Honorarforderungen immer allenfalls einen Punktabzug von 0,2 n befürchten müssen, wobei n die Anzahl der Bieter darstellt, und somit immer 5–0,2 n Punkte erhalten. **Sachgerecht wäre demgegenüber, die Punktabzüge nach dem preislichen Abstand als solchem vorzunehmen**; die Höhe des Punktabzuges festzustellen liegt dann im Ermessen jeder Vergabestelle und ist vom Einzelfall und der jeweiligen Angebotssumme abhängig. Allerdings wäre dabei zu berücksichtigen, dass der Punktabstand bei einer hohen Gewichtung des Honorarteils nicht allzu hoch

Vergabeordnung für freiberufliche Leistungen VOF § 11 **Teil 5**

sein darf, da anderenfalls bereits geringe preisliche Abstände hohe Punktabzüge nach sich ziehen würden (2. VK Bund, B. v. 22. 3. 2004 – Az.: VK 2–144/03).

156.10.5.3.13 Literatur

– Kratzenberg, Rüdiger/Wönicker, Grit, Kein Ausschluss von HOAI-widrigen Angeboten ohne Nachverhandlungen?, NZBau 2008, 491

12870

156.10.5.4 Zuschlagskriterium „Angabe der Honorarzone"

Vgl. dazu die **Kommentierung zu § 6 VOF Rdn. 56 ff.**

12871

156.10.5.5 Zuschlagskriterium „Wirtschaftlichkeit der Planungsleistung unter Beachtung der Verbindlichkeit der HOAI"

Das **Auftragskriterium „Wirtschaftlichkeit der Planungsleistung unter Beachtung der Verbindlichkeit der HOAI" ist untauglich. In Wahrheit handelt es sich nicht um ein Auftragskriterium, sondern um den Entscheidungsmaßstab selbst.** Das ergibt sich aus § 97 Abs. 5 GWB, wonach der Zuschlag auf das wirtschaftlichste Angebot zu erteilen ist (das ist die bestmögliche Leistung im Sinne des § 11 Abs. 6 VOF, weshalb ein sachlicher Unterschied zwischen den Bestimmungen nicht besteht. Die Wirtschaftlichkeit einer Leistung ergibt sich aus dem Leistungs-Kosten-Verhältnis. Die Wertigkeit der Leistung bestimmt sich nach den vom Auftraggeber im vorhinein (§ 11 Abs. 4 VOF) bestimmten Kriterien, für die in § 11 Abs. 5 VOF einige beispielhaft genannt sind; in die Kosten gehen der Preis ein, eventuell auch weitere Kostenbestandteile wie Unterhaltungs-/Instandhaltungskosten. Abgesehen davon, dass der Entscheidungsmaßstab selbst nicht Auftragskriterium sein kann, bleibt bei bloßer Nennung des Maßstabes offen, welche denn nun die Kriterien für die Bestimmung der größten Wirtschaftlichkeit sein sollen. Darunter mag sich jeder Bewerber etwas anderes vorstellen. Das ist mit dem Transparenzgebot aus § 97 Abs. 1 GWB nicht vereinbar (2. VK Mecklenburg-Vorpommern, B. v. 17. 1. 2003 – Az.: 2 VK 17/02).

12872

156.10.5.6 Zuschlagskriterium „Zweckmäßigkeit der Leistung in Bezug zur Vergütung gemäß HOAI"

Gleiches gilt für das **Auftragskriterium „Zweckmäßigkeit der Leistung in Bezug zur Vergütung gemäß HOAI"** (VK Schleswig-Holstein, B. v. 11. 1. 2006 – Az.: VK-SH 28/05).

12873

156.11 Aushandlung der Auftragsbedingungen (Verhandlungsgespräche)

156.11.1 Allgemeines

§ 11 beinhaltet einen **Abschnitt des VOF-Vergabeverfahrens, der in der VOF im Einzelnen nicht geregelt** ist, nämlich die Aushandlung der Auftragsbedingungen.

12874

156.11.2 Ablauf der Verhandlungsgespräche

156.11.2.1 Hinweis

Vgl. **allgemein zu Inhalt und Ablauf von Verhandlungsgesprächen** die Kommentierung zu § 101 GWB Rdn. 106 ff.

12875

156.11.2.2 Spezielle Rechtsprechung zu Verhandlungsgesprächen nach der VOF

156.11.2.2.1 **Beurteilungsspielraum und Prognoseentscheidung.** Gemäß § 11 Abs. 6 in Verbindung mit § 20 Abs. 1 VOF **dienen die Vertragsverhandlungen** auf der zweiten Stufe **dazu, nicht nur die Vertragsbedingungen auszuhandeln**, sondern **dem Auftraggeber ein Bild** darüber **zu vermitteln, welcher Bieter eine qualitätsvolle Ausführung erwarten lässt** (OLG Frankfurt, B. v. 9. 8. 2007 – Az.: 11 Verg 6/07; B. v. 16. 8. 2006 – Az.: 11 Verg 3/06). Im Hinblick auf den konkreten Ablauf dieser Verhandlungen hat der **Auftraggeber weitgehende Gestaltungsfreiheit**. Bei der Entscheidung, welcher Bieter die bestmögliche und damit wirtschaftlichste Leistung erwarten lässt, steht dem Auftraggeber ein **sachgemäßer Beurteilungsspielraum** zu. Dies gilt innerhalb der VOF umso mehr, als dass die Entscheidung

12876

Teil 5 VOF § 11 Vergabeordnung für freiberufliche Leistungen

über die Vergabe des Auftrags mangels vergleichbarer Angebote in weiten Teilen eine **Prognoseentscheidung ist, der naturgemäß ein spekulatives Element innewohnt** (VK Baden-Württemberg, B. v. 4. 4. 2007 – Az.: 1 VK 11/07; VK Hessen, B. v. 1. 9. 2003 – Az.: 69 d VK – 44/2003; im Ergebnis ebenso OLG München, B. v. 9. 2. 2009 – Az.: Verg 27/08; 2. VK Bund, B. v. 10. 11. 2005 – Az.: VK 2–132/05; 3. VK Bund, B. v. 28. 8. 2006 – Az.: VK 3–99/06; VK Nordbayern, B. v. 1. 2. 2008 – Az.: 21.VK – 3194 - 53/07; 1. VK Sachsen, B. v. 19. 8. 2005 – Az.: 1/SVK/096–05; B. v. 13. 5. 2005 – Az.: 1/SVK/035-05). Entscheidend ist dabei insbesondere das Bild, das der Bieter von sich im Bietergespräch vermittelt und ob er aufgrund des persönlichen Eindrucks als für die konkrete Durchführung des Projekts im Verhältnis zu den anderen Bietern am besten geeignet erscheint (VK Baden-Württemberg, B. v. 10. 2. 2003 – Az.: 1 VK 72/02).

12877 **156.11.2.2.2 Beurteilungsspielraum und Überprüfung dieses Spielraums.** Bei der Wertung von Kriterien im VOF-Verfahren ist zu berücksichtigen, dass die **Kriterien einen Beurteilungsspielraum eröffnen, dessen Ausfüllung der Überprüfung durch die Kammer weitgehend entzogen** ist. Der Beurteilungsspielraum hängt damit zusammen, dass **geistig-schöpferische Dienstleistungen zu erbringen** sind, deren vertragliche Spezifikation umschrieben werden muss. Im Blick auf § 11 Abs. 5 und 6 VOF ergibt sich, dass es um die Gesamtschau zahlreicher, die Entscheidung beeinflussender Einzelumstände und somit um eine Wertung geht, die im Gegensatz zur Anwendung bloßer Verfahrensregeln einen angemessenen Beurteilungsspielraum voraussetzt (Brandenburgisches OLG, B. v. 13. 9. 2005 – Az.: Verg W 8/05; OLG Frankfurt, B. v. 9. 8. 2007 – Az.: 11 Verg 6/07; OLG München, B. v. 9. 2. 2009 – Az.: Verg 27/08; VK Arnsberg, B. v. 22. 4. 2009 – Az.: VK 06/09; VK Baden-Württemberg, B. v. 10. 2. 2003 – Az.: 1 VK 72/02; 2. VK Bund, B. v. 15. 5. 2009 – Az.: VK 2–21/09; 3. VK Bund, B. v. 28. 8. 2006 – Az.: VK 3–99/06; VK Nordbayern, B. v. 1. 2. 2008 – Az.: 21.VK – 3194 - 53/07; 1. VK Sachsen, B. v. 11. 6. 2010 – Az.: 1/SVK/016-10; B. v. 15. 3. 2007 – Az.: 1/SVK/007-07).

12878 Der **Beurteilungsspielraum** wird **dann überschritten**,

– wenn ein vorgeschriebenes Verfahren nicht eingehalten wird,

– wenn nicht von einem zutreffenden und vollständig ermittelten Sachverhalt ausgegangen wird,

– wenn sachwidrige Erwägungen in die Wertung einbezogen werden oder

– wenn der sich im Rahmen der Beurteilungsermächtigung haltende Beurteilungsmaßstab nicht zutreffend angewandt wird

(OLG Frankfurt, B. v. 9. 8. 2007 – Az.: 11 Verg 6/07; OLG München, B. v. 9. 2. 2009 – Az.: Verg 27/08; VK Arnsberg, B. v. 22. 4. 2009 – Az.: VK 06/09; 2. VK Bund, B. v. 15. 5. 2009 – Az.: VK 2–21/09; 3. VK Bund, B. v. 28. 8. 2006 – Az.: VK 3–99/06; VK Nordbayern, B. v. 1. 2. 2008 – Az.: 21.VK – 3194 - 53/07; B. v. 23. 1. 2003 – Az.: 320.VK-3194- 44/02; 1. VK Sachsen, B. v. 11. 6. 2010 – Az.: 1/SVK/016-10).

156.11.2.3 Aufklärungs- und Hinweispflicht des Auftraggebers im Verhandlungsgespräch

12879 Es liegt **im Ermessen der Vergabestelle**, den **Inhalt einer Bieterpräsentation von vornherein detailliert vorzugeben bzw. ganz konkrete Fragen zu stellen.** Wenn das aber nicht der Fall ist, und die Bieter ihre Präsentation im wesentlichen frei gestalten können, so muss die Vergabestelle einen Bieter, der entsprechende Projekte angeführt, sich nach ihrer Auffassung jedoch **im Schwerpunkt seiner Präsentation vertan hat, darauf entweder aufmerksam machen oder aber entsprechende Nachfragen zu denjenigen Punkten stellen, die sie selbst für wesentlich ansieht** (2. VK Bund, B. v. 4. 7. 2003 – Az.: VK 2–50/03).

156.11.2.4 Nachfragen und Hinweise im Rahmen der Verhandlungsgespräche

12880 Zwar unterliegt ein Verhandlungsverfahren nach der VOF nicht den gleichen förmlichen Regeln wie ein Offenes oder Nichtoffenes Verfahren nach den anderen Verdingungsordnungen. Dennoch hat der **Auftraggeber die grundlegende Pflicht, dieses Verhandlungsverfahren objektiv zu führen**, ohne Partei für einen Bewerber zu ergreifen oder ihn zu begünstigen. Dieses Prinzip kann nur dadurch eingehalten werden, dass alle aus dem Teilnahmewettbewerb hervorgegangenen Bewerber die gleichen Vorgaben und Rahmenbedingungen erhalten. Eine **Einflussnahme der Vergabestelle auf den Inhalt der Präsentation** – sei es durch Nach-

Vergabeordnung für freiberufliche Leistungen VOF § 11 **Teil 5**

fragen, sei es durch Hinweise – verbietet sich aber aus diesem Grund. Es ist die alleinige Aufgabe eines Bewerbers, seine Präsentation so zu gestalten, dass sie den von der Vergabestelle gestellten Anforderungen entspricht und vor allem aus sich heraus verständlich ist (VK Baden-Württemberg, B. v. 4. 4. 2007 – Az.: 1 VK 11/07; VK Hessen, B. v. 1. 9. 2003 – Az.: 69 d – VK 44/2003).

156.11.2.5 Austausch von Projektteammitgliedern im Laufe des Verhandlungsverfahrens (Zulässigkeit und Konsequenzen)

Ersetzt ein Bewerber bzw. Bieter im Laufe des Verhandlungsverfahrens ein zuvor „bewertetes" Projektteammitglied durch ein anderes, ist eine **erneute Eignungsbeurteilung** erkennbar, **notwendig** und vom Bieter bzw. Bewerber hinzunehmen, ohne dass ein Anspruch darauf besteht, eine solche Entscheidung wieder rückgängig machen zu können. Vom Auftraggeber seinerseits kann auch weder verlangt werden, die Gründe für das Auswechseln zu erforschen, noch ist – ggf. zu Lasten anderer Bieter bzw. Bewerber – die Wiederherstellung des vorherigen Zustandes zu akzeptieren oder zu dulden. Die **personelle Änderung stellt auch keine zu einem Ausschluss des Angebots führende Angebotsänderung** dar. Eine solche personelle Änderung ist im Rahmen eines Verhandlungsverfahrens möglich und zieht keinen zwingenden Ausschluss nach sich; dies insbesondere, wenn der Auftraggeber die Änderung hinnimmt und in die Bewertung einbezieht (1. VK Hessen, B. v. 25. 8. 2006 – Az.: 69 d VK 37/2006). 12881

Anderer Auffassung ist die 1. VK Bund. **Benennt ein Bieter vor dem Verhandlungsgespräch eine bestimmte Person für ein bestimmtes Fachgebiet und nimmt eine andere Person für dieses Fachgebiet am Verhandlungsgespräch teil, ist die Bewertung der zuerst genannten Person ausschlaggebend**. Eine andere Auffassung ermöglicht es einem Bieter, wertungsrelevante Angaben, die bereits mit dem Angebot abzugeben waren, im Nachhinein zu korrigieren. Hierdurch würden den Bietern – aber auch der Vergabestelle – Manipulationsspielräume eröffnet, die mit dem das Vergaberecht beherrschenden Grundsätzen von Transparenz und Gleichbehandlung nicht zu vereinbaren wären. Gegebenenfalls kann im Verhandlungsverfahren möglicherweise eine andere Betrachtung geboten sein, wenn der öffentliche Auftraggeber allen Bietern gleichermaßen die Möglichkeit eröffnet, bestimmte Angaben zu revidieren (1. VK Bund, B. v. 10. 4. 2008 – Az.: VK 1–33/08). 12882

156.11.2.6 Keine Verpflichtung zur vorherigen Mitteilung der Fragen, die im Verhandlungsgespräch gestellt werden, an die Bieter

Der **Auftraggeber ist nicht verpflichtet, die Fragen, die er zu stellen beabsichtigt, den Bietern vorher bekannt zu geben**. Denn die Pflicht zur Bekanntgabe zuvor festgelegter Unterkriterien umfasst nicht die einzelnen Fragen. Die Auffassung, wonach jede einzelne Frage als ein eigenes Unterkriterium anzusehen ist, trifft nicht zu. Eine solche Ansicht überdehnt den Begriff des Zuschlagskriteriums i. S. d. § 11 Abs. 5 VOF. Es ist daher durchaus möglich, keine Unterkriterien zu bilden und direkt Fragen zu stellen, die sich als Konkretisierung der bekannt gemachten Zuschlagskriterien darstellen. **Unbeschadet dessen steht es dem Auftraggeber frei, den Fragenkatalog den Bietern vorab zu übermitteln** (VK Baden-Württemberg, B. v. 30. 3. 2007 – Az.: 1 VK 06/07). 12883

156.11.2.7 Notwendigkeit der dauernden und vollzähligen Anwesenheit einer Auswahlkommission

Wirken an der Entscheidung über die Auftragsvergabe Personen mit, die einer Präsentation nicht oder nur teilweise beigewohnt haben, dann fehlt es mindestens einem Entscheidungsträger an der erforderlichen vollständigen Sachverhaltskenntnis. Fehlt es an der vollständigen Sachverhaltskenntnis, liegt der anschließenden Entscheidung immer ein unvollständiger Sachverhalt zugrunde. Die darauf aufbauende **Wertungsentscheidung verstößt gegen §§ 11 Abs. 5 VOF, 97 Abs. 5 GWB** (2. VK Mecklenburg-Vorpommern, B. v. 17. 1. 2003 – Az.: 2 VK 17/02). 12884

156.11.2.8 Spätester Zeitpunkt der Änderung von Angeboten

Spätestens nach Abschluss der Verhandlungen in einem VOF-Verfahren werden die eingereichten Angebote für die Bieter bindend und sind Änderungen oder Ergänzungen daran ausgeschlossen. Das ergibt sich – auch wenn die VOF, anders als § 15 VOB/A 12885 und § 15 VOL/A, ein Nachverhandlungsverbot nicht ausdrücklich normiert – aus den vergaberechtlichen Geboten des fairen Wettbewerbs sowie der Gleichbehandlung und Chancengleichheit, auf deren Einhaltung die Bieter vertrauen können. Jedenfalls nach Beendigung der Verhandlungen dürfen die Angebote daher nicht mehr geändert oder ergänzt werden. Dies kann **nur anders zu beurteilen** sein, wenn der **Auftraggeber mit allen zu den Verhandlungen zugezogenen Büros in einem transparenten und diskriminierungsfreien Verfahren in erneute Auftragsgespräche eintritt** (OLG Düsseldorf, Urteil v. 15. 12. 2008 – Az.: I-27 U 1/07).

156.11.2.9 Zeitpunkt der Unzulässigkeit der Änderung der Bieteridentität im Verhandlungsverfahren

12886 Inhalt des Angebots ist zwar grundsätzlich nicht nur die Beschaffenheit der versprochenen Leistungen, sondern **auch die Person des Leistenden**. Im **Zeitraum zwischen Angebotsabgabe und Zuschlagserteilung sind daher einseitige Angebotsänderungen auch in personeller Hinsicht grundsätzlich unzulässig**. Eine die personelle Identität des Bieters betreffende Änderung nach Angebotseinreichung und vor Zuschlagserteilung kommt wegen der sonst gegebenen, erheblichen Verzerrungen des Vergabewettbewerbs nicht in Betracht (2. VK Bund, B. v. 15. 5. 2009 – Az.: VK 2–21/09).

156.11.3 Richtlinie HVA F–StB (05/2010)

12887 Gemäß § 20 Abs. 1 VOF hat der Auftraggeber mit den ausgewählten Bietern Verhandlungen (Auftragsgespräche) durchzuführen, nach deren Abschluss über die Auftragsvergabe entschieden wird. Sie sind zu diesen Gesprächen mit Vordruck ING 23 „Einladung zu Auftragsgesprächen (Präsentation)" einzuladen.

Dabei ist Folgendes zu beachten:

– Die Einladung ist zeitgleich an alle einzuladenden Bieter zu versenden.

– Die Auftragsgespräche sollten möglichst an einem Tag stattfinden.

– Zwischen den Auftragsgesprächen mit den einzelnen Bietern ist eine ausreichende Pause vorzusehen.

– In der Einladung ist den Bietern die inhaltliche und zeitliche Abfolge des Gespräches zu erläutern.

– Folgende Inhalte sollten Bestandteil des Auftragsgespräches sein:

   – Vorstellung der Vertreter des Auftraggebers,

   – Allgemeine Vorstellung des anbietenden Büros,

   – Verbindliche namentliche Benennung/Vorstellung der für die Abwicklung des Projektes vorgesehenen Personen (sofern nicht bereits mit dem Angebot erfolgt),

   – Persönliche Vorstellung des Projektleiters/Vertreters,

   – Vorstellung der Konzeption für die Bearbeitung des Projektes,

   – Einzelfragen zum Angebot.

Das Gespräch sollte in der Regel mit allen Bietern gleichlang geführt werden. Über die wesentlichen Inhalte der Gespräche sind Niederschriften zu führen.

Es ist darauf zu achten, dass aus Gleichbehandlungsgründen gegenüber allen Bietern gleiche oder ähnliche Fragestellungen erhoben werden (Vertragsaufstellung/Vergabeverfahren, Nr. 1.4.1.3 Auswahl des Auftragnehmers, Abs. 19).

12888 Nach den Gesprächen sind die Angebote der Bieter bei den einzelnen Auftragskriterien mit einer Punktzahl zwischen 0 und 5 gemäß Ziffer 10.2 des Vordrucks HVA F-StB ING 17.2 zu bewerten (Vertragsaufstellung/Vergabeverfahren, Nr. 1.4.1.3 Auswahl des Auftragnehmers, Abs. 20).

12889 Die Entscheidungsgründe für die Punktbewertung sind für den Vergabevermerk aktenkundig zu machen. Die Ergebnisniederschriften der Auftragsgespräche sind dem Vergabevermerk als Anlage beizufügen (Vertragsaufstellung/Vergabeverfahren, Nr. 1.4.1.3 Auswahl des Auftragnehmers, Abs. 21).

12890 Der Vertrag ist mit dem Bieter mit der höchsten Punktzahl abzuschließen, da dieser die bestmögliche Leistung erwarten lässt

Vergabeordnung für freiberufliche Leistungen VOF § 11 **Teil 5**

156.11.4 Bindung an die Entscheidung einer Auswahlkommission

Ist **für die Auswahl- und Beschlussempfehlung** im VOF-Verfahren eine **besondere** 12891
Auswahlkommission des Auftraggebers zuständig, die dann auch anhand von ausgewählten
Kriterien und den darauf beruhenden Ergebnissen, eine Beschlussempfehlung abgegeben hat
und **übernimmt der Auftraggeber diese Empfehlung nicht**, sondern trifft eine eigene
Entscheidung anhand eigener, dem Vergabeverfahren insoweit fremder Kriterien, stellt ein solches Vorgehen eine **Verletzung des Transparenzgebotes, wie auch die Verletzung des Gleichheitsgrundsatzes** dar (VK Thüringen, B. v. 17. 10. 2002 – Az.: 216–4004.20-020/02-HBN).

Anders ist der Fall zu beurteilen, wenn das **Beurteilungsgremium** den **Beschluss fasst,** 12892
z.B. dem Stadtrat **zwei punktgleiche Bewerber gleichwertig zu empfehlen**. Es gibt
damit die ihm obliegende, aber unmöglich erscheinende endgültige **Entscheidung in die
Hände des Souveräns zurück** (VK Nordbayern, B. v. 24. 10. 2007 – Az.: 21.VK – 3194 –
38/07).

156.11.5 Nachträgliche Beseitigung von Wertungsfehlern des Auftraggebers

Vgl. die Kommentierung zu § 97 GWB Rdn. 1327 ff. 12893

156.11.6 Unterkostenangebote

156.11.6.1 Allgemeines

Auch im **Bereich der VOF kann es zu Unterkostenangeboten** kommen, z.B. bei Aus- 12894
schreibungen für DV-Programme (VK Baden-Württemberg, B. v. 7. 1. 2003 – Az.: 1 VK
68/02).

156.11.6.2 Regelungslücke und analoge Anwendung von § 19 EG Abs. 6 VOL/A 2009?

In der **VOF findet sich keine Vorschrift zur Überprüfungspflicht** des Auftraggebers 12895
bei ungewöhnlich niedrigen Preisen oder für den Fall, dass ein offensichtliches Missverhältnis
zwischen dem von dem Bewerber genannten Preis zu der von ihm angebotenen Dienstleistung
besteht. Jedoch ist davon auszugehen, dass der **Auftraggeber gehalten ist, Aufklärungsmaßnahmen zur Ermittlung des Umstandes durchzuführen, warum der Bieter so günstig
anbieten kann** (VK Baden-Württemberg, B. v. 7. 1. 2003 – Az.: 1 VK 68/02). Insoweit können aufgrund der vergleichbaren Situation **§ 19 EG Abs. 6 VOL/A 2009 analog** angewendet
werden.

Anderer Auffassung ist das **Oberlandesgericht München**. Die Vergabeordnung für frei- 12896
berufliche Leistungen (VOF) sieht den Ausschluss bzw. die Nichtberücksichtigung von Angeboten wegen „unangemessen" hohen oder niedrigen Preises nicht vor. Dies **beruht nicht auf
einem Versehen des Normgebers**. Vielmehr spielt bei freiberuflichen Leistungen der **Preis
nicht die Rolle wie bei der Vergabe einer standardisierten Leistung. Freiberufliche
Leistungen entziehen sich regelmäßig einer Standardisierung.** Die VOF beruht auf einer
von den in §§ 16 Abs. 6 Nr. 1 VOB/A, 21 EG Abs. 6 VOL/A niedergelegten Gesichtspunkten
abweichenden Grundlage. Eine planwidrige Regelungslücke besteht somit nicht (OLG München, B. v. 9. 2. 2009 – Az.: Verg 27/08).

Im Rahmen eines Verfahrens nach der Verdingungsordnung für freiberufliche Leistungen 12897
(VOF) **bestimmt die Vergabestelle das wirtschaftlichste Angebot** im Sinne von § 97
Abs. 5 GWB und z.B. Artikel 34 Abs. 2 Satz 1 BayHO dadurch, dass sie **(insbesondere)
die in § 16 Abs. 3 VOF genannten Kriterien in einer ihr geeignet erscheinenden Weise in den Verdingungsunterlagen gewichtet** (OLG München, B. v. 9. 2. 2009 – Az.: Verg
27/08).

156.11.6.3 Unterkostenangebote bei gesetzlichen Gebühren- oder Honorarordnungen

Vgl. dazu die **Kommentierung** zu § 11 VOF Rdn. 84 ff. 12898

156.12 Notwendigkeit eines zuschlagsfähigen Angebots (§ 11 Abs. 6 Satz 1)

156.12.1 Änderungen in der VOF 2009

12899 In § 11 Abs. 6 wurde neu der Satz 1 eingefügt, wonach die Entscheidung für einen Bieter **nur auf der Grundlage eines zuschlagfähigen Angebots** zulässig ist.

156.12.2 Hinweis

12900 Vgl. insoweit die **Kommentierung zu § 101 GWB Rdn. 132 ff.** (Geltung der wesentlichen Prinzipien des Vergaberechts).

156.13 Vertragsschluss mit dem Bieter mit der bestmöglichen Leistung (§ 11 Abs. 6 Satz 2)

156.13.1 Änderungen in der VOF 2009

12901 § 11 Abs. 6 Satz 2 VOF 2009 stellt – neu – in Kongruenz mit § 11 Abs. 1 Satz 2 VOF klar, dass **auch über den Auftragsinhalt verhandelt** werden kann.

156.13.2 Bieter mit der erwarteten bestmöglichen Leistung

12902 Gemäß § 11 Abs. 6 in Verbindung mit § 20 Abs. 1 VOF **dienen die Vertragsverhandlungen** auf der zweiten Stufe **dazu, nicht nur die Vertragsbedingungen auszuhandeln**, sondern **dem Auftraggeber ein Bild** darüber **zu vermitteln, welcher Bieter eine qualitätsvolle Ausführung erwarten lässt** (OLG Frankfurt, B. v. 9. 8. 2007 – Az.: 11 Verg 6/07; B. v. 16. 8. 2006 – Az.: 11 Verg 3/06). Im Hinblick auf den konkreten Ablauf dieser Verhandlungen hat der **Auftraggeber weitgehende Gestaltungsfreiheit.** Bei der Entscheidung, welcher Bieter die bestmögliche und damit wirtschaftlichste Leistung erwarten lässt, steht dem Auftraggeber ein **sachgemäßer Beurteilungsspielraum** zu. Dies gilt innerhalb der VOF umso mehr, als dass die Entscheidung über die Vergabe des Auftrags mangels vergleichbarer Angebote in weiten Teilen eine **Prognoseentscheidung ist, der naturgemäß ein spekulatives Element innewohnt** (VK Baden-Württemberg, B. v. 4. 4. 2007 – Az.: 1 VK 11/07; VK Hessen, B. v. 1. 9. 2003 – Az.: 69 d VK – 44/2003; im Ergebnis ebenso OLG München, B. v. 9. 2. 2009 – Az.: Verg 27/08; 2. VK Bund, B. v. 10. 11. 2005 – Az.: VK 2–132/05; 3. VK Bund, B. v. 28. 8. 2006 – Az.: VK 3–99/06; VK Nordbayern, B. v. 1. 2. 2008 – Az.: 21.VK – 3194 – 53/07; 1. VK Sachsen, B. v. 19. 8. 2005 – Az.: 1/SVK/096-05; B. v. 13. 5. 2005 – Az.: 1/SVK/035-05). Entscheidend ist dabei insbesondere das Bild, das der Bieter von sich im Bietergespräch vermittelt und ob er aufgrund des persönlichen Eindrucks als für die konkrete Durchführung des Projekts im Verhältnis zu den anderen Bietern am besten geeignet erscheint (VK Baden-Württemberg, B. v. 10. 2. 2003 – Az.: 1 VK 72/02).

156.14 Vertragsschluss (§ 11 Abs. 7)

156.14.1 Hinweis

12903 Zu den **allgemeinen Voraussetzungen** eines Vertragsschlusses auf der Basis eines Zuschlags vgl. die Kommentierung zu § 114 GWB Rdn. 156 ff.

156.14.2 Allgemeines

12904 Nach der **VOF bindet nicht der Zuschlag, sondern der Vertragsschluss den Bieter an den Auftraggeber** (1. VK Sachsen, B. v. 3. 4. 2001 – Az.: 1/SVK/17-01). Ob und wann ein solcher Vertrag zustande kommt, richtet sich grundsätzlich nach **allgemeinem Zivilrecht** (OLG Dresden, B. v. 21. 10. 2005 – Az.: WVerg 0005/05; B. v. 11. 4. 2005 – Az.: WVerg 05/05; B. v. 11. 7. 2000 – Az.: WVerg 0005/00; OLG Schleswig-Holstein, B. v. 1. 9. 2006 – Az.: 1 (6) Verg 8/05; 1. VK Saarland, B. v. 20. 2. 2008 – Az.: 1 VK 07/2007).

156.14.3 Vertragsschluss durch einen entsprechenden Ratsbeschluss einer Gemeindevertretung?

Vgl. die Kommentierung zu § 114 GWB Rdn. 196 ff. 12905

156.14.4 Vertragsschluss durch einen entsprechenden Aufsichtsratsbeschluss eines Krankenhauses

Ist eine **abschließende Beratung des Aufsichtsrates** eines Krankenhauses erfolgt, dies jedoch **weder den erfolgreichen Teilnehmern mitgeteilt** worden, **noch** haben die Vertragsparteien **eine Vertragsurkunde unterzeichnet**, ist das Vergabeverfahren noch nicht beendet (1. VK Sachsen, B. v. 3. 4. 2001 – Az.: 1/SVK/17-01). 12906

156.14.5 Vertragsschluss durch Entgegennahme von Teilleistungen?

Hat ein öffentlicher Auftraggeber einen **mündlichen Auftrag zur Erbringung von Architektenleistungen** erteilt, um „keine Zeit zu verlieren" und hat ein **Bewerber** dem entsprechend in der Folgezeit (unstreitig) **Leistungen der Leistungsphasen 1–4 nach § 33 HOAI erbracht** – ohne dass jedoch eine ausdrückliche Honorarvereinbarung geschlossen wurde – und ist **auch nicht festzustellen, dass die mündliche Auftragserteilung (bereits) alle Leistungsphasen**, also auch die nach § 33 Nr. 5–9 HOAI **umfasste**, kann ein **Vertragsabschluss nicht festgestellt** werden. Zwar kann ein Architektenvertrag konkludent geschlossen werden. Wenn allerdings ein Verhandlungsverfahren durchgeführt wird, das auf eine (Gesamt-)Vergabe aller für die Realisierung des Bauvorhabens erforderlichen Leistungsphasen abzielt, liegt in der Entgegennahme von Teilleistungen, um „keine Zeit zu verlieren", **nicht bereits die konkludente Vergabe des Gesamt-Architektenauftrages** (OLG Schleswig-Holstein, B. v. 1. 9. 2006 – Az.: 1 (6) Verg 8/05). 12907

156.14.6 Fehlende Regelung der Vergütung bei einem Architekten- bzw. Bauingenieurvertrag bei Vertragsschluss

Anders als beim bei Kauf- oder Lieferungsverträgen, wo das Zustandekommen eines Vertrages mit der Einigung über den frei verhandelbaren Preis steht und fällt, muss **die Frage der Vergütung weder im Stadium der Vertragsanbahnung angesprochen noch bei Vertragsschluss ausdrücklich geregelt werden**. Das hat seinen Grund darin, dass dort, wo die Vergütung sich aus der HOAI bestimmt, mit dieser eine gesetzlich fixierte Honorarordnung zur Verfügung steht, die das Spektrum der zu erbringenden Leistung sowie die Höhe der Vergütung bis ins Einzelne regelt. Haben die Vertragspartner keine individuelle Vereinbarung im Sinne von § 7 Abs. 1 HOAI getroffen, gelten gem. § 7 Abs. 6 HOAI die Mindestsätze als vereinbart (Thüringer OLG, B. v. 7. 10. 2003 – Az.: 6 Verg 6/03). 12908

156.15 Verzicht auf die Vergabe eines VOF-Auftrages (§ 11 Abs. 7)

156.15.1 Begriffe

Die **VOF arbeitet** – im Gegensatz zur VOB/A und zur VOL/A – **nicht mit dem Begriff der Aufhebung**, sondern mit dem **Begriff des Verzichts** und lehnt sich damit an die Terminologie der **Vergabekoordinierungsrichtlinie** an. 12909

Jedoch **setzt der Verzicht** auf die Vergabe eines Auftrags immer eine – ausdrückliche oder konkludente – **Aufhebung voraus**. 12910

Diese **Aufhebung** wiederum **kann** nach der Rechtsprechung insbesondere des EuGH aber auch nach der nationalen Rechtsprechung, in einem Vergabenachprüfungsverfahren **auf seine Rechtmäßigkeit überprüft werden**; vgl. insoweit die Kommentierung zu § 102 GWB Rdn. 44 ff. **Fraglich** ist mangels ausdrücklicher Regelung in der VOF der **Prüfungsmaßstab**. 12911

156.15.2 Hinweis

Vgl. zunächst die **Kommentierung zu § 101 GWB Rdn. 196 ff.** 12912

156.15.3 Grundsätze der Aufhebung eines VOF-Verfahrens

12913 Die **Aufhebung eines Verhandlungsverfahrens nach der VOF ist in der VOF nicht geregelt.** Eine Aufhebung eines Verhandlungsverfahrens mit Teilnahmewettbewerb im Rahmen der VOB/A und der VOL/A erfolgt nach den Regeln über die Aufhebung einer Ausschreibung (§§ 17 VOB/A, 17 VOL/A). Dies gilt auch für die Aufhebung eines Verhandlungsverfahrens **auf der Stufe eines vorgeschalteten Teilnahmewettbewerbs** (VK Brandenburg, B. v. 30. 7. 2002 – Az.: VK 38/02).

12914 Daraus, dass die VOF die Vorschrift des § 17 VOL/A gerade nicht durch eine Verweisung in Bezug nimmt noch eine vergleichbare Vorschrift enthält, die eine „Aufhebung" eines VOF-Verhandlungsverfahrens regelt, ist der Umkehrschluss zu ziehen, dass **Aufhebungen im Sinne des § 17 VOL/A im Rahmen eines VOF-Verhandlungsverfahrens nicht möglich sind.** Gleichwohl ist der Verzicht auf die Auftragsvergabe und die damit einhergehende **Beendigung eines VOF-Vergabeverfahrens vergabeverfahrensrechtlich zulässig.** Der Verzicht auf die Auftragsvergabe in Vergabeverfahren oberhalb der gemeinschaftsrechtlichen Schwellenwerte wird in § 11 Abs. 7 VOF, der dem Art. 12 Abs. 2 der Richtlinie 92/50/EWG des Rates vom 18. 6. 1992 über die Koordinierung der Verfahren zur Vergabe öffentlicher Dienstleistungsaufträge entspricht, vorausgesetzt. Die Regelung des § 17 VOL/A ist lediglich eine für den Bereich der nicht freiberuflichen Dienstleistungsaufträge festgelegte Vorschrift, die eine Aufhebung von VOL-Vergabeverfahren von genau definierten restriktiven Voraussetzungen abhängig macht. Die **Möglichkeit eines Verzichts auf eine Auftragsvergabe folgt letztlich** aus dem vertragsrechtlichen Grundsatz, dass von dem Abschluss eines Vertrages Abstand genommen und **grundsätzlich niemand zum Abschluss eines Vertrages gezwungen werden kann.** Dieser Grundsatz gilt auch für das öffentliche Auftragswesen. Dies haben auch der Europäische Gerichtshof und der Bundesgerichtshof zum wiederholten Mal bestätigt. Es sind auch keine rechtlichen Gesichtspunkte erkennbar, die eine Anwendung der von dieser Rechtsprechung aufgestellten Grundsätze auf Verhandlungsverfahren für die Vergabe freiberuflicher Dienstleistungen ausschließen. Gleichwohl ist eine **Verzichtsentscheidung auch nicht losgelöst von allen rechtlichen Bindungen möglich.** Ein öffentlicher Auftraggeber hat danach beim Verzicht auf die Auftragsvergabe vielmehr die allgemeinen vergabeverfahrensrechtlichen **Prinzipien des Transparenzgebots, des Vertrauensschutzprinzips sowie des Willkürverbots und des Gleichbehandlungsgrundsatzes zu beachten**, § 97 Abs. 1, 2 GWB (VK Brandenburg, B. v. 16. 6. 2003 – Az.: VK 20/03).

12915 Sachlich nachvollziehbar und damit **vergaberechtlich zulässig** ist der Verzicht auf eine Auftragsvergabe, wenn ein **Auftraggeber durch zwei vorausgegangene Nachprüfungsverfahren in Zeitnot gerät und die Durchführung eines Projektes selbst erledigt**, um bewilligte Fördermittel zeitnah abrufen zu können (VK Brandenburg, B. v. 17. 8. 2004 – Az.: VK 23/04).

156.15.4 Teilweiser Verzicht auf die Vergabe eines VOF-Auftrages

12916 § 11 Abs. 7 VOF scheint nur auf den **Verzicht auf den Gesamtauftrag** abzustellen; gleichwohl dürfte es **auch nach der VOF möglich sein, nur auf einen Teil der zu vergebenden Leistung verzichten zu wollen** (1. VK Sachsen, B. v. 13. 6. 2001 – Az.: 1/SVK/44-01).

156.16 Richtlinie HVA F-StB (05/2010)

12917 Bei Leistungen, die die Ausschreibung, Vergabe, Bauüberwachung und/oder die Bauoberleitung betreffen, müssen der Auftragnehmer und seine damit befassten Mitarbeiter auf die gewissenhafte Erfüllung ihrer Obliegenheiten gemäß § 1 des Verpflichtungsgesetzes vom 2. März 1974 (BGBl. I S. 547), geändert durch Gesetz vom 15. August 1974 (BGBl. I S. 1942) in Verbindung mit § 11 Abs. 1 Nr. 4 des Strafgesetzbuches (StGB), verpflichtet werden. Der Einsatz anderer Mitarbeiter als der besonders Verpflichteten darf nur nach deren Verpflichtung erfolgen.

12918 Es ist eine mündliche Unterrichtung über die im Vordruck HVA F-StB-ING 26 umseitig aufgeführten Strafvorschriften des StGB durchzuführen. Dabei wird der Inhalt der Strafvorschriften eröffnet und auf die strafrechtlichen Folgen einer Pflichtverletzung hingewiesen.

Vergabeordnung für freiberufliche Leistungen VOF § 12 **Teil 5**

Im Anschluss an diese Belehrung unterschreiben der Auftraggeber und jede verpflichtete Person den Vordruck. Mit der Unterschrift gibt die verpflichtete Person gleichzeitig eine Erklärung ab, dass sie auf die gewissenhafte Erfüllung ihrer Obliegenheiten verpflichtet wurde. Nach Unterzeichnung erhält jede verpflichtete Person vom Vordruck die Ausfertigung „Verpflichtete" mit den umseitig aufgeführten Strafvorschriften. Das Original der Ausfertigung „Vertragsakte" wird zu den Akten des Auftraggebers genommen. Welche Stelle für die Verpflichtung zuständig ist, richtet sich nach den entsprechenden Landesregelungen (Vertragsaufstellung/Vergabeverfahren, Nr. 1.3.5 Verpflichtung, Abs. 6).

157. § 12 VOF – Dokumentation

(1) Das Vergabeverfahren ist von Anbeginn fortlaufend zu dokumentieren, sodass die einzelnen Stufen des Verfahrens, die einzelnen Maßnahmen sowie die Begründung der einzelnen Entscheidungen festgehalten werden.

(2) Die Dokumentation umfasst mindestens Folgendes:

a) den Namen und die Anschrift des Auftraggebers, Gegenstand und Wert des Auftrags,

b) die Namen der berücksichtigten Bewerber oder Bieter und die Gründe für ihre Auswahl,

c) die Namen der nicht berücksichtigten Bewerber oder Bieter und die Gründe für ihre Ablehnung,

d) die Gründe für die Ablehnung von ungewöhnlich niedrigen Angeboten,

e) den Namen des erfolgreichen Bieters und die Gründe für die Auswahl seines Angebots sowie – falls bekannt – den Anteil am Auftrag, den der Zuschlagempfänger an Dritte weiterzugeben beabsichtigt,

f) die Gründe für einen Verzicht auf die Vergabe eines bekannt gemachten Auftrages.

157.1 Änderungen in der VOF 2009

Die **Überschrift** der Vorschrift wurde im Vergleich zu § 18 VOF 2006 der Rechtsprechung angepasst.

§ 12 Abs. 2 verpflichtet den Auftraggeber, **bestimmte Punkte immer zu dokumentieren.**

157.2 Vergleichbare Regelungen

Der Vorschrift des § 12 VOF vergleichbar sind im Bereich der VOL/A **§§ 20, 24 EG VOL/A** und im Bereich der VOB **§§ 20, 20 a VOB/A**. Die Kommentierungen zu diesen Vorschriften können daher ergänzend zu der Kommentierung des § 12 herangezogen werden.

157.3 Bieterschützende Vorschrift

Die **Vorschriften über die Dokumentationspflicht** und das **Transparenzgebot haben bieterschützenden Charakter.** Erst ein formalisierter und umfassender Vergabevermerk gewährleistet eine spätere Nachprüfbarkeit der Richtigkeit von Feststellungen und getroffenen Entscheidungen sowohl gegenüber den Bewerbern, als auch gegenüber Rechnungsprüfungsbehörden, Zuwendungsgebern sowie der EG-Kommission. Die Bieter haben ein subjektives Recht auf eine ausreichende Dokumentation und Begründung der einzelnen Verfahrensschritte (OLG Düsseldorf, B. v. 26. 7. 2002 – Az.: Verg 28/02; VK Brandenburg, B. v. 1. 10. 2002 – Az.: VK 53/02, B. v. 30. 7. 2002 – Az.: VK 38/02; 1. VK Bund, B. v. 14. 10. 2003 – Az.: VK 1–95/03, B. v. 19. 9. 2003 – Az.: VK 1–77/03; 2. VK Bund, B. v. 10. 12. 2003 – Az.: VK 1–116/03; VK Lüneburg, B. v. 11. 1. 2005 – Az.: 203-VgK-55/2004; B. v. 25. 7. 2002 – Az.: 203-VgK-11/2002, B. v. 14. 1. 2002 – Az.: 203-VgK-22/2001; 1. VK Saarland, B. v. 23. 1. 2006 – Az.: 1 VK 06/2005; 3. VK Saarland, B. v. 23. 4. 2007 – Az.: 3 VK 02/2007, 3 VK

Teil 5 VOF § 13   Vergabeordnung für freiberufliche Leistungen

03/2007; B. v. 9. 3. 2007 – Az.: 3 VK 01/2007; 1. VK Sachsen, B. v. 5. 11. 2002 – Az.: 1/SVK/096-02; VK Südbayern, B. v. 26. 6. 2008 – Az.: Z3-3-3194-1-16-04/08; VK Thüringen, B. v. 20. 12. 2002 – Az.: 216–4004.20–062/02-EF-S).

157.4 Materieller und formeller Inhalt der Dokumentation (§ 12 Abs. 1, Abs. 2)

12924   Vgl. zum notwendigen Inhalt der Dokumentation im Einzelnen die **Kommentierung zu § 97 GWB Rdn. 171 ff.**

158. § 13 VOF – Kosten

(1) **Von den Bewerbern oder Bietern dürfen Entgelte für die Durchführung der Vergabeverfahren nicht erhoben werden. Bei Wettbewerben nach Kapitel 2 können Kopierkosten bei postalischer oder direkter Versendung erhoben werden.**

(2) Für die Ausarbeitung der Bewerbungs- und Angebotsunterlagen werden Kosten nicht erstattet.

(3) Verlangt der Auftraggeber darüber hinaus, dass Bewerber Entwürfe, Pläne, Zeichnungen, Berechnungen oder andere Unterlagen ausarbeiten, so ist einheitlich für alle Bewerber eine angemessene Vergütung festzusetzen. Gesetzliche Gebühren- oder Honorarordnungen und der Urheberrechtsschutz bleiben unberührt.

158.1 Änderungen in der VOF 2009

12925   § 13 Abs. 1 Satz 1 enthält im Vergleich zu § 15 VOF 2006 das ausdrückliche **Verbot, von den Bewerbern und Bietern Entgelte für die Durchführung der Vergabeverfahren zu verlangen.**

12926   § 13 Abs. 1 Satz 2 enthält im Vergleich zu § 15 VOF 2006 die **Möglichkeit** für den Auftraggeber, sich die **Kopierkosten für die Wettbewerbsunterlagen erstatten** zu lassen.

158.2 Vergleichbare Regelungen

12927   Der **Vorschrift des § 13 VOF** vergleichbar sind im Bereich der VOB **§ 8 Abs. 7, Abs. 8 VOB/A** und im Bereich der VOL **§§ 6 Abs. 2, 8 Abs. 2, 6 EG Abs. 3, 9 EG Abs. 3 VOL/A.** Die Kommentierungen zu diesen Vorschriften können daher ergänzend zu der Kommentierung des § 13 EG herangezogen werden.

158.3 Bieterschützende Vorschrift

12928   § 13 Abs. 1 Satz 2 VOF **ist eine bieterschützende Vorschrift** im Sinne von § 97 Abs. 7 GWB (1. VK Sachsen, B. v. 12. 3. 2001 – Az.: 1/SVK/9-01).

158.4 Verbot der Forderung eines Entgelts für die Durchführung eines Vergabeverfahrens (§ 13 Abs. 1 Satz 1)

12929   Mit der Neuregelung soll die **Kostenbeteiligung der Wirtschaft** insbesondere an eVergabe-Lösungen (z. B. mittels Abonnements von Recherchetools) **unterbunden** werden.

158.5 Erhebung von Kopierkosten bei Durchführung eines Wettbewerbs (§ 13 Abs. 1 Satz 2)

158.5.1 Sachlicher Anwendungsbereich

12930   § 13 Abs. 1 Satz 2 regelt ausdrücklich nur den Kostenersatz bei **Wettbewerben.** Eine **analoge Anwendung auf sonstige VOF-Verfahren** – die im Einzelfall einen durchaus vergleichbaren Unterlagenaufwand erfordern können – **scheidet** damit **aus.**

158.5.2 Ermessensregelung

Der öffentliche Auftraggeber **darf Kostenersatz fordern**, er ist nicht dazu verpflichtet. Im Sinne eines **wirtschaftlichen Verwaltungshandelns** muss er also abwägen, ob der Kostenersatz die mit der Berechnung und Vereinnahmung des Kostenersatzes entstehenden Kosten für den Auftraggeber deutlich übersteigt. 12931

158.5.3 Kopierkosten

Der öffentliche Auftraggeber kann nur einen **Kostenersatz für die Vervielfältigung** der Vergabeunterlagen (Anschreiben, Bewerbungsbedingungen, Wettbewerbsunterlagen und andere Vertragsunterlagen) fordern; die **Kosten für die erstmalige Erstellung** dieser Unterlagen sind also nicht erstattungsfähig. 12932

158.5.4 Kosten der Versendung

Im Gegensatz zur VOB/A **fehlt in § 13 Abs. 1 Satz 2 VOF 2009 eine Regelung über einen möglichen Ersatz der Kosten für die Versendung**. Daraus kann nur geschlossen werden, dass ein **Ersatz für diese Kosten nicht verlangt werden kann**. Da § 13 Abs. 1 Satz 2 ausdrücklich die postalische und die direkte Übersendung nennt, sind z.B. **besondere Kosten des Auftraggebers für Plattformen der eVergabe** und die daraus entstehenden Bereitstellungskosten für die Bewerber und Bieter **nicht ersatzfähig**; vgl. insoweit auch die Regelung des 6 Abs. 2. 12933

158.5.5 Bestandteile der Kopierkosten

Hinsichtlich der Höhe der Kosten der Vervielfältigung **regelt die VOF selbst nicht, welche Ansätze für das Vervielfältigen der Verdingungsunterlagen zu gelten haben**. Ist kein Kostenrahmen durch Verordnung vorgegeben, muss an Hand des **Zwecks der Vorschrift** des § 13 Abs. 1 Satz 2 VOF ermittelt werden, **aus welchen Faktoren sich die Kosten der Vervielfältigung zusammen setzen dürfen**. Dabei sind sich die einschlägigen Kommentierungen über verschiedene Aspekte einig: **Bestandteil der Kosten sind Stoffkosten für Papier, Toner usw., Abschreibungs- und Instandhaltungskosten für die genutzten Geräte, Gemeinkosten und die Umsatzsteuer**, soweit der Auftraggeber umsatzsteuerpflichtig ist. **Umstritten** ist jedoch, in welchem Umfang die **aufgewendete Arbeit** zu bemessen ist. Während eine Meinung diese einschließlich der Arbeitgeberanteile der Sozialversicherungen für den Vervielfältiger und die ihn beaufsichtigenden Personen für absetzbar hält, schränkt eine andere Meinung dies ein: Die Lohnkosten für den Drucker sollen nur dann absetzbar sein, wenn Angestellte des Auftraggebers eigens für die Aufgabe des Vervielfältigens dieser Unterlagen eingestellt wurden. Da dies im Bereich der öffentlichen Hand praktisch nie der Fall sein dürfte, fallen nach der zweiten Ansicht die Personalkosten faktisch aus. Nach dem **Sinn der Vorschrift ist dies auch gerechtfertigt, denn Gegenstand des Anspruchs ist die Entschädigung der** (über die Fixkosten hinaus gehenden) **Aufwendungen für die Vervielfältigung** (1. VK Sachsen, B. v. 12. 3. 2001 – Az.: 1/SVK/9-01). 12934

Angesichts der **kaum fassbaren Kosten für die elektronische Vervielfältigung** besteht im Ergebnis in diesen Fällen daher kein Kostenersatzanspruch. 12935

158.5.6 Darlegungs- und Beweislast für die Höhe der Kosten

Der **öffentliche Auftraggeber** ist im Streitfall für die Höhe der Kosten **darlegungs- und beweispflichtig** (VK Magdeburg, B. v. 6. 3. 2000 – Az.: VK-OFD LSA-01/00). 12936

158.5.7 Kostenersatzanspruch nur des öffentlichen Auftraggebers

§ 13 Abs. 1 Satz 2 VOF gibt der **ausschreibenden Stelle einen höchstpersönlichen Anspruch auf Kostenersatz** für die Leistungsbeschreibung und die anderen Unterlagen. Schaltet der Auftraggeber zur Vervielfältigung einen Dritten ein, so muss er, wenn der **Dritte** gegen die Unternehmen, welche die Vergabeunterlagen abholen, **einen Kostenersatzanspruch haben soll, den Anspruch nach § 13 Abs. 1 Satz 2 VOF an den Dritten abtreten**. Die Einräumung eines eigenständigen Kostenanspruchs des Dritten gegen die Unternehmen, welche die 12937

Teil 5 VOF § 14   Vergabeordnung für freiberufliche Leistungen

Vergabeunterlagen abholen, ist ein gegen die Privatautonomie verstoßender und damit unzulässiger Vertrag zu Lasten Dritter (1. VK Sachsen, B. v. 12. 3. 2001 – Az.: 1/SVK/9-01).

158.5.8 Kostenerstattungsanspruch eines Dritten

12938   Auch ein **Erfüllungsgehilfe des öffentlichen Auftraggebers**, der durch vertragliche Ausgestaltung quasi die Stelle des Auftraggebers einnimmt, kann gegenüber den Bietern **nur mit den Rechten agieren, die der Auftraggeber selbst für sich in Anspruch nehmen kann.** Das bedeutet z. B. für die Erstattung der Aufwendungen für die Vervielfältigung der Leistungsverzeichnisse, dass der Auftraggeber diesen Anspruch an den Erfüllungsgehilfen abtreten muss, damit er wirksam geltend gemacht werden kann. Ein **abgetretener Anspruch kann aber nicht mehr Rechte umfassen als der Auftraggeber geltend machen kann.** Der Erfüllungsgehilfe ist dann aber auch an die Vorgabe aus § 13 Abs. 1 Satz 2 VOF hinsichtlich des Umfangs des Kostenersatzes gebunden. Der Erfüllungsgehilfe kann ebenfalls die Personalkosten bei der Vervielfältigung der Unterlagen nur dann in die Kosten mit einbeziehen, wenn das hierfür eingesetzte Personal eigens dafür eingestellt wurde (1. VK Sachsen, B. v. 12. 3. 2001 – Az.: 1/SVK/9-01).

158.6 Kostenerstattung für die Ausarbeitung der Bewerbungs- und Angebotsunterlagen

12939   Für die Ausarbeitung der Bewerbungs- und Angebotsunterlagen werden Kosten grundsätzlich nicht erstattet. Diese Regelung entspricht der VOB/A und der VOL/A.

12940 ### 158.7 Kostenerstattung für über die Bewerbungs- und Angebotsunterlagen hinausgehende Unterlagen (§ 13 Abs. 3)

158.7.1 Vergleichbare Regelungen

12941   Der **Vorschrift des § 13 Abs. 3 VOF im Grundsatz vergleichbar** ist im Bereich der VOB **§ 8 Abs. 8 VOB/A.** Die vergleichbare **Vorschrift des § 20 Nr. 2 Abs. 1 Satz 2 VOL/A 2006 wurde gestrichen.** Die Kommentierung zu dieser Vorschrift kann daher ergänzend zu der Kommentierung des § 13 herangezogen werden.

158.7.2 Gesetzliche Gebühren- oder Honorarordnungen

12942   Gesetzliche Gebühren- oder Honorarordnungen bleiben unberührt. Dies bedeutet, dass sich die angemessene Vergütung nach den gesetzlichen Gebühren- oder Honorarordnungen richtet.

12943   **In der Praxis** hat die Regelung Bedeutung für Entwürfe, Pläne, Zeichnungen, Berechnungen oder andere Unterlagen, die von Architekten und Ingenieuren erstellt werden. Die Vergütung dieser Leistungen richtet sich nach der HOAI.

159. § 14 VOF – Informationen über die Auftragserteilung, Verzicht auf die Auftragserteilung

(1) **Die Auftraggeber machen über jeden vergebenen Auftrag Mitteilung anhand einer Bekanntmachung.** Sie wird nach dem im Anhang III der Verordnung (EG) Nr. 1564/2005 enthaltenen Muster erstellt und ist spätestens 48 Tage nach Vergabe des Auftrags an das Amt für amtliche Veröffentlichungen der Europäischen Gemeinschaften zu übermitteln.

(2) **Auftraggeber, die einen Wettbewerb durchgeführt haben, geben spätestens 48 Tage** nach Durchführung eine Bekanntmachung nach Anhang XIII der Verordnung (EG) Nr. 1564/2005 an das Amtsblatt der Europäischen Gemeinschaften.

(3) **Bei der Bekanntmachung von Dienstleistungsaufträgen des Anhangs I Teil B geben die Auftraggeber in ihrer Bekanntmachung an, ob sie mit der Veröffentlichung einverstanden sind.**

(4) **Bestimmte Angaben über die Auftragsvergabe brauchen jedoch bei bestimmten Einzelaufträgen nicht veröffentlicht zu werden**, wenn ihre Bekanntgabe den Gesetzesvollzug behindern, dem öffentlichen Interesse in anderer Weise zuwiderlaufen, die legitimen geschäftlichen Interessen einzelner Personen berühren oder den fairen Wettbewerb beeinträchtigen würde.

(5) Die Auftraggeber teilen unverzüglich, spätestens innerhalb von 15 Tagen nach Eingang eines entsprechenden Antrags, den nicht berücksichtigten Bietern die Gründe für die Ablehnung ihres Angebotes, die Merkmale und Vorteile des erfolgreichen Angebots sowie den Namen des erfolgreichen Bieters mit.

(6) Die Auftraggeber teilen den Bewerbern unverzüglich die Gründe mit, aus denen beschlossen wurde, auf die Vergabe eines bekannt gemachten Auftrages zu verzichten oder das Verfahren erneut einzuleiten. Auf Antrag teilen sie dies in Textform mit. Die Entscheidung, auf die Vergabe eines Auftrages zu verzichten, teilen die Auftraggeber dem Amt für amtliche Veröffentlichungen der Europäischen Gemeinschaften mit.

159.1 Änderungen in der VOF 2009

§ 14 Abs. 5 statuiert die **Informationspflicht** im Vergleich zur VOF 2006 **gegenüber den Bietern** und **erweitert den Informationsumfang**.   12944

159.2 Vergleichbare Regelungen

Der **Vorschrift des § 14 VOF vergleichbar** sind im Bereich der VOL/A §§ 22 EG, 23 EG VOL/A und im Bereich der VOB §§ 18a, 19, 19a VOB/A. Die Kommentierungen zu diesen Vorschriften können daher ergänzend zu der Kommentierung des § 14 herangezogen werden.   12945

159.3 Bieterschützende Vorschrift

§ 14 Abs. 1 VOF ist **ersichtlich nicht bieterschützend** (Thüringer OLG, B. v. 16. 1. 2002 – Az.: 6 Verg 7/01; LG Leipzig, Urteil v. 24. 1. 2007 – Az.: 06HK O 1866/06).   12946

159.4 Pflicht der Vergabestelle zur Benachrichtigung der Bieter (§ 14 Abs. 5)

159.4.1 Optionsrecht des Bieters

§ 14 Abs. 5 VOF räumt dem Bieter eine **bloße Option auf Auskünfte** ein, von der er nicht Gebrauch zu machen braucht. Eine der **Rügeobliegenheit des § 107 Abs. 3 GWB gegebenenfalls korrespondierende Informationsobliegenheit** der Bieter mit dem Ziel, an weitere Informationen vom Auftraggeber zu gelangen, um gegebenenfalls Fehler im Wertungsprozess zu erkennen und die Unverzüglichkeit zu wahren, **ergibt sich aus diesen Vorschriften nicht** (VK Brandenburg, B. v. 26. 3. 2002 – Az.: VK 4/02).   12947

159.4.2 Nachträglicher Informationsanspruch

§ 14 Abs. 5 VOF gibt dem unterlegenen Bieter **nach seinem Wortlaut nur einen nachträglichen Informationsanspruch** über den Ausgang des mit Zuschlag abgeschlossenen Vergabeverfahrens (OLG Koblenz, B. v. 10. 8. 2000 – Az.: 1 Verg. 2/00).   12948

159.4.3 Verhältnis zu § 101a GWB

Vgl. dazu im Einzelnen die Kommentierung zu § 101a GWB Rdn. 160 ff.   12949

159.4.4 Inhalt der Benachrichtigung der nicht berücksichtigten Bieter

Nach § 14 Abs. 5 VOF sind allen nicht berücksichtigten Bietern die **Gründe für die Ablehnung ihres Angebots** sowie die **Merkmale und Vorteile des erfolgreichen Angebots** sowie der **Name des erfolgreichen Bieters** mitzuteilen.   12950

Teil 5 VOF § 15 Vergabeordnung für freiberufliche Leistungen

12951   Der konkrete Inhalt der „**Merkmale und Vorteile des Angebots des erfolgreichen Bieters**" bleibt völlig offen. Letztlich wird man mindestens darunter die prägenden Bestandteile des entsprechenden Angebots in preislicher und fachtechnischer Sicht verstehen müssen. Der Auftraggeber hat mit dieser Neuregelung einen **erheblichen praktischen Zusatzaufwand** zu bewältigen.

12952   Die **Rechtsprechung zum notwendigen Inhalt der Information nach § 101 a GWB** (vgl. die Kommentierung § 101 a GWB Rdn. 71 ff.) kann sicherlich **analog herangezogen** werden.

159.4.5 Forderung nach einem frankierten Rückumschlag

12953   Die **Forderung eines frankierten Rückumschlages bedeutet in der Sache keinen Vergaberechtsverstoß.** Denn es ist grundsätzlich nicht zu beanstanden, dass eine Behörde für ihre Auslagen Gebühren erhebt. Es bedeutete auch keinen Vergaberechtsverstoß, wenn bei Durchführung von Vergabeverfahren eine Vergabestelle für die Übersendung der Vergabeunterlagen ein Entgelt verlangt. Fordert eine Vergabestelle für die Übersendung der Begründung ihrer Vergabeentscheidung darüber hinaus einen frankierten Rückumschlag, bedeutet dies **keine außer Verhältnis stehende weitere Belastung des Bieters** (2. VK Bund, B. v. 14. 10. 2003 – Az.: VK 2–90/03).

159.4.6 Rechtsfolge bei unterlassener Benachrichtigung

12954   Erfüllt der Auftraggeber seine Informations- und Benachrichtigungspflicht nach § 19 nicht, sondern lässt er die Bieter in dem Glauben, weiterhin aussichtsreich am Vergabeverfahren beteiligt zu sein, kann er sich nach den **Grundsätzen über das so genannte Verhandlungsverschulden (culpa in contrahendo) schadensersatzpflichtig machen** (OLG Düsseldorf, B. v. 19. 7. 2000 – Az.: Verg 10/00).

159.5 Verzicht auf die Vergabe eines VOF-Auftrages (§ 14 Abs. 6)

12955   Vgl. dazu die Kommentierung zu § 11 VOF Rdn. 139 ff.

159.6 Annex: Behandlung und Aufbewahrung der nichtberücksichtigten Bewerbungsunterlagen und Angebote

159.6.1 Richtlinie HVA F-StB (05/2010)

12956   Die im Rahmen der Auswahl des Auftragnehmers eingegangenen Angebote sind mit allen den Vergabevorgang betreffenden Unterlagen (Schreiben, Vermerke und sonstige Vorgänge) sechs Jahre nach Ablauf des Jahres, in dem die Schlusszahlung erfolgt ist, aufzubewahren. Dies gilt auch für die Bewerbungsunterlagen des ausgewählten Bieters.

12957   Alle übrigen Bewerbungsunterlagen können zwei Monate nach Vertragsabschluss vernichtet werden (Vertragsaufstellung/Vergabeverfahren, Nr. 1.4.1.4 Abschluss des Vergabeverfahrens, Abs. 8).

160. § 15 VOF – Grundsätze

(1) **Wettbewerbe sind Auslobungsverfahren, die dazu dienen, dem Auftraggeber einen Plan oder eine Planung zu verschaffen, deren Auswahl durch ein Preisgericht aufgrund vergleichender Beurteilungen mit oder ohne Verteilung von Preisen erfolgt.**

(2) **Wettbewerbe, die dem Ziel dienen, alternative Vorschläge für Planungen insbesondere auf dem Gebiet der Raumplanung, des Städtebaus und des Bauwesens auf der Grundlage veröffentlichter einheitlicher Richtlinien zu erhalten (Planungswettbewerbe), können jederzeit vor, während oder ohne Verhandlungsverfahren ausgelobt werden.**

Vergabeordnung für freiberufliche Leistungen VOF § 15 **Teil 5**

In den einheitlichen Richtlinien wird auch die Mitwirkung von Architekten- und Ingenieurkammern an der Vorbereitung und Durchführung der Wettbewerbe geregelt.

(3) **Die auf die Durchführung von Wettbewerben anwendbaren Regeln sind den an der Teilnahme am Wettbewerb Interessierten mitzuteilen.**

(4) **Die Zulassung zur Teilnahme an einem Wettbewerb darf nicht beschränkt werden**

– auf das Gebiet eines Mitgliedstaates oder einen Teil davon,

– auf natürliche oder juristische Personen.

(5) **Der Auslober eines Wettbewerbes hat zu gewährleisten, dass jedem Bewerber und jedem Teilnehmer die gleiche Chance eingeräumt wird.**
Für alle Teilnehmer gelten die gleichen Bedingungen und Fristen. Ihnen werden die gleichen Informationen jeweils zum gleichen Zeitpunkt übermittelt.

(6) **Die Wettbewerbsbeiträge bleiben bis zur Entscheidung des Preisgerichts anonym.**

160.1 Änderungen in der VOF 2009

Die **Überschrift** von § 15 VOF 2009 wurde – entsprechend dem Inhalt – **weiter gefasst**. 12958

§ 15 umfasst nunmehr alle Formen von Wettbewerben; **Planungswettbewerbe** (im Sinn 12959 von § 25 Abs. 1 VOF 2006) sind nunmehr „nur noch" ein **hervorgehobenes Beispiel** (§ 15 Abs. 2).

In § 15 Abs. 6 VOF 2009 wurde die Anonymität der Wettbewerbsbeiträge neu aufgenommen. 12960

160.2 Vergleichbare Regelungen

Der Vorschrift des **§ 15 VOF 2009 vergleichbar** ist im Bereich der VOL/A **§ 3 EG Abs. 8** 12961 **VOL/A**. Die Kommentierung zu dieser Vorschrift kann daher ergänzend zu der Kommentierung des § 15 herangezogen werden.

160.3 Wettbewerbe (§ 15 Abs. 1)

§ 15 Abs. 1 VOF enthält eine allgemeine Definition des Wettbewerbs im Sinn der 12962 VOF. In der Praxis spielen nur die Planungswettbewerbe nach § 15 Abs. 2 eine Rolle.

160.4 Planungswettbewerbe (§ 15 Abs. 2)

160.4.1 Begriff

Planungswettbewerbe sind nach der **Legaldefinition des § 15 Abs. 2 VOF 2009** Wettbewerbe, die dem Ziel dienen, alternative Vorschläge für Planungen insbesondere auf dem Gebiet der Raumplanung, des Städtebaus und des Bauwesens auf der Grundlage veröffentlichter einheitlicher Richtlinien zu erhalten. 12963

160.4.2 Veröffentlichte einheitliche Richtlinien für Planungswettbewerbe

Darunter fallen in der Praxis 12964

– Richtlinien für Planungswettbewerbe – **RPW 2008** – (Fassung vom 12. 9. 2008); die RPW 2008 haben die Grundsätze und Richtlinien für Wettbewerbe auf den Gebieten der Raumplanung, des Städtebaus und des Bauwesens – **GRW 1995** – novellierte Fassung vom 22. 12. 2003 abgelöst

– Grundsätze und Richtlinien für Wettbewerbe auf den Gebieten der Raumplanung, des Städtebaues und des Bauwesens (**GRW-Saar**) der Architektenkammer des Saarlandes

– die Regeln für die Auslobung von Wettbewerben (**RAW 2004**) auf den Gebieten der Raumplanung, des Städtebaues und des Bauwesens der Architektenkammer Nordrhein-Westfalen.

160.4.3 Durchführung von Planungswettbewerben

160.4.3.1 Grundsatz

12965 Planungswettbewerbe können jederzeit vor, während oder ohne Verhandlungsverfahren ausgelobt werden (§ 15 Abs. 2 Satz 1). Dem öffentlichen Auftraggeber obliegt also die **Entscheidung nach seinem pflichtgemäßen Ermessen, ob er einen Planungswettbewerb durchführt oder nicht** (VK Niedersachsen, B. v. 18. 6. 2010 – Az.: VgK-22/2010).

160.4.3.2 Praxis

12966 Die **Praxis** hat gezeigt, dass **Planungswettbewerbe sinnvollerweise vor einem VOF-Verfahren** durchgeführt werden.

160.4.3.3 Durchführung eines Planungswettbewerbs nach der 1. Stufe eines VOF-Verfahrens

12967 Die Verwertbarkeit der im Wettbewerb erzielten Ergebnisse **hängt** von vornherein **davon ab, dass die Auswahl der an ihm beteiligten Bewerber aus dem Verhandlungsverfahren vergaberechtlich Bestand** hat. Müsste die Bewerberauswahl hingegen auf den Rechtsbehelf eines übergangenen Teilnahmeinteressenten wiederholt werden, so wären die Resultate eines zwischenzeitlich etwa durchgeführten Wettbewerbs Makulatur. Bestenfalls (und letztlich zufallsabhängig) würde eine erneute Auswahlwertung die Ergebnisse der ersten bestätigen, so dass die ausgewählten Bewerber in einem neuen Wettbewerb auf ihre bereits erarbeiteten Vorschläge zurückgreifen und den ihnen entstandenen Schaden auf diese Weise kompensieren könnten. **Liegt die Mangelhaftigkeit der Bewerberauswahl daher auf der Hand, so darf der Auftraggeber, gerade weil diese Mängel bei einem „unter dem Dach des Verhandlungsverfahrens" durchgeführten Planungswettbewerb unmittelbar auf diesen durchschlagen, den Wettbewerb nicht auslösen und damit Aufwendungen der Wettbewerbsteilnehmer verursachen**, von denen aus Rechtsgründen von Anfang an feststeht, dass sie sinnlos sind (OLG Dresden, Urteil v. 10. 2. 2004 – Az.: 20 U 1697/03).

160.5 Bekanntmachung von Planungswettbewerben

12968 Vgl. dazu die Kommentierung zu § 9 VOF Rdn. 27 ff.

160.6 Bekanntmachung der auf die Durchführung von Wettbewerben anwendbaren Regeln (§ 15 Abs. 3)

12969 Vgl. dazu die Kommentierung zu § 9 VOF Rdn. 32.

160.7 Verbot der räumlichen Begrenzung der Teilnehmer und Verbot der Differenzierung nach der Rechtsform der Bewerber (§ 15 Abs. 4)

12970 Das Verbot der räumlichen Begrenzung der Teilnehmer und das Verbot der Differenzierung nach der Rechtsform der Bewerber sind jeweils eine **Ausprägung des Gleichbehandlungsgebots**; vgl. insoweit die Kommentierung zu § 97 GWB Rdn. 276 ff.

160.8 Gewährleistung von Chancengleichheit (§ 15 Abs. 5)

12971 Die Regelung des § 15 Abs. 5 ist ebenfalls **eine auf das Wettbewerbsverfahren zugeschnittene besondere Ausprägung des Gleichbehandlungsgebots**.

160.9 Anonymität von Wettbewerbsbeiträgen (§ 15 Abs. 6)

160.9.1 Änderungen in der VOF 2009

12972 § 15 Abs. 6 betont – in **Weiterführung des § 20 Abs. 6 Satz 2 VOF 2006** –, dass die **Wettbewerbsbeiträge bis zur Entscheidung des Preisgerichts anonym** bleiben.

Vergabeordnung für freiberufliche Leistungen VOF § 16 **Teil 5**

160.9.2 Hinweis

Die Verpflichtung zur Wahrung der Anonymität der Wettbewerbsbeiträge – die **rechtstech-** 12973
nisch eher zu § 16 VOF gehört – ist im **Kontext** mit der Verpflichtung zur anonymen Vorlage von Wettbewerbsbeiträgen nach **§ 16 Abs. 5 Satz 2 VOF** zu lesen.

161. § 16 VOF – Wettbewerbsdurchführung

(1) Mit der Auslobung sind Preise und ggf. Anerkennungen auszusetzen, die der Bedeutung und Schwierigkeit der Bauaufgabe sowie dem Leistungsumfang nach der jeweils geltenden Honorarordnung angemessen sind.

(2) Ausgeschlossen von der Teilnahme an Wettbewerben sind Personen, die infolge ihrer Beteiligung an der Auslobung oder Durchführung des Wettbewerbes bevorzugt sein oder Einfluss auf die Entscheidung des Preisgerichts nehmen können. Das Gleiche gilt für Personen, die sich durch Angehörige oder ihnen wirtschaftlich verbundene Personen einen entsprechenden Vorteil oder Einfluss verschaffen können.

(3) Bei Wettbewerben mit beschränkter Teilnehmerzahl haben die Auftraggeber eindeutige und nicht diskriminierende Auswahlkriterien festzulegen. Die Zahl der Teilnehmer muss ausreichen, um einen echten Wettbewerb zu gewährleisten.

(4) Das Preisgericht darf nur aus Preisrichtern bestehen, die von den Teilnehmern des Wettbewerbes unabhängig sind. Wird von diesen Teilnehmern eine bestimmte berufliche Qualifikation verlangt, muss die Mehrheit der Preisrichter über dieselbe oder eine gleichwertige Qualifikation verfügen.

(5) Das Preisgericht ist in seinen Entscheidungen und Stellungnahmen unabhängig. Es trifft diese aufgrund von Wettbewerbsarbeiten, die anonym vorgelegt werden, und nur aufgrund von Kriterien, die in der Bekanntmachung nach § 9 Absatz 2 genannt sind.

Das Preisgericht hat in seinen Entscheidungen die in der Auslobung als bindend bezeichneten Vorgaben des Auslobers zu beachten. Nicht zugelassene oder über das geforderte Maß hinausgehende Leistungen sind von der Wertung auszuschließen.

(6) Das Preisgericht hat einen von den Preisrichtern zu unterzeichnenden Bericht zu erstellen über die Rangfolge der von ihm ausgewählten Projekte und die einzelnen Wettbewerbsarbeiten. Der Auslober informiert die Teilnehmer unverzüglich über das Ergebnis durch Versendung des Protokolls der Preisgerichtssitzung. Der Auslober stellt möglichst spätestens einen Monat nach der Entscheidung des Preisgerichts alle eingereichten Wettbewerbsarbeiten mit Namensangaben der Verfasser unter Auslegung des Protokolls öffentlich aus.

Soweit ein Preisträger wegen mangelnder Teilnahmeberechtigung oder Verstoßes gegen Wettbewerbsregeln nicht berücksichtigt werden kann, rücken die übrigen Preisträger sowie sonstige Teilnehmer in der Rangfolge des Preisgerichts nach, soweit das Preisgericht ausweislich seines Protokolls nichts anderes bestimmt hat.

161.1 Änderungen in der VOF 2009

§ 16 VOF 2009 **fasst Regelungen der §§ 20, 25 VOF 2006 zusammen** und hat dement- 12974
sprechend eine **inhaltlich aussagekräftigere Überschrift** erhalten.

§ 16 Abs. 5 VOF 2009 enthält **neu die ausdrückliche Verpflichtung des Preisgerichts** 12975
zur Beachtung der Vorgaben des Auslobers.

161.2 Aussetzung von Preisen und Anerkennungen (§ 16 Abs. 1)

In der Regel sind **in den veröffentlichten einheitlichen Richtlinien (§ 15 Abs. 2) auch** 12976
Hinweise zur Anzahl und zur Höhe von Preisen und Anerkennungen enthalten.

161.3 Vorbefasste Teilnehmer (§ 16 Abs. 2)

161.3.1 Hinweis

12977 § 16 Abs. 2 VOF 2009 wurde unverändert aus der VOF 2006 übernommen. Insbesondere auf der Basis der Rechtsprechung des EuGH zu vorbefassten Teilnehmern **wurden in der VOL/A 2009 und der VOB/A 2009 die Regelungen dieser Rechtsprechung angepasst**. Im Sinne einer **rechtsprechungskonformen Anwendung des § 16 Abs. 2** muss der **Inhalt ebenfalls entsprechend angepasst** werden. Auf der **Basis der Regelung des § 6 EG Abs. 7 VOL/A 2009** erfolgt daher die nachfolgende Kommentierung.

12978 § 16 Abs. 2 Satz 2 deckt sich im Grundsatz mit § 16 VgV; vgl. insoweit die Kommentierung zu § 16 VgV Rdn. 2 ff.

161.3.2 Bieterschützende Regelung

12979 Bei § 16 Abs. 2 VOFA handelt es sich um eine **bieterschützende Vorschrift**, deren Anwendung nicht zur Disposition eines öffentlichen Auftraggebers steht (1. VK Bund, B. v. 17. 3. 2004 – Az.: VK 1–07/04; VK Münster, B. v. 2. 7. 2004 – Az.: VK 13/04).

161.3.3 Sinn und Zweck der Regelung – Gesetzesbegründung zu § 4 Abs. 5 VgV (a. F.)

12980 Die Vorschrift sollte **die so genannte Projektantenproblematik klären**. Sie betrifft die Frage, wie mit Unternehmen und Beratern umzugehen ist, die den Auftraggeber zunächst bei der Vorbereitung des Vergabeverfahrens beraten oder unterstützen und anschließend, nach Beginn des Vergabeverfahrens, als Bewerber bzw. Bieter am Vergabeverfahren teilnehmen möchten. In diesen Fällen können Gefahren für den Vergabewettbewerb bestehen, denn einerseits verfügt der Projektant durch seine vorbereitende Tätigkeit möglicherweise über einen (erheblichen) Informationsvorsprung. Zum andern kann ein Projektant möglicherweise durch seine vorbereitende Tätigkeit das Vergabeverfahren so beeinflussen, dass ihn z. B. die Leistungsbeschreibung einseitig begünstigt.

12981 Die deutsche Rechtsprechung zur Projektantenproblematik ist bislang uneinheitlich. Auf europäischer Ebene hat der EuGH mit Urteil vom 3. März 2005 über eine explizite Regelung zur Projektantenproblematik im belgischen Recht entschieden (Az.: C-21/03 und C-34/03). Der **EuGH kam zunächst zu dem Ergebnis, dass die Beteiligung von Projektanten auf Bieterseite im Vergabeverfahren grundsätzlich geeignet ist, den ordnungsgemäßen Vergabewettbewerb zu gefährden**. Er hielt jedoch eine Regelung für unverhältnismäßig und gemeinschaftsrechtswidrig, nach der jeder, der an der Vorbereitung des Vergabeverfahrens mitgewirkt habe, generell vom Vergabeverfahren auszuschließen sei. Es sei vielmehr geboten, in jedem Einzelfall zu hinterfragen, ob die Beteiligung im Vorfeld den Vergabewettbewerb nachhaltig negativ beeinflussen könne.

161.3.4 Rechtsprechung

161.3.4.1 Mögliche Bevorzugung oder mögliche Einflussnahme

12982 Eine mögliche Bevorzugung oder eine mögliche Einflussnahme wird in der Regel **durch eine Beratung oder eine sonstige Unterstützung oder einen sonstigen Wissensvorsprung im Vorfeld des Wettbewerbs** erfolgen können.

12983 **161.3.4.1.1 Begriff der Beratung.** Eine Beratung stellt einen kommunikativen Austausch oder auch eine praktische Anleitung dar, die zum Ziel hat, eine Aufgabe oder ein Problem zu lösen. Diese Voraussetzungen sind nicht erfüllt, wenn der Betreffende in **keinem entsprechenden Auftragsverhältnis zu der Vergabestelle** steht und weder ein rechtliches Verhältnis noch eine sonstige Beziehung bestand, innerhalb derer ein fachlicher Austausch zwischen dem Betreffenden und der Vergabestelle stattgefunden hat, der das Ziel hatte, auf die Lösung einer Aufgabe der Vergabestelle hinzuwirken (VK Hessen, B. v. 12. 2. 2008 – Az.: 69 d VK – 01/2008).

12984 **161.3.4.1.2 Begriff der sonstigen Unterstützung.** Der **Begriff der „Unterstützung"** ist zwar **weiter gefasst** als der Begriff der „Beratung". Er umfasst aber nur **jede Tätigkeit im**

Vorfeld eines Vergabeverfahrens, die einen Bezug gerade zu diesem Verfahren aufweist. Eine **Tätigkeit setzt ein Auftragsverhältnis zwischen den Beteiligten voraus**, das z. B. durch die bloße Beteiligung des Betreffenden an einem zwei Jahre zurückliegenden Planungswettbewerb nicht gegeben ist, insbesondere dann, der Wettbewerb weder eine Vorbereitung noch eine Art Vorstufe zu dem jetzigen Verfahren ist. Entscheidend ist, dass die Projektantenproblematik, die durch § 4 Abs. 5 VgV a. F. gelöst werden soll, nur dann zum tragen kommt, wenn der Auftraggeber vor dem Vergabeverfahren externen, spezialisierten Sachverstand eingeholt hat, um gerade das Vergabeverfahren vorzubereiten und die bestehenden Aufgaben in dessen Zusammenhang zu lösen (VK Hessen, B. v. 12. 2. 2008 – Az.: 69 d VK – 01/2008).

161.3.4.1.3 Begriff der Vorbefasstheit. Teilweise arbeitet die Rechtsprechung in solchen Fällen auch mit dem **Begriff der Vorbefasstheit**. Von einer „Vorbefassung" in einem begrifflichen Sinne kann nur dann gesprochen werden, wenn auch der **Gegenstand des streitgegenständlichen Verhandlungsverfahrens mit dem der Vorbefassung identisch** ist. Die Identität des Ausschreibungsgegenstandes z. B. in einem VOF-Verfahren ist dabei nicht bereits dadurch gegeben, dass Objekt des ausgelobten Planungsauftrages das Gebäude ist, wie es auch vorher Gegenstand einer Studie war. Vielmehr ist es für die Entscheidung, ob mit der Aufgabenstellung z. B. 2008 eine gegenständliche Identität mit der Ausschreibung im Jahre z. B. 2002 gegeben ist, erforderlich, die **jeweilige Aufgabenstellung zum Gegenstand einer vergleichenden Betrachtung zu machen** (VK Thüringen, B. v. 12. 12. 2008 – Az.: 250–4004.20–5909/2008-015-SM). 12985

161.3.4.1.4 Wissensvorsprung. § 16 Abs. 2 VOF ist weit gefasst und umfasst damit jede Tätigkeit im Vorfeld eines Vergabeverfahrens, die einen Bezug zu diesem Verfahren aufweist. Dies **charakterisiert die Stellung eines Projektanten** (OLG Brandenburg, B. v. 22. 5. 2007 – Az.: Verg W 13/06; VK Baden-Württemberg, B. v. 30. 3. 2007 – Az.: 1 VK 06/07; VK Nordbayern, B. v. 4. 5. 2009 – Az.: 21.VK – 3194 – 06/09). 12986

Es ist **unerheblich, ob die Vergabestelle Auftraggeberin der Tätigkeit**, die zu einem Wettbewerbsvorsprung geführt hat, war. Es **kommt auch nicht darauf an, ob der Vergabestelle der Sachverhalt**, der zu einem Wettbewerbsvorsprung geführt hat, **bekannt** war (VK Nordbayern, B. v. 9. 8. 2007 – Az.: 21.VK – 3194 - 32/07). 12987

161.3.4.2 Ausgleich eines Wissensvorsprungs

161.3.4.2.1 Allgemeines. Der Auftraggeber muss nach der Rechtsprechung sicherstellen, dass der Wettbewerb durch die Teilnahme eines vorbefassten Bieters nicht verfälscht wird. Daraus folgt, dass **der Auftraggeber bestehende Zweifel bezüglich einer Wettbewerbsverfälschung auszuräumen hat**. Denn die Verpflichtung, sicherzustellen, dass der Wettbewerb nicht verfälscht wird, umfasst notwendig auch die Pflicht, den Erfolg der Sicherstellungsbemühungen darzulegen. **Bestehen Zweifel, ist die Sicherstellung misslungen** (VK Baden-Württemberg, B. v. 30. 3. 2007 – Az.: 1 VK 06/07; VK Thüringen, B. v. 19. 9. 2008 – Az.: 250–4003.20–2110/2008-008-SHK). 12988

Die Egalisierungs- oder Sicherstellungsbemühungen zur Schaffung eines Wettbewerbs unter gleich informierten Bietern setzen voraus, dass der **Auftraggeber Indizien hat oder zumindest eine auf greifbaren Tatsachen beruhende Vermutung für eine Wettbewerbsverzerrung hegt**, aus der sich weitere Maßnahmen ergeben könnten (VK Sachsen, B. v. 28. 10. 2008 – Az.: 1/SVK/054-08). 12989

161.3.4.2.2 Ethikerklärung. Manche öffentlichen Auftraggeber versuchen die **Projektantenproblematik über den Weg einer Ethikerklärung auszuräumen**. Die in einer solchen Ethikerklärung geforderte Angabe, ob ein Bieter in den letzten 18 Monaten für den Auftraggeber Beratungsleistungen erbracht hat, dient der Sicherung des Wettbewerbs. Indem der Auftraggeber den Abschluss von Verträgen mit solchen Bietern ausschließt, die innerhalb des genannten Zeitraums beratend für ihn tätig waren, wird vermieden, dass diese Bieter aufgrund eines durch ihre Beratungstätigkeit erlangten Informationsvorsprungs Kalkulationsvorteile gegenüber anderen Bietern haben oder im Rahmen ihrer Beratungstätigkeit bei der Ausgestaltung der ausgeschriebenen Maßnahme mitgewirkt und infolge dessen die jeweiligen Anforderungen eher erfüllen als andere Bieter. Die aktuelle **Rechtsprechung hat keine Bedenken gegen die Forderung nach einer solchen Erklärung geäußert** (2. VK Bund, B. v. 27. 3. 2007 – Az.: VK 2–18/07). 12990

161.3.4.2.3 Ausschluss eines Bewerbers. In Übereinstimmung mit den Vorgaben des europäischen Rechts **verpflichtet die Rechtsprechung den Auftraggeber, bei einem Ein-** 12991 satz von sog. **Projektanten sicherzustellen, dass der Wettbewerb nicht verfälscht wird**. Dies kann insbesondere bedeuten, dass der Auftraggeber einen etwaigen Informationsvorsprung des Projektanten gegenüber anderen Bietern oder Bewerbern ausgleicht. Nur wenn keine geeigneten Maßnahmen in Betracht kommen, die eine Verfälschung des Wettbewerbs verhindern, kommt ein Ausschluss des Projektanten vom Vergabeverfahren in Betracht (OLG Düsseldorf, B. v. 4. 5. 2009 – Az.: VII-Verg 68/08; VK Baden-Württemberg, B. v. 30. 3. 2007 – Az.: 1 VK 06/07; 1. VK Bund, B. v. 9. 10. 2009 – Az.: VK 1–176/09; 3. VK Bund, B. v. 4. 11. 2009 – Az.: VK 3–190/09; VK Sachsen, B. v. 26. 6. 2009 – Az.: 1/SVK/024-09; B. v. 28. 10. 2008 – Az.: 1/SVK/054-08). Der **Ausschluss** des „vorbefassten Bewerbers" ist **ultima ratio** (VK Sachsen, B. v. 26. 6. 2009 – Az.: 1/SVK/024-09; B. v. 28. 10. 2008 – Az.: 1/SVK/054-08). Die Gründe, die für den im Einzelfall in Betracht kommenden Ausschluss eines Unternehmens aus dem Wettbewerb sprechen könnten, **bestehen auch in einem Verhandlungsverfahren** darin, dass wegen des aus den vorbereitenden Planungsarbeiten erlangten Informationsvorsprungs die Gefahr einer Begünstigung des Angebots des planenden Unternehmens im Vergabeverfahren bestehen kann bzw. das planende Unternehmen unbeabsichtigt versuchen kann, die Bedingungen für den öffentlichen Auftrag in seinem Sinn zu beeinflussen (OLG Düsseldorf, B. v. 4. 5. 2009 – Az.: VII-Verg 68/08).

12992 Insoweit ist der **Wortlaut von § 16 Abs. 2 VOF eher missverständlich** und sollte bei der nächsten Novellierung der VOF angepasst werden.

12993 **161.3.4.2.4 Gestufte Verteilung der Beweislast.** Hinsichtlich einer möglichen Wettbewerbsverzerrung ergibt sich daraus folgende **gestufte Verteilung der Beweislast**:

1. Zunächst muss **eine auf Tatsachen oder Indizien beruhende, greifbare Vermutung für eine Wettbewerbsverzerrung** bestehen.

2. Weiter muss dann eine **Kausalität zwischen der Unterstützungsleistung und der möglichen Wettbewerbsverzerrung** bestehen. Damit sind die Wettbewerbsverzerrungen, die nicht mit der Beratungs-/Unterstützungsleistung zusammenhängen, wie beispielsweise eine reine Konzernverbundenheit oder Personenidentität, nicht unter § 4 Abs. 5 VgV zu subsumieren, denn in diesen Fällen besteht die Möglichkeit des Ausschlusses nach § 97 Abs. 1 GWB i. V. m. §§ 25 Nr. 1 Abs. 1 lit. f), 2 Nr. 1 Abs. 2 VOL/A.

3. Erst dann ist der „**vorbefasste Bewerber**" **aufgefordert, nachzuweisen**, dass ihm durch die Vorbefassung kein ungerechtfertigter Vorteil erwachsen ist. Gelingt ihm dies nicht, so hat der Auftraggeber zur Wahrung der Grundsätze aus § 97 GWB die geeigneten Maßnahmen zu treffen. Gelingt hingegen dem Auftraggeber auf der zuvorigen Stufe bereits nicht eine konkrete, greifbare Wettbewerbsverfälschung zu benennen, so entsteht schon keine Entlastungspflicht des Bieters. Andernfalls würde hierdurch dem **Bieter zugemutet, sich gegen einen konturlosen Schatten zu verteidigen**

(VK Sachsen, B. v. 28. 10. 2008 – Az.: 1/SVK/054-08).

12994 **161.3.4.2.5 Literatur**

– Behrens, Hans-Werner, Zulassung zum Vergabewettbewerb bei vorausgegangener Beratung des Auftraggebers – Zur Projektantenproblematik auf der Grundlage der Neuregelung des § 4 V VgV, NZBau 2006, 752

– Horn, Lutz, Projektantenstatus im VOF-Verfahren, NZBau 2005, S. 28

– Kolpatzik, Christoph, „Berater als Bieter" vs „Bieter als Berater", VergabeR 2007, 279

– Kupczyk, Björn, Die Projektantenproblematik im Vergaberecht, NZBau 2010, 21

– Müller-Wrede, Malte/Lux, Johannes, Die Behandlung von Projektanten im Vergabeverfahren – Zugleich eine Anmerkung zu OLG Düsseldorf, Beschl. vom 25. 10. 2005 – Verg 67/05 und VK Bund, Beschl. vom 6. 6. 2005 – VK 2–33/05, ZfBR 2006, 327

– Prieß, Hans-Joachim/Frinton, Pascal, Ausschluss bleibt Ausnahme, NZBau 2009, 300

161.4 Beurteilungsspielraum des Preisgerichts bei der Auswahlentscheidung (§ 16 Abs. 5)

12995 Bei der Auswahlentscheidung, welcher Bewerber zum Wettbewerb eingeladen wird, steht dem Auftraggeber ein **weiter Beurteilungsspielraum zu**, der jedoch durch die allgemeinen Grundsätze des Vergaberechts, insbesondere den Gleichheitsgrundsatz und den

Vergabeordnung für freiberufliche Leistungen VOF § 16 **Teil 5**

Wettbewerbsgrundsatz begrenzt wird. Der Beurteilungsspielraum ist dort überschritten, wo der Auftraggeber willkürliche und damit vergabefremde Zwecke durchsetzen will (VK Nordbayern, B. v. 18. 6. 2010 – Az.: 21.VK – 3194 - 18/10).

Vgl. dazu allgemein die Kommentierung zu § 101 GWB Rdn. 68 ff. **12996**

161.5 Anwendung der Eignungskriterien auf alle Teilnehmer (§ 16 Abs. 5)

Der Gleichbehandlungsgrundsatz (§ 97 Abs. 2) erfordert, dass die **Auswahlkriterien auch** **12997** **auf alle Bewerber um die Teilnahme an einem Wettbewerb gleichmäßig angewendet** – z.B. bei den einzelnen Rundgängen – werden (3. VK Bund, B. v. 26. 1. 2005 – Az.: VK 3–224/04).

161.6 Bedeutung der Entscheidung eines Preisgerichts (§ 16 Abs. 5)

Eine **Preisrichterentscheidung ist für die Parteien verbindlich** (§ 661 Abs. 2 S. 2 BGB). **12998** Sie ist **grundsätzlich nicht gerichtlich auf ihre sachliche Richtigkeit hin überprüfbar**, auch dann nicht, wenn ihre offenbare Unrichtigkeit geltend gemacht wird. Nachprüfbar ist nur das Verfahren, wobei nur schwerwiegende Verfahrensmängel, die sich offensichtlich auf die Entscheidung ausgewirkt haben, eine Aufhebung der Entscheidung der Preisrichter begründen können (VG Meiningen, B. v. 16. 1. 2007 – Az.: 2 E 613/06 Me; 1. VK Bund, B. v. 1. 9. 2005 – Az.: VK 1–98/05). **Der Entscheidung des Preisgerichts kommt wegen der ihr eigenen Verbindlichkeit (§ 661 Abs. 2 S. 2 BGB) eine dem Zuschlag entsprechende Wirkung zu.** Sie stellt die maßgebliche Zäsur im Auslobungsverfahren dar und beendet es (OLG Düsseldorf, B. v. 31. 3. 2004 – Az.: Verg 4/04; anderer Auffassung 1. VK Saarland, B. v. 20. 2. 2008 – Az.: 1 VK 07/2007; 1. VK Sachsen, B. v. 19. 8. 2005 – Az.: 1/SVK/096-05).

Anderer Auffassung ist das **OLG Koblenz** und hat eine Divergenzvorlage zum BGH an- **12999** gekündigt. Dass die **Entscheidung des Preisgerichts nicht unumstößlich ist, ergibt sich bereits aus § 16 Abs. 6 VOF**. Wenn aber der Auslober verpflichtet ist, im Anschluss an die Entscheidung des Preisgerichts zu prüfen, ob ein Preisträger wegen Missachtung der Wettbewerbsregeln auszuschließen ist, **muss ein Wettbewerbsteilnehmer zumindest die Möglichkeit haben, im Verfahren nach §§ 107 ff. GWB nachprüfen zu lassen, ob der Auslober seiner Prüfungspflicht in der gebotenen Weise nachgekommen** ist (OLG Koblenz, B. v. 26. 5. 2010 – Az.: 1 Verg 2/10).

161.7 Anonyme Vorlage von Wettbewerbsbeiträgen (§ 16 Abs. 5 Satz 2)

Nach § 16 Abs. 5 Satz 2 VOF 2009 besteht die **Pflicht zur anonymen Vorlage der Wett-** **13000** **bewerbsarbeiten auch bei der Durchführung eines Planungswettbewerbs** im Sinn von § 25 VOF. Unter „Anonymität" fällt nach dem Wortlaut der Ungenanntheit, die fehlende Namensnennung. Der **Grundsatz der Anonymität kann hingegen nicht so weit ausgelegt werden, dass er auch dann verletzt ist, wenn die Urheberschaft eines Wettbewerbsbeitrags erkennbar ist**. Auch aus Sinn und Zweck der Vorschrift ergibt sich nichts anderes. § 16 Abs. 5 Satz 2 VOF soll die Chancengleichheit der Teilnehmer sichern. Im Übrigen soll die Unabhängigkeit des Preisgerichts im Sinn des § 16 Abs. 5 Satz 1 VOF gesichert werden. Dies ist gewährleistet, wenn aufgrund der Einhaltung eines bestimmten formalen Verfahrens keine Gewissheit über die Urheberschaft eines Wettbewerbsbeitrags besteht. **Reine Vermutungen diesbezüglich können hingegen nie ausgeschlossen werden**. Ließe man bloße Erkennbarkeit für einen Verstoß gegen den Grundsatz der Anonymität ausreichen, führte dies dazu, dass sich kein weithin bekannter Architekt mit charakteristischer „architektonischer Handschrift" mehr an Wettbewerben beteiligen könnte, da kein Preisrichter gefunden werden könnte, der diese Handschrift nicht erkennen würde. Darüber hinaus kann es Nachahmer geben, so dass ohne Namensnennung oder sonstige vereinbarte Geheimzeichen eine Zuordnung aufgrund eines bestimmten Stils nicht zweifelsfrei möglich ist (OLG Düsseldorf, B. v. 25. 10. 2005 – Az.: VII – Verg 67/05; 1. VK Bund, B. v. 1. 9. 2005 – Az.: VK 1–98/05).

Im **Kontext** mit der Verpflichtung zur anonymen Vorlage von Wettbewerbsbeiträgen ist – der **13001** **rechtstechnisch eher zu § 16 VOF gehörende** – **§ 15 Abs. 6 VOF** zu lesen, wonach die Wettbewerbsbeiträge bis zur Entscheidung des Preisgerichts anonym bleiben müssen.

161.8 Bindung des Preisgerichts an die Vorgaben des Auslobers (§ 16 Abs. 5 Satz 2, Satz 3)

13002 Gemäß § 15 Abs. 5 VOF hat der Auslober eines Planungswettbewerbes zu gewährleisten, dass jedem Teilnehmer die gleiche Chance eingeräumt wird. Gemäß § 16 Abs. 5 Satz 2 VOF hat das **Preisgericht in seinen Entscheidungen die in der Auslobung als bindend bezeichneten Vorgaben des Auslobers und die dort genannten Entscheidungskriterien zu beachten**. Nicht zugelassene oder über das geforderte Maß hinausgehende Leistungen sollen nach § 16 Abs. 5 Satz 3 VOF ausgeschlossen werden. Gibt z. B. der Auslober in den Auslobungsunterlagen anhand von beigefügten Lageplänen die Baugrenzen/Bebaubarkeit des Grundstücks für den vorzulegenden Entwurf vor und ergänzt der Auslober im Rahmen der von den Bewerbern gestellten Rückfragen, dass das vorgegebene Baufenster von den Bewerbern bei den Arbeitsentwürfen zwingend einzuhalten ist, **wird eine Arbeit den Auslobungsunterlagen** in der Form, die sie durch die Beantwortung der Rückfragen endgültig erhalten haben, **nicht gerecht, wenn sie das vorgegebene Baufeld um mehr als 50% überschreitet**. Diese Arbeit ist nicht wettbewerbsfähig; die Arbeit ist von der Beurteilung auszuschließen. Mit der **Entscheidung, diese Arbeit trotzdem zuzulassen, verstößt das Preisgericht gegen den in § 15 Abs. 5 VOF niedergelegten Grundsatz der Chancengleichheit**, der Ausfluss des Gleichheitssatzes des Art. 3 GG ist und landesrechtlich z. B. in Ziffer 4.5.1 der GRW-Saar (alle eingereichten Arbeiten sind nach denselben Gesichtspunkten zu prüfen und beurteilen) seine Ausprägung gefunden hat. Nach § 15 Abs. 5 VOF, der noch weiter geht als die GRW-Saar, **trifft den Auslober des Planungswettbewerbs insoweit eine eigene Gewährleistungspflicht** (1. VK Saarland, B. v. 20. 2. 2008 – Az.: 1 VK 07/2007).

161.9 Konsequenzen der Verletzung wesentlicher vergaberechtlicher Vorgaben durch das Preisgericht

13003 Beruht die Entscheidung eines Preisgerichts auf einem schwerwiegenden Vergabefehler z. B. insoweit, als sie einen Wettbewerber zum 1. Preisträger benennt, der nach den Vorschriften der VOF in Verbindung mit der GRW-Saar eigentlich vom Wettbewerbsverfahren hätte ausgeschlossen werden müssen, ist die **Entscheidung des Preisgerichts in diesem Umfang als unverbindlich zu erklären. Nur so kann das vergaberechtliche Gleichgewicht wieder hergestellt werden**. Gleiches muss für die darauf basierende Empfehlung an den Auftraggeber gelten, die mit dem 1. Preis bedachte Arbeit mit der weiteren Planung zu beauftragen. Da der Auslober gem. § 3 Abs. 4 lit. b) VOF nach dem Gesetz gehalten ist, im Anschluss an einen Wettbewerb im Sinne der §§ 15 ff. VOF mit den Preisträgern in das Verhandlungsverfahren nach Maßgabe von § 11 VOF einzutreten und den Auftrag gemäß den einschlägigen Bestimmungen an den Gewinner oder an einen Preisträger des Wettbewerbes zu vergeben, **können das vergaberechtliche Gleichgewicht und die Chancengleichheit aller Teilnehmer nur dadurch wieder hergestellt werden, dass sowohl die Preisgerichtsentscheidung als auch die danach ausgesprochene Empfehlung für unverbindlich erklärt werden**, und es der Antragsgegnerin untersagt wird, die Beigeladene zu 1) und Erstplatzierte hierbei zu berücksichtigen. Mit der **Überprüfung der Entscheidung des Preisgerichts auf schwerwiegende Verfahrensfehler greift die Vergabekammer andererseits auch nicht in den Beurteilungsspielraum des Preisgerichts ein**. Es liegt nicht in der Prüfungskompetenz der Vergabekammer darüber zu entscheiden, welcher Wettbewerbsbeitrag die gestellte Wettbewerbsaufgabe am besten erfüllt. Andererseits bedeutet **der einer Überprüfung grundsätzlich nicht zugängliche Beurteilungsspielraum des Preisgerichts nicht, dass es nach Belieben unabhängig von den mit der Auslobung verbundenen Verfahrensregelungen und den vom Auslober aufgestellten Vorgaben entscheiden dürfte**. Die Vergabekammer ist daher zur Prüfung von Rechtsverstößen im Rahmen des Auswahlverfahrens befugt, hierauf aber auch beschränkt. Gemäß § 16 Abs. 6 VOF rücken **als Folge davon, dass ein Preisträger** im weiteren Wettbewerbsverfahren **nicht mehr berücksichtigt werden darf, die übrigen Preisträger entsprechend der vom Preisgericht festgelegten Rangfolge mit ihren Arbeiten in der Rangfolge nach** (1. VK Saarland, B. v. 20. 2. 2008 – Az.: 1 VK 07/2007).

13004 Zu den **Wettbewerbsregeln im Sinne des § 16 Abs. 6 VOF** in Verbindung mit §§ 5 Abs. 1 Satz 1, 6 Abs. 2 Unterabs. 5 RPW 2008 **gehören nicht nur formale, sondern auch zwingend zu beachtende sachliche Vorgaben der Auslobung**. Sollen nach den Wettbewerbsbedingungen die Teilnehmer ein Gebäude oder ein Gebäudeensemble konzipieren, das

Vergabeordnung für freiberufliche Leistungen VOF § 17 **Teil 5**

sich – im Sinne des § 34 BauGB – in die Umgebung einfügt, und ist dies bei Wettbewerbsarbeiten nicht der Fall, erfüllen diese Arbeiten nicht die Vorgaben der Auslobung. Hierbei kommt es nicht darauf an. ob das Preisgericht es als möglich ansieht, diese Entwürfe im weiteren Verlauf des Verfahrens so zu überarbeiten, dass eine Genehmigung wahrscheinlicher wird, weil die **Arbeiten aller Teilnehmer so, wie sie eingereicht wurden, zu beurteilen** sind (OLG Koblenz, B. v. 26. 5. 2010 – Az.: 1 Verg 2/10).

161.10 Primärrechtsschutz bereits im Planungswettbewerb

Vgl. dazu die **Kommentierung zu § 102 GWB Rdn. 67 ff.** 13005

161.11 Rangfolgenbildung nach RPW und Nachrücken (§ 16 Abs. 6 Satz 4)

Das **Preisgericht muss die Preise und Anerkennungen auf der Grundlage einer** 13006
Rangfolge unter den Arbeiten zuteilen, die es in die engere Wahl genommen hat (§ 6 Abs. 2 Unterabs. 6 Satz 5 RPW 2008). Die grundsätzlich mögliche Preisgruppenbildung – wie etwa die Vergabe von zwei ersten Plätzen mit der Folge, dass es keinen dritten Platz gibt – ändert nichts an der **Notwendigkeit, allen in die engere Wahl genommenen Arbeiten, also auch den besten Nichtpreisträgern, einen Rang zuzuweisen**. Es ist durchaus **möglich** – und auch üblich –, dass **eine grundsätzlich preiswürdige Arbeit infolge der Rangfolgenbildung bei der Preisvergabe hinter besser bewerteten Arbeiten zurückstehen** muss und statt eines Preises eine **Anerkennung wegen einer bemerkenswerten Teilleistung** erhält. Eine **Anerkennung** (§ 7 Abs. 1 Unterabs. 2 Satz 2 RPW 2008) kann also **auch einer Arbeit mit Realisierungspotential zugesprochen** werden. Eine Gleichsetzung Anerkennung = preisunwürdig gibt es nicht. Unterbleibt eine Rangfolgenbildung, macht ein Preisgericht ein § 16 Abs. 6 VOF eventuell notwendig werdendes Nachrücken zunächst zwar unmöglich. Dies hat allerdings **nicht zur Folge, dass ein Nachrücken ausgeschlossen** ist. Vielmehr ist die Vergabestelle verpflichtet, spätestens beim Wegfall eines auserkorenen Preisträgers dafür zu sorgen, dass der Fehler des Preisgerichts auf vergaberechtskonforme Weise korrigiert wird (OLG Koblenz, B. v. 26. 5. 2010 – Az.: 1 Verg 2/10).

161.12 Kooperatives Workshopverfahren

Vgl. zur **vergaberechtlichen Einordnung so genannter kooperativer Workshopver-** 13007
fahren z. B. nach den RAW die Kommentierung zu § 99 GWB Rdn. 303.

162. § 17 VOF – Auftrag, Nutzung

(1) Soweit und sobald die Wettbewerbsaufgabe realisiert werden soll, ist einer oder sind mehrere der Preisträger mit den weiteren Planungsleistungen nach Maßgabe der in § 15 Absatz 2 genannten einheitlichen Richtlinien zu beauftragen, sofern mindestens einer der Preisträger eine einwandfreie Ausführung der zu übertragenden Leistungen gewährleistet und sonstige wichtige Gründe der Beauftragung nicht entgegenstehen.

(2) Urheberrechtlich und wettbewerbsrechtlich geschützte Teillösungen von Wettbewerbsteilnehmern, die bei der Auftragserteilung nicht berücksichtigt worden sind, dürfen nur gegen eine angemessene Vergütung genutzt werden.

162.1 Änderungen in der VOF 2009

§ 17 VOF 2009 übernimmt – mit redaktionellen Änderungen – die Regelungen des § 25 13008
Abs. 9 und Abs. 10 VOF 2006. Die Vorschrift hat lediglich eine **inhaltlich treffendere Überschrift** erhalten.

162.2 Beauftragung im Anschluss an einen Planungswettbewerb (§ 17 Abs. 1)

162.2.1 Hintergrund der Regelung

13009　Hat der Auftraggeber einen Realisierungswettbewerb durchgeführt, so ist er gemäß § 17 Abs. 1 VOF i. V. m. § 3 Abs. 4 lit. b) VOF grundsätzlich verpflichtet, einem oder mehreren der Preisträger weitere Planungsleistungen zu übertragen soweit und sobald die Wettbewerbsaufgabe realisiert werden soll. Die **Regelung des § 17 Abs. 1 VOF geht auf die Rechtsprechung des BGH zu den GRW 1977 und den GRW 1995 zurück, welche die Interessen der Teilnehmer einerseits und die es Auslobers andererseits analysiert und einer Abwägung unterzieht**. Die GRW 1995 berücksichtigen in ihrer Präambel insbesondere auch, dass der erhebliche Aufwand eines Wettbewerbs für Teilnehmer und Auslober gerechtfertigt ist, wenn der Wettbewerb sorgfältig vorbereitet wird, seine Ergebnisse der Lösung der gestellten Aufgaben dienen und zumindest einer der Preisträger die ernsthafte Aussicht hat, an der Verwirklichung seiner Konzeption mitzuwirken. Da der im Wettbewerb zuerkannte Preis oder Ankauf den Aufwand der Teilnehmer bei weitem nicht ausgleicht, besteht für diese ein erhebliches wirtschaftliches Interesse an der Beauftragung der weiteren Bearbeitung. Der **materielle Anreiz der Teilnehmer besteht bei Realisierungswettbewerben von vornherein primär in eben dieser Beauftragung** (VK Niedersachsen, B. v. 18. 6. 2010 – Az.: VgK-22/2010).

162.2.2 Vergaberechtliche Zulässigkeit der Regelung

13010　Nach der Vorschrift des § 17 Abs. 1 VOF wird durch den Wettbewerb der **Kreis der potentiellen Auftragnehmer für die Planungsleistungen bei Realisierung der Wettbewerbsaufgabe grundsätzlich festgelegt**. Sofern zumindest einer der Preisträger eine einwandfreie Ausführung der zu übertragenden Leistung erwarten lässt und sonstige wichtige Gründe nicht entgegenstehen, ist **einer der Preisträger mit den weiteren Planungsleistungen zu beauftragen**. Hieraus ergibt sich eine Abweichung von dem Grundsatz, wonach öffentliche Aufträge regelmäßig nach europaweiter Bekanntmachung und Durchführung eines entsprechenden Wettbewerbs zu vergeben sind, dass **auf ein gesondertes VOF-Vergabeverfahren verzichtet werden darf, wenn einer der Preisträger des vorangegangenen Wettbewerbs zum Zuge kommen soll**. Diese **Ausnahme findet ihre Rechtfertigung in den Besonderheiten von Architektenwettbewerben**, insbesondere soll der erhebliche Aufwand für die Beteiligung hieran honoriert werden, indem zumindest einer der Preisträger auch mit der weiterführenden Planung bei Realisierung des Wettbewerbs beauftragt wird. Diese **Regelung ist europarechtskonform**, da Art. 31 Nr. 3 der Richtlinie 2004/18/EG eine derartige Vergabe im Verhandlungsverfahren ohne Veröffentlichung einer Bekanntmachung zulässt, wenn im Anschluss an einen Wettbewerb der Auftrag an den Gewinner oder an einen der Gewinner des Wettbewerbs vergeben werden muss (3. VK Bund, B. v. 11. 9. 2009 – Az.: VK 3–157/09).

13011　Im Fall des § 3 Abs. 4 lit. b) VOF muss der **Auslober nur unter den Preisträgern einen oder mehrere für den weiteren Planungsauftrag auswählen** (VK Nordbayern, B. v. 12. 8. 2004 – Az.: 320.VK-3194-29/04). Die weitere Planung muss nicht einmal einheitlich an einen Preisträger erteilt werden, **unterschiedliche Teilleistungen können sogar auf mehrere Preisträger verteilt werden** (OLG Düsseldorf, Urteil v. 19. 12. 1998 – Az. 12 U 220/95; VK Nordbayern, B. v. 12. 8. 2004 – Az.: 320.VK-3194-29/04). Dies resultiert u. a. daraus, dass die Verpflichtung, einen Preisträger für die Leistung zu beauftragen, nur dem Schutz aller Preisträger des Architektenwettbewerbs dient und die Entscheidungsfreiheit des Auslobenden nicht weiter einschränkt, als dies mit Blick auf die Interessen der Preisträger erforderlich ist (Bundesgerichtshof, Urteil v. 3. 11. 1983 – Az. III ZR 125/82; VK Nordbayern, B. v. 12. 8. 2004 – Az.: 320.VK-3194-29/04).

162.2.3 Keine zwingende Beauftragung des ersten Preisträgers zulässig

162.2.3.1 Grundsätze

13012　Es wird in § 17 Abs. 1 VOF gerade **nicht festgelegt, dass zwingend der erste Preisträger mit der Ausführung zu beauftragen ist**, sondern es wird im Gegenteil gerade auf die Gesamtheit der Preisträger abgestellt: „einem oder mehreren der Preisträger" sind weitere Planungsleistungen zu übertragen. Auch dies gilt im Übrigen nur im Regelfall; **denkbar ist** – und diese Option räumt die Regelung ausdrücklich ein – dass **keiner der Preisträger in Frage kommt** (keine einwandfreie Ausführung zu erwarten oder ein sonstiger wichtiger Grund steht entgegen). In der Entscheidung des Preisgerichts ist somit für den Regelfall ein Zulaufen der Ausführung auf einen Architekten aus dem Kreis der Preisträger angelegt. Es wird jedoch nicht determiniert, welcher Preisträger zu beauftragen ist und auch die Möglichkeit offen gelassen, dass gar kein Preisträger beauftragt wird (3. VK Bund, B. v. 11. 9. 2009 – Az.: VK 3–157/09).

Auch in einer **Mitteilung, dass der Auftraggeber beabsichtigt, der Empfehlung des Preisgerichts zu folgen und gemäß Ziffer 8.2 RPW 2008 z.B. die Leistungsphasen 2–9 zu beauftragen, ist nicht verbindlich die Beauftragung eines der Preisträger vorgesehen.** Die Aussage, dass der Empfehlung des Preisgerichts gefolgt werden soll, und die ebenfalls getroffene Aussage, dass für den Fall, wonach der Auftraggeber „aus wichtigen Gründen von der Beauftragung entsprechend der Empfehlung des Preisgerichts abweichen" wolle, Verhandlungen nach VOF § 3 Abs. 4 lit. b) unter allen Preisträgern durchgeführt würden, stehen zwar in einem gewissen Widerspruch zum Verweis auf Ziffer 8.2 RPW, so dass die Gesamtregelung in sich nicht widerspruchsfrei ist. Sie macht aber im Ergebnis die Intention des Auftraggebers deutlich, vorrangig den ersten Preisträger beauftragen zu wollen. Dennoch liegt darin ebenso wenig eine abschließende Determination der nachfolgenden Auftragserteilung an den ersten Preisträger wie in Ziffer 8.2 GRW (OLG Düsseldorf, B. v. 2. 12. 2009 – Az.: VII-Verg 39/09; 3. VK Bund, B. v. 11. 9. 2009 – Az.: VK 3–157/09). 13013

Eine **definitive und abschließende Festlegung bereits in der Wettbewerbsbekanntmachung auf den ersten Preisträger und damit eine implizite Auftragsvergabe mit der Preisgerichtsentscheidung an diesen wäre im Übrigen auch nicht vergaberechtskonform**, da die Befähigung, am Wettbewerb teilzunehmen, nicht gleichzusetzen ist mit der Befähigung, den Auftrag auch durchzuführen. Hier muss der öffentliche Auftraggeber bereits aus zwingenden Rechtsgründen des § 97 Abs. 4 GWB eine zunächst einmal ergebnisoffene Eignungsprüfung durchführen (3. VK Bund, B. v. 11. 9. 2009 – Az.: VK 3–157/09). 13014

Hat das **Preisgericht ausdrücklich empfohlen, mit allen Preisträgern über die Weiterentwicklung ihrer jeweiligen Vorschläge in Verhandlungen einzutreten,** hat es dabei alle Beiträge explizit als auslobungskonform angesehen. Dann aber kann die Entscheidung des Preisgerichts nur so verstanden werden, dass sich die **Vergabe des Planungsauftrags** – in dem vom Preisgericht vorgegebenen Rahmen und unter Würdigung seiner Empfehlungen – schließlich **maßgeblich nach dem Ergebnis der nachfolgenden Verhandlungen mit allen Preisträgern zu richten** hat. Scheitern dann z.B. die Verhandlungen mit dem ersten Preisträger, weil er eine wirtschaftlich vertretbare Realisierung des Bauvorhabens aus Sicht der Vergabestelle nicht mehr erwarten lässt, kann die Präferenz des Preisgerichts für den ursprünglichen Entwurf dieses Preisträgers zu seinen Gunsten einen Anspruch auf Abschluss des Planungsvertrags mit ihm nach dem jetzigen Stand des Vergabeverfahrens nicht begründen (OLG Dresden, B. v. 21. 10. 2005 – Az.: WVerg 0005/05; B. v. 11. 4. 2005 – Az.: WVerg 05/05; im Ergebnis ebenso 1. VK Sachsen, B. v. 13. 5. 2005 – Az.: 1/SVK/035-05). 13015

162.2.3.2 Notwendigkeit eines dem Wettbewerb nachgeschalteten VOF-Verfahrens

Zwar findet der eigentliche Architektenwettbewerb mit der Preisgerichtsentscheidung seinen Abschluss, nicht aber das sich anschließende Verfahren zur Vergabe der weiteren Planungsleistungen. **Nach der Preisgerichtsentscheidung ist der öffentliche Auftraggeber gehalten, eine Prüfung der Eignung der Preisträger vorzunehmen und eine Auswahl aus diesem Kreis für die Aufnahme von Verhandlungen über die Ausführung zu treffen. Des Weiteren müssen beide Seiten sich auch inhaltlich über die Vertragsgestaltung einig sein**; auch wenn bei beiden Verhandlungspartnern sicherlich ein übereinstimmendes Interesse vorhanden ist, sich zu einigen, so bleibt es unabhängig von der Eignungsfrage eine denkbare Variante, dass Auftraggeber und Verhandlungspartner sich nicht über den Vertragsinhalt verständigen können und die Beauftragung letztlich scheitert (OLG Düsseldorf, B. v. 2. 12. 2009 – Az.: VII-Verg 39/09; 3. VK Bund, B. v. 11. 9. 2009 – Az.: VK 3–157/09). 13016

Kündigt der öffentliche Auftraggeber im Rahmen der Durchführung eines Architektenwettbewerbes an, dass **im Fall der Realisierung der Aufgabe, unter Würdigung der Empfehlungen des Preisgerichts, einem der Preisträger die für die Umsetzung des Wettbewerbsentwurfes notwendigen weiteren Planungsleistungen übertragen werden, ersetzt die Empfehlung des Preisgerichts nicht die nach § 20 VOF vorgeschriebenen Auftragsverhandlungen.** Aufträge sind nämlich unter ausschließlicher Verantwortung des Auftrag- 13017 gebers im leistungsbezogenen Wettbewerb an geeignete Bewerber zu vergeben (§ 2 Abs. 1 VOF). Nach § 20 Abs. 1 u. 2 VOF dienen Auftragsverhandlungen der Ermittlung des Bewerbers, der im Hinblick auf die gestellte Aufgabe am ehesten die Gewähr für eine sachgerechte qualitätsvolle Leistungserfüllung bietet. Der Auftraggeber führt zu diesem Zweck Auftragsgespräche mit den ausgewählten Bewerbern durch und entscheidet über die Auftragsvergabe nach Abschluss dieser Gespräche. Die Ausarbeitung von Lösungsvorschlägen kann vom Auftraggeber im Rahmen eines Planungswettbewerbes verlangt werden. Damit wird deutlich, dass die **Empfehlung des Preisgerichts für eine Auftragsvergabe nicht ausreicht**. Neben dieser Empfehlung kann der Auslober auch andere Kriterien, wie z. B. das Ergebnis der Vorprüfung, bei seiner Entscheidung über eine Auftragsvergabe berücksichtigen (VK Nordbayern, B. v. 28. 1. 2003 – Az.: 320.VK-3194-42/02).

162.2.3.3 Zulässigkeit der Forderung des Auftraggebers nach einer Weiterentwicklung der Wettbewerbsentwürfe

13018   **Entwickelt der Auftraggeber** im Verlauf der Verhandlungen in einigen Punkten **veränderte Nutzungsanforderungen an das zu planende Bauvorhaben**, die eine entsprechende Überarbeitung des Wettbewerbsentwurfs erforderlich machen (z. B. eine „Optimierung" des ursprünglichen Beitrags nach unterschiedlichen Kriterien – Raumprogramm, Funktionalität, Ausstattung, Kostenlimit u. a.), sind **solche Anpassungen in einem Verhandlungsverfahren**, soweit nicht die Identität des Beschaffungsvorhabens des öffentlichen Auftraggebers unmittelbar berührt ist, auch **ohne weiteres zulässig; das gilt umso mehr für einen der VOF unterliegenden Planungsauftrag**, dessen Inhalt sich regelmäßig erst nach Maßgabe der hierüber geführten Verhandlungen von einer bloßen Aufgabenbeschreibung zu Planungsleistungen im Detail konkretisiert. Ein Verhandlungsverfahren unterscheidet sich von den anderen vergaberechtlichen Verfahrensarten gerade dadurch wesensmäßig, dass sowohl hinsichtlich des ausgeschriebenen Leistungsgegenstands als auch bezüglich der hierauf abgegebenen Angebote Verhandlungen zwischen der Vergabestelle und den Bietern gerade nicht grundsätzlich verboten, sondern im Gegenteil zulässig und erwünscht, im Regelfall zur Bestimmung des später maßgeblichen Vertragsinhalts sogar notwendig sind (OLG Dresden, B. v. 21. 10. 2005 – Az.: WVerg 0005/05; B. v. 11. 4. 2005 – Az.: WVerg 05/05; 1. VK Sachsen, B. v. 31. 5. 2005 – Az.: 1/SVK/046-05; B. v. 13. 5. 2005 – Az.: 1/SVK/035-05).

162.2.3.4 Prüfung der Gewähr einer einwandfreien Auftragsausführung im Rahmen des nachgeschalteten VOF-Verfahrens

13019   **Geeignet für die Ausführung des Auftrags kann nur sein, wer die Eignung zur Teilnahme am vorausgegangenen Wettbewerb besitzt. Die Mindestbedingungen für den Wettbewerb geben damit das Mindestmaß für die Eignung zur Ausführung des Auftrags vor**, und zwar sowohl bezüglich der Leistungsfähigkeit als auch der Zuverlässigkeit. Der Feststellung, dass ein späterer Preisträger auch wirklich die Mindestvoraussetzungen für die Teilnahme am Wettbewerb erfüllt hat, kommt somit aufgrund der in § 17 Abs. 1 VOF gegebenen Zusammenhänge zwischen Wettbewerb und Folgeauftrag eine über den Preis als solchen hinausweisende Bedeutung für den Folgeauftrag zu. Es ist **zwar vertretbar, zur Reduzierung des Aufwands auf Ausloberseite und zur Reduzierung des Aufwands auf Teilnehmerseite für gewisse Nachweise die Eigenerklärung für die Teilnahme am Wettbewerb zunächst genügen zu lassen** und hierzu nur die formelle Prüfung durchzuführen, ob diese Eigenerklärung in der vorgegebenen Form vorliegt. **Für die Preisträger und einen Schritt weiter für den potentiellen Auftragnehmer** kann es jedoch bei der formellen Prüfung nicht mehr bleiben. Dann **muss der materielle Inhalt der Eignungserklärung tatsächlich überprüft werden, und es müssen die entsprechenden Nachweise gefordert und erbracht werden.** Es stellt einen Anspruch aller übrigen Wettbewerbsteilnehmer und insbesondere auch der nachrangig platzierten Preisträger dar, dass der Auslober die Angaben eines Preisträgers auch überprüft; in dem Fall, dass eine preisgekrönte Arbeit wegen Nichterfüllung der Mindestteilnahmevoraussetzungen des Verfassers für die Teilnahme nicht berücksichtigt werden kann, **rücken die übrigen Verfasser nach** (3. VK Bund, B. v. 11. 9. 2009 – Az.: VK 3–157/09).

13020   Die **Eignung für die Teilnahme am Wettbewerb in einem VOF-Verfahren durch Erfüllung der Mindestanforderungen ist nicht gleichzusetzen mit der konkreten Eignung zur Ausführung der ausgeschriebenen Leistungen**. Vielmehr bestimmt § 17 Abs. 1 VOF, dass bei fortbestehender Realisierungsabsicht ein Preisträger nur mit weiteren Planungsleistungen zu beauftragen ist, wenn er die einwandfreie Durchführung der zu übertragenden

Leistungen gewährleistet und wichtige Gründe der Beauftragung nicht entgegenstehen. **Bei der Auswahl geeigneter Teilnehmer für den Wettbewerb und das sich an die Wettbewerbsentscheidung anschließende Verfahren, in dem die Entscheidung über die Auftragserteilung getroffen wird, handelt es sich um eigenständige Abschnitte im Vergabeverfahren, in denen unterschiedliche Anforderungen an die Bewerber gestellt, geprüft und bewertet werden.** Während die Aufstellung von personenbezogenen Mindestanforderungen an die potentiellen Teilnehmer der Auswahl geeigneter bzw. der Ausscheidung ungeeigneter Bewerber dient, sind **in die Entscheidung über den Zuschlag insbesondere auftragsbezogene Aspekte einzubeziehen.** Dabei folgt aus § 97 Abs. 4 GWB, wonach öffentliche Aufträge nur an fachkundige, leistungsfähige und zuverlässige Unternehmen zu vergeben sind sowie aus dem Gebot der Gleichbehandlung, dass der öffentliche Auftraggeber die Überprüfung eines Bieters auf seine Eignung auch im Interesse der anderen am Auftrag interessierten Unternehmen vornehmen muss. Daraus ergibt sich ein vergaberechtlicher Anspruch der zum Kreis der potentiellen Verhandlungspartner gehörenden Antragstellerin auf eine rechtmäßige Eignungsprüfung und Auswahlentscheidung (OLG Düsseldorf, B. v. 2. 12. 2009 – Az.: VII-Verg 39/09).

Die **Gewähr einer einwandfreien Auftragsausführung im Sinne des § 17 Abs. 1 VOF kann nur im Hinblick auf einen Preisträger angenommen werden, der die Mindestanforderungen des vorgeschalteten Wettbewerbs auch materiell erfüllt**: Erfüllt er sie nicht, ist er nicht leistungsfähig bzw. im Falle unwahrer Angaben auch nicht zuverlässig. Soweit der Auftraggeber im Rahmen der Entscheidung nach § 17 Abs. 1 VOF auch zu prüfen hat, ob wichtige Gründe der Beauftragung entgegen stehen, ist die sachliche Richtigkeit der sich auf die Mindestanforderungen an die Teilnahmevoraussetzungen beziehenden Angaben eines Preisträgers ebenfalls von Bedeutung. Stellt sich nach der Entscheidung des Preisgerichts heraus, dass ein Preisträger vorsätzlich falsche Angaben im Hinblick auf die Teilnahmeberechtigung gemacht hat, so kann dies einen wichtigen Grund darstellen, von einer Beauftragung abzusehen. Die **Mindestbedingungen für die Teilnahme am Wettbewerb geben damit das Mindestmaß für die Eignung zur Ausführung des Auftrags vor** (OLG Düsseldorf, B. v. 2. 12. 2009 – Az.: VII-Verg 39/09). 13021

162.2.3.5 Bindung an bekannt gemachte Regeln für die Auftragsvergabe nach einem Realisierungswettbewerb

Zwar ist der Auslober eines Realisierungswettbewerbs nach allgemeinen vergaberechtlichen Bestimmungen lediglich gehalten, bei Realisierung der Wettbewerbsaufgabe einem oder mehreren der Preisträger unter Würdigung der Empfehlungen des Preisgerichts die weiteren Planungsleistungen zu übertragen (s. insoweit § 17 Abs. 1 VOF und Ziff. 8.2. der RPW 2008). Diese **für die Vergabe des dem Realisierungswettbewerb nachfolgenden Planungsauftrags geltenden Regelungen werden allerdings dann eingeschränkt**, wenn der **Auslober** im Rahmen des Auslobungsverfahrens **bereits konkrete Regeln für die anschließende Vergabe des Planungsauftrags aufgestellt und den Teilnehmern des Realisierungswettbewerbs bekannt gemacht hat.** In diesem Fall ist der **Auftraggeber an den von ihm selbst vorgegebenen Verfahrensablauf, den er für die Vergabe des Auftrags vorgesehen hat, gebunden.** Dies entspricht elementaren vergaberechtlichen Grundsätzen, wie sie zum Beispiel auch bei der Bekanntgabe von Zuschlags- oder Eignungskriterien gelten. Auch in diesem Bereichen ist der Auftraggeber bei der Auftragsvergabe an jene (vergaberechtskonformen) Kriterien und Verfahrensweisen gebunden, die er den Bietern zuvor bekannt gegeben hat (1. VK Bund, B. v. 3. 1. 2007 – Az.: VK 1–142/06). 13022

162.2.4 Kein absoluter Kontrahierungszwang mit einem Preisträger

162.2.4.1 Grundsatz

§ 17 Abs. 1 VOF gewährt den Preisträgern eines Wettbewerbs kein unbedingtes Recht auf Übertragung weiterer Planungsleistungen. Vielmehr trägt § 17 Abs. 1 VOF ausdrücklich auch der Tatsache Rechnung, dass der **Auslober im Einzelfall ein berechtigtes Interesse daran haben kann, nicht zu Entscheidungen gezwungen zu werden, die angesichts geänderter Umstände nicht mehr angemessen sind.** Aus dieser Interessenlage ergibt sich somit, dass die Verpflichtung zur Beauftragung der weiteren Bearbeitung an einen Preisträger nur für den Regelfall gilt, von dem bei Vorliegen eines wichtigen Grundes abgesehen werden kann (VK Niedersachsen, B. v. 18. 6. 2010 – Az.: VgK-22/2010). 13023

Teil 5 VOF § 17   Vergabeordnung für freiberufliche Leistungen

13024   Ein solcher „triftiger" Grund muss nicht den Anforderungen genügen, die an einen wichtigen Grund als Voraussetzung für die außerordentliche Kündigung eines Dauerschuldverhältnisses zu stellen sind. Es **muss** vielmehr **ausreichen, dass ein Auslober hinreichende sachliche Gründe hat, die es angesichts der beschränkten Bindung durch seine Zusage im Architektenwettbewerb unzumutbar erscheinen lassen, ihn an dieser Verpflichtungserklärung festzuhalten.** Für Gebietskörperschaften des öffentlichen Rechts kann dies zu bejahen sein, wenn **wirtschaftliche Gründe** – etwa, weil einkalkulierte Subventionen nachträglich gestrichen werden oder die Steuereinnahmen „wegbrechen" – es erforderlich machen, von der Verwirklichung des preisgekrönten Entwurfs abzusehen und sich für einen alternativen Entwurf zu entscheiden, welcher in der neuen Situation realisierbar erscheint.

13025   Auch hebt die **Veränderung des Programms** durch den Auslober nach Abschluss des Wettbewerbsverfahrens seine **Verpflichtung zur weiteren Beauftragung der Wettbewerbssieger nicht auf.** Dies gilt allerdings nur, sofern die Aufgabenstellung nicht so verändert wird, dass der prämierte Entwurf in seinen wesentlichen Elementen nicht mehr realisiert werden kann (BGH, Urteil v. 27. 5. 2004 – Az.: III ZR 433/02).

162.2.4.2 Realisierungsabsicht

13026   Nach § 17 Abs. 1 VOF ist der Auslober auch nur dann zur Beauftragung eines Preisträgers mit der weiteren Bearbeitung verpflichtet, **wenn er die konkrete Wettbewerbsaufgabe realisieren will.** Sowohl hinsichtlich des Umfangs („soweit") als auch hinsichtlich des Zeitpunktes („sobald") ist die Verpflichtung nach Abs. 1 somit abhängig vom **Realisierungswillen des Auslobers in Bezug auf die konkrete Wettbewerbsaufgabe.** Nimmt der Auslober endgültig Abstand von dem der Wettbewerbsaufgabe zugrunde liegenden Projekt, so haben der oder die Preisträger keinerlei Ansprüche. Der Auslober gibt insbesondere mit der Auslobung keinen Antrag auf Abschluss eines Architektenvertrages ab (VK Niedersachsen, B. v. 18. 6. 2010 – Az.: VgK-22/2010).

13027   Grundsätzlich ist in einem solchen Fall zu fordern, dass der **Auslober von der Realisierung der ursprünglichen Wettbewerbsaufgabe vollständig Abstand genommen** hat und es sich **bei der neuen Wettbewerbsaufgabe um eine in ihren wesentlichen Elementen und Grundsätzen andere Wettbewerbsaufgabe handelt**, die nicht nur „kosmetische Änderungen" aufweist. Dabei **genügt eine rein rechnerische Differenz zwischen der ursprünglichen und der neuen Konzeption allein nicht.** Sowohl qualitative als auch quantitative Veränderungen der Wettbewerbsaufgabe können grundsätzlich nur dann den Auslober von seiner Bindung an den oder die Preisträger befreien, wenn sich zugleich der **Nutzungszweck der Aufgabe ändert** (VK Niedersachsen, B. v. 18. 6. 2010 – Az.: VgK-22/2010).

13028   Die Bindung des Auslobers an die Preisträger eines Wettbewerbs kann bei Vorliegen eines wichtigen Grundes auch dann entfallen, wenn der Auftraggeber grundsätzlich an der Realisierung des der Wettbewerbsaufgabe zugrunde liegenden Projekts festhält. So **können** etwa **wirtschaftliche Gründe einen wichtigen Grund im Sinne des § 17 Abs. 1 VOF darstellen, die einer Beauftragung der Preisträger entgegenstehen.** So muss der Auslober die Preisträger eines Realisierungswettbewerbes nicht mit weiteren Planungsleistungen beauftragen, wenn er selbst einen Alternativentwurf erarbeitet, der insgesamt verkleinert und im Raumprogramm reduziert ist, so dass die Baukosten erheblich gesenkt werden können (VK Niedersachsen, B. v. 18. 6. 2010 – Az.: VgK-22/2010).

162.2.4.3 Bedingungen für die Realisierung

13029   Die **Bedingung in einem Realisierungswettbewerb, dass die Entscheidung über die Realisierung und Beauftragung der neu gewählte Landtag trifft, ist zulässig.** Auch aus der Sicht der Wettbewerbsteilnehmer war damit nicht nur der bloße zeitliche Rahmen angesprochen, innerhalb dessen eine Realisierungsentscheidung zu erwarten war. Vielmehr wurde ausdrücklich das Gremium benannt, dem die Entscheidung obliegt. Bedingung war, dass gerade der 2003 neu gewählte Landtag (und nicht etwa ein später gewählter) den Beschluss fasste, den Wettbewerbsentwurf zu realisieren. Damit war vorgegeben, dass sich innerhalb der Legislaturperiode des 2003 neu gewählten Landtags das weitere Schicksal des mit dem 2002 ausgelobten Realisierungswettbewerbs eingeleiteten Vergabeverfahrens entschied. **Nur eine solche Verfahrensweise war auch interessengerecht, weil der der Realisierung unzuträgliche und für die Beteiligten belastende Schwebezustand damit zeitlich begrenzt wurde.** Da der 2003 gewählte Landtag eine Realisierungsentscheidung nicht getroffen hat, ist die Bedingung

Vergabeordnung für freiberufliche Leistungen VOF § 18 Teil 5

nicht eingetreten und kann auch nicht mehr eintreten (OLG Celle, B. v. 15. 7. 2010 – Az.: 13 Verg 9/10).

162.2.4.4 Weitere Beispiele aus der Rechtsprechung

– **darüber hinaus unterscheidet sich die Aufgabenstellung beider Wettbewerbe vor allem in Hinblick auf das jeweils im Auslobungstext zugrunde gelegte Raumprogramm und zum Teil auch hinsichtlich der funktionalen Anforderungen an die zu beplanenden Räume**. So umfasste der Raumbedarfsplan für die Wettbewerbsaufgabe 2002 insgesamt 3.260 m² (Auslobungstext 2002, S. 32 ff., 34). Demgegenüber umfasste der Raumbedarfsplan für den Wettbewerb 2009 insgesamt 8.433 m² Sollflächen (Auslobungstest 2009, S. 84–91). Die Erhöhung der Sollflächen im Raumprogramm ist darauf zurückzuführen, dass der Auslobungstext 2009 nicht mehr nur eine Beplanung des Plenarsaalbereichs im engeren Sinne und der unmittelbar zugehörigen Räume zulässt, sondern darüber hinaus erstmalig detaillierte Angaben zu den Funktionsbeziehungen im Eingangsbereich, im Plenarbereich, zur Besucherebene und zum Sockelgeschoss enthält sowie zu den gewünschten räumlichen Abläufen eines Besucherprogramms (VK Niedersachsen, B. v. 18. 6. 2010 – Az.: VgK-22/2010)

13030

– die Änderungen in der Aufgabenstellung, die im Wettbewerb 2009 im Vergleich zur Aufgabenstellung für den 2002 ausgelobten Wettbewerb zugrunde lag, ist jedoch in quantitativer und auch inhaltlicher Hinsicht zumindest in der Gesamtschau so erheblich, dass diese Änderungen entgegen der Auffassung der Antragstellerin nicht mehr als gewöhnliche Fortentwicklung der zugrunde liegenden Aufgabenstellung gewertet werden können. Die der neuen Aufgabenstellung zugrunde liegenden **geänderten Nutzeranforderungen an den Plenarsaalbereich und erstmalig auch des Außenbereichs stellen einen wichtigen Grund im Sinne des § 25 Abs. 9 VOF dar, der es rechtfertigt, dass der Auftraggeber von einer Realisierung der Aufgabenstellung des Planungswettbewerbes 2002 abrückt** und von einer Beauftragung der Antragsteller oder anderer Preisträger des Wettbewerbs 2002 absieht (VK Niedersachsen, B. v. 18. 6. 2010 – Az.: VgK-22/2010).

163. § 18 VOF – Anwendungsbereich

(1) **Die Bestimmungen dieses Kapitels gelten zusätzlich für die Vergabe von Architekten- und Ingenieurleistungen.**

(2) Architekten- und Ingenieurleistungen sind

– **Leistungen, die von der Honorarordnung für Architekten und Ingenieure (HOAI) erfasst werden** sowie

– **sonstige Leistungen, für die die berufliche Qualifikation des Architekten oder Ingenieurs erforderlich ist oder vom Auftraggeber gefordert wird.**

163.1 Architekten- und Ingenieurleistungen

163.1.1 Architekten- und Ingenieurleistungen nach der HOAI

Zu den „Leistungen, die von der Honorarordnung für Architekten und Ingenieure (HOAI) erfasst werden", gehören nach § 1 HOAI die **Leistungen, die durch Leistungsbilder oder andere Bestimmungen der HOAI erfasst und vom Inland aus erbracht** werden.

13031

163.1.2 Sonstige Leistungen

Zu den sonstigen Leistungen im Sinne des Abs. 2 zählen alle Leistungen, für die die berufliche Qualifikation des Architekten oder Ingenieurs erforderlich ist oder vom Auftraggeber gefordert wird.

13032

Hierbei ist selbstverständlich, dass es sich **um nicht eindeutig und erschöpfend beschreibbare freiberufliche Leistungen** handeln muss (§ 1 Abs. 2 VOF).

13033

164. § 19 VOF – Qualifikation des Auftragnehmers

(1) **Wird als Berufsqualifikation der Beruf des Architekten oder der einer seiner Fachrichtungen gefordert, so ist jeder zuzulassen, der nach dem für die Auftragsvergabe geltenden Landesrecht berechtigt ist, die Berufsbezeichnung Architekt zu tragen oder in der Bundesrepublik Deutschland als Architekt tätig zu werden.**

(2) **Wird als Berufsqualifikation der Beruf des „Beratenden Ingenieurs" oder „Ingenieurs" gefordert, so ist jeder zuzulassen, der nach dem für die Auftragsvergabe geltenden Landesrecht berechtigt ist, die Berufsbezeichnung „Beratender Ingenieur" oder „Ingenieur" zu tragen oder in der Bundesrepublik Deutschland als „Beratender Ingenieur" oder „Ingenieur" tätig zu werden.**

(3) **Juristische Personen sind als Auftragnehmer zuzulassen, wenn sie für die Durchführung der Aufgabe einen verantwortlichen Berufsangehörigen nach den Absätzen 1 und 2 benennen.**

164.1 Änderungen in der VOF 2009

13034 In § 19 Abs. 1 und Abs. 2 ist die **ausdrückliche Bezugnahme auf die EG-Richtlinie über eine allgemeine Regelung zur Anerkennung der Hochschuldiplome weggefallen.** Eine inhaltliche Änderung ist damit nicht verbunden.

164.2 Architekt oder eine Fachrichtung (§ 19 Abs. 1)

13035 Der öffentliche Auftraggeber kann als Berufsqualifikation entweder den **Beruf des Architekten – als Oberbegriff – oder den eines seiner Fachrichtungen fordern**, beispielsweise „Landschaftsarchitekt" (VK Brandenburg, B. v. 1. 10. 2002 – Az.: VK 53/02).

164.3 Keine abschließende Qualifikationsregelung

13036 § 19 Abs. 1, 2 **vereinfacht den Nachweis der Berufsqualifikation** für Architekten und Ingenieure. Damit wird aber der **weitere Eignungsnachweis** über spezifische Erfahrungen der für die Projektbearbeitung verantwortlichen Personen **nicht beschränkt**. Im Hinblick auf die Notwendigkeit, alle Aspekte der Eignung als Basis der Auswahlentscheidung abschließend würdigen zu müssen, wäre die Beschränkung der Eignungsnachweise auf den Nachweis der Berufszulassung nicht sachgerecht, da diese keinen Aufschluss über die tatsächliche Berufserfahrung gibt (VK Düsseldorf, B. v. 21. 6. 2000 – Az.: VK – 9/2000 – F).

165. § 20 VOF – Auftragserteilung

(1) **Die Auftragsverhandlungen mit den nach § 10 Absatz 1 ausgewählten Bietern dienen der Ermittlung des Bieters, der im Hinblick auf die gestellte Aufgabe am ehesten die Gewähr für eine sachgerechte und qualitätsvolle Leistungserfüllung bietet. Die Auftraggeber führen zu diesem Zweck Auftragsgespräche mit den ausgewählten Bietern durch und entscheiden über die Auftragsvergabe nach Abschluss dieser Gespräche.**

(2) **Die Präsentation von Referenzobjekten, die der Bewerber oder Bieter zum Nachweis seiner Leistungsfähigkeit vorlegt, ist zugelassen. Die Ausarbeitung von Lösungsvorschlägen der gestellten Planungsaufgabe kann vom Auftraggeber nur im Rahmen eines Verfahrens nach Absatz 3 oder eines Wettbewerbes gemäß Kapitel 2 verlangt werden. Die Auswahl eines Bewerbers oder Bieters darf nicht durch unaufgefordert eingereichte Lösungsvorschläge beeinflusst werden.**

(3) **Verlangen Auftraggeber außerhalb eines Planungswettbewerbes Lösungsvorschläge für die Planungsaufgabe, so sind die Lösungsvorschläge der Bieter nach den Honorarbestimmungen der HOAI zu vergüten.**

Vergabeordnung für freiberufliche Leistungen VOF § 20 **Teil 5**

165.1 Änderungen in der VOF 2009

§ 20 VOF 2009 **verwendet zutreffend** im Gegensatz zu § 24 VOF 2006 den **Begriff des** 13037
Bieters und nicht des Bewerbers.

165.2 Bieterschützende Vorschrift

§ 24 Abs. 1 Satz 1 VOF **hat bieterschützende Funktion** (VK Brandenburg, B. v. 15. 11. 13038
2002 – Az.: VK 63/02; 3. VK Saarland, B. v. 9. 3. 2007 – Az.: 3 VK 01/2007).

165.3 Verhältnis von § 20 zu § 11

§ 20 setzt § 11 der VOF nicht außer Kraft (VK Arnsberg, B. v. 9. 4. 2002 – Az.: VK 3- 13039
03/02). Soweit also § 20 keine Sonderregelungen enthält, ist § **11 ergänzend anzuwenden**
(3. VK Saarland, B. v. 9. 3. 2007 – Az.: 3 VK 01/2007). Die Kommentierung zu § 11 VOF
kann also ergänzend herangezogen werden.

165.4 Ermittlung des Auftragnehmers (§ 20 Abs. 1)

165.4.1 Subjektive Wertung und Prognose des Auftraggebers

Gemäß § 20 Abs. 1 VOF dienen die Auftragsverhandlungen mit den nach § 10 Abs. 1 VOF 13040
ausgewählten Bewerbern der Ermittlung des Bewerbers, der im Hinblick auf die gestellte Aufgabe am ehesten die Gewähr für eine sachgerechte und qualitätsvolle Leistungserfüllung bietet.
Mit der Formulierung „am ehesten" wird verdeutlicht, dass es sich um **keine eindeutige, objektive Abwägung und Entscheidung des Auftraggebers handelt, sondern um eine
letztlich subjektive Wertung und Prognose** auf der Grundlage der nachgewiesenen Qualifikation und der zusätzlich durch die Verhandlungen gewonnenen Eindrücke des Auftraggebers
(3. VK Saarland, B. v. 9. 3. 2007 – Az.: 3 VK 01/2007; VK Südbayern, B. v. 29. 9. 2000 – Az.:
120.3-3194.1-18-08/00).

§ 20 Abs. 1 VOF verlangt also von dem Auftraggeber eine Prognoseentscheidung, die über 13041
die in § 11 Abs. 1 VOF statuierte Erwartung der „bestmöglichen Leistung" hinausgeht. „....am
ehesten Gewähr bieten..." im Sinn des § 20 Abs. 1 VOF kann in diesem Zusammenhang nur
bedeuten, dass das **Leistungsversprechen des Bieters aus der Sicht des Auftraggebers
glaubwürdig ist und ihn überzeugt**. Die Formulierung „am ehesten" verdeutlicht, dass es
sich um **keine eindeutige, objektive Abwägung und Entscheidung des Auftraggebers**
handelt, sondern um eine letztlich subjektive Wertung und Prognose auf der Grundlage der
nachgewiesenen Qualifikationen und der zusätzlich durch die Verhandlungen gewonnenen Eindrücke des Auftraggebers (VK Berlin, B. v. 10. 9. 2004 – Az.: VK – B 2–44/04; 2. VK Bund,
B. v. 10. 11. 2005 – Az.: VK 2–132/05; B. v. 22. 3. 2004 – Az.: VK 2–144/03; VK Nordbayern, B. v. 24. 10. 2007 – Az.: 21.VK – 3194 - 38/07).

Dadurch ist dem Auftraggeber ein **weiter Beurteilungsspielraum** eröffnet (OLG Frankfurt, 13042
B. v. 9. 8. 2007 – Az.: 11 Verg 6/07; VK Berlin, B. v. 10. 9. 2004 – Az.: VK – B 2–44/04), der
nur beschränkt einer gerichtlichen Nachprüfung unterliegt (OLG Frankfurt, B. v. 9. 8. 2007 –
Az.: 11 Verg 6/07; VK Hessen, B. v. 18. 5. 2007 – Az.: 69 d VK – 18/2007; VK Nordbayern,
B. v. 12. 8. 2004 – Az. 320.VK-3194-29/04). Die Nachprüfungsinstanzen können nur prüfen,
ob die **Grenzen dieses Beurteilungsspielraumes überschritten** sind. Das ist der Fall, wenn
der Auftraggeber **Verfahrensfehler begangen hat, den Sachverhalt unzutreffend ermittelte oder sachwidrige Erwägungen zugrunde** legte (OLG Frankfurt, B. v. 9. 8. 2007 –
Az.: 11 Verg 6/07; VK Nordbayern, B. v. 24. 10. 2007 – Az.: 21.VK – 3194 - 38/07; B. v. 9. 8.
2007 – Az.: 21.VK – 3194 - 32/07).

165.4.2 Anforderungen an eine Auftragsverhandlung (§ 20 Abs. 1 Satz 2)

Nach § 20 Abs. 1 VOF hat der Auftraggeber mit den nach § 10 Abs. 1 VOF ausgewählten 13043
Bewerbern Auftragsverhandlungen zu führen, die der Ermittlung des Bewerbers dienen, der im
Hinblick auf die gestellte Aufgabe am ehesten die Gewähr für eine sachgerechte und qualitätsvolle Leistungserfüllung bietet. Das **setzt voraus, dass die Bewerber bereits** auf die Leis-

Teil 5 VOF § 20 Vergabeordnung für freiberufliche Leistungen

tungsanfrage reagiert und **ein Angebot vorgelegt haben, über das verhandelt werden kann**. Gespräche, die allein zur Vorbereitung eines Angebots dienen, können daher **nicht als Auftragsverhandlung** im Sinne von § 20 VOF angesehen werden. Auch mit einem Auftragsgespräch mit einem einzigen Bewerber ist dem Erfordernis des § 20 Abs. 1 VOF nicht Rechnung getragen (VK Brandenburg, B. v. 17. 8. 2007 – Az.: VK 32/07; 2. VK Bund, B. v. September 2001 – Az.: VK 2–24/01, VK 2–26/01).

13044   Es genügt nicht, **die Auftragsbedingungen zu verhandeln**, vielmehr ist eine **vertiefte Verhandlung vorgesehen**, in der sich der Auftraggeber ein genaueres Bild darüber machen soll, welcher von den bereits ausgewählten Bewerbern die beste Gewähr für eine sachgerechte und qualitätvolle Leistungserfüllung bietet. Das Auftragsgespräch dient dazu, vertieft Lösungsansätze des Bewerbers zu erörtern und dabei zu ermitteln, ob sie eine sachgerechte und qualitätsvolle Leistungserfüllung erwarten lassen. Der **Auftraggeber ist zu materiellen, also inhaltlich auf die zu lösende Aufgabe bezogenen Gesprächen mit den Bewerbern verpflichtet**. Dabei **können die Bewerber bereits mit eigenen, vorbereiteten Präsentationen in die Auftragsverhandlungen eintreten oder kann der Auftraggeber die Verhandlungsgespräche in die von ihm gewünschte Richtung lenken**, um die erforderlichen Informationen für die Beurteilung der bestmöglichen Leistung zu erhalten (OLG Frankfurt, B. v. 9. 8. 2007 – Az.: 11 Verg 6/07).

13045   Wird über die „gestellte Aufgabe" **nicht projektbezogen verhandelt, sondern im wesentlichen die „Bewerberpräsentation"** des Auswahlverfahrens wiederholt, entspricht dies **nicht den Anforderungen des § 20 VOF** (VK Südbayern, B. v. 21. 3. 2000 – Az.: 120.3–3194.1–02-02/00).

13046   **§ 20 Abs. 1 sieht ausdrücklich vor**, dass der Auftraggeber bei Architekten- und Ingenieurleistungen **Auftragsgespräche führt, in denen es darum geht, die Auswahlkriterien zu prüfen**. Das Auftragsgespräch – nicht bereits das schriftliche Angebot – dient dazu, **vertieft Lösungsansätze des Bewerbers zu erörtern und dabei zu ermitteln**, ob sie eine sachgerechte und qualitätsvolle Leistungserfüllung erwarten lassen. Soweit nicht im Einzelfall schriftliche Unterlagen vorliegen, ist der Auftraggeber für seine Entscheidung auf die Auswertung der Vergabegespräche angewiesen. Eine **Möglichkeit, die Auftragsgespräche zu führen, ist die Präsentation von Referenzobjekten**. Grundsätzlich findet nur eine gesprächsweise Vorstellung der Lösung durch den Bewerber anhand von in der Besprechung neu entwickeltem Skizzen, Berechnungen etc. statt, die den **Auftraggeber erst in den Stand setzen, seine Qualitätskriterien anzuwenden** (OLG Frankfurt, B. v. 9. 8. 2007 – Az.: 11 Verg 6/07; B. v. 16. 8. 2006 – Az.: 11 Verg 3/06).

165.4.3 Ersetzung der Auftragsverhandlung durch die Empfehlung eines Preisgerichts

13047   Vgl. insoweit die Kommentierung zu § 17 VOF Rdn. 5 ff.

165.4.4 Nachholung eines Auftragsgespräches im Nachprüfungsverfahren

13048   Es ist **zulässig**, dann, wenn entgegen § 20 ein Auftragsgespräch nicht stattgefunden hat, dieses **Auftragsgespräch im Rahmen des Vergabeverfahrens nach zu holen**. Ab diesem Zeitpunkt fehlt es dem Nachprüfungsantrag nunmehr an dem entsprechenden Rechtsschutzinteresse. Die Weiterverfolgung dieses Antrags führt daher zur Antragsabweisung (OLG Düsseldorf, B. v. 16. 5. 2001 – Az.: Verg 24/01; VK Arnsberg, B. v. 11. 4. 2001 – Az.: VK 3-02/01).

165.4.5 Wiederholung einer Präsentation nach einem Nachprüfungsverfahren

13049   Eine **Wiederholung, d. h. wortgetreue Wiedergabe der damaligen Präsentation** ist **nicht durchführbar** und wäre zum andern unter Berücksichtigung des mit der erneuten Durchführung bestimmter Verfahrensschritte verfolgten Zieles **auch nicht sinnvoll**. Die Angebotspräsentation ist eine der in § 20 Abs. 1 VOF vorgesehenen Möglichkeiten der Auftragsgespräche und dient der Feststellung, welcher der „in der engeren Wahl" verbliebenen Bewerber am ehesten die Gewähr für eine sachgerechte und qualitätsvolle Leistungserfüllung bietet. Dies **schließt es jedoch aus, von einem Bewerber bei einem derartigen Auftragsgespräch dieselben Auskünfte, Vorstellungen über die Herangehensweise an ein Projekt etc. zu erwarten wie bei früheren Gesprächen**. Eine erneut vorzunehmende Wertung muss **sowohl** das schriftliche – und unveränderte – **erste Angebot als auch eine neu durchzuführende Präsentation zugrunde legen**, um auch neue Erkenntnisse aus der Präsentation in die Wertung aufnehmen zu können (VK Hessen, B. v. 18. 5. 2007 – Az.: 69 d VK – 18/2007).

Aus diesem Grund ist es schon tatsächlich nicht möglich, **im Falle der Wiederholung einer Präsentation** von den Bewerbern zu erwarten, dass sie **im Rahmen der erneuten Präsentation keine weitergehenden Vorstellungen und Lösungsvorschläge unterbreiten als in der zurückliegenden Präsentation**. Denn der **Auftraggeber** ist seinerseits **nicht gehindert, entsprechende Fragen zu stellen** und die Auftragsverhandlungen von sich aus in die gewünschte Richtung zu lenken. Es ist deshalb im Ergebnis **nicht zu beanstanden, wenn weitere Gesichtspunkte in den Verhandlungsgesprächen angesprochen worden sind, solange die Identität des Beschaffungsvorhabens, so wie es Gegenstand der Ausschreibung ist, gewahrt bleibt** und sich der Auftraggeber an die bekannt gegebenen Wertungskriterien hält. Der Fall ist **ähnlich zu bewerten wie die Durchführung mehrerer Verhandlungsrunden**, wozu der Auftraggeber ohne weiteres berechtigt ist (OLG Frankfurt, B. v. 9. 8. 2007 – Az.: 11 Verg 6/07). 13050

165.5 Präsentation von Referenzobjekten (§ 20 Abs. 2 Satz 1)

165.5.1 Allgemeines

Die Präsentation von Referenzen ist in § 20 Abs. 2 VOF ausdrücklich zugelassen. Bei der Präsentation kann ein öffentlicher Auftraggeber z. B. berücksichtigen, dass ein Bieter **Erfahrungen in sicherheitsrelevanten Bereichen** etwa von S-Bahn-Werkstätten hat, die ein anderer Bieter nicht vorweisen kann (2. VK Bund, B. v. 22. 3. 2004 – Az.: VK 2–144/03). 13051

165.5.2 Unaufgefordert vorgelegte Lösungsvorschläge (§ 20 Abs. 2 Satz 3)

Die Auswahl eines Bewerbers darf nicht dadurch beeinflusst werden, dass von Bewerbern zusätzlich unaufgefordert Lösungsvorschläge eingereicht wurden. **Zweck des Verbotes in § 20 Abs. 2 Satz 3 VOF** ist es, die **Gleichbehandlung der Bewerber sicher zu stellen und den Wettbewerb aufrecht zu erhalten**. Die Regelung ist im Zusammenhang mit der Vergütungsregelung in § 20 Abs. 3 VOF zu sehen. Diese hat unter anderem den Sinn, gleiche Voraussetzungen für sämtliche Bewerber zu schaffen. Alle Bewerber sollen sich in dieser Hinsicht darauf verlassen können, dass die Anforderungen vom Auftraggeber abschließend fest gelegt worden sind und sie hinreichend leisten, wenn sie dem nachkommen. Sonst müssten die Bewerber, um ihre Chancen zu verbessern bzw. möglichst groß zu halten, möglichst viele Lösungsvorschläge einreichen, um mit eventuell von anderen Bewerbern eingereichten zusätzlichen, unverlangten Vorschlägen konkurrieren zu können. **Mit Blick auf den dargelegten Zweck der Regelungen des § 20 VOF muss auch die Berücksichtigung eines erst ansatzweisen Lösungsvorschlages als unzulässig angesehen werden** (2. VK Mecklenburg-Vorpommern, B. v. 17. 1. 2003 – Az.: 2 VK 17/02). 13052

165.6 Lösungsvorschläge für die Planungsaufgabe (§ 20 Abs. 3)

165.6.1 Allgemeines

Verlangt der Auftraggeber außerhalb eines Planungswettbewerbes Lösungsvorschläge für die Planungsaufgabe, so sind die Lösungsvorschläge der Bewerber nach den Honorarbestimmungen der HOAI zu vergüten. 13053

Die **Abfrage von Konzeptideen** in Bezug auf das zu vergebende Planungsprojekt im Rahmen von Auftragsgesprächen ist im Sinne von § 20 VOF/§ 11 VOF **sachgerecht** (3. VK Saarland, B. v. 5. 10. 2007 – Az.: 3 VK 09/2007). 13054

165.6.2 Überprüfung eventueller Verstöße im Nachprüfungsverfahren

Macht ein Antragsteller **im Vergabenachprüfungsverfahren einen Verstoß gegen § 20 Abs. 3 VOF geltend, scheidet ein solcher Antrag bereits als Gegenstand des Nachprüfungsverfahrens aus**, da er in der Sache auf die **Geltendmachung eines Vergütungsan-** 13055

Teil 5 VOF § 20 Vergabeordnung für freiberufliche Leistungen

spruches gerichtet ist, worüber die Vergabekammer gemäß § 104 Abs. 2 Satz 1 GWB zu entscheiden, nicht befugt ist. Wie ein Erst-Recht-Schluss aus § 104 Abs. 2 Satz 2 GWB ergibt, unterfällt ein solches Begehren der Zuständigkeit der ordentlichen Gerichte (VK Brandenburg, B. v. 15. 11. 2002 – Az.: VK 63/02).

Teil 6
Sozialgerichtsgesetz (SGG)

Inhaltsverzeichnis
Die Angaben beziehen sich auf Seitenzahlen

166.	**§ 29 SGG**	2585
166.1	Allgemeines	2585
166.2	Einführung	2586
166.3	Literatur	2586
167.	**§ 142 a SGG**	2586
167.1	Einführung	2587
167.2	Entstehungsgeschichte	2587
167.3	Bewertung	2587
167.4	Entwurf des Gesetzes zur Neuordnung des Arzneimittelmarktes (AMNOG)	2588
168.	**§ 207 SGG**	2588
168.1	Einführung	2588
168.2	Entstehungsgeschichte	2589
168.3	Beispiele aus der Rechtsprechung	2589
169.	**§ 69 SGB V – Anwendungsbereich**	2589
169.1	Einführung	2590
169.2	Entstehungsgeschichte	2590
169.3	**Rechtsprechung**	2592
169.3.1	Allgemeines	2592
169.3.2	Besondere Berücksichtigung des Versorgungsauftrags der gesetzlichen Krankenkassen	2592
169.3.3	Vergaberechtsfreundliche Auslegung der Fragen, ob eine gesetzliche Krankenkasse „öffentlicher Auftraggeber" im Sinne von § 98 GWB ist und ob ein „entgeltlicher" Vertrag im Sinne von § 99 GWB in Rede steht	2593
169.3.4	Verträge nach § 127 SGB V	2593
170.	**§ 127 SGB V – Verträge**	2593
170.1	Bieterschützende Vorschrift	2594
170.2	Betrieb eines Hilfsmittel-Logistik-Centers	2595
171.	**§ 137 a SGB V – Umsetzung der Qualitätssicherung und Darstellung der Qualität**	2595
171.1	Auftragnehmer nach § 137 a Abs. 1 Satz 3 SGB V	2596
171.1.1	Zusätzliche spezielle Eignungsanforderung der „fachlichen Unabhängigkeit (§ 137 a Abs. 1 Satz 1 SGB V)	2596
171.1.2	Inhalt des Begriffs der „bereits existierenden Einrichtungen" (§ 137 a Abs. 1 Satz 3 SGB V)	2597

166. § 29 SGG

(1) Die Landessozialgerichte entscheiden im zweiten Rechtszug über die Berufung gegen die Urteile und die Beschwerden gegen andere Entscheidungen der Sozialgerichte.

(2) Die Landessozialgerichte entscheiden im ersten Rechtszug über

1. Klagen gegen Entscheidungen der Landesschiedsämter und gegen Beanstandungen von Entscheidungen der Landesschiedsämter nach dem Fünften Buch Sozialgesetzbuch, gegen Entscheidungen der Schiedsstellen nach § 120 Abs. 4 des Fünften Buches Sozialgesetzbuch, der Schiedsstelle nach § 76 des Elften Buches Sozialgesetzbuch und der Schiedsstellen nach § 80 des Zwölften Buches Sozialgesetzbuch,

2. Aufsichtsangelegenheiten gegenüber Trägern der Sozialversicherung und ihren Verbänden, gegenüber den Kassenärztlichen und Kassenzahnärztlichen Vereinigungen sowie der Kassenärztlichen und Kassenzahnärztlichen Bundesvereinigung, bei denen die Aufsicht von einer Landes- oder Bundesbehörde ausgeübt wird.

(3) Das Landessozialgericht Nordrhein-Westfalen entscheidet im ersten Rechtszug über

1. Streitigkeiten zwischen gesetzlichen Krankenkassen oder ihren Verbänden und dem Bundesversicherungsamt betreffend den Risikostrukturausgleich, die Anerkennung von strukturierten Behandlungsprogrammen und die Verwaltung des Gesundheitsfonds,

2. Streitigkeiten betreffend den Finanzausgleich der gesetzlichen Pflegeversicherung,

3. Streitigkeiten betreffend den Ausgleich unter den gewerblichen Berufsgenossenschaften nach dem Siebten Buch Sozialgesetzbuch.

(4) Das Landessozialgericht Berlin-Brandenburg entscheidet im ersten Rechtszug über

1. Klagen gegen die Entscheidung der gemeinsamen Schiedsämter nach § 89 Abs. 4 des Fünften Buches Sozialgesetzbuch und des Bundesschiedsamtes nach § 89 Abs. 7 des Fünften Buches Sozialgesetzbuch sowie der erweiterten Bewertungsausschüsse nach § 87 Abs. 4 des Fünften Buches Sozialgesetzbuch, soweit die Klagen von den Einrichtungen erhoben werden, die diese Gremien bilden,

2. Klagen gegen Entscheidungen des Bundesministeriums für Gesundheit nach § 87 Abs. 6 des Fünften Buches Sozialgesetzbuch gegenüber den Bewertungsausschüssen und den erweiterten Bewertungsausschüssen sowie gegen Beanstandungen des Bundesministeriums für Gesundheit gegenüber den Bundesschiedsämtern,

3. Klagen gegen Entscheidungen und Richtlinien des Gemeinsamen Bundesausschusses (§§ 91, 92 des Fünften Buches Sozialgesetzbuch), Klagen in Aufsichtsangelegenheiten gegenüber dem Gemeinsamen Bundesausschuss und Klagen gegen die Festsetzung von Festbeträgen durch die Spitzenverbände der Krankenkassen sowie den Spitzenverband Bund.

(5) In Streitigkeiten über Entscheidungen von Vergabekammern, die Rechtsbeziehungen nach § 69 des Fünften Buches Sozialgesetzbuch betreffen, entscheidet ausschließlich das für den Sitz der Vergabekammer zuständige Landessozialgericht. Die Landessozialgerichte entscheiden auch über Schadensersatzansprüche gemäß § 142a Absatz 1 in Verbindung mit den §§ 125 und 126 des Gesetzes gegen Wettbewerbsbeschränkungen. Mehrere Länder können durch Vereinbarung die den Landessozialgerichten nach Satz 1 und Satz 2 zugewiesenen Aufgaben dem zuständigen Gericht eines Landes auch für das Gebiet eines anderen Landes übertragen.

166.1 Allgemeines

Im Gesetz zur Weiterentwicklung der Organisationsstrukturen in der gesetzlichen Krankenversicherung – GKV-OrgWG – (Bundesgesetzblatt 2008 Teil I Nr. 58 vom 17. 12. 2008,

Teil 6 SGG § 142a

S. 2426) ist nun der **Rechtsweg bei Streitigkeiten über Einzelvertragsbeziehungen zwischen öffentlichrechtlichen Krankenkassen und Leistungserbringern geregelt**, und zwar dergestalt, dass **für Rechtsstreitigkeiten erstinstanzlich grundsätzlich die Vergabekammern zuständig** sind und eine **erst- und letztinstanzliche Zuständigkeit der Landessozialgerichte für die Überprüfung der Entscheidungen der Vergabekammern** festgelegt ist (LSG Baden-Württemberg, B. v. 17. 2. 2009 – Az.: L 11 WB 381/09; LSG Brandenburg, B. v. 6. 3. 2009 – Az.: L 9 KR 72/09 ER; LSG Hessen, B. v. 15. 12. 2009 – Az.: L 1 KR 337/09 ER Verg).

166.2 Einführung

13057   **§ 69 Abs. 2 SGB V** ordnet u. a. die Geltung der materiellen Vergaberechtsvorschriften der §§ 97 bis 101 des Gesetzes gegen Wettbewerbsbeschränkungen (GWB) für Einzelvertragsbeziehungen zwischen Krankenkassen und Leistungserbringern an. Mit der Änderung des § 29 SGG wird eine erst- und letztinstanzliche Zuständigkeit der Landessozialgerichte für die Überprüfung der Einhaltung dieser Vorschriften geschaffen. Sie **dient**, wie bereits die Absätze 2 bis 4 der **Entlastung der Sozialgerichte und verkürzt die Phase der Unsicherheit**, mit der die Beteiligten während des Rechtsstreits belastet sind. Insbesondere vergaberechtliche Entscheidungen sollen schnellstmöglich zu einem Abschluss gebracht werden, um damit zügig zu einer wirtschaftlichen Versorgung der Versicherten beizutragen.

13058   Abweichend von den allgemeinen Regelungen **richtet sich die örtliche Zuständigkeit des Landessozialgerichts nach dem Sitz der Vergabekammer**. Dies **entspricht der Parallelregelung bezüglich der örtlichen Zuständigkeit der Oberlandesgerichte nach § 116 GWB**. Durch Satz 2 wird den Ländern die Möglichkeit eröffnet, die Rechtssachen anderen Landessozialgerichten zuzuweisen. Damit wird **für den Bereich der Landessozialgerichte dem praktischen Bedürfnis nach örtlicher Zuständigkeitskonzentration Rechnung getragen**, die hier stets länderübergreifenden Charakter hat, weil es pro Bundesland höchstens ein Landessozialgericht gibt. Dies entspricht der Regelungsintention des § 116 Abs. 4 GWB, der für Vergabestreitigkeiten vor den Oberlandesgerichten eine landesinterne Zuständigkeitskonzentration durch Rechtsverordnung erlaubt.

166.3 Literatur

13059   – Hölzl, Franz Josef/Eichler, Jochen: Rechtsweg für die Überprüfung der Vergabe von Rabattverträgen – Alea iacta est: Der Gesetzgeber hat gewürfelt, NVwZ 2009, 27

167. § 142a SGG

(1) **In Streitigkeiten über Entscheidungen von Vergabekammern, die Rechtsbeziehungen nach § 69 des Fünften Buches Sozialgesetzbuch betreffen, sind § 115 Absatz 2 Satz 5 bis 8, Absatz 4 Satz 2 und 3, § 116 Abs. 1 und 2, die §§ 117 bis 123 sowie 125 und 126 des Gesetzes gegen Wettbewerbsbeschränkungen entsprechend anzuwenden.**

(2) **Bei der Entscheidung des Beschwerdegerichts über die sofortige Beschwerde wirken die ehrenamtlichen Richter nicht mit.**

(3) **Wird wegen eines Verstoßes gegen Vergabevorschriften Schadensersatz begehrt und hat ein Verfahren vor der Vergabekammer stattgefunden, ist das zuständige Gericht an die bestandskräftige Entscheidung der Vergabekammer und die Entscheidung des Landessozialgerichts sowie gegebenenfalls des nach Absatz 4 angerufenen Bundessozialgerichts über die Beschwerde gebunden.**

(4) **Will ein Landessozialgericht von einer Entscheidung eines anderen Landessozialgerichts oder des Bundessozialgerichts abweichen oder hält es den Rechtsstreit wegen beabsichtigter Abweichung von Entscheidungen eines Oberlandesgerichts oder des Bundesgerichtshofs für grundsätzlich bedeutsam, so legt es die Sache dem Bundessozialgericht vor. Das Bundessozialgericht entscheidet anstelle des Landessozialgerichts. Das Bundessozialgericht kann sich auf die Entscheidung der Divergenzfrage beschränken und dem Beschwerdegericht die Entscheidung in der Hauptsache über-**

tragen, wenn dies nach dem Sach- und Streitstand des Beschwerdeverfahrens angezeigt scheint. § 124 Abs. 2 Satz 4 des Gesetzes gegen Wettbewerbsbeschränkungen gilt entsprechend.

167.1 Einführung

Im Gesetz zur Weiterentwicklung der Organisationsstrukturen in der gesetzlichen Krankenversicherung – GKV-OrgWG – (Bundesgesetzblatt 2008 Teil I Nr. 58 vom 17. 12. 2008, S. 2426) sind der **Rechtsweg bei Streitigkeiten über Einzelvertragsbeziehungen zwischen öffentlichrechtlichen Krankenkassen und Leistungserbringern sowie die wesentlichen Verfahrensvorschriften** geregelt. Die vergaberechtlichen Regelungen des GKV-OrgWG sind **am 18. 12. 2008 in Kraft getreten**. 13060

167.2 Entstehungsgeschichte

Die Regelung des § 142a SGG dient der **Anpassung des sozialgerichtlichen Verfahrens in vergaberechtlichen Streitigkeiten im Bereich der gesetzlichen Krankenversicherung**. Aufgrund der besonderen Eilbedürftigkeit von Vergabesachen wird für die vergaberechtliche Nachprüfung ein beschleunigtes Verfahren zur Verfügung gestellt. 13061

Zur Beschleunigung des Verfahrens sowie zur Konzentration des Streitstoffes enthält Absatz 1 unter Verweis auf die entsprechenden Vorschriften des Gesetzes gegen Wettbewerbsbeschränkungen (GWB) **unter anderem folgende Regelungsinhalte:** 13062

– die **Einführung der sofortigen Beschwerde als Rechtsmittel gegen die Entscheidung der Vergabekammer** auch bei vergaberechtlichen Streitigkeiten im Bereich der gesetzlichen Krankenversicherung (vgl. § 116 Abs. 1 und 2 GWB),

– gegenüber dem allgemeinen sozialgerichtlichen Verfahren **erhöhte Anforderungen an Form und Frist der sofortigen Beschwerde** (§ 117 GWB),

– ein den besonderen Gegebenheiten im Vergaberecht angepasstes **System von Eilverfahren** im Vergaberecht (§§ 115 Abs. 2 Satz 2 bis 5, 118, 121 und 122 GWB),

– die Einführung eines **Anwaltszwangs vor den Vergabesenaten** mit der üblichen Ausnahme für juristische Personen des öffentlichen Rechts (§ 120 Abs. 1 GWB),

– **Bestimmungen zum Verfahren** (§ 120 Abs. 2 GWB) sowie zum **Entscheidungsinhalt** (§ 123 GWB),

– Bestimmungen zum **Schadensersatz bei Rechtsmissbrauch** (§ 125 GWB) sowie zum **Anspruch auf Ersatz des Vertrauensschadens** (§ 126 GWB).

Die **Rechtsprechung** zu diesen Vorschriften ist **bei den entsprechenden Regelungen des GWB** dargestellt.

Zur weiteren Beschleunigung des Verfahrens regelt Absatz 2 den **Ausschluss der ehrenamtlichen Richter bei der Entscheidung des Beschwerdegerichts** über die sofortige Beschwerde in vergaberechtlichen Streitigkeiten. 13063

Die Gerichte der Sozialgerichtsbarkeit entscheiden in Angelegenheiten der gesetzlichen Krankenversicherung auch über Schadensersatz entsprechend den §§ 125, 126 GWB. Durch die in Absatz 3 angeordnete **Bindungswirkung der Entscheidungen von Vergabekammer, Landessozialgerichten sowie des Bundessozialgerichts** wird entsprechend der Regelung in § 124 Abs. 1 GWB die Doppelprüfung von Sach- und Rechtsfragen vermieden. 13064

Die in Absatz 4 angeordnete **Vorlagepflicht dient** entsprechend der Regelung in § 124 Abs. 2 GWB **der Wahrung der Rechtseinheit in vergaberechtlichen Streitigkeiten innerhalb der Sozialgerichtsbarkeit** und im Verhältnis zur Zivilgerichtsbarkeit. Eine Verzögerung des Vergabeverfahrens ist hiermit nicht verbunden, da die zu erwartenden Fälle gerichtlicher Divergenz in der Regel gering sind. 13065

167.3 Bewertung

Die gefundene Lösung hat **einen deutlichen Nachteil**. Es gibt jetzt zwei oberste Gerichte, die in vergaberechtlichen Streitigkeiten entscheiden. Die **bisherige Vereinheitlichung des Vergaberechts über den BGH geht verloren**. 13066

Teil 6 SGG § 207   Sozialgerichtsgesetz

13067   Außerdem werden sich aller Voraussicht nach die **Verfahren vor dem OLG und dem LSG in verfahrensrechtlicher Hinsicht unterschiedlich entwickeln.** Deutlich wird dies bereits in einer der ersten Entscheidungen des LSG Baden-Württemberg hinsichtlich der Frage, unter welchen Voraussetzungen eine Rücknahme der sofortigen Beschwerde zulässig ist (LSG Baden-Württemberg, B. v. 23. 1. 2009 – Az.: L 11 WB 5971/08); vgl. insoweit die Kommentierung zu § 116 GWB Rdn. 90 ff.

167.4 Entwurf des Gesetzes zur Neuordnung des Arzneimittelmarktes (AMNOG)

13068   Das **Bundeskabinett** hat am 29. 6. 2010 in Berlin den **Entwurf des Gesetzes zur Neuordnung des Arzneimittelmarktes (AMNOG) beschlossen.** Der Entwurf sieht Deregulierungen vor und neue nachhaltige, langfristig wirksame Strukturveränderungen im gesamten Arzneimittelmarkt. Der Entwurf enthält **sowohl verfahrensmäßige als auch materielle Änderungen des Vergaberechts.**

13069   **Verfahrensmäßig** ist vorgesehen, dass **nicht mehr die Landessozialgerichte für Streitigkeiten über Entscheidungen von Vergabekammern, die Rechtsbeziehungen nach § 69 des Fünften Buches Sozialgesetzbuch betreffen, zuständig sind, sondern die Oberlandesgerichte.** Der Zuständigkeitswirrwarr wird also beendet.

13070   In der 71. Sitzung des Deutschen Bundestags vom Donnerstag, dem 11. November 2010 wurde der **Entwurf eines Gesetzes zur Neuordnung des Arzneimittelmarktes in der gesetzlichen Krankenversicherung (Arzneimittelmarktneuordnungsgesetz – AMNOG) von CDU/CSU und FDP in der Fassung der Drucksache 17/3698 vom 10. 11. 2010 mehrheitlich angenommen.** Damit bleibt es zunächst bei der vorgesehenen Konzentration aller Beschwerdeverfahren bei den Oberlandesgerichten und dem Ausscheiden der Landessozialgerichte aus dem Vergaberechtsschutz. Allerdings ist das **Gesetz zustimmungspflichtig,** muss also nochmals in den **Bundesrat, der die Konzentration bereits einmal abgelehnt hatte.**

168. § 207 SGG

Verfahren in Streitigkeiten über Entscheidungen von Vergabekammern, die Rechtsbeziehungen nach § 69 des Fünften Buches Sozialgesetzbuch betreffen und die am 18. Dezember 2008 bei den Oberlandesgerichten anhängig sind, gehen in dem Stadium, in dem sie sich befinden, auf das für den Sitz der Vergabekammer zuständige Landessozialgericht und in den Fällen des § 124 Abs. 2 Satz 1 des Gesetzes gegen Wettbewerbsbeschränkungen auf das Bundessozialgericht über. Dies gilt nicht für Verfahren, die sich in der Hauptsache erledigt haben. Soweit ein Oberlandesgericht an eine Frist nach § 121 Abs. 3 des Gesetzes gegen Wettbewerbsbeschränkungen gebunden ist, beginnt der Lauf dieser Frist mit dem Eingang der Akten bei dem zuständigen Landessozialgericht von neuem. Die Sätze 1 bis 3 gelten für Verfahren in Streitigkeiten über Entscheidungen von Vergabekammern, die Rechtsbeziehungen nach § 69 des Fünften Buches Sozialgesetzbuch betreffen und die am 18. Dezember 2008 bei den Sozialgerichten anhängig sind, entsprechend.

168.1 Einführung

13071   Im Gesetz zur Weiterentwicklung der Organisationsstrukturen in der gesetzlichen Krankenversicherung – GKV-OrgWG – (Bundesgesetzblatt 2008 Teil I Nr. 58 vom 17. 12. 2008, S. 2426) sind der **Rechtsweg bei Streitigkeiten über Einzelvertragsbeziehungen zwischen öffentlichrechtlichen Krankenkassen und Leistungserbringern sowie die wesentlichen Verfahrensvorschriften einschließlich der Übergangsregelung des § 207 SGG** geregelt. Die vergaberechtlichen Regelungen des GKV-OrgWG sind **am 18. 12. 2008 in Kraft getreten.**

168.2 Entstehungsgeschichte

Unterschiedliche Auffassungen zum Rechtsweg bei vergaberechtlichen Streitigkeiten im Bereich der gesetzlichen Krankenversicherung haben **in der Vergangenheit zu Unsicherheiten bei der Wahl des zulässigen Verfahrens zur Rechtsschutzgewährung geführt**. Trotz der überschaubaren Zahl der anhängigen Verfahren hat sich eine **verworrene und nahezu unüberschaubare Verfahrenssituation** entwickelt. Ohne Übergangsregelung ist damit zu rechnen, dass sich die derzeitige Unsicherheit bei den „Altfällen" fortsetzen wird.

13072

Es geht vorliegend nicht darum, einen eindeutig gegebenen oder zumindest überwiegend unstreitigen Rechtsweg für laufende Verfahren durch eine neue Rechtswegzuweisung zu ersetzen. Vielmehr besteht in einer Vielzahl der – sowohl vor den ordentlichen Gerichten als auch bei den Gerichten der Sozialgerichtsbarkeit – anhängigen Verfahren Streit über die Zuständigkeiten mit Auswirkungen über den gerichtlichen Bereich hinaus (Einbindung Vergabekammern). Hierdurch ist in den geschilderten Verfahren für die Beteiligten Rechtsschutz verzögert worden. Auch ist zusätzlicher zeitlicher und finanzieller Aufwand entstanden. Die **Übergangsregelung soll mithin gerade Belastungen der Betroffenen in laufenden Verfahren beseitigen**. Die Gerichte beurteilen die Rechtswegfrage derzeit so uneinheitlich, dass in diesen Verfahren keine Rechtssicherheit für die Betroffenen besteht und eine eindeutige und einheitliche Klärung in der Justiz auch nicht absehbar erscheint. Die hier erforderliche Befriedung ist **nur durch eine eindeutige gesetzliche Übergangsregelung möglich**.

13073

§ 207 Satz 1 trifft eine Übergangsregelung für Verfahren in Streitigkeiten über Entscheidungen von Vergabekammern betreffend Rechtsbeziehungen nach § 69 des Fünften Buches Sozialgesetzbuch, die am Tag des Inkrafttretens der Vorschriften über die erstinstanzliche Zuständigkeit der Landessozialgerichte **bei den Oberlandesgerichten anhängig sind und für Vorlageverfahren bei dem Bundesgerichtshof** nach § 124 Abs. 2 Satz 1 GWB. Die Regelung sieht vor, dass die **Verfahren in dem Stadium, in dem sie sich befinden, auf die Gerichte der Sozialgerichtsbarkeit übergehen**. Durch den Übergang wird entsprechend dem Willen des Gesetzgebers zur einheitlichen Zuständigkeit der Sozialgerichtsbarkeit für vergaberechtliche Streitigkeiten betreffend Rechtsbeziehungen nach § 69 des Fünften Buches Sozialgesetzbuch vermieden, dass über dieselben rechtlichen Fragen in unterschiedlichen Gerichtsbarkeiten entschieden wird.

13074

Die in § 207 Satz 2 getroffene Regelung bewirkt, dass in **Verfahren, die sich bereits in der Hauptsache erledigt haben, die Zuständigkeit der Oberlandesgerichte oder des Bundesgerichtshofs bestehen bleibt**. Indem nach Satz 3 der Lauf der Fristen nach § 121 Abs. 3 GWB mit dem Eingang der Akten neu beginnt, wird sichergestellt, dass das **zuständige Landessozialgericht über einen ausreichenden Beurteilungs- und Entscheidungszeitraum** verfügt.

13075

Nach Satz 4 finden die Übergangsregelungen der Sätze 1 bis 3 auf Verfahren in Streitigkeiten über Entscheidungen von Vergabekammern, die zum Zeitpunkt des Inkrafttretens bei den Sozialgerichten anhängig sind, **entsprechende Anwendung**.

13076

168.3 Beispiele aus der Rechtsprechung

– Bundesgerichtshof, Beschluss vom 18. 12. 2008 – Az.: X ZB 26/08
– Bundesgerichtshof, Beschluss vom 18. 12. 2008 – Az.: X ZB 16/08

13077

169. § 69 SGB V – Anwendungsbereich

(1) Dieses Kapitel sowie die §§ 63 und 64 regeln abschließend die Rechtsbeziehungen der Krankenkassen und ihrer Verbände zu Ärzten, Zahnärzten, Psychotherapeuten, Apotheken sowie sonstigen Leistungserbringern und ihren Verbänden, einschließlich der Beschlüsse des Gemeinsamen Bundesausschusses und der Landesausschüsse nach den §§ 90 bis 94. Die Rechtsbeziehungen der Krankenkassen und ihrer Verbände zu den Krankenhäusern und ihren Verbänden werden abschließend in diesem Kapitel, in den §§ 63, 64 und in dem Krankenhausfinanzierungsgesetz, dem

Krankenhausentgeltgesetz sowie den hiernach erlassenen Rechtsverordnungen geregelt. Für die Rechtsbeziehungen nach den Sätzen 1 und 2 gelten im Übrigen die Vorschriften des Bürgerlichen Gesetzbuches entsprechend, soweit sie mit den Vorgaben des § 70 und den übrigen Aufgaben und Pflichten der Beteiligten nach diesem Kapitel vereinbar sind. Die Sätze 1 bis 3 gelten auch, soweit durch diese Rechtsbeziehungen Rechte Dritter betroffen sind.

(2) Die §§ 1, 2, 3 Absatz 1, §§ 19, 20, 21, 32 bis 34a, 48 bis 80, 81 Absatz 2 Nummer 1, 2a und 6, Absatz 3 Nummer 1 und 2, Absatz 4 bis 10 und §§ 82 bis 95 des Gesetzes gegen Wettbewerbsbeschränkungen gelten für die in Absatz 1 genannten Rechtsbeziehungen entsprechend. Satz 1 gilt nicht für Verträge und sonstige Vereinbarungen von Krankenkassen oder deren Verbänden mit Leistungserbringern oder deren Verbänden, zu deren Abschluss die Krankenkassen oder deren Verbände gesetzlich verpflichtet sind. Satz 1 gilt auch nicht für Beschlüsse, Empfehlungen, Richtlinien oder sonstige Entscheidungen der Krankenkassen oder deren Verbände, zu denen sie gesetzlich verpflichtet sind, sowie für Beschlüsse, Richtlinien und sonstige Entscheidungen des Gemeinsamen Bundesausschusses, zu denen er gesetzlich verpflichtet ist. Die Vorschriften des Vierten Teils des Gesetzes gegen Wettbewerbsbeschränkungen sind anzuwenden.

169.1 Einführung

13078   Im Gesetz zur Weiterentwicklung der Organisationsstrukturen in der gesetzlichen Krankenversicherung – GKV-OrgWG – (Bundesgesetzblatt 2008 Teil I Nr. 58 vom 17. 12. 2008, S. 2426) ist neben der Festschreibung von Rechtswegfragen auch die **Anwendbarkeit des materiellen Vergaberechts des GWB geregelt**, und zwar dergestalt, dass **die Vorschriften, die die Pflicht zur Ausschreibung öffentlicher Aufträge und die konkrete Ausgestaltung dieser Verpflichtung regeln, auch auf Versorgungsverträge von Krankenkassen anzuwenden sind**. Die vergaberechtlichen Regelungen des GKV-OrgWG sind **am 18. 12. 2008** in Kraft getreten.

169.2 Entstehungsgeschichte

13079   Die in Satz 1 angeordnete entsprechende Geltung der §§ 19 bis 21 des Gesetzes gegen Wettbewerbsbeschränkungen (GWB) entspricht der bisherigen Rechtslage (vgl. Begründung zur Änderung des § 69 SGB V BT-Drs. 16/4247). **Satz 1 ordnet darüber hinaus die unmittelbare Geltung der materiellen Vergaberechtsvorschriften der §§ 97 bis 101 des GWB sowie die Durchführung eines vergaberechtlichen Nachprüfungsverfahrens vor den Vergabekammern (§§ 102 bis 115 und 128 GWB) an.** Damit werden zunächst Zweifel beseitigt, ob die Vorschriften, die die Pflicht zur Ausschreibung öffentlicher Aufträge und die konkrete Ausgestaltung dieser Verpflichtung regeln, **auch auf Versorgungsverträge von Krankenkassen anzuwenden** sind. Diese Frage ist Gegenstand einer Vielzahl von Rechtsstreitigkeiten sowohl auf nationaler als auch auf europäischer Ebene, die zu Rechtsunsicherheit geführt und den Abschluss von sinnvollen Verträgen, die zur Verbesserung der Versorgung der Versicherten beitragen können, gehemmt haben. Dies gilt insbesondere für die Rabattverträge in der Arzneimittelversorgung nach § 130a Abs. 8, die einen wichtigen Beitrag zur Erhöhung der Effizienz und Verbesserung der Wirtschaftlichkeit der Versorgung leisten. Satz 2 entspricht dem geltenden Recht und stellt klar, dass **bei den kollektivvertraglichen Regelungen weder das Wettbewerbsrecht noch das Vergaberecht Anwendung** finden (vgl. Begründung zur Änderung des § 69 BT-Drs. 16/4247).

13080   Beim Abschluss von Einzelverträgen in der GKV ist **in jedem Einzelfall zu prüfen, ob die tatbestandlichen Voraussetzungen der §§ 97 ff. GWB vorliegen, insbesondere ob es sich bei den jeweiligen Vergaben um öffentliche Aufträge i. S. d. § 99 GWB handelt**. Diese Frage wird je nach Vertragstyp unterschiedlich zu beantworten sein. Im Wesentlichen hängt die Beantwortung davon ab, ob und inwieweit die Krankenkassen auf die Auswahlentscheidung, welcher Vertragsgegenstand im einzelnen Versorgungsfall abgegeben wird, Einfluss nehmen. Abhängig von der individuellen Vertragsgestaltung **könnten Arzneimittelrabattverträge über Generika** wegen der Verpflichtung der Apotheken in § 129 Abs. 1 Satz 3, die Ersetzung durch ein wirkstoffgleiches Arzneimittel vorzunehmen, für das ein Rabattvertrag abgeschlossen worden ist, und des damit verbundenen mittelbaren Einflusses der Krankenkassen auf die Auswahlentscheidung des Vertragsgegenstandes **als öffentliche Aufträge zu qualifizieren** sein. Vergleichbare Überlegungen gelten **auch für Verträge über die Versorgung mit Hilfsmitteln nach § 127 Abs. 1**, da hier die Versorgung grundsätzlich durch die jeweiligen Ausschreibungsgewinner erfolgen muss. Dagegen sind **Verträge über eine hausarztzentrierte Versorgung nach § 73 b, Verträge über besondere ambulante ärztliche Versorgung nach § 73 c und Verträge über eine integrierte Versorgung § 140 a ff. in der Regel keine öffentlichen Aufträge**, da die Entscheidung über den Abruf der jeweiligen Leistung nicht von den Krankenkassen, sondern von den Versicherten getroffen wird, die die angebotenen Versorgungsformen in Anspruch nehmen können. Die **Entscheidung im Einzelfall hängt jedoch von der konkreten Vertragsgestaltung ab** und obliegt den mit der Nachprüfung betrauten Vergabekammern und Landessozialgerichten.

Eine Pflicht zur Ausschreibung unter **Beachtung der Vorschriften des Vergaberechts kommt auch dann nicht** in Betracht, wenn der Zugang zur Versorgung zwar durch den Abschluss von Verträgen erfolgt, die **Leistungserbringer aber gegenüber der Krankenkasse faktisch einen Anspruch auf Abschluss eines Vertrages** haben. Dies ist z. B. bei der **Versorgung mit Haushaltshilfe (§ 132 Abs. 1 Satz 2) und mit häuslicher Krankenpflege (§ 132 a Abs. 2)** der Fall. Soweit die Leistungserbringer wirtschaftlich arbeiten und die geforderten Qualitätsanforderungen erfüllen, haben sie einen Anspruch auf Abschluss eines Vertrages (BSGE 90, 150, 153). Der **Vertragsschluss ähnelt damit einer Zulassung**. Für ein Vergabeverfahren, das darauf abzielt, unter mehreren Bietern eine Auswahlentscheidung zu treffen, ist vor diesem Hintergrund kein Raum. Dies gilt **auch für Verträge über die Versorgung mit Hilfsmitteln nach § 127 Abs. 2**, die aufgrund des ausdrücklichen Beitrittsrechts nicht zu einer exklusiven Versorgungsberechtigung bestimmter Leistungserbringer führen. Die **vorgeschriebene Bekanntmachung der Vertragsabsicht ist nicht als eine Ausschreibung im vergaberechtlichen Sinne zu verstehen**. 13081

Die weiter angeordnete unmittelbare Geltung der §§ 102 bis 115 und 128 GWB führt zur **Anwendung des Nachprüfungsverfahrens vor den Vergabekammern**. Die Verfahrensbeteiligten haben ein Interesse am schnellen Abschluss eines Vergabeverfahrens. Dies wird durch das Vergabenachprüfungsverfahren vor den Vergabekammern insbesondere wegen des darin eingebetteten Eilverfahrens zur Ermöglichung der Zuschlagserteilung (vgl. § 115 Abs. 2 GWB) gewährleistet. 13082

Gegen die Entscheidungen der Vergabekammern ist nach den ebenfalls in diesem Gesetz vorgenommenen Änderungen in den §§ 29 und 142a SGG sowie in § 116 GWB der **Rechtsweg zu den Landessozialgerichten eröffnet**. Mit dieser Zuweisung an die Sozialgerichtsbarkeit wird die umstrittene Frage nach dem Rechtsweg geklärt. Insbesondere der der Rechtsprechung des Bundessozialgerichts (Beschluss vom 22. April 2008 – B 1 SF 1/08 R –) entgegenstehende Beschluss des Bundesgerichtshofes vom 15. Juli 2008 (– X ZB 17/08 –), demzufolge vergaberechtliche Streitigkeiten, die die Rechtsbeziehungen in der GKV betreffen, den Zivilgerichten zugewiesen seien, macht die Klarstellung erforderlich. Die Zuständigkeit der Sozialgerichtsbarkeit anstelle der im, Vergabenachprüfungsverfahren sonst üblichen Zuständigkeit der Zivilgerichte stellt sicher, dass sowohl die inhaltliche Überprüfung, ob ein Vertrag den Voraussetzungen des Krankenversicherungsrechts entspricht, als auch die vergaberechtliche Nachprüfung des Zustandekommens dieses Vertrages einheitlich im Gerichtszweig der Sozialgerichtsbarkeit erfolgt. Die ausdrückliche Zuweisung an die Sozialgerichtsbarkeit verdeutlicht im Übrigen auch den Willen des Gesetzgebers. Durch die Änderung des § 69 im Gesetz zur Reform der Gesetzlichen Krankenversicherung ab dem Jahr 2000 (GKV-Gesundheitsreformgesetz 2000) v. 22. Dezember 1999 (BGBl. I S. 2477) wurden alle Rechtsbeziehungen des Vierten Kapitels des SGB V dem öffentlichen Recht zugeordnet (BT-Drs. 14/1245 S. 68). Rechtsstreitigkeiten in diesen Rechtsbeziehungen sind deshalb generell den Sozialgerichten zugewiesen (§ 51 Abs. 1 und 2 SGG). Für Rabattverträge in der Arzneimittelversorgung wurde diese Rechtswegzuweisung durch die Änderung des § 130a Abs. 9 im Gesetz zur Stärkung des Wettbewerbs in der gesetzlichen Krankenversicherung (GKV-WSG) vom 26. März 2007 (BGBl. I S. 378) noch einmal klargestellt. 13083

Bei einer Überprüfung der Abschlüsse von Verträgen der gesetzlichen Krankenkassen mit Leistungserbringern anhand der genannten GWB-Vorschriften ist **gemäß Absatz 2 Satz 3 die besondere Aufgabenstellung der gesetzlichen Krankenversicherung zu beachten**. So unterscheiden sich Einzelverträge wie die Arzneimittelrabattverträge sowie die Verträge zur Beschaffung von Hilfsmitteln ganz wesentlich von den fiskalischen Hilfsgeschäften, die die öffentliche Hand zur Erfüllung ihrer Aufgaben durchführt (z. B. Kauf 13084 von Büromaterialien, Errichtung von Gebäuden etc.). Die genannten Versorgungsverträge sind selbst unmittelbarer Bestandteil der den Krankenkassen zugewiesenen Aufgaben. Nur durch Abschluss derartiger Verträge sind die Krankenkassen in der Lage, ihrer Verpflichtung zur Versorgung der Versicherten im Rahmen des Sachleistungsprinzips nachzukommen. Sowohl die Vergabekammern als auch die Landessozialgerichte haben im Vergabenachprüfungsverfahren darauf zu achten, dass diese Verpflichtung zur Sicherung medizinisch notwendiger, aber auch wirtschaftlicher Versorgung aller Versicherten nicht gefährdet wird. Im Hinblick auf den Abschluss von Rabattverträgen mit Arzneimittelherstellern ist z.B. zu berücksichtigen, dass der Gesetzgeber den Krankenkassen ausdrücklich die Möglichkeit eingeräumt hat, die Arzneimittelversorgung durch Abschluss derartiger Verträge wirtschaftlicher und effizienter zu gestalten. Darüber hinaus sind **bei der Anwendung der vergaberechtlichen Vorschriften auch sonstige Versorgungsaspekte zu berücksichtigen, im Zusammenhang mit dem Erfordernis flächendeckender Versorgungsstrukturen etwa auch die Praktikabilität einer Vielzahl von Einzelverträgen.**

169.3 Rechtsprechung

169.3.1 Allgemeines

13085 § 69 SGB V normiert zwar, dass das Vierte Kapitel des SGB V, und damit auch § 130 a Abs. 8 SGB V, für die Rechtsbeziehungen zwischen Krankenkassen und Leistungserbringern abschließend ist. Daraus ist jedoch **nicht zu schließen, dass Rahmenrabattverträge über Arzneimittel der Anwendung des Vergaberechts entzogen** sind. Denn bei diesen handelt es sich um einen öffentlichen Auftrag, der aufgrund der europarechtlichen Vorgaben dem Vergaberecht unterliegt. Wegen des gemeinschaftsrechtlichen Vorrangs mangelt es dem nationalen Gesetzgeber bereits an der Kompetenz, für bestimmte öffentliche Aufträge festzulegen, dass für sie nicht das Vergaberecht gelten soll. Aus § 69 SGB V lässt sich ein entsprechender Wille des Gesetzgebers auch nicht entnehmen. **§ 69 SGB V ist daher richtlinienkonform dahingehend auszulegen, dass er die in Umsetzung der gemeinschaftsrechtlichen Vorgaben ergangenen nationalen vergaberechtlichen Bestimmungen nicht verdrängt** (3. VK Bund, B. v. 18. 2. 2009 – Az.: VK 3–158/08).

13086 Für die Zeit ab dem 18. 12. 2008 schreibt die ab 18. Dezember 2008 geltende Fassung des § 69 Abs. 2 Satz 1 Hs. 2 SGB V (Art. 1 Nr. 1 e, Art. 7 Abs. 5 GKV-OrgWG) die Anwendung der §§ 97 bis 115 und 128 GWB ausdrücklich vor. Eine **wesentliche Änderung im Vergleich zum bis zum 18. 12. 2008 geltenden Recht hat sich dadurch nicht ergeben.** Denn sowohl nach europäischem als auch nach dem ab 18. Dezember 2008 geltenden nationalen Kartellrecht **hängt die Notwendigkeit einer Ausschreibung und mithin die Zulässigkeit eines Nachprüfungsverfahrens davon ab, ob die ausschreibende Stelle als öffentliche Auftraggeber zu betrachten und die Rabattverträge als öffentliche Lieferaufträge zu werten** sind (LSG Baden-Württemberg, B. v. 23. 1. 2009 – Az.: L 11 WB 5971/08).

13087 Mit dem 18. Dezember 2008 hat – nach § 69 Abs. 2 SGB V – eingefügt durch das Gesetz zur Weiterentwicklung der Organisationsstrukturen in der gesetzlichen Krankenversicherung (GKV–OrgWG) vom 15. Dezember 2008 (BGBl. I S. 2426) – das Gesetz den Rechtsweg gemäß §§ 102 ff. GWB eröffnet. **Ist ein Vergabeverfahren nicht vor dem 17. Dezember 2008 abgeschlossen, sondern dauert über den 18. Dezember 2008 hinaus fort, sind die §§ 97 bis 115 und 128 GWB anzuwenden.** In zeitlicher Beziehung sind bei Änderungen des Rechts auch schwebende Verfahren einzubeziehen, soweit nicht das neue Recht durch Übergangsbestimmungen etwas anderes vorschreibt. Fehlen diese, sind Verfahren, die nach altem Recht begonnen wurden, nach neuem Recht zu Ende zu führen (VK Brandenburg, B. v. 9. 2. 2009 – Az. VK 5/09).

169.3.2 Besondere Berücksichtigung des Versorgungsauftrags der gesetzlichen Krankenkassen

13088 Das **Regel-Ausnahmeprinzip des § 115 Abs. 1 GWB erfährt keine Änderung durch die in § 69 Absatz 2 Satz 3 SGB V erwähnte „besondere Berücksichtigung des Versorgungsauftrags der gesetzlichen Krankenkassen" bei der Anwendung der Vorschriften des Vergaberechts.** Es erscheint schon fraglich, ob es zulässig wäre, eine eindeutige Entscheidung des Gesetzgebers aufgrund eines (allgemeinen) Gesichtspunkts nachhaltig zu ändern oder sogar ins Gegenteil zu verkehren. Hierzu besteht aber auch keinerlei Anlass, weil dieser **Gesichtspunkt (Versorgungsauftrag) zwanglos im Rahmen der (umfassenden) Interessenabwägung Berücksichtigung finden kann und muss** (LSG Nordrhein-Westfalen, B. v. 19. 2. 2009 – Az.: L 21 KR 16/09 SFB).

169.3.3 Vergaberechtsfreundliche Auslegung der Fragen, ob eine gesetzliche Krankenkasse „öffentlicher Auftraggeber" im Sinne von § 98 GWB ist und ob ein „entgeltlicher" Vertrag im Sinne von § 99 GWB in Rede steht

§ 69 Abs. 2 Satz 1 SGB V erklärt u. a. für Vertragsschlüsse nach § 73 c SGB V die §§ 97 bis 115 GWB – mithin das dort geregelte „Vergaberecht" – für anwendbar, soweit die dort genannten Voraussetzungen erfüllt sind. Grundsätzlich wollte der Gesetzgeber mit der Einführung von § 69 Abs. 2 SGB V die Zweifel daran beseitigen, ob die Vorschriften, die die Pflicht zur Ausschreibung öffentlicher Aufträge und die konkrete Ausgestaltung dieser Verpflichtung regeln, auch auf Versorgungsverträge der Krankenkassen anzuwenden sind. Diese Frage war Gegenstand vieler Rechtsstreitigkeiten sowie noch im Laufe des Jahres 2008 einer Vielzahl wissenschaftlicher Veröffentlichungen. Die **Stoßrichtung des Gesetzes geht nach Auffassung des Senats damit eindeutig in die Richtung, Verträge von gesetzlichen Krankenkassen mit Leistungserbringern den §§ 97 ff. GWB unterfallen zu lassen** mit der Konsequenz, dass unterlegene Bieter spezifischen Rechtsschutz vor den Vergabekammern und sodann bei den Landessozialgerichten finden; diese Intention kann nicht ohne Auswirkungen bleiben bei Beantwortung der Fragen, ob eine gesetzliche Krankenkasse „öffentlicher Auftraggeber" im Sinne von § 98 GWB ist und ob ein „entgeltlicher" Vertrag im Sinne von § 99 GWB in Rede steht. Diese **Fragen sind im Zweifel vergaberechtsfreundlich auszulegen, nachdem der Gesetzgeber eindeutig seine Absicht zum Ausdruck gebracht hat, das Kartellvergaberecht auf Verträge von gesetzlichen Krankenkassen mit Leistungserbringern anzuwenden** (LSG Brandenburg, B. v. 6. 3. 2009 – Az.: L 9 KR 72/09 ER).

13089

169.3.4 Verträge nach § 127 SGB V

Zu den **Rechtsbeziehungen im Sinn des § 69 SGB V** gehören **auch** jene zwischen den Krankenkassen und Leistungserbringern **nach § 127 SGB V** (BSG, B. v. 22. 4. 2009 – Az.: B 3 KR 2/09 D).

13090

170. § 127 SGB V – Verträge

(1) Soweit dies zur Gewährleistung einer wirtschaftlichen und in der Qualität gesicherten Versorgung zweckmäßig ist, können die Krankenkassen, ihre Landesverbände oder Arbeitsgemeinschaften im Wege der Ausschreibung Verträge mit Leistungserbringern oder zu diesem Zweck gebildeten Zusammenschlüssen der Leistungserbringer über die Lieferung einer bestimmten Menge von Hilfsmitteln, die Durchführung einer bestimmten Anzahl von Versorgungen oder die Versorgung für einen bestimmten Zeitraum schließen. Dabei haben sie die Qualität der Hilfsmittel sowie die notwendige Beratung der Versicherten und sonstige erforderliche Dienstleistungen sicherzustellen und für eine wohnortnahe Versorgung der Versicherten zu sorgen. Die im Hilfsmittelverzeichnis nach § 139 festgelegten Anforderungen an die Qualität der Versorgung und der Produkte sind zu beachten. Für Hilfsmittel, die für einen bestimmten Versicherten individuell angefertigt werden, oder Versorgungen mit hohem Dienstleistungsanteil sind Ausschreibungen in der Regel nicht zweckmäßig.

(1 a) Der Spitzenverband Bund der Krankenkassen und die Spitzenorganisationen der Leistungserbringer auf Bundesebene geben erstmalig bis zum 30. Juni 2009 gemeinsam Empfehlungen zur Zweckmäßigkeit von Ausschreibungen ab. Kommt eine Einigung bis zum Ablauf der nach Satz 1 bestimmten Frist nicht zustande, wird der Empfehlungsinhalt durch eine von den Empfehlungspartnern nach Satz 1 gemein-

sam zu benennende unabhängige Schiedsperson festgelegt. Einigen sich die Empfehlungspartner nicht auf eine Schiedsperson, so wird diese von der für den Spitzenverband Bund der Krankenkassen zuständigen Aufsichtsbehörde bestimmt. Die Kosten des Schiedsverfahrens tragen der Spitzenverband Bund und die Spitzenorganisationen der Leistungserbringer je zur Hälfte.

(2) Soweit Ausschreibungen nach Absatz 1 nicht durchgeführt werden, schließen die Krankenkassen, ihre Landesverbände oder Arbeitsgemeinschaften Verträge mit Leistungserbringern oder Verbänden oder sonstigen Zusammenschlüssen der Leistungserbringer über die Einzelheiten der Versorgung mit Hilfsmitteln, deren Wiedereinsatz, die Qualität der Hilfsmittel und zusätzlich zu erbringender Leistungen, die Anforderungen an die Fortbildung der Leistungserbringer, die Preise und die Abrechnung. Absatz 1 Satz 2 und 3 gilt entsprechend. Die Absicht, über die Versorgung mit bestimmten Hilfsmitteln Verträge zu schließen, ist in geeigneter Weise öffentlich bekannt zu machen. Über die Inhalte abgeschlossener Verträge sind andere Leistungserbringer auf Nachfrage unverzüglich zu informieren.

(2a) Den Verträgen nach Absatz 2 Satz 1 können Leistungserbringer zu den gleichen Bedingungen als Vertragspartner beitreten, soweit sie nicht auf Grund bestehender Verträge bereits zur Versorgung der Versicherten berechtigt sind. Verträgen, die mit Verbänden oder sonstigen Zusammenschlüssen der Leistungserbringer abgeschlossen wurden, können auch Verbände und sonstige Zusammenschlüsse der Leistungserbringer beitreten. Die Sätze 1 und 2 gelten entsprechend für fortgeltende Verträge, die vor dem 1. April 2007 abgeschlossen wurden. § 126 Abs. 1a und 2 bleibt unberührt.

(3) Soweit für ein erforderliches Hilfsmittel keine Verträge der Krankenkasse nach Absatz 1 und 2 mit Leistungserbringern bestehen oder durch Vertragspartner eine Versorgung der Versicherten in einer für sie zumutbaren Weise nicht möglich ist, trifft die Krankenkasse eine Vereinbarung im Einzelfall mit einem Leistungserbringer; Absatz 1 Satz 2 und 3 gilt entsprechend. Sie kann vorher auch bei anderen Leistungserbringern in pseudonymisierter Form Preisangebote einholen. In den Fällen des § 33 Abs. 1 Satz 5 und Abs. 6 Satz 3 gilt Satz 1 entsprechend.

(4) Für Hilfsmittel, für die ein Festbetrag festgesetzt wurde, können in den Verträgen nach den Absätzen 1, 2 und 3 Preise höchstens bis zur Höhe des Festbetrags vereinbart werden.

(5) Die Krankenkassen haben ihre Versicherten über die zur Versorgung berechtigten Vertragspartner und auf Nachfrage über die wesentlichen Inhalte der Verträge zu informieren. Sie können auch den Vertragsärzten entsprechende Informationen zur Verfügung stellen.

170.1 Bieterschützende Vorschrift

13091 Der Zweckmäßigkeitsvorbehalt des § 127 SGB V und die dieser Vorschrift zugrunde liegenden sozialrechtlichen Wertentscheidungen sind keine bieterschützenden Regelungen im Sinn von § 97 Abs. 7 GWB. § 127 Abs. 1 Satz 2 SGB V ordnet an, dass die Krankenkassen die Qualität der Hilfsmittel sowie die notwendige Beratung der Versicherten und sonstige erforderliche Dienstleistungen sicherstellen und für eine wohnortnahe Versorgung der Versicherten zu sorgen haben; § 127 Abs. 1 Satz 3 SGB V regelt dabei, dass die im Hilfsmittelverzeichnis nach § 139 SGB V festgelegten Anforderungen an die Qualität der Versorgung und der Produkte zu beachten sind. Es ist jedoch nichts dafür ersichtlich, dass es sich hierbei um eine bieterschützende Vorschrift handelt. Der **Gesetzgeber hat die Regelung vielmehr eingefügt, um sicherzustellen, dass Preisvorteile nicht zu Lasten der Versorgungsqualität gehen** (BT-Drs. 16/3100 S. 141). Auch vor dem Hintergrund, dass im Nachprüfungs- und Beschwerdeverfahren keine allgemeine Rechtmäßigkeitskontrolle durchgeführt wird, **kann ein Bieter insbesondere nicht rügen, dass es sich z.B. bei ableitenden Inkontinenzhilfen um „ausgesprochen komplexe Dienstleistungen"** handele, für die ein Vergabeverfahren auch angesichts des Patientenschutzes nicht in Betracht komme (vgl. hierzu § 127 Abs. 1 Satz 4 SGB V). Im Verhältnis zu den Versicherten sind es die Krankenkassen und Leistungserbringer, die eine bedarfsgerechte und gleichmäßige, dem allgemein anerkannten Stand der medizinischen Erkenntnisse entsprechende Versorgung der Versicherten zu gewährleisten haben (vgl. § 70 Abs. 1 Satz 1 SGB V). Die **in § 127 Abs. 2 und 3 SGB V genannten Vorgaben sind letztlich Ausprägung des das Recht der gesetzlichen Krankenversicherung beherrschenden Grundsatzes der Qualität, Humanität und Wirtschaftlichkeit der Leistungserbringung.** Dafür, dass diese **Vorschriften einen Bieterschutz** i. S. d. **§ 97 Abs. 7 GWB gewährleisten oder Leistungserbringer in die Lage versetzen sollen, Rechte der Versicherten quasi in Prozessstandschaft im Vergabeverfahren geltend zu machen, ergeben sich demgegenüber keine durchgreifenden Anhaltspunkte.** Kommt es im Rahmen der Leistungserbringung zu Mängeln, obliegt es den Krankenkassen im Rahmen des ihnen obliegenden Sicherstellungsauftrages, bei den Leistungserbringern mit den dafür vorgesehenen Maßnahmen auf vollständige und fachgerechte Erfüllung der Verträge hinzuwirken (LSG Nordrhein-Westfalen, B. v. 30. 1. 2009 – Az.: L 21 KR 1/08 SFB).

170.2 Betrieb eines Hilfsmittel-Logistik-Centers

Der **Betreiber eines Hilfsmittel-Logistik-Centers (HLC) ist kein Leistungserbringer gemäß § 126 SGB V**. Sie übernehmen die Eigentumsverwaltung des Hilfsmittelbestands der Krankenkassen. **Leistungserbringer ist vielmehr der Fachhandel**, der von den HLC zum Wiedereinsatz der Hilfsmittel beliefert wird und mit dem die Krankenkasse gesonderte Verträge schließt. Es handelt sich folglich gerade nicht um Beziehungen zwischen Leistungserbringern und gesetzlichen Krankenkassen im sozialrechtlichen Dreiecksverhältnis, die möglicherweise Besonderheiten enthalten und eine Zuständigkeit des Sozialgerichts für sachgerecht erscheinen lassen würden. Die **vertragliche Beziehung zwischen der gesetzlichen Krankenkasse und dem Betreiber des HLC fällt nicht in den Anwendungsbereich des § 127 SGB V** und ist auch nicht durch sonstige Normen des SGB V geregelt. Es genügt insofern nicht, dass eine Vertragspartei eine gesetzliche Krankenkasse ist. Es muss sich vielmehr um eine Angelegenheit nach dem SGB V handeln (VK Baden-Württemberg, B. v. 16. 1. 2009 – Az.: 1 VK 65/08; B. v. 13. 11. 2008 – Az.: 1 VK 41/08; B. v. 6. 11. 2008 – Az.: 1 VK 44/08; B. v. 5. 11. 2008 – Az.: 1 VK 42/08).

13092

171. § 137a SGB V – Umsetzung der Qualitätssicherung und Darstellung der Qualität

(1) Der Gemeinsame Bundesausschuss nach § 91 beauftragt im Rahmen eines Vergabeverfahrens eine fachlich unabhängige Institution, Verfahren zur Messung und Darstellung der Versorgungsqualität für die Durchführung der einrichtungsübergreifenden Qualitätssicherung nach § 115b Abs. 1, § 116b Abs. 4 Satz 4 und 5, § 137 Abs. 1 und § 137f Abs. 2 Nr. 2 zu entwickeln, die möglichst sektorenübergreifend anzulegen sind. Dieser Institution soll auch die Aufgabe übertragen werden, sich an der Durchführung der einrichtungsübergreifenden Qualitätssicherung zu beteiligen. Bereits existierende Einrichtungen sollen genutzt und, soweit erforderlich, in ihrer Organisationsform den in den Sätzen 1 und 2 genannten Aufgaben angepasst werden.

(2) Die Institution ist insbesondere zu beauftragen,

1. für die Messung und Darstellung der Versorgungsqualität möglichst sektorenübergreifend abgestimmte Indikatoren und Instrumente zu entwickeln,
2. die notwendige Dokumentation für die einrichtungsübergreifende Qualitätssicherung unter Berücksichtigung des Gebotes der Datensparsamkeit zu entwickeln,
3. sich an der Durchführung der einrichtungsübergreifenden Qualitätssicherung zu beteiligen und soweit erforderlich, die weiteren Einrichtungen nach Satz 2 einzubeziehen, sowie
4. die Ergebnisse der Qualitätssicherungsmaßnahmen durch die Institution in geeigneter Weise und in einer für die Allgemeinheit verständlichen Form zu veröffentlichen.

In den Fällen, in denen weitere Einrichtungen an der Durchführung der verpflichtenden Maßnahmen der Qualitätssicherung nach § 137 Abs. 1 Nr. 1 mitwirken, haben diese der Institution nach Absatz 1 die für die Wahrnehmung ihrer Aufgaben nach Absatz 2 erforderlichen Daten zur Verfügung zu stellen. Die Institution nach Absatz 1 hat die im Rahmen der verpflichtenden Maßnahmen der Qualitätssicherung nach § 137 Abs. 1 Nr. 1 erhobenen und gemäß Satz 2 übermittelten Daten für Zwecke der wissenschaftlichen Forschung und der Weiterentwicklung der sektoren- und einrichtungsübergreifenden Qualitätssicherung in einem transparenten Verfahren und unter Beachtung datenschutzrechtlicher Vorschriften vorzuhalten und auszuwerten. Die Institution hat dem Gemeinsamen Bundesausschuss auf Anforderung Datenauswertungen zur Verfügung zu stellen, sofern er diese zur Erfüllung seiner gesetzlichen Aufgaben benötigt.

(3) Bei der Entwicklung der Inhalte nach Absatz 2 sind die Kassenärztlichen Bundesvereinigungen, die Deutsche Krankenhausgesellschaft, der Spitzenverband Bund der Krankenkassen, der Verband der privaten Krankenversicherung, die Bundesärztekammer, die Bundeszahnärztekammer, die Bundespsychotherapeutenkammer, die Berufsorganisationen der Krankenpflegeberufe, die wissenschaftlichen medizinischen Fachgesellschaften, die für die Wahrnehmung der Interessen der Patientinnen und Patienten und der Selbsthilfe chronisch kranker und behinderter Menschen maßgeblichen Organisationen auf Bundesebene sowie der oder die Beauftragte der Bundesregierung für die Belange der Patientinnen und Patienten zu beteiligen.

(4) Für die Erfüllung der Aufgaben erhält die Institution vom Gemeinsamen Bundesausschuss eine leistungsbezogene Vergütung. Die Institution kann auch im Auftrag anderer Institutionen gegen Kostenbeteiligung Aufgaben nach Absatz 2 wahrnehmen.

(5) Der Gemeinsame Bundesausschuss hat im Rahmen der Beauftragung sicherzustellen, dass die an der Aufgabenerfüllung nach Absatz 2 beteiligten Institutionen und Personen mögliche Interessenkonflikte offen zu legen haben.

171.1 Auftragnehmer nach § 137a Abs. 1 Satz 3 SGB V

171.1.1 Zusätzliche spezielle Eignungsanforderung der „fachlichen Unabhängigkeit (§ 137a Abs. 1 Satz 1 SGB V)

13093   Unabhängig von den allgemeinen vergaberechtlichen Eignungsanforderungen, wie sie in der VOF in den §§ 12 und 13 niedergelegt sind, sowie von etwaigen diesbezüglichen Konkretisierungen in den Verdingungsunterlagen **enthält § 137a Absatz 1 Satz 1 SGB V für auf der Grundlage dieser Vorschrift durchzuführende Vergabeverfahren die zusätzliche spezielle Eignungsanforderung der „fachlichen Unabhängigkeit" der zu beauftragenden „Institution".** Folglich handelt es sich dabei um ein Eignungsmerkmal, das alle für den Zuschlag in Betracht zu ziehenden Bieter erfüllen müssen und dessen Erfüllung nach der Verfahrenssystematik der VOF (§ 5 Absatz 1 Satz 1 VOF) vom Ag im Rahmen des der Angebots- und Verhandlungsphase vorgeschalteten Teilnahmewettbewerbs zu prüfen war. Dabei **konnte und musste der Ag den relativ unbestimmten Gesetzesbegriff der „fachlichen Unabhängigkeit", in prinzipiell gleicher Weise wie die allgemeinen Eignungsmerkmale** (wirtschaftliche und fachliche Leistungsfähigkeit, Fachkunde, Erfahrung und Zuverlässigkeit, §§ 12 und 13 VOF), in materieller und formaler (Eignungsnachweise) Hinsicht unter Berücksichtigung des sich aus der Gesetzesbegründung zu § 137a SGB V ergebenden Sinns und Zwecks dieser besonderen Eignungsanforderung, die auf die Unabhängigkeit der Bieter gerade von den im Zuge der Auftragsdurchführung zu evaluierenden Leistungserbringern der GKV zielt, **vorab interpretativ konkretisieren und diese Konkretisierung den Bietern bekannt geben.** Bei der Feststellung, ob die einzelnen **Bewerber die so konkretisierte Eignungsanforderung der „fachlichen Unabhängigkeit" erfüllen, stand dem Ag ein von der Vergabekammer nur begrenzt überprüfbarer Ermessensspielraum** zu. Seine Entscheidung kann nur auf Ermessensfehler überprüft werden, also darauf, ob der Ag bei seiner Wertung von falschen Tatsachen ausgegangen ist, Verfahrensvorschriften nicht eingehalten hat, sich von sachfremden Erwägungen hat leiten lassen und/oder allgemein gültige Bewertungsmaßstäbe nicht beachtet hat (2. VK Bund, B. v. 15. 5. 2009 – Az.: VK 2–21/09).

13094   Der **Begriff der fachlichen Unabhängigkeit** in § 137a Abs. 1 Satz 1 SGB V stellt, wie z.B. die Begriffe der Fachkunde, Leistungsfähigkeit und Zuverlässigkeit, einen **unbestimmten Rechtsbegriff dar, dessen Inhalt einer näheren begrifflichen Bestimmung bedarf.**

Diese inhaltliche Begriffsbestimmung kann der Auftraggeber z. B. im Rahmen der Aufgabenbeschreibung vornehmen. Danach kann sich der Begriff der „fachlichen Unabhängigkeit" gleichsam aus den vier (jeweils näher beschriebenen) „Elementen" der „Weisungsfreiheit", der „organisatorischen Unabhängigkeit", der „wirtschaftlichen Unabhängigkeit" sowie der „Freiheit von Interessenkollisionen" zusammensetzen (LSG Nordrhein-Westfalen, B. v. 6. 8. 2009 – Az.: L 21 KR 52/09 SFB).

171.1.2 Inhalt des Begriffs der „bereits existierenden Einrichtungen" (§ 137a Abs. 1 Satz 3 SGB V)

Nach dem Wortlaut von § 137a Abs. 1 Satz 3 SGB V sollen bereits existierende Einrichtungen für die Erledigung der Aufgaben nach § 137a Abs. 1 Satz 1, 2 SGB V genutzt werden. **Nach Sinn und Zweck des § 137a Absatz 1 Satz 3 SGB V kann sich dieser nicht auf die Auftragsvergabe in § 137a Absatz 1 Satz 1 SGB V beziehen, sondern allenfalls auf die (nachträgliche) Nutzung von einschlägigen Einrichtungen**, wie beispielsweise den Landesgeschäftsstellen für Qualitätssicherung oder u. U. auch des Gemeinsamen Bundesausschusses im Rahmen der **Auftragsdurchführung**, z. B. im Wege von Kooperationsvereinbarungen o. ä. Hingegen ist die Frage, ob ein Ausschreibungsgewinner, um – wie es der Gesetzgeber in der Begründung formuliert hat – zusätzlichen finanziellen und organisatorischen Aufwand bei der Neugestaltung zu vermeiden und gleichzeitig Wissen und Erfahrung zu nutzen – zwingend oder auch nur bevorzugt aus dem Kreis der bestehenden Einrichtungen zu ermitteln ist, eindeutig zu verneinen. Angesichts der vom Gesetzgeber intendierten Durchführung eines Vergabeverfahrens verbietet es sich, Satz 3 in Satz 1 der in Rede stehenden **Bestimmung als Bedingung für das Vergabeverfahren hineinzulesen. Jedes andere Verständnis würde zur Annahme der Perplexität der Norm führen**, da die Verpflichtung zu einem wettbewerblichen Vergabeverfahren mit der gleichzeitigen Vorgabe der Berücksichtigung aller „bereits existierenden Einrichtungen" beim Zuschlag dem Auftraggeber eine unmögliche Anforderung auferlegen würde. Anderenfalls wäre auch die **Durchführung eines Vergabeverfahrens und damit der Normauftrag des Satzes 1 obsolet** (2. VK Bund, B. v. 15. 5. 2009 – Az.: VK 2–21/09).

Teil 7
Sektorenverordnung (SektVO)

3. Teil
Sektorenverordnung (SektVO)

Inhaltsverzeichnis

Die Angaben beziehen sich auf Seitenzahlen

172.	Einführung zur SektVO	2607
172.1	Allgemeines	2607
172.2	Aktuelle Fassung und Änderungen	2607
172.3	Hintergrund und Regelungsziele	2607
172.4	Literatur	2608
173.	§ 1 SektVO – Anwendungsbereich	2608
173.1	Verordnungsbegründung	2608
173.2	Persönlicher Anwendungsbereich (§ 1 Abs. 1 Satz 1)	2609
173.3	Sachlicher Anwendungsbereich	2609
173.3.1	Anlage zu § 98 Nr. 4 GWB	2609
173.3.2	Ausnahmeregelungen des § 100 Abs. 2 GWB	2609
173.3.3	Ältere Rechtsprechung	2609
173.4	Erreichen oder Übersteigen der Schwellenwerte (§ 1 Abs. 2)	2610
173.4.1	Änderungen durch die VgV/SektVO-AnpassungsVO 2010	2610
173.4.2	Allgemeines	2610
173.4.3	Grundlage der Schwellenwerte	2610
173.4.4	Vereinbarkeit der Schwellenwerte mit dem Grundgesetz	2612
174.	§ 2 SektVO – Schätzung des Auftragswertes	2612
174.1	Begründung	2613
174.2	Änderungen durch die VgV/SektVO-AnpassungsVO 2010	2613
174.3	Vergleichbare Vorschriften	2613
174.4	Bieterschützende Regelung	2613
174.5	Voraussichtliche Gesamtvergütung (§ 2)	2614
174.6	Manipulationen bei der Schätzung oder Aufteilung des Auftragswertes (§ 2 Abs. 2)	2614
174.7	Berücksichtigung der Laufzeit von Liefer- und Dienstleistungsaufträgen bei der Schätzung (§ 2 Abs. 4)	2614
174.8	Schätzung des Auftragswertes von Bauleistungen (§ 2 Abs. 5)	2614
174.9	Rahmenvereinbarung oder dynamisches elektronisches Beschaffungssystem sowie losweise Vergabe (§ 2 Abs. 6)	2614
174.9.1	Rahmenvereinbarung oder dynamisches elektronisches Beschaffungssystem (§ 2 Abs. 6 Satz 1)	2614
174.9.2	Schätzung des Auftragswerts bei Losen (§ 2 Abs. 6 Satz 2)	2614
174.9.3	Schätzung des Auftragswerts bei Losen von Bauaufträgen (§ 2 Abs. 6 Satz 3, 4)	2614
174.9.4	Schätzung des Auftragswerts bei Losen von Liefer- und Dienstleistungsaufträgen (§ 2 Abs. 6 Satz 3, 4)	2615
174.10	Schwellenwert bei Wettbewerben (§ 2 Abs. 7)	2616
174.11	Schwellenwert bei der Wiederholung gleichartiger Bauleistungen (§ 2 Abs. 8)	2616
174.12	Maßgeblicher Zeitpunkt für die Schätzung des Auftragswerts (§ 2 Abs. 9)	2616
174.13	Sonstige in der SektVO nicht geregelte Fälle	2616
174.14	Wegfall des Schwellenwertes bei einer Teilaufhebung?	2616
174.15	Darlegungs- und Beweislast für das Erreichen des Schwellenwerts	2616
174.16	Literatur	2616
175.	§ 3 – Ausnahme für Sektorentätigkeiten, die unmittelbar dem Wettbewerb ausgesetzt sind	2616
175.1	Verordnungsbegründung	2618
176.	§ 4 – Dienstleistungen des Anhangs 1	2618
176.1	Verordnungsbegründung	2619

2601

Teil 7 Inhaltsverzeichnis Sektorenverordnung

176.2	Vergleichbare Vorschriften	2619
176.3	Beispiele aus der Rechtsprechung	2619
177.	§ 5 – Wege der Informationsübermittlung, Vertraulichkeit der Teilnahmeanträge und Angebote	2619
177.1	Verordnungsbegründung	2620
177.2	Vergleichbare Vorschriften	2621
178.	§ 6 – Vergabeverfahren	2621
178.1	Verordnungsbegründung	2622
178.2	Freie Wahl der Vergabeart	2623
178.3	Verhandlungsverfahren ohne vorherigen Teilnahmewettbewerb	2623
179.	§ 7 – Leistungsbeschreibung, technische Anforderungen	2623
179.1	Verordnungsbegründung	2624
179.2	Änderungen durch die VgV/SektVO-AnpassungsVO 2010	2625
179.3	Vergleichbare Vorschriften	2625
179.4	Rechtsprechung	2625
179.4.1	Änderung des Leistungsverzeichnisses durch den Auftraggeber während der Ausschreibung	2625
180.	§ 8 – Nebenangebote und Unteraufträge	2626
180.1	Verordnungsbegründung	2626
180.2	Zulassung von Nebenangeboten (§ 8 Abs. 1)	2626
180.3	Anforderungen bei der Zulassung von Nebenangeboten	2627
180.4	Unteraufträge (§ 8 Abs. 3)	2627
180.4.1	Zulässiger Einsatz von Nachunternehmern	2627
180.4.2	Forderung nach Nennung der Nachunternehmerleistungen	2627
180.4.3	Forderung nach Nennung der Nachunternehmer	2627
181.	§ 9 – Rahmenvereinbarungen	2627
181.1	Verordnungsbegründung	2627
181.2	Rechtsprechung	2628
182.	§ 10 – Dynamische elektronische Verfahren	2628
182.1	Verordnungsbegründung	2629
183.	§ 11 – Wettbewerbe	2629
183.1	Verordnungsbegründung	2630
183.2	Vergleichbare Vorschriften	2630
183.3	Wettbewerbe nach § 99 Absatz 5 des Gesetzes gegen Wettbewerbsbeschränkungen (§ 11 Abs. 1)	2630
183.4	Regeln für einen Wettbewerb (§ 11 Abs. 2)	2630
183.5	Beschränkung der Zulassung zur Teilnahme an einem Wettbewerb (§ 11 Abs. 3 Satz 1)	2630
183.6	Eindeutige und nichtdiskriminierende Auswahlkriterien (§ 11 Abs. 3 Satz 2)	2631
183.7	Notwendige Anzahl der Bewerber (§ 11 Abs. 3 Satz 3)	2631
183.8	Anforderungen an das Preisgericht (§ 11 Abs. 4)	2631
183.9	Unabhängigkeit des Preisgerichts (§ 11 Abs. 5)	2631
183.10	Bericht des Preisgerichts (§ 11 Abs. 6)	2631
184.	§ 12 – Pflicht zur Bekanntmachung, Beschafferprofil, zusätzliche Bekanntmachungen	2631
184.1	Verordnungsbegründung	2632
184.2	Bekanntmachung vergebener Aufträge und der Ergebnisse eines Wettbewerbs (§ 12 Abs. 1)	2632

184.3	Fristenverkürzungen (§ 12 Abs. 2)	2632
184.4	Beschafferprofil (§ 12 Abs. 3)	2632
184.5	Zentrales Internetportal des Bundes (§ 12 Abs. 4)	2632
184.6	Angabe der Anschrift der Vergabekammer (§ 12 Abs. 5)	2633
184.7	Zur Veröffentlichung von veröffentlichungsfreien Aufträgen (§ 12 Abs. 6)	2633
185.	§ 13 – Regelmäßige nicht verbindliche Bekanntmachung	2633
185.1	Verordnungsbegründung	2633
185.2	Vergleichbare Vorschriften	2633
185.3	Sinn und Zweck der Regelung	2634
185.4	Inhalt der regelmäßigen nicht verbindlichen Bekanntmachung (§ 13 Abs. 3)	2634
185.5	Rechtsprechung	2634
186.	§ 14 – Bekanntmachungen von Aufrufen zum Teilnahmewettbewerb	2634
186.1	Verordnungsbegründung	2634
187.	§ 15 – Bekanntmachung von vergebenen Aufträgen	2635
187.1	Verordnungsbegründung	2635
187.2	Inhalt und Muster	2635
188.	§ 16 – Abfassung der Bekanntmachungen	2635
188.1	Verordnungsbegründung	2636
188.2	Verwendung von Mustern (§ 16 Abs. 1 Satz 3)	2636
188.3	Rechtsprechung	2636
188.3.1	Notwendigkeit der Forderung von Eignungsnachweisen in der Bekanntmachung	2636
189.	§ 17 – Fristen	2637
189.1	Verordnungsbegründung	2637
189.2	Angemessene Fristen (§ 17 Abs. 1)	2637
189.3	Regelfrist für den Eingang der Angebote bei offenen Verfahren (§ 17 Abs. 2)	2637
189.4	Regelfristen und verkürzte Fristen für den Eingang von Teilnahmeanträgen und Angeboten bei nichtoffenen Verfahren und Verhandlungsverfahren mit Bekanntmachung (§ 17 Abs. 3)	2638
189.5	Angemessene Verlängerung von Fristen (§ 17 Abs. 4)	2638
190.	§ 18 – Verkürzte Fristen	2638
190.1	Verordnungsbegründung	2639
190.2	Hinweis	2639
190.3	Verkürzung der Eingangsfrist für Angebote im offenen Verfahren (§ 18 Abs. 1)	2639
190.4	Verkürzte Fristen bei elektronisch erstellten und versandten Bekanntmachungen (§ 18 Abs. 2)	2639
190.5	Verkürzte Fristen bei vollständig elektronischer Verfügbarkeit sämtlicher Vergabeunterlagen (§ 18 Abs. 3)	2639
190.5.1	Allgemeines	2639
190.5.2	Rechtsprechung	2640
190.6	Kumulierungsregelung (§ 18 Abs. 4)	2640
191.	§ 19 – Fristen für Vergabeunterlagen, zusätzliche Unterlagen und Auskünfte	2640
191.1	Verordnungsbegründung	2640
191.2	Übersendung der Vergabeunterlagen (§ 19 Abs. 1)	2640
191.3	Erteilung zusätzlicher Auskünfte (§ 19 Abs. 2)	2640
191.4	Nachreichen von Erklärungen und Nachweisen (§ 19 Abs. 3)	2641
192.	§ 20 – Eignung und Auswahl der Unternehmen	2641
192.1	Verordnungsbegründung	2641

Teil 7 Inhaltsverzeichnis Sektorenverordnung

192.2	Eignungskriterien (§ 20 Abs. 1)	2642
192.3	Zugänglichkeit der Eignungskriterien (§ 20 Abs. 1)	2642
192.4	**Verringerung der Zahl der Bewerber (§ 20 Abs. 2)**	2642
192.4.1	Allgemeines	2642
192.4.2	Rechtsprechung	2642
192.5	**Berufung auf Kapazitäten Dritter (§ 20 Abs. 3)**	2643
192.5.1	Allgemeines	2643
192.5.2	Zulässigkeit eines Generalunternehmer- bzw. Generalübernehmereinsatzes	2643
192.5.3	Nachweis der Verfügbarkeit über die Kapazitäten Dritter	2643
192.6	Verlangen bestimmter Angaben von juristischen Personen (§ 20 Abs. 4)	2643
192.7	Benachrichtigungspflicht gegenüber einem nicht berücksichtigten Bewerber (§ 20 Abs. 5)	2643
193.	**§ 21 – Ausschluss vom Vergabeverfahren**	2643
193.1	Verordnungsbegründung	2644
193.2	**Grundsätzlich zwingender Ausschluss von Unternehmen (§ 21 Abs. 1)**	2645
193.2.1	Verpflichtete Auftraggeber	2645
193.2.2	Vergleichbare Vorschriften	2645
193.2.3	Rechtsprechung	2645
193.3	Zurechenbarkeitsregelung (§ 21 Abs. 2)	2645
193.4	Ausnahme zum grundsätzlich zwingenden Ausschluss (§ 21 Abs. 3)	2645
193.5	Fakultative Ausschlussgründe (§ 21 Abs. 4)	2645
193.6	Bindung an Ausschlusskriterien (§ 21 Abs. 5)	2646
193.7	Ausschließliche Verantwortung des Auftraggebers für das Vergabeverfahren	2646
194.	**§ 22 – Bewerber- und Bietergemeinschaften**	2646
194.1	Verordnungsbegründung	2646
194.2	Gleichsetzung der Bieter- bzw. der Bewerbergemeinschaft mit Einzelbietern bzw. Einzelbewerbern (§ 22 Satz 1)	2646
194.3	Notwendige Rechtsform einer Bietergemeinschaft im Fall der Auftragsvergabe (§ 22 Satz 2)	2646
195.	**§ 23 – Qualitätssicherungs- und Umweltmanagementnormen**	2646
195.1	Verordnungsbegründung	2647
195.2	Qualitätssicherungsnormen (§ 23 Abs. 1)	2647
195.3	Umweltmanagementnormen (§ 23 Abs. 2)	2647
196.	**§ 24 – Prüfungssysteme**	2647
196.1	Verordnungsbegründung	2648
196.2	Allgemeines	2649
196.3	Objektive Regeln und Kriterien als Basis des Prüfungssystems (§ 24 Abs. 1)	2649
196.4	**Entzug der Qualifikation für das Prüfungssystem (§ 24 Abs. 10)**	2649
196.4.1	Entzug der Präqualifikation als Gegenstand eines Nachprüfungsverfahrens	2649
196.4.2	Vorherige Mitteilung in Textform	2649
196.5	Literatur	2649
197.	**§ 25 – Aufforderung zur Angebotsabgabe oder zur Verhandlung**	2649
197.1	Verordnungsbegründung	2650
197.2	Regelung nur des nichtoffenen Verfahrens und des Verhandlungsverfahrens	2650
197.3	Begriff der Textform (§ 25 Abs. 1 Satz 1)	2650
197.4	Aufforderung zur Verhandlung vor einer Angebotsabgabe (§ 25 Abs. 1 Satz 1)	2650
197.5	Notwendige Bestandteile der Aufforderung zur Angebotsabgabe (§ 25 Abs. 2, Abs. 4)	2651
197.6	Interessensbestätigung bei einem Aufruf zum Wettbewerb durch eine regelmäßige nicht verbindliche Bekanntmachung (§ 25 Abs. 5)	2651

198.	§ 26 – Behandlung der Angebote	2651
198.1	Verordnungsbegründung	2651
198.2	Wertungsstufen	2651
198.3	Rechtsprechung	2651
198.3.1	Allgemeiner Hinweis	2651
198.3.2	Spezielle Rechtsprechung zu Sektorenausschreibungen	2651
199.	§ 27 – Ungewöhnlich niedrige Angebote	2654
199.1	Verordnungsbegründung	2654
199.2	Vergleichbare Vorschriften	2655
199.3	Ausschluss ungewöhnlich niedriger Angebote (§ 27 Abs. 2)	2655
199.4	Ausschluss eines wegen der Gewährung einer staatlichen Beihilfe ungewöhnlich niedrigen Angebots (§ 27 Abs. 3)	2655
200.	§ 28 – Angebote, die Waren aus Drittländern umfassen	2655
200.1	Verordnungsbegründung	2655
200.2	Sachlicher Anwendungsbereich	2656
200.3	Vereinbarungen über gegenseitigen Marktzugang (§ 28 Abs. 1)	2656
201.	§ 29 – Zuschlag und Zuschlagskriterien	2656
201.1	Verordnungsbegründung	2656
201.2	Zuschlag auf das wirtschaftlich günstigste Angebot (§ 29 Abs. 1)	2657
201.3	Zuschlagskriterien (§ 29 Abs. 2)	2657
201.4	Gebühren- und Honorarordnungen (§ 29 Abs. 4)	2658
201.5	Angabe der Zuschlagskriterien und deren Gewichtung (§ 29 Abs. 5)	2658
201.6	Bindung an die Zuschlagskriterien	2658
201.7	Information der Bieter über die Zuschlagsentscheidung (§ 29 Abs. 6)	2658
202.	§ 30 – Aufhebung und Einstellung des Vergabeverfahrens	2658
202.1	Verordnungsbegründung	2658
202.2	Gründe für eine Aufhebung	2659
202.2.1	Allgemeines	2659
202.2.2	Ältere Rechtsprechung	2659
202.3	Teilaufhebung	2659
202.4	Information der Bieter	2659
203.	§ 31 – Ausnahme von Informationspflichten	2659
203.1	Verordnungsbegründung	2659
203.2	Verhältnis zu § 101 a GWB	2660
204.	§ 32 – Dokumentation und Aufbewahrung der sachdienlichen Unterlagen	2660
204.1	Verordnungsbegründung	2660
204.2	Rechtsprechung	2660
204.2.1	Anforderungen an die Dokumentation	2660
205.	§ 33 – Statistik	2660
205.1	Verordnungsbegründung	2661
206.	§ 34 – Übergangsbestimmungen	2661
206.1	Verordnungsbegründung	2661
206.2	Vergleichbare Vorschriften	2661
207.	Anhang zur SektVO	2661
207.1	Allgemeines	2661
207.2	Gebot der Berücksichtigung mittelständischer Interessen nach § 97 Abs. 3 GWB	2661
207.3	Geltung der wesentlichen Prinzipien des Vergaberechts im Verhandlungsverfahren	2661

172. Einführung zur SektVO

172.1 Allgemeines

Die Verordnung über die Vergabe von Aufträgen im Bereich des Verkehrs, der Trinkwasserversorgung und der Energieversorgung (Sektorenverordnung – SektVO) **beruht rechtlich auf der Ermächtigungsgrundlage der § 97 Abs. 6 und § 127 Nr. 1, 2, 8 und 9 des Gesetzes gegen Wettbewerbsbeschränkungen (GWB)**. 13096

172.2 Aktuelle Fassung und Änderungen

Die **derzeit gültige Fassung** ist **als Artikel 1** der Verordnung zur Neuregelung der für die Vergabe von Aufträgen im Bereich des Verkehrs, der Trinkwasserversorgung und der Energieversorgung anzuwendenden Regeln vom **23. September 2009, BGBl. I 2009, S. 3110**, bekannt gemacht worden; sie wurde **zuletzt geändert** durch die Verordnung zur Anpassung der Verordnung über die Vergabe öffentlicher Aufträge (Vergabeverordnung – VgV) sowie der Verordnung über die Vergabe von Aufträgen im Bereich des Verkehrs, der Trinkwasserversorgung und der Energieversorgung (Sektorenverordnung – SektVO) vom **7. Juni 2010, BGBl. I 2010, S. 724**. 13097

172.3 Hintergrund und Regelungsziele

Der europäische Gesetzgeber hat am 31. März 2004 die Richtlinie 2004/17/EG des Europäischen Parlaments und des Europäischen Rates zur Koordinierung der Zuschlagserteilung durch Auftraggeber im Bereich des Wasser-, Energie- und Verkehrsversorgung sowie der Postdienste beschlossen. Sie ersetzt, vereinfacht und modernisiert die bislang für diese Bereiche geltende Richtlinie 93/38/EWG. Die Richtlinie 2004/17/EG zielt auf eine Stärkung des Wettbewerbs um Aufträge von Auftraggebern, die in den Bereichen der Trinkwasser-, Energie- und Verkehrsversorgung und der Postdienste tätig sind. Insbesondere werden der Einsatz der elektronischen Medien verstärkt und Anpassungen an die EuGH-Rechtsprechung sowie die fortschreitenden Liberalisierungsbemühungen in diesen Bereichen vorgenommen. 13098

Die **Mitgliedstaaten waren verpflichtet, die Bestimmungen der Richtlinie bis 31. 1. 2006 in nationales Recht zu übernehmen**. In Deutschland ist die Umsetzung in einem ersten Schritt mit der Dritten Verordnung zur Änderung der Vergabeverordnung und der Verweisung auf die geänderten Abschnitte 3 und 4 der Verdingungsordnungen VOL/A 2006 und VOB/A 2006 erfolgt. Die **SektVO dient der ergänzenden Umsetzung der Vorschriften der Richtlinie 2004/17/EG**. 13099

Die EU-Richtlinie 2004/17/EG regelt den Mindeststandard für die Verfahren zur Vergabe öffentlicher Aufträge mit dem Ziel, in allen Mitgliedstaaten grundsätzlich gleiche Bedingungen zu schaffen. Nur dieser Mindeststandard wird in der Sektorenverordnung aufgenommen. 13100

Es **erfolgt eine Neuregelung der für die Sektorenauftraggeber anzuwendenden Vergaberegeln in einer Verordnung**. Sie ersetzt für den Sektorenbereich die Vergabeverordnung (VgV), die bisher die öffentlichen Auftraggeber aller Bereiche verpflichtet, bei der Vergabe von Aufträgen oberhalb der EU-Schwellenwerte die Verdingungsordnungen VOL/A, VOB/A und VOF anzuwenden. Die **VgV wird künftig nur noch für die sog. klassischen öffentlichen Auftraggeber (Bund, Länder, Gemeinden, deren Verbände, andere juristische Personen des öffentlichen Rechts und öffentlich beherrschte im Allgemeininteresse tätige juristischen Personen des Privatrechts) gelten. Für die Bereiche des Verkehrs, der Trinkwasser- und der Energieversorgung gilt künftig neben dem vierten Teil des Gesetzes gegen Wettbewerbsbeschränkungen (GWB) die neue Sektorenverordnung**. Damit wird für diese Bereiche eine wichtige Erleichterung und zugleich eine Regelungsverschlankung in diesem Bereich erreicht. Die Rechtsanwendung wird einfacher, rechtssicherer und damit unanfälliger für Nachprüfungsverfahren. Zugleich werden neue elektronische Verfahren und ein Verfahren, das zur Befreiung von der Anwendungsverpflichtung der Sektorenvergaberegeln beim Vorliegen von tatsächlichem Wettbewerb führt, übernommen. 13101

Die **Abschnitte 3 und 4 von VOB/A 2006 und VOL/A 2006 sind in der VOB/A 2009 und der VOL/A 2009 entfallen**. 13102

Teil 7 SektVO § 1 Sektorenverordnung

13103 Die Umsetzung der EU-Vergaberichtlinie 2004/18/EG für die klassischen öffentlichen Auftraggeber erfolgt unabhängig davon. Hier bleibt es bei der Vergabeverordnung (VgV) mit der Verpflichtung zur Anwendung der Verdingungsordnungen VOL/A, VOB/A und der VOF.

13104 **Für den von der Richtlinie 2004/17/EG auch erfassten Postbereich erfolgt keine Umsetzung. Es kann davon ausgegangen werden, dass in Deutschland mit dem Auslaufen des gesetzlichen Briefmonopols kein Unternehmen mehr besteht**, das die in der Richtlinie vorgegebenen Voraussetzungen eines Auftraggebers im Postbereich erfüllt.

172.4 Literatur

13105 – Jasper, Ute/Seidel, Jan, Die Sektorenverordnung – Neue Vergaberegeln für Verkehrsunternehmen, Nahverkehrspraxis 2010, 38

– Müller, Hans-Peter, Verordnung über die Vergabe von Aufträgen im Bereich des Verkehrs, der Trinkwasserversorgung und der Energieversorgung Sektorenverordnung (SektVO) – Ein Überblick, VergabeR 2010, 302

– Zeiss, Christopher, Sektorenverordnung verfassungswidrig – Gebührenerhebung durch Bundeskartellamt unzulässig?, NVwZ 2010, 556

173. § 1 SektVO – Anwendungsbereich

(1) **Diese Verordnung gilt für Auftraggeber nach § 98 Nummer 1 bis 4 des Gesetzes gegen Wettbewerbsbeschränkungen. Sie trifft nähere Bestimmungen über die Vergabe von Aufträgen, die im Zusammenhang mit Tätigkeiten auf dem Gebiet der Trinkwasser- oder Energieversorgung oder des Verkehrs (Sektorentätigkeiten) vergeben werden. Bau- und Dienstleistungskonzessionen sind nicht umfasst.**

(2) **Die Verordnung gilt nur für Aufträge, deren geschätzte Auftragswerte die Schwellenwerte erreichen oder übersteigen**, die in Artikel 16 der Richtlinie 2004/17/EG des Europäischen Parlaments und des Rates vom 31. März 2004 zur Koordinierung der Zuschlagserteilung durch Auftraggeber im Bereich der Wasser-, Energie- und Verkehrsversorgung sowie der Postdienste (ABl. L 134 vom 30. 4. 2004, S. 1), die zuletzt durch die Verordnung (EG) Nr. 1177/2009 der Kommission der Europäischen Gemeinschaft vom 30. November 2009 (ABl. L 314 vom 1. 12. 2009, S. 64) geändert worden ist, festgelegt und nach Artikel 69 der Richtlinie jeweils angepasst sind und gelten.

173.1 Verordnungsbegründung

13106 Die **Verordnung gilt für öffentliche Auftraggeber in den Bereichen des Verkehrs, der Trinkwasserversorgung und der Energieversorgung (Sektorentätigkeit) für die Vergabe öffentlicher Liefer-, Bau- und Dienstleistungsaufträge nach § 99 GWB oberhalb bestimmter, in Artikel 16 der EU-Vergaberichtlinie 2004/17/EG vorgegebener Auftragswerte, soweit sie der Ausübung von Sektorentätigkeiten dienen.** Eine Gemeinde z.B., die die Trinkwasserversorgung über ihren Regiebetrieb betreibt, fällt nur für die Aufträge, die im Zusammenhang mit der Trinkwasserversorgung stehen, in den Anwendungsbereich der Verordnung. Vergibt sie Aufträge in einem anderen – außerhalb des Verkehrs, der Trinkwasserversorgung und der Energieversorgung liegenden Bereich –, gilt die Vergabeverordnung. Zur Abgrenzung der in diesen Bereichen tätigen öffentlichen Auftraggeber gegenüber den sog. „klassischen Auftraggebern" werden die Auftraggeber, die in den Bereichen des Verkehrs, der Trinkwasserversorgung und der Energieversorgung tätig sind, **in der Verordnung als „Sektorenauftraggeber" bezeichnet**. Dieser Begriff wird in § 1 Absatz 1 eingeführt.

13107 **Absatz 2 legt die Schwellenwerte fest, ab denen die Verordnung zur Anwendung kommt**. Sie entsprechen der Regelung in der Richtlinie 2004/17/EG. Die Schwellenwerte sind eng verknüpft mit den Schwellenwerten des WTO-Beschaffungsabkommens. Die im Beschaffungsübereinkommen in Sonderziehungsrechten (SZR) ausgedrückten Werte werden als

2608

Sektorenverordnung   SektVO § 1   **Teil 7**

Gegenwert in Euro von der Richtlinie 2004/17/EG übernommen. Die Überprüfung der Gegenwerte und die entsprechende Anpassung des Schwellenwertes der Richtlinie erfolgt durch die Europäische Kommission alle zwei Jahre. Der Schwellenwert der Verordnung entspricht diesem regelmäßig angepassten Gegenwert der Sonderziehungsrechte in Euro.

173.2 Persönlicher Anwendungsbereich (§ 1 Abs. 1 Satz 1)

Die SektVO gilt für alle Auftraggeber nach § 98 Nummer 1 bis 4 GWB. Die Streitfrage, ob auf einen Auftraggeber § 98 Nr. 2 oder § 98 Nr. 4 GWB anzuwenden ist, hat sich erledigt. Das anzuwendende **Vergaberecht bestimmt sich für die Sektorentätigkeiten aller Auftraggeber nach § 98 Nr. 1–4 GWB nach der SektVO.** 13108

Vgl. zu den Einzelheiten die Kommentierung zu § 98 GWB Rdn. 131 ff. 13109

173.3 Sachlicher Anwendungsbereich

173.3.1 Anlage zu § 98 Nr. 4 GWB

Welche Tätigkeiten Sektorentätigkeiten sind, bestimmt sich nach der Anlage zu § 98 Nr. 4 GWB. Zu beachten ist, dass die **Anlage auch Ausnahmetatbestände enthält.** 13110

173.3.2 Ausnahmeregelungen des § 100 Abs. 2 GWB

§ 100 Abs. 2 lit. f, lit. i, lit. o, lit. p, lit. q, lit. r, lit. s und lit. t enthalten **ebenfalls Ausnahmeregelungen** für Sektorentätigkeiten. 13111

Vgl. dazu die Kommentierung zu § 100 GWB Rdn. 131 ff, 150, 171 ff. 13112

173.3.3 Ältere Rechtsprechung

173.3.3.1 Grundsätze

Die Tätigkeit eines Auftraggebers nach § 98 Nr. 4 GWB (Sektorenauftraggeber) gilt dann **nicht als eine Tätigkeit im Sektorenbereich, wenn sie einem anderen Zweck als der Durchführung der genannten Tätigkeiten dienen** (VK Südbayern, B. v. 21. 4. 2009 – Az.: Z3-3-3194-1-09-02/09). 13113

Kennzeichnend dafür, dass eine juristische Person des privaten Rechts als **Auftraggeber von § 98 Nr. 2 GWB erfasst** wird, ist also die **Erfüllung im Allgemeininteresse liegender Aufgaben nichtgewerblicher Art**, d. h. Vorsorgetätigkeit für die Bürger, bei der Wirtschaftlichkeitsaspekte nicht im Vordergrund stehen, sowie überwiegende Finanzierung durch die öffentliche Hand oder beherrschender Einfluss der öffentlichen Hand infolge mehrheitlicher Beteiligung oder Aufsicht. **Merkmal der Sektorenauftraggeber i. S. d. 4. Abschnitts ist es hingegen gerade, dass Wirtschaftlichkeitsaspekte Vorrang vor Vorsorgeüberlegungen haben. Sektorenauftraggeber nehmen am Marktgeschehen teil wie ein normales Wirtschaftsunternehmen, so dass ihre wirtschaftliche Tätigkeit einen wesentlichen Umfang haben muss.** Es heißt aber insbesondere, dass sie sich im Wettbewerb mit Konkurrenten mit dem gleichen Geschäftszweck befinden und ihre Tätigkeit in erster Linie gewinnorientiert ist. Aus diesem Grund fallen kommunale Unternehmen im Bereich des öffentlichen Personennahverkehrs (wie Verkehrs-AG oder Verkehrsverbund-GmbH) regelmäßig nicht unter den Abschnitt 4 der VOL/A, da es eine Gewinnorientierung hier nicht gibt (VK Lüneburg, B. v. 11. 10. 2005 – Az.: VgK-45/2005; B. v. 5. 10. 2005 – Az.: VgK-44/2005; VK Niedersachsen, B. v. 17. 4. 2009 – Az.: VgK-12/2009). 13114

173.3.3.2 Weitere Beispiele aus der Rechtsprechung

– auch nach der Umwandlung und Neustrukturierung in einen Aktienkonzern (**RAG-Konzern**) mit darüber hinaus gehenden Funktionen wie z. B. Müllentsorgung betätigt sich jedoch der Gesamtkonzern mit allen seinen Töchtern **auf dem Gebiet auf dem Gebiet der Energieversorgung im weitesten Sinne**. Insbesondere die Antragsgegnerin lässt in ihrer Aufgabenstruktur das **intensive Zusammenspiel der Konzerntöchter zur Zielerreichung der Konzernmutter** erkennen und gerade die **zentrale Finanzierung** verdeutlicht 13115

Teil 7 SektVO § 1 Sektorenverordnung

die Gemeinsamkeit von Ziel und Arbeit aller Konzerntöchter. **Im Sinne eines funktionalen Auftraggeberbegriffs sind daher alle Konzernmitglieder für die hier umstrittene Ausschreibung als Auftraggeber im Sinne des § 98 Nr. 4 GWB zu qualifizieren.** Eine andere Auslegung, die dann eine reines privatrechtliches Geschehen unter privaten Unternehmen anzunehmen zuließe, würde zu einer Umgehung des gesetzgeberischen Willens führen, auch diese Unternehmen dem Vergaberecht zu unterstellen. Die **Gründung einer Tochterfirma für Beschaffungen wäre jedenfalls insoweit als Umgehung zu betrachten.** Insoweit ist die sich in der Handhabung darstellende Rechtsauffassung der Antragsgegnerin, zur Ausschreibung – wenigstens bis zum 1. 2. 2006 – verpflichtet zu sein, im Kern zu bestätigen. **Ob die in dem Erwägungsgrund 25 der Richtlinie 2004/17/EG niedergelegte Rechtsauslegung des EU-Gesetzgebers nach dem 1. 2. 06 zu einer Befreiung der Antragsgegnerin vom Kartellvergaberecht führt**, braucht aufgrund der zeitlich vorgehenden Ausschreibung **nicht entschieden** werden (VK Arnsberg, B. v. 13. 6. 2006 – Az.: VK 10/06).

173.4 Erreichen oder Übersteigen der Schwellenwerte (§ 1 Abs. 2)

173.4.1 Änderungen durch die VgV/SektVO-AnpassungsVO 2010

13116 Die Höhe der Schwellenwerte wurde an die Verordnung der EG zur Regelung der Schwellenwerte – Verordnung (EG) Nr. 1177/2009 vom 30. November 2009 (ABl. L 314 vom 1. 12. 2009, S. 64 – angepasst.

173.4.2 Allgemeines

13117 Das Vergaberecht des GWB und der SektVO – und damit der Primärrechtsschutz – gilt nach § 100 GWB nur für Aufträge, welche die **Auftragswerte erreichen oder überschreiten**, die durch Rechtsverordnung nach § 127 GWB festgelegt sind (Schwellenwerte). **§ 1 Abs. 2 SektVO legt diese Schwellenwerte fest**; § 2 SektVO enthält Regelungen zur Berechnung der Schwellenwerte.

13118 Vgl. dazu im Einzelnen die Kommentierung zu § 100 GWB Rdn. 5 ff.

173.4.3 Grundlage der Schwellenwerte

173.4.3.1 Änderungen durch die VgV/SektVO-AnpassungsVO 2010

13119 Die in der Richtlinie 2004/18/EG festgelegten Schwellenwerte werden für die dem Geltungsbereich dieser Richtlinie unterfallenden Vergabeverfahren regelmäßig durch Verordnung der EU-Kommission der Europäischen Gemeinschaft geändert. Die Werte sind im WTO-Beschaffungsübereinkommen in Sonderziehungsrechten ausgedrückt und werden alle zwei Jahre hinsichtlich der Gegenwerte in Euro überprüft und gegebenenfalls angepasst.

13120 Mit der Änderung wird die jüngste Verordnung der EG zur Regelung der Schwellenwerte ab 1. 1. 2010, Verordnung (EG) Nr. 1177/2009 vom 30. November 2009 (ABl. L 314 vom 1. 12. 2009, S. 64) in deutsches Recht umgesetzt.

173.4.3.2 Allgemeines

13121 Die Festlegung der Schwellenwerte und des sich daran anknüpfenden Vergabeverfahrens setzt die entsprechenden Vorgaben der Vergaberichtlinien (**Vergabekoordinierungsrichtlinie** sowie **Sektorenrichtlinie**) um, die als **zentrale Bestimmungen im öffentlichen Auftragswesen** die Herstellung eines echten Wettbewerbs in der Europäischen Union und damit die Verwirklichung der innerhalb der Gemeinschaft geltenden Grundfreiheiten (Dienstleistungs-, Niederlassungs- und Warenverkehrsfreiheit) zum Ziel haben. Art. 10 EG-Vertrag legt den Organen der Mitgliedstaaten die umfassende Pflicht zu gemeinschaftsrechtskonformem Verhalten auf und verlangt damit von ihnen, die nationalen Umsetzungsvorschriften im Sinne des Wortlauts und des Zwecks der zugrunde liegenden Richtlinienbestimmungen auszulegen und anzuwenden. Der in dem Versäumnis einer EU-weiten Ausschreibung liegende Verstoß gegen maßgebliche Wettbewerbsvorschriften auf zwei Rechtsebenen und das Gebot zu gemeinschaftskonformem Verhalten wiegt schwer (OLG Koblenz, B. v. 10. 4. 2003 – Az.: 1 Verg 1/03).

173.4.3.3 Seit dem 1. 1. 2010 geltende Schwellenwerte

Mit VERORDNUNG (EG) Nr. 1177/2009 DER KOMMISSION vom 30. November 2009 zur Änderung der Richtlinien 2004/17/EG, 2004/18/EG und 2009/81/EG des Europäischen Parlaments und des Rates im Hinblick auf die Schwellenwerte für Auftragsvergabeverfahren (Amtsblatt der Europäischen Union L 314/64 vom 1. 12. 2009) sind die **Schwellenwerte für die Anwendung des EU-Vergaberechts neu festgesetzt worden. Die Schwellenwerte betragen ab dem 1. 1. 2010**:

80 000 EUR	BGN	Neuer Bulgarischer Lew	156 464
	CZK	Tschechische Krone	2 071 440
	DKK	Dänische Krone	596 248
	EEK	Estnische Krone	1 251 728
	GBP	Pfund Sterling	64 846
	HUF	Ungarischer Forint	21 031 200
	LTL	Litauischer Litas	276 224
	LVL	Lettischer Lats	56 248
	PLN	Neuer Polnischer Zloty	307 120
	RON	Neuer Rumänischer Leu	305 720
	SEK	Schwedische Krone	795 760
125 000 EUR	BGN	Neuer Bulgarischer Lew	244 475
	CZK	Tschechische Krone	3 236 625
	DKK	Dänische Krone	931 638
	EEK	Estnische Krone	1 955 825
	GBP	Pfund Sterling	101 323
	HUF	Ungarischer Forint	32 861 250
	LTL	Litauischer Litas	431 600
	LVL	Lettischer Lats	87 888
	PLN	Neuer Polnischer Zloty	479 875
	RON	Neuer Rumänischer Leu	477 688
	SEK	Schwedische Krone	1 243 375
193 000 EUR	BGN	Neuer Bulgarischer Lew	377 469
	CZK	Tschechische Krone	4 997 349
	DKK	Dänische Krone	1 438 448
	EEK	Estnische Krone	3 019 794
	GBP	Pfund Sterling	156 442
	HUF	Ungarischer Forint	50 737 770
	LTL	Litauischer Litas	666 390
	LVL	Lettischer Lats	135 698
	PLN	Neuer Polnischer Zloty	740 927
	RON	Neuer Rumänischer Leu	737 550
	SEK	Schwedische Krone	1 919 771
387 000 EUR	BGN	Neuer Bulgarischer Lew	756 895
	CZK	Tschechische Krone	10 020 591
	DKK	Dänische Krone	2 884 350
	EEK	Estnische Krone	6 055 234
	GBP	Pfund Sterling	313 694
	HUF	Ungarischer Forint	101 738 430
	LTL	Litauischer Litas	1 336 234
	LVL	Lettischer Lats	2 722 100

Teil 7 SektVO § 2   Sektorenverordnung

	PLN	Neuer Polnischer Zloty	1 485 693
	RON	Neuer Rumänischer Leu	1 478 921
	SEK	Schwedische Krone	3 849 489
1 000 000 EUR	BGN	Neuer Bulgarischer Lew	1 955 800
	CZK	Tschechische Krone	25 893 000
	DKK	Dänische Krone	7 453 100
	EEK	Estnische Krone	15 646 600
	GBP	Pfund Sterling	810 580
	HUF	Ungarischer Forint	262 890 000
	LTL	Litauischer Litas	3 452 800
	LVL	Lettischer Lats	703 100
	PLN	Neuer Polnischer Zloty	3 839 000
	RON	Neuer Rumänischer Leu	3 821 500
	SEK	Schwedische Krone	9 947 000
4 845 000 EUR	BGN	Neuer Bulgarischer Lew	9 475 851
	CZK	Tschechische Krone	125 451 585
	DKK	Dänische Krone	36 110 270
	EEK	Estnische Krone	75 807 777
	GBP	Pfund Sterling	3 927 260
	HUF	Ungarischer Forint	1 273 702 050
	LTL	Litauischer Litas	16 728 816
	LVL	Lettischer Lats	3 806 520
	PLN	Neuer Polnischer Zloty	18 599 955
	RON	Neuer Rumänischer Leu	18 515 168

Für die **Mitgliedstaaten, die nicht am Euro teilnehmen**, hat die Kommission im Amtsblatt der Europäischen Union (C 292/1 vom 2. 12. 2009) die Gegenwerte der Schwellenwerte mitgeteilt.

173.4.4 Vereinbarkeit der Schwellenwerte mit dem Grundgesetz

13123 Die **Begrenzung des Primärrechtsschutzes verstößt nicht gegen das Grundgesetz**; vgl. im Einzelnen die Kommentierung zu § 100 GWB Rdn. 9 ff.

174. § 2 SektVO – Schätzung des Auftragswertes

(1) Bei der Schätzung der Auftragswerte ist von der voraussichtlichen Gesamtvergütung für die vorgesehene Leistung auszugehen ohne Berücksichtigung der Umsatzsteuer. Dabei sind etwaige Optionen oder Vertragsverlängerungen zu berücksichtigen.

(2) Der Wert eines beabsichtigten Auftrags darf nicht in der Absicht geschätzt oder aufgeteilt werden, um den Auftrag der Anwendbarkeit dieser Verordnung zu entziehen.

(3) Bei regelmäßig wiederkehrenden Aufträgen oder Daueraufträgen über Liefer- oder Dienstleistungen ist der Auftragswert zu schätzen

1. entweder auf der Grundlage des tatsächlichen Gesamtwertes entsprechender aufeinander folgender Aufträge aus dem vorangegangenen Haushaltsjahr oder Geschäftsjahr; dabei sind voraussichtliche Änderungen bei Mengen oder Kosten möglichst zu berücksichtigen, die während der zwölf Monate zu erwarten sind, die auf den ursprünglichen Auftrag folgen;

Sektorenverordnung	SektVO § 2 **Teil 7**

2. oder auf der Grundlage des geschätzten Gesamtwertes aufeinander folgender Aufträge, die während der auf die erste Lieferung folgenden zwölf Monate oder während des auf die erste Lieferung folgenden Haushaltsjahres oder Geschäftsjahres, wenn dieses länger als zwölf Monate ist, vergeben werden.

(4) Bei Aufträgen über Liefer- oder Dienstleistungen, für die kein Gesamtpreis angegeben wird, ist Berechnungsgrundlage für den geschätzten Auftragswert

1. bei zeitlich begrenzten Aufträgen mit einer Laufzeit von bis zu 48 Monaten der Gesamtwert für die Laufzeit dieser Aufträge;

2. bei Aufträgen mit unbestimmter Laufzeit oder mit einer Laufzeit von mehr als 48 Monaten der 48-fache Monatswert.

(5) Bei der Schätzung des Auftragswertes von Bauleistungen ist neben dem Auftragswert der Bauaufträge der geschätzte Wert aller Liefer- und Dienstleistungen zu berücksichtigen, die für die Ausführung der Bauleistungen erforderlich sind und vom Auftraggeber zur Verfügung gestellt werden.

(6) Der Wert einer Rahmenvereinbarung oder eines dynamischen elektronischen Beschaffungssystems wird auf der Grundlage des geschätzten Gesamtwertes aller Einzelaufträge berechnet, die während deren Laufzeit geplant sind. Besteht das beabsichtigte Beschaffungsvorhaben aus mehreren Losen, für die jeweils ein gesonderter Auftrag vergeben wird, ist bei der Schätzung des Auftragswertes der Wert aller Lose zugrunde zu legen. Erreicht oder überschreitet der Gesamtwert den in § 1 Absatz 2 genannten Schwellenwert, gilt diese Verordnung für die Vergabe jedes Loses. Bis zu einer Summe der Werte der betroffenen Lose von 20 Prozent des Gesamtwertes nach Satz 2 gilt Satz 3 nicht bei Losen für

1. Liefer- oder Dienstleistungsaufträge mit einem Wert unter 80 000 Euro und

2. Bauaufträge mit einem Wert unter 1 Million Euro.

(7) Bei einem Wettbewerb, der zu einem Dienstleistungsauftrag führen soll, ist der Wert des Dienstleistungsauftrags zu schätzen zuzüglich etwaiger Preisgelder und Zahlungen an Teilnehmer. Bei allen übrigen Wettbewerben entspricht der Wert der Summe der Preisgelder und Zahlungen an Teilnehmer einschließlich des Wertes des Dienstleistungsauftrags, der vergeben werden könnte.

(8) Wird von der Möglichkeit des § 6 Absatz 2 Nummer 7 Gebrauch gemacht, ist bei der Berechnung des Auftragswertes der Wert der späteren Leistungen zu berücksichtigen.

(9) Maßgeblicher Zeitpunkt für die Schätzung des Auftragswertes ist der Tag, an dem die Bekanntmachung der beabsichtigten Auftragsvergabe abgesendet wird oder die sonstige Einleitung des Vergabeverfahrens.

174.1 Begründung

§ 2 regelt die **Grundsätze der Schätzung der Auftragswerte**, ab denen die Bestimmungen der Verordnung anzuwenden sind. Sie **entsprechen Artikel 17 der Richtlinie 2004/17/EG**. 13124

174.2 Änderungen durch die VgV/SektVO-AnpassungsVO 2010

In § 2 Abs. 7 Satz 2 SektVO 2010 wird das Wort „Auslobungsverfahren" durch das Wort „Wettbewerben" ersetzt. 13125

174.3 Vergleichbare Vorschriften

§ 2 SektVO ist in Teilen **mit § 1 VgV, § 2 VgV und § 3 VgV vergleichbar**. Die nachfolgende Kommentierung geht daher nur auf Unterschiede zu § 1 VgV und § 3 VgV ein. 13126

174.4 Bieterschützende Regelung

Die **ordnungsgemäße Schätzung der Auftragswerte** und ihre **nachvollziehbare Dokumentation** sind Verpflichtungen des Auftraggebers mit bieterschützenden Charakter (VK Arnsberg, B. v. 4. 11. 2008 – Az.: VK 23/08). 13127

174.5 Voraussichtliche Gesamtvergütung (§ 2)

13128 Vgl. dazu die **Kommentierung zu § 3 VgV Rdn. 11 ff.**

174.6 Manipulationen bei der Schätzung oder Aufteilung des Auftragswertes (§ 2 Abs. 2)

13129 Vgl. dazu die **Kommentierung zu § 3 VgV Rdn. 66 ff.**

174.7 Berücksichtigung der Laufzeit von Liefer- und Dienstleistungsaufträgen bei der Schätzung (§ 2 Abs. 4)

13130 Vgl. dazu die **Kommentierung zu § 3 VgV Rdn. 85 ff.**

174.8 Schätzung des Auftragswertes von Bauleistungen (§ 2 Abs. 5)

13131 Vgl. dazu die **Kommentierung zu § 3 VgV Rdn. 93 ff.**

174.9 Rahmenvereinbarung oder dynamisches elektronisches Beschaffungssystem sowie losweise Vergabe (§ 2 Abs. 6)

174.9.1 Rahmenvereinbarung oder dynamisches elektronisches Beschaffungssystem (§ 2 Abs. 6 Satz 1)

13132 Vgl. dazu die **Kommentierung zu § 3 VgV Rdn. 112 ff.**

174.9.2 Schätzung des Auftragswerts bei Losen (§ 2 Abs. 6 Satz 2)

174.9.2.1 Grundsatz

13133 Bestehen die zu vergebenden Aufträge aus mehreren Losen, für die jeweils ein gesonderter Auftrag vergeben wird, müssen gemäß § 3 Abs. 7 Satz 1 **bei der Schätzung alle Lose berücksichtigt** werden (VK Münster, B. v. 17. 1. 2002 – Az.: VK 23/01).

174.9.2.2 Lose bei Lieferleistungen

13134 Die **Einschränkung des § 3 Abs. 7 Satz 2 VgV**, dass die Regelungen über die losweise Vergabe **nur bei gleichartigen Lieferleistungen** anzuwenden ist, **gilt nach dem Wortlaut des § 2 Abs. 6 SektVO nicht.** Angesichts der parallelen Änderung von VgV und SektVO kann insoweit auch nicht von einem Redaktionsversehen ausgegangen werden.

174.9.2.3 Lose bei freiberuflichen Dienstleistungsaufträgen

13135 Die VOF gilt nicht im Sektorenbereich. Dennoch ist die **Rechtsprechung zu Losen bei freiberuflichen Dienstleistungsaufträgen, die im Anwendungsbereich der VgV der VOF unterfallen würden, auch im Rahmen der SektVO anzuwenden.** Ansonsten öffnet man die SektVO für Umgehungen der europaweiten Ausschreibungspflicht.

13136 Vgl. dazu die **Kommentierung zu § 3 VgV Rdn. 119 ff.**

174.9.3 Schätzung des Auftragswerts bei Losen von Bauaufträgen (§ 2 Abs. 6 Satz 3, 4)

174.9.3.1 Nach der SektVO europaweit auszuschreibende Lose

13137 Nach § 2 Abs. 6 Satz 3, 4 sind Lose von Bauaufträgen dann europaweit auszuschreiben, wenn
– ihr **einzelner Wert 1 Mio. €** beträgt oder
– bei **Losen unterhalb von 1 Million €** deren addierter Wert ab 20 vom Hundert des Gesamtwertes aller Lose beträgt; in diesen Fällen hat der Auftraggeber also die Möglichkeit, bis zu 20% der Bauleistungen nur national auszuschreiben.

Maßgebend für den Schwellenwert ist bei der Aufteilung eines Auftrags in Lose grund- 13138
sätzlich nicht der Wert des Loses, das zu erhalten ein antragstellender Bieter anstrebt, sondern
der **Auftragswert des gesamten zur Ausschreibung anstehenden Auftrags** (VK Baden-
Württemberg, B. v. 30. 3. 2007 – Az.: 1 VK 13/07).

174.9.3.2 Wahlrecht des Auftraggebers für die Bestimmung der nur national auszuschreibenden Lose (Bagatellklausel)

Vgl. dazu die **Kommentierung zu § 2 VgV Rdn. 13 ff.** 13139

174.9.3.3 Ausübung des Wahlrechts durch eine nationale Ausschreibung und Benennung einer Vergabekammer als Nachprüfungsbehörde

Vgl. dazu die **Kommentierung zu § 2 VgV Rdn. 17.** 13140

174.9.3.4 Ausübung des Wahlrechts durch eine EU-weite Ausschreibung und Benennung einer Vergabekammer als Nachprüfungsbehörde

Vgl. dazu die **Kommentierung zu § 2 VgV Rdn. 19.** 13141

174.9.3.5 Ausübung des Wahlrechts durch eine EU-weite Ausschreibung und Nichtbenennung einer Vergabekammer als Nachprüfungsbehörde

Vgl. dazu die **Kommentierung zu § 2 VgV Rdn. 20.** 13142

174.9.3.6 Ausübung des Wahlrechts durch eine EU-weite Ausschreibung und eine Mitteilung nach § 101 a GWB

Vgl. dazu die **Kommentierung zu § 2 VgV Rdn. 22.** 13143

174.9.3.7 Ausübung des Wahlrechts durch eine nationale und eine EU-weite Ausschreibung

Vgl. dazu die **Kommentierung zu § 2 VgV Rdn. 23.** 13144

174.9.3.8 Ausschreibung von Losen mit einem Wert von mindestens 1 Mio. € und einem Gesamtauftragswert unterhalb des Schwellenwerts für Bauaufträge

Vgl. dazu die **Kommentierung zu § 2 VgV Rdn. 24.** 13145

174.9.3.9 Ausübung des Wahlrechts im Nachprüfungsverfahren

Vgl. dazu die **Kommentierung zu § 2 VgV Rdn. 25.** 13146

174.9.4 Schätzung des Auftragswerts bei Losen von Liefer- und Dienstleistungsaufträgen (§ 2 Abs. 6 Satz 3, 4)

174.9.4.1 Grundsatz

Maßgebend für den Schwellenwert ist bei der Aufteilung eines Auftrags in Lose grund- 13147
sätzlich nicht der Wert des Loses, das zu erhalten ein antragstellender Bieter anstrebt, sondern
der **Auftragswert des gesamten zur Ausschreibung anstehenden Auftrags** (VK Baden-
Württemberg, B. v. 30. 3. 2007 – Az.: 1 VK 13/07).

174.9.4.2 Unterschied zur VgV

Die vergleichbare Regelung des § 2 Nr. 7 VgV erfasst nur Lose von Dienstleistungs- 13148
aufträgen.

174.9.4.3 Nach der SektVO europaweit auszuschreibende Lose

Nach § 2 Abs. 6 Satz 3, 4 sind Lose von Liefer- und Dienstleistungsaufträgen dann europa- 13149
weit auszuschreiben, wenn
– ihr **einzelner Wert 80 000 €** beträgt oder

Teil 7 SektVO § 3   Sektorenverordnung

– bei Losen unterhalb von 80 000 € deren addierter Wert ab 20 vom Hundert des Gesamtwertes aller Lose beträgt; in diesen Fällen hat der Auftraggeber also die Möglichkeit, bis zu 20% der Liefer- und Dienstleistungen nur national auszuschreiben.

174.9.4.4 Ausübung des Wahlrechts

13150   Vgl. dazu zunächst die **Kommentierung Rdn. 17 ff.**

13151   Gibt die Vergabestelle in der europaweiten Bekanntmachung als **Nachprüfungsbehörde eine Vergabekammer** an, hat die Vergabestelle den rechtlichen Rahmen für die Nachprüfung festgelegt. Die Wirkung dieser Festlegung besteht – wie bei Losen von Bauaufträgen – in einer **Selbstbindung der Verwaltung** im Rahmen des ihr eingeräumten Ermessens, ob sie ein Los dem 20%-Kontingent zuordnet, das nicht EU-weit ausgeschrieben werden muss. Die Vergabestelle hat damit das Los dem maßgeblichen Schwellenwert von 80 000 € zugeordnet (VK Brandenburg, B. v. 28. 8. 2002 – Az.: VK 49/02).

174.10 Schwellenwert bei Wettbewerben (§ 2 Abs. 7)

13152   § 2 Abs. 7 entspricht **Artikel 67 Abs. 2 der Richtlinie 2004/18/EG** und **Artikel 61 der Richtlinie 2004/17/EG**.

174.11 Schwellenwert bei der Wiederholung gleichartiger Bauleistungen (§ 2 Abs. 8)

13153   Will der **Auftraggeber gemäß § 6 Abs. 2 Nr. 7** von der Möglichkeit Gebrauch machen, neue Bauaufträge, die in der **Wiederholung gleichartiger Bauleistungen** bestehen, im Wege des Verhandlungsverfahrens ohne Vergabebekanntmachung zu vergeben, muss er **bei der Ermittlung des Schwellenwerts den Wert dieser Wiederholungsbauleistungen bereits für die erste – Grundbaumaßnahme – hinzurechnen.**

174.12 Maßgeblicher Zeitpunkt für die Schätzung des Auftragswerts (§ 2 Abs. 9)

13154   Vgl. dazu die **Kommentierung zu § 3 VgV Rdn. 139 ff.**

174.13 Sonstige in der SektVO nicht geregelte Fälle

13155   Vgl. dazu die **Kommentierung zu § 3 VgV Rdn. 131 ff.**

174.14 Wegfall des Schwellenwertes bei einer Teilaufhebung?

13156   Vgl. dazu die **Kommentierung zu § 2 VgV Rdn. 30 ff.**

174.15 Darlegungs- und Beweislast für das Erreichen des Schwellenwerts

13157   Vgl. dazu die **Kommentierung zu § 3 VgV Rdn. 146.**

174.16 Literatur

13158   Vgl. dazu die **Kommentierung zu § 3 VgV Rdn. 147.**

175. § 3 SektVO – Ausnahme für Sektorentätigkeiten, die unmittelbar dem Wettbewerb ausgesetzt sind

(1) Aufträge, die die Ausübung einer Sektorentätigkeit ermöglichen sollen, fallen nicht unter diese Verordnung, wenn die Sektorentätigkeit auf Märkten mit freiem Zugang unmittelbar dem Wettbewerb ausgesetzt ist.

Sektorenverordnung   SektVO § 3 **Teil 7**

(2) Ob eine Sektorentätigkeit auf einem Markt mit freiem Zugang unmittelbar dem Wettbewerb ausgesetzt ist, wird von der Kommission der Europäischen Gemeinschaft in einem Verfahren nach Maßgabe der Absätze 2 bis 4 nach wettbewerblichen Kriterien ermittelt; angewendet wird dabei die Entscheidung der Kommission der Europäischen Gemeinschaft vom 7. Januar 2005 über die Durchführungsmodalitäten für das Verfahren nach Artikel 30 der Richtlinie 2004/17/EG des Europäischen Parlaments und des Rates zur Koordinierung der Zuschlagserteilung durch Auftraggeber im Bereich der Wasser-, Energie- und Verkehrsversorgung sowie der Postdienste (ABl. L 7 vom 7. 1. 2005, S. 7). Wettbewerbliche Kriterien können sein:

1. Merkmale der betreffenden Waren und Leistungen,

2. das Vorhandensein alternativer Waren und Leistungen,

3. die Preise und

4. das tatsächliche oder mögliche Vorhandensein mehrerer Anbieter der betreffenden Waren und Leistungen.

(3) Das Bundesministerium für Wirtschaft und Technologie kann bei der Kommission der Europäischen Gemeinschaft einen Antrag auf Feststellung stellen, ob die Voraussetzungen des Absatzes 1 vorliegen. Es teilt der Kommission der Europäischen Gemeinschaft alle sachdienlichen Informationen mit, insbesondere Gesetze, Verordnungen, Verwaltungsvorschriften, Vereinbarungen und Absprachen. Es holt zur wettbewerblichen Beurteilung eine Stellungnahme des Bundeskartellamtes ein, die ebenfalls der Europäischen Kommission übermittelt wird. Dies gilt auch für den Fall, dass die Kommission der Europäischen Gemeinschaft auf eigene Veranlassung für eine der Sektorentätigkeiten in Deutschland ein solches Verfahren einleitet.

(4) Auftraggeber können bei der Kommission der Europäischen Gemeinschaft eine Feststellung beantragen, ob die Voraussetzungen des Absatzes 1 vorliegen. Dem Antrag ist eine Stellungnahme des Bundeskartellamtes beizufügen. Die Auftraggeber haben gleichzeitig dem Bundesministerium für Wirtschaft und Technologie eine Kopie des Antrags und der Stellungnahme zu übermitteln. Das Bundeskartellamt soll die Stellungnahme innerhalb von vier Monaten abgeben, nachdem der Antrag eingegangen ist. Der Antrag des Auftraggebers an das Bundeskartellamt muss die in § 39 Absatz 3 Satz 2 Nummer 1 bis 4 des Gesetzes gegen Wettbewerbsbeschränkungen bezeichneten Angaben enthalten. § 39 Absatz 3 Satz 4 und 5 des Gesetzes gegen Wettbewerbsbeschränkungen gilt entsprechend. Der Antrag nach Satz 1 kann auch von einem Verband der Auftraggeber gestellt werden. In diesem Fall gelten für die Verbände die Regelungen für Auftraggeber.

(5) Für die Erarbeitung der Stellungnahme nach den Absätzen 3 und 4 hat das Bundeskartellamt die Ermittlungsbefugnisse nach den §§ 57 bis 59 des Gesetzes gegen Wettbewerbsbeschränkungen. Das Bundeskartellamt holt eine Stellungnahme der Bundesnetzagentur ein. § 50c Absatz 1 des Gesetzes gegen Wettbewerbsbeschränkungen gilt entsprechend. Das Bundeskartellamt erhebt vom Antragsteller Kosten. Bezüglich der Gebühren und Auslagen gilt § 80 Absatz 1 Satz 3 und Absatz 2 Satz 1, Satz 2 Nummer 1, Satz 3 und 4 sowie Absatz 5 Satz 2 des Gesetzes gegen Wettbewerbsbeschränkungen entsprechend. Für die Kostenentscheidung gilt § 7 der Kartellkostenverordnung vom 16. November 1970 entsprechend. Im Übrigen wird das Verwaltungskostengesetz des Bundes angewendet.

(6) Die Stellungnahme des Bundeskartellamtes besitzt keine Bindungswirkung für Entscheidungen des Bundeskartellamtes nach dem Gesetz gegen Wettbewerbsbeschränkungen.

(7) Die Feststellung, dass Sektorentätigkeiten auf Märkten mit freiem Zugang unmittelbar dem Wettbewerb ausgesetzt sind, gilt als getroffen, wenn die Kommission der Europäischen Gemeinschaft dies bestätigt oder wenn sie innerhalb der Frist nach Artikel 30 der Richtlinie 2004/17/EG keine Feststellung getroffen hat und das Bundesministerium für Wirtschaft und Technologie die Feststellung oder den Ablauf der Frist im Bundesanzeiger bekannt gemacht hat.

(8) Die Absätze 1 bis 7 gelten für Auftraggeber im Sinne des § 129b des Gesetzes gegen Wettbewerbsbeschränkungen entsprechend.

175.1 Verordnungsbegründung

13159 Diese **Vorschrift setzt Artikel 30 der RL 2004/17/EG um**. Danach wird es als für nicht mehr erforderlich angesehen, die Auftragsvergabe von Sektorenauftraggebern der Richtlinie 2004/17/EG zu unterwerfen, **wenn im jeweiligen Sektor wirksamer Wettbewerb herrscht**. Daher sollen Liberalisierungen in den einzelnen Sektoren berücksichtigt werden. Dabei wird in einem speziellen Verfahren festgestellt, ob bestimmte Sektorentätigkeiten „auf Märkten ohne Zugangsbeschränkungen dem direkten Wettbewerb ausgesetzt" sind (s. Erwägungsgrund 40 der RL 2004/17/EG).

13160 Die Europäische Kommission hat in Übereinstimmung mit den europäischen Wettbewerbsregeln die Durchführungsmodalitäten für Anträge auf Feststellung der Anwendbarkeit des Art. 30 der RL 2004/17/EG in ihrer Entscheidung vom 7. Januar 2005 (ABl. EU Nr. L 7 S. 7) niedergelegt. Die in Artikel 30 der RL 2004/17/EG festgelegten Bedingungen dienen gleichwohl nur dem Zweck der Richtlinie 2004/17/EG, d. h. sie haben eine Auswirkung immer nur auf die Ausübung der betreffenden Sektorentätigkeit durch die Sektorenauftraggeber, sie greifen der Anwendung der europäischen Wettbewerbsvorschriften nicht vor (s. Erwägungsgrund 2 der Entscheidung der Kommission von 7. 1. 2005).

13161 **Absatz 1 beschreibt die Voraussetzungen, die zu einer Befreiung von der Anwendungsverpflichtung der Vergaberegeln führen können: Der freie Marktzugang und das Vorliegen von unmittelbarem Wettbewerb.** Die Entscheidung, ob diese Voraussetzungen vorliegen, obliegt nach Art. 30 der Richtlinie 2004/17/EG der Kommission. Sie kann auch durch Fristablauf als getroffen angesehen werden (Absatz 6).

13162 Anträge auf Freistellung können vom Bundesministerium für Wirtschaft und Technologie (Absatz 2), den Sektorenauftraggebern oder deren Verbänden (Absatz 3) bei der Kommission gestellt werden. Dabei sind jeweils die geforderten Angaben zu machen und eine Stellungnahme des Bundeskartellamtes beizubringen.

13163 Um die Stellungnahme abgeben zu können, erhält das Bundeskartellamt die erforderlichen Befugnisse (Absatz 4). Die Stellungnahme soll das Bundeskartellamt innerhalb von vier Monaten abgeben (Absatz 3 Satz 4), es holt dazu auch eine Stellungnahme der Bundesnetzagentur ein (Absatz 5 Satz 3).

13164 Die Sektorenauftraggeber oder auch die antragstellenden Verbände sind verpflichtet, dem Bundeskartellamt alle erforderlichen Informationen zu übermitteln.

13165 Die Verpflichtung zur Anwendung der Vergaberegeln entfällt erst dann, wenn die Feststellung, ob eine Sektorentätigkeit nach der RL 2004/17/EG auf freien Märkten unmittelbar dem Wettbewerb ausgesetzt ist, getroffen wurde oder die Frist dafür abgelaufen ist, und das Bundsministerium für Wirtschaft und Technologie dies im Bundesanzeiger bekannt gemacht hat (Absatz 6). **Dazu korrespondierend die Ausnahme des § 100 Abs. 2 Buchstabe t) des Gesetzes gegen Wettbewerbsbeschränkungen.**

176. § 4 SektVO – Dienstleistungen des Anhangs 1

(1) **Auf die Vergabe von Aufträgen, deren Gegenstand Dienstleistungen im Sinne des Anhangs 1 Teil A sind, findet diese Verordnung uneingeschränkt Anwendung.**

(2) **Auf die Vergabe von Aufträgen, deren Gegenstand Dienstleistungen im Sinne des Anhangs 1 Teil B sind, finden Anwendung:**

1. die Bestimmungen über die technischen Anforderungen in § 7 und

2. die Bestimmungen über die Bekanntmachung vergebener Aufträge nach § 12 Absatz 1 und § 15.

(3) **Auf die Vergabe von Aufträgen, deren Gegenstand sowohl Dienstleistungen im Sinne des Anhangs 1 Teil A als auch Dienstleistungen im Sinne des Anhangs 1 Teil B sind, sind die Vorschriften für diejenigen Dienstleistungen anzuwenden, deren Auftragswert überwiegt.**

176.1 Verordnungsbegründung

Dienstleistungen werden in der Richtlinie 2004/17/EG nach der grenzüberschreitenden Relevanz in vorrangige und nachrangige Dienstleistungen eingeteilt (Anhang XVII). Diese Einteilung führt zu einer unterschiedlichen Anwendungsverpflichtung der Vergaberegeln (Artikel 31 bis 33). Die Verordnung nimmt diese Liste der Dienstleistungen im Anhang I auf und regelt im § 4 die jeweilige Anwendungsverpflichtung der Vergaberegeln für diese Dienstleistungen. 13166

Die **Vergabe der in Anlage 1 Teil A aufgelisteten „vorrangigen"** Dienstleistungen unterliegt allen Vorschriften der Verordnung. 13167

Die **Vergabe der in Anlage 1 Teil B aufgezählten „nachrangigen"** Dienstleistungen durch Sektorenauftraggeber unterliegt nur den Bestimmungen von § 5 Abs. 1, § 9, 14 Abs. 1 Buchstabe c) und § 17. 13168

176.2 Vergleichbare Vorschriften

§ 3 SektVO ist vom Grundsatz her mit **§ 4 Abs. 5 und Abs. 6 VgV** vergleichbar. Vgl. dazu im Einzelnen die **Kommentierung zu § 4 VgV Rdn. 22 ff.** 13169

176.3 Beispiele aus der Rechtsprechung

– **Sicherungsleistungen und bauaffine Dienstleistungen**: die Vorschriften zur EU-weiten Bekanntmachung sind gemäß § 4 Abs. 2 SektorenVO nicht anwendbar, wenn die **Ausschreibung nachrangige Dienstleistungen** im Sinne des Anhangs 1 Teil B der SektorenVO, **Kategorien 20** (Neben- und Hilfstätigkeiten des Verkehrs) **und 23** (Auskunfts- und Schutzdienste, ohne Geldtransport) betrifft (3. VK Bund, B. v. 2. 3. 2010 – Az.: VK 3–12/10). 13170

177. § 5 SektVO – Wege der Informationsübermittlung, Vertraulichkeit der Teilnahmeanträge und Angebote

(1) Der Auftraggeber gibt in der Bekanntmachung oder den Vergabeunterlagen an, ob Informationen durch einen Boten, mittels Post, Telefax, Internet oder in vergleichbarer elektronischer Weise übermittelt werden. Er gibt hier auch an, in welcher Form Teilnahmeanträge oder Angebote einzureichen sind, insbesondere welche elektronische Signatur für die Angebote im Fall der elektronischen Übermittlung zu verwenden ist.

(2) Das für die elektronische Übermittlung gewählte Netz muss allgemein verfügbar sein, so dass der Zugang der Unternehmen zum Vergabeverfahren nicht beschränkt wird. Die dafür zu verwendenden Vorrichtungen und deren technischen Merkmale

1. dürfen keinen diskriminierenden Charakter haben,
2. müssen allgemein zugänglich sein und
3. müssen mit den allgemein verbreiteten Erzeugnissen der Informations- und Kommunikationstechnologie kompatibel sein.

(3) Bei der Mitteilung, beim Austausch und der Speicherung von Informationen sind die Vollständigkeit der Daten sowie die Vertraulichkeit der Angebote und der Teilnahmeanträge zu gewährleisten; der Auftraggeber darf vom Inhalt der Angebote und der Teilnahmeanträge erst nach Ablauf der Frist von deren Eingang Kenntnis nehmen.

(4) Der Auftraggeber hat dafür zu sorgen, dass den interessierten Unternehmen die Informationen über die Spezifikationen der Geräte zugänglich sind, die für eine elektronische Übermittlung der Teilnahmeanträge, Angebote oder der Pläne erforderlich sind, einschließlich der Verschlüsselung. Außerdem muss der Auftraggeber

gewährleisten, dass für die Teilnahmeanträge und Angebote die von ihm vorgeschriebene elektronische Signatur verwendet werden kann.

(5) **Bei Wettbewerben nach § 11 ist bei der Übermittlung, dem Austausch und der Speicherung von Informationen die Vollständigkeit und Vertraulichkeit aller von den Teilnehmern des Wettbewerbs übermittelten Informationen zu gewährleisten. Das Preisgericht darf vom Inhalt der Pläne erst Kenntnis erhalten, wenn die Frist für ihre Vorlage abgelaufen ist.**

(6) **Telefonisch angekündigte Teilnahmeanträge, die nicht bis zum Ablauf der Frist für deren Eingang in Textform bestätigt sind, dürfen nicht berücksichtigt werden.**

177.1 Verordnungsbegründung

13171   **Sektorenauftraggeber kommunizieren auf verschiedene Weise mit den Unternehmen**: Über Bekanntmachungen, mit der Versendung von Vergabeunterlagen, dem Erhalt von Angeboten, der Zuschlagserteilung und mit sonstiger Informationsweitergabe. Dazu stehen generell verschiedene Wege und Mittel zur Verfügung. Den **Sektorenauftraggebern steht es nach Absatz 1 grundsätzlich frei, die Wege der Informationsübermittlung und das Kommunikationsmittel auszuwählen** (Art. 48 Abs. 1 RL 2004/17/EG). Dies wird zunehmend die elektronische Übermittlung sein. Sektorenauftraggeber können aber auch eine Kombination von Papierform und elektronischer Übermittlung wählen oder den Unternehmen die Wahl überlassen. Das dynamische elektronische Verfahren (§ 12) kann jedoch nur mit elektronischen Mitteln durchgeführt werden.

13172   **„Elektronisch" ist ein Verfahren**, bei dem elektronische Geräte für die Verarbeitung (einschließlich digitaler Kompression) und Speicherung von Daten zum Einsatz kommen und bei dem Informationen über Kabel, über Funk, mit optischen Verfahren oder mit anderen elektromagnetischen Verfahren übertragen, weitergeleitet und empfangen werden (Art. 1 Abs. 12 der RL 2004/17/EG).

13173   Das **Gleichbehandlungsgebot erfordert, dass die zur elektronischen Übermittlung gewählten Mittel (Netze, Programme) allgemein zugänglich und verfügbar sowie mit nicht unverhältnismäßigen Kosten beschaffbar sein müssen.** Dieser in Absatz 2 enthaltene Leitgedanke bezweckt, dass jeder, der mittels eines gewöhnlichen Computers mit Standardanwendungen und -programmen Zugang zum Internet haben kann, am Vergabeverfahren eines Sektorenauftraggebers teilnehmen können muss. Nicht zulässig wäre danach z. B. die Verwendung eines internen Netzes des Sektorenauftraggebers oder eines wenig verbreiteten Programms, das für die Unternehmen nur mit unangemessen hohem Aufwand genutzt werden könnte. Dies würde den Wettbewerb beschränken. Zulässig ist dagegen, sich auf ein allgemein verbreitetes Programm zu beschränken. **Sektorenauftraggeber müssen nicht die Nutzung aller allgemein zugänglichen Programme ermöglichen.** Auch können sie stattdessen oder zusätzlich die erforderlichen Programme allen Unternehmen zur Nutzung für sein elektronisches Vergabesystem zur Verfügung stellen, wie dies z. B. bei der E-Vergabeplattform des Bundes der Fall ist.

13174   Das **elektronische Kommunikationssystem soll so beschaffen sein, dass es einen ausreichenden Schutz gegen unrechtmäßiges Handeln gewährleistet.** Technische Probleme innerhalb des Netzes des Sektorenauftraggebers dürfen nicht zulasten einzelner Wettbewerbsteilnehmer gehen. Treten Störungen im Bereich des Sektorenauftraggebers (Geräte oder Plattform) auf, muss der Sektorenauftraggeber die Chancengleichheit aller Teilnehmer gewährleisten und z. B. durch Verlängerung der Fristen oder Information aller Beteiligten Abhilfe schaffen. Dies gilt jedoch nicht für einen Ausfall des offenen Netzes.

13175   **Kompatibilität bedeutet die Fähigkeit, Daten und Dienste unterschiedlicher Signalformate, Übertragungsmedien und Anwendungsstufen direkt und untereinander auszutauschen.** Die gewählten Programme müssen die wesentlichen Funktionen zur Übermittlung und zum Austausch von Daten mit gängigen Bürovorrichtungen gewährleisten. Nicht erforderlich ist eine Kompatibilität mit jeder einzelnen, spezifischen Anwendung der Geräte der Unternehmen.

13176   **Absatz 3** enthält allgemeine Anforderungen an die Datenintegrität und Vertraulichkeit von Teilnahmeanträgen und Angeboten während der Übermittlung, des Austauschs und der Speicherung der Daten. Sie entsprechen den Vorgaben von Artikel 48 der Richtlinie 2004/17/EG.

Sektorenverordnung SektVO § 6 **Teil 7**

Dabei handelt es sich nicht typischerweise um Anforderungen speziell für den elektronischen Übermittlungsweg, sie gelten auch für die herkömmlichen Formen der Übermittlung.

Absatz 4 regelt die Verpflichtung der Sektorenauftraggeber, die Zugänglichkeit der Geräte für die elektronische Abwicklung des Vergabeverfahrens zu gewährleisten. Die Regelung entspricht dem Art. 48 Abs. 5 in Verbindung mit Anhang XXIV der Richtlinie 2004/17/EG. 13177

Absatz 5 ist eine zusätzliche Regelung für die Auslobungsverfahren. Sie entspricht Art. 64 Abs. 2 der Richtlinie 2004/17/EG. 13178

Absatz 6 regelt Anforderungen an die Fälle telefonisch oder per Telefax gestellter Teilnahmeanträge. 13179

Dem **Grundsatz der Gleichbehandlung ist auch immanent**, dass die Sektorenauftraggeber insbesondere nicht mit den vorgegebenen technischen Spezifikationen in ungerechtfertigter Weise den Wettbewerb behindern und Rahmenvereinbarungen, dynamische elektronische Verfahren nicht missbräuchlich oder derart anwenden dürfen, dass der Wettbewerb behindert, eingeschränkt oder verfälscht wird. 13180

177.2 Vergleichbare Vorschriften

§ 5 Abs. 1 Satz 1 SektVO ist vom Grundsatz her **mit § 11 Abs. 1 Nr. 1 VOB/A** (vgl. die Kommentierung zu § 11 VOB/A Rdn. 2) und **§ 13 EG Abs. 1 VOL/A** (vgl. die Kommentierung zu § 13 EG VOL/A Rdn. 2) vergleichbar. 13181

§ 5 Abs. 1 Satz 2 SektVO ist vom Grundsatz her **mit §§ 13 Abs. 1 Nr. 1, 13a VOB/A** (vgl. die Kommentierung zu § 13 VOB/A Rdn. 19 ff. bzw. § 13a VOB/A Rdn. 3) und **§ 16 EG Abs. 1 VOL/A** (vgl. die Kommentierung zu § 16 EG VOL/A Rdn. 11 ff.) vergleichbar. 13182

§ 5 Abs. 2 SektVO ist vom Grundsatz her **mit § 11 Abs. 1 Nr. 2 VOB/A** und **§ 13 EG Abs. 2 VOL/A** vergleichbar. 13183

§ 5 Abs. 3 SektVO ist vom Grundsatz her **mit §§ 11a Abs. 1, 13 Abs. 1 Nr. 2 VOB/A** (vgl. die Kommentierung zu § 11a VOB/A Rdn. 4 ff. bzw. § 13 VOB/A Rdn. 42 ff.) und **§§ 14 EG Abs. 1–3, 16 EG Abs. 2 VOL/A** (vgl. die Kommentierung zu § 14 EG VOL/A Rdn. 1 ff. bzw. § 16 EG VOL/A Rdn. 14) vergleichbar. 13184

§ 5 Abs. 4 SektVO ist vom Grundsatz her **mit § 11 Abs. 1 Nr. 3 VOB/A** und **§ 13 EG Abs. 3 VOL/A** vergleichbar. 13185

§ 5 Abs. 6 SektVO ist vom Grundsatz her **mit § 11a Abs. 2 Satz 2 VOB/A** (vgl. die Kommentierung zu § 11a VOB/A Rdn. 6 ff.) und **§ 14 EG Abs. 4 VOL/A** (vgl. die Kommentierung zu § 14 EG VOL/A Rdn. 20 ff.) vergleichbar. 13186

178. § 6 SektVO – Vergabeverfahren

(1) Auftraggeber können bei der Vergabe öffentlicher Aufträge zwischen offenem Verfahren, nicht offenem Verfahren mit Bekanntmachung und Verhandlungsverfahren mit Bekanntmachung wählen.

(2) Ein Verhandlungsverfahren ohne Bekanntmachung ist zulässig,
1. wenn im Rahmen eines Verfahrens mit vorheriger Bekanntmachung kein oder kein geeignetes Angebot oder keine Bewerbung abgegeben worden ist, sofern die ursprünglichen Auftragsbedingungen nicht grundlegend geändert werden;
2. wenn ein Auftrag nur vergeben wird zum Zweck von Forschung, Versuchen, Untersuchungen oder der Entwicklung und nicht mit dem Ziel der Gewinnerzielung oder der Deckung der Forschungs- und Entwicklungskosten und diese Vergabe einer wettbewerblichen Vergabe von Folgeaufträgen, die diese Ziele verfolgen, nicht vorgreift;
3. wenn der Auftrag aus technischen oder künstlerischen Gründen oder auf Grund des Schutzes von Ausschließlichkeitsrechten nur von einem bestimmten Unternehmen ausgeführt werden kann;

4. soweit zwingend erforderlich, weil es bei äußerster Dringlichkeit im Zusammenhang mit Ereignissen, die die Auftraggeber nicht vorhersehen konnten, nicht möglich ist, die in den offenen, den nicht offenen oder den Verhandlungsverfahren mit Bekanntmachung vorgesehenen Fristen einzuhalten;

5. im Fall von Lieferaufträgen für zusätzliche, vom ursprünglichen Lieferanten durchzuführende Lieferungen, die entweder zur teilweisen Erneuerung von gängigen Lieferungen oder Einrichtungen oder zur Erweiterung von Lieferungen oder bestehenden Einrichtungen bestimmt sind, wenn ein Wechsel des Lieferanten den Auftraggeber zum Kauf von Material unterschiedlicher technischer Merkmale zwänge und dies eine technische Unvereinbarkeit oder unverhältnismäßige technische Schwierigkeiten bei Gebrauch und Wartung mit sich brächte;

6. bei zusätzlichen Bau- oder Dienstleistungen, die weder in dem der Vergabe zugrunde liegenden Entwurf noch im ursprünglich vergebenen Auftrag vorgesehen waren, die aber wegen eines unvorhergesehenen Ereignisses zur Ausführung dieses Auftrags erforderlich sind, sofern der Auftrag an das Unternehmen vergeben wird, das den ursprünglichen Auftrag ausführt,

    a) wenn sich diese zusätzlichen Bau- oder Dienstleistungen in technischer und wirtschaftlicher Hinsicht nicht ohne wesentlichen Nachteil für den Auftraggeber vom ursprünglichen Auftrag trennen lassen oder

    b) wenn diese zusätzlichen Bau- oder Dienstleistungen zwar von der Ausführung des ursprünglichen Auftrags getrennt werden können, aber für dessen Vollendung unbedingt erforderlich sind;

7. bei neuen Bauaufträgen, die in der Wiederholung gleichartiger Bauleistungen bestehen, die vom selben Auftraggeber an den Auftragnehmer des ursprünglichen Auftrags vergeben werden, sofern diese Bauleistungen einem Grundentwurf entsprechen und dieser Entwurf Gegenstand des ursprünglichen Auftrags war, der nach einer Bekanntmachung vergeben wurde; die Möglichkeit der Anwendung des Verhandlungsverfahrens ohne Bekanntmachung muss bereits bei der Bekanntmachung für den ersten Bauabschnitt angegeben werden;

8. wenn es sich um die Lieferung von Waren handelt, die an Börsen notiert und gekauft werden;

9. wenn Aufträge auf Grund einer Rahmenvereinbarung (§ 9) vergeben werden sollen, sofern die Rahmenvereinbarung nach den Bestimmungen dieser Verordnung geschlossen wurde;

10. wenn Waren auf Grund einer besonders günstigen Gelegenheit, die sich für einen sehr kurzen Zeitraum ergeben hat, zu einem Preis beschafft werden können, der erheblich unter den marktüblichen Preisen liegt;

11. wenn Waren zu besonders günstigen Bedingungen von einem Lieferanten, der seine Geschäftstätigkeit endgültig aufgibt oder bei Insolvenzverwaltern oder Liquidatoren im Rahmen eines Insolvenz-, Vergleichs- oder Ausgleichsverfahrens gekauft werden sollen;

12. wenn im Anschluss an ein Auslobungsverfahren der Dienstleistungsauftrag nach den in § 11 festgelegten Bestimmungen an den Gewinner oder an einen der Gewinner des Auslobungsverfahrens vergeben werden muss; im letzteren Fall müssen alle Gewinner des Auslobungsverfahrens zur Teilnahme an den Verhandlungen aufgefordert werden.

178.1 Verordnungsbegründung

13187   **Sektorenauftraggeber** können nach Artikel 40 Abs. 2 der Richtlinien 2004/17/EG das offene Verfahren, das nicht offene Verfahren und das Verhandlungsverfahren mit vorheriger Bekanntmachung **frei wählen** (Absatz 1).

13188   Absatz 2 Buchstaben a)–l) entspricht den Vorgaben des Artikel 40 Absatz 3 der Richtlinie 2004/17/EG und enthält die **Voraussetzungen zur Wahl des Verhandlungsverfahrens ohne vorherige europaweite Bekanntmachung.**

Sektorenverordnung SektVO § 7 **Teil 7**

178.2 Freie Wahl der Vergabeart

§ 6 Abs. 1 entspricht im Wesentlichen § 101 Abs. 7 Satz 2 GWB. Vgl. dazu die Kommentierung § 101 GWB Rdn. 219 ff. 13189

178.3 Verhandlungsverfahren ohne vorherigen Teilnahmewettbewerb

§ 6 Abs. 2 ist in den wichtigsten Regelungen **vergleichbar mit** § 3a Abs. 6 VOB/A bzw. § 3 EG Abs. 4, Abs. 8 VOL/A. Vgl. insoweit die entsprechenden Kommentierungen. 13190

179. § 7 SektVO – Leistungsbeschreibung, technische Anforderungen

(1) Die Leistung ist eindeutig und erschöpfend zu beschreiben, so dass alle Bewerber die Beschreibung im gleichen Sinne verstehen müssen und miteinander vergleichbare Angebote zu erwarten sind (Leistungsbeschreibung).

(2) Der Auftraggeber gewährleistet, dass die technischen Anforderungen zur Beschreibung des Auftragsgegenstandes allen beteiligten Unternehmen gleichermaßen zugänglich sind. Auf Antrag benennt er den interessierten Unternehmen die technischen Anforderungen, die er regelmäßig verwendet.

(3) Die technischen Anforderungen sind in der Leistungsbeschreibung zu formulieren
1. unter Bezugnahme auf die in Anhang 2 definierten technischen Spezifikationen in der Rangfolge
   a) nationale Normen, mit denen europäische Normen umgesetzt werden,
   b) europäische technische Zulassungen,
   c) gemeinsame technische Spezifikationen,
   d) internationale Normen und andere technische Bezugssysteme, die von den europäischen Normungsgremien erarbeitet wurden, oder falls solche Normen und Spezifikationen fehlen, nationale Normen, nationale technische Zulassungen oder nationale technische Spezifikationen für die Planung, Berechnung und Ausführung von Bauwerken und den Einsatz von Produkten;
   jede Bezugnahme ist mit dem Zusatz „oder gleichwertig" zu versehen;
2. in Form von Leistungs- oder Funktionsanforderungen;
3. oder als Kombination von Nummer 1 und 2.

(4) Mit der Leistungsbeschreibung sind im Rahmen der technischen Anforderungen von den Bietern Angaben zum Energieverbrauch von technischen Geräten und Ausrüstungen zu fordern. Bei Bauleistungen sind diese Angaben dann zu fordern, wenn die Lieferung von technischen Geräten und Ausrüstungen Bestandteil dieser Bauleistungen sind. Dabei ist in geeigneten Fällen eine Analyse minimierter Lebenszykluskosten oder eine vergleichbare Methode zur Gewährleistung der Wirtschaftlichkeit vom Bieter zu fordern.

(5) Verweist der Auftraggeber in der Leistungs- oder Aufgabenbeschreibung auf die in Absatz 3 Nummer 1 genannten technischen Anforderungen, so darf er ein Angebot nicht mit der Begründung ablehnen, die angebotenen Waren und Dienstleistungen entsprächen nicht den von ihm herangezogenen Spezifikationen, wenn das Unternehmen in seinem Angebot dem Auftraggeber nachweist, dass die vom Unternehmen vorgeschlagenen Lösungen diesen Anforderungen entsprechen. Nachweise können insbesondere eine geeignete technische Beschreibung des Herstellers oder ein Prüfbericht einer anerkannten Stelle sein.

(6) Legt der Auftraggeber die technischen Anforderungen in Form von Leistungs- oder Funktionsanforderungen fest, so darf er ein Angebot nicht zurückweisen, das Folgendem entspricht:
1. einer nationalen Norm, mit der eine europäische Norm umgesetzt wird,
2. einer europäischen technischen Zulassung,

3. einer gemeinsamen technischen Spezifikation,

4. einer internationalen Norm oder

5. einem technischen Bezugssystem, das von den europäischen Normungsgremien erarbeitet wurde,

wenn diese Spezifikationen die von ihnen geforderten Leistungs- oder Funktionsanforderungen betreffen. Das Unternehmen muss in seinem Angebot nachweisen, dass die jeweilige der Norm entsprechende Bauleistung, Ware oder Dienstleistung den Leistungs- oder Funktionsanforderungen des Auftraggebers entspricht. Nachweise können insbesondere eine technische Beschreibung des Herstellers oder ein Prüfbericht einer anerkannten Stelle sein.

(7) Schreibt der Auftraggeber Umwelteigenschaften in Form von Leistungs- oder Funktionsanforderungen vor, so kann er diejenigen Spezifikationen oder Teile davon verwenden, die in europäischen, multinationalen oder anderen Umweltzeichen definiert sind, wenn

1. diese Spezifikationen geeignet sind, die Merkmale derjenigen Waren oder Dienstleistungen zu definieren, die Gegenstand des Auftrags sind,

2. die Anforderungen des Umweltzeichens auf der Grundlage von wissenschaftlich abgesicherten Informationen ausgearbeitet werden,

3. die Umweltzeichen im Rahmen eines Verfahrens erlassen werden, an dem alle interessierten Kreise, wie staatliche Stellen, Verbraucher, Hersteller, Händler und Umweltorganisationen, teilnehmen können und

4. die Umweltzeichen für alle Betroffenen zugänglich sind.

Der Auftraggeber kann in den Vergabeunterlagen festlegen, dass bei Waren oder Dienstleistungen, die mit einem Umweltzeichen ausgestattet sind, davon ausgegangen werden kann, dass sie den in der Leistungs- oder Aufgabenbeschreibung festgelegten Spezifikationen genügen. Er muss jedes andere geeignete Beweismittel, wie geeignete technische Unterlagen des Herstellers oder Prüfberichte anerkannter Stellen, akzeptieren.

(8) Anerkannte Stellen sind die Prüf- und Eichlaboratorien im Sinne des Eichgesetzes sowie die Inspektions- und Zertifizierungsstellen, die die jeweils anwendbaren europäischen Normen erfüllen. Der Auftraggeber muss Bescheinigungen nach den Absätzen 5, 6 und 7 von anerkannten Stellen, die in anderen Mitgliedstaaten ansässig sind, anerkennen.

(9) In technischen Anforderungen darf nicht auf eine bestimmte Produktion oder Herkunft oder ein besonderes Verfahren oder auf Marken, Patente, Typen oder einen bestimmten Ursprung verwiesen werden, wenn dadurch bestimmte Unternehmen oder bestimmte Produkte begünstigt oder ausgeschlossen werden. Solche Verweise sind jedoch ausnahmsweise zulässig, wenn der Auftragsgegenstand anderenfalls nicht hinreichend genau und allgemein verständlich beschrieben werden kann; die Verweise sind mit dem Zusatz „oder gleichwertig" zu versehen.

179.1 Verordnungsbegründung

13191   Die **Vergabeunterlagen** geben den Unternehmen Auskunft über die vom Sektorenauftraggeber geforderte Leistung und ermöglichen es ihnen, entsprechende Angebote zu erarbeiten. **Wesentlicher Bestandteil der Vergabeunterlagen ist die Leistungsbeschreibung.** Sie enthält die für die Angebotserstellung maßgebenden Anforderungen an die Leistung und die technischen Spezifikationen.

13192   **Mit den technischen Spezifikationen beschreiben die Sektorenauftraggeber den Auftragsgegenstand.** Sie sollen es ermöglichen, Angebote einzureichen, die die Vielfalt technischer Lösungsmöglichkeiten widerspiegeln. § 9 regelt die Anforderungen an die technischen Spezifikationen. **Grundsätzlich haben Sektorenauftraggeber die Wahl**, ob sie die Leistung anhand von Normen, mittels einer Leistungs- oder Funktionsanforderung oder mit Normen und Leistungs- oder Funktionsanforderungen beschreiben. Bei der Beschaffung marktüblicher Waren oder Leistungen werden sie auf die Normenbeschreibung zurückgreifen, ist die Leistung komplexer oder wollen sie sich hinsichtlich einer bestimmten Konstruktion nicht festlegen, um

Sektorenverordnung						SektVO § 7 **Teil 7**

auch innovative Lösungen zu erhalten, werden sie die Leistung funktional beschreiben. Sie müssen dabei darauf achten, dass die **Verwendung von Normen oder Spezifikationen immer auf den Auftragsgegenstand bezogen** ist und der Wettbewerb nicht unzulässig beschränkt wird.

Die Begriffe „technische Spezifikation", „Norm", „europäische technische Zulassung", „gemeinsame technische Spezifikation" und „technische Bezugsgröße" werden **in der Anlage 2 definiert**. 13193

Absatz 4 setzt Artikel 5 der Richtlinie 2006/32/EG (Energieeffizienzrichtlinie) sowie deren Anhang VI, Buchstabe c) und d) um. Demnach kommt der öffentlichen Hand bei der Steigerung der Energieeffizienz eine **Vorbildfunktion** zu. Daher wird sie nach dem Energieeffizienzgesetz (EnEfG) Maßnahmen ergreifen, deren Schwerpunkt auf Maßnahmen liegt, die in kurzer Zeit zu Energieeinsparungen führen. 13194

Um eine **Aufsplitterung vergaberechtlicher Regelungen zu vermeiden, wurden diese Vorgaben der o. a. Richtlinie sowohl in die VgV für die sog. „klassischen Auftraggeber" als auch die SektVO aufgenommen.** Dies **dient zum einen der Anwenderfreundlichkeit und zum anderen wird so die Anwendung von Energieeffizienzkriterien im Vergabeverfahren am besten gewährleistet**. Gleichzeitig wird dem Beschluss der Bundesregierung vom 28. 6. 2006 zur Vereinheitlichung des Vergaberechts Rechnung getragen. 13195

Es steht den Sektorenauftraggebern frei, die benötigte Leistung so zu beschreiben, z. B. durch funktionale Leistungsbeschreibungen, dass Bieter möglichst viel Spielraum haben, energieeffiziente Produkte anzubieten. 13196

„Geeignete Fälle" für die Forderung nach einer Analyse der Lebenszykluskosten können die Beschaffung langlebiger Produkte mit zunächst höheren Anschaffungskosten sein, deren Erwerb sich jedoch anhand einer solchen Analyse im Hinblick auf geringere Lebenszeit-Energiekosten als wirtschaftlich sinnvoll erweisen kann. 13197

Die Sektorenauftraggeber müssen den Unternehmen ermöglichen, dass sie mit geeigneten Mitteln die Übereinstimmung ihres Angebotes mit der geforderten Leistung nachweisen können. Wünscht der Sektorenauftraggeber, dass der Auftragsgegenstand bestimmte Umwelteigenschaften ausweist, kann er in der Leistungsbeschreibung Spezifikationen von Umweltzeichen benutzen und vorgeben, dass Waren oder Dienstleistungen, die mit einem Umweltzeichen ausgestattet sind, seinen Anforderungen entsprechen. Absatz 7 regelt, welchen Anforderungen die Umweltzeichen genügen müssen. 13198

§ 9 und Anlage 2 entsprechen Artikel 34 und Anhang XXI der Richtlinie 2004/17/EG. 13199

179.2 Änderungen durch die VgV/SektVO-AnpassungsVO 2010

Die Neufassung des Absatzes 4 Satz 1 und 2 dient der Anpassung an die mit den Bundesressorts neu abgestimmte Formulierung in der Vergabeverordnung zur Energieeffizienz (§ 4 Absatz 6 und § 6 Absatz 2 VgV). Damit wird klargestellt, dass sowohl die Angaben zum Energieverbrauch als auch zu den Lebenszykluskosten von den Bietern zu fordern sind. Nur durch den Vergleich der Angaben in den eingegangenen Angeboten kann der öffentliche Auftraggeber hier letztlich die Wirtschaftlichkeit feststellen. 13200

179.3 Vergleichbare Vorschriften

§ 7 SektVO ist **grundsätzlich mit § 7 VOB/A, § 8 EG VOL/A und §§ 4 Abs. 6, 6 Abs. 2 VgV vergleichbar**. Vgl. insoweit die entsprechenden Kommentierungen. 13201

179.4 Rechtsprechung

179.4.1 Änderung des Leistungsverzeichnisses durch den Auftraggeber während der Ausschreibung

Ein **Auftraggeber ist im Fall einer von ihm angenommenen Änderungsbedürftigkeit der Verdingungsunterlagen nicht in jedem Fall dazu gezwungen, die Bieter er- 13202 neut zur Angebotsabgabe aufzufordern. Zumindest **bei inhaltlich eng begrenzten Änderungen hat er vielmehr auch die Möglichkeit, diese den Bietern während der laufenden Angebotsfrist mitzuteilen und ihre Berücksichtigung zu verlangen**. Eine solche Vorgehensweise ist in derartigen Fällen **sachgerecht, um unverhältnismäßige Verzögerungen zu vermeiden**, wie sie bei einer erneuten Aufforderung zur Angebotsabgabe wegen des dabei zu beachtenden Fristenregimes eintreten könnten. Dies ist etwa dann der Fall, wenn sich die Änderungen auf einen kleinen Teil der Positionen des Leistungsverzeichnisses beschränken, der mit einem Anteil am Wert der Gesamtleistung von weniger als 3% von untergeordneter Bedeutung war und dies insbesondere keine wesentliche Änderung des Ausschreibungsgegenstandes bewirkte und wenn diese Änderungen nicht willkürlich vorgenommen, sondern mit bautechnischen Notwendigkeiten begründet wurden, die der Auftraggeber während der Angebotsfrist erkannte (2. VK Bund, B. v. 21. 9. 2009 – Az.: VK 2–126/09).

180. § 8 SektVO – Nebenangebote und Unteraufträge

(1) **Der Auftraggeber kann Nebenangebote zulassen. Er muss dies in der Bekanntmachung oder den Vergabeunterlagen angeben. Er muss hier auch Mindestanforderungen festlegen. Er darf nur solche Nebenangebote berücksichtigen, die die Mindestanforderungen erfüllen. Fehlt eine entsprechende Angabe in der Bekanntmachung oder den Vergabeunterlagen, sind keine Nebenangebote zugelassen.**

(2) **Bei der Vergabe von Liefer- oder Dienstleistungsaufträgen darf der Auftraggeber ein Nebenangebot nicht allein deshalb zurückweisen, weil daraus ein Dienstleistungsauftrag anstelle eines Lieferauftrags oder ein Lieferauftrag anstelle eines Dienstleistungsauftrags würde, wenn das Angebot den Zuschlag erhält.**

(3) **Der Auftraggeber kann vorgeben, dass der Unternehmer den Teil des Auftrags benennt, den er durch Unteraufträge an Dritte zu vergeben beabsichtigt, und dass er den Namen des Unterauftragnehmers vor Zuschlagserteilung angibt.**

180.1 Verordnungsbegründung

13203   Sektorenauftraggeber müssen angeben, ob sie Nebenangebote zulassen. Tun sie dies, haben sie **Mindestanforderungen, denen Nebenangebote genügen müssen, zu benennen** (Absatz 1).

13204   Das Zulassen von Nebenangeboten zielt regelmäßig darauf ab, innovative Lösungsvorschläge zu erhalten. Da Sektorenauftraggeber häufig keine genauen Vorstellungen über Mindestanforderungen haben, ist es **zweckmäßig, nicht zu detaillierte Vorgaben in die festzulegenden Mindestanforderungen aufzunehmen**. Die zweite Vergabekammer des Bundes hat dazu entschieden, dass es z. B. bei Grundinstandsetzungsarbeiten eines Bahnhofes ausreichend sei, als Mindestbedingung für Nebenangebote die Gleichwertigkeit mit den allgemeinen Planungsvorgaben und Konstruktionsprinzipien festzulegen, … „anderenfalls bliebe die Kreativität eines Bieters, über ein Nebenangebot ein anderes (günstigeres) Verfahren oder andere Teile vorzuschlagen, auf der Strecke" (VK Bund VK 2–208/04 vom 14. 12. 2004).

13205   Die **Bestimmung über Unteraufträge dient der Beteiligung kleiner und mittlerer Unternehmen am Vergabeverfahren** (s. Erwägungsgrund 43 der Richtlinie 2004/17/EG). Da die Erbringung der Leistungen durch Unteraufträge erfolgen kann, dürfen Sektorenauftraggeber nach Absatz 3 hierzu Angaben von den Unternehmen verlangen. Die korrespondierende Regelung in der Richtlinie 2004/17/EG ist der Artikel 37.

180.2 Zulassung von Nebenangeboten (§ 8 Abs. 1)

13206   **§ 8 Abs. 1 Satz 1, 2 entspricht im Wesentlichen § 8 Abs. 2 Nr. 3 VOB/A**. Vgl. insoweit die entsprechende Kommentierung zu § 8 VOB/A Rdn. 24 ff.

13207   Gemäß **§ 8 Abs. 1 Satz 5** sind dann, wenn eine Bekanntmachung über die Zulassung fehlt, Nebenangebote nicht zugelassen. Die **SektVO ist damit identisch mit der VOL/A** (vgl. § 9 EG Abs. 5 VOL/A Rdn. 14), nicht aber mit der VOB/A (→ § 8 VOB/A Rdn. 24).

180.3 Anforderungen bei der Zulassung von Nebenangeboten

§ 8 Abs. 1 Satz 3, 4 entspricht im Wesentlichen § 16a Abs. 3 VOB/A und § 9 EG 13208
Abs. 5 Satz 3 VOL/A. Vgl. insoweit die entsprechende Kommentierung zu § 16 VOB/A
insbesondere zum Umfang der notwendigen formellen und inhaltlichen Mindestanforderungen (→ § 16 VOB/A Rdn. 697 ff).

180.4 Unteraufträge (§ 8 Abs. 3)

180.4.1 Zulässiger Einsatz von Nachunternehmern

Zum **grundsätzlich zulässigen Einsatz von Nachunternehmern** vgl. die **Kommentie-** 13209
rung zu § 97 GWB Rdn. 438 ff.

180.4.2 Forderung nach Nennung der Nachunternehmerleistungen

Insbesondere die **Bundesländer** fordern – auf der rechtlichen Grundlage von Tarif- 13210
treue- oder Landesvergabegesetzen (vgl. die Kommentierung zu § 97 GWB Rdn. 880 ff)
oder auf der Basis des § 97 Abs. 4 Satz 1 n. F. – von den Bewerbern die **Angabe, welche Leistungen an Nachunternehmer vergeben** werden. Vgl. ergänzend auch die Kommentierung
zu § 8 VOB/A Rdn. 13 ff.

Gerade bei größeren Projekten besteht ein **erhebliches Interesse der Vergabestelle daran,** 13211
über die Vertragspartner und deren Subunternehmer Bescheid zu wissen. Die zuverlässige Ausführung der Leistung hängt nicht nur von der Fachkunde und Leistungsfähigkeit des
Bieters ab, sondern auch von der **Eignung der von ihm eingeschalteten Nachunternehmer**, welche die Leistung faktisch erbringen. Darum ist der Vergabestelle grundsätzlich zuzubilligen, vor der Zuschlagserteilung die Eignung der Nachunternehmer überprüfen zu können
(OLG München, B. v. 22. 1. 2009 – Az.: Verg 26/08).

180.4.3 Forderung nach Nennung der Nachunternehmer

Vgl. insoweit die **Kommentierung zu § 16 VOB/A Rdn. 371 ff.** 13212

181. § 9 SektVO – Rahmenvereinbarungen

(1) Eine Rahmenvereinbarung ist eine Vereinbarung zwischen einem oder mehreren Auftraggebern mit einem oder mehreren Unternehmen. In einer Rahmenvereinbarung werden die Bedingungen für Einzelaufträge festgelegt, die innerhalb eines
bestimmten Zeitraumes abgeschlossen werden sollen. Festgelegt werden insbesondere die Bedingungen über den Preis und gegebenenfalls die in Aussicht genommenen
Mengen.

(2) Wurde eine Rahmenvereinbarung nicht in einem Verfahren mit Bekanntmachung vergeben, so muss der Vergabe des Einzelauftrages auf Grund dieser Rahmenvereinbarung eine Bekanntmachung vorausgehen.

181.1 Verordnungsbegründung

Rahmenvereinbarungen sind ein Instrument zur Beschaffung von Waren oder Leistungen 13213
über einen bestimmten Zeitraum. Besteht zwar Gewissheit über den Bedarf für eine bestimmte Zeit, endgültige Menge und der genaue Zeitpunkt des Bedarfs sind jedoch noch ungewiss,
kann mit einer Rahmenvereinbarung für die der Deckung dieses Bedarfs ein Rahmen vorgegeben werden, der hinsichtlich der konkreten Beschaffung noch ausgefüllt werden muss (z. B. durch Abruf). Ebenso enthalten Rahmenvereinbarungen die Bedingungen für die Aufträge, die über einen bestimmten Zeitraum vergeben werden sollen,
insbesondere in Bezug auf den Preis und ggf. die in Aussicht genommene Menge (Artikel 1

Teil 7 SektVO § 10 Sektorenverordnung

Abs. 5 Richtlinie 2004/17/EG). Sie sind **kein Vergabeverfahren, sondern Sonderform eines Vertrages.**

13214 Sektorenauftraggeber müssen **bei Rahmenvereinbarungen für Transparenz und Wettbewerb sorgen**, entweder vor der Vergabe der Rahmenvereinbarung oder bei der Vergabe der Einzelaufträge.

13215 § 9 setzt den Artikel 14 der Richtlinie 2004/17/EG um.

181.2 Rechtsprechung

13216 Vgl. zu Rahmenvereinbarungen **umfassend die Kommentierung zu § 4 VOL/A Rdn. 1 ff.**

182. § 10 SektVO – Dynamische elektronische Verfahren

(1) **Auftraggeber können für die Beschaffung von marktüblichen Liefer- und Dienstleistungen ein dynamisches elektronisches Verfahren nach § 101 Absatz 6 Satz 2 des Gesetzes gegen Wettbewerbsbeschränkungen einrichten.**

(2) Alle Unternehmen, die die Eignungskriterien erfüllen und ein erstes vorläufiges Angebot vorgelegt haben, das den Inhalten der Vergabeunterlagen entspricht, sind zur Teilnahme zuzulassen. Die Unternehmen können ihre vorläufigen Angebote jederzeit nachbessern, sofern die Angebote mit den Inhalten der Vergabeunterlagen vereinbar bleiben.

(3) Zur Einrichtung eines dynamischen elektronischen Verfahrens verfährt der Auftraggeber wie folgt:
1. Er veröffentlicht eine Bekanntmachung, in der er angibt, dass es sich um ein dynamisches elektronisches Verfahren handelt.
2. In den Vergabeunterlagen sind insbesondere die Art der beabsichtigten Beschaffungen, die im Wege des dynamischen elektronischen Verfahrens vergeben werden sollen, sowie alle erforderlichen Informationen zu diesem Verfahren präzise anzugeben. Dazu gehören auch die Informationen zur verwendeten elektronischen Ausrüstung des Auftraggebers, zu den Datenformaten und zu den technischen Vorkehrungen sowie den Merkmalen der elektronischen Verbindung.
3. In der Bekanntmachung ist die Internet-Adresse anzugeben, unter der die Vergabeunterlagen abgerufen werden können.
4. Ab dem Zeitpunkt der Veröffentlichung der Bekanntmachung und bis zum Abschluss des dynamischen elektronischen Verfahrens ist auf elektronischem Weg ein freier, unmittelbarer und uneingeschränkter Zugang zu diesen Dokumenten zu gewähren.

(4) Der Auftraggeber ermöglicht – während der gesamten Laufzeit – jedem Unternehmen, ein vorläufiges Angebot einzureichen, um zur Teilnahme am dynamischen elektronischen Verfahren zugelassen zu werden. Er prüft dieses Angebot innerhalb einer Frist von höchstens 15 Kalendertagen ab dem Zeitpunkt, an dem das Angebot vorgelegt wurde; er kann diese Frist verlängern, sofern nicht zwischenzeitlich eine gesonderte Bekanntmachung erfolgt. Der Auftraggeber unterrichtet das Unternehmen unverzüglich darüber, ob es zur Teilnahme zugelassen ist oder ob sein vorläufiges Angebot abgelehnt wurde.

(5) Für jeden Einzelauftrag hat eine gesonderte Bekanntmachung zu erfolgen. Vor dieser Bekanntmachung veröffentlicht der Auftraggeber eine vereinfachte Bekanntmachung nach Anhang IX der Verordnung (EG) Nr. 1564/2005 der Kommission vom 7. September 2005 zur Einführung von Standardformularen für die Veröffentlichung von Vergabebekanntmachungen im Rahmen von Verfahren zur Vergabe öffentlicher Aufträge gemäß der Richtlinie 2004/17/EG und der Richtlinie 2004/18/EG des Europäischen Parlaments und des Rates (ABl. L 257 vom 1. 10. 2005, S. 1). In ihr werden alle interessierten Unternehmen aufgefordert, innerhalb einer

Frist von mindestens 15 Kalendertagen – ab dem Versand der vereinfachten Bekanntmachung – ein vorläufiges Angebot abzugeben. Der Auftraggeber nimmt die Bekanntmachung erst dann vor, wenn alle fristgerecht eingegangenen vorläufigen Angebote ausgewertet wurden.

(6) Der Auftraggeber fordert alle Unternehmen, die zugelassen worden sind, auf, endgültige Angebote für die zu vergebenden Aufträge einzureichen. Für die Abgabe der Angebote setzt er eine angemessene Frist fest. Er vergibt den Auftrag an das Unternehmen, welches das wirtschaftlichste Angebot vorgelegt hat. Maßgeblich dafür sind die Zuschlagskriterien, die in der Bekanntmachung für die Einrichtung des dynamischen elektronischen Verfahrens aufgestellt und gegebenenfalls bei der Aufforderung zur Abgabe eines endgültigen Angebots präzisiert wurden.

(7) Die Laufzeit eines dynamischen elektronischen Verfahrens darf grundsätzlich vier Jahre nicht überschreiten. Eine Überschreitung der Laufzeit ist nur in besonders zu begründenden Fällen zulässig.

(8) Der Auftraggeber darf von den Unternehmen, die am dynamischen elektronischen Verfahren teilnehmen, keine Bearbeitungsgebühren oder sonstige Verfahrenskosten fordern.

182.1 Verordnungsbegründung

Das **dynamische elektronische Verfahren** ist ein offenes Verfahren, das vollelektronisch abläuft und zeitlich befristet ist. Es **erlaubt wiederholte Beschaffungen, während Unternehmen die Möglichkeit haben, über die gesamte Verfahrensdauer in das Verfahren einzusteigen.** Es ist ein **neues Verfahren** aus den Richtlinien 2004/17/EG (Artikel 1 Abs. 5 und Artikel 15), das die Sektorenauftraggeber anregen soll, die elektronischen Medien zur Erhöhung der Effizienz der Beschaffungen umfassend zu nutzen. Es ist **vor allem für die Beschaffung von marktüblichen Waren und Leistungen geeignet.** 13217

Die Sektorenauftraggeber können mit diesem Verfahren eine Vielzahl von Angeboten erhalten und so den Wettbewerb ausweiten. Durch die **vorherige Prüfung der Eignung der Unternehmen und der zunächst vorzulegenden unverbindlichen Angebote,** kann die spätere Vergabe des konkreten Auftrags im Gegensatz zum herkömmlichen offenen Verfahren schneller erfolgen, da die Eignung der Unternehmen und die Zulässigkeit der Angebote bereits vorgenommen wurden. § 12 regelt, wie die Gestaltung des Verfahrens zu erfolgen hat, damit eine Gleichbehandlung der Unternehmen gewährleistet wird. 13218

Die Sektorenauftraggeber können **auch im Rahmen eines dynamischen elektronischen Verfahrens für die Vergabe der Einzelaufträge elektronische Auktionen durchführen.** Sie müssen dies bei der Einrichtung des Verfahrens ankündigen. 13219

Vgl. insoweit auch die **Kommentierung zu § 5 VOL/A Rdn. 5 ff.** 13220

183. § 11 SektVO – Wettbewerbe

(1) **Wettbewerbe** nach § 99 Absatz 5 des Gesetzes gegen Wettbewerbsbeschränkungen werden insbesondere in den Gebieten der Raumplanung, der Stadtplanung, der Architektur und des Bauwesens oder der Datenverarbeitung in einem der in § 6 genannten Verfahren durchgeführt.

(2) **Die Bestimmungen eines Wettbewerbs müssen den Regeln der nachfolgenden Absätze 3 bis 7 entsprechen. Interessierte, die an einem Wettbewerb teilnehmen möchten, müssen vor Beginn des Wettbewerbs über die geltenden Regeln informiert werden.**

(3) Die Zulassung zur Teilnahme an einem Wettbewerb darf weder
1. auf das Gebiet eines Mitgliedstaates oder einen Teil davon noch
2. auf natürliche oder juristische Personen beschränkt werden.

Bei einem Wettbewerb mit beschränkter Teilnehmerzahl hat der Auftraggeber eindeutige und nicht diskriminierende Auswahlkriterien festzulegen. Die Zahl der Bewerber, die zur Teilnahme aufgefordert werden, muss ausreichen, um einen Wettbewerb zu gewährleisten.

(4) Das Preisgericht darf nur aus Preisrichtern bestehen, die von den Teilnehmern des Wettbewerbs wirtschaftlich unabhängig sind. Wird von den Wettbewerbsteilnehmern eine bestimmte berufliche Qualifikation verlangt, muss mindestens ein Drittel der Preisrichter über dieselbe oder eine gleichwertige Qualifikation verfügen.

(5) Das Preisgericht ist in seinen Entscheidungen und Stellungnahmen unabhängig. Es trifft seine Entscheidung nur auf Grund von Kriterien, die in der Bekanntmachung genannt sind. Die Wettbewerbsarbeiten sind ihm anonym vorzulegen.

(6) Das Preisgericht erstellt einen Bericht über die Rangfolge der von ihm ausgewählten Projekte, in dem es auf die einzelnen Wettbewerbsarbeiten eingeht und seine Bemerkungen sowie noch zu klärende Fragen aufführt. Dieser Bericht ist von den Preisrichtern zu unterzeichnen. Bis zur Stellungnahme oder zur Entscheidung des Preisgerichts ist die Anonymität zu wahren.

(7) Die Teilnehmer können vom Ausrichter des Wettbewerbs aufgefordert werden, Fragen zu ihren Wettbewerbsarbeiten zu beantworten, die das Preisgericht in seinem Protokoll festgehalten hat. Hierüber ist ein umfassendes Protokoll zu erstellen.

183.1 Verordnungsbegründung

13221 § 11 setzt die Artikel 60–66 der Richtlinie 2004/17/EG um.

13222 **Auslobungsverfahren (Wettbewerbe) sind in § 99 Abs. 5 GWB** als Verfahren **definiert**, die dem öffentlichen Auftraggeber auf Grund vergleichender Beurteilung durch ein Preisgericht mit oder ohne Verteilung von Preisen zu einem Plan verhelfen sollen. Sehen Sektorenauftraggeber ein solches Verfahren oberhalb der Schwellenwerte nach § 1 Abs. 2 vor, müssen sie § 11 beachten. Vorgegeben werden im § 11 insbesondere Transparenzpflichten, die Wahrung der Anonymität der Wettbewerbsarbeiten und die Qualifizierungsanforderungen an das Preisgericht.

183.2 Vergleichbare Vorschriften

13223 § 11 SektVO ist vom Grundsatz her mit **§§ 99 Abs. 5 GWB, 15 VOF und § 3 EG Abs. 8 VOL/A vergleichbar**. Vgl. dazu im Einzelnen die **Kommentierung zu den entsprechenden Regelungen**.

183.3 Wettbewerbe nach § 99 Absatz 5 des Gesetzes gegen Wettbewerbsbeschränkungen (§ 11 Abs. 1)

13224 § 11 Abs. 1 SektVO nennt die **wichtigsten Anwendungsbereiche** von Wettbewerben, nämlich die **Gebiete der Raumplanung, der Stadtplanung, der Architektur und des Bauwesens** oder der **Datenverarbeitung**, wobei **letztere in der Praxis keine Rolle** spielen.

183.4 Regeln für einen Wettbewerb (§ 11 Abs. 2)

13225 In **§ 11 Abs. 3–7 sind die wichtigsten Regeln für einen Wettbewerb** definiert (§ 11 Abs. 2 Satz 1). Über diese Regeln hinaus sind immer die **Grundregelungen des Vergaberechts nach § 97 GWB** zu beachten.

13226 Gemäß § 11 Abs. 2 **müssen Interessierte**, die an einem Wettbewerb teilnehmen möchten, vor Beginn des Wettbewerbs **über die geltenden Regeln informiert** werden. Die Regelung entspricht § 15 Abs. 3 VOF; vgl. insoweit die **Kommentierung zu § 15 VOF Rdn. 12**.

183.5 Beschränkung der Zulassung zur Teilnahme an einem Wettbewerb (§ 11 Abs. 3 Satz 1)

13227 § 11 Abs. 3 entspricht § 15 Abs. 4 VOF; vgl. insoweit die **Kommentierung zu § 15 VOF Rdn. 13**.

Zu **allgemeinen Fragen der Unzulässigkeit der Beschränkung aus örtlichen Überlegungen** vgl. die **Kommentierung zu § 97 GWB Rdn. 286 ff.** 13228

183.6 Eindeutige und nichtdiskrimierende Auswahlkriterien (§ 11 Abs. 3 Satz 2)

Zu allgemeinen Fragen der Anforderung an Auswahlkriterien vgl. die **Kommentierung zu § 97 GWB Rdn. 548 ff.** 13229

183.7 Notwendige Anzahl der Bewerber (§ 11 Abs. 3 Satz 3)

§ 11 Abs. 3 entspricht § 16 Abs. 3 Satz 2 VOF. **Grundsätzliche Überlegungen zur Zahl der Bewerber** sind in der **Kommentierung zu § 101 GWB Rdn. 25 ff.** dargestellt. 13230

183.8 Anforderungen an das Preisgericht (§ 11 Abs. 4)

§ 11 Abs. 4 entspricht vom Grundsatz her § 16 Abs. 4 VOF; allerdings werden im Rahmen der SektVO die **entsprechende berufliche Qualifikation nur von mindestens einem Drittel der Preisrichter und im Rahmen der VOF von der Mehrheit der Preisrichter** verlangt. 13231

183.9 Unabhängigkeit des Preisgerichts (§ 11 Abs. 5)

§ 11 Abs. 5 entspricht § 16 Abs. 4 VOF. 13232

183.10 Bericht des Preisgerichts (§ 11 Abs. 6)

§ 11 Abs. 6 entspricht § 16 Abs. 6 VOF. 13233

184. § 12 SektVO – Pflicht zur Bekanntmachung, Beschafferprofil, zusätzliche Bekanntmachungen

(1) Auftraggeber müssen vergebene Aufträge oder die Ergebnisse eines Wettbewerbs spätestens zwei Monate nach Zuschlagserteilung oder abgeschlossenem Auslobungsverfahren öffentlich bekannt geben.

(2) Möchte ein Auftraggeber die vorgegebenen Fristen für eingehende Angebote gemäß § 17 Absatz 2 oder 3 verkürzen, muss er

1. eine jährliche regelmäßige nicht verbindliche Bekanntmachung nach § 13 veröffentlichen, wenn der geschätzte Gesamtwert der Aufträge

    a) mindestens 750 000 Euro für in Anhang 1 Teil A aufgeführte Liefer- und Dienstleistungen beträgt oder

    b) für Bauleistungen den in § 1 Absatz 2 genannten Schwellenwert erreicht;

2. die Absicht, in Anhang 1 Teil A aufgeführte Liefer-, Bau- und Dienstleistungsaufträge zu vergeben und dabei einen Wettbewerb durchzuführen, öffentlich bekannt geben.

(3) Auftraggeber können im Internet ein Beschafferprofil einrichten. Dieses enthält Angaben über geplante und laufende Vergabeverfahren, über vergebene Aufträge sowie alle sonstigen Informationen, die für die Auftragsvergabe maßgeblich sind. Dazu gehören insbesondere die Kontaktstelle, Telefon- und Telefaxnummer, Anschrift und E-Mail-Adresse des Auftraggebers.

(4) Auftraggeber des Bundes haben Bekanntmachungen zusätzlich auf dem zentralen Internetportal des Bundes zu veröffentlichen. Andere Auftraggeber können ihre Bekanntmachungen ebenfalls dort vornehmen.

Teil 7 SektVO § 12 Sektorenverordnung

(5) In den Bekanntmachungen und in den Vergabeunterlagen ist die Anschrift der Vergabekammer anzugeben, der die Nachprüfung der Vergabeentscheidung obliegt.

(6) Auftraggeber können auch Aufträge veröffentlichen, die nicht der gemeinschaftsweiten Veröffentlichungspflicht unterliegen. Dabei ist § 16 zu beachten.

184.1 Verordnungsbegründung

13234 Der **Gewährleistung transparenter** Verfahren ist immanent, dass Sektorenauftraggeber umfassende Bekanntmachungspflichten erfüllen müssen. Dazu gehören insbesondere die Bekanntmachung der Vergabeabsicht und die Bekanntmachung über vergebene Aufträge (s. § 15).

13235 **Sektorenauftraggeber** können das Internet nicht nur zur Bekanntmachung ihrer laufenden Vergabeverfahren nutzen, sondern sie **können ein sog. Beschafferprofil einrichten, das den Unternehmen wichtige Informationen über den Sektorenauftraggeber in Bezug auf geplante und aktuell stattfindende Vergabeverfahren gibt**. Es ist die **Präsentation einer Behörde oder eines Unternehmens in der Eigenschaft als Käufer von Waren oder Leistungen**. Hat ein Sektorenauftraggeber ein solches Beschafferprofil eingerichtet, kann dies zugleich als regelmäßige nicht verbindliche Bekanntmachung (jährliche Vorinformation, s. § 13) dienen.

13236 Sektorenauftraggeber des Bundes veröffentlichen ihre Bekanntmachungen **auf dem zentralen Internetportal des Bundes**, das auch von anderen Sektorenauftraggebern genutzt werden kann (Absatz 3).

13237 Sektorenauftraggeber sind **verpflichtet, die für die Nachprüfung der Vergabeverfahren zuständige Vergabekammer anzugeben** und die Unternehmen auf die Rügepflicht nach § 107 Absatz 3 GWB hinzuweisen (Absatz 4).

13238 Die Auftraggeber können nach Absatz 5 die **europaweite Bekanntmachung auch für Vergabeverfahren nutzen, für die keine europaweite Veröffentlichungspflicht besteht** (Artikel 44 Absatz 8 der Richtlinie 2004/17/EG). Keine europaweite Veröffentlichungspflicht besteht z. B. für die nachrangigen Dienstleistungen nach Anlage 1 Teil B oder für gänzlich ausgenommene Leistungen (§ 100 Abs. 2 GWB).

184.2 Bekanntmachung vergebener Aufträge und der Ergebnisse eines Wettbewerbs (§ 12 Abs. 1)

13239 Auftraggeber müssen vergebene Aufträge oder die Ergebnisse eines Wettbewerbs spätestens zwei Monate nach Zuschlagserteilung oder abgeschlossenem Auslobungsverfahren öffentlich bekannt geben. Die **Einzelheiten sind in § 15 SektVO geregelt**.

184.3 Fristenverkürzungen (§ 12 Abs. 2)

13240 Die **Regelfristen für Angebote und Teilnahmeanträge** sind in § 17 Abs. 2 und Abs. 3 SektVO definiert. Der Auftraggeber kann diese **Regelfristen verkürzen**, wenn er eine jährliche regelmäßige nicht verbindliche Bekanntmachung nach § 13 SektVO bzw. die Absicht eines Wettbewerbs veröffentlicht. Die Berechnung der verkürzten Fristen ergibt sich aus § 18 SektVO.

184.4 Beschafferprofil (§ 12 Abs. 3)

13241 Die Regelung entspricht inhaltlich § 11 Abs. 2 VOB/A. Vgl. die Kommentierung zu § 11 VOB/A Rdn. 5.

184.5 Zentrales Internetportal des Bundes (§ 12 Abs. 4)

13242 **Auftraggeber des Bundes müssen, andere Auftraggeber können** Bekanntmachungen zusätzlich auf dem zentralen Internetportal des Bundes www.bund.de (auf einer Unterseite „Ausschreibungen der öffentlichen Hand") veröffentlichen.

184.6 Angabe der Anschrift der Vergabekammer (§ 12 Abs. 5)

Sowohl in der Bekanntmachung als auch in den Vergabeunterlagen ist die Anschrift der zuständigen Vergabekammer anzugeben. Der **Vorschrift des § 12 Abs. 5 vergleichbar** ist grundsätzlich im Bereich der VOB/A § 21a VOB/A. Im Bereich der VOL und im Bereich der VOF gibt es **keine entsprechenden eigenständigen Vorschriften** mehr 13243

Die Nachprüfungsbehörden sind **so konkret anzugeben, dass sich die Bieter ohne eigenen Nachforschungsaufwand an sie wenden können.** Mindestens notwendig ist die Angabe des Behördennamens, des Ortes, der Straße und der Telefonnummer. 13244

Zu den Einzelheiten vgl. die Kommentierung zu § 21a VOB/A Rdn. 2ff. 13245

Zur **Zuständigkeit der Vergabekammer** vgl. die Kommentierung zu § 106a GWB Rdn. 55. 13246

184.7 Zur Veröffentlichung von veröffentlichungsfreien Aufträgen (§ 12 Abs. 6)

Auftraggeber können auch Aufträge veröffentlichen, die nicht der gemeinschaftsweiten Veröffentlichungspflicht unterliegen. Dies sind **im Wesentlichen Aufträge unterhalb der Schwellenwerte.** 13247

Auch bei diesen Veröffentlichungen ist **§ 16 SektVO zu beachten.** Die **Vorschrift regelt die Einzelheiten** der Bekanntmachung. 13248

185. § 13 SektVO – Regelmäßige nicht verbindliche Bekanntmachung

(1) Veröffentlichen Auftraggeber eine regelmäßige nicht verbindliche Bekanntmachung, übersenden sie diese der Kommission oder veröffentlichen sie im Beschafferprofil. Bei einer Veröffentlichung im Beschafferprofil melden sie dies der Kommission auf elektronischem Weg. Die Mitteilung an die Kommission erfolgt in beiden Fällen unverzüglich nach Beginn des Kalenderjahres oder – bei beabsichtigten Bauaufträgen – nach Erteilung der Baugenehmigung.

(2) Veröffentlichen Auftraggeber eine regelmäßige nicht verbindliche Bekanntmachung in ihrem Beschafferprofil, so melden sie der Kommission auf elektronischem Weg die Veröffentlichung in ihrem Beschafferprofil.

(3) Die regelmäßige nicht verbindliche Bekanntmachung enthält
1. für die Lieferaufträge, die der Auftraggeber in den kommenden zwölf Monaten voraussichtlich vergeben wird, den geschätzten Gesamtwert der Aufträge oder der Rahmenvereinbarungen, aufgeschlüsselt nach Warengruppen,
2. für die Dienstleistungsaufträge, die der Auftraggeber in den kommenden zwölf Monaten voraussichtlich vergeben wird, den geschätzten Gesamtwert der Aufträge oder der Rahmenvereinbarungen, aufgeschlüsselt nach den in Anhang 1 Teil A genannten Kategorien,
3. für die Bauleistungen, die der Auftraggeber in den kommenden zwölf Monaten voraussichtlich vergeben wird, die wesentlichen Merkmale der Aufträge.

185.1 Verordnungsbegründung

§ 13 setzt Artikel 41 der Richtlinie 2004/17/EG um. 13249

185.2 Vergleichbare Vorschriften

Der **Vorschrift des § 13 SektVO im Grundsatz vergleichbar** sind im Bereich der VOB/A § 12a Abs. 1 und im Bereich der VOL/A § 15 EG Abs. 6 VOL/A. In § 9 VOF 13250

Teil 7 SektVO § 14 Sektorenverordnung

2009 sind – im Gegensatz zu § 9 VOF 2006 – keine Regelungen mehr über eine Vorinformation enthalten.

185.3 Sinn und Zweck der Regelung

13251 Durch eine regelmäßige nicht verbindliche Bekanntmachung – oder anders ausgedrückt „Vorinformation" - **sollen die an öffentlichen Aufträgen interessierten Unternehmen frühzeitig informiert werden**, um sich auf diese Geschäftsmöglichkeiten einrichten zu können.

13252 Eine regelmäßige nicht verbindliche Bekanntmachung ist außerdem **Voraussetzung für die Inanspruchnahme verkürzter Fristen** für die Abgabe von Teilnahmeanträgen und Angeboten (§§ 12 Abs. 2, 17 Abs. 2, Abs. 3).

185.4 Inhalt der regelmäßigen nicht verbindlichen Bekanntmachung (§ 13 Abs. 3)

13253 § 13 Abs. 3 enthält den **notwendigen Inhalt** der regelmäßigen nicht verbindlichen Bekanntmachung.

185.5 Rechtsprechung

13254 Zur **Rechtsprechung** zur regelmäßigen nicht verbindlichen Bekanntmachung vgl. die Kommentierung zu § 12a VOB/A Rdn. 15 ff. und zu § 15 EG VOL/A Rdn. 35 ff.

186. § 14 SektVO – Bekanntmachungen von Aufrufen zum Teilnahmewettbewerb

(1) Auftraggeber können zum Teilnahmewettbewerb aufrufen durch Veröffentlichung

1. einer Bekanntmachung der Vergabeabsicht,
2. einer regelmäßigen nicht verbindlichen Bekanntmachung oder
3. einer Bekanntmachung darüber, dass ein Prüfungssystem nach § 24 eingerichtet ist.

(2) Wird zum Teilnahmewettbewerb durch die Veröffentlichung einer regelmäßigen nicht verbindlichen Bekanntmachung aufgerufen, muss die Bekanntmachung

1. die Lieferungen, Bau- oder Dienstleistungen benennen, die Gegenstand des zu vergebenden Auftrags sein werden,
2. den Hinweis enthalten, dass dieser Auftrag im nicht offenen Verfahren oder im Verhandlungsverfahren ohne gesonderte Bekanntmachung vergeben wird,
3. die interessierten Unternehmen auffordern, ihr Interesse in Textform mitzuteilen, und
4. nicht mehr als zwölf Monate vor dem Zeitpunkt der Absendung der Aufforderung zur Bestätigung des Interesses der Bewerber am Wettbewerb gemäß § 25 Absatz 5 veröffentlicht werden.

186.1 Verordnungsbegründung

13255 § 14 ist die Umsetzungsvorschrift des Artikels 42 Absätze 1 und 3 der Richtlinie 2004/17/EG.

13256 **Sektorenauftraggeber haben mehrere Möglichkeiten, zum Teilnahmewettbewerb um ihre Aufträge aufzurufen.** Dies sind nach Absatz 1 die Bekanntmachung der konkreten Vergabeabsicht, die Bekanntmachung über ein bestehendes Prüfungssystem und die Veröffentlichung einer regelmäßigen nicht verbindlichen Bekanntmachung.

Absatz 2 regelt, welche Anforderungen dabei an die Veröffentlichung einer regelmäßigen nicht verbindlichen Bekanntmachung erfüllt sein müssen, um als Aufruf zum Teilnahmewettbewerb dienen zu können.

187. § 15 SektVO – Bekanntmachung von vergebenen Aufträgen

(1) Auftraggeber, die einen Auftrag vergeben oder eine Rahmenvereinbarung geschlossen haben, senden spätestens zwei Monate nach der Zuschlagserteilung eine Bekanntmachung über die Zuschlagserteilung nach Anhang 3 an die Kommission.

(2) Die Bekanntmachung von vergebenen Aufträgen umfasst

1. bei Rahmenvereinbarungen nur die abgeschlossene Rahmenvereinbarung und nicht die Einzelaufträge, die auf Grund der Rahmenvereinbarung vergeben wurden;
2. bei Aufträgen, die im Rahmen eines dynamischen elektronischen Verfahrens vergeben wurden, mindestens eine Zusammenfassung der Einzelaufträge nach Vierteljahren; in diesen Fällen ist die Zusammenfassung spätestens zwei Monate nach Quartalsende zu versenden;
3. bei Dienstleistungsaufträgen, die in Anhang 1 Teil B aufgeführt sind, die Angabe, ob der Auftraggeber mit der Veröffentlichung einverstanden ist.

(3) Auftraggeber dürfen Angaben in Bekanntmachungen über vergebene Aufträge unterlassen, soweit deren Bekanntgabe

1. gegen Rechtsvorschriften verstoßen würde oder
2. berechtigte geschäftliche Interessen von Unternehmen, die am Vergabeverfahren beteiligt sind, schädigen oder den Wettbewerb zwischen ihnen beeinträchtigen würde.

(4) Vergibt ein Auftraggeber einen Dienstleistungsauftrag für Forschungs- und Entwicklungsleistungen im Rahmen eines Verfahrens ohne Aufruf zum Wettbewerb, so genügt für die Bezeichnung der Art des Auftrags die Angabe „Forschungs- und Entwicklungsleistungen".

187.1 Verordnungsbegründung

§ 15 regelt den Umfang der Bekanntmachung über bereits vergebene Aufträge. Die **Frist, innerhalb der die Bekanntmachung erfolgen muss**, beträgt gem. § 14 Absatz 1 Buchstabe c) **zwei Monate nach Auftragserteilung**. Die Vorgaben entsprechen Art. 43 Abs. 1 und 2 der Richtlinie 2004/17/EG.

187.2 Inhalt und Muster

Der **Inhalt der Bekanntmachungspflicht** ist in § 15 umfassend und eindeutig geregelt. Die EU-Kommission hat **entsprechende Muster auf der Internetseite http://simap.europa.eu/index_de.htm** bereit gestellt. Vgl. zu den Mustern auch die Kommentierung zu § 16 SektVO.

188. § 16 SektVO – Abfassung der Bekanntmachungen

(1) Bekanntmachungen müssen alle Informationen enthalten, die in den Musterbekanntmachungen der Anhänge XIII bis XVI, XVIII und XIX der Richtlinie 2004/17/EG aufgeführt sind. Sie müssen darüber hinaus alle weiteren von dieser Verordnung vorgeschriebenen Angaben enthalten. Die Auftraggeber übermitteln die Bekanntmachungen der Kommission unter Verwendung der Standardformulare der Verordnung (EG) Nr. 1564/2005.

Teil 7 SektVO § 16   Sektorenverordnung

(2) Bekanntmachungen sind auf elektronischem oder auf anderem Weg an die Kommission zu übermitteln. Dabei sind die Merkmale für die Veröffentlichung nach Anhang XX der Richtlinie 2004/17/EG zu beachten.

(3) Auftraggeber haben dafür zu sorgen, dass Bekanntmachungen in Deutschland nicht vor dem Tag veröffentlicht werden, an dem sie diese der Kommission senden. Die im Inland veröffentlichten Bekanntmachungen dürfen nur die Angaben enthalten, die auch die Bekanntmachungen enthalten, die der Kommission gesendet oder die in einem Beschafferprofil veröffentlicht wurden. Sie müssen zusätzlich auf das Datum hinweisen, an dem die Bekanntmachung an die Kommission gesendet oder im Beschafferprofil veröffentlicht wurde. Die Informationen nach Anhang 3 dürfen nicht in einem Beschafferprofil veröffentlicht werden, bevor die Ankündigung dieser Veröffentlichung an die Kommission abgesendet wurde. Das Datum der Absendung muss in den Informationen angegeben werden. Auftraggeber müssen nachweisen können, an welchem Tag sie die Bekanntmachungen abgesendet haben.

188.1 Verordnungsbegründung

13260 § 16 übernimmt aus Art. 44 der RL 2004/17/EG die Anforderungen an die Abfassung und Modalitäten der europaweiten Bekanntmachungen. **Sektorenauftraggeber müssen die Bekanntmachungsmuster verwenden.** Damit soll die gemeinschaftsweite Transparenz der übermittelten Informationen erhöht werden.

13261 **Nationale Bekanntmachungen,** die zusätzlich zur europaweiten Bekanntmachung erfolgen sollen, dürfen nicht vor der Absendung der europaweiten Bekanntmachungen veröffentlicht werden und dürfen auch keine anderen Angaben enthalten (Absatz 3).

13262 Absatz 4 regelt die **Verpflichtung zum Nachweis des Zeitpunktes der Absendung der Bekanntmachung.** Dieser Zeitpunkt ist insbesondere relevant für die Berechnung der Fristen.

188.2 Verwendung von Mustern (§ 16 Abs. 1 Satz 3)

13263 Die Auftraggeber übermitteln die Bekanntmachungen der Kommission unter Verwendung der **Standardformulare der Verordnung (EG) Nr. 1564/2005.** Durch die **Verordnung (EG) Nr. 1150/2009 der Kommission vom 10. November 2009,** Amtsblatt der Europäischen Union L 313/3 vom 28. 11. 2009, wurde die Verordnung (EG) Nr. 1564/2005 zur Einführung von Standardformularen für die Veröffentlichung von Vergabebekanntmachungen im Rahmen von Verfahren zur Vergabe öffentlicher Aufträge **gemäß den Richtlinien 89/665/ EWG und 92/13/EWG des Rates geändert.**

13264 **Um die volle Wirksamkeit der Richtlinien 89/665/EWG und 92/13/EWG,** geändert durch Richtlinie 2007/66/EG, zu gewährleisten, sollten die Standardformulare dieser Bekanntmachungen angepasst werden, so dass die öffentlichen Auftraggeber und die Auftraggeber die Begründung in diese Bekanntmachungen aufnehmen können, die Gegenstand von Artikel 2f der Richtlinien 89/665/EWG und 92/13/EWG ist. Die **geänderten Formulare sind seit dem 1. 12. 2009 zu verwenden.**

13265 Die Richtlinien 89/665/EWG und 92/13/EWG sehen eine **Bekanntmachung für eine freiwillige Ex-ante-Transparenz vor, die der Gewährleistung einer vorvertraglichen Transparenz auf freiwilliger Basis dienen soll.** Grundlagen für derartige Veröffentlichungen sind Art. 3a der Rechtsmittelrichtlinie bzw. der Sektorenrechtsmittelrichtlinie. **Für eine derartige Bekanntmachung bedarf es ebenfalls eines Standardformulars.** Dieses **Formular XIV ist spätestens seit dem 21. 12. 2009 zu verwenden.**

13266 Die aktualisierten Formulare sind inzwischen in SIMAP eingearbeitet.

188.3 Rechtsprechung

188.3.1 Notwendigkeit der Forderung von Eignungsnachweisen in der Bekanntmachung

13267 **Eignungsnachweise sind wenn, dann stets in der EU-Bekanntmachung zu fordern.** Dies gilt ausweislich der nach der Verordnung (EG) Nr. 1564/2005 vorgesehenen Bekanntmachungsformulare – die jeweils Felder für die Abfrage der entsprechenden Vorgaben enthalten – **unabhängig davon, ob im „klassischen" Bereich (Anhang II) oder im Sektorenbereich (Anhang V) vergeben** wird (2. VK Bund, B. v. 21. 9. 2009 – Az.: VK 2–126/09).

189. § 17 SektVO – Fristen

(1) Der Auftraggeber setzt für die Ausarbeitung von Teilnahmeanträgen und Einreichung der Teilnahmeanträge und den Eingang von Angeboten angemessene Fristen.

(2) Bei offenen Verfahren beträgt die Frist für den Eingang der Angebote 52 Kalendertage, gerechnet ab dem Tag der Absendung der Bekanntmachung.

(3) Bei nicht offenen Verfahren und Verhandlungsverfahren mit Bekanntmachung beträgt die Frist für den Eingang

1. von Teilnahmeanträgen mindestens 37 Kalendertage, gerechnet ab dem Tag der Absendung der Bekanntmachung; sie darf nicht kürzer sein als 15 Kalendertage, wenn die Bekanntmachung auf elektronischem Weg oder mittels Telefax zur Veröffentlichung übermittelt wurde. Die Frist darf auf keinen Fall kürzer sein als 22 Kalendertage, wenn die Bekanntmachung nicht auf elektronischem Weg oder per Telefax zur Veröffentlichung übermittelt wurde;

2. von Angeboten regelmäßig 24 Kalendertage, gerechnet ab dem Tag der Absendung der Aufforderung zur Angebotsabgabe, falls nicht einvernehmlich zwischen dem Auftraggeber und den Bewerbern eine andere Frist festgelegt wurde. Die Frist darf nicht kürzer als zehn Kalendertage sein.

(4) Werden die Vergabeunterlagen und die zusätzlichen Unterlagen oder Auskünfte trotz rechtzeitiger Anforderung nicht innerhalb der in den §§ 18 und 19 festgesetzten Fristen zugesandt oder erteilt oder können die Angebote nur nach einer Ortsbesichtigung oder Einsichtnahme in Anlagen zu den Vergabeunterlagen vor Ort erstellt werden, so hat der Auftraggeber die jeweilige Frist angemessen zu verlängern. Dies gilt nicht, wenn die Frist im gegenseitigen Einvernehmen festgelegt worden ist.

189.1 Verordnungsbegründung

Die Fristen der §§ 17 bis 19 sind von der EU-Richtlinie 2004/17/EG in Artikel 45 bis 47 vorgegebene **Mindestfristen** für die Abgabe der Teilnahmeanträge, Angebote, Vergabeunterlagen sowie für zusätzliche Auskünfte. 13268

Generell gilt, dass **alle Fristen** durch die Sektorenauftraggeber **angemessen zu gestalten** sind (Absatz 1). Die **Fristen** für den Eingang der Teilnahmeanträge und für die Angebote **entsprechen den bisher geltenden Fristen**. 13269

189.2 Angemessene Fristen (§ 17 Abs. 1)

Der Auftraggeber setzt für die Ausarbeitung von Teilnahmeanträgen und Einreichung der Teilnahmeanträge und den Eingang von Angeboten **angemessene Fristen**. Diese Regelung ist **vergleichbar mit** § 10 Abs. 1 VOB/A und § 12 EG Abs. 1 Satz 1 VOL/A. Vgl. insoweit die Kommentierung zu § 10 VOB/A Rdn. 6 ff. und zu § 12 EG VOL/A Rdn. 6 ff. 13270

189.3 Regelfrist für den Eingang der Angebote bei offenen Verfahren (§ 17 Abs. 2)

Bei offenen Verfahren beträgt die Frist für den Eingang der Angebote **52 Kalendertage**, gerechnet ab dem Tag der Absendung der Bekanntmachung. § 17 Abs. 2 entspricht §§ 10 a **Abs. 1 Nr. 1 VOB/A** und § 12 EG Abs. 2 VOL/A. Vgl. insoweit die Kommentierung zu § 10 a VOB/A Rdn. 7 und zu § 12 EG VOL/A Rdn. 13. 13271

Teil 7 SektVO § 18

189.4 Regelfristen und verkürzte Fristen für den Eingang von Teilnahmeanträgen und Angeboten bei nichtoffenen Verfahren und Verhandlungsverfahren mit Bekanntmachung (§ 17 Abs. 3)

13272   Die **Regelfrist für Teilnahmeanträge** beträgt mindestens **37 Kalendertage**. Sie kann bis auf **22 Kalendertage** abgekürzt werden, wenn die **Bekanntmachung nicht auf elektronischem Weg** oder **nicht mittels Telefax zur Veröffentlichung übermittelt** wurde; sie kann bis auf **15 Kalendertage** abgekürzt werden, wenn die **Bekanntmachung auf elektronischem Weg oder mittels Telefax zur Veröffentlichung übermittelt** wurde. Die EU-Kommission „belohnt" also die Verwendung zeitsparender Informationswege.

13273   Die **Regelfrist für Angebote** beträgt **24 Kalendertage**. Sie kann einvernehmlich zwischen Auftraggeber und Bewerbern bis auf **10 Kalendertage** abgekürzt werden.

189.5 Angemessene Verlängerung von Fristen (§ 17 Abs. 4)

13274   Unter bestimmten, in § 17 Abs. 4 genannten Umständen **muss der Auftraggeber die jeweiligen Fristen angemessen verlängern**. Dies gilt jedoch nicht bei einvernehmlicher Festlegung der Frist.

190. § 18 SektVO – Verkürzte Fristen

(1) Der Auftraggeber kann im offenen Verfahren die Eingangsfrist für Angebote bis auf 22 Kalendertage verkürzen, wenn eine regelmäßige nicht verbindliche Bekanntmachung oder ein Beschafferprofil veröffentlicht wurde. Die regelmäßige nicht verbindliche Bekanntmachung oder das Beschafferprofil müssen

1. alle erforderlichen Informationen enthalten, die für die Bekanntmachung einer beabsichtigten Auftragsvergabe gefordert sind, soweit sie zum Zeitpunkt der Veröffentlichung der Bekanntmachung vorlagen, sowie

2. spätestens 52 Kalendertage und frühestens zwölf Monate vor dem Tag der Absendung der Bekanntmachung der beabsichtigten Auftragsvergabe veröffentlicht worden sein.

(2) Bei elektronisch erstellten und versandten Bekanntmachungen können die Auftraggeber folgende Fristen um sieben Kalendertage verkürzen:

1. im offenen Verfahren die Angebotsfrist,

2. im nicht offenen Verfahren und im Verhandlungsverfahren mit Bekanntmachung die Frist für den Eingang der Teilnahmeanträge.

(3) Die Frist für den Eingang der Angebote kann um weitere fünf Kalendertage verkürzt werden, wenn der Auftraggeber ab der Veröffentlichung der Bekanntmachung sämtliche Vergabeunterlagen elektronisch vollständig verfügbar macht und die Frist nicht einvernehmlich festgelegt worden ist. In der Bekanntmachung hat der Auftraggeber die Internet-Adresse anzugeben, unter der die Vergabeunterlagen abrufbar sind.

(4) Auftraggeber dürfen Fristverkürzungen nach den Absätzen 1 bis 3 verbinden. Dabei dürfen folgende Mindestdauern nicht unterschritten werden:

1. 15 Kalendertage im offenen Verfahren und zehn Kalendertage im nicht offenen Verfahren für den Eingang der Angebote, gerechnet ab dem Tag der Absendung der Bekanntmachung, wenn es sich nicht um eine einvernehmlich festgelegte Frist handelt, und

2. 15 Kalendertage im nicht offenen Verfahren und im Verhandlungsverfahren für den Eingang der Teilnahmeanträge, gerechnet ab dem Tag der Absendung der Bekanntmachung.

Sektorenverordnung SektVO § 18 **Teil 7**

190.1 Verordnungsbegründung

Die Fristen der §§ 17 bis 19 sind von der EU-Richtlinie 2004/17/EG in Artikel 45 bis 47 vorgegebene **Mindestfristen** für die Abgabe der Teilnahmeanträge, Angebote, Vergabeunterlagen sowie für zusätzliche Auskünfte. 13275

Bei **Veröffentlichung einer regelmäßigen nicht verbindlichen Bekanntmachung können die Fristen verkürzt werden**. Möglich ist dies auch, wenn Sektorenauftraggeber anstelle dieser Bekanntmachung ein Beschafferprofil eingerichtet haben. Dieses muss dann alle Informationen enthalten, die für eine Bekanntmachung der beabsichtigten Vergabe erforderlich sind. 13276

Diese **Fristverkürzung kann mit der Fristverkürzung bei elektronischer Abwicklung eines Vergabeverfahrens addiert** werden (Absatz 4). 13277

§ 18 regelt in den Absätzen 2 und 3 die Möglichkeit der Fristverkürzung bei der Nutzung der elektronischen Medien: Bei elektronischer Übermittlung der Bekanntmachung erfolgt die Veröffentlichung durch das Amt für amtliche Veröffentlichungen nach fünf anstelle der 12 Tage bei Übermittlung auf dem Postweg. **Sektorenauftraggeber können daher die Frist für die Teilnahmeanträge sowie im offenen Verfahren für die Angebote um 7 Tage verkürzen, wenn sie eine elektronische Übermittlung wählen**. Dazu müssen die Bekanntmachungen dem geforderten Standardformular entsprechen. Die elektronische Verfügbarkeit von Vergabeunterlagen muss uneingeschränkten und umfassenden direkten elektronischen Zugang gewährleisten, um die Frist nach Absatz 3 verkürzen zu können. Dazu gehört, **Zugang zu allen Dokumenten rund um die Uhr ab Bekanntmachung bis zum Ablauf der Angebotsfrist auf der genannten Website**. 13278

Auch **diese Fristverkürzungen können addiert** werden (Absatz 4). 13279

190.2 Hinweis

Um die Länge der Fristen und die Möglichkeiten der Fristverkürzungen insgesamt einschätzen zu können, sind die **§§ 17, 18 SektVO** jeweils im Zusammenhang zu lesen. 13280

190.3 Verkürzung der Eingangsfrist für Angebote im offenen Verfahren (§ 18 Abs. 1)

Die Eingangfrist für Angebote im Offenen Verfahren **kann bis auf 22 Kalendertage verkürzt** werden. **Voraussetzung** dafür ist **entweder eine regelmäßige nicht verbindliche Bekanntmachung** über das Vorhaben **oder eine Bekanntmachung über das Vorhaben im Beschafferprofil** des Auftraggebers. 13281

§ 18 Abs. 1 enthält außerdem die **Mindestvoraussetzungen hinsichtlich des Inhalts** (§ 18 Abs. 1 Nr. 1) und **hinsichtlich des zeitlichen Vorlaufs** (§ 18 Abs. 1 Nr. 2). 13282

190.4 Verkürzte Fristen bei elektronisch erstellten und versandten Bekanntmachungen (§ 18 Abs. 2)

Bei elektronisch erstellten und versandten Bekanntmachungen können die Auftraggeber im offenen Verfahren die Angebotsfrist sowie im nicht offenen Verfahren und im Verhandlungsverfahren mit Bekanntmachung die Frist für den Eingang der Teilnahmeanträge **jeweils um sieben Kalendertage verkürzen**. Diese Regelung entspricht inhaltlich § 10a Abs. 1 Nr. 4 VOB/A und § 12 EG Abs. 6 VOL/A. Vgl. insoweit die Kommentierung zu § 10a VOB/A Rdn. 15 und § 12 EG VOL/A Rdn. 22. 13283

190.5 Verkürzte Fristen bei vollständig elektronischer Verfügbarkeit sämtlicher Vergabeunterlagen (§ 18 Abs. 3)

190.5.1 Allgemeines

Nach § 18 Abs. 3 kann der Auftraggeber die Frist für den Eingang der Angebote **um weitere fünf Kalendertage verkürzen**, wenn der Auftraggeber ab der Veröffentlichung der Bekannt- 13284

2639

machung **sämtliche Vergabeunterlagen elektronisch vollständig verfügbar macht** und die Frist nicht einvernehmlich festgelegt worden ist. In der Bekanntmachung hat der Auftraggeber die Internet-Adresse anzugeben, unter der die Vergabeunterlagen abrufbar sind. Die Regelung entspricht im Wesentlichen § 10a Abs. 2 Nr. 5 VOB/A und § 12 EG Abs. 6 Satz 2 VOL/A.

190.5.2 Rechtsprechung

13285   Vgl. dazu die Kommentierung zu § 10a VOB/A Rdn. 16 ff. und die Kommentierung zu § 12 EG VOL/A Rdn. 23 ff.

190.6 Kumulierungsregelung (§ 18 Abs. 4)

13286   Auftraggeber **dürfen Fristverkürzungen nach den Absätzen 1 bis 3 verbinden**. Dabei dürfen bestimmte Mindestdauern nicht unterschritten werden.

191. § 19 SektVO – Fristen für Vergabeunterlagen, zusätzliche Unterlagen und Auskünfte

(1) Macht der Auftraggeber die Vergabeunterlagen und alle zusätzlichen Unterlagen nicht auf elektronischem Weg vollständig verfügbar, hat er diese Unterlagen unverzüglich, jedoch spätestens am sechsten Kalendertag nach Eingang eines entsprechenden Antrags an die Unternehmen zu senden, sofern dieser Antrag rechtzeitig innerhalb der Eingangsfrist für Angebote eingegangen war.

(2) Zusätzliche Auskünfte zu den Unterlagen hat der Auftraggeber spätestens sechs Kalendertage vor Ablauf der Eingangsfrist für Angebote zu erteilen, sofern die zusätzlichen Auskünfte rechtzeitig angefordert worden sind.

(3) Erklärungen und Nachweise, die auf Anforderung des Auftraggebers bis zum Ablauf der Frist für den Eingang der Angebote nicht von den Unternehmen vorgelegt wurden, können bis zum Ablauf einer vom Auftraggeber zu bestimmenden Nachfrist angefordert werden.

191.1 Verordnungsbegründung

13287   Die Fristen der §§ 17 bis 19 sind von der EU-Richtlinie 2004/17/EG in Artikel 45 bis 47 vorgegebene **Mindestfristen** für die Abgabe der Teilnahmeanträge, Angebote, Vergabeunterlagen sowie für zusätzliche Auskünfte.

13288   Es gibt entsprechend Art. 46 der Richtlinie 2004/17/EG eine bestimmte **Frist, innerhalb derer vom Sektorenauftraggeber die Unterlagen zu übersenden oder Auskünfte zu erteilen** sind.

191.2 Übersendung der Vergabeunterlagen (§ 19 Abs. 1)

13289   § 19 Abs. 1 schafft eine **Verpflichtung für den Auftraggeber**, dann, wenn der Auftraggeber die Vergabeunterlagen und alle zusätzlichen Unterlagen nicht auf elektronischem Weg vollständig verfügbar macht, diese Unterlagen **spätestens am sechsten Kalendertag nach Eingang eines entsprechenden Antrags an die Unternehmen zu senden**, sofern dieser Antrag rechtzeitig innerhalb der Eingangsfrist für Angebote eingegangen war.

191.3 Erteilung zusätzlicher Auskünfte (§ 19 Abs. 2)

13290   § 19 Abs. 2 schafft eine **Verpflichtung für den Auftraggeber**, dann, wenn zusätzliche Auskünfte rechtzeitig angefordert worden sind, diese Auskünfte zu den Unterlagen **spätestens sechs Kalendertage vor Ablauf der Eingangsfrist für Angebote** zu erteilen.

191.4 Nachreichen von Erklärungen und Nachweisen (§ 19 Abs. 3)

§ 19 Abs. 3 eröffnet dem Auftraggeber die Möglichkeit, Erklärungen und Nachweise, die auf Anforderung des Auftraggebers bis zum Ablauf der Frist für den Eingang der Angebote **nicht von den Unternehmen vorgelegt wurden**, bis zum Ablauf einer vom Auftraggeber zu bestimmenden Nachfrist **anzufordern**. 13291

Der Begriff der Erklärungen und Nachweise kann sich **sowohl auf Eignungsmerkmale** (z. B. Referenzen) als **auch auf Angaben, die den fachlichen Inhalt eines Angebots betreffen** (z. B. Produktangaben), beziehen. 13292

Ob der Auftraggeber von der in § 19 Abs. 3 geregelten Möglichkeit Gebrauch macht, liegt in seinem Ermessen. Dieses **Ermessen muss tatsächlich ausgeübt und dokumentiert** werden. 13293

192. § 20 SektVO – Eignung und Auswahl der Unternehmen

(1) **Auftraggeber wählen die Unternehmen anhand objektiver Kriterien aus, die allen interessierten Unternehmen zugänglich sein müssen.**

(2) Im nicht offenen Verfahren und in den Verhandlungsverfahren kann der Auftraggeber die Zahl der Bewerber so weit verringern, dass ein angemessenes Verhältnis zwischen den Besonderheiten des Vergabeverfahrens und dem zu seiner Durchführung erforderlichen Aufwand sichergestellt ist, wenn dies erforderlich ist. Es sind jedoch so viele Bewerber zu berücksichtigen, dass ein ausreichender Wettbewerb gewährleistet ist.

(3) Verlangt der Auftraggeber Nachweise der wirtschaftlichen und finanziellen oder der technischen oder beruflichen Leistungsfähigkeit, können sich die Unternehmen oder Bietergemeinschaften bei einem bestimmten Auftrag auf die Kapazitäten anderer Unternehmen oder Mitglieder der Bietergemeinschaft stützen, unabhängig von dem Rechtsverhältnis, in dem die Unternehmen oder Bietergemeinschaften zu dem anderen Unternehmen stehen. In diesem Fall muss das Unternehmen oder die Bietergemeinschaft nachweisen, dass ihm oder ihr die Mittel zur Verfügung stehen, die für die Erfüllung des Auftrags erforderlich sind. Dies kann unter anderem durch entsprechende Verpflichtungserklärungen des oder der anderen Unternehmen erfolgen.

(4) Der Auftraggeber kann von juristischen Personen verlangen, in ihrem Angebot oder in ihrem Antrag auf Teilnahme die Namen und die berufliche Qualifikation der Personen anzugeben, die für die Durchführung des Auftrags verantwortlich sein sollen.

(5) Der Auftraggeber teilt auf Antrag innerhalb von 15 Tagen einem nicht berücksichtigten Bewerber die Gründe für die Ablehnung der Bewerbung mit.

192.1 Verordnungsbegründung

§ 97 **Absatz 4 GWB** gibt vor, dass öffentliche Auftraggeber ihre Aufträge an zuverlässige, fachkundige und leistungsfähige (geeignete) Unternehmen vergeben. Die Eignung der Unternehmen ist bei der Durchführung eines Teilnahmewettbewerbes Voraussetzung für die Teilnahme, bei direkter Angebotsabgabe Voraussetzung für die Berücksichtigung der Angebote. **Sollen andere Anforderungen als die Leistungsfähigkeit, Fachkunde und Zuverlässigkeit (Eignung) an Unternehmen gestellt werden, bedarf es gemäß § 97 Absatz 4 GWB einer gesetzlichen Grundlage.** Eine solche gesetzliche Grundlage ist z. B. § 141 SGB IX über die Einbeziehung von Werkstätten für behinderte Menschen bei der Vergabe von Leistungen, die von diesen Werkstätten angeboten werden. Dies ist auch ausdrücklich europarechtlich zulässig (Artikel 28 Richtlinie 2004/17/EG). 13294

Die **Anforderungen an die Eignung der Unternehmen müssen mit dem Auftragsgegenstand in Zusammenhang stehen, angemessen** sein und **in der Bekanntmachung angegeben** werden. Dabei ist der Schutz von Betriebsgeheimnissen der Unternehmen zu gewährleisten. Sektorenauftraggeber können Mindestanforderungen festlegen, denen die Unternehmen genügen müssen. 13295

Teil 7 SektVO § 20 Sektorenverordnung

13296 Die **Zuverlässigkeit wird u. a. durch den Nachweis des Nichtvorliegens von Ausschlusskriterien nach § 21 belegt**. Dazu kann auch der Nachweis der Einhaltung gesetzlicher Verpflichtungen (z. B. Zahlung von Steuern) gehören.

13297 Die **Leistungsfähigkeit** eines Unternehmens kann in wirtschaftlicher, finanzieller, technischer und personeller Ausstattung nachgewiesen werden. Die Fachkunde wird insbesondere durch den Nachweis der Befähigung zur Berufsausübung sowie der notwendigen Kenntnisse und Erfahrungen nachgewiesen.

13298 Sektorenauftraggeber prüfen vor jedem Vergabeverfahren, welche Nachweise für die anstehende Vergabe tatsächlich erforderlich sind. **Zu hoher bürokratischer Aufwand sowohl für die Auftraggeber als auch die Unternehmen ist dabei zu vermeiden.**

13299 Dem Art. 54 Absatz 5 und 6 der Richtlinie 2004/17/EG ist die Vorgabe entnommen, dass sich **Unternehmen hinsichtlich der Leistungsfähigkeit und Fachkunde auch auf die Kapazitäten Dritter stützen können, wenn sie nachweisen, dass sie darüber für den Auftrag verfügen können** (Absatz 3).

13300 Es entspricht dem Gebot eines fairen Wettbewerbs, dass die Unternehmen, die einen Antrag auf Teilnahme am Vergabeverfahren gestellt haben, aber vom Auftraggeber nicht berücksichtigt werden sollen, **über die Nichtberücksichtigung unverzüglich informiert werden** (Absatz 4).

192.2 Eignungskriterien (§ 20 Abs. 1)

13301 Auftraggeber wählen die Unternehmen **anhand objektiver Kriterien** aus. Bei diesen objektiven Kriterien **handelt es sich um die in § 97 Abs. 4 GWB definierten Eignungskriterien Fachkunde, Leistungsfähigkeit und Zuverlässigkeit**. Vgl. insoweit die Kommentierung zu § 97 GWB Rdn. 554 ff.

13302 Als **höherrangiges Recht gelten** für de Eignungskriterien und die Auswahlentscheidung auch im Sektorenbereich die Regelungen des **§ 97 Abs. 4 Satz 2 GWB** (vgl. insoweit die Kommentierung zu § 97 GWB Rdn. 833 ff.) und die Regelungen des **§ 97 Abs. 4 Satz 3 GWB** (vgl. insoweit die Kommentierung zu § 97 GWB Rdn. 859 ff.).

192.3 Zugänglichkeit der Eignungskriterien (§ 20 Abs. 1)

13303 Die **Eignungskriterien müssen allen interessierten Unternehmen zugänglich** sein.

13304 Sofern der Sektorenauftraggeber die **Vergabearten des Nichtoffenen Verfahrens, des Verhandlungsverfahrens mit Teilnahmewettbewerb und des Wettbewerblichen Dialogs** wählt, müssen sich die **Eignungskriterien aus der Bekanntmachung ergeben**. Vgl. insoweit die Kommentierung zu § 12a VOB/A Rdn. 51 und die Kommentierung zu § 15 EG VOL/A Rdn. 20.

13305 Sofern der Sektorenauftraggeber die **Vergabeart des Offenen Verfahrens wählt, ergeben sich die Eignungskriterien aus den Vergabeunterlagen**. Einer vorherigen Festlegung und Übersendung an interessierte Unternehmen bedarf es nicht.

192.4 Verringerung der Zahl der Bewerber (§ 20 Abs. 2)

192.4.1 Allgemeines

13306 Im nicht offenen Verfahren und in den Verhandlungsverfahren **kann der Auftraggeber die Zahl der Bewerber so weit verringern**, dass **ein angemessenes Verhältnis** zwischen den Besonderheiten des Vergabeverfahrens und dem zu seiner Durchführung erforderlichen Aufwand sichergestellt ist, wenn dies erforderlich ist. Es sind **jedoch so viele Bewerber zu berücksichtigen, dass ein ausreichender Wettbewerb gewährleistet** ist. Eine vergleichbare Regelung enthalten § 3 EG Abs. 6 VOL/A für das Verhandlungsverfahren, § 3a Abs. 4 Nr. 4 VOB/A für den Wettbewerblichen Dialog und § 3a Abs. 7 Nr. 2 VOB/A für das Verhandlungsverfahren.

192.4.2 Rechtsprechung

13307 Vgl. insoweit die **Kommentierung zu § 101 GWB Rdn. 117 ff.**

Sektorenverordnung SektVO § 21 **Teil 7**

192.5 Berufung auf Kapazitäten Dritter (§ 20 Abs. 3)

192.5.1 Allgemeines

Ebenso wie Bieter **bei Ausschreibungsverfahren von Nichtsektorenauftraggebern** 13308
können sich auch im Rahmen der Sektorenverordnung Unternehmen oder Bietergemeinschaften bei einem bestimmten Auftrag **auf die Kapazitäten anderer Unternehmen oder Mitglieder der Bietergemeinschaft stützen.** § 20 Abs. 3 SektVO entspricht damit im Ergebnis
§ 6a Abs. 10 VOB/A, § 7 EG Abs. 9 VOL/A und § 5 Abs. 6. Vgl. insoweit die entsprechenden
Kommentierungen.

192.5.2 Zulässigkeit eines Generalunternehmer- bzw. Generalübernehmereinsatzes

Zur **Zulässigkeit** eines **Generalunternehmer- bzw. Generalübernehmereinsatzes** 13309
und zu den jeweiligen **Begriffen** vgl. im Einzelnen die **Kommentierung zu § 97 GWB
Rdn. 436 ff.** und **§ 97 GWB Rdn. 500 ff.**

192.5.3 Nachweis der Verfügbarkeit über die Kapazitäten Dritter

Vgl. insoweit die Kommentierung zu § 97 GWB Rdn. 729 ff., die Kommentierung zu § 16 13310
VOB/A Rdn. 387 ff. und die Kommentierung zu § 16 VOL/A Rdn. 213 ff.

192.6 Verlangen bestimmter Angaben von juristischen Personen (§ 20 Abs. 4)

Der Auftraggeber kann von juristischen Personen verlangen, in ihrem Angebot oder in ihrem 13311
Antrag auf Teilnahme die Namen und die berufliche Qualifikation der Personen anzugeben, die
für die Durchführung des Auftrags verantwortlich sein sollen. Die **Regelung spielt vor allem
bei freiberuflichen Dienstleistungen eine Rolle.**

192.7 Benachrichtigungspflicht gegenüber einem nicht berücksichtigten Bewerber (§ 20 Abs. 5)

Nach § 20 Abs. 5 teilt der Auftraggeber auf Antrag innerhalb von 15 Tagen einem nicht be- 13312
rücksichtigten Bewerber die Gründe für die Ablehnung der Bewerbung mit. Die Regelung
erfasst nur Bewerber, nicht Bieter.

§ 20 Abs. 5 SektVO ist in Zusammenhang mit § 101a Abs. 1 Satz 2 GWB zu le- 13313
sen. Danach muss eine Information der betroffenen Bewerber, deren Angebote nicht berücksichtigt werden sollen, über den Namen des Unternehmens, dessen Angebot angenommen werden soll, über die Gründe der vorgesehenen Nichtberücksichtigung ihres Angebots und über
den frühesten Zeitpunkt des Vertragsschlusses unverzüglich in Textform erfolgen, **wenn diesen
Bewerbern keine Information über die Ablehnung ihrer Bewerbung zur Verfügung
gestellt wurde, bevor die Mitteilung über die Zuschlagsentscheidung an die betroffenen Bieter ergangen** ist.

Zu **Sinn und Zweck** der Information, zur **Reichweite der Informationspflicht** und dem 13314
notwendigen Inhalt der Information vgl. die Kommentierung zu § 101a GWB Rdn. 10 ff.

193. § 21 SektVO – Ausschluss vom Vergabeverfahren

(1) **Auftraggeber, die die Voraussetzungen des § 98 Nummer 1, 2 oder 3 des Gesetzes gegen Wettbewerbsbeschränkungen erfüllen, haben ein Unternehmen wegen
Unzuverlässigkeit von der Teilnahme an einem Vergabeverfahren auszuschließen,
wenn sie Kenntnis davon haben, dass eine Person, deren Verhalten dem Unternehmen nach Absatz 2 zuzurechnen ist, wegen Verstoßes gegen eine der folgenden Vorschriften rechtskräftig verurteilt worden ist:**

Teil 7 SektVO § 21 Sektorenverordnung

1. §§ 129, 129a oder 129b des Strafgesetzbuches,
2. §§ 333 oder 334 des Strafgesetzbuches, auch in Verbindung mit Artikel 2 § 1 des EU-Bestechungsgesetzes vom 10. September 1998 (BGBl. 1998 II S. 2340), das zuletzt durch Artikel 6 Absatz 1 des Gesetzes vom 21. Juli 2004 (BGBl. I S. 1763) geändert worden ist, Artikel 2 § 1 des Gesetzes zur Bekämpfung Internationaler Bestechung vom 10. September 1998 (BGBl. 1998 II S. 2327; 1999 II S. 87), § 1 Absatz 2 Nummer 10 des NATO-Truppen-Schutzgesetzes in der Fassung der Bekanntmachung vom 27. März 2008 (BGBl. I S. 490), § 2 des Gesetzes über das Ruhen der Verfolgungsverjährung und die Gleichstellung der Richter und Bediensteten des Internationalen Strafgerichtshofes vom 21. Juni 2002 (BGBl. I S. 2144, 2162),
3. § 299 des Strafgesetzbuches,
4. Artikel 2 § 2 des Gesetzes zur Bekämpfung internationaler Bestechung,
5. § 108e des Strafgesetzbuches,
6. § 264 des Strafgesetzbuches,
7. § 261 des Strafgesetzbuches.

Einem Verstoß gegen diese Vorschriften stehen Verstöße gegen vergleichbare Straftatbestände anderer Staaten gleich. Der Auftraggeber kann für eine Prüfung, ob die Voraussetzungen dieses Absatzes vorliegen, vom Unternehmen entsprechende Nachweise verlangen. Sofern die Unternehmen von den zuständigen Behörden Auskünfte über die Person, deren Verhalten dem Unternehmen zuzurechnen ist, erhalten haben, können sie diese verwenden.

(2) Ein Verhalten ist einem Unternehmen zuzurechnen, wenn eine Person, die für die Führung der Geschäfte dieses Unternehmens verantwortlich handelt, selbst gehandelt hat oder ein Aufsichts- oder Organisationsverschulden dieser Person im Hinblick auf das Verhalten einer anderen für das Unternehmen handelnden Person vorliegt.

(3) Von einem Ausschluss nach Absatz 1 Satz 1 kann nur abgesehen werden, wenn
1. dies aus zwingenden Gründen des Allgemeininteresses geboten ist und
2. andere Unternehmen die Leistung nicht angemessen erbringen können oder
3. wenn auf Grund besonderer Umstände des Einzelfalls die Zuverlässigkeit des Unternehmens durch den Verstoß nicht in Frage gestellt wird.

(4) Auftraggeber können ein Unternehmen ausschließen, wenn
1. über sein Vermögen ein Insolvenzverfahren oder ein vergleichbares Verfahren beantragt oder eröffnet worden ist oder die Eröffnung eines solchen Verfahrens mangels Masse abgelehnt worden ist,
2. es sich im Verfahren der Liquidation befindet,
3. es die Pflicht zur Zahlung von Steuern, Abgaben und der Beiträge zur Sozialversicherung verletzt oder verletzt hat,
4. es unzutreffende Erklärungen in Bezug auf seine Fachkunde, Leistungsfähigkeit oder Zuverlässigkeit (Eignung) abgibt oder diese Auskünfte unberechtigt nicht erteilt oder
5. eine schwere Verfehlung nachweislich vorliegt, durch die die Zuverlässigkeit des Unternehmens oder einer Person, die nach Absatz 2 für das Unternehmen verantwortlich handelt, in Frage gestellt wird.

(5) Hat der Auftraggeber Kriterien zum Ausschluss von Unternehmen vorgegeben, so hat er die Unternehmen auszuschließen, die diese Kriterien erfüllen.

193.1 Verordnungsbegründung

13315 Absatz 1 regelt den zwingenden Ausschluss von Unternehmen wegen Unzuverlässigkeit. Sektorenauftraggeber nach § 98 Nr. 1, 2 oder 3 GWB dürfen an unzuverlässige Unternehmen keine öffentlichen Aufträge vergeben. Diese Regelung resultiert aus Artikel 45 der Richtlinie 2004/18/EG, Artikel 54 Abs. 4 der Richtlinie 2004/17/EG verweist darauf.

Sektorenverordnung SektVO § 21 **Teil 7**

Sektorenauftraggeber nach § 98 Nr. 4 GWB können diese Kriterien als Ausschlusskriterien 13316
vorsehen. Sie haben hier einen **Entscheidungsspielraum**.

Mit dieser Vorschrift wird die Vergabe öffentlicher Aufträge an Unternehmen verhindert, de- 13317
ren verantwortlich handelnde Personen bestimmte schwerwiegende Straftaten begangen haben.
Erforderlich ist die Kenntnis über eine rechtskräftige Verurteilung. Verfügt der Sektorenauftraggeber nur über Anhaltspunkte, ist dies für einen Ausschluss nicht ausreichend. Jedoch muss er
sich dann darüber Gewissheit verschaffen. Es spielt dabei **keine Rolle, ob die Straftaten im
Zusammenhang mit einer beruflichen oder gewerblichen Tätigkeit begangen worden
sind**.

Da ein Ausschluss des Unternehmens vom Vergabeverfahren erhebliche wirtschaftliche Fol- 13318
gen für das Unternehmen haben kann, **müssen die Straftaten oder schweren Verfehlungen
von Personen begangen worden sein, deren Handlungen dem Unternehmen zuzurechnen sind**, z. B. Geschäftsführer oder Prokurist.

Absatz 4 enthält **weitere Gründe**, die es den Sektorenauftraggebern gestatten, Unterneh- 13319
men vom Vergabeverfahren auszuschließen.

Möglich ist auch, **bei den nicht offenen oder den Verhandlungsverfahren eine Ver- 13320
ringerung der Teilnehmer am Vergabeverfahren allein zur Begrenzung der Teilnehmer** vorzusehen, um einen **übermäßigen Verfahrensaufwand zu vermeiden** (Art. 54 Absatz 3 der Richtlinie 2004/17/EG).

Hat ein Sektorenauftraggeber **Kriterien für den Ausschluss vorgesehen, muss er die 13321
Unternehmen ausschließen**, die diese **Kriterien erfüllen** (Absatz 5; Artikel 51 Absatz 1
Buchstabe a) der Richtlinie 2004/17/EG).

193.2 Grundsätzlich zwingender Ausschluss von Unternehmen (§ 21 Abs. 1)

193.2.1 Verpflichtete Auftraggeber

§ 21 Abs. 1 verpflichtet nur die öffentlichen Sektorenauftraggeber nach § 98 Nr. 1, 2 13322
und 3 GWB, **nicht aber die privaten Sektorenauftraggeber** nach § 98 Nr. 4 GWB.

193.2.2 Vergleichbare Vorschriften

§ 21 Abs. 1 SektVO ist im Wesentlichen mit § 6a Abs. 1 VOB/A, § 6 EG Abs. 4 VOL/A 13323
und § 4 Abs. 6 VOF.

193.2.3 Rechtsprechung

Vgl. insoweit die Kommentierung zu § 6a VOB/A Rdn. 4 und zu § 6 EG VOL/A Rdn. 8 ff. 13324

193.3 Zurechenbarkeitsregelung (§ 21 Abs. 2)

Ein **Verhalten im Sinn von § 20 Abs. 1 ist einem Unternehmen dann zuzurechnen**, 13325
wenn eine Person, die für die Führung der Geschäfte dieses Unternehmens verantwortlich handelt, selbst gehandelt hat oder ein Aufsichts- oder Organisationsverschulden dieser Person im
Hinblick auf das Verhalten einer anderen für das Unternehmen handelnden Person vorliegt.

193.4 Ausnahme zum grundsätzlich zwingenden Ausschluss (§ 21 Abs. 3)

Von einem grundsätzlich zwingenden Ausschluss kann **nur unter bestimmten**, in § 21 13326
Abs. 3 **abschließend definierten Erwägungen Abstand genommen** werden. Die entsprechenden **Ermessenserwägungen müssen ausgeübt und dokumentiert** werden.

193.5 Fakultative Ausschlussgründe (§ 21 Abs. 4)

§ 21 Abs. 4 entspricht im Wesentlichen § 6 Abs. 3 Nr. 2 VOB/A, § 6 EG Abs. 6 13327
VOL/A und § 4 Abs. 9 VOF. **Vgl. zur Rechtsprechung die Kommentierung** zu § 6

VOB/A Rdn. 138 ff., die Kommentierung zu § 6 EG VOL/A Rdn. 14 und die Kommentierung zu § 4 VOF Rdn. 70 ff.

193.6 Bindung an Ausschlusskriterien (§ 21 Abs. 5)

13328 Hat der Auftraggeber Kriterien zum Ausschluss von Unternehmen vorgegeben, so **muss er die Unternehmen ausschließen**, die diese Kriterien erfüllen. Der Auftraggeber ist insoweit an seine Entscheidung über die Ausschlusskriterien gebunden.

193.7 Ausschließliche Verantwortung des Auftraggebers für das Vergabeverfahren

13329 Auch im Rahmen des **Anwendungsbereichs der SKR** hat der **Auftraggeber die ausschließliche Letztverantwortung** für alle maßgeblichen Entscheidungen (2. VK Bund, B. v. 6. 5. 2010 – Az.: VK 2–26/10). Vgl. insoweit die **Kommentierung zu § 97 GWB** Rdn. 203 ff.

194. § 22 SektVO – Bewerber- und Bietergemeinschaften

Bewerber- und Bietergemeinschaften sind Einzelbewerbern und -bietern gleichzusetzen. Soll der Auftrag an mehrere Unternehmen gemeinsam vergeben werden, kann der Auftraggeber verlangen, dass diese Unternehmen eine bestimmte Rechtsform annehmen, sofern dies für die ordnungsgemäße Durchführung des Auftrags erforderlich ist.

194.1 Verordnungsbegründung

13330 Diese **Vorschrift regelt die Gleichbehandlung gemeinschaftlicher Bewerber/Bieter mit Einzelbewerbern/-bietern** bei der Bewerbung um einen öffentlichen Auftrag bzw. bei Angebotsabgabe. Die Vorgabe einer bestimmten Rechtsform bei gemeinschaftlichen Bewerbungen und Angebotsabgaben kann nur für den Fall der Zuschlagserteilung erfolgen.

194.2 Gleichsetzung der Bieter- bzw. der Bewerbergemeinschaft mit Einzelbietern bzw. Einzelbewerbern (§ 22 Satz 1)

13331 Vgl. insoweit die Kommentierung zu § 6 VOB/A Rdn. 8 ff.

194.3 Notwendige Rechtsform einer Bietergemeinschaft im Fall der Auftragsvergabe (§ 22 Satz 2)

13332 Soll der Auftrag an mehrere Unternehmen gemeinsam vergeben werden, **kann der Auftraggeber verlangen, dass diese Unternehmen eine bestimmte Rechtsform annehmen, sofern dies für die ordnungsgemäße Durchführung des Auftrags erforderlich** ist. Die Regelung entspricht im Wesentlichen § 6a Abs. 8 VOB/A und § 6 EG Abs. 2 Satz 2 VOL/A. Zu den Einzelheiten und der Rechtsprechung vgl. die Kommentierung zu § 6a VOB/A Rdn. 28.

195. § 23 SektVO – Qualitätssicherungs- und Umweltmanagementnormen

(1) Verlangt der Auftraggeber die Vorlage von Bescheinigungen unabhängiger Stellen zum Nachweis dafür, dass das Unternehmen bestimmte Qualitätssicherungsnor-

Sektorenverordnung SektVO § 24 **Teil 7**

men erfüllt, so muss er auf Qualitätssicherungsverfahren Bezug nehmen, die den einschlägigen europäischen Normen genügen und gemäß den europäischen Normen zertifiziert sind. Der Auftraggeber erkennt gleichwertige Bescheinigungen von Stellen aus anderen Mitgliedstaaten und andere Nachweise für gleichwertige Qualitätssicherungsmaßnahmen von den Unternehmen an.

(2) Verlangt der Auftraggeber zur Überprüfung der technischen Leistungsfähigkeit des Unternehmens bei der Vergabe von Bau- und Dienstleistungsaufträgen zum Nachweis dafür, dass das Unternehmen bestimmte Normen für das Umweltmanagement erfüllt, die Vorlage von Bescheinigungen unabhängiger Stellen, so nimmt er entweder auf das Gemeinschaftssystem für das Umweltmanagement und die Umweltbetriebsprüfung (EMAS) Bezug oder auf Normen für das Umweltmanagement, die auf den einschlägigen europäischen oder internationalen Normen beruhen und gemäß dem Gemeinschaftsrecht oder gemäß einschlägigen europäischen oder internationalen Zertifizierungsnormen zertifiziert sind. Der Auftraggeber erkennt gleichwertige Bescheinigungen von Stellen aus anderen Mitgliedstaaten und andere Nachweise über gleichwertige Qualitätssicherungsmaßnahmen an.

195.1 Verordnungsbegründung

Wenn der Auftragsgegenstand es rechtfertigt, **kann die Leistungsfähigkeit der Unternehmen durch das Erfüllen von europäischen Qualitätssicherungsnormen nachgewiesen** werden. Die Sektorenauftraggeber können sich bei der Vergabe von Dienstleistungs- und Bauaufträgen **dabei auf das EMAS-System beziehen, müssen aber immer auch gleichwertige Bescheinigungen anerkennen**. Diese Vorschrift entspricht Artikel 52 Absatz 2 und 3 der Richtlinie 2004/17/EG. 13333

195.2 Qualitätssicherungsnormen (§ 23 Abs. 1)

§ 23 Abs. 1 SektVO entspricht §§ 6a Abs. 11 Nr. 2 VOB/A und § 7 EG Abs. 10 VOL/A. Vgl. insoweit die entsprechende Kommentierung. 13334

195.3 Umweltmanagementnormen (§ 23 Abs. 2)

§ 23 Abs. 2 SektVO entspricht §§ 6a Abs. 11 Nr. 1 VOB/A und § 7 EG Abs. 11 VOL/A. Vgl. insoweit die entsprechende Kommentierung. 13335

196. § 24 SektVO – Prüfungssysteme

(1) **Auftraggeber können zur Eignungsfeststellung ein Prüfungssystem für Unternehmen einrichten und verwalten. Sie richten sich dabei nach den objektiven Regeln und Kriterien, die sie festgelegt haben und die den Unternehmen zugänglich sind.**

(2) **Auftraggeber, die ein Prüfungssystem einrichten oder verwalten, gewährleisten die Voraussetzungen zur Durchführung einer Unternehmensprüfung, die jederzeit von den Unternehmen verlangt werden kann.**

(3) **Das Prüfungssystem kann verschiedene Prüfungsstufen umfassen. Umfassen diese Kriterien und Regeln technische Spezifikationen, ist § 7 anzuwenden.**

(4) **Die Prüfkriterien und -regeln haben die in § 21 Absatz 1 genannten Ausschlusskriterien zu enthalten. Sie können die weiteren in § 21 genannten Ausschlusskriterien beinhalten.**

(5) **Enthalten die Prüfkriterien und -regeln Anforderungen an die wirtschaftliche, technische oder berufliche Leistungsfähigkeit des Unternehmens, kann sich das Unternehmen auch auf die Leistungsfähigkeit anderer Unternehmen stützen, unabhängig von dem Rechtsverhältnis, in dem es zu diesem Unternehmen steht. In diesem Fall muss das Unternehmen dem Auftraggeber nachweisen, dass es während der ge-**

samten Gültigkeit des Prüfungssystems über diese Mittel verfügt, beispielsweise durch eine entsprechende Verpflichtungserklärung des anderen Unternehmens.

(6) Die Prüfungskriterien und -regeln werden den Unternehmen auf Antrag zur Verfügung gestellt. Veränderungen dieser Prüfungskriterien und -regeln sind diesen Unternehmen mitzuteilen. Entspricht nach Ansicht eines Auftraggebers das Prüfungssystem bestimmter anderer Auftraggeber oder Stellen seinen eigenen Anforderungen, so teilt er den Unternehmen die Namen dieser Auftraggeber oder Stellen mit.

(7) Auftraggeber führen ein Verzeichnis der geprüften Unternehmen. Es kann nach Auftragsarten, für deren Durchführung die Prüfung Gültigkeit hat, aufgegliedert werden.

(8) Auftraggeber, die ein Prüfungssystem einrichten, müssen dieses unverzüglich veröffentlichen. Die Bekanntmachung umfasst den Zweck des Prüfungssystems und informiert darüber, auf welchem Weg die Prüfungsregeln angefordert werden können. Beträgt die Laufzeit des Prüfungssystems mehr als drei Jahre, so ist diese Bekanntmachung jährlich zu veröffentlichen.

(9) Der Auftraggeber benachrichtigt Unternehmen, die einen Antrag auf Aufnahme in das Prüfungssystem gestellt haben, innerhalb von sechs Monaten nach Antragstellung über die Entscheidung. Kann die Entscheidung nicht innerhalb von vier Monaten nach Eingang eines Prüfungsantrags getroffen werden, so hat der Auftraggeber dem Unternehmen spätestens zwei Monate nach Eingang des Antrags die Gründe für eine längere Bearbeitungszeit mitzuteilen und anzugeben, wann über den Antrag entschieden wird. Ablehnungen sind den Unternehmen unverzüglich, spätestens innerhalb von 15 Kalendertagen nach der Ablehnung, unter Angabe der Gründe mitzuteilen. Die Gründe müssen sich auf die Prüfungskriterien beziehen.

(10) Auftraggeber dürfen einem Unternehmen die Qualifikation für das Prüfungssystem nur aus Gründen, die auf den Prüfungskriterien beruhen, aberkennen. Die beabsichtigte Aberkennung muss dem Unternehmen mindestens 15 Kalendertage vor dem für das Wirksamwerden der Aberkennung vorgesehenen Zeitpunkt in Textform unter Angabe der Gründe mitgeteilt werden. Nach der Aberkennung der Qualifikation ist das Unternehmen aus dem Verzeichnis der geprüften Unternehmen zu streichen.

(11) Auftraggeber, die ein Prüfungssystem einrichten, dürfen nicht

1. bestimmten Unternehmen administrative, technische oder finanzielle Verpflichtungen auferlegen, die sie vergleichbaren anderen Unternehmen nicht auferlegen,

2. Prüfungen und Nachweise verlangen, die bereits anhand der objektiven Kriterien erfüllt sind.

(12) Erfolgt ein Aufruf zum Wettbewerb durch Veröffentlichung einer Bekanntmachung über das Bestehen eines Prüfungssystems nach § 14 Absatz 1 Nummer 3, so werden die am Wettbewerb teilnehmenden Unternehmen in einem nicht offenen Verfahren oder in einem Verhandlungsverfahren unter denjenigen Unternehmen ausgewählt, die sich im Rahmen eines solchen Prüfungssystems qualifiziert haben.

(13) Auftraggeber nach § 98 Nummer 1 bis 3 des Gesetzes gegen Wettbewerbsbeschränkungen können zur Eignungsfeststellung bei der Vergabe von Aufträgen Eintragungen in der allgemein zugänglichen Liste des Vereins für die Präqualifikation von Bauunternehmen e.V. (Bau-Präqualifikationsverzeichnis) oder in einem Verzeichnis, das von einer obersten Bundes- oder Landesbehörde für Lieferungen und Dienstleistungen zugelassen ist, im Umfang der Zulassung in Anspruch nehmen.

196.1 Verordnungsbegründung

13336 Die europaweite Bekanntmachung über die Einführung eines Prüfungssystems ist gemäß § 14 Absatz 1 Nr. 3 eine Möglichkeit, zum Wettbewerb aufzurufen. **Welche Anforderungen die Prüfungssysteme erfüllen müssen, regelt § 25.**

13337 § 25 setzt den Artikel 53 der Richtlinie 2004/17/EG um.

Sektorenverordnung SektVO § 25 **Teil 7**

196.2 Allgemeines

Die **Prüfungssysteme des § 24 SektVO entsprechen** von ihrem Inhalt her den **Präqualifikationsverfahren** der – inzwischen durch § 25 SektVO ersetzten – §§ 8b Nr. 9–13 VOB/A 2006 und 7b Nr. 6–12 VOL/A 2006. 13338

196.3 Objektive Regeln und Kriterien als Basis des Prüfungssystems (§ 24 Abs. 1)

Als objektive Regel oder Kriterium im Sinne des § 24 Abs. 1 SektVO kommt **nur ein vorher festgeschriebenes Prüfsystem, gegebenenfalls unter Hinzuziehung einer neutralen Prüfinstitution**, in Betracht, das vom öffentlichen Auftraggeber bekannt gegeben wurde und deren objektive Prüfergebnisse einer Entscheidung zu Grunde gelegt werden können (VK Detmold, B. v. 4. 5. 2001 – Az.: VK.21-11/01). 13339

196.4 Entzug der Qualifikation für das Prüfungssystem (§ 24 Abs. 10)

196.4.1 Entzug der Präqualifikation als Gegenstand eines Nachprüfungsverfahrens

Der **Entzug der Präqualifikation** kann auch über das konkrete Vergabeverfahren hinaus und damit **isoliert Gegenstand einer Nachprüfung sein** (VK Detmold, B. v. 4. 5. 2001 – Az.: VK.21-11/01). 13340

Vgl. hierzu näher die **Kommentierung zu § 114 GWB Rdn. 139**. 13341

196.4.2 Vorherige Mitteilung in Textform

Gemäß § 24 Abs. 10 Satz 2 SektVO muss die beabsichtigte Aberkennung dem betroffenen Unternehmen **im Voraus in Textform unter Angabe der Gründe mitgeteilt** werden. **Sinn und Zweck** dieser Regelung ist es, dem **Betroffenen** nicht vor einem Entzug ausreichend und umfassend Gelegenheit zu geben, mit sachlichen Gründen das **auszuräumen, was ihm der Auftraggeber vorhält** (VK Detmold, B. v. 4. 5. 2001 – Az.: VK.21-11/01). 13342

Vgl. zur Textform die **Kommentierung zu § 25 SektVO Rdn. 3**. 13343

196.5 Literatur

– Braun, Peter/Petersen, Zsofia, Präqualifikation und Prüfungssysteme, VergabeR 2010, 433 13344

197. § 25 SektVO – Aufforderung zur Angebotsabgabe oder zur Verhandlung

(1) **In nicht offenen Verfahren und Verhandlungsverfahren fordert der Auftraggeber die ausgewählten Unternehmen gleichzeitig und in Textform auf, ihre Angebote einzureichen; in Verhandlungsverfahren kann zunächst zur Verhandlung aufgefordert werden.**

(2) **Die Aufforderung enthält die Vergabeunterlagen sowie alle zusätzlichen Unterlagen oder die Angabe, wie elektronisch hierauf zugegriffen werden kann.**

(3) **Hält eine andere Stelle als der Auftraggeber die Vergabeunterlagen oder zusätzliche Unterlagen bereit, sind in der Aufforderung die Anschrift der entsprechenden Stelle und der Zeitpunkt anzugeben, bis zu dem die Unterlagen angefordert werden können. Der Auftraggeber sorgt dafür, dass diese Stelle den Unternehmen die angeforderten Unterlagen unverzüglich nach Erhalt der Anforderung zusendet.**

(4) **Die Aufforderung zur Angebotsabgabe im nicht offenen Verfahren oder zur Verhandlung im Verhandlungsverfahren enthält mindestens:**

Teil 7 SektVO § 25   Sektorenverordnung

1. einen Hinweis auf die veröffentlichte Bekanntmachung,
2. den Zeitpunkt, bis zu dem zusätzliche Unterlagen angefordert werden können, einschließlich etwaiger Bedingungen für die Anforderung,
3. den Zeitpunkt, bis zu dem die Angebote eingehen müssen, die Anschrift der Stelle, bei der sie einzureichen sind, sowie die Sprache, in der sie abzufassen sind,
4. die Bezeichnung der beizufügenden Unterlagen sowie
5. die Gewichtung der Zuschlagskriterien oder die Aufzählung dieser Kriterien in der Reihenfolge ihrer Gewichtung, wenn diese nicht in der Bekanntmachung enthalten waren.

(5) Erfolgt der Aufruf zum Wettbewerb durch eine regelmäßige nicht verbindliche Bekanntmachung, so fordert der Auftraggeber auf der Grundlage von genauen Angaben über den betreffenden Auftrag die Bewerber auf, ihr Interesse zu bestätigen, bevor die Auswahl der Bieter oder der an einer Verhandlung Teilnehmenden erfolgt. Diese Aufforderung enthält zumindest folgende Angaben:

1. Art und Umfang des Auftrags;
2. die Art des Vergabeverfahrens;
3. den Liefer- oder Leistungszeitpunkt;
4. die Anschrift und den Zeitpunkt für die Vorlage des Antrags auf Aufforderung zur Angebotsabgabe sowie die Sprache, in der die Angebote abzufassen sind;
5. alle Anforderungen, Garantien und Angaben, die von den Unternehmen verlangt werden;
6. die Zuschlagskriterien einschließlich deren Gewichtung oder Reihenfolge nach § 29 Absatz 4 Satz 4.

197.1 Verordnungsbegründung

13345   § 25 regelt die Anforderungen an die Aufforderung zur Angebotsabgabe im nicht offenen Verfahren und im Verhandlungsverfahren mit vorheriger Bekanntmachung. Mit § 25 wird Artikel 47 der RL 2004/17/EG umgesetzt.

197.2 Regelung nur des nichtoffenen Verfahrens und des Verhandlungsverfahrens

13346   § 25 regelt von seinem Wortlaut her nur die Anforderungen an die Aufforderung zur Angebotsabgabe **im nicht offenen Verfahren und im Verhandlungsverfahren** mit vorheriger Bekanntmachung. Wählt der Sektorenauftraggeber das **offene Verfahren, ist § 25 SektVO sinngemäß anzuwenden**.

197.3 Begriff der Textform (§ 25 Abs. 1 Satz 1)

13347   Zur **Bestimmung des Begriffs der Textform ist auf § 126 b BGB zurückzugreifen**. Danach **fallen unter den Begriff der Textform zum einen schriftliche Urkunden**, aber auch jede andere lesbare Form, sofern die **dauerhafte Wiedergabe in Schriftzeichen gewährleistet ist und die Person des Erklärenden genannt** wird. Taugliche Medien für die **Übermittlung in Textform** sind **insbesondere Telefax, CDs, Disketten und E-Mails** aber natürlich auch herkömmliche Schriftstücke. Nach § 126 b BGB bedarf es bei der Verwendung einer Textform weder einer Unterschrift noch einer digitalen Signatur.

197.4 Aufforderung zur Verhandlung vor einer Angebotsabgabe (§ 25 Abs. 1 Satz 1)

13348   Nach § 25 Abs. 1 Satz 1 kann in Verhandlungsverfahren **zunächst zur Verhandlung aufgefordert** werden. Dies setzt jedoch mindestens voraus, dass der **Auftraggeber den Bietern den Gegenstand der Verhandlung mitgeteilt** hat (§ 25 Abs. 2).

197.5 Notwendige Bestandteile der Aufforderung zur Angebotsabgabe (§ 25 Abs. 2, Abs. 4)

Die **Aufforderung zur Angebotsabgabe muss bestimmte Mindestinhalte** haben, nämlich **einmal** die Vergabeunterlagen sowie alle zusätzlichen Unterlagen oder die Angabe, wie elektronisch hierauf zugegriffen werden kann (**§ 25 Abs. 2**) und **zum anderen die in § 25 Abs. 4 genannten Bestandteile**. 13349

Zur **Gewichtung der Zuschlagskriterien** bzw. der Aufzählung der Zuschlagskriterien in der Reihenfolge ihrer Gewichtung vgl. die **Kommentierung zu § 97 GWB Rdn. 932 ff.** 13350

197.6 Interessensbestätigung bei einem Aufruf zum Wettbewerb durch eine regelmäßige nicht verbindliche Bekanntmachung (§ 25 Abs. 5)

Erfolgt der Aufruf zum Wettbewerb durch eine regelmäßige nicht verbindliche Bekanntmachung, so **fordert der Auftraggeber auf der Grundlage von genauen Angaben über den betreffenden Auftrag die Bewerber auf, ihr Interesse zu bestätigen**, bevor die Auswahl der Bieter oder der an einer Verhandlung Teilnehmenden erfolgt. 13351

Die **Einzelheiten der regelmäßigen nicht verbindlichen Bekanntmachung** sind in **§ 13 SektVO** geregelt. 13352

Die **Aufforderung zur Interessensbestätigung setzt voraus, dass Unternehmen aufgrund der regelmäßigen nicht verbindlichen Bekanntmachung beim Auftraggeber ein grundsätzliches Interesse angemeldet** haben, ein in der Praxis eher ungewöhnliches Verfahren, da die regelmäßige nicht verbindliche Bekanntmachung grundsätzlich nur der Information der Marktteilnehmer dient. 13353

198. § 26 SektVO – Behandlung der Angebote

Die Angebote werden geprüft und gewertet, bevor der Zuschlag erteilt wird.

198.1 Verordnungsbegründung

Aus § 26 geht hervor, **wie die Angebote nach dem Angebotsschlusstermin zu behandeln** sind. Zunächst erfolgt deren **formale Prüfung auf Fristgemäßheit und Vollständigkeit**. Sodann ist die **Eignung der Bieter** festzustellen. Daran schließt sich die **Wertung** der Angebote **anhand der Zuschlagskriterien** an, die mit der Zuschlagserteilung endet. 13354

198.2 Wertungsstufen

Wie sich schon aus der Verordnungsbegründung ergibt, erfolgt die Prüfung und Wertung der Angebote **auch in Verfahren nach der SektVO in einzelnen Wertungsstufen. Diese unterscheiden sich nicht von den Wertungsstufen bei Vergaben klassischer öffentlicher Auftraggeber.** 13355

198.3 Rechtsprechung

198.3.1 Allgemeiner Hinweis

Bei der Prüfung und Wertung **kann grundsätzlich auf die Rechtsprechung zu §§ 16 VOB/A bzw. 19 EG VOL/A zurückgegriffen** werden. Vgl. insoweit die Kommentierung zu § 16 VOB/A Rdn. 18 ff. und zu § 19 EG VOL/A Rdn. 22. 13356

198.3.2 Spezielle Rechtsprechung zu Sektorenausschreibungen

198.3.2.1 Grundsatz der Trennung von Eignungs- und Zuschlagskriterien

Der **Grundsatz der Trennung von Eignungs- und Zuschlagskriterien gilt auch für Aufträge im Sektorenbereich**. Art. 51 Richtlinie 2004/17/EG regelt das Verfahren dahinge- 13357 hend, dass zunächst die Eignung geprüft (Abs. 1 und 2 in Verbindung mit Art. 52 bis 54) und sodann über den Zuschlag entschieden wird (Abs. 3 in Verbindung mit Art. 55 bis 57). Art. 55 Abs. 1 Richtlinie 2004/17/EG, der die zulässigen Zuschlagskriterien aufzählt, entspricht in seinem Wortlaut vollständig Art. 53 Abs. 1 Richtlinie 2004/18/EG, so dass die Rechtsprechung des EuGH auf Aufträge im Sektorenbereich übertragen werden kann). Danach sind „Zuschlagskriterien ausgeschlossen, die nicht der Ermittlung des wirtschaftlich günstigsten Angebots dienen, sondern die im Wesentlichen mit der Beurteilung der fachlichen Eignung der Bieter für die Ausführung des betreffenden Auftrags zusammenhängen." Dazu zählen z. B. auch die Unterkriterien der Qualifikation und der Erfahrungen des zur Auftragsdurchführung herangezogenen Schlüsselpersonals (OLG Düsseldorf, B. v. 30. 11. 2009 – Az.: VII-Verg 41/09; 2. VK Bund, B. v. 22. 6. 2010 – Az.: VK 2–44/10).

13358   Vgl. zu den **Einzelheiten** die Kommentierung zu § 97 GWB Rdn. 635 ff.

198.3.2.2 Fehlende Preise

13359   Die **Rechtsprechung** zur alten Rechtslage (4. Abschnitt der VOB/A 2006) war insoweit **unterschiedlich**.

13360   Nach einer Auffassung waren auch bei der Anwendung der SektVO die allgemeinen Rechtsgedanken des § 97 GWB, insbesondere hinsichtlich der Transparenz der Vergabeentscheidung und der Gleichbehandlung der Bieter, maßgeblich (VK Baden-Württemberg, B. v. 21. 6. 2005 – Az.: 1 VK 33/05).

13361   Nach einer anderen Auffassung gab es **in der VOB/A-SKR keine den §§ 21 Nr. 1 Abs. 2 Satz 5, 25 Nr. 1 Abs. 1 lit. b VOB/A 2006 entsprechende Regelung im Sinne eines zwingenden Ausschlussgrundes**. Eine **analoge Anwendung der Vorschriften ist nach dem eindeutigen Inhalt der VOB/A-SKR nicht angezeigt**: Weder ist eine unbewusste Regelungslücke erkennbar, noch ist die Interessenlage der – durch den Abschnitt 3 der VOB/A erfassten – klassischen öffentlichen Sektorenauftraggeber mit der der – durch den Abschnitt 4 VOB/A erfassten – privaten Sektorenauftraggeber vergleichbar. Der Auftraggeber ist insoweit nicht verpflichtet, unvollständige Angebote zwingend auszuschließen.

13362   Dem steht die **Rechtsprechung des Bundesgerichtshofs nicht entgegen**: Der Beschluss des Bundesgerichtshofs vom 18. 2. 2003 (Az.: X ZB 43/02) basiert im Hinblick auf die Ausschlusspflicht eines unvollständigen Angebots auf den §§ 21, 25 VOB/A 2006 und die Anwendung der „Muss"-Regelung des § 25 Nr. 1 Abs. 1 lit. b VOB/A 2006, die unbeschadet der „Soll"-Vorschrift des § 21 Nr. 2 Satz 5 VOB/A 2006 zwingend anzuwenden ist. Eine solche Ausschlusspflicht sieht die VOB/A-SKR aber gerade nicht vor. Soweit auf das Gleichbehandlungsgebot im Sinne der Entscheidung des Bundesgerichtshofs vom 7. 1. 2003 (Az.: X ZR 50/01) abgestellt wird, gilt im Sinne der entsprechenden Ausprägung durch die §§ 21 Nr. 1 Abs. 1 Satz 5, 25 Nr. 1 Abs. 1 lit. b VOB/A 2006 nichts anderes (VK Hessen, B. v. 30. 3. 2004 – Az.: 69 d – VK – 08/2004).

13363   Die Neufassung der Sektorenverordnung – auch durch die VgV/SektVO-Änderungsverordnung – spricht eher dafür, dass der nationale Gesetzgeber die Regelungen der §§ 16 VOB/A 2009 und 19 EG VOL/A 2009 **nicht auf den Sektorenbereich übertragen** wollte.

198.3.2.3 Fehlende Angaben und Erklärungen

13364   **198.3.2.3.1 Allgemeines.** Im Gegensatz zu § 25 Nr. 1 Abs. 2 Buchst. a VOL/A 2006 **fehlt in der SektVO – eine Vorschrift, nach welcher Angebote, die die geforderten Angaben und Erklärungen nicht enthalten, ausgeschlossen werden können**. Daraus wird zum Teil geschlossen, dass ein unvollständiges Angebot nicht zwingend auszuschließen ist. Eine analoge Anwendung der Grundnormen im Sektorenbereich sei nicht angezeigt, eine planwidrige Regelungslücke sei nicht erkennbar. Dies gelte jedenfalls in den Fällen, in denen der öffentliche Auftraggeber den Bieter nicht ausgeschlossen, sondern zur Modifizierung seines Angebotes aufgefordert habe. Dem kann nicht gefolgt werden. Auch im Verhandlungsverfahren im Bereich der VOL/A-SKR hat ein Angebot grundsätzlich bis zum Ende der Angebotsfrist vollständig vorzuliegen. Die **Zulassung von unvollständigen Angeboten würde nicht nur einen Verstoß gegen den Gleichbehandlungsgrundsatz und das Transparenzgebot bedeuten, sondern den Bietern auch Manipulationsmöglichkeiten eröffnen**. Zudem wäre die Verhandlungsgrundlage unklar. Dies gilt insbesondere dann, wenn in der Vergabebekanntmachung und den Vergabeunterlagen die Bildung von Teillosen ausdrücklich ausgeschlossen ist. Der öffentliche Auftraggeber ist zwar im Verhandlungsverfahren sehr frei, doch trifft ihn jedenfalls die

Sektorenverordnung SektVO § 26 **Teil 7**

Pflicht, den Leistungsumfang nicht grundlegend zu verändern. Eine grundlegende Änderung wäre aber die Bildung von Teillosen, die dann auch die Abgabe von Teilangeboten ermöglichen würde (OLG München, B. v. 12. 7. 2005 – Az.: Verg 008/05).

198.3.2.3.2 Zwingender Ausschluss bei fehlenden Fabrikatsangaben. Hat ein Bieter 13365 weder durch Angaben im Einzelnen noch durch eine pauschale Erklärung dahingehend, dass er durchweg die Leitfabrikate anbietet, diejenigen Aussagen zu den von ihm angebotenen Produkten getroffen, die der Auftraggeber mit dem so genannten Bieterangabenverzeichnis verlangt hat, **hat vielmehr der Bieter lediglich erklärt, das Bieterangabenverzeichnis nachreichen zu wollen („wird nachgereicht") und entspricht dies nicht den Anforderungen der Verdingungsunterlagen, hat der Bieter damit einen zwingenden Ausschlussgrund** unabhängig davon **verwirklicht**, ob es sich bei dem Auftraggeber um einen öffentlichen (Sektoren-)Auftraggeber nach § 98 Nr. 2 und/oder § 98 Nr. 4 GWB handelt und dementsprechend der Ausschlusstatbestand des § 25 Nr. 1 Abs. 1 lit. b) i.V.m. § 21 Nr. 1 Abs. 2 S. 5 VOB/A 2006 zugrunde zu legen ist oder sich der Ausschlussgrund aus dem Gleichbehandlungsgrundsatz gemäß § 97 Abs. 2 GWB i.V.m. § 2 Nr. 1 VOB/A-SKR ergibt (2. VK Bund, B. v. 21. 9. 2009 – Az.: VK 2–126/09).

Voraussetzung für einen Ausschluss ist in jedem Fall, dass den Ausschreibungs- 13366 **unterlagen klar zu entnehmen ist, welche Angaben bzw. Erklärungen von den Bietern mit dem Angebot zu machen bzw. abzugeben sind.** Angesichts der für den Bieter einschneidenden Rechtsfolge eines Angebotsausschlusses bei Nichtvorlage geforderter Unterlagen obliegt es dem öffentlichen Auftraggeber, den Umfang der Vorlagepflicht eindeutig und zweifelsfrei zu definieren. Diesbezügliche Unklarheiten, die der Sphäre des Auftraggebers zuzurechnen sind, dürfen nicht zu Lasten des Bieters gehen (2. VK Bund, B. v. 21. 9. 2009 – Az.: VK 2–126/09).

198.3.2.3.3 Zwingender Ausschluss bei fehlender Urkalkulation. Erfüllt ein Bieter 13367 die Forderung, mit dem Angebot eine detaillierte Gesamtkalkulation – sog. Urkalkulation – in einem verschlossenen Umschlag vorzulegen, nicht, ist sein Angebot unvollständig und damit zwingend von der Wertung auszuschließen. Dieses Ergebnis gilt unabhängig davon, ob es sich bei dem Auftraggeber um einen öffentlichen Auftraggeber im Sinne des § 98 Nr. 2 GWB oder um einen Sektorenauftraggeber im Sinne des § 98 Nr. 4 GWB handelt. Im ersten Fall ergibt sich die Ausschlussfolge aus § 25 Nr. 1 Abs. 1 lit. b i.V.m. § 21 Nr. 1 Abs. 2 S. 5 VOB/A, **im letzteren Fall rechtfertigt sich der Ausschluss aus dem gemäß § 97 Abs. 2 GWB i.V.m. § 2 Nr. 1 VOB/A-SKR zu beachtenden Gleichbehandlungsgebot** (OLG Düsseldorf, B. v. 8. 12. 2009 – Az.: VII-Verg 52/09).

198.3.2.3.4 Zwingender Ausschluss bei fehlenden Eignungsnachweisen. Zwingen- 13368 **de Ausschlussgründe waren im 4. Abschnitt der VOB/A und sind in der SektVO nicht geregelt.** Allerdings gelten die allgemeinen vergaberechtlichen Grundsätze des § 97 GWB, also insbesondere das Transparenzgebot (Abs. 1) und der Gleichbehandlungsgrundsatz (Abs. 2), auch in Vergabeverfahren nach dem 4. Abschnitt (VK Südbayern, B. v. 28. 10. 2005 – Az.: Z3-3-3194-1-44-09/05). So kann ein **Angebotsausschluss zwingend geboten sein, wenn das Angebot an so schwerwiegenden Mängeln leidet, dass sein Nichtausschluss andere Bieter benachteiligen würde und hierdurch der Bieterwettbewerb beeinträchtigt würde.** Dies kann der Fall sein, wenn das Angebot die in der Ausschreibung geforderten Mindestbedingungen nicht einhält (2. VK Bund, B. v. 14. 12. 2004 – Az.: VK 2–208/04).

198.3.2.3.5 Zwingender Ausschluss bei Abweichungen von den Vergabeunterlagen. 13369 Befugnis und Pflicht zum Ausschluss von Angeboten wegen Abweichungen von den Verdingungsunterlagen ergeben sich für Sektorenauftraggeber nach § 98 Nr. 4 GWB aus dem in § 97 Abs. 2 GWB verankerten und deshalb – als für alle oberschwelligen Vergabeverfahren geltender **Grundsatz** – auch in § 2 Nr. 1 VOB/A-SKR zum Ausdruck gebrachten **Gebot der Gleichbehandlung der Bieter**, darüber hinaus aber auch aus den gleichrangigen (Grundsatz-)Geboten der Vergabe im Wettbewerb (§ 97 Abs. 1 GWB) und des Zuschlags auf das wirtschaftlichste Angebot (§ 97 Abs. 5 GWB). Denn nur bei vollumfänglich vergleichbaren, d. h. den vom Auftraggeber festgelegten Leistungsanforderungen vollumfänglich entsprechenden Angeboten ist **sichergestellt, dass im Rahmen der Angebotswertung tatsächlich das sich in einem nichtdiskriminierenden Wettbewerb als wirtschaftlichstes erweisende Angebot bezuschlagt** wird (2. VK Bund, B. v. 21. 9. 2009 – Az.: VK 2–126/09; 3. VK Bund, B. v. 21. 8. 2009 – Az.: VK 3–154/09).

Teil 7 SektVO § 27   Sektorenverordnung

13370   **198.3.2.3.6 Hinweis.** Die Neufassung der Sektorenverordnung – auch durch die VgV/ SektVO-Änderungsverordnung – spricht eher dafür, dass der nationale Gesetzgeber die Regelungen der §§ 16 VOB/A 2009 und 19 EG VOL/A 2009 **nicht auf den Sektorenbereich übertragen** wollte.

198.3.2.4 Abgabe eines vollständigen Angebots im Verhandlungsverfahren

13371   Vgl. insoweit die Kommentierung zu § 101 GWB Rdn. 147 ff.

198.3.2.5 Verbot der unzulässigen Nachverhandlungen für Sektorenauftraggeber

13372   Die Freiheit der privaten Sektorenauftraggeber, das Vergabeverfahren wählen zu können, **bedeutet nicht, dass Elemente verschiedener Verfahrensarten miteinander kombiniert werden können.** Unterwirft sich ein privater Sektorenauftraggeber beispielsweise freiwillig einem **offenen oder nichtoffenen Verfahren**, so muss er dies auch **konsequent zu Ende führen.** Insoweit unterliegt er im wesentlichen gleichen Anforderungen wie ein öffentlicher Auftraggeber im Sinne des § 98 Nr. 1 bis 3 GWB (VK Südbayern, B. v. 17. 7. 2001 – Az.: 23-06/01).

199. § 27 SektVO – Ungewöhnlich niedrige Angebote

(1) Erscheint der Endpreis eines Angebots ungewöhnlich niedrig, hat der Auftraggeber vor Ablehnung dieses Angebots dessen Merkmale zu prüfen. Zu diesem Zweck kann er vom Unternehmen die erforderlichen Belege verlangen und mit dem Unternehmen Rücksprache halten. Die Prüfung kann insbesondere betreffen:

1. die Wirtschaftlichkeit des Bauverfahrens, des Fertigungsverfahrens oder der Erbringung der Dienstleistung,
2. die gewählten technischen Lösungen oder die außergewöhnlich günstigen Bedingungen, über die das Unternehmen bei der Durchführung der Bauleistungen, bei der Lieferung der Waren oder bei der Erbringung der Dienstleistung verfügt,
3. die Besonderheiten der angebotenen Bauleistungen, der Lieferungen oder der Dienstleistungen,
4. die Einhaltung der Vorschriften über Arbeitsschutz und Arbeitsbedingungen, die am Ort der Leistungserbringung gelten, oder
5. die etwaige Gewährung einer staatlichen Beihilfe an das Unternehmen.

(2) Nach der Prüfung der Angebote sind die im Verhältnis zur Leistung ungewöhnlich niedrigen Angebote auszuschließen.

(3) Bevor der Auftraggeber ein Angebot deswegen ablehnt, weil dessen Endpreis wegen der Gewährung einer staatlichen Beihilfe ungewöhnlich niedrig ist, fordert er unter Festsetzung einer angemessenen Frist das Unternehmen auf, nachzuweisen, dass die staatliche Beihilfe rechtmäßig gewährt wurde. Wird dieser Nachweis nicht fristgerecht erbracht, so lehnt der Auftraggeber das Angebot ab und teilt der Kommission die Ablehnung mit.

199.1 Verordnungsbegründung

13373   Kommen Sektorenauftraggeber bei der Wertung der Angebote zu dem Ergebnis, dass der **Preis eines Angebotes im Verhältnis zur angebotenen Leistung ungewöhnlich niedrig erscheint,** verlangt Absatz 2, dass der **Sektorenauftraggeber das Angebot überprüft.** Anhaltspunkt für ein ungewöhnlich niedriges Angebot kann ein beträchtlicher Abstand zum nächstliegenden Preis sein. Er muss dazu von dem Unternehmen, das das ungewöhnlich niedrig erscheinende Angebot abgegeben hat, **Aufklärung über die Einzelposten verlangen.** Nur so kann der Sektorenauftraggeber feststellen, ob der niedrige Preis wettbewerblich begründbar ist und ggf. die anderen Angebote preislich überhöht sind.

13374   Absatz 3 regelt den **Fall, dass der ungewöhnlich niedrig erscheinende Preis auf einer staatlichen Beihilfe beruht.** Hier muss die Rechtmäßigkeit der Beihilfe vom Unternehmen nachgewiesen werden. Die Regelung entspricht Artikel 57 der Richtlinie 2004/17/EG.

Sektorenverordnung SektVO § 28 **Teil 7**

199.2 Vergleichbare Vorschriften

§ 27 Abs. 1 entspricht im Wesentlichen § 16 Abs. 6 Nr. 2 VOB/A und § 19 EG   13375
Abs. 6 Satz 1 VOL/A. Vgl. daher insoweit die Kommentierung zu § 16 VOB/A Rdn. 596 ff.
und die Kommentierung zu § 19 EG VOL/A Rdn. 28.

199.3 Ausschluss ungewöhnlich niedriger Angebote (§ 27 Abs. 2)

Gemäß § 27 Abs. 2 sind nach der Prüfung der Angebote die im Verhältnis zur Leistung un-   13376
gewöhnlich niedrigen Angebote auszuschließen. **§ 27 Abs. 2 entspricht im Wesentlichen
§ 16 Abs. 6 Nr. 1 VOB/A und § 19 EG Abs. 6 Satz 2 VOL/A.**

Die **Rechtsprechung lässt dem öffentlichen Auftraggeber trotz der eindeutigen**   13377
**Formulierung in § 16 Abs. 6 Nr. 1 VOB/A und § 19 EG Abs. 6 Satz 2 VOL/A die
Wahl, auch ein ungewöhnlich niedriges Angebot anzunehmen.** Diese **Rechtsprechung**
kann **auf § 27 Abs. 2 SektVO übertragen** werden.

Vgl. zu den **Einzelheiten** die Kommentierung zu § 16 VOB/A Rdn. 627 ff. und die Kom-   13378
mentierung zu § 19 EG VOL/A Rdn. 28 ff.

199.4 Ausschluss eines wegen der Gewährung einer staatlichen Beihilfe ungewöhnlich niedrigen Angebots (§ 27 Abs. 3)

§ 27 Abs. 3 entspricht im Wesentlichen § 16 a Abs. 2 VOB/A und § 19 EG Abs. 7   13379
VOL/A. Vgl. daher insoweit die Kommentierung zu § 16 a VOB/A Rdn. 8 ff. und die Kommentierung zu § 19 EG VOL/A Rdn. 30 ff.

200. § 28 SektVO – Angebote, die Waren aus Drittländern umfassen

(1) **Der Auftraggeber eines Lieferauftrags kann Angebote zurückweisen, bei denen
der Warenanteil zu mehr als 50 Prozent des Gesamtwertes aus Ländern stammt, die
nicht Vertragsparteien des Abkommens über den Europäischen Wirtschaftsraum sind
und mit denen auch keine sonstigen Vereinbarungen über gegenseitigen Marktzugang bestehen. Das Bundesministerium für Wirtschaft und Technologie gibt im
Bundesanzeiger bekannt, mit welchen Ländern und auf welchen Gebieten solche
Vereinbarungen bestehen.**

(2) **Sind zwei oder mehrere Angebote nach den Zuschlagskriterien gleichwertig, so
ist dasjenige Angebot zu bevorzugen, das nicht nach Absatz 1 zurückgewiesen werden kann. Die Preise sind als gleichwertig anzusehen, wenn sie um nicht mehr als 3
Prozent voneinander abweichen. Satz 1 ist nicht anzuwenden, wenn die Bevorzugung zum Erwerb von Ausrüstungen führen würde, die andere technische Merkmale
als die vom Auftraggeber bereits genutzten Ausrüstungen aufweisen und dadurch bei
Betrieb und Wartung zu Inkompatibilität oder technischen Schwierigkeiten oder zu
unverhältnismäßigen Kosten führen würde.**

(3) **Software, die in der Ausstattung für Telekommunikationsnetze verwendet wird,
gilt als Ware im Sinne des Absatzes 1.**

200.1 Verordnungsbegründung

§ 28 ermöglicht unter bestimmten Voraussetzungen die **Bevorzugung von Angeboten**, die   13380
aus Ländern stammen, die Vertragspartei des Abkommens über den Europäischen Wirtschaftsraum sind oder mit denen Vereinbarungen über den gegenseitigen Marktzugang bestehen. Dies
war bislang in § 12 VgV geregelt.

Mit dieser Regelung wird Artikel 58 der Richtlinie 2004/17/EG umgesetzt.   13381

200.2 Sachlicher Anwendungsbereich

13382 § 28 gilt nur für **Lieferaufträge**, nicht dagegen **für Bau- und Dienstleistungsaufträge**. Vgl. zum Begriff des Lieferauftrags die Kommentierung zu § 99 GWB Rdn. 77 ff.

200.3 Vereinbarungen über gegenseitigen Marktzugang (§ 28 Abs. 1)

13383 Mit Bekanntmachung vom 8. 4. 2003 (Bundesanzeiger Nr. 77 vom 24. 4. 2003 S. 8529) hat das BMWi eine entsprechende Mitteilung veröffentlicht.

201. § 29 SektVO – Zuschlag und Zuschlagskriterien

(1) Der Zuschlag soll auf das wirtschaftlich günstigste Angebot erteilt werden.

(2) Für den Zuschlag maßgeblich sind Kriterien, die im Zusammenhang mit dem Auftragsgegenstand stehen, zum Beispiel

– Lieferfrist, Ausführungsdauer;
– Betriebskosten, Rentabilität;
– Qualität;
– Ästhetik, Zweckmäßigkeit, Umwelteigenschaften;
– technischer Wert, Kundendienst, technische Hilfe, Versorgungssicherheit;
– Preis.

Bei technischen Geräten und Ausrüstungen kann deren Energieverbrauch berücksichtigt werden, bei Bauleistungen jedoch nur dann, wenn die Lieferung der technischen Geräte oder Ausrüstungen ein wesentlicher Bestandteil der Bauleistung ist.

(3) Gebühren- und Honorarordnungen für bestimmte Dienstleistungen bleiben unberührt.

(4) **Die Auftraggeber geben die Zuschlagskriterien in der Bekanntmachung oder den Vergabeunterlagen an.** Hier geben sie auch an, wie die einzelnen Kriterien gewichtet werden. Die Gewichtung kann mit einer angemessenen Spanne erfolgen. Kann nach Ansicht des Auftraggebers die Gewichtung aus sachlichen Gründen nicht angegeben werden, so sind die Kriterien in der absteigenden Reihenfolge ihrer Bedeutung anzugeben.

(5) Für die Information der Bieter über die Zuschlagsentscheidung des Auftraggebers gilt § 101a des Gesetzes gegen Wettbewerbsbeschränkungen.

201.1 Verordnungsbegründung

13384 Der Prüfung der Angebote schließt sich die Wertung der Angebote an. Der Sektorenauftraggeber ermittelt, welches Angebot den Zuschlag erhalten soll.

13385 **Absatz 1 nennt beispielhaft Zuschlagskriterien.** Sektorenauftraggeber können Kriterien wählen, die mit dem Gegenstand des Auftrags zusammenhängen und die es ermöglichen das Niveau jedes Angebotes im Verhältnis zu den Anforderungen der Leistungsbeschreibung und das Preis-Leistungsverhältnis zu ermitteln. Die **Kriterien sollen einen Vergleich und eine objektive Bewertung der Angebote ermöglichen.** Die Kriterien **können unter diesen Bedingungen Umwelterfordernisse enthalten**, z. B. bei der Beschaffung von Strom der Anteil aus erneuerbaren Energien oder **besondere soziale Aspekte berücksichtigen**, z. B. bei der Beschaffung von Linienbussen Grad der behindertengerechten Ausstattung (s. Erwägungsgrund 55 der Richtlinie 2004/17/EG).

13386 Die **einzelnen Kriterien müssen gewichtet** werden. Die am Auftrag interessierten Unternehmen sollen von vornherein genau wissen, welche Bedeutung den einzelnen Aspekten eines Angebotes beigemessen wird, um das wirtschaftlichste Angebot zu ermitteln. Sektorenauftraggeber können diese **Gewichtung mit einer festen Vorgabe** (z. B. „10% Kundendienst") vornehmen oder **eine angemessene Marge** (z. B. „10–15% Kundendienst") festlegen.

Da eine strenge Vorgabe einer Gewichtung umso weniger praktikabel sein kann, je komplexer ein Auftragsgegenstand ist, können in solchen Fällen Sektorenauftraggeber **auch lediglich die Reihenfolge der Kriterien angeben** (Absatz 4). Dies ist entsprechend zu begründen. 13387

Absatz 2 ermöglicht es sowohl bei Dienst-, Liefer- als auch Bauleistungen, in Umsetzung der EG-Richtlinie 2006/32/EG (Energieeffizienzrichtlinie), Anhang VI Buchstabe c und d, den **Energieverbrauch von technischen Geräten und Ausrüstungen als Kriterium bei der Angebotswertung zuzulassen.** Diese Regelung ist nicht zwingend, sondern als „kann"-Vorschrift angelegt. 13388

Absatz 3 Satz 1 gibt vor, dass der **Zuschlag auf das wirtschaftlichste Angebot erteilt** wird. Dies entspricht § 97 Absatz 5 GWB. Sektorenauftraggeber müssen in der Bekanntmachung oder den Vergabeunterlagen **vorgeben, nach welchen Kriterien das wirtschaftlichste Angebot ermittelt werden soll und wie diese Kriterien gewichtet** werden (Absatz 3 Satz 2). 13389

Mit § 29 wird Artikel 55 der Richtlinie 2004/17/EG umgesetzt. 13390

201.2 Zuschlag auf das wirtschaftlich günstigste Angebot (§ 29 Abs. 1)

Nach § 29 Abs. 1 soll der Zuschlag auf das wirtschaftlich günstigste Angebot erteilt werden. § 27 Abs. 1 SektVO entspricht im Ergebnis der Vorschrift des **§ 97 Abs. 5 GWB.** Die Abschwächung des „muss" in § 97 Abs. 5 GWB in ein „soll" in § 29 Abs. 1 SektVO kann nur als **Redaktionsversehen** verstanden werden. 13391

Zwar sehen §§ 97 Abs. 5, 98 Nr. 4 GWB i. V. m. § 11 Nr. 1 Abs. 1 SKR vor, dass der Zuschlag auf das wirtschaftlich günstigste Angebot zu erteilen ist, wobei der Preis nur einer unter mehreren Gesichtspunkten ist. Demgegenüber lässt Art. 55 Abs. 1 b der Richtlinie 2004/17/EG es ausdrücklich zu, ausschließlich nach dem niedrigsten Preis auszuschreiben. Die Richtlinie ist demnach nicht vollständig in das nationale Recht umgesetzt worden. Zwar bleibt es dem nationalen Gesetzgeber unbenommen, gegenüber einer Richtlinie strengere Vorschriften zu erlassen. Im Verhältnis der möglichen Zuschlagskriterien „Preis" und „wirtschaftlich günstigstes Angebot" liegt aber kein Verhältnis größerer oder geringerer Strenge vor, sondern eine neutrale Alternativität. **Wegen der nicht vollständigen Umsetzung in das nationale Recht gilt Art. 55 Abs. 1b RL 2004/17/EG deshalb unmittelbar, so dass der Preis als einziges Zuschlagskriterium vergaberechtlich unbedenklich gewählt werden kann** (OLG München, B. v. 20. 5. 2010 – Az.: Verg 04/10). 13392

Zum **sachlichen Inhalt und zur Rechtsprechung** vgl. daher die **Kommentierung zu § 97 GWB Rdn. 909 ff.** 13393

201.3 Zuschlagskriterien (§ 29 Abs. 2)

In § 29 Abs. 2 Satz 1 sind – ebenso wie in § 16 Abs. 6 Nr. 3 VOB/A und § 19 Abs. 9 VOL/A – einige Zuschlagskriterien beispielhaft aufgeführt. 13394

§ 29 Abs. 2 Satz 2 nennt als **mögliches Zuschlagskriterium (Kann-Bestimmung) auch den Energieverbrauch technischer Geräte und Ausrüstungen,** bei **Bauleistungen** jedoch **nur dann,** wenn die **Lieferung der technischen Geräte oder Ausrüstungen ein wesentlicher Bestandteil der Bauleistung** ist. 13395

Die **Richtlinie** (EG) des Europäischen Parlaments und des Rates vom 5. April 2006 **über Endenergieeffizienz und Energiedienstleistungen** und zur Aufhebung der Richtlinie 93/76/EWG des Rates (RL 2006/32/EG) bedarf im Bereich des öffentlichen Auftragswesens insoweit der Umsetzung, als die **Mitgliedstaaten gemäß Artikel 5 Abs. 1 sicher stellen, dass der öffentliche Sektor eine Vorbildfunktion im Zusammenhang mit dieser Richtlinie übernimmt.** Diese Vorbildfunktion wurde in das Gesetz zur Steigerung der Energieeffizienz übernommen. Darüber hinaus haben sich das Bundesministerium für Wirtschaft und Technologie und das Bundesministerium für Umwelt, Natur und Reaktorsicherheit **zur Umsetzung dieser Vorbildfunktion der Öffentlichen Hand im Bereich des Öffentlichen Auftragswesens auf einzelne Anforderungen verständigt.** Diese Anforderungen sind in der SektVO – und in der novellierten Vergabeverordnung – enthalten. 13396

Teil 7 SektVO § 30   Sektorenverordnung

13397   Vgl. dazu im Einzelnen die **Kommentierung zu § 4 VgV Rdn. 29** und zu **§ 6 VgV Rdn. 10 ff**.

13398   Gemäß § 29 Absatz 2 SektVO sind die **generellen Zuschlagskriterien „Preis"** und **„technischer Wert und Folgekosten"** als **gesetzeskonform** anzusehen (1. VK Sachsen, B. v. 16. 3. 2010 – Az.: 1/SVK/003–10).

201.4 Gebühren- und Honorarordnungen (§ 29 Abs. 4)

13399   Nach § 29 Abs. 4 bleiben Gebühren- und Honorarordnungen für bestimmte Dienstleistungen unberührt. Hiervon ist in der Praxis im Wesentlichen die **Honorarordnung für Architekten und Ingenieure (HOAI)** betroffen.

13400   Vgl. insoweit im Einzelnen die **Kommentierung zu § 11 VOF Rdn. 75 ff**.

201.5 Angabe der Zuschlagskriterien und deren Gewichtung (§ 29 Abs. 5)

13401   Nach § 29 Abs. 5 geben die Auftraggeber die **Zuschlagskriterien** in der Bekanntmachung oder den Vergabeunterlagen an. Hier geben sie auch an, **wie die einzelnen Kriterien gewichtet** werden. Die Gewichtung kann mit einer angemessenen Spanne erfolgen. Kann nach Ansicht des Auftraggebers die Gewichtung aus sachlichen Gründen nicht angegeben werden, so sind die **Kriterien in der absteigenden Reihenfolge ihrer Bedeutung anzugeben**.

13402   § 29 Abs. 5 SektVO entspricht im Wesentlichen § 16 a Abs. 1 VOB/A und § 19 EG Abs. 8 VOL/A. Vgl. daher die Kommentierung zu § 16 a VOB/A Rdn. 4 ff. und zu § 19 EG VOL/A Rdn. 33.

201.6 Bindung an die Zuschlagskriterien

13403   Die **Bindung des öffentlichen Auftraggebers an die veröffentlichten Zuschlagskriterien** besteht auch in einem Verhandlungsverfahren im Sektorenbereich (OLG München, B. v. 20. 4. 2005 – Az.: Verg 008/05).

13404   Vgl. dazu allgemein die **Kommentierung zu § 97 GWB Rdn. 999 ff**.

201.7 Information der Bieter über die Zuschlagsentscheidung (§ 29 Abs. 6)

13405   § 29 Abs. 6 statuiert – als **Wiederholung des höherrangigen § 101 a GWB** – auch bei **Vergabeverfahren im Sektorenbereich die Notwendigkeit einer Information der Bieter über die Zuschlagsentscheidung** des Auftraggebers. Vgl. **im Einzelnen** die Kommentierung zu § 101 a GWB Rdn. 1 ff.

202. § 30 SektVO – Aufhebung und Einstellung des Vergabeverfahrens

Ein Vergabeverfahren kann ganz oder bei Losvergabe für einzelne Lose aufgehoben werden oder im Fall der Verhandlungsverfahren eingestellt werden. In diesen Fällen hat der Auftraggeber den am Vergabeverfahren beteiligten Unternehmen unverzüglich die Aufhebung oder Einstellung des Verfahrens und die Gründe hierfür sowie seine etwaige Absicht, ein neues Vergabeverfahren durchzuführen, in Textform mitzuteilen.

202.1 Verordnungsbegründung

13406   Ein Vergabeverfahren (offenes oder nicht offenes Verfahren) kann auch **durch Aufhebung beendet** werden. Das Verhandlungsverfahren kann **durch Einstellung beendet** werden. In diesem Fall sind die am Vergabeverfahren beteiligten Unternehmen von den Sektorenauftragge-

Sektorenverordnung   SektVO § 31   **Teil 7**

bern **über die Aufhebung des Verfahrens und deren Gründe zu informieren** (Art. 49 Abs. 1 der Richtlinie 2004/17/EG).

202.2 Gründe für eine Aufhebung

202.2.1 Allgemeines

Im Gegensatz zu § 17 VOB/A und § 20 EG VOL/A enthält die SektVO in § 30 **keine Auf-** 13407 **zählung von Gründen, aus denen heraus der öffentliche Auftraggeber ein Vergabeverfahren aufheben** oder einstellen kann, ohne Schadenersatzansprüche befürchten zu müssen.

202.2.2 Ältere Rechtsprechung

Vorschriften über die Aufhebung einer Ausschreibung fehlen in der VOB/A-SKR 13408 **bzw. VOL/A-SKR. Ein Rückgriff auf die Regelung in § 26 VOB/A 2006 bzw. VOL/A 2006 kann grundsätzlich nicht erfolgen** (VK Brandenburg, B. v. 22. 9. 2008 – Az.: VK 27/08). Eine Beendigung des Verfahrens wird sicherlich jederzeit möglich sein, wenn die in § 26 VOB/A 2006 bzw. VOL/A 2006 genannten Gründe vorliegen. Darüber hinaus werden solche Umstände in Betracht kommen, die auch bei rein privaten Auftraggebern einen Abbruch von Vertragsverhandlungen zulassen, ohne dass dadurch schuldhaft das zwischen den Verhandlungsparteien bestehende vorvertragliche Vertrauensverhältnis verletzt wird. Wegen dieses Pflichtenverhältnisses kann der Bieter auf die Einhaltung der grundlegenden Regeln eines Vergabeverfahrens vertrauen, da er seinerseits Geld und Zeit in die Bewerbung und das Ausfüllen des Leistungsverzeichnisses steckt. Deshalb ist ein **uneingeschränkter und willkürlicher Entschluss zur Aufhebung ebenso wenig zulässig wie eine nur zum Schein erfolgte Aufhebung. Eine Aufhebung darf nicht gegen das Diskriminierungsverbot verstoßen und muss dem Transparenzgebot genügen** (OLG München, B. v. 12. 7. 2005 – Az.: Verg 008/05; VK Brandenburg, B. v. 14. 12. 2007 – Az.: VK 50/07; VK Düsseldorf, B. v. 2. 3. 2007 – Az.: VK – 05/2007 – L).

202.3 Teilaufhebung

§ 30 enthält ausdrücklich die Möglichkeit, die Aufhebung oder Einstellung eines 13409 **Vergabeverfahrens nur für einzelne Lose** vorzunehmen. § 30 deckt sich damit mit der Regelung des § 20 EG Abs. 1 VOL/A; eine entsprechende Möglichkeit räumt die Rechtsprechung im Rahmen von § 17 VOB/A – trotz eines anderen Wortlauts – ebenfalls ein (vgl. die Kommentierung zu § 17 VOB/A Rdn. 33 ff.).

202.4 Information der Bieter

Für den Fall der Aufhebung oder Einstellung **statuiert § 30 Satz 2 gewisse Informa-** 13410 **tionspflichten des Auftraggebers** gegenüber den Bietern.

203. § 31 SektVO – Ausnahme von Informationspflichten

Auftraggeber dürfen bei der Benachrichtigung über die Auswahl der am Vergabeverfahren Teilnehmenden, die Zuschlagserteilung oder die Aufhebung des Vergabeverfahrens Angaben nur machen, soweit dies nicht gegen Rechtsvorschriften verstößt und nicht die berechtigten geschäftlichen Interessen der am Vergabeverfahren beteiligten Unternehmen schädigt oder den Wettbewerb beeinträchtigt.

203.1 Verordnungsbegründung

Diese Vorschrift setzt Artikel 49 Abs. 2, letzter Unterabsatz der Richtlinie 2004/17/EG 13411 um.

203.2 Verhältnis zu § 101a GWB

13412 Die **Informationspflicht** des öffentlichen Auftraggebers **nach** § 101a **GWB** wird durch § 31 SektVO **nicht eingeschränkt**.

204. § 32 SektVO – Dokumentation und Aufbewahrung der sachdienlichen Unterlagen

(1) Auftraggeber sind verpflichtet, sachdienliche Unterlagen über jede Auftragsvergabe zeitnah zu erstellen und die Entscheidungen über die Auswahl der Unternehmen und die Auftragsvergabe, die Wahl des Verhandlungsverfahrens ohne vorherige Bekanntmachung und die Nichtanwendung der Vergabevorschriften nachvollziehbar zu dokumentieren.

(2) Die sachdienlichen Unterlagen sind für mindestens vier Jahre ab Auftragsvergabe aufzubewahren. Der Kommission sind auf deren Verlangen die erforderlichen Auskünfte zu erteilen.

204.1 Verordnungsbegründung

13413 Sektorenauftraggeber müssen jeder Zeit in der Lage sein, das Vergabeverfahren ausreichend zu dokumentieren. Die Pflicht zur Erstellung sachdienlicher Unterlagen ist daher eine zentrale Vorschrift. Sie **setzt Artikel 50 der Richtlinie 2004/17/EG um**.

204.2 Rechtsprechung

204.2.1 Anforderungen an die Dokumentation

13414 Der **Vergabevermerk bei Aufträgen im Sektorenbereich ist anders geregelt ist als bei sonstigen Aufträgen**. Während Art. 43 Richtlinie 2004/18/EG detaillierte Vorschriften über den Inhalt des Vergabevermerks enthält, fehlt eine derartige Vorschrift in der Richtlinie 2004/17/EG vollständig; Art. 50 verlangt lediglich die Aufbewahrung der Unterlagen, damit es dem Auftraggeber später möglich ist, die getroffenen Entscheidungen zu begründen. Auch § 32 SektVO sieht einen Vergabevermerk nicht mehr vor. Daraus **kann geschlossen, dass die strikten Anforderungen an einen Vergabevermerk im Außer-Sektoren-Bereich für Vergaben im Sektorenbereich nicht gelten**. Allerdings **müssen die Entscheidungen der Vergabestelle** – wie es Art. 50 Richtlinie 2004/17/EG verlangt – **nachvollziehbar** sein (OLG Düsseldorf, B. v. 17. 2. 2010 – Az.: VII-Verg 51/09; B. v. 30. 11. 2009 – Az.: VII-Verg 41/09).

205. § 33 SektVO – Statistik

(1) Auftraggeber sind verpflichtet, spätestens bis zum 31. August jedes Jahres eine Aufstellung der im vorangegangenen Kalenderjahr vergebenen Aufträge an das Bundesministerium für Wirtschaft und Technologie zu übermitteln. Die Aufstellung enthält Angaben über vergebene Aufträge oberhalb der Schwellenwerte, getrennt nach Liefer-, Dienstleistungs- und Bauaufträgen. Satz 2 gilt nicht für Auftraggeber der Bereiche Gas- und Wärmeversorgung und Eisenbahnverkehr, ausgenommen S-Bahnen. In den anderen Sektorenbereichen entfallen Angaben über Dienstleistungsaufträge.

(2) Auftraggeber übermitteln dem Bundesministerium für Wirtschaft und Technologie jährlich zur Weitergabe an die Kommission den Gesamtwert der vergebenen Aufträge unterhalb der Schwellenwerte, die ohne eine Schwellenwertfestlegung in dieser Verordnung erfasst wären. Aufträge von geringem Wert können aus Gründen der Vereinfachung unberücksichtigt bleiben.

Sektorenverordnung　　　　　　　　　　　　　　　　SektVO Anhang **Teil 7**

(3) Dienstleistungsaufträge, zu denen Angaben nach Absatz 1 Satz 3 entfallen, sind:

1. Forschungs- und Entwicklungsdienstleistungen der Kategorie 8 des Anhangs 1 Teil A,
2. Fernmeldedienstleistungen der Kategorie 5 des Anhangs 1 Teil A mit den Referenznummern 7524(CPV-Referenznummer 64228000-0), 7525 (CPV-Referenznummer 64221000-1) und 7526 (CPV-Referenznummer 64227000-3) und
3. Dienstleistungen des Anhangs 1 Teil B.

(4) Das Bundesministerium für Wirtschaft und Technologie setzt durch Allgemeinverfügung fest, in welcher Form die statistischen Angaben vorzunehmen sind. Die Allgemeinverfügung wird im Bundesanzeiger bekannt gemacht.

205.1 Verordnungsbegründung

Die statistischen Verpflichtungen ergeben sich aus Artikel 67 der Richtlinie 2004/17/EG. Das **Bundesministerium für Wirtschaft und Technologie gibt die statistischen Informationen, die sie von den Sektorenauftraggebern erhält, an die Europäische Kommission weiter.** Wie die Informationen vorzunehmen sind, wird vom Bundesministerium für Wirtschaft und Technologie im Bundesanzeiger und im Internet bekannt gegeben. 　13415

206. § 34 SektVO – Übergangsbestimmungen

Bereits begonnene Vergabeverfahren werden nach dem Recht zu Ende geführt, das zum Zeitpunkt des Verfahrensbeginns galt.

206.1 Verordnungsbegründung

§ 34 sieht vor, dass **laufende Vergabeverfahren nach dem Recht beendet werden, das zum Zeitpunkt des Beginns des Vergabeverfahrens** galt. 　13416

206.2 Vergleichbare Vorschriften

§ 34 SektVO deckt sich im Ergebnis mit § 131 Abs. 8 GWB und § 23 VgV. Vgl. daher zu den Einzelheiten die Kommentierung zu § 131 GWB Rdn. 2 ff. 　13417

207. Anhang zur SektVO

207.1 Allgemeines

Die Rechtsprechung hat sich mit **mehreren Fragestellungen bei der Ausschreibung und Vergabe öffentlicher Aufträge durch Sektorenauftraggeber** befasst, die **keinen unmittelbaren Niederschlag in der SektVO gefunden** haben. Diese Rechtsprechung stelle ich nachfolgend dar. 　13418

207.2 Gebot der Berücksichtigung mittelständischer Interessen nach § 97 Abs. 3 GWB

Vgl. dazu die Kommentierung zu § 97 GWB Rdn. 378. 　13419

207.3 Geltung der wesentlichen Prinzipien des Vergaberechts im Verhandlungsverfahren

Vgl. dazu die Kommentierung zu § 101 GWB Rdn. 133. 　13420

Sachverzeichnis zu Teil 1:
Gesetz gegen Wettbewerbsbeschränkungen (GWB)

Abfallentsorgung 57, 404, 930
Abgabe von Röntgenkontrastmitteln 467
Ablehnung eines Sachverständigen 950
Ablehnungsfiktion 861
– Feststellungsverfahren 912, 957
– neues Nachprüfungsverfahren nach Eintritt 959
– Rücknahme der sofortigen Beschwerde 959
– sofortige Beschwerde 956
Abschleppdienstleistungen 214
Abwasserbeseitigung 930
Akteneinsichtsrecht 843
– Abwägung gegenseitiger Interessen 844
– Ausforschungsabsicht 854
– Begrenzung durch Verfahrensgegenstand 846
– Beschwerde 949
– Einsichtnahme bzw. Aktenversendung 848
– Erforderlichkeit zur Durchsetzung der Rechte 844
– Geheimschutz 849
– Grundsatz 844
– in camera"-Verfahren 852
– Kennzeichnungspflicht der Beteiligten 855
– Korrektiv zum eingeschränkten Akteneinsichtsrecht 833
– offensichtliche Unbegründetheit des Hauptantrags 854
– offensichtliche Unzulässigkeit des Hauptantrags 854
– Rechtsschutz bei Versagung 855
– Umfang bei Ausschreibungen nach VOL/A 852
– Umfang bei Dienstleistungsaufträgen 852
– umfassendes Einsichtsrecht 847
– Vergabeakten 848
– Versagung aus sonstigen Gründen 854
– Versagung aus wichtigem Grund 848
– zulässiges Vergabenachprüfungsverfahren 845
Aktenversendung 848
Allgemeines Eisenbahngesetz (AEG) 525, 627
Allgemeinheitsinteressen
– Berücksichtigung 933
Altpapierverwertung 367, 474
Altrechtlicher Verein 325
Ambulanten-Hilfen-Zentrum (AHZ) 363
Amtsermittlung s. Untersuchungsgrundsatz
Amtszeit, Vergabekammermitglieder 650
Andienungsverfahren 362
Androhung der Anrufung der Vergabekammer 757
Anforderung der Vergabeakten 842
Angebot
– Fehlen eines wertbaren Angebots 874
– Ermöglichung der Abgabe 870
Angebotsausschluss
– Bietergemeinschaften 50
– Verpflichtung des Auftraggebers 872
Angebotsfrist
– als Ausschlussfrist 564
– Auswirkung der Überschreitung 565
– Bindung des Auftraggebers 564 , 565

Anhörung
– der auszuschließenden Bieter 216
– keine Anhörungspflicht 937
Anhörungsrüge, Zulässigkeit 997
Anlage (zu § 98 Nr. 4 GWB) 1153
Anlagen, maschinelle und elektrotechnische/ elektronische 384
Anmelde- und Anzeigepflicht beim Bundeskartellamt 51
Anmietung eines noch zu erstellenden Gebäudes 392, 520
Anschlussbeschwerde
– Anschließungsfrist 952
– Auswirkungen einer Vorlage an den BGH 951
– bedingte unselbständige Anschlussbeschwerde 951
– fehlende Freigabe des Zuschlags 986
– Grundsatz 950
– Kostenfestsetzungsverfahren 951
– Reichweite 951
– Zulässigkeit 950, 951
Anspruch auf Einhaltung der Bestimmungen über das Vergabeverfahren
– Bestimmungen über das Vergabeverfahren 311
– anerkannte bieterschützende Regelungen 312
– umstrittene bieterschützende Regelungen 317
– Schutznormlehre 312
– Sinn und Zweck 311
Anspruch auf Tätigwerden der Aufsichtsbehörden 632
Anti-Terror-Maßnahmen 931
Antrag s. Nachprüfungsantrag
Antragsbefugnis, Nachprüfung
– bei mangelhafter Information nach § 101 a GWB 726
– bei Ziel der Verhinderung einer Marktansprache 727
– bei Zusage, Zuschlag ab bestimmtem Datum zu erteilen 726
– Bietergemeinschaft 671
– drohender Schaden 681
– Erledigung 725
– Geltendmachung der Verletzung in Rechten nach § 97 Abs. 7 GWB 680
– Grundsätze 670
– im Lauf des Vergabeverfahrens gegründete Holding 675
– Interesse am Auftrag 676
– Lieferanten 674
– Nachunternehmer 673
– noch nicht gegründetes Unternehmen 675
– rechtmäßig gekündigte Auftragnehmer 675
– Rechtsmissbrauch 725
– Rechtsnachfolgeunternehmen 673
– Rechtsschutzbedürfnis 719
– unrechtmäßig zugelassener Bieter 676
– Unternehmen 671
– Unternehmensverband 675

2663

Sachverzeichnis Teil 1 GWB

- vor Erhalt der Information nach § 101 a GWB 725

Antragsgegner
- Bezeichnung 817

Anwaltszwang 992

Anwendbarkeit des Vergaberechts
- Anwendbarkeit der VOF 505
- Aufträge, die nur von nationalen Bietern erfüllt werden können 506
- Ausnahmenkatalog 506
- Bereichsausnahmen 532
- Erreichen des Schwellenwerts 30, 501
- europaweite Ausschreibung einer vergaberechtsfreien Beschaffung 501
- europaweite Ausschreibung eines Loses ohne Notwendigkeit 502
- fehlende europaweite Ausschreibung 501
- freiberufliche Aufträge von Sektorenauftraggebern 532
- Nachprüfungsverfahren bzgl. Dienstleistungen Anhang I B VOL/A, VOF
- Rangverhältnis GWB und AEG 525
- Schwellenbereich 491
- Umgehung des Vergaberechts 506
- unterhalb der Schwellenwerte 31, 491
- Verordnung über öffentliche Personenverkehrsdienste 531
- Verzicht des Bieters auf Primärrechtsschutz 506

Anwendung des Vergaberechts
- Verpflichtung des Auftraggebers zur 869

AOK-Landesverbände 114

Arbeitnehmer-Entsendegesetz 176, 223, 228

Arbeitsbedingungen für die Branche Briefdienstleistungen 225

Arbeitsverträge 507

Architekten- und Ingenieurleistungen 120

Arzneimittel-Rabattverträge 460

Arzneimittel-Versorgungsverträge 470

Arzneimittellieferungen 537

Aufhebung des Vergabeverfahrens
- Aufhebung einer Aufhebung 880
- Entschädigung 1037
- Pflicht des Auftraggebers 873, 879
- Primärrechtsschutz 617

Aufhebung des Zuschlages 893

Aufklärungspflicht 296, 567

Auflagenverstoß 575

Auflistung der Baumaßnahmen, Dienstleistungen und Auslobungsverfahren 353

Aufschiebende Wirkung
- Antrag auf Verlängerung 918, 961, 973, 988
- Antrag auf Wiederherstellung 979
- Ausnahme für sicherheitsrelevante Beschaffungen 940
- Dauer bei Beschwerde 973

Aufsichtsbehörden 631, 1017

Auftraggeber
- ausschließliche Verantwortung für das Vergabeverfahren 69, 310

Auftraggeber, öffentlicher
- abschließende Aufzählung 320
- Änderungen durch Vergaberechtsmodernisierungsgesetz 320
- Baukonzessionäre 356
- Begriff 321

Sachverzeichnis zu Teil 1

- Beispiele 357
- Bestimmung im Sinn des Vergaberechts 360
- Einrichtungen des öffentlichen Rechts 326
- Gebietskörperschaften 322
- Indizien 359
- kommunale Zweckverbände 350
- kraft einer mittelbaren Stellvertretung 357
- juristische Personen des öffentlichen Rechts 324
- juristische Personen des privaten Rechts 325
- mit öffentlichen Mitteln geförderte Bauvorhaben 353
- Personengesellschaften 326
- Rangverhältnis 353, 357
- Sektorenauftraggeber 351
- Sondervermögen 323
- Staatsgebundenheit 338

Auftragnehmer
- andere oder weitergehende Anforderungen 222
- Eignung 157
- zusätzliche Anforderungen 217

Auftragssperre, temporäre 621

Auftragsverwaltung für den Bund 656

Auftragswertbestimmung 1050

Aufwendungsersatz
- anderweitige Erledigung des Nachprüfungsantrags 1105
- des Beigeladenen 1094, 1141
- Kostenfestsetzungsverfahren 1109
- Kostentragung durch unterliegenden Beteiligten 1070
- Rücknahme des Nachprüfungsantrags 1101
- Umfang 1090, 1099

Außergerichtliche Aufwendungen
- Erstattung 1101, 1105, 1141

Ausgestaltungsermessen 36, 73, 95

Auslagenersatz, Umfang 1047

Ausländische Truppen
- Beschaffungen 507

Auslegungsfragen
- Anwendbarkeit des Vergaberechts 32, 497

Auslobungsverfahren 428

Ausnahmetatbestände 506
- abschließende Aufzählung 506
- Arbeitsverträge 507
- ausschließliches Recht zur Leistungserbringung 518
- Beschaffungen für ausländische Truppen 507
- besondere Sicherheitsinteressen 507
- enge Auslegung 507
- finanzielle Dienstleistungen 522
- Forschungs- und Entwicklungsdienstleistungen 523
- Immobilienbedarfsgeschäfte 519
- Programmbeschaffung oder Ausstrahlung von Sendungen 521
- Prüfung von Amts wegen 506
- Rechtsfolgen 524
- Tätigkeiten von Sektorenauftraggebern außerhalb der Sektorentätigkeit 521
- Telekommunikationsdienstleistungen 522
- Trinkwasser- oder Energieversorgung 517
- unmittelbar dem Wettbewerb ausgesetzte Sektorenaufträge 524

Ausschluss von abweichendem Landesrecht 941

Ausschluss von Bietern 81

2664

Ausschlussfristen
– Angebotsfristen im Verhandlungsverfahren 564
– Beschleunigungsgebot 864
– Dokumentation 83
Ausschreibungsunterlagen
– Briefumschläge 88
Aussetzung des Vergabeverfahrens
– Beschwerdeverfahren 945, 1014
– Entscheidung der Vergabekammer 866
– Vorlage an den Europäischen Gerichtshof 867, 1014
– vorzeitige Gestattung des Zuschlags 925
– Zuschlagsverbot 922
Ausstrahlung von Sendungen 521

Barwertmethode 289
Bauaufträge 370
– Abgrenzungen 401
– Begriffe 380, 384
– dem Auftraggeber unmittelbar zugutekommende Bauleistung 390
– einheitliche Auslegung 378
– gemischte Verträge 481
– Gleichzeitige Planung und Ausführung 380
– notwendiger Inhalt 378
– Typen 378
– Vergabekoordinierungsrichtlinie 380
– zweistufiges Vergabeverfahren 398
Baubereich
– Vorrang der Losvergabe 107
Baugeländevorarbeiten 387
Baukonzession
– Änderungen 428
– Begriff 429
– Einbeziehung in das Vergaberecht 429
– Entgeltlichkeit 370
– gemischte Verträge 481
– Streitwert 1118
Baukonzessionäre 356
Baukoordinierungsrichtlinie 322, 381, 383
Bauleistungen 384
Bauleistungen verschiedener Handwerks- oder Gewerbezweige 122
Bauliche Anlage, Begriff 384
Bauverpflichtung 379
Bauvertrag 441
Bauvorhaben 380, 381
Bauwerk, Begriff 380
Bayern
– Bauaufträge-Vergabegesetz 225
– kommunale Beteiligung 59
Bebauungsplanerlass 366
Bedarfsposition
– Wertung 291
Beendigungsfiktion 1005
Befangenheit 648, 945
Begehren, bestimmtes 817
Beigeordnete 1121
Begründung des Nachprüfungsantrag 817, 822
Begründung der sofortigen Beschwerde 969
Beherrschender Einfluss, Sektorenauftraggeber 352
Beiladung
– Antragstellung durch Beigeladenen 991
– Beilgeladene als unterliegende Beteiligte 1057
– Belehrungspflicht der Vergabekammer 856

– Beschwerdeverfahren vor dem LSG 991
– Beschwerdeverfahren vor dem OLG 990
– Entscheidung 827
– Erstattung der außergerichtlichen Auslagen 1141
– Erstattung der notwendigen Aufwendungen 1094
– Kostentragungspflicht 1142
– notwendige Streitgenossenschaft 829
– Parallelausschreibung 827
– Rechtshängigkeitssperre 827
– Sinn und Zweck 826
– Unanfechtbarkeit der Entscheidung 828
– Verbindung von Beschwerdeverfahren 991
– Zeitpunkt 827
– zusätzliche Voraussetzungen 826
Beitragsrecht 577
„bekannt und bewährt" 184
Bekanntmachung
– Begriff 793
– Festlegung von Eignungskriterien 157
– Unterkriterien 241
– Wahlrecht bzgl. Medium 240
– Zuschlagskriterien 239, 254
Bekanntmachungsmedium 240
Belehrungspflicht 856
Beleihung 460
Benachrichtigung der Bieter über Eignungsentscheidung 216
Bereichsausnahmen nach Art. 51 AEUV 532
Berichtigung
– des Rubrums 887, 921
– des Sachverhalts 946
Berichtigungsbeschluss 887
Berücksichtigungsgebot mittelständischer Interessen 35
– Ausformung in VOB/A, VOL/A, VOF 154
– Begriff der Mittelständischen Interessen 128
– Bieterschutz 105
– Generalübernehmer 146
– Generalunternehmer 134
– Inhalt 105
– Teillos/Fachlos 122
– Vergaberechtsmodernisierung 104
– Vorrang der Losvergabe 107
Berufsausübungsbeschränkungen 36
Beschaffungen für ausländische Truppen 507
Beschaffungen, sicherheitsrelevante 940
Beschaffungsbezug des Auftraggebers 371
Beschaffungsbedarf, Dokumentation 81
Beschaffungsgrundsätze 35
Beschaffungsmarkt 26
Beschaffungsstellen, zentrale 359, 658
Beschleunigungsgrundsatz
– Allgemeines 859
– Ausschlussfristen 864
– fünfwöchige Entscheidungsfrist 860
– Fristverlängerung 860
– Mitwirkungspflicht der Beteiligten 862
Beschreibung der behaupteten Rechtsverletzung 819
Beschwerde
– Ablehnungsfiktion 956
– Abwägungsentscheidung 981
– Anwaltszwang 992
– anwendbare Vorschriften 992, 995

Sachverzeichnis   Teil 1 GWB

- Begründung 968, 970, 971
- Beifügung des angefochtenen Beschlusses 970
- Beiladung 990, 991
- Beschwerdebefugnis 953
- Beteiligte 953, 989
- Dauer der aufschiebenden Wirkung 973
- Endentscheidungen 942
- Entscheidungen der Vergabekammer 942
- Entscheidungskriterien 980
- falsche Rechtsbehelfsbelehrung 953
- Frist 966
- Fristbeginn 968
- Fristberechnung 968
- Gegenstandswertfestsetzungsbescheid 944
- GKV-OrgWG 942
- Kostentragung und Kostenfestsetzung 995
- Kostenentscheidung 942
- Kostengrundentscheidung 992
- Ergänzung eines lückenhaften Beschlusses 946
- materielle Entscheidungen 942
- mündliche Verhandlung 992
- Nachreichung der Begründung 971
- nicht ordnungsgemäße Vertretung des Antragstellers 994
- Notfrist 966
- Rechtsmittelführer 992
- Reichweite der Anfechtung 969
- Rücknahme 959
- Schriftlichkeit 968
- Tatsachen und Beweismittel 969
- Untätigkeitsbeschwerde 952, 967
- Unterrichtungspflicht 971
- Untersagung des sofortigen Zuschlags durch Vergabekammer 985
- Unterzeichnung 971
- Unzulässigkeit 971
- verfahrensleitende Zwischenentscheidungen 945
- Vollstreckungsentscheidungen 950
- Vorlage der Schriftstücke 970
- Wiedereinsetzung in den vorigen Stand 961
- Wirkung 972
- Zulässigkeit 953, 955
- Zurückweisung des Nachprüfungsantrag 942
- Zuständigkeit 963
- Zustellung des Beschlusses der Vergabekammer 967
- Zwischenentscheidung 945, 1014

Beschwerde nach Vollstreckungsrecht
- Verlängerung der aufschiebenden Wirkung 918

Beschwerdebefugnis
- Allgemeines 953
- des Auftraggebers eines Verfahrensbevollmächtigten 955
- des Beigeladenen 954
- des öffentlichen Auftraggebers 953
- trotz Unterlassen der Antragstellung 955

Beschwerdeentscheidung
- Aussetzung des Verfahrens 1014
- Begründetheit der Beschwerde 1008
- eigene Entscheidung in der Sache 1008
- Ende des Vergabeverfahrens 1005
- Entscheidung des Beschwerdegerichts 1008
- Feststellung der Rechtswidrigkeit 1012
- keine Antragsbindung 1006

Sachverzeichnis zu Teil 1

- Prüfung der Zuständigkeit der Vergabekammer 1007
- Rücknahme des Nachprüfungsantrags 1011
- Streitgegenstand 1005
- übereinstimmende Erledigungserklärung 1011
- unwirksamer Vergabekammerbeschluss 1012
- Vorabentscheidung über zulässigen Rechtsweg 1011
- Zurückverweisung 1010

Besetzung der Vergabekammer
- bei Entscheidung aufgrund mündlicher Verhandlung 856

Beteiligte
- Beschwerdeverfahren 989
- Nachprüfungsverfahren 826

Beteiligungen, parallele
- Bewerbergemeinschaftsmitglied/Einzelbewerber 46
- Bietergemeinschaftsmitglied/Einzelbieter 45
- konzernverbundene Unternehmen 47
- Kooperationspartner eines Bieters/Einzelbieter 49
- Lieferant eines Bieters/Einzelbieter 49
- Nachunternehmer eines Bieters/Einzelbieter 48
- Unternehmen mit identischer Geschäftsführung 47

Beteiligungsverbot 73
Betreiberleistungen 482
Betriebsübergang 408
Betriebsüberlassung 138
Beurteilungs- und Ermessensspielraum
- Losvergabe 110
- Teilnahmewettbewerb 548
- Überprüfung 303, 548
- Wertung der Zuschlagskriterien 302

Beweiserhebung 856
Bewerberauswahl, Dokumentation 81
Bewerbergemeinschaft
- parallele Beteiligung als Mitglied und Einzelbewerber 46

Bewertungsmethodik durch den Auftraggeber 284
Bewertungssystem (Matrix) 285
Bietergemeinschaft
- Angebotsausschluss wegen Wettbewerbsbeschränkung 50
- Antragsbefugnis 671
- Eignung 211
- konkurrierende 49
- nachträgliche Bildung 555
- parallele Beteiligung als Mitglied und Einzelbieter 45
- Rüge 747

Bieterschützende Vorschrift
- Arten der Vergabe 539
- Mittelstandsschutz 105, 317
- Schadensersatzansprüche 312, 1027

Bindefrist
- Interesse am Auftrag auch bei nicht verlängerter 677

Bindung
- an Auftragskriterien 250
- an rechtliche/tatsächliche Umstände 93
- an selbst aufgestellte Eignungskriterien 215
- an veröffentlichte Zuschlagskriterien 249

Bindungswirkung
– Allgemeines 1016
– Änderung durch das GKV-OrgWG 1016
– Entscheidung von Vergabeprüfstellen, Vergabe-
  überwachungsausschuss 1017
– Gegenstand 1017
– Mittelbare Bindungswirkung 1018
– rechtskräftige Entscheidungen von Verwaltungs-
  gerichten 1018
– Zulässigkeit zweier Entscheidungsträger 1017
Brandmeldeanlage, Wartung 386
Briefumschläge als Teil der Ausschreibungsunter-
  lagen 88
Bundesberggesetz 587, 1147
Bundeskartellamt, Anmelde- und Anzeigepflicht 51
Bundesrepublik Deutschland
– wirtschaftliche Bedeutung des Vergaberechts 25
Bundessozialgericht 1119
Bürgerschaften 323

Cecchini-Bericht 26
culpa in contrahendo 1032

De-facto-Vergaben
– Antragsbefugnis 678, 679, 712
– Antragsfrist 665
– Entbehrlichkeit der Rüge 733
– Informationspflicht 586
– Vornahme unzulässiger Vergaben 605
Deutsche Bahn Netz AG 348
Deutsche Post AG 348
Deutsche Postbank AG 349
Deutsche Telekom AG 349
Deutsche Vergabe- und Vertragsausschuss für Bau-
  leistungen (DVA) 111
Deutsche Welle 343
Dienstleistung des Anhangs I B der VOL/A und der
  VOF 502
Dienstleistungsaufträge
– Abfallbereich 404
– Änderungen 403
– Begriff 403, 532
– Dauer 410
– Dienstleistungskonzession 412
– Krankenkassenbereich 404
– ÖPNV- bzw. SPNV-Finanzierungsverträge 410
– Rettungsdienstleistungen 405
– Verkehrsdienstleistungen 419
Dienstleistungsholding 325
Dienstleistungskonzessionen
– Definition 412
– gemischte Verträge 481
– keine Einbeziehung in das Vergaberecht 423
– missbräuchliche Nutzung 425
– Nachprüfbarkeit 423
– Streitwert 1119
– wesentliche Änderung 426
Dienstleistungsverträge
– Abgrenzungen 401
Diskriminierung 217
Divergenzvorlage 1023
Dokumentationspflicht
– Ausschluss von Bietern 81
– Ausschlussfristen 83
– Auswahl des Leistungsorts 86

– Beginn der Arbeiten 87
– Bewerberauswahl 81
– Datum, Unterschrift 88
– drohender Schaden bei Verletzung 713
– Eigene Dokumentation des Auftraggebers 90
– Form 90
– Fragen und Antworten von Bewerbern 83
– Geltungsbereich 75
– Gleichwertigkeit 82
– Gremiumsentscheidungen 85
– Gründe für/gegen losweise Ausschreibung 82
– Inhaltsanforderungen 78
– isolierte Erstellung 872
– Konkretisierung des Transparenzgebots 74
– marktverengende technische Spezifikationen 87
– nach § 12 VOF 77
– nach § 20 VOB/A 76
– nach § 24 EG VOL/A 76
– Nachbesserung bei Mangelhaftigkeit 91
– Nichtzulassungsgründe für Nebenangebote 86
– Preisspiegelergebnis 82
– produkt-/verfahrensgebundene Ausschreibung 86
– Prüfungsschritte bei Über- bzw. Unterkostenan-
  gebot 81
– Schätzung des Auftragswerts 88
– Sicherheitsbelange 88
– Überprüfung von Referenzen 82
– verfahrensbegleitende 77
– Verhandlungsverfahren 88
– Vertragsstrafenregelung 88
– Wertungsentscheidung 81, 84
– Zeitpunkt 91
– Zuschlagskriterien 83, 88
Drohender Fördermittelverlust 930
Drohender Schaden
– begrenzte Akteneinsicht 717
– Begriffsinhalt 681
– bei Ankündigung, entsprechend dem Antrag zu
  verfahren 715
– bei Aufhebung der Ausschreibung 716
– bei Aufhebung nach erfolgreicher Rüge 705
– Begründetheitsprüfung des Nachprüfungsantrags
  719
– bei drohendem Ausschluss aus Wettbewerblichem
  Dialog 718
– bei einer de-facto-Vergabe 712
– bei fehlende Angebotsabgabe/Bewerbung 687,
  694
– bei fehlende Bezeichnung der Vergabekammer
  712
– bei Forderung nach Tariftreueerklärung 715
– bei losweiser Ausschreibung 711
– bei Möglichkeit einer Vergabe im Verhandlungsverfahren 712
– bei nicht EU-weiter Ausschreibung 711
– bei nicht EU-weiter Bekanntmachung 710
– bei nicht losweiser Ausschreibung 712
– bei nicht zuschlagsfähigem Angebotes 705
– bei Preisgerichtsentscheidung 717
– bei Rahmenvertrag 718
– bei Unmöglichkeit der Leistungserbringung 715
– bei unschlüssigem Nachprüfungsantrag 717
– bei Verdachtsrüge 714
– bei Verlängerung der Zuschlags- und Bindefrist
  712

Sachverzeichnis Teil 1 GWB

- bei Verletzung der Dokumentationspflicht 713
- bei VOF-Verfahren 716
- bei vorzeitiger Angebotsöffnung 714
- bei zu kurzen Angebotsfristen 713
- bei Zusage des Auftraggebers, Vergabeentscheidung zu überprüfen 715
- chancenlose Angebote 696, 698
- durch Verletzung von § 19 EG Abs. 7 VOL/A 718
- Information nach § 101 a GWB 712
- Kausalität zur mangelhaften Information 600
- Schadensdarlegung 683, 686
- subjektiver Eindruck der Rechtsverletzung 685
- Teilnahmewettbewerb 709
- trotz Angebotsabgabe 695
- Verletzung in eigenen Rechten 686
- Wahl der falschen Vergabeart 707
- Wahl der falschen Vergabeordnung 706

Durchlaufende Posten 1117
Dynamisches elektronisches Verfahren 572

Eignung
- Abschleppdienstleistungen 214
- Bietergemeinschaft 211
- Einschaltung von Nachunternehmern 212
- Entscheidung über die Eignung 886
- mangelnde 215
- „Newcomer" 208
- ÖPNV-Dienstleistungen 215
- Spekulationsangebote 215

Eignungsanforderungen
- unmöglich zu erfüllende 189

Eignungsbegründung
- Nachschieben von Gründen 186

Eignungskriterien
- Ausformung in VOB/A, VOL/A, VOF 162
- Bindung an selbst aufgestellte Kriterien 215
- Fachkunde 162
- Festlegung 158
- Gewichtungsregeln 180
- Inhalt 159
- kein Festlegungszwang in Bekanntmachung 157
- leistungsbezogene 36
- missverständliche 217
- nicht gerügte 188
- unbestimmte Rechtsbegriffe 159
- Pflicht zur erneuten und vergaberechtsfehlerfreien Festlegung 870

Eignungsnachweise
- Tatbestandswirkung 204

Eignungsprüfung
- Abfrage von Referenzen 191
- Ablauf 189, 190
- Anhörung der auszuschließenden Bieter 216
- Ausschluss bei mangelnder Eignung 215
- Benachrichtigung über Eignungsentscheidung 216
- Berücksichtigung früheren Verhaltens 204
- eigene Wertungsstufe 182
- Feststellung durch Vergabekammer/-senat 204
- Feststellungsmöglichkeiten 191
- im Nachprüfungsverfahren 203
- Maßstab 190
- nachträgliche Beseitigung von Wertungsfehlern 189

- nachträgliche Feststellungen 185
- Sinn und Zweck 157
- Trennung von Eignungs- und Zuschlagskriterien 182, 235
- Verwertung nur von gesicherten Erkenntnissen 200
- Wiederholung 883
- Zeitpunkt 201
- Zertifizierung 212

Einigungsgebühr 1130
Einkaufskooperationen
- öffentlicher Auftraggeber 62
Einrichtungen des öffentlichen Rechts 326
Einseitige Erledigung des Antrags 1004
Einsicht eines Bieters in Verträge des Auftraggebers mit Dritten 870
Einsichtnahme 848
Einstellung eines Vergabeverfahrens 903
Einstellung des Vollstreckungsverfahrens 889
Einstweilige Verfügungsverfahren
- nach der VwGO 642
- nach der ZPO 632
Elektrizitäts- und Gasversorgung 1153
Elektronische Auktion 572
Empfangsbestätigung 896
Ende des Vergabeverfahrens
- nach Entscheidung des Beschwerdegerichts 1005
Endentscheidungen
- Entscheidung der Aussetzung des Verfahrens 945
- Entscheidung über die Nachfestsetzung von Kosten 944
- Gegenstandswertfestsetzungsbeschied 944
- Kostenentscheidung der Vergabekammer 942
- Kostenentscheidung für Maßnahmen nach § 115 Abs. 3 GWB 944
- „materielle" Entscheidungen 942
- nichtiger Kostenfestsetzungsbeschluss 944
- Zurückweisung des Nachprüfungsantrags 942
- Zwischenentscheidung über Erledigung infolge Zuschlagsentscheidung 945

Energiesparcontracting 482
Energieversorgung 517
Entgeltlichkeit
- Allgemeines 366
- Altpapierverwertung 367
- Bauaufträge und Baukonzessionen 370
- Erschließungsverträge 368
- Interkommunale Zusammenarbeit 368
- Mitgliedschaft im Versicherungsverein auf Gegenseitigkeit 370
- Sponsoringverträge 370
- Versorgungsrahmenvereinbarung 368

Entscheidungen der Vergabekammer
- Aussetzung des Verfahrens 866
- Aussetzung des Verfahrens und Vorlage 867
- Berücksichtigung anderer Entscheidungen 892
- Berücksichtigung des Hilfsantrags 893
- durch Verwaltungsakt 913
- Feststellungsverfahren 900
- Grundsätze 865
- keine Bindung an die Anträge 892
- materielle Entscheidungen 869
- Rechtskraft 919
- Rechtsverletzung und Schaden 865
- Rückverweisung bei fehlerhafter Verweisung 868

Gesetz gegen Wettbewerbsbeschränkungen — Teil 1 GWB **Sachverzeichnis**

- sofortige Beschwerde 941
- Unterschriftserfordernis 915
- verfahrensbeendende Entscheidungen 886
- Verweisung an Zivilgerichte 867
- Verweisung an Verwaltungsgerichte bzw. Sozialgerichte 867
- Verweisung an zuständige Vergabekammer 867
- Vollstreckung 916

Entscheidung nach Aktenlage
- bei Auslegung einer Kostenentscheidung 858
- Unbegründetheit des Antrags 858
- Unzulässigkeit des Antrags 858
- Zustimmung der Beteiligten 858

Entscheidungsfrist
- fünfwöchige 860
- Verlängerungsmöglichkeiten 860

Entsenderichtlinie 224
Entwicklungsdienstleistungen 523
Erfolgsaussichten des Nachprüfungsantrags 933
Ergänzung eines lückenhaften Beschlusses 946
Erinnerung gegen die Kostenfestsetzung 1143
Erkennbare Vergaberechtsverstöße 794
Erkennbarkeit, Maßstab 794
Erklärungsirrtum eines Bieters 296, 297
Erledigung des Beschwerdeverfahrens 1011
Erledigung des Verfahrens
- des Nachprüfungsverfahrens 901
- durch Aufhebung 902
- durch Beseitigung des gerügten Rechtsverstoßes 904
- durch eine auf § 115 Abs. 3 GWB beruhende Entscheidung 904
- durch Einstellung eines Vergabeverfahrens 903
- durch übereinstimmende Erklärung 903
- durch Zuschlag 902
- in sonstiger Weise 903
- Rechtsschutz 621
- Zwischenentscheidung 891

Ermächtigungsgrundlage
- Befreiung von der Anwendungsverpflichtung 1046
- Erlass der Sektorenverordnung 311, 1045
- Erlass der Vergabeverordnung 1045
- Reichweite der Verordnungsermächtigung 1045
- Umsetzung der vergaberechtlichen Schwellenwerte 1044

Ermessensentscheidung
- Entscheidung nach Lage der Akten 857
- Entscheidung über die Gebührenhöhe 1053
- über die Nachforderung bzw. Ergänzung 545
- vorzeitige Gestattung des Zuschlags 926

Erneute Prüfung und Wertung 871
Erörterungsgebühr 1144
Ersatz des Vertrauensschadens
- Allgemeines 1027
- Anspruchsgrundlage 1027
- Aufhebung eines Verfahrens und Nichterreichung der Wertungsphase 1028
- Chance auf Erhalt des Zuschlags 1029
- Darlegungs- und Beweislast 1030
- enttäuschtes und schutzwürdiges Vertrauen 1034
- Kausalität 1031
- Mitglieder einer Bietergemeinschaft 1032
- Umfang des Ersatzanspruchs 1032
- Verschulden 1031

- Voraussetzungen 1027
- vorvertragliches Vertrauensverhältnis 1032
- weitergehende Ansprüche 1032

Erschließungsverträge 368

Erstattung
- außergerichtlicher Aufwendungen 1101, 1105
- notwendige Aufwendungen eines Beigeladenen 1094
- Prüfung der Frage der Angemessenheit 644

Erstattungsfähigkeit
- bei einem Beschluss über die Zurückweisung eines Antrages 1098
- bei später Antragstellung und Ersichtlichkeit der Erfolgsaussicht? 1099
- der Aufwendungen des Beigeladenen 1101

Europäische Gemeinschaften
- Wirtschaftliche Bedeutung des Vergaberechts 25

Europäische Richtlinien
- Entwicklung des Vergaberechts 26
- Umsetzung 27

Europäisches Recht
- Beschaffungsmarkt 26
- Entwicklung des Vergaberechts 26
- Primärrecht 32
- Richtlinien 26
- Richtlinienumsetzung 27

Fachkunde 162
Fachlos
- Bündelung 111
- Terminologie der VOB/A 122
- Terminologie der VOL/A 125

Fahrgastbeförderung 365
Fahrtkosten eines Parteivertreters neben einem Rechtsanwalt 1100
Fairer Wettbewerb 71
Fehlerhafte Leistungsbeschreibung 1036
Fehlerhafter Planungswettbewerb 1035
Festsetzung eines Marktes 488
Feststellung s. Nichtigkeitsfeststellung
Feststellungsantrag, Beschwerdeverfahren 1013
Feststellungsantrag, Nachprüfungsverfahren
- Befristung, zeitliche 911
- Bindungswirkung 912
- Entscheidungsfrist 860
- Inhalt 911
- Unzulässigkeit 910
- Vorliegen einer Rechtsverletzung 911

Feststellungsantrag, Beschwerdeverfahren
- Antrag erstmals im Beschwerdeverfahren 1012
- Aussetzung und Vorlage an EuGH 1014
- Erledigung des Nachprüfungsverfahrens 1013
- Rechtsschutzinteresse 1012
- Zwischenentscheidungen 1013

Feststellungsverfahren, Nachprüfungsverfahren
- Ablehnungsfiktion 912, 957
- begonnenes Nachprüfungsverfahren 901
- Begründetheit eines Schadenersatzanspruchs 909
- Bindungswirkung 912
- Erledigung des Nachprüfungsverfahrens 901
- Feststellungsinteresse 905
- kein wirksamer Vertragsschluss 909
- Sinn und Zweck 900
- ursprünglich begründeter Nachprüfungsantrag 909

Sachverzeichnis Teil 1 GWB

- Vertragsverletzungsverfahren 912
- vor dem EuGH 912
- Voraussetzungen 901
- zulässiger Nachprüfungsantrag 909
- Zuschlagsverbot 911
- Zwischenentscheidung über die Erledigung 911

Finanzielle Dienstleistungen 143, 522
Finanzielle Nachteile des Auftraggebers 930
Finanzierung, Begriff 356
Finanzierungsverträge 410
Fördermittelverlust, drohender 930
Forschungs- und Entwicklungsdienstleistungen 523
Fortsetzung des Vergabekammerverfahrens 957
Fortsetzung des Vergabeverfahrens 882
Freiberufliche Aufträge von Sektorenauftraggebern 532
Frist zur Angebotsabgabe 566
Fristverlängerung
- bei Fristversäumung? 566
- durch einen Bieter 598
- Entscheidungsfrist 860

Fristversäumung 566
Funktionale Leistungsbeschreibung 297
Fusionskontrolle 47

Gartenpflegearbeiten 388
Gebäudereinigungsbranche 130
Gebietskörperschaften 322
Gebühren des Rechtsanwaltes
- Bestimmung nach billigem Ermessen 1122
- Einigungsgebühr 1130
- Erhöhung der Gebühr wegen Tätigkeit für Bietergemeinschaft 1130
- Erhöhung der Gebühr wegen Tätigkeit für mehrere Auftraggeber 1130
- Gegenstandswert/Streitwert 1110
- Höhe der Gebühr 1121, 1127
- höhere Gebühr als die Regelgebühr 1123
- keine Regelgebühr von 2,5 1124
- Rahmengebühr 1122
- Regelgebühr und Kappungsgrenze von 1,3 1122
- Regelgebühr von 2,0 1123
- Terminsgebühr 1131
- unbillige Bestimmung 1122
- Verzinsung des Kostenerstattungsbetrages 1136
- vorangegangene Tätigkeit im Vergabeverfahren 1127
- § 15 a RVG 1130

Gebühren für Amtshandlungen der Vergabekammer
- Auswirkung des Zeitpunkts der Stellung des Nachprüfungsantrags 1052
- Betrag der Gebühr 1051
- Ermäßigung der Gebühr 1051
- Ermessensentscheidung über Höhe 1053
- für Amtshandlungen der Vergabekammer 1048
- Gestattungsverfahren vor der Vergabekammer 1053
- Höchstgebühr 1052
- Kostentragungspflicht des unterliegenden Beteiligten 1054
- Mindestgebühr 1048

Gebührenanrechnung 1130, 1145
Gebührenbefreiung
- für privatrechtlich organisierte öffentliche Auftraggeber 1069

Sachverzeichnis zu Teil 1

- nach dem Verwaltungskostengesetz? 1068
- nicht für die in einem Vergleich übernommene hälftige Kostentragung 1060

Gebührenfreiheit des Auftraggebers
- Berücksichtigung bei gesamtschuldnerischer Haftung 1060

Gebührenstaffeln
- Anwendung 1049

Gebührentabelle
- der Vergabekammer des Bundes 1050
- in Sachsen-Anhalt 1050

Gefährdung kartellrechtlicher Ermittlungen 741

Gegenstandswert
- bei Antrag auf Verlängerung der aufschiebenden Wirkung 1120
- bei Antragsänderung im Nachprüfungsverfahren 1120
- bei Durchführung des Schienenverkehrs 1119
- bei einer Baukonzession 1118
- bei einer de-facto-Vergabe 1113
- bei einer Dienstleistungskonzession 1119
- bei einer losweisen de-facto-Vergabe 1113
- bei einer losweisen Vergabe 1113
- bei Errichtung eines Bauwerks im Mietkaufmodell 1117
- bei fehlenden Angeboten 1112
- bei planmäßigen Losverfahren 1114
- bei verbundenen Nachprüfungsverfahren 1118
- bei Verfahren vor dem Sozialgericht 1119
- bei Verträgen mit fester Laufzeit über 48 Monate 1114
- bei VOF-Leistungen 1116
- Bruttoauftragssumme 1111
- Einbeziehung von durchlaufenden Posten 1117
- Einbeziehung von Optionen? 1115
- fiktiver Streitwert 1116
- für den Beigeordneten 1121
- Grundsatz 1110
- Hinzurechnung von Verwertungserlösen 1117
- Höhe 1110
- Streitwertbemessung 1111
- Unkenntnis eines Beteiligten mit Kostenerstattungsanspruch über Gegenstandswert 1121
- Vergabeverfahren unterhalb der Schwellenwerte 1120
- Vollstreckungsverfahren 1146
- Wert der Auftragssumme 1112

Gegenstandswertfestsetzungsbescheid 944
Gegenvorstellung 1024
Geheimerklärung 509
Geheimschutz 849
Geheimwettbewerb
- Gebotsverstoß 43

Geheimnisse
- Inhaber 850
- Wahrung von Fabrikations-, Betriebs- oder Geschäftsgeheimnissen 849

Gemeinde-Unfallversicherungsträger 349
Gemeinsame Ausschreibungen
- von öffentlichen und privaten Auftraggebern 359

Gemeinsamer Bundesausschuss 349
Gemischte Verträge 479
- Bauaufträge und Lieferaufträge bei Betreiberleistungen 482

Gesetz gegen Wettbewerbsbeschränkungen

- Baukonzessionen und Bauaufträge 481
- Baukonzessionen und Dienstleistungen 482
- Baukonzessionen und Dienstleistungskonzessionen 481
- Dienstleistungen nach Anhang I Teil A und Anhang I Teil B der VOL/A 482
- Dienstleistungen nach Anhang II Teil A und Anhang II Teil B der VOL/A 482
- einheitliche Einordnung 481
- Energiesparcontracting 482
- EuGH-Rechtsprechung 480
- Grundsatz 480
- Lieferaufträge und VOF-Leistungen 482
- nationale Rechtsprechung 480
- Rechtsprechungsbeispiele 484
- Verknüpfung des § 99 Abs. 7 mit § 99 Abs. 8 480

Generalübernehmer 146
Generalunternehmer 134
Gesamtschuldnerische Haftung mehrerer Kostenschuldner 1059
Gesellschaftsanteile, Veräußerung 472
Gesellschaftsgründung 472
Gesetz gegen Wettbewerbsbeschränkungen (GWB)
- Anwendbarkeit 31
Gesetzliche Krankenkassen 344
- Berücksichtigung des Versorgungsauftrags 932
- Gesetz zur Weiterentwicklung der Organisationsstrukturen 942, 999
Gesetzestreue 159
Gestattungsverfahren vor der Vergabekammer
- Gebühren 1053
Gewässerunterhaltungsarbeiten 388
Gleichbehandlungsgebot 35
- Ausformung in VOB/VOL/VOF 97
- Ausgestaltungsspielraum 95
- Bevorzugung einheimischer Bieter 97
- Inhalt, Reichweite 96
- Ortstermin mit nur einem Bieter 98
- Rechtsprechungsbeispiele 98
- Verhandlungsverfahren 560
Gleichwertigkeit 701, 702
Großereignis 931
Grundsatz (§ 102 GWB) 608
Grundstückskaufverträge 506, 674
Grundstücksveräußerung 520

Haftung nach Kopfteilen 1137, 1142
Handelspartnerverträge 475
„Hängebeschlüsse" 938
Heilung von Mängeln 593, 594
Hessen, kommunale Beteiligung 60
Hilfsantrag 893
Hilfsmittelversorgung
- Dienstleistungsaufträge im Krankenkassenbereich 404
- Rahmenvereinbarung 368
„Hineinwachsen" in Vergabeentscheidung 680
HVA B-StB-Regelung 307
Hausarztzentrierte Versorgungsverträge 469
Haushaltsrecht, Richtlinienumsetzung 27
Hochbaumaßnahmen 382
Hochschulgebäude, Begriff 355
Holding
- Antragsbefugnis einer im Lauf des Vergabeverfahrens gegründeten 675

Teil 1 GWB **Sachverzeichnis**

- Dienstleistungsholding 325
- parallele Beteiligung 47

Immobilienbedarfsgeschäfte 519
Immissionsschutzrechtliche Genehmigung 643
industrielle Herstellbetriebe 143
„in camera"-Verfahren 852
Informations- und Wartepflicht (§ 101 a GWB)
- Adressat 594
- Aufhebungsentscheidung 588
- de-facto-Vergaben 586
- eigenständige Informationspflicht 578
- „Entäußerungsverbot" 600
- Entfall der Informationspflicht 601
- Entscheidung der Vergabestelle zugunsten eines Bewerbers 588
- Formblätter 595
- Frist 596, 600
- Heilung von Mängeln 593, 594
- Inhalt 589
- Kenntnis und Nachprüfungsverfahrenseinleitung vor der Information 588
- mangelhafte Information 600, 607
- Nachlieferungen 587
- persönliche Reichweite 579
- Sinn und Zweck 579
- Textform 594
- Unwirksamkeit des Vertrags 603
- Verfahren unterhalb der Schwellenwerte 588
- Vergabeverfahren nach Bundesberggesetz 587
- Verhältnis zu VOL/A, VOB/A, VOF 602
- Verhandlungsverfahren 582
- Verhandlungsverfahren mit Teilnahmewettbewerb 584
- Verpflichtung zur erneuten Angebotswertung 585
- Wettbewerbsverfahren 584
- Zeitpunkt 600
- Zuschlag auf erloschenes Angebot 588
Inhouse-Geschäfte
- Beauftragung von Verwaltungseinheiten 446
- Bekanntmachungspflicht 447
- EuGH-Rechtsprechung 436
- kein Tätigkeitsverbot auf Drittmärkten 447
- Kommunalverfassungsrecht 446
- Problemstellung 436
- Voraussetzungen 441
Inhouse-Vergabe, Zulässigkeit 51
Inländerdiskriminierung 217
Insolvenzverfahren, Verhandlungen während 458
Interesse am Auftrag 676
Interkommunale Zusammenarbeit 368, 431
Interimsvertrag 932
Investorenauswahlverfahren 393, 674
Irrtumswertung 296
IT-Bereich
- Losvergabe 119

Juristische Personen
- des öffentlichen Rechts 324
- des privaten Rechts 325
Justizgewährungsanspruch 493, 633

Kalkulationsirrtum eines Bieters 296
Kampfmittelräumung 387

2671

Sachverzeichnis Teil 1 GWB

Kanalreinigungsarbeiten 388
Kartellbehörden, Befugnisse 646
Kartellrechtliche Überprüfung 42, 622, 629
Kaskade des Vergaberechts 31
Kausalität
– mangelhafter Information und (drohendem) Schaden 600
Kein Verstoß gegen europäisches Recht 121, 722
Kennzeichnungspflicht der Beteiligten 855
Kirchen 324
Klärschlammanlagen 388
Kleine und mittlere Unternehmen 129
Kollusives Zusammenwirken 896
Kommune 52
Kommunale Unternehmen 52
Kommunales Selbstverwaltungsrecht 306
komplexe Aufträge, besonders 551
Konzernverbunde Unternehmen
– Generalübernehmer 150
– parallele Beteiligungen 47
– wettbewerbsbeschränkende Verhaltensweise 51
Konzessionen im Gemeinschaftsrecht
– Mitteilung der Kommission 427
Kooperationspartner eines Bieters
– parallele Beteiligung als Einzelbieter 49
Kooperative Workshopverfahren 428
Koppelungsangebot
– Wertung 294
Körperschaften des öffentlichen Rechts 324
Korrekturmechanismus der Kommission 1147
Korruptionsregister 622
Kosten für Amtshandlungen der Vergabekammer
– Absehen von Gebührenerhebung 1067
– Amtshandlungen der Vergabekammer 1047
– Auslagenersatz 1047
– Auswirkung des Zeitpunkts der Antragstellung 1052
– Betrag der Gebühr 1051
– Billigkeitsüberlegungen 1064
– Ermäßigung der Gebühr 1051
– Ermessen der Vergabekammer 1053
– Gebührenbefreiung 1068
– Gebührenhöhe für Amtshandlungen 1048
– Gebührenrahmen für bestimmte Auftragswerte 1049
– Gebührenstaffeln 1049
– Gesamtschuldnerische Haftung mehrerer Schuldner 1059
– Gestattungsverfahren 1053
– Höchstgebühr 1052
– Kostenfestsetzungsverfahren 1109
– Kostenfreiheit des Rügeverfahrens 1047
– Kostentragungspflicht 1054
– Mindestgebühr 1048
– notwendige Aufwendungen 1069
– Rücknahme oder anderweitiger Erledigung 1062
– schuldhaftes Verhalten eines Beteiligten 1060
– Umfang des Auslagenersatzes 1047
– Verjährung 1069
– Verwaltungskostengesetz 1048, 1068
Kosten des Beschwerdeverfahren
– Anrechnung der Geschäftsgebühr 1145
– Bewilligung von Prozesskostenhilfe 1145
– Erinnerung gegen die Kostenfestsetzung 1143
– Erstattung der Auslagen des Beigeladenen 1141

Sachverzeichnis zu Teil 1

– Erstattungsfähigkeit der Kosten so genannter Schutzschriften 1145
– gleichzeitige Rücknahme von Beschwerde und Nachprüfungsantrag 1140
– Haftung nach Kopfteilen 1142
– Kosten des Kostenfestsetzungsverfahrens 1142
– Kosten des Verfahrens nach § 115 Abs. 2 Satz 2 1145
– Kosten des Verfahrens nach § 118 Abs. 1 Satz 3 1143
– Kosten des Verfahrens nach § 121 Abs. 1 1145
– Kostentragungspflicht eines Beigeladenen 1142
– Kostenverteilung 1139
– Rechtsgrundlage 1137
– Vergleichsabschluss 1141
– Zurücknahme des Nachprüfungsantrags 1140
– Zurücknahme der sofortigen Beschwerde 1139
– Zuständigkeit für Kostenfestsetzung 1137
Kosten des Vollstreckungsverfahrens
– Gegenstandswert 1146
– Grundsatz 1145
– Kostentragungspflicht 1146
Kostenanträge
– Vereinbarung über die Stellung 1146
Kostenentscheidung 824, 858
– Maßnahmen nach § 115 Abs. 3 GWB 944
– Rechtskraftwirkung 920
– sofortige Beschwerde 942
Kostenerstattung
– Angemessenheit 644
– außergerichtlicher Aufwendungen 1101, 1105
– notwendige Aufwendungen eines Beigeladenen 1094
– Prüfung der Frage der Angemessenheit 644
Kostenfestsetzung
– Aufwendungen 1109
– Beschwerdeverfahren 951, 995
Kostenfestsetzungsbescheid, nichtiger 944
Kostenfestsetzungsbeschluss
– Antrag gegen einen 975
– Rechtskraftwirkung 920, 944
Kostengrundentscheidung 650, 992, 1054
Kostenfreiheit
– Rügeverfahren 1047
Kostentragungspflicht des Unterliegenden
– Beigeladener als unterliegender Beteiligter 1057
– Kostengrundentscheidung 1054
– mehrere unterliegende Beteiligte 1057
– unterliegender Beteiligter 1055
Kostenverteilung
– nach dem Verhältnis des Obsiegens bzw. Unterliegens 1139
Kostenvorschuss 825, 948
Krankenhäuser, Errichtung 354
Krankenkassen, gesetzliche 344, 404, 653
Krankentransporte 534
Krankenversicherung 62
Küchengeräte, Lieferung und Einbau 386
Kündigung
– einvernehmliche Rücknahme 456

Labormöbel, Lieferung und Einbau 386
Landesrecht, Ausschluss von abweichendem 941
Landessozialgericht 963, 1119
Landtage 323

Gesetz gegen Wettbewerbsbeschränkungen   Teil 1 GWB **Sachverzeichnis**

Laufende Verträge
– Nichtkündigung 449
Leiharbeiter 146
Leistungsaustauschvertrag
– Erbringung von Sozialpädagogischer Familienhilfe gegenüber Dritten 373
Leistungsbeschreibung
– fehlerhafte 1036
– Pflicht zur Erstellung einer neuen 870
– Verhandlungsverfahren 564
– Wertung einer funktionalen 297
leistungsbezogene Eignungskriterien 36
Leistungsfähigkeit 165
Leistungspaketvergabe 111
Letzte Chance für den Auftraggeber 756
Lieferanten 49, 674
Lieferaufträge
– Abgrenzung zum Bauauftrag 377
– Allgemeines 337
Lieferkonzession 462
Lieferung
– von losen Möbeln und Textilien 386
Lieferung und Einbau
– von Küchengeräten 386
– von Labormöbeln 386
Lohngleitklausel 298
Loslimitierung 133
Losvergabe
– Architekten- und Ingenieurleistungen 120
– Ausnahmen 108
– Ausschreibungen von AOK-Landesverbänden 114
– Bekanntgabe der Absicht 128
– Bezeichnung der vorgesehenen Lose 127
– IT-Bereich 119
– Loslimitierung 133
– Nachprüfungsverfahren 156
– Pauschalpreisnebenangeboten 119
– Postdienstleistungen 118
– Projektmanagementleistungen 112
– Rabattausschreibungen 113
– Schienenpersonennahverkehr 120
– Sektorenbereich 119
– Sinn und Zweck 106
– Teillos/Fachlos 122
– Vorrang 107
– Wertung 289
– Zahl, Größe der Lose 127
Luftsicherheit 510

Manipulationen
– Schadenersatzanspruch des Auftraggebers 1041
Markterkundungsverbot 568
Marktfestsetzung 488
Materielle Entscheidungen 869
Mecklenburg-Vorpommern
– kommunale Beteiligung 60
Medizinische Versorgung 930
Mehrkosten durch ein Nachprüfungsverfahren 929
Mehrvergütungsansprüche 1041
Mindestlohngesetz 225
Mischkalkulation
– Ausschluss von Angeboten 571, 577
Missbrauch s. Rechtsmissbrauch
Mittelbare Stellvertretung 357

Mittelbewilligung durch den Bund 655
Mittelständische Interessen, Berücksichtigung
– Begriff 128
– Berücksichtigungsgebot 104
– Bieterschutz 105
– große Unternehmen 131
– kein Verstoß gegen europäisches Recht 121
– Kleinstunternehmen 133
– Öffentlich-Privaten-Partnerschaft 104
– Sinn und Zweck der Losvergabe 106
– Stärkung der Mittelstandsklausel 104
– Teillos und des Fachlos 122
– Vorrang der Losvergabe 107
Mittelwertverfahren 289
Mitverschulden des Bieters 1040
Mitwirkungspflicht der Beteiligten
– Beschleunigungsgebot 862
– Verhältnis zum Untersuchungsgrundsatz 863
Montagearbeiten
– von Fenstern und Türen 141
Mündliche Verhandlung
– Absehen 857
– Beschleunigungsgebot 856
– Beschwerdeverfahren 992
– Entscheidung aufgrund 856
– Grundsatz 855
– Grundsatz des rechtlichen Gehörs 856
– Wiederaufnahme 994

Nachfestsetzung von Kosten 944
Nachfolgemodelle
– Zuschlag 306
Nachfragebündelung 647
Nachlieferungen
– Informationspflicht 587
Nachprüfungsantrag
– Änderung 668, 1120
– Antragsbefugnis 670
– Begehren des Antragstellers 817
– Begründung 817, 822
– Beschreibung der behaupteten Rechtsverletzung 819, 821
– Bezeichnung des Antragsgegners 817
– Darlegung der erfolgten Rüge 822
– Darlegung des Schadens und der Kausalität 822
– Erfolgsaussichten 933
– Form 815, 822
– Kostenvorschuss 825
– Nichtzustellung und Rechtsschutz 838
– objektive Antragshäufung 824
– Rechtsmissbrauch 725
– Rechtsschutzinteresse 719
– Rücknahme 668, 889, 914
– Sachverhaltsdarstellung 819, 821
– Schriftform 817
– Stufennachprüfungsverfahren 670
– telefonischen Information über Eingang 842
– Trennung 823
– Unbegründetheit 836, 842
– Unterschrift
– Untersuchungsgrundsatz 829
– Unzulässigkeit 835, 842
– unzureichende Begründung 822
– Verbindung 823
– vor Angebotsabgabe 815

2673

Sachverzeichnis Teil 1 GWB

- Wartefrist 666
- zeitliche Bedingungen 665
- Zurückweisung, Rechtsschutz 942
- Zustellung 838

Nachprüfungsbehörden
- keine gemeinsamen 652
- Vergabekammern des Bundes 652
- Vergabekammern der Länder 652

Nachprüfungsverfahren
- Antragsverfahren 663
- Beginn 663
- Beiladung 826
- Beteiligte 826
- Dienstleistungen des Anhangs I B der VOL/A und der VOF 502
- losweise Vergabe 156
- Nachschieben von Vergaberechtsverletzungen 681
- Rechtshängigkeit mit Antragstellung 663
- Rechtsnatur 609
- Streitgegenstand 680
- Stufennachprüfungsverfahren 670
- Verbindung von Nachprüfungsverfahren 823
- zeitliche Bedingungen 665

Nachschieben von Vergaberechtsverletzungen 681
Nachunternehmer 48, 137, 673
Nachunternehmeraufträge, Vergabe 431
Nachunternehmereinsatz, fiktiver 1036
Nachunternehmerleistungen
- Angabe als Eignungsnachweise 199
- Ausschreibungen privater Hauptunternehmer im Rahmen eines öffentlichen Auftrages 359
- Begriff 137

Nachverhandlung
- keine Möglichkeit nach Ablauf der Angebotsabgabefrist 566

Nachweispflicht
- unzulässige Wettbewerbsbeschränkung 38

Nachweisregelungen, vereinfachte
- Inländerdiskriminierung 217

Naturschutzrechtliche Belange 932
Nebenangebote 310
Negatives Interesse 1039
Neuausschreibung 884
Neutralitätspflicht 648
„Newcomer"
- Eignung 208

Nichtanwendbarkeit des Vergaberechts
- Schadenersatzanspruch 1041

Nichtigkeitsfeststellung 607, 890
Nichtoffenes Verfahren 540
- Teilnahmewettbewerb 540

Nichtzustellung
- und Rechtsschutz 838

Niedersachsen
- kommunale Beteiligung 53

Nordrhein-Westfalen
- kommunale Beteiligung 53

Notfallrettung 534
Notfrist
- Beschwerdefrist 966

Nutzwert-Matrix 287

Oberlandesgericht, zuständiges 963
Objektive Antragshäufung 824

Offenes Verfahren 539
- Vorrang 572

Offensichtliche Unbegründetheit
- des Nachprüfungsantrags 836
- kein Akteneinsichtsrecht 854
- Verlust des Primärrechtsschutzes 836

Offensichtliche Unzulässigkeit
- des Nachprüfungsantrags 835
- Verlust des Primärrechtsschutzes 836

Öffentlich-Private-Partnerschaften (ÖPP)
- Begriff 476
- Mittelstandsklausel 104
- notwendige Merkmale 477
- Wertung 300

Öffentlich-rechtliche Rundfunkanstalten 342
Öffentlich-rechtliche Verträge 363

Öffentliche Aufträge
- Änderungen 361
- Auslobungsverfahren 428
- Bauaufträge 401
- Baukonzessionen 428
- Dienstleistungsaufträge 403
- eigener Beschaffungsbezug des Auftraggebers 371
- Entgeltlichkeit 366
- funktionaler Begriff 362
- Lieferaufträge 377
- Sonderfälle 431
- Verbindung mit sonstigen vergaberechtsfreien Aufträgen 486
- Verträge 362
- Verträge zwischen Unternehmen 375

Öffentliche Auftraggeber
- abschließende Aufzählung 320
- Änderungen durch Vergaberechtsmodernisierungsgesetz 320
- Baukonzessionäre 356
- Begriff 321
- Beispiele 357
- Bestimmung im Sinn des Vergaberechts 360
- Einrichtungen des öffentlichen Rechts 326
- Gebietskörperschaften 322
- Indizien 359
- kommunale Zweckverbände 350
- kraft einer mittelbaren Stellvertretung 357
- juristische Personen des öffentlichen Rechts 324
- juristische Personen des privaten Rechts 325
- mit öffentlichen Mitteln geförderte Bauvorhaben 353
- Personengesellschaften 326
- Rangverhältnis 353, 357
- Sektorenauftraggeber 351
- Sondervermögen 323
- Staatsgebundenheit 338

Öffentliche Einrichtungen
- Verzeichnis 322

Öffentliche Personenverkehrsdienste 531
Öffentlich-rechtliche Rundfunkanstalten 342
Öffentlich-rechtliche Verträge
- Rechtsprechung 363

ÖPNV-Dienstleistungen 215
ÖPNV-Finanzierungsverträge 410
ÖPP-Beschleunigungsgesetz 134, 146
Optionen 456
Ordentliche Gerichte

Gesetz gegen Wettbewerbsbeschränkungen

– Überprüfung der Vergabe 632
– Geltendmachung von Schadensersatzansprüchen 646
Organisationsfehler des Antragstellers 789
Organleihe 656
Örtliche Zuständigkeit 964
Ortstermin mit nur einem Bieter 98

Parallelausschreibung
– Beiladung 827
– Wertung 294
Parallele Beteiligungen
– Bewerbergemeinschaftsmitglied/Einzelbewerber 46
– Bietergemeinschaftsmitglied/Einzelbieter 45
– konzernverbundene Unternehmen 47
– Kooperationspartner eines Bieters/Einzelbieter 49
– Lieferant eines Bieters/Einzelbieter 49
– Nachunternehmer eines Bieters/Einzelbieter 48
– Unternehmen mit identischer Geschäftsführung 47
Pauschalpreisnebenangeboten
– Losvergabe 119
Personalkosten für eigenes Personal 1093
Personengesellschaften 326
Personenverkehrs-VO 628
Pilotprojekt „Gläserne Vergabe" 319
Planungswettbewerb 621, 1035
Positive Kenntnis
– von Verstoß gegen Vergabebestimmungen 759
Positives Interesse 1040
Postdienstleistungen
– Losvergabe 118
– Umsatzsteuer 299
Präklusionsregel
– Inhalt der Rügepflicht 728
– Konsequenzen 730
– Rechtsnatur der Rüge 728
– Sinn und Zweck der Rüge 727
– Vereinbarkeit mit dem EU-Recht 730
Präqualifikation, Entzug 891
Präqualifikationsnachweis
– Ersetzung von Referenzen 198
Präqualifikationssysteme 231
„preferred bidder" 571
Preisaufschlag
– fiktiver 568
Preisbindung (Schulbücher) 459
Primärrechtsschutz
– Anspruchskonkurrenz 629
– Ausschluss 627
– Begrenzung 29, 493
– bei Rabattausschreibungen 625
– für allgemeine Kartellfragen 622
– für Bieter, auf dessen Angebot der Zuschlag erteilt wurde 627
– für Verbotsanspruch bzgl. Vergabeverfahrensbeteiligung 622
– gegen abschließende Zwischenentscheidungen 627
– gegen Aufhebung einer Ausschreibung 617
– gegen Entscheidung über Preisgeldverteilung 627
– gegen Erledigung eines Vergabeverfahrens 621
– gegen Meldung an Korruptionsregister 622

Teil 1 GWB Sachverzeichnis

– gegen rechtswidrig unterlassene Ausschreibung 611, 613
– gegen temporäre Auftragssperre 621
– gegen Verletzung von BSHG-Regelungen 622
– gegen Vorinformation 614
– Grundsatz 609
– im Planungswettbewerb 621
– Rechtsschutz nach wirksamem Zuschlag 615
– Verlust 836
– Versagung bei Rechtsmissbrauch 1026
– Verzicht 506
– vorbeugende Unterlassungsanordnungen 614
– vorbeugender Rechtsschutz 610
Primäres Europarecht 43
Produktvorgabe 690
Programmbeschaffung 521
Projektmanagementleistungen 112
Prozesskostenhilfe 888
Prüfinstitution 142
Public-Private-Partnership 112

Rabattausschreibungen 62
– Berücksichtigung der Sortimentsbreite 116
– Berücksichtigung der Substituierbarkeit 117
– Losvergabe 113, 116, 117
– Primärrechtsschutz 625
– Wirkstoffbezogene Losbildungen 117
Rabattvereinbarungen
– Wertung 290, 300
Rabattverträge
– Arzneimittel 460
– Lieferung von ableitenden Inkontinenzartikeln 467
Rahmengebühren
– Bestimmung nach billigem Ermessen 1122
– höhere Gebühr als die Regelgebühr 1123
– keine Regelgebühr von 2,5 1124
– Regelgebühr und Kappungsgrenze von 1,3 1122
– Regelgebühr von 2,0 1123
– unbillige Bestimmung 1122
Rahmenvereinbarungen
– Baumaßnahmen 476
– Versorgung 368
– VOF-Leistungen 475
Rangverhältnis zwischen GWB und AEG 525
Rechenfehler 179
Rechtliches Gehör
– Allgemeines 856, 997
– Auswirkungen 857
– bei Vorlagepflicht 1022
– Folgen der Gebotsverletzung 857
Rechtsanwaltsvergütung
– Bestimmung nach billigem Ermessen 1122
– Einigungsgebühr 1130
– Erhöhung der Gebühr wegen Tätigkeit für Bietergemeinschaft 1130
– Erhöhung der Gebühr wegen Tätigkeit für mehrere Auftraggeber 1130
– Gegenstandswert/Streitwert 1110
– Höhe der Gebühr 1121, 1127
– höhere Gebühr als die Regelgebühr 1123
– keine Regelgebühr von 2,5 1124
– Rahmengebühr 1122
– Regelgebühr und Kappungsgrenze von 1,3 1122
– Regelgebühr von 2,0 1123

Sachverzeichnis Teil 1 GWB

- Terminsgebühr 1131
- unbillige Bestimmung 1122
- Verzinsung des Kostenerstattungsbetrages 1136
- vorangegangene Tätigkeit im Vergabeverfahren 1127
- § 15 a RVG 1130 Rechtsanwaltsvergütungsgesetz (RVG)

Rechtsbehelfsbelehrung, falsche 953

Rechtsbeschwerde
- Möglichkeit der Zulassung 1007

Rechtshängigkeit des Nachprüfungsverfahrens 663

Rechtshängigkeitssperre 664, 827

Rechtskraftwirkung
- Erledigung des Nachprüfungsverfahrens 920
- Grundsatz 919
- identischer Streitgegenstand 919
- Kostenentscheidung 920
- relative Rechtskraftwirkung 920
- Vereinbarkeit mit europäischem bzw. deutschem Recht 919

Rechtsmissbrauch
- Schadensersatz 1025
- Versagung des Primärrechtsschutzes 1026

Rechtsmittelführer, Bestimmung 992

Rechtsmittelbelehrung 995

Rechtsmittelkoordinierungsrichtlinie 27

Rechtsnachfolgeunternehmen 673

Rechtsschutz
- durch Aufsichtsbehörden bei Aufträgen ab den Schwellenwerten 631
- durch Aufsichtsbehörden bei Aufträgen unterhalb der Schwellenwerte 632
- durch die Vergabekammern 608
- durch die Verwaltungsgerichte 639
- durch einstweiliges Verfügungsverfahren 632, 642
- durch ordentliche Gerichte 632
- gegen abschließende Zwischenentscheidungen 627
- gegen Aufhebung einer Ausschreibung 617
- gegen Entscheidung der Vergabekammer 916
- gegen Entscheidung über die Verteilung eines Preisgeldes bei einem Wettbewerb 627
- gegen Entscheidungen nach § 115 Abs. 2 936
- gegen Erledigung im Vergabeverfahrens 621
- gegen Fragestellungen aus §§ 19, 20 GWB 623
- gegen Meldung eines Unternehmens an ein Korruptionsregister 622
- gegen temporäre Auftragssperre 621
- gegen trotz der Ablehnungsfiktion ergangene Entscheidung 958
- gegen Verlängerung der Frist 861
- gegen Verletzung der Vorschriften der §§ 93 f. BSHG 622
- gegen Versagung der Akteneinsicht 855
- gegen Vorinformation 614
- gegen Zustellung 842

Rechtsschutzbedürfnis
- bei mehrdeutigen Entscheidungen 956
- bei zwei Vollstreckungstiteln 917
- Eilantrag 937
- fehlendes 719, 975
- für Antrag auch nach Verlängerung der aufschiebenden Wirkung? 1001
- Verwirkung 720
- Wegfall im Nachprüfungsverfahren 720

Rechtsschutzinteresse 719, 935
Rechtsweg, Vorabentscheidung 1011
Referenzen 191, 252
Referenzmarkt 334
Regelgebühren 1123
Reisekosten
- des Rechtsanwaltes für die Terminwahrnehmung 1091
- für eigenes Personal 1092
Rekommunalisierung 435
Rettungsdienstleistungen 405
Richtfunkstationen, Errichtung 386
Richtlinie des VHB 306
Richtlinien (EG) 26
Richtlinie Bevorzugte Bewerber 231
Richtlinienumsetzung
- Haushaltsrecht 27
- Vergaberechtsänderungsgesetz 27
Röntgenkontrastmittelabgabe 467
Rubrum, Berichtigung 921
Rückabwicklung nichtiger Verträge 890
Rückbauleistungen 388
Rückgabe der Vergabeakten 843
Rücknahme
- der Rüge 816
- der sofortigen Beschwerde 961
- des Nachprüfungsantrags 668, 889, 914, 1011
Rücktritt vom Vertrag 458
Rüge
- Adressat 748
- Anforderungen an den Rügenden 746
- aufgrund der Bekanntmachung erkennbare Verstöße 793
- aus den Vergabeunterlagen erkennbare Verstöße 807
- Beachtung von Amts wegen 729
- Bietergemeinschaft 747
- Darlegung des Abhilfeverlangens 751
- Darlegung des Verstoßes 751
- Darlegungs- und Beweislast 812
- durch Abgabe eines vom Ausschreibungsinhalt abweichenden Angebots 750
- durch Einreichung eines Nachprüfungsantrags bei Vergabeprüfstelle 749
- durch Einreichung eines Nachprüfungsantrags bei Vergabekammer 749
- durch Übersendung eines Nachprüfungsantrags an Auftraggeber 746
- Entbehrlichkeit 733
- Erklärung 666, 743
- fehlende Rüge trotz Kenntnis des Verstoßes 759
- Form 744
- gegen eigene Rechtsverletzung 733
- Inhalt 728, 751
- isolierte Zulässigkeitsprüfung für jeden gerügten Verstoß 729
- keine Pflicht zu mehrfachen Rügen 730
- Mitteilung des Auftraggebers über Nichtabhilfe, Präklusion 812
- nicht gerügte Beanstandungen 832
- notwendiger Inhalt 751
- Rechtsnatur 728
- Rücknahme 816
- Rügepräklusion 730
- Sinn und Zweck 727

Gesetz gegen Wettbewerbsbeschränkungen

- Umfang 608
- Unterschrift 745
- Unverzüglichkeit 774, 809
- Verdachtsrüge 733
- Versandweg 745
- „vorsorgliche" Rügen 731
- Wiedereinsetzung in den vorigen Stand 816
- zeitliche Abhängigkeit zum Nachprüfungsantrag 666, 743
- Zugang 750
- Zulässigkeitsvoraussetzung nach § 108 Abs. 2 GWB 822

Rundfunk- oder Fernsehanstalten 521
RVG s. Rechtsanwaltsgebühren

Saarland, kommunale Beteiligung 60
Sachaufklärung 869
Schadenersatz
- Culpa in contrahendo 1032
- Ersatz des Vertrauensschadens 1026
- gegen eine Stadtwerke-GmbH 1041
- Manipulationen 1041
- Nichtanwendbarkeit des Vergaberechts 1041
- Schutzgesetzverletzung 1041
- Verletzung der Pflicht zur öffentlichen Ausschreibung 1043

Schadensersatz bei Rechtsmissbrauch
- Allgemeines 1025
- Missbrauch 1025
- Versagung des Primärrechtsschutzes 1026

Schienenpersonennahverkehr 56, 120
Schienenverkehr, Streitwert 1119
Schriftform
- Entscheidungen der Vergabekammer 860
- Nachprüfungsantrag 817

Schulgebäude, Begriff 355
Schutzgesetzverletzung 1041
Schutznormlehre 312
Schutzschrift des Auftraggebers
- Berücksichtigung 837

Schwellenwerte
- Begrenzung des Primärrechtsschutzes 29
- nach VO (EG) Nr. 1177/2009 30
- Untersuchungsgrundsatz 835

Sektorenauftraggeber
- Bestimmung 351
- Herausnahme des Telekommunikationsbereichs 350
- Tätigkeiten außerhalb der Sektorentätigkeit 521
- Vergabearten 574

Sektorenbereich
- Anwendbarkeit der VOF 505
- Losvergabe 119

Sektorenrechtsmittelkoordinierungsrichtlinie 27
Sektorenrichtlinie 27, 351
- Vertragsgegenstände, die auch der Vergabekoordinierungsrichtlinie unterfallen 485

Sektorentätigkeiten
- Abgrenzung 486

Sektorenverordnung
- Anwendbarkeit 31
- Ermächtigungsgrundlage zum Erlass 311

Sekundärrechtsschutz s. Schadensersatz
Selbstbindung, freiwillige 505
Selbstverwaltungsrecht, kommunales 306

Selektive Vertriebswege 67
Sicherheitsinteressen, besondere 507
Sicherheitsrelevante Beschaffungen
- Ausnahme des Suspensiveffekts 940

Sittenwidrigkeit 896
Sofortige Beschwerde
- Ablehnungsfiktion 956
- Abwägungsentscheidung 981
- Anwaltszwang 992
- anwendbare Vorschriften 992, 995
- Begründung 968, 970, 971
- Beifügung des angefochtenen Beschlusses 970
- Beiladung 990, 991
- Beschwerdebefugnis 953
- Beteiligte 953, 989
- Endentscheidungen 942
- Entscheidungen der Vergabekammer 942
- Entscheidungskriterien 980
- falsche Rechtsbehelfsbelehrung 953
- Frist 966
- Fristbeginn 968
- Fristberechnung 968
- Gegenstandswertfestsetzungsbescheid 944
- GKV-OrgWG 942
- Kostentragung und Kostenfestsetzung 995
- Kostenentscheidung 942
- Kostengrundentscheidung 992
- Ergänzung eines lückenhaften Beschlusses 946
- materielle Entscheidungen 942
- mündliche Verhandlung 992
- Nachreichung der Begründung 971
- nicht ordnungsgemäße Vertretung des Antragstellers 994
- Notfrist 966
- Rechtsmittelführer 992
- Reichweite der Anfechtung 969
- Rücknahme 959
- Schriftlichkeit 968
- Tatsachen und Beweismittel 969
- Untätigkeitsbeschwerde 952, 967
- Unterrichtungspflicht 971
- Untersagung des sofortigen Zuschlags durch Vergabekammer 985
- Unterzeichnung 971
- Unzulässigkeit 971
- verfahrensleitende Zwischenentscheidungen 945
- Vollstreckungsentscheidungen 950
- Vorlage der Schriftstücke 970
- Wiedereinsetzung in den vorigen Stand 961
- Wirkung 972
- Zulässigkeit 953, 955
- Zurückweisung des Nachprüfungsantrag 942
- Zuständigkeit 963
- Zustellung des Beschlusses der Vergabekammer 967
- Zwischenentscheidung 945, 1014

Solaranlage, Lieferung und Montage 387
Sondervermögen 323
Sozialpädagogische Familienhilfe 373
Sozialrechtliche Beschaffungen 471
Spekulationsmöglichkeit
- Ausschluss 741

SPNV-Finanzierungsverträge 410

Sachverzeichnis Teil 1 GWB

Sponsoringverträge 370
Staatliche Beihilfen
– Wettbewerbsgrundsatz 67
Stadtwerke-GmbH, Schadensersatz gegen 1041
Standplatzvergabe 487
Statthaftigkeit
– Antrag auf Feststellung, dass kein Zuschlagsverbot besteht 911
– Antrag auf Verlängerung der aufschiebenden Wirkung 973
– Beschwerde gegen die Entscheidung über die Statthaftigkeit 993
– Beschwerde mit dem Ziel der Ergänzung eines lückenhaften Beschlusses 946
– Beschwerde wegen einer falschen Rechtsbehelfsbelehrung? 953
Stellvertretung, mittelbare 357
Steuerabzug 389
Störungsbeseitigung 387
Streitgenossenschaft 829
Streitwert
– bei Antrag auf Verlängerung der aufschiebenden Wirkung 1120
– bei Antragsänderung im Nachprüfungsverfahren 1120
– bei Durchführung des Schienenverkehrs 1119
– bei einer Baukonzession 1118
– bei einer de-facto-Vergabe 1113
– bei einer Dienstleistungskonzession 1119
– bei einer losweisen de-facto-Vergabe 1113
– bei einer losweisen Vergabe 1113
– bei Errichtung eines Bauwerks im Mietkaufmodell 1117
– bei fehlenden Angeboten 1112
– bei planmäßigen Losverfahren 1114
– bei verbundenen Nachprüfungsverfahren 1118
– bei Verfahren vor dem Sozialgericht 1119
– bei Verträgen mit fester Laufzeit über 48 Monate 1114
– bei VOF-Leistungen 1116
– Bruttoauftragssumme 1111
– Einbeziehung von durchlaufenden Posten 1117
– Einbeziehung von Optionen? 1115
– fiktiver Streitwert 1116
– für den Beigeordneten 1121
– Grundsatz 1110
– Hinzurechnung von Verwertungserlösen 1117
– Höhe 1110
– Streitwertbemessung 1111
– Unkenntnis eines Beteiligten mit Kostenerstattungsanspruch über Gegenstandswert 1121
– Vergabeverfahren unterhalb der Schwellenwerte 1120
– Wert der Auftragssumme 1112
Stufennachprüfungsverfahren 670
Stundenlohnarbeiten
– Wertung angehängter 293
Suspensiveffekt s. Aufschiebende Wirkung

Tariftreueregelung
– ausschreibungsbezogene Forderungen 225
– Verwerfungskompetenz 891
Tariftreuegesetze 222, 715
Tarifvertragsdurchführung 537

Teillos
– Terminologie der VOB/A 122
– Terminologie der VOL/A 125
Teilnahme
– des öffentlichen Auftraggebers am Markt 363
Teilnahmeantrag
– Prüfungspflicht 884
Teilnahmewettbewerb 540
– Ablauf 541
– drohender Schaden 709
– Entscheidungen 884
– Informationspflicht 584
– Zurückversetzung 884
Teilnehmerauswahl
Teilzuschlag 928
Telefondienstleistungen 522
Telekommunikationsbereich
– Herausnahme aus Sektorentätigkeiten 350
Terminsgebühr 1131
Teststellung
– Prüfkriterien 279
Thüringen, kommunale Beteiligung 61
Tiefbaumaßnahmen
– Begriff 354, 383
Transparenzgebot 35
– Ausformung in VOB/VOL/VOF 74
– Ausgestaltungsspielraum 73
– Dokumentationspflicht 74
– gleiche Informationsverschaffung für alle 93
– Inhalt, Reichweite 73
– Verhandlungsverfahren 562
Transport- und Entsorgungsleistungen 388
Trennung von Vergabeverfahren 823
Treu und Glauben 102
Trinkwasserversorgung 517, 1153

Übergangsbestimmungen 1150
Überprüfungsmöglichkeiten der Vergabe öffentlicher Aufträge
– durch Aufsichtsbehörden bei Aufträgen ab den Schwellenwerten 631
– durch Aufsichtsbehörden bei Aufträgen unterhalb der Schwellenwerte 632
– durch die Vergabekammern 608
– durch die Verwaltungsgerichte 639
– durch ordentliche Gerichte 632
– einstweiliges Verfügungsverfahren 632, 642
Übertragung
– der Eignungsanforderungen an Generalübernehmer auf Nachunternehmer 154
Überwiegende Finanzierung 338
UfAB-Formel 287
Umgehung des Vergaberechts 506
Umsatzsteuersätze 298
Umweltschutzkriterien 219, 259
Unabhängigkeit der Vergabekammern 648
Unanfechtbarkeit
– Entscheidung über die Beiladung 828
– Entscheidung über die Wiedereinsetzung 961
Unbefristete Verträge 459
Unfallgefahren 931
Unterlassene Ausschreibung 611, 613
Unlautere Verhaltensweisen, Unzulässigkeit 37
Unlauterer Wettbewerb
– Haftung nach §§ 3, 4 Nr. 11 UWG 630

Gesetz gegen Wettbewerbsbeschränkungen   Teil 1 GWB   **Sachverzeichnis**

Unselbständige Anschlussbeschwerde
- Anschließungsfrist 952
- Auswirkungen einer Vorlage an den BGH 951
- bedingte 951
- Grundsatz 950
- Kostenfestsetzungsverfahren 951
- Reichweite 951
- Zulässigkeit 950, 951
Untätigkeitsbeschwerde 952, 967
Untätigkeitsklage 967
Unterkriterien 241
Unterliegender Beteiligter
- Allgemeines 1055, 1070
- Auswirkungen des Untersuchungsgrundsatzes 1058
- bei Eintritt der Ablehnungsfiktion 1058
- bei Rücknahme oder anderweitiger Erledigung 1062
- bei subjektiver Antragsänderung 1058
- Beigeladener als 1057
- mehrere 1057
Unternehmen
- Begriff 375, 671
Unternehmen der öffentlichen Hand 1149
Unternehmereinsatzformen
- Generalübernehmer 146
- Generalunternehmer 134
Unterrichtungspflicht
- Rechtsfolgen einer unterlassenen Unterrichtung 971
- Sinn und Zweck 971
Unterrichtungspflichten der Nachprüfungsinstanzen 1147
Untersagung des Zuschlags 871, 988
Untersagungsgebote und Feststellungsmaßnahmen 891
Unterschriftserfordernis
- Nachprüfungsantrag 817
- Vergabekammerentscheidung 915
Untersuchungsgrundsatz 206, 829
- allgemeiner Inhalt 830
- Berücksichtigung einer Schutzschrift 837
- Berücksichtigung nicht gerügter Beanstandungen 832
- Beschwerdeverfahren 994
- keine umfassende Rechtmäßigkeitskontrolle 830
- offensichtliche Unzulässigkeit/Unbegründetheit des Antrags 835
- Schwellenwert 835
- Sinn und Zweck 830
- Vergaberechtsmodernisierungsgesetz 829
- Zustellung 838
Unterzeichnung
- Beschwerdeschrift 971
Unverzügliche Begründung 817
Unverzüglichkeit der Rüge 774
- Nationale Rechtsprechung 775
- Rechtsprechung des EuGH 774
Unwirksamkeit des Vertrags
- Feststellung des Verstoßes in Nachprüfungsverfahren 606
- unzulässige de-facto-Vergabe 605
- Verstoß gegen Informationspflicht 604, 605
Unverzüglichkeit der Rüge 774

Unzulässigkeit
- des Nachprüfungsantrags 835
Unzumutbare Forderungen des Auftraggebers 742

Veräußerung von Gesellschaftsanteilen 472
Verbindung
- der Ausschreibung mit sonstigen vergaberechtsfreien Aufträgen 486
- von Beschwerdeverfahren 991
- von Nachprüfungsverfahren 823, 995, 1118
Verdachtsrüge 733, 790
Verdienstausfall 1093, 1100
Vereine 325
Verfahrens- und Entscheidungshinweise 888
Verfahrensbeteiligte 826
Verfahrensleitende Zwischenentscheidungen
- keine Beschwerdemöglichkeit 945
Vergabe- und Tariftreuegesetze 222, 230
Vergabe- und Vertragsordnungen
- Anwendbarkeit 31
Vergabe eines Standplatzes 487
Vergabe von Leistungen nach §§ 93 f. BSHG
Vergabeakten
- Anforderungspflicht 842
- Antrag auf Vervollständigung 848
- Begriff 848
- Einsichtnahme bzw. Aktenversendung 848
- Rückgabe 843
- Vorlagepflicht 843
Vergabearten 538
- für Sektorenauftraggeber 574
- Nichtoffenes Verfahren 540
- Offenes Verfahren 539
- Verhandlungsverfahren 554
- Wahl einer falschen Vergabeart 575
- Wettbewerblicher Dialog 550
Vergabeauflagen
- Verstöße gegen 575
Vergabebestimmungen
- Subjektives Recht auf Einhaltung 36
Vergabefremde
- Eignungskriterien 222
- Zuschlagskriterien 252
Vergabegesetze der Bundesländer 227
Vergabekammer
- Amtszeit der Mitglieder 650
- Aufgabenabgrenzung 609
- Belehrungspflicht ggü. Beigeladenem 856
- Besetzung bei Entscheidung 856
- der Länder 652
- des Bundes 653
- eigene Zuständigkeit der Länder 652
- Entscheidung 865
- Ermessensentscheidung 857
- Geltendmachung der Unzuständigkeit 662
- gemeinsame Nachprüfungsbehörden 652
- keine Bindung an die Anträge 892
- Mitgliederausschluss wegen Befangenheitsverdacht 648
- Neutralitätspflicht 648
- Organisation 644
- Pflicht zur Berücksichtigung eines Beweisantritts 856
- Prüfungskompetenz 552, 608
- Rechtsstellung 608

2679

Sachverzeichnis Teil 1 GWB

- Spruchkörperentscheidung 650
- Übersicht der eingerichteten Kammern 645
- Unabhängigkeit 648
- Untersuchungsgrundsatz 829
- Verwerfungskompetenz 230
- Widerruf der Bestellung 650
- Zuständigkeitsabgrenzung 646, 652
- Zuständigkeitsfeststellung bei mehreren Auftraggebern 658

Vergabekoordinierungsrichtlinie (VKR) 27
- Einrichtungen des öffentlichen Rechts 326
- Vertragsgegenstände, die auch der SKR unterfallen 485

Vergabeprüfstelle 631, 678, 1017

Vergaberecht
- Allgemeines 25
- Aufbau 30
- Definition 25
- Entwicklung 26
- Europäische Richtlinien 26
- Europäisches Recht 26
- Modernisierungsgesetz 28
- oberhalb der Schwellenwerte 30
- unterhalb der Schwellenwerte 31
- Wirtschaftliche Bedeutung 25

Vergaberechtsänderungsgesetz 27
Vergaberechtsmodernisierungsgesetz 104
Vergaberechtsverstoß
- künftige Verstöße des Auftragnehmers 319

Vergabestelle
- Angabepflicht 504
- Informationseinholung über eventuell eingelegte Rechtsmittel 972

Vergabeüberwachungsausschuss 1017
Vergabeunterlagen
- Bezeichnung der Vergabekammer 712

Vergabeverfahren
- Ausgestaltungsermessen 36, 73, 95

Vergabevermerk s. Dokumentationspflicht

Vergabeverordnung
- Anwendbarkeit 31
- Ermächtigungsgrundlage 310
- Rangverhältnis zwischen GWB und AEG 528

Vergleich
- Wertung von Angeboten 887

Vergleichsverträge 458
Vergleichsabschluss 886

Verhandlungsverfahren 554
- Angebotseröffnung 569
- Aufhebung 568, 571
- Geltung der wesentlichen Verfahrensprinzipien 560
- Informationspflicht 582
- Inhalt und Ablauf 556
- Mangelhaftigkeit aller Angebote 568
- materielle Entscheidungen 885
- Mischkalkulationen 571
- „preferred bidder" 571
- schriftliche Angebotsabgabe 569
- Teilnehmer 554
- Untersagung des Übergangs 884
- Unzulässigkeit „vorsorglicher" Verhandlungen nach Bieterausschluss 568

Verhandlungszeiträume
- unterschiedlich lange 567

2680

Sachverzeichnis zu Teil 1

- Verhinderung der Auftragsvergabe 678

Verjährung
- Anspruch auf Zahlung von Kosten 1069

Verkehr 1153
Verkehrsdienstleistungsverträge 419
Verkehrsfluss, Aufrechterhaltung und Verbesserung 931
Verkürzte Fachlosbildung 111
Verlängerung der aufschiebenden Wirkung der Beschwerde
- Ablehnung des Nachprüfungsantrags als Voraussetzung 973
- Abwägungsentscheidung 981
- Berücksichtigung der Erfolgsaussichten der Beschwerde 984
- Beschwer 977
- Entscheidung ohne mündliche Verhandlung 979
- Entscheidungskriterien 980
- erneuter Antrag 979
- fehlendes Rechtsschutzbedürfnis 975
- formale Antragsberechtigung 978
- Frist für die Einlegung der Beschwerde 977
- Rücknahme des Antrags 980
- Statthaftigkeit des Antrags 975
- Verhältnis von § 118 Abs. 1 Satz 3 zu § 101 a GWB 980
- Verpflichtung des Auftraggebers zur Aufhebung 979
- Wegfall des Rechtsschutzinteresses 977
- Zulässigkeitsvoraussetzungen 976
- Zuschlagsverbot 976

Verlängerung der Entscheidungsfrist
- Ablehnungsfiktion 861
- Beschleunigungsgebot 861
- Grundsatz 860
- Rechtsschutz 861

Vermietung 1041
Verordnungsermächtigung
- Befreiung von Anwendungsverpflichtung der Vergaberegeln 1046
- Erlass der Sektorenverordnung 1045
- Erlass der Vergabeverordnung
- Reichweite 1045
- Streichung 1045, 1046

Versagung des Primärrechtsschutzes 1026
Verschlechterungsverbot 998
Versicherungsverein auf Gegenseitigkeit 370
Versorgungsrahmenvereinbarungen 368
Versorgungsverträge 404, 469
Vertrag über die Arbeitsweise der EU (AEUV) 33
Verträge
- Abgrenzung zu Zuwendungsverhältnissen 366
- Andienungsverfahren 362
- Erlass eines Bebauungsplans 366
- gegenseitige vertragliche Bindung 362
- gesetzliche Verpflichtung 365
- öffentlich-rechtliche Verträge 363
- Teilnahme des öffentlichen Auftraggebers am Markt 363
- Trägerschaft eines Ambulanten-Hilfen-Zentrums 363

Verträge zugunsten Dritter 460
Vertragsänderungen 450
Vertragskündigung 884
Vertragsstrafe 88, 102

Vertragsübernahme 472
Vertragsverletzungsverfahren 912, 913, 1041
Vertrauensschaden, Anspruch auf Ersatz
– Allgemeines 1027
– Anspruchsgrundlage 1027
– Aufhebung eines Verfahrens und Nichterreichung der Wertungsphase 1028
– Chance auf Erhalt des Zuschlags 1029
– Darlegungs- und Beweislast 1030
– enttäuschtes und schutzwürdiges Vertrauen 1034
– Kausalität 1031
– Mitglieder einer Bietergemeinschaft 1032
– Umfang des Ersatzanspruchs 1032
– Verschulden 1031
– Voraussetzungen 1027
– vorvertragliches Vertrauensverhältnis 1032
– weitergehende Ansprüche 1032
Vertraulichkeitserklärung
– Rechtsnatur 102
Vertraulichkeitsgebot
– Allgemeines 101
– Ausformung in VOB/VOL/VOF 101
– Verwertung von Preisangaben aus abgeschlossenen Verfahren 102
Vertraulichkeitsgrundsatz 43
Vertretung des Antragstellers
– nicht ordnungsgemäße 994
Vertriebswege, selektive 67
Verwaltungsakt
– Widerruf der Entscheidung der Vergabekammer 914
Verwaltungsanweisungen
– Berücksichtigung bei der Wertung 306
Verwaltungsgerichte, Überprüfung der Vergabe 639
Verwaltungszustellungsgesetz 838
Verweisung
– an Verwaltungsgerichte bzw. Sozialgerichte 867
– an Zivilgerichte 867
– an zuständige Vergabekammer 868, 948
– Rückverweisung bei fehlerhafter Verweisung 868
Verwerfungskompetenz 230, 891
Verwertung von Altpapier 474
Verwertung von Preisangaben
Verwirkung 665, 720, 722, 918
Verzinsung des Kostenerstattungsbetrages 1136
VOF-Verfahren
– materielle Entscheidungen 885
Vollstreckung der Vergabekammerentscheidung
– Allgemeines 916
– Antragserfordernis 917
– Fortdauer des Zuschlagsverbots 916
– Gefahr einer Hinwegsetzung über Entscheidung 917
– Höhe des Zwangsgeldes 918
– Rechtsschutzbedürfnis bei zwei Vollstreckungstiteln 917
– Verlängerung der aufschiebenden Wirkung einer Beschwerde 918
– Verwirkung 918
– wirksamer Verwaltungsakt 916
– Zwangsmittel 918
Vollstreckung vorläufiger Maßnahmen 939
Vollstreckungsverfahren
– Einstellung 889
– Kosten 1145

Vorabentscheidung über den Zuschlag, Beschwerdeverfahren
– Ablehnung des Nachprüfungsantrages 1000
– Abwägungsentscheidung 1002
– Antrag 1000
– Entscheidungsinhalt 1004
– Entscheidungskriterien 1002
– Erfolgsaussichten der Beschwerde 1002
– Erfolgsaussichten des Antragstellers auf Auftragserhalt 1003
– Erledigung des Antrags 1004
– Interesse der Allgemeinheit 1002
– Kosten 1004
– mündliche Verhandlung 1004
– Rechtmäßigkeit 999
– Rechtsmittel gegen Entscheidung 1004
– Sozialrechtsstreitigkeiten 999
– Zulässigkeitsvoraussetzungen 1000
Vorabentscheidung über zulässigen Rechtsweg 1011
Vorabgestattung s. Vorzeitige Gestattung des Zuschlags
Vorangegangene Tätigkeit im Vergabeverfahren 1127
Vorbeugende Unterlassungsanordnungen 614
Vorbeugender Primärrechtsschutz 610
Vorgesellschaft der GmbH 325
Vorgreiflichkeit von Leistungen 932
Vorhaben
– Begriff 355
Vorinformation
– Primärrechtsschutz 614
Vorlage an den BGH 951, 1015
Vorlage an den EuGH 867, 1014
Vorlage bei bereits erfolgter Vorlage 1014
Vorlage der Vergabeakten 843
Vorlagepflicht
– abweichende Entscheidung in kostenrechtlichen Fragen 1020
– abweichende ergebnisrelevante Entscheidung 1019
– Allgemeines 1018
– Analogie 1022
– Divergenzvorlagen 1023
– Eilverfahren 1021
– Entscheidung des BGH 1023
– konkret formulierte Rechtsfrage 1022
– Konkretisierungen 1019
– Kostentragungspflicht nach Antragsrücknahme 1021
– rechtliches Gehör 1022
– streitige, vom EuGH bereits entschiedene Rechtsfragen 1022
– Umfang 1022
Vorläufige Maßnahmen
– Anordnungen gegen (unwirksam) von Vergabestelle Beauftragten 938
– Beschwerdeverfahren 973, 986
– Entscheidungsmaßstab 937
– Gefährdung von Rechten eines Unternehmens 937
– Grundsätze 936
– keine Anhörungspflicht 937
– rechtliches Gehör 987
– Rechtsschutzbedürfnis 937

Sachverzeichnis Teil 1 GWB

- Vollstreckung 939
- vorzeitige Gestattung des Zuschlags 925, 999
- Zwischenverfügungen 938
Vorlieferanten 72, 141
Vorrang der Losvergabe 107
Vorrang des Offenen Verfahrens 572
Vorsorgliche Prüfungs- bzw. Beratungskosten 1090
Vorvertragliches Vertrauensverhältnis 1032
Vorzeitige Gestattung des Zuschlags, Nachprüfungsverfahren
- Antrag 927
- Darlegungs- und Beweislast 936
- Ermessensentscheidung 926
- keine Anhörung der Beigeladenen 927
- Kosten des Verfahrens 936
- nachteilige Folgen einer Verzögerung 928
- Rechtsschutz gegen Entscheidung 936
- Rechtsschutzinteresse 935
- Rechtsprechung zur alten Fassung 925
- Rechtsprechung zur neuen Fassung 927
- restriktive Auslegung 927
- Teilzuschlag 928

Wahl einer anderen Vergabeart 870
Wahlposition
- Wertung 292
Wärmeversorgung 1153
Wartefrist 666
Wartungsvertragsabschluss 253
Wertung der Zuschlagskriterien
- angehängte Stundenlohnarbeiten 293
- ausgeschriebene Mengen und Massen 295
- Barwertmethode 289
- Bedarfsposition 291
- Beurteilungs- und Ermessensspielraum 302
- Bewertungsmethodik 284
- Bewertungssystem 282
- funktionale Leistungsbeschreibung 297
- Gleichbehandlungsgebot 282
- HVA B-StB-Regelung 307
- Irrtum 296
- Kommunales Selbstverwaltungsrecht 306
- Koppelungsangebot 294
- Lohngleitklausel 298
- Losverfahren 289
- Mittelwertverfahren 289
- Nachholung einzelner Stufen im Nachprüfungsverfahren 310
- Nichtausfüllung des Fragebogens 291
- Nutzwert-Matrix 287
- ÖPP-Vergaben 300
- Organisation und Strukturierung 282
- Parallelausschreibung 294
- Rabattvereinbarungspartner 290
- UfAB-Formel 287
- Umsatzsteuersätze 298
- vergleichende Wertung 291
- versehentlich nicht aufgenommene Leistungen 295
- Verwaltungsanweisungen 306
- Wahlposition 292
- Wertung aller Kriterien 291
- Wertung aller Leistungsanforderungen 291
- wirtschaftlichstes Angebot 282

Wertungsentscheidung
- Dokumentation 81
- Punktsystem 84
Wertungsfehler
- nachträgliche Beseitigung 307
Wertungssystem 282
- Rabatteinsparungen 290
Wettbewerblicher Dialog 550
- Ablauf des Dialogs 552
- Nachteilsausgleich 554
Wettbewerbsabrede als Wettbewerbsbeschränkung 67
wettbewerbsbeschränkende/unlautere Verhaltensweisen
- Bekämpfungspflicht 42
- Rechtsfolge 42
- Unzulässigkeit 37
Wettbewerbsbeschränkung
- Ausschluss eines Bietergemeinschaftsangebots 50
- konkrete Anzeichen 52
- Rechtsfolge 42
- Unzulässigkeit 37
- Wettbewerbsabrede 67
- Zeitpunkt 42
Wettbewerbsgebot 35
Wettbewerbsprinzip
- Ausschließliche Verantwortung des Auftraggebers 69
- Ausschluss des Angebots einer Bietergemeinschaft 50
- Ausprägung in der Rechtsprechung 43
- Berücksichtigung von staatlichen Beihilfen 67
- beschränkende/unlautere Verhaltensweisen 37
- Bestandteil von VOB/VOL/VOF 37
- Beteiligungsverbot nicht erwerbswirtschaftlicher Institutionen 66
- Durchführung von Ausschreibungsverfahren 43
- Einkaufskooperationen öffentlicher Auftraggeber 62
- Fairer Wettbewerb 71
- Inhalt, Reichweite 37
- kommunale Unternehmen, Kommunen 52
- Konzernzugehörigkeit eines Bieters 51
- Leistung kann nur von einem Bieter erbracht werden 69
- parallele Beteiligungen 45
- Selektive Vertriebswege 67
- Teilangebotsaustausch durch konkurrierende Bietergemeinschaften 49
- Verstoß gegen Geheimwettbewerb 43
- Vorkenntnisse/Erfahrungen aus früheren Aufträgen 68
- Wettbewerbsabrede 67
- Wettbewerbsbeeinflussende Stellung eines Vorlieferanten 72
Wettbewerbsverfahren nach §§ 20, 25 VOF
- Informationspflicht 584
Widerruf der Entscheidung der Vergabekammer 914
Wiedereinsetzung in den vorigen Stand 566, 816, 961, 973, 997
Wiederherstellung der aufschiebenden Wirkung 979
Winterdienst 387
Wirkstoffbezogene Losbildungen 117

Wirtschaftlichstes Angebot 36
- Prüfung als eigene Wertungsstufe 233
- Wertung 282
- Zuschlag 231
Workshopverfahren 428

Zeitliche Abhängigkeiten
- zwischen der Rüge und der Einreichung des Nachprüfungsantrags? 743
Zeitnot des Auftraggebers 928
Zeitverlust durch Nachprüfungsverfahren 929
Zeitverträge nach der VOB/A 476
Zentrale Beschaffungsstellen 359, 658
Zertifizierung 212
Zivilprozessordnung (ZPO) 995
Zugang
- Notwendigkeit des Zugangs bei Rügen
- Zuschlagserklärung 896
Zusätzliche Anforderungen an Auftragnehmer 217
Zusätzliche Leistungen eines Generalunternehmers 295
Zulieferer 138
Zurechnung
- Berechnung des Nachunternehmeranteils 145
Zurückversetzung
- des Vergabeverfahrens in das Stadium vor Angebotsabgabe 1011
- Verpflichtung des Auftraggebers 879, 884, 885
Zurückweisung 942, 1010
Zuschlag
- Aufhebung eines wirksam erteilten Zuschlags 893
- Ausformung in VOB/A, VOL/A, VOF und SektVO 233
- bedingter Zuschlag 900
- Begriff 894
- Form 895
- HVA B-StB-Regelung 307
- Inhalt 231, 895
- kommunales Selbstverwaltungsrecht 306
- Nachfolgemodelle 306
- Nachfolgemodelle 306
- nachträgliche Beseitigung von Wertungsfehlern 307
- Richtlinie des VHB 306
- Teilzuschlag 928
- Untersagung 871, 985
- Unwirksamkeit nach § 134 BGB 898
- Unwirksamkeit nach § 138 BGB 896
- Unwirksamkeit nach § 101 b GWB 899
- Unwirksamkeit wegen Nichteinhaltung von Formvorschriften 899
- vorzeitige Gestattung 925
- Zugang der Erklärung 896
Zuschlagsentscheidung
- bei echten Alternativpositionen 282
Zuschlagskriterien
- allgemeine Anforderungen 234
- Änderung/Erweiterung 250
- Angabe der Gewichtung 235, 504
- Angabe der Tragweite 238
- Ausschreibungen unterhalb der Schwellenwerte 282
- Begriff und Inhalt 233
- Bekanntgabe 239, 254
- Bindung des Auftraggebers 249
- „Einhaltung einer Kostenobergrenze" 263
- Einzellos- und Losgruppenvergabe 281
- fehlende Angabe 279
- keine abschließende Aufzählung 233
- klare und eindeutige „Angabe" 248
- missverständliche Kriterien 281
- „mittelständisches Unternehmen" 254, 265
- nicht-monetäre Kriterien 235
- Pflicht zur Bekanntmachung 239
- „Preis" 255
- „Qualität" 263
- Rechtsprechungsbeispiele 255
- „soziale Kriterien" 264
- Trennung von Eignungskriterien 182, 235
- Umweltschutzkriterien 259
- Verbot von nicht überprüfbaren Kriterien 235
- Verbot von vergabefremden Kriterien 252
- Verhandlungsverfahren 562
- Wartungsvertragsabschluss 253, 265
- Wertung 282
- Wirtschaftlichkeit 262
Zuschlagsverbot 911, 916
- Beschwerdeverfahren 972
- Beseitigung durch Erfüllung der Vergabekammerentscheidung 925
- Beseitigung durch rückwirkende Genehmigung 924
- Grundsatz 922
- Information des Auftraggebers über Nachprüfungsantrag 922
- Information des Vergabesenats 923, 924
- nicht zugestellter Nachprüfungsantrag 976
- Schutz 985, 986
- teilweise Ablehnung des Nachprüfungsantrags 924
- Wiedereinsetzung in den vorigen Stand 973
- Wiederherstellung 940
- Zurückweisung durch Vergabesenat 924
Zuschlagsversagungsgründe
- sukzessiv nachgeschobene 740
Zuschlagsverzögerung 928
Zuschussrecht 575
Zuständiges Landessozialgericht 963
Zuständiges Oberlandesgericht 963
Zuständigkeit der Vergabekammer 1007
Zustellung der Beschwerdeschrift 998
Zustellung des Nachprüfungsantrags
- Abhängigmachung von Kostenvorschuss 948
- an den Auftraggeber per Fax 838
- an Vertreter des Auftraggebers 841
- Anfechtbarkeit der Anordnung 947
- durch das Beschwerdegericht 840
- durch unzuständige Vergabekammer 841
- fehlende der Vergabekammerbeschlusses 967
- gegen Empfangsbekenntnis 840
- Nichtzustellung 838, 947
- Rechtsschutz 842
- „Sich-Verschließen" 841
- teilweise Zustellung 842
- vereinfachte Zustellung 839, 840
- vereinfachte, aber unvollständige Zustellung 840
- Verwaltungszustellungsgesetz 838
Zuverlässigkeit 174
Zwangsgeld, Höhe 918
Zuwendungsverhältnisse 366

2683

Sachverzeichnis Teil 1 GWB

Zuwendungsrecht 575
Zuziehung von Akten 946
Zweckverbände, kommunale 350
Zweistufiges Vergabeverfahren als Bauauftrag 398
Zwischenentscheidung 891, 946, 948

Sachverzeichnis zu Teil 1

– Aussetzung bis zu einer Entscheidung des BGH 1015
– Aussetzung und Vorlage an den EuGH 1014
– sofortige Beschwerde 993
Zwischenverfügungen 938

Sachverzeichnis zu Teil 2: Vergabeordnung (VgV)

Abgrenzung zur SektVO 1163
Änderungen der VgV 1161
Angabe der Vergabekammer 1198
Aufhebung des Ausschreibungsverfahrens 1205
Aufsichtsratsmitglieder 1202
Auftragswert s. Schätzung des Auftragswerts
Auftragswert bei Baukonzession 1184
Auftragswerte, zusammengefasste 1184
Ausgeschlossene Personen 1199
– Heilung eines Verstoßes 1204
– Unvereinbarkeit von bestimmten Wirtschaftssektoren? 1205
– Änderungen 1200
– Aufsichtsratsmitglieder der Gesellschafter eines Bieters 1202
– beratende Beiräte 1202
– berufliche Kontakte zu potenziellen Bietern 1202
– Darlegungslast und Beweislastverteilung 1204
– Gemeindevertretungsmitglieder 1201
– Grundsatz 1201
– Interessensbeziehung 1201, 1202
– kein Ausschlussgrund des „bösen Scheines" 1200
– persönlicher Anwendungsbereich 1201
– Projektanten 1201
– Rechtsfolge eines Verstoßes 1204
– Reichweite des Mitwirkungsverbot 1203
– Sinn und Zweck 1200
Auslobungsverfahren
– Schwellenwert 1190
Ausrüstungsgegenstände 1183, 1195
Ausschluss des Bieters 1205
Ausschreibungsvorbereitungen 1201
Ausstattungsgegenständen 1183

Bagatellklausel 1165
Bauaufträge, Schwellenwert 1164
Baubewachung
– Berücksichtigung der Kosten 1184
Baukonzession, Auftragswert 1184
Baukonzessionäre 1197
Bauleistungen
– Schätzung des Auftragswertes 1183
– Vergabe 1196, 1197
Bauleitung
– Berücksichtigung des Wertes 1184
Baunebenkosten 1183
Bauvorhaben
– funktionale Betrachtungsweise bei Schwellenwertberechnung 1178
Bedarfspositionen, Einbeziehung 1176
Befristung eines Auftrags 1179
Beginn des Vergabeverfahrens 1207
Bekanntmachungen 1198
– Änderungen 1198
– Angabe der Vergabekammer 1198
– CPV 1199
– Verwendung des CPV 1198
beratende Beiräte 1202

Beschaffungssystem, dynamisches elektronisches
– Schätzung des Auftragswert 1186
Bescheidung einer Rüge 1203
Bewegliche Ausstattungsgegenstände 1183
„böser Schein" 1200

CPV
– Bekanntmachung 1199
– Inhalt 1198
– verbindliche einheitliche Einführung 1199

Darlegungslast und Beweislastverteilung
– Interessenkonflikt 1204
Dienstleistungsaufträge
– zeitlich begrenzte 1182
– Schwellenwert für Lose von Dienstleistungsaufträgen 1167
– Dienstleistungen nach Anhang I Teil B 1194
– gemischte Dienstleistungen 1195
Differenzierung, grundlose 1181
Dynamisches elektronisches Beschaffungssystem 1186

Eigenanteil 1176
Einbeziehung
– Optionsrechte oder Vertragsverlängerungen 1176
– von Optionsrechten bei Bauverträgen 1177
Elektronische Angebotsabgabe 1207
Erbbaurechtsvertrag 1189
Ermächtigungsgrundlage 1161
Eventualpositionen 1176

Förderungen Dritter 1176
Freiberufliche Dienstleistungen
– Schätzung des Auftragswerts 1189
– Vergabe 1196

Gebäude, Gebäudeteile
– Herstellung, Instandsetzung, Instandhaltung oder Änderung 1197
Gemeindevertretungsmitglieder 1201
Gemischter Veräußerungs- und Dienstleistungsvertrag 1178
Gesamtvergütung
– geschätzte für die vorgesehene Leistung 1169
– Schätzung 1174
Grundstückswert 1183

Heilung
– Verstoß gegen § 16 VgV 1204

Informationserteilung 1203
Interessensbeziehung
– bei lediglich beratenden Beiräten 1202
– zu einem Bieter 1201

Kombinierte Erbbaurechts- und Mietvertrag 1189
Kosten für Unvorhergesehenes 1177

2685

Sachverzeichnis Teil 2 VgV

Laufzeit von Liefer- und Dienstleistungsaufträgen
- Berücksichtigung bei der Schätzung 1182

Laufzeitreduzierung
- zur Umgehung des Schwellenwertes 1180

Liefer- und Dienstleistungsaufträge, Vergabe
- Dienstleistungen nach Anhang I Teil B 1194
- gemischte Dienstleistungen nach Anhang I A und Anhang I B 1195
- Kauf/Ersetzung/Nachrüstung technischer Geräte und Ausrüstungen 1195
- Personennahverkehrsleistungen 1193
- Verweisungs- und Scharnierfunktion 1192

Lieferaufträge
- Laufzeit 1182
- unselbstständiger Behörden eines öffentlichen Auftraggebers 1178
- zeitlich begrenzte 1182

Lose
- bei freiberuflichen Dienstleistungsaufträgen nach der VOF 1187
- bei Lieferleistungen 1187
- Schätzung des Auftragswerts 1186

Lose von Dienstleistungsaufträgen 1167
- Ausübung des Wahlrechts 1168
- europaweit auszuschreibende Lose 1167
- Grundsatz 1167

Lose von Bauaufträgen, Schwellenwert 1165
- Bagatellklausel 1165
- europaweit auszuschreibende Lose 1165
- Wahlrecht des Auftraggebers 1165, 1166, 1167
- Wert von mindestens 1 Mio. € und Gesamtauftragswert unterhalb von 5 Mio. € 1167

Manipulationen bei Auftragswertschätzung
- Baubereich 1180
- Befristung eines Auftrags 1179
- bei Schätzung/Aufteilung des Auftragswertes 1179
- Differenz zwischen Schätzung und Angeboten 1179
- grundlose Differenzierung 1181
- Grundsätze 1179
- Reduzierung der Laufzeit 1180

Marktwert 1174
Melde- und Berichtspflichten 1207
Mietvertrag 1189
Mitwirkung an einem Leitfaden oder Ausschreibungsmuster 1203
Mitwirkungsverbot
- Ausschreibungsvorbereitungen 1203
- Bescheidung einer Rüge 1203
- Informationserteilung 1203
- Mitwirkung an einem Leitfaden oder Ausschreibungsmuster 1203
- sachliche Reichweite 1203
- Zeitungsinterview 1204

Nachprüfungsverfahren
- Ausübung des Wahlrechts 1167

Nebenkosten
- Auftragswertschätzung 1189

Optionsrechte
- Begriff 1176
- Einbeziehung 1176, 1176

Sachverzeichnis zu Teil 2

Parzellierung von Grundflächen 1181
Personen mit beruflichen Kontakten zu potenziellen Bietern 1202
Personennahverkehrsleistungen der Kategorie Eisenbahnen 1193
Planungsleistungen
- keine Berücksichtigung des Wertes 1178, 1183

Prämien 1174
Projektanten 1201

Rahmenvereinbarung
- Schätzung des Auftragswerts 1186
- Reduzierung der Laufzeit 1180

Rüge, Bescheidung 1203

Sammelbestellungen
- Schätzung des Auftragswerts 1186

Scharnierfunktion der VgV 1162, 1192, 1196
Schätzung des Auftragswerts 1168
- Änderungen 1169
- Bauleistungen 1183
- bei Losen 1186
- Beschaffungen mehrerer öffentlicher Auftraggeber 1186
- Beurteilungsspielraum des Auftraggebers 1171
- Bieterschutz 1169
- Differenz zwischen Schätzung und Angeboten 1179
- Differenz zwischen Schätzung und Inhalt des Leistungsverzeichnisses 1171
- dynamisches elektronisches Beschaffungssystem 1186
- Fehlende/nicht ordnungsgemäße Schätzung 1172
- freiberufliche Dienstleistungen 1189
- Gesamtvergütung 1174
- kombinierte Erbbaurechts- und Mietvertrag 1189
- Laufzeit von Liefer- und Dienstleistungsaufträgen 1182
- Manipulationen 1179
- maßgeblicher Zeitpunkt 1190
- Nichterreichung des geschätzten Schwellenwertes 1173
- Rahmenvereinbarungen 1186
- Sammelbestellungen 1186
- Schätzungsanforderungen 1170
- unterhalb des Schwellenwertes 1173
- vorgesehene Leistung 1178

Schwellenwerte 1163
- aktuell geltende 1164
- Allgemeines 1164
- Änderungen 1163
- Auslobungsverfahren 1190
- Bauaufträge 1164
- einheitliche Bau- und Lieferausschreibung, wobei nur der geringere Lieferauftrag den Schwellenwert erreicht 1189
- Erreichung durch Angebote bei Schätzung unterhalb des Schwellenwertes 1173
- Grundlage 1164
- Lose von Bauaufträgen 1165
- Lose von Dienstleistungsaufträgen 1167
- Nichterreichung des geschätzten Wertes durch Angebote 1173
- Vereinbarkeit mit dem Grundgesetz 1164
- Wegfall bei Teilaufhebung? 1168

Vergabeordnung

SektVO
– Abgrenzung 1163

Technische Geräte und Ausrüstungen
– Modifizierung der VOL/A für Kauf, Ersetzung, Nachrüstung 1195
Teilaufhebung
– Wegfall des Schwellenwertes? 1168

Übergangsbestimmungen 1207
Umgehung
– des Schwellenwertes 1179
– grundlose Differenzierung 1181
– Parzellierung von Grundflächen 1181
– verbotene im Baubereich 1180
Umsatzsteuer 1174
Unbefristete Verträge 1182
Unvorhergesehenes, Berücksichtigung der Kosten 1177

Vergabe freiberuflicher Dienstleistungen 1196
Vergabe von Bauleistungen
– Baukonzessionäre 1197
– Herstellung, Instandsetzung, Instandhaltung, Änderung von Gebäuden oder Gebäudeteilen 1197
Vergabe von Liefer- und Dienstleistungsaufträgen
– Dienstleistungen nach Anhang I Teil B 1194
– gemischte Dienstleistungen nach Anhang I A und Anhang I B 1195
– Kauf/Ersetzung/Nachrüstung technischer Geräte und Ausrüstungen 1195
– Personennahverkehrsleistungen 1193
– Verweisungs- und Scharnierfunktion 1192
Vergabekammer
– Angabe 1198
– Rechtsfolge der unterlassenen Angabe 1198

Teil 2 VgV **Sachverzeichnis**

Vergabeverfahren
– Beginn 1207
Verkehrswert 1174
Verlängerungsoptionen 1177
Versicherungssteuer 1174
Vertragsdauer s. Unbefristete Verträge, Laufzeit
Vertragsdauer, nicht absehbare 1182
Vertragsverlängerungen 1177
Verweisungsfunktion 1192, 1196
Vorgesehene Leistung 1178

Wahlrecht des Auftraggebers
– Ausübung durch EU-weite Ausschreibung und Benennung der Nachprüfungsbehörde 1166
– Ausübung durch EU-weite Ausschreibung und Mitteilung nach § 101 a GWB 1167
– Ausübung durch EU-weite Ausschreibung und Nichtbenennung einer Nachprüfungsbehörde 1166
– Ausübung durch nationale Ausschreibung und Benennung der Nachprüfungsbehörde 1165
– Ausübung durch nationale und EU-weite Ausschreibung 1167
– Ausübung im Nachprüfungsverfahren 1167
– Bestimmung der nur national auszuschreibenden Lose 1165

Zahlungen des Auftraggebers 1178
Zahlungen von Dritten 1174
Zeitungsinterview 1204
Zusammenfassung mehrerer Bauvorhaben 1178
Zusammengefasste Auftragswerte 1184
Zweck der Verordnung 1162
– Abgrenzung zur SektVO 1163
– Regelungen für Vergaben ab den Schwellenwerten 1162
– Scharnierfunktion 1162

Sachverzeichnis zu Teil 3:
Vergabe- und Vertragsordnung für Bauleistungen
Teil A (VOB/A)

Abgabe der Unterlagen
- bei Öffentlicher Ausschreibung 1286
- beim Offenen Verfahren 1319

Abkürzung von Fristen
- Angebotsregelfrist 1457, 1458
- Bewerbungsregelfrist 1455

Abmagerungsangebote 1703
Abnahme- bzw. Verwendungsrisiko 1358
Abrechnung von losem Material als festes Material 1360
Abrufbarkeit von Fördermitteln 1251, 1262
Abschrift, selbstgefertigte 1508
Absicherung eines Risikos über die Vergütung 1357
aktualisierte Fassung 1392
Allgemeinen Geschäftsbedingungen des Bieters 1564
Allgemeine Technische Vertragsbedingungen für die Ausführung von Bauleistungen 1408
Allgemeine Vertragsbedingungen für die Ausführung von Bauleistungen 1408

Alternativpositionen
- Bedeutung im Leistungsverzeichnis 1265
- Bezeichnung als Bedarfspositionen 1350
- fehlende Preise 1603
- Leistungsbeschreibung 1339
- unzulässig hoher Umfang 1350
- Vergütungsänderung bei Ausführung 1265

Änderungen
- Erkundigung über Änderungen 1393
- VOB/A 1231
- Zusammensetzung einer Bietergemeinschaft 1584

Änderungen an den Vergabeunterlagen
- am Inhalt der ausgeschriebenen Leistung 1562
- an den Vergabeunterlagen 1559
- Ausführungstermin 1568
- der Mängelanspruchsfrist 1568
- der Zuschlags- und Bindefrist 1569
- durch Abweichung von den Kalkulationsgrundlagen 1566
- durch Auswechslung eines Nachunternehmers 1571
- durch Beifügen von Allgemeinen Geschäftsbedingungen 1564
- durch Beifügung einer eigenen Tariftreueerklärung 1568
- durch ein Begleitschreiben 1563
- durch Ersetzung von Eigengeräten durch Fremdgeräte 1569
- durch irrtümlich eingefügte Positionen 1567
- durch Nachunternehmererklärungen 1570
- durch ein Nebenangebot 1570
- durch nicht verlangte Preisangaben 1567
- durch Nichtabgabe von verlangten Erklärungen 1568
- durch Nichtangabe des Leistungsumfangs des Nachunternehmers 1571
- durch Nichtbeachtung von tariflichen Entlohnungsregeln 1569
- durch Nichtzurücksendung des Leistungsverzeichnisses 1568
- durch Preisangabe „in Pos. ... enthalten" 1567
- durch Weglassen einer als Ausschlusskriterium gekennzeichneten Anforderung 1571
- durch Widersprüche zwischen Muster und schriftlichem Angebot 1568
- Mengenangaben im Kurz-Leistungsverzeichnis 1570
- nicht angebotene Teile der ausgeschriebenen Leistung 1567
- Verwendung einer veralteten Version der Vergabeunterlagen 1569
- weitere Rechtsprechungsbeispiele 1572
- zugunsten des Auftraggebers 1569
- zulässige 1589

Änderung der Vergütung
- Allgemeines 1426
- Bagatell- und Selbstbehaltsklausel 1427
- Ermessensregelung 1426
- Festlegung in Verdingungsunterlagen 1429
- längerfristige Verträge 1428
- Preisänderungen nach Versendung der Unterlagen 1430
- Preisvorbehalten bei öffentlichen Aufträgen 1431
- Preisvorbehalte nur für ausgeschriebenen Auftrag 1427
- Stoffpreisgleitklauseln 1431
- Unzulässigkeit des völligen Ausschlusses jeder Preisänderung 1427
- Vorgabe von Preisvorbehalten nur durch den Auftraggeber 1427
- Wesentliche Änderungen der Preisermittlungsgrundlagen 1427

Angebot
- Abweichungen von technischen Spezifikationen 1509, 1689
- Allgemeine Anforderungen 1491
- Änderungen an den Vergabeunterlagen 1507
- Änderungen des Bieters an seinen Eintragungen 1507
- Angabe der geforderten Erklärungen und Nachweise 1507
- Angabe der geforderten Preise 1506
- Anzahl an Nebenangeboten 1509
- Aufklärung des Angebotsinhalts 1528
- Auslegung 1492
- Benennung der Mitglieder bei Bietergemeinschaften 1509
- Bezeichnung eines bevollmächtigten Vertreters bei Bietergemeinschaften 1509
- Bieterschutz 1491
- elektronische Angebote 1501, 1506
- Form 1495, 1510

Sachverzeichnis Teil 3 VOB/A

- Formvorschriften für Nebenangebote 1509
- für einen Dritten 1500
- Inhalt 1528
- Integrität der Daten 1503
- Kennzeichnung und verschlossene Aufbewahrung 1504
- Kurzfassung des Leistungsverzeichnisses 1508
- neues nach Ablauf der Bindefrist 1522
- nicht berücksichtigte 1753
- Muster und Proben 1509
- Öffnung 1510
- Preisnachlässe 1509
- schriftliche 1495, 1513
- selbstgefertigte Abschrift 1508
- sonstige Formerfordernisse 1507
- Sprache 1507
- teilweise verspätetes 1522
- Umrechnungszeitpunkt bei anderer Währung 1506
- unangemessen hoher oder niedriger Preis 1669
- ungewöhnlich niedrige aufgrund staatlicher Beihilfe 1720
- Unterzeichnung 1495
- Verlesung 1517
- verspätete 1558
- verspätete, aber noch zuzulassende Angebote 1519
- Vertraulichkeit 1503
- Zugang 1519
- Zurückziehung 1437

Angebotsfrist
- Abkürzung der Regelfrist 1453, 1454, 1457, 1458
- Angemessenheit der Dauer 1434
- Begriff 1433
- Dauer bei Leistungsbeschreibung mit Leistungsprogramm 1435
- Dauer bei ÖPP-Projekten 1434
- Dauer bei Parallelausschreibungen 1434
- Dauer beim Nichtoffenen Verfahren 1457
- Dauer beim Offenen Verfahren 1453
- Ende 1436
- Engagement und Personaleinsatz der Bewerber 1434
- Heilung einer zu kurz bemessenen Frist 1435
- maximale Kumulierung der Abkürzung 1455
- Mindestdauer 1433, 1453
- Nennung unterschiedlicher Angebotsfristen 1437
- Prüfung zwingend auszuschließender 1555
- Rechtscharakter 1433
- Regelfrist 1453, 1457
- Regelungen zum Konjunkturpaket II 1455
- Verkürzung der Kalkulationsfrist 1435
- Verlängerung 1435
- Wiedereinsetzung in den vorigen Stand bei Versäumung 1433

Angebotsöffnung
- Ablauf des Eröffnungstermins 1514
- Behandlung elektronischer Angebote 1513
- Behandlung schriftlicher Angebote 1513
- Bieterschutz 1512
- Einsichtnahme bzw. Mitteilungen 1525
- Eröffnungstermin 1512
- Geheimhaltungsgebot 1525
- kein Eröffnungstermin für nachgeforderte Unterlagen 1528
- Öffnung von Teilnahmeanträgen 1527
- Pflicht zur Aufbewahrung von Briefumschlägen, Paketverpackungen 1527
- verspätete, aber noch zuzulassende Angebote 1519
- zeitlicher Vorlauf zwischen und Leistungsbeginn 1358
- Zulassung nur von rechtzeitig vorliegenden Angeboten 1514

Angebotsverfahren 1268
Angemessene Preise, Vergabe 1237
Angemessenheit der Preise 1668
- Gesamtpreis als Ausgangspunkt 1670
- Mittelwertverfahren 1670
- Spekulationspreise 1683
- überhöhte Baustelleneinrichtung 1687
- unangemessen hoher oder niedriger Preis 1669
- unangemessen niedrigen Preis 1676

Annahmeverweigerung durch den Auftraggeber 1524
Anschreiben s. Aufforderung zur Angebotsabgabe
Anwendung der a-Paragraphen
- Aufteilungsverbot 1236
- Auftraggeber 1235
- Bauauftrag mit überwiegendem Lieferanteil 1235
- Begriffe 1235
- maßgeblicher Zeitpunkt für die Schätzung des Gesamtauftragswerts 1236
- Richtlinien 1236
- Schwellenwert 1235
- Voraussetzungen 1235
- zusätzliche Anwendung 1235

Anzahl der Bewerber
- Begrenzung 1320
- beim nichtoffenen Verfahren 1320
- Verhandlungsverfahren/Wettbewerblichen Dialog 1320

Arbeiten in belegten Anlagen 1355
Arbeitsgemeinschaften 1274
Architektonisches Farbkonzept 1375
Arten der Vergabe s. Vergabearten
Asbestzementmaterial, Hinweis 1354
Auf- und Abgebotsverfahren
- als Zeitverträge 1269
- Bedeutung in der Rechtsprechung 1269
- Bindung des Auftraggebers 1269
- Inhalt 1268
- Zulässigkeit von Umsatzrabatten 1269

Aufbewahrung
- Briefumschläge, Paketverpackungen 1527

Aufforderung zur Angebotsabgabe
- Angaben über Nebenangebote 1401
- Bewerbungsbedingungen 1406
- fakultativer Bestandteil 1399, 1400, 1406
- Muster 1398
- nicht erforderliche Angaben 1409
- zwingender Bestandteil 1398, 1401, 1413

„Aufführen" 1716
Aufhebung der Ausschreibung 1721
- Alternative 1726
- Aufhebungsgründe 1728, 1744
- Bekanntmachung 1746, 1747
- Beweislast 1746

Vergabe- und Vertragsordnung für Bauleistungen   Teil 3 VOB/A **Sachverzeichnis**

- Bieterschutz 1721, 1750
- enge Auslegung der Voraussetzungen 1728
- Ermessensentscheidung 1723
- Geltungsbereich 1722
- neues Vergabeverfahren nach 1748
- Pflicht 1723
- Rechtsfolge der Bekanntmachung 1747
- Rechtsnatur 1746
- Scheinaufhebung 1748
- Rücknahme der Aufhebung 1748
- Teilaufhebung 1727
- Überprüfung der Aufhebungsentscheidung 1748
- Unterrichtungspflicht 1747

Aufklärung des Angebotsinhalts
- Aufklärungsbedarf 1531
- Aufklärungsgespräche 1531
- Bieterschutz 1528
- fruchtloser Ablauf einer Frist 1540
- Sinn und Zweck 1529
- statthafte Nachverhandlungen 1545
- unstatthafte Nachverhandlungen 1542
- Verweigerung von Aufklärungen und Angaben 1539

Aufklärungsbedarf 1530, 1531

Aufklärungsgespräch
- Ansprechpartner 1532
- Aufklärungsmaßnahme im engeren Sinn 1532
- Beschränkung auf aussichtsreiche Bieter 1533
- Dokumentation und Geheimhaltung der Ergebnisse 1539
- Gleichbehandlung der Bieter 1533
- keine Verpflichtung des Auftraggebers 1529
- möglicher Inhalt 1533
- über Art der Ausführung 1534
- über Ausführungszeitraum 1537
- über Bauzeitenplan 1534
- über fehlende Erklärung zu Nachunternehmerleistungen 1537
- über Eignung 1536
- über Kalkulation 1535
- über Materialien, Fabrikate und Verrechnungssätze für Stundenlohnarbeiten 1535
- über mögliche Varianten der Ausführung 1537
- über Preise 1533
- über ungenügende Beschreibung eines Nebenangebots 1537
- über Verbindlichkeit der Unterschrift 1536
- Wiederholung 1533

Aufteilungsverbot 1236
Auftraggeber 1235
Auftragssperren 1613
Auftragsvergabe im Insolvenzfall 1251
Ausbaugewerke 1247
Ausbildungsstätten, Begriff 1279
außerordentlich gekündigte Vertragsverhältnisse 1315

Ausführung
- der Leistung, Möglichkeit 1244
- bestimmte Art 1374

Ausführungsfrist
- Änderung durch eine Verlängerung der Bindefrist 1416
- Ausführung erst nach Aufforderung 1416
- Bemessung 1415
- Bieterschutz 1414

- Festlegung nach VHB 1417
- Folge einer unzumutbaren Frist 1416
- Indizien für eine nicht ausreichende Bemessung 1416
- Möglichkeit der Nachverhandlung 1416

Ausgeschlossene Institutionen
- nicht erwerbswirtschaftlich orientierter Institutionen 1278
- Rechtsprechungsbeispiele 1284
- Verstoß gegen Art. 12 Abs. 1 Grundgesetz? 1283

Ausgleichungspflicht der Vergabestelle 1335

Auskünfte an die Bewerber
- Auskunftspflicht des Auftraggebers 1479
- Beantwortungsfrist 1481
- Begriff der „sachdienlichen" Auskünfte 1480
- Begriff der „wichtigen Aufklärungen" 1480
- Begriff der „zusätzlichen Auskünfte" 1479
- Form der Erteilung der Auskünfte 1479
- Gleichheitsgrundsatz 1480
- Reaktionsmöglichkeiten des Bieters bei unklarer Leistungsbeschreibung 1481
- Rechtsfolge einer durch den Bewerber nicht erfolgten Erkundigung 1481
- über die Vergabeunterlagen 1489
- unverzügliche Erteilung 1480
- Begriff der „wichtigen Aufklärungen"

Auslegung des Angebots
- als Mittel zur Behebung von Fehlern oder Unvollständigkeiten 1689
- Grundsätze 1492
- Notwendigkeit 1492
- Rechtsprechungsbeispiele 1494
- Verpflichtung 1492

Auslegung der Leistungsbeschreibung
- Auslegung von Soll-Vorgaben 1344
- Heranziehung der Eigenschaften von Leitfabrikaten 1344
- Kein Vorrang des Leistungsverzeichnisses vor den Vorbemerkungen 1343
- Notwendigkeit einer Auslegung 1341
- Objektiver Empfängerhorizont 1341
- Rechtsprechungsbeispiele 1344
- Sonstige Anhaltspunkte 1342
- Vergaberechtskonforme Auslegung 1343
- VOB-konforme Auslegung 1343

Auslegung der Vergabebekanntmachung 1464, 1483
Auslegung von Änderungserklärungen 1587

Ausschluss von Angeboten
- abschließende positive Regelung der Gründe? 1556
- Änderungen an den Vergabeunterlagen 1559
- Angebote mit falschen Erklärungen 1654
- Angebote mit mehrdeutigen Angaben, Widersprüchen 1654
- Benennung der Rechtsfolge 1558
- Doppelangebote 1662
- fakultativer
- fehlende geforderte Erklärungen oder Nachweise 1615
- fehlende Preise 1591
- Gegenstand der 1. Wertungsstufe 1557
- keine Signatur 1559
- nicht eindeutig unterschriebene Angebote 1559
- nicht unterzeichnete Angebote 1559
- nicht vertrauliche Angebote 1559

2691

Sachverzeichnis Teil 3 VOB/A

- nicht zugelassene Nebenangeboten 1609
- unvollständige Preise 1592
- unvollständige Unterschrift 1559
- verspätete Angebote 1558
- vorsätzlich unzutreffende Eignungserklärungen 1610
- wettbewerbsbeschränkende Abrede 1609
- zwingender Ausschluss 1558

Ausschluss von Bietern
- Newcomer 1291
- nicht erwerbswirtschaftlich orientierte Institutionen 1278
- öffentliche Institutionen 1281
- verdeckte Bietergemeinschaften 1274
- zwingender 1318

Ausschlussfrist
- Anforderungen 1541
- Zulässigkeit 1540

Ausschlussgründe, zwingende
- Allgemeines 1318
- keine Verpflichtung zur Vorlage einer Bestätigung 1318
- Straftatbestände 1318
- Vorlage eines Führungszeugnisses 1319

Auswertung von Gutachten 1355

Bagatell- und Selbstbehaltsklausel
- Grundsatz 1427
- Rückforderungen 1428

Bankerklärung 1313
Bauaufgabe, Festlegung 1331
bauaufsichtliche Zulassung 1375, 1645

Bauauftrag
- Begriff 1235
- des Konzessionärs 1767
- mit überwiegendem Lieferanteil 1235

Baukonzessionen
- Ausschreibung und Vergabe 1765, 1767

Bauleistungen 1233
- Auftragswert 1246, 1252
- vergleichbare Regelungen 1234

Baumaßnahmen, Begriff 1235

Baustelleneinrichtung
- Begriff 1351
- überhöhte 1687

Bauvorhaben
- Forschungs-, Versuchs- und Entwicklungszwecke 1258

Bauweise, andere 1403
Bauwerk, Begriff 1235

Bauzeitenplan 1417
- Angebotsabgabe 1417
- fehlender 1645
- Möglichkeit der Nachverhandlung 1418
- Möglichkeit des Nachreichens 1418
- Sinn und Zweck 1417
- Zulässigkeit eines Nebenangebots 1418

Bauzeitverlängerung 1097
Bebaubarkeit der Bauflächen 1364

Bedarfspositionen
- Beauftragung 1338
- fehlender Gesamtpreis 1603
- keine eindeutige Bezeichnung 1338, 1350, 1359
- Leistungsbeschreibung 1338, 1367
- Wartung 1338

Sachverzeichnis zu Teil 3

Bedingter Preisnachlass 1403
Bedingter Zuschlag 1363
Begleitschreiben 1563
Begründungspflicht 1541
Behördliche Genehmigungen 1312
Bekanntmachung 1461
- Anforderung der Vergabeunterlagen 1488
- Auskünfte über die Vergabeunterlagen 1489
- Auslegung 1464, 1483
- Ausschreibungen unterhalb der Schwellenwerte 1464
- Bedeutung der EU-weiten 1467
- Begriff 1466
- Bekanntmachungsmuster 1483
- beschränkte Ausschreibungen nach Öffentlichem Teilnahmewettbewerb 1476
- Bieterschutz 1463
- Bindung des Auftraggebers 1465, 1483
- der Aufhebung 1746
- der Auftragserteilung 1752
- einzelne Bestandteile 1469
- elektronische 1467
- Form/Umfang der Übermittlung an das Amt für amtliche Veröffentlichungen der Europäischen Gemeinschaften 1487
- Höchstzahl der Teilnehmer, die zur Angebotsabgabe aufgefordert werden 1321
- Inhalt 1488
- inländische Veröffentlichung 1488
- Mindestzahl der Teilnehmer, die zur Angebotsabgabe aufgefordert werden 1320
- Nennung der objektiven Auswahlkriterien 1321
- Nichtoffenes Verfahren 1486
- notwendiger Inhalt 1486
- Offener Verfahren 1486
- öffentlicher Ausschreibungen 1466
- Rechtsprechung des EuGH und des EuG 1464
- Sinn und Zweck 1464, 1483
- Umfang 1469, 1476
- unterschiedliche Inhalte von derselben Ausschreibung 1468
- Verhandlungsverfahren 1468
- Veröffentlichung elektronischer 1488
- Veröffentlichung im Supplement zum Amtsblatt der Europäischen Gemeinschaften 1487
- Vorrang des Inhalts gegenüber den Vertragsunterlagen 1468
- Wahl des Bekanntmachungsmediums 1466
- Wettbewerblicher Dialog 1486
- zwingende Veröffentlichung im Amtsblatt der Europäischen Gemeinschaften 1487

Bekanntmachungsmedium, Wahl 1466
Bekanntmachungsmuster 1483
Bemusterungstermin 979
Benachrichtigung der Bieter 1107
Benachrichtigungspflicht 959
Beratung, Begriff 1322
Berufsfreiheit 1283
Berufsgenossenschaft, fehlender Nachweis 1651
Berufshaftpflichtversicherung 1314
Berufsregister, Eintragung 1294
Beschafferprofil 1460
Beschleunigungsvergütung
- HVA StB-B 1423
- Inhalt 1422

Vergabe- und Vertragsordnung für Bauleistungen   Teil 3 VOB/A **Sachverzeichnis**

- Rechtsprechungsbeispiele 1423
- Umsatzsteuerpflicht 1422

Beschränkte Ausschreibung 1245
- Öffentlicher Teilnahmewettbewerb 1245
- Richtlinie des VHB 2008 1245
- Auswahl der Teilnehmer 1287
- Unterschied zum Nichtoffenen Verfahren 1245
- Zulässigkeit mit Teilnahmewettbewerb 1248
- Zulässigkeit ohne Teilnahmewettbewerb 1246

Beschränkte Ausschreibung mit Teilnahmewettbewerb
- Eignung nur eines beschränkten Kreises von Unternehmen 1248
- Komplexe PPP-Ausschreibungen 1249

Beschränkte Ausschreibung ohne Teilnahmewettbewerb
- Dringlichkeit 1248
- Fehlendes annehmbares Ergebnis einer Öffentlichen Ausschreibung 1247
- Geheimhaltung 1248
- Schwellenwertregelung 1246
- Verwaltungsregelungen zur Umsetzung der Konjunkturpakete 1248

Besondere Leistungen 1381
Besondere Vertragsbedingungen 1408
Bestandteile des Vertrages
- genaue Kennzeichnung 1354

Bestätigungsvermerk eines Wirtschaftsprüfers 1313
Beteiligung von vorbefassten Bietern oder Bewerbern 1322
Beteiligungsverbot
- nicht erwerbswirtschaftlich orientierter Institutionen am Wettbewerb 1278

Betreibergesellschaft 1586
Bewerber, Begriff 1286
Bewerbergemeinschaften 1273, 1287
Bewerbungsbedingungen
- Anschreiben 1406
- Grenzen 1406
- Pauschalvertrag 1268
- Sinn und Zweck 1406

Bewerbungsfrist
- Abkürzung der Regelfrist 1455, 1456, 1457
- Begriff 1455
- Dauer beim Nichtoffenen Verfahren 1455
- Dauer beim Verhandlungsverfahren 1458
- Dauer beim wettbewerblichen Dialog 1458
- Regelfrist 1455

Bieter, Begriff 1286
Bietergemeinschaften
- Änderung der Zusammensetzung 1584
- Aufschlüsselung der Leistungsteile 1277
- Begriff 1273
- Benennung der Mitglieder 1278, 1509
- Bezeichnung eines bevollmächtigten Vertreters 1278, 1509
- Einstimmigkeitserfordernis bei Entscheidungen 1278
- gesamtschuldnerische Haftung 1277
- Gleichsetzung mit Einzelbietern 1273
- Insolvenz eines Mitglieds 1296
- Muster Bietererklärung HVA StB-B 1278
- nachträgliche Bildung 1274
- Rechtsform 1274, 1276, 1321

- Unterschied zur Arbeitsgemeinschaft 1274
- verdeckte 1274

Bilanzen, fehlende 1650
Bindefrist
- Ablauf 1361, 1448, 1739
- Ausnahme 1440
- Begriff 1439
- Folge des Ablaufs der Zuschlags- und Bindefrist 1448
- generelle Ausdehnung bis zum rechtskräftigen Abschluss 1447
- Verlängerung 1361, 1440, 1441, 1448

Bindung
- des Auftraggebers an die Bekanntmachung 1465, 1483
- des Auftraggebers an die veröffentlichten Kriterien 1719

Blindenwerkstätten 1286
Bonitätsindex bei Auskunfteien 1313
Brückenbauleistungen im Bundesfernstraßenbau 1266
Bundeszentralregisterauszug 1309
Bürgschaft 1361, 1425, 1651

CE-Kennzeichnung 1368
Centklausel 1429

Definitionsmacht, Begrenzung 1334
DIN-Normen 1367, 1368
Diskriminierungsverbot 1238, 1273, 1301
Dokumentation 1759
Dokumentation des Versands 1478
Doppelangebote, Ausschluss 1662
Dringlichkeit 1248, 1250, 1261, 1456, 1457
Dritter, Begriff
Durchführung nur von bestimmten Unternehmen

Eigenerklärungen 1306
Eignung
- Begriff und Inhalt 1288
- Feststellungsmöglichkeiten 1288
- mangelnde aller Bieter 1740
- Nachweis der Eignung 1288
- vorsätzlich unzutreffende Eignungserklärungen 1610

Eignungsdefizite 1300
Eignungsfeststellung
- Angaben durch Einzelnachweise 1305
- Angaben für Prüfung der Fachkunde 1308
- Angaben für Prüfung der Zuverlässigkeit 1309
- Angaben über technische Leistungsfähigkeit 1311
- bisherige Rechtsprechung 1288
- Eintragung in das Präqualifikationsverzeichnis 1289
- Nachweise der wirtschaftlichen und finanziellen Leistungsfähigkeit 1313
- Terminologie 1289

Eignungskriterien
- keine eindeutigen 1350
- baubezogene Einzelheiten 1237

Eignungsnachweis 1288
- Angemessenheit 1321
- fehlende 1646
- Nachweis auf andere Art 1321

2693

Sachverzeichnis Teil 3 VOB/A

Eignungsprüfung
- 2. Wertungsstufe 1663
- beim nichtoffenen Verfahren 1320
- vorgezogene 1287

Eilbedürftigkeit s. Dringlichkeit

Eindeutigkeit der Leistungsbeschreibung
- fehlerhafte Leistungsbeschreibungen 1347
- Grundsätze 1345
- klar und eindeutig 1351
- Rechtsprechungsbeispiele 1351

Einheitliche Vergabe 1270

Einheitspreis 1603
- Bedeutung 1664
- Ergänzung durch Rückgriff auf die Konkurrenzangebote 1665

Einheitspreisvertrag 1264

Einsichtnahme 1525

Einzelbieter
- Gleichsetzung mit Bietergemeinschaften 1273

Einzelnachweise 1303

Elektronische Angebote
- Allgemeines 1501
- Behandlung 1513
- Datenintegrität durch Signatur und technische Lösungen 1504
- per Fax oder per E-Mail ohne Signatur und Verschlüsselung 1505
- Prüfung der Verschlüsselung 1514
- Signaturanforderung 1502
- Vertraulichkeit durch Verschlüsselung 1504

Elektronische Bekanntmachungen 1467
- Abkürzung der Fristen 1454, 1456
- Veröffentlichung 1488

Elektronische (digitale) Übermittlung 1410

Engagement und Personaleinsatz der Bewerber 1434

Entschädigung für die Bearbeitung des Angebots
- Allgemeines 1411
- Änderung 1411
- Inhalt der Regelung 1411
- Nebenangebote und Nachträge 1412
- Rechtsprechungsbeispiele 1412
- Schadenersatzansprüche bei fehlender, aber notwendiger Entschädigungsregelung 1412
- Sinn und Zweck 1411

Entwurfsplanung 1381, 1386

Erdbewegungsarbeiten 1296

Erkundigung
- Obliegenheit des Bieters 1393

Ermessens- und Beurteilungsspielraum des Auftraggebers 1303

Eröffnungstermin
- Ablauf 1514
- gestaffelter 1512
- Grundsatz 1512
- Kennzeichnung der Angebote 1515
- Leitung 1514
- Muster und Proben 1518
- nachgeforderte Unterlagen 1528
- Niederschrift 1518
- Öffnung der Angebote 1515
- Prüfung der teilnehmenden Personen 1514
- Prüfung des Verschlusses/Verschlüsselung 1514
- Verlegung 1512
- Verlesung 1517

Ersatzteilhaltung 1372

Ersetzung
- Leistungs- oder Funktionsanforderungen 1369
- nationalen Normen 1369

Entsorgungsnachweis, fehlender 1645

Erste Durchsicht 1558

Ethikerklärung 1323, 1649

Eventualpositionen
- Bedeutung im Leistungsverzeichnis 1265, 1338
- Vergütungsänderung bei Ausführung 1265

Ex-ante-Transparenzpflicht 1755, 1760

Existenzgefährdung 1283

Fabrikate 1409

Fabrikatsangaben
- fehlende 1639, 1643
- Kurz-Leistungsverzeichnis 1641
- ohne Gleichwertigkeitsnachweise 1643

Fachkunde 1237, 1308

Fakultativer Angebotsausschluss
- abschließende Regelung 1611
- Ermessensentscheidung 1612
- Insolvenzfall 1613

Fertigstellung aller Vergabeunterlagen
- fehlende Finanzierung eines ausgeschriebenen Projektes 1243
- funktionale Leistungsbeschreibung 1243
- Grundsatz 1242
- Vergabereife bei komplexen Beschaffungen 1243

Finanzielle Leistungsfähigkeit 1313

Finanzierbarkeit 1358

Finanzierung, fehlende 1242

Förderung der ganzjährigen Bautätigkeit 1238

Fördermittel, drohender Verfall 1741

Fördermittelabrufbarkeit 1251, 1262

Formale Fehler 1558

Formblatt, Fehlen 1638

Formulierung
- technischer Spezifikationen 1369

Formwechselnde Umwandlung 1586

Fortbildungsstätten, Begriff 1279

Fortschreibung 1232

frankierter Rückumschlag 1754

Freihändige Vergabe 1246
- Auftragsvergabe im Insolvenzfall 1251
- besondere Dringlichkeit 1250
- Durchführung nur von einem bestimmten Unternehmen 1249
- Schwellenwertregelung 1252
- Unmöglichkeit der eindeutigen und erschöpfenden Festlegung 1251
- Unzweckmäßigkeit 1249
- Verwaltungsregelungen zur Umsetzung der Konjunkturpakete 1252
- Wertung 1719
- Zulässigkeit 1249

Fristen 1432
- Angebotsfrist 1433, 1453, 1457
- Angebotsfrist beim Nichtoffenen Verfahren 1457
- Angebotsfrist beim Offenen Verfahren 1453
- Beantwortung von Fragen 1481
- Berechnung 1453
- Bewerbungsfrist beim Nichtoffenen Verfahren 1455

- Bewerbungsfrist beim Verhandlungsverfahren 1458
- Bewerbungsfrist beim wettbewerblichen Dialog 158
- Bindefrist 1439
- Lieferung von Aufklärungen und Angaben 1540
- Zurückziehung von Angeboten 1437
- Zuschlagsfrist 1438

Führungszeugnis 1318
Funktion der Nachprüfungsinstanzen 1333

Ganzjährige Bautätigkeit 1238
Garantieerklärung, fehlende 1648
Garten- und Landschaftsbau 1295
Gebäude, Gebäudeteile
- Herstellung, Instandsetzung, Instandhaltung oder Änderung 1388

Gebäudereinigerinnung 1295
Geheimhaltungsgebot
- im kommunalen Bereich 1526
- Rechtsprechungsbeispiele 1526

Gerüststellung für eigene Arbeiten 1381
Gerüstvorhaltung für andere Unternehmen 1359
Gestaffelte Eröffnungstermine 1512
Gewerbeanmeldung, Vorlage 1311
Gewerbezentralregisterauszug 1310, 1648, 1659
Gleichsetzung von Bietergemeinschaften und Einzelbietern 1273
Gleichbehandlungsgebot 1480, 1533
„gleichwertige Art" 1377
Gleichwertigkeit
- Anforderungen 1702
- Darlegung 1706, 1708
- Darlegungs- und Beweislast 1709
- fehlende 1713
- Nachweis 1690
- qualitative und quantitative 1703

Gleitklausel 1366
Grundpositionen 1337
GS-Prüfzeichens 1368
Gutachteräußerungen 1713

Haftbrücke 1367
Handbuch für die Vergabe und Ausführung von Bauleistungen im Straßen- und Brückenbau (HVA B-StB) 1233
Handwerksrolle, Eintragung
- ausländische Unternehmen 1295
- Prüfungspflicht des Auftraggebers 1295

Hochwasserbedingte Beschaffungen 1251, 1263

Identitätsprüfung 1514
illegale Praktiken im Baugewerbe 1361
Indexklausel 1430
Information der Bieter 1391, 1436
Informationsanspruch, nachträglicher 1107, 1109
Informationskreislauf 1555
Informationsübermittlung 1458
- Angabe der Kommunikationsmittel 1459
- Beschafferprofil 1460

Ingenieurbau 1247
Insolvenzfall, Auftragsvergabe 1251, 1263
Insolvenzverfahren und vergleichbare Fälle 1296, 1613

Integrität der Daten 1503
Irrtümlich eingefügte Positionen 1567

Jahresumsatz 1293

Kalkulation
- Abweichung von Grundlage 1566
- fehlende Urkalkulation 1660
- Kalkulationsirrtümer 1265

Kalkulationskosten, fehlende Angabe 1620
Kapazitäten Dritter 1326
kaufmännische Mindestanforderungen 1699
Kennzeichnung der Angebote im Eröffnungstermin 1515
Komplettabriss und Komplettentsorgung 1387
Kommanditgesellschaft
- Auflösung und die Ersetzung durch GmbH 1585

Kommunikationsmittel
- Angabe 1459
- Auswahl 1459
- Information der auf einer Vergabeplattform registrierten Nutzer 1459

Konjunkturpaket II 1455, 1756, 1761
Konzessionäre 1767
Korruption 1299
Kostenbestandteile des geforderten Angebotspreises 1354
Kostenerstattung
- bei beschränkter Ausschreibung und freihändiger Vergabe 1411
- bei öffentlicher Ausschreibung 1409
- für Leistungsbeschreibung und andere Unterlagen 1409

Kündigungsrechte des Auftraggebers 1366
Kurzfassung 1508

Landschaftsbau 1247, 1295
Längerfristige Verträge 1428
Lebenszeitkosten 1354
Leistungs- und Erfüllungsrisiko 1357
Leistungsanforderungen 1335
Leistungsbeschreibung 1327
- Änderungen 1330
- Änderung des Leistungsverzeichnisses durch den Auftraggeber 1389
- Angabe aller die Preisermittlung beeinflussenden Umstände 1353
- angehängte Stundenlohnarbeiten 1367
- Aufstellungshinweise 1367
- Ausgleich von Vor- und Nachteilen durch Vergabestelle 1335
- Auslegung 1341, 1385
- Bedarfspositionen 1367
- Begrenzung der Definitionsmacht des Auftraggebers 1334
- Bestimmtheit 1383
- Bieterschutz 1330
- DIN 18299 ff. 1367
- Eindeutigkeit 1345
- Fehler, die von Bietern nicht erkannt werden 1349
- Fehler, die von Bietern erkannt werden 1348
- fehlerhafte 1347, 1348, 1349, 1737
- Festlegung der Bauaufgabe 1331
- Festlegung des Sicherheitsniveaus 1335

Sachverzeichnis Teil 3 VOB/A

- Festlegung des Inhalts 1331
- Festlegung strategischer Ziele 1335
- Funktion der Nachprüfungsinstanzen 1333
- funktionale 1387
- Grundsätze 1330
- Herstellung, Instandsetzung, Instandhaltung oder Änderung von Gebäuden oder Gebäudeteilen 1388
- Kostenerstattung 1409
- Leistungsanforderungen 1335
- mit Leistungsprogramm 1381, 1435
- mit Leistungsverzeichnis 1379
- Nachforderungen wegen Verletzung der Regelungen 1394
- Nachverhandlungen 1545
- Positionsarten 1337
- Schadenersatzansprüche 1394
- technische Richtigkeit 1355
- technische Spezifikationen 1367
- Transparenz 1382
- unerfüllbare Forderung 1347
- unklare 1481
- Unschädlichkeit einer fehlerhaften 1349
- unzulässige Verengung des Wettbewerbes 1378
- Verbot der Aufbürdung eines ungewöhnlichen Wagnisses auf den Auftragnehmer 1355
- vergleichbare Regelungen 1330
- Verweis auf Produktion oder Herkunft 1370
- Vorrang der schriftlichen 1380
- widersprüchliche 798

Leistungsfähigkeit 1237
- technische 1311
- wirtschaftliche und finanzielle 1313

Leistungsprogramm
- Leistungsbeschreibung mit 1381
- notwendiger Inhalt 1384
- Verbindung mit Bemusterungstermin 1546

Leistungsvertrag 1264

Leistungsverzeichnis
- Änderung gemäß Vorgabe der Vergabekammer, des Vergabesenats 1393
- Änderung nach Angebotsabgabe 1393
- Änderung während der Ausschreibung 1389
- fehlende Angaben 1650
- fehlerhaftes 1731
- in Teilleistungen gegliedert 1380
- Kurzfassung 1508
- Nichtzurücksendung 1568

Leitfabrikate
- ausnahmsweise Verwendung 1376
- Fiktion der Angabe 1642
- für die Art der Dachabdichtung bei Flachdächern 1375
- gleichwertige Produkte 1403
- inhaltliche Konsequenzen aus der Verwendung 1377
- Heranziehung der Eigenschaften 1343
- keine weitere Bevorzugung 1378

Lohngleitklausel 1429, 1430

Losvergabe 1271
- Änderungen 1271
- Inhalt 1271

Mängelansprüche, Verjährung 1423
Markterkundung 1238

Mehr- oder Minderleistungen 1359
Mehrforderungen 1359
Meisterbrief, Vorlage 1309
Melde- und Berichtspflichten 1768
Mengenaufteilung 1386
Minus-Preise 1506, 1605
Mischkalkulation
- durch Übernahme einer Mischkalkulation eines Nachunternehmers 1601
- Prüfungssystematik für die Feststellung 1601
- unzulässige 1595
- Zulässigkeit der Forderung? 1358
Mitarbeiterschulung 1373
Mitteilungspflicht
- Gründe für die Nichtberücksichtigung 1755
- Parallelausschreibungen 1525
Mittelwertverfahren 1670
Mitverschulden des Bieters 1522
Mitwirkungspflicht des Bewerbers bei Übersendung 1478
Möglichkeit der Ausführung der Leistung 1244
Muster Bietererklärung HVA StB-B 1278
Muster und Proben 1509, 1518, 1649

Nachforderungen
- fehlende Erklärungen oder Nachweise 1655, 1690
Nachprüfungsbehörden 1763
Nachprüfungsstellen 1762
Nachreichungsmöglichkeit 1655
Nachträge
- Entschädigung für die Angebotsbearbeitung 1412
Nachträgliche Bietergemeinschaft 1274
Nachunternehmer
- Auswechslung 1571
- Nichtangabe des Leistungsumfangs 1571, 1622
Nachunternehmererklärung 1621
Nachverhandlungen
- bei Leistungsbeschreibungen mittels Leistungsprogramm 1545
- Initiator von unstatthaften 1542
- Rechtsfolge bei unstatthaften 1544
- sonstige statthafte 1547
- statthafte 1545
- über Nebenangebote 1545
- unumgänglichen technischen Änderungen 1546
- unstatthafte 1542
- Verbindung eines Leistungsprogramms und eines Bemusterungstermins 1546
Nachweis
- Anforderungen 1308, 1315
- Angemessenheit 1321
- Bezeichnung 1315
- Fachkunde 1307
- der Eignung 1288, 1321
- Eigenerklärungen 1306
- Einzelnachweise 1303
- Gültigkeitsdauer und Unterschrift 1307
- Nachweis auf andere Art 1321
- Terminologie 1289
- Verzicht 1690
- Zuverlässigkeit 1309
NATO-Vorschriften 1369

Nebenangebote
- Abgrenzung zum Begriff des Hauptangebots 1401
- Angaben im Anschreiben 1401
- Anzahl 1509
- Ausschluss 1404, 1609
- Bedingungsabhängigkeit 1404
- Begriff 1401
- Beurteilungsspielraum bei Wertung 1712
- dynamische Kaufpreisgestaltung 1404
- eindeutige Formulierungen 1405
- einheitliche Wertung 1713
- Entschädigung für die Bearbeitung des Angebots 1411
- Erläuterung der Mindestanforderungen 1404
- fehlender Preis 1606
- Formvorschriften 1509, 1609
- Mindestanforderungen 1720
- nicht zugelassene 1609
- Pauschalangebot 1266, 1713
- Prüfungsstufen 1692
- Risiken 1402
- Sinn und Zweck 1402
- Umdeutung in zweites Hauptangebot 1714
- unterschiedliche Gutachteräußerungen 1713
- Verlesung 1517
- Wertung 1692, 1720
- Wertungskriterien 1692
- Zulassung oder Ausschluss 1404
Nebenarbeit 1235
Nebenleistungen 1381
„nEP-Position" 1338
Newcomer 1291
Nicht erwerbswirtschaftlich orientierte Institutionen
- Beteiligungsverbot 1278
Nichtberücksichtigung
- Angebote 1753
- Bewerbungen 1753, 1757
- Mitteilung 1755, 1758
- nachträglicher Informationsanspruch 1757
Nichtoffenes Verfahren
- Anzahl der Bewerber 1320
- Bekanntmachung 1486
- Dauer der Angebotsfrist 1457
- Dauer der Bewerbungsfrist 1455
- Eignungsprüfung 1320
- Zulässigkeit 1256
Niederschrift
- Rechtscharakter 1518
- Bestandteile 1518
Normalpositionen 1337

Offenes Verfahren
- Angebotsfrist 1453
- Bekanntmachung 1486
- Vergabeart 1255
- Vorrang 1255
Offenkundiges Versehen des Bieters 1530
Öffentliche Ausschreibung
- Abgabe der Unterlagen 1286, 1319
- Vergabeart 1245
- Vorrang 1246
Öffentliche Institutionen 1281
Öffnung der Angebote s. Angebotsöffnung
ÖPP-Projekte
- Angebotsfrist 1434

Optionsrecht des Bieters 1754
Örtliches Diskriminierungsverbot 1273
Parallelausschreibung
- Angebotsfristen 1242, 1434
- eindeutige Leistungsbeschreibung 1360
- Erscheinungsformen 1239
- gestaffelte Eröffnungstermine 1512
- Mitteilungspflicht 1525
- Verwaltungsregelungen 1241
- Wertung 1242
- Zulässigkeit 1239
Pauschalangebot
- als Nebenangebot 1266
Pauschalierung des Verzugsschadens 1419
Pauschalpreis
- Beweislast für das Zustandekommen 1267
- Kalkulationsirrtümer 1265
Pauschalpreisangebot 1403, 1713
Pauschalvertrag
- Bewerbungsbedingungen 1268
- Brückenbauleistungen im Bundesfernstraßenbau 1266
- Inhalt 1264
- keine Änderungen bei der Ausführung 1265, 1266
- Leistung genau bestimmt 1265, 1266
- Prognose und Beurteilungsspielraum 1267
- Teile einer Leistung 1265
Peronalkostenentwicklung 1366
Personenidentitäten bei einem formal neuen Bieter 1615
Pionierprojekte 1387
Politische Neubewertung eines Beschaffungsvorhabens 1741
Positionsarten einer Leistungsbeschreibung
- Allgemeines 1337
- Bedarfspositionen/Eventualpositionen/Optionen 1338
- Grundpositionen 1337
- Normalpositionen 1337
- Wahlpositionen/Alternativpositionen 1339
- Zulagepositionen 1341
PPP-Ausschreibungen, komplexe 1249
Präqualifikation
- abgedeckte Angaben 1291
- Eintragung in das Verzeichnis 1289
„preferred Bidder" 1263
Preis
- Angemessenheit 1668
- Fantasiepreise 1604
- fehlender/unvollständiger 1591, 1592
- Folgerung aus der Feststellung eines unangemessen niedrigen Preises 1047
- symbolischer 1595
- unangemessen niedriger oder hoher 1669
Preisänderungen
- Bieterschutz 1415
Preisangabe 1505
- fehlende Aufschlüsselung 1604
- fehlende/unvollständige 1591, 1592
- „in Pos. . . . enthalten" 1567
- nicht verlangte 1567
- widersprüchliche 1606

Sachverzeichnis Teil 3 VOB/A

Preisermittlung
– Angabe aller die beeinflussenden Umstände 1353
– wesentliche Änderungen der Grundlagen 1427
Preisnachlässe
– ausgeschlossene Pauschalnachlässe 1718
– bedingter 1403
– Begriff 1715
– missverständliche und widersprüchliche 1718
– mit Bedingungen 1716
– nicht verlesener 1517
– ohne Bedingungen 1715
– unbedingter 1402
– Wertung 1715
– Zulässigkeit 1715
Preisrechtliche Rahmenbedingungen 1430
Preisvorbehalte
– bei öffentlichen Aufträgen 1428, 1431
Presserechtliche Auskunftsansprüche 1756
Privatrechtlich organisierte Unternehmen der öffentlichen Hand 1382
Proben s. Muster und Proben
Produkt, keine näheren Erläuterungen 1640
Produkt- und Verfahrensneutralität 1371
Produktidentifizierende Angaben 1639
Programmdiskette 1477
Projektanten 1322
Projektgesellschaft 1365
Prüfung der Angebot
– Angemessenheit des Preises 1668
– Eignungsprüfung 1663
– Prüfung und Ausschluss 1557
– rechnerische, technische und wirtschaftliche Prüfung 1663
– wirtschaftlichstes Angebot 1668
Prüfungspflicht
– Abweichungen von technischen Spezifikationen 1691
Prüfzeugnisse, fehlende 1648

Qualifikation Entwässerungsanlagen 1313
Qualitätssicherung 1313, 1327

Rahmenvereinbarung 742
– Zeitverträge 1269
RAL-Zertifizierung von Produkten 1368
Rechnerische Prüfung 1663
– Bedeutung des Einheitspreises 1664
– falsche Rechenoperationen 1667
– Ergänzung eines fehlenden Einheitspreises 1665
– Grundsätze 1663
– Hinzurechnung von Preisen 1667
– Korrekturen 1663
– offensichtliche Übertragungsfehler 1666
– Verbindung mit allgemeiner Durchsicht der Angebote 962
– Zuschlag auf ein rechnerisch ungeprüftes Angebot? 1667
Rechtliches Gehör 1302
Rechtsform
– Bietergemeinschaft 1274, 1276, 1321
– kein Zulassungskriterium 1273
Referenzen 1309
Register über unzuverlässige Unternehmen
– Entwurf eines Gesetzes 1302
Richtlinien Bevorzugte Bewerber 1286

Rückforderungen 1428
Rundungsdifferenzen 1606

Sachdienliche Auskünfte 1480
Schadenersatzansprüche
– bei fehlender, aber notwendiger Entschädigungsregelung 1412
– Verletzung der Regelungen des § 7 1394
– wegen verspäteter Zustellung 1524
Schätzung des Auftragswerts
– maßgeblicher Zeitpunkt 1236
Schnittstellenrisiko 1373
Schutzmaßnahmen 1647
Schweißnachweis 1309
Schwellenwert 1235
– Bauleistungen 1246
Schwere Verfehlungen
– Beweislast für das Vorliegen 1301
– nachträgliche Berücksichtigung 1301
– nachweislich festgestellte 1296
– Verantwortung bei juristischen Personen 1301
– Begriff 1296
Selbstgefertigte Abschrift 1508
Selbstreinigung des Unternehmens 1614
Sicherheitsleistung
– Forderung einer Bürgschaft für Insolvenzfall 1425
– restriktive Handhabung 1425
Sicherheitsniveaus, Festlegung 1335
Signaturanforderung 1502
Signaturrichtlinie 1501
Skonto 1403
Spekulationsangebote 1683
Staatliche Beihilfe 1720
Standards 1360, 1704
Statthafte Nachverhandlungen 1545, 1547
Steuerzahlungspflicht 1302
Stoffpreisgleitklausel 1429, 1430, 1431
Strafrechtliche Verstöße 1297, 1318
Straßenausstattung 1247
Straßenbauer-Handwerk 1295
Strategische Ziele, Festlegung 1335
Stundenlohnarbeiten, angehängte 1367
Stundenlohnvertrag 1268
Stundenverrechnungssatz 1606
Submission 1512

Tariftreueerklärung 1568
Tarifverstöße 1297, 1569
Technische Ausrüstung 1311, 1312
Technische Leistungsfähigkeit 1311
Technische und wirtschaftliche Prüfung 1667
Technische Spezifikationen
– Abweichung 1509, 1689
– Begriff 1367, 1690
– Ersetzung von Leistungs- oder Funktionsanforderungen 1369
– Ersetzung von nationalen Normen 1369
– Formulierung 1369
– Umwelteigenschaften 1370
Teilaufhebung
– von einzelnen Losen 1727
– von einzelnen Positionen 1727
Teilnahmeanträge
– Anforderungen 1460
– Anforderungen an Auftraggeber 1460

Vergabe- und Vertragsordnung für Bauleistungen   Teil 3 VOB/A **Sachverzeichnis**

- Anforderungen an Bewerber 1461
- nur einer 1741
- Öffnung 1527
- Unterzeichnung 1461
Teilnahmewettbewerb
- beschränkten Ausschreibung 1248
- Verhandlungsverbot 1547
Teilnehmer am Wettbewerb
- a-Paragraph 1316
- Abgabe der Unterlagen beim offenen Verfahren 1319
- Abgabe der Unterlagen bei Öffentlicher Ausschreibung 1286
- Änderungen 1272, 1318
- Anforderungen an Angaben und Nachweise 1315
- Angemessenheit der Eignungsnachweise 1321
- Anzahl der Bewerber beim nichtoffenen Verfahren 1320
- Anzahl der Bewerber beim Verhandlungsverfahren 1320
- Anzahl der Bewerber beim Wettbewerblichen Dialog 1320
- Auswahl bei beschränkter Ausschreibung 1287
- Begrenzung der Teilnehmeranzahl 1320
- Bekanntmachung der Höchstzahl 1321
- Bekanntmachung der Mindestzahl 1320
- Berücksichtigung der Kapazitäten Dritter 1326
- Beteiligung von vorbefassten Bietern oder Bewerbern 1322
- Beteiligungsverbot nicht erwerbswirtschaftlich orientierter Institutionen 1278
- Bezeichnung der Nachweise 1315
- Bietergemeinschaften 1273, 1321
- Bieterschutz 1273
- Eignung 1288, 1315
- Eignungsprüfung beim nichtoffenen Verfahren 1320
- Feststellung der Eignung 1288
- Gleichsetzung von Bietergemeinschaften und Einzelbietern 1273
- Nachweis der Eignung 1288
- Nennung der objektiven Auswahlkriterien 1321
- örtliches Diskriminierungsverbot 1273
- Qualitätssicherung 1327
- Umweltmanagement 1326
- vergleichbare Vorschriften 1272, 1318
- zwingende Ausschlussgründe 1318
Tiefbau 1247
Transparente Vergabeverfahren 1237
Typen- und Herstellerangaben, fehlende 1643

Überhöhte Baustelleneinrichtung 1687
Übermittlung der Vergabeunterlagen 1477
Übermittlungsrisiko 1521
Übersendung von elektronischen Medien 1477
Umdeutung 1588
Umfirmierung 1586
Umsatzrabatte , Zulässigkeit 1269
Umsatzsteuerbelastung 1365
Umsatzsteuerpflicht, Beschleunigungsvergütung 1422
Umwelteigenschaften, Spezifikationen 1370
Umweltmanagement 1326
unangemessen niedrigen Preis 1676
Unangemessenheit der Preise 1669

Unbedenklichkeitsbescheinigung
- Finanzamt 1303
- Sozialversicherungsträger 1304
Unbedingter Preisnachlass 1402
Ungewöhnliches Wagnis
- Verbot der Aufbürdung 1355
Ungewöhnlichkeit der Leistung 1355
Unschuldsvermutung 1300
Unstatthafte Nachverhandlungen 1542
Unterlassene Erkundigung 1348, 1349
Unterrichtungspflicht 1747
Unterstützung, sonstige 1322
Unvollständigkeiten des Angebots 1653
unwesentliche Position 1607
Unwirtschaftliches Ergebnis der Ausschreibung 1737
Urheberrecht des Bieters 1412
ursprüngliche Bedingungen des Auftrags 1257, 1260

Verdachtsgründe 1296
Verdeckte Bietergemeinschaften 1274
Vereinheitlichung des Vokabulars 1232
Verfügbarkeitsnachweis 1326
Verfügbarkeitsrisiko 1364
Vergabe
- einheitliche 1271
- nach Losen 1271
- zu angemessenen Preisen 1237
Vergabe- und Vertragshandbuch (VHB) 1232
Vergabearten
- Beschränkte Ausschreibung 1245
- Beschränkte Ausschreibung mit Teilnahmewettbewerb 1248
- Beschränkte Ausschreibung ohne Teilnahmewettbewerb 1246, 1248
- Freihändige Vergabe 1246, 1249, 1252
- Nichtoffenes Verfahrens 1255, 1256
- Offenes Verfahren 1255
- Öffentliche Ausschreibung 1245
- Verhandlungsverfahren 1255
- Vorrang des offenen Verfahrens 1255
- Vorrang der Öffentlichen Ausschreibung 1246
- Wettbewerblicher Dialog 1255, 1256
Vergabebekanntmachung s. Bekanntmachung
Vergabekammern 1764
Vergabeplattform 1459
Vergaberechtswidriges ungewöhnliches Wagnis 1355
Vergabesenate 1764
Vergabeunterlagen
- a-Paragraph 1412
- Anforderung 1477, 1488
- Änderungen 1397, 1412, 1559, 1561
- Anschreiben 1398
- Auskünfte 1489
- Begriffsbestimmung 1398, 1489, 1561
- Begriffsverwendung im Vergabenachprüfungsverfahren 1398
- Entschädigung für die Bearbeitung des Angebots 1411
- erneute Übersendung 1478
- Fertigstellung 1242
- Freie und direkte Verfügbarkeit 1488
- Kostenerstattung 1409
- sofortige Prüfungspflicht 1435

2699

Sachverzeichnis Teil 3 VOB/A

- Übermittlung 1477
- Urheberrecht des Bieters 1412
- vergleichbare Regelungen 1397, 1412
- Versand 1477, 1478, 1481
- vollständige Verfügbarkeit 1489
- Widerspruchsfreiheit 1364

Vergleichbarkeit, Begriff 1293

Vergütungsänderung
- Allgemeines 1426
- Bagatell- und Selbstbehaltsklausel 1427
- Ermessensregelung 1426
- Festlegung der Änderung in den Verdingungsunterlagen 1429
- Längerfristige Verträge 1428
- Preisänderungen nach Versendung der Unterlagen 1430
- Preisvorbehalten bei öffentlichen Aufträgen 1431
- Preisvorbehalte nur für den ausgeschriebenen Auftrag 1427
- Stoffpreisgleitklauseln 1431
- Unzulässigkeit des völligen Ausschlusses jeder Preisänderung 1427
- Vorgabe von Preisvorbehalten nur durch den Auftraggeber 1427
- Wesentliche Änderungen der Preisermittlungsgrundlagen 1427

Verhandlungsverbot im Teilnahmewettbewerb 1547

Verhandlungsverfahren
- Anzahl der zu Verhandlungen aufzufordernden Bewerber 1320
- über Kreativleistungen 1723
- Zulässigkeit nach Öffentlicher Vergabebekanntmachung 1256
- Zulässigkeit ohne Öffentliche Vergabebekanntmachung 1258

Verhandlungsverfahren nach Öffentlicher Vergabebekanntmachung
- Bauvorhaben zu Forschungs-, Versuchs- und Entwicklungszwecken 1258
- Bekanntmachung 1486
- Bewerbungsfrist 1458
- enumerative Aufzählung 1256
- keine grundlegenden Änderungen der ursprünglichen Vertragsunterlagen 1256
- keine wirtschaftlichen Angebote in einem offenen oder nichtoffenen Verfahren 1256

Verhandlungsverfahren ohne Öffentliche Vergabebekanntmachung
- Änderung 1259
- Dringlichkeit der Leistung 1261
- Durchführung nur von einem bestimmten Unternehmen 1261
- Einbeziehung aller geeigneten Bieter 1259
- enumerative Aufzählung 1258
- Fristen 1263
- keine grundlegenden Änderungen der ursprünglichen Vertragsunterlagen 1259, 1260
- keine wirtschaftlichen Angebote in einem offenen oder nichtoffenen Verfahren 1259
- „preferred Bidder" 1263

Verjährung der Mängelansprüche
- Hemmung durch Anrufung einer VOB-Schiedstelle 1424

Sachverzeichnis zu Teil 3

- Privilegierung der VOB/B 1424
- Verjährungsfristen nach § 13 Abs. 4 VOB/B 1423
- Verlängerung der Verjährungsfristen 1423

Verkehrswegebau 1247

Verlängerung der Angebotsfrist 1435

Verlängerung der Bindefrist 1361, 1440

Verlängerung der Verjährungsfristen 1423

Verlesung aller Angebote 1517

Verlustausgleich 1296

Verpflichtungs- oder Verfügbarkeitserklärung
- fehlende 1634
- Form 1636
- Zeitpunkt der Forderung 1636

Versicherung 1366

Verspätete Angebote, Ausschluss 1558

Verspätete Angebote, Zulassung
- Annahmeverweigerung durch den Auftraggeber 1524
- Grundsatz 1519
- Mitverschulden des Bieters an der Verspätung 1522
- neues Angebot nach Ablauf der Bindefrist 1522
- Schadenersatzansprüche wegen verspäteter Zustellung 1524
- Teilweise verspätetes Angebot 1522
- Übermittlungsrisiko des Bieters 1521
- Zugangsbegriff 1519
- Zulassung 1524

Vertragsarten 1263

Vertragsbedingungen
- Allgemeines 1408
- Änderung der Vergütung 1426
- Ausführung erst nach Aufforderung durch den Auftraggeber 1416
- Bauzeitenplan 1417
- Bemessung der Ausführungsfristen 1415
- Beschleunigungsvergütungen 1422
- Bieterschutz 1415
- Festlegung der Ausführungsfrist nach dem VHB 1417
- Pauschalierung des Verzugsschadens 1419
- Sicherheitsleistung 1425
- Verjährung der Mängelansprüche 1423
- Vertragsstrafen 1419
- Zusätzliche Technische Vertragsbedingungen 1409

Vertragsstrafen
- angemessene Höhe 1420
- Bieterschutz 1415
- Geltendmachung nur bei tatsächlichen Nachteilen für den Auftraggeber 1421
- Geltungsbereich 1419
- Höhe im billigen Ermessen des Auftraggebers 1421
- Kündigung bei illegalen Praktiken im Baugewerbe 1361
- Leistungsbeschreibung 1360
- nicht rechtzeitige Mitteilungen 1361
- Rechtsfolgen einer unangemessen hohen 1421
- vom Auftraggeber vorgegebene Vertraulichkeitserklärung 1420
- Ziff. 1.7.4 der ZTV-Asphalt-StB 1420
- Zulässigkeit bei abstrakter Möglichkeit eines erheblichen Nachteils 1422

Zulässigkeit bei drohenden Ansprüchen eines Nachunternehmers 1422
Vertragsunterlagen
– Auslegung 1407
– Begriff 1406, 1454
– freie und direkte Verfügbarkeit 1455
– vollständige Verfügbarkeit 1455
– Vorrang vor Bekanntmachung 1407
– zusätzliche Unterlagen 1454
Vertraulichkeit der Angebote 1503
Vertraulichkeitserklärung 1420
Vervielfältigenskosten 1409, 1410
Verwaltungsregelungen zur Umsetzung der Konjunkturpakete 1248, 1252
Verweigerung von Aufklärungen und Angaben durch den Bieter 1539
Verzugsschaden, Pauschalierung 1419
Vier-Augen-Prinzip 1519
VOB/A
– Änderungen 1231
– Einführung 1231
– Fortschreibung 1232
– HVA B-StB 1233
– Inhalt und Aufbau 1231
– Privilegierung 1424
– VHB 1232
Vollständigkeitsrisiko 1364
Vorabzustimmung des Bieters 1365
Vorbefasste Bietern oder Bewerbern
– Beteiligung 1322
Vorbefasstheit, Begriff 1323
Vorhaltung von Personal 1359
Vorinformation
– Abkürzung der Regelfrist 1453
– Aufträge über bauliche Anlagen 1485
– Ausfüllanleitung des VHB 1486
– Bauaufträge mit überwiegendem Lieferanteil 1485
– Bedeutung 898
– fakultative Übermittlung an andere Bekanntmachungsblätter 1486
– Form 1485
– Formalitätscharakter oder materielle Bedeutung? 1484
– Fristverkürzung 1485
– Sinn und Zweck 1484
– Übermittlung 1486
– Zeitpunkt 1486
– zwingende 1485

Wagnis
– Aufbürdungsverbot 1355
Wahlpositionen
– Begriff 1339
– Bekanntgabe der Kriterien für Inanspruchnahme 1341
– formale Anforderungen 1340
– unzulässig hoher Umfang 1350
– Zulässigkeit in Leistungsbeschreibung 1340
Wahlrecht 1641
Wahrheit der Bieterangaben 1557
Wartungsarbeiten 1373
Wartungsvertrag
– Forderung nach einem 1400
– keine eindeutigen Kriterien 1351

Werkstätten für Behinderte 1286
Wertung der Angebote 1549
– Angebote mit Abweichungen von technischen Spezifikationen 1689
– Auslegung des Angebots 1689
– Beurteilungsspielraum 1388
– Bieterschutz 1551, 1719
– Bindung des Auftraggebers an die veröffentlichten Zuschlagskriterien 1719
– Nebenangeboten 1692, 1720
– Preisnachlässen 1715
– Regelungen bei freihändigen Vergaben 1719
– ungewöhnlich niedrige Angebote aufgrund staatlicher Beihilfen 1720
Wertungsstufen
– 1. Wertungsstufe: Ausschluss nach § 25 Nr. 1 1557
– 2. Wertungsstufe: Eignungsprüfung 1663
– 3. Wertungsstufe: Prüfung der Angebotspreise 1663
– 4. Wertungsstufe: Prüfung der Angemessenheit des Preises 1668
– positive Regelung der Ausschlussgründe 1556
– Prüfungsreihenfolge 1554
– Rechtsprechung 1553
– Schaffung eines Informationskreislaufs 1555
– Trennung der einzelnen Stufen 1554
– Verpflichtung zur umfassenden Prüfung und Wertung aller Angebote 1554
– zwingend auszuschließende Angebote 1555
Wettbewerblicher Dialog 1255, 1256
– Anzahl der zu Verhandlungen aufzufordernden Bewerber 1320
– Dauer der Bewerbungsfrist 1458
– Bekanntmachung 1486
Wettbewerbsbeschränkende Abrede 1609
Wettbewerbsprinzip 1237
Wichtige Aufklärungen 1480
Wiedereinsetzung in den vorigen Stand 1433
Wirtschaftliche Leistungsfähigkeit 1313
Wirtschaftlichstes Angebot, Auswahl 1688
Wirtschaftsprüfer 1313
Wissensvorsprung 1323

Zeichnerische Darstellung der Leistung 1380
Zeitlicher Vorlauf zwischen Angebotseröffnung und Leistungsbeginn 1358
Zeitverträge
– Auf- und Abgebotsverfahren 1269
– Rahmenvereinbarungen 1269
Zertifizierung 1309
Zeugenvernehmung 1301
Zugang des Angebots
– Begriff 1519
– Darlegungs- und Beweislast 1523
– Einlegung in ein Postfach 1520
– richtige Eingangsstelle beim Auftraggeber 1519
Zulagepositionen 1341
Zulassung neuer Angebote 1450
Zurückziehung von Angeboten 1437
Zusätzliche Auskünfte, Begriff 1478
Zuschlag 1750
– bedingter 1363
– Begriff 1750

Sachverzeichnis Teil 3 VOB/A

– mit Erweiterungen, Einschränkungen, Änderungen oder Verspätung 1750
– vergaberechtskonforme Auslegung 1751
Zuschlagsfrist
– Ablauf 1448, 1739
– Ausschöpfung 1439
– Begriff 1438
– Dauer 1438
– fehlende Fristbestimmung 1439
– generelle Ausdehnung 1447
– Sinn und Zweck 1438
– Verlängerung 1448
Zuschlagskriterien
– Bindung 1719
– keine eindeutigen 1350
Zuverlässigkeit 1237, 1309, 1302
Zwingender Angebotsausschluss
– abschließende positive Regelung der Gründe? 1318, 1556

– Änderungen an den Vergabeunterlagen 1559
– Benennung der Rechtsfolge 1558
– fehlende Preise 1591
– Gegenstand der 1. Wertungsstufe 1557
– keine Signatur 1559
– nicht eindeutig unterschriebene Angebote 1559
– nicht unterzeichnete Angebote 1559
– nicht vertrauliche Angebote 1559
– nicht zugelassene Nebenangeboten 1609
– unvollständige Preise 1592
– unvollständige Unterschrift 1559
– verspätete Angebote 1558
– vorsätzlich unzutreffende Eignungserklärungen 1610
– wettbewerbsbeschränkende Abrede 1609
– zwingender Ausschluss 1558
Zwischensummen
– Verbindlichkeit in Einheitspreisangebot 1264

Sachverzeichnis zu Teil 4:
Vergabe- und Vertragsordnung für Bauleistungen
Teil A (VOL/A)

A-B-C-Modell 1802
Abfallmenge, Entwicklung 1906
Abholzeiten 1983
Abmagerungsangebote 2241
Abnahme- bzw. Verwendungsrisiko 1933
Abnahmegarantie 1865
Abrufbarkeit von Fördermitteln 1812
Abrufverpflichtung des Auftraggebers 1820
Abschleppleistungen 1983, 2288
Absicherung eines Risikos über die Vergütung 1933
Abtretung von Mängelansprüchen 1936
Allgemeine Vertragsbedingungen 1793, 1996
Alternativpositionen 1893, 2110
Änderungen
– der Mängelanspruchsfrist 2180
– der Vergütung 1804
– der Vertragsunterlagen 2064, 2171, 2173, 2364
– der Zuschlags- und Bindefrist 2181
– des Bieters an seinen Eintragungen 2169
– des Inhalts der ausgeschriebenen Leistung 2174
– des Leistungsverzeichnisses 1973
– durch Abweichung von Kalkulationsgrundlagen 2178
– durch Angaben zum Ausführungstermin 2180
– durch Auswechslung eines Nachunternehmers 2183
– durch Beifügen von Allgemeinen Geschäftsbedingungen 2176
– durch Beifügung einer eigenen Tariftreueerklärung 2180
– durch die Preisangabe „in Pos .... enthalten" 2179
– durch ein Begleitschreiben 2175
– durch ein Nebenangebot 2182
– durch irrtümlich eingefügte Positionen 2179
– durch Nachunternehmererklärungen 2182
– durch nicht angebotene Teile der ausgeschriebenen Leistung 2180
– durch nicht verlangte Preisangaben 2179
– durch Nichtabgabe von verlangten Erklärungen 2180
– durch Nichtzurücksendung des Leistungsverzeichnisses 2180
– durch Widersprüche zwischen Muster und schriftlichem Angebot 2180
– in der Person des Anbieters 2196
– zugunsten des Auftraggebers 2181
– zulässige 2201
Angebote
– allgemeine Anforderungen an die Bieter 2047, 2363
– Änderung 2025
– Änderungen an den Vertragsunterlagen 2064
– Angabe aller geforderten Angaben, Erklärungen und Preise 2063
– Angabe der Form 2051, 2363

– auf dem Postweg eingereichte 2051, 2067
– Auslegung 2047, 2363
– Ausschluss, zwingender 2168
– Behandlung bis zur Öffnung 2067
– direkt eingereichte 2051, 2067
– eines Bieters für einen Dritten 2056
– Eingangsprüfung 2069
– Einreichung in all seinen Bestandteilen in deutscher Sprache 2065
– Einreichung in verschlossenem Umschlag 2060
– elektronische 2057, 2067
– fachliche Richtigkeit 2168
– Form 2046, 2051, 2362
– Formerfordernisse an Teilnahmeanträge 2065
– Formerfordernisse für Bietergemeinschaften 2064
– Gliederung 2159
– Inhalt 2046, 2362
– „Inhaltsleere" 2269
– kein den Ausschreibungsbedingungen entsprechendes 1342
– Kennzeichnung 2061, 2070
– Korrekturen des Bieters an Eintragungen 2064
– mit mehrdeutigen Angaben, mit unklärbaren Mehrdeutigkeiten und Widersprüchen 2160
– mittels Telekopie 2059
– Muster und Proben 2065
– Öffnung 2066
– rechnerische Richtigkeit 2163
– Rücknahme 2278
– teilweise verspätetes 2204
– Umdeutung 2200
– umfassende Prüfung und Wertung aller Angebote? 2097
– Umrechnungszeitpunkt bei anderer Währung 2063
– ungewöhnlich hohe 2215
– ungewöhnlich niedrige 2208
– unklare 2160
– Unterzeichnung 2051
– Unversehrtheit 2059
– verschlossene Aufbewahrung 2061
– Verschluss, äußeren Kennzeichnung, Verschlüsselung 2069
– Vertraulichkeit 2059, 2060
– Vollständigkeit 2100
– Zulassung verspäteter 2206
– Zurückziehung 2025, 2351
Angebotseröffnung s. Öffnung der Angebote
Angebotsfrist
– Abkürzung bei elektronischen Bekanntmachungen 2346
– Abkürzung bei freier, direkter und vollständiger Verfügbarkeit der Vergabeunterlagen 2349
– Abkürzung bei Vorinformation 2345, 2348
– Abkürzung wegen besonderer Dringlichkeit 2348

Sachverzeichnis Teil 4 VOL/A

- Angemessenheit der Dauer 2009
- Aufhebung der Ausschreibung bei Verfahrensfehlern im Zusammenhang mit der Verlängerung 2011
- Bedeutung des Ablaufes für die Wertung 2011
- Begriff 2008
- Dauer 2008, 2345
- Dauer beim Offenen Verfahren
- Ende 2011
- europaweite Ausschreibungen 2344
- Heilung einer zu kurz bemessenen 2010
- Nennung unterschiedlicher durch den Auftraggeber 2010
- Rechtscharakter 2008
- Regelfrist 2345, 2348
- Verkürzung der Fristen im Rahmen der Regelungen zum Konjunkturpaket II 2346, 2348
- Verlängerung 1976, 2011

Angebotsöffnung s. Eröffnungstermin, Öffnung der Angebote
Angemessene Preise, Vergabe 1799
Angemessenheit der Angebotspreise
- ungewöhnlich hohes Angebot 2215
- ungewöhnlich niedriges Angebot 2208

Annahmeerklärung, Zugang des Bieters beim Auftraggeber 2024
Annahmeverweigerung durch den Auftraggeber 2206
Anscheinsvollmacht 2055
Anschreiben 1985
Ansprechpartner 2078
Anwendungsbereich
- Gemischte Verträge 1797, 2296
- Leistungen des Anhangs I A und des Anhangs I B 2287
- Lieferungen und Leistungen 1795
- Negativ-Abgrenzung: keine Bauleistungen und keine Leistungen nach VOF 2287
- Positiv-Abgrenzung: Leistungen 2287
- Verknüpfung zum GWB 2287
- § 1 EG 2286
- § 1 VOL/A 1794

Arbeitsgemeinschaften 1840
Arbeits- und Arbeitskräftevermittlung 2293
Arbeitssicherheitsgesetz 1916
Arbeitsteilige Organisation der Prüfungsabläufe 2098
Architektur 2289
Arten der Vergabe s. Vergabearten
Arzneimittel-Rabattverträge 1827, 1828, 1916
Aufbewahrung von Briefumschlägen, Paketverpackungen 2073
Aufforderung zur Angebotsabgabe 1985
Aufhebung von Vergabeverfahren
- Ablauf der Zuschlags- und Bindefrist 2270
- abschließende Aufzählung der Gründe 2259
- Alternative 2257
- andere schwerwiegende Gründe 2265
- Bekanntmachung der Entscheidung 2277, 2375
- Beweislast für das Vorliegen von Aufhebungsgründen 2277, 2375
- Bieterschutz 2253, 2374
- enge Auslegung der Voraussetzungen 2258, 2375
- Ermessensentscheidung 2254, 2374
- fehlerhafte Leistungsbeschreibung 2269

- Geltungsbereich 2254
- Gründe 2259, 2275, 2375
- inhaltsleere Angebote 2269
- kein den Bewerbungsbedingungen entsprechendes Angebot 2259
- kein Kontrahierungszwang 2275
- mangelnde Eignung aller Bieter 2270
- Missbrauch der Aufhebungsmöglichkeit 2278, 2376
- mit anschließender – unveränderter – Auftragsvergabe 2276
- mit anschließender – veränderter – Auftragsvergabe 2276
- neues Vergabeverfahren im Anschluss 2279, 2376
- nicht heilbarer Vergaberechtsfehler 2270
- ohne anschließende Auftragsvergabe 2275
- Pflicht 2255
- Rechtsnatur 2277, 2375
- restriktive Auslegung 2259
- Rücknahme 2278, 2376
- Schadenersatz 2275
- Scheinaufhebung 2278, 2376
- Sinn und Zweck 2254
- Teilaufhebung 2258, 2375
- Überprüfung der Aufhebungsentscheidung 2279, 2376
- Unterrichtungspflicht 2278, 2375
- unwirtschaftliches Ergebnis der Vergabeverfahren 2263
- unzureichende Finanzierung 2266
- Verzicht auf Vergabe der ausgeschriebenen Leistung 2276
- Vorliegen nur eines Teilnahmeantrags 2272
- wesentliche Änderung der Grundlagen 2260

Aufhebungsentscheidung, Überprüfung 2279
Aufklärung des Angebotsinhalts 2074, 2365
- Aufklärungsbedarf 2076
- Aufklärungsgespräche 2075 2077
- Bieterschutz 2074, 2365
- Statthafte Nachverhandlungen? 2090
- unstatthafte Nachverhandlungen 2087
- Verhandlungsverbot im Teilnahmewettbewerb 2090

Aufklärungen an Bewerber und Bieter 2043
Aufklärungsbedarf 2076
- Verursachung durch den Auftraggeber 2076
Aufklärungsgespräche 2075
- Ansprechpartner 2078
- Anspruch 2075
- Anspruch auf Wiederholung 2079
- Aufklärungsmaßnahme im engeren Sinn 2077
- Ausnahmevorschrift 2077
- Begründungspflicht 2086
- Beifügung anderer Treiber 2083
- Beschränkung der Gespräche auf aussichtsreiche Bieter 2079
- Ermöglichung der Nachholung einer Teststellung 2083
- fruchtloser Ablauf einer Frist 2087
- Gleichbehandlung der Bieter 2078
- kein Anspruch 2075
- keine Verpflichtung des Auftraggebers zur Führung 2075
- Setzung einer Ausschlussfrist 2085
- über die Art der Ausführung 2080

Vergabe- und Vertragsordnung für Bauleistungen   Teil 4 VOL/A   **Sachverzeichnis**

– über die Eignung 2081
– über die fehlende Erklärung zu Nachunternehmerleistungen 2082
– über die Kalkulation 2080
– über Lieferfristen 2079, 2082
– über Materialien, Fabrikate und Verrechnungssätze für Stundenlohnarbeiten 2080
– über mögliche Varianten der Ausführung 2083
– über Preise 2079
– über ungenügende Beschreibung eines Nebenangebots 2082
– über Verbindlichkeit der Unterschrift 2082
– Zeitpunkt der Anwendbarkeit des § 15 VOL/A 2091
– zulässiger bzw. unzulässiger Inhalt 2085
Aufklärungspflicht des Auftraggebers
– Feststellung eines ungewöhnlich niedrigen oder hohen Preises 2216
„Aufklärungsschwelle" 2220
Aufklärungsverlangen 2217
Aufklärungsverweigerung durch den Bieter 2085
Aufschlüsselung der Preise, fehlende 2110
Auftragserteilung, Bekanntmachung 2379
Auftragswert, Angabe 1854
Ausforschung durch die Vergabestelle 2076
Ausführung, bestimmte Art 1964
Ausführung der Leistung, Möglichkeit 1804
Ausgleichungspflicht der Vergabestelle 1889
Auskünfte
– an Bewerber und Bieter 2043
– Beachtung des Gleichheitsgrundsatzes 2045
– Begriff der „sachdienlichen" Auskünfte 2044
– Begriff der „wichtigen Aufklärungen" 2044
– Begriff der „zusätzlichen Auskünfte" 2044
– Frist für den Eingang von Fragen 2045
– Form der Erteilung 2043
– Reaktionsmöglichkeiten bei unklarer Leistungsbeschreibung 2046
– Rechtsfolge einer nicht erfolgten Erkundigung 2046
– unverzügliche Erteilung 2045, 2349
Auskunfts- und Schutzdienste 2293
Auskunftsansprüche, presserechtliche 2285, 2378
Auskunftserteilung 2349
Auskunftspflicht des Auftraggebers 2043
Auslegung
– des Angebots 2047, 2207, 2363
– der Leistungsbeschreibung 1894
– der Vergabebekanntmachung 2029
Ausschließliche Verantwortung der Vergabestellen 1804
Ausschluss von Angeboten
– Ausnahmen vom zwingenden Ausschluss 2162
– fakultativer 1866, 2207
– zwingender 2168
Ausschlussgründe
– besondere 1201
– abschließende positive Regelung? 2099
– Änderungen des Bieters an seinen Eintragungen nicht zweifelsfrei 2169
– Änderungen oder Ergänzungen an Vertragsunterlagen 2171
– fehlende geforderten oder nachgeforderten Erklärungen/Nachweisen 2168

– Insolvenz- oder einem vergleichbaren Verfahren 1868
– nachweislich festgestellte schwere Verfehlung 1869
– nicht formgerecht eingegangen 2201
– nicht fristgerecht eingegangen 2202
– nicht unterschrieben/nicht elektronisch signiert 2168
– nicht zugelassene Nebenangebote 2207
– unzulässige, wettbewerbsbeschränkende Abrede 2207
Ausschreibungsmuster 1987
Auswahl der Bewerber 1807, 2239
Auswahl des wirtschaftlichsten Angebots 2230
– Berücksichtigung durch Auftragsgegenstand gerechtfertigten Zuschlagskriterien 2231
– Berücksichtigung der genannten Zuschlagskriterien 2230
– Personenbeförderungsleistungen 2252
– Wertung von Angeboten mit Medizinprodukten 2252
– Wertung von Nebenangeboten 2231
– Wertung von Preisnachlässen 2249
– Zuschlag 2231
Autorisierte Händler 1864

Bearbeitung des Angebots, Kostenersatz 1989
Bedarfsposition 1891
– Beauftragung einer 1892
– fehlender Gesamtpreis bei mehreren 2110
– keine eindeutige Bezeichnung 1892, 1934
– Spekulationspreise 2228
Bedingter Zuschlag 1938
Begleitschreiben 1985, 2175
Begrenzung der Anzahl der Bieter
– Bekanntmachung der Mindestanzahl 2315
– Bekanntmachung der Höchstzahl 2316
– Mindestanzahl der Teilnehmer 2316
– Nennung der objektiven Auswahlkriterien in Bekanntmachung 2316
Beihilfe, staatliche 2372
Beistellungen im Rahmen von Dienstleistungsaufträgen 1899
Bekanntmachung 2027, 2355
– Amt für amtliche Veröffentlichungen der Europäischen Gemeinschaften 2358, 2359
– Amtsblatt der Europäischen Gemeinschaften 2358
– Aufhebungsentscheidung 2277
– Auslegung 2029, 2357
– Ausschreibungen unterhalb der Schwellenwerte 2029
– Begriff 2031
– Bezeichnung einer „Öffentlichen Ausschreibung" als „Offenes Verfahren" 2032
– Bindung des Auftraggebers 20300 2357
– der Auftragserteilung 2379
– elektronische 2032, 2346, 2359
– EU-weite Bekanntmachung 2031
– fakultativer Inhalt 2041
– Form der Übermittlung 2358
– Formular 2034
– Höchstzahl der Teilnehmer 2316
– Inhalt 2033, 2358
– inländische Veröffentlichung 2359

Sachverzeichnis Teil 4 VOL/A

Sachverzeichnis zu Teil 4

- Mindestinhalt 2034
- Mindestzahl der Teilnehmer 2315
- Muster 2357
- Nennung der Vergabenachprüfungsstelle 2361
- notwendiger Inhalt 2033
- Offener, Nichtoffener und Verhandlungsverfahren, Wettbewerblicher Dialog 2357
- öffentliche Liefer- oder Dienstleistungsaufträge, die nicht der Bekanntmachungspflicht unterliegen 2361
- Rechtsprechung des EuGH und des EuG 2029
- Sinn und Zweck 2028, 2356
- Supplement zum Amtsblatt der Europäischen Gemeinschaften 2359
- über die Auftragserteilung 2379
- unterschiedliche Bekanntmachungsinhalte derselben Ausschreibung 2032
- Vorinformation 2360
- Vorrang des Inhalts gegenüber den Vertragsunterlagen 2033
- Wahl des Bekanntmachungsmediums 2031, 2359
- zwingende Veröffentlichung im Amtsblatt der Europäischen Gemeinschaften 2359

Bekanntmachungsmedium 2031
Bekanntmachungsmuster 2357
Benachrichtigung nicht berücksichtigter Bieter/Bewerber
- Inhalt 2283, 2378
- Rechtsfolge bei unterlassener Benachrichtigung 2284, 2378

Beratung, Begriff 1876
Berufsausbildung 2293
Berufsgenossenschaft, fehlender Nachweis 2155
Berufshaftpflichtversicherung 1851
Berufsregistereintragung 1862, 2327
Beschafferprofil 2360
Beschaffung von
- patentgeschützte Arzneimittel 2310
- Softwarelizenzen 2310

Beschaffungsvorhaben
- Entschluss zur Aufgabe 2271
- politische Neubewertung 2271

Beschleunigungsvergütung 2004, 2342
Beschränkte Ausschreibung
- Anzahl der aufzufordernden Bewerber 1807
- Begriff 1806
- mit Teilnahmewettbewerb 1806, 1808
- Öffentlicher Teilnahmewettbewerb 1807
- ohne Teilnahmewettbewerb 1809
- Übermittlung der Vergabeunterlagen 2041
- Unterschied zum Nichtoffenen Verfahren 1807
- Vorrang 1806

Beschränkte Ausschreibung mit Teilnahmewettbewerb
- Dringlichkeit, Geheimhaltung 1808
- Eignung nur eines beschränkten Kreises von Unternehmen 1808
- komplexe PPP-Ausschreibungen 1808

Beschränkte Ausschreibung ohne Teilnahmewettbewerb
- fehlendes annehmbares Ergebnis einer Öffentlichen Ausschreibung 1809
- Unverhältnismäßiger Aufwand 1809
- Verwaltungsregelungen zur Umsetzung der Konjunkturpakete 1810

Beschreibung der technischen Ausrüstung 1861
Besondere Prüfungspflicht
- bei Häufung von formalen Fehlern der Bieter 2161
Besondere Vertragsbedingungen, fehlende 2154
Bestätigungsvermerk eines Wirtschaftsprüfers 1860
Beteiligungsverbot
- nicht erwerbswirtschaftlich orientierter Institutionen am Wettbewerb 1880
Betreibergesellschaft 2198
Betriebsunterbrechungsversicherung 2006
Bewerbungsbedingungen
- Begriff 2259
- kein entsprechendes Angebot 2259
Bewerbungsfrist
- Abkürzung aus Gründen der Dringlichkeit 2347
- Abkürzung der Regelfrist bei elektronischer Bekanntmachung 2348
- Begriff 2347
- Regelfrist 2347
Bewerbungsbedingungen 1985
Bezeichnungen
- Vorgabe von Bezeichnungen für bestimmte Erzeugnisse oder Verfahren 1970
- Zulässigkeit der Vorgabe 1970
Bieter-/Bewerbergemeinschaften
- Änderung der Zusammensetzung 2197
- Aufschlüsselung der Leistungsteile 1844
- Begriff 1840
- Benennung der Mitglieder 1844, 2064
- Bezeichnung eines bevollmächtigten Vertreters 1844, 2064
- Einstimmigkeitserfordernis bei Entscheidungen 1844
- Forderung nach bestimmter Rechtsform 1843
- Formerfordernisse für Angebote 2064, 2364
- gesamtschuldnerische Haftung 1844
- Gleichsetzung mit Einzelbietern/-bewerbern 1840, 2320
- Insolvenz eines Mitglieds 1868
- Missbrauch durch Änderung 1842
- nachträgliche 1841
- Rechtsform 1840, 1843
- Unterschied zur Arbeitsgemeinschaft 1840
- verdeckte 1841
Bilanzen oder Bilanzauszüge 1852, 2155
Bindefrist
- Ablauf 2015, 2021, 2270
- Ausnahme von der Bindung 2014
- Begriff und Inhalt 2013
- europaweite Ausschreibungen 2344
- Feststellung der Verlängerung 2015
- Folge des Ablaufs der Zuschlags- und Bindefrist 2021
- generelle Ausdehnung bis zum rechtskräftigen Abschluss 2021
- neues Angebot nach Ablauf 2204
- Verbot der Manipulation des Vergabeverfahrens über die Verlängerung der Zuschlagsfristen 2014
- Verlängerung nach Ablauf 2022
- Verlängerung vor Ablauf 2015
- Zustimmung zur Verlängerung 1938
Bindung des Auftraggebers
- an das aufgehobene Verfahren 2303

Vergabe- und Vertragsordnung für Bauleistungen	Teil 4 VOL/A **Sachverzeichnis**

– an die Bekanntmachung 2030
– an veröffentlichte Zuschlagskriterien 2230
Blindenwerkstätten 1814, 1881
Bonitätsindex bei Auskunfteien 1860
Bonus-Malus-Regelung 1936
Bruttovertrag mit Anreizsystem im Personenverkehr 1936
Buchführung, -haltung und -prüfung 2289
Bundeszentralregisterauszug 1858
Bürgschaft 1937, 2006, 2155

CPC-Referenznummer 2296
CPV-Referenznummer 2296

Datenschutz 1941
Datenverarbeitung und verbundene Tätigkeiten 2288
Definitionsmacht, Begrenzung 1885
Delegation von Entscheidungsbefugnissen 1832
Dienstleistungen des Anhangs I A und des Anhangs I B 2295, 2296
DIN-Normen 2333
Direktkauf 1816
Diskriminierungsverbot 1799, 1873
Dokumentation 2286, 2380
– Bieterschutz 2286, 2380
– des Eröffnungstermins 2069
– des Versands der Unterlagen 2042
– materieller und formeller Inhalt 2286, 2380
Dringlichkeit 1808, 1811, 2311
Druck von Banknoten 1808
Duldungsvollmacht 2055
DV-Verbrauchsmaterial 1963
Dynamische elektronische Verfahren 1836, 2317
– Ablauf 1838
– Einrichtung als Ermessensregelung 1837
– Inhalt 1838
– keine eigene Vergabeart 1837
– Laufzeit 1838
Dynamische Kaufpreisgestaltung 1993

Eigenerklärungen 1847
Eignung
– allgemeiner Inhalt 1798, 2325
– Begriff 1845, 2325
– Feststellungsmöglichkeiten 1845, 2325
– Inhalt 1845, 2325
– mangelnde Eignung aller Bieter 2270
– Nachweis 1845
– nur eines beschränkten Kreises von Unternehmen 1808
– unzutreffende Eignungserklärungen 1875
Eignungskriterien
– „Fachkunde, Leistungsfähigkeit und Zuverlässigkeit" 1798
– VOL-bezogene Einzelheiten 1799
Eignungsnachweis
– allgemeine Anforderungen 1846
– Anforderungen an den Inhalt 1581
– Angabe der vorzulegenden Nachweise bereits in Bekanntmachung 2326
– Berücksichtigung der Fähigkeiten Dritter 2327
– Bescheinigungen/Urkunden über das Nichtvorliegen der Ausschlussgründe 2327

– Eigenerklärungen 1847
– fehlende 2146
– Gültigkeitsdauer und Unterschrift 1850
– in fachlicher und technischer Hinsicht 1860, 2325
– in finanzieller und wirtschaftlicher Hinsicht 1851, 2325
– inhaltlich falsche 2148
– Nachweis auf andere Art 2326
– Präqualifizierungsverfahren 1865
– Qualitätssicherung 2327
– Terminologie 1845
– Umweltmanagement 2328
– Vervollständigung oder Erläuterung 2329
– Zeitpunkt der Vorlage von geforderten Nachweisen 2328
– Zertifizierung 2327
Eignungsprüfung, 2. Wertungsstufe 2208
Eindeutigkeit der Leistungsbeschreibung 1899, 2332
Einheitliche Vergabe 1799
Einheitspreis
– Änderung bei Mehr- oder Mindermengen 1928
– Bedeutung 2164
– Ergänzung eines fehlenden 2166
– fehlender 2112, 2166
– offensichtlich falsch eingetragen 2166
Einzelpreise 2210
Eisenbahnen 2291
Elektronische Angebote 2057
– Behandlung bis zur Öffnung 2067
– Gewährleistung der Unversehrtheit/Vertraulichkeit 2062
Elektronische Bekanntmachung 2032
– Abkürzung der Regelfrist 2346
Elektronische Gesundheitskarten 1965
Engagement und Personaleinsatz der Bewerber 2009
Entgelt
– Verbot der Forderung für die Durchführung eines Vergabeverfahrens 1845, 2320
Entgeltgenehmigung nach dem PostG 1982
Entsorgungsleistungen, Ausschreibung 1905
Entsorgungsnachweis, fehlender 2146
Ergänzende Vertragsbedingungen
– fehlende 2153
– für die Beschaffung von Informationstechnik (EVB-IT) 1996
Erkundigung
– durch Dritte 1903
– über Änderungen 1976
– unterlassene 1903
Eröffnungstermin
– Ablauf 2068
– Anwesenheit von mindestens zwei Vertretern des Auftraggebers 2068
– Dokumentation 2068, 2069
– fehlende Kennzeichnung 2071
– gestaffelte 2068
– Geheimhaltungsgebot 2071
– kein Eröffnungstermin für nachgeforderte Unterlagen 2074
– Leitung 1301
– Prüfung des Eingangs der Angebote 2069

2707

Sachverzeichnis Teil 4 VOL/A

- Prüfung des Verschlusses/der Kennzeichnung/der Verschlüsselung 2069
- Verlegung 2068

Ersatzteilhaltung 1962

Ersetzung
- von Leistungs- oder Funktionsanforderungen 2334
- von nationalen Normen 2334

Ertragsberechnung 1800

Ethikerklärung 1877, 2153

Europaweite Ausschreibungen
- Auskunftserteilung 2349
- Berechnung der Fristen 2345, 2348
- Dauer der Angebotsfrist 2345
- Dauer der Bewerbungsfrist 2347
- Sonderregelungen für Fristen 2344
- Versendefrist für Unterlagen 2349
- Zurückziehung von Angeboten 2351

Eventualpositionen 1891

Ex-post-Transparenzpflicht
- Informationsmedium 2284
- Inhalt und zeitliche Bereitstellung der Information 2285
- Konjunkturpaket II 2285
- Schwellenwert 2284
- Sinn und Zweck 2284
- zeitlicher Nachlauf der Information zur Auftragsvergabe 2284

Fabrikatsangabe
- Angabe des Herstellers 2143
- Bezug zu technisch identischen Los 2144
- Bezug zur Vorposition 2143
- fehlende 2140
- im Kurz-Leistungsverzeichnis 2142
- ohne Gleichwertigkeitsnachweise 2144

Fachkunde 1798

Fachliche Richtigkeit, Prüfung 2168

Fähigkeiten Dritter 2327

Fahrzeuge, Ausschreibung 1927

Fakultativer Ausschluss
- Allgemeines 1866
- Ausschlussgründe 1868
- Ermessensentscheidung 1867
- nicht abschließende Regelung 1867
- Sinn und Zweck 1866
- von Bewerbern 2322

Fantasiepreise 2110

Fertigstellung aller Verdingungsunterlagen 1804

Feststellungsantrag 2285

Finanzierung, unzureichende 2266

Finanzierungsleistung 1802

Fördermittel
- Abrufbarkeit 1812, 2312
- drohender Verfall 2271

Form und Frist der Angebote 1279

Formblatt, fehlende Rückgabe 2129

Formwechselnde Umwandlung 2198

Forschung und Entwicklung 2288

Fortschreibung 1793

Frankierter Rückumschlag 2283, 2378

Freiberufliche Tätigkeiten 1797

Freihändige Vergabe 1807
- Allgemeines 1810
- Anzahl der aufzufordernden Bewerber 1807
- Aufträge ausschließlich an Werkstätten für behinderte Menschen 1814
- besondere Dringlichkeit 1811
- Erbringung von Dienstleistungen zur Erfüllung wissenschaftlich-technischer Fachaufgaben 1811
- kein voraussichtlich wirtschaftliches Ergebnis 1810
- keine eindeutige und erschöpfende Leistungsbeschreibung 1813
- nur ein in Betracht kommendes Unternehmen 1815
- Leistungen, die der Geheimhaltung unterworfen sind 1811
- Lieferung von Waren 1811
- Übermittlung der Vergabeunterlagen 2041
- Verwaltungsregelungen zur Umsetzung der Konjunkturpakete
- Zulässigkeit 1810, 1816

Fristen 2342
- Angebotsfrist 2008, 2344
- Bieterschutz 2007, 2343
- Bindefrist 2013, 2344
- Eingang von Fragen 2045
- Sonderregelungen im Rahmen europaweiter Ausschreibungen 2344
- Teilnahmefrist 2012, 2344
- Zurückziehung von Angeboten 2025
- Zuschlagsfrist 2012, 2344

Fristenberechnung 2345

Führungszeugnis
- kein Forderungsverbot 2321

Funktion der Nachprüfungsinstanzen 1884

Funktionale Leistungsbeschreibung
- Anforderungen an Inhalt 1957
- bei der Ausschreibung von Pionierprojekten 1956
- Grundsatz 1952
- im Abfallbereich 1956
- im Abschleppbereich 1957
- im EDV-Bereich 1957
- im Unterrichtsbereich 1957
- „Inhaltsleere" von Angeboten 2269

Garantieerklärung, fehlende 2152

Gaststätten und Beherbergungsgewerbe 2291

Gebäudereinigerinnung 1863

Gebäudereinigungsleistungen, Ausschreibung 1979

Gebot der Losaufteilung 1885

Geheimhaltung
- Leistungen, die der unterworfen sind 1811

Geheimhaltungsgebot
- im kommunalen Bereich 2072
- Rechtsprechungsbeispiele 2072
- Sinn und Zweck 2071

Geldtransport 2287

Gemeinsame Ausschreibung der gesamten PPK-Fraktion 1937

Gemischte Verträge 1797, 2296

Generalunternehmervergabe 1802

Generische Arzneimittel, Ausschreibungen 1855

Gesamtpreis 2209

Gesamtumsatz 1852

Geschützter Markennamen 1924

Gesetzliche Krankenkassen
- Rahmenvereinbarungen 1825

Vergabe- und Vertragsordnung für Bauleistungen   Teil 4 VOL/A **Sachverzeichnis**

Gesundheitspolitische Beschaffungen 1812
Gesundheits-, Veterinär- und Sozialwesen 2294
Gewerbeanmeldung 1860
Gewerbezentralregisterauszug 1859, 2152
Gewichtung der Zuschlagskriterien 2337
Glaubhafte Darlegungen des Bieters 2076
Gleichbehandlung der Bieter 2078
Gleichbehandlungsgebot 2045
Gleichsetzung von Bietergemeinschaften und Einzelbietern 1840, 2320
„gleichwertige Art" 1970
Gleichwertigkeit eines Nebenangebotes 2239
Gleitklausel 1940
Großformatdrucker 1911
Grundpositionen 1891
Grundätze 1797, 2296
Gutachteräußerungen 2248

Handelsregistereintrag 2327
Hauptangebot 1990
Haushaltsordnungen 1797
Heilung
– zu kurz bemessene Angebotsfrist 2010
Herstellerangaben 2143, 2144
Herstellerkonditionen 1910
Hilfsmittelversorgung 1829
Hochverfügbarkeit 1910
Hochwasserbedingte Beschaffungen 1812, 2314

Information der Bieter 1975, 2012, 2025
Informationsanspruch, nachträglicher 2283
Informationsübermittlung 2025, 2351
– Angabe der Kommunikationsmittel 2026
– Vergleich zur Basisregelung 2351
„Inhaltsleere" von Angeboten 2269
Inkontinenzprodukte, Ausschreibung 1925
Insolvenzfall 1812, 1868, 2006, 2314
Integrität der Daten 2060
Interimsvergaben 1813, 2313

Jahresumsatz 1854

Kalkulationsgrundlagen
– Abweichung 2178
Kalkulationsfrist 2010
Kalkulationspflichten eines Bieters 1821
Kaufmännische Mindestanforderungen 2238
Kennzeichnung der Angebote 2061, 2067, 2070
– fehlende 2071
Kommanditgesellschaft, Auflösung 2198
Kommunikationsmittel 2026
Kommunikationsmittel
– Auswahl 2026
– Information der auf einer Vergabeplattform registrierten Nutzer 2026
Konjunkturpaket II 2346
Konkrete Vergabeabsicht 1800
Kontrahierungszwang 2275
Korrekturen des Bieters an seinen Eintragungen 2064
Kostensatz für Vervielfältigung der Vergabeunterlagen 1987, 2337
Kündigungsrechte des Auftraggebers 1940
Kunsttransporte 2311

Kurierdienste 2288
Kurz-Leistungsverzeichnis
– fehlende Angaben 2154

Landverkehr 2288
Leistungen des Anhangs I A und des Anhangs I B
– Allgemeines 2287
– Anhang I A 2288, 2295
– Anhang I B 2291, 2296 Leistung 1159
– CPC-Referenznummer, CPV-Referenznummer 2296
– gemischten Leistungen 2296
Leistungsanforderungen 1889
Leistungsbeschreibung 1881
– Abschleppleistungen 1983
– Anforderungen an den Inhalt 1225
– Angabe aller die Preisermittlung beeinflussenden Umstände 1929
– Arten 1952
– Ausgleichspflicht von Wettbewerbsvorteile und -nachteile 1889
– Auslegung 1894
– Beistellungen bei Dienstleistungsaufträgen 1899
– besondere Ausschreibungsgegenstände 1905
– Bieterschutz 1881
– Eindeutigkeit 1899, 2332
– Fehler, die von Bietern erkannt werden 1902
– Fehler, die von Bietern nicht erkannt werden 1904
– fehlende Preisangaben 2110
– fehlende Teile 2154
– fehlerhafte 1901, 1904, 2269
– Festlegung des Inhalts 1882
– Festlegung des Sicherheitsniveaus 1888
– Festlegung strategischer Ziele und Leistungsanforderungen 1888
– Formulierung der technischen Anforderungen 2332
– funktionale 1952
– Gebäudereinigungsleistungen 1979
– Grundsatz 1882
– keine eindeutige und erschöpfende 1813
– mit Leistungsprogramm 1953
– Nachforderungen 1977
– Positionsarten 1890
– Postdienstleistungen 1981
– Praxis 1971
– Reaktionsmöglichkeiten auf unklare 2046
– Schadenersatzansprüche 1977
– unerfüllbaren Forderung 1901
– Unschädlichkeit einer fehlerhaften 1904
– unzulässige Wettbewerbsverengung durch Definitionen 1959
– Verbot der Aufbürdung eines ungewöhnlichen Wagnisses 1931
– Versicherungsleistungen 1978
– Vorgabe von Erzeugnissen, Verfahren, Ursprungssorten, Bezugsquellen 1958
– widersprüchliche 1217
– Zusatz „oder gleichwertiger Art" 1970
– Zustellungsleistungen mit Entgeltgenehmigung nach dem PostG 1982
Leistungsfähigkeit 1798

2709

Sachverzeichnis Teil 4 VOL/A

Leistungsverzeichnis
- Änderung gemäß der Vorgabe der Vergabekammer 1977
- Änderung nach Angebotsabgabe 1977
- Änderung während der Ausschreibung 1973
- Fiktion der Angabe 2143
- fehlerhaftes 2262
- kein Vorrang vor den Vorbemerkungen 1897

Leitfabrikate
- Angebot mit zum Leitfabrikat gleichwertigen Produkten 1993
- inhaltliche Konsequenzen aus der Verwendung von 1971
- Heranziehung der Eigenschaften 1897
- keine weitere Bevorzugung 1972

Liefer- bzw. Dienstleistungsaufgabe
- Festlegung 1882
- Unmöglichkeit der Festlegung bei bestimmten Dienstleistungen 2306
- vorherige Festlegung eines Gesamtpreises 2304

Lieferungen und Leistungen
- Allgemeines 1795
- Anwendungsbereich der VOB/A bzw. der VOL/A 1795
- Freiberufliche Tätigkeiten 1795

Losvergabe 1799

Manipulationsverbot 2014
Markt- und Meinungsforschung 2289
Markterkundung, unzulässige 1800
Massenänderungen 2242
Medizinprodukte
- Hinweise für die Wertung von Angeboten 2252

Medizinprodukteberater 1864
Mehrforderungen bei Mehr- oder Minderleistungen auch über 10%? 1929
Meisterbrief 1864
Microsoft-Select-Vertrag des Bundes 1834
Mindestlöhne 1942
Minuspreise 2063, 2111
Mischkalkulation 1934
- durch Übernahme der eines Nachunternehmers 2107
- Feststellung einer unzulässigen Mischkalkulation 2104
- Prüfungssystematik für die Feststellung 2107
- Rechtsprechungsbeispiele 2108
- unzulässige 2103
Missbrauch der Aufhebungsmöglichkeit s. Scheinaufhebung
Missverhältnis zwischen Preis und Leistung
- Aufklärungspflicht des Auftraggebers 2216
- Aufträgen unterhalb der Schwellenwerte 2226
- Spekulationsangebote 2227
- ungewöhnlich niedriges Angebot 2208
Mitarbeit des Bieters, Verweigerung 2222
Mitarbeiterschulung 1961
Mitteilung über Verzicht auf eine Auftragsvergabe 2375
Mittelwertverfahren 2210
Mitwirkungspflicht des Bewerbers
- bei erkennbaren Problemen mit der Übersendung 2042
Muster und Proben 2065, 2364

Nachforderung
- von Preisangaben 2118
nachgeforderte Unterlagen 2074
Nachprüfungsstelle
- Nennung 2240, 2361
Nachreichungsmöglichkeit
- keine Verfälschung des Wettbewerbs 2162
Nachträgliche Bietergemeinschaft 1841
Nachträglicher Informationsanspruch 2283, 2378
Nachunternehmeranteil, Berechnung 2131
Nachunternehmererklärung
- Auslegung 2124
- langjährige Möglichkeit der Nachreichung 2127
Nachunternehmerleistungen
- geringfügig unklarer Umfang der Angabe 2127
- fehlende/widersprüchliche Angaben 2124
Nachverhandlungen
- statthafte 2090
- unstatthafte 2087
Nachweis
- abschließende Liste 1990, 2338
- Begriff 1989
- der Eignung 1845, 2322
- Vervollständigung oder Erläuterung 2329
- Zumutbarkeit der Beschaffung 2124
NATO-Vorschriften 2334
Neben- und Hilfstätigkeiten des Verkehrs 2291
Nebenangebote
- Abgrenzung zum Hauptangebot 1990
- Abhängigkeit von Bedingungseintritt 1993
- Angaben über die Zulassung 1990
- Ausschluss 1995, 2207
- Begriff 1990
- Beurteilungsspielraum bei Wertung 2247
- dynamische Kaufpreisgestaltung 1994
- einheitliche Wertung 2248
- fehlende Erklärungen 2159
- fehlende Preisangaben 2112
- Formvorschriften 2201
- Gleichwertigkeit 2239
- Mindestanforderungen 1993, 2338
- Nutzen 1991
- Prüfungsstufen 2231
- Rechtsprechungsbeispiele 1992
- Risiken 1991
- Sinn und Zweck 1991
- Umdeutung in zweites Hauptangebot 2249
- Wertung 2231
- Wertungskriterien 2232
- Zulassung 1995, 2035, 2338
nEP-Position 1892
Newcomer 1853
Nicht berücksichtigte Bewerbungen und Angebote 2282
- Antrag auf Feststellung einer Verletzung 2285, 2379
- Benachrichtigung nicht berücksichtigter Bewerber 2283, 2378
- Benachrichtigung nicht berücksichtigter Bieter 2283, 2378
- Ex-post-Transparenzpflicht 2284
- Forderung nach frankiertem Rückumschlag 2283, 2378
- nachträglicher Informationsanspruch 2283, 2378

Vergabe- und Vertragsordnung für Bauleistungen   Teil 4 VOL/A **Sachverzeichnis**

- Optionsrecht des Bieters bzw. des Bewerbers 2283, 2378
- presserechtliche Auskunftsansprüche 2285, 2379
- unterlassene Benachrichtigung 2284, 2378
- Verhältnis zu § 101 a GWB 2283, 2378
- Zurückhaltung von Informationen 2285, 2378

Nicht erwerbswirtschaftlich orientierter Institutionen
- Beteiligungsverbot 1880

Nichtoffenes Verfahren 2301
- Dauer der Angebotsfrist 2348
- Dauer der Bewerbungsfrist 2347

Normalpositionen 1891

Nur ein in Betracht kommendes Unternehmen 1815

„oder gleichwertiger Art" 1790
- keine weitere Bevorzugung von Leitfabrikaten 1972
- Zulässigkeit der Vorgabe von Bezeichnungen 1790

Offenes Verfahren
- Begriff 2301
- Dauer der Angebotsfrist 2345
- Vorrang 2301

Offenkundiges Versehen des Bieters 2075

Öffentliche Ausschreibung 1806
- Bezeichnung als „Offenes Verfahren" 2032
- Übermittlung der Vergabeunterlagen 2040
- Vorrang 1807

Öffentlicher Teilnahmewettbewerb 1807

Öffnung der Angebote 2365
- Ablauf des Eröffnungstermins 2068
- Aufbewahrung von Briefumschlägen, Paketverpackungen 2073
- Begriff 1302
- Behandlung der Angebote bis zur Öffnung 2067
- Bieterschutz 2066, 2365
- Geheimhaltungsgebot 2071
- gestaffelte Eröffnungstermine bei Parallelausschreibungen 2068
- Grundsatz 2068
- kein Eröffnungstermin für nachgeforderte Unterlagen 2074
- Verlegung des Eröffnungstermins 2068
- von Teilnahmeanträgen 2073

ÖPP-Projekte
- Dauer der Angebotsfrist 2009

Optionen 1891, 1937

Optionsrecht des Bieters 2283, 2378

Paketbeförderungen 1915

Parallelausschreibung
- Angebotsfristen 1804
- Dauer der Angebotsfrist 2009
- eindeutige Leistungsbeschreibung 1901
- Erscheinungsformen 1801
- Festlegung gestaffelter Eröffnungstermine 1804
- gestaffelte Eröffnungstermine 2068
- Verwaltungsregelungen 1803
- Wertung 1804
- Zulässigkeit 1802

Pauschalpreisangebot 1992
- Wertung als Nebenangebot 2249

Peronalkosten 1940

Personenbeförderungsleistungen 1908, 2252
Politische Neubewertung eines Beschaffungsvorhabens 2271
Positionsarten einer Leistungsbeschreibung 1890
Positionsbeschreibung 2111
Postdienstleistungen 1915, 1981
PPP-Ausschreibungen, komplexe 1808
Präqualifikationsverfahren 1865
Preis
- Angabe 1819
- die in offenbarem Missverhältnis zur Leistung stehen 2208
- Fantasiepreise 2110
- fehlende Aufschlüsselung 2110
- fehlende oder unvollständige Preisangaben 2100
- fehlende Untergliederung in Material- und Lohnkosten 2112
- Hinzurechnung durch den Auftraggeber 2167
- Minus-Preise 2111
- Möglichkeit des rechnerischen Nachvollziehens fehlender Preise 2101
- symbolischer Preis 2103
- Unbeachtlichkeit eines fehlenden Preises 2118
- ungewöhnlich hoher 2215
- ungewöhnlich niedriger 2208
- unzulässige Mischkalkulation 2103
- Verzicht auf einen Preis 2102
- Vorschriften über die Preise bei öffentlichen Aufträgen 1804
- widersprüchliche Preisangaben 2117
Preisermittlung
- Angabe aller beeinflussenden Umstände 1929
- umfangreiche Prüfungen 1929
preisgebundene Schulbücher 1911
Preisnachlässe
- bedingte 1992, 2250
- Begriff 2249
- missverständliche und widersprüchliche 2251
- Skonto 2250
- unbedingte 1992, 2249
- unzulässige bei der Beschaffung von preisge¬bundenen Schulbüchern 2251
- vom Auftraggeber ausgeschlossene Pauschalnachlässe 2251
- Zulässigkeit 2249
Presserechtliche Auskunftsansprüche 2885, 2378
Produkterläuterungen 2141
produktidentifizierende Angaben 2141
Produktneutrale Ausschreibung 1886
Prognoseentscheidung 2218
Projektantenproblematik 1876
Projektgesellschaft 1938
Prüfung
- fachliche Richtigkeit 2168
- rechnerische Richtigkeit 2163
- Verschluss, äußere Kennzeichnung, Verschlüsselung 2069
- Vollständigkeit 2100
Prüfungspflicht
- der Vergabeunterlagen durch die Bieter 2010
- unangemessen hoher oder niedriger Preis 2219
Prüfungsreihenfolge der Wertungsstufen 2097
Prüfzeugnis, fehlendes 2152
Public Private Partnership (PPP) 1808

Sachverzeichnis Teil 4 VOL/A

Qualitätssicherung 2327

Rahmenvereinbarung 1817, 2316
- Begriff 1817
- Bedingungen für Einzelaufträge, die in bestimmtem Zeitraum vergeben werden sollen 1819
- Bezeichnungen 1817
- Bieterschutz 1817
- Bindung an vergaberechtlichen Grundsätze 1819
- Ermittlung des voraussichtlichen Auftragsvolumens 1820
- gesetzliche Krankenkassen 1825
- Hauszustellung von aufsaugenden Inkontinenzartikeln 1941
- Inhalt und praktische Bedeutung 1818
- Kalkulationspflichten eines Bieters 1821
- Laufzeit 1821
- Microsoft-Select-Vertrag des Bundes 1834
- mit einem Unternehmen 1822
- mit mehreren Unternehmen 1822
- notwendige Bestandteile 1819
- Preisangaben 1819
- Rechtsprechung 1818
- Unzulässigkeit mehrerer für dieselbe Leistung 1821
- Vertragspartner auf Auftraggeberseite 1825
- Vertragspartner auf Auftragnehmerseite 1822
- Wechsel von Vertragspartnern 1825
- Zulässigkeit 1819

RAL-Zertifizierung von Produkten 1958
Rechenoperationen, falsche 2167
Rechnerische Richtigkeit
- Bedeutung des Einheitspreises 2164
- Ergänzung eines fehlenden Einheitspreises durch Rückgriff auf Konkurrenzangebote 2166
- falschen Rechenoperationen 2167
- Grundsätze 2163
- Hinzurechnung von Preisen durch den Auftraggeber 2167
- Korrekturen 2163
- offensichtlich falsch eingetragenen Einheits- und Gesamtpreise 2166
- offensichtliche Übertragungsfehlern 2166
- Zuschlag auf ein rechnerisch ungeprüftes Angebot? 2167

Rechtliches Gehör 1874
Rechtsberatung 2291
Rechtsform der Bewerber oder Bieter 2320
Referenzen 1864
Register über unzuverlässige Unternehmen 1874
Registrierung bei der Industrie- und Handelskammer 1862
Reinigungsdienstleistungen 2221
Richt¬linie Bevorzugte Bewerber 1814, 1881
Rücknahme der Aufhebung 2278
Rundungsdifferenzen 2114

sachdienliche Auskünfte 2044
Schadenersatzansprüche
- wegen Verletzung der Regelungen des § 7 1977
- wegen verspäteter Zustellung 2206
Schaffung eines Informationskreislaufs
- bei arbeitsteiliger Organisation der Prüfung und Wertung 2098

Sachverzeichnis zu Teil 4

Scheinaufhebung 2278
Schnittstellenrisiko 1962
Schulbücher 1913
Schülerbeförderungsleistungen
- Prüfungsnotwendigkeiten 2220
Schutzdienste 2293
Schutzmaßnahmen, fehlende 2152
Schwellenwert
- „Aufklärungsschwelle" 2220
- für die Vorinformation 1274
- ungewöhnlich niedrige Angebote bei Aufträgen unterhalb der Schwellenwerte 2226
Schwere Verfehlungen
- Ausschlussgrund 1869
Sicherheitsleistung 2006
Sicherheitsniveau einer Leistungsbeschreibung 1888
Signatur, fehlende 2169
Signaturanforderung bei elektronischen Angeboten 2058, 2062
Skonti 2250
Software 1909, 2221
Sonstige Dienstleistungen 2295
Sozialdatenschutz 1828
Sozialwesen 2294
Spekulationsangebote
- Ausschluss 2228
- Begriff 2227
- Wertung 2228
- Zulässigkeit 2227
Spezifikationen
- für Umwelteigenschaften 2335
- technische 2333
- vertragliche 1183
staatliche Beihilfe 2372
Standards 1936, 2242
Statthafte Nachverhandlungen? 2090
Straßenreinigungsleistungen, Ausschreibungen 1908
Strategische Ziele 1888
Stundenverrechnungssätze 2112
Substitutionsverpflichtung 1924

Technische Anforderungen
- Formulierung in der Leistungsbeschreibung 2332
Technische Ausrüstung 1861, 2335
Technische Spezifikationen
- Begriff 2333
- Formulierung unter Bezugnahme auf die in Anhang TS definierten 2333
Teilaufhebung 2258
Teilbetriebsübernahme 1941
Teilnahmeanträge
- Anforderungen 2351
- Anforderungen an die Auftraggeber bei Teilnahmeanträgen 2352
- Anforderungen bei auf dem Postweg oder direkt übermittelten Anträgen 2352
- Anforderungen bei elektronisch übermittelten Anträgen 2353
- Anforderungen bei mittels Telekopie übermittelten Anträgen 2353
- Formerfordernisse 2065
- Generalklausel 2352
- Öffnung 2073
- nicht zu berücksichtigende 2239

- telefonisch angekündigte 2354
- Unterzeichnung 2354
- Vorliegen nur eines Antrags 2272

Teilnahmefrist
- Begriff 2012
- europaweite Ausschreibungen 2344

Teilnahmewettbewerb 1806
- Auswahl der Teilnehmer 2239
- Dringlichkeit, Geheimhaltung 1808
- Eignung nur eines beschränkten Kreises von Unternehmen 1808
- elektronisch verfügbar gemachte Unterlagen 2239
- Verhandlungsverbot 2090
- vorgeschalteter 2330

Teilnehmer am Wettbewerb 1838, 2319
- Beteiligungsverbot nicht erwerbswirtschaftlich orientierter Institutionen 1880
- Bieterschutz 1839
- fakultativer Ausschluss von Bewerbern 1866
- Gleichsetzung von Bietergemeinschaften und Einzelbietern 1840
- Nachweis der Eignung
- Rechtsform der Bewerber/Bieter bei Abgabe 2320
- Verbot der Entgeltforderung 1845, 2320
- vorbefasste Bieter/Bewerber 1876, 2322
- zwingende Ausschlussgründe 2321

Telefonisch angekündigte Teilnahmeanträge 2354
Telekopie 2059, 2062, 2068, 2353
Terrorversicherung 1937
Transparenz 1798, 2284
Trennung der einzelnen Stufen bei der Wertung 2096
Treu und Glauben 2075

Übermittlung der Vergabeunterlagen 2362
- Anforderung der Vergabeunterlagen 2041
- bei beschränkter Ausschreibung und freihändiger Vergabe mit Teilnahmewettbewerb 2041
- bei beschränkter Ausschreibung und freihändiger Vergabe ohne Teilnahmewettbewerb 2041
- bei öffentlicher Ausschreibung 2041
- Mitwirkungspflicht bei Problemen mit Übersendung 2042
- Pflicht zur Dokumentation des Versands 2042
- Pflicht zur erneuten Übersendung 2042

Übermittlungsrisiko
- des Bieters für die Rechtzeitigkeit 2204

Übertragungsfehler 2166
Umfirmierung 2198
Umsatznachweise, fehlende 2154
Umsatzsteuerangaben, falsche 2112
Umsatzsteuerbelastung des Bieters 1939
Umsatzsteuerpflicht 2005
Umwelteigenschaften, Spezifikationen 2335
Umweltmanagement 2328
Unbedenklichkeitsbescheinigung
- des Finanzamts 1856
- von Sozialversicherungsträgern 1857

Unerfüllbare Erklärungen und Nachweise 2155
Ungewöhnlich hohes Angebot 2215
Ungewöhnlich niedriges Angebot 2208
Ungewöhnliches Wagnis 1931
Unschuldsvermutung 1873

Unstatthafte Nachverhandlungen 2087
- Beispiele 2087
- Initiator 2087
- Rechtsfolge 2089

Unteraufträge 2342
Unterlassene Erkundigung 1903
Unternehmen, Begriff 1846
Unternehmensberatung und verbundene Tätigkeiten 2289
Unterrichtungspflicht bei Aufhebung
- notwendiger Inhalt/Umfang 2278, 2376
- Sinn und Zweck 2278

Unterrichtungspflicht bei Verzicht auf Auftragsvergabe 2375
Unterrichtswesen 2293
Unterschrift
- kommunaler Bereich 2168

Unterstützung, sonstige 1876
Unterzeichnung
- der Angebote 2045
- des Angebotes bei Bietergemeinschaften 2053
- fehlende 2168
- Teilnahmeanträge 2066, 2354

Unverhältnismäßiger Aufwand 1809, 2301
Unversehrtheit der Angebote 2059, 2364
- Begriff der Unversehrtheit 2060
- Gewährleistung 2060

Unwirtschaftliches Ergebnis der Ausschreibung 2263
Unzureichende Finanzierung 2265
Unzweckmäßigkeit 2302
Urkalkulation, fehlende 2163

Verdeckte Bietergemeinschaft 1841
Vereinheitlichung des Vokabulars 1794
Vergabeabsicht, konkrete 1800
Vergabearten
- Beschränkte Ausschreibung 1806
- Beschränkte Ausschreibung mit Teilnahmewettbewerb 1808
- Beschränkten Ausschreibung ohne Teilnahmewettbewerb 1809, 1810
- Bieterschutz 1806, 2301
- Direktkauf 1816
- Freihändige Vergabe 1807, 1810
- Offenes Verfahren 2301
- Öffentliche Ausschreibung 1806
- Vorrang der Öffentlichen Ausschreibung 1807
- Wettbewerbe 2316
- Wettbewerblicher Dialog 2316

Vergabebekanntmachung s. Bekanntmachung
Vergabeplattform 2026
Vergabestellen
- Ausgleichspflicht von Wettbewerbsvorteile und -nachteile 1889
- ausschließliche Verantwortung 1804

Vergabeunterlagen 2337
- abschließende Liste von Nachweisen 1989, 2338
- Anforderung 1268
- Angaben über Zulassung von Nebenangeboten 1990
- Anschreiben 1985
- Auskünfte 1278
- Begleitschreiben 1985
- Begriffsbestimmung 1985

Sachverzeichnis Teil 4 VOL/A

- Bewerbungsbedingungen 1985
- erneute Übersendung 2042
- Fertigstellung aller 1804
- Gewichtung der Zuschlagskriterien 2337
- Hinweis auf die veröffentlichte Bekanntmachung 2239
- Kostenersatz für die Vervielfältigung 1987, 2337
- notwendiger Inhalt 2239
- sofortige Prüfungspflicht durch die Bewerber 2010
- Termin und Ort des Beginns der Dialogphase 2239
- Übermittlung 2041
- Vertragsunterlagen 1986
- Zuschlagskriterien 2239

Vergütung
- Absicherung des Risikos 1933
- Änderung 1804

Verhandlungsverbot im Teilnahmewettbewerb 2090

Verhandlungsverfahren 2301
- Abwicklung in verschiedenen Phasen 2316
- nachprüfungsbedingte Verzögerung des Zuschlags 2021

Verhandlungsverfahren mit Teilnahmewettbewerb
- auszuschließende Angebote 2302
- Bindung an das aufgehobene Verfahren 2303
- Dauer der Angebotsfrist 2347
- enumerative Aufzählung 2302
- keine grundlegenden Änderungen der ursprünglichen Bedingungen 2302
- Liefer- oder Dienstleistungsaufträge ohne vorherige Festlegung eines Gesamtpreises 2304
- notwendiger Inhalt der Vergabeunterlagen 2239
- rechtmäßige Aufhebung eines offenen oder nichtoffenen Verfahrens 2303
- Unmöglichkeit der Festlegung vertraglicher Spezifikationen 2306
- Zulässigkeit 2302

Verhandlungsverfahren ohne Teilnahmewettbewerb
- Auftragsdurchführung nur von bestimmtem Unternehmen 2309
- dringliche zwingende Gründe
- enumerative Aufzählung und enge Auslegung 2307
- keine wirtschaftlichen Angebote 2308
- Lieferung von Waren zum Zwecke von Forschungen 2309
- Möglichkeiten 2308
- Zulässigkeit 2307

Verjährungsfristen
- Hemmung der Verjährung durch Anrufung einer VOL-Schiedsstelle 2006
- nach § 14 VOL/B 2005
- Verlängerung 2005

Verlängerung
- der Angebotsfrist 2011
- der Zuschlags- und Bindefristen 2014

Verlegen und Drucken gegen Vergütung oder auf vertraglicher Grundlage 2291

Verpflichtungs- oder Verfügbarkeitserklärung, fehlende 2136

Verschlossener Umschlag 2060

Verschlüsselung 2062

Versendefrist für Unterlagen 2349

Versendungskosten 1988

Versicherungsleistungen, Ausschreibung 1978

Versicherungsnachweis, fehlender 2146

Versorgung mit Hilfsmitteln 1829

Vertragsbedingungen 2341
- Allgemeine Vertragsbedingungen für die Ausführung von Leistungen 1996
- Arten 1996
- Beschleunigungsvergütung 2004, 2342
- Bieterschutz 2341
- Ergänzende Vertragsbedingungen 1996
- Sicherheitsleistungen 2006, 2342
- Vergabe von Unteraufträgen 2342
- Verjährungsfristen 2005
- Vertragsstrafen 1999, 2342
- Zusätzliche Allgemeine Vertragsbedingungen 1996

Vertragsentwürfe 2152

Vertragsstrafen 1999, 2342
- Allgemeines 1999
- angemessene Höhe 2001
- auch für andere Fälle als die Überschreitung von Ausführungsfristen 1999
- Bündelung mit Malusregelungen 2003
- Geltendmachung nur bei tatsächlichen Nachteilen für den Auftrag¬geber 2001
- Höhe der Vertragsstrafe im billigen Ermessen des Auftraggebers 2001
- nicht rechtzeitige Veränderungsmitteilung 1937
- Rechtsfolgen einer unangemessen hohen 2001
- Rechtsprechungsbeispiele 2004
- Sinn und Zweck 1999
- Verkehrsbereich 2002, 2003
- Zulässigkeit bei abstrakter Möglichkeit eines erheblichen Nachteils 2002
- Zulässigkeit bei drohenden Ansprüchen eines Nachunternehmers 2002

Vertragsunterlagen 1986
- Änderungen 2173

Vertragsverlängerungsoption, einseitige 1936

Vertraulichkeit der Angebote 2059, 2364

Vertraulichkeitserklärung 2000

Vervielfältigung, Kostenersatz 2337
- bei beschränkter Ausschreibung und freihändiger Vergabe 1989
- bei digitalen Unterlagen 1293
- bei Öffentlicher Ausschreibung 1987
- für die Bearbeitung des Angebots 1989
- Höhe des Kostenersatzes 1989

Verwaltungsregelungen zur Umsetzung der Konjunkturpakete 1809, 1816

Verweigerung von Aufklärungen und Angaben durch den Bieter 1309

Verweis auf Produktion, Herkunft, besonderes Verfahren 2335

Verwertungsbestätigung 1865

Verzicht auf die Vergabe
- Unterrichtungspflicht 2375

Veterinärwesen 2294

VOL-konforme Auslegung 1896

Vollständigkeitsprüfung
- ausnahmsweise Unbeachtlichkeit eines fehlenden Preises 2118
- ausnahmsweise Unbeachtlichkeit von fehlenden Erklärungen/Nachweisen 2161

Vergabe- und Vertragsordnung für Bauleistungen Teil 4 VOL/A **Sachverzeichnis**

- besondere Prüfungspflicht bei Häufung von formalen Fehlern 2162
- Beweislast für die Vollständigkeit eines Angebots 2160
- fehlende oder unvollständige Preisangaben 2100
- fehlende oder unvollständige sonstige Erklärungen/Nachweise 2121
- Grundsatz 2100
- mehrdeutige Angaben, Widersprüche, falsche Erklärungen 2160
- Rechtsprechung zu Ausnahmen vom zwingenden Ausschluss 2162
- widersprüchliche Preisangaben 2117

Vorbefasste Bieter oder Bewerber 1876, 2322
Vorbefasstheit, Begriff 1877
Vorhaltung von Personal 1935
Vorinformation
- Abkürzung der Regelfrist 2345, 2348
- Bedeutung 2360
- Formalitätscharakter oder materielle Bedeutung? 2360
- Möglichkeit der Fristverkürzung 2360
- Schwellenwerte 2361
- Sinn und Zweck 2360
- Übermittlung 2361
- Zeitpunkt 2361
- zwingende 2361

Vorrang der beschränkten Ausschreibung mit Teilnahmewettbewerb 1806
Vorrang der Öffentlichen Ausschreibung 1807
Vorteilhafte Gelegenheit 1816

Wagnis, ungewöhnliches
- Aufbürdungsverbot 1931
Wahlpositionen 1893
Wahlrecht 2141
Wahrheit der Bieterangaben 2100, 2371
Währung, andere 2063
Waren zu besonders günstigen Bedingungen 2315
Warenbörse 2315
Wartung als Bedarfsposition 1892
Wartungsanweisung, fehlende 2151
Wartungsarbeiten 1962
Wartungsvertrag
- fehlender Entwurf 2151
- fehlende Preisangaben 2109
Werkstätten für behinderte Menschen 1814, 1881
Wertung
- Angebot mit unangemessen niedrigen Preis 2223
- Angebote mit Medizinprodukten 2252
- Personenbeförderungsleistungen 2252
- von Nebenangeboten 2231
- von Preisnachlässen 2249
Wertungsstufen
- 1. Stufe: Prüfung und Ausschluss 2100, 2371
- 2. Stufe: Eignungsprüfung 2208, 2371
- 3. Stufe: offenbares Missverhältnis zwischen Preis und Leistung 2208, 2371
- 4. Stufe: Auswahl des wirtschaftlichsten Angebots, 2372
- abschließende positive Regelung der Ausschlussgründe? 2099
- Änderungen 2096
- Bieterschutz 2092, 2368

- Erläuternde Hinweise der VOL/A 2096
- Grundsatz der Wahrheit der Bieterangaben 2100
- Prüfungsreihenfolge 2097
- Rechtsprechung 2096
- Schaffung eines Informationskreislaufs 2098
- Trennung der einzelnen Stufen bei der Wertung 2096
- umfassenden Prüfung und Wertung aller Angebote? 2097
- weitere Prüfung und Wertung zwingend auszuschließender Angebote? 2098

Wettbewerbe 2316
Wettbewerbsbeschränkende Abrede 2207
Wettbewerblicher Dialog 2316, 2238, 2239
- Dauer der Bewerbungsfrist 2347
Wettbewerbsgrundsatz 1216
Wettbewerbsprinzip 1798
wichtige Aufklärungen 2044
Widersprüchliche Angebote
- mehrdeutige Angaben und Widersprüche 2160
- widersprüchliche Preisangaben 2117
Wirtschaftliches Ergebnis 2302, 2308
Wirtschaftlichste Angebot, Auswahl 2230
- Berücksichtigung durch Auftragsgegenstand gerechtfertigten Zuschlagskriterien 2231
- Berücksichtigung der genannten Zuschlagskriterien 2230
- Personenbeförderungsleistungen 2252
- Wertung von Angeboten mit Medizinprodukten 2252
- Wertung von Nebenangeboten 2231
- Wertung von Preisnachlässen 2249
- Zuschlag 2231
Wissensvorsprung 1877

Zahlung der Steuern und Abgaben 1875, 2152
Zertifizierung
- Eignungsnachweis 1863, 2328
- nach Entsorgungsfachbetriebsverordnung 1863
Zeugenvernehmung 1874
Zugang
- an richtiger Eingangsstelle beim Auftraggeber 2202
- Begriff 2202
- Darlegungs- und Beweislast für rechtzeitigen Zugang 2205
- Darlegungs- und Beweislast für vollständigen Zugang 2205
- der Annahmeerklärung des Bieters beim Auftraggeber 2024
- Übermittlungsrisiko 2204
Zulagepositionen 1894
Zulassung neuer Angebote 2023
Zumutbarkeit der Beschaffung von Nachweisen 2124
Zurückhaltung von Informationen 2285, 2378
Zurückziehung von Angeboten 2025, 2351
- Änderung von Angeboten 2025
- durch Abgabe eines unvollständigen Angebots 2025
Zusatz „oder gleichwertiger Art" 1970
Zusätzliche Auskünfte 2044, 2349
Zusätzliche Lieferungen 2314
Zusätzliche Vertragsbedingungen für die Ausführung von Leistungen 1996

Sachverzeichnis Teil 4 VOL/A

Zuschlag
- auf das wirtschaftlichste Angebot 2280, 2373, 2377
- auf rechnerisch ungeprüftes Angebot? 2167
- bedingter 1938
- Begriff 2280
- elektronische Form und Telekopie 2280
- Formen der Annahme eines Angebots 2280, 2377
- mit Hinweis auf eine geänderte Ausführungszeit 2019
- mündlicher Zuschlag 2280
- Schriftform 2280
- Unterschriftserfordernis bei elektronischer Form 2281, 2377
- Unterschriftserfordernis bei Telekopie 2281
- vergaberechtskonforme Auslegung der Erklärung 2281, 2377

Zuschlagsfrist
- Ablauf 2270
- Ausschöpfung 2013
- Begriff 2012
- Dauer 2013
- europaweite Ausschreibungen 2344
- fehlende Fristbestimmung 2013
- Folge des Ablaufs der Zuschlags- und Bindefrist 2021
- generelle Ausdehnung bis zum rechtskräftigen Abschluss 2021
- nachprüfungsbedingte Verzögerung 2021
- Sinn und Zweck 2012
- Verlängerung der Zuschlags- und Bindefrist 2014, 2022

Zuschlagskriterien
- Angabe 1985
- Begriff 1245
- Bindung an veröffentlichte 2230, 2373
- durch Auftragsgegenstand gerechtfertigt 2231, 2373
- Gewichtung 2337

Zustellung, verspätete 2206
Zustellungsleistungen mit Entgeltgenehmigung nach dem PostG 1982
Zuverlässigkeit 1798
Zwingender Ausschluss von Angeboten
- Allgemeines 2321
- Änderungen des Bieters an seinen Eintragungen nicht zweifelsfrei 2169
- Änderungen oder Ergänzungen an Vertragsunterlagen 2171
- fehlende geforderten oder nachgeforderten Erklärungen/Nachweisen 2168
- keine Pflicht zur Vorlage einer Bestätigung nach § 6 EG Abs. 4 2321
- nicht formgerecht eingegangen 2201
- nicht fristgerecht eingegangen 2202
- nicht unterschrieben/nicht elektronisch signiert 2168
- nicht zugelassene Nebenangebote 2207
- Straftatbestände 2321
- unzulässige, wettbewerbsbeschränkende Abrede 2207

Sachverzeichnis zu Teil 5:
Verdingungsordnung für freiberufliche Leistungen
(VOF)

Altlastenverdachtsstandorte
– Beschreibbarkeit 2399
Analoge Anwendung
– Grundsätze und Rechtsprechung zur losweisen Vergabe 2413
„Angabe der Honorarzone" 2547
Angabe von Auftragswerten 2455
Angebote
– Anforderungen an die Auftraggeber 2504
– Anforderungen an die Bieter 2505
– elektronisch übermittelte 2510
– per Telefax 2505, 2512
– Unterschriftserfordernis 2505
– zuschlagsfähiges 2552
Angebotseinreichung in verschlossenem Umschlag 2501
Angemessene Beteiligung von kleineren Büroorganisationen und Berufsanfängern 2412
Anonymität von Wettbewerbsarbeiten 2562
Anwendungsbereich
– Architekten- und Ingenieurleistungen 2575
– Dienstleistungen des Anhangs I Teil A 2400
– Dienstleistungsaufgabe ohne eindeutige und erschöpfende Beschreibbarkeit 2397
– Erreichen oder Überschreiten der Schwellenwerte 2404
– freiberufliche Dienstleistungen nach Anhang I Teil A 2395
– freiberufliche Dienstleistungen nach Anhang I Teil B 2404
– gemischte Leistungen 2409
– Richtlinie HVA F-StB 2409
– Wettbewerbe 2404
Arbeits- und Arbeitskräftevermittlung 2406
Arbeitsgemeinschaft 2421
Architekten- und Ingenieurleistungen 2402, 2575
– Beschreibbarkeit 2398
– Inhalt der Aufgabenbeschreibung 2479
– Losweise Vergabe 2413
Aufforderung zur Verhandlung 2530
– gleichzeitige Aufforderung aller Bewerber 2533
– Inhalt 2533
– Notwendigkeit 2532
– Textform 2533
Aufgabenbeschreibung 2468
– Änderung gemäß der Vorgabe der Vergabekammer 2490
– Änderung vor dem Verhandlungsgespräch 2490
– Änderung während der Ausschreibung 2488
– Anforderungen 2471
– Angabe aller beeinflussenden Umstände 2487
– Architekten- und Ingenieurleistungen 2479
– Ausgleich bestehende Wettbewerbsvorteile und -nachteile durch Vergabestelle 2475
– Auslegung 2477

– Begrenzung der Definitionsmacht des Auftraggebers 2474
– Bieterschutz 2470
– Ersetzungen 2487
– Fehler, die von Bietern erkannt werden 2484
– Fehler, die von Bietern nicht erkannt werden 2485
– fehlerhafte 2483
– Festlegung des Inhalts 2471
– Formulierung der technischen Anforderungen 2485
– Gebot der Losaufteilung 2474
– Inhalt und Zweck 2470
– Klarheit und Eindeutigkeit 2479
– Leistungsanforderungen 2475
– notwendiger Inhalt 2479
– Notwendigkeit 2470
– produkt- und verfahrensneutrale Ausschreibung 2474
– Sicherheitsniveau 2475
– strategische Ziele 2475
– Teilnahmewettbewerb 2479
– unerfüllbare Forderung 2483
– Unterschied zur Leistungsbeschreibung 2470
– Verweis auf Produktion, Herkunft, besonderes Verfahren 2487
Aufhebung eines VOF-Verfahrens 2554
Auftragnehmer, Ermittlung 2577
Auftragserteilung 2452, 2530, 2558, 2576
Auftragsgespräch
– Nachholung im Nachprüfungsverfahren 2578
Auftragskriterien 2541
– Auftragskriterium „Preis/Honorar" 2542
Auftragsverhandlung 2577, 2578
ausgeschiedener Bewerber, Wiederaufnahme 2419
Ausgleich bestehende Wettbewerbsvorteile und -nachteile 2475
Aushandlung der Auftragsbedingungen 2547
Auskunfts- und Schutzdienste 2406
Auskunftserteilung
– Auskunftspflicht des Auftraggebers 2495
– Form der Erteilung der Auskünfte 2495
– Frist 2496
– rechtzeitig angeforderte Auskünfte 2496
– Sinn und Zweck 2495
– unverzügliche Erteilung 2496
– zusätzliche Auskunft 2495
Auskunftsverpflichtungen der Bewerber oder Bieter 2424
Auslegung der Aufgabenbeschreibung 2477
Auslegung der Vergabebekanntmachung 2515
Ausschließliche Verantwortung des Auftraggebers 2414
Ausschluss
– fakultativer Ausschluss 2432
– Insolvenzfall 2433

Sachverzeichnis Teil 5 VOF

Sachverzeichnis zu Teil 5

- nachweislich festgestellte schwere Verfehlung 2434
- Projektantenstellung 2429
- unzutreffende Eignungserklärungen 2442
- zwingende Ausschlussgründe 2431

Auswahl der Bewerber 2521
- Benennung der Eignungskriterien in Bekanntmachung 2523
- Bieterschutz 2522
- durch Los 2528
- Einbettung in das VOF-Verfahren 2522
- Nachweis der Eignung 2523
- über die Eignungskriterien 2523

Auswahlentscheidung 2528
Auswahlkommission
- Anwesenheit 2549
- Bindung an die Entscheidung 2551

Bankauskünfte 2451
Bauoberleitung 2464
Beauftragung
- des Gewinners eines Wettbewerbs 2417
- eines Preisträgers eines Wettbewerbs 2417, 2570
- im Anschluss an einen Planungswettbewerb 2570

Bekanntmachung 2513
- Auslegung 2515
- beabsichtigte Auftragsvergabe 2516
- Benennung der Eignungskriterien 2523
- Bieterschutz 2513
- Bindung des Auftraggebers 2516
- elektronische 2519
- in allen Amtssprachen 2520
- inländische Veröffentlichung 2520
- Sinn und Zweck der Vorschriften 2514
- Umfang der Übermittlung 2519
- Veröffentlichung 2519
- Wahl des Bekanntmachungsmediums 2520
- Wettbewerb 2517
- Zahl der zur Verhandlung aufgeforderten Bewerber 2528
- zwingende Veröffentlichung 2519

Bekanntmachungsmuster 2516
Bekanntmachungspflicht 2518
Benachrichtigung nicht berücksichtigter Bewerber
- Inhalt 2559
- unterlassene 2560

Benennungsverpflichtungen der Bewerber 2424
Beratung, Begriff 2427
Berücksichtigung der Kapazitäten Dritter 2466
Berufsanfänger 2412
Berufshaftpflichtversicherung 2452
Berufskammerbescheinigung 2468
Berufliche Befähigung 2459
Beschafferprofil 2521
Beschäftigtenanzahl und Führungskräfte 2460
Beschreibbarkeit von Dienstleistungen
- eindeutige und erschöpfende 2397
- von Altlastenverdachtsstandorten 2399
- von Architekten- und Ingenieurleistungen 2398
- von DV-Leistungen 2399
- von juristischen Beratungsdienstleistungen 2399
- vorab 2400

Bestätigungsvermerk eines Wirtschaftsprüfers 2463
Beteiligung, parallele 2424
Beurteilungs- und Ermessensspielraum 2449

Bewerber, Begriff 2421
Bewerbungsfrist
- Abkürzung aus Gründen der besonderen Dringlichkeit 2493, 2494
- Abkürzung bei elektronischen Bekanntmachungen 2493, 2494
- Abkürzung bei Vorinformation? 2493
- Begriff 2491
- Dauer 2492
- Verkürzung für ergänzende Unterlagen 2494
- Verlängerung 2493

Bieter
- Begriff 2421

Bieter- und Bewerbergemeinschaften
- Aufschlüsselung der Leistungsteile 2426
- Begriff 2421
- Benennung der Mitglieder 2426
- Bezeichnung eines bevollmächtigten Vertreters 2426
- Einstimmigkeitserfordernis bei Entscheidungen 2426
- Forderung des Auftraggebers nach Annahme einer bestimmten Rechtsform 2425
- gesamtschuldnerische Haftung 2425
- Gleichsetzung mit Einzelbewerbern und -bietern 2421
- Insolvenz eines Mitglieds 2433
- nachträgliche Bietergemeinschaft 2422
- Rechtsform 2422
- Unterschied zur Arbeitsgemeinschaft 2421
- verdeckte Bietergemeinschaft 2422

Bilanzen oder Bilanzauszüge 2453
Bindung
- an die Entscheidung einer Auswahlkommission 2551
- des Auftraggebers an die Bekanntmachung 2516

Bonitätsindex bei Auskunfteien 2463
Buchführung, -haltung und -prüfung 2401
Bundeszentralregister 2461
Büroorganisationen, kleinere 2412

Datenverarbeitung und verbundene Tätigkeiten 2401
Definitionsmacht des Auftraggebers 2474
Dienstleistungen des Anhangs I Teil A 2400
Dienstleistungen des Anhang I Teil B 2404
Dienstleistungsaufgabe ohne eindeutige und erschöpfende Beschreibbarkeit 2397, 2404
Dienstleistungsaufträge 2395
Diskriminierungsverbot 2411, 3439
Dokumentation
- Begründungspflicht 2449
- Bieterschutz 2555
- materieller und formeller Inhalt 2556

Dringlichkeit 2418, 2493
DV-Leistungen, Beschreibbarkeit 2399

Eigenerklärungen
- Allgemeines 2448
- Begrenzung des Vorrangs 2448
- bezogen auf außerordentlich gekündigte Vertragsverhältnisse 2449

Eignung
- allgemeiner Inhalt 2411
- Begriff 2446

Verdingungsordnung für freiberufliche Leistungen   Teil 5 VOF **Sachverzeichnis**

- Inhalt 2446
- Nachweis 2444, 2523
Eignungsdefizite, objektiv nachweisbare 2438
Eignungserklärungen
- Nachweis 2444
- unzutreffende 2442
Eignungskriterien
- Benennung in der Bekanntmachung 2523
- Fachkunde, Leistungsfähigkeit und Zuverlässigkeit 2411
- genaue Beschreibung 2527
- Gewichtung 2527
- Verbot der Änderung der bekannt gemachter 2526
- VOF-bezogene Einzelheiten 2411
Eignungsnachweis
- allgemeine Anforderungen 2446, 2449
- Auftragserteilung 2452
- Begründungspflicht in der Dokumentation 2449
- Bieterschutz 2446
- Eigenerklärungen 2448
- Grundsätze 2446
- Gültigkeitsdauer und Unterschrift 2450
- in fachlicher Hinsicht 2458
- in finanzieller und wirtschaftlicher Hinsicht 2451
- Inhaltsanforderungen 2450
- Konkretheit des Verlangens 2451
- Möglichkeiten der Feststellung der Eignung 2447
- Nachforderungsmöglichkeit 2451
- Terminologie 2447
- wichtige Einzelfälle 2447
- Zeitpunkt 2452
Eindeutige und erschöpfende Beschreibbarkeit 2397
Eisenbahnen 2405
Elektronische Angebote 2510
Elektronische Bekanntmachung 2519, 2520
Elektronische Teilnahmeanträge 2503
Entgelt, Verbot der Forderung 2556
Erkundigung
- durch Dritte 2485
- über Änderungen 2490
- unterlassene 2485
Ermittlung des Auftragnehmers 2577
Ersetzung
- von Leistungs- oder Funktionsanforderungen 2487
- von nationalen Normen 2487
Ethikerklärung 2428, 2564

Fachkundige, leistungsfähige und zuverlässige (geeignete) Unternehmen 2411
Fachliche Eignung, Nachweis 2458
Finanzielle und wirtschaftliche Eignung, Nachweis 2451
Forschung und Entwicklung 2401
Fortschreibung 2393
frankierter Rückumschlag 2560
Freiberufliche Dienstleistungen nach Anhang I Teil A
- Anwendungsbereich der VOF 2395
- Architektur 2404
- Ausschreibungs- und Vergaberegeln 2404
- Begriff der freiberuflichen Tätigkeiten 2395
- Buchführung, -haltung und -prüfung 2401

- Datenverarbeitung und verbundene Tätigkeiten 2401
- Dienstleistungsaufgabe ohne eindeutige und erschöpfende Beschreibbarkeit 2397
- Dienstleistungsaufträge 2395
- erläuternde Hinweise der VOL/A 2396
- Forschung und Entwicklung 2401
- Landverkehr einschließlich Geldtransport und Kurierdienste 2400
- Leistungen im Wettbewerb mit freiberuflich Tätigen 2396
- Markt- und Meinungsforschung 2402
- Schwellenwerte 2404
- Unternehmensberatung und verbundene Tätigkeiten 2402
- Verlegen und Drucken 2403
- Wettbewerbe 2404
Freiberufliche Dienstleistungen nach Anhang I Teil B
- Anwendungsbereich der VOF 2404
- Arbeits- und Arbeitskräftevermittlung 2406
- Auskunfts- und Schutzdienste 2406
- Ausschreibungs- und Vergaberegeln 2409
- Dienstleistungsaufgabe ohne eindeutige und erschöpfende Beschreibbarkeit 2404
- Dienstleistungsaufträge 2404
- Freiberufliche Dienstleistungen 2404
- Gaststätten und Beherbergungsgewerbe 2405
- Gesundheits-, Veterinär- und Sozialwesen 2407
- Grundsatz 2404
- Neben- und Hilfstätigkeiten des Verkehrs 2405
- Rechtsberatung 2405
- Unterrichtswesen und Berufsausbildung 2407
Freiberufliche Tätigkeiten, Begriff 2395
Frist für den Teilnahmeantrag 2491
Fristberechnung 2491
Fristen 2491
- Antrag auf Teilnahme 2491
- Auskunftserteilung 2496
- Bieterschutz 2491
Führungszeugnis 2431
Funktion der Nachprüfungsinstanzen 2473

Gaststätten und Beherbergungsgewerbe 2405
Geldtransport 2400
geborene Auftragskriterien 2541
Gebühren- oder Honorarordnung 2543, 2558
Gemischte Dienstleistungen 2409
Generalplaneraufträge 2413
Gesamtumsatz 2453
Gesetzliche Gebühren- oder Honorarordnung
- Angebote unterhalb eines zulässigen Rahmens 2543
- Anhebung von Angeboten auf die Mindestsätze der HOAI 2544
- Einbeziehung der Nebenkosten 2546
- isolierte Besondere Leistungen 2545
- keine Berücksichtigung von Preisnachlässen 2545
- keine Bindung an Umbauzuschläge 2545
- keine Bindung bei Planungsleistungen für Auslandsbauten 2546
- Mischkalkulationsrechtsprechung 2546
- Richtlinie HVA F-StB 2550
- Spielräume der HOAI 2545
- zulässige Unterschreitung der Mindestsätze 2544

2719

Sachverzeichnis Teil 5 VOF

Sachverzeichnis zu Teil 5

Gesundheits-, Veterinär- und Sozialwesen 2407
Getrennte Vergabe
– Leistungen der Bauoberleitung und der örtlichen Bauüberwachung 2463
– Projektsteuerungs- und Objektüberwachungsleistungen 2463
Gewerbeanmeldung 2463
Gewerbezentralregister 2462
Gewinner eines Wettbewerbs, Beauftragung 2417
Gleichbehandlungsgebot 2412
Grundsätze 2410, 2560
– Bieterschutz 2411

Handbuch für die Vergabe und Ausführung von freiberuflichen Leistungen im Straßen- und Brückenbau (HVA F-StB) 2393

Information
– der Bieter, notwendige 2489
– über die Auftragserteilung 2558
Informationsübermittlung 2497

Jahresumsatz, Vorgabe eines bestimmten 2455
Juristische Beratungsdienstleistungen 2399

Kapazitäten Dritter
– Allgemeines 2466
– Zeitpunkt der Vorlage des Verfügbarkeitsnachweises 2466
Kennzeichnung und verschlossene Aufbewahrung 2501
Kommunikationsmittel
– Angabe 2498
– Auswahl 2498
– Vergabeplattform 2499
Kontrahierungszwang 2573
Kooperatives Workshopverfahren 2569
Kopierkosten 2556, 2557
Kosten 2556
Kostenerstattung 2558
Kurierdienste 2400
Landverkehr 2400
Leistungen im Wettbewerb mit freiberuflich Tätigen 2396
Lösungsvorschläge
– für die Planungsaufgabe 2579
– unaufgefordert vorgelegte 2579
Losaufteilung 2474
Losverfahren 2528
Losweise Vergabe von Architekten- und Ingenieurleistungen 2413

Markt- und Meinungsforschung 2402
Mitteilung
– über vorgesehenen weiteren Ablauf des Verfahrens 2416

Nachforderungsmöglichkeit
– Eignungsnachweisen 2451, 2358
Nachprüfungsinstanzen
– Funktion 2473
Nachreichung fehlender Erklärungen und Nachweise 2536
Nachträgliche Bietergemeinschaft 2422
Nachträgliche Berücksichtigung von schweren Verfehlungen 2439

Nachträglicher Informationsanspruch 2529, 2559
Nachunternehmerleistungen
– Angabe 2461
Nachweis
– bereits für den Teilnahmewettbewerb 2452
– der Eignung 2444
– für die Auftragserteilung 2452
– in fachlicher Hinsicht 2458
– in finanzieller und wirtschaftlicher Hinsicht 2451
– Nachforderungsmöglichkeit 2451, 2538
– über Eigenerklärungen 2444
Nachweislich festgestellte schwere Verfehlung 2434
Neben- und Hilfstätigkeiten des Verkehrs 2405
Newcomer, Ausschluss 2453
Newcomer-Problematik 2412
Nicht berücksichtigter Bewerber
– Behandlung und Aufbewahrung der Unterlagen 2560
– Benachrichtigung 2559

Objektüberwachungsleistungen 2463
Öffnung der Angebote
– Allgemeines 2535
– Richtlinie HVA F-StB 2536
Optionsrecht 2559
örtliche Bauüberwachung 2464

Planungswettbewerb
– Anonymität von Wettbewerbsbeiträgen 2562
– Beauftragung im Anschluss an 2417, 2570
– Begriff 2561
– Bekanntmachung 2562
– Durchführung 2562
– Gewährleistung von Chancengleichheit 2562
– Primärrechtsschutz 2569
– Verbot der räumlichen Begrenzung der Teilnehmer 2562
– Veröffentlichte einheitliche Richtlinien 2561
Präsentation von Referenzobjekten 2579
Präsentationwiederholung im Nachprüfungsverfahren 2578
„Preis/Honorar" 2542
Preisgericht
– Beurteilungsspielraum bei Auswahlentscheidung 2566
Preisträger eines Wettbewerbs
– Beauftragung 2417, 2571
– kein absoluter Kontrahierungszwang 2573
Primärrechtsschutz
– bereits im Planungswettbewerb 2569
produkt- und verfahrensneutrale Ausschreibung 2474
Projektantenproblematik 2427, 2564
Projektsteuerungsleistungen 2399, 2463

Qualifikation des Auftragnehmers 2459, 2576
Qualitätssicherung 2460, 2467

Realisierungsabsicht 2574
Rechtliches Gehör 2439
Rechtsberatung 2405
Registers über unzuverlässige Unternehmen, Gesetzesentwurf 2440
Richtlinie HVA F-StB 2409, 2414

Verdingungsordnung für freiberufliche Leistungen   **Teil 5 VOF**   **Sachverzeichnis**

Schwellenwert
- Erreichen oder Überschreiten 2404
- Vergaben oberhalb der EU-Schwellenwerte 2410
- Vergaben unter den Schwellenwerten 2410

Schwere Verfehlungen 2434
Sicherheitsniveau 2475
Signaturanforderung bei elektronischen Angeboten 2511
Spezifikationen für Umwelteigenschaften 2487
Strategischer Ziele 2475

Technische Anforderungen, Formulierung 2485
Technische Leitung 2459
Technische Spezifikationen 2486
- Begriff 2486
- Bezugnahme auf die in Anhang TS definierten technischen Spezifikationen 2486

Teilnahmeantrag
- Anforderungen an die Auftraggeber 2499
- Anforderungen an die Bewerber 2500
- Einreichung in verschlossenem Umschlag 2501
- elektronisch übermittelte 2503
- Fristen 2491
- Kennzeichnung und verschlossene Aufbewahrung 2501
- ordnungsgemäßer 2495
- telefonisch gestellter 2503
- Unversehrtheit 2500, 2502
- Unterzeichnung 2504
- unvollständiger 2504
- Verschlüsselung 2503
- Vertraulichkeit 2500, 2502, 2503

Teilnahmewettbewerb
- Optionsmöglichkeiten als Rechtfertigungsgrund für einen Verzicht 2418

Teilnehmer am Vergabeverfahren 2419
- Annahme einer bestimmten Rechtsform von Bietergemeinschaften 2425
- Auskunftsverpflichtungen der Bewerber oder Bieter 2424
- Benennungsverpflichtungen der Bewerber 2424
- Bewerber oder Bieter 2421
- Bieterschutz 2421
- fakultativer Ausschluss 2432
- Rechtsform des Bewerbers/Bieters bei Abgabe 2424
- vorbefasste Bietern oder Bewerbern 2427
- zwingende Ausschlussgründe 2431

Umweltmanagement 2467
Unabhängigkeit von Ausführungs- und Lieferinteressen 2412
Unaufgefordert vorgelegte Lösungsvorschläge 2579
Unbedenklichkeitsbescheinigungen 2442, 2456, 2458
Unschuldsvermutung 2438
Unteraufträge 1465
Unterkostenangebote 2551
Unterlassene Erkundigung 2485
Unterrichtswesen und Berufsausbildung 2407
Unterstützung, sonstige 2428
Unterzeichnung
- der Angebote 2505
- Teilnahmeanträge 2504

Unversehrtheit 2500, 2502
Unzutreffende Eignungserklärungen 2442

Verbot
- Entgeltforderung für die Verfahrensdurchführung 2556

Verdeckte Bietergemeinschaft 2422
Verfügbarkeitsnachweis 2466
Vergabeart 2415
- Abwicklung in verschiedenen Phasen 2416
- Bieterschutz 2416
- Mitteilung über vorgesehenen weiteren Ablauf 2416
- Verhandlungsverfahren mit Teilnahmewettbewerb 2416
- ohne Teilnahmewettbewerb 2417

Vergabebekanntmachung s. Bekanntmachung
Vergaberechtskonforme Auslegung 2478
Vergütung nach HOAI
- Angebote unterhalb eines zulässigen Rahmens 2543
- Anhebung von Angeboten auf die Mindestsätze der HOAI 2544
- Einbeziehung der Nebenkosten 2546
- isolierte Besondere Leistungen 2545
- keine Berücksichtigung von Preisnachlässen 2545
- keine Bindung an Umbauzuschläge 2545
- keine Bindung bei Planungsleistungen für Auslandsbauten 2545
- Mischkalkulationsrechtsprechung 2546
- Richtlinie HVA F-StB 2550
- Spielräume der HOAI 2545
- zulässige Unterschreitung der Mindestsätze 2544

Verhandlungsgespräche
- Ablauf 2547
- Anwesenheit einer Auswahlkommission 2549
- Aufklärungs- und Hinweispflicht des Auftraggebers 2548
- Austausch von Projektteammitgliedern 2549
- Bindung an die Entscheidung einer Auswahlkommission 2551
- möglicher Inhalt 2533
- Nachfragen und Hinweise 2548
- spätester Zeitpunkt der Änderung von Angeboten 2549
- Unterkostenangebote 2551
- vorherige Mitteilung der Fragen 2549
- Zeitpunkt der Unzulässigkeit der Änderung der Bieteridentität 2550

Verhandlungsverfahren 1391
- Abwicklung in verschiedenen Phasen 2415
- mit Teilnahmewettbewerb 2416
- ohne Teilnahmewettbewerb 2417

Verlegen und Drucken gegen Vergütung oder auf vertraglicher Grundlage 2403
Verschlüsselung 2503
Versendungskosten 2557
Vertragsentwurf 2534
Vertragsschluss
- Bieter mit der erwarteten bestmöglichen Leistung 2552
- durch Entgegennahme von Teilleistungen? 2553
- durch entsprechenden Aufsichtsratsbeschluss eines Krankenhauses 2553

2721

Sachverzeichnis Teil 5 VOF

- durch entsprechenden Ratsbeschluss einer Gemeindevertretung? 2553
- fehlende Vergütungsregelung 2553

Vertraulichkeit 2500, 2502

Verzicht
- auf die Vergabe eines VOF-Auftrages 2553
- teilweiser 2554

VOF-konforme Auslegung 2478

VOF-Verfahren
- zweite Phase 2531

Vorbefasste Bieter oder Bewerber 2564
- Begriff der Vorbefasstheit 2428
- Projektantenproblematik 2427
- Rechtsprechung 2427

Vorinformation 2521

Wesentliche in den letzten drei Jahren erbrachte Leistungen 2459

Wettbewerbe 2404, 2561

Wettbewerbsdurchführung
- anonyme Vorlage von Wettbewerbsbeiträgen 2567
- Anwendung der Eignungskriterien auf alle Teilnehmer 2567
- Aussetzung von Preisen und Anerkennungen 2563
- Bedeutung der Entscheidung eines Preisgerichts 2567
- Beurteilungsspielraum bei Auswahlentscheidung 2566
- Bindung des Preisgerichts 2568
- kooperatives Workshopverfahren 2569
- Rangfolgenbildung nach RPW und Nachrücken 2569
- Rechtsprechung 2564
- Verletzung wesentlicher vergaberechtlicher Vorgaben 2568
- vorbefasste Teilnehmer 2564

Wiederaufnahme eines bereits ausgeschiedenen Bewerbers in das Verhandlungsverfahren 2419

Wissensvorsprung 2428, 2564

Zahlung der Steuern und Abgaben 2440, 2456

Zertifizierung 2463, 2467

Zeugenvernehmung 2439

Zurechnung falscher Angaben im Konzern 2443

Zusätzliche Auskünfte 2495

Zuschlagsfähiges Angebot 2552

Zuschlagskriterien
- Angabe 2539, 2540
- Angabe der Gewichtung 2539, 2541
- „Angabe der Honorarzone" 2547
- Gewichtung 2542
- „Preis/Honorar" 2542
- Rechtfertigung durch den Auftragsgegenstand 2542
- Trennung von Eignungs- und Zuschlagskriterien 2542
- „Zweckmäßigkeit der Leistung in Bezug zur Vergütung gemäß HOAI" 2547

Zweite Phase des VOF-Verfahrens 2531

Sachverzeichnis zu Teil 6:
Sozialgerichtsgesetz (SGG)

Abschließende Regelung
- für Rechtsbeziehung zwischen Krankenkassen und Leistungserbringern 2592
Abschluss von Einzelverträgen 2590
ambulante ärztliche Versorgung 2591
Anpassung des sozialgerichtlichen Verfahrens 2586
Anspruch auf Abschluss eines Vertrages 2591
Anwaltszwang vor den Vergabesenaten 2587
Anwendungsbereich 2589, 2590
Arzneimittelmarktneuordnungsgesetz (AMNOG) 2588
Arzneimittelrabattverträge 2590
Auftragnehmer
- nach § 137 a Abs. 1 S. 3 SGB V 2596
Auslegung, vergaberechtsfreundliche 2593
Ausschluss ehrenamtlicher Richter 2587

Bekanntmachung der Vertragsabsicht 2591
„bereits existierenden Einrichtungen" 2597
Beschleunigung des Verfahrens 2587
Beschwerde s. Sofortige Beschwerde
besondere ambulante ärztliche Versorgung 2591
Besondere Berücksichtigung des Versorgungsauftrags der gesetzlichen Krankenkassen 2592
Betrieb eines Hilfsmittel-Logistik-Centers 2595
Beurteilungs- und Entscheidungszeitraum 2589
Bindungswirkung 2587

Darstellung der Qualität 2595

Ehrenamtliche Richter, Ausschluss 2587
Eignung
- fachliche Unabhängigkeit 2596
Eilverfahren 2587
Einrichtungen, „bereits existierende" 2597
Entgeltlichkeit der Verträge 2593
Entlastung der Sozialgerichte 2586
Erfordernis flächendeckender Versorgungsstrukturen 2592

Fachliche Unabhängigkeit 2596
Fiskalische Hilfsgeschäfte 2591

Geltung der Vergaberechtsvorschriften 2586
Generika 2590
Gesetz zur Weiterentwicklung der Organisationsstrukturen in der gesetzlichen Krankenversicherung (GKV-OrgWG)
- Rechtswegfragen 2587
- Anwendbarkeit des materiellen Vergaberechts des GWB 2590

hausarztzentrierte Versorgung 2591
Haushaltshilfe 2590

Häusliche Krankenpflege 2590
Hilfsmittel-Logistik-Center 2595
Hilfsmittelversorgung 2591

Integrierte Versorgung 2591

Komplexe Dienstleistungen 2594

Landessozialgerichte
- Zuständigkeit 2586, 2589, 2591

Nachprüfungsverfahren 2591, 2592

Oberlandesgerichte
- Zuständigkeit 2586, 2589
Öffentlicher Aufträge 2590, 2591
Öffentlicher Auftraggeber 2593
Öffentlicher Lieferauftrag
- Rabattverträge 2592

Preisvorteile 2594

Qualitätsdarstellung 2595
Qualitätssicherung, Umsetzung 2595

Rahmenrabattverträge über Arzneimittel 2592
Rechtsweg 2587, 2588, 2589, 2591
Regel-Ausnahmeprinzip 2592

Schadensersatz bei Rechtsmissbrauch 2587
Sofortige Beschwerde
- Form und Frist 2587
- Rechtsmittel gegen Entscheidungen der Vergabekammer 2587
Streitigkeiten im Bereich der gesetzlichen Krankenversicherung 2587

Übergangsregelung 2589
Umsetzung der Qualitätssicherung 2595
Unabhängigkeit, fachliche 2596

Versorgungsauftrag der gesetzlichen Krankenversicherung 2592
Versorgungsverträge von Krankenkassen 2590
Verträge 2593
Vorlageverfahren 2587, 2589

Wahrung der Rechtseinheit 2587

Zuständigkeit
- der Landessozialgerichte 2586
- der Oberlandesgerichte 2589
Zweckmäßigkeitsvorbehalt 2594

Sachverzeichnis zu Teil 7: Sektorenverordnung (SektVO)

Abfassung der Bekanntmachungen 2635
Abweichungen von den Vergabeunterlagen 2653
Aktuelle Fassung der SektVO 2607
Änderung des Leistungsverzeichnisses
– während der Ausschreibung 2625
Anhang zur SektVO 2661
Anlage zu § 98 Nr. 4 GWB 2609
Anonymität der Wettbewerbsarbeiten 2630
Anwendungsbereich der SektVO
– ältere Rechtsprechung 2609
– Ausnahmen 2609, 2616
– Befreiung 2616
– Erreichen oder Übersteigen der Schwellenwerte 2610
– persönlicher 2609
– Sachlicher 2609
– Verordnungsbegründung 2608
Aufbewahrung der sachdienlichen Unterlagen 2660
Aufforderung zur Angebotsabgabe oder zur Verhandlung
– Aufforderung vor Angebotsabgabe 2650
– Interessensbestätigung bei einem Aufruf zum Wettbewerb 2651
– Mindestinhalte 2651
– Textform 2650
Aufhebung des Verfahrens 2658
– Gründe 2659
– Information der Bieter 2659
– Teilaufhebung 2659
Aufrufe zum Teilnahmewettbewerb
– Bekanntmachungen 2634
Auftragswert
– Manipulationen bei der Schätzung oder Aufteilung 2614
– Schätzung 2612
Auskünfte, Erteilung zusätzlicher 2640
Auslobungsverfahren 2630
Ausschließliche Verantwortung des Auftraggebers für das Vergabeverfahren 2646
Ausschluss vom Vergabeverfahren 2644
– Bindung an Ausschlusskriterien 2646
– fakultativer Ausschluss 2645
– zwingender Ausschluss von Unternehmen 2645

Bauaffine Dienstleistungen 2619
Bauaufträge 2614
Bauleistungen
– Wiederholung gleichartiger 2616
Begrenzung des Primärrechtsschutzes 2612
Behandlung der Angebote 2651
Benachrichtigungspflicht
– nicht berücksichtigte Bewerber 2643
Beschafferprofil 2631, 2632
Bekanntmachung
– Abfassung 2635
– Angabe der Anschrift der zuständigen Vergabekammer 2633
– Aufrufe zum Teilnahmewettbewerb 2634

– Ergebnis eines Wettbewerbs 2632
– europaweite 2632
– Fristenverkürzungen 2632
– Notwendigkeit der Forderung von Eignungsnachweisen 2636
– Regelmäßige nicht verbindliche 2633
– Veröffentlichung von veröffentlichungsfreien Aufträgen 2633
– Verwendung von Mustern 2636
– von vergebenen Aufträgen 2632, 2635
– Zentrales Internetportal des Bundes 2632
Berücksichtigung mittelständischer Interessen 2661
Berufung auf Kapazitäten Dritter 2643
Bewerber- und Bietergemeinschaften
– Gleichsetzung mit Einzelbietern bzw. Einzelbewerbern 2646
– notwendige Rechtsform bei Auftragsvergabe 2646
Bewerberzahl, Verringerung 2642
Bindung
– Ausschlusskriterien 2646
– Zuschlagskriterien 2658

Dienstleistungen des Anhangs 1
– Sicherungsleistungen und bauaffine Dienstleistungen 2619
– Verordnungsbegründung 2619
Dokumentation 2660
Drittländerwaren 2655
Dynamisches elektronisches Beschaffungssystem
– Begriff 2629
– Schätzung des Auftragswerts 2614

Eignung und Auswahl der Unternehmen 2641
Eignungskriterien 2642, 2651
Eignungsnachweise
– fehlende 2653
– Forderung in der Bekanntmachung 2636
Einführung zur SektVO 2607
Einstellung des Verfahrens 2658
Elektronische Auktionen 2629
Elektronische Kommunikationssysteme 2620
Energieeffizienzrichtlinie 2625
Erteilung zusätzlicher Auskünfte 2640

Fabrikatsangaben, fehlende 2653
Fachkunde 2641
Fakultativer Ausschluss 2645
Fehlende Angaben und Erklärungen 2652
Fehlende Eignungsnachweise 2653
Fehlende Fabrikatsangaben 2653
Fehlende Preise 2652
fehlender Urkalkulation 2653
Freiberufliche Dienstleistungsaufträgen 2614
Freier Marktzugang 2616
Fristen
– angemessene 2637
– Mindestfristen 2637, 2639

Sachverzeichnis Teil 7 SektVO

- Erteilung zusätzlicher Auskünfte 2640
- Nachreichen von Erklärungen und Nachweisen 2641
- Regelfrist für Angebote 2367, 2368
- Regelfrist für Teilnahmeanträge 2638
- Verkürzung 2632, 2638, 2639
- Verlängerung 2638
- Übersendung der Vergabeunterlagen 2640

Gebühren- und Honorarordnungen 2658
Generalübernehmereinsatz 2643
Generalunternehmereinsatz 2643
Gleichbehandlungsgebot 2620, 2621

Information der Bieter
- Ausnahmen 2659
- bei Aufhebung oder Einstellung 2659
- über Zuschlagsentscheidung 2658
Informationsübermittlung 2620

Juristische Personen
- Verlangen bestimmter Angaben 2643

Kapazitäten Dritter 2643
Kompatibilität 2620
Kommunikationsmittel 2620

Lebenszykluskosten 2625
Leistungsbeschreibung 2624
Leistungsfähigkeit 2641, 2642
Leistungsverzeichnis
- Änderung während der Ausschreibung 2625
Lieferleistungen 2614
Losweise Vergabe 2614
- Schätzung des Auftragswerts 2614
- Bauaufträge 2614
- freiberufliche Dienstleistungsaufträgen 2614
- Liefer- und Dienstleistungsaufträgen 2615
- Lieferleistungen 2614

Marktzugang, freier 2618
Marktzugang, gegenseiter 2655
Mittelständische Interessen 2661

nachrangige Dienstleistungen 2619
Nachreichen von Erklärungen und Nachweisen 2641
Nachunternehmereinsatz
- Zulässigkeit 2627
- Forderung nach Nennung der Leistungen 2627
- Forderung nach Nennung der Nachunternehmer 2627
Nachverhandlungen, unzulässige 2564
Nebenangebote
- Mindestanforderungen 2626, 2627
- Zulassung 2626
Nicht berücksichtigte Bewerber
- Benachrichtigung 2643

Persönlicher Anwendungsbereich 2609
Präqualifikation, Entzug 2649
Preis, fehlender 2652
Preisgericht
- Bericht 2631

Sachverzeichnis zu Teil 7

- Qualifizierungsanforderungen 2630, 2631
- Unabhängigkeit 2631
Primärrechtsschutz, Begrenzung 2612
Prüfung und Wertung der Angebote 2651
Prüfungssysteme 2647
- Aberkennung der Qualifikation 2649
- Allgemeines 2649
- objektive Regeln und Kriterien als Basis 2649

Qualitätssicherung 2646

Rahmenvereinbarung
- Instrument zur Beschaffung von Waren/Leistungen über einen bestimmten Zeitraum 2627
- Schätzung des Auftragswerts 2614
Regelfristen
- Verkürzungen 2632, 2638
- Verlängerung 2638
Regelmäßige nicht verbindliche Bekanntmachung 2633
- Fristverkürzung 2639
- Inhalt 2633
- Interessensbestätigung bei einem Aufruf zum Wettbewerb 2651
- Rechtsprechung 2633
- Sinn und Zweck 2634
Regelungsziele der SektVO 2607

Sachlicher Anwendungsbereich
- ältere Rechtsprechung 2609
- Anlage zu § 98 Nr. 4 GWB 2609
- Ausnahmeregelungen des § 100 Abs. 2 GWB 2609
- Erreichen oder Übersteigen der Schwellenwerte 2610
Schätzung des Auftragswertes
- bei Bauleistungen 2614
- bei Losen 2614
- bei Losen von Bauaufträgen 2614
- bei Losen von Liefer- und Dienstleistungsaufträgen 2615
- Berücksichtigung der Laufzeit 2614
- Bieterschutz 2613
- dynamisches elektronisches Beschaffungssystem 2614
- Manipulationen 2615
- maßgeblicher Zeitpunkt 2616
- Rahmenvereinbarung 2614
- voraussichtliche Gesamtvergütung 2614
- Wegfall bei Teilaufhebung? 2616
Sektorenauftraggeber 2608, 2609
Sektorenrichtlinie 2610
Sektorentätigkeit 2608, 2609
- Vorliegen von unmittelbarem Wettbewerb 2616
Schwellenwerte
- aktuell geltende 2611
- Änderungen durch die VgV/SektVO-Anpassungs VO
- bei Wettbewerben 2616
- bei Wiederholung gleichartiger Bauleistungen 2616
- Darlegungs- und Beweislast für das Erreichen 2616
- Erreichen oder Übersteigen 2610

Sektorenverordnung

- Grundlage 2610
- Vereinbarkeit mit dem Grundgesetz 2612

Sicherungsleistungen 2619
Statistik 2660

Technische Spezifikationen 2625
Teilaufhebung, Wegfall des Schwellenwertes? 2616
Trennung von Eignungs- und Zuschlagskriterien 2651

Übergangsbestimmungen 2661
Umweltmanagement 2646
Ungewöhnlich niedrige Angebote 2654
- Ausschluss 2655
- wegen der Gewährung einer staatlichen Beihilfe 2655

Unmittelbarer Wettbewerb 2616
Unteraufträge
- Beteiligung kleiner und mittlerer Unternehmen 2626
- Forderung nach Nennung der Nachunternehmerleistungen 2627
- zulässiger Einsatz von Nachunternehmern 2627

Urkalkulation, fehlende 2653

Vereinbarungen über gegenseitigen Marktzugang 2656
Vergabeart
- freie Wahl 2623
Vergabekammer
- Angabe der Anschrift 2633
Vergabeunterlagen 2624
- Versendungsfrist 2640
- zwingender Ausschluss bei Abweichungen 2653
Vergebene Aufträgen
- Bekanntmachung 2632, 2635
Verhandlungsverfahren ohne vorherigen Teilnahmewettbewerb 2623
Verkürzte Fristen 2638
- Bekanntmachung 2632
- bei elektronisch erstellten und versandten Bekanntmachungen 2639
- bei vollständig elektronischer Verfügbarkeit sämtlicher Vergabeunterlagen 2639

Teil 7 SektVO Sachverzeichnis

- Eingangsfrist für Angebote im offenen Verfahren 2639
- Kumulierungsregelung 2640

Verlängerung von Fristen 2638
Veröffentlichung von veröffentlichungsfreien Aufträgen 2633
Verringerung der Zahl der Bewerber 2642
Vertraulichkeit der Teilnahmeanträge und Angebote 2619
vorrangige Dienstleistungen 2619

Wahlrecht 2615, 2616
Waren aus Drittländern 2655
Wege der Informationsübermittlung 2619
Wertungsstufen 2651
Wettbewerbe
- Anforderungen an das Preisgericht 2631
- Bekanntmachung 2632
- eindeutige, nichtdiskriminierende Auswahlkriterien 2631
- Begriff 2630
- Beschränkung der Zulassung zur Teilnahme 2630
- nach § 99 Abs. 5 GWB 2630
- Regeln 2630
- Schwellenwert 2616
- Zahl der Bewerber 2631
Wiederholung gleichartiger Bauleistungen 2616
Wirtschaftlich günstigste Angebot 2657

Zahl der Bewerber, Verringerung 2642
Zentrales Internetportal des Bundes 2632
Zugänglichkeit der Eignungskriterien 2642
Zulassung von Nebenangeboten 2626
- Mindestanforderungen 2626, 2627
Zurechenbarkeitsregelung 2645
Zusätzliche Auskünfte 2640
Zuschlag 2656
- wirtschaftlich günstigste Angebot 2657
Zuschlagsentscheidung
- Information der Bieter 2658
Zuschlagskriterien 2651
- Angabe 2658
- Bindung 2658
- Gewichtung 2658
Zuverlässigkeit 2641, 2642
Zwingender Ausschluss 2645, 2653